DICTIONNAIRE

GÉNÉRAL ET GRAMMATICAL

DES DICTIONNAIRES FRANÇAIS

II

H—Z

Imprimerie Ducessois, 55, quai des Augustins.

DICTIONNAIRE

GÉNÉRAL ET GRAMMATICAL

DES DICTIONNAIRES FRANÇAIS

EXTRAIT ET COMPLÉMENT

DE TOUS LES DICTIONNAIRES ANCIENS ET MODERNES LES PLUS CÉLÈBRES

PAR

NAPOLÉON LANDAIS

Revu par d'anciens Inspecteurs de l'Université, des Professeurs des colléges royaux, et par des hommes spéciaux dans les sciences, arts et métiers.

Ce Dictionnaire contient tous les termes

D'ARCHÉOLOGIE, D'ANTIQUITÉS, DE NUMISMATIQUE, DE PALÉOGRAPHIE, D'ANCIENNES COUTUMES, DE LÉGISLATION ET DE JURISPRUDENCE ANCIENNE ET MODERNE, DE DROIT, DE PRATIQUE, DE DROIT CANON, DE LITURGIE, DE THÉOLOGIE, DE SCOLASTIQUE, DE SECTES RELIGIEUSES, DE PHILOSOPHIE, DE LITTÉRATURE, DE RHÉTORIQUE, DE GRAMMAIRE, DE PHILOLOGIE, DE LINGUISTIQUE, D'ART DRAMATIQUE, D'HISTOIRE, DE CHRONOLOGIE, D'ASTRONOMIE, DE MINÉRALOGIE, D'OPTIQUE, DE MATHÉMATIQUES, DE MÉCANIQUE, D'HISTOIRE NATURELLE ET DE GÉOLOGIE, DE PHYSIQUE, DE CHIMIE, DE MÉDECINE, DE CHIRURGIE, D'ANATOMIE, DE PHARMACIE, DE BOTANIQUE, D'ADMINISTRATION, DE DIPLOMATIE, DE CHARGES ET DIGNITÉS, DE TITRES, DE PEINTURE, DE SCULPTURE, DE GRAVURE, DE MUSIQUE, D'ARTS ET MÉTIERS, D'ART MILITAIRE, DE FORTIFICATIONS, DE MARINE, DE MINES, DE PONTS ET CHAUSSÉES, D'EAUX ET FORÊTS, DE MONNAIES, DE POIDS ET MESURES, DE DOMAINES ET D'ENREGISTREMENT, DE DOUANES, D'ÉCONOMIE POLITIQUE, DE COMMERCE, DE BANQUE, DE BOURSE, DE FÉODALITÉ, DE BLASON, DE CHASSE, DE FAUCONNERIE, DE DANSE, D'ÉQUITATION, D'ESCRIME, DE PÊCHE, DE JEUX ET DIVERTISSEMENTS, ETC. ;

Et renferme en outre:

La nomenclature exacte de tous les mots, sans exception, généralement usités (y compris la décomposition de tous les temps des verbes irréguliers);
les mots du vieux langage et du néologisme ; — l'orthographe moderne vieille ou ancienne;
les nombres singulier et pluriel des substantifs et des adjectifs, écrits en toutes lettres et rangés alphabétiquement si l'un et l'autre ne suivent pas les mêmes règles orthographiques;
la prononciation figurée par une orthographe de pure convention, où le son, s'il ne s'agit que des lettres de l'alphabet;
l'étymologie grecque, latine, arabe, celtique, etc., dans sa plus simple décomposition, avec sa traduction littéralement française ; — le sens propre et figuré;
les différentes acceptions, les phrases dites gallicismes, toutes les locutions nobles, proverbiales et familières ; — les règles et les solutions grammaticales concernant chaque mot et l'application d'exemples choisis ; — la manière qui peut seule être raisonnablement admise d'écrire toutes les espèces d'abréviations;
un vocabulaire complet de mythologie ; — la dénomination géographique de toutes les localités qui ont une importance quelconque sur la carte du monde, et spécialement la nomenclature de tous les chefs-lieux de départements, d'arrondissements et de cantons de France, ainsi que des villes et des villages de France et de l'étranger qui ont une célébrité historique;
l'Extrait et la critique du Dictionnaire de l'Académie
et des Vocabulaires nouveaux.

NEUVIÈME ÉDITION

revue et corrigée

TOME SECOND

PARIS

DIDIER, LIBRAIRE-ÉDITEUR, QUAI DES AUGUSTINS, 35,

ET CHEZ TOUS LES LIBRAIRES DE LA FRANCE ET DE L'ÉTRANGER

1846

H, subst. mas., lorsque, suivant la méthode moderne, on prononce cette lettre comme une simple aspiration ; et subst. fém., lorsqu'on l'appelle ache, suivant la prononciation ancienne, qui est encore la plus générale. Notre opinion est qu'on doit prononcer e et non pas ache, qui ne rend nullement l'aspiration de cette lettre : disons tout de suite que cette lettre, sans l'aspiration, n'a aucune espèce de son, et ne sert que pour l'orthographe, le plus souvent étymologique, du mot. — Huitième lettre de l'alphabet, et la sixième des consonnes. — Ménage a distingué deux sortes de h : l'un aspiré, qu'il appelle consonne ; l'autre muet, qu'il considère comme voyelle. Il est hors de doute que h aspiré est consonne, puisqu'il ajoute une force gutturale à la voyelle qui le suit ; mais h muet n'est point une voyelle, puisqu'il n'a point de son particulier, et différent de celui de la voyelle ou de la diphthongue qui suit. Nous copions ici une remarque du grammairien Girault-Duvivier, qui appuie, par la force d'un raisonnement assez logique, la nature de cette lettre comme consonne. « Il y a, dit-il, des grammairiens qui mettent la lettre h au rang des consonnes ; d'autres, au contraire, soutiennent que ce signe, ne marquant aucun son particulier, analogue au son des autres consonnes, ne doit être considéré que comme un signe d'aspiration ; mais, comme dit Dumarsais, puisque les uns et les autres de ces grammairiens conviennent de la valeur de ce signe, ils peuvent se permettre réciproquement de l'appeler ou consonne ou signe d'aspiration, selon le point de vue qui les affecte le plus. » Nous, nous le mettons hardiment au nombre des consonnes. Quant à l'Académie, elle se garde bien de prendre une décision. Elle se contente de faire le signe h des deux genres, de rappeler les deux prononciations, et de constater que c'est la huitième lettre de l'alphabet, sans s'inquiéter le moins du monde qu'on en fasse une consonne ou une voyelle, ou seulement une aspiration. Cela est plus commode que sage. Tout-à-l'heure nous dirons quand h est aspiré et quand il est muet. — Un h couronné sur la monnaie est la marque d'une monnaie de Henri III, ou de Henri IV. — Chez les anciens, H signifiait 200 ; surmonté d'une barre, c'était 200,000. — Les Hollandais emploient cette lettre dans leurs gazettes et ailleurs, avec ces deux autres : L. P., pour signifier Leurs Hautes Puissances : L. H. P. — On s'en sert aussi pour abréger le mot de hautesse, titre du grand-seigneur turc : S. H., sa hautesse. — Au commencement des mots, il s'aspire souvent ; quelquefois il ne s'aspire ni ne se prononce, de sorte qu'il ne sert guère qu'à marquer l'origine du mot. — Il n'a aucun son, et ne s'aspire point au commencement de la plupart des mots qui viennent du latin, et qui dans le latin ont un h initial, comme : habile, habitude, hérédité, héritier, hébété, histoire, heure, homme, humain, honneur, honnête, horrible, etc. Il est vrai qu'on aspire h dans hauteur, qui vient de altus ; dans haleter, qui vient de halitus ; dans héros, mot tout latin, etc. ; mais ces exceptions sont fondées sur la raison. Si l'on n'aspirait pas h dans hauteur, il y aurait équivoque par rapport au mot auteur, et d'ailleurs h ne se trouve point dans le mot latin. Haleter, sans h aspiré, serait moins expressif. A l'égard du mot héros, dit Trévoux, il est juste que ce qui exprime un objet grandiose et sublime se prononce avec cette espèce d'effort d'aspiration ; mais l'aspiration est encore mieux justifiée par l'étymologie grecque du mot, formé, comme le latin, de ηρως. — Dans la prononciation familière, h de certains mots ne s'aspire point rigoureusement, quoiqu'il doive l'être absolument dans une prononciation soutenue : ainsi, dans le langage ordinaire, celui de la conversation, on tolère que l'on prononce une hallebarde, comme s'il y avait unalbarde. Ce n'est pas un crime non plus de prononcer des haricots, dezarikò ; car l'aspiration du h au commencement de ce mot ne repose sur aucune raison étymologique. Aussi, sans vouloir justifier, comme le prétendent les réviseurs d'un vieux dictionnaire, les personnes qui prononcent des-z-haricots, nous croyons qu'on pouvait tout aussi naturellement dire eun-nariko que *eun-arikò;* cependant nous proclamons que l'usage universel veut que l'on dise avec l'aspiration *eun-arikò.*—H n'a pareillement aucun son dans certains mots français qui ont un *h* initial, quoiqu'il n'y en ait point dans le latin d'où ils viennent. Ainsi *h* ne se prononce point dans ces mots, *huile, huître, huis, huissier,* etc. — Il s'aspire au commencement des autres mots français qui viennent des mots latins sans *h*, comme dans ces mots : *hache, haut, hérisson, huit, huppe.* — Dans tous les mots qui ne viennent point du lat., *h* initial s'aspire et se prononce, comme : *hâbler, hanter, hanche, honte, hâter, hâtif, haïr, haie, hardi, hasard, harangue, haper, hanap, hallebarde, hâle,* etc. — Au milieu des mots, *h* ne se prononce point; il ne s'écrit que pour l'étymologie, à moins : 1° qu'il ne se trouve entre deux voyelles, comme dans *ahan, aheurter, cohue, cohorte,* où l'aspiration se fait sentir; 2° que les mots ne soient composés de quelqu'un de ceux qui commencent par un *h* aspiré, comme : *déharnacher, enhardir, rehausser.*—Il faut en excepter : *exhausser, exhaussement.*—Au commencement des mots, *h* est toujours suivi d'une voyelle.—Lorsque la lettre *h* est seule avant une voyelle, dans la même syllabe, elle est aspirée ou muette.—Si elle est aspirée, elle donne au son de la voyelle suivante cette explosion marquée qui vient de l'augmentation de la force expulsive, et alors elle a les mêmes effets que les autres consonnes. Si elle commence le mot, elle empêche l'élision de la voyelle finale du mot précédent, ou elle rend muette la consonne finale. Ainsi, au lieu de dire avec élision : *funècetazar,* en quatre syllabes; on dit : *funècete-azar* en cinq syllabes; au contraire, au lieu de dire au pluriel : *funècetezazar;* on prononce sans *s* : *funècete-azar.* Si la lettre *h* est muette, elle n'indique aucune explosion pour le son de la voyelle suivante, qui reste dans l'état naturel de simple émission de la voix; dans ce cas, *h* n'a pas plus d'influence sur la prononciation que si elle n'était point écrite, ce n'est alors qu'une lettre purement étymologique, que l'on conserve comme une trace du mot radical dans lequel elle se trouvait, plutôt que comme le signe d'un élément réel du mot dans lequel elle est employée; et si elle commence le mot, la lettre finale du mot précédent, soit voyelle, soit consonne, est reputée suivie immédiatement d'une voyelle. Ainsi, au lieu de dire sans élision, *titre-onorable,* on dit *titronorable;* au contraire, au lieu de dire, au pluriel : *titronorables;* on dit, en prononçant *s* : *titrezonorables.*—Devant les mots féminins qui commencent par un *h* aspiré, l'adjectif possessif ne prend jamais la forme du masculin. Ainsi, on dit : *ma haine, ta honte, sa hauteur.* Mais il prend cette forme quand la lettre *h* est muette : *mon heure, ton habileté, son habitude.*—Lorsque la lettre *h* est précédée d'une consonne dans la même syllabe, elle est ou purement étymologique, ou purement auxiliaire, ou étymologique et auxiliaire tout à la fois. Elle est étymologique, si elle entre dans le mot écrit par imitation du mot radical d'où il est dérivé; elle est auxiliaire, si elle sert à changer la prononciation naturelle de la consonne précédente. Les consonnes après lesquelles on emploie le *h* en français sont : *c, l, p, r, t.* —Après la consonne *c*, la lettre *h* est purement auxiliaire, lorsqu'avec cette consonne elle devient le type de l'articulation forte dont nous représentons la faible par *j*, et qu'elle n'indique aucune aspiration dans le mot radical; telle est la valeur de *h* dans les mots : *chapeau, cheval, chameau, chose, chute,* etc. Après *c*, la lettre *h* est purement étymologique dans plusieurs mots qui nous viennent du grec ou de quelque langue orientale ancienne, parce qu'elle ne sert alors qu'à indiquer que les mots radicaux avaient un *h* aspiré, et que, dans le mot dérivé, elle laisse au *c* la prononciation naturelle du *k*, comme dans : *Achate, Chersonèse, chiromancie, Chaldée, Nabuchodonosor, Achab,* que l'on prononce comme s'il y avait : *aka t, kièrçonèze, kiromanci, kaldé, nabukodonozor, akabe.* Plusieurs mots de cette classe étant devenus plus communs que les autres parmi le peuple, se sont insensiblement éloignés de leur prononciation originelle, pour prendre celle du *ch* français. On prononce aujourd'hui à la française : *archevêque, Achéron.* Dans ces mots, la lettre *h* est auxiliaire et étymologique tout à la fois. *Michel,* nom propre, est du nombre de ces mots; mais dans *Michel-Ange,* nom du fameux peintre, on prononce *mikièl.*—Après la consonne *l*, la lettre *h* est purement auxiliaire dans quelques noms propres où elle donne au *l* la prononciation mouillée comme dans *Milhau* (nom d'une ville), où la lettre *l* se prononce comme dans *billot: mi-iò, bi-iò.*—*H* est tout à la fois auxiliaire et étymologique dans *ph;* étymologique, puisqu'il indique que le mot vient de l'hébreu ou du grec, et qu'il y a à la racine un *p* avec aspiration; auxiliaire, puisqu'il indique un changement dans la prononciation originelle du *p*, et que *ph* est pour nous un autre symbole de l'articulation déjà désignée par *f*. Ainsi nous prononçons : *Joseph, philosophie,* comme s'il y avait : *jozèfe, filozofi.*—Après les consonnes *r* et *t*, la lettre *h* est purement étymologique; elle n'a aucune influence sur la prononciation de la consonne précédente, et elle indique seulement que le mot est tiré d'un mot grec ou hébreu, dans lequel cette consonne était accompagnée de l'esprit rude, de l'aspiration, comme dans les mots : *rhapsodie, rhétorique, théologie, Thomas;* dites : *rapeçodi, rétorike, té-oloji, tomâ.*—(NOTA.) Nous marquons à chaque mot, immédiatement à la suite du mot même, quand *h* initial s'aspire.

HA! (*h s'aspire*) (*â*), sorte d'interjection de surprise, d'étonnement, de colère.—On l'emploie quelquefois subst., surtout au pluriel : *on dirait qu'il n'a jamais rien vu; il pousse des ha! ha! continuels. Molière* fait dire par un des personnages du *Misanthrope,* qu'il peut faire figure de savant sur les bancs du théâtre,

> Y décider en chef, et faire du fracas,
> A tous les beaux endroits qui méritent des *has!*

Il faudrait écrire aujourd'hui *des ha,* sans *s*.

HABASCON, subst. mas. (*abacekon*), t. de bot., racine de Virginie.

HABASSIS, subst. mas. (*abaceci*), t. de comm., sorte de toile des Indes.

HABDALLAH, subst. mas. (*abedala*), nom hébreu d'une cérémonie des Juifs, pratiquée le jour du sabbat.

HABE (*h s'aspire*), subst. fém. (*abe*), t. de relat., habit des Arabes. C'est une espèce de casaque de camelot rayé ou d'une étoffe blanche tissue de poil de chèvre et de lin.

HABEAS-CORPUS, subst. mas. (*abé-âcekorpuce*), (mots latins), loi en Angleterre qui donne à un prisonnier accusé de certains délits la faculté d'être élargi sous caution.

HABENAIRE, subst. mas. (*abenère*), t. de bot., plante, espèce d'orchis.

HABESH, subst. mas. (*abèche*), t. d'hist. nat., espèce de linote de Syrie.

HABIA, subst. mas. (*abia*), t. d'hist. nat., oiseau silvain.

HABILE, adj. des deux genres (*abile*) (en latin *habilis*), intelligent, adroit, savant.—HABILE, SAVANT, DOCTE, CAPABLE. (*Syn.*) Les connaissances qui se réduisent en pratique rendent *habile* et celles qui ne demandent que la spéculation font le *savant,* comme celles qui remplissent la mémoire font l'homme docte.—Un dit de l'orateur qu'il est *habile,* du philosophe et du mathématicien, qu'ils sont *savants;* de l'historien et du jurisconsulte, qu'ils sont *doctes.*—L'*habile* semble plus entendu; le *savant* plus profond; le *docte* plus universel. Nous devenons *habiles* par l'expérience; *savants* par la méditation; *doctes* par la lecture.—*Habile* dit plus que *capable.* Le talent ou naturel ou acquis par l'étude fait un homme *capable;* pour être *habile,* il faut joindre à ce talent la pratique et des succès. — *L'habile homme* est celui qui fait un grand usage de ce qu'il sait. Le *capable* peut, l'*habile* exécute.—*La Bruyère* (Caractères, chap. I), a dit substantivement *quelques habiles.* Il est peu usité en ce sens, si ce n'est dans le style familier. On dit absolument : *les habiles,* en parlant des personnes qui, par leur position et leurs talents, voient mieux le fond des choses et leur résultat, ou du moins qui en ont la prétention. Voy. ADROIT. — En t. de jurispr., capable : *habile à succéder.* — Fig. et fam. : *être habile à succéder,* être vif et alerte pour ses intérêts. — *Habile courtisan* emporte un peu plus de blâme que de louange; il veut dire trop souvent *habile flatteur;* il peut aussi ne signifier qu'un homme adroit, qui n'est ni bas, ni méchant.—On dit : *un habile fripon, un habile scélérat.* Les particules *dans, à* et *en,* s'emploient avec le mot *habile.* On dit : *habile dans un art, habile à manier le ciseau, habile en mathématiques.*

HABILEMENT, adv. (*abileman*), d'une manière *habile;* avec *habileté.*

HABILETÉ, subst. fém. (*abileté*), capacité, adresse. Voy. CAPACITÉ, DEXTÉRITÉ.

HABILISSIME, adj. des deux genres (*abilicime*), très-*habile.* Il est fam.

HABILITATION, subst. fém. (*abilitâcion*), t. de jurispr., sorte d'émancipation qui rend un enfant *habile* à contracter et à acquérir pour lui-même.

HABILITÉ, subst. fém. (*abilité*) (en lat. *habilitas*), t. de pratique, aptitude; *habilité* à succéder.

HABILITÉ, E, part. pass. de *habiliter.*

HABILITER, v. act. (*abilité*), t. de jurispr., rendre *habile* à..., capable de...

HABILLAGE, subst. mas. (*abi-iaje*), préparation du gibier ou des volailles pour les mettre en broche. — Première préparation qu'on donne 1° à un cuir, à une peau pour l'apprêter; 2° aux saumons et aux morues qu'on veut saler; 3° au chanvre, en le passant par le séran. — Enluminure des cartes à jouer.—Action d'ajouter quelque chose à une pièce de poterie.—Action d'accoupler les coupons d'un train de bois.

HABILLÉ, E, part. pass. de *habiller*, et adj., vêtu, orné. — *Carte habillée,* dans laquelle les traits sont remplis par les enluminures. — *Habit habillé,* celui que l'on met en grande toilette, et d'après une étiquette indiquée.

HABILLEMENT, subst. mas. (*abi-ieman*), vêtement, *habit.* — L'ensemble des choses dont on est vêtu.—*Habillement de tête,* armure de tête, casque. — En t. d'administration, action d'*habiller,* de pourvoir d'*habillements* : *l'habillement des troupes, des élèves d'un collège; capitaine d'habillement, dépenses d'habillement.*

HABILLER, v. act. (*abi-ié*), vêtir, mettre un *habit* : *valet qui habille son maître.* — Donner, faire faire un *habit* : *habiller les troupes, les pauvres,* etc. — Faire un *habit* : *c'est un tel tailleur qui l'habille;* et neutralement : *ce tailleur habille bien.* — *Cet habit vous habille bien,* est bien fait.— On dit encore, mais absolument, qu'*une étoffe habille bien,* pour dire qu'elle est souple et maniable, et qu'elle prend bien les formes. — Il se dit dans un sens analogue de la manière dont un peintre ou un sculpteur drape et revêt les figures : *ce peintre, ce sculpteur ne sait pas habiller ses figures; habiller bien ses figures.* — *Habiller une peau,* la préparer. — *Habiller* se dit aussi dans le sens de préparer, d'arranger, en parlant de certains animaux qu'on écorche et qu'on vide pour les mettre en état de pouvoir être accommodés à la cuisine: *habiller un veau, un mouton, un lapin; habiller du poisson, de la volaille,* etc. — On dit encore dans un sens analogue : *habiller une carde,* la monter ou la faire; *habiller une pièce de poterie,* y ajouter une oreille, un manche, un pied, etc. — *Habiller un train de bois,* en accoupler les coupons. — *Habiller un arbre,* le couper à une certaine hauteur, et en rafraîchir les racines avant de le planter. — *Habiller* signifie quelquefois, par extension, couvrir, envelopper : *il faut habiller de ronces le tronc de cet arbre, pour que les passants ne l'endommagent pas.* — On dit fig., dans un sens analogue : *habiller une pensée en vers,* la mettre en vers. — Au fig. : *habiller un héros à la française,* lui donner l'air et le caractère français, quoiqu'il n'ait pas été Français. — *Habiller une faute, une mauvaise action,* les déguiser, les présenter sous un jour favorable. — *Habiller une personne,* la critiquer, lui donner des ridicules.—*s'*HABILLER, v. pron., se vêtir, se donner un *habit.*—Il se dit aussi de la manière dont une personne *s'habille,* du goût qu'elle apporte dans le choix et l'arrangement de ses *habits* : *s'habiller de bleu, de noir, de blanc; cette femme s'habille bien, s'habille sans goût, ne sait pas s'habiller.*

HABILLEUR, subst. mas., **HABILLEUSE**, subst. fém. (*abi-ieur, ieuze*), celui, celle qui *habille* dans les théâtres, ou ailleurs.—Ces deux mots manquent dans l'*Académie.*

HABILLEUSE, subst. fém. Voy. HABILLEUR.

HABILLOT, subst. mas. (*abi-iô*), pièce de bois d'un train qui sert à accoupler les coupons.

HABILLURE, subst. fém. (*abi-iure*), point de jonction d'un treillage.

HABIT, subst. mas. (*abi*) (en latin *habitus,* dérivé de *habere,* avoir), habillement, vêtement, ce qui est fait pour couvrir le corps.—Il se dit principalement de ce qui est l'ouvrage du tailleur ou de la couturière, et s'emploie souvent au pluriel en parlant d'un habillement complet. Dans ce cas, on dit également : *un habit, des habits d'homme; un habit, des habits de femme.* — Dans un sens particulier, on appelle *habit* cette partie de l'habillement des hommes qui couvre les bras et le corps, et qui est ouvert par devant. —Pris absolument, il signifie l'*habit* de religieuses ou de religieux : *prise d'habit; porter, quitter l'habit.* — Prov.: *l'habit ne fait pas le moine*, il ne faut pas juger des personnes par les apparences, par les dehors. Il se dit aussi d'un homme dont la conduite et les discours ne sont pas conformes à son état.

HABITABLE, adj. des deux genres (*abitable*), qui peut être, ou qui est susceptible d'être *habité*.

HABITACLE, subst. mas. (*abitakle*) (en latin *habitaculum*), en t. d'Écriture sainte et dans le style soutenu, habitation, demeure : *les habitacles éternels*. La Fontaine l'a employé en mauvaise part :

> Un bourg était autour, ennemi des autels,
> Gens barbares, gens durs, *habitacle* d'impies.
> (*Philemon et Baucis.*)

— En t. de mar., armoire devant le poste du timonier, où l'on renferme la boussole, la lumière et l'horloge.

HABITANT, E, subst. (*abitan, tante*) (en latin *habitans* ou *habitator*), celui qui demeure, qui réside en quelque lieu.—HABITANT, BOURGEOIS, CITOYEN. (*Syn.*) *Habitant* se dit uniquement par rapport au lieu de la résidence, quel qu'il soit, ville ou campagne; *bourgeois* marque une résidence dans la ville et un degré de condition qui tient le milieu entre la noblesse et le paysan ; *citoyen* enfin a un rapport particulier à la société politique. — Il se dit particulièrement de celui qui possède un domaine, une habitation dans une colonie : *un habitant de la Guadeloupe, de la Martinique; un riche habitant.*—Poét. : *les habitants de l'air, des forêts*, les oiseaux, les bêtes sauvages; *les habitants de l'Olympe*, les dieux.

HABITANT, E, adj. (*abitan, tante*), en t. de prat., domicilié : *elle est encore habitante en ce lieu*, elle y demeure encore.

HABITATION, subst. fém. (*abitâcion*) (en lat. *habitatio*), lieu où l'on demeure. — Métairie, héritage que l'on cultive dans les colonies. — Par extension, établissement qu'une colonie forme dans un pays éloigné : *les Français établirent une habitation dans le Canada.*—En t. de prat.: *avoir habitation avec une femme*, avoir sa compagnie charnelle. — En t. de jurispr., on appelle *droit d'habitation*, le droit de demeurer dans la maison d'autrui sans payer de loyer. Il diffère de l'usufruit en ce que l'usufruitier a la jouissance de tout l'héritage sujet à l'usufruit, au lieu que celui qui a le *droit d'habitation* n'en peut prendre que ce qui lui est nécessaire suivant son état. — En t. de bot.: *l'habitation d'une plante*, son site ordinaire. — En t. d'hist. nat., on entend par *habitation*, 1° le climat que préfère chacun des êtres vivants; 2° le lieu particulier que chacun d'eux s'approprie dans la même contrée ; celui-ci s'appelle plus particulièrement *station*. Ainsi, le lion choisit son *habitation* dans les climats ardents de l'Afrique et de l'Asie, et le renne dans les régions glacées du nord ; mais la *station* de la loutre est près des rivières, et celle du lièvre dans les campagnes et les buissons. — HABITATION, MAISON, SÉJOUR, DEMEURE, DOMICILE. (*Syn.*) Une *habitation* est un lieu qu'on *habite* quand on veut. On a une *maison* dans un endroit qu'on n'habite pas ; un *séjour*, dans un endroit qu'on n'*habite* que par intervalles, un *domicile*, dans un endroit qu'on fixe aux autres comme le lieu de sa résidence ; une *demeure*, partout où l'on se propose d'être long-temps.— *Maison* désigne le bâtiment destiné à garantir des injures de l'air, des entreprises des méchants et des attaques des bêtes féroces. Une *maison* est grande ou petite, élevée ou basse, vieille ou neuve, faite de pierres ou de briques, couvertes de tuiles ou de chaume, etc. — *Habitation* caractérise l'usage que l'on fait d'une maison relativement à toutes ses dépendances, tant intérieures qu'extérieures. Une *habitation* est commode ou incommode, saine ou malsaine, riante ou triste, etc. Les mots de *séjour* et de *demeure* sont relatifs au plus ou moins de temps que l'on *habite* dans un lieu. Le *séjour* est une *habitation* passagère; la *demeure*, une *habitation* plus durable. Le mot de *domicile* ajoute à l'idée d'*habitation* celle d'un rapport à la société civile et au gouvernement; et de là vient que ce terme n'est guère usité que dans le style de pratique.

HABITÉ, E, part. pass. de *habiter*, et adj.: *maison habitée*.

HABITER, v. act. (*abité*) (en lat. *habitare*, fréquentatif de *habere*, avoir, posséder), faire sa demeure, son séjour en quelque lieu : *habiter une maison*; et neut.: *habiter dans une maison, sous des tentes.* — En style de pratique, *habiter avec une femme*, la connaître charnellement.—S'HABITER, v. pron.

HABITUAIRE, subst. des deux genres (*abitu-ère*), t. de prat., celui, celle qui a droit d'*habitution*.

HABITUATION, subst. fém. (*abitu-âcion*), place d'*habitué*, de prêtre desservant d'une paroisse.

HABITUDE, subst. fém. (*abitude*) (en lat. *habitudo*), accoutumance, disposition acquise par des actes réitérés : *bonne, mauvaise habitude; contracter une habitude, des habitudes.* — On dit prov. et fig., pour marquer le pouvoir de l'habitude: *l'habitude est une autre nature, une seconde nature.* — *Etre homme d'habitude, femme d'habitude*, tenir beaucoup à ses *habitudes*. On dit fig. et fam., dans le même sens : *c'est un animal d'habitude; je suis un peu bête d'habitude.*—*Etre dans l'habitude de..., avoir l'habitude de...* La Bruyère a dit (chap. V): *par l'habitude qu'il a à la flatterie et à l'exagération*, c'est une faute ; il fallait *de la flatterie*, etc. — Connaissance, accès auprès de quelqu'un; fréquentation *habituelle*.— *Avoir une habitude*, un commerce de galanterie.— *Avoir une habitude dans une paroisse*, y être *habitué*. — *Habitude du corps*, l'air qui résulte du maintien, de la démarche et des attitudes les plus ordinaires d'une personne.—En phys. et en médec., la complexion, la disposition du corps, le tempérament.

HABITUÉ, E, subst. (*abitu-é*), celui, celle qui fréquente assidûment une maison, un lieu quelconque : *les habitués d'un café, d'un spectacle; les habitués de l'orchestre ; c'est un habitué de cette maison.*—Subst. mas. seulement, ecclésiastique au service d'une paroisse.

HABITUÉ, E, part. pass. de *habituer*, et adj., accoutumé à...

HABITUEL, adj. mas., au fém. HABITUELLE (*abitu-èle*), qui s'est tourné en *habitude* : *péché habituel.*—En théol., *grace habituelle*, celle qui réside toujours dans le sujet, qui est permanente.

HABITUELLE, adj. fém. Voy. HABITUEL.

HABITUELLEMENT, adv. (*abitu-èleman*), par *habitude*.

HABITUER, v. act. (*abitu-é*), accoutumer, faire prendre une *habitude*. — S'HABITUER, v. pron., s'accoutumer à... — S'établir, fixer sa demeure en certain lieu. Peu usité en ce dernier sens.

HABITUS, subst. mas. (*abituce*) (mot lat.), t. d'hist. nat., port, tournure, aspect extérieur d'une espèce.

HABLE (H *s'aspire*), subst. mas. (*able*), t. de mar., port. (*Boiste.*) Inus.

HÂBLER (H *s'aspire*), v. neut. (*âblé*) (de l'espagnol *hablar*, parler, fait du lat. *fabulari*, qui a la même signification), parler beaucoup avec vanterie et exagération; mentir.

HÂBLERIE (H *s'apire*), subst. fém. (*âbleri*), vanterie; discours plein d'exagération et de mensonges.

HÂBLEUR (H *s'aspire*), subst. mas., HÂBLEUSE, subst. fém. (*âbleur, bleuze*), celui, celle qui *hâble*, qui se vante, etc. : *c'est un grand hâbleur, une grande hâbleuse.*

HÂBLEUSE, subst. fém. Voy. HÂBLEUR.

HACELDAMA, subst. propre mas. (*acéledamâ*), t. d'Écriture sainte, mot hébreu qu'on rencontre dans la Bible, où on lui fait signifier *champ de sang*.

HACHARD (H *s'aspire*), subst. mas. (*achar*), t. de forgeron, ciseau pour couper les barres de fer.

HACHE (H *s'aspire*), subst. fém. (*ache*) (en lat. *ascia*), instrument de fer tranchant qui a un manche et qui sert à fendre et à couper le bois; cognée.—En t. d'arpenteur, forme de champs terminés par des lignes courbes : *pièce de terre de dix arpents en hache, tenant d'une part à...* — *Un héritage fait hache sur un autre*, quand une partie du premier se trouve engagée dans le second.—*Hache d'armes, hache* dont on se servait autrefois à la guerre; elle est encore en usage dans certains pays et dans les combats de mer.— *Hache à main*, petite *hache* dont le manche est court.— *Hache de pierre, hache* dont se servent quelques peuples sauvages, et qui est faite d'une pierre très-dure, au lieu de fer. — *Hache d'ouvrage*, en t. d'ardoisier, espèce de masse ou de marteau pour briser les blocs d'ardoise. — En t. d'imprimerie : *un livre est imprimé en hache*, lorsqu'il est à deux colonnes qui devaient naturellement être égales, mais dont l'une, se trouvant plus abondante que l'autre, occupe toute la largeur de la page au-dessous de celle qui a fini la première. — Fig. et fam. : *avoir un coup de hache*, être un peu fou.—*Chose faite à coups de hache*, mal faite. — En t. de bot., *hache royale*, espèce d'asphodèle dont la tige, en fleurissant, représente un sceptre.

HACHÉ, E, part. pass. de *hacher*, et adj. On appelle *terrein haché*, un terrein entrecoupé. — *Style haché*, inégal.

HACHE-BACHÉ, E, (*achebâché*), t. de brodeur; il se dit de longs poils de soie jetés sur la saillure, pour exprimer quelques plis ou quelques ombres.

HACHÉE (H *s'aspire*), subst. fém. (*aché*), punition infamante, autrefois en usage, qui consistait à porter une selle ou un chien pendant un espace de chemin déterminé.—Au plur., t. d'hist. nat., vers cachés sous les feuilles d'arbre, dont les pluviers font leur nourriture.

HACHEMENT (H *s'aspire*), subst. mas. (*acheman*), se dit, dans le blas., des liens des panaches à divers nœuds et lacets, et à longs bouts voltigeant en l'air.

HACHE-PAILLE (H s'aspire), subst. mas. (*achepâ-ie*), instrument propre à *hacher* la *paille* pour la donner aux chevaux et au bétail.—Au plur., des *hache-paille*.

HACHER (H *s'aspire*), v. act. (*aché*), fendre avec la *hache*. Il est peu usité en ce sens.—Couper en petits morceaux : *hacher du veau, du mouton; hacher de la paille; hacher menu.*— Prov. : *hacher menu comme chair à pâté*, mettre en pièces, *hacher* par morceaux. On dit de même par menace : *vous serez haché menu comme chair à pâté.* — Par exagération : *hacher quelqu'un en pièces; le hacher en morceaux*, le frapper de plusieurs coups d'une arme tranchante. — Au fig., couper malproprement, avec maladresse : *il ne découpe pas cette viande, il la hache.*—Il se dit par extension du dommage que la grêle fait quelquefois aux blés et aux arbres : *mes blés ont été hachés par la grêle; la grêle a haché les vignes, les arbres*, a brisé les ceps et les branches, a fait un dommage extrême. — On dit qu'*on se ferait hacher*, qu'*on se ferait hacher en pièces, pour soutenir une chose, pour défendre une personne*, pour dire qu'on est disposé à la soutenir, à la défendre même jusqu'au péril de sa vie. On dit aussi en ce sens, qu'*on s'y ferait hacher* ; et de même: *vous le feriez hacher; on le hacherait, qu'il ne céderait pas.*—On dit qu'*un bataillon, un escadron, s'est fait hacher en pièces*, ou simplement, *s'est fait hacher*, pour dire qu'il s'est défendu jusqu'à ce qu'il ait été entièrement défait. — Dans le dessin et la gravure, disposer des lignes ou traits à l'aide du crayon, de la pointe ou du burin, pour donner l'effet aux différents objets que l'on veut ombrer. Ces lignes suivant les objets à représenter, sont droites, courbes, ondoyantes, croisées, etc.—En maçonnerie, unir, avec la *hache* du marteau à deux têtes, le parement d'une pierre, pour la rustiquer et la layer ensuite.—En t. de bijoutier, de fourbisseur, tailler une pièce pour avoir sur elle plus de prise, afin d'y attacher plus facilement la matière qu'on veut y ajouter.—En t. de lapid., faire des traits à la roue afin d'y polir le diamant.—En t. de tapissier, réduire en poudre la tonture des draps ou des étoffes.—En t. d'argenteur, *hacher une pièce de métal*, y pratiquer un grand nombre de traits dans tous les sens. — *se* HACHER, v. pron.

HACHEREAU (H *s'aspire*), subst. mas. (*acherô*), petite cognée ou *hache*.

HACHETTE (H *s'aspire*), subst. fém. (*achète*), outil de maçon pour *hacher* le plâtre.—Petite *hache*.

HACHIE, subst. fém. (*achi*), peine. (*Boiste.*) Il est vieux et même hors d'usage.

HACHIS (H *s'aspire*), subst. mas. (*achi*), t. de cuisine, mets fait avec de la viande ou du poisson, qu'on *hache* extrêmement menu : *hachis de perdrix, de mouton, de carpe.*

HACHOIR, (H *s'aspire*), subst. mas. (*achoar*), table sur laquelle on *hache* des viandes.—Grand couteau à *hacher*.—Chez les chandeliers, endroit où l'on coupe la graisse en petits morceaux avant de la fondre.—C'est aussi un *hache-paille*.

HACHOTTE (H *s'aspire*), subst. fém. (*hachote*), synonyme de *hachette*. —Outil de couvreur pour couper la latte.

HACHURE (H *s'aspire*), subst. fém. (*achure*), dans le dessin, lignes ou traits par lesquels on exprime les demi-teintes et les ombres. Voy. HACHER. Dans la gravure ces traits se nomment *tail-*

les. On appelle *hachures simples*, celles qui sont formées par une seule ligne, soit droite, soit courbe; et *hachures doubles*, celles qui sont formées par plusieurs lignes, soit droites, soit courbes, qui se croisent en manière de losange.— En t. de gravure, *hachures empâtées, hachures* qui sont confondues par l'effet de l'eau forte qui a enlevé le vernis.— Traits faits avec le couteau à *hacher* sur le cuivre, sur le fer ou laiton, lorsqu'on veut argenter ou dorer.—En t. de blas., traits ou points pour marquer la différence des couleurs et des métaux.

HACLERET, subst. mas. (*aklerè*), selon *Boiste* et *Raymond*, vieux mot qui signifiait *cotte de mailles*. C'est une méprise; ils ont voulu dire *halecret*, qui a en effet cette signification. Voy. ce mot.

HADA, subst. propre fém. (*ada*), myth., déesse des Babyloniens, qui paraît être la Junon des Grecs.

HADJY, subst. mas. (*adeji*), pèlerin mahométan qui a fait le voyage de la Mecque.—Pèlerin grec chrétien qui a visité Jérusalem.

HÆMANGIOTITE, subst. fém. (*émanji-otite*), t. de médec., angiotite sanguine, inflammation des vaisseaux sanguins.

HÆMATOPOTE, subst. mas. (*ématopote*), t. d'hist. nat., espèce de taon.

HÆMODORE, subst. fém. (*émodore*), t. de bot., plante exotique de la famille des iridées.

HÆRUQUE, subst. mas. (*éruke*), t. d'hist. nat., genre de vers intestins.

HAFVA, subst. propre fém. (*afeva*), myth., divinité des anciens peuples de la Belgique.

HAGADA, subst. fém. (*aguada*), oraison que les juifs récitent la veille de leur pâque.

HAGARD, E, (*h s'aspire*), adj. (*aguar*) (de l'allemand *hag*, clôture, forteresse, lieu fermé; *homme hagard*, que la forteresse où il se trouve rend fier et hardi. *Huet*), farouche, rude : *yeux hagards*; *esprit hagard*, insociable. — En t. de fauconnerie, *faucon hagard*, pris après plus d'une mue, et qui ne s'apprivoise pas aisément.

HAGÉE, subst. fém. (*aje*), t. de bot., espèce de plante caryophyllée.

HAGÉNIE, subst. fém. (*ajéni*), t. de bot., arbre à fleurs rouges originaire de l'Abyssinie.

HAGIS, subst. mas. (*ajice*), nom que donnent les musulmans à ceux qui font des pèlerinages.

HAGIOGRAPHE, subst. mas. (*aji-oguerafe*) (du grec αγιος, saint, et γραφω, j'écris), auteur de vies de saints.—Adj. des deux genres : *les livres hagiographes de l'Ancien Testament*, ceux qui ne contiennent ni la loi de Moïse ni les prophètes.

HAGIOGRAPHIE, subst. fém. (*aji-oguerafi*) (du grec αγιος, saint, et γραφω, j'écris), traité sur les choses saintes.

HAGIOLOGIQUE, adj. des deux genres (*aji-olojike*) (du grec αγιος, saint, et λογος, discours), qui concerne les saints, les choses saintes.

HAGIOSIDÈRE, subst. mas. (*aji-ozidère*), autrefois fer qui remplaçait les cloches. (*Boiste*.) Voy. le mot suivant.

HAGIOSIMANDRE, subst. mas. (*aji-ozimandre*) (du grec αγιος, saint, et σημανδρον, que les Grecs modernes prononcent σιμανδρον, indication, appel, fait de σημαινω, j'indique), instrument de fer dont les chrétiens grecs se servaient au lieu de cloches.

HAGNITAS, subst. propre mas. (*aguenitâce*), myth., surnom d'Esculape.

HAGLURES, subst. fém. plur. (*aguelure*), t. de faucon., taches sur les pennes des faucons. — *Boiste* écrit aussi *hagleures*, et Laveaux *aiglures*.

HAGUE, subst. fém. (*ague*), pâte de vermicelle en forme de ruban.

HAGUENAU, subst. propre mas. (*aguenô*), ville forte de France, chef-lieu de canton, dép. du Bas-Rhin.

HAHA (*h s'aspire*), subst. mas. (*a-a*), ouverture au mur d'un jardin avec un fossé en dehors. — T. de mar., voile particulière, qu'on place sous le boute-hors du beaupré.

HAHALI, interj. Voy. HALLALI.

HAHÉ (*h s'aspire*), subst. mas. (*a-é*), cri pour arrêter les chiens de chasse qui prennent le change et qui s'emportent trop.

HAHOUYTATS, subst. mas, plur. (*a-ou-ita*), nom d'une secte d'Arabes en Egypte.

HAÏ, E (*h s'aspire*), part. pass. de *haïr*.

HAÏCTITES, subst. mas. plur. (*a-iketite*), sectaires musulmans.

HAÏDAMACS, subst. mas. plur. (*a-idamak*), ancien nom des Cosaques.

HAIE (*h s'aspire*), subst. fém. (*è*) (du latin barbare *haia* ou *aga*, employé dans le même sens par les écrivains de la basse latinité, et dérivé de l'allemand *hag*, clôture, lieu fermé), clôture d'un champ faite de ronces, d'épines, d'arbustes épineux, etc. — *Haie vive*, haie formée d'arbustes, ordinairement épineux, qui ont pris racine et qui sont en pleine végétation. — *Haie morte* ou *sèche*, qui est formée d'épines ou d'autres bois morts entrelacés. — On dit prov. : *et haie au bout*, pour, et quelque chose par-dessus. Voy. BOUT. — Au fig., rangée de soldats ou d'autres personnes qui se mettent de file les uns à côté des autres : *se mettre, se ranger en haie; border la haie*. — En t. de marine, banc de pierre et d'écueils fort allongés le long d'une côte, à fleur d'eau, ou sous l'eau, ou en pleine mer. — Espace dans lequel on arrange les briques pour les faire sécher. — En t. de laboureur, pièce de bois arrondie qui règne tout le long de la charrue. — En t. d'hist. nat., subst. mas., espèce de serpent d'Egypte.

HAÏE (*h s'aspire*) (*a-i*), cri des charretiers pour animer leurs chevaux.

HAIL, subst. mas. (*èie*), t. de vieille faucon.; on dit que *l'oiseau vole de bon hail*, lorsqu'il chasse de bon gré.

HAILLON (*h s'aspire*), subst. mas. (*â-ion*) (suivant *Le Duchat*, c'est une syncope du mot inusité *habillon*, pour habit, fait de *habiller*. D'autres le dérivent du celtique ou bas-breton, où ce mot signifie celui qui a de pauvres habits), vieux lambeau de toile et d'étoffe; il se dit ordinairement au pluriel : *couvert de haillons*. — Au plur., petites huttes où travaillent les ouvriers dans le haut d'une ardoisière.

HAIM (*h s'aspire*), subst. mas. (*ein*) (en lat. *hamus*), t. de pêche, crochet ordinairement de métal, auquel on attache une amorce pour attirer le poisson qui se prend au *haim* en mordant la nourriture qu'on lui présente.

HAINAUT (*h s'aspire*), subst. propre mas. (*ènô*), ancienne province du royaume des Pays-Bas, qui comprenait une grande partie des dép. du Nord et des Ardennes.

HAINE (*h s'aspire*), subst. fém. (*ène*), inimitié; passion qui fait *haïr* : *haine mortelle, invétérée, implacable*; *vieille haine*; *entretenir, dissimuler, faire éclater sa haine*; *concevoir, nourrir de la haine contre quelqu'un*; *prendre, avoir quelqu'un en haine*. — Aversion, répugnance pour quelque chose : la *haine des procès*; *la haine du vice, du mensonge*. Ce mot n'a de plur. qu'en vers et dans le discours élevé : *fomenter, assoupir, exciter les haines*; *il y a des haines héréditaires entre des familles*.—*La haine du prochain*, la haine qu'on a pour son prochain. — *Avoir la haine du public*, être l'objet de la haine publique. — *En haine de...*, loc. prép., par aversion pour... — HAINE, AVERSION, ANTIPATHIE, RÉPUGNANCE. (*Syn.*) Le mot de *haine* s'applique plus ordinairement aux personnes; on n'emploie celui de *répugnance* qu'à l'égard des actions; ceux d'*aversion* et d'*antipathie* conviennent à tout également. La *haine* est plus volontaire et semble naître de la passion ou du ressentiment; l'*aversion* et l'*antipathie*, moins libres, paraissent avoir leur source dans le tempérament ou dans le goût naturel, avec cette différence, que l'*aversion* a des causes plus connues, et que l'*antipathie* en a de plus secrètes; la *répugnance* est un sentiment passager causé par la peine ou le dégoût de ce qu'on est obligé de faire. La *haine* fait qu'on blâme tout jusqu'aux vertus dans les personnes qui en sont l'objet; l'*aversion*, qu'on les évite; l'*antipathie*, qu'on ne peut les souffrir; et la *répugnance*, qu'on agit à contre-cœur et de mauvaise grâce dans les actions ou les démarches auxquelles on est contraint. On n'a et il ne faut avoir de la haine que pour le vice; de l'*aversion*, que pour ce qui est nuisible; de l'*antipathie*, que pour ce qui porte au crime; et de la *répugnance*, que pour les fausses démarches, ou pour ce qui peut donner atteinte à la réputation.

HAINEUSE, adj. fém. Voy. HAINEUX.

HAINEUSEMENT (*h s'aspire*), adv. (*èneuzeman*), avec *haine*.

HAINEUX (*h s'aspire*), adj. mas. au fém. **HAINEUSE**, (*èneu, neuze*), qui est naturellement porté à la *haine* : *esprit, caractère haineux*; *ce sont des gens haineux et vindicatifs*.

HAÏR (*h s'aspire*), v. act. (*a-ir*) (*je hais, tu hais, il hait*. Ces trois personnes et l'impératif *hais* sont d'une syllabe. Prononcez : *je è, tu è, il è*. Impér. *è*. Dans les autres temps et personnes, *a i* forment deux syllabes : *ha-ïssons, il a ha-ï, il ha-ïra, ha-ïr*, etc.) (suivant *Ménage*, de *odire*, ancien mot latin, pour lequel on a dit, dans le temps de la bonne latinité, *odisse*, qui a la même signification), en parlant des personnes, avoir de la haine, de l'inimitié pour...; vouloir du mal à... — En parlant des choses, 1° avoir en horreur : *haïr le vice, le mensonge*; 2° avoir de l'aversion, de la répugnance : *haïr les compliments, les livres*, etc. — Il se dit dans le même sens des choses dont on reçoit quelque incommodité : *haïr le froid, le chaud, le vin*. — *Voltaire*, dans l'*Enfant prodigue*, n'a point aspiré *h* de *haïr* :

Il meurt au moins sans être *haï* de nous.

C'est une faute qui ne doit point être imitée. — Prov., *haïr comme la peste, comme la mort, à la mort*, haïr extrêmement. — *se* HAÏR, v. pron.

HAIRE (*h s'aspire*), subst. fém. (*ère*) (de l'allemand *haar*, poil), chemisette de crin ou de poil de chèvre, que l'on met sur la chair par esprit de mortification et de pénitence. — Espèce d'étoffe à l'usage des brasseurs, et dont on se sert aussi dans les forges. — *Drap de laine en haire*, qui n'a reçu aucun apprêt, qui est encore tel qu'au sortir du métier. — Subst. mas., cerf d'un an.

• **HAIREUX** (*h s'aspire*), adj. mas. (*èreu*), froid et humide : *temps haireux*. Il ne se dit plus.

DU VERBE IRRÉGULIER HAÏR :

Hais, 2e pers. sing. impér.
Hais, précédé de *je*, 1re pers. sing. prés. indic.
Hais, précédé de *tu*, 2e pers. sing. prés. indic.

HAÏSSABLE (*h s'aspire*), adj. des deux genres (*a-içable*), qui mérite d'être *haï*, qu'on doit *haïr* : *les grands haïssent la vérité, parce qu'elle les rend haïssables*. Voy. ODIEUX. *Voltaire* (*Alzire*), s'est permis dans ce mot, comme dans celui de *haïr*, de ne point aspirer l'*h* :

Aurait rendu comme eux leur Dieu même *haïssable*.

Hait, 3e pers. sing. prés. indic. du verbe irrégulier HAÏR.

HAÎT (*h s'aspire*), subst. mas. (*è*), bonne santé et gaîté habituelle. (*Boiste*.) Il ne se dit plus.

HAÎTÉ, E (*h s'aspire*), adj. (*été*), content. Vieux; il ne se dit plus.

HAÏTI, subst. propre fém. (*a-iti*), île de l'océan Atlantique, l'une des grandes Antilles, appelée autrefois Saint-Domingue. Elle est maintenant organisée en république et divisée en cinq départements.

HAJE, subst. fém. (*aje*), t. d'hist. nat., vipère d'Égypte, qui enfle sa gorge lorsqu'elle est irritée.

HAKE, subst. fém. (*ake*), t. de bot., genre de plantes de la Nouvelle-Hollande.

HAKIM-BACHI, subst. mas. (*akimebachi*), médecin du sérail, en Perse.

HALACHORE, subst. mas. (*alakore*), secte d'Indiens qui n'ont aucun culte, espèce de parias méprisés des autres sectes.

HALÆUS, subst. propre mas. (*alé-uce*), myth., surnom d'Apollon. Minerve était aussi nommée *Halœa*, du nom d'un certain *Halœus* qui lui avait bâti à Tège en Arcadie un temple où l'on gardait les défenses du sanglier de Calydon.

HALAGE (*h s'aspire*), subst. mas. (*alaje*), l'action de *haler*, de tirer un bateau. — On appelle *chemin de halage*, un espace d'une certaine largeur, que les riverains des rivières navigables sont obligés de laisser sur les bords, pour le passage des chevaux qui halent ou tirent les bateaux. Ne confondez pas ce mot avec *hallage*.

HALBEKOPF (*h s'aspire*), subst. mas. (*alebekopefe*), monnaie d'argent des états de l'empereur d'Autriche en Allemagne, qui a cours pour dix kreutzers.

HALBI, subst. mas. (*albi*) (de l'allemand *halb*, demi), espèce de cidre poiré de médiocre qualité.

HALBOURG (*h s'aspire*), subst. mas. (*alebour*), t. de pêche, sorte de hareng plus gros que les harengs ordinaires, et qu'on pêche isolément sur nos côtes après le départ de ces derniers. Il n'a jamais ni œufs ni laite.

HALBRAN (*h s'aspire*), subst. mas. (*alebran*) (du grec αλς, mer, et βρενθος, espèce d'oiseau; *oiseau de mer*), t. d'hist. nat., jeune canard sauvage. On écrivait aussi autrefois *hallebran* et *halebran*.

HALBRENÉ, E (*h s'aspire*), part. pass. de *halbrener*, et adj., t. de fauconnerie : *un oiseau halbrené*, dont les pennes sont rompues. — Au fig. et en plaisantant : *cet homme est tout halbrené*, déguenillé, en mauvais état, etc.

HALBRENER (H *s'aspire*), v. neut. (*alebrené*), chasser aux *halbrans* On disait aussi autrefois *halebraner*.

HALDAN, subst. propre mas. (*aledan*), myth., l'un des dieux pénates des Cimbres.

HÂLE (H *s'aspire*), subst. mas. (*âle*) (du grec ἀλεα, ardeur des rayons du soleil), proprement, état de l'air lorsque son action dessèche le pain et la viande, brunit le teint, fane les fleurs et altère très-sensiblement le tissu des végétaux. *Les femmes craignent le hâle, sont sujettes au hâle: cela préserve du hâle.*

HALÉ, E, part. pass. de *haler*.

HÂLÉ, E, part. pass. de *hâler*, et adj. : *visage tout hâlé ; teint hâlé*.

HALÉA, subst. propre fém. (*alé-a*), myth., surnom de Minerve. Voy. HALÆUS.

HALE-À-BORD (H *s'aspire*), subst. mas. (*alabor*), t. de mar., cordage pour tirer à bord un objet auquel il est attaché par un bout.—Sans pl.

HALE-BAS (H *s'aspire*), subst. mas (*alebâ*), t. de mar., petit cordage fixé au point de drisse des focs, des petites voiles d'été, des pavillons, etc., afin de les amener. — Sans plur.

HALE-BOULINE (H *s'aspire*), subst. mas., (*aleboulinе*), t. de mépris en usage parmi les marins. Mauvais matelot.

HALEBREU (H *s'aspire*), subst. mas. (*âlebreu*), t. de mar., manœuvre coulante que l'on fait passer dans une petite poulie, ou dans une cosse capelée sur le petit bout de la vergue d'artimon. — Où *Raymond* a-t-il pris *halebreu*, que nous avons vainement cherché ailleurs?

HALECRET (H *s'aspire*), subst. mas. (*alekré*), ancienne arme défensive. C'était une espèce de corselet de fer battu formé de deux pièces, dont l'une se mettait devant et l'autre derrière.

HALE-DEDANS (H *s'aspire*), subst. mas. (*alededan*), t. de mar., moyen cordage frappé sur le rocambeau d'un foc, pour le haler en dedans; manœuvre opposée à celle des amures, qui se pratique pour le haler en dehors. — Sans plur.

HALEINE, subst. fém. (*alène*) (en lat. *halitus*), air attiré et repoussé par les poumons. Il diffère de *souffle*, en ce que ce dernier est pressé, contraint, plus fort, plus sensible que la simple *haleine*. Avec l'*haleine* on échauffe, parce qu'on exhale l'air échauffé dans les poumons; avec le *souffle* on refroidit, parce que c'est alors l'air extérieur que l'on comprime et que l'on chasse avec les lèvres : *haleine douce, forte, fraîche, mauvaise, puante*.—*Haleine de vent*, petit souffle de vent.—On dit poét., pour le souffle des vents, *l'haleine des vents ; l'haleine du zéphyr, des zéphyrs*.—Il se dit aussi de la faculté de respirer : *perdre haleine ; courir à perdre haleine, à perte d'haleine ; être, se mettre hors d'haleine*.—*Prendre haleine*, respirer, se reposer un instant avant de dire ou de faire quelque chose de long ou de difficile.—*Reprendre haleine*, se reposer pour se mettre en état de recommencer à parler, à marcher, à travailler, etc. — *Reprendre son haleine*, recommencer à respirer après une interruption accidentelle plus ou moins longue.—*Avoir beaucoup d'haleine*, avoir la faculté d'être un temps considérable sans respirer. — On dit aussi d'un homme qui peut parler ou courir long-temps sans s'essouffler, qu'*il a beaucoup d'haleine*. On le dit aussi d'un cheval. — *Un bon plongeur doit avoir beaucoup d'haleine*.—Fig., *tout d'une haleine*, sans intermission : *il a lu deux heures tout d'une haleine*.—*Faire des discours à perte d'haleine*, vains et vagues, qui importunent par leur longueur. — *Une affaire, un ouvrage de longue haleine*, de longue discussion et qui demande beaucoup de temps. — *Courte haleine*, essoufflement, respiration difficile et fréquente : *avoir la courte haleine*. On dit aussi, *avoir l'haleine courte*. — On dit fig. et fam., d'un auteur qui n'a ni facilité ni abondance, *cet auteur a la courte haleine*.—*Tenir quelqu'un en haleine*, en exercice, en habitude de travailler, etc.—Fig., le tenir dans un état d'incertitude, mêlé d'espérance et de crainte.—*En haleine*, façon de parler adverbiale, pour dire en exercice, en habitude de travailler, de courir, etc. : *il faut tenir les soldats en haleine*. — En parlant des exercices du corps et de ceux de l'esprit, *se mettre en haleine*, se mettre en train de faire quelque chose, de manière à en contracter la facilité et le goût ; *se tenir en haleine*, s'entretenir dans l'habitude de faire quelque chose ; *être en haleine*, être en train de faire une chose avec goût, avec ardeur : *achevons cet ouvrage tandis que nous sommes en haleine*. — En t. de manège, *mettre un cheval en haleine*, le faire travailler ; *lui donner haleine*, le mener quelque temps au pas après l'avoir fait galoper. — *Un cheval gros d'haleine*, se dit d'un cheval qui souffle extraordinairement quand il galope, quoiqu'il ne soit pas poussif. — HALEINE, SOUFFLE. (*Syn.*) Le *souffle* est plus fort et plus sensible que la simple *haleine*. Votre *haleine* fera vaciller la lumière d'une bougie, votre *souffle* l'éteindra. Le *souffle* ramasse en un point toute l'*haleine*, et en augmente la force par l'impulsion.—Le mot *haleine* indique particulièrement le jeu habituel de la respiration, et on lui attribue des qualités habituelles; le mot *souffle* ne marque proprement qu'un acte particulier ou *un état accidentel de la respiration et des modifications passagères*. L'*haleine* et le *souffle* appartiennent aussi aux vents, mais leur *souffle* est de même plus fort et plus sensible que leur *haleine*. Vous direz: le *souffle* des aquilons et l'*haleine* des zéphyrs. — Une douce agitation de l'air n'est qu'une *haleine*; un léger courant d'air est un *souffle*. — En t. de bot., on appelle *haleine de Jupiter*, une espèce de *diosma* qui exhale une odeur douce et suave.

HALEMENT (H *s'aspire*), subst. mas. (*aleman*), t. de maçon et de charpentier, nœud d'un câble qu'on met à un fardeau qu'on veut élever.

HALENÉ, E, part. pass. de *halener*.

***HALENÉE** (H *s'aspire*), subst. fém. (*alené*), respiration accompagnée d'une odeur désagréable : *une halenée de vin, d'ail*, etc.

***HALENER** (H *s'aspire*), v. act. (*alené*), t. de chasse, il se dit des chiens de chasse qui sentent la bête. — Pop., *halener quelqu'un*, sentir son *haleine*. — Fig. et fam., reconnaître son faible, découvrir ce qu'il a dans l'âme.

HALER (H *s'aspire*), v. act. et neut. (*alé*) (première syllabe brève), faire courir des chiens ou des chevaux; les exciter : *haler des chiens après quelqu'un*.—T. de mar., tirer un câble, un cordage, une manœuvre, et faire force dessus pour les bander ou les roidir : *haler sur une manœuvre; haler sur une bouline*. — Il signifie aussi tirer quelque chose vers l'endroit où l'on veut.—*Haler un bateau à bord*, le tirer à terre au moyen d'une corde. — *Haler à la cordelle*, tirer une corde pour faire avancer un bâtiment dans une rivière.—*Haler le vent*, cingler le plus près qu'il est possible vers l'endroit d'où vient le vent. — On dit quelquefois *le vent hale le sud, l'est*, etc., pour annoncer qu'il change en approchant d'une de ces directions. — *se* HALER, v. pron., en t. de mar., on dit d'un bâtiment qui, en courant des bordées, s'élève au vent, qu'*il se hale dans le vent*; de même celui qui, virant sur une amarre de bout, amarrée à une distance plus ou moins grande, va en avant, approche du but, est dit *se haler* : *se haler de l'avant, se haler en travers*.

HÂLER (H *s'aspire*), v. act. (*âlé*) (la première syllabe est longue), rendre basané. Voy. HÂLE.—Dessécher le chanvre pour le disposer à être broyé. — *se* HÂLER, v. pron., être noirci par le *hâle*.

HALÉSIA, subst. fém. (*alézia*), t. de bot., nom de deux genres de plantes exotiques.

HALÉSUS, subst. prop. mas. (*alézuce*), myth., fils d'Agamemnon et de Briséis. On dit que, redoutant la colère de Clytemnestre qui avait fait assassiner Agamemnon, il prit la fuite, et qu'après bien des aventures il aborda en Italie, où il fonda l'empire des Falisques.

HALÉSIER, subst. mas. (*alézié*), t. de bot., arbrisseau de la famille des ébéniers.

HALÉSIUS, subst. propre mas. (*alézi-uce*), fleuve de Sicile, qui coule au pied d'une montagne de même nom. C'était là que Proserpine cueillait des fleurs lorsque Pluton l'enleva.

HALETANT, E, (H *s'aspire*), adj. (*aletan*), *tante*), qui *halette*, qui est essoufflé.

HALETER (H *s'aspire*), v. neut. (*aleté*) (du lat. *halitare*, exhaler, souffler), souffler comme quand on est hors d'*haleine*.

HALEUR (H *s'aspire*), subst. mas. (*aleur*), celui qui *hale*, qui remonte un bateau avec un câble.

HALÉUS, subst. propre mas. (*alé-uce*), myth., surnom d'Apollon pris d'un temple que Philoctète lui fit édifier en Grèce, près de Crotone.

HALEX, subst. mas. (*alékce*), sorte de sauce des anciens faite de saumure et d'anchois hachés.

HALIA, subst. propre fém. (*ali-a*), myth., nymphe marine, fille de Nérée et de Doris.

HALICTE, subst. mas. (*alikte*), t. d'hist. nat., insecte hyménoptère de la section des porte-aiguillons.

HALIDRE, subst. mas. (*alidre*), t. de bot., genre de plantes de l'espèce des varecs.

HALIES, subst. fém. plur. (*ali*) (du grec ἀλιος, en dorique, pour ἡλιος, le soleil), myth., fêtes qu'on célébrait à Rhodes, en l'honneur du Soleil.

HALIEUTIQUE, adj. des deux genres (*ali-eutike*) (du grec ἀλιευτικη, la pêche, fait de ἀλς, la mer), qui concerne la pêche.—Subst. fém., art de pêcher.

HALIGOURDE, subst. mas. (*aliguourde*), espèce de pain fait avec de la farine de gruau.

HALIMÈDE, subst. mas. (*alimède*), t. d'hist. nat., genre de polypiers voisin des corallines.

HALIMOS, HALIMUS ou **ALIMUS**, subst. mas., (*alimôce, muce*), t. de bot. : les anciens ont donné ces noms à un arbrisseau blanchâtre, sans épines, à feuilles semblables à celles de l'olivier, lequel croît dans les haies et sur les rochers voisins de la mer.

HALIN (H *s'aspire*), subst. mas. (*alein*), t. de pêche, corde qu'on amarre au bout des filets, pour les traîner.

HALINATRON, subst. mas. (*alinatron*), sel alcali naturel que l'on rencontre par rayons ou par bandes sur la superficie intérieure des vieilles voûtes, et contre les parois des vieux bâtiments.

HALIOTIDE ou **HALIOTIS**, subst. mas. (*ali-otide, tice*) (du grec ἀλιος, de mer, marin, et ους, gén. ωτος, oreille; *oreille de mer*), t. d'hist. nat., genre de coquilles univalves; oreille de mer fossile.

HALIOTIDIER, subst. mas. (*ali-otidié*), t. d'hist. nat., animal qui vit dans *l'haliotide* ; il a des yeux à la pointe de ses plus courts tentacules.

HALIOTITE, subst. mas. (*ali-otite*), t. d'hist. nat., oreille de mer fossile selon quelques naturalistes. On dit plus ordinairement *haliotide*. Voy. ce mot.

HALIPHÉOS, subst. mas. (*alifé-ôce*), t. de bot., arbre peu connu et dont l'écorce est très-épaisse.

HALIPLE, subst. mas. (*aliple*), t. d'hist. nat., genre d'insectes de l'ordre des coléoptères.

HALIPNEUMON, subst. mas. (*alipeneumon*), t. d'hist. nat., espèce de poisson.

HALITUEUSE, adj. fém. Voy. HALITUEUX.

HALITUEUX, adj. mas., au fém. HALITUEUSE (*alitu-eu, euze*), t. de médec., il se dit de la peau lorsqu'elle est recouverte d'une douce moiteur, comme dans la synoque.

HALLAGE (H *s'aspire*), subst. mas. (*alaje*), droit de *halle* levé sur les marchandises qu'on y étale.

HALLALI, subst. mas. (*alali*), cri de chasse qui annonce que *le cerf est sur ses fins*.

HALLE (H *s'aspire*), subst. fém. (*ale*) (de l'allemand *halle*, lieu couvert, portique, etc., que quelques-uns dérivent par corruption du lat. *aula*), place publique ordinairement couverte, qui sert à tenir le marché ou la foire.—Prov., maison où il se fait beaucoup de bruit, où abordent toute sorte de gens, etc. — Atelier de verrerie. — *Langage des halles*, bas et grossier.

HALLE (H *s'aspire*), subst. propre fém. (*âle*), ville de Prusse, célèbre par son université, fondée en 1699, et par ses autres établissements scientifiques et littéraires.

HALLEBARDE (H *s'aspire*), subst. fém. (*alebarde*) (de l'allemand *hallebard*, qu'on prononce *hellebard*, hache des gardes du palais, formé de *halle*, vestibule du palais, et de *bard*, hache. (*Ménage*), pique garnie par le haut d'un fer large et pointu, traversé par un autre en forme de croissant.

HALLEBARDIER (H *s'aspire*), subst. mas. (*alebardié*), sorte de garde à pied qui portait la *hallebarde*.

HALLEBREDA (H *s'aspire*), subst. des deux genres (*alebreda*), homme grand et mal bâti, femme grande et mal faite. On dit aussi *hallebreda*. Ce mot paraît dérivé de *hallebarde*.

HALLE-CROC, subst. mas. (*alekrô*), terme de pêche, croc pour tirer de l'eau le gros poisson.

HALLER (H *s'aspire*), subst. mas. (*alelère*) t. de bot., genre de plantes exotiques de la famille des personnées.

HALLES-CRUES, subst. fém. plur. (*alekru*), terme de commerce, sorte de toile qui se fabrique en Bretagne.

HALLIE, subst. fém. (*aleli*), terme de bot., genre de plantes établi entre les sainfoins et les glycines.

HALLIER (H *s'aspire*), subst. mas. *(alié)*, t. de bot., plant, réunion de buissons et d'arbrisseaux fort épais parmi lesquels les lièvres se sauvent pour éviter le chasseur.—Filet qu'on tend en manière de haie dans un champ. — Il se dit aussi de celui qui garde une *halle* et du marchand qui étale aux *halles*.

HALLIRHOÉ, subst. propre fém. *(aleliro-é)*, myth., l'une des femmes de Neptune.

HALLOMÈNE, subst. mas. *(alelomène)*, t. d'hist. nat., genre d'insectes coléoptères de la famille des sténélytres.

HALLUCINATION, subst. fém. *(alelucinâcion)* (du latin *allucinatio*, erreur, méprise), t. de médecine employé par *Boërhaave*, pour désigner certaines affections de la vue, dans lesquelles les objets ne sont point représentés tels qu'ils doivent l'être. — Il se dit moralement des perceptions qu'on croit avoir et qu'on n'a pas réellement.

HALLUCINÉ, E, adj. *(aleluciné)*, t. de médec., qui a des *hallucinations*.

HALO (H *s'aspire*), subst. mas. *(âlô)* (en grec ἁλως), couronne lumineuse qu'on voit quelquefois autour des astres, et principalement du soleil, et de la lune lorsqu'ils brillent à travers une atmosphère vaporeuse; et en t. d'anat., par analogie, le cercle rouge ou l'aréole qui est autour du mamelon. —*Boiste*, *Laveaux* et *Raymond* écrivent *auréole* pour *aréole*, deux mots bien différents pour le sens et pour l'étymologie. Sont-ce les imprimeurs ou les auteurs qui se sont entendus pour commettre la même faute? Tout ce que nous pouvons dire, c'est qu'elle existe.

HALOCHIMIE (H *s'aspire*), subst. fém. *(alochimi)*, t. de chimie, partie de la *chimie* qui traite des sels.

HALOCHIMIQUE (H *s'aspire*), adj. des deux genres *(alochimike)*, qui est relatif à la *halochimie*.

HALODENDRE (H *s'aspire*), subst. mas. *(alodandre)*, t. de bot., plante, espèce d'avicenne.

HALOENNES (H *s'aspire*), subst. fém. plur. *(alo-ène)*, myth., fêtes en l'honneur de Cérès et de Bacchus.

HALOGÈNE (H *s'aspire*), adj. des deux genres *(alojène)* (du grec ἁλς, gén. ἁλος, sel, et γεννάω, j'engendre), qui engendre des sels.—Nom donné au chlore.

HALOGRAPHE (H *s'aspire*), subst. mas. *(alogrerafe)* (même étym. que celle du mot précéd.), terme de chimie, description des sels.

HALOGRAPHIE (H *s'aspire*), subst. fém. *(alograft)* (du grec ἁλς, gén. ἁλος, sel, et γράφω, je décris), qui s'occupe de l'étude des sels.

HALOGRAPHIQUE (H *s'aspire*), adj. des deux genres *(alogueraftke)*, qui est relatif à la *halographie*.

HALOÏDE (H *s'aspire*), subst. mas. *(alo-ide)* t. de chimie; quelques chimistes donnent ce nom au sol de thorine.

HALOIR (H *s'aspire*), subst. mas. *(aloar)*, lieu où l'on sèche le chanvre.

HALOLOGIE (H *s'aspire*), subst. fém. *(aloloji)* (du grec ἁλς, gén. ἁλος, sel, et λογος, discours), t. de chim., traité sur les sels.

HALOLOGIQUE (H *s'aspire*), adj. des deux genres *(alolojike)*, qui concerne la *halologie*.

HALOMANCIE (H *s'aspire*), subst. fém. *(alomanci)* (du grec ἁλς, gén. ἁλος, sel, et μαντεια, divination), divination par le moyen du sel.

HALOPHILE (H *s'aspire*), subst. fém. *(alofile)* (du grec ἁλς, gén. ἁλος, sel, et φιλος, ami), t. de botanique, plante aquatique de la famille des naïades.

HALOSACHNE (H *s'aspire*), subst. fém. *(aloçakene)*, t. de chim., sel d'écume.

HALOS-ANTHOS (H *s'aspire*), subst. mas. *(alôçantôce)* (du grec ἁλς, gén. ἁλος, sel, et ανθος, fleur; *fleur de sel*), t. d'hist. nat., nom que *Pline* et quelques autres auteurs anciens donnaient au bitume pénétré de muriate de soude, qu'on voit surnager à la surface de quelques fontaines.

HALOSYDNE (H *s'aspire*), subst. propre fém. *(alozidne)*, myth., déesse de la mer, la même qu'Amphitrite.

HALOT (H *s'aspire*), subst. mas. *(alô)*, trou dans une garenne où se retirent des lapins.

HALOTECHNIE (H *s'aspire*), subst. fém. *(alotèkni)* (du grec ἁλς, génitif ἁλος, sel, et τεχνη, art), t. de chim., partie de cette science qui a pour objet les sels.

HALOTECHNIQUE (H *s'aspire*), adj. des deux genres *(alotéknike)*, qui est relatif à la *halotechnie*.

HALOTESSERA (H *s'aspire*), subst. fém. *(alotècecéra)*, t. d'hist. nat., substance saline appelée aussi *muriacite*.

HALOTHRICHUM (H *s'aspire*), subst. mas. *(alotrikome)*, t. d'hist. nat., sel capillaire, minéral, fibreux, de couleur blanchâtre, découvert dans une mine de mercure de la Carniole.

HALOTRIE (H *s'aspire*), subst. fém. *(alotri)*, t. d'hist. nat., sulfate d'alumine fibreux.

HALOURGIDE, subst. fém. *(alourjide)*, habit des anciens teint en pourpre.

HALQUE (H *s'aspire*), subst. mas. *(alke)*, t. de bot., espèce de genévrier de Phénicie.

HALSTER, subst. mas. *(alcetère)*, t. de comm., sorte de mesure de contenance usitée dans quelques villes de la Belgique.

HALTE (H *s'aspire*), subst. fém. *(alte)* (de l'allemand *halten*, s'arrêter), pause que font les gens de guerre dans une marche : *faire halte*, *une longue halte*.—Lieu où se fait la *halte* : *faire préparer une bonne halte; arriver à la halte avant la nuit.* —T. militaire pour faire arrêter les soldats. —Repas qu'on fait pendant la *halte*.—On dit aussi *halte de chasse*.—Fam., à quelqu'un qui veut s'émanciper et dire ou faire des choses inconvenantes : *halte-là!* n'en dites pas davantage, n'allez pas plus loin.

HALTER (H *s'aspire*), v. neut. *(alté)*, faire une *halte*. (*Boiste*.) Peu usité.

HALTÈRES, subst. fém. plur. *(altère)*, t. d'antiquité, masses pesantes de pierre, de plomb, etc., dont les Grecs se servaient dans leurs exercices.

HALTÉRIPTÈRE, subst. mas. *(altéripetère)*, t. d'hist. nat., nom générique de tous les insectes diptères chalcidites.

HALTÉRISTE, subst. mas. *(altéricete)*, t. d'antiquité, athlète qui s'exerçait avec les *haltères*.

HALTICHELLE, subst. fém. *(altichèle)*, t. d'hist. nat., genre d'insectes hyménoptères.

HALTICOPTÈRE, subst. mas. *(altikopetère)*, t. d'hist. nat., genre d'insectes chalcidites.

HALURGIE (H *s'aspire*), subst. fém. *(alurji)* (du grec ἁλς, gén. ἁλος, sel, et εργον, travail), art d'extraire ou de fabriquer les sels. — Il ne faut pas confondre ce mot avec *halotechnie*, comme le font *Laveaux* et *Raymond* : *halotechnie* se dit plutôt de la science, de la théorie; et *halurgie*, du travail même, de l'application.

HALURGIQUE (H *s'aspire*), adj. des deux genres *(alurjike)*, qui est relatif à la *halurgie*.

HALYÈTE, subst. fém. *(ali-ète)*, myth., aigle de mer, sorte d'épervier, en quoi fut métamorphosé Nisus, après que sa fille Scylla lui eut coupé le cheveu dont sa vie dépendait.

HALYSIS, subst. mas. *(alizice)*, t. d'hist. nat., genre de vers intestinaux.

HAM (H *s'aspire*), subst. propre mas. *(ame)*, ville de France, chef-lieu de canton, dép. de la Somme, place de guerre mal bâtie, avec une citadelle en brique dont on a fait une prison d'état devenue célèbre par la longue détention du général Travot sous la Restauration, et par celle des ministres de Charles X, après la révolution de juillet 1830.

HAMA, subst. propre mas. *(ama)*, myth., nom d'un vivier de la ville de Pharès, qui était consacré à Mercure.

HAMAC (H *s'aspire*), subst. mas. *(amak)*, sorte de lit formé par une forte toile qu'on suspend à deux points fixes. On l'emploie surtout dans les vaisseaux.

HAMACUTE, subst. fém. *(amakute)*, ordre de religieuses du Japon.

HAMADE ou **HAMÉIDE**, subst. fém. *(amade, amé-ide)*, t. de blason, fasce formée de trois pièces alésées.

HAMADRYADE, subst. fém. *(amadri-ade)* (du grec ἁμα, ensemble, et δρυς, chêne), myth., nymphe fabuleuse des bois. Les *hamadryades* différaient des *dryades* en ce que leur destinée dépendait de certains arbres (principalement des chênes), avec lesquels elles naissaient et mouraient.—T. de bot., espèce de renoncule du détroit de Magellan.

HAMADRYAS, subst. mas. *(amadriace)*, t. d'hist. nat., quadrumane du genre des babouins.

HAMAL, subst. mas. *(amal)*, terme de relation, nom qu'on donne aux porte-faix à Constantinople.

HAMAMÉLIA, subst. mas. *(amamélia)*, t. de bot., genre de plantes berbéridées.

HAMAMÉLIS, subst. mas. *(amamélice)*, t. de bot., arbrisseau d'Amérique, espèce d'amélanchier à fruits très-doux.

HAMANS, subst. mas. *(aman)*, terme de commerce, toile très-fine qui se fabrique dans les Indes.

HAMANTHUS ou **HAMAGAGUE**, subst. mas. *(amantuce)*, t. de bot., plante des Pyrénées.

HAMAUX (H *s'aspire*), subst. mas. plur. *(amô)* t. de pêche, nappe de tramails à larges mailles.

HAMAXA, subst. fém. *(amakça)*, t. d'astron., constellation appelée aussi *le charriot*.

HAMAXAGOGES ou **HAMAXAGOGUES**, subst. mas. plur. *(amakçaguoje, guogue)*, t. d'antiq., on appelait ainsi ceux qui enlevaient la récolte sur des charriots.

HAMAXICIENS, subst. mas. plur. *(amakcicièin)*, t. d'antiquité, ceux qui combattaient sur des charriots.

HAMAXOBITES, subst. mas. plur. *(amakçobite)*, t. d'antiq., Sarmates qui n'avaient d'autre habitation que des charriots.

HAMAXOPODES, subst. mas. plur. *(amakçopode)*, t. d'antiq., pieds d'une ancienne machine appelée *tortue*.

HAMBÉLIEN, subst. mas. *(anbélièin)*, ancienne secte de mahométans, ainsi nommée de son chef *Hambéli*.

HAMBOURG ou **RAMBOURG** (H *s'aspire*), subst. mas. *(anbour, ranbour)*, t. pêche, futaille pour transporter le poisson salé.

HAMBOURG (H *s'aspire*), subst. propre mas. *(anbour)*, ville libre de la confédération germanique, sur l'Elbe, à 30 lieues de la mer. C'est la plus commerçante de toutes les villes de l'Allemagne.

HAMBOURGEOIS, E (H *s'aspire*), subst. et adj. *(anbourjoa, joaze)*, celui, celle qui est de *Hambourg*.

HAMBOUVREUX (H *s'aspire*), subst. mas. *(anbouvreu)*, t. d'hist. nat., bouvreuil de *Hambourg*.

HAMBRE, subst. mas. *(anbre)*, t. de botanique, arbre du Japon dont les feuilles sont toujours vertes.

HAMBURGE (H *s'aspire*), subst. mas. *(anburje)*, t. d'hist. nat., nom vulgaire du cyprin carassin.

HAMEAU (H *s'aspire*), subst. mas. *(amô)* (suivant *Bourdelot*, du grec ἁμα, ensemble; parce que ce sont plusieurs maisons *ensemble*), petit nombre de maisons champêtres, écartées les unes des autres. La privation d'un marché, dit *Beauzée*, distingue un *village* d'un *bourg*, comme la privation d'une église paroissiale distingue un *hameau* d'un *village*.

HAMEÇON, subst. mas. *(ameçon)* (en latin *hamus*), dans son acception rigoureuse, *haim* garni de son appât. — Dans l'usage ordinaire, le *haim* lui-même, c'est-à-dire le crochet auquel l'appât est attaché.—Fig. et fam., appât : *mordre à l'hameçon; prendre à l'hameçon*, se laisser leurrer, tromper. — Les tourneurs en métaux appellent *hameçon* un instrument nommé plus ordinairement *archet*. — En t. de botanique, il se dit d'une épine crochue ou d'un poil recourbé.—*Hameçon de mer*, en t. d'histoire naturelle, est l'un des noms vulgaires du leptocéphale morisien.

HAMEÇONNÉ, E, part. pass. de *hameçonner*, et adj. *(ameçoné)*, t. de bot., aigu et courbé comme un *hameçon*.

HAMEÇONNER, v. act. *(ameçoné)*, prendre avec l'*hameçon*.—Au fig., séduire par de belles paroles. — S'HAMEÇONNER, v. pron.

HAMÈDES, subst. fém. plur. *(amède)*, terme de comm., toiles blanches de coton qui viennent du Bengale.

HAMÉE, subst. fém. *(amé)*, t. d'artilleur, manche de l'écouvillon.

HAMEL, subst. mas. *(amèle)*, t. de bot., genre de plantes renonculacées d'Amérique.

HAMELIACÉE, subst. fém. *(ameli-acé)*, t. de bot., genre de plantes rubiacées.

HAMILTONIE, subst. fém. *(amiletoni)*, t. de bot., genre de plantes.

HAMIPLANTE, adj. des deux genres *(amiplante)*, t. de bot., se dit d'une plante qui s'attache aux habits.

HAMIPPE, subst. mas. *(amipe)*, t. d'hist. anc., cavalier béotien qui combattait à pied et à cheval, ou qui menait deux chevaux.

HAMITE, subst. fém. *(amite)*, t. d'hist. nat., genre de coquilles cloisonnées fossiles.

HAMMEL, subst. mas. *(amemèl)*, t. d'astron., nom emprunté de l'allemand qu'on donne au bélier, premier signe du zodiaque.

HAN HAN HAQ 11

HAMMITE, subst. fém. Voy. AMMITE.

HAMMON, subst. mas. Voy. AMMON.

HAMMONITE, subst. fém. (*amemonite*), petite corne d'*ammon* fossile.

HAMON, subst. mas. (*amon*), t. d'hist. nat., espèce de coquillage.

HAMONIE (H *s'aspire*), subst. fém. (*amoni*), t. d'hist. nat., genre d'insecte coléoptère.

HAMPE (H *s'aspire*), subst. fém. (*anpe*) (corruption de *hante*, qu'on disait encore avec la même signification du temps de *Vaugelas*, et qui avait été formé de *hant*, qui signifie main, dont les Anglais ont fait *hand*), le bois d'une hallebarde, d'une pique, etc.— Le manche d'un pinceau.—Dans l'artillerie, le manche de l'écouvillon, de la lanterne, du refouloir, etc. — En bot., tige herbacée dépourvue de feuilles, et terminée par une fleur, comme dans la tulipe, le pissenlit, etc. — En t. de chasse, la poitrine du cerf.

HAMSTER (H *s'aspire*), subst. mas. (*amecetère*), t. d'hist. nat., genre de mammifères rongeurs, qui ont dans la bouche des poches ou sacs qu'on nomme *abajoues*. Ils habitent le nord de l'Europe.

HAMULAIRE, subst. fém. (*amulère*), t. d'hist. nat., genre de vers intestinaux.

HAMULL, subst. propre mas. (*amule*), myth., chez les Guèbres, nom de l'ange chargé du soin des cieux.

HAN (H *s'aspire*), subst. mas. (*an*), t. de relat. emprunté de l'arabe, sorte de caravansérail. — T. pop., onomatopée qui sert à exprimer le cri sourd et guttural qu'on fait entendre lorsqu'on frappe un coup avec effort.

HANAN-PACHA (H *s'aspire*), subst. propre mas., (*ananpacha*), myth., paradis des Péruviens.

HANAP (H *s'aspire*), subst. mas. (*anape*) (du saxon *knaq*, tasse, coupe), grande tasse à boire. Il est vieux et ne se dit plus guère que dans le style burlesque.

HANAU (H *s'aspire*), subst. propre mas. (*anô*), ville de la Hesse électorale, à six lieues de Francfort.

HANBALITE, subst. mas. (*anbalite*), nom de sectaires musulmans orthodoxes.

HANCHE (H *s'aspire*), subst. fém. (*anche*) (du lat. barbare *anca*, fait dans la basse latinité avec la même signification, du grec αγκων, pli, angle saillant. *Ménage*), partie du corps humain dans laquelle est emboîté le haut de la cuisse : *l'articulation de la hanche ; avoir trop de hanches ; n'avoir point de hanches; se tenir sur ses hanches ; mettre ses poings sur les hanches*.—Fam.: *être, se mettre sur la hanche*, avoir, prendre le maintien d'un bretailleur.—En t. de mar., partie du flanc d'un vaisseau, depuis le grand cabestan jusqu'à l'arcasse.—Dans une chaudière, une marmite, etc., la partie arrondie par laquelle le fond se lie au reste.—Au plur., train de derrière du cheval, depuis les reins jusqu'au jarret : *ce cheval a de belles hanches, a les hanches hautes*.—En t. de man., *mettre un cheval sur les hanches*, le dresser, en sorte qu'il se soutienne sur le derrière en galopant. On dit dans un sens analogue : *ce cheval va sur les hanches, pare bien sur les hanches ; ce cheval traîne les hanches*. — En t. de médec., on appelle *effort de hanche*, une distension des fibres charnues qui a lieu dans les muscles fessiers, à l'occasion d'un mouvement violent.— En t. d'hist. nat., *hanche* se dit aussi, par analogie, de la pièce des pattes des crustacés, des arachnides et des insectes, qui, d'une part, s'articule avec la poitrine, et de l'autre avec la cuisse.

HANCHINOL, subst. mas. (*anchinole*), t. de bot., plante du genre ginure, originaire du Mexique.

HANCHOAN, subst. mas. (*anko-an*), t. d'hist. nat., oiseau de proie du Brésil.

HANEBANE, subst. fém. (*anebane*), t. de bot., sorte de plante, nom vulgaire de la jusquiame noire. Voy. JUSQUIAME.

HANET ou **HAMET**, subst. mas. (*ané*, *amé*), t. de mar., bout de ligne ou quarantenier qu'on passe dans les œils de pie des bandes de ris des voiles auriques et autres, qui s'amènent dans les petits bâtiments qui prennent les ris d'en bas.

HANGAR (orthographe de l'*Académie*), ne devrait passe dire pour ANGAR. Voy. ce dernier mot.

HANGIAR, subst. mas. (*anji-ar*), sorte de poignard à l'usage des janissaires. On dit aussi *gangiar*.

HANGUELOT ou **HONGUELOT**, subst. mas. (*anguelô*, *onguelô*), t. de mar., sorte de petit bâtiment anglais, fort en usage au temps d'Edouard III.

HANICROCHE, ne se dit pas pour ANICROCHE. Voy. ce dernier mot.

HANNETON (H *s'aspire*), subst. mas. (*aneton*) (corruption de *alleton*, comme on a dit autrefois; fait du lat. *ala*, aile, et *tonus*, ton ou bruit, à cause du bruit que font les hannetons avec leurs ailes lorsqu'ils volent), t. d'hist. nat., insecte volant. C'est un coléoptère, de la famille des lamellicornes.—On dit fam., d'un jeune homme étourdi : *il est étourdi comme un hanneton*; et fig. : *c'est un hanneton*.—En t. de passementier, on appelle *soucis d'hanneton* (sans aspiration, dit l'*Académie*), des franges qui portent de petites houppes.

HANNETONÉ, E, part. pass. de *hannetoner*.

HANNETONER (H *s'aspire*), v. act. (*anetoné*), secouer les arbres pour faire tomber les *hannetons*.—*se* HANNETONER, v. pron. (*Boiste*.) Peu en usage.

HANNICHEUR, subst. mas. (*anenicheur*), vieux mot inusité qui se disait autrefois pour HARNACHEUR. Voy. ce mot.

HANNOUARS, subst. mas. plur. (*anenouar*), anciens porteurs de sel à Paris, qui avaient le privilége de porter le cercueil des rois de France à Saint-Denis.

HANNUAN, subst. propre mas. (*anenuan*), myth., idole des Indiens, adorée sous la forme d'un singe.

HANOVRE (H *s'aspire*), subst. propre mas. (*anovre*) (en saxon *Hanover*), ancien électorat du nord de l'Allemagne, qui fut érigé en royaume en 1815, et dévolu à l'Angleterre.—Ville, capitale de ce royaume. Elle est située sur la rivière la *Leine*, et possède une bibliothèque publique fondée par le célèbre *Leibnitz*.

HANOVRIEN (H *s'aspire*), subst. et adj. mas., au fém. **HANOVRIENNE** (*anovri-ein*, *vri-ène*), du *Hanovre*.

HANOVRIENNE, subst. et adj. fém. Voy. HANOVRIEN.

HANSARD, subst. mas. (*ançar*), sorte de scie à lame très-large.—Espèce de serpe.

HANSCRIT (H *s'aspire*), subst. mas. (*ancekri*), langue savante des Indiens. On l'appelle aussi *sanscrit*. Voy. ce mot.—L'un et l'autre sont quelquefois adjectifs : *langue hanscrite* ou *sanscrite*.

HANSE ou **HANSE TEUTONIQUE** (H *s'aspire*), subst. fém. (*ance*) (du vieux mot allemand ou teutonique *hance*, alliance, confédération), association de plusieurs villes qu'on nomme *hanséatiques*, unies ensemble pour le commerce, sous de certaines constitutions. Quelques personnes, dit l'*Académie*, écrivent *anse*.—*Hanse* se dit, en termes d'épinglier, de la branche d'une épingle, lorsqu'elle n'a plus qu'à être entêtée.

HANSÉATIQUE (H *s'aspire*) adj. des deux genres (*ancéatike*); se dit de certaines villes d'Allemagne et du nord qui faisaient partie de la *hanse teutonique : Hambourg, Lubeck, Brême, Dantzick, étaient des villes hanséatiques*. L'aspiration de *hanse* ne se retrouve pas dans *hanséatique*, et il n'y a pas plus de motifs à donner de cette bizarrerie que de la différence semblable qui existe entre *héros* et *héroïque*. C'est peut-être ce qui détermine le plus souvent à écrire *anséatique*, tandis que plusieurs personnes écrivent aussi *anse*; mais s'il fallait absolument adopter un principe invariable pour les deux mots, il vaudrait mieux se prononcer en faveur de l'étymologie qui justifie l'aspiration. Nous l'avons conservée dans *hanse*, et nous la rejetons dans *hanséatique*. En cela, nous n'avons voulu que nous mettre d'accord avec l'usage et l'*Académie*. Voy. HANSE.

HANSGRAVE (H *s'aspire*), subst. mas. (*ancegue-rave*), chef d'une association en Allemagne.—Magistrat consulaire dans certaines villes de Bavière.

HANSGRAVIAT (H *s'aspire*), subst. mas. (*ancegueravia*), charge de *hansgrave*. — Temps que dure cet office.— Résidence d'un *hansgrave*.

HANSIÈRE (H *s'aspire*), subst. fém. (*ancière*), t. de mar., cordage qu'on jette aux vaisseaux qui veulent venir à bord d'un autre.—Les trois cordes dont un câble d'ancre est composé.—On écrit également *haussière* et mieux encore *aussière*. Voyez ces mots.

HANTAL (H *s'aspire*), subst. mas. (*antale*), t. de bot., arbre des Indes.

HANTE (H *s'aspire*), subst. fém. (*ante*), sorte de pique ornée d'un gonfalon. Voy. HAMPE.

HANTÉ, E, part. pass. de *hanter*. Il s'est dit quelquefois pour habité, peuplé : *c'est le quartier de la ville le plus hanté*.

HANTER (H *s'aspire*), v. act. (*anté*) (de l'allemand *heultieren*, employé autrefois dans la même acception, et qui ne signifie plus aujourd'hui que *manier*, ou suivant *Wachter*, de *hanse*; *hanter* quelqu'un, c'est en quelque sorte s'associer à lui), fréquenter : *hanter les bonnes* ou *mauvaises compagnies*.— Il se dit des lieux comme des personnes :

Je ne remarque point qu'il *hante* les églises.
MOLIÈRE, *Tartufe*.

—Neut. : *hanter chez quelqu'un*, *en bon lieu*, etc. Voy. FRÉQUENTER. — Prov. : *dis-moi qui tu hantes, et je te dirai qui tu es*, on juge aisément des mœurs d'un homme par les personnes dont il fait sa société.—*se* HANTER, v. pron., se fréquenter réciproquement.

HANTISE (H *s'aspire*), subst. fém. (*antize*), fréquentation ; commerce familier. Il est vieux, bas et pop.

HANUCA, et non pas **HANULA**, comme l'écrit *Boiste*, subst. fém. (*anuka*), fête des Juifs modernes, en mémoire de la victoire des Machabées.

HAPHÉ, subst. fém. (*afé*), t. d'hist. anc., poudre qu'on jetait sur le corps des lutteurs après les avoir enduits de graisse.

HAPHTARE, subst. fém. (*afetare*), prière des Juifs au jour du sabbat.

HAPLAIRE (H *s'aspire*), subst. fém. (*aplère*), t. de bot., genre de plantes de l'ordre des moisissures.

HAPLOTOMIE, subst. fém. (*aplotomi*), t. de chir., synonyme d'*incision*. Peu usité.

HAPPE (H *s'aspire*), subst. fém. (*ape*), petit cercle de fer dont on garnit un essieu. — Crampon qui attache et lie deux pierres, deux pièces de bois, etc.—Presse à la main.

HAPPÉ, E, part. pass. de *happer*.

HAPPE-CHAIR (H *s'aspire*), subst. mas. (*apechère*), t. bas et pop. qui signifie huissier, officier de police qui arrête les débiteurs, les voleurs, etc.—Fig. et fam., homme très-avide.—Au plur., des *happe-chair*.

HAPPÉE (H *s'aspire*), subst. fém. (*apé*), t. de vieille coutume, saisie.

HAPPE-FOIE (H *s'aspire*), subst. mas. (*apefoé*), t. d'hist. nat., sorte d'oiseau de mer, qu'on prend aisément en lui présentant pour appât du *foie* de morue dont il est très-friand, ce qui lui a fait donner son nom.

HAPPE-LOPIN (H *s'aspire*), subst. mas. (*apelopein*), vieux mot inusité qui se disait d'un chien âpre à la curée, et figurément d'un gourmand.

HAPPELOURDE (H *s'aspire*), subst. fém. (*apelourde*) (de *happer*, prendre, et *lourd*, pour *lourdaud*, sot, parce qu'il se dit proprement d'un faux diamant qui trompe les sots), pierre fausse qui a l'éclat et l'apparence d'une vraie pierre précieuse. —Il se dit figurément des personnes qui ont une belle apparence, un bel extérieur, et qui n'ont point d'esprit : *c'est une vraie happelourde, une belle happelourde*.—On le dit aussi d'un cheval qui a une belle apparence, mais qui n'a point de vigueur : *on lui a vendu une happelourde*. Ce mot est vieux, et peu usité en parlant des personnes et des chevaux.

HAPPEMENT (H *s'aspire*), subst. mas. (*apeman*), action de *happer*.—T. de médec., adhérence que contractent certains minéraux avec la langue, lorsqu'on les place sur cet organe.

HAPPER (H *s'aspire*), v. act. (*apé*) (corruption du mot lat. *capere*, prendre, saisir); il se dit proprement du chien, lorsqu'il prend avidement avec la gueule ce qu'on lui jette.—Figurément et familièrement, attraper, saisir : *les gendarmes l'ont happé*.—*se* HAPPER, v. pron.

HAQUE (H *s'aspire*), subst. fém. (*ake*) (du lat. *equus*, dont on avait fait par corruption *aquus*), t. de pêche : *harengs à la haque*, harengs préparés et salés pour servir d'appât.—Autrefois, cheval monté par un *haquebutier*.

HAQUEBUTE (H *s'aspire*), subst. fém. (*akebute*), arquebuse très-pesante.

HAQUEBUTIER (H *s'aspire*), subst. mas. (*akebutié*), soldat armé d'une *haquebute*.

HAQUENÉE (H *s'aspire*), subst. fém. (*akené*) (diminutif du vieux mot *haque*, cheval), cavale ou petite jument qui va l'amble. — On dit d'un cheval pour exprimer qu'il va l'amble : *ce cheval va la haquenée*.—On disait autrefois prov. et fig., *aller à la haquenée des cordeliers*, c'est-à-dire, aller à pied un bâton à la main.—Il s'emploie familièrement, dans un sens de dénigrement, pour désigner une grande femme dégingandée et mal faite. Le mot a vieilli.

HAQUET (H *s'aspire*), subst. mas. (*akiè*), diminutif de *haque*, cheval), sorte de grande charrette sans ridelles, ayant sur le devant un moulinet pour charger et décharger. Il y a aussi de petits *haquets* traînés par des hommes. — Cheval petit, mince. Il est peu usité en ce sens.

HAQUETIER (H *s'aspire*), subst. mas. (*aketié*), conducteur d'un *haquet*.

HAR, subst. propre mas. (*ar*), myth., dans la théologie des Indiens, le nom de la seconde personne de la Trinité à sa dixième et dernière incarnation. — Deuxième mois de l'année sacrée des Hébreux, qui répond à la lune d'avril.

HARACHE (H *s'aspire*), subst. fém. (*arache*), t. d'hist. nat., sorte de poisson.

HARAI (H *s'aspire*), subst. mas. (*arè*), chez les Turcs, tribut réglé que doivent payer au grand-seigneur tous ceux qui ne sont pas mahométans.

HARAME, subst. mas. (*arame*), t. de bot., espèce d'arbre.

HARANE, subst. mas. (*arane*), sorte de milice hongroise.

HARANGUE (H *s'aspire*), subst. fém. (*arangue*) (suivant quelques-uns, du lat. *ara*, autel, parce que les premières *harangues* se faisaient devant les autels : *aut Lugdunensem rhetor dicturus ad aram.* Juvenal.), discours fait à une assemblée, à une personne distinguée. — En style fam. et critique, discours ennuyeux : *quand aura-t-il fini sa harangue?*

HARANGUÉ, E, part. pass. de *haranguer*.

HARANGUER (H *s'aspire*), v. act. (*aranguié*), prononcer une *harangue* : *haranguer le peuple, les soldats.* — On dit aussi neut. : *haranguer devant le roi, devant une assemblée nombreuse.* — Fam., parler beaucoup et avec emphase, et dans ce sens, il s'emploie toujours absolument : *il ne fait que haranguer ; c'est un homme qui est toujours à haranguer, qui harangue toujours.* — SE HARANGUER, v. pron.

HARANGUEUR (H *s'aspire*), subst. mas., **HARANGUEUSE**, subst. fém. (*aranguieur, guieuze*), celui, celle qui *harangue* : *un bon, un excellent harangueur.* — Il se dit surtout en mauvaise part et en raillerie : *c'est un froid, un mauvais harangueur.* — En style fam. et critique, grand parleur ou celui qui a coutume de faire des remontrances sur tout : *c'est un harangueur éternel.* *L'Académie* ne donne pas de fém. à ce mot.

HARAS (H *s'aspire*) subst. mas. (*arâ*) (selon *Du Cange*, du lat. barbare *haracium*, fait avec la même signification dans la basse latinité, de *hara*, étable), lieu destiné à loger des étalons et des juments pour élever des poulains. — Il se dit aussi d'un nombre de juments avec leurs étalons qu'on tient aux champs pour en tirer de la race. — En t. d'hist. nat., gros perroquet à longue queue. Dans ce sens on écrit aussi *hara* ; mais plus souvent et mieux, *ara*.

HARASSE (H *s'aspire*), subst. fém. (*arace*), espèce de cage carrée pour emballer le verre. — Bouclier que portaient les fantassins dans le moyen-âge.

HARASSÉ, E, part. pass. de *harasser*, et adj. : *troupes harassées ; esprit harassé ; je suis harassé de fatigue.*

HARASSEMENT (H *s'aspire*), subst. mas. (*araceman*), état d'une personne *harassée*. (Napoléon.)

HARASSER (H *s'aspire*), v. act. (*aracé*) (du grec ἀράσσειν, frapper, heurter, froisser), lasser, fatiguer : *harasser un cheval ; harasser un auditoire ; ce travail forcé me harasse l'esprit.* — SE HARASSER, v. pron.

HARASSIER (H *s'aspire*), subst. mas. (*aracié*), celui qui a soin d'un *haras*. (*Boiste*.) Peu en usage.

HARAUDÉ, E, part. pass. de *harauder*.

HARAUDER (H *s'aspire*), v. act. (*arôdé*), poursuivre quelqu'un en l'injuriant. (*Boiste*.) Il est vieux et même hors d'usage.

HARAUX (H *s'aspire*), subst. mas. (*arô*), t. de guerre, ruse pour enlever les chevaux ennemis qui sont au fourrage : *donner le haraux*.

HARBAI, subst. mas. (*arbé*), t. d'hist. nat., nom arabe du stellion azuré, ou courte-queue.

HARCELÉ, E, part. pass. de *harceler*.

HARCELER (H *s'aspire*), v. act. (*arcelé*) (suivant *Nicot*, du lat. *arcere*, persécuter), provoquer ; importuner : *harceler quelqu'un dans la conversation ; il le harcelle toujours.* — Fatiguer par des combats continuels : *nos troupes n'ont point cessé de harceler l'ennemi dans sa marche.* — SE HARCELER, v. pron.

HARCELLEMENT (H *s'aspire*), subst. mas. (*arcèleman*), action de *harceler*. — Ce mot manque dans l'*Académie*.

HARCOURT (H *s'aspire*), subst. mas. (*arkour*), celui qui possède des *haras*. — Escarmoucheur. (*Boiste*.) Vieux et même hors d'usage.

HARD (H *s'aspire*), subst. fém. (*ar*), t. de gantier, morceau de fer entortillé en cercle, dont on se sert pour adoucir les peaux.

HARDE (H *s'aspire*), subst. fém. (*arde*), ce mot, qui ne paraît être qu'une corruption de *horde*, signifie, en t. de vénerie, une troupe de cerfs ou d'autres bêtes fauves rassemblées. Il se dit aussi du lien qui attache les chiens. Voy. HARDES.

HARDÉ, E, part. pass. de *harder*.

HARDEAU (H *s'aspire*), subst. mas. (*ardô*), corde au bout du frein d'un moulin. — T. de bot., espèce de viorne. — Gourmand ; il est peu usité en ce sens.

HARDÉES (H *s'aspire*), subst. fém. plur. (*ardé*), t. de vénerie, rupture que font les biches dans les taillis où elles vont viander.

HARDELÉE (H *s'aspire*), subst. fém. (*ardelé*), paquet au bout d'une corde. (*Boiste*.)

HARDELLE (H *s'aspire*), subst. fém. (*ardèle*), vieux mot qui signifiait troupe, cohue.

HARDEMENT (H *s'aspire*), subst. mas. (*ardeman*), hardiesse, témérité, audace vaine. (*Boiste*.) Vieux et même hors d'usage.

HARDER (H *s'aspire*), v. act. (*ardé*), t. de chasse, attacher des chiens quatre à quatre, ou six à six. — T. de gantier, *harder une peau*, la passer sur la *hard*.

HARDERIE, subst. fém. (*arderi*), t. de chim., chaux de fer obtenue par le soufre.

HARDES (H *s'aspire*), subst. fém. plur. (*arde*) (suivant *Le Duchat*, du mot *fardeau* ; parce que dit-il, ce qu'on appelle *hardes* compose tout l'équipage ou le *fardeau* d'une personne, tout ce qu'un voyageur charge à son cou), en général, tout ce qui est de l'usage nécessaire et ordinaire pour l'habillement.

HARDI, E (H *s'aspire*), adj. (*ardi*) (du lat. *ardens*, ardent, bouillant), courageux, assuré, qui ose beaucoup : *homme très-hardi ; hardi comme un lion ; esprit hardi, imagination hardie ; hardi auprès des femmes ; être hardi à parler, à entreprendre, à juger, à décider.* — Il se dit des choses que fait ou dit une personne *hardie* : *action, attaque, entreprise hardie ; tour, coup bien hardi ; mot, discours hardi ; parole, réponse hardie.* — Ferme, intrépide, assuré : *main hardie, contenance hardie.* — Insolent, impudent : *ton hardi ; manières hardies ; il faut que vous soyez bien hardi pour me soutenir une pareille chose.* — Effronté, par opposition à modeste : *cette fille a l'air bien hardi.* — Imprudent, téméraire ; qui donne tout au hasard. — *Proposition hardie*, dangereuse, difficile à soutenir. — *Pensée hardie*, qui a quelque chose de noble, d'heureusement hasardé. — Il se dit dans les arts en parlant de la manière d'exécuter, d'opérer, et signifie libre, franc, aisé, qui ne marque point d'hésitation, de timidité : *écriture, plume, main hardie ; dessin, pinceau hardi ; manière, touche hardie ; architecture hardie.* — *Un bâtiment est hardi*, lorsque la délicatesse et la solidité de sa construction ne nous paraît pas proportionnée à sa hauteur et à son étendue. — *Un artiste est hardi*, lorsqu'il n'a pas redouté les difficultés de son art, et qu'il paraît les avoir surmontées sans effort. — On dit qu'un *joueur d'instruments a le jeu hardi*, pour dire qu'il exécute avec facilité de grandes difficultés. — *Cet auteur a le style hardi*, s'élève au-dessus des règles ordinaires. — On dit aussi fig. : *c'est une plume hardie, il a la plume hardie, sa plume est hardie*, en parlant d'un auteur qui a un style *hardi*, qui emploie des expressions *hardies* ; ou qui écrit librement sur des matières délicates. — *Joueur hardi*, qui joue gros jeu volontiers et sans crainte. — *Hardi* (insolent) *coquin ; hardi* (impudent) *menteur*.

HARDIESSE (H *s'aspire*), subst. fém. (*ardi-èce*), courage, assurance. Il diffère d'*audace* et d'*effronterie*, en ce qu'il y a dans la *hardiesse* quelque chose de mâle, dans l'*audace* quelque chose d'emporté, et dans l'*effronterie* quelque chose d'incivil. — Témérité, insolence, impudence. — Fam., licence qu'on se donne, liberté qu'on prend de dire ou de faire quelque chose. C'est dans ce sens qu'on dit : *excusez, si je prends la hardiesse de...* — Il se dit des choses dites ou faites avec *hardiesse* : *la hardiesse d'une entreprise, d'une action, d'une proposition ; la hardiesse des opinions, des doctrines.* — Dans les arts, il se dit d'une exécution *hardie* : *une grande hardiesse de pinceau, de crayon, de touche ; attaquer la note avec hardiesse.* — On l'applique également aux ouvrages de l'art qui présentent quelque chose d'extraordinaire, de grand : *la hardiesse des constructions gothiques.* — Il se dit en outre des licences que se permet un écrivain, un artiste : *ce tour n'est pas grammatical, mais c'est une hardiesse que l'usage permet.* — Dans un sens analogue : *la hardiesse du style, des pensées, des expressions.* Et souvent au plur. : *il y a des hardiesses heureuses dans cet ouvrage, dans ce morceau, dans ce tableau.* — On dit aussi fam., en parlant d'un homme qui s'émancipe trop : *cet homme prend des hardiesses qui ne lui appartiennent pas.*

HARDILLIERS, subst. mas. plur. (*ardi-ié*), fiches de fer qui soutiennent une partie d'un métier de haute-lice.

HARDIMENT (H *s'aspire*), adv. (*ardiman*), avec *hardiesse*.

HARDIZABALA, subst. mas. (*ardizabala*), t. de bot., genre de plantes exotiques et ligneuses portant des baies.

HARDOIS, subst. mas. plur. (*ardoa*), t. de chasse, petits brins de bois où le cerf touche de sa tête.

HARE, interject. (*are*), cri pour exciter les chiens de chasse. — *Boiste* et *Raymond* disent aussi *har*. Nous ne le trouvons point ailleurs que chez eux.

HAREM (H *s'aspire*), subst. mas. (*arème*), *harem* ou *haram* (*hharim, hharam*) est un mot arabe, qui signifie objet ou lieu sacré, lieu défendu), chez les Turcs, etc., le lieu où sont renfermées les femmes et les concubines du sultan, d'un pacha, etc. — Ces femmes elles-mêmes : *ce pacha voyage avec son harem.*

HARENG (H *s'aspire*), subst. mas. (*aran*), petit poisson de mer fort connu. Il est du genre des clupes, de la famille des gymnopomes, et de l'ordre des poissons osseux, abdominaux. — *Hareng rouge, saur* ou *sauret*, celui qui, après avoir été salé, est séché et enfumé. — *Hareng pec*, hareng blanc nouvellement salé. — *Hareng blanc*, salé et encaqué, mais sans avoir été séché à la fumée. — *Hareng frais*, qu'on mange tel qu'il est sorti de la mer, sans être salé ni sauré. — Prov. : *la caque sent toujours le hareng.* Voy. CAQUE.

HARENGADE ou **HARENGUIÈRE** (H *s'aspire*), subst. fém. (*aranguade*), t. de pêche, espèce de manet pour pêcher les *harengs*. — T. d'hist. nat., grosse sardine.

HARENGALE (H *s'aspire*), subst. fém. (*aranguale*), t. d'hist. nat., espèce de petit poisson.

HARENGAISON (H *s'aspire*), subst. fém. (*aranguèzon*), temps de la pêche du *hareng*. Cette pêche même.

HARENGÈRE (H *s'aspire*), subst. fém. (*aranjère*), poissarde, femme qui vend des *harengs* et autres poissons en détail. — Fig. et fam., femme qui se plaît à quereller, à dire des injures.

HARENGERIE (H *s'aspire*), subst. fém. (*aranjeri*), marché aux *harengs*.

HARANGUIÈRE, subst. fém. Voy. HARENGADE.

HARÉ, E, part. pass. de *harer*.

HARER (H *s'aspire*), v. act. (*aré*), exciter, pousser à... (*Boiste*.) Il est vieux et même hors d'usage.

HARETAC, subst. mas. (*aretak*), t. d'hist nat., oiseau d'Afrique qui porte une huppe rouge sur la tête.

HARFANG, subst. mas. (*arefan*), t. d'hist. nat., espèce de chouette blanche de Suède.

HARFLEUR (H *s'aspire*), subst. propre mas. (*arefleur*), ville de France, dép. de la Seine-Inférieure.

HARGNE (H *s'aspire*), subst. fém. (*aregnie*) querelle, dispute, contradiction.

SE **HARGNER** (H *s'aspire*), v. pron. (*ce-argnié*), se disputer, se quereller.

HARGNERIE (H *s'aspire*), subst. fém. (*argnieri*), dispute de gens *hargneux*.

HARGNEUSE, adj. fém. Voy. HARGNEUX.

HARGNEUX (H *s'aspire*), adj. mas., au fém. **HARGNEUSE** (*argnieu, gnieuze*), qui est d'humeur chagrine et querelleuse ; qui est impatient comme s'il était affligé d'une *hernie*. On disait autrefois *herneux*. — On le dit par extension, des chiens qui mordent, et des chevaux qui mordent ou qui ruent. — *Chien hargneux*, homme mutin et querelleur. — On dit prov. : *chien hargneux a toujours l'oreille déchirée*, il arrive toujours quelque accident aux gens querelleurs.

HARGNIÈRE (*h s'aspire*), subst. fém. (*argnière*), t. de pêche ; on appelle ainsi les larges mailles qui forment l'extrémité d'une seine.

HARGOULÉ, E, part. pass. de *hargouler*.

HARGOULER (*h s'aspire*), v. act. (*argoulé*), prendre quelqu'un à la gorge et le secouer vivement. Il est vieux.

HARICOT (*h s'aspire*), subst. mas. (*arikô*), sorte de petites fèves. Pour distinguer la gousse qu'on mange en vert d'avec le grain, on dit *haricot vert* et *haricot blanc;* et lorsque le grain est sec, on dit *fèves de haricot*, par opposition à fèves de marais.—T. de bot., la plante qui les porte. Elle est annuelle, à fleur légumineuse et originaire de l'Inde ; les espèces en sont très-variées. — *Haricot en arbrisseau*, plante sarmenteuse de la Caroline. — *Haricot d'Espagne*, plante grimpante cultivée dans les jardins à cause de ses belles fleurs rouges. — *Haricot d'Égypte*, le dolic lablab.—*Haricot mungot*, à tige flosculeuse cylindrique et hérissée. — *Haricot du Pérou*, fruit du médicinier cathartique. — *Haricot de terre*, glycine souterreine dont les fruits mûrissent dans la terre.—Ragoût fait avec des navets et du mouton.

HARIDELLE (*h s'aspire*), subst. fém. (*aridèle*) (du lat. *arida*, sèche, maigre, dont on aura fait le diminutif *aridella*, en sous-entendant *equa*. *Ménage*.), méchant cheval maigre : *vieille, méchante haridelle*.—On dit prov. : *maigre comme une haridelle*.

HARIDI, subst. mas. (*aridi*), myth., serpent vénéré des mahométans.

HARITS, subst. propre mas. (*arite*), myth., surnom de Mars chez les Égyptiens.

HARLE (*h s'aspire*), subst. mas. (*arle*), t. d'hist. nat., oiseau palmipède du genre des canards.

HARLEM (*h s'aspire*), subst. propre mas. (*arlème*) (en hollandais *haarlem*), ville considérable du nord de la Hollande, aujourd'hui partie du royaume des Pays-Bas.

HARMALE, subst. fém. (*armale*), t. de bot., plante, espèce de rue sauvage, très-odoriférante et particulière à l'Égypte.

HARMATAN, subst. mas. (*armatan*), vent très-froid qui règne particulièrement sur les côtes de Guinée.

HARMEL, subst. fém. (*armèle*), t. de bot., sorte de plante.

HARMONICA, subst. mas. (*armonika*), instrument de musique, inventé selon les uns en Angleterre, et selon d'autres en Allemagne. Il est composé de verres à pied de différentes grandeurs, que l'on fait résonner en passant le doigt mouillé sur les bords, et qui rendent des sons à peu près semblables à ceux de la voix humaine. On étend ce nom, en général, aux divers instruments à touches, où le verre remplace les cordes de métal.—Au plur., des *harmonica*.

HARMONICORDE, subst mas. (*armonikorde*), sorte d'instrument d'*harmonie* à *cordes*.

HARMONIDE, subst. propre mas. (*armonide*), myth., fameux ouvrier de Troie, qui apprit les arts de Minerve même. Ce fut lui qui construisit les vaisseaux de Pâris, sur lesquels ce prince enleva Hélène.

HARMONIE, subst. fém (*armoni*) (en grec ἁρμονία, suite, enchaînement, liaison, accord, dérivé de ἄρω, je concerte, j'ajuste, j'accorde), accord; effet agréable de divers sons. — Science, théorie des accords. Voy. MÉLODIE. — *Harmonie directe*, celle où la basse est fondamentale. — *Harmonie renversée*, celle où le son fondamental n'est point à la basse.—*Harmonie figurée*, celle où l'on fait passer plusieurs notes sur un accord.—On appelle *table d'harmonie*, la partie d'un piano sur laquelle les cordes sont tendues.—Genre de musique composée pour instruments à vent. — Les anciens ont souvent donné ce nom au *genre enharmonique*.—Il se dit quelquefois d'une voix seule et sonore, d'un instrument qui rend un son agréable.—On le dit, par extension, des vers et de la prose : *Balzac donne du nombre et de l'harmonie à la prose*.—On appelle *harmonie imitative*, cet artifice de style qui consiste à peindre les objets par les sons des mots :

> Pour qui sont ces serpents qui sifflent sur vos têtes ?..
> Que d'un pas lent et lourd le bœuf fende la plaine...
> Mais si le daim léger bondit, vole et fend l'air...

Ces vers, dont le premier est de *Racine* et les autres de *Delille*, sont des exemples d'*harmonie imitative*. — Fig., accord parfait, entière correspondance des parties qui forment un tout; union de personnes qui tendent à une même fin, etc. —On a dit depuis quelques années : *être en harmonie avec quelqu'un*, avoir des rapports marqués avec lui. — En anat., articulation formée par des dentelures presque imperceptibles. — *Harmonie*, selon la mythologie, était fille de Mars et de Vénus. Elle fut changée en serpent avec Cadmus son mari. Quelques-uns la nomment *Hermione*.

HARMONIENS, subst. mas. plur. (*armoniein*), membres d'une association fondée par *Fourier* sur l'attraction passionnelle.

HARMONIER, v. act. (*armonié*), mot nouveau qui signifie mettre en *harmonie*. — **S'HARMONIER**, v. pron., former une *harmonie*.

HARMONIEUSE, adj. fém. Voy. HARMONIEUX.

HARMONIEUSEMENT, adv. (*armonieuzeman*), avec *harmonie*.

HARMONIEUX, adj. mas., au fém. **HARMONIEUSE** (*armonieu, nieuze*), plein d'*harmonie*, qui a de l'*harmonie*.—On le dit aussi de couleurs dont la réunion flatte l'œil, qui concourent bien à une même fin.

HARMONIPHILE, adj. des deux genres (*armonifile*) (du grec ἁρμονία, accord, et φίλος, ami), qui aime l'*harmonie*, la musique.

HARMONIQUE, adj. des deux genres (*armonike*), qui produit l'*harmonie*. Ce mot est à *harmonieux* ce que la cause est à l'effet. — Il se dit, en t. d'acoustique, des sons considérés comme s'engendrant les uns les autres suivant des lois et des rapports constants : *sons harmoniques* ou *concomitants; intervalles, rapports harmoniques; génération harmonique des sons*. — On le dit aussi quelquefois des sons flûtés que l'on tire d'un instrument par divers procédés.—On le dit encore des sons concomitants ou accessoires qui, dans la résonnance du corps sonore, accompagnent le son principal : on le nomme aussi *aliquotes*. — *Proportion harmonique*, celle dans laquelle le premier terme est au troisième, comme la différence du premier au second est à la différence du second au troisième. — *Échelle harmonique*, la succession des sons dans l'ordre *harmonique*. — *Harmonique* se dit subst., au mas., des sons *harmoniques*, des sons accessoires qui naissent d'un son quelconque : *les harmoniques d'un son; un son et ses harmoniques*.

HARMONIQUEMENT, adv. (*armonikeman*), avec *harmonie*, suivant les lois de l'*harmonie*, ou suivant les rapports *harmoniques* des sons.

S'HARMONISER, ne se dit pas. Voy. HARMONIER.

HARMONISTE, subst. des deux genres (*armonicete*), musicien dans l'*harmonie*. — Qui sait l'*harmonie*.

HARMONOMÈTRE, subst. mas. (*armonomètre*) (du grec ἁρμονία, harmonie, et μέτρον, mesure), t. de musique, instrument propre à mesurer les rapports *harmoniques*. Le meilleur *harmonomètre* est le monocorde armé de chevalets mobiles.

HARMONOMÉTRIQUE, adj. des deux genres (*armonométrike*), qui est relatif à l'*harmonomètre*.

HARMOPHANE, adj. des deux genres (*armofane*) (du grec ἁρμός, jointure, et φαίνομαι, paraître), t. de minér., nom donné par *Haüy* aux crystaux dont les joints naturels sont apparents.

HARMOSTE, subst. mas. (*armocete*), t. d'hist. anc., commandant d'une place de guerre, chez les Spartiates.

HARMOSYNIEN, subst. mas. (*armoziniein*) (en grec ἁρμόζω, je règle, je mets en ordre), t. d'hist. anc., officier de police chargé à Sparte de veiller à ce que les femmes mariées ne parussent dans les rues que couvertes d'un voile.

HARMOTOME, subst. mas. (*armotome*) (du grec ἁρμός, jointure, et τέμνειν, couper), t. d'hist. nat., pierre blanchâtre dont les crystaux sont divisés sur les jointures.

HARNACHÉ, E, part. pass. de *harnacher*, et adj.

HARNACHEMENT (*h s'aspire*), subst. mas. (*arnacheman*), l'action de *harnacher*.—Ce qu'il faut pour *harnacher*.

HARNACHER (*h s'aspire*), v. act. (*arnaché*), mettre à un cheval son *harnais*.—**SE HARNACHER**, v. pron.

HARNACHEUR (*h s'aspire*), subst. mas. (*arnacheur*), ouvrier qui fait des *harnais*. — Valet qui *harnache*.

HARNAIS (*h s'aspire*), subst. mas. (*arné*) (*l'Académie* dit aussi **HARNOIS**, en faisant l'observation que lorsqu'on parle des chevaux, *harnois* ne se dit qu'en poésie ou dans le discours soutenu ; on pourrait donc dans le langage poétique ou figuré prononcer *harnoâ*. C'est là ce que nous appelons créer des difficultés inutiles.) (de l'italien *arnese*, fait de l'allemand *harnisch* ou *arnisch*, harnais), tout ce qui est nécessaire à l'équipement d'un cheval.—Tout l'équipage de cuir d'une voiture.—Les chevaux et tout l'attirail d'un voiturier, d'un roulier.—Armure complète d'un homme d'armes. Dans cette acception il est vieux.—Équipage pour la chasse des petits oiseaux.—Tous les outils et instruments nécessaires pour quelque ouvrage ou quelque métier.—Fig. : *blanchir sous le harnais*, vieillir dans le métier des armes.—*Endosser le harnais*, embrasser la profession des armes. — Fig. et plaisamment, en parlant d'un homme d'église ou de robe, mettre les habits de sa profession. — *Cheval de harnais*, de charrette.—Fig. et fam. : *s'échauffer dans son harnais*, parler avec beaucoup de véhémence et d'émotion.

HARNOIS. Voy. HARNAIS.

HARO (*h s'aspire*), sorte d'exclamation, qui s'emploie quelquefois subst., (*arô*) (ce mot est composé de *ha!* exclamation, et de *Raoul*, qui fut le premier duc de Normandie, prince fort équitable, dont les Normands imploraient le secours quand on leur faisait quelque violence), t. de pratique dont on se servait suivant la coutume de Normandie, pour faire arrêt sur quelqu'un ou sur quelque chose, et pour aller procéder sur-le-champ devant le juge : *faire haro sur quelqu'un; clameur de haro*. Voy. CLAMEUR. — Fig. : *mettre haro sur quelque chose*, s'en saisir.—*Crier haro sur quelqu'un*, se récrier sur ce qu'il fait ou dit.

HARPAGON, subst. mas. (*arpaguon*) (nom de l'*avare*, dans la comédie de *Molière*, qui est devenu dans le style familier un nom générique et appellatif ; du grec ἁρπάζειν, ravir, enlever), homme excessivement avare, qui prend de toutes les mains.

HARPAILLÉ, E, part. pass. de *se harpailler*.

SE HARPAILLER (*h s'aspire*), v. pron. (*ce-arpâ-ié*), se quereller, se jeter l'un sur l'autre, se harper.—Disputer avec indécence. Il est fam. —V. neut., en t. de vén., se dit des chiens qui, lorsqu'ils tournent au change, se séparent et chassent les biches.

HARPAILLEUR (*h s'aspire*), subst. mas. (*arpâ-ieur*), gueux, filou, mendiant. Il est vieux.

HARPALE, subst. mas. (*arpale*), t. d'hist. nat., genres d'insectes coléoptères.

HARPALICE, subst. propre fém. (*arpalice*), myth., la plus belle fille d'Argos. Elle fut fort aimée de Clyménus son père, qui la maria avec beaucoup de peine; et aussitôt qu'elle fut mariée, il fit mourir son gendre pour la reprendre ; mais elle lui fit manger son propre fils, à l'exemple de Progné, etc.—Il y eut une autre *Harpalice* ou *Harpalyce*, qui mourut de douleur de se voir méprisée par Iphiclus, qu'elle aimait. Elle fut tant pleurée, que son nom resta à une sorte d'air lugubre qu'on chantait dans les funérailles.—Ce fut aussi le nom d'une princesse, fille d'*Harpalicus*, roi d'une contrée de la Thrace. Elle avait tant de courage, et savait si bien manier les armes, que, son père étant vivement pressé dans un combat, et même déjà blessé de la main de Néoptolème, elle vola à son secours, le tira de danger, et mit en fuite les troupes de Néoptolème. Elle excellait à la course des chevaux.

HARPALICUS, subst. propre mas. (*arpalikuce*), myth., roi de Thrace. Voy. HARPALICE.

HARPALOS, subst. propre mas. (*arpalôce*), myth., un des chiens d'Actéon.

HARPAYE (*h s'aspire*), subst. fém. (*arpâ-ie*), t. d'hist. nat., oiseau de proie.—Busard des marais.

HARPE (*h s'aspire*), subst. fém. (*arpe*) (en lat. *harpa*), sorte d'instrument de musique à plusieurs cordes inégales et qu'on touche des deux mains : *pincer de la harpe*. — En t. de maçonnerie, 1° pierre d'attente qui sort du mur ; 2° pierres larges dans les chaînes des murs; 3° morceaux de fer plat coudés en équerre, qui servent à lier les poteaux corniers avec les murs mitoyens.—En vén., la griffe d'un chien.—En conchiliologie, coquille univalve, du genre des conques sphériques, ornés de cannelures longitudinales, qui vont en diminuant comme les cordes d'une *harpe*. — *Harpe double*, instrument du dix-septième siècle, qui était composé de deux *harpes* accolées. — Dans l'ancienne fortification, on appelait *harpe* une espèce de pont-levis. — *Harpe aérienne* ou *harpe éolienne*, *harpe* d'invention anglaise qu'on expose sur une fenêtre et dont le vent fait vibrer les cordes.

HARPÉ (*h s'aspire*), subst. mas. (*arpé*), t. d'hist. anc. et de myth., espèce de coutelas ou d'épée recourbée avec laquelle les gladiateurs, nommés Thraces, s'escrimaient dans les jeux publics. C'est de cette arme que se servit Persée pour ôter la vie à Méduse, et Mercure pour tuer Argus, ce qui fit donner à Mercure le nom de *Harpéphore*. — Nom de l'une des amazones qui vint au secours d'Eétès, roi de Colchos, contre Jason.

HARPÉ, E (H *s'aspire*), part. pass. de *harper*, et adj. : *lévrier bien harpé*, qui a l'estomac fort avancé et fort bas, et le ventre fort haut et fort élevé.

HARPEAU (H *s'aspire*), subst. mas. (*arpô*), t. de mar., grappin ou ancre à quatre bras pour accrocher les vaisseaux ennemis.

HARPÉGE, subst. mas. Voy. ARPÈGE.

HARPÉGEMENT, subst. mas. Voy. ARPÈGEMENT.

HARPÉGER, v. act. Voy. ARPÉGER.

HARPÉPHORE (H *s'aspire*), subst. mas. (*arpéfore*), myth., surnom de Mercure, pris de l'arme dont il se servit pour tuer Argus. Voy. HARPÉ.

HARPER (H *s'aspire*), v. act. (*arpé*) (du grec αρπαζειν, ravir, d'où a été fait αρπαγη, croc, crochet, grappin), prendre et serrer fortement avec les mains.—Neut., t. de manège, en parlant des chevaux, lever les jambes de derrière précipitamment et sans plier le jarret.—*se* HARPER, v. pron., se saisir, se prendre l'un contre l'autre avec les mains. Il est fam.

HARPESTE (H *s'aspire*), subst. mas. (*arpècete*), jeu de ballon usité chez les anciens.

HARPEUR (H *s'aspire*), subst. mas. (*arpeur*). Il est vieux et ne s'emploie plus ; on dit *harpiste*. Voy. ce mot.

HARPIE (H *s'aspire*), subst. fém. (*arpi*) (en grec αρπυια, fait de αρπαζειν, ravir, enlever, parce que les *harpies* enlevaient tout), monstre fabuleux extrêmement vorace. — Au fig. : 1° homme qui prend avec avidité le bien d'autrui ; 2° femme méchante et criarde.—T. d'hist. nat., genre d'oiseaux de l'ordre des accipitres. — Subst. propre fém. plur., selon la mythologie, les *Harpies* ou *Harpyies* étaient filles de Neptune et de la Terre. Elles avaient un visage de femme, le corps de vautour avec des ailes, des griffes aux pieds et aux mains, et des oreilles d'ours. Les principales étaient Aëllo, Ocypète et Céléno. Junon envoya ces monstres pour infecter de leurs ordures et enlever les viandes de dessus la table de Phinée. Zéthès et Calaïs les chassèrent ; mais Iris, par ordre de Junon, les fit revenir dans la Thrace, ne voulant pas qu'on maltraitât les *chiennes* de Jupiter et de Junon : ainsi les appelle Apollonius. Les Troyens de la suite d'Énée ayant tué des troupeaux qui appartenaient aux *Harpies*, ils eurent une espèce de guerre à soutenir contre elles ; et Céléno, dans sa fureur, fit à Énée les plus terribles prédictions.

HARPIÉE (H *s'aspire*), subst. fém. (*arpié*), t. d'astron., chienne d'Actéon.

HARPIÉ, E, part. pass. de *harpier*.

HARPIER (H *s'aspire*), v. act. (*harpié*), prendre, voler. (*Boiste*.) Il est vieux et même hors d'usage.

HARPIGNÉ, E, part. pass. de *harpigner*.

se **HARPIGNER**, (H *s'aspire*), v. pron. (*ce-arpignié*), se quereller, se battre. Vieux. Style bas et burlesque.

HARPIN (H *s'aspire*), subst. mas. (*arpein*), croc de batelier.

HARPISTE (H *s'aspire*), subst. des deux genres (*arpicete*), celui, celle qui joue de la *harpe*.

HARPOCRATE, subst. propre mas. (*arpokrate*), myth., dieu du silence. On le représentait sous la figure d'un jeune homme demi-nu tenant d'une main une corne, et un doigt sur sa bouche.

HARPOIRE (H *s'aspire*), subst. fém. (*arpoare*), t. de pêche, pièce de fer qui termine le *harpon*.

HARPO-LYRE (H *s'aspire*), subst. mas. (*arpôlire*), instrument qui participe de la *harpe* et de la *lyre*.

HARPON (H *s'aspire*), subst. mas. (*arpon*) (du grec αρπαγη, croc, crochet, grappin, fait de αρπαζειν, ravir, enlever), gros javelot attaché au bout d'une corde, dont on se sert pour la pêche des baleines, des marsouins, etc.—Forte pièce de fer qui arrête et tient ferme les pans d'un bâtiment de charpente.

HARPONNÉ, E, part. pass. de *harponner*.

HARPONNER (H *s'aspire*), v. act. (*arponé*), darder ou accrocher avec le *harpon*. — *se* HARPONNER, v. pron.

HARPONNEUR (H *s'aspire*), subst. mas. (*arponeur*), pêcheur qui *harponne*.

HARPONNIER (H *s'aspire*), subst. mas. (*arponié*), t. d'hist. nat., héron d'Amérique.

HARRE (H *s'aspire*), subst. fém. (*are*), t. de pelletiers, demi-anneau de fer, fiché dans un mur, et dont on se sert pour adoucir les peaux.

HART (H *s'aspire*), subst. fém. (*are*) (par corruption du celtique ou bas-breton *éré*, lien), lien d'osier ou de bois fort pliant dont on lie les fagots.—Corde avec laquelle on pendait les criminels. On lit dans les ordonnances : *à peine de la hart*. — On le dit encore quelquefois dans le langage familier : *la hart au cou ; c'est un homme qui mérite la hart, qui est digne de la hart*.

HARTOGE, subst. mas. (*artoje*), t. de bot., arbrisseau du cap de Bonne-Espérance, espèce de diosma.

HARUDES, subst. mas. plur. (*arude*), peuple qui habitait autrefois une partie de la Germanie.

HARUNGANE, subst. mas. (*areunguane*), t. de bot., arbre de Madagascar.

HARUSPICE, subst. mas. Voy. ARUSPICE.

HARVIAU (H *s'aspire*), subst. mas. (*arviô*), t. de pêche, anse de corde qui sert à attacher le grand filet en chausse, dans les pêcheries établies aux arches des ponts sur les grandes rivières.

HASARD (H *s'aspire*), subst. mas. (*azar*) (du mot *as*, point unique au jeu de dés. Comme en jouant on court risque d'amener ce point, qui est le moindre de tous, on a dit *azarder* pour risquer, et *azard* pour *as*, parce que, dans notre langue, la terminaison en *ard* contenait une idée de mépris. Ces mots ont ensuite été modifiés par l'aspiration. *Le Duchat*. Les Italiens disent aussi *azardo*, et les Espagnols *azar*), fortune, sort, cas fortuit : *coup de hasard, effet du hasard*. — *Jeux de hasard*, jeux où le *hasard* seul décide. — Destin aveugle.—Au fig. : *corriger le hasard*, c'est tromper au jeu. — A certains jeux de dés, on appelle *les hasards* certains points fixes qui sont toujours favorables à celui qui tient le dé.— En t. de jeu de paume, on dit que *la balle fait hasard*, quand elle ne fait pas l'effet qu'elle devait faire, soit par le défaut du carreau, soit par quelque autre cause. — Risque, péril : *courir le hasard de sa vie, de son honneur*.—Poét. : *les hasards* (les dangers) *de la guerre*. — *Acheter un livre, un tableau*, etc., *de hasard*, l'acheter à bon marché. On dit, dans le même sens : *trouver un bon hasard*. — Dans un sens analogue, on appelle *marchandises de hasard* ou *d'occasion*, celles qui ne sont plus neuves, ou qui ont déjà servi, et que par cette raison on vend moins cher. — On appelle *analyse des hasards*, la science du calcul des probabilités. — *Au hasard, à tout hasard*, loc. adv., sans dessein, sans réflexion, à tout évènement. — *Jeter des propos au hasard*, mettre des propos en avant pour voir comment ils seront reçus. — *Dire quelque chose au hasard, à tout hasard*, sans aucune intention précise. — *Parler au hasard*, inconsidérément, sans réflexion. — *Par hasard*, adv., par accident, fortuitement. Voy. FORTUITEMENT. — HASARD, FORTUNE, SORT, DESTIN. (*Syn.*) Le *hasard* ne forme ni ordre, ni dessein ; on ne lui attribue ni connaissance, ni volonté, et ses évènements sont toujours très-incertains. La *fortune* forme des plans et des desseins, mais sans choix ; on lui attribue une volonté sans discernement, et l'on dit qu'elle agit en aveugle. Le *sort* suppose des différences et un ordre de partage ; on ne lui attribue qu'une détermination cachée, qui laisse dans le doute jusqu'au moment où elle se manifeste. Le *destin* forme des desseins, des ordres et des enchaînements de cause ; on lui attribue la connaissance, la volonté et le pouvoir ; ses vues sont fixes et déterminées. — Le *hasard* fait ; la *fortune* veut ; le *sort* décide ; le *destin* ordonne. (*Girard*.)

HASARDÉ, E (H *s'aspire*), part. pass. de *hasarder*, et adj. — *Propos hasardé*, un peu leste. — *Viande hasardée*, un peu passée, gardée trop long-temps.

HASARDER (H *s'aspire*), v. act. (*azardé*), mettre, exposer au *hasard* ; risquer : avec cette différence que *hasarder* n'indique que l'incertitude du succès, et que *risquer* menace d'une mauvaise issue : *hasarder sa vie, son honneur, sa réputation, son argent ; hasarder un combat ; hasarder de faire une chose ; hasarder beaucoup*. — Avancer témérairement : *hasarder une accusation*, etc. — *Hasarder une parole, une proposition*, la mettre en avant pour voir comment elle sera reçue. — *Hasarder une phrase*, employer une phrase dont l'usage n'est pas encore bien établi. — *se* HASARDER, v. pron., s'exposer au *hasard*. — Suivi d'un infinitif, il prend la préposition *à* : *se hasarder à dire, à faire une chose*.

HASARDEUSE, adj. fém. Voy. HASARDEUX.

HASARDEUSEMENT (H *s'aspire*), adv. (*azardeuzeman*), d'une manière *hasardeuse*, avec risque : *il a entrepris cela bien hasardeusement*.

HASARDEUX (H *s'aspire*), adj. mas., au fém. **HASARDEUSE** (*azardeu, deuze*) ; en parlant des personnes, hardi, courageux. — En parlant des choses, périlleux.

HASE (H *s'aspire*), subst. fém. (*aze*) (de l'allemand *hase*, lièvre mâle ou femelle), la femelle du lièvre ou du lapin.

HASNA ou **HASNÉ** (H *s'aspire*), subst. mas. (*acena, acené*), t. de relation, trésor particulier du grand-seigneur. Le trésor public s'appelle *miri*.

HASSÉKI, subst. fém. (*acéki*) (mot emprunté de la langue turque, celle des femmes du grand-seigneur qui devient mère d'un garçon. Elle a tous les droits d'une épouse, et commande dans le harem. Quelques-uns étendent ce nom à toutes les concubines du sultan.

HASSÉQUIS, subst. mas. (*acékice*), t. de relat., garde du palais ottoman.

HAST, subst. mas. (*acete*) (du lat. *hasta*, lance, pique) : *arme d'hast*, arme emmanchée au bout d'un long bâton. Vieux mot inusité.

HASTAIRE, subst. mas. (*acetère*) (en lat. *hastarius*, fait de *hasta*, pique), chez les anciens Romains, soldat armé d'une pique.

HASTE, subst. fém. (*acete*) (en lat. *hasta*, lance, pique), javelot sans fer, ou ancien sceptre plus long que les sceptres ordinaires.—En numismatique, sceptre.—Broche à rôtir. Hors d'usage.

HASTÉ, E, adj. (*aceté*) (en lat. *hastatus*, fait de *hasta*, pique), t. de bot., se dit des feuilles triangulaires et échancrées à leur base.

HASTER, subst. mas. (*acetère*), t. de comm., mesure de contenance dont on se sert dans quelques endroits de la Belgique, et particulièrement à Gand. Elle contient trente setiers de Paris, moins un cinquante-sixième.

HASTEUR (H *s'aspire*), subst. mas. (*aceteure*), celui qui dans un atelier surveille les ouvriers, les manœuvres.

HASTIES ou **HASTILLES** (H *s'aspire*), subst. fém. plur. (*accti, ti-ie*) ; vieux mot inusité qui signifiait, dépouilles d'un porc dont on fait part à ses voisins, comme andouilles, boudins, et qu'on accompagne de quelque pièce bonne à rôtir, à mettre à la *haste* (à la broche).

HASTIFORME (H *s'aspire*), adj. des deux genres (*acetiforme*) (du lat. *hasta*, pique, et *forma* forme, figure), en forme de pique.

HASTINGS, subst. propre mas. (*aceteingue*) très-ancien bourg d'Angleterre, dans le comté de Sussex. Il est célèbre par la victoire qu'y remporta, en 1066, Guillaume-le-Conquérant, alors duc de Normandie, et dès lors roi d'Angleterre.

HÂTE (H *s'aspire*), subst. fém. (*âte*), vitesse, diligence. — Dans quelques départements, étendue de trente pas.—Autrefois, broche de cuisine. —*Avoir hâte ou une grande hâte de*... être fort pressé de...—*Avec hâte, en hâte*, promptement, avec diligence.—*A la hâte*, avec précipitation.

HÂTÉ, E, part. pass. de *hâter*. On dit que *la saison est un peu hâtée*, pour dire, qu'elle est plus avancée qu'elle ne devrait l'être.—Il signifie quelquefois pressé, qui a *hâte* : *il est extrêmement hâté*.

HÂTELET (H *s'aspire*), subst. mas. (*âtelé*), petite broche à rôtir.—T. de manuf., petite broche à laquelle on enfile les soies, etc., et qu'on attache aux grandes broches.

HÂTELETTES (H *s'aspire*), subst. fém. plur. (*âtelète*) (diminutif de *hâte* ou *haste*, en lat. *hasta*, morceau de bois en forme de lance), sorte de mets préparés par le moyen de petites broches de bois appelées aussi *hâtelettes*. On fait des *hâtelettes* de ris de veau, de foie gras, etc.

HÂTER (H *s'aspire*), v. act. (*âté*) (de l'allemand *hasten*, qui a la même signification), accélérer, diligenter le mouvement, les progrès d'une chose ; faire qu'elle arrive plus tôt à son point, à son but.—Faire dépêcher : *hâter la besogne ; hâtez ces gens-là*. — *Hâter les fruits*, en avancer la maturité. — *Le cerf hâte son erre*, fuit fort vite. — HATER, PRESSER, DÉPÊCHER, ACCÉLÉRER. (*Syn.*) Selon *Roubaud*, *hâter* marque une diligence plus ou moins grande, et soutenue ; *presser*, une impulsion forte et de la vivacité sans relâche ; *dépêcher*, une activité inquiète et empressée, même jusqu'à la précipitation ; *accélérer*, un accroissement de vitesse ou un redoublement d'activité. Il se dit mieux et plus ordinairement des choses : *hâter son départ, son retour;* mais on dit moins bien et plus rarement *hâter quelqu'un*, le presser de venir, quoique *se hâter, hâtez-vous*, soit du bon usage. On lit bien dans *Racine* :

Cours vite avertir et *hâter* la princesse ;

mais c'est dans *la Thébaïde*.—SE HÂTER, v. pron., faire quelque chose en diligence : *je me hâte de vous en donner avis; il ne se hâte pas trop de payer; hâtez-vous lentement*.

HÂTEREAU (H *s'aspire*), subst. mas. (*âterô*), mets préparé avec des tranches de foie saupoudrées de poivre et de persil, grillées et salées.

HÂTEUR (H *s'aspire*), subst. mas. (*âteur*) (du vieux mot *hâte*, broche), officier qui, dans les cuisines royales, avait soin que les viandes à la broche fussent cuites à propos.

HATICHÉRIF (H *s'aspire*), subst. mas. (*âtichérif*), assignation turque.

HÂTIER (H *s'aspire*), subst. mas. (*âtié*), grand chenet de cuisine qui a plusieurs chevilles de fer recourbées les unes au-dessus des autres.

HÂTIF (H *s'aspire*), adj. mas., au fém. HÂTIVE (*âtif, tive*), précoce, en parlant des fruits ou des fleurs.—Fig., *un esprit hâtif*, formé avant l'âge.—HÂTIF, PRÉCOCE, PRÉMATURÉ. (*Syn.*) *Hâtif* indique seulement une chose avantageuse ; *précoce* et *prématuré* marquent la circonstance de devancer ou de prévenir la saison, le temps propre, les productions du même genre. *Précoce* n'exprime point d'autre idée ; *prématuré* désigne une maturité forcée ou une fausse maturité, quelque chose qui est contre nature. C'est le sens que nous lui donnons au figuré. Ainsi la chose *précoce* arrive avant la saison, et la chose *prématurée* arrive avant la saison propre et hors de saison. — Ce qui est *précoce* est hors de l'ordre commun ; ce qui est *prématuré* est contre l'ordre naturel.—La diligence et la vitesse distinguent le *hâtif*; la célérité et l'antériorité, le *précoce;* la précipitation et l'anticipation, le *prématuré*. — Les fruits qui viennent les premiers ou dans la primeur sont *hâtifs;* les fruits qui viennent naturellement, ou par une bonne culture, avant la saison propre à leurs espèces, sont *précoces;* les fruits qui viennent par force, avant la saison convenable, et trop tôt pour acquérir la bonté et la perfection de leur maturité naturelle, sont *prématurés*.—La valeur qui n'attend pas le nombre des années est *hâtive;* la raison qui étonne dans l'enfance est *précoce;* la crainte qui prévoit un danger si éloigné, qu'il n'est, pour ainsi dire, que possible, est *prématurée*.

HATIK, subst. mas. (*atik*), espèce de chevaux arabes provenus de beaux étalons et de chevaux de charge.

HÂTIVE (H *s'aspire*), adj. fém. Voy. HÂTIF.

HÂTIVEAU (H *s'aspire*), subst. mas. (*âtivô*), sorte de poire ou de raisin précoce.

HÂTIVEMENT (H *s'aspire*), adv. (*âtiveman*), d'une manière *hâtive*.

HÂTIVETÉ (H *s'aspire*), subst. fém. (*âtiveté*), précocité des fruits, des fleurs, etc. Il est vieux.

HATTES, subst. fém. plur. (*ate*), nom qu'on donne aux haras dans les colonies d'Amérique.

HÂTURE (H *s'aspire*), subst. fém. (*âture*), t. de serrurier, portion de fer qui fait une saillie en forme d'équerre, et qui aboutit à un verrou ou à la tête d'un pêne.

HAUBAN (H *s'aspire*), subst. mas. (*ôban*), t. de mar., gros cordage qui assure le mât, et qui sert d'échelle pour monter au haut des mâts. On l'emploie le plus souvent au plur. — On appelle *haubans de beaupré*, deux espèces de balancines qui saisissent la vergue de civadière par le milieu ; *haubans de chaloupe*, les cordages dont on se sert pour saisir la chaloupe quand elle est sur le pont du vaisseau.—En t. de maçon., cordage attaché d'un côté à un engin, et de l'autre à un arrêt solide.—Ancien droit établi dans les marchés sur les marchandises des fourreurs. (*Raymond*.)

HAUBANÉ, E, part. pass. de *haubaner*.

HAUBANER (H *s'aspire*), v. act. (*ôbané*), t. de maçon, attacher un *hauban* à l'engin pour l'arrêter et le tenir ferme quand on monte quelque fardeau.

HAUBANIER (H *s'aspire*), subst. mas. (*ôbanié*), nom donné autrefois aux pelletiers fourreurs soumis au droit de hauban. — On appelait *haubanier du roi*, celui qui avait le droit d'acheter dans Paris et aux environs toutes sortes de hardes vieilles et nouvelles.

HAUBART (H *s'aspire*), subst. mas. (*ôbar*), t. d'hist. nat., espèce de poisson.

HAUBELONE (H *s'aspire*), subst. fém. (*ôbelone*), sorte de fromage de Hollande.

HAUBEREAU, subst. mas. (*ôberô*), t. d'hist. nat., espèce d'oiseau de proie.

HAUBERGENIER (H *s'aspire*), subst. mas. (*ôberjenié*), ouvrier qui fait des *hauberts*.

HAUBERGEON (H *s'aspire*), subst. mas. (*ôberejon*), petit *haubert*. C'était l'armure des écuyers. —On appelait ainsi un fief qui obligeait d'accompagner le roi à la guerre avec le *haubert*. Il a donné lieu au vieux proverbe, *maille à maille se fait le haubergeon*, qui signifie qu'en travaillant peu à peu, mais constamment, à une chose, on parvient à la faire.

HAUBERGIER (H *s'aspire*), subst. mas. (*ôberejié*), possesseur d'un fief de *haubert*.

HAUBERT (H *s'aspire*), subst. mas. (*ôbère*) (du latin barbare *halsberga* ou *halsperga*, fait avec la même signification dans le moyen-âge, de l'allemand *hals*, le cou, et *bergen*, garder, couvrir), sorte de cuirasse ancienne ou de cotte de mailles faite de petits anneaux de fer, que les seuls chevaliers pouvaient porter. On l'appelait aussi *jaque de mailles*.—*Fief de haubert*, possédé par un chevalier, qui était obligé d'aller servir le roi à la guerre, avec droit de porter le *haubert*.

HAUBITZ (H *s'aspire*), subst. mas. (*ôbitece*), t. d'artillerie, ancien nom de l'obusier. Il ne se dit plus.

HAULÉE (H *s'aspire*), subst. fém. (*ôlé*), terme de pêche, sorte de filet plus grand que la bastude.

HAUSSE (H *s'aspire*), subst. fém. (*ôce*), en général, tout ce qui sert à *hausser*.—*Hausse* signifie aussi augmentation, en parlant du cours des changes et des effets publics : *les banquiers spéculent sur la hausse et la baisse; jouer à la hausse*, c'est parier que les effets *hausseront;* c'est acheter et promettre de payer au prix du cours actuel, à une époque déterminée, des effets de crédit public, dans l'espoir de les revendre à un prix supérieur.—En terme d'imprimerie, morceau de papier mince que l'on colle sur le grand tympan, à l'endroit où l'on aperçoit un défaut de foulage, pour que l'impression soit partout égale.—Morceau de cuir qu'on met à des souliers, à des bottes.—Morceau de bois qu'on met à des quenouilles de lit pour les *hausser*. — Dans un archet de violon, partie qui porte l'écrou, et qui sert à le tendre. Les Allemands l'appellent *grenouille*.

HAUSSÉ, E, part. pass. de *hausser*, et adj., se dit, dans le blason, d'une fasce, etc., qui est plus *haute* que dans sa position ordinaire.

HAUSSE-COL (H *s'aspire*), subst. mas. (*ôcekol*), petite plaque de cuivre doré que les officiers d'infanterie portent au-dessous du cou lorsqu'ils sont de service.—Au plur., des *hausse-col*.

HAUSSEMENT (H *s'aspire*), subst. mas. (*ôceman*), action de *hausser* : *il a fait un haussement d'épaule*. — *Haussement des monnaies, du prix des denrées;* on dit plus souvent : *hausse des monnaies, des denrées*.

HAUSSE-PIED (H *s'aspire*), subst. mas. (*ôcepié*), t. de faucon., sorte de sacre, oiseau qui a souvent une patte en l'air.—Le premier des oiseaux de proie qui attaque le héron dans son vol. —En t. de chasse, lacs pour prendre le loup.—Au plur., des *hausse-pied*.

HAUSSE-QUEUE (H *s'aspire*), subst. mas. (*ôcekieu*), t. d'hist. nat., sorte de coquillage terrestre. —On donne aussi ce nom au hoche-queue. —Au plur., des *hausse-queue*.

HAUSSER (H *s'aspire*), v. act. (*ôcé*) (rac. *haut*), élever, rendre plus *haut*.—Lever en *haut* : *hausser le bras, la jambe*. — Il se dit de la voix, du son des instruments : *hausser la parole ; hausser sa voix; cette guitare est montée trop bas, il faut la hausser*.—*Hausser le ton*, élever ses prétentions; prendre dans ses discours un ton de menace ou de supériorité. On dit fam., dans un sens analogue, *hausser d'un ton*. — Prov. et pop., *hausser le coude*, boire beaucoup; et dans le même sens, mais moins usité : *hausser le temps*. —Fig. et fam.: *hausser les épaules*, en signe d'indignation, de mépris.—Augmenter : *hausser les gages, le prix, les impôts*.—*Hausser la monnaie, le prix des monnaies*, en augmenter la valeur numéraire—On dit neutralement, en t. de banque, que *le change hausse, que les actions haussent*, pour dire que le prix des actions est plus *haut;* et, dans le même sens, en parlant des choses dont la valeur, dont le prix augmente : *le prix du blé a bien haussé; le pain ne hausse pas*.—Figurément : *hausser le cœur, le courage à quelqu'un*, le relever.—*Hausser un vaisseau*, t. de mar., le découvrir de plus en plus, quand on chasse sur lui avec vent arrière.—Neutralement, devenir ou être plus *haut* : *la rivière a haussé cette nuit*.—*Avoir une épaule qui hausse*, avoir une épaule plus grosse que l'autre. — Fig. et fam. : *hausser d'un cran*, se dit des choses qui augmentent d'une très-petite quantité : *sa fortune, son crédit n'a pas haussé d'un cran*.—SE HAUSSER, v. pron., s'élever, se mettre plus *haut* : *se hausser sur la pointe des pieds*.—On dit prov. et fam., d'un homme qui ne s'émeut de rien, qui est toujours égal : *c'est un homme qui ne se hausse ni ne se baisse*.—*Le temps se hausse*, il commence à s'éclaircir.

HAUSSET (H *s'aspire*), subst. mas. (*ôcè*), pièce de bois qui retient le chevalet des couteliers.

HAUSSIER (H *s'aspire*), subst. mas. (*ôcié*), qui joue à la *hausse*, et fait monter le cours des fonds publics.

HAUSSIÈRE, subst. fém. Voy. AUSSIÈRE, qui s'emploie plus ordinairement.

HAUSSOIR (H *s'aspire*), subst. mas. (*ôçoare*), palette de bois qui retient l'écluse d'un moulin, et qu'on lève quand on veut le faire travailler.

HAUSTELLES, subst. fém. plur. (*ôcetèle*), t. d'hist. nat., famille d'insectes diptères.

HAUT (H *s'aspire*), subst. mas. (*ô*) (en latin *altus*), élévation; hauteur : *la tour a vingt toises de haut*. — Faîte, sommet, la partie supérieure d'un objet quelconque : *le haut d'une tour, d'une montagne, d'un clocher; le haut de la tête, le haut d'une feuille de papier, d'une page, d'un tableau ; vers le haut*.—En t. de mus., *la voix de ce chanteur est belle dans le haut*, elle est propre à bien rendre les sons aigus, les notes élevées.—*Sur le haut du jour*, signifie sur le midi. Cette façon de parler a vieilli. — On appelle *le haut du pavé* la partie du pavé des rues qui borde les maisons : *prendre, céder le haut du pavé*. — On dit fig. et fam. : *crier du haut de sa tête*, crier de toute sa force.—*Tomber de son haut*, de toute sa hauteur; et fig. et fam., être surpris et étonné en entendant dire quelque chose d'extraordinaire. —*Il y a du haut et du bas dans la vie*, des biens et des maux.—*Il y a bien du haut et du bas* ou *des hauts et des bas dans l'humeur de cet homme*, il est d'une humeur inégale. — *Gagner le haut*, s'enfuir.—*Être pendu haut et court*, fam., être exécuté à la potence.—*En haut, par en haut*, façons de parler adverbiales. Ainsi on dit, *aller en haut, monter en haut*, pour dire dans un lieu plus élevé que celui où l'on est.—*Loger en haut*, pour dire dans un étage au-dessus. — *Passer par en haut, passer par en bas*, passer par le haut, passer par le bas de quelque lieu. — *Un cheval va par haut*, il fait un manège élevé. — *Tirer en haut, pousser en haut*, vers le *haut*.—En parlant d'une médecine qui opère par le ventre et par la bouche, on dit qu'*elle fait aller par haut et par bas*.—Fig. : *traiter de haut en bas*, avec hauteur et mépris.—*Regarder quelqu'un de haut en bas, du haut en bas, du haut de sa grandeur*, le regarder avec un air de mépris.—T. de marine, *les hauts d'un vaisseau*, tout ce qui est au-dessus du premier pont.

HAUT, E (H *s'aspire*), adj. (*ô, ôte*) (en lat *altus*), élevé, par opposition à bas; il se dit d'un objet considéré par rapport à tous les autres objets, ou par comparaison à un ou plusieurs autres ; ou bien encore de certaines choses qui sont situées au-dessus d'autres : *haut clocher, haute montagne; loger dans une chambre haute; les hautes régions de l'air*. Et dans un sens analogue : *les oiseaux de haut vol; l'aigle a le vol très-haut*. — *Hautes tiges ; arbres à haute tige*, se dit de certains arbres fruitiers dont on laisse la tige s'élever.—*Haute futaie* s'entend des bois de grands chênes, de grands hêtres, qui ne sont pas réglés en coupe ordinaire, comme les bois taillis. — *Haut dais*, endroit élevé où le roi et la reine sont assis dans les assemblées publiques. —Fig. *prendre un vol trop haut*, s'élever, ou prendre des manières, ou faire des dépenses au-dessus de son état, de sa condition, de ses moyens. — En parlant des sons, de la voix, éclatant, qui se fait entendre au loin : *avoir la voix haute, le verbe haut; réciter, lire à haute voix, à haute et intelligible voix; crier à haute voix*. — En t. de musique, il se dit des sons élevés, aigus, et, dans un sens analogue, des instruments : *son haut, ton haut, violon bien haut, flûte trop haute*. — Fig. : *prendre le haut ton; le prendre d'un ton haut, sur un ton haut, sur le haut ton;* et, dans le même sens, *être haut en paroles, avoir le verbe haut*, signifie prendre un ton fier, menaçant, arrogant.—Fig., fam. et par exagération : *jeter, pousser les hauts cris*, se récrier, se plaindre hautement.—*Nous n'avons jamais eu une parole plus haute que l'autre*, nous n'avons jamais eu de querelle ensemble. — *Haut* signifie aussi levé, relevé : *marcher la tête haute; il a juré, la main haute, qu'il ne vous avait fait aucun tort; courir sur son adversaire l'épée haute, la lance haute,* etc. — Fig., *la main haute*, exprime une idée de puissance, de hardiesse, de sévérité : *tenir la main haute à quelqu'un*, le traiter avec sévérité, sans lui rien passer; *tenir la main haute dans une affaire*, se rendre difficile sur les conditions. — *Il peut aller partout la tête haute*, signifie au fig., il peut aller partout sans craindre aucun reproche, aucun affront. — En t. de blason, *épée haute*, épée droite. — En t. de manège, *tenir la bride haute à un cheval*, lui tenir la bride courte. — Au fig. : *tenir la bride haute à un jeune homme*, lui laisser peu de liberté, le tenir de court. — *Le haut style* se dit d'un style oratoire élevé, soutenu : *ouvrage écrit dans le haut style.* Il signifie aussi ironiquement un style ampoulé et guindé. — *Le haut mal*, l'épilepsie ou le mal caduc : *tomber du haut mal.* — *Haut appareil*, grande magnificence. — En t. de chirurgie, *haut appareil* signifie l'extraction de la pierre par le fond de la vessie, en faisant une incision au-dessus du pubis. — *Haute pression*, pression considérable; *machine à vapeur à haute pression.* — *Être haut en couleur*, avoir le visage rouge, coloré. — Fig. et fam., *emporter quelque chose de haute lutte*, venir à bout de quelque chose par autorité, par force. — *Une haute antiquité*, une antiquité fort reculée. — *Haut* signifie quelquefois fier, orgueilleux, impérieux : *homme haut, femme haute; avoir l'air haut, la mine haute et fière.*—Grand, magnanime, généreux : *il a l'âme haute.* — Il se dit, en mauvaise part, de ce qui est excessif dans son genre : *haute insolence, haute effronterie.* — *Haute trahison* se dit des crimes qui intéressent au premier chef la sûreté de l'état. — Fig., *haut* signifie encore supérieur, éminent, excellent, distingué dans son genre : *une personne de haut rang, de haut parage, de la haute volée; les hautes classes de la société; parvenir aux plus hautes dignités; une haute fortune; les hauts faits; une haute vertu; de hauts fonctionnaires; une haute naissance; la haute opinion que j'ai de son courage,* etc. — *Haute justice*, se disait de la juridiction d'un seigneur dont le juge pouvait connaître de toutes les causes, excepté des cas royaux. — *L'exécuteur de la haute justice* ou *le maître des hautes œuvres*, le bourreau. — *Haut et puissant seigneur; haute et puissante dame; très-haut et très-puissant seigneur; très-haute et très-puissante dame; très-haut et très-puissant prince; très-haute et très-puissante princesse*, titres donnés autrefois dans les monuments publics, dans les actes, dans les oraisons, dans les épîtres dédicatoires et autres écrits officiels ou authentiques, aux grands seigneurs, aux princes et aux princesses. — On dit subst. et absol., *le Très-Haut*, pour Dieu. — En t. de diplomatie, *les hautes puissances contractantes*, se dit des princes souverains entre lesquels se conclut un traité. — Absol. : *hautes puissances*, titre que prenaient les états-généraux des Provinces-Unies.—*L'eau est fort haute en cet endroit*, fort profonde. — *La rivière est haute*, plus grosse qu'à l'ordinaire. — *La mer est haute*, agitée. — *Aller en haute mer*, en pleine mer. — *Le carême est haut*, il arrive tard. — Prov. et fig. : *il nous met le carême bien haut*, il nous fait la chose bien difficile. — *Le haut Languedoc*, etc., la partie la plus éloignée de la mer. — *Le haut Rhin*, l'endroit où il est le plus près de sa source. — On appelle aussi *haut pays*, la partie de certains pays qui est plus éloignée de la mer; et *bas pays* celle qui en est plus près.—*Les hautes Pyrénées*, celles qui forment le milieu de la chaîne, qui sont à peu près à égale distance de l'Océan et de la Méditerranée.—*Les hautes Alpes*, celles qui sont loin de la Méditerranée. — On entend par *la haute Seine*, toute la partie de la Seine qui est au-dessus de Paris, en allant vers la source de ce fleuve. — *Haut*, en t. de comm., se dit de la valeur extraordinaire des espèces : *les monnaies sont hautes*; du prix extraordinaire des choses : *les vins sont hauts; les blés sont plus hauts cette année que l'année dernière; dans cette ville les maisons se louent à plus haut prix que partout ailleurs.* — On dit, en termes de banque, que *le change est haut*, pour dire qu'il est plus cher qu'on n'a coutume de le payer. — On dit, en t. de jeux, *les hautes cartes*, pour dire, les cartes qui ont le plus de valeur, par opposition aux *basses cartes*, qui sont celles qui en ont le moins. Au piquet l'as, le roi, la dame, le valet et le dix, sont les *hautes cartes*, les autres sont les *basses.*—*Le haut bout d'une chambre, d'une table*, la place la plus honorable. — *Hauts lieux*, en t. de l'Écriture sainte, les endroits où l'on sacrifiait à Baal et à d'autres idoles. — *Hautes sciences*, théologie, philosophie, mathématiques. — *Hautes classes*, la seconde et la rhétorique. — *Viande de haut goût*, piquante, poivrée, salée, épicée. — Prov.: *cadet de haut appétit*, jeune homme qui mange beaucoup. — *Homme haut à la main*, emporté et qui use de voies de fait. — *Ce cheval fait des hauts-le-corps*, des bonds, des sauts. — *Haut-le-pied!* retirez-vous ; partons. — Fig. et prov. : *faire un haut-le-pied*, s'enfuir. — Dans le langage familier, *haut-le-pied* s'emploie subst., pour désigner un homme qui ne tient à rien, qui n'a point d'établissement fixe et qui peut disparaître d'un moment à l'autre : *ne lui prêtez rien, c'est un haut-le-pied.* — *Renvoyer des chevaux haut-le-pied*, les renvoyer sans être attelés ni montés. — On appelle *haut allemand*, le langage de la poésie ou du style soutenu, celui des personnes qui ont reçu de l'éducation. Il se parle surtout en Misnie, province de la Haute-Saxe. — Fig. : *cela est du haut allemand pour moi*, je n'y comprends rien. En t. d'église, *messe haute*, se dit d'une messe chantée, d'une grand'messe.—*La chambre haute*, au parlement d'Angleterre, la chambre des pairs. — En t. de mar., on appelle *haut fond*, un endroit de la mer dans lequel il y a peu d'eau, et où les navires pourraient échouer s'il donnaient dessus. — *Ce bâtiment est de haut-bord*, son bord supérieur est fort élevé au-dessus de l'eau. — *Vaisseau de haut-bord*, autrefois tout bâtiment de long cours; aujourd'hui bâtiment de guerre à plusieurs ponts. — En t. de vén., on appelle *chiens de haut nez*, les chiens qui ont l'odorat fort bon ; *haute volerie*, celle du héron, du milan, de la grue, du canard, etc. — HAUT, HAUTAIN, ALTIER. (*Syn.*) L'homme *haut* croit qu'il est au-dessus des autres; l'homme *hautain* veut le faire croire; l'homme *altier* veut le faire sentir. La hauteur du premier peut être noble et bienséante, celle du second est vaniteuse et arrogante; celle du troisième, jalouse, impérieuse, intraitable. — L'homme *haut* ne s'abaisse pas; l'homme *hautain* se hausse tant qu'il peut et rabaisse les autres; l'homme *altier* veut humilier et asservir. — L'homme *haut* souffre impatiemment l'humiliation; le *hautain*, la contradiction; l'*altier*, la résistance. Le premier veut de la considération et des égards; s'il rend ce qu'il doit, il exige ce qui lui est dû. Le second veut des hommages et des bassesses; il croit que tout lui est dû, et oublie ce qu'il doit. Le troisième veut des ménagements et de la soumission ; il rend fidèlement ce qu'il doit, et exige durement ce qui lui est dû. — On est *haut* par sentiment ou par air; on est *hautain* par air ; on est *altier* par caractère.

HAUT (H *s'aspire*), adv. (*ô*), hautement: *il faut le dire tout haut; crier tout haut.* — A une grande élévation : *la fortune est bien haut; monter haut, plus haut, très-haut; vous l'avez placé trop haut; il faut l'élever assez haut pour qu'on ne puisse l'atteindre.* — *Plus haut* signifie quelquefois *ci-dessus*, dans ce qui précède : *ainsi que nous l'avons dit plus haut; on a vu plus haut que...*—*Reprendre une chose, une histoire de plus haut*, la raconter en la commençant d'un temps plus éloigné, pour mieux éclaircir le fait, pour rendre la narration plus claire; et dans le même sens, *remonter plus haut.*—*Reprendre les choses de haut, de plus haut,* remonter à des principes généraux, à des vérités antérieures.—*Cheval haut monté* ou *monté haut*, cheval dont les jambes sont trop *hautes* et ne sont point proportionnées. — En t. de musique, dans un ton *haut* : *vous l'avez pris trop haut en commençant; ma voix ne peut monter plus haut; ce violon n'est pas monté assez haut.*—*Parler haut*, à haute voix ; ou fig., avec force, avec audace. — *Penser tout haut*, figurément, faire connaître avec franchise, sans détour, sans réserve, ce qu'on a dans l'esprit.—*Déclarer haut et clair*, s'expliquer nettement et positivement.—Fig. : 1° *le prendre bien haut*, parler arrogamment; 2° *le porter haut*, avoir les manières hautaines, ou tenir un état, faire une dépense au-dessus de sa condition; 3° *faire une chose haut la main*, avec hauteur, avec autorité.—*Haut la main* signifie encore en surmontant tous les obstacles avec promptitude : *j'en viendrai à bout haut la main; vous l'emporterez haut la main sur tous vos concurrents.* —*Mener un cheval haut la main*, signifie, en t. de man., tenir la main des rênes *haute*, pour soutenir le cheval, pour l'empêcher de butter, de tomber, ou pour lui donner la facilité de lever le devant, de faire des courbettes. — *Monter haut*, s'élever à un prix considérable : *faire monter bien haut des meubles, des livres en les enchérissant; sa dépense monte haut*, est fort grande. —T. de faucon., *voler haut et gras*, voler de bon gré et avec adresse.—*En haut, là-haut*, loc. adv., dans le lieu qui est plus *haut*, qui est au-dessus. — *Là-haut* rend la désignation plus précise. Il signifie aussi, dans le ciel : *là-haut réside un juge incorruptible.*—On dit aussi *d'en haut*, pour du ciel : *c'est un ordre d'en haut.*

HAUT-À-BAS (H *s'aspire*), subst. mas. (*ôtabâ*), petit mercier, porte-balle. Il est vieux.

HAUT-À-HAUT (H *s'aspire*), subst. mas. (*ôta-ô*), cri de chasse pour appeler son camarade. — Sans plur.

HAUTAIN, E (H *s'aspire*), adj. (*ôtein, tène*), fier, superbe, orgueilleux. Voy. l'adj. HAUT. (*Syn.*)

HAUTAINEMENT (H *s'aspire*), adv. (*ôtèneman*), d'une manière *hautaine*. Peu usité.

• HAUTAINETÉ (H *s'aspire*), subst. fém. (*ôtène-té*), fierté, orgueil. (*Amyot, Montaigne.*) Vieux et même hors d'usage.

HAUTBOIS (H *s'aspire*), subst. mas. (*ôboa*), instrument à vent et à anche, dont le son est fort clair; ainsi nommé, parce que le ton en est plus *haut* que celui des violons. (*Ménage.*)—Celui qui joue de cet instrument. — *Hautbois de poche*, petit *hautbois* assez semblable au *hautbois* ordinaire. — *Hautbois d'amour, hautbois* dont on fit l'essai en 1620, qui ne diffère du *hautbois* commun qu'en ce que son pavillon n'est pas évasé, et qu'il est couvert d'une pièce que l'on perce d'un trou grand comme le doigt. — On dit prov. et en plaisantant sur le mot, *jouer du hautbois*, c'est abattre une futaie qu'il ne faudrait pas encore couper. — Au plur., des *hautbois*.

HAUT-BORD (H *s'aspire*), subst. mas. (*ôbore*), t. de mar., vaisseau de *haut-bord*, grand vaisseau. — Au plur., des *hauts-bords*.

HAUT-DE-CASSE (H *s'aspire*), subst. mas. (*ôdekâce*), t. d'imprimerie, la partie supérieure de la *casse*. — Au plur., des *hauts-de-casses*.

HAUT-DE-CHAUSSES (H *s'aspire*), subst. mas. (*ôdechôce*), partie du vêtement de l'homme qui le couvre depuis la ceinture jusqu'aux genoux, et qu'on appelle plus communément *culotte*. — On dit prov. et fig. : *cette femme porte le haut-de-chausses*, elle est plus maîtresse, elle a plus de pouvoir dans la maison que son mari. — Au plur., des *hauts-de-chausses*. L'*Académie* permet de supprimer le *s* final de *chausses* au sing., et même au plur. Il est vrai qu'elle peut s'appuyer de l'autorité de *Regnard*, dans le *Joueur*:

> Un *haut-de-chausse* bas prêt à tomber sur eux ;

et de celle plus puissante encore de *Molière*, qui fait dire à *Chrysale*, dans les *Femmes savantes* :

> . . . . . Qu'une femme en sait toujours assez
> Quand la capacité de son esprit se hausse
> A connaître un pourpoint d'avec un *haut-de-chausse*.

Mais cette orthographe, régulière autrefois quand le mot *chausses* avait un singulier, serait une bizarrerie, contraire à l'analyse, aujourd'hui que, d'après l'*Académie* elle-même, on n'emploie plus *chausses* qu'au plur.

HAUT-DESSUS (H *s'aspire*), subst. mas. (*ôdeçu*), t. de musique, la partie chantante qui est le plus à l'aigu, lorsqu'on emploie plusieurs *dessus*. Dans les parties instrumentales, on dit toujours *premier dessus, second dessus.* — Au plur., des *hauts-dessus*.

HAUTE-BONTÉ (H *s'aspire*), subst. fém. (*ôte-bonté*), t. de jard., sorte de pomme d'automne.

• HAUTE-BRUYÈRE (H *s'aspire*), subst. fém. (*ôte-brui-ière*), t. de bot., espèce de *bruyère* à haute tige dont on fait des balais.

HAUTE-CONTRE (H *s'aspire*), subst. fém. (*ôte-kontre*), partie de la musique plus haute que la taille et plus basse que le dessus. — Celui qui chante la *haute-contre*. — Au plur., des *hautes-contre*.

HAUTE-COUR (H *s'aspire*), subst. fém. (*ôtekour*), pendant la révolution française, la constitution de 1791 établit un tribunal dit *haute-cour nationale*, pour juger les crimes contre la nation. —La constitution de 1795 en établit un dit *haute-cour de justice*, pour juger les accusations admises par le corps législatif, soit contre les membres de ce corps, soit contre ceux du directoire ; ce dernier tribunal était composé de cinq juges, de deux accusateurs nationaux et de *hauts-jurés*.—Le sénatus-consulte du 28 floréal an XII établit un tribunal dit *haute-cour impériale*, pour juger, 1° les délits personnels commis par les membres de la famille alors régnante, par des titulaires des grandes dignités, par des ministres, par des grands-officiers, des sénateurs et des conseillers d'état ; 2° les attentats contre la sûreté de l'état, la personne du souverain, etc., celle de son héritier présomptif. Cette dernière cour était composée des princes, des titulaires des grandes dignités, des grands-officiers, du grand-juge, de soixante sénateurs, de six présidents du conseil d'état, de quatorze conseillers d'état et de vingt membres de la cour de cassation.—Au plur., des *hautes-cours*.

HAUTÉE (H *s'aspire*), subst. fém. (*ôté*), t. de pêche, espèce de filet plus grand que la bastude.

HAUTE-FUTAIE (H *s'aspire*), subst. fém. (*ôtefuté*), bois qu'on laisse parvenir à la plus *haute* croissance.— Au plur., de *hautes-futaies*.

HAUT-FEUILLET (H *s'aspire*), subst. mas. (*ôfeu-ié*), t. de tabletier, l'une des deux feuilles de scie de l'estadou.—Au plur., des *hauts-feuillets*.

HAUTEFORT, subst. propre mas. (*ôtefor*), bourg de France, chef-lieu de canton, dép. de la Dordogne.

HAUTE-GRIVE (H *s'aspire*), subst. fém. (*ôtegerive*), nom vulgaire de la grive daine. — Au plur., des *hautes-grives*.

HAUTE-JUSTICE (H *s'aspire*), subst. fém. (*ôtejucetice*), sorte de juridiction qui comprend la moyenne et la basse *justice*. — Au plur., de *hautes-justices*.

HAUTE-LICE (H *s'aspire*), subst. fém. (*ôtelice*), fabrique de tapisserie dont la chaîne est tendue de haut en bas.— Dans la sayetterie d'Amiens, étoffes dont la trame est de laine et la chaîne toute de soie. Quelques-uns écrivent *haute-lisse*. —Au plur., des *hautes-lices*.

HAUTE-LICEUR ou **HAUTE-LICIER** (H *s'aspire*), subst. mas. (*ôteliceur, cié*), ouvrier qui travaille aux tapisseries de *haute-lice*.— Marchand qui en fait commerce. — Au plur., des *haute-liceurs*, des *liceurs* qui travaillent à la *haute-lice*.

HAUTE-LUTTE (H *s'aspire*), subst. fém. (*ôtelute*) ; figur. : *emporter quelque chose de haute-lutte*, l'emporter d'autorité et avec grande supériorité.—Au plur., des *hautes-luttes*.

HAUTE-MARÉE (H *s'aspire*), substantif féminin, (*ôtemaré*), le plus *haut* point du flux.— Au plur., de *hautes-marees*.

HAUTEMENT (H *s'aspire*), adv. (*ôteman*), hardiment, librement, résolument. — Avec *hauteur*. — Ouvertement, à force ouverte.

HAUT-EN-BAS (H *s'aspire*), sorte d'exclamation (*ôtanbâ*), cri des ramoneurs.

HAUTE-PAIE (H *s'aspire*), subst. fém. (*ôtepê*), solde plus grande que la solde ordinaire.—Celui qui la reçoit.—Au plur., des *hautes-paies*.

HAUTE-POLICE (H *s'aspire*), subst. fém. Voy. POLICE.

HAUTE-SOMME (H *s'aspire*), subst. fém. (*ôteçome*), t. de comm. maritime ; dépense extraordinaire qui ne concerne ni le corps du navire, ni les frais nécessaires de l'armement.—Au plur., des *hautes-sommes*.

HAUTESSE (H *s'aspire*), subst. fém. (*ôtèce*), titre d'honneur qu'on donne à l'empereur turc, appelé aussi grand-seigneur.

HAUTE-TAILLE (H *s'aspire*), subst. fém. (*ôtetâ-ie*), voix moyenne entre la *taille* et la haute-contre. — Au plur., de *hautes-tailles*.

HAUTEUR (H *s'aspire*), subst. fém. (*ôteur*), étendue d'un corps en tant qu'il est *haut : la hauteur d'un mur, d'une montagne, d'un arbre, d'un clocher; à trois pieds de hauteur; à la hauteur du premier étage*. — *Tomber de sa hauteur*, étant debout, tomber de son long. Voy. ÉLÉVATION.— Élévation d'un objet au-dessus de la surface de la terre ou de quelque autre surface horizontale : *à la hauteur des nuages; la hauteur des cieux ; je ne puis atteindre à cette hauteur*.—En géom., distance d'un point ou d'une ligne à une ligne ou à un plan. —Dans les caractères d'imprimerie, distance prise du pied jusqu'à l'œil de la lettre.— Colline, éminence : *la ville est dominée par une hauteur; il faut gagner la hauteur; la plaine est inondée, prenons par les hauteurs, tâchons d'atteindre les hauteurs*.—Profondeur : *la mer avait tant de brasses de hauteur*. — Fig., 1° fermeté: *l'ambassadeur soutint les intérêts de son maître avec beaucoup de hauteur*. Peu usité dans ce sens; 2° arrogance, orgueil, fierté; 3° élévation, grandeur de courage, etc.— Il s'emploie particulièrement au plur. dans le second de ces sens : *vos hauteurs ne m'imposent nullement*.—Il se dit encore fig., au sens moral, en parlant de ce qui est supérieur, éminent, d'un ordre élevé : *la hauteur des conceptions*. Boileau a dit dans un sens analogue :

> C'est en vain qu'au Parnasse un téméraire auteur
> Pense de l'art des vers atteindre la *hauteur*.

—*Être à la hauteur de quelqu'un*, être en état de le comprendre : *ceux qui le secondaient n'étaient point à sa hauteur*. — *Être à la hauteur du siècle*, n'être pas étranger aux connaissances, aux idées, aux opinions du temps où l'on vit, en suivre les progrès ; et, dans le même sens : *être à la hauteur des connaissances, des idées actuelles*, etc. — *Hauteur d'un bataillon, d'un escadron*; la quantité de rangs dont il est composé : *il était à quatre, à six de hauteur*. — En astron., il se dit de l'angle compris entre le plan de l'horizon et le rayon visuel mené au point du ciel que l'on veut défigurer.—On appelle *hauteur* ou *élévation d'un astre*, le nombre de degrés, de minutes et de secondes compris entre un astre et l'horizon, mesuré sur un cercle vertical. — *Hauteur apparente*, celle qui résulte de l'observation, et qui diffère de la *hauteur vraie* donnée par le calcul, à raison, 1° de la réfraction qui rend la *hauteur apparente* plus grande; 2° de la parallaxe qui la fait paraître plus petite. — *Hauteur méridienne*, celle qui a lieu au moment où les astres passent par le méridien. C'est l'arc compris entre l'astre et l'horizon. — *Hauteurs correspondantes*, *hauteurs* d'un astre avant et après son passage par le méridien, et prises dans des moments également éloignés de celui du passage. — *Hauteur* ou *élévation du pôle*, l'arc du méridien compris entre le pôle et l'horizon du lieu où l'on est. — *Prendre la hauteur du soleil* ou *prendre hauteur*, observer avec un instrument l'élévation du soleil sur l'horizon, à midi. — Sur mer, *être à la hauteur d'une ville*, être au même degré de latitude que cette ville. — En architecture, *bâtiment arrivé à hauteur*, dont les dernières assises sont posées, et qui est prêt à recevoir la charpente.

HAUTEVILLE (H *s'aspire*), subst. propre mas. (*ôtevile*), village de France, chef-lieu de canton, dép. de l'Ain.

HAUT-FOND (H *s'aspire*), subst. mas. (*ôfon*), t. de mar., lieu où la mer a peu de profondeur. On dit dans le même sens, *bas-fond*, ou *battures*. —Au plur., des *hauts-fonds*.

HAUT-GOÛT (H *s'aspire*), subst. mas. (*ôguou*), pointe que les cuisiniers savent donner aux mets, par le moyen des épices, du verjus, etc. — Au plur., des *hauts-goûts*.

HAUTIN (H *s'aspire*), subst. mas. (*ôtein*), t. d'hist. nat., petit poisson de mer.

HAUT-JURÉ (H *s'aspire*), subst. mas. (*ôjuré*), *juré* qui faisait partie de la *haute*-cour nationale ou de la *haute*-cour de justice. Ces *hauts-jurés* étaient nommés par les assemblées électorales. — Au plur., des *hauts-jurés*.

HAUT-JUSTICIER (H *s'aspire*), subst. mas. (*ôjuceticié*), seigneur qui a la *haute-justice*. — Au plur., des *hauts-justiciers*.

HAUT-LE-CORPS (H *s'aspire*), subst. mas. (*ôlekor*), saut, bond que fait un cheval.—Convulsion d'estomac très-forte : *faire, avoir des haut-le-corps*. — Au fig., mouvement de surprise ou de pitié.—Au plur., des *haut-le-corps*, des convulsions qui font bondir le *corps haut*.

HAUT-LE-PIED (H *s'aspire*), subst. mas. (*ôlepié*), à l'armée, officier d'équipage. — Au plur., des *haut-le-pied*. Voy. HAUT, adv.

HAUT-MAL (H *s'aspire*), subst. mas. (*ômale*), le mal caduc.—Sans plur.

HAUT-PENDU (H *s'aspire*), subst. mas. (*ôpandu*), nuage noir et détaché, qui passe vite, soit en pluie, soit en vent, et qui donne quelquefois les deux ensemble. — Au plur., des *haut-pendus*. Ici *haut* est adv.

HAUT-SOMME (H *s'aspire*), subst. mas. (*ôçome*), t. de médec. vétér., apoplexie. — Au plur., des *hauts-sommes*.

HAUTURIER (H *s'aspire*), adj. et subst. mas., au fém. **HAUTURIÈRE** (*ôturié, rière*), anc. t. de mar., pilote qui sait observer les *hauteurs* du soleil et du pôle. — *Navigation hauturière*, de long cours, en *haute* mer.

HAUTURIÈRE, subst. et adj. fém. Voy. HAUTURIER.

HAÜYNE (H *s'aspire*), subst. fém. (*a-u-ine*) (de *Haüy*, nom d'un célèbre minéralogiste), t. d'hist. nat., minéral qui se présente ordinairement sous la forme de grains anguleux, d'une belle couleur bleu d'azur, engagé dans diverses gangues.

HAVANE (LA) (H *s'aspire*), subst. propre fém. (*la-avane*), ville, capitale de l'île de Cuba, avec un beau port qui fait un commerce considérable. La ville proprement dite est insalubre, et nulle sous le rapport de l'industrie.

HAVAMAAL (H *s'aspire*), subst. mas. (*avama-al*) (mot qui signifie discours sublime), myth., livre des anciens Scandinaves, composé, suivant eux, par Odin, et qui contient, en cent vingt strophes, les premiers principes de la morale.

HÂVE (H *s'aspire*), adj. des deux genres (*âve*), pâle, maigre, défiguré.

HAVEAU ou **HAVENET** (H *s'aspire*), subst. mas. (*avó , avené*), outil de saunier qui sert à unir l'aire.

HAVELÉE (H *s'aspire*), subst. fém. (*avelé*), t. de saunier, sillon dans l'aire.

HAVENEAU (H *s'aspire*), subst. mas. (*avenô*), t. de pêche, filet en poche, que l'on tend sur deux perches qui se croisent comme les branches d'une paire de ciseaux. On dit aussi *havenet*.

HAVERON (H *s'aspire*), subst. mas. (*averon*), t. de bot., sorte d'avoine sauvage et velue.

HAVES (H *s'aspire*), subst. propre mas. plur. (*âve*), anciens peuples de la Servie.

HAVET (H *s'aspire*), subst. mas. (*avè*), outil de fer terminé en forme de crochet, à l'usage des ardoisiers, etc. — En t. de cloutiers, clou à crochet.

HAVI, E, part. pass. de *havir*.

HAVIR (H *s'aspire*), v. act. (*avir*) (en grec αυειν), dessécher. Il se dit d'une viande qu'on rôtit, et qu'un trop grand feu brûle dessus sans qu'elle soit cuite au-dedans. Il est aussi neutre. Vieux et peu usité.—*se* HAVIR, v. pron., se dessécher.

HÂVRE (H *s'aspire*), subst. mas. (*âvre*) (du vieux mot gaulois *aber*, qui signifie la décharge d'un fleuve dans la mer ou dans un autre fleuve. *Ménage*), port de mer.— *Hâvre d'entrée*, port où les vaisseaux peuvent entrer en tout temps. — *Hâvre de barre*, celui où les vaisseaux ne peuvent entrer, et d'où ils ne peuvent sortir qu'avec la marée, à cause des bancs de roche ou de sable. — Ce mot est peu usité maintenant, il ne se dit que de certains ports qui restent la plupart sans eau à marée basse.

HÂVRE ou **HÂVRE-DE-GRACE** (H *s'aspire*), subst. propre mas. (*âvredeguerace*), ville de France, chef-lieu d'arrondissement, dép. de la Seine-Inférieure, située à l'embouchure de la Seine, avec un excellent port.

HÂVRE-SAC (H *s'aspire*), subst. mas. (*âvreçak*) (mot allemand composé de *haber*, avoine, et de *sake*, sac. *Ménage*), sorte de sac que les soldats et les ouvriers portent sur leur dos dans les voyages. — Au plur., des *hâvre-sacs*.

HAYE ou **HAYÉ** (*a-ie, a-ié*), sorte d'exclamation ; t. de vènerie, cri pour arrêter les chiens qui chassent le change.

HAYE (LA) (H *s'aspire*), subst. propre fém. (*la-è*), ville de Hollande, chef-lieu de la Hollande méridionale et siége du gouvernement.—*La Haye-Descartes*, ville de France, chef-lieu de canton, dép. d'Indre-et-Loire ; elle est renommée pour la préparation des pruneaux, mais plus encore pour avoir vu naître le célèbre philosophe *Descartes*. — *La Haye-du-Puits*, bourg de France, chef-lieu de canton, dép. de la Manche.

HAYER (H *s'aspire*), subst. mas. (*è-ié*), droit de prendre dans un bois des branches pour clore des *haies*.

HAYON, subst. mas. (*è-ion*), t. de chandelier, espèce de chandelier double à longues chevilles, sur lequel on met en étalage les chandelles communes encore enfilées sur la broche.

HAY-SENG, subst. mas. (*éçan*), t. d'hist. nat., poisson dont on use à la Chine presque à tous les repas. Il est sans os et sans aucune espèce d'arête.

HAYSUEN, subst. mas. (écuan), t. de comm., espèce de thé de la Chine qu'on appelait ordinairement *the hiswin*.

HAVVE, subst. fém. (*ève*), t. de serrurier, éminence du panneton d'une serrure.

HAZAZEL, subst. mas. (*azazél*), t. d'Écrit. sainte, nom du bouc émissaire que les anciens Juifs chassaient dans le désert, après l'avoir chargé des péchés de tout le peuple.

HAZEBROUCK, subst. propre mas. (*azebrouk*), ville de France, chef-lieu d'arrond., dép. du Nord.

HAZIS, subst. propre mas. (*dzice*) myth., surnom donné à Mars par les anciens Syriens.

HAZUR, subst. mas. (*azur*), instrument des Hébreux, espèce de lyre.

HÉ! (H *s'aspire*)(*e*), interjection qui sert principalement à appeler : *hé, viens !* Ce qui ne se dit qu'à des personnes fort inférieures. — Souvent cette interjection se confond avec *eh*, soit pour avertir de prendre garde à quelque chose, comme : *hé, qu'allez-vous faire ?* soit pour témoigner la commisération : *hé, mon Dieu! hé, pauvre femme, que je vous plains!* soit pour marquer de la douleur, *hé, que je suis misérable!* soit pour exprimer quelque étonnement :

Hé! bonjour, monsieur du Corbeau!
Que vous êtes joli! que vous me semblez beau!
LA FONTAINE.

—Quelquefois, dans la conversation familière, on répète cette interjection, pour exprimer une sorte d'adhésion, d'approbation, etc. : *hé, hé, cela ne va pas trop mal; hé, hé, cela pourrait bien être*. Voy. ON.

HEAUME (H *s'aspire*), subst. mas. (*ôme*) (du bas lat. *helmus*, fait dans la même signification, de l'allemand *hem*. Ménage. Les Italiens disent *elmo*, et les Espagnols *yelmo*, tiré de la même source), espèce de casque qui couvrait la tête, le visage et le cou d'un homme armé. Il est vieux et ne s'emploie plus que dans le blason. —Dans les petits bâtiments de mer, la barre du gouvernail.

HEAUMÉ, E, part. pass de *heaumer*.

HEAUMER (H *s'aspire*), v. act. (*ômé*), faire des *heaumes*. (Boiste.) Inusité.

HEAUMERIE (H *s'aspire*), subst. fém. (*ômeri*), lieu où l'on fabriquait et vendait des *heaumes*.

HEAUMIER (H *s'aspire*), subst. mas. (*ômié*), ancien nom des armuriers. Hors d'usage.

HÉBA, subst. mas. (*eba*), myth., nom grec d'un chien de chasse.

HÉBAN, subst. mas. (*eban*), vieux mot inusité, qui signifiait, cri public.

HEBDOMADAIRE, adj. des deux genres (*ebdomadère*) (du grec εδομάς, semaine, espace de sept jours, dérivé de επτα, sept), qui se renouvelle chaque semaine.

HEBDOMADE, subst. fém. (*ebdomade*), bénéfice d'un hebdomadier.

HEBDOMADIER, subst. mas. (*ebdomadié*), celui qui dans un chapitre ou dans un couvent est de semaine pour officier. Une religieuse s'appellerait *hebdomadière*. Voy. HEBDOMADAIRE.

HEBDOMAGÈNE, adj. propre mas. (*ebdomajène*) (du grec εδομάς, semaine, et de γεννάω, j'engendre), myth., surnom d'Apollon, que les Delphiens disaient être né le septième jour du mois de busion.

HEBDOME, subst. fém. (*ebdome*), myth., fête en l'honneur d'Apollon *hebdomagène*.

HÉBÉ, subst. fém. (*ebé*), t. d'hist. nat., joli insecte lépidoptère nocturne.—T. de bot., plante de la famille des jasminées.—Subst. propre fém.: selon la mythologie, Hébé était fille de Junon et déesse de la jeunesse. Jupiter lui donna le soin de lui verser à boire. Un jour, étant malheureusement tombée en présence des dieux, elle en eut tant de honte, qu'elle n'osa plus paraître depuis, et Jupiter mit Ganymède à sa place. Elle épousa Hercule, et à sa prière, rajeunit Iolas. On l'appelait aussi *Juventa*.

HÉBENSTRÈTE, subst. fém. (*ebancetrète*), t. de bot., genre de plantes.

HÉBÉRDENIE, subst. fém. (*éberdeni*), t. de bot., genre de plantes.

HÉBERGE, subst. fém. (*ébèreje*), t. de palais, hauteur d'un bâtiment élevé contre un mur mitoyen : *jusqu'à son héberge, jusqu'à son étage*. Aujourd'hui peu en usage.

HÉBERGÉ, E, part. pass. de *héberger*.

HÉBERGEMENT, subst. mas. (*éberjemañ*), logement.

HÉBERGER, v. act. (*éreje*) (de l'allemand *hebergen*), recevoir, loger chez soi. Il est fam.—

s'HÉBERGER, v. pron., t. d'archit., s'adosser sur et contre un mur mitoyen.

HÉBÉTATION, subst. fém. (*éhétâcion*), état de ce qui est émoussé, *hébété*. — Ce mot manque dans *l'Académie*.

HÉBÉTÉ, E, part. pas. de *hébéter*, et adj., stupide.—Il est aussi subst. : *il a l'air d'un hébété*.

HÉBÉTER, v. act. (*ébété*), rendre bête et stupide : *hébéter les enfants, leur hébéter l'esprit; l'ivrognerie l'a tout hébété*.—s'HÉBÉTER, v. pron., devenir stupide.

HÉBICRET, subst. mas. (*ébiché*), crible fait avec des lames de roseau.

HÉBON, subst. propre mas. (*ebon*), myth., dieu adoré dans la Campanie. On croit que c'est le même que Bacchus, ou plutôt le Soleil.

HÉBRAÏQUE, adj. des deux genres (*ébra-ike*), qui concerne l'*hébreu* : *langue hébraïque*.—Subst. mas., t. d'hist. nat., espèce de petit poisson du genre labre.—On a donné aussi ce nom à une coquille du genre des cônes.

HÉBRAÏSANT, subst. mas. (*ébra-izan*), se dit d'un savant qui s'attache à l'étude de l'*hébreu*.

HÉBRAÏSÉ, part. pass. de *hébraïser*.

HÉBRAÏSER, v. neut. (*ébra-izé*), s'adonner à l'étude de la langue *hébraïque*; adopter les dogmes, les opinions, les formes littéraires des Hébreux.

HEBRAÏSME, subst. mas. (*ébra-iceme*), façon de parler particulière à la langue hébraïque.

HÉBRAÏSTE (H *s'aspire*), subst. mas. (*ébra-icte*), qui est versé dans l'étude de la langue hébraïque. Préférable à *hébraïsant*, en ce qu'il est analogue à helléniste, latiniste, etc.

HÉBRAT-AL-CALB, subst. propre mas. (*ébratalkalbe*), myth., nom du péché de concupiscence chez les musulmans.

HÈBRE, subst. propre mas. (*èbre*), fleuve de Thrace, dont on trouve quelquefois l'emblème sur les médailles.

HÉBREU, subst. mas. (*ebreu*), langue hébraïque.—On dit aussi adjectivement, *le texte hébreu*.—Fig. et fam. : *ce que vous me dites est de l'hébreu pour moi; vous me parlez hébreu*, je n'y entends rien.

HÉBREU, adj. des deux genres (*ébreu*), juif : *le peuple hébreu*.—Subst. propre mas., *les Hébreux*, les Juifs sous les juges et les premiers rois.

HÉBREUX, adj. et subst. mas. plur. Voy. HÉBREU.

HÉBRIDES, subst. propre fém. plur. (*ébride*), îles d'Écosse, dans l'océan Atlantique, au nombre de deux cents environ, dont la moitié seulement est habitée. — *Nouvelles Hébrides*, archipel du grand Océan, à l'est de la Nouvelle-Hollande.

HÉBULBEN, subst. mas. (*ébulében*), nom de certaines graines qu'on vend dans les boutiques, et dont l'origine est inconnue.

HEC, subst. mas. (*ék*), trappe de pressoir sur laquelle porte une vis pour fouler le marc.

HÉCAËRGE, subst. propre fém. (*éka-èreje*), myth., nymphe qui aimait beaucoup la chasse. C'était aussi un surnom d'Hécate.

HÉCALÉ, subst. propre fém. (*ékalé*), myth., vieille femme fort pauvre et très-vertueuse, chez qui Thésée logea en allant à la guerre contre les Sarmates. Elle avait promis de s'immoler pour lui à Jupiter, s'il revenait victorieux ; mais elle mourut avant son retour.

HÉCATE, subst. propre fém. (*ékate*), myth., fille de Jupiter et de Latone. C'est ainsi qu'on nommait Diane dans les enfers. D'autres en font un surnom de Proserpine, du mot grec εκατον, qui signifie cent, parce qu'on prétendait qu'elle tenait au-delà du Styx, pendant cent ans, les ombres de ceux qui avaient été privés de la sépulture. Il y en a qui veulent que ce soit la même que Junon, de sorte qu'Hécate serait également pour Junon, Diane et Proserpine. Quelques-uns regardent *Hécate* comme une divinité particulière, fille d'Astérie et du Titan Persée, à qui Jupiter donna une grande puissance dans le ciel, dans les enfers et sur les éléments ; d'où son invocation dans toutes les opérations magiques. On la dit aussi fille de la Nuit ou de Jupiter et de Cérès, etc. Enfin d'autres racontent qu'Éétés et Persés, tous deux fils du Soleil, furent deux rois très-cruels ; le premier fut roi de la Colchide, et l'autre de la Chersonèse Taurique ; que celui-ci fut père d'*Hécate*, plus cruelle encore et plus méchante que lui, et que cette *Hécate*, grande magicienne et habile empoisonneuse, ayant tué son père par le poison, épousa son oncle Éétés, de qui elle eut Mé-

dée et Circé. On représentait *Hécate* sous une figure de femme avec trois têtes, une de cheval à droite, une de chien à gauche, et entre les deux celle d'un gros paysan. Quelques-uns veulent que cette troisième fût celle d'un sanglier.—T. d'hist. nat., tortue d'Amérique. —Pyramide de matière fécale qui encombre le tuyau des latrines.

HÉCATÉE, subst. fém. (*ekaté*), t. de bot., plante exotique. — Myth., surnom de Diane.—Au plur., apparition de spectres d'une grandeur gigantesque qui se pratiquait dans les mystères d'*Hécate*. — Statues érigées en l'honneur de cette déesse devant les maisons d'Athènes.

HÉCATÉSIES, subst. fém. plur. (*ekatezi*) (en grec εκατεσια), t. d'hist. anc., fêtes grecques en l'honneur d'*Hécate*.

HÉCATOMBÆUS, subst. propre mas. (*ekatoubé-uce*), myth., surnom de Jupiter. On le donnait aussi à Apollon.

HÉCATOMBE, subst. fém. (*ekatonbe*) (en grec εκατομβη, formé de εκατον, cent, et βους, bœuf), myth., sacrifice de cent victimes, ou, selon d'autres, de vingt-cinq bêtes à quatre pieds : *offrir une hécatombe*.

HÉCATOMBÉES, subst. fém. plur. (*ekatonbé*) (du grec εκατομβη), fêtes en l'honneur de Jupiter et d'Apollon.

HÉCATOMBÉON, subst. mas. (*ekatonbé-on*), sixième, ou, selon d'autres, premier mois de l'année athénienne, ainsi nommé des fêtes *hécatombes*, qui se célébraient le premier jour. Ce mois correspond à la fin de juillet et au commencement d'août du calendrier moderne.

HÉCATOMPÉDON, subst. mas. (*ekatonpédon*) (du grec εκατον, cent, et πους, γεν., ποδός, pied), temple de Minerve à Athènes, qui avait cent pieds de large.

HÉCATOMPHONEUM, subst. mas. (*ekatonfoné-ome*) (du grec εκατον, cent, et φονευω, je tue), myth., sacrifice où l'on immolait cent victimes. Athènes en faisait un en l'honneur de Mars.

HÉCATOMPHONIES, subst. fém. plur. (*ekatonfoni*) (du grec εκατον, cent, et φονος, massacre), t. d'hist. anc., fêtes que célébraient ceux des Messéniens qui avaient tué cent ennemis à la guerre.

HÉCATOMPOLIS, subst. propre mas. (*ekatonpolice*) (du grec εκατον, cent, et πολις, ville), surnom donné par les anciens à l'île de Crète, à cause du nombre considérable de villes qu'elle possédait.

HÉCATOMPYLE, adj. des deux genres (*ekatonpile*) (du grec εκατον, cent, et πυλη, porte), se disait, dans l'antiquité, d'une ville qui avait cent portes, comme la fameuse Thèbes, en Égypte.

HÉCATONCOTYLE, subst. mas. et adj. (*ekatonkotile*) (du grec εκατον, cent, et κοτυλη, sorte de mesure), t. d'hist. nat., genre de vers intestinaux récemment découverts.

HÉCATONGRAPHIE, subst. fém. (*ekatongrafi*) (du grec εκατον, cent, et γραφω, je décris), recueil de cent figures contenant des pensées, des sentences.

HÉCATONSTYLON, subst. mas. (*ekatomecetilon*) (du grec εκατον, cent, et στυλος, colonne), t. d'archit., portique à cent colonnes.

HÈCHE (H *s'aspire*), subst. fém. (*èche*), espèce de ridelle dont on garnit les côtés d'une charrette.

HÉCLA, subst. propre mas. (*ekla*), volcan d'Islande que les Islandais croyaient autrefois être l'enfer. On écrit aussi *Hékla*.

HÉCOTE, subst. fém. (*ekote*), t. d'hist. nat., espèce de tortue. Voy. HÉCATE.

HECTARE, subst. mas. (*éktare*) (du grec εκατον, cent, et du français *are*, mesure d'arpentage), superficie contenant cent *ares*, dans le système des nouvelles mesures. L'hectare contient dix mille mètres carrés, et répond à peu près, dans les anciennes mesures, à deux arpents de cent perches carrées, la perche étant de vingt-deux pieds.

HECTIQUE. Voy. ÉTIQUE, orthographe généralement reçue.

HECTISIE. Voy. ÉTISIE, orthographe généralement reçue.

HECTO, subst. mas. (*éktô*), mot qui précède les noms de mesures, et désigne une unité cent fois plus grande.

HECTOGRAMME, subst. mas. (*éktogerame*) (du grec εκατον, contraction de εκατον, cent, et de γραμμα, gramme), dans le système des nouvelles mesures, poids de cent grammes équivalant à mille huit cent quatre-vingt-quatre grains environ, ou trois onces deux gros et onze grains.

HECTOLITRE, subst. mas. (*èktolitre*) (du grec εκτον, pour εκατον, cent, et λιτρα, litre), dans le nouveau système, mesure de capacité contenant cent *litres*, et en mesures anciennes, cent sept pintes de Paris. Pour les matières sèches, l'*hectolitre* remplace la mine et vaut à peu près trois minots ou sept boisseaux et sept dixièmes.

HECTOMÈTRE, subst. mas. (*èktomètre*) (du grec εκτον, pour εκατον, cent, et μετρον, mesure ou mètre), nouvelle mesure de cent *mètres*, ou environ cinquante toises sept pieds dix pouces deux lignes.

HECTOMÉTRIQUE, adj. des deux genres (*èktomètrike*), qui est relatif à l'*hectomètre*.

HECTOR, subst. propre mas. (*èktor*), myth., fils de Priam et d'Hécube, et mari d'Andromaque, dont il eut Astyanax. Ce prince commandait l'armée des Troyens contre les Grecs. Pendant le siége de Troie, il fit des prodiges de valeur, et devint la terreur de ses ennemis. Achille, après sa querelle avec Agamemnon, se retira dans sa tente, où il resta long-temps sans vouloir combattre; mais son ami Patrocle ayant été tué dans un combat par *Hector*, le désir de le venger lui fit reprendre les armes, et il retourna aux combats avec tant de fureur, qu'il battit les Troyens, tua *Hector*, et traîna son corps trois fois autour des murailles de Troie, après l'avoir attaché par les pieds à son char. Thétis ordonna à Achille de rendre le corps d'*Hector* à Priam, qui alla le lui demander en fondant en larmes à ses genoux.

HECTOSTÈRE, subst. mas. (*èktocetère*) (du grec εκτον, pour εκατον, cent, et στερεος, solide), cent *stères*.

HÉCUBE, subst. propre fém. (*ékube*), myth., fille de Dymas, d'autres disent de Cisséus, roi de Thrace, et femme de Priam. Après la prise de Troie, elle échut en partage à Ulysse. Elle eut tant de douleur de voir immoler sa fille Polyxène sur le tombeau d'Achille, et de trouver son fils Polydore tué par la trahison de Polymnestor, à qui elle l'avait confié, qu'elle se creva les yeux; ensuite, vomissant mille imprécations contre les Grecs, elle fut métamorphosée en chienne.

HÉDARD, adj. mas. (*édar*), léger, prompt, actif: *cheval hédard*. Vieux et inus.

HÉDÉOME, subst. fém. (*édé-ome*), t. de bot., genre de plantes qui se rapproche beaucoup des cimiles.

HÉDÉRÉE, subst. fém. (*édéré*) (du lat. *hedera*, lierre), résine de lierre.

HÉDÉRIFORME, adj. des deux genres (*édériforme*) (du lat. *hedera*, lierre, et *forma*, forme), veine en forme de lierre. Inus.

HÉDRA, subst fém. (*édra*), t. de chir., fracture du crâne. — Partie la plus déclive d'un abcès.

HEDWIGIE, subst. fém. (*èdeviji*), t. de bot., genre de plantes de la famille des mousses. — Grand arbre de Saint-Domingue, de la famille des térébinthacées.

HÉDYCAIRE, subst. mas. (*édikière*), t. de bot., arbrisseau de la Nouvelle-Hollande, qui produit des noix d'une saveur très-agréable.

HÉDYCHROUM, subst. mas. (*édikroume*) (du grec ηδυς, agréable, doux, et χροα, couleur), parfum jaune, pâte parfumée des anciens.

HÉDYOSMUM ou **HÉDYOSME**, subst. mas. (*édiocemone, édiôme*) (du grec ηδυς, doux, agréable, et οσμη, fait de οζω, je sens), t. de bot., genre de plantes amentacées, d'un parfum agréable.

HÉDYOTE, subst. fém. (*édi-ote*), t. de bot., genre de plantes rubiacées.

HÉDYPNOÏDE, subst. fém. (*édipeno-ide*) (du grec ηδυπνοος, hédypnois, ειδος, forme, ressemblance), t. de bot., genre de plantes chicoracées, à fleur composée, auquel l'*hedypnois* a servi de type.

HÉDYPNOÏS, subst. fém. (*édipeno-ice*) (du grec ηδυς, agréable, et de πνοον, souffle, fait de πνεω, je souffle, j'exhale), t. de bot., plante détersive, apéritive et vulnéraire, dont les feuilles ont beaucoup de rapport avec celles de la chicorée sauvage.

HÉDYPOTÈS, subst. propre mas. (*édipotèce*) (du grec ηδυς, doux, et ποτης, buveur), myth., surnom donné à Bacchus.

HEDYSARUM, subst. mas. (*édizarome*) (du grec ηδυς, doux, et αρωμα, parfum), t. de bot., plante légumineuse dont la graine est bonne contre les ulcères.

HÉEMER, subst. mas. (*émère*) (de l'allemand *eimer*, seau de bois), mesure de liquides, en Allemagne.

HÉGÉMONE, subst. propre fém. (*éjémone*), myth., nom que les Athéniens donnèrent à l'une des trois Grâces.—C'était aussi un surnom de Diane.

HÉGÉMONIES, subst. propre fém. plur. (*éjémoni*), myth., fêtes célèbres dans l'Arcadie, en l'honneur de Diane *Hégemone*.

HÉGÉSIARQUE, subst. mas. (*éjéziarke*), chez les anciens, philosophe partisan du suicide.

HÉGÈTRE, subst. mas. (*éjètre*), t. d'hist. nat., genre d'insectes coléoptères.

HÉGIRE, subst. fém. (*éjire*), ère des mahométans. Ce mot signifie en arabe *fuite*, parce que Mahomet s'enfuit de la Mecque, l'an 622 de Jésus-Christ.

HÉGUMÈNE, subst. mas. (*égumène*) (du grec ηγουμηνος, part. prés. de ηγουμαι, je conduis, je commande), supérieur d'un monastère de moines parmi les Grecs modernes. *Boiste* écrit aussi, mais à tort, *hégummène*.

HÉIA, subst. propre mas. (*é-ia*), nom que les Tartares Samoïèdes donnent à l'Être suprême.

HEIDUQUE, subst. mas. (*édüke*), fantassin hongrois. — On donnait ce nom autrefois à un domestique vêtu à la hongroise. *Heiduque* ou *heyduc* est le nom des fantassins hongrois, comme *hussard* est celui des cavaliers.

HEIL, subst. propre mas. (*éie*), idole des anciens Saxons d'Angleterre.

HEIM, subst. mas. (*ème*), sorte de raisin du dép. de la Moselle.

HEIMDALL, subst. propre mas. (*èmedal*), myth., dieu des anciens Celtes.

HEIN (H *s'aspire*) (*ein*), interjection familière, dont on accompagne quelquefois une interrogation: *hein, que dites-vous donc là?* — Il s'emploie fréquemment dans le langage familier pour faire répéter ce qu'on a mal entendu: *hein? plaît-il? hein, qu'avez-vous dit?*

HEISTER, subst. mas. (*ècetère*), t. de bot., arbre de la Martinique, appelé autrement *bois à perdrix*.

HÉLACATÉES, subst. propre fém. plur. (*élakate*), myth., fêtes en l'honneur d'*Hélacatus*, jeune garçon aimé d'Hercule.

HÉLAMYS, subst. mas. (*élamice*), t. d'hist. nat., genre de mammifères rongeurs.

HÉLAS (*élace*), interjection de plainte. — On en fait quelquefois un subst. mas.: *il fit de grands hélas!*

HELCOS, subst. mas. (*èlkoce*), t. de médec., synonyme d'*ulcère*.

HELCTIQUE, subst. mas. et adj. des deux genres (*èlketike*) (du grec ηλκω, j'attire), t. de médec.; il se dit des médicaments qui attirent les humeurs. Synonyme peu usité de *épispastique*.

HELCYDRION, subst. mas. (*èlcidrion*) (du grec ηλκυδριον, petit ulcère), t. de médec., ulcère de la cornée.

HELCYSTER, subs. mas. (*èlcicetère*), crochet propre à tirer le fœtus du sein de la mère.

HÉLÉ, E, part. pass. de *héler*.

HÉLÉE, subst. fém. (*élé*), t. d'hist. nat., genre d'insectes coléoptères.

HÉLÈNE, subst. propre fém. (*élène*), t. d'astron., l'une des deux étoiles, isolée, de Castor et de Pollux.—Subst. propre fém., beauté célèbre, qui fut cause d'une infinité de malheurs. Fille de Tindare et de Léda, et sœur de Clytemnestre, elle avait été enlevée à l'âge de dix ans par Thésée qui la rendit peu après. Elle était femme de Ménélas, roi de Sparte, lorsque Pâris la vint enlever, et la conduisit à Troie; ce qui causa un soulèvement général contre cette ville, que les Grecs, après dix ans de siége, saccagèrent et renversèrent de fond en comble. Après la mort de Pâris, *Hélène* épousa Déiphobe, qu'elle livra à son mari, pour rentrer en grâce avec lui. Ménélas enfin la reconduisit en triomphe à Sparte; et dès qu'il fut mort, elle se retira dans l'île de Rhodes, auprès de Polyxo, sa parente, qui la fit pendre à un arbre, parce qu'elle avait été cause de la perte d'une infinité de héros.

HÉLÈNE (SAINTE-), subst. propre fém. (*ceintelène*), île de l'océan Atlantique, lieu de relâche pour les vaisseaux qui reviennent des Indes. — Cette île, qui appartient aux Anglais, est devenue à jamais célèbre par la captivité et la mort de Napoléon-le-Grand, dont les restes furent déposés dans la plaine de Longwood.

HÉLÉNÉION, subst. mas. (*éléné-ion*), plante qui, selon la mythologie, naquit des larmes d'*Hélène*.

HÉLÉNIDE, subst. fém. (*élénide*), t. d'hist. nat., genre de coquilles.

HÉLÉNIE, subst. fém. (*éléni*), t. de bot., genre de plantes corymbifères.

HÉLÉNIES, subst. fém. plur. (*éléni*), myth., fêtes célèbres à Lacédémone en l'honneur d'*Hélène*.

HÉLÉNUS, subst. propre mas. (*élénnce*), myth., fameux devin, fils de Priam et d'Hécube. On prétend qu'il découvrit aux Grecs un moyen sûr pour surprendre la ville. Pyrrhus, à qui il avait rendu des services, l'emmena avec lui, lui donna la souveraineté dans une contrée de l'Epire, et lui fit épouser Andromaque, veuve d'Hector. Après la mort de ce prince, *Hélénus* lui succéda au trône d'Épire, malgré les droits de Molosse, fils de Pyrrhus. Mais après *Hélénus*, Molosse partagea la couronne avec le fils de ce dernier.

HÉLÉOCHLOÉ, subst. fém. (*élé-oklo-é*), t. de bot., genre de plantes, voisin des crypsides.

HÉLÉOPHAGE, adj. des deux genres (*élé-ofaje*), t. d'hist. nat.: *ver héléophage*, qui vient dans les bubons.

HÉLÉPOLE, subst. fém. (*élépole*) du grec ελειν, prendre, et πολις, ville), machine militaire des anciens, pour battre les murailles d'une ville, inventée, dit-on, par *Démétrius Poliorcète*.

HÉLER (H *s'aspire*), v. act. (*élé*), t. de marine, parler à un vaisseau avec le porte-voix; demander d'où il vient, où il va, etc. — Par extension, appeler quelqu'un de fort loin.

HÉLEUTHÉRIEN, subst. mas. (*éleuterièin*), ancien nom des Albigeois.

HELGAFELL, subst. propre mas. (*èlguafèl*), célèbre montagne d'Islande.

HÉLIADES, subst. propre fém. plur. (*éli-ade*), myth., filles du Soleil et de Clymène, et sœurs de Phaéton. Elles se montrèrent tellement affligées de la mort de leur frère, que les dieux les métamorphosèrent en peupliers, et leurs larmes en ambre. Leur nom était Lampéthuse, Lampétie et Phaétuse.—D'autres enfants du Soleil étaient aussi surnommés *Héliades*.

HÉLIANTHE, subst. mas. (*éli-ante*) (du grec ηλιος, soleil, et ανθος, fleur), t. de bot., plante à fleur radiée, de la famille des composées, dans laquelle entrent le topinambour et le tournesol, qu'on nomme plus communément *soleil*. Elle appartient à la famille des corymbifères ou discoïdes de *Jussieu*.

HÉLIANTHÉES, subst. fém. plur. (*éli-anté*) (du grec ηλιος, soleil, et ανθος, fleur), t. de bot., division de plantes synanthérées, qui ont pour type le genre *helianthe*.

HÉLIANTHÈME, subst. mas. (*éli-antème*) (du grec ηλιος, soleil, et ανθος, fleur; *fleur du soleil*), t. de bot., genre de plantes, dont une espèce est vulnéraire et arrête le flux de sang. L'espèce la plus connue, nommée aussi *herbe d'or*, *fleur du soleil*, porte des fleurs d'un jaune d'or, disposées en épi. — On donne le nom d'*hélianthème tubéreux* au topinambour ou poirier de terre.

HÉLIANTHÉMOÏDE, subst. fém. (*éli-antémo-ide*) (du mot *hélianthème*, et du grec ειδος, forme, apparence), t. de bot., nom qu'on donne quelquefois aux ficoïdes.

HÉLIANTHÈRE, subst. mas. (*éli-antère*) (du grec ηλιος, soleil, et du lat. *anthera*, fait du grec ανθος, fleur), t. de bot., genre de plantes, le même que l'*hélicie*.

HÉLIANTHUS, subst. mas. (*éli-antuce*), t. de bot., nom latin d'une plante qui paraît être la même que l'*hélianthème*.

HÉLIAQUE, adj. des deux genres (*éli-ake*) (du grec ηλιος, soleil), t. d'astron.: *lever héliaque*, lever d'une étoile ou d'une planète, lorsqu'elle sort des rayons du soleil, et que l'on commence à l'apercevoir le matin avant le lever de cet astre. — *Coucher héliaque*, coucher d'un astre qui entre dans les rayons du soleil, et qui par là devient invisible. — *Astre héliaque*, qui se lève ou se couche dans les rayons du soleil. — Au plur. mas., sacrifices en l'honneur du soleil.

HÉLIASTE, subst. mas. (*éli-acete*) (en grec ηλιασται), t. d'hist. anc., nom de magistrats d'Athènes qui s'assemblaient dans un lieu découvert appelé *héliée*, de ηλιος, soleil.

HÉLICE, subst. fém. (*élice*) (du grec ελιξ, nom générique de tout ce qui enveloppe ou tourne en rond, fait de ελειν, entourer, envelopper), ligne tracée en forme de vis devant un cylindre. —

20 HÉL HÉL HEL

T. d'hist. nat., genre de mollusques testacés. Il comprend les coquilles terrestres analogues à l'escargot ou *hélice vulgaire*, ou *hélice des vignes*, ou *limaçon*, etc. On mange communément, dans plusieurs parties de l'Europe et surtout en France, les deux plus grosses espèces d'*hélices*. On préfère celles qui sont ramassées en hiver, encore garnies de leurs opercules; ou au printemps, avant leur accouplement. Il y a aussi des *hélices fossiles*. — En anat., le tour extérieur de l'oreille. — En terme d'archit., on appelle aussi *hélices* les petites volutes ou caulicoles qui sont sous le chapiteau corinthien; et *hélices entrelacées*, celles qui sont tortillées ensemble. — En astron., la constellation de la Grande-Ourse, parce qu'elle tourne autour du pôle. — En t. de géog. anc., nom d'une ville de l'Achaïe.

HÉLICHRYSUM, subst. mas. (*élikrizome*) (du grec ηλιος, soleil, et χρυσος, or), t. de bot., plante qui a le calice de sa fleur d'un jaune d'or éclatant.

HÉLICIE, subst. fém. (*élici*) (du grec ελιξ, gén. ελικος, contour), t. de bot., arbre de la Cochinchine.

HÉLICIEN, adj. mas., au fém. **HÉLICIENNE**, (*élici-ein, ciène*), qui appartient à l'*hélice*.

HÉLICIENNE, adj. fém. Voy. HÉLICIEN.

HÉLICIER, subst. mas. (*élicié*), t. d'hist. nat., genre de coquillages; mollusque céphalé.

HÉLICITE, subst. fém. (*élicite*) (du grec ελιξ, gén. ελικος, contour, hélice), t. d'hist. nat., se dit des coquilles fossiles, turbinées en vis, et notamment de celles dont les spires sont roulées sur elles-mêmes.

HÉLICOBLÉPHAROS, subst. mas. (*élikoblèfaròce*) (en grec ελικοβλεφαρον, formé de ελικος, mobile, et βλεφαρον, paupière), qui a des paupières mobiles. — Employé adjectivement, épithète que les poètes donnent à Vénus.

HÉLICOÏDE, adj. des deux genres (*éliko-ide*) (du grec ελιξ, contour, hélice, et ειδος, forme, apparence), qui est semblable à l'*hélice*. — T. de géom.: *parabole hélicoïde*, ligne courbe dont l'axe est roulé sur la circonférence d'un cercle. On l'appelle aussi *spirale parabolique*.

HÉLICOMYCE, subst. fém. (*élikomice*) (du grec ελιξ, gén. ελικος, contour, hélice), t. de bot., genre de plantes dont les filaments sont disposés en spirale.

HÉLICON, subst. propre mas. (*élikon*) (en grec ελικον, dérivé, suivant *Bochart*, de l'arabe *halik* ou *halika*, haute montagne), montagne de Béotie consacrée à Apollon et aux Muses. — Fig.: *parvenir au sommet de l'Hélicon*, obtenir de grands succès poétiques. — On dit aussi d'un mauvais poète: *il est au bas de l'Hélicon*. Delille étant aveugle a dit fig., en parlant de lui-même:

Et moi, de l'*Hélicon* malheureux Bélisaire.

— Instrument inventé par les mathématiciens musiciens, pour trouver les rapports des consonnances. Le *P. Mersenne* cite deux de ces instruments dans son *Harmonie universelle*.

HÉLICONIADES ou **HÉLICONIDES**, subst. propre fém. plur. (*élikoni-ade, konide*), myth.; on appelle ainsi les Muses, du nom d'*Hélicon*, montagne qui leur était consacrée.

HÉLICONIEN, subst. et adj. mas. (*élikoniein*), t. d'hist. nat.: *papillons héliconiens*, famille de papillons qui ont les ailes étroites, les supérieures excessivement allongées, et les inférieures très-courtes.

HÉLICONIUS, subst. propre mas. (*élikoni-uce*), myth., surnom de Neptune, pris d'un temple qu'il avait à *Hélice*, ville du Péloponèse. Il y avait aussi un Jupiter *Héliconius*.

HÉLICOSOPHE, subst. mas. (*élikozofe*), celui qui pratique l'*hélicosophie*.

HÉLICOSOPHIE, subst. fém. (*élikozofi*) (du grec ελιξ, hélice, contour, et σοφια, connaissance), art de tracer des lignes spirales sur un plan.

HÉLICTÈRE, subst. fém. (*éliktère*), t. de bot., genre de plantes malvacées.

HÉLIÉE, subst. propre fém. (*éli-é*), t. d'hist. anc., place d'Athènes où se tenait le tribunal des *héliastes*.

HÉLINGUE, subst. fém. (*éleingue*), t. de cordier, bout de grosse corde retenue par un bout aux manivelles, et de l'autre à l'extrémité des torons qu'on veut tordre.

HÉLIOCARPE, subst. mas. (*éli-okarpe*) (du grec ηλιος, soleil, et καρπος, poignet), t. de bot., arbre du Mexique dont l'écorce est parsemée de callosités.

HÉLIOCENTRIQUE, adj. des deux genres (*éli-ocantrike*) (du grec ηλιος, soleil, et κεντρον, centre), dont le cercle est le soleil; il se dit du point d'où serait vu un astre observé du *centre* du soleil.

HÉLIOCOMÈTE, subst. fém. (*éli-okomète*) (du grec ηλιος, soleil, et κομητης, comète), t. d'astron., phénomène dans le soleil à son coucher, traînant après lui une longue queue qui ressemble à une *comète*.

HÉLIOGABALE, **ÉLAGABALE**, **GABALUS** ou **LÉNUS**, subst. propre mas. (*éli-oguabale*), myth., divinité singulière à laquelle l'empereur M. Aurélius Antonin, surnommé *Héliogabale*, fit bâtir un temple superbe sur le mont Palatin. La figure sous laquelle on l'adorait dans ce temple ne ressemblait à rien d'animé. C'était une grosse pierre noire qu'on prétendait être tombée du soleil. On croit que c'était le soleil lui-même qu'on adorait sous cette figure. Il y en a qui pensent que c'était la lune.

HÉLIOGNOSTIQUE, subst. mas. (*éli-oguenocetike*) (du grec ηλιος, soleil, et γινωσκω, je connais), sectaires juifs qui reconnaissaient le soleil pour dieu, et qui l'adoraient.

HÉLIOLITHE, subst. fém. (*éli-olite*) (du grec ηλιος, soleil, et λιθος, pierre), nom que les anciens naturalistes ont donné aux zoophytes fossiles, du genre des astroïdes, à cause de leur forme radiée.

HÉLIOMÈTRE, subst. mas. (*éli-omètre*) (du grec ηλιος, soleil, et μετρον, mesure), t. d'astron., instrument propre à mesurer les diamètres du soleil et des planètes plus exactement qu'avec les micromètres ordinaires. On le nomme aussi *astromètre* et *micromètre objectif*.

HÉLIOMÉTRIQUE, adj. des deux genres (*éli-ométrike*), qui est relatif à l'*héliomètre*.

HÉLIOPHILE, subst. fém. (*éli-ofile*) (du grec ηλιος, soleil, et φιλος, ami), t. de bot., genre de plantes crucifères dont une seule espèce, l'*héliophile* à feuilles entières et velues, est cultivée dans nos jardins.

HÉLIOPOLIS, subst. propre fém. (*éli-opolice*) (du grec ηλιος, soleil, et πολις, ville, *ville du soleil*), myth., grande ville d'Égypte, célèbre par le culte qu'on y rendait au soleil.

HÉLIOPOLITE, subst. des deux genres (*éli-opolite*), habitant d'*Héliopolis*, ville d'Égypte.

HÉLIOPSIS, subst. mas. (*éli-opecice*) (du grec ηλιος, soleil, et οψις, aspect), t. de bot., genre de plantes.

HÉLIORNE, subst. mas. (*éli-orne*), t. d'hist. nat., genre d'oiseaux plongeurs.

HÉLIOS, subst. mas. (*éli-òce*), nom du soleil chez les Grecs.

HÉLIOSCOPE, subst. mas. (*éli-ocekope*) (du grec ηλιος, soleil, et σκοπεω, je regarde), t. d'astron., lunette pour regarder le soleil et affaiblir sa lumière, de manière que l'œil puisse la supporter: elle est garnie, à cet effet, d'un verre enfumé.

HÉLIOSCOPIQUE, adj. des deux genres (*éli-ocekopike*), qui est relatif à l'*hélioscope*.

HÉLIOSTATE, subst. mas. (*éli-ocetate*) (du grec ηλιος, soleil, et στατος, qui s'arrête, dérivé de ισταμαι, s'arrêter, être en repos), t. d'astron., instrument propre à observer le soleil et les autres astres, en les *fixant* en quelque sorte dans la lunette, malgré leur mouvement continuel. — Instrument de physique, pour introduire dans un lieu obscur un rayon de soleil qu'on ramène toujours sur le trou par lequel on le dirige. On le connaît sous le nom de *porte-lumière*. — *Raymond* dit *héliostat* ou *héliostate*; *Boiste*, en admettant *héliostate*, ajoute qu'on dit mieux *héliostat*. *Laveaux* se contente d'*héliostate*.

HÉLIOTROPE, subst. mas. (*éli-otrope*) (en grec ηλιοτροπιον, formé de ηλιος, soleil, et de τρεπω, je tourne, parce que ces plantes tournent constamment le disque de leurs fleurs du côté du soleil), t. de bot., plante agreste, annuelle, de la famille des borraginées, qu'on nomme aussi *herbe aux verrues*. On en connaît plusieurs autres espèces. — Autre plante nommée plus communément *tournesol*. — Adj. des deux genres: *plantes héliotropes*, dont la fleur a son disque toujours tourné du côté du soleil, et semble le suivre dans son cours sur l'horizon.

HÉLIOTROPE, subst. fém. (*éli-otrope*), t. d'hist. nat., pierre précieuse verte, parsemée de points jaunes, qui, mise dans l'eau, faisait, au rapport de *Pline*, paraître couleur de sang les rayons qui tombaient dessus, et qui, hors de l'eau, représentait l'image du soleil. — L'*Académie* fait ce mot du genre mas.; elle a tort.

HÉLIX, subst. mas. (*élikce*), t. d'anat. On dit plus souvent *hélice*. Voy. ce mot.

HÉLIXANTHÈRE, subst. mas. (*élikzantère*) (du grec ηλιξ, ligne spirale, et ανθος, fleur), t. de bot., arbrisseau parasite qui croît sur les arbres cultivés de la Cochinchine. On le nomme autrement *hélicie*.

HELLADE, subst. propre fém. (*élelade*), myth., la Grèce. Voy. HELLEN.

HELLANODICE ou **HELLANODIQUE**, subst. mas. (*élelanodice, dike*) (en grec ελλανοδικαι, juge des Grecs, formé de ελλην, grec, et δικη, jugement), t. d'hist. anc., nom d'officiers qui présidaient aux jeux olympiques.

HELLÉ, subst. propre fém. (*élelé*), myth., fille d'Athamas, roi de Thèbes et de Néphélé. Fuyant en Colchide pour se soustraire à la haine de sa belle-mère, et traversant la mer sur un bélier à toison d'or envoyé par Jupiter lui-même, elle fut saisie de frayeur et tomba dans les flots. Cette mer prit de là le nom d'*Hellespont*, ou mer d'*Hellé*.

HELLÉBORE. Voy. ELLÉBORE.

HELLÉBORINE, subst. fém. Voy. ELLÉBORINE.

HELLÉBOSE, subst. fém. (*élelebôze*), t. de bot., genre de plantes de la famille des renonculacées.

HELLEN, subst. propre mas. (*élelène*), myth., fils de Deucalion, du nom de qui la Grèce fut appelée *Hellade*, et les Grecs, *Hellènes*.

HELLÈNE, subst. mas. (*élelène*) (du grec ελλην, grec, dérivé de Ελλην, fils de Deucalion, qui, dit-on, régna dans une partie de la Thessalie et donna son nom à la Grèce), Grec faisant partie du corps *hellénique*. — Nom que les Grecs d'aujourd'hui se donnent.

HELLÉNIE, subst. fém. (*éléleni*), t. de bot., genre de plantes voisin des amomes.

HELLÉNIQUE, adj. des deux genres (*élelénike*), (en grec ελληνικος, fait de ελλην, grec): *corps hellénique*, ligue de différentes cités grecques qui avaient droit d'amphictyonie. Dans la suite, *hellénique* signifia de Grèce; *Hellènes* et *Grecs* devinrent synonymes. — Il se dit quelquefois de la langue grecque moderne: *la langue hellénique; tour, construction hellénique*. — On dit aussi subst. au mas.: *l'hellénique*.

HELLÉNISME, subst. mas. (*éléléniceme*) (en grec ελληνισμος, fait, dans le même sens, de ελλην, grec, auquel on a ajouté la terminaison en ισμος, qui marque imitation), tour, expression, manière de parler, propres à la langue grecque.

HELLÉNISTE, subst. mas. (*élelénicete*) (en grec ελληνιστης, fait de ελλην, grec), chez les anciens, juif d'Alexandrie, juif qui parlait la langue des Septante. — Juif qui s'accommodait aux usages des Grecs. — Grec qui embrassait le judaïsme. — Aujourd'hui: 1° savant versé dans la langue grecque; 2° écrivain qui emploie des tours, des expressions propres à la langue grecque.

HELLÉNISTIQUE, adj. des deux genres (*éléléni-cetike*): *langue hellénistique*, langue en usage parmi les juifs grecs, dans laquelle on croit que la version des Septante a été faite et les livres du Nouveau-Testament écrits par les apôtres.

HELLÉNIUS, subst. propre mas. (*éleléni-uce*), myth., surnom de Jupiter.

HELLÉNOTAME, subst. mas. (*élelénotame*), t. d'antiq., nom qu'on donnait à des officiers établis à Athènes pour recevoir les taxes des villes tributaires.

HELLER (H *s'aspire*), subst. mas. (*élelère*), monnaie de cuivre qui a cours pour différentes valeurs, dans divers cantons d'Allemagne.

HELLESPONT, subst. propre mas. (*élelècepon*), t. d'antiq., détroit entre la Propontide et la mer Égée, ainsi appelé du nom d'*Hellé* qui s'y noya.

HELLESPONTIAQUE, subst. et adj. propre mas. (*élelèceponti-ake*), myth., surnom de Priape, qui lui fut donné de ce que Lampsaque, lieu de sa naissance, était situé sur l'*Hellespont*.

HELLOPES, subst. mas. plur. (*élelope*), t. d'antiq., peuple chez lequel on choisissait les ministres de Jupiter à Dodone.

HELLOTIES, subst. fém. plur. (*éleloti*), myth., les Grecs avaient deux différentes fêtes ainsi nommées, l'une en l'honneur d'Europe surnommée *Hellotie*, et l'autre en l'honneur de Minerve *Hellotis*.

HELLOTIS, subst. propre fém. (*élelotice*), myth., surnom de Minerve, pris d'une certaine *Hellotis*, qui dans la prise de Corinthe par les Doriens se réfugia dans son temple, où elle périt par le feu.

HELLUO, subst. mas. (*lielu-o*), t. d'hist. nat., genre d'insectes coléoptères carnassiers.

HELLUS, subst. mas. (*lielu̇ce*), t. d'hist. nat., genre d'insectes appelé autrement *sapyge*.

HELMINTHAGOGUE, subst. et adj. des deux genres (*elemeïntaguogne*) (du grec ἕλμινς, gén., ἕλμινθος, ver, et ἄγω, je chasse, je fais sortir), t. de médec., vermifuge, remède contre les vers.

HELMINTHE, subst. mas. (*elemeïnte*) (du grec ἕλμινς, gén. ἕλμινθός, ver), t. d'hist. nat., genre de zoophytes plus connus sous le nom de vers intestinaux.

HELMINTHIASE, subst. fém. (*elemeïnti-dze*) (même étym. que celle du mot précéd.), t. de médec., maladie causée par les vers dans les intestins. On dit aussi *helminthiasie*.

HELMINTHIDE, subst. mas. (*elemeïntide*), t. d'hist. nat., ordre de vers aquatiques.

HELMINTHIE, subst. fém. (*elemeïnti*), t. de bot., espèce de plante, l'épervière de Linnée.

HELMINTHIQUE, subst. et adj. des deux genres (*elemeïntike*) (du grec ἕλμινς, gén. ἕλμινθός, ver), t. de médec., remède contre les vers. On dit aussi et plus souvent *anthelminthique*. Voy. ce mot.

HELMINTHOCORTON, subst. mas. (*elemeïntokorton*), t. de bot., plante cryptogame, espèce de fucus qui se trouve en Corse, et qu'on emploie avec beaucoup de succès contre les vers. On la nomme plus ordinairement *mousse de Corse*.

HELMINTHOLITHE, subst. fém. (*elemeïntolite*) (du grec ἕλμινς, gén. ἕλμινθός, ver, et λίθος, pierre), t. d'hist. nat., vermiculaire fossile. — Fossile hippurite.

HELMINTHOLOGIE, subst. fém. (*elemeïntoloji*) (du grec ἕλμινς, ver, et λόγος, discours), partie de l'histoire naturelle qui traite des vers.

HELMINTHOLOGIQUE, adj. des deux genres (*elemeïntolojike*), qui est relatif à l'*helminthologie*.

HELMINTHOLOGISTE, subst. mas. (*elemeïntolojicte*), naturaliste versé dans l'*helminthologie*.

HELMINTHOPYRE, subst. fém. (*elemeïntopire*) (du grec ἕλμινς, gén. ἕλμινθός, ver, et πῦρ, feu), t. de médec., fièvre vermineuse.

HELMINTOTHEKA, subst. mas. (*elemeïntothéka*), t. de bot., genre de plantes, le pluris de Linnée.

HELMYTON, subst. mas. (*elmiton*), t. de bot., genre de végétaux marins de la famille des algues.

HÉLOCÈRE, subst. mas. (*élocère*) (du grec ἧλος, clou, et κέρας, corne, antenne), t. d'hist. nat., famille d'insectes coléoptères, qui ont les antennes terminées par une masse souvent allongée, perforée, en forme de clou. On les nomme aussi *clavicornes*.

HÉLODE, subst. et adj. fém. (*élode*). Voy. ÉLODE.

HELONIAS, subst. mas. (*éloni-ace*), t. de bot., genre de plantes de la famille des joncs.

HÉLOPIEN, subst. mas. (*élopi-ein*), t. d'hist. nat., famille d'insectes coléoptères. On dit aussi *hélopes*.

HÉLOPITHÈQUE, subst. mas. (*élopitèke*), t. d'hist. nat., singe d'Amérique, espèce de sapajou.

HÉLOPODE, subst. mas. (*élopode*), t. de bot., genre de plantes cryptogames de la famille des algues.

HÉLOPE, subst. mas. avec HÉLOPS, subst. mas. (*élopece*) (du grec ἧλος, clou, et ὄψ, œil ; dont les yeux ressemblent à des clous), t. d'hist. nat., genre d'insectes coléoptères que se trouvent sous l'écorce des arbres.

HÉLORE, subst. mas. (*élore*), t. d'hist. nat., genre d'insectes hyménoptères.

HÉLORIES, subst. fém. plur. (*élori*), t. d'antiq., jeux qu'on célébrait autrefois en Sicile sur les rives du fleuve *Helorus*.

HÉLOSE, subst. fém. (*èloze*) (en grec εἴλησις, fait de εἰλέω, je retourne, je renverse), t. de médec., maladie des yeux ; rebroussement des paupières.

HÉLOTION, subst. mas. (*élocion*), t. de bot., genre de champignons.

HELSÉSAÏTE, subst. mas. (*elcéza-ite*), nom de sectaires qui permettaient toutes les religions.

HELSINGUER, subst. mas. (*elceïnguière*), t. d'hist. nat., espèce d'oie d'Islande.

HELVELLACÉE, subst. fém. (*élvèlacé*), t. de bot., tribu de champignons à mitre charnue.

HELVELLE, subst. fém. (*elvévle*), t. de bot., plante cryptogame, en forme d'entonnoir.

HELVÉTIE, subst. propre fém. (*élvéci*), ancien nom de la Suisse.

HELVÉTIEN, adj. et subst. mas., au fém. **HELVÉTIENNE** (*élvéci-ein, ci-ène*), de l'Helvétie.

HELVÉTIENNE, adj. fém. Voy. HELVÉTIEN.

HELVÉTIQUE, adj. des deux genres (*élvétike*), qui appartient à la nation suisse : *corps helvétique*.

HELVIEN, subst. mas. (*élviein*), nom des anciens habitants du Vivarais.

HELWINGIE, subst. fém. (*élvcïnji*), t. de bot., arbuste du Japon, dont on mange les feuilles.

HELXINE, subst. fém. (*elkcine*), t. de bot., sorte de plante. Voy. PARIÉTAIRE.

HEM ! (il s'aspire) (*hème*), interjection dont on se sert pour appeler.

HÉMACÉLINOSE, subst. fém. (*emacélinôze*), t. de médec., hémorrhagie cutanée, connue vulgairement sous le nom de *pourpre*.

HÉMACHATE, subst. fém. (*emakate*), t. d'hist. nat., vipère de l'Inde, qui est d'un brun roux, veiné de blanc. — Espèce d'agate à veines rouges.

HÉMAGOGUE, subst. et adj. des deux genres (*emaguogue*) (du grec αἷμα, sang, et ἄγω, je chasse), t. de médec., médicament qui provoque les règles et le flux hémorrhoïdal. Synonyme de *emménagogue*, qui est plus usité.

HÉMALOPIE, subst. fém. (*émalopi*) (du grec αἷμα, sang, et ὤψ, œil), t. de chir., épanchement de sang dans le globe de l'œil.

HÉMANTHE, subst. fém. (*émante*) (du grec αἷμα, sang, et ἄνθος, fleur, *fleur de sang*), t. de bot., plante des Pyrénées qui, appliquée sur la peau, fait sortir le sang par les pores.

HÉMAPHOBE, subst. et adj. des deux genres (*émafobe*) (du grec αἷμα, sang, et φόβος, crainte), dans *Galien*, il est question d'un *médecin hémaphobe*, qui n'ose prescrire la saignée. — Il est surtout de celui qui la vue du sang fait tomber en syncope.

HÉMAPHOBIE, subst. fém. (*émafobi*), horreur du sang.

HÉMAPHOBIQUE, adj. des deux genres (*émafobike*), qui est relatif à l'*hémaphobie*.

HÉMASTATIQUE, subst. fém. (*émacetatike*) (du grec αἷμα, sang, et στατικὴ, la statique), partie de la médecine qui traite de l'équilibre du sang ou de la force des vaisseaux sanguins.

HÉMATAPORIE, subst. fém. (*ématapori*) (du grec αἷμα, sang, et ἀπορία, défaut), t. de médec., cachexie qui a pour cause le défaut du sang.

HÉMATÉMÈSE, subst. fém. (*ématémèze*) (du grec αἷμα, sang, et ἐμεῖν, je vomis), t. de médec., vomissement de sang. On dit aussi *hématémésie*.

HÉMATHROSE, subst. fém. (*ématrôze*), t. de médec., épanchement de sang hors des vaisseaux.

HÉMATIDE, adj. des deux genres (*ématide*), t. d'hist. nat. : *pierre hématide*. Voy. HÉMATITE, qui se dit également.

HÉMATINE, subst. fém. (*ématine*), t. de chim., principe colorant du bois de campêche.

HÉMATINISE, subst. fém. (*ématinize*), t. de bot., espèce de plante colorante originaire des Indes.

HÉMATITE, subst. fém. (*ématite*) (en grec αἱματίτης, fait de αἷμα, sang), t. d'hist. nat., espèce de pierre de couleur sanguine d'on on fait des crayons. C'est un oxyde de fer, l'on, dit-on, contre les hémorrhagies. — Adj. : *pierre hématite*.

HÉMATOCÈLE, subst. fém. (*ématocèle*) (du grec αἷμα, sang, et κήλη, tumeur), t. de chir., fausse hernie du scrotum, causée par un sang extravasé.

HÉMATOCHÉSIE, subst. fém. (*ématokiézi*) (du grec αἷμα, sang, et χέζω, je vais à la selle), t. de médec., selle sanguinolente.

HÉMATODE, adj. des deux genres (*ématode*) (du grec αἷμα, sang), t. de médec., sanguin, sanguinolent. Il est peu usité.

HÉMATOGRAPHE, subst. mas. (*ématografe*), qui étudie l'*hématographie*.

HÉMATOGRAPHIE, subst. fém. (*ématografi*) (du grec αἷμα, sang, et γράφω, j'écris), t. d'anat., description du sang.

HÉMATOGRAPHIQUE, adj. des deux genres (*ématoguerafike*), qui est relatif à l'*hématographie*.

HÉMATOÏDE, adj. des deux genres (*ématoïde*) (du grec αἷμα, sang, et εἶδος, apparence, ressemblance), t. de médec., de couleur de sang.

HÉMATOLOGIE, subst. fém. (*ématoloji*) (du grec αἷμα, sang, et λόγος, discours), partie de la médecine qui traite du sang.

HÉMATOLOGIQUE, adj. des deux genres (*ématolojike*), qui est relatif à l'*hématologie*.

HÉMATOLOGUE, subst. mas. (*ématologue*), celui qui décrit la marche et les propriétés du sang.

HÉMATOMPHALE ou **HÉMATOMPHALOCÈLE**, subst. fém. (*ématomfale, ématomfalocèle*) (du grec αἷμα, sang, ὀμφαλός, nombril, κήλη, tumeur, hernie), t. de chir., hernie du nombril qui contient du sang.

HÉMATONOSE, subst. fém. (*ématonôze*), t. de médec., présence du sang dans les cavités des tissus organiques.

HÉMATOPHLEBECTASIE, subst. fém. (*ématoflébéctaze*) (du grec αἷμα, sang, φλέψ, gén., φλεβός, veine, et στάσις, repos, cessation de mouvement), t. de médec., suppression subite d'une hémorrhagie.

HÉMATOSE, subst. fém. (*ématôze*) (du grec αἷμα, sang), t. de médec., action par laquelle le chyle se convertit en sang.

HÉMATOSINE, subst. fém. (*ématozine*), t. de médec., matière colorante du sang.

HÉMATOSIQUE, adj. des deux genres (*ématozike*), t. de médec., se dit, selon Récamier, du sens qui préside à l'*hématose*.

HÉMATOSPILIE, subst. fém. (*ématocepili*) (du grec αἷμα, sang, et σπῖλος, je tache), t. de médec., tache rouge qui apparaît sur les membranes muqueuses.

HÉMATOXINE, subst. fém. Voy. HÉMATINE.

HÉMATURIE, subst. fém. (*ématiri*) (du grec αἷμα, sang, et οὐρέω, je pisse), t. de médec., pissement de sang.

HÈME, subst. mas. (*ème*), t. de médec., se dit de tous les fluides musculaires et circulatoires que se transforment réciproquement, et qui diffèrent très-peu les uns des autres.

HÉMENDÈRE, subst. mas. (*émandère*), t. de chir., appareil vasculaire sanguin.

HÉMÉRALOPE, subst. mas. (*éméralops*), t. de médec., celui qui est affecté de l'*héméralopie*.

HÉMÉRALOPIE, subst. fém. (*éméralopi*) (du grec ἡμέρα, jour, et ἀλαός, voir), t. de médec., affection des yeux, dans laquelle on ne voit les objets qu'en plein jour, sans pouvoir les distinguer vers le soir.

HÉMÉRALOPIQUE, adj. des deux genres (*éméralopike*), t. de médec., qui tient, qui est relatif à l'*héméralopie*.

HÉMÉROBAPTISTE, subst. mas. (*émérobaticete*) (du grec ἡμέρα, jour, et βάπτω, je lave), nom de sectaires juifs qui se lavaient et se baignaient tous les jours, et dans toutes les saisons.

HÉMÉROBE, subst. mas. (*émérobe*) (en grec ἡμερόβιος, qui ne vit qu'un jour, qui vit fort peu de temps, fait de ἡμέρα, jour, et βίος, vie), t. d'hist. nat., genre d'insectes névroptères qui ont de longues antennes en forme de soie, et sont très-brillants. On les appelle aussi *lions des pucerons*, parce qu'ils leur font la guerre.

HÉMÉROCALLE, subst. fém. (*émérokale*) (du grec ἡμέρα, jour, et καλός, beau), t. de bot., plante d'agrément, à fleur liliacée, à racine bulbeuse, dont la fleur passe très-vite. — Nom d'une espèce de lis appelé autrement *martagon*.

HÉMÉROCALLIDÉES, subst. fém. plur. (*émérokalidé*), t. de bot., famille de plantes acotylédonées.

HÉMÉRODROME, subst. mas. (*émérodrôme*) (en grec ἡμερόδρομος, fait de ἡμέρα, jour, et δρόμος, course), t. d'antiq., garde qui veillait à la sûreté des places, en rôdant à l'entour toute la journée. — Courrier qui, après avoir couru un jour, donnait ses dépêches à un autre, lequel courait le jour suivant, et ainsi de suite jusqu'au terme.

HÉMÉROGRAPHE, subst. mas. Voy. HÉMÉROLOGUE.

HÉMÉROGRAPHIE, subst. fém. HÉMÉROGRAPHIQUE, adj. des deux genres. Voy. HÉMÉROLOGIE et HÉMÉROLOGIQUE.

HÉMÉROLOGIE, subst. fém. (*éméroloji*) (du grec ἡμέρα, jour, et λόγος, traité, discours), art du calendrier.

HÉMÉROLOGIQUE, adj. des deux genres (*émérolojike*), qui est relatif à l'*hémérologie* : *division hémérologique*.

HÉMÉROLOGUE, subst. et adj. des deux genres (*émérologue*) (du grec ἡμέρα, jour, et λόγος, discours, traité), auteur de calendrier ; qui écrit sur les divisions de l'année.

HÉMÉROPATHIE, subst. fém. (*éméropati*) (du

grec ημερα, jour, et παθος, affection), t. de médec., maladie qui n'apparaît que le jour.

HÉMÉROPATHIQUE, adj. des deux genres (éméropatike), qui est relatif à l'héméropathie.

HÉMÉROSCOPE, subst. mas. (émérocekope) (du grec ημερα, jour, et σκοπεω, j'examine), t. d'antiq., chez les anciens Grecs, courrier que l'on détachait pour observer les mouvements de l'ennemi. Il ne faut pas le confondre avec l'hémérodrome. Voy. ce mot.

HÉMÉROSCOPIE, subst. fém. (émérocekopi), fonction, emploi de l'héméroscope.

HÉMÉROSCOPIQUE, adj. des deux genres (émérocekopike), qui est relatif à l'héméroscopie : mission héméroscopique.

HÉMÉTRITÉE, adj. fém. Voy. HÉMITRITÉE.

HÉMI (émi) (abréviation de l'adj. grec ημισυς), mot qui entre dans la composition de divers termes de science et d'art, et qui signifie demi.

HÉMIANDRE, subst. mas. (émi-andre), t. de bot., arbrisseau de la famille des labiées, originaire de la Nouvelle-Hollande.

HÉMIARITE, subst. mas. (émi-arite), sectaire musulman, partisan d'Ali.

HÉMICARDE, subst. fém. (émikarde), t. d'hist. nat., espèce de coquille.

HÉMICHROA, subst. mas. (émikro-a), t. de bot., genre de plantes de la famille des aroches.

HÉMICRANIE, subst. fém. (émikrani) (du grec ημισυς, demi, et κρανιον, crâne), t. de médec., douleur qui affecte la moitié de la tête. Voyez HÉMIPAGIE.

HÉMICYCLE, subst. mas. (émicikle) (en grec ημικυκλος, formé de ημισυς, demi, et κυκλος, cercle), demi-cercle. Il ne se dit que d'un lieu formé en amphithéâtre, pour une assemblée d'auditeurs et de spectateurs. — T. de gnomique, hémicycle de Bérose, espèce de cadran solaire, qu'on croit avoir été un plinthe incliné, coupé en demi-cercle, concave du côté du septentrion. Du milieu sortait un style, dont la pointe répondait au centre de l'hémicycle représentant le centre de la terre. Son ombre marquait sur la concavité de l'hémicycle les jours des mois et les heures de chaque jour.— T. d'archit., trait d'une voûte ou d'un arc, plein-cintre entier.

HÉMICYCLIQUE, adj. des deux genres (émiciklike), qui est relatif à l'hémicycle.

HÉMIDESME, subst. mas. (émidéceme), t. de bot., genre de plantes.

HÉMIDIPLOÏDE, subst. mas. (émidiplo-ide), t. d'antiq., espèce de manteau que portaient les Grecs.

HÉMIENCÉPHALE, adj. des deux genres, (émi-ancefale), (du grec ημισυς, demi, εν, dans, et κεφαλη, tête), t. d'anat., se dit des monstres dont tous les organes sont anéantis, à l'exception de la boîte cérébrale et du cerveau, qui sont à peu près dans leur état normal.

HÉMIGÈNE, subst. mas. (émijène), t. de bot., arbuste de la famille des labiées.

HÉMILYSIEN, adj. mas. (émilizien), t. de géol., se dit d'un terrain formé à moitié de sédiment, et à moitié par la voie chimique.

HÉMIMÉRIDE, subst. fém. (émiméride), t. de bot., genre de plantes personnées.

HÉMIMÉROPTÈRES, subst. mas. plur. (émiméropetère) (du grec ημισυς, demi, μερος, partie, et πτερον, aile), t. d'hist. nat., classe d'insectes de l'ordre des hémiptères.

HÉMINE, subst. fém. (émine) (du grec ημισυς, demi), mesure des anciens valant un demi-setier ou une demi-chopine. — Aujourd'hui, mesure de compte usitée pour les grains, et dont la grandeur varie selon les lieux.

HÉMIOBOLE, subst. fém. (émi-obole), (du grec ημισυς, demi, et οβολος, obole), ancienne petite monnaie grecque qui valait la moitié d'une obole.

HÉMIOLE, subst. mas. (émi-ole) (en grec ημιολος, un et demi, un tout et sa moitié, fait de ημισυς, demi, et ολος, tout), t. de mus. et d'arithm., rapport de deux quantités dont l'une est à l'autre comme trois est à deux.

HÉMIONITE, subst. fém. (émi-onite) (du grec ημιονος, mulet, formé de ημισυς, demi, et ονος, âne), t. de bot., fougère recherchée des mulets.

HÉMIOPE, subst. fém., t. d'antiq., flûte à trois trous à l'usage des anciens.

HÉMIOPIE, subst. fém. (émi-opi) (du grec ημισυς, demi, et οψ, œil), t. de médec., trouble de la vision qui fait qu'on ne découvre qu'une partie des objets qui s'offrent à nos regards.

HÉMIPAGIE, subst. fém. (émipaji), (du grec ημισυς, moitié, et παγος, fixe), t. de médec., douleur qui ne tient qu'un côté de la tête. Syn. de hémicranie.

HÉMIPAGIQUE, adj. des deux genres (émipajike), qui est relatif à l'hémipagie.

HÉMIPLÉGIE ou HÉMIPLEXIE, subst. fém. (émipléji, plékci) (en grec ημιπληξια, fait de ημισυς, moitié, et πλεσσω, je frappe), t. de médec., paralysie qui n'affecte que la moitié du corps.

HÉMIPLÉGIÉ, E, adj. (émipléji-é), atteint d'une hémiplégie. On dit aussi hémiplégique des deux genres.

HÉMIPTÈRE, subst. mas. et adj. des deux genres (emipetère) (du grec ημισυς, demi, et πτερον, aile), t. d'hist. nat., ordre d'insectes qui comprend tous ceux dont la bouche est en suçoir et dont les ailes sont recouvertes à moitié par des étuis en partie coriaces, qui ressemblent beaucoup à des ailes.

HÉMIPTÉRONOTE, subst. mas. (émipéteronote), t. d'hist. nat., poisson thoracique.

HÉMIRACHIALGIE, subst. fém. (émirakialji) (du grec ημισυς, demi, ραχις, épine du dos, αλγος, douleur), t. de médec., douleur qui affecte le côté.

HÉMIRACHIALGIQUE, adj. des deux genres (émirakialjike), qui a rapport à l'hémirachialgie.

HÉMISIE, subst. fém. (émizi), t. d'hist. nat., genre d'insectes qu'on a réuni à celui des centris.

HÉMISPHÈRE, subst. mas. (émicefère) (en grec ημισφαιριον, fait de ημισυς, moitié, et σφαιρα, sphère, globe), demi-globe. — Plus particulièrement, moitié du globe céleste ou terrestre. — Plan ou projection de la moitié du globe céleste ou terrestre sur une surface plane. Cette projection est appelée plus proprement planisphère. — T. de phys., hémisphères de Magdebourg, deux demi-sphères concaves de cuivre, dont l'une est garnie d'un robinet par lequel elle peut s'ajuster à la machine pneumatique, et l'autre porte un anneau de cuivre. On les joint exactement en forme de globe; et après avoir ôté l'air qui remplissait l'intérieur, on ne peut les séparer qu'en employant une très-grande force. Otto de Guérike, bourgmestre de Magdebourg, est le premier physicien qui ait fait construire de ces hémisphères. — En t. d'anat., les hémisphères du cerveau, les deux moitiés du cerveau.

HÉMISPHÉRIQUE, adj. des deux genres (émiceferike), qui est en forme d'hémisphère.

HÉMISPHÉROÏDE, subst. mas. des deux genres, et adj. mas. (émiceféro-ide) (du grec ημισυς, moitié, σφαιρα, sphère, et ειδος, forme, ressemblance), t. de géom., corps qui approche de la figure d'un hémisphère; la moitié d'un sphéroïde.

HÉMISTÈME, subst. mas. (émicetème), t. de bot., genre de plantes amomes.

HÉMISTICHE, subst. mas. (émicetiche) (du grec ημισυς, moitié, et στιχος, vers), la moitié d'un vers. Dans les vers français de douze syllabes, appelés héroïques ou alexandrins, le premier hémistiche est, ainsi que le second, de six syllabes, après lesquelles il y a un repos ; dans les vers de dix syllabes, le premier hémistiche n'est que de quatre syllabes, suivies également d'un repos.—La nécessité de couper toujours les vers en deux parties, et la nécessité non moins forte d'éviter la monotonie, d'observer ce repos et de le cacher, sont deux choses qui rendent l'art d'autant plus précieux qu'il est plus difficile. Plusieurs dictionnaires disent que l'hémistiche est la même chose que la césure; mais il y a une grande différence. L'hémistiche est la moitié du vers; la césure rompt le vers, coupe la phrase, et marque l'hémistiche.

HÉMITHÉEN, subst. mas. (émité-ein) (du grec ημισυς, demi, et θεος, dieu), les Grecs nommaient ainsi leurs demi-dieux.

HÉMITOME, subst. mas. (émitome) (du grec ημισυς, demi, et τεμνω, je coupe), t. de bot., plante vivace solène.

HÉMITRIGLYPHE, subst. mas. (émitriguélife), (du grec ημισυς, demi, τρεις, trois, et γλυφη, gravure), t. d'archit., demi-triglyphe, ornement dans la frise dorique.

HÉMITRITÉE, adj. fém. (émitrité) (du grec ημισυς, demi, et τριταιος, tiers), t. de médec., il se dit d'une fièvre continue qui a un redoublement tous les trois jours.

HÉMITROPE, subst. mas. et adj. des deux genres (émitrope) (du grec ημισυς, demi, et τρεπω, je retourne), t. d'hist. nat., se dit des cristaux dont une moitié paraît renversée.

HÉMITROPIE, subst. fém. (émitropi), t. d'hist. nat., état des cristaux hémitropes.

HÉMOCERCHNE, subst. mas. (émocérkcne) (du grec αιμα, sang, et κερχνος, bruit perçant, râlement), t. de médec., éruption de sang par la gorge, accompagnée de râlement.

HÉMODIE, subst. fém. (émodi) (du grec αιμα, sang, et οδους, dent), t. de médec., engourdissement des dents causé par le sang.

HÉMODORACÉES, subst. fém. plur. (émodoracé), t. de bot., famille de plantes acotylédones.

HÉMODORE, subst. fém. (émodore), t. de bot., genre de plantes iridées de la Nouvelle-Hollande.

HÉMOMÈTRE, subst. mas. (émomètre) (du grec αιμα, sang, et μετρον, mesure), t. de chir., instrument pour mesurer le sang.

HÉMON, subst. propre mas. (émon), myth., prince thébain. Il aima tellement Antigone, fille d'OEdipe et de Jocaste, qu'il se tua sur le tombeau de cette princesse. — La fable parle encore d'un autre Hémon changé en montagne pour avoir épousé sa sœur; mais c'est le même qu'Hémus.

HÉMOPHOBE, adj. des deux genres (émofobe). Voy. HÉMAPHOBE.

HÉMOPHOBIE, subst. fém. (émofobi). Voy. HÉMAPHOBIE.

HÉMOPHTHALMIE, subst. fém. (émofetalmi) (du grec αιμα, sang, et οφθαλμος, œil), t. de médec., maladie de l'œil, causée par un épanchement de sang.

HÉMOPHTHALMIQUE, adj. des deux genres (émofetalmike), qui est relatif à l'hémophthalmie.

HÉMOPLANIE, subst. fém. (émoplani) (du grec αιμα, sang, et πλανη, erreur), t. de médec., écoulement de sang par un endroit inaccoutumé.

HÉMOPROCTIE, subst. fém. (émoprokci) (du grec αιμα, sang, et πρωκτος, fondement), t. de médec., hémorrhagie qui a son cours par l'intestin rectum. — Dix-neuvième genre des angioses d'Alibert.

HÉMOPTOÏSME, subst. mas. (émoptoi-icème). Voy. HÉMOPTYSIE.

HÉMOPTOÏQUE, subst. et adj. des deux genres (émoptoi-ike). Voy. HÉMOPTYSIQUE.

HÉMOPTYSIE, subst. fém. (émopetizi) (du grec αιμα, sang, et πτυσις, crachement), dérivé de πτυω, je crache), t. de médec., crachement de sang causé par la rupture ou l'érosion de quelque vaisseau du poumon.

HÉMOPTYSIQUE, adj. des deux genres et subst. (émopetizike), t. de médec., qui crache le sang.

HÉMORACHIS, subst. mas. (émorachice) (du grec αιμα, sang, et ραχις, épine du dos), t. de médec., épanchement de sang dans la moelle épinière.

HÉMORRAGIE, et mieux HÉMORRHAGIE, subst. fém. (émoraji) (du grec αιμα, sang, et ρηγνυμι, rompre, parce que l'hémorrhagie est causée par la rupture des vaisseaux sanguins), t. de médec., perte de sang par le nez, par une plaie. — Hémorrhagie cérébrale, épanchement de sang dans l'intérieur du crâne.

HÉMORRAGIQUE, mieux HÉMORRHAGIQUE, adj. des deux genres (émorajike), qui est de la nature de l'hémorrhagie.

HÉMORRUÉE, subst. fém. (émoré) (du grec αιμα, sang, et ρεω, je coule), t. de médec., flux de sang qui dure peu.

HÉMORRHÉIQUE, adj. des deux genres (émoré-ike), t. de médec., qui est relatif à l'hémorrhée.

HÉMORRHINE, subst. fém. (émorini) (du grec αιμα, sang, ρις, je coule, et ριν, le nez), t. de médecine, hémorrhagie nasale. — (Quatorzième genre des angioses d'Alibert.

HÉMORRHOÏDAIRE, subst. et adj. des deux genres (émoro-idère), t. de médec., celui, celle qui a des hémorrhoïdes.

HÉMORRHOÏDAL, E, adj. (émoro-idale), qui a rapport aux hémorrhoïdes. — Vaisseaux hémorrhoïdaux, dont la dilatation cause les hémorrhoïdes. — On le dit aussi des tumeurs qui forment les hémorrhoïdes et du sang qui en coule : tumeurs hémorrhoïdales; sang hémorrhoïdal. — On l'emploie aussi comme subst. fém., en parlant des artères *hémorrhoïdales: l'hémorrhoïdale supérieure; l'hémorrhoïdale inférieure.*—Au plur. mas., *hémorrhoïdaux.*

HÉMORRHOÏDALE, subst. fém. (*émoro-idale*), t. de bot., sorte de plante dont les racines portent de petites bulbes qui ont quelque rapport avec des *hémorrhoïdes* enflées

HÉMORRHOÏDAUX, adj. mas. plur. Voy. HÉMORRHOÏDAL.

HÉMORRHOÏDES, subst. fém. plur. (*emoro-ide*) (en grec αιμορροϊδ, formé de αιμα, sang, et ρεω, je coule), t. de médec., tumeurs arrondies et douloureuses qui se forment au pourtour de l'anus, dilatation de la veine *hémorrhoïdale*, qui se remplit de sang.—Écoulement de sang par les vaisseaux de l'anus. Le peuple dit quelquefois *hémorrhuïdes*; c'est un barbarisme.

HÉMORRHOÏSSE, subst. fém. (*emoro-ice*), femme qui a un flux de sang. Il ne se dit que de celle qui fut guérie en touchant la robe de notre Seigneur. Voy. HEMORRHOÏDES.

HÉMORRHOSCOPE, subst. mas. (*emorocekope*) (du grec αιμα, sang, et σκοπεω, j'examine), celui qui se livre à l'étude de l'*hémorrhoscopie.*

HÉMORRHOSCOPIE, subst. fém. (*emorocekopi*) (du grec αιμα, sang, ρεω, je coule, et σκοπεω, j'examine, je considère), t. de médec., inspection du sang tiré par la saignée, pour connaître l'état du corps.

HÉMORRHOÜS, subst. mas. (*emoro-uce*) (du grec αιμορροους, de αιμα, sang, et de ρεω, je coule), t. d'hist. nat., serpent d'Afrique dont la morsure fait, dit-on, couler le sang par toutes les ouvertures du corps.

HÉMOSCOPIE, subst. fém. (*emocekopi*) (du grec αιμα, sang, et σκοπεω, j'examine), t. de médec., inspection du sang. — *Aimoscopie* est vicieux.

HÉMOSCOPIQUE, adj. des deux genres (*emocekopike*), qui est relatif à l'*hémoscopie.*

HÉMOSTASIE, subst. fém. (*emocetazi*) (du grec αιμα, sang, et στασις, repos, dérivé de ιστημι, arrêter), t. de médec., stagnation universelle du sang, occasionée par la pléthore. On dit aussi *hemostate.*

HÉMOSTATIQUE, adj. des deux genres (*emocetatike*) (du grec αιμα, sang, et ιστημι, arrêter), t. de médec., remède qui arrête les *hémorrhagies.*— Subst. mas.: *un hémostatique.*

HÉMOTHORAX, subst. mas. (*emotorákce*) (du grec αιμα, sang, et θωραξ, le thorax), t. de médec., épanchement de sang dans la plèvre.

HÉMOVORE, adj. des deux genres (*emovore*) (du grec αιμα, sang, et du lat. *vorare*, avaler avec voracité), buveur de sang. (*Boiste.*) Tout-à-fait inusité.

HÉMURÉSIE, subst. fém. (*émurézi*) (du grec αιμα, sang, et ουρον, urine), t. de médec., excrétion de sang par le canal de l'urèthre.

HEMVÉ, subst. mas. (*emevé*), mot barbare, forgé de l'allemand *heimweh*, fait de *hein*, pays, demeure, et *weh*, mal, douleur ; mal du pays. (*Boiste.*) Il est inusité.

HENDÉCAGONE, subst. mas. (*eindékaguône*) (du grec ενδεκα, onze, et γωνια, angle), figure géométrique qui a onze angles et onze côtés.—Il est aussi adj. des deux genres : *une figure hendécagone.*

HENDÉCASYLLABE, subst. mas. et adj. des deux genres (*eindékacilelabe*) (du grec ενδεκα, et συλλαβη, syllabe), qui a onze *syllabes*; vers de onze *syllabes.*—Dans la versification latine, ces sortes de vers s'appellent *phaleuques* ou *phaleuces.*— On l'emploie également comme adj.: il n'y a guère de vers *hendécasyllabes* qu'en latin et en italien.

HENNÉ (*n s'aspire*), subst. mas. (*enné*), t. de bot., arbrisseau fort commun en Égypte, et qui a quelque ressemblance avec le troëne. Sa feuille, hachée et appliquée sur la peau, lui donne une couleur aurore.

HENNÉHÉMIMÈRE, ou HENNÉHÉMIMÈTRE (H *s'aspire*), adj. des deux genres (*enené-émimère*) (du grec εννεα, neuf, ημισυς, moitié, et μερος, partie, ou μετρον, mesure), qui est composé de neuf parties; se dit de la césure d'un vers.

HENNÉHÉMIMÉTRIQUE (H *s'aspire*), adj. des deux genres. Voy. HENNÉHÉMIMÈTRE.

HENNER (H *s'aspire*), subst. mas. (*ennère*), t. de bot., nom arabe dont on donne à la poudre des feuilles du *henné.*

HENNER, v. act. (*enné*), selon quelques dictionnaires, ce verbe est un vieux mot qui signifiait peiner, incommoder, fatiguer. C'est une triste erreur : on disait bien, dans le vieux langage, *géhenner*, mais jamais *henner.*

HENNI, part. pass. de *hennir.*

HENNIL (H *s'aspire*), subst. propre mas. (*anil*), myth., idole des Vandales qu'on représentait sous la figure d'un bâton terminé par un anneau et une main de fer.

HENNIN (H *s'aspire*), subst. fém. (*anein*), très-haute coiffure de femme en usage au XV° siècle.

HENNIR (H *s'aspire*), v. neut. (*anir*) (en latin *hinnire*, faire un *hennissement*. Il se dit du cheval, quand il fait son cri ordinaire : *le cheval de Darius se mit à hennir, et ce prince fut proclamé roi.*

HENNISSEMENT (H *s'aspire*), subst. mas. (*anticeman*) (en lat. *hinnitus*), le cri naturel du cheval.

HENNUYER, subst. et adj. mas., au fém. HENNUYÈRE(*anui-ié, ière*), habitant du Hainaut.

HENNUYÈRE, subst. et adj. fém. Voy. HENNUYER.

HÉNOTIQUE, subst. mas. (*énotike*) (du grec ενωτικος, propre à unir), édit de Zénon pour réunir tous les schismatiques.

HENRI H *s'aspire*), subst. propre mas. (*anri*), nom propre d'homme. — *Henri d'or*, ancienne monnaie de France.—Par analogie, h s'aspire également dans le nom propre *Henriette*. Cependant, l'usage est moins absolu à cet égard. Molière dans les *Femmes Savantes* l'emploie sans aspiration :

*Henriette que tiens sous son aimable empire,
Et l'hymen d'Henriette le bien où j'aspire.*

HENRIADE (H s'aspire), subst. fém. (*anriade*), poème épique de *Voltaire*, dont *Henri IV* est le héros.

HENRICIE, subst. fém. (*anrici*), t. de bot., genre de plantes synanthérées et astérées qui a pour type un arbre de Madagascar.

HENRIQUINQUISTE (H *s'aspire*), subst. des deux genres (*anrikeinkiciste*); on désigne ainsi ceux qui, se fondant sur le principe de la légitimité, peusent que, par suite de l'abdication, en 1830, du roi Charles X et de son fils le dauphin, duc d'Angoulème, la couronne de France appartient de droit à *Henri V*, leur petit-fils et neveu, et à ses descendants.

HENRODORE, subst. fém. (*anrodore*), t. de bot., genre de plantes de la Nouvelle-Hollande.

HÉOROTOIRE, subst. mas. (*e-orotère*), t. d'hist. nat., genre d'oiseaux de l'ordre des silvains.

HÉPAR, subst. mas. (*épar*) (du grec ηπαρ, foie), nom donné, par les anciens chimistes, au soufre, c'est-à-dire à la combinaison du soufre avec les matières alcalines, que les chimistes modernes appellent *sulfure d'alcali.*—*Hépar antimonié*, combinaison de sulfure d'antimoine et d'un alcali.—*Hépar martial*, substance composée de sulfure de potasse ou d'oxyde de fer.

HÉPATALGIE, subst. fém. (*épatalji*) (du grec ηπαρ, foie, et αλγος, douleur), t. de médec., douleur du foie.—Colique hépatique.

HÉPATALGIQUE, adj. des deux genres (*épataljike*), t. de médec. : *mal hépatalgique*, mal du foie.

HÉPATE, subst. mas. (*épate*) (du grec ηπαρ, gén. ηπατος, foie), t. d'hist. nat., poisson de mer dont la figure et la couleur approchent de celles du foie humain.

HÉPATEMPHRAXIS, subst. fém. (*épataufracice*) (du grec ηπαρ, gén. ηπατος, foie, et de εμφραττω, j'obstrue), t. de médec., obstruction du foie.

HÉPATICOGASTRIQUE, adj. des deux genres (*epatikognaceltrike*) (du grec ηπατικος, de ηπαρ, foie, et de γαστηρ, estomac), t. d'anat., qui appartient au foie et à l'estomac.

HÉPATIQUE, adj. des deux genres (*épatike*) (du grec ηπατικος, fait de ηπαρ, foie), t. de médec., qui vient du foie, qui concerne le foie.—Qui est propre aux maladies du foie. — En t. d'hist. nat., ce mot exprime, soit la couleur brune des minéraux, dont la nuance approche de celle du foie des animaux , soit leur odeur de foie de soufre, c'est-à-dire, d'hydrogène sulfuré.

HÉPATIQUE, subst. fém. (*épatike*), t. de bot., plante cryptogame, qu'on emploie dans les maladies du foie. On la nomme ordinairement *hépatique commune* ou *des fontaines*. Elle est acotylédone, formée d'une membrane herbacée et rampante, et croît en général dans les lieux humides.—On le dit aussi d'une espèce d'anémone printanière, dont la fleur a de la ressemblance avec la marguerite double.—*Hépatique des bois.* Voy. MUGUET.—*Hépatique des jardins*, plante rosacée, vulnéraire, appelée autrement la *belle hépatique.*—*Hépatique dorée* Voy. GÉUM.—*Hépatique étoilée.* Voy. MUGUET DES BOIS. — Au plur., la mille de plantes dont la fructification est composée d'organes de différentes formes, qui s'ouvrent à l'époque de leur maturité, pour laisser échapper des matières fécondantes ou des semences. Les plantes de cette famille sont herbacées, rampantes, croissent principalement sur la terre, et sont garnies en dessous de fibres radicales.

HÉPATIRRHÉE, subst. fém. (*épatirere*) (du grec ηπαρ, foie, et ρεω, je coule), t. de médec., diarrhée causée par l'affection du foie.

HÉPATIRRHÉIQUE, adj. des deux genres (*épatireré-ike*), t. de médec., qui est relatif à l'*hépatirrhée.*

HÉPATISATION, subst. fém. (*épatizacion*), t. de médec., se dit du poumon, lorsqu'il ne crépite plus sous la pression des doigts, et qu'il est devenu pesant comme le foie.

HÉPATISIE, subst. fém. (*épatizi*), t. de médec., atrophie du foie.

HÉPATITE ou HÉPATITIS, subst. fém. (*épatite, titice*) (en grec ηπατιτις, fait de ηπαρ, foie), t. de médec., inflammation du foie.—T. d'hist. nat., pierre précieuse de la couleur du foie.

HÉPATOCÈLE, subst. fém. (*épatocéle*) (du grec ηπαρ, foie, et κηλη, tumeur, hernie), t. de chir., hernie du foie.

HÉPATOCYSTIQUE, adj. des deux genres (*épatocicetike*) (du grec ηπαρ, gén. ηπατος, foie, et κυστις, vessie, et aussi vésicule du fiel), t. d'anat., qui appartient au foie et à la vésicule du fiel.

HÉPATOGRAPHE, subst. mas. (*epatoguerafe*) (du grec ηπαρ, gén. ηπατος, foie, et γραφω, je décris), anatomiste qui étudie l'*hépatographie*, qui décrit les maladies du foie.

HÉPATOGRAPHIE, subst. fém. (*épatoguerafi*) (du grec ηπαρ, gén. ηπατος, foie, et γραφω, je décris), t. d'anat., description, traité du foie ou des maladies du foie.

HÉPATOGRAPHIQUE, adj. des deux genres (*épatoguerafike*), qui appartient à l'*hépatographie.*

HÉPATOLOGIE, subst. fém. (*épatoloji*) (du grec ηπαρ, gén. ηπατος, foie, et λογος, discours, traité), partie de l'anatomie qui traite des usages du foie.

HÉPATOLOGIQUE, adj. des deux genres (*épatolojike*), t. d'anat., qui appartient à l'*hépatologie.*

HÉPATOLOGUE, subst. mas. (*épatologue*), t. d'anat., celui qui décrit les usages et les maladies du foie.

HÉPATOMPHALE, subst. fém. (*épatonfale*) (du grec ηπαρ, gén. ηπατος, foie, et ομφαλος, nombril), t. de chir., hernie du foie par l'anneau du nombril.

HÉPATOPARECTAME, subst. mas. (*épatoporéktame*) (du grec ηπαρ, gén. ηπατος, foie, et παρεκταμα, extension excessive), t. de médec., agrandissement considérable du foie.

HÉPATOSCOPE, subst. mas. (*épatocekope*) (du grec ηπαρ, gén. ηπατος, foie, et σκοπεω, j'observe, j'examine), t. d'antiq., celui qui devinait par l'inspection du foie des victimes.

HÉPATOSCOPIE, subst. fém. (*épatocekopi*) (du grec ηπαρ, gén. ηπατος, foie, et σκοπεω, j'examine), t. d'antiq., divination qui s'exerçait par l'inspection du foie des victimes.

HÉPATOSCOPIQUE, adj. des deux genres, (*épatocekopike*), qui appartient à l'*hépatoscopie.*

HÉPATOPHRAXIE, subst. fém. (*epatofrakci*) (du grec ηπαρ, gén. ηπατος, foie, et εμφραττω, j'obstrue), t. de médec., ensemble des altérations pathologiques du foie.

HÉPATOTOME, subst. mas. (*épatotome*) (du grec ηπαρ, gén. ηπατος, foie, et τεμνω, je coupe), t. de chir., instrument propre à la dissection du foie.

HÉPATOTOMIE, subst. fém. (*épatotomi*) (du grec ηπαρ, gén. ηπατος, foie, et τεμνω, je coupe), dissection anatomique du foie.

HÉPATOTOMIQUE, adj. des deux genr. (*épatotomike*), t. d'anat., qui appartient à l'*hépatotomie.*

HÉPATOTOMISTE, subst. mas. (*épatotomicete*), t. d'anat., celui qui s'occupe particulièrement de la dissection du foie.

HEPHÆSTOS ou **HEPHÆSTUS**, subst. propre mas. (*éfècetôce*, *fèceluce*) (du grec απτω, je brûle), myth., nom que les Grecs donnaient à Vulcain, et qui exprimait la force du feu, parce que, dans ses fêtes, trois jeunes garçons, portant des torches allumées, couraient de toute leur force; et celui qui atteignait le but le premier, sans avoir éteint sa torche, gagnait le prix destiné à cette course.

HÉPHESTÉES, subst. fém. plur. (*éfècete*), myth., fêtes célébrées à Athènes, en l'honneur de Vulcain *Hephæstos*.

HÉPHESTITE, subst. fém. (*éfècetite*), t. d'hist. nat., pierre precieuse couleur de feu (*Pline*).

HÉPIALE, subst. mas. (*épi-ale*), t. d'hist. nat., genre d'insectes lépidoptères.

HÉPIALITE, subst. mas. (*épi-alite*), t. d'hist. nat., insecte lépidoptère de la tribu des bombycites.

HÉPITÉMÈSE, subst. fém. (*épitémèze*), t. de médec., hémorrhagie buccale.

HEPTACORDE, adj. des deux genres (*épetakorde*) (du grec επτα, sept, et χορδη, corde), t. de mus., qui se chante ou qui se joue sur un instrument à sept cordes.— Subst. mas., lyre à sept cordes. — Il se dit aussi d'un système de sons composé de sept notes, tel que la gamme.

HEPTAGONE, adj. des deux genres (*épetaguone*) (du grec επτα, sept, et γωνια, angle), qui a sept côtés et sept angles. — Il est aussi subst. mas., *un heptagone regulier*. — On le dit particulièrement, en t. de fortif., d'un ouvrage composé de bastions.—Place fortifiée de sept bastions.

HEPTAGYNIE, subst. fém. (*èpetajini*) (du grec επτα, sept, et γυνη, femme), t. de bot., dans le système sexuel de *Linnée*, subdivision des classes de plantes dont la fleur a sept parties femelles ou sept pistils.

HEPTAMÉRIDE, subst. fém. (*èpetaméride*) (du grec επτα, sept, et μερος, partie, dérivé de μειρω, je partage, je divise), division en sept, ou septième partie d'une chose.

HEPTAMÉRON, subst. mas. (*èpetaméron*) (du grec επτα, sept, et ημερα, jour), ouvrage divisé en sept journées, comme l'*Heptaméron de la reine de Navarre*; l'*Heptaméron rustique*.

HEPTAMÈTRE, adj. des deux genres (*epetamètre*) du grec επτα, sept, et μετρον, mesure), se dit des vers grecs ou latins qui ont sept pieds ou mesures. — Il est aussi subst. mas., un *heptamètre*.

HEPTANDRIE, subst. fém. (*èpetandri*) (du grec επτα, sept, et ανηρ, gen. ανδρος, homme), t. de bot., septième classe du système sexuel de *Linnee*, qui comprend les plantes dont les fleurs hermaphrodites ont sept étamines.

HEPTANGULAIRE, adj. des deux genres (*èpetangulère*) (du grec επτα, sept, et *angula*, angle), t. de géom. : *figure heptangulaire*, à sept *angles*.

HEPTAPACHE, subst. fém. (*èpetapache*) (du grec επτα, sept, et πηχυς, coudée), ancienne mesure de sept coudées, un peu moins de dix pieds.

HEPTAPÉTALÉ, E, adj. (*èpetapétalé*) (du grec επτα, sept, et πεταλον, pétale), t. de bot., qui a sept *pétales*.

HEPTAPHARMACUM, subst. mas. (*èpetafarmakome*) (du grec επτα, sept, et φαρμακον, remède), médicament des anciens, composé de différents ingrédients minéraux et végétaux, et de graisse de bœuf.

HEPTAPHYLLE, adj. des deux genres (*èpetafile*) (du grec επτα, sept, et φυλλον, feuille), t. de bot., qui a *sept feuilles*.

HEPTAPLEUVRE, subst. fém. (*èpetapleuvre*). t. de bot., genre de plantes originaires de Ceylan, ainsi nommé de son fruit qui a *sept loges*.

HEPTAPOLE, subst. propre fém. (*epetapole*) (du grec επτα, sept, et πολις, ville), contrée d'Egypte qui renfermait sept villes principales.

HEPTARCHIE, subst. fém. (*èpetarchi*) en grec επτα, sept, et αρχη, puissance, empire), nom qu'on donnait autrefois au gouvernement d'Angleterre, lorsqu'il était partage entre sept rois.

HEPTARCHIQUE, adj. des deux genres (*èpetarchike*), qui appartient à l'*heptarchie*.

HEPTARQUE, subst. mas. (*èpetarke*), l'un des sept rois d'une *heptarchie*.

HEPTATEUQUE, subst. mas. (*èpetateuke*) (du grec επτα, sept, et τευχος, livre), les sept premiers livres de l'*Ancien Testament*.

HEPTATOME, subst. mas. (*èpetatome*) (du grec επτα, sept, et τομη, section), t. d'hist. nat., genre d'insectes diptères.

HEPTHÉMIMÈRE ou **HEPTHÉMIMÈTRE**, subst. mas. (*èpetéminère*, *mètre*) (du grec επτα, sept, ημισυς, demi, et μερος, partie, ou μετρον, mesure), se dit en poésie d'une césure qui a la moitié de sept parties.

HEPTOMAGÈNE, subst. mas. (*èpetomajène*) (du grec επτα, sept, et du latin *mas*, mâle, et *genuo*, je produis, fait du grec γενναω, j'engendre), le septième enfant mâle.

HÉRA, subst. propre fém. (*éra*) (en grec ηρα, souveraine), myth., surnom de Junon.

HÉRACLAMMON, subst. mas. (*éraklamemon*), t. d'antiq., statue qui représentait Hercule et Jupiter Ammon, et réunissait les attributs des deux divinités.

HÉRACLÉE, subst. fém. (*éraklé*) (du grec Ηρακλης, Hercule), poëme sur Hercule. —*Voie Héraclée*, chaussée qui passait pour être l'ouvrage d'Hercule du temps qu'il conduisait les bœufs de Géryon. — Ville fondée sur la mer Noire par Hercule.

HÉRACLÉENS, adj. mas. plur. (*éraklé-ein*) (du grec Ηρακλης, Hercule), myth., se dit des champs consacrés à Hercule par Thésée.

HÉRACLÉES ou **HÉRACLÉIES**, subst. fém. plur. (*éraklé*, *klé-i*) (en grec ηρακλεια, fait de Ηρακλης, Hercule), fêtes grecques en l'honneur d'Hercule.

HÉRACLÈS, subst. propre mas. (*éraklèce*), myth., nom grec d'Hercule.

HÉRACLIDE, subst. propre mas. (*éraklide*) (du grec Ηρακλης, Hercule), descendant d'*Hercule*.

HÉRACLIUM, subst. mas. (*érakli-ome*) (du grec Ηρακλης, Hercule), t. de bot., espèce de plante dont Hercule enseigna l'usage.

HÉRACLIUS, subst. mas. (*érakli-uce*), mois bithynien qui n'avait que 28 jours, comme notre mois de février.

HÉRALDIQUE, adj. des deux genres (*éraldike*), qui concerne le *héraut*. — Qui regarde les armes et le blason : *science héraldique*.

HÉRAULT, subst. propre mas. (*érô*), dép. de la France, qui tire son nom de la rivière qui le traverse. Ce département est l'un des mieux arrosés de France : un nombre considérable de petites rivières y prennent leur source. Il est en outre traversé par le canal du Languedoc, et renferme plusieurs grands étangs. Montpellier en est le chef-lieu.

HÉRAUT (H *s'aspire*), subst. mas. (*érô*) (du lat. babare *heraldus*, formé, dans la même signification, de l'allemand *herald*, gendarme, *Trévoux*; ou de *heralt*, qui dans la même langue signifie, suivant *Wachter*, noble crieur, *Ménage*. Les Grecs disent dans le même sens κηρυξ, étymologie qui serait la plus simple de toutes), officier dont la charge était de faire, au nom du souverain, les défis publics, de déclarer la guerre, de publier la paix, etc. : *chez les anciens, la personne des hérauts était sacrée; les hérauts d'Agamemnon; les hérauts jouaient un role important dans les tournois, les hérauts du moyen-âge étaient juges des armoiries et des blasons; un héraut vint sommer la place de se rendre.*— Depuis long-temps les *herauts d'armes* étaient bornés aux publications de paix, et même avaient fini par ne plus paraître et agir que dans les cérémonies royales. Depuis la révolution de juillet 1830, il n'en est plus question en France.

HERBACÉ, E, adj. (*érebacé*), t. de bot. : *plantes herbacées*, plantes tendres, molles, dont les fibres sont peu serrées, et qui périssent dans l'hiver, que leurs racines soient annuelles, ou qu'elles soient vivaces.—*De consistance herbacée*, de la consistance d'une plante *herbacée*, ne se dit qu'en parlant des parties tendres de quelque autre plante.

HERBAGE, subst. mas. (*érebaje*), toutes sortes d'*herbes* : *vivre d'herbages*.—*Herbe* des prés où l'on met les animaux pour les engraisser. Dans ces deux acceptions, il s'emploie ordinairement au pluriel.—Pré qu'on ne fauche jamais, et qui ne sert qu'à y faire paître les bœufs, les vaches, etc.

HERBAGER, subst. mas.; **HERBAGÈRE**, subst. fém. (*érebajé, jère*), celui, celle qui cultive, cueille ou vend les *herbages*. Dans le premier sens, on dit aussi *herbageur*.

HERBAGEUSE, adj. fém. Voy. **HERBAGEUX**.

HERBAGEUX, adj. mas., au fém. **HERBAGEUSE** (*èrebajeu, jeuze*), t. d'agric., se dit d'un terrein qui produit des *herbages*.

HERBAULT ou **HERBAUT**, subst. mas. (*èrebô*), t. de vèn., chien qui se jette sur le gibier avec trop de violence.

HERBE, subst. fém. (*èrebe*) (en lat. *herba*), toute plante qui n'a point de tige, ou plutôt qui la perd en hiver, et qui pousse des feuilles. On appelle *herbes annuelles*, celles qui meurent dans la même année, après avoir porté leurs fleurs et leurs graines, comme le froment, le seigle et autres. On nomme *bisannuelles*, celles qui ne donnent des fleurs et des graines que la seconde ou même la troisième année après qu'elles ont levé, et qui périssent ensuite; telles sont l'angélique des jardins et quelques autres. Les *herbes* dont la racine ne périt pas après qu'elles ont donné leurs semences s'appellent *herbes vivaces*; telles sont le fenouil, la menthe et autres.—*Herbe médicinale, vénéneuse; herbes vulnéraires, odoriférantes, potagères; jus d'herbes; potage, bouillon aux herbes; champ, jardin rempli d'herbes; arracher, détruire les mauvaises herbes.* — *Ce cheval aura, prendra quatre ans aux herbes, six ans aux herbes*, etc., au printemps il aura quatre ans, six ans.—*Herbe* se dit, au sing., dans un sens collectif, des *herbes* qui couvrent les pâturages, les prairies, les lieux peu fréquentés, etc., et que l'on coupe ordinairement pour la nourriture des chevaux et des bestiaux : *donner de l'herbe à un cheval; herbe nouvelle, fraîche, tendre, molle; un brin d'herbe; mettre un cheval à l'herbe; blanchir les toiles sur l'herbe; l'herbe croissait dans les rues, dans les places publiques.* —Fig. et fam. : *l'herbe sera bien courte, s'il ne trouve de quoi brouter*, se dit d'un homme industrieux qui sait trouver à subsister aisément là où d'autres auraient peine à vivre.—Prov. et fig., *à chemin battu, il ne croît point d'herbe*, il n'y a point de profit à faire dans un négoce dont trop de gens se mêlent. — Fig. et prov. : *méchante herbe, mauvaise herbe croît toujours*; on le dit souvent, par plaisanterie, d'enfants espiègles qui croissent beaucoup. — *Blé en herbe, avoine en herbe*, etc., le blé, l'avoine, etc., lorsqu'ils sont encore verts, et qu'ils s'élèvent un peu au-dessus des sillons : *le blé, l'avoine, l'orge est encore en herbe.*—On nomme *docteur en herbe*, un jeune homme qui commence à prendre ou qui doit prendre ses grades.—*Manger son blé en herbe*, manger son revenu par avance.—*Couper l'herbe sous le pied à quelqu'un*, le supplanter avec adresse, avec subtilité.—*Il a marché sur quelque mauvaise herbe*, il lui est arrivé quelque chose qui le met de mauvaise humeur.—*Employer toutes les herbes de la Saint-Jean dans une affaire*, toute sorte de moyens pour la faire réussir.—Nous allons indiquer les dénominations vulgaires données aux plantes usuelles et communes, et dans lesquelles le mot *herbe* entre comme terme générique. Quelques-unes de ces dénominations se retrouvent aux noms particuliers des plantes, mais il nous a semblé utile de les rassembler toutes dans un seul article. On appelle *herbe d'admiration*, une belle espèce de labiée qui croît dans les Indes orientales; *herbe des affligés*, le phyllante niburi et le phyllante urinaire, à cause de leurs vertus médicinales; *herbe à l'ambassadeur*, le tabac; *herbe amère*, la tanaisie; *herbe d'amour*, le réséda odorant; *herbe à l'âne*, ou *arrête-bœuf*, la bugrane; *herbe antidyssentérique*, l'énule et la conise commune; *herbe antiépileptique*, l'agirate conyzoïde; *herbe apollinaire*, la jusquiame; *herbe à l'araignée*, l'anthéric rameux; *herbe d'arbalète*, une espèce d'aconit; *herbe argentée*, l'ansérine; *herbe d'arlot*, une espèce de canillée; *herbe articulée*, le behen blanc, et quelquefois l'ivette; *herbe aux aulx, alliaire*, une espèce de vélar; *herbe à balai*, plusieurs espèces de plantes qui servent à faire des balais; *herbe barbue*, la molène commune; *herbe bénédicte* ou *de Saint-Benoît*, la benoîte; *herbe du Bengale*, une *herbe* dont on file les soies qui entourent les semences pour en faire un tissu qu'on appelle taffetas d'*herbe*; *herbe du berger*, un lotus; *herbe blanche*, le gnaphale maritime, et plusieurs autres plantes, à cause du duvet cotonneux qui les couvre; *herbe à blé*, une graminée de Saint-Domingue dont on couvre les cases des nègres; *herbe aux blessures*, la jacée et le plantain; *herbe aux bœufs*, le butome, espèce de jonc; *herbe de bœuf*, l'oxalide, la surelle, oseille commune; *herbe bohémienne* ou *égyptienne*, l'oreille de lièvre; *herbe au bon Dieu*, le médicinier; *herbe de bouc*, la chélidoine, l'agirate conyzoïde; *herbe britannique*, une espèce de patience, ou la bistorte; *herbe de bru*, l'ellébore fétide; *herbe aux brûlures*, la bacope aquatique; *herbe à cailler*, le gaillet jaune; *herbe à canard*, la canillée; *herbe* *à canoer*, la dentelaire d'Europe; *herbe au cancre*, la turquette; *herbe aux carrelets*, la roquette des champs; *herbe cardinale*, la lobélie cardinale; *herbe du cardinal*, la grande consoude; *herbe cataleptique*, la dracocéphale de Virginie; *herbe à cayman*, une plante de Saint-Domingue qui croît sur le bord des eaux, et qu'on emploie à couvrir les maisons; *herbe au ceinturon*, la camomilie des champs; *herbe du centaure*, la centaurée jacée; *herbe à cent goûts*, l'absinthe commune; *herbe à cent maux*, la lysimachie nummulaire; *herbe à cent têtes*, le panicaud des champs, le chardon Roland; *herbe aux cent miracles*, l'ophioglosse; *herbe de cerf*, une athamante; *herbe aux chancres*, l'héliotrope d'Europe, et *petite herbe aux chancres*, l'herniaire glabre; *herbe aux chantres*, le vélar commun; *herbe à chapelet* ou *rosaire*, le balisier, dont on emploie les grains pour faire des chapelets, en Espagne et en Amérique; *herbe aux charpentiers*, l'achillée millefeuilles et le vélar commun; *herbe des charpentiers*, la brunelle commune; *herbe chaste*, la sensitive et une espèce de gattilier; *herbe à charpentier*, la carmantine d'Amérique; *herbe au chat*, la cataire commune, et à Saint-Domingue l'eupatoire à feuilles d'arroche; *herbe du chat*, la germandrée maritime; *herbe aux chevilles*, la scandix, *herbe* amère; *herbe à chique*, deux plantes grimpantes de Saint-Domingue, dont la décoction sert de remède contre la piqûre des chiques; *herbe à cinq feuilles*, la potentille rampante; *herbe de citron*, la mélisse commune, *herbe à cloque*, le coqueret; *herbe de clytie*, la morelle ou tournesol; *herbe du cœur*, la menthe des jardins et la pulmonaire, la cardiaque, l'anémone hépatique, la germandrée et la mélisse officinale; *herbe à colet*, deux espèces de poivre de Saint-Domingue, qui passent pour de puissants diurétiques; *herbe colombine*, l'ancholie et un géranium; *herbe du coq*, la crételle et la tanaisie bannière; *herbe de la corneille*, une espèce de fragon; *herbe aux cors*, l'orpin et la joubarbe; *herbe cosse*, une plante de Saint-Domingue que les chevaux aiment beaucoup; *herbe à coton*, les filages; *herbe au coton*, un gnaphale; *herbe de la couaille*, la véronique des bois ou des haies; *herbe coupante*, une espèce de souchet de Cayenne; *herbe aux coupures*, l'achillée millefeuilles et la grande consoude; *herbe aux cousins*, *aux moucherons* ou *aux mouches*, la conise commune; *herbe à couteau*, l'ivraie annuelle; *herbe sans couture*, l'ophioglosse, espèce de fougère; *herbe de carmantin*, une espèce de carmantine, dont la racine est un spécifique dans les maux d'estomac; *herbe aux crapauds*, une espèce de jonc; *herbe aux crocs*, le marrube vulgaire, le pied de loup; *herbe de cru*, l'ellébore fétide, qu'on appelle aussi *herbe de Saint-Antoine* (voy. plus bas) et *herbe du feu*; *herbe aux cuillers*, le cranson officinal ou cochléaria; *herbe aux cure-dents*, une espèce de carotte dont les Orientaux emploient les rayons de l'ombelle pour se nettoyer les dents; *herbe à dartres*, la casse ailée de Saint-Domingue, avec les fleurs de laquelle on fait un onguent qu'on dit merveilleux contre les dartres; *herbe délicate*, la sensitive; *herbe aux deniers*, la nummulaire, espèce de lisymachie; *herbe au diable*, la dentelaire sarmenteuse de Saint-Domingue; *herbe du diable*, la stramoine; *herbe diane*, l'armoise, qu'on appelle aussi *herbe de Saint-Jean*; *herbe divine*, le sigesbeck oriental; *herbe dorée*, des espèces de doradille, de jacobée ou de verge d'or; *herbes dormantes*, les sensitives; *herbe doucette*, la mâche; *herbe au dragon* ou *herbe dragonne*, un gouet et l'estragon; *herbe à échauffure*, une plante de Cayenne dont la décoction est estimée contre les échauffures de la peau; *herbe aux écrouelles*, la scrofulaire des bois; *herbe à écurer*, la charagne commune, qu'on emploie à Genève pour écurer la vaisselle; *herbe aux écus*, la nummulaire; *herbe des Égyptiens*, le lycope ou pied-de-loup; *herbe empoisonnée*, l'alkekenge et la belladone; *herbe enchanteresse*, la circée; *herbe endovoise*, l'achillée millefeuilles; *herbe d'enfer*, le nénuphar; *herbe à enivrer*, plusieurs plantes employées pour empoisonner les étangs, telles que la camelée, les phyllanthes, etc.; *herbe aux engelures*, la jusquiame noire; *herbe enragée*, la dentelaire; *herbe aux éperons*, la dauphinelle, la linaire, l'ancholie; *herbe à l'épervier*, l'épervière pulmonaire, et la porcelle radiqueuse; *herbe aux épices* ou *de toute épice*, la nigelle de Damas ou cumin noir, dont les graines ont tout à la fois l'odeur et le goût du poivre, de la cannelle, du girofle et de la muscade; *herbe à esquinancie*, une aspérule et une espèce de géranium; *herbe d'étang*, les potamots et les conferves; *herbe éternelle*, le sainfoin; *herbe à éternuer*, une espèce d'achillée; *herbe de l'étoile*, l'alchimille alpine, quelques potentilles et l'aspérule odorante; *herbe à la femme battue*, le taminier; *herbe du feu*, l'ellébore fétide; *herbe à fève*, l'orpin; *herbe à la fièvre*, une petite plante de Cayenne dont on prend la décoction en guise de thé ou en bain contre les fièvres opiniâtres, la gratiole officinale, une scutellaire, la petite centaurée, le thlaspi bourse à pasteur, une germandrée, un millepertuis, etc.; *herbe de flac*, le sigesbeck oriental et le bident nodiflore; *herbe à la flèche*, le galanga arondinacé; *herbe flottante*, le *fucus natans* de *Linnée*, qui couvre quelquefois des étendues de mer considérables; *herbe foireuse*, le séneçon commun; *herbe des fouleurs*, la gentiane croisette et la saponaire officinale; *herbe aux fous*, l'alysse saxatile; *herbe à la gaine*, le buplèvre, le bec de lièvre; *herbe contre la gale*, l'aunée; *herbe gallique*, la lavanèse; *herbe aux gencives*, la carotte visnage; *herbe à Gérard*, la podagraire; *herbe glacée*, la ficoïde crystalline; *herbe aux goutteux*, le rossolis; *herbe de grace*, la rue; *herbe grasse*, la grassette; *herbes grasses* ou *plantes grasses*, toutes les plantes qui, comme l'orpin, les joubarbes et les grassules, ont les feuilles charnues et succulentes; *herbe aux gueux*, la clématite des haies; *herbe de Guinée*, une plante qui vient d'Afrique, et qu'on cultive à Saint-Domingue pour la nourriture des chevaux; *herbe de halot*, la marchane des fontaines; *herbe aux hebichets*, le bihaï des Antilles; *herbe aux hémorrhoïdes*, la renoncule ficaire; *herbe de l'hirondelle*, la chélidoine, la passerine filiforme; *herbe d'hollier*, la turquette; *herbe de la houette*, l'apocyn; *herbe impatiente*, la balsamine impatiente des bois; *herbe à jaunir*, la gaude, le genêt des teinturiers; *herbe au lait*, le polygala; *herbe au lait de Notre-Dame*, la pulmonaire; *herbe de la laque*, le phytolaca, raisin d'Amérique; *herbe du lion*, l'orobanche; *herbe de Mars*, l'anémone hépatique; *herbe à la manne*, la manne de Prusse; *herbe aux mamelles*, la lampsane; *herbe de mastic*, un clinopode; *herbe maure*, le réséda jaune; *herbe médicée*, le tabac; *herbe militaire* ou *aux militaires*, la millefeuille et le millepertuis; *herbe aux mille graines*, l'herniaire; *herbe mimeuse*, l'acacie sensitive; *herbe à Minguet*, une plante de Saint-Domingue, qu'on y emploie pour guérir les ulcères; *herbe aux mites*, la molaire blattaire, qu'on croit propre à faire mourir les larves des teignes qui rongent les étoffes de laine; *herbe molucane*, une plante de la Nouvelle-Espagne, qu'on vante comme un puissant vulneraire; *herbe more*, la morelle; *herbe à more*, la berle; *herbe au mort*, une espèce de réséda; *herbe morte*, la bosée; *herbe à la mouche*, les ophrydes; *herbe aux moucherons* ou *aux mouches*, la conise; *herbe à mouton*, la parthénie histérophore; *herbe de muraille*, *herbe de Notre-Dame*, *herbe de verre*, la pariétaire; *herbe musquée*, différentes plantes, mais principalement la ketmie, la moscatelline, et une espèce de géranium; *herbe au nombril*, la cynoglosse omphalode, qu'on croit propre à guérir les hernies du nombril; *herbe nouée*, la turquette; *herbe de la nuque*, une espèce de campanule nommée aussi gantelée et gant de Notre-Dame; *herbe à odeur*, la sarriette; *herbe à la bonne odeur*, l'origan, espèce de marjolaine; *herbe aux œufs*, l'aubergine; *herbe aux oies*, la potentille ansérine; *herbe aux oiseaux*, la morgeline, l'anagallide des champs, et le plantain, dont les oiseaux aiment les graines; *herbe d'or*, le ciste, l'hélianthème, la verge d'or; *herbe à la ouate*, l'asclépias de Syrie; *herbe aux panaris*, la panarine; *herbe à panier*, l'urène à feuilles lingulées; *herbe du Paraguay*, espèce de houx en arbre; *herbe à la paralysie*, la primevère; *herbe aux paralytiques*, la dracocéphale de Virginie; *herbe de Pâques*, l'anémone pulsatile; *herbe à Paris*, la parisette; *herbe des Patagons*, une espèce d'hydrocotyle; *herbe de pâturage*, la génestrole, qu'on appelle aussi *herbe à la fièvre*; *herbe au pauvre homme*, la gratiole officinale; *herbe pédiculaire*, la pédiculaire; *herbe aux perles*, le grémil officinal; *herbe pied-de-chat*, l'*herbe* blanche (voyez plus haut *herbe blanche*); *herbe aux piqûres*, le millepertuis perforé; *herbe à pisser*, la pyrole en ombelle du Canada; *herbe à la pituite*, la staphisaigre, la dauphinelle; *herbe aux plaies*, une espèce de sauge, et la sclarée, nommée aussi toute-bonne; *herbe aux plateaux*, le nénuphar blanc; *herbe aux points de côté*, le chardon Marie; *herbe aux poireaux*, le tithymale ou réveil-matin; *herbe aux poules*, le grémil; *herbe aux poulets*, la morgeline; *herbe aux poumons*, la marchante polymorphe, le lichen pulmonaire, et l'épervière commune; *herbe aux poux*, la dauphinelle staphisaigre; *herbe des prés*, le paturin; *herbe à prêtre*, le gouet; *herbe de la princesse*, la verveine odorante; *herbe au grand-prieur*, le tabac; *herbe de Provence*, *herbe pucelle*, la petite pervenche; *herbe puante*, la vulvaire, une espèce de casse, l'anagyris ou bois puant; *herbe à la puce*, une espèce de sumac; *herbe aux puces*, une espèce de plantain et une inule; *herbe pucelle*, la petite pervenche; *herbe pudique*, la sensitive; *herbe aux punaises*, la vergerette odorante, dont on prétend que l'odeur chasse les punaises, et la bardane; *herbe à la pute*, le pas-d'âne; *herbe aux pyramides*, la menthe; *herbe à quatre épines*, la barrelière à feuilles de buis; *herbe de quatre heures*, le pyctage dichotome, dont les fleurs s'ouvrent à quatre heures du soir; *herbe aux râcheux*, la bardane; *herbe à la rage*, l'alysse saxatile; *herbe à râper*, la prêle des champs; *herbe à rat*, le radis sauvage; *herbe à rayons*, la garance; *herbe aux rhagades*, la rhagadiole; *herbe à la reine*, le tabac; *herbe à Robert*, une espèce de géranium; *herbe de la rogne*, l'euphorbe cyprès; *herbe romaine*, la tanaisie baumière; *herbe à rosaire*, le larmier; *herbe de la rosée*, le rossolis; *herbe rouge*, une espèce de millepertuis, et la mélampyre des champs; *herbe royale*, l'aurone; *herbe de la rupture*, le sceau de Salomon; *herbe à ruban*, le phalaris; *herbe sacrée*, la verveine commune; *herbe aux sabotiers*, la scabieuse des bois; *herbe à saigner*, l'achillée millefeuilles; *herbe sainte*, le tabac; *herbe de la sagesse*, espèce de sisymbre, appelée aussi *sagesse des chirurgiens*; *herbe à Samson*, la parthénie hystérophore; *herbe Saint-Albert*, le vélar; *herbe de Saint-Antoine*, une espèce d'épilobe, la dentelaire et l'ellébore fétide; *herbe de Saint-Barthélemy*, le psoralier glanduleux; *herbe de Saint-Christophe*, l'actée en épis; *herbe de Saint-Étienne*, la circée pubescente; *herbe de Saint-Félix*, la scrofulaire des bois; *herbe de Saint-Flacre*, l'héliotrope d'Europe; *herbe de Saint-George*, la valériane grecque, la valériane rouge, la gesse et la clandestine; *herbe de Saint-Guillaume*, l'aigremoine eupatoire; *herbe de Saint-Innocent*, la renouée; *herbe de Saint-Jacques*, la jacobée; *herbe de Saint-Jean*, l'armoise et la terrette; *herbe Saint-Jean*, le millepertuis qui fleurit vers la Saint-Jean; *herbe de Saint-Julien*, une espèce de sarriette; *herbe de Saint-Laurent*, la bugle, la menthe pouillot, la sanicle d'Europe et l'asclépiade dompte-venin; *herbe de Saint-Lucien*, l'arnique des montagnes; *herbe de Saint-Paul*, la primevère; *herbe de Saint-Philippe*, le pastel; *herbe de Saint-Pierre*, la primevère; *herbe Saint-Quirin*, le pas-d'âne; *herbe Saint-Roch*, l'inule pulicidaire; *herbe Saint-Zacharie*, le bluet; *herbe de Sainte-Barbe*, la roquette barbarée; *herbe de Sainte-Catherine*, la balsamine des bois; *herbe de Sainte-Croix*, le tabac; *herbe Sainte-Cunégonde*, l'eupatoire commun; *herbe Sainte-Élisabeth*, l'hélianthème; *herbe de Saint-Marc*, la tanaisie; *herbe de Sainte-Othilie*, le pied-d'alouette des champs; *herbe de Saint-Quirin*, le tussilage commun; *herbe Sainte-Rose*, la pivoine officinale; *herbe salivaire*, la pyrèthre; *herbe sanguinale* ou *sanguinaire*, la verveine officinale, un panis et un plantain; *herbe sanguine*, une espèce d'oseille; *herbe sardonique*, la renoncule scélérate; *herbe à savon*, la saponaire; *herbe sensible*, l'acacia pudique; *herbe de Scythie*, une espèce de réglisse; *herbe aux scorbutiques*, une espèce de cochléaria; *herbe au scorpion*, l'ornithope scorpioïde, ainsi nommée à cause de ses légumes articulés et arqués; *herbe aux sept têtes* ou *herbe à sept tiges*, le statice; *herbe à serpent*, le pétiver alliacé de la Martinique; *herbe au serpent*, le vaciet; *herbe du siége*, la scrofulaire aquatique; *herbe de Siméon*, la mauve alcée; *herbe au soleil*, l'hélianthe annuel; *herbe du solstice*, une espèce de centaurée qui fleurit au solstice d'été, et que, pour cette raison, on a nommée aussi *épouse du soleil*; *herbe à sommet*, le bident velu; *herbe au sommeil*, la morelle grimpante; *herbe aux sonnettes*, la couronne impériale; *herbe aux sorciers*, la stramoine vulgaire; *herbe stellaire*, une espèce de plantain; *herbe du tac*, la pulmonaire; *herbe du tan*, la bryone; *herbe aux tanneurs*, la coriaire; *herbe à la taupe*, la stramoine; *herbe de taureau*, une espèce d'orobanche; *herbe aux teignes*, la paraire; *herbe aux teigneux*, le tussilage pétasite, et la bardane ordinaire; *herbe aux teinturiers*, le genêt des teinturiers; *herbe terrible*, la globulaire turbith; *herbe à la toilette*, la menthe rampante; *herbe aux tonneliers*, l'agripaume; *herbe de Tournabon*, le tabac; *herbe des toits*, la vermiculaire brûlante; *herbe à tortue*, dans les colonies, les varecs, les ulves et les conferves, dont les tortues marines se nourrissent; *herbe aux trachées*, trachélie bleue; *herbe de la Trinité*, la violette tricolore et l'anémone hépatique; *herbe aux tuiles*, le sédum blanc, la joubarbe; *herbe turque*, l'herniaire glabre, et la turquette; *herbe à vache*, le trèfle rouge; *herbe aux vaches*, une saponaire; *herbe aux varices*, le cirse hémorrhoïdal; *herbe au vent*, l'anémone pulsatile; *herbe du vent*, l'anémone dont les fleurs ne s'ouvrent que lorsqu'il fait du vent, et un phylomide dont les tiges effilées sont agitées par le moindre vent; *herbe aux vermisseaux*, le piéris hiéracicoïde; *herbe de verre*, la pariétaire; *herbe aux verrues*, l'héliotrope d'Europe; *herbe aux vers*, la tanaisie; *herbe vineuse*, l'ambroisie maritime; *herbe au violet*, la bryone et la douce-amère; *herbe aux vipères*, la vipérine; *herbe vive*, l'acacie sensitive; *herbe aux voituriers*, l'achillée millefeuilles; *herbe à Vulcain*, une espèce de renoncule; *herbe vulnéraire*, l'anthyllide vulnéraire.

HERBÉ, E, part. pass. de *herber*, et adj. — *Cheveux herbés*, cheveux châtains qu'on a fait devenir blonds en les exposant au soleil sur *l'herbe*, après les avoir soumis à plusieurs lessives.

HERBEILLER, v. neut. (*èrebè-ié*), t. de chasse qui se dit du sanglier qui va paître *l'herbe*.

HERBEILLEUSE, subst. fém. Voy. HERBEILLEUX.

HERBEILLEUX, subst. mas., **HERBEILLEUSE**, subst. fém. (*èrebè-ieu, ieuze*), celui, celle qui ramasse de *l'herbe*.

HERBELINE, subst. fém. (*èrebeline*), brebis étique.

HERBER, v. act. (*èrebé*), exposer sur *l'herbe* : *herber de la toile*. — En t. de maréchal, mettre de la racine d'ellébore sous le poitrail d'un cheval.

HERBERIE, subst. fém. (*èreberi*), lieu où l'on fait blanchir la cire en l'exposant au soleil et à la rosée.

HERBETTE, subst. fém. (*èrebète*), *herbe* courte et menue. Il ne s'emploie guère qu'en poésie et dans le style pastoral : *danser sur l'herbette*.

HERBEUSE, adj. fém. Voy. HERBEUX.

HERBEUX, adj. mas., au fém. **HERBEUSE** (*èrebeu, beuze*), se dit des lieux où il croît de *l'herbe*.

HERBICOLE, subst. mas. (*èrebikole*) (du lat. *herba*, herbe, et *colere*, habiter), t. d'hist. nat., insectes coléoptères qui vivent ordinairement sous *l'herbe*.

HERBIER, subst. mas. (*èrebié*), collection de plantes desséchées et mises entre deux feuilles de papier. — Livre qui traite des plantes. — Par extension, collection d'estampes contenant des figures de plantes : *un herbier artificiel*. — Premier ventricule du bœuf et des autres animaux qui ruminent. — En t. de fauconnerie, tuyau ou canal de la respiration du faucon. — Au plur., t. de pêche, bancs d'*herbes* qui se forment au milieu des eaux, et dans lesquels le poisson se réfugie.

HERBIÈRE, subst. fém. (*èrebière*), vendeuse d'*herbes*.

HERBIFÈRE, adj. des deux genres (*èrebifère*) (du lat. *herba*, herbe, et *fero*, je porte), qui produit de *l'herbe*. — Myth., surnom de Cérès.

HERBIGRADE, subst. et adj. des deux genres (*èrebiguerade*) (du lat. *herba*, herbe, et *gradi*, aller, marcher), t. d'hist. nat., se dit des insectes qui vivent ou qui marchent dans *l'herbe*.

HERBION, subst. mas. (*èrebion*), t. de tanneur, couteau demi-circulaire pour débourrer les cuirs.

HERBIS, subst. mas. (*èrebi*), vieux mot qui se disait autrefois dans le même sens qu'*herbage*.

HERBIVORE, subst. mas. et adj. des deux genres (*èrebivore*) (du latin *herba*, herbe, plante, et *vorare*, manger, dévorer), qui vit exclusivement d'*herbages* : *le cheval, l'âne, le bœuf, etc., sont des herbivores*. — T. d'hist. nat., nombreuse famille d'insectes coléoptères qui se nourrissent de substances végétales.

HERBORISATION, subst. fém. (*èreborizácion*), action d'*herboriser*; course, promenade que l'on fait dans l'intention de recueillir des plantes : *nous avons fait ces vacances de fréquentes herborisations autour de Paris*. — Il signifie quelquefois, le dessin d'une pierre *herborisée*.

HERBORISÉ, E, adj. — T. d'hist. nat., qui offre des figures de plantes.

HERBORISER, v. neut. (*èreborizé*), chercher des *herbes*, des plantes dans la campagne.

HERBORISEUR, subst. mas. (*èreborizeur*), qui aime à *herboriser*.

HERBORISTE, subst. des deux genres (*èreboriste*), celui ou celle qui *herborise*. — Plus particulièrement, celui ou celle qui vend toute sorte d'*herbes* pour les boissons médicinales : *acheter des vulnéraires chez un herboriste*. — Il se dit aussi, mais plus rarement, de celui qui connaît les simples.

HERBU, E, adj. (*èrebu*), garni, couvert d'*herbe*.

HERBUE, subst. fém. (*èrebu*), t. de métallurgie. On donne ce nom, dans les fonderies de fer, aux terres argileuses qu'on mêle avec le minerai, pour faciliter la fusion. On prétend qu'on a donné le nom d'*herbue* à ce fondant, parce qu'on emploie quelquefois à cet usage la terre végétale, et le gazon même. Quand le minerai se trouve lui-même à base argileuse, on y joint, au lieu d'*herbue*, une certaine quantité de terre calcaire, et l'on donne à ce fondant le nom de *castine*, par corruption du mot allemand *kalkstein*, pierre à chaux.

HERCÉEN, adj. propre mas. (*èrecé-ein*) (du grec ἑρκος, mur), myth., surnom de Jupiter invoqué pour la garde des murailles.

HERCEUS, subst. propre mas. (*èrecé-uce*), myth., surnom que les anciens donnaient à Jupiter sur les autels qu'ils lui consacraient dans l'intérieur de leurs maisons. Les dieux Hercéens, *Dii Hercœi*, étaient les mêmes que les Pénates.

HERCOLE, subst. mas. (*èrekole*) t. d'hist. nat., coquille qu'on trouve sur les côtes de l'Adriatique, et qui n'a guère qu'une demi-ligne de diamètre.

HERCOTECTONIQUE, subst. fém. (*èrekotèktonike*) (du grec ἑρκος, mur, rempart, et τεκτονικη, art de bâtir, fait de τεκτων, ouvrier en bâtiment), art de fortifier les places, de retrancher un camp, etc.

HERCULE, subst. propre mas. (*èrekule*), dieu de la fable auquel on attribuait la force du corps. Il était fils de Jupiter et d'Alcmène. Jupiter, pour tromper Alcmène, avait pris la ressemblance d'Amphitryon, son mari, pendant qu'il faisait la guerre aux Téléboëns. Junon, qui, pour se venger de son mari, voulait empêcher l'accomplissement des hautes destinées promises à l'enfant qui devait naître d'Alcmène, fit naître Eurysthée avant *Hercule*, afin que le premier, comme aîné, eût de l'autorité sur le second. On conte cependant qu'elle s'adoucit dans la suite à la prière de Pallas; que même elle donna de son lait à *Hercule*, qui, en ayant laissé tomber une goutte, fit cette tache blanche au ciel, qu'on nomme la voie lactée. Mais Junon dans la suite ne put se résoudre à le laisser jouir de sa destinée. Elle suscita contre lui son frère, qui lui prescrivit douze travaux, où elle prétendait le faire périr, et dont *Hercule* sortit couvert de gloire; mais il en fit bien plus de douze, dont voici les principaux. Étant encore au berceau, il étouffa deux serpents que Junon avait envoyés contre lui. Il tua, dans le marais de Lerne, l'hydre, serpent monstrueux, qui avait plusieurs têtes, lesquelles renaissaient à mesure qu'on les coupait. Il prit et tua à la course une biche qui avait des cornes d'or et des pieds d'airain. Il étrangla dans la forêt de Némée un lion extraordinaire, dont il porta depuis la peau pour se couvrir. Il punit Diomède, qui nourrissait ses chevaux de chair humaine. Il prit sur la montagne d'Erymanthe, en Arcadie, un sanglier qui désolait toute la contrée, et qu'il mena à Eurysthée. Il tua à coups de flèches tous les horribles oiseaux du lac de Stymphale. Il dompta un taureau furieux qui désolait la Crète. Il vainquit le fleuve Achéloüs, à qui il arracha une corne, qu'il lui rendit néanmoins en recevant celle de la chèvre Amalthée. Il étouffa dans ses bras le géant Antée. Il déroba les pommes d'or du jardin des Hespérides, après avoir tué le dragon qui les gardait. Il soulagea Atlas, en soutenant fort long-temps le ciel sur le dos. Il massacra plusieurs monstres, tels que Géryon, Cacus, Albion, Bergion, et d'autres. Il dompta les Centaures, et nettoya les étables d'Augias. Il tua un monstre marin, auquel Hésione, fille de Laomédon, était exposée; et pour punir Laomédon, qui lui refusa les chevaux qu'il lui avait promis, il renversa les murailles de Troie, et donna Hésione à Télamon. Il défit les Amazones, et donna leur reine Hippolyte à Thésée. Il descendit aux enfers, enchaîna le chien Cerbère, et en tira Alceste, qu'il rendit à son mari Admète. Il tua l'aigle qui mangeait le foie de Prométhée attaché au sommet du mont Caucase. Il sépara les deux montagnes Calpé et Abyla, et fit ainsi communiquer l'Océan avec la Méditerranée. Croyant que c'était là le bout du monde, il y éleva deux colonnes, qu'on appela depuis colonnes d'*Hercule*, et sur lesquelles on suppose qu'était, en grec sans doute, la prétendue inscription : *Non ultrà*. Après tant de travaux, il devint si éperdument amoureux d'Omphale, qu'il s'habillait en femme pour lui plaire, et filait avec elle; ensuite il s'attacha à Iole, fille d'Euryte; ce qui détermina Déjanire à lui donner la robe du centaure Nessus; mais il ne l'eût pas plus tôt mise, qu'il entra dans une fureur épouvantable, et se jeta dans les flammes d'un bûcher ardent, où, malgré le secours de Philoctète, il fut consumé. Après sa mort on le mit au nombre des dieux, qui lui donnèrent pour femme Hébé, déesse de la jeunesse. Il y a eu plusieurs *Hercules*. Cicéron en nomme six différents, et Varron en compte jusqu'à quarante-trois; mais il paraît qu'on a réuni leurs actions, et qu'on les a mises sur le compte du fils d'Alcmène, comme le plus célèbre de tous. On représente ordinairement *Hercule* sous la figure d'un homme vigoureux, couvert d'une peau de lion et armé d'une grosse massue. — On dit d'un homme extrêmement fort, qu'*il est fort comme un Hercule*, que *c'est un Hercule*. — T. d'astron., constellation boréale, composée de cent treize étoiles dans le catalogue de *Flamsteed*.

HERCULANUM, subst. propre mas. (*èrekulánome*), ancienne ville d'Italie à deux lieues de Naples. Elle fut détruite en 79, par une éruption du Vésuve, et découverte seulement en 1713, par un paysan qui creusait un puits. Elle est située tout près de l'emplacement de la ville actuelle de Portici.

HERCULÉEN, adj. mas., au fém. **HERCULÉENNE** (*èrekulé-ein, le-ène*), d'*Hercule* : *combat herculéen; force herculéenne*.

HERCULÉENNE, adj. fém. Voy. HERCULÉEN.

HERCULIEN, adj. mas. (*èrekuli-ein*), t. d'hist. anc., se disait du nœud de ceinture d'une nouvelle mariée, que le mari dénouait en invoquant Junon, afin que son union fût aussi féconde que celle d'*Hercule*.

HERCINIE, subst. propre fém. (*èrecini*), myth., nymphe de la suite de Proserpine. On la représentait sous la figure d'une jeune fille tenant une oie dans ses mains. Elle a donné son nom à un fleuve.

HÈRE (H *s'aspire*), subst. mas. (*ère*) (suivant *Ménage*, de l'allemand *herr*, seigneur; comme qui dirait *pauvre seigneur*), terme qui se dit par mépris d'un homme sans mérite, sans considération. Il n'a d'usage que dans ces phrases : *un pauvre hère, c'est un pauvre hère*. — *Hère* ou *haire*, t. de vén., cerf d'un an qui n'a pas encore poussé ses dagues. — Espèce de jeu de cartes, qu'on appelle aussi *l'as-qui-court*.

HÉRECHERCHE, subst. mas. (*èrechèreche*), t. d'hist. nat., insecte coléoptère de l'île de Madagascar; c'est un escarbot lumineux qui éclaire et étincelle toute la nuit dans les bois et sur les maisons.

HÉRÉDIE, subst. fém. (*érédi*), t. d'antiq., grande mesure de surface des Romains, qui avait deux cent quarante pieds en tous sens.

HÉRÉDITAIRE, adj. des deux genres (*érédilère*) (en lat. *hæreditarius*), qui vient par droit de succession. — Il se dit particulièrement des charges, des offices, des titres, etc., qui passent aux héritiers de ceux qui en sont pourvus : *titres héréditaires; cette charge est héréditaire; pairie héréditaire*. Avant la révolution de 1830, le fils aîné d'un pair de France devenait pair de droit à la mort de celui-ci. — On disait dans ce sens : *chambre héréditaire*, en parlant de la chambre des pairs, par opposition à *chambre élective* ou *des députés*. On dit encore, par opposition à électif : *royaume, couronne héréditaire; pays, états héréditaires; prince, empereur héréditaire*. — Il se dit également de ceux qui sont revêtus de certaines grandes charges dont le titre a été conservé, quoiqu'elles soient présentement sans fonctions : *connétable héréditaire de Castille*. — On l'emploie fig., en parlant des maladies qui passent des parents aux enfants : *c'est un mal, une maladie héréditaire*. Et dans un sens analogue, des vertus, des vices, des passions, etc. : *la valeur est héréditaire dans sa famille; les haines héréditaires commencent à être plus rares en Corse*.

HÉRÉDITAIREMENT, adv. (*érédilèreman*), par droit d'*hérédité*.

HÉRÉDITÉ, subst. fém. (*érédité*) (en lat. *hæreditas*), droit de succession : *accepter, répudier une hérédité; renoncer à l'hérédité*. — Absolument, en parlant de la succession au trône : *attaquer, défendre, soutenir le principe de l'hérédité*. — On le disait autrefois du privilége accordé à un office que le roi rendait *héréditaire*, sans que le titulaire fût assujéti au paiement du droit de prêt et d'annuel : *les offices des secrétaires du roi jouissaient du droit d'hérédité.* — Biens que laisse un homme en mourant : *partager, envahir l'hérédité.*

HÉRÉENS, adj. mas. plur. (*éré-ein*) (du grec Ἥρα, surnom de Junon), myth., jeux qu'on célébrait à Argos en l'honneur de Junon.

HÉRÉON, subst. mas. (*éré-on*), t. d'antiq., temple consacré à Junon, entre Argos et Mycènes.

HÉRÈS ou **HÉRÉE**, subst. propre fém. (*érèce*), myth., divinité à laquelle sacrifiaient ceux qui avaient *hérité*. On la nommait *Martea*.

HÉRÉSIARQUE, subst. mas. (*érézïarke*) (du grec αιρεσις, hérésie, et αρχος, chef), auteur d'une *hérésie*.

HÉRÉSIDES, subst. fém. plur. (*érézide*), myth., nymphes qui servaient Junon lorsqu'elle se baignait.

HÉRÉSIE, subst. fém. (*érézi*) (en grec αιρεσις, secte, opinion séparée, dérivé de αιρεω, je choisis, je m'attache à une chose, je me sépare), erreur condamnée par l'Église en matière de religion : *enseigner, semer une hérésie; abjurer, combattre l'hérésie ; adhérer à l'hérésie.* — *Il ne fera point d'hérésie*, se dit prov., d'un homme sans esprit.—Il signifie quelquefois par extension, une doctrine, une maxime quelconque, lorsqu'elle est en opposition avec les idées reçues : *hérésie littéraire; ce sont autant d'hérésies en littérature, en médecine*, etc.

HÉRÉSIOLOGIE, subst. fém. (*érézi-oloji*) (du grec αιρεσις, secte, et λογος, traité), traité sur les *hérésies*.

HÉRÉSIOLOGIQUE, adj. des deux genres (*érézi-olojike*), qui appartient à l'*hérésiologie*.

HÉRÉSIOLOGUE, subst. mas. (*érézi-ologue*) (du grec αιρεσις, secte, et λεγω, je recueille), qui a écrit sur les *hérésies*, qui les a recueillies.

HÉRÉTICITÉ, subst. fém. (*éréticité*), qualité d'une proposition opposée à la loi catholique, et condamnée par l'Église. Mot de la création de *Fénelon*, et admis dans la langue.

HÉRÉTIQUE, adj. des deux genres (*érétike*), qui appartient à l'*hérésie* : *proposition hérétique.* — Subst., qui professe, qui soutient une *hérésie*.

HÉRÉUS, subst. mas. (*éré-uce*), t. d'antiq., l'un des mois bithyniens, qui commençait le 23 septembre.

HÉRÉVIS, subst. mas. plur. (*érévice*), nom d'un ordre de religieux mahométans.

HERGNE, subst. fém. Voy. HERNIE.

HERGOME, subst. fém. (*ereguome*), toile d'Islande, faite avec les fils d'une espèce d'araignée.

HÉRIADE, subst. fém. (*éri-ade*), t. d'hist. nat., genre d'insectes coléoptères.

HÉRICOURT, subst. propre mas. (*érikour*), bourg de France, chef-lieu de canton, arrondissement de Lure, dép. de la Haute-Saône.

HÉRIDELLE, subst. fém. (*éridèle*), espèce d'ardoise.

HÉRIDELLÉE , subst. fém. (*éridèlé*), t. de bot., espèce de plante d'Amérique.

HÉRIGOTÉ, adj. mas. (*ériguoté*), t. de chasse: *un chien érigoté*, qui a une marque aux jambes de derrière.

HÉRIGOTURE, subst. fém. (*ériguoture*), marque aux jambes de derrière d'un chien de chasse.

HÉRILLARD (H *s'aspire*), subst. mas. (*éri-iar*), t. d'hist. nat., hérisson de Sibérie.

HÉRILUS, subst. propre mas. (*ériluce*), myth., roi de Preneste; fils de la déesse Féronie, qui lui avait donné trois âmes. Évandre fut obligé de le tuer trois fois pour lui ôter la vie.

HÉRIONE, subst. fém. (*érione*), t. d'hist. nat., genre de coquilles qu'on trouve vivantes dans la mer Adriatique, et fossiles près de Sienne.

HÉRISSÉ, E (H *s'aspire*), part. pass. de *hérisser*, et adj. (du lat. *hirsutus* , fait des deux mots *horreus, setis*) , dressé , en parlant du poil , des cheveux.—Se dit, en bot., des parties des végétaux couvertes de poils rudes plus ou moins écartés. — Au fig. , 1° *homme hérissé*, difficultueux; 2° dans le style oratoire, plein, couvert de choses ou droites ou rudes comme les soies du hérisson : *un bataillon hérissé de piques ; la mer hérissée de vaisseaux; l'hiver hérissé de glaçons.* — Fig., dans le même sens : *une science, une affaire hérissée de difficultés ; la vie est hérissée d'épines; un pédant hérissé de grec, de latin.*

HÉRISSÉ (H *s'aspire*), subst. mas. (*éricé*), t. d'hist. nat., nom spécifique de poissons des genres tétrodon et baliste.

HÉRISSÉE (H *s'aspire*), subst. fém. (*éricé*), t. d'hist. nat., chenille velue qui se tient sur l'artichaut.

HÉRISSEMENT, subst. mas. (*ériceman*), action de se *hérisser*.

HÉRISSER (H *s'aspire*), v. act., et *se* **HÉRISSER**, v. pron. (*éricé*); ils se disent au propre des animaux, lorsqu'ils dressent leur poil ou leurs plumes : *ce coq hérisse les plumes de son cou ; le lion hérisse sa crinière quand il est irrité ; ce sanglier, ce coq est furieux, il se hérisse.* — Il se dit plus ordinairement des cheveux, du poil , des plumes qui se dressent : *les poils des sangliers se hérissent, quand ils sont irrités ; voyez cet oiseau, les plumes de son cou se hérissent; un spectacle d'horreur fait hérisser les cheveux sur la tête; la crinière du lion se hérisse.* — Il se dit par analogie de certaines choses droites , saillantes, aiguës, etc. , qui couvrent une surface : *les piquants qui hérissent la tige du rosier ; les rochers qui hérissent les flancs d'une montagne; hérisser de pieux un bastion.*—*Hérisser un mur*, le recrépir; en ce sens on dit aussi *hérissonner*, mais il est vieux et peu usité. —Au fig.: *hérisser son style de pointes, d'antithèses , de néologismes.*

HÉRISSON (H *s'aspire*) , subst. mas. (*ériçon*), petit animal couvert d'une sorte de poil long, dur , piquant et fort *hérissé*. C'est un mammifère. — On dit fig. et fam., en parlant de quelqu'un d'un caractère difficile et susceptible , qui s'offense et s'irrite de tout : *c'est un hérisson, un vrai hérisson, on ne sait par quel bout le prendre.*—En mécanique, roue dont les rayons, plantés directement sur la circonférence du cercle, ne peuvent s'engager que dans une lanterne , et ne reçoivent de mouvement que d'elle. — En t. de guerre, poutre garnie de pointes de fer. — *Hérisson foudroyant*, baril plein de poudre et d'artifice , armé par le dehors de pointes de fer, et traversé d'un essieu qui porte deux roues , que les assiégeants font, dans un assaut , rouler du haut de la brèche. — *Hérisson de mer*, t. d'hist. nat., genre de zoophytes, de la famille des échinodermes , appelés autrement *oursin* ou *châtaigne* de mer. — *Hérisson blanc*, ver qui se nourrit de pucerons. — T. de bot. , espèce de poire de l'Inde.

HÉRISSONNE (H *s'aspire*), subst. fém. (*ériçone*), t. d'hist. nat., espèce de chenille.—Fig., femme grondeuse et criarde.—On l'emploie aussi dans ce sens comme adjectif, mais plus particulièrement au féminin :

> La madame Grognac a l'humeur *hérissonne*.
> (REGNARD, *le Distrait.*)

HÉRISSONNÉ , E (H *s'aspire*) , adj. (*ériçoné*), t. de blason, ramassé et accroupi. — Se dit en bot., des feuilles dont la surface est parsemée d'aiguillons lancéolés, roides et nombreux.

HÉRISSONNÉ, E, part. pass. de *hérissonner*.

HÉRISSONNEMENT (H *s'aspire*) , subst. mas. (*ériçoneman*), action des poils ou des cheveux qui se *hérissent*. (Boiste.)

HÉRISSONNER (H *s'aspire*), v. neut. (*ériçoné*), t. de faucon. , se dit des oiseaux de proie qui lèvent les ailes et les retirent , et ont les yeux enfoncés et en partie couverts. C'est une de leurs maladies.—*Boiste* et *Raymond* font aussi de ce mot un subst. mas. ; eux seuls pourraient dire sur quelle autorité ils s'appuient.

HÉRITABLEMENT, adv. (*éritableman*), à titre de succession. (*Boiste.*) Il est vieux et même hors d'usage.

HÉRITAGE, subst. mas. (*éritaje*) (du lat. barbare *hæritagium* , fait dans la basse latinité de *hæres*, héritier), tout ce qui vient à quelqu'un par succession : *faire un grand héritage.* — Champ, domaine, immeubles réels comme terres, maisons : *c'est l'héritage de ses pères ; vendre, acheter, améliorer un héritage ; les limites d'un héritage.* — On le dit particulièrement du patrimoine, de ce qui se transmet directement de père en fils : *l'héritage de mes pères est maintenant possédé par un étranger.* — Dans ce sens , on l'emploie au fig.: *il sut conserver l'héritage de gloire qu'il tenait de ses aïeux.* — En style de l'Écriture : *l'héritage céleste; l'héritage du Seigneur* , signifie la gloire éternelle. — Prov. et fig.: *promesse de grand n'est pas héritage*; il ne faut pas trop compter sur les promesses des grands seigneurs ; *service de grand n'est pas héritage*, on n'est pas toujours assuré de faire fortune auprès des grands.

HÉRITANCE , subst. fém. (*éritance*) , hérédité. (*Boiste.*) Il est vieux et hors d'usage.

HÉRITER, v. neut. (*érité*), recueillir une succession. — Fig. : *hériter des vertus de ses ancêtres*, etc.—On l'emploie quelquefois act., mais rarement ; on ne dit guère : *hériter une maison de son père* , à moins que ce ne soit dans les phrases où le verbe *hériter* ayant deux régimes, il devient nécessaire de les distinguer; ainsi, l'on dit bien : *la maison qu'il a héritée de son père; il en a hérité de grands biens; c'est une maladie qu'il a héritée de sa mère ; la vertu est le seul bien qu'il ait hérité de son père.*

HÉRITIER, subst. mas., **HÉRITIÈRE**, subst. fém. (*éritié, tière*) (en lat. *hæres*, gén. *hæredis*), celui ou celle qui *hérite* : *héritier légitime, naturel, testamentaire, universel*, etc.; *se porter héritier, faire acte d'héritier; faire, instituer un héritier.* —Il s'applique aussi à la chose dont on *hérite* : *héritier d'une grande fortune; héritier présomptif de la couronne.* — Fig. : *héritier d'un grand nom, héritier de la vertu de ses ancêtres, des talents de son père.* — Il se dit quelquefois simplement des enfants d'une personne, sans y attacher l'idée de biens, de propriétés : *sa femme ne lui a point encore donné d'héritier; voilà mon héritier.* C'est en ce sens que *Delille* , dans sa traduction des *Géorgiques*, a dit en parlant de la génisse :

> Qu'elle laisse en mourant de nombreux *héritiers*,

pour une nombreuse postérité. — *Héritier*, pris ainsi dans un sens absolu, ne peut s'appliquer, dans un langage soutenu , aux animaux, qui ne sauraient avoir de succession à recueillir. *Racine* le fils a dit plus heureusement du ver à soie :

> Tu laisses de ton art des *héritiers* nombreux,

parce que cet art est en effet un *héritage*. — En parlant d'une fille unique qui doit *hériter* d'une grande succession, on dit : *c'est une riche héritière; il a épousé une riche héritière.*—T. de couvreur, morceau d'ouvrage en pointe.

HÉRITIÈRE, subst. fém. Voy. HÉRITIER.

HÉRITINANDEL, subst. mas. (*éritinandèle*), t. d'hist. nat. , serpent très-dangereux de Madagascar ; la morsure en est mortelle , si l'on ne boit assez à temps une décoction d'antiderme alexitère.

HERMA ou **HERMAS** , subst. mas. Voy. HERMÈS, qui est le même mot.

HERMANDAD (SAINTE-), subst. fém. (*ceintèremandade*), confrérie religieuse en Espagne , dont les membres étaient les soldats de l'inquisition , et chargés d'opérer les arrestations qu'elle ordonnait, ainsi que d'assurer et de protéger l'exécution de ses jugements.

HERMAMMON , subst. mas. (*èremamemon*) (du grec Ερμης, Mercure, et Αμμος, surnom de Jupiter), myth., groupe qui représente Mercure et Jupiter *Ammon*.

HERMANDURIEN, subst. mas. (*èremandurïein*), ancien peuple de Silésie en Allemagne.

HERMANE, subst. fém. (*èremane*), t. de bot., plante polypétale.

HERMANIÉES, subst. fém. plur. (*èremanié*), t. de bot., famille de plantes monocotylédones.

HERMANSTADT, subst. propre mas. (*èremancetade*), ville de Transylvanie, pays des Saxons, chef-lieu du siège d'*Hermanstadt*, empire d'Autriche.

HERMANUBIS, subst. mas. Voy. HERMAPOLLON.

HERMAN-VIELKI, subst. mas. (*èremanvi-èlki*), dignité de grand-général, en Pologne.

HERMAPHRODISME , subst. mas. (*èremafrodiceme*), état d'*hermaphrodite*.

HERMAPHRODITE , subst. et adj. des deux genres (*èremafrodite*) (en grec ερμαφροδιτος, formé de Ερμης, Mercure , et Αφροδιτη , Vénus ; parce que, dans la fable, un fils de ces deux divinités, appelé *Hermaphrodite*, était supposé réunir les deux sexes), qui a ou qui paraît avoir les deux sexes. — *Boileau* a dit par extension :

> Du langage français bizarre *hermaphrodite*,
> De quel genre te faire, équivoque maudite?
> (SAT. XII.)

—Il se dit de certains animaux , et alors il est plus ordinairement adjectif des deux genres : *les vers de terre sont hermaphrodites.* — On le dit aussi en bot., de la plante et de la fleur qui porte à la fois des étamines et des pistils.—Subst. propre mas., selon la myth., *Hermaphrodite* était fils d'Hermès et d'Aphrodite , c'est-à-dire de Mercure et de Vénus. La nymphe Salmacis l'aima long-temps, et obtint des dieux que leur union fût toujours inséparable. On les appela depuis Androgyne, c'est-à-dire homme et femme.

HERMAPOLLON , subst. mas. (*èremapolelon*), myth. On mettait quelquefois les attributs de deux diverses divinités , dont Mercure était toujours une des deux, sur une même figure, comme celle-ci : Mercure et Apollon ; *Hermathène*, Mercure et Minerve; *Hermithra*, Mercure et Mithra; *Herméracle*, Mercure et Hercule; *Hermeros*, Mercure et l'Amour ; *Hermharpocrate*, Mercure et Harpocrate; *Hermosiris*, Mercure et Osiris ; *Hermanubis*, Mercure et Anubis.

HERMAS, subst. mas. (*èremâce*), t. de bot., plante ombellifère.

HERMADONE, subst. mas. (*èremadone*), t. d'astron., groupe d'étoiles qui sortent de la main du verseau.

HERMATHÈNE, subst. mas. (*èrematène*) (du grec Ερμης, Mercure, et Αθηνη, Minerve), myth., statue de Mercure et de Minerve.

HERMÉE, subst. mas. (*èremé*) (du grec Ερμης, Mercure), mois thébain qui correspondait au mois d'octobre.

HERMÉES, subst. fém. plur. (*èremé*) (en grec Ερμαια, formé avec la même signification de Ερμης, Mercure), myth., fêtes grecques en l'honneur de Mercure, dans lesquelles les maîtres servaient leurs esclaves à table.

HERMELINE, subst. fém. (*èremeline*), nom qu'on donne quelquefois à la martre-zibeline.

HERMÉNEUTIQUE, adj. des deux genres (*èreméneutike*) (en grec ερμηνευτικη, qui sert à expliquer, fait de ερμηνευω, j'explique, j'interprète): *règles herméneutiques*, qui servent à expliquer l'Écriture sainte.—On dit substantivement au fém. dans le même sens : *l'herméneutique sacrée.*

HERMENSUL, subst. propre mas. (*èremanzul*), myth., divinité des anciens Saxons que l'on confondait quelquefois avec Hermès.

HERMÉRACLÈS, subst. mas. (*èreméraklèce*) (du grec Ερμης, Mercure, et Ηρακλης, Hercule), myth., statue de Mercure et d'Hercule.

HERMÉROS, subst. mas. (*èreméroce*) (du grec Ερμης, Mercure, et Ερως, Amour), myth., statue de Mercure et de l'Amour sur une même base.

HERMES ou **HERNES**, subst. fém. plur. (*èreme, èrene*), terres désertes, incultes, abandonnées. (*Boiste.*) Inusité.

HERMÈS, subst. mas. (*èremèce*) (en grec Ερμης), t. de sculpt., gaîne portant une tête de Mercure : les anciens plaçaient des *hermès* dans les carrefours, et ils étaient chez les Grecs ce que les *termes* étaient chez les Romains, des bornes divinisées. — Prince égyptien, surnommé *Trismégiste*, ou trois fois grand, qu'on regarde comme l'inventeur de plusieurs arts, et surtout comme le père de l'alchimie, appelée par cette raison, *science* ou *philosophie hermétique.* — Nom que les Grecs donnaient à Mercure d'un mot de leur langue, qui signifie *interprétation*, parce qu'il était le messager et l'interprète des dieux. On le révérait sous ce nom, comme dieu de l'éloquence; et on le représentait sous la figure d'un homme, de la bouche duquel sortaient comme de petites chaînes qui se rendaient dans les oreilles d'autres figures humaines, pour désigner les auditeurs qu'il enchaînait par la force de ses discours.

HERMÉSIE, subst. fém. (*èremézi*), t. de bot., arbre d'Amérique de la famille des tithymaloïdes.

HERMÉTIE, subst. fém. (*erméti*), t. d'hist. nat., genre d'insectes diptères.

HERMÉTIQUE, adj. des deux genres (*èremétike*), qui a rapport aux recherches de la transmutation des métaux et de la médecine universelle. — Qui a trait à la philosophie d'*Hermès Trismégiste*. Voy. HERMÈS.—Se dit, en archéologie, des colonnes surmontées d'un *Hermès* ou d'une statue de Mercure. — En t. d'archit., *colonne hermétique*, colonne qui a une tête d'homme au lieu de chapiteau.

HERMÉTIQUEMENT, adv. (*èremétikeman*), en chimie, *vaisseau scellé hermétiquement*, scellé à la manière d'*Hermès*, c'est-à-dire de sa propre matière, par le moyen du feu. — Par extension, *fermé hermétiquement*, bien fermé.

HERMHARPOCRATE, subst. mas. (*èremarpokrate*) (du grec Ερμης, Mercure, et Αρποκρατης, Harpocrate, dieu du silence), myth., statue de Mercure et d'Harpocrate.

HERMIN, subst. mas. (*èremein*), t. de bot., plante labiée stomachique.

HERMINE, subst. fém. (*èremine*) (suivant *Du Cange*, du grec Αρμενιος, Arménien, parce que ce sont les Arméniens qui nous ont les premiers procuré l'*hermine*); t. d'hist. nat., petit animal blanc qui a le bout de la queue noir, et dont la peau est une fourrure estimée. C'est un mammifère digitigrade, de la famille des belettes.—Il se dit aussi de la fourrure que l'on fait avec la peau d'*hermine* : *manteau doublé d'hermine ; robe doublée d'hermine.*—Une des deux fourrures du blason.

HERMINÉ, E, adj. (*èreminé*), t. de blason ; se dit d'un fond d'argent moucheté de noir, comme les fourrures d'*hermine*.

HERMINETTE, subst. fém. (*èreminète*), espèce de petite hache dont le fer est courbe et le manche fort court. On écrit aussi *erminette*. L'*Académie* renvoie à cette dernière orthographe qu'elle paraît préférer.

HERMINIE, subst. fém. (*èremini*), t. d'hist. nat., genre d'insecte lépidoptère.

HERMINION, subst. mas.(*èreminion*), t. de bot., genre de plantes. — Division de plantes elléborines.

HERMINITE, subst. fém. (*èreminite*), t. de blas., fond blanc tacheté de noir, avec un mélange de rouge dans chaque tache noire. C'est un diminutif d'*hermine*.

HERMINIUM, subst. mas. (*èreminiome*), t. de bot., ophryde unibuleuse de *Linnée*.

HERMION, subst. mas. Voy. FUNIN.

HERMIONE, subst. propre fém. (*èremione*), myth., fille de Ménélas et d'Hélène. Elle fut envoyée à la cour de Pyrrhus, pour épouser ce prince, quoiqu'elle eût été promise à Oreste, qui, irrité de l'injure qu'on lui avait faite, attaqua Pyrrhus dans le temple même d'Apollon et l'y tua. Il y eut une autre *Hermione*, fille de Mars et de Vénus, laquelle épousa Cadmus et fut changée en serpent.

HERMITAGE ne s'écrit pas pour ERMITAGE.

HERMITE ne s'écrit pas pour ERMITE.

HERMITHRA, subst. mas. Voy. HERMAPOLLON.

HERMOCOPIDE, subst. mas. (*èremokopide*) (du grec Ερμης, Mercure, et κοπτω, je coupe), t. d'antiq. On appelait ainsi ceux qui mutilaient les *hermès* ou bustes de Mercure placés dans les carrefours.

HERMODACTE ou **HERMODATTE**, subst. mas. (*èremodakte*), t. de bot., plante vivace originaire du Levant, du genre des iris.

HERMODE, subst. mas. (*èremode*), myth., divinité des anciens peuples du Nord.

HERMOGÉNIEN, subst. propre mas. (*èremojéniein*), t. d'hist. eccl., nom d'anciens sectaires chrétiens, ainsi nommés de leur chef *Hermogène* qui vivait vers la fin du second siècle. Il établissait la matière pour premier principe, et disait que l'idée était la mère des éléments.

HERMOGLYPHE, subst. mas. (*èremoguelife*) (du grec Ερμης, statue de Mercure, et γλυφω, je grave), graveur d'inscriptions sur la pierre, sur le marbre.

HERMULES, subst. mas. plur. (*èremule*) (du grec Ερμης, Mercure), t. d'antiq., deux petites statues de Mercure, placées à Rome dans le cirque, devant l'endroit d'où les chevaux partaient.

HERNANDIER, subst. mas. (*èrenandié*), t. de bot., arbre très-élevé de la famille des laurinés, originaire de l'Inde.

HERNIAIRE (H *s'aspire*), subst. fém. Voyez HERNIOLE.

HERNIAIRE (H *s'aspire*), adj. des deux genres (*èrenière*), qui a rapport aux *hernies*.—Il se dit d'un chirurgien qui s'attache particulièrement à la cure des *hernies* ou des descentes.

HERNICIEN, subst. propre mas. (*èreniciein*), ancien peuple qui habitait une partie de l'Inde.

HERNIE (H *s'aspire*), subst. fém. (*èreni*) (en lat. *hernia*, fait dans le même sens, du grec ερνος, branche, rameau ; parce que la partie déplacée dans la *hernie* semble former une branche en s'allongeant), t. de chir., descente de boyaux ; tumeur molle, ordinairement élastique, sans changement de couleur à la peau, située à la circonférence ou à la surface de l'une des cavités splanchniques, et formée par la sortie partielle ou totale de quelqu'un des viscères qui y sont contenus : *avoir une hernie ; être sujet à la hernie ; hernie étranglée.* — On appelle *hernie ombilicale*, celle qui se manifeste à l'ombilic ; *hernies inguinales*, celles qui paraissent dans le pli de l'aine ; *hernie crurale*, celle qui paraît au pli de la cuisse, le long des vaisseaux cruraux.

HERNIÉ, E (H *s'aspire*), adj. (*èrenié*), t. de chir., se dit des parties déplacées qui forment la *hernie*.

HERNIER, subst. mas. (*èrenié*), t. de mar., morceau de bois percé de trous nombreux pour recevoir les bouts de ligne qui forment les branches d'araignée d'une tente.

HERNIEUSE, adj. fém. Voy. HERNIEUX.

HERNIEUX (H *s'aspire*), adj. mas., au fém. **HERNIEUSE** (*èreneu, èrenieuze*) (en latin *herniosus*), qui est incommodé d'une descente. — Qui est de la nature des *hernies*.

HERNIOLE, subst. fém. (*èreniole*), t. de bot., turquette; plante bonne pour guérir les *hernies*, les plaies et les ulcères. On la nomme aussi *herniaire*.

HERNIQUE (H *s'aspire*), subst. propre mas. (*èrenike*), ancien peuple d'Italie.

HERNUTE, subst. propre mas. (*èrenute*), (de l'allemand *herrenhuter* qui a la même signification), nom de sectaires chrétiens qui forment entre eux une espèce de communauté religieuse. Ils sont particulièrement répandus dans le nord de l'Allemagne. On les nomme aussi *frères moraves.*

HÉRO (H *s'aspire*), subst. mas. (*éro*), t. d'hist. nat., nom donné par *Linnée* à deux espèces de papillons. — Subst. propre fém., myth., prêtresse de Vénus à Sestos, sur les bords de l'Hellespont, du côté de l'Europe. Dans la ville d'Abydos, située de l'autre côté en Asie, demeurait un jeune homme nommé Léandre, qui l'aima tellement, qu'il passait à la nage l'Hellespont pour l'aller voir pendant la nuit. Elle allumait au haut d'une tour un flambeau pour l'éclairer ; mais Léandre à la fin se noya, et *Héro* se jeta de désespoir dans la mer. Le trajet dans cet endroit est de 875 pas.

HÉRODIAS, subst. mas. (*érodi-âce*), t. d'hist. nat., grand héron d'Amérique.

HÉRODIEN, subst. propre mas. (*érodi-ein*), nom de sectaires chez les juifs, ainsi nommés du roi *Hérode*, qui était leur chef, et qu'ils regardaient comme le *Messie*.

HÉRODION, subst. mas. (*érodin*), t. d'hist. nat., famille d'oiseaux échassiers.

HÉROÏCITÉ, subst. fém. (*éro-icité*), caractère de ce qui est *héroïque*. Il ne se dit guère que des vertus des saints, et seulement dans les procès de leur canonisation. On dit partout ailleurs *héroïsme.*

HÉROÏ-COMIQUE, adj. des deux genres (*éro-ikomike*), qui tient de l'*héroïque* et du *comique* : *un poème héroï-comique.* — Au plur., *héroï-comiques.*

HÉROÏDE, subst. fém.(*éro-ide*) en grec ηρωις, dérivé de ηρως, héros), épître en vers composée sous le nom d'un *héros* ou d'un personnage fameux : *les héroïdes d'Ovide, de Colardeau, de Gilbert.*

HÉROÏFIÉ, E, part. pass. de *héroïfier*.

HÉROÏFIER (H *s'aspire*), v. act. (*éro-ifié*) mettre au rang des *héros*. Il ne se dit que dans le style comique.

HÉROÏNE, subst. fém. (*éro-ine*) en grec ηρωινη), femme pleine de courage et d'une fermeté au-dessus de son sexe.—On dit par extension *l'héroïne d'un conte, d'un roman, d'une pièce de théâtre*, etc., en parlant de celle dont on raconte ou dont on représente la vie, les aventures, les actions, dans l'ouvrage, parce qu'ordinairement on lui attribue des qualités qui la distinguent des autres femmes.

HÉROÏQUE, adj. des deux genres (*éro-ike*) (en grec ηρωικος), qui appartient au *héros* : *courage, vertu, sentiment, action, patience*, etc., *héroïque.* — Il se dit quelquefois des personnes : *une femme héroïque.* — *Une âme héroïque.* — *Poème héroïque*, poème épique. — *Vers héroïques*, vers de six pieds, vers alexandrins. — *Temps héroïques*, temps où vivaient les anciens *héros*. — En t. de médec., il signifie très-puissant, très-efficace, en parlant de certains remèdes, des propriétés de certains médicaments : *remède héroïque; on attribuait jadis à cette plante, à ce remède, des propriétés héroïques.*

HÉROÏQUEMENT, adv. (*éro-ikeman*), d'une manière *héroïque*.

HÉROÏSME, subst. mas. (*éro-iceme*), ce qui est propre et particulier au *héros* et qui en fait le caractère; grandeur d'âme, etc., au-dessus de la vertu ordinaire de l'homme : *un acte, un trait d'héroïsme.*

HÉRON (H *s'aspire*), subst. mas. (*éron*) (en grec ερωδιος ou ερωδιος), t. d'hist. nat., genre d'oiseau aquatique qui vit de poisson.—En t. de plumassier, plume noire de *héron*; elle est fort rare. — *Masse de héron*, amas ou bouquet des plumes de la queue du *héron*. — En t. d'hydraulique, *fontaine de Héron*, sorte de fontaine d'un mécanisme particulier, ainsi nommée de son inventeur *Héron de Syracuse*, célèbre mécanicien, qui vivait 120 ans avant Jésus-Christ.

HÉRONNEAU (H *s'aspire*), subst. mas. (*éronô*), petit *héron*.

HÉRONNIER (H *s'aspire*), adj. mas., au fém. **HÉRONNIÈRE** (*éronié, nière*) : *faucon héronnier*, dressé à la chasse du *héron*.—*Oiseau héronnier*, aussi sec et aussi vite que le *héron*.—Nous ne pouvons nous empêcher de faire justice des deux locutions suivantes que l'*Académie* nous donne encore aujourd'hui : *cuisse héronnière*, pour désigner une *cuisse* grêle, sèche et maigre, ne se dit pas ; non plus que *femme héronnière*, pour désigner une femme maigre et sèche, qui a les hanches fort hautes. De pareilles locutions ne peuvent qu'induire en erreur.

HÉRONNIÈRE, adj. fém. Voy. HÉRONNIER. — Subst. fém., lieu où les *hérons* font leurs petits, où on les élève.

HÉROS (H *s'aspire*), subst. mas. (*érô*) (en grec ηρωϛ), titre que l'antiquité païenne donnait à ceux qui étaient nés d'un dieu ou d'une déesse et d'une personne mortelle. — Guerrier d'une valeur extraordinaire.—Homme qui montre dans les occasions une grandeur d'âme peu commune. — Principal personnage d'un poème. — Fam., principal personnage qui figure dans un évènement. —On dit dans le même style : *un tel est le héros d'un tel homme*, c'est lui que cet homme loue et admire en toute occasion. — HÉROS, GRAND HOMME. (*Syn.*) Le *héros* est un homme ferme contre les difficultés, intrépide dans les combats, qualités qui tiennent plus du tempérament et d'une certaine conformation des organes, que de la noblesse de l'âme. Le *grand homme* est bien autre chose ; il joint aux talents et au génie la plupart des vertus morales ; il n'a dans sa conduite que de beaux et de nobles motifs ; il n'envisage que le bien public, la gloire de sa patrie, la prospérité de l'État et le bonheur des peuples. — Le titre de *héros* dépend du succès ; celui de *grand homme* n'en dépend pas toujours : son principe est la vertu, qui est inébranlable dans la prospérité comme dans les malheurs. Le titre de *héros* ne peut convenir qu'aux guerriers ; mais il n'est point d'état qui ne puisse prétendre au titre sublime de *grand homme*. — L'humanité, la douceur, le patriotisme, réunis aux talents, sont les vertus d'un *grand homme* ; la bravoure, le courage, souvent la témérité, la connaissance de l'art de la guerre et le génie militaire, caractérisent davantage le *héros*.

HERPAILLE (H *s'aspire*), subst. fém. (*èrepâle*), t. de vèn., nom collectif par lequel on désigne un nombre de biches et de jeûnes cerfs rassemblés.

HERPE (H *s'aspire*), subst. fém. (*èrepe*) (en grec ερπηϛ, fait de ερπω, je rampe, je me glisse), t. de médec., espèce de dartre qui s'étend sur la peau et la ronge. — T. de marine, dans les vaisseaux, pièce de bois courbe, qui prend naissance à un ornement de sculpture placé près des bossoirs, et, en abandonnant le corps du bâtiment, va aboutir à la figure. — Au plur., bois taillés en balustres.

HERPÉ, E, part. pass. de se HERPER.

se **HERPER** (H *s'aspire*), v. pron. (*ce-èrepé*), (du latin *horripilare*, se hérisser), t. de man., se hérisser, se cabrer. Presque inusité.

HERPÈS, subst. mas. (*èrepèce*) (en grec ερπηϛ), t. de médec., ulcère cutané.

HERPES-MARINES, subst. fém. plur. (*èrepe-marine*) (du vieux mot gaulois *harpir*, prendre), certaines matières, certaines productions précieuses que la mer jette sur ses rivages : *l'ambre gris, l'ambre jaune sont des herpes-marines*.

HERPESTE, subst. fém. (*èrepècete*), t. de bot., genre de gratioles à quatre étamines.

HERPÉTIQUE (H *s'aspire*), adj. des deux genres (*èrepétike*), qui est de la nature de la *herpe* ; dartreux.

HERPÉTOLOGIE, subst. fém. (*èrepétoloji*) (du grec ερπετοϛ, reptile, fait de ερπειν, ramper, et λογοϛ, discours), traité des reptiles.

HERPÉTOTHÈRE, subst. mas. (*èrepétotère*), t. d'hist. nat., nom donné au genre macagua.

HERQUE (H *s'aspire*), subst. mas. (*èreke*), râteau de fer à l'usage des charbonniers.

HERRÉRIE, subst. fém. (*èreréri*), t. de bot., arbrisseau du Pérou, de la famille des asparagoïdes.

HERSAGE (H *s'aspire*), subst. mas. (*èreçaje*), action de *herser*.

HERSCHELL, subst. mas. (*èrochèle*), t. d'astron., nouvelle planète découverte le 13 mars 1781 par *M. Herschell*, Hanovrien, alors établi à Bath en Angleterre, et qui, par reconnaissance pour le roi *George*, son bienfaiteur, la nomma *Georgium sidus*. D'autres l'ont appelée *Cybèle* et *Neptune*. On la nomme aujourd'hui communément *Uranus*.

HERSE (H *s'aspire*), subst. fém. (*èrece*) (du grec ερκιον, barrière ou clôture dont on environne une maison pour la fortifier), instrument de laboureur qui sert à recouvrir les grains nouvellement semés, à rompre les mottes, etc.—Pièce de bois ayant la forme d'un triangle, espèce de chandelier en usage dans les églises, et sur les pointes duquel on pose des cierges. — Espèce de grille à grosses pointes de bois ou de fer qu'on place entre le pont-levis et la porte d'une place, d'un château. Elle s'élève et s'abaisse selon les occasions. — Travées de bois avec des pointes de fer pour rendre difficile la marche des troupes. — Barrière devant les grandes maisons. — En t. de marine, corde qui sert à attacher les poulies.—Grand châssis avec des chevilles, sur lequel on étend le parchemin en cosse pour le raturer. —En t. de pêche, instrument semblable à la *herse* ordinaire, auquel on attache des bœufs ou un cheval, qui le traînent sur le sable à la basse mer, pour en faire sortir le poisson.—T. de charpenterie, *herses de la croupe*, pièces de bois qui se croisent dans la charpente d'un pavillon carré.

HERSÉ, E, part. pass. de *herser*, et adj.—Se dit, en t. de blason, d'un château, d'une tour, d'une porte dont la *herse* est abattue.

HERSEMENT (H *s'aspire*), subst. mas. (*èrecemán*), action, peine de *herser*.

HERSÉPHORIES, subst. fém. plur. (*èrecéfori*), t. d'antiq., fêtes de Minerve.

HERSER (H *s'aspire*), v. act. (*èrecé*), passer la *herse* dans un champ.—*se* HERSER, v. pron.

HERSEUR (H *s'aspire*), subst. mas. (*èreceur*), celui qui *herse*.

HERSILIE, subst. propre fém. (*èrecili*), myth., une des Sabines enlevées par les Romains, que Romulus épousa. Après sa mort on la mit, comme son mari, au nombre des dieux, et elle fut révérée sous le nom de *Horta, Hora* ou *Ora*.

HERSILLIÈRES, subst. fém. plur. (*èreci-ière*), t. de mar., pièces de bois courbes placées au bout des plats-bords d'un bâtiment, sur l'avant et sur l'arrière, pour les fermer.

HERSILLON (H *s'aspire*), subst. mas. (*èreci-ion*), planche hérissée de pointes.

HÉRULE, subst. mas. (*érule*), peuple de la Germanie qui renversa l'empire romain dans le cinquième siècle.

HERVE, adj. des deux genres (*èreve*), se dit d'un idiome de langue ancienne.

HERVILLER, subst. mas. (*èrevi-ié*), s'est dit dans la Champagne, d'un grand-maître des eaux et forêts. Hors d'usage.

HESCHÉ, subst. fém. (*èceché*), planche pour garantir du frottement des roues les objets placés sur une voiture.

HÉSICATE, subst. mas. (*ézikate*), t. d'hist. anc., nom de sectaires qui se donnaient des éblouissements en tournoyant. (*Boiste*.)

HÉSIONE, subst. propre fém. (*ézione*), myth., fille de Laomédon. Voy. LAOMÉDON.

HÉSITANT, subst. mas. (*ézitan*), nom de sectaires du sixième siècle qui n'avaient pas de doctrine fixe.

HÉSITANT, E, adj. (*ézitan, tante*), qui *hésite*.

HÉSITATION, subst. fém. (*ézitâcion*) (en latin *hæsitatio*), action d'*hésiter* ; embarras, incertitude, doute.

HÉSITER, v. neut. (*ézité*) (en latin *hæsitare*, fait de *hærere*, rester immobile dans un endroit, être embarrassé à parler, à exprimer ce qu'on veut dire. — Être incertain, balancer sur le parti qu'on doit prendre. Voy. BALANCER.

HESPER ou **VESPER**, subst. mas. (*èce, vècepère*) (du grec εσπεροϛ, le soir), t. d'astron., la planète de Vénus, lorsqu'elle brille le soir après le coucher du soleil, dans ses plus grandes digressions. Quand elle paraît le matin, elle est appelée *Phosphore, Lucifer* ou *Porte-Lumière*.

HESPER ou **HESPÉRUS**, subst. propre mas. (*ècepère, péruce*), myth., fils de Japet, et frère d'Atlas. Il fut changé en étoile, et eut trois filles qu'on nommait les *Hespérides*.

HESPÉRANTHE, subst. fém. (*ècepérante*), t. de bot., genre de plantes.

HESPÉRIDÉE, subst. fém. (*ècepéridé*) (du grec εσπεριϛ, hespéris, fait de εσπεροϛ, le soir), t. de bot., famille de plantes, ainsi nommées de l'*hespéris*, l'une d'entre elles, dont les fleurs sont plus odorantes la nuit que le jour.

HESPÉRIDES, subst. propre fém. plur. (*ècepéride*), myth., filles d'*Hesper*. Elles étaient trois sœurs, et se nommaient Eglé, Aréthuse et Hespéréthuse. Elles possédaient un beau jardin rempli de pommes d'or, et gardé par un dragon qu'Hercule tua pour en aller cueillir.

HESPÉRIDIE, subst. fém. (*ècepéridi*), t. de bot., espèce de fruit semblable au citron.

HESPÉRIDINE, subst. fém. (*ècepéridine*), t. de chimie, substance extraite de certaines plantes *hespéridées*.

HESPÉRIE, subst. propre fém. (*ècepéri*) (du grec εσπεροϛ, le soir), t. de géog. anc., nom que les Grecs donnaient à l'Italie et les Latins à l'Espagne, parce que ces pays se trouvaient à leur égard placés au couchant, de *Hesper* ou *Vesper*, planète, la même que Vénus, qui paraît le soir à l'occident. L'Italie se nommait aussi *Hespérie* à cause d'*Hespérus*, qui, ayant été chassé par son frère Atlas, s'y était retiré.

HESPÉRIEN, subst. mas. (*ècepériein*), ancien peuple d'Espagne.

HESPÉRIES, subst. fém. plur. (*ècepéri*) (du grec εσπεροϛ), t. d'hist. nat., famille de globulicornes. Ce sont des papillons qui volent surtout le soir, et qui ont la masse des antennes recourbée en crochet.

HESPÉRIS, subst. fém. (*ècepérice*), t. d'hist. nat., papillon à ailes horizontales.

HESPÉRUS, subst. propre mas. Voy. HESPER.

HESSE (H *s'aspire*), subst. propre fém. (*èce*) (en allemand *Hessen*), ancien landgraviat d'Allemagne, divisé aujourd'hui en deux parties : le grand-duché de Hesse-Darmstadt, et la Hesse électorale.

HESTIA, subst. propre fém. (*èctia*), myth., nom que les Grecs donnaient à Vesta.

HESTOUDEAU, subst. mas. (*ècetoudô*), se disait autrefois d'un poulet destiné à être chaponné.

HÉSUS ou **ÉSUS**, subst. propre mas. (*ézuce*), myth., divinité des Gaulois. On croit que c'est Mars.

HÉSYCHIA, subst. fém. (*ézichia*) (du grec ησυχαζω, je suis calme, en repos), myth., on appelait ainsi à Clazomène la prêtresse du temple de Pallas, parce qu'elle s'acquittait de ses fonctions sans parler.

HÉSYCHIODES, subst. fém. plur. (*ézikiode*), myth., prêtresses des Euménides.

HÉTAIRE, subst. fém. (*étère*), (du grec εταιρα, courtisane, dérivé de εταιροϛ, compagnon, ami), courtisanne grecque. Mot nouveau substitué par quelques archéologues modernes à celui de *courtisanne*, qui, d'après le sens que nos mœurs actuelles nous y font attacher, ne leur paraît pas pouvoir s'appliquer à cette classe de femmes d'Athènes, etc., à qui il avait été donné jusqu'alors.

HÉTAIRIE, subst. fém. (*étèri*) (du grec εταιρεια, société), association des Grecs résolus à secouer le joug de la Porte Ottomane.

HÉTAIRISTE, subst. mas. (*étéricete*), membre de l'*hétairie*. — Il est aussi adj. des deux genres.

HÉTÉRA, subst. propre fém. (*étéra*) (du grec εταιρα, courtisanne), surnom de Vénus.

HÉTÉRADELPHE, adj. des deux genres (*étéradèlfe*) (du grec ετεροϛ, autre, différent, et αδελφοϛ, frère), t. de médec. monstre composé de deux sujets, dont le parasite, privé de tête, adhère à la face antérieure du corps de l'autre.

HÉTÉRANDRE, subst. fém. (*étérandre*) (du grec ετεροϛ, autre, différent, ανηρ, gén. ανδροϛ, mari), t. de bot., plante aquatique à feuilles rampantes, dont les étamines sont dissemblables.

HÉTÉRANTHÈRE, subst. fém. (*étérantère*) (du grec ετεροϛ, autre, et ανθηρα, poussière séminale), t. de bot., plante aquatique à tige rampante, et dont la graine est irrégulière.

HÉTÉRICES, subst. mas. plur. (*étérice*), t. d'hist. anc., corps de cavalerie sous Alexandre-le-Grand, lequel jouissait de certains privilèges.

HÉTÉRIDIEN, adj. propre mas. (*étéridiein*), myth., surnom donné à Jupiter par les Argonautes.

HÉTÉROBRANCHE, subst. mas. (*étérobranche*) (du grec ετεροϛ, autre, et βραγχια, branchie, fait de βρογχοϛ, gorge), t. d'hist. nat., famille de mollusques acéphales et nus, dont les branchies sont irrégulières.

HÉTÉROBRANCHET, subst. mas. (*étérobranché*), t. d'hist. nat., poisson d'Égypte, le silure de Linnée.

HÉTÉROCÈRE, subst. mas. (*étérocère*) (du grec ετερος, autre, et κερας, corne, antenne, à cause de l'irrégularité de leurs antennes), t. d'hist. nat., genre d'insectes coléoptères, qui ont le corps arrondi ou ovale, et le corselet convexe.

HÉTÉROCLITE, adj. des deux genres (*étéroklite*) (en grec ετεροκλιτος, fait de ετερος, autre, et κλινω, j'incline), t. de gramm., qui est contre les règles communes et y fait exception. — Fig. et fam., qui a quelque chose d'irrégulier et de bizarre.—Par extension, il se dit des personnes d'une humeur bizarre, ou qui diffèrent des autres par leurs habitudes et leurs penchants : *cet homme est bien hétéroclite ; il a des manières hétéroclites*. Il est familier en ce sens. — On le dit aussi familièrement de certaines choses qui pèchent contre les règles ordinaires de l'art : *un bâtiment hétéroclite*. — En t. d'hist. nat., et substantiv., genre d'oiseaux gallinacés de la famille des plumipèdes.

HÉTÉROCOME, subst. fém. (*étérokome*), t. de bot., genre de plantes cynarocéphales.

HÉTÉROCRANIE, subst. fém., synonyme de *hémicrânie*. V. ce mot.

HÉTÉROCRINIE, subst. fém. (*étérokerini*), t. de médec., altération des produits sécrétés dans l'économie animale.

HÉTÉRODACTYLE, subst. mas. (*étérodaktile*), (du grec ετερος, autre, et δακτυλος, doigt), t. d'hist. nat., genre d'oiseaux grimpants, dont le doigt externe est versatile.

HÉTÉRODERME, subst. mas. (*étérodèreme*) (du grec ετερος, autre, et δερμα, peau ; dont la peau de dessus est différente de celle de dessous), t. d'hist. nat., famille de reptiles ophidiens ou de serpents, qui ont le corps couvert d'écailles en dessus, et de plaques en dessous.

HÉTÉRODON, subst. mas. (*étérodon*) (du grec ετερος, autre, et οδους, gén. οδοντος, dent), t. d'hist. nat.; on a donné ce nom à un sous-genre de dauphins, parce qu'il comprend des espèces qui diffèrent entre elles par leurs dents.

HÉTÉRODONTE, subst. mas. (*étérodonte*), t. d'hist. nat., sous-genre de poissons introduit parmi les squales.

HÉTÉRODOXE, adj. des deux genres (*étérodokce*) (du grec ετερος, autre, et δοξα, opinion), contraire à la vraie doctrine en matière de religion : *un docteur hétérodoxe; une opinion hétérodoxe*.—On l'emploie aussi subst : *c'est un hétérodoxe*. Il est opposé à *orthodoxe*. — HÉTÉRODOXE, HÉRÉTIQUE. (*Syn.*) *Hétérodoxe* dit moins qu'*hérétique*. Ce dernier désigne la scission avec l'Église ; *hétérodoxe* n'indique que discordance dans l'opinion. *Hérétique* exprime ce qui sépare et rompt l'union ; *hétérodoxe*, ce qui détruit la conformité : un sentiment *hérétique* est un sentiment contraire à celui de l'Église catholique ou universelle ; une opinion *hétérodoxe* est une opinion contraire à la foi ou à la règle des fidèles. *Hérétique* désigne la scission, ce qui fait secte ou appartient à une secte ; *hétérodoxe* n'indique que la discordance, sans aucune idée de parti ou de relation avec un parti.

HÉTÉRODOXIE, subst. fém. (*étérodokci*), opposition aux sentiments *orthodoxes*. *Fénelon*, dans ses mandements contre le jansénisme, emploie dans ce sens le mot *hétérodoxité*, que nous ne trouvons pas ailleurs ni dans aucun *dictionnaire*.

HÉTÉRODROME, adj. des deux genres (*étérodrôme*) (du grec ετερος, autre, et δρομος, course, parce que dans ce levier la puissance et le poids se meuvent en sens différent), t. de mécanique : *levier hétérodrome*, dont le point d'appui est entre le poids et la puissance : c'est le levier du premier genre.

HÉTÉROGÈNE, adj. des deux genres (*étérojène*) (en grec ετερογενης, formé de ετερος, autre, différent, et γενος, genre, espèce, nature), t. didact., qui est de différente nature : *corps composé de parties hétérogènes*, ou simplement *corps hétérogène*; et au fig. : *une société composée d'éléments hétérogènes*. — En grammaire, *noms hétérogènes*, qui sont d'un genre au singulier et d'un autre au pluriel.—En t. de médec., on se sert du mot *hétérogène* pour désigner, en général, une qualité des humeurs du corps humain, différente de celle qu'elles doivent avoir dans l'état de santé.

HÉTÉROGÉNÉITÉ, subst. fém. (*étérojéné-ité*), qualité, état de ce qui est *hétérogène*.

HÉTÉROGNATHE, subst. mas. (*étéroguenate*) (du grec ετερος, autre, et γναθος, mâchoire), glouton qui mâche des deux côtés. Inus.

HÉTÉROGYNE, subst. fém. (*étérojine*) (du grec ετερος, autre, et γυνη, femme), t. d'hist. nat., famille d'insectes hyménoptères, différente des autres familles de la même division, en ce que les femelles n'ont point d'ailes, et que les individus n'ont d'yeux lisses que très-rarement.

HÉTÉROÏDE, adj. des deux genres (*étéro-ide*) (du grec ετερος, autre, et ειδος, forme), t. de bot., se dit de certaines plantes irrégulières dans leur conformation.

HÉTÉROMÈRE, subst. mas. (*étéromère*) (du grec ετερος, autre, différent, et μηρος, cuisse, jambe), t. d'hist. nat., classe d'insectes coléoptères, qui n'ont que quatre articles aux tarses de derrière, et cinq à ceux de devant.

HÉTÉROMORPHE, subst. fém. (*étéromorfe*) (du grec ετερος, autre, et μορφη, forme), t. de bot., genre de plantes synanthérées, qui a pour type l'arnique inuloïde. — Adj. des deux genres, t. de médec., qui est d'une forme différente.

HÉTÉROMORPHE, subst. mas. (*étéromorfe*) (du grec ετερος, autre, et μορφη, forme), t. d'hist. nat., sous-genre qui comprend les éponges, les infusoires, les coralines et les genres voisins.

HÉTÉROMYS, subst. mas. (*étéromice*) (du grec ετερος, autre, et μυς, rat), t. d'hist. nat., nom générique du hamster anomal.

HÉTÉROPHYLLE, adj. des deux genres (*étérofile*) (du grec ετερος, autre, différent, et φυλλον, feuille), se dit, en t. de bot., de la plante dont les feuilles sont différentes les unes des autres par leur figure.

HÉTÉROPODE, subst. mas. (*étéropode*), t. d'hist. nat., genre d'aranéides. — Classe d'insectes branchiopodes.

HÉTÉROPOGON, subst. mas. (*étéropoguon*) (du grec ετερος, autre, différent, et πωγων, barbe), t. de bot., genre de graminées, voisin des barbons.

HÉTÉROPOZITE, subst. fém. (*étéropozite*), t. de chimie, espèce de phosphate.

HÉTÉROPTÈRE, subst. mas. (*étéropetère*) (du grec ετερος, autre, et πτερον, aile), t. d'hist. nat., genre d'insectes lépidoptères, qui ont les ailes droites ou comme renversées. — Espèce de papillon, appelé aussi *estropié*.

HÉTÉRORÉXIE, subst. fém. (*étérorékci*) (du grec ετερος, autre, différent, et ρηξις, rupture), t. de médec., dépravation de l'appétit.

HÉTÉROSCIEN, subst. mas. (*étérocecicin*) (du grec ετερος, autre, différent, et σκια, ombre), t. de géog., nom d'habitants des zônes tempérées, qui ont à midi les ombres contraires, ceux de la zône tempérée septentrionale, du côté du nord, et ceux de la zône tempérée méridionale, du côté du sud.

HÉTÉROSOME, subst. mas. (*étéroçome*) (du grec ετερος, autre, différent, et σωμα, corps), t. d'hist. nat., famille de poissons osseux et thoraciques.

HÉTÉROSPERME, subst. fém. (*étérocepèreme*), t. de bot., plante annuelle de la Nouvelle-Espagne.

HÉTÉROSTÈGE, subst. fém. (*étérocetèje*), t. de bot., genre de plantes, voisin des aristides de *Linnée*.

HÉTÉROTHÉTIQUE, adj. des deux genres (*étérotétike*) (du grec ετερος, autre, différent, et θετικος, positif), transcendant ; science des choses absolues, du monde réel en soi ; savoir divin. (*Kant.*)

HÉTÉROTOME, adj. des deux genres (*étérotome*) (du grec ετερος, autre, différent, et τομος, section, partie), t. de bot., se dit d'une plante dont les divisions alternes ne se ressemblent pas.

HÉTÉROUSIEN, subst. mas. (*étérouziein*) (du grec ετερος, autre, et ουσια, substance), secte d'ariens qui prétendaient que Jésus-Christ était d'une autre substance que son père.

HÉTÉROZOAIRE, subst. mas. (*étérozo-ère*) (du grec ετερος, autre, différent, et ζωον, animal), t. d'hist. nat., nom proposé pour désigner les animaux de la classe des reptiles, à cause des différences nombreuses et essentielles qu'ils présentent entre eux, et des rapports variés qu'ils ont avec ceux des autres classes.

HÉ-TEU, subst. mas. (*éteu*), t. de bot., espèce de haricot à fleur violette, originaire de la Chine.

HÉTICH, subst. fém. (*étiche*), t. de bot., racine du Brésil qui fait la principale nourriture du pays. C'est une espèce de rave ou de navet.

HETMAN ou **HETMANN**, subst. mas. (*étemane*), titre de dignité chez les Cosaques.

HÊTRE (H *s'aspire*), subst. mas. (*être*), un des plus grands arbres de nos forêts, famille des amentacées ; mâles ou femelles sur le même pied. Son fruit est une espèce d'amande qu'on nomme *faîne* ou *fouesne*, et dont on tire de l'huile.

HEU ! (H *s'aspire*) (*eu*), interjection qui sert à exprimer quelque manière d'admiration.— Subst. mas., t. de mar., bâtiment plat de trois cents tonneaux, qui n'a qu'un mât et une voile.

HEUCH, subst. mas. (*euke*), t. d'hist. nat., poisson du genre salmone.

HEUCHÈRE, subst. fém. (*euchère*), t. de bot., genre de plantes saxifragées.

HEUDRI, E, part. pass. de *heudrir*.

HEUDRIR, v. neut. (*eudrir*), vieux mot hors d'usage, employé autrefois dans le même sens que *pourrir*.

HEULER, ne se dit pas pour HÉLER.

HEUR, subst. mas. (*eure*) (du lat. *hora*, heure. Les anciens admettaient des *heures* favorables et des *heures* funestes, d'où sont venues les expressions : *à la bonne heure*, *à la mal'heure* ; cette dernière ne se dit plus), bonne fortune. Il est vieux et ne se dit plus qu'en poésie ou dans quelques expressions proverbiales : *il n'y a qu'heur et malheur en ce monde*; c'est le hasard qui décide de la plupart des choses : *cet homme a plus d'heur que de science*, est plus heureux qu'habile. Corneille a dit dans le *Cid* :

> Appui de ma vieillesse, et comble de mon *heur* ;

et dans *Cinna* :

> Tu t'en souviens, Cinna, tant d'*heur* et tant de gloire
> Ne peuvent pas si tôt sortir de ta mémoire.

HEURE, subst. fém. (*eure*) (en lat. *hora*, pris du grec ωρα), l'une des vingt-quatre parties du jour, divisée en soixante minutes : *une heure et demie ; voilà deux heures que je l'attends ; je n'ai pas mis trois quarts d'heure ; vous avez encore une heure, pour une heure de chemin*. — *Heure de grace*, *quart d'heure de grace*, délai accordé au-delà du temps fixé pour faire quelque chose, pour terminer une affaire. On dit fam., dans le même sens : *le quart d'heure d'honnête homme*. — *La fuite des heures*, locution poétique pour exprimer le cours rapide du temps. — Elle se dit souvent en tant qu'elle est marquée par les cadrans et les horloges : *l'heure vient de sonner ; l'horloge a sonné deux heures*.—*Avancer l'heure, retarder l'heure*, avancer, retarder l'horloge.—*Mettre une montre à l'heure*, faire qu'elle indique l'heure qu'il est actuellement ; et dans le même sens, *prendre l'heure*.—Temps convenable et destiné à certaines choses : *il est l'heure de dîner, de se coucher*.—Dans un sens indéfini, certain espace de temps : *passer les heures entières à quelque chose*, etc. —*A deux heures de nuit*, deux heures après le coucher du soleil ; *à deux heures de jour*, deux heures après le lever du soleil.—En t. de pratique, on dit : *à deux heures de relevée*, pour dire, à deux heures après midi. — Dans le langage des assemblées délibérantes, dans les procès-verbaux, etc., *attendu, vu l'heure avancée, on remit la question au lendemain*. — Il se dit quelquefois des signes d'un cadran qui servent à l'indication des *heures* : *les heures de ce cadran sont en chiffres romains, en chiffres arabes ; les heures de ma montre sont effacées*.— Instrument de gnomonique, propre à indiquer les *heures* du jour et la hauteur du soleil. C'est une espèce de cadran.—*Heures antiques, planétaires* ou *judaïques*, *heures temporaires*, *heures inégales*, les *heures* usitées autrefois chez les Juifs et les Romains. Elles commençaient au lever du soleil, et recevaient leur nom de l'une des sept planètes. Elles étaient inégales, parce qu'on divisait le jour naturel en douze parties, et la nuit en douze autres parties. Les astronomes du Cathay conservent encore aujourd'hui cette division.—*Heures babyloniques*, qui commençaient à se compter au lever du soleil, ainsi qu'on le pratique encore à Majorque et à Nuremberg.—*Heures italiques*, qui se comptent depuis le coucher du soleil, comme le faisaient jadis les Athéniens, comme on le fait encore dans quelques endroits de l'Allemagne. Les Italiens commencent leurs vingt-quatre *heures* une demi-*heure* après le coucher du soleil. — *Heures astronomiques*; les astronomes en distinguent de trois sortes : 1° *heures solaires moyennes*, toujours égales et uniformes, et qui sont la vingt-quatrième partie d'un jour moyen, c'est-à-dire d'un retour moyen du soleil au méridien ; 2° *heures solaires vraies*, celles que le soleil marque le jour sur les méridiennes de nos cadrans, et qui varient à raison des inégalités du soleil ; 3° *heures du premier mobile*, celles que l'on compte par la révolution des étoiles fixes. — Fig. et fam. : *passer un mauvais quart d'heure*, éprouver quelque chose de fâcheux. — Prov., *chercher midi à quatorze heures*, chercher une chose où elle n'est pas. — *Toutes nos heures sont comptées*, Dieu a réglé le cours de notre vie. — *Vous ferez cela à vos heures perdues*, lorsque vous n'aurez rien à faire. — *Toutes ses heures sont marquées*, remplies par diverses occupations. — On appelle *ami de toutes les heures*, celui qu'on est toujours bien aise de voir. — *Les heures de loisir*, pendant lesquelles on n'est pas occupé. — *Avoir ses heures d'étude, ses heures de cabinet, ses heures de bureau, ses heures de récréation, ses heures de plaisir*, avoir un certain temps de la journée marqué pour l'étude, pour le cabinet, etc. — *Il ne veut travailler, il ne veut manger qu'à ses heures, il ne fait rien qu'à ses heures*, se dit fam. d'un homme qui ne veut pas se déranger de son train de vie ordinaire. — *Demander à quelqu'un son heure*, lui demander l'heure à laquelle on pourra le voir, lui parler. — *Il n'a pas une heure à lui*, il n'a pas de temps dont il puisse disposer. — *Heure* se dit des moments heureux ou malheureux de la vie : *passer des heures agréables*. — *L'heure du berger*, le moment favorable auprès d'une maîtresse. — *Heures dérobées*, qu'on dérobe à ses occupations ordinaires. — *N'être point sujet à l'heure*, être maître de son temps. — *Etre à l'heure*, être employé à condition d'être payé à tant par heure. — On dit qu'*un homme n'est point à l'heure*, pour dire qu'il n'est point assujéti, comme certaines gens dont le travail est payé par heure, à travailler exactement pendant un certain espace de temps dont les époques sont fixées. — Dans un sens contraire, *payer par heure, prendre quelqu'un, un ouvrier, un homme de peine, un fiacre, un cabriolet à l'heure*, le faire travailler à condition de payer tant par heure. — Ironiquement, à une personne qui arrive trop tard dans un endroit où elle était attendue : *vous venez à belle heure; il est belle heure pour venir*. — *Venir à une heure indue*, trop tard, à une heure non convenable. — *Il est de bonne heure*, il n'est pas tard. — *Bonne heure*, moment convenable, commode, favorable pour faire quelque chose : *voici la bonne heure pour lui parler ; c'est l'heure propice, l'heure favorable*. Dans le sens contraire, *mauvaise heure : vous avez choisi une mauvaise heure pour lui demander une grace*. Fam., *arriver à la bonne heure*, arriver à propos. — *Passer de bonnes heures*, des *heures* agréables. — *Il m'a donné de mauvaises heures*, beaucoup de chagrin. — *Avoir de bonnes et de mauvaises heures, de bons, de mauvais quarts d'heure*, être d'humeur inégale et bizarre. — *Le quart d'heure de Rabelais*, mauvais moment à passer ; circonstance pareille à celle où se trouvait *Rabelais* quand il fallait compter dans les auberges, et qu'il n'avait pas de quoi payer sa dépense. *Heure*, se dit dans une acception plus étendue d'un temps, d'un moment, d'une époque quelconque : *les chagrins avancèrent l'heure de sa mort; l'heure de sa ruine allait sonner*. — Avec l'adjectif possessif, *heure* signifie le temps, le moment où quelque chose doit arriver à quelqu'un : *depuis long-temps l'on parlait de la marier, mais son heure n'était pas venue; dernière heure, heure dernière, heure suprême*, l'*heure*, le moment de la mort : *sa dernière heure est venue*, ou seulement : *son heure est venue ; ne craignez rien pour moi, mon heure n'est pas encore venue*. — *J'ai vu l'heure que...* — Au plur., livre de prières : *livre d'heures*, ou simplement *heures*. — On dit pop. : *une paire d'heures*, pour un *livre d'heures*. — On appelle *prières de quarante heures*, des prières publiques et continuelles que l'on fait pendant quarante *heures* devant le saint-sacrement, pour implorer le secours du ciel dans des occasions importantes. — *Heures canoniales*, les diverses parties du bréviaire, comme matines, laudes; *petites heures*, prime, tierce, sexte et none. — *D'heure à autre*, peu à peu. — *D'heure en heure*, adv., de moment en moment. — *A l'heure qu'il est*, présentement, au temps où nous sommes : *ce n'est plus la mode à l'heure qu'il est*. — *A l'heure qu'il est, à l'heure où je vous parle*, dans le moment actuel. — Fam., *à cette heure*, maintenant, présentement ; *pour l'heure*, pour le présent. — *Sur l'heure*, à l'instant même. — *Tout-à-l'heure*, sur-le-champ, tout de suite. — *A la bonne heure*, façon de parler adverbiale qui signifie, hé bien ! soit, voilà qui est bien, j'approuve que... : *à la bonne heure que M. de Fontenelle ait égayé ses Mondes ; ce sujet riant pouvait admettre des fleurs et des pompons ; mais des vérités plus approfondies sont des beautés mâles auxquelles il faut les draperies du Poussin*. (Volt.) — Au plur., t. de myth., déesses, filles de Jupiter et de Thémis, qui présidaient aux saisons. Elles étaient trois, et on les représente ordinairement auprès de Thémis, leur mère, avec des cadrans ou des horloges qu'elles soutiennent. Leurs noms étaient Eunomie, Dicé et Irène. Pausanias les nomme autrement. Hygien en compte dix avec des noms encore tout différents. Les anciens portèrent par la suite ce nombre à douze, et donnèrent à chacune des attributs particuliers. Les *Heures* étaient portières du ciel, et elles avaient soin du char et des chevaux du Soleil.

HEURÉ, E, adj. et part. pass. de *heurer*, vieux mot inusité qui signifiait, *heureux, heureuse*. On avait adopté cette expression, parce que les astrologues faisaient dépendre tous les évènements de la vie de l'*heure* de la naissance ; de là les mots *male heure, bonne heure*, et dans la suite, *malheur, bonheur*.

* **HEURER**, v. act. (*euré*), rendre heureux : *bien heurer* ou *mal heurer une affaire*. (Boiste.) Vieux et inusité.

HEUREUSE, adj. fém. Voy. HEUREUX.

HEUREUSEMENT, adv. (*eureuzeman*), d'une manière *heureuse*, par bonheur.

HEUREUX, adj. mas., au fém. **HEUREUSE** (*eureu, reuze*) (du mot *heur*), en parlant des personnes, 1° qui jouit du bonheur : *il n'est pas riche, mais il est heureux*. Voy. FORTUNÉ. 2° favorisé de la fortune : *heureux au jeu, en amour, à la guerre*. — Qui est riche, qui est à son aise : *cette famille est heureuse*. — En parlant des choses, 1° qui contribue au bonheur, au contentement : *vie, situation heureuse, solitude, retraite heureuse* ; 2° qui rend fortuné, qui est favorable, propice : *sort heureux, heureuse destinée* ; 3° qui est d'un bon présage : *physionomie heureuse* ; 4° qui est justifié sage et prudent par le succès : *heureux conseil, heureuse démarche*. — En parlant de l'esprit ou des mœurs, bon, excellent, rare en son genre : *génie heureux; heureux caractère ; vers heureux*. — *Rencontre heureuse*, bon mot, trait d'esprit qui se présente tout d'un coup. Se dit des choses qui produisent un effet extraordinaire et agréable, par suite du choix qu'on en a fait, ou de l'art avec lequel on les a disposées, ou du hasard qui a fait trouver ces choses ou ces dispositions. C'est ainsi qu'on dit : *donner un tour heureux à une draperie ; un heureux arrangement de paroles*. — Prov., *avoir la main heureuse*, être heureux au jeu, y gagner ordinairement. — *Avoir la main heureuse à quelque chose*, y réussir presque toujours. — On dit qu'*un homme a fait une fin heureuse*, pour dire qu'il est mort dans les sentiments d'un homme de bien, d'un bon chrétien. — On dit aussi qu'*un homme est né sous une étoile heureuse*, pour dire que le succès couronne toutes ses entreprises, que la fortune le comble de ses faveurs ; qu'*un évènement*, qu'*une affaire prend, a pris un tour heureux*, lorsque, pouvant se terminer d'une manière fâcheuse ou désagréable, elle se termine sans inconvénient, ou même d'une manière agréable. — *Etre heureux de quelque chose*, éprouver du plaisir, de la satisfaction à l'occasion de quelque chose, à cause de quelque chose : *je suis heureux de votre bonheur...* — *Etre heureux par une chose*, trouver son bonheur dans une chose, tirer d'une chose des motifs de contentement, de satisfaction : *je suis heureux par votre amitié*. On dit, par une espèce d'exclamation, *heureux ! trop heureux ! heureux qui peut vaincre ses passions ! trop heureux si je pouvais lui plaire !* — On dit prov. : *est heureux qui croit l'être*, le bonheur dépend de l'idée qu'on s'en forme. — Fam. : *être heureux comme un roi*, être très-heureux. — *Amant heureux*, signifie un amant qui est écouté, qui est favorisé. — *C'est très-heureux, c'est fort heureux*, ou simplement *c'est heureux*, se dit fam. et iron., lorsqu'une personne adhère ou se détermine à quelque chose après avoir long-temps hésité, ou parce qu'elle ne peut faire autrement : *ah! vous voilà de retour, c'est heureux; vous en convenez donc ! c'est fort heureux*. — Il se dit encore des choses sujettes à quelque danger, lorsqu'elles arrivent sans accident : *des couches heureuses ; heureux retour ; heureuse tentative ; la traversée, la navigation fut très-heureuse*. — — On le dit aussi quelquefois d'une chute ou de quelque autre chose de fâcheux qui n'a pas eu de mauvaise suite : *c'est une chute heureuse; un coup heureux*. — *D'heureuse mémoire*, formule dont on se sert quelquefois en parlant des hommes recommandables qui sont morts : *c'est ce que disait ce magistrat d'heureuse mémoire*. — Subst. : *faire des heureux ; les heureux de la terre; les heureux du jour* ; et, dans le langage de la chaire, *les heureux du siècle*. — On a même dit prov. : *à l'heureux l'heureux*, la fortune vient ordinairement à celui qui est déjà fortuné.

HEURIPPA, subst. propre fém. (*euripepa*), myth., surnom de Diane, chez les anciens Phénéates.

HEURT (H *s'aspire*), subst. mas. (*eurte*), choc, coup donné ou reçu en *heurtant* contre quelque chose : *le heurt des charrettes; le heurt d'un vaisseau contre un rocher, de deux vaisseaux qui se choquent; éviter le heurt* :

Un *heurt* survient, adieu le char.
LA FONTAINE.

— Il se dit quelquefois de la marque que le coup a laissée ; *ce cheval a un heurt à un pied de devant*. — En t. de ponts-et-chaussées, l'endroit le plus élevé d'une chaussée ou le sommet d'un pont.

HEURTÉ, E, part. pass. de *heurter*.

HEURTE, subst. fém. (*eurte*), t. de blas., tourteau d'azur.

HEURTEQUIN (H *s'aspire*), subst. mas. (*eurtekiein*), morceau de fer battu qui se place sur l'essieu d'affût d'une pièce d'artillerie.

HEURTER (H *s'aspire*), v. act. (*eurté*) (du flamand *hurten*, qui a la même signification, et dont les Anglais ont fait *hurt*, nuire, blesser. *Ménage*), choquer, rencontrer rudement : *heurter quelqu'un ; ce crocheteur m'a heurté rudement*. *Boileau* a dit, par extension, dans son *Art poétique* :

Gardez qu'une voyelle, à courir trop hâtée,
Ne soit d'une voyelle en son chemin *heurtée*.

— En t. de peinture, poser largement et sans les fondre les teintes les unes à côté des autres : *ce peintre affecte de heurter ses tableaux ; cette esquisse n'est que heurtée; manière, touche heurtée ; contours heurtés*. On l'emploie dans un sens analogue en termes de sculpture. — On dit aussi *un style heurté*, en parlant d'un style dur et inégal dans lequel les expressions et les idées se rencontrent d'une manière imprévue et peu harmonieuse. — Fig., 1° blesser, choquer, être contraire à... : *cela heurte la raison* ; 2° contredire : *heurter quelqu'un de front*. — Neutralement, il a le même sens que l'actif : *heurter contre une pierre*. — Frapper à la porte pour qu'on l'ouvre. — On dit qu'*un homme heurte à toutes les portes pour faire réussir une affaire*, pour dire qu'il sollicite un grand nombre de personnes. — On dit prov. et fig., en parlant d'un homme difficile à persuader, *c'est se heurter la tête contre la muraille, c'est se heurter la tête contre un mur que de lui vouloir persuader quelque chose*. — On dit plus communément en ce sens, *frapper*. — *se* HEURTER, v. pron.

HEURTOIR (H *s'aspire*), subst. mas. (*eurtoar*), autrefois, marteau pour *heurter* à une porte. — Dans une batterie de canon, pièce de bois fixée dans l'angle que forme l'épaulement avec la plate-forme, pour recevoir le choc des roues de l'affût quand on tire le canon, et qu'on le remet en batterie après l'avoir chargé.

HEUSE, subst. fém. (*euze*), t. de mar., piston d'une pompe. — Au plur., t. d'antiq., souliers en fer qui faisaient partie de l'armure ancienne; on les appelait autrefois *pédieux*.

HÉVÉE, subst. fém. (*évé*), t. de bot., plante de la Guyane, de la famille des euphorbacées de *Jussieu*, dont le suc épaissi se change en cette matière élastique appelée *caoutchouc* ou *gomme élastique*.

HÉVÉRISTES, subst. mas. plur. (*évéricete*), sectaires grecs qui se révoltèrent contre l'état.

HEXACADIQUE, subst. mas. (*éguezakadike*), t. de bot., arbre de la Cochinchine assez semblable à l'heptaque.

HEXACLINE, subst. fém. (*éguezakline*) (du grec ἑξ, six, et κλίνη, lit), t. d'antiq., salle où il y avait six lits.

HEXACORDE, subst. mas. (*éguezakorde*) (du grec ἑξ, six, et χορδή, corde, intervalle de musique qu'on appelle *sixième*), système musical composé de six sons, comme celui de *Guy d'Arezzo*. — Instrument à six cordes.

HEXAÈDRE, subst. mas. et adj. des deux genres (*éguezaèdre*) (du grec ἑξ, six, et ἕδρα, siège, base), t. de géom., corps régulier à six faces, appelé plus ordinairement *cube*.

HEXAGONAL, E, adj. (*éguezaguonale*), il se dit d'un plan qui a six côtés et six faces. — Au plur. mas., *hexagonaux*.

HEXAGONAUX, adj. mas. plur. Voy. HEXAGONAL.

HEXAGONE, adj. des deux genres (*éguezaguone*) (du grec ἑξ, six, et γωνία, angle), qui a six angles et six côtés. — Il est aussi subst. mas : *un hexagone*.

HEXAGRAMME, subst. mas. (*éguezagrame*) (du grec ἑξ, six, et γράμμα, lettre), l'une des clefs d'un son tirés un grand nombre de mots de la langue chinoise.

HEXAGYNIE, subst. fém. (*éguezajini*) (du grec ἑξ, six, et γυνή, femme), dans la bot., sixième ordre des classes du système sexuel, comprenant des fleurs qui ont six parties femelles ou six pistils.

HEXAGYNIQUE, adj. des deux genres (*éguezajinike*), t. de bot., se dit d'une plante qui a six pistils.

HEXAMÉRON, subst. mas. (*éguezaméron*) (du grec ἑξ, six, et ἡμέρα, jour), ouvrage divisé en six parties ou en six jours.

HEXAMÈTRE, subst. mas. et adj. des deux genres, (*éguezamètre*) (du grec ἑξ, six, et μέτρον, mesure), qui a six mesures ou six pieds : *un vers hexamètre, un hexamètre.*

HEXANCHUS, subst. mas. (*éguezankuce*), terme d'hist. nat., nouveau genre de poissons, le *squalus griseus*.

HEXANDRIE, subst. fém. (*éguezandri*) (du grec ἑξ, six, et ἀνήρ, gén. ἀνδρός, mari), t. de bot., sixième classe du système sexuel, qui renferme les plantes dont les fleurs hermaphrodites ont six parties mâles ou six étamines.

HEXANDRIQUE, adj. des deux genres (*éguezandrike*), t. de bot., à six étamines.

HEXANTHE, subst. fém. (*éguezante*) (du grec ἑξ, six, et ἄνθος, fleur), t. de bot., genre de plantes.

HEXAPÉTALÉ, E, adj. (*éguezapétalé*) (du grec ἑξ, six, et πέταλον, pétale, feuille), t. de bot., se dit d'une fleur à six pétales.

HEXAPHORE, subst. mas. (*éguezafore*) (du grec ἑξ, six, et φέρω, je porte), t. d'archéol., espèce de litière découverte, qui était portée par six esclaves.—Lit funèbre qui servait à porter au bûcher les morts d'un rang distingué.

HEXAPHYLLE, adj. des deux genres (*éguezafile*) (du grec ἑξ, six, et φύλλον, feuille), t. de bot., qui a six feuilles.

HEXAPLES, subst. mas. plur. (*éguezaple*) (du grec ἑξ, six, et ἁπλόω, j'explique, je débrouille), ouvrage en six colonnes où contient six versions grecques de la Bible ; la version des Septante, celles d'Aquila, de Théodotion, de Symmaque, une version trouvée à Jéricho, et une à Nicopolis. Il a été publié par Origène.

HEXAPODE, adj. des deux genres (*éguezapode*) (du grec ἑξ, six, et πούς, gén. ποδός, pied), t. d'hist. nat., qui a six pieds.

HEXAPOLE, subst. fém. (*éguezapole*) (du grec ἑξ, six, et πόλις, ville), nom donné à la confédération des six principales villes de Cos, de Rhodes, et de la Doride carienne.

HEXAPTÈRE, subst. mas. et adj. des deux genres (*éguezapetere*) (du grec ἑξ, six, et πτερόν, aile), t. d'hist. nat., qui a six ailes.

HEXAPTOTE, subst. mas. et adj. des deux genres (*éguezapetote*) (du lat. *hexaptota*, lui, lequel a la signification, du grec ἑξ, six, α privatif, et πτωτα, je tombe), t. de grammaire, se dit d'un nom qui a six cas ou terminaisons différentes.

HEXASTÉRON, subst. mas. (*éguezaceteron*) (du grec ἑξ, six, et ἀστήρ, étoile), t. d'astron., constellation des pléiades, composée de six étoiles.

HEXASTIQUE, adj. des deux genres (*éguezacetike*) (du grec ἑξ, six, et στίχος, vers), terme de poésie, se dit d'une épigramme composée de six vers.

HEXASTYLE, adj. des deux genres (*éguezacetile*) (du grec ἑξ, six, et στύλος, colonne), t. d'archit., qui a six colonnes de front.

HEXATHLE, adj. mas. (*éguezaiele*) (du grec ἔξαθλος, hors de combat), t. d'antiq., qui ne prend point part au combat, qui est incapable de combattre. — Inus.

HEXATHYRIDE, subst. mas. (*éguezatiride*), t. d'hist. nat., genre de vers intestinaux qui ont six suçoirs au lieu de quatre.

HÉXECONTALITHOS, subst. mas. (*éguezekontalitoce*), terme d'hist. nat., pierre précieuse des anciens, qui nous est inconnue.

HEXÈRE, subst. fém. (*éguezère*), t. d'hist. anc., galère à six rangs.

HEXÉTÈRE, subst. fém. (*éguezetère*) (du grec ἑξ, six, et ἕτερος, autre, différent), t. d'hist. nat., genre de mollusques céphalés à six tentacules inégaux.

HEXODON, subst. mas. (*éguezodon*) (du grec ἑξ, six, ὀδούς, génitif ὀδόντος, dent), t. d'hist. nat., genre d'insectes coléoptères. On dit aussi *hexoron*.

HEXORINA, subst. fém. (*éguezorina*), terme de bot., petite plante dichotome originaire de la Pensylvanie.

HEYMASSOLY, subst. mas. (*émaçoli*), terme de bot., genre de plantes de la famille des hespéridées, qui comprend des arbres de moyenne grandeur.

HEYNÉE, subst. fém. (*éné*), t. de bot., espèce d'herbe de l'Inde dont la fleur est blanche.

HEZLEGASSI, subst. mas. (*ézeleguaci*), t. de relat., chef des eunuques noirs, intendant du sérail à Constantinople.

HIATIB, subst. mas. (*atibe*), chef de mosquée qui répond au titre de curé des catholiques.

HIACINTHE. Voy. HYACINTHE.

HIATELLE, subst. fém. (*i-atèle*), t. d'hist. nat., genre de coquilles bivalves.

HIATULE, subst. fém. (*i-atule*), t. d'hist. nat., poisson thoracique du genre labre.

HIATUS, subst. mas. (*i-âtuce*) (du lat. *hiare*, bâiller, ouvrir la bouche), sorte de heurt causé par la rencontre de deux voyelles, dont l'une finit un mot et l'autre en commence un autre, sans qu'il y ait d'élision. Il y a *hiatus* dans la phrase suivante : *il alla à Athènes*, à cause de la rencontre des *a*. — Hiatus est aussi un t. d'anat.; on appelle *hiatus de Fallope* une petite ouverture de la face supérieure de la partie pierreuse de l'os temporal qui donne passage à un rameau du nerf vidien ; *hiatus occipito-pétreux*, le trou déchiré postérieur du crâne ; *hiatus de Winslow*, l'ouverture située précisément au-dessus du col de la vésicule biliaire.

HIBBERTIE, subst. fém. (*ibebereti*), t. de bot., genre de plantes.

HIBERLINE, subst. fém. (*ibéreline*), sorte d'étoffe pour la tapisserie.

HIBERNACLE, subst. mas. (*ibérenakie*), tout ce dont on enveloppe, pendant l'hiver, les pousses des plantes.

HIBERNANT, E, adj. (*ibérenan, nante*), qui reste engourdi pendant l'hiver.

HIBOLITE, subst. fém. (*ibolite*), t. d'hist. nat., genre de coquilles lancéolées.

HIBOU (H s'aspire), subst. mas. (*ibou*) (en lat. *bubo*), oiseau nocturne qu'on appelle aussi *chat-huant*. — On dit fig. et fam., d'un homme mélancolique et qui fuit les compagnies : *c'est un hibou, un vrai hibou*.—*Faire le hibou*, c'est-à-dire, qui n'a pas d'humeur à vivre dans la société, qui se tient à l'écart dans une compagnie. — On dit d'une vieille masure, d'un château inhabité, *c'est une retraite de hiboux, un nid de hiboux*.

HIBRIDE, voy. HYBRIDE.

HIBRIDISME, voy. HYBRIDISME.

HIC (H s'aspire), subst. mas. (*ik*), le nœud, la principale difficulté d'une affaire : *c'est là le hic*. Il est familier.

HICARD, subst. mas. (*ikar*), terme d'hist. nat., sorte d'oiseau aquatique du Canada.

HICKORY, subst. mas. (*ikori*), t. de bot., espèce de noyer d'Amérique.

HIDALGO, subst. mas. (*idalegvô*), mot espagnol ; titre que prennent en Espagne les nobles qui se prétendent descendus de l'ancienne race chrétienne, sans mélange de sang juif ni more.

HIDEUR (H s'aspire), subst. fém. (*ideur*), qualité de ce qui est hideux.

HIDEUSE, adj. fém. Voy. HIDEUX.

HIDEUSEMENT (H s'aspire), adv. (*ideuzeman*), d'une manière hideuse.

HIDEUX (H s'aspire), adj. mas., au fém. **HIDEUSE** (*ideu, deuze*) (suivant *Ménage*, du lat. *hispidus*, velu, couvert de poil, hérissé, etc.) horrible à voir, affreux, dégoûtant.

HIDRON, subst. mas. (*idron*) (du grec ἱδρώς, sueur), t. de médec., papule rouge et douloureuse qui vient sur la peau.

HIDROPLANIE, subst. fém. (*idroplani*) (du grec ἱδρώς, sueur, et πλάνη, erreur), t. de médec., transport de l'action sudatoire sur une autre partie du corps.

HIDROPLANIQUE, adj. des deux genres (*idroplanike*), t. de médec., qui appartient à l'*hidroplanie*.

HIDYPATHIE, subst. fém. (*idipati*) (du grec ἡδυπάθεια, fait, dans le même sens, de ἡδύς, doux, agréable, et πάθος, passion), l'opposé d'apathie, disposition qui fait trouver du plaisir en toutes choses.

* **HIE** (H s'aspire), subst. fém. (*i*) (du lat. *hiare*, bâiller, pousser son haleine avec effort, ce qu'on fait lorsqu'on se sert de la *hie* (*Trévoux*), instrument pour battre et enfoncer le pavé, qu'on nomme aussi *demoiselle*. — L'instrument appelé autrement *mouton*, dont on se sert pour enfoncer les pilotis.

HIÉ, E, part. pass. de *hier*.

HIÈBLE, subst. fém. (*ièble*) (en lat. *ebulus*), t. de bot., sorte d'herbe à longues tiges, qui porte des graines et pousse des feuilles d'un vert obscur. Quelques-uns écrivent *yèble*.

* **HIEMENT** (H s'aspire), subst. mas. (*iman*), en t. de charpentiers et de maçons, bruit que fait une machine en enlevant un pesant fardeau ; celui d'un assemblage de pièces de bois, sous l'effort de quelque poids ou puissance. — Action d'enfoncer des pavés ou des pieux.

HIER (H s'aspire), v. act. (*i-é*), enfoncer le pavé avec la *hie*.—*se* HIER, v. pron.

HIER, adv. (*ière*) (du lat. *heri*), le jour qui précède immédiatement celui où l'on est : *hier au matin, hier matin, hier au soir*.—*Avant-hier*, le jour d'avant celui d'*hier*. — *Hier* se dit quelquefois fig., d'une époque déterminée, mais écoulée depuis peu : *vous n'êtes que d'hier dans le monde, et vous croyez le connaître ?* — Dans un sens analogue, on dit *un homme d'hier*, en parlant de quelqu'un dont la naissance est obscure, et qui est récemment parvenu à la fortune ou aux honneurs.

HIÉRA, subst. propre fém. (*i-éra*), myth., femme de Téléphe, roi des Mysiens. Elle surpassait Hélène en beauté. Selon *Hygin*, elle était fille de Priam, et se nommait Laodicé.—*Virgile* parle d'une autre *Hiéra*, nourrice de Pandarus. On croit que cette dernière *Hiéra* est la même que Cybèle.

HIÉRACION, subst. mas. (*i-éracion*), t. de pharmacien, collyre propre à éclaircir la vue.

HIÉRACITE, subst. fém. (*i-éracite*) (du grec ἱέραξ, épervier), t. d'hist. nat., pierre précieuse qui ressemblait, dit-on, à l'œil de l'épervier.

HIÉRACIUM, subst. mas. (*i-éraciome*) (du grec ἱέραξ, épervier, parce qu'on a dit que cet oiseau s'en servait pour s'éclaircir la vue), t. de bot., herbe à l'épervier. Voy. HIERBE.

HIÉRACOBOSQUE, subst. mas. (*i-érakoboceke*), myth., prêtre égyptien chargé de nourrir les éperviers sacrés.

HIÉRANOSE, subst. fém. (*i-éranoze*) (du grec ἱερός, sacré, et νόσος, maladie), t. de médec., épilepsie, mal sacré.

HIÉRA-PICRA, subst. fém. (*i-érapikra*) (du grec ἱερός, sacré, et πικρός, amer), t. de pharm., composition purgative dont l'aloès est la base. On dit aussi *hiérepicre*.

HIÉRARCHIE (H s'aspire), subst. fém. (*i-érarchi*) (du grec ἱερός, sacré, et ἀρχή, empire, gouvernement, principauté), ordre et subordination des neuf chœurs des anges, et des divers degrés de l'état ecclésiastique. — *Hiérarchie* se dit, par extension, en parlant des établissements où l'on reconnaît divers degrés d'autorité ou de pouvoir subordonnés les uns aux autres : *la hiérarchie des pouvoirs ; la hiérarchie militaire ; la hiérarchie administrative*.

HIÉRARCHIQUE (H s'aspire), adj. des deux genres (*i-érarchike*), qui appartient à la *hiérarchie*.

HIÉRARCHIQUEMENT (H s'aspire), adv. (*i-érarchikeman*), en *hiérarchie*.

HIÉRARQUE (H s'aspire), subst. mas. (*i-érarke*), on nomme ainsi ceux qui composent la *hiérarchie* chez les Grecs, les prélats, pontifes, etc,

HIÉRATIQUE, adj. des deux genres (*i-ératike*) (du grec *ιερος*, sacré), qui concerne les choses sacrées; il se disait plus particulièrement d'un papier et de caractères composés exprès pour les livres sacrés.

HIÉRAX, subst. propre mas. (*i-érakce*), myth., homme juste et illustre, que Neptune changea en épervier, pour le punir d'avoir envoyé du blé aux Troyens, contre lesquels il était irrité.—Un autre *Hiérax* ayant eu l'imprudence d'éveiller Argus au moment où Mercure allait enlever la vache Io, ce dieu le changea aussi en épervier.

HIÉROBOTANE, subst. mas. (*i-érobotane*) (du grec *ιερος*, sacré, et *βοτανη*, herbe), t. d'antiq., herbe célèbre chez les anciens, que l'on nommait ainsi parce qu'elle servait aux enchantements dans les cérémonies expiatoires, et à d'autres usages religieux. Le *hiérobotane mâle* est, selon quelques botanistes, notre verveine officinale, ou une véronique; et le *hiérobotane femelle*, le vélar officinal, ou la véronique chenette.

HIÉROCÉRYCE, subst. mas. (*iérocérice*) (du grec *ιερος*, sacré, et *κηρυξ*, héraut), t. d'antiq., chef des hérauts sacrés dans les mystères de Cérès.

HIÉROCHLOÉ, subst. mas. (*i-éroklo-é*), t. de bot., genre de graminées.

HIÉROCORACE, subst. mas. (*i-érokorace*) (du grec *ιερος*, sacré, et *κοραξ*, corbeau; *corbeau sacré*), myth.; on appelait ainsi les prêtres de Mithra, à cause de la couleur de leurs habits, semblable à celle des corbeaux qui étaient consacrés au culte de cette divinité.

HIÉROCORACIQUES, adj. fém. plur. (*i-érokoracike*), t. d'hist. anc., fêtes de Mithra, dieu du soleil.

HIÉRODRAME, subst. mas. (*i-érodrame*) (du grec *ιερος*, sacré, et *δραμα*, drame, action), oratorio. Hors d'usage.

HIÉRODULE, subst. mas. (*i-érodule*) (du lat. *hierodulus*, fait, dans le même sens, du grec *ιερος*, sacré, et *δουλος*, esclave), t. d'antiq., ministre sacrificateur des anciens.

HIÉROGLYPHE, subst. mas. (*i-éroguelife*) (du grec *ιερος*, sacré, et *γλυφω*, je grave), caractère symbolique et qui contient quelque chose de mystérieux. Les Egyptiens en faisaient un fréquent usage dans ce qui regardait la religion, les sciences et les arts.

HIÉROGLYPHIQUE, adj. des deux genres (*i-éroguelifike*), qui tient de l'*hiéroglyphe*.

HIÉROGLYPHIQUEMENT, adv. (*i-éroguelifikeman*), par *hiéroglyphes*.

HIÉROGRAMMATE, subst. mas. (*i-éroguaramate*) (du grec *ιερος*, sacré, et *γραμμα*, lettre); c'était, chez les Egyptiens, un ordre de prêtres chargés du soin de tracer des figures *hiéroglyphiques*, et de les expliquer. Voy. HIÉROGLYPHE.

HIÉROGRAMMATIQUE, adj. des deux genres (*i-éroguaramatike*), des *hiérogrammes*.

HIÉROGRAMMATISTE, subst. mas. (*i-éroguaramaticete*), scribe sacré chez les anciens Egyptiens.

HIÉROGRAMME, subst. mas. (*i-érogueramo*) (du grec *ιερος*, sacré, et *γραμμα*, lettre, caractère), sorte de caractères sacrés dont était composée l'écriture des Egyptiens.

HIÉROGRAPHE, subst. mas. (*i-éroguerafe*) (du grec *ιερος*, sacré, et *γραφω*, je décris), conservateur des choses sacrées en Egypte; qui les décrit.

HIÉROGRAPHIE, subst. fém. (*i-éroguerafi*) (même étymologie que celle du mot précéd.), description des choses sacrées.

HIÉROGRAPHIQUE, adj. des deux genres (*i-éroguerafike*), qui appartient à l'*hiérographie*.

HIÉROLOGIE, subst. fém. (*i-éroloji*) (en grec *ιερολογια*, fait de *ιερος*, sacré, et de *λογος*, discours), discours, traité sur les choses sacrées.—Bénédiction nuptiale qui était en usage chez les Grecs et chez les Juifs.

HIÉROLOGIQUE, adj. des deux genres (*i-érolojike*), qui appartient à l'*hiérologie*.

HIÉROMANCIE, subst. fém. (*i-éromanci*) (du grec *ιερος*, sacré, et *μαντεια*, divination), divination par le moyen des choses qu'on offrait aux dieux.

HIÉROMANCIEN, adj. mas., au fém. HIÉROMANCIENNE, (*i-éromancicin, ciène*), qui appartient à l'*hiéromancie*; qui avait l'art de deviner par l'inspection des choses offertes.

HIÉROMANCIENNE, adj. fém. Voy. HIÉROMANCIEN.

HIÉROMÉNIE, subst. fém. (*i-éroméni*), t. d'hist. anc., mois des Grecs pendant lequel on célébrait les jeux néméens. Il répond à notre mois de septembre.

HIÉROMNÉMON, subst. mas. (*i-éromcnémon*) (du grec *ιερομνημων*, gardien des archives sacrées, formé de *ιερος*, sacré, et de *μνημη*, mémoire, d'où *μνημειο*, monument, dérivé de *μναομαι*, se souvenir), t. d'hist. anc., député des villes de la Grèce à l'assemblée des amphyctions, pour y exercer les fonctions de greffier sacré.

HIÉROMNÉNON, subst. mas. (*i-éromcnénon*), t. d'antiq., pierre dont on se servait dans les divinations des anciens.

HIÉRON, subst. mas. (*i-éron*) (en grec *ιερος*), enceinte d'un temple et ses dépendances extérieures.—Autel en plein air, sans toit.

HIÉRONIQUE, adj. des deux genres (*i-éronike*) (en grec *ιερονικης*, fait de *ιερος*, sacré, et de *νικη*, victoire), t. d'antiq.; il se dit de certains jeux qui se célébraient chez les Romains en l'honneur des dieux.—Subst., nom qu'on donnait aux vainqueurs dans l'un des quatre grands jeux de la Grèce, et dans les jeux *hiéroniques*.

HIÉROPHANTE, subst. mas. (*i-érofante*) (en grec *ιεροφαντης*, formé de *ιερος*, sacré, et de *φαινω*, je déclare, je manifeste), titre du pontife qui présidait aux mystères d'Eleusis et de quelques autres temples de la Grèce. Ce mot, pris littéralement, signifie celui qui révèle ou explique les choses sacrées. — Au plur. fém., femmes consacrées au culte de Cérès, et qui avaient des fonctions distinctes de celles de l'*hiérophante*.—On appelait aussi *hiérophante* celui qui présidait aux cérémonies qu'on observait quand quelqu'un se faisait initier dans les mystères de la religion païenne. Voy. MYSTÈRES.

HIÉROPHANTIDES, subst. fém. plur. Voyez HIÉROPHANTE, au plur.

HIÉROPHILE, adj. fém. (*i-érofile*), myth., un des surnoms de la sibylle de Cumes. Voy. DÉMOPHILE.

HIÉROPHORE, subst. mas. (*i-érofore*) (du grec *ιερος*, sacré, et *φερω*, je porte), t. d'antiq., celui qui, dans les cérémonies religieuses, portait les statues des dieux et les autres choses sacrées.

HIÉROSCOPE, subst. mas. (*i-érocekope*), sorte de verre dont on se servait dans l'*hiéroscopie*.

HIÉROSCOPIE, subst. fém. (*i-érocekopi*) (en grec *ιεροσκοπια*, fait, dans le même sens, de *ιερος*, sacré, et de *σκοπεω*, j'observe, j'examine), divination qui consistait à examiner tout ce qui se passait dans les sacrifices pour en tirer des présages.—C'est l'art des aruspices.

HIÉROSCOPIEN, adj. mas., au fém. HIÉROSCOPIENNE (*i-érocekopiein, piène*), qui est relatif à l'*hiéroscopie*.—Subst.: *un hiéroscopien, une hiéroscopienne*.—On dit aussi *hiéroscopique*.

HIGHGHATE, subst. fém. (*iguate*), t. d'hist. nat., résine d'un brun jaune, qui tire son nom d'une ville d'Angleterre près de laquelle on la trouve en abondance.

HIGHLANDER, subst. mas. (*ilandère*) (de l'anglais *high*, haut, et *lander*, dérivé de *land*, pays), habitant des montagnes d'Ecosse.

HILARANT, E, adj. (*ilaran*), qui excite l'*hilarité*.

HILARIE, subst. fém. (*ilari*), t. de bot., plante vivace d'Amérique de la famille des graminées.

HILARIES, subst. fém. plur. (*ilari*) (du lat. *hilaris*, pris du grec *ιλαρος*, gai, joyeux), fêtes en l'honneur de Cybèle, qui se célébraient à Athènes et à Rome, avec de grandes démonstrations de joie, le jour de l'équinoxe du printemps.

HILARIEUSE, adj. fém. Voy. HILARIEUX.

HILARIEUX, adj. mas., au fém. HILARIEUSE (*ilarieu, euze*), gai, joyeux. Il est vieux.

HILARITÉ, subst. fém. (*ilarité*) (en lat. *hilaritas*, fait du grec *ιλαρος*, gai, content), joie douce et calme: *une physionomie pleine d'hilarité*. — Gaieté soudaine et inattendue: *hilarité bruyante; cet incident causa un mouvement d'hilarité dans l'assemblée*.

HILARODE, subst. mas. (*ilarode*) (du grec *ιλαρωδος*, fait de *ιλαρος*, gai, et de *ωδη*, chanson, poème), poète qui, chez les anciens Grecs, chantait des vers moins libres que les pièces ioniques, mais néanmoins gais et plaisants.

HILARODIE, subst. fém. (*ilarodi*), pièce de vers faite ou chantée par les *hilarodes*.

HILE, subst. mas. (*ile*) (du lat. *hilum*, petite marque noire qui paraît au haut d'une fève de marais), t. de bot., ombilic de la graine; point superficiel ou cicatrice par laquelle une graine était attachée dans la cavité du péricarpe.

HILLE (H *s'aspire*), subst. mas. (*ile*), t. de bot., arbrisseau rampant de Madagascar.

HILLÉVIONS, subst. propre mas. plur. (*ilelévion*), t. d'hist. anc., anciens peuples du midi de la Suède.

HILOFÈRE, subst. fém. (*ilofère*) (du lat. *hilum*, hile, et *fero*, je porte), t. de bot., pellicule qui recouvre la surface interne du spermoderme.

HILOIRE, subst. fém. (*iloare*), t. de mar., pièce de bois droit qui fait liaison sur les ponts des vaisseaux.

HILON (H *s'aspire*), subst. mas. (*ilon*), t. de médec., tumeur calleuse.

HILOSPERME, adj. et subst. des deux genres (*ilocepèreme*) (du lat. *hilum*, hile, et du grec *σπερμα*, semence), se dit en botanique, 1° des semences grandes, osseuses, marquées d'un ombilic latéral très-long; 2° d'une famille de plantes caractérisées par des semences *hilospermes*.

HILOTE, subst. mas. Voy. ILOTE.

HIMALAYA ou **HIMALAYE**, subst. propre mas. (*imala-ia, la-ie*), chaîne de montagnes de l'Asie, entre l'Hindoustan et la Chine, sur l'un des versants de laquelle le Gange prend sa source. Les sommets de cette chaîne de montagnes sont les plus élevés de la terre.—Myth., résidence terrestre du dieu indien Mahadéva.

HIMANTIE, subst. fém. (*imanti*), t. de bot., genre de plantes dont la fructification est inconnue.

HIMANTOPE, subst. mas. (*imantope*) (du grec *αιμα*, sang, et *πους*, pied), t. d'hist. nat., oiseau aquatique, dont les pieds sont de couleur de sang.—Genre de vers infusoires.

HIMANTOPODE, subst. mas. (*imantopode*), t. d'antiq., peuple fabuleux de l'Ethiopie, qui avait les jambes tortueuses. — T. d'hist. nat., espèce de bécasses.

HIMÉE, subst. fém. (*imé*), t. d'antiq., sorte de mélodie que chantaient ceux qui allaient puiser de l'eau.

HIN, subst. mas. (*ein*), mesure de liquide des Hébreux, environ six pintes.

HINDA, subst. propre mas. (*einda*), idole des Madianites.

HINDOU, **HINDOUSTAN**, **HINDOUSTANIQUE**. Voy. INDOU, INDOUSTAN, INDOUSTANIQUE.

HINGNOH, subst. propre fém. (*cinguenô*), myth., nom de la première femme chez les Hottentots.

HINGUET (H *s'aspire*), subst. mas. (*cinguiè*), t. de mar., pièce de bois qui sert à arrêter le cabestan.

HINNÉ (H *s'aspire*), subst. mas. (*inené*), t. de bot., arbre très-connu en Orient, où on le nomme aussi *al-hinné*, en y joignant l'article arabe.

HINSE, subst. fém. (*eince*), t. de mar., commandement qui se fait en mer pour dire *hisse* ou *tire en haut*.

HINTSCH, subst. mas. (*einteche*), espèce de raisin rougeâtre des bords du Rhin, qui produit du vin médiocre.

HIPNALE, subst. mas. (*ipenale*), t. d'hist. nat., espèce de serpent gris et jaune d'Amérique.

HIPOCISTE, subst. fém. (*ipocicete*), t. de bot., plante parasite.

HIPOPHÈTE, subst. mas. (*ipofète*), t. d'antiq., ordre de ministres qui présidaient aux temples de Jupiter.

HIPOURLE, subst. fém. (*ipourle*), t. de bot., espèce de plante parasite qui s'attache aux gros arbres.

HIPPA, subst. fém. (*ipepa*), t. d'hist. nat., espèce d'écrevisse.

HIPPACE, subst. fém. (*ipepace*) (du grec *ιππακη*, fromage de lait de jument), fromage fort recherché des anciens.

HIPPAGRÈTE, subst. mas. (*ipepaguerite*), t. d'hist. anc., nom donné aux trois magistrats de Lacédémone, chargés de lever la cavalerie.

HIPPANTHROPE, subst. mas. (*ipepantrope*), t. de médec., malade affecté de l'*hippanthropie*.

HIPPANTHROPIE, subst. fém. (*ipepantropi*) (du grec *ιππος*, cheval, et *ανθρωπος*, homme), t. de médec., espèce de maladie par laquelle on se croit transformé en cheval.

HIPPANTHROPIQUE, adj. des deux genres (*ipepantropike*), t. de médec., qui est relatif à l'*hippanthropie*.

HIPPARCHIE, subst. fém. (*ipeparchi*), emploi, fonctions de l'*hipparque*. — T. d'hist. nat., genre d'insectes lépidoptères.

HIPPARCHIQUE, adj. des deux genres (*ipeparchike*), qui est relatif à l'*hipparchie*.

HIPPARQUE, subst. mas. (*ipeparke*) (en grec *ιππος*, cheval, et *αρχη*, commandement), général de cavalerie, chez les anciens.

HIPPE, subst. mas. (*ipe*) (du grec ιππος, cheval), t. d'hist. nat., genre de crustacés de la famille des macroures, dont la forme a quelque rapport avec celle du cheval.

HIPPÉE, subst. fém. (*ipé*), t. d'astron., nom d'une comète chevelue. — Myth., fille du centaure Chiron, métamorphosée en jument, et mise au nombre des astres.

HIPPÉLAPHE, subst. mas. (*ipepélafe*) (du grec ιππος, cheval, et ελαφος, cerf), nom donné par les anciens à une espèce de cerf qui a quelque ressemblance avec le cheval. On l'appelle aussi *cerf des Ardennes*.

HIPPÉNÉMIES, subst. fém. plur. (*ipepénémi*), t. d'hist. anc., œufs de certaines poules que le soleil fécondait.

HIPPIA, subst. fém. (*ipepia*), t. de bot., espèce de plante caryophyllée. — Subst. propre mas., myth., surnom de Minerve.

HIPPIADE, subst. fém. (*ipepiade*), statue de femme à cheval.

HIPPIATRE, subst. mas. (*ipepiâtre*), médecin vétérinaire. Hors d'usage.

HIPPIATRIQUE, subst. fém. (*ipepiatrike*) (du grec ιππος, cheval, et ιατρικη, médecine, dérivé de ιαομαι, guerir), l'art de connaître et de guérir les maladies des *chevaux* et des autres animaux. C'est ce qu'on a appelé plus récemment *art vétérinaire*.

HIPPICE, subst. fém. (*ipepice*), t. de bot., plante qui, selon Pline, ôte aux chevaux la faim et la soif.

HIPPICON, subst. mas. (*ipepikon*) (du grec ιππικον, qui a la même signification), t. d'antiq., intervalle de quatre stades, suivant Plutarque.

HIPPIE, subst fém. (*ipepi*), t. de bot., genre de plante corymbifère.

HIPPIENS, subst. mas. plur. (*ipepiein*), t. d'antiq., sorte de cancres de Phénicie, très-agiles à la course.

HIPPION, subst. mas. (*ipepion*), t. de bot., genre de plantes gentianées.—Subst. propre mas., myth., nom de celui qui enseigna la médecine à Esculape.

HIPPIUS, subst. propre mas. (*ipepiuce*) (du grec ιππος, cheval), myth., surnom de Neptune, et d'un certain *Damœus*, inventeur de l'art de dompter les chevaux et de s'en servir.

HIPPO, subst. propre fém. (*ipepô*), myth., nymphe, fille de l'Océan et de Téthys.

HIPPOBOSQUE, subst. mas. (*ipepoboceke*) (du grec ιππος, cheval, et βοσκω, je mange), t. de bot., genre d'insectes qui s'attachent l'été aux chevaux et aux autres animaux.

HIPPOBOTE, subst. mas. (*ipepobote*), celui qui nourrit des chevaux, qui en possède, et, par extension, homme opulent.—Lieu où l'on nourrit les chevaux, haras.

HIPPOBUS ou **HIPPOTAURUS**, subst. mas. (*ipepobuce, tôruce*) (du grec ιππος, cheval, et βους, bœuf, ou ταυρος, taureau), t. d'hist. nat., animal qui résulte de l'accouplement d'un taureau et d'une jument.

HIPPOCAMPE, subst. mas. (*ipepokanpe*), t. d'hist. nat., petit poisson de mer appelé *cheval marin*. — Au plur., myth., chevaux des dieux marins.

HIPPOCARCIN, subst. mas. (*ipepokarcein*), t. d'hist. nat., crustacé fossile qui a la figure d'une tête de cheval.

HIPPOCENTAURE, subst. mas. (*ipepoçantôre*) (du grec ιππος, cheval, κεντεω, je pique, et ταυρος, taureau; *piqueur de chevaux et de taureaux*), myth., monstre moitié homme, moitié cheval, dont l'existence fabuleuse a eu pour fondement les cavaliers thessaliens, qui s'exerçaient à se battre contre des taureaux qu'ils perçaient de leurs javelots.

HIPPOCOON, subst. propre mas. (*ipepoko-on*), myth., tyran d'Argos, qui fut tué par Hercule.— C'était aussi le nom d'un des héros qui s'assemblèrent pour la chasse du sanglier de Calydon, et celui d'un des gens de la suite d'Énée.

HIPPOCRAS. Voy. **HYPOCRAS**, qui seul se dit.

HIPPOCRATÉE, subst. fém. (*ipepokraté*), t. de bot., genre de plantes qui tirent leur nom d'*Hippocrate*.

HIPPOCRATIES, subst. fém. plur. (*ipepokraci*), myth., fêtes en l'honneur de Neptune.

HIPPOCRATICÉES, subst. fém. plur. (*ipepokraticé*), t. de bot., famille de plantes.

HIPPOCRATIQUE, adj. des deux genres (*ipepok-atike*), se dit, en médecine, de la doctrine d'*Hippocrate*, célèbre médecin grec.

HIPPOCRATISME, subst. mas. (*ipepokraticeme*), philosophie d'*Hippocrate* appliquée à la médecine.

HIPPOCRATISTE, subst. mas. (*ipepokraticete*), partisan de la doctrine d'*Hippocrate*.

HIPPOCRÈNE, subst. fém. (*ipepokrène*) (du grec ιππος, cheval, et κρηνη, fontaine; *fontaine du cheval*), fontaine du mont Hélicon, en Béotie, qui était consacrée aux Muses, et que le cheval Pégase avait, selon la fable, fait jaillir d'un coup de pied.—T. d'hist. nat., genre de coquilles, la rostellaire à grandes ailes.

HIPPOCRÉNÉEN, adj. mas., au fém. **HIPPOCRÉNÉENNE** (*ipepokréné-ein, ène*), qui est relatif à la fontaine d'*Hippocrène*.

HIPPOCRÉNÉENNE, adj. fém. Voy. **HIPPOCRÉNÉEN**.

HIPPOCRÈNES ou **HIPPOCRÉNIDES**, subst. propre fém. plur. (*ipepokrène, krénide*), myth., surnom des Muses.

HIPPOCRÈPE, subst. fém. (*ipepokrèpe*), t. de bot., genre de plantes légumineuses à fleurs axillaires.

HIPPOCTONIEN ou **HIPPOCTONIUS**, subst. propre mas. (*ipepoketonieiu, toniuce*) (du grec ιππος, cheval, et θυω, tuer), myth., surnom d'Hercule, parce qu'il avait tué les chevaux de Diomède.

HIPPOCURIUS, subst. propre mas. (*ipepokuriuce*), myth., surnom sous lequel Neptune avait un temple à Sparte.

HIPPODAMAS, subst. propre mas. (*ipepodamâce*), myth., un des fils de Priam.

HIPPODAMIE ou **HIPPODAME**, subst. propre fém. (*ipodami, dame*), myth., fille d'OEnomaüs, roi d'un canton de l'Élide. Elle fut recherchée de tous les princes de la Grèce, mais son père la chérissait à un tel point, que pour la conserver, il déclara qu'il ne la donnerait qu'à celui qui le vaincrait à la course, se croyant assuré de la victoire parce qu'il possédait le char et les chevaux les plus rapides du pays. Il voulut qu'*Hippodamie* montât sur le char des prétendants, afin que la vue de ses charmes leur fît négliger les moyens de vaincre en captivant leur attention, et mit pour condition de la lutte que le vaincu serait mis à mort. Il vainquit et tua ainsi jusqu'à treize princes. Mais le quatorzième, Pélops, fut vainqueur, grace aux chevaux immortels que lui avaient donnés les dieux irrités contre OEnomaüs; d'autres disent que le char de celui-ci se rompit par la trahison de son écuyer Myrtile, qu'avait gagné Pélops. Le roi périt, et le vainqueur épousa *Hippodamie*. — Une autre *Hippodamie*, surnommée *Briséis*, du nom de son père *Brisès*, et captive d'Achille, fut la cause de la fameuse querelle de ce prince avec Agamemnon. — Il y en eut encore une autre, célèbre par sa beauté, qui épousa Pirithoüs. Les Centaures et les Lapithes, invités à ses noces, ayant voulu l'enlever, ainsi que les autres femmes qui s'y trouvaient, ils furent défaits et tués par Hercule et Thésée.

HIPPODÈLE ou **HIPPODOTE**, subst. propre mas. (*ipepodèle, dote*), myth.; Hercule fut ainsi surnommé, pour avoir attaché les chevaux des Orchoméniens, dont il rendit la cavalerie inutile dans une bataille que les Béotiens, aidés de cette ruse, gagnèrent sur eux.

HIPPODROME, subst. mas. (*ipepodrome*) (du grec ιππος, cheval, et δρομος, course), lice où l'on disputait le prix de la course des chevaux et où on les exerçait : *l'hippodrome de Constantinople*. Les Turcs lui donnent aujourd'hui le nom d'*At-meidan*, qui signifie *place aux chevaux*.

HIPPODROMIE, subst. fém. (*ipepodromi*), course de chevaux dans un *hippodrome*; art de les diriger.

HIPPOGÉRANES, subst. mas. plur. (*ipepoiérane*), selon Lucien, peuple qui habite les astres.

HIPPOGLOSSE, subst. mas. (*ipepogueloce*) (du grec ιππογλωσσον, formé de ιππος, cheval, et de γλωσσα, langue), t. de bot., sorte de plante.

HIPPOGLOTTIDE ou **HIPPOGLOTTITE**, subst. fém. (*ipepoguelotide, tite*), t. de médec., glande sous la langue.

HIPPOGRIFFE, subst. mas. (*ippepoguerife*) (du grec ιππος, cheval, et du latin *gryphus*, en grec γρυψ, griffon), monstre fabuleux, moitié cheval et moitié griffon, célèbre par l'*Arioste*, dans son poème de *Roland furieux*.

HIPPOGROSTIDE, subst. fém. (*ipepoguerocetide*), t. de bot., plante qui paraît être le panic ouvert de *Linnée*.

HIPPOGYPES, subst. mas. plur. (*ipepojipe*), selon *Lucien*, peuple fabuleux qui habitait la lune.

HIPPOLAÏS, subst. mas. (*ipepolà-ice*), t. d'hist. nat., nom de plusieurs fauvettes et pouillots.

HIPPOLAPATHE, subst. fém. (*ipepolapate*) (en grec ιππολαπαθον, grand lapathum, fait de ιππος qui souvent, dans la composition, augmente la signification des mots auxquels il est joint, et de λαπαθον, lapathum), t. de bot., patience sauvage, rhubarbe des moines.

HIPPOLÆTIS, subst. propre fém. (*ipepolétice*), myth., surnom de Minerve, pris du culte qu'on lui rendait à *Hippola*, ville de la Laconie.

HIPPOLITHE, subst. fém. (*ipolite*) (du grec ιππος, cheval, et λιθος, pierre), pierre jaune qu'on trouve dans les intestins ou dans la vessie d'un cheval.

HIPPOLOQUE, subst. propre mas. (*ipoloke*), myth., fils de Bellérophon et père de Glaucus. —C'était aussi le nom d'un Troyen tué par Agamemnon.

HIPPOLYTE, subst. propre mas. (*ipolite*), myth., fils de Thésée et d'Antiope, reine des Amazones, aussi appelée *Hippolyte*, qu'Hercule donna à Thésée, après avoir vaincu ces femmes guerrières. *Hippolyte* aimait si passionnément la chasse, qu'il n'était sensible à aucun autre plaisir. Phèdre, sa belle-mère, pour se venger de ce qu'il avait refusé de répondre à la passion criminelle qu'elle avait pour lui, l'accusa auprès de Thésée d'avoir voulu attenter à son honneur; et, pour donner à cette calomnie un air de vérité, elle lui montra l'épée qu'elle avait prise à ce jeune prince, pour s'en percer elle-même de désespoir, si sa nourrice ne l'en eût empêchée. Thésée conjura Neptune de le venger d'un fils qu'il croyait coupable, et lorsqu'*Hippolyte*, monté sur un char, approcha de la mer, un monstre marin parut tout-à-coup sur le rivage, et effraya tellement les chevaux, qu'ils prirent la fuite. Le char se fracassa, et ce prince fut traîné à travers les rochers, où il périt. Esculape, à la prière de Diane, lui rendit la vie, et cette déesse le nomma Virbius.—Il y eut un autre *Hippolyte*, l'un des géants qui firent la guerre à Jupiter.—La femme d'Acaste se nommait encore *Hippolyte*.

HIPPOLYTION, subst. mas. (*ipolicion*), myth., temple que *Phèdre* fit bâtir, en l'honneur de *Vénus*, sur une montagne près de Trézène, et d'où elle allait contempler *Hippolyte*, chassant dans la plaine. On l'appela dans la suite le temple de *Vénus spéculatrice*, en latin *speculatrix*, qui regarde.

HIPPOMALGUE, subst. propre mas. (*ipepomalgue*) (du grec ιππος, cheval, et αμελγω, je trais), peuple scythe nomade qui se nourrissait de lait de jument.

HIPPOMANCIE, subst. fém. (*ipepomanci*) (du grec ιππος, cheval, et μαντεια, divination), t. d'antiq., divination par les chevaux, exercée surtout chez les Celtes.

HIPPOMANCIEN, adj. mas., au fém. **HIPPOMANCIENNE** (*ipepomancieìn, ciène*), qui est relatif à l'*hippomancie*.

HIPPOMANCIENNE, adj. fém. Voy. **HIPPOMANCIEN**.

HIPPOMANE, subst. mas. (*ipepomane*) (du grec ιππομανης, formé de ιππος, cheval, et de μανια, fureur), t. d'antiquité : 1° sorte de liqueur qui découle des parties naturelles d'une jument en chaleur; 2° excroissance de chair adhérente à la tête du poulain nouvellement né, et que la mère dévorait sur-le-champ, sans quoi elle devenait furieuse. Ces deux sortes d'*hippomanes* servaient à composer un philtre aphrodisiaque qu'on croyait très-puissant.

HIPPOMANÈS, subst. mas. (*ipepomanèce*) (du grec ιππος, cheval, et μανια, fureur), t. de bot., nom donné anciennement à des plantes remarquables par leurs qualités vénéneuses. L'*hippomanès* de Cravata, cité par Hippocrate, paraît être une espèce de stramoine; l'*hippomanès* de Théophraste est considéré comme une espèce d'euphorbe.—*Linnée* a donné au genre du mancenillier le nom d'*hippomanès*.

HIPPOMANIE, subst. fém. (*ipepomani*), t. de médec. vétér., espèce de frénésie ou de rage qui attaque quelquefois le cheval.

HIPPOMANIQUE, subst. fém. (*ipepomanike*), t. de bot., plante vénéneuse du Chili, qui croît dans les pâturages.

HIPPOMARATHON, subst. mas. (*ipepomaraton*), t. de bot., espèce de *marathon* sauvage.

HIPPOMÉDON, subst. propre mas. (*ipepomédon*), myth., fils de Lysimachus et de Nasica, fut un des sept princes qui firent le fameux siége de Thèbes.

HIPPOMÉLIDE, subst. fém. (*ipepomélide*), t. de bot., famille de plantes connues des anciens.

HIPPOMÉLIS, subst. mas. (*ipepomélice*), t. de bot., espèce d'alizier.

HIPPOMÈNE, subst. propre mas. (*ipepomène*), myth., prince grec, fils de Macarée et de Mérope, si chaste, qu'il se retira dans les bois et dans les montagnes pour ne point voir de femmes. Mais ayant un jour rencontré Atalante à la chasse, il la suivit, et se mit au nombre de ceux qui recherchaient cette princesse en mariage. Il l'épousa après l'avoir vaincue à la course.

HIPPOMOLGUES, subst. mas. plur. (*Raymond.*) Voy. HIPPOMALGUE.

HIPPOMYRMÉGE, subst. mas. (*ipepomirmèje*), peuple imaginaire, monté sur des fourmis, que *Lucien* place dans le soleil.

HIPPOPATHOLOGIE, subst. fém. (*ipepopatoloji*) (du grec ιππος, cheval, παθος, affection, et λογος, discours), t. de médec., traité, connaissance des maladies du cheval.

HIPPOPATHOLOGIQUE, adj. des deux genres (*ipepopatolojike*), t. de médec., qui est relatif à *l'hippopathologie*.

HIPPOPATHOLOGISTE, subst. mas. (*ipepopatolojicete*), celui qui étudie, connaît ou décrit les maladies du cheval.

HIPPONE ou **ÉPONE**, subst. propre fém. (*ipepone, épone*), myth., déesse regardée par les anciens comme une divinité qui avait un soin particulier des chevaux.

HIPPOPE, subst. mas. (*ipepope*), t. d'hist. nat., genre de coquilles bivalves de la mer des Indes.

HIPPONOME, subst. propre fém. (*ipeponome*), myth., mère d'Amphitryon. Elle se nommait aussi *Hippomène*.

HIPPONOÜS, subst. propre mas. (*ipepono-uce*), myth., fils d'Adraste, qui se brûla pour obéir à un oracle.

HIPPOPÈRES, subst. mas. plur. (*ipepopère*) (du grec ιππος, cheval, πηρα, sac), bougettes de cuir qu'on met sur un cheval au lieu de valise.

HIPPOPHAÈS, subst. mas. (*ipepofa-èce*) (du grec ιπποφαες, vie ou conservation du cheval, formé de ιππος, cheval, et de φαος, lumière, salut, secours), t. de bot., arbrisseau de cinq à six pieds, à fleur monopétale, qui se plaît dans les terreins humides et sablonneux. La gomme qu'il fournit était employée autrefois dans l'art vétérinaire.

HIPPOPHESTE, subst. mas. (*ipopefécete*) (du grec ιπποφαιστον, qui a la même signification), t. de bot., plante qui sert aux foulons; son suc est bon contre l'épilepsie et dans les faiblesses de nerfs.

HIPPOPHAGE, subst. mas. (*ipepofaje*) (du grec ιππος, cheval, et φαγω, je mange), t. d'hist. anc., nom que les Grecs donnaient aux Scythes, qui se nourrissaient de la chair de cheval.

HIPPOPHAGIE, subst. fém. (*ipepofaji*) (même étym. que celle du mot précéd.), habitude de manger la chair du cheval.

HIPPOPHAGIQUE, adj. des deux genres (*ipepofajike*), qui est relatif à *l'ippophagie*; *désir hippophagique*.

HIPPOPHIE, subst. fém. (*ipepofi*), t. de bot., plante qui produit des grappes comme le lierre.

HIPPOPODE, subst. mas. (*ipepopode*) (du grec ιππος, cheval, et πους, gén. ποδος, pied), homme fabuleux qui avait des pieds de cheval.

HIPPOPOTAME, subst. mas. (*ipepopotame*) (en grec ιπποποταμος, formé de ιππος, cheval, et de ποταμος, fleuve, à cause 1° de sa course rapide et du séjour qu'il fait dans les fleuves; 2° de son cri, qui a quelque rapport avec celui du cheval), t. d'hist. nat., animal amphibie commun en Afrique, et qui n'a point encore été dompté. C'est une espèce de mammifère pachyderme, qu'on nomme aussi *vache marine*.—Sur les médailles, symbole du Nil et de l'Egypte.

HIPPOPOTOME, subst. mas. (*ipepopotome*), t. d'hist. nat., genre de mammifères d'un naturel stupide et grossier, et qui se rapprochent beaucoup du cochon. Il y a deux espèces d'*hippopotomes* fossiles.

HIPPORHIS, subst. mas. (*ipeporice*), t. de bot., genre de plantes appelé aussi *satyrion*.

HIPPORITE, subst. fém. (*ipeporite*), t. d'hist. nat., pierre argileuse qui a la forme d'une queue de cheval.

HIPPOS ou **HIPPUS**, subst. mas. (*ipepôce, ipepuce*) (du grec ιππος, cheval), t. de médec., nom donné par *Hippocrate* à un clignotement continuel des yeux, tel qu'on l'observe dans les personnes qui sont à cheval.

HIPPOSTÉOLOGIE, subst. fém. (*ipepoceté-oloji*) (du grec ιππος, cheval, οστεον, os, et λογος, discours), ostéologie du cheval, traité, description des os de cet animal. On dit aussi *hippostéographie*.

HIPPOSTÉOLOGIQUE, adj. des deux genres (*ipepoceté-olojike*), qui est relatif à *l'hippostéologie*.

HIPPOSTÉOLOGISTE, subst. mas. (*ipepoceté-olojicete*), celui qui s'occupe d'*hippostéologie*.

HIPPOTADÈS, subst. propre mas. (*ipepotadèce*), myth., surnom d'Eole, petit-fils d'*Hippotès*.

HIPPOTÈS, subst. propre mas. (*ipepotèce*), myth., père d'Egeste, et aïeul d'Éole.—Ce fut aussi le nom d'un prince grec qui s'attira la colère d'Apollon pour avoir tué un de ses prêtres.

HIPPOTHOÉ, subst. propre fém. (*ipepoto-é*), myth., fille de Nestor et de Lysidice, fut une des femmes de Neptune qui en eut Taphius. — Nom d'une Amazone, d'une Néréide et d'une fille de Danaüs.

HIPPOTHOON, **HIPPOTHON** ou **HIPPOTHOÜS**, subst. propre mas. (*ipepoto-on, ton, to-uce*), myth., fils de Neptune et d'Alope. Sa mère et son aïeul Cercyon l'ayant successivement fait exposer, il fut nourri par une jument, et trouvé par des bergers qui l'élevèrent. Thésée, ayant tué Cercyon, rétablit *Hippothoon* sur le trône de son aïeul.

HIPPOTHOONTIS, subst. mas. (*ipepoto-ontice*), t. d'hist. anc., une des tribus chez les Athéniens.

HIPPOTIS, subst. mas. (*ipepotice*), t. de bot., genre de plantes rubiacées, espèce d'arbrisseau du Pérou.

HIPPOTOME, subst. mas. (*ipepotome*), celui qui s'occupe d'*hippotomie*.

HIPPOTOMIE, subst. fém. (*ipepotomi*) (du grec ιππος, cheval, et τεμνω, je coupe), anatomie du cheval.

HIPPOTOMIQUE, adj. des deux genres (*ipepotomike*), qui est relatif à *l'hippotomie*.

HIPPOTOMISTE, subst. mas. Voy. HIPPOTOME.

HIPPOTOXOTE, subst. mas. (*ipepotokçote*) (du grec ιππος, cheval, et τοξον, arc), t. d'hist. anc., chez les Grecs, cavalier armé d'un arc.

HIPPRO, subst. mas. (*ipepro*), t. de bot., espèce de peuplier.

HIPPURINE, subst. fém. (*ipepurine*), t. de bot., genre de plantes, espèce de varec.

HIPPURIS, subst. mas., ou **QUEUE-DE-CHAT**, subst. fém. (*ipepurice*), t. de bot., genre de plantes qui renferme des espèces de prêles et de charagnes.

HIPPURITE, subst. fém. (*ipepurite*), t. d'hist. nat., genre de coquilles fossiles de la classe des univalves. — Espèce de pierre qui porte l'empreinte d'une prêle.

HIPPURUS, subst. mas. (*ipepuruce*) (du grec ιππος, cheval, et ουρα, queue), t. d'hist. nat., poisson de l'Océan qui a quelque ressemblance avec une queue de cheval.

HIPPUS, subst. mas. Voy. HIPPOS.

HIPTAGE, subst. mas. (*ipetaje*), t. de bot., arbrisseau de la côte de Malabar dont les fleurs, qui sont d'une extrême beauté, sont employées par les naturels pour parer les autels de leurs dieux.

HIRCIN, **E**, adj. (*ircein, cine*) (en lat. *hircinus*, formé de *hircus*, bouc), qui tient du bouc : *odeur hircine*.

HIRCIPÈDE, adj. des deux genres (*ircipède*) (du lat. *hircus*, bouc, et *pes*, gén. *pedis*, pied), qui a des pieds de bouc.—Il est aussi subst. mas.

* **HIRCIPÈLE**, adj. des deux genres (*ircipèle*) (en lat. *hircipilus*), velu comme un bouc.

* **HIRCOSITÉ**, subst. fém. (*irkôzité*) (du lat. *hircosus*, qui sent le bouc), puanteur, odeur de bouc.

HIRCULATION, subst. fém. (*irkulâcion*) (en lat. *hirculatio*, fait de *hircus*, bouc, qui a la même signification), t. d'économie rurale, maladie de la vigne, qui devient stérile par suite d'un engrais trop actif.

HIRÉE, subst. fém. (*iré*), t. de bot., genre de plantes assez semblables aux molinas.

HIRIE ou **HYRIÉ**, subst. fém. (*iri, irié*), myth., nymphe d'Arcadie. Elle pleura tant la perte de son fils, qui se précipita du haut d'un rocher, pour n'avoir pu obtenir un jeune taureau d'un de ses amis, qu'elle fondit en larmes et fut changée en un lac qui porta son nom.

HIRNELLE, subst. fém. (*irnèle*), t. d'antiq., vase en usage dans les sacrifices des anciens.

HIRONDE, subst. fém. (*ironde*), ancien nom vulgaire des *hirondelles*. Hors d'usage.

HIRONDELLE, subst. fém. (*irondèle*) (en latin *hirundo*), t. d'hist. nat., oiseau de passage, qui paraît ordinairement au printemps, fait son nid dans les bâtiments, et disparaît en hiver. Il est de l'ordre des passereaux et de la famille des planirostres.—T. d'hist. nat., poisson de mer qui a de grandes nageoires, comme les ailes des *hirondelles*.—Sorte de coquillage de mer.—*Hirondelle de mer* se dit de certains oiseaux de mer qui ont quelque ressemblance avec les *hirondelles*.—Prov. et fig. : *une hirondelle ne fait pas le printemps*, on ne peut rien conclure d'un seul exemple. — Myth., voy. PROGNÉ.—*Pierre d'hirondelle*, pierre qu'on employait dans les maladies des yeux.

HIRPES ou **HIRPIES**, subst. fém. plur. (*irpe, pi*), chez les Romains, familles de race sabine qui étaient exemptes de charges parce qu'elles fournissaient des prêtres qui, dans les sacrifices offerts à Apollon, marchaient sur des charbons ardents sans se brûler.

HIRPIEN, subst. mas. (*irpiein*), t. d'hist. anc., peuple sabin.

HIRPINIEN, subst. mas. (*irpiniein*), t. d'hist. anc., peuple sarmate qui habitait en Italie.

* **HIRSUTÉ**, **E**, (*h s'aspire*), adj. (*irçuté*) (en lat. *hirsutus*), t. de bot., garni de poils longs, roides et non alvéolés.

HIRTÉE, subst. fém. (*irté*), t. d'hist. nat., genre d'insectes lépidoptères, de la famille des hydromies, qui paraissent à des époques périodiques en quantités innombrables.

HIRTELLE, subst. fem. (*irtèle*), t. de bot., genre de plantes de Cayenne.

HISCEN, subst. mas. (*icecène*), instrument de musique des Chinois; c'est un œuf de terre cuite, creux et percé de cinq trous.

HISINGÈRE, subst. mas. (*izeinjère*), t. de bot., arbre de Saint-Domingue.

HISPANIE, subst. propre fém. (*icepagnie*), ancien nom de l'Espagne.

HISPANIQUE, adj. des deux genres (*icepanike*), qui a rapport à l'Espagne, qui s'appelait *Hispanie*.

HISPANISME, subst. mas. (*icepaniceme*), idiotisme, locution particulière à la langue espagnole.

HISPE, subst. mas. (*icepe*), t. d'hist. nat., genre d'insectes coléoptères.

HISPIDE, adj. des deux genres (*icepide*) (en lat. *hispidus*), t. de bot., velu, couvert de poils rudes et épars : *une tige hispide*.

HISPIDELLE, subst. fém. (*icepidèle*), t. de bot., genre de plantes à fleurs semi-flosculeuses, très-hérissée dans toutes ses parties.

HISPIDITE, subst. fém. (*icepidite*), t. de médec., état d'une partie qui est trop couverte de poil.—Maladie des paupières, nommée autrement *distichiasis*.

HISSÉ, **E**, part. pass. de *hisser*.

HISSER (*h s'aspire*), v. act. (*icé*), hausser, faire monter, élever. Il se dit surtout en t. de mar.: *hisser une voile; hisser son pavillon*. — *se* HISSER, v. pron., se hausser, monter avec peine : *je me hissai jusqu'à la fenêtre*.

HISSON, subst. mas. (*içon*), t. de mar.; les Levantins appellent ainsi la drisse de l'antenne de trinquet. (*Laveaux.*)

HIST., abréviation du mot *histoire*.

HISTER, subst. mas. (*icetère*), t. d'hist. nat., nom latin des insectes du genre des escarbots.

HISTÉRIDE, subst. mas. (*icetéride*), t. d'hist. nat., tribu d'insectes coléoptères.

HISTIODROME, subst. mas. (*iceti-odrome*), (du grec ιστιον, voile de navire, et δρομος, course), t. d'antiq., navire de course, à voile.

HISTIODROMIE, subst. fém. (*iceti-odromi*) (même étym. que celle du mot précédent), l'art de la navigation par le moyen des voiles.

HISTIODROMIQUE, adj. des deux genres (*iceti-odromike*), qui est relatif à *l'histiodromie*.

HISTOGÈNE, adj. des deux genres (*icetojène*) (du grec ιστος, toile, tissu, et γενος, genre, nature), t. de médec., sédit de la substance animale, génératrice des tissus vivants.

HISTOGÉNIE, subst. fém. (*icetojéni*), t. de médec., formation des tissus organiques du corps humain.

HISTOGÉNIQUE, adj. des deux genres (*icetojénike*), t. de médec., qui est relatif à *l'histogénie*.

HISTOGRAPHE, subst. mas. (*icetoguerafe*), celui qui étudie ou décrit *l'histographie*.

HISTOGRAPHIE, subst. fém. (*icetoguerafi*) (du grec ιστος, toile, tissu, et γραφω, je décris), t. de médec., description, traité sur la formation des tissus organiques.

HISTOGRAPHIQUE, adj. des deux genres (*icetoguerafike*), t. de médec., qui est relatif à *l'histographie*.

HISTOIRE, subst. fém. (*icetoare*) (en grec ιστορια, en lat. *historia*), récit des faits donnés pour vrais, par opposition à la *fable*, qui est le récit des faits donnés pour faux. Il se dit proprement des choses et des actions dignes de mémoire.—En parlant de l'auteur d'une *histoire*, on dit : *l'histoire de Salluste, l'histoire de Tite-Live*, et on entend par là l'*histoire* écrite par *Salluste*, par *Tite-Live*; mais quand on dit : *l'histoire d'Alexandre, l'histoire de Louis XII, l'histoire de Charles-Quint*, on entend par là le récit des actions mémorables de ces souverains.—*Histoire* se dit absolument des ouvrages d'*histoire* en général et de la connaissance des faits que rapportent les *historiens* : *lire, étudier, enseigner l'histoire*.—Par extension, 1° récit d'aventures particulières : *il nous a conté son histoire, l'histoire de sa vie*; 2° description des choses naturelles : *histoire des animaux, des plantes, des minéraux*.—*Histoire naturelle* signifie absolument les sciences, la connaissance des divers êtres, des diverses productions de la nature, et particulièrement des animaux : *traité, leçons, cabinet d'histoire naturelle*.—Genre de peinture qui tient le premier rang : *tableau, peinture d'histoire*.—On dit d'un homme dont la vie et les actions nous sont connues : *je sais bien son histoire*; et s'il s'agit d'un fait isolé, *je sais son histoire*.—Fig. et fam.: *c'est mon histoire que vous contez là; voilà mon histoire*, se dit pour faire entendre qu'il y a une grande conformité entre ce qu'une personne raconte, et ce qu'on a éprouvé soi-même. — On dit par analogie : *c'est l'histoire de tous les débauchés, de tous les joueurs*, etc., en citant un fait ordinaire aux débauchés, aux joueurs.—*Ce n'est pas le plus beau de son histoire*, signifie fig. et fam., ce n'est pas ce qu'il y a de plus avantageux ou de plus honorable pour lui.—Fam., *le plus beau de l'histoire*, le fait le plus remarquable, le plus bizarre d'une aventure, d'une affaire. — On dit encore familièrement, pour exprimer le doute ou l'incrédulité sur ce qu'une personne raconte ou affirme : *c'est une histoire; ce sont des histoires; quelle histoire nous faites-vous là?*—*A ce que dit l'histoire*, ou simplement, *dit l'histoire*, c'est-à-dire, à ce que l'on raconte.—Fam., *voilà bien des histoires*, des difficultés et des embarras ou des cérémonies, des façons.—*C'est une autre histoire*, c'est une autre chose; ce n'est pas de cela qu'il s'agit. — *Voilà bien une autre histoire*, voilà un nouvel embarras, une nouvelle difficulté, un nouvel incident qu'on n'avait pas prévu. — Myth., les anciens avaient fait de l'*histoire* une des neuf Muses sous le nom de *Clio*. Voy. ce mot.—HISTOIRE, FASTES, CHRONIQUE, ANNALES, MÉMOIRES, COMMENTAIRES, RELATIONS, ANECDOTES, VIE. (*Syn.*) *L'histoire* est l'exposition ou la narration liée et suivie des faits et des événements mémorables. Les *fastes* sont des espèces de tablettes ou des notes, des inscriptions, des nomenclatures, en un mot, des souvenirs des changements authentiques dans l'ordre public. La *chronique* est l'*histoire* des temps, ou l'*histoire* divisée selon l'ordre des temps. Les *annales* sont des chroniques divisées par années. Les *mémoires* sont les matériaux de l'*histoire*. Les *commentaires* sont des canevas d'*histoire*, ou des mémoires sommaires. La *relation* est le récit ou le rapport circonstancié d'un événement, d'un traité, etc. Les *anecdotes* sont des recueils de faits secrets, de particularités curieuses, propres à éclairer les mystères de la politique, et à développer les ressorts cachés des événements. La *vie* est l'*histoire* de l'homme dans tous les moments et dans toutes les circonstances.

HISTONOMIE, subst. fém. (*icetonomi*) (du grec ιστος, toile, tissu, et νομος, loi), t. de médec., exposé des règles qui concernent la formation des tissus organiques.

HISTONOMIQUE, adj. des deux genres (*icetonomike*), qui est relatif à l'*histonomie*.

HISTORIAL, E, adj. (*icetori-ale*), qui contient quelque point d'*histoire*. — Il a vieilli, et ne se trouve guère que dans des phrases peu usitées maintenant : *le miroir historial de Vincent de Beauvais*.—Au plur. mas., *historiaux*; cependant nous n'en trouvons pas d'exemple; mais c'est pour éviter d'ajouter ici une difficulté.

HISTORIÉ, E, part. pass. de *historier*, et adj.; se dit proprement, en peinture, d'un portrait qui représente son original sous un costume emprunté de l'*histoire* ou de la fable, ou occupé à quelque action qui lui donne de l'intérêt et du mouvement. —Orné, enjolivé : *une bible historiée; lambris trop historié; un cabinet historié*.

HISTORIEN, subst. mas., **HISTORIENNE**, subst. fém. (*icetori-ein, ri-ène*), celui, celle qui écrit l'*histoire*. *L'Académie* refuse un fém. à ce mot.

HISTORIENNE, subst. fém. Voy. HISTORIEN.

HISTORIER, v. act. (*icetori-é*), enjoliver de divers petits ornements : *faire historier un lambris*.—En peinture, *historier* un portrait.—S'HISTORIER, v. pron.

HISTORIETTE, subst. fém. (*icetori-ète*), petite *histoire*; narration de quelque aventure peu importante et souvent mêlée de fiction.

HISTORIOGRAPHE, subst. des deux genres (*icetori-oguerafe*) (du grec ιστορια, histoire, et γραφω, j'écris), celui qui est dénommé pour écrire l'*histoire* d'une ville, d'un pays, d'un règne, etc.—HISTORIOGRAPHE, HISTORIEN. (*Syn.*) Le propre d'un *historiographe* est de rassembler les matériaux, et on est *historien* quand on les met en œuvre. — Le premier peut tout amasser; le second, choisir et arranger.—*L'historiographe* tient plus de l'analyste simple; l'*historien* semble avoir un champ plus libre pour l'éloquence.

HISTORIOGRAPHER, v. neut. (*icetori-oguerafé*), faire le métier d'*historiographe*. (Volt.)

HISTORIOGRAPHERIE, subst. fém. (*icetori-oguerraferi*), fonctions d'*historiographe*. Il ne se dit qu'ironiquement. (*Boiste*.)

HISTORIOGRAPHIE, subst. fém. (*icetorioguerafi*), art d'écrire l'*histoire*.

HISTORIOGRAPHIQUE, adj. des deux genres (*icetori-oguerafike*), qui concerne l'*historiographie*, l'*historiographe*.

HISTORIOLOGUE, subst. mas. (*icetori-ologue*), mauvais *historien*. Inusité.

HISTORIQUE, adj. des deux genres (*icetorike*), qui a rapport, qui appartient à l'*histoire* : *style, narration, recueil historique; dictionnaire historique; précis, faits, mémoires historiques; études historiques*.—*Un nom historique*, est un nom qui a quelque célébrité dans l'*histoire*. —On appelle *musée historique*, celui où tous les objets d'arts qu'on y a réunis sont relatifs à l'*histoire* : *le musée historique de Versailles*.—*Cela est historique*, se dit d'actions, d'événements qui ne sont point imaginaires, de faits qui ont réellement eu lieu.—On appelle *pièce historique, roman historique*, une pièce de théâtre, un roman dont le sujet est tiré de l'*histoire*, dont le fond est *historique*. On dit, dans un sens analogue, *personnage historique*. — *Les temps historiques* se dit par opposition aux *temps fabuleux*. — Il est aussi employé subst. au mas., et il signifie : le détail des faits dans leur ordre et leurs circonstances.

HISTORIQUEMENT, adv. (*icetorikeman*), d'une manière *historique*.

HISTRION, subst. mas. (*icetri-on*) (du latin *histrio*, formé du mot étrusque *hister*, danseur, baladin, parce que c'est d'Étrurie, aujourd'hui la Toscane, que les jeux scéniques furent apportés à Rome vers l'an 390), farceur, bouffon. — Il ne se dit plus que par mépris d'un mauvais comédien.

HISTRIONIE, subst. fém. (*icetri-oni*), profession de comédien. Il se dit en mauvaise part. On dit aussi *histrionisme*.

HISTRIONIQUE, adj. des deux genres (*icetrionike*), de l'*histrion*. (Voltaire.)

HITIDZIS, subst. mas. (*itidezice*), charme, talisman que fabriquent les prêtres de Madagascar.

HIVER, subst. mas. (*ivère*) (suivant *Ménage*, de *hibernum*, que, dans la basse latinité, on a dit pour *hiems*, comme *vernum* pour *ver*, le printemps), la plus froide des quatre saisons de l'année et qui commence, selon les astronomes, vers le vingt-deux de décembre, et finit vers le vingt et un de mars.—Au fig., l'*hiver de l'âge*, la vieillesse :

> Je sais que vos appas, encor dans leur printemps,
> Pourraient s'effaroucher de l'*hiver* de mes ans.
> VOLTAIRE, *Mérope*.

—Il se dit aussi fig. pour année, en parlant d'une personne âgée ou d'un espace de temps un peu long : *il comptait déjà soixante hivers*. — En t. militaires, *semestre d'hiver*, semestre qui commence le premier octobre, le premier janvier, ou à quelque autre époque de l'*hiver*, selon les différents corps où il est d'usage de faire le service par semestre.—Prov. et fig., *il n'a pas besoin d'un fort hiver*, se dit d'un homme d'une complexion faible et délicate, ou qui est si mal dans ses affaires, que le moindre accident peut le ruiner.—On dit aussi prov. et fig. : *mi-mai, queue d'hiver*, le froid se fait souvent sentir au mois de mai.—En t. de guerre, *mettre des troupes en quartier d'hiver*, les disperser en cantonnements, pendant le temps où la saison ne permet pas de se battre : *l'armée prit ses quartiers d'hiver*.—On appelle *fruits d'hiver*, les fruits qui ne sont bons à manger qu'en *hiver* : *poire de bon-chrétien d'hiver*.—*Hiver* se dit aussi quelquefois seulement par rapport au froid qu'il fait dans cette saison ; c'est dans cette acception qu'on dit que *l'hiver est avancé* ou *qu'il est tardif*, que *l'hiver est long*, que *l'hiver est doux*. Et même, lorsque dans cette saison l'*hiver* ne se fait point sentir, on dit *qu'il n'y a point d'hiver*.— Myth, subst. propre mas., divinité allégorique qui présidait aux glaces et aux frimas. On le représentait sous la figure d'un homme tout couvert de glaçons, ayant la chevelure et la barbe blanches, et dormant dans une grotte ; quelquefois sous la figure d'une femme assise auprès d'un grand feu, avec des habits doublés de peaux de moutons, et souvent aussi sous la figure d'un vieillard qui se chauffe.

HIVERNADE, subst. fém. (*ivèrenade*), action de passer l'*hiver* dans un pays.

HIVERNAGE, subst. mas. (*ivèrenaje*), t. de mar., temps que l'on passe en relâche pendant l'*hiver*.—Port bien abrité où les bâtiments peuvent relâcher pendant la mauvaise saison.— Labour donné avant l'*hiver*. — Aux colonies, les mois de pluie et d'*hiver*.

HIVERNAL, E, adj. (*ivèrenale*), qui est d'*hiver*, qui vient d'*hiver*. — Au plur. mas., *hivernaux*.

HIVERNANT, E, adj. (*ivèrenan*), t. d'hist. nat., se dit des animaux qui passent l'*hiver* dans un état d'engourdissement et de sommeil.

HIVERNATION, subst. fém. (*ivèrenâcion*), engourdissement des animaux pendant l'*hiver*.

HIVERNAUX, adj. mas. plur. Voy. HIVERNAL.

HIVERNÉ, E, part. pass. de *hiverner*.

HIVERNER, v. neut. (*ivèrené*), passer l'*hiver* en quelque lieu. Il ne se dit guère qu'en parlant des troupes.—Act., t. d'agric., *hiverner les terres*, leur donner un dernier labour avant l'*hiver*. —S'HIVERNER, v. pron., s'exposer au froid pour s'y accoutumer. Peu en usage.

HIVOURA, subst. mas. (*ivoura*), t. de bot., fruit d'Amérique de la grosseur d'une prune, qui est orangé et contient un noyau très-suave et très-délicat.

HO! (H *s'aspire*) (*ô*), sorte d'interjection qui marque l'admiration : *ho, quel homme! quel coup! quel ouvrage!* — Elle sert quelquefois aussi à marquer l'improbation, l'avertissement, l'étonnement, la menace : *ho, ho! c'est ainsi que vous en usez avec moi! ho! il n'en ira pas comme cela!* — On s'en sert aussi pour appeler : *holà! ho! ici, quelqu'un!* Dans ce dernier sens on se sert plutôt de *oh!*

HOA, subst. mas. (*o-a*), t. de relat., page du roi d'Otaïti.

HOAT-CHÉ, subst. mas. (*o-atechè*), terre très-blanche avec laquelle les Chinois fabriquent la plus belle porcelaine.

HOAZIN, subst. mas. (*o-azein*), t. d'hist. nat., espèce de faisan du Mexique qui n'est pas tout-à-fait aussi gros qu'un dindon.—On donne aussi ce nom à un autre oiseau de la Nouvelle-Espagne, qu'on dit grand comme une cigogne, ayant une huppe très-longue et un plumage cendré.

HOBAL, subst. propre mas. (*obal*), myth., idole des anciens Arabes.

HOBBISME, subst. mas. (*obebiceme*), système philosophique de l'Anglais *Hobbes*.

HOBÉ, E, part. pass. de *hober*.

HOBER, v. neut. (*obé*), vieux mot hors d'usage qui signifiait : changer de place.

HOBEREAU (H *s'aspire*), subst. mas. (*oberô*) suivant *Huet*, de *hobel*, qui, en langue galloise, signifie faucon ; suivant *Mézeray*, de *hobe*, qui, dans plusieurs départements voisins de la Loire, se dit d'une sorte de milan de couleur fauve. Le diminutif, *hobereau*, est un petit milan), t. d'hist. nat., espèce de petit oiseau de proie.—Au fig. et par mépris, petit gentilhomme de campagne.

HOBIN, subst. mas. (*obein*), t. d'hist. nat., espèce de cheval originaire d'Écosse, qui a l'allure fort douce.

HOC (H *s'aspire*), subst. mas. (*oke*), sorte de jeu de cartes, ainsi nommé parce qu'il y a six cartes qui coupent toutes les autres, et qui sont *hoc* ou assurées à celui qui les joue. — Prov. et fam. : *cela m'est hoc*; je suis assuré de gagner ce procès, d'avoir cette succession, etc. ; cela ne peut me manquer. Cette expression, vieillie et inusitée aujourd'hui, était commune dans le langage familier du temps de Molière :

.... Mon congé cent fois me fût-il *hoc*,
La poule ne doit point chanter devant le coq.
Les Femmes savantes, act. V, sc. 3.

HOCA (H *s'aspire*), subst. mas. (*oka*), sorte de jeu consistant en trente points marqués de suite sur une table, et en trente petites boules, dans chacune desquelles est enfermé un billet qui porte un chiffre. On le croit originaire de Catalogne.

HOCCO (H *s'aspire*), subst. mas.(*okô*), t. d'hist. nat., genre d'oiseaux gallinacés, de la famille des alectides, qui ressemblent beaucoup au dindon, mais qui ont sur la tête une huppe qu'ils peuvent redresser à volonté.

HO-CHANG, subst. mas. (*ochan*), ordre de religieux indous présidé par un lama.

HO-CHANGI, subst. mas. plur. (*ochanji*), myth., sectateurs du dieu *Fo*, chez les Chinois.

HOCHE (H *s'aspire*), subst. fém. (*oche*), coche, entailture. Il se dit surtout de la marque que l'on fait sur une taille, pour tenir compte du pain, de la viande, etc., pris à crédit.—Chez les couteliers, échancrure propre à recevoir le tenon d'un levier ou d'une bascule.

HOCHÉ, E, part. pass. de *hocher*.

HOCHEMENT (H *s'aspire*), subst. mas. (*ocheman*), action de *hocher* la tête.

HOCHE-PIED (H *s'aspire*), subst. mas. (*ochepié*), t. de faucon., oiseau qu'on jette seul après le héron pour le faire monter.

HOCHEPOT (H *s'aspire*), subst. mas. (*ochepô*), espèce de ragoût de bœuf *haché*, que l'on fait cuire dans un *pot*, avec des marrons, des navets, etc.

HOCHEQUEUE (H *s'aspire*), subst. mas. (*ochekieu*), petit oiseau qui remue continuellement la *queue*, et qu'on nomme aussi *bergeronnette*. Il est de l'ordre des passereaux.

HOCHER (H *s'aspire*), v. act. (*oché*) (de l'anglais *schake*, secouer), secouer, branler : *hocher un prunier pour en faire tomber les prunes*. — *Hocher la tête sur quelque chose*, marquer, en levant la tête subitement en haut, qu'on la désapprouve ou qu'on ne s'en soucie guère. — Terme de man., *hocher la bride* ou neutralement *hocher avec la bride*, se dit d'un cheval qui hausse et baisse le bout du nez, pour faire aller et venir le mors dans la bouche.—Fig. : *hocher le mors, la bride à quelqu'un*, essayer de l'exciter à faire quelque chose. — *se* HOCHER, v. pron.

HOCHET (H *s'aspire*), subst. mas. (*ochè*) (de *hocher*, parce que les enfants remuent et secouent sans cesse les *hochets*), petit instrument que l'on met entre les mains d'un enfant pour s'en frotter les gencives, etc.—Les choses futiles qui flattent quelque passion, qui amusent l'esprit ; dans ce sens, on l'emploie le plus souvent au pluriel : *les esprits faibles et légers ont besoin de hochets*. —Prov. et fig.: *il y a des hochets pour tout âge*, chaque âge a ses plaisirs, ses amusements, ses illusions. On dit à la même sens : *les hochets de la vieillesse.*— On appelle aussi *hochets* les formes dans lesquelles on moule la houille.

HOCHEUR (H *s'aspire*), subst. mas. (*ocheur*), t. d'hist. nat., espèce de singe du genre des guenons.

HOCHICAT, subst. mas. (*ochika*), t. d'hist. nat., toucan du Mexique.

HODIOS, subst. propre mas. (*odioce*) (du grec ὁδός, chemin), myth., surnom de Mercure à Paros, parce qu'il veillait sur les routes.

HODOMÈTRE, et non ODOMÈTRE, subst. mas. (*odomètre*) (du grec ὁδός, chemin, et μέτρον, mesure), nom de différents instruments à l'aide desquels on compte, soit le pas que l'on fait, soit les tours d'une roue. Dans le premier cas, on dit aussi *pédomètre*.

HOEDE, subst. mas. (*o-èdé*), mesure de capacité usitée en Hollande pour les grains, et surtout pour la houille.

HOFFMANIE, subst. fém. (*ofemani*), t. de bot., plante herbacée de la Jamaïque.

HOFFMANSEGGIE, subst. fém. (*ofemanceggueji*), t. de bot., genre de plantes légumineuses.

HOGSHEAD, subst. mas. (*oguezéde*), mesure de liquides en usage en Angleterre, qui répond à notre muid.

HOGNÉ, part. pass. de *hogner*.

HOGNER, v. neut. (*ognié*), gronder, murmurer, se plaindre. Il est populaire.

HOGUE, subst. fém. (*ogue*), vieux mot qui signifiait port, rade, colline.

HOGUETTE, subst. fém. (*oguète*), entrée d'un port. — Autrefois, il signifiait petit port, comme diminutif de *hogue*.

HOHIYA, subst. mas. (*o-i-ia*), t. de bot., espèce de champignon.

HOIOU, subst. mas. (*o-ou*), t. d'hist. nat., espèce d'oiseau crabier.

HOIE, subst. fém. (*oa*), espèce de houille.

HOIR, subst. mas. (*oar*) (en lat. *hæres*, qui a le même sens), héritier. C'est un t. de prat. qui ne s'emploie qu'au pluriel : *ses hoirs mâles et femelles*.

HOIRIE, subst. fém. (*oari*) (de *hoir*), héritage, succession : *cela lui est acquis par droit d'hoirie.—Donner en avancement d'hoirie*, c'est avancer à un enfant, à condition que dans le partage, après la mort, il tiendra compte à ses cohéritiers.

HOIRIN ou ORIN, subst. mas. (*oarein, orein*), t. de mar., la même chose que bouée.

HOIRIRI, subst. mas. (*oariri*), t. de bot., espèce d'ananas.

HOLA ! (H *s'aspire*) (*ola*), interjection qui sert à appeler : *hola ! hola ! hola ! qui est là ?*—Il est aussi adverbe et signifie, tout beau ; il est assez : *hola ! ne faites pas tant de bruit.* — Il exprime aussi l'étonnement, l'admiration. — On l'emploie comme substantif indéclinable dans cette phrase familière : *mettre le holà*, apaiser une querelle.

HOLACANTHE, subst. mas. (*olakante*), t. d'hist. nat., genre de poissons thoraciques.

HOLANS, subst. mas. plur. (*olan*), espèce de batiste de Flandre.

HOLARRHÈNE, subst. fém.(*olârène*), t. de bot., genre de plantes apocynées.

HOLCUS, subst. mas. (*olkuce*), t. de bot., graminée des anciens.— Nom d'un genre de plantes graminées.

HOLEMENT (H *s'aspire*), subst. mas. (*oleman*), cri de la hulotte. (Buffon.)

HOLE, part. pass. de *holer*.

HOLER (H *s'aspire*), v. neut. (*olé*), se dit du cri de la *hulotte*. (Buffon.)

HOLÈTRE, subst. mas. (*olètre*), terme d'hist. nat., famille d'insectes aptères.

HOLLANDAIS, (H *s'aspire*), adj. et subst. (*olandè, dèse*), de la Hollande.

HOLLANDAISE (H *s'aspire*), subst. fém. (*olandèse*), machine pour épuiser l'eau.

HOLLANDE (H *s'aspire*), subst. propre fém. (*olande*), une des Provinces-Unies, qui fait aujourd'hui partie du royaume des Pays-Bas. On dit *la Hollande* et non *l'Hollande*. — *Nouvelle-Hollande*, île considérable de l'océan Pacifique. Elle a 1100 lieues de longueur, sur 800 de largeur.

HOLLANDÉ, part. pass. de *hollander*.

HOLLANDÉ, E, (H *s'aspire*), adj. (*olandé*) : toile *hollandée*, serrée et forte.

HOLLANDER (H *s'aspire*), v. act. (*olandé*), passer une plume par des eaux chaudes, pour ôter la graisse et l'humidité du tuyau.—*se* HOLLANDER, v. pron.

HOLLANDILLE (H *s'aspire*), subst. fém. (*olandi-ie*), t. de comm., toile de Silésie, qui nous vient ordinairement par la Hollande.

HOLLANDISÉ, part. pass. de *hollandiser*.

HOLLANDISER (H *s'aspire*), v. act. (*olandizé*), donner les formes, les mœurs hollandaises.— *se* HOLLANDISER, v. pron.

HOLOBRANCHE, subst. mas. et adj. des deux genres (*olobranche*) (du grec ὅλος, tout entier, et βράγχια, branchies, ouïes du poisson), t. d'hist. nat., ordre de poissons osseux, chez qui se trouvent à la fois et l'opercule et la membrane des branchies.

HOLOCAUSTE, subst. mas. (*olokôcte*) (en grec ὁλόκαυστον, formé de ὅλος, tout entier, et καίω, je brûle), sacrifice où la victime était entièrement consumée par le feu.—La victime ainsi sacrifiée. — Il se prend aussi pour sacrifice en général : *Jésus-Christ s'est offert en holocauste pour nos péchés*.

HOLOCAUSTÉ, E, part. pass. de *holocauster*.

HOLOCAUSTER, v. act. (*olokôcté*), offrir en sacrifice.

HOLOCENTRE, subst. mas.(*olocantre*), t. d'hist. nat., genre de poissons thoraciques.

HOLOGRAPHE, adj. Voy. OLOGRAPHE, seul usité.

HOLOGYMNOSE, subst. mas. (*olojinenoze*), t. d'hist. nat., genre de poissons thoraciques, qu'on a réuni au labre.

HOLOMÈTRE, subst. mas. (*olomètre*) (du grec ὅλος, tout entier, et μέτρον, mesure), terme de géom., instrument pour prendre toute sorte de hauteurs, sur terre qu'au ciel. Il est composé de trois règles mobiles, dont les ouvertures et les positions donnent à la fois les trois angles du triangle.

HOLOMÉTRIQUE, adj. des deux genres (*olométrike*), qui est relatif à l'*holomètre*.

HOLOPHYCTIDE, subst. mas. (*olofliktide*), t. de médec., feux de dents. — Sorte de pustule ou d'ampoule.

HOLOSTÉ, subst. mas. (*olocté*), t. de bot., genre de plantes caryophyllées.

HOLOSTEMMA, subst. mas. (*olocetèmema*), t. de bot., arbrisseau asclépiadé des Indes orientales.

HOLOSTÉON, subst. mas. (*olocéte-on*) (du grec ὅλος, tout entier, et ὀστέον, os ; qui est *tout os*), t. d'hist. nat., poisson du Nil dont la peau est si dure qu'elle approche de l'écaille, et se garde sans se corrompre. — En botanique, espèce de plantain dont les feuilles sont si nerveuses et si dures, qu'elles ressemblent à des os.

HOLOSTÉUM, subst. mas. (*olocéte-ome*), terme de bot., plante des anciens, semblable à notre chiendent.

HOLOTHURIES, subst. fém. plur. (*oloturi*)(du grec ὅλος, tout, et θύρα, porte, d'où θυρίον, petite porte), t. d'hist. nat., animaux marins semblables à des masses informes, et dont quelques-uns ont la peau parsemée de petits trous. Ce sont des espèces de zoophytes.

HOLOTHURION, subst. mas. (*oloturion*), t. de bot., espèce d'ortie de mer, qui cause une douleur cuisante lorsqu'on la touche.

HOLOTONIQUE, adj. des deux genres (*olotonike*), t. de médec., se dit d'une espèce de tétanos qui attaque toutes les parties du corps.

HOLSTEIN (H *s'aspire*), subst. propre mas. (*olcéténe*), grand-duché du royaume de Danemarck.

HOM ! (H *s'aspire*) (*ome*), exclamation qui marque la défiance.

HOMAGYRE, subst. propre mas. (*omajire*), myth., surnom de Jupiter, pris d'un temple qu'il avait à Égeum, sur le bord de la mer.

HOMALOCENCHRE, subst. mas. (*omaloçankre*), t. de bot., genre de plantes appelé aussi aspreslle.

HOMALOCÉRATITE, subst. fém. (*omalocératite*), t. d'hist. nat., coquille fossile appelée autrement *banilite*.

HOMALOPHYLLE, subst. fém. (*omalofile*), t. de bot., famille de plantes établie entre les algues et les hépatiques.

HOMAN, subst. mas. (*oman*), sacrifice que font les Indiens qui se préparent à être initiés.

HOMARD (H *s'aspire*), subst. mas. (*omar*), t. d'hist. nat., grosse écrevisse de mer.

HOMARDIEN (H *s'aspire*), subst. mas. (*omaredien*), t. d'hist. nat., famille de crustacés.

HOMBAC, subst. mas. (*ombak*), t. de bot., arbrisseau épineux, espèce de caprier.

HOMBRE, subst. mas. (*onbre*) (de l'espagnol *hombre*, homme), sorte de jeu de cartes.—Celui qui fait jouer.

HOMÉLIE, subst. fém. (*omeli*) (du grec ὁμιλία, entretien, conférence, fait de ὁμιλέω, je parle, je harangue le peuple), sorte d'instruction familière et chrétienne. On nommait ainsi, dans les premiers siècles du christianisme, les discours qui se faisaient dans l'église, pour montrer qu'on n'étaient pas des harangues et des discours d'apparat, comme ceux des orateurs profanes, mais des entretiens comme d'un maître à ses disciples, ou d'un père à ses enfants. On distinguait l'*homélie du sermon*, en ce que l'homélie se faisait familièrement dans les églises, et les prélats qui interrogeaient le peuple, et qui en étaient interrogés comme dans une conférence ; au lieu des *sermons* se faisaient en chaire, à la manière des orateurs : *les homélies de saint Chrysostome*. — Au plur., leçons du bréviaire tirées de quelques pères de l'Église.—Il se dit quelquefois fig. et par dénigrement d'un ouvrage d'esprit, d'un discours où se montre l'affectation de moraliser, et qui cause de l'ennui : *ce discours est une véritable homélie.*

HOMÉLITIQUE, adj. des deux genres (*omélitike*), se dit de ce qui est relatif à l'homélie : *les hommes*, réunis en société : *vertu homélitique*. (Raymond.)

HOMÉOMÈRE, adj. mas. (*omé-omère*) (en grec ὁμοιομερής, fait de ὁμοίος, semblable, et de μέρος, partie), se dit de deux substances dont les parties sont semblables.

HOMÉOMÉRIE, subst. fém. (*omé-omérî*), ressemblance, uniformité de parties. Voyez HOMÉOMÈRE.

HOMÉOPATHE, subst. mas. (*omé-opate*), mot nouveau par lequel on désigne un médecin qui suit le système de l'*homéopathie*.

HOMÉOPATHIE, subst. fém. (*omé-opati*) (fait du grec ομοιος, semblable, et de παθος, affection), système médical de la guérison par les semblables; doctrine dont le premier principe est de traiter les affections par des remèdes propres à provoquer des affections semblables. Ces remèdes s'administrent par doses infiniment petites. Ce système a été créé et propagé en Allemagne par le docteur *Hahneman*, qui est venu s'établir en France. On écrit aussi *homœopathie*.

HOMÉOPATHIQUE, adj. des deux genres (*omé-opatike*), qui a rapport à l'*homéopathie*, qui lui appartient.

HOMÉOPATHIQUEMENT, adv. (*omé-opatikeman*), d'après le système de l'*homéopathie*.

HOMÉOSE, subst. fém. (*omé-ôze*), figure de rhétorique par laquelle on compare.— Parabole.

HOMÉOTÉLEUTE, subst. fém. (*omé-otéleute*) (du grec ομοιος, semblable, et τελευτη, fin), figure de rhétorique par laquelle on termine les membres d'une période de la même manière. On dit aussi *homoiotéleute*.

HOMÈRE, subst. propre mas. (*omère*), poète célèbre, à qui les Grecs rendirent les honneurs divins.

HOMÉRIDE, subst. mas. (*oméride*), imitateur d'*Homère*, admirateur exclusif des ouvrages de ce poète.

HOMÉRIQUE, adj. des deux genres (*omérike*) (en grec ομηρικος, fait de Ομηρος, Homère), qui appartient à *Homère*, qui est dans le goût d'*Homère : poésie homérique*.—*Sorts homériques*, divination qui consistait à ouvrir au hasard les poésies d'*Homère*, et à regarder comme un oracle certain le premier vers qui se rencontrait. Il y a eu aussi, dans le même genre, les *sorts virgiliens*, etc.

HOMÉRISTE, subst. mas. (*oméricete*), chanteur qui, chez les Grecs, faisait métier de chanter les vers d'*Homère* dans les maisons, dans les rues, etc.

HOMÉRITE, subst. mas. (*omérite*), ancien peuple de l'Arabie-Heureuse.

HOMICIDE, subst. mas. (*omicide*) (en lat. *homicidium*, fait de *homo*, homme, et *cædere*, tuer), meurtre. — Meurtrier.— Fig. : *être homicide de soi-même*, se dit quelquefois d'une personne qui ne ménage pas sa santé.

HOMICIDE, adj. des deux genres (*omicide*) (en lat. *homicida*), qui tue : *fer homicide*. — Fig., et par exagération : *regards homicides, attraits homicides*.—Les anciens avaient donné à Vénus le surnom d'*homicide*, parce que ce fut dans son temple que les Thessaliennes tuèrent la courtisane Laïs.

HOMICIDÉ, E, part. pass. de *homicider*.

HOMICIDER, v. act. (*omicidé*), tuer. Vieux.— S'HOMICIDER, v. pron.

HOMILÉTIQUE, mieux **HOMÉLÉTIQUE**, subst. fém. (*omélétike*), science, connaissance des auteurs sacrés.

HOMILIAIRE, mieux **HOMÉLIAIRE**, subst. mas. (*oméli-ère*), recueil d'*homélies*.

HOMILIASTE, mieux **HOMÉLIASTE**, subst. mas. (*oméli-acete*), faiseur d'*homélies*.

HOMIOSE, subst. fém. (*omi-ôze*) (en grec ομοιωσις, assimilation, fait de ομοιος, semblable), t. de médec., coction de suc nourricier, ensuite de laquelle il *s'assimile* aux parties qu'il doit nourrir. Quelques-uns disent et mieux *homotose*.

HOMISTÈS, subst. propre mas. (*omicetèce*), myth., surnom de Bacchus, comme dieu qu'on ne peut apaiser que par des victimes humaines.

HOMMAGE, subst. mas. (*omaje*) (du lat. barbare *hommagium*, fait, dans la basse latinité, de *homo*, homme, serviteur, vassal), t. de jurispr. féodale, devoir que le vassal est tenu de rendre au seigneur dont son fief relève.—Fig., soumission, vénération, respect; et dans ce sens il s'emploie souvent au pluriel : *rendre hommage à Dieu, aux vertus de quelqu'un ; adresser, recevoir des hommages*.—*Rendre ses hommages à quelqu'un; offrir, présenter ses hommages; faire agréer ses hommages*; c'est-à-dire, rendre, offrir, etc., ses respects, ses devoirs. — *Rendre hommage à la vérité*, dire, déclarer la vérité.— Il signifie aussi, don respectueux, offrande : *faire hommage à quelqu'un de quelque chose, d'un livre, d'un ouvrage; hommage de reconnaissance*.

HOMMAGÉ, E, adj. (*omajé*), qui est tenu en *hommage : terre hommagée*.

HOMMAGER, subst. mas. (*omajé*), celui qui devait *hommage* au seigneur du fief. — On dit aussi adj. : *vassal hommager*.

HOMMASSE, subst. et adj. des deux genres (*omace*), il se dit d'une femme dont les traits, le son de voix, la taille, tiennent plus de l'*homme* que de la femme. Cet adjectif est de tout genre, quoiqu'il ne se dise que des femmes : *elle a le visage, la taille hommasse*.

HOMME, subst. mas. (*ome*) (en lat. *homo*, dérivé, suivant quelques-uns, de *humus*, terre, parce que l'*homme* a été fait avec de la terre), animal raisonnable. Sous cette acception on comprend toute l'espèce humaine, homme et femme. — Il se dit spécialement du sexe masculin. — On le dit aussi, 1° par opposition à *enfant : c'est un homme fait; quand il sera homme;* 2° pour *homme de cœur : se montrer homme;* 3° dans un sens presque contraire, pour celui qui est sujet aux faiblesses humaines. — Joint à un autre substantif par la préposition *de*, il marque la profession, l'état ou les qualités bonnes ou mauvaises d'un *homme : homme de guerre, d'église, de robe; homme de lettres; homme d'épée; homme de bien, de courage, d'esprit, de talent, de mérite*. — *Homme du jour*, homme à la mode. — *Homme du vieux temps, du temps passé*, qui conserve les manières, les mœurs anciennes. — *Homme du monde*, qui vit dans le grand monde, ou simplement par opposition aux savants, aux artistes, aux *hommes de cabinet : il a écrit tout à la fois pour l'homme du monde et pour le savant*. — On appelle un *homme d'affaires*, 1° *homme* qui a soin des affaires domestiques dans une grande maison, et qui régit les biens; 2° celui qui se charge de suivre pour quelqu'un des demandes ou des réclamations auprès des autorités. — *Homme de loi*, se dit d'un *homme* instruit dans la jurisprudence. Titre donné dans la révolution aux jurisconsultes qui défendaient les causes des citoyens devant les tribunaux. *Les hommes de loi* avaient remplacé les *avocats*. — *Un homme de sac et de corde*, un scélérat, un filou, un mauvais garnement; et dans le même sens, *un homme à pendre*. — *Homme de pied*, soldat de l'infanterie. — *Homme de recrue*, soldat de nouvelle levée. — *Hommes d'armes*, autrefois cavalier armé de toutes pièces.—*Un bon homme de cheval, un bel homme de cheval*, qui manie bien un cheval, qui a bonne grace à cheval. — *C'est un homme de Dieu, tout de Dieu, tout en Dieu*, se dit d'un *homme* fort pieux, fort dévot.—*Cela sent son homme de qualité*, c'est-à-dire, marque un *homme* bien né. Expression familière et vieillie. — Fig. et fam. : *homme de paille, homme* de néant, de nulle considération. Il se dit plus particulièrement de ces gens qui prêtent leur nom, et qu'on fait intervenir dans une affaire, quoiqu'ils n'y aient point de véritable intérêt. — *Homme des bois*, nom donné vulgairement à l'orang-outang, et qu'on applique à d'autres grands singes. — *Homme marin*, nom donné, par ignorance, à des phoques et à des lamentins. — *Les hommes de couleur*, les mulâtres, les *hommes* provenant du mélange de la race blanche et de la race noire. — Joint à un autre substantif ou à un infinitif par la préposition *à*, *homme* sert ordinairement à marquer de quoi un *homme* est capable : *il n'est pas homme à souffrir cet affront, il est homme à s'en venger; il est homme à tout entreprendre*. — On dit d'un *homme* qui est propre à différents genres de travaux, de services : *c'est un homme à tout*. —Avec le même complément il marque aussi de quoi un *homme* est digne en bien ou en mal; mais au lieu de dire *il est homme à*, on dit plus ordinairement, *c'est un homme à : c'est un homme à ménager, à employer; c'est un homme à noyer*. — En matière de fief, *homme* signifie vassal; et dans le même sens on dit *homme lige; homme vivant, mourant et confiscant; homme de main-morte*. — On appelait autrefois *homme du roi*, celui qui avait quelque commission du roi soit au dedans du royaume, pour assister à quelque assemblée, ou pour quelque autre fonction; soit au dehors auprès de quelque prince souverain. — On dit par extension, *c'est l'homme d'un tel*, c'est-à-dire délégué, commis, présenté par lui. — Dans le langage populaire on l'emploie pour mari : *avez-vous vu mon homme? j'irai avec mon homme chez vous*. — Les chrétiens disent de Jésus-Christ, qu'*il s'est fait homme*, qu'*il est le fils de l'homme*, qu'*il est vrai Dieu et vrai homme*, qu'*il est homme-Dieu*.—On dit, en termes de spiritualité, *dépouiller le vieil homme, se dépouiller du vieil homme*, pour dire, se défaire des mauvaises inclinations de la nature corrompue.—On dit aussi l'*homme intérieur*, l'*homme spirituel*, par opposition à *l'homme charnel*. — *Les enfants des hommes*, dans le style de l'Écriture, signifie les *hommes*, et principalement ceux qui vivent dans l'iniquité. *J.-B. Rousseau* a dit dans ce sens :

> Parlez, *fils des hommes*, pourquoi
> Faut-il qu'une haine farouche
> Préside aux jugements que vous lancez sur moi ?

— Prov. : *l'homme propose et Dieu dispose*, les desseins des *hommes* ne réussissent qu'autant qu'il plaît à Dieu; souvent nos entreprises tournent d'une manière opposée à nos vues et à nos espérances. — Pour exprimer qu'aucun *homme* ne serait assez hardi pour, etc., on dit fam., *il n'y a tête d'homme qui ose entreprendre de... ou, homme vivant, homme qui vive n'oserait...* —*C'est un homme sans façon*, se dit fam., d'un *homme* aisé à vivre; on le dit aussi d'un *homme* qui ne se gêne pas assez avec les autres.—*C'est le roi des hommes*, se dit prov. et fig., d'un *homme* très-bienfaisant, très-obligeant.—On dit fam., pour louer la bonté de cœur, ou la force d'esprit, ou la facilité d'humeur de quelqu'un, *c'est un bon cœur d'homme, une bonne tête d'homme, une bonne pâte d'homme*. — Fam., *brave homme* signifie un honnête *homme*, un *homme* bon, obligeant. — *Ce n'est pas être homme*, c'est être barbare, c'est n'avoir nul sentiment d'humanité.—On dit fig., pour louer l'extrême douceur d'un *homme*, sa touchante et pieuse résignation, *ce n'est pas un homme, c'est un ange*; et dans le sens contraire, *ce n'est pas un homme, c'est un diable*.—C'est le dernier des *hommes*, c'est le plus vil, le plus méprisable de tous les hommes. — On dit par mépris, d'un *homme* que l'on croit sans mérite : *c'est un pauvre homme*; et ironiquement, *c'est un bel homme, c'est un plaisant homme*. — *D'homme d'honneur, en homme d'honneur*, façon de parler adverbiale dont on se sert quelquefois en affirmant quelque chose.—*Bon homme*, outre sa signification naturelle, se prend aussi pour *homme* simple, faible, trop facile, trop indulgent : *c'est un bon homme, que sa femme mène comme elle veut*. — *Un faux bon homme*, celui qui par finesse et pour son intérêt, affecte la bonté, la simplicité, le désintéressement. On dit de même, *faire le bon homme*. — Fam., *un bon homme* signifie souvent, un *homme* qui est déjà dans un âge avancé : *le bon homme se porte bien ; un vieux bon homme*.—Par familiarité ou par hauteur, on dit quelquefois *bon homme*, en parlant à un *homme* du peuple ou de la campagne :

> *Bon homme*, c'est ce coup qu'il faut, vous m'entendez,
> Qu'il faut fouiller à l'escarcelle.
>
> LA FONTAINE.

—Prov. et fig. : *bon homme, garde ta vache*, se dit pour avertir quelqu'un de prendre garde qu'on ne le trompe. — Les gens de guerre disaient autrefois *le bonhomme, vivre aux dépens du bonhomme*, en parlant des paysans en général. — *Un petit bonhomme*, se dit quelquefois d'un petit garçon : *faites donc taire ce petit bonhomme*. — Fig. et fam. : *aller son petit bonhomme de chemin*, vaquer à ses affaires, poursuivre ses entreprises tout doucement et sans éclat.—Prov. : *tant vaut l'homme, tant vaut la terre*, les terres, les fonds de commerce, etc., rapportent en proportion de la capacité de celui qui les possède, de l'art de les faire valoir; et, en général, chacun réussit dans son état en proportion du talent et du travail qu'il y apporte. — Fig. : *un grand homme*, distingué par des qualités éminentes et d'éclatantes actions. — *Un homme nouveau*, celui qui a fait fortune; le premier de sa race qui se fasse remarquer : *Cicéron était un homme nouveau*. Cette expression a été créée par les Romains, et ils l'appliquaient aux plébéiens qui s'élevaient aux dignités. — Prov. : *il y a grande différence d'homme à homme*. — *Face d'homme porte vertu*, proverbe inconnu que nous trouvons dans l'*Académie* et qui signifie, la présence d'un *homme* sert bien à ses affaires.—Nous en dirons autant de celui-ci : *jamais cheval ni méchant homme n'amenda pour aller à Rome*, on ne se corrige pas de ses vices en voyageant.—*Homme* avec l'adjectif possessif se dit d'*hommes* soumis aux ordres d'un autre, et plus particulièrement des soldats et des *hommes* de peine : *rassemblez vos hommes, il ne manque aucun de nos hommes.* —Il se dit aussi pour l'*homme* dont il s'agit, dont on parle : *expédiez promptement votre homme et venez nous rejoindre ; mon homme était déjà parti.*—C'est dans un sens analogue qu'on dit : *il ne manque jamais son homme ; cette maladie emporte bientôt son homme.*—On dit : *j'ai trouvé mon homme, il a trouvé son homme,* pour dire, j'ai trouvé *l'homme* qu'il me fallait, l'*homme* que je cherchais, l'*homme* propre à mon affaire, etc. —*Il y a toujours de l'homme partout ;* un *homme*, quelque sage qu'il soit, a toujours quelque faiblesse.—Par mépris, *ce n'est pas un homme,* c'est un *homme* faible. — *N'être pas homme*, signifie être impuissant, être incapable de procréer des enfants.—HOMME DE BIEN, HOMME D'HONNEUR, HONNÊTE HOMME. (*Syn.*) L'*homme de bien* est celui qui satisfait exactement aux préceptes de la religion ; l'*homme d'honneur*, celui qui suit rigoureusement les lois et les usages de la société ; l'*honnête homme,* celui qui ne perd de vue, dans aucune de ses actions, les principes de l'équité naturelle. — L'*homme de bien* fait des aumônes ; l'*homme d'honneur* ne manque point à sa promesse ; l'*honnête homme* rend la justice, même à son ennemi. — HOMME DE SENS, HOMME DE BON SENS. (*Syn.*) L'*homme de sens* a de la profondeur dans les connaissances, et beaucoup d'exactitude dans le jugement : c'est un titre dont tout *homme* peut être flatté. L'*homme de bon sens*, au contraire, passe pour un *homme* si ordinaire, qu'on croit pouvoir se donner pour tel sans vanité ; c'est celui qui a assez de jugement et d'intelligence pour se tirer à son avantage des affaires ordinaires de la société.—HOMME VRAI, HOMME FRANC. (*Syn.*) L'*homme vrai* dit fidèlement les choses comme elles sont ; l'*homme franc*, libre dans ses discours, dit son sentiment sur les choses à cœur ouvert.—L'*homme vrai* est incapable de fausseté, et ne connaît pas le mensonge ; l'*homme franc* est incapable de dissimulation, et ne connaît pas la politique. Vous opposerez à celui-là le personnage faux ; à celui-ci, le personnage dissimulé. — L'*homme vrai* dit sa pensée, parce qu'elle est la vérité ; l'*homme franc* dit la vérité, parce qu'elle est sa pensée.

HOMMEAU, subst. mas. (*omô*), petit *homme*. La Fontaine.)

HOMMÉE, subst. fém. (*omé*), travail qu'un *homme* peut faire dans un jour. — Mesure de terre en usage dans quelques provinces.

HOMMERIE, subst. fém. (*omeri*), passion humaine. (*Boiste.*) Inusité.

HOMOCENTRE, subst. mas. et adj. des deux genres (*omôçantre*), point de plusieurs cercles qui ont un seul *centre*.

HOMOCENTRIQUE, adj. des deux genres (*omôçantrike*) (en grec ομοκεντρος, formé de ομος, pareil, semblable, et κεντρον, centre), concentrique, qui a un centre commun.—L'*Académie* en fait un t. d'anat. Nous aimons à penser que c'est une faute typographique.

HOMOCONDIS, subst. propre mas. (*omokondice*), divinité japonaise.

HOMOCULE, subst. mas. (*omokule*), en langage familier et railleur ou en t. de médec., petit *homme*. On dirait mieux *homoncule,* du lat. *homunculus,* qui a la même signification.

HOMODERME, subst. mas. (*omodèreme*) (du grec ομος, pareil, semblable, et δερμα, peau), t. d'hist. nat., classe de reptiles ophidiens ou de serpents, qui ont la peau ou nue ou également écailleuse en dessus et en dessous, et les mâchoires soudées.

HOMODROME, adj. des deux genres (*omodrome*) (du grec ομος, semblable, et δρομος, course, parce que le poids et la puissance se meuvent dans le même sens), t. de mécanique : *levier homodrome,* dans lequel le poids et la puissance sont tous deux du même côté du point d'appui : tels sont les leviers de la seconde et de la troisième espèce.

HOMODROMIE, subst. fém. (*omodromi*), t. de mécan., art de connaître les poids et les puissances des leviers.

HOMŒOMÉRIE, subst. fém. Voy. HOMÉOMÉRIE.

HOMŒOPATHIE. Voy. HOMÉOPATHIE.

HOMŒOPLASIE, subst. fém. (*omé-opelazi*), t. de médec., formation des tissus accidentels.

HOMŒOPROPHÈRE, subst. fém. (*omé-oprofère*), cacophonie qui résulte d'une suite de mots commençant par la même lettre.

HOMŒOPTOTON, subst. mas. (*omé-opetoton*), figure de rhétorique qui consiste à terminer les membres d'un discours par le même cas.

HOMOGÈNE, adj. des deux genres (*omojène*) (en grec ομογενης, fait de ομος, pareil, semblable, et γενος, genre, nature, espèce), de même nature : *les parties homogènes ; l'eau était regardée comme composée de parties homogènes.* — Qui est formé de parties *homogènes : un tout homogène, substance homogène.* — T. d'algèbre, *quantités homogènes*, qui ont le même nombre de dimensions. — *Quantités sourdes homogènes,* qui ont le même radical. — *Homogène de comparaison,* autrefois le dernier terme de l'équation, composé de quantités toutes connues. — *Équations homogènes*, dans le calcul intégral, les équations où les variables montent au même degré dans tous les termes.

HOMOGÉNÉITÉ, subst. fém. (*omojéné-ité*), qualité de ce qui est *homogène.*

HOMOGRAMME, subst. mas. (*omoguerame*) (du grec ομος, semblable, et γραμμα, lettre), chez les anciens, nom d'athlètes qui tiraient une même lettre de l'urne et combattaient ensemble.

HOMOGRAPHE, adj. et subst. mas. (*omoguerafe*) (du grec ομος, semblable, et γραφω, j'écris), se dit des mots qui s'écrivent de la même manière et ont une signification différente.

HOMOGYNE, subst. fém. (*omojine*) (du grec ομος, semblable, et γυνη, femme), t. de bot., espèce de plante, le tussillage des Alpes, dont les fleurs femelles ont la corolle tronquée.

HOMOÏOSE, subst. fém. (*omo-i-oze*), t. de médec., synonyme d'*assimilation.*

HOMOÏOTOMIE, subst. fém. (*omo-i-otomi*) (du grec ομοιος, semblable, et τομη, incision), t. de chir., opération inusitée aujourd'hui, qui consistait à scarifier le palais et les amygdales.

HOMOÏOTOMIQUE, adj. des deux genres (*omo-i-otomike*), t. de chir., qui est relatif à l'*homoïotomie.*

HOMOLE, subst. fém. (*omole*), t. d'hist. nat., genre de crustacés décapodes.

HOMOLÉES, subst. fém. plur. (*omolé*), myth., fêtes que l'on célébrait sur le mont *Homole* en l'honneur de Jupiter.

HOMOLOGATIF, adj. mas., au fém. **HOMOLOGATIVE** (*omologuatif, tive*), qui *homologue*.

HOMOLOGATION, subst. fém. (*omologuâcion*), t. de jurispr., approbation et confirmation par autorité de justice d'un acte fait par des particuliers.

HOMOLOGATIVE, adj. fém. Voy. HOMOLOGATIF.

HOMOLOGUE, adj. des deux genres (*omologue*) (du grec ομος, semblable, pareil, et λογος, en lat. *ratio*, raison, rapport, approbation), t. de géométrie ; il se dit des côtés qui, dans des figures semblables, se correspondent et sont opposés à des angles égaux : *dans les triangles semblables, les côtés homologues sont proportionnels.*

HOMOLOGUÉ, E, part. pass. de *homologuer.*

HOMOLOGUER, v. act. (*omologuié*), t. de jurispr., approuver, confirmer un acte par autorité de justice.—S'HOMOLOGUER, v. pron.

HOMOMALLE, adj. des deux genres (*omomale*) (en grec ομος, pareil, semblable, et μαλλος, laine ou long poil), t. de bot., se dit d'un épi dont toutes les fleurs sont tournées d'un même côté.

HOMONIA, subst. fém. (*omonia*), t. de bot., espèce de plante du genre des pavots.

HOMONIANTHE, subst. fém. (*omoni-ante*) (du grec ομοιος, semblable, et ανθος, fleur), t. de bot., genre de plante qui ne diffère des chélanthères que par ses fleurs, toutes hermaphrodites et semblables.

HOMONOIE, subst. mas. (*omonoa*), t. de bot., arbrisseau de la Cochinchine.

HOMONOPAGIE, snbst. fém. (*omonopaji*), t. de médec., synonyme de *céphalalgie,* selon quelques auteurs.

HOMONOPAGIQUE, adj. des deux genres (*omonopajike*), t. de médec., qui est relatif à l'*homonopagie.*

HOMONYME, adj. des deux genres (*omonime*) (en grec ομωνυμος, fait de ομος, semblable, et ονυμα, nom), t. de grammaire, de même nom. Il se dit surtout des mots pareils qui expriment des choses différentes, comme *son*, dans : *j'ai vu son père ; le son de cet instrument est beau ; il y a du son dans cette farine.*—Subst. mas. : *un homonyme,* une personne ou une chose qui porte le même nom.

HOMONYMIE, subst. fém. (*omonimi*), ressemblance de noms à double sens.

HOMOOUSIEN ou **HOMOUSIEN**, subst. mas (*omo-ouzicin, omouzieïn*) (du grec ομουσιος, consubstantiel, formé de ομος, semblable, et de ουσια, substance), nom donné autrefois par les ariens aux catholiques qui soutenaient que le fils de Dieu est de même substance que son père.

HOMOPATORIES, subst. fém. plur. (*omopatori*), t. d'hist. anc., assemblées à Athènes pour admettre les jeunes gens dans les curies.

HOMOPHAGE, HOMOPHAGIE, HOMOPHAGIQUE. Voy. OMOPHAGE, OMOPHAGIE, OMOPHAGIQUE.

HOMOPHONE, adj. des deux genres (*omofone*) (du grec ομος, pareil, et φωνη, voix, son), pourrait se dire, en t. de gramm., des mots qui s'écrivent différemment et qui se prononcent de la même manière. (*Boiste.*)

HOMOPHONIE, subst. fém. (*omofoni*) (même étym. que celle du mot précéd.), concert de plusieurs voix qui chantent à l'unisson.

HOMOPODE, adj. des deux genr. (*omopode*), dont toutes les pattes ont un nombre égal de doigts.

HOMOPTÈRE, subst. mas. et adj. des deux genres (*omopetère*) (du grec ομος, semblable, et πτερον, aile), t. d'hist. nat., section d'insectes de l'ordre des hémiptères, divisée en trois familles, les cicadaires, les hyménélytres et les gallinsectes.

HOMORUSIE, subst. fém. (*omoruzi*), t. de pharm., ancien médicament propre contre les maladies du foie.

HOMOTÈLE, subst. mas. (*omotèle*) (du grec ομος, semblable, et τελος, tribut), t. d'antiq., étranger résidant à Athènes et payant l'impôt.

HOMOTIME, subst. mas. (*omotime*), nom sous lequel les historiens grecs désignent les principaux officiers du roi de Perse.

HOMOTONE, adj. des deux genres (*omotone*) (du grec ομος, semblable, et τονος, ton), égal, uniforme.

HON (H *s'aspire*) (*on*), interj. pour faire répéter ce qu'on n'a pas entendu. À éviter.

HONCHETS (H *s'aspire*), subst. mas. plur. (*onché*), sorte de jeu d'enfants. Voy. JONCHETS.

HONFLEUR, subst. propre mas. (*onfleur*), ville de France, chef-lieu de canton, arrondissement de Pont-l'Évêque, dép. du Calvados.

HONGRE (H *s'aspire*), adj. mas. (*onguere*), cheval châtré. On en amenait autrefois beaucoup de *Hongrie*. — Subst., au mas. : *il a deux beaux hongres.* — Monnaie d'or de *Hongrie* au titre de vingt-trois carats huit grains de fin, valant quatre florins d'Empire, environ onze livres tournois, ou dix francs quatre-vingt-six centimes.

HONGRÉ, E, part. pass. de *hongrer.*

HONGRÉLINE (H *s'aspire*), subst. fém. (*onguereline*), sorte d'habillement de femme, fait en forme de chemisette à grandes basques. Il n'est plus en usage.

HONGRER (H *s'aspire*), v. act. (*ongueré*), châtrer un cheval.

HONGRIE (H *s'aspire*), subst. fém. (*ongueri*) : *cuir de Hongrie,* à la façon *hongroise : point de Hongrie,* espèce de tapisserie.

HONGRIE (H *s'aspire*), subst. propre fém. (*ongueri*) (en hongrois, *Magyar-Orszag*), royaume d'Europe dépendant de l'empire d'Autriche. Bude en est la capitale.

HONGROIS, E (H *s'aspire*), adj. et subst. (*ongueroa, roaze*), de *Hongrie.*

HONGROYEUR (H *s'aspire*), subst. mas. (*onguerоèieur*), ouvrier qui façonne le cuir de *Hongrie.* On dit aussi *hongrieur.*

HONIGSTIQUE, adj. des deux genres (*onigueçetike*) (de l'allemand *honig*, miel), de la mellite, mellitique : *acide honigstique.*

HONGNETTE, subst. fém. (*ougniète*), espèce de ciseau à pointe terminée en losange, dont se servent les sculpteurs en marbre.

HONNÊTE, adj. des deux genres (*onète*) (du lat. *honestus*), en parlant des choses, 1° vertueux, conforme à l'honneur pris pour la vertu ; 2° bienséant, convenable.—En parlant des personnes, 1° plein d'*honneur ;* 2° civil, poli, gracieux, affable. Il se dit aussi en ce sens des choses qui ont rapport à la personne : *accueil, réception, procédé honnête.* — *Excuse, prétexte, refus honnête*, plausible, spécieux. — *Présents, récompenses honnêtes,* pour ceux qui les donnent et ceux qui les reçoivent.— *Un prix honnête*, proportionné à la valeur de la chose. — *Longueur honnête*, longueur suffisante : *il faut que votre discours soit d'une longueur honnête.* On dit, dans des sens analogues, *cela est d'une largeur honnête, d'une grosseur honnête*, etc.

— *Habit honnête*, habit convenable et bienséant à la condition et à l'âge de celui qui le porte. On dit, dans un sens analogue : *faire une dépense honnête; avoir un équipage honnête.* — *Cet habit est honnête, est encore fort honnête*, il est encore bon pour être porté. — *Honnête aisance, fortune honnête*, aisance, fortune qui permet de vivre agréablement. On dit d'une fortune considérable, qu'elle est *fort honnête.* — Dans des sens analogues : *il nous a donné un dîner fort honnête; vous avez déjà eu un morceau, une part honnête, fort honnête.* — *Une naissance, une condition honnête*, qui n'a rien de bas ni de fort relevé.— *Une famille honnête*, à laquelle il n'y a rien à reprocher. — *Un honnête homme*, un homme d'honneur, de probité. — *Un homme honnête*, qui a toutes les qualités sociales. — *Honnêtes gens*, se dit dans tous les sens d'honnête homme. — Prov. : *il y a d'honnêtes gens, il y a des honnêtes gens partout*, dans tous les pays, dans toutes les professions, il y a des *honnêtes* gens. Cela se dit particulièrement en parlant de pays ou d'états où il est le plus difficile d'en trouver. — *Honnête garçon*, se dit fam. d'un garçon bien né, bien élevé, dont les mœurs et les inclinations sont douces et *honnêtes*.—On dit fam., *honnête débauché*, d'un homme qui aime le plaisir, mais qui garde des mesures dans la débauche. — Ironiq., *honnête fripon, honnête usurier*, etc. — *Honnête femme* ou *fille*, femme ou fille d'une conduite irréprochable.—*Honnête*, s'emploie aussi subst. : *nous devons préférer l'honnête à l'agréable.* — HONNÊTE, CIVIL, POLI, GRACIEUX, AFFABLE. (*Syn.*) Nous sommes *honnêtes* par l'observation des bienséances et des usages de la société; *civils*, par les honneurs que nous rendons à ceux qui se trouvent à notre rencontre; *polis*, par les façons flatteuses que nous avons dans la conversation et dans la conduite, pour les personnes avec qui nous vivons; *gracieux*, par des airs prévenants pour ceux qui s'adressent à nous; *affables*, par un abord doux et facile envers nos inférieurs.

HONNÊTEMENT, adv. (*onêteman*) (en latin *honestè*), avec civilité, d'une manière honnête; il a toutes les significations de l'adjectif. — En *honnête* homme, avec *honneur*. — Il signifie quelquefois suffisamment, passablement; et par ironie, beaucoup, extrêmement : *c'est honnêtement vendu; vous en avez honnêtement mangé.*

HONNÊTETÉ, subst. fém. (*onêteté*) (en latin *honestas*), bienséance, conformité à l'honneur, à la probité, à la vertu : *l'honnêteté des principes, des actions, de l'âme, de la conduite.* — Civilité. En ce sens, quand il exprime la qualité de celui qui est *honnête*, il n'a point de pluriel; il prend les deux nombres quand il exprime les effets de cette qualité : *j'ai reçu mille honnêtetés de...* — Manière d'agir obligeante : *il en a usé avec la plus grande honnêteté du monde.* — Présent qu'on fait pour quelque service rendu, etc. — Pudeur, modestie, chasteté : *paroles contre l'honnêteté.*

HONNEUR, subst. mas. (*oneur*) (en latin *honor*), témoignage, démonstration de respect; action par laquelle on fait connaître la vénération, l'estime qu'on a pour le mérite ou la dignité de quelqu'un. Dans ce sens, il s'emploie souvent au pluriel : *il ne faut pas rendre aux hommes des honneurs qui ne sont dus qu'à Dieu; porter honneur et respect; rendre, décerner les honneurs divins, les honneurs du triomphe; faire quelque chose en l'honneur de Dieu, en l'honneur de quelqu'un.* — On dit ironiq. : *vous me croyez capable d'une telle action, vous me faites bien de l'honneur, vous me faites là un bel honneur, c'est beaucoup d'honneur, c'est trop d'honneur que vous me faites*, etc. — *Garde d'honneur*, troupe composée, soit de militaires, soit de citoyens, offerte à des personnages éminents, auxquels on rend les *honneurs* militaires, pour leur servir de garde et d'escorte pendant leur séjour dans la ville, dans le pays. — *Place d'honneur*, dans une cérémonie, dans une réunion, dans un repas, etc., la place réservée à un personnage éminent, à une personne qu'on veut honorer d'une distinction particulière. — *Honneur* joint à un infinitif et quelquefois à un substantif par la préposition *de*, signifie grace, faveur, distinction : *il ne m'a pas seulement fait l'honneur de me répondre; il n'a pas obtenu l'honneur d'un salut.* — On dit par civilité, par compliment : *j'ai l'honneur de vous saluer*, etc. — Vertu, probité, qualité qui nous porte à faire des actions nobles, courageuses, loyales : *c'est un homme d'honneur, écouter la voix de l'honneur, les lois de l'honneur; satisfaire à l'honneur.* — On dit par manière de serment, pour affirmer, pour attester : *sur l'honneur, sur mon honneur; foi d'homme d'honneur; d'honneur; en honneur.*—*Parole d'honneur*, promesse faite ou assurance donnée sur l'honneur. — *Ma parole d'honneur* ou *parole d'honneur*, se dit souvent dans la conversation familière pour affirmer fortement.—Prov., *en tout bien et tout honneur*, à bonne fin, à bonne intention : *il voit cette fille en tout bien et tout honneur.* — Si ce sentiment *d'honneur* est fondé sur la vertu, sur la justice, sur la vérité, sur la probité, sur l'humanité, c'est *le véritable honneur*; s'il a pour objet des usages barbares, des coutumes extravagantes, des vices, c'est un *faux honneur*.—En parlant des femmes, pudicité, chasteté : *femme d'honneur, sans honneur*; et fam., *faire faux-bond* ou *forfaiture à son honneur*.—Gloire, estime publique qui suit la vertu, le courage, les talents : *acquérir de l'honneur; il s'en est tiré avec honneur; de tels sentiments vous font honneur; il eut tout l'honneur de la victoire.* — *Être l'honneur de son pays, de sa famille, de son siècle*, etc., en être la gloire et l'ornement : *il est l'honneur de la magistrature : elle est l'honneur de son sexe.*—*Faire honneur à quelqu'un d'une chose*, la lui attribuer.—*Se faire honneur de quelque chose*, se l'attribuer, et plus ordinairement, s'en tenir honoré, s'en honorer. On dit dans le même sens, *tenir à honneur.* — Pop. et par civilité : *sauf votre honneur*, sauf le respect que je vous dois. — *Votre honneur* est, en Angleterre, le titre qu'on donne par respect à certaines personnes de qualité. — Réputation : *attaquer, blesser l'honneur.* — Au plur., dignités, places honorables.—Prov. : *les honneurs changent les mœurs*, on s'oublie dans la prospérité. — *Point d'honneur*, considération qui fait faire une chose, par crainte d'être blâmé, déshonoré.—*Prendre tout au point d'honneur*, étendre trop loin sa délicatesse sur le point d'honneur. — *Affaire d'honneur*, débat, démêlé, querelle, où les parties croient leur *honneur* compromis. Il se dit particulièrement d'un duel : *ils ont ensemble une affaire d'honneur.*—En t. de jeu, *la partie d'honneur*, la troisième partie que l'on joue, lorsque chacun des deux joueurs en a gagné une. — On dit fam. et en plaisantant : *ne jouer que pour l'honneur, ne jouer que l'honneur*, jouer sans intéresser le jeu, et seulement pour passer le temps. — *Piquer d'honneur une personne*, lui persuader qu'il y va de son *honneur* de faire ou de ne pas faire quelque chose : *quoique doux dans son enfance, il avait une opiniâtreté insurmontable; le seul moyen de le plier était de le piquer d'honneur.* (Voltaire.) — *Se piquer d'honneur*, montrer dans quelque occasion plus d'habileté, de courage, de générosité, etc., qu'on n'a coutume d'en faire paraître : *il s'est surpassé dans cet ouvrage; on voit bien qu'il s'est piqué d'honneur.* — *Faire honneur à...*, attirer de l'estime. — En t. de négociant, répondre à une lettre; payer une lettre de change exactement. On dit en ce sens : *acquitter une lettre de change pour l'honneur du tireur*, la payer à la place de celui sur qui elle est tirée, lorsqu'il n'a pas voulu la payer. — On dit qu'*un ouvrage fait honneur à un artiste, à un ouvrier*, pour dire qu'il est une preuve, un monument de son génie, de son talent, de son habileté.—*Faire honneur aux sciences, aux arts, faire honneur à son pays*, les illustrer.—*Faire honneur à son éducation*, répondre aux soins qu'on en a pris.— *Faire honneur à un repas*, y bien manger.—*Faire les honneurs d'une maison*, recevoir poliment ceux y viennent. — *Faire les honneurs d'une personne, d'une chose*, en parler ou en disposer comme d'une chose qui nous appartient. — *Faire les honneurs de ses enfants*, rabattre des éloges qu'on fait d'eux en leur présence. — *Mourir au lit, au champ d'honneur*, mourir à la guerre pour le service de l'état, ou mourir dans l'exercice d'une profession honnête. — On le dit aussi quelquefois, en plaisantant, d'un ivrogne qui meurt en buvant, d'un joueur qui meurt les cartes à la main, etc. — On appelle *honneurs funèbres*, les *honneurs* qu'on rend aux morts, les cérémonies des funérailles.—En termes de guerre, on dit en parlant de la prise d'une place, que *la garnison a obtenu les honneurs de la guerre, qu'elle est sortie avec les honneurs de la guerre*, pour dire qu'en vertu de la capitulation, elle est sortie de la place avec armes et bagages, et qu'on lui a rendu les *honneurs* que les corps militaires se rendent ordinairement les uns aux autres. — Dans certaines grandes cérémonies, on appelle *les honneurs*, les pièces principales qui servent à la cérémonie, comme la couronne, le sceptre, etc., dans un couronnement. — A certains jeux de cartes, on appelle aussi *honneurs*, les quatre figures. — *Les honneurs du Louvre*, se disait de certaines distinctions, et particulièrement du droit d'entrer à cheval ou en carrosse dans la cour du Louvre et dans celle des autres maisons où le roi était logé.—*Les honneurs de l'Église*, les prééminences et les droits honorifiques qu'on a dans l'Église.— Prov. : *à tous seigneurs tous honneurs*, ou *à tout seigneur tout honneur*, il faut rendre honneur à chacun selon son rang et sa qualité. — *Légion-d'Honneur*, ordre civil et militaire; *croix d'honneur*, décoration de cet ordre. — *Chevalier d'honneur, dame d'honneur, fille d'honneur*, se dit de certaines personnes de qualité qui remplissent certaines fonctions auprès d'une reine, d'une princesse. — *Chevalier d'honneur*, s'est dit aussi de conseillers d'épée qui avaient séance et voix délibérative dans les cours souveraines. — *Enfants d'honneur*, jeunes gens de qualité qui étaient nourris auprès d'un prince, pendant son bas âge. — *Conseillers d'honneur*, conseillers qui avaient séance et voix délibérative dans certaines compagnies, quoiqu'ils n'eussent point de charge. — *Marguillier d'honneur*, marguillier d'un état supérieur à celui des marguilliers ordinaires : *le marguillier d'honneur n'est point comptable.* — Les Romains avaient fait de l'*honneur* une divinité. Ils avaient placé son temple après celui de la Vertu; en sorte qu'on ne pouvait entrer dans le temple de l'Honneur qu'après avoir passé par celui de la Vertu.

HONNI, E, part. pass. de *honnir*, et adj., plein de confusion. La devise de l'ordre de la Jarretière, en Angleterre, porte ces mots : *honni soit qui mal y pense.*

HONNIR (*h s'aspire*), v. act. (*onir*) (de l'allemand *honen*, se moquer, fait de *hohn*, moquer), bafouer, vilipender, avec cette différence que *honnir* est le cri du soulèvement et de l'indignation ; *bafouer* est l'action de la dérision et de l'avanie; *vilipender* est l'expression du mépris et du décri.—*Honnir* est un vieux mot qui ne se dit plus que par plaisanterie et au passif. Il mériterait, suivant *Roubaud*, d'être rajeuni.

HONNISSEMENT (*h s'aspire*), subst. mas. (*oniceman*), ignominie.

HONNISSEUR (*h s'aspire*), subst. mas. (*oniceur*), qui perd la réputation. (*Florian.*)

HONORABLE, adj. des deux genres (*onorable*) (en latin *honorabilis*), qui fait *honneur* : *profession, emploi, rang honorable.* — Splendide, magnifique, en parlant des personnes et de ce qui y a rapport : *c'est un homme honorable; il fait les choses d'une manière honorable.* — Qui mérite d'être honoré, considéré : *caractère, famille, maison honorable.* Dans ce sens on dit en langage parlementaire : *mon honorable collègue; l'honorable orateur; l'honorable préopinant.*— On disait autrefois, *honorable homme*, pour dire, homme né de parents honnêtes. — On appelait *honorables personnes*, celles qui avaient passé par les magistratures. — *Amende honorable*, se disait d'une espèce de peine ordonnée autrefois par la justice, en satisfaction de quelque crime : *il a fait amende honorable.* C'était un acte par lequel un criminel nu, en chemise, demandait publiquement pardon à Dieu, au roi et à la justice, en exécution du jugement qui l'avait condamné. Il n'y a rien de si déshonorant que cette *amende honorable*, et il faut convenir qu'ici l'usage a bien abusé du terme. — Fig. : *faire amende honorable à quelqu'un*, lui faire une espèce de réparation d'honneur sur quelque chose, et reconnaître qu'on a eu tort à son égard.

HONORABLEMENT, adv. (*onorableman*), d'une manière *honorable*, splendide : *il a été reçu honorablement.*

HONORAIRE, adj. des deux genres (*onorère*), il se dit des personnes qui, après avoir exercé certaines charges, en retiennent les *honneurs* principaux : *président, conseiller honoraire.* — Il se dit aussi des personnes qui portent un titre honorifique sans fonctions : *académicien honoraire.*—*Chanoine honoraire* se dit de quelqu'un qui s'est démis de son canonicat, ou qui sans être chanoine en a la place et les *honneurs*.—*Tuteur honoraire*, celui qui est préposé pour veiller aux intérêts d'un pupille, mais qui, à la différence du tuteur ordinaire, ne prend aucune part à l'administration des biens.

HONORAIRE, subst. mas. (*onorère*), salaire des médecins, des avocats et d'autres personnes de professions *honorables*. En ce sens il est plus usité au plur. — Rétribution donnée à un prêtre pour la messe, etc.

HONORÉ, E, part. pass. de *honorer*. Il s'emploie adjectivement dans le commerce épistolaire et le langage familier : *mon honoré confrère; mon cher et honoré maître*.

HONORER, v. act. (*onoré*) (en latin *honorare*), rendre *honneur* et respect : *honorer ses supérieurs*.—Avoir beaucoup d'estime pour... : *j'honore son mérite et sa vertu*... — *Il m'honore de son amitié, de sa protection*, il me fait *l'honneur* de m'aimer, de me protéger. — Il signifie encore, faire bonneur à... : *il honore son pays; cette conduite, ces sentiments vous honorent; votre confiance m'honore*.—s'HONORER, v. pron., acquérir de l'honneur, faire une chose honorable : *c'est s'honorer que d'agir si généreusement*.—Se faire *honneur* d'une chose, en tirer vanité : *je m'honore d'être son ami; ma famille s'honore d'être alliée à la vôtre*.

ad **HONORES**, loc. adv. (*adonorèce*), expression familière empruntée du lat. : *un titre ad honores* est un titre sans fonction, sans émoluments, pour *l'honneur*.

HONORIFIQUE, adj. des deux genres (*onorifike*) (en latin *honorificus*), qui consiste dans des *honneurs* rendus : *droits honorifiques*.

HONORINUS, subst. propre mas. (*onorinuce*), myth., divinité des Romains, à laquelle sacrifiaient les femmes de ceux qui se mettaient en voyage, afin qu'ils reçussent un accueil *honorable* des étrangers qu'ils allaient visiter.

HONOVER, subst. propre mas. (*onovère*), myth., un des noms que les anciens Perses donnaient à Dieu.

HONTAGE (H *s'aspire*), subst. mas. (*ontaje*), pudeur. Il est vieux. (*Boiste*.)

HONTE (H *s'aspire*), subst. fém. (*onte*) (de l'italien *onta*, dérivé, suivant *Castelvetro*, du grec ονειδος, opprobre), sentiment de confusion excité dans l'âme par l'idée de quelque déshonneur qu'on a reçu ou qu'on craint de recevoir, ou qu'on aurait seulement à ses propres yeux. — Déshonneur qui cause ce sentiment. — *Avoir perdu* (ou fam. *bu*) *toute honte*, être sans pudeur. En ce sens, on dit prov. : *il a toute honte bue, il a passé par-devant l'huis du pâtissier*, de l'usage où étaient autrefois les pâtissiers de tenir cabaret sur le derrière de leur maison. Ceux qui avaient quelque pudeur y entraient par une porte dérobée, et quand un débauché y entrait par la boutique, on disait qu'*il avait toute honte bue*.—*Être la honte de sa famille*, lui faire un grand déshonneur.—Prov. : *s'en retourner avec sa courte honte*, sans avoir réussi.—*Un peu de honte est bientôt bue*, bientôt passée. — *Avoir honte de quelqu'un*, craindre de partager le blâme, le ridicule, la censure qu'il mérite, ou que l'on croit qu'il a méritée. On dit aussi dans le même sens, *il me fait honte, vous me faites honte*. — Prov. : *revenir avec sa courte honte*, revenir sans avoir rien obtenu, sans avoir rien fait de ce qu'on s'était promis d'obtenir ou de faire. Ce mot n'a point de pluriel, du moins dans le style noble. — Quand on dit : *je n'ai pas honte d'avoir fait cela*, *honte* est pris dans un sens général et indéterminé; mais dans : *je n'ai pas de honte d'avoir fait cela*, *honte* est considéré comme susceptible de plus ou de moins; il est pris dans un sens particulier; c'est comme si l'on disait : *je n'ai pas le moindre sentiment de honte*; et il y a une nuance entre ces deux manières de s'exprimer. On dira, dans un sens général et indéterminé : *il ne faut pas avoir honte de faire une bonne action*, et non pas : *il ne faut point avoir de honte*, etc. Mais si un homme a commis une action de nature à produire la *honte* la plus grande dans une âme tant soit peu honnête, je lui dirai : *n'avez-vous point de honte d'avoir fait une telle action?* c'est-à-dire, cette action, si propre à exciter dans toute âme honnête la *honte* la plus grande, n'a-t-elle pas produit dans la vôtre le plus léger sentiment *de honte*? (*Laveaux*.) — HONTE, PUDEUR. (*Syn.*) Les reproches de la conscience accusent la *honte*, les sentiments de modestie produisent la *pudeur*. Elles font quelquefois l'une et l'autre monter le rouge au visage; mais alors *on rougit de honte*, et *on devient rouge* par pudeur.

HONTEUSE, adj. fém. Voy. HONTEUX.

HONTEUSEMENT (H *s'aspire*), adv. (*onteuzeman*), avec *honte* et ignominie.

HONTEUX (H *s'aspire*), adj. mas., au fém. **HONTEUSE** (*onteu, teuze*), en parlant des personnes, qui a de la *honte*.—En parlant des choses, qui cause de la *honte*.—*Pauvres honteux*, qui n'osent demander l'aumône publiquement.—*Parties honteuses*, les nudités qu'on doit cacher.—Fam. : *le morceau honteux*, le dernier morceau d'un plat. —Fig. : *il est la partie honteuse de sa compagnie*, il la déshonore ou par son ignorance ou par ses vices.

HOOCKÈRE, subst. fém. (*okière*), t. de bot., genre de plantes qu'on a réuni aux brodies.

HOOCKERIE, subst. fém. (*okri*), t. de bot., genre de plantes de la famille des mousses.

HOPÉA, subst. mas. (*opé-a*), t. de bot., arbrisseau du genre simploque.—Plante annuelle de la famille des lysimachies.

HÔPITAL, subst. mas. (*ôpitale*) (en lat. *hospitium*, lieu destiné à recevoir les étrangers), maison fondée pour les pauvres malades ou sains. On écrivait autrefois *hospital*.—*Hôpital militaire*, destiné aux soldats malades. — On appelle dans les armées, *hôpital ambulant*, un *hôpital* qui suit l'armée dans tous ses campements, pour y recevoir les malades qui ont besoin d'un prompt secours, et qui ne peuvent être transportés dans les *hôpitaux* fixes.—Dans les flottes et les escadres, on appelle *vaisseau d'hôpital*, un vaisseau destiné pour les malades.—On dit qu'*un homme va à l'hôpital*, pour dire qu'il se ruine au point de manquer un jour du nécessaire. — Au plur., *hôpitaux*. Voyez HOSPICE.

HÔPITAUX, subst. mas. plur. Voyez HÔPITAL.

HOPLIE, subst. fém. (*opeli*), t. d'hist. nat., genre d'insectes coléoptères assez semblables aux hannetons.

HOPLITE, subst. mas. (*opelite*) (en grec οπλιτης fait de οπλον, arme défensive), t. d'hist. anc., soldat grec armé de toutes pièces.—Subst. fém., t. d'hist. nat., pierre pyriteuse et polie.—Genre d'insectes.

HOPLITIS, subst. mas. (*opelitice*), t. d'hist. nat., genre d'insectes, le même que l'osmie.

HOPLITODROME, subst. mas. (*opelitodrome*) (du grec οπλιτης, armé, et δρομος, course), t. d'hist. anc., athlète, qui, dans les jeux de la Grèce, courait armé.

HOPLITODROMIE, subst. fém. (*opelitodromi*), t. d'hist. anc., exercice de l'athlète qui courait armé.

HOPLOCHRISME, subst. mas. (*opelokriceme*) (du grec οπλα, instruments, et χρισμα, onction), t. de chir., action de préparer un instrument de chirurgie, en y appliquant un médicament.

HOPLOMACHIE, subst. fém. (*opelomachi*) (du grec οπλον, arme, et μαχη, combat, dérivé de μαχομαι, combattre), t. d'hist. anc., combat de gladiateurs armés de toutes pièces.

HOPLOMACHISTE ou **HOPLOMAQUE**, subst. mas. (*opelomachicete, make*), gladiateur qui combattait armé de toutes pièces.

HOPLOMOCHLION, subst. mas. (*opelomokliön*), ancienne armure de fer, très-pesante.

HOPLOPHORE, subst. mas. (*opelofore*) (du grec οπλον, arme défensive, et φερω, je porte), t. d'hist. nat., famille de poissons osseux, holobranches, abdominaux, dont le principal caractère réside dans le premier rayon de la nageoire pectorale, qui peut, après s'être écarté du corps et s'être porté à angle droit, devenir fixe et immobile, de manière à protéger l'animal.

HOPLOSMIE, subst. fém. (*opeloceml*) (du grec οπλον, arme défensive), myth., surnom de Pallas, armée de pied en cap.

HOQUELEUX ou **HOQUELEUR**, subst. mas. (*okeleu, leur*), vieux mot inusité qui signifiait querelleur, trompeur.

HOQUET (H *s'aspire*), subst. mas. (*okiè*) (du flamand *hick*, qui signifie la même chose, *Trévoux*), mouvement convulsif du diaphragme qui se manifeste par un son inarticulé. —*Le hoquet de la mort*, celui qui survient ordinairement aux mourants.—*Être au hoquet, au dernier hoquet*, être près d'expirer.— Heurt, choc, cahot. Vieux en ce sens.

HOQUETON (H *s'aspire*), subst. mas. (*oketon*) (suivant *Henri Étienne*, du grec ο χιτων, la casaque, comme on a fait *autruche* du mot ο στρουθος, l'autruche, en joignant l'article avec le nom) sorte de casaque des archers du grand-prévôt. — Archer revêtu de cette casaque. Vieux.

HOQUETTE, subst. fém. (*okiète*), instrument de fer à l'usage des sculpteurs en marbre.

HORACANG, subst. mas. (*orakan*), clocher des Talapoins. — Cercle de bois qui contient une cloche sans battant, et sur laquelle on frappe avec un marteau.

HORAÏES ou **HORÉES**, subst. fém. plur. (*ora-i, oré*), myth., sacrifice aux Heures et aux Saisons.

HORAIRE, adj. des deux genres (*orère*) (en lat. *horarius*, fait de *hora*, pris du grec ωρα, heure), qui a rapport aux *heures*, qui se mesure ou se fait par *heure*. — T. d'astron. : *cercles horaires* ou *de déclinaison*, cercles qui passent par les pôles du monde, et qui par leur distance au méridien marquent les *heures*. — *Angle horaire*, l'angle au pôle, formé par le cercle horaire et par le méridien du lieu. — *Mouvement horaire*, la quantité dont un astre varie en *une heure*, soit en longitude, soit en latitude. — *Parallaxe horaire* ou *parallaxe d'ascension droite*, celle que l'on observe au moyen du changement qu'elle cause dans l'ascension droite d'une planète. — *Lignes horaires*, lignes qui marquent les heures sur un cadran solaire.

HORANTHÉES, subst. fém. plur. (*oranté*), t. de bot., famille de plantes monocotylédones.

HORATIEN, adj. mas., au fém. **HORATIENNE**, (*oraciein, ciène*), se dit des vers ou de la poésie imités d'*Horace*.

HORCHIA, subst. propre fém. (*orkia*), myth., déesse adorée en Étrurie.

HORCIUS, subst. propre mas. (*orciuce*), myth., surnom de Jupiter, comme divinité présidant au serment.

HORDE (H *s'aspire*), subst. fém. (*orde*) (du tartare *ort* ou *orda*, famille), nom que l'on donne aux peuplades ou sociétés de Tartares errants, et abusivement à une multitude quelconque. *Voltaire* fit entendre pour la première fois, dans l'*Orphelin de la Chine*, ce mot peu usité jusqu'alors, et qui a fait depuis une grande fortune.

HORDÉAIRE, adj. mas. (*ordé-ère*) (du lat. *hordeum*, orge, dérivé du grec φορβη, pâture), t. d'hist. ancienne, se disait des athlètes, parce qu'ils se nourrissaient ordinairement avec du pain d'orge.

HORDEARIUM, subst. mas. (*ordé-ariome*) (en lat. *hordearium*, en sous-entendant *æs*, airain), t. d'antiq., argent qu'on donnait à un cavalier romain pour acheter de l'orge pour la nourriture de son cheval.

HORDÉIFORME, adj. des deux genres (*ordé-iforme*) (du latin *hordeum*, orge, et *forma*, forme), t. d'anat. : *ganglions hordéiformes*, formés par le nerf intercostal entre chaque vertèbre.

HORDÉINE, subst. fém. (*ordé-ine*) (du lat. *hordeum*, orge), t. de chim., substance tirée de l'orge.

HORDÉIQUE, adj. des deux genres (*ordé-ike*), de l'*ordéine*.

HORDICALES, subst. fém. plur. (*ordikale*) (du lat. *hordicalia*, fait dans le même sens de *horda*, vache, et *cædere*, tuer, immoler), t. d'hist. anc., fêtes qu'on célébrait à Rome, en l'honneur de la Terre, à qui l'on immolait trente vaches pleines. On a dit aussi *hordicies*.

HOREB, subst. propre mas. (*orèbe*), montagne de l'Arabie Pétrée, à l'est du mont Sinaï : c'est sur cette montagne sacrée que l'Écriture place le miracle de la source qui jaillit à la voix de Moïse, et celui du buisson ardent.

HORÉES, subst. fém. plur. Voy. HORAÏES.

HOREY, subst. pr. masc. (*orè*), dieu du mal chez les habitants de la côte occidentale d'Afrique.

HORIALE, subst. fém. (*oriale*), t. d'hist. nat., tribu d'insectes coléoptères.

HORIDICTIQUE, adj. des deux genres (*oridiktike*), t. d'astron., *quart de cercle horidictique*, sur lequel sont tracées les lignes *horaires*.

HORIE, subst. fem. (*ori*), t. d'hist. nat., genre d'insectes coléoptères, de la famille des ornéphiles ou silvicoles, qui ont le corselet arrondi. — T. de mar., petite barque de pêcheur dont on se sert sur les côtes.

HORIOLE, subst. fém. (*oriole*), t. de mar., petite barque de pêcheur qui ne peut s'avancer en pleine mer.

HORION (H *s'aspire*), subst. mas. (*orion*), coup rudement déchargé sur la tête ou sur les épaules. Ce mot est vieux et de style plaisant. — Subst. propre mas., myth., surnom d'Apollon.

HORIUS, subst. propre mas. (*oriuce*), myth., surnom de Bacchus, qui préside aux heures et aux saisons.—C'est aussi un surnom d'Apollon.

HORIZON, subst. mas. (*orizon*) (en grec οριζων, qui termine, dérivé de οριζειν, borner, terminer, dont la racine est ορος, borne, limite), grand cercle qui coupe la sphère en deux parties, dont l'une est l'hemisphère supérieur, l'autre l'inférieur. On le nomme *horizon astronomique* et *rationnel.* — Ce qui termine notre vue et qui sépare la partie du ciel que nous voyons d'avec celle que nous ne voyons pas. C'est l'*horizon sensible* ou *visuel.* — *Horizon oriental*, la partie de l'*horizon* où les astres paraissent se lever; *horizon occidental,* celle où ils paraissent se coucher. — Fig. : *l'horizon du génie s'agrandit tous les jours.*

HORIZONTAL, E, adj. (*orizontale*), qui est de niveau ou parallèle à l'*horizon;* qui n'est point incliné sur l'*horizon.* — En astron., 1° *diamètre horizontal,* le plus grand diamètre apparent d'un astre; 2° *parallaxe horizontale,* la plus grande de toutes les parallaxes; 3° *réfraction horizontale,* réfraction d'environ trente-deux minutes. — *Plan horizontal*, en géom., celui qui est parallèle à l'*horizon* du lieu. — En perspective, plan qui est parallèle à l'*horizon*, passant par l'œil et coupant le plan du tableau à angles droits. — *Ligne horizontale,* ligne droite tirée du point de vue parallèlement à l'*horizon;* intersection du plan du tableau et du plan *horizontal.* — On appelle *cadran horizontal,* un cadran qui est décrit sur un plan parallèle à l'*horizon,* et dont le style est élevé suivant l'élévation du pôle du lieu où il est construit. — Au plur. mas., *horizontaux.*

HORIZONTALEMENT, adv. (*orizontaleman*), dans une situation *horizontale.*

HORIZONTALITÉ, subst. fém. (*orizontalité*), état de ce qui est *horizontal.* — Position de l'*horizon.*

HORIZONTAUX, adj. mas. plur. Voy. HORIZONTAL.

HORLOGE, subst. fém. (*orloje*) (en grec ωρολογιον, formé de ωρα, heure, et de λεγω, je dis, j'annonce), sorte de machine composée de roues, de ressorts, etc., pour marquer et sonner les heures. On appelle *horloge solaire* ou *horloge au soleil*, un cadran au soleil; et *horloge de sable*, ou absolument *un sable*, une petite machine composée de deux fioles de verre où il y a du sable qui, en coulant de l'une dans l'autre, sert à marquer un certain espace de temps. — Les anciens se servaient d'*horloges d'eau,* comme nous nous servons de celles de sable, et ils les appelaient *clepsydres.* — On nomme *horloge* ou *pendule à équation,* celle qui indique et suit tout à la fois le temps vrai et apparent, qui est celui du soleil, et le temps moyen ou uniforme; *horloge* ou *pendule à secondes,* celle qui bat et marque les secondes, ainsi que les heures et les minutes; *horloge marine* ou *à longitudes,* celle qui sert à déterminer les longitudes en mer, c'est-à-dire le lieu où se trouve le vaisseau, en comptant du port d'où il est parti, et des différents endroits où il a relâché. — T. d'astron., constellation méridionale de l'abbé de *La Caille,* située au-dessous de l'Eridan. — T. de bot., *horloge de Flore,* nom donné par *Linnée* à une table des heures du jour, auxquelles s'épanouissent certaines fleurs. — T. d'hist. nat., *horloge de la mort;* on donne vulgairement ce nom aux vrillettes et au psoque pulsateur, parce que ces insectes font entendre assez souvent un petit bruit continu, semblable à celui que produit le pendule d'une horloge. — *Monter une horloge,* en bander les ressorts ou en monter les poids. — *Démonter une horloge,* en désassembler les pièces.

HORLOGER, subst. mas., au fém. **HORLOGÈRE**, (*orlojé, jère*), celui, celle qui fait ou vend des *horloges* et des montres. On appelle *horlogers grossiers*, les ouvriers qui font les grosses *horloges* des clochers; *horlogers penduliers,* ceux qui font les pendules; *horlogers en petit,* ceux qui font les montres.

HORLOGÈRE, subst. fém. Voy. HORLOGER.

HORLOGERIE, subst. fém. (*orlojeri*), commerce, trafic et métier d'*horloges,* de montres et de pendules.

HORMÉSION, subst. mas. (*ormézion*), t. d'hist. nat., pierre des anciens, œil de chat de couleur jaune.

HORMINE, subst. fém. (*ormine*), t. de bot., espèce d'herbe.

HORMINELLE, subst. fém. (*orminèle*), t. de bot., genre de plantes, espèce de mélisse.

HORMINODE, subst. fém. (*orminode*), t. d'hist. nat., pierre connue des anciens. *Buffon* prétend qu'ils donnaient ce nom à une agate qui présentait un cercle de couleur d'or, au centre duquel était une tache verte. On a cru aussi que l'*horminode* pouvait être un jaspe.

HORMINUM, subst. mas. (*orminome*), t. de bot., les Grecs désignaient sous ce nom une plante à laquelle ils attribuaient la vertu d'exciter violemment à l'amour. Les espèces qu'on a rangées sous ce nom sont des sauges ou des mélisses.

HORMIS (H *s'aspire*), prép. (*ormi*), hors, excepté, comme qui dirait : *mis hors* ou *en dehors.*

HORMIUS, subst. mas. (*ormi-uce*), t. d'antiq., sorte de mélodie qui n'était que rhythmique, ne changeant point de ton.

HORMUS, subst. mas. (*ormuce*) (du grec ορμος, collier, parce que la ronde ressemble à un collier), t. d'antiq., danse inventée par *Dédale*, et formée par une ronde mêlée d'hommes et de femmes.

HORN, subst. propre mas. (*orne*), cap situé à la pointe méridionale de l'Amérique.

HORNBLENDE (H *s'aspire*), subst. fém. (*ornebleinde*) (de l'allemand *horn,* corne, et *blenden,* éblouir, à cause de la fausse apparence de corne), t. de minér., pierre du genre des cornéennes, qui doit son nom à ses rapports apparents avec la corne. On l'a récemment appelée *amphibole* et *diallage*. Voy. ces mots. — *Hornblende du Labrador*, minéral particulier de la classe des pierres, qui a quelque rapport avec l'amphibole par son tissu lamelleux, et avec le feldspath chatoyant par ses reflets, mais qui en diffère par d'autres caractères importants.

HORNEMANIE, subst. fém. (*ornemani*), t. de bot., sorte de plante, espèce de gratiole.

HORNFELS, subst. mas., ou **ROCHE-CORNÉE**, subst. fém. (*ornefélece, rochekorne*), t. d'hist. nat., suivant les uns, roche de feld-spath, dans laquelle sont empâtés des grenats, ce qui la rapprocherait du leptinite; et roche quartzeuse, selon d'autres.

HORNPIPE, subst. fém. (*ornepipe*), nom d'une danse très-usitée chez les Anglais.

HORNPOX, subst. mas. (*ornepokce*), t. de médec., nom anglais de la varicelle pustulée.

HORNSCHIEFFER (H *s'aspire*) ou **SCHISTE CORNÉ**, subst. mas. (*ornechiéfère, chicetekorne*), t. d'hist. nat.; cette dénomination, qui n'a pas de sens fixe et déterminé, a été appliquée à une foule de roches, mais plus généralement à l'amphibole schistoïde, et quelquefois aussi au schiste micacé, et au porphyre schistoïde.

HORNSTEIN (H *s'aspire*), subst. mas. (*ornecetène*) (de l'allemand *horn,* corne, et *stein,* pierre, *pierre de corne*), t. de minér., substance pierreuse qui a la couleur et la transparence de la corne; variété du feld-spath. — *Hornstein-porphyre,* variété de porphyre à base de *hornstein.*

HORNSTÉTIE, subst. fém. (*ornecetéti*), t. de bot., genre de plantes, espèce d'amome.

HORODICTIQUE, subst. mas. (*orodiktike*) (du latin *hora*, pris du grec ωρα, et *dictare*, dicter, indiquer), instrument d'astronomie qui sert à trouver l'heure.

HOROGRAPHE, subst. mas. (*oroguerafe*), (du grec ωρα, heure, et γραφω, j'écris, je trace), celui qui fait des cadrans.

HOROGRAPHIE, subst. fém. (*oroguerafi*) (même étym. que celle du mot précéd.), gnomonique; l'art qui enseigne à faire des cadrans.

HOROGRAPHIQUE, adj. des deux genres (*oroguerafike*), qui appartient à l'*horographie.*

HOROLOGIOGRAPHE, subst. mas. (*orolojî-oguerafe*) (du grec ωρολογιον, horloge, et γραφω, je trace), celui qui écrit sur l'horlogerie.

HOROLOGIOGRAPHIE, subst. fém. (*orolojî-oguerafi*) (même étym. que celle du mot précéd.), art de faire des cadrans; gnomonique. — Traité d'*horlogerie*, description des *horloges*, etc.

HOROLOGIOGRAPHIQUE, adj. des deux genres (*oroloji-oguerafike*), qui appartient à l'*horologiographie.*

HOROMÈTRE, subst. mas. (*oromètre*) (du grec ωρα, heure, et μετρον, mesure), espèce de cadran dans l'Indostan.

HOROMÉTRIE, subst. fém. (*orométri*) (même étym. que celle du mot précéd.), art de mesurer et de diviser les heures, et d'en régler le nombre.

HOROMÉTRIQUE, adj. des deux genres (*orométrike*), qui appartient à l'*horomètre.*

HOROPTÈRE, subst. mas. (*oropetère*) (du grec ορος, borne, limite, et οπτηρ, qui voit, dérivé de οπτομαι, voir; *l'horoptère* étant regardé comme la limite de la division distincte), t. d'optique, ligne droite, tirée par le point où deux axes optiques concourent, et parallèle à celle qui joint les centres des yeux ou des prunelles. — *Plan de l'horoptère,* plan qui passe par l'*horoptère,* et qui est perpendiculaire à celui des deux axes optiques.

HOROSCOPE, subst. mas. (*orocekope*) (du grec ωρα, heure, et σκοπεω, je considère), observation qu'on fait de l'état du ciel au moment de la naissance de quelqu'un, et par laquelle on prétend juger de ce qui lui doit arriver pendant sa vie. — Instrument de mathématiques, en forme de planisphère, inventé par *Jean Paduanus.* — Fig. : *faire l'horoscope d'une affaire, d'une entreprise,* en prévoir, en prédire le succès.

HOROSCOPÉ, E, part. pass. de *horoscoper.*

HOROSCOPER, v. act. (*orocekopé*), tirer l'*horoscope.* Vieux et même hors d'usage.

HORREUR, subst. fém. (*orereur*) (en lat. *horror,* fait de *horrere,* se hérisser, frissonner de peur, etc., dérivé du grec ορρωδειν, craindre, avoir peur, dont la racine est ορρος, l'extrémité de l'os sacrum, le croupion, parce que certains animaux, quand ils ont peur, serrent leur queue entre leurs jambes), terreur, saisissement de l'âme qui la fait frémir. — Saisissement de crainte et de respect : *une secrète, une sainte horreur.* — Détestation, haine violente. — En parlant des choses, énormité : *l'horreur du crime.* — Fam., personne, chose fort laide : *loin d'être une jolie femme, c'est une horreur; ce logement est une horreur.* — Au plur., il se dit, dans le style fam., des choses déshonorantes, des actions flétrissantes : *on m'a dit des horreurs de cet homme-là.* — On le prend aussi pour objet d'horreur : *tout était plein de carnage et d'horreur.* — *Horreur du vide,* expression hors de sens, par laquelle on prétendait autrefois expliquer l'ascension de l'eau dans les pompes aspirantes, etc. : *l'eau monte,* disait-on, *parce que la nature a horreur du vide.*

HORRIBLE, adj. des deux genres (*orerible*) (en lat. *horribilis*), qui fait *horreur.* — Extrême, excessif : *un froid horrible; une horrible dépense,* etc.

HORRIBLEMENT, adv. (*oreribleman*), d'une manière *horrible,* dans les deux sens : *horriblement laide; horriblement pressé.*

HORRIFIQUE, adj. des deux genres (*orerifike*), effrayant, hideux. Il n'est usité que dans le style burlesque.

HORRIPILATION, subst. fém. (*oreripilâcion*) (en lat. *horripilatio,* fait de *horrere,* se hérisser, et *pilus*, poil), t. de médec., hérissement des cheveux.

HORS (H *s'aspire*), prép. (*or*) (du lat. *foris,* dehors, par le changement ordinaire de l'*f* en *h*); elle marque exclusion, et se dit 1° du temps : *quand nous serons hors de l'hiver;* 2° du lieu : *hors de la ville;* 3° de diverses choses qui n'ont rapport ni au temps, ni au lieu : *être hors de son bon sens; hors de prix, hors de raison.* — Hormis, excepté : *hors cela, je suis de votre sentiment; hors deux ou trois.* — *Hors la loi.* Voyez LOI. — *Hors de cour,* t. de palais, manière de prononcer au civil, lorsque la demande n'a point d'objet; au criminel, *hors de cour* signifie qu'il subsiste des indices, mais qu'il n'y a pas assez de preuves pour asseoir une condamnation. — *Hors d'eau*, t. de chamoiseur, peaux qui ne sont plus humides. — HORS, HORMIS, EXCEPTÉ. (*Syn.*) *Hors* annonce la séparation qui existe entre tel objet, et les objets collectivement énoncés; *hormis* indique l'exclusion qu'il faut donner à un objet particulier, naturellement compris dans la proposition collective; *excepté* marque la distraction particulière qu'il faut faire de la proposition générale. Nul n'aura d'esprit, *hors* nous et nos amis. Le mahométisme permet toutes sortes d'aliments, *hormis* le vin. Tout le monde est à son aise dans cette ville, *excepté* ceux qui ne veulent pas travailler.

HORS-D'ŒUVRE (H *s'aspire*), adv. (*ordeuvre*) : *une chapelle hors-d'œuvre,* détachée du corps de l'édifice. — Fig., dans les ouvrages d'esprit : *un hors-d'œuvre* est une digression. — Au plur., petits plats qu'on sert avec le potage. — Pièces détachées. — Au plur., des *hors-d'œuvre.*

HORS-ŒUVRE (H *s'aspire*), adv. (*orzeuvre*) : *cet édifice a vingt toises hors-œuvre,* depuis l'angle extérieur d'un mur jusqu'à l'angle extérieur de l'autre mur.

HORTENSIA, subst. fém. (*ortancia*) (du latin *hortensis* ou *hortensius,* de jardin, fait de *hortus;* selon quelques-uns, de *Hortense,* épouse du fameux horloger français Lepaute, auquel Commerson la dédia; et, selon quelques autres, du nom de la reine *Hortense*, belle-sœur de l'empereur Napoléon), t. de bot., genre de plantes exotiques, à corolle polypétale, apportées de la Chine en Europe par lord *Macartney,* et cultivées pour la beauté de leurs fleurs.

HORTENSIS, subst. propre fém. (*orteincice*), myth., surnom de Vénus présidant à la naissance des fleurs.

HORTICULTEUR, subst. mas. (*orticuleteur*), celui qui s'occupe d'horticulture.

HORTICULTURAL, E, adj. (*ortikuletural*), qui a rapport à l'horticulture. — Au plur. mas., horticulturaux.

HORTICULTURAUX, adj. mas. plur. Voy. HORTICULTURAL.

HORTICULTURE, subst. fém. (*ortikuleture*) (du lat. hortus, jardin, et colere, cultiver), art de cultiver les jardins.

HORTOLAGE, subst. mas. (*ortolaje*) (du lat. hortus, jardin), partie d'un potager où sont les couches et les plantes basses. — Toute sorte de plantes, de légumes et d'herbes potagères que l'on cultive dans un jardin. Ce mot a vieilli.

HORTOLE, subst. fém. (*ortole*), t. d'hist. nat., genre de coquilles, voisin des lituites. Les espèces fossiles de ce genre sont très-nombreuses.

HORUS et HARPOCRATE, subst. propres mas. (*oruce, arpokrate*), myth., divinités égyptiennes que l'on célébrait toujours ensemble, et qui paraissent avoir été le type de Castor et de Pollux, et l'origine de la constellation des Gémeaux.

HOSANNA, subst. mas. (*ozanena*), prière des juifs à la fête du tabernacle. — Cri de joie. — Sans s au pluriel.

HOSIES, subst. fém. plur. (*ozi*) (du grec οσιος, saints), t. d'antiq.; on appelait ainsi les victimes sacrifiées par les hosiotes.

HOSIOTES, subst. mas. plur. (*ozi-ote*), t. d'antiq., ministres d'Apollon, à Delphes, dont l'office était d'aider les devins et la pythie dans les sacrifices.

HOSLUNDIES, subst. fém. plur. (*ocelundi*), t. de bot., plantes verbénacées.

HOSPES, subst. propre mas., ou HOSPITALIS, adj. mas. (*ocepece, ocepitălice*) (en latin hospes, hôte, hospitalis, hospitalier), myth. Jupiter était adoré sous ce nom, comme le dieu tutélaire des hôtes et des voyageurs. — Il y avait aussi Minerve Hospitalis.

HOSPICE, subst. mas. (*ocepice*) (en lat. hospitium, fait de hospes, gén. hospitis, hôte), lieu où l'on retire les étrangers. — Petite maison religieuse dans une ville, où l'on retirait durant la guerre les religieux ou religieuses des couvents qui étaient dans la campagne. — Hôpital. Cette acception est moderne.

HOSPITA, subst. propre fém. (*ocepita*) (en lat. hospita, hôtesse), myth., surnom de Vénus, adorée à Memphis, et de Minerve, adorée à Sparte.

HOSPITALIER, adj. et subst. mas., au fém. HOSPITALIÈRE (*ocepitalié, liére*) (en lat. hospitalis), celui ou celle qui reçoit et loge les pauvres et les passants. — On appelait hospitaliers, certains ordres militaires institués autrefois pour recevoir les pèlerins.

HOSPITALIÈRE, subst. et adj. fém. Voyez HOSPITALIER.

HOSPITALISÉ, E, part. pass. de hospitaliser.

HOSPITALISER, v. act. (*ocepitalizé*), en propre et au fig., donner l'hospitalité. — s'HOSPITALISER, v. pron.

HOSPITALITÉ, subst. fém. (*ocepitalite*) (en lat. hospitalitas), vertu qui consiste à recevoir et à retirer chez soi les étrangers et les passants. — Obligation imposée à certaines abbayes de recevoir les voyageurs pendant quelques jours. — Parmi les anciens Grecs et Romains, droit réciproque de loger les uns chez les autres.

HOSPODAR (H s'aspire), subst. mas. (*ocepodar*), titre de certains princes vassaux du grand-seigneur.

HOSPODORAT (H s'aspire), subst. mas. (*ocepodora*), titre, gouvernement du hospodar; temps que dure ce gouvernement.

HOSTE, subst. mas. (*ocete*), t. de bot., arbrisseau d'Amérique.

HOSTI, E, part. pass. de hostir.

HOSTIE, subst. fém. (*oceti*) (en lat. hostia, pour hostis, ennemi, parce qu'on immolait l'hostie après avoir repoussé l'ennemi), chez les anciens, sorte de victime qu'on immolait aux dieux. La chose immolée s'appelait hostie, quand c'était un petit animal, tel qu'un oiseau, une brebis; et victime, lorsque c'était un gros animal, comme un taureau. — Chez les Hébreux, victime quelconque offerte en sacrifice. — Chez les catholiques, pain très-mince et sans levain que le prêtre consacre. — Hostie se dit aussi du corps de Jésus-Christ renfermé sous les espèces du pain et du vin, que l'on offre tous les jours comme une nouvelle hostie dans le sacrifice de la messe: le saint ciboire est le vaisseau où l'on garde les hosties.

HOSTILE, adj. des deux genres (*ocetile*) (en lat. hostilis), d'une manière hostile; en ennemi.

HOSTILEMENT, adv. (*ocetileman*), d'une manière hostile, en ennemi.

HOSTILINA, subst. propre fém. (*ocetilina*) (du vieux mot lat. hostire, mettre de niveau), myth., déesse qu'on invoquait pour les moissons.

HOSTILITÉ, subst. fém. (*ocetilite*) (en lat. hostilitas, dérivé de hostis, ennemi), acte de guerre, action d'ennemi, de peuple à peuple.

HOSTIR, v. act. (*ocetir*), aligner, rendre égal. Il est vieux. — s'HOSTIR, v. pron.

HÔTE, subst. mas., HÔTESSE, subst. fém. (*ôte, ôtece*) (en lat. mas. hospes, gén. hospitis), celui, celle qui tient auberge ou cabaret. — Celui, celle qui loge, qui reçoit les étrangers dans un hôtel garni. — Celui qui est logé dans un hôtel garni. — Étranger qui est reçu dans une maison. — Table d'hôte, table où l'on mange plusieurs ensemble à tant par tête. — Prov. : bon visage d'hôte, bon accueil de celui qui donne à manger chez lui. — Prov. et fig. : qui compte sans son hôte compte deux fois, on se trompe ordinairement quand on fait quelque projet sans la participation de celui de qui l'exécution dépend. — En style poétique, les hôtes des bois.

HÔTEL, subst. mas. (*ôtèle*) (suivant Ménage, du lat. hospitale. Les Romains appelaient hospitalia, tum, les appartements destinés à recevoir les étrangers), grande maison occupée par une personne d'un rang distingué. — Grande maison garnie; auberge renommée, etc. — Hôtel-de-ville, la maison commune, celle où l'on s'assemble d'ordinaire pour les affaires de la commune. — Hôtel des monnaies, le lieu où l'on fabrique les monnaies. — Hôtel garni, grande maison meublée où l'on est logé en payant. — Maître-d'hôtel, celui qui a soin de la table chez les riches particuliers.

HÔTEL-DIEU, subst. mas. (*ôtèledieu*), maison fondée pour les malades pauvres. — Au plur., des hôtels-Dieu.

HÔTELIER, subst. mas., HÔTELIÈRE, subst. fém. (*ôtelié, liére*), celui, celle qui tient une hôtellerie.

HÔTELIÈRE, subst. fém. Voy. HÔTELIER.

HÔTELLERIE, subst. fém. (*ôtèleri*), maison où l'on loge et mange pour de l'argent. Voy. CABARET. — Dans les grosses abbayes, corps de logis où l'on recevait les étrangers.

HÔTESSE, subst. fém. Voy. HÔTE.

HOTTE (H s'aspire), subst. fém. (*ote*) (suivant Le Duchat, de l'allemand huten, couvrir, cacher), sorte de panier qu'on porte sur le dos avec des bretelles. — En menuiserie, dossier de siége cintré sur le plan, et incliné ou évasé sur la hauteur. — Hotte de cheminée, pente d'un tuyau de cheminée en forme de hotte renversée.

HOTTÉE (H s'aspire), subst. fém. (*oté*), hotte pleine de quelque chose; plein une hotte.

HOTTENTOT, E (H s'aspire), subst. (*otantô, tote*), habitant de la pointe d'Afrique. — T. d'hist. nat., genre d'insecte.

HOTTENTOTIE, subst. propre fém. (*otantoci*) pays de l'Afrique méridionale, habité par les Hottentots.

HOTTEUR (H s'aspire), subst. mas., HOTTEUSE, subst. fém. (*oteur, teuze*), celui, celle qui porte la hotte.

HOTTEUSE, subst. fém. Voy. HOTTEUR.

HOTTONE, subst. fém. (*otetone*), t. d'hist. nat., genre de plantes vivaces, à fleur en ombelle, à tige feuillée, de la famille des primulacées ou lysimachies de Jussieu.

HOUACHE (H s'aspire), subst. fém. (*ouache*), t. de mar., trace ou sillage de navire en mer. On dit aussi ouaiche.

HOUAGE (H s'aspire), subst. mas. (*ou-aje*), action de houer les draps. Voy. HOUER. — Dans les mines de charbon minéral, longueur du terrein que parcourent les veines en superficie ou en profondeur.

HOUAME, subst. mas. (*ouame*), myth., sectaire musulman nomade.

HOUARI, subst. mas. (*ou-ari*), t. de mar., bâtiment à deux mâts et à voiles latines pour la course.

HOUATTE, subst. fém. (*ouate*), espèce de coton qui entoure la semence de l'apocyn de Syrie.

HOUBLON (H s'aspire), subst. mas. (*oublon*) (ce mot est flamand et vient de lupulone, corruption de lupulus, nom latin de cette plante), t. de bot., plante vivace qui entre dans la composition de la bière, et que par cette raison on nomme aussi vigne du Nord. Elle croît dans les haies et les terrains sablonneux; ses fleurs apétales, mâles ou femelles, croissent sur des pieds différents, dont les tiges anguleuses s'attachent à tout ce qui les entoure.

HOUBLONNÉ, E, part. pass. de houblonner.

HOUBLONNER (H s'aspire), v. act. (*oubloné*), mettre du houblon dans la bière.

HOUBLONNIÈRE (H s'aspire), subst. fém. (*oublonière*), champ planté de houblon.

HOUCKIENS, subst. masc. plur. (*oukiein*), nom d'une faction qui prit naissance en Belgique en 1351, et qui était opposée à celle des kabegaw. On dit aussi houcks et hocks.

HOUCRE ou HOURQUE, (H s'aspire), subst. masc. (*oukre*), t. de mar., bâtiment à varangues plates.

HOUDAIN, subst. propre mas. (*oudein*), bourg de France, chef-lieu de canton, arrondissement de Béthune, dép. du Pas-de-Calais.

HOUDAN, subst. propre mas. (*oudan*), ville de France, chef-lieu de canton, arrondissement de Mantes, dép. de Seine-et-Oise.

HOUÉ, E (H s'aspire), subst. fém. (*oué*) (du latin upupa, huppe, employé par les Latins dans cette signification, à cause de la ressemblance de cet instrument avec la tête d'une huppe. Ménage), instrument de vigneron propre à remuer ou labourer la terre. — Houe à cheval, espèce de petite charrue tirée par un cheval, à un ou plusieurs socs en forme de houe plate, et à une ou deux roues. — On appelle houe fourchue, une houe qui, au lieu d'être pleine, est à dents plates. Elle sert à labourer et défoncer les terrains pierreux ou trop argileux, parce qu'elle entre plus avant que la houe pleine. — Espèce de rabot pour détremper le mortier.

HOUÉ, E, part. pass. de houer.

HOUER (H s'aspire), v. act. et neut. (*ou-é*), labourer à la houe, avec la houe. On dit aussi neut. : les vignerons commencent à houer. — Dans la draperie, opération du foulon qui consiste à lâcher un drap à l'eau, et à l'en retirer plusieurs fois à petits plis, etc. — se HOUER, v. pron.

HOUERIE, subst. fém. (*ouri*), t. d'agric., labour à la houe.

HOUETTE (H s'aspire), subst. fém. (*ou-éte*), t. de bot.; on a donné ce nom à un fromager, dont les semences sont entourées d'un coton qui est en usage aux Moluques.

HOUGARDE, subst. fém. (*ouguarde*), espèce de bière douce.

HOUGUE (LA), subst. propre fém. (*la-ougue*), cap de France, dép. de la Manche, célèbre par le combat naval qui s'y livra le 29 mai 1692, et dans lequel les Français furent défaits par les flottes anglaise et hollandaise.

HOUGUINES (H s'aspire), subst. fém. plur. (*ouguine*), partie de l'ancienne armure qui couvrait les cuisses, les jambes et les bras.

HOUILLAGE (H s'aspire), subst. mas. (*ou-iaje*), t. de forge, action de la houille sur les fers.

HOUILLE (H s'aspire), subst. fém. (*ou-ie*) (du saxon holl), sorte de charbon de terre.

HOUILLEAU (H s'aspire), subst. mas. (*ou-iô*), t. de vénerie, cri pour faire boire les chiens lorsqu'ils sont dans l'eau.

HOUILLER (H s'aspire), adj. mas., au fém. HOUILLÈRE (*ouié, ière*), qui tient de la houille, qui renferme des couches de houille : terrein houiller. L'Académie ne donne pas le fém. de ce mot. Voy. HOUILLEUX.

HOUILLÈRE (H s'aspire), subst. fém. (*ou-ière*), mine de houille.

HOUILLEUR (H s'aspire), subst. mas. (*ou-ieur*), ouvrier qui travaille dans les mines de houille.

HOUILLEUX (H s'aspire), adj. mas., au fém. HOUILLEUSE (*ou-ieu, ieuze*), qui contient de la houille. L'Académie aurait dû se contenter de ce mot, et ne pas former un adj. mas. de houiller, dont la forme terminative est tout-à-fait irrégulière.

HOUILLITE (H s'aspire), subst. fém. (*ou-ieite*), t. d'hist. nat., sorte de minéral appelé aussi anthracite.

HOULAN pour UHLAN est un barbarisme de l'Académie. On prononce, en effet, oulan le mot uhlan, mais on ne l'écrit jamais houlan.

HOULE (H s'aspire), subst. fém. (oule), t. de mar., vagues longues et hautes, que la mer agitée pousse les unes contre les autres, avant et surtout après une tempête. On les nomme aussi lames. — Marmite de fer ou de cuivre fondu. (Dans cette dernière acception, du latin olla.)

HOULETTE (H s'aspire), subst. fém. (oulète) (en lat. agolum, employé par Festus), bâton de berger terminé par une plaque de fer en forme de gouttière, pour jeter des mottes de terre aux moutons qui s'écartent. La houlette est célèbre dans les poésies pastorales. — Cuiller de métal, en forme de houlette, pour travailler les neiges et les glaces. — Très-petite hache de jardinier creusée en gouttière.

HOULEUX (H s'aspire), adj. mas., au fém. HOULEUSE (ouleuse, leuse). Il se dit de la mer agitée par la houle. Boiste, qui écrit cet adj. par deux l, fait un barbarisme.

HOULEVICHE, subst. fém. (oulevíche), t. de pêche, filet du genre des bretellières, destiné pour une espèce de chien de mer, qu'on appelle houle à Harfleur.

HOULI (H s'aspire), subst. mas. (ouli), fête que les Indiens célèbrent à l'équinoxe du printemps.

HOULIER, subst. mas. (oulié), vieux mot qui signifiait voleur.

HOULIS, subst. propre fém. plur. (ouli), myth., nom des muses indiennes.

HOULQUE, subst. mas. Voy. HOEQUE.

HOUMANI, subst. propre fém. (oumani), myth., chez les Indiens, génie femelle qui gouverne le ciel et les astres.

HOUMIRI, subst. mas. (oumiri), t. de bot., arbre de la Guyane.

HOUNG-HIEN, subst. mas. (ounguiein), t. de bot., amarante de la Cochinchine.

HOUNG-KAN, subst. mas. (ounguekan), t. de bot., rose de la Chine.

HOUP! (n s'aspire) (oupe), interjection pour appeler.

HOUPER, v. act. (oupé), Voy. HOUPPER.—Nous ne savons pourquoi l'Académie écrit houper, t. de chasse, et houpper, t. de manufacturier.

HOUPEROU, subst. mas. (ouperou), t. d'hist. nat., poisson de mer, espèce de goulu très-dangereux.

HOUPETTE (H s'aspire), subst. fém. (oupète), t. d'hist. nat., tangara noir huppé de Cayenne.

HOUPIER, subst. mas. (oupié), t. de bot., maladie des arbres qui attaque leur cime.

HOUPOU, subst. mas. (oupou), t. de relat., tribunal souverain de la Chine.

HOUPPE (H s'aspire), subst. fém. (oupe) (de huppe), assemblage de plusieurs filets de laine ou de soie liés comme par bouquets. — On appelle houppe, houppe à poudrer, l'instrument avec lequel on poudre les cheveux et les perruques. — Le bout du fil d'or, d'argent ou de ruban effilé qui déborde le fer de l'aiguillette. — Le flocon de plumes que certains oiseaux portent sur la tête. — Houppe se dit, dans certaines manufactures de laine, de la laine peignée et préparée par le houppier ou peigneur. — En anatomie, on appelle houppes nerveuses certaines petites pyramides nerveuses qui tirent leur origine de l'expansion des nerfs répandus dans le tissu de la peau. On les appelle aussi mamelons de la peau.—En t. de bot., assemblage de poils qui, paraissant n'avoir qu'un point d'insertion, s'épanouissent ensuite.

HOUPPÉ, E, part. pass. de houpper.

HOUPPÉE (H s'aspire), subst. fém. (oupé), t. de marine, effet de deux lames qui se choquent et s'écrasent l'une contre l'autre, en s'épanouissant comme une houppe par le sommet du bouillonne.

HOUPPELANDE (H s'aspire), subst. fém. (oupelande), autrefois : 1° cape ou manteau de berger, fait de cuir, dont se sont servis ensuite les voyageurs pour se garantir de la pluie; 2° habit de femme en forme de manteau, à queue traînante et grand collet, avec des manches renversées, garnies de fin gris, etc., et chargées de jais.—Sorte de casaque à manches courtes, venue, suivant Huet, de la province d'Uplande, en Suède.

HOUPPER (H s'aspire), v. act. (oupé), faire en houppe. — Houpper de la laine, la peigner.—En t. de chasse, appeler son compagnon.—se HOUPPER, v. pron.

HOUPPETTE, subst. fém. (oupète), petite houppe.—Sorte de gland qui orne le bonnet de police des militaires.

HOUPPIER (H s'aspire), subst. mas. (oupié), arbre ébranlé, auquel on n'a laissé que la houppe.—Ouvrier qui houppe ou peigne de la laine.

HOUPPIFÈRE, subst. mas. (oupifère), t. d'hist. nat., nom d'un coq de l'île de Sumatra.

HOUQUE ou HOULQUE (H s'aspire', subst. fém. (ouke), terme de bot., genre de plantes graminées.

HOURA, mieux HOURRA (H s'aspire), subst. mas. (oura), cri de guerre des Cosaques, et, en général, des troupes russes et polonaises, quand elles vont à la charge.—C'est dans quelques autres pays un cri de joie et d'honneur.

HOURAILLÉ, part. pass. de hourailler.

HOURAILLER (H s'aspire), v. neut. (ourâ-ié), chasser avec des hourets.

HOURAILLIS (H s'aspire), subst. mas. (ourdi-í), meute de mauvais chiens de chasse.

HOURCE (H s'aspire), subst. fém. (ource), t. de mar., manœuvre courante qui sert de bras à la vergue d'artimon.

HOURDAGE (H s'aspire), subst. mas. (ourdaje), maçonnage grossier avec du mortier et du plâtre.

HOURDÉ, E, part. pass. de hourder.

HOURDER (H s'aspire), v. act. (ourdé), maçonner grossièrement, faire l'aire d'un plancher sur des lattes.—se HOURDER, v. pron.

HOURDI (H s'aspire), subst. mas., ou LISSE DE HOURDI, subst. fém. (ourdi, licede-ourdi), t. de mar., barre d'arcasse, ou le dernier des barreaux vers la poupe.

HOURDIS (H s'aspire), subst. mas. (ourdi), t. de maçon., première couche de gros plâtre que l'on met sur un lattis, pour former l'aire d'un plancher. Voy. HOURDAGE.

HOURE (H s'aspire), subst. fém. (oure), échafaud d'ardoisier.

HOURET (H s'aspire), subst. mas. (ouré), mauvais chien de chasse.

HOURI (H s'aspire), subst. fém. (ouri) (de l'arabe hour-al-ouy-youn, grands yeux noirs), nom des femmes que Mahomet a placées dans son paradis pour contribuer aux plaisirs des fidèles musulmans. Ces femmes ne seront point celles avec lesquelles ils auront vécu dans ce monde; mais d'autres femmes, d'une création toute nouvelle et d'une beauté inaltérable.

HOURITE (H s'aspire), subst. mas. (ourite), t. d'hist. nat., poisson du genre salmone, qu'on pêche sur les côtes d'Afrique, et dont on fait une grande consommation à Madagascar.

HOURQUE (H s'aspire), subst. fém. (ourke), t. de mar., bâtiment hollandais, depuis soixante jusqu'à cinq cents tonneaux.

HOURRA, subst. mas. Voy. HOURA.

HOURVARI, subst. mas. (ourvari), t. de vén., cri du chasseur qui rappelle ses chiens.—Grand bruit, grand tumulte.

HOUSARD, subst. mas. Vieux.Voy.HOUSSARD.

HOUSARDAILLE (H s'aspire), subst. fém. (ouzardâ-ie), escarmouche légère et inutile.

HOUSARDÉ, E, part. pass. de housarder.

HOUSARDER (H s'aspire) (ouzardé), v. neut., se battre à la manière des housards.

HOUSCHE (H s'aspire), subst. fém. (ouche), petit terrain dans lequel le paysan cultive les denrées les plus nécessaires à la vie, et qui est derrière la maison.

HOUSÉ, E, adj. (ouzé), crotté, mouillé. Il est vieux et même hors d'usage.

HOUSEAUX (H s'aspire), subst. mas. (hou-zò) (du lat. barbare hosélium, dim. de hosa, qui, dans la basse latinité, a été fait, avec la même signification, de l'allemand hose. Les Allemands disent encore aujourd'hui hosen pour haut-dechausses. Ménage), chaussure contre le froid, la pluie et la crotte ; espèce de guêtres. Il est vieux et ne se dit plus, même dans cette phrase prov. : laisser ses houseaux quelque part, à mourir.

HOUSPILLAGE (H s'aspire), subst. mas. (oucepi-iaje), action de se houspiller ou de houspiller.

HOUSPILLÉ, E, part. pass. de houspiller.

HOUSPILLER (H s'aspire), v. act. (oucepi-ié), maltraiter quelqu'un en le tiraillant. Style fam. et plaisant.—se HOUSPILLER, v. pron., se prendre ici se battre en se jetant l'un sur l'autre. — Fig. et fam., se disputer avec emportement.

HOUSPILLON (H s'aspire), subst. mas. (oucepi-ion), demi-verre de vin que l'on fait boire à celui qui a manqué à quelque cérémonie de table. Hors d'usage.

HOUSSAGE (H s'aspire), subst. mas. (ouçaje), action de housser.— Fermeture d'ais ou de bardeaux à un moulin à vent.

HOUSSAIE (H s'aspire), subst. fém. (oucé), lieu où il croît quantité de houx.

HOUSSARD, HOUSARD ou HUSSARD. (Le dernier est le plus en usage aujourd'hui.) (H s'aspire), subst. mas. (ouzar, çar, uçar), cavalier hongrois armé à la légère.—On dit fam., d'un homme ou même d'une femme qui ne craint point la fatigue, les mauvais gîtes, etc., que c'est un hussard, un véritable hussard.—Troupe légère que l'on envoie à la découverte. — A la hussarde, loc. adv. — Prov. : vivre à la hussarde, et pillage.—Couper les crins des chevaux à la hussarde, les laisser depuis le bas de l'encolure jusqu'à la moitié, et couper le reste jusqu'à la tête.

HOUSSE (H s'aspire), subst. fém. (ouce) (suivant Ménage, du lat. ursa, parce que les anciens se couvraient avec des peaux d'ours), couverture qu'on attache à la selle d'un cheval et qui en couvre la croupe.—Peau de mouton passée en mégie, et garnie de sa laine, que les bourreliers emploient pour couvrir les colliers des chevaux. — Étoffe légère dont on couvre des meubles de prix. — Garniture qui couvre et entoure un lit. —Couverture du siège du cocher.

HOUSSÉ, E, part. pass. de housser, et adj. —Terme de manège, se dit d'un cheval qui a sa housse.

HOUSSEAUX (H s'aspire), subst. mas. plur. (ouço), grosses épingles propres à attacher ensemble plusieurs doubles d'étoffe.

HOUSSÉE, subst. fém (oucé), pluie d'orage. Il est vieux et même hors d'usage.

HOUSSEPAILLER, v. act. Voy. HOUSPILLER, qui seul se dit.

HOUSSER (H s'aspire), v. act. (oucé), nettoyer avec un houssoir.—se HOUSSER, v. pron.

HOUSSET (H s'aspire), subst. mas. (oucé), serrure de coffre. Voy. HOUSSETTES.—Soie de Perse qu'on tire d'Alep.—T. de bot., petit arbrisseau.

HOUSSETTES (H s'aspire), subst. fém. plur. (oucète), autrefois bas-de-chausses. — Serrures qui servent pour des coffres, et qui se ferment à la chute du couvercle.

HOUSSIÈRE (H s'aspire), subst. fém. (oucière), endroits d'une forêt pleins de houx et d'autres arbrisseaux semblables.

HOUSSINE (H s'aspire), subst. fém. (oucine), baguette de houx ou même de tout autre arbre.

HOUSSINÉ, E, part. pass. de houssiner.

HOUSSINER (H s'aspire), v. act. (ouciné), fouetter, frapper, battre avec une houssine. — Il est bas.—se HOUSSINER, v. pron.

HOUSSOIR (H s'aspire), subst. mas. (oucoar), balai de houx ou d'autre branchage. — Balai de plumes pour housser et nettoyer.

HOUSSON, subst. mas. Voy. HOUX.

HOUSTALAR (H s'aspire), subst. mas. (oucetalar), terme de relat., jardinier en chef du grand-seigneur.

HOUSTONE, subst. fém. (oucetone), t. de bot., genre de plantes gentianées.

HOUSTONIE, subst. fém. (oucetoni), t. de bot., arbuste rubiacé.

HOUTOU, subst. mas. (outou), t. d'hist. nat., espèce de toucan de la Guyane.

HOUVARI, subst. mas. (ouvari), t. de mar., vent orageux qui souffle dans quelques îles de l'Amérique.

HOUVET (H s'aspire), subst. mas. (ouvé), terme d'hist. nat., nom que les habitants de Granville donnent au crabe tourtereau.

HOUX (H s'aspire), subst. mas. (ou), t. de bot., arbrisseau toujours vert, et qui croît dans les bois et les haies, à fleur monopétale, en rosette, et dont les baies et l'écorce fournissent la glu. Ses branches flexibles servent à faire des baguettes qu'on appelle houssines, du nom de l'arbrisseau. —Houx frelon, bois piquant, petit houx, housset, housson, fragon, myrte sauvage ou épineux, petit arbuste à feuilles piquantes, dont la racine est une des cinq apéritives majeures.

HOUZURES (H s'aspire), subst. fém. plur. (ouzure), t. de vén., fientes que le sanglier laisse sur les branches, et qui servent à faire juger de sa taille.

HOVÉE, subst. fém. (ové), t. de bot., genre de plantes.

HOVÈNE, subst. fém. (ovène), t. de bot., plante du Japon dont les pédoncules forment une nourriture agréable.

HOYA, subst. fém. (*oè-ia*), t. de bot., genre de plantes asclépiades.

HOYAU (*h s'aspire*), subst. mas. (*oè-iô*), sorte de *houe* à deux fourchons pour creuser la terre.

HOYÉ (*h s'aspire*), adj. mas. (*oè-ié*), terme de pêche : *poisson hoyé*, celui qui a été fatigué et meurtri dans le filet, ou que des poissons ont attaqué et mis en mauvais état.

HUAGE (*h s'aspire*), subst. mas. (*uaje*), t. de chasse, cris divers pour faire aller les bêtes où l'on veut.—Voy. CRANTAGE.

HUAILLE (*h s'aspire*), subst. fém. (*uâ-ie*), canaille, selon un *dictionnaire*. Voltaire définit Satan : *le roi cornu de la huaille noire.*

HUANACANE, subst. fém. (*uanakane*), terme de bot., plante ombellifère qui se rapproche des sisons.

HUARD (*h s'aspire*), subst. mas. (*uar*), t. d'hist. nat., aigle de mer.

HUAU (*h s'aspire*), subst. mas. (*uô*), t. de chasse, les deux ailes d'une buse ou d'un milan, que l'on attache avec trois ou quatre grelots ou sonnettes de fauconnerie, au bout d'une baguette, pour servir d'épouvantail.

HUBERT, subst. mas. (*ubère*), nom vulgaire de l'attelabe de vigne.

HUBERTIE, subst. fém. (*ubèreci*), terme de botanique, genre de plantes fort voisin des séneçons.

HUBLOT (*h s'aspire*), subst. mas. (*ublô*), t. de marine, petit sabot entre les postes de canon des grands vaisseaux, pour donner de l'air à l'entre-pont, etc.

HUCH (*h s'aspire*), subst. mas. (*uk*), t. d'hist. nat., poisson du genre salmone.

HUCHE (*h s'aspire*), subst. fém. (*uche*), sorte de grand coffre de bois où l'on pétrit le pain et où on le serre.—En t. de pêche, caisse couverte d'une trappe, fermant à clef, etc., dans laquelle on dépose le poisson que l'on doit consommer. Elle est percée de trous, et on l'enfonce de toute sa hauteur dans l'eau.

HUCHÉ, E, part. pass. de *hucher*, et adj., terme de mar., se dit d'un vaisseau qui a la poupe haute.

HUCHER (*h s'aspire*), v. act. (*uché*), appeler à haute voix ou en sifflant.— Il est vieux ; cependant on s'en sert encore à la chasse.—*se* HUCHER, v. pron.

HUCHET (*h s'aspire*), subst. mas. (*uchè*), espèce de cornet avec lequel on appelle ou l'on avertit de loin.

HUDEKIN, subst. propre mas. (*udekiein*), myth., esprit follet, autrefois objet de la superstition des habitants d'Hildesheim en Saxe.

HUDSONIE, subst. fém. (*udezoni*), t. de bot., arbuste à rameaux filiformes, dont les feuilles sont velues.

HUDSON, subst. propre mas. (*udeçon*), nom d'une baie immense de l'Amérique septentrionale, au nord du Canada, qui fut découverte par Henri d'*Hudson*. — Grand et beau fleuve des États-Unis d'Amérique.

HUE (*h s'aspire*), sorte d'interjection (*u*), t. de charretier pour faire tourner les chevaux à droite.

HUÉ, E, part. pass. de *huer*.

HUÉE (*h s'aspire*), subst. fém. (*ué*), bruit ou cri qu'on fait 1° pour faire lever un loup et le pousser vers les chasseurs ; 2° quand le sanglier est pris. C'est une onomatopée. — Fig., cris de dérision qu'une multitude de gens font contre quelqu'un.

HUEDDAH, subst. mas. (*uèdeda*), nom des cauris, en quelques endroits de l'Arabie.

HUELGOAT (LE), subst. propre mas. (*uèleguoa*), village de France, chef-lieu de canton, arrondissement de Châteaulin, dép. du Finistère.

HUEN, subst. mas. (*uan*), t. de relat., sorte d'instrument de musique à cordes des Chinois.

HUÉQUE, subst. mas. (*uèke*), t. d'hist. nat., quadrupède du genre lama.

HUER (*h s'aspire*), v. act. (*ué*), faire des *huées* après un loup, et fig., après quelqu'un. H s'aspire toujours : *Dorat* a fait une faute grave en disant (poème de *la Déclamation*) :

Y faire *huer* un dieu sous les traits d'un mortel.

— Neut., t. de faucon., crier, en parlant d'un hibou, d'une chouette (par contraction du lat. *ululare*).—*se* HUER, v. pron.

HUERIE (*h s'aspire*), subst. fém. (*uri*), huée.

HUERNIA, subst. fém. (*uèrenia*), t. de bot., genre de plantes asclépiadées.

HUERTE, subst. mas. (*uèrete*), t. de bot., arbre du Pérou, voisin des arélies.

HUETTE, subst. fém. (*uète*), t. d'hist. nat., on donne ce nom à la hulotte.

HUEUR, subst. mas. (*ueur*), celui qui *hue*. Style burlesque.

HUGON, subst. propre mas. (*uguon*), esprit familier dont le peuple de Tours menaçait autrefois les enfants.

HUGONE, subst. fém. (*uguone*), t. de bot., genre de plantes malvacées.

HUGUENOT (*h s'aspire*), subst. mas., **HUGUENOTE**, subst. fém., (*uguenô, note*) (suivant l'étymologie la plus vraisemblable, du mot suisse *eidgnossen*, alliés en la foi, formé de *eid*, foi, et de *genossen*, participe de *geniessen*, jouir ; ceux qui jouissent des avantages du serment commun qui les lie. De ce titre, dont se qualifiaient entre eux les protestants de Genève, on a fait par contraction *egnot*, et ensuite par corruption *huguenot*), nom donné en France aux calvinistes. Ce mot, qui est une injure, n'est plus employé aujourd'hui que par quelques fanatiques. — On appelle *huguenot* un catholique qui n'a point de religion.

HUGUENOTE (*h s'aspire*), subst. fém. Voyez HUGUENOT. — Petit fourneau de terre ou de fer, avec une marmite dessus. — Gros vaisseau bas et large, de terre cuite et vernissée, dans lequel les petites gens font leur potage. — *Œufs à la huguenote*, cuits dans du jus de mouton.

HUGUENOTERIE (*h s'aspire*), subst. fém. (*uguenoteri*), huguenotisme ; parti, faction des *huguenots*.

HUGUENOTIQUE (*h s'aspire*), adj. des deux genres (*uguenotike*), qui appartient aux *huguenots*.

HUHAU (*h s'aspire*) (*uô*). Ce mot signifie la même chose que *hue*.

HUGUENOTISME (*h s'aspire*), subst. mas. (*uguenoticeme*), doctrine et sentiments des *huguenots*.

HUI, part. pass. de HUIR.

HUI, adv. de temps (*ui*) (par corruption du lat. *hodiè*), il servait à marquer le jour où l'on est. Il n'est usité qu'au palais : *d'hui en un an*.

HUILE, subst. fém. (*uile*) (en grec ἐλαιον, en lat. *oleum*), liqueur grasse et onctueuse qui se tire de diverses substances. — En particulier et sans addition, il s'entend de l'*huile d'olive*. — *Huile*, dans le langage des chimistes, se dit des parties grasses et inflammables qu'on tire des mixtes par la distillation : *les chimistes tirent de l'huile des animaux, des végétaux, des minéraux*, etc. — On se sert très-improprement, dans la chimie, du mot *huile*, pour désigner des substances très-différentes des vraies *huiles*. C'est ainsi qu'on dit *huile de vitriol*, *huile de tartre*, etc. On appelle *huile végétale*, l'huile qui se tire des végétaux, et l'on distingue l'*huile végétale*, en *huile grasse* ou *fine*, et *huile essentielle* ou *volatile*. Toutes les semences dont l'intérieur est rempli par une amande donnent de l'*huile fine*. C'est un suc plus ou moins épais, sans odeur, peu coloré, onctueux, immiscible à l'eau, et qui n'entre en ébullition qu'à un degré de chaleur supérieur à celui qui fait bouillir ce dernier liquide. On obtient les *huiles grasses* par expression. L'*huile essentielle* ou *volatile* est placée dans la racine des plantes, dans la tige, l'écorce, les feuilles, le calice des fleurs, les enveloppes des fruits et des semences, et jamais dans l'intérieur de ces dernières parties. Elle diffère de l'*huile grasse* par sa fluidité, sa volatilité, son goût âcre et pénétrant, par son odeur, qui est celle de la plante qui l'a formée, par sa dissolubilité dans l'esprit de vin, et son inflammabilité prompte et facile. On l'obtient ordinairement par la distillation.—Il y a des *huiles* qui sont *butyreuses*, comme celles de cacao, de coco, de palmier, de baies de laurier, etc. ; elles s'obtiennent par la décoction dans l'eau bouillante.—Quand on presse au moulin les graines à *huile*, celle qu'on retire la première, et par la simple expression, est la meilleure et la plus douce ; on la nomme : *huile vierge*. — On appelle *huile échaudée*, la seconde *huile* qu'on arrache des tourteaux de la première, au moyen de plaques chaudes, ou avec l'eau bouillante. — On appelle *saintes huiles*, celles dont on se sert pour le chrême et l'extrême-onction. — Fig. : *jeter de l'huile dans le feu, sur le feu*, exciter une passion déjà allumée. — Prov., 1° *sentir l'huile*, se dit d'un ouvrage qu'on sent avoir coûté beaucoup de peine et de veilles ; 2° *tache d'huile*, honte ineffaçable ou mal qui va toujours en augmentant. — En parlant aussi de certaines choses qu'on regarde comme un mal qui va toujours en augmentant, on dit que *c'est une tache d'huile qui s'étend toujours* ; et, lorsqu'on parle d'un homme vieux et qui n'a plus d'humide radical, on dit prov., qu'*il n'y a plus d'huile dans la lampe*. — *Huile de Médée*, huile qui, selon la fable, avait la propriété de brûler dans l'eau. — *Huile de pétrole*, espèce d'*huile* qui découle naturellement de certaines pierres, dans le Levant. On l'appelle aussi *huile de pierre*, *huile d'Écosse*, etc. — *Huile sautée*, espèce de ragoût provençal fait avec de l'*huile* très-chaude.

HUILÉ, E, part. pass. de *huiler*, et adj. : *papier huilé*.

HUILER, v. act. (*uilé*), oindre, frotter avec de l'*huile*. — Mettre de l'*huile* dans ou sur quelque chose.—*se* HUILER, v. pron.

HUILERIE, subst. fém. (*uileri*), cellier, magasin, moulin à *huile*.

HUILEUSE, adj. fém. Voy. HUILEUX.

HUILEUX, adj. mas., au fém. **HUILEUSE** (*uileu, leuze*), qui tient de la nature de l'*huile*, qui en est imprégné.—*Sauce huileuse*, mal liée.

HUILIER, subst. mas. (*uilié*), vase dans lequel on met de l'*huile*.

HUILIÈRE, subst. fém. (*uilière*), t. de mar., vase, cruche à l'*huile* sur un vaisseau.

HUIR, v. neut. (*uir*), vieux t. de faucon., se dit du cri du milan.

HUIS, subst. mas. (*ui*) (corruption du latin *ostium*, d'où les Italiens ont fait, dans la même signification, *uscio*), vieux mot qui signifie porte, et qui n'est plus d'usage que dans quelques phrases de pratique.—On dit *tenir une audience à huis clos*, c'est-à-dire une audience qui n'est point publique, et où l'on ne laisse entrer que les parties intéressées et leurs avocats, afin d'éviter le scandale que la cause pourrait faire.

HUISSERIE, subst. fém. (*uiceri*), assemblage de pièces de bois qui forment l'ouverture d'une porte. Voy. HUIS.

HUISSIER, subst. mas. (*uicié*), officier qui garde la porte (*huis*) dans une assemblée, une juridiction, un tribunal.—Officier de justice qui ajourne, signifie les arrêts, assigne, saisit, etc.—*Huissier-audiencier*, *huissier* chargé d'appeler les causes à l'audience. — *Huissiers à verge*, autrefois sergents royaux reçus au Châtelet.—*Huissiers de la chaîne*, *huissiers* à la suite du conseil ; ils portaient une chaîne d'or au cou avec la médaille du roi. — On appelle aussi *huissiers*, des gens qui se tiennent dans l'antichambre des ministères et des grandes administrations, pour introduire le public. — En t. de mar, ancien bâtiment de charge, dans lequel il y avait, pour donner entrée aux chevaux, une porte qui se trouvait sous l'eau, quand le navire avait sa charge.

HUIT (*h s'aspire*) (*huite* ; le *t* final se prononce, 1° devant les voyelles : *huit écus* (*uitéku*) ; 2° lorsque *huit* n'est pas suivi de son substantif : *ils sont huit* (*uite*). Dans les autres cas il est muet, *huit personnes* (*ui personnes*), etc., adject. numéral indéclinable. Deux fois quatre. — On dit *d'aujourd'hui en huit*, pour dire en *huit* jours. *De lundi en huit, de samedi en huit*. — Il est aussi substantif mas. en certaines acceptions dans lesquelles il s'emploie au singulier ; et alors le *t* se prononce toujours. C'est dans ce sens qu'on dit : *c'est aujourd'hui le huit du mois, un huit en chiffres* ; et au jeu de cartes : *un huit de cœur, un huit de pique ; il avait brelan de huit ; il lui est rentré trois huit*. — *Huit de chiffre*, t. d'horlogerie, sorte de compas d'épaisseur, qui a la forme d'un *huit*. Les tourneurs en font aussi usage.

HUITAIN (*h s'aspire*), subst. mas. (*uitein*), stance de *huit* vers.

HUITAINE (*h s'aspire*), subst. fém. (*uitène*), espace de *huit* jours. Quelquefois on joint le terme de jours à *huitaine* ; et on dit : *nous avons été une huitaine de jours chez lui*.—*A huitaine*, dans *huit* jours.

HUITIÈME (*h s'aspire*), subst. et adj. des deux genres (*uitième*), nom de nombre ordinal : *la huitième partie, il aura un huitième*. — *Le huitième du mois*, le *huitième* jour du mois. — *Droit de huitième*, ancien droit qui se prélevait sur les vins qu'on vendait en détail.

HUITIÈMEMENT (*h s'aspire*), adv. (*uitièmeman*), en *huitième* lieu.

HUIT-PIEDS, subst. mas. (*uipié*), nom d'un des jeux de l'orgue.

HUÎTRE, subst. fém. (*uitre*) (par corruption du latin *ostreum*, fait du grec οστρεον. On écrivait autrefois *huistre*), t. d'hist. nat., genre de mollusques à coquille bivalve, dont le manteau, ouvert dans presque toute son étendue, enveloppe quatre branchies ou feuillets. Ces animaux n'ont pas de pieds, et sont complétement hermaphrodites, pouvant se féconder eux-mêmes. Ils s'attachent aux rochers. — Prov. et fig. : *c'est une huître à l'écaille*, c'est un homme stupide. — *Jouer comme une huître*, très-mal.

HUÎTRIER, subst. mas. (*uitrié*), t. d'hist. nat., genre d'oiseaux échassiers, de la famille des pressirostres, à bec et pattes rouges, qui n'ont point de pouce, et qui se nourrissent, sur le bord de la mer, d'*huîtres* et autres testacés.

HUJMUSIN, subst. propre mas. (*ujemuzein*), myth., divinité des Chinois.

HULAN. Ce mot, nomenclaturé par l'*Académie*, se s'écrit pas pour *uhlan*.

HULÉE, subst. fém. (*ulé*), huée, bruit, tumulte. Il est vieux.

HULLAH ou **MOSTAHIL**, subst. mas. (*ulcla, moceta-ile*), t. de relat.; on appelle ainsi en Turquie celui qui épouse pour un jour une femme répudiée, afin que, selon la loi du pays, son mari puisse la reprendre.

HULOT, subst. mas. (*ulô*), t. de mar., ouverture où est le moulinet de la manivelle.

HULOTTE, subst. fém. (*ulote*) (en lat. *ulula*), t. d'hist. nat., espèce de hibou. L'*Académie* écrit aussi *huette*.

HULULÉ, part. pass. de *hululer*.

HULULER (H *s'aspire*), v. neut. (*ululé*) (du lat. *ulurare*), hurler à la manière des oiseaux de nuit, des *hulottes*.

HUMAÏ, subst. mas. (*uma-i*), t. d'hist. nat., nom indien de l'oiseau de paradis.

HUMAIN, adj. mas., au fém. **HUMAINE** (*umein, mène*) (en lat. *humanus*), qui concerne l'homme : *les choses humaines*, toutes les choses auxquelles l'homme est sujet. — *Les moyens humains*, dont les hommes peuvent se servir. — Nous lisons dans l'*Académie* : *lettres humaines*, signifiant : la connaissance de la grammaire, de la poésie, de la rhétorique, etc. On dit bien *humanités*, mais on ne dit certainement plus : *lettres humaines*.—En parlant des personnes : doux, secourable, pitoyable.—On a dit subst. et fam. : *c'est le meilleur humain* (le meilleur homme) *du monde*. Cette locution est plus que vieillie. Nous ne devrions pas la retrouver dans le *Dictionnaire de l'Académie*. — Au plur., les hommes, style soutenu et poétique.

HUMAINEMENT, adv. (*umèneman*) (en lat. *humané*, *humaniter*, *humanitùs*), suivant la capacité, le pouvoir de l'homme. — *Humainement parlant*, selon les idées communes.

HUMANISÉ, E, part. pass. de *humaniser*.

HUMANISER, v. act. (*umanizé*), rendre plus *humain*, plus doux, plus traitable.—S'HUMANISER, v. pron., devenir plus *humain*, moins farouche, etc. — Se mettre à la portée des autres : *s'humaniser avec les ignorants*, etc.

HUMANISTE, subst. mas. (*umanicete*), celui qui sait ses *humanités*.—Celui qui les enseigne.

HUMANITÉ, subst. fém. (*umanité*) (en lat. *humanitas*), la nature *humaine*. — Les hommes en général : *en accablant de fléaux la triste humanité*, etc.— Bonté, sensibilité pour les malheurs, pour les maux d'autrui ; douceur, etc. Voy. BONTÉ. — *Cela est au-dessus de l'humanité*, cela passe la portée ordinaire de la force de l'homme. — Prov. et fig., *payer le tribut à l'humanité*, mourir ou avoir des faiblesses *humaines*.— Prov. et en plaisantant, *reposer son humanité*, se reposer. — Au plur., ce qu'on apprend dans les colléges depuis la troisième jusqu'à la philosophie exclusivement. — Plus particulièrement, la première année de littérature, celle qui précède immédiatement la rhétorique.

HUMANTIN, subst. mas. (*umantein*), t. d'hist. nat., sous-genre de poissons squales.

HUMBLE, adj. des deux genres (*eunble*) (en latin *humilis*), qui a de l'humilité. — Respectueux, soumis : *être humble devant ses supérieurs*; *humble prière*.— *Votre très-humble serviteur*, formule de politesse. — En poésie, bas : *les humbles bruyères*. En ce sens, c'est un latinisme. — C'en est un également que l'emploi d'*humble* dans le sens de *simple*, en parlant de style : *que son style humble et doux*. (Boileau, *Art poétique*, chant III.) — *Une humble fortune*, une fortune médiocre.—*Une humble retraite*, une retraite simple, modeste, sans apparence. — Subst. mas., celui qui a de l'*humilité* : *Dieu prend l'humble sous sa défense*. (Racine.)

HUMBLEMENT, adv. (*eunbleman*) (en lat. *humiliter*), avec humilité. — Avec modestie et soumission. — En poésie, *ramper humblement au fond des vallées*. Voy. HUMBLE.

HUMBOLETIE, subst. fém. (*eunboleti*), t. de bot., arbre de Ceylan, qui forme un genre appelé autrement *batschie*.

HUMECTANT, E, adj. (*umèktan, tante*) (en lat. *humectans*, part. prés. de *humectare*, rendre humide), qui *humecte*, qui rafraîchit. Il ne se dit que des aliments et des boissons comme remède. — Il est aussi subst. mas. : *un humectant*.

HUMECTATION, subst. fém. (*umèktâcion*) (du lat. *humectare*, humecter), action d'*humecter*.— Préparation d'un médicament en le laissant tremper dans l'eau.

HUMECTÉ, E, part. pass. de *humecter*.

HUMECTER, v. act. (*umèkté*) (en lat. *humectare*, fait de *humidus*, humide), rendre *humide*, mouiller.—S'HUMECTER, v. pron.—Fig. et pop., *s'humecter le gosier*, boire.

HUMÉ, E, part. pass. de *humer*.

HUMÉE, subst. fém. (*umé*), t. de bot., genre de plantes.

HUMER (H *s'aspire*), v. act. (*umé*) (en lat. *sumere*, en changeant l'*s* en aspiration), avaler quelque chose de liquide, en retirant son haleine : *humer une couple d'œufs frais*.— *Humer l'air, le vent*, s'exposer à l'air, en telle sorte qu'il pénètre dans les poumons.—SE HUMER, v. pron.

HUMÉRAIRE, adj. des deux genres (*umérère*), mot inusité, que l'on trouve dans un *dictionnaire* pour *huméral*, qui est le seul bon.

HUMÉRAL, E, adj. des deux genres (*uméral*), t. d'anat., qui a rapport à l'*humerus* : *le muscle huméral*, *l'artère humérale*.—Au plur. mas., *huméraux*.

HUMÉRAUX, adj. mas. plur. Voy. HUMÉRAL.

HUMÉRO-CUBITAL, subst. mas. (*umérokubital*), t. d'anat., nom donné au muscle brachial antérieur, parce qu'il s'étend, des deux tiers inférieurs de l'*humerus*, jusqu'à la partie supérieure du *cubitus*. — *Huméro-cubital-oblique*, muscle du bras, selon les uns; le court fléchisseur, selon d'autres.—*Huméro-métacarpien*, muscle qui s'étend depuis la partie inférieure de l'*humerus* jusqu'à l'os du métacarpe du doigt indicateur. — *Huméro-sus-métacarpien*, muscle qui appartient à l'*humerus* et au métacarpe.— *Huméro-sus-radial*, muscle qui s'étend de la partie inférieure de l'*humerus* à l'extrémité du radius.

HUMERUS, subst. mas. (*uméruce*) (mot tout latin), t. d'anat., os du bras qui s'attache à l'épaule.

HUMEUR, subst. fém. (*umeur*) (en lat. *humor*, fait du grec χυμός, suc, humeur), dans le physique, substance ténue et fluide de quelque corps que ce soit.—Plus particulièrement, et en parlant du corps humain, une des qualités du tempérament : *humeur sanguine*, *pituiteuse* ou *flegmatique*, *bilieuse*, *mélancolique* ou *atrabilaire*. — Dans le moral, certaine disposition de tempérament, de caractère, ou naturelle ou accidentelle. — Fantaisie, caprice : avec ces différences, 1° que *caprice* et *humeur* tiennent au caractère; *fantaisie*, aux circonstances ou à un état qui ne dure pas; et qu'*humeur* emporte outre cela une idée de tristesse : la coquette a des *caprices*; un hypochondre, un misanthrope ont de *l'humeur*; une femme, un enfant ont des *fantaisies*; 2° que *fantaisie* a plus de rapport à ce qu'on désire; *caprice*, à ce qu'on dédaigne; *humeur*, à ce qu'on voit ou entend. (*D'Alembert*.)—Mécontentement.— T. d'anat., *humeur aqueuse*, liqueur limpide et très-claire de l'œil, dans laquelle l'iris nage, et qui sépare la cornée du crystallin; ainsi nommée, parce que sa force réfringente est à peu près égale à celle de l'eau.—*Humeur vitrée*, substance claire et d'une consistance gélatineuse, renfermée entre le crystallin et le fond de l'œil, dont la force réfringente est à peu près égale à celle du verre. — On appelle *bonne humeur*, une espèce d'épanouissement de l'âme contente, produit par le bon état du corps et de l'esprit. La *bonne humeur* a quelque chose de plus calme que la joie ; c'est une sorte de gaieté plus douce, plus égale, plus uniforme et plus constante : *être de bonne humeur*; *la bonne humeur contribue beaucoup à la conservation de la santé*. —*Être en humeur de danser*, être dans la disposition actuelle de danser. — *Être d'humeur à*, marque ordinairement la disposition habituelle : *il n'est pas d'humeur à se laisser gouverner*. — Au plur., certains sucs viciés qui s'amassent dans le corps et font les maladies.

HUMEUSES, adj. fém. plur. (*umeuze*), t. d'hist. nat., se dit de certaines pierres qui se forment dans les terres *humides*.

HUMIDE, subst. mas. (*umide*), l'*humide* est opposé au *sec*.—*L'humide radical*, t. de médec., l'humeur lymphatique qui abreuve toutes les fibres du corps.

HUMIDE, adj. des deux genres (*umide*) (en lat. *humidus*), qui a de l'*humidité*, qui est mouillé.— En t. de poésie, l'*humide élément*, l'eau. — *Les humides plaines*, *l'humide empire*, la mer. —*Le temps est humide*, l'air est chargé de vapeurs aqueuses.—*Il a le cerveau humide*, chargé de sérosité, de pituite.— *Il est d'un tempérament humide*, abondant en pituite.

HUMIDEMENT, adv. (*umideman*) (en lat. *humidé*), avec *humidité*. Il ne se dit que d'un lieu *humide* : *être logé humidement*.

S'HUMIDER, v. pron. (*çumidé*), se mouiller.

HUMIDIÉ, E, part. pass. de *humidier*.

HUMIDIER, v. act. (*umidié*), t. de batteur d'or, humecter des feuilles de vélin avec une légère couche de vin blanc, afin de dérider et d'étendre les feuilles de boyau qu'on met entre elles.—S'HUMIDIER, v. pron.

HUMIDIFUGE, adj. des deux genres (*umidifuje*), se dit d'une toile, d'une étoffe imperméable.

HUMIDITÉ, subst. fém. (*umidité*), qualité de ce qui est *humide*.—Au plur., humeurs, sérosités : *on dit que le tabac dessèche les humidités du cerveau*.

HUMIFUGE, adj. des deux genres (*umifuje*), qui chasse, qui ne craint pas l'*humidité*.

HUMIFUSE, adj. des deux genres (*umifuze*) (du lat. *humus*, gén. *humi*, terre, et *fusus*, répandu), t. de bot., se dit d'une tige qui s'étend en tous sens sur la terre, sans y prendre racine.

HUMILIANT, E, adj. (*umilian, liante*), qui *humilie*, qui donne de la confusion.

HUMILIATION, subst. fém. (*umili-âcion*) (en lat. *humiliatio*), action par laquelle on s'*humilie*. —État de celui qui est *humilié*.—Événement par lequel on est *humilié*.—Au plur., choses qui donnent de la confusion, de la mortification.

HUMILIÉ, E, part. pass. de *humilier*.

HUMILIER, v. act. (*umilié*) (en lat. *humiliare*), abaisser, mortifier, donner de la confusion.—S'HUMILIER, v. pron., s'abaisser : *s'humilier sous la main de Dieu*. (Bossuet.)

HUMILITÉ, subst. fém. (*umilité*), vertu par laquelle on s'*humilie*, on s'abaisse soi-même; sentiment intérieur de sa propre faiblesse, etc. C'est un mot purement chrétien; il ne faut pas s'en servir pour exprimer la *modestie*, qui n'est qu'une vertu humaine.— Il se dit quelquefois pour déférence, soumission.

HUMITE, subst. fém. (*umite*), t. de minér., substance pierreuse d'une forme toute particulière de couleur brun foncé, transparente et d'un lustre éclatant.

HUMORAL, E, adj. (*umoral*), t. de médec., qui vient des *humeurs*.—Au plur. mas., *humoraux*.

HUMORAUX, adj. mas. plur. Voyez HUMORAL.

HUMORIQUE, adj. des deux genres (*umorike*), t. de médec., *son humorique*, analogue à celui que produit un liquide renfermé dans une cavité dont on percute les parois.

HUMORISME, subst. mas. (*umoriceme*), système médical dont *Galien* passe pour le principal fauteur, et d'après lequel on attribue aux *humeurs* tous les phénomènes de la vie.

HUMORISTE, adj. des deux genres (*umoricete*), qui a de l'*humeur*, avec qui il est difficile de vivre. Il est familier. — Subst. mas., médecin partisan de l'*humorisme*.

HUMOUR, subst. mas. (*umour*), singularité piquante d'esprit et de caractère. — Gaieté spirituelle, sérieuse, fine et satirique.

HUMUS, subst. mas. (*umuce*) (mot emprunté du latin). On donne ce nom à la couche universelle de terre végétale qui sert d'enveloppe à notre globe.

HUNE (H *s'aspire*), subst. fém. (*une*), t. de mar., guérite ou cage de bois qui est au bout du grand mât ou du mât de misaine, dans laquelle se met un matelot pour découvrir au loin. — Pièce de bois sur laquelle une cloche est attachée.

HUNIER (H *s'aspire*), subst. mas. (*unié*), t. de mar., le mât qui porte la *hune*. — Voile qui se met au mât de *hune*. — Sorte de filet de pêcheur.

HUNINGUE, subst. propre fém. (*uneingue*), ville de France, chef-lieu de canton, arrondissement d'Altkirck, dép. du Haut-Rhin. C'était autrefois une ville très-forte, mais elle fut démantelée en 1815 par les alliés. Elle est située à une demi-lieue de Bâle.

HUNUT, subst. mas. (*unute*), t. de bot., arbre à feuilles lanugineuses et rudes au toucher, qui n'a pas encore été classé par les botanistes.

HUPPE (H *s'aspire*), subst. fém. (*upe*) (en lat. *upupa*, fait du grec *εποπα*, accusatif de *εποψ*, nom de cet oiseau. Tous ces noms ont été faits par onomatopée de son cri, *pupu*), t. d'hist. nat., genre d'oiseaux passereaux, de la famille des ténuirostres, qui portent sur la tête une touffe de plumes qu'ils redressent lorsqu'ils sont inquiétés. —La touffe de plume qui est sur la tête de ces oiseaux et de quelques autres.

HUPPÉ, E (H *s'aspire*), adj. (*upé*), qui a une *huppe*.—*Fig.* et fam., il se dit d'une personne apparente et considérable. En ce sens, il s'emploie ordinairement avec *plus : plusieurs femmes des plus huppées.* — *Les plus huppés y sont pris*, ceux qui se croient les plus habiles y sont attrapés. Autrefois, les personnes les plus considérables portaient sur leur coiffure une *huppe* de plumes, ou une *houppe* ou flocon de soie, de fil, etc. On disait *les plus huppés*, en parlant des gens de guerre portant des plumes, et *les plus houppés*, quand c'étaient des clercs ou des gens de lettres.

HUPPE-COL (H *s'aspire*), subst. mas. (*upekol*), t. d'hist. nat., espèce d'oiseau-mouche.

HURA ou **SABLIER**, subst. mas. (*ura*, *çablié*), t. de bot., très-bel arbrisseau des Indes occidentales, à fleur infundibuliforme, et dont les jeunes branches renferment un suc laiteux. Son fruit éclate dans sa maturité, et son explosion disperse les semences à une assez grande distance.

HURASSE (H *s'aspire*), subst. fém. (*urace*), anneau qui reçoit la queue d'un marteau de forge.

HURAULITE, subst. fém. (*urôlite*), t. de minér., substance pierreuse, assez semblable au pyroxène.

HURE (H *s'aspire*), subst. fém. (*ure*) (suivant *Casencuve* et *Le Duchat*, du vieux mot français *hurepé*, depuis long-temps hors d'usage, qui signifiait hérissé), proprement la tête d'un sanglier, et par extension, celle d'un saumon, d'un gros brochet, d'un thon. — Fig. et fam., *il a une vilaine hure*, des cheveux mal faits et hérissés. — Sorte de grosse brosse. — Morceau de bois qui porte une sonnette, et qui roule sur des tourillons.—Myth., voy. MÉLÉAGRE.

HURHAU (H *s'aspire*) (*urô*), sorte d'exclamation; mot dont les charretiers se servent pour faire tourner les chevaux à droite.

HURI (H *s'aspire*), subst. mas. (*uri*), t. d'hist. nat., nom donné à la porcelaine tigre.

HURIAH, subst. mas. (*uria*), t. d'hist. nat., genre de serpents ophidiens.

HURIO, subst. mas. (*urio*), t. d'hist. nat., nom de la plus grande espèce d'esturgeon.

HURLEMENT (H *s'aspire*), subst. mas. (*urlemau*) (en lat. *ululatus*), cri lugubre et prolongé que jettent plusieurs animaux carnassiers, et spécialement les loups, lorsque la faim les presse, et quelquefois lorsqu'ils sont en rut.— Fig., cri que les hommes font dans une violente douleur ou affliction.

HURLER (H *s'aspire*), v. neut. (*urlé*) (de l'italien *urlare*, fait par contraction du lat. *ululare*, qui a la même signification. Le mot *hurler* et ceux qui en dérivent paraissent être de simples onomatopées), pousser des *hurlements*.—Parler, ou plutôt crier en parlant.—Prov. : *Il faut hurler avec les loups*, quand on est dans quelque partie, dans quelque compagnie, il faut faire comme les autres, quoiqu'on ne les approuve pas.

HURLEUR (H *s'aspire*), subst. mas. (*urleur*), t. d'hist. nat., singe à voix très-forte.

HURLUBERLU, adv. (*urelubèrelu*) (mot fait par onomatopée), t. pop., brusquement, inconsidérément : *il est entré tout hurluberlu, sans dire gare.* —Il s'emploie aussi comme subst. et adj. : *c'est un hurluberlu, un homme hurluberlu*, un étourdi qui ne prend pas garde à ce qu'il fait.

HURON, subst. et adj. mas., au fém. **HURONNE** (*uron, rone*), peuple sauvage. — Fig. et fam., dur, sauvage.—Grand lac de l'Amérique septentrionale qui baigne une partie des États-Unis et du haut Canada, et communique à un grand nombre d'autres lacs remarquables.

HURONNE, subst. et adj. fém. Voyez HURON.

HURTAGE, subst. mas. (*uretaje*), t. de mar., droit d'ancrage.

HURTEBILLÉ, E, part. pass. de *hurtebiller*.

HURTEBILLER, v. act. (*urtebi-ié*), se dit de l'accouplement des béliers avec les brebis.

HUSÉANAWER, subst. mas. (*uzé-anavère*); chez les Virginiens, on donne ce nom à ceux qui se destinent à être prêtres ou devins.

HUSSARD (H *s'aspire*), subst. mas. (*uçar*). Voy. HOUSSARD.—*Hussard de Ceylan*, t. d'hist. nat., insecte des Indes orientales, appelé autrement *prione buphthalme*.

HUSSARDE (A LA) (H *s'aspire*), loc. adv. Voy. HOUSSARD.

HUSSO, subst. mas. (*uçeço*), t. d'hist. nat., grand poisson du Danube, sans écailles, et qui n'a des os qu'à la tête.

HUSTAB, subst. propre mas. (*ucetabe*), myth., idole des Ninivites.

HUTCHINSIE, subst. fém. (*utecheinzi*), t. de bot., genre de plantes de l'espèce des passerages et des hérides.

HUTIN, adj. mas. (*utein*); vieux mot qui signifiait *mutin : Louis-le-Hutin.* — Il n'a d'usage que *dans ce cas.*

HUTTE (H *s'aspire*), subst. fém. (*ute*) (de l'allemand *hütte*, logette, maisonnette), petite loge faite avec de la terre, du bois, de la paille, etc. Voy. CABANE.

HUTTÉ, E, part. pass. de *hutter*.

HUTTEN-NICHT, subst. mas. (*utetènenite*), nom allemand adopté en français, pour désigner une espèce de sublimation métallique qui s'attache aux parois des cheminées, dans les fonderies où l'on traite en grand les minerais de cuivre et de plomb tenant argent.

HUTTER (H *s'aspire*), v. act. (*uté*), t. de mar., *amarrer les vergues.*—On dit activement : *hutter les vergues*, les amener jusqu'à la moitié du mât et les mettre en croix.—*se* HUTTER, v. pron., se loger dans des *huttes*, faire des *huttes* pour se loger.

HUTTUM, subst. mas. (*utetome*), t. de bot., genre de plantes de la famille des myrtes.

HUY, adv. Voy. HUI.

HUYAU, subst. mas. (*u-iô*), t. d'hist. nat., verdon, coucou. — Mari trompé. Il est vieux.

HYACINTHE, subst. fém. (*iaceinte*) (en grec *υακινθος*), t. de bot., fleur printanière du genre des liliacées. On la nomme aussi *jacinthe*. Voy. ce mot. — Sorte de pierre précieuse, dont la couleur approche quelquefois de celle de la fleur d'*hyacinthe*. — *Confection d'hyacinthe*, t. de pharm., électuaire dans lequel il entre des pierres d'*hyacinthe*, etc. — Subst. propre mas., myth., fils de Piérus et de Clio. Apollon l'aima beaucoup. Zéphyre, qui l'aimait aussi, fut un jour si piqué de le voir jouer au palet avec Apollon, qu'il lança le palet à la tête d'*Hyacinthe*, et le tua. Apollon le métamorphosa en la fleur qu'on nomma depuis *hyacinthe*.

HYACINTHIDES, subst. propre fém. plur. (*iaceintide*), myth.; les filles d'Érechthée, roi d'Athènes, s'étant généreusement dévouées pour le salut de leur patrie, furent ainsi surnommées, à cause du lieu où elles furent immolées, appelé *Hyacinthe*.

HYACINTHIES, subst. fém. plur. (*iaceinti*), myth., fêtes funèbres en l'honneur d'*Hyacinthe*.

HYACINTHIN, E, adj. (*iaceintein, tine*), de couleur d'*hyacinthe*, qui appartient à l'*hyacinthe*.

HYACINTHINE, subst. fém. (*iaceintine*), t. d'hist. nat., pierre qui ressemble à l'*hyacinthe*.

HYADE, subst. mas. (*i-ade*), t. d'hist. nat., genre de crustacés.

HYADES, subst. fém. plur. (*i-ade*) (en grec *υαδες*, fait de *υειν*, pleuvoir ; parce qu'elles paraissent dans la saison des pluies, dont les poètes ont supposé qu'elles étaient la cause), t. d'astron., constellation composée de sept étoiles, en forme d'*Y*, que l'on voit sur le front du taureau. — Subst. propre fém. plur., myth., filles d'Atlas et d'Éthra, furent ainsi appelées du nom d'*Hyas*, leur frère, qu'elles aimaient si tendrement, qu'elles furent inconsolables de sa mort. Elles le pleurèrent tant, que les dieux, touchés de leur douleur, les changèrent en astres. D'autres content que les *Hyades* étaient des nymphes que Jupiter transporta au ciel, où il les changea en astres pour les soustraire à la colère de Junon, qui voulait les punir du soin qu'elles avaient pris d'élever Bacchus. Ces filles d'Atlas, ou nymphes, étaient au nombre de sept, et se nommaient Ambroise, Eudore, Pasithoé, Coronis, Polyxo ou Plexaure, Philéto ou Pytho, et Tyché. Les *Hyades* sont appelées par les poètes *pluviæ, tristes*, parce que la constellation qu'elles forment annonce la pluie et le mauvais temps.

HYAGNIS, subst. propre mas. (*iaguenice*), myth., Phrygien, père de Marsyas. Quelques-uns disent que c'était son fils.

HYALE, subst. fém. (*iale*), t. d'hist. nat. genre de mollusques de la famille des ptéropodes, qui ont une coquille cachée par le manteau. — Myth., nom d'une des nymphes de Diane.

HYALÉON, subst. mas. (*ialé-on*) (du grec *υαλος*, verre), t. de médec., humeur vitrée, gélatineuse, qui découle de l'œil ou de l'oreille.

HYALIN, adj. mas. (*ialein*) (du grec *υαλινος*, qui a une apparence vitreuse, fait de *υαλος*, verre), t. d'hist. nat., nom que les minéralogistes donnent à une espèce de crystal de roche.

HYALITE, subst. fém. (*ialite*), t. de chimie, quartz *hyalin*, concrétionné.

HYALODE, adj. des deux genres (*ialode*) (du grec *υαλος*, verre), de couleur de verre.

HYALOGRAPHE, subst. mas. (*ialoguerafe*), instrument pour dessiner la perspective et donner des épreuves d'un dessin. Voy. HYALOGRAPHIE.

HIALOGRAPHIE, subst. fém. (*ialoguerafi*) (du grec *υαλος*, verre, et *γραφω*, j'écris), peinture à travers ou à l'aide d'un carreau de vitre.

HYALOGRAPHIQUE, adj. des deux genres (*ialoguerafike*), qui est relatif à l'*hyalographie*.

HYALOÏDE, adj. des deux genres (*ialo-ide*) (du grec *υαλος*, verre, et *ειδος*, forme, ressemblance; *qui ressemble à du verre*), se dit en anatomie de l'humeur vitrée de l'œil.—Subst. fém., t. d'hist. nat., pierre précieuse connue des anciens, et transparente comme du crystal.

HYALOÏDIEN, adj. mas., au fém. **HYALOÏDIENNE** (*ialo-idiein, diène*), t. d'anat., qui est relatif à la membrane *hyaloïde*.

HYALOTÈRE, subst. mas. (*ialotère*) (du grec *υαλος*, verre, et *τειρω*, j'use), instrument de physique au moyen duquel on peut faire passer une étincelle électrique à travers une plaque de verre.

HYALURGIE, subst. fém. (*ialurji*) (du grec *υαλος*, verre, et *εργον*, ouvrage) ; art de la verrerie.

HYAMIDE, subst. fém. (*iamide*), myth., nom que les anciens Pisans donnaient aux prêtresses de Jupiter.

HYANCHE, subst. fém. (*ianche*), t. de médec., espèce d'angine.

HYANTHES, subst. mas. plur. (*iante*), anciens habitants de la Béotie, qui furent chassés par Cadmus.

HYANTHIDES, subst. propre fém. plur. (*iantide*), myth. Les Muses sont ainsi surnommées, parce qu'on croyait qu'elles habitaient la Béotie. Voy. HYANTIUS.

HYANTIUS, subst. propre mas. (*ianciuce*), myth., c'est Actéon, petit-fils de Cadmus, fondateur de la ville de Thèbes, capitale de la Béotie. Il est ainsi surnommé par Ovide, parce qu'on appelait aussi les Béotiens *Hyantes* ou *Hyantii*, du nom de *Hyas*, un de leurs anciens rois.

HYBANTHE, subst. fém. (*ibante*), t. de bot., espèce de violette.

HYBÉMACE, subst. fém. (*ibemace*), t. de bot. Dans *Linnée*, ce mot est synonyme de *bouton*.

HYBLA, subst. propre fém. (*ibla*), myth. Voy. HYBLEENS.

HYBLÉA, subst. propre fém. (*iblé-a*), myth., déesse adorée en Sicile.

HYBLÉE, subst. fém. (*iblé*), t. d'hist. nat., genre d'insectes lépidoptères.

HYBLÉENS, subst. mas. plur. (*iblé-ein*), myth., peuples de Sicile, qui passaient pour très-habiles dans ce qui concernait le culte des dieux, et dans l'interprétation des songes. Ils habitaient le mont *Hybla*, célèbre par l'excellent miel qu'on y recueillait, et par une ville de même nom, aujourd'hui *Paterno*.

HYBOME, subst. fém. (*ibôme*), t. de médec., maladie des oreilles qui se termine quelquefois par la surdité.

HYBOS, subst. mas. (*iboce*), t. d'hist. nat., genre d'insectes diptères.

HYBOU-COUCHU, subst. mas. (*iboukouchu*), t. de bot. , fruit d'Amérique dont on retire une huile qui sert de remède contre les vers subcutanés, auxquels les habitants sont sujets.

HYBRIDATION, subst. fém. (*ibridâcion*), qualité de ce qui est *hybride*; se dit surtout en botanique. On dit aussi et mieux *hybridité*.

HYBRIDELLE, subst. fém. (*ibridèle*), t. de bot., genre de plantes synanthérées, la camomille globuleuse.

HYBRIDE, adj. des deux genres (*ibride*) (du grec ὕβρις, gén. ὕβριδος, animal dont le père et la mère sont de deux espèces différentes), qui est né, provenu de deux espèces différentes : *les mulets sont des animaux hybrides*. — Il se dit, en grammaire, d'un mot tiré de deux langues: *choléra-morbus est un mot hybride*. — T. de bot. : *plantes hybrides*, celles qui naissent de deux différentes espèces du même genre ou de genres différents. — On l'emploie aussi subst. : *les hybrides sont stériles*.

HYBRIDISME, subst. mas. (*ibridiceme*), qualité de ce qui est *hybride*.—Défaut dans la composition des mots nouveaux qui consiste à les former de deux langues différentes, comme *aviceptologie*.

HYBRISTIQUES, subst. fém. plur. (*ibricetike*) (du grec ὕβρις, injure, honte), t. d'hist. anc., fêtes instituées à Argos en l'honneur des femmes par qui les Lacédémoniens qui assiégeaient la ville avaient eu la honte d'être repoussés.

HYBRIZON, subst. mas. (*ibrizon*), t. d'hist. nat., genre d'insectes hyménoptères.

HYCLÉE, subst. fém. (*iklé*), t. d'hist. nat., insecte coléoptère du genre trachélide.

HYDARTHRE, subst. fém. (*idartre*) (du grec ὕδωρ, eau, et ἄρθρον, articulation), t. de médec., tumeur blanche, hydropisie des articulations.

HYDARTHROSE, **HYDARTHROSIE**, subst. fém. Voy. **HYDARTHRE**.

HYDATIDE, subst. fém. (*idatide*) (en grec ὑδατίς, formé de ὕδωρ, gén. ὕδατος, eau), t. de chirurgie, vésicule pleine d'eau qui naît en différentes parties du corps. — En hist. nat., ver dont le corps ressemble à une petite vessie pleine d'eau qui se trouve dans le corps de certains animaux et même de l'homme.

HYDATIDEUSE, adj. fém. Voy. **HYDATIDEUX**.

HYDATIDEUX, adj. mas., au fém. **HYDATIDEUSE**, (*idatideu, deuze*), se dit de certaines affections causées par des *hydatides*, qui attaquent les lièvres, les lapins, etc.

HYDATIDIQUE, adj. des deux genres (*idatidike*), qui renferme des *hydatides* : *poche hydatidique*.

HYDATIDOCÈLE, subst. fém. (*idatidocèle*) (du grec ὑδατίς, gén. ὑδατίδος, hydatide, et κήλη, tumeur, hernie), t. de chir., espèce d'hydrocèle qui contient des *hydatides*.

HYDATIGÈRE, subst. fém. (*idatijère*), t. d'hist. nat., genre de vers intestinaux *hydatides*.

HYDATIS, subst. fém. (*idatice*) (en grec ὑδατίς), t. de chir., tumeur graisseuse de la paupière supérieure.

HYDATISME, subst. mas. (*idaticeme*) (du grec ὑδατίς, gén. de ὕδωρ, eau), bruit causé par la fluctuation des humeurs contenues dans un abcès.

HYDATODE, subst. fém. (*idatode*), t. de médec., humeur aqueuse de l'œil renfermée entre la cornée et l'uvée.

HYDATOÏDE, adj. des deux genres (*idato-ide*) (du grec ὑδατίς, formé de ὕδωρ, gén. ὕδατος, eau), t. de médec.; se disait autrefois des urines très-claires et des personnes affectées d'anasarque.

HYDATOSCOPE, subst. mas. (*idatocekope*), celui qui pratique l'*hydatoscopie*, ou l'art de prédire par l'inspection de l'eau.

HYDATOSCOPIE, subst. fém. (*idatocekopi*) (du grec ὕδωρ, gén. ὕδατος, eau, et σκοπέω, j'examine, je considère), divination par le moyen de l'eau.

HYDATOSCOPIQUE, adj. des deux genres (*idatocekopike*), qui appartient à l'*hydatoscopie*.

HYDÈRE, subst. fém. (*idère*), t. d'hist. nat., genre d'insectes coléoptères.

HYDNACÉES, subst. fém. plur. (*idenacé*), t. de bot., famille de champignons hyménomycès.

HYDNE ou **ÉRINACÉ**, subst. mas. (*idene* en grec ὕδνον), t. de bot., plante cryptogame de la famille des champignons, dont le caractère est d'avoir la partie inférieure du chapeau hérissée de papilles nombreuses.

HYDNOCARPE, subst. mas. (*idenokarpe*), t. de bot., arbre de Ceylan dont les feuilles font vomir.

HYDNOPHORE, subst. mas. (*idenophore*), t. d'hist. nat., genre de polypiers.

HYDNORE, subst. fém. (*idenore*), t. de bot., genre de plantes nommé autrement *apythée*.

HYDRA, subst. propre fém (*idra*), ville de la Grèce, chef-lieu de l'île de même nom, avec un bon port sur la Méditerranée.—Ile de l'Archipel, située à deux lieues de la Morée.

HYDRACHNE, subst. fém. (*idrakne*), t. d'hist. nat., genre d'arachnides.

HYDRACHNÉ, subst. mas. (*idrakné*), t. d'hist. nat., genre d'insectes coléoptères aquatiques.

HYDRACHNELLES, subst. fém. plur. (*idraknèle*), t. d'hist. nat., genre d'insectes de la famille des holètres.

HYDRACHNETTE, subst. fém. (*idraknète*), t. d'hist. nat., insecte, mite aquatique.

HYDRACIDE, subst. mas. (*idracide*), t. de chimie, acide formé par la combinaison de l'hydrogène avec un corps combustible simple.

HYDRÆNE, subst. fém. (*idrène*), t. d'hist. nat., petit insecte aquatique qu'on voit quelquefois glisser sur la surface des eaux.

HYDRAGIS, subst. mas. plur. (*idrajice*), t. d'antiquité, ministres qui assistaient les aspirants à l'initiation.

HYDRAGOGUE, subst. mas. (*idragoogue*) (du grec ὕδωρ, eau, et ἄγω, je chasse), t. de médec., médicament qui pousse au dehors les sérosités.

HYDRANCE, subst. fém. (*idranje*), t. de bot., genre de plantes, voisin des hortensias.

HYDRANGÉES, subst. fém. plur. (*idranjé*) (du grec ὕδωρ, eau, et ἀγγεῖον, vase), t. de bot., famille d'arbrisseaux saxifragés.

HYDRANGELLE, subst. fém. (*idranjèle*), t. de bot., plante saxifragée de l'Amérique septentrionale.

HYDRANOS, subst. mas. (*idranoce*), myth., sacrificateur qui, dans l'initiation des Eleusines, immolait à Jupiter une truie pleine.

HYDRANOSE, subst. fém. (*idranoze*), t. de médec., raréfaction du sang ou des fluides par flution.

HYDRARGILITHE, subst. fém. (*idrarjilite*), t. de minér., substance pierreuse.

HYDRARGYRE, subst. mas. (*idrarjire*) (en grec ὑδράργυρος, fait de ὕδωρ, eau, et ἄργυρος, argent; *argent liquide*), t. de chim., mercure, vif-argent.—T. d'hist. nat., poisson osseux gymnopome, qui a le dessous du ventre arrondi.

HYDRARGYRIE, subst. fém. (*idrarjiri*), t. de médec., éruption sur la peau par suite de l'usage du mercure.

HYDRARGYRO-PNEUMATIQUE, subst. mas. (*idrarjiropeneumatike*) (du grec ὑδράργυρος, mercure, et πνεῦμα, souffle, air), appareil chimique pour recueillir les gaz solubles dans l'eau.

HYDRARGYROSE, subst. fém. (*idrarjiroze*), t. de médec., friction mercurielle.

HYDRASTE, subst. mas. (*idracete*), t. de bot., plante herbacée qui croît spontanément dans le Canada.

HYDRATE, subst. mas. (*i-drate*) (du grec ὕδωρ, gén. de ὕδατος, eau), t. de chim., combinaison d'oxydes métalliques et d'eau.

HYDRATÉ, E, adj. (*idraté*), t. de chim., qui est combiné avec l'eau.

HYDRAUL., abréviation du mot hydraulique.

HYDRAULE, subst. fém. (*idrôle*) (du grec ὕδωρ, eau, et αὐλός, flûte), t. d'hist. anc., joueur d'instruments qui formait les sons à l'aide de l'eau.

HYDRAULICIEN, subst. mas. (*idrôliciein*), ingénieur en hydraulique. Ce mot est nouveau, et peu encore en usage.

HYDRAULICO-PNEUMATIQUE, adj. des deux genres (*idrôlikopeneumatike*) (en grec ὕδωρ, eau, et πνεῦμα, air), qui élève l'eau par le moyen de l'air.

HYDRAULIQUE, adj. des deux genres (*idrôlike*): machine *hydraulique*, qui sert à élever l'eau; qui fait mouvoir. —Orgue *hydraulique*, qui joue par le moyen de l'eau. — Il se dit de la science de conduire les eaux. — Subst. fém., science *hydraulique*, celle du mouvement et de la résistance des fluides. (D'Alembert.)

HYDRE, subst. fém. (*idre*) (en grec ὕδρος, fait de ὕδωρ, eau), au propre, serpent qui vit dans les rivières et les étangs. — Serpent fabuleux à sept têtes, à qui il en renaissait plusieurs quand on lui en avait coupé une. Hercule les abattit toutes d'un seul coup; aussi fut-ce le plus glorieux de ses travaux. — Fig., mal qui augmente à mesure qu'on fait plus d'efforts pour le détruire. Voltaire a dit quelque part au masculin, *hydre affreux*: c'est une faute grave.—Genre de zoophytes microscopiques, qu'on appelle aussi polypes d'eau douce ou polypes à bras, dont chaque partie séparée du tout redevient un animal vivant.—Dans le blason, espèce de dragon à sept têtes.—En bot., plante d'Europe qui croît sous les eaux, dans les étangs, les rivières et les fossés.—T. d'astron., *hydre femelle*, constellation méridionale, au-dessus du Lion, de la Vierge et de la Balance. Elle a une étoile remarquable appelée le *cœur de l'hydre*, et en arabe *alpitrad*.—*Hydre mâle*, constellation plus méridionale que la précédente, située entre le Toucan et la Dorade; elle ne paraît point dans nos régions. — *Hydre hydraulique*, machine qui, au moyen d'un puits ou d'une petite source, procure une chute d'eau assez considérable pour être utilisée en mécanique.

HYDRÉLÉON, subst. mas. (*idrélé-on*) (du grec ὕδωρ, eau, et ἔλαιον, huile), t. de pharm., mélange d'eau et d'huile.

HYDRENCÉPHALE, subst. fém. (*idrancéfale*), t. de médec., *hydrocéphale* aiguë des enfants.

HYDRENCÉPHALIQUE, adj. des deux genres (*idrancéfalike*), t. de médec.; se dit du cri que poussent les enfants atteints d'une *hydrocéphale* aiguë : *cri hydrencéphalique*.

HYDRENTÉROCÈLE, subst. fém. (*idrantérocèle*) (du grec ὕδωρ, ἔντερον, intestin, et κήλη, tumeur), t. de chir., hydropisie du scrotum compliquée avec une descente d'intestins.

HYDRENTÉRO-ÉPIPLOCÈLE, adj. des deux genres (*idrantéro-epiplocèle*), t. de chir. : *hernie entéro-épiplocèle*, compliquée d'hydrocèle.

HYDRENTÉROMPHALE, subst. fém. (*idrantéronfale*), t. de chir., hernie ombilicale, entérocèle, compliquée de sérosités et d'humeurs.

HYDRÉOLE, subst. fém. (*idré-ole*), t. de mécan., machine pour faire monter l'eau au-dessus de son niveau, au moyen d'une combinaison d'air et d'eau.

HYDRÉON, subst. mas. (*idré-on*), t. de médec., humeur aqueuse qui découle des oreilles ou des yeux.

HYDREPIPLOCÈLE, subst. fém. (*idrépiplocèle*), t. de chir., hernie épiploïque compliquée d'hydrocèle.

HYDRÉPIPLOMPHALE, subst. fém. (*idrépiplonfale*), t. de chir., hernie de l'ombilic, compliquée d'un déplacement de l'épiploon, avec sérosités.

HYDRIAPHORES, subst. fém. plur. (*idri-afore*) (du grec ὑδρία, cruche, et φέρω, je porte), t. d'hist. anc., femmes étrangères qui résidaient à Athènes, et que dans la procession des Panathénées on obligeait à porter des cruches d'eau pour rafraîchir les citoyennes qui formaient cette marche sacrée.

HYDRIADES, subst. propre fém. plur. (*idri-ade*), myth., nymphes qui dansaient au son de la flûte.

HYDRIE, subst. fém. (*idri*) (en grec ὑδρία, cruche, fait de ὕδωρ, eau), t. d'antiq., vase dont se servaient les anciens pour mettre de l'eau.

HYDRILLE, subst. fém. (*idri-ie*), t. de bot., plante aquatique flottante de l'Inde.

HYDRIODATE, subst. mas. (*idri-odate*), t. de chim., sel formé de l'acide hydriodique.

HYDRIODIQUE, adj. des deux genres (*idri-odike*), t. de chim., se dit d'un acide extrait de l'iode et de l'hydrogène.

HYDRIOTE, subst. et adj. des deux genres (*idri-ote*), qui est de l'île ou de la ville d'*Hydra* en Grèce.

HYDROA, subst. fém. (*idro-a*), t. de médec., échauboulure, ou éruption de petits boutons sur la peau.

HYDRO-AÉRO-PYRIQUE, adj. des deux genres (*idro-a-éropirike*) (du grec ὕδωρ, eau, ἀήρ, air, et πῦρ, feu), qui participe de l'eau, de l'air et du feu : phénomène hydro-aéro-pyrique.

HYDROBASCULE, subst. fém. (*idrobacekule*), appareil pour éviter les pertes d'eau occasionnées par le passage des bateaux dans les écluses.

HYDROBATE, subst. mas. (*idrobate*) (du grec ὕδωρ, eau, et βαίνω, je marche; *qui marche sur l'eau*), t. d'hist. nat., nom générique du merle d'eau.

HYDROCANTHARE, subst. mas. (*idrokantare*), t. d'hist. nat., famille d'insectes carnassiers coléoptères, qui vivent sous la forme de larves, dans les lacs, dans les étangs, etc.

HYDROCANTHARIDES, subst. fém. plur. (idrokantaride), t. d'hist. nat., genre d'insectes.

HYDROCARBONIQUE, adj. des deux genres, (idrokarbonike), t. de chim., se dit d'un gaz plus léger que l'air, qu'on distille de l'hydrocyanate de potasse.

HYDROCARBURE, subst. mas. (idrokarbure), t. de chim., hydrure mêlé de carbone.

HYDROCARDIE, subst. fém. (idrokardi) (du grec ὕδωρ, eau, et καρδία, cœur), t. de médec., hydropisie de la membrane qui enveloppe le cœur, ou péricarde. Synonyme de *hydropéricarde*. Voy. ce mot.

HYDROCÈLE, subst. fém. (idrocèle) (en grec ὑδροκήλη, formé de ὕδωρ, eau, et κήλη, tumeur), t. de médec., tumeur du scrotum causée par des humeurs aqueuses.

HYDROCÉLIQUE, adj. des deux genres (idrocelike), t. de médec., de l'hydrocèle.

HYDROCÉPHALE, subst. fém. (idrocéfale) (en grec ὑδροκέφαλον, fait de ὕδωρ, eau, et κεφαλή, tête), t. de médec., hydropisie de la tête.

HYDROCÉPHALIE, subst. fém. (idrocéfali), t. de médec., premier genre des leucoses de la nosographie d'*Alibert*.

HYDROCÉPHALITE, subst. fém. (idrocéfalite), t. de médec., inflammation du cerveau, suivi d'un épanchement de sérosités. — *Hydrocéphale aiguë*.

HYDROCÉRAME, subst. mas. (idrocérame) (du grec ὕδωρ, eau, et κέραμος, vase de terre), vase fait d'une terre extrêmement poreuse, qui, sommeillant l'eau dont on le remplit à une grande évaporation, la rafraîchit d'autant.

HYDROCHARIDÉES, subst. fém. plur. (idrokaride), t. de bot., famille de plantes aquatiques, dans la méthode naturelle de *Jussieu*; ainsi nommée de l'*hydrocharis* ou *morène*, une d'entre elles.

HYDROCHARIS, subst. fém. (idrokarice) (du grec ὕδωρ, eau, et χαρίς, beauté, ornement; *ornement des eaux*), t. de bot., plante aquatique, qu'on appelle autrement morène.

HYDROCHIMIE, subst. fém. (idrochimi), partie de la *chimie* qui traite de l'eau.

HYDROCHIMIQUE, adj. des deux genres (idrochimike), qui appartient à l'*hydrochimie*.

HYDROCHLOÉ, subst. fém. (idroklo-é), t. de bot., genre de plantes graminées.

HYDROCHLORATE, subst. mas. (idroklorate), t. de chimie, sel formé par la combinaison de l'acide *hydrochlorique* avec une base salifiable.

HYDROCHLORIQUE, adj. des deux genres (idroklorike), t. de chim., se dit d'un acide dont la base est le *chlore* combiné avec l'*hydrogène*.

HYDROCHLORO-NITRIQUE, adj. des deux genres (idrokloronitrike), t. de chim., se dit d'une combinaison des acides *hydrochlorique* et *nitrique*.

HYDROCHOERUS, subst. mas. (idroko-éruce), t. d'hist. nat., nom donné au cabiai proprement dit.

HYDROCIRSOCÈLE, subst. fém. (idrocirçocèle) (du grec ὕδωρ, eau, κιρσός, varice, et κήλη, tumeur), t. de médec., cirsocèle compliquée d'hydropisie du scrotum.

HYDROCORÉE, subst. fém. (idrokoré) (du grec ὕδωρ, eau, et κορίς, punaise), t. d'hist. nat., famille d'insectes plus connus sous le nom de *punaises d'eau*.

HYDROCORIDE, subst. fém. (idrokoride), t. d'hist. nat., famille d'insectes hémiptères qui n'ont point de nervures aux appendices membraneux de leurs élytres.

HYDROCORISE, subst. fém. (idrokorize), t. d'hist. nat., famille d'insectes hémiptères, aquatiques et carnassiers.

HYDROCOTYLE, subst. fém. (idrokotile) (du grec ὕδωρ, eau, et κοτύλη, écuelle), t. de bot., sorte de plante aquatique, dont les feuilles sont rondes et creuses. On la nomme aussi *écuelle d'eau*.

HYDROCYANATE, subst. mas. (idroci-anate), t. de chim., sel formé de l'acide *hydrocyanique*.

HYDROCYANIQUE, adj. des deux genres (idrocianike), t. de chim., se dit d'un acide formé de la combinaison du *cyanogène* avec l'*hydrogène*.

HYDROCYN, subst. mas. (idrocein), t. d'hist. nat., sous-genre de poissons salmones.

HYDROCYSTE, subst. mas. (idrocicete) (du grec ὕδωρ, eau, et κυστίς, vessie), t. de médec., hydropisie enkystée.

HYDRODICTYON, subst. mas. (idrodikcion), t. de bot., plante cryptogame de la famille des algues.

HYDRODYNAMIQUE, subst. fém. (idrodinami-

ke) (du grec ὕδωρ, eau, et δύναμις, force, puissance), science des lois du mouvement des fluides.

HYDRO-ÉCONOMIQUE, subst. mas. (idro-ékonomike), machine inventée en 1805, et destinée à remplacer les roues, les arbres, etc., avec *économie d'eau*.

HYDRO-ENCÉPHALOCÈLE, subst. fém. Voyez HYDRENTÉROCÈLE.

HYDRO-ENTÉRO-ÉPIPLOMPHALE, subst. fém. (idro-untéró-épiploufale), t. de chir., hernie aqueuse de l'ombilic.

HYDRO-ÉPIPLOMPHALE, subst. fém. (idro-épiploufale), t. de chir., hernie ombilicale, avec amas de sérosités et déplacement de l'épiploon.

HYDROFUGE, adj. des deux genres (idrofuje), qui chasse l'humidité, en préserve, la détruit.

HYDROGALE, subst. mas. (idrognale) (du grec ὕδωρ, eau, et γάλα, lait), boisson composée d'eau et de lait.

HYDROGARUM, subst. mas. (idrognarome), chez les anciens, ragoût ou mélange d'eau avec de la saumure appelée *garum*.

HYDROGÉ, E, adj. (idrojé) (du grec ὕδωρ, eau, et γῆ, terre), qui est composé de terre et d'eau.

HYDROGÉNATION, subst. fém. (idrojenácion), qualité, état de ce qui est *hydrogène*.

HYDROGÈNE, subst. mas. (idrojène) (du grec ὕδωρ, eau, et γεννάω, j'engendre. M. *Morin* observe, avec raison, qu'en grec, le mot ὑδρογενής a la signification passive et ne veut pas dire *générateur de l'eau*, mais *né de l'eau*, *engendré par l'eau*), t. de chimie, principe générateur de l'eau. C'est ce que les anciens chimistes appelaient air ou *gaz inflammable*. Il est aussi adj. des deux genres : *gaz hydrogène*.

HYDROGÉNÉ, E, adj. (idrojéné), t. de chimie, tenant de l'*hydrogène* : *gaz hydrogène carboné*, *sulfuré*, *phosphoré*, combinaison de l'hydrogène avec le carbone, le soufre, le phosphore.

HYDROGÉNÈSES, subst. fém. plur. (idrojenèze), t. de médec., maladies que l'on considère comme l'effet d'une *hydrogénation* viciée.

HYDROGÉOLOGIE, subst. fém. (idrojé-oloji) (du grec ὕδωρ, eau, γῆ, terre, et λόγος, discours), traité de l'influence de l'eau sur la terre.

HYDROGÉOLOGIQUE, adj. des deux genres (idrojéolojike), qui appartient à l'*hydrogéologie*.

HYDROGÉOLOGISTE, subst. mas. (idrojé-olojicete), celui qui décrit, observe l'influence de l'eau sur la terre.

HYDROGLOSSE, subst. fém. (idroguéloce), t. de bot., espèce de fougère.

HYDROGNOMIE ou HYDROGNOMONIE, subst. fém. (idroguenomi, monike), connaissance des eaux cachées, art de trouver les eaux cachées.

HYDROGNOMONIQUE, adj. des deux genres (idroguenomonike), qui appartient à l'*hydrognomonie*.

HYDROGNOMONISTE, subst. mas. (idroguenomonicete), celui qui s'occupe d'*hydrognomonie*.

HYDROGRAPHE, subst. mas. (idroguerafe), celui qui est versé dans l'*hydrographie*.

HYDROGRAPHIE, subst. fém. (idroguerafi) (du grec ὕδωρ, eau, et γράφω, je décris), description des eaux, des mers. — Art de naviguer.

HYDROGRAPHIQUE, adj. des deux genres (idroguerafike), qui appartient à l'*hydrographie*. — *Cartes hydrographiques*, cartes marines.

HYDRO-KÉLOMÈTRE, subst. mas. (idrokiclomètre) (du grec ὕδωρ, eau, κήλη, vitesse, et μέτρον, mesure), instrument pour mesurer la vitesse des eaux.

HYDROLAPATHUM, subst. mas. (idrolapatome), t. de bot., patience aquatique.

HYDROLIE, subst. fém. (idroli), t. de bot., genre de plantes.

HYDROLITHE, subst. fém. (idrolite), t. d'hist. nat., pierre de roche, espèce de crystal d'un blanc mat, qu'on trouve en Ecosse et dans le Vicentin.

HYDROLOGIE, subst. fém. (idroloji) (du grec ὕδωρ, eau, et λόγος, discours), traité des eaux, de leur nature, de leurs propriétés.

HYDROLOGIQUE, adj. des deux genres (idrolojike), qui est relatif à l'*hydrologie*.

HYDROLOGUE, subst. mas. (idrologue), celui qui sait, qui enseigne l'*hydrologie*.

HYDROMANCIE, subst. fém. (idromanci) (du grec ὕδωρ, eau, et μαντεία, divination), divination par le moyen de l'eau. Voy. HYDROSCOPIE.

HYDROMANT, subst. mas. (idromant), t. de médec., délire qui porte celui qui en est atteint à se jeter dans l'eau.

HYDROMANIQUE, adj. des deux genres (idromanike), t. de médec., qui appartient à l'*hydromanie*.

HYDROMANTIQUE, subst. fém. (idromantike), (du grec ὕδωρ, eau, et μάντις, devin, sorcier), art de produire, par le moyen de l'eau, certaines apparences singulières, comme de faire paraître de vue aux spectateurs une image ou un objet présent, etc.

HYDROMÉDIASTINE, subst. fém. (idromédiacetine), t. de médec., hydropisie du *médiastin*.

HYDROMEL, subst. mas. (idroméle) (en grec ὑδρόμελι, formé de ὕδωρ, eau, et μέλι, miel), breuvage composé d'eau et de miel.

HYDROMÉLÉON ou HYDROMÉLON, subst. mas. (idromélé-on, melon), t. de pharm., médicament composé d'eau de miel et de jus de coing.

HYDROMÈTRE, subst. mas. (idromètre) (du grec ὕδωρ, eau, et μέτρον, mesure), t. de chimie, instrument pour mesurer la pesanteur, la force et les autres propriétés de l'eau. — T. d'hist. nat., genre d'insectes hémiptères de la famille des sanguisuces, qui marchent sur l'eau des étangs, et semblent la mesurer. — Au fém., t. de médec., hydropisie de la matrice. (Du grec ὕδωρ, eau, et μήτρα, matrice.)

HYDROMÉTRIE, subst. fém. (idrométri), science des eaux, qui apprend à en connaître la force, à en mesurer la pesanteur, etc. Voy. HYDROMÈTRE.

HYDROMÉTRIQUE, adj. des deux genres (idrométrike), qui appartient à l'*hydrométrie*.

HYDROMPHILE, subst. fém. (idronfale) (du grec ὕδωρ, eau, et ὀμφαλός, nombril), t. de médec., hydropisie du nombril.

HYDROMURIATE, subst. mas. Voy. HYDROCHLORATE.

HYDROMYE, subst. fém. (idromi) (du grec ὕδωρ, eau, et μυῖα, mouche, rat, souris ; *rats d'eau*, à cause de la forme de leur bouche), t. d'hist. nat., famille d'insectes diptères, à bouche prolongée, qui habitent principalement les lieux humides.

HYDROMYS, subst. mas. (idromice), t. d'hist. nat., genre de mammifères rongeurs qui se rapprochent beaucoup des loirs et des rats proprement dits, par la forme des dents molaires, et des rats d'eau et des castors, par leurs autres caractères et leur manière de vivre.

HYDROMYSTE, subst. mas. (idromicete), myth., celui qui se faisait initier aux mystères.

HYDRONOSE, subst. fém. (idronôze), t. de médec., fièvre passagère avec transpiration, appelée vulgairement *la suette*.

HYDROPARASTES, subst. mas. plur. (idroparacete) (du grec ὕδωρ, eau, et παρίστημι, présenter, offrir), t. d'hist. eccl., nom d'une secte dissidente qui se servait d'eau et non de vin dans l'eucharistie.

HYDROPÉRITOINE, subst. fém. (idropéritoni), t. de médec., hydropisie du *péritoine*.

HYDROPÉDÈSE, subst. fém. (idropédèze), (du grec ὕδωρ, eau, et πηδάω, je fais jaillir), t. de médec., sueur trop abondante.

HYDROPELTIS, subst. mas. (idropéletice), (du grec ὕδωρ, eau, et πέλτη, bouclier), t. de bot., genre de plantes aquatiques dont les feuilles présentent la forme d'un bouclier.

HYDROPÉRICARDE, subst. mas. (idropérikarde) (du grec ὕδωρ, eau, et περικάρδιον, le péricarde), t. de médec., hydropisie du *péricarde*. On dit aussi *hydropéricardie*.

HYDROPHACE, subst. et adj. fém. (idrofuce), t. de bot., nom donné aux lenticules.

HYDROPHANE, subst. fém. (idrofane) (du grec ὕδωρ, eau, et φαίνω, je brille), t. d'hist. nat., nom donné à certaines pierres qui, mises dans l'eau, deviennent transparentes.

HYDROPHIDE, subst. mas. (idrofide) (du grec ὕδωρ, eau, et ὄφις, serpent), t. d'hist. nat., serpent d'eau.

HYDROPHILACE, subst. mas. (idrofilace), t. de bot., plante de l'Inde à tige filiforme et articulée.

HYDROPHILE, subst. mas. (idrofile) (du grec ὕδωρ, eau, et φίλος, ami), t. d'hist. nat., genre d'insectes coléoptères, de la famille des hélocères, qui se nourrissent principalement des feuilles qui tombent dans l'eau.

HYDROPHILIEN, subst. mas. (idrofiliein), t. d'hist. nat., genre d'insectes qui a pour type l'*hydrophile*.

HYDROPIS, subst. mas. (idrofice), t. d'hist. nat., genre de serpents aquatiques.

HYDROPHOBE, subst. et adj. des deux genres

(idrofobe), celui, celle qui a l'eau et tous les liquides en horreur. Voy. HYDROPHOBIE.

HYDROPHOBIE, subst. fém. (idrofobi) (en grec ὑδροφοϐία, formé de ὕδωρ, eau, et φόϐος, crainte, aversion), horreur de l'eau et de tous les liquides; c'est un des principaux symptômes de la rage.—Cette rage même.

HYDROPHOBIQUE, adj. des deux genres (idrofobike), de l'hydrophobie.

HYDROPHORE, subst. mas. (idrofore), t. de bot., genre de plantes cryptogames renfermant les espèces de champignons qui se résolvent en eau sur la fin de la saison.

HYDROPHORIES, subst. fém. plur. (idrofori) (du grec ὕδωρ, eau, et φερω, je porte), t. d'hist. anc., cérémonies funèbres à Athènes, en l'honneur des Grecs qui avaient péri dans le déluge de Deucalion.

HYDROPHOSPHURE, subst. mas. (idrofocfure) (du grec ὕδωρ, eau, et φωσφορος, phosphore), t. de chimie, combinaison d'hydrogène phosphoré avec une base.

HYDROPHTHALMIE, subst. fém. (idrofetalmi) (du grec ὕδωρ, eau, et ὀφθαλμός, œil), t. de médec., hydropisie de l'œil.

HYDROPHTHALMIQUE, adj. des deux genres (idrofetalmike), t. de médec., de l'hydrophthalmie.

HYDROPHYLLE, subst. mas. (idrofile), t. de bot., arbre d'Amérique du genre des sébestenniers.

HYDROPHYLLUM, subst. mas. (idrofilelome) (du grec ὕδωρ, eau, et φυλλον, feuille), t. de bot., plante aquatique que les Canadiens nomment feuille d'eau.

HYDROPHYSOCÈLE, subst. fém. (idrofizocèle) (du grec ὕδωρ, eau, φυσα, air ou vent, dérivé de φυσαω, j'enfle, et κηλη, tumeur), t. de médec., tumeur du scrotum, formée d'eau et d'air.

HYDROPHYSOMÉTRIE, subst. fém. (idrofizométri) (du grec ὕδωρ, eau, φυσα, air, et μητρα, matrice), t. de médec., hydropisie de la matrice, accompagnée d'un développement de gaz dans cet organe.

HYDROPHYSOMÉTRIQUE, adj. des deux genres (idrofizometrike), t. de médec., qui appartient à l'hydrophysometrie.

HYDROPIPER, subst. mas. (idropipère) (du grec ὕδωρ, eau, et πεπερι, poivre; poivre d'eau), t. de bot., plante qui croît dans les lieux humides et qui a un goût poivré et brûlant.

HYDROPIQUE, subst. et adj. des deux genres (idropike) (en grec ὑδρωπικός), t. de médec., qui a une hydropisie.

HYDROPISIE, subst. fém. (idropizi) (en grec ὕδρωψ, formé de ὕδωρ, eau, et ὀψ, aspect, apparence, dérivé de ὀπτομαι, voir ; parce que l'enflure du corps fait voir en quelque sorte l'eau dont il est rempli), t. de médec., tumeur aqueuse contre nature, qui occupe tout le corps ou une partie du corps, et plus ordinairement le bas-ventre : mourir d'hydropisie.

HYDROPLÈVRE, subst. fém. (idroplèvre), t. de médec., hydropisie de la plèvre.

HYDROPITYON, subst. mas. (idropition), t. de bot., genre de plantes.

HYDROPHLOGOSE, subst. mas. (idroflogoze), espèce de fiole pourvu d'un cylindre à double fond pour contenir de l'eau.

HYDROPNEUMATIQUE, subst. mas. (idropneumatike) (du grec ὕδωρ, eau, et πνευμα, air), appareil chimique, pour extraire le gaz de différentes substances, à l'aide d'une cuve ou d'un récipient rempli d'eau. On l'appelle aussi appareil pneumato-chimique.—Adj. des deux genres; il se dit de ces sortes d'appareils.

HYDROPNEUMATOCÈLE, subst. fém. Voyez HYDROPHYSOCÈLE.

HYDROPNEUMONIE, subst. fém. (idropneumoni) (du grec ὕδωρ, eau, et πνευμων, poumon), t. de médec., hydropisie du poumon.

HYDROPNEUMONIQUE, adj. des deux genres (idropneumonike), t. de médec., qui appartient à l'hydropneumonie.

HYDROPNEUMOSARQUE, subst. fém. (idropneumosarke) (du grec ὕδωρ, eau, πνευμα, air, et σαρκος, gén. de σαρξ, chair), t. de médec., tumeur contenant de l'eau, de l'air et des matières charnues.

HYDROPOÏDE, subst. fém. et adj. des deux genres (idropo-ide) (du grec ὕδρωψ, hydropisie, et εἶδος, forme, ressemblance), t. de médec., se dit des excrétions aqueuses telles qu'elles se rencontrent dans l'hydropisie.

HYDROPORE, subst. mas. (idropore), t. d'hist. nat., genre d'insectes. Voy. HYPHYDRE.

HYDROPOTE, subst. des deux genres (idropote) (du grec ὕδωρ, eau, et ποτης, buveur, dérivé de πινω, je bois), celui, celle qui ne boit que de l'eau.

HYDROPTÈRE ou **HYDROPTÉRIDE**, subst. fém. (idropetère, petéride), t. de bot., famille de plantes de l'espèce des fougères.

HYDROPYRÈTE, subst. fém. (idropirète) (du grec ὕδωρ, eau, et πυρετος, fièvre), t. de médec., fièvre maligne accompagnée de colliquation.

HYDROPYRÉTIQUE, adj. des deux genres (idropirètike), t. de médec., se dit des maladies accompagnées de fièvre avec sueur.

HYDROPYTIQUE, adj. des deux genres (idropirikke) (du grec ὕδωρ, eau, et πυρ, gén. πυρος, feu), se dit d'un volcan dont les eaux ont la propriété de s'enflammer.

HYDRORACHIS ou **HYDRORACHITIS**, subst. fém. (idrorakice, rakitice) (du grec ὕδωρ, eau, et ῥαχις, l'épine du dos), t. de médec., hydropisie du canal vertébral.

HYDRORCHITE, subst. fém. (idrorchite), t. de médec., inflammation de la tunique vaginale avec écoulement.

HYDRORRHODIN, subst. mas. (idrorrodein) (du grec ὕδωρ, eau, et ῥοδον, rose), t. de pharm., eau mêlée avec de l'huile de rose; elle provoque le vomissement, et elle est excellente quand on a avalé du poison.

HYDROSACCHARUM, subst. mas. (idroçakkarome) (du grec ὕδωρ, eau, et σακχαρον, sucre), eau sucrée.

HYDROSACE, subst. fém. (idrozace), t. de bot., herbe aquatique des anciens, qui croissait en Syrie.

HYDROSARCOCÈLE, subst. fém. (idroçarkocèle) (du grec ὕδωρ, eau, σαρκος, gén. de σαρξ, chair, et κηλη, tumeur), t. de chir., sarcocèle compliqué d'hydrocèle.

HYDROSARQUE, subst. mas. (idrozarke) (du grec ὕδωρ, eau, et σαρξ, gén. σαρκος, chair), t. de chir., tumeur aqueuse et charnue.

HYDROSAT, subst. mas. (idroza), t. de pharm., décoction de roses, mêlée avec de l'hydromel.

HYDROSCHÉONIE, subst. fém. Voy. HYDROCÈLE.

HYDROSCOPE, subst. mas. (idrocekope) (du grec ὕδωρ, eau, et σκοπεω, j'examine, je considère), nom donné à ceux qui prétendent avoir la faculté de deviner et de voir l'eau qui est sous terre, soit coulante, soit stagnante, ou d'en sentir du moins les émanations.—Sorte d'horloge d'eau autrefois en usage.

HYDROSCOPIE, subst. fém. (idrocekopi) (même étym. que celle du mot précéd.), divination par le moyen de l'eau.—Faculté de sentir les émanations des eaux souterraines. Voy. HYDROSCOPE et HYDATOSCOPIE.

HYDROSCOPIEN, adj. mas., au fém. HYDROSCOPIENNE, (idrocekopien, pichne), qui est relatif à l'hydroscopie.

HYDROSÉLÉNIATE, subst. mas. (idrozeléniate), t. de chim., sel formé par la combinaison de l'acide hydrosélénique avec une base salifiable.

HYDROSÉLÉNIQUE, adj. des deux genres (idrozelénike), t. de chim., se dit d'un acide composé d'hydrogène et de sélénium.

HYDROSIDÉRUM, subst. mas. (idrozidérome), t. d'hist. nat., nom qu'on donne quelquefois au phosphate de fer.

HYDROSTATIQUE, subst. fém. (idrocetatike) (du grec ὕδωρ, eau, et στατυκη, statique, science de l'équilibre, et ἱσταμαι, s'arrêter), partie de la mécanique qui considère l'équilibre des corps fluides, particulièrement de l'eau, en les comparant les uns aux autres.—Il est aussi adj. des deux genres.

HYDROSULFATE, subst. mas. (idroçulefate), t. de chim., combinaison de l'acide hydrosulfurique et d'une base salifiable.

HYDROSULFURE, subst. mas. (idroçulefure), t. de chimie, combinaison de l'hydrogène sulfuré avec une base.

HYDROSULFURIQUE, adj. des deux genres, ou **HYDROSULFUREUX**, adj. mas., au fém. **HYDROSULFUREUSE** (idroçulefurike, çulefureu, reuze), t. de chim., acide qui est tiré de l'hydrogène sulfuré.

HYDROTELLURATE, subst. mas. (idrotellurate), t. de chim., sel formé de l'union de l'acide hydrotellurique et d'une base salifiable.

HYDROTELLURIQUE, adj. des deux genres (idrotellurike), t. de chim., se dit d'un acide formé de tellure et d'hydrogène.

HYDROTHORAX, subst. fém. (idrotorakce) (du grec ὕδωρ, eau, et θώραξ, poitrine), t. de médec., hydropisie de poitrine.

HYDROTIQUE, adj. des deux genres (idrotike) (du grec ὕδωρ, eau), t. de médec., sudorifique.
—Fièvre hydrotique, sorte de fièvre accompagnée de sueurs très-abondantes.—Subst. mas., médicament sudorifique qui a la vertu d'inciser et d'atténuer les humeurs.

HYDROTITE, subst. fém. (idrotite) (du grec ὕδωρ, eau, et οὖς, ωτος, oreille), t. de médec., hydropisie de l'oreille. — T. d'hist. nat., petite géode de calcédoine qui contient de l'eau.

HYDROXANTIQUE, adj. des deux genres (idrokezantike), t. de chim., se dit d'un acide formé de carbone, de soufre et d'hydrogène.

HYDRURE, subst. mas. (idrur), t. de chim., nom générique de toutes les combinaisons de l'hydrogène avec les terres, les alcalis et les métaux.

* **HYÉMAL, E**, adj. (iémale) (en lat. hiemalis), de l'hiver : montagne hyémale, couverte de neige. (Bernardin de Saint-Pierre.) — Au plur. mas., hyémaux.

HYÈNE, subst. fém. (iène) (en grec ύαινα, dérivé de ύς, un porc, parce que cet animal a le dos hérissé de poils comme les soies d'un porc), t. d'hist. nat., animal féroce qui ressemble au loup. C'est un mammifère plantigrade, qui n'a que quatre ongles aux pattes. Il vit en Afrique, où il se nourrit de cadavres, et principalement de ceux des hommes; qu'il va déterrer dans les cimetières.—Les Égyptiens en avaient fait une divinité.

HYÈRES, subst. propre fém. plur. (ière), groupe d'îles de la Méditerranée situées sur la côte méridionale de la France, et comprises dans le dép. du Var.— Ville de France, chef-lieu de canton, arrond. de Toulon, dép. du Var. C'est la patrie de Massillon.

HYÉTOMÈTRE, subst. mas. (iétomètre) (du grec ύετος, pluie, et μετρον, mesure), instrument météorologique propre à mesurer la quantité de pluie qui tombe chaque année. C'est le même que l'ombromètre.

HYÉTOMÉTRIQUE, adj. des deux genres (iétométrike), qui appartient à l'hyétomètre.

HYGIDION, subst. mas. (ijidion), t. de pharm., sorte de collyre.

HYGIE ou **HYGIÉE**, subst. propre fém. (iji, iji-é) (du grec υγιεια, santé, formé de υγιης, sain), t. de myth., déesse de la santé; elle était fille d'Esculape.

HYGIÈNE, subst. fém. (iji-ène) (du grec υγιεινον, fém. de υγιεινος, sain, dérivé de υγιεια, santé), partie de la médecine qui a pour objet la conservation de la santé.

HYGIÉNIQUE, subst. fém. (iji-énike), médecine préservative.

HYGIÉNIQUE, adj. des deux genres (iji-énike), de l'hygiène.

HYGIÉNISTE, subst. et adj. mas. (iji-énicete), celui qui s'occupe particulièrement d'hygiène.

HYGIÉTÉTIQUE, adj. des deux genres (iji-étètike), t. de médec. : règles hygiététiques, curatives et préservatives.

HYGIOCÉRAME, subst. mas. (iji-océrame) (du grec υγιης, sain, et κεραμος, vase de terre, poterie), sorte de poterie, dans la couverte de laquelle il n'entre aucun ingrédient qui puisse nuire à la santé.

HYGRENTÉRÉON, subst. mas. (iguerantéré-on), t. de médec., matière formée par la transpiration interne de la peau.

HYGROBAROSCOPE, subst. mas. (iguerobaroceкope) (du grec υγρος, humide, βαρος, poids, pesanteur, et σκοπεω, j'examine, je considère), instrument de physique appelé plus ordinairement aéromètre, pèse-liqueur.

HYGROBAROSCOPIQUE, adj. des deux genres (iguerobaroceкopike), qui appartient à l'hygrobaroscope.

HYGROBIE, subst. fém. (iguerobi), t. d'hist. nat., genre d'insectes coléoptères carnassiers.

HYGROBIÉE, subst. fém. (iguerobie), t. de bot., famille de plantes cercodées.

HYGROBLÉPHARIQUE, adj. des deux genres (igueroblefarike) (du grec υγρος, humide, aqueux, et βλεφαρον, paupière), se dit, en anatomie, des conduits excrétoires de la glande lacrymale à l'extrémité de chaque paupière, au moyen desquels le globe de l'œil est continuellement humecté.

HYGROCIRSOCÈLE, subst. fém. (iguerocircocèle) (du grec υγρος, humide, aqueux, κιρσος, varice, et κηλη, tumeur, hernie), t. de chir., fausse hernie du scrotum formée d'eau et de varices.

HYGROCLIMAX, subst. mas. *(igueroklimakce)* (du grec υγρος, humide, aqueux, et κλιμαξ, degré), balance pour mesurer la pesanteur des liquides.

HYGROCOLLYRE, subst. mas. *(iguerokolire)* (du grec υγρος, humide, aqueux, et κολλυριον, médicament oculaire), t. de pharm., collyre liquide, médicament pour les yeux.

HYGROGÉTON ou **HYDROGÉTON**, subst. mas. *(iguero, idrojéton)*, t. de bot., genre de plantes fort voisin des potamots.

HYGROLOGIE, subst. fém. *(igueroloji)* (du grec υγρος, humide, et λογος, discours, traité), traité des fluides du corps humain.

HYGROLOGIQUE, adj. des deux genres *(iguerolojike)*, qui appartient à l'*hygrologie*.

HYGROLOGUE, subst. mas. *(iguerologue)*, celui qui décrit les qualités des fluides du corps humain.

HYGROMANCIE, subst. fém. Voy. **HYDROSCOPIE**.

HYGROME, subst. mas. *(iguerome)*, t. de médec., kyste aqueux.

HYGROMÈTRE ou **HYGROSCOPE**, subst. mas. *(iguerométre)* (du grec υγρος, humide, et μετρον, mesure), instrument de physique pour mesurer les divers degrés de sécheresse ou d'humidité de l'air.

HYGROMÉTRIE, subst. fém. *(iguerométri)*, mesure du degré de sécheresse ou d'humidité de l'air.

HYGROMÉTRIQUE, adj. des deux genres *(iguerométrike)*, qui appartient à l'*hygromètre*.

HYGROPHOBIE, subst. fém. *(iguerofobi)*, t. de médec., synonyme d'*hydrophobie*, qui se dit plus ordinairement et mieux.

HYGROPHTHALMIQUE, adj. des deux genres *(iguerofetalmike)* (du grec υγρος, humide, et οφθαλμος, œil), t. d'anat., synonyme de *hygroblépharique*. Voy. ce mot.

HYGROSCOPE, subst. mas. Voy. **HYGROMÈTRE**.

HYKSOS, subst. mas. plur. *(ikςoce)*, t. d'hist. ancienne, Arabes pasteurs qui envahirent l'Égypte.

HYLACIDES, subst. propre mas. plur. *(Ilacide)*, myth., descendants d'*Hylax*, père de Castor.

HYLACTOR ou **HYLASTOR**, subst. propre mas. *(Ilaktor, Ilactor)*, myth., l'un des chiens d'Actéon, constellation.

HYLARCHIQUE, adj. mas. *(Ilarchike)* (du grec υλη, matière, et αρχω, je commande), myth. ; *esprit hylarchique*, génie qui régit et dispose la matière première.

HYLÆUS ou **HYLÉE**, subst. propre mas. *(Iléuce, lé)*, myth., celui des Centaures qui fut cause du combat qui se fit entre eux et les Lapithes, aux noces de Pirithoüs.—C'était aussi le nom d'un des chiens d'Actéon. Il signifie *sauvage*.

HYLAS, subst. propre mas. *(Ilàce)*. myth., fils de Théodamas, jeune homme d'une beauté singulière, qu'Hercule aima beaucoup. Lorsqu'ils allaient ensemble à la conquête de la Toison d'or avec les Argonautes, des nymphes enlevèrent *Hylas* auprès d'une fontaine, où il était allé chercher de l'eau. Hercule, inconsolable de sa perte, ne voulut plus suivre les Argonautes, qui, en cherchant *Hylas*, avaient inutilement fait retentir le rivage de son nom.

HYLÉBATE, subst. mas. *(Ilebate)*, t. d'hist. nat., famille d'oiseaux échassiers.

HYLECH ou **HYLEG**, subst. mas. *(ilek, lègue)*, chez les astrologues arabes, étoile ou planète dominante qui apparaît au moment de la naissance.

HYLECÆTE, subst. mas. *(ilecète)*, t. d'hist. nat., insecte coléoptère serricorne.

HYLÉE, subst. fém. *(ile)*, t. d'hist. nat., insecte hyménoptère, de la tribu des andrenètes.

HYLÉSINE, subst. mas. *(ilézine)*, t. d'hist. nat., genre de coléoptères xylophages.

HYLLUS, subst. propre mas. *(Ileluce)*, myth., fils d'Hercule et de Déjanire. Après la mort de son père, il épousa Iole : mais Euristhée le chassa aussi bien que le reste des Héraclides. Il se sauva à Athènes, où il fit bâtir un temple à la Miséricorde, dans lequel les Athéniens voulurent que les criminels trouvassent un refuge assuré.

HYLO, subst. propre mas. *(ilò)*, myth., divinité des anciens bergers westphaliens.

HYLOBATE, subst. mas. *(ilobate)* (du grec υλη, forêt, et βαινειν, marcher), t. d'hist. nat., genre de singes ; sorte de gibbons.

HYLOBIEN, subst. mas. *(Ilobiein)* (du grec υλη, forêt, et βιος, vie), philosophe indien, qui se retirait dans les forêts pour se livrer à la contemplation de la nature.

HYLOGONE, subst. mas. *(Iloguone)* (du grec υλη, forêt, et γονυ, genou), nom de peuples sauvages qui habitent sur les arbres.

HYLOGYNE, subst. mas. *(Ilojine)*, t. d'hist. nat., genre de serpents protées.

HYLONOME, subst. propre fém. *(Ilonome)*, myth., femme centaure qui se tua de désespoir lorsqu'elle apprit la mort de son mari Cyllarus.

HYLOTOME, subst. mas. *(ilotome)* (du grec υλοτομος,bûcheron , formé de υλη, bois, forêt, et τομευς, coupeur, fait de τεμνω, je coupe), t. d'hist. nat., genre d'insectes hyménoptères, qui, à l'aide d'une tarière en forme de scie dont ils sont armés, pratiquent des entailles dans le bois pour y déposer leurs œufs.

HYLURGE, subst. mas. *(ilurje)*, t. d'hist. nat., insecte xylophage.

HYMEN , subst. mas. *(imein)* (du grec υμην, membrane), petite membrane aux parties naturelles des filles vierges.—T. de bot., petite peau qui enveloppe le bouton des fleurs.—Mariage. Il n'est guère usité qu'en poésie et dans cette phrase familière : *vivre sous les lois de l'hymen*.—Subst. propre mas., dieu de la fable qui présidait aux mariages. Il était fils de Bacchus et de Vénus. On le représente sous la figure d'un jeune homme blond , couronné de roses et tenant un flambeau à la main.

HYMÉNACHNE, subst. fém. *(iménakene)*, t. de bot., genre de plantes voisin des agrostides de Linnée.

HYMÉNÆA, subst. fém. *(iméné-a)*, t. de bot., nom poétique donné par *Linnée* au genre de légumineuses qui renferme le courbaril, parce que, dans cette plante, les feuilles sont composées de deux folioles, et peuvent être regardées ainsi comme une image de l'union conjugale.

HYMÉNANTHÈRE, subst. fém. *(iménantère)*, t. de bot., plante synanthérée.

HYMÉNÉAL, E, adj. *(iméné-al)*, qui est relatif à l'*hyménée*, au mariage.—Au plur. mas., *hyménéaux*.

HYMÉNÉE, subst. mas. *(iméné)* (en grec υμεναιος), le même qu'*hymen* dans la deuxième et troisième acception.—On appelait aussi *hyménée* les vers qu'on chantait pour les noces.—Au plur., fêtes du dieu des mariages.

HYMÉNÉLYTRE, subst. mas. *(iménélitre)*, t. d'hist. nat., famille d'insectes hémiptères ophidiens qui comprend le genre des pucerons.

HYMÉNIUM, subst. mas. *(iméni-ome)*, t. de bot., membrane séminifère des champignons.

HYMÉNODE, adj. des deux genres *(iménode)*, (en grec υμενωδης, formé dans la même signification de υμην, membrane , et de ειδος, forme), formé des membranes ou pellicules, —Subst. mas. plur., t. de bot., nom d'une section de la famille des mousses, dont l'urne est garnie à son orifice de dents en forme de crochets, qui soutiennent et retiennent une membrane horizontale qui remplace le péristome interne.

HYMÉNOGRAPHE, subst. mas. *(iménograph)*, t. d'anat., celui qui étudie spécialement la partie des membranes.

HYMÉNOGRAPHIE, subst. fém. *(iménograf)* (du grec υμην, membrane, et γραφω, j'écris), partie de l'anatomie qui a pour objet la description des membranes.

HYMÉNOGRAPHIQUE, subst. fém. et adj. des deux genres *(iménografike)*, qui appartient à l'*hyménographie*.

HYMÉNOLOGIE, subst. fém. *(iménoloji)* (du grec υμην, membrane, et λογος, discours), t. d'anat., traité des membranes.

HYMÉNOLOGIQUE, adj. des deux genres *(iménolojiku)*, qui concerne l'*hyménologie*.

HYMÉNOLOGUE ou **HYMÉNOLOGISTE**, subst. mas. *(iménologue , lojicete)*, celui qui a fait un traité , un discours sur l'*hyménologie*.

HYMÉNOMÈNE, subst. fém. *(iménomène)*, t. de bot., genre de plantes, espèce de scorsonère.

HYMÉNOMYCE, subst. mas. *(iménomice)*, t. de bot., genre de champignons.

HYMÉNOPHYLLE, subst. fém. *(iménofile)*, t. de bot., genre de plantes voisin des varecs de Linnée.

HYMÉNOPHYLLÉE, subst. fém. *(iménofilé)*, t. de bot., genre de plantes cryptogames de la famille des fougères.

HYMÉNOPODE, subst. mas. *(Iménopode)* (du grec υμην, membrane, et ποδος, gén. de πους, pied), t. d'hist. nat., nom générique des oiseaux qui ont les doigts garnis d'une membrane.

HYMÉNOPOGON, subst. mas.*(iménopoguon)* (du grec υμην, membrane, et πωγων, barbe), t. de bot., genre de plantes qui a pour type le buxbaum feuillé.

HYMÉNOPTÈRE, subst. mas. *(iménopetère)* (du grec υμην, membrane, et πτερον, aile), t. d'hist. nat., ordre d'insectes qui a pour caractères : quatre ailes nues ; mandibules propres ; mâchoires en forme de valvules et lèvre tubulaire à sa base. On a divisé cet ordre en deux sections, les térébrants et les porte-aiguillon.—Il est aussi adj. des deux genres.

HYMÉNOTHÈQUE, subst. mas. *(iménotéke)*, t. de bot., espèce de champignons.

HYMÉNOTOME , subst. mas. *(iménotome)* (du grec υμην, membrane , et τεμνω , je coupe), t. de chir., instrument pour découper les membranes.

HYMÉNOTOMIE , subst. fém. *(iménotomi)*, (même étym. que celle du mot précéd.), t. de chir., dissection des membranes.

HYMÉNOTOMIQUE, adj. des deux genres *(iménotomike)*, qui appartient à l'*hyménotome* ou à l'*hyménotomie*.

HYMÉNOTOMISTE, subst. mas. *(iménotomicete)*, celui qui s'occupe particulièrement de la dissection des membranes.

HYMETTE, subst. propre mas. *(imète)*, myth., montagne de l'Attique, célèbre par l'abondance et l'excellence du miel qu'on y recueillait, et par le culte qu'on y rendait à Jupiter, qui y était surnommé *Hymettius*.

HYMNAGORE, adj. des deux genres *(imenaguore)*, t. d'antiq., se dit des cérémonies et des fêtes qu'on célébrait sur les places publiques. — Subst. propre mas., surnom de Bacchus et d'Apollon invoqués des fêtes.

HYMNAIRE, subst. mas. *(imenère)*, livre qui contient des *hymnes*. Peu usité.

HYMNE, subst. fém. *(imene)* (en grec υμνος), cantique en l'honneur de la divinité. Ce mot est féminin quand on parle des cantiques de l'église dans l'office divin ; et masculin, quand on parle de ceux des anciens en l'honneur de leurs dieux.

HYMNIE, subst. propre fém. *(imeni)*, myth., surnom de Diane chez les Arcadiens.

HYMNISTE, subst. mas. *(imenicete)*, celui qui a fait des *hymnes*. Il ne se dit plus qu'en parlant des anciennes liturgies.

HYMNODE, subst. mas. *(imenode)* (du grec υμνωδος, fait de υμνος, hymne, et ειδος, chanteur, dérivé de αδω, je chante), s'est dit de ceux qui chantaient les *hymnes* dans les fêtes publiques de la Grèce.

HYMNOGRAPHE, subst. mas. *(imenografe)*, t. d'hist. anc., se disait, chez les Grecs, de ceux qui composaient des *hymnes*.

HYMNOGRAPHIE, subst. fém. *(imenografi)* (du grec υμνος, hymne, et γραφω, j'écris), art de composer des *hymnes*.

HYMNOGRAPHIQUE, adj. des deux genres *(imenografike)*, qui appartient à l'*hymnographie*.

HYMNOLOGIE, subst. fém. *(imenoloji)* (du grec υμνος, hymne, et λογος, récit), récitation ou chant des *hymnes*.

HYMNOLOGIQUE, adj. des deux genres *(imenolojike)*, qui appartient à l'*hymnologie*.

HYMNOLOGUE, subst. mas. *(imenologue)*, chanteur d'*hymnes*.

HYOBRANCHE, subst. fém. *(I-obranche)*, t. de bot., espèce de plante parasite orobanchoïde, de couleur de sang.

HYO-CHONDROGLOSSE, subst. mas. *(Iokondrogueloce)*, t. d'anat., nom donné au muscle *hyoglosse*.

HYO-ÉPIGLOTTIQUE, adj. des deux genres *(I-o-epiguelotike)*, t. d'anat., se dit des parties qui appartiennent à l'os *hyoïde* et à l'*épiglotte*.

HYO-GLOSSE, subst. mas. et adj. des deux genres *(I-oguéloce)*(en grec υοειδης, l'os *hyoïde*, et γλωσσα, langue), t. d'anat., nom de deux muscles de la langue, qui s'attachent à l'os *hyoïde*.

HYO-GLOSSIEN, adj. et subst. mas. *(i-oguelocien)*, t. d'anat., se dit du nerf *hypoglosse*, qui étend ses rameaux à la langue et aux muscles de l'os *hyoïde*.

HYO-GLOSSO-BASIPHARYNGIEN, subst. mas.

(*i-oguelocebazifareinjicin*), t. d'anat., muscle constricteur du pharynx, qui tient à l'os hyoïde, à la langue et à la base de l'occipital.

HYOÏDE, subst. mas. (*i-o-ide*)(en grec υοειδης, fait de la voyelle Y, υψιλον, et ειδος, forme, apparence, parce que ce petit os fourchu paraissait aux Grecs ressembler à leur υψιλον), t. d'anat. : l'*os hyoïde*, petit os fourchu situé à la racine de la langue.—Il est aussi adj. des deux genres.

HYO-LARYNGIEN, adj. mas. (*i-olarcinjiein*), se dit, en anat., du muscle qui tient à l'os *hyoïde* et au *larynx*.

HYO-PHARYNGIEN, adj. mas. (*i-o-fareinjicin*), t. d'anat., nom de deux muscles qui vont à l'os *hyoïde*, et au *pharynx*.

HYOPHORBE, subst. mas. (*i-oforbe*), t. de bot., fruit d'un palmier de l'île Bourbon, appelé *hyophorbier*.

HYOPHORBIER, subst. mas. (*i-oforbié*), t. de bot., espèce de palmier de l'île Bourbon.

HYOSCIAME, subst. fém. (*iociame*) (du grec υς, gén. υος, cochon, et κυαμος, fève), t. de bot. ; les anciens donnaient ce nom à des plantes qui étaient mortelles pour les pourceaux et les sangliers qui en avaient mangé. — On donne aujourd'hui ce nom à un genre qui a peu d'espèces.

HYOSÈRE ou **HYOSÉRIS**, subst. fém. (*i-ozère zérice*) (du grec υς, gén. υος, cochon, et σερις, espèce de chicorée ; *salade de cochon*), t. de bot., plante qui ressemble à la chicorée, mais plus petite et plus rude.

HYOSÉRIDE, subst fém. (*i-ozéride*), t. de bot., genre de plantes chicoracées.

HYO-STERNAL, E, adj. (*i-océtérenal*), t. d'anat., qui est relatif à la troisième pièce du *sternum*.

HYO-THYROÏDIEN, adj. mas. (*i-o-tiro-idiein*), qui rapport à l'*hyoïde* et au *thyroïde*.

HYO-VERTÉBROTOMIE, subst. fém. (*i-ovèrtébrotomi*), t. d'art vétér., ouverture d'un dépôt de pus au cou d'un cheval.

HYO-VERTÉBROTOMIQUE, adj. des deux genres (*i-ovèretébrotomike*), t. d'art vétér., qui appartient à l'*hyo-vertébrotomie*.

HYPACANTHE, subst. mas. (*ipakante*), t. d'hist. nat., poisson osseux, thoracique et à corps comprimé.

HYPALLAGE, subst. fém. (*ipalaje*) (du grec υπαλλαγη, changement, formé de υπο, sous, et de αλλαγη, changement, dérivé de αλλαττω, je change), transposition, renversement, par lequel on fait un changement dans la construction : *il n'avait point de souliers dans ses pieds*, pour, *il n'avait point les pieds dans ses souliers*.

HYPAPANTÉ, subst. fém. (*ipapanté*), fête de la Purification et de la présentation au temple.

HYPAR, subst. mas. (*ipar*), mot grec par lequel les anciens exprimaient les marques sensibles de la manifestation divine, c'est-à-dire les songes.

HYPASME, subst. mas. (*ipaceme*), t. de bot., genre de plantes cryptogames de la famille des champignons.

HYPASPITE, subst. mas. (*ipacepite*) (du grec υπο, sous, et ασπις, bouclier), t. d'ant., soldat de l'armée grecque, appelé aussi *peltaste*.

HYPATE, subst. fém. (*ipate*), t. de mus. gr., la corde la plus basse pour le son.

HYPATOÏDE, subst. fém. (*ipato-ide*), déclamation notée des anciens, mélopée tragique.

HYPÉCOON, subst. mas. (*ipéko-on*) (du grec υπηκοος, flexible), t. de bot., arbre de la Jamaïque, de la famille des savonniers.

HYPÉNOR, subst. propre mas. (*ipénor*), myth., prince troyen, tué par Diomède au siège de Troie.

HYPENTÈRE, subst. fém. (*ipantère*), t. de médec., voies génito-urinaires, partie inférieure du système muqueux.

HYPENDOSMOSE, subst. fém. (*ipandocemôze*), t. de médec., excès d'*endosmose*. (*Raymond*.)

HYPER (du grec υπερ, au-dessus, au-delà), préposition grecque, qui entre dans la composition de plusieurs mots français dérivés du grec, et qui marque quelque excès, quelque chose au-delà de la signification du mot simple auquel on la joint.

HYPÉRANTHÈZE, subst. mas. (*ipérantèze*), t. de bot., arbre de l'Arabie, espèce de ben.

HYPÉRANTIQUE, adj. des deux genres (*ipérantike*), se dit d'un style suranné. (*Boiste*.)

HYPERBASE, subst. fém. (*ipèrebaze*), figure de rhétorique, métaphore.

HYPERBATE, subst. fém. (*ipèrebate*) (en grec υπερβατον, fait de υπερβαινω, je passe outre, lequel est formé de υπερ, au-delà, et de βαινω, je vais), figure de grammaire et de rhétorique qui renverse l'ordre naturel des mots dans le discours.

HYPERBIBASME, subst. mas. (*ipèrebibaceme*), t. de rhétorique, transposition des accents, ou d'une lettre dans le corps d'un mot.

HYPERBIUS, subst. propre mas. (*ipèrebi-uce*), myth., fils de Mars. On dit que ce fut lui qui, le premier, tua des animaux.

HYPERBOLE, subst. fém. (*ipèrebole*) (du grec υπερβολη, excès, dérivé de υπερβαλλω, j'excède, je surpasse de beaucoup, dont les racines sont υπερ, au-delà, et βαλλω, je jette), t. de rhét., figure qui consiste à exagérer au-delà même de la vraisemblance.—En géométrie, section d'un cône par un plan qui, étant prolongé, rencontre le cône opposé. Les auteurs appellent quelquefois le plan terminé par cette courbe, *une hyperbole*, et la courbe elle-même, *ligne hyperbolique*, parce que, dans cette courbe, le carré de l'ordonnée est plus grand que le rectangle du paramètre par l'abscisse.

HYPERBOLIQUE, adj. des deux genres (*ipèrebolike*), qui tient de l'*hyperbole*.—T. de médec., *posture hyperbolique*, celle où l'on est couché avec les bras, les jambes et l'épine du dos, les vertèbres du cou comprises, étendus ou retirés au-delà de leur mesure ordinaire. Cette expression est de *Galien*.

HYPERBOLIQUEMENT, adv. (*ipèrebolikeman*), d'une manière *hyberbolique*.

HYPERBOLISÉ, participe passé de *hyperboliser*.

HYPERBOLISER, v. neut. (*ipèrebolizé*), parler par *hyperboles*.

HYPERBOLISME, subst. mas. (*ipèreboliceme*), qualité, manie, emploi de l'*hyperbole*.

HYPERBOLOÏDE, subst. fém. (*ipèrebolo-ide*) (du grec υπερβολη, hyperbole, et ειδος, forme, ressemblance; *qui a la forme d'une hyperbole*), nom qu'on donne en géométrie aux *hyperboles* à l'infini ou du plus haut genre, dont l'équation générale comprend celle de toutes les *hyperboles* particulières.

HYPERBORÉE, adj. des deux genres (*ipèreboré*) (du grec υπερ, qui a une force augmentative, et βορεας, borée, vent du nord ; *le plus septentrional*. Les peuples du nord sont appelés en grec υπερβορειοι) ; il se dit des nations, des pays du nord. On dit aussi et mieux *hyperboréen*. C'est *Voltaire* qui, le premier, a, dans l'*Orphelin de la Chine*, francisé l'adjectif latin *hyperboreus*, pour en faire le mot *hyperborée*.

HYPERBORÉENS, subst. mas. pl. (*ipèreboréein*), myth., peuples de la Scythie septentrionale. Ils honoraient plus que tous les autres dieux Apollon, appelé pour cette raison *Hyperboréen*.

HYPERBORÉEN, adj. mas., au fém. **HYPERBORÉENNE**, (*ipèreboré-ein*, *ène*), qui appartient au nord.

HYPERBORÉENNE, adj. fém. Voyez HYPERBORÉEN.

HYPERCATALECTIQUE, adj. des deux genres (*ipèrekataléktike*) (en grec υπερκαταληκτος, formé de υπερ, sur, par-dessus, et de καταληγω, je termine, je finis : *qui est plus fini* ou *terminé*); il se dit d'un vers grec ou latin, où il y a une ou deux syllabes de trop. On dit aussi et dans le même sens *hypermètre*.

HYPERCATHARSE, subst. fém. (*ipèrekatarce*) (en grec υπερκαθαρσις, fait dans le même sens de υπερ, sur, par-dessus, au-delà, et καθαρσις, purgation, dérivé de καθαιρω, je purge), t. de médec., purgation excessive. On dit aussi *hypercatharsie*.

HYPERCOUSIE, subst. fém. (*ipèrekouzi*) (du grec υπερ, au-delà, et ακουω, j'entends), t. de pathologie, sensation auditive qui fait entendre les sons plus forts qu'ils ne le sont réellement.

HYPERCHYRIES, subst. propre fém. plur. (*ipèrekiri*), t. d'hist. anc., fêtes en l'honneur de Junon-Vénus, qui avait un temple à Lacédémone.

HYPERCRINIE, subst. fém. (*ipèrekrini*), t. de médec., augmentation des sécrétions.

HYPERCRISE, subst. fém. (*ipèrekrize*) (du grec υπερ, au-delà, et κρισις, crise), t. de médec., crise violente et excessive dans une maladie.

HYPERCRITIQUE, subst. et adj. des deux genres (*ipèrekritike*) (du grec υπερ, au-delà, et κριτικος, critique, censeur, dérivé de κρινω, je juge), censeur outré, critique qui ne pardonne rien.

HYPERDIACRISIE, subst. fém. Voyez HYPERCRINIE.

HYPERDEXIES, adj. mas. (*ipèredèkciein*), myth., surnom de Jupiter et de Minerve, comme accueillant favorablement les prières.

HYPERDORIEN, adj. mas. (*iperedori ein*), t. de musique, se dit de l'un des tons du plain-chant ou de la musique grecque.

HYPERDRAME, subst. mas. (*ipèredrame*), drame outré, exagéré. (*Boiste*.) Hors d'usage.

HYPERDULIE, subst. fém. (*ipèreduli*) (du grec υπερ, au-dessus, et δουλεια, servitude, parce que ce culte est au-dessus du culte de *dulie*, qu'on rend aux anges et aux saints), le culte qu'on rend à la sainte Vierge.

HYPÉRENDOSMOSE-MORBIDE, subst. fém. (*ipéreindocemozemorbide*), t. de médec., inflammation.

HYPÉRÉPHIDROSE, subst. fém. (*ipéréfidroze*), t. de médec., sueur excessive.

HYPÉRÉSIE, subst. fém. (*ipérézi*) (du grec υπηρεσια, ministère), t. de médec., nom générique qu'on donne aux fonctions organiques des différentes parties du corps.

HYPÉRESTHÉNIE, subst. fém. (*ipèrecéténi*) (du grec υπερ, au-delà, et σθενος, force, rigidité), excès des forces, de la contractilité.

HYPÉRESTHÉNIQUE, adj. des deux genres (*ipérecéténike*), qui appartient à l'*hyperesténie*.

HYPÉRÉTHÉSIE, subst. fém. (*ipérétézi*) (du grec υπερ, au-delà, et αισθησις, sentiment, faculté de sentir), t. de pathologie, excès de sensibilité.

HYPÉRÉTÈS, subst. propre mas. (*ipérétèce*), myth., fils de Neptune et d'Alcyonée.

HYPERGEUSTIE, subst. fém. (*ipèregueuceti*), t. de médec., sensibilité excessive de l'organe du goût.

HYPERHÉMIE, subst. fém. (*ipérémi*), t. de médec., congestion de sang.

HYPERHIDROSE, subst. fém. Voy. HYPÉRÉPHIDROSE.

HYPÉRICÉE, subst. fém. Voy. HYPÉRICOÏDES.

HYPÉRICOÏDES, subst. fém. (*ipériko-ide*) (du grec υπερικον, hypéricum, et ειδος, apparence, ressemblance), t. de bot., famille de plantes qui ressemblent à l'*hypéricum* ou millepertuis, ont une tige herbacée, ou suffrutescente, ou frutescente, rarement couchée, ordinairement droite, cylindrique, et portent des feuilles opposées, quelquefois croisées, souvent ponctuées, c'est-à-dire parsemées de petites vésicules. Leurs fleurs, presque toujours terminales et disposées en corymbes, sont généralement de couleur jaune.

HYPÉRICUM, subst. mas. (*ipérikome*) (en grec υπερικον), t. de bot., plante nommée aussi *millepertuis*, dont la graine est bonne contre la pierre, les venins et les crachements de sang.

HYPERKÉRATOSE, subst. fém. (*ipèrekiératoze*), t. de médec., conicité exubérante.

HYPERKINÉSIE, subst. fém. (*ipèrekinézi*) (du grec υπερ, au-delà, et κινησις, mouvement), t. de médec., excessive susceptibilité nerveuse.

HYPÉRION, subst. propre mas. (*ipéri-on*), myth., Titan, fils de Cœlus. Il fut, dit-on, chargé de conduire le char du Soleil ; ce qui l'a fait regarder par quelques-uns comme père du Soleil, et par d'autres comme le Soleil lui-même.

HYPERMÉSIE, subst. fém. (*ipèremézi*) (du grec υπερ, au-delà, et εμεω, je vomis), t. de médec., vomissement, envie de vomir.

HYPERMÈTRE, subst. mas. et adj. des deux genres. Voy. HYPERCATALECTIQUE.

HYPERMNESTRE, subst. propre fém. (*ipèremenècetre*), myth., l'une des cinquante filles de Danaüs, par l'ordre duquel elles égorgèrent leurs maris la première nuit de leurs noces. Celle-ci épargna le sien, appelé Lyncée, qui ensuite tua Danaüs lui-même.

HYPERNÉPHÉLISTE, subst. mas. (*ipèrenéféli-cete*) (du grec υπερ, au-delà, et νεφελη, nuée), contemplateur des choses célestes.

HYPÉROÏDE, adj. Voy. SAXIFRAGE.

HYPÉROODON, subst. mas. (*ipéro-odon*), t. d'hist. nat., genre de poissons cétacés, le dauphin.

HYPÉROSTOSE, subst. fém. (*ipérocetôze*) (du grec υπερ, sur, et de οστεον, os), t. de chirurgie, tumeur d'un os ; excroissance osseuse ; nodus.

HYPÉROXYDE, adj. des deux genres (*ipérokcide*) (du grec υπερ, au-delà, et οξυς, aigu), t. de minér., aigu à l'excès.

HYPÉROXYMURIATE, subst. mas. Voy. CHLORATE.

HYPERPARYPATE, subst. fém. *(ipèreparipate)*, terme d'astrologie, 3e corde de la lyre, dédiée à Vénus.

HYPERPHLOGOSE, subst. fém. *(ipèrefloguoze)*, (du grec υπερ, au-delà, et φλεγω, je brûle), t. de médec., dernier degré de l'inflammation, selon *Lobstein*.

HYPERSARCOSE, subst. fém. *(ipèreçarkôze)* (en grec υπερσαρκωσις, formé de υπερ, au-dessus, et de σαρκος, gén. de σαρξ, chair), terme de chir., excroissance de chair dans quelque partie du corps.

HYPERSCARIOSE, subst. fém. Barbar. Voy. HYPERSARCOSE.

HYPERSONORE, adj. des deux genres *(ipèreçonore)*, t. de médecine, se dit d'un corps membraneux dont le *son* augmente par la percussion.

HYPERSONORÉITÉ, subst. fém. *(ipèreçonoréité)*, qualité d'un *son* redoublé; augmentation de *son*.

HYPERSTÈNE, subst. mas. *(ipèrecetène)* (du grec υπερ, au-dessus, et στενος, étroit), t. d'hist. nat., minéral nouvellement découvert, dans lequel la pyramide supérieure des crystaux est terminée par des faces très-étroites.

HYPERTHYRON, sub. mas. *(ipèrtiron)* (en grec υπερθυρον, linteau, formé de υπερ, au-dessus, et de θυρα, porte), t. d'archit., espèce de table en forme de frise, que l'on met sur les jambages des portes et au-dessus des linteaux des fenêtres de l'ordre dorique.

HYPERTONIE, subst. fém. *(ipèretoni)* (du grec υπερ, au-delà, et τονος, ton, dérivé de τεινω, je tends; *excès de ton*), t. de médec., tension violente et excessive dans les solides du corps humain.

HYPERTONIFICATION, subst. fém. *(ipèretonifikâcion)*, terme de médec., *tonification* excessive.

HYPERTONIQUE, adj. des deux genres *(ipèretonike)*, t. de médec., qui tient de l'*hypertonie*.

HYPERTROPHIE, subst. fém. *(ipèretrofi)* (du grec υπερ, au-delà, et τροφη, nourriture), t. de médec., état d'une partie du corps dans laquelle la nutrition se fait avec trop d'activité, et qui, par cette raison, peut acquérir un volume considérable.

HYPERTROPHIÉ, E, adj. *(ipèretrofié)*, terme de médec., celui, celle qui est atteinte d'*hypertrophie*.

HYPERTROPHIQUE, adj. des deux genres *(ipèretrofike)*, t. de médec., qui appartient à l'*hypertrophie*.

HYPERZOODYNAMIE, subst. fém. *(ipèrezo-odinami)* (du grec υπερ, au-delà, ζωον, animal, et δυναμις, force), t. de médec., augmentation des forces animales.

HYPERZOODYNAMIQUE, adj. des deux genres *(ipèrezo-odinamike)*, qui appartient à l'*hyperzoodynamie*.

HYPÈTHRE, subst. mas. *(ipètre)* (en grec υπαιθρον, formé de υπο, sous, et de αιθρα, air), temple, édifice découvert et exposé à l'air. L'*hypèthre* avait en dehors deux rangées de colonnes tout autour, et autant en dedans; mais le milieu était découvert, comme un cloître de monastère.—Il est aussi adj. des deux genres.

HYPHÉAR, subst. mas. *(ifé-ar)*, t. d'hist. nat., espèce de glu qui vient sur les sapins.

HYPHENÈSE, subst. fém. *(ifenèze)*, t. de grammaire, union de deux syllabes.

HYPHIALTE, subst. propre fém. *(ifi-alete)*, myth., divinité champêtre des Grecs.

HYPHOMYCÈTE, subst. fém. *(ifomicète)*, t. de bot., famille de plantes.

HYPHYDRE, subst. mas. *(ifidre)* (du grec υπερ, sur, et υδωρ, eau; *qui vit sur l'eau*), terme d'hist. nat., sorte de coléoptères.

HYPNAL, subst. mas. *(ipenal)*, t. d'hist. nat., espèce d'aspic dont la piqûre passe pour causer un sommeil mortel.

HYPNE, subst. mas. *(ipene)* (du grec υπνον, mousse des arbres), t. de bot., genre de plantes cryptogames de l'ordre des mousses, garnies de feuilles; il comprend plus de deux cents espèces, presque toutes indigènes à l'Europe. Ce sont de petites plantes vivaces, à tiges feuillées, rameuses, rampantes ou couchées dans le plus grand nombre, et formant des gazons qui tapissent la surface de la terre, les trous des arbres et les pierres.

HYPNÉE, subst. fém. *(ipené)* (du grec υπνον, mousse d'arbre), t. de bot., genre de plantes établi aux dépens des varecs de *Linnée*. Il a pour caractères des tubercules subulés presque opaques. Ce genre renferme huit espèces, dont la plus commune est le varec spinuleux.

HYPNOBATASE, subst. fém. *(ipenobataze)*, t. de médec., somnambulisme. Voy. HYPNOBATE.

HYPNOBATE, subst. mas. *(ipenobate)* (du grec υπνος, sommeil, et βαινω, je marche), t. de médec., somnambule.

HYPNOGRAPHE, subst. mas. *(ipenoguerafe)*, (du grec υπνος, sommeil, et γραφω, j'écris), auteur d'une description, d'un traité sur le sommeil.

HYPNOGRAPHIE, subst. fém. *(ipenoguerafi)* (même étym. que celle du mot précéd.), description, *traité sur le sommeil*.

HYPNOGRAPHIQUE, adj. des deux genres *(ipenoguerafike)*, qui est relatif à l'*hypnographie*.

HYPNOÏDE, subst. fém. *(ipeno-ide)*, t. de bot., genre de plantes papavéracées.

HYPNOLOGIE, subst. fém. *(ipenoloji)* (du grec υπνος, sommeil, et λογος, discours), t. de médec., partie de la médecine qui traite du sommeil et des veilles.

HYPNOLOGIQUE, adj. des deux genres *(ipenolojike)*, qui appartient à l'*hypnologie*.

HYPNOLOGUE, subst. mas. *(ipenologue)*, médecin qui s'occupe particulièrement de l'*hypnologie*.

HYPNOPHOBIE, subst. fém. *(ipenofobi)* (du grec υπνος, sommeil, et φοβος, crainte, horreur), t. de médec., épouvante qui arrive pendant le sommeil.

HYPNOPHOBIQUE, adj. des deux genres *(ipenofobike)*, t. de médec., qui appartient à l'*hypnophobie*.

HYPNOTIQUE, adj. des deux genres *(ipenotike)* (en grec υπνωτικος, fait de υπνοω, je fais dormir, j'assoupis, dérivé de υπνος, sommeil), t. de médec., qui provoque le sommeil.

HYPO *(ipo)* (du grec υπο, sous, dessous), préposition grecque qui entre dans la composition de plusieurs mots français dérivés du grec, dans lesquels elle marque en général soumission, abaissement, diminution.

HYPOBOLE, subst. fém. *(ipobole)*, mot inusité que l'on trouve dans un *dictionnaire*, où on lui fait signifier : subjection.

HYPOCATHARSIE, subst. fém. *(ipokatarci)* (du grec υπο, sous, et καθαρσις, purgation), t. de médec., purgation faible. On dit aussi *hypocatharse*.

HYPOCAUSTE, subst. mas. *(ipokôcete)* (en grec υποκαυστον, formé de υπο, dessous, et καιω, je brûle), chez les anciens, fourneau souterrein pour échauffer les bains et les appartements.

HYPOCHÉRIDE, subst. fém. *(ipokiéride)*, t. de bot., genre de plantes chicoracées.

HYPOCHONDRE, et non pas avec l'*Académie* **HYPOCONDRE**, subst. mas. *(ipokondre)* (en grec υποχονδρια, fait de υπο, sous, et χονδρος, cartilage, parce que ces côtes sont presque toutes cartilagineuses), t. d'anat., parties latérales de la région supérieure du bas-ventre, sous les fausses côtes : *hypochondre droit*, où est le foie; *hypochondre gauche*, où est la rate. — Fig. et fam., homme bizarre, etc. Voy. HYPOCHONDRIAQUE. *Boileau* (satire VIII) a dit adjectivement dans cette dernière acception : *cent fois la bête a vu l'homme hypochondre*.

HYPOCHONDRIAQUE, et non pas, avec l'*Académie*, **HYPOCONDRIAQUE**, subst. et adj. des deux genres *(ipokondriake)*, malade dont l'indisposition vient du vice des *hypochondres*. On dit aussi : *maladie hypochondriaque*.—Fig., bizarre, d'humeur inégale, atrabilaire.

HYPOCHONDRIE, et non pas, avec l'*Académie*, **HYPOCONDRIE**, subst. fém. *(ipokondri)*, t. de médec., affection *hypochondriaque*.

HYPOCHYME, subst. mas. *(ipokime)* (du grec υποχυμα, épanchement, effusion, formé de υπο, sous, et de χυμος, suc, humeur), t. de médecine, maladie des yeux, appelée plus ordinairement *cataracte*.

HYPOCISTE, subst. mas. *(ipocicete)* (du grec υπο), sous, et κιστος, ciste), t. de bot., plante parasite qui s'attache aux racines du ciste.

HYPOCOPHOSIE, subst. fém. *(ipokofozi)* (en grec υποκωφωσις, t. de médec., dureté d'oreille, surdité.

HYPOCORIASE, subst. fém. *(ipokoriaze)*, t. d'art vét., espèce de fluxion qui vient aux yeux des bêtes de somme.

HYPOCOROLLIE, subst. fém. *(ipokorolcli)*, t. de bot., caractère spécial de certaines plantes monopétales.

HYPOCRÂNE, subst. mas. *(ipokrâne)* (du grec υπο, sous, et κρανιον, crâne), t. de médec., suppuration entre le crâne et la dure-mère.

HYPOCRAS, subst. mas. *(ipokrâce)* (du grec υπο, sous, et κρασις, mélange, dérivé de κεραννυμι, je mêle. C'est à tort que *Ménage*, d'après plusieurs autres, dérive ce mot d'*Hippocrate*, père de la médecine, comme étant l'inventeur de cette liqueur), breuvage fait avec du vin, du sucre et de la cannelle.

HYPOCRATÉRIFORME, adj. des deux genres *(ipokratériforme)* (du grec υπο, sous, κρατηρ, coupe, et du lat. *forma*, forme), t. de bot., fait en forme de coupe.

s'HYPOCRATISER, v. pron. *(cipokratizé)*, se faire médecin. Mot inusité et incorrect. Il faudrait *s'hippocratiser*, dans le cas où ce mot serait utile.

HYPOCRISÉ, E, part. pass. de *hypocriser*.

HYPOCRISER, v. act. *(ipokrizé)*, couvrir du voile de l'*hypocrisie*.—Neut., faire l'*hypocrite*. (Boiste.)—S'HYPOCRISER, v. pron. Hors d'usage.

HYPOCRISIE, subst. fém. *(ipokrizi)* (en grec υποκρισις, fait de υποκρινομαι, feindre, se déguiser, se masquer), fausse apparence de la piété, de la vertu, de la probité. Voy. HYPOCRITE.

HYPOCRITE, subst. et adj. des deux genres *(ipokrite)* (du grec υποκρινομαι, je me déguise), celui ou celle qui se montre avec un caractère qui n'est pas le sien.— HYPOCRITE, CAFARD, CAGOT, BIGOT. (*Syn.*) L'*hypocrite*, dit *Roubaud*, joue la dévotion, afin de cacher ses vices; le *cafard* affecte une dévotion séduisante, pour la faire servir à ses fins; le *cagot* charge le rôle de la dévotion, dans la vue d'être impunément méchant ou pervers; le *bigot* se voue aux petites pratiques de la dévotion, afin de se dispenser des devoirs de la vraie piété. Le premier abuse de la religion, le second la prostitue, le troisième la dénature, le dernier l'avilit. — La dévotion est chez l'*hypocrite* un masque; chez le *cafard*, un leurre; chez le *cagot*, un métier; chez le *bigot*, une livrée.—*Tartufe* ne paraît être que *bigot*, quand on ne le voit encore qu'à l'église pousser des élans, baiser la terre, en se frappant la poitrine. Il est *cagot*, lorsqu'avec un grand appareil d'austérité, il s'arme d'un faux zèle contre le monde, et surtout contre la femme et le fils de son bienfaiteur. Lorsqu'il fait *avec le ciel des accommodements*, qu'il refuse ce qu'il veut, pour être forcé à l'accepter; qu'au lieu de se défendre, il s'accuse lui-même pour n'être pas cru; c'est un *cafard*. Sa conduite, en général, est celle d'un *hypocrite*.

HYPOCRITIQUE, subst. fém. *(ipokritike)*, gesticulation. (*Boiste.*) Inusité.

HYPOCRITISME, subst. mas. *(ipokriticeme)*, système d'*hypocrisie; hypocrisie* réfléchie, systématique.

HYPODERME, subst. mas. *(ipodèreme)*, t. de bot., genre de plantes qui croissent sous l'écorce des arbres.

HYPODORIEN, adj. mas. *(ipodoriein)*, t. de musique, se dit de l'un des tons du plain-chant ou de la musique grecque.

HYPODRIS, subst. mas. *(ipodrice)*, t. de bot., espèce de champignon.

HYPOESTE, subst. mas. *(ipo-ècete)*, t. de bot., espèce de jonc de la Nouvelle-Hollande.

HYPOGASTRE, subst. mas. *(ipoguacetre)* (en grec υπογαστριον, formé de υπο, sous, et γαστηρ, ventre), t. d'anat., partie inférieure du bas-ventre.

HYPOGASTRIQUE, adj. des deux genres *(ipoguacetrike)*, qui appartient à l'*hypogastre*.

HYPOGASTROCÈLE, subst. fém. *(ipoguacetrocèle)* (du grec υπο, sous, γαστηρ, ventre, et κηλη, tumeur), t. de chir., tumeur générale du basventre.

HYPOGASTRORHEXIE, subst. fém. *(ipoguacetrorèkci)* (du grec υπογαστεριον, l'hypogastre, et ρηξις, rupture), t. de chir., rupture dans le basventre; éventration. On écrit aussi *hypogastrorexis*.

HYPOGÉE, subst. mas. *(ipojé)* (en grec υπογειον, formé de υπο, sous, et γη, terre), t. d'hist. anc., lieu souterrein où les Grecs et les Romains déposaient leurs morts, lorsqu'ils eurent perdu l'usage de les brûler. — T. d'hist. nat., genre de vers mollusques.

HYPOGÈSE, subst. fém. *(ipojèze)*, t. de bot., espèce d'herbe qui pousse sur les toits.

HYPOGLOSSE, subst. et adj. mas. *(ipogueloce)* (en grec υπογλωσσιος, formé de υπο, sous, et γλωσσα, langue), t. d'anat.; il se dit des nerfs qui rendent la langue l'organe du goût. Ce sont les nerfs de la neuvième paire cérébrale.—Adj. : *les nerfs hypoglosses.*

HYPOGLOSSIDE, subst. fém. *(ipoguelocide)* (du grec *υπο*, sous, et *γλωσσα*, langue), t. de médec., inflammation ou exulcération sous la langue.

HYPOGLOSSIS, subst. fém. *(ipoguelocecice)*, t. d'anat., partie inférieure de la langue.

HYPOGLOTTIDE, subst. fém. *(ipoguelotetide)*, t. de médec., préparation pharmaceutique qu'on employait autrefois contre les affections de la trachée-artère, et qu'on gardait sur la langue jusqu'à ce qu'elle fût fondue. — Myth., couronne de laurier qu'on voit sur certaines médailles anciennes. Voy. HYPOGLOTTITE.

HYPOGLOTTIE, subst. fém. *(ipogueloteti)*, t. de médec., glande qui vient sous la langue.

HYPOGLOTTITE, subst. fém. *(ipoguelotetite)* (du grec *υπο*, sous, et *γλωσσα*, langue), t. de médec., glande située sous la langue.—Chez les antiquaires, couronne de laurier d'Alexandrie, que quelques-uns nomment *hypoglosse*, parce que sous plusieurs feuilles de cet arbre il en est une plus grande qui a la forme d'une langue.

HYPOGYNE, adj. des deux genres *(ipojine)* (du grec *υπο*, sous, et *γυνη*, femme), t. de bot., nom que donne *Jussieu* à la corolle et aux étamines des fleurs qui sont attachées sous le pistil.

HYPOGYNIE, subst. fém. *(ipojini)*, t. de bot., disposition des étamines sous le pistil. Voy. HYPOGYNE.

HYPOGYNIQUE, adj. des deux genres *(ipojinike)*, se dit en bot., de l'insertion de la corolle ou des étamines sous le pistil.

HYPO-IONIEN, adj. mas. *(ipo-i-oni-ein)*, l'un des tons du plain-chant et de la musique grecque, plus grave que l'hypophrygien.

HYPOLÉON, subst. mas. *(ipolé-on)*, t. d'hist. nat., genre d'insectes diptères.

HYPOLEPSIS, subst. mas. *(ipolèpecice)*, t. de bot., plante parasite personnée, du cap de Bonne-Espérance.

HYPOLYDIEN, adj. mas. *(ipolidiein)*, l'un des tons du plain-chant et de la musique grecque, plus grave que le lydien ; c'est le plagal du mode lydien.

HYPOLYTRE, subst. mas. *(ipolitre)*, t. de bot., genre de plantes cypéroïdes.

HYPOMNÈME, subst. mas. *(ipomenème)* (du grec *υπο*, sous, et *μνημη*, mémoire), commentaire, glose, interprétation. *(Boiste.)* Inus.

HYPOMOCHLION, subst. mas. *(ipomoklion)* (du grec *υπο*, sous, et *μοχλος*, levier), point d'appui d'un levier.

HYPOMUQUEUX, adj. mas. *(ipomukieu)*, t. de médec., se dit quelquefois du tissu cellulaire parenchymateux.

HYPONITREUX, adj. mas. *(iponitreu)*, t. de chim., se dit d'un acide qu'on appelle ordinairement protoxyde d'azote.

HYPONITRIQUE, adj. des deux genres *(iponitrike)*, t. de chim., sel résultant de la combinaison de l'acide hyponitreux avec une base salifiable.

HYPONITRITE, subst. mas. *(iponitrite)*, t. de chim., sel formé par l'union de l'acide *hyponitrique* et d'une base salifiable.

HYPOPÉDIUM, subst. mas. *(ipopédiome)* (du grec *υπο*, sous, et *ποδος*, gén. de *πους*, pied), t. de médec., cataplasme pour appliquer à la plante des pieds.

HYPOPÉTALIE, subst. fém. *(ipopétali)*, t. de bot., ordre de plantes polypétales hypogynes.

HYPOPÉTALIQUE, adj. des deux genres *(ipopétalike)*, qui appartient à l'*hypopétalie*.

HYPOPHASIE, subst. fém. *(ipofasi)* (du grec *υπο*, sous, et *φαινω*, je parais), t. de médec., espèce de clignotement ou état des yeux dans lequel ils sont presque entièrement fermés, de manière qu'on n'aperçoit qu'une partie du blanc. On dit aussi *hypophase*.

HYPOPHÈTE, subst. mas. *(ipofète)*, myth., ministre des anciens qui présidait aux sacrifices de Jupiter. Sa principale fonction consistait à recevoir les oracles des ministres du premier ordre, et à les annoncer au peuple.

HYPOPHLÉE, subst. fém. *(ipoflé)*, t. d'hist. nat., genre d'insectes coléoptères.

HYPOPHORE, subst. fém. *(ipofore)* (en grec *υποφορα*, formé de *υπο*, sous, et *φερω*, je porte), t. de chirurgie, ulcère ouvert, profond et fistuleux.

HYPOPHOSPHATE, subst. mas. *(ipofocefate)*, t. de chim., sel formé de l'union de l'acide *hypophosphorique* et d'une base salifiable.

HYPOPHOSPHOREUX, adj. mas. *(ipofoceforeu)*, t. de chimie se dit du premier des trois acides qui résultent de la combinaison du phosphore avec l'oxygène.

HYPOPHOSPHORIQUE, adj. des deux genres, se dit d'un des oxacides du phosphore.

HYPOPHRYGIEN, adj. mas. *(ipofrijiein)*, se dit de l'un des tons du plain-chant et de la musique grecque; c'est le plagal du mode *phrygien*. Le caractère de ce mode était doux et calme.

HYPOPHTHALMIE, subst. fém. *(ipofetalemi)* (en grec *υποφθαλμια*, formé de *υπο*, sous, et *οφθαλμος*, œil), t. de médec., inflammation et gonflement de la paupière inférieure de l'œil.

HYPOPHTHALMIQUE, adj. des deux genres *(ipofetalemike)*, t. de médec., qui concerne l'*hypophthalmie*.

HYPOPHYLLE, subst. fém. *(ipofile)*, t. de bot., genre de plantes, espèce de varec.

HYPOPHYLLO-SPERMATEUSE, adj. fém. *(ipofilocepèremateuze)* (du grec *υπο*, sous, *φυλλον*, feuille, et *σπερμα*, semence, graine), se dit, en bot., des plantes dont la semence est placée sur le dos des feuilles.

HYPOPHYSE, subst. fém. *(ipofize)*, t. d'anat., substance cérébrale qui recouvre l'infundibulum.

HYPOPYON, subst. mas. *(ipopion)* (du grec *υπο*, sous, et *πυον*, pus ; *pus qui est au-dessous*), t. de médec., amas de pus derrière la cornée de l'œil.

HYPOPROSLAMBANOMÉNOS, subst. fém. *(ipoprocelanbanoménoce)*, nom d'une corde ajoutée au grave du diagramme des Grecs par Guy d'Arezzo, qui l'exprima par la lettre grecque Γ, d'où est venu le nom de *gamme*, donné depuis à notre échelle musicale.

HYPORCHÉMATIQUE, adj. des deux genres *(iporkièmatike)* (du grec *υπο*, sous, et *ορχεομαι*, je danse), se disait, chez les Grecs, d'un style gai, enjoué.

HYPORCHÈME, subst. mas. *(iporkième)* (du grec *υπορχεομαι*, danser au son de la voix, dont la racine est *ορχεομαι*, danser, sauter), sorte de poésie des anciens Grecs, faite non-seulement pour être chantée et jouée sur la flûte et sur la cithare, mais encore pour être dansée au son de la voix et des instruments.

HYPOSARQUE, subst. mas. *(ipozarke)*, t. de médec., tumeur non fluctuante qui occupe une partie de l'abdomen.

HYPOSCÈNE ou **HYPOSCÉNION**, subst. mas. *(ipocènein, nion)* (du grec *υπο*, sous, et *σκηνη*, tente, scène, théâtre), t. d'antiq., chez les anciens Grecs, enceinte de colonnes autour du *logéion* ou de la scène, où se tenaient les mimes et les joueurs d'instruments.

HYPOSCÉNIQUE, adj. des deux genres *(ipocénike)*, qui appartient à l'*hyposcène*.

HYPOSCHÉOTOMIE, subst. fém. *(ipocekié-otomi)*, t. de chir., opération du sarcocèle.

HYPOSCHÉOTOMIQUE, adj. des deux genres *(ipocekié-otomike)*, t. de chir., qui appartient à l'*hyposchéotomie*.

HYPOSOME, subst. mas. *(ipoçome)*, t. d'anat., membrane entre deux cavités.

HYPOSPADE, subst. mas. *(ipocepade)*, t. d'anat., celui qui est atteint d'*hypospadias*.

HYPOSPADIAS, subst. mas. *(ipocepadiace)*, (en grec *υποσπαδιας*, formé de *υπο*, sous, et de *σπαω*, je tire), t. de médec., ouverture du méat urinaire, sous le gland.

HYPOSPATHISME, subst. mas. *(ipocepaticeme)* (en grec *υποσπαθισμος*, formé de *υπο*, sous, et de *σπαθη*, spatule, parce qu'après avoir fait trois incisions, on passait une spatule entre le péricrâne et les chairs), t. de chir., cautère au front pour détourner les fluxions des yeux.

HYPOSPHAGME, subst. mas. *(ipocefagueme)* (du grec *υπο*, sous, et *σφαζω*, je répands du sang), t. de médec., ecchymose de l'œil, ou épanchement de sang sous la conjonctive.

HYPOSTAMINIE, subst. fém. *(ipocetamini)*, t. de bot., ordre de plantes apétales hypogynes.

HYPOSTAPHYLE, subst. fém. *(ipocetafile)* (du grec *υπο*, sous, et *σταφυλη*, la luette), t. de chir., chute de la luette.

HYPOSTASE, subst. fém. *(ipocetâze)* (en grec *υποστασις*, formé de *υπο*, sous, et *ιστημι*, qui, à l'aoriste second, au parfait et au plus-que-parfait, signifie je suis, j'existe), t. de théol., suppôt, personne.—Voy. HYPOSTATIQUE. — T. de médec., sédiment des urines.

HYPOSTATIQUE, adj. des deux genres *(ipocetatike)*, t. de théol., qui tient de l'*hypostase* : *union hypostatique*, union de la nature humaine dans la personne de Jésus-Christ.

HYPOSTATIQUEMENT, adv. *(ipocetatikeman)*, d'une manière *hypostatique*.

HYPOSTERNAL, E, adj. *(ipocetèrenal)*, t. d'anat., se dit de la quatrième pièce du *sternum*.—Au plur. mas., *hyposternaux*.

HYPOSTHÉNIE, subst. fém. *(ipoceténi)* (du grec *υπο*, sous, et *σθενος*, force), t. de médec., affaiblissement des forces.

HYPOSTHÉNIQUE, adj. des deux genres *(ipoceténike)*, qui appartient à l'*hyposthénie*.

HYPOSTOME, subst. mas. *(ipocetome)* (du grec *υπο*, sous, et *στομα*, bouche), t. d'hist. nat., genre de poissons osseux, de la famille des oplophores, qui ont la bouche sous le museau.

HYPOSTROPHE, subst. mas. *(ipocetrofe)*, t. de médec., changement de position d'un malade dans son lit.

HYPOSULFATE, subst. mas. *(ipoçulefate)*, t. de chim., sel combiné de l'acide *hyposulfurique* avec une base salifiable.

HYPOSULFITE, subst. mas. *(ipoçulefite)*, t. de chim., sel combiné de l'acide *sulfureux* avec une base salifiable.

HYPOSULFUREUX, adj. mas., au fém. **HYPOSULFUREUSE** *(ipoçulefureu, reuze)*, t. de chim., se dit d'un acide qu'on ne peut isoler des bases avec lesquelles il forme des combinaisons salines.

HYPOSULFURIQUE, adj. des deux genres *(ipoçulefurike)*, se dit, en chimie, d'un acide liquide et inodore qui peut se convertir en acide sulfureux et *sulfurique*, par l'action du feu.

HYPOTHADÉ, E, adj. *(ipotadé)*, dévoué à Dieu. *(Boiste.)* Inus.

HYPOTHALASTIQUE, subst. fém. *(ipotalacetike)* (du grec *υπο*, sous, et *θαλασσα*, mer), art de nager, de naviguer sous les eaux.

HYPOTHÉÂTRALE, subst. fém. *(ipoté âtrale)*, t. d'antiq., flûte grecque en usage dans les théâtres des anciens. Hors d'usage.

HYPOTHÉCAIRE, adj. des deux genres *(ipotékière)*, qui a ou donne droit d'*hypothèque* ; qui a rapport à l'*hypothèque*. On appelle *dettes hypothécaires*, les dettes qui donnent *hypothèque* sur un immeuble.

HYPOTHÉCAIREMENT, adv. *(ipotékièreman)*, t. de prat., par une action *hypothécaire*.

HYPOTHÈLE, subst. fém. *(ipotèle)*, t. de bot., espèce de champignon.

HYPOTHÉNAR, subst. mas. *(ipoténar)* (du grec *υπο*, sous, et *θεναρ*, la paume de la main ou la plante du pied), t. d'anat., muscle qui sert à approcher le pouce de l'index.—Espace de la main qui est entre l'index et le petit doigt.

HYPOTÉNUSE, subst. fém. *(ipoténuze)* (du grec *υποτεινουσα*, sous-tendante, fait de *υπο*, sous, et *τεινω*, je tends; *ligne sous-tendante* de l'angle droit), t. de géom.; dans un triangle rectangle, le côté opposé à l'angle droit.

HYPOTHÈQUE, subst. fém. *(ipotèke)* du grec *υποθηκη*, chose sur laquelle une autre est imposée, formé de *υπο*, sous, et *τιθημι*, je place), droit acquis à un créancier sur les immeubles que le débiteur lui a affectés pour la sûreté de sa dette. — Autrefois, et en t. populaire, composition d'une liqueur faite avec du fruit.

HYPOTHÉQUÉ, E, part. pass. de *hypothéquer*.—*Etre hypothéqué*, malade, ou mal dans ses affaires.

HYPOTHÉQUER, v. act. *(ipotékié)*, donner pour *hypothèque*; soumettre à l'*hypothèque* : *il a hypothéqué ses biens*.—S'HYPOTHÉQUER, v. pron.

HYPOTHÈSE, subst. fém. *(ipotèze)* (du grec *υποθεσις*, fait de *υποτιθημι*, supposer, dont la racine est *τιθημι*, je pose), supposition dont on tire une conséquence.—Système d'où, sur des principes que l'on suppose, on déduit l'explication des phénomènes, etc.—T. d'astron., nom qu'on donne à la théorie de *Kepler* pour le mouvement des planètes dans leurs ellipses, suivant la loi des aires proportionnelles aux temps. Cette théorie est trop bien démontrée pour pouvoir être ainsi nommée.—*Hypothèse elliptique simple*, appelée par les Anglais *hypothèse de Wardus*. Elle consiste à supposer que les planètes qui tournent dans une ellipse ont une égalité telle que, si la force centrale est à un des foyers de cette ellipse, le mouvement soit uniforme par rapport au foyer supérieur.—*Hypothèse de Copernic*, nom sous lequel le système du mouvement de la terre autour du soleil, démontré par *Copernic*, *Galilée*, etc., fut permis par la cour de Rome.

HYPOTHÉTIQUE, adj. des deux genres (*ipotétike*), fondé sur une *hypothèse*.

HYPOTHÉTIQUEMENT, adv. (*ipotétikeman*), d'une manière *hypothétique*.

HYPOTHYRON, subst. mas. (*ipotiron*) (du grec υπο, sous, et θυρα, porte), t. d'archit., espace vide, cavité sous une porte, sous une fenêtre. (*Raynaud*.) Inusité.

HYPOTHIDE, subst. mas. (*ipotide*), t. d'hist. nat., genre d'insectes coléoptères.

HYPOTRACHÉLION, subst. mas. (*ipotraktélion*) (du grec υποτραχηλιον, formé de υπο, au-dessous, et τραχηλος, le cou, la gorge), en t. d'anat., partie inférieure du cou. — En t. d'archit., l'endroit de la colonne qui touche au chapiteau.

HYPOTYPOSE, subst. fém. (*ipotipóze*) (en grec υποτυπωσις, fait de υποτυπωω, je dessine, je peins, lequel est formé de υπο, sous, et de τυπωω, je figure), figure de rhétorique, description vive et animée par laquelle on met en quelque sorte sous les yeux l'objet que l'on peint.

HYPOXIS, subst. fém. (*ipokcice*) (du grec υπο, sous, qui dans la composition des mots marque la diminution, et οξυς, aigu; *presque aigu*), t. de bot., plante dont les feuilles sont de forme presque aiguë.

HYPOXYLON, subst. mas. (*ipokcilon*) (du grec υπο, presque, et ξυλον, bois; qui est presque de la nature du bois), t. de bot., espèce de substance coriace ou presque ligneuse, qui naît sur le bois ou sur son écorcé. — Famille de plantes intermédiaires entre les champignons et les lichens.

HYPOZEUGME, subst. mas. (*ipozeugneme*), placement, à la fin de la phrase, d'un membre de période auquel se rattachent les autres membres.

HYPOZOME, subst. mas. (*ipozome*), t. d'anat., membrane disjonctive.

HYPPOLYTE, subst. mas. (*ipolite*), t. d'hist. nat., genre de crustacés décapodes.

HYPSÉNOR, subst. propre mas. (*ipecénor*), myth., prêtre du fleuve Scamandre fort vénéré de son temps.

HYPSIEN, adj. mas., au fém. **HYPSIENNE** (*ipeciein*, *ciène*), horizontal : *accent hypsien*, le trait-de-division.

HYPSILOGLOSSE, subst. mas. (*ipciloguéloce*), t. d'anat., muscle qui appartient à l'os *hypsiloïde* et à la langue.

HYPSILOÏDE, adj. des deux genres (*ipecilo-ide*) (du grec υψιλον, et ειδος, forme, ressemblance), t. d'anat., nom qu'on donne à l'os *hyoïde*, parce qu'il ressemble à un *upsilon*. Voy. **HYOÏDE**.

HYPSIPYLE, subst. propre fém. (*ipccipile*), myth., reine de l'île de Lemnos. Les femmes de cette île ayant massacré leurs maris et tous les autres hommes, *Hypsipyle*, pour sauver son père Thoas, feignit de l'avoir tué, et le tint caché. Jason, allant à la conquête de la Toison d'or, aborda dans l'île de Lemnos, où il épousa *Hypsipyle*, à qui les Lemniennes avaient déféré la souveraine autorité ; mais elle se vit bientôt abandonnée par ce prince, qui devint furieuse lorsqu'elle apprit qu'il avait épousé Médée. Cependant les Lemniennes, ayant su qu'*Hypsipyle* avait sauvé son père, la chassèrent de leur île. Elle tomba entre les mains des pirates, et fut vendue à Lycurgue, roi de Némée, qui la traita fort humainement, et lui confia l'éducation de son fils Archémore.

HYPSITARIEN ou **HYPSITAIRE**, subst. mas. (*ipecitarièin*, *citère*) (du grec υψιστος, très haut, dérivé de υψος, hauteur), t. d'hist. eccl., nom d'hérétiques du quatrième siècle, qui adoraient le Très-Haut avec les chrétiens, révéraient le feu et les déités avec les païens, et observaient le sabbat, etc., avec les juifs.

HYPSITUS, subst. propre mas. (*ipecituce*) (du grec υψιστος, très-haut), myth., surnom de Jupiter. — C'était une divinité particulière chez les Phéniciens, qui le croyaient père de Saturne et le premier des dieux.

HYPSOGRAPHIE, subst. fém. (*ipçograpi*) (du grec υψος, hauteur, et γραφω, je décris), description des lieux élevés.

HYPSOMÉRIE, subst. fém. (*ipeçoméri*) manière de délivrer une équation de fractions.

HYPSOMÉTRIE, subst. fém. (*ipeçometri*) (du grec υψος, hauteur, et μετρον, mesure), l'art de mesurer les hauteurs.

HYPTÈRE, subst. mas. (*ipétère*), t. d'hist. nat., genre de mollusques céphalés, qu'on trouve dans les mers de la Sicile.

HYPTIS, subst. fém. (*ipetice*), t. de bot., genre de plantes labiées.

HYRCANIEN, subst. mas. (*irkaniein*), ancien peuple du Mazandoran, contrée d'Asie.

HYRNÉTHO, subst. propre fém. (*irnéto*), myth., femme de Déïphon, honorée chez les Grecs comme une divinité.

HYRONA, subst. mas. (*irona*), t. d'hist. nat.; espèce de quadrupède du Brésil, assez semblable à l'hyène.

HYSGINE, subst. fém. (*icefine*), t. de bot., principe colorant de la cochenille.

HYSGINIQUE, adj. des deux genres (*icefiníke*), qui est de la couleur que donne l'*hysgine*.

HYSIEN, subst. et adj. propre mas. (*izien*), myth., surnom d'Apollon, pris d'un temple qu'il avait à *Hysie*, ville de Béotie.

HYSOPE. Voy. **HYSSOPE**.

HYSPURITE, subst. fém. (*icepurite*), t. d'hist. nat., sorte de pierre.

HYSSOPE, et non pas **HYSOPE**, subst. fém. (*içope*) (du grec υσσωπος, d'où les Latins ont fait *hyssopus*), t. de bot., plante vivace à fleur radiée, d'une odeur très - aromatique. Les botanistes connaissent sept à huit espèces d'*hyssopes*. Le mot *hyssope* a été appliqué à plusieurs plantes, et principalement aux plantes labiées. — Prov., *connaître tout, depuis le cèdre jusqu'à l'hyssope*, être fort instruit dans les sciences naturelles.

HYSSOPITE, subst. mas. (*içopite*), t. de pharm., vin diurétique dans la composition duquel il entre de l'*hyssope*.

HYSTÉRALGIE, subst. fém. (*icetéralji*) (du grec υστερα, matrice, et αλγος, douleur), t. de médec., douleur dans la matrice.

HYSTÉRALGIQUE, adj. des deux genres (*icetéraljike*), t. de médec., qui appartient à l'*hystéralgie*.

HYSTÉRANTHÉES, subst. fém. plur. (*icetérante*), t. de bot., nom générique des plantes dont les fleurs naissent avant les feuilles, comme l'amandier, le pêcher, etc. — On dit adj. des deux genres, *hystéranthère*.

HYSTÉRICISME, subst. mas. (*icetéricieme*), t. de médec., *hystérie* peu intense.

HYSTÉRIE, subst. fém. (*icetéri* (du grec υστερα, utérus, matrice), t. de médec., affection *hystérique*; c'est le délire dans lequel l'amour physique fait tomber. Le système nerveux le produit. — Au plur., myth., fêtes dans lesquelles on immolait des porcs à Vénus.

HYSTÉRIFORME, adj. des deux genres (*ice tériforme*), t. de médec., qui est formé par l'*hystérie*.

HYSTÉRIQUE, adj. des deux genres (*icetérike*) (en grec υστερικως, fait de υστερα, matrice, utérus), t. de médec., qui a rapport à la matrice. — *Passion* ou *affection hystérique*, maladie à laquelle les femmes sont sujettes. — Remèdes *hystériques*, propres à guérir cette maladie.

HYSTÉRITE ou **HYSTÉRITIS**, subst. fém. (*icetérite*) (du grec υστερα, matrice), t. de médec., inflammation de la matrice.

HYSTÉROBUBONOCÈLE, subst. fém. (*icetéro bubonoçele*), t. de chir., hernie de la matrice, sortant par l'anneau inguinal.

HYSTÉROCÈLE, subst. fém. (*icetéroçele*) (du grec υστερα, matrice, et κηλη, tumeur, hernie), t. de chir., descente causée par le passage de la matrice à travers le péritoine.

HYSTÉROCYSTIQUE, adj. des deux genres (*icetérocicetike*) (du grec υστερα, matrice, et κυστις, la vessie), t. d'anat., qui appartient à la matrice et à la vessie.

HYSTÉROCYSTOCÈLE, subst. fém. (*icetéro cicetocèle*) (du grec υστερα, la matrice, κυττις, la vessie, et κηλη, tumeur), t. de chir., hernie de la vessie, avec la chute de la matrice.

HYSTÉROGRAPHE, subst. mas. (*icetérogue rafe*), celui qui s'occupe spécialement des maladies *hystériques*. Voy. **HYSTÉROGRAPHIE**.

HYSTÉROGRAPHIE, subst. fém. (*icetérogue rafi*) (du grec υστερα, matrice, et γραφω, je décris), t. d'anat., description des maladies de la matrice.

HYSTÉROGRAPHIQUE, adj. des deux genres (*icetéroguerafike*), qui appartient à l'*hystérographie*.

HYSTÉROLITHE, subst. fém. (*icetérolite*) (du grec υστερα, la matrice, et λιθος, pierre), t. d'hist. nat., sorte de pierre figurée qui représente assez exactement la vulve de la femme.

HYSTÉROLOGIE, subst. fém. (*icetéroloji*) (en grec υστερολογια, formé de υστερος, postérieur, suivant, et λογος, discours), manière de parler, où l'ordre naturel des idées est renversé.

HYSTÉROLOGIQUE, adj. des deux genres (*icetérolojike*), qui est relatif à l'*hysterologie*.

HYSTÉROLOXIE, subst. fém. (*icetérolokci*) (du grec υστερα, matrice, et λοξος, oblique), t. de médec., obliquité, inclinaison de la matrice.

HYSTÉROMANE, subst. fém. (*icetéromane*), femme affectée de l'*hystéromanie*.

HYSTÉROMANIE, subst. fém. (*icetéromani*) (du grec υστερα, matrice, et μανια, folie), t. de médec., fureur utérine ou nymphomanie.

HYSTÉROPHYSE, subst. fém. (*icetérofize*) (du grec υστερα, matrice, et φυση, vent), t. de médec., tumeur flatueuse de la matrice.

HYSTÉROPOTME, subst. mas. (*icetéropoteme*) (du grec υστερος, postérieur, et ποτμος, mort), chez les anciens Grecs, celui qui revenait dans sa patrie après avoir été cru mort.

HYSTÉROPTOSE, subst. fém. (*icetéropetòze*) (du grec υστερα, matrice, et πτωσις, chute), t. de chir., chute de la matrice.

HYSTÉRORRHÉE, subst. fém. (*icetéroré*) (du grec υστερα, matrice, et ρειν, couler), t. de médec., écoulement par la matrice.

HYSTÉRORRHÉIQUE, adj. des deux genres (*icetéroré-ike*), qui appartient à l'*hystérorrhée*.

HYSTÉROSCOPE, subst. mas. (*icetérocekope*) (du grec υστερα, matrice, et σκοπεω, j'examine, je considère), t. de chir., instrument au moyen duquel le vue peut arriver jusqu'à la matrice.

HYSTÉROSTOMATOME, subst. fém. (*icetéroce tomatòme*) (du grec υστερα, matrice, στομα, bouche, orifice, ouverture, et τεμνω, je coupe), t. de chir., nom d'un instrument nouvellement inventé pour fendre le col de la matrice, lorsque sa dureté squirrheuse s'oppose à l'accouchement.

HYSTÉROTOME, subst. mas. (*icetérotome*) (du grec υστερα, la matrice, et τομευς, coupeur, fait de τεμνω, je coupe), t. de chir., instrument pour opérer l'incision du col de la matrice. On dit aussi *hystérostomtome*.

HYSTÉROTOMIE, subst. fém. (*icetérotomi*) (du grec υστερα, matrice, et τομη, incision), t. de chir., dissection de la matrice. — Opération césarienne. Dans ce sens, syn. de *hysterotomotocie*.

HYSTÉROTOMIQUE, adj. des deux genres (*icetérotomike*), t. de chir., qui appartient à l'*hystérotomie*.

HYSTÉROTOMOTOCIE, subst. fém. (*icetérotomotoci*) (du grec υστερα, matrice, τομη, incision, et τοκος, accouchement), t. de chir., accouchement procuré par l'incision de la matrice; opération césarienne. On dit aussi *hysteromotokie*.

HYSTRICIEN, subst. et adj. mas. (*icetricíein*) (du grec υστριξ, porc-épic, formé de υς, porc, et de θριξ, poil, parce que les soies des *hystriciens* ressemblent à celles du sanglier), t. d'hist. nat., genre d'animaux semblables au porc-épic.

HYSTRICITE, subst. fém. (*icetricite*) (du grec υστριξ, porc-épic), t. d'hist. nat., bézoard du porc-épic.

HYVOURRHAÉ, subst. mas. (*ivoura-é*), t. d e bot., arbre des Indes, espèce de *galac*.

HYVOVÉ, subst. mas. (*ivové*), t. de bot., espèce de plante des Indes.

i, subst. mas., neuvième lettre et troisième voyelle de l'alphabet français. Nous représentons ce son par un simple trait perpendiculaire, et, dans l'écriture courante, nous mettons un point au-dessus, afin d'empêcher qu'on ne le prenne pour le jambage de quelque lettre voisine.—Lettre numérale qui vaut un. Placé devant v ou x, il diminue d'une unité le nombre exprimé par l'une ou l'autre de ces deux lettres.—En parlant d'un homme exact dans les plus petites choses, on dit qu'*il met les points sur les i*.—Les imprimeurs appellent *tréma*, celui sur lequel on met deux points disposés horizontalement. Quelques grammairiens donnent à ces points les noms de *diérèse*. Il y a deux cas où il faut mettre la *diérèse* sur une voyelle. Le premier, c'est quand il faut la détacher de la voyelle précédente, avec laquelle elle ferait une diphthongue, sans cette marque de séparation ; ainsi, il faut écrire *Laïs, Moïse*, afin qu'on ne prononce pas comme dans les mots *laid, moine*. Le second cas a lieu lorsqu'on veut indiquer que la voyelle précédente n'est point muette comme elle l'est ordinairement en pareille position, et qu'elle doit se faire entendre avant celle où l'on met les deux points. Ainsi, quelques-uns écrivent *contiguïté* avec *diérèse*, afin qu'on ne prononce pas *guï*, comme dans *guide*. — C'est à tort que l'on a, pendant long-temps, confondu *i* avec *j*.—Notre orthographe assujétit la lettre *i* à bien d'autres usages, que la raison même veut qu'on suive, quoiqu'elle les désapprouve comme inconséquents. — Dans la diphthongue oculaire *ai*, l'on n'entend le son d'aucune des deux voyelles que l'on y voit. Quelquefois *ai* se prononce de même que l'*e* muet, comme dans *faisant*, *nous faisons*, que l'on prononce *fezan*, *nous fezon*. Il y a même des auteurs qui écrivent *fesant*, *nous fesons*. Cette orthographe n'est plus guère reçue.—D'autres fois, *ai* se prononce de même que l'*e* fermé, comme dans *j'adorai*, *je commencerai*, et les autres temps semblables de nos verbes en *er*. — Dans d'autres mots, *ai* tient la place d'un *è* peu ouvert, comme dans les mots *plaire*, *faire*, *affaire*, *contraire*, *vainement*, et en général, partout où la voyelle de la syllabe suivante est un *e* muet. —Ailleurs, *ai* représente un *è* fort ouvert, comme dans les mots *dais*, *faix*, *mais*, *paix*, *palais*, *portraits*, *souhaits*, *je voulais*, *je faisais*, *français*. Au reste, il est très-difficile d'établir des règles générales de prononciation, parce que la même diphthongue, dans des cas tout-à-fait semblables, se prononce diversement. On prononce *je sais*, comme *je cé* ; et *je fais*, comme *je fè*. — Dans le mot *douairière*, quelques-uns veulent qu'on prononce *ai* comme *a*, *douariére*. C'est une exception inutile et déraisonnable, puisqu'elle ne repose sur rien.—*I* s'élide dans la conjonction *si* devant *il*, *ils* : *s'il arrive*, *s'ils viennent*. — C'est encore à peu près le son de *e* plus ou moins ouvert que représente la diphthongue oculaire *ai*, lorsque, suivie d'un *m*, ou d'un *n*, elle doit devenir nasale ; comme dans *faim*, *pain*, *ainsi*, *maintenant*, etc. La diphthongue oculaire *ei* est à peu près assujétie au même usage que *ai*, si ce n'est qu'elle ne présente jamais l'*e* muet. Mais elle se prononce quelquefois de même que l'*è* fermé, comme dans *veine*, *peine*, *seigneur*, et tout autre mot où la syllabe qui suit *ei* n'a pas pour voyelle un *e* muet. D'autres fois, *ei* se rend par un *e* peu ouvert, comme dans *veine*, *peine*, *enseigne*, et tout autre mot où la voyelle de la syllabe suivante est un *e* muet. Il en faut seulement excepter *reine*, *reitre* et *seize*, où *ei* vaut un *è* fort ouvert. Enfin, l'*ei* nasal se prononce comme *ai* en plusieurs cas, *plein*, *serein*, etc. Si la diphthongue auriculaire *oi* indique deux sons effectifs que l'oreille peut discerner, ce n'est aucun des deux qui sont représentés naturellement par les deux voyelles *o* et *i* ; au lieu de *o*, on prononce toujours *oa*; et au lieu de *i*, on prononce un *è* ouvert qui semble approcher souvent de l'*a*. *Devoir*, *sournois*, *lois*, *moine*, *poil*, *poivre*, etc. —Si la diphthongue *oi*, au moyen d'un *n*, doit devenir nasale, l'*i* désigne encore un *è* ouvert. *Loin*, *foin*, *témoin*, *jointure*, etc. Non-seulement la lettre *i* est souvent employée à signifier autre chose que le son qu'elle doit primitivement représenter, il arrive encore qu'on joint cette lettre à quelque autre pour exprimer simplement le son primitif. Ainsi, les lettres *ui* ne représentent que le son simple de l'*i* dans les mots *guide*, *guider*, etc., *quitte*, *quitter*, *acquitter*, etc., et partout où l'une des deux articulations *gue* ou *que* précède le son de *i*. De même, les lettres *ie* représentent simplement le son *i* dans *maniement*, *je prierais*, *nous remercierons*, *il liera*, qui viennent de *manier*, *prier*, *remercier*, *lier*; et dans tous les mots pareillement dérivés des verbes en *ier*. L'*u* qui précède l'*i* dans le premier cas, et l'*e* qui le suit dans le second, sont des lettres absolument muettes. Pour les cas où l'on doit mettre un *i* après un *y* dans les verbes qui se terminent en *ier*, *oyer*, *ayer* et *uyer*, voyez ce que nous disons à cet effet aux modèles de conjugaisons de ces verbes. (*Notions générales de grammaire.*)

IA, subst. propre fém. (*i-a*), myth., femme qui couvrit de laine Achille expirant, et fut changée en violette. (En grec ιον.)

IACCHUS, subst. mas. (*i-akekuce*), t. d'hist. nat., espèce de petit singe d'Amérique.

IACCHUS, subst. propre mas. (*i-akekuce*) (du grec ιαχχω, je crie), myth., c'est le nom qu'on donnait ordinairement à Bacchus dans la célébration de ses fêtes, à cause des clameurs que poussaient les bacchantes.—On donnait aussi ce nom au personnage qui le représentait dans les cérémonies de l'initiation aux mystères du paganisme.

IACCHAGOGUE, subst. mas. (*i-akaguogue*) (du grec Ιαχχος, surnom de Bacchus, et αγωγος, conducteur), myth., nom qu'on donnait à ceux qui portaient la statue de Bacchus dans les fêtes éleusiennes.

IACHT, mieux **YACHT**, subst. mas. (*i-ak*) (mot anglais), t. de mar., espèce de petit bâtiment de mer ou de rivière en usage chez les Anglais.

IÉRA, subst. propre fém. (*i-éra*), myth., nymphe, fille de Nérée et de Doris.

IALÈME, subst. mas. (*i-alème*) (du grec ιαλεμος, chant plaintif, triste, élégie), lamentations chantées chez les anciens Grecs.

IALYSUS, subst. prop. masc. (*i-alizuce*), myth., fils de Cercaphus; bâtit dans l'île de Rhodes une ville à laquelle il donna son nom; d'où les dieux Telchines, particulièrement révérés dans cette île, sont surnommés *Ialysiens*.

IALYSIEN, subst. propre mas. (*i-alizicin*), myth., nom d'un peuple fabuleux changé en rochers par Jupiter.

ÏAMBE, subst. mas. (*i-anbe*) (du grec ιαμβος, pied de vers grec ou latin, composé d'une brève et d'une longue), t. de litt. anc., vers composé d'*ïambes*, surtout au second, au quatrième ou au sixième pied.—En ce sens, on dit aussi adj.: *vers ïambe*.—Subst. propre fém., myth., fille de Pan et d'Écho, et suivante de Métanire, femme de Céléus, roi d'Éleusine. Personne ne pouvant consoler Cérès affligée de la perte de sa fille, *Iambe* sut la faire rire par ses bons mots, et adoucir sa douleur par des contes plaisants dont elle l'entretenait. On lui attribue l'invention des vers *ïambiques*.

ÏAMBIQUE, adj. des deux genres (*i-anbike*), qui concerne le vers *ïambe*. — *Vers ïambiques*, composés d'*ïambes*.

IAMBYCE, subst. mas. (*i-anbice*), instrument à cordes des anciens.

IAMIDE, subst. fém. (*i-amide*), t. d'hist. anc., famille destinée chez les anciens Grecs aux fonctions des augures.

IANAMATE, subst. mas. (*i-anamate*), t. d'hist. anc., ancien peuple sarmate qui habitait les bords du Tanaïs.

IAONIEN, subst. mas. (*i-a-oniein*), t. d'hist. anc., surnom qu'Homère donnait aux Athéniens.

IAPYGE, subst. mas. (*i-apije*), t. d'hist. anc., peuple de l'Iapygie, dans l'Italie méridionale.

IARBAS ou **HIARBAS**, subst. propre mas. (*i-arbâce*), myth., roi des Gétules. Didon aima mieux se donner la mort que d'épouser ce prince, qui voulait l'y contraindre par la force des armes. Voy. DIDON.

IASSE, subst. mas. (*i-ace*), t. d'hist. nat., genre d'insectes de l'ordre des hémiptères.

IATRALEPTE, subst. mas. (*i-atralèpete*) (du grec ιατρος, médecin, et αλειφω, j'oins, je frotte), médecin qui traitait les malades par des frictions huileuses. Voy. IATRALEPTIQUE.—T. d'hist. anc., officier particulier du gymnase, dont la fonction était d'oindre les athlètes. On l'appelait aussi *alepte*.

IATRALEPTIQUE, subst. fém. (*i-a-tralèpetike*) (en grec ιατραλειπτικη, formé de ιατρευω, je guéris, et αλειφω, j'oins, je frotte), partie de la médecine qui guérit par les frictions, les fomentations, les emplâtres et autres remèdes appliqués à l'extérieur.—Il est aussi adj. des deux genres.

IATRINE, subst. fém. (*i-atrine*) (en grec ιατρινη), femme qui exerçait la médecine.

IATRIQUE, adj. des deux genres (*i-atrike*) (du grec ιατρικη, médecine, dérivé de ιατρευω, je guéris), qui appartient à la médecine.

IATROCHIMIE, subst. fém. (*i-atrochimi*) (du grec ιατρος, médecin, et χημεια, chimie), t. de médec., l'art de guérir les maladies par des remèdes chimiques.

IATROCHIMIQUE, adj. des deux genres (*i-atrochimike*), t. de médec., qui a rapport à l'*iatrochimie*. — *Médecin iatrochimique*, qui se borne aux remèdes chimiques.

IATROCHIMISTE, subst. des deux genres (*i-atrochimicete*), médecin qui s'adonne à l'*iatrochimie*.

IATROMATHÉMATICIEN, adj. mas., au fém. **IATROMATHÉMATICIENNE** (*i-atromatématicicin, ciène*), t. de médec., qui est relatif à l'*iatromathématique*: *doctrine iatromathématicienne; médecin iatromathématicien*.—Il se dit aussi subst.: *les iatromathématiciens*.

IATROMATHÉMATIQUE, subst. fém. (*i-atromatématike*), t. de médec., application des *mathématiques* à l'explication des phénomènes de la vie.

IATROPHA, subst. mas. (*i-atrofa*), t. de bot., arbre tithymaloïde.

IATROPHYSIQUE, adj. des deux genres (*i-atrofizike*) (du grec ιατρευω, je guéris, et φυσικη, physique), se dit des ouvrages qui traitent de la *physique* relativement à la médecine.

IAZDAN, subst. propre mas. (*i-azedan*), myth., nom que les mages donnaient au bon principe.

IBALIE, subst. fém. (*ibali*), t. d'hist. nat., genre d'insectes pupivores très-voisin des cinips de *Linnée*.

IBAPÉBA, subst. mas. (*ibapéba*), t. de bot., fruit du Brésil fort ressemblant à une orange.

IBDARE, subst. mas. (*ibedare*), t. d'hist. nat., poisson du genre cyprin, que l'on trouve dans les lacs de la Suède.

IBÈRE, adj. des deux genres (*ibère*), Espagnol.—Subst. fém., t. d'hist. nat., genre de coquilles originaires d'Espagne.

IBÉRIDE, subst. fém. (*ibéride*), t. de bot., plante crucifère.

IBÉRIE, subst. propre fém. (*ibéri*), ancienne province d'Asie, située à l'orient de la Colchide. —Nom donné par les anciens à cette contrée d'Europe qu'on a depuis appelée Espagne.

IBÉRIEN, subst. mas. (*ibérieïn*), ancien peuple d'Espagne. — Adj.: *monts Ibériens*, grande chaîne de montagnes qui traverse le centre de l'Espagne du nord au sud.

IBERLINE, subst. fém. (*ibèreline*), t. de comm., sorte d'étoffe appelée autrement *imberline*.

IBETSONIE, subst. fém. (*ibèteçoni*), t. de bot., sorte de plante.

IBIARE, subst. mas. (*ibi-are*), t. d'hist. nat., poisson de l'espèce des *cécilies*. — Petit serpent d'Amérique, très-dangereux.

IBIBE, subst. mas. (*ibibe*), t. d'hist. nat., petit serpent de la Caroline d'Amérique, peut-être le même qu'*ibiare*.

IBIBOCA, subst. mas. (*ibiboka*), t. d'hist. nat., genre de serpent du Brésil dont on distingue plusieurs espèces, toutes remarquables par la beauté de leurs écailles.—Serpent d'Arabie qu'on nomme aussi *argus*.

IBID., abréviation du mot *ibidem*.

IBIDEM, sorte d'adv. (*ibidème*), mot latin qui signifie *au même lieu*, *dans le même endroit*, *dans la même page*, ou bien encore *la même chose*.

IBIJABA, subst. mas. (*ibijaba*), t. d'hist. nat., serpent dangereux d'Amérique, qui jette son poison par la tête et par la queue.

IBIJAU, subst. mas. (*ibijô*), t. d'hist. nat., oiseau de nuit du Brésil, de la grandeur d'une hirondelle. C'est une espèce de crapeau-volant.

IBIRA, subst. mas. (*ibira*), t. de bot., espèce d'arbrisseau de la Guyane.

IBIRACOA, subst. mas. (*ibirako-a*), t. d'hist. nat., serpent du Brésil très-dangereux, dont le venin fait jeter à celui qui en est mordu le sang par les yeux, les oreilles, les narines, le gosier, etc.

IBIRAMA, subst. mas. (*ibirama*), t. d'hist. nat., serpent du Brésil d'une grosseur considérable.

IBIRATONGA, subst. mas. (*ibiratonga*), t. de bot., arbre du Brésil.

IBIS, subst. mas. (*ibice*), t. d'hist. nat., oiseau qui, dit-on, dévore les serpents, et qui, suivant quelques naturalistes, est une espèce de courlis. Les Égyptiens en avaient fait un symbole religieux.

IBITIN, subst. mas. (*ibitein*), t. d'hist. nat., serpent des Philippines, espèce de boa qui s'attache par la queue au tronc des arbres et attend ainsi sa proie.

ICACORE, subst. fém. (*ikakore*), t. de bot., genre de plantes, espèce de cerdisie.

ICADE, subst. fém. (*ikade*), vingtième jour du mois lunaire, consacré à Épicure par les disciples de ce philosophe. — Au plur., fêtes que les Grecs célébraient en l'honneur d'Épicure.

ICADISTE, subst. mas. (*ikadicete*), nom qu'on donnait aux épicuriens par analogie à la fête des *icades*.

ICAQUE ou **ICAQUIER**, subst. mas. (*ikake*, *ikakié*), t. de bot., espèce de prunier des Antilles, dont le fruit est fort ressemblant à notre prune de Damas.

ICARE, subst. propre mas. (*ikare*), myth., fils de Dédale. Voy. DÉDALE.

ICARIA, subst. propre fém. (*ikaria*), myth., surnom de Diane, pris d'*Icaros*, île de la mer Icarienne, où elle avait un temple.

ICARIOTIS et **ICARIS**, subst. propres fém. (*ikari-otice, ikarice*), myth., surnoms de Pénélope, fille d'*Icarius*.

ICARIEN, adj. mas. (*ikariein*), t. d'hist. anc., s'est dit des jeux célébrés à Athènes en l'honneur d'*Icarius* et de sa fille Érigone. Ces jeux consistaient principalement à se balancer au moyen d'une corde suspendue à deux arbres. Voy. ESCARPOLETTE.

ICARIUS, subst. propre mas. (*ikari-uce*), myth., fils d'OEbalus et père d'Érigone. Ayant fait boire du vin à des paysans qui ne connaissaient pas cette liqueur, ils en furent enivrés jusqu'à perdre la raison, en sorte que d'autres, les croyant empoisonnés, se jetèrent sur *Icarius* et le tuèrent. Aussitôt les femmes de ces paysans furent transportées d'une fureur qui dura jusqu'à ce que l'oracle eût ordonné des fêtes en l'honneur d'*Icarius*: de là vinrent les jeux *icariens*. Ces jeux consistaient à se balancer sur une corde attachée à deux arbres; c'est ce que nous appelons l'escarpolette; les jeunes gens surtout s'y exerçaient beaucoup. Méra, chienne d'*Icarius*, découvrit le lieu de son tombeau à Érigone, qui se pendit de désespoir, dès qu'elle sut la mort de son père; mais Jupiter métamorphosa *Icarius* en astre, qu'on croit être Bootès ou le Bouvier; Érigone en une constellation appelée la Vierge, et la chienne Méra en celle qu'on nomme la Canicule, ou *le grand chien*.— Le père de Pénélope se nommait aussi *Icarius*; c'était un Lacédémonien noble et puissant, habitant Sparte lorsque Ulysse vint lui demander sa fille. Ne pouvant se résoudre à se séparer d'elle, il conjura Ulysse de fixer sa demeure à Sparte, mais inutilement. Ulysse étant parti avec sa femme, *Icarius* monta sur son char, et fit si grande diligence qu'il revit sa fille et redoubla ses instances auprès d'Ulysse pour l'engager à retourner à Sparte. Ulysse ayant alors laissé à sa femme le choix ou de retourner avec son père, ou de le suivre à Ithaque, Pénélope ne répondit rien, mais, baissant les yeux, elle se couvrit de son voile. *Icarius* n'insista plus, la laissa partir, et fit dresser en cet endroit un autel à la pudeur.

ICASTIQUE, adj. des deux genres (*ikacetike*) (du grec εικων, image), qui fait image: *poésie icastique*. Il est peu usité.

ICCOÏS, subst. mas. plur. (*ikeko-ice*), espèce de prêtres ou de bonzes du Japon.

ICÉLE, subst. propre mas. (*icèle*), myth., un des fils du Sommeil, le même que Phobétor.

ICHNÆA, subst. propre fém. (*ikné-a*) (du grec ιχνευω, je poursuis), myth., surnom de Thémis et de Némésis.

ICELLE, adj. fém. Voy. ICELUI.

ICELUI, adj. démonstratif mas., **ICELLE**, adj. fém. (*icelui, cèle*), celui, celle, ce dont on a parlé auparavant. Il est vieux et ne s'emploie plus qu'en style de pratique.

ICÉNIEN, subst. mas. (*icéniein*), ancien peuple d'Angleterre qui habitait le comté d'Essex.

ICHNANTHE, subst. fém. (*iknante*), t. de bot., plante graminée d'Amérique.

ICHNEUMON, subst. mas. (*ikneumon*) (en grec ιχνευμων, formé du verbe ιχνευω, je poursuis, je suis à la piste, dont la racine est ιχνος, trace, parce que cet animal fait la guerre aux serpents), t. d'hist. nat., quadrupède de la grosseur d'un chat, appelé aussi *rat de Pharaon* ou *mangouste*. Genre d'insectes hyménoptères, de la famille des entomotilles, qui sont continuellement en mouvement, et ont l'air d'être toujours en quête. — Adj.; on dit au fém. *ichneumone : mouches ichneumones*, qui ne vivent que de chasse.

ICHNEUMONIDE, subst. mas. (*ikneumonide*), t. d'hist. nat., tribu d'insectes pupivores, connus aussi sous le nom de *mouches triples* ou *mouches vibrantes*.

ICHNEUTE, subst. mas. (*ikneute*), t. d'hist. nat., espèce de rat d'Égypte, qui fait la guerre au crocodile. Les Égyptiens l'avaient déifié. — Nom donné aussi à la *mouche ichneumone*.

ICHNIOGRAPHE, subst. mas. (*ikeni-oguerafe*), nom donné à une classe d'écrivains botanistes.

ICHNOBATE, subst. mas. (*iknobate*), t. d'astronomie, constellation des chiens d'Actéon.

ICHNOGRAPHE, subst. mas. (*iknoguerafe*), ingénieur qui exerce l'*ichnographie*.

ICHNOGRAPHIE, subst. fém. (*iknoguerafi*) (du grec ιχνος, vestige, trace, et γραφω, je décris), en math., proprement le plan ou la trace que forme sur un terrein la base d'un corps qui y est appuyé. — En perspective, vue ou représentation d'un objet quelconque coupé à sa base ou à son rez-de-chaussée par un plan parallèle à l'horizon. On l'appelle autrement *plan géométral*, ou simplement *plan*. L'*ichnographie* est opposée à la *stéréographie*, qui est la représentation d'un objet sur un plan perpendiculaire à l'horizon, et qu'on nomme plus communément *élévation géométrale*. — En t. de fortification, 1° plan ou représentation de la longueur et de la largeur des différentes parties de la forteresse; 2° plan ou dessin d'une forteresse coupée parallèlement et un peu au-dessus du rez-de-chaussée.

ICHNOGRAPHIQUE, adj. des deux genres (*iknoguerafike*), qui appartient à l'*ichnographie*.

ICHNOGRAPHIQUEMENT, adv. (*iknoguerafikeman*), selon l'*ichnographie*.

ICHNOSTROPHE, subst. mas. (*iknocetrofe*) (du grec εικων, image, et στρεφω, je tourne), prisme qui renferme la copie des graveurs. Il est peu usité.

ICHNUSE, subst. propre fém. (*iknuze*), nom donné par les premiers navigateurs à l'île de Sardaigne.

ICHOR, subst. mas. (*ikor*) (du grec ιχωρ, sanie ou sang aqueux), t. de médec., sérosité âcre, sanie qui découle des ulcères. — Dans le langage de l'ancienne mythologie, c'était le sang qui coulait dans les veines des dieux.

ICHOREUSE, adj. fém. Voy. ICHOREUX.

ICHOREUX, adj. mas., au fém. **ICHOREUSE** (*ikoreu, reuze*), t. de médec., séreux et âcre : *humeur ichoreuse*.

ICHOROÏDE, subst. fém. (*ikoro-ide*) (du grec ιχωρ, sanie, et ειδος, forme, ressemblance), t. de médec., sorte de sueur semblable à la sanie d'un ulcère.

ICHTÉRIE, subst. fém. Voy. ICTÉRIAS.

ICHTHISANDRE, subst. mas. (*iktizandre*), machine à plonger, inventée en 1808.

ICHTHYITE, subst. fém. (*ikti-ite*) (du grec ιχθυς, poisson), t. d'hist. nat., pierre où l'on trouve une cavité qui a la figure d'un poisson.

ICHTHYOCOLLE, subst. fém. (*ikti-okole*) (en grec ιχθυοκολλα, formé de ιχθυς, poisson, et de κολλα, colle), colle de poisson. C'est la vessie natatoire du grand esturgeon séchée et roulée.

ICHTHYODONTE, subst. mas. (*ikti-odonte*) (du grec ιχθυς, poisson, et οδους, gén. οδοντος, dent), t. d'hist. nat., dent de poisson pétrifiée, appelée improprement *glossopètre*.

ICHTHYOGRAPHE, subst. mas. (*ikti-oguerafe*), (du grec ιχθυς, poisson, et γραφω, je décris), qui décrit les poissons, qui s'occupe d'*ichthyographie*.

ICHTHYOGRAPHIE, subst. fém. (*ikti-oguerafi*), description des poissons, traité sur l'histoire naturelle des poissons. Voy. ICHTHYOGRAPHE.

ICHTHYOGRAPHIQUE, adj. des deux genres (*ikti-oguerafike*), qui concerne l'*ichthyographie*.

ICHTHYOL., abréviation du mot *ichthyologie*.

ICHTHYOLITHE, subst. mas. (*ikti-olite*) (du grec ιχθυς, poisson, et λιθος, pierre, t. d'hist. nat., poisson pétrifié, pierre chargée d'empreintes de poissons.

ICHTHYOLOGIE, subst. fém (*ikti-oloji*) (du grec ιχθυς, poisson, et λογος, discours), histoire naturelle des poissons.

ICHTHYOLOGIQUE, adj. des deux genres (*ikti-olojike*), qui concerne l'*ichthyologie*.

ICHTHYOLOGISTE, subst. mas. (*ikti-olojicete*), celui qui s'occupe de l'*ichthyologie*; qui a écrit sur les poissons.

ICHTHYOMANCIE, subst. fém. (*ikti-omanci*) (du grec ιχθυς, poisson, et μαντεια, divination), chez les anciens, divination par les entrailles des poissons.

ICHTHYOMANCIEN, subst. et adj. mas., au fém. **ICHTHYOMANCIENNE** (*ikti-omancein, ciène*), qui concerne l'*ichthyomancie*.

ICHTHYOMORPHES ou **ICHTHYOTIPOLITHES**, subst. fém. plur. (*ikti-omorfe, ti-otipolite*), t. d'hist. nat., les oryctographes donnent ces noms aux pierres qui présentent des empreintes de poissons, et où les arêtes ou les os sont détruits et remplacés par de l'argile, du calcaire, ou bien par des matières minérales.

ICHTHYOPÈTRE, subst. mas. Voy. ICHTHYOLITHE.

ICHTHYOPHAGE, subst. et adj. des deux genres (*ikti-ofaje*) (du grec ιχθυς, poisson, et φαγω, je mange), celui, celle qui ne mange que du poisson, qui se nourrit de poisson.

ICHTHYOPHAGIE, subst. fém. (*ikti-ofaji*), action, habitude de manger du poisson.

ICHTHYOPHAGIQUE, adj. des deux genres (*ikti-ofajike*), qui est relatif à l'*ichthyophagie*.

ICHTHYOPHTHALMITE, subst. fém. (*ikti-ofetalemite*) (du grec ιχθυς, poisson, et οφθαλμος, œil), t. d'hist. nat., sorte de pierre qui porte l'empreinte d'yeux de poisson.

ICHTHYOSARCOLITHE, subst. fém. (*ikti-oçarkolite*), t. d'hist. nat., genre de coquilles fossiles à siphon.

* **ICHTHYOSE**, subst. fém. (*ikti-oze*), t. de médec., dartre farineuse qui affecte ordinairement le cuir chevelu.

ICHTHYOSPONDYLE, subst. fém. (*ikti-ocepondile*) (du grec ιχθυς, poisson, et σπονδυλος, vertèbre), t. d'hist. nat., vertèbre de poisson pétrifiée.

ICHTHYOTIPOLITHE, subst. fém. Voy. ICHTHYOMORPHES.

ICHTHYPÉRIE, subst. fém. (*iktipéri*), t. d'hist. nat., espèce de glossopètre.

ICHTHYTE, subst. mas. Voy. ICHTHYOLITHE.

ICI, adv. de lieu (*ici*), en ce lieu-ci, en cet endroit. Il diffère de *là*, en ce qu'*ici* désigne le lieu où est la personne qui parle, et *là*, un lieu différent : *venez ici, allez là*. L'un est plus près, l'autre est plus éloigné. Le premier marque et détermine l'endroit, le second est plus vague et a besoin, pour être entendu, de quelque signe de l'œil ou de la main. Voy. ÇA. — Il se joint avec *de, par, jusque : il est parti d'ici; il a passé par ici; il est venu jusqu'ici*. — *Ici-bas*, adv., dans ce bas monde. — *Les choses d'ici-bas*, du monde, de la terre.

ICIQUIER, subst. mas. (*icikié*), t. de bot., plante de la famille des balsamiers.

ICOGLAN, subst. mas. (*ikoguelan*), t. de relat., page du grand-seigneur.

ICONANTIDIPTYQUE, adj. fém. (*ikonantidipetike*) (du grec εικων, image, αντι, contre, et διπτυχος, double), t. d'opt., nom donné à une lunette qui a été appelée ensuite *diplantidienne*, et dans laquelle on voit deux images du même objet, l'une droite et l'autre renversée.

ICONIQUE, adj. des deux genres (*ikonike*) (du grec εικων, image), t. d'archéol. : *statue iconique*, statue élevée dans la Grèce à celui qui avait été trois fois vainqueur dans les jeux sacrés. Elle était mesurée exactement sur la taille et sur les membres du personnage qu'elle représentait.

ICONOCLASME, subst. mas. (*ikonoklaceme*), doctrine, système des *iconoclastes*.

ICONOCLASTE, subst. mas. (*ikonoklacete*) (du grec εικων, image, et κλαω, je brise), nom d'une secte d'hérétiques du huitième siècle qui brisaient les images des saints, et combattaient le culte qu'on leur rend.

ICONOGRAPHE, subst. mas. (*ikonoguerafe*), celui qui s'occupe de l'*iconographie*, de l'étude des monuments figurés.

ICONOGRAPHIE, subst. fém. (*ikonoguerafi*) (du grec εικων, image, et γραφω, je décris), description des images, des tableaux, des bustes, des peintures antiques ou modernes.

ICONOGRAPHIQUE, adj. des deux genres (*ikonoguerafike*), qui appartient à l'*iconographie*.

ICONOGRAPHIQUEMENT, adv. (*ikonoguerafikeman*), selon l'*iconographie*.

ICONOLÂTRE, subst. mas. (*ikonolâtre*) (du grec εικων, image, et λατρις ou λατρης, serviteur, adorateur), adorateur des images; nom que les iconoclastes donnaient aux catholiques.

ICONOLÂTRIE, subst. fém. (*ikonolâtri*) (même étym. que celle du mot précéd.), culte des images.

ICONOLÂTRIQUE, adj. des deux genres (*ikonolâtrike*), de l'*iconolâtrie*.

ICONOLOGIE, subst. fém. (*ikonoloji*) (du grec εικων, image, et λογος, discours), explication des images, des monuments figurés.

ICONOLOGIQUE, adj. des deux genres (*ikonolojike*), qui concerne l'*iconologie*.

ICONOLOGISTE, subst. mas. (*ikonolojicete*), celui qui explique les images, les monnaies antiques.

ICONOMAQUE, subst. mas. (*ikonomake*) (du grec εικων, gén. εικονος, image, et de μαχεσθαι, combattre), qui combat le culte des images.

ICONOPHILE, subst. et adj. des deux genres (*ikonofile*) (du grec εικων, image, et φιλος, ami), celui, celle qui adore ou qui aime les images.

ICONOSTROPHE, subst. mas. (*ikonocetrofe*) (du grec εικων, image, et στρεφω, je tourne, je renverse), instrument d'optique à l'usage des graveurs, et qui montre les objets renversés.

ICOSAÈDRE, subst. mas. (*ikoza-èdre*) (du grec εικοσι, vingt, et εδρα, siège, base), corps solide et régulier qui a vingt faces, dont la surface est composée de vingt triangles équilatéraux.

ICOSANDRIE, subst. fém. (*ikozandri*) (du grec εικοσι, vingt, et ανδρος, homme, gén. de ανηρ, homme, mari), t. de bot., douzième classe du système sexuel de *Linnée*, renfermant les plantes dont les fleurs hermaphrodites ont vingt étamines, ou un plus grand nombre, portées sur le même calice.

ICOSANDRIQUE, adj. des deux genres (*ikozandrike*), qui appartient à l'*icosandrie*. On dit aussi *icosandre*.

ICOXE, subst. mas. (*ikokce*), nom de sectaires du Japon.

ICTÈRE, subst. mas. (*iktère*) (en grec ικτερος, fait de ικταρ, subitement, promptement); ou, selon d'autres, de ικτις, espèce de belette aux yeux jaunes), t. de médec., débordement de bile qui cause la jaunisse.

ICTÉRIAS, subst. fém. (*iktéri-âce*), t. d'hist. nat., pierre jaune, bonne, selon *Pline*, contre la jaunisse.

ICTÉRIE, subst. fém. Voy. ICTÈRE.

ICTÉRIE, subst. fém. (*iktéri*), t. d'hist. nat., espèce de merle.

ICTÉRIQUE, adj. des deux genres (*iktérike*), t. de médec.: *personne ictérique*, qui a la jaunisse. — *Remède ictérique*, propre à guérir la jaunisse.

ICTÉROCÉPHALE, subst. mas. (*iktérocéfale*) (du grec ικτερος, jaune, jaunisse, et κεφαλη, tête), t. d'hist. nat., sorte de guêpier à tête jaune.

ICTÉRODE, adj. fém. (*iktérode*), t. de médec., se dit, selon quelques-uns, de la fièvre jaune.

ICTÉROÏDE, adj. des deux genres (*iktéro-ide*), t. de médec.; se dit de certaines secrétions bilieuses.

ICTINIE, subst. fém. (*iktini*), t. d'hist. nat., oiseau de proie de la Guyane.

ICTIS, subst. mas. (*iktice*) (du grec ικτις, martre, ou, suivant Aristote, sorte de belette), t. d'hist. nat., quadrupède carnivore de Sardaigne, du genre de la martre.

ID., abréviation de *idem*.

IDA, subst. propre mas. (*ida*), montagne de la Turquie d'Asie, dont la chaîne traverse l'Anatolie du nord au sud. — Myth., montagne fameuse par le jugement de Pâris. Cette montagne, qui est en Phrygie auprès de l'endroit où était la ville de Troie, était consacrée à Cybèle. — Il y a une autre montagne de ce nom dans l'île de Candie ou de Crète, sur laquelle Jupiter fut élevé par les dactyles. — C'était aussi le nom d'une fille de Dardanus, roi des Scythes.

IDALIE, subst. propre fém. Voy. IDALUS.

IDALION, subst. propre mas. (*idalion*), myth., ville de l'île de Chypre, consacrée à Vénus. L'oracle avait ordonné à Chalcenor de bâtir une ville dans l'endroit d'où il verrait le soleil se lever : un de ceux qui l'accompagnaient l'ayant aperçu du pied d'une haute montagne, on y bâtit une ville qui fut nommée *Idalion*, de deux mots grecs qui signifient *j'ai vu le soleil*. La montagne fut aussi appelée *Idalie*, *Idalus*, et même *Idalion*, comme la ville.

IDALUS, subst. propre mas., ou **IDALIE**, subst. propre fém. (*idaluce, idali*), myth., montagne dans l'île de Chypre, particulièrement consacrée à Vénus. C'est de là que cette déesse est quelquefois appelée *Idalie*. Voy. IDALION.

IDAS, subst. propre mas. (*idace*), myth., fils de Neptune.

IDATIDE, subst. mas. (*idatide*), t. d'hist. nat., ver qui loge dans les chairs.

IDE, subst. mas. (*ide*), t. d'hist. nat., poisson d'eau douce, du genre des cyprins. — L'*Académie* dit que c'est aussi un t. de jeu qu'on emploie dans le *piquet à écrire*, et qui se dit de *chacun des coups que l'on joue pour la décision d'un pari*.—Au plur., voy. IDES.

IDÉA, subst. propre fém. (*idé-a*), myth., l'une des filles de Danaüs.

IDÉACH, subst. mas. (*idé-ake*), terme employé par quelques auteurs comme synonyme d'*idée*. — Barbarisme forgé par *Raymond*.

IDÉAL, subst. mas. (*idé-al*), dans la langue des beaux-arts, résultat de plusieurs perceptions qu'on unit dans la pensée, mais dont l'assemblage n'existe pas dans la nature, ou ne s'y rencontre que rarement et passagèrement.

IDÉAL, E, adj. (*idé-ale*), qui n'est qu'en *idée*; chimérique : *pouvoir idéal, richesses idéales*. — *Beauté idéale*, formée par un assemblage de perfections ou surnaturelles, ou dont la réunion est infiniment rare.—On ne dit guère *trésors idéaux*, au plur. mas. ; cependant nous ne voyons pas pourquoi l'on ne se servirait pas de ce plur.

IDÉALISME, subst. mas. (*idé-aliceme*), t. dogmatique, système des philosophes qui voient en Dieu les *idées* de toutes choses.

IDÉALISTE, subst. des deux genres (*idé-alicete*), partisan de l'*idéalisme*. — L'opposé de *matérialiste*.

IDECHTRUM, subst. mas. (*idèktrome*), mot latin adopté pour désigner tout premier produit résultant d'une idée. (*Raymond*.)

IDÉE, subst. fém. (*idé*) (en grec ιδεα, fait de ειδω, je vois, je fais; parce que c'est par l'*idée* que l'esprit aperçoit les choses et les connaît), notion que l'esprit se forme de quelque chose : *idée claire, distincte* ou *confuse, obscure*, etc.; *se faire* ou *concevoir une idée de...* Racine (*Athalie*), a employé *idée* dans le sens d'*image* :

A deux fois, en dormant, revu la même *idée*.

— Esquisse d'un ouvrage : *j'en ai jeté l'idée sur le papier*. — Mémoire : *j'en ai quelque idée, une idée confuse*. — Vision; imagination fausse : *quelle idée avez-vous là ?* En ce sens, il s'emploie plus ordinairement au pluriel : *ce ne sont que des idées creuses; se repaître d'idées*. — Fam. : *on n'a pas d'idée de cela*, cela ne s'est jamais vu, ou paraît bien extraordinaire. — En parlant de l'Éternel, on se sert du mot *idées* pour signifier : les modèles de toutes les choses créées, de tout ce qui est dans la pensée de Dieu : *les idées de toutes choses viennent de Dieu*. —*Idée* fixe, celle qui nous domine, qui ne nous quitte pas.—IDÉE, PENSÉE, IMAGINATION. (*Syn.*) L'*idée* représente l'objet; la *pensée* le considère; l'*imagination* le forme. La première peint; la seconde exprime; la troisième séduit. — On est sûr de plaire dans la société quand on a des *idées* justes, des *pensées* fines, et des *imaginations* brillantes. — On ne s'entend pas dans la plupart des contestations, faute de simplifier les *idées*; on reproche aux Anglais de trop creuser les *pensées*; on accuse les femmes de prendre souvent les *imaginations* pour des réalités.

IDÉEN, adj. mas., au fém. **IDÉENNE** (*idé-ein, ène*), du mont *Ida*. — Subst. propre mas., myth., surnom de Jupiter, parce qu'il avait été nourri et élevé sur le mont *Ida*. Les dactyles ou corybantes étaient aussi surnommés *idéens*. — Au fém., surnom de Cybèle.

IDÉÉ, E, part. pass. de *idéer*.

IDÉER, v. act. (*idé-é*), connaître métaphysiquement un être abstrait. (*De Bonald*.)

IDEM, sorte d'adv. (*idème*), mot latin qui signifie, le même. On l'emploie pour éviter de répéter ce qui vient d'être dit ou écrit.

IDÉMISTE, subst. mas. et adj. des deux genres (*idémicete*) : *docteurs idémistes*, ceux qui dans les assemblées se contentaient d'opiner du bonnet, et de dire *idem cum*, sans en apporter de raisons. Style critique et plaisant.

IDENTIFICATION, subst. fém. (*idantifikâcion*), action d'identifier. Mot utile, mais faussement attribué à *Boiste* par *Raymond*.

IDENTIFIÉ, E, part. pass. de *identifier*.

IDENTIFIER, v. act. (*idantifié*) (du lat. *idem*, le même, et *facere*, faire), comprendre deux choses sous une même idée, n'en faire qu'une. — S'IDENTIFIER, v. pron., confondre son existence avec celle d'un autre.

IDENTIQUE, adj. des deux genres (*idantike*), (du lat. *idem*, le même), qui est le même, qui est compris dans une même *idée*. — T. d'algèbre, *équation identique*, celle dont les deux membres sont les mêmes, et contiennent les mêmes quantités sous la même forme ou sous des formes différentes.

IDENTIQUEMENT, adv. (*idantikeman*), d'une manière *identique*.

IDENTITÉ, subst. fém. (*idantité*) (du lat. *idem*, le même), qui fait que deux ou plusieurs choses n'en font qu'une.—*Identité d'un individu*, certitude qu'il est bien ce qu'on croit, ou ce qu'il dit qu'il est.

IDÉOGRAPHIQUE, adj. des deux genres (*idé-oguerafike*), qui exprime une *idée*, l'égalité, le niveau : *signe idéographique*.

IDÉOLOGIE, subst. fém. (*idé-oloji*) (du grec ιδεα, idée, et λογος, discours), science des *idées*, ou, dans une acception plus étendue et plus usitée, science des facultés intellectuelles de l'homme.

IDÉOLOGIQUE, adj. des deux genres (*idé-olojike*), qui appartient à l'*idéologie*.

IDÉOLOGUE, subst. mas. (*idé-ologue*), celui qui s'occupe d'*idéologie*.

IDES, subst. fém. plur. (*ide*) (du latin *idus*, *iduum*, dérivé de l'ancien toscan *iduare*, diviser; parce que les *ides* partageaient le mois à peu près par la moitié), dans le calendrier des anciens Romains, le quinzième jour de mars, de mai, de juillet et d'octobre, et le treizième des autres mois. Les *ides* et les jours suivants formaient la troisième et dernière division du mois.

IDÉUS, subst. propre mas. (*idé-uce*), myth., fils de Thestius, fut tué par son neveu Méléagre, pour avoir voulu arracher à Atalante les dépouilles du sanglier de Calydon.

IDIE, subst. fém. (*idi*), t. d'hist. nat., genre établi sur un amphibie de la mer d'Islande. — Espèce de polypier de la Nouvelle-Hollande.

IDIOCRASE, subst. fém. (*idi-okrâze*) (du grec ιδιος, propre, particulier, et κρασις, tempérament, dérivé de κεραννυμι, mêler, tempérer), t. de phys., disposition ou tempérament propre d'une chose, d'un individu.

IDIO-ÉLECTRIQUE, adj. des deux genres (*idi-o-élèktrike*) (du grec ιδιος, propre, particulier, et ηλεκτρον, ambre; *à qui la vertu électrique est propre, comme à l'ambre*), t. de physique; se dit des substances que le frottement seul rend *électriques*, par opposition aux substances *électrisables* par communication.

IDIOGRAPHE, subst. mas. Voy. AUTOGRAPHE.

IDIOGYNE, adj. des deux genres (*idi-ojine*) (du grec ιδιος, propre, particulier, séparé, et γυνη, femme), t. de bot., se dit des étamines séparées du pistil ou organe femelle de la fleur.

IDIOLÂTRE, subst. des deux genres (*idi-olâtre*) (du grec ιδιος, propre, particulier, et λατρις ou λατρης, serviteur, adorateur), fanatique de soi-même; qui n'aime que soi-même.

IDIOLÂTRIE, subst. fém. (*idiolâtri*), *idolâtrie* de soi-même; égoïsme converti en religion.

IDIOLÂTRIQUE, adj. des deux genres (*idi-olâtrike*), qui appartient à l'*idiolâtrie*.

IDIOME, subst. mas. (*idi-ôme*) (du grec ιδιωμα, propriété, dérivé de ιδιος, propre, particulier; *manière propre ou particulière de parler une même langue*), langue propre à une nation.—Par extension, langage d'une partie d'une nation : l'*idiome provençal, gascon*, etc.

IDIOMÈLE, subst. mas. (*idi-omèle*) (du grec ιδιος, propre, particulier, et μελος, chant), verset grec, récité sur un ton grave, et qui n'est pas tiré de l'Écriture.

IDIOMORPHE, subst. mas. et adj. des deux genres (*idiomorfe*) (du grec ιδιος, propre, et μορφη, forme), t. d'hist. nat., fossile qui appartient tant au règne animal qu'au règne végétal.

IDIOPATHIE, subst. fém. (*idi-opati*) (du grec ιδιος, propre, et παθος, affection, maladie), t. de médec., maladie propre à quelque partie du corps. — En morale, inclination particulière pour une chose.

IDIOPATHIQUE, adj. des deux genres (*idi-opatike*), qui appartient à l'*idiopathie*.

IDIOPROXÈNE, subst. mas. (*idi-oprokcène*) (du grec ιδιος, propre, et προξενος, hôte); on appelait ainsi, chez les Athéniens, celui qui recevait et traitait un étranger à ses frais.

IDIOSYNCRASE, subst. fém. (*idi-oceinkrâze*) (du grec ιδιος, propre, συν, avec, et κρασις, mélange, tempérament), t. de médec., tempérament exclusivement propre à un individu. — On a dit aussi *idiosyncrasie*.

IDIOSYNCRASIQUE, adj. des deux genres (*idi-oceinkrâzike*), t. de médec., qui appartient à l'*idiosyncrase*.

IDIOT, E, subst. et adj. (*idiô, diote*) (en grec ιδιωτης, homme privé, qui n'est point en charge, ignorant; dérivé de ιδιος, propre, particulier; littéralement, *homme qui n'est propre à aucun emploi*); il se dit de celui qui, par un défaut naturel dans les organes qui servent aux opérations de l'entendement, est incapable de combiner une idée : *un homme idiot, une femme idiote*.—Subst. : *c'est un idiot, un pauvre idiot, une pauvre idiote*. — IDIOT, IMBÉCILLE, STUPIDE. (*Syn.*) Un *idiot* n'est ni un stupide, ni un imbécille : la différence de l'*idiot* et de l'*imbécille* consiste en ce qu'on naît *idiot*, et qu'on devient *imbécille*. Le *stupide* pèche par défaut de sentiment.

IDIOTISME, subst. mas. (*idi-oticeme*) (du grec ιδιος, propre, particulier), manière de parler particulière à une langue. — En médec., sorte de manie ou d'imbécillité qui prive des facultés de l'entendement, qui rend *idiot*. (Du grec ιδιωτης, idiot.)

IDIOTROPHE, subst. des deux genres (*idiotrofe*) (du grec ιδιος, propre, et τροφη, nourriture), t. d'hist. nat., se dit des animaux qui mangent des aliments provenant des êtres de leur propre classe.

IDIOTROPHIE, subst. fém. (*idiotrofi*), t. de médec., constitution propre à chaque individu.

IDIOTROPHIQUE, adj. des deux genres (*idiotrofike*), t. de médec., qui appartient à l'*idiotrophie*.

IDMON, subst. propre mas. (*idemon*), myth., fameux devin qui fit partie de l'expédition des Argonautes; il était fils d'Apollon et d'Astérie.

IDOCRASE, subst. fém. (*idokrâze*) (du grec ειδος, forme, figure, et κρασις, mélange; *forme mélangée*), t. d'hist. nat., espèce de pierre dont les crystaux ont plusieurs analogies avec ceux de différents minéraux.

IDOINE, adj. des deux genres (*idoène*) (en lat. *idoneus*, dérivé du grec ιδιος, propre), propre à.... Il est vieux, et ne se dit plus qu'au palais.

IDOLÂTRE, subst. et adj. des deux genres (*idolâtre*) (en grec ειδωλολατρης, formé de ειδωλον, idole, et λατρις, serviteur, adorateur), qui adore les *idoles*.— Fig., qui aime avec excès : *il est idolâtre de ses pensées*, il y est trop attaché.

IDOLÂTRÉ, E, part. pass. de *idolâtrer*, et adj.

IDOLÂTRÉMENT, adv. (*idolâtréman*), avec *idolâtrie*.

IDOLÂTRER, v. act. (l'*Académie* le fait aussi neut.) (*idolâtré*), adorer les *idoles*. — Au fig., aimer avec trop de passion. — S'IDOLÂTRER, v. pron., être *idolâtre* de soi-même.

IDOLÂTRIE, subst. fém. (*idolâtri*) (du grec ειδωλολατρεια, formé de ειδωλον, idole, et λατρεια, culte, adoration, servitude, dérivé de λατρις, serviteur, adorateur), culte divin qu'on rend à la créature, à une fausse divinité.— Au fig., amour excessif : *aimer jusqu'à l'idolâtrie*.

IDOLÂTRIQUE, adj. des deux genres (*idolâtrike*), qui appartient à l'*idolâtrie*.

IDOLE, subst. fém. (*idole*) (en grec ειδωλον, fait de ειδος, forme, figure), statue représentant une fausse divinité exposée à l'adoration. — Fig., 1° avec la prép. *de*, objet d'une passion extrême : *il fait son idole de son argent*; 2° sans régime, belle personne qui n'est point animée. En ce sens il est familier.—On dit aussi d'une personne stupide, que *c'est une idole, une vraie idole*; et d'un homme qui se tient à ne rien faire, qu'*il se tient là comme une idole*.—T. d'hist. nat., *idole des nègres*, espèce de boa, adoré par quelques peuplades nègres. — *Idole des Maures*, espèce de poisson que les Maures ont en grande vénération.

IDOLÉON, subst. mas. (*idolé-on*), myth., temple consacré chez les anciens au culte des *idoles*.

IDOLION, adj. mas. (*idoli-on*), surnom donné à Julien pour avoir rétabli le culte des *idoles*.

IDOLOMANE, subst. des deux genres (*idolomane*), celui, celle qui n'adore que des *idoles* ou des images.

IDOLOMANIE, subst. fém. (*idolomani*), habitude superstitieuse de n'adorer que des *idoles* ou des images.

IDOLOPÉE, subst. fém. (*idolopé*), t. de rhét., figure par laquelle on fait parler les morts.

IDOLOTHYTE, subst. mas. (*idolotite*) (du grec ειδωλον, idole, et θυω, je sacrifie), offrande faite aux *idoles*.

IDOMÉNÉE, subst. propre mas. (*idoméné*), myth., petit-fils de Minos, et roi de Crète, était au siège de Troie, après lequel, s'étant mis en mer pour s'en retourner dans son royaume, il fit vœu, pendant une tempête, de sacrifier la première chose qui se présenterait à lui, s'il en échappait. Ce prince se repentit bientôt d'avoir fait un tel vœu; car il rencontra son fils dès qu'il arriva à terre, et le sacrifia; ce qui fut cause d'une peste si cruelle, que ses sujets indignés le chassèrent. Il alla fonder un nouvel empire dans la Calabre, et rendit son peuple heureux.

IDOTÉE, subst. fém. (*idoté*), myth., l'une des filles de Prœtus, roi d'Argos.

IDONÉITÉ, subst. fém. (*idoné-ité*), aptitude à.... Vieux; on ne s'en sert qu'au palais.

IDOTÉES, subst. fém. plur. (*idoté*), t. d'hist. nat., genre de crustacés.

IDOTHÉE ou **EIDOTHÉE**, subst. propre fém. (*idoté*), fille de Protée. Elle enseigna à Ménélas le moyen d'obliger son père de lui découvrir ce qui devait lui arriver. Ce fut aussi le nom d'une des nymphes qui prirent soin de l'enfance de Jupiter.

IDSUMO, subst. propre mas. (*ideçumo*), myth., l'une des divinités des Japonais.

IDULIES, subst. fém. pl. (*idulie*), sacrifices à Jupiter, qui se faisaient aux ides de chaque mois.

IDUMÉEN, subst. et adj. mas., au fém. **IDUMÉENNE** (*idumé-ein, ène*), d'*Idumée*.

IDUMÉENNE, subst. et adj. fém. V. IDUMÉEN.

IDYA ou **IPSÉA**, subst. propre fém. (*idia, ipecé-a*), myth., fille de l'Océan et de Téthys, femme d'Étès, roi de la Colchide, et mère de Médée.

IDYLLE, subst. fém. (*idile*) (en grec ειδυλλιον, diminutif de ειδος, image, représentation; parce que le propre de l'*idylle* est de peindre des objets ou des scènes champêtres), petit poème dont le sujet est pastoral ou amoureux, qui tient de la nature de l'églogue.

IÉNA, subst. propre fém. (*i-éna*), ville du grand-duché de Saxe-Weimar, célèbre par son université et plus encore par la victoire qu'y remportèrent les armées françaises en 1806.

IÉNITE ou **JÉNITE**, subst. fém. (*i-énite*), t. de minér., substance regardée par les uns comme une pierre, et par les autres comme une espèce particulière du genre fer.

IÈTES, subst. mas. plur. (*i-ète*), ancien peuple de l'une des Sporades, dans la mer Égée.

IEUSE, subst. fém. (*i-euze*), t. de bot., espèce de chêne. Voy. YEUSE.

IF, subst. mas. (*ife*) (du gallois *iw*, qui a le même sens. *Huet.*), t. de bot., arbre toujours vert, de médiocre grandeur, à fleurs amentacées, connu jadis par les formes bizarres que lui faisait prendre dans les parterres la facilité qu'il a de souffrir la taille sans inconvénient.—Échafaudage en bois, de forme triangulaire, et qui porte des lampions.—Coquille du genre cérite.

IFURIN, subst. mas. (*ifurein*), myth., enfer des Gaulois.

IGASURATE, subst. mas. (*iguazurate*), t. de chim., combinaison de l'acide *igasurique* avec une base quelconque.

IGASURIQUE, adj. des deux genres (*iguazurike*), t. de chim., se dit d'un acide trouvé dans certains végétaux.

IGDIS, subst. fém. (*iguedice*), sorte de danse bizarre des anciens.

IGNAME, subst. mas. (*iguename*), t. de bot., plante monocotilédonée, de la famille des asparaginées.

IGNARE, subst. et adj. des deux genres (*ignia-re*) (en latin *ignarus*, formé de *in* privatif, et de *gnarus*, qui sait), ignorant. Il ne se dit que des personnes.

IGNATIE, subst. fém. (*igniaci*), t. de bot., arbre de l'Inde, à rameaux grimpants, et dont la semence a été introduite en médecine par les jésuites sous le nom de *fèves de Saint-Ignace*.

IGNÉ, E, adj. (*iguené*) (en latin *igneus*, fait de *ignis*, feu); on écrivait autrefois *ignée* pour les deux genres.—T. didactique, qui est de feu, de la nature du feu.

IGNÉOLOGIE, subst. fém. (*iguené-oloji*) (du latin *ignis*, feu, et du grec λογος, discours), traité sur le feu.

IGNÉOLOGIQUE, adj. des deux genres (*iguené-olojike*), qui appartient à l'*ignéologie*.

IGNÉOLOGUE, subst. mas. (*iguené-ologue*), celui qui s'occupe d'*ignéologie*.

IGNESCENT, E, adj. (*iguenèceçan, çante*), igné, en feu, embrasé.

IGNICOLE, subst. et adj. des deux genres (*iguenikole*) (du latin *ignis*, feu, et *colere*, adorer), qui adore le feu.

IGNIFÈRE, adj. des deux genres (*iguenifère*) (du latin *ignis*, feu, et *ferre*, porter), qui transmet le feu.

IGNIGÉNA, subst. propre mas. (*iguenijéna*), myth., mot latin qui signifie engendré par le feu, surnom de Bacchus, tiré d'une circonstance de sa naissance.

IGNIPOTENS, adj. propre mas. (*iguenipoteince*), myth., mot latin qui signifie *maître du feu*, surnom de Vulcain.

IGNISPICIE, subst. fém. (*iguenicepici*), divination par le moyen du feu.

IGNISPICIEN, adj. mas., au fém. **IGNISPICIENNE**, (*iguenicepiciein, ciène*), qui appartient à l'*ignispicie*.

IGNISPICIENNE, adj. fém. Voy. IGNISPICIEN.

IGNITION, subst. fém. (*iguenicion*) (du latin *ignis*, feu), t. de chimie, état d'un métal rougi au feu des corps en combustion.

IGNIVOME, adj. des deux genres (*iguenivome*) (du latin *ignis*, feu, et *vomere*, vomir), volcanique, qui *vomit* le feu.

IGNIVORE, subst. et adj. des deux genres (*iguenivore*) (du latin *ignis*, feu, et *vorare*, dévorer), qui prétend avaler du feu.

IGNOBILITÉ, subst. fém. (*igniobilité*), qualité de ce qui est *ignoble*.

IGNOBLE, adj. des deux genres (*ignioble*) (en latin *ignobilis*, formé de *in*, non, et *nobilis*, noble), bas, vil, qui sent l'homme de basse extraction. Il se dit de l'air, des manières, des sentiments, du discours et du style. *L'air est ignoble*, lorsqu'au premier aspect d'un homme qui se présente à nous, nous sommes tentés de le reléguer dans quelque condition abjecte de la société. — *Les manières sont ignobles*, lorsqu'elles décèlent un intérêt sordide.—*Les sentiments sont ignobles*, lorsqu'on remarque que la vérité, la justice et la vertu y sont blessées, par la préférence accordée sur elles à tout autre objet. — Dans la conversation, *le ton est ignoble*; dans les écrits, *le style est ignoble*, lorsque les expressions, les comparaisons, les idées sont empruntées d'objets vils et populaires. — On dit en termes de peinture: *des airs de tête ignobles*.

IGNOBLEMENT, adv. (*ignioblemān*), d'une manière *ignoble*.

IGNOMINIE, subst. fém. (*igniomini*) (en lat. *ignominia*, formé de *in*, particule négative, et *nomen*, nom, renommée), infamie, grand déshonneur. Voy. INFAMIE.

IGNOMINIEUSE, adj. fém. Voy. IGNOMINIEUX.

IGNOMINIEUSEMENT, adv. (*igniominieuzeman*), avec *ignominie*.

IGNOMINIEUX, adj. mas.; au fém. **IGNOMINIEUSE** (*igniominieu, nieuze*) (en lat. *ignominiosus*), plein d'*ignominie*.

IGNORAMMENT, adv. (*ignioraman*) (du latin *ignoranter*), avec *ignorance*.

IGNORANCE, subst. fém. (*igniorance*) (en latin *ignorantia*), défaut de connaissance, manque de savoir.— *Un livre plein d'ignorances grossières*, plein de fautes qui marquent une *ignorance grossière*. — *Prétendre cause d'ignorance*, s'excuser sur son *ignorance*; prétendre *ignorer* une chose, en faire le semblant.

IGNORANT, E, subst. et adj. (*ignioran, rante*) (en lat. *ignorans*, *ignarus*, formé de la particule négative *in*, et *gnarus*, qui sait), celui, celle qui est sans lettres, sans étude, qui n'a point de savoir. — Celui qui n'est pas instruit de certaines choses, qui les *ignore*; Boileau (épître V) a dit en ce dernier sens :

> Mais sans cesse *ignorants de* nos propres besoins.

Cette préposition *de* ne s'emploie après *ignorant* que dans le style fam.—*Faire l'ignorant*, feindre d'*ignorer* une chose.—*Être, se montrer ignorant comme l'enfant qui vient de naître*, ne rien savoir, ne savoir absolument rien de ce qu'on devrait savoir.

IGNORANTIFIANT, E, adj. (*igniorantifian, fiante*), qui rend *ignorant*. (Molière.)

IGNORANTIFIÉ, E, adj. (*igniorantifié*), rendu *ignorant*. (Molière.)

IGNORANTIN, subst. et adj. mas. (*igniorantein*), ignare.—Membre d'une confrérie chargée d'enseigner les premiers éléments de l'instruction aux enfants pauvres, et qui fait elle-même profession de ne pas posséder de plus grandes connaissances.—Ironiquement, ennemi des lumières.

IGNORANTISME, subst. mas. (*igniorantiecme*), système, opinion des partisans de l'*ignorance* des peuples.

IGNORANTISSIME, adj. des deux genres (*ignioranticime*), très-*ignorant*.

IGNORÉ, E, part. pass. de *ignorer*.

IGNORER, v. act. (*ignioré*) (en latin *ignorare*, fait dans le même sens que *ignarus*, lequel est formé de *in*, et de *gnarus*, ne savoir pas.—Fam. et neut., *il n'ignore de rien*, il sait tout.— *Ignorer les hommes*, ne pas les connaître.—Ne point pratiquer une chose: *ignorer le mensonge*. — S'IGNORER, v. pron., ne pas se connaître.

IGRUSINE, subst. fém. (*iguerusine*), t. de chim., principe extrait de l'essence de térébenthine.

IGUAN, subst. mas. (*igu-an*), t. d'hist. nat., espèce de reptile, sorte de lézard à crête et à goître. Voy. IGUANE.

IGUANE, subst. fém. (*igu-ane*), t. d'hist. nat., famille de reptiles de l'ordre des sauriens.

IGUANOÏDE, subst. mas. et adj. des deux genres (*igu-ano-ide*), t. d'hist. nat., nom donné aux reptiles du genre *iguane*.

IHRAM, subst. mas. (*irame*), vêtement obligé des pèlerins qui vont à la Mecque.

IJAR, subst. mas. (*ijar*), mois des Hébreux qui correspond à notre mois de mai.

IKILCK, subst. mas. (*ikileke*), monnaie turque de 40 paras.

IL, pronom personnel mas. dont le fém. est *elle* (*ile*). *Il* se met devant les troisièmes personnes des verbes. (Du latin *ille*.) Au pluriel, *ils* et *elles* : *il fait, elle dit, ils* ou *elles courent*, etc. Ce pronom se met immédiatement devant le verbe, sans souffrir rien entre deux, si ce n'est des particules et des pronoms personnels; comme : *il nous dit*, *il lui parle*, *il ne veut pas*, etc. Il se met aussi immédiatement après le verbe dans les interrogations : *que fait-il? où sont-ils?* ou *qu'a-t-il dit? qu'a-t-il fait? aime-t-il? aussi furent-ils sages; aussi est-il vrai*, etc. On le place aussi devant les verbes unipersonnels, et alors il n'est point relatif. *Il faut que...; il est besoin de...; il pleut...; il neige; il tonne; il y a des hommes*. — *Il est, il y a*. Ces deux expressions, qui sont souvent employées l'une pour l'autre, offrent cependant quelque différence : *il est*, semble exprimer quelque chose de plus général; et *il y a*, quelque chose de plus particulier, de plus applicable à une circonstance particulière.— *I* de *si* se retranche devant *il*, et on le remplace par une apostrophe : *s'il arrive, s'il vient*, et non pas *si il arrive, si il vient*; devant *elle*, *i* de *si* ne se retranche pas. Voy. au mot CELA.

ILAÏRE ou **LAÏRE** et **PHOEBÉE**, subst. propre fém. (*ila-ire, la-ire, fébé*), myth., filles de Leucippus, et prêtresses, la première de Diane, et l'autre de Minerve. Castor et Pollux les enlevèrent.

ILDEPHONSE (SAINT-), subst. propre mas. (*ceintildefonce*), ville d'Espagne, résidence fréquente de la cour et du gouvernement du royaume : *le cabinet de Saint-Ildephonse*, se dit en style politique pour signifier : le gouvernement espagnol, comme on dit *le cabinet des Tuileries* pour signifier le gouvernement français.

ÎLE, subst. fém. (*ile*) (en latin *insula*), espace de terre entouré d'eau de tous côtés.—*Faire un voyage aux îles*, se dit des *îles* qui forment l'archipel du Mexique.

ÎLE-DE-FRANCE, subst. propre fém. (*iledefrance*), ancienne province de France, qui se trouve comprise aujourd'hui dans les départements de la Seine, de Seine-et-Oise, de Seine-et-Marne, et de l'Oise. Voy. ILES, subst. mas. plur.

ILECH, subst. mas. (*ilèk*), nom donné par Paracelse à la matière organique de toutes choses.

ILÉITE, subst. fém. (*ilé-ite*), t. de médec., inflammation de l'*ileum*.

ILÉO-CAPSULO-TROCHANTIN, adj. mas. (*ilé-o-kapeçulotrochantein*), t. d'anat., se dit d'un muscle qui va de l'épine inférieure de l'os des iles à la capsule de la tête du fémur et au petit *trochanter*.

ILÉO-COECAL, E, adj. (*ilé-océkal*), t. d'anat., qui appartient à l'intestin *ileum* et au *cœcum*.

ILÉO-COLIQUE, subst. fém. et adj. des deux genres (*ilé-okolike*), t. d'anat., qui a rapport aux intestins iléon et colon. On a appelé *artère iléo-colique*, la colique droite inférieure, division de la mésentérique supérieure, ou cœcale.

ILÉO-DICLIDITE, subst. fém. (*ilé-odiklidite*), t. de médec., inflammation de l'ileum et de la valvulve cœcale.

ILÉOGRAPHE, subst. mas. (*ilé-oguerafe*), t. d'anat., celui qui s'occupe particulièrement de l'histoire des intestins.

ILÉOGRAPHIE, subst. fém. (*ilé-oguerafi*), description des intestins, traité des intestins.

ILÉOGRAPHIQUE, adj. des deux genres (ilé-oguerafke), qui appartient à l'iléographie.
ILÉO-LOMBAIRE, subst. et adj. (ilé-olonbère). Voy. ILIO-LOMBAIRE.
ILÉOLOGIE, subst. fém. (ilé-oloji) (du grec ειλεω, intestin, et λογος, discours, traité),traité des intestins.
ILÉOLOGIQUE, adj. des deux genres (ilé-olojike), qui appartient à l'iléologie.
ILÉOLOGUE, subst. mas, (ilé-ologue), celui qui s'occupe spécialement des intestins. Voy. ILÉOGRAPHE.
ILÉON. Voy. ILEUM.
ILÉOSE, subst. fém. (ilé-oze), t. de médec., affection morbide de l'intestin iléon.
ILÉOSIE, subst. fém. (ilé-ozi), t. de médec., colique violente.
ILERGÈTE, subst. propre mas. (ilèrejète), peuple qui habite le centre de la Catalogne en Espagne.
ILES, subst. mas. plur. (ile) (en latin ilia), t. d'anat., les flancs.—Os des iles, os larges et plats, situés aux parties latérales du bassin.
ILEUM ou ILÉON, subst. et adj. mas. (ilé-ome) (en grec ειλεω, formé du verbe ειλεω, entortiller, tourner, parce qu'il fait un grand nombre de circonvolutions), t. d'anat., le dernier et le plus long des intestins grêles.— Adj.: l'intestin ileum.
ILEUS, subst. mas. (ilé-uce), t. de médec., passion iliaque. Maladie ainsi nommée parce qu'elle paraît avoir son siège dans l'intestin iléon. C'est ce qu'on appelle vulgairement un miserere.
ILHUI, subst. mas. (ilui), t. d'hist. nat., espèce d'autruche, ainsi nommée chez les Patagons.
ILIAC, subst. mas. (ili-ak), t. d'hist. nat., espèce de pinson d'Amérique.
ILIACO-MUSCULAIRE, adj. des deux genres (ili-akomuçekulère), t. d'anat., qui appartient au muscle iliaque.
ILIACO-TROCHANTIN, adj. mas. (ili-akotrochantein), t. d'anat., nom donné au muscle iliaque ou iliaco-trochantinien.
ILIACO-TROCHANTINIEN, subst. et adj. mas. (ili-akotrochantinièin), t. d'anat.; on donne ce nom au muscle iliaque, parce qu'il s'étend de la fosse iliaque au petit trochanter du fémur.
ILIADE, subst. fém. (ili-ade) (du grec Ιλιον, Troie), poème épique d'Homère sur la prise de Troie.
ILIAL, E, adj. (il-iale), t. d'anat., qui a rapport à l'os iléon.—Au plur. mas., iliaux.
ILIAQUE, adj. des deux genres (ili-ake) (du lat. ilia, îles), t. d'anat.; nom donné, en général, aux parties qui ont rapport à l'iléon et aux os des iles.—Passion iliaque, maladie dans laquelle on sent une douleur très-aiguë dans l'intestin iléon.—Muscle iliaque, celui qui fait mouvoir l'os de la cuisse sur le bassin. — T. d'archit. anc.: table iliaque, fragment de bas-relief antique, d'un pied carré de surface, trouvé près d'Albano, qui fut publié à Rome par Fabretti en 1683, et inséré en 1719 dans l'Antiquité expliquée de Montfaucon. Cette table contient la guerre de Troie, ville appelée Ilion, d'Ilus, le quatrième de ses rois.—Fêtes iliaques, jeux institués par Auguste, en commémoration de la bataille d'Actium.
ILIA-SYLVIA, subst. propre fém. (ili-a-cilevia), myth., mère de Romulus.
ILICET, adv. (ilicète) (contraction des mots latins ire licet), expression usitée dans les funérailles des anciens pour avertir que la cérémonie était terminée.
ILIEN, adj. mas. (ili-ein), insulaire. (Boiste.) Inusité.
ILII-SACRO-FÉMORAL, subst. et adj. mas. (ili-çakrofémoral), t. d'anat., nom donné au muscle grand-fessier ou sacro-fémoral.
ILIO-ABDOMINAL, subst. et adj. mas. (ilio-abedominale), t. d'anat., se dit du muscle interne abdominal.
ILIO-APONÉVROSI-FÉMORAL, subst. et adj. mas. (ili-o-aponévrozifémoral), t. d'anat.; on nomme ainsi le muscle fascia-lata, parce qu'il est attaché à l'épine antérieure-supérieure de l'os ilion et à la ligne âpre du fémur.
ILIO-APONÉVROTIQUE, subst. et adj. mas. (ili-o-aponevrotike), t. d'art vétér., se dit du muscle fascia-lata du cheval.
ILIO-CRÉTI-TIBIAL, subst. et adj. mas. (ili-okrétitibiale), t. d'anat., nom donné au muscle appelé autrement muscle-couturier.
ILIOÏDÉE, subst. fém. (ili-o-ide), t. de bot., plantes qui composent la première division de la famille des algues.

ILIO-FÉMORAL, subst. et adj. mas. (ili-ofémorale), t. d'anat., qui appartient à l'os iliaque et au fémur. — Ilio-fémoral grêle, t. d'art vétér.; se dit d'un muscle de la cuisse du cheval.
ILIO-HYPOGASTRIQUE, subst. et adj. mas. (ili-o-ipognacetrike), t. d'anat.; se dit du muscle émané de la première paire lombaire qui s'emboîte dans le muscle oblique du bas-ventre.
ILIO-INGUINAL, subst. et adj. mas. (ili-o-eingui-nale), t. d'anat.; on appelle ainsi le nerf qui s'étend de la première paire lombaire au muscle oblique du bas-ventre.
ILIO-ISCHIO-TROCHANTÉRIEN, subst. et adj. mas. (ili-o-iceki-otrochanteri-ein), t. d'anat., nom donné au muscle appelé autrement petit-fessier, ou petit ilio-trochantérien.
ILIO-LOMBAIRE, subst. mas. et adj. des deux genres (ili-olonbère), t. d'anat., qui appartient au muscle iliaque et aux lombes.
ILIO-LOMBO-VERTÉBRAL, subst. et adj. mas. (ili-olonbô-vérétébral), t. d'anat., se dit du ligament ilio-lombaire.
ILIO-LOMBI-COSTAL, subst. et adj. mas. (ili-o-lonbi-kocetal), t. d'anat., muscle carré des lombes ou iliocostal.
ILIO-LOMBI-COSTO-ABDOMINAL, subst. mas. et adj. (ili-o-lonbikoceto-abedominal), t. d'anat., muscle appelé autrement petit oblique abdominal ou ilio-abdominal.
ILIO-PECTINÉE, subst. et adj. fém. (ili-o-pèktine), t. d'anat.; se dit d'une éminence formée par la jonction de la base de l'os ilion et de celle du pubis.
ILIO-PUBI-COSTO-ABDOMINAL, subst. et adj. mas. (ili-o-pubi-kocetô-abedominal), t. d'anat., muscle grand oblique-abdominal ou costo-abdominal.
ILIO-ROTULIEN, subst. et adj. mas. (ili-o-rotuliein), t. d'anat., muscle grêle antérieur, ainsi nommé parce qu'il s'étend de l'épine antérieure-inférieure de l'os ilion à la base de la rotule.
ILIO-SACRÉ, E, adj. (ili-o-sacré), t. d'anat., qui appartient à l'os iliaque et au sacrum.
ILIO-SACRO-FÉMORAL, subst. et adj. mas. (ili-o-çakrô-fémoral), t. d'anat., muscle qui s'étend de l'os ilion et du sacrum au fémur.
ILIO-SACRO-SCIATIQUE, subst. mas. et adj. des deux genres (ili-o-çakrôciatike), t. d'anat., qui naît de l'os des iles, et s'attache à l'ischion et au sacrum.
ILIO-SCROTAL, subst. mas. et adj. (ili-ocekrotal), t. d'anat., se dit des rameaux iliaqueteux qui correspondent aux parties voisines de l'ilion et au scrotum.
ILIO-SPINAL, subst. et adj. mas. (ilio-cepinale), t. d'art vétér., se dit des muscles long-dorsal, long-épineux de l'encolure et court-transversal du cheval.
ILIO-TROCHANTÉRIEN, subst. et adj. mas. (ili-o-trochantérièin), t. d'anat., se dit des différents muscles fessiers.
ILION, subst. mas. (ili-on) (du grec ειλεω, j'entortille), t. d'anat., os des hanches; c'est la plus grande des trois pièces dont les os innominés sont composés dans les jeunes sujets.
ILION, subst. propre fém. (ili-on); on appelle ainsi la ville de Troie, du nom d'Ilus, fils de Tros, et roi de cette contrée.
ILIONE, subst. propre fém. (ili-one), myth., fille de Priam, et femme de Polymnestor.
ILIONÉE, subst. propre mas. (ili-oné), myth., capitaine troyen, fils de Phorbas, suivit Enée, qui le chargea de plusieurs ambassades, parce qu'il était éloquent.
ILITHYIE, subst. propre fém. (ilitì-i), myth., fille de Junon, déesse qui, chez les Grecs, présidait aux accouchements. C'est la même que Lucine.
ILIUM, subst. mas. Voy. ILEUM.
ILUS, subst. propre mas. (iluce), myth., roi de Troie, fils de Tros et de Callirhoé, fille du Scamandre : il donna le nom d'Ilion à la ville de Troie.
ILLANKEN, subst. mas. (ilelankiène), t. d'hist. nat., poisson du genre des saumons.
ILLAPA, subst. propre mas. (ilelapa), myth., l'un des dieux des Péruviens.
ILLAPS, subst. mas. (ilelapce), extase. Hors d'usage.
ILLATIF, adj. mas., au fém. ILLATIVE (ilelatif, tive) (du lat. illatus, part. de inferre), dont on infère.

ILLATIVE, adj. fém. Voy. ILLATIF.
ILLATION, subst. fém. (ileládon), translation de reliques; prière de la messe mozarabique.
ILLEC, adv. (ileléke), en ce lieu-là. Vieux mot. (Marot, Voltaire.)
ILLECEBRES, subst. mas. plur. (ilelécèbre), t. de bot., genre d'amarantes.
ILLE-ET-VILAINE, subst. propre fém. (ilevilène), nom d'un dép. de la Fra.ce qui tire son nom des deux principales rivières qui l'arrosent. Rennes en est le chef-lieu.
ILLÉGAL, E, adj. (ileléguale), qui est contre la loi. Il est opposé à légal.—Au plur. mas., illégaux.
ILLÉGALEMENT, adv. (ilelégualeman), d'une manière illégale.
ILLÉGALITÉ, subst. fém. (ilelégualité), caractère, vice de ce qui est illégal.
ILLÉGAUX, adj. mas. plur. Voy. ILLÉGAL.
ILLÉGITIME, adj. des deux genres (ilelejítime), qui n'a pas les conditions requises par la loi.—Le contraire de légitime.—Qui n'est pas d'après la loi.—Déraisonnable : désirs illégitimes.—Enfant illégitime, né hors du mariage.—Prétention illégitime, injuste.
ILLÉGITIMEMENT, adv. (ilelejitimeman), d'une manière illégitime.
ILLÉGITIMITÉ, subst. fém. (ilelejitimité), défaut de légitimité.
ILLETTRÉ, E, subst. et adj. (ilelétré), qui n'a que de légères connaissances en littérature, ou qui n'en a même pas.
ILLIBÉRAL, E, adj. (ilelibérale), sans libéralité; servile, bas. — Mécanique : profession illibérale. Ce mot manque dans l'Académie. — Au plur. mas., illibéraux.
ILLIBÉRALEMENT, adv.(ilelibéraleman),d'une manière illibérale. — Ce mot manque dans l'Académie.
ILLIBÉRALITÉ, subst. fém. (ilelibéralité), absence de noblesse, d'indépendance; servilité.—Ce mot manque dans l'Académie.
ILLICITE, adj. des deux genres (ilelicite) (de la particule privative in, et licitus, permis, licite), qui n'est pas permis; qui est défendu par la morale ou par les lois : amour illicite; attroupements illicites.
ILLICITEMENT, adv. (ileliciteman), d'une manière illicite.
ILLIERS, subst. propre mas. (ili-é), ville de France, chef-lieu de canton, arrond. de Chartres, dép. d'Eure-et-Loir.
ILLIMITABLE, adj. des deux genres (ilelimitable), sans limites, qui ne peut être limité.
ILLIMITÉ, E, adj. (ilelimité), sans bornes, sans limites, sans terme.
ILLIPÉ, subst. mas. (ilelipé), t. de bot., grand arbre du Malabar, de la famille des sapotilliers.
ILLICO, adv. (ileliko), mot emprunté du latin, et qui signifie littéralement : sur-le-champ. Il se dit en médecine d'un remède qu'il faut appliquer à l'instant, et s'employait dans l'ancienne jurisprudence en parlant d'un jugement dont on avait droit d'appeler sur-le-champ, etc.
ILLISIBLE, adj. des deux genres (ilelizible), qu'on ne peut lire. Voy. INLISIBLE.
ILLITÉRÉ, E, subst. et adj. (ilelitéré), qui ne sait pas lire. Peu en usage. Du reste, inutile, car illettré dit plus, ou du moins tout autant.
ILLITION, subst.fém. (ilelicion)(du lat. illinere ou illinire, oindre, frotter), t. de médec., action d'oindre une partie, de la frotter de quelque liqueur onctueuse.
ILLOGIQUE, adj. des deux genres (ilelojike), contraire à la logique. (Boinvilliers.)
ILLOSE, subst. fém. (ilelôze), t. de médec., strabisme.
ILLUMINATEUR, subst. mas. (ileluminateur), celui qui illumine, qui fait des illuminations ou qui possède l'art de distribuer les lumières de façon à produire tels ou tels effets.
ILLUMINATIF, adj. mas., au fém. ILLUMINATIVE (ileluminatif, tive), qui illumine.—En t. de dévotion mystique : la vie illuminative, qui a la vertu d'éclairer.
ILLUMINATION, subst. fém. (ileluminacion) (en lat. illuminatio), action d'illuminer dans les fêtes publiques.—Feux et lumières employés à cet effet. — En t. de dévotion, inspiration divine, lumière extraordinaire que Dieu répand dans l'âme.

ILLUMINATIVE, adj. fém. Voy. ILLUMINATIF.

ILLUMINÉ, E, part. pass. de *illuminer*, et adj. —Éclairé.—Subst., un visionnaire, un fanatique en matière de religion : *c'est un illuminé.* — Se dit aussi d'une personne qui prétend avoir des visions, et être inspirée immédiatement par la divinité.—Il s'est dit d'une secte de chrétiens qui parut au 7e siècle, et d'une nouvelle secte qui, de nos jours, a pris naissance en Allemagne, et que l'on croit vulgairement s'occuper de l'évocation des ombres des morts. — Titre donné, par dérision, à tous les charlatans mystiques des derniers temps, à tous ceux qui s'occupaient d'alchimie, de magie, de cabale, de revenants, etc. — Dans une acception plus particulière, membres d'une association formée en Allemagne en 1767, par *Weishaupt*, professeur de droit à Ingolstadt, et qu'on a accusés d'avoir pour but secret la destruction de tous les gouvernements établis.

ILLUMINER, v. act. (*ilelumine*) (en lat. *illuminare*, fait de *lumen*, lumière), éclairer, répandre de la lumière sur...—Faire des *illuminations*, disposer des *lumières* avec ordre et symétrie, en signe de réjouissance.—Figur., en t. de religion, éclairer l'esprit, l'âme. *J.-B. Rousseau* (ode 7, livre IV) a dit :

> C'est aux astres vénérables
> D'*illuminer* ses actions ;

pour *éclairer ses actions*. Cette expression est impropre.

ILLUMINISME, subst. mas. (*ileluminiceme*), doctrine, opinion plus que chimérique des *illuminés*.

ILLUSION, subst. fém. (*ileluzion*) (en latin *illusio*, fait du verbe *illudere*, qui signifie proprement se moquer de...), apparence trompeuse présentée à quelqu'un, ou par sa propre imagination, ou par l'artifice d'un autre. — Pensée et imagination chimériques. Une *illusion*, dit M. *Guizot*, est l'effet d'une chose ou d'une idée qui nous déçoit par une apparence trompeuse; une *chimère* est une idée entièrement destituée de fondement.—Songe, fantôme agréable ou désagréable. C'est le mensonge des apparences. *Faire illusion*, c'est, en général, tromper par les apparences. *Nos sens nous font illusion*, lorsqu'ils nous montrent des objets où il n'y en a point, ou, lorsqu'il y en a, qu'ils nous les montrent autrement qu'ils ne sont. *Les verres de l'optique nous font illusion* de cent manières différentes, en altérant la grandeur, la forme, la couleur, la distance. *Nos passions nous font illusion*, lorsqu'elles nous dérobent l'injustice des actions ou des sentiments qu'elles nous inspirent. Tout ce qui nous impose par son éclat, son antiquité, sa fausse importance, *nous fait illusion*.

ILLUSIONNÉ, E, part. pass. de *illusionner*.

ILLUSIONNER, v. act. (*ileluzioné*), faire, causer de l'*illusion*; tromper par des *illusions*.—S'ILLUSIONNER, v. pron.

ILLUSOIRE, adj. des deux genres (*ileluzoare*), qui tend à tromper par une fausse apparence, captieux, etc. : *proposition illusoire*. — Inutile, sans effet : *demande illusoire*.

ILLUSOIREMENT, adv. (*ileluzoareman*), d'une manière *illusoire*.

ILLUSTRATEUR, subst. mas. (*ilelucetrateur*), celui qui donne le *lustre*, qui célèbre ou rend célèbre. Peu en usage.

ILLUSTRATION, subst. fém. (*ilelucetrácion*) (en lat. *illustratio*), explication, discours qui met en son jour ce qu'il y a de beau dans un lieu ou sur un sujet.—Dans un sens plus usité, marques d'honneur dont une famille est *illustrée*.—Célébrité, éclat.—En t. de dévotion : *illustration divine*; illumination, lumière particulière qui vient de Dieu.

ILLUSTRE, adj. des deux genres (*ilelucetre*) (en lat. *illustris*), éclatant, célèbre par le mérite, par les talents, les succès, etc. Il se prend ordinairement en bonne part. — *Une maison illustre*, est celle dans laquelle il y a eu plusieurs hommes *illustres*.—On dit substantivement, dans le style badin ou même moqueur : *c'est un illustre*.

ILLUSTRÉ, E, part. pass. de *illustrer*.

ILLUSTRER, v. act. (*ilelucetré*) (en lat. *illustrare*), donner du *lustre* et de l'éclat; rendre *illustre*.—S'ILLUSTRER, v. pron.

ILLUSTRISSIME, adj. des deux genres (*ilelucetricime*) (en latin *illustrissimus*), très-*illustre*.

ILLUTATION, subst. fém. (*ilelutácion*) (du lat. *lutum*, boue), t. de médec., action d'enduire quelque partie du corps de boue, que l'on a soin de renouveler lorsqu'elle est sèche, à dessein d'échauffer, de dessécher, etc. On emploie à cet effet le limon qui est au fond des sources minérales.

ILLYRIE, subst. propre fém. (*ileliri*), province d'Autriche, bornée par la Styrie, la Croatie, la Hongrie et la mer Adriatique.

ILLYRIEN, subst. et adj. mas., au fém. ILLYRIENNE (*ilelirïein*, *riène*), de l'*Illyrie*.

ILLYRIENNE, subst. et adj. fém. Voy. ILLYRIEN.

ÎLOT, subst. mas. (*ilô*), petite *île*.

ILOTE, subst. mas. (*ilote*), à Lacédémone, esclave. Les *Ilotes* étaient, dans l'origine, les habitants de la ville d'*Elos*, dans la Laconie, qui, après s'être soumis aux Lacédémoniens, se révoltèrent contre eux, et qui, obligés ensuite de se rendre à discrétion, furent réduits en esclavage, eux et tous leurs descendants, à perpétuité. — Au fém., t. d'hist. nat., espèce de coquille qu'on trouve aux environs de Livourne.

ILOTISME, subst. mas. (*iloticeme*), état, condition, servitude semblable à celle de l'*ilote*.

ILPÉMAXTLA, subst. mas. (*ilepémakcetela*), t. d'hist. nat., espèce de renard de la Nouvelle-Espagne.

ILUANA, adj. fém. (*ilu-ana*), t. d'hist. nat.; on appelle *terre iluana* une sorte de bol blanc qui, mêlé avec le jus de citron, est propre, dit-on, à détruire les vers des enfants.

IMAGE, subst. fém. (*imaje*) (en latin *imago*, fait, suivant *Festus*, de *imitari*, imiter), représentation en sculpture ou en peinture. Il ne se dit en ce sens que des *images* des dieux et de celles des saints, surtout en parlant des iconoclastes. Voy. EFFIGIE.—Estampe. Il ne se dit que des plus grossières.—Ressemblance : *Dieu a fait l'homme à son image*.— Idée, tableau de l'imagination.—*Être sage comme une image*, être fort retenu, ne pas bouger.—En optique : 1° peinture naturelle et très-ressemblante qui se fait des objets, quand ils sont opposés à une surface bien polie; 2° plus généralement, le spectre ou la représentation d'un objet que l'on voit, soit par réflexion, soit par réfraction.—En littérature, 1° description, tableau ; 2° espèce de métaphore qui, pour rendre un objet plus sensible, le peint sous des traits qui ne sont pas les siens, mais ceux d'un objet analogue.

IMAGER, subst. mas., au fém. IMAGÈRE (*imajé*, *jère*), celui, celle qui vend des *images*, des estampes.

IMAGERIE, subst. fém. (*imajeri*), fabrique, commerce d'*images*, d'estampes.

IMAGINABLE, adj. des deux genres (*imajinable*), qui se peut *imaginer*.

IMAGINAIRE, adj. des deux genres (*imajinère*), en parlant des personnes dont l'*imagination* est blessée ou trompée : *malade, riche imaginaire*.—En parlant des choses, qui n'est point réel et n'existe que dans l'*imagination* : *bonheur imaginaire*. — En t. d'algèbre, il signifie impossible. Les quantités *imaginaires* sont opposées aux quantités *réelles*. — *Racines imaginaires*, racines paires de quantités négatives. — Subst. mas., en t. de mathém. : *faire évanouir l'imaginaire*. — Chez les anciens Romains, soldat qui portait au bout d'une pique le portrait de l'empereur en médaillon.

IMAGINATIF, adj. mas., au fém. IMAGINATIVE (*imajinatif*, *tive*), qui *imagine* aisément : *la faculté, la puissance imaginative*, la faculté, la puissance par laquelle on *imagine*; et simplement, l'*imaginative*, en employant ce terme comme subst. fém. Il est familier en ce dernier sens.

IMAGINATION, subst. fém. (*imajinácion*) (en lat. *imaginatio*), faculté de l'âme par laquelle elle *imagine*, elle se forme des *images*, des idées, les combine entre elles, etc. — Idée qu'on se forme d'une chose.—Pensée, vision, chimère. Ce mot signifie, en général, le pouvoir que chaque être sensible sent en soi de se représenter les choses sensibles.—On appelle *imagination active* le talent de former des peintures neuves de toutes celles qui sont dans notre mémoire; et dans ce talent on distingue l'*imagination d'invention*, qui est l'*imagination* qui invente, ou le génie, et l'*imagination de détails et d'expression*, qui est celle qui peint vivement, qui emploie les circonstances les plus frappantes, et qu'on appelle communément *imagination*, dans le monde. — On nomme *imagination passive* celle qui consiste à retenir une simple impression des objets. Ce n'est presque autre chose que la mémoire même dans un cerveau vivement ému.— Dans les arts, on appelle *belle imagination* celle qui est toujours naturelle ; *imagination fausse*, celle qui assemble des objets incompatibles; *imagination bizarre*, celle qui peint des objets qui n'ont ni analogie, ni allégorie, ni vraisemblance; *imagination forte*, celle qui approfondit les objets ; *imagination faible*, celle qui les effleure ; *imagination douce*, celle qui se repose dans les peintures agréables; *imagination ardente*, celle qui entasse *images* sur *images*; *imagination sage*, celle qui emploie avec choix différents caractères, mais qui admet très-rarement le bizarre et rejette toujours le faux.

IMAGINATIONISTE, subst. mas. (*imajinaci-onicete*), celui qui croit aux effets de l'*imagination* sur le fœtus. (*Boiste*.) Inus.

IMAGINATIVE, adj. et subst. fém. Voy. IMAGINATIF.

IMAGINÉ, E, part. pass. de *imaginer*.

IMAGINER, v. act. (*imajiné*) (en lat. *imaginari*), former quelque chose dans son esprit; créer en quelque sorte une idée, en être l'inventeur.— S'IMAGINER, v. pron., se représenter dans l'esprit.—Croire, se persuader. — *Imaginer*, c'est former quelque chose dans son esprit ; c'est en quelque sorte créer une idée, en être l'inventeur. — *S'imaginer*, c'est tantôt se représenter dans l'esprit, tantôt croire et se persuader quelque chose. Quand on a mis tant d'esprit pour *imaginer* un système, comment *s'imaginer* qu'il est absurde? Je ne puis *imaginer* un pur athée; je conçois qu'un sot *s'imagine* l'être.

IMAMIE, subst. fém. (*imami*), nom de la secte d'Ali, dont les Persans suivent les doctrines en tous points.

IMAN, subst. mas. (*iman*) (du verbe arabe *amma*, précéder, marcher devant les autres, conduire, présider, commander), ministre de la religion mahométane; c'est, comme chez nous, un curé.

IMANAT, subst. mas. (*imana*), dignité, fonctions d'*iman*.—Temps que durent ces fonctions. — Résidence de l'*iman*.

IMANTELIGME, subst. mas. (*imanteligueme*) (du grec *ιμας*, courroie, et *ελισσω*, j'entortille), jeu des anciens Grecs, qui consistait à délier un nœud fait autour d'un bâton. (*Boiste*.) Tout-à-fait inusité.

IMANTOPÈDE, adj. des deux genres (*imantopède*), t. d'hist. nat.; il se dit des oiseaux à cuisses et jambes longues à moitié nues.

IMARET, subst. mas. (*imaré*), chez les Turcs, espèce d'hôpital ou d'hôtellerie pour les pauvres et les voyageurs.

IMARMÈNE ou **HIMARMÈNE**, subst. propre fém. (*imarmène*), myth., divinité qu'on croit être la même que le Destin.

IMATIDIE, subst. fém. (*imatidi*), t. d'hist. nat., genre d'insectes coléoptères de l'Amérique méridionale.

IMAÜM, subst. mas. (*ima-ome*), ministre de la religion mahométane, qui n'est justiciable que du grand-visir.

IMBÉCILLE, et non pas **IMBÉCILE**, qui est un barbarisme de l'*Académie*, subst. et adj. des deux genres (*einbécile*) (en lat. *imbecillis*, formé, dans la même signification, de la particule priv. *in*, et de *bacillus*, bâton ; littéralement, *qui est sans bâton, sans appui*), faible d'esprit. — Qui parle, qui agit sottement.—Idiot. Voy. FOU. On le disait autrefois, 1° pour faible; 2° pour incapable.

IMBÉCILLEMENT, et non pas, avec l'*Académie*, **IMBÉCILEMENT**, adv. (*einbécileman*), avec *imbécillité*.

IMBÉCILLITÉ, subst. fém. (*einbécilité*. L'*Académie* a tort de dire qu'il faut faire sentir les deux *L* dans ce mot.) (en lat. *imbecillitas*), faiblesse d'esprit.—Inhabileté, sottise, niaiserie.

IMBERBE, adj. des deux genres (*einbèrbe*) (en lat. *imberbis*, formé de *in* priv., et de *barba*, barbe), qui est sans barbe. — Subst. : *c'est un imberbe*.

IMBERBE, subst. mas. (*einbèrebe*), t. d'hist. nat., genre de poisson.—Au plur., oiseaux silvains.

IMBIBÉ, E, part. pass. de *imbiber*.

IMBIBER, v. act. (*einbibé*) (en lat. *imbibere*, formé de *in*, dans, et *bibere*, boire), mouiller de quelque liqueur, en sorte que la chose en soit pénétrée. — S'IMBIBER, v. pron., devenir *imbibé* de quelque liqueur. — Pénétrer dans... : *l'huile s'imbibe dans la laine*.

IMBIBITION, subst. fém. (einbibicion), action d'imbiber; la faculté de s'imbiber. — En bot., action par laquelle les feuilles pompent l'eau.

IMBIAMABLE, adj. des deux genres (einblâmable), qu'on ne peut blâmer. — Ce mot manque dans l'Academie.

S'IMBOIRE, v. pron. (ceinboare) (du lat. imbuere, tremper, mouiller), s'imbiber, se pénétrer.

IMBRASIDÈS, subst. propre mas. (einbrazidèce), myth., Asius, fils d'Imbracus, compagnon d'Énée.

IMBRASIE, subst. propre fém. (einbrazi), myth., surnom de Junon, parce qu'on croyait qu'elle était née sur les bords de l'Imbrasus, fleuve de l'île de Samos.

IMBRIAQUE, adj. et subst. des deux genres (einbriake) (par corruption, du lat. ebriacus, qui a la même signification), pris de vin. (Boiste.) Tout-à-fait inusité.

IMBRICAIRE, subst. fém. (einbrikière), t. de bot., genre de cryptogames.

IMBRICATION, subst. fém. (einbrikâcion), superposition de corps, de feuilles, d'écailles, etc., qui s'emboîtent entre eux comme les briques d'un toit.

IMBRICÉE, adj. fém. (einbricé) (en lat. imbricatus, fait de imbrex, gén., imbricis, tuile creuse): tuile imbricée, tuile concave, creuse.

IMBRIN, subst. mas. (einbrein), t. d'hist. nat., grand plongeon du Nord.

IMBRIQUÉ, E, adj. (einbriki̇é) (en lat. imbricatus), t. de botanique, couvert de parties disposées en recouvrement les unes sur les autres, comme les tuiles ou briques d'un toit. On dit aussi: tuilé.

IMBROGLIO, subst. mas. (einbroquelio) (de l'italien imbrogliare, embrouiller, embarrasser), mot italien admis dans notre langue pour signifier l'intrigue compliquée de certaines pièces de théâtre: pièce d'imbroglio; il y a beaucoup d'imbroglio dans cette comédie. — Embrouillement, confusion. — Au plur., des imbroglio sans s, ce mot étant tout italien.

IMBROUILLE, subst. mas. (einbrou-ie), embrouillement, confusion. (Boiste.) Hors d'usage. Voy. IMBROGLIO.

IMBU, E, part. pass. du vieux verbe imboire, et adj. Il ne se dit plus guère qu'au figuré, et il signifie: qui est rempli de, pénétré de: imbu d'une affaire, d'une nouvelle, d'une mauvaise doctrine.

IMERA, subst. mas. (iméra), t. d'antiq., chapeau de fleurs que portait celui qui voulait se faire initier aux mystères d'Eleusis.

IMITABLE, adj. des deux genres (imitable) (en lat. imitabilis), qu'on peut imiter. Il ne se dit guère qu'avec la négative. Voy. INIMITABLE.

IMITATEUR, subst. et adj. mas., au fém. IMITATRICE (imitateur, trice) (en lat. imitator), celui, celle qui imite, qui règle sa conduite sur celle d'autrui. — Adj.: peuple imitateur.

IMITATIF, adj. mas., au fém. IMITATIVE (imitatif, tive), qui imite, qui a la faculté d'imiter.

IMITATION, subst. fém. (imitâcion) (en latin imitatio) action par laquelle on imite. — Imitation se dit aussi de la restauration artificielle d'un objet: l'imitation des perles fut d'abord grossière. — En art d'arts: l'imitation d'une tragédie ancienne, l'imitation d'un tableau, une tragédie faite sur le modèle d'une tragédie ancienne, un tableau fait sur le modèle d'un autre tableau. — L'imitation est aussi le titre d'un livre de piété très-connu. — On appelle imitation, en musique, la répétition que fait une partie concertante d'un motif mélodique entendu précédemment. — A l'imitation de..., façon de parler adverbiale, à l'exemple de..., sur le modèle, etc.

IMITATIVE, adj. fém. Voy. IMITATIF.

IMITATRICE, subst. fém. Voy. IMITATEUR.

IMITÉ, E, part. pass. de imiter.

IMITER, v. act. (imité) (en lat. imitari), prendre pour exemple; se conformer à un modèle. On imite par routine, si l'Encyclopédie; on copie par stérilité; on contrefait par amusement; on imite en embellissant; on copie servilement; on contrefait en chargeant. — En littérature, prendre dans ses écrits l'esprit, le génie, le style d'un autre auteur. — En peinture, suivre dans un tableau la manière, le goût, l'ordonnance d'un autre peintre. — S'IMITER, v. pron.

IMMA, subst. mas. (imema), espèce d'ocre rouge, ferrugineuse, dont les teinturiers et les peintres se servent en Perse.

IMMACULÉ, E, adj. (immakulé) (en lat. immaculatus, formé de in privatif, et de macula, tache), qui est sans tache de péché. Il ne se dit sérieusement que de la conception de la sainte Vierge.

IMMANENT, E, adj. (imemanan, nante) (du lat. immanent, part. de immanere, formé de la prép. in, dedans, et manere, demeurer), t. didactique, qui demeure continu, constant.

* **IMMANGEABLE**, adj. des deux genres (imemanjable), qui ne peut se manger. Peu usité.
* **IMMANQUABLE**, adj. des deux genres (imemankable), qui ne peut manquer d'arriver, de réussir. Il ne se dit point des personnes. — IMMANQUABLE, INFAILLIBLE. (Syn.) Immanquable désigne la certitude objective, ou que l'objet est en lui-même certain; et infaillible, la certitude idéale qu'on a une science certaine de l'objet. Suivant la disposition et le cours des choses, il y a une sorte de nécessité qu'un évènement immanquable arrive; suivant les connaissances et les preuves qu'on a des choses, il est constant et indubitable que l'évènement infaillible arrivera. — Un effet est immanquable, qui dépend d'une cause nécessaire; une prédiction est infaillible, qui procède d'une science certaine. Le lever du soleil est immanquable, c'est l'ordre de la nature; une règle d'arithmétique est infaillible, elle est fondée sur l'évidence.

IMMANQUABLEMENT, adv. (imemankablement), sans manquer, sans faute.

IMMARCESSIBLE, adj. des deux genres (imemarcécecible) (en lat. immarcessibilis), t. didactique, qui est incorruptible.

IMMARTYROLOGISÉ, E, part. pass. de immartyrologiser.

IMMARTYROLOGISER, v. act. (imemartirolojisé), insérer au Martyrologe. — S'IMMARTYROLOGISER, v. pron.

IMMATÉRIALISÉ, E, part. pass. de immatérialiser.

IMMATÉRIALISER, v. act. (imematéri-alizé), rendre, supposer tout immatériel. — S'IMMATÉRIALISER, v. pron.

IMMATÉRIALISME, subst. mas. (imematérialiceme), système de l'immatériel. — Opinion de ceux qui admettent dans la nature deux substances essentiellement différentes, l'une qu'ils appellent matière, et l'autre qu'ils nomment esprit.

IMMATÉRIALISTE, subst. mas. (imematéri-alicete) (du lat. in privatif, et materia, matière), philosophes qui prétendent que tout est esprit, et que le monde n'est composé que d'êtres pensants.

IMMATÉRIALITÉ, subst. fém. (imematéri-alité), qualité de ce qui n'a point de matière.

IMMATÉRIEL, adj. mas., au fém. IMMATÉRIELLE (imematéri-éle), qui est sans matière; qui est pur esprit.

IMMATÉRIELLE, adj. fém. Voy. IMMATÉRIEL.

IMMATÉRIELLEMENT, adv. (imematéri-éleman), d'une manière immatérielle; spirituellement.

IMMATRICULATION, subst. fém. (imematrikulâcion), action d'immatriculer.

IMMATRICULE, subst. fém. (imematrikule), enregistrement du nom de quelqu'un sur un registre public.

IMMATRICULÉ, E, part. pass. de immatriculer.

IMMATRICULER, v. act. (imematrikulé), écrire et enregistrer sur la matricule. — S'IMMATRICULER, v. pron.

IMMATURITÉ, subst. fém. (imematurité), état d'un fruit qui n'est pas mûr; et fig., d'une chose qui n'est pas arrivée au point désirable.

IMMÉDIAT, E, adj. (imemedia, diate) (du lat. in privatif, et medium, milieu), qui agit sans milieu: cause immédiate. — Qui suit ou qui précède sans aucun intervalle: successeur, prédécesseur immédiat.

IMMÉDIATEMENT, adv. (imemédiatemen), d'une manière immédiate. — Immédiatement après, incontinent après, aussitôt après.

IMMÉDIATION, subst. fém. (imemédiâcion), qualité de ce qui est immédiat.

IMMÉDIATITÉ, subst. fém. (imemediatité), qualité de ce qui est immédiat; dépendance immédiate. Voy. IMMÉDIATION.

* **IMMÉMORANT**, E, adj. (imemémoran, rante), qui a perdu le souvenir, la mémoire de... Peu usité.

IMMÉMORATIF, adj. mas., au fém. IMMÉMORATIVE (imemémoratif, tive), qui ne se souvient pas. Peu usité.

IMMÉMORIAL, E, adj. (imemémoriale) (du lat. immemoria, défaut de mémoire, formé de in privatif, et de memoria, mémoire), qui est si ancien qu'il n'en reste aucune mémoire, aucun souvenir. — Au plur. mas., immémoriaux.

IMMÉMORIALEMENT, adv. (imemémorialeman), d'une manière immémoriale; dont il ne reste aucun souvenir.

IMMÉMORIAUX, adj. mas. plur. Voyez IMMÉMORIAL.

IMMENSE, adj. des deux genres (imemance) (en lat. immensus, fait de la particule privative in, et de mensura, mesure; qui est sans mesure), qui ne peut pas être mesuré; c'est l'infini. — Qui est d'une grandeur démesurée: une somme immense, une très-grande somme.

IMMENSÉMENT, adv. (imemanceman) (en lat. immensé), d'une manière immense.

IMMENSITÉ, subst. fém. (imemancité) (en lat. impensitas), grandeur, étendue immense.

IMMENSURABLE, adj. des deux genres (imemançurable) (du lat. in privatif, et mensura, mesure), qu'on ne peut mesurer. Peu usité. Voy. INCOMMENSURABLE.

IMMERGÉ, E, part. pass. de immerger.

IMMERGER, v. act. (imemerjé), plonger dans un liquide. Voy. IMMERSION. — S'IMMERGER, v. pron.

IMMÉRITÉ, E, adj. (imemérité), que l'on n'a pas mérité.

IMMERSIF, adj. mas., au fém. IMMERSIVE (imemérecif, cive), fait par immersion: calcination immersive. — En t. de chimie, épreuve de l'or dans l'eau-forte, lorsqu'on le purifie par l'inquart.

IMMERSION, subst. fém. (imemerceion) (en lat. immersio), fait de immergere, plonger, enfoncer dans un liquide, etc., dont les racines sont in, dans, et mergere, plonger), action de plonger dans l'eau. — En t. d'astron., 1° commencement de l'éclipse d'une étoile, lorsqu'elle est cachée par la lune, ou de la lune, lorsqu'elle entre et se plonge dans l'ombre de la terre, ou des satellites de Jupiter, lorsqu'ils entrent dans l'ombre de cette planète; 2° situation d'un astre tellement rapproché du soleil, qu'il est comme enveloppé dans ses rayons et qu'on ne peut le voir.

IMMERSIVE, adj. fém. Voy. IMMERSIF.

IMMEUBLE, subst. mas. et adj. des deux genres (imemeuble) (du lat. immobilis, immobile, formé de in privatif, et de movere, mouvoir), t. de jurispr.; on appelle immeubles, les biens fixes qui ont une assiette certaine, et qui ne peuvent être transportés d'un lieu à un autre, comme les terres, les bois, les vignes, les maisons, etc. — Immeubles immeubles, ceux qui sont réputés meubles par fiction, et immeubles fictifs, ou par fiction, ceux qui, n'étant pas de vrais corps immeubles, sont néanmoins considérés comme comme tels. — Adj.: il oblige ses biens meubles et immeubles.

IMMIGRATION, subst. fém. (imemigrâcion), l'opposé d'émigration. — Établissement d'étrangers dans un pays.

IMMINEMMENT, adv. (imeminaman), d'une manière menaçante.

IMMINENCE, subst. fém. (imeminance), qualité de ce qui est imminent.

IMMINENT, E, adj. (imeminan, nante) (en lat. imminens, part. prés. de imminere, pencher, être prêt de tomber), qui est prêt à tomber sur.., qui menace ou dont on est prochainement menacé: péril imminent, ruine, disgrace imminente. Il ne faut pas confondre ce mot avec éminent, dont la signification est toute autre.

S'IMMISCER, v. pron. (cimemicecé) (en latin immiscere, formé de in, dans, et de miscere, mêler), se mêler de l'administration de quelque affaire. — S'ingérer mal à propos d'une chose. — Il se dit surtout, en t. de palais, de celui qui, appelé à une succession, en prend les titres comme propriétaire.

IMMISCIBLE, adj. des deux genres (imemiccible), qui ne peut se mêler à un autre.

IMMISÉRICORDIEUX, adj. mas., au fém. IMMISÉRICORDIEUSE (imemizéricordieu, dieuze) qui n'a point de miséricorde; qui est sans compassion. Peu usité.

IMMISÉRICORDIEUSE, adj. fém. Voy. IMMISÉRICORDIEUX.

IMMIXTION, subst. fém. (*imemikcelion*), action de mêler deux substances l'une avec l'autre. Voyez S'IMMISCER, dans la seconde acception.

IMMOBILE, adj. des deux genres (*imemobile*) (en lat. *immobilis*), qui ne se meut point. — Au moral, qui ne se donne aucun mouvement sur rien.

IMMOBILEMENT, adv. (*imemobileman*), d'une manière ferme, assurée, *immobile*.

IMMOBILIER, adj. mas., au fém. **IMMOBILIÈRE** (*imemobilié, lière*), qui concerne les biens *immeubles*. — *Action immobilière*, action intentée pour entrer en possession d'un *immeuble*.—Il se prend aussi subst. au mas., comme le mot *mobilier : cet homme a hérité de tout l'immobilier de cette succession*, pour dire de tous les *immeubles*.

IMMOBILIÈRE, adj. fém. Voyez IMMOBILIER.

IMMOBILIÈREMENT, adv. (*imemobilièreman*), d'une manière *immobilière*, *comme immeuble*. Ce mot manque dans l'*Académie*.

IMMOBILISATION, subst. fém. (*imemobilizâcion*), action d'*immobiliser*.—Le résultat de cette action.

IMMOBILISÉ, E, part. pass. de *immobiliser*.

IMMOBILISER, v. act. (*imemobilizé*), rendre *immobile*. Peu usité.—Rendre *immobilier*, convertir en *immeubles*.—S'IMMOBILISER, v. pron.

IMMOBILITÉ, subst. fém. (*imemobilité*) (en lat. *immobilitas*), qualité de ce qui est *immobile*. —Fig., état d'un homme qui ne se donne aucun mouvement sur rien.

IMMODÉRATION, subst. fém. (*imemodérâcion*), vice contraire à la *modération*.

IMMODÉRÉ, E, adj. (*imemodéré*), excessif, démesuré, outré : avec cette différence que ce qui passe le juste milieu et tend à l'extrême est *immodéré*; ce qui passe la mesure et ne garde plus de proportion est *démesuré*; ce qui passe par dessus les bornes et se répand au dehors, hors de là, est *excessif*; ce qui passe beaucoup le but et va loin par-delà est *outré*. Il faut retenir et contenir ce qui deviendrait *immodéré*; réprimer et resserrer ce qui serait *démesuré*; arrêter et réduire ce qui devient *excessif*; adoucir et affaiblir ce qui est *outré* (Roubaud).—Qui n'est pas *modéré*.

IMMODÉRÉMENT, adv. (*imemodéréman*), sans *modération*, avec excès.

IMMODESTE, adj. des deux genres (*imemodècete*), en parlant des personnes, qui manque de *modestie* et de pudeur.—En parlant des choses, contraire à la *modestie*.

IMMODESTEMENT, adv. (*imemodèceteman*), d'une manière *immodeste*.

IMMODESTIE, subst. fém. (*imemodèceti*), manque de *modestie* ou de pudeur.—Action *immodeste* : *commettre des immodesties*.

IMMOLATEUR, subst. mas. (*imemolateur*) (en lat. *immolator*), anciennement, celui qui *immolait* dans les sacrifices. Hors d'usage.

IMMOLATION, subst. fém. (*imemolâcion*) (en lat. *immolatio*), action d'*immoler*.

IMMOLÉ, E, part. pass. de *immoler*.

IMMOLER, v. act. (*imemolé*) (en lat. *immolare*, formé de la prép. *in*, sur, et de *mola*, gâteau sacré qu'on mettait sur la tête des victimes avant de les égorger), offrir en sacrifice. Voyez SACRIFIER.—Fig., *immoler quelqu'un à son ambition*, le ruiner, le perdre pour satisfaire son ambition.—S'IMMOLER, v. pron., se sacrifier, faire ce qu'on ne voudrait pas faire. — Fig. : *s'immoler pour quelqu'un*, s'exposer à perdre sa fortune pour le servir, etc.

IMMONDE, adj. des deux genres (*imemonde*) (en lat. *immundus*, fait de *in* privatif, et de *munditia*, propreté, netteté), impur, sale. Il se dit surtout dans le langage de l'Écriture : *animal immonde; l'esprit immonde*, le démon.

IMMONDICE, subst. fém. (*imemondice*) (en lat. *immunditia* ou *immundities*), ordure. En ce sens, il ne se dit guère qu'au plur. : *les rues sont pleines d'immondices*.—*Immondice légale*, impureté que contractaient les Juifs, pour avoir touché quelque chose d'*immonde*.

IMMONDICITÉ, subst. fém. (*imemondicité*), qualité de ce qui est *immonde*.

IMMORAL, E, adj. (*imemoral*), contraire aux bonnes mœurs : *action immorale*.—Qui est sans mœurs et sans principes : *homme immoral*. Mot nouveau.—Au plur. mas., *immoraux*.

IMMORALITÉ, subst. fém. (*imemoralité*), caractère de ce qui est *immoral*; manque de *moralité*.

IMMORAUX, adj. mas. plur. Voy. IMMORAL.

IMMORTALISATION, subst. fém. (*imemortalizâcion*), action d'*immortaliser* ou de *s'immortaliser*. Vieux mot qui est utile.

IMMORTALISÉ, E, part. pass. de *immortaliser*.

IMMORTALISER, v. act. (*imemortalizé*), rendre *immortel* dans la mémoire des hommes. — S'IMMORTALISER, v. pron.

IMMORTALITÉ, subst. fém. (*imemortalité*) (en lat. *immortalitas*, formé de *in* privatif, et *mortalitas*, condition sujette à la mort), qualité, condition de ce qui ne peut mourir. — Espèce de vie perpétuelle dans la mémoire des hommes. — En t. de blas., phénix sur son bûcher.

IMMORTEL, subst. mas. (*imemortèle*), poétiquement : l'*Immortel*, Dieu. On dit plus souvent et mieux, l'*Éternel*.—Les païens appelaient leurs faux dieux *les immortels* et nous disons de même, surtout en poésie. — On appelle les académiciens *immortels*. — On appelait aussi *immortels*, chez les anciens Persans, un corps de troupes destiné à la garde du roi.

IMMORTEL, adj. mas., au fém. **IMMORTELLE** (*imemortèle*) (en lat. *immortalis*), qui n'est point sujet à la *mort*. — Fig., 1° ce qu'on suppose devoir être d'une très-longue durée; 2° ce dont on suppose que la mémoire doit durer toujours.

IMMORTELLE, adj. fém. Voy. IMMORTEL.

IMMORTELLE, subst. fém. (*imemortèle*), t. de bot., plante vivace du midi de la France. L'état de siccité de la plante et des fleurs fait que, cueillies à temps, elles se conservent plusieurs années sans se flétrir ni s'altérer.

IMMORTIFICATION, subst. fém. (*imemortifikâcion*), vice contraire à la *mortification*.

IMMORTIFIÉ, E, adj. (*imemortifié*), qui n'est point *mortifié*, sensuel.

IMMUABILITÉ, subst. fém. (*imemu-abilité*), qualité de ce qui est *immuable*. Voy. IMMUTABILITÉ.

IMMUABLE, adj. des deux genres (*imemu-able*) (du latin *immutabilis*, fait de *in* privatif, et *mutabilitas*, inconstance, légèreté), qui ne change point: *Dieu seul est immuable par sa nature*.

IMMUABLEMENT, adv. (*imemu-ableman*), d'une manière *immuable*.

IMMUNE, subst. mas. (*imemune*), t. d'antiq.; on appelait ainsi à Rome les six premiers confrères du grand collége du dieu Silvain.

IMMUNITÉ, subst. fém. (*imemunité*) (en latin *immunitas*, formé de *in* privatif, et de *munus*, charge), exemption des impôts, de charges, etc. — *Immunités ecclésiastiques*, priviléges dont les prêtres jouissent.—IMMUNITÉ, EXEMPTION. (*Syn.*) L'*immunité* est la dispense d'une charge onéreuse; l'*exemption* est une exception à une obligation commune. L'*exemption* vous met hors de rang; l'*immunité* vous met à l'abri d'une servitude.—*Immunité* ne se dit proprement qu'en matière de jurisprudence et de finance; c'est une *exemption* de charges civiles ou de droits fiscaux. L'*exemption* s'étend à tous les genres de charges, de droits, de devoirs, d'obligations dont on ne peut être affranchi; ainsi on dit *exemption* de soins, de vices, d'infirmités, etc., dans l'ordre moral ou physique. — L'*exemption* est l'affranchissement particulier de quelque charge à laquelle des personnes ou des choses auraient été soumises avec les autres, sans cette exception à la règle commune. *Immunité* s'applique principalement aux *exemptions* dont des corps, des communautés, des villes, un ordre de citoyens jouissent. On dira plutôt *exemption*, lorsqu'il s'agira de priviléges particuliers, personnels, ou attachés à des offices qui ne tiennent point à l'ordre naturel de la société. — *Immunité* marque d'une manière générale la décharge ou l'*exemption* de charge, sans spécifier de laquelle; c'est au mot *exemption* que cette fonction grammaticale est réservée. On dit l'*exemption*, et non l'*immunité* de tailles, de droit, de franc-fief, de guet et de garde, de tutèle, d'hommage. On dit l'*immunité* plutôt que l'*exemption* des personnes, des lieux, d'un genre de commerce, d'une communauté. L'*immunité* tombe donc proprement sur les objets qui en jouissent; et l'*exemption* détermine de quels avantages particuliers ils jouissent. La prérogative de l'*immunité* attachée à certains lieux procure à ceux qui les habitent l'*exemption* de certains droits, de certaines sujétions, de poursuites personnelles.

IMMUTABILITÉ, subst. fém. (*imemutabilité*), qualité de ce qui est *immuable*.

IMMUTABLE, adj. des deux genres (*imemutable*) (du latin *in* privatif, et *mutare*, changer), qui ne peut être changé.

IMPACT, subst. mas. (*einpakte*), t. de math., point où la force projectile agit sur le pendule.

IMPACTION, subst. fém. (*einpakcion*) (du lat. *pactum*, formé de *impingere*, heurter), t. de méd., fracture du crâne.

IMPAIR, E, adj. (*einpère*) (en latin *impar*, fait de *in* privatif, et de *par*, pair), qui ne peut se diviser exactement par deux : *trois, cinq, sept*, sont des nombres *impairs*. — En bot., au fém., il se dit de la foliole terminale et solitaire d'une feuille pinnée.

IMPALPABILITÉ, subst. fém. (*einpalepabilité*), qualité de ce qui est *impalpable*.

IMPALPABLE, adj. des deux genres (*einpalepable*) (du lat. *in* privatif, et *palpare* ou *palpari*, toucher avec la main), qui ne peut se toucher avec les mains. — Qui est si fin, si délié, qu'il ne fait aucune impression au toucher.

IMPANATEUR, subst. mas. (*einpanateur*), partisan de l'*impanation*; luthérien.

IMPANATION, subst. fém. (*einpanâcion*) (du latin *in*, dans, et *panis*, pain), subsistance du pain avec le corps de *Jésus-Christ* après la consécration; c'est une hérésie des luthériens, que, par cette raison, on a appelés *impanateurs*.

IMPANÉ, E, adj. (*einpané*), uni au pain eucharistique, et non *transsubstantié*, selon les luthériens.

IMPARDONNABLE, adj. des deux genres (*einpardonable*), qu'on ne peut *pardonner* : *action impardonnable*. Il ne se dit que des choses, parce qu'on ne *pardonne* point *les* personnes, mais *aux* personnes. En parlant de celles-ci, on dit *inexcusable*.

IMPARF., abréviation du mot *imparfait*.

IMPARFAIT, subst. mas. (*einparfè*), en t. de grammaire, *prétérit imparfait*, ou simplement *imparfait*, le prétérit qui marque le commencement, le cours d'une action sans en désigner la fin. Ainsi, *j'aimais, je disais, je faisais*, sont à l'*imparfait* dans cette acception. *Imparfait* s'emploie aussi au subjonctif. *L'imparfait de l'indicatif, l'imparfait du subjonctif*. *J'aimais* est l'*imparfait de l'indicatif*; et *j'aimasse* est l'*imparfait du subjonctif*.

IMPARFAIT, E, adj. (*einparfè, fète*) (en latin *imperfectus*, formé de *in* privatif, et *perfectus*, achevé, uni), qui n'est pas achevé. — Qui a des défauts et des imperfections. — *Livre imparfait*, où il manque quelques feuilles ou parties de feuilles. — En t. de musique, on appelle *accord imparfait*, par opposition à l'*accord parfait*, celui qui porte une sixte ou une dissonnance; et par opposition à l'accord plein, celui qui n'a pas tous les sons qu'il devrait avoir pour être complet; *cadence imparfaite*, celle qu'on appelle autrement cadence irrégulière; *consonnance imparfaite*, celle qui peut être altérée sans cesser d'être consonnance, comme la tierce et la sixte. —On appelle, dans le plain-chant, *modes imparfaits*, ceux qui sont défectueux en haut ou en bas, et restent en deçà d'un des deux termes qu'ils doivent atteindre. — En t. de bot., on appelle *fruit imparfait*, celui qui est d'une mauvaise venue; *graine imparfaite*, celle qui n'a pas été fécondée; *fleur imparfaite*, celle à la fructification de laquelle il manque quelque chose d'essentiel.

IMPARFAITEMENT, adv. (*einparfèteman*), d'une manière *imparfaite*.

IMPARISYLLABIQUE, adj. des deux genres (*einparicilelabike*) (du lat. *impar*, inégal, et du grec συλλαβή, syllabe), se dit, dans la grammaire grecque, des déclinaisons qui ont, au génitif singulier, une syllabe de plus qu'au nominatif.

IMPARTABLE, adj. des deux genres (*einpartable*) (du lat. *impartibilis*, employé par *saint Augustin* dans la même signification), t. de jurispr., qui ne peut être partagé. Peu en usage.

IMPARTAGEABLE, adj. des deux genres (*einpartajable*), qu'on ne peut *partager* ni démembrer.

IMPARTI, E, part. pass. de *impartir*.

IMPARTIAL, E, adj. (*einparciale*), qui ne prend point parti pour l'un plutôt que pour l'autre. — On dit d'un juge *qu'il est impartial*, lorsqu'il pèse, sans acception des choses ou des personnes, les raisons pour et contre.—*Un examen est impartial*, lorsqu'il est fait par une personne *impartiale*. — *Un historien impartial* est celui qui raconte les faits exactement *tels qu'ils sont*, abstraction faite de ses opinions, de ses passions, de ses dispositions particulières. — *Une loi impartiale* est celle qui ne favorise point les uns aux dépens des autres. — On dit, dans le même sens : *choix impartial; le tableau du vice offense en tous lieux un œil impartial.* — Au mas. plur., *impartiaux.*

IMPARTIALEMENT, adv. (*einparcialeman*), sans *partialité.*

IMPARTIALITÉ, subst. fém. (*einparcialité*), qualité de ce qui est *impartial.*

IMPARTIAUX, adj. mas. plur. Voy. IMPARTIAL.

IMPARTIBILITÉ, subst. fém. (*einpartibilité*) (du latin *in* privatif, et *partire* ou mieux *partiri*, diviser, partager, t. de féodal., état de deux fiefs qui ne peuvent avoir qu'un seul possesseur, bien qu'ils puissent relever de deux seigneurs différents.

IMPARTIBLE, adj. des deux genres (*einpartible*), qui ne peut être partagé. Voy. IMPARTIBILITÉ.

IMPARTIR, v. act. (*einpartir*), communiquer, donner. Vieux et peu en usage.

IMPASSE, subst. fém. (*einpâce*), mot qui signifie, où l'on ne *passe* pas, et que *Voltaire* a substitué à celui de *cul-de-sac.*

IMPASSIBILITÉ, subst. fém. (*einpacecibilité*), qualité, caractère de ce qui est *impassible.*

IMPASSIBLE, adj des deux genres (*einpacecible*) (en latin *impassibilis,* fait de *in* privatif, et de *passio,* souffrance), qui ne peut souffrir de douleur ni de changement. —Qui a de la force dans le caractère ; qui ne se laisse déterminer par aucune considération personnelle.—Ce mot n'est guère que du style didactique. On a justement reproché à *Saint-Lambert* de l'avoir employé en vers (*Poëme des Saisons*), et surtout de l'avoir appliqué à un ours :

Où, dans un antre obscur fièrement *impassible.*

IMPASTATION, subst. fém. (*einpacetâcion*), t. de maçonnerie, composition faite de substances broyées et mises *en pâte.*

IMPATIEMMENT, adv. (*einpaciaman*), avec *impatience,* avec inquiétude, avec chagrin.

IMPATIENCE, subst. fém. (*einpaciance*) (en latin *impatientia*), manque de *patience;* sentiment d'inquiétude, soit dans la souffrance d'un mal, soit dans l'attente d'un bien. *Fénelon* a dit absolument (*Télémaque*, livre III): *Hazaël, qui avait impatience de... Qui avait une grande, une vive impatience* aurait été plus régulier. Suivant *Necker, l'impatience* n'est pas le contraire de la *patience* : celle-ci est une vertu, et celle-là n'est qu'un défaut et non un vice. L'homme *patient* se fait admirer; mais l'*impatient* ne se fait pas mépriser, il ne fait que se donner un ridicule. Ainsi l'*impatience* et la *patience* peuvent s'unir, et s'unissent en effet souvent dans le même caractère. C'est peut-être dans la langue française le seul exemple de deux mots formés de cette manière, sans qu'ils soient en opposition directe.

IMPATIENT, E, adj. (*einpacian, ciante*) (du latin *impatiens,* qui ne sait pas souffrir, supporter, formé de *in* privatif, et *pati,* supporter, souffrir), qui manque de *patience,* soit dans la souffrance de quelque mal, soit dans l'attente de quelque bien.—*J.-B. Rousseau* a dit (ode I, livre III) :

Impatient du dieu dont le souffle invincible,

pour : *ne pouvant supporter le dieu,* etc. C'est, dans ce vers, un très-heureux latinisme.

IMPATIENTANT, E, adj. (*einpaciantan, tante*), qui *impatiente.*

IMPATIENTÉ, E, part. pass. de *impatienter.*

IMPATIENTER, v. act. (*einpacianté*), faire perdre *patience.* — *s'*IMPATIENTER, v. pron., perdre *patience* ; n'avoir point de *patience.*

IMPATRIOTE, subst. des deux genres (*einpatri-ote*), celui, celle qui n'est pas *patriote.* Inus.

s'IMPATRONISER, v. pron. (*ceinpatronizé*) (de l'italien *impadronirsi, farsi padrone,* se rendre maître), s'introduire, s'établir dans une maison et y dominer. Il est fam. On ne dit guère : *impatroniser quelqu'un,* à l'actif.

IMPAYABLE, adj. des deux genres (*einpè-iable*), qui ne se peut trop *payer.*—Fig., bizarre, extraordinaire : *l'aventure est impayable.* Il est fam.

IMPECCABILITÉ, subst. fém. (*einpèkekabilité*), état de celui qui ne peut pas *pécher : l'impeccabilité par nature n'appartient qu'à Dieu seul.* — C'est aussi la grace, le privilège, le principe qui nous met hors d'état de pécher. Les théologiens distinguent différentes sortes et différents degrés d'*impeccabilité* : *l'impeccabilité de Dieu* lui convient par nature ; *l'impeccabilité de Jésus-Christ,* en tant qu'homme, lui convient à cause de l'union hypostatique ; l'*impeccabilité des bienheureux* est une suite de leur état ; l'*impeccabilité des hommes* est l'effet de la confirmation en grace, et s'appelle plutôt *impeccance* qu'*impeccabilité.*

IMPECCABLE, adj. des deux genres (*einpèkekable*) (en lat. *impeccabilis*), incapable de pécher, de faillir.

IMPECCANCE, subst. fém. (*einpèkekance*), t. didactique, l'état d'un homme qui ne commet aucun *péché : l'impeccabilité emporte l'impeccance.* (Trévoux.)

IMPÉCUNIEUX, adj. mas., au fém. **IMPÉCUNIEUSE** (*einpékunieu, nieuze*), qui manque d'argent. (*Ménage.*) Inusité.

IMPÉCUNIEUSE, adj. fém. Voy. IMPÉCUNIEUX.

IMPÉCUNIOSITÉ, subst. fém. (*einpékuni-ôzité*), manque d'argent. Inusité.

IMPÉDITEUR, subst. mas. (*einpéditeur*), celui qui empêche, met des entraves. Il est vieux.

IMPÉNÉTRABILITÉ, subst. fém. (*einpénétrabilité*), qualité qui rend *impénétrable.*—En physique, propriété en vertu de laquelle deux corps ne peuvent occuper en même temps la même place.

IMPÉNÉTRABLE, adj. des deux genres (*einpénétrable*), qui ne peut être *pénétré.* — On dit en t. de physique, que *les corps sont impénétrables,* pour signifier qu'ils ont la qualité que l'on nomme *impénétrabilité.*—Figurément : *un homme impénétrable,* celui dont on ne peut connaître les pensées, les opinions, les desseins.

IMPÉNÉTRABLEMENT, adv. (*einpénétrableman*), d'une manière *impénétrable.*

IMPÉNITENCE, subst. fém. (*einpénitance*), état d'un homme *impénitent* ; endurcissement dans le péché : *impénitence finale,* celle dans laquelle on meurt.

IMPÉNITENT, E, adj. (*einpénitan, tante*), qui n'est point *pénitent ;* qui ne se *repent* point de ses fautes. — On dit qu'*un homme est mort impénitent,* pour dire que son *impénitence* a duré jusqu'à la mort. — Il s'emploie aussi substantivement : *un impénitent, les impénitents.*

IMPENNE, subst. mas. (*einpène*), t. d'hist. nat., famille d'oiseaux nageurs, dont les ailes sont fort courtes. Elle se compose du seul genre des manchots.

IMPENSES, subst. fém. plur. (*einpance*) (du lat. *impensus,* dépense), t. de palais, dépenses qu'on a faites pour améliorer un bâtiment, un héritage : *faire des impenses; rembourser des impenses et améliorations.* — Choses que l'on a employées, ou sommes que l'on a déboursées, pour faire rétablir, améliorer ou entretenir une chose qui appartient à autrui, ou qui ne vous appartient qu'en partie, ou qui n'appartient pas incommutablement à celui qui en jouit. — On appelle *impenses nécessaires,* celles sans lesquelles la chose serait périe ou entièrement détériorée : *impenses utiles,* celles qui ne sont pas nécessaires, mais qui augmentent la valeur de la chose.

IMPÉR., abréviation du mot *impératif.*

IMPÉRATE, subst. fém. (*einpérate*), t. de bot., genre de plantes qui renferme des cannamelles, des érianthes, etc.

IMPÉRATIA, subst. fém. (*einpéracia*), t. de bot., espèce de plante.

IMPÉRATIF, subst. mas. (*einpératif*), t. de grammaire, un des modes du verbe, celui dont on se sert lorsque l'on commande.—La seconde personne de l'*impératif,* lorsqu'elle est terminée par un *e* muet, comme *travaille, donne,* prend un *s* pour la douceur de la prononciation, devant les pronoms *y, en : travailles-y, donnes-en.* — Avec l'*impératif,* le pronom régime s'énonce après le verbe : *donne-moi la main; pends-toi.* — S'il y a deux *impératifs* unis par une des conjonctions *et, ou,* le pronom régime du dernier *impératif* peut le précéder :

Laissez-moi cette chaîne, ou *m*'arrachez le jour.
Polissez-le sans cesse, et *le* repolissez.

— Quand un verbe à l'*impératif* a deux pronoms pour régime, l'un direct et l'autre indirect, le régime direct s'énonce le premier : *donnez-le-moi, cédez-les-nous, envoyez-le-lui.* — On en excepte les pronoms régimes directs : *moi, toi, le, la,* construits avec le régime indirect *y : envoyez-y-moi, promènes-y-toi, mènes-y-le,* pour ne point dire : *envoyez-m'y, menez-l'y.* Encore vaut-il mieux prendre un autre tour, et dire, par exemple : *envoyez-moi là, promène-toi dans ce lieu.* — Quelquefois on fait usage de la première personne plurielle de l'impératif, bien que l'action ne soit faite que par une seule personne. Un homme dit, en parlant de lui-même : *soyons le protecteur du faible ;* et alors l'adjectif se met au singulier : *je me disais : Soyons* LIBRE *désormais ; vivons* TRANQUILLE, *puisque je suis philosophe.* (MM. *Noël* et *Chapsal.*) Voy. la GRAMMAIRE.

IMPÉRATIF, adj. mas., au fém. **IMPÉRATIVE** (*einpératif, tive*) (en lat. *imperativus,* fait de *imperare,* commander, ordonner), impérieux : *voilà un ton bien impératif.* — En t. de pratique, *disposition impérative,* celle qui ordonne absolument de faire quelque chose.

IMPÉRATIVE, adj. fém. Voy. IMPÉRATIF.

IMPÉRATIVEMENT, adv. (*einpérativeman*), d'une manière *impérative.*

IMPÉRATOIRE, subst. fém. (*einpératoare*), t. de bot., plante vivace, dont la racine est très-âcre. On la nomme aussi *benjoin français.* Le nom d'*impératoire* lui vient des grandes propriétés qui lui sont attribuées en médecine, comme qui dirait : *plante digne d'un empereur.*

IMPÉRATOR, subst. propre mas. (*einpérâtor*), myth., surnom de Jupiter, pris d'une statue qu'il avait dans la cour du Capitole.

IMPÉRATORIA, subst. fém. (*einpératoria*), t. de bot., nom qu'on donne en général à plusieurs plantes, à cause de leurs propriétés favorables.

IMPÉRATRICE, subst. fém. (*einpératrice*) (en lat. *imperatrix*), la femme d'un *empereur.* — Celle qui possède un *empire.* — *Impératrice violette,* t. de jardinier, sorte de prune.

IMPERCEPTIBILITÉ, subst. fém. (*einpèrecèpetibilité*), qualité de ce qui est *imperceptible.*

IMPERCEPTIBLE, adj. des deux genres (*einpèrecèpetible*) (du latin *in* privatif, et *percipere,* apercevoir), qu'on n'aperçoit pas, qu'on ne voit point, ou qu'on voit très-peu.

IMPERCEPTIBLEMENT, adv. (*einpèrecèpetibleman*), d'une manière *imperceptible ;* peu à peu, insensiblement.

IMPERDABLE, adj. des deux genres (*einpèredable*), qui ne peut *se perdre : procès imperdable.*

IMPERFECTIBILITÉ, subst. fém. (*einpèrefèktibilité*), caractère, état de l'être *imperfectible.* — Au plur., ce qui le constitue. Ce mot manque dans l'*Académie.*

IMPERFECTIBLE, adj. des deux genres (*einperefèktible*), qu'on ne peut rendre *parfait : l'homme est imperfectible.* Ce mot manque dans l'*Académie.*

IMPERFECTION, subst. fém. (*einpèrefèkcion*), manquement, défaut contraire à la perfection. — *Imperfection d'un livre,* feuilles qui manquent pour le rendre complet. — Au plur., feuilles qui se trouvent de trop dans un livre. On dit plus souvent *défets* aujourd'hui. — IMPERFECTION, DÉFAUT, DÉFECTUOSITÉ. (*Syn.*) *L'imperfection,* dit *Roubaud,* fait que la chose n'a pas le degré de *perfection* qu'elle doit ou peut avoir ; le *défaut* fait que la chose n'a pas toute l'intégrité, toute la rectitude ou toute la pureté nécessaire ; la *défectuosité* fait que la chose n'a pas tout le relief, toute la propriété, tout l'effet convenable. *L'imperfection* dégénère en *défaut,* le *défaut* en vice, la *défectuosité* en difformité.

IMPERFORATION, subst. fém. (*einpèreforâcion*) (du latin *in* privatif, et *perforatio,* action de percer, ouverture), t. de médec., défaut d'ouverture dans quelqu'un des passages naturels.

IMPERFORÉ, E, adj. (*einpèreforé*), qui manque d'ouverture.

IMPÉRIAL, E, adj. (*einpériale*), qui est d'*empereur ;* qui appartient à l'*empereur* ou à l'*empire.* — *Couronne impériale,* fleur printanière.— *Eau impériale,* eau-de-vie distillée.—*Serge impériale,* de la laine fine.—*Prune impériale,* grosse prune longue. — Au plur. mas., *impériaux.* — Subst. mas. plur., *les Impériaux,* autrefois les troupes de l'*empereur* d'Allemagne.—Ses ministres dans une assemblée.

IMPÉRIALE, subst. fém. (*einpériale*), le dessus d'un carrosse. — La partie supérieure d'un lit, à laquelle on suspend les rideaux. On dit plus communément *ciel.* — Sorte de prune, de tulipe, de jeu de cartes, d'étoffe ou de serge légère. — Monnaie d'or de Russie, qui a cours pour dix roubles (quarante-six livres dix sous tournois, ou quarante-cinq francs quatre-vingt-treize centimes).—Il est aussi adj. fém. Voy. IMPÉRIAL.

IMPÉRIALISTE, subst. mas. (*einpérialicete*), *impérial.* — Partisan d'un *empereur.*

IMPÉRIAUX, adj. et subst. mas. plur. Voy. IMPÉRIAL.

IMPÉRIEUSE, adj. fém. Voy. IMPÉRIEUX.

IMPÉRIEUSEMENT, adv. (*einpérieuzeman*), d'une manière *impérieuse,* avec orgueil.

IMPÉRIEUX, subst. et adj. mas., au fém. **IMPÉRIEUSE** (*einpérieu, rieuze*) (en latin *imperiosus*), qui commande avec hauteur ; altier, hautain. Voy. ABSOLU.

IMPÉRIOSITÉ, subst. fém. (*einpéri-ozité*), qualité de l'*impérieux* · hauteur. Peu en usage.

IMPÉRISSABLE, adj. des deux genres (*einpériçable*), qui ne peut *périr*. On le dit souvent par hyperbole : *voilà un monument impérissable.*

IMPÉRIT, subst. mas. (*einpérite*) (en lat. *imperitus*, qui a la même signification), ignorant, inhabile. (*Rabelais.*) Il est inusité.

IMPÉRITIE, subst. fém. (*einpérici*) (en latin *imperitia*, fait de *in* privatif, et de *peritia*, habileté), défaut d'habileté dans une profession.

IMPERMÉABILITÉ, subst. fém. (*einpèremé-abilité*), t. de physique, qualité de ce qui est *imperméable.*

IMPERMÉABLE, adj. des deux genres (*einpèremé-able*) (du latin *in*, particule négative, et *permeabilis*, pénétrable, au travers duquel on peut passer, dérivé de *permeare*, passer au travers, pénétrer, formé de *per*, au travers, et de *meare*, couler, se glisser), qui ne peut être traversé par un liquide, par un fluide. En ce sens, la matière du feu ou le calorique est la seule substance qui soit véritablement *imperméable.*—Dans une acception moins étendue et moins rigoureuse, qui ne peut être pénétré par l'eau : *toile, enduit imperméable.*

IMPERMUTABILITÉ, subst. fém. (*einpèremutabilité*), qualité de ce qui est *impermutable.*

IMPERMUTABLE, adj. des deux genres (*einpèremutable*), qu'on ne peut changer.

IMPERSONNEL, adj. mas., au fém. **IMPERSONNELLE** (*einpèreçonèle*) (du latin *impersonalis*, formé de *in* privatif, et de *persona*, personne, qui manque de personne ; il se dit des verbes et des temps de verbes). — T. de gramm., le mot *personnel* signifie qui est relatif aux *personnes*, ou qui reçoit des inflexions relatives aux *personnes*. C'est dans le premier sens que les grammairiens ont distingué les pronoms *personnels*, parce que chacun de ces pronoms a un rapport fixe à l'une des trois personnes ; et c'est dans le second sens que l'on peut dire que les verbes sont *personnels*, quand on les envisage comme susceptibles d'inflexions relatives aux personnes. Le mot *impersonnel* est composé de l'adjectif *personnel*, et de la privative *in*. Il signifie donc, qui n'est pas relatif aux *personnes*, ou qui ne reçoit pas d'inflexions relatives aux *personnes*. Les grammairiens ont appelé *verbes impersonnels*, certains verbes défectifs qui n'ont que la troisième personne du singulier, et qui s'emploient sans application à un sujet déterminé, comme *falloir, pleuvoir, tonner, neiger*, etc., font, *il pleut, il faut, il tonne, il neige*, etc. D'autres, condamnant cette application du mot *impersonnel*, ne connaissent que des *modes personnels* et des *modes impersonnels*, selon que le verbe y reçoit ou n'y reçoit pas des inflexions relatives aux personnes : ainsi ils appellent *modes personnels*, l'indicatif, l'infinitif et le subjonctif, parce que le verbe y reçoit des inflexions relatives aux personnes ; et *modes impersonnels*, l'infinitif et le participe, parce que le verbe n'y reçoit aucune inflexion relative aux personnes. Ce mot d'*impersonnel* a été remplacé par celui d'*unipersonnel*, qui rend mieux la nature de sa fonction en matière de grammaire. Voy. UNIPERSONNEL. — Subst. mas., temps *impersonnel* d'un verbe, ou verbe *impersonnel.*

IMPERSONNELLEMENT, adv. (*einpèreçonèleman*), d'une manière *impersonnelle*. Voy. UNIPERSONNELLEMENT.

IMPERSUASIBLE, adj. des deux genres (*einpèreçu-azible*), qu'on ne peut persuader. Il est peu usité, mais utile.

IMPERTINEMMENT, adv. (*einpèretinaman*), d'une manière *impertinente.*

IMPERTINENCE, subst. fém. (*einpèretinance*), caractère d'une chose ou d'une personne *impertinente*. — Action, parole *impertinente.*

IMPERTINENT, E, adj. (*einpèretinan, nante*) (en latin *impertinens*, formé de *in* négatif, et de *pertinere*, concerner, avoir rapport à... C'est par abus que l'usage a donné au mot français *impertinent* une autre signification), qui parle, qui agit ; et, en parlant des choses, qui est contre la raison, la discrétion, la bienséance. Il diffère d'*insolent*, en ce que l'*impertinent* manque avec impudence aux *égards* qu'il convient d'avoir ; et que l'*insolent* manque avec arrogance au *respect* qu'il doit porter. Le premier choque, le second insulte. Voy. FAT. — On dit substantivement : *c'est un impertinent, une impertinente.* — En t. de pratique, qui n'a point de rapport à la chose dont il s'agit.

IMPERTURBABILITÉ, subst. fém. (*einpèreturbabilité*), état de l'âme tranquille, sans trouble. Voy. IMPERTURBABLE.

IMPERTURBABLE, adj. des deux genres (*einpèreturbable*) (en lat. *imperturbabilis*, fait dans le même sens, de *in* négatif, et de *perturbare*, troubler), tranquille, qu'on ne peut troubler.

IMPERTURBABLEMENT, adv. (*einpèreturbableman*), d'une manière *imperturbable.*

IMPÉTIGINES, subst. fém. plur. (*einpétijine*) (du lat. *impetigo*, dartre vive), t. de médec., habitudes dépravées du corps, avec affection cutanée.

IMPÉTIGINEUX, adj. mas., au fém. **IMPÉTIGINEUSE** (*einpétijineu, neuze*), t. de médec., qui appartient aux *impétigines* : *peau impétigineuse.*

IMPÉTIGINEUSE, adj. fém. Voy. IMPÉTIGINEUX.

IMPÉTIGINODE, adj. des deux genres (*einpétijinode*), t. de médec., qui appartient à l'*impétigo.*

IMPÉTIGO, subst. mas. (*einpétiguô*), t. de médec., espèce de dartre ; gale canine.

IMPÉTRABLE, adj. des deux genres (*einpétrable*), t. de droit, qu'on peut *impétrer*, obtenir. Il se dit particulièrement en matière bénéficiale. On dit qu'un *bénéfice est vacant et impétrable*, lorsqu'il n'est pas rempli de fait ou de droit.

IMPÉTRANT, E, subst. (*einpétran, trante*), t. de droit, celui qui *impètre*. — Celui, celle qui a obtenu certaines lettres du prince. — En matière ecclésiastique, il se dit de celui qui a obtenu un bénéfice. — Celui qui a obtenu un diplôme.

IMPÉTRATION, subst. fém. (*einpétrâcion*), action d'*impétrer* ; obtention.

IMPÉTRÉ, E, part. pass. de *impétrer.*

IMPÉTRER, v. act. (*einpétré*) (en latin *impetrare*), obtenir par des prières. Son plus grand usage est au palais : *impétrer un bénéfice*, etc.

IMPÉTUEUSE, adj. fém. Voy. IMPÉTUEUX.

IMPÉTUEUSEMENT, adv. (*einpétu-euzeman*) (en lat. *impetuosè*), avec *impétuosité.*

IMPÉTUEUX, adj. mas., au fém. **IMPÉTUEUSE** (*einpétu-eu, tu-euze*) (en lat. *impetuosus*), véhément, violent, rapide. — En parlant des personnes et de ce qui y a rapport, trop vif, emporté. — VÉHÉMENT, VIOLENT, FOUGUEUX. (*Syn.*) La vigueur de l'essor et la rapidité de l'action sur un objet caractérisent l'*impétuosité*. L'énergie et la rapidité constante des mouvements distinguent la *véhémence*. L'excès et l'abus ou les ravages de la force dénoncent la *violence*. La *violence* et l'éclat de l'explosion signalent la *fougue*. — Une bravoure *impétueuse* fait une belle action ; un caractère *véhément* exécute avec une grande vivacité de grandes choses ; une humeur *violente* se porte à tous les excès ; un homme *fougueux* fait de grands écarts. — Un style *impétueux* est très-rapide, et souvent trop ; il va par bonds et souvent au hasard. Un discours *véhément* va droit à ses fins, et avec toute la rapidité propre à accélérer le succès. Une satire qui ne ménage et ne respecte rien dans son audace emportée est *violente*. L'ode inspirée par un véritable enthousiasme est *fougueuse*. — *Impétueux* et *véhément* ne s'appliquent qu'au mouvement et à ses causes, avec cette différence que le mouvement *impétueux* est plus précipité et moins durable ou moins égal que celui de la *véhémence*. *Violent* se dit de tout genre d'excès et d'abus de la force. *Fougueux* ne tombe que sur les êtres animés ou personnifiés. — *Impétueux* et *véhément* se prennent au figuré en bonne ou mauvaise part. *Violent* ne se prend qu'en mauvaise part, si ce n'est dans quelques applications détournées. *Fougueux* ne se prend guère qu'en mauvaise part, si ce n'est quand il s'agit d'un raisonnable enthousiasme.

IMPÉTUOSITÉ, subst. fém. (*einpétu-ozité*), violence, effort de ce qui est *impétueux*. — Extrême vivacité dans l'esprit, dans l'humeur, dans les manières.

IMPIA ou **IMPIE**, subst. fém. (*einpi-a, pi*), t. de bot., espèce de romarin du genre des filages.

IMPIE, subst. et adj. des deux genres (*einpi*) (en lat. *impius*), contraire à la religion : *sentiments, discours impies*. — En parlant des personnes, qui a du mépris pour la religion. En ce sens il est aussi substantif. L'*impie*, dit M. *Guizot*, s'élève contre la divinité ; l'homme *irréligieux* rejette toute espèce de culte et d'adoration ; l'*incrédule*, en matière de religion, dispute contre la croyance qui lui a été enseignée.

IMPIÉTÉ, subst. fém. (*einpiété*) (en lat. *impietas*), mépris pour la religion. — Au plur., discours ou actions *impies.*

IMPIGNORATION, subst. fém. (*einpiguenorâcion*), t. de droit, action de remettre, de déposer en gage. Mot plus latin que français, et qui est formé de *pignus*, gage.

IMPITEUX, adj. mas., au fém. **IMPITEUSE** (*einpiteu, teuze*), *impitoyable*. (*Boiste.*) Il est vieux et même hors d'usage.

IMPITEUSE, adj. fém. Voy. IMPITEUX.

IMPITIÉ, subst. fém. (*einpitié*), manque de *pitié*, cruauté. (*Boiste.*) Inusité.

IMPITOYABLE, adj. des deux genres (*einpitoè-iable*), qui est insensible à la *pitié*, qui se montre dur, sans *pitié*, inexorable.

IMPITOYABLEMENT, adv. (*einpitoè-iableman*), sans *pitié.*

IMPLACABILITÉ, subst. fém. (*einplakabilité*), persévérance dans le ressentiment.

IMPLACABLE, adj. des deux genres (*einplakable*) (en lat. *implacabilis*), qui ne peut être apaisé.

IMPLACABLEMENT, adv. (*einplakableman*), d'une manière *implacable*, avec une persévérance *implacable.*

IMPLANTATION, subst. fém. (*einplantâcion*), action d'*implanter.*

IMPLANTÉ, E, part. pass. de *implanter.*

IMPLANTER, v. act. (*einplanté*) (du latin *in*, dans, et *plantare*), planter une chose dans une autre.—T. d'anat., insérer, poser, *planter* sur ou dans quelque chose.—S'IMPLANTER, v. pron.

IMPLEXE, adj. des deux genres (*einplèkce*) (du lat. *implexus*, entrelacé, entortillé), il se dit des poëmes épiques et des ouvrages dramatiques, dans lesquels la fortune du héros devient mauvaise de bonne qu'elle était, ou de mauvaise devient bonne. — Les anciens nommaient *implexe* une pièce dramatique, dans laquelle il y avait ou reconnaissance, ou péripétie, ou l'une et l'autre.

IMPLIABLE, adj. des deux genres (*einpli-able*), mot qui s'emploie quelquefois dans l'usage familier : *caractère impliable*, qu'on ne saurait faire *plier.*

IMPLICATION, subst. fém. (*einplikâcion*) (du lat. *implicatio*, entrelacement, enchaînement), t. de palais, engagement dans une affaire criminelle. — En t. d'école, contradiction.

IMPLICITE, adj. des deux genres (*einplicite*) (du lat. *implicitus*, enveloppé, embrouillé), qui est contenu dans une proposition, dans un discours, dans une clause, non pas en termes exprès et formels, mais qui s'en tire par une conséquence naturelle. C'est le contraire d'*explicite*. Il signifie non expliqué, non développé. — On appelle *volonté implicite*, celle qui se manifeste moins par des paroles, que par des circonstances et des faits : *quoique cette clause ne soit pas énoncée dans le contrat, elle est censée y être contenue, parce qu'elle suit de la volonté implicite et primitive des contractants.* — On appelle *foi implicite*, un acquiescement général et sincère à tout ce que l'Eglise nous propose.

IMPLICITEMENT, adv. (*einpliciteman*), d'une manière *implicite.*

IMPLIQUÉ, E, part. pass. de *impliquer*, et adj., engagé, compris.

IMPLIQUER, v. act. (*einplikié*) (en lat. *implicare*, fait du grec εμπλεκειν, embarrasser), en parlant de crime et d'affaire fâcheuse, envelopper dans... : *on l'a impliqué dans cette accusation.* — En t. d'école, *impliquer* (renfermer) *contradiction*, être contradictoire.—S'IMPLIQUER, v. pron.

IMPLORANT, E, adj. (*einploran, rante*), qui *implore.*

IMPLORATEUR, subst. mas. (*einplorateur*), celui qui *implore*. (*Boiste.*) Il est vieux.

IMPLORATION, subst. fém. (*einplorâcion*), action par laquelle on *implore*. Il est peu usité.

IMPLORÉ, E, part. pass. de *implorer.*

IMPLORER, v. act. (*einploré*) (en lat. *implorare*), demander humblement, avec ardeur et avec instance. Voy. INVOQUER.—*Implorer le bras séculier*, avoir recours au bras séculier. — S'IMPLORER, v. pron.

IMPLOYABLE, adj. des deux genres (*einploè-iable*), qu'on ne peut *ployer*, qu'on ne peut faire *ployer*. (Montaigne.) Peu usité, mais utile.

IMPLUMÉ, E, adj. (*einplumé*), qui est sans *plumes.*

IMPOLI, E, adj. et subst. (*einpoli*), sans politesse; qui est opposé à la *politesse*. — IMPOLI, GROSSIER, RUSTIQUE. (*Syn.*) *Impoli* dit moins que *grossier*, et celui-ci moins que *rustique*. L'*impoli* manque de belles manières, il ne plaît pas; le *grossier* en a de désagréables, il déplaît; le *rustique* en a de choquantes, il rebute.

IMPOLICE, subst. fém. (*einpolice*), défaut de police. (*J.-J. Rousseau.*) Ce mot n'a pas eu de succès.

IMPOLIMENT, adv. (*einpoliman*), sans politesse, d'une manière *impolie*.

IMPOLITESSE, subst. fém. (*einpolitèce*), grossièreté dans les manières, dans le discours.—Défaut opposé à la *politesse*.

IMPOLITIQUE, adj. des deux genres (*einpolitike*), mot nouveau qui signifie, contraire à la *politique*.

IMPOLITIQUEMENT, adv. (*einpolitikeman*), d'une manière *impolitique*.

IMPOLLU, E, adj. (*einpolelu*), pur, net, sans tache. (*Corneille.*) Presque inusité.

IMPONCTUEL, adj. mas., au fém. **IMPONCTUELLE** (*einponktuèle*), qui n'est pas *ponctuel*.

IMPONDÉRABLE, adj. des deux genres (*einpondérable*), qu'on ne saurait peser : *fluide impondérable*, dont on ne peut connaître la pesanteur.

IMPOPULAIRE, adj. des deux genres (*einpopulère*), qui n'est pas *populaire;* qui n'est pas pour le bien du peuple; qui n'est pas selon les intérêts du peuple : *loi impopulaire*. — *Homme impopulaire*, qui n'est pas aimé du peuple.

IMPOPULARITÉ, subst. fém. (*einpopularité*), défaut, manque de *popularité*, de l'affection du peuple.

IMPORTANCE, subst. fém. (*einportance*), ce qui fait qu'une chose est considérable et *importante*, soit par elle-même, soit par ses suites.— Fam. : *faire l'homme d'importance*, vouloir passer pour un homme de crédit, d'autorité, de mérite. On le dirait encore d'un homme qui montre de l'orgueil, de la vanité, ou qui veut paraître plus qu'il n'est en effet.—d'IMPORTANCE, loc. adv. : *quereller d'importance*, très-fort, extrêmement. Fam.

IMPORTANT, E, adj. (*einportan, tante*), qui *importe*, qui est de grande conséquence.—Dans le style critique, on l'emploie comme subst. : *c'est un important, faire l'important*, l'homme d'*importance*.Voy. SUFFISANT. — *L'important de l'affaire*, le point capital. — Au commencement de la minorité de Louis XIV, on donna le nom d'*importants* à une cabale de seigneurs, à la tête desquels était le duc de Beaufort, et qui, après avoir été attachés à la reine Anne d'Autriche, s'étaient ensuite tournés contre elle. Ils affectaient de la gravité et du mystère dans toutes leurs démarches et toutes leurs actions.

IMPORTATEUR, subst. mas. (*einportateur*), celui qui *importe* une denrée, une chose d'un pays dans le sien.

IMPORTATION, subst. fém. (*einportâcion*), action d'*importer* des marchandises.—Chose *importée*. Son contraire est *exportation*.

IMPORTÉ, E, part. pass. de *importer* et adj.

IMPORTER, v. act. (*einporté*) (en lat. *importare*, de la préposition *in*, dans, et *portare*, porter), t. de comm., faire arriver dans son pays les productions, les marchandises étrangères. Il est opposé à *exporter*.—S'IMPORTER, v. pron.

IMPORTER, v. neut. et unipers. (*einporté*) (du lat. *importare*, être utile, avantageux), être avantageux, être de conséquence : *il importe de bien faire*. — *N'importe ! qu'importe !* se disent pour marquer qu'on ne se soucie point de la chose dont il s'agit.

IMPORTUN, adj. mas., au fém. **IMPORTUNE** (*einporteun, tune*) (en lat. *importunus*), qui cause de l'*importunité;* fâcheux : avec cette différence, que ce qui est *importun* nous agite, nous fatigue et nous tourmente, et que ce qui est *fâcheux* nous déplaît, nous gêne ou nous ennuie : *c'est un fâcheux voisinage que celui d'un lieu de mauvaise odeur; un bruit continuel est importun*.— On dit aussi subst. : *c'est un importun, une importune*.

IMPORTUNÉ, E, part. pass. de *importuner*.

IMPORTUNÉMENT, adv. (*einportunéman*) (en lat. *importune*), avec *importunité*.

IMPORTUNER, v. act. (*einportuné*), incommoder, fatiguer par ses assiduités ou par ses discours; être *importun*.—S'IMPORTUNER, v. pron.

IMPORTUNITÉ, subst. fém. (*einportunité*), action de la personne qui *importune*.

IMPOSABLE, adj. des deux genres (*einpôzable*), sujet aux *impositions*, qui peut, qui doit être *imposé*.

IMPOSANT, E, adj. (*einpôzan, zante*), qui *impose*, qui inspire du respect.—On entend souvent par *forces imposantes*, des forces militaires considérables.

IMPOSÉ, E, part. pass. de *imposer*.

IMPOSER, v. act. (*einpôzé*) (du lat. *imponere*, qu'on trouve employé dans toutes ses différentes acceptions; formé de la prép. *in*, dans, sur, et de *ponere*, mettre), mettre dessus. En ce sens, il ne se dit que dans cette phrase, et des sacrements : *imposer les mains*. — En parlant des choses fâcheuses ou difficiles, charger, soumettre à... : *imposer un joug insupportable, un fardeau trop lourd, une obligation, une peine*, etc.; *imposer silence à...* faire taire.—Mettre, établir un *impôt*, des *impôts* : *imposer des droits sur une marchandise*. — *Imposer quelqu'un*, mettre quelqu'un au rôle des *impositions* : *les terres n'étaient pas imposées par le gouvernement; mais elles étaient grevées d'autres charges*. — Imputer à tort.—En parlant de respect, inspirer : *imposer du respect*, et plus ordinairement sans régime : *son air, sa présence impose, impose peu*, etc.—Avec la préposition *en*, mentir, tromper : *il en impose; vous en imposez à vos juges*. La Bruyère (chap. III) a dit en ce sens : *on demande s'il ne lui serait pas plus aisé d'imposer à celle dont il est aimé, qu'à celle qui ne l'aime point*. C'est une faute, il fallait d'*en imposer*. — *Imposer*, en t. d'imprimerie, placer sur un ais ou sur un marbre, dans un ordre donné, des pages d'impression, que l'on serre ensuite dans un châssis de fer, avec des biseaux et des coins : *imposer une feuille in-douze*. —S'IMPOSER, v. pron. se soumettre à une obligation.—*S'en imposer* : *l'homme s'en impose à lui-même*, se trompe, se ment à lui-même.

IMPOSEUR, subst. mas. (*einpozeur*), t. d'imprim., celui qui *impose*.

IMPOSITEUR, subst. mas. (*einpoziteur*), celui qui *impose*, qui asseoit les *impôts*.

IMPOSITION, subst. fém. (*einpozicion*), action d'*imposer* les mains. — Action de mettre un *impôt*.—L'*impôt* lui-même. Voy. IMPÔT.— *Imposition*, en t. d'imprim., action de ranger des pages sur un marbre et de les disposer pour l'impression; *imposition hétéroclite*, celle d'un billet, d'une carte, d'un placard.

IMPOSSIBILITÉ, subst. fém. (*einpocibilité*) (en lat. *impossibilitas*), caractère de ce qui est *impossible*.—*Impossibilité métaphysique*, celle qui implique contradiction; *impossibilité physique*, celle qui est *impossible* selon l'ordre de la nature; et *impossibilité morale*, la chose vraisemblablement *impossible*.

IMPOSSIBLE, adj. des deux genres (*einpocible*) (en lat. *impossibilis*), qui ne peut être; qui ne se peut faire.—Par extension, très-difficile.—On dit substant., au mas. : *je ne puis pas faire l'impossible*.—*Réduire quelqu'un à l'impossible*, exiger de lui ce qu'il ne peut faire; ou, en t. de logique, le réduire à ne pouvoir répondre, sans tomber en contradiction.—*Je ferai l'impossible pour lui*, il n'y a rien que je ne fasse pour l'obliger.—On dit proverbialement : *à l'impossible nul n'est tenu*.— *Gagner, perdre l'impossible*, gagner, perdre beaucoup.— *Par impossible*, formule qu'on emploie quand on suppose une chose qu'on sait bien être *impossible*.

IMPOSTE, subst. fém. (*einpocete*) (de l'italien *impostura*, qui a la même signification), t. d'archit., assise de pierre qui couronne un jambage ou pied-droit, sur lequel on *pose* le coussinet d'une arcade. Elle a ordinairement une saillie taillée de moulures différentes selon les ordres d'architecture.—En menuiserie, traverse d'un dormant de croisée, laquelle sépare les châssis du bas d'avec ceux du haut.

IMPOSTEUR, subst. mas. (L'usage n'a pas encore établi de se servir du fém. *imposteuse;* ce mot serait cependant utile. Pourquoi ne dirait-on pas une *imposteuse* comme on dit une *menteuse*?), (*einpoceteur*) (en lat. *impostor*); celui qui abuse de la confiance ou de l'imbécillité des hommes pour les tromper : *c'est un imposteur*. — Calomniateur; qui impute faussement à quelqu'un quelque chose d'odieux et de préjudiciable; trompeur qui en fait accroire, etc. — Celui qui invente, qui débite une fausse doctrine dont il est le sectateur. — On le dit adj. des choses, dans le sens de, trompeur, mensonger : *un discours, un air imposteur*.—T. d'hist. nat., nom vulgaire du spare.

IMPOSTURE, subst. fém. (*einpoceture*) (en lat. *impostura*), calomnie, chose faussement imputée à quelqu'un. Il ne se dit au pluriel que dans ce sens.—Illusion : *l'imposture des sens*.—Hypocrisie : *toute sa vie n'est qu'imposture*.

IMPÔT, subst. mas. (*einpô*) (en lat. *impositum*, sous-entendu *vectigal*), contribution que les particuliers sont obligés de payer à l'état pour les frais de la société dont chacun est membre. — Il se dit des *impôts* en général, et de la manière de les établir. — Au fig., les besoins qu'on se crée, ce qu'on paie pour ses plaisirs : *le plaisir est souvent un impôt prélevé au détriment de la santé*.—IMPÔT, IMPOSITION, TRIBUT, CONTRIBUTION, SUBSIDE, SUBVENTION, TAXE, TAILLE. (*Syn.*) L'*impôt* est la charge imposée, en vertu de la confédération sociale et selon la nature des choses, sur les revenus particuliers, pour former un revenu public essentiellement affecté aux dépenses nécessaires à la sûreté, à la stabilité, à la prospérité de l'état. L'*imposition* est un tel *impôt* particulier, ou une telle portion de revenu public, établi en tel temps, de telle manière, avec telles conditions. Les *impositions* embrassent toutes les institutions de ce genre, et désignent particulièrement des charges variables ajoutées à l'*impôt* primitif et permanent. Le *tribut* est un droit attribué au prince sur ceux qui lui sont soumis, selon des institutions, des conventions, des traités, des règles particulières. La *contribution* est proprement tel *tribut* extraordinaire, additionnel, particulier, variable, payable par tel ordre de personnes qui contribuent au même objet. Elle est au *tribut* ce que l'*imposition* est à l'*impôt*. Le *subside* est le secours attribué à celui qui le reçoit par ceux qui le paient. Si ce *subside* est l'*impôt* même, c'est l'*impôt* tel que les peuples ont consenti à le payer, mais rigoureusement un *impôt* secondaire ou auxiliaire. La *subvention* est une *imposition* auxiliaire, ou une augmentation d'*impôt* accordée ou exigée dans une nécessité pressante, et seulement pour cette nécessité : c'est proprement un secours fait pour cesser avec le besoin. La *taxe* est proprement une *imposition* extraordinaire en deniers ou en sommes déterminées et proportionnelles, mises, dans certains cas, sur certaines personnes. La *taille* était une *imposition* particulière sur la roture; mais on dit quelquefois les *tailles*, en général, pour désigner en gros des *impositions* mises, ce semble, à titre de dépendances particulières, sur le peuple, ou plutôt des *contributions* populaires, variables, réparties ou réglées sous une forme de taxe. Il semble qu'en usant de ce mot on veuille affecter une sorte de note aux personnes. L'*impôt* est payé par le citoyen, comme membre de la société : il en est de même des *impositions*. Le *tribut* et les *contributions* sont payés par les sujets, les vassaux, les vaincus, et même par des princes souverains, comme un gage de dépendance. Le *subside* est payé par un peuple politiquement libre ou considéré comme tel, parce qu'il s'*impose* lui-même. Une puissance absolument indépendante paie des *subsides* à une autre puissance. La *subvention* est payée passagèrement à la nécessité par le citoyen comme par le sujet, et par les peuples politiquement libres comme par les autres. Les dons gratuits extraordinaires sont des espèces de *subventions*. Les *taxes* sont payées par les sujets ou par certaines classes de sujets. Par là on entend les *taxes* régulières, fixes et permanentes, créées sans le concours des peuples. Les *tailles* étaient payées par le peuple, ainsi qu'elles l'ont été par des vassaux ou par des serfs. Les seigneurs levaient des *tailles* dans leurs domaines. (*Laveaux.*)

IMPOTENCE, subst. fém. (*einpotance*), t. de médec., état de celui qui est *impotent;* faiblesse qui prive celui qui en est atteint de l'usage de ses membres, sans pourtant suspendre entièrement le mouvement.

IMPOTENT, E, subst. et adj. (*einpotan, tante*) (en lat. *impotens*, fait de *impotentia*, impuissance, faiblesse, manque de force, lequel est formé de *in* privatif, et de *potentia*, puissance), privé du mouvement ou de l'usage de quelque membre; perclus.

*à l'***IMPOURVU**, adv. (*aleinpourvu*), à l'improviste. (*Boiste.*) Il est vieux et même hors d'usage.

IMPRATICABILITÉ, subst. fém. (*einpratikabilité*), qualité d'une loi *impraticable*.

IMPRATICABLE, adj. des deux genres (*einpratikable*) (de la particule négative *in*, et du verbe *pratiquer*), en parlant des choses, qui ne peut se faire, s'exécuter. — En parlant des personnes, avec qui l'on ne saurait vivre ni traiter. — *Chemin impraticable*, où l'on ne saurait passer. —

Maison impraticable, que l'on ne peut habiter. — Personne impraticable, avec qui on ne saurait vivre.

IMPRÉCATION, subst. fém. (einprékácion) (en lat. imprecatio, fait de imprecari, formé de in, contre, et precari, prier), actions, paroles par lesquelles on souhaite du malheur à quelqu'un ou à soi-même.— Figure de rhétorique par laquelle on voue à tous les malheurs celui dont on parle ou à qui l'on parle. — Au plur., t. de myth., personnifications des anathèmes qui se faisaient contre un ennemi. Les Grecs reconnaissaient trois de ces divinités ; et les Romains, deux.

IMPRÉCATOIRE, adj. des deux genres (einprékatoare), t. didactique, qui se fait avec imprécation : jugement imprécatoire.

IMPRÉCIABLE, adj. des deux genres (einpréciable), qui ne peut être apprécié. (Boiste.) Hors d'usage. Voy. INAPPRÉCIABLE.

IMPRÉGNABLE, adj. des deux genres (einprégniable), qui ne peut être imprégné.

IMPRÉGNATION, subst. fém. (einprégniácion) (du lat. imprægnatio, que les chimistes ont fait par analogie, ainsi que le verbe imprægnare, de prægnans, femme grosse, qui a conçu), t. de pharm., action par laquelle une liqueur se charge des principes d'un médicament qu'on y fait macérer, infuser ou bouillir, et dont elle reçoit par là la vertu. Ce mot, fort usité, manque dans l'Académie.

IMPRÉGNÉ, E, part. pass. de imprégner.

IMPRÉGNER, v. act. (einprégnié) (en lat. imprægnare), charger une liqueur de quelques particules étrangères. — Il se dit fig. des principes, des opinions : son cœur jeune encore fut malheureusement imprégné des plus funestes doctrines. — s'IMPRÉGNER, v. pron., se pénétrer, se remplir.

IMPRÉMÉDITÉ, E, adj. (einprémédité), qui n'est pas prémédité. (Montaigne.) Hors d'usage.

IMPRÉMÉDITÉMENT, adv. (einprémédituman), sans préméditation. (Montaigne.) Hors d'usage.

IMPRENABLE, adj. des deux genres (einprenable), qui ne peut être pris, ou qui est difficile à prendre. Il ne se dit guère qu'en parlant des villes et des places de guerre : il n'y a point de place imprenable.

IMPRESCRIPTIBILITÉ, subst. fém. (einpreéckripetibilité), t. de droit, qualité de ce qui est imprescriptible.

IMPRESCRIPTIBLE, adj. des deux genres (einpréckripetible), qui ne peut se prescrire, qui n'est pas sujet à la prescription.

IMPRESSES, adj. fém. plur. (einpréce) du lat. impressus, part. pass. de imprimere, imprimer), t. didactique employé dans cette seule locution : les espèces impresses, celles qui ont fait impression sur nos sens, sur nos esprits, sur notre mémoire.

IMPRESSIF, adj. mas., au fém. IMPRESSIVE (einprécecif, cive), qui fait impression. Peu en usage.

IMPRESSION, subst. fém. (einprécion) (en lat. impressio), effet de l'action d'un corps sur un autre.—Fig., opinion, sentiment qui s'imprime dans l'esprit, dans le cœur par l'effet d'une cause extraordinairement produite.—Empreinte : l'impression d'un sceau, d'un cachet sur la cire. —Effet de l'imprimerie : belle impression ; impression correcte ; ce livre est de l'impression de Paris, de Lyon, etc.—Édition.—En t. de peinture, 1º préparation d'une toile, d'un panneau, etc., destinés à être peints ; 2º peintures à couches plates qu'on emploie dans les bâtiments ; 3º art d'imprimer sur le papier, sur la toile, etc., le travail des planches gravées sur bois ou sur cuivre. — Peinture d'impression, ouvrage de ceux qui peignent des bâtiments.—Dans les manufactures, art d'imprimer des satins, des taffetas, etc., à la manière des Indes. — Empreinte que reçoit au monnayage chaque morceau de métal, et qui lui donne cours dans le public comme monnaie. — En t. d'anat., on appelle impressions digitales, quelques enfoncements superficiels que l'on remarque dans le crâne des enfants.

IMPRESSIONNABLE, adj. des deux genres (einprécionable), qui peut être impressionné. Ce mot manque dans l'Académie.

IMPRESSIONNÉ, E, part. pass. de impressionner, et adj., qui a reçu une impression. Ce mot manque dans l'Académie.

IMPRESSIONNER, v. act. (einprécione), faire impression sur quelqu'un ; émouvoir.—s'IMPRESSIONNER, v. pron. Ce mot manque dans l'Académie.

IMPRESSIVE, adj. fém. Voy. IMPRESSIF.

IMPRESSIVEMENT, adv. (einpréciveman), d'une manière impressive.

IMPRÉVISIBLE, adj. des deux genres (einprévizible), qu'on ne peut prévoir. Inusité.

IMPRÉVOYABLE, adj. des deux genres (einprévoé-iable), qui ne peut être prévu.

IMPRÉVOYANCE, subst. fém. (einprévoé-iance), défaut de prévoyance.

IMPRÉVOYANT, E, subst. et adj. (einprévoé-ian, iante), qui manque de prévoyance.

IMPRÉVU, E, adj. (einprévu), qu'on n'a pas prévu, qui surprend, qui arrive sans qu'on l'ait prévu.

IMPRIMABLE, adj. des deux genres (einprimable), qui peut être imprimé.

IMPRIMAGE, subst. mas. (einprimaje), opération du tireur d'or lorsqu'il passe le fil dans la prégation.

IMPRIMÉ, subst. mas. (einprimé), chose, livre imprimé : il court un imprimé.

IMPRIMER, v. act. (einprimé) (en lat. imprimere, de in, sur, et de premere, presser), faire une empreinte sur.— Fig., il se dit des sentiments, des images qui font impression dans l'esprit, dans la mémoire, dans le cœur.—En physique, communiquer du mouvement à un corps.—Emprendre des lettres sur du papier, du parchemin, etc., avec des caractères de fonte. Dans cette acception, il s'emploie aussi neutralement : il imprime bien, correctement, avec goût ; cet homme n'a pas encore imprimé, il n'a encore rien publié par la voie de l'impression. On dit, dans le même sens, imprimer une estampe. — En t. de peinture, imprimer une toile, une porte, etc. Voyez IMPRESSION.—S'IMPRIMER, v. pron. —Se faire imprimer, mettre un ouvrage au jour.

IMPRIMERIE, subst. fém. (einprimeri), l'art d'imprimer des livres.—Tout ce qui sert à imprimer.—Lieu où l'on imprime.—Commerce d'imprimeur.

IMPRIMEUR, subst. mas. (einprimeur), celui qui exerce l'art de l'imprimerie, ou qui fait imprimer. — L'ouvrier qui est à la presse, et qui tire les feuilles ; et, par extension, tout ouvrier qui travaille dans une imprimerie. En ce sens, il devient souvent adjectif : un maître-imprimeur ; un compagnon-imprimeur.—Imprimeur en taille-douce, celui qui imprime les planches gravées sur cuivre ou en taille-douce. — Imprimeur lithographe, celui qui imprime par les procédés lithographiques.

IMPRIMURE, subst. fém. (einprimure), feuille de papier enduite de couches de peinture à l'huile.

IMPROBABILITÉ, subst. fém. (einprobabilité), qualité de ce qui est improbable.

IMPROBABLE, adj. des deux genres (einprobable) (en lat. improbabilis), qui n'a point de probabilité, invraisemblable.

IMPROBABLEMENT, adv. (einprobableman), avec improbabilité. Peu usité.

IMPROBATEUR, adj. et subst. mas., au fém. IMPROBATRICE (einprobateur, trice), celui, celle qui désapprouve.

IMPROBATION, subst. fém. (einprobácion) (en latin improbatio), l'action d'improuver quelque chose.

IMPROBATRICE, subst. et adj. fém. Voy. IMPROBATEUR.

IMPROBITÉ, subst. fém. (einprobité), défaut de probité ; mépris de la justice et de l'honnêteté.

IMPRODUCTEUR, adj. mas., au fém. IMPRODUCTRICE (einprodukteur, trice), qui ne peut produire : génie improducteur.

IMPRODUCTIBILITÉ, subst. fém. (einproduktibilité), état, qualité d'une chose improductible.

IMPRODUCTIBLE, adj. des deux genres (einprodukible), qui ne peut être produit.

IMPRODUCTIF, adj. mas., au fém. IMPRODUCTIVE (einproduktif, tive), qui ne peut produire : impôt improductif ; terre improductive.

IMPRODUCTIVE, adj. fém. Voy. IMPRODUCTIF.

IMPRODUCTIVEMENT, adv. (einproduktiveman), d'une manière improductive. Peu usité.

IMPRODUCTRICE, adj. fém. Voyez IMPRODUCTEUR.

IMPROLIFIQUE, adj. des deux genres (einprolifike), qui rend impuissant ; antiaphrodisiaque.

IMPROMIS, E, adj. (einpromi, mize), qui n'avait pas été promis. (Mme de Sévigné.) Ce mot n'a pas fait fortune.

IMPROMPTU (L'Académie écrit aussi IMPROMPTU ; nous préférerions le second, parce qu'il est plus conforme à l'étym.), subst. mas. (einpronpetu) (en lat. in promptu, sur-le-champ, sous la main), chose faite sur-le-champ, sans préparation. —Petite pièce de poésie, comme madrigal, épigramme, ou autre, dont le caractère propre et distinctif est qu'elle est faite sans préparation, sur un sujet qui se présente : faire un impromptu. — On appelle par plaisanterie, un impromptu fait à loisir, une petite pièce de vers que l'on donne pour un impromptu, que l'on a composée à loisir pour s'en faire honneur dans l'occasion.—On appelle, par extension, impromptu, un repas, une collation, un concert, une fête, que l'on donne sans s'y être préparé auparavant. — Point de s au plur., des impromptu.

IMPROMPTUAIRE, subst. (einpronpetu-ère), celui qui fait des impromptu. Inusité.

IMPROPÈRE, adj. des deux genres (einpropére) (en lat. improperus), déshonorant. (Boiste.) Il est vieux et même inusité.

IMPROPÉRÉ, E, part. pass. de impropérer.

IMPROPÉRER, v. act. (einpropéré) (du lat. improperare), reprocher. Il est vieux.

IMPROPICE, adj. des deux genres (einpropice), qui n'est pas propice. Il est vieux, mais utile.

IMPROPRE, adj. des deux genres (einpropre), qui n'est pas propre, qui ne convient pas ; qui n'est pas pur, propre à... Il ne se dit que des mots ou des formes du langage.

IMPROPREMENT, adv. (einpropreman), d'une manière impropre.

IMPROPRETÉ, subst. fém. (einpropreté), inhabileté ; malpropreté. Il est peu usité dans le premier sens ; dans le second, on l'a employé quelquefois ; mais il devient inutile puisque nous avons le terme de malpropreté, et que d'ailleurs impropre ne se dit pas pour malpropre.

IMPROPRIÉTÉ, subst. fém. (einpropri-été), qualité de ce qui est impropre. Ce mot ne se dit qu'en parlant du langage.

IMPROUVÉ, E, part. pass. de improuver.

IMPROUVER, v. act. (einprouvé) (en lat. improbare), ne pas approuver, condamner. Voy. désAPPROUVER.—s'IMPROUVER, v. pron.

IMPROVIDENCE, subst. fém. (einprovidance), défaut de précaution, de prévoyance. On dit improvoyance.

IMPROVISATEUR, subst. mas., IMPROVISATRICE, subst. fém. (einprovizateur, trice) (de l'italien improvvizatore), celui, celle qui a le talent d'improviser.

IMPROVISATION, subst. fém. (einprovizácion), action d'improviser.—Il se dit même de ce qu'on improvise.

IMPROVISATRICE, subst. fém. Voy. IMPROVISATEUR.

IMPROVISÉ, E, part. pass. de improviser, et adj.

IMPROVISER, v. act. et neut. (einprovizé) (de l'italien improvisare, dérivé du latin improvisus, imprévu), qui arrive ou se fait à l'improviste, composer et réciter sur-le-champ une suite de vers sur un sujet donné. C'est un talent commun en Italie, et surtout à Sienne. On improvise des discours, de la musique, etc. — Parler d'abondance, sans s'être préparé à l'avance. — Improviser une fête, la faire sans préparation, sans qu'elle soit attendue, etc.—s'IMPROVISER, v. pron.

à l'IMPROVISTE, loc. adv. (aleinprovicete) (en lat. improviso ou improvisò), subitement, lorsqu'on y pense le moins.

IMPRUDEMMENT, adv. (einprudaman) (en lat. imprudenter), avec imprudence, en homme imprudent.

IMPRUDENCE, subst. fém. (einprudance) (en latin imprudentia), défaut de prudence. — Action imprudente. Il ne prend de pluriel qu'en ce sens.

IMPRUDENT, E, adj. (einprudan, dante) (en lat. imprudens), qui manque de prudence, qui est contraire à la prudence.—Subst. : c'est un imprudent, une imprudente.

IMPUBÈRE, adj. et subst. des deux genres (einpubére) (en latin impuber ou inpubis), qui n'a pas atteint l'âge de puberté, c'est-à-dire quatorze ans pour les garçons, et douze ans en parlant des filles.

IMPUBERTÉ, subst. fém. (einpubèrté), âge qui précède la puberté ; état de la personne qui est impubère. L'opposé de puberté.

IMPUDEMMENT, adv. (*einpudaman*) (en lat. *impudenter*), effrontément.

IMPUDENCE, subst. fém. (*einpudance*) (en lat. *impudentia*), effronterie, manque de *pudeur*. —Action, parole *impudente*.

IMPUDENT, E, adj. (*einpudan, dante*) (en lat. *impudens*), insolent, effronté, qui n'a point de *pudeur* : *c'est un impudent menteur*.—Il se dit des actions et de tout ce qui blesse la *pudeur* : *action, parole impudente*. — Il est aussi substantif : *c'est un impudent*. — IMPUDENT, EFFRONTÉ, ÉHONTÉ. (*Syn.*) L'*impudent*, dit l'abbé *Roubaud*, n'a point de décence : il ne respecte ni les choses, ni les hommes, ni lui; l'*effronté* n'a point de considération : il ne connaît ni frein, ni bornes, ni mesure; l'*éhonté* n'a plus de sentiment : il n'y a rien qu'il n'ose, qu'il ne brave, qu'il ne viole de sang-froid.

IMPUDEUR, subst. fém. (*einpudeur*), manque de *pudeur*; effronterie; audace : *avoir l'impudeur de demander ce qui n'est pas dû*. Mot devenu très-commun, quoique qualifié de barbare par *La Harpe* (Cours de littérature, t. XII).

IMPUDICITÉ, subst. fém. (*einpudicité*) (en lat. *impudicitia*), vice contraire à la *pudicité*.—Il se dit surtout des actes *impudiques*.

IMPUDIQUE, adj. des deux genres (*einpudike*) (en lat. *impudicus*), qui est contraire à la chasteté. — En parlant des personnes, il s'emploie aussi comme subst.

IMPUDIQUEMENT, adv. (*einpudikeman*), d'une manière *impudique*.

IMPUGNÉ, E, part. pass. de *impugner*.

IMPUGNER, v. act. (*einpuguené*) (du lat. *impugnare*, formé avec la même signification de la préposition *in*, contre, et *pugnare*, combattre), combattre quelque point de doctrine. Il est vieux, et plus latin que français.

IMPUISSANCE, subst. fém. (*einpuiçance*) (en lat. *impotentia*, fait de *in* privatif, et de *potentia*, puissance), manque de force, de pouvoir ou de moyens pour faire une chose. — T. de médec. qui se dit du défaut naturel ou accidentel dans les organes des hommes qui les rend inhabiles à la génération. *Impuissance*, en ce sens, ne se dit que des hommes. En parlant d'une femme qui est incapable d'avoir des enfants, on dit qu'*elle est stérile*.

IMPUISSANT, E, adj. (*einpuiçan, çante*) (en lat. *impotens*), qui a peu ou point de pouvoir.— Plus ordinairement, en parlant des choses, incapable de produire aucun effet : *haine, colère impuissante*. — En t. de jurispr. : *un acte, un titre est impuissant pour prouver une chose*, lorsqu'il ne peut avoir cet effet. — Qui a quelque défaut qui empêche d'engendrer. En ce sens il est aussi substantif mas.

IMPULSIF, adj. mas., au fém. **IMPULSIVE** (*einpulecif, cive*), t. de physique, qui agit par *impulsion* : *force impulsive*.

IMPULSION, subst. fém. (*einpulecion*) (en lat. *impulsio*, fait de *impellere*, pousser vers ou contre, formé de *in*, dans, vers, sur, contre, et *pellere*, pousser), mouvement qu'un corps donne à un autre par le choc.—Fig., *donner l'impulsion à*...—Action de pousser quelqu'un à faire quelque chose.—*Suivre les impulsions de son cœur*, s'abandonner à son naturel.

IMPULSIVE, adj. fém. Voy. IMPULSIF.

IMPUNÉMENT, adv. (*einpunéman*) (en lat. *impunè*), avec *impunité*.—Sans désagrément ou inconvénient.

IMPUNI, E, adj. (*einpuni*) (en lat. *impunis* ou *impunitus*), qui demeure sans *punition*. Il se dit des actes et des personnes.

IMPUNITÉ, subst. fém. (*einpunité*) (en lat. *impunitas*, formé de *in* privatif, et de *punitio* ou *pœna*, punition), manque de punition.

IMPUR, E, adj. (*einpure*) (en lat. *impurus*), au physique, qui n'est pas *pur*; qui est mélangé de quelque chose de mauvais. — *Être né d'un sang impur*, être né de parents malhonnêtes.—Au moral, impudique.

IMPUREMENT, adv. (*einpureman*), d'une manière *impure*. (*Boiste*.) Il est inusité.

IMPURETÉ, subst. fém. (*einpureté*), ce qu'il y a d'*impur*, de grossier dans une chose.—Fig., impudicité.—*Impureté légale*, celle que les juifs contractaient en faisant une chose défendue par leur loi.—Au plur., obscénités.

IMPUTABILITÉ, subst. fém. (*einputabilité*), qualité d'une action *imputable*, surtout en mal. —Qualité, état d'une dette, d'une chose reçue et qui peut entrer en déduction de ce qui est dû.

IMPUTABLE, adj. des deux genres (*einputable*), qui peut, qui doit être attribué à....; il se dit d'une faute, d'un tort qu'on attribue à quelqu'un; d'un paiement, d'une chose qui doit venir en déduction, qui doit s'appliquer à telle chose, etc.

IMPUTATIF, adj. mas., au fém. **IMPUTATIVE** (*einputatif, tive*), qui *impute*.

IMPUTATION, subst. fém. (*einputâcion*) (en lat. *imputatio*), compensation et déduction d'une somme sur une autre. — Accusation faite sans preuve.—En matière de religion, application des mérites de Jésus-Christ.

IMPUTATIVE, adj. fém. Voy. IMPUTATIF.

IMPUTÉ, E, part. pass. de *imputer*.

IMPUTER, v. act. (*einputé*) (en lat. *imputare*), attribuer à quelqu'un quelque chose digne de blâme. — Accuser, charger de...—Destiner à... Voy. ATTRIBUER. — On dit sans article : *imputer à faute, à déshonneur*. — En t. de finances, tenir compte de ce qu'on a reçu sur ce qui était dû, ou appliquer un paiement à une certaine dette.—*S'*IMPUTER, v. pron., s'attribuer.

* **IMPUTRESCIBLE**, adj. des deux genres (*einputrècecible*), qui ne peut se corrompre. Il est peu usité, quoique utile.

IN (*ein* ou *ine*), préposition latine, dont on fait usage en termes de librairie, pour la placer devant les mots suivants : *in-folio*, qui se dit de la feuille pliée en deux; *in-quarto*, de la feuille pliée en quatre; *in-octavo*, de la feuille pliée en huit; *in-douze*, de la feuille pliée en douze; *in-seize*, de la feuille pliée en seize; *in-vingt-quatre*, de la feuille pliée en vingt-quatre, etc. *In-octavo* est le seul de ces mots où la préposition *in* conserve la prononciation latine. — On conserve la même prononciation dans cette phrase prise du latin, *in pace*, qui se dit dans les monastères : *on a mis ce religieux in pace*, pour dire qu'on l'a mis en prison pour toute sa vie. Il en est de même dans ces phrases purement latines ou italiennes, *in globo, in statu quo, in reatu, in naturalibus, in petto*, etc.—La prononciation est la même dans cette phrase, *in manus*, tirée du lat., et qu'on emploie comme subst. masculin : *dire son in manus*, c'est-à-dire recommander son âme à Dieu en mourant. — La particule *in* se joint à beaucoup de mots de la langue, et leur donne un sens négatif. Dans les mots dont le simple commence par une voyelle, ou par une consonne autre que *l, m, p, r*, on se sert de la particule *in* : *inattendu, inespéré, inintelligible, inopiné, inutile, indocile, injuste*. Quand le simple commence par *m* ou *p*, on emploie la particule *im* : *immatériel, impatient*. Et dans les mots dont le simple commence par une des deux liquides *l* ou *r*, on ajoute simplement un *i*, et l'on redouble la liquide : *illimité, irréligieux*. Cette particule ne signifie pas toujours négation, comme on le peut voir dans plusieurs mots, tels qu'*imbu, importation, indolent, illusoire*.—Dans les mots composés, la particule *in* devant une voyelle ou devant un *h* conserve la prononciation latine; devant une consonne elle se prononce nasalement. Il en est de même de la particule *im* devant une consonne. Il en faut excepter les mots où le *n* et le *m* sont redoublés, comme dans *innocent, immatériel*, etc.

* **INABONDANCE**, subst. fém. (*inabondance*), défaut d'*abondance*. (*La Harpe*.) Ce mot a eu peu de succès.

INABORDABLE, adj. des deux genres (*inabordable*), de difficile *abord*; qu'on ne peut *aborder*. Il se dit des lieux et des personnes.

INABORDÉ, E, adj. (*inabordé*), qui n'a pas encore été *abordé*.

INABRITÉ, E, adj. (*inabrité*), sans abri.

INABROGEABLE, adj. des deux genres (*inabrojable*), qui ne peut être *abrogé*.

INACCEPTABLE, adj. des deux genres (*inakcèpetable*), que l'on ne peut, qu'on ne doit pas *accepter*.

INACCESSIBILITÉ, subst. fém. (*inakcèceci-bilité*), impossibilité ou grande difficulté d'aborder, d'approcher. Il est peu usité.

INACCESSIBLE, adj. des deux genres (*inakcèçecible*) (du lat. *inaccessibilis*, formé dans le même sens, de *in* privatif, et *accessus*, accès; *qui est sans accès*), qu'on ne peut approcher : *il est inaccessible aux sollicitations*, les sollicitations ne peuvent rien sur lui.—T. de géom. : *hauteur, distance inaccessible* celle qu'on ne peut mesurer immédiatement, à cause de quelque obstacle.

INACCOMMODABLE, adj. des deux genres (*inakomodable*), qui ne peut être *accommodé*, en parlant des affaires, des querelles.

INACCORD, subst. mas. (*inakor*), t. de gram., défaut d'*accord*.

INACCORDABLE, adj. des deux genres (*inakordable*), qu'on ne peut *accorder*.

INACCOSTABLE, adj. des deux genres (*inakocetable*), qu'on ne peut *accoster*.

INACCOUTUMÉ, E, adj. (*inakoutumé*), qu'on n'a pas *coutume* de faire, d'éprouver. On dit mieux et plus souvent *inusité*.

INACHETÉ, E, adj. (*inacheté*), qui n'a point été *acheté*. (La Harpe.)

INACHEVÉ, E, adj. (*inachevé*), qui n'a pas été *achevé*.

INACHIES, subst. fém. plur. (*inaki*), myth., fêtes célébrées dans l'antiquité, en l'honneur d'Ino ou Leucothoé.

INACHIS, subst. propre fém. (*inakice*), myth., Io, fille d'*Inachus*, ou Isis.

INACHUS, subst. mas. (*inakuce*), t. d'hist. nat., genre de crustacés décapodes. — Subst. propre mas., myth., le plus ancien roi d'Argos, et père d'Io, que Jupiter aima. Il donna son nom au fleuve *Inachus* et à tout le Péloponèse, qui est souvent appelé *Inachia*. Voy. IO.

INACTIF, adj. mas., au fém. **INACTIVE** (*inaktif, tive*), sans activité. — Indolent; qui ne peut agir.

INACTION, subst. fém. (*inakcion*) (de la particule privative *in*, et du substantif *action*), cessation de toute *action*.—Indolence, indifférence sur ses intérêts.

INACTIVE, adj. fém. Voy. INACTIF.

INACTIVITÉ, subst. fém. (*inaktivité*), défaut, manque d'*activité*.

INADMISSIBILITÉ, subst. fém. (*inademiceci-bilité*), qualité d'une demande, d'une action *inadmissible*.

INADMISSIBLE, adj. des deux genres (*inademicecible*), qui ne peut ou ne doit pas être *admis*.

INADMISSION, subst. fém. (*inademicecion*), refus d'*admettre*. L'*Académie* ne nomenclature pas ce mot.

INADVERTANCE, subst. fém. (*inadevèretance*), défaut d'attention, parce qu'on n'était pas averti. C'est en quoi l'*inadvertance* diffère de l'*inattention* proprement dite. Dans la première, on n'a pas pris garde, mais on n'était pas averti; dans la seconde, on était averti de prendre garde et on ne l'a pas fait. L'*inadvertance* est souvent un accident involontaire; l'*inattention* est toujours une négligence répréhensible.

INAIMABLE, adj. des deux genres (*inèmable*), qui n'est pas *aimable*. Ce mot n'a été employé que par *Voltaire*.

INAIMÉ, E, adj. (*inèmé*), qui n'est pas *aimé*. Ce mot n'est pas plus usité que le précédent. Nous le trouvons cependant dans le vers suivant, qui n'est point signé :

Qui vécut *inaimé* ne vivait qu'à demi.

INALBUMINÉ, E, adj. (*inalebuminé*), dénué d'*albumen*.

INALIÉNABILITÉ, subst. fém. (*inali-énabilité*), qualité de ce qui est *inaliénable*.

INALIÉNABLE, adj. des deux genres (*inali-énable*), qui ne peut être *aliéné*; qu'on ne peut engager, ni vendre.

INALLIABILITÉ, subst. fém. (*inali-abilité*), qualité de ce qui est *inalliable*.

INALLIABLE, adj. des deux genres (*inali-able*), qu'on ne peut *allier*. Il ne s'emploie guère qu'en parlant des métaux.

INALTÉRABILITÉ, subst. fém. (*inaletérabilité*), qualité de ce qui est *inaltérable*.

INALTÉRABLE, adj. des deux genres (*inaletérable*) (de la particule négative *in*, et du verbe *altérer*), qui ne peut se changer ni se corrompre, au physique et au moral.

INAMENDABLE, adj. des deux genres (*inamandable*), qui ne peut être *amendé*.—Incorrigible.

INAMISSIBILITÉ, subst. fém. (*inamicecibilité*), qualité de ce qui est *inamissible*, de ce qui ne peut se perdre.

INAMISSIBLE, adj. des deux genres (*inamicecible*) (en lat. *inamissibilis*, formé de *in* privatif, et *amittere*, perdre), qui ne peut se perdre. Ce mot et le précédent ne se disent guère qu'en théologie, en parlant de la grace de Dieu.

INAMOVIBILITÉ, subst. fém. (*inamovibilité*), qualité de ce qui est *inamovible*.

INAMOVIBLE, adj. des deux genres (*inamovible*) (de la particule négative *in*, et de *movere*, mouvoir, changer), qui ne peut ou ne doit point être destitué ou déplacé : *un emploi à vie est un emploi inamovible.*

INAMUSABLE, adj. des deux genres (*inamusable*), qui ne peut être *amusé*.

INAMUSANT, E, adj. (*inamuzan, zante*), qui n'*amuse* pas.

INANGULÉ, E, adj. (*inangulé*), t. de bot., sans *angles*.

INANIMATION, subst. fém. (*inanimâcion*), état, nature des êtres *inanimés*.

INANIMÉ, E, adj. (*inanimé*) (en lat. *inanimis* ou *inanimus*, fait de *in* privatif, et *anima*, âme, vie), qui n'est pas *animé*, qui n'a point de vie : *créatures inanimées.*—Fig., qui ne marque point de sentiment, qui manque de chaleur, d'expression : *personne inanimée, chant inanimé, figure inanimée.*

INANISÉ, E, part. pass. de *inaniser*.

INANISER, v. act. (*inanizé*), rendre vain, frivole ; donner une apparence trompeuse. (*Boiste.*) Fort peu usité, surtout dans le dernier sens.

INANITÉ, subst. fém. (*inanité*) (en lat. *inanitas*, vide), le vide d'une chose. — Le néant.— En t. de chronologie, durée du monde jusqu'à la loi de *Moïse*. On compte ordinairement deux mille cinq cent cinquante ans d'*inanité*, que quelques chronologistes réduisent à deux mille. — Au fig., vanité, inutilité. (*J.-J. Rousseau.*)

INANITION, subst. fém. (*inanicion*) (en latin *inanitas*, fait de *inanis*, vide, où il n'y a rien), faiblesse causée par défaut de nourriture.

INAPERCEVABLE, adj. des deux genres (*inapèrecevable*), qui ne peut être *aperçu*.

INAPERÇU, E, adj. (*inapèreçu*), qui n'a point été *aperçu*. Mot employé pour la première fois par *Delille* dans sa traduction de l'*Énéide*, livre II :

Une porte, des Grecs encore *inaperçue*.

Et livre VII :

Chercher du noir séjour la porte *inaperçue*.

INAPPÉTENCE, subst. fém. (*inapepétance*), t. de médec., défaut d'*appétit*, syn. de *anorexie*.

INAPPLICABILITÉ, subst. fém. (*inaplikabilité*), qualité d'une chose, d'une loi *inapplicable*.

INAPPLICABLE, adj. des deux genres (*inaplikable*), qui ne peut être *appliqué*. Il ne se dit que des choses.

INAPPLICATION, subst. fém. (*inaplikâcion*), défaut d'*application*, d'attention.

INAPPLIQUÉ, E, adj. (*inapliké*), qui manque d'attention ; dont l'*application* n'a pas été faite.

INAPPRÉCIABLE, adj. des deux genres (*inapréciable*), qui ne peut être *apprécié*.

INAPPRÉCIABLEMENT, adv. (*inappréciableman*), d'une manière *inappréciable*.

INAPPRÊTÉ, E, adj. (*inaprêté*), qui n'a point été *apprêté*. Mot employé pour la première fois par *Delille* (les Trois Règnes de la Nature, chant VIII) :

Les mets *inapprêtés* qui forment leurs repas.

INAPPRIVOISABLE, adj. des deux genres (*inaprivoèzable*), qui ne peut être *apprivoisé*.

INAPTE, adj. des deux genres (*inapete*), qui manque d'*aptitude*. Mot des plus utiles, et que nous devrions lire dans l'*Académie*.

INAPTITUDE, subst. fém. (*inapetitude*), défaut d'*aptitude à*... Voy. INSUFFISANCE.

INARTICULÉ, E, adj. (*inartikulé*), qui n'est point *articulé* : *des sons inarticulés.*

INARTICULUM, subst. mas. (*inartikulome*), t. d'hist. anc., rameau de grenadier dont se couronnait autrefois la reine des sacrifices, avant de sacrifier.

INARTIFICIEL, adj. mas., au fém. **INARTIFICIELLE** (*inartificièle*), sans art, sans *artifice*. (Montaigne.)

INARTIFICIELLE, adj. fém. Voy. INARTIFICIEL.

INASSERMENTÉ, E, adj. (*inacèremanté*), qui n'a point prêté *serment*. — Pendant la révolution : *prêtre inassermenté*, qui n'avait point prêté le *serment* civique.

INASSOCIABLE, adj. des deux genres (*inaçociable*), qui ne peut *s'associer*.

INASSORTI, E, adj. (*inaçorti*), qui n'est point *assorti*.

INASSOUPI, E, adj. (*inaçoupi*), qui n'est point *assoupi*.

INATTAQUABLE, adj. des deux genres (*inatakable*), qu'on n'oserait *attaquer*.

INATTENDU, E, adj. (*inatandu*), à quoi l'on ne s'*attendait* pas.

INATTENTE, subst. fém. (*inatante*), l'opposé d'*attente*. (La Harpe.) Inusité.

INATTENTIF, adj. mas., au fém. **INATTENTIVE** (*inatantif, tive*), qui n'a point d'*attention*.

INATTENTION, subst. fém. (*inatancion*), manque d'*attention*.

INATTENTIVE, adj. fém. Voy. INATTENTIF.

INAUGURAL, E, adj. (*inôgurale*), qui a rapport à l'*inauguration* : *discours, harangue inaugurale*, qu'un professeur prononce le jour de son admission.—Au plur. mas., *inauguraux*.

INAUGURATION, subst. fém. (*inôgurâcion*) (en lat. *inauguratio*), cérémonie religieuse qui se pratique au sacre des rois, etc. — Consécration d'un édifice public, d'un monument des arts : *assister à l'inauguration de la statue du monarque.* — On le dit par extension, dans les universités étrangères, de l'installation des professeurs.—*Discours d'inauguration*, celui par lequel un professeur prend possession de sa chaire.

INAUGURAUX, adj. mas. plur. Voy INAUGURAL.

INAUGURÉ, E, part. pass. de *inaugurer*.

INAUGURER, v. act. (*inôguré*) (en lat. *inaugurare*, fait de *augurium*, augure), dédier, initier, sacrer, consacrer. — Chez les Romains, c'était prendre les *augures*, consulter le vol des oiseaux.—*s'*INAUGURER, v. pron.

INAURATION, subst. fém. (*inôrâcion*), t. de pharm., action de dorer des pilules, des bols.

INBLÂMABLE, adj. des deux genres (*einblâmable*), que l'on ne peut *blâmer*.

INCA, subst. mas. (*einka*), prince de la famille régnante, avant l'arrivée des Espagnols au Pérou.

INCAGADE, subst. fém. (*inkaguade*), rodomontade, bravade.

INCAGUÉ, E, part. pass. de *incaguer*.

INCAGUER, v. act. (*einkaguié*) (du lat. *in*, sur, contre, et *cacare*, rendre les excréments), défier quelqu'un ; le braver en témoignant qu'on ne le craint point. — On a dit en style comique : *incaguer le destin, la fortune*. Ce mot, déjà vieux à l'époque où le *Dictionnaire de Trévoux* parut, ne devrait plus se lire dans celui de l'*Académie*, car il est tout-à-fait hors d'usage.

INCAHOTABLE, adj. des deux genres (*einkaotable*), qui ne *cahote* pas.

INCALCULABLE, adj. des deux genres (*einkalkulable*), qui passe les bornes du *calcul*.—Par extension, très-nombreux, très-considérable : *c'est là une perte incalculable.*

INCALCULABLEMENT, adv. (*einkalkulableman*), d'une manière *incalculable*.

INCALICÉ, E, adj. (*einkalicé*) (de la particule négative *in*, et du grec κάλυξ, en lat. *calyx*, calice d'une fleur), t. de bot., *sans calice*.

INCAMÉRATION, subst. fém. (*einkamérâcion*), réunion de quelque terre, droit ou revenu au domaine du pape. Voy. INCAMÉRER.

INCAMÉRÉ, E, part. pass. de *incamérer*.

INCAMÉRER, v. act. (*einkaméré*) (de l'italien *incamerare*, formé dans le même sens de la prép. *in*, dans, à, et de *camera*, chambre ; *unir à la chambre apostolique*), unir une terre au domaine du pape.—*s'*INCAMÉRER, v. pron.

INCANDESCENCE, subst. fém. (*einkandèceçance*) (du lat. *incandescere*, s'échauffer, s'embraser, devenir blanc à force d'être chaud, dérivé de *candidus*, blanc), t. de phys., état du fer, etc., chauffé jusqu'au blanc.

INCANDESCENT, E, adj. (*einkandèceçan, çante*), qui est en *incandescence*, chauffé à blanc.—Fig., se dit de la tête, du cœur, de l'âme, de l'imagination : *c'est un cœur de glace dans une tête incandescente.*

INCANE, adj. des deux genres (*einkane*), blanchâtre par pubescence. Mot inusité, inséré par *Boiste*, qui dit même *incané, e*.

INCANTATION, subst. fém. (*einkantâcion*) (en lat. *incantatio* ou *incatamentum*), enchantement ; cérémonie de fourbes qui se donnaient pour magiciens.

INCAPABLE, adj. des deux genres (*einkapable*) (en lat. *incapax*), qui n'est pas *capable* : *il est incapable d'attention, de posséder une charge*, etc. Voy. INHABILE.—Qui a trop de cœur, de probité, de vertu pour faire rien qui y soit contraire : *il est incapable de lâcheté, de manquer à sa parole.* — Sans régime, il signifie malhabile, sans moyens : *c'est l'homme du monde le plus incapable.*—*Incapable* se dit, en t. de jurispr., de celui qui est privé par la loi de certains avantages, ou exclu de certaines fonctions : *un mineur est incapable de disposer de son bien ; on l'a déclaré incapable de posséder aucune charge.*

INCAPACITÉ, subst. fém. (*einkapacité*), défaut de *capacité*, insuffisance.—T. de jurispr., état d'une personne que les lois privent de certains droits.

INCARCÉRATION, subst. fém. (*einkarcérâcion*), action d'*incarcérer* ; état de celui qui est *incarcéré*.

INCARCÉRÉ, E, part. pass. de *incarcérer*.

INCARCÉRER, v. act. (*inkarcéré*), mettre en prison.—*s'*INCARCÉRER, v. pron.

INCARNADIN, E, adj. (*einkarnadein, dine*), se dit d'une couleur plus faible que l'*incarnat* ordinaire. — Subst. mas. : *ce ruban est d'un bel incarnadin.*

INCARNAT, E, adj. (*einkarna, nate*) en latin *incarnatus*, fait de *caro*, gén. *carnis*, chair), qui tire sur la couleur de chair. — Il est aussi subst. au mas. : *un bel incarnat.*

INCARNATIF, adj. mas., au fém. **INCARNATIVE** (*einkarnatif, tive*), t. de médec. : *un bandage, un remède incarnatif*, propre à faire revenir les chairs, à les réunir.—On dit aussi subst. au mas. : *c'est un bon incarnatif.*

INCARNATION, subst. fém. (*einkarnâcion*) (en lat. *incarnatio*), union du fils de Dieu avec la nature humaine. — En chir., formation des chairs dans les plaies ou les ulcères.

INCARNATIVE, adj. fém. Voy. INCARNATIF.

INCARNÉ, E, adj. (*einkarné*) (en lat. *incarnatus*), qui a pris un corps de chair : *le Verbe incarné.*—Fig. et fam. : *diable, démon incarné*, méchant homme ; *c'est la vertu, la prudence, la malice incarnée.*

s'INCARNER, v. pron. (*ceinkarné*), se revêtir d'un corps de chair, en parlant du mystère par lequel le Verbe s'est fait homme.—En t. de chir., on dit qu'*une plaie commence à s'incarner*, pour dire que les chairs commencent à revenir.

INCART, et mieux **INQUART**, subst. mas. Voy. QUARTATION et INQUARTATION.

INCARTADE, subst. fém. (*einkartade*), sorte d'insulte faite inconsidérément ; saillie brusque et hors de propos, telle, dit *Le Duchat*, que celle d'un joueur qui entre en *cartes* hors de son rang. Il est fam.—Au plur., extravagances, folies.

INCARTATION, subst. fém. (*einkartâcion*), manière de purifier l'or avec de l'eau-forte et de l'argent en grenailles. (*Boiste.*) On dit mieux *inquartation*.

INCARVILLE, subst. mas. (*einkarvile*), t. de bot., arbrisseau grimpant de la famille des bicornes.

INCENDIAIRE, subst. et adj. des deux genres (*einçandière*) (en lat. *incendiarius*), celui ou celle qui met à dessein le feu en un lieu.—Au fig., séditieux : *propos incendiaire, discoureur incendiaire.* —*Incendiaire* se dit aussi de celui qui, par ses discours ou par ses écrits, cherche à exciter quelque sédition, à troubler l'ordre public : *c'est un écrivain incendiaire, un incendiaire.*

INCENDIARIA, subst. mas. (*einçandi-ari-a*), t. d'hist. nat., nom latin d'un oiseau que les anciens croyaient présager un *incendie* par son apparition.

INCENDIAT, subst. mas. (*inçandia*), action d'*incendier*, effet de l'*incendie* ; attentat prémédité pour mettre le feu quelque part. Ce mot n'a jamais existé que dans la tête de *Raymond*.

INCENDIE, subst. mas. (*einçandi*) (du lat. *incendium*, fait de *incendere*, enflammer), feu violent qui, par ses progrès successifs, embrase et consume des édifices, des forêts, etc. ; à la différence de l'*embrasement*, qui, pénétrant dans toutes les parties d'une grande masse, produit une conflagration ou combustion totale et comme simultanée.—Au fig., trouble excité dans un état par les factions, etc.

INCENDIÉ, E, part. pass. de *incendier*.—Il se prend aussi subst. : *les incendiés du Bazar.*

INCENDIER, v. act. (*einçandié*) (en lat. *incendere*), brûler, consumer par le feu. Son emploi le plus ordinaire est au passif.— *s'*INCENDIER, v. pron.

INCENTRIQUER, v. act. (*einçantriké*), placer au *centre*. (*Boiste.*) Inusité.

IN-CENT-VINGT-HUIT, subst. mas. (*einçanveintuite*), feuille d'impression, pliée en *cent vingt-huit* feuillets.

INCÉRATION, subst. fém. (*eincérâcion*) (du lat. *cera*, cire), action d'incorporer de la cire avec une autre matière.—En t. de pharm., action de réduire une substance sèche à la consistance de la cire molle, en la mêlant par degrés avec quelque fluide.

INCERNICULUM, subst. mas. (*eincèrenikulome*), t. d'anat., nom donné au bassinet du rein.

INCERTAIN, **E**, adj. (*eincèretein, tène*) (en lat. *incertus*), en parlant des choses : 1° douteux, qui n'est pas assuré. En ce sens, on dit subst. au mas.: *quitter le certain pour l'incertain* ; 2° variable : *temps incertain* ; 3° indéterminé : *nombre incertain*.—En parlant des personnes : 1° irrésolu; 2° qui ne sait pas, qui doute : *je suis incertain de ce qui arrivera*.—Les maçons appellent *pierre incertaine* ou *irrégulière*, celle dont les angles et les pans sont inégaux.—Les agents de change et les banquiers appellent *incertain*, le chiffre variable d'une équation de change.

INCERTAINEMENT, adv. (*eincèretèneman*), avec doute et *incertitude*.

INCERTITUDE, subst. fém. (*eincèrctitude*), état d'une personne *incertaine* de ce qui doit arriver, ou irrésolue sur ce qu'elle doit faire. Voy. DOUTE. — *L'incertitude du temps*, l'inconstance du temps.

INCESSAMMENT, adv. (*eincèçaman*) (du lat. *incessanter*, composé de *in* négatif, et de *cessement*, lequel vient de *cessant*, du verbe *cesser*, en lat. *cessare*), sans *cesser*, sans tarder. — Au plus tôt, sans délai. — Continuellement, sans *cesse*. En ce sens, il vieillit.

INCESSANT, **E**, adj. (*eincèceçan, çante*), qui ne *cesse* pas, sans fin.

INCESSIBILITÉ, subst. fém. (*eincècecibilité*), t. de droit, qualité d'une action *incessible*.

INCESSIBLE, adj. des deux genres (*eincècecible*) (du lat. *in* négatif, et *cedere*, céder, dont le supin est *cessum*), t. de jurispr. ; il se dit de ce qui ne peut être cédé par une personne à une autre : *un droit incessible*.

INCESSION, subst. fém. (*eincècecion*) (du lat. *incessus*), démarche, action de marcher.

INCESTE, subst. mas. (*eincècete*) (du lat. *incestum*, employé dans la même acception, et qui, formé de *in* négatif, et de *castus*, chaste, désigne proprement l'incontinence en général), conjonction illicite entre parents ou alliés au degré prohibé par les lois.—*Inceste spirituel*, conjonction entre des personnes alliées par une affinité spirituelle, comme entre le parrain et sa filleule, entre le confesseur et sa pénitente. — Il se prend quelquefois adj. en poésie pour *incestueux*, et alors il a les deux genres.

INCESTUEUSE, adj. fém. Voy. INCESTUEUX.

INCESTUEUSEMENT, adv. (*eincècetu-euzeman*), d'une manière *incestueuse*.

INCESTUEUX, adj. mas., au fém. **INCESTUEUSE** (*eincècetu-eu, euze*), souillé d'*inceste*, où il y a *inceste*. — Il se dit aussi du fruit d'un commerce *incestueux* : *bâtard incestueux*.—Subst., qui a commis un *inceste*.

INCHANTABLE, adj. des deux genres (*einchantable*), ce qu'il est impossible de *chanter*.

INCHARITABLE, adj. des deux genres (*eincharitable*), qui n'a pas de *charité*.

INCHOATIF, adj. mas., au fém. **INCHOATIVE** (*einko-atif, tive*) (du lat. *inchoare*, commencer), t. de gramm., qui exprime un commencement d'action, comme : *vieillir*, *verdir*, etc. Ce mot n'a été encore employé que par des grammairiens.

INCHOATIVE, adj. fém. Voy. INCHOATIF.

INCICATRISABLE, adj. des deux genres (*eincikatrizable*), qui ne peut se *cicatriser*. Peu usité, mais fort utile.

INCID., abréviation des mots *incidence* ou *incident*.

INCIDEMMENT, adv. (*eincidaman*), par occasion, par suite, par connexité.—T. de jurispr.; il se dit de ce qui vient à l'occasion de quelque chose, par exemple, le défendeur qui est assigné pour le paiement d'une somme, et qui prétend que le demandeur lui doit aussi quelque chose, se constitue *incidemment* demandeur à l'effet d'en être payé.

INCIDENCE, subst. fém. (*eincidance*) (du lat. *incidere*, tomber sur..., formé de *in*, sur, et de *cadere*, tomber), en mécanique, direction suivant laquelle un corps en frappe un autre.—T. d'optique : *angle d'incidence*, suivant les uns, l'angle compris entre un rayon *incident* sur un plan, et la perpendiculaire tirée sur le plan au point d'*incidence* ; suivant d'autres, le complément de cet angle. La première acception est la plus usitée, surtout dans la dioptrique.

INCIDENT, subst. mas. (*eincidan*), évènement qui survient dans le cours d'une affaire.—Dans un poème dramatique, évènement considérable qui survient dans le cours de l'action principale.—En matière de procès, point à débattre qui naît ou qu'on fait naître dans le cours de l'action.—Dans les disputes, contestation le plus souvent étrangère au sujet.

INCIDENT, **E**, adj. (*eincidan, dante*) (en lat. *incidens*, part. prés. de *incidere*, tomber sur ou dans, survenir, etc.), t. de palais : *demande, requête, question, proposition incidente*, qui survient pendant le cours de l'affaire principale. — En t. d'optique, *rayon incident*, celui qui tombe sur une surface réfléchissante ou réfringente.— En t. de gramm., *proposition incidente*, celle qui est insérée dans une proposition principale dont elle fait partie. Dans cette phrase : *Dieu, qui est juste, rendra à chacun selon ses œuvres ; qui est juste* est une proposition *incidente*.

INCIDENTAIRE, subst. mas. (*eincidantère*), qui forme des *incidents* ; chicaneur. Hors d'usage.

INCIDENTER, v. neut. (*eincidanté*), chicaner en faisant naître des *incidents* : *il incidente à tout moment*.

INCINÉRATION, subst. fém. (*eincinérâcion*) (du lat. *in*, en, *cinis*, gén. *cineris*, cendre), t. de chimie, action de réduire en cendres ; réduction des végétaux en cendres ; état de ce qui est réduit en cendres.

INCINÉRÉ, **E**, part. pass. de *incinérer*.

INCINÉRER, v. act. (*eincinéré*), t. de chim., réduire en cendres.—S'INCINÉRER, v. pron.

INCIPIOMNITE, subst. mas. (*eincipi-omenite*) (du lat. *incipio*, je commence, et *omnis*, tout), qui commence tout et ne finit rien. (*Boiste.*) Vieux et hors d'usage.

INCIRCONCIS, **E**, adj. et subst. (*eincirkonci, cize*) (en lat. *incircumcisus*), qui n'est point *circoncis*.—Fig. et en style de l'Écriture, immortifié : *incirconcis des lèvres, du cœur, des oreilles*. —Les Juifs appelaient *incirconcis* ceux qui n'étaient pas de leur nation ; et dans ce sens, il est substantif.

INCIRCONCISION, subst. fém. (*eincirkoncizion*), état de celui qui est *incirconcis*. Il ne se dit guère qu'au fig. : *l'incirconcision du cœur*. Voy. INCIRCONCIS.

INCIRCONSCRIT, **E**, adj. (*eincirkoncekri, krite*), sans bornes, sans limites.

INCISE, subst. fém. (*eincize*) (du lat. *incisa*, sous-entendu *propositio* ou *phrasis*, fait de *incidere*, couper, séparer), en gramm., petite phrase qui fait partie d'une plus grande ; subdivision d'un membre de période. — *J.-J. Rousseau* a, par le même mot, désigné en musique les différents membres d'une pensée.

INCISÉ, **E**, part. pass. de *inciser*. —En bot., il est adj., et signifie, qui a un bord découpé par des *incisions* aiguës et étroites ; les lanières qui en résultent étant plus longues que larges, et trop allongées ou trop grandes pour recevoir le nom de *dents* ou *crans*.

INCISER, v. act. (*einci**z**é*) (du lat. *incidere*, couper, diviser), t. de chir., trancher, couper en long. — En parlant des sucs de l'estomac, dissoudre, diviser. — En t. de verrerie, mouiller le verre encore chaud, ou le toucher avec un corps très-froid. — S'INCISER, v. pron.

INCISIF, adj. mas., au fém. **INCISIVE** (*eincizif, zive*) (du lat. *incidere*, couper, diviser); il se dit en médecine des remèdes propres à diviser, à atténuer les humeurs.—*Dents incisives*, celles de devant qui servent à couper les aliments. — *Muscles incisifs* et *trous incisifs*, deux muscles et deux trous qui sont près de ces dents.

INCISION, subst. fém. (*eincizion*) (en lat. *incisio*), t. de chir., opération par laquelle, avec un instrument tranchant, on ouvre, on coupe les chairs.—Il se dit aussi de l'ouverture faite dans les chairs par cette opération : *une grande incision ; incision profonde*.—*Incision cruciale*, double *incision*, dont les taillades se croisent.

INCISIVE, adj. fém. Voy. INCISIF.

INCISORIUM, subst. mas. (*eincizori-ome*), t. de chir., table sur laquelle on mettait les malades qui devaient subir quelque opération.

INCISURE, subst. fém. (*eincizure*), t. de médec., fente étroite d'un os.

INCITABILITÉ, subst. fém. (*eincitabilité*), propriété des parties du corps d'exercer les fonctions nécessaires.

INCITABLE, adj. des deux genres (*eincitable*), t. de médec., propre à recevoir l'action d'un stimulant.

INCITANT, **E**, adj. (*eincitan, tante*), qui excite, qui pousse à... — T. de médec., qui donne du ton : *remède incitant* ; et subst. au mas., des *incitants*.

INCITATIF, adj. mas., au fém. **INCITATIVE** (*eincitatif, tive*), stimulant, qui ranime l'*incitabilité*.

INCITATION, subst. fém. (*eincitâcion*) (en latin *incitatio*), instigation ; action de celui qui *incite*. — Action de donner du ton aux organes.

INCITATIVE, adj. fém. Voy. INCITATIF.

INCITE, subst. fém. (*eincite*), rang extrême d'un échiquier que les pièces ou dames du jeu d'échecs ne peuvent dépasser.

INCITÉ, **E**, part. pass. de *inciter*.

INCITÉGUE, subst. mas. (*eincitègue*), espèce de panier des anciens dans lequel ils mettaient des bouteilles.

INCITEMENT, subst. mas. (*einciteman*), motif, aiguillon, sujet, cause.

INCITER, v. act. (*eincité*) (en latin *incitare*), induire à faire quelque chose ; exciter, pousser. Il se dit en bien comme en mal. — S'INCITER, v. pron.

INCIVIL, **E**, subst. et adj. (*eincivile*), qui n'est pas *civil*, impoli : *une demande, une prière incivile*, contraire à la bienséance.—En t. de jurispr., on appelle *clause incivile*, une clause faite contre la disposition des lois.

INCIVILEMENT, adv. (*einciviLeman*), d'une manière *incivile* : *traiter quelqu'un incivilement*.

INCIVILISÉ, **E**, adj. (*eincivilizé*), qui n'est pas *civilisé*.

INCIVILITÉ, subst. fém. (*eincivilité*), action contraire à la *civilité*.—On appelle aussi *incivilité*, le défaut d'une personne *incivile* : *cet homme est d'une incivilité choquante*.

INCIVIQUE, adj. des deux genres (*eincivike*), qui pèche par défaut de *civisme* : *conduite incivique*.

INCIVISME, subst. mas. (*einciviceme*), défaut de *civisme* ; sentiment et conduite opposés à ceux d'un bon citoyen.

INCLAIRVOYANT, **E**, adj. (*einklèrevoè-ian*), qui n'est pas *clairvoyant*.

INCLÉMENCE, subst. fém. (*einklémance*) (en latin *inclementia*), défaut de *clémence*. Il n'est point usité en ce sens, excepté en poésie : *l'inclémence des dieux*. (Racine, *Iphigénie*).—En parlant du temps : rigueur : *l'inclémence de l'air, de la saison*.— *Molière*, dans les *Précieuses ridicules*, a employé ce mot au pluriel, mais c'est en plaisantant : *voudriez-vous, faquins, que j'exposasse l'embonpoint de mes plumes aux inclémences de la saison ?*

INCLÉMENT, **E**, adj. (*einkléman*), sans *clémence*, rigoureux : *des dieux inclements ; un ciel inclément*.

INCLINAISON, subst. fém. (*einklinèzon*) (en latin *inclinatio*), terme de géom.; il se dit de la situation naturelle de deux plans l'un par rapport à l'autre, en sorte qu'ils forment, au point de leur concours, un angle aigu ou obtus.—*L'inclinaison d'une ligne droite à un plan* est l'angle aigu que cette ligne droite fait avec une autre ligne droite tirée de ce plan, par le point où il se trouve coupé par la ligne inclinée, et par le point où il se trouve aussi coupé par une perpendiculaire tirée de quelque point que ce soit de la ligne inclinée.—*L'angle d'inclinaison*, l'angle qu'une ligne forme avec une autre ligne. — En astronomie, on nomme *inclinaison*, l'angle que forme avec l'écliptique l'orbite d'une planète. — *L'inclinaison de l'axe de la terre* est le complément de l'angle que cet axe fait avec le plan de l'écliptique, ou l'angle compris entre le plan de l'équateur et celui de l'écliptique.—*L'inclinaison d'une planète avec le plan de l'écliptique* est l'angle compris entre l'écliptique et le lieu de la planète dans son orbite. — En t. de gnomonique, on appelle *inclinaison d'un plan*, l'arc d'un cercle vertical compris entre le plan et l'horizon. — En chim., *verser par inclinaison*, c'est verser quelque liqueur en penchant doucement le vaisseau. — *Inclinaison* se dit, en t. de marine, d'une bande plus ou moins forte que donne un bâtiment sous voiles, lorsqu'il reçoit le vent par tribord ou basbord. — T. de physique, *inclinaison de l'aimant*, propriété qu'ont tous les aimants d'être plus attirés par un des pôles magnétiques de la terre que par l'autre. Cette *inclinaison* varie dans les différents points de la terre : elle était à Paris, le 1er octobre 1811, de soixante-huit degrés quarante-trois minutes et demie.

INCLINANT, **E**, adj. (*einklinan, nante*), qui *incline*, qui penche de quelque côté. Il se dit des cadrans solaires qui sont tracés sur un plan qui n'est pas perpendiculaire à l'horizon, mais qui *incline* du côté du midi. On dit aussi *incliné*, e,

INCLINATION, subst. fém. (*einklinàcion*) (en latin *inclinatio*, fait de *inclinare*, incliner, pencher), état, situation d'une chose qui penche vers une autre.—Mouvement du corps qui se baisse : *on fait une inclination de tête*, en signe d'acquiescement ou de civilité; *on fait une inclination de corps*, en signe de respect, ou simplement pour saluer.—Fig., 1° disposition ou pente naturelle à quelque chose. *Il ne se dit que des personnes*; 2° affection, amour; 3° personne que l'on aime; 4° chose pour laquelle on a du penchant. — On dit fam., d'une personne que l'on aime : *c'est mon inclination*.—En t. de pharmacie, action d'*incliner* un vase pour que la liqueur qu'il contient s'écoule, et que le marc reste au fond.—INCLINATION, PENCHANT. (*Syn.*) Suivant *Girard*, l'*inclination* dit quelque chose de moins fort que le *penchant*. La première nous porte vers un objet, et l'autre nous y entraîne. Il semble aussi que l'*inclination* doive beaucoup à l'éducation, et que le *penchant* tienne plus du tempérament.

INCLINÉ, E, part. pass. de *incliner*, et adj.—T. de mécan. : *plan incliné*, celui qui fait un angle oblique avec l'horizon.

INCLINER, v. act. (*einkliné*)(en lat. *inclinare*), baisser, pencher, courber : *incliner la tête, le corps*. — Neutralement, avoir du penchant pour quelque chose, y être porté : *incliner à la paix, à un avis*, etc.—Pencher d'un côté : *cette poutre incline de ce côté*.—S'INCLINER, v. pron., se pencher.—Pencher la tête par respect.—On dit, en t. de géométrie, qu'*un plan s'incline de plus en plus sur un autre plan*, pour dire que par son mouvement il vient à former avec l'autre plan un angle plus aigu que celui qu'il formait auparavant. Et on dit de même, qu'*une ligne s'incline de plus en plus sur une autre ligne*.

INCLUS, E, adj. (*einklu, kluze*) (en latin *inclusus*, part. pass. de *includere*, enfermer dans); ce mot est le part. pass. du verbe *inclure*, dont on ne se sert plus. — L'usage veut qu'on écrive : *vous trouverez ci-inclus copie de ce que vous me demandez*, et : *vous trouverez ci-incluse la copie de ce que vous me demandez*. *Inclus*, précédé de *ci*, et placé avant un nom dont le sens est vague, comme : *copie*, etc., s'accorde avec *ceci*, sous-entendu : *ceci* inclus, *copie de ma lettre*. *Vous trouverez* ci-inclus *copie*, etc. Mais quand l'énonciation est précise, comme : *la copie, ma promesse*, etc., l'esprit, plus attentif alors, voit mieux le rapport qui existe entre *inclus* et le *nom*, et l'accord a lieu : *vous trouverez*, ci-incluse, *une copie de ma lettre*. —Avec le verbe *être*, le vague de l'énonciation n'empêche plus l'accord d'avoir lieu, et l'on écrit : *copie de ma lettre est* ci-incluse. En effet, *inclus*, placé après un nom, quel qu'il soit, se rapportant nécessairement à ce nom, doit en adopter les inflexions. — Adj., t. de botanique, qui n'est point saillant, au-dehors de la partie contenante ou ambiante.

l'INCLUSE, subst. fém. (*leinkluze*) la lettre enfermée dans un paquet. Style familier et bien vieilli.

INCLUSION, subst. fém. (*einkluzion*), état d'une chose *incluse*.

INCLUSIF, adj. mas., au fém. **INCLUSIVE** (*einkluzif, zive*), ce qui renferme une chose.

INCLUSIVE, adj. fém. Voy. INCLUSIF.

INCLUSIVE, subst. fém. (*einkluzive*) (du lat. *includere*, enfermer; parce que les cardinaux sont enfermés dans le conclave) : *donner l'inclusive à un cardinal*, le recevoir dans un conclave après qu'il est fermé.

INCLUSIVEMENT, adv. (*einkluziveman*), en y comprenant, y compris. Il est opposé à *exclusivement*, et il signifie que la chose dont on parle est comprise dans la convention ou disposition : *depuis le premier du mois jusqu'au quinze inclusivement*, c'est-à-dire en y comprenant le quinzième jour du mois.

INCLYTE, adj. des deux genres (*einklite*), célèbre, illustre. Il est vieux et pédantesque.

INCOËRCIBILITÉ, subst. fém. (*einko-èrecibilité*), état, qualité de ce qui est *incoërcible*.

INCOËRCIBLE, adj. des deux genres (*einko-èrecible*), qui n'est pas *coërcible*.

INCOËRCIBLEMENT, adv. (*einko-èrecibleman*), d'une manière *incoërcible*.

INCOGNITO, adv. (*einkognitô*) (emprunté de l'italien *incognito*, fait du lat. *incognitus*, inconnu), sans être connu. — On dit subst. au mas. : *garder l'incognito*, ne pas se faire connaître. Ce terme est purement italien, et se dit d'une personne qui est dans un lieu sans vouloir être connue. Il se dit particulièrement des grands qui entrent dans une ville, et qui marchent dans les rues sans pompe, sans cérémonie, sans leur train ordinaire, et sans les marques de leur grandeur, non pas absolument pour être méconnus, mais parce qu'ils ne veulent pas être traités avec les cérémonies ni recevoir les honneurs dus à leur rang : *ce prince parcourut incognito toutes les provinces de son royaume*.

INCOHÉRENCE, subst. fém. (*einko-érance*), qualité de ce qui est *incohérent*.

INCOHÉRENT, E, adj. (*einko-éran, rante*), qui manque de liaison.

INCOLORE, adj. des deux genres (*einkolore*), sans couleur.

INCOMBANT, E, adj. (*einkonban, bante*), t. de bot., attaché au filet.

INCOMBÉ, part. pass. de *incomber*.

INCOMBER, v. neut. (*einkonbé*), t. de jurispr., se soutenir, s'appuyer, tomber sous le sens : *cette pièce incombe dans les pièces déjà produites au procès*.

INCOMBUSTIBILITÉ, subst. fém. (*einkonbucetibilité*), qualité de ce qui est *incombustible*. Il est peu usité.

INCOMBUSTIBLE, adj. des deux genres (*einkonbucetible*) (du lat. *in* négatif, et *comburere*, brûler), qui ne se consume point au feu.

INCOMMENSURABILITÉ, subst. fém. (*einkomemançurabilité*), état, qualité de ce qui est *incommensurable*.

INCOMMENSURABLE, adj. des deux genres (*einkomemançurable*) (du lat. *in* négatif, *cum*, avec, et *mensura*, mesure), qui ne peut être mesuré. —En géom., il se dit de deux quantités qui n'ont point de commune mesure : *le côté d'un carré est incommensurable avec sa diagonale*. — Des surfaces sont *incommensurables en puissance*, lorsqu'elles ne peuvent être mesurées par aucune surface commune. — On dit aussi substantivement : *les incommensurables*.

INCOMMISÉRATION, subst. fém. (*einkomemizéràcion*), qui manque de *commisération*. (Boiste.) Peu en usage.

INCOMMODANT, E, adj. (*einkomodan, dante*), qui *incommode* : *vent incommodant*.

INCOMMODE, adj. des deux genres (*einkomode*) (en lat. *incommodus*), qui n'est pas *commode*, dont on ne peut se servir avec aisance, avec facilité : *outil, meuble incommode*.— En parlant des choses, fâcheux, qui cause quelque peine. —En parlant des personnes, importun, qui est à charge.

INCOMMODÉ, E, part. pass. de *incommoder*, et adj., malade, qui a quelque *incommodité*.—Pauvre, qui n'est pas à son aise. En ce sens, il ne se dit guère qu'en ajoutant *dans ses affaires*.—En t. de marine, *vaisseau incommodé*, qui a perdu quelqu'un de ses mâts.

INCOMMODÉMENT, adv. (*einkomodéman*), d'une manière *incommode*.

INCOMMODER, v. act. (*einkomodé*), causer quelque sorte d'*incommodité*.—Nuire, blesser.—Indisposer.—S'INCOMMODER, v. pron., se gêner.—Se rendre malade.

INCOMMODITÉ, subst. fém. (*einkomodité*) (en latin *incommoditas*, formé de *in* négatif, et de *commoditas*, commodité, convenance, etc.), la peine que cause une chose *incommode*. — Indisposition, maladie.—En t. de marine, *donner* ou *faire le signal d'incommodité*, marquer par un signal qu'on a besoin d'être secouru.

INCOMMUNICABILITÉ, subst. fém. (*einkomunikabilité*), t. de droit, qualité de ce qui est *incommunicable*.

INCOMMUNICABLE, adj. des deux genres (*einkomunikable*), qui ne peut se *communiquer*; dont on ne peut faire part.

INCOMMUNICABLEMENT, adv. (*einkomunikableman*), d'une manière *incommunicable*. Inusité.

INCOMMUNICATION, subst. fém. (*einkomunikàcion*), isolement. (*Boiste.*) Hors d'usage.

INCOMMUTABILITÉ, subst. fém. (*einkomutabilité*) (du latin *incommutabilitas*, qui signifie proprement immutabilité; *impossibilité de changer de possesseur*), terme de pratique; il se dit d'une possession où l'on ne peut être troublé légitimement.

INCOMMUTABLE, adj. des deux genres (*einkomutable*) (en latin *incommutabilis*) : *propriétaire, possesseur incommutable*, c'est-à-dire qui ne peut être légitimement dépossédé; *propriété incommutable*.

INCOMMUTABLEMENT, adv. (*einkomutableman*) (en lat. *incommutabiliter*), d'une manière *incommutable*.

INCOMPARABILITÉ, subst. fém. (*einkonparabilité*), qualité de ce qui est *incomparable*.

INCOMPARABLE, adj. des deux genres (*einkonparable*), à qui, à quoi rien ne peut être *comparé*.

INCOMPARABLEMENT, adv. (*einkonparableman*), sans *comparaison*. Il s'emploie toujours avec un adverbe de comparaison, comme *plus, mieux* : *il est incomparablement mieux qu'il n'était*.

INCOMPATIBILITÉ, subst. fém. (*einkonpatibilité*), antipathie des humeurs et des esprits. — Impossibilité de posséder à la fois deux charges, etc. Voy. INCOMPATIBLE.

INCOMPATIBLE, adj. des deux genres (*einkonpatible*), qui ne peut *compatir*, s'accorder avec... : *humeurs, esprits incompatibles*.—Il se dit de deux charges, de deux dignités, qui ne peuvent, suivant les lois, être réunies dans la même personne.

INCOMPATIBLEMENT, adv. (*einkonpatibleman*), d'une manière *incompatible*.

INCOMPENSABLE, adj. des deux genres (*einkonpançable*), qui ne peut être *compensé*.

INCOMPÉTEMMENT, adv. (*einkonpétaman*), sans *compétence*; par un juge qui n'est pas *compétent*.

INCOMPÉTENCE, subst. fém. (*einkonpétance*), défaut de *compétence*.

INCOMPÉTENT, E, adj. (*einkonpétan, tante*), qui n'est pas *compétent* : *juge incompétent, partie incompétente*.

INCOMPLAISANCE, subst. fém. (*einkonplèzance*), défaut opposé à la *complaisance*. Il est peu usité.

INCOMPLAISANT, E, adj. (*einkonplèzan, zante*), sans *complaisance*. On dit mieux *peu complaisant*.

INCOMPLÉMENT, subst. mas. (*einkonpléman*), état de ce qui est *incomplet*. Il est peu usité.

INCOMPLET, adj. mas., au fém. **INCOMPLÈTE** (*einkonplè, plète*), qui n'est pas *complet*.—T. de bot. : *fleurs incomplètes*. Voyez au mot COMPLET.

INCOMPLEXE, adj. des deux genres (*einkonplèkce*), qui n'est pas *complexe* ou composé. — En logique : *syllogismes incomplexes*, ceux dont les propositions sont simples. — En arithm. : *nombre incomplexe*, nombre concret ou abstrait, qui n'est pas composé de plusieurs espèces réductibles à une seule. Dix-huit francs, trente-cinq jours, quatre mètres, sont des nombres *incomplexes*; dix-huit francs soixante-deux centimes est un nombre *complexe*. — En algèbre : *grandeur incomplexe*, grandeur simple.

INCOMPOSÉ, adj. mas. (*einkonpozé*), se dit, en musique, d'un intervalle qui ne peut se résoudre en intervalles plus petits.

INCOMPOSITE, adj. des deux genres (*einkonpozite*), t. de musique, *incomposé*.

INCOMPRÉHENSIBILITÉ, subst. fém. (*einkonpré-ancibilité*), qualité de ce qui est *incompréhensible*.

INCOMPRÉHENSIBLE, adj. des deux genres (*einkonpré-ancible*) (en lat. *incomprehensibilis*), qui ne peut être *compris*. — Fam. : *un homme est incompréhensible*, lorsqu'il se conduit si déraisonnablement, qu'on ne saurait deviner quels peuvent être les motifs qui le font agir et le but qu'il se propose. Voy. ININTELLIGIBLE.

INCOMPRÉHENSIBLEMENT, adv. (*einkonpré-ancibleman*), d'une manière *incompréhensible*.

INCOMPRESSIBILITÉ, subst. fém. (*einkonprécecibilité*), qualité de ce qui est *incompressible*.

INCOMPRESSIBLE, adj. des deux genres (*einkonprècecible*), qui ne peut être *comprimé*.

INCONCEVABLE, adj. des deux genres (*einkoncevable*), qu'on ne peut *concevoir*. Voyez ININTELLIGIBLE.

INCONCEVABLEMENT, adv. (*einkoncevableman*), d'une manière *inconcevable*.

INCONCILIABLE, adj. des deux genres (*inkonciliable*), qui ne peut se *concilier* ou s'accorder avec d'autres choses.

INCONCILIABLEMENT, adv. (*einkonciliableman*), d'une manière *inconciliable*.

INCONCLUANT, E, adj. (*einkonklu an, ante*), qui n'est pas *concluant*.

INCONCRESCIBLE, adj. des deux genres (*einkonkrècecible*), qui ne peut devenir *concret*; substance non *concrescible*.

INCONDUITE, subst. fém. (*einkonduite*), défaut de *conduite*.

INCONGRU, E, adj. (*einkongueru*) (du latin *incongruus*, ou *incongruens*, formé de *in* négatif, et de *congruere*, s'accorder, se rapporter), qui est contre les règles de la grammaire, ou contre la bienséance.

INCONGRUITÉ, subst. fém. (*einkongueru-ité*) (en latin *incongruentia*), faute contre les règles de la grammaire. — Figur., faute contre le bon sens ou la bienséance, soit dans le discours, soit dans la conduite.—Au plur., choses contre la bienséance.

INCONGRÛMENT, mieux **INCONGRUEMENT**, adv. (*einkongueruman*), d'une manière *incongrue*.

INCONNU, E, subst. et adj. (*einkonu*) (en lat. *incognitus*), qui n'est pas *connu* : *homme inconnu; terres inconnues.* — Qui est peu connu ou qu'on regarde comme de peu de chose : *elle s'est entêtée d'un inconnu.*

INCONNU, subst. mas. (*einkonu*), ce qu'on cherche à connaître : *aller du connu à l'inconnu.* — Un *inconnu* est un aventurier, un homme qu'on ne *connaît* pas. En ce sens on dirait au fém. *inconnue*.

INCONNUE, subst. fém. (*einkonu*), t. d'algèbre, la quantité qu'on cherche dans la solution d'un problème. Voy. INCONNU.

INCONSÉQUEMMENT, adv. (*einkoncékaman*), d'une manière *inconséquente*.

INCONSÉQUENCE, subst. fém. (*einkoncékance*) (en lat. *consequentia*, formé de *in* négatif, et *consequentia*, conséquence; *manque, défaut de conséquence*), contrariété entre le principe et la *conséquence*.—Opposition dans les situations différentes de la vie : *c'est une inconséquence de croire à un enfer et de mener une vie déréglée.* — *Inconséquence dans les idées, dans les discours et dans les actions.* Si un homme conclut de ce qu'il pense ou de ce qu'il énonce, le contraire de ce qu'il devrait conclure, il y a *inconséquence* dans ses discours et dans ses idées. Si un homme tient une conduite contraire à celle qu'il a déjà tenue, ou contraire à ses intérêts, il y a *inconséquence*, c'est celle des pensées et des actions, et c'est la plus commune : *il y a mille fois plus d'inconséquence encore dans la vie que dans les jugements.*

INCONSÉQUENT, E, adj. (*einkoncékan, kante*), qui agit, qui parle sans se conformer à ses propres principes; qui n'est point *conséquent* dans ses discours, dans sa conduite.—Qui commet des *inconséquences*.—Subst. : *un inconséquent*.

INCONSIDÉRATION, subst. fém. (*einkoncidérâcion*) (en latin *inconsiderantia*), imprudence légère, discours, action dont on n'a pas pesé les *conséquences*.

INCONSIDÉRÉ, E, adj. (*einkoncidéré*) (en latin *inconsiderans*), imprudent, peu réfléchi : *jeunesse inconsidérée.* — Subst. : *vous êtes un inconsidéré.*

INCONSIDÉRÉMENT, adv. (*einkoncidéréman*), d'une manière *inconsidérée*.

INCONSISTANCE, subst. fém. (*einkoncicetance*), défaut de *consistance*.

INCONSISTANT, E, adj. (*einkoncicetan, tante*), qui ne s'accorde pas, qui n'est pas lié avec...

INCONSOLABLE, adj. des deux genres (*einkonçolable*), qui ne peut se *consoler*.

INCONSOLABLEMENT, adv. (*einkonçolableman*), de manière à ne pouvoir être *consolé*.

INCONSOLÉ, E, adj. (*einkonçolé*), qui n'est pas *consolé*. Peu en usage.

INCONSOMPTIBLE, adj. des deux genres (*einkonçonpetible*), qui ne peut être *consommé*.

INCONSTAMMENT, adv. (*einkoncetaman*), avec *inconstance*.

INCONSTANCE, subst. fém. (*einkoncetance*) (en latin *inconstantia*), facilité à changer d'opinion, de résolution, de sentiment, de conduite.

INCONSTANT, E, adj. et subst. (*einkoncetan, tante*) (en latin *inconstans*), léger, qui est sujet à changer. Voy. LÉGER. —*Temps inconstant*, variable.—Subst. : *un inconstant, une inconstante.*

INCONSTITUTIONNALITÉ, subst. fém. (*einkoncetitucionalité*), caractère de ce qui est contraire à la *constitution* du pays.

INCONSTITUTIONNEL, adj. mas., au fém. **INCONSTITUTIONNELLE**, (*einconcetitucionèle*), contraire à la *constitution*, à l'esprit de la *constitution* du pays.

INCONSTITUTIONNELLE, adj. fém. Voy. INCONSTITUTIONNEL.

INCONSTITUTIONNELLEMENT, adv. (*einkoncetitucionèleman*), d'une manière *inconstitutionnelle*. Ce mot manque dans l'*Académie*.

INCONSULTÉ, E, part. pass. et adj. (*einkonçulté*), qui n'est pas *consulté*. Mot employé pour la première fois par *Delille* dans *les Trois Règnes de la Nature*, chant VI :

Dodone *inconsultée* a perdu ses oracles.

INCONTAMINÉ, E, adj. (*einkontaminé*), sans souillure.

INCONTESTABILITÉ, subst. fém. (*einkontècetabilité*), qualité de ce qui est *incontestable*.

INCONTESTABLE, adj. des deux genres (*einkontècetable*), qu'on ne peut *contester*.

INCONTESTABLEMENT, adv. (*einkontècetableman*), certainement, d'une manière *incontestable*.

INCONTESTÉ, E, adj. (*einkontèceté*), qui n'est point *contesté*.

INCONTINEMMENT, adv. (*einkontinaman*), par *incontinence*.

INCONTINENCE, subst. fém. (*einkontinance*) (du lat. *incontinentia*, formé de *in* négatif, et de *continere*, contenir, retenir), vice opposé à la *continence*, à la chasteté. — T. de médec. ; il se dit en général de l'inhabilité des organes à retenir les matières qu'ils ne devraient lâcher que volontairement : *incontinence d'urine.*

INCONTINENT, E, adj. (*einkontinan, nante*) (en lat. *incontinens*), qui n'est pas chaste.

INCONTINENT, adv. (*einkontinan*) (du lat. *in continenti*, sur l'heure; d'une manière *continue*, sans interruption), aussitôt, sur l'heure.—Bientôt.—Tout de suite.

INCONTRADICTION, subst. fém. (*einkontradikcion*), accord, conformité d'opinion, assentiment, etc. Mot de la création de *Pascal* dans ses *Pensées*, et que l'usage n'a point adopté.

INCONVAINCU, E, adj. (*einkonveinku*), qui n'est pas *convaincu*.

INCONVENABLE, adj. des deux genres (*einkonvenable*), qui n'est pas *convenable*. Ce mot et le suivant manquent dans l'*Académie*.

INCONVENABLEMENT, adv. (*einkonvenableman*), d'une manière *inconvenante*.

INCONVENANCE, subst. fém. (*einkonvenance*), qualité, état de ce qui est *inconvenant*. Mot nouveau.

INCONVENANT, E, adj. (*einkonvenan, nante*), qui ne *convient pas*, et qui, par cette raison, est blâmable : *les propos arrogants sont inconvenants, surtout dans la bouche d'un jeune homme.*

INCONVÉNIENT, subst. mas. (*einkonvénian*) (du lat. *inconveniens*, qui ne s'accorde pas avec les vues, les projets, les espérances, etc., formé de *in* négatif, et de *convenire*, convenir, s'accorder), ce qui survient de fâcheux dans quelque affaire.—Conséquence fâcheuse qui résulte d'un parti qu'on prend.

INCONVERTIBLE, adj. des deux genres (*einkonvèretible*), qui ne peut être *converti*.

INCONVERTISSABLE, adj. des deux genres (*einkonvèretiçable*), qui ne peut être *converti*.

INCOQUE, adj. des deux genres (*einkoke*), sans *coque*. (Voltaire.) Inusité.

INCORPORALITÉ, subst. fém. (*einkorporalité*) (en lat. *incorporalitas*, fait de *in*, particule négative, et de *corpus*, corps), t. dogmatique, qualité des êtres *incorporels*. Il se dit de Dieu et des esprits qui n'ont point de *corps*.

INCORPORATION, subst. fém. (*einkorporâcion*), en chimie, action d'*incorporer*, de mêler ensemble diverses matières.—Il se dit fig., 1° de la réunion d'une terre à une autre; 2° d'un régiment dont on supprime le nom et dont on fait entrer les soldats dans un autre *corps*.

INCORPORÉ, E, part. pass. de *incorporer*.

INCORPOREL, adj. mas., au fém. **INCORPORELLE** (*einkorporèle*) (en lat. *incorporalis*), qui n'a point de *corps*.—*Une chose incorporelle*, en t. de droit, est celle qu'on ne peut toucher et qui consiste en droits et en actions : *les droits de péage sont incorporels.*

INCORPORELLE, adj. fém. Voy. INCORPOREL.

INCORPORER, v. act. (*einkorporé*) (en lat. *incorporare*), en t. de chimie, mêler et unir ensemble quelques matières; en faire un *corps* qui ait de la consistance : *la cire et les gommes s'incorporent facilement ensemble.*—Au fig., joindre un *corps* moral à un autre.—*Incorporer des terres au domaine.*—T. d'art militaire, mettre, faire passer dans un *corps* : *incorporer des soldats d'un corps dans un autre.*—S'INCORPORER, v. pron., se mêler en ne faisant qu'un *corps*.

INCORRECT, E, adj. (*einkorerèkte*), qui manque de *correction*. Il se dit du style qui s'écarte souvent de la grammaire; et dans les arts du dessin, d'une figure dessinée qui pèche contre les proportions reçues : *style incorrect; figure incorrecte.*

INCORRECTION, subst. fém. (*einkorrèkcion*), qui manque de *correction*. En parlant du style, faute contre les lois de la grammaire; en parlant des arts du dessin, faute contre les proportions reçues.

INCORRIGIBILITÉ, subst. fém. (*einkoreriјibilité*), caractère de celui qui est *incorrigible*.

INCORRIGIBLE, adj. des deux genres (*einkorerijible*), qui ne veut pas, ou en parlant des choses, qui ne peut pas se *corriger*. — Subst., personne *incorrigible*.

INCORRIGIBLEMENT, adv. (*einkorerijibleman*), d'une manière *incorrigible*.

INCORROMPU, E, adj. (*einkoronpu*), qui n'est pas *corrompu*.

INCORRUPTIBILITÉ, subst. fém. (*einkorerupetibilité*), qualité de ce qui est *incorruptible*.

INCORRUPTIBLE, adj. des deux genres (*einkorerupetible*) (en lat. *incorruptibilis*), qui ne peut se *corrompre*. On regarde les sels, les pierres et les métaux comme *incorruptibles*. — Qui ne peut être *corrompu* : *un juge incorruptible.*

INCORRUPTICOLE, subst. des deux genres. Voy. CORRUPTICOLE, qui en est l'opposé.

INCORRUPTION, subst. fém. (*einkorerupecion*) (en lat. *incorruptio*), t. de physique, état de ce qui ne se *corrompt* point.

INCOUPABLE, adj. des deux genres (*einkoupable*), innocent. (*Boiste.*) Inusité.

INCOURANT, E, adj. (*einkouran, rante*), t. de comm., qui n'a pas de *cours*. (*Boiste.*) Inusité.

INCOURBE, adj. des deux genres (*einkourbe*), t. de bot., *courbe* en dedans, convexe en dehors.

INCRASSANT, E, adj. (*einkraçan, çante*), t. de médec., *remède incrassant*, qui épaissit le sang, les humeurs. — Subst. mas. : *un incrassant*. Ce mot ne se dit plus. Voy. INCRASSER.

INCRASSATION, subst. fém. (*einkraceçâcion*), t. de médec., effet des remèdes *incrassants*. Ce mot ne se dit plus guère.

INCRASSÉ, E, part. pass. de *incrasser*.

INCRASSER, v. act. (*einkracé*) (du lat. *in*, dans, et *crassare*, épaissir, fait de *crassus*, gros, épais), t. de médec., épaissir le sang. Ce mot ne se dit plus.

INCRÉDIBILITÉ, subst. fém. (*einkrédibilité*) (en lat. *incredibilitas*), ce qui fait qu'on ne peut croire une chose; ce qui la rend *incroyable*.

INCRÉDIBLE, adj. des deux genres (*einkrédible*), incroyable. (*Boiste.*) Vieux et même hors d'usage.

INCRÉDULE, subst. et adj. des deux genres, (*einkrédule*) (en lat. *incredulus*), qui ne croit pas aisément. — Qui ne croit pas aux mystères de la religion. Voy. IMPIE.

INCRÉDULITÉ, subst. fém. (*einkrédulité*) (en lat. *incredulitas*), opposition, répugnance à croire ce qui est croyable. — Manque de foi, en matière de religion.

INCRÉÉ, E, adj. (*einkré-é*) (du lat. *in* négatif et de *créé*), qui existe sans avoir été *créé* : *la Sagesse incréée*, le fils de Dieu.

INCRÉMENT, subst. mas. (*einkréman*) (du lat. *incrementum*, accroissement, augmentation), t. de géom., la quantité dont une grandeur variable croît ou décroît. Dans ce cas, l'*incrément* est négatif.— M. *Taylor* a aussi appelé *incrément* les quantités différentielles.

INCRÉPÉ, E, part. pass. de *incréper*.

INCRÉPER, v. act. (*einkrépé*) (du lat. *increpare*, employé figurément dans la même acception, et qui signifie proprement *faire du bruit*, *craquer*), blâmer, gronder. (*Boiste.*) Il est vieux et même hors d'usage.

INCRIMINATION, subst. fém. (*einkriminacion*), action d'accuser d'un crime; d'*incriminer*.—Son effet. Ce mot manque dans l'*Académie*.

INCRIMINÉ, E, part. pass. de *incriminer*.

INCRIMINER, v. act. (*einkriminé*), supposer *criminel*.—Imputer une chose à crime.—S'INCRIMINER, v. pron.

INCROCHETABLE, adj. des deux genres (*eincrochetable*), se dit d'une serrure, d'un cadenas, qu'on ne peut crocheter ou ouvrir avec des crochets. — *Incrochable* est un barbarisme de *Raymond*.

INCROYABLE, adj. des deux genres (*einkroé-iable*) (en latin *incredibilis*), qui ne peut être *cru*; qui est difficile à *croire*. Il diffère de *paradoxal* en ce que celui-ci a trait aux *opinions*, et l'autre aux *événements*. On raconte des choses *incroyables*; on propose des *paradoxes*. — On dit unipersonnellement : *il est incroyable combien* ou *quel*, etc. — Par exagération, excessif, extraordinaire. — Subst. mas. : *prendre l'incroyable pour le merveilleux*. (Voltaire.)—Fat : *c'est un incroyable*.

INCROYABLEMENT, adv. (*einkroè-iableman*), d'une manière *incroyable*. Il est peu usité.

INCRUSTABLE, adj. des deux genres (*einkrucetable*), que l'on peut *incruster*.

INCRUSTATION, subst. fém. (*einkrucetâcion*) (en latin *incrustatio*), sorte d'ornement qu'on applique dans des entailles faites exprès dans le corps d'un bâtiment, dans un ouvrage de menuiserie, etc. — Croûte ou enduit pierreux autour d'un corps qui a séjourné dans l'eau.—En chir., formation de *croûtes* ou d'escharres sur quelque partie.

INCRUSTÉ, subst. mas. (*einkruceté*), t. de tabletier; ouvrage composé de plaques d'or ou d'argent qui s'incrustent dans l'épaisseur de l'écaille au moyen d'une pression violente.

INCRUSTÉ, E, part. pass. de *incruster*, et adj.: *une table incrustée*.—En t. de bot., il se dit du péricarpe et de la graine dont les enveloppes se composent.

INCRUSTER, v. act. (*einkruceté*) (en latin *incrustare*), appliquer du marbre, du bois, etc., sur ou contre une surface pour l'orner.—Creuser dans la surface d'un ouvrage de menuiserie la place que doivent occuper les ornements de mosaïque, etc., et les y coller. — En t. de chir., former une *croûte* sur... — S'INCRUSTER, v. pron.

INCUBATION, subst. fém. (*einkubâcion*) (en latin *incubatio*, fait, dans le même sens, de *incubare*, couver, être couché sur......, lequel est formé de *in*, sur, et *cubare*, être couché), se dit de l'action de la femelle des animaux ovipares, lorsqu'elle se pose et demeure sur ses œufs pour les couver et les faire éclore. — T. de médec., temps qui s'écoule depuis l'impression d'une cause morbifique jusqu'à l'invasion de la maladie. — On appelle *incubation artificielle* une sorte de fourneau ou calorifère d'eau.

INCUBE, subst. mas. (*einkube*) (en lat. *incubo* ou *incubus*, fait de *incubare*, être couché sur...), sorte de démon qui, suivant une erreur populaire, abuse des femmes. — Il est opposé à *succube*. — Au plur., démons fabuleux extrêmement redoutés dans les temps d'ignorance. On s'imaginait que c'étaient des esprits malfaisants qui se jetaient sur les hommes et surtout sur les femmes pendant leur sommeil, et qui s'efforçaient de les étouffer. Ces suffoquements qu'on leur attribuait n'étaient autre chose que l'effet d'un accident assez ordinaire, qu'on appelle *cauchemar*.—Les auteurs ont souvent confondu les *incubes* avec les Faunes et les Satyres.

INCULCATION, subst. fém. (*einkulekâcion*), action d'*inculquer*. (*Montaigne*.)

INCULPABILITÉ, subst. fém. (*einkulepabilité*), t. de jurispr., qualité, état d'une chose *inculpable*.

INCULPABLE, adj. des deux genres (*einkulepable*), qui ne peut être *inculpé*.

INCULPATION, subst. fém. (*einkulepâcion*), t. de palais, attribution d'une faute à quelqu'un.

INCULPÉ, E, part. pass. de *inculper*.—Subst., en matière de jurispr., l'*inculpé, e*, la personne qui est *inculpée*.

INCULPER, v. act. (*einkulepé*) (du lat. *in*, sur, et *culpa*, faute), jeter une faute sur quelqu'un.— INCULPER, ACCUSER. (*Syn.*) Celui qui vous *inculpe*, vous provoque; celui qui vous *accuse*, vous poursuit. Le premier est votre détracteur, le second est votre partie. — On *inculpe* celui qu'on ne craint pas de mettre en cause; on *accuse* celui qui est l'objet direct de l'action. — Pour *inculper*, il faudrait être en état d'*accuser*; pour *accuser*, il faut être en état de prouver. On se disculpe d'une *inculpation*; on se justifie d'une *accusation*. On *inculpe* proprement en matière légère, s'il s'agit d'une faute; on *accuse* d'une mauvaise action, d'un vice. On *inculpe*, soit en imputant ce qui est réellement faute, soit en imputant à faute ce qui ne l'est peut-être pas; on *accuse* d'un mal réel, d'une action mauvaise, réellement répréhensible. L'*inculpation* a l'air d'être arbitraire, précaire, conjecturale; l'*accusation* est décidée, prononcée, ferme. — S'INCULPER, v. pron., s'accuser soi-même, s'accuser mutuellement.

INCULQUÉ, E, part. pass. de *inculquer*.

INCULQUER, v. act. (*einkulekié*) (en lat. *inculcare*, formé dans la même signification, de *in*, dans, et *calcare*, battre avec force; proprement, fouler aux pieds), mettre une chose dans l'esprit à force de la répéter.—S'INCULQUER, v. pron.

INCULTE, adj. des deux genres (*einkulete*) (en lat. *incultus*, formé de *in* négatif, et de *cultus*, cultivé), qui n'est pas *cultivé*.— Fig., qui n'est pas poli. — *Inculte* ne peut se joindre qu'à des mots qui ont une analogie étroite avec la *culture*, c'est-à-dire avec la préparation nécessaire pour produire, ou pour bien produire. *Vigne inculte*, qui n'est pas disposée, préparée pour produire. — Quoiqu'on dise *cultiver une fleur*, et *la culture des fleurs*, on ne dit pas *une fleur inculte*, parce qu'on ne dispose pas, qu'on ne prépare pas une fleur pour produire une fleur. De même on ne dit pas *un homme inculte*, parce qu'on ne *cultive* pas un homme dans le sens de préparation à produire, parce que l'idée d'homme est trop éloignée de l'idée du mot *culture*, pris en ce sens. Mais on dit *un esprit inculte*, *un talent inculte*, etc., parce qu'on prépare l'esprit, le talent à produire, et qu'il y a une analogie étroite entre ces mots et celui de *culture* pris dans le sens de préparation. (*Laveaux*.)

INCULTURE, subst. fém. (*einkuleture*), état de ce qui est *inculte*.

INCUMBANT, E, adj. (*einkonban, bante*), qui pèse dessus. (*Buffon*.)

INCUNABLE, adj. des deux genres (*einkunable*) (du lat. *incunabula*, berceau) : *édition incunable*, de l'enfance de l'imprimerie.

INCURABILITÉ, subst. fém. (*einkurabilité*), état de ce qui est *incurable*. — *Duclos* a dit au fig. (*Mémoires secrets sur Louis XIV*, etc.) : *le dernier symptôme de l'incurabilité*. L'usage n'a point autorisé cet emploi.

INCURABLE, adj. des deux genres (*einkurable*) (du latin *in* négatif, et *curare*, employé dans le sens de guérir, et qui signifie proprement soigner, avoir soin), qu'on ne peut guérir. — Il est aussi subst. : *l'hôpital des Incurables*; *c'est un incurable*.

INCURABLEMENT, adv. (*einkurableman*), d'une manière *incurable*.

INCURIE, subst. fém. (*einkuri*) (en lat. *incuria*, fait de *in* négatif, et *cura*, soin), défaut de soin, négligence.

INCURIEUSE, adj. fém. Voy. INCURIEUX.

INCURIEUSEMENT, adv. (*einkurieuzeman*), sans *curiosité*, sans soin.

INCURIEUX, adj. mas., au fém. INCURIEUSE (*einkurieu, rieuze*), qui n'a point de *curiosité*, de soin, de souci. Ce mot, ainsi que le précédent, est peu usité.

INCURIOSITÉ, subst. fém. (*einkuriozite*), négligence de s'instruire. — Manque de curiosité, de soin.

INCURSION, subst. fém. (*einkurcion*) (du latin *incursio*, fait de *incurrere*, formé de la préposition *in*, dans ou sur, et de *currere*, courir), course de gens de guerre en pays ennemi; entrée brusque de troupes ennemies dans une contrée qu'elles traversent en la dévastant : *faire des incursions*. — *Incursion* se prend aussi dans un sens un peu détourné du précédent. On dit d'un savant, *qu'il s'est appliqué à telle science, mais qu'il a fait de grandes incursions dans d'autres*. — INCURSION, IRRUPTION. (*Syn.*) L'*incursion* est l'action de courir, de faire une course, de se jeter dans une voie, sur un objet étranger, pour en rapporter quelque avantage ou une satisfaction quelconque. L'*irruption* est l'action de rompre, de forcer les barrières, et de fondre avec impétuosité sur un nouveau champ, pour y porter et répandre le ravage. L'*incursion* est brusque et passagère; si l'on sort tout-à-coup de sa carrière, on y rentre bientôt. L'*irruption* est violente et soutenue : si l'on renverse la barrière, c'est pour se répandre. — L'*incursion* est faite comme une course, dans un esprit de retour; l'*irruption* est un acte de violence fait dans un esprit de destruction ou de conquête. — Un peuple barbare fait des *incursions* dans un pays pour le piller; il y fera des *irruptions* pour s'en emparer, s'il le peut, ou pour le dévaster, tant qu'il ne sera pas repoussé. — Les Barbares qui détruisirent l'empire romain commencèrent par des *incursions* qu'ils renouvelèrent souvent, parce que les empereurs payaient bien leur retraite; et finirent par de terribles *irruptions*, dont la violence ne s'arrêta que quand il ne leur resta plus qu'à s'asseoir sur les ruines de l'empire.

INCURVABILITÉ, subst. fém. Voy. INCURVATION.

INCURVABLE, adj. des deux genres (*einkurvable*), t. de médec., qui peut se courber, se former en arc : *os incurvable*.

INCURVATION, subst. fém. (*einkurvâcion*) (en lat. *incurvatio*, fait de *incurvare*, dérivé de *curvus*, courbe), t. de médec., l'action de courber, de plier, de faire arquer. Se dit de la courbure non naturelle des os.

INCUSE, subst. fém. et adj. des deux genres (*einkuze*) (en latin *incusus*, part. pass. de *incudere*, formé de *in*, dans, et de *cudere*, battre, forger); *une médaille incuse*, ou *une incuse*, est une médaille dont un des côtés, ou même tous les deux, sont gravés en creux, au lieu de l'être en relief.

INDAGATEUR, subst. mas. (*eindaguateur*) (en lat. *indagator*), celui qui recherche avec soin. (*Boiste*.) Hors d'usage.

INDAGUE, adj. des deux genres (*eindague*), bizarre, mal arrangé, mal vêtu. (*Rabelais*.) Il est vieux et même hors d'usage.

INDAYE, subst. mas. (*einda-ie*), t. d'hist. nat., oiseau de proie, peu connu des naturalistes.

INDE, subst. mas. (*einde*), bois dont la décoction est fort rouge. — Fécule de couleur d'azur foncé, réduite en une pâte solide qu'on nous apporte des *Indes* occidentales pour la teinture, et qu'on retire des feuilles de l'anil, plante du Brésil, à fleur légumineuse, qui est aussi cultivée aux Antilles.— Subst. propre fém., grande contrée d'Asie. On appelle *Indes orientales* ou *grandes Indes*, l'Hindoustan et l'Indo-Chine, et improprement *Indes occidentales*, les petites îles de l'archipel de l'Amérique, appelées autrement Antilles.

INDÉBROUILLABLE, adj. des deux genres (*eindébrou-iable*), qui ne peut être *débrouillé*. Il est burlesque.

INDÉCEMMENT, adv. (*eindéçaman*), avec *indécence*.

INDÉCENCE, subst. fém. (*eindéçance*), manque de *décence*. — Action, discours *indécent*. — Au plur., choses *indécentes*, contre la bienséance.

INDÉCENT, E, adj. (*eindéçan, çante*), contraire à la *décence*, à l'honnêteté publique.

INDÉCHIFFRABLE, adj. des deux genres (*eindéchifrable*), qui ne peut être *déchiffré*, deviné, obscur, embrouillé.—Fig., *homme indéchiffrable*, dont on ne saurait pénétrer les intentions ni les vues.

INDÉCHIFFRABLEMENT, adv. (*eindéchifrableman*), d'une manière *indéchiffrable*. Il est familier.

INDÉCIS, E, adj. (*eindéci, cize*), en parlant des choses, *qui n'est pas décidé*. — En parlant des personnes, irrésolu, qui a de la peine à se *décider*, à se déterminer. Voy. IRRÉSOLU.

INDÉCISION, subst. fém. (*eindécizion*), état d'un homme *indécis*, indétermination.

INDÉCL., abréviation du mot *indéclinable*.

INDÉCLINABILITÉ, subst. fém. (*eindéklinabilité*), qualité de ce qui est *indéclinable*.

INDÉCLINABLE, adj. des deux genres (*eindéklinable*), t. de grammaire, qui ne peut se *décliner*.—Il se dit des mots qui ne prennent ni le genre ni le nombre : *mot indéclinable*.

INDÉCOMPOSABLE, adj. des deux genres (*eindékonpôzable*), qui ne peut être *décomposé*. (Voltaire.)

INDÉCROTTABLE, adj. des deux genres (*eindékrotable*), qui ne peut se *décrotter*, se polir. Il ne se dit guère que dans le style figuré, comique ou satirique : *pédant indécrottable*.

INDÉF., abréviation du mot *indéfini*.

INDÉFECTIBILITÉ, subst. fém. (*eindéfèktibilité*), qualité de ce qui est *indéfectible* : *l'indéfectibilité de l'Église*. Peu en usage.

INDÉFECTIBLE, adj. des deux genres (*eindéfèktible*) (du lat. *in* négatif, et *deficere*, défaillir, manquer), qui ne peut *défaillir*, cesser d'être. Ce mot et le précédent ne se disent qu'en parlant de l'Église.

INDÉFENDABLE, adj. des deux genres (*eindéfandable*), qu'on ne peut *défendre* : *cause indéfendable*. Il est peu usité.

INDÉFENDU, E, adj. (*eindéfandu*), abandonné, qui est sans *défense*. Il est peu usité, ou plutôt il ne l'est point du tout, quoique le grammairien *Domergue* s'en soit servi dans sa *Prononciation notée*.

INDÉFENSABLE, adj. des deux genres. (*eindéfançable*). Voyez INDÉFENDABLE.

INDÉFINI, E, adj. (*eindéfini*) (du lat. *indefinitus*, fait de *in* privatif, et de *definire*, définir, déterminer, qui a pour racine *finis*, borne, limite), indéterminé; qui n'a pas de bornes certaines.—T. de gramm. : *passé indéfini*, qui marque un temps passé, non complètement écoulé. Il y a des *articles*, des *pronoms*, des *temps indéfinis*. Voy. chacun de ces mots.—En logique, on nomme *proposition indéfinie*, celle dont le sujet n'a aucune marque d'universalité, de particularité ou de singularité, comme : *les Français sont affables*.

INDÉFINIMENT, adv. (*eindéfiniman*), d'une manière *indéfinie*.

INDÉFINISSABLE, adj. des deux genres (*eindéfiniçable*), qu'on ne saurait *définir*.

INDÉFINITÉ, subst. fém. (*eindéfinité*), qualité de l'*indéfini*.

INDÉFINITIÈME, adj. des deux genres (*eindéfinitième*), t. de géom., *indéfini*. (*Boiste*.) Inusité.

INDÉHISCENCE, subst. fém. (*eindé-içeçance*) (du lat. *in* négatif, et *dehiscere*, s'ouvrir, s'entr'ouvrir), t. de bot., privation de la faculté de s'ouvrir, en parlant d'un péricarpe.

INDÉHISCENT, E, adj. (*eindé-iceçan, çante*), t. de bot., qui ne s'ouvre point; qui n'a pas la faculté de s'ouvrir spontanément. Voy. INDÉHISCENCE.

INDEL, subst. mas. (*eindèle*), t. de bot., palmier de l'Inde, fort voisin des dattiers.

INDÉLÉBILE, adj. des deux genres (*eindélébile*) (en lat. *indelebilis*, fait de *in* négatif, et de *delere*, effacer), qui ne peut être effacé.

INDÉLÉBILITÉ, subst. fém. (*eindélébilité*), caractère de ce qui est *indélébile*, qui ne peut être effacé.

INDÉLÉGABLE, adj. des deux genres (*eindéléguable*), qu'on ne peut *déléguer* : *pouvoir indélégable*.

INDÉLIBÉRÉ, E, adj. (*eindélibéré*), ce sur quoi on n'a point *délibéré*, on n'a point réfléchi : *acte involontaire et indélibéré*.

INDÉLICAT, E, adj. (*eindélika, kate*), sans *délicatesse*.—Subst. : *c'est un indélicat*.

INDÉLICATEMENT, adv. (*eindélikateman*), d'une manière *indélicate*, sans *délicatesse* : *agir indélicatement*.

INDÉLICATESSE, subst. fém. (*indélikatèce*), manque de *délicatesse*. (Mad. de Staël.)

INDEMNE, adj. des deux genres (*eindèmene*), t. de jurispr.; il n'est guère d'usage que dans ces phrases : *rendre quelqu'un indemne*, pour dire, le dédommager; *sortir indemne* d'une affaire, pour dire, être dédommagé.

INDEMNISATION, subst. fém. (*eindèmenizâcion*), action d'*indemniser*; partage, réparation, fixation d'*indemnité*. Mot nouveau.

INDEMNISÉ, E, part. pass. de *indemniser*.

INDEMNISER, v. act. (*eindèmenizé*), dédommager, à la signification duquel *indemniser* ajoute l'idée d'une obligation, d'un titre quelconque par quoi on était engagé. Un propriétaire *indemnise* son fermier dans les cas majeurs, suivant les conventions; le riche *dédommage*, par bienfaisance, le pauvre d'une perte fâcheuse. (*Roubaud*.)—S'INDEMNISER, v. pron.

INDEMNITAIRE, subst. des deux genres (*eindèmenitère*), celui qui reçoit une *indemnité*.

INDEMNITÉ, subst. fém. (*eindèmenité*) (en lat. *indemnitas*, formé, dans la même signification, de *in* privatif, et de *damnum*, dommage; *privation de dommage*), ce qui est donné à quelqu'un pour empêcher qu'il ne souffre quelque dommage : *il a reçu une indemnité; demander une indemnité*.—Quelquefois on entend par ce terme, un écrit par lequel on promet de rendre quelqu'un *indemne*.—*Indemnité*, est souvent pris pour diminution. Un fermier qui n'a pas joui pleinement de l'effet de son bail demande au propriétaire une *indemnité*, c'est-à-dire une diminution sur le prix de son bail.—Pendant la révolution française, traitement annuel de chacun des membres du corps législatif et de ceux du directoire. Celui des premiers était, dans l'un et dans l'autre conseil, fixé à la valeur de trois mille myriagrammes de froment, six cent treize quintaux trente-deux livres. Celui des seconds était de cinquante mille myriagrammes de froment, ou deux mille deux cent vingt-deux quintaux. (*Constitution de 1795*.)

INDÉMONTRABLE, adj. des deux genres (*eindémontrable*), que l'on ne saurait *démontrer*.

INDÉNIABLE, adj. des deux genres (*eindéniable*), que l'on ne peut *dénier*.

INDENTÉ, E, adj. (*eindanté*), t. de bot., sans *dents*.

INDÉPENDAMMENT, adv. (*eindépandaman*), d'une manière *indépendante*.—*Indépendamment de*... outre.

INDÉPENDANCE, subst. fém. (*eindépandance*), état de celui qui ne *dépend* de personne; il se dit même des corps politiques et des nations : *l'indépendance des États-Unis d'Amérique*.—Liberté de tout engagement.

INDÉPENDANT, E, adj. (*eindépandan, dante*), qui ne *dépend*, qui ne relève de personne.—Ce qui n'a point de connexité avec une autre chose.—Subst. mas., nom de sectaires qui ne reconnaissent aucune autorité ecclésiastique.

INDÉPENDANTISME, subst. mas. (*eindépandanticeme*), système des *indépendants* : *l'indépendantisme subsiste surtout en Angleterre et dans les États-Unis*. (J.-J. Rousseau.)

INDÉRACINABLE, adj. des deux genres (*eindéracinable*), qui ne peut être *déraciné*. Il s'emploie au propre et au figuré. Il manque dans l'*Académie*.

INDESCRIPTIBLE, adj. des deux genres (*eindècekripetible*), qu'on ne saurait *décrire*.

INDÉSIRABLE, adj. des deux genres (*eindézirable*), qui ne peut être *désiré*.

INDESTRUCTIBILITÉ, subst. fém. (*eindècetruktibilité*), qualité de ce qui est *indestructible*.

INDESTRUCTIBLE, adj. des deux genres (*eindècetruktible*) (du lat. *in* négatif, et *destruere*, détruire), qui ne peut se *détruire*.

INDÉT., abréviation du mot *indéterminé*.

INDÉTERMINATION, subst. fém. (*eindétereminâcion*), irrésolution.

INDÉTERMINÉ, E, adj. (*eindétereminé*) (en lat. *indeterminatus*), en parlant des choses, indéfini, qui n'est pas *déterminé*; qui n'a pas des bornes certaines et prescrites. — En parlant des personnes, irrésolu. — On dit, en t. de philos., que *la matière est d'elle-même indéterminée au repos ou au mouvement*, pour dire qu'elle n'a d'elle-même ni l'une ni l'autre de ces deux qualités, et qu'elle est également capable de recevoir l'une ou l'autre.—T. de math. : *quantités indéterminées* ou *variables*, celles qui ne peuvent changer de grandeur, par opposition aux *quantités déterminées* ou *constantes*, dont la grandeur reste toujours la même.—*Problème indéterminé*, dont on peut donner une infinité de solutions différentes. — En bot., on nomme *indéterminé* le nombre des étamines, quand il s'élève au-dessus de douze. Voy. DÉTERMINÉ.

INDÉTERMINÉMENT, adv. (*eindétereminéman*), d'une manière *indéterminée*, sans rien *déterminer*.

INDEVINABLE, adj. des deux genres (*eindevinable*), que l'on ne peut *deviner*. Mot très-usité.

INDÉVOT, E, adj. (*eindévô, vote*), qui n'est pas *dévot*.—Il est aussi substantif : *c'est un indévot*.

INDÉVOTEMENT, adv. (*eindévoteman*), d'une manière *indévote*.

INDÉVOTION, subst. fém. (*eindévôcion*), défaut de *dévotion*.—Manque de respect pour les pratiques de la religion.

INDEX, subst. mas. (*eindèkce*), table qu'on met à la fin des livres latins.—Le doigt le plus proche du pouce.—En arithm., chiffre qui, dans un logarithme, montre de combien de chiffres est composé le nombre absolu auquel ce logarithme appartient, et de quelle nature il est. *Index*, en ce sens, est la même chose que *caractéristique* ou *exposant*.—*Index purgatoire*, ou simplement *index*, catalogue des livres défendus à Rome par les inquisiteurs ou par la congrégation de l'*index*.

INDIANITE, subst. fém. (*eindianite*), t. d'hist. nat., substance d'un blanc grisâtre, légèrement transparente, et qui constitue une nouvelle espèce de pierre.

INDIC., abrév. du mot *indicatif*.

INDICANT, E, adj. (*eindikan, kante*), t. de médec., se dit, dans une maladie, des circonstances qui font connaître les moyens qu'il est utile d'employer pour la guérir.

INDICATEUR, adj. mas., au fém. INDICATRICE (*eindikateur, trice*), t. de dialectique, qui démontre, qui fait connaître le coupable.

INDICATEUR, subst. mas. (*eindikateur*), t. d'anat., muscle du doigt qui suit le pouce. — Adj. mas. : *le doigt indicateur*.—T. d'hist. nat., genre d'oiseaux silvains.

INDICATIF, subst. mas. (*eindikatif*), on appelle ainsi, en t. de grammaire, un mode personnel qui exprime directement et purement l'existence d'un sujet déterminé sous un attribut : *j'aime* est le *présent de l'indicatif* du verbe *aimer*; *j'aimerai* est le *futur de l'indicatif*. — Il existe deux différences principales entre l'*indicatif* et le subjonctif. La première, c'est que le subjonctif n'exprime l'affirmation que d'une manière indirecte et subordonnée à quelques mots qui précèdent; au lieu que l'*indicatif* l'exprime absolument et indépendamment de tout autre mot qui pourrait précéder. La seconde, c'est que le subjonctif n'a pas de sens déterminé lorsqu'il est séparé de ce qui le précède; au lieu que l'*indicatif*, s'il se trouve précédé de quelques mots, n'en forme pas moins, sans ces mots, un sens clair et déterminé, et par conséquent une affirmation directe.

INDICATIF, adj. mas., au fém. INDICATIVE (*eindikatif, tive*), qui *indique*.

INDICATION, subst. fém. (*eindikâcion*), action d'*indiquer*.—Ce qui *indique* : *donner une indication*. — T. de médec., réunion des signes d'une maladie qui *indiquent* au médecin la conduite qu'il doit tenir.

INDICATIVE, adj. fém. Voy. INDICATIF.

INDICATRICE, adj. fém. Voy. INDICATEUR.

INDICE, subst. mas. (*eindice*) (en lat. *indicium*, fait du verbe *indicare*, indiquer), signe apparent et probable d'une chose. — *Indice*, en t. de jurispr., se dit, en matière criminelle, des circonstances qui font penser que l'accusé est coupable du crime dont il est prévenu; par exemple s'il a changé de visage et a paru se troubler lorsqu'on l'a rencontré aussitôt après le délit; s'il a paru s'enfuir; si on l'a trouvé des armes à la main, ou s'il avait du sang sur ses habits, ce sont là autant d'indices du crime : *les indices, en quelque nombre qu'ils soient, ne forment pas des preuves suffisantes pour condamner un accusé; les indices les plus forts sont souvent trompeurs*.—En t. de mar., on appelle *indices* les choses qui font juger des approches d'une terre. Les *indices* sont très-variables, tels que le changement de couleur de la mer, les oiseaux, les poissons, les grains, les orages, l'état du ciel, de l'horizon et autres signes dans le temps.—Quelques-uns le disent pour *index*, dans le sens de table de livre, et de catalogue imprimé des livres défendus à Rome. — Sorte de *dictionnaire*.

INDICIBLE, adj. des deux genres (*indicible*) (du latin *in* négatif, et de *dicere*, dire), qui ne peut être exprimé par des paroles : *joie, douleur, plaisir indicible*.

INDICIBLEMENT, adv. (*indicibleman*), d'une manière *indicible*. Il est peu usité.

INDICOLITHE, subst. fém. (*eindikolite*) (du grec ἰνδικός, indien, et λίθος, pierre), t. d'hist. nat., substance minérale, espèce de pierre de couleur d'indigo.

INDICTION, subst. fém. (*eindikcion*) (en lat. *indictio*, fait de *indicere*, annoncer, ordonner, convoquer), convocation d'un concile, etc., pour un jour déterminé. — En t. de chronologie, révolution de quinze années : *indiction première, seconde*, etc.; la première, la seconde année de chaque *indiction*. (Du lat. *indictio*, pris dans le sens d'imposition, taxe; parce que l'impôt mis sur les provinces romaines pour la subsistance des troupes se renouvelait chaque année un peu avant l'hiver, et que l'on en comptait quinze de suite, les soldats romains étant obligés de servir quinze campagnes. (*Trévoux* d'après *Fleury*.)

INDICTIVES, adj. fém. plur. (*eindiktive*) (du lat. *indicere*, ordonner), t. d'hist. anc. : *fêries indictives*, qui étaient ordonnées par le magistrat. —*Funérailles indictives*, celles qui étaient accompagnées de jeux plus solennels que les *simpludiaires*.

INDICULE, subst. mas. (*eindikule*) (en lat. *indiculus* ou *indiculum*), ce qui montre, qui enseigne, qui annonce. Il est inusité.

INDIEN, subst. mas. (*eindiein*), constellation méridionale située au-dessous du Sagittaire, entre le Paon et la Grue. C'est une des douze constellations décrites par *Jean Bayer*. — T. d'hist. nat., sorte de poisson.

INDIEN, subst. et adj. mas., au fém. INDIENNE (*indiein, diène*), qui est de l'*Inde*.

INDIENNE, subst. et adj. fém. Voy. INDIEN.

INDIENNE, subst. fém. (*eindiène*), t. de comm., toile de coton sur laquelle on imprime des figures, des fleurs, etc., à l'imitation de celles qui nous viennent des *Indes*.

INDIENNEUR, subst. mas. (*indiéneur*), ouvrier en *indiennes*.

INDIFFÉREMMENT, adv. (*eindiféraman*), d'une manière *indifférente*.

INDIFFÉRENCE, subst. fém. (*eindiférance*), disposition d'esprit qui fait qu'on n'a pas plus de penchant pour une chose que pour une autre. — Peu d'attachement, froideur, insensibilité : avec cette différence, dit l'*Encyclopédie*, que l'*indifférence* est à l'âme ce que la tranquillité est au corps, et que la léthargie est au corps ce que l'*insensibilité* est à l'âme; ces deux dernières modifications sont, l'une et l'autre, l'excès des deux premières, et par conséquent également vicieuses: *l'indifférence fait des sages, et l'insensibilité fait des monstres.*

INDIFFÉRENT, E, adj. (*eindiféran, rante*) (en lat. *indifferens*), en parlant des choses : 1° qui peut se faire également de différentes manières. En ce sens, il s'emploie ordinairement avec le verbe *être* unipers. : *il est indifférent que vous preniez ce chemin ou l'autre; il m'est indifférent de sortir ou de rester*; 2° qui touche peu, qui n'intéresse guère : *nous parlons de choses indifférentes*; 3° qui n'est en soi ni bon ni mauvais : *action indifférente*. — En parlant des personnes : 1° qui n'a pas plus de penchant pour une chose que pour une autre; 2° qui n'a d'attachement à rien, qui n'est touché de rien. Il s'emploie ordinairement au pluriel. — Subst. mas. : *les indifférents seuls sont heureux dans ce bas monde.*

INDIFFÉRENTISTE, subst. et adj. des deux genres (*eindiféranticete*), partisan de l'*indifférentisme*.

INDIGÉNAT, subst. mas. (*eindijéna*), qualité d'*indigène*; droit de naturalité, surtout en parlant de la Pologne.

INDIGENCE, subst. fém. (*eindijance*) (en latin *indigentia*), grande pauvreté. — Absence d'une chose : *la moquerie est souvent indigence d'esprit.* (La Bruyère.)

INDIGÈNE, subst. des deux genres (*eindijène*) (en latin *indigena*, comme si l'on disait, *indè genitus*); il se dit des naturels d'un pays. — Il s'emploie aussi adj. : *plante indigène*, plante naturelle au climat qu'elle habite.

INDIGÉNÉITÉ, subst. fém. (*indijéné-ite*), état de l'*indigène*.

INDIGENT, E, adj. (*eindijan, jante*) (en lat. *indigens*, fait de *egere*, avoir besoin, manquer de...), pauvre, nécessiteux. — On dit subst. : *un indigent, des indigents.*

INDIGESTE, adj. des deux genres (*eindijècete*) (en latin *indigestus*, formé de *in* négatif, et de *digere*, digérer), qui est difficile à *digérer*. — Au fig., mal conçu, sans ordre et sans netteté.

INDIGESTEMENT, adv. (*eindijèceteman*), d'une manière *indigeste*; se dit d'un ouvrage d'esprit, d'une compilation. Il est peu usité.

INDIGESTIBLE, adj. des deux genres (*eindijècetible*), qui ne peut se *digérer*. — Fig., que l'on ne peut concevoir, supporter.

INDIGESTION, subst. fém. (*eindijècetion*) (en latin *indigestio*), mauvaise *digestion*; coction imparfaite des aliments.

INDIGÈTE, subst. mas. et adj. des deux genres (*eindijète*) (du latin *in diis ago*, je suis parmi les dieux), nom que les anciens donnaient à leurs héros, aux demi-dieux d'un pays. Ce nom était particulièrement celui d'Enée, que les Romains croyaient avoir été mis par Vénus au rang des dieux, et qu'ils appelaient *Jupiter Indigète*.

INDIGITAMENTES, subst. fém. plur. (*eindijitamante*), hymnes des anciens en l'honneur des dieux *indigètes*.

INDIGNATION, subst. fém. (*eindiguiâcion*) (en latin *indignatio*), sorte de colère que donne une chose *indigne*, contraire à la raison, à la vertu.

INDIGNE, adj. des deux genres (*indignie*) (en latin *indignus*), en parlant des personnes, qui n'est pas *digne*, qui ne mérite pas : *indigne d'un bienfait*, etc. — On dit substantivement sans régime (style familier), *c'est un indigne*. — T. de jurispr., celui qui, après que le fait d'indignité était prouvé, se trouvait, par la seule volonté de la loi, privé de la succession du défunt. — En parlant des choses, 1° qui ne convient pas au rang, au caractère; 2° condamnable. — *Communion indigne*, faite sans les conditions requises.

INDIGNÉ, E, part. pass. de *indigner*, et adj., qui a de l'*indignation*. Voy. OUTRÉ.

INDIGNEMENT, adv. (*eindiguieman*), d'une manière *indigne*.

INDIGNER, v. act. (*eindignié*) (en latin *indignari*), exciter l'*indignation*. — S'INDIGNER, v. pron., se fâcher.

INDIGNITÉ, subst. fém. (*eindignité*), qualité de ce qui est *indigne*. — Énormité : *l'indignité de cette action.* — Outrage, affront : *c'est une indignité, traiter avec indignité*. Il n'a de pluriel qu'en ce sens : *on lui a fait mille indignités.*

INDIGO, subst. mas. (*eindiguô*) (en latin *indicum*, pris du grec ἰνδικός, indien; parce que l'*indigo* nous vient des *Indes*), fécule de couleur bleue qu'on retire de l'écorce des branches, de la tige et des feuilles de l'anil. L'*indigo* diffère de l'*inde*, en ce que celui-ci n'est tiré que des feuilles de la même plante. Voy. INDE. — La plante qui donne cette fécule, et qu'on nomme plus proprement *anil*. — La couleur qu'on en obtient. — En optique, la couleur de l'un des sept rayons dont se compose principalement le fluide lumineux; ce rayon est le sixième en commençant par le rouge. — T. de bot., *indigo du Bengale*, crotalaire du Bengale. — *Indigo de la Guadeloupe*, crotalaire blanchâtre. — *Indigo sauvage*, arbuste qui croît naturellement à la Guyane et à Saint-Domingue.

INDIGOFÈRE, subst. mas. (*eindiguofère*), t. de bot., sorte de plantes qui donnent une couleur semblable à l'*indigo*.

INDIGOTATE, subst. mas. (*eindiguotate*), t. de chim., sel résultant de l'union de l'*indigo* avec une base salifiable.

INDIGOTERIE, subst. fém. (*eindiguoteri*), lieu où l'on cultive, où l'on prépare l'*indigo*.

INDIGOTIER, subst. mas. (*eindiguotié*), t. de bot., arbuste des Indes et d'Afrique qui donne l'*indigo*.

INDIGOTINE, subst. fém. (*eindiguotine*), t. de chim., principe colorant de l'*indigo*.

INDILIGENT, E, subst. et adj. (*eindilijan, jante*), qui n'est pas *diligent*.

INDIQUANT, E, adj. Voy. INDICANT.

INDIQUÉ, E, part. pass. de *indiquer*.

INDIQUER, v. act. (*eindikié*) (en lat. *indicare*), montrer comme au doigt. — Donner à connaître. — Marquer, en parlant d'une assemblée : *indiquer une séance, une assemblée à un tel jour.* — S'INDIQUER, v. pron.

INDIR., abréviation du mot *indirect*.

INDIRE, subst. mas. (*eindire*), t. de fief, droit des seigneurs de grands fiefs de doubler en certains cas les rentes qui étaient dues par les vassaux.

INDIRECT, E, adj. (*eindirèkte*), qui n'est pas *direct*. On ne l'emploie point au propre. — Au fig., 1° *louanges indirectes*, données adroitement, sans qu'on paraisse en avoir eu le dessein; 2° *harangue indirecte*, celle dans laquelle l'historien ne fait point parler *directement* celui qui est censé la faire; 3° *vues indirectes*, desseins intéressés que l'on cache sous l'apparence de quelque autre dessein; 4° *moyens indirects, voies indirectes*, mauvais moyens employés pour parvenir à ses fins. — T. de grammaire : *régime, complément indirect*, celui qui régit, qui complète à l'aide d'une préposition. — *Contributions indirectes*. Voy. au mot CONTRIBUTION.

INDIRECTEMENT, adv. (*eindirèkteman*), d'une manière *indirecte*.

INDIRIGIBLE, adj. des deux genres (*eindirijible*), qu'on ne peut *diriger*.

INDISCERNABLE, adj. des deux genres (*eindicèrenable*), qu'on ne peut pas *discerner*.

INDISCIPLINABLE, adj. des deux genres (*eindiciplinable*), indocile, qu'on ne peut *discipliner*.

INDISCIPLINE, subst. fém. (*eindicipline*), manque de *discipline*.

INDISCIPLINÉ, E, part. pass. de *indiscipliner*, et adj., qui n'est pas *discipliné*.

INDISCIPLINER, v. act. (*eindiciplinė*), rendre *indisciplinable*. (Mme de Staël.)

INDISCRET, subst. mas. et adj., au fém. **INDISCRÈTE** (*eindicekrè, krète*), qui n'a point de *discrétion*. — Qui ne garde aucun secret. — Qui fait par imprudence, par étourderie ou par faux jugement, des choses qui choquent les autres, leur déplaisent ou les mettent dans l'embarras : *c'est un homme indiscret qui cherche toujours à se mêler des affaires qui ne le regardent pas; vous êtes bien indiscret de me faire une question de cette nature.*

INDISCRÈTEMENT, adv. (*eindicekrèteman*), d'une manière *indiscrète*.

INDISCRÉTION, subst. fém. (*eindicekrécion*), manque de *discrétion*. — Action *indiscrète*. En ce sens, il a un plur. : *commettre des indiscrétions.*

INDISCUTABLE, adj. des deux genres (*eindicekutable*), qui ne peut ou qui ne mérite pas d'être *discuté*.

INDISPENSABILITÉ, subst. fém. (*eindicepançabilité*), état, qualité de ce qui est *indispensable*.

INDISPENSABLE, adj. des deux genres (*eindicepançable*), ce dont on ne peut se *dispenser*.

INDISPENSABLEMENT, adv. (*eindicepançableman*), nécessairement; par une loi, par un devoir *indispensable*.

INDISPONIBILITÉ, subst. fém. (*eindiceponibilité*), état, qualité de ce qui est *indisponible*.

INDISPONIBLE, adj. des deux genres (*eindiceponible*) : *biens indisponibles*, dont *on ne peut disposer* par testament.

INDISPOSÉ, E, part. pass. de *indisposer*, et adj., légèrement malade.

INDISPOSER, v. act. (*eindicepôzé*) (rac. *non*, *dispos*), rendre un peu malade : *la chaleur l'a indisposé.* — Aliéner, fâcher, mettre dans une *disposition* peu favorable. — S'INDISPOSER, v. pron., se fâcher.

INDISPOSITION, subst. fém. (*eindicepôzicion*), maladie, incommodité légère. — *Disposition* peu favorable à quelqu'un, éloignement, aversion pour...

INDISPUTABILITÉ, subst. fém. (*eindiceputabilité*), qualité de ce qui est *indisputable*.

INDISPUTABLE, adj. des deux genres (*eindiceputable*), qui ne peut être *disputé*.

INDISPUTABLEMENT, adv. (*eindiceputableman*), d'une manière *indisputable*, sans contestation.

INDISSOLUBILITÉ, subst. fém. (*eindiceçolubilité*), qualité de ce qui est *indissoluble*.

INDISSOLUBLE, adj. des deux genres (*eindiceçoluble*), qui ne peut *se dissoudre* : *l'argent est indissoluble dans l'eau régale.* — Au fig. : *union, attachement indissoluble.*

INDISSOLUBLEMENT, adv. (*eindiceçolubleman*), d'une manière *indissoluble*.

INDISTINCT, E, adj. (*eindiceteinkete*), qui n'est pas *distinct*. Il ne se dit que des sons et des idées.

INDISTINCTEMENT, adv. (*eindiceteinketeman*), d'une manière *indistincte* : *prononcer indistinctement.* — Confusément : *voir indistinctement.* — Sans *distinction*, sans faire aucune différence de l'un à l'autre.

INDISTINCTION, subst. fém. (*eindiceteinkecion*), confusion. Il est peu usité.

INDIVIDU, subst. mas. (*eindividu*) (du lat. *individuum*, indivisible, parce que l'*individu* ne peut être divisé en deux ou plusieurs êtres semblables et égaux), t. de métaphysique, être particulier de chaque espèce qui ne peut être divisé en d'autres êtres semblables ou égaux. — En t. de plaisanterie : *avoir soin de son individu, conserver son individu*, avoir grand soin de sa personne, de sa santé, etc.

INDIVIDUALISATION, subst. fém. (*eindividualizâcion*), action, opération d'*individualiser*; ses effets; état de l'objet *individualisé*.

INDIVIDUALISÉ, E, part. pass. de *individualiser*.

INDIVIDUALISER, v. act. (*eindividu-alizé*), considérer *individuellement*; séparer, abstraire de l'espèce. — S'INDIVIDUALISER, v. pron.

INDIVIDUALISME, subst. mas. (*eindividu-aliceme*), système d'isolement dans les travaux, les efforts. L'opposé de l'esprit d'*association*.

INDIVIDUALITÉ, subst. fém. (*eindividu-alité*), qualité, état de l'*individu*; ce qui le constitue.

INDIVIDUEL, adj. mas., au fém. **INDIVIDUELLE** (*eindividu-éle*), qui a rapport à l'*individu*.

INDIVIDUELLEMENT, adv. (*eindividu-èleman*), à ne regarder précisément que l'*individu*.

INDIVIDUÉ, E, part. pass. de *individuer*.

INDIVIDUER, v. act. (*eindividu-é*), constituer un *individu*. — S'INDIVIDUER, v. pron.

INDIVIS, E, adj. (*eindivi, vize*) (en lat. *indivisus*, fait de *in* négatif, et de *divisus*, divisé), t. de prat., qui n'est pas *divisé*, ou partagé. On entend quelquefois par ce mot l'état d'*indivision* dans lequel les copropriétaires jouissent en commun. — *Par* INDIVIS, loc. adv., en commun. *Plusieurs personnes jouissent par indivis*, lorsqu'elles possèdent en commun.

INDIVISÉ, E, adj. (*eindivizé*), qui n'est pas *divisé*.

INDIVISÉMENT, adv. (*eindivizéman*), t. de pratique, d'une manière *indivise*.

INDIVISIBILITÉ, subst. fém. (*eindivizibilité*), état de ce qui ne peut être *divisé*.

INDIVISIBLE, adj. des deux genres (*eindivizible*) (en lat. *indivisibilis*), qui ne peut se *diviser*; qui ne se *divise* point.— T. de géom. : *méthode des indivisibles*, méthode qui consiste à considérer un corps, une surface, une ligne, comme formés d'éléments infiniment petits et *indivisibles*, dans lesquels ils peuvent être décomposés. C'est l'ancienne *méthode d'exhaustion* déguisée.

INDIVISIBLEMENT, adv. (*eindivizibleman*), d'une manière *indivisible*.

INDIVISION, subst. fém. (*eindivizion*), état de ce qui est *indivis*.

IN-DIX-HUIT, subst. mas. (*eindizuite*), livre dont la feuille se plie en *dix-huit* feuillets ou trente-six pages.—Au plur., des *in-dix-huit*.

INDOCILE, adj. des deux genres (*eindocile*) (en lat. *indocilis*), qui n'a pas de *docilité*.

INDOCILITÉ, subst. fém. (*eindocilité*), manque de *docilité*, difficulté à être instruit et gouverné.

INDOCTE, adj. des deux genres (*eindokte*), ignorant.

INDOLEMMENT, adv. (*eindolaman*), avec *indolence*, nonchalance.

INDOLENCE, subst. fém. (*eindolance*) (du lat. *indolentia*, employé dans la même acception, et qui signifie proprement insensibilité, absence de tout sentiment de douleur, formé de *in* négatif, et de *dolor*, douleur), état d'un homme qui n'est sensible à rien de ce qui touche les autres hommes; nonchalance; avec cette différence, que l'*indolence* semble prendre sa source dans une sorte d'apathie, dans l'indifférence, et la *nonchalance*, dans la froideur du tempérament.—T. de médec., absence de douleur.

INDOLENT, E, adj. (*eindolan*, *lante*), qui a de l'*indolence*; nonchalant, qui n'est touché de rien.—En t. de médec., *tumeur indolente*, qui ne cause point de douleur. Il est aussi subst. : *c'est un indolent, une indolente*.

INDOLÉTÈS, subst. propre mas. (*eindolétèce*), myth., surnom de Bacchus, vainqueur de l'*Inde*.

INDOMPTABLE ou **INDOMTABLE**, adj. des deux genres (*eindontable*), qui ne peut être *dompté*. Voy. DOMPTER.

INDOMPTABLEMENT, adv. (*eindontableman*), d'une manière *indomptable*.

INDOMPTÉ, E, ou **INDOMTÉ**, E, adj. (*eindonté*), qui n'a pu encore être *dompté* : *un cheval, un taureau indompté*, fougueux, sauvage.

INDOTÉ, E, adj. (*eindoté*), qui n'a pas eu de *dot*.

INDOU, E, adj. (*eindou*), de l'*Inde*; qui appartient à la secte de Brama.

INDOUS, subst. mas. (*eindou*) habitant indigène de l'*Inde*, qui suit la religion de Brama. Plusieurs écrivent *Hindous*.

INDOUSTAN, subst. propre mas. (*indou-stan*), grande presqu'île de l'Asie méridionale.

INDOUSTANIQUE, adj. des deux genres (*indoustanike*), qui est de l'Indoustan.

IN-DOUZE, subst. et adj. mas. (*eindouze*), livre dont la feuille a *douze* feuillets ou vingt-quatre pages. — Au plur., des *in-douze*.

INDRA, subst. propre mas. (*eindra*), myth., maître du firmament, dans la religion *indoue*.

INDRE, subst. propre mas. (*eindre*), dép. de la France, qui tire son nom de la principale rivière qui l'arrose. Châteauroux en est le chef-lieu.—*Indre-et-Loire*, autre département de la France, tirant son nom de la même rivière, qui s'y décharge dans la *Loire*. Tours en est le chef-lieu.

INDRI, subst. mas. (*eindri*), t. d'hist. nat., mammifère quadrumane, de la classe des makis, dont le caractère est de n'avoir que quatre dents incisives en bas. Il habite les Indes orientales.

INDU, E, (*eindu*), hors de saison; qui est à contre-temps; le contraire de ce qui est *dû* : *heure indue*.

INDUBITABLE, adj. des deux genres (*eindubitable*) (en lat. *indubitabilis*, formé de *in* négatif, et de *dubitare*, douter), assuré; dont on ne peut *douter*.

INDUBITABLEMENT, adv. (*eindubitableman*), assurément, sans *doute*.

INDUCTION, subst. fém. (*eindukcion*) (en lat. *inductio*), instigation : *il s'est porté à le faire par l'induction de*....—Conséquence que l'on tire...—En mathématiques, manière de juger de la vérité d'une formule générale, par son application à quelques cas particuliers.—Énumération : *prouver par induction*.—T. de chir., action d'étendre un emplâtre.

INDUIRE, v. act. (*eindure*) (en lat. *inducere*), porter à quelque chose : *induire à mal faire; induire en erreur*, et non pas *d erreur*. — T. de faucon. : *cet oiseau a induit sa gorge*, il a digéré la viande qu'il avait prise. (Dans cette phrase, *induire* est dérivé de *inducere*, pris dans son acception propre *introduire*, conduire dans, *ducere in*.)—S'INDUIRE, v. pron.

INDUIT, E, part. pass. de *induire*.

INDULGEMMENT, adv. (*eindulejaman*), avec *indulgence*. Ce mot manque dans l'*Académie*.

INDULGENCE, subst. fém. (*eindulejance*) (en lat. *indulgentia*), bonté, facilité à excuser, à pardonner les fautes.—Grace accordée par l'Église à ceux qui sont véritablement pénitents, pour les peines dues aux péchés auxquels ils n'ont pu satisfaire entièrement. On ne l'emploie jamais au plur. que dans ce dernier sens.

INDULGENT, E, adj. (*eindulejan, jante*), qui a de l'*indulgence* : *être indulgent à soi-même; être indulgent pour les fautes de ses amis*.

INDULGÉ, E, part. pass. de *indulger*.

INDULGER, v. act. (*einduleje*), traiter avec *indulgence*.— Inus.

INDULT, subst. mas. (*eindulete*) (en lat. *indultum*), grace, droit accordé par une bulle.—Droit par lequel le roi de France nommait un clerc capable, sur la présentation d'un officier du parlement de Paris, à un collateur ou patron ecclésiastique, pour qu'il disposât en sa faveur du premier bénéfice qui vaquerait à sa collation ou à sa présentation.—En t. de commerce, droit que le roi d'Espagne prend sur les retours en marchandises qui arrivent de l'Amérique espagnole.

INDULTAIRE, subst. mas. (*einduletère*), celui qui avait droit à un bénéfice, en vertu d'un *indult*.

INDÛMENT, adv. (*einduman*) (en lat. *indebité*), t. de pratique, d'une manière *indue* : *il a été mal et indûment procédé contre lui; on a indûment procédé*.

INDURATION, subst. fém. (*eindurdcion*) (du latin *indurare*, endurcir, rendre *dur*, formé de *durus*, dur), t. de chirurgie., l'une des cinq manières dont se terminent les tumeurs humorales, lorsque les parties les plus subtiles de l'humeur étant dissipées, les plus grossières se durcissent.

INDUSIE, subst. fém. (*einduzi*), t. de bot., enveloppe qui recouvre les semences des fougères.—T. d'hist. nat., tube fossile dont on se sert dans quelques localités pour paver ou ferrer les chemins.

INDUSIUM, subst. mas. (*einduziome*) (mot purement latin, formé de *induere*, vêtir, ou de *intus*, intérieurement), sorte de vêtement que les dames romaines portaient sur la peau.

INDUSTRIAL, E, adj. (*einducetriale*), ce que produit l'industrie. — Peu usité au sing.

INDUSTRIE, subst. fém. (*einducetri*) (en latin *industria*), dextérité, adresse à faire quelque chose.—En matière de finances, et par opposition à *fonds réels*, le travail, le commerce, le savoir-faire : *taxer l'industrie*.— *Vivre, subsister d'industrie*, trouver des moyens de subsister bons ou mauvais. — *Chevalier d'industrie*. Voyez CHEVALIER.—En t. de politique et de commerce, simple travail des mains, ou les inventions de l'esprit en machines utiles, relativement aux arts et aux métiers. Le mot *industrie* comprend, tantôt l'une, tantôt l'autre de ces deux choses, et souvent toutes les deux ensemble : *on ne saurait trop protéger l'industrie*.—INDUSTRIE, SAVOIR-FAIRE. (*Syn.*) L'*industrie*, dit l'abbé *Girard*, est un tour ou une adresse de la conduite; le *savoir-faire* est un avantage d'art ou de talent. Dans la nécessité, la ressource de l'*industrie* est plus prompte, celle du *savoir-faire* est plus sûre.

INDUSTRIEL, adj. mas., au fém. **INDUSTRIELLE** (*einducetri-èle*), produit par l'*industrie*. — Subst. mas., ceux qui s'adonnent à l'*industrie*, les commerçants. — Espèce de gens à qui les moyens importent peu, pourvu que ces moyens les fassent bien vivre.

INDUSTRIELLE, adj. fém. Voy. INDUSTRIEL.

INDUSTRIELLEMENT, adv. (*einducetri-èleman*), par des moyens *industriels*. Il diffère d'*industrieusement*, comme *industriel* est différent d'*industrieux*.

INDUSTRIÉ, E, part. pass. de *industrier*.

INDUSTRIER, v. neut. (*einducetri-é*), employer son *industrie*. Il est vieux. — S'INDUSTRIER, v. pron., s'appliquer à réussir dans une affaire.

INDUSTRIEUSE, adj. fém. Voy. INDUSTRIEUX.

INDUSTRIEUSEMENT, adv. (*einducetri-euzeman*), avec *industrie*.

INDUSTRIEUX, adj. mas., au fém. **INDUSTRIEUSE** (*einducetri-eu, euze*), qui a de l'*industrie*. On ne dit pas subst. *les industrieux*, pour *les industriels*; c'est une faute que le peuple fait souvent.

INDUT, subst. mas. (*eindu*) (du lat. *indutus*, part. pass. de *induere*, vêtir), ecclésiastique ou clerc qui, aux messes solennelles, est revêtu d'une aube et d'une tunique pour assister le diacre et le sous-diacre.

INDUVIE, subst. fém. (*einduvi*), t. de bot., nom nouvellement donné aux péricarpes provenant d'un ovaire supérieur, lorsqu'il est recouvert, à l'époque de la maturité, par les enveloppes propres ou accessoires de la fleur.

INÉBRANLABLE, adj. des deux genres (*inébranlable*), qui ne peut être *ébranlé*.

INÉBRANLABLEMENT, adv. (*inébranlableman*), fermement, d'une manière *inébranlable*.

INÈBRE, adj. mas. (*inèbre*), se disait, chez les anciens, des oiseaux de mauvais augure : *oiseaux inèbres*.

INÉCLAIRCI, adj. (*inéklèreci*), qui n'a pas été *éclairci*.

INÉDIE, subst. fém. (*inédi*) (en lat. *inedia*), t. de médec., diète, abstinence. (*Boiste*.) Inusité.

INÉDIT, E, adj. (*inédi, dite*) (en lat. *ineditus*, formé de *in* privatif, et de *edere*, publier, divulguer; proprement, mettre dehors, *extrà dare*) : qui n'a jamais été publié, imprimé, mis au jour : *ouvrage inédit*.

• **INEFFABILITÉ**, subst. fém. (*inéfabilité*), t. de théologie, impossibilité d'exprimer quelque chose par des paroles. Voy. INEFFABLE.

INEFFABLE, adj. des deux genres (*inéfable*) (en lat. *ineffabilis*, fait de *in* négatif, et de *effari*, *fari extrà*, dire, proférer), terme de théologie, qu'on ne peut dire, qu'on ne peut exprimer par des paroles.

INEFFABLEMENT, adv. (*inéfableman*), d'une manière *ineffable*. Peu usité.

INEFFAÇABLE, adj. des deux genres (*inéfaçable*), qui ne peut être *effacé*.—Au fig., en parlant d'un homme qui a fait quelque action indigne, on dit que *c'est une action ineffaçable*; et aussi, que *le caractère du baptême est ineffaçable; le caractère du sacrement de l'ordre est ineffaçable*.

INEFFECTIF, adj. mas., au fém. **INEFFECTIVE** (*inéfèktif, tive*), qui n'est pas suivi d'un *effet*.

INEFFECTIVE. adj. fém. Voy. INEFFECTIF.

INEFFICACE, adj. des deux genres (*inéfikace*) (en lat. *inefficax*), qui ne produit point d'*effet*, qui n'a nulle *efficacité*.

INEFFICACITÉ, subst. fém. (*inéfikacité*), manque de vertu, d'*efficacité*.

INÉGAL, E, adj. (*inégale*), qui n'est point *égal*.—*Esprit inégal*, d'une humeur bizarre. — *Style inégal*, qui ne se soutient pas.—*Terrein, chemin inégal*, raboteux.—Un homme qui ne se conduit pas d'une manière uniforme a une conduite *inégale*; et on dit du même homme : *c'est un homme inégal, d'un esprit inégal*. — T. de médec., *pouls inégal*, tantôt lent, tantôt vif.—*La respiration est inégale*, lorsque les mouvements d'inspiration et d'expiration ne s'exercent pas de la même manière.—Au plur. mas., *inégaux*.

INÉGALEMENT, adv. (*inégualeman*), d'une façon *inégale*.

INÉGALITÉ, subst. fém. (*inégualité*), défaut d'*égalité*.— Bizarrerie dans l'humeur. En ce sens, on dit au pluriel : *avoir de grandes inégalités*. —On dit aussi *inégalités du style*. Voy. INÉGAL. —En astronomie, irrégularité qu'on observe dans le mouvement des planètes : *première inégalité*, *seconde inégalité*. — *Inégalité optique*, celle qui ne dépend que de la distance. Elle est opposée à l'*inégalité réelle*.

INÉGAUX, adj. mas. plur. Voy. INÉGAL.

INÉLÉGAMMENT, adv. (*inéléguaman*), sans *élégance*. Peu usité.

INÉLÉGANCE, subst. fém. (*inéléguance*), manque d'*élégance*. (Bossuet.)

INÉLÉGANT, E, adj. (*inéléguan, guante*), qui manque d'*élégance*. Inusité.

INÉLIGIBILITÉ, subst. fém. (*inélijibilité*), qualité de ce qui est *inéligible*.

INÉLIGIBLE, adj. des deux genres (inélijible), qui ne peut être élu.

INÉLIGIBLEMENT, adv. (inélijibleman), d'une manière inéligible. (Raymond.) Inusité.

INÉLOQUENT, E, adj.(inélokan, kante), sans éloquence. (Montaigne.)

INÉLUCTABLE, adj. des deux genres (inéluktable) (en latin ineluctabilis), inévitable, fatal, qu'aucune prière ne peut détourner. Inusité.

INEMBRYONÉ, E, adj. (inanbri-oné), t. de bot., privé d'embryon. Inusité.

INÉNARRABLE, adj. des deux genres (inénarrable) en lat. inenarrabilis, de in négatif, et de narrare, raconter), qui ne peut être raconté. Il ne se dit qu'en style de l'Ecriture sainte.

INÉPROUVÉ, E, adj. (inéprouvé), qu'on n'a pas encore éprouvé : bonheur inéprouvé.

INEPTE, adj. des deux genres (inépete) (en lat. ineptus, fait de in négatif, et de aptus, propre à, apte à...), qui n'a nulle aptitude à certaines choses.—Impertinent, absurde. En ce sens, il se dit des personnes et des choses.—Au mas. plur., et substantivement, terme d'histoire naturelle, famille d'oiseaux.

INEPTEMENT, adv. (inépeteman), par ineptie. Peu usité.

INEPTIE, subst. fém. (inépeci) (en lat. ineptia), absurdité, sottise, impertinence; action, propos, réflexion inepte, ridicule.

INÉPUISABLE, adj. des deux genres (inépuisable), qu'on ne peut tarir, épuiser ; au propre comme au figuré.

INÉPUISABLEMENT, adv. (inépuisableman), d'une manière inépuisable, sans tarir jamais.

INÉQUILATÈRE, adj. des deux genres (inékulatère), t. de bot., à côtés inégaux.

INÉQUITÈLE ou FILANDIÈRE, subst. fém. (inékuitèle, filandière), t. d'hist. nat., se dit d'insectes arachnides pulmonaires.

INÉQUIVALVE, adj. des deux genres (inékuivalve), à valves inégales.

INERME, adj. des deux genres (inéreme)(en lat. inermis, sans armes, formé de in privatif, et de arma, armes), t. de bot., dépourvu de piquants, d'aiguillons.

INERTE, adj. des deux genres (inérete), sans ressort, sans activité. Voy. INERTIE.

INERTIE, subst. fém. (inéreci) (en lat. inertia), fait de iners, formé de in privatif, et de ars, art ; proprement, qui n'exerce aucun art ; sans savoir, sans industrie ; en physique, résistance qu'oppose un corps quelconque aux efforts qui tendent à lui faire changer d'état. On dit ordinairement force d'inertie, résistance passive qui consiste principalement dans le refus de faire une chose.—Figurément : indolence, inaction.

INÉRUDIT, E, adj. (inérudi, dite), sans érudition.

INÉRUDITION, subst. fém. (inérudicion), manque d'érudition, défaut de savoir.

INERVATION, subst. fém. (inérevacion), t. de médec., action intérieure des nerfs.

INESCATION, subst. fém. (inécekacion), moyen superstitieux de guérison, qui consistait à faire avaler par un animal un peu de viande ou toute autre chose imprégnée de la sueur du malade.

INESPÉRÉ, E, adj. (inéspéré) (en lat. inesperatus, fait de in négatif, et de sperare, espérer, attendre), imprévu, à quoi l'on ne s'attendait pas. Il ne se dit qu'en bien : un succès inespéré.

INESPÉRÉMENT, adv. (inécepéréman) (en lat. insesperaté), contre toute espérance.

INESTIMABLE, adj. des deux genres (inéctimable), qu'on ne peut assez estimer, priser.

INÉTENDU, E, adj. (inétandu), t. didac., qui n'a point d'étendue.

INEUPHONIE, subst. fém. (ineufoni), absence de l'euphonie. (Nodier.)

INÉVIDENCE, subst. fém. (inévidance), qualité, état de ce qui n'est pas évident.

INÉVIDENT, E, adj. (inévidan, dante), t. didac., qui n'est pas évident.

INÉVITABILITÉ, subst. fém. (inévitabilité), qualité de ce qui est inévitable.

INÉVITABLE, adj. des deux genres (inévitable), qu'on ne peut éviter : la mort est inévitable.

INÉVITABLEMENT, adv. (inévitableman), d'une manière inévitalble.

INÉVITÉ, E, adj. (inévité), que l'on n'a pas évité.

INEXACT, E, adj. (inéguezakte), qui manque d'exactitude.

INEXACTEMENT, adv. (ineguezakteman), d'une manière inexacte.

INEXACTITUDE, subst. fém. (inéguezaktitude), manque d'exactitude.

INEXCUSABLE, adj. des deux genres (inékcekusable), qui ne peut être excusé.

INEXÉCUTABLE, adj. des deux genres (inéguezékutable), qui ne peut être exécuté.

INEXÉCUTÉ, E, part. pass. de inexécuter.

INEXÉCUTER, v. act. (inéguezékuté), ne point exécuter une chose ; l'abandonner.— s'INEXÉCUTER, v. pron.

INEXÉCUTION, subst. fém. (inéguezékucion), défaut d'exécution. Il ne se dit que des contrats, des traités.

INEXERCÉ, E, adj. (inéguezérecé), qui n'est pas exercé.

INEXIGIBILITÉ, subst. fém. (inéguezijibilité), qualité de ce qui n'est pas exigible.

INEXIGIBLE, adj. des deux genres (inéguezijible), qui ne peut être exigé ; qui n'est pas à échéance.

INEXISTANT, E, adj. (inéguezicetan, tante), qui n'existe pas.

INEXISTENCE, subst. fém. (inéguezicetance), défaut d'existence ; le néant.

INEXORABLE, adj. des deux genres (inéguezorable) (en lat. inexorabilis, formé de in négatif, et de exorare, prier instamment), qu'on ne peut gagner, fléchir par des prières.

INEXORABLEMENT, adv. (inéguezorableman), d'une manière inexorable.

INEXPÉRIENCE, subst. fém. (inékoepéri-ance), défaut d'expérience.

INEXPÉRIMENTÉ, E, adj. (inékcepérimanté), qui n'a point d'expérience.

INEXPIABLE, adj. des deux genres (inékcepiable), qui ne peut s'expier.

INEXPLICABLE, adj. des deux genres (inékceplikable), qu'on ne peut expliquer.

INEXPLICITE, adj. des deux genres (inékceplicite), obscur, embarrassé, difficile à comprendre.

INEXPLIQUÉ, E, adj. (inékceplikié), qui attend une solution, qui n'est pas encore éclairci.

INEXPRESSIBLE, adj. des deux genres (inékceprécecible), qui n'est pas expressible.

INEXPRIMABLE, adj. des deux genres (inékceprimable), qu'on ne saurait exprimer.

INEXPUGNABLE, adj. des deux genres (inékcepugnenable) (en lat. inexpugnabilis, fait de in négatif, et de expugnare, forcer, prendre de force), qui ne peut être forcé, emporté d'assaut et par violence.

INEXTENSIBLE, adj. des deux genres (inékcetancible), qui ne peut être étendu.

INEXTINGUIBILITÉ, subst. fém. (inékceteingu-ibilité), qualité de ce qui est inextinguible.

INEXTINGUIBLE, adj. des deux genres (inékceteingu-ible) (du lat. in négatif, et de extinguere, éteindre), qui ne peut être éteint : feu, lampe inextinguible.

INEXTIRPABILITÉ, subst. fém. (inékcetirpabilité), qualité de ce qui est inextirpable.

INEXTIRPABLE, adj. des deux genres (inékcetirepable), qu'on ne peut extirper.

INEXTIRPABLEMENT, adv. (inékcetirpableman), d'une manière inextirpable.

IN EXTREMIS. Voy. EXTREMIS (IN).

INEXTRICABILITÉ, subst. fém. (inékcetrikabilité), état de ce qui est inextricable. Ce mot est nouveau.

INEXTRICABLE, adj. des deux genres (inékcetrikable) (en lat. inextricabilis, formé, avec la même signification, de in négatif, et de extricare, démêler, débrouiller, lequel a pour racines ex, de, hors, et tricoe, curum, filet que les oiseaux s'entortillent autour des pieds, dérivé du grec θρίξ, τριχος, cheveu, poil), qui ne peut être démêlé.

INEXTRICABLEMENT, adv. (inékcetrikableman), d'une manière inextricable.

INFAILLIBILITÉ, subst. fém. (einfa-ie-ibilité), en parlant des choses, certitude pleine et entière. —En parlant des personnes, impossibilité d'errer, de se tromper.

INFAILLIBLE, adj. des deux genres (einfa-ieible) (en lat. infaillibilis), certain et immanquable.—Qui ne peut faillir ; qui ne peut ni tromper, ni errer : Dieu est infaillible dans ses promesses.

INFAILLIBLEMENT, adv. (einfa-ie-ibleman), assurément, indubitablement.

INFAISABLE, et non plus INFESABLE, adj. des deux genres (einfezable), qui ne peut être fait. Fam.

INFAMABLE, adj. des deux genres (einfamable), susceptible, digne d'infamie.

INFAMANT, E,adj.(einfaman,mante) (en lat. infamans), qui porte infamie : jugement infamant ; note infamante. Voy. DIFFAMANT.

INFAMATION, subst. fém. (einfamacion) (en lat. infamatio), note infame.

INFAME, adj. des deux genres (einfame) (en lat. infamis, formé de in négatif, et de fama, réputation), diffamé, noté, flétri par la loi ou par l'opinion publique.—On dit aussi subst.: c'est un infame, une infame. — En parlant des choses, honteux, déshonorant : action, commerce, trafic infame. — Lieu infame, maison de prostitution. — Par exagération, malpropre, malséant : logement, habit infame.

INFAMEMENT, adv. (einfâmeman), avec infamie. Inusité.

INFAMÉ, E, part. pass. de infamer.

INFAMER, v. act. (einfamé), rendre infame.

INFAMIE, subst. fém. (einfami), flétrissure notable, imprimée à l'honneur, à la réputation, soit par la loi, soit par l'opinion publique ; ignominie, opprobre : avec cette différence, suivant Roubaud, que c'est un jugement public qui frappe d'infamie ; c'est l'opinion d'une profonde humiliation attachée aux supplices ou aux peines des crimes bas, qui fait l'ignominie ; c'est l'abondance de l'infamie et de l'ignominie, versée, pour ainsi dire, à pleines mains, qui consomme l'opprobre.— Action infame. Il n'a de pluriel que dans cette acception : dire ou faire des infamies, des paroles injurieuses, des actes révoltants.

INFANT, E, subst. (einfan, fante) (du lat. infans, enfant), titre qu'on donne aux enfants puînés des rois d'Espagne et de Portugal.

INFANTARIEN, subst. mas. (einfantariein), nom que les gentils donnaient aux chrétiens, parce qu'ils les accusaient d'immoler des enfants dans leurs réunions.

INFANTERIE, subst. fém. (einfanteri) (suivant quelques anciens auteurs, d'une infante d'Espagne qui, volant au secours du roi, son père, défait par les Maures, bâtit ceux-ci à la tête d'une troupe de gens de pied qu'elle avait rassemblés, et dont l'usage pour les combats était alors inconnu. En mémoire de cet évènement, les piétous espagnols prirent le nom d'infanterie, lequel a passé depuis aux piétons des autres nations. Trévoux.) ; c'est, dans les armées, les troupes qui combattent à pied et qu'on appelle aussi fantassins et piétons.

INFANTICIDE, subst. mas. (einfanticide) (en lat. infanticida, formé de infans, enfant, et de cædes, meurtre), t. de droit, meurtre, ou meurtrier d'un enfant. Dans le dernier sens, il est des deux genres, et on l'emploie même assez souvent adj. : une mère infanticide.

INFATIGABILITÉ, subst. fém. (einfatiguabilité), qualité de ce qui est infatigable.

INFATIGABLE, adj. des deux genres (einfatiguable), qu'on ne peut fatiguer.

INFATIGABLEMENT, adv. (einfatiguableman), d'une manière infatigable.

INFATUATION, subst. fém. (einfatu-âcion) (mot tiré de l'anglais et dérivé primitivement du latin infatuare, infatuer), entêtement, prévention ridicule et excessive pour quelqu'un ou pour quelque chose.

INFATUÉ, E, part. pass. de infatuer.

INFATUER, v. act. (infatu-é) (du lat. infatuare, rendre fou, faire perdre l'esprit, fait de fatuus, fat, sot, impertinent, extravagant, lequel est tiré du verbe fari, parler, dérivé du grec φαω, d'où vient φατης, le même que vates en lat., et devin en français. Les Latins appelaient un infatuati, ceux qui croyaient avoir vu le dieu Faune, surnommé Fatuatus, parce qu'il passait pour avoir fait des prédictions. Morin.), prévenir tellement quelqu'un en faveur d'une personne ou d'une chose qui ne le mérite pas, qu'on ait beaucoup de peine à l'en désabuser. — s'INFATUER, v. pron., se prévenir ridiculement et excessivement pour...., s'entêter de.

INFÉCOND, E, adj. (einfékon, konde) (en lat. infecundus), stérile ou qui produit peu.

INFÉCONDITÉ, subst. fém. (einfekondité) (en lat. infecunditas), stérilité.

INFECT, E, adj. (einfékte) (en lat. infectus, dérivé de non factus), puant, corrompu.

INFECTÉ, E, part. pass. de infecter, et adj.

INFECTER, v. act. (*einfékté*) (du lat. *inficere*, employé dans le même sens, et qui signifie proprement teindre, colorer, imprégner d'une couleur), rendre *infect*; empuantir.—Fig., corrompre l'esprit ou les mœurs : *il a infecté les jeunes gens de ses mauvaises maximes*.—Il ne faut pas confondre ce mot avec *infester*, qui signifie piller, ravager, et au figuré, incommoder, tourmenter.—S'INFECTER, v. pron.

INFECTION, subst. fém. (*einfèkcion*) (du latin *inficere*, infecter), grande puanteur, et proprement, puanteur contagieuse qui répand la corruption d'un corps sur un autre.—INFECTION, PUANTEUR. (*Syn.*) La *puanteur* offense le nez et le cerveau; l'*infection* porte la corruption et attaque la santé. Vous direz la *puanteur* d'un morceau de viande gâtée, et l'*infection* des cadavres.

INFECTIONISTE, subst. mas. (*einfèkci-onicete*), t. de médec., nom donné aux médecins qui érigent en système le traitement des maladies causées par l'*infection*.

INFECTUEUSE, adj. fém. Voy. INFECTUEUX.

INFECTUEUX, adj. mas., au fém. INFECTUEUSE (*einfèktu-eu, tu-euze*), se dit en médec., par quelques auteurs, des maladies causées par l'*infection*.

INFÉLICITÉ, subst. fém. (*einfélicité*) (en lat. *infelicitas*), malheur, disgrace. (*Boiste*.) Il est inusité.

INFÉODATION, subst. fém. (*einfé-odâcion*), action d'*inféoder*.

INFÉODÉ, E, part. pass. de *inféoder*, et adj. — *Dimes inféodées*, aliénées par l'Église et possédées par des laïques.

INFÉODER, v. act. (*einfé-odé*), donner une terre pour être tenue en *fief*.

INFÈRE, adj. des deux genres (*einfère*), t. de bot. : *ovaire infère*; qui fait corps en tout ou en partie avec le tube du calice.

INFÉRÉ, E, part. pass. de *inférer*.

INFÉRER, v. act. (*einféré*) (du latin *inferre*, porter dans, introduire, *ferre in*; *introduire dans le raisonnement une proposition tirée d'une autre*), conclure, tirer une conséquence de…—S'INFÉRER, v. pron.

INFÉRIES, subst. fém. plur. (*einféri*), myth., sacrifices aux mânes, sur les tombeaux.

INFÉRIEUR, E, adj. (*einférieur*) (en latin *inferior*, fait de *infra*, au-dessous), en parlant des choses, qui est placé au-dessous : *la partie supérieure et la partie inférieure*.— *La partie inférieure de l'âme*, l'appétit sensitif; *la partie supérieure de l'âme*, la raison.—En parlant des personnes, qui est au-dessous d'une autre en rang, en mérite, en dignité, en forces.—*Juge inférieur*, dont il y a appel. — *Classes inférieures*, celles qui commencent le cours des études. — *Inférieur* se dit en géog. par rapport au cours des rivières, et désigne la partie d'un pays qui est la plus éloignée de la source d'un fleuve, ou la plus voisine de la mer; dans ce cas, on ne l'emploie guère qu'au féminin : *Seine-Inférieure*, *Loire-Inférieure*. — *Marchandises inférieures*, qui n'ont pas autant de qualités, de valeur que les autres. — *Inférieur* est aussi substantif : *les inférieurs doivent respect aux supérieurs; il en use bien avec ses inférieurs*.

INFÉRIEUREMENT, adv. (*inférieureman*), au-dessous. Il régit la préposition *à*.

INFÉRIORITÉ, subst. fém. (*einféri-orité*), rang de l'*inférieur* à l'égard du supérieur. Il se dit surtout en parlant du génie, des talents.

INFERMABLE, adj. des deux genres (*einfèremable*), qu'on ne peut *fermer*. (Mme de *Sévigné*.)

INFERNAL, E, adj. (*einfèrenale*) (du latin *infernus*), qui appartient à l'*enfer* : *monstre infernal; les puissances infernales*. — *Le serpent, le dragon infernal*, le démon. — En chimie, on nomme *pierre infernale*, une pierre caustique faite avec l'argent et l'esprit de nitre.—Au plur. mas., *infernaux*.

INFERNALEMENT, adv. (*einfèrenaleman*), d'une manière *infernale*.

INFERNALISÉ, E, part. pass. de *infernaliser*.

INFERNALISER, v. act. (*einfèrenalizé*), rendre *infernal* : *les passions politiques infernalisent l'homme*. (Boiste.) Inusité.

INFERNALITÉ, subst. fém. (*einfèrenalité*), caractère de l'être *infernal*.

INFERNAUX, adj. mas. plur. Voy. INFERNAL.

INFÉROBRANCHE, subst. mas. (*einfèrobranche*), t. d'hist. nat., genre de mollusques céphalopodes.

INFERTILE, adj. des deux genres (*einfèretile*), stérile, qui n'est pas *fertile*. — Fig. : *esprit infertile*, qui produit peu ; *sujet infertile*, qui fournit peu de choses à dire.

INFERTILISABLE, adj. des deux genres (*einfèretilizable*), que l'on ne peut *fertiliser*.

INFERTILITÉ, subst. fém. (*einfèretilité*), stérilité.

INFESTATION, subst. fém. (*einfècetâcion*), action d'*infester*; ses effets.

INFESTÉ, E, part. pass. de *infester*.

INFESTER, v. act. (*einfèceté*) (en lat. *infestare*), piller, ravager, vexer par des incursions.— Incommoder, tourmenter : *les rats infestent cette maison*. — Il ne faut pas confondre ce mot avec *infecter*.

INFEUILLÉ, E, adj. (*einfeu-lé*), sans *feuilles*. Usité seulement en botanique.

INFIABLE, adj. des deux genres (*einfi-able*), à qui l'on ne peut *se fier*. (*Montaigne*.) Inusité.

INFIBULATION, subst. fém. (*einfibulâcion*) (du lat. *fibula*, boucle), t. de chirurgie, opération par laquelle, au moyen d'une espèce de boucle ou d'anneau, on empêchait un jeune homme d'avoir commerce avec les femmes. Hors d'usage.

INFIBULER, v. act. (*einfibulé*) (en lat. *infibulare*), faire à un jeune homme l'opération de l'*infibulation*. Hors d'usage.

INFICIÉ, E, part. pass. de *inficier*.

INFICIER, v. act. (*einficié*) (en lat. *inficiari*), nier, contredire. (*Boiste*.) Il est inusité.

INFIDÈLE, subst. et adj. des deux genres (*einfidèle*) (en lat. *infidelis*), déloyal, qui manque de foi, de *fidélité*. — *Une femme infidèle, si elle est connue pour telle de la personne intéressée, n'est qu'infidèle; s'il la croit fidèle, elle est perfide*. (La Bruyère, *Caractères*, chap. III). *Il*, dans cette phrase, est masculin et se rapporte à la *personne*. C'est un solécisme. — En matière de religion, il se dit de ceux qui ne sont point baptisés, et qui ne croient point les vérités du christianisme. C'est dans ce sens qu'on appelle *infidèles* les idolâtres et les mahométans. On appelle *infidèles négatifs* ceux qui n'ont jamais entendu, ni refusé d'entendre la prédication de l'Evangile; et *infidèles positifs*, ceux qui ont refusé d'entendre la prédication de l'Evangile, ou qui, l'ayant entendue, ont fermé les yeux à sa lumière.—*Mémoire infidèle*, qui n'est pas sûre, qui manque au besoin. — *Rapport infidèle*, dans lequel l'on déguise la vérité.

INFIDÈLEMENT, adv. (*einfidèleman*), d'une manière *infidèle*.

INFIDÉLITÉ, subst. fém. (*einfidélité*) (en lat. *infidelitas*), déloyauté, trahison. — Simplement, manque de *fidélité* : *l'infidélité d'un amant, d'une maîtresse, d'une femme, d'un mari*. — INFIDÉLITÉ, PERFIDIE. (*Syn.*) L'*infidélité*, dit *Beauzée*, est un manque de foi, un simple violement des promesses qu'on avait faites; la *perfidie* ajoute à cela le vernis imposteur d'une *fidélité* constante. L'*infidélité* peut n'être qu'une faiblesse; la *perfidie* est un crime réfléchi. — Il se prend aussi pour l'état de ceux qui ne sont pas dans la vraie religion : *les juifs sont obstinés dans leur infidélité*. — *Infidélité de la mémoire*, défaut de mémoire.

INFIGURABLE, adj. des deux genres (*einfigurable*), qu'on ne peut *figurer* : *Dieu est infigurable*.

INFILTRATION, subst. fém. (*einfiletrâcion*), action d'un liquide qui s'insinue dans les pores des parties solides. Voy. S'INFILTRER.

INFILTRÉ, E, part. pass. de *s'infiltrer*.

S'INFILTRER, v. pron. (*ceinfiletré*), passer dans les pores d'un solide comme par un *filtre*.

INFIME, adj. des deux genres (*einfime*), dernier; placé le plus bas.

INFIN., abréviation du mot *infinitif*.

INFINI, subst. mas. (*einfini*) (du lat. *in* négatif, et de *finis*, borne, limite), ce qui n'a point de bornes : *qui me donnera une idée nette de l'infini?* (Voltaire.) — *Géométrie de l'infini*, géométrie des *infiniment* petits, contenant les règles du calcul différentiel et du calcul intégral. — *Arithmétique des infinis*, nom donné par *Wallis* à la méthode de former les suites qui ont un nombre *infini* de termes.

INFINI, E, adj. (*einfini*), qui n'a point de bornes. En ce sens il ne peut se dire que de Dieu et de ses attributs : *il n'y a que Dieu qui soit infini*. — Innombrable. — Par exagération, très-grand, considérable; excellent. — *A l'infini*, adv., sans *fin*, sans bornes.

INFINIMENT, adv. (*einfiniman*), sans bornes, sans mesure : *Dieu est infiniment bon*. — Extrêmement : *il est infiniment malheureux*. — *Les infiniment petits*, en géométrie, quantités conçues comme moindres qu'aucune quantité assignable.

INFINITAIRE, subst. mas. (*einfinitère*), partisan de l'arithmétique des *infinis*.

INFINITÉ, subst. fém. (*einfinité*), qualité de ce qui est *infini*.—Grand nombre, grande quantité : *une infinité de personnes, une infinité de choses*.

INFINITÉSIMAL, E, adj. (*einfinitézimal*), t. d[e] géom. : *calcul infinitésimal*, celui des *infinimen[t]* petits. — Au plur. mas., *infinitésimaux*.

INFINITÉSIMAUX, adj. plur. mas. Voy. INFINITÉSIMAL.

INFINITÉSIME, adj. fém. (*einfinitézime*), en sous-entendant *partie*, t. de géométrie, partie *infiniment petite* d'une grandeur quelconque. Peu en usage.

INFINITIF, subst. mas. (*einfinitife*) (en lat. *infinitivus*, sous-entendu *modus*, mode, temps), t. de gramm., un des modes du verbe, qui ne marque ni nombres ni personnes. On appelle ainsi dans les verbes le mode qui signifie sans affirmation, ou qui signifie l'affirmation indéfiniment, et sans aucun rapport exprimé de nombre ni de personne. *Aimer* est l'*infinitif* du verbe *j'aime*. Nous ne trouvons rien de mieux à dire sur les infinitifs en *er*, qu'en copiant *Girault-Duvivier*, qui a emprunté tout ce qu'il en dit aux meilleurs grammairiens : « *R* dans la conversation, dit-il, est une lettre muette à la fin des infinitifs en *er*, même quand ils sont suivis d'une voyelle, et l'on dit : *aimer à boire*, *folâtrer et rire*, comme s'il y avait *aimé à boire*, *folâtré et rire*. » Il poursuit : « On ne doit pas, dit *d'Olivet*, craindre ces *hiatus*; la prose les souffre, pourvu qu'ils ne soient ni trop rudes, ni trop fréquents ; ils contribuent même à donner au discours un certain air naturel. Dans la lecture, dans le discours soutenu, et dans les vers, *r* final des infinitifs en *er*, précédant une consonne ou un *h* aspiré, est nul, et donne le son de l'*e* fermé à l'*e* qui précède; mais suivi d'une voyelle ou d'un *h* muet, il se fait entendre, et on donne à l'*e* qui le précède le son de l'*e* ouvert : *aimer à jouer*, *folâtrer et rire*, doivent se prononcer *è-mè-ra-jou-é*, *fo-lâ-trè-ré-rire*. C'est ainsi que s'expriment *Vaugelas* (dans sa 415e Remarque), *Dumarsais* et *Lévizac* (p. 90, t. 1 de sa Grammaire). Cependant le P. *Buffier*, *Féraud*, *Domergue* et *Sicard*, sont d'avis que, dans le cas où la lettre *r* doit se lier avec la voyelle, l'*e* qui précède se prononce aigu et non pas ouvert : *é-mé-ra-jou-é*, *fo-lâ-tré-ré-rire*, et cette dernière prononciation est conforme à l'usage généralement établi aujourd'hui. » Revenons à *Girault-Duvivier* : « L'*e* des infinitifs terminés en *er* est *fermé*, tant que l'*r* ne se prononce point; et comme il ne se prononce, soit en vers, soit en prose, que dans le cas où le mot qui suit commence par une voyelle, alors quand l'*e* doit être *fermé*, il ne peut pas rimer avec l'*e ouvert* : ainsi Mme *Deshoulières* a péché contre l'exactitude quand elle a dit :

Dans votre sein il cherche à s'*abîmer*;
Vous et lui, jusques à la *mer*,
Vous n'êtes qu'une même chose.
(Idylle du *Ruisseau*.)

« On distingue cinq temps dans l'infinitif : *le présent, le prétérit, le participe présent, le participe passé* et *le participe futur*. *Le présent de l'infinitif* est susceptible d'exprimer un *présent*, un *passé*, ou un *futur*, relativement au temps du verbe qui le précède, comme dans *je l'entends rire*. *Rire* exprime un présent, parce que *j'entends* est un présent, et c'est comme s'il y avait, *il rit* et *je l'entends*. — *Je l'ai entendu rire*. *Rire* exprime un passé, parce que *j'ai entendu* est un passé; c'est comme s'il y avait, *il a ri, je l'ai entendu*. — *Je l'entendrai rire*. *Rire* exprime un futur, parce que *j'entendrai* est au futur; et c'est comme s'il y avait, *il rira* et *je l'entendrai*. *Le prétérit de l'infinitif* exprime seulement un passé relativement au temps du verbe qui le précède; comme dans : *je crus* ou *je croyais l'avoir entendu rire*. Pour exprimer, dans l'*infinitif*, un futur par rapport au temps du verbe qui le précède, il faut joindre l'infinitif du verbe *devoir* au verbe qui est à l'infinitif : *je crois devoir vous faire part de cette nouvelle*. Toutefois, comme le *présent de l'infinitif*, précédé des verbes *promettre*, *espérer*, *compter*, *s'attendre*, *menacer*, désigne toujours un futur : *il espère vous contenter*, c'est-à-dire, *il espère qu'il vous contentera;* alors on n'a pas besoin, pour ces cinq verbes seulement, de faire usage du verbe *devoir*, quand on veut exprimer ce temps. Le *présent de l'infinitif* sert à spécifier le verbe dont on veut parler. Ainsi on dit : le verbe *croire*, le verbe *donner*, le verbe *plaire*, comme on dit le nom *prince*, le nom *temple*. *Le présent de l'infinitif* fait toujours la fonction ou de sujet, ou de régime, soit direct, soit indirect. *Haïr est un tourment, aimer est un besoin de l'âme.* — On dit adj. : *le mode infinitif.*

INFIRMATIF, adj. mas., au fém. **INFIRMATIVE** (*einfirmatif, tive*), qui *infirme*, qui rend nul : *arrêt infirmatif d'une sentence,* qui annule la sentence.

INFIRMATION, subst. fém. (*einfirmâcion*), t. de droit, action d'*infirmer*.

INFIRMATIVE, adj. fém. Voy. INFIRMATIF.

INFIRME, subst. et adj. des deux genres (*einfirme*) (en lat. *infirmus*, formé de *in* négatif, et de *firmus*, ferme, solide), malade, qui a quelque *infirmité*. Il se dit du corps, des plantes, de l'esprit. — Subst.: *un infirme, la salle des infirmes,* dans un hôpital.

INFIRMÉ, E, part. pass. de *infirmer*.

INFIRMER, v. act. (*einfirmé*) (en lat. *infirmare*), t. de palais, invalider, déclarer nul : *infirmer un acte.* — Dans le style didactique et polémique, affaiblir : *infirmer une preuve, un témoignage.* — S'INFIRMER, v. pron.

INFIRMERIE, subst. fém. (*einfirmeri*), lieu où l'on rassemble les *infirmes*, les malades d'une communauté, d'un collège, etc.

INFIRMIER, subst. mas., **INFIRMIÈRE**, subst. fém. (*einfirmié, mière*), celui, celle qui a soin d'une *infirmerie*.

INFIRMIÈRE, subst. fém. Voy. INFIRMIER.

INFIRMITÉ, subst. fém. (*einfirmité*) (en lat. *infirmitas*), indisposition ou maladie habituelle. Il se dit ordinairement au pluriel.—Dans le moral, faiblesse, fragilité pour le bien; défaut, imperfection.

• **INFIXÉ, E**, part. pass. de *infixer* (du lat. *in*, dans, et *fixus*, fiché), attaché : *dents infixées dans la mâchoire.* (Buffon.)

INFIXER, v. act. (*einfikcé*), *fixer* une chose dans une autre, l'y rendre *fixe*, stable. (*Buffon.*)

INFLAMMABILITÉ, subst. fém. (*einflâmabilité*), qualité de ce qui est *inflammable;* disposition à prendre feu.

INFLAMMABLE, adj. des deux genres (*einflâmable*), qui *s'enflamme* facilement. — Au fig. : *zèle, caractère inflammable.* —*Air inflammable.* Voy. *gaz hydrogène*, au mot HYDROGÈNE.

INFLAMMATION, subst. fém. (*einflamâcion*), action qui *enflamme* une matière combustible. — Acreté et ardeur qui surviennent aux parties du corps excessivement échauffées.

INFLAMMATOIRE, adj. des deux genres (*einflâmatoare*), qui cause des *inflammations : maladie inflammatoire.*

INFLATEUR, adj. mas. (*einflateur*), philosophe. Il est inusité.

INFLATION, subst. fém. (*einflâcion*) (en latin *inflatio*), t. de médec., tumeur, gonflement. Synonyme peu usité de *enflure*.

INFLÉCHI, E, part. pass. de *infléchir*, et adj., t. de bot., *fléchi* en dedans.

INFLÉCHIR, v. act. (*einfléchir*), t. de phys., dévier. Il s'emploie le plus ordinairement au pronominal. — S'INFLÉCHIR, v. pron.

INFLEXE, adj. des deux genres (*einflèkce*), t. d'anat., courbé : *conduit inflexe*, le canal carotidien.

INFLEXIBILITÉ, subst. fém. (*einflèkcibilité*), qualité, caractère de ce qui est *inflexible*.

INFLEXIBLE, adj. des deux genres (*einflèkcible*) (en lat. *inflexibilis*, fait de *in* négatif, et de *flectere*, fléchir); il ne se dit qu'au figuré: *homme inflexible*, inaccessible à la compassion. —*Vertu inflexible*, qui ne se laisse ébranler par aucune considération.

INFLEXIBLEMENT, adv. (*inflèkcibleman*), d'une manière *inflexible*.

INFLEXION, subst. fém. (*einflèkcion*) (en latin *inflexio*, fait de *inflectere*, fléchir, courber, faire plier, composé de la préposition *in*, vers, sur, et de *flectere*, courber, fléchir), changement de la voix, lorsqu'elle passe d'un son à un autre.—Facilité plus ou moins grande à faire ces changements —En t. de gramm., manière dont les noms se déclinent, dont les verbes se conjuguent. On confond assez communément les mots *inflexion* et *terminaison*, qui expriment pourtant des choses très-différentes, quoiqu'il y ait quelque chose de commun dans leur signification. Ces deux mots expriment également ce qui est ajouté à la partie radicale d'un mot; mais la *terminaison* n'est que le dernier son du mot modifié. Par exemple, *aim* est la partie radicale de tous les mots qui constituent la conjugaison du verbe *aimer*. Dans j'*aimerai*, tu *aimeras*, il *aimera*, il y a à remarquer *inflexion* et *terminaison*. Dans chacun de ces mots, la *terminaison* est différente pour caractériser les différentes personnes, *ai, as, a;* mais l'*inflexion* est la même pour marquer que ces mots appartiennent au même temps, et c'est partout *er*. L'*inflexion* est donc ce qui peut se trouver entre la partie radicale et la *terminaison*.—En t. d'optique, propriété des rayons de lumière appelée plus communément *diffraction*. Voy. ce mot.—En astron., changement de direction des rayons de lumière qui rasent le bord de la lune. C'est un phénomène observé depuis un assez grand nombre d'années, et qui paraît constaté.—*Inflexion de corps*, disposition naturelle à plier, à incliner le corps. — T. de géom., *point d'inflexion d'une courbe*, point où une courbe commence à se replier dans un sens contraire à celui où elle se courbait d'abord.

INFLICTIF, adj. mas., au fém. **INFLICTIVE** (*einfliktif, tive*), qui est ou doit être *infligé*.

INFLICTION, subst. fém. (*einflikcion*) (en lat. *inflictio*, fait de *infligere*, infliger), t. de palais, condamnation à quelque peine afflictive et corporelle.

INFLICTIVE, adj. fém. Voy. INFLICTIF.

INFLIGÉ, E, part. pass. de *infliger*.

INFLIGER, v. act. (*einflijé*) (en lat. *infligere*, qui signifie proprement frapper avec violence, appliquer fortement sur, formé de *in*, sur, et de *fligere*, battre, choquer, heurter), t. de palais, imposer une peine, un châtiment.— S'INFLIGER, v. pron.

INFLORESCENCE, subst. fém. (*einflorèceçance*) (du lat. *inflorere*, formé de la prép. *in*, dans, et de *florere*, fleurir), t. de bot., nom que donne *Linnée* à la disposition des fleurs et des fruits dans les plantes.

INFLUENCE, subst. fém. (*einflu-ance*) (en lat. *influentia*, fait de *influere*, influer), vertu prétendue qui, suivant les astrologues, découle des astres. On n'y croit plus aujourd'hui, si ce n'est, tout au plus, à l'*influence* de la lune sur les saisons et sur les variations de l'atmosphère.—Fig., impressions qui se font sur l'esprit, par le commerce, la fréquentation du monde ou d'une personne, etc. Voy. ASCENDANT.

INFLUENCÉ, E, part. pass. de *influencer*.

INFLUENCER, v. act. (*einflu-ance*), exercer une *influence;* agir par *influence*. — On a dit, depuis quelque temps : *influencer un avis*, etc., pour, *avoir de l'influence sur un avis.* — S'INFLUENCER, v. pron., être, pouvoir être *influencé*.

INFLUÉ, E, part. pass. de *influer*.

INFLUENT, E, adj. (*einflu-an, ante*), qui *influe : ministre influent, cause influente.* Mot nouveau.

INFLUER, v. act. (*einflu-é*) (en lat. *influere*, formé de *in*, dans, sur, et de *fluere*, couler), en t. d'astrologie, communiquer par une vertu secrète : *les astres influent diverses qualités sur les corps*, etc. — V. neut., faire impression sur l'esprit. — Contribuer à faire prendre un parti, etc. : *cette considération a beaucoup influé dans ma résolution.*

INFLUX, subst. mas. (*einflu*), t. de médec., *influence*.

INFOLIATURE, subst. fém. (*einfoli-ature*), incrustation. Vieux et même hors d'usage.

IN-FOLIO, subst. mas. (*einfolio*), t. de librairie, livre à feuilles pliées en deux feuillets. — Adj. : *format in-folio.* — Au plur., des *in-folio*.

INFONDRE, v. act. (*einfondre*), *fondre* dedans; pénétrer, communiquer. Vieux et inusité.

INFONDU, E, part. pass. de *infondre*.

INFORÇABLE, adj. des deux genres (*einforçable*), qu'on ne peut *forcer*, enlever : *position inforçable.*

INFORMATEUR, subst. mas. (*einformateur*), précepteur en Allemagne.

INFORMATIF, adj. mas., au fém. **INFORMATIVE** (*einformatif, tive*), qui sert à représenter, à *former*.

INFORMATION, subst. fém. (*einformâcion*), dans le langage commun, action de s'*informer: prendre des informations, aller aux informations.*—Au palais, action d'*informer : faire des informations.* — En matière civile : *information de vie et de mœurs*, celle qui se fait de la conduite et des mœurs de quelqu'un qui doit être reçu dans une charge, dans une dignité. — En matière criminelle, ce qui s'appelle *enquête* en matière civile.

INFORMATIVE, adj. fém. Voy. INFORMATIF.

INFORME, adj. des deux genres (*einforme*) (en lat. *informis*, fait de *in* privatif, et de *forma*, forme), imparfait; qui n'a pas la *forme* qu'il devrait avoir.—T. d'astron. : *étoiles informes*, étoiles dispersées qui n'entrent point dans la *forme* des grandes constellations, et qu'on appelle *étoiles sparsiles* ou *sporades*.

INFORMÉ, subst. mas. (*einformé*), t. de palais, *information : ordonner un plus ample informé.*

INFORMÉ, E, part. pass. de *informer*, et adj., instruit : *bien* ou *mal informé.* — En t. de jurispr., manière de prononcer en matière criminelle. Quand les juges ne trouvent pas assez de preuves pour asseoir une condamnation, mais qu'il y a de violents soupçons que l'accusé est coupable, alors on ordonne qu'il en sera *plus amplement informé.*

INFORMER, v. act. (*einformé*) (du lat. *informare*, qui signifie proprement donner la première forme, ébaucher, esquisser, et fig., former, instruire, dérivé de *forma*, forme), avertir, instruire.—*J.-J. Rousseau* (Émile, liv. II) a employé ce mot dans le sens de donner la *forme*, ou plutôt d'animer : *l'univers entier ne doit être qu'un point pour une huître; il ne lui paraîtrait rien de plus, quand même une âme humaine informerait cette huître.* C'est un latinisme que l'usage n'a pas adopté.—Neut., t. de palais, faire une *information*, une enquête contre quelqu'un ou sur un fait : *informer contre quelqu'un; informer sur un assassinat.*—S'INFORMER, v. pron., s'enquérir. *Racine* a dit (*Bajazet*) :

> Ne vous *informez* point ce que je deviendrai;

c'est une faute grave; il fallait, *de ce que je deviendrai.*

INFORTIAT, subst. mas. (*einforcia*), seconde partie ou second volume du *Digeste*, compilé sous *Justinien*.

INFORTIFIABLE, adj. des deux genres (*einfortifi-able*), non susceptible d'être *fortifié*.

INFORTUNE, subst. fém. (*einfortune*) (en lat. *infortunium* ou *infortunitas*, fait de *in* privatif, et de *fortuna*, fortune, bonheur), malheur, adversité : *grande infortune.*

INFORTUNÉ, E, subst. et adj. (*einfortuné*), qui a contre lui la *fortune;* malheureux : *prince infortuné; c'est un infortuné, une infortunée.* Voyez INFORTUNE.

INFORTUNÉ, E, part. pass. de *infortuner*.

INFORTUNER, v. act. (*einfortuné*), vexer. Il est vieux.—S'INFORTUNER, v. pron.

INFRACTEUR, subst. mas. (*einfrakteur*), celui qui viole, qui n'observe pas un traité, une loi, etc. Voy. INFRACTION.—*Laveaux* avance qu'on ne dit point *infractrice*. Pourquoi cela? Lui-même avoue qu'il est certains cas où il paraît nécessaire.

INFRACTION, subst. fém. (*einfrakcion*) (en latin *infractio*, fait de *infringere*, enfreindre, dont la racine est *frangere*, rompre, briser), action de violer, d'*enfreindre* un traité, une promesse, etc.

INFRALAPSAIRE, subst. mas. (*einfralapecère*) (du lat. *infra*, plus bas, et de *lapsi*, part. pass. de *labi, labor*, tomber; mot à mot, *ceux qui sont tombés plus bas*); il s'est dit des théologiens qui croyaient que, depuis Adam, un certain nombre d'hommes doivent être damnés, quoi qu'ils fassent d'ailleurs pour être sauvés.

INFRANCHISSABLE, adj. des deux genres (*einfranchiçable*), que l'on ne peut *franchir : limites infranchissables.* Ce mot manque dans l'*Académie*.

INFRANGIBLE, adj. des deux genres (*einfranjible*), qui ne peut être brisé.

• **INFRÉQUENTÉ, E**, adj. (*einfrékanté*), qui n'est ou qui n'a point été encore *fréquenté : mers infréquentées.* Mot nouveau employé par de bons écrivains, et notamment par *Delille*, dans le poème des *Jardins*.

INFRIPONNABLE, adj. des deux genres (*einfriponable*), qu'on ne peut voler. (*Boiste.*) Inus.

INFRUCTUEUSE, adj. fém. Voy. INFRUCTUEUX.

INFRUCTUEUSEMENT, adv. (*einfruktu-euzeman*) (en lat. *infructuosè*), sans profit, sans utilité.

INFRUCTUEUX, adj. mas., au fém. **INFRUCTUEUSE** (*einfruktu-eu, euze*) (en lat. *infructuosus*, qui signifie proprement *qui ne porte point de fruit, stérile*), qui ne rapporte point de fruit ou qui en rapporte fort peu. Il est plus usité au fig. qu'au propre : *travail infructueux.*

INFRUCTUOSITÉ, subst. fém. (*einfruktu-ôzité*). état de ce qui est *infructueux.*

INFULE, subst. fém. (*einfule*) (en lat. *infula*, gén. *infulæ*), t. d'archéol., sorte de bande de laine blanche qui était pour les prêtres ce qu'était le bandeau royal pour les rois, la marque de leur dignité et de leur autorité. Elle couvrait la partie de la tête où il y a des cheveux jusqu'aux tempes, et, de chaque côté, tombaient deux cordons pour la lier. L'*infule*, à la différence du diadème, qui était plat et large, était entortillée et ronde.

INFUNDIBULÉ, E, adj. (*einfondibulé*) (du lat. *infundibulum*, entonnoir), t. de bot., en forme d'entonnoir. On dit aussi *infundibuliforme.*

INFUNDIBULIFORME, adj. des deux genres (*einfondibuliforme*) (du lat. *infundibulum*, entonnoir, et *forma*, forme), t. de bot., en forme d'entonnoir. Les herbes à fleurs simples, monopétales, irrégulières, *infundibuliformes*, composent la seconde classe du système de *Tournefort.*

INFUNDIBULUM, subst. mas. (*einfondibulome*) (mot tout latin qui signifie entonnoir), nom donné par les anatomistes à un canal situé dans le troisième ventricule du cerveau. — T. d'hist. nat., genre de coquilles.

INFUS, E, adj. (*einfu, fuze*) (en lat. *infusus*, part. pass. de *infundere, fundere in*, verser dans ou sur); il ne se dit qu'au fig. dans un petit nombre de phrases : *savoir infus; science, sagesse infuse*, qu'il a plu à Dieu de répandre dans les hommes privilégiés.

INFUSÉ, E, part. pass. de *infuser.*

INFUSER, v. act. (*einfuzé*) (du lat. *infundere*, verser dans ou sur), mettre, durant un certain temps, une drogue dans quelque liqueur, ordinairement bouillante, pour que celle-ci en tire le suc.—On *infuse* aussi à froid.— **S'INFUSER**, v. pron.

INFUSIBILITÉ, subst. fém. (*einfuzibilité*), qualité de ce qui est *infusible.*

INFUSIBLE, adj. des deux genres (*einfuzible*) (du lat. *in* négatif, et de *fusilis*, fusible, fait de *fundere*, fondre), qui ne peut fondre.

INFUSION, subst. fém. (*einfuzion*) (en latin *infusio*), l'action d'*infuser.*—Chose *infusée.*—En chir., opération au moyen de laquelle on injecte une liqueur dans une veine qu'on a ouverte.— Manière dont certaines facultés surnaturelles sont *infusées* dans l'âme. — On dit fig. : *les apôtres avaient le don des langues par infusion.* Voyez **INFUS.**

INFUSOIR, subst. mas. (*einfuzoar*), t. de chir., instrument propre à faire entrer le liquide dans les veines.

INFUSOIRES, subst. et adj. mas. plur. (*einfuzoare*), t. d'hist. nat. : *animaux infusoires*, qu'on observe, à l'aide du microscope, dans des liqueurs qui ont tenu des matières animales ou végétales en *infusion.*

INFUSORIAL, E, adj. (*einfuzori-ale*), t. de phys., se dit de la conversion de la matière amorphe en vers *infusoires.*—Au plur. mas., *infusoriaux.*

INFUSUM, subst. mas. (*einfuzome*), t. de chimie, le produit d'une *infusion* : *un infusum de fleurs de guimauve*, etc. C'est un mot purement latin.

INGA, subst. fém. (*eingua*), t. de bot., genre de plantes, espèce d'acacia.

INGAMBE, adj. des deux genres (*einguanbe*) (corruption des deux mots *en jambe; qui est bien en jambes, qui marche bien*), léger, dispos, alerte.

INGAUNIENS, subst. mas. plur. (*einguônieìn*), anciens peuples de la Ligurie.

INGEN, subst. propre mas. (*einjan*), divinité moderne des Japonais.

INGÉNÉRABLE, adj. des deux genres (*einjénérable*) (du lat. *ingenerabilis*, fait, dans la même signification, de *in* négatif, et de *generare*, engendrer), qui ne peut pas être engendré. — Ce qui est essentiel, inaltérable dans les choses.

INGÉNÉREUSE, adj. fém. Voy. **INGÉNÉREUX.**

INGÉNÉREUX, adj. mas., au fém. **INGÉNÉREUSE** (*einjénéreu, reuze*), qui n'a pas de *générosité*. (*Boiste.*) Inusité.

INGÉNICULUS, subst. mas. (*einjénikuluce*), t. d'astron., constellation représentant la figure d'un homme agenouillé.

INGÉNIER, v. act., ou mieux **S'INGÉNIER**, v. pron. (*einjéni-é*) (de l'italien *ingegnarsi*, fait, dans la même signification, de *ingegno*, génie, esprit, talent, en lat. *ingenium*), tâcher de trouver dans son esprit quelque moyen pour réussir. Familier.

INGÉNIEUR, subst. mas. (*einjéni-eur*) (du lat. *ingenium*, invention ingénieuse, d'où nos pères avaient fait *engin*, machine, instrument. D'*engin*, on a formé *engignour* et ensuite *ingénieur*), mathématicien qui sait l'art de l'architecture militaire, qui va reconnaître la place que l'on veut attaquer, qui trace des tranchées, conduit les travaux, etc.—Il y a des *ingénieurs* pour la marine, qui sont versés dans ce qui a rapport à la guerre et au service de mer; et des *ingénieurs* pour les ponts-et-chaussées, qui s'occupent de l'entretien des grandes routes, de la construction des ponts, de l'embellissement des rues, de la conduite et réparation des canaux, etc. : *ingénieur militaire; ingénieur de marine; ingénieur géographe*, etc.

INGÉNIEUSE, adj. fém. Voy. **INGÉNIEUX.**

INGÉNIEUSEMENT, adv. (*einjéni-euzeman*) (en lat. *ingeniosè*), avec esprit.

INGÉNIEUX, adj. mas., au fém. **INGÉNIEUSE** (*einjéni-eu, euze*) (en lat. *ingeniosus*, fait de *ingenium*, esprit, génie, talent, capacité), qui a du *génie*, de l'esprit; et en parlant des choses, qui en marque, qui en annonce.

INGÉNIOSITÉ, subst. fém. (*einjéni-ôzité*), qualité de ce qui est *ingénieux*, de l'homme *ingénieux*. Il diffère de *génie.*

INGÉNU, E, subst. et adj. (*einjénu*) (en latin *ingenuus*), franc, sincère, naïf jusqu'à la simplicité.—Subst., faire l'*ingénue*, la simple.—*Jouer les ingénus*, au théâtre, les rôles des jeunes filles naïves.— Il se disait chez les anciens Romains, 1° des personnes nées de parents honnêtes et libres; 2° de celles qui étaient nées dans le pays; qui n'étaient point étrangères. (Du même mot lat. *ingenuus*, formé, dans cette acception, de *in*, dans, ou *indè*, de là, et de *genitus*, né, engendré.)

INGÉNUITÉ, subst. fém. (*einjénu-ité*) (en lat. *ingenuitas*), sincérité, franchise, naïveté.—**INGÉNUITÉ, NAÏVETÉ, FRANCHISE, SIMPLICITÉ.** (*Syn.*) L'*ingénuité* n'est ni la *naïveté*, ni la *franchise*, ni la *simplicité*, comme le dit l'*Académie*. L'*ingénuité* fait avouer ce qu'on sait et ce qu'on sent : elle ne sait rien cacher, fait souvent pécher contre la prudence et se trahit elle-même. La *naïveté* fait dire librement ce qu'on pense; faute de réflexion, elle fait manquer à la politesse, et offense quelquefois. La *franchise* fait parler comme on pense, c'est un effet du naturel; elle ne saurait dissimuler. La *simplicité* ne connaît ni le déguisement, ni le raffinement, ni la malice.

INGÉNUMENT, adv. (*einjénuman*) (en lat. *ingenuè*), franchement, sincèrement, naïvement.

INGÉRÉ, E, adj. (*einjéré*), t. de médec., absorbé, descendu dans l'estomac.

S'INGÉRER, v. pron. (*ceinjéré*) (en lat. *ingerere*, fait, dans le même sens, de *in*, dans, et de *gerere*, porter; *se porter, se mettre dans*), se mêler de quelque chose sans en être requis.

INGESTA, subst. mas. plur. (*einjéceta*) (mot latin qui signifie proprement *choses introduites*), t. de médecine dont on s'est servi pour désigner, parmi les choses qui font la matière de l'hygiène, celles qui sont destinées à être introduites dans le corps par les voies alimentaires.

INGESTION, subst. fém. (*einjécetion*), t. de médec., absorption d'un aliment soumis à l'acte *digestif.*

INGÉVON, subst. propre mas. (*einjévon*), nom d'anciens peuples de la Germanie.

IN-GLOBO (*ineguelôbô*), expression latine qui s'emploie adv., en *globe*, en masse.

INGLORIEUSE, adj. fém. Voy. **INGLORIEUX.**

INGLORIEUX, adj. mas., au fém. **INGLORIEUSE** (*einguelori-eu, euze*) (en lat. *ingloriosus*), qui est *sans gloire*. Mot employé par *Delille* (*Trois Règnes de la nature*, chant III) :

> Mes jours *inglorieux* et mon destin obscur.

INGOUVERNABLE, adj. des deux genres (*einguouvèrenable*), qu'on ne peut *gouverner.*

INGOUVILLE, subst. propre mas. (*einguouvile*), bourg de France, dép. de la Seine-Inférieure, arrond. du Havre, dont il forme un faubourg, et chef-lieu de canton.

INGRAMMATICAL, E, adj. (*einguerameмatikale*), contraire à la *grammaire*, aux lois qu'elle prescrit. — Au plur. mas., *ingrammaticaux*. (Boinvilliers.)

INGRAMMATICAUX, adj. mas. plur. Voy. **INGRAMMATICAL.**

INGRAT, E, subst. et adj. (*einguera, rate*) (en lat. *ingratus*, formé de *in* négatif, et de *gratus*, graces, actions de graces, remerciements), qui ne reconnaît pas une *grace*, un bienfait reçu : *ingrat envers Dieu*; et subst. : *c'est un ingrat.* On dit aussi, surtout en poésie, *ingrat à* :

> . . . . . Ces mêmes dignités
> Ont rendu Bérénice *ingrate* à vos bontés.
> (RACINE.)

Voltaire, qui blâme ce régime dans *Corneille*, l'a employé lui-même deux fois dans un même vers :

> *Ingrat* à tes bontés, *ingrat* à ton amour.
> (*Mort de César.*)

— En parlant des choses, stérile, infructueux; qui ne rapporte pas ce qu'on avait lieu d'espérer : *une terre ingrate; un travail ingrat*; et avec la préposition *à* : *terre ingrate à la culture; esprit ingrat aux leçons*, qui n'en profite pas. —*Une matière ingrate, un sujet ingrat*, une matière, un sujet dont il est difficile de tirer quelque chose de bon, de beau, de brillant.—*Ingrat* se dit, dans les travaux d'architecture, etc., des matières difficiles à mettre en œuvre, des marbres et des pierres où se rencontrent des veines de cailloux, des bois qui ne se coupent pas facilement, etc.

INGRATEMENT, adv. (*einguerateman*), avec *ingratitude*. Il est peu usité, et même hors d'usage; cependant il pourrait être utile.

INGRATISSIME, adj. des deux genres (*einguératicime*), très-*ingrat, ingrat* à l'excès. Inus.

INGRATITUDE, subst. fém. (*einguératitude*), manque de reconnaissance pour un bienfait reçu. —Oubli coupable de ce bienfait.

INGRÉDIENT, subst. mas. (*einguerédian*, et non pas *einguerediein*) (du latin *ingrediens*, part. prés. de *ingredi*, entrer, formé de *in*, dans, et *gradi*, aller, marcher), ce qui entre dans la composition d'un remède, d'un vernis, etc.—On le dit, par extension, d'une sauce, d'un ragoût.

INGRESSION, subst. fém. (*einguerécion*), t. d'astrologie judiciaire, qui signifie *entrée.*

INGUÉABLE, adj. des deux genres (*einguié-able*), non *guéable.*

INGUÉRISSABLE, adj. des deux genres (*einguiériçable*), qui ne peut être *guéri.*

INGUINAL, E, adj. (*eingu-inale*) (en latin *inguinalis*, fait de *inguen*, aine), t. de chir., tout ce qui concerne l'aine : *bandage inguinal; hernie inguinale.* — On a donné le nom d'*artères inguinales* aux branches que fournissent les artères crurales, près de leur origine. — Au plur. mas., *inguinaux.*

INGUINAUX, adj. mas. plur. Voy. **INGUINAL.**

INGUINO-CUTANÉ, adj. mas. (*eingu-inôkutané*), t. d'anat., se dit du rameau moyen de la branche antérieure du premier nerf lombaire.

INHABILE, adj. des deux genres (*inabile*), qui n'est pas *habile* à; incapable; avec cette différence que ce dernier mot dénote promptement un défaut de talents et de lumières, et qu'*inhabile* marque seulement le défaut de certaines qualités requises pour certaines fonctions. On peut être *inhabile* à posséder un bénéfice, sans être *incapable* d'en remplir les obligations.

INHABILEMENT, adv. (*inabileman*), d'une manière *inhabile*. Ce mot manque dans l'*Académie.*

INHABILETÉ, subst. fém. (*inabileté*), manque d'*habileté.*

INHABILITÉ, subst. fém. (*inabilité*), qualité qui rend *inhabile*; incapacité ; avec la même différence qu'entre *inhabile* et *incapable.*

INHABITABLE, adj. des deux genres (*inabitable*), qu'on ne peut *habiter.*

INHABITATION, subst. fém. (*inabitâcion*), cessation, absence d'*habitation.*

INHABITÉ, E, adj. (*inabité*), où personne ne demeure.

INHABITUDE, subst. fém. (*inabitude*), défaut d'*habitude.*

INHABITUÉ, E, adj. (*inabitu-é*), qui n'a pas ou n'a plus l'*habitude.*

INHABITUEL, adj. mas., au fém. **INHABITUELLE** (*inabitu-èle*), inaccoutumé.

INHALANT, E, adj. Voy. **ABSORBANT.**

INHALATION, subst. fém. (*inalâcion*), t. de bot., action par laquelle les plantes se pénètrent du fluide qui les entoure.

INHALT, subst. mas. (*inalete*), profession de foi des catholiques et des protestants sous Charles-Quint.

INHARMONIEUSE, adj. fém. Voy. INHARMONIEUX.

INHARMONIEUX, adj. mas., au fém. **INHARMONIEUSE** (*inarmoni-eu, ni-euze*), privé d'*harmonie;* qui manque d'*harmonie* : *langue inharmonieuse.*

INHÉRENCE, subst. fém. (*inérance*) (en latin *inhærentia*), t. de philosophie, jonction de choses inséparables par leur nature, et qui ne peuvent être séparées que mentalement et par abstraction : *l'inhérence de l'accident à la substance.*

INHÉRENT, E, adj. (*inéran, rante*) (en latin *inhærens*, part. prés. de *inhærere*, être attaché, tenir, formé de *in*, dans ou sur, et *hærere*, s'attacher), qui est joint inséparablement à un sujet.

INHIBÉ, E, part. pass. de *inhiber.*

INHIBER, v. act. (*inibé*) (du lat. *inhibere*, employé avec la même acception, et qui signifie proprement empêcher, arrêter, retenir, formé de *in*, dans, et de *habere*, avoir, garder), t. de palais, défendre, prohiber : *nous avons inhibé et défendu.* Voy. DÉFENDRE.

INHIBITION, subst. fém. (*inibicion*) (en latin *inhibitio*, fait de *inhibere*, inhiber), défense, prohibition. Il se joint presque toujours à *défense.*

INHIBITOIRE, adj. des deux genres (*inibitoare*), qui *prohibe.* (Voltaire.)

INHONORÉ, E, adj. (*inonoré*) (en lat. *inhonoratus*), qui n'est point *honoré*, qui est privé d'*honneurs.* Mot employé par *Esménard* (poème de *la Navigation*, chant VIII) :

Les vents ont dispersé ta cendre *inhonorée.*

INHOSPITALIER, adj. mas., au fém. **INHOSPITALIÈRE** (*inocepitalié, lière*) (en lat. *inhospitalis*), qui manque d'*hospitalité* : *peuples inhospitaliers.*—Qui est contraire aux devoirs de l'*hospitalité.*

INHOSPITALIÈRE, adj. fém. Voy. INHOSPITALIER.

INHOSPITALITÉ, subst. fém. (*inocepitalité*), défaut d'*hospitalité.*

INHUMAIN, E, subst. et adj. (*inumein, mène*) (en lat. *inhumanus*), qui n'a point d'*humanité;* cruel, dur.—On appelle *inhumaine*, dans le langage des amants et des poëtes, une femme qui ne répond pas à la passion de celui dont elle est aimée : *bergère inhumaine.*—Subst. : *c'est un inhumain, une inhumaine.*

INHUMAINEMENT, adv. (*inuménemān*), d'une manière *inhumaine.*

INHUMANITÉ, subst. fém. (*inumanité*), vice contraire à l'*humanité*, cruauté.

INHUMATION, subst. fém. (*inumácion*), action d'*inhumer;* enterrement.

INHUMÉ, E, part. pass. de *inhumer.*

INHUMER, v. act. (*inumé*) (en lat. *inhumare*, formé de *in*, dans, et de *humus*, terre), donner la sépulture à un corps mort, *enterrer;* avec cette différence qu'*enterrer* exprime proprement l'acte matériel de mettre en terre; et *inhumer*, l'acte religieux qui donne la sépulture. Les ministres de la religion *inhument* les fidèles; un assassin *enterre* le cadavre de la personne qu'il a tuée. (*Roubaud.*)

INIGISTE, subst. des deux genres (*inijicete*) (de *Inigo de Loyola*, fondateur), jésuite. (*Boiste.*) Vieux et même hors d'usage.

INIMAGINABLE, adj. des deux genres (*inimajinable*), qu'on ne peut *imaginer.*

INIMAGINABLEMENT, adv. (*inimajinableman*), d'une manière *inimaginable.*

INIMITABLE, adj. des deux genres (*inimitable*), qu'on ne peut *imiter;* qui ne peut être *imité.*

INIMITIÉ, subst. fém. (*inimitié*) (en lat. *inimicitia*, haine, malveillance, aversion qu'on a pour quelqu'un; rancune; avec cette différence que l'*inimitié* est plus déclarée, elle paraît toujours ouvertement; la *rancune* est plus cachée, elle dissimule. (*Girard.*)— Antipathie entre certains animaux ou végétaux.

ININDUSTRIE, subst. fém. (*ineinducetri*), manque d'*industrie.* (Mirabeau.) Inusité, mais utile.

ININTELLIGIBILITÉ, subst. fém. (*ineintelelijibilité*), qualité de ce qui n'est pas *intelligible.*

ININTELLIGIBLE, adj. des deux genres (*ineintèlelijible*), qu'on ne peut entendre; inconcevable, incompréhensible : avec cette différence, dit *Beauzée*, qu'*intelligible* se dit proprement par rapport à l'expression; *incompréhensible*, par rapport à la nature de l'esprit humain. Ce qui est *inintelligible* est vicieux : il faut l'éviter; ce qui est *inconcevable* est surprenant : il faut s'en défier; ce qui est *incompréhensible* est sublime : il faut le respecter.

ININTELLIGIBLEMENT, adv. (*ineintèlelijibleman*), d'une manière *inintelligible.* (B. Constant.)

ININTERROMPU, E, adj. (*ineinteronpu*), non *interrompu.*

INIQUE, adj. des deux genres (*inike*) (en latin *iniquus*, formé de *in* négatif et de *æquus*, juste, équitable) contraire à l'*équité*, injuste à l'excès : *jugement inique.*

INIQUEMENT, adv. (*inikeman*), d'une manière *inique.*

INIQUITÉ, subst. fém. (*inikité*) (en latin *iniquitas*), vice *contraire à l'équité;* injustice. — Dans le langage de la religion, crime, péché : *boire l'iniquité comme l'eau; enfant d'iniquité.*

INIRRITABILITÉ, subst. fém. (*inireritabilité*), t. de médec., qualité de ce qui est *inirritable.* Inusité.

INIRRITABLE, adj. des deux genres (*inireritable*), t. de médec., exempt d'*irritabilité.* Inusité.

INITIABLE, adj. des deux genres (*iniciable*), digne d'être *initié.*

INITIAL, E, adj. (*iniciale*) (en latin *initialis*, fait de *initium*, commencement), qui commence le mot.—Subst. fém. : *une initiale*, une lettre *initiale.*—Au plur. mas., *initiaux* ou *initials;* les grammairiens sont partagés. Nous préférons le premier, comme se rapprochant plus de la règle générale.

INITIATEUR, adj. mas., au fém. **INITIATRICE**, (*iniciateur, trice*), qui *initie.*

INITIATIF, adj. mas., au fém. **INITIATIVE**, (*iniciatif, tive*), qui donne, qui laisse l'*initiative.*

INITIATION, subst. fém. (*inicidcion*), action d'*initier* ou d'être *initié.*—Cérémonie par laquelle on était *initié* à la connaissance et à la participation de certains mystères dans les religions anciennes et les sociétés secrètes : *être admis à l'initiation.*

INITIATIVE, adj. fém. Voy. INITIATIF.

INITIATIVE, subst. fém. (*iniciative*), mot nouveau consacré par nos lois. Droit, action de proposer le premier quelque chose : *avoir, prendre l'initiative.*—On dit aussi adj., *loi initiative.* Voy. INITIATIF.

INITIATRICE, adj. fém. Voy. INITIATEUR.

INITIAUX, adj. mas. plur. Voy. INITIAL.

INITIÉ, subst. mas. (*inicié*) (en latin *initiatus*); chez les anciens, celui qui avait été *initié* aux mystères, etc.—Celui qui connaît le plus difficile d'une science, d'un art; qui est admis dans une société particulière.

INITIÉ, E, part. pass. de *initier.*

INITIER, v. act. (*inicié*) (en latin *initiare*, fait de *initium*, commencement, ou plutôt de *initia*, gén. *initiorum*, premiers éléments d'une science), c'était, chez les anciens, admettre à la participation des cérémonies secrètes de la religion. — On le dit, par extension, de quelque religion que ce soit. — Fig. : *être initié dans une société*, y être admis; être reçu au nombre de ceux qui la composent. — S'INITIER, v. pron., se mettre au fait de quelque chose.

INJECTÉ, E, part. pass. de *injecter*, et adj., t. de médec. : *face injectée*, d'un rouge qui paraît dépendre de l'engorgement du sang dans les capillaires veineux.

INJECTER, v. act. (*einjèkté*) (en lat. *injicere*, *jacere in*, jeter dans ou sur), jeter avec une seringue quelque liqueur dans la cavité d'un corps. —*Injecter un cadavre*, introduire dans les veines et dans les artères une liqueur colorée. —S'INJECTER, v. pron., introduire une liqueur en soi : *s'injecter l'oreille.*

INJECTION, subst. fém. (*einjèkcion*) (en latin *injectio*), action par laquelle on *injecte.* — Eau ou autre liqueur qu'on *injecte* dans une plaie, dans un vaisseau, etc.—On appelle, en t. d'anat., *injection*, un art nouveau qui a beaucoup perfectionné les préparations anatomiques, et qui consiste à *injecter* quelque liqueur dans les vaisseaux des viscères, pour augmenter leur diamètre, leur donner une couleur plus forte, et les préserver de la pourriture : *une injection de colle de poisson, colorée avec la cochenille, rend à un cadavre les couleurs de la vie.* — Impôt que mit jadis *Justinien*, en faveur de ceux qui mouraient de la peste ou de faim, dans un temps de contagion ou de disette. Ceux qui échappaient au mal payaient l'*injection* pour les morts. (Du lat. *injectio*, qui, dans cette dernière acception, signifie *l'action de mettre la main sur..., de saisir.*)

INJONCTION, subst. fém. (*einjonkcion*) (en lat. *injunctio*, fait de *injungere*, enjoindre, prescrire), commandement, ordre exprès.

INJOUABLE, adj. des deux genres (*einjouable*) : *pièce injouable*, qu'on ne peut *jouer.* (Voltaire.)

INJUDICIEUSE, adj. fém. Voy. INJUDICIEUX.

INJUDICIEUX, adj. mas., au fém. **INJUDICIEUSE** (*injudicieu, cieuze*), sans *jugement.*

INJURE, subst. fém. (*einjure*) (en lat. *injuria*, qui signifie, proprement, qui est contre le droit, formé de la prép. *in*, contre, et *jus*, droit. Les Latins n'appliquaient ce mot qu'aux actions; et, en parlant des paroles offensantes, ils disaient *convicium*), tort, outrage ou de fait ou de parole. Voy. TORT. — Plus ordinairement, parole offensante, outrageuse. — On dit fig. : l'*injure* ou les *injures du temps*, pour les incommodités du temps, comme le vent, la pluie, le brouillard, etc. : *être exposé à l'injure du temps, de l'air.*—Calamités inséparables de la durée du temps : *beaucoup de connaissances, d'ouvrages, se sont perdus par l'injure du temps.*

INJURIÉ, E, part. pass. de *injurier.*

INJURIER, v. act. (*einjurié*), dire des paroles *injurieuses* à quelqu'un.—S'INJURIER, v. pron.

INJURIEUSE, adj. fém. Voy. INJURIEUX.

INJURIEUSEMENT, adv. (*einjuri-euzeman*), d'une manière *injurieuse.*

INJURIEUX, adj. mas., au fém. **INJURIEUSE** (*einjuri-eu, ri-euze*) (en latin *injuriosus*), outrageux, offensant.

INJUSTE, adj. des deux genres (*einjucete*) (en latin *injustè*), qui est contraire à la *justice.* — Subst. mas., ce qui est *injuste* : *le juste et l'injuste.*—Fam., personne *injuste* : *vous êtes un injuste.*

INJUSTEMENT, adv. (*einjuceteman*), avec *injustice.*

INJUSTICE, subst. fém. (*einjucetice*) (en latin *injustitia*), vice contraire à la *justice.*—Effets de l'*injustice;* action *injuste.* — Violation des droits d'autrui : *faire une injustice.* Il n'a point de pluriel lorsqu'il se prend pour l'habitude contraire à la *justice* : *l'injustice régnait en ce siècle.* Il en a un lorsqu'il se prend pour les effets de l'*injustice.* On dit : *faire une injustice; faire des injustices à quelqu'un;* mais on ne dit pas sans article, *faire injustice.*

INLET, subst. mas. (*einlète*), entrée d'un bras de mer dans les terres. Mot purement anglais.

✦ **INLISIBLE**, adj. des deux genres (*einlizible*), qui ne saurait être lu : *sa main ne forma que des caractères inlisibles.* (Voltaire.) — *Inlisible* se dit de l'écriture qu'on ne peut lire, et *illisible*, des ouvrages qui sont si mauvais qu'on ne peut en supporter la lecture : *pourquoi ces hommes n'ont-ils écrit que d'illisibles ouvrages?* (La Harpe.) Voy. ILLISIBLE, qui est plus généralement du style relevé.

IN MANUS. Voy. MANUS (IN).

INNASCIBILITÉ, subst. fém. (*inenacecibilité*), qualité de ce qui est *innascible.*

INNASCIBLE, adj. des deux genres (*inenacecible*), t. de théol., incréé.

IN NATURALIBUS. Voy. NATURALIBUS (IN).

INNAVIGABILITÉ, subst. fém. (*inenavigabilité*), t. de mar., dégradation du vaisseau qui le rend impropre à la *navigation.*

INNAVIGABLE, adj. des deux genres (*inenavigable*), où l'on ne peut *naviguer.*

INNÉ, E, adj. (*inené*) (en lat. *innatus*, formé de *in*, dans, et de *natus*, né), qui est *né* avec nous : *idées, qualités innées.* Il ne se dit que dans le style didactique.

INNERVATION, subst. fém. Voy. INERVATION.

INNOCEMMENT, adv. (*inoçaman*), avec *innocence;* sans mauvais dessein.—Sottement, niaisement.

INNOCENCE, subst. fém. (*inoçance*) (en lat. *innocentia*), état de celui qui est *innocent.*—On appelle l'enfance l'*âge d'innocence.* — Pureté de mœurs; intégrité de vie. — Trop grande simplicité.

INNOCENT, E, adj. (*inoçan, çante*) (en lat. *innocens* ou *innocuus*, formé de *in* négatif, et de *nocere*, nuire), en parlant des personnes, qui n'est point coupable, qui est exempt de crime. Il est souvent employé comme subst., surtout au plur. : *persécuter les innocents.* — Homme simple et sans malice, imbécile, etc. : *vous êtes bien innocent de...; c'est un innocent.* On dit au fém., dans un sens moins ridicule : *une pauvre innocente.*—Pur et candide : *esprit innocent; âme innocente.* — En parlant des choses, qui ne nuit point : *remède innocent*.—*Jeux innocents*, de société : *rien n'est moins innocent que les jeux innocents*.—*Les Innocents, les saints Innocents*, les petits enfants qu'*Hérode* fit égorger. — Fam. : *tourte d'innocents*, de pigeons nouveau-nés.

INNOCENTÉ, E, part. pass. de *innocenter*.

INNOCENTER, v. act. (*inoçanté*), déclarer *innocent*, absoudre. Peu usité.

INNOCUÏTÉ, subst. fém. (*inenoku-ïté*), t. de médec., qualité de ce qui n'est pas nuisible.

INNOMBRABLE, adj. des deux genres (*inenonbrable*) (en lat. *innumerabilis*), qui ne se peut *nombrer*. — **Par exagération, qui est en très-grand nombre.**

INNOMBRABLEMENT, adv. (*inenonbrableman*), d'une manière *innombrable*; sans *nombre*.

INNOMÉ, E, adj. (*inenomé*) (de *in* privatif, et *nomen*, nom; *sans nom*), t. de droit. On appelle *contrats innomés*, ceux qui n'ont point de dénomination particulière. Ce sont ces actes où l'un promet de faire et l'autre de donner, etc. : *l'engagement d'un domestique est un contrat innomé*.

INNOMINABLE, adj. des deux genres (*inenominable*), que l'on ne peut *nommer*.

INNOMINÉ, E, adj. (*inenominé*), t. d'anat., qui *n'a point de nom*. Il se dit des deux grands os larges et pareils qui, avec le sacrum et le coccyx, forment le bassin.—On a appelé *artères innominées*, le tronc de la sous-clavière et de la carotide primitive droite : *veines innominées du cœur*, deux ou trois veines qui s'ouvrent à la partie intérieure de l'oreillette droite.—Quelques anatomistes ont appelé *nerfs innominés* ou *anonymes*, les nerfs trijumeaux ou de la cinquième paire; *glande innominée*, la glande lacrymale; *petits os innominés*, les trois os cunéiformes du tarse.

INNOVATEUR, subst. mas., **INNOVATRICE**, subst. fém. (*inenovateur, trice*), celui qui *innove*. On dit plus souvent *novateur* et *novatrice*.

INNOVATION, subst. fém. (*innenovâcion*) (en lat. *innovatio*), introduction de quelque *nouveauté* dans une coutume, dans un usage, dans un acte, etc.

INNOVATRICE, subst. fém. Voy. INNOVATEUR.

INNOVÉ, E, part. pass. de *innover*.

INNOVER, v. act. et neut. (*inenové*) (en latin *innovare*, formé de *in*, dans, et *novare*, rendre nouveau), faire des *innovations* : *il ne faut rien innover*.— S'INNOVER, v. pron.

INNUMÉRABILITÉ, subst. fém. (*inenumérabilité*), qualité de ce qui est *innumérable*.

INNUMÉRABLE, adj. des deux genres (*inenumérable*), qui ne peut être *nombré*.

INNUMÉRABLEMENT, adv. (*inenumérableman*), de manière à ne pouvoir être compté.

INNUTRITION, subst. fém. (*inenutricion*), t. de médec. Voy. ATROPHIE.

INO, subst. mas. (*inô*), t. d'hist. nat., nom donné à un papillon de jour, nouvellement découvert dans les montagnes d'Autriche. — Subst. propre fém., myth., fille de Cadmus et d'Hermione; elle fut la troisième femme d'Athamas; s'étant imaginé qu'elle était lionne, elle tua Léarque et Mélicerte ses deux enfants, qu'elle croyait être des lionceaux. *Ino* se précipita de désespoir dans la mer; mais Neptune la métamorphosa en nymphe.

INOBÉDIENT, E, adj. (*inobédian, diante*), qui désobéit. (*Montaigne*.) Hors d'usage.

INOBÉISSANCE, subst. fém. (*inobé-içance*), désobéissance. Peu usité.

INOBSCURCI, E, adj. (*inobecekurci*), qui n'est pas *obscurci*. Mot nouveau.

INOBSERVANCE, subst. fém. (*inobecèrevance*), défaut d'observance de règles, de statuts.

INOBSERVATION, subst. fém. (*inobecèrevâcion*) (en latin *inobservantia*, fait de *in* négatif, et de *observare*, observer), manque d'obéissance envers les lois, d'exécution des promesses qu'on a faites, des engagements qu'on a contractés.

INOCCUPÉ, E, adj. (*inokupé*), qui est sans *occupation*.

IN-OCTAVO, subst. et adj. mas. (*inoktâvô*) (emprunté du latin). Il se dit, en t. d'imprim., d'un livre dont chaque feuille se plie en huit feuillets, et forme seize pages : *un in-octavo* ; *un volume in-octavo*. — Au plur., des *in-octavo*.

INOCULATEUR, subst. mas., **INOCULATRICE**, subst. fém. (*inokulateur, trice*), celui, celle qui *inocule*.

INOCULATION, subst. fém. (*inokulâcion*) (du lat. *inoculatio*, qui signifie proprement l'action d'enter en écusson, de greffer), opération par laquelle on communique artificiellement la petite vérole, en insérant un peu de virus variolique dans une légère ouverture faite aux bras ou aux jambes.

INOCULATRICE, subst. fém. Voy. INOCULATEUR.

INOCULÉ, E, part. pass. de *inoculer*.

INOCULER, v. act. (*inokulé*), communiquer une maladie, la petite vérole, par *inoculation*. — S'INOCULER, v. pron. : *les vices s'inoculent plus facilement que les vertus*.

INOCULISTE, subst. mas. (*inokulicete*), partisan de l'*inoculation*.

INODORE, adj. des deux genres (*inodore*) (en lat. *inodorus*, fait de *in* privatif, et de *odor*, odeur), qui n'a pas d'*odeur* : *les tulipes sont inodores*. Ce mot, de la création de J.-J. Rousseau, est adopté. — *Fosses inodores*, qui ne communiquent aucune mauvaise odeur. On dit dans le même sens : *cabinet d'aisances inodore*.

INOÉES, subst. fém. plur. (*ino-é*), myth., fêtes célébrées à Corinthe en l'honneur d'*Ino*.

INOFFENSIF, adj. mas., au fém. **INOFFENSIVE** (*inofancif, cive*), qui *n'offense*, qui n'attaque personne. Mot tiré de l'anglais *inoffensive*, et qui, n'ayant point d'équivalent dans la langue, a été conservé.

INOFFENSIVE, adj. fém. Voy. INOFFENSIF.

INOFFICIEUSE, adj. fém. Voy. INOFFICIEUX.

INOFFICIEUX, adj. mas., au fém. **INOFFICIEUSE** (*inofici-eu, ci-euze*) (en lat. *inofficiosus*, fait de la préposition *in*, contre, et de *officium*, devoir; *contraire au devoir, aux lois de la nature*), t. de jurispr. : *un testament inofficieux*, celui où un héritier légitime est déshérité sans cause par le testateur. — *Donation inofficieuse*, celle par laquelle un des enfants est avantagé aux dépens de la légitimité des autres.

INOFFICIOSITÉ, subst. fém. (*inofici-ôzité*), t. de jurispr., qualité d'un acte *inofficieux*. — *Action d'inofficiosité*, plainte contre une exhérédation qu'on prétend avoir été faite sans cause. Voy. INOFFICIEUX.

INOLITHE, sub. fém. (*inolite*), t. d'hist. nat.; on a donné ce nom à la chaux carbonatée, concrétionnée, à structure fibreuse. C'est la stalactite calcaire des anciens minéralogistes.

INONDATION, subst. fém. (*inondâcion*) (en lat. *inundatio*), débordement d'eaux qui *inondent* un pays.—Les eaux débordées.—Fig., 1° grande multitude de peuple qui envahit une contrée; 2° par dénigrement, grande multitude de choses.

INONDÉ, E, part. pass. de *inonder*, et adj.— T. de bot. : *plantes inondées*, celles qui croissent dans l'eau, et ne flottent jamais à sa surface.

INONDER, v. act. (*inondé*) (en lat. *inundare*, formé de *in*, dans, et de *undare*, couvrir de vagues, dont la racine est *unda*, onde, vague), submerger, couvrir d'eau un terrein, un pays. — Il se dit au figuré des nations, des grandes armées qui envahissent un pays; d'une grande quantité de mauvais livres, etc., qui se répandent dans le public.—S'INONDER, v. pron.

INOPE, adj. des deux genres (*inope*) (en lat. *inops*), pauvre, qui ne possède rien. Plus latin que français; nous ne conseillerions même pas de s'en servir.

INOPHYLLUM, subst. mas. (*inofilelome*), t. de bot.; on donne ce nom aux espèces de calaba, à cause de la structure de leurs feuilles.

INOPÉRABLE, adj. des deux genres (*inopérable*), qui ne peut être *opéré*. Peu usité, mais utile.

INOPINÉ, E, adj. (*inopiné*) (en lat. *inopinatus* ou *inopinus*, formé de *in* négatif, et de *opinari*, penser, estimer), imprévu, à quoi l'on n'avait pas songé.

INOPINÉMENT, adv. (*inopinéman*) (en lat. *inopinatè*), d'une manière imprévue.

INOPPORTUN, E, adj. (*inoporteun, tune*), qui n'est pas ou n'est plus *opportun*.

INOPPORTUNITÉ, subst. fém. (*inoportunité*), qualité de ce qui est *inopportun*; occasion défavorable. Mot nouveau.

INORGANIQUE, adj. des deux genres (*inorguanike*), dont les parties n'ont entre elles que des rapports d'adhérence.

INORTHODOXIE, subst. fém. Voy. HÉTÉRODOXIE.

INOSCULATION, subst. fém. (*inocekulâcion*), t. d'anat., opération par laquelle on abouche les deux bouts d'un vaisseau divisé en travers.

INOUÏ, E, adj. (*inou-i*) (du lat. *in* négatif, et de l'adj. *ouï*, entendu), qui est tel qu'on n'a jamais rien *ouï* dire de semblable; singulier, étrange.

IN-PACE, subst. mas. (*inepâcé*) (expression latine qui signifie *dans la paix*), prison des moines.—Au plur., des *in-pace*.

IN-PARTIBUS. Voy. PARTIBUS (IN).

IN-PETTO. Voy. PETTO (IN).

IN-PLANO, subst. et adj. mas. (*ine-plânô*) (mots latins); on se sert de cette locution en librairie et en imprimerie pour désigner le format ou la feuille imprimée, qui ne contient qu'une page de chaque côté : *un in-plano ; un format in-plano*.

IN-PROMPTU, subst. mas. (*einpronpetu*). Voy. IMPROMPTU. Ce dernier cependant est moins bon.

IN-QUARANTE-HUIT, subst. et adj. mas. (*einkarantuite*), format dans lequel la feuille d'impression se compose de quarante-huit feuillets ou de quatre-vingt-seize pages. — Au plur., des *in-quarante-huit*.

INQUART, subst. mas. (*einkar*), t. de chimie, espèce de purification de l'or, ainsi nommée, parce qu'on mêle une partie d'or avec trois parties d'argent de coupelle, en sorte que l'or ne forme que le *quart* du mélange. On dit aussi dans le même sens, *quartation*.

INQUARTATION, subst. fém. (*einkartâcion*), t. de chim., opération par laquelle on détermine le titre d'un lingot.

IN-QUARTO, subst. et adj. mas. (*einkouartô*), livre dont chaque feuille contient *quatre* feuillets ou huit pages.—Au plur., des *in-quarto*.

IN-QUATRE-VINGT-SEIZE, subst. et adj. mas. (*einkatreveincèze*), format dans lequel la feuille d'impression contient *quatre-vingt-seize* feuillets ou cent quatre-vingt-douze pages.—Au plur., des *in-quatre-vingt-seize*. Peu usité.

INQUERESSE, subst. fém. (*einkerèce*), t. de pêche, femme qui dispose les harengs pour les porter au roussable.

INQUIET, adj. mas., au fém. **INQUIÈTE** (*einkié, kiète*) (en lat. *inquietus*, formé de *in* négatif, et de *quietus*, tranquille, calme, dont la racine est *quies*, repos, tranquillité), qui a de l'*inquiétude*, qui a quelque chose qui le chagrine. — On dit qu'*un malade est inquiet*, pour dire que son mal le met dans une agitation continuelle. — *Sommeil inquiet*, celui qui est souvent interrompu, qui est troublé par quelque peine d'esprit, ou par la mauvaise constitution de celui qui dort. — *Esprit inquiet*, remuant.—INQUIET, INQUIÉTÉ. (*Syn.*) *Inquiet* n'exprime que la situation de l'âme, sans avoir égard à la cause qui la produit, à la différence d'*inquiété*, qui renferme et l'idée de cette situation, et l'idée d'une cause étrangère d'où elle vient. *Inquiet* peut donc s'employer absolument; mais *inquiété* veut toujours un régime : ainsi c'est à tort que *Racine* a dit, dans *Alexandre* : *mon âme inquiétée*, pour *mon âme inquiète*; et dans *Andromaque* :

La Grèce en ma faveur est trop *inquiétée*.

Voltaire a fait la même faute dans OEdipe :

. . . . . . Mon âme *inquiétée*
De soupçons importants n'est pas moins agitée.

INQUIÉTANT, E, adj. (*einkiétan, tante*), qui cause de l'*inquiétude*.

INQUIÉTATION, subst. fém. (*inkiétâcion*), action d'*inquiéter*. Il est inusité en ce sens.—T. de jurispr., trouble qui empêche la prescription.

INQUIÈTE, adj. fém. Voy. INQUIET.

INQUIÉTÉ, E, part. pass. de *inquiéter*, et adj. Voy. INQUIET.

INQUIÉTER, v. act. (*einkiété*), donner de l'*inquiétude*, chagriner.—Troubler quelqu'un dans la possession de quelque bien.—Troubler en quelque manière que ce soit.—S'INQUIÉTER, v. pron., se donner à soi-même de l'*inquiétude*, se chagriner. Ce verbe n'a pas le même sens qu'*être inquiet* et *être inquiété*. On est *inquiet* par quelque cause que ce soit; on est *inquiété* par une cause étrangère; on *s'inquiète*, lorsque l'âme qui est dans cette situation agit sur elle-même.

INQUIÉTUDE, subst. fém. (*einkiétude*) (en lat. *inquietudo* ou *inquies*), trouble, agitation d'esprit, impatience, etc., causée par quelque passion. — Agitation du corps causée par quelque indisposition.— Petites douleurs ordinairement dans les jambes, qui donnent de l'agitation, de l'impatience.

INQUISITEUR, subst. mas. (*einkiziteur*) (en latin *inquisitor*), juge de l'*inquisition*.

* **INQUISITIF**, subst. mas., au fém. **INQUISITIVE** (*einkizitif, tive*) : *regard inquisitif*, interrogateur.

INQUISITION, subst. fém. (*einkizicion*) (en latin *inquisitio*), recherche, perquisition. Il est peu usité en ce sens.—Tribunal établi dans certains pays pour rechercher et punir ceux qui ont des sentiments contraires à la foi catholique.

INQUISITIONNAIRE, adj. des deux genres (*einkizicionère*), de l'*inquisition*.

INQUISITIVE, adj. fém. Voy. INQUISITIF.

INQUISITORIAL, E, adj. (*einkizitoriale*), de l'*inquisition*. — Il se dit même de tout pouvoir ombrageux ou trop sévère, et de tout acte arbitraire. — Au plur., *inquisitoriaux*.

INQUISITORIAUX, adj. mas. plur. Voy. INQUISITORIAL.

INRAMO, subst. mas. (*einramo*), t. de comm., sorte de coton filé qu'on tire du Levant.

INRUINABLE, adj. des deux genres (*einruinable*), qui ne peut être *ruiné*.

INSAISISSABLE, adj. des deux genres (*eincèzicable*), qui ne peut être *saisi* ou compris : *des propriétés insaisissables; ce fait est pour moi insaisissable*.

INSALIVATION, subst. fém. (*einçalivâcion*), t. de médec., mélange de la salive avec les aliments, qui s'opère pendant la mastication.

INSALUBRE, adj. des deux genres (*einçalubre*), malsain; qui nuit à la santé.

INSALUBRITÉ, subst. fém. (*einçalubrité*), qualité de ce qui est nuisible à la santé.

INSANITÉ, subst. fém. (*einçanité*), absence, privation de bon sens. (*Napoléon*.)

INSATIABILITÉ, subst. fém. (*einçaci-abilité*) (en latin *insatiabilitas*), avidité de manger, qui ne peut se rassasier. — On dit aussi fig. : *l'insatiabilité des honneurs, des richesses*.

INSATIABLE, adj. des deux genres (*einçaci able*) (en lat. *insatiabilis*, formé de *in* négatif, et de *satiare*, rassasier), qu'on ne peut rassasier. — Il est plus en usage au figuré : *une avarice insatiable; il est insatiable de louanges*.

INSATIABLEMENT, adv. (*einçaci-ableman*), d'une manière *insatiable*.

INSATURABLE, adj. des deux genres (*einçaturable*), qui ne peut être saturé.

INSCIEMMENT, adv. (*einci-aman*) (en lat. *inscié* ou *inscienter*, formé de *in* négatif, et de *scire*, savoir), sans savoir, sans connaître. Il est peu usité.

INSCIENCE, subst. fém. (*einci-ance*), incapacité, ignorance. Vieux mot employé par *S.-Réal*. Quelques auteurs modernes l'ont rajeuni avec un certain succès.

INSCRIPTION, subst. fém. (*eincekripecion*) (en lat. *inscriptio*), titre renfermé en peu de paroles, et gravé sur le cuivre, le marbre, etc. Voy. ÉCRITEAU. — Lettres gravées sur le champ d'une médaille. — Ce qu'une partie écrit sur le registre où elle met son nom et s'engage à quelque chose. — Dans les universités, action d'écrire son nom sur le registre des étudiants. — En géométrie, figure qu'on trace dans la partie intérieure d'un cercle. — *Inscription en faux*, acte par lequel on soutient en justice qu'une pièce est fausse : *former une inscription en faux*. — *Inscription hypothécaire*. On appelle ainsi l'*inscription* faite dans des registres publics, pour établir une *hypothèque* ou un privilège sur des immeubles : *prendre une inscription hypothécaire*. — *Inscription civique*, *inscription*, sur les registres de la municipalité, de tout habitant d'une commune âgé de vingt-un ans, pour prêter le serment civique et se soumettre au service de la garde nationale (Constitution de 1791). La constitution de 1793 exigeait aussi l'*inscription*, sur le registre civique du canton, de tout citoyen âgé de vingt-un ans; mais elle ne faisait aucune mention de la prestation du serment civique.

DU VERBE IRRÉGULIER INSCRIRE.

Inscrira, 3e pers. sing. fut. indic.
Inscrirai, 1re pers. sing. fut. indic.
Inscriraient, 3e pers. plur. prés. cond.
Inscrirais, précédé de *j'*, 1re pers. sing. prés. cond.
Inscrirais, précédé de *tu*, 2e pers. sing. prés. cond.
Inscrirait, 3e pers. sing. prés. cond.
Inscriras, 2e pers. sing. fut. indic.

INSCRIRE, v. act. (*eincekrire*) (du lat. *inscribere*, *scribere in*, écrire dans), mettre un nom sur un registre. — En t. de géométrie, tracer une figure au-dedans d'une autre, de manière que tous les angles de la première aient leur sommet à la circonférence de la seconde. — S'INSCRIRE, v. pron., donner son nom sur un registre. — *S'inscrire en faux contre une pièce*, soutenir en justice qu'elle est fausse.

DU VERBE IRRÉGULIER INSCRIRE.

Inscrirez, 2e pers. plur. fut. indic.
Inscririez, 2e pers. plur. prés. cond.
Inscririons, 1re pers. plur. prés. cond.
Inscrirons, 1re pers. plur. fut. indic.
Inscriront, 3e pers. plur. fut. indic.
Inscris, 2e pers. sing. impér.
Inscris, précédé de *j'*, 1re pers. sing. prés. indic.
Inscris, précédé de *tu*, 2e pers. sing. prés. indic.
Inscrit, 3e pers. sing. prés. indic.

INSCRIT, E, part. pass. de *inscrire*, et adj. — T. de géom.; on appelle *figure inscrite*, une figure tracée dans une autre, de manière que tous ses angles touchent la circonférence. — *Hyperbole inscrite*, celle qui est entièrement renfermée dans l'angle de ses asymptotes, telle que l'hyperbole ordinaire.

DU VERBE IRRÉGULIER INSCRIRE :

Inscrivaient, 3e pers. sing. imparf. indic.
Inscrivais, précédé de *j'*, 1re pers. sing. imparf. indic.
Inscrivais, précédé de *tu*, 2e pers. sing. imparf. indic.
Inscrivait, 3e pers. sing. imparf. indic.
Inscrivant, part. prés.
Inscrive, précédé de *que j'*, 1re pers. sing. prés. subj.
Inscrive, précédé de *qu'il* ou *qu'elle*, 3e pers. sing. prés. subj.
Inscrivent, précédé de *ils* ou *elles*, 3e pers. plur. prés. indic.
Inscrivent, précédé de *qu'ils* ou *qu'elles*, 3e pers. plur. prés. subj.
Inscrives, 2e pers. sing. prés. subj.
Inscrivez, 2e pers. plur. impér.
Inscrivez, précédé de *vous*, 2e pers. sing. prés. indic.
Inscriviez, précédé de *vous*, 2e pers. plur. imparf. indic.
Inscriviez, précédé de *que vous*, 2e pers. plur. prés. subj.
Inscrivîmes, 1re pers. plur. prét. déf.
Inscrivions, précédé de *nous*, 1re pers. plur. imparf. indic.
Inscrivions, précédé de *que nous*, 1re pers. plur. prés. subj.
Inscrivirent, 3e pers. plur. prét. déf.
Inscrivis, précédé de *j'*, 1re pers. sing. prét. déf.
Inscrivis, précédé de *tu*, 2e pers. sing. prét. déf.
Inscrivisse, 1re pers. sing. imparf. subj.
Inscrivissent, 3e pers. plur. imparf. subj.
Inscrivisses, 2e pers. sing. imparf. subj.
Inscrivissiez, 2e pers. plur. imparf. subj.
Inscrivissions, 1re pers. plur. imparf. subj.
Inscrivit, précédé de *il* ou *elle*, 3e pers. sing. prét. déf.
Inscrivît, précédé de *qu'il* ou *qu'elle*, 3e pers. sing. imparf. subj.
Inscrivîtes, 2e pers. plur. prét. déf.
Inscrivons, 1re pers. plur. impér.
Inscrivons, précédé de *nous*, 1re pers. plur. prés. indic.

INSCRUTABILITÉ, subst. fém. (*eincekrutabilite*), état, qualité d'une chose *inscrutable*, impénétrable.

INSCRUTABLE, adj. des deux genres (*eincekrutable*) (en lat. *inscrutabilis*, fait de *in* négatif, et de *scrutari*, scruter, sonder, rechercher), qu'on ne peut pénétrer.

INSCRUTABLEMENT, adv. (*eincekrutableman*), d'une manière *inscrutable*.

*à l'***INSÇU**, adv. (*aleinçu*) (en lat. *inscius*, ou *insciens*, fait de *in* négatif, et de *scire*, savoir), sans qu'on le sache : *il s'est marié à l'insçu de ses parents*. L'*Académie* écrit aussi *insu*; peut-être ne devrait-on écrire qu'*insçu*, conformément à l'étymologie du mot. Voy. INSU.

INSCULPÉ, E, part. pass. de *insculper*.

INSCULPER, v. act. (*eincekulepé*), frapper, en parlant d'un poinçon. (*Boiste*.) Inusité.

INSÉCABLE, adj. des deux genres (*eincékable*), qui ne peut être coupé.

INSECOUABLE, adj. des deux genres (*eincekouable*), qui ne peut être *secoué* : *joug insecouable*. (Voltaire.)

INSECOURABLE, adj. des deux genres (*eincekourable*), incapable de donner ou de recevoir aucun *secours*.

INSECTE, subst. mas. (*eincèkte*) (en lat. *insectum*, fait de *secare*, couper), nom générique de petits animaux dont le corps est comme divisé ou *coupé* en plusieurs parties, savoir : la poitrine ou le corselet, et le ventre. Les insectes, dans la nouvelle division de l'histoire naturelle, sont des animaux non vertébrés, qui n'ont point de vaisseaux, du moins connus, mais qui ont une moelle nerveuse et des membres articulés. — *Insectes coléoptères*, qui ont des fourreaux sur les ailes; *insectes hémiptères*, qui ont les ailes croisées et une trompe recourbée sous la poitrine; *insectes névroptères*, qui ont quatre ailes parsemées de veines en forme de réseau; *insectes lépidoptères*, qui ont quatre ailes membraneuses, et la plupart une trompe en spirale; *insectes diptères*, qui ont deux ailes, et sous chacune un style terminé par un bouton; *insectes hyménoptères*, qui ont quatre ailes membraneuses; *insectes aptères*, qui n'ont point d'ailes, etc. — Les *insectes* forment, en histoire naturelle, la classe d'animaux la plus étendue et la plus variée de la zoologie.

INSECTIER, subst. mas. (*eincèktié*), meuble propre à recevoir des *insectes*, à les réunir en collection. Mot forgé sous le bon plaisir de *Boiste*.

INSECTIFÈRE, adj. des deux genres (*eincèktifère*) (du lat. *insectum*, insecte, et de *fero*, dérivé du grec φερω), je porte, t. de bot., qui représente un *insecte*.

INSECTIRODE, subst. mas. (*eincèktirode*) (du latin *insectum*, insecte, et *rodere*, ronger; *rongeur d'insectes*), t. d'hist. nat., famille d'*insectes* hyménoptères, qui déposent leurs œufs dans les larves des autres *insectes*.

INSECTIVORE, adj. des deux genres (*eincèktivore*) (du lat. *insectum*, insecte, et *vorare*, dévorer), t. d'hist. nat., qui mange les *insectes*.

INSECTOLOGIE, subst. fém. (*eincèktoloji*) (du lat. *insectum*, insecte, et du grec λογος, discours), partie de l'histoire naturelle qui traite des *insectes*, et qu'on appelle autrement *entomologie*.

INSECTOLOGIQUE, adj. des deux genres (*eincèktolojike*), qui appartient à l'*insectologie*.

INSECTOLOGISTE, subst. mas. (*eincèktolojicete*), qui décrit les *insectes*. Voyez ENTOMOLOGISTE.

INSECTO-MORTIFÈRE, adj. des deux genres (*eincèktômortifère*) (du latin *insectum*, *insecte*, *mors*, gén. *mortis*, mort, et *fero*, je porte), qui fait mourir les insectes.

INSECTOPHAGE, subst. des deux genres. Voy. INSECTIVORE.

INSECTOPHILE, adj. des deux genres (*eincèktofile*), qui aime l'étude de l'entomologie, qui cherche des insectes.

INSÉCURITÉ, subst. fém. (*eincékurité*), absence, manque de *sécurité*.

IN-SEIZE, subst. et adj. mas. (*eincèze*), t. d'imprim., format où la feuille est composée de *seize* feuillets, ou trente-deux pages. — Au plur. des *in-seize*.

INSÉMINATION, subst. fém. (*einceminâcion*), t. de chimie.

INSENSÉ, E, adj. et subst. (*einçancé*) (en latin *insensatus*), qui n'a point de *sens*; qui est fou. Voy. FOU. — Subst. : *c'est un insensé; c'est une insensée*.

INSENSIBILITÉ, subst. fém. (*einçancibilité*), défaut de *sensibilité*, au physique et au moral. Voyez INDIFFÉRENCE.

INSENSIBLE, adj. des deux genres (*einçancible*) (en latin *insensibilis*), qui *ne sent point*; sur qui les objets capables de toucher les *sens* ou l'âme ne font aucune impression. — On dit subst. : *c'est un insensible*, d'un homme qui n'est point *sensible* à l'amour. — Imperceptible, qu'on n'aperçoit pas ou qu'on n'aperçoit que difficilement.

INSENSIBLEMENT, adv. (*einçancibleman*), peu à peu; d'une manière peu *sensible*.

INSÉPARABILITÉ, subst. fém. (*eincéparabilité*), qualité de ce qui est *inséparable*.

INSÉPARABLE, adj. des deux genres (*eincéparable*) (en lat. *inseparabilis*), qu'on ne peut *séparer*; qui ne se *sépare* point. On dit que *deux amis sont inséparables*, pour dire qu'ils ne se quittent presque jamais. On les appelle subst. : *les inséparables*.

INSÉPARABLEMENT, adv. (*eincéparableman*), d'une manière *inséparable*.

INSÉRÉ, E, part. pass. de *insérer*.

INSÉRER, v. act. (*eincéré*) (en latin *inserere*), mettre dans, parmi; ajouter, faire entrer. — S'INSÉRER, v. pron., se mettre dans.....

INSERMENTÉ, adj. mas. (*eincèremanté*), qui n'a point prêté *serment*. — On a désigné spécialement par cette dénomination les ecclésiastiques qui, pendant la révolution française, n'avaient point prêté le *serment* de la constitution civile du clergé, ou celui de la liberté et l'égalité.

INSERTION, subst. fém. (*eincèrecion*) (en latin *insertio*, qui signifie proprement greffe), action d'*insérer*. Le plus grand usage de ce mot est en anat. et en bot. Il désigne, dans cette dernière science : 1° l'endroit de la plante où les feuilles sont insérées; 2° plus particulièrement, le point d'attache de la corolle et des étamines. — On dit aussi en grammaire : *l'insertion d'une lettre dans un mot, d'un mot dans un discours*, etc. — *Insertion de la petite vérole*, inoculation.

INSESSION, subst. fém. (*eincècecion*) (du latin *insidere*, être assis dessus), t. de méd., demi-bain préparé ordinairement avec la décoction de plusieurs herbes. — Bain vaporeux que le malade prend étant assis sur une chaise percée, au-dessus de laquelle on a mis une décoction chaude de quelques herbes dont on lui fait recevoir la vapeur.

INSEXÉ, E, adj. (*eincèkcé*), t. de bot. : *fleur insexée*, qui n'a pas de *sexe*.

INSIDIATEUR, subst. mas., **INSIDIATRICE**, subst. fém. (*eincidi-ateur, trice*), qui tend des embûches; qui porte au mal.—Adj.: *démon insidiateur*, qui porte au mal, à l'erreur. (*Port-Royal.*)

INSIDIATRICE, subst. fém. Voyez INSIDIATEUR.

INSIDIEUSE, adj. fém. Voyez INSIDIEUX.

INSIDIEUSEMENT, adv. (*eincidieuzeman*), avec piège; d'une manière *insidieuse*.

INSIDIEUX, adj. mas., au fém. **INSIDIEUSE** (*eincidieu, dieuze*) (en latin *insidiosus*, fait de *insidiæ*, gén. *insidiarum*, embûches), qui tend à surprendre; qui renferme quelque piège; captieux : avec cette différence, selon *Roubaud*, que, dans l'emploi des moyens *insidieux*, l'intention est d'induire en erreur ou en faute; dans celui des moyens *captieux*, elle est d'emporter le consentement ou le suffrage : *la galanterie est un mensonge insidieux de l'amour; la modestie est le langage le plus captieux de la vanité*. Il ne se dit guère que dans le style soutenu et au palais.

INSIGNE, adj. des deux genres (*eincignie*) (en latin, *insignis*, formé dans le même sens de *in*, dans, sur, et de *signum*, signe; *qui a quelque signe caractéristique*), signalé, remarquable. Voy. SIGNALÉ. — Subst. mas., marque d'honneur, signes honorables : *les insignes de la royauté*.

INSIGNIFIANCE, subst. fém. (*eincignifiance*), qualité, état de ce qui est *insignifiant*.

INSIGNIFIANT, E, adj. (*eincignifian, fiante*), qui ne *signifie* rien; sans caractère, insipide; obscur, embrouillé.

INSINUANT, E, adj. (*eincinu-an, nu-ante*), qui a l'adresse et le don de *s'insinuer* ou d'*insinuer* quelque chose.

INSINUATEUR, subst. mas. (*eincinu-ateur*), celui qui est chargé d'*insinuer* une doctrine.

INSINUATIF, adj. mas., au fém. **INSINUATIVE** (*eincinu-atif, tive*), propre à *insinuer*. — Subst. mas., présent que les clercs faisaient autrefois à leur évêque à son installation, pour *s'insinuer* dans ses bonnes graces.

INSINUATION, subst. fém. (*eincinu-âcion*) (en lat. *insinuatio*), l'action par laquelle une chose entre doucement et insensiblement dans une autre. — Discours par lequel un orateur persuade doucement ses auditeurs. — Enregistrement d'un acte dans les registres publics.

INSINUATIVE, adj. fém. Voy. INSINUATIF.

INSINUÉ, E, part. pas. de *insinuer*.

INSINUER, v. act. (*eincinu-é*) (du latin *insinuare*, qui signifie proprement mettre dans le sein; de la prép. *in*, dans, et *sinus*, sein), introduire doucement. — Au fig., faire entrer adroitement dans l'esprit ou dans le cœur. — Enregistrer au greffe des *insinuations* : *il faut qu'une donation soit insinuée*.—S'INSINUER, v. pron., s'introduire. *S'insinuer dans l'esprit de quelqu'un*, se mettre bien dans l'esprit de quelqu'un, gagner adroitement ses bonnes graces, sa bienveillance: *personne ne connut mieux que lui l'art et la nécessité de s'insinuer dans les cœurs; s'insinuer dans les esprits*. — INSINUER, PERSUADER, SUGGÉRER. (*Syn.*) On *insinue* finement et avec adresse; on *persuade* fortement et avec artifice.—Pour *insinuer*, il faut ménager le temps, l'occasion, l'air et la manière de dire les choses; pour *persuader*, il faut faire sentir les raisons et l'avantage de ce qu'on propose; pour *suggérer*, il faut avoir acquis de l'ascendant sur l'esprit des personnes.—*Insinuer* dit quelque chose de plus délicat; *persuader*, quelque chose de plus pathétique; *suggérer*, emporte quelquefois dans sa valeur quelque chose de frauduleux. — On couvre habilement ce qu'on veut *insinuer*; on propose nettement ce qu'on veut *persuader*; on fait valoir ce qu'on veut *suggérer*.

INSIPIDE, adj. des deux genres (*eincipide*) (en lat. *insipidus*, fait de *in*, privatif, et de *sapor*, goût, saveur), fade, qui n'a point de goût. Voy. FADE.—Figur., qui n'a rien qui réveille les sens, l'esprit ou le cœur.

INSIPIDEMENT, adv. (*eincipideman*), d'une manière *insipide*.

INSIPIDÉ, E, part. pass. de *insipider*.

INSIPIDER, v. act. (*eincipidé*), rendre *insipide*. Hors d'usage.

INSIPIDITÉ, subst. fém. (*eincipidité*), qualité de ce qui est fade et *insipide*.

INSIPIENCE, subst. fém. (*eincipi-ance*), défaut, manque de sagesse. (*Montaigne.*) Hors d'usage.

INSISTANCE, subst. fém. (*eincicetance*), action d'*insister*.

INSISTÉ, part. pass. de *insister*.

INSISTER, v. neut. (*eincicelé*) (en lat. *insistare*, fait du grec ἐνίστημι, dont la racine est ἵστημι, en lat. *sisto*, je suis debout), persévérer à demander; faire instance; proprement, appuyer fortement sur...

INSITOR, subst. propre mas. (*eincitor*), myth., divinité des anciens Romains qui présidait aux opérations du jardinage, surtout à la greffe.

INSLACH, subst. mas. (*eincelake*), nom que les Flamands donnent à la trame des hautes-lices.

INSOCIABILITÉ, subst. fém. (*einçoci-abilité*), caractère de ce qui est *insociable*.

INSOCIABLE, adj. des deux genres (*einçoci-able*) (en lat. *insociabilis*, formé de *in* négatif, et de *societas*, société), fâcheux, incommode, avec qui l'on *ne peut avoir de société*, avec qui l'on ne peut vivre.

INSOCIABLEMENT, adv. (*einçoci-ableman*), d'une manière *insociable*.

INSOCIAL, E, adj. (*einçoci-ale*), l'opposé de *social*. (Voltaire.)—Au plur. mas., *insociaux*.

INSOCIALITÉ, subst. fém. (*einçoci-alité*), état d'une association d'hommes qui n'est pas appelée à recevoir une forme régulière de *socialité*.

INSOCIAUX, adj. mas. plur. Voy. INSOCIAL.

IN-SOIXANTE-DOUZE, subst. et adj. mas. (*einçoèçante-douze*), t. d'imprim., format dans lequel la feuille d'impression contient *soixante-douze* feuillets ou cent quarante-quatre pages. — Au plur., des *in-soixante-douze*. Peu en usage.

IN-SOIXANTE-QUATRE, subst. mas. (*einçoèçantekatre*), t. d'imprimerie, format dans lequel la feuille contient *soixante-quatre* feuillets ou cent vingt-huit pages. — Au plur., des *in-soixante-quatre*. Peu en usage.

INSOLATION, subst. fém. (*einçolâcion*) (en lat. *insolatio*, fait de *sol*, gén. *solis*, soleil), t. de chimie; exposition au soleil des matières contenues dans un vaisseau.—Pratique qui entrait dans le régime de vie des Grecs et des Romains. Elle consistait ou à se coucher pendant un certain espace de temps, exposé aux rayons du soleil, ou à se promener au soleil.

INSOLEMMENT, adv. (*einçolaman*), avec *insolence*; d'une manière *insolente*.

INSOLENCE, subst. fém. (*einçolance*) (en lat. *insolentia*), trop grande hardiesse; manque de respect.—Parole ou action *insolente*.

INSOLENT, E, adj. et subst. (*einçolan, lante*) (en lat. *insolens*, qui signifie proprement, qui n'est pas accoutumé; extraordinaire, nouveau; formé de *in* négatif, et de *solere*, avoir coutume), trop hardi; qui perd le respect; effronté.— Subst. : *c'est un insolent, une insolente*. Voy. IMPERTINENT.—Orgueilleux : *insolent dans la prospérité*.

INSOLÉ, E, part. pass. de *insoler*.

INSOLER, v. act. (*einçolé*) (en lat. *insolare*), t. de chimie, exposer au soleil. (*Boiste.*) Inus.

INSOLITE, adj. des deux genres (*einçolite*) (en lat. *insolitus*, formé de *in* négatif, et de *solitus*, ordinaire, accoutumé), terme de pratique; qui est contre l'usage, contre les règles : *clause insolite; procédure insolite*.

INSOLITEMENT, adv. (*einçoliteman*), d'une manière *insolite*.

INSOLUBILITÉ, subst. fém. (*einçolubilité*), qualité de ce qui est *insoluble*, de ce qui ne peut se dissoudre.

INSOLUBLE, adj. des deux genres (*einçoluble*) (en lat. *insolubilis*, formé de *in* négatif, et de *solvere*, résoudre ou dissoudre), qui ne peut se résoudre : *argument, difficulté, problème insoluble*. — En chimie, qui ne peut se *dissoudre*.

INSOLVABILITÉ, subst. fém. (*einçolevabilité*), impuissance de payer. Voy. INSOLVABLE.

INSOLVABLE, adj. des deux genres (*einçolevable*) (en lat. *insolubilis*, formé de *in* négatif, et de *solvere*, payer), qui n'a pas de quoi payer.

INSOMNIE, subst. fém. (*einçomeni*) (en lat. *insomnia*, formé dans le même sens de *in* privatif et de *somnus*, sommeil; *privation de sommeil*), indisposition qui consiste à *ne pouvoir dormir*.

INSONDABLE, adj. des deux genres (*einçondable*), qu'on ne saurait *sonder* : *mer insondable*. —Au fig. : *cœur insondable*. Peu usité, mais utile.

INSOUCIANCE, subst. fém. (*einçouciance*), caractère de celui qui est *insouciant*.

INSOUCIANT, E, adj. (*einçoucian, ciante*), qui n'a point de *souci*. Ce mot et le précédent sont nouveaux, mais établis.—Subst. : *c'est un insouciant, une insouciante*.

INSOUCIEUSE, adj. fém. Voy. INSOUCIEUX.

INSOUCIEUSEMENT, adv. (*einçoucieuzeman*), d'une manière *insoucieuse*. Ce mot manque dans l'*Académie*.

INSOUCIEUX, adj. mas., au fém. **INSOUCIEUSE** (*einçoucieu, cieuze*), qui n'est pas *soucieux*. Ce mot manque dans l'*Académie*.

INSOUDABLE, adj. des deux genres (*einçoudable*), qu'on ne peut *souder*.

INSOUMIS, E, adj. (*einçoumi, mize*), qui n'est point *soumis*. Mot qu'on a surtout appliqué dans le temps aux ecclésiastiques qui refusaient de prêter le serment prescrit par les lois. — On appelle subst. *insoumis*, un jeune soldat réfractaire.

INSOUMISSION, subst. fém. (*einçoumicion*), manque de *soumission*. Ce mot manque dans l'*Académie*.

INSOUTENABLE, adj. des deux genres (*einçoutenable*), qui ne peut se *soutenir*, se défendre : *opinion insoutenable*.—Qui ne peut se supporter : *vanité insoutenable*.

INSPECTÉ, E, part. pass. de *inspecter*.

INSPECTER, v. act. (*eincepékté*), examiner en qualité d'*inspecteur*.—S'INSPECTER, v. pron.

INSPECTEUR, subst. mas., **INSPECTRICE**, subst. fém. (*eincepékteur, trice*) (en lat. *inspector*), celui, celle qui a *inspection*, qui veille sur... — Adj., *dame inspectrice*, qui a l'*inspection* dans les pensions de demoiselles. L'*Académie* ne donne pas de féminin à ce mot.

INSPECTION, subst. fém. (*eincepékcion*) (en lat. *inspectio*, fait de *inspicere*, regarder, observer, examiner, dont les racines sont *in*, dans, sur, et *spectare*, voir, considérer), action par laquelle on regarde, on examine : *inspection des astres; à la première inspection*.—Charge et soin de veiller sur... — Place, emploi d'*inspecteur* : *obtenir une inscription*.

INSPECTRICE, subst. et adj. fém. Voy. INSPECTEUR.

INSPIRATEUR, adj. mas., au fém. **INSPIRATRICE** (*eincepirateur, trice*), qui *inspire* : *génie inspirateur*. — T. d'anat. : *muscles inspirateurs*, qui concourent, par leurs contractions simultanées, à l'ampliation du thorax pendant l'*inspiration*.

INSPIRATION, subst. fém. (*eincepirâcion*) (en lat. *inspiratio*), grace par laquelle Dieu éclaire l'esprit et pousse la volonté à quelque chose.—Conseil, suggestion.—Chose inspirée; idée, pensée.—L'action par laquelle le poumon attire l'air. —En bot., faculté qu'ont les plantes de se pénétrer du fluide qui les entoure. En ce sens, on dit aussi *inhalation*.

INSPIRATRICE, adj. fém. Voy. INSPIRATEUR.

INSPIRÉ, E, part. pass. de *inspirer* et adj.— Subst., *un inspiré, une inspirée*.

INSPIRER, v. act. (*eincepiré*) (en lat. *inspirare*, employé dans les mêmes acceptions, et qui signifie proprement souffler dans, pousser dans en soufflant, de *in*, dans, et de *spirare*, souffler), faire naître, suggérer quelque pensée, quelque mouvement. On dit *inspirer à*, et non pas *inspirer dans*, quoiqu'on lise dans *Racine* (Alexandre) :

Dans les cœurs les plus durs inspireront l'amour.

—Attirer et recevoir l'air dans les poumons. — S'INSPIRER, v. pron.

INSTABILITÉ, subst. fém. (*eincetabilité*) (en lat. *instabilitas*), manque de *stabilité*, de solidité. Il ne se dit qu'au fig. : *instabilité de la fortune, des choses humaines, du cœur humain*.

INSTABLE, adj. des deux genres (*eincetable*), qui n'est pas *stable*.

INSTABLEMENT, adv. (*eincetableman*), sans *stabilité*. Inusité.

INSTALLATION, subst. fém. (*eincetalâcion*), action d'*installer*; action par laquelle on est mis en possession.

INSTALLÉ, E, part. pass. de *installer*.

INSTALLER, v. act. (*eincetalé*) (du lat. *in*, dans, sur, et *stallus*, stalle, siége des chanoines au chœur; *asseoir un bénéficier sur sa stalle*), mettre quelqu'un en possession d'une dignité, en lui faisant prendre la place qui lui appartient : *installer dans une dignité*. — *s'*INSTALLER, v. pron. : *s'installer dans une maison*, s'y établir.

INSTAMMENT, adv. (*eincetaman*), avec *instance*, d'une manière pressante.

INSTANCE, subst. fém. (*eincetance*) (en latin *instantia*, fait de *instare*, insister, presser fortement), sollicitation pressante. On ne le dit en ce sens qu'au plur. : *faire de grandes*, *de vives instances*.—Demande en justice : *former, vider une instance*.—En t. d'école, preuve, et plus souvent objection nouvelle qu'on ajoute à celle qu'on a avancée.

INSTANT, subst. mas. (*eincetan*), moment, le plus petit espace de temps : *la gloire de ce monde passe en un instant*. — On appelle *instant*, en mathématiques, une partie du temps si petite qu'elle ne nous paraît pas divisible, quoiqu'elle le soit réellement.— *A l'instant*, loc. adv., tout-à-l'heure, à l'heure même.

INSTANT, E, adj. (*eincetan, tante*), pressant, imminent : *prière instante*.

INSTANTANÉ, E, adj. (*eincetantané*), qui ne dure qu'un *instant* : *ce mouvement n'a été qu'instantané*.

INSTANTANÉITÉ, subst. fém. (*eincetantané-ité*), t. didactique, existence *instantanée*.

INSTANTANÉMENT, adv. (*eincetantanéman*), d'une manière *instantanée*.

*à l'*INSTAR, loc. adv. (*aleincetar*), t. de pratique emprunté du lat., à la manière, à l'exemple de...

INSTAURATEUR, subst. mas. (*eincetôrateur*), celui qui élève un monument, ou qui rétablit une chose détruite.

INSTAURATION, subst. fém. (*eincetôrâcion*) (du lat. *instauratio*, fait dans le même sens de *instaurare*, dont les racines sont *instar*, comme, et *novare*, renouveler ; *rétablir de manière à faire paraître nouveau*), établissement, rétablissement solennel.

INSTAURÉ, E, part. pass. de *instaurer*.

INSTAURER, v. act. (*eincetôré*), restaurer, renouveler, réparer, réédifier.—*s'*INSTAURER, v. pron.

INSTIGATEUR, subst. mas., **INSTIGATRICE**, subst. fém. (*eincetiguateur, trice*) (en latin *instigator*), celui, celle qui incite, qui pousse à faire quelque chose : *c'est lui qui a été l'instigateur de...*— Adj. : *amour instigateur*. L'*Académie* ne fait de ce mot qu'un subst.

INSTIGATION, subst. fém. (*eincetiguâcion*), (en latin *instigatio*), incitation, suggestion, sollicitation pressante par laquelle on pousse quelqu'un à faire quelque chose de mauvais : *il l'a fait à l'instigation de...*

INSTIGATRICE, subst. fém. Voy. INSTIGATEUR.

INSTIGUÉ, E, part. pass. de *instiguer*.

INSTIGUER, v. act. (*eincetiguié*) (en lat. *instigare*, fait du grec στιζω, je pique, j'aiguillonne; deuxième aoriste, εστιγον ; pousser, *presser de la même manière qu'on pique* les animaux avec l'aiguillon pour les faire aller plus vite), pousser, inciter à faire quelque chose. — *s'*INSTIGUER, v. pron. Il est fort peu usité.

INSTILLATION, subst. fém. (*eincetilâcion*), action d'*instiller*.

INSTILLÉ, E, part. pass. de *instiller*.

INSTILLER, v. act. (*eincetillé*) (en latin *instillare*, formé de *in*, dans, et de *stillare*, dégoutter, distiller, dont la racine est *stilla*, goutte. Les Grecs disent, dans le même sens, ενσταλαζειν, fait de σταζειν, dégoutter), faire couler, verser goutte à goutte : *instiller quelques gouttes de... dans une plaie*, etc. — Fig., inspirer insensiblement, en parlant d'erreurs, etc.

INSTINCT, subst. mas. (*einceteìn*) (en lat. *instinctus*, fait de *instinguere*, pousser, porter, exciter), certain sentiment et mouvement naturel qui dirige les animaux. — Fig., en parlant de l'homme, premier mouvement sans réflexion ; sentiment indélibéré.

INSTINCTIF, adj. mas., au fém. **INSTINCTIVE** (*einceteinktif, tive*), qui vient de l'*instinct* ; qui est produit par l'*instinct*.

INSTINCTIVE, adj. fém. Voy. INSTINCTIF.

INSTINCTIVEMENT, adv. (*einceteinktiveman*), par *instinct*.

INSTINCTIVITÉ, subst. fém. (*einceteinktivité*), sens, organe de l'être *instinctif*.

INSTIPULÉ, E, adj. (*eincetipulé*), t. de bot., sans *stipules*.

INSTITOIRE, adj. des deux genres (*eincetitoare*), t. de jurispr. : *action institoire*, exercée contre le maître avec lequel on a traité.

INSTITUÉ, E, part. pass. de *instituer*.

INSTITUER, v. act. (*eincetitu-é*) (en lat. *instituere*, formé de *in*, dans, et *statuere*, établir), établir quelque chose de nouveau : *instituer des jeux, une fête*. — Établir en charge, en fonction : *instituer un officier public*, etc. — Nommer, faire un héritier par testament. — *s'*INSTITUER, v. pron.

INSTITUT, subst. mas. (*eincetitu*) (en lat. *institutum*, fait de *instituere*, établir), manière de vivre selon une certaine règle. — Cette règle elle-même. — Établissement littéraire formé à Paris pour s'y occuper à perfectionner les sciences et les arts ; il est composé de cent quarante-quatre membres résidants et d'un pareil nombre d'associés, divisés en quatre classes, dont chacune est subdivisée en plusieurs sections. Il forme cinq académies. L'Italie a depuis long-temps, sous le nom d'*Institut de Bologne*, un très-bel établissement, à peu près du même genre.

INSTITUTAIRE, subst. mas. (*eincetitutère*), nom qu'on donne quelquefois aux professeurs des *Institutes* de Justinien.

INSTITUTES, subst. fém. plur. (*eincetitute*), les principes et éléments du droit romain, rédigés par ordre de *Justinien*. — On dit aussi, mais rarement, *Instituts* ; alors il est mas. plur.

INSTITUTEUR, subst. mas., **INSTITUTRICE**, subst. fém. (*eincetituteur, trice*) (en lat. *institutor*), celui, celle qui a établi, *institué* quelque ordre religieux, etc. — Il se disait anciennement pour précepteur ou gouverneur d'un jeune homme. —On appelle aujourd'hui *instituteurs* et *institutrices*, ceux ou celles qui tiennent des écoles ou des pensions pour l'instruction de la jeunesse.

INSTITUTIF, adj. mas., au fém. **INSTITUTIVE** (*eincetitutif, tive*), qui établit.

INSTITUTION, subst. fém. (*eincetitucion*) (en lat. *institutio*), action par laquelle on *institue*. —La chose *instituée* : *pieuse, sainte institution*. —Maison où l'on élève les jeunes gens.— Éducation d'un enfant. En ce sens, il est moins usité. — *Institution d'héritier*, t. de droit, nomination d'un héritier.

INSTITUTS, subst. mas. plur. Voy. INSTITUTES, qui seul doit se dire.

INSTITUTIVE, adj. fém. Voy. INSTITUTIF.

INSTITUTRICE, subst. fém. Voy. INSTITUTEUR.

INSTRUCTEUR, subst. mas. (*eincetrukteur*), celui qui *instruit*. Il se dit surtout de l'officier chargé d'*instruire* les nouveaux enrôlés : *un instructeur* ; et adj. : *capitaine, officier instructeur*. —Au palais, le juge chargé de l'*instruction* d'une affaire se nomme *juge instructeur*.

INSTRUCTIF, adj. mas., au fém. **INSTRUCTIVE** (*eincetruktif, tive*), qui *instruit*. Il ne se dit que des choses.

INSTRUCTION, subst. fém. (*eincetrukcion*) (en lat. *instructio*), éducation : *l'instruction de la jeunesse*. — Préceptes qu'on donne pour *instruire* : *instructions salutaires*. — Connaissance qu'on donne : *faire un mémoire pour l'instruction de...* — On appelle *instruction pastorale*, un mandement d'un évêque sur quelque point de doctrine. — *L'instruction d'un procès*, tout ce qui est nécessaire pour mettre un procès en état d'être jugé.—*Juge d'instruction*, celui qui est chargé d'*instruire* un procès. — Au plur., ordres donnés à un envoyé, à un ambassadeur, etc.

INSTRUCTIVE, adj. fém. Voy. INSTRUCTIF.

INSTRUIRE, v. act. (*eincetruire*) (du latin *instruere*, dresser, former, et qui signifie proprement, bâtir, construire), enseigner, donner des leçons, des préceptes pour les sciences ou pour les mœurs. — On le dit par extension des animaux : *instruire un chien à danser*, etc. — Neut. : *son exemple instruisait mieux que ses discours*.— Informer, donner connaissance de... *Boileau* a dit (Satire x) :

> . . . . Pour n'être pas *instruit*
> A quels discours malins le mariage expose.

Pour *des discours malins auxquels*, etc. C'est une faute ; parce qu'on *n'instruit pas à une chose*, mais *d'une chose*. La même faute se lit dans *Racine* (Britannicus) :

> Je puis l'*instruire* au moins combien sa confidence...

— Au palais, mettre une affaire en état d'être jugée. — *Instruire le procès de quelqu'un*, lui faire son procès en matière criminelle. — *s'*INSTRUIRE, v. pron., recueillir par soi-même de l'instruction, et se la communiquer mutuellement : *s'instruire dans un art*. — S'informer : *le procès s'instruit*.

INSTRUISABLE, adj. des deux genres (*eincetruizable*), que l'on peut *instruire*.

INSTRUISANT, E, adj. (*eincetruizan, zante*), qui *instruit* : *leçon instruisante*.

INSTRUIT, E, part. pass. de *instruire*, et adj. : *homme instruit*. — Informé : *bien, mal, instruit*. — *Procès instruit*, en état d'être jugé.

INSTRUMENT, subst. mas. (*eincetruman*) (en lat. *instrumentum*), tout ce qui sert à faire quelque chose. — Plus particulièrement, outil qui sert à l'ouvrier, à l'artiste. Voy. OUTIL. — *Instrument de musique*, destiné à rendre des sons harmonieux. — En t. de pratique, acte public, contrat, etc. *Instrument* est vieux dans ce sens ; on ne dirait plus aujourd'hui, en parlant d'un acte notarié, par exemple : *c'est un instrument authentique*. — On appelle, en artillerie, *instrument balistique*, un *instrument* qui sert au jet des bombes. — *Instruments d'astronomie*, les lunettes, cercles ou machines de toute espèce dont les astronomes se servent pour observer les astres, et mesurer leurs mouvements. — *Instrument des passages*, une lunette fixée dans le plan du méridien, qui se meut verticalement dans ce plan, et dont on se sert pour observer le passage des astres au méridien ; *instrument des hauteurs correspondantes*, un *instrument* dont on se sert pour déterminer les hauteurs des astres à distances égales du méridien, avant et après leur passage dans la ligne méridienne du ciel : le principal usage de cet *instrument* est de régler les pendules, en déterminant le point du midi vrai du lieu de l'observation ; *instrument pour prendre hauteur*, un *instrument* dont on se sert pour prendre la hauteur du soleil et des autres astres, et pour trouver l'heure vraie sans calcul, etc.

INSTRUMENTAIRE, adj. des deux genres (*eincetrumantère*), celui qui assiste l'officier public qui *instrumente*.

INSTRUMENTAL, E, adj. (*eincetrumantal*) : *cause instrumentale*, qui sert d'*instrument* ; *musique instrumentale*, qui est faite pour les *instruments*. Cet adj. paraît être inusité au plur. mas.

INSTRUMENTATIF, adj. mas., au fém. **INSTRUMENTATIVE** (*eincetrumantatif, tive*), qui sert à *instrumenter*.

INSTRUMENTATION, subst. fém. (*eincetrumantâcion*), art de rendre la musique avec des *instruments* ; ce qui a rapport aux *instruments*. — Art de disposer dans une partition les différents *instruments* d'un orchestre.

INSTRUMENTATIVE, adj. fém. Voy. INSTRUMENTATIF.

INSTRUMENTÉ, partic. pass. de INSTRUMENTER.

INSTRUMENTER, v. neut. (*eincetrumanté*) (du latin *instrumentum*, acte judiciaire), faire des contrats, des exploits et autres actes publics. — T. de musique, faire l'*instrumentation* d'un morceau de musique.—*s'*INSTRUMENTER, v. pron.

INSTRUMENTISTE, subst. mas. (*eincetrumanticete*), musicien qui joue d'un *instrument*.

INSU, subst. mas. (*einçu*) (du latin *inscius*) ; il n'est d'usage qu'avec la particule *à*, dans ces manières de parler adverbiales : *à mon insu*, *à votre insu*, *à leur insu*, sans qu'on en ait eu connaissance. Presque tous les lexicographes, et l'Académie elle-même, écrivent *insçu* et *insu* : cependant celle-ci semble pencher plutôt pour le premier que pour le second, car elle renvoie de *insu* à *insçu*. Ce mot, qui est tout latin, devrait s'écrire comme en latin ; autrefois, ceux qui faisaient venir *savoir* de *scire* écrivaient même *sçavoir*, et quelques-uns veulent encore qu'on orthographie toujours le part. pass. de ce verbe, *sçu* et non pas *su*. Nous dirons que l'usage a autorisé la suppression du *ç* dans *savoir*, parce que ce mot vient plutôt de *sapere* que de *scire*, et, d'après ceci, nous ne saurions faire un crime à ceux qui écrivent *insu*. Voy. INSÇU.

INSUBMERGIBLE, adj. des deux genres (*einçubemèrejible*), qui ne peut être *submergé*.—On dit aussi *insubmersible*.

INSUBORDINATION, subst. fém. (*einçubordinâcion*), défaut, manque de *subordination*.

INSUBORDONNÉ, E, adj. (*einçubordoné*), qui a l'esprit d'*insubordination*.

INSUBSTANTIEL, adj. mas., au fém. **INSUBSTANTIELLE** (*einçubecetunciéle*), qui ne tombe pas sous les sens. (*Montaigne*.) Peu usité.

INSUCCÈS, subst. mas. (*einçukcé*) (de la particule négative *in*, et du subst. *succès*), défaut de *succès*. Mot employé aujourd'hui par un assez grand nombre d'écrivains, et qui doit être regardé comme adopté par l'usage. Voici cependant ce que se demandait *Laveaux* à son sujet : « Qu'est-ce qu'un *insuccès ?* c'est un défaut de *succès*. Or, je ne crois pas qu'on puisse indiquer par un substantif un défaut, une absence qui ne suppose pas quelque qualité positive. L'idée est toute négative. On peut dire qu'*un homme n'a pas eu de succès,* mais on ne peut pas dire qu'*il a eu un insuccès*. Un *insuccès* n'est pas plus admissible qu'*un inbonheur, une inprospérité, une inréussite.*» Si le mot n'était pas aussi généralement connu qu'il l'est aujourd'hui, nous raisonnerions comme *Laveaux ;* mais bien certainement on nous trouverait ridicules de venir lutter contre tous ceux qui ont adopté ce mot.

INSUCCESSIF, adj. mas., au fém. **INSUCCESSIVE** (*einçukcèceeif, cive*), qui n'est pas *successif*. Peu usité.

INSUCCESSIVE, adj. fém. Voy. INSUCCESSIF.

INSUFFISAMMENT, adv. (*einçufizaman*), d'une manière *insuffisante*. Presque inusité.

INSUFFISANCE, subst. fém. (*einçufizance*) (en latin *insufficientia*), manque de *suffisance : l'insuffisance des raisons*, etc. — INSUFFISANCE, INCAPACITÉ, INAPTITUDE. (*Syn.*) *L'insuffisance* vient du défaut de proportion entre les moyens et la fin ; l'*incapacité,* de la privation des moyens ; et l'*inaptitude,* de l'impossibilité d'en acquérir. On peut souvent suppléer à l'*insuffisance ;* on peut quelquefois réparer *l'incapacité ;* mais l'*inaptitude* est sans remède. (*Beauzée.*)— *L'insuffisance* consiste dans le rapport des moyens employés et de l'effet à produire. *Je connais mon insuffisance,* c'est-à-dire, j'ai comparé ce que je puis avec ce qu'on exige, et j'ai reconnu qu'il n'y avait point d'égalité entre mon talent et la fonction qu'on m'impose.

INSUFFISANT, E, adj. (*einçufizan, zante*) (en latin *insufficiens, non sufficiens*), qui ne *suffit* pas.—Ignorant, incapable. Il est hors d'usage en ce sens.

INSUFFLATION, subst. fém. (*einçuflâcion*) (du latin *insufflare, sufflare in,* souffler dans, sur), t. de médec., action de *souffler* dans quelque cavité du corps, pour transmettre à une partie affectée le remède qui lui convient.

INSUFFLÉ, E, part. pass. de *insuffler*.

INSUFFLER, v. act. (*einçuflé*) (en lat. *insufflare*), souffler dedans.—T. de chir., introduire un remède, un liquide en *soufflant.*— S'INSUFFLER, v. pron.

INSULAIRE, subst. et adj. des deux genres (*einçulère*) (en latin *insularius* ou *insularis,* fait de *insula,* île), habitant d'une île. — Adj. : *les peuples insulaires.*—Chez les anciens Romains, 1° esclave qui gardait une maison isolée et formant une île ; 2° celui qui faisait payer les loyers des maisons ; 3° esclave transporté dans quelque île, et qu'on employait pour toujours aux travaux publics.

INSULARISÉ, E, part. pass. de *insulariser*.

INSULARISER, v. act. (*einçularizé*), rendre *insulaire*. — S'INSULARISER, v. pron., se fixer dans une île. Mot inusité forgé par *Boiste*.

INSULTABLE, adj. des deux genres (*einçultable*), exposé à l'*insulte : un poste insultable,* qui peut être *insulté*.

INSULTANT, E, adj. (*einçuletan, tante*), qui *insulte ;* qui est propre à *insulter*.

INSULTE, subst. fém. (*einçulete*) (en lat. *insultatio,* fait de *insultare,* insulter), mauvais traitement de fait ou de paroles, avec dessein d'offenser. *Boileau* (*Lutrin,* chant V) a employé *insulte* au masculin :

> Évrard seul, en un coin prudemment retiré,
> Semblait être à l'abri de l'*insulte* sacré ;

et (chant VI) :

> A mes autels sacrés font un profane *insulte.*

Ce mot, en effet, était autrefois, suivant l'*Académie,* du genre masculin. Aujourd'hui il ne peut être employé qu'au fém.—*Mettre une place hors d'insulte,* la fortifier de façon qu'elle ne puisse être prise d'emblée.

INSULTÉ, E, part. pass. de *insulter*.

INSULTER, v. act. (*einçuleté*) (en lat. *insultare*), faire *insulte.*— On dit neut. : *insulter à,* prendre avantage du malheur, de la misère de quelqu'un pour l'*insulter : il ne faut pas insulter aux misérables.*—Pascal a dit (*Provinciales,* lett. II) : *et insultant contre le premier qui s'opposait à son avis.* C'est une faute ; *on insulte quelqu'un,* et non pas *contre quelqu'un*. Il paraît, au reste, que cette faute n'est qu'un simple latinisme, et que *Pascal* a employé *insulter* dans l'acception propre du latin *insultare,* sauter sur ou contre, formé de la prép. *in,* sur ou contre, et de *saltare,* fréquentatif de *salire,* sauter. Ce n'est que par extension qu'*insultare* signifie *faire insulte.* — En t. de guerre, *insulter une place,* l'attaquer hautement et à découvert. — S'INSULTER, v. pron., se faire *insulte* de part et d'autre.

* **INSUPÉRABLE**, adj. des deux genres (*einçupérable*) (en lat. *insuperabilis*), qu'on ne peut surpasser : *talent insupérable.* Mot inusité et qui n'est que latin.

INSUPPORTABLE, adj. des deux genres (*einçuportable*), qui ne peut être *supporté* ou souffert ; intolérable.

INSUPPORTABLEMENT, adv. (*einçuportableman*), d'une manière *insupportable*.

INSURGÉ, subst. mas. (*einçurjé*). Ce mot ne s'emploie guère au sing. *Les insurgés,* ceux qui se sont révoltés contre l'autorité légitime.

INSURGÉ, E, part. pass. de *insurger,* et adj.

INSURGENCE, subst. fém. (*einçurjance*), état d'*insurrection* continuée ou soutenue.

INSURGENTS, subst. mas. plur. (*einçurjan*) (en latin *insurgens,* fait de *insurgere,* s'élever contre.) Ce mot ne s'est dit autrefois que de certains corps de troupes levées extraordinairement pour le service de l'état.— On l'a appliqué dans la suite aux peuples de la Nouvelle-Angleterre, lorsqu'ils se sont séparés de la métropole. — Révoltés, rebelles ; dans ce dernier sens, on dit plus souvent *insurgés*.

INSURGER, v. act. (*einçurjé*), soulever, révolter, porter un peuple à la révolte.—S'INSURGER, v. pron., se révolter.

INSURMONTABLE, adj. des deux genres (*einçurmontable*), qu'on ne peut *surmonter*.

INSURMONTABLEMENT, adv. (*einçurmontableman*), d'une manière *insurmontable*.

INSURRECTEUR, adj. mas., au fém. **INSURRECTRICE** (*einçurerèkteur, trice*), qui *insurge : comité insurrecteur ; cabale insurrectrice*.

INSURRECTION, subst. fém. (*einçurerèkcion*) (du latin *in,* contre, et *surgere,* se lever), soulèvement d'un peuple entier contre ceux qui l'oppressent en le gouvernant. Ceux qui emploient cette expression y attachent aujourd'hui une idée de droit et de justice. L'usage de ce mot, d'abord borné à la Pologne, s'est étendu depuis aux colonies anglaises, etc. Il y avait anciennement un droit d'*insurrection* accordé aux citoyens de Crête, lorsque la magistrature abusait de sa puissance pour transgresser les lois. L'*insurrection,* au reste, diffère de la *révolte*, de la *sédition* et de l'*émeute*, en ce que la *révolte* est proprement le mouvement partiel de quelques factieux contre l'autorité qui gouverne ; la *sédition* est un mouvement de mécontentement et d'agitation répandu dans l'esprit du peuple, l'*émeute* est le mouvement passager d'une petite partie du peuple, causé par quelque léger mécontentement.

INSURRECTIONNEL, adj. mas., au fém. **INSURRECTIONNELLE** (*einçurerèkcionèle*), qui tient de l'*insurrection : mouvement insurrectionnel*.

INSURRECTIONNELLE, adj. fém. Voyez INSURRECTIONNEL.

INSURRECTIONNELLEMENT, adv. (*einçurerèkcionèleman*), par l'*insurrection,* par la révolte, d'une manière *insurrectionnelle*.

INSURRECTRICE, adj. fém. Voyez INSURRECTEUR.

INSUSCEPTIBLE, adj. des deux genres (*einçucèpetible*), qui n'est pas *susceptible*.

INTABULÉ, E, part. pass. de *intabuler*.

INTABULER, v. act. (*eintabulé*) (de la prép. lat. *in*, sur, et de *tabula,* tableau), mettre le nom de quelqu'un sur le *tableau* ou la liste des membres d'un corps, d'une communauté. Mot inusité forgé par *Boiste*.

INTACT, E, adj. (*eintakte*) (en lat. *intactus, non tactus*, non touché), qui est demeuré pur, entier, parce qu'on n'y a pas touché : *le dépôt s'est trouvé intact.* — Fig. : *matière intacte,* qui n'a point été traitée.—*Réputation intacte,* qui n'a jamais été attaquée, ou sur laquelle la calomnie n'a pu laisser aucun soupçon.—*Vertu, probité intacte*, vertu, probité qui est à l'abri de toute espèce de reproche. On dit aussi dans ce dernier sens : *c'est un homme intact*, pour dire, un homme évidemment irréprochable, auquel on n'a jamais eu droit de reprocher rien de malhonnête.

INTACTILE, adj. des deux genres (*eintaktile*) (en lat. *intactilis*, formé de *in* négatif, et de *tangere*, toucher), qui ne peut tomber sous le sens du *tact*.

INTAILLE, subst. fém. (*eintâ-ie*) (de l'italien *intaglio*, gravure, ciselure), pierre gravée en creux.

INTANGIBLE, adj. des deux genres (*eintanjible*), qui échappe au *tact*.

INTARISSABLE, adj. des deux genres (*eintariçable*), qui ne peut se *tarir,* s'épuiser.

INTARISSABLEMENT, adv. (*eintariçableman*), d'une manière *intarissable*.

INTÉGRAL, E, adj. (*eintégueral*) (du latin *integer*, entier), t. de math., *calcul intégral*, calcul par lequel on trouve une quantité finie dont on connaît la partie infiniment petite ou la différentielle. C'est l'inverse du calcul différentiel.—On dit subst., au fém. : *l'intégrale d'une partie différentielle,* la quantité finie dont cette différentielle est la partie infiniment petite.—Il n'a pas de plur. mas.

INTÉGRALEMENT, adv. (*eintégueraleman*), entièrement.

INTÉGRALITÉ, subst. fém. (*eintégueralité*), état d'une chose entière, complète. Ce mot manque dans l'*Académie*.

INTÉGRANT, E, adj. (*eintégueran, rante*) ; il ne se dit que dans cette phrase : *parties*, *molécules intégrantes*, qui composent l'*intégrité* d'un tout.

INTÉGRATION, subst. fém. (*einteguerâcion*), t. de math., action d'*intégrer*.

INTÈGRE, adj. des deux genres (*eintéguere*) (en lat. *integer*), qui n'est pas endommagé ; complet. —Qui a une grande *intégrité,* une probité incorruptible.

INTÉGRÉ, E, part. pass. de *intégrer*.

INTÉGRER, v. act. (*eintégueré*), t. de math., trouver l'*intégrale* d'une quantité différentielle.

INTÉGRITÉ, subst. fém. (*eintéguerité*) (en lat. *integritas*), état d'un tout qui a toutes ses parties. État parfait d'une chose bien saine.—Probité, vertu incorruptible.

INTÉGUMENT, subst. mas. (*eintéguman*) (en lat. *integumentum*, fait de *tegere,* couvrir), t. d'anat., peau ou membrane qui *couvre* les parties intérieures du corps.

INTELLECT, subst. mas. (*eintèlelèkte*) (en lat. *intellectus*), t. didactique, entendement.

INTELLECTIF, adj. mas., au fém. **INTELLECTIVE** (*eintèlelèktif, tive*), appartenant à *l'intellect : la puissance intellective*.

INTELLECTION, subst. fém. (*eintèlelèkcion*) (en lat. *intellectio*), t. didactique, action par laquelle l'entendement comprend, conçoit une chose.

INTELLECTIVE, adj. fém. Voyez INTELLECTIF. — Subst. fém., t. didactique, intelligence, esprit.

INTELLECTUALISÉ, E, part. pass. de *intellectualiser*.

INTELLECTUALISER, v. act. (*eintèlelèktu-alizé*), élever, mettre au rang des choses *intellectuelles.*— S'INTELLECTUALISER, v. pron.

INTELLECTUEL, adj. mas., au fém. **INTELLECTUELLE** (*eintèlelèktu-èle*) (en lat. *intellectualis*), qui tient de l'*intellect,* qui est dans l'entendement.—Spirituel, par opposition à matériel : *l'âme est une substance intellectuelle*.

INTELLECTUELLE, adj. fém. Voy. INTELLECTUEL.

INTELLECTUELLEMENT, adv. (*eintèlelèktu-èleman*), en soi, dans l'intelligence, d'une manière purement *intellectuelle*.

INTELLIGEMMENT, adv. (*eintèlelijaman*) (en lat. *intelligenter*), avec connaissance, avec *intelligence*.

INTELLIGENCE, subst. fém. (*eintèlelijance*) (en lat. *intelligentia*, fait de *intelligere*, comprendre, concevoir, dont les racines sont *intus,* en grec εντος, au-dedans, intérieurement, et *legere*, fait du grec λεγειν, cueillir, amasser, saisir, lire : *lecture* ou *perception intérieure, qui nous donne une parfaite connaissance des choses*), faculté, capacité de connaître, de comprendre : *l'homme est doué d'intelligence.*— Connaissance, compréhension : *l'intelligence des langues, des affaires.* — Amitié réciproque : *être en bonne intelligence.*— Accord, correspondance : *être d'intelligence avec...* — L'*Académie* dit : *ils sont d'intelligence pour vous tromper*. Racine a dit :

> Tous deux à vous tromper ils sont d'*intelligence*.

Lequel de ces deux régimes est le meilleur ? Tous deux paraissent bons ; il semble que le premier a rapport aux mesures concertées pour tromper, et le second au concert de l'action. — Substance purement spirituelle : *Dieu est la souveraine in-*

telligence.—*Les intelligences célestes*, les anges. — T. de guerre : *avoir des intelligences dans une ville*, correspondre avec des espions, des traîtres.

INTELLIGENT, E, adj. (*eintèlelijan, jante*) (en lat. *intelligens*, fait de *intelligere*, comprendre), qui a du bon sens et de la pénétration. — Habile, versé en quelque matière.

INTELLIGENTIEL, adj. mas., au fém. **INTELLIGENTIELLE**, (*eintèlelijanciéle*), qui appartient aux facultés de l'*intelligence*.

INTELLIGENTIELLE, adj. fém. Voy. INTELLIGENTIEL.

INTELLIGIBILITÉ, subst. fém.(*eintèlelijibilité*), netteté du discours qui le rend *intelligible*, facile à comprendre.

INTELLIGIBLE, adj. des deux genres (*eintèlelijible*) (en lat. *intelligibilis*, fait de *intelligere*, comprendre), qui peut être ouï facilement et distinctement.—Qui est aisé à comprendre.—T. didactique, qui est l'objet de l'entendement : *être intelligible*.

INTELLIGIBLEMENT, adv. (*eintèlelijibleman*), d'une manière *intelligible*.

INTEMPÉRAMMENT, adv. (*eintanpéraman*) (en lat. *intemperanter*), avec *intempérance*.

INTEMPÉRANCE, subst. fém. (*eintanpérance*) (en lat. *intemperantia*), vice opposé *à la tempérance*.—Tout excès opposé à la modération dans les appétits sensuels. — On dit figur. : *intempérance de langue*, pour désigner le défaut de ceux qui parlent beaucoup, sans prudence et sans retenue.

INTEMPÉRANT, E, adj. (*eintanpéran, rante*) (en lat. *intemperans*), qui a de l'*intempérance*; qui est sans retenue. — Il est aussi substantif : *l'intempérant ruine sa santé par ses excès*.

INTEMPÉRÉ, E, subst. et adj. (*eintanpéré*) (en lat. *intemperatus*, formé de *in* négatif, et de *temperantia*, tempérance, modération, retenue), déréglé dans ses passions, dans ses appétits.

INTEMPÉRIE, subst. fém. (*eintanperi*) (en lat. *intemperies*), dérèglement dans l'air ou dans les humeurs du corps humain. *Il y a intempérie dans l'air*, lorsqu'il est trop froid ou trop chaud, relativement à la saison; *dans la mer*, lorsque son agitation en rend la navigation périlleuse; *dans un climat*, lorsque les habitants en sont incommodés; *dans les humeurs*, lorsqu'il s'y excite un mouvement contraire à l'état de santé; *dans les saisons*, lorsqu'elles sont plus chaudes ou plus froides qu'on n'a coutume de les éprouver sous le climat.

INTEMPESTIF, adj. mas., au fém. **INTEMPESTIVE** (*eintanpècetif, tive*) (en lat. *intempestivus*), hors de saison; qu'il n'est pas à propos de faire.

INTEMPESTIVE, adj. fém. Voy. INTEMPESTIF.

INTEMPESTIVEMENT, adv. (*eintanpècetiveman*), à contre-temps, mal à propos.

INTENABLE, adj. des deux genres (*eintenable*), où l'on ne peut *tenir* : *situation*, *place intenable*.

INTENDANCE, subst. fém. (*eintandance*), charge, ministère et fonction d'*intendant*. — Le temps que dure l'administration de l'*intendant*.— District où s'étend sa charge. — Hôtel de l'*intendant*. — Soin et conduite de certaines affaires, de certaines familles, de certains biens, etc.— Direction, administration.—*Intendance militaire*, administration financière de l'armée.

INTENDANT, subst. mas. (*eintandan*) (du latin *intendens*, qui s'applique, qui donne son attention à une chose, fait de *intendere*, lequel dérive du grec ἐντείνειν, signifiant proprement *tendre avec force*, et figur., *tendre son esprit, l'appliquer à une chose, y donner son attention*), celui qui est préposé pour avoir la direction de certaines affaires : *intendant des finances*, *de la marine*; *intendant de la maison d'un riche particulier*, etc. — *Intendant militaire*, *sous-intendant militaire*, officiers chargés de l'administration de l'armée (solde, vivres, transports, etc.—On appelle aussi *intendant* celui qui possède le premier grade parmi les officiers civils de la marine. On l'a recréé dans les ports militaires depuis 1815.

INTENDANTE, subst. fém. (*eintandante*), la femme d'un *intendant*.

INTENDIT, subst. mas. (*eintandi*), preuve, allégation principale. Il est vieux et même hors d'usage.

INTENDU, E, adj. (*eintandu*), t. de médec., qui n'est pas tendu. Peu usité.

INTENSE, adj. des deux genres (*eintance*) (en lat. *intensus*, qui signifie proprement *tendu*), t. de physique, grand, fort, vif, ardent : *une chaleur intense*, *un amour intense*, etc.—En musique, *sons intenses*, ceux qui ont le plus de force, qui s'entendent de plus loin. — En t. de médec., on appelle *maladie intense*, celle dont les symptômes se manifestent avec beaucoup de force.

INTENSIF, adj. mas., au fém. **INTENSIVE** (*eintancif, cive*), ce qui donne, ce qui a de l'*intensité*. On dit mieux *intense*.

INTENSION, subst. fém. (*eintancion*) (en latin *intensio*), le plus haut degré d'une qualité.—T. de médec., *la fièvre est dans sa plus grande intension*, dans sa plus grande force. On dit mieux *intensité*.

INTENSITÉ, subst. fém. (*eintancité*), degré de puissance, de force, d'activité d'une chose : *l'intensité du froid*, *du son*, etc.

INTENSIVE, adj. fém. Voy. INTENSIF.

INTENSIVEMENT, adv. (*eintanciveman*), avec *intensité*, véhémence.

INTENTÉ, E, part. pass. de *intenter*.

INTENTER, v. act. (*eintanté*) (du latin *intentare*, employé par Ulpien dans la même signification, et qui signifie proprement entendre, présenter, menacer), commencer : *intenter un procès*, *une accusation contre quelqu'un*.—S'INTENTER, v. pron.

INTENTION, subst. fém. (*eintancion*) (en latin *intentio*, fait de *intendere*, *tendere in*, tendre vers..., à...), dessein par lequel on *tend* à quelque fin : *avoir intention* ou *l'intention de...* — L'Académie dit : *il a intention de nuire*, et : *il a l'intention de nuire*. La différence qu'il peut y avoir entre ces deux expressions peut se tirer de la nature même des termes. Dans *il a intention*, *intention* est pris dans un sens indéfini. Ainsi on dira d'un homme qui, en général, a *intention* de nuire à quelqu'un, lorsqu'il en trouvera l'occasion, qu'*il a intention de nuire*. Dans *avoir l'intention*, le mot *intention* est déterminé par l'article; il signifie donc une *intention* particulière. Ainsi l'on dira : *il a l'intention de vous nuire*, en parlant d'un homme qui cherche à exécuter un dessein particulier qu'il a formé de nuire à quelqu'un. — Quelquefois un supérieur, pour adoucir l'expression d'un ordre formel, dit : *mon intention est que*, pour dire, *je veux que*. — En musique, motif : *l'intention de cet air*. — En t. de logique, connaissance d'une chose, ou la chose même connue. — *Ce n'est pas l'intention du fondateur*, se dit d'une chose faite contre la volonté de ceux qui en ont la principale administration ou direction. — *Faire une chose à l'intention de quelqu'un*, à sa considération, et pour lui faire plaisir. — Certains casuistes ont imaginé une certaine *direction d'intention*, à l'aide de laquelle ils peuvent mentir, médire, calomnier en sûreté de conscience : *il n'y a rien qu'on ne prétende justifier par la direction d'intention*. C'est en ce sens qu'on dit : *diriger ou dresser son intention*, la tourner vers une bonne fin. En style de dévotion, *faire des prières*, *donner des aumônes*, *dire des messes*, etc., *à l'intention de quelqu'un*; c'est faire ces choses dans le dessein qu'elles servent à le rendre agréable à Dieu.

INTENTIONNÉ, E, part. pass. de *intentionner*, et adj. (*eintancioné*), qui a quelque *intention*. Il ne se dit qu'avec *bien*, *mal*, ou *mieux*.

INTENTIONNEL, adj. mas., au fém. **INTENTIONNELLE** (*eintancionèle*), fait avec *intention* : *voyage intentionnel*.—Relatif à l'*intention* : *poser la question intentionnelle*. Mot nouveau dans les deux acceptions, et plus usité dans la seconde que dans la première. *Espèces intentionnelles*, selon quelques anciens, les images qu'ils supposaient sortir des corps pour frapper les sens, et qu'ils nommaient aussi *espèces impresses*.

INTENTIONNELLE, adj. fém. Voy. INTENTIONNEL.

INTENTIONNELLEMENT, adv. (*eintencionèleman*), dans, selon, en *intention*; d'après *intention*.

INTENTIONNER, v. act. (*eintancioné*), diriger l'*intention* sur... Peu en usage.

INTER-ARTICULAIRE, subst. mas. et adj. des deux genres (*eintèrartikulère*), t. d'anat. : *cartilage interarticulaire*, qui est entre les *articulations* des os.

INTERCADENCE, subst. fém. (*eintèrekadance*), t. de médec., mouvement déréglé du pouls. Voy. INTERCADENT.

INTERCADENT, E, adj. (*eintèrekadan, dante*) (en lat. *intercadens*, part. prés. de *intercadere* : entrecouper), t. de médec. : *pouls intercadent*, celui dont les battements sont déréglés, tantôt forts, tantôt faibles.

INTERCALAIRE, adj. des deux genres (*eintèrekalère*) (en lat. *intercalaris*), qui est inséré dans un autre.—*Jour intercalaire*, jour qu'on ajoute au mois de février dans les années bissextiles. —*Lune intercalaire*, la treizième lune qui se trouve dans une année, de trois ans en trois ans.—*Mois intercalaire*, celui qu'on ajoute tous les trois ans aux années lunaires. C'est, en d'autres termes, la même chose que *lune intercalaire*. — *Vers intercalaires*, répétés plusieurs fois dans de petits poëmes anciens, tels que les ballades, etc.

INTERCALATEUR, subst. mas. (*eintèrekalateur*), qui fait des *intercalations* : *les intercalateurs font des prophéties après l'événement*.

INTERCALATION, subst. fém. (*eintèrekalâcion*) (en lat. *intercalatio*), action d'*intercaler*; chose *intercalée*.—Addition d'un jour, de quatre en quatre ans, au mois de février.

INTERCALÉ, E, part. pass. de *intercaler*.

INTERCALER, v. act. (*eintèrekalé*) (du lat. *intercalare*, formé de la prép. *inter*, entre, au milieu, et de *calare*, fait du grec καλεῖν, appeler en haussant la voix ; *appeler entre*, *insérer*. Chez les Romains, le jour *intercalaire* était annoncé à haute voix par les pontifes qui faisaient la cérémonie de l'*intercalation*), insérer.—Ajouter un jour aux années bissextiles.

INTERCÉDER, v. neut. (*eintèrecédé*) (en latin *intercedere*, se mettre entre, intervenir, formé de *inter*, entre, et de *cedere*, approcher, venir, marcher), prier, solliciter en faveur de quelqu'un, afin de lui procurer quelque bien, ou de le garantir de quelque mal.—Des écrivains ont dit activement : *que nos vœux l'intercèdent*. C'est un solécisme.

INTERCEPTATION, subst. fém. (*eintèrecèpetâcion*), action d'*intercepter*, d'arrêter le cours de... —Son effet.

INTERCEPTÉ, E, part. pass. de *intercepter*.

INTERCEPTER, v. act. (*eintèrecèpeté*) (en lat. *intercipere*, fait de *inter*, entre, au milieu, et de *capere*, prendre, saisir; *arrêter au passage*), arrêter, interrompre le cours : *intercepter la transpiration*, *les rayons de la lumière*. — *Intercepter une lettre*, la surprendre, l'empêcher de parvenir à sa destination. — S'INTERCEPTER, v. pron.

INTERCEPTION, subst. fém. (*eintèrecèpecion*), t. didactique, qui se dit en parlant de quelque chose dont le cours est interrompu : *interception des rayons de la lumière*. — On ne le dit point dans le sens d'*intercepter une lettre*, etc. — Les anciens appelaient ainsi une espèce de bandage dont ils faisaient usage, et qui consistait à couvrir tous les membres d'un malade de laine cardée qu'on y fixait par de larges bandes, depuis le bout des doigts jusqu'aux aisselles et aux aines.

INTER-CERVICAL, E, adj., au plur. mas. **INTER-CERVICAUX** (*eintèrecèrevikale, kô*), t. d'anat.; on appelle *muscles intercervicaux* les muscles inter-épineux.

INTERCESSEUR, subst. mas. (*eintèrecèceur*), celui qui *intercède*. — Anciennement, officier que les gouverneurs des provinces envoyaient principalement pour lever les deniers du fisc et exiger les corvées.

INTERCESSION, subst. fém. (*eintèrecècion*), action, prière par laquelle on *intercède*.

INTERCIDENCE, subst. fém. (*eintèrecidance*), dans le plain-chant, passage qui se fait sur la dernière note d'un chant, ordinairement après un grand intervalle en montant.

INTERCIDON, subst. propre mas. (*eintèrecidon*), myth., dieu qui présidait à la coupe des bois.

INTERCIDONA, subst. propre fém. (*eintèrecidona*), myth., divinité champêtre, révérée surtout par les bûcherons et par les charpentiers. C'est la même qu'*Intercidon*.

INTERCIS, E, adj. (*eintèreci, cize*) (en lat. *intercisus*), coupé par morceaux, en parlant des martyrs. (*Boiste.*) Il est inusité.

INTERCISES, subst. mas. plur. (*eintèrecize*), chez les anciens, jours où l'on pouvait rendre la justice à certaines heures pendant l'inspection des entrailles des victimes.

INTER-CLAVICULAIRE, adj. des deux genres (*eintèreklavikulère*), t. d'anat.; il se dit des parties situées entre les *clavicules*.

INTER-COSTAL, E, adj. (*eintèrekocetale*) (en lat. *intercostalis*), t. d'anat., qui est entre les côtes. —Au plur. mas., *inter-costaux.*

INTERCURRENT, E, adj. (*eintèrekureran, rante*) (en lat. *intercurrens,* part. prés. de *intercurrere,* courir entre deux), t. de médec.: *pouls intercurrent,* pouls inégal, qui bat entre deux pulsations, dans le temps que l'artère devrait être en repos ou relâchée. — *Fièvres intercurrentes,* fièvres continues, qui paraissent indifféremment entre les fièvres stationnaires, tantôt plus, tantôt moins, sans dépendre de la constitution particulière de l'année. L'*Académie* ne fait ce mot qu'adj. fém.

INTERCUSSION, subst. fém. Inusité. Voy. INCURSION.

INTERCUTANÉ, E, adj. (*eintèrekutané*) (en latin *intercus, intercutis*, fait de *inter*, entre, et de *cutis*, peau), t. d'anat. qui est entre la chair et la peau.

INTERDENTAIRE, adj. des deux genres (*eintèredantère*), t. d'art vétér.: *espace interdentaire*, qui se trouve entre les *dents.*

INTERDICTION, subst. fém. (*eintèredikcion*), suspension des officiers de justice; défense qu'on leur fait d'exercer leurs charges. — *L'interdiction d'une personne* est la suspension des fonctions de sa charge ou de sa profession.—Les mineurs, les fils de famille et les femmes en puissance de mari, sont dans une espèce d'*interdiction* de s'obliger et de disposer sans être autorisés par ceux en la puissance desquels ils sont.— On prononce des *interdictions* contre des imbécilles, des furieux, des prodigues, des vieillards en enfance, afin qu'ils ne puissent faire aucun acte à leur détriment. — On dit aussi *interdiction de commerce.* Voy. INTERDIRE.

DU VERBE IRRÉGULIER **INTERDIRE**:

Interdîmes, 1re pers. plur. prét. déf.
Interdira, 3e pers. sing. fut. indic.
Interdirai, 1re pers. sing. fut. indic.
Interdiraient, 3e pers. plur. prés. cond.
Interdirais, précédé de *j'*, 1re pers. sing. prés. cond.
Interdirais, précédé de *tu,* 2e pers. sing. prés. cond.
Interdirait, 3e pers. sing. prés. cond.
Interdiras, 2e pers. fut. indic.

INTERDIRE, v. act. (*eintèredire*); il se conjugue comme *dire,* excepté qu'à la seconde personne de l'indic. il fait *vous interdisez*, et à l'impér. *interdisez* (en lat. *interdicere,* formé de la prép. *inter,* qui a ici force de négation, et de *dicere,* dire, déclarer, ordonner), ordonner de ne pas faire, défendre: *on lui a interdit l'entrée de cette maison.*—Défendre à des officiers de justice d'exercer leurs charges. — En t. de palais, défendre à un particulier de contracter, de disposer de son bien, pour cause d'incapacité ou de dissipation. —*Interdire le feu et l'eau,* formule des Romains quand ils bannissaient. —Défendre par sentence aux ecclésiastiques l'exercice de leur ministère, la célébration des sacrements, etc. — Fig., étonner, troubler, déconcerter. En ce sens, il ne se dit que dans les temps composés. — S'INTERDIRE, v. pron., ne pas se permettre.—Se troubler.

DU VERBE IRRÉGULIER **INTERDIRE**:

Interdirez, 2e pers. plur. fut. indic.
Interdiriez, 2e pers. plur. prés. cond.
Interdirions, 1re pers. plur. prés. cond.
Interdirons, 1re pers. plur. fut. indic.
Interdiront, 3e pers. plur. fut. indic.
Interdis, 2e pers. sing. impér.
Interdis, précédé de *j'*, 1re pers. sing. prés. indic.
Interdis, précédé de *tu*, 2e pers. sing. prés. indic.
Interdis, précédé de *j'*, 1re pers. sing. prét. déf.
Interdis, précédé de *tu*, 2e pers. sing. prét. déf.
Interdisaient, 3e pers. plur. imparf. indic.
Interdisais, précédé de *j'*, 1re pers. sing. imparf. indic.
Interdisais, précédé de *tu,* 2e pers. sing. imparf. indic.
Interdisait, 3e pers. sing. imparf. indic.
Interdisant, part. prés.
Interdise, précédé de *que j'*, 1re pers. sing. prés. subj.
Interdise, précédé de *qu'il* ou *qu'elle*, 3e pers. prés. subj.
Interdisent, précédé de *ils* ou *elles,* 3e pers. plur. prés. indic.
Interdisent, précédé de *qu'ils* ou *qu'elles,* 3e pers. plur. prés. subj.
Interdises, 2e pers. sing. prés. subj.
Interdisez, 2e pers. plur. impér.
Interdisez, précédé de *vous*, 2e pers. plur. prés. indic.
Interdisiez, précédé de *vous*, 2e pers. plur. imparf. indic.
Interdisiez, précédé de *que vous*, 2e pers. plur. prés. subj.
Interdisions, précédé de *nous*, 1re pers. plur. imparf. indic.
Interdisions, précédé de *que nous,* 1re pers. plur. prés. subj.
Interdisons, 1re pers. plur. impér.
Interdisons, précédé de *nous,* 1re pers. plur. prés. indic.
Interdisse, 1re pers. sing. imparf. subj.
Interdissent, 3e pers. plur. imparf. subj.
Interdisses, 2e pers. sing. imparf. subj.
Interdissiez, 2e pers. plur. imparf. subj.
Interdissions, 1re pers. plur. imparf. subj.
Interdit, précédé de *il* ou *elle,* 3e pers. sing. prés. indic.
Interdit, 3e pers. sing. prét. déf.
Interdît, précédé de *qu'il* ou *qu'elle*, 3e pers. sing. imparf. subj.

INTERDIT, subst. mas. (*eintèredi*), censure ecclésiastique qui suspend les prêtres de leurs fonctions et de la célébration des sacrements dans les lieux soumis à l'*interdit.*

INTERDIT, E, part. pass. de *interdire,* et adj., suspendu de... — Troublé, étonné, déconcerté. Voy. CONFUS. — On appelle substantivement: un *interdit,* celui à qui l'on a ôté l'administration de son bien, ou contre qui on a prononcé une *interdiction* quelconque.

Interdîtes, 2e pers. plur. prét. déf. du verbe irrégulier INTERDIRE.

INTER-ÉPINEUSE, adj. fém. Voy. INTER-ÉPINEUX.

INTER-ÉPINEUX, adj. mas., au fém. **INTER-ÉPINEUSE** (*eintèrépineu, neuze*), t. d'anat., situé entre les apophyses *épineuses* des vertèbres. —Nom de certains muscles du cou, que Winslow appelle même les petits *épineux* du cou.

INTÉRESSANT, E, adj. (*eintèrèçan, çante*), qui intéresse.

INTÉRESSÉ, E, part. pass. de *intéresser,* et adj., qui est fort attaché à ses *intérêts.*

INTÉRESSÉ, E, subst. (*eintèrècé*), celui, celle qui a un *intérêt* dans les fermes, dans les affaires de finances, dans une compagnie, dans une entreprise, etc.— Qui a *intérêt à* quelque chose.— On appelle *intéressé*, *intéressée,* un homme, une femme qui aime le gain, et ne fait rien gratuitement.

INTÉRESSER, v. act. (*eintèrècé*) (du latin *interesse, esse inter*, intervenir, se mettre entre, au milieu), faire prendre part à...: *vos procédés m'ont intéressé à votre bonheur.* — Faire entrer quelqu'un dans une affaire, en sorte qu'il ait part au profit. — Donner quelque chose à quelqu'un pour le rendre favorable à une affaire, etc. — Émouvoir, toucher de quelque passion: *cette tragédie intéresse les spectateurs*; et neutralement: *ce roman n'intéresse pas.* — Importer: *en quoi cela vous intéresse-t-il?*—Engager: *tout vous intéresse à...* — Attacher: *le gros jeu intéresse.* — *Intéresser le jeu*, le rendre plus *intéressant* en jouant gros jeu. — S'INTÉRESSER, v. pron., prendre part à quelque chose, y prendre *intérêt.*

INTÉRÊT, subst. mas. (*eintéré*), en général ce qui *intéresse*, ce qui importe ou à l'honneur ou à l'utilité: *intérêt public; c'est l'intérêt qui gouverne tout; il n'a que ses intérêts en vue.* — En particulier et absolument, ce qui concerne le lucre, le profit: *il est au-dessus de l'intérêt.* — Portion qu'on a dans une société de commerce, dans une entreprise, etc. — Profit que l'on retire de l'argent prêté: *petit intérêt; gros intérêt.* — On dit que *l'intérêt est à tant pour cent par mois, par an,* pour dire qu'autant de fois que cent est contenu dans le capital, autant de fois on tire pour l'intérêt le nombre désigné par *tant.* — On dit aussi que l'*intérêt est à tel denier,* pour dire qu'autant de fois que le nombre qui marque le denier est contenu dans le capital, autant de fois on en tire l'*intérêt.* Ainsi, ce denier étant 18, l'*intérêt* est un pour 18: *intérêt au denier 20; intérêt à 5 pour cent.* — *Intérêts lunaires,* se dit, dans le commerce du Levant, des *intérêts* usuraires qu'exigent les juifs, et qui se paient à tant pour cent par *lune.*—En t. de jurispr., on appelle *intérêts civils,* une somme d'argent que l'on adjuge en matière criminelle, à la partie civile contre l'accusé: *il a été condamné à tous les dépens, dommages et intérêts.* — En parlant des ouvrages d'esprit, ce qui attache et intéresse les lecteurs, les spectateurs, les auditeurs, etc. — Dans les arts, impression vive et profonde que font sur l'esprit ou sur l'âme un beau tableau, une statue, etc. — *Prendre, embrasser les intérêts de quelqu'un,* prendre son parti, sa défense. — *Prendre intérêt à une personne*, l'affectionner. — *Prendre intérêt à une affaire,* y donner ses soins.

INTERFÉRENCE, subst. fém. (*eintèreférance*), t. de phys.: *phénomène des interférences,* circonstance dans laquelle la lumière ajoutée à de la lumière produit l'obscurité.

INTERFOLIÉ, E, part. pass. de *interfolier.*

INTERFOLIER, v. act. (*eintèrefoli-é*), relier un livre avec des pages blanches alternatives à chaque feuillet pour en préserver l'écriture ou les gravures, ou pour y inscrire des notes.— S'INTERFOLIER, v. pron.

INTÉRIEUR, subst. mas. (*eintérieure*), le dedans: *l'intérieur du temple, de la maison.* — Pensées secrètes, mouvements intimes: *Dieu connaît l'intérieur.* — *Ministère de l'intérieur*, administration des affaires d'un pays, des intérêts du dedans. — T. de peinture, vue *intérieure* d'un édifice.—*Un homme est gai, triste, malheureux dans son intérieur*, c'est-à-dire dans sa vie privée.

INTÉRIEUR, E, adj. (*eintérieur*) (en latin *interior,* formé de *intus,* dérivé du grec ἐντός, dedans, au-dedans), qui est au dedans. Il est opposé à *extérieur.* Il diffère d'*interne* et d'*intrinsèque,* en ce qu'*intérieur* se dit plus particulièrement des choses spirituelles: *dévotion intérieure; interne* a plus de rapport aux parties du corps: *maladies internes; intrinsèque* s'applique à la valeur ou à la qualité des choses, indépendamment de l'estimation des hommes: *la valeur intrinsèque des monnaies.*—En t. de dévotion, on appelle *l'homme intérieur,* l'homme spirituel, par opposition à l'homme matériel, *vie intérieure,* un commerce spirituel et réciproque qui se fait au-dedans de l'âme entre le créateur et la créature, par les opérations de Dieu dans l'âme, et la coopération de l'âme avec Dieu.

INTÉRIEUREMENT, adv. (*eintérieureman*), au-dedans.

INTERIM, subst. mas. (*eintèrime*), mot emprunté du latin, où il signifie, cependant, là-dessus, durant ce temps-là, en attendant. Il n'est guère subst. que quand on parle d'un règlement fait par Charles-Quint, concernant les catholiques et les protestants, *en attendant* les décisions du concile. — Il s'emploie ordinairement comme adv., et il signifie, dans l'entre-temps: *il arriva dans l'interim que...; il gouverna dans l'interim, par interim.* — Fam.: *interim* (en attendant), *tout va de travers.*

INTÉRIMAIRE, adj. et subst. des deux genres (*eintèrimère*), de l'*interim.*—Qui jouit par *interim.*

INTÉRIMISTE, subst. mas. (*eintérimicete*), nom qu'on a donné aux protestants attachés au formulaire provisoire de Charles-Quint. Voy. INTERIM.

INTÉRIMISTICE, adj. fém., et non pas **INTÉRIMISTIQUE**, qui est un barbarisme (*eintérimicetice*) (du lat. *interim,* dans l'intervalle, et *stare*, subsister), par *interim.* On dit mieux encore *intérimaire.*

INTÉRIORITÉ, subst. fém. (*eintéri-orité*), qualité de ce qui est *intérieur.*

INTERJ., abrév. du mot *interjection.*

INTERJECTÉ, E, part. pass. de *interjecter.*

INTERJECTER, v. act. (*eintèrejèkté*), interjeter, mettre entre, parmi. Il est inusité.

INTERJECTIF, adj. mas., au fém. **INTERJECTIVE** (*eintèrejèktif, tive*), qui exprime, exige l'*interjection.*

INTERJECTION, subst. fém. (*eintèrejèkcion*) (en lat. *interjectio*), en grammaire, mot qui sert à exprimer quelques mouvements de l'âme, comme la joie, la douleur, la crainte, comme *ah! hélas!* etc. — En t. de palais, *interjection d'appel,* action d'*interjeter* un appel.

INTERJECTIVE, adj. fém. Voy. INTERJECTIF.

INTERJECTIVEMENT, adv. (*eintèrejèktiveman*), par *interjection,* d'une manière *interjective.*

INTERJETÉ, E, part. pass. de *interjeter.*

INTERJETER, v. act. (*eintèrejeté*), t. de pal.: *interjeter appel,* appeler d'un jugement. — S'INTERJETER, v. pron.

INTER-LATERI-COSTAL, adj. mas. (*eintèrelatérikocetal*), t. d'anat., se dit des muscles *inter-costaux* externes. — Il est aussi substantif,

INTERLIGNES (et non pas, avec l'*Académie*, **INTERLIGNE**, l'espace qui se trouve *entre les lignes* étant toujours *entre deux lignes*), subst. mas. (*eintèrelignie*), espace blanc qui reste *entre* deux *lignes* d'écriture. Voy. ENTRE-LIGNES.— En t. d'imprim., lame de fonte mince, qui n'excède pas la hauteur des espaces, et qu'on place *entre les lignes*, pour augmenter le blanc qui les sépare. Dans ce dernier sens on a pris l'habitude d'en faire un subst. fém.

INTERLIGNÉ, E, part. pass. de *interligner*.

INTERLIGNER, v. act. (*eintèrelignié*), t. d'imprim., mettre des *interlignes*.—S'INTERLIGNER, v. pron.

INTERLINÉAIRE, adj. des deux genres (*eintereliné-aire*), qui est écrit dans les *interlignes*.

INTERLINÉÉ, E, part. pass. de *interlinéer*.

INTERLINÉER, v. act. (*eintèreliné-é*), écrire dans les *interlignes*. Ce mot, comme on le voit, est bien différent d'*interligner*.

INTERLOBULAIRE, adj. des deux genres (*eintèrelobulère*), t. d'anat., qui sépare les *lobules* du poumon.

INTERLOCUTEUR, subst. mas., au fém. **INTERLOCUTRICE** (*eintèrelokuteur, trice*) (du lat. *interloqui, loqui inter*, parler entre le discours des autres), personnage qu'on introduit dans un dialogue.

INTERLOCUTION, subst. fém. (*eintèrelokucion*) (en lat. *interlocutio*), discours de gens introduits dans un dialogue. Il est peu usité en ce sens. — En t. de pratique, jugement par lequel on *interloque*.

INTERLOCUTOIRE, subst. mas. (*einterlokutoare*) (du lat. *interlocutio*), t. de prat., sentence qui *interloque*.—On dit adj., pour les deux genres : *arrêt, sentence interlocutoire*.

INTERLOCUTRICE, subst. fém. Voy. INTERLOCUTEUR.

INTERLOPE, subst. mas. (*eintèrelope*), vaisseau marchand qui trafique en fraude dans le pays de la concession d'une compagnie de commerce, dans les colonies d'une autre nation que la sienne, etc., afin de ne pas payer les droits. Ces vaisseaux s'appellent aussi *aventuriers*. — On dit aussi adj. : *commerce interlope*, commerce de contrebande sur mer; *vaisseau interlope*, qui fait ce commerce.

INTERLOQUÉ, E, part. pass. de *interloquer*.

INTERLOQUER, v. act. et neut. (*eintèrelokié*) (en lat. *interloqui*), t. de pratique, ordonner une instruction préalable pour parvenir au jugement définitif. — S'INTERLOQUER, v. pron., s'embarrasser, s'interdire; ne plus se comprendre.

INTERLUDE, subst. mas. (*eintèrelude*) (du lat. *inter*, entre, et *ludus*, jeu), espèce d'intermède. Hors d'usage.

• **INTERLUNIUM**, subst. mas. (*eintèreluniome*) (mot purement latin, formé de *inter*, entre, et de *luna*, lune ; *temps entre deux lunes*), t. d'astr., temps où la lune ne paraît pas : c'est deux jours avant et deux jours après la conjonction.

INTERMARIAGE, subst. mas. (*eintèremariaje*), *mariage* entre les membres d'une même famille. Hors d'usage.

INTERMAXILLAIRE, adj. des deux genres (*eintèremakcilelère*) (du lat. *inter*, entre, et *maxilla*, mâchoire), t. d'anat., qui est entre les mâchoires.

INTERMÈDE, subst. mas. (*eintèremède*) (du lat. *intermedius*, qui est au milieu, entre deux), représentation ou divertissement entre les actes d'une pièce de théâtre. — En chimie, substance qu'on joint à une autre pour distiller la seconde.

INTERMÉDIAIRE, adj. des deux genres (*eintèremédière*) (en lat. *intermedius*), qui est entre deux : *pouvoirs intermédiaires*, subordonnés et dépendants. — *Gages intermédiaires*, gages d'un office, depuis la mort d'un titulaire, jusqu'à la prise de possession du successeur.—Subst. mas., personne, chose *intermédiaire : soyez mon intermédiaire*.

INTERMÉDIAIREMENT, adv. (*eintèremédièreman*), par *intermédiaire*.

INTERMÉDIAT, E, adj. (*eintèremédia, diate*); il ne se dit que d'un intervalle de temps entre deux actions, deux termes.—*Congrégations intermédiates*, dans les sociétés religieuses, assemblées qui se tiennent entre deux chapitres. — Subst. mas. : *lettres d'intermédiat*, lettres pour jouir des gages d'un office, depuis la mort du titulaire jusqu'à ce que le successeur ait pris possession.

INTERMINABLE, adj. des deux genres (*eintèreminable*), qui ne peut être *terminé*, fini.

INTERMINÉ, E, adj. (*eintèreminé*), qui n'est pas fini, qui n'a pas reçu son complément.

INTERMISSION, subst. fém. (*intèremicion*) (en lat. *intermissio*), interruption, discontinuation : *il travaille sans intermission*.—En médec., intervalle entre deux paroxysmes ou deux accès de fièvre, etc.

INTERMITTENCE, subst. fém. (*eintèremitetance*), qualité de ce qui est *intermittent*.—T. de médec. : *intermittence du pouls*, sa cessation, son interruption. —On dit aussi l'*intermittence de la fièvre*.

INTERMITTENT, E, adj. (*eintèremitetan, tante*) (en lat. *intermittens*, part. prés. de *intermittere*, cesser, discontinuer, interrompre), t. de médec. : *pouls intermittent*, dont les battements cessent par des intervalles inégaux.—*Fièvre intermittente*, qui cesse et qui reprend à des intervalles réglés. Il y a des *fièvres intermittentes* qui varient beaucoup par les différences qu'on observe dans leurs *intermissions* et par le caractère de l'accès. On les appelle *quotidiennes*, quand les accès reviennent tous les jours aux mêmes heures, et qu'ils ne présentent, dans leur intensité et leur durée, aucune différence sensible; *tierces*, quand les accès reviennent le deux jours l'un, et les *tierces* se divisent en *double tierce, tierce doublée* et *hémitritée*; *quartes*, quand les accès reviennent dans les trois jours, c'est-à-dire, quand il y a deux jours d'apyrexie entre deux accès, et les *quartes* se divisent en *double quarte, quarte doublée* et *quarte triplée*. On appelle *fièvres intermittentes vernales*, celles qui règnent au printemps, et *fièvres intermittentes automnales*, celles qui règnent en automne.— On appelle *fontaine intermittente*, celle qui coule et qui s'arrête alternativement.

INTERMONDE, subst. mas. (*eintèremonde*), espace entre les *mondes*.

INTERMUSCULAIRE, adj. des deux genres (*eintèremucekulère*), t. d'anat., situé entre les *muscles*.

INTERNAT, subst. mas. (*eintèrena*), pension où les élèves sont à demeure; l'opposé d'*externat*, ou pension d'*externes*. Ce mot manque dans l'*Académie*.

INTERNATION, subst. fém. (*eintèrenâcion*), action d'interner, ou faire passer dans l'intérieur.

INTERNE, adj. et subst. des deux genres (*eintèrene*) (en lat. *internus*, fait de *intus*, au-dedans), qui est au-dedans ou du dedans. Voy. INTÉRIEUR. — *Angles internes*, ceux qui forment les côtés d'une figure rectiligne, pris au-dedans de cette figure. — Subst., pensionnaire.

INTERNÉ, E, part. pass. de *interner*.

INTERNER, v. act. (*eintèrené*), renfermer, réunir dans l'intérieur. — S'INTERNER, v. pron., se confondre, ne faire qu'un.

INTERNISSABLE, adj. des deux genres (*eintèreniçable*), que rien ne peut *ternir* : *l'auréole des martyrs brillera toujours d'un éclat internissable*. *Voltaire* a dit :

De Jeanne d'Arc le lustre *internissable*.

INTERNONCE, subst. mas. (*eintèrenonce*) (en lat. *internuncius*), celui qui fait les affaires de la cour de Rome dans une cour étrangère, lorsqu'il n'y a point de *nonce*.

INTERNONCIATURE, subst. fém. (*eintèrenonci-ature*), charge ou dignité d'*internonce*.

INTER-OSSEUX, adj. mas., au fém. **INTER-OSSEUSE** (*eintèrôceu, ceuze*), t. d'anat. : *muscle inter-osseux*, qui se trouve *entre* les *os* du métacarpe. — Subst. mas., instrument pour passer entre deux os à couper.

INTER-PARIÉTAL, subj. et adj. mas. (*eintèrepari-étal*), t. d'anat., se dit de l'os pair du crâne qui se trouve placé, chez les mammifères, entre les frontaux, les pariétaux et l'occipital supérieur. —Au plur., *inter-pariétaux*.

INTERPELLATEUR, subst. et adj. mas., au fém. **INTERPELLATRICE** (*eintèrepèleluteur, trice*), qui *interpelle*. (Mirabeau.)

INTERPELLATION, subst. fém. (*eintèrepèlelâcion*), t. de palais, sommation de répondre, de déclarer quelque chose. Voy. INTERPELLER.

INTERPELLATRICE, subst. et adj. fém. Voyez INTERPELLATEUR.

INTERPELLÉ, E, part. pass. de *interpeller*.

INTERPELLER, v. act. (*eintèrepèlelé*) (en lat. *interpellare*, formé de *inter*, entre, et *appellare*, appeler, nommer; *sommer en interrompant*), t. de palais, sommer de répondre sur la vérité ou la fausseté d'un fait.

INTERPINNÉ, E, adj. (*eintèrepinené*), t. de bot. : *feuille interpinnée*, qui a de petites folioles entre de plus grandes.

INTER-PLÈVRI-COSTAUX, adj. et subst. mas. plur. (*eintèreplèvrikoceto*), t. d'anat., se dit des muscles *inter-costaux* internes.

INTERPOLATEUR, subst. mas. (*eintèrepolateur*) (en lat. *interpolator*), celui qui fait une *interpolation*.

INTERPOLATION, subst. fém. (*eintèrepolâcion*) (en lat. *interpolatio*), insertion d'un mot, d'une phrase étrangère. Voy. INTERPOLER. — En math. et en phys., méthode de trouver une loi qui lie ensemble plusieurs faits, une suite d'observations, etc. — En astron., méthode de remplir les intervalles d'une suite de nombres, d'observations ou de calculs, dont la marche n'est pas égale, ni le progrès uniforme.

INTERPOLÉ, E, part. pass. de *interpoler*.

INTERPOLER, v. act. (*eintèrepolé*) (du latin *interpolare*, dans le sens d'entre-mêler, mêler parmi), insérer un mot, une phrase dans le texte d'un manuscrit. — En astron., etc., lier ensemble par une même loi une suite de faits, d'observations, etc. : *on interpole les observations d'une planète dont on a observé trente lieux, en trouvant une courbe analytique qui passe par ces trente lieux*.—S'INTERPOLER, v. pron.

• **INTERPONCTUATION**, subst. fém. (*eintèreponktu-âcion*), points (....) mis dans le discours pour marquer une réticence volontaire, ou bien des temps d'arrêt.

INTERPOSÉ, E, part. pass. de *interposer*.

INTERPOSER, v. act. (*eintèrepôzé*) (en latin *interponere, ponere inter*), au propre et dans le style didactique, mettre une personne ou une chose entre deux autres. — Au fig. : *interposer* (employer) *l'autorité, le crédit, la médiation de...* —Se rendre médiateur. — *Négocier par personnes interposées*, se servir de la médiation de quelques personnes pour ne pas intervenir soi-même.—S'INTERPOSER, v. pron., intervenir.—Se mettre entre, se placer entre deux.

INTERPOSITION, subst. fém. (*eintèrepôzicion*) (en lat. *interpositio*), situation d'un corps entre deux autres. — Fig., intervention d'une autorité supérieure : *l'interposition de l'autorité souveraine*. — En t. de jurispr., *interposition de décret*, jugement rendu avec la partie saisie, lequel ordonne que le bien saisi réellement sera vendu et adjugé par décret.—*Il y a interposition de personnes*, lorsque quelqu'un se présente pour un autre, qui ne veut ou ne peut pas paraître intéressé dans l'affaire.

INTERPRÉTATEUR, subst. mas., **INTERPRÉTATRICE** (*eintèreprétateur, trice*), subst. fém., qui *interprète* le sens, la pensée. Ces deux mots manquent dans l'*Académie*.

INTERPRÉTATIF, adj. mas., au fém. **INTERPRÉTATIVE** (*eintèreprétatif, tive*), qui *interprète*, qui explique.

INTERPRÉTATION, subst. fém. (*eintèreprétâcion*), action d'*interpréter*; explication.

INTERPRÉTATIVE, adj. fém. Voy. INTERPRÉTATIF.

INTERPRÉTATIVEMENT, adv. (*eintèreprétativeman*), d'une manière *interprétative*.

INTERPRÉTATRICE, subst. fém. Voy. INTERPRÉTATEUR.

INTERPRÈTE, subst. des deux genres (*eintèreprète*) (en lat. *interpres*), celui qui *interprète* une langue en une autre.—Celui qui éclaircit le sens d'un auteur, d'un discours.—Celui qui est chargé de faire connaître les intentions, les volontés d'un autre.—On dit fig. en ce sens que : *les yeux sont les interprètes de l'âme*. — Celui qui explique ou qui présage quelque chose : *interprète des songes*.

INTERPRÉTÉ, E, part. pass. de *interpréter*.

INTERPRÉTER, v. act. (*eintèreprété*) (en latin *interpretare*), traduire d'une langue en une autre. — Expliquer ce qui est obscur ou caché.—Prendre en bonne ou mauvaise part. — T. de jurispr.; on *interprète une loi*, lorsque le législateur n'a pas prévu tous les cas qui se rencontrent, ou que les termes de cette loi présentent différents sens : *c'est au législateur qu'il appartient naturellement d'interpréter la loi*.— *Interpréter un arrêt*, l'expliquer par un autre arrêt. — S'INTERPRÉTER, v. pron.

INTERRÈGNE, subst. mas. (*eintèrerègnie*) (en lat. *interregnum*), intervalle de temps pendant lequel il n'y a point de roi dans un royaume. — On le dit même aussi en parlant des états gouvernés par d'autres que par des rois.

INTERREX, subst. mas. (*eintèrerèkce*) (mot latin, qui signifie inter-roi), magistrat qui gouverne pendant un *interrègne*. — En Pologne, on appelait *interrex* le primat du royaume, lorsque la mort du roi avait laissé le trône vacant. On dit généralement *inter-roi*.

INTERROG.,abréviation des mots *interrogation, interrogant* ou *interrogatif*.

INTERROGANT, adj. mas. (*eintèreroguan*): *point interrogant*, qui sert à marquer l'*interrogation*.

INTERROGAT, subst. mas. (*eintèrerogua*), question, demande qu'on fait en justice.

INTERROGATEUR, subst. mas., **INTERROGATRICE**, subst. fém. (*eintèreroguateur, trice*), celui, celle qui *interroge*.

INTERROGATIF, adj. mas., au fém. **INTERROGATIVE** (*eintèreroguatif, tive*) (en lat. *interrogativus*), qui sert à *interroger* : *point interrogatif*.

INTERROGATION, subst. fém. (*eintèreroguacion*) (en lat. *interrogatio*), demande, question que l'on fait à quelqu'un. — En rhétorique, figure par laquelle on *interroge*. — *Point d'interrogation*, par lequel on *interroge*. On le figure ainsi (?).

INTERROGATIVE, adj. fém. Voy. INTERROGATIF.

INTERROGATIVEMENT, adv. (*eintèreroguativeman*), en *interrogeant*.

INTERROGATOIRE, subst. mas. (*eintèreroguatoare*) (et lat. *interrogatorius*), voie par laquelle une partie tâche d'obtenir de son adversaire l'aveu de faits propres à influer sur la décision à rendre. — Procès-verbal contenant les demandes d'un juge et les réponses de l'accusé.

INTERROGATRICE, subst. fém. Voy. INTERROGATEUR.

INTERROGÉ, E, part. pass. de *interroger*.

INTERROGER, v. act. (*eintèrerojé*) (en lat. *interrogare*), faire une question, une demande à... — T. de jurispr.; il se dit d'un juge ou d'un commissaire délégué qui fait des questions ou des demandes à un accusé ou à des témoins, pour l'éclaircissement de la vérité. — On dit figur., *interroger la nature, interroger la conscience*. Voy. QUESTIONNER. — s'INTERROGER, v.pron., se faire mutuellement des questions.—Consulter sa conscience.

INTER-ROI, subst. mas. (*eintèreroé*). Voyez INTERREX.

INTERROMPRE, v. act. (*eintèronpre*) (en lat. *interrumpere*), empêcher la continuation d'un discours, d'un travail, d'une négociation, etc. Il régit les personnes et les choses. — Empêcher la continuité d'un chemin, le cours d'une rivière, etc. — T. de jurispr., *interrompre la possession, interrompre la prescription, interrompre la péremption*, empêcher qu'une possession, une prescription, une péremption ne continue. — S'INTERROMPRE, v. pron.

INTERROMPU, E, part. pass. de *interrompre*. — En t. de bot., il se prend adjectivement, et signifie, dont les parties composantes sont entrecoupées par des espaces vides ou par des parties plus petites. — On dit qu'*un épi est interrompu*, lorsqu'il est composé de plusieurs fascicules ou groupes qui ne se touchent point.

INTERRUPTEUR, subst. mas., **INTERRUPTRICE**, subst. fém. (*eintèrupeteur, trice*) (en lat. *interruptor*), celui, celle qui *interrompt*, qui coupe la parole à quelqu'un qui parle.

INTERRUPTION, subst. fém. (*eintèrupecion*) (en lat. *interruptio*), action d'*interrompre*; état de ce qui est *interrompu*. — Figure de rhétorique par laquelle l'orateur s'interrompt lui-même.

INTERRUPTRICE, subst. fém. Voy. INTERRUPTEUR.

INTERSECTION, subst. fém. (*eintèrecèkcion*) (en lat. *intersectio*, fait de *intersecare, secare inter*, couper en deux, entrecouper), t. de géométrie, point où deux lignes, deux cercles se coupent l'un l'autre : *le centre d'un cercle est dans l'intersection de deux diamètres*.

INTERSTELLAIRE, adj. des deux genres (*eintèrecelèlère*) (du lat. *inter, entre*, et *stella*, étoile), t. d'astron. : *espaces interstellaires*, compris entre les étoiles.

INTERSTICE, subst. mas. (*eintèrecetice*) (en lat. *interstitium*, fait de *inter*, entre, et de *sisto* ou *sto*, je suis placé, dérivé de *ιστημι* ou de *σταω*, pris dans le même sens), intervalle de temps. Il ne se dit qu'en parlant du temps que l'Église fait observer entre la réception de deux ordres sacrés. — En phys., petits intervalles que laissent entre elles les particules ou les molécules des corps.—En bot., intervalle ou espace entre deux parties que l'on croirait réunies.

INTERSTICIEL, adj. mas., au fém. **INTERSTICIELLE** (*eintèreceticièle*), t. d'anat., se dit des *interstices* qui séparent les molécules du corps.

INTERSTICIELLE, adj. fém. Voy. INTERSTICIEL.

INTERTRACHÉLIEN, subst. mas. (*eintèretrachéli-ein*), t. d'anat., muscle du cou.

INTERTRANSVERSAIRE, subst. et adj. des deux genres (*eintèretrancevèrecère*), t. d'anat., ligament situé entre les apophyses *transverses* des vertèbres.C'est aussi le nom de plusieurs muscles.

INTERTRANSVERSAL, subst. et adj. mas. (*eintèretrancevèrecale*), t. d'anat., situé entre les vertèbres.—Au plur. mas., *intertransversaux*.

INTERTRANSVERSAUX, adj. mas. plur. Voy. INTERTRANSVERSAL.

INTERTRAVERSAIRE, adj. des deux genres. Voy. INTERTRANSVERSAIRE et INTERTRANSVERSAL.

INTERTRIGO, subst. fém. (*eintèretrignô*), t. de médec., blessure causée par le frottement d'une partie contre l'autre.—Excoriation, intumescence de la peau.

INTERTROPICAL, E, adj. (*eintèretropikale*), entre les tropiques.

INTERVALLAIRE, adj. des deux genres (*eintèrevalèlère*), disposé par *intervalles*; placé dans les *intervalles*. Il est vieux.

INTERVALLE, subst. mas. (*eintèrevale*) (en lat. *intervallum*, formé de *inter*, entre, et *vallum*, pieu; *séparation comme par un pieu mis entre deux*), distance d'un lieu ou d'un temps à un autre. — On dit adverbialement, *sans intervalle* au singulier, et *par intervalles* au plur.—En musique, différence d'un son grave à un son aigu réciproquement. Il y a des *intervalles simples, composés, résonnants, consonnants*, etc.

INTERVALVAIRE, adj. des deux genres (*eintèrevalvère*), t. de bot., qui forme les *valves* d'un fruit.

DU VERBE IRRÉGULIER **INTERVENIR** :
Intervenaient, 3ᵉ pers. plur. imparf. indic.
Intervenais, précédé de *j'*, 1ʳᵉ pers. sing. imparf. indic.
Intervenais, précédé de *tu*, 2ᵉ pers. sing. imparf. indic.
Intervenait, 3ᵉ pers. sing. imparf. indic.
Intervenant, part. prés.

INTERVENANT, E, adj. (*eintèrevenan, nante*), qui *intervient*. — On dit aussi substantivement : *l'intervenant*.

DU VERBE IRRÉGULIER **INTERVENIR** :
Intervenez, 2ᵉ pers. plur. impér.
Intervenez, précédé de *vous*, 2ᵉ pers. plur. prés. indic.
Interveniez, précédé de *vous*, 2ᵉ pers. plur. imparf. indic.
Interveniez, précédé de *que vous*, 2ᵉ pers. plur. prés. subj.
Intervenions, précédé de *nous*, 1ʳᵉ pers. plur. imparf. indic.
Intervenions, précédé de *que nous*, 1ʳᵉ pers. plur. prés. subj.

INTERVENIR, v. neut. (*eintèrevenir*) (en lat. *intervenire, venire inter*, venir, se mettre entre deux), entrer dans une affaire; demander d'être reçu dans une instance.—Se rendre médiateur; interposer son autorité, son crédit. Il prend l'auxiliaire *être*; et c'est à tort que La Bruyère a dit (chap. xi) : *il n'y a point eu.... de causes célèbres, de procédures longues.... où il n'ait au moins intervenu*. Il faut, *où il ne soit du moins intervenu*. — Il se dit, au palais, des jugements qui se rendent pendant un procès, etc.

DU VERBE IRRÉGULIER **INTERVENIR** :
Intervenons, 1ʳᵉ pers. plur. impér.
Intervenons, précédé de *nous*, 1ʳᵉ pers. plur. prés. indic.

INTERVENTIF, adj. mas., au fém. **INTERVENTIVE** (*eintèrevantif, tive*), de l'*intervention*.

INTERVENTION, subst. fém. (*eintèrevancion*), action par laquelle on *intervient* dans une affaire. —T. de jurispr., *intervention de procès*, action d'un tiers qui accepte un effet de commerce qui a été protesté faute de paiement à l'échéance.

INTERVENU, E, part. pass. de *intervenir*.

INTERVERSION, subst. fém. (*eintèrevèrecion*) (en lat. *interversio*), renversement, dérangement d'ordre.

INTERVERTÉBRAL, E, adj. (*eintèrevèretèbrale*), t. d'anat., *entre les vertèbres*.—Nous ne trouvons le plur. mas. nulle part. On dit bien *vênœus et vitœux*, pourquoi ne dirait-on pas *vertèbraux ?*

INTERVERTI, E, part. pass. de *intervertir*.

INTERVERTIR, v. act. (*eintèrevèretir*) (en lat. *intervertere*), déranger, renverser. — s'INTERVERTIR, v. pron.

INTERVERTISSEMENT, subst. mas. (*eintèrevèreticeman*), action d'*intervertir*.

DU VERBE IRRÉGULIER **INTERVENIR** :
Interviendra, 3ᵉ pers. sing. fut. indic.
Interviendrai, 1ʳᵉ pers. sing. fut. indic.
Interviendraient, 3ᵉ pers. plur. prés. cond.
Interviendrais, précédé de *j'*, 1ʳᵉ pers. sing. prés. cond.
Interviendrais,précédé de *tu*, 2ᵉ pers. sing. prés. cond.
Interviendrait, 3ᵉ pers. sing. prés. cond.
Interviendras, 2ᵉ pers. sing. fut. indic.
Interviendrez, 2ᵉ pers. plur. fut. indic.
Interviendriez, 2ᵉ pers. plur. prés. cond.
Interviendrions, 1ʳᵉ pers. plur. prés. cond.
Interviendrons, 1ʳᵉ pers. plur. fut. indic.
Interviendront, 3ᵉ pers. plur. fut. indic.
Intervienne, précédé de *que j'*, 1ʳᵉ pers. sing. prés. subj.
Intervienne, précédé de *qu'il* ou *qu'elle*, 3ᵉ pers. sing. prés. subj.
Interviennent, précédé de *ils* ou *elles*, 3ᵉ pers. plur. prés. indic.
Interviennent, précédé de *qu'ils* ou *qu'elles*, 3ᵉ pers. plur. prés. subj.
Interviennes, 2ᵉ pers. sing. prés. subj.
Interviens, précédé de *j'*, 1ʳᵉ pers. sing. prés. indic.
Interviens, précédé de *tu*, 2ᵉ pers. sing. prés. indic.
Intervient, 3ᵉ pers. sing. prés. indic.
Intervînmes, 1ʳᵉ pers. plur. prét. déf.
Intervinrent, 3ᵉ pers. plur. prét. déf.
Intervins, précédé de *j'*, 1ʳᵉ pers. sing. prét. déf.
Intervins, précédé de *tu*, 2ᵉ pers. sing. prét. déf.
Intervinsse, 1ʳᵉ pers. sing. imparf. subj.
Intervinssent, 3ᵉ pers. plur. imparf. subj.
Intervinsses, 2ᵉ pers. sing. imparf. subj.
Intervinssiez, 2ᵉ pers. plur. imparf. subj.
Intervinssions, 1ʳᵉ pers. plur. imparf. subj.
Intervînt, précédé de *il* ou *elle*, 3ᵉ pers. sing. prét. subj.
Intervînt, précédé de *qu'il* ou *qu'elle*, 3ᵉ pers. sing. imparf. subj.
Intervîntes, 2ᵉ pers. plur. prét. déf.

INTESTABLE, adj. des deux genres (*eintècetable*), qui ne peut servir de *témoin*. Inusité.

INTESTAT, adj. des deux genres, et mieux adv. (*eintèceta*) (en lat. *intestatus, non testatus*, qui n'a pas *testé*), t. de droit : *mourir intestat, sans avoir fait de testament*.—*Héritier ab intestat*, héritier d'une personne morte sans avoir fait de testament. Les Latins disaient également *ab intestato*.

INTESTIN, E, adj. (*eintècetin, tine*) (en latin *intestinus*, formé dans le même sens *deintus*; en grec εντος, au-dedans, et de *sto*, pris du grec σταω, je suis placé), qui est au-dedans : *guerre intestine, guerre civile*, parce qu'elle se fait dans l'intérieur de l'état. — *Guerre que nous font nos passions.* — *Voltaire* a dit (*Adelaïde du Guesclin*) :

Les troubles *intestins* de la maison royale.

Intestin n'est du style noble qu'au féminin.

INTESTIN, subst.mas. (*eintècetein*), t. d'anat.; ce mot, dans son sens le plus étendu, signifie un canal de l'animal, dans lequel l'aliment est reçu, et duquel cet aliment est distribué dans tout le corps. Dans ce sens, l'*intestin* est *la partie la plus essentielle de l'animal*.—Dans un sens plus étroit, on appelle *intestin*, la partie de ce canal alimentaire qui est cylindrique, tient à l'estomac, et est plus étroite que cette dernière partie. On distingue le *gros intestin* et l'*intestin grêle*.—On emploie fréquemment au pluriel, à cause des différentes parties que l'on distingue dans l'intestin : *les intestins; les gros intestins; les intestins grêles*. —Canaux membraneux qui s'étendent de l'estomac à l'anus.

INTESTINAL, E, adj. (*eintècetinale*), qui appartient aux *intestins*.—*Vers intestinaux*, qui ne se développent que dans les animaux vivants. On les distingue en vers aplatis, en vers arrondis ou vésiculeux. — Au plur. mas., *intestinaux*.

INTESTINAUX, adj. mas. plur. Voyez INTESTINAL.

INTIGÉ, E, adj. (*eintijé*), t. de bot., acaule; sans *tige*.

INTIMATION, subst. fém. (*eintimàcion*), action par laquelle on *intime*.—T. de jurispr.; il se prend pour tout acte judiciaire, par lequel on déclare et notifie une procédure à quelqu'un; mais il se dit plus ordinairement de l'exploit d'assignation qu'un appelant fait donner à celui qui a obtenu gain de cause devant les premiers juges pour voir réformer le jugement par le juge supérieur.

INTIME, adj. des deux genres (*eintime*) (en lat. *intimus*, très-intérieur, qui est bien avant, fait de *intus*, en grec εντος, au-dedans): *ami, amie intime*, qu'on aime du fond du cœur. — *Union, liaison intime*, très-étroite. — *Sens intime*, sentiment de ce qui se passe au-dedans de nous. — *Secrétaire intime*, qui a toute la confiance.—Subst. : *un intime; c'est son intime*, son ami.

INTIMÉ, E, part. pass. de *intimer*, et subst., celui, celle qui se défend en cause d'appel. Voy. INTIMER.

INTIMEMENT, adv. (*eintimeman*) (en lat. *intimè*), avec une affection très-particulière, avec une liaison très-étroite. — *Etre intimement convaincu d'une chose*, profondément, intérieurement convaincu.

INTIMER, v. act. (*eintimé*) (en lat. *intimare*), signifier avec l'autorité du magistrat. — Appeler en justice.—*Intimer un concile*, assigner le lieu et le temps auquel il doit se tenir. — *s'*INTIMER, v. pron.

INTIMIDATION, subst. fém. (*eintimidàcion*), action d'*intimider*; menace. Ce mot manque dans l'*Académie*.

INTIMIDÉ, E, part. pass. de *intimider*.

INTIMIDER, v. act. (*eintimidé*) (du lat. *in*, dans, et *timor*, crainte; *mettre la crainte dans*), donner de la crainte à...—*s'*INTIMIDER, v. pron., se troubler.

INTIMITÉ, subst. fém. (*eintimité*), qualité de ce qui est *intime*; liaison *intime*.

INTINCTION, subst. fém. (*eintinkcion*) (en lat. *intinctio*, fait de *intingere, tingere in*, tremper dans quelque chose de liquide), t. de liturgie, mélange d'une petite partie de l'hostie consacrée avec le sang de Jésus-Christ.

INTITULATION, subst. fém. (*eintitulàcion*), l'inscription, le titre qu'on met à un livre. Hors d'usage; on dit *intitulé*.

INTITULÉ, subst. mas. (*eintitulé*), titre qu'on met à un acte, à un livre. — *L'intitulé d'un inventaire*, t. de pratique, les qualités des parties comparantes, et le préambule qui précède la description des effets.

INTITULÉ, E, part. pass. de *intituler*.

INTITULER, v. act. (*eintitulé*) (en lat. *intitulare*; formé de *in*, sur, et de *titulus*, titre; *mettre un titre sur*...), donner un titre à un livre, à un acte, etc.—*s'*INTITULER, v. pron.

INTOLÉRABLE, adj. des deux genres (*eintolérable*), qu'on ne peut *tolérer*, souffrir. — Insupportable.

INTOLÉRABLEMENT, adv. (*eintolérableman*), d'une manière *intolérable*.

INTOLÉRANCE, subst. fém. (*eintolérance*), défaut de *tolérance* en matière de religion.—Rigueur inflexible.

INTOLÉRANT, E, subst. et adj. (*eintoléran, rante*), qui manque de *tolérance* en matière de religion.

INTOLÉRANTISME, subst. mas. (*eintolérantiçeme*), doctrine, sentiment de ceux qui sont *intolérans*, qui ne veulent souffrir d'autre religion que la leur.

INTOLÉRÉ, E, part. pass. de *intolérer*.

INTOLÉRER, v. act. (*eintoléré*), ne pas *tolérer*.

INTONDU, E, adj. (*eintondu*), qui n'a pas été tondu.

INTONNATION, et non pas INTONATION, subst. fém. (*eintonàcion*), action d'*entonner* un chant.—Il se dit surtout de la manière de saisir le ton sur lequel on doit chanter, pour guider le chœur d'une église.—Ton qu'on donne aux syllabes en parlant. Voy. ENTONNER.

INTONS, adj. mas. (*einton*) (du latin *intonsus*): *livre intons*, qui n'a pas été rogné. Hors d'usage.

INTORSION, subst. fém. (*eintorcion*), t. de bot., flexion, contorsion. Hors d'usage.

INTOXIQUÉ, E, part. pass. de *intoxiquer*.

INTOXIQUER, v. act. (*eintokcikié*) (du lat. *toxicum*, poison), empoisonner.—*s'*INTOXIQUER, v. pron. Vieux et même inusité.

INTRACRANIEN, adj. mas., au fém. INTRACRANIENNE (*eintrakraniein, niène*), cérébral; qui a lieu dans le *crâne*. Peu connu.

INTRADOS, subst. mas. (*eintradô*), t. d'archit., surface intérieure ou concave; parement intérieur d'une voûte, d'un voussoir, d'un arc. C'est l'opposé de l'*extrados*.

INTRADUISIBLE, adj. des deux genres (*eintraduizible*), qu'on ne peut *traduire*.

INTRAITABLE, adj. des deux genres (*eintrètable*), rude, d'un commerce difficile, qui n'est pas *traitable*.

INTRA-MUROS, loc. adv. (*eintramurôce*), mots latins qui signifient : dans l'enceinte des murs.

INTRANSITIF, adj. mas., au fém. INTRANSITIVE (*eintranzitif, tive*) (du lat. *in* négatif, et de *transire*, passer), t. de gramm. Il se dit des verbes dont les actions qu'ils expriment ne passent pas hors du sujet qui agit, comme *dîner, sauter, partir*, etc. — On dit aussi subst. au mas. : *un intransitif*.

INTRANSITIVE, adj. fém. Voy. INTRANSITIF.

INTRANSMUTABLE, adj. des deux genres (*eintrancemutable*), t. d'hist. nat., qui ne subit pas de métamorphose, de changement.

INTRANT, subst. mas. (*eintran*) (en lat. *intrans*, sous-entendu *in concilium*, entrant dans l'assemblée), dans l'Université de Paris, celui choisi par l'une des *quatre nations* pour nommer le recteur.

INTRA-PELVIO-TROCHANTERIEN, adj. et subst. mas. (*eintrapèlevi-otrochantériein*), t. d'anat., nom donné à l'obturateur interne, appelé autrement *sous-pubio-trochantérien-interne*.

INTRATIRACHA, subst. propre mas. (*eintratiraka*), nom du premier ciel des Siamois

IN-TRENTE-DEUX, adj. et subst. mas. (*eintrentedeu*), t. d'imprim., format dans lequel la feuille d'impression est pliée en *trente-deux* feuillets. — Au plur., des *in-trente-deux*.

IN-TRENTE-SIX, adj. et subst. mas. (*eintrantecice*), t. d'imprim., format dans lequel la feuille d'impression se compose de *trente-six* feuillets ou de soixante-douze pages.—Au plur., des *in-trente-six*.

INTRÉPIDE, adj. des deux genres (*eintrépide*) (en lat. *intrepidus*, formé, avec la même signification, de *in* négatif, et de *trepidare*, s'agiter en désordre, prendre l'alarme, trembler de peur), qui ne craint point le danger, qui affronte le péril avec hardiesse.—Subst. : *c'est un intrépide*.

INTRÉPIDEMENT, adv. (*eintrépideman*), d'une manière *intrépide*.

INTRÉPIDITÉ, subst. fém. (*eintrépidité*), fermeté inébranlable dans le péril. Voy. INTRÉPIDE.

INTRIGAILLÉ, E, part. pass. de *intrigailler*.

* **INTRIGAILLER**, v. neut. (*eintriguâ-ié*), s'occuper de petites *intrigues*, de manœuvres méprisables. (*Boiste*.) Bas et peu usité.

* **INTRIGAILLEUR**, subst. mas. (*eintriguâ-ieur*), celui qui s'occupe d'*intrigailler*. (*Boiste*.) Peu usité.

INTRIGANT, E, subst. et adj. (*eintriguan, guante*), qui se mêle de beaucoup d'*intrigues*. — Substantiv. : *c'est un intrigant, une intrigante*.— *Intrigant* s'écrit sans *u*, lorsqu'il est adj. ou subst.; mais on écrit *intriguant*, si le mot est part. prés. Voy. INTRIGUER.

INTRIGOTERIE ou **INTRIGAILLERIE**, subst. fém. (*eintriguoteri, guâ-ieri*), petite *intrigue*. Il est familier et peu en usage.

INTRIGUE, subst. fém. (*eintrigue*) (du lat. *intricatura*, fait de *intricare*, embrouiller, embarrasser, dont les racines sont *in*, dans, et *tricæ*, filets dans lesquels les oiseaux s'embarrassent), pratique secrète qu'on emploie pour faire réussir une affaire. INTRIGUE, BRIGUE, CABALE, PARTI. (*Syn*.) Une *intrigue*, dit M. *Guizot*, est la réunion des moyens employés par une ou plusieurs personnes pour un objet quelconque; une *brigue* est la réunion combinée des démarches de plusieurs personnes en faveur d'une seule; une *cabale* est l'association de plusieurs pour ou contre une personne ou une chose; un *parti* est la réunion de plusieurs personnes dans un même intérêt, une même opinion.—Dans la poésie dramatique, le nœud et les différents incidents qui le forment. Ce mot était autrefois masculin, à en juger par ce vers de *Desmarets*, dans sa comédie des *Visionnaires* :

Je pense que l'*intrigue* en serait bien plaisant.

— Fam., embarras, incident fâcheux : *se tirer d'intrigue*.—Commerce secret de galanterie.

INTRIGUÉ, E, part. pass. de *intriguer*, et adj. : *comédie intriguée*, dont l'*intrigue* est bien ou mal conduite.—*Homme intrigué*, embarrassé.

INTRIGUER, v. act. (*eintriguié*) (en lat. *intricare*), embarrasser. Il ne régit que les personnes.—Neut., faire des *intrigues*.—*s'*INTRIGUER, v. pron., se donner beaucoup de peine et de soin pour faire réussir une affaire; s'inquiéter réciproquement. — *S'intriguer partout*, s'interposer dans tout ce qui se fait.

INTRIGUEUR, subst. mas., au fém. INTRIGUEUSE (*eintrigueur, gueuze*), qui fait des *intrigues*. Il se prend en mauvaise part, et s'emploie rarement; on dit mieux : *intrigant, intrigante*.

INTRIGUEUSE, subst. fém. Voy. INTRIGUEUR.

INTRINSÈQUE, adj. des deux genres (*eintreincèke*) (en lat. *intrinsecus*, fait de *intus*, en grec εντος, au-dedans, par-dedans), t. de philosophie, intérieur, qui est au-dedans.—*La valeur intrinsèque d'un bijou d'or* est la matière même, sans aucun égard à la façon; *la valeur intrinsèque d'une pièce de monnaie*, c'est le métal considéré relativement au grain de fin et non au travail. — En général, la valeur *intrinsèque* des choses est la valeur indépendante de nos conventions, de nos caprices.—*Linnée* appelait *maladies intrinsèques*, les maladies internes. —Quelques anatomistes ont décrit sous le même nom de *muscles intrinsèques de la langue*, les divers faisceaux musculaires qui concourent à former la langue.

INTRINSÈQUEMENT, adv. (*eintreincèkeman*), d'une manière *intrinsèque*.

INTRIQUÉ, E, part. pass. du verbe inusité *intriquer*, et adj. (*eintrikié*), confus, embrouillé, difficile à développer. (*Boiste*.) Inusité.

INTRODUCTEUR, subst. mas., INTRODUCTRICE, subst. fém. (*eintrodukteur, trice*), celui ou celle qui *introduit*.—On appelle *introducteur des ambassadeurs*, un officier dont la charge est de conduire les ambassadeurs et les princes étrangers à l'audience du roi.

INTRODUCTIF, adj. mas., au fém. INTRODUCTIVE (*eintroduktif, tive*), t. de palais, ce qui *introduit*; ce qui commence et sert comme d'entrée : *requête introductive; exploit introductif*.

INTRODUCTION, subst. fém. (*eintrodukcion*) (en lat. *introductio*), action d'*introduire* : *introduction de la sonde dans la vessie*; et fig., *introduction d'une coutume, d'un usage*.—Au fig., entrée, acheminement à une science, etc.—Livre contenant les principes de quelque doctrine. — *Introduction* se dit, en terme de littérature et de science, d'un petit ouvrage que l'on met à la tête d'un grand, et dans lequel on donne des notions préliminaires indispensables pour l'intelligence de ce dernier.—En t. de palais : *introduction d'une instance*, commencement d'une procédure.

INTRODUCTIVE, adj. fém. Voy. INTRODUCTIF.

INTRODUCTOIRE, adj. des deux genres (*eintroduktoare*), de l'*introduction* : *style introductoire*.

INTRODUCTRICE, subst. fém. Voy. INTRODUCTEUR.

INTRODUIRE, v. act. (*eintroduire*) (en lat. *introducere, ducere intrò*), conduire dedans, faire entrer, donner entrée à... — Faire entrer une chose dans une autre : *introduire une sonde dans une plaie*. — Fig., donner cours à... : *introduire une coutume, un usage*. — Faire entrer, faire intervenir un personnage dans une action, dans un discours.—T. de faucon. : *introduire un oiseau au vol*, commencer à le faire voler.—*s'*INTRODUIRE, v. pron.

INTRODUIT, E, part. pass. de *introduire*.

INTROÏT, subst. mas. (*eintro-ite*) (en lat. *introitus*, exorde, début, commencement, fait de *introire, ire intro*, aller ou entrer dans), t. de liturgie, prière récitée par le prêtre et chantée par le chœur, au commencement de la messe.

INTROMISSION, subst. fém. (*eintromicion*) (en lat. *intromissio*, fait de *intromittere, mittere intro*, envoyer dans, introduire), t. de phys., action par laquelle un corps est *introduit* dans un autre.

INTRONISATION, subst. fém. (*eintronizàcion*) (du grec εν, dans, sur, et de θρονος, trône), installation d'un évêque dans son siége épiscopal. —*Intronisation* se dit aussi d'une partie de la cérémonie du couronnement d'un souverain. C'est le moment où il se place sur le *trône*.

INTRONISÉ, E, part. pass. de *introniser*.

INTRONISER, v. act. (*eintronizé*), installer un évêque. Voy. INTRONISATION.—*s'*INTRONISER, v. pron.

INTROPELVIMÈTRE, subst. mas. (*eintropèlevimètre*), t. de chir., instrument pour mesurer l'intérieur du bassin.

INTROPION, *subst. mas.* (*eintropion*), t. de médec., renversement des paupières en dedans.

INTROUVABLE, adj. des deux genres (*eintrouvable*), qu'on ne saurait *trouver*. Il est familier.

INTROUVÉ, E, adj. (*eintrouvé*), qui n'a point été, qui n'a pu être *trouvé*.

INTRUS, E, adj. et subst. (*eintru, truze*) (en lat. *intrusus*, part. pass. de *intrudere*, *trudere in*, pousser dans), celui ou celle qui s'est mis, sans aucun droit, en possession de quelque chose. —Celui ou celle qui s'introduit dans quelque lieu, ou place, ou société, sans droit, par force ou par ruse.

INTRUSION, subst. fém. (*eintruzion*) (du latin *se intrudere*, s'ingérer), action par laquelle on s'introduit contre le droit ou la *forme* dans un bénéfice, et, par extension, dans une charge, un emploi.

INTUITIF, adj. mas., au fém. **INTUITIVE** (*eintu-itif, tive*) (du lat. *intuere*, considérer, regarder), t. de théologie : *vision intuitive*, vision de Dieu telle que les bienheureux l'ont dans le ciel.

INTUITION, subst. fém. (*eintu-icion*), t. de théologie, vision claire et certaine des bienheureux à l'égard de Dieu.

INTUITIVE, adj. fém. Voy. INTUITIF.

INTUITIVEMENT, adv. (*eintu-itiveman*), d'une manière *intuitive : voir Dieu intuitivement*.

INTUMESCENCE, subst. fém. (*eintumèceçance*) (du lat. *intumescere*, s'enfler, se gonfler, fait de *tumor*, tumeur, enflure), t. de phys., action par laquelle une chose s'enfle.

INTUS-SUSCEPTION, subst. fém. (*eintuce-çucèpecion*) (du lat. *intus*, au-dedans ou dedans, et *suscipere*, recevoir), en t. de phys., introduction d'un suc ou d'une matière quelconque dans un corps organisé : *les plantes se nourrissent et croissent par intus-susception*. — En médec., entrée contre nature d'une portion d'intestin dans un autre, comme il arrive quelquefois dans la passion iliaque.

INTYBE, subst. fém. (*eintibe*), t. de bot., plante chicoracée.

INULE, subst. fém. (*inule*), t. de bot., plante corymbifère.— *Inule dyssentérique*, conise des prés.

INULÉES, subst. fém. plur. (*inulé*), t. de bot., famille de plantes qui a pour type le genre *inule*.

INULINE, subst. fém. (*inuline*), t. de chim., substance amylacée tirée de l'*inule*.

INUNIFORMÉMENT, adv. (*inuniforméman*), d'une manière qui n'est pas *uniforme*.

INUS., abréviation du mot *inusité*.

INUSITÉ, E, adj. (*inuzité*) (en lat. *inusitatus*), qui n'est pas *usité*.

INUSTION, subst. fém. (*inucetion*), t. de médec., brûlure intérieure. Inusité.

INUTILE, adj. des deux genres (*inutile*) (en lat. *inutilis*), qui ne sert à rien, qui n'est pas *utile : meuble inutile*, dont on ne se sert pas. — *Laisser quelqu'un inutile*, ne pas l'employer. — Avec le verbe être, *inutile* régit *de*, quand ce verbe est pris unipersonnellement : *il est inutile de dire, de faire*. Quand le verbe être est pris dans un autre sens, *inutile* régit *à* : *cela est inutile à dire*.

INUTILEMENT, adv. (*inutilemun*), sans *utilité*, en vain. Voy. VAINEMENT.

INUTILISÉ, E, part. pass. de *inutiliser*.

INUTILISER, v. act. (*inutilizé*), rendre *inutile* : *inutiliser un bien*. — S'INUTILISER, v. pron.

INUTILITÉ, subst. fém. (*inutilité*), manque d'*utilité*: *l'inutilité de vos peines*.—Défaut d'emploi ou d'occasion d'être *utile* : *laisser quelqu'un dans l'inutilité*.—Au plur., choses *inutiles*.

INUUS ou **INUS**, subst. propre mas. (*inu-uce, inuce*), myth., le même que Pan.

INVADÉ, E, part. pass. de *invader*.

INVADER, v. act. (*einvadé*), faire *invasion*, assaillir. Inusité.—S'INVADER, v. pron.

INVAGINATION, subst. fém. (*einvajinâcion*), t. de chir., se dit de l'introduction d'une portion d'intestin dans la partie qui la précède ou qui la suit.

INVAGINÉ, E, part. pass. de *invaginer*.

INVAGINER, v. act. (*einvajiné*), t. de chir., introduire dans le *vagin*. (*Raymond*.) Inusité.

INVAINCU, E, adj. (*einveinku*), qui n'a jamais été *vaincu*. P. Corneille a dit :

Son bras est *invaincu*, mais non pas invincible.

INVALIDE, adj. des deux genres (*einvalide*) (en lat. *invalidus, non validus*), estropié, infirme; qui ne saurait travailler ni gagner sa vie : *soldat, mendiant invalide*. — On dit aussi subst. : *c'est un invalide* ; *Hôtel des Invalides*.—Fig., qui n'a pas les conditions requises par les lois pour produire son effet.

INVALIDEMENT, adv. (*einvalideman*) , sans *validité*.

INVALIDÉ, E, part. pass. de *invalider*.

INVALIDER, v. act. (*einvalidé*), rendre ou déclarer *invalide*, nul : *invalider un acte*, etc. —S'INVALIDER, v. pron.

INVALIDITÉ, subst. fém. (*einvalidité*), défaut qui rend *invalide* et nul un acte, un contrat, etc.

INVAR., abréviation du mot *invariable*.

INVARIABILITÉ, subst. fém. (*einvari-abilité*), qualité de ce qui est *invariable*.

INVARIABLE, adj. des deux genres (*einvariable*) qui ne *varie* point, qui ne change pas.

INVARIABLEMENT, adv. (*einvari-ableman*), d'une manière *invariable*.

INVASION, subst. fém. (*einvâzion*) (du lat. *invasio*, fait de *invadere*, envahir, formé de *in*, dans, et de *vadere*, aller), action de celui qui vient *envahir* un pays.—Fig : *L'invasion des mauvaises doctrines*.—On dit aussi, en médec., *l'invasion d'une maladie*, pour désigner son but , ses symptômes.

INVECTIF, adj. mas., au fém. **INVECTIVE** (*einvèktif, tive*), qui sert à traîner. Inusité.

INVECTIVE, subst. fém. (*einvèktive*) (en lat. *invectio*, fait de *invehi*), parole, expression injurieuse et véhémente.—Adj. fém. Voy. INVECTIF.

INVECTIVÉ, E, part. pass. de *invectiver*.

INVECTIVER, v. neut. (*einvèktivé*) (du lat. *invehi*, formé, avec la même signification, de la prép. *in*, contre, et du passif *vehi*, être porté ; proprement, *être porté* ou *se porter contre*), déclamer contre quelqu'un ou quelque chose : *invectiver contre le vice*. — Ce verbe est toujours neut.; ainsi, on ne dit pas *invectiver quelqu'un*, mais *contre quelqu'un*.—S'INVECTIVER, v. pron., se dire des *invectives*.

INVENDABLE, adj. des deux genres (*einvandable*), qu'on ne peut *vendre* : *terre invendable*.

INVENDU, E, adj. (*einvandu*), qui n'est pas *vendu* : *étoffe invendue*. (Voltaire.)

INVENTAIRE, subst. mas. (*einvantère*) (du lat. *inventarium*, employé par *Ulpien* dans la même signification, et fait de *invenire*, trouver, découvrir; parce qu'un *inventaire se compose* de tous les effets qu'on *trouve* dans une succession, etc.), état, dénombrement par écrit des effets de quelqu'un.—C'est, en général, un état et une description de quelque chose.—On fait *un inventaire des titres d'une famille*.—*L'inventaire d'une succession* est une énumération et une description des effets mobiliers, et des titres et papiers d'un défunt : *mettre, coucher une chose dans l'inventaire, sur l'inventaire ; clore un inventaire ; récolement d'un inventaire*.—On appelle *héritier par bénéfice d'inventaire*, l'héritier qui n'est tenu des dettes d'une succession que jusqu'à la concurrence de ce qui est porté par l'*inventaire*.—On a nommé autrefois aussi *inventaire*, la vente des meubles qui sont contenus dans l'*inventaire : il y a un inventaire dans cette maison*.—On appelle, en t. de pratique, *inventaire de production*, le dénombrement des pièces qu'on produit en un procès. — T. de mar., état des agrès, des munitions de guerre et de bouche, qu'on délivre à l'armement d'un bâtiment, à celui qui en est chargé.—*Inventaire* ne se dit pas pour *éventaire*, panier plat que les petites marchandes portent devant elles.

INVENTÉ, part. pass. de *inventer*.

INVENTER, v. act. (*einvanté*) (en lat. *invenire*), trouver quelque chose de nouveau par la force de son génie. Voy. TROUVER. — Supposer, controuver.—Prov. : *il n'a pas inventé la poudre*, il a peu d'esprit. — INVENTER, TROUVER. (*Syn.*) On *invente* de nouvelles choses, par la force de l'imagination ; on *trouve* des choses cachées, par la recherche et par l'étude. L'un marque la fécondité de l'esprit ; l'autre, la pénétration.—La mécanique *invente* les outils et les machines ; la physique *trouve* les causes et les effets.—S'INVENTER, v. pron.

INVENTEUR, subst. mas., **INVENTRICE**, subst. fém. (*einvanteur, trice*) (en lat. *inventor*), celui, celle qui a *inventé*.—Myth., subst. propre mas., surnom sous lequel Hercule éleva un autel à Jupiter, après avoir retrouvé ses bœufs, que Cacus lui avait détournés.

INVENTRICE, subst. fém. Voy. INVENTEUR.

INVENTIF, adj. mas., au fém. **INVENTIVE** (*einvantif, tive*), qui a le génie, le talent d'*inventer*.

INVENTION, subst. fém. (*einvancion*) (en lat. *inventio*), faculté de l'esprit qui rend propre à *inventer*.— Action d'*inventer*. — En peinture, etc., choix que fait l'artiste des objets qui conviennent au sujet qu'il veut traiter.— Chose *inventée*. Voyez DÉCOUVERTE. — Découverte de reliques long-temps inconnues : *l'invention de la sainte Croix*, etc. — Fête en mémoire de cette découverte. — Première partie de la rhétorique.—On appelle *brevet d'invention*, un brevet accordé aux *inventeurs*, aux auteurs de nouvelles découvertes, pour leur en assurer la propriété et l'exercice exclusif pendant un certain temps.

INVENTIVE, adj. fém. Voy. INVENTIF.

INVENTORIÉ, E, part. pass. de *inventorier*; et adj. : *meubles inventoriés*.

INVENTORIER, v. act. (*einvantorié*), mettre dans un *inventaire*.— S'INVENTORIER, v. pron.

INVERSABLE, adj. des deux genres (*einvèreçable*), qui ne peut *verser*, en parlant d'une voiture.

INVERSE, adj. des deux genres (*einvèrece*) (du lat. *inversus* , part. pass. de *invertere*, retourner, renverser en sens contraire); les logiciens appellent *inverse*, une proposition qui résulte d'un échange de fonctions entre le sujet et l'attribut d'une proposition quelconque qu'ils conçoivent comme directe. En considérant cette proposition, *tous les méchants sont fous*, comme une proposition directe, *tous les fous sont méchants* sera l'*inverse*.—Ce terme s'applique aussi aux mathématiques. *Inverse* se dit d'une certaine manière de faire la règle de trois ou de proportion, qui semble être renversée ou contraire à l'ordre de la règle de trois directe. Dans la règle de trois directe, les termes étant rangés suivant leur ordre naturel, le premier terme est au second comme le troisième est au quatrième : c'est-à-dire que, si le second est plus grand ou plus petit que le premier, le quatrième est aussi plus grand et plus petit que le troisième dans la même proportion. Mais dans la règle *inverse*, le quatrième terme est autant au-dessus du troisième, que le second est au-dessus du premier. — Il se dit d'un théorème, d'une proposition, d'un rapport pris dans un ordre renversé : *l'intensité de la lumière est en raison inverse des carrés de la distance des corps lumineux* ; c'est-à-dire qu'elle diminue dans le même rapport que ces carrés croissent.—*Proposition inverse* ou simplement *une inverse*, subst. fém. Voy. CONVERSE.— *A l'inverse*, loc. adv., d'une manière *inverse*.

INVERSEMENT, adv. (*einvèreceman*), d'une manière *inverse*. On dit mieux *à l'inverse*.

INVERSION, subst. fém. (*einvèrecion*) (en lat. *inversio*), t. de gramm., transposition, changement de l'ordre dans lequel les mots ont coutume d'être rangés.

INVERTÉBRÉ, E, adj. (*einvèretébré*), t. de zoologie, qui est sans *vertèbres*, qui manque de cette colonne centrale appelée *échine*, et composée de pièces osseuses. Les animaux *invertébrés* forment une des deux grandes divisions de la zoologie.—Subst. mas. : *les invertébrés*.

INVESTI, E, part. pass. de *investir*, et adj., entouré, environné, etc. Voy. INVESTIR dans ses différentes acceptions.

INVESTIGATEUR, subst. mas., **INVESTIGATRICE**, subst. fém. (*einvèceticguateur, trice*), celui, celle qui cherche quelque chose, qui tâche de faire quelque découverte. Peu usité. — Adj. : *regard investigateur*.

INVESTIGATION, subst. fém. (*einvèceticguâcion*) (en lat. *investigatio*, fait de *investigare*, rechercher d'une manière suivie, tâcher de découvrir, lequel, formé de *in*, sur, et de *vestigium*, vestige, trace, piste, signifie proprement *suivre la piste, chercher à la piste*), recherche suivie sur un objet ; perquisition. Mot transporté du lat. en français par *J.-J. Rousseau*.—On dit aussi en gramm. : *l'investigation du thème*, pour dire la recherche analytique du premier radical d'un temps de verbe.

INVESTIGATRICE, subst. fém. Voy INVESTIGATEUR.

INVESTIR, v. act. (*einvècetir*) (en lat. *investire*, revêtir, couvrir, fait de *in* sur, et de *vestis*, vêtement. Autrefois, dit *Caseneuve*, celui qui vendait ou donnait quelque chose qu'il ne pouvait livrer effectivement, en mettait en possession l'acheteur ou le donataire par la tradition de sa robe ou de son manteau, ce qui était proprement *se dévestir* pour *investir* autrui. De là, le pallium donné par le pape aux archevêques; le manteau par la tradition duquel l'empereur Conrad investit Frédéric du palatinat de Saxe; la cape, qui était également en Angleterre une marque d'investiture, etc.), mettre en possession de quelque fief.—Donner l'*investiture d'un bénéfice*. —Environner une place de guerre ou l'envelopper de troupes, en sorte que tous les passages, pour les secours et la retraite, soient fermés; comme les *vêtements* entourent et enveloppent le corps.— Fig., être tellement assidu auprès de quelqu'un, qu'on empêche les autres d'y approcher.—S'INVESTIR, v. pron.

INVESTISSEMENT, subst. mas. (*einvèceticeman*), action d'*investir* une place, une ville pour l'assiéger.

INVESTITURE, subst. fém. (*einvècetiture*), mise en possession d'un fief. — Acte qui la constate. Voy. INVESTIR.

INVÉTÉRÉ, E, part. pass. de *s'invétérer*. (En lat. *inveteratus*, formé de *in*, dans ou dedans, et de *vetus*, vieux.), enraciné; qui dure depuis longtemps : *mal invétéré, haine invétérée*, etc.

S'INVÉTÉRER, v. pron. (*ceinvétéré*) (en latin *inveterascere*, vieillir), devenir vieux et difficile à guérir. Il se dit au propre des maladies; et au figuré, des mauvaises habitudes.— Avec le verbe *laisser*, il devient neutre : *il ne faut pas laisser invétérer les maux*, etc.

INVIGILANCE, subst. fém. (*einvijilance*), défaut de *vigilance*.

INVINATION, subst. fém. (*einvinâcion*), t. de théol., union de la substance divine de J.-C. au *vin* consacré.

INVINCIBILITÉ, subst. fém. (*einveincibilité*), qualité de celui qu'on ne saurait *vaincre*. Ce mot n'est pas encore généralement reçu; il mérite de l'être.

INVINCIBLE, adj. des deux genres (*einveincible*) (en lat. *invincibilis*, formé de *in* négatif, et de *vincere*, vaincre), qu'on ne saurait *vaincre* : *armée, courage invincible*; et fig. : *obstacle, opiniâtreté invincible*.—*Argument invincible*, auquel il n'y a point de bonne réplique.—*Ignorance invincible*, ignorance des choses dont il est impossible qu'un homme ait eu connaissance. —Myth., surnom de Jupiter.

INVINCIBLEMENT, adv. (*einveincibleman*), d'une manière *invincible*.

IN-VINGT-QUATRE, subst. et adj. mas. (*einveintekatre*), t. d'imprimerie, format dans lequel la feuille d'impression contient *vingt-quatre* feuillets ou quarante-huit pages.— Au plur., des *in-vingt-quatre*.

INVIOLABILITÉ, subst. fém. (*einvi-olabilité*), droit, prérogative d'une personne publique de ne pouvoir être arrêtée, mise en jugement, pendant tout le temps que doivent durer ses fonctions : *un député ne peut subir la contrainte par corps, durant la session et dans les six semaines qui l'auront précédée ou suivie*.— Qualité de ce qui est *inviolable* : *l'inviolabilité des serments*.

INVIOLABLE, adj. des deux genres (*einvi-olable*) (en lat. *inviolabilis*), qu'on ne doit jamais *violer*, enfreindre : *serment, droit, asyle inviolable*.—Qu'on ne *viole* point : *c'est une loi, une coutume inviolable*.—En parlant des personnes, qui ne peut être poursuivi en justice, puni, etc. Voy. INVIOLABILITÉ. En ce sens, c'est un mot nouveau : *la personne du roi et des officiers ministériels, en fonctions, est inviolable*.

INVIOLABLEMENT, adv. (*einvi-olableman*), d'une manière *inviolable*.

INVIOLÉ, E, adj. (*einvi-olé*), qui n'a pas été *violé*. (Voltaire.)

INVISIBILITÉ, subst. fém. (*einvizibilité*), qualité, état de ce qui est *invisible*.

INVISIBLE, adj. des deux genres (*einvizible*) (en lat. *invisibilis*, fait de *in* négatif, et de *videre*, voir), qu'on ne peut voir.—Fam. : *devenir invisible*, disparaître subitement, sans qu'on s'en aperçoive; *il est invisible*, on ne peut parvenir à le voir.

INVISIBLEMENT, adv. (*einvizibleman*), d'une manière *invisible*.

INVITATEUR, subst. mas., **INVITATRICE**, subst. fém. (*einvitateur, trice*) (en lat. *invitator*); chez les anciens Romains, domestique qui allait *inviter* les conviés à un repas.—Dans le Bas-Empire, officier de la cour impériale qui faisait les *invitations*.

INVITATION, subst. fém. (*einvitâcion*) (en lat. *invitatio*), action d'*inviter*.—*Lettre, billet d'invitation*, par lesquels on *invite* à un repas, à une soirée, etc.

INVITATOIRE, subst. mas. (*einvitatoare*), t. de liturgie, antienne qui se chante à matines, et qui *invite* à louer Dieu.

INVITATRICE, subst. fém. Voy. INVITATEUR.

INVITÉ, E, subst. (*einvité*), celui, celle qu'on *invite* à un dîner, à une réunion, etc.

INVITÉ, E, part. pass. de *inviter*.

INVITER, v. act. (*einvité*) (en lat. *invitare*), prier de..., convier de..., engager à..., exciter à...—S'INVITER, v. pron., arriver sans avoir été convié à...; s'exciter, se porter à...

INVOCATION, subst. fém. (*einvokâcion*) (en lat. *invocatio*), action d'*invoquer*. — Dans un poème, vers par lesquels on s'adresse à quelque divinité vraie ou fausse pour lui demander son secours.

INVOCATOIRE, adj. des deux genres (*einvokatoare*), contenant une *invocation* : *prière invocatoire*.

INVOLONTAIRE, adj. des deux genres (*einvolontère*) (en lat. *involuntaria*, fait de *in* privatif, et de *voluntas*, volonté), qui est contre la *volonté* : *action involontaire*.—Qui est indépendant de la *volonté* : *mouvement involontaire*.

INVOLONTAIREMENT, adv. (*einvolontèreman*), contre la *volonté*, sans le vouloir.

INVOLUCELLE, subst. mas. (*einvolucèle*), t. de bot., diminutif d'*involucre*. Il se dit de chacune des ombelles particulières qui composent une ombelle générale.

INVOLUCELLÉ, E, adj. (*einvolucèlelé*), t. de bot., qui est garni d'un *involucelle*.

INVOLUCRE, subst. mas. (*einvolukre*) (du lat. *involucrum*, enveloppe), t. de bot., petites feuilles placées à la base de plusieurs ombelles.

INVOLUCRÉ, E, adj. (*einvolukré*), pourvu d'un *involucre*.

INVOLUTÉ, E, adj. (*einvoluté*) (du lat. *involutus*, part. pass. de *involvere*, envelopper, entortiller, faire rouler sur, formé de *in*, sur, et de *volvere*, rouler, tourner), t. de bot. : *feuille involutée*, celle qui est repliée dans le bouton, de manière que ses bords latéraux soient roulés sur eux-mêmes en dedans, comme dans le poirier.

INVOLUTION, subst. fém. (*involucion*), t. de palais, assemblage d'embarras, de difficultés.

INVOLVÉ, E, adj. (*einvolevé*), embrouillé. Peu en usage.

INVOQUÉ, E, part. pass. de *invoquer*.

INVOQUER, v. act. (*einvokié*) (en lat. *invocare*), formé de *in*, à, pour, et de *vocare*, appeler; appeler à son aide), appeler à son secours Dieu ou les saints.—Les poètes *invoquent* Apollon, les Muses, etc.—*Invoquer* régit les personnes, et *implorer*, les choses; on *invoque* un saint, on *implore* son intercession.—*Invoquer une loi, un témoignage*, citer en sa faveur une loi, un témoignage : *la loi qu'ils invoquent s'élève contre eux*. (Raynal.)—S'INVOQUER, v. pron.

INVRAISEMBLABLE, adj. des deux genres (*einvrèçanblable*), qui n'est pas *vraisemblable*.

INVRAISEMBLABLEMENT, adv. (*einvrèçanblableman*), d'une manière *invraisemblable*. Peu usité.

INVRAISEMBLANCE, subst. fém. (*einvrèçanblance*), défaut de *vraisemblance*. — Choses *invraisemblables*.

INVULNÉRABILITÉ, subst. fém. (*einvulnérabilité*), qualité, état de ce qui est *invulnérable*.

INVULNÉRABLE, adj. des deux genres (*einvulnérable*) (en lat. *invulnerabilis*, formé de *in* négatif, et de *vulnerare*, blesser, fait de *vulnus*, blessure), qui ne peut être blessé.

INVULNÉRABLEMENT, adv. (*einvulnérableman*), d'une manière *invulnérable*.

IO, subst. fém. (*i-o*), t. d'hist. nat., beau papillon, noir en dessous, rougeâtre en dessus. — Substantif propre fém., myth., fille d'Inachus et d'Ismène. Jupiter la métamorphosa en vache pour la soustraire à la vigilance de Junon; mais cette déesse la lui demanda, et la donna à garder à Argus. Mercure endormit le vigilant gardien au son de sa flûte, et le tua par ordre de Jupiter. Junon envoya un taon qui piquait continuellement *Io*, et qui la fit errer partout. On dit qu'en passant auprès de son père, elle écrivit son nom sur le sable avec son pied, et qu'elle se fit reconnaître; mais, dans le moment qu'Inachus allait se saisir d'elle, le taon la piqua si vivement, qu'elle se jeta dans la mer. Elle passa à la nage toute la Méditerranée, et arriva en Égypte, où Jupiter lui rendit sa première forme, et eut d'elle Epaphus. Les Egyptiens lui dressèrent des autels, et lui faisaient des sacrifices sous le nom d'*Isis*. Jupiter lui donna l'immortalité, et lui fit épouser Osiris. On lui immolait des oies. On représente *Io* ou *Isis*, portant sur sa tête, ou de grands feuillages bizarrement assemblés, ou une cruche, ou des tours, ou des créneaux de murailles, ou un globe, ou un croissant, ou une coiffure très-basse. Assez souvent, on la trouve, dans les anciens monuments, avec un enfant qu'elle tient sur ses genoux, ou à qui elle présente la mamelle. Dans d'autres, elle est serrée d'une grande enveloppe, qui s'étend depuis les épaules jusqu'aux pieds, et qui est pleine de figures hiéroglyphiques. On la voit aussi portant à la main droite, ou la lettre T suspendue à un anneau, ou un sistre, instrument de musique qui a la forme d'un cerceau ovale, ou enfin une faucille qu'il plaît à quelques auteurs de prendre pour une clef. On la confond avec Cybèle.

IOBATÈS ou **IOBATE**, subst. propre mas. (*i-obatèce, i-obate*), myth., nom d'un roi de Lycie.

IODAMÉ ou **IODAMIE**, subst. propre fém. (*i-odamé, dami*), myth., prêtresse de Minerve. Étant entrée, pendant la nuit, dans le sanctuaire du temple, la déesse la pétrifia, en lui montrant la tête de Méduse.—Il y eut une autre *Iodamé*, mère de Deucalion.

IODATE, subst. mas. (*i-odate*), t. de chimie, principe extrait de l'acide *iodique* et d'un oxyde.

IODE, subst. mas. (*i-ode*), t. de chim., corps solide, lamelleux et d'un éclat métallique.

IODÉ, E, adj. (*i-odé*), t. de chim., mélangé d'*iode*.

IODIDE, subst. fém. (*i-odide*), t. de chimie, combinaison de l'*iode* avec des corps moins électro-négatifs.

IODINE, subst. fém. (*i-odine*), t. de chimie, nom que quelques auteurs donnent à l'*iode*.

IODIQUE, adj. des deux genres (*i-odike*), t. de chim., *acide iodique*, combinaison d'oxygène et d'*iode*.

IODO-NITRIQUE, adj. des deux genres (*i-odônitrike*), t. de chim., se dit d'un acide composé des acides *nitrique* et *iodique* concentrés.—*Iodo-phosphorique*, d'un acide formé des acides *iodique* et *phosphorique*.—*Iodo-sulfurique*, d'un acide composé des acides *iodique* et *sulfurique*.

IODURE, subst. fém. (*i-odure*), t. de chimie, combinaison de l'*iode* avec des corps combustibles simples.

IOJES, subst. mas. plur. (*i-oje*), sectaires indiens.

IOL, subst. mas. (*i-ole*), petit vaisseau léger du Nord.

IOLAS, subst. propre mas. (*i-olâce*), myth., fils d'Iphiclus. On dit qu'il brûlait les têtes de l'hydre à mesure qu'Hercule les coupait. Hébé, pour récompense de ce service, le rajeunit, lorsqu'il devint caduc; ce qu'elle fit à la prière d'Hercule, qu'elle avait épousé dans le ciel.

IOLCHOS ou **IOLCOS**, subst. propre fém. (*i-olekoce*), myth., ville capitale de Thessalie, fameuse par la naissance de Jason, et où s'assemblèrent les princes grecs pour la conquête de la Toison d'or.

IOLE, subst. propre fém. (*i-ole*), myth., fille d'Euryte, roi d'OEchalie. Hercule voulut l'épouser, ce qui détermina Déjanire à envoyer à ce héros la fatale chemise du centaure Nessus. Voy. EURYTE.

IOLÉES, subst. fém. plur. (*i-olé*), myth., fêtes en l'honneur d'Hercule et d'*Iolas*.

IOLITHE, subst. fém. (*i-olite*), petite pierre qui sent la violette.

ION., abréviation du mot *ionien* ou *ionique*.

ION, subst. propre mas. (*i-on*), myth., fils de Xuthus et de Créuse, fille d'Erechthée. Il épousa Hélice, dont il eut plusieurs enfants, et régna dans l'Attique, qui fut assez long-temps appelée *Ionie*, de son nom. Il conduisit plusieurs colonies dans l'Asie-Mineure, où il les établit dans la Carie, dont il fit la conquête.

IONE, subst. fém. (*i-one*), t. d'hist. nat., sorte de pierre précieuse.—Myth., fille d'Autolycus. Elle fut changée en nymphe.

IONIDES, subst. propre fém. plur. (*i-onide*), myth., nom de nymphes. Elles avaient un temple en Elide, près du fleuve Cythéron, qui leur était consacré.

IONIE, subst. propre fém. Voy. ION.

IONIEN, adj. mas., au fém. **IONIENNE** (*i-onien, nièrne*) (du grec Ιων, ωνος, Ion, fils de Xuthus et de Créuse, fille d'Erechthée, qui donna son nom à l'Ionie) : dialecte ionien, ou subst. l'ionien, dialecte grec qu'on parlait en Ionie. — Il se dit, en t. de littérature ancienne, d'un pied composé qui entrait dans la versification. On l'emploie ordinairement comme substantif. Il y avait le *grand* et le *petit ionien*. Le grand ionien était composé d'un spondée et d'un pyrrhique, et le petit, d'un pyrrhique et d'un spondée. — On dit aussi : *les philosophes ioniens*, pour dire les philosophes de la secte *ionique*. — T. de musique, *mode ionien*, en comptant du grave à l'aigu, le second des cinq modes moyens de la musique des Grecs. On dit aussi *ionique*.

IONIENNE, adj. fém. Voy. IONIEN.

IONIENNES (ILES), subst. propre fém. plur. (*i-onièna*), archipel de la mer Ionienne, sur les côtes de la Turquie d'Europe et de la Grèce.

IONIENS, subst. mas. plur. (*i-oniein*), anciens peuples d'Asie.

IONIQUE, adj. des deux genres (*i-onike*) : *ordre ionique*, le troisième des ordres d'architecture. — *Vers ioniques*, vers latin composé de quatre mesures, dont chacune est de deux brèves et de deux longues. — *Secte ionique*, parmi les anciens philosophes, la secte de Thalès, né à Milet, en *Ionie*. Ce mot a la même origine qu'*ionien*, qui se dit également dans ces diverses acceptions.

IONTHOS, subst. mas. (*i-ontoce*), t. de médec., couperose.

IO-PAEAN, subst. mas. (*i-opé-an*) ; c'était un cri de joie et une prière que les anciens répétaient souvent dans les sacrifices, dans les jeux solennels, etc.

IOPAS, subst. propre mas. (*i-opâce*), myth., prince d'Afrique qui joua du luth pendant le festin que Didon donna à Enée.

IOTA, subst. mas. (*i-ota*) (en grec ιωτα), la neuvième lettre de l'alphabet grec, dont la figure est la plus simple de toutes ; c'est la voyelle *i*. — On dit fam. : *voilà un ouvrage parfait, il n'y manque pas un iota*, pas la moindre chose, rien. — Nom donné par les entomologistes à une espèce d'insectes lépidoptères, sur les ailes desquels on a cru reconnaître la forme de cette lettre grecque.

IOTACISME, subst. mas. (*i-otacecime*) (du grec ιωτα, *i*), t. de médec., proprement, prononciation ou répétition vicieuse de l'*i*. — Par extension, difficulté de prononcer quelques autres lettres, telles que le *j* et le *g*.

IPÉCACUANHA, subst. mas. (*ipékaku-ana*), racine d'une espèce de violier du Nouveau-Monde, employée, depuis le milieu du dix-septième siècle, comme succédané de l'émétique.

IPHATE, subst. propre mas. (*ifate*), myth., un des fils de Priam, tué devant Troie par Antiloque, fils de Nestor.

IPHIANASSE, subst. propre fém. (*ifi-anace*), myth., fille de Prœtus. Elle fut métamorphosée en vache avec ses sœurs, pour avoir préféré le palais de son père au temple de Junon. — Les poètes donnent aussi le nom d'*Iphianasse* à Iphigénie, fille d'Agamemnon. Voy. IPHIGÉNIE.

IPHIAS, subst. propre fém. (*ifi-âce*), myth., Evadné, fille d'*Iphis*.

IPHICLUS, subst. propre mas. (*ifikluce*), myth., fils de Phylacus et de Périclimène, était oncle de Jason. Il fut célèbre par sa grande agilité. — Il y eut un autre *Iphiclus*, ou mieux *Iphicles*, fils d'Amphitryon, et frère utérin d'Hercule. Un des princes grecs qui allèrent au siège de Troie avait ce nom. Ce dernier fut père de Protésilas.

IPHIDAMAS, subst. propre mas. (*ifidamâce*), myth., fils d'Anténor, qui fut tué par Agamemnon.

IPHIGÉNIE ou **IPHIANASSE**, subst. propre fém. (*ifijéni, ifi-anace*), myth., fille d'Agamemnon et de Clytemnestre. Elle fut nommée par Calchas pour être la victime qu'il fallait sacrifier en Aulide, afin d'obtenir un vent favorable que les Grecs attendaient pour aller au siège de Troie. Agamemnon la livra au grand-prêtre ; et dans le moment qu'on allait l'égorger, Diane enleva cette princesse, et fit paraître une biche en sa place. *Iphigénie* fut transportée dans la Tauride, où Thoas, roi de cette contrée, la fit prêtresse de Diane, à qui ce prince cruel faisait immoler tous les étrangers qui abordaient dans ses états. Oreste, après le meurtre de sa mère, contraint par les Furies qui l'agitaient à errer de province en province, fut arrêté dans ce pays, et condamné à être sacrifié ; mais *Iphigénie* sa sœur le reconnut dans l'instant qu'elle allait l'immoler, et le délivra aussi bien que Pylade, qui voulait mourir pour Oreste. Ils s'enfuirent tous trois, après avoir tué Thoas, et emportèrent la statue de Diane.

IPHIMÉDIE, subst. propre fém. (*ifimédi*), myth., fille de Triopas, et femme d'Aloüs. Elle quitta son mari et se jeta dans la mer pour épouser Neptune, dont elle eut deux fils, nommés Othus et Ephialte.

IPHINOÉ, subst. propre fém. (*ifino-é*), myth., fille de Prœtus et sœur d'Iphianasse.

IPHIS, subst. propre fém. (*ifice*), myth., fille de Lygdus et de Téléthuse. Lygdus ayant été obligé de faire un voyage, laissa Téléthuse grosse d'*Iphis*, avec ordre d'exposer l'enfant si c'était une fille. Aussitôt que Téléthuse fut accouchée, elle habilla *Iphis* en garçon. Lygdus, de retour, fit élever son prétendu fils ; et lorsqu'il voulut le marier avec une fille nommée Ianthe, Téléthuse, fort embarrassée, pria la déesse Isis de la secourir, et Isis métamorphosa *Iphis* en garçon. — Il y eut un prince de Chypre appelé aussi *Iphis*, qui se pendit de désespoir pour n'avoir pu toucher le cœur d'Anaxarète, et un autre qui fut du nombre des Argonautes.

IPHITUS, subst. propre mas. (*ifituce*), myth., fils d'Euryte, roi d'Œchalie. Hercule le fit précipiter du haut d'une tour, après avoir vaincu et tué Euryte. — C'était aussi le nom d'un roi d'Elide, qui fut un des Argonautes, et celui d'un Troyen qui suivit Enée.

IPO, subst. mas. (*ipo*), t. de bot., arbre très-vénéneux de l'île de Java. C'est le même que l'*upas* ou le *bubon upas*.

IPOCTONOS, subst. propre mas. (*ipoktonoce*), myth., surnom d'Hercule comme ayant détruit les vers qui rongeaient la vigne.

IPOMÉE, subst. fém. (*ipomé*), t. de bot., nom générique d'un genre de plantes exotiques, cultivées dans nos jardins, et qui est voisin du genre des liserons.

IPOMOPSIS, subst. fém. (*ipomopecice*), t. de bot., genre de plantes, le quamoclit à fleurs rouges.

IPPO, subst. mas. (*ipepô*), t. de bot., substance noire gommo-résineuse, provenant d'un arbre qui croît dans l'île de Célèbes, dans la mer du Sud. C'est un poison contre lequel on a vainement cherché un antidote.

IPRÉAU, subst. mas. (*ipré-ô*), t. de bot., orme à larges feuilles.

IPS, subst. mas. (*ipece*), t. d'hist. nat., genre d'insectes coléoptères de la famille des clavicornes.

IPSÉA, subst. propre fém. Voy. IDYA.

IPSIDE, subst. mas. (*ipecide*), t. d'hist. nat., insecte clavicorne coléoptère.

IPSILIES, subst. fém. plur. (*ipecili*), espèce de lames dont se servaient les anciens dans les sacrifices.

IPSO FACTO (*ipeçôfaktô*), expression adverbiale prise du latin, que l'on dit particulièrement de l'excommunication encourue *par le seul fait* : *celui qui frappe un prêtre est excommunié ipso facto*.

IPSOLA, subst. fém. (*ipeçola*), t. de comm., sorte de laine de Turquie.

IPSULLICES, subst. fém. plur. (*ipeçulice*), t. d'hist. anc., médaillons ou plaques de métal, représentant des hommes ou des femmes que les magiciens voulaient rendre amoureux par la force de leurs enchantements.

IPTÈRE, adj. des deux genres (*ipetère*), ailé, à deux ailes.

IRA, subst. fém. (*ira*), t. de bot., espèce de souchet.

IRACONDE, adj. des deux genres (*irakonde*) (du lat. *iracundia*), colère. (Boiste.) Vieux et même hors d'usage.

DU VERBE IRRÉGULIER ALLER :

Ira, 3e pers. sing. fut. indic.

Irai, 1re pers. sing. fut. indic.

Iraient, 3e pers. plur. prés. cond.

Irais, précédé de *j'*, 1re pers. sing. prés. cond.

Irais, précédé de *tu*, 2e pers. sing. prés. cond.

Irait, 3e pers. sing. prés. cond.

Iras, 2e pers. sing. fut. indic.

IRASCIBILITÉ, subst. fém. (*iracecibilité*), qualité de l'être *irascible*.

IRASCIBLE, adj. des deux genres (*iracecible*) (en lat. *irascibilis*, fait de *ira*, colère), disposé, prompt à se mettre en colère ; facile à irriter. Dans cette acception, c'est un mot nouveau, et que l'usage paraît avoir adopté. — En t. de philosophie, *l'appétit, la faculté, la partie irascible*, qui porte l'âme à vaincre les difficultés qui se rencontrent dans la poursuite du bien ou dans la fuite du mal.

IRASSE, subst. mas. (*irace*), t. de bot., palmier de l'Amérique méridionale.

ab IRATO, loc. adv. (*abirato*) (mots latins) : *testament ab irato*, d'un homme *irrité*, fait dans un moment *d'irritation*, de colère.

IRE, subst. fém. (*ire*) (en lat. *ira*), colère. Il est vieux. On l'emploie encore dans la poésie familière et dans le style marotique.

IRÉ, E, adj. (*iré*), en colère.

IRÉNARCHE, subst. mas. (*irénarchi*), charge, fonction d'*irénarque*.

IRÉNARCHIE, adj. des deux genres (*irénarchike*), qui appartient à l'*irénarchie*.

IRÉNARQUE, subst. mas. (*irénarke*) (en grec ειρηναρχης, fait, avec la même acception, de ειρηνη, la paix, et de αρχης, prince, dérivé de αρχω, commandement ; *prince de paix, juge de paix*), officier dans l'empire grec, dont la fonction était de maintenir la paix et la tranquillité dans les provinces.

IRÈNE, subst. mas. (*irène*), chef particulier des exercices des jeunes Spartiates.(*Barthélemy*.) — Myth., subst. propre fém., fille de Jupiter et de Thémis. C'était une des Heures.

IRENNUS, subst. mas. (*irèneuce*), t. de bot., périploque de Ceylan, dont la racine est vénéneuse.

IRÉNOPHYLACE, subst. mas. (*irénofilace*) (du grec ειρηνη, la paix, et de φυλαξ, gardien, conservateur de la paix.

IRÉON, subst. mas. (*iré-on*), t. de bot., arbuste du cap de Bonne-Espérance.

IRÉOS, subst. mas. (*iré-ôce*), t. de bot., iris de Florence, dont la racine est employée en médecine.

IRÉSINE, subst. fém. (*irézine*), t. de bot., plante amarantoïde.

IRÉSIONE, subst. fém. (*irézi-one*) du grec ειρεσιωνη, fait de ειρος, laine) t. d'hist. anc., attribut ordinaire des suppliants. C'était, chez les Athéniens en particulier, un rameau d'olivier entortillé de laine, avec des fruits attachés tout autour.

Irez, 2e pers. plur. fut. indic. du verbe irrégulier ALLER.

IREUSE, adj. fém. Voy. IREUX.

IREUX, adj. mas., au fém. **IREUSE** (*ireu, reuze*) (du lat. *ira*, colère), enclin à la colère. Vieux.

IRIA, subst. fém. (*iri-a*), t. de bot., souchet des Indes, à un seul épi.

IRIARTÉE, subst. fém. (*iri-arté*), t. de bot., petit palmier du Pérou peu différent du céroxyle.

IRIBIN, subst. mas. (*iribein*), t. d'hist. nat., genre d'oiseaux accipitres qu'on trouve à la Guyane.

IRIDÉES, subst. fém. plur. (*iridé*), t. de bot., famille de plantes qui ressemblent à l'*iris*.

IRIDECTOMIE, subst. fém. (*iridé-iktomi*), t. de chir., excision d'une partie de l'*iris* pour placer une pupille artificielle.

IRIDÉ-ICTOMIQUE, adj. des deux genres (*iridé-iktomike*), qui appartient à l'*iridectomie* : *section iridéictomique*.

IRIDITE, subst. fém. (*iridite*), t. de médec., inflammation de l'*iris*.

IRIDIUM, subst. mas. (*iridi-ome*), t. d'hist. nat.,nouveau métal *irisé*, friable, dur, cassant, d'un blanc d'argent.

IRIDORKIS, subst. mas. (*iridorkice*), t. de bot., plante orchidée.

IRIDROGALVIE, subst. fém. (*iridrogaluvi*), t. de bot., plante du Pérou.

IRIEN, adj. mas., au fém. **IRIENNE** (*iriein, rièna*), t. d'anat., il se dit des artères qui ont rapport à l'*iris*.

IRIENNE, adj. fém. Voy. IRIEN.

Iriez, 2e pers. plur. prés. cond. du verbe irrégulier *aller*.

IRINGION, subst. mas. (*ireinjion*), t. de bot., sorte de chardon. Voy. ÉRYNGE.

IRION, subst. mas. (*irion*), t. de bot.; on a donné ce nom au sénevé des champs, à un sisymbre et au sarrasin.—On l'a donné aussi à une plante du cap de Bonne-Espérance qui ressemble beaucoup à nos *rossolis*, par les poils glanduleux dont elle est hérissée.

Irions, 1re pers. plur. prés. cond. du verbe irrégulier *aller*.

IRIS, subst. mas. (*irice*), météore qu'on appelle vulgairement l'*arc-en-ciel*. — Subst. mas., en optique, 1° couleurs changeantes qui paraissent quelquefois sur les verres des télescopes et des microscopes, à cause de leur ressemblance avec celles de l'arc-en-ciel; 2° le spectre coloré que le prisme triangulaire forme sur une muraille, lorsqu'on l'expose, sous un angle convenable, aux rayons du soleil. — En docimastique, 1° petites bluettes qui se croisent rapidement dans un essai qui bout sur la coupelle, et qui font dire qu'il circule bien; 2° couleurs imitant celles de l'arc-en-ciel, qui circulent avec rapidité à la surface du cuivre en fusion, lorsqu'il est raffiné et sur le point de se congeler.—En anat., partie de l'uvée que l'on voit au travers de la cornée transparente, laquelle est composée d'un cercle de différentes couleurs, percé dans son milieu d'un trou qu'on appelle pupille ou prunelle.—En bot., plante vivace, liliacée, dont les feuilles imitent la lame d'une épée, et les fleurs, les couleurs, en quelque sorte, de l'arc-en-ciel. On l'appelle aussi *flambe*. Parmi ses espèces très-nombreuses, on distingue l'*iris jaune, flambe d'eau* ou *faux acorus*, dont la racine est employée en médecine; l'*iris de Florence*, dont la racine a l'odeur de violette; l'*iris de Suze*, recherché pour la beauté de ses fleurs, etc.

IRIS, subst. propre fém. (*irice*) (du grec εἰρειν, parler, annoncer), selon la fable, la messagère des dieux, et particulièrement de Junon. Son nom a été donné à l'arc-en-ciel, parce que ce météore semble un intermédiaire entre le ciel et la terre, en nous annonçant les changements de l'air.—Pierre précieuse, appelée aussi *pierre d'iris*. Ce n'est proprement qu'une espèce de crystal, dans lequel on remarque les couleurs de l'arc-en-ciel. — Pierre orientale, de la couleur du petit-lait, mêlée d'une teinte légère de bleu céleste. — *Iris chalcédonienne*, suivant *Wallerius*, espèce de chalcédoine de trois couleurs, qui, lorsqu'on regarde le soleil à travers, fait voir les nuances de l'arc-en-ciel.—*Iris citrine* ou *subcitrine*, sorte de crystal de roche, qu'on appelle aussi *fausse topaze*.

IRISÉ, E, adj. (*irizé*), t. d'hist. nat., qui a les couleurs de l'*iris*, de l'arc-en-ciel.

IRISIOLE, subst. fém. (*irizi-ole*), t. de bot., espèce d'achit de la Jamaïque.

IRITE ou **IRITIS**, subst. mas. (*irite, iritice*), t. de médec., inflammation de l'*iris*. Voy. IRIDITE.

IRLANDAIS, E, subst. et adj. (*irlandè, dèze*), d'*Irlande*. On disait autrefois *hibernais*.

IRLANDE, subst. propre fém. (*irlande*) (en irlandais *eria*), île de l'océan Atlantique, séparée de la Grande-Bretagne par le canal de Saint-Georges. Dublin en est la capitale.

IRMIN ou **IRMENSUL**, subst. propre mas. (*irmein, mançule*) (en saxon *Irmenseule*), myth., nom que les anciens Saxons donnaient à Mars.—Statue antique qui représentait un homme armé à la façon des anciens Germains; elle était placée à Eresburg, ville forte de la Westphalie, et fut détruite par Charlemagne.

IRON., abréviation des mots *ironie* et *ironiquement*.

IRONIE, subst. fém. (*ironi*) (en grec εἰρωνεια, dissimulation, raillerie fine, formé de εἰρων, dissimulé, moqueur), figure de rhétorique par laquelle on dit le contraire de ce qu'on veut faire entendre.

IRONIQUE, adj. des deux genres (*ironike*), qui tient de l'*ironie*; où il y a de l'*ironie*.

IRONIQUEMENT, adv. (*ironikeman*), d'une manière *ironique*; par *ironie*.

DU VERBE IRRÉGULIER ALLER :

Irons, 1re pers. plur. fut. indic.

Iront, 3e pers. plur. fut. indic.

IROQUOIS, E, subst. et adj. (*irokoà, koàze*), peuple d'Amérique.—T. d'injure employé par le peuple pour signifier, intraitable, bizarre : *c'est une iroquoise; quel iroquois!*

IROUCAN, subst. mas. (*iroukan*), t. de bot., arbrisseau de la Guyane.

IROUKOUVÉDAN, subst. mas. (*iroukouvédan*), l'un des quatre livres sacrés des Indous.

IRRACHETABLE, adj. des deux genres (*irerachetable*), qui ne peut être *racheté*.

IRRADIATION, subst. fém. (*ireradi-âcion*) (du lat. *irradiare*, éclairer de ses rayons), t. d'astronomie et d'optique, expansion ou débordement de lumière qui environne les astres en forme de couronne ou de frange, et qui forme leur extension apparente.—*Irradiation des rayons solaires*, action par laquelle le soleil lance ses rayons.—En physiologie, l'action précise des esprits animaux, par laquelle les parties organiques prennent les mouvements que l'âme veut qui leur soient imprimés.

IRRADIÉ, E, part. pass. de *irradier*.

IRRADIER, v. neut. (*ireradi-é*), se séparer en rayons. Peu usité. Voy. IRRADIATION.

IRRAISONNABILITÉ, subst. fém. (*irerèzonabilité*), qualité, état de l'être *irraisonnable*. (Molière.)

IRRAISONNABLE, adj. des deux genres (*irerèzonable*) (en latin *irrationalis*), qui n'est pas doué de *raison*. Il ne s'emploie guère que dans le style didactique. Il ne faut pas confondre *irraisonnable* avec *déraisonnable*. Le premier est un terme didactique qui se dit des animaux, parce qu'ils ne sont pas doués de *raison*; le second est un terme du langage ordinaire qui signifie, qui est contraire à la droite *raison*, qui n'agit pas suivant les lumières de la *raison* : *l'homme n'est pas un animal irraisonnable, mais il y a bien des hommes qui sont déraisonnables*.

IRRAISONNABLEMENT, adv. (*irerèzonableman*), d'une manière *irraisonnable; sans raison*.

IRRAMENABLE, adj. des deux genres (*irera-menable*), qu'on ne peut *ramener*. Peu en usage.

IRRASSASIABLE, adj. des deux genres (*irerazaziable*), qui ne peut être *rassasié*. Fam. et pop.

IRRATIONNEL, adj. mas., au fém. **IRRATIONNELLE** (*ireracionèle*) (en lat. *irrationalis*, formé de *in* négatif, et *ratio*, rapport), t. de mathématiques; il se dit des lignes qui n'ont aucun rapport entre elles, des quantités qui n'ont aucune mesure avec l'unité.

IRRATIONNELLE, adj. fém. Voy. IRRATIONNEL.

IRRÉALISABLE, adj. des deux genres (*ireré-alizable*), qui ne peut se *réaliser*.

IRRECEVABLE, adj. des deux genres (*irerecevable*), qui ne saurait être *reçu*.

IRRÉCONCILIABLE, adj. des deux genres (*irerékoncili-able*), qui ne peut se *réconcilier*.

IRRÉCONCILIABLEMENT, adv. (*irerékoncili-ableman*), d'une manière *irréconciliable*.

IRRÉCONCILIÉ, E, adj. (*irerékoncili-é*); il se dit des ennemis qui ne sont pas *réconciliés*, qui n'ont pas été *réconciliés*. Peu usité.

IRRÉCUSABLE, adj. des deux genres (*irerékuzable*), qui ne peut être *récusé*.

IRRÉCUSABLEMENT, adv. (*irerékuzableman*), d'une manière *irrécusable*.

IRRÉDUCTIBILITÉ, subst. fém. (*ireréduktibilité*), état, qualité de ce qui est *irréductible*.

IRRÉDUCTIBLE, adj. des deux genres (*ireréduktible*), il se dit d'une chaux métallique qu'on ne peut *réduire* en métal.—En algèbre, ce qui ne peut être *réduit* sous une forme plus simple.—*Cas irréductibles*, se dit particulièrement des équations qui ne peuvent être abaissées à un moindre degré que celui sous lequel elles se présentent, et plus particulièrement encore du cas où une équation cubique a trois racines réelles, toutes trois inégales et venant sous une forme imaginaire : *les cas irréductibles du troisième degré*. Ce cas est ainsi appelé, quoiqu'on n'en puisse démontrer l'*irréductibilité*.

IRRÉDUCTIBLEMENT, adv. (*ireréduktibleman*), d'une manière *irréductible*. Peu usité.

IRRÉFLÉCHI, E, adj. (*ireréfléchi*), qui n'est pas *réfléchi*.

IRRÉFLEXION, subst. fém. (*ireréflékcion*), défaut de *réflexion*.

IRRÉFORMABILITÉ, subst. fém. (*ireréformabilité*), état, qualité de ce qui est *irréformable*.

IRRÉFORMABLE, adj. des deux genres (*ireréformable*), qui ne peut être *réformé* : *jugement irréformable*.

IRRÉFORMABLEMENT, adv. (*ireréformableman*), d'une manière *irréformable*. Peu usité.

IRRÉFRAGABILITÉ, subst. fém. (*ireréfraguabilité*), qualité, état de ce qui est *irréfragable*.

IRRÉFRAGABLE, adj. des deux genres (*ireréfraguable*) (du lat. *in* négatif, et *refragari*, s'opposer, résister, contrarier, contredire), qu'on ne peut contredire : *docteur, autorité irréfragable*.—Qu'on ne peut récuser : *témoin irréfragable*.

IRRÉFRAGABLEMENT, adv. (*ireréfraguableman*), d'une manière *irréfragable*. Usité en t. de palais.

IRRÉG., abréviation du mot *irrégulier* ou *irrégulièrement*.

IRRÉGULARITÉ, subst. fém. (*irerégularité*) (en lat. *irregularitas*), défaut contre les règles.—Manque de *régularité*, au propre et au figuré : *l'irrégularité d'un bâtiment, d'un poème, des saisons, d'un procédé*, etc.—État d'un clerc, d'un prêtre *irrégulier*.

IRRÉGULIER, adj. mas., au fém. **IRRÉGULIÈRE** (*irerégulié, lière*), qui est *contre les règles*. — *Verbe irrégulier*. Voyez les observations qui sont à la suite du modèle de conjugaison des *verbes irréguliers*. (Notions de grammaire.) — En t. de droit-canon, ecclésiastique devenu incapable d'exercer les fonctions de son ordre, pour avoir encouru les censures.—En t. de médec., *irrégulier* se dit du pouls dont les pulsations ne sont ni égales entre elles, ni *régulières* dans leurs inégalités : *pouls irrégulier*. — En bot., qui n'a pas une forme symétrique.—T. de géom.: *corps irréguliers*, ceux qui ne sont point terminés par des surfaces égales et semblables. — T. de maçon, *pierre irrégulière*. Voy. *pierre incertaine*, au mot INCERTAIN.—*Irrégulier*, en termes de plain-chant, se dit des modes dont l'étendue est trop grande, ou qui ont quelque *irrégularité*. — *Vers irréguliers*, vers libres, où le poète ne s'assujétit point aux règles ordinaires.

IRRÉGULIÈRE, adj. fém. Voy. IRRÉGULIER.

IRRÉGULIÈREMENT, adv. (*irerégulièreman*), d'une manière *irrégulière*.

IRRELIGIEUSE, adj. fém. Voy. IRRELIGIEUX.

IRRELIGIEUSEMENT, et non pas **IRRÉLIGIEUSEMENT**, barbarisme de l'*Académie*, qui écrit elle-même RELIGIEUSEMENT, adv. (*ireréliji-euzeman*), d'une manière *irreligieuse*.

IRRELIGIEUX, et non pas **IRRÉLIGIEUX**, barbarisme de l'*Academie*, qui écrit elle-même RELIGIEUX, adj. mas., au fém. **IRRELIGIEUSE** (*irereliji-eu, ji-euze*) (en lat. *irreligiosus*), contraire à la *religion* ou qui blesse le respect qui lui est dû. Son emploi ordinaire est en parlant des choses : *sentiments irreligieux*. On dit cependant aussi : *un homme irreligieux*. Voy. IMPIE.

IRRELIGION, et non pas **IRRÉLIGION**, barbarisme de l'*Académie*, qui écrit elle-même RELIGION, subst. fém. (*irereliji-on*) (en lat. *irreligio*, fait de *in* négatif, et de *religio*, religion), manque de *religion*; impiété.

IRRÉMÉABLE, adj. des deux genres (*ireréméable*), d'où l'on ne peut revenir. (*Boiste*.) Presque inusité.

IRREMÉDIABLE (nous ferons encore observer que l'*Académie*, qui écrit *irréligieux*, venu de *religion*, écrit *irremédiable*, qui vient effectivement de *remède*. Pourquoi donc ne pas régulariser toutes ces bizarreries?), adj. des deux genres (*ireremédi-able*); il se dit des choses auxquelles on ne peut *remédier* : *mal irremédiable*.

IRREMÉDIABLEMENT, adv. (*ireremédi-ableman*) d'une manière *irremédiable*.

IRRÉMISSIBLE, adj. des deux genres (*ireremicible*) (en lat. *irremissibilis*, formé de *in* négatif, et de *remittere*, remettre, pardonner), qui ne peut se *pardonner*, qui ne mérite point de pardon.

IRRÉMISSIBLEMENT, adv. (*ireremicibleman*), d'une manière *irrémissible*, sans miséricorde.

IRRÉMITTENT, E, adj (*ireremitetan, tante*), qui ne se relâche point. (*Montaigne*.)

IRRÉPARABILITÉ, subst. fém. (*irerèparabilité*), qualité de ce qui est *irréparable*.

IRRÉPARABLE, adj. des deux genres (*irerèparable*), qu'on ne peut *réparer*.

IRRÉPARABLEMENT, adv. (*irerèparableman*), d'une manière *irréparable*.

IRRÉPARÉ, E, adj. (*irerèparé*), qui n'a pas été *réparé* : *crime irréparé*. (La Harpe.)

IRRÉPONSABLE, adj. des deux genres, barbarisme donné par *Boiste*, lequel, du reste, le cite comme tout-à-fait inusité. Voy. IRRESPONSABLE.

IRRÉPRÉHENSIBILITÉ, subst. fém. (*irerèpré-ancibilité*), qualité de ce qui est *irrépréhensible*.

IRRÉPRÉHENSIBLE, adj. des deux genres (*irerèpré-ancible*), qu'on ne peut *reprendre* d'aucune faute.

IRRÉPRÉHENSIBLEMENT, adv. (*irerepré-ancibleman*), d'une manière *irrépréhensible*.

IRRÉPRIMABILITÉ, subst. fém. (*ireréprimabilité*), caractère de ce qui est *irréprimable*.

IRRÉPRIMABLE, adj. des deux genres (*ireréprimable*), qu'on ne peut *réprimer*.

IRRÉPRIMABLEMENT, adv. (*iréréprimableman*), d'une manière *irréprimable*.

IRRÉPROCHABILITÉ, subst. fém. (*ireréprochabilité*), qualité, caractère de ce qui est *irréprochable*.

IRRÉPROCHABLE, adj. des deux genres (*ireréprochable*), qui est sans *reproches*; à qui l'on ne peut faire aucun *reproche*.—On dit au palais qu'*un témoin est irréprochable*, quand il n'y a aucune cause de récusation à alléguer contre lui.

IRRÉPROCHABLEMENT, adv. (*ireréprochableman*), d'une manière *irréprochable*.

IRRÉSISTIBILITÉ, subst. fém. (*irerézicetibilité*), qualité de ce qui est *irrésistible*.

IRRÉSISTIBLE, adj. des deux genres (*irerézicetible*), à quoi *l'on ne peut résister*. Il ne se dit qu'au figuré en parlant des choses.

IRRÉSISTIBLEMENT, adv. (*irerézicetibleman*), d'une manière *irrésistible*.

IRRÉSOLU, E, subst. et adj. (*irerézolu*), qui a peine *à se résoudre*, à se déterminer; indécis: avec cette différence qu'on est *irrésolu* dans les matières où l'on se détermine par goût, par sentiment, et *indécis* dans celles où l'on se décide par raison et après une discussion. *L'irrésolu* hésite sur ce qu'il fera; l'*indécis*, sur ce qu'il doit faire.

IRRÉSOLUBLE, adj. des deux genres (*irerézoluble*), t. dogmatique, qu'on ne peut *résoudre*.

IRRÉSOLUMENT, orthographe de l'*Académie*, qui ne met pas même d'accent circonflexe sur *ū*; mieux **IRRÉSOLUEMENT**, adv. (*irerézoluman*), d'une manière *irrésolue*, incertaine.

IRRÉSOLUTION, subst. fém. (*irerézolucion*), état d'un esprit *irrésolu*; incertitude; indécision. —IRRÉSOLUTION, INCERTITUDE, PERPLEXITÉ. (*Syn.*) —L'*irrésolution* est une timidité à entreprendre; l'*incertitude*, une *irrésolution* à croire; la *perplexité*, une *irrésolution* inquiète.

IRRESPECTUEUSE, adj. fém. Voy. IRRESPECTUEUX.

IRRESPECTUEUSEMENT, adv. (*irerècepèktueuzeman*), d'une manière *irrespectueuse*: *parler irrespectueusement à ses parents*.

IRRESPECTUEUX, adj. mas., au fém. **IRRESPECTUEUSE** (*irerècepèktu-eu, tu-euze*), qui manque de *respect*, au *respect*.

IRRESPONSABILITÉ, subst. fém. (*irerèceponçabilité*), état, position d'une personne, d'un pouvoir *irresponsable*.

IRRESPONSABLE, adj. des deux genres (*irerèceponçable*), qui n'est point soumis à la *responsabilité*. Ce mot et le précédent manquent dans l'*Académie*.

IRRÉUSSITE, subst. fém. (*ireré-ucite*), défaut de *succès*. (De Retz.) Voyez la remarque du mot INSUCCÈS.

IRRÉVÉREMMENT, adv. (*irerévéraman*), d'une manière *irrévérente*.

IRRÉVÉRENCE, subst. fém. (*irerévérance*) (en lat. *irreverentia*): *manque de révérence*, de respect. Il ne se dit guère qu'à l'égard de Dieu et de la religion.

IRRÉVÉRENT, E, adj. (*irerévéran, rante*) (en lat. *irreverens*), qui est contre le respect. Il ne se dit qu'en matière de religion.

IRRÉVOCABILITÉ, subst. fém. (*irerévokabilité*), qualité de ce qui est *irrévocable*.

IRRÉVOCABLE, adj. des deux genres (*irerévokable*), qui ne peut être *révoqué*.—Qui ne peut être rappelé: *le passé est irrévocable*.

IRRÉVOCABLEMENT, adv. (*irerévokableman*), d'une manière *irrévocable*.

IRRÉVOQUÉ, E, adj. (*irerévokié*), qui n'a point été *révoqué*. (La Harpe.)

IRRIGATEUR, subst. mas. (*ireriguateur*), t. de chir., instrument propre à extraire les fragments de la pierre qui restent dans la vessie après l'opération.

IRRIGATION, subst. fém. (*irerigudcion*) (en lat. *irrigatio*, de *irrigare*, formé de *in*, dans, sur, et de *rigare*, arroser, lequel dérive des deux mots *rivum agere*, conduire un ruisseau dans...), arrosement des prés, des terres, par des rigoles ou saignées tirées d'une rivière, etc.: *canaux d'irrigation*.

IRRISION, subst. fém. (*ireriziön*) (en lat. *irrisio*, fait de *irridere*, se moquer de..., lequel est formé de *in*, contre, et de *ridere*, rire), mépris, moquerie. Il est vieux et même hors d'usage.

IRRITABILITÉ, subst. fém. (*ireritabilité*) (en lat. *irritabilitas*), qualité de ce qui est *irritable*. — Il se dit aussi de la qualité des personnes nerveuses qui sont vivement affectées des impressions qu'elles reçoivent, soit au physique, soit au moral.—En bot., faculté qu'ont certaines plantes ou certaines parties de plantes de se contracter lorsqu'on les touche.

IRRITABLE, adj. des deux genres (*ireritable*) (en lat. *irritabilis*), qui *s'irrite* facilement: *il a le genre nerveux irritable*.

IRRITAMENT, subst. mas. (*ireritaman*), ce qui excite; aiguillon. Peu en usage.

IRRITANT, E, adj. (*ireritan, tante*) (du latin *irritus*, annulé, rendu nul, mis au néant, formé de *in* négatif, et de *ratus*, ratifié), en t. de palais, qui casse, annule, etc.: *décret irritant*.—*Clause, condition irritante*, condition tellement essentielle à la validité d'un acte, que l'acte devient nul si elle n'est pas remplie. — En t. de médec., qui détermine de l'*irritation*, qui rend plus âcre. (Du lat. *irritans*, part. prés. de *irritare*, irriter, agacer, aigrir, etc.) — Il est aussi subst. mas., *les irritants*.

IRRITANTISME, subst. mas. (*ireritanticeme*), système médical fondé sur l'*irritation*.

IRRITANTISTE, subst. mas. (*ireritanticete*), partisan de l'*irritantisme*.

IRRITATION, subst. fém. (*ireritâcion*) (en lat. *irritatio*), action de ce qui *irrite* les humeurs, etc.—État des humeurs *irritées*.—*Pouls d'irritation*, vif et fréquent.

IRRITÉ, E, part. pass. de *irriter*, et adj., courroucé: *peuple irrité*.—Fig.: *flots irrités*, agités par la tempête.

IRRITER, v. act. (*irerité*) (en lat. *irritare*, employé dans ces diverses acceptions, et qui signifie proprement, *agacer un chien*), en parlant des personnes, mettre en colère.—En parlant des choses, augmenter, aigrir: *irriter la colère, la fièvre, le mal*. — Exciter, provoquer: *irriter la soif, les désirs*. — On dit figurément au participe: *la mer irritée, les flots irrités*, agités par la tempête.—*S'*IRRITER, v. pron., se mettre en colère.—Empirer par inflammation.

IRRORATION, subst. fém. (*irerorâcion*) (du lat. *irrorare*, arroser, formé de *in*, dans, sur, et de *rorare*, arroser, baigner, dont la racine est *ros*, gén. *roris*, rosée), t. de chim. et de médec., arrosement.

IRRUPTION, subst. fém. (*irerupecion*) (en lat. *irruptio*, fait de *irrumpere*, entrer brusquement, se jeter avec impétuosité sur....), entrée soudaine des ennemis dans un pays. Il diffère d'*incursion* en ce que cette dernière est brusque et passagère, tandis que l'*irruption* est violente et soutenue. On fait une *incursion* pour piller, et une *irruption* pour s'emparer d'un pays, etc.

IRTIOLE, subst. fém. (*irciole*), t. de bot., espèce de vigne.

IRUS ou **ARNÉE**, subst. propre mas. (*iruce, arné*), myth., mendiant du pays d'Ithaque, qui se mit au nombre de ceux qui voulaient épouser Pénélope. Ulysse le tua d'un coup de poing.

ISABELLE, subst. mas. (*izabèle*), couleur qui participe du blanc, du jaune et de la couleur de chair: *voilà un bel isabelle*.—Il est aussi adj. des deux genres: *un ruban isabelle*. On le dit particulièrement du poil des chevaux qui tire sur le jaune, où le jaune domine: *cheval isabelle*.

ISACHNÉ, subst. mas. (*izakné*), t. de bot., plante graminée de la Nouvelle-Hollande.

ISADA, subst. fém. (*izada*), sorte de pierre que les Espagnols et les Portugais croient propre à guérir les douleurs de reins.

ISAGA, subst. mas. (*izagua*), t. de relat., grand chambellan du grand-seigneur.

ISAGONE, adj. des deux genres (*izaguone*) (du grec ισος, égal, et γωνια, angle), t. de géom.: *figure isagone*, qui est à angles égaux. Il est peu usité.

ISAIRE, subst. fém. (*izère*), t. de bot., espèce de champignon.

ISALGUE, subst. fém. (*izalgue*), t. de blason, fleur en forme de cinq trèfles à queues allongées, et dont les bouts traversent une portion de cercle qui imite un croissant renversé.

ISAMBRON, subst. mas. (*izanbron*), t. de comm., sorte d'étoffe.

ISANA, subst. mas. (*izana*), t. d'hist. nat., espèce d'étourneau du Mexique.

ISANIA, subst. propre mas. (*izania*), myth., chez les Indous, l'un des dieux protecteurs des huit coins du monde.

ISANTHE, subst. mas. (*izante*), t. de bot., genre de plantes labiées.

ISARD, subst. mas. (*izar*), t. d'hist. nat., chamois, chèvre sauvage.

ISARI, subst. mas. (*izari*), garance de Smyrne.

ISARIS, subst. mas. (*izarice*), t. de comm. toile de coton des Indes.

ISARTIEN, subst. propre mas. (*izarciein*), ancien peuple qui habitait une contrée des Alpes.

ISATINE, subst. fém. (*izatine*), t. de chim., synonyme de *indigotine*.

ISATINIQUE, adj. des deux genres (*izatinike*), t. de chim.; se dit d'un acide composé d'hydrogène et d'indigo. On le trouve communément dans les cuves des teinturiers.

ISATIS, subst. mas. (*izatice*), t. d'hist. nat., renard blanc du Nord. — T. de bot.: *isatis alpina*, pastel des Alpes.

ISAURE, subst. mas. (*izôre*), t. de bot., arbrisseau de Madagascar, de la famille des apocynées.

ISAURIE, subst. propre fém. (*izôri*), province de l'ancienne Cappadoce.

ISAURIEN, subst. mas. (*izôriein*), ancien peuple de l'*Isaurie*.

ISBAS, subst. mas. (*icebâ*), t. de relat., habitation ou cabane d'hiver des Kamtschadales; celle d'été se nomme *balagan*.

ISCA, subst. mas. (*iceka*), t. de bot., bolet anguleux, dont on fait l'amadou.

ISCARIOTE, subst. mas. (*icekariote*) (de *Judas Iscariote*, ainsi appelé du nom de son pays), traître, apostat, qui vend son maître, son Dieu.

ISCARIOTISTE, subst. mas. (*icekarioticete*), nom de sectaires hérétiques qui avaient pour patron *Judas Iscariote*.

ISCHAS ou **ISCHIAS**, subst. mas. (*icekâce*, *icekiâce*), t. de bot.; ce nom et celui de *leucacantha* désignent la même plante chez les Grecs. Le premier rappelle qu'elle était utile dans les douleurs de côté, et le second, qu'elle avait des épines blanches.

ISCHÈME, subst. mas. (*icekième*), t. de bot., plante graminée.

ISCHÉMIE, subst. fém. (*icekiémi*), t. de médec., suppression morbide d'un flux de sang habituel.

ISCHÉMIQUE, adj. des deux genres (*icekiémike*), t. de médec., qui appartient à l'*ischémie*.

ISCHIADIQUE, adj. des deux genres (*iceki-adike*) (du grec ισχιον, hanche), t. d'anat.; se dit d'une veine de la cuisse, de la hanche.

ISCHIAGRE, subst. fém. (*iceki-aguere*) (du grec ισχιον, la hanche, αγρα, prise), t. de médec., maladie connue communément sous le nom de *goutte sciatique*, et qu'on a aussi appelée *sciatique vraie*. On lui a donné récemment le nom de *névralgie fémoropoplitée*.

ISCHIAL, E, adj. (*iceki-ale*), t. d'anat., qui appartient à l'*ischion*.—Au plur. mas., *ischiaux*.

ISCHIALGIE, subst. fém. (*iceki-aleji*) (du grec ισχιον, la hanche, et αλγος, douleur), t. de médec., douleur à la hanche, ou autour de l'*ischion*.

ISCHIALGIQUE, adj. des deux genres (*iceki-alejike*), t. de médec., qui appartient à l'*ischialgie*.

ISCHIAS, subst. mas. Voy. ISCHAS.

ISCHIATIQUE, adj. des deux genres (*iceki-atike*), t. d'anat., qui appartient à l'os *ischion*.

ISCHIATOCÈLE, subst. fém. Voy. ISCHIOCÈLE.

ISCHIDROSE, subst. fém. (*icekidrôze*), t. de médec., suppression morbide de la transpiration.

ISCHIO-ANAL, adj. mas. (*iceki-o-ânal*), t. d'anat., se dit du muscle releveur de l'*anus*.

ISCHIO-CAVERNEUX, adj. mas. (*iceki-okavèreneu*), se dit, en anatomie, de deux muscles attachés à l'*ischion*, et situés le long des racines des corps *caverneux*.

ISCHIOCÈLE, subst. fém. (*iceki-ocèle*) (du grec ισχιον, l'os ischion, et κηλη, tumeur), t. de chir., hernie d'un intestin à travers l'os sacrum et la tubérosité de l'*ischion*.

ISCHIO-CLITORIDIEN, subst. et adj. mas. (*iceki-oklitoridiein*), t. d'anat., se dit du muscle *ischio*-caverneux de la femme.

ISCHIO COCCYGIEN, subst. mas. (*iceki-okoke-cijiein*), t. d'anat., qui appartient à l'*ischion* et au *coccyx*.

ISCHIO-CRÉTI-TIBIAL, subst. et adj. mas. (*iceki-okrétitibi-al*), t. d'anat.; se dit du muscle demi-tendineux ou *ischio*-prétibial.

ISCHIO-FÉMORAL, subst. et adj. mas. (*iceki-ofémoral*), t. d'anat.; se dit du muscle grand adducteur de la cuisse.

ISCHIO-FÉMORO-PÉRONIEN, subst. et adj. mas. (*iceki-ofémoropéronieïn*), t. d'anat.; se dit du muscle biceps-crural.

ISCHIOMÉNIE, subst. fem. (*iceki-oméni*), t. de médec., interruption subite de règles.

ISCHION, subst. mas. (*iceki-on*) (en grec ἰσχίον, dérivé de ἰσχὺς, rein), t. d'anat., un des os du bassin, dans lequel s'emboîte la tête du fémur.

ISCHIO-PECTINÉ, adj. mas. (*iceki-o-pékiiné*), t. d'anat., qui a rapport à l'os *ischion* et au muscle *pectiné*.

ISCHIO-PÉNIEN, adj. mas., au fém. **ISCHIO-PÉNIENNE** (*iceki-opénieïn, péniène*), t. d'anat.; se dit de la division supérieure ou profonde de la honteuse interne.

ISCHIO-PÉRINÉAL, subst. et adj. mas. (*iceki-opériné-al*), t. d'anat.; se dit du muscle transverse du *périnée*.

ISCHIO-POPLITI-TIBIAL, subst. et adj. mas. (*iceki-opoplititibi-al*), t. d'anat.; se dit du muscle demi-aponévrotique.

ISCHIO-PRÉTIBIAL, subst. et adj. mas. (*iceki-oprétibi-al*), t. d'anat.; se dit du muscle demi-tendineux de l'*ischion*.

ISCHIO-PROSTATIQUE, subst. et adj. mas. (*iceki-oprocetatike*), t. d'anat.; se dit de quelques fibres du muscle transverse de la *prostate*.

ISCHIO-SOUS-CLITORIEN, subst. et adj. mas. (*iceki-oçouklitorieïn*), t. d'anat.; se dit de l'*ischio*-caverneux de la femme.

ISCHIO-SOUS-TROCHANTÉRIEN, subst. et adj. mas. (*iceki-oçoutrochantérieïn*), t. d'anat.; se dit du muscle carré crural.

ISCHIO-SPINITROCHANTÉRIEN, subst. et adj. mas. (*iceki-ocepinitrochantérieïn*), t. d'anat.; se dit des muscles jumeaux de la cuisse.

ISCHIO-TIBIAL-EXTERNE, subst. et adj. mas. (*iceki-otibi-alèktèrene*), t. d'anat.; se dit du vaste externe.

ISCHIO-TIBIAL-INTERNE, subst. et adj. mas. (*iceki-otibi-aleintèrene*), t. d'anat.; se dit du demi-membraneux.

ISCHIO-TROCHANTÉRIEN, subst. et adj. mas. (*iceki-otrochantérieïn*), t. d'anat.; se dit des muscles qui s'attachent à l'épine sciatique et au grand *trochanter*.

ISCHIO-URÉTHRAL, subst. et adj. mas. (*iceki-o-urétral*), t. d'anat.; se dit du muscle *ischio*-caverneux à cause de ses attaches.

ISCHNOPHONIE, subst. fém. (*icekenofoni*), t. de médec., altération de la voix, bégaiement.

ISCHNOTE, subst. fém. (*icekenote*), t. de médec., gracilité excessive du corps. Plusieurs disent *ischnotie*.

ISCHOBLENNIE, subst. fém. (*icekoblèneni*), t. de médec., suppression d'un écoulement muqueux par le nez.

ISCHOCOÏLIE, subst. fém. (*icekoko-ili*), t. de médec., constipation.

ISCHOGALACTIE ou **ISCHOGALAXIE**, subst. fém. (*icekogualakci*), t. de médec., manque de lait dans les mamelles.

ISCHOLOCHIE, subst. fém. (*icekolochi*), t. de médec., suppression totale ou partielle des *lochies*.

ISCHOMAQUE, subst. propre fém. (*icekomake*), myth., c'est la même qu'Hippodamie, femme de Pirithoüs.

ISCHOMÉNIE, subst. fém. (*icekoméni*), t. de médec., fausse menstruation.

ISCHOPYOSIE, subst. fém. (*icekopi-ozi*), t. de médec., suppression d'une excrétion purulente habituelle.

ISCHURÉTIQUE, adj. des deux genres (*icekurétike*), t. de médec.; il se dit des remèdes bons contre l'*ischurie*.

ISCHURIE, subst. fém. (*icekuri*) (en grec ἰσχουρία, fait de ἰσχω, j'arrête, je retiens, et de οὖρον, urine), t. de médec., suppression totale d'urine.

ISÉIES, subst. fém. plur. (*izé-i*), myth., fêtes d'*Isis*. On a dit aussi *isies*.

ISÉLASTIQUE, adj. des deux genres (*izélacetike*) (en grec εἰσελαστικὸς, formé de εἰσελαύνω, j'entre à cheval ou sur un char, *j'entre en triomphe*), t. d'antiq.: *jeux isélastiques*, après lesquels les athlètes vainqueurs, à qui on donnait aussi le surnom d'*isélastiques*, avaient droit d'entrer en triomphe, non par la porte, mais par une brèche, dans leur ville natale.

ISELOTTE ou **ISOLOTTE**, subst. fém. (*izelote, izolote*), monnaie d'argent turque.

ISÈRE, subst. propre mas. (*izère*), dép. de la France, ainsi nommé de la rivière qui le traverse. Grenoble en est le chef-lieu.

ISÉRINE, subst. fém. (*izérine*), t. d'hist. nat., variété arénacée de titane oxyde ferrifère, qui se trouve dans le lit de l'*Iser*, en Bohême.

ISÉON, subst. propre mas. (*izé-on*), myth., nom d'un temple consacré à *Isis*.

ISFENDIAR, subst. mas. (*icefandiar*), myth., ange gardien de la chasteté des femmes.

ISGARUM, subst. mas. (*iceguarome*), espèce de sonde.

ISGIEN, subst. mas. (*icejieïn*), peuple indien.

ISHI, subst. propre mas. (*izi*), nom que les habitants de l'île de Formose donnent à Dieu.

ISIAQUE, adj. des deux genres (*izi-ake*): *mystères isiaques*, mystère d'*Isis*, une des divinités des Égyptiens, qui était à la fois la sœur, l'épouse et la mère d'Osiris, mais sous des rapports différents.—*Table isiaque*, monument antique, sur lequel sont représentées les cérémonies de la religion égyptienne. Cette table est maintenant à Paris, au cabinet des antiquités de la Bibliothèque royale.

ISIAQUES, subst. mas. plur. (*izi-ake*), myth., prêtres d'*Isis*. Ils ne mangeaient point de chair de porc ni de brebis, et n'usaient point de sel. Ils se rasaient la tête, et se distinguaient par différentes singularités dans leurs habits et dans leur manière de vivre.

ISIDÉES, subst. fém. plur. (*izidé*), t. d'hist. nat., ordre de polypiers dendroïdes.

ISIDION, subst. mas. (*izidion*), t. de bot., plante cryptogame de la famille des algues.

ISIÉIS, subst. mas. (*izi-é-ice*), terme mystérieux qu'on voit sur les *abrascas*.

ISIES, subst. fém. plur. (*izi*). Voy. **ISÉIES**.

ISIGNY, subst. propre mas. (*izigni*), bourg de France, arrond. de Bayeux, chef-lieu de canton, dép. du Calvados. Il est renommé pour son excellent beurre.

ISION, subst. propre mas. (*izi-on*), myth., temple et simulacre d'*Isis*.

ISIS, subst. fém. (*izice*), t. d'astron.; c'était chez les Egyptiens, selon quelques auteurs, la lune, et, selon d'autres, le signe de la Vierge. — En hist. nat., genre de polypiers. — Myth., subst. propre fém., divinité célèbre des anciens Egyptiens; elle était fille de Saturne et de Rhéa. La même qu'*Io*.

ISITE, subst. mas. (*izite*), nom de sectaires mahométans.

ISLAM, subst. mas. (*icelame*), mahométisme. Voy. **ISLAMISME**.

ISLAMI, subst. mas. (*icelami*), chez les Turcs, ami et pacifique.

ISLAMISME, subst. mas. (*icelamiceme*) (mot arabe fait du verbe *salama*, se résigner à la volonté de Dieu absolument et sans réserve: *Trévoux*, d'après *Fleury*. *Salama* signifie proprement: *il s'est soumis* (submisit se), et plus fréquemment: *il a salué* (salutavit), le mahométisme. —Il se dit, relativement aux pays mahométans, dans le même sens que *chrétienté* par rapport aux chrétiens.

ISLANDAIS, E, subst. et adj. (*icelandè, dèze*), d'*Islande*.

ISLANDE, subst. propre fém. (*icelande*), grande île d'Amérique dans l'Atlantique septentrionale. On l'appelle aussi *terre de glace*.

ISMAËLIEN, subst. mas. (*icema-élieïn*), peuple de Syrie, de Perse, qui allait assassiner les ennemis de leurs maîtres.

ISMAËLISME, subst. mas. (*icema-éliceme*), religion mêlée de judaïsme, qu'Ismaël-Ben-Giafar apporta aux Arabes.

ISMARE, subst. propre fém. (*icemare*), myth., montagne fameuse dans la Thrace, dont Ulysse, dans Homère, vante le bon vin. C'est du nom de cette montagne que Térée, roi de Thrace, fut surnommé *Ismarius*.

ISMÈNE, subst. propre fém. (*icemène*), myth., fille d'OEdipe et de Jocaste.

ISMÉNIDES, subst. fém. plur. (*iceménide*), myth., nymphes de l'*Isménus*, fleuve de Béotie. —Les Thébaines sont aussi appelées *Isménides*, du nom de ce fleuve.

ISMÉNIUS, subst. propre mas. (*iceméni-uce*), myth., surnom d'Apollon, pris du culte qu'on lui rendait en Béotie, où coule le fleuve *Isménus*.

ISMÉNUS, subst. propre mas. (*iceménuce*), myth., fils de Pélasgus. Il donna son nom à un fleuve de Béotie.

ISNARDE, subst. fém. (*icenarde*), t. de bot., plante aquatique epilobienne.

ISOCARDE, subst. fém. (*izokarde*), corne de bœuf.— T. d'hist. nat., mollusque acéphale à coquille.

ISOCÈLE, fausse orthographe de l'*Académie*. Voy. **ISOSCÈLE**.

ISOCHRISTE, subst. mas. (*izokricete*) (du grec ἴσος, égal, et χριστὸς, le Christ), nom d'hérétiques du sixième siècle, qui prétendaient que les apôtres, pour jouir de quelque avantage dans la résurrection, devaient être égaux à Jésus-Christ.

ISOCHRONE, adj. des deux genres (*izokrone*) (du grec ἴσος, égal, et χρονος, temps), t. de médec., qui se fait en même temps, en temps égaux; qui a une égale durée: *vibrations isochrones*.—*Ligne isochrone*, t. de phys., celle par laquelle on suppose qu'un corps descend sans aucune accélération, et en s'approchant également de l'horizon dans des temps égaux. Il y a une infinité de lignes *isochrones*, qui sont toutes des lignes de même espèce, c'est-à-dire de secondes paraboles cubiques.

ISOCHRONISME, subst. mas. (*izokroniceme*) (du grec ἴσος, égal, et χρονος, temps), t. de mécanique et de géométrie, égalité de durée dans les vibrations d'un même pendule, etc. Il diffère de *synchronisme*, en ce que ce dernier mot se dit de l'égalité de durée entre les vibrations de deux pendules différents.

ISOCHRYSON, subst. mas. (*izokrizon*) (du grec ἴσος, égal, et χρυσὸς, or; *égal à l'or*), t. de pharm., collyre auquel *Galien* attribuait de grandes propriétés.

ISOCINAME, subst. mas. (*izociname*), t. de bot., l'auréole de la famille des fougères.

ISOCOLE, adj. des deux genres (*izokole*) (du grec ἴσος, égal, et κῶλον, membre), t. de rhét., se dit d'une période dont les membres sont égaux.

ISOÈTE, subst. fém. (*izo-ète*) (du grec ἴσος, égal, et ἔτος, année, *qui est égal toute l'année*), t. de bot., plante cryptogame, de la famille des fougères, qui croît dans les étangs de Bresse, et dure, sans se faner, pendant l'année entière.

ISOGÉOTHERME, adj. fém. (*izojé-otèreme*) (du grec ἴσος, égal, γῆ, terre, et θερμὸς, chaud), se dit de lignes qu'on suppose passer par les points d'une température égale et constante du sol.

ISOGONE, adj. des deux genres (*izoguône*) (du grec ἴσος, égal, et γωνία, angle); se dit, en minéralogie, des crystaux qui forment des angles égaux. (*Haüy*.)

ISOLATEUR, subst. mas. (*izolateur*), t. de phys., appareil propre à isoler le corps que l'on veut électriser.

ISOLATION, subst. fém. (*izolâcion*), action d'*isoler* les corps. *L'isolement* est l'effet de l'*isolation*. (Féraud.) Voy. **ISOLEMENT**.

ISOLÉ, E, part. pass. de *isoler*, et adj., qui n'a rien qui le touche, de quelque côté que ce soit. — Au fig., 1° seul, abandonné, à qui personne ne s'intéresse; 2° libre, indépendant, qui ne tient à rien. — T. de phys.: *corps isolé*, corps que l'on veut électriser par communication, et qu'on place sur des substances non électrisables par cette voie.

ISOLEMENT, subst. mas. (*izoleman*), t. d'architecture, distance d'une colonne à un pilastre ou d'une pièce quelconque qui doit être détachée des autres.—Au fig., état d'abandon. Dans cette acception, c'est un mot nouveau. *Beaumarchais*, dans un de ses mémoires contre Goezman, a dit dans le même sens, *isolation*.

ISOLÉMENT, adv. (*izoléman*), d'une manière *isolée*.

ISOLÉPIS, subst. mas. (*izolépice*), t. de bot., genre de plantes voisin des scirpes.

ISOLER, v. act. (*izolé*) (de l'italien *isola*, île; parce que ce qui est *isolé* ressemble à une *île* environnée d'eau de tous les côtés, et qui ne touche point au continent), faire qu'un bâtiment, une pièce d'architecture ne tienne à aucune autre. —En phys., placer un corps qu'on veut électriser par communication, sur des matières qui, par leur nature, ne partagent que très-peu, ou même qui ne partagent point du tout son électricité. — Au fig., rendre libre, indépendant; ou faire qu'un homme soit seul, qu'il ne tienne à rien. Dans cet emploi, *isoler* demande à être joint ou à un synonyme, ou à quelque autre mot qui en adoucisse le sens: *le favori n'a point de suite, il est sans engagement et sans liaison; il peut être entouré de créatures, mais il n'y tient pas; il est détaché de tout, et comme isolé*. (La

Bruyère.) — *s'*ISOLER, v. pron., se séparer de la société.

ISOLITE, subst. mas. (*izolite*), t. d'hist. anc., étranger à Athènes.

ISOLOIR, subst. mas. (*izoloar*), t. de phys., corps non électrisable par communication, au moyen duquel on *isole* les autres corps qu'on veut électriser de cette manière : tel est un gâteau de poix ou de résine, un tabouret porté sur des pieds de verre, etc.

ISOMÉRIE, subst. fém. (*izoméri*) (du grec ισος, égal, et μερις, partie). Voy. ISOMÉTRIE.

ISOMÉTRIE, subst. fém. (*izométri*) (du grec ισος, égal, et μετρον, mesure), t. d'arithm. et d'algèbre, manière de faire évanouir les fractions d'une équation, en les réduisant à un même dénominateur, et en multipliant tous les termes de l'équation par ce dénominateur commun. Ce mot n'est usité que dans les anciens auteurs. Quelques-uns disent, dans le même sens, *isomérie*.

ISOMÉTRIQUE, adj. des deux genres (*izométrike*), qui appartient à l'*isométrie*.

ISOMORPHE, adj. des deux genres (*izomorfe*) (du grec ισος, égal, et μορφη, forme), t. de minér., se dit des corps de formes analogues.

ISONDE, subst. propre mas. (*izonde*), ancien peuple de la Sarmatie d'Asie.

ISONÉMA, subst. fém. (*izonéma*), t. de bot., arbrisseau d'Afrique, de la famille des apocynées.

ISONOME, adj. des deux genres (*izonome*) (du grec ισος, égal, et νομος, loi), qui est soumis à des lois égales. Nom donné par *Haüy* aux crystaux dont les décroissements sur les bords sont égaux, aussi bien que ceux qui sont sur les angles.

ISONOMIE, subst. fém. (*izonomi*), égalité dans le décroissement du crystal sur les bords.

ISONOMIQUE, adj. des deux genres (*izonomike*), de l'*isonomie*.

ISOODON, subst. mas. (*izo-odon*), t. d'hist. nat., nouveau genre de mammifères marsupiaux qui fait le passage de celui des péramèles à celui du potoroo.

ISOPÉRIMÈTRE, adj. des deux genres (*izopérimètre*) (du grec ισος, égal, et de περιμετρον, contour, circuit, formé de περι, autour, et μετρον, mesure), t. de géométrie; il se dit des figures dont les circonférences sont égales.

ISOPÉRIMÉTRIQUE, adj. des deux genres (*izopérimétrike*), qui appartient à l'*isopérimètre*.

ISOPHLIS, subst. mas. (*izoflice*), t. d'hist. nat., nom générique d'une production marine gélatineuse qu'on a classée parmi les plantes acotylédones.

ISOPLEURE, adj. des deux genres (*izopleure*) (du grec ισος, égal, et πλευρον, côté), t. de géom., figure qui a sept côtés égaux.

ISOPODE, subst. mas. et adj. des deux genres (*izopode*), t. d'hist. nat., genre de crustacés.

ISOPOGON, subst. mas. (*izopoguon*), t. de bot., genre de plantes voisin des protées.

ISOPOLITIE, subst. fém. (*izopoliti*) (du grec ισος, égal, et πολιτης, citoyen), égalité de droits politiques.

ISOPSÈPHE, adj. des deux genres (*izopecèfe*) (ισοψηφος, formé de ισος, égal, et ψηφος, calcul; proprement, petite pierre servant pour compter), t. d'antiq.; les Grecs, qui n'avaient point d'autres chiffres que les lettres de leur alphabet, appelaient 1° *mots isopsèphes*, ceux dont les lettres calculées produisaient le même nombre; 2° *vers isopsèphes*, ceux qui étaient construits de manière que les lettres de chaque vers d'un distique, d'un quatrain, etc., prises numériquement, donnaient en somme le même nombre.

ISOPYRE ou **ISOPYRON**, subst. mas. (*izopire, piron*) (du grec ισος, égal, et πυρος, froment, parce que, dit-on, on peut faire du pain avec sa graine), t. de bot., plante à fleur rosacée des montagnes du Dauphiné. C'est une espèce de renoncule.

ISORROPASTIQUE, **ISORROPOSTATIQUE**, ou **ISORROPIE**, subst. fém. (*izoreropacetike, pocetatike, izoreropi*) (du grec ισος, égal, et ρεπω, je penche), t. de math., science de l'équilibre.

ISORROPIE, subst. fém. Voy. ISORROPASTIQUE.

ISORROPIQUE, adj. des deux genres (*izoreropike*), de l'*isorropie*.

ISOSCÈLE, adj. des deux genres (*izocèle*) (en grec ισοσκελης, fait de ισος, égal, et σκελος, jambe), t. de géom. : *triangle isoscèle*, qui a deux côtés égaux.

ISOTE, subst. fém. (*izote*), t. de bot., espèce de fougère.

ISOTÈLE, subst. mas. (*izotèle*) (du grec ισος, égal, et τελος, impôt), étranger à Athènes, qui payait l'impôt et jouissait de certains droits politiques.

ISOTHERME, adj. des deux genres (*izotèreme*) (du grec ισος, égal, et θερμος, chaud), se dit des lieux qui ont une température égale.

ISOTRIA, subst. fém. (*izotria*), t. de bot., genre de plantes orchidées.

ISPAHAN, subst. propre mas. (*icepa-an*), ville de Perse, ancienne capitale de cet empire.

ISPARETTE, subst. propre mas. (*iceparète*), myth., divinité supérieure des habitants de la côte de Malabar.

ISPISSA, subst. mas. (*icepiça*), t. d'hist. nat., nom générique de plusieurs petits oiseaux.

ISRAËL, subst. propre mas. (*icera-èle*, et non pas *izera-èle*), t. d'Écriture sainte; ce nom se prend quelquefois pour la personne de Jacob, quelquefois pour tout le peuple d'*Israël*, et même pour le royaume des dix tribus, distingué du royaume de Juda.

ISRAÉLITE, subst. et adj. des deux genres (*icera-élite*, et non pas *izera-élite*), peuple hébreu, juif de l'ancienne loi. — Fig. et fam. : *c'est un bon Israélite*, un homme simple et plein de candeur. — Adj. : *culte, consistoire israélite*, des juifs.

ISSANT, E, adj. (*iceçan, çante*), t. de blason ; il se dit des animaux qui se mettent sous le chef de l'écu, et dont il ne paraît que la tête et une partie du corps.

ISSAS, subst. mas. (*iceçâ*), t. de mar., sorte de cordage. Voy. ISSOUS, qui semble être le même.

ISSÉ, subst. propre fém. (*icecé*), myth., fille de Macarée. Elle fut séduite par Apollon, qui se déguisa en berger pour l'épouser.

ISSÉDONS, subst. mas. plur. (*icecédon*), anciens peuples du nord, voisins des Scythes. Quand parmi eux un père de famille mourait, toute la famille s'assemblait, égorgeait des victimes, et, coupant le défunt en morceaux, ils mêlaient sa chair avec celle des victimes, dont ils faisaient un festin. Ils conservaient seulement la tête du mort, qu'ils faisaient dorer, et qu'ils révéraient comme une divinité.

ISSER, v. act., barbarisme. Voy. HISSER, qui seul se dit.

ISSIGEAC, subst. propre mas. (*icecijake*), petite ville de France, arrond. de Bergerac, chef-lieu de canton, dép. de la Dordogne.

ISSIR, v. neut. (*icecire*), venir, descendre. Il est inusité. Il s'est dit anciennement pour *sortir*; mais on ne s'en sert plus qu'au part. pass., *issu, e*, qui signifie venu, descendu d'une personne, d'une race.

ISSOIRE ou **YSSOIRE**, subst. propre fém. (*içoare*), ville de France, chef-lieu d'arrond., dép. du Puy-de-Dôme.

ISSORIA, subst. propre fém. (*iceçoria*), myth., surnom de Diane à Sparte.

ISSOUDUN, subst. propre mas. (*iceçoudeun*), ville de France, chef-lieu d'arrond., dép. de l'Indre.

ISSOUS, subst. mas. plur. (*iceçou*), t. de mar., cordages blancs pour hisser les vergues.

ISSU, E, part. pass. du verbe inusité *issir*, et adj., sorti, venu, descendu d'une personne, d'une race : *de son mariage sont issus deux enfants*.— On appelle *cousins issus de germain*, les enfants de deux cousins germains : *il est son cousin issu de germain*. On dit aussi absolument : *ils sont issus de germain*.

ISSUE, subst. fém. (*içu*) (du verbe inusité *issir*, sortir), lieu par où l'on peut sortir : *ce château a plusieurs issues secrètes*. — Au fig., 1° événement des affaires; succès bon ou mauvais; 2° moyen, expédient pour sortir d'une affaire : *à l'issue du sermon, du dîné, du conseil*, etc.; à la sortie du sermon, du dîné, etc. — Les dehors, les environs d'une ville, d'une maison. — Les extrémités et les entrailles de quelques animaux : *une issue d'agneau*, etc.

IS-SUR-TILLE, subst. propre mas. (*iceçuretile*), ville de France, arrond. de Dijon, chef-lieu de canton, dép. de la Côte-d'Or.

ISSUS, subst. mas. (*iceçuce*), t. d'hist. nat., genre d'insectes hémiptères voisin des fulgores.

ISSY, subst. propre mas. (*ici*), grand et beau village de France, canton de Sceaux, dép. de la Seine. — *Issy-l'Évêque*, bourg de France, chef-lieu de canton, arrond. d'Autun, dép. de Saône-et-Loire.

ISTÉVONIEN, subst. mas. (*icetévonieïn*), nom d'anciens habitants d'une partie de la Germanie.

ISTHME, subst. mas. (*iceme*) (en lat. *isthmus*, fait du grec ισθμος), langue de terre resserrée entre deux mers ou deux golfes : *l'isthme de Corinthe, l'isthme de Panama*.—En anat. : *isthme de la gorge*, la séparation étroite qui est entre le larynx et le pharynx : *isthme de Vieussens*, l'éminence que forment les trousseaux de fibres qui se croisent autour du trou ovale, dans l'oreillette droite du cœur.

ISTHMIEN ou **ISTHMIQUE**, adj. mas. (*icemiein, mike*), t. d'antiq., la troisième des quatre sortes de jeux ou combats si célèbres dans l'ancienne Grèce. Ils prenaient leur nom de l'*isthme* de Corinthe, où ils se célébraient régulièrement tous les trois ans, en été.

ISTHMION, subst. fém. (*icemion*), t. d'antiq., sorte de collier des femmes grecques.

ISTHMITE, subst. fém. (*icemite*), t. de médec., inflammation du voile du palais et de ses piliers.

ISTIOPHORE, subst. mas. (*iceti-ofore*), t. d'hist. nat., poisson thoracique.

ISTONGUE, subst. mas. (*icetongue*), t. d'hist. nat., espèce de colibri de la Caroline.

ISTRES, subst. propre mas. plur. (*icetre*), bourg de France, chef-lieu de canton, arrond. d'Aix, dép. des Bouches-du-Rhône.

ISTRICIEN, subst. mas. (*icetricieïn*), ancien peuple de la Sarmatie d'Europe.

ISTRIE, subst. propre fém. (*icetri*), cercle d'Illyrie, gouvernement de Trieste, faisant partie de l'empire d'Autriche.

ISTRIEN, adj. mas., au fém. **ISTRIENNE** (*icetri-ein, tri-ène*), de l'*Istrie*.—Au plur. et subst., habitants de l'*Istrie*.

ISTRIENNE, adj. fém. Voy. ISTRIEN.

ISUREN, subst. propre mas. (*izurein*), l'une des trois principales divinités auxquelles les Indiens idolâtres attribuent le gouvernement de l'univers. Les deux autres sont *Brama* et *Wishnou*.

ISURÉNIEN ou **ISURÉNITE**, subst. mas. (*izurénieïn, rénite*), nom de sectaires indous, adorateurs d'*Isuren*.

ISURUS, subst. mas. (*izurucc*), t. d'hist. nat., genre de poissons de l'espèce des raies.

ITACISME, subst. mas. (*itaciceme*), t. de paléographie, emploi fautif de οι, ει, ι, υ, pour η, et *vice versâ*.

ITÀ EST (*itâ-écete*) (mots latins qui signifient : *il est ainsi*. On ne s'en sert plus qu'en quelques formules du palais.

ITAGUE, subst. fém. (*itague*), t. de marine, en général, une manœuvre qui fait dormant par un bout sur la chose qu'on veut hisser.

ITAL., abréviation du mot *italien* ou *italique*.

ITALIANISÉ, E, part. pass. de *italianiser*.

ITALIANISER, v. act. (*itali-anizé*), affecter les mœurs, les locutions *italiennes*. — *s'*ITALIANISER, v. pron., adopter les mœurs, les manières, les habitudes des *Italiens*.

ITALIANISME, subst. mas. (*italianiceme*), locution *italienne*. Voy. ITALICISME.

ITALICISME, subst. mas. (*italiciceme*) (du lat. *italicus*, italien, et de *mos*, coutume), locutions, manière de parler particulière à la langue *italienne*. Il est meilleur que *italianisme*.

ITALIE, subst. propre fém. (*itali*), contrée du midi de l'Europe, qui a la forme d'une presqu'île. Elle est divisée en plusieurs états souverains.

ITALIEN, adj. mas., au fém. **ITALIENNE** (*itali-ein, li-ène*), d'*Italie*.—Subst. mas., la langue de cette nation.

ITALIENNE, adj. fém. Voy. ITALIEN.

ITALIOTES, subst. mas. plur. (*itali-ote*), peuples de l'*Italie*, antérieur à la fondation de Rome, tels que les *Étrusques*, les *Osques*, etc. (*Boiste* ajoute qu'on les appelait plutôt *italiques*.)

ITALIQUE, adj. des deux genres (*italike*), qui a rapport à l'ancienne *Italie*.—T. d'antiquité : *danse italique*, danse théâtrale inventée sous le règne d'Auguste par Pylade et Bathylle, pantomimes célèbres.—*Droit italique*, celui par lequel une ville était assimilée aux villes d'*Italie*, en sorte que ses habitants jouissaient du droit de citoyen romain. — *Secte italique*, secte de Pythagore, ainsi nommée, parce que ce philosophe enseigna dans l'*Italie*, c'est-à-dire dans la partie orientale de l'*Italie*, que l'on nommait aussi Grande-Grèce. — On appelle *heures italiques*, les vingt-quatre heures du jour naturel que l'on compte entre deux couchers du soleil consécutifs.—En t. d'imprimerie, caractère qui diffère du *romain* en ce qu'il est un peu couché : *cicéro italique*. Il est en ce sens subst. mas. : *un bel italique*. — Voy. ITALIOTES.

ITALISME, subst. mas. (*italiceme*), manière de parler particulière à la langue *italienne*. C'est un mot forgé. *Ménage* a dit *italianisme*; et *italicisme* vaut encore mieux. Voyez ces mots.

ITALUS, subst. propre mas. (*italuce*), myth., fils de Télégone, roi d'Arcadie, donna son nom à l'*Italie*.

ITAM, subst. mas. (*itame*), t. de bot., variété du citronnier.

ITANIEN, subst. mas. (*itanieîn*), nom d'anciens peuples qui habitaient une partie de l'Espagne.

ITÉ, subst. mas. (*ité*), t. de bot., plante rhodoracée, selon les uns, et saxifragée, selon d'autres.

ITÉA, subst. propre fém. (*ité-a*), myth., l'une des filles de Danaüs.

ITEM, adv. (*itème*), mot pris du latin qui signifie *de plus*. On s'en sert dans les comptes. — Subst. mas., un article de compte : *c'est un bon item*. — Fam., *voilà l'item*, voilà le point de la difficulté. — Au plur., *des item*.

ITÉMALE, subst. propre mas. (*itémale*), myth., vieillard qui exposa OEdipe par ordre de Laïus. Voy. OEDIPE.

ITÉRATIF, adj. mas., au fém. **ITÉRATIVE** (*itératif, tive*) (en lat. *iterare*, refaire, faire de nouveau), t. de pratique, fait une seconde, une troisième ou quatrième fois : *commandements itératifs*.

ITÉRATIVE, adj. fém. Voy. ITÉRATIF.

ITÉRATIVEMENT, adv. (*itérativeman*), deux ou plusieurs fois de suite : *on l'a sommé itérativement*.

ITÉRATO, subst. mas. (*itérâtô*), t. de palais, *arrêt* ou *sentence d'itérato*, jugement pour les contraintes par corps après quatre mois.

ITÉRER, v. act. (*itéré*), réitérer. Il est vieux.

ITHACIEN, subst. propre mas. (*itacieîn*), nom d'anciens habitants d'Ithaque.

ITHACUS, subst. propre mas. (*itakuce*), myth., Ulysse, roi d'*Ithaque*.

ITHAQUE, subst. propre fém. (*itake*), île peu étendue, et toute hérissée de montagnes et de rochers, dans la Méditerranée, vis-à-vis de l'Epire. Elle est célèbre dans la fable comme patrie d'Ulysse, qui en était roi.

ITHOS, subst. mas. (*itôce*), le moral ou la morale. Selon *Boiste*, ce mot est usité dans cette phrase : *l'ithos et le pathos*. Voy. PATHOS.

ITHOMATE, adj. propre mas. (*itomate*), myth., surnom sous lequel Jupiter était adoré par les Messéniens à *Ithome*, ville de Thessalie.

ITHOMÉES, subst. fém. plur. (*itomé*), myth., fêtes consacrées à Jupiter *Ithomate*.

ITHOMÈTE ou **ITHOMÆUS**, subst. propre mas. (*itomète, tomé-uce*), myth., surnom de Jupiter, pris du culte qu'on lui rendait à *Ithome*, ville de Thessalie, où l'on célébrait en son honneur des fêtes appelées *Ithomées*.

ITHYMBE, subst. mas. (*iteinbe*), chanson des anciens en l'honneur de Bacchus. — Musicien qui l'exécutait. — Danse sur l'air de cette même chanson.

ITHYNTÉRION, subst. mas. (*iteintérion*), baguette que portaient les prophètes comme marque de leur dignité.

ITHYPHALLE, subst. mas. (*itifale*), myth., amulette des anciens : le *phallus*.

ITHYPHALLUS, subst. propre mas. (*itifaleluce*), myth., surnom de Priape.

ITHYS, subst. propre mas. (*itice*), myth., fils de Térée. Progné, sa mère, le servit par morceaux dans un festin. Voy. PHILOMÈLE.

ITIGUE, subst. fém. (*itigue*), t. d'hist. moderne, titre qu'on donne en Éthiopie ou en Abyssinie à celle que le négus ou empereur a choisie pour épouse. Ce titre répond à celui de reine ou impératrice.

ITIMADOULET, subst. mas. (*itimadoulé*), t. de relat., gouverneur turc.

ITINÉRAIRE, subst. mas. (*itinérère*) (en lat. *itinerarium*, fait de *iter*, gén. *itineris*, voyage), note de tous les lieux où l'on passe pour aller d'un pays à un autre. — Mémoire des choses arrivées à ceux qui ont fait ce chemin. Ce mot n'a guère d'usage qu'en parlant de certains voyages anciens: *itinéraire d'Antonin*. Un de nos écrivains sans contredit le plus célèbre, *M. de Chateaubriand*, a publié, sous le titre d'*Itinéraire de Paris à Jérusalem*, un ouvrage écrit, comme tout ce que produit cet illustre auteur, d'une manière sublime quant à la conception et au style.— Prière qu'on fait avant de se mettre en voyage.— Adj. des deux genres, *colonne itinéraire*, colonne à pans posée dans le carrefour d'un grand chemin, qui sert à indiquer des routes différentes. —*Mesure itinéraire*, de lieues.

ITONUS ou **ITON**, subst. propre mas. (*itonuce, iton*), myth., petit-fils de Deucalion, inventa l'art de façonner les métaux.

ITRYA, subst. fém. (*itri-a*), t. d'hist. nat., terre simple dans la Gadolinite d'Ytterbie.

ITTNÈRE, subst. fém. (*itenère*), t. de bot., genre de plantes appelé par *Linnée*, *najade*.

ITYPHALLIQUE, adj. des deux genres (*itifalelike*), s'est dit d'une sorte de vers obscènes en usage dans la poésie grecque.

ITYPHALLOPHORE, subst. mas. (*itifalelofore*), t. d'antiq., nom des prêtres de Priape, qui, dans les fêtes dissolues célébrées en son honneur, portaient l'*ityphallus* en chantant des chansons appropriées à la circonstance.

ITYLUS, subst. propre mas. (*itiluce*), myth., fils de Zéthus.

ITYRIEN, subst. mas. (*itiriein*), nom des habitants d'*Ityre*, ancienne ville du mont Taurus.

IULE, subst. mas. (*i-ule*), t. d'hist. nat., genre d'insectes aptères. — Myth., subst. propre mas., c'est le même qu'Ascagne. — On appelait aussi *Iules* des hymnes qu'on chantait en l'honneur de Cérès et de Libéra.

IUMASSES, subst. mas. plur. (*i-umace*), t. de rel., prêtres ou sorciers chez certaines peuplades de la Sibérie.

IUMULAC, subst. propre mas. (*i-umulak*), idole des Lapons.

IUZZKIL, subst. mas. (*i-uzekile*), t. de rel., monnaie turque.

IVA, subst. fém. (*iva*), t. de bot., espèce d'ortie frutescente.

IVE ou **IVETTE**, subst. fém. (*ive, ivète*), t. de bot., petite plante annuelle à fleur labiée, apéritive et vulnéraire. On en distingue particulièrement deux espèces; l'*ivette ordinaire*, et l'*ivette musquée*.

IVOIRE, subst. mas. (*ivoare*), dent d'éléphant, quand elle est détachée de la mâchoire de l'animal : *cet ivoire est bien blanc*. —*Noir d'ivoire*, poudre noire très-fine. — Fig. et poétiquement, *dents d'ivoire*, extrêmement blanches. — *Un cou d'ivoire*, bien lisse et bien blanc. *Vaugelas* et *Thomas Corneille*, dit *Girault-Duvivier*, pensent que ce mot est féminin; *Boileau* et *Delille* l'ont fait masculin, et ce dernier genre a prévalu.

> L'*ivoire* trop *hâté* rompt deux fois sur sa tête.
> (BOILEAU, *Lutrin*, chant V.)
>
> Là, sur un tapis vert, un essaim étourdi
> Pousse contre l'*ivoire* un *ivoire* arrondi;
> La blouse *le* reçoit...
> (DELILLE, *l'Homme des champs*.)

IVOIRIER, subst. mas. (*ivoarié*), qui travaille l'*ivoire*, ou qui vend des ouvrages d'*ivoire*. Ce mot, que l'on trouve dans plusieurs *dictionnaires*, est peu usité.

IVORIEN, subst. mas. (*ivorieîn*), nom d'une ancienne tribu écossaise.

IVRAIE, subst. fém. (*ivrè*) (du latin *ebrietas*, ivresse, parce que le pain d'*ivraie* enivre. *Robert Étienne*.), t. de bot., espèce de mauvaise herbe qui croît parmi le froment, et qui produit une graine noire. On la nommait aussi *zizanie*. Voy. ce mot. — *Ivraie de rat*, *ivraie sauvage*, espèce d'*ivraie* que les rats mangent volontiers. — Tous les *dictionnaires* disent qu'on écrit aussi *ivroie*; nous dirons, nous, que l'usage est pour *ivraie*. — Fig., *séparer l'ivraie d'avec le bon grain*, séparer la mauvaise doctrine d'avec la bonne, ou les méchants d'avec les bons.

IVRE, adj. des deux genres (*ivre*) (en latin *ebrius*), qui a perdu la raison par excès de vin. —Fig., troublé par une passion : *ivre d'ambition, de vanité*.

IVRE-MORT, E, adj. composé (*ivremor, morte*), *ivre* au point d'avoir perdu tout sentiment. — Au plur. *ivres-morts*, *ivres-mortes*.

IVRESSE, subst. fém. (*ivrèce*) (en lat. *ebrietas*), état d'une personne *ivre* : *il n'est pas encore revenu de son ivresse*.—Ce mot peut se dire au pluriel en parlant des passions, et c'est dans ce sens figuré que *J.-B. Rousseau* a dit :

> Le réveil suit de près vos trompeuses *ivresses*,
> Et toutes vos richesses
> S'écoulent de vos mains.
> (*Ode XVI*.)

Ivresse de l'amour, de l'orgueil, etc. — Poét., *la docte ivresse*, l'enthousiasme de la poésie.

IVROGNE, subst. et adj. mas., au fém. **IVROGNESSE** (*ivrognie, gnièce*) (suivant *Ménage*, du lat. *ebrius*, dont on a fait par corruption *ebrionius*), celui qui est sujet à l'*ivrognerie*. — Le féminin *ivrognesse* est un mot populaire et du bas comique. On dit plutôt *femme ivrogne*.

IVROGNER, v. neut. (*ivrognié*), boire avec excès.

IVROGNERIE, subst. fém. (*ivrognieri*), l'habitude ou l'acte même de s'*enivrer*.

IVROGNESSE, subst. et adj. fém. Voy. IVROGNE.

IVROIE. Vieux; voy. IVRAIE.

IVRY, subst. propre mas. (*ivri*), grand et beau village de France, arrond. de Sceaux, dép. de la Seine. — *Ivry-la-Bataille*, bourg de France, arrondissement d'Évreux, dép. de l'Eure, célèbre par la victoire qu'y remporta Henri IV.

IWANGIS, subst. mas. plur. (*ivanjice*), t. de relat., sorciers dans les îles Moluques.

IXA, subst. mas. (*ikça*), t. d'hist. nat., genre de crustacés.

IXEUTIQUE, subst. fém. (*ikceutike*) (du grec ἰξευτικη, fait du verbe ἰξευω, je prends les oiseaux à la glu, dont la racine est ἰξος, glu, gluau), chasse aux gluaux.

IXIE, subst. fém. (*ikci*) (du grec ἰξος, glu), t. de bot., plante bulbeuse de la famille des iridées de *Jussieu*, ainsi nommée parce qu'on trouve souvent de la glu autour de sa racine. *L'Académie* dit *ixia*.

IXION, subst. mas. (*ikci-on*), nom donné par les astronomes à la constellation d'Hercule et à celle de la couronne australe.—Myth., subst. propre mas., roi des Lapithes. Il refusa à Déionée les présents qu'il lui avait promis pour épouser sa fille; ce qui porta ce dernier à lui enlever ses chevaux. *Ixion*, dissimulant son ressentiment, attira chez lui Déionée, et le fit tomber par une trappe dans un fourneau ardent. Il eut de si grands remords de cette trahison, que Jupiter le fit mettre à sa table pour le consoler. Alors il eut l'audace d'aimer Junon et tâcha de la séduire; mais cette déesse en avertit son époux, qui, pour éprouver *Ixion*, façonna une nue qui ressemblait à Junon, et la fit paraître dans un lieu secret, où *Ixion* la trouva. Il ne manqua pas de suivre les mouvements de sa passion. Alors Jupiter convaincu foudroya *Ixion* et le précipita dans les enfers, où les Euménides l'attachèrent avec des serpents à une roue qui tournait sans cesse.

IXIONIDES, subst. propre mas. plur. (*ikci-onide*), myth., descendants de Pirithoüs, fils d'*Ixion*.

IXOCARPÉIA, subst. fém. (*ikçokarpé-i-a*), t. de bot., genre de plantes, le même que le *schizolæna*.

IXOCAULOS, subst. mas. (*ikçokôloce*), t. de bot., nom générique de plusieurs espèces de plantes caryophyllées.

IXODE, subst. mas. (*ikçode*) (en grec ἰξωδης, visqueux, tenace comme la glu, dérivé de ἰξος, glu, parce que les *ixodes* tiennent fortement aux animaux dont ils ont attaqué la peau), t. d'hist. nat., insecte qu'on nomme aussi *tique* ou *tiquet*, qui s'attache à la peau des animaux et s'en nourrit.

IXON, subst. mas. (*ikçon*), t. d'hist. nat., espèce de gomme.

IXORA, subst. propre mas. (*ikçora*), myth., divinité des Indous, la même qu'*Isuren*.

IXORE, subst. fém. (*ikçore*), t. de bot., plante rubiacée.

IXOS, subst. mas. (*ikçôce*), t. d'hist. nat., espèce de vautour. — T. de bot., sorte de plante.

IXYS, subst. mas. (*ikcice*), mot grec adopté par quelques anatomistes pour désigner les os des iles, les flancs et les lombes.

IZARD, subst. mas. (*izar*), t. d'hist. nat., mammifère ruminant du genre des chamois, qui vit principalement sur les montagnes des régions tempérées de l'Europe.

IZED, subst. propre mas. (*izède*), génie du second ordre, dans la doctrine des parsis.

IZELOTTE, subst. fém. (*izelote*), monnaie ancienne qui avait cours dans quelques provinces de l'empire turc.

IZESCHNÉ, subst. mas. (*izècekené*), ouvrage de *Zoroastre* en soixante-douze chapitres.

IZQUIERDE, subst. fém. (*izekièrede*), t. de bot., arbre du Pérou, peu connu.

J, subst. mas. (prononcez *je*, et non pas *ji*, qui ne rendrait pas le son de cette lettre), dixième lettre de l'alphabet français et la septième des consonnes. On a long-temps appelé cette lettre *i consonne*; c'est tout-à-fait à tort qu'on a essayé de confondre ces deux lettres. *J* n'a de commun avec l'*i* ni la figure, ni le son, ni l'emploi; on ne peut donc pas le comprendre sous la même dénomination que cette voyelle, encore moins, comme on l'a fait jusqu'ici dans le plus grand nombre des *dictionnaires*, les amalgamer dans l'ordre alphabétique.—Cette lettre conserve au commencement des mots le son qui lui est propre. Elle ne se double point, et ne se trouve jamais ni avant une consonne, ni à la fin d'un mot, ni avant la voyelle *i*, si ce n'est par élision, comme dans *j'ignore, j'irai*; et alors *j'* est pour *je*.— *J* a toujours le son que l'on donne au *g* avant *e* ou *i* : *je jugerai, le joug, la jalousie.* C'est le *j*, et non le *g*, que l'on emploie dans presque tous les mots où l'on entend le son de *ja, jo, ju* : *jarretière, jalousie, jolie, joindre, jujubier.* Mais c'est le *g*, et non le *j*, que l'on emploie dans *geôle, geôlier*, et dans les verbes en *ger* et leurs dérivés : *il mange, nous mangeons; il gage, nous gageons; la gageure*, etc., qui se prononcent *le jôlier, il manja, la gajure.* Si l'on a conservé l'*e* dans ces mots, c'est afin qu'on ne donnât pas au *g* le son dur qu'il a dans : *garder, guttural*. Il n'y a point de règle qui établisse le cas où il faut employer le *j* à la place de *ge*, l'usage seul apprend les principes de cette orthographe, qui ne repose pas même sur l'étymologie du mot. — *J*, au bas d'une feuille d'impression, signifie *dix*.

J', abréviation du pronom *je* devant les voyelles. Voy. la lettre *j* et le pronom JE.

JÀ, adv. (*ja*), pour *déjà*. Vieux mot qui ne se dit plus.

JAA-BACHI, subst. mas. (*ja-abachi*), t. de relat., capitaine d'infanterie chez les Turcs.

JAAJA, subst. mas. (*ja-aja*), t. de bot., espèce de palétuvier de Sierra-Leone.

JAALONS, subst. propre mas. (*jàlon*), village de France, arrond. de Châlons, dép. de la Marne.

JABAJAHIS, subst. mas. plur. (*jabaja-ice*), sectaires mahométans qui n'accordent à Dieu qu'une prescience limitée.

JABARIS ou **JABARISTES**, subst. mas. plur. (*jabarice, ricete*), sectaires mahométans qui croient à la fatalité.

JABATOPITA, subst. mas. (*jabatopita*), t. de bot., arbre du Brésil du genre des ochna.

JABE, subst. propre mas. (*jabe*) (de l'hébreu *jaw*), nom que les Samaritains donnaient à l'Être-Suprême.

JABEPINÈTE, subst. fém. (*jabépinète*), t. d'hist. nat., espèce de raie du Brésil, à queue longue.

JABET, subst. mas. (*jabè*), t. d'hist. nat., sorte de coquillage.

JABIL, subst. mas. (*jabile*), t. d'hist. nat., petit mollusque de la famille des rochers.

JABIRU, subst. mas. (*jabiru*), t. d'hist. nat., genre d'oiseaux échassiers voisin des cigognes.

JABLE, subst. mas. (*jable*), rainure ou entaille qu'on fait aux douves d'un tonneau pour arrêter les pièces du fond.— La partie des douves d'un tonneau qui excède les fonds, des deux côtés.—En t. de verrerie, jonction du fond d'un pot avec la flèche.— *Peignes de jable*, petits morceaux de douves taillés exprès, qu'on fait entrer par force sous les cerceaux, pour rétablir les *jables* rompus.

JABLÉ, E, part. pass. de *jabler*.

JABLER, v. act. (*jablé*), faire le *jable* des douves.—*se* JABLER, v. pron.

JABORANDI ou **JABORANDE**, subst. mas. (*jaborandi, rande*), t. de bot., nom générique sous lequel on désigne plusieurs espèces de plantes à racine alexipharmaque.

JABOROSE, subst. fém. (*jaborôze*), t. de bot., genre de plantes solanées, qui paraît être la mandragore.

JABOT, subst. mas. *(jabô)*, t. d'hist. nat., poche membraneuse située près du cou des oiseaux et au bas de leur œsophage, dans laquelle les aliments séjournent quelque temps pour s'y ramollir avant de passer dans le gésier.—Dilatation sacciforme de l'œsophage du cheval, en avant du diaphragme, et qui gêne le vomissement.—Mousseline et dentelle qu'on attache par ornement à l'ouverture d'une chemise, au-devant de l'estomac.—*Faire jabot*, faire le fier. — Prov. : *cet homme a bien rempli son jabot*, a bien mangé.

JABOTÉ, part. pass. de *jaboter*.

JABOTER, v. neut. *(jaboté)* (du mot *jabot; tirer de son jabot*), caqueter, jaser, babiller. Il est fam. —JABOTER, JASER, CAQUETER. *(Syn.)* Ceux qui *jabotent* ensemble, dit *Roubaud*, parlent et causent bas avec un petit murmure, comme s'ils marmottaient. Ceux qui *jasent* parlent, et causent à leur aise d'abondance de cœur, et trop. Ceux qui *caquettent* parlent et causent sans utilité, sans solidité, avec assez d'éclat ou de bruit, avec peu d'égard et d'attention pour les autres.

JABOTIÈRE, subst. fém. *(jabotière)*; c'est le nom qu'on a donné à l'oie de Guinée, à cause de sa gorge enflée et pendante en forme de *jabot*.

JABUTICABA, subst. mas. *(jabutikaba)*, t. de bot., grand arbre du Brésil.

JACA ou **JACHA**, subst. mas. *(jaka)*, t. de bot., arbre à pain des Indes orientales. — Subst. propre mas., myth., nom que les habitants de l'île de Ceylan ont donné à l'esprit des ténèbres.

JACACAIL, subst. mas. *(jakaka-ie)*, t. d'hist. nat., oiseau du Brésil de la grosseur d'une alouette.

JACAMAR, subst. mas. *(jakamar)*, t. d'hist. nat., genre d'oiseaux grimpants, de la famille des cunéirostres.

JACANA, subst. mas. *(jakana)*, t. d'hist. nat., genre d'oiseaux échassiers.

JACAPA, subst. mas. *(jakapa)*, t. d'hist. nat., espèce de merle d'Amérique.

JACAPANI, subst. mas. *(jakapani)*, t. d'hist. nat., espèce de rossignol qui se nourrit de mouches.

JACAPUCAJO, subst. mas. *(jakapukajo)*, t. de bot., arbre du Brésil qui porte une noix huileuse.

JACAR, subst. mas. Voy. JAGUAR, qui seul se dit.

JACARANDE, subst. mas. *(jakarandé)*, t. de bot., arbre du Brésil, de la famille des bignonées.

JACARET, subst. mas. *(jakaré)*, t. d'hist. nat., espèce de crocodile.

JACARANI, subst. mas. *(jakarani)*, t. d'hist. nat., bruant de la famille des passereaux.

JACASSÉ, part. pass. de *jacasser*.

JACASSER, v. neut. *(jakacé)*, crier comme la pie.—On dit fig. et fam. *jacasser*, pour signifier babiller, parler de tout à tort et à travers.

JACCO, subst. mas. *(jakèkô)*, myth., pontife japonais, chargé de la discipline religieuse.

JACÉE, subst. fém. *(jacé)*, t. de bot., plante vivace, genre de centaurée.

JACENT, E, adj. *(jaçan, çante)* (en latin *jacens*, part. prés. de *jacere*, être couché, étendu de son long), t. de palais, abandonné. Il se dit des biens qui n'ont aucun propriétaire, des successions auxquelles personne n'a droit : *biens jacents; succession jacente.*

JACHÈRE, subst. fém. *(jachère)* (suivant *Ménage*, du latin barbare *vacania*, fait dans la basse latinité, de *vacare*, être vide, vacant, non rempli, *terre vacante* ; ou de *vacca*, vache, *terre où l'on mène paître les vaches*. Suivant Mézeray, du latin *jacere*, être couché, étendu, et figurément, se reposer ou être négligé, abandonné : *terræ jacentes incultæ*, terres abandonnées sans culture), terre labourable qu'on a laissée reposer un an. — Cette terre elle-même quand elle se repose : *c'est une jachère.*

JACHÉRÉ, E, part. pass. de *jachérer*.

JACHÉRER, v. act. *(jachéré)*, labourer des *jachères*.—SE JACHÉRER, v. pron.

JACINTHE, subst. fém. *(jacеinte)*, t. de bot., plante vivace, bulbeuse, à fleur liliacée, d'une odeur suave, précieuse aux fleuristes par la beauté de sa fleur, qui naît dans les premiers jours du printemps. On la nomme aussi *hyacinthe*. Voy. ce mot).—La *jacinthe des Indes* n'est autre chose que la *tubéreuse*, plante des Indes transportée en Italie et en France. Elle fleurit en été et en automne.—On appelle *jacinthe*, en t. de jard., une espèce de prune longue et violette.

JACKANAPER, subst. mas. *(jakanapere)*, t. d'hist. nat., espèce de singe d'Afrique.

JACKASH, subst. mas. *(jakache)*, t. d'hist., nat., espèce de quadrupède.

JACKIE, subst. fém. *(jakeki)*, t. d'hist. nat., espèce de grenouille de Surinam.

JACKSONIE, subst. fém. *(jakçoni)*, t. de bot., espèce de plante.

JACO, subst. mas. Voy. JACQUOT.

JACOBÉE, subst. fém. *(jakobé)*, t. de bot., sorte de plante, ainsi nommée, parce qu'on la trouve fréquemment le long des chemins de Saint-Jacques en Galice, province d'Espagne. C'est une plante agreste, vivace, qui croît dans les lieux humides. On l'appelle aussi *herbe de saint Jacques*.

JACOBIN, subst. mas., **JACOBINE**, subst. fém. *(jakobein, bine)*, religieux, religieuse qui suit la règle de saint Dominique, ainsi nommés de la rue *Saint-Jacques*, à Paris, où fut établie la première maison que les *dominicains* eurent en France. On les appelle aussi *dominicain*, *caine*.—On a donné ce nom d'abord aux membres de la première société populaire établie en 1789, dans l'ancien couvent des *Jacobins*, à Paris ; puis à toutes les sociétés semblables affiliées avec la première, et même aux individus qui, sans être membres de ces sociétés, en professaient les principes. — Partisan de la démocratie pure. — T. d'hist. nat., nom qu'on a donné à la corneille mantelée et à plusieurs espèces d'oiseaux des Indes.

JACOBINE, subst. fém. Voy. JACOBIN.

JACOBINISÉ, part. pass. de *jacobiniser*.

JACOBINISER, v. act. et neut. *(jakobinizé)*, faire le *jacobin*.—SE JACOBINISER, v. pron., adopter les principes ou le système politique des *jacobins*.

JACOBINISME, subst. mas. *(jakobiniceme)*, système, doctrine des révolutionnaires appelés *jacobins*. — Démocratie pure. — Despotisme brutal et sanguinaire exercé par et au nom du peuple. *(Boiste.)*

JACOBITE, subst. mas. *(jakobite)*, nom de chrétiens cophtes d'Égypte.—Nom que, dans la révolution de 1688, on donna en Angleterre aux partisans du roi *Jacques II*.

JACOBUS, subst. mas. *(jakobuce)*, ancienne monnaie d'or d'Angleterre, frappée sous *Jacques Ier*.

JACONAS, subst. mas. *(jakonâce)*, t. de comm., espèce de mousseline double.

JACOPIN, subst. mas. *(jakopein)*, t. d'hist. nat., gros-bec des Indes.

JACOUROU, subst. mas. *(jakourou)*, t. d'hist. nat., espèce de couleuvre.

JACQMART, subst. mas. *(jakmare)*, raisin qui croît surtout dans le département de la Meurthe.

JACQUART, subst. mas *(jakare)*, sorte de métier à tisser, ainsi appelé du nom de son inventeur.

JACQUINIER, subst. mas. *(jakinié)*, t. de bot., genre de plantes de la famille des sapotilliers.

JACRE, subst. mas. *(jakre)*, sorte de sucre fait avec du vin de palmier.

JACQUOT et non pas **JACO**, subst. mas. *(jâkô)* (du nom propre *Jacques*), nom donné aux perroquets, surtout aux perroquets cendrés. — Nom vulgaire du geai.

JACTANCE, subst. fém. *(jaktance)* (du latin *jactantia*, fait dans la même signification de *jactare*, jeter souvent, porter çà et là, agiter ; *jactare se*, se démener, et fig., se vanter, se prôner), louange de soi-même faite par vanité. Il est vieux et ne s'emploie plus que dans le style fam. ou critique.

JACTANCIEUSE, subst. et adj. fém. Voy. JACTANCIEUX.

JACTANCIEUX, subst. et adj. mas., au fém. **JACTANCIEUSE** *(jaktancieu, cieuze)*, qui a de la *jactance*, qui l'exprime.

JACTATEUR, subst. mas., **JACTATRICE**, subst. fém. *(jaktateur, trice)*, qui a de la *jactance*. Il est inusité, mais utile.

JACTATRICE, subst. fém. Voy. JACTATEUR.

JACTATION, subst. fém. *(jaktâcion)*, t. de médec., agitation continuelle, qui, dans beaucoup de maladies, oblige le patient à changer sans cesse de position dans son lit.

JACTÉ, E, part. pass. de *se jacter*.

SE **JACTER**, v. pron. *(cejakté)*, se vanter avec *jactance*. Inusité.

JACULATION, subst. fém. *(jakulâcion)* (du lat. *jaculum*, javelot), ancien jeu des Grecs qui consistait à lancer un javelot, une pierre, etc., le plus loin possible.—On ne dit pas *jaculation* pour *éjaculation*.

JACULATOIRE, adj. des deux genres *(jakulatoare)* (en latin *jaculatorius*, fait de *jaculare*, lancer, darder) : *oraison jaculatoire*, celle où l'esprit s'élance vers Dieu. — En t. d'hydraulique, *fontaine jaculatoire*, celle qui fait des jets d'eau élevés en l'air. Il est peu usité en ce sens.

JACULT, subst. mas. *(jakulete)*, ancien livre des Juifs.

JACUSI, subst. propre mas. *(jakuzi)*, l'un des dieux des Japonais, qui semble être le même qu'Esculape chez les Grecs.

JADDÈSE, subst. mas. *(jadedèze)*, prêtre de l'île de Ceylan, qui est spécialement consacré au culte des génies.

JADE, subst. mas. *(jade)*, t. d'hist. nat., pierre verdâtre et fort dure. Il y en a aussi d'olivâtres et d'un bleu blanchâtre. Les Turcs et les Polonais en font des manches de sabre, etc. — Les Indiens attribuaient à cette pierre une infinité de vertus curatives.

JADHAR, subst. propre mas. *(jadare)*, myth., divinité favorable adorée dans l'île de Madagascar : c'est le bon principe des Madécasses.

JADIEN, adj. mas., au fém. **JADIENNE** *(jadiein, diène)*, t. d'hist. nat., qui est de la nature du *jade*.

JADIENNE, adj. fém. Voy. JADIEN.

JADIS, adv. *(jâdice)* (corruption des mots latins *jam diù*), autrefois, au temps passé. Voyez ANCIENNEMENT.

JAFFA, subst. propre fém. *(jafefa)*, ville et port de la Syrie. Elle est célèbre par la peste qui désola l'armée française en 1799.

JAFUPIERRE, subst. fém. *(jafupière)*, jachère. Vieux et inconnu. *(Boiste.)*

JAGA-BELLA, subst. propre fém. *(jaguabèlela)*, myth., la Bellone des anciens Slaves.

JAGAKE, subst. mas. *(jaguake)*, t. d'hist. nat., espèce de poisson abdominal.

JAGARNAT ou **JAGRANAT**, subst. propre mas. *(jaguarna, jaguerana)*, nom sous lequel les Indiens adorent Wishnou à *Jagarnat* ou *Jagranat*.

JAGOUT, subst. propre mas. *(jagou)*, myth., l'un des dieux du premier ordre chez les Arabes.

JAGRA, subst. mas. *(jaguera)*, t. de bot., écorce aromatique qui entre dans la composition de l'arack des Indiens.

JAGRE, subst. mas. Voy. JAGRA, qui est le même.

JAGUA, subst. mas. *(jagu-a)*, t. de bot., grand palmier de l'Amérique dont on retire du vin de palme.

JAGUAR, subst. mas. *(jagu-ar)*, t. d'hist. nat., animal quadrupède de l'Amérique méridionale, du genre des chats, à pelage moucheté comme le léopard ; il est très-féroce et très-cruel quand la faim le presse, mais lorsqu'il est repu, il perd toute vivacité et tout courage.—Genre de poisson.

JAGUARÈTE, subst. mas. *(jagu-arète)*, t. d'hist. nat., grand chat du Paraguay, à pelage noir moucheté.

JAGUARUNDI, subst. mas. *(jagu-arondi)*, t. d'hist. nat., mammifère du Paraguay, du genre des chats.

JAGUDE, subst. fém. *(jagude)*, pêche qui se fait au manet.

JAGUILMA, subst. fém. *(jagu-ilema)*, t. d'hist. nat., espèce de perroquet.

JAÏET, subst. mas. Inusité. Voy. JAIS.

JAILLI, part. pass. de *jaillir*.

JAILLIR, v. neut *(ja-ie-ire)* (du grec ιαλλειν, jeter, lancer. *Henri Etienne*. Suivant d'autres, du latin *jaculari*, lancer un trait), en parlant des fluides, sortir impétueusement. — Il se dit aussi des étincelles : *faire jaillir le feu des veines d'un caillou.* — Etre dit d'inspiration. —JAILLIR, REJAILLIR. *(Syn.)* *Jaillir* marque l'éruption ; *rejaillir*, les effets divers d'une grande éruption. L'eau *jaillit* en un flot du tuyau dont elle sort avec impétuosité ; divisée en différents filets, elle *rejaillit* sur divers points. La veine s'ouvre et le sang *jaillit*; il *rejaillit* de toutes parts sur le lit du malade. Un accident fait *jaillir* du ruisseau un filet de boue, une voiture en fait *rejaillir* sur les passants. La lumière *jaillit* du soleil et *rejaillit* dans l'espace. *Jaillir* ne se dit guère que des liquides à qui le mouvement semble être naturel, *rejaillir* se dit des liquides, et par extension des solides qui sont renvoyés, repoussés, réfléchis.

JAILLISSANT, E, adj. *(jale-içan, çante)*, qui *jaillit* : *eaux jaillissantes.*

JAILLISSEMENT, subst. mas. (*ja-le-iceman*), action de *jaillir*.

JAIM, subst. mas. (*jein*), t. d'hist. nat., gros poisson sans écailles qui se rencontre dans les environs de Nicée.

JAIS, subst. mas. (*jé*) (en grec γαγγιτις, pris de γαγατης, nom donné à cette substance, à cause du fleuve *Cagès*, en Lycie, près duquel on le trouvait), espèce de bitume fossile, opaque, très-noir, solide, compacte, et qui a même une dureté suffisante pour être taillé et bien poli.— Sorte de verre qu'on teint de diverses couleurs. —*Jais d'Islande*, espèce d'ambre noir à laquelle les Islandais attribuent des propriétés surnaturelles.—*Noir comme un jais*, c'est-à-dire parfaitement noir.—On dit aussi *jayet*, d'après l'*Académie;* nous ne l'avons jamais entendu dire.

JAKUSIS, subst. mas. plur. (*jakuzice*), myth., esprits malins que les Japonais supposent répandus dans les airs.

JALAGE, subst. mas. (*jalaje*), droit seigneurial sur le vin vendu en détail, mesuré par *jales* ou jattes. Voy. JALE.

JALAP, subst. mas. (*jalape*), t. de bot., espèce de plante de la famille des liserons, originaire d'Amérique, et dont la racine est un des meilleurs purgatifs connus. — On donne aussi le nom de *jalap* à la *belle-de-nuit*.

JALAPINE, subst. fém. (*jalapine*), t. de chim., principe actif nouvellement découvert dans la racine du *jalap*.

JALDABAOTH, subst. propre mas. (*jaledabaote*), myth., divinité adorée autrefois par les nicolaïtes.

JALE, subst. fém. (*jale*), espèce de grande jatte qui a à peu près la forme d'un baquet.

JALÉE, subst. fém. (*jalé*), plein une *jale*.

JALEMUS, subst. propre mas. (*jalemuce*), myth., fils d'Apollon. Il éprouva tant de traverses, que son nom passa en proverbe pour dire un malheureux. Ce fut aussi de son nom qu'on appela *jalémies* les chants funèbres par lesquels on célébrait les funérailles.

JALET, subst. mas. (*jalè*) (du lat. *jaculum*, javelot, trait, dont on a fait le diminutif *jaculetum*), petit caillou rond. Il est vieux. Voy. GALET. —*Arbalète à jalet*, celle avec laquelle on lançait des cailloux et des balles de plomb ou de fer.

JALLA, subst. mas. (*jalela*), sorte de coiffure des femmes nègres de la Gambie.

JALMÉNUS, subst. propre mas. (*jaleménuce*), myth., fils de Mars, fut un des chefs des Grecs au siége de Troie.

JALON, subst. mas. (*jalon*), bâton qu'on plante en terre, et qui, garni d'une carte dans le haut, sert à prendre des alignements.

JALONNÉ, E, part. pass. de *jalonner*.

JALONNER, v. neut. (*jaloné*), planter des *jalons* de distance en distance. Il est aussi act. : *jalonner une allée*. — *se* JALONNER, v. pron.

JALONNEUR, subst. mas. (*jaloneur*), celui qui sert de *jalon* pour déterminer un alignement.

JALOT, subst. mas. (*jalô*), grand baquet de bois à l'usage des fabricants de chandelles.

JALOUSE, subst. et adj. fém. Voy. JALOUX.

JALOUSÉ, E, part. pass. de *jalouser*, et adj., envié; qui excite la *jalousie*. — Garni de l'espèce de treillis appelé *jalousie*. Peu usité dans ce sens.

JALOUSER, v. act. (*jalouzé*), avoir de la *jalousie* contre...—*se* JALOUSER, v. pron.

JALOUSIE, subst. fém. (*jalouzi*) (de l'italien *gelosia*, fait, dans la même signification, du lat. *zelotypia*, qui vient du grec ζηλοτυπια, dont la racine est ζηλος, amour excessif, envie, émulation), chagrin qu'on a de voir posséder par un autre un bien qu'on désirerait pour soi-même. Il se dit surtout de ce qui a rapport à l'amour.— Envie qu'excite la gloire ou la prospérité d'un concurrent. Voy. ENVIE. — Extrême délicatesse : *conserver avec une jalousie particulière les bienséances du palais*. (Bossuet.) — Ombrage qu'un état donne à d'autres par sa puissance, par ses entreprises.—T. de guerre, *tenir un pays en jalousie*, l'environner de sujétions et d'alarmes.— Treillis de bois ou de fer au travers duquel on voit sans être vu. — T. de jard., grosse poire d'automne. — *Fleur de jalousie*, espèce d'amarante. — JALOUSIE, ÉMULATION, ENVIE. (*Syn.*) La *jalousie* et l'*émulation* s'exercent sur le même objet qui est le bien ou le mérite des autres. L'*émulation* est un sentiment volontaire, courageux, sincère, qui rend l'âme féconde, qui la fait profiter des grands exemples, et la porte souvent au-dessus de ce qu'elle admire. La *jalousie*, au contraire, est un mouvement violent et comme un aveu contraint du mérite qui est hors d'elle : elle va même jusqu'à nier la vertu dans les sujets où elle existe; quand elle est forcée de la reconnaître, elle lui refuse les éloges ou lui envie les récompenses. La *jalousie* ressemble souvent à l'*envie*, et l'on confond souvent ces deux mots. Il semble pourtant que par l'*envie* nous ne considérons le bien qu'en ce qu'un autre en jouit et que nous le désirons pour nous; tandis que, dans la *jalousie*, il s'agit de notre bien propre que nous appréhendons de perdre, ou auquel nous craignons qu'un autre ne participe. On *envie* l'autorité d'autrui, et l'on est *jaloux* de celle qu'on possède.—Myth., figure qui représente une femme dont la robe est parsemée d'yeux et d'oreilles; elle a pour emblème un coq furieux.

JALOUX, subst. et adj. mas., au fém. **JALOUSE** (*jalou, louze*) (de l'italien *geloso*, fait du grec ζηλωτης), qui a de la *jalousie*, surtout en amour : *il est jaloux de sa femme*. — Envieux : *jaloux de la gloire, du bonheur, des succès d'autrui*.— Empressé, désireux de... — *Il est jaloux de son honneur, des droits de sa charge*, il est fort délicat sur ce qui regarde son honneur, les droits de sa charge. — *Il est jaloux de ses opinions, de ses idées*, il souffre avec peine qu'on le contrarie. — *Dieu est jaloux de sa gloire*, Dieu veut qu'on n'adore que lui seul. — En t. de marine, *vaisseau jaloux*, qui roule beaucoup, ou qui a le côté faible.—*Voiture jalouse*, sujette à pencher d'un côté.—*Place jalouse*, place exposée, et dont on peut facilement s'emparer; place entre deux états, et dont on a envie de s'emparer.—Subst.: *c'est un vieux jaloux; il ne dort non plus qu'un jaloux*.

JAMACARU, subst. mas. (*jamakaru*), t. de bot., sorte de figuier d'Amérique.

JAMAÏQUE, subst. propre fém. (*jama-ike*), l'une des îles des grandes Antilles située au sud de Cuba et à l'ouest d'Haïti. Elle est renommée pour son excellent rhum.

JAMAIS, adv. (*jamè*) (des deux mots latins *jam magis*. Ménage, d'après Sylvius), en aucun temps. — Il s'emploie quelquefois sans être négatif : *c'est ce qu'on peut jamais dire de mieux, de plus fort*. — On dit populairement : *la semaine des trois jeudis, trois jours après jamais*, la semaine, les trois jours qui n'arriveront *jamais*.—A JAMAIS, POUR JAMAIS. (*Syn.*) *A jamais*, dit *Roubaud*, est fait pour exprimer énergiquement l'intensité de l'action, de la chose, par sa durée; *pour jamais*, exprime simplement l'étendue de l'action, de la chose, quant à sa durée. Cette dernière locution marque l'intensité, le fait, une circonstance de temps; la première marque la force de la chose, l'énergie de l'action, la grandeur de l'effet. La passion dit *à jamais*, et le récit *pour jamais*.

JAMAIS, subst. mas. (*jamè*), un temps sans fin : *au grand jamais, à tout jamais*. Style familier.

JAMAMBUXES, subst. mas. plur. (*jamanbukece*), fanatiques japonais qui errent dans les campagnes, prétendant converser familièrement avec le diable.

JAMASSU, subst. mas. (*jamaçu*), conjuration particulière des *jammabos* dans leurs opérations magiques.

JAMAVAS, subst. mas. (*jamava*), t. de comm., sorte de taffetas des Indes broché d'or et de soie.

JAMBAGE, subst. mas. (*janbaje*), pied-droit d'une porte, d'une fenêtre, entre deux arcades, etc.— Petit mur élevé de chacun des côtés d'une cheminée, pour en porter le manteau. — En général, maçonnerie qui soutient quelque partie d'un bâtiment, qui lui sert comme de *jambe*.—Partie d'une peau qui couvre les pattes de l'animal : *piler des jambages*. — On appelle *jambages d'un tour*, deux pièces de bois dans lesquelles sont emboîtées les jumelles. — T. d'écriture, ligne droite de l'*m*, de l'*n*, de l'*u*, etc. — *Boiste* veut qu'on ait dit *droit de jambage*, comme on a dit *droit de cuissage*; nous ne sommes pas de son avis. Voy. CUISSAGE.

JAMBARANDI, subst. mas. (*janbarandi*), t. de bot., sorte de poirier sarmenteux.

JAMBAYÉ, part. pass. de *jambayer*.

JAMBAYER, v. neut. (*jambé-ié*), marcher, se promener à grands pas. (*Boiste*.) Vieux et hors d'usage.

JAMBE, subst. fém. (*janbe*) (du latin barbare *campa*, qu'on a dit dans la basse latinité pour *crus*, et qui dérive du grec καμπη, qui signifie proprement *courbure*, ou la *jointure* des membres), telle que celle de la cuisse avec la jambe. De *camba*, les Italiens ont fait *gamba*), partie du corps de l'animal depuis le genou jusqu'au pied. — En t. de vènerie, la partie qui, dans les bêtes fauves, s'étend depuis le talon jusqu'aux os; et pour les bêtes noires, celle qui va jusqu'aux gardes. — *Jambe de cerf*, est la partie du pied d'un cerf comprise entre le talon et les ergots, qu'on appelle *les os*. — Fig., chacune des branches d'un compas, et de deux règles mobiles d'un compas de proportion. — Dans l'architecture, en général, un pilier de pierres de taille, élevé à plomb pour porter les parties supérieures d'un bâtiment. — *Jambe étrière*, pilier qui est à la tête d'un mur mitoyen. — *Jambe sous poutre*, chaîne de pierres de taille mises dans un mur pour porter les poutres.—*Jambe de force*, pièces de bois qui vont se joindre dans le poinçon pour former le comble. — *Jambe de bois*, morceau de bois taillé pour tenir lieu de *jambe*. —Celui qui la porte.—*Couteau ou ciseaux à jambe de princesse*, couteau ou ciseaux dont le manche ou les branches sont supposés représenter la forme d'une *jambe*. — *Jambe de chien*, t. de mar.; on donne ce nom à la charpente de la voûte d'un grand bâtiment, sur laquelle portent les allonges de tableau. — Le tors d'un câble ou gros grelin fait quelquefois un petit pli sur lui-même, on le nomme *jambe de chien*. — On appelle encore ainsi un bout de lisse ayant une certaine courbure, qui termine le garde-corps qui s'appuie par l'avant du plat-bord de certains bâtiments. — C'est encore le nom d'une sorte de nœud qu'on fait sur un cordage pour le raccourcir. — En t. de pêche, 1° *jambe d'une maille*, le fil qui forme un de ses côtés; 2° *jambes de filets*, ailes qu'on ajoute aux côtés des filets à manche.—On dit qu'*un cheval a bien de la jambe*, pour dire qu'il a les *jambes* fines; qu'*il n'a point de jambes*, pour dire qu'il bronche fréquemment. — *Etre haut en jambes*, avoir les *jambes* plus hautes qu'on ne les a ordinairement. — On dit par menaces, qu'*on rompra bras et jambes à quelqu'un*, qu'on le maltraitera fort.—*Avoir de bonnes jambes*, aller bien à pied. — *Courir à toutes jambes*, aussi vite qu'on peut courir. — Fam. : *renouveler de jambes*, reprendre de nouvelles forces. — *Prendre ses jambes à son cou*, s'enfuir au plus vite. — On dit : *cela ne lui rend pas la jambe mieux faite*, pour dire qu'un avantage est nul ou à peu près. — Prov.: *jeter le chat aux jambes de quelqu'un*, rejeter sur lui la faute de quelque chose; *faire jambe de vin*, boire copieusement pour faire plus gaiement le voyage. — On dit d'un vieillard qui marche bien, qu'*il a encore ses jambes de quinze ans*. — *Jambe de çà, jambe de là*, adv., à califourchon.—*Jambes des Barbades*, t. de médec., nom qu'on donne aux Antilles à l'éléphantiasis des Arabes.

JAMBÉ, E, adj. (*janbé*): *bien jambé*, qui a la *jambe* bien faite.

JAMBELONGE, subst. mas. (*janbelonje*), t. de bot., fruit du jambosier.

JAMBETTE, subst. fém. (*janbète*), sorte de petit couteau sans ressort qui ressemble à une *jambe* et dont la lame se replie dans le manche. — Au plur., petits poteaux dans la charpente d'un comble, qui soutiennent les chevrons. — En t. de mar., on appelle *jambettes* les montants et les bouts d'allonge qui excèdent les bords d'un petit bâtiment et qui sont dégagés des bastingages. — C'est aussi le nom des pièces de bois qui lient les lisses des éperons.

JAMBIER, subst. mas. (*janbié*), muscle de la *jambe*. Il y en a trois de ce nom. — Morceau de bois auquel les bouchers attachent les bêtes qu'ils ont tuées, en les suspendant par les *jambes*. — En t. de bot., c'est le nom d'une famille de champignons qui comprend deux espèces, le *jambier blanc* et le *champignon réglisse*.

JAMBIER, subst. et adj. mas., au fém. **JAMBIÈRE** (*janbié, bière*), t. d'anat., qui appartient à la *jambe*.—On appelle *muscles jambiers*, trois muscles qui participent au mouvement du tarse sur la *jambe* : *muscle jambier grêle; muscle jambier extérieur; muscle jambier postérieur*.

JAMBIER-BLANC, subst. mas. (*janbiéblan*), t. de bot., espèce de champignon du genre des agarics.

JAMBIÈRE, adj. fém. Voy. JAMBIER.— Subst., armure de la *jambe*.

JAMBO, subst. mas. (*janbô*), t. de bot., nom malais d'un fruit des grandes Indes.

JAMBOA, subst. mas. (*janboa*), t. de bot., espèce de citron des îles Philippines.

JAMBOLANA, subst. mas. (*janbolana*), t. de bot., nom donné au *jambolier* épineux de *Linnée*.

JAMBOLIER, subst. mas. (*janbolié*), t. de bot., arbre de l'Inde, de la famille des myrtes.

JAMBOLOM, subst. mas. (*janbolome*), t. de bot., espèce de *jambosier* dont le fruit ressemble à l'olive.

JAMBON, subst. mas. (*janbon*), cuisse ou épaule de porc ou de sanglier qui a été salée ou fumée pour être conservée. — En t. de jard., on appelle *jambon des jardiniers* ou *de St.-Antoine*, l'onagre bisannuelle dont les racines se mangent.

JAMBONNEAU, subst. mas. (*janbonô*), petit *jambon*. — Genre de moules de mer, ainsi nommées de leur forme, dont une espèce fournit cette laine si estimée à cause de son aspect soyeux, qu'on nomme *laine de pinne-marine, soie de mer, poil de nacre*, et dont on fait de très-belles étoffes à Tarente et à Smyrne.

JAMBOS, subst. mas. (*janbôce*); on appelle ainsi les enfants issus d'un sauvage et d'une métisse.— T. de bot., arbre du genre décasperme.

JAMBOSA, subst. mas. (*janbôza*), t. de bot., nom générique de plusieurs espèces de *jambosiers*.

JAMBOSIER ou **JAMBOSE**, subst. mas. (*janbôzié, janbôze*), t. de bot., arbre et arbrisseau exotiques, genre de myrtoïdes qui a beaucoup de rapport avec le myrte commun et avec le giroflier.

JAMEROSE, subst. fém. (*jamerôze*), t. de bot., genre de plantes originaires d'Amérique.

JAMESONITE, subst. fém. (*jameçonite*), t. d'hist. nat., substance minérale.

JAMIDES, subst. mas. plur. (*jamide*), myth., fils ou descendants de *Jamus*, qui excellaient comme lui dans l'art des augures.

JAMIS, subst. mas. (*jamice*), nom de certaines mosquées bâties en Turquie par les empereurs, qui les ont dotées de revenus considérables. — Écoles où l'on enseigne les lois et le Coran.

JAMMABOS, subst. mas. plur. (*jamemaboce*), nom d'une secte de moines japonais qui suivent une règle très-austère.

JAMMABUKI, subst. mas. (*jamemabuki*), t. de bot., espèce de corette du Japon.

JAMMALAC, subst. mas. (*jamemalak*), t. de bot., espèce de *jamerose* de l'île de France.

JAMMALOCON, subst. propre mas. (*jamemalokon*), myth., enfer des Indiens qui répond au purgatoire des chrétiens.

JAMMA-NINSIN, subst. mas. (*jamemaneincein*), t. de bot., espèce de cerfeuil du Japon. —*Jamma-simira*, espèce de cornouiller.

JAMME, subst. mas. (*jame*), t. d'hist. nat., sorte de pierre précieuse. Inusité. Voy. GEMME.

JAMOGI, subst. mas. (*jamoji*), t. de bot., espèce d'armoise originaire du Japon.

JAMUS, subst. propre mas. (*jâmuce*), myth., fameux devin, fils d'Apollon.

JAN, subst. mas. (*jan*), t. de jeu de trictrac, les deux tables du jeu. On nomme *petit jan* celle dans laquelle on range les dames en commençant la partie; l'autre s'appelle *grand jan*.— Ce terme a un grand nombre d'acceptions à ce jeu : *petit jan, grand jan, jan de retour*, etc.

JANA, subst. propre fém. (*jana*), myth.; *Varron* appelle ainsi la lune,qui est aussi Diane.

JANACA, subst. mas. (*janaka*), t. d'hist. nat., espèce de quadrupède d'Afrique.

JANACIS, subst. mas. (*janacice*), t. de rel., nom qu'on donne en Turquie aux jeunes gens courageux, et spécialement à ceux qui se destinent au métier des armes.

JANDIROBE, subst. fém. (*jandirobe*), t. de bot., plante rampante dont le fruit ressemble à la poire.

JANGAC, subst. mas. (*janguake*), t. de comm., toile de coton fabriquée dans les Indes.

JANGOMAS, subst. mas. (*janguomâce*), t. de bot., arbre de l'île de Java.

JANGU-MON, subst. propre mas. (*jangumon*), myth., divinité adorée anciennement par les habitants de la Bourgogne.

JANICULE, subst. propre mas. (*janikule*) (en lat. *Janiculum*), t. d'antiquité, l'une des sept collines de Rome, renfermée dans la ville par *Ancus Martius*, et qui prit son nom d'une ville ou bourg que *Janus*, le plus ancien roi d'Italie, y avait autrefois bâtie.

JANIDES, subst. mas. plur. (*janide*), myth., descendants de *Janus*, devins qui prédisaient l'avenir par l'inspection des peaux coupées des victimes.

JANIE, subst. fém. (*jani*), t. d'hist. nat., genre de polypiers.

JANIPABA, **GÉNIPA**, **GÉNIPANIER**, **GÉNIPAYER**, subst. mas. (*janipaba*), t. de bot., arbre de moyenne grandeur, à fleur campaniforme, qui croît au Brésil et aux Antilles.

JANIPHA, subst. mas. (*janifa*), t. de bot., plante de la famille des médiciniers.

JANIRE, subst. propre fém. (*janire*), myth., fille de l'Océan et de Téthys.

JANISCUS, subst. propre mas. (*janicekuce*), myth., fils d'Esculape et de Lampétie.

JANISSAIRE, subst. mas. (*janicère*) (du mot turc *ichi-tchéri* qui se prononce *ieni-tchéri*, et qui signifie *nouveau soldat*, formé de *ieky*, qu'on prononce *ieny*, nouveau, et *tchéri*, milice, soldat), soldat de l'infanterie turque qui servait à la garde du grand-seigneur. — Espèce de garde nationale.

JANISSAR-AGASI, subst. mas. (*janiçaraguazi*), commandant en chef des *janissaires*.

JANISSEROLE, subst. mas. (*janicerole*), nom donné en Turquie aux enfants de tribut.

JANITOR, subst. mas. (*janitore*) (du latin *janitor*, portier), myth., surnom de *Janus*.

JANNANINS, subst. mas. plur. (*jananein*), nom que certaines peuplades de la Guinée donnent aux esprits ou mânes de leurs pères.

JANNAT, subst. mas. (*janena*), myth., lieu de bonheur promis aux mahométans.

JANNEQUIN, subst. mas. (*janekiein*), coton filé du Levant d'une qualité inférieure.

JANNET, subst. mas. (*janè*), t. de numismatique, ancienne monnaie d'Orient.

JANOTISME, subst. mas. (*janoticeme*) (de *Janot*, nom d'un personnage d'une comédie de *Dervigny*), défaut de langage qui consiste à intervertir les membres d'une phrase de manière à en former un sens ridicule : *c'est mon père qui en avait un beau de couteau, devant Dieu soit son âme, pendu à sa ceinture, avec lequel il découpait, dans une gaine*.

JANON-TARENTISME, subst. mas. (*janon-taranticeme*), t. de médec., nom d'une espèce de tarentisme spontané et endémique.

JANOVARE, subst. mas. (*janovare*), t. d'hist. nat., nom d'une espèce de jaguar.

JANSÉNIEN, adj. mas., au fém. **JANSÉNIENNE** (*jancénein, niène*), de *Jansénius*. — Qui a rapport aux *jansénistes*. Il se prend en mauvaise part : *intolérance janséniennne*. (D'Alembert.)

JANSÉNIENNE, adj. fém. Voy. JANSÉNIEN.

JANSÉNISME, subst. mas. (*jancéniceme*), doctrine de *Jansénius*, évêque d'Ypres, sur la grâce et la prédestination.—Morale sévère.

JANSÉNISTE, subst. et adj. des deux genres (*jancénicete*), partisan de la doctrine de *Jansénius*. —Adj., qui appartient au *jansénisme*; qui soutient le *jansénisme* : *livre janséniste; esprit janséniste*.—Anciennement, petit jupon ou panier à l'usage des femmes modestes.

JANSÉNISTIQUE, adj. des deux genres (*jancénicetike*), d'un *janséniste*.

JANTE, subst. fém. (*jante*) (du grec κανθός, fer appliqué sur les roues des charriots, etc. *Nicot*), pièce de bois courbée qui fait une partie du cercle de la roue d'un carrosse, d'un chariot, d'une charrette, etc.— On appelle *jante de rond* une pièce de bois formant le cercle, qui est enchâssée sur la sellette de l'avant-train.

JANTHINE, subst. fém. (*jantine*), t. d'hist. nat., mollusque gastéropode, essentiellement phosphorique.

JANTIÈRE, subst. fém. (*jantière*), machine pour assembler les *jantes*.

JANTILLÉ, **E**, part. pass. de *jantiller*.

JANTILLER, v. act. (*janti-ié*), mettre des *jantilles* autour d'une roue de moulin.

JANTILLES, subst. fém. plur. (*janti-ie*), gros ais qu'on applique autour des *jantes* et des aubes d'une roue de moulin pour recevoir la chute d'eau, etc.

JANUAL, subst. et adj. mas. (*janu-al*) (en latin *janualis*), qui concerne *Janus*. — Sorte de gâteau que les Romains offraient à *Janus* le premier jour de janvier. Il était composé de farine nouvelle, de sel nouveau, d'encens et de vin, et s'appelait également en lat. *janual*.

JANUALIEN, adj. mas. (*janu-aliein*) : *vers janualiens*, en l'honneur de *Janus*.

JANUS, subst. propre mas. (*jânuce*), myth., roi d'Italie, fils d'Apollon et d'une nymphe appelée Créuse. Il reçut Saturne dans ses états, auxquels celui-ci donna le nom de *Latium* (de *latere*, être caché), parce qu'il s'y était caché lorsque Jupiter le poursuivit. *Janus*, pour avoir reçu favorablement ce dieu banni, fut gratifié par lui d'une rare prudence, avec la connaissance du passé et de l'avenir; c'est pourquoi on feint qu'il avait deux visages, et même quatre; qu'il tenait en ses mains une clef, et une baguette ou un bâton; une clef, parce qu'on croyait qu'il avait inventé les serrures; un bâton, parce qu'il recevait bien les voyageurs, et qu'il présidait aux chemins. Il apprit de Saturne l'agriculture, et la manière de policer les peuples, qui furent, dit-on, heureux sous son règne. On lui bâtit un temple à Rome, dont les portes étaient fermées pendant la paix, et ouvertes pendant la guerre.

JANVIER, subst. mas. (*janvié*) (en lat. *januarius*, fait, dans la même signification, de *Janus*, à qui le mois de *janvier* était dédié. Ce fut Numa Pompilius qui l'ajouta à l'année; celle de Romulus commençait au mois de mars), le premier mois de l'année, suivant l'usage actuel. Anciennement l'année commençait à Pâques.— Myth., mois de l'année ainsi appelé du nom de *Janus* à qui il était consacré. Ce mois était sous la protection de Junon. Sa figure symbolique est un homme ou une femme auprès du feu.

JAPET, subst. propre mas. (*japé*), myth., fils du Ciel et de la Terre. Il était père d'Épiméthée, de Prométhée, d'Atlas et d'Hesper, tous pères du genre humain, selon la fable.

JAPÉTIDES, subst. mas. plur. (*japétide*), myth., descendants de *Japet*.

JAPÉTIONIDÈS, subst. propre mas. (*japécionidèce*), myth., Atlas, fils de *Japet*.

JAPIS ou **JAPYS**, subst. propre mas. (*jâpice*), myth., fils de Jasius, qui fut cher à Apollon, de qui il obtint la connaissance de l'art des augures, de la musique et de la médecine. — Ce fut aussi le nom d'un Étolien qui, chassé de son pays, vint dans la Vénétie, où il bâtit sur le Timave une ville à laquelle il donna son nom.

JAPIX, subst. propre mas. (*jâpikce*), myth., fils de Dédale.—C'était aussi le nom d'un vent.

JAPON, subst. propre mas. (*japon*), empire de l'Asie orientale, formé de plusieurs îles de l'Océan boréal. Il est situé à l'est de l'empire de la Chine.

JAPON, subst. mas. (*japon*), porcelaine apportée du *Japon* : *ces tasses sont d'ancien Japon*. —T. d'hist. nat., espèce de perche du genre des lutjans.

JAPONAIS, **E**, subst. et adj. (*japonè, nèze*), du *Japon*.

JAPONNÉ, **E**, part. pass. de *japonner*.

JAPONNER, v. act. (*japoné*), t. de manuf., donner une nouvelle cuisson à la porcelaine de Chine pour la faire ressembler à celle du *Japon*. (*Boiste*.)

JAPPE, subst. fém. (*jape*), caquet : *cet homme, cette femme n'a que de la jappe*. Il est peu usité, et populaire.

JAPPÉ, part. pass. de *japper*.

JAPPEMENT, subst. mas. (*japeman*), action de *japper*.

JAPPER, v. neut. (*japé*), aboyer. Il se dit du cri des petits chiens. Quelques-uns le disent aussi du renard.

JAQUE, subst. fém. (*jake*) (suivant *Ménage*, d'après *Pontanus*, de l'allemand *jach*, ou plutôt *jacke*, qui signifie la même chose, et dont les Anglais ont fait *jack*, également dans le même sens), autrefois, petite casaque qui, à la guerre, se portait sur les armes et sur la cuirasse. Elle était faite de coton ou de soie contre-pointée entre deux étoffes légères. On a dit aussi, au masculin, *un jaque* ou *jaques*.—*Jaque de mailles*, sorte d'armure faite de mailles ou de petits anneaux de fer, qui couvrait le corps depuis la tête jusqu'aux cuisses. —*Jaque* est aussi le nom d'un fruit des Indes.

JAQUEMART, subst. mas. (*jakemar*), figure qui représente un homme armé, et qui frappe les heures avec un marteau sur la cloche d'une horloge.—En t. de monnayeur, ressort qui fait lever la vis du balancier quand elle a fait son effort pour l'empreinte.—Ancienne épée.

JAQUERIE, subst. fém. (*jakeri*), insurrection des serfs contre les seigneurs au XIVe siècle.

JAQUETTE, subst. fém. (*jakiète*) (dimin. de *jaque*, casaque), habillement de paysan, etc., qui vient jusqu'aux genoux.— Robe que portent les petits garçons avant qu'on leur mette la culotte.

JAQUIER, subst. mas. (*jakié*), t. de bot., plante de la famille des figuiers.

JAQUIERS, subst. mas. plur. (*jakié*), nom donné aux serfs qui se révoltèrent au XIVe siècle contre leurs seigneurs. Voy. JAQUERIE.

JARACATIA, subst. mas. (*jarakacia*), t. de bot., arbre du Brésil, espèce de cactier.

JARACACA, subst. fém. (*jarakaka*), t. d'hist. nat., vipère du Brésil.

JARARE, subst. fém. (*jarare*), t. de bot., plante légumineuse du Brésil.

JARAVÆA, subst. fém. (*jaravé-a*), t. de bot., genre de plantes de l'espèce des mélastomes.

JARAVE, subst. fém. (*jarave*), t. de bot., plante graminée du Pérou.

JARBIÈRE, subst. fém. (*jarbière*), outil de boisselier, formé d'une lame emmanchée.

JARD., abréviation du mot *jardinage* ou *jardinier*.

JARDANUS ou **JARDANÈS**, subst. propre mas. (*jardânuce*, *dânèce*), myth., roi de Lydie, père d'Omphale.

JARDIN, subst. mas. (*jardein*) (de l'allemand *garten*. Ménage.), lieu où l'on cultive des fleurs, des légumes, des arbres, etc. — *Jardin botanique*, celui où l'on rassemble avec ordre, avec méthode, des plantes de toute espèce.—On appelle aussi *jardin botanique* un ouvrage qui traite méthodiquement des plantes cultivées dans un *jardin botanique*.—*Jardin fleuriste*, celui où l'on ne cultive des plantes que dans la vue d'en obtenir les plus belles variétés de fleurs; *jardin fruitier*, celui où l'on ne cultive que des arbres à fruit; *jardin potager*, celui où l'on ne cultive que des légumes; *jardin de propreté*, celui dans lequel il règne un ordre symétrique, qui en rend la perspective agréable et la promenade commode; *jardin anglais* ou *chinois*, celui qui est fait à l'imitation d'une nature agreste, et qui s'éloigne, comme elle, des lois de la symétrie.—*Jardin d'Éden* est le nom donné dans la Bible au paradis terrestre.—On désigne par *jardin sec*, une collection de plantes conservées dans des feuilles de papier. — Fig. et prov. : *un homme fait d'une chose comme des choux de son jardin*, il en dispose comme si elle était à lui. — *Jeter une pierre, des pierres dans le jardin de quelqu'un*, mêler dans un discours des paroles qui attaquent quelqu'un indirectement : *ne voyez-vous pas qu'en disant telle chose, il jetait des pierres dans votre jardin? Ce mot est une pierre jetée dans mon jardin*. —Pays fertile et agréable : *la Touraine est le jardin de la France*. — En t. de faucon. : *donner le jardin au sacre, à l'autour*, l'exposer au soleil dans un *jardin*.— En t. de mar., sorte de couronnement en forme de galerie qui orne la sole supérieure ou le plancher d'en haut des bouteilles des vaisseaux.

JARDINAGE, subst. mas. (*jardinaje*), science qui apprend à cultiver les *jardins*. — Plusieurs *jardins* réunis dans un même terrein.—Légumes qu'on porte au marché.—T. de lapid., grains qui se trouvent dans le diamant.

JARDINAL, E, adj. (*jardinale*), t. de bot., qui concerne les *jardins*, qui y croît habituellement. —Nous ne trouvons le plur. mas. *jardinaux* nulle part.

JARDINÉ, part. pass. de *jardiner*.

JARDINÉE, adj. fém. (*jardiné*), les lapidaires appellent *pierres jardinées*, les pierres fines qui présentent des herbes, c'est-à-dire des fissures, des glaces, des portions presque opaques.

JARDINER, v. neut. (*jardiné*), faire le *jardin*, cultiver le *jardin*.—T. de faucon.; il se dit aussi d'un oiseau de proie que l'on dresse, et qui saute de terre sur le poing de celui qui le leurre. — V. act., faire prendre l'air à l'oiseau.—*se* JARDINER, v. pron.

JARDINET, subst. mas. (*jardiné*), petit *jardin*. —En t. de pêche, compartiment fait sur le pont des gondoles, pour servir à encaquer le hareng.

JARDINEUSE, adj. fém. (*jardineuze*), t. de lapid. : *une émeraude jardineuse*, sombre et peu nette.

JARDINIER, subst. mas.; **JARDINIÈRE**, subst. fém. (*jardinié*, *nière*), celui, celle qui cultive un *jardin*.—On appelle *jardiniers maraîchers*, les *jardiniers* qui se sont attachés à la culture des légumes; *jardiniers fleuristes*, ceux qui s'occupent particulièrement de la culture des fleurs; *jardiniers pépiniéristes*, ceux qui font profession d'élever et de vendre des arbres; *jardiniers planteurs*, ceux qui ne s'occupent que de l'agriculture des forêts. — *Jardinier* est le nom vulgaire du bruant ortolan. — Subst. fém., petite broderie étroite et légère, en fil, qui se fait au bord d'une mousseline pour manchettes, etc.— Meuble avec un bassin pour mettre des fleurs. — Mets composés de divers légumes : *une côtelette à la jardinière*.

JARDINISTE, subst. mas. (*jardiniœte*), dessinateur de *jardins*. Peu en usage.

JARDON, subst. mas. (*jardon*), t. d'art vétér., tumeur calleuse aux jambes d'un cheval, et placée en dehors du jarret.

JARET, subst. mas. (*jaré*), t. d'hist. nat., sorte de poisson.

JARGAUDÉ, part. pass. de *jargauder*.

JARGAUDER, v. neut. (*jarguôdé*), jaser, caqueter. (*Boiste*.) Il est vieux et même hors d'usage.

JARGON, subst. mas. (*jarguon*) (de l'espagnol *gerigonza*, qui signifie proprement le *jargon* des bohémiens), langage corrompu. — Langue factice dont quelques personnes conviennent pour se parler en public et n'être pas entendues.—Langage, expressions, tours de phrase particuliers à une certaine sorte de gens : *jargon des coquettes, des petits-maîtres*, etc.—Il se dit absolument des langues étrangères qu'on n'entend pas. — Sorte de ramage des oiseaux. — Pierre dure que l'on trouve quelquefois crystallisée. On la nomme communément *jargon de Ceylan*. C'est une espèce de diamant jaune.

JARGONNÉ, E, part. pass. de *jargonner*.

JARGONELLE, subst. fém. (*jarguonèle*), t. de jard., petite poire d'été.

JARGONNER, v. act. (*jarguoné*), parler un langage barbare, corrompu, inintelligible : *que jargonne-t-il?* et neutralement : *ils jargonnaient ensemble*. Voy. JARGON.

JARGONNEUR, subst. et adj. mas., au fém. **JARGONNEUSE** (*jarguoneur*, *neuze*), celui, celle qui *jargonne*.—Adj., qui parle : *oiseau jargonneur*.

JARGONNEUSE, subst. et adj. fém. Voy. JARGONNEUR.

JARLOT, subst. mas. (*jarlô*), t. de mar., entaille dans la quille, dans l'étrave et dans l'étambord d'un vaisseau, où l'on fait entrer une partie du bordage qui couvre les membres.

JARNAC, subst. mas. (*jarnak*), espèce de petit poignard. Voy. *coup de Jarnac*, au mot COUP.

JARNI, **JARNIDIEU**, sorte d'exclamation (*jarni*, *nidieu*) (corruption des mots *je renie, je renie Dieu*), jurements populaires.

JARNIGUÉ, **JARNICOTON**, **JARNIBLEU**, sorte d'exclamation (*jarniguié*, *nikoton*, *nibleu*), jurements populaires ou plutôt paysans.

JARNONBILLE, sorte d'exclamation (*jarnonbiie*) (corruption des mots : *je renie une bulle d'eau* ou *d'air*), juron de l'ancienne comédie, tout-à-fait hors d'usage.

JARNOTE, subst. fém. (*jarnote*), t. d'hist. nat., sorte d'oiseau.

JAROSSE ou **JAROUSSE**, subst. fém. (*jâroce*, *rouce*), t. de bot., gesse vulgaire, plante légumineuse.

JARRE, subst. fém. (*jâre*) (de l'espagnol *jarro*, pot), en t. de mar., grande cruche qui sert à mettre de l'eau douce. Quelques-uns écrivent et prononcent *giarre*.—Fontaine de terre cuite dont on se sert dans les maisons. — Chez les chapeliers, poil long, dur et luisant, qui n'est pas susceptible de feutrage, et qu'on ôte avec de petites pinces de dessus les peaux de castor, etc. — *Jarre* se dit aussi du poil de vigogne. — Au plur., espèces de cloches de verre ou de crystal, de différentes capacités, dont on fait usage en chimie et en physique, principalement pour former les batteries électriques. — Subst. mas., mesure de contenance dont on se sert dans quelques Échelles du Levant, pour mesurer les huiles et les vins. *Le jare de Métélin* contient environ quarante des anciennes pintes de Paris.

JARREBOSSE, subst. fém. (*jâreboce*), t. de mar., corde garnie d'un crampon de fer, et qui sert à tirer les ancres.

JARRÉ, E, adj. (*jâré*) : *laines jarrées* ou *piquées de jarres*, celles parmi lesquelles on trouve de longs poils blancs aussi roides que la soie de blaireau.

JARRET, subst. mas. (*jâré*) (du celtique ou bas-breton *garr*, jambe. *Trévoux*.), dans le corps humain, la partie postérieure du genou.—L'endroit où se plie la jambe de derrière des animaux à quatre pieds.—En t. d'archit., bosse ou éminence dans une voûte. — Branche d'arbre fort longue et dépouillée d'autres branches à droite et à gauche.—Défaut dans le contour d'un chemin, dans la rondeur d'une arche de pont, etc.—En géom., tout point qui s'éloigne d'une courbe quelconque, soit en dedans, soit en dehors.—En t. d'éperonnier, c'est la partie du mors qui descend du rouleau aux petits tourets de la première chaînette.

JARRETÉ, E, adj. (*jâreté*) : *cheval jarreté*, celui dont les jambes de derrière sont tournées en dedans, et si peu ouvertes que les deux *jarrets* se touchent presque en marchant. — En archit., surface qui a un *jarret* : *une voûte jarretée*.

JARRETER, v. neut. (*jâreté*) : *cette ligne jarrette*, a un angle ou une inégalité. Voy. JARRET. —*se* JARRETER, v. pron., se heurter les *jarrets*. Peu usité dans ce sens.—Mettre ses *jarretières*.

JARRETIER, subst. mas. (*jâretié*), t. d'anat., muscle placé sous le *jarret*. — En t. de manège, cheval qui a les *jarrets* trop proches l'un de l'autre. On dit plus communément *cheval jarreté* ou *crochu*.

JARRETIER, adj. mas., au fém. **JARRETIÈRE** (*jâretié*, *tière*), qui a rapport ou qui tient au *jarret*.

JARRETIÈRE, subst. fém. (*jâreti-ère*) (du mot *jarret*), ruban, courroie, etc., dont on se lie la jambe sous le *jarret*, lorsqu'on a chaussé son bas. —En t. de pêche, lien de charpente qui soutient les jumelles des bondes. C'est sur ces *jarretières* qu'on cloue les planches percées qui forment la cage. — En t. de médec., espèce de dartre farineuse qui vient au *jarret* à l'endroit où l'on attache la *jarretière*.—Fam. : *il ne lui va pas jusqu'à la jarretière*, il lui est fort inférieur en talents, en mérite, etc.—Prov. : *donner des jarretières à quelqu'un*, lui donner des coups de sangle sur les jambes.—*Ordre de la Jarretière*, établi en 1350 par Édouard III, roi d'Angleterre, en l'honneur, dit-on, d'une *jarretière* de la comtesse de Salisbury, qu'elle avait laissé tomber en dansant, et que ce prince avait ramassée. La devise est : *Honni soit qui mal y pense*.

JARREUSE, adj. fém. Voy. JARREUX.

JARREUX, adj. mas., au fém. **JARREUSE** (*jâreu*, *reuze*), t. de manufacture : *poils jarreux*, les longs poils blancs et roides qu'on trouve dans les laines *jarrées*.

JARS, subst. mas. (*jare*) (suivant *Huet*, de *jar*, qui, en breton et en gallois, signifie *une poule*), le mâle de l'oie. — Fig. et pop. : *il entend le jars*, il est fin, il n'est pas aisé de lui en faire accroire.

JARSETTE, subst. fém. (*jarcète*), garcette. — T. d'hist. nat., petit héron blanc.

JARUPARICURABU, subst. mas. (*jaruparikurabu*), t. de bot., fruit du Brésil.

JAS, subst. mas. (*jâ*), t. de mar., pièces de bois qui soutiennent l'ancre dans l'eau, afin qu'elle puisse mordre au fond. — Premier réservoir des marais salants qui n'est séparé de la mer que par une digue de terre.

JASER, v. neut. (*jâzé*) (suivant *Le Duchat*, de l'italien *gazza*, pie, le plus *jaseur* des oiseaux), causer, babiller. Voy. JABOTER.—Révéler quelque chose qu'on devait tenir secret. — Prov. : *jaser comme une pie, comme une pie borgne, comme une flûte à neuf trous*, parler beaucoup.

JASERAN, subst. mas. (*jazeran*), nom d'une espèce de cotte de mailles.

JASERIE, subst. fém. (*jâzeri*), l'action de *jaser*.—Indiscrétion faite en *jasant*.

JASERON, subst. mas. (*jâzeron*), t. de broderie, très-gros bouillon qu'on emploie à faire de riches nervures.—En t. de joaillerie, chaîne d'or formée de très-petits anneaux.

JASEUR, subst. mas., au fém. **JASEUSE** (*jâzeur*, *zeuze*), celui ou celle qui *jase*.—T. d'hist. nat., oiseau du genre des grives.

JASEUSE, subst. fém. Voy. JASEUR. — C'est aussi le nom d'une espèce de perruche.

JASIDES, subst. propre mas. (*jâzide*), myth., dans Virgile, c'est Palinure; et dans Stace, c'est Adraste : le premier, fils, et l'autre, petit-fils de *Jasius*.—C'est aussi Japis, fils d'un *Jasius* inconnu, à moins, comme le soupçonne Macrobe, que Japis n'ait été frère de Palinure.

JASION ou **JASIUS**, subst. propre mas. (*jazion*, *zi-uce*), myth., fils de Jupiter, quelques-uns disent de Cécytus et d'Électre. Il fut fort aimé de Cérès, dont il eut Plutus, dieu des richesses.

JASION, subst. mas. ou **JASIONE**, subst. fém. (*jazion*, *zione*), t. de bot., plante campanulacée.

JASIS, subst. propre fém. (*jâzice*), myth., Atalante, fille de Jasius.

JASIUS, subst. propre mas. (*jâziuce*), myth., fils d'Abas et frère de Dardanus.—Il y eut un autre *Jasius*, roi du Latium.

JASMÉLÉE, subst. fém. (*jâmélé*), huile qu'on tire des fleurs de la violette blanche.

JASMIN, subst. mas. (*jacemein*) (du persan *iasmin*, qui a la même signification, et qui, adopté par les Arabes, est passé avec une légère altération dans plusieurs langues européennes. Les anciens Égyptiens appelaient le jasmin *asmi*, qui a quelque rapport avec *iasmin*), t. de bot., arbrisseau sarmenteux, à fleur monopétale et d'une odeur très-agréable, qui est originaire des Indes, et que l'on cultive dans nos jardins. Le *jasmin d'Espagne* n'est qu'une variété du *jasmin commun*. Il y en a à fleurs blanches et à fleurs jaunes.—Il se dit aussi des choses où il entre des fleurs de *jasmin*: *eau de jasmin*; *huile de jasmin*; *poudre de jasmin*; *pommade de jasmin*. — *Gants de jasmin*, gants parfumés avec du *jasmin*.—En t. de passementier, touffe, paquet ou chute de cordonnets, cannetilles, etc.

JASMINÉES, subst. fém. plur. (*jaceminé*), t. de bot.; dans la méthode naturelle de *Jussieu*, famille de plantes, ou plutôt d'arbrisseaux et même d'arbres, ainsi nommés du *jasmin* qui en fait partie.

JASMINOÏDE, subst. fém. (*jacemino-ide*) (du français *jasmin* et du grec εἶδος, forme), t. de bot., arbuste grimpant.

JASO, subst. propre fém. (*jâzo*), myth., fille d'Esculape et de Lampétie.—Ce fut aussi le nom d'une fille d'Amphiaraüs.

JASON, subst. propre mas. (*jâzon*), myth., fils d'Eson et d'Alcimède. Eson étant mort, ou, selon la plus commune opinion, ayant été détrôné par son frère Pélias, qui s'empara d'Iolchos et de tous ses états, Alcimède fit élever secrètement *Jason*, qu'elle confia pour cela au centaure Chiron. Ce prince étant devenu grand, revint à Iolchos, où Pélias, par ménagement pour le peuple, le reçut bien; mais bientôt il chercha tous les moyens de le perdre, pour s'assurer du trône. Il persuada à *Jason* qu'il fallait entreprendre la conquête de la toison d'or, espérant qu'il n'en reviendrait pas. Le bruit de cette expédition s'étant répandu partout, les princes grecs voulurent y avoir part, et partirent sous ses drapeaux pour la Colchide, où cette toison était pendue à un arbre et défendue par un dragon monstrueux. On les appela Argonautes, du nom de leur vaisseau nommé Argo. Aussitôt que *Jason* fut arrivé en Colchide, il s'attacha à Médée, habile magicienne qui lui donna une espèce d'herbe pour endormir le dragon; ce qui réussit, car il tua le dragon, s'empara de la toison, et enleva Médée. Lorsqu'il fut arrivé chez son oncle Pélias, Médée, pour venger son mari des injustices de Pélias, conseilla aux filles de ce prince de tuer leur père, et de le faire bouillir dans une cuve d'airain, leur faisant croire que c'était un moyen pour le rajeunir. Ensuite *Jason* et Médée ayant abandonné Iolchos, ou plutôt en ayant été chassés par Acaste, fils de Pélias, se retirèrent à Corinthe, où ils furent bien reçus par Créon, roi de cette ville. Créuse, fille de ce roi, plut à *Jason*, qui l'épousa. Médée, se voyant abandonnée, entra dans une si grande fureur, que, non contente de faire périr misérablement Créuse et Créon, elle massacra encore de ses propres mains, aux yeux de *Jason*, deux enfants qu'elle avait eus de lui.

JASONIE, subst. fém. (*jâzoni*), t. de bot., genre de plantes qui comprend les vergerolles fétides.

JASPACHATE, subst. fém. (*jacepakate*), t. de minér., pierre précieuse composée de *jaspe* vert et d'agate.

JASPE, subst. mas. (*jacepe*) (en grec ἴασπις, dérivé de l'hébreu *iaschpeh*, qui a la même signification), pierre précieuse très-dure, qui est une sorte de silex mêlé d'argile et d'oxyde de fer, dont la couleur varie extrêmement.—En t. de relieur, vert et vermillon pour marbrer la tranche des livres : *faire le jaspe*.

JASPÉ, E, part. pass. de *jasper*, et adj. — En bot. : *fleur jaspée* ou *bigarrée*, fleur dont les panaches sont courts, étroits et multipliés.—*Étoffe jaspée*, dont les couleurs mélangées en chaîne présentent une sorte de piqûre, et rendent sa surface comme marquetée. — *Poule jaspée*, dont le plumage est bigarré de diverses couleurs. — *Marbre jaspé*, qui approche du *jaspe* antique.

JASPER, v. act. (*jacepé*), bigarrer de diverses couleurs, en forme de *jaspe*.— SE JASPER, v. pron.

JASPERON, subst. mas. (*jaceperon*), t. de broderie, très-gros bouillon entier pour les bordures.

JASPINÉ, part. pass. de *jaspiner*.

JASPINER, v. neut. (*jacepiné*), parler grossièrement et avec volubilité. Vieux. — Mot d'argot.

JASPURE, subst. fém. (*jacepure*), action de *jasper*, ou l'effet de cette action.

JASSEFAT, subst. mas. (*jaccefa*), t. de mar., espèce de vaisseau persan.

JATARON, subst. mas. (*jataron*), t. d'hist. nat., sorte de coquille bivalve connue dans le commerce sous le nom de *vieille ridée*.

JATON, subst. mas. (*jaton*), t. d'hist. nat., mollusque du genre des rochers.

JATROPHATE, subst. mas. (*jatrofate*), t. de chim., sel formé par la combinaison de l'acide *jatrophique* avec une base salifiable.

JATTE, subst. fém. (*jate*) (du lat. *gabata*, employé par *Martial* dans le sens d'une grande écuelle de bois, fait du grec γαβάθιον, qu'*Hésychius* exprime par *trublion*, un plat. *Morin*.), espèce de vase de bois, de faïence, etc., rond, tout d'une pièce et sans rebords.—En t. de mar., la même chose que *gatte*.—En t. de passementerie, espèce de sébile trouée par le milieu qui sert à fabriquer les gros cordons de soie.—En t. d'artificier, c'est une sorte de soleil en girandole.—En t. de chandelier, on appelle *suif en jatte*, celui qu'on a laissé figer dans des *jattes*.—*Cul-de-jatte*, estropié qui marche à l'aide d'une *jatte*. Il est fam.

JATTÉE, subst. fém. (*jaté*), plein une *jatte*.

JAUGE, subst. fém. (*jôje*) (suivant *Ménage*, du lat. *golba*, mot d'origine gauloise, qui signifie *gros*, *gras*; la *jauge* étant proprement la mesure d'un vaisseau par l'endroit le plus gros), nom générique sous lequel on désigne plusieurs sortes de mesures.—Juste mesure que doit avoir un vaisseau fait pour contenir une liqueur ou des grains. — Verge divisée en décimètres, centimètres, etc., avec laquelle on mesure la longueur et la largeur des futailles.—Futaille qui sert d'échantillon, d'étalon pour ajuster et échantillonner les autres. — Métier et exercice de *jaugeur*.—Action de mesurer avec la *jauge*. — En architecture, on appelle *jauge* un bâton étalonné sur les dimensions que doit avoir la tranchée que l'on a faite pour établir les fondations d'un bâtiment. — Espace de terre qu'on laisse vide en faisant un labour profond : *fumer à vive jauge*, amplement, abondamment. — Chez les charpentiers, petite règle de bois. — Chez les fontainiers, boîte percée de plusieurs trous, pour mesurer la quantité des pouces et lignes d'eau que produit une source.— Compas d'épaisseur, ou morceau de fer plié en zigzag, qui sert dans les forges à mesurer la grosseur des barres ou des fils de fer. — Dans la fabrication des filets, morceau de bois pyramidal, gradué pour mesurer la grandeur des mailles.

JAUGÉ, E, part. pass. de *jauger*.

JAUGEAGE, subst. mas. (*jôjaje*), en général, partie de la géométrie pratique qui a pour objet de réduire à une mesure cubique connue et fixée par la loi ou par l'usage, la capacité inconnue de toute sorte de vaisseaux. — Action de *jauger*. — Droit que prend le *jaugeur*, l'officier qui *jauge*.

JAUGER, v. act. (*jôjé*), mesurer avec la *jauge* la capacité d'un vaisseau quelconque.—Dans l'hydraulique, trouver la quantité d'eau que fournit, dans un temps donné, une source, une pompe, etc., et en général, la dépense d'eau nécessaire pour le service d'une machine hydraulique quelconque. — Dans la coupe des pierres, appliquer une mesure d'épaisseur ou de largeur vers les bouts d'une pierre, pour rendre parallèles les arêtes ou les surfaces opposées.— SE JAUGER, v. pron.

JAUGEUR, subst. mas. (*jôjeur*), celui qui *jauge*.

JAUMÉA, subst. mas. (*jômé-a*), t. de bot., arbrisseau d'Amérique.

JAUMIÈRE, subst. fém. (*jômière*), t. de mar., ouverture pratiquée dans la voûte, au-dessus de l'étambord, pour y placer le timon du gouvernail.

JAUNÂTRE, adj. des deux genres (*jônâtre*), qui tire sur le *jaune*.—Subst. mas., t. d'hist. nat., poisson du genre du labre.

JAUNE, subst. mas. et adj. des deux genres (*jône*), couleur d'or, de citron, de safran, etc., suivant les nuances. C'est la troisième des couleurs primitives en commençant par le rouge. — *Jaune d'œuf*, la partie de l'œuf qui est en boule *jaune*.—C'est aussi un grand et bel arbre des Antilles, dont le fruit, semblable à une grosse prune, renferme, sous une peau mince et très-caustique, une pulpe très-nourrissante, qui a la forme et la couleur d'un *jaune d'œuf*. — Qui est de couleur *jaune*.—*Jaune antique*, nom d'un marbre que les anciens tiraient de Numidie, et dont on voit encore plusieurs monuments en Italie.—*Jaune de Naples*, espèce d'argile de couleur *jaune*, chargée d'oxyde de fer et employée en peinture. — *Jaune écarlate*, nom de l'agaric-orangé. — T. de médec. : *fièvre jaune*, accompagnée d'ictère.—*Jaune lisse*, t. de jard., espèce de pêche.

JAUNELLIPSE, subst. mas. (*jônéllipece*), t. d'hist. nat., espèce de poisson du genre des lutjans.

JAUNET, subst. mas. (*jôné*), sorte de petite fleur *jaune* qui croît dans les champs.—Fam., on appelle *jaunet*, une pièce d'or.

JAUNI, E, part. pass. de *jaunir*.

JAUNIR, v. neut. (*jônir*), devenir *jaune*.—Act., teindre en *jaune*; rendre *jaune*. — SE JAUNIR, v. pron.

JAUNISSANT, E, adj. (*jôniçan*, *çante*), qui *jaunit* : *les blés jaunissants*; *la moisson jaunissante*. Il ne se dit que dans la poésie, ou dans la prose poétique.

JAUNISSE, subst. fém. (*jônice*), maladie causée par une bile répandue qui *jaunit* la peau; nom vulgaire de l'*ictère*. Les quadrupèdes et les plantes sont sujets à la *jaunisse*.

JAUNOIR, subst. mas. (*jônoare*), t. d'hist. nat., espèce de merle du cap de Bonne-Espérance.

JAUNOTE, subst. fém. (*jônote*), t. de bot., champignon du genre des agarics.

JAUTTEREAU ou **JOUTTEREAU**, subst. mas. (*jôterô*), t. de mar., courbe placée en dehors sur les premières préceintes, dont une branche s'étend sur l'éperon, en s'ajustant exactement dans l'angle formé par l'étrave et le corps du vaisseau. —*Jauttereaux de mât*, pièces de bois de chêne ou d'ormeau, ajustées sur les bas mâts, à la hauteur du capelage, pour supporter les longis des barres de hune.

JAVA, subst. mas. (*java*), t. d'hist. nat., sorte de poisson.

JAVA, subst. propre fém. (*java*), l'une des principales îles de la Sonde, grand archipel d'Asie; elle est d'une fertilité extraordinaire. Batavia en est la capitale.

JAVANAIS, E, subst. et adj. (*javané*, *nèze*), qui est de *Java*.

JAVARIS, subst. mas. (*javarice*), t. d'hist. nat., espèce de sanglier des îles de l'Amérique.

JAVART, subst. mas. (*javar*), t. d'art vétér., tumeur dure et douloureuse qui vient aux chevaux au bas de la jambe. —*Javart nerveux*, qui vient sur le nerf. — *Javart encorné*, qui vient sous la corne.

JAVEAU, subst. mas. (*javô*), t. d'eaux-et-forêts; île formée de sable et de limon au milieu d'une rivière, par suite d'un débordement.

JAVELAGE, subst. mas. (*javelaje*), action de *javeler*.—Son prix.

JAVELÉ, E, part. pass. de *javeler*. On appelle *avoines javelées*, celles dont le grain a été gâté par la pluie pendant qu'elles étaient en *javelle*.

JAVELER, v. act. (*javelé*), mettre le blé en *javelle*.—SE JAVELER, v. pron.

JAVELEUR, subst. mas., **JAVELEUSE**, subst. fém. (*javeleur*, *leuze*), qui *javelle*.

JAVELINE, subst. fém. (*javeline*), espèce de dard long et menu qui se lançait.

JAVELLE, subst. fém. (*javèle*) (suivant *Caseneuve*, corruption de *garbelle*, diminutif de *gerbe*, qu'on prononçait *garbe*, fait de *garivon*. Voy. GERBE), plusieurs poignées de blé scié, qui demeurent couchées sur le sillon. — Petit fagot de sarment.—Botte d'échalas ou de lattes.

JAVELOT, subst. mas. (*javelô*) (en latin *jaculum*, fait de *jaculare*, lancer, jeter), espèce de dard, arme de trait : *lancer un javelot*. — Sorte de serpent qui s'élance sur les hommes, et qu'on appelle en latin *cenchris* et *jaculus*.—Brassée d'avoine fauchée et amassée avec le fauchet. En ce sens, on dit mieux *javelle*.

JAVELOTTE, subst. fém. (*javelote*), t. de manuf., masse de fer coulé dans laquelle on encastre les enclumes des gros marteaux de forge.

JAVIA, subst. mas. (*javia*), t. de bot., fruit d'une plante des Indes.

JAYET, subst. mas. Voy. JAIS, qui seul se dit.

J.-C., abréviation des mots *Jésus-Christ*.

JE (*je*), pronom qui signifie *moi*, et qui marque la première personne singulière d'un verbe. — *Nous* est le pluriel. Il est des deux genres : masculin, si c'est un homme qui parle; féminin, si c'est une femme. Il ne se dit que des personnes, est toujours sujet de la proposition, et se met ordinairement devant les verbes : *je vais, je cours.* L'*e* se remplace par une apostrophe quand le verbe commence par une voyelle : *j'ordonne, j'entends.* — *Je* se met après le verbe, soit dans les phrases interrogatives ou admiratives, comme *que deviendrai-je? que ferai-je?* soit quand le verbe se trouve enfermé dans une parenthèse, comme : *oserez-vous? lui répondis-je;* soit quand on l'emploie par manière de souhait ou de doute, comme : *puissé-je, dussé-je; en croirai-je mes yeux?* soit enfin quand il est précédé de la conjonction *aussi*, ou d'adverbes semblables : *aussi pensai-je mourir d'effroi; inutilement voudrais-je me persuader que...* Dans toutes ces façons de parler, le verbe ne change pas de terminaison; seulement on met le pronom *je* après le temps du verbe que le sens de la phrase demande. Si la première personne de ce verbe finit par un *e* muet, comme *j'aime, je souffre*, cet *e* se change en *e* fermé, et l'on dit : *aimé-je, souffré-je, fussé-je.*—Dans le cas où *je*, mis après le verbe, produit un son dur et désagréable, il faut prendre un autre tour; ainsi, au lieu de dire, *dors-je? mens-je?* on dira : *est-ce que je dors? est-ce que je mens?*—Il s'emploie devant les verbes en certaines formules d'actes, avant l'énonciation du nom et des qualités de celui qui parle : *je, N., conseiller, etc., déclare...* ou : *je, soussigné, reconnais...* — On dit substantivement : *un je ne sais quoi*, pour désigner une chose, une idée, une sensation qu'on ne saurait définir, exprimer, expliquer : *le cadavre devient un je ne sais quoi qui n'a plus de nom dans aucune langue.* — Au plur., des *je ne sais quoi.*

JÉ ou **BOTIN**, subst. mas. (*jé*), sonde de jonc de plombier.

JEANATE, subst. mas. (*janate*), soldat qui, chez les anciens Grecs, était commis à la garde extérieure des palais.

JEAN-DE-GAND, subst. mas. (*jandeguan*), t. d'histoire naturelle, oiseau de la grosseur de la cigogne.

JEAN-DE-JANTEN, subst. mas. (*jandejantène*), t. d'hist. nat., nom donné à l'albatros par les Hollandais.

JEAN-GAUT-Y-TAN, subst. propre mas. (*janguôtitan*), espèce de démon chez les anciens Bretons.

JEAN-LE-BLANC, subst. mas. (*janleblan*), t. d'hist. nat., espèce d'oiseau de proie.

JEANNELET, subst. mas. (*janelé*), t. d'hist. nat., espèce d'oiseau connu vulgairement sous le nom de *chanterelle.*

JEANNETTE, subst. fém. (*janète*), nom propre diminutif de *Jeanne*, qui, ainsi que *Jeanneton*, autre diminutif du même mot, est devenu appellatif pour les bonnes d'enfants, les servantes de maison, etc. — *Jeannette* est aussi le nom d'une croix surmontée d'un cœur, suspendue à un ruban ou à un velours, que les femmes portent au cou. — En terme de jardinage, on donne quelquefois le nom de *jeannette* au narcisse des poëtes.

JÉBIS ou **JÉBISU**, subst. propre mas. (*jébice, jébizu*), divinité japonaise, qui paraît être la même que Neptune.

JÉBUS, subst. propre fém. (*jébuce*), nom primitif de Jérusalem.

JÉBUSÉENS, subst. propre mas. plur. (*jébuzé-ein*), anciens habitants de *Jébus*, ou Jérusalem.

JÉCHA, subst. propre fém. (*jéka*), myth., divinité adorée anciennement dans la Thuringe.

JECKOTE, subst. mas. (*jékekote*), t. d'hist. nat., reptile saurien.

JÉCORAIRE, adj. des deux genres (*jékorère*), (du lat. *jecur*, gén. *jecoris*, foie), t. d'anat., qui appartient au foie.

JÉCORAL, E, adj. (*jékoral*), t. de médec.; se dit du son que l'on entend lorsqu'on percute la région hépatique.

JECTIGATION, subst. fém. (*jèktiguâcion*) (du lat. *jactus*, jet), t. de médec., tressaillement dans le pouls, comme par *jets*, qui indique que le cerveau est attaqué et le malade menacé d'épilepsie.

JECTISSES, adj. fém. plur. (*jèktice*) (du latin *jacere*, jeter) : *terres jectisses*, remuées, qu'on a tirées d'un lieu pour les *jeter* dans un autre. — Terme de maçonnerie, *pierres jectisses*, celles qui peuvent se poser (se *jeter* en quelque façon), avec la main, dans toutes sortes de constructions.

JÉCUIBA, subst. mas. (*jéku-iba*), t. de bot., arbre du Brésil dont le bois, d'un rouge brun, est excellent pour les ouvrages de sculpture.

JÉDUD ou **JÉDOD**, subst. propre mas. (*jédude, jédode*), myth., divinité des anciens Germains, qui paraît être la même que Mercure.

JÉDUIM, subst. mas. (*jédu-ime*), divination des Juifs dans laquelle ils emploient les os d'un animal fabuleux nommé *jédua* par les rabbins.

JEFFERSONE, subst. fém. (*jéfèreçone*), t. de botan., genre de plantes découvertes par *Jefferson.*

JÉGNEUX, subst. mas. (*jégnieu*), gobelet évasé à anse. Vieux et pop.

JÉHÉBO, subst. mas. (*jé-ébô*), la plus petite monnaie d'or du Japon. Le *jéhébo* vaut dix livres dix sous tournois, ou dix francs trente-sept centimes.

JÉHOVAH, subst. propre mas. (*jé-ova*), nom de Dieu, en hébreu.—Assemblage des lettres qui représentent ce mot, et qui sont distribuées en forme de triangle long.

JÉHU (COMPAGNIE DE), subst. fém. (*jé-u*) (de *Jéhu*, exécuteur des menaces des prophètes contre la famille d'Achab), association réactionnaire après la terreur, à l'instar des tribunaux vémiques.

JÉHUISTE, subst. mas. (*jé-uicete*), compagnon de *Jéhu*, et non de *Jésus.*

JÉJUNUM, subst. mas. (*jéjunome*) (du lat. *jejunus*, à jeun), t. d'anat., le second intestin grêle, ainsi nommé parce qu'on le trouve plus souvent vide que les autres.

JEK, subst. mas. (*jéke*), t. d'hist. nat., serpent aquatique du Brésil.

JEKICE, subst. propre mas. (*jékice*), myth., esprit malin chez les Japonais.

JÉKUTZE, subst. mas. (*jékutezé*), ancien peuple de la Sibérie.

JELDOVÉSIS, subst. mas. (*jèledovézi*), t. d'hist. nat., espèce de dromadaire très-agile.

JEMBLET, subst. mas. (*janblé*), partie du moule du fondeur.

JEMMAPPES, subst. propre mas. (*jèmemape*), village de Belgique, célèbre par la victoire des Français sur les Autrichiens, en 1792.

JENAC, subst. mas. (*jenak*), t. d'hist. nat., coquille crépidule.

JENDAYA, subst. fém. (*janda-ia*), t. d'hist. nat., petite perruche du Brésil.

JÈNE, subst. propre mas. (*jène*), myth., dieu des Japonais.

JÉNIN, subst. mas. (*jénein*), sot, idiot. Il est vieux et même hors d'usage.

JENIZER-EFFENDI, subst. mas. (*jénizèrèfeindi*), t. de relat., prévôt des armées turques.

JÉNONNES, subst. mas. plur. (*jénone*), myth., créatures que les mahométans considèrent comme des demi-dieux.

JENNY, subst. fém. (*jènenl*), mot tiré de l'anglais, où il est un nom propre signifiant *Jeanne*, et qu'on a adopté en français pour désigner une machine à filer, montée d'un grand nombre de fuseaux.

JENXUAN, subst. mas. (*jankçuan*), sectaire japonais.

JERBOA, subst. mas. (*jèrebo-a*), t. d'hist. nat., gerboise d'Égypte.

JÉRÉMIADE, subst. fém. (*jérémiade*), plainte fréquente et importune. Ce mot vient des prophéties de *Jérémie*, intitulées aussi *Lamentations.* Il est fam.

JÉRÉMIE, subst. propre mas. (*jérémi*), prophète de l'Ancien Testament.—*Leçons de Jérémie*, celles qui se chantent à l'office des *ténèbres*, pendant la semaine sainte.

JÉRIDE, subst. fém. (*jéride*), espèce de javelot des anciens.

JERNOTE, subst. fém. (*jèrenote*), t. de bot., nom vulgaire de l'œnanthe pimpinelloïde.

JÉROSE, subst. fém. (*jéróze*), t. de bot., plante qui est la même que celle qu'on appelle *rose de Jéricho*, et qui croît aux lieux maritimes et sablonneux de la Syrie et de l'Arabie. Elle est si sensible aux impressions hygrométriques de l'air, s'ouvrant par l'humidité et se contractant par la sécheresse, que les charlatans s'en servaient pour tromper la crédulité des ignorants. Les uns prétendaient qu'elle ne s'ouvrait que le jour de Noël; les autres l'indiquaient comme un moyen infaillible pour apprendre si un accouchement serait facile ou difficile, heureux ou malheureux.

JÉRUSALEM, subst. propre fém. (*jéruzalème*), ville de Syrie, l'une des plus célèbres du monde.

JESCHTS, subst. mas. plur. (*jècekete*), hymne de Zoroastre à la louange d'Ormuzd.

JÉSITE, subst. fém. (*jézite*), t. d'hist. nat., coquille polythalamé.

JÉSON, subst. mas. (*jézon*), t. d'hist. nat., coquillage cardite du Sénégal.

JESSE, subst. fém. (*jèce*), t. d'hist. nat., poisson du genre cyprin.

JÉSUATE, subst. mas. (*jézu-ate*), religieux d'un ordre fondé par saint Jean Colomban.

JÉSUITE, subst. mas. (*jézuite*), religieux, ordre institué par saint Ignace de Loyola, et connu sous le nom de *compagnie* ou *société de Jésus.* —Depuis quelque temps, c'est un terme de mépris; on dit d'un hypocrite que *c'est un jésuite.*

JÉSUITESSE, subst. fém. (*jézuitèce*), religieuse d'un ordre affilié à celui des *jésuites.*

JÉSUITIQUE, adj. des deux genres (*jézuitike*), de *jésuite.*

JÉSUITIQUEMENT, adv. (*jézuitikeman*), d'une manière *jésuitique.*

JÉSUITISME, subst. mas. (*jézuiticeme*), caractère, manière, morale de *jésuite.* Ce mot est aujourd'hui synonyme d'hypocrisie.

JÉSUMI, subst. mas. (*jézumi*), cérémonie religieuse des Japonais, à l'effet d'inspirer l'horreur du christianisme.

JÉSUS, **JÉSUS-CHRIST**, subst. propre mas. (*jézu, jézukri*, mais on fait sentir *s* et *t* dans *Christ*, lorsqu'il est seul), le fils de Dieu mort en croix pour le salut des hommes.—T. de papetier, *papier jésus*, sorte de papier. En ce sens, il est adj.

JET, subst. mas. (*jé*) (du lat. *jactus*), action de *jeter* quelque chose.—Coup de filet : *acheter le jet du filet*, tout le poisson qu'on prendra dans un coup.—Filet semblable aux demi-folles, en usage sur les côtes de Picardie. — En t. de bot., dernière production d'un arbre ou d'un arbuste, c'est le bourgeon développé.—Calcul qui se fait par les jetons.—En t. de faucon., menue courroie qu'on met autour de la jambe de l'oiseau.—Dans la fonte des statues, etc., canaux ménagés pour introduire le métal en fusion dans un moule.—Cylindre de cire d'une grosseur proportionnée à la figure ou à la pièce à jeter en bronze, qu'on applique dans le moule et près de la figure, pour former des tuyaux d'évent.—*Jet de pierre*, autant d'espace que peut en parcourir une pierre jetée de toute la force d'un homme. — *Jet de bombes.* Voy. BALISTIQUE.—*Jet de lumière*, rayon de lumière qui paraît subitement. — *Jet d'eau*, eau qui jaillit hors d'un tuyau. — *Jet d'abeilles*, nouvel essaim qui sort de la ruche.—*Jet de marchandises, jet-à-la-mer*, action de *jeter* les marchandises à la mer, dans une tempête.—On entend aussi quelquefois par *jet*, la contribution que chacun des intéressés au navire doit supporter pour les marchandises qui ont été *jetées* à la mer. — *Jet d'une draperie*, en peinture, manière plus ou moins naturelle dont les plis d'une draperie sont rendus.—*Jet du moule*, petite ouverture pratiquée au moule, pour réunir les matières fondues d'or ou d'argent qu'on veut *jeter* en lames. — *Jet de voiles*, appareil complet des voiles d'un vaisseau. — *Armes de jet*, armes propres à *jeter*, à lancer des corps avec force pour offenser l'ennemi de loin, telles que la fronde, la baliste, l'arc, etc., chez les anciens; et chez les modernes, les canons, les mortiers, les fusils, etc.—*Figure d'un seul jet*, qui a été fondue tout à la fois.—*Canne d'un seul jet*, qui n'a point de nœuds. On dit, dans le même sens : *un beau jet, un jet bien droit*, etc.

JETAGE, subst. mas. (*jetaje*), t. de chir., sortie du pus, des humeurs.—T. d'art vétér., chute des humeurs par les naseaux.

JETÉ, subst. mas. (*jeté*), pas de danse, qui ne fait que partie d'un autre; il ne peut remplir seul une mesure.

JETÉ, E, part. pass. de *jeter.*

JETÉE, subst. fém. (*jeté*), amas de pierres, etc., pour servir à rompre l'impétuosité des vagues.—Amas de pierres, de sable, de cailloux, *jetés* le long d'un chemin pour le réparer.—Nouvel essaim que font les abeilles, une ou deux fois par an, et qu'on met dans une nouvelle ruche.—*Jetée de chandelles*, le nombre de chandelles qu'on peut mouler d'une seule fonte de suif.

JETER, v. act. (*jeté*) (du lat. *jactus*), lancer

avec la main ou avec la fronde. — Mettre : *cela jette de l'obscurité dans la phrase; jeter dans l'embarras*, etc. Racine (*Bajazet*) a dit à peu près dans le même sens :

Laissez-moi nous laver....
Du crime que sa vie a *jeté* dans la nôtre ;

pour *de la honte du crime que ;* l'ellipse est trop forte.—Produire, en parlant des arbres et des plantes : *cette vigne a jeté bien du bois ;* et neut.: *les arbres commencent à jeter.* — Pousser dehors : *cette fontaine jette tant de pieds d'eau.* — On dit aussi par extension : *sa plaie jette beaucoup.* — Faire couler du métal fondu dans un moule pour en tirer quelque figure : *jeter en sable, en moule; jeter une figure en bronze.—Jeter une chose à la tête de quelqu'un*, la lui offrir, sans qu'il la demande.— *Jeter des hommes, des vivres dans une place*, les y faire entrer promptement.—*Jeter de la poudre aux yeux*, en imposer.—*Jeter son bien par la fenêtre*, être prodigue, dissipateur.—Fig. : *jeter son soupçon sur quelqu'un*, soupçonner quelqu'un ; *jeter des soupçons contre quelqu'un*, faire soupçonner quelqu'un, et *jeter des soupçons dans l'esprit de quelqu'un*, faire naître des soupçons dans l'esprit de quelqu'un.—Fig. : *jeter un coup-d'œil* ou *les yeux sur...*, regarder.—*Jeter des larmes*, pleurer.—*Jeter un cri*, crier.—*Jeter un soupir*, soupirer. — *Jeter des propos*, avancer des propos pour insinuer ou découvrir quelque chose.—*Jeter les fondements d'un édifice, d'un empire*, en faire l'établissement.—*Jeter le fil*, dans la fabrication des bas ou métier, étendre le fil sur une partie des aiguilles.—*Jeter en soie*, en terme de passementiers, couvrir un moule de bouton d'une soie tournée sur la bobine, en plusieurs brins.—*Jeter une bride*, dans les manufactures de dentelles, arranger une bride pour remplir les vides entre le toilé des dentelles et des points.—*Jeter sur la pièce*, en t. de potier d'étain, ajuster une anse ou une pièce à un pot, etc., par le moyen d'un moule.—T. de monnaie, *jeter en lames*, verser dans des moules les matières fondues d'or ou d'argent.—*Jeter le froc aux orties*. Voy. FROC. —*Jeter son plomb sur un emploi*, former le dessein de l'obtenir. — *Jeter le manche après la cognée*, se désespérer dans un malheur, abandonner tout sans songer aux moyens d'y remédier. Ces trois dernières expressions sont du style proverbial. — *Jeter l'ancre*, lorsqu'on est dans une rade pour y arrêter le vaisseau.—*Jeter la sonde*, la laisser tomber, pour connaître la profondeur de l'eau.—T. de vén., : *jeter sa tête*, se dit du cerf dont le bois tombe.—T. de faucon. : *jeter l'oiseau du poing*, lui faire poursuivre sa proie. On *jette le faucon*, et on *lâche l'autour.* — SE JETER, v. pron., se lancer : *se jeter dans le péril au cou de quelqu'un, sur l'ennemi.* On lit dans *Fénelon* (Télémaque, livre XVI) : *à peine Télémaque eut tiré cette épée, qu'Hippias, qui voulait profiter de l'avantage de sa force, se jeta, pour l'arracher des mains du jeune fils d'Ulysse.* Cette construction est vicieuse. On *se jette sur quelqu'un pour le désarmer, pour le tuer ;* mais on ne peut dire qu'on *se jette pour le désarmer*, etc.—*Se jeter entre les bras de quelqu'un*, y chercher un appui. — Fig. et fam. : *se jeter à la tête de quelqu'un*, s'offrir à lui avec empressement et sans en être recherché. — *Se jeter dans un parti*, l'embrasser.—En parlant d'une rivière, avoir son embouchure : *la Marne se jette dans la Seine.—Se jeter dans un couvent*, s'y retirer.—*Cela ne se jette pas au moule*, ne se fait pas aisément, promptement.

JETEUR, subst. mas. (*jeteur*), t. de métier, celui qui *jette*.

JETON, subst. mas. (*jeton*) (du mot *jeter*, parce qu'on se sert des *jetons* en les *jetant* sur la table), pièce de métal dont on se sert pour calculer, et plus souvent pour marquer et payer au jeu.—On en frappe aussi pour être distribués : *jetons d'académie*, etc. — *Jeton de présence*, qu'on donne aux membres d'une société pour attester qu'ils sont présents.—Rond d'ivoire ou de métal, avec lequel on raie le papier d'éventail, en l'enfonçant dans les rayons de la forme. —Petite plaque mince de cuivre ou de laiton, avec laquelle les fondeurs de caractères d'imprimerie font la justification des lettres nouvellement fondues.—Essaim de jeunes abeilles qui se renouvellent et sortent des ruches. On dit aussi *jet d'abeilles*.

JETONNIER, subst. mas. (*jetoni-é*), académicien qui n'allait à l'académie que pour recevoir les *jetons* d'argent. Hors d'usage.

JETTICE, adj. fém. (*jètice*) : *laine jettice*, de rebut ou jarrée.

JEU, subst. mas. (*jeu*) (du lat. *jocus*, comme feu a été fait de *focus*), en général, divertissement, récréation.—Plus particulièrement, exercice de récréation soumis à des règles : *jeu de cartes, jeu de hasard.* — La chose qu'on joue : *jouer gros jeu, un jeu d'enfer.*—Lieu où l'on joue à certains *jeux* : *jeux de paume, de boule, de mail*, etc. On appelle *jeux publics*, les *jeux* où l'on donne à jouer à toutes sortes de *jeux;* et l'on dit de ceux qui donnent à jouer à jours réglés, qu'*ils tiennent un jeu ; maison de jeu.* — Les instruments de certains *jeux* : *jeux d'échecs, de quilles, de cartes*, etc.— On appelle *jeux de main*, les *jeux* où l'on joue à se donner de petits coups les uns aux autres. On dit en ce sens : *jeux de main, jeux de vilain*, pour signifier qu'il n'y a que les gens du peuple qui badinent ainsi.—On dit fam. qu'*une affaire n'est pas un jeu d'enfant, n'est pas jeu d'enfant*, pour signifier qu'elle est grave et sérieuse. — T. de musique, la manière dont on touche les instruments : *avoir le jeu beau, brillant, tendre, léger, délicat.*—On dit un *jeu d'orgue*, pour signifier l'instrument que l'on appelle autrement orgue; et en parlant des divers *jeux* de l'orgue, on dit *jeu de voix humaines, jeu de flûtes douces, jeu de trompettes*, etc.—Manière dont un comédien représente. — Exercice et façon de manier les armes : *le jeu de la hallebarde, de la pique, de l'espadon.*—En parlant de certaines choses d'art, aisance, facilité : *donner du jeu à...* —*Jeu de théâtre*, gestes, mines. —*Jeu d'esprit*, production qui a plus de gentillesse que de solidité : *énigme*, etc. — *Jeu de mots*, allusion fondée sur quelque ressemblance dans les mots. — *Jeux de princes*, qui exposent ceux qui les font pour plaire à ceux qui les font faire.—*Jeu de la nature*, production à laquelle la nature a donné une forme singulière. — *Jeu joué*, chose faite à dessein de tromper. — T. de marine, *jeu de voiles*, toutes les voiles nécessaires pour appareiller complètement un vaisseau.—*Jeu du gouvernail*, son mouvement sur les gonds et dans sa jaumière. — Les règles du *jeu : c'est le jeu*, c'est ainsi qu'il faut jouer. — *Il y a un grand jeu dans cette maison*, il s'y rassemble beaucoup de personnes pour jouer. — *Tenir le jeu de quelqu'un*, jouer pour lui. —On appelle *jeux de renvi*, certains *jeux* de cartes, comme le brelan, où les joueurs mettent au *jeu* des sommes plus fortes que celles de ceux qui en ont mis avant eux. — *Ouvrir le jeu*, c'est faire la première vade; *fermer le jeu*, c'est tenir la dernière vade, et ne point faire de renvi. — *Tenir jeu*, continuer à jouer avec un homme qui perd.—*Couper jeu*, se retirer avec gain, et ne vouloir pas tenir *jeu.*—*Jeux*, au plur., se dit des spectacles publics qu'ont eus la plupart des peuples. Chez les Grecs, on appelait *jeux gymniques*, des *jeux* publics qui comprenaient tous les exercices du corps ; *jeux scéniques*, ceux qui se représentaient sur la scène; *jeux olympiques*, ceux qui se célébraient tous les quatre ans auprès d'Olympie. Les Romains avaient *des jeux séculaires, des jeux du cirque, des jeux scéniques*, etc. *Ouvrir les jeux; commencer les jeux.*—*Jeux funéraires*, qui se faisaient pour honorer des funérailles : *que dirai-je de la pompe des triomphes, des cérémonies de la religion, des jeux et des spectacles qu'on donnait au peuple ?* (Bossuet.) — On appelait *jeux de prix*, ceux auxquels il y avait des prix pour quelque exercice.—*Jeux floraux*, ou *Académie des jeux floraux*, assemblée qui se tient à Toulouse pour la distribution de quelques prix qui représentent des fleurs en or et en argent, et qui se donnent à ceux qui ont le mieux réussi en certains genres de poésie, ou dans un discours d'éloquence : *remporter le prix aux jeux floraux.*—On ne dit pas des *jeux d'eau*, mais des *jets d'eau.* — En poésie, on dit *les jeux et les ris, les jeux et les plaisirs*, etc. —Fig. et fam. : *faire beau jeu à quelqu'un*, lui donner de grandes facilités.—*Mettre quelqu'un en jeu*, le mêler, à son insu, dans une affaire. —*Savoir bien couvrir, cacher son jeu*, savoir bien cacher ses desseins. — *Faire bonne mine à mauvais jeu*, faire semblant d'être content, quoiqu'on n'en ait pas sujet.—Prov. : *le jeu ne vaut pas la chandelle*, la chose ne vaut pas la dépense qu'on y fait, la peine qu'on y prend. — *Jouer à jeu sûr*, être assuré de réussir.—*Jouer bien son jeu*, savoir bien dissimuler. — *Jouer un jeu à se perdre*, s'exposer beaucoup. — *Avoir beau jeu*, l'avantage; *mauvais jeu*, le désavantage. — *Si on le fâche, on verra beau jeu*, il s'en vengera. — *Tirer son épingle du jeu*, se tirer habilement d'une mauvaise affaire.— *Être piqué au jeu*, fortement piqué.—*C'est le droit du jeu*, c'est avec raison, c'est bien le cas.—*Être à deux de jeu*, et non pas *à droit de jeu*. Voy. DEUX. —*D'entrée de jeu*, d'abord, en commençant.— *Par jeu*, en badinant, sans malice. — *Prendre quelque chose en jeu*, en plaisanterie. — *Cela passe le jeu, cela est plus fort que le jeu*, cela passe la raillerie. *Ce n'est qu'un jeu pour lui*, il le fait facilement et sans peine.—*Bon jeu, bon argent*, véritablement, très-sérieusement : *ils vont plaider bon jeu, bon argent*, etc.—En t. de faucon., *donner jeu à l'autour*, lui laisser plumer sa proie. — T. de commerce de mer, *faire jeu parti*, se dit d'une convention entre des associés à un même navire, en vertu de laquelle, l'un venant à se retirer, le total appartient à celui qui fait aux autres les meilleures conditions.

JEUDI, subst. mas. (*jeudi*) (par contraction du lat. *Jovis dies*, le jour de Jupiter), le cinquième jour de la semaine. — *Le jeudi-gras*, celui qui précède le dimanche-gras. — *Le jeudi-saint*, le *jeudi* de la semaine sainte. C'est une expression consacrée par l'usage. *Boileau* a dit à tort (*Lutrin*, chant IV) :

Prenons du *saint jeudi* la bruyante crécelle.

Il fallait du *jeudi-saint*.

JEUMERANTE, subst. fém. (*jeumerante*), t. de charron, petite planche de bois plat, formant la sixième ou huitième partie d'un cercle, et qui sert de patron pour faire des jantes de roue.

à **JEUN**, loc. adv. (en lat. *jejunè*), avant le repas ; sans avoir mangé de la journée.

JEUNE, subst. et adj. des deux genres (*jeune*) (en lat. *juvenis*), en parlant des personnes, qui n'est guère avancé en âge. On dit *jeune homme* au sing. mas., et *jeunes gens* au pluriel. — Qui a encore quelque chose de la vigueur et de l'agrément de la jeunesse. — On dit d'un homme étourdi, évaporé, qu'*il est bien jeune*, même lorsqu'il n'est plus dans l'âge de la jeunesse : *que vous êtes jeune ! vous serez toujours jeune !* — On dit familièrement : *une jeune barbe*, pour dire un jeune homme sans expérience. — Cadet : *un tel, le jeune.* — Le moins âgé, en parlant de deux personnes de la même profession et qui ont le même nom. — En parlant des animaux, il se dit par rapport à l'âge qu'ils ont accoutumé de vivre : *un jeune chat, un jeune chien*, etc. On le dit, dans le même sens, des arbres et des plantes : *un jeune chêne*, etc.

JEÛNE, subst. mas. (*jeûne*) (en lat. *jejunium*), abstinence commandée par l'Église. — Le *jeûne*, chez les catholiques romains, consiste à ne faire qu'un repas par jour, et à s'abstenir de viande : *un jour de jeûne ; le jeûne de carême.* —*Jeûne* se dit aussi d'une abstinence d'aliments volontaire ou forcée, sans aucun rapport à la religion : *un trop long jeûne ruine l'estomac.*

JEUNEMENT, adv. (*jeuneman*), nouvellement, t. de chasse, qui n'est usité qu'en cette phrase : *un cerf de dix cors jeunement*, ce qui se dit d'un cerf qui a pris depuis peu un bois de dix andouillers de chaque côté.

JEÛNER, v. neut. (*jeûné*) (en lat. *jejunare*), ne point prendre d'aliments pendant quelque temps. — S'abstenir de quelque chose licite durant un certain temps. — Se priver de, etc. — Observer les *jeûnes* commandés par l'Église.

JEUNESSE, subst. fém. (*jeunèce*), l'âge qui suit immédiatement l'adolescence. — Prov. et fig. *jeunesse est forte à passer*, dans la *jeunesse* on a bien de la peine à modérer ses passions. Et, à peu près dans le même sens, *il faut que jeunesse se passe*, la *jeunesse* est sujette à faire des fautes; il faut les excuser. Et encore : *si jeunesse savait et vieillesse pouvait*, si la *jeunesse* avait l'expérience, et que la vieillesse eût la force.—Les jeunes gens : *instruire la jeunesse; toute la jeunesse de la ville*, etc.—Folie de jeune homme, *il a fait bien des jeunesses.*—En quelques endroits et populairement, une jeune fille : *c'est une jeunesse.* — Déesse que les Romains invoquaient quand ils faisaient quitter la robe prétexte à leurs enfants. Les Grecs honoraient la même divinité sous le nom d'Hébé. Voy. HÉBÉ, JUVENTA.

JEUNET, adj. mas., au fém. **JEUNETTE** (*jeuné, nète*), qui est fort *jeune*. Il est familier.

JEUNETTE, adj. fém. Voy. JEUNET.

JEÛNEUR, subst. mas., **JEÛNEUSE**, subst. fém. (*jeuneur, neuze*), celui qui *jeûne*, qui aime à *jeûner*.

JEÛNEUSE, subst. fém. Voy. JEÛNEUR.

JÉZIDE, subst. mas. (*jézide*), t. de rel., nom que les mahométans donnent aux hérétiques.

JILLAKÉE, subst. mas. (*jilelakié*), chanteur africain qui suit les caravanes.

JOAILLERIE, subst. fém. (*jo-â-ieri*), marchandise de bijoux, de pierreries, de *joyaux*, etc.— Art de les tailler et de les mettre en œuvre.

JOAILLIER, subst. mas., **JOAILLIÈRE**, subst. fém. (*jo-â-ié, ière*), celui, celle qui vend des *joyaux*, ou qui les taille et les met en œuvre.

JOAILLIÈRE, subst. fém. Voy. JOAILLIER.

JOALLE ou **JOVALLE**, adj. des deux genres (*joale, jovale*), se dit en certains cantons d'un plant de vignes dont les lignes sont très-écartées : *vignes joalles*.

JOANNÈS, subst. mas. (*jo-anenèce*), monnaie d'or de France, frappée sous le règne du roi *Jean*.

JOANNISTE, subst. mas. (*joanenicete*), disciple de *saint Jean*.

JOBARD, subst. mas. (*jobare*), jobelin, homme niais, crédule, maladroit. Populaire et injurieux.

JOBELIN, subst. mas. (*jobelein*), t. burlesque et injurieux, sot, etc. C'est, dans *Rabelais*, le nom d'un des précepteurs du jeune Gargantua, dérivé de *Job*, à cause de l'extrême patience dont a besoin un maître d'école.

JOBÉ, E, part. pass. de *jober*.

JOBER, v. act. (*jobé*), railler, plaisanter. Il est inusité.

JOBET, subst. mas. (*jobè*), t. de fondeur, fil de fer qui tient la matrice.

JOC, subst. mas. (*joke*), t. de meunier, repos du moulin : *mettre le moulin à joc*, l'arrêter.

JOCASTE, subst. propre fém. Voy. OEDIPE.

JOCKEY, subst. mas. (*jokiè*), mot tiré de l'anglais, où il signifie *maquignon*. C'est, chez les Anglais, un tout jeune domestique chargé de conduire la voiture ou les chevaux, et chez nous, un jeune homme faisant l'office de postillon, ou même de valet de pied.

JOCKO, subst. mas. (*jokô*), t. d'hist. nat., singe ressemblant beaucoup à l'homme; espèce d'orang-outang; pithèque de Guinée. — Pop., un homme qui fait des grimaces, ou qui a l'air bête.

JOCRISSE, subst. mas. (*jokrice*), terme injurieux et bas, benêt qui se laisse gouverner et qui s'occupe des soins les plus bas du ménage. —Valet niais et maladroit.

JOCUS, subst. propre mas. (*jôkuce*), myth., dieu de la raillerie et des bons mots.

JODELET, subst. mas. (*jodelè*), badin, folâtre, qui fait rire par ses sottises : *c'est le jodelet de la compagnie*. Nom d'un personnage bouffon de l'ancien théâtre français.

JODULTE, subst. mas. (*jodulete*), myth., idole des anciens Saxons.

JOËL, subst. mas. (*jo-èle*), t. d'hist. nat., poisson du genre de l'athérine.

JOG ou **JOGUE**, subst. mas. (*jogue*), myth., âge fabuleux des Indiens.

JOGUIS, subst. mas. plur. (*jogui*), moines indiens qui s'absorbent dans la contemplation.

JOHN, subst. mas. (*jone*), t. d'hist. nat., poisson du genre labre.

JOHNSONIA, subst. fém. (*joneçonia*), t. de bot., callicarpe d'Amérique.

JOHNSONIE, subst. fém. (*joneçoni*), t. de bot., plante asphodèle de la Nouvelle-Hollande.

JOIE, subst. fém. (*joa*) (du lat. *jocus*, jeu, mot pour rire. *Ménage* le dérive de *gaudia*, pluriel de *gaudium*, joie, plaisir, réjouissance, dont les Italiens, dit-il, ont fait également *givia*, dans le même sens), satisfaction qu'on ressent en soi et qu'on témoigne souvent au dehors. Il diffère de *gaieté*, en ce que la *joie* est dans le cœur et la *gaieté* dans les manières. La première consiste dans un doux sentiment de l'âme, la seconde dans une agréable situation de l'esprit. Voy. CONTENTEMENT.—*S'en donner à cœur joie*, s'amuser beaucoup.—*Être ou faire la joie d'une personne*, être pour elle un objet de bonheur.—*Être toujours en joie*, etc., toujours gai et content. — *Les joies du monde*, les plaisirs qu'il donne. — *Feu de joie*, feu qu'on fait dans les réjouissances publiques. — *Fille de joie*, fille prostituée. — Dans l'ancienne astrologie, *joie des planètes*, l'influence des planètes dans les saisons où elles dominaient. On disait, dans le même sens : *dignité des planètes*. — On dit : *j'ai de la joie de vous voir*, etc. —*Je me fais une joie de vous voir*, quoiqu'on lise dans *Racine* (Iphigénie) :

> Le ciel s'est fait une *joie* inhumaine
> A rassembler sur moi...

DU VERBE IRRÉGULIER JOINDRE :

Joignaient, 3e pers. plur. imparf. indic.
Joignais, précédé de *je*, 1re pers. sing. imparf. indic.
Joignais, précédé de *tu*, 2e pers. sing. imparf. indic.
Joignait, 3e pers. sing. imparf. indic.
Joignant, part. prés.

JOIGNANT, E, adj. (*joègnian, gniante*), qui joint, qui est auprès : *maison joignant la prairie; les champs joignants furent brûlés*. Dans le premier exemple, *joignant* est part. prés., et c'est pour cela qu'il reste invariable.

JOIGNANT, prép. (*joègnian*), tout près, tout contre : *joignant, tout joignant la maison de...*

DU VERBE IRRÉGULIER JOINDRE :

Joigne, précédé de *que je*, 1re pers. sing. prés. subj.
Joigne, précédé de *qu'il* ou *qu'elle*, 3e pers. sing. prés. subj.
Joignent, précédé de *ils* ou *elles*, 3e pers. plur. prés. indic.
Joignent, précédé de *qu'ils* ou *qu'elles*, 3e pers. plur. prés. subj.
Joignes, 2e pers. sing. prés. subj.
Joignez, 2e pers. plur. impér.
Joignez, précédé de *vous*, 2e pers. plur. prés. indic.
Joigniez, précédé de *vous*, 2e pers. plur. imparf. indic.
Joigniez, précédé de *que vous*, 2e pers. plur. prés. subj.
Joignîmes, 1re pers. plur. prét. déf.
Joignions, précédé de *nous*, 1re pers. plur. imparf. indic.
Joignions, précédé de *que nous*, 1re pers. plur. prés. subj.
Joignirent, 3e pers. plur. prét. déf.
Joignis, précédé de *je*, 1re pers. sing. prét. déf.
Joignis, précédé de *tu*, 2e pers. sing. prét. déf.
Joignisse, 1re pers. sing. imparf. subj.
Joignissent, 3e pers. plur. imparf. subj.
Joignisses, 2e pers. sing. imparf. subj.
Joignissiez, 2e pers. plur. imparf. subj.
Joignissions, 1re pers. plur. imparf. subj.
Joignit, précédé de *il* ou *elle*, 3e pers. sing. prét. déf.
Joignît, précédé de *qu'il* ou *qu'elle*, 3e pers. sing. imparf. subj.
Joignîtes, 2e pers. plur. prét. déf.
Joignons, 1re pers. plur. impér.
Joignons, précédé de *nous*, 1re pers. plur. prés. indic.

JOIGNY, subst. propre mas. (*joègni*), ville de France, chef-lieu d'arrond., dép. de l'Yonne.

DU VERBE IRRÉGULIER JOINDRE :

Joindra, 3e pers. sing. fut. indic.
Joindrai, 1re pers. sing. fut. indic.
Joindraient, 3e pers. plur. prés. cond.
Joindrais, précédé de *je*, 1re pers. sing. prés. cond.
Joindrais, précédé de *tu*, 2e pers. sing. prés. cond.
Joindrait, 3e pers. sing. prés. cond.
Joindras, 2e pers. sing. fut. indic.

JOINDRE, v. act. (*joeindre*) (du lat. *jungere*, qui signifie proprement mettre sous le même *joug*, fait de *jugera*, dont la racine est *jugum*, en grec ζυγός, *joug*), approcher deux choses l'une contre l'autre, en sorte qu'elles se tiennent. — Ajouter, unir, allier. — *Joindre les mains*, c'est tenir les deux mains étendues, en sorte qu'elles touchent l'une à l'autre par-dedans : *on joint les mains pour prier Dieu*. — T. de jurispr., on dit *joindre deux instances, joindre deux procès, joindre une instance avec un procès*, pour dire, les unir pour être jugés conjointement : *joindre un incident à l'instance principale; joindre une requête au principal*.—*Joindre quelqu'un*, atteindre quelqu'un qui marchait devant; accoster, aborder : avec cette différence, dit *Girard*, qu'on *joint* la compagnie dont on s'était écarté ; on *accoste* le passant qu'on rencontre sur sa route; on *aborde* les gens de connaissance.—Dans un sens à peu près semblable, approcher un homme pour se mettre à portée de lui parler. — *Joindre sans moyen*, sans aucun espace vide entre deux, en parlant des bâtiments. — Neut., clore : *cette porte ne joint pas bien*. — SE JOINDRE, v. pron., s'unir, etc. — Se rencontrer, se trouver : *ils se joignirent en tel endroit*.

DU VERBE IRRÉGULIER JOINDRE.

Joindrez, 2e pers. plur. fut. indic.
Joindriez, 2e pers. plur. prés. cond.
Joindrions, 1re pers. plur. prés. cond.
Joindrons, 1re pers. plur. fut. indic.
Joindront, 3e pers. plur. fut. indic.
Joins, 2e pers. sing. impér.
Joins, précédé de *je*, 1re pers. sing. prés. indic.
Joins, précédé de *tu*, 2e pers. sing. prés. indic.
Joint, précédé de *il* ou *elle*, 3e pers. sing. prés. indic.

JOINT, subst. mas. (*joein*), t. de maçon., intervalle plein ou vide qui reste entre deux pierres contiguës.—T. de maçonnerie, *joint gras*, plus ouvert que l'angle droit; celui dont l'ouverture est moindre s'appelle *joint maigre*. — Ligne de division des voûtes en claveaux. — Assemblage, en t. de menuiserie. — En anatomie, articulation, endroit où deux os se joignent. — *Joint brisé*, instrument de mécanique dont se servent les opticiens. — Fam. : *trouver le joint*, la meilleure manière de prendre une affaire.

JOINT, E, part. pass. de *joindre*, et adj., ajouté, uni, etc. — *Sauter à pieds joints*, les deux pieds à la fois. — *Ci-joint*, façon de parler adverbiale : *ci-joint le procès-verbal; ci-joint le congé de ce militaire*. Lorsqu'il est à la suite du substantif, il se prend toujours adjectivement : *les mémoires ci-joints; la déclaration ci-jointe*. Il est aussi quelquefois adjectif devant le substantif : *vous trouverez ci-jointe sa déclaration*. Voy. les remarques que nous avons faites au mot CI-INCLUS.

JOINT QUE, loc. conj., qui ne se dit plus pour *outre que*.

JOINTE, subst. fém. (*joeinte*), en t. de manège, la même chose que paturon. — Dans les fabriques de soierie, partie d'organsin dévidée sur des rochets, pour nouer (*joindre*) les fils qui cassent. La *jointe* est de la couleur de la chaîne.

JOINTÉ, E, adj. (*joeinté*), t. de manège : *cheval court jointé* ou *long jointé*, qui a le paturon trop court ou trop long. — On dit aussi en fauconnerie, d'un oiseau qui a les jambes de médiocre longueur, qu'il est *court jointé*.

JOINTÉE, subst. fém. (*joeinté*), ce que peuvent contenir les deux mains *jointes*. Peu en usage.

JOINTIF, adj. mas., au fém. **JOINTIVE** (*joeintif, tive*), qui est *joint* : *lattes jointives*, clouées si près à près qu'elles se touchent.

JOINTIVE, adj. fém. Voy. JOINTIF.

JOINTOIEMENT, subst. mas. (*joeintoèman*), t. de maçon., action de *jointoyer*.

JOINTOYÉ, E, part. pass. de *jointoyer*.

JOINTOYER, v. act. (*joeintoè-ié*), t. de maçon., remplir les ouvertures de *joints* de pierres du mortier et du plâtre, et proprement, avec un mortier de la même couleur que la pierre. — SE JOINTOYER, v. pron.

JOINTURE, subst. fém. (*joeinture*) (en lat. *junctura*), *joint* : *toutes les jointures du corps*. — En t. de manège, paturon : *jointure grosse, menue, courte*. Il ne se dit guère que dans ces phrases.— En général, ce qui assemble et ce qui attache.

JOINVILLE, subst. propre mas. (*joinvile*), ville de France, chef-lieu de canton, arrond. de Vassy, dép. de la Haute-Marne.

JOL, subst. mas. (*jole*), t. d'hist. nat., coquille du genre buccin.

JOLI, subst. mas. (*joli*) : *le beau est au-dessus du joli*, de ce qui n'est que gentil. — *Le joli de l'affaire, c'est que...*, le plaisant, le piquant de l'affaire, etc. Voy. l'adj.

JOLI, E, adj. (*joli*) (du bas-breton *jolis*, qui signifie la même chose. *Huet*.), gentil, agréable. Il ne se dit guère que de ce qui est petit en son espèce, et qui plaît plus par la gentillesse que par la beauté. — *Joli sujet*, jeune homme qui se comporte bien. — Ironiquement à un homme qui fait ou dit quelque chose qui déplaît : *il est joli! je vous trouve bien joli!*—On dit aussi prov. et iron., d'un homme qui s'est enivré, qui a été battu, qui est en mauvais état : *vous venez du cabaret, vous voilà joli garçon! vous vous êtes fait joli garçon!*

JOLI-CŒUR, subst. mas. (*jolikieur*), homme qui fait l'aimable : *faire le joli-cœur*.—Au plur., des *jolis-cœurs*.

JOLIET, adj. mas., au fém. **JOLIETTE** (*joliè, liète*), diminutif de *joli* : *elle est joliette*. Il est familier.

JOLIETTE, subst. fém. (*joliète*), planche couverte de potée d'étain, dont on se sert pour polir. (*Boiste*.)

JOLIETTE, adj. fém. Voy. JOLIET.

JOLIMENT, adv. (*joliman*), d'une manière *jolie*, d'une manière agréable, spirituelle, etc. Il s'emploie souvent iron., et signifie alors, beaucoup, extrêmement : *il est joliment laid*.

JOLITE, subst. fém. (*jolite*), t. d'hist. nat.; on donne ce nom à la pierre de violette et à la cordiérite.

JOLIVETÉS, subst. fém. plur. (*joliveté*), babioles, bijoux qui servent à faire ornement. — Gentillesse des enfants. En ce sens, il est vieux.

JOMBARBE, subst. fém. (*jonbarbe*), t. de bot. Voy. JOUBARBE. — Flûte à trois trous.

JONC, subst. mas. (*jon*, même devant une voyelle) (du latin *juncus*, dérivé de *jungere*, joindre, lier, attacher; parce qu'on emploie le *jonc* à cet usage), t. de bot., plante à fleur rosacée, selon *Tournefort*, qui croît le long des eaux et dans les endroits marécageux. Les espèces en sont très-nombreuses.—*Jonc fleuri*, plante vivace aquatique, qui, dans l'ordre naturel, est intermédiaire entre les joncées et les liliacées. — *Jonc marin*. Voy. GENÊT D'ESPAGNE.—Bague dont le cercle est égal partout, que le marié met au doigt de son épouse, dans la cérémonie des épousailles. (Du latin *jungere*, joindre, parce qu'elle est une marque de la conjonction matrimoniale.)—En t. de broderie, gros traits d'or, dont on borde les croix d'ordres, etc. — Canne de *jonc* : *un beau jonc*. — On dit fam., d'une personne grande et bien droite, qu'*elle est droite comme un jonc*; qu'*elle se tient comme un jonc*. — On appelle *joncs de pierre*, en t. d'hist. nat., les tubipores pétrifiés, à cause de leur ressemblance avec les *joncs*.

JONCACÉES, subst. fém. plur. (*jonkacé*). Voy. JONCÉES.

JONCAIRE, subst. fém. (*jonkière*), t. de bot., petite plante rameuse dont les tiges ressemblent à celles du *jonc*.

JONCÉES, subst. fém. plur. (*joncé*), t. de bot.; dans la méthode naturelle de *Jussieu*, famille de plantes ainsi nommées des *joncs* qui en font partie. On les appelle aussi *joncacées*.

JONCHAIE, subst. fém. (*jonché*) (en lat. *juncetum*), lieu planté de *joncs*.

JONCHE, subst. fém. (*jonche*), t. de pêche, ganse de corde qui sert à joindre plusieurs pièces de filets, l'un au bout de l'autre.

JONCHÉ, E, part. pass. de *joncher*.

JONCHÉE, subst. fém. (*jonché*), herbes, fleurs, etc., qu'on répand sur le passage de quelqu'un. Voy. JONCHER.—Panier où l'on met de la crème. — Petit fromage de crème ou de lait caillé.

JONCHER, v. act. (*jonché*) (du mot *jonc*, parce qu'autrefois on couvrait de *jonc* les salles destinées à quelques cérémonies. *Caseneuve*.), couvrir un lieu de fleurs et de toute sorte d'herbes. — Fig.: *joncher la campagne de morts*, la couvrir de morts.—*se* JONCHER, v. pron.

JONCHÈRES, subst. fém. plur. (*jonchère*), touffes de *jonc* qui se forment dans les étangs, et deviennent quelquefois des îles flottantes.

JONCHETS, subst. mas. plur. (*jonché*), petits bâtons fort menus, avec lesquels on joue : *jouer aux jonchets*. C'étaient d'abord de petits brins de *jonc*, ensuite de paille, et maintenant d'ivoire ou de buis. — C'est abusivement qu'on dit *honchets*; d'autres disent *échecs*, et c'est plus abusivement encore.

JONCIER, subst. mas. (*joncié*), t. de bot., sorte d'arbrisseau, genêt d'Espagne.

JONCINELLE, subst. fém. (*joncinèle*), t. de bot., plante de la famille des *joncs*.

JONCIOLE, subst. fém. (*jonciole*), t. de bot., plante de la famille des *joncs*.

JONCOÏDE, subst. fém. (*jonko-ide*) (du mot *jonc*, et du grec εἶδος, forme, ressemblance), t. de bot., famille des *joncs*.

JONCQUETIA, subst. fém. (*jonkiécia*), t. de bot., plante du genre des tapiras.

JONCTION, subst. fém. (*jonkcion*) (en lat. *junctio*), action de *joindre*; union, assemblage. Voy. UNION.

JONDELLE, subst. fém. (*jondèle*), t. d'hist. nat., espèce d'oiseau aquatique.

JONDOXUAN, subst. mas. (*jondokçu-an*), nom de sectaires du Japon.

JONÈSE, subst. mas. (*jonèze*), t. de bot., arbre des Indes.

JONÉSIES, subst. fém. plur. (*jonézi*), t. de bot., famille de plantes des Indes.

JONGERMANNE, subst. fém. (*jonjéremane*), t. de bot., plante cryptogame de la famille des hépatiques.

JONGIE, subst. fém. (*jonji*), t. de bot., plante du genre stéréoxylon.

JONGLÉ, part. pass. de *jongler*.

JONGLER, v. neut. (*jonguelé*), amuser par des tours de passe-passe. Inusité.

JONGLERIE, subst. fém. (*jonguelerí*) (du lat. *joculatio*, action de plaisanter), charlatanerie; tour de passe-passe; tour de *jongleur*.—Ce mot était pris autrefois en bonne part dans les beaux jours des troubadours provençaux; il signifiait l'art de faire des vers et celui de les chanter; arts qui alors n'étaient pas séparés l'un de l'autre.

JONGLEUR, subst. mas. (*jongueleur*) (du lat. *joculator*, rieur, bouffon, fait de *jocus*, jeu), charlatan; faiseur de tours de passe-passe. — En général, tout homme qui veut en imposer par de fausses apparences. — Autrefois, espèce de ménétrier qui allait chez les princes et chez les grands chanter des chansons, réciter des vers, etc. Voy. JONGLERIE.

JONIDIE, subst. fém. (*jonidi*), t. de bot., espèce de violette dont on se sert en médecine comme émétique.

JONOPSIS, subst. mas. (*jonopecice*), t. de bot., plante parasite du Pérou.

JONQUE, subst. fém. (*jonque*), bâtiment chinois qui fait le commerce des îles de l'Océanie.

JONQUILLE, subst. fém. (*jonki-ie*), t. de bot., plante d'agrément, appelée aussi *narcisse*, et que *Tournefort* place parmi les liliacées.

JONQUIENNE, subst. fém. (*jonki-ène*), t. de pêche, corde d'auffe.

JONTHLASPI, subst. mas. (*jontelacepi*), t. de bot., plante de la famille des crucifères, qui croît dans les lieux sablonneux en Italie, en Provence, etc. C'est une espèce de *thlaspi*. Voy. ce mot.

JONZAC, subst. propre mas. (*jonzak*), ville de France, chef-lieu d'arrond., dép. de la Charente-Inférieure.

JOOSIE, subst. fém. (*jo-ôzi*), t. de bot., plante graminée du Japon.

JOPPE, subst. fém. (*jope*), t. d'hist. nat., insecte pupivore.

JOPPITE, subst. propre mas. (*jopepite*), habitant de l'ancienne Joppé, aujourd'hui Jaffa.

JORDAIN, subst. mas. (*joredein*), t. d'hist. nat., poisson d'Amboine.

JORÉNA, subst. fém. (*jorena*), t. de bot., genre de plantes.

JORINS-ASSA, subst. propre mas. (*joreinceçaceça*), myth., divinité des Japonais qui paraît être la même qu'Hercule.

JORI, E, part. pass. de *jorir*.

JORIR, v. act. (*jorire*), détruire les charmes par des conjurations. (*Boiste*.) Vieux et même inusité.

JORO, subst. mas. (*joro*), t. de bot., espèce de sureau du Japon.

JOROPA, subst. mas. (*joropa*), t. de bot., palmier d'Amérique.

JOS, subst. mas. plur. (*jôce*), myth., dieux pénates des Chinois.

JOSAPHAT, subst. propre mas. (*jozafa*), petite vallée entre Jérusalem et la montagne des Oliviers. Le torrent de Cédron la traverse.

JOSEPH, subst. et adj. mas. (*jozéfe*), papier très-mince et transparent.— *Joseph fluant*, papier blanc, sans colle, pour filtrer.—Il est plus souvent adj. : *papier joseph*.

JOSÉPHIE, subst. fém. (*jozéfi*), t. de bot., sorte de plante.

JOSÉPHINIE, subst. fém. (*jozéfini*), t. de bot., genre de plantes bignonnées.

JOSSELASSAR, subst. mas. (*jocelaceçar*), t. de comm., coton filé de Smyrne.

JOTA, subst. mas. (*jota*), t. d'hist. nat., oiseau de proie du Chili.

JOTAVILLE, subst. fém. (*jotavile*), t. d'hist. nat., espèce d'alouette.

JOTHUN, subst. mas. (*joteun*), nom générique des génies des anciens Celtes.

JOTHUNÉIM, subst. propre mas. (*jotuné-ime*), pays des géants, selon les anciennes chroniques du Nord.

JOTTE, subst. fém. (*jote*), nom vulgaire de la poirée.

JOTTEREAUX, subst. mas. plur. Voy. JOUTEREAUX.

JOTTES, subst. fém. plur. (*jote*), t. de mar.; il se dit des deux côtés de l'avant du vaisseau, depuis les épaules jusqu'à l'étrave.

JOUAIL, subst. mas. (*jou-a-ie*), t. de marine, suivant l'*Académie*, qui nous renvoie au mot JAS.

JOUAILLÉ, part. pass. de *jouailler*.

JOUAILLER, v. neut. (*jou-â-ié*), *jouer* à petit *jeu* et seulement pour s'amuser; mal *jouer*. Il est fam.

JOUANA, subst. mas. (*jou-ana*), nom de prêtres ou jongleurs de la Floride, et qui s'occupent de médecine.

JOUANNERIE, subst. fém. (*jou-anerí*), t. d'hist. nat., genre de coquilles.

JOUBARBE, subst. fém. (*joubarbe*), t. de bot., plante vivace d'un goût âcre, à fleur rosacée, qui croît sur les vieux murs. On l'appelle *grande joubarbe*, pour la distinguer de la *petite joubarbe*, *trique-madame*, ou *orpin blanc*, qui appartient au même genre, ainsi que la *vermiculaire brûlante* ou *pain d'oiseau*, et la *joubarbe en arbre*.

JOUDARDE, subst. fém. (*joudarde*), t. d'hist. nat., nom vulgaire de la foulque.

JOU, **IOU** ou **IO**, subst. mas. (*jou*, *i-ou*, *i-o*), myth. Ces mots signifient *dieu* ou *seigneur*. Les païens ne s'en servaient point si particulièrement pour invoquer Jupiter, qu'ils ne l'employassent encore pour leurs autres divinités : ils disaient *io Bacche*, *io Pœan*, etc.

JOUE, subst. fém. (*jou*) (suivant *Hadrien de Valois*, de *genicula*, diminutif du lat. *gena*, joue; suivant *Ménage*, de l'italien *gota*, qui a la même signification), partie du visage de l'homme et de certains animaux, tels que le cheval, par exemple, qui s'étend depuis les tempes et le dessous des yeux jusqu'au menton. — En t. de menuiserie, épaisseur de bois qui reste de chaque côté des mortaises, ou entre deux, quand il y en a deux à côté l'une de l'autre.—En t. de marine, la partie comprise entre les porte-haubans de misaine et l'étrave.—*Donner sur la joue*; *couvrir la joue*, donner un soufflet. — *Tendre la joue*, présenter la *joue*.—*Coucher en joue*, viser quelque part pour y atteindre avec une arme à feu.—Fig. : *coucher en joue une chose*, la considérer attentivement et tâcher de l'obtenir.

JOUÉ, E, part. pass. de *jouer*.—On dit au jeu de dames, de trictrac; *dame touchée, dame jouée*, pour dire que lorsqu'on a touché une *dame* on est obligé de la *jouer*.

JOUÉE, subst. fém. (*jou-é*), épaisseur de mur dans l'ouverture d'une fenêtre, etc.

JOUER, v. neut. (*jou-é*) (en latin *jocari*, fait de *jocus*, jeu), se récréer, se divertir : *ces enfants jouent ensemble*.— Se divertir à des jeux qui ont leurs règles : *jouer aux cartes*, *aux dés*, et activement, *jouer* (faire) *une partie de piquet*. — *Jouer le piquet*, *le trictrac*, savoir ces jeux. — Toucher avec art un instrument : *jouer du violon*, et activement en parlant de l'air joué, *jouer un menuet*, etc. — Exécuter une pièce de musique : *jouer une sonate*.— En parlant des choses d'art, avoir l'aisance, la facilité du mouvement : *ce ressort joue bien*. — *Faire jouer le canon*, le tirer. — *Faire jouer une mine*, y mettre le feu. — *Jouer avec la vie*, la regarder comme un *jeu*. — *Jouer sur les mots*, faire des allusions, des équivoques.—*Jouer de son reste*, achever de perdre son bien, ou prendre un moyen extrême.—*Faire jouer toutes sortes de ressorts dans une affaire*, employer toutes sortes de moyens.—Prov. et fam., *jouer de malheur*, avoir du guignon, être malheureux au jeu, et par extension, à toute autre chose.—*Jouer à jeu sûr*, être sûr de la réussite de ce qu'on entreprend. — *Jouer au plus sûr*, prendre le parti où il y a le moins de risque. — *Jouer au fin*, *au plus fin*, employer l'adresse et la finesse pour venir à bout de ses desseins. — *Jouer du pouce*, donner de l'argent.—*Jouer à se blesser*, *à se faire pendre*, etc., s'exposer à se blesser, etc.— Activement, *jouer*, représenter. Il se dit et de la pièce de théâtre et du personnage qu'on y fait. —Tromper. — Railler, rendre ridicule : *Molière a joué les faux dévots*. — Contrefaire : *jouer l'homme de bien*, etc. — Fig., *jouer la comédie*, feindre ce qu'on ne sent pas. — *Jouer* un rôle : *il joue Oreste*. — *Jouer un grand rôle*, avoir une grande influence.—*Jouer le jeu*, suivant les règles du jeu. — *Jouer une carte*, la jeter. — *Jouer un écu*, le mettre au *jeu*. — *Jouer de bonheur*, avoir un bonheur constant dans une partie de jeu, gagner par des coups extraordinaires, lorsque l'on aurait dû perdre, selon les chances ordinaires du jeu. — *Jouer à quitte ou double*, jouer pour s'acquitter de ce qu'on doit si l'on gagne, ou pour devoir le double si l'on perd. — Fig., *jouer à quitte ou double*, mettre tout ce qu'on a au hasard, risquer le tout pour le tout. — Au jeu de paume, *jouer du battoir, jouer avec la raquette*.—Au jeu de paume et au jeu de volant : *jouer quelqu'un par-dessous jambe*, c'est le gagner en recevant toujours la balle ou le volant par-dessous la jambe; et fig., *jouer quelqu'un par-dessous la jambe, par-dessous jambe*, c'est avoir sur lui une grande supériorité de talent, d'adresse, de finesse dans les affaires : *n'ayez rien à démêler avec cet homme, il vous jouerait par-dessous la jambe, par-dessous jambe*.—Au jeu de billard, *jouer de la masse, jouer de la queue*, jouer avec l'un ou l'autre de ces instruments. — A certains jeux de cartes, on dit *jouer cœur, carreau, pique, trèfle*, pour dire que le coup doit être joué dans l'une ou l'autre de ces couleurs.—*Jouer sans prendre, faire jouer sans prendre*, jouer, faire jouer sans prendre de nouvelles cartes au talon.—*Jouer les deux*, tromper les deux partis.—*Jouer des mains*, badiner avec des mains, se donner des coups les uns aux autres avec les mains.—*Jouer de la prunelle*, diriger ses regards avec affectation, à dessein de plaire, d'inspirer de l'amour.—*Jouer de l'espadon, du bâton à deux bouts*, manier ces armes avec adresse.— *Jouer du drapeau*, faire voltiger un drapeau avec adresse. — *Jouer un tour, une pièce à quelqu'un*, lui faire un méchant tour.—SE JOUER, v. pron., faire aisément une chose: *il fait sa besogne en se jouant*.—Mépriser, profaner, employer à un mauvais usage : *se jouer de la religion, des lois*.— Se moquer : *il se joue de ses camarades ; la fortune se joue de nos vains projets*.—Badiner, folâtrer : *les zéphyrs se jouent dans ce feuillage*.—*Se jouer à quelqu'un*, l'attaquer mal à propos.

JOUEREAU, subst. mas. (*jourô*), qui *joue* mal, qui *joue* petit jeu. Il est peu usité.

JOUET, subst. mas. (*jou-è*), ce avec quoi l'on amuse les enfants, on les fait *jouer*. — Choses avec lesquelles les animaux *jouent*. — Fig., personne dont on *se joue*.—En t. de manège, petite chaînette.— En t. de marine, plaque de fer qui garnit les bois traversés par un essieu, pour empêcher que le trou dans lequel celui-ci tourne ne s'accroisse par le frottement.—Au fig.: *ce vaisseau fut le jouet des vents, des flots*. — *Cet homme est le jouet de la fortune*, il a éprouvé des revers de fortune.—*Il est le jouet de ses passions*, il se laisse emporter par ses passions.

JOUETTE, subst. fém. (*jou-ète*), t. de chasse, trou que le lapin a fait en *se jouant*, et qui n'a pas autant de profondeur que le terrier.

JOUEUR, subst. mas., **JOUEUSE**, subst. fém. (*jou-eur, euze*), celui, celle qui *joue* à quelque jeu : *joueur de paume, de boule*.—Qui a la passion du *jeu*, qui fait métier de *jouer* : *c'est un joueur, une joueuse*.—*Beau joueur*, celui qui en gain comme en perte a des procédés honnêtes au *jeu*. — *Bon joueur*, celui qui *joue* bien, qui possède bien le *jeu*. — *Mauvais joueur*, celui qui marque de la mauvaise humeur lorsqu'il perd.—*Joueur d'instrument*, celui qui *joue* d'un instrument de musique : *un bon joueur de violon, une bonne joueuse de harpe*.—*Joueur de gobelets*, escamoteur.

JOUEUSE, subst. fém. Voy. JOUEUR.

JOUFFLU, E, subst. et adj. (*jouflu*), qui a de grosses *joues*. Il est du style familier.

JOUG, subst. mas. (*jougue*) (en lat. *jugum*, fait du grec ζυγος, ou ζυγον, dérivé de ζευγνυμι, joindre, lier, attacher; parce qu'on attache les bœufs au *joug* pour le travail), pièce de bois traversant par-dessus la tête des bœufs et qui sert à les atteler.—Chez les anciens Romains, pique mise en travers sur deux autres posées à plomb, et sous laquelle ils faisaient passer leurs ennemis. —Au fig., sujétion, dépendance. *La Chaussée* a dit, en ce sens, dans *la Gouvernante* : *il faut suivre ce joug*. On *porte un joug*, on ne le *suit* pas. —Sommet ou fléau d'une balance.

JOUHE, subst. fém. (*jou*), nom générique des hautes montagnes non alpines; sommet, élévation.

JOUI, subst. mas. (*jou-i*), jus de bœuf rôti, qui forme une liqueur alimenteuse fort recherchée des Japonais.

JOUI, part. pass. de *jouir*.

JOUIÈRES ou **JOUILLIÈRES**, subst. fém. plur. (*jou-ière*), les deux murs à plomb avancés dans l'eau qui retiennent les berges d'une écluse, et lui servent comme de *joues*.

JOUIR, v. neut. (*jou-ir*) (du lat. *gaudire*, dit par métaplasme pour *gaudere*, et dont les Italiens ont fait *gloire*. Ménage.), éprouver du plaisir; être heureux.—Avoir l'usage, la possession d'une chose. *Boileau* (satire VIII), a dit élégamment d'après *Juvénal* :

> Et *jouir* du ciel même irrité contre lui.

—*Jouir d'une femme*, avoir commerce avec elle. —Fam. : *jouir de quelqu'un*, avoir le temps, la liberté de conférer avec lui.—Il se dit surtout avec la négative : *je ne puis jouir de cet homme*, en venir à bout.—*Jouir de l'embarras de quelqu'un*, s'en amuser.

JOUISSANCE, subst. fém. (*jou-içance*), action de *jouir*; usage et possession de... — Commerce avec une femme. — Plaisir : *le travail est une jouissance*.

JOUISSANT, E, adj. (*jou-içan, çante*), t. de jurispr., qui *jouit* : *majeur usant et jouissant de ses droits*.

JOUJOU, subst. mas. (*joujou*), jouet d'enfant. —Au plur., des *joujoux*.

JOUKESKA, subst. propre mas. (*joukièceka*), myth., chef des bons génies chez quelques peuplades sauvages de l'Amérique.

JOUR, subst. mas. (*jour*) (du lat. *diurnum*, sous-entendez *spatium*, fait de *dies*, jour, dont les Italiens ont tiré également leur *giorno*), clarté, lumière que le soleil répand : *au point du jour; il fait grand jour*. Les poëtes appellent le soleil, *le père, l'astre du jour*.—*Petit jour*, point du *jour*.—On dit prov. : *elle est belle à la chandelle, mais le jour gâte tout*; et d'une proposition, qu'*elle est claire comme le jour*.—Fig. et fam. : *brûler le jour*, allumer des flambeaux pendant qu'il fait encore *jour*.—On dit qu'*il est jour chez quelqu'un*, pour dire qu'il est éveillé, et qu'il est près de se lever; et fig., qu'*il est petit jour chez quelqu'un*, pour marquer le moment où il vient de s'éveiller.—*Faire du jour la nuit et de la nuit le jour*, dormir le *jour* et veiller la nuit. — En peinture, lumière. Il s'emploie plus ordinairement au plur. : *les jours sont disposés avec intelligence dans ce tableau*.—On dit encore dans un sens relatif au même art : *jour favorable au modèle d'après lequel on peint*.—*Ce tableau est dans son jour*, est placé de manière qu'on en voit toute la beauté. Toute ouverture faite dans les murs, par où l'on reçoit la lumière, et qu'on nomme aussi *baie* ou *bée*. On appelle *jour droit*, celui d'une fenêtre à hauteur d'appui; *jour à plomb*, celui qui vient directement par en-haut; *jour d'en-haut*, celui qui est communiqué par un abat-*jour*, un soupirail, une lumière faîtière, etc.; *faux jour*, celui qui éclaire quelque petit lieu ; une garde-robe, un retranchement, un petit escalier; *jour d'escalier*, le vide ou l'espace qui rentre entre les limons sur lesquels est portée la rampe de fer, etc.—En t. de jurisprudence, on appelle *jour de coutume*, un *jour*, une fenêtre que le propriétaire d'une maison fait ouvrir dans un mur contre lequel son voisin n'a pas de bâtiment adossé; *jour de servitude*, une ouverture ou fenêtre faite dans un mur, en vertu d'un titre, d'une convention particulière; *jour de souffrance*, une ouverture ou fenêtre donnant sur la propriété d'un voisin, qui le souffre ou qui l'a permis verbalement.—Vide, ouverture entre les pièces de bois, etc.— Dans la passementerie, ornements pratiqués dans les dessins d'un galon, qui laissent effectivement *à jour* les figures qu'ils doivent représenter par leurs contours. — Fig., facilité, moyen pour venir à bout d'une chose: *je vois jour à le servir*.—Mesure d'arpentage, appelée aussi *journal*.—*Jour astronomique*, temps pendant lequel le soleil nous paraît faire une révolution entière autour de la terre, d'orient en occident.— *Jour artificiel*, temps pendant lequel cet astre demeure sur l'horizon. — *Jour civil*, durée de vingt-quatre heures, qui est à peu près le temps que le soleil nous paraît employer à faire une révolution entière autour de la terre. — *Jour ouvrier, jour ouvrable*, qui n'est pas *jour* de fête; *jour* où l'on travaille.—Au plur., la vie : *le fil, la trame de nos jours; à la fin de ses jours*.—Le temps où l'on vit : *de nos jours*. — On dit : *les beaux jours d'un royaume, d'un empire*, pour dire le temps de sa prospérité, de sa grandeur, du bonheur des peuples qui l'habitent. — *Jours gras*, de carnaval.—On appelait autrefois *grands jours*, une assemblée ou compagnie extraordinaire de juges tirés ordinairement des cours supérieures, qui avaient commission d'aller dans les provinces éloignées pour écouter les plaintes du peuple, et faire justice : *les grands jours étaient à Clermont en Auvergne; on transféra les grands jours de Limoges à Poitiers*.—On appelle les premiers *jours* du printemps, *les beaux jours*.—On appelle *jours caniculaires*, les *jours* qui sont compris depuis le 24 juillet jusqu'au 24 août. — Dans la manière de compter les *jours*, d'après le système nouveau adopté pendant la révolution, on appelait *jours complémentaires*, cinq ou six *jours* que l'on ajoutait aux douze mois de l'année, qui étaient de trente *jours* chacun, pour compléter les 365 ou 366 *jours* dont est composée l'année solaire.—En t. de médec., les anciens appelaient *jours critiques*, des *jours* qu'ils regardaient comme autant d'époques où les maladies se jugeaient. — On appelle *jours de médecine*, des *jours* qui, dans les fièvres, ne sont ni critiques ni indicatoires, et dans lesquels il est à propos d'ordonner des remèdes.—*Jours de grace* ou *de faveur*, nombre de *jours* que l'usage (et non le droit) accordait à celui sur qui une lettre de change était tirée, au-delà du *jour* où tombait son échéance. Il y avait ordinairement *dix jours de grace*. — *Lettre tirée à jour fixe ou préfix*, qui ne doit point jouir des *jours* de grace.—*Lettre tirée à dix jours, vingt jours de vue*, payable dix ou vingt *jours* après son acceptation.— T. de mar. : *jours de planches*, séjour que le maître d'un bâtiment frété par des marchands est obligé de faire dans un port, sans pouvoir rien exiger au-delà du fret.—*Faux jour*, lumière qui empêche de voir les objets tels qu'ils sont. — Fig. : *mettre une affaire dans un faux jour*, la faire paraître autre qu'elle n'est.—On dit prov. : *bon jour, bonne œuvre*, quand quelqu'un fait une méchante action le *jour* de sa fête.—On dit : *prendre le jour de quelqu'un*, pour dire le temps, le moment qui lui convient : *je prendrai votre jour*.—*Se faire jour* (passage) *à travers les ennemis*.—*Mettre au jour*, rendre public, divulguer. On disait autrefois, même dans le style noble, *mettre en jours*; cette phrase n'est plus usitée aujourd'hui. — *Donner, prendre un jour*, un temps assigné.—On dit prov., qu'*un enfant est beau comme le jour*, qu'*une femme est belle comme le jour*, pour marquer une beauté fraîche et éclatante. — Fig. : *mettre au grand jour, dans tout son jour*, faire connaître pleinement. — *Vivre au jour le jour*, dépenser chaque jour ce qu'on a gagné; et fig., jouir du présent sans se mettre en peine de l'avenir.—*Faire son beau jour*, faire ses dévotions, communier. — Fig. et fam. : *il ne faut pas se mettre à tous les jours*, il ne faut pas s'exposer trop, se familiariser trop, faire trop souvent certaines choses.—*De jour à autre*, adv., peu à peu.—*D'un jour à l'autre*, adv. l'espace de deux *jours*, en tout ou en partie. — *A jour*, adv., *percé à jour*, de part en part.—JOUR, JOURNÉE. (*Syn.*) Il en est de la synonymie de ces deux termes, comme de celle d'*an* et *année*. Le *jour* est un élément naturel du temps, comme l'*an* en est un élément déterminé. De là vient qu'on se sert du mot *jour* pour marquer une époque, ainsi que pour déterminer l'étendue d'une durée. De même que l'on fait abstraction de l'étendue des points élémentaires, on envisage aussi le *jour* sans attention à sa durée. La *journée*, au contraire, est envisagée comme une durée déterminée et divisible en plusieurs parties, à laquelle on rapporte les évènements qui peuvent s'y rencontrer. De là vient que l'on qualifie la *journée* par les évènements mêmes qui en remplissent la durée.— La *journée* est l'espace de temps qui s'écoule depuis l'heure où l'on se lève, jusqu'à l'heure où l'on se couche. Quand le temps est serein et doux, il fait une belle *journée*. Une *journée* est heureuse ou malheureuse, agréable ou triste, à raison des évènements qui s'y passent. On donne aussi le nom de *journée* au travail que l'on fait dans le cours d'une *journée*, et souvent au salaire même de ce travail. (*Laveaux*.)

JOURDAIN (FLEUVE DU), subst. mas. (*jourdein*), t. d'astron., constellation boréale, une de celles qui furent formées en 1679, dans le catalogue d'étoiles et sur les cartes célestes publiées par *Augustin Bayer*.

JOURDIN, subst. mas. (*jourdein*), t. d'hist. nat., espèce de poisson appelé aussi *holocentre*.

JOURD'HUI, avec l'article *au*, adv. (*Boiste*.)

JOURET, subst. mas. (*jouré*), t. d'hist. nat.; on a donné ce nom à la *venus nivea*.

JOURNAL, subst. mas. (*journal*), récit de ce qui s'est passé chaque *jour* ou chaque mois, durant un tel temps, en tel pays.—Livre sur lequel un marchand écrit *jour* par *jour* ce qu'il fait. — Par extension, écrit périodique qui s'imprime tous les mois, toutes les semaines, tous les *jours*;

Journal des savants; Journal de Paris, etc. — Ancienne mesure de terre en usage en plusieurs endroits au lieu d'arpent. — *Journal*, adj. au mas.; il ne se dit qu'avec livre et papiers : *livre journal, papiers journaux*, livre et papiers qui contiennent la recette, la dépense, la vente, l'achat de chaque *jour*.—Au plur., des *journaux*.

JOURNALIER, adj. mas., au fém. **JOURNALIÈRE** (*journali-é, li-ère*), qui se fait *par jour*.—Qui est de *chaque jour*.—Inégal, sujet à changer.—Subst., ouvrier qui travaille à la *journée*.

JOURNALISME, subst. mas. (*journaliceme*), fonction, système, influence des *journalistes* sur l'opinion.

JOURNALISTE, subst. des deux genres (*journalicete*), celui qui fait un *journal*.

JOURNAUX, subst. et adj. mas. plur. Voy. JOURNAL.

JOURNÉE, subst. fém. (*journé*), jour : *belle journée*. — Espace de temps qui s'écoule depuis l'heure où l'on se lève jusqu'à celle où l'on se couche : *bien employer sa journée*. — Travail d'un ouvrier pendant un *jour*.—Son salaire. — Chemin qu'on peut faire en un *jour*. — *Jour* de bataille ou la bataille elle-même. En ce sens, il se dit du lieu où s'est donnée la bataille, et non du général qui l'a gagnée ou perdue : *la journée de Rocroi, d'Austerlitz, de Wagram*, etc. Voy. JOUR pour la synonymie.

JOURNELLEMENT, adv. (*journèleman*), tous les *jours*.

JOURNOYÉ, part. pass. de *journoyer*.

JOURNOYER, v. neut. (*journoé-i-é*), passer la *journée* sans travailler. (*Boiste*.) Peu usité.

JOUROUK, subst. mas. (*jouroukе*), t. de relat., soldat de la milice turque.

JOUSION, subst. mas. (*jouzion*), t. d'hist. nat., nom donné au squale marteau.

JOUTAI, subst. mas. (*jouté*), t. de bot., arbre de la Guyane.

JOÛTE, et non pas simplement **JOUTE**, comme écrit l'*Académie*, subst. fém. (*joute*) (suivant *Sylvius*, du lat. *juxtà*, auprès, parce que les combattants se joignaient de près; suivant *Ménage*, de *justa*, sous-entendez *pugna*, parce que le combat est plus égal, plus juste, dans la joûte que dans le tournoi. Les Espagnols disent également *justa*; et quoique les Italiens disent *giostra*, par l'insertion d'un *r*, familier à leur langue, on trouve dans le Tasse *giusta pugna*, avec la même signification), autrefois, combat à cheval d'homme à homme avec des lances. On en fait aujourd'hui sur l'eau par divertissement.—Il se dit, par extension, de certains animaux qu'on fait combattre par amusement les uns contre les autres.

JOÛTER, et non pas simplement **JOUTER**, v. neut. (*jouté*), faire des *joûtes*.—Fig. et fam., disputer avec quelqu'un sur un point de science, de jeu, de dispute, etc.

JOÛTEREAUX, subst. mas. plur. (*jouteró*), t. de mar., pièces courbes qui soutiennent l'éperon, les barres de la hune.

JOÛTEUR, et non pas simplement **JOUTEUR**, subst. mas., **JOÛTEUSE**, subst. fém. (*jouteur, teuze*), celui qui *joûte*.—On appelle fig. et fam., *un rude joûteur*, celui qui est redoutable en quelque sorte de combat, de jeu ou de dispute que ce soit.

JOUVE, subst. fém. (*jouve*), t. d'hist. nat., petit oiseau d'Afrique, fameux parmi les pronostiqueurs.

JOUVENCE, subst. fém. (*jouvance*) (du latin *juventus*, jeunesse), jeunesse. Il n'est plus usité que dans cette phrase : *la fontaine de Jouvence*, fontaine fabuleuse qu'on supposait avoir la vertu de rajeunir.

JOUVENCEAU, subst. mas. (*jouvançó*), jeune homme beau et bien fait. On ne le dit qu'en plaisantant.

JOUVENCELLE, subst. fém. (*jouvancèle*), jeune fille. Il est du style familier.

JOUVENTEMENT, adv. (*jouvanteman*), en jeune homme. (*Boiste*.) Vieux et même tout-à-fait hors d'usage.

JOUVET ou **JOVET**, **E**, adj. et subst. (*jouvé, vète*), jeune.

JOUXTE, prép. (*joukcete*) (du lat. *juxtà*, qui a la même signification), vieux mot qui signifiait : proche ou conformément à... (*Boiste*.) Vieux et même hors d'usage.

JOUY-EN-JOLAS, subst. propre mas. (*jouianjolâ*), bourg de France, dép. de Seine-et-Oise. Il est renommé pour sa belle manufacture de toiles peintes, dites *toiles de Jouy*.

JOVELLANE, subst. fém. (*jovèlelane*), t. de bot., plante calcéolaire.

JOVIAL, **E**, adj. (*jovi-ale*) (du lat. *Jovis*, gén. de *Jupiter*, planète que les astrologues disent être, dans les horoscopes, cause de joie et de bonheur), gai, joyeux. Il est familier.—Au plur. mas., *joviaux*. L'*Académie* ne lui donne pas de plur. mas.; nous ne savons pour quelle raison.

JOVIALEMENT, adv. (*jovi-aleman*), d'une manière *joviale*.

JOVIALIES, subst. fém. plur. (*jovi-ali*), myth., fêtes célébrées par les Latins en l'honneur de Jupiter.

JOVIALITÉ, subst. fém. (*jovi-alité*), qualité de l'être *jovial*.

JOVIAUX, adj. mas. plur. Voy. JOVIAL.

• **JOVIEN**, adj. mas., au fém. **JOVIENNE** (*jovi-ein, vi-ène*), qui tient de Jupiter : *terrein jovien, période jovienne*. — Age actuel du monde, en géologie.

JOVIENNE, adj. fém. Voy. JOVIEN.

JOVILABE, subst. mas. (*jovilabe*) (du lat. *Jovis*, gén. de *Jupiter*, et du grec λαμβανω, je prends), t. d'astron., instrument propre à trouver les configurations ou les situations respectives et apparentes des satellites de Jupiter.

• **JOYANT**, **E**, adj. (*joé-ian, iante*), joyeux. (*Boiste*.) Il est vieux et même hors d'usage.

JOYAU, subst. mas. (*joé-ió*) (du lat. barbare *jocale, lis*, fait, avec la même acception, dans la basse latinité, de *jocus*, jeu, chose avec quoi l'on joue, qu'on a du plaisir à voir, etc.), ornement précieux à l'usage des femmes, comme bracelets, pendants d'oreilles, etc. Il ne se dit plus guère qu'en style de notaire.—Au plur., des *joyaux*.—JOYAUX, BIJOU. (*Syn*.) Les *joyaux* sont plus beaux, plus riches, plus précieux; les *bijoux* sont plus jolis, plus agréables, plus curieux. Dans la comparaison, on voit le *joyau* plus en grand, et le *bijou* plus en petit. On dit les *joyaux de la couronne*, on les garde dans un trésor. Une femme parle de ses *bijoux*, elle les serre dans un écrin. —Le *bijou* est toujours un ouvrage travaillé; le *joyau* n'est que la matière brute. C'est surtout la façon que l'on considère dans le *bijou*; c'est la matière dans le *joyau*. Ainsi, la *joaillerie* se distingue de la *bijouterie*, en ce qu'elle comprend dans son négoce les pierreries qui ne sont pas taillées ou montées, ou autres objets précieux et informes; tandis que celle-ci s'occupe d'ouvrages façonnés pour parer les personnes, les appartements, les cabinets. — Autrefois, on employait plus communément le mot *joyau*; aujourd'hui, on dit plus souvent *bijou*. (Laveaux.)

JOYEUSE, adj. fém. Voy. JOYEUX.

JOYEUSEMENT, adv. (*joé-i-euzeman*), avec *joie*.

JOYEUSETÉ, subst. fém. (*joé-i-euzeté*), plaisanterie, mot pour rire : *dire des joyeusetés*, des mots un peu libres.

JOYEUX, adj. mas., au fém. **JOYEUSE** (*joé-ieu, ieuze*), qui a de la *joie* : *il est joyeux et content*.—Qui donne de la *joie* : *une joyeuse nouvelle*.—On appelle fam. *bande joyeuse*, une compagnie de gens qui ne cherchent qu'à se réjouir : *c'est la bande joyeuse; êtes-vous de la bande joyeuse?* — Autrefois on a appelé *droit de joyeux avènement*, un impôt qu'on payait au roi de France, à son avènement au trône.

JOZO, subst. mas. (*jozó*), t. d'hist. nat., poisson du genre des gobies.

JUANGÆMAIN, subst. propre mas. (*ju-anguémein*), myth., nom que certaines peuplades nègres donnent au dieu des Européens.

JUANULE, subst. fém. (*ju-anule*), t. de bot., plante du Pérou.

JUBABE, subst. fém. (*jubabe*), t. de bot., écorce des Indes qui, dit-on, peut remplacer la vanille.

JUBARTE, subst. fém. (*jubarte*), t. d'hist. nat., espèce de baleine qui n'a point de dents.

JUBE, subst. fém. (*jube*) (en lat. *juba*), crinière du lion. Poétique.

JUBÉ, subst. mas. (*jubé*) (mot purement latin qui signifie *commandez*; parce que le diacre, le sous-diacre ou le lecteur, avant de commencer ce qu'il doit réciter, demande au célébrant sa bénédiction par la formule : *Jube, domine, benedicere*), lieu élevé dans une église en forme de galerie, entre la nef et le chœur, où l'on va dire l'évangile dans les messes solennelles. Peu d'églises ont conservé l'usage du *jubé*.—Prov. : *venir à jubé*, se soumettre, en passer par où l'on voudra.

JUBÉE, subst. fém. (*jubé*), t. de bot., espèce de palmier du Pérou.

JUBEL, subst. mas. Voy. JUBILÉ.

JUBILAIRE, adj. des deux genres (*jubilère*), qui appartient au *jubilé*. *Religieux, chanoine jubilaire* ou *jubilé*.—Religieux qui a cinquante ans de profession, chanoine qui possède un canonicat depuis cinquante ans.

JUBILATION, subst. fém. (*jubilâcion*) (en lat. *jubilatio*, acclamation, cri de joie), réjouissance, bonne chère : *visage de jubilation, maison de jubilation*. Fam.

JUBILÉ, subst. mas. (*jubilé*) (en lat. *jubilæum, annus jubilæus*, fait de l'hébreu *ioubel* ou *joubla*, lequel a pour racine *jobel*, bélier, parce que c'était au son de trompettes faites d'une corne de bélier, que s'annonçait chez les Juifs le *jubilé* annuel), indulgence accordée par le pape dans un certain temps et à certaines conditions. —Dans la loi de Moïse, solennité publique qui avait lieu tous les cinquante ans, et dans laquelle chacun rentrait dans son héritage, etc.— On dit fam. et en t. de jeu, *faire jubilé*, brouiller le jeu, de manière qu'il n'y ait ni perdant ni gagnant.

JUBILÉ, **E**, part. pass. de *jubiler*.

JUBILER, v. neut. (*jubilé*), être dans la *jubilation*.

JUBIS, subst. mas. (*jubi*), t. de bot., nom qu'on donne dans le Midi à des raisins séchés au soleil.

JUBY, subst. mas. (*jubi*), t. de bot., espèce de raisin qui croît dans le dép. de l'Eure.

JUC, subst. mas. (*juk*) (du lat. *jugum*, dans le sens de perche mise de travers. *Ménage*.), le lieu où les poules *juchent* la nuit.

JUCHÉ, **E**, part. pass. de *jucher, se jucher*, et adj.—En t. de manège, *cheval juché*, chez lequel les boulets des jambes de derrière se portent tellement en avant, qu'il marche et repose sur la pince. Lorsque ce sont les boulets des jambes de devant, on dit *cheval bouleté*.

JUCHER, v. neut. (*juché*), se mettre sur une perche, sur une branche pour dormir, en parlant des poules, des faisans, etc. Voy. JUC.—On ne dit pas *juguer* pour *jucher*. — SE JUCHER, v. pron., le même que *jucher*. — Fig. et pop., se loger ou se placer dans un lieu élevé et peu convenable.

JUCHOIR, subst. mas. (*juchoar*), endroit où *juchent* les poules.

JUCULA, subst. fém. (*jukula*), t. d'astron., constellation, la même qu'Orion.

JUDA, subst. propre mas. (*judâ*), nom propre d'homme qui a donné son nom à la *Judée*.

JUDAÏQUE, adj. des deux genres (*juda-ike*) (en lat. *judaicus*), qui appartient aux *Juifs* : *la loi judaïque*. — *Pierres judaïques*, t. d'hist. nat., pointes d'oursin pétrifiées, ainsi nommées parce que les premières ont été trouvées en *Judée* et dans la Palestine.

JUDAÏQUEMENT, adv. (*juda-ikeman*), d'une manière *judaïque* : *interpréter judaïquement*.

JUDAÏSANT, subst. mas. (*juda-izan*), sectaire chez les *juifs*.

JUDAÏSER, v. neut. (*juda-izé*), suivre en quelques points les cérémonies de la *loi judaïque*.

JUDAÏSME, subst. mas. (*juda-iceme*) (en lat *judaismus*), religion *juive*.

JUDAÏTE, subst. mas. (*juda-ite*), habitant du royaume de Juda.

JUDAS, subst. mas. (*judâ*), nom propre devenu commun pour signifier un traître. — *Baiser de Judas*, caresses perfides. — *Poil de Judas*, poil rouge.—Ouverture avec trappe à un plancher de boutique pour voir, entendre ce qui se passe au-dessous.

JUDÉE, subst. fém. (*judé*), t. d'hist. nat., oiseau aquatique.—Subst. propre, nom du royaume de Juda. — *Arbre de Judée*, arbre étranger. — *Bitume de Judée*, de la mer Morte.

JUDELLE, subst. fém. (*judèle*), t. d'hist. nat., oiseau aquatique.

JUDICANDE, subst. mas. (*judikande*) (du lat. *judicare*, juger), sujet d'une proposition. Peu usité.

JUDICAT, subst. mas. (*judika*), attribut d'une proposition. Peu usité.

JUDICATEUR, subst. mas. (*judikateur*), copule, lien d'une proposition. Peu usité.

JUDICATOIRE, adj. des deux genres (*judikatoare*), qui sert à juger. (*Montaigne*.)

JUDICATUM SOLVI, subst. mas. (*judikâtomeçolevi*) (mots lat.), t. de palais, caution d'un étranger pour les frais et dépens d'une action *judiciaire*.

JUDICATURE, subst. fém. (*judikature*) (du lat. *judicare*, juger), charge ou office de *juge*, de magistrat.

JUDICIAIRE, adj. des deux genres (*judicière*) (du lat. *judicari*), qui appartient à la *justice*; qui est fait en *justice*. — *Ordre judiciaire*, ordre établi pour l'administration de la justice. — *Bail judiciaire*, qui est fait par autorité de justice. — *Pratique judiciaire*, ou *forme judiciaire*, style usité dans les tribunaux, pour les procédures et pour les jugements. — En rhétorique, *le genre judiciaire*, celui par lequel on accuse ou l'on défend. — *Astrologie judiciaire*, art prétendu de *juger* de l'avenir par les astres. — *Pouvoir judiciaire*, d'administration judiciaire.

JUDICIAIRE, subst. fém. (*judicière*), *jugement*; faculté de *juger*. — On dit fam., qu'*un homme a une bonne judiciaire*, pour dire qu'il a un jugement sain.

JUDICIAIREMENT, adv. (*judicièreman*), selon les formes de la *justice*.

JUDICIEUSE, adj. fém. Voy. JUDICIEUX.

JUDICIEUSEMENT, adv. (*judicieuzeman*), avec *jugement*; d'une manière *judicieuse*.

JUDICIEUX, adj. mas., au fém. **JUDICIEUSE** (*judicieu*, *cieuze*) (du lat. *judicium*, jugement), en parlant des personnes, qui a le *jugement* bon. —En parlant des choses, qui est fait avec *jugement*.

JUDRA, subst. fém. (*judra*), robe dont s'habillaient les *mages* des Guèbres.

JUGA, subst. propre fém. (*jugua*), myth., surnom de Junon comme divinité tutélaire du mariage; on lui donnait aussi celui de *Jugalis*.

JUGATINUS, subst. propre mas. (*juguatinuce*) myth., dieu du sommet des montagnes. On l'invoquait quelquefois dans la cérémonie conjugale.

JUGE, subst. mas. (*juje*) (en lat. *judex*, fait de *jus dicere*, rendre *justice*), celui qui est revêtu d'une charge de *judicature*; qui a le droit et l'autorité de *juger*. — *Juge* se dit souvent en ce sens pour *tribunal* : *renvoyer devant le juge*.— Arbitre. On a appelé *juges de rigueur* ceux qui doivent prononcer suivant la rigueur de la loi; à la différence des *arbitres*, qui ne donnent une décision que d'après leur conscience particulière. —Celui qui *juge* de quelque chose. — *Les Juges*, septième livre de l'Ancien Testament, qui contient l'histoire de l'Ancien Testament pendant la domination des *juges*.—*Juge de paix*, officier de justice et de police, élu d'abord par les assemblées primaires pendant la révolution française. Par la constitution de 1795, les juges de paix étaient nommés pour deux ans; par la constitution de l'an VIII, ils l'étaient pour trois ans; par le sénatus-consulte du 16 thermidor an X, l'assemblée de canton désignait deux citoyens sur lesquels le premier consul choisissait le juge de paix du canton. Les juges de paix et leurs suppléants sont nommés pour dix ans. Ils jugent dans leur canton divers objets, les uns en dernier ressort, les autres à la charge d'appel. Les affaires dont la décision n'appartient ni à eux, ni aux tribunaux de commerce, sont, avant d'aller au tribunal civil, portées immédiatement devant le juge de paix pour la conciliation des parties. — *Juge auditeur*, celui qui assiste soit à la cour royale, soit au tribunal de première instance.—*Juge commissaire*, celui qui est désigné par le tribunal pour présider à certains actes et en faire son rapport. — *Juge délégué*, celui qui est commis pour connaître d'une affaire particulière.—*Grand-juge*, titre donné sous l'empire au ministre de la justice. — *Juge d'instruction*, magistrat chargé de tout ce qui concerne la recherche des crimes et délits.—*Juge suppléant*, celui qui ne siége qu'en cas d'absence d'un *juge* titulaire.—*Juge naturel*, celui que la loi assigne à un accusé, suivant la qualité ou l'espèce de la cause.— *Juge ordinaire*, celui à qui appartient naturellement la connaissance des affaires civiles ou criminelles. — *Juges royaux*, anciennement, ceux qui ne rendaient la justice qu'au nom du roi, à la différence des *juges seigneuriaux*, qui ne la rendaient qu'au nom de leurs seigneurs respectifs. — *Juge maje*, et non pas *mage*, titre donné anciennement, dans certaines provinces méridionales, au lieutenant du sénéchal. — *Juge botté*, *juge* d'autrefois sans aucun grade.

JUGÉ, subst. mas. (*jujé*), se dit d'un *jugement* : *le bien*, *le mal jugé*.

JUGÉ, E, part. pass. de *juger*, et adj. — *Chose jugée*, point de contestation *jugé* définitivement par un tribunal qui a porté sentence.

JUGE DE PAIX, subst. mas. (*jujedepè*).—Au plur., des *juges de paix*. Voy. JUGE.

JUGEABLE, adj. des deux genres (*jujable*), qui peut être mis en *jugement*. (Mirabeau.)

JUGEMENT, subst. mas. (*jujeman*) (en lat. *judicium*), faculté de l'âme qui *juge* des choses. — Décision prononcée en justice. — Avis, opinion — Approbation ou condamnation en fait de morale : *jugement charitable*, *téméraire*, etc.—*Jugement* se prend aussi quelquefois pour justice en général, comme quand on dit qu'*un homme est en jugement*; *ester en jugement*. — Les chrétiens appellent *jugement dernier*, le jugement par lequel Dieu jugera les vivants et les morts. On dit aussi en ce sens, *le jugement*; *au jour du jugement*; *le jugement universel*. Ils appellent *jugement particulier*, le jugement par lequel Dieu juge les âmes aussitôt après la mort.—On a appelé *jugement de Dieu*, les épreuves extraordinaires qui se faisaient en justice, relativement aux crimes secrets; ces sortes de *jugements* avaient lieu par les armes et par le duel, par l'attouchement du fer chaud, par l'eau chaude ou l'eau froide; dans la croyance que Dieu ferait plutôt un miracle que de laisser périr l'innocence ou confondre la vérité. — JUGEMENT, SENS. (*Syn.*) Le *sens* est la raison qui éclaire; le *jugement* est la raison qui détermine. Le *sens* n'est pas décidé, déterminé, fixe et ferme comme le *jugement*. *A mon sens* marque une sorte d'instinct, de goût, de penchant; une idée, une opinion légère, un *avis qui n'est pas raisonné et décidé*.—La droiture ou la rectitude de l'esprit suffit au *sens*; il faut encore, pour le *jugement*, la droiture de l'âme. La passion qui n'est pas assez forte pour vous ôter le *sens* est assez maligne pour corrompre votre *jugement*; elle met en contradiction le *sens* qui voit bien les choses, avec le *jugement* qui obéit à la volonté pervertie. — Celui qui n'a point de *sens* est bête ou imbécille; celui qui n'a point de *jugement* est fou, extravagant. La raison manque à celui-ci, l'entendement à celui-là. Sans *jugement*, on peut avoir de l'esprit, même du brillant; sans aucun *sens*, on n'en a pas, même du plus commun. — Le *sens* fait l'homme sensé; le *jugement*, l'homme judicieux. L'homme *sensé* a de la rectitude, du discernement, de la sagesse dans l'esprit; l'homme *judicieux* a de plus de la réflexion, de la critique, de la profondeur. On écoute l'homme *sensé*, on consulte l'homme *judicieux*. Le premier obtient de la considération; le second, de la confiance. — Il faut qu'un écrivain soit *sensé*, qu'il écrive *sensement*, c'est-à-dire avec sagesse, avec retenue, avec égalité, sans prétention, sans affectation, sans écarts; il faut qu'un auteur soit *judicieux*, qu'il ait l'esprit philosophique, c'est-à-dire qu'il pense mûrement, qu'il réfléchisse profondément, qu'il discute sagement, qu'il prononce modestement, qu'il coordonne ses pensées et son discours méthodiquement.— Le *sens* regarde particulièrement la conduite, les affaires, les objets usuels; le *jugement* embrasse tous les objets de raisonnement. Voy. DISCERNEMENT.

JUGEOLINE, subst. fém. (*jujoline*), t. de bot., digitale des Indes; sésame d'Orient. On dit aussi *jugoline*.

JUGER, v. act. (*jujé*) (en lat. *judicare*), rendre à chacun la *justice* qui lui est due : *Dieu viendra juger les vivants et les morts*. — Décider en justice : *juger un procès*; *on me jugera demain*. — Décider comme arbitre : *juger un coup au jeu*, ou neut. et fam., *juger des coups*. Voy. DÉCIDER.—Neut. décider en *justice*, dans le même sens que l'actif : *juger en dernier ressort*, *en connaissance de cause*, etc. — Décider du défaut ou de la perfection de... *Juger mal d'une chose comme un aveugle des couleurs*; et en matière de mœurs : *juger mal de son prochain*.—Faire usage de son jugement. — Conjecturer. — Être d'opinion, du sentiment que...—Se figurer, comprendre.—*se* JUGER, v. pron., s'apprécier.

JUGÈRE, subst. fém. (*jujère*), ancienne mesure de terre d'un demi-arpent.

JUGERIE, subst. fém (*juj eri*), charge, fonction de *juge*. Hors d'usage. Il se dit en mauvaise part.

JUGEUR, subst. mas., **JUGEUSE**, subst. fém. (*jujeur*, *jeuze*), celui, celle qui *juge* de quelque chose. Mot employé par *Beaumarchais* dans ses *Mémoires contre Goëzman* : *jugeurs aussi légers que tranchants*. Il ne pourrait être conservé que dans le style familier et satirique.—Autrefois, dans les parlements, conseiller aux enquêtes, qui *jugeait* les procès dont la décision dépendait d'enquêtes ou d'autres preuves littérales. Les conseillers *jugeurs* ont été distingués des conseillers *rapporteurs*, jusqu'à l'ordonnance de Philippe de Valois, de 1344, qui, en incorporant les premiers avec les seconds, abolit cette distinction.

JUGLANDÉES, subst. fém. plur. (*juguclandé*), t. de bot., famille de plantes térébinthacées qui a pour type le genre noyer.

JUGO-CONCHIEN, subst. et adj. mas. (*juguokonchiein*), t. d'anat., se dit du muscle sous-cutané, qui va de la région *jugale* à la conque de l'oreille.

JUGO-MAXILLAIRE, subst. mas. et adj. des deux genres (*juguômakcilelère*), t. d'anat., se dit, selon quelques anatomistes, du massêter et de la veine qui en est voisine.

JUGO-SCUTIEN, subst. et adj. mas. (*juguo cekutiein*), t. d'anat.; se dit du muscle qui va de l'arcade zygomatique au bord du cartilage de l'oreille.

JUGOLINE, subst. fém. Voy. JUGEOLINE.

JUGULAIRE, adj. des deux genres (*jugulère*) (en lat. *jugularis*, fait de *jugulum*, gorge, gosier), qui appartient à la gorge : *glandes jugulaires*. —T. d'hist. nat. : *poissons jugulaires*, sous-ordre de poissons osseux, holobranches, dont le caractère est d'avoir des nageoires ventrales situées sous la *gorge*. — Subst. fém., la veine *jugulaire* : *saigner à la jugulaire*.— Mentonnière d'un casque, d'un shako, etc., elle est ordinairement en cuir, et recouverte de métal.

JUGULATEUR, subst. mas. (*jugulateur*), égorgeur. (*Pagès*.) Presque inusité.

JUGULÉ, E, part. pass. de *juguler*.

JUGULER, v. act. (*jugulé*) (en lat. *jugulare*), égorger, étrangler. — Fig. et fam., pressurer, enlever tout l'argent. Inusité.

JUGULES, subst. mas. plur. (*jugule*), t. d'astron., nom par lequel on désigne les trois étoiles du baudrier d'Orion, ainsi que les deux étoiles qui sont à la poitrine du Cancer.

JUGURES, subst. mas. plur. (*jugure*), sectaires tartares.

JUHLE, subst. mas. (*jule*), myth., nom d'esprits aériens auxquels croient les Japons.

JUHONS, subst. mas. plur. (*ju-on*), anciens habitants d'une partie de l'Allemagne.

JUIBAS, subst. fém. plur. (*ju-ibâ*), myth., nom des prêtresses ou devineresses de l'île de Formose.

JUIF, subst. et adj. mas., au fém. **JUIVE** (*juif juive*) (en lat. *Judæus*), celui qui est né *juif* ou qui professe le judaïsme. Le féminin, *juive*, s'écrivait et se prononçait autrefois *juifve*. — Fig. et fam., homme qui prête à usure ou qui vend exorbitamment cher.—*Être riche comme un juif*, très-riche. — *C'est le juif errant*, se dit d'un homme qui va sans cesse de côté et d'autre. — T. d'hist. nat., sorte de poisson.

JUILLET, subst. mas. (*jui-iète*) (en latin *julius*, nom qui lui fut donné par *Antoine*, en l'honneur de *Jules-César*, né dans ce mois. On l'appelait précédemment *quintilis*, parce qu'il était le cinquième, *quintus*, mois de l'année dans le calendrier de Romulus), septième mois de l'année.—On a appelé *révolution de juillet* celle qui a eu lieu en 1830, pour la distinguer de la grande révolution de 1789.

JUIN, subst. mas. (*juein*) (du lat. *junius*, fait ou des jeunes gens, *juniores*, comme le mois de mai tirait son nom des vieillards, *majores*; ou plutôt de la déesse *Junon*, en l'honneur de qui les Romains célébraient une fête le premier jour de ce mois, ce qui l'a fait appeler, par quelques peuples du *Latium*, *junonius*, *junonialis*), sixième mois de l'année.

JUITZ, subst. mas. plur. (*juitze*), partisans orthodoxes du sintoïsme.

JUIVE, subst. et adj. fém. Voy. JUIF.

JUIVÉ, E, part. pass. de *juiver*.

JUIVER, v. act. (*juivé*), commettre une action usuraire envers quelqu'un; tromper dans un marché. Fort peu usité.

JUIVERIE, subst. fém. (*juiveri*), quartier d'une ville où demeurent les *juifs*. — Achat ou vente usuraire : *c'est une vraie juiverie*.

JUJUBE, subst. fém. (*jujube*), fruit du *jujubier*.

JUJUBIER, subst. mas. (*jujubié*), t. de bot., grand arbrisseau originaire d'Arabie, qui a les caractères du nerprun, et dont le fruit, nommé *jujube*, est une baie.

JUK, subst. mas. Voy. JUX.

JUKHNEH, subst. mas. (*jukné*), oiseau fabuleux qui, selon les rabbins, est destiné à former le repas des élus.

JUKIAUX, subst. mas. plur. (*jukiô*), sectaires chinois du quinzième siècle.

JULE ou **JULES**, subst. mas. (*jule*), monnaie de Rome qui vaut cinq à six sous. Voy. JULE.

JULEP, subst. mas. (*julèpe*) (du persan *djoulab*), sorte de potion médicinale composée avec des eaux distillées, des sirops, etc.

JULIEN, adj. mas., au fém. **JULIENNE** (*julien, liène*) : *calendrier julien; ère julienne*, celle qui a pour époque la réformation du calendrier romain par *Jules-César*; elle précède de quarante-cinq ans notre ère vulgaire.—*Année julienne*, de 365 jours un quart environ, fixée par *Jules-César*. L'*Académie* ne donne pas le mas. de ce mot.

JULIEN (SAINT-), subst. propre mas. (*ceinjulien*), village de France, chef-lieu de canton, arrondissement de Lons-le-Saulnier, département du Jura.

JULIEN (SAINT-), subst. mas. (*ceinjuli-ein*), t. de jard., sorte de prune.

JULIENNE, subst. fém. (*juliène*), t. de bot., plante bisannuelle à fleurs odorantes et cruciformes. — Espèce de potage aux légumes. — Adj. fém. Voy. JULIEN.

JULIENS, subst. mas. plur. (*julièin*), prêtres romains qui formaient l'un des trois collèges des Luperces.

JUMALA, subst. propre fém. (*jumala*), myth., ancienne idole des Finlandais.

JUMARAS, subst. mas. (*jumara*), taffetas des Indes à fleurs d'or et de soie. Il y en a de brodes.

JUMART ou **GÉMART**, subst. et adj. mas. (*jumar*) (du lat. barbare *gemardus*, fait de *gemellus*, dérivé lui-même de *geminus*, double, de deux natures; *animal né d'animaux de deux espèces*. Ménage.), t. d'hist. nat., animal engendré d'un taureau et d'une ânesse, ou d'un taureau et d'une jument, ou d'un cheval et d'une vache, ou enfin d'un âne et d'une vache.

JUMEAU, subst. et adj. mas., au fém. **JUMELLE** (*jumô, jumèle*) (en lat. *geminus* ou *gemellus*), un des deux enfants mâles nés d'une même couche. — Adjectivement : *deux frères jumeaux; sa sœur jumelle*. — On dit également, en parlant de deux fruits joints ensemble : *abricots jumeaux, cerises jumelles*.—*Lits jumeaux*, égaux et parallèles. — *Muscles jumeaux*, muscles pairs, accolés l'un à l'autre. — Au plur., en anatomie, deux petits muscles qui concourent au mouvement de la cuisse. — En chimie, deux alambics d'une seule pièce dont l'un sert de récipient à l'autre.— T. d'astron. Voy. GÉMEAUX. — Au plur., t. de bot., famille de champignons du genre des agarics.

JUMELÉ, E, part. pass. de *jumeler*, et adj. — — On le dit, en terme de blason, d'un sautoir, d'un chevron, et de toute pièce formée de deux *jumelles*.

JUMELER, v. act. (*jumelé*), fortifier, soutenir quelque chose avec des *jumelles*. — SE JUMELER, v. pron.

JUMELLE, adj. et subst. fém. (*jumèle*), au plur., t. de mar., 1° longues pièces de bois dont on se sert pour fortifier des mâts ou des vergues trop faibles, qui plient trop ou qui éclatent; 2° pièces de bois dont on compose les bas mâts des grands vaisseaux, en les appliquant à caille-bottis sur la mèche de chaque mât. — Les deux principales pièces qui forment le dessus d'un banc ou établi de tourneur. —Les deux plus longues pièces d'une presse d'imprimerie, qui sont placées perpendiculairement, et qui portent les sommiers.—Les deux montants du corps du balancier à frapper les monnaies. — Pièces de bois qui entrent dans la composition d'un pressoir.—En terme d'artificier, deux fusées adossées sur une baguette commune. — Dans le blason, on appelle *jumelle* une fasce formée de deux burèles. — On donnait autrefois le même nom à une pièce d'artillerie composée de deux canons qui, séparés l'un de l'autre par le haut, se réunissaient au milieu, vers la ceinture ou ornement de volée. Elle avait été inventée par un fondeur de Lyon.—On a aussi donné ce nom à des voitures extrêmement légères. Voy. JUMEAU.

JUMENT, subst. fém. (*juman*) (en latin *jumentum*, qui signifie en général une bête de somme, fait de *juvare*, aider, à cause des secours que les hommes en retirent; ou de *jungere*, joindre, parce qu'on accouple ordinairement ces animaux pour tirer la charrue, un char, etc.), la femelle du cheval, cavale.—On appelle *jument poulinière*, celle qui est destinée à porter des poulins ou qui en a eu déjà; on l'appelle aussi *jument de haras; jument pleine*, celle qui a un poulain dans le ventre; *jument vide*, celle qui n'a pas été remplie par l'étalon. — Ancienne machine pour fabriquer et marquer en même temps la monnaie.

JUMPERS, subst. mas. plur. (*jonpère*), nom donné à des convulsionnaires du pays de Galles.

JUNCAGO, subst. mas. (*jonkaguo*), t. de bot., plante qui croît dans les marais; elle tient du gramen et du *jonc*.

JONCAIRE, subst. fém. (*jonkère*), t. de bot., plante rameuse du genre mosina.

JUNCELLUS, subst. mas. (*joncèleluce*) (diminutif du mot latin *juncus*, jonc), t. de bot.; on a désigné sous ce nom le *scirpe nageant*, quelques autres espèces de *scirpes*, de *choins*, et une espèce de *kilingie*.

JUNGERMANNE, subst. fém. (*jonjèremane*), t. de bot., plante cryptogame de la famille des algues.

JUNGHILD, subst. mas. (*jonguilede*), t. d'hist. nat., ibis des bords du Gange.

JUNGIE, subst. fém. (*jonji*), t. de bot., plante lignée et velue d'Amérique.

JUNIA, subst. mas. (*junia*), espèce de raisin précoce.

JUNIEN (SAINT-), subst. propre mas. (*ceinjuniein*), ville de France, chef-lieu de canton, arrondissement de Rochechouart, dép. de la Haute-Vienne.

JUNIPÈRE, subst. mas. (*junipère*), t. de bot., arbre à encens d'Arabie.

JUNIPERUS, subst. mas. (*junipéruce*), t. de bot., nom latin adopté en français pour désigner le genévrier, parce qu'il engendre de nouveaux fruits pendant que les autres mûrissent.

JUNON, subst. propre fém. (*junon*) (du lat. *juvans*, qui aide, qui vient au secours, parce que entre autres attributions, *Junon* présidait aux accouchements), dans l'ancienne mythologie, déesse, fille de Saturne et de Rhée, sœur et femme de Jupiter. Son frère se métamorphosa en coucou pour la tromper; mais elle le reconnut, et ne voulut l'écouter qu'à condition qu'il l'épouserait. Aussitôt qu'ils furent mariés, elle devint si jalouse, qu'elle l'épiait continuellement, ne cessant de persécuter ses concubines, et même les enfants qu'il en avait eus. Elle suscita une infinité de traverses à Hercule et à plusieurs autres; mais, voyant que Jupiter ne l'écoutait pas, elle se retira à Samos, où elle demeura long-temps. Jupiter, pour la faire revenir, fit conduire un char, sur lequel il habilla magnifiquement une statue de bois, et faisait crier que c'était Platée, fille d'Asope, qu'il allait épouser. *Junon*, ayant ouï ces cris, sortit en fureur et alla briser la statue; mais lorsqu'elle eut connu la ruse de Jupiter, elle en rit, et se raccommoda avec lui. Après la défaite des dieux, auxquels elle s'était jointe dans leur révolte, Jupiter la suspendit en l'air, et, par le moyen d'une paire de mules d'aimant, que Vulcain inventa pour se venger de ce qu'elle l'avait mis au monde tout contrefait, il lui attacha sous les pieds deux enclumes, après lui avoir lié les mains derrière le dos avec une chaîne d'or. Les dieux, n'ayant pu la délier, furent obligés d'avoir recours à Vulcain, qui le fit à condition qu'on lui donnerait Vénus en mariage. *Junon* avait un orgueil insupportable. Elle ne put jamais pardonner à Pâris de ne lui avoir pas donné la pomme d'or sur le mont Ida, lorsqu'elle disputa de beauté avec Vénus et Pallas : elle se déclara dès ce moment l'ennemie irréconciliable des Troyens, et poursuivit sa vengeance jusque sur Énée. Ce prince étant sur ses vaisseaux pour aller s'établir en Italie, elle alla trouver Éole, et lui promit Déiopée, la plus belle de ses nymphes, s'il voulait le faire périr avec sa flotte. *Junon*, toujours attentive aux démarches de Jupiter, confia la vache Io à Argus, que Mercure endormit et tua; mais elle le métamorphosa en paon, et prit cet oiseau sous sa protection. Ayant appris que Jupiter avait mis au monde Pallas sans elle, et qu'il l'avait fait sortir de son cerveau, pour se venger elle donna toute seule aussi la naissance à Mars. Elle présidait aux mariages et aux accouchements. Elle avait plusieurs noms, selon les raisons pour lesquelles on lui faisait des sacrifices. Les poètes la représentent sur un char traîné par des paons, avec un de ces oiseaux auprès d'elle. —En astronomie, nouvelle planète découverte par *Harding*, à Lilienthal, le 1er septembre 1805. Elle est, par rapport à la terre, placée, dans le ciel, entre Vesta et Cérès. La durée de sa révolution est d'environ quatre ans, quatre mois et onze jours.

JUNONALES ou **JUNONES**, subst. fém. plur. (*junonale, none*), fêtes instituées par les anciens Romains en l'honneur de *Junon*, à l'occasion de certains prodiges arrivés en Italie.

JUNONICOLE, subst. des deux genres (*junonikole*), myth., qui adore *Junon*. Inusité.

JUNONIES, subst. fém. plur. Voyez JUNONALES.

JUNONIGÈNE, adj. fém. (*junonijène*), myth., surnom de Vulcain, comme ayant reçu le jour de Junon.

JUNONIUM, subst. mas. (*junoniome*), t. d'hist. nat., métal nouvellement découvert dans les mines de Styrie.

JUNONIUS, subst. propre mas. (*junoniuce*), myth., surnom de Janus, qui, comme Jupiter et *Junon*, présidait au commencement de tous les mois.

JUNTE, subst. fém. (*jonte*) (de l'espagnol *junta*, fait, dans la même signification, du verbe *juntar*, joindre, unir, assembler); en Espagne, 1° assemblée d'un certain nombre de personnes que le roi choisit pour les consulter sur des affaires importantes; 2° conseil du même genre, établi après la mort du roi pour veiller aux affaires du gouvernement.—En Portugal, compagnie chargée de quelque administration.

JUPIN, subst. propre mas. (*jupein*). Voy. JUPITER.

JUPE, subst. fém. (*jupe*) (de l'allemand *gluep*, jupon. *Ménage*.); ou de l'arabe *djoubbah*, sorte de tunique dont les Espagnols ont fait, avec l'article, *al juba*, qui a à peu près la même signification), partie de l'habillement des femmes, qui descend depuis la ceinture jusqu'aux pieds.

JUPITER, subst. propre mas. (*jupitère*) (du lat. *juvans pater*), dans l'ancienne mythologie, le plus puissant des dieux, fils de Saturne et de Rhée. Aussitôt que Rhée accouchait, Saturne dévorait tous les enfants mâles qu'elle mettait au monde. Titan lui avait cédé son droit d'aînesse sous cette condition, espérant par-là que lui ou ses enfants y rentreraient dans la suite. *Jupiter* étant né avec Junon, Rhée voulut le soustraire à la cruauté de Saturne; ce qu'elle fit en lui présentant Junon, et au lieu de *Jupiter* une pierre emmaillotée, qu'il dévora sur-le-champ. Elle donna *Jupiter* à élever aux Curètes ou Corybantes, nommés aussi Indéens et Dactyles, qui, par une espèce de danse à certaines mesures, empêchaient que les cris de l'enfant ne parvinssent jusqu'aux oreilles de son père. Ils l'emportèrent dans la Crète, où il fut allaité par la chèvre Amalthée. Dès qu'il fut grand, on lui apprit sa naissance, et il fit savoir à Saturne qu'il eût à le recevoir comme son héritier. Titan, ignorant la tromperie, regarda Saturne comme un fourbe, le chassa du ciel et le fit prisonnier. *Jupiter* commença dès-lors à donner des marques de sa puissance; il attaqua Titan, délivra son père, et le remit sur le trône. Mais Saturne ayant appris du Destin que *Jupiter* était né pour commander à tout l'univers, chercha tous les moyens pour perdre son fils, qui prit les armes contre lui, le chassa du ciel, et le contraignit d'aller se cacher dans le Latium. *Jupiter* s'empara du trône de son père, et en peu de temps se vit maître du ciel et de la terre. Ce fut alors qu'il épousa Junon sa sœur, et qu'il partagea la succession de son père avec ses frères. Il se réserva le ciel, et donna l'empire des eaux à Neptune, et celui des enfers à Pluton, lesquels, avec Junon, Pallas et les autres dieux, essayèrent bientôt après de se soustraire à sa domination; mais il les défit et les contraignit de se sauver en Égypte, où ils prirent diverses formes. Il les poursuivit sous la figure d'un bélier, et fit enfin la paix avec eux. Lorsqu'il se croyait tranquille, les géants, enfants de Titan, voulant rentrer dans leurs droits, entassèrent plusieurs montagnes les unes sur les autres pour escalader le ciel, et pour l'en chasser. *Jupiter*, qui s'était rendu maître du tonnerre, les foudroya, et les écrasa sous ces mêmes montagnes. Après cette victoire, il ne songea plus qu'à ses plaisirs, et eut une infinité de concubines. Il se métamorphosait de toutes manières pour les tromper, tantôt en satyre pour surprendre Antiope, tantôt en pluie d'or pour pénétrer jusqu'à Danaé, enfermée dans une tour d'airain. Ne pouvant sous la figure humaine séduire Europe, fille d'Agénor, il se métamorphosa en taureau, et cette princesse s'étant mise sur son dos, il prit la fuite, l'enleva ainsi et passa la mer à la nage. Il prit la figure d'un cygne pour tromper Léda, femme de Tyndare, qui accoucha de deux œufs, d'où sortirent Castor et Pollux, Hélène et Clytemnestre. Il prit aussi la figure de Diane pour abuser Calisto, enfin il se métamorphosa en aigle pour enlever Ganimède, fils de Tros, et le porta au ciel, où il se fit verser le nectar par lui à la place d'Hébé. Telles sont les idées qu'avaient les païens de la divinité principale qu'ils adoraient. Ils regardaient *Jupiter* comme le maître absolu de tout, et le représentaient la foudre à la main, porté sur un aigle, oiseau qu'il prenait sous sa protection. Le chêne lui était consacré, parce qu'à l'exemple de Saturne, il apprit aux hommes à se nourrir de glands. On lui éleva des temples superbes par tout l'univers. On lui donna des surnoms suivant les lieux où il avait des autels. Les Egyptiens le nommaient *Jupiter*-Ammon, et l'adoraient sous la figure d'un belier : mais son principal surnom était Olympien, parce qu'on s'imaginait qu'il demeurait avec toute sa cour sur le sommet du mont Olympe. On prétend que Varron avait compté jusqu'à trois cents *Jupiter*, dont les auteurs de l'antiquité, et surtout les poètes, ont réuni tous les traits pour n'en faire qu'un seul. Les poètes satiriques ont dit souvent *Jupin* pour *Jupiter*.— En astron., une des planètes placée dans le ciel, par rapport à la terre, entre Pallas et Saturne. Elle est recommandable par son éclat, et parcourt son orbite dans l'espace d'environ onze ans, dix mois, dix-sept jours. — En t. de chim., étain.

JUPON, subst. mas. (*jupon*), sorte de *jupe* de dessous.

JURA, subst. propre mas. (*jura*), département de la France tirant son nom de la chaîne de montagnes qui le couvre au sud-est.

JURABLE, adj. des deux genres (*jurable*), chose pour laquelle était dû le serment de fidélité.

JURABLETÉ, subst. fém. (*jurablété*), droit d'exiger le serment de fidélité. (*Boiste*.) Il est vieux et même tout-à-fait hors d'usage.

JURADE, subst. fém. (*jurade*), charge, fonction qui emportait le serment. Hors d'usage.

JURANDE, subst. fém. (*jurande*), autrefois, charge de *juré* de quelque communauté, de quelque métier.—Les corps des *jurés* marchands.

JURAT, subst. mas. (*jura*); on appelait ainsi autrefois à Bordeaux, les consuls et les échevins.

JURATEUR, subst. mas. (*jurateur*), se disait, chez les anciens Romains, de certains officiers municipaux.

JURATOIRE, adj. des deux genres (*juratoare*): *caution juratoire*, serment qu'on fait en justice de représenter sa personne ou de rapporter quelque chose dont on est chargé.

JURÉ, subst. mas. (*juré*) (en latin *juratus*, qui a *juré*, prêté serment), officier de quelques communautés de marchands, d'artisans, ainsi nommé du serment qu'il prête.—T. de jurispr., membre d'une commission nommée *juri*, chargé avec plusieurs autres de constater l'existence d'un délit dénoncé, et de déclarer s'il y a lieu à accusation contre un prévenu, ce qu'on appelle *juré d'accusation*; ou de déclarer si la personne prévenue du crime en est véritablement coupable, ce qu'on appelle *juré de jugement*.

JURÉ, E, part. pass. de *jurer*, et adj., assuré avec serment.— Déclaré irréconciliable : *ennemi juré*.—Qui a fait les serments requis pour la maîtrise : *écrivain juré*. — On appelait *écolier juré*, celui qui avait fait ses études de philosophie dans une université, et qui en avait le certificat du recteur, pour être reçu ensuite maître ès-arts.

JURÉ-CRIEUR, subst. mas. (*jurékri-eur*), officier public qui publie les ventes.—Au plur., des *jurés-crieurs*.

JUREMENT, subst. mas. (*jureman*), serment fait en justice. Il est peu usité en ce sens.—Blasphème, imprécation.

JURER, v. act. (*juré*) (en latin *jurare*, fait de *jus*, gén. *juris*, droit), affirmer par serment : *jurer par son Dieu, par sa foi que*...—Confirmer, ratifier par serment : *jurer la paix, l'alliance*.—Promettre fortement sans jurer : *jurer une amitié éternelle*.— Former une forte résolution : *jurer la mort, la perte, la ruine de*...—Neut., il se dit dans le premier sens de l'actif : *jurer sur le saint Evangile; jurer devant le juge*.—*Jurer sur l'honneur*, l'engager.—Faire des serments sans nécessité : *il jure à tout propos*.— *Il ne faut jurer de rien*, il ne faut jamais répondre de ce qui nous arrivera.—Fig., 1° en parlant des couleurs, des manières, etc., ne pas s'accorder : *le vert jure avec le bleu*; 2° en parlant des instruments, et surtout de ceux à cordes, rendre un son aigre :

. . . Un violon faux qui *jure* sous l'archet.
BOILEAU, *sat.* III.

—SE JURER, v. pron., se promettre par serment : *se jurer amitié*.

JUREUR, subst. mas. (*jureur*), qui *jure* beaucoup par mauvaise habitude ou par emportement.

JURI, ou **JURY**; l'*Académie* semble préférer le dernier; subst. mas. (*juri*), mot anglais adopté en France pour désigner une commission de simples citoyens connus et domiciliés, appelés dans les affaires criminelles.—On appelle *juri d'accusation*, celui qui déclarait si l'accusation devait être admise ou rejetée. Il y avait dans chaque département autant de *juris d'accusation* que de tribunaux correctionnels. Ils ont été remplacés par une des chambres des cours royales, chargée spécialement de connaître des mises en accusation en matière criminelle, et qui, en cas d'admission, renvoie devant la cour d'assises pour le jugement. — On appelle *juri de jugement* ou simplement *juri*, celui qui prononce sur l'existence du délit et sur la part qu'y a eue l'accusé. Il y a dans chaque département un seul *juri de jugement*, composé de douze *jurés* au moins. (Constitution de 1791.)— *Juri d'instruction*; c'était une commission de trois citoyens nommés par les administrations du département pour surveiller l'instruction publique. Il pouvait y avoir jusqu'à six de ces *juris* par département.—On a étendu le nom de *juri* aux commissions chargées d'admettre ou de prononcer dans les concours de peinture, de musique, etc.

JURIDICIANT, subst. mas. (*juridician*), qui rend ou fait rendre la justice.

JURIDICIÉ, E, adj. (*juridicié*), à qui l'on fait rendre la justice.

JURIDICTION, subst. fém. (*juridikcion*) (en latin *jurisdictio*, *dictio juris*, formé de *jus dicere*, rendre la justice), pouvoir de celui qui a droit de *juger*.—Ressort, étendue du lieu où s'exerce ce pouvoir.—*Degrés de juridiction*, tribunaux pardevant lesquels une affaire peut être portée. — *Ce n'est point de ma juridiction de droit*, de ma compétence. *Trévoux* et *Pothier* écrivent *jurisdiction*, orthographe plus conforme à l'étymologie.

JURIDICTIONNEL, adj. mas., au fém. **JURIDICTIONNELLE** (*juridikcionèle*), qui a *juridiction*.

JURIDICTIONNELLE, adj. fém. Voy. JURIDICTIONNEL.

JURIDIQUE, adj. des deux genres (*juridike*) (en latin *juridicus*), qui est dans les formes de la *justice*.

JURIDIQUEMENT, adv. (*juridikeman*), d'une manière *juridique*.

JURISCONSULTE, subst. mas. (*juricekonçulete*), (en lat. *jurisconsultus*, formé de *jus, juris*, droit, et de *consulere*, délibérer, discuter, examiner), celui qui fait profession du droit et qui donne des conseils. Voy. JURISTE.

JURISDICTION ne se dit plus pour JURIDICTION.

JURISPR., abréviation du mot *jurisprudence*.

JURISPRUDENCE, subst. fém. (*juricepru-dance*) (en latin *jurisprudentia*, composé de *juris*, génitif de *jus*, droit, et de *prudentia*, science, connaissance), science du droit tant public que privé, c'est-à-dire connaissance de tout ce qui est juste ou injuste.—On entend aussi par *jurisprudence*, les principes que l'on suit en matière de droit dans chaque pays ou dans chaque tribunal; l'habitude où l'on est de juger de telle ou telle manière une question, et une suite de jugements uniformes sur une même question, qui forment un usage.—*Jurisprudence médicale*, connaissance des lois et des réglements concernant l'enseignement et la pratique de la médecine.

JURISTE, subst. mas. (*juricete*) (du lat. *jus*, gén. *juris*, droit), qui sait le droit; docteur en droit. —JURISTE, JURISCONSULTE, LÉGISTE. (*Syn.*) Le *juriste* est celui qui fait profession de la science du droit; le *légiste*, celui qui fait profession de la science de la loi; le *jurisconsulte*, celui qui possède la science du droit dans tous ses rapports, l'art d'appliquer les lois, et celui d'éclaircir les difficultés et de décider les questions difficiles.

JURITES, subst. fém. plur. (*jurite*), myth., divinités romaines qui présidaient aux serments.

JURON, subst. mas. (*juron*), façon particulière de *jurer*, comme *ventre-saint-gris!* Il se dit même de toute espèce de *jurement* : *lâcher un gros juron*.

JURTE ou **JURTI**, subst. mas. (*jurte, jurti*), nom des habitations des Tartares de la Sibérie.

JURY. Voy. JURI.

JUS, subst. mas. (*ju*) (du latin *jus*, *juris*, jus, bouillon, sauce, fait en ce sens de *juvare*, aider), suc qu'on tire par expression, coction, etc. : *jus de citron, d'herbe, de veau*, etc. — *Le jus de la vigne*, le vin. — *Jus de réglisse*, suc de la racine de réglisse.

JUSANT, subst. mas. (*juzan*), t. de mar., reflux de la marée.

JUSÉE, subst. fém. (*juzé*), liqueur acide, propre à tanner promptement les cuirs.

JUSQUE (*juceke*) (en latin *usque*), préposition qui marque certains termes de temps et de lieu au-delà desquels on ne passe point. On écrit aussi quelquefois *jusques*, surtout en poésie : *jusques à ce jour*, et principalement lorsqu'une voyelle suit. — *Jusqu'à ce que*, locution conjonctive qui demande le subjonctif : *jusqu'à ce qu'il soit arrivé*.

JUSQUIAME, subst. fém. (*juceki-ame*) (en grec ὑοσκύαμος, formé de ὗς, cochon, et de κύαμος, fève, *fève de cochon*, parce que son fruit a la figure d'une fève, et que les sangliers ou les cochons qui en mangent courent le risque de périr s'ils ne boivent aussitôt et abondamment), t. de bot., plante d'une odeur forte et qui appesantit la tête.

JUSSIE, subst. fém. (*juceci*), t. de bot., famille de plantes épilobiennes.

JUSSION, subst. fém. (*jucecion*) (du latin *jussio*, ordre, commandement), commandement que faisait le roi aux compagnies supérieures d'enregistrer quelque édit qu'elles avaient refusé, etc. : *lettres de jussion*.

JUSTAUCORPS, subst. mas. (*jucetôkor*), habit d'homme qui descend jusqu'aux genoux et qui serre le *corps*. — Mot peu en usage aujourd'hui.

JUSTE, subst. mas. (*jucete*) (en latin *justus*), homme de bien, vertueux, qui vit ou qui a vécu en observant exactement les devoirs de la religion et de la probité. — Ce qui est *juste* : *le juste et l'honnête*.—Autrefois, habillement de paysanne, ou de femme du peuple, *juste* à la taille et avec des basques très-courtes.

JUSTE, adj. des deux genres (*jucete*) (en latin *justus*, fait de *jus*, gén. *juris*, droit), en parlant des personnes, qui juge ou qui agit selon l'équité. —Qui observe exactement les devoirs de la religion : *homme juste et craignant Dieu*.— Qui est en état de grace. — En parlant des choses, qui est conforme au droit, à la *justice*. — Qui a la *justesse* convenable : *juste mesure*, *voix juste; réflexion, observation juste*. — En parlant d'une montre; qui marque exactement les heures. — Quelquefois, plus court, plus étroit, moins pesant qu'il ne faut : *mon habit est trop juste*, etc.

JUSTE, adv. (*jucete*), avec *justesse* : *il parle juste*.—Précisément : *voilà tout juste ce que je cherchais*.—*Au juste*, adv. *justement* et précisément : *dites-moi au juste ce que cela me coûtera*.—*Comme de juste*, loc. adv. qui s'emploie à la place de : comme il est *juste* et raisonnable.— *Juste ciel!* sorte d'exclamation par laquelle on en appelle au *ciel*.

JUSTEMENT, adv. (*juceteman*), avec *justice*.— Précisément, à point nommé, avec raison.

JUSTE-MILIEU, subst. mas. (*jucetemilieu*), mot créé pour signifier le système de gouvernement qui a succédé à la révolution de juillet; gouvernement conciliateur.—Partisan de cette forme de gouvernement : *un juste-milieu*.—Au plur., *des juste-milieu*, des personnes dont l'opinion est celle du *juste-milieu*.

JUSTESSE, subst. fém. (*jucetèce*), précision exacte : *justesse de la voix*, *de l'oreille*; *chanter avec justesse*. — On le dit également de l'esprit : *penser, parler, écrire avec justesse*.—Il se dit, au figuré, du langage, des pensées, de l'esprit, du goût et du sentiment. La *justesse du langage* consiste à s'expliquer en termes propres, choisis et liés ensemble, qui ne disent ni trop ni trop peu. La *justesse de la pensée* consiste dans la vérité et la parfaite convenance au sujet : *une pensée qui manque de justesse est fausse*. La *justesse de l'esprit* fait démêler le juste rapport que les choses ont ensemble. La *justesse de goût et de sentiment* fait sentir tout ce qu'il y a de fin et d'exact dans le tour, dans le choix d'une pensée et dans celui de l'expression.

JUSTICE, subst. fém. (*jucetice*) (en latin *justitia*), vertu morale qui fait qu'on rend à chacun ce qui lui appartient; équité : avec cette différence que l'objet propre de la *justice* est le respect de la propriété; l'objet de l'*équité*, en général, est le respect de l'humanité. La *justice* laisse une grande inégalité entre les hommes; l'*équité* travaille à la faire disparaître par une égalité de bonheur. (*Roubaud*.)—Bon droit; raison.—Magistrats qui rendent la justice, qui jugent : *il ne faut pas se brouiller avec la justice*.—*Justice*, signifie aussi, le pouvoir de faire droit à chacun, ou l'exercice de ce pouvoir.—Il se prend aussi quelquefois dans le même sens qu'*ordre judiciaire*.— On dit qu'*on ne peut avoir justice d'un juge*, quand on ne peut l'obliger à rapporter une affaire, à la juger.—*Déni de justice*, refus qu'un juge fait de juger.— Exécution d'arrêt ou de sentence criminelle : *faire justice.*—Dans le langage de la religion, piété, vertu chrétienne : *marcher dans les voies de la justice.*—Etat de grâce : *la justice originelle; persévérer dans la justice.*—Haute justice, qui connaissait de toutes les affaires civiles et criminelles, excepté des cas appelés royaux. — *Moyenne justice*, qui ne pouvait juger au criminel que les délits dont la peine n'excédait pas soixante-quinze sous d'amende.—*Basse justice*, qui ne connaissait que des droits dus aux seigneurs, des actions personnelles au civil jusqu'à soixante sous, et des délits dont l'amende n'excédait pas dix sous.—*Justice commutative*, celle qui concerne le commerce, les échanges et les ventes. (Du lat. *commutatio*, mutation, changement.)—*Justice distributive*, celle par laquelle les juges distribuent les récompenses.—*Faire justice*, punir corporellement.—*Faire justice de...*, punir, se venger.—*Se faire justice*, 1° se condamner quand on a tort; 2° se venger : *il ne faut pas se faire justice à soi-même;* 3° se payer de ses propres mains. — *Rendre la justice*, juger; faire la fonction de juge. — *Rendre justice à quelqu'un*, parler de lui, agir à son égard comme il le mérite. Boileau (Avertissement sur l'Epître IV) et Racine (Bajazet ; Mithridate) ont dit, en ce sens, *faire justice.* C'est une faute, ou du moins c'en serait une aujourd'hui. C'en est une autre dans *Fénelon* d'avoir dit (Télémaque, liv. XVIII) : *les dieux sont lents à faire justice, mais enfin ils la font.* Cette faute très-réelle, quoique très-commune, consiste en ce que *faire justice*, dans le premier membre de la phrase, une expression indéterminée, et que *la*, dans le second, mis elliptiquement pour la *justice*, a, au contraire, une signification déterminée et particulière. J.-J. Rousseau n'a pas été plus correct, en disant (*Lettres écrites de la Montagne*) : *quand je n'aurai pas dix fois raison, ne me l'accordez pas une.* — Myth., autrement Thémis, divinité allégorique, fille de Jupiter et d'Astrée. Elle se retira avec sa mère dans le ciel, lorsque l'âge de fer eut succédé aux autres âges. On la représente sous la figure d'une jeune fille tenant d'une main une balance égale des deux côtés, et de l'autre une épée nue. On feint aussi qu'elle était assise sur une pierre carrée, prête à prescrire des peines pour le vice et des récompenses pour la vertu.

JUSTICIABLE, adj. des deux genres (*juceticiable*), soumis à la juridiction de quelque *juge.*

JUSTICIÉ, E, part. pass. de *justicier.*

JUSTICIEMENT, subst. mas. (*juceticiman*), exécution de justice. (*Boiste.*) Il est vieux et même hors d'usage.

JUSTICIER, subst. mas. (*juceticié*), qui aime à rendre justice.—Qui a droit de *justice.*—*Justicier d'Aragon*, autrefois chef et président des états d'Aragon. — Il est aussi adj. mas.; il signifiait, qui avait droit de *justice* : *seigneur justicier.*

JUSTICIER, v. act. (*juceticié*), punir corporellement, en exécution d'une sentence.—*Justicier un criminel*, lui faire souffrir le dernier supplice.—*se* JUSTICIER, v. pron.

JUSTIFIABLE, adj. des deux genres (*jucetifiable*), qui peut être *justifié.*

JUSTIFIANT, E, adj. (*jucetifian, ante*), qui justifie : *la grâce justifiante.*

JUSTIFICATEUR, subst. mas. (*jucetifikateur*), t. de fondeur de caractères, ouvrier qui *justifie les lettres.* — Instrument avec lequel on les *justifie.*

JUSTIFICATIF, adj. mas., au fém. JUSTIFICATIVE (*jucetifikatif, tive*), qui sert à montrer la vérité d'un fait allégué, la *justice* d'une prétention.

JUSTIFICATION, subst. fém. (*jucetifikacion*) (en latin *justificatio*), défense qui montre qu'une personne n'est pas coupable. — Preuve faite et donnée de quelque chose : *la justification d'un fait.*—Rétablissement d'un pécheur dans la grâce. — En t. d'imprimerie, longueur déterminée que doivent avoir toutes les lignes d'un ouvrage. — Instrument de fondeurs de caractères qui sert à s'assurer si les lettres sont bien de hauteur entre elles.

JUSTIFICATIVE, adj. fém. Voy. JUSTIFICATIF.

JUSTIFIÉ, E, part. pass. de *justifier.*

JUSTIFIER, v. act. (*jucetifié*) (en latin *justificare*), montrer qu'un n'est point coupable ; que telle chose n'est pas criminelle.—Déclarer innocent celui qui était accusé. — Prouver la bonté, la vérité d'une chose · *l'événement a justifié ce conseil; justifier un fait.*—Au palais, on dit neutralement : *justifier du contraire, de l'emploi d'une somme.* — Dans le langage de la religion, donner la *justice* intérieure.—En t. d'imprimerie, assujétir précisément à une même longueur les lignes d'un ouvrage, en évitant qu'il y en ait de trop fortes ou de trop faibles.— *se* JUSTIFIER, v. pron., prouver son innocence, la justice de ses actions : *se justifier d'une calomnie.*

JUSTIFIEUR, subst. mas. (*jucetifieur*), partie principale du coupoir des fondeurs en lettres.

JUSTINE, subst. fém. (*jucetine*), monnaie d'argent de Venise qui a cours pour onze livres, monnaie courante. (Six livres sous trois deniers tournois, ou six francs quatre centimes.)

JUTEUSE, adj. fém. Voy. JUTEUX.

JUTEUX, adj. mas., au fém. JUTEUSE (*juteu, teuze*), qui a beaucoup de *jus* : *melon juteux, pêche juteuse.*

JUTURNE, subst. propre fém. (*juturne*), myth., déesse qui, chez les Romains, était surtout révérée par les femmes et par les filles.

JUUL ou JOL, subst. mas. (*ju-ule, jole*), myth., fête que les peuples du Nord célébraient au solstice d'hiver.

JUVEIGNEUR, subst. mas. (*juvégnieur*), cadet apanagé dans l'ancienne coutume de Bretagne.

JUVÉNALIE, subst. fém. (*juvénali*), cérémonie des Romains, dans laquelle les jeunes hommes offraient à la déesse *Juventa* les premiers poils de leur barbe.

JUVÉNAUX, adj. mas. plur. (*juvenô*) (en latin *juvenalia*, fait de *juventus*, jeunesse), t. d'antiq.: *jeux juvénaux*, jeux mêlés d'exercices et de danses, institués par Néron en l'honneur de la *jeunesse*, lorsqu'il se fit faire la barbe pour la première fois. On les nomma ensuite *jeux néroniens.*

JUVÉNIL, E, adj. (*juvénile*) (en lat. *juvenilis*), qui a rapport à la jeunesse, qui appartient à la jeunesse : *forme juvénile.*

JUVENTA, JUVENTAS ou JUVENTUS, subst. propre fém. (*juveinta, veintâce, veintuce*), myth., déesse de la jeunesse ; elle présidait au temps de la vie depuis l'enfance jusqu'à l'âge viril. Voy. HÉBÉ, JEUNESSE.

JUVIGNY-SOUS-ANDAINE, subst. propre mas. (*juvignicouzandène*), bourg de France, chef-lieu de canton, arrond. de Domfront, dép. de l'O ne.

JUX ou JUK, subst. mas. (*jukce, juke*), monnaie de compte de Turquie.

JUXTA-POSÉ, E, adj. (*jukcetápôzé*), t. de phys., se dit des parties unies à d'autres par *juxta-position.*

se JUXTA-POSER, v. pron. (*cejukcetápôzé*), t. de phys., on le dit des molécules qui se joignent successivement à d'autres.

JUXTA-POSITION, subst. fém. (*jukcetápôzicion*) (du latin *juxta*, auprès, et *poser*, placer, action de *poser auprès*), t. de phys., manière dont les corps augmentent de volume par l'addition de la matière qui s'y ajoute extérieurement : *les minéraux croissent par juxta-position.*

JUZAM, subst. mas. (*juzame*), t. de médec. nom donné à l'éléphantiasis.

JWIDIÉS, subst. propre fém. (*jevidi-zee*), myth. nymphe des bois chez les anciens Scandinaves.

K, subst. mas. (prononcez *ke*, et non point *ka*, qui ne rend nullement le son naturel de cette lettre), onzième lettre de l'alphabet français, et la huitième des consonnes.—Cette lettre nous est étrangère; on pourrait la remplacer par le *c* avant *a, o, u*, ou par le *q* avant *e* et *i*. — On s'en servait autrefois en quelques mots, comme *kalende, kalendrier*. — On s'en sert encore en quelques noms propres, comme *Stockholm*, *Yorck*, etc., et en quelques mots tirés des langues étrangères. — On peut dire que *k*, inutile en latin, où il entre dans la composition d'une quinzaine de mots au plus, ne l'est pas davantage en français. — Cette lettre, en t. d'imprimerie, au bas d'une feuille, signifiait onze.— Autrefois on se servait du *k* au lieu du *c* dans les noms propres : *Carolus* s'écrivait *Karolus*. Cette orthographe se voit sur plusieurs de nos monnaies de Charles V, VI, VII et VIII, et sur quelques-unes de Charles IX.

KAA ou **KAHA**, subst. mas. (*ka-a*), t. de bot., espèce de curcuma de Ceylan.

KAABA, subst. propre mas. (*ka-aba*), bâtiment religieux très-vénéré chez les mahométans.

KAAL, subst. mas. (*ka-al*), espèce de pâte qu'on fait dans l'Inde avec la *barleria hystrix*. On dit aussi *kaat*.

KAARSAAK, subst. mas. (*ka-arçaak*), t. d'hist. nat., oiseau du Groënland, dont le nom exprime le cri. On croit que c'est un grèbe. Les Groënlandais l'appellent aussi oiseau d'été, parce que son arrivée annonce la belle saison. Selon eux, il présage la pluie et le beau temps, suivant que le son de sa voix est rauque et rapide, ou doux et prolongé.

KAATE, subst. mas. (*ka-ate*), t. de bot., arbre de l'Inde dont la pulpe entre dans la composition des pastilles de bétel.

KAATIF-SCHÉRIF, subst. mas. (*ka-atifchérif*), cachet du grand-seigneur.

KAAVA ou **KAVA**, subst. mas. (*ka-ava*), boisson enivrante que font les sauvages des îles des Amis.

KAAWY, subst. mas. (*ka-avi*), boisson du Brésil faite avec du maïs cuit.

KABAK, subst. mas. (*kabak*), en Moscovie, lieu public où l'on vend du vin, de la bière, du tabac, etc.

KABANI, subst. mas. (*kabani*), t. d'hist. moderne, dans le Levant, homme public dont les fonctions répondent à celles de notaire parmi nous.

KABASCHIR, subst. mas. (*kabachire*), t. de relat., chef de canton sur la côte des Esclaves.

KABASSOU, subst. mas. (*kabaçou*), t. d'hist. nat., nom qu'on donne à la Guyane française au tatou à douze branches. On dit aussi *kabasson*.

KABAYLES, subst. mas. plur. Voy. CORAILLES.

KABBADE, subst. mas. (*kabade*), habit militaire des Grecs modernes.

KABELJAW, subst. mas. (*kabéleja*), t. d'hist. nat., ancien nom de la morue ou cabillaud.

KABESKI, subst. mas. (*kabéceki*), monnaie d'argent de Perse.—Monnaie de cuivre du même pays, qui vaut environ six deniers tournois, ou deux centimes trente-huit quatre-vingt-unièmes.

KABILE, subst. mas. (*kabile*), tribu considérable du royaume d'Alger.

KABIN, subst. mas. (*kabein*), mariage contracté pour quelque temps, chez les mahométans et les Perses.

KABOSCHIRS, subst. mas. plur. (*kabochir*), nègres nobles de certains pays.

KACHIN, subst. mas. (*kachein*), t. d'hist. nat., espèce de coquille du Sénégal.

KACHO, subst. mas. (*kakô*), t. d'hist. nat., poisson du Kamschatka, qui a la tête longue et plate, le museau recourbé, et des dents semblables à des crocs de chien. Son dos est noir et son ventre blanc. On ignore à quel genre il appartient, mais il y a lieu de soupçonner que c'est un squale.

KAC-PIRE, subst. mas. (*kakepire*), t. de bot., arbuste du cap de Bonne-Espérance.

KACY, subst. mas. (*kaci*), t. de bot., arbre dont les nègres font les canots.

KADAR ou **KADARI**, subst. mas. (*kadar*, *dari*), secte de mahométans qui nient la prédestination.

KADELÉE, subst. fém. (*kadelé*), t. de bot., espèce de haricot de l'Inde.

KADEUN, subst. fém. (*kadeun*), t. de relat., femme ou plutôt esclave du grand-seigneur, qui est élevée au-dessus des simples odalisques, dont elle est comme la gouvernante. Les *kadeuns* sont, dans le sérail, au nombre de sept.

KADÉZADÉLITES, subst. mas. plur. (*kadéza-délite*), sectaires mahométans.

KADISH, subst. fém. (*kadiche*), prière juive.

KADOCHE, et non pas **CADOCHE**, subst. mas. (*kadoche*) (de l'hébreu *kadash*, sacré), grade transcendant de l'ancienne maçonnerie.

KADOLE, subst. mas. (*kadole*), chez les anciens, ministres des prêtres dans les mystères.

KADOUKAIE, subst. fém. (*kadoukié*), t. de bot., fruit des Indes.

KADRIS, subst. mas. (*kadrice*), espèce de moines turcs, qui vont tout nus, à l'exception des cuisses, et pratiquent de grandes austérités.

KADNA, subst. mas. (*kadena*), t. de bot., genre de plantes hédyotidées.

KAGENECKE, subst. fém. (*kajenèke*), t. de bot., genre de plantes.

KAGNE, subst. fém. (*kagnie*), pâte que font les Italiens avec la plus belle farine du froment.

KAHINÇA, subst. mas. (*ka-einça*), t. de bot., plante médicinale.

KAHINCIQUE, subst. mas. (*ka-eincike*), t. de chim., acide extrait du *kahinça*.

KAHINCITE, subst. mas. (*ka-eincite*), médicament tiré du *kahinça*.

KAHIRIE, subst. fém. (*ka-iri*), t. de bot., plante semblable à l'éthulie.

KAHOUANNE, subst. fém. (*ka-ouane*), t. d'hist. nat., tortue dont on emploie l'écaille dans les ouvrages de marqueterie.

KAIE, subst. mas. (*ka-ie*), t. de bot., espèce de chou d'Écosse.

KAIMAC ou **KAIMÉ**, subst. mas. (*kémak*, *kéme*), sorte de fromage fort recherché des anciens mahométans.

KAIR, subst. mas. (*ka-ir*), t. d'hist. nat., espèce de gade. — T. de bot., filaments du cocotier avec lesquels on fabrique d'excellentes cordes aux Indes.

KAISCHUPENANCK, subst. mas. (*kèchupenanke*), t. de bot., racine d'Amérique qui se mange cuite.

KAJOU, subst. mas. (*kajou*), t. d'hist. nat., espèce de singe de l'Amérique.

KAKAM, subst. mas. (*kakan*), t. de relation, chef des rabbins en Turquie.

KAKATOÉS ou **KAKATOUÉS**, subst. mas. (*kakató-èce* ou *tou-èce*), t. d'hist. nat., genre d'oiseaux de l'ordre des sylvains, espèce de perroquets qui ont sur la tête une huppe de plumes qu'ils peuvent redresser à volonté. Ce genre est divisé en deux sections : la première renferme les espèces qui ont les joues nues ; la seconde, celles qui les ont emplumées. Les kakatoès se distinguent encore par une huppe composée de plumes longues, étroites ou larges, rangées sur deux lignes, se couchant et se redressent au gré de l'oiseau. C'est parmi les espèces à joues emplumées que se trouvent celles qui ont le plumage blanc, le sommet de la tête ordinairement glabre, les ailes arrondies, et dont les pennes secondaires sont presque aussi longues que les primaires. D'autres ont les plumes du sommet de la tête longues et larges, et peuvent les relever à volonté, en forme de huppe. Ce sont de grandes espèces de la Nouvelle-Hollande, dont les ailes sont étroites, pointues, et à pennes secondaires beaucoup moins longues. Deux espèces du même continent se rapprochent des perroquets gris par leur ensemble.

KAKE, subst. fém. (*kake*), t. de bot., espèce de figue.

KAKERLAC, subst. mas. (*kakèrelak*), t. d'hist. nat., espèce d'insectes orthoptères, de la famille des anomides, et du genre des blattes, qu'on nomme aussi *ravet* et *cancrelat*. Cette espèce, la plus grosse de son genre, se trouve en Amérique; mais on rapporte souvent en Europe sur les vaisseaux. — Quelques-uns écrivent *kakkerlac*.

KAKERLAKE, subst. des deux genres (*kakièrelake*), nom particulier des albinos de l'île de Java.

KAKERLAQUISME, subst. mas. (*kakièrelakiceme*), état des albinos.

KAKETAN, subst. mas. (*kaketan*), t. de bot., espèce de plante de la famille des liserons.

KAKI, subst. mas. (*kaki*), t. de bot., espèce de plaqueminier du Japon.

KAKIER, subst. mas. (*kakié*), t. de bot., arbre qui produit le *kake*.

KAKIOUDE, subst. fém. (*kaki-oude*), pastille parfumée des Indes.

KAKONGO, subst. mas. (*kakonguo*), t. d'hist. nat., poisson délicat des rivières d'Afrique.

KALAADAR, subst. mas. (*kalà-adar*), (du mot arabe *kalaadar* ou mieux *qalà ahdàr*, qui signifie maître, seigneur du château), t. de relation, officier supérieur qui, dans les villes de Perse et de l'Inde, commande le château.

KALAN, subst. mas. (*kalan*), t. d'hist. nat., espèce de coquille dont les anciens tiraient la couleur pourpre.

KALANCHÉE, subst. fém. (*kalanché*), t. de bot., genre de plantes succulentes.

KALATEUR, subst. mas. (*kalateur*), héraut des prêtres romains.

KALAVEL, subst. mas. (*kalavèle*), t. de bot., plante de la famille des pistachiers.

KALÉDA, subst. mas. propre mas. (*kaléda*), myth., dieu de la paix chez les anciens Slavons.

KALÉDIE, subst. fém. (*kaledi*), myth., fêtes en l'honneur du dieu *Kaléda*.

KALÉIDOSCOPE, subst. mas. (*kalé-idocekope*) (du grec καλος, beau, ειδος, image, et σκοπεω, je vois), tube de carton ou de métal ressemblant à une lunette. L'extrémité opposée à celle où l'on applique l'œil contient, entre deux verres, un certain nombre d'objets de formes et de couleurs différentes. Dans la longueur de l'intérieur du tube sont placées deux ou un plus grand nombre de lames de verre à miroir, plus ou moins inclinées les unes à l'égard des autres, et doublées de papier noir. Le mouvement des objets colorés et leur réflexion dans les lames de verre noirci produisent une variété presque infinie de dessins réguliers et quelquefois très-piquants. Cet instrument, qui a eu une grande vogue comme amusement, peut avoir une application utile pour fournir des dessins aux manufactures. On croit qu'il a été inventé à Londres.

KALENDA, subst. fém. (*kaleinda*), danse des nègres qui consiste à tendre successivement chaque pied, et à le retirer, en frappant plusieurs fois précipitamment de la pointe et du talon sur la terre, comme dans l'*anglaise*.

KALENDER, subst. mas. (*kalandère*), moine turc.

KALENDES, subst. fém. plur. Voy. CALENDES.

KALGA, subst. mas. (*kalegua*), titre d'un prince de la Crimée, qui répond à celui de *monsieur* chez les Français.

KALI, subst. mas. (*kali*), soude, plante maritime.—Sa cendre.

KALIFORMIE, subst. fém. (*kaliforemi*), t. de bot., genre de plantes voisin des varecs de Linnée.

KALKSINTER, subst. mas. (*kalkceintère*), t. d'hist. nat., variété de la chaux carbonatée concrétionnée.

KALKSPATH, subst. mas. (*kalkcepate*), t. d'hist. nat., chaux carbonatée crystallisée.

KALKSTEIN, subst. mas. (*katekccetena*), t. d'hist. nat., variété de la chaux carbonatée crystallisée.

KALE, subst. mas. (*kâle*), t. de bot., espèce d'euphorbe de l'Inde.

KALMOUCK, subst. mas. Voy. CALMOUCK.

KALLISTROEMIA, subst. fém. (*kalcetrèmia*), t. de bot., espèce de plante de la décandrie monogynie.

KALMIE, subst. fém. (*kalmi*), t. de bot., plante, arbuste de la famille des rhodoracées. On cultive en France des jardins des curieux, six espèces de *kalmies*, qui nous viennent de l'Amérique septentrionale. Ce sont des arbrisseaux ou des arbustes toujours verts, dont les feuilles simples, et de très-belles fleurs disposées en corymbe sur les côtés des branches à leur sommet.

KALLEFKA, **KALKI** ou **KALTI**, subst. propre fém. (*kalefeka*, *kalki*, *kalti*), divinité adorée par les Gentoux.

KALLIE, subst. fém. (*kaleli*), myth., fête célébrée dans l'Inde en l'honneur de *Kalli*.

KALPA-TAROU, subst. mas. (*kalpatarou*) : myth., arbre fabuleux des Indiens, sur lequel on cueillait tout ce qu'on désirait.

KAMAETZMA, subst. fém. (*kama-étezema*), myth., divinité des Indiens.

KAMANOMIA, subst. mas. (*kamanomia*), myth., grand temple à Numatsjn, ville du Japon.

KAMEN, subst. mas. (*kaman*), nom que les Tartares de la Sibérie donnent aux roches sacrées.

KAMICHI, subst. mas. (*kamichi*) , t. d'hist. nat., genre d'oiseaux de la famille des échassiers.

KAMINA-MASLA, subst. fém. (*kaminamacela*), en Sibérie, substance minérale et onctueuse, composée d'acide vitriolique et de sur alcali minéral.

KAMINATSALI ou **KAMINSUKI** , subst. mas. (*kaminatcali*, *kaminzuki*), dixième mois de l'année des Japonais.

KAMISSINO, subst. mas. (*kamicecino*), sorte de costume religieux des Japonais.

KAMLAT, subst. mas. (*kamela*), opération magique des Tartares de la Sibérie.

KAMOTKEN, subst. propre mas. (*kamotekiène*), myth., l'un des grands dieux des Japonais.

KAMTSCHADALES ou **KAMTSCATKATES**, subst. mas. plur. (*kamechadale*, *kamekatekate*), peuples du *Kamtschatka*.

KAN, subst. mas. (*kan*), prince, commandant, le *kan* des *Tartares*. Voy. KHAN.

KANAAP, subst. mas. (*kana-ape*), t. de bot., espèce de mimosa, nourriture ordinaire des girafes.

KANAHIA, subst. mas. (*kana-ia*), t. de bot., plante asclépiadée.

KANASTEN, subst. mas. (*kanacetère*) (du lat. *canistrum*); on donne ce nom, en Amérique, à des paniers de jonc ou de canne, dans lesquels on met le tabac que l'on envoie en Europe. C'est de là que vient le nom de *tabac de kanasier*, que l'on donne au tabac à fumer qui vient de ce pays.

KANASTÈRE; le même que KANASTER.

KANASTRE, subst. mas. (*kanacetre*), boîte à tabac.—Le tabac qu'elle contient.

KANDEN, subst. mas. (*kandène*), t. de bot., arbre épineux de la côte de Malabar.

KANDÈQUE, subst. mas. (*kandeke*), t. de bot., arbre de l'Inde qui n'est connu qu'imparfaitement.

KANDERINE, subst. fém. (*kanderine*), sorte de monnaie, le même que le *tael* du Japon.

KANDJA ou **KANGIAR**, subst. mas. (*kanjiar*), poignard indien.

KAND-SI, subst. mas. (*kanci*), t. de relation, nom que les Japonais donnent à leur papier.

KANELSTEIN, subst. mas. (*kanèiceténe*), t. d'hist. nat., substance minérale assez semblable au grenat.

KANGUROO, subst. mas. (*kanguro-ô*), t. d'hist. nat., animaux de la Nouvelle-Hollande, de l'ordre des mammifères rongeurs, dont les femelles ont sous le ventre une sorte de poche où sont placées leurs mamelles, et dans laquelle elles déposent leurs petits aussitôt qu'elles les mettent au monde. On en connaît quatre espèces; dont l'une, nommée *géant* ou *mouton sauteur*, a la queue presque aussi longue que le corps. L'animal s'appuie dessus, et s'en sert comme d'un ressort.

KANNA, subst. fém. (*kanena*), t. de bot., racine bonne à manger qui croît au cap de Bonne-Espérance.

KANNAME, subst. fém. (*kaneneme*), t. de bot., espèce d'alisier du Japon.

KANNO, subst. mas. (*kanenó*), myth., nom que certaines peuplades nègres donnent à l'Être-Suprême.

KANTAR, subst. mas. (*kaniare*), poids des anciens Arabes équivalant à cent drachmes.

KANTERKAS, subst. mas. (*kanterekas*), sorte de fromage, de la Hollande.

KANTIEN, adj. mas., au fém. KANTIENNE (*kanti-ein*, *ti-éne*), qui appartient à la philosophie, à la doctrine de *Kant*.

KANTIENNE, subst. fém. Voy. KANTIEN.

KANTISTE, subst. et adj. des deux genres (*kanticète*), qui professe la philosophie de *Kant*.

KANTUFFA, subst. mas. (*kantufa*), t. de bot., espèce d'acacia épineux d'Abyssinie.

KAOLIN, subst. mas. (*ka-olcin*), sorte de terre

qui entre dans la composition de la porcelaine de Chine. C'est le feldspath argiloforme des modernes.

KAPIGI-BACHI, subst. mas. *(kapijibachi)* (du mot *kapi* ou *capi*, qui, en langue turque, signifie porte, d'où *kapigi* ou *capigi*, portier), officier du grand-seigneur qui veille aux portes du palais.

KAPIRAT, subst. mas. *(kapira)*, t. d'hist. nat., poisson du genre des notoptères.

KAPNOFUGE, adj. des deux genres *(kapenofuje)* (du grec καπνος, fumée, et φευγω, j'évite), qui préserve de la fumée : *cheminée kapnofuge*.

KAPTUR, subst. mas. *(kapeture)*, t. d'hist. moderne, nom qu'on donnait en Pologne, dans le temps d'un interrègne, et pendant la diète convoquée pour l'élection d'un roi, à une commission établie contre ceux qui troubleraient la tranquillité publique.

KARABE, subst. mas. Voy. CARABE.

KARABÉ ou **AMBRE JAUNE**, subst. mas. *(karabe)*, t. d'hist. nat., matière bitumineuse dont l'origine paraît être végétale, qu'on trouve enfouie dans les sables, sur les côtes méridionales de la Baltique, et principalement sur celles de la Poméranie.

KARABIQUE, adj. des deux genres *(karabike)*, t. de chimie : *acide karabique*, de karabé.

KARAGAN, subst. mas. *(karagnan)*, t. d'hist. nat., mammifère carnassier du genre des chiens.

KARAJAMÉA, subst. mas. *(karajaméa)*, livre des Persans qui contient neuf mille vers.

KARAKUSA, subst. mas. *(karakuza)*, t. de bot., espèce d'ortie du Brésil.

KARAKTH, subst. mas. *(karakte)*, t. de relat., espèce de capitation chez les Turcs.

KARANDAS, subst. mas. *(karanda)*, t. de bot., palmier de Ceylan.

KARAMARANGA, subst. mas. *(karamarauuga)*, t. de bot., arbre de Ceylan.

KARAPAT, subst. mas. *(karapa)*, t. de bot., arbrisseau d'Afrique.

KARAT, subst. mas. Voy. CARAT.

KARATAS, subst. mas. *(karataca)*, t. de bot., espèce d'aloès sauvage de l'Amérique, nommé aussi *caraguata mala*, et dont on connaît plusieurs espèces. *Le karatas* de Cayenne s'appelle *bois de mèche*, parce qu'il fournit une moelle qui sert d'amadou. Son fruit se nomme *citron de terre*.

KARATIASE, subst. fém. *(karaciàse)*, (du grec κερας, gén. κερατος, corne), t. de chir., excroissance charnue aux tempes ou au front.

KARATATSBANNA, subst. fém. *(karatatsebanna)*, t. de bot., plante aromatique qu'on cultive au Japon.

KARAULS, subst. mas. plur. *(karó)*, postes militaires chez les Turcs.

KARDOUON, subst. mas. *(kardon-on)*, t. d'hist. nat., grand lézard du Levant.

KARIBEPOU, subst. mas. *(karibepou)*, t. de bot., arbuste du Malabar.

KARI-CHANG, subst. mas. *(karikan)*, temps d'abstinence qui s'observe dans l'île Formose, située dans le grand Océan.

KARILPA, subst. mas. *(karilepa)*, t. de bot., nom portugais d'un arbrisseau du Malabar.

KARKEN, subst. mas. *(karkène)*, chef de moines persans.

KARKI-MESRAC, subst. mas. *(karkinnècerak)*, espèce de lance à l'usage des Turcs.

KARMATE, subst. mas. *(karmate)*, nom de sectaires religieux arabes du sixième siècle.

KARMATIENS, subst. mas. plur. *(karmaciein)*, sectaires arabes. On dit plus souvent *karmate*.

KARMESSE ou **KERMESSE**, subst. fém. *(kar, kièrmesse)*, on appelle ainsi en Hollande et dans les Pays-Bas les foires annuelles, qui se célèbrent avec des processions, des mascarades, des danses et autres divertissements.

KARMOUTH, subst. mas. *(karmoute)*, t. d'hist. nat., poisson du genre des silures, qui se trouve dans le Nil.

KARNITE, subst. fém. *(karnite)*, t. de bot., espèce de tithymale ligneuse.

KARODIB, subst. mas. *(karodi)*, t. de bot., plante de l'Inde.

KAROLINGIEN, adj. mas., au fém. **KAROLINGIENNE** *(karoleinji-ein, jiène)*, de la seconde dynastie française. Il est meilleur que *carlovingien*.

KAROLINGIENNE, adj. fém. Voy. KAROLINGIEN.

KAROT, subst. mas. *(karó)*, t. de bot., espèce de fruit d'Égypte.

KAROLY, subst. propre mas. *(karoune)*, t. de relat., Crésus des mahométans qui gardait son trésor dans un labyrinthe enchanté.

KARRA-KALF, subst. mas. *(karerakalefe)*, le premier degré de la magie chez les Islandais.

KARTEL, subst. mas. *(kartèle)*, t. de comm., futaille dont on se sert à Hambourg pour mettre le lard de la baleine.

KARTIK, subst. propre mas. *(kartike)*, myth., divinité des Gentoux. — *Kartik-Ponjah*, fête en l'honneur de cette divinité.

KAS, subst. mas. *(kace)*, t. de papetier, châssis de toile de crin.—Tambour des nègres.

KASBIACO, subst. mas. *(kacebi-ako)*, t. de bot., espèce de lis du Japon.

KASCHOUÉ, subst. mas. *(kachou)*, t. d'hist. nat., espèce de brochet du Nil.

KASI, subst. mas. *(kazi)*, kadi persan; quatrième pontife persan.

KASLEU ou **KISLEU**, subst. mas. *(kace, kiceleu)*, myth., neuvième mois de l'année sacrée des Hébreux, et le troisième de leur année civile.

KASSIGIAK, subst. mas. *(kaccijiak)*, t. d'hist. nat., espèce de phoque sans oreilles externes.

KASTA, subst. mas. *(kaceta)*, arbre sacré des Indiens.

KASTAN, subst. mas. *(kacetan)*, turban turc.

KATA, subst. mas. *(kata)*, liqueur des Iles.

KATAKOUA, subst. mas. Voy. KAKATOÈS.

KAT-CHÉRIF, subst. mas. *(katechérife)*, t. d'hist. moderne; en Turquie, ordonnance émanée directement du grand-seigneur.

KATI, subst. mas. *(kati)*, à Batavia, valeur de cent mille caches.

KATON-INDEL, subst. mas. *(katonciudèle)*, t. de bot., palmier sauvage du Malabar, dont les feuilles servent aux Malais à faire des bonnets.

KATON-CANNA, subst. mas. *(katonkanena)*, t. de bot., acacia des Indes à bois rouge.

KATQUI, subst. mas. *(kateki)*, t. de comm., toile de coton de Surate.

KATRACA, subst. mas. *(katraka)*, t. d'hist. nat., espèce de faisan de la Guyane.

KATTAU, subst. mas. *(kata)*, espèce de brosse des Arabes, dont on se sert actuellement en France pour lisser le poil des chevaux.

KAUCHTEUSE, adj. fém. *(kôcheteuze)* : *mine, veine kauchteuse*, abondante en houille.

KAURIS, subst. mas. *(kôrice)*, t. d'hist. nat., coquille du genre des porcelaines.

KAVAUCHE, subst. mas. *(kavôche)*, t. d'hist. nat., espèce de carpe que les Tartares font sécher.

KAVEKIN, subst. mas. *(kavekicin)*, t. de bot., espèce de mimusope de Pondichéry.

KAVEKINE, subst. fém. *(kavekine)*, t. de bot., arbrisseau myrtoïde de l'Inde.

KAVIAR, subst. mas. Voy. CAVIAR.

KAYMAN, subst. mas. Voy. CAÏMAN.

KAYOPOLLIN, subst. mas. Voy. CAYOPOLLIN.

KAZINE, subst. fém. *(kazine)*, trésor du grand-seigneur.

KÉBER, subst. mas. *(kièbère)*, secte de Persans qui croient à l'immortalité de l'âme.

KEBLAH ou **KEBLETH**, subst. mas. *(kiebla, blète)*, les Turcs appellent ainsi la partie du monde vers laquelle ils se tournent en faisant leur prière.

KEBLEH-NOMA, subst. mas. *(kieblènoma)*, sorte de boussole que les Turcs et les Persans portent sur eux lorsqu'ils font la prière.

KEBULE, subst. fém. *(kiébule)*, le meilleur mirobolan.

KECHERTÉCHIS, subst. mas. plur. *(kéchèretéchice)*, gardes de l'empereur de Perse.

KEDEY-MAH, subst. mas. *(kiedèna)*, t. de bot., arbre de Nubie qui tient de l'olivier et du citronnier.

KEEPSAKE, subst. mas. *(kipeeke)* (mot anglais), album, souvenir, recueil de pièces littéraires, de gravures, etc.

KEFFEKILITE, subst. fém. *(kiéfekilite)*, t. d'hist. nat., minéral récemment découvert en Crimée. C'est une espèce de magnésie carbonatée.

KÉIRI, subst. mas. *(kié-iri)*, t. de bot., violier, giroflier jaune.

KÉROTONIE, subst. fém. *(kiérotoni)*, imposition des mains.

KÉJILIA, subst. mas. *(kiéjilia)*, défenses religieuses imposées par les prêtres du Congo, touchant certains aliments.

KÉLEK, subst. mas. *(kiélek)*, bâtiment soutenu par des outres sur le Tigre, l'Euphrate.

KÉLELÉ, subst. mas. *(kiélelé)*, t. de bot., espèce de saule des bords du Niger.

KÉLEN, subst. propre mas. *(kiélène)*, myth., sorte de démon qui préside aux débauches.

KÉLETI, subst. mas. Voy. CASSE.

KÉLKEL, subst. mas. *(kiélekéle)*, tranche de sole sèche et salée.

KÉLIN, subst. mas. *(kiélein)*, t. de bot., plante de l'Inde dont on mange les tubérosités.

KÉLLEK, subst. mas. *(kiélelék)*, espèce de bateau ou plutôt de radeau, en usage sur l'Euphrate et sur le Tigre. Il est formé de plusieurs outres liées entre elles et fixées sous des branches de saule.

KÉLOÏDE, subst. mas. Voy. CHÉLOÏDE.

KÉLONTER, subst. mas. *(kiélontère)*, t. de relation, principal magistrat de certaines villes de Perse, dont l'emploi répond assez bien à celui de maire parmi nous.

KÉMA, subst. mas. *(kièma)*, myth., livre qui contient les secrets des génies.

KÉNANAHITES, subst. mas. plur. *(kiénana-ite)*, nom d'une tribu d'Arabes.

KÉNIGE, subst. fém. *(kienije)*, t. de bot., petite plante d'Islande.

KENNE, subst. fém. *(kiène)*, myth., pierre fabuleuse qui se formait dans l'œil d'un cerf et qu'on disait bonne contre le venin.

KENNEDIE, subst. fém. *(kiénedi)*, t. de bot., espèce de glycine.

KENNEL-KOHLE, subst. mas. *(kiénelekôle)*, variété de charbon de terre qu'on trouve en Irlande.

KENTROPHYLLE, subst. fém. *(kautrofile)*, t. de bot., espèce de carthame tubéreux.

KÉPHALÉONOMANCIE, subst. fém. *(kiefalé-onomanci)* (du grec κεφαλη, tête, et μαντεια, divination), divination faite au une tête d'âne cuite.

KÉPHALÉONOMANCIEN, adj. mas., au fém. **KÉPHALÉONOMANCIENNE** *(kiefalé-onomancien, ciène)*, qui exerce la képhaléonomancie; qui appartient à la képhaléonomancie.

KÉPLER (LOIS DE). Voy. au mot LOI.

KER, subst. mas. Voy. KERS.

KÉRAMIENS, subst. mas. plur. *(kiéramiein)*, sectaires mahométans.

KÉRAON, subst. propre mas. *(kiéra-on)*, myth., dieu des festins chez les Spartiates.

KÉRATITE, subst. fém. *(kiératite)*, t. d'hist. nat., néopètre ou silex corné.

KÉRATOGLOSSE, subst. mas. Voy. CÉRATOGLOSSE.

KÉRATOME, subst. mas. *(kiératome)*, instrument de chirurgie. Voy. CÉRATOTOME.

KÉRATONYXIE, subst. fém. *(kiératonikci)* (du grec κερας, corne, ονυξ, ongle de perle, et νυσσω, je perce), t. de chir., méthode particulière d'opérer la cataracte.

KÉRATOPHYTE ou **KÉRATOPHYLLON**, subst. mas. *(kiératofite)* (du grec κερας, gén. κερατος, corne, et φυτον, plante, ou φυλλον, feuille), t. de bot., espèce de polypier, transparent comme de la corne, et quelquefois varié de fort belles couleurs.

KÉRATOPLATE, subst. mas. *(kiératoplate)*, t. d'hist. nat., tipule rare.

KÉRAUNIOS, adj. mas. *(kiéràni-oce)* (en grec κεραυνος, foudroyant, fait de κεραυνος, foudre), myth., surnom de Jupiter.

KÉRAUNOSCOPIE, subst. fém. *(kiéronockopi)* (du grec κεραυνος, foudre, et σκοπεω, j'observe, je considère), art de deviner par l'observation de la foudre.

KÉRAUNOSCOPIQUE, adj. des deux genres *(kiéronockopike)*, qui appartient à la kéraunoscopie.

KÉRÉMET, subst. propre mas. *(kièrémé)*, myth., divinité principale d'une peuplade de la Sibérie.

KÉRÈRE, subst. fém. *(kiérère)*, t. de bot., plante sarmenteuse de la famille des bignonées.

KÉRION, subst. mas. Voy. ACHORES.

KERMA, subst. mas. *(kièrma)*, t. de bot., espèce de faux troène des Indes.

KERMÈS, subst. mas. *(kièrmèce)* (kermès, ou plutôt *qirmis*, est un mot arabe, signifiant, en général, *qui teint en écarlate*), t. d'hist. nat., genre d'insectes de l'ordre des hémiptères, peu distingué de la cochenille, et à laquelle on les a réunis. Ces insectes croissent sur les arbrisseaux et les plantes qui passent l'hiver. Il leur faut une plante qui les nourrisse pendant près d'un an, terme fixé pour la durée de leur vie. Après avoir pris leur accroissement, les uns ressemblent à de petites boules attachées contre une branche, et dont la grosseur varie de celle d'un grain de poivre à celle d'un pois; les autres ont une forme sphérique, tronquée ou allongée; ceux-là sont oblongs; ceux-ci, et c'est le plus grand nombre, ressemblent à un bateau renversé; leurs couleurs sont diversifiées. Les arbres fruitiers, et surtout les pêchers, sont quelquefois tellement couverts de *kermès*, tant d'une espèce en bateaux renversés, que d'une autre en petits grains, que leurs branches en paraissent toutes galeuses. L'espèce la plus renommée du *kermès* est celle dont la figure approche d'une boule dont on aurait retranché un petit segment. Ce *kermès* vient sur une espèce de petit chêne vert qui n'est qu'un arbrisseau qui s'élève à environ deux ou trois pieds. Ce chêne croît en grande quantité dans les terres incultes des parties méridionales de la France, en Espagne, et dans les îles de l'Archipel. C'est sur ces arbres que l'on fait la récolte au *kermès*, que l'on appelle aujourd'hui *graine d'écarlate* et *vermillon*. C'est avec cette graine qu'on fait le sirop de *kermès* et les pastilles de *kermès*, autrefois d'un grand usage en médecine, mais inusitées aujourd'hui. Le *kermès* sert à teindre la soie et la laine en un beau rouge cramoisi, mais la découverte de la cochenille en a bien diminué l'usage. — *Kermès minéral*, préparation d'antimoine et de soufre de couleur rouge qu'on appelle communément *poudre des chartreux*. C'est de là un grand usage en médecine. C'est l'oxyde d'antimoine hydrogènesulfuré des chimistes modernes.

KERMESSE, subst. fém. Voy. KARMESSE.

KERVÈRE, subst. fém. (*kèrenère*), t. de bot., genre de plantes fluviatiles.

KÉRONE, subst. mas. (*kiérone*), t. d'hist. nat., trichocerque à cornes.

KERS, subst. mas. plur. (*kière*), myth., êtres personnifiés par lesquels les anciens se représentaient les causes immédiates de la mort.

KERSANTON, subst. mas. (*kièreçanton*), t. d'hist. nat., sorte de roche gris-noir parsemée de points brillants.

KÉSORA, subst. propre fém. (*kièsora*), myth., idole des Indiens, adorée dans la fameuse pagode de Jagrenat.

KESSABIENS, subst. mas. plur. (*kièceçabiein*), sectaires mahométans.

KETCH, subst. mas. (*kièteche*), t. de mar., sorte de bâtiment anglais, à poupe carrée, à deux mâts, le grand et celui d'artimon.

KETMIE, subst. fém. (*kiétemi*), t. de bot., plante annuelle, de l'ordre des malvacées, originaire d'Italie et d'Afrique, et dont on compte un très-grand nombre d'espèces. On la cultive dans les jardins d'agrément.

KEVELLE, subst. fém. (*kiévèle*), t. d'hist. nat., espèce de gazelle du Sénégal.

KEVEU, subst. mas. (*keveu*), t. d'hist. nat., espèce de grive du Chili.

KHAF, subst. mas. (*kafe*), t. de bot., plante aromatique qu'on mêle quelquefois avec le tabac à fumer.

KHALIG, subst. mas. (*kalike*), t. d'hydraulique, nom par lequel les Arabes désignent tous les canaux creusés de main d'homme. Le mot arabe est proprement *khalidi*.

KHAN, subst. mas. (*kan*), titre que portent en Perse les généraux et les gouverneurs. En Tartarie, d'où ce mot est originaire, il n'appartient qu'aux chefs indépendants.—Sorte de marché public chez les Orientaux. C'est un grand édifice carré environné d'une colonnade formant un cloître, avec de nombreuses cellules, communément divisées en trois étages. Il sert aussi d'hôtellerie.

KHANAKAH, subst. mas. (*kanaká*), fête des mahométans.

KHANAT, subst. mas. (*kana*), t. de relat., titre, charge d'un khan; juridiction; territoire qui en dépend.

KHARÉGIENS, subst. mas. plur. (*karéjiein*), schismatiques musulmans.

KHATECHÉRIF, subst. mas. (*katecheérife*),

t. de relat., écrit impérial, émané du grand-sultan; c'est le même mot que *kat-chérif*.

KHORAM, subst. mas. Voy. KHORDAD.

KHOAI-BEU, subst. mas. (*ko-ébu*), t. de bot., arbrisseau de la Cochinchine.

KHODA, subst. propre mas. (*kôda*), myth., nom de Dieu en persan moderne.

KHORDAD, subst. propre mas. (*koredade*), myth., bon génie chez les Guèbres.

KHOSCH'AB, subst. mas. (*kôchabe*), boisson douce des Orientaux, faite avec des pistaches, des raisins secs, des poires, des prunes, etc., cuits avec beaucoup d'eau.

KHOTBBEH, subst. mas. (*kotebé*), espèce de prône que, dans quelques pays mahométans, les imans font particulièrement le vendredi.

KRUMANO-GOO, subst. mas. (*kumanoguô-ô*), myth., épreuve religieuse chez les Japonais.

KHUTUKTU, subst. mas. (*kutuktu*), pontife suprême des Tartares Kaluas.

KIAK-KIAK, subst. propre mas. (*kiakekiake*), myth., divinité des Péguans.

KIATIBE, subst. mas. (*kiatibe*), t. de relat., secrétaire du divan.

KIASTRE, subst. mas. (*kiacetre*), t. de chir., bandage pour la rotule fracturée en travers, ainsi nommée de sa forme, qui est celle du *chi* grec, X. On devrait en conséquence écrire *chiastre*, qui serait plus conforme à l'étymologie.

KIBITK ou **KIBITKI**, subst. mas. (*kibite, biteki*), t. de relation, voiture russe sur quatre roues.

KICHTAN, subst. propre mas. (*kichetan*), myth., nom donné à l'Être suprême par quelques peuplades sauvages.

KIÉGAN, subst. mas. (*ki-éguan*), sorte d'étoffe du Japon, à fond bleu.

KIEL, subst. mas. (*ki-éle*), t. de bot., arbrisseau des Moluques, dont les fleurs sont alternes, pétiolées, ovales, pointues, presqu'en cœur, et ondulées. Elles viennent aux sommités des rameaux. Il est rempli d'un suc laiteux qui, en se desséchant, prend une couleur bleuâtre, devient ensuite noir en se condensant, et sert à teindre les étoffes en cette dernière couleur.

KIEU, subst. mas. (*ki-eu*), t. de bot., espèce d'ail de la Chine.

KIGELLAIRE, subst. mas. (*kijèlelère*), t. de bot., genre de plantes du sud de l'Afrique.

KIHAIA, subst. mas. (*ki-a-i-a*), t. de relat., en Turquie, lieutenant-général du grand-visir.

KIKEKUNEMALO, subst. mas. (*kikekunemalo*), espèce de gomme propre au vernis.

KIKOKKO, subst. propre mas. (*kikokekô*), myth., idole adorée dans le royaume de Loango.

KIKYMORA, subst. propre mas. (*kikimora*), myth., dieu de la nuit chez les anciens Slavons.

KILCOLA, subst. mas. (*kilekola*), t. de bot., espèce d'ixore du Malabar.

KILDIR, subst. mas. (*kiledire*), t. d'hist. nat., pluvier criard de Virginie.

KILIARE, subst. mas. (*kili-are*), mesure de superficie qui contient mille ares.

KILIN, subst. mas. (*kilein*), t. d'hist. nat., petit quadrupède dont on ignore le genre.

KILLOGONE, subst. mas. Voy. CHILOGONE.

KILLAS, subst. mas. (*kilelá*), t. d'hist. nat., espèce de schiste argileux.

KILLINGE, subst. fém. (*kilcinje*), t. de bot., plante de la famille des souchets.

KILO ou **KILIO**, subst. mas. (*kilo, lio*) (en grec χιλοι, par contraction χιλοι, mille), nom générique qui signifie *mille fois une chose*.

KILOGRAMME, subst. mas. (*kiluguerume*) (Du grec χιλοι, pour χιλοι, mille, et γραμμα, ancien poids grec), dans les nouvelles mesures, poids de mille grammes, environ deux livres six gros.

KILOLITRE, subst. mas. (*kilolitre*) (du grec χιλοι, pour χιλοι, mille, et λιτρα, litre), dans le système des nouvelles mesures, capacité égale à un mètre cube, et contenant mille litres. C'est à peu près ce qu'on appelle un tonneau en t. de marine. Pour les matières sèches, le *kilolitre* remplace le demi-muid et contient à peu près six setiers et sept boisseaux.

KILOMÈTRE, subst. mas. (*kilomètre*) (du grec χιλοι pour χιλοι, mille, et μετρον, mesure ou mètre)₄ dans les nouvelles mesures, longueur de mille mètres, ou de mille toises cinq cents treize toises cinq pouces huit lignes. C'est un petit quart de lieue.

KILOMÉTRIQUE, adj. des deux genres (*kilomètrike*), qui appartient au *kilomètre* : *mesure kilométrique.*

KILOSTÈRE, subst. mas. (*kilocetère*), mesure moderne qui contient mille stères.

KIMDI, subst. mas. (*kimedi*), office du culte mahométan, qui correspond à peu près aux *représ* des chrétiens.

KIM-KUIT, subst. mas. (*kimekui*), t. de bot., espèce d'oranger de la Cochinchine.

KIM-PHANG, subst. mas. (*kimefangue*), t. de bot., arbrisseau de la Cochinchine.

KINA ou **KINAKINA**, subst. mas. (*kinakina*), t. de bot., la même chose que le *quinquina*. Voy. ce mot.

KINANCIE, subst. fém. Voy. ESQUINANCIE.

KINA-NOVA, subst. mas. (*kinanova*), t. de bot., espèce d'écorce fort ressemblante au quinquina.

KINANTROPIE, subst. fém. (*kinantropi*), Voy. ATHYMIE.

KINATE, subst. mas. Voy. QUINATE.

KINCHOK, subst. propre mas. (*kieinchoke*), myth., divinité du Thibet.

KING, subst. mas. (*kieingue*), livres canoniques ou sacrés des Chinois, contenant la doctrine et la morale de Confucius. Ils sont au nombre de cinq : l'*Y-King*, le *Chou-King*, le *Chi-King*, le *Li-Ci* et l'*Yo-King* ou *King* de la musique. Ce dernier a été totalement perdu. — Les Chinois ont deux instruments de musique de ce nom, composés, l'un de pierres minces, dont on tire divers sons en les frappant; l'autre, d'une planche courbée en rond, sur laquelle sont tendues des cordes de soie de différentes grosseurs.

KININE, subst. et adj. fém. Voy. QUININE.

KINIQUE, adj. des deux genres. Voy. QUINIQUE.

KINKAJOU, subst. mas. (*kieinkajon*), t. d'hist. nat., genre de mammifères plantigrades d'Amérique, qui ont à peu près les mêmes mœurs que les blaireaux. Ils ressemblent aux ratons par le museau, et ne diffèrent guère des coatis qu'en ce que leur queue est prenante.

KIN-KAN, subst. mas. (*kieinkan*), t. de bot., oranger du Japon.

KINKI, subst. mas. (*kieinki*), t. d'hist. nat., espèce de poule dorée de la Chine.

KINKINA, subst. mas. Voy. QUINQUINA.

KINNER, subst. mas. (*kinenère*), t. de chir., instrument hébreu, lyre antique.

KINO, subst. mas. (*kinô*), gomme d'Afrique, astringente, fébrifuge, pour la dyssenterie.

KIO, subst. mas. (*ki-o*), livre sacré des Japonais, qui renferme les préceptes de Xaca.

KION, subst. mas. (*ki-on*), t. de médec., gonflement de la luette.

KIONKOUM, subst. mas. (*ki-oukoume*), t. de bot., palmier du Sénégal.

KIOSQUE, subst. mas. (*ki-oceke*), mot emprunté du turc, pavillon sur une terrasse de jardin.

KIOTOME, subst. mas. (*ki-otome*), instrument pour couper les brides du rectum.

KIOUM, subst. mas. (*ki-onme*), myth., monastère des prêtres de Gandima.

KI-QUAT-YONG, subst. mas. (*kikati-ongne*), t. de bot., arbrisseau de la Chine.

KIRAT, subst. mas. (*kira*), petit poids ancien des Arabes.

KIRGANELLE, subst. fém. (*kirguanèle*), t. de bot., espèce d'euphorbe.

KIRLANGHICH, subst. mas. (*kirlanjice*), t. de mar., petit bâtiment léger qui, chez les Turcs, suit toujours le vaisseau de l'amiral.

KIRRONOSE, subst. fém. (*kireronôze*), t. de médec., coloration ictérique de la moelle épinière chez le fœtus.

KIRSCH ou **KIRSCH-WASSER**, subst. mas. (*kirche-ouateur*) (mot emprunté de l'allemand, où il signifie *eau-de-cerises*; de *kirsch*, cerise, et *wasser*, eau, et que par corruption nous prononçons *hervasser*, *kervasse*, etc.), espèce d'eau-de-vie faite avec des cerises, dont on tire le jus par expression, pour le faire fermenter et le distiller.

KIRSOCÈLE, subst. fém. Voy. CIRSOCÈLE.

KIRSOTOMIE, subst. fém. Voy. CIRSOTOMIE.

KISI-THAN, subst. mas. (*kizitan*), t. de bot., plante ligneuse de la Chine.

KISLAR-AGA, subst. mas. (*kicelaragua*), en Turquie, chef des eunuques noirs, un des plus considérables officiers du sérail.

KISLEU, subst. mas. Voy. KASLEU.

KISSEN, subst. propre mas. *(kiceçéne)*, myth., divinité des Gentoux.

KISSÉNIENS, subst. mas. plur. *(kicecéniein)*, partisans, sectateurs de *Kissen*.

KISSÉNIES, subst. fém. plur. *(kicecéni)*, myth., fêtes en l'honneur du dieu *Kissen*.

KISSY, subst. propre mas. *(kicecé)*, myth., fétiche président surtout au boire et au manger.

KIST, subst. mas. *(kicete)*, javelot turc.

KISTE, subst. mas. *(kicete)*, laine d'Allemagne. — Au plur., anciens habitants du Caucase.

KISTNERAPPAN, subst. propre mas. *(kicetenerapan)*, myth., divinité des sauvages du Canada.

KITAIBÉLIE, subst. fém. *(kitébeli)*, t. de bot., plante malvacée.

KITCHI-MANITOU, subst. propre mas. *kitechimanitou*), myth., un des dieux des sauvages du Canada.

KITONI-MANITOU, subst. propre mas. *(kitonimanitou)*, myth., divinité des sauvages du Canada.

KITOO, subst. mas. *(kito-ô)*, prière des Japonais dans les temps de calamité.

KITOUBA, subst. mas. *(kitouba)*, myth., idole de certaines peuplades du Congo.

KITTAVIAH, subst. propre mas. *(kitetavia)*, t. d'hist. nat., oiseau granivore de la Barbarie.

KIVASA, subst. propre mas. *(kivaza)*, myth., idole des sauvages de la Virginie.

KK, double lettre qui, dans l'ancienne imprimerie, désignait la trente-troisième feuille d'un volume.

KLAAS, subst. mas. *(kla-âce)*, t. d'hist. nat., espèce de coucou d'Afrique.

KLANDIANE, subst. fém. *(klandiane)*, t. de bot., espèce d'acacia de Java.

KLAPROLITE, subst. fém. *(klaprolite)*, t. d'hist. nat., substance minéralogique appelée autrement *lazulite*.

KLAVAIS ou COUMAILLES, subst. fém. plur. *(klavè)*, failles de mines de houille dans lesquelles la houille se trouve en fragments irréguliers.

KLÉBER, subst. mas. *(klébère)*, sorte de raisin du dép. du Bas-Rhin.

KLEBSCHIEFER, subst. mas. *(klebechifère)*, t. d'hist. nat., marne feuilletée qu'on trouve dans les carrières de pierre à plâtre des environs de Paris, et qui sert de gangue à la ménilite, espèce de silex.

KLEFTER subst. mas. *(kléfetère)*, t. de relat., sorte de brigandage avoué qui s'exerce dans la Turquie d'Europe, près de Janina.

KLEINBOVE, subst. mas. *(klénove)*, t. de bot., arbre de l'Inde dont les feuilles ont l'odeur de la violette.

KLEINIE, subst. fém. *(kléni)*, t. de bot., plante ligneuse que *Linnée* a réunie aux cacalies.

KLEISTAGNATHES, subst. mas. plur. *(klécetagniate)*, t. d'hist. nat., ordre d'insectes crustacés.

KLEPHTE, subst. mas. *(kléfete)*, montagnard de la Morée. Voy. CLEPTE.

KLINGSTEIN, subst. mas. *(kleinjecetein)*, pierre sonnante. Ce mot est allemand.

KLIPDAS, subst. mas. *(klipedá)*, t. d'hist. nat., marmotte bâtarde d'Afrique.

KLIPPSPRINGER ou SAUTEUR DE ROCHERS, subst. mas. *(klipecepreinje)*, t. d'hist. nat., mammifère ruminant du genre des antilopes.

KLOHWURST, subst. mas. *(klobevourcete)* (mot allemand), espèce de ragoût de foie de bouc.

KLOPÉMANIE, subst. fém. *(klopémani)* (du grec κλοπή, vol, et μανια, fureur), t. de médec., penchant irrésistible au vol ; manie qui pousse à voler.

KLOPÉMANIQUE, adj. des deux genres *(klopémanike)*, qui appartient à la klopémanie.

KLOPODE, subst. mas. *(klopode)*, d'hist. nat., genre d'animalcules infusoires.

KNA, sorte d'interject. *(kna)*, t. de relat., cri des Kamtschadales, pour animer leurs chiens de trait.

KNANTIE, subst. fém. *(knanti)*, t. de bot., plante voisine des scabieuses.

KNAPPIA, subst. fém. *(knapi-a)*, t. de bot., plante graminée printanière.

KNATBUL, subst. propre mas. *(knutebule)*, myth., nom du diable chez les Hébreux.

KNAVEL, subst. mas. KNAVELLE, subst. fém. *(knavèle)*, t. de bot., plante qui croît dans les champs, dont le genre se rapproche de celui des pieds-de-lion, et dont on connaît trois espèces. On trouve à la racine du *knavel* vivace un

insecte hémiptère, un peu moins gros qu'un grain de coriandre, nommé *cochenille de Pologne, kermès du Nord, kermès de racine*, qui fournit une teinture rouge.

KNÈCE, subst. mas. *(knèce)*, titre d'une dignité héréditaire parmi les Russes, qui répond à celle de prince chez les autres nations.

KNÉMA, subst. mas. *(knéma)*, t. de bot., grand arbre de l'Inde.

KNÉPIER, subst. mas. *(knépie)*, t. de bot., arbre saponacé d'Amérique

KNESME, subst. mas. *(knéceme)*, t. de médec., démangeaison morbifique.

KNES, subst. mas. *(knèze)*, guerrier propriétaire d'un cheval, chez les anciens Slaves.

KNIFFA, subst. mas. *(knifefa)*, t. de bot., espèce de millepertuis à deux styles.

KNIGTHIE, subst. fém. *(kniguéti)*, t. de bot., arbre de la Nouvelle-Zélande.

KNIPOLOGOS, subst. mas. *(knipologuoce)*, t. d'hist. nat.; Aristote a donné ce nom à un oiseau qu'on croit être le grimpereau.

KNODOLOMORPHE, subst. et adj. des deux genres *(knodolomorfe)*, qui tient de l'homme : *singe knodolomorphe*.

KNORH-AHN ou COQ-KNOR, subst. mas. *(knoran)*, t. d'hist. nat., oiseau du cap de Bonne-Espérance.

KNOTES, subst. fém. plur. *(knote)*, t. de minér., mélange de plomb sulfuré qu'on trouve mêlé à un grès dans certaines mines.

KNOUT, subst. mas. *(knoute)*, supplice usité en Russie. Il consiste en des coups de fouet, qui, suivant l'adresse plus ou moins grande de l'exécuteur, déchirent par lanières le dos du patient. — Le fouet même.

KNOXIE, subst. fém. *(knokci)*, t. de bot., plante herbacée de Ceylan.

KNYPHONISME, subst. mas. *(knifoniceme)*. Voy. XYPHONISME.

KOALA, subst. mas. *(ko-âla)*, t. d'hist. nat., espèce de mammifères appartenant à l'ordre des marsupiaux.

KOBA, subst. fém. *(koba)*, t. d'hist. nat., grande et petite vache d'Afrique.

KOBALT, subst. mas. Voy. COBALT.

KOBANG, subst. mas. *(kobangue)*, monnaie d'or du Japon.

KOBODAY, subst. mas. *(kobodé)*, chef d'un ordre de moines japonais dont le couvent sert d'asile aux criminels.

KODAFA, subst. mas. *(kodafa)*, t. de relat., chef de l'ordre des sofis en Perse.

KODJA, subst. mas. *(kodja)*, t. de relat., secrétaire d'état en Turquie et dans les états barbaresques.

KODRETI, subst. mas. *(kodreti)*, t. d'hist. nat., matière grasse mêlée de pétrole, analogue au beurre de montagne.

KOËDESNICKS, subst. mas. plur. *(ko-édécenike)*, myth., prêtres des Tartares Samoïèdes.

KOÉLÈRE, subst. mas. *(ko-élère)*, t. de bot., arbre de Saint-Domingue.

KOËLERIE, subst. fém. *(ko-éleri)*, t. de bot., plante graminée voisine des canches.

KOELLÉE, subst. fém. *(ko-élélé)*, t. de bot., espèce d'ellébore blanc.

KOELPINIE, subst. fém. *(ko-élepini)*, t. de bot., genre de plantes voisin des lampsanes.

KOELREUTERE, subst. fém. *(ko-éloreutère)*, t. de bot., arbrisseau de la Chine que l'on cultive depuis quelques années en pleine terre dans les jardins de Paris. Il forme un genre dans l'octandrie monogynie et dans la famille des saponacées. La disposition de ses feuilles et celle de ses fleurs, auxquelles succèdent des vésicules triangulaires très-grosses, qui subsistent jusqu'à l'hiver, le rendent très-pittoresque, et en conséquence très-propre à orner les bosquets d'agrément. — On a donné le même nom à un autre genre de la famille des mousses.

KOËS, subst. mas. *(ko-éce)*, myth., prêtre qui recevait la confession de ceux qui se faisaient initier aux mystères de Samothrace.

KOËTSH-WASSER, subst. mas. *(ko-étechevaçeur)*, eau-de-vie de prunes, qu'on vend quelquefois pour du *kirsch-wasser*.

KOFF, subst. mas. *(kofe)*, t. de mar., sorte de bâtiment hollandais avec un mât de misaine et le grand mât.

KOFFLE, subst. mas. *(kofle)*, t. de relation, sorte de caravane en Afrique.

KOFFOL, subst. mas. *(kofole)*, t. de médec., médicament préparé avec du cachou, dont on fait usage sur la côte de Coromandel.

KOGIA, subst. mas. *(koji-a)*, chez les Turcs, marchand qui fait le commerce en gros. Le titre de *kojia* est honorable.

KOHAUTÉE, subst. fém. *(ko-ôté)*, t. de bot., plante hédyotidée.

KOHLENHORNBLENDE, subst. fém. *(kôlénornebleinde)*, t. d'hist. nat., substance charbonneuse, charbon végétal.

KOINA, subst. mas. plur. *(koëna)*, t. d'hist. anc., assemblée générale des Grecs.

KOIOLÉS, subst. mas. Voy. KOËS.

KOIVE, subst. mas. *(koève)*, myth., grand-prêtre des idoles des anciens Russiens.

KOKADATOS, subst. mas. *(kokadatoce)*, t. d'hist. nat., oiseau gallinacé d'Afrique.

KOKÉRA, subst. mas. *(kokéra)*, t. de bot., genre de plantes voisin des célosies.

KOL, subst. mas. *(kole)*, t. de pêche, grand filet que les Hollandais traînent à la remorque sous voile, pour prendre des morues.

KOLA, subst. mas. *(kola)*, t. de bot., fruit du sterculier.

KOLADA, subst. propre mas. *(kolada)*, myth., dieu des Slaves, qu'on croit être le même que Janus.

KOLADIES, subst. fém. plur. *(koladi)*, myth., fêtes célébrées autrefois à Kiew, en l'honneur du dieu *Kolada*.

KO-LAO, subst. mas. *(kola-o)*, à la Chine, grand mandarin appelé auprès de l'empereur pour l'aider de ses conseils, présider les tribunaux, etc. L'autorité des *ko-laos* est respectée même par les princes de la maison impériale.

KOLEHO ou KOHLO, subst. mas. *(kole-ô)*, t. de bot., arbre fruitier de Java.

KOLINIL, subst. mas. *(kolinile)*, t. de bot., nom d'une légumineuse du genre galéga.

KOLKO, subst. mas. *(kolekô)*, t. de bot., sorte de fruit des Indes.

KOLLOK, subst. mas. *(kolelok)*, myth., fête des Péguans en l'honneur des dieux de la terre.

KOLLYRITHE, subst. fém. *(kolelirite)* (du grec κωλύω, j'empêche, et ρω, je coule ; *j'empêche de couler*), sorte d'argile blanche qui absorbe l'eau avec sifflement, et la retient pendant plus d'un mois.

KOLO, subst. mas. *(kolo)*, assemblée des états provinciaux de Pologne.

KOLPODE, subst. mas. *(kolepode)*, t. d'hist. nat., ver infusoire à corps plat et sinueux. On dit aussi *klopode*.

KOL-QUALL, subst. mas. *(kolekouale)*, t. de bot., euphorbe à tige octogone et à fruits d'un rouge cramoisi, qu'on croit être l'euphorbe des boutiques. Le lait qu'il rend est très-caustique, sert à enlever le poil des cuirs qu'on destine à être tannés.

KOMANE, subst. fém. *(komane)*, t. de bot., genre de plante qui n'a pas été adopté.

KONAC, subst. mas. *(konak)*, t. de relat., hôtel en Turquie.

KONISMARCK, subst. fém. *(koniceniarke)*, lame d'épée très-large vers la poignée.

KONJU, subst. mas. *(konju)*, t. de relat., titre qu'on donne au grand-lama.

KONQUER, subst. mas. *(konkière)*, t. de relat., chef de chaque nation des Hottentots. Cette dignité est héréditaire.

KOONA, subst. mas. *(ko-ôna)*, t. de bot., feuille d'échite, dont les sauvages se servent pour empoisonner leurs flèches.

KOPECK, subst. mas. *(kopéke)*, monnaie de Russie qui vaut à peu près un sou ou cinq centimes de France.

KOPFSTUCK, subst. mas. *(kopefécetuke)*, monnaie qui a cours en divers cantons de l'Allemagne, où elle vaut assez généralement vingt-quatre kreutzers ou un sixième d'écu.

KOPLIOS, subst. mas. plur. *(kopli-ôce)*, t. de relat., cabarets nouvellement établis à Constantinople.

KOPPUNS, subst. mas. plur. *(kopu)*, myth., prêtres du second ordre de l'île de Ceylan.

KO-PU, subst. mas. *(kopu)*, à la Chine, étoffe fabriquée avec la seconde écorce d'une plante ou arbuste appelé *ko ou co*.

KORAÏTES, subst. mas. plur. *(kora-ite)*, tribu d'Arabes.

KORAN, subst. mas. Voy. CORAN.

KORALLEN-ERTZ, subst. mas. *(koralelénèrtece)*, t. d'hist. nat., minerai de mercure qui se trouve dans le schiste bitumineux.

KORAQUES, subst. fém. plur. (*korake*), grosse tolle de coton de Suratte.

KORBAN, subst. mas. (*korban*) (mot hébreu et arabe qui signifie offrande, de *koraba*, offrir), dans le Levant, grande réjouissance, dans laquelle on fait cuire un animal tout entier, qu'on partage ensuite aux assistants. C'était autrefois un sacrifice en usage parmi les chrétiens orientaux.

KORÉ, subst. mas. (*koré*), t. de bot., arbre d'Amboine appelé aussi *arkole*, *ekora* et *ay*.

KORÉISCHITES, subst. mas. plur. (*koré-ichite*), tribu d'où descendait la famille de Mahomet.

KORÉITE, subst. fém. (*koré-ite*), t. d'hist. nat., pierre onctueuse avec laquelle les Chinois font leurs magots. Elle est connue sous le nom de *pierre de lard*, et classée avec les talcs.

KORIOM, subst. mas. (*koriome*), t. de bot., espèce d'alizier du Kamtschatka.

KORNOEKRENERTE, subst. mas. (*kornékrenertece*), t. d'hist. nat., variété du cuivre sulfuré, ou argent en épis.

KOROSVEL, subst. mas. (*korocevéle*), t. de bot., arbrisseau sarmenteux de l'île de Ceylan.

KORRO, subst. mas. (*korero*), instrument de musique des nègres; c'est une grande harpe à dix-huit cordes.

KORSAC, subst. mas. (*koreçak*), t. d'hist. nat., espèce de chien qui tient du renard.

KORTCHI-BACHI, subst. mas. (*kortechibachi*), t. de relat., officier du royaume de Perse.

KORTCHIS, subst. mas. plur. (*kortechi*), t. de relat., corps de cavalerie en Perse.

KORZEC, subst. mas. (*corsek*), mesure de capacité en usage dans la Pologne.

KOSCHAB, subst. mas. (*kochabe*), sorte de boisson des Orientaux.

KOSÉ, subst. propre mas. (*kózé*), myth., divinité des anciens Iduméens.

KOSSI, subst. propre mas. (*koçi*), myth., idole des nègres du Congo.

KOT, subst. mas. (*kô*), t. de mar., sorte de rouf bâti sur l'avant de certains petits bâtiments, portant sur le premier pont, et s'élevant d'environ le tiers de sa hauteur au-dessus du pont.

KOTBAH, subst. mas. (*kotcba*), prière des Turcs pour la prospérité du souverain.

KOTTERYS, subst. mas. plur. (*koterice*), t. de relat., nom de certains marchands indiens.

KOTYLE, subst. fém. (Boiste.) Voy. COTYLE.

KOUA, subst. mas. Voy. KOVA.

KOUAN, subst. (*kouan*), t. de bot., plante dont on emploie la graine pour faire le carmin.

KOUAN-IN, subst. propre mas. (*kouanein*), myth., divinité tutélaire des femmes, chez les Chinois.

KOUBO, subst. mas. (*koubo*), t. de relat., nom de l'empereur civil du Japon, entre les mains duquel réside la souveraine puissance, à la différence du *daïri* ou empereur ecclésiastique, qui, avec tous les honneurs de la souveraine puissance, n'en a aucun des privilèges effectifs.

KOUFIQUE, subst. mas. (*koufike*), l'ancienne écriture arabe, usitée depuis l'an 700 de l'ère chrétienne, jusqu'en 955, époque où le *neskhy*, qui est un *koufique* embelli et perfectionné, fut inventé et généralement adopté. Quelques-uns disent *cufique*.

KOUGHAS, subst. mas. plur. (*kougaas*), myth., esprits malfaisants des Aléotes.

KOUJA, subst. propre mas. (*kouja*), myth., dieu chinois adoré à Nanchang.

KOUKA, subst. mas. (*kouka*), insigne d'hospodar ou prince.

KOUL, subst. mas. (*koule*), t. de relat., esclave mahométan.

KOULIK, subst. mas. (*koulike*), t. d'hist. nat., espèce de toucan de Cayenne.

KOULS, subst. mas. plur. (*koule*), troisième corps de troupes de la maison impériale de Perse.

KOUMIS ou **KOUMISS**, subst. mas. (*koumice*), lait de jument fermenté dont les Tartares font usage.

KOUNTING, subst. mas. (*kounetein*), instrument de musique des nègres; c'est une espèce de guitare à trois cordes.

KOUPALO, subst. propre mas. (*koupalo*), myth., divinité des Scandinaves qui présidait aux fruits.

KOUPHOLITHE, subst. fém. (*koufolite*) (du grec κουφος, léger, et λιθος, pierre; *pierre légère*), t. de minéralogie, substance minérale composée de petites lames très-minces et transparentes.

KOURI, subst. mas. (*kouri*), t. d'hist. nat., quadrupède de la Guyane.

KOUTKA, subst. propre mas. (*kouteka*), myth., esprit intelligent du dieu primitif des Kamtschadales.

KOUTKHOU, subst. propre mas. (*koutekou*), myth., dieu créateur de la terre chez les Kamtschadales.

KOUXEURY, subst. mas. (*koukçeuri*), t. d'hist. nat., poisson des lacs de l'Amérique méridionale, dont le palais sert aux sauvages pour polir leurs ouvrages en bois. On ignore à quel genre il appartient.

KOUZOVGIS, subst. mas. plur. (*kouzonji*), t. de relat., nom d'un corps de milice turque.

KOVA, subst. mas. (*kova*), ancien caractère chinois, qui a précédé ceux qu'on connaît aujourd'hui, et qui a servi pour l'*F-King*, le premier de leurs cinq livres canoniques, attribué par les uns à *Confucius*, et par les autres, à l'empereur Fo-hy. C'est en caractères *kova* qu'était écrite la fameuse inscription tracée sur une colonne par le même empereur Fo-hy, et demeurée inintelligible pour les lettrés eux-mêmes, jusqu'à l'explication qu'en donna le P. *Bouvet*, au commencement du dix-huitième siècle. Ce père découvrit que ces *kova*, formant soixante combinaisons de six lignes parallèles, trois entières et trois brisées, n'étaient que les signes de l'arithmétique binaire de Leibnitz.

KOWEL, subst. mas. (*kovéle*), terme de bot., plante d'Afrique.

KRAAL, subst. mas. (*kra-al*), village hottentot.

KRAKE, subst. fém. (*krake*), t. de pêche, sorte d'ancre ou de câblière dont se servent les Norwégiens lorsqu'ils vont à la pêche du saumon.

KRAKEN, subst. mas. (*krakiêne*), t. d'hist. nat., sèche gigantesque; polype énorme, que des marins prétendent avoir vu dans l'Océan.

KRAMER, subst. mas. (*kramére*), t. de bot., arbrisseau de l'Amérique méridionale.

KRAMÉRATE, subst. mas. (*kramérate*), t. de chimie, sel résultant de la combinaison de l'acide *kramérique* avec une base salifiable.

KRASCHENINIKOFIE, subst. fém. (*kracheninikofi*), t. de bot., genre de plantes.

KRATINA, subst. propre mas. (*kratina*), myth., nom du chien des Sept-Dormants, chez les musulmans.

KREMLIN, subst. propre mas. (*krémelein*), palais des czars à Moscou.

KREUTZER, subst. mas. (*kreutezère*), monnaie d'Allemagne le tiers du gros d'argent de Breslau, environ neuf deniers de France, de quatre centimes. Le *kreutzer* se divise en deux *dreyers* et le *dreyer* en trois *hellers*.

KRIGIE, subst. fém. (*kriji*), t. de bot., espèce d'hyoséride de Virginie.

KRIPTIE, subst. fém. (*kripeti*), chaussure que les ilotes suspects portaient à Sparte.

KRIVE, subst. mas. (*krive*), myth., grand-prêtre chez les anciens Prussiens.

KRODO, subst. propre mas. (*krodo*), myth., principale idole des anciens Saxons.

KROKERIE, subst. fém. (*krokeri*), t. de bot., genre de plantes établi pour placer le lolier comestible. Il n'a pas été adopté.

KROS, subst. mas. (*krô*), t. de relation, vêtement des Hottentots, en forme de manteau, fait ordinairement et même presque toujours de peau de mouton, dont la laine se porte en dedans pendant la durée des froids, et en dehors pendant les chaleurs.

KROUFFE ou **GREIN**, subst. mas. (*kronfe*), t. de minér., sorte de faille des mines de Hongrie.

KROUPHOLITE, subst. fém. (*kroufolite*), t. d'hist. nat., minéral.

KRUOMÈTRE, subst. mas. (*kru-omètre*), t. de phys., instrument nouveau, qui sert à faire connaître l'intensité du froid.

KRUOMÉTRIE, subst. fém. (*kru-ométri*), connaissance du *kruomètre*.

KRUOMÉTRIQUE, adj. des deux genres (*kru-ométrike*), qui appartient à la *kruométrie*, au *kruomètre*.

KRUSMAN, subst. propre mas. (*kruceman*), myth., divinité adorée anciennement par les habitants des environs de Strasbourg.

KSEI, subst. mas. (*kecé*), t. de bot., gui du Japon à baies rouges.

KTHÉINA, subst. fém. (*keté-ina*), t. de bot., plante des déserts de l'Arabie, avec laquelle on fait une espèce d'amadou.

KUARA, subst. fém. (*ku-ara*), t. de bot., espèce d'érythrine d'Abyssinie.

KUASER, subst. pr. m. (*ku-asère*), myth. scand., fils des Dieux, qui enseignait la sagesse.

KUBO, subst. mas. Voy. KOUBO.

KUDDA-MULLA, subst. mas. (*kudedamulela*), t. de bot., arbre du Malabar, le même que le *sambac*.

KUEMA, subst. fém. (*kuma*), t. de bot., genre d'aparies à surface supérieure feuilletée.

KUERELLE, subst. fém. (*kurèle*), t. de minér., grès schisteux qui accompagne la houille dans les mines d'Anzin.

KUGES, subst. mas. plur. (*kuje*), prêtres supérieurs du Japon, qui forment la cour du *daïri*.

KUHNIE, subst. fém. (*kuni*), t. de bot., plante cynarocéphale.

KUHNISTÉRA, subst. fém. (*kunicetera*), t. de bot., genre de plantes.

KUL-KIAPSTI, subst. propre mas. (*kulkeki-a-peceti*), myth., divinité des Chinois.

KUKAN, subst. mas. (*kukan*), espèce d'onguent d'Afrique préparé avec la graine de la *pastèque*.

KULEN, subst. mas. (*kulène*), t. de bot., plante légumineuse du Pérou.

KULLOUR, subst. mas. (*kulelour*), t. de relat., gouverneur d'une ville de guerre en Turquie.

KUNIFF, subst. mas. (*kunife*), liqueur des Tartares, faite avec du lait de piment.

KUNITZ, subst. mas. (*kuniéece*), myth., espèces de saturnales, fête solennelle du Sintos.

KUNTHIE, subst. fém. (*keunti*), t. de bot., palmier de la Nouvelle-Grenade.

KUON-IN-PU-SA, subst. propre mas. (*kuonainpuça*), myth., divinité monstrueuse des Chinois, pour laquelle ils ont une grande vénération.

KUPAY, subst. propre mas. (*kupè*), myth., nom du diable chez les Péruviens.

KUPFERKIESS, subst. mas. (*kupeferekièe*), t. de minér., pyrite cuivreuse non décomposée. — *Kupfer-nickel*, minerai contenant du *nickel*. — *Kupfer-reichem*, le même que *kupfer-kiess*.

KUPHE, subst. mas. (*kufe*), tuyau vermiculaire.

KUPHÉA, subst. fém. Voy. CUPHÉE.

KUPTIENS, subst. mas. propre mas. plur. (*kupeciein*), nom d'un ancien peuple que l'on croit être les Coptes.

KURBAN-BAÏRAM, subst. mas. (*kurbanbé-i-rame*), fête turque.

KURBATOS, subst. mas. (*kurbatôce*), t. d'hist. nat., oiseau du Sénégal dont plusieurs voyageurs parlent sans le décrire. C'est un oiseau pêcheur d'un plumage varié, à très-long bec intérieurement denté, se balançant avec une légèreté et une vitesse étonnantes, près de la surface de l'eau, pour attraper les petits poissons. Il est du nombre des oiseaux qui ont l'instinct de mettre leur couvée à l'abri des singes et des serpents, en suspendant leur nid comme un lustre, au bout d'une branche flexible sur laquelle ces animaux ne pourraient se soutenir. Ces nids sont de terre gâchée avec de la mousse et des plumes, et assez solides pour s'entre-choquer sans inconvénient les uns les autres, quand le vent les agite.

KURITE, subst. fém. (*kurite*), t. d'hist. nat., poisson du genre scolopsis.

KURSAWSKA, subst. mas. (*kurçaceka*), t. de minér., les mineurs de la mine de plomb de Tarnowiz, en Silésie, donnent ce nom à une couche argileuse ou de terre bleuâtre qui recouvre la couche de plomb. Cette terre est spongieuse; elle absorbe toute l'eau du terrein, la retient à peu près comme une éponge, la verse de proche en proche dans les nombreuses excavations souterraines de la contrée, et force ainsi d'abandonner les travaux.

KURTCHI-BACHI, subst. mas. (*kurtechibachi*), t. de relat., chef des *kurtchis*, corps de troupes perses.

KURTCHIS, subst. mas. plur. (*kurtechi*), t. de relat., en Perse, corps de cavalerie perse, composé de l'ancienne noblesse.

KURTE, subst. mas. (*kurte*), t. d'hist. nat., genre de poissons osseux, holobranches, jugulaires, de la famille des auchénoptères, qui ont le corps ovale, très-comprimé, et qu'on nomme aussi *chrysostomes*.

KURTKA, subst. mas. (*kurteka*), habit militaire polonais adopté par la cavalerie nationale de Paris.

KUSSIR, subst. mas. (*kucecire*), terme de musique, instrument des Turcs, composé de cinq cordes tendues sur une peau qui couvre une assiette de bois.

KUTKU, subst. mas. (*kutcku*), myth., ancienne divinité suprême des Kamtschadales.

KUZURI, subst. mas. (*kusuri*), alphabet des Géorgiens, dont l'usage est borné aux livres ecclésiastiques.

KVASS ou **KWASS**, subst. mas. (*kevace*), t. de pharm., boisson fermentée faite avec de la farine de seigle.

KWAI, subst. mas. (*kové*), t. de bot., espèce de thuias du Japon.

KYLLOSE, subst. fém. (*kilelôse*) (du grec κυλλός, boiteux), t. de médec., torsion des pieds, disposition des pieds-bots.

KYNANCIE, subst. fém. Voy. CYNANCHE ou CYNANCHIE.

KYNODON, subst. mas. (*kinodon*), t. d'hist. nat., genre de vipères.

KYNOREXIE, subst. fém. Voy. CYNOREXIE.

KYNORRHODON, subst. mas. Voy. CYNORRHODON.

KYPHORE, subst. mas. Voy. KYPHOSE.

KYPHONISME, subst. mas. *kifoniceme*) (du grec κυφωνισμός, torture), supplice qui consiste à exposer au soleil le patient nu et frotté de miel.

KYPHOSE, subst. mas. (*kifôse*), t. d'hist. nat., genre de poissons de la mer du Sud, établi dans la division des thoraciques. Il a pour caractères un dos très-élevé, une bosse sur la nuque, des écailles semblables à celles du dos sur la totalité ou sur une grande partie des opercules qui ne sont pas dentelés; ce genre, voisin des labres, ne renferme qu'une seule espèce, le *kyphose double-bosse*. — On le nomme aussi *kyphore*.

KYRBIDES, subst. fém. plur. (*kirebide*), terme d'antiquité, tables triangulaires sur lesquelles les anciens écrivaient les lois et les fêtes des dieux.

KYRIÉ ÉLÉISON, subst. mas. (*kirié-élé-içone*) (mots purement grecs, prononcés à la manière des Grecs modernes, formés de κυριος, voc. κυριε, seigneur, et de ελεειν, avoir pitié, à l'impératif, ελεησον, ayez pitié; *Seigneur, ayez pitié de nous*), la partie de la messe où l'on implore la miséricorde de Dieu. C'est aussi par cette prière que commencent les litanies.

KYRIELLE, subst. fém. (*kiri-éle*) (du grec κυρις, commencement ordinaire des litanies), liste ou dénombrement de choses ennuyeuses ou fâcheuses.— Dans la poésie française, sorte de vieille rime qui consistait à répéter un même vers à la fin de chaque couplet ou de chaque stance.

KYSTALGIE, subst. fém. Voy. CYSTALGIE.

KYSTALGIQUE, adj. des deux genres. Voy. CYSTALGIQUE.

KYSTE, subst. mas. (*kicete*) (en grec κυστις, vessie), membrane en forme de poche ou de vessie, qui renferme certaines humeurs contre nature.

KYSTEUSE, adj. fém. Voy. KISTEUX.

KYSTEUX, adj. mas., au fém. **KYSTEUSE** (*kicetcu, teuze*), t. de médec., qui tient du *kiste* séreux.

KYSTIDOTOMIE, subst. fém. Voy. CYSTIDOTOMIE.

KYSTIQUE, adj. des deux genres (*kicetike*), t. de médec., qui appartient au *kyste*, qui peut le guérir.

KYSTIRRHAGIE, subst. fém. Voy. CYSTIRRHAGIE.

KYSTIRRHAGIQUE, adj, des deux genres Voy. CYSTIRRHAGIQUE.

KYSTIRRHÉE, subst. fém. Voy. CYSTIRRHÉE.

KYSTIRRHÉIQUE, adj. des deux genres. Voyez CYSTIRRHÉIQUE.

KYSTOTOME, subst. mas. Voy. CYSTOTOME.

KYTTARRHAGIE, subst. fém. (*kitetareraji*), (du grec κυτταριον, alvéole, et ρηγνυμι, je romps), t. de chir., écoulement de sang par un alvéole.

KYTTARRHAGIQUE, adj. des deux genres (*kitetarerajike*), t. de chir., qui appartient à la *kyttarrhagie : flux kyttarrhagique*.

KZEL-BACHE, subst. mas. (*kzélebache*), ornement de tête des Persans.

L, subst. mas. (*le*, et non plus *èle*, qui ne rend nullement le son naturel de cette lettre), douzième lettre de l'alphabet et la neuvième des consonnes. — L est une lettre numérale qui signifie cinquante, et avec un trait horizontal au-dessus, cinquante mille. — L est employé dans le commerce comme abréviation pour signifier le mot *livre*, monnaie ou poids : et quelquefois pour signifier *le* ou *leur* : L/C, le compte *ou* leur compte. — *l*, sur nos monnaies, signifie *Louis*. Ce L est couronné sur celles de Louis XII, sur celles de Louis XIV et de Louis XV. — Deux L enlacés expriment le même nom. Les L enlacés signifient encore *Louis*, parce que c'était le chiffre des rois du nom de *Louis*, sur les bordures de tapisseries, sur les carrosses, sur les housses des chevaux, sur les couvertures d'équipages, etc. — Cette lettre a été anciennement le caractère dont on marquait la monnaie fabriquée à Bayonne. — L, initial conserve toujours le son qui lui est propre, *lapin, larron*. Au milieu d'un mot il le conserve également lorsqu'il est entre deux voyelles, comme dans *filer, voler, fidèle, grêle, appeler*. On le fait sentir dans le corps des mots, en donnant à l'*e* qui le précède le son de l'*é* : *quelque, quelqu'un, quelquefois*. On le prononce dans le mot *il, ils*. — Pour le cas où certains verbes, tels que ceux en *eler*, prennent dans quelques temps tantôt deux *l*, tantôt un seul, voyez ce que nous disons à la fin de la conjugaison de ces sortes de verbes dans notre *Grammaire*. — La consonne *l* se double toujours, lorsqu'elle se trouve dans le milieu d'un mot où elle doit être *mouillée*; lors même qu'elle n'est pas *mouillée*, elle se double dans les mots qui commencent par *al* et par *ol* : *allaitement, allié, collationner, collège*, etc.; voyez plus bas les mots en *ill*. — L se prononce ordinairement à la fin des mots : *profil, subtil, puéril, moral;* dites comme s'il y avait *profile, subtile, puérile, morale*. Il y a cependant quelques exceptions : *baril, chenil, coutil, fournil, fenil; fusil, outil, gril, nombril; persil, sourcil, gentil*, etc. (nous nous abstenons d'une nomenclature complète, la prononciation étant indiquée exactement à chacun des mots), se prononcent comme s'il n'y avait pas de *l*; dites donc : *bari, cheni, couti*, etc. Le mot *gentil* est doublement exceptionnel; *l* final de ce mot ne se fait point sentir lorsqu'il est seul ou placé devant une consonne; et il sonne comme la diphthongue *ie* devant une voyelle : *gentil enfant, gentilhomme;* prononcez : *jantiianfan, jantiiome*. (Voir plus bas la remarque concernant la règle d'usage la plus commune de cette sorte de prononciation). — L est muet entièrement dans le plur. *gentilshommes*, et dans *fils*, que l'on prononce comme s'il n'y avait point de *l* : *jantiiome, fice*, en faisant résonner *s*. — L est purement explétif, et n'est mis que par la raison euphonique pour éviter l'*hiatus*, devant le mot *on*; on dit et l'on écrit : *le lieu où l'on est*, pour éviter le heurt désagréable des deux mots, dont l'un finit et l'autre commence par une voyelle, *où, on*. — Parlons maintenant d'une des plus grandes difficultés de notre langue, parlons de ce qu'on est convenu d'appeler *l* mouillé, sans pouvoir rendre compte bien clairement et nettement de cette prononciation. Les avis sont ici plus que partagés; ils sont même en opposition directe. Jusqu'ici les lexicographes n'ont point osé se prononcer franchement sur le double *l*, précédé d'un *i*, ou sur *l* final dont l'articulation doit, disent-ils, être *mouillée*. Les uns se sont contentés d'écrire à côté du mot : Il *mouillés*; à vous de prononcer, si vous savez, si vous comprenez ce que c'est que ll *mouillés*. Le savant *Gattel*, celui qui a le plus approfondi la chose en matière de prononciation, donne l'avis de prononcer ces *ll* à la manière des Italiens, comme ils prononcent le *gli*; mais, s'il vous plaît, comment prononcent-ils le *gli*? Nous devons supposer qu'on n'en sait rien. C'est donc à nous d'orthographier de notre mieux cette bizarre prononciation, que personne ne fait sonner d'après les lettres qui servent à l'écrire. Nos puristes français, disons-le bien vite, veulent qu'en même temps que l'on fait entendre le *ie* dont nous avons parlé, on fasse un peu sentir l'un des deux *l* qui composent le mot : cette méthode peut être fondée sur la raison, car les lettres sont faites pour être prononcées; mais nous, nous ne craindrons pas de proclamer hautement que la majorité des Français qui parlent leur langue simplement et sans aucune espèce de prétention font sonner *ie* les *l* vulgairement dits *mouillés*, son peu harmonieux, il est vrai, mais simple, mais facile. Voilà la règle que nous avons suivie et que nous proposons : cette règle nous a semblé établie sur la base généralement adoptée; cependant nous nous servirons du mot *mouillé*, parce que ce terme est généralement compris, quoiqu'il n'exprime pas absolument la chose. — On dit que l'articulation est *mouillée* par *ill*, dans les mots tels que *fille, pillage, cotillon, pointilleux*, etc. (Voir la prononciation de chaque mot). Nous faisons prononcer *fi-ie, pi-iage, koti-ion, poenti-ieu*; certes, nous ne croyons pas, et nous en appelons ici à tous ceux qui n'ont point d'intérêt à accepter telle prononciation plutôt que telle autre, nous ne croyons pas que le plus grand nombre des Français prononce *file-ie, pile-iaje, kotile-ion, poentile-ieu*. Après tout, ceci est peut-être un système de notre part; nous le soumettons sans amour-propre, sans orgueil, à la sagesse expérimentée des plus éclairés, des plus habiles. Nous ne l'avons franchement dénoncé que parce qu'il est de notre part l'expression de l'opinion que nous avons émise plus haut. Nous n'avons entendu aucun officier-général, en parlant de ses *bataillons*, prononcer des *bata-ielion*, mais des *batâ-ion*.—Continuons : quand cette lettre est double, et qu'elle est précédée de *ai, ei, oui*, elle se prononce *mouillée*, comme dans ces mots : *travailler, maille, bailler, veiller, recueillir, fouiller, grenouille*; nous faisons dire, d'après notre principe : *trava-ier, ma-ie, bâ-ié, vè-ié, rekueu-ie-ir, fou-ier, guerenou-ie* : la même prononciation est suivie dans les mots qui finissent en *ail, eil, ueil* et *ouil*, par *l* simple, comme *travail, réveil, cercueil, œil, fenouil*, etc.; nous écrivons cette manière de dire : *trava-ie, révè-ie, cèrekueu-ie, eu-ie, fenou-ie*. — L'*Académie* et plusieurs lexicographes prétendent que *l* final doit avoir le son *mouillé* dans *péril*, nous ne sommes point de cet avis; si *mil*, sorte de graine, se prononce *mi-ie*, c'est parce que ce mot a servi sans doute à former celui de *millet*, qui est son diminutif, et dans lequel les *ll* sont *mouillés*; mais il n'en est pas de même de *péril*, qui n'offre aucune raison plausible de le prononcer autrement que *périle*. Nous dirons aussi que nous ne savons pourquoi le nom propre *Sully* est indiqué devoir se prononcer *çu-ie-i*; nous avons, nous, depuis que nous entendons lire et parler, entendu lire et parler *çuleli*. — Les règles que nous avons données plus haut concernant *l final mouillé* ne sont point générales; ainsi *fil, Nil, mil* adjectif de nombre, et les adjectifs *vil, civil*, conservent la prononciation naturelle de la lettre *l*. Il en est de même des *ll* précédés de *i* dans le corps d'un mot : *gille, mille, ville*, se prononcent *jile, mile, vile*. — *Ill*, au commencement des mots, sonne comme s'il y avait deux *l*, mais sans les *mouiller* : *illégitime, illuminé, illusion, illustre*, etc.; dites : *ilelèjitime, ilelumine, ileluzion, ilelucetre*. On nous pardonnera de nous être un peu étendus sur la prononciation de cette lettre, en faveur de la bonne intention qui seule nous a guidés.

L', abréviation des mots *le* ou *la*. La lettre *a* et la lettre *e* se retranchent dans l'article *le, la*, et dans le pronom *le, la* : on les remplace par une apostrophe, devant une voyelle ou un *h* muet; ainsi l'on écrit *l'homme*, au lieu de *le homme*, *l'âme*, au lieu de *la âme*; la raison d'euphonie exige cela pour éviter le *heurt* désagréable des deux voyelles qui se rencontreraient.

LA (*la*), article ou pronom féminin. Voy. LE.

LA, subst. mas. (*la*), sixième note de musique. C'est aussi le nom du signe qui représente cette note. — *Donner le la*, faire sonner le *la* sur son instrument, afin qu'un autre musicien puisse mettre le sien à l'unisson. On dit dans un sens analogue, *prendre le la*. — Troisième corde de quelques instruments : *remettez un la à ce violon*.

LÀ, adv. démonstratif (*la*); on le distingue de *la* article, par l'accent grave qui est sur *a*. Il sert à désigner que la chose dont on parle est éloignée, comme *ci* désigne qu'elle est proche : *en ce temps-ci, en ce temps-là; en ce lieu-ci, en ce lieu-là; allez-vous-en là, je vous attendrai ici*. — *D'ici là*, se dit également du temps et du lieu : *D'ici là, nous comptons deux lieues; nous avons encore huit jours pour nous décider; d'ici là, nous verrons*. — *A la guerre*, ceux qui sont en faction demandent à ceux qui les approchent : *qui va là?* On dit aussi *halte là* à des troupes qui marchent, pour leur ordonner de s'arrêter. — *Halte là* se dit encore familièrement à quelqu'un dont on veut suspendre la marche ou interrompre le discours. — *Là*, se met souvent au commencement du membre d'une période, et ne se dit que pour marquer la différence des lieux, sans aucun rapport au plus ou au moins de distance : *le peintre avait rassemblé dans un même tableau plusieurs objets différents; là, une troupe de bacchantes, ici, une troupe de jeunes gens; là, un sacrifice, ici une dispute de philosophes*. — Quelquefois il se met après l'adverbe *çà*, comme dans cette phrase, *çà et là*, et alors ces deux adverbes de lieu joints ensemble signifient dispersion et confusion : *tous ses meubles étaient jetés çà et là*.— Il se joint avec quelques autres adverbes de lieu qu'il précède toujours : *là-haut, là-bas, là-dessus, là auprès, là contre*. — Il se met aussi à la suite des pronoms démonstratifs et des noms, pour désigner les objets d'une manière plus particulière. *Ceci, cela, celui-ci, celle-là; cet homme-là; je ne connais pas ces gens-là*.—Quelquefois *là* n'est employé que par une espèce de redondance, et pour donner plus d'énergie au discours : *c'est là une belle action; que dites-vous là? qu'avez-vous fait là? vous avez fait là une belle affaire*.— Fam., il s'emploie aussi explétivement pour insister sur quelque circonstance, pour exciter l'attention ou le souvenir de celui à qui l'on parle : *comment se porte monsieur votre... là, qui est si honnête homme?* — *Là là*, façon de parler familière, dont on se sert par menace : *là là, nous nous retrouverons*. On s'en sert par réprimande : *là là, tout beau*; et par forme de consolation et d'adoucissement : *là là, rassurez-vous, il n'y a rien à craindre*.—On dit aussi à peu près dans le même sens, *là* seul : *là, en voilà assez*. — On dit figurément, et pour marquer la nécessité indispensable de faire une chose, qu'*il faut en passer par là*, pour dire qu'on ne peut faire autrement : *vous avez beau dire et beau faire, vous en passerez par là*. A peu près dans le même sens : *il en faudra venir là*. — Prov., dans le style fam. : *il faut passer par là ou par la fenêtre*, c'est une nécessité, c'est le seul parti qui reste à prendre. — Figurément : *s'en tenir là*, s'arrêter à ce qui a été proposé, parce qu'on ne peut trouver mieux.—Aussi fig.: *en demeurer là*, ne parler plus d'une chose qu'on croit avoir été assez agitée. La même chose se dit quand on veut faire finir un discours dont la suite pourrait être fâcheuse : *de grâce, demeurons-en là*.—*Par là* signifie par ce lieu-là, par ce point-là : *prenez par là, vous arriverez plus vite*. —Dans le sens moral, il signifie par ce parti, par ce moyen, par ces paroles : *qu'entendez-vous par là?*—*Par-ci, par-là*, à diverses reprises, à diverses fois, et sans aucune suite : *j'ai fait mettre quelques fleurs par-ci par-là dans mon jardin; nous nous voyons encore de temps en temps, par-ci par-là*. — *De là* se dit pour *de ce lieu-là, de ce point-là; de là à la montagne, il y a deux cents toises*. — *De çà et de là*, de côté et d'autre : *il va de çà et de là pour chercher fortune; elle est à cheval, jambe de çà, jambe de là*.—*De là* signifie aussi, de cette cause-là, de ce sujet-là : *de là sont venues les guerres civiles; que voulez-vous inférer de là?* — *De là* se dit aussi en parlant du temps, de la durée : *à quelques jours, à quelques heures de là; à quelque temps de là*. — *Dès-là*, pour dès-lors, cela étant, a vieilli. — *Delà*, prép., plus outre, de l'autre côté : *delà la rivière, delà les monts*. En ce sens il se joint avec les particules *au, de* et *par* : *au-delà des mers, au-delà du Rhône* :

> A ma confusion, Néron veut faire voir
> Qu'Agrippine promet *par delà* son pouvoir.
> RACINE, *Britannicus*.

— Fig. : *au-delà de mes espérances, au-delà de l'imagination, au-delà de ce que je croyais*, beaucoup plus qu'on ne se peut imaginer, beaucoup plus que je ne croyais, que je n'espérais. — *Au-delà* et *par-delà*, encore plus, encore davantage : *je lui ai donné tout ce que je lui devais, et au-delà*. — *En-delà*, façon de parler qui signifie plus loin : *mettez-vous un peu en-delà*. — *Jusque-là*, jusqu'à ce temps, jusqu'à ce lieu, jusqu'à ce point, jusqu'au point de... Voy. ICI. — Autrefois on disait *là où*, pour dire *au lieu que*; on ne le dit plus aujourd'hui. — On disait aussi *là où*, pour dire, dans cet endroit. C'est une expression fautive. On dit : *c'est là que je demeure*, et non : *c'est là où je demeure*. On dit pourtant bien : *il est encore là où il était hier* (Acad.), parce que chacun des deux verbes exige un régime exprimé, et le sens de la phrase est précisément dans le pléonasme. — On disait aussi *là où* dans le sens de *lorsque* : *en fait de mots, l'analogie n'a lieu que là où l'usage l'autorise*... (Beauzée.) On ne le dit plus guère.

LAAN ou **LAPERSE**, subst. propre fém. (*la-an*), myth., ville de Laconie, dont Castor et Pollux s'emparèrent; ce qui leur fit donner le surnom de *Laperses*.

LAB ou **LABBE**, subst. mas. (*labe*), t. d'hist. nat., nom de certains oiseaux de mer qu'on trouve en Suède et en Norwège.

LA-BAC-TRAN, subst. mas. (*labaktan*), t. de bot., arbrisseau de la Cochinchine.

LABARIN, subst. mas. (*labarein*), t. d'hist. nat., coquille du genre des rochers.

LABARUM, subst. mas. (*labârome*) (en lat. *labarum*, formé, suivant *Fullerus*, du grec λαφυρον, dépouillement; parce que c'était une dépouille de l'ennemi), étendard impérial sur lequel Constantin fit mettre le monogramme de Jésus-Christ.

LABATIE, subst. fém. (*labaci*), t. de bot., genre de plantes ébénacées.

LABAZI, subst. mas. (*labazi*), t. de relat., espèce de hutte en branchages, que, dans quelques régions du Nord, les voyageurs surpris par la débâcle se construisent sur les arbres, pour échapper aux débordements.

LABBE, subst. mas. (*labe*), t. d'hist. nat., oiseau aquatique; sorte de mouette. Voy. STERCORAIRE.

LABDA, subst. propre fém. (*labeda*), myth., fille d'un certain Amphion, de la famille des Bacchiades. Étant boiteuse, et se voyant pour cela méprisée de ses compagnes, elle les quitta pour épouser Etion, dont elle eut un fils qu'on appela Cypsélus. L'oracle ayant un jour prédit qu'un fils de *Labda* s'emparerait de Corinthe, on envoya dix hommes chez cette femme pour tuer l'enfant; mais, dans le moment que l'un d'eux allait lui enfoncer le poignard dans le cœur, Cypsélus lui tendit ses petits bras en souriant; le meurtrier, n'ayant pas le courage de le tuer, donna l'enfant à son compagnon, qui n'eut pas plus de force que le premier. Cypsélus passa ainsi de main en main jusqu'au dernier, qui le rendit à sa mère. Étant tous sortis, ils se reprochèrent leur faiblesse; et comme ils rentraient, bien décidés à la surmonter cette fois, *Labda*, qui avait tout entendu, cacha si bien son fils, qu'ils ne purent le retrouver.

LABDACIDÈS, subst. propre mas. (*labedacidèce*), myth., Laïus, fils de *Labdacus*. On donnait aussi quelquefois aux Thébains le nom de *Labdacides*.

LABDACISME, subst. mas. (*labedaciceme*) (en grec λαβδακισμος, fait de λαμβδα, lettre grecque), t. de grammaire, vice du discours, quand plusieurs mots de suite commencent par la lettre L. — Par extension, sorte de grasseyement dans la prononciation, qui, dit-on, n'était point désagréable dans la bouche d'Alcibiade et de Démosthène.

LABDACUS, subst. propre mas. (*labedakuce*), myth., fils de Phénix, et père de Laïus, roi de Thèbes.

LABELLE, subst. fém. (*labèle*) (en lat. *labellum*), t. de bot., pétale inférieur en forme de lèvres.

LABÉON, subst. mas. (*labé-on*), t. d'hist. nat., sous-genre de poissons établi parmi les cyprins.

LABER, subst. mas. (*labère*), t. de mar.; on nomme ainsi sur les côtes de l'Armorique un lieu de relâche pour les caboteurs.

LABEUR, subst. mas. (*lâbeur*) (du lat. *labor*, travail), travail. Ce mot a vieilli et ne s'emploie plus en prose, mais heureusement on l'a conservé en poésie et dans le style soutenu :

> .... Car, au nom des dieux, je vous prie,
> Quel fruit de ce *labeur* pouvez-vous recueillir?
> LA FONTAINE.

— En t. d'imprim., ouvrage considérable et tiré à un grand nombre d'exemplaires, par opposition à *ouvrage de ville*, de peu d'étendue, et qu'on tire en petit nombre, comme les factures, etc. — *Terres en labeur*, façonnées, cultivées. — On appelle *bêtes de labeur* celles qui servent pour la culture et le labourage.

LABEURER, v. neut. (*labeuré*), opérer. Il n'a guère d'usage que dans cette phrase proverbiale : *en peu d'heures Dieu labeure*.

LABIAL, E, adj. (*labi-ale*) (du lat. *labia*, gén.

labiorum, lèvres), en anatomie, qui appartient aux lèvres. — En grammaire, qui se prononce des lèvres : *b, p, f, m*, sont des consonn s *labiales*. — T. de jurispr., *offre labiale :* offre de payer faite de bouche ou par écrit.—T. d'anat. : *glandes labiales*, situées à la partie interne des lèvres.—Au plur. mas., *labiaux*.

LABIATIFLORE, adj. des deux genres (*labi-a-liflore*), t. de bot., se dit des fleurs composées dont les fleurons sont à deux lèvres.

LABIATION, subst. fém. (*labi-âcion*), t. de bot., état d'une fleur *labiée*.

LABIDE, subst. fém. (*labide*), t. d'hist. nat., genre d'insectes hyménoptères.

LABIDOMÈTRE, subst. mas. (*labidomètre*), t. de chir., instrument propre à mesurer l'écartement du forceps.

LABIDOURES ou **FORFICULES**, subst. mas. plur. (*labidoure*), t. d'hist. nat., famille d'insectes orthoptères, nommés vulgairement et improprement *perce-oreilles*.

LABIÉ, E, adj. (*labié*) (du lat. *labia*, lèvres), t. de bot., qui se dit d'une corolle monopétale, irrégulière, fendue transversalement en deux lèvres, l'une supérieure, l'autre inférieure. Les plantes à fleurs *labiées* composent la quatrième classe de la méthode de *Tournefort*. — Subst. fém. plur., famille de plantes à racines fibreuses : *la famille des labiées*. — On le dit aussi au sing. : *la lavande est une labiée*.

LABILE, adj. des deux genres (*labile*) (en lat. *labilis*, caduc, fait de *labare*, vaciller, chanceler); il est usité seulement dans cette phrase : *mémoire labile*, peu fidèle, qui manque souvent au besoin.

LABIQUES, subst. mas. plur. (*labike*), anciens peuples d'Italie, descendants de Glaucus.

LABITH-HORCHIA, subst. propre fém. (*labitorchia*), myth., surnom de Vesta chez les Scythes et les Thyrrhéniens.

LABITI, subst. propre fém. (*labiti*), myth. ; c'est le même nom que le précédent.

LABORATOIRE, subst. mas. (*laboratoare*) (du lat. *laborare*, travailler), lieu où l'on travaille. Il se dit proprement de celui où travaillent les chimistes, et, par extension, des ateliers garnis de fourneaux où les distillateurs, confiseurs, limonadiers, etc., font leurs préparations.

LABORIEUSE, adj fém. Voy. LABORIEUX.

LABORIEUSEMENT, adv. (*laborieuzeman*), avec beaucoup de travail, avec peine.

LABORIEUX, adj. mas., au fém. **LABORIEUSE** (*laborieu, rieuze*) (en lat. *laboriosus*, fait de *labor*, gén. *laboris*, travail), qui travaille beaucoup. — Qui demande un grand travail : *entreprise laborieuse*. — Qui est accompagné d'un grand travail : *vie laborieuse*. — T. de médec., *accouchement laborieux*, pénible et douloureux. — *Recherches laborieuses*, qui demandent plus de travail que de génie.

LABORIOSITÉ, subst. fém. (*labori-ôzité*), qualité d'une personne *laborieuse*. Il est inusité.

LABOUR, subst. mas. (*labour*), façon qu'on donne à la terre en la *labourant*.—*Terre en labour*, préparée pour recevoir la semence.—Sorte de bêche.—Outil de plombier.—T. de géog. mod., *Terre de Labour*, province du royaume de Naples.

LABOURABLE, adj. des deux genres (*labourable*), qui est propre à être *labouré*.

LABOURAGE, subst. mas. (*labouraje*), art de *labourer* la terre. — Ouvrage du *laboureur*. — Conduite des bateaux à un pont; leur sortie. — Partie du train sous l'eau.

LABOURÉ, E, part. pass. de *labourer*.

LABOURER, v. act. (*labouré*) (en lat. *laborare*), fendre la terre avec la charrue; la remuer avec la houe, la bêche.—On l'emploie aussi neutralement : *labourer avec des bœufs, avec des chevaux*. — *Labourer à deux, à trois charrues*, occuper deux charrues, trois charrues, pour le labourage de ses terres.—Fig. et neut., style familier; avoir beaucoup de peine, beaucoup à souffrir. —T. de mar., *ce vaisseau laboure*, touche le fond. — *Cette ancre laboure*, ne tient pas dans le fond où on l'a jetée. — On dit que *le canon laboure un rempart*, lorsque plusieurs batteries obliques sont dirigées vers un même point. — Il se dit dans un sens analogue des animaux ou des choses qui font sur la superficie de la terre à peu près le même effet que la charrue, la bêche, etc. : *les taupes ont labouré tout mon jardin*. —T. de fondeur, *labourer le sable*, remuer avec un bâton le sable contenu dans le châssis autour du moule. — *Labourer les vins*, les decharger. — Fig. et pop. : *labourer sa vie*, avoir beaucoup de peine, d'embarras, de traverses. — *Labourer le papier*, écrire avec peine. — En t. de man. : *ce cheval laboure le terrein*, se dit d'un cheval qui butte. — *se* LABOURER, v. pron.

LABOUREUR, subst. mas. (*laboureur*), celui qui fait métier de *labourer* la terre.—*Soldat laboureur*, qui faisait métier de *labourer* la terre. En ce sens, il est adj. — Bâton à l'aide duquel les plombiers *labourent* leur sable.

LABRADÉUS, subst. propre mas. (*labradé-uce*), myth., surnom de Jupiter. Quand on le représentait sous cette dénomination, on lui mettait à la main une hache, au lieu de la foudre qu'il porte ordinairement.

LABRAX, subst. mas. (*labrakce*), t. d'hist. nat., genre de poissons assez semblables aux scares.

LABRE, subst. mas. (*labre*), t. d'hist. nat., genre de poissons osseux, holobranches, thoraciques, qui n'ont qu'un seul rang de dents aux mâchoires.—Lèvre supérieure des insectes.

LABRISULCIUM, subst. mas. (*labriçulci-ome*), t. de médec., gonflement et gerçure des lèvres.

LABROÏDE, subst. mas. (*labro-ide*), t. d'hist. nat., famille de poissons thoraciques.

LABROS, subst. propre mas. (*labrôce*), myth., l'un des chiens d'Actéon.

LABROSITÉ, subst. fém. (*labrôzité*), état d'une chose en forme de lèvre.

LABRUSCA, subst. fém. (*labruceka*), t. de bot., petite vigne de la Virginie.

LABURNE, subst. mas. (*laburne*), t. d'hist. nat., arbre d'une médiocre grandeur ; espèce de cytise.

LABYRINTHE, subst. mas. (*labireinte*) (en lat. *labyrinthus*, pris du grec λαβυρινθος), lieu où il y a beaucoup de détours qui rentrent l'un dans l'autre, en sorte qu'il est difficile d'en trouver l'issue. — Il se dit en t. de jardinage, d'un petit bois coupé d'allées tellement entrelacées, qu'on s'y peut égarer facilement.—Fig., grand embarras; complication d'affaires embrouillées. — Une des cavités de l'oreille.—T. d'hist. nat., espèce de limaçon de marais, de rivière ou de fossé.—En t. de bot., on appelle *labyrinthe à chapeau*, un agaric fort voisin de l'agaric de chêne de Linnée ; *labyrinthe étrille*, l'agaric du chêne ; *labyrinthe rocher*, un champignon fort voisin du *labyrinthe* étrille.— LABYRINTHE, DÉDALE. (*Syn.*) Selon sa valeur primitive, *labyrinthe* désigne le dessin de l'ouvrage; *dédale* marque l'habileté de l'ouvrier. *Labyrinthe* est devenu le nom propre des constructions, des plantations, des lieux dont les tours et les détours sont si multipliés qu'on s'y égare, et qu'on ne sait où trouver une issue. Il se dit au propre et au figuré. *Dédale*, nom détourné et appliqué de l'ouvrier à l'ouvrage, ne se dit guère que figurément des choses infiniment compliquées, et qu'il est difficile de concevoir nettement et de tirer au clair. *Dédale* est un mot noble ; *labyrinthe* est de tous les styles. On dira également le *labyrinthe* et le *dédale* de la chicane. Le palais de la justice est un vaste *dédale*, et ses avenues sont quelquefois de tortueux *labyrinthes*. — Au fig., *dédale* ne devrait se prendre qu'en bonne part. Une affaire obscure et difficile à démêler est un *labyrinthe;* un ouvrage plein de savantes combinaisons est un *dédale* pour l'homme qui n'a pas l'habitude de la réflexion et de l'étude. — Myth., c'était un enclos rempli de bois et de bâtiments disposés de telle façon, que, quand on y était une fois entré, on n'en pouvait trouver la sortie. Il y en avait deux célèbres : celui de Crète, que *Dédale* bâtit, dans lequel il fut enfermé lui-même, et où Minos fit mettre aussi le minotaure; et celui d'Égypte, qu'on croit avoir servi de modèle pour l'autre. Ce dernier était une réunion de douze palais destinés à loger autant de rois, qui l'avaient fait construire dans cette intention et qui régnaient en même temps sur l'Égypte. Pline fait encore mention de deux autres *labyrinthes*, l'un dans l'île de Lemnos, et l'autre dans l'Étrurie.

LABYRINTHIQUE, adj. des deux genres (*labireintike*), en forme de *labyrinthe*.—Se dit, en anatomie, du nerf de la seconde cavité de l'oreille interne.

LAC, subst. mas. (*lak*) (en lat. *lacus*, fait du grec λακκος, fosse, fossé), grand amas d'eaux dormantes, sans issue apparente ou considérable dans le milieu d'une contrée.

LACAÏ, subst. mas. (*laka-i*), t. d'hist. nat., nom qu'on donne dans le Brésil au jeune cabiai.

LACAY ou **LAQUET**, subst. mas. (*lakié*), milice étrangère du XVe siècle.

LACATANE, subst. fém. (*lakatane*), t. de bot., variété de banane qu'on cultive aux Philippines.

LACAUNE, subst. propre mas. (*lakône*), ville de France, chef-lieu de canton, arrond. de Castres, dép. du Tarn.

LACCA, subst. fém. (*lakeka*), suc résineux qui vient des Indes, et qu'on employait autrefois en médecine. Le même que la *gomme laque*.

LACCINE, subst. fém. (*lakecine*), t. de chim., acide tiré de la gomme *laque*.

LACCIQUE, adj. des deux genres (*lakecike*), t. de chim., se dit d'une substance tirée de la gomme *laque : acide laccique*.

LACCOPLUTES, subst. mas. plur. (*lakekoplute*), myth., descendants de Callias : ils étaient porte-torches des mystères à Athènes.

LACCOS, subst. mas. plur. (*lakekôce*), myth., chez les anciens, fosses qui servaient d'autels pour les divinités infernales.

LAC-DE-ROUPIES, subst. mas. (*lakederoupi*), monnaie de compte usitée en Russie et dans les Indes. *Boiste* écrit *lack* qu'il dit mas., et *lak* qui, selon lui, est féminin.

LAC-DYE, subst. fém. (*lakedi*), substance colorante employée fréquemment par les teinturiers. Voy. LAC-LAK.

LACÉ, subst. mas. (*lacé*), *entrelacé* d'un lustre à petits grains de verre.

LACÉ, E, part. pass. de *lacer*.

LACÉDÉMON, subst. propre mas. (*lacédémon*), myth., fils de Jupiter et de Taygète, bâtit une ville à laquelle il donna le nom de sa femme Sparté, et qui depuis fut célèbre par la singularité de ses lois et des mœurs de ses habitants.

LACÉDÉMONE, subst. propre fém. (*lacédémone*), t. de géog. anc., ancienne ville très-célèbre de la Grèce, dans le Péloponèse. — Figure représentée sur d'anciennes médailles, et sous les traits d'une femme qui tient un vase allongé.

LACÉDÉMONIEN, subst. et adj. mas., au fém. **LACÉDÉMONIENNE** (*lacédémoniein, niène*), qui est de *Lacédémone*.

LACÉDÉMONIENNE, adj. et subst. fém. Voy. LACÉDÉMONIEN.

LACÉDÉMONIES, subst. fém. plur. (*lacédémoni*), myth., fêtes célébrées à *Lacédémone* par les femmes, à l'exclusion des hommes.

LACER, v. act. (*lacé*), serrer avec un *lacet : lacer un corps-de-jupe ; lacer une femme*.— En t. de mar. : *lacer la voile*, 1° saisir la voile à la vergue, quand on est surpris par un temps violent; 2° ajouter une voile ou une partie de voile à une autre, en les *laçant* avec un cordage qui passe des œillets de la première dans ceux de la seconde. — Se dit d'un chien qui couvre la femelle : *le mâtin a lacé votre chienne*. — *se* LACER, v. pron.

LACÉRATION, subst. fém. (*lacérâcion*), action de *lacérer*.

LACÉRÉ, E, part. pass. de *lacérer*.

LACÉRER, v. act. (*lacéré*) (en lat. *lacerare*), t. de palais, déchirer : *lacérer une promesse, un écrit*.—*se* LACÉRER, v. pron.

LACERET, subst. mas. (*laceré*), petite tarière dont se servent les ouvriers en bois.

LACERNE, subst. fém. (*lacérene*) (en lat. *lacerna*), espèce de grand manteau très-ample que les anciens Romains mettaient par dessus leurs habits, et même par dessus leurs armes.

LACERON, subst. mas. (*laceron*). Voy. LAITERON; tel est du moins le renvoi de l'*Académie*.

LACERT, subst. mas. (*lacère*), t. d'hist. nat., sorte de poisson qui se trouve dans l'océan Atlantique. Les Romains en faisaient grand cas, et en mangeaient la queue de préférence.

LACERTIEN, subst. mas. (*lacèrecieïn*), t. d'hist. nat., famille de reptiles sauriens.

LACERTOÏDES, subst. mas. plur. (*lacèrto-ide*), t. d'hist. nat., groupe de reptiles qui comprend les lézards proprement dits.

LACET, subst. mas. (*lacé*) (en lat. *laqueus*), cordon de fil ou de soie, ferré par un bout ou par les deux bouts, qu'on passe par des œillets pour serrer une partie de vêtement quelconque, et principalement les corps et les corsets de femmes.—Lacs avec lesquels on prend les perdrix, les lièvres, etc. — Fig. au plur., pièges, embûches : *je me suis laissé prendre aux lacets de cet intrigant.*—Petite broche de fer avec laquelle les serruriers joignent les deux parties d'une charnière.—En Turquie, cordon pour étrangler.—Au plur., assemblage de vareos linéaires quelquefois d'une grande étendue.

LACÉTANIENS, subst. mas. plur. (*lacétanieín*), anciens peuples de la Catalogne.

LACÈTE, subst. fém. (*lacète*), manière d'arranger les briques par compartiments.

LACEUR, subst. mas. (*laceur*), t. de pêche, ouvrier qui fait des filets.

LACEURE, subst. fém. (*laçure*), bordure de ruban. — Autrefois l'engencement d'un ruban autour des hauts-de-chausses, et ensuite la manière d'arranger et de fermer le corsage d'une robe sur le devant, avec un ruban croisé. Hors d'usage.

LÂCHE, subst. et adj. des deux genres (*lâche*) (en lat. *laxus*, fait de *laxare*, lâcher, relâcher), en parlant des choses, 1° qui n'est pas tendu : *corde lâche*; 2° qui n'est pas serré : *ceinture trop lâche*; 3° dont la trame n'est pas bien battue et serrée : *toile, étoffe, drap lâche.*—Fig., en parlant des personnes, 1° mou, sans vigueur : *grand lâche*; 2° poltron, avec cette différence que le *lâche* recule, et que le *poltron* n'ose; le premier ne se défend pas, le second n'attaque point. En ce sens on dit aussi substantivement : *c'est un lâche*; 3° qui n'a nul sentiment d'honneur : *c'est être bien lâche que de trahir son ami!* — *Il a fait une action bien lâche*, indigne d'un homme d'honneur. — *Un temps lâche*, mou. — *Un style lâche*, languissant; qui n'a rien de nerveux. — *Avoir le ventre lâche*, l'avoir trop libre.—En bot., *feuilles ou fleurs lâches*, dispersées sur la tige et les rameaux, et éloignées les unes des autres.—Adv. : *coudre lâche*, d'une manière *lâche*.—Subst. fém., t. d'hist. nat., petite clupée de la Méditerranée.

LÂCHÉ, E, part. pass. de *lâcher*.

LÂCHEMENT, adv. (*lâcheman*), mollement, avec nonchalance, avec peu de vigueur.—*Écrire lâchement*, écrire sans force, sans précision. — Peu généreusement, sans cœur et sans honneur. Voy. LÂCHE

LACHENALE, subst. fém. (*lachenale*), t. de bot., plante liliacée voisine des jacinthes.

LÂCHER, v. act. (*lâché*) (en lat. *laxare*), faire qu'une chose ne soit plus aussi tendue, aussi serrée. — Laisser aller, laisser échapper : *lâcher un prisonnier, un oiseau; lâcher un âne dans un pré.* — Fig. : *lâcher un livre, un pamphlet dans le public.* — Pop., donner : *lâcher un coup, un soufflet.*—*Lâcher un coup de fusil, un coup de pistolet, un coup de canon*, faire partir ces armes, en tirer un coup : *le vaisseau lâcha toute sa bordée quand il fut à la portée du mousquet.*—*Lâcher prise*, se désister.—*Lâcher un homme*, le faire courir après un autre.—*Lâcher les chiens*, les laisser courir après la bête.—*Lâcher les huissiers après un débiteur*, leur donner charge de faire contre lui des actes de leur ministère. — *Lâcher la bonde d'un étang; lâcher une écluse*, lever la bonde d'un étang, lever la vanne d'une écluse. On dit dans le même sens : *lâcher les eaux; lâcher les écluses.* — *Lâcher le robinet d'une fontaine*, le tourner de manière que l'eau s'échappe.—*Ce malade lâche tout sous lui*, il ne peut retenir ses excréments. — Fam. : *lâcher de l'eau*, uriner — On dit aussi fam. : *lâcher un vent*, laisser échapper un vent par en bas. — *Lâcher l'oiseau*, t. de faucon., ouvrir la main pour faire partir un oiseau de proie : on *lâche* l'autour et l'on *jette* le faucon.—*Lâcher le ventre*, rendre le ventre libre, ou, comme on disait autrefois, donner un bénéfice de ventre : *les mauves, les pruneaux lâchent le ventre.*—*Lâcher la bride à un cheval*, la lui tenir moins courte. — *Lâcher la main, la bride à quelqu'un*, figur. et fam., lui donner plus de liberté que de coutume. — *Lâcher la bride à ses passions*, fig., s'y abandonner entièrement. — *Lâcher le pied; lâcher pied*, s'enfuir; et au fig., céder, montrer de la faiblesse : *n'allez pas lâcher pied dans cette occasion, tenez ferme.*—En t. d'escrime : *lâcher la mesure*, reculer devant son adversaire.—*Lâcher la main*, céder quelque chose de son intérêt; diminuer du prix qu'on voulait avoir, etc.—A certains jeux de cartes : *lâcher la main*, la laisser aller à un autre, quoiqu'on aitde quoi la lever.— —*Lâcher une parole*, proférer avec ou sans dessein quelque chose qui peut nuire ou déplaire : *il a lâché une parole qu'il voudrait bien avoir retenue.* C'est dans un sens analogue que *Molière* fait dire au *Misanthrope* :

Je veux qu'on soit sincère, et qu'en homme d'honneur
On ne *lâche* aucun mot qui ne parte du cœur.

—Dans le langage familier, on emploie souvent le mot *lâcher* dans le sens de faire concession, accorder enfin après résistance ou hésitation : *il a fini par lâcher les mille écus; on ne lui ferait pas lâcher la plus légère concession.*—*Lâcher le mot*, dire son dernier mot dans une affaire.—En t. de jeu de paume : *lâcher la balle*, ne la point toucher, la laisser passer.—Neut., se détendre : *prenez garde que la corde ne lâche.*—*se* LÂCHER, v. pron., perdre de sa tension : *le ressort se lâche, les cordes se lâchent.*—Tenir des propos inconvenants.—Faire ce que le peuple appelle des incongruités.

LACHÉSIS, subst. mas. (*lakiézice*), t. d'hist. nat., genre de reptiles de la famille des serpents. —Subst. propre fém., myth., celle des trois Parques qui mettait le fil sur le fuseau.

LÂCHETÉ, subst. fém. (*lâcheté*), poltronnerie, défaut de courage : *il a montré bien de la lâcheté.* Voy. LÂCHE.—Négligence au travail; mollesse.—Bassesse d'âme.—Action basse, indigne. Il ne prend de pluriel qu'en ce sens.

LACHNÉE, subst. fém. (*lakené*), t. de bot., plante daphnoïde du cap de Bonne-Espérance.

LACHNOSPERME, subst. mas. (*lakenocepèreme*), t. de bot., arbuste à rameaux velus originaire du Cap.

LACHUS, subst propre mas. (*lakuce*), myth., génie céleste dont les Basilidiens gravaient le nom sur leurs talismans.

LACIÉ, E, part. pass. de *lacier*.

LACIER, v. act. (*laci-é*), vieux mot qui signifiait enlacer, attacher.

LACINIA, subst. propre fém. (*lacini-a*), myth., surnom de Junon, pris d'un temple célèbre qu'elle avait au promontoire de *Lacinium*, dans la Calabre.

LACINIÉ, E, adj. (*lacini-é*) (en lat. *laciniatus*, part. pass. de *lacinia*), déchirer, diviser par lambeaux), t. de bot., découpé en forme de lanières : *la plante de l'artichaut a ses feuilles laciniées.*

LACINIURE, subst. fém. (*lacini-ure*), t. de chir., découpure étroite et irrégulière.

LACINIUS, subst. propre mas. (*lacini-uce*), myth., fameux brigand tué par Hercule sur un promontoire d'Italie qui fut depuis appelé de son nom.

LACIS, subst. mas. (*laci*) (en lat. *laqueus*, lacs, filet), espèce de réseau de fil ou de soie. — En anatomie, arrangement de quelques vaisseaux ou de quelques fibres, qui forme une espèce de rets.

LACISTÈME, subst. mas. (*laciceteme*), t. de bot., plante de la famille des orties et du genre poivre.

LACK, subst. mas. Voy. LAC-DE-ROUPIE.

LAC-LAK, subst. mas. (*lakelake*), composition chimique tirée de la *laque* des Indes et qui fournit aux teinturiers une couleur analogue à celle de la cochenille.

LAÇO, subst. mas. (*laço*), mot américain qui signifie courroie de cuir assez forte pour arrêter le taureau le plus vigoureux.

LACON, subst. propre mas. (*lakon*), myth., l'un des chiens d'Actéon.

LACONIE, subst. propre fém. (*lakoni*), ancienne contrée du Péloponèse, en Grèce.

LACONIEN, subst. et adj. mas., au fém. **LACONIENNE** (*lakoniein, niène*), de la *Laconie*, qui appartient à la *Laconie*.

LACONIENNE, subst. et adj. fém. Voy. LACONIEN.

LACONIQUE, adj. des deux genres (*lakonike*) (en grec λακωνικός, fait de λάκων, laconien ou lacédémonien), concis à la manière des *Lacédémoniens*. — LACONIQUE, CONCIS. (*Syn.*) *Laconique* se dit des choses et des personnes; *concis* ne se dit guère que des choses, et principalement des ouvrages et du style, au lieu que *laconique* se dit principalement de la conversation ou de ce qui y a rapport : *un homme très-laconique; une réponse laconique; une lettre laconique; un ouvrage concis; un style concis.*

LACONIQUE, subst. mas. (*lakonike*), t. d'antiq., étuve sèche dans les palestres grecques, ainsi nommée de ce que l'idée d'entretenir la santé par les sueurs que provoquaient ces sortes d'étuves était de l'invention des *Lacédémoniens*.

LACONIQUEMENT, adv. (*lakonikeman*), d'une manière *laconique*.

LACONISER, v. neut. (*lakonizé*), vivre avec épargne.—Imiter les mœurs des *Lacédémoniens*. —Parler brièvement.

LACONISME, subst. mas. (*lakoniceme*) (en grec λακωνισμός), façon de parler concise, à la manière des *Lacédémoniens*.

LACONOMANIE, subst. fém. (*lakonomanî*) (du grec λάκων, laconien, et μανία, manie), affectation de mœurs *lacédémoniennes*.

LACOTOME, subst. mas. (*lakotome*), t. de géom., ligne droite employée pour marquer les signes dans l'analemme.

LACQ, ou **LAQ**, subst. mas. (*lake*), t. de chir., bande pour faire l'extension dans les fractures et les luxations.—Cordon que les accoucheurs appliquent sur les membres du fœtus pour en faciliter l'extraction.

LACQUE. Voy. LAQUE.

LACRYMABLE, adj. des deux genres (*lakrimable*), qu'il faut pleurer. Il est vieux et même inusité.

LACRYMAL, E, adj. (*lakrimale*) (du lat. *lacrymæ*, gén. *lacrymarum*, larmes), t. d'anat., qui appartient aux vaisseaux d'où coulent les larmes. — *Os lacrymal*, l'os unguis. — *Glande lacrymale*, l'organe sécréteur des larmes. — *Point lacrymal*, petite ouverture ronde, toujours béante, que l'on observe sur le bord de chacune des deux paupières près de l'angle interne. — *Canal* ou *conduit lacrymal*, canal qui correspond à chaque point *lacrymal*. — *Sac lacrymal*, espèce de sac formé de la réunion des conduits *lacrymaux* supérieur et inférieur. — *Caroncule lacrymale*, petite éminence charnue, placée au grand angle de l'œil.—*Artère lacrymale*, la première branche que donne l'ophthalmique. — T. de médec. : *fistule lacrymale*, maladie qui vient à l'œil, ulcère à l'angle interne de l'œil, avec perforation du conduit des larmes.—Au plur. mas., *lacrymaux*.

LACRYMATOIRE, subst. mas. (*lakrimatoare*), petit vase dans lequel on a prétendu avec peu de vraisemblance que les anciens Romains conservaient les larmes versées aux funérailles d'un mort, mais qui selon toute apparence contenait les huiles odorantes dont on parfumait le bûcher avant de l'allumer. Ces vases étaient de terre cuite ou de verre, et on les déposait dans les tombeaux. —Adj. des deux genres : *vase, urne lacrymatoire*, destinée à contenir des larmes.

LACRYMAUX, adj. mas. plur. Voy. LACRYMAL.

LACRYMULE, subst. fém. (*lakrimule*) (en lat. *lacrymula*), petite larme.

LACS, subst. mas. (*lâ*) (en lat. *laqueus*), cordon délié.—Nœud coulant propre à prendre du gibier :

Dans les *lacs* de la chèvre un cerf se trouva pris.
LA FONTAINE.

—Fig., 1° piège : *on lui a tendu des lacs*; 2° passion dans laquelle on s'est laissé engager; embarras dont on a peine à se tirer : *elle le tient dans ses lacs.*—Corde pour abattre les chevaux. — *Lacs d'amour*, cordons passés l'un dans l'autre d'une certaine manière. — Sorte de linge ouvré qui se fabrique à Caen, etc.

LACSHMI, subst. propre fém. (*lacemi*), myth., chez les Indous, déesse de l'abondance, l'une des épouses de Wishnou.

LACTAIRE, adj. des deux genres (*laktère*) (du latin *lactarius*, de lait, qui a du lait, dérivé de *lac, lactis*, lait) : *colonne lactaire*, colonne élevée à Rome, dans le marché aux herbes, près de laquelle on apportait les enfants trouvés, pour leur procurer des nourrices.

LACTAIRES, subst. mas. plur. (*laktère*), t. de bot., groupe de champignons qui rendent un suc *laiteux* quand on les brise, et qui sont généralement vénéneux.

LACTARIA-SALUBRIS, subst. fém. (*laktari-acalubrice*) (mots latins qui signifient *lactaire salubre*), t. de bot., plante qui croît dans l'Inde, et qui est remplie d'un suc laiteux comme presque toutes celles de la famille des apocynées.

LACTATE, subst. mas. (*laktate*), t. de chimie, sel formé par la combinaison de l'acide *lactique* avec une base.

LACTATION, subst. fém. (*laktâcion*), action de nourrir les enfants avec du *lait*.

LACTÉ, subst. mas (*lakté*), t. d'hist. nat., serpent blanc, à taches noires.

LACTÉ, E, adj. (*lakté*) (du latin *lacteus*, de

lait), qui a rapport, qui ressemble au *lait*.—T. de bot. : *suc lacté*, qui a la couleur du *lait*. —*Voie lactée*, blancheur qui paraît dans le ciel, formée par un assemblage prodigieux de petites étoiles. —*Veines lactées*, petites veines qui contiennent le chyle.—T. de médec., *fièvre lactée*, causée par le *lait*. — *Diète lactée*, usage du *lait* pour toute nourriture.

LACTESCENT, E, adj. (*laktèceçan, çante*) (en lat. *lactescens*, fait de *lactescere*, devenir lait), t. de bot., qui donne un suc qui a l'apparence d'un *lait*, *laiteux*.

LACTIFÈRE, adj. des deux genres (*laktifère*) (en lat. *lucifer*, qui porte du lait, formé de *lac*, *lactis*, lait, et de *fero*, je porte); se dit, en bot., des plantes qui abondent en sucs *laiteux*, telles que le *tithymale*, la *laitue*, etc. — T. d'anat., se dit des conduits qui portent le *lait*.

LACTIFIQUE, adj. des deux genres (*laktifike*), t. de médec., qui produit le *lait*, qui l'augmente.

LACTIFLUE, subst. fém. (*laktiflu*), t. de bot., g enre d'agarics *laiteux*.

LACTIFUGE, adj. des deux genres. Voy. ANTILAITEUX.

LACTIGÈNE, adj. des deux genres (*laktijène*), t. de médec., se dit des aliments propres à augmenter le *lait*.

LACTIPHAGE, subst. des deux genres (*laktifaje*) (du lat. *lac*, lait, et du grec φαγω, je mange), se dit des peuplades qui se nourrissent de *lait*. On dit mieux *galactophage*.

LACTIPOTE, subst. et adj. des deux genres (*laktipote*), qui fait du *lait* sa principale boisson.

LACTIQUE, adj. des deux genres (*laktike*) (du lat. *lac*, gén. *lactis*, lait), t. de chimie : *acide lactique*, acide du petit *lait* aigri.

LACTOMÈTRE, subst. mas. (*laktomètre*), instrument propre à estimer la pureté du *lait*.

LACTON, subst. propre mas. (*lakton*), myth., nom sous lequel les Sarmates adoraient le dieu des morts.

LACTORIS, subst. fém. (*lactorice*), t. de bot., espèce de plante dont toutes les parties rendent un suc *laiteux* lorsqu'on les casse.

LACTUCARIUM, subst. mas. (*laktukariome*), t. de chim., substance extraite de la laitue sauvage.

LACTUCÉES, subst. fém. plur. (*laktucé*), t. de bot., famille de plantes chicoracées dont le genre laitue fait partie.

LACTURCINA, subst. propre fém. (*lakturcina*), myth., déesse qu'on invoquait pour les grains quand ils commencent à s'enfler dans l'épi où ils sont en *lait*.

LACUNE, subst. fém. (*lakune*) (du lat. *lacuna*, dimin. de *lacus*, lac, *petit lac*; *qui a l'apparence d'un lac*), vide, défaut de suite dans un livre; ce qui y manque.—T. d'anat., il se dit de certains réservoirs qui dégorgent une humeur.

LACUNETTE, subst. fém. Voy. CUNETTE.

LAÇURE, subst. fém. (*laçure*), action de *lacer*; ce qui sert à *lacer*. Voy. LACEURE.

LACUSTRAL, E, adj. (*lakucetrale*), t. de bot., qui croît autour des *lacs*, dans l'eau.—Au plur. mas., *lacustraux*.

LACUSTRAUX, adj. mas. Voy. LACUSTRAL.

LACUTURRIS, subst. mas. (*lakuturerice*), t. de bot., espèce de chou.

LADANUM, subst. mas. (*ladanome*) (en grec λήδανον, dérivé de l'arabe *ladan*), substance aromatique résineuse qu'on retire, dans le Levant, d'une espèce de ciste appelé *lédum*, en grec λήδον.

LADE, subst. fém. (*lade*), t. de bot., plante qui fournit le *ladanum*. On l'appelle aussi *ciste-ledon*.

LADON, subst. propre mas. (*ladon*), myth., fleuve d'Arcadie, célèbre dans les poètes par la métamorphose de Syrinx. Voyez ce mot. — C'est du nom de ce fleuve qu'un des chiens d'Actéon était appelé *Ladon*.

LADRE, adj. des deux genres (*ladre*) (suivant *Borel*, du vieux mot français *lastre* ou *lazre*, dérivé de *Lazare*, parceque le Lazare était chargé d'ulcères. Autrefois les *ladres* ou lépreux étaient appelés *lazares*, comme on voit dans les anciens statuts des *maladreries* ou hôpitaux pour les *ladres*), attaqué de *ladrerie*; lépreux. Il se dit proprement des animaux, et *lépreux* des hommes. — Au fig., 1° vilain, avare, sordide; 2° insensible.

LADRE, sulst. mas., au fém. LADRESSE (*ladre*, *ladréce*), lépreux, lépreuse; *c'est un ladre*, *c'est une ladresse*.

LADRERIE, subst. fém. (*ladreri*), sorte de lèpre, appelée *elephantiasis*. Voy. LADRE, adj. — Au fig., avarice sordide.—Hôpital pour les *ladres* ou lépreux.

LADRESSE, subst. fém. Voy. LADRE.

LADY, subst. fém. (*lédi*), titre que les Anglais donnent aux femmes des personnes de qualité, jusqu'à celles des chevaliers inclusivement.

LÆLAPS, subst. propre mas. (*lélapece*) (en grec λαιλαψ, tourbillon de vent), nom d'un chien d'Actéon et d'un autre de Céphée. — Constellation.

LÆMMER-GEYER, subst. mas. (*lemmère-guidière*) (mots allemands, qui signifient *vautour des agneaux*), t. d'hist. nat., très-gros oiseau rapace de l'ordre des plumicoles, qui a, sous la mâchoire inférieure, des poils roides ou une espèce de barbe, formée par des plumes fort étroites. On le nomme aussi *gypaète* ou *griffon*.

LÆNA, subst. fém. (*léna*), t. d'antiq., espèce de surtout que portaient les augures à Rome, ou les soldats lorsqu'ils allaient combattre.

LAËRTE, subst. propre mas. (*la-èrte*), myth., fils d'Arcésius, roi d'Ithaque. Il mourut peu après le retour d'Ulysse, son fils.

LAËRTIADÉS, LAËRTIDÈS, ou LAËRTIUS, subst. propre mas. (*la-èrci-adèce, la-èrtidèce, la-èrci-uce*), noms sous lesquels on désignait Ulysse, fils de *Laërte*.

LAGAN, subst. mas. (*laguan*), nom qu'on donne à tout objet rejeté par la mer.

LAGANISTE, subst. mas. (*laguaniceto*), sorte de pain fait avec de la farine de millet.

LAGASCA, subst. fém. (*laguaceka*), t. de bot., plante corymbifère de l'île de Cuba.

LAGÈNE, subst. mas. (*lajène*) (en lat. *lagena*), t. d'antiq., chez les Romains, sorte de vase à embouchure étroite.

LAGÉNIFÈRE, subst. fém. (*lajénifère*), t. de bot., espèce de souci de Magellan.

LAGÉNITE, subst. fém. (*lajénite*) (du latin *lugena*, bouteille), t. d'hist. nat., pierre qui représente une bouteille.

LAGÉNOPHORIES, subst. fém. plur. (*lajénofori*) (du grec λαγηνος, bouteille, et φερω, je porte), myth., fêtes grecques instituées du temps de Ptolémée.

LAGÉNULE, subst. fém. (*lajénule*), t. d'hist. nat., genre de coquilles évasées.—T. de bot., arbrisseau grimpant de la Cochinchine.

LAGERSTROME, subst. mas. (*lajérecetrome*), t. de bot., genre de plantes myrtoïdes.

LAGETTO, subst. mas. (*lajéto*), t. d'hist. nat., arbrisseau qui croît à la Jamaïque, aux Antilles et à la Guyane, dont le liber se divise en plusieurs couches en forme de réseau, imitant la dentelle ou la gaze. Les dames des îles Philippines et des Manilles emploient cette toile végétale pour faire des voiles.

LAGIAS, subst. fém. (*lajiace*), t. de comm., toile peinte qu'on tire du Pégu.

LAGIDES, subst. mas. plur. (*lajide*), t. d'hist. anc., fils ou descendants de *Lagus*, roi d'Egypte.

LAGNIEU, subst. propre mas. (*lagnieu*), ville de France, chef-lieu de canton, arrond. de Belley, départ. de l'Ain.

LAGNY-SUR-MARNE, subst. propre mas. (*lagnicuremarne*), ville de France, chef-lieu de canton, arrond. de Meaux, dép. de Seine-et-Marne.

LAGOCÉPHALE, subst. mas. (*laguocéfale*) (du grec λαγως, lièvre, et κεφαλη, tête), t. d'hist. nat., espèce de poisson abdominal.

LAGOCHILE, subst. mas. (*laguochile*) (du grec λαγως, lièvre, et χειλος, lèvre), t. de chir., bec de lièvre.

LAGOECIE, subst. fém. (*laguo-eci*), t. de bot., plante ombellifère originaire de l'Archipel.

LAGOÏS, subst. mas. (*laguo-ice*), t. d'hist. nat., espèce de lièvre maria.

LAGOMYS, subst. mas. (*laguomice*) (du grec λαγως, lièvre, et du lat. *mus*, rat, à cause du rapport avec le lièvre et avec le rat), t. d'hist. nat., espèce de lièvre dont les quatre pattes sont à peu près égales en longueur, à la différence du lièvre ordinaire qui a les pattes de derrière beaucoup plus longues que celles de devant.

LAGON, subst. mas. (*laguon*), t. de mar., petit espace d'eau de mer, environné de terre ou de sable, formé ordinairement par des sables que la mer apporte sur la plage.

LAGONI, subst. mas. plur. (*laguoni*) (mot italien adopté en français), t. d'hist. nat.; on donne ce nom à des sources d'eaux minérales qui se trouvent dans les terreins anciennement volcanisés de la Toscane, et surtout aux environs de Pise, de Volterre, de Viterbe et de Sienne.

LAGOPÈDE, subst. mas. (*laguopède*) (du grec λαγως, lièvre, et de πους, gén. ποδος, pied ; *qui a les pieds comme ceux du lièvre*), t. d'hist. nat., espèce d'oiseaux gallinacés, de la famille des alectrides et du genre des tétras, qui ont les pieds velus.

LAGOPHTHALMIE, subst. fém. (*laguofetalemi*) (du grec λαγως, lièvre, et de ὀφθαλμος, œil, *œil de lièvre*), t. de médec., maladie des paupières, qui sont tellement retirées, qu'on est forcé d'avoir, ainsi que les lièvres, les yeux ouverts en dormant.

LAGOPHTHALMIQUE, adj. des deux genres (*laguofetalennike*), t. de médec., qui appartient à la *lagophthalmie*.

LAGOPONOS, subst. mas. (*laguoponoce*) (du grec λαγων, flanc, et de πονος, peine), t. de médec., douleur d'entrailles.

LAGOPUS, subst. mas. (*laguopuce*), t. d'hist. nat.; selon quelques auteurs, le même que le *lagopède*. Voyez ce mot.—T. de bot., nom générique de plusieurs espèces de trèfle.

LAGOSTOME, subst. mas. (*laguocetome*) (du grec λαγως, lièvre, et στομα, bouche), t. de chir., bec de lièvre. Voy. LAGOCHILE.

LAGOTRICHE, subst. mas. (*laguotriche*), t. d'hist. nat., mammifère de l'ordre des quadrumanes et de la famille des singes.

LAGOUAN, subst. mas. (*laguou-an*), t. de comm., bois rouge et blanc des Philippines, employé dans les constructions. On ignore le nom botanique de l'arbre qui le fournit.

LAGRE, subst. fém. (*laguere*), t. de manuf., dans les verreries, feuille de verre que l'on place sur la pierre à étendre, et sur laquelle on étend toutes les autres.

LAGRIE, subst. fém. (*lagueri*), t. d'hist. nat., insecte coléoptère de la famille des vésicants ou épispasiques.

LAGUE, subst. fém. (*lague*), t. de mar., l'image, la trace que le vaisseau laisse derrière lui.

LAGUILLÈRE, subst. fém. (*lagui-ière*), t. de pêche, sorte de filet très-long, en usage à Marseille.

LAGUIS, subst. mas. (*lagu-ice*), t. de mar., nœud double fait au bout d'un cordage.

LAGUNCULAIRE, subst. fém. (*laguonkulère*), t. de bot., genre de plantes voisin des conscarpes.

LAGUNE, subst. fém. (*lagune*) (de l'italien *laguna*, corruption du lat. *lacuna*, dimin. de *lacus*, lac), petit lac ou flaque d'eau dans les lieux marécageux : *les lagunes de Venise*.

LAGUNÉE, subst. fém. (*laguné*), t. de bot., plante du genre des malvacées.

LAGUNOS, LAGUNON ou LAGÉNON, subst. mas. (*laguenoce, gunon, jénon*), mesure des anciens, la même que le *chus*.

LAGURE, subst. fém. (*lagure*), t. d'hist. nat., espèce de rat de Sibérie. — Subst. mas., t. de bot., plante graminée du midi de l'Europe.

LAGURIER-OVALE, subst. mas. (*lagurié-ovale*) (du grec λαγως, lièvre, et de ουρα, queue), t. de bot., plante graminée qu'on cultive dans les jardins et qu'on nomme aussi *queue de lièvre*.

LAHORE ou LAHOR, subst. propre mas. (*laore*), grande ville de l'Indoustan, et capitale d'une vaste contrée du même nom.

LAI, E, adj. (*lè*), subst. mas. : *frère lai* ; *conseiller lai* ; *sœurs laies*, converses.

LAI, subst. mas. (*lè*) (du lat. *lessus*, lamentation qu'on entend aux funérailles); il a le même sens que l'adjectif : *les clercs et les lais*.—Autrefois, 1° complainte, doléance; 2° sorte de poème d'un genre plaintif.

LAÏADÈS, subst. propre mas. (*la-i-adèce*), myth., Œdipe, fils de *Laïus*.

LAÏC, subst. mas. Voy. LAÏQUE.

LAÎCHE, subst. fém. (*lèche*), t. de bot., mauvaise herbe qui croît dans les prés, et qui blesse la langue des chevaux.

LAÏCOCÉPHALES, subst. mas. plur. (*la-ikocéfale*) (du grec λαικος, laïque, et de κεφαλη, tête), hérétiques qui reconnaissaient un laïque pour chef de l'Église.

LAID, E, adj. (*lè, lède*) (suivant *Sylvius* et divers autres étymologistes, du lat. *læsus*, part. pass. de *lædere*, blesser, endommager, gâter), qui a quelque défaut remarquable dans les proportions ou les couleurs requises pour la beauté. On dit familièrement qu'*il n'y a point de laides amours*, pour dire que quelque *laide* que soit une femme, elle ne laisse pas d'être belle aux yeux de celui qui en est amoureux.—En morale, déshonnête, contraire à la bienséance, etc. Il est fam.—Subst., personne *laide*.

LAIDANGE, subst. fém. (*lèdanje*), insulte, injure, offense. Vieux.

LAIDANGÉ, E, part. pass. de *laidanger*.

LAIDANGER, v. act. (*lèdanjé*), insulter, injurier. Vieux et même hors d'usage. — *se* LAIDANGER, v. pron.

LAIDASSE, subst. fém. (*lèdace*), grosse femme *laide*.

LAIDEMENT, adv. (*lèdeman*), d'une manière *laide*.

LAIDERON, subst. mas. (l'*Académie* fait ce mot du fém.; c'est assez bizarre) (*lèderon*), jeune fille ou jeune femme *laide*, mais qui n'est pas sans agrément. Il est familier. — *Laideronne* ne se dit qu'en plaisantant.

LAIDEUR, subst. fém. (*lèdeur*), qualité de ce qui est *laid*.—On ne le dit au propre que des personnes.—Fig. : *la laideur* (la difformité) *du vice*, etc.

LAIDI, E, part. pass. de *laidir*.

LAIDIR, v. act. (*lèdir*), rendre *laid*. On dit mieux *enlaidir*.—Fig., dénigrer, déshonorer. — *se* LAIDIR, v. pron.

LAIDURE, subst. fém. (*lèdure*), difformité. Il est vieux ainsi que le précédent.

LAIE, subst. fém. (*lè*) (du lat. barbare *laia*, employé dans la basse latinité avec la même signification, et fait, par contraction, de *lactanea*, qui allaite, dont la racine est *lac, lactis*, parce que la *laie* ne portait originairement ce nom que lorsqu'elle allaitait ses petits. *Caseneuve.*), femelle du sanglier.—Route coupée dans une forêt. (Dans cette acception, de l'adj. lat. *latus*, large, *via lata*, chemin ; ou du subst. *latus*, côté ; parce que cette route a ses côtés bordés par la forêt.)—Marteau de tailleur de pierre, brettelé et dentelé.—Rayure ou bretture que forme sur la pierre cette sorte de marteau. — Dans l'orgue, la boîte.

LAIGLE ou **L'AIGLE**, subst. propre mas. Voy. AIGLE.

LAIGNES, subst. propre mas. (*lègnie*), bourg de France, chef-lieu de canton, arrond. de Châtillon-sur-Seine, département de la Côte-d'Or.

LAINAGE, subst. mas. (*lènaje*), marchandise de *laine*.—La toison des moutons.—Façon qu'on donne aux draps en les tirant avec les chardons.

LAINE, subst. fém. (*lène*) (en lat. *lana*, fait du grec ληνος, en dorique λανος, qui se trouve dans Eschyle), ce qui couvre la peau des moutons, brebis, agneaux.—On appelle toison, ou *laine de toison*, la *laine* telle qu'elle a été coupée sur le corps de l'animal. On tire de chaque toison trois sortes de *laines* : *la laine-mère*, qui est celle du dos et du cou ; *la laine des queues et des cuisses ; la laine de la gorge et du ventre.* Il y a une autre sorte de *laine* que l'on appelle *croton* ou *crotin*, mais elle est si mauvaise qu'on n'en fait presque aucun cas. Son nom lui vient des crottes et excréments qui y sont attachés, et qui en font une *laine* de rebut. On appelle *laine d'agnelin*, celle qui provient des agneaux et jeunes moutons ; *laine de chevron*, une sorte de poil de chameau qu'on tire du Levant ; *laine d'autruche*, par corruption de *laine d'Autriche* ou *laine-ploc*, une substance dont on se sert pour faire les lisières des draps noirs fins. On nomme *laines en suint* ou *surges*, celles qui n'ont point encore été lavées ; *laines mortes*, celles qui ont été prises sur l'animal après sa mort ; en général, on donne à la *laine* la plus fine le nom de *prime* ; celle qui suit s'appelle *seconde* ; et la troisième s'appelle *tierce*. On les distingue ensuite en ajoutant le nom des pays d'où elles viennent, comme *prime ségovie*, etc. — *Laine de Moscovie*, nom que les chapeliers donnent au poil ou espèce de duvet très-fin et très-serré qui se trouve sous le ventre du castor.—*Laine de salamandre*, nom que les charlatans donnent à l'amiante avec laquelle ils fabriquent de petits tissus incombustibles qu'ils prétendent être faits avec le poil d'un animal qui vit dans le feu. — *Laine de fer*, dénomination impropre que quelques naturalistes donnent à l'oxyde de zinc qui se volatilise dans la fusion des minerais de fer, et retombe en petits flocons blancs très-déliés. — *Laine philosophique*, nom donné par les anciens chimistes au zinc oxydé préparé par l'art, et appelé aussi *fleur de zinc*. —Prov. et fig. : *se laisser manger la laine sur le dos*, souffrir tout sans se défendre. — Cheveux crépus des nègres.—LAINE, TOISON. (*Syn.*) La *laine* est le vêtement de l'animal ; la *toison* est sa dépouille. — Une *toison* est la totalité de la *laine* dont l'animal est revêtu. — On coupe, on enlève, on lave, on vend la *toison* ; mais c'est la *laine* que l'industrie prépare et travaille de mille manières.—La *toison* n'est qu'un objet de vente ; la *laine* est la matière mise en œuvre par différents arts ; c'est-à-dire que la *toison* redevient *laine* ou qu'elle en reprend le nom, dans les mains des divers fabricants.

LAINÉ, E, part. pass. de *lainer*, et adj.

LAINER, v. act. (*lèné*), tirer la *laine* sur la superficie d'une étoffe au moyen des chardons. —*Lainer une tapisserie*, dans la fabrique des tapisseries de tonture de *laine*, couvrir de *laine* hachée l'ouvrage du peintre, avant que les couches soient sèches.—*se* LAINER, v. pron.

LAINERIE, subst. fém. (*lèneri*), fabrique, marchandise de *laine*.

LAINES, subst. fém. plur. (*lène*), les ouvriers de pierre à plâtre des environs de Paris appellent *laines*, un banc peu épais de chaux *sulfatée* en crystaux allongés et rapprochés. On l'observe dans la seconde masse, entre deux bancs plus épais de gypse, en masse compacte. Le supérieur se nomme les *moutons*, et les autres, les *fleurs*.

LAINEUR, subst. mas. (*lèneur*), ouvrier qui travaille la *laine* ou les draps. Voy. LAINIER.

LAINEUSE, adj. fém. Voy. LAINEUX.

LAINEUX, adj. mas., au fém. **LAINEUSE** (*lèneu, neuze*), qui a beaucoup de *laine* ; bien fourni de *laine*. — En t. de bot., recouvert de poils qui imitent la *laine*, ou un tissu drapé. On dit aussi *lanifère* et *lanugineux*. Voy. TOMENTEUX.

LAINIER, subst. mas. (*lènié*), marchand de *laine*.—Ouvrier en *laine*.

LAÏQUE, subst. et adj. des deux genres (*la-ike*) (du grec λαικος, dérivé de λαος, peuple, qui est du peuple), qui n'est ni ecclésiastique, ni religieux.—*Un juge laïque* est un magistrat qui tient son autorité du prince et de la république, par opposition au juge ecclésiastique qui tient la sienne immédiatement de Dieu même, tels que les évêques ; ou des évêques, comme l'official. — En parlant des choses, il se dit des biens ou de la puissance. Ainsi, l'on dit : *biens laïques*, pour exprimer des biens qui n'appartiennent pas aux églises ; *puissance laïque*, par opposition à la puissance spirituelle ou ecclésiastique.

LAIRD, subst. mas. (*lère*) (de l'anglais *lord*, seigneur), t. d'hist. moderne, seigneur écossais.

LAÏRE, subst. propre fém. Voy. ILAÏRE.

LAÏS, subst. fém. (*la-ice*), courtisanne aimable et spirituelle. — Il y eut à Corinthe deux filles de ce nom, toutes deux célèbres par leur beauté. L'une d'elles faisait payer si cher à ceux qui voulaient la voir la liberté d'entrer dans sa maison, qu'il n'y avait que les plus riches qui pussent y prétendre, ce qui donna lieu au proverbe : *il n'est pas permis à tout le monde d'aller à Corinthe*. On ne sait laquelle des deux étant allée en Thessalie, y fut tuée dans un temple de Vénus par des femmes de ce pays, jalouses de sa célébrité. La peste ayant ensuite ravagé la Thessalie, on crut que Vénus avait envoyé ce fléau pour venger la mort de *Laïs*.

• **LAIS**, subst. mas. (*lé*) (du verbe *laisser*), jeune baliveau de l'âge du bois qu'on *laisse* quand on coupe un taillis, afin qu'il revienne en haute futaie.— Dans quelques coutumes, ce que la rivière donnait par alluvion au seigneur haut-justicier.

LAISCHES, subst. fém. plur. (*lèche*), lames de métal qui pendaient des épaules sur les brassards, et de la ceinture sur les cuissards.

LAISSADE, subst. fém. (*lèçade*), t. de mar., l'endroit d'une galère où l'on diminue la largeur des fonds en venant sur l'arrière. Voy. LAISSE.

LAISSE, subst. fém. (*lèce*) (suivant *Du Cange*, du lat. barbare *lexa*, pour *laxa*, sous-entendez *restis*, corde lâche, parce que la *laisse* n'est jamais fortement tendue), corde dont on se sert pour mener des lévriers attachés. — Espèce de cordon de chapeau. — Voy. LAISSES.—*Laisse de lévriers*, deux lévriers, soit qu'on les mène en *laisse* ou non.—Fig. et fam. : *mener quelqu'un en laisse*, être maître de son esprit, lui faire faire tout ce qu'on veut.

LAISSÉ, E, part. pass. de *laisser*.

• **LAISSÉES**, subst. fém. plur. (*lècé*) (du lat. *laxare*, lâcher le ventre. (*Ménage.*), t. de vén., fientes du loup et des bêtes noires.

LAISSER, v. act. (*lècé*) (suivant *Caseneuve* et *Ménage*, du lat. *laxare*, qu'on trouve dans *Grégoire de Tours* avec la même signification. Selon d'autres, de l'allemand *lassen*, qui signifie également la même chose), quitter : *j'ai laissé mon fils à Rome*. — Abandonner : *il m'a laissé dans le péril*. — Ne pas emporter : *laissez ici votre montre*.—Mettre en dépôt : *laisser son argent entre les mains de...* — Céder : *je lui en laisse tout l'honneur*.—Léguer : *il a laissé mille écus aux pauvres*. — Quitter par mort : *laisser une femme, des enfants*. — Passer sous silence : *je laisse mille autres raisons*.—Perdre : *il y a laissé la vie*, et fam., *sa peau*. — *Laisser un chemin à gauche*, prendre sur la droite. — *Laisser une chose à l'abandon*, l'abandonner. — *Laisser le soin, la conduite d'une affaire à quelqu'un*, la lui confier.—*Il y a à prendre et à laisser dans cet ouvrage*, il y a du bon et du mauvais.—On dit qu'*une marchandise est à prendre ou à laisser*, pour dire qu'on ne diminuera rien du prix auquel on propose de la vendre. — *Laisser en paix, en repos*, ne pas troubler la paix, la tranquillité de...—Consentir à livrer une marchandise pour un certain prix : *je vous laisse un cheval pour six cents francs*. — *Je vous laisse à penser ce qui en arrivera, je vous laisse à penser s'il profitera de l'occasion*, d'après ce que je vous ai dit, ou d'après ce que vous savez, vous penserez sûrement...—*Laisser tout traîner*, *laisser* les choses où elles se trouvent, ne les point ranger, ne les point mettre à leur place.—*Laisser faire, dire*, souffrir qu'on fasse, qu'on dise ; ne pas se soucier, ne pas se mettre en peine que...—T. de mar., *laisser courir*, continuer de faire porter bon plein, pour faire plus de chemin et courir avec plus de vitesse.—*Il s'est laissé battre*, il a souffert qu'on le battît ; il a été battu. — *Il s'est laissé tomber*, il est tombé. — *Ne pas laisser de faire*, continuer, ne pas cesser ou ne pas s'abstenir de...—*Ne pas laisser que de*, faire beaucoup sans éclat ; avoir certaines qualités, quoique cela ne paraisse pas : *quoiqu'il soit pauvre, il ne laisse pas d'être honnête homme*, il n'en est pas moins honnête homme. — *Il a laissé une bonne réputation*, il est resté une bonne réputation de lui.—*Les soldats ne lui ont rien laissé*, ont tout emporté.—*Cet auteur laisse beaucoup à penser*, donne matière à bien des réflexions.—Pris subst. au mas. : *l'homme sauvage a partout le prendre ou le laisser*.—*se* LAISSER, v. pron., ne pas se garder de..., souffrir que... : *il se laisse tromper*.

LAISSER-COURRE, subst. mas. (*lècékoure*), t. de vén., lieu ou temps dans lequel on lâche les chiens.— Sonnerie du cor de chasse qui annonce qu'il faut les lâcher et les *laisser courir*.

LAISSER-ALLER ou mieux **LAISSÉ-ALLER**, subst. mas. (*lècé-alé*), abandon, négligence, facilité de mouvement, d'assentiment.

• **LAISSES**, subst. fém. plur. (*lèce*), t. de mar., terres mêlées de sable que la mer *laisse* sur le bord du rivage, et qui s'affermissent avec le temps. On les nomme aussi *relais*.

LAIT, subst. mas. (*lé*) (en lat. *lac*, gén. *lactis*), liqueur blanche qui se forme dans les mamelles de la femme et des femelles des animaux.—Certaine liqueur blanche qui est dans les œufs frais, lorsqu'ils sont cuits à propos. — Suc blanc qui sort de quelques plantes. — Liqueur artificielle qui ressemble au *lait* : *lait d'amande, lait de chaux*.—*Lait de poule*, jaune d'œuf délayé avec du *lait*.—*Jeune lait*, *lait* d'une femme accouchée depuis peu.—*Petit lait* ou *lait clair*, sérosité qui se sépare du *lait*, lorsqu'il se caille.—*Lait coupé*, dans lequel on a mis une portion d'eau. — *Frère de lait, sœur de lait*, enfants de la nourrice par rapport à son nourrisson ; enfants qui ont sucé le même *lait*.—*Dents de lait*, les premières dents qui viennent aux enfants. — Prov., 1° *avoir une dent de lait contre quelqu'un*, lui vouloir du mal, avoir une ancienne rancune contre lui ; 2° *vache à lait*, personne ou chose dont on tire un profit continuel. —*Fièvre de lait*, causée par le *lait*. — *Veau de lait*, qui tette encore. — On appelle *lait répandu* ou *épanché*, beaucoup de maladies différentes qu'on attribue à la déviation du *lait*, parce qu'elles arrivent après les couches, surtout chez les femmes qui ne nourrissent pas; et *caillement de lait*, *poil de lait*, un accident assez ordinaire aux femmes qui ne nourrissent pas, et aux nourrices qui ne sont pas suffisamment tétées, et qui laissent par là engorger leurs mamelles.— *Lait de lune fossile* ou *pierre de lait*, terre farineuse et calcaire qui se trouve dans le fond de certaines sources et dans les fentes ou creux des montagnes. C'est une chaux carbonatée.—*Lait de montagnes*, chaux carbonatée spongieuse.—*Lait ammoniacal*, émulsion jaunâtre préparée avec du sirop de capillaire et de la gomme ammoniaque. — *Lait de chaux*, chaux délayée dans de l'eau pour blanchir les murs.—*Lait de soufre*, sulfure hydrogéné, précipité par un acide. — *Lait végétal*, suc blanc qu'on trouve dans beaucoup de végétaux. — *Lait virginal*, benjoin délayé dans de l'eau de rose.

LAITAGE, subst. mas. (*lètaje*), ce qui se fait avec du *lait*; beurre, crême, fromage.

LAITANCE ou **LAITE**, subst. fém. (*lètance*, *lète*), partie des poissons mâles qui contient la liqueur séminale. C'est une substance blanche et molle, qui ressemble à du *lait* caillé. La *laite* est double dans la plupart des poissons.

LAIT-DORÉ ou **LAITEUX-BRIQUETÉ**, subst. mas. (*lèdoré*, *lèteubriketé*), t. de bot., espèce de champignon.

LAITÉ, **E**, adj. (*lèté*), qui a de la *laite* : *carpe laitée*. — Prov. : *poule laitée*, homme faible et sans vigueur.

LAITERIE, subst. fém. (*lèteri*), lieu où l'on trait le *lait* des animaux, où l'on fait la crême, le beurre, les fromages.

LAITERON, subst. mas. (*lèteron*), t. de bot., plante *laiteuse*, bonne pour les vaches et pour les lapins. On dit aussi *laceron*.

LAITEUSE, adj. fém. Voy. LAITEUX.

LAITEUX, adj. mas., au fém. **LAITEUSE** (*lèteu*, *teuze*), qui a un suc blanc comme du *lait*. —*Pierre laiteuse*, dont le blanc est trouble.—*Maladie laiteuse*, causée par le *lait* à la suite des couches.

LAITEUX-POIVRÉS, subst. mas. plur. (*lèteupoèvré*), t. de bot., famille de champignons qui rendent un suc *laiteux* piquant au goût.

LAITIER, subst. mas. (*lètié*), matière semblable à du verre, qui, dans les grands fourneaux, dans les grosses forges, nage au-dessus du métal fondu.—*Laitier de volcan*, lave vitreuse.

LAITIER, subst. et adj. mas., au fém. **LAITIÈRE** (*lètié*, *tière*), celui, celle qui vend du *lait*. —Au fém., nourrice qui a beaucoup de *lait*. — Vache qui donne beaucoup de *lait*.

LAITIÈRE, subst. et adj. fém. Voy. LAITIER.

LAITON, subst. mas. (*lèton*) (du flamand *latton*, ou de l'anglais *latten*, qui ont la même signification. Suivant *Huet*, de *lætwm*, qui, en gallois, signifie la même chose), cuivre rendu jaune par le moyen de la calamine.—*Fil de laiton*, passé à la filière.

LAITRON, subst. mas. (*lètron*), t. de bot., plante annuelle, demi-fleuronnée, donnant un suc *laiteux*. On distingue le *laitron doux* ou *palais-de-lièvre*, le *laitron épineux*, le *petit laitron*, le *laitron des champs* ou *chicorée jaune*, etc.

LAIT-SAINTE-MARIE, subst. mas. (*lèceintemari*), t. de bot., le *chardon-marie*, remarquable par ses feuilles panachées.

LAITUE, subst. fém. (*lètu*), t. de bot., plante potagère, à fleurs à demi-fleurons, annuelle, connue également par son usage comme aliment, par le suc *laiteux* qu'elle contient et dont elle emprunte son nom. On en distingue plusieurs espèces. Les *laitues* de primeur sont appelées *crêpes blondes*.— *Laitue-vireuse*, espèce de *laitue* qui contient un suc narcotique, et dont on fait usage en médecine.

LAÏUS, subst. propre mas. (*la-iuce*), myth., fils de Labdacus, roi de Thèbes, mari de Jocaste et père d'OEdipe.

LAIZE, subst. fém. (*lèze*), t. de manuf., largeur d'une étoffe, d'une toile, etc., entre deux lisières. On dit aussi *lé*, subst. mas.

LAKISTES, subst. mas. plur. (*lakicete*), école nouvelle de poètes anglais, méditatifs et spiritualistes; poètes des *lacs*.

LAKMUS, subst. mas. (*lakemuce*), t. de chim., bleu qui provient du mélange du suc du fruit de myrtille avec la chaux vive, le vert-de-gris et le sel ammoniaque.

LAKSAU, subst. mas. (*lakeçô*), t. de comm., nom qu'on donne à Batavia à la valeur de dix mille caches.

LAKTAK, subst. mas. (*laketak*), t. d'hist. nat., grand phoque particulier au Kamtschatka.

LALA, adv. (*lala*), médiocrement. Il est vieux.

LALEKI, subst. mas. (*laleki*), t. de relat., sorte de palanquin en usage à la Cochinchine.

LALETAINS, subst. mas. plur. (*laletein*), anciens peuples qui habitaient l'Espagne citérieure.

LALLATION, subst. fém. (*lalelàcion*), prononciation de doubles L sans nécessité.

LALLUS, subst. propre mas. (*laleluce*), myth., dieu qui présidait au balbutiement des petits enfants.

LAMA, subst. mas. (*lama*), nom que l'on donne aux prêtres des Tartares.—Sorte d'animal d'Amérique. C'est un mammifère ruminant, du genre des chameaux. Il n'a de bosse que sur la poitrine, et vit dans l'état domestique. On l'emploie au Pérou comme bête de somme.

LAMAN, subst. mas. (*laman*), t. de bot., plante de l'espèce des morelles.

LAMANAGE, subst. mas. (*lamanaje*), travail, profession des *lamaneurs*.

LAMANDA, subst. mas. (*lamanda*), t. d'hist. nat., grand et magnifique serpent de l'île de Java.

LAMANEUR ou **LOCMAN**, subst. mas. (*lamaneur*, *lokeman*), t. de mar., (du celtique ou bas-breton *loman*, maître de navire. *Trévoux*.) pilote qui connaît bien l'entrée d'un port; pilote côtier.

LAMANTIN, subst. mas. (*lamantein*), t. d'hist. nat., mammifère amphibie, qui a à peu près les mêmes formes que le phoque, mais dont les pattes de derrière, moins distinctes, sont confondues avec la queue en une large nageoire qui termine son corps.

LAMARKÉE, subst. fém. (*lamarkié*), t. de bot., genre de plantes originaires de Cayenne.

LAMARKIE, subst. fém. (*lamarki*), t. de bot., plante graminée, la cretelle dorée, appelée aussi *chrysure*.

LA-MAT-CAT, subst. mas. (*lamatekate*), t. de bot., arbre de la Cochinchine.

LAMBALLE, subst. propre fém. (*lanbale*), ville de France, chef-lieu de canton, arrond. de Saint-Brieuc, dép. des Côtes-du-Nord.

LAMBALLOIS, **E**, subst. et adj. (*lambaloà*, *louze*), celui, celle qui est de *Lamballe*, ville de France.

LAMBDA, subst. mas. (*lambeda*), t. d'hist. nat., insecte lépidoptère nocturne du genre des noctuelles.—Onzième lettre de l'alphabet grec.

LAMBDACISME, subst. mas. (*lanbedaciceme*), difficulté de prononcer la lettre *L*; emploi surabondant de cette lettre. Voy. LALLATION.

LAMBDOÏDE, adj. fém. (*lanbedo-ide*) (du grec λαμβδα, et ειδος, forme, ressemblance), t. d'anat.; il se dit d'une des sutures du crâne qui ressemble au *lambda* des Grecs.

LAMBEAU, subst. mas. (*lanbô*) (du latin *limbus*, bord, frange. *Ménage*.), pièce d'une étoffe déchirée : *son habit est tout en lambeaux*, *tombe en lambeaux*.—*Mettre en lambeaux*, déchirer en beaucoup d'endroits. — Morceau de toile sur lequel on couche le chapeau pour lui donner la forme.—Fig., morceau d'un ouvrage d'esprit. Il se prend en mauvaise part ; on ne dit point : *un précieux lambeau*, *un lambeau éloquent*.—Au plur., t. de vênerie, peau velue du bois de cerf, qu'il dépouille.

LAMBEL, subst. mas. (*lanbèle*), terme de blason, sorte de brisure formée d'un filet ordinairement à trois panneaux, et posé horizontalement en chef.

LAMBERTIE, subst. fém. (*lanbèrti*), t. de bot., espèce de protée de la Nouvelle-Hollande.

LAMBESC, subst. propre mas. (*lanbèceke*), ville de France, chef-lieu de canton, arrond. d'Aix, dép. des Bouches-du-Rhône.

LAMBIK, subst. fém. (*lanbike*), sorte de bière forte qui se fait à Bruxelles.

LAMBIN, subst. mas., au fém. **LAMBINE** (*lanbein*, *bine*) (de Denis *Lambin*, professeur de langue grecque au collége royal de France dans le seizième siècle, homme très-érudit, mais très-lent, qui s'appesantissait sur les plus petits détails), celui, celle qui *lambine*. Il est fam., et il s'emploie aussi adjectivement — T. d'hist. nat., quelques voyageurs donnent ce nom à l'aï, à cause de l'extrême lenteur de sa marche.

LAMBINÉ, part. pass. de *lambiner*.

LAMBINER, v. neut. (*lanbiné*), agir lentement. Il est fam. Voy. LAMBIN.

LAMBIS, subst. mas. (*lanbice*), t. d'hist. nat., gros coquillage de l'Amérique.

LAMBITIF, subst. mas. (*lanbitife*) (du lat. *lambere*, lécher), t. de pharm.; synonyme de *looch*.

LAMBOURDE, subst. fém. (*lanbourde*), pierre tendre des environs de Paris.—Pièce de bois qui soutient un parquet, les ais d'un plancher.—Pièce de bois aux entailles d'une poutre, et sur laquelle on pose les solives.

LAMBREQUIN, subst. mas. (*lanbrekiein*), autrefois, 1° espèce de rubans qui arrêtaient le chaperon sur le casque, et qu'on entortillait autour du cimier; 2° bandes attachées au bas de la cuirasse, et qui tombaient sur une espèce de jupe. —En t. de blas., ornements qui pendent du casque autour de l'écu.

LAMBRIS, subst. mas. (*lanbri*) (suivant *Caseneuve*, du grec λαμπρος, brillant, luisant; parce que, dans les maisons des grands et dans les édifices magnifiques, les *lambris* sont ordinairement décorés de peintures et de sculptures), la partie d'un appartement qui est au-dessus de la tête. Il ne se dit que dans le style noble et poétique, et proprement quand cette partie supérieure est revêtue de menuiserie, etc. : *lambris dorés*.— On appelle fig. et poét. le ciel, *les célestes lambris*.— Revêtement d'une muraille intérieure, en marbre, en plâtre ou en bois.—Revêtement fait avec de la latte ou du plâtre au-dedans de la couverture d'un galetas.

LAMBRISSAGE, subst. mas. (*lanbriçaje*), ouvrage du menuisier ou du maçon qui a *lambrissé*.

LAMBRISSÉ, **E**, part. pass. de *lambrisser*, et adj.

LAMBRISSER, v. act. (*lanbricé*), faire un *lambris*, revêtir d'un *lambris*. — *se* LAMBRISSER, v. pron.

LAMBROT, subst. mas. (*lanbrô*), t. de bot., espèce de vigne qui produit un raisin fort petit.

LAMBRUCHE ou **LAMBRUSQUE**, subst. fém. (*lanbruche*) (en latin *labrusca*, fait de *labrum*, lèvre, parce que le goût acerbe du fruit de la *lambruche* blesse les lèvres), espèce de vigne sauvage.

LAME, subst. fém. (*lame*) (en lat. *lamina*), table de métal fort mince.—Clinquant d'or ou d'argent : *habit tout couvert de lames*.—Dans un sabre, une épée, un couteau, un canif, etc., la partie d'acier tranchante. — Fig. : *c'est une bonne lame*, il manie bien l'épée; *une fine lame*, une personne rusée. — En t. de bot., l'espace qui, dans le pétale, se trouve entre le limbe et l'onglet. — En t. de marine, les vagues d'une mer agitée. On dit : *la lame vient du devant* ou *de l'arrière*, pour dire que le vent pousse la vague contre l'avant ou contre l'arrière du vaisseau; et que *la lame vient du large*, que *la lame prend par le travers*, pour dire que les vagues ou les flots donnent contre le côté du vaisseau.—On dit que *la lame est courte*, lorsque les vagues se suivent de près les unes les autres; que *la lame est longue*, lorsque les vagues se suivent de loin et lentement.—T. de phys., *lames magnétiques*, lames d'acier auxquelles on a communiqué la vertu magnétique, et qui sont très-propres elles-mêmes à la communiquer à d'autres *lames* d'acier trempé de tout son dur.

LAMÉ, **E**, adj. (*lamé*), *étoffe*, *broderie lamée d'or ou d'argent*, relevée et enrichie avec de la *lame*.

LAMELLE, subst. fém. (*lamèle*) (du lat. *lamella*), petite *lame*.—Petite feuille de métal.—Langue des petits reptiles.

LAMELLÉ, **E**, adj. (*lamèlelé*) (du lat. *lamella*, dim. de *lamina*, lame, petite lame), se dit en t. de bot., 1° du réceptacle des fleurs composées, lorsqu'il est garni de paillettes; 2° dans un champignon, du chapeau garni de feuillets; et de sa chair, lorsqu'elle est composée de *lames* distinctes. On dit aussi *lamelleux*.

LAMELLEUSE, adj. fém. Voy. LAMELLEUX.

LAMELLEUX, adj. mas., au fém. **LAMELLEUSE** (*lamèleleu*, *leuze*), t. de bot., garni de *lames*.

LAMELLICORNE, subst. mas. et adj. des deux genres (*lamèlelikorne*) (du latin *lamella*, petite lame, et *cornu*, corne ou antenne), t. d'hist. nat., famille d'insectes coléoptères, qui ont les antennes aplaties en forme de petites *lames*. Cette famille correspond au genre scarabe de *Linnée*.

LAMELLIFÈRE, adj. des deux genres (*lamèlelifère*), t. de bot., qui porte des *lames*; il se dit de quelques champignons.

LAMELLIROSTRE, subst. mas. et adj. des deux genres (*lamèlelirocetre*), t. d'hist. nat., famille d'oiseaux à bec garni de lamelles.

LAMELLOBRANCHE, subst. mas. et adj. des deux genres (*lamèlelobranche*), t. d'hist. nat., ordre de mollusques acéphales.

LAMELLOSODENTATI, subst. mas. (*lamèlelosodeintati*), t. d'hist. nat., oiseaux qui ont le bord du bec garni de petites dents lamellées.

LAMENTABLE, adj. des deux genres (*lamantable*) (en lat. *lamentabilis*), déplorable, qui mérite d'être pleuré : *mort, accident lamentable*. —Douloureux, qui excite à la pitié : *cris lamentables, voix lamentable*.

LAMENTABLEMENT, adv. (*lamantableman*), d'une manière *lamentable*.

LAMENTATION, subst. fém. (*lamantâcion*)(en lat. *lamentatio*), plainte accompagnée de gémissements et de cris.—*Les Lamentations de Jérémie*, sorte de poème fait par ce prophète sur la ruine de Jérusalem.

LAMENTÉ, E, part. pass. de *lamenter*.

LAMENTER, v. act. (*lamanté*) (en latin *lamentari*), plaindre, déplorer, regretter.— Chanter d'un ton plaintif :

Lamenter tristement une chanson bachique.
BOILEAU.

— Il est vieux comme verbe actif. — En parlant du cri du crocodile, on dit qu'*il lamente*. —Neut. : *vous avez beau pleurer et lamenter*. — *se* LAMENTER, v. pron., se plaindre, déplorer son malheur.

LAMENTIN. Voy. LAMANTIN.

LAMETTE, subst. fém. (*lamète*), t. d'arts et métiers, petite *lame* de bois qui soutient les carreaux des lices d'un métier.

LAMIE, subst. fém. (*lami*), t. d'hist. nat., nom de la plus grande espèce de requin ou chien de mer.—Genre d'insectes coléoptères, de la famille des lignivores, dont le corselet est armé d'épines. — Subst. propre fém., myth., fille de Neptune. Jupiter l'aima et en eut plusieurs enfants. Junon en conçut tant de jalousie, qu'elle les tua tous, et cette perte inspira à *Lamie* une telle rage, qu'elle dévorait tout ce qu'elle rencontrait, et fut métamorphosée en chienne.—*Lamie* fut aussi le nom d'une nymphe, et celui d'une femme grecque à qui les Thébains rendirent des honneurs divins, sous le nom de Vénus-*Lamia*.— Pausanias parle encore d'une divinité adorée à Épidaure sous le nom de *Lamie*, mais d'autres la nomment *Damie*.—Au plur., spectres qu'on représentait avec un visage de femme, et que l'on supposait se cacher dans les buissons pour dévorer les passants (en grec λαμια, fait de λαμος, gosier).

LAMIER, subst. mas. (*lamié*), ouvrier qui fait des *lames* pour les manufactures d'étoffes. — T. de bot., plante odorante de la famille des labiées.

LAMINAGE, subst. mas. (*laminaje*), l'action de *laminer* ou de passer les métaux entre deux rouleaux.

LAMINAIRE, subst. fém. (*laminère*), t. de bot., espèce de varec à racine fibreuse.

LAMINÉ, E, part. pass. de *laminé*.

LAMINER, v. act. (*laminé*), donner à une *lame* de métal une épaisseur uniforme par une compression toujours égale : *laminer du plomb*.—*se* LAMINER, v. pron.

LAMINEUR, subst. mas. (*lamineur*), qui *lamine* les métaux.

LAMINEUX, adj. mas., au fém. **LAMINEUSE** (*lamineu, neuze*), qui est formé de petites *lames*. Voy. LAMELLEUX.

LAMINOIR, subst. mas. (*laminoar*), machine qui sert à *laminer*. Elle est composée de deux cylindres qui tournent en sens contraire, et entre lesquels on place les *lames* ou pièces de métal.

LAMINOUARD, subst. mas. (*laminouare*), t. de bot., arbre de la Guyane dont le bois est quelquefois percé à jour.

LAMIODONTES, subst. fém. plur. (*lami-odonte*), t. d'hist. nat., dents fossiles de *lamie*.

LAMION, subst. mas. Voy. LAMIER.

LAMIQUE, adj. des deux genres (*lamike*), du grand-*lama* : *culte lamique*.

LAMISME, subst. mas. (*lamiceme*), religion des *lamas*.

LAMISTE, subst. mas. (*lamicete*), partisan du *lamisme*.

LAMLÉMAHA, subst. mas. (*lanléma-a*), myth., pontife des Madécasses.

LAMNUNGUYA, subst. mas. (*lan-neungui-ia*), t. d'hist. nat., famille de mammifères entre les rongeurs et les pachydermes.

LAMPADAIRE, subst. mas. (*lanpadère*) (en lat. *lampadarius*, fait du grec λαμπας, lampe), instrument propre à soutenir des *lampes*.—Officier qui portait des *lampes* ou des flambeaux devant l'empereur, etc.

LAMPADATION, subst. fém. (*lanpadâcion*) (en grec λαμπας, lampe), espèce de question qu'on faisait souffrir aux premiers martyrs chrétiens : quand ils étaient étendus sur le chevalet, on leur appliquait aux jarrets des *lampes* ou bougies ardentes.

LAMPADÉDROMIES, subst. fém. plur. (*lanpadédromi*) (du grec λαμπαδηδρομια, formé de λαμπας, lampe, et de δρομος, course), courses qui se faisaient à Athènes un flambeau à la main. Celui qui arrivait le premier au but sans que son flambeau se fût éteint remportait le prix.

LAMPADIAS, subst. mas. (*lanpadiâce*) (en lat. *lampadias*, comète flamboyante, fait du grec λαμπας, lampe, flambeau), t. d'astron., nom de la belle étoile à l'œil du taureau, appelée aussi *aldébaram*.

LAMPADISTE, subst. mas. (*lanpadicete*) (du grec λαμπαδιζειν, courir avec des flambeaux, dérivé de λαμπας, lampe ou flambeau), chez les Grecs, ceux qui s'exerçaient à la course des flambeaux.

LAMPADOMANCIE, subst. fém. (*lanpadomanci*) (du grec λαμπας, lampe, et μαντεια, divination), divination qui consistait à observer la forme, la couleur et les divers mouvements de la lumière d'une *lampe*, afin d'en tirer des présages pour l'avenir.

LAMPADOMANCIEN, subst. et adj. mas., au fém. **LAMPADOMANCIENNE** (*lanpadomanciein, ciène*), celui, celle qui devinait par l'inspection de la flamme d'une *lampe*.

LAMPADOMANCIENNE, subst. fém. Voy. LAMPADOMANCIEN.

LAMPADOPHORE, subst. mas. (*lanpadofore*), t. d'antiq., celui qui portait les *lampes* dans les *lampadophories*.

LAMPADOPHORIES, subst. fém. plur. (*lanpadofori*) (en grec λαμπαδηφορια, fait de λαμπας, gén. λαμπαδος, lampe, et de φερω, je porte), t. d'antiq., fêtes dans lesquelles on se servait de *lampes* pour les sacrifices et les jeux.

LAMPANTE, adj. fém. (*lanpante*), se dit, dans les savonneries, des huiles claires qu'on pourrait même employer pour l'éclairage.

LAMPARILLAS ou **NOMPAREILLES**, subst. fém. plur. (*lanparilelâce*), t. de comm., camelot fort léger qui se fabrique à Lille.

LAMPAS, subst. mas. (*lanpâce*) (en grec λαμπας), enflure au palais du cheval, ainsi nommée de ce qu'on la guérit avec une *lampe* ou avec un fer chaud. On l'appelle aussi *fève*.—Figurément, le palais, le dedans de la bouche : *humecter le lampas*. Style burlesque.—Étoffe de soie fabriquée en Chine.

LAMPASSAS ou **LAMPASSES**, subst. fém. plur. (*lanpaçace, pace*), t. de comm., toiles peintes qui se fabriquent aux Indes orientales.

LAMPASSÉ, E, adj. (*lanpacé*), t. de blason : *un lion lampassé de gueules*, représenté avec la langue qui sort, lorsque la langue est d'un autre émail que le corps.

LAMPATE, subst. mas. (*lanpate*), t. de chim., sel formé par la combinaison de l'acide *lampique* avec une base salifiable.

LAMPE, subst. fém. (*lanpe*) (en grec λαμπας, fait de λαμπω, je luis, je brille), vase où l'on met de l'huile avec une mèche pour éclairer.—Prov. : *il n'y a plus d'huile dans la lampe*, se dit d'une personne qui se meurt par épuisement, par défaillance.—*Cul-de-lampe*. Voy. ce mot. — Sorte d'étamine fabriquée avec de la laine d'Espagne. —*Lampe antique*, t. d'hist. nat., genre de coquilles univalves.—*Lampe* ou *lanterne de sûreté*, *lampe* de nouvelle invention, destinée à garantir les ouvriers qui travaillent dans les mines de houille, des accidents qu'occasionnent les fluides gazeux qui s'enflamment à la lumière.

LAMPÉ, E, part. pass. de *lamper*.

LAMPÉE, subst. fém. (*lanpé*), t. pop., grand verre de vin.

LAMPEILLON, subst. mas. (*lanpe-ion*), terme d'hist. nat., grand serpent aquatique.

LAMPER, v. act. (*lanpe*) (suivant Borel, du lat. *lambere*, happer, sucer), t. pop., boire des *lampées*; boire avidement.—*se* LAMPER, v. pron.

LAMPERON, subst. mas. (*lanperon*), petit tuyau ou languette qui soutient la mèche dans une *lampe*.

LAMPERY, subst. mas. (*lanperi*), t. de bot., arbrisseau des Moluques, de l'espèce des sapotilliers.

LAMPES (FÊTE DES), subst. fém. plur. (*fêtedélanpe*), myth., fêtes célébrées autrefois à Saïs en Égypte.

LAMPÉTIE, subst. propre fém. (*lanpéci*), myth., fille d'Apollon et de Néera. Son père l'avait chargée, avec sa sœur Phaétuse, du soin des troupeaux qu'il avait en Sicile. Les compagnons d'Ulysse en ayant tué quelques bœufs, Apollon se plaignit à Jupiter, qui les fit tous périr. — Il y en eut une autre, sœur de Phaéton, qui fut métamorphosée en peuplier.

LAMPETTE ou **LAMPRETTE**, subst. fém. (*lanpète, prète*), t. de bot., nom vulgaire du githage des blés.

LAMPÉTUSE, subst. propre fém. (*lanpétuze*), myth., la même que *Lampétie*.

LAMPION, subst. mas. (*lanpion*) (du grec λαμπας, lampe, comme si l'on disait petite lampe), petit vaisseau dans lequel on met de l'huile ou de la graisse pour brûler.—Le vase de verre qu'on suspend au milieu des *lampes* d'église.

LAMPIONÉ, E, part. pass. de *lampioner*.

LAMPIONER, v. act. (*lanpioné*), garnir de *lampions*. (*Boiste*.) Inutile et inusité.

LAMPIQUE, adj. des deux genres (*lanpike*), t. de chim., se dit d'un acide provenant de la décomposition de l'éther sulfurique.

LAMPISTE, subst. et adj. mas. (*lanpicete*), celui qui fabrique ou vend des *lampes*.

LAMPON, subst. propre mas. (*lanpon*), myth., devin d'Athènes, qui gagnait sa vie à apprendre à chanter aux oiseaux. — C'était aussi le nom d'un des chevaux de Diomède.

LAMPONS, subst. mas. plur. (*lanpon*), sorte de vieille chanson à boire dans laquelle on répétait : *lampons* (buvons), à la fin de chaque couplet : *chanter des lampons*.

LAMPOS, subst. propre mas. (*lanpôce*), myth., l'un des chevaux du Soleil.

LAMPOTTE, subst. fém. (*lanpote*), t. d'hist. nat. ; on appelle ainsi les patelles.— On emploie fréquemment la chair de ce coquillage pour amorcer les lignes; de là le nom de *lampotte*, qu'on donne aux espèces d'appâts qui sont faits avec les animaux des coquillages en général.

LAMPOURDE, subst. fém. (*lanpourde*), t. de bot., plante du genre des urticées. — Au plur., banc de moellons.

LAMPRESSE, subst. fém. (*lanprèce*), t. de pêche, nappe de filet dont les mailles n'ont qu'un pouce et demi d'ouverture.

LAMPRIE, subst. fém. (*lanpri*), t. d'hist. nat., insecte coléoptère de l'espèce des lébies.

LAMPRINE, subst. fém. (*lanprine*), t. d'histoire naturelle, coléoptère brillant de la Nouvelle-Hollande.

LAMPROIE, subst. fém. (*lanproé*) (par contraction des deux mots latins *lambere petras*, lécher les pierres, parce que les lamproies s'accrochent aux pierres à l'aide de leur bouche, qui fait l'office d'une ventouse), t. d'hist. nat., genre de poissons cartilagineux, à corps cylindrique, nu, visqueux, et qui ont la peau du cou percée de six trous par lesquels sort l'eau qui a servi à la respiration.

LAMPROPHORE, subst. mas. (*lanprofore*) (en grec λαμπροφορος, formé de λαμπρος, brillant, éclatant, et de φερω, je porte; *qui porte un habit éclatant par sa blancheur*), dans la primitive Église, les néophytes qui, pendant les sept jours qui suivaient leur baptême, portaient un habit blanc.

LAMPROYON ou **LAMPRILLON**, subst. mas. (*lanproé-ion, pri-ion*), t. d'hist. nat., petite *lamproie*.

LAMPSACÉNIENS, subst. mas. plur. (*lanpeçacénicin*), t. d'antiq., peuples qui habitaient autrefois *Lampsaque*, dans l'Asie-Mineure.

LAMPSANE, subst. fém. (*lanpeçane*), t. de bot., plante à fleur semi-flosculeuse, annuelle, qu'on croit utile dans les gerçures du bout des seins.

LAMPSAQUE, subst. propre fém. (*lanpeçake*), ancienne ville de l'Asie-Mineure.

LAMPTER, subst. propre mas. (*lanpetère*), myth., surnom de Bacchus, à cause du grand nombre de *lampes* qui brûlaient à l'une de ses fêtes.

LAMPTÉRIES, subst. fém. plur. (*lanpetéri*) (du grec λαμπτηρ, flambeau, parce qu'on y versait du vin à tous les passants, au milieu d'une grande illumination), t. d'antiq., fêtes nocturnes en l'honneur de Bacchus, qu'on célébrait après la vendange.

LAMPUGE, subst. fém. (*lanpuje*), t. d'hist. nat., poisson de l'Océan, du genre des coryphènes.

LAMPYRE, subst. fém. (*lanpire*) (en grec λαμπυρις, fait de λαμπω, je brille), terme d'hist. nat., genre d'insectes coléoptères.

LAMPYRIDES, subst. fém. plur. (*lanpiride*), t. d'hist. nat., insectes serricornes coléoptères.

LAMUS, subst. propre mas. (*lamuce*), myth., fils d'Hercule et d'Omphale. C'est peut-être le même que *Lamus*, fils de Neptune, qui bâtit la ville de Formies.

LAMYDA, *subst. mas. (lamida)*, le lambda de l'alphabet grec moderne.

LAMYRE, subst. mas. (*lamire*), t. d'hist. nat., poisson de mer fort ressemblant au lézard.

LANAIRE, subst. fém. (*lanère*), t. de bot., plante vivace liliacée du cap de Bonne-Espérance.

LANCE, subst. fém. (*lance*) (en lat. *lancea*, fait du grec λογχη), arme offensive à long bois qui a un fer pointu. — Autrefois gendarme armé d'une *lance : une compagnie de cent lances.* —Instrument de chirurgie, pour l'opération de la fistule lacrymale.—*Lance de Mauriceau*, autre instrument pour ouvrir la tête du fœtus mort et arrêté au passage.— Dans l'artillerie, instrument propre à recevoir la charge du canon, et à la conduire au fond de l'âme. — Verge de fer qui se place au travers d'un noyau de terre d'une bombe, et qui se suspend à l'air quand on la coule. On la rompt ensuite lorsque la bombe est coulée. — Sorte de bâton de batelier long et plat par le bout.—Outil dont se servent ceux qui travaillent au stuc. — Météore, en forme de lame, qui s'enflamme en l'air. — En t. de pêche, nasse cylindrique. — *Lance fournie*, homme d'armes ayant tout son accompagnement, c'est-à-dire un certain nombre d'archers, de valets et de chevaux. — *Lance gaie*, ancienne arme d'hast, plus longue et plus menue qu'une pique. On l'appelait aussi *demi-pique*. — *Lance brisée*, *lance* à demi sciée par le bout, et qui pouvait facilement se briser. On s'en servait dans les tournois. — *Lance courtoise, mousse, frettée et mornée*, celle dont le fer était émoussé, et qui avait une frette, morne ou anneau au bout.—*Lance spezzate*, officier réformé ou gendarme démonté, dont on faisait un anspessade d'infanterie. Voy. ANSPESSADE. — *Lance de drapeau*, *d'étendard*, bâton auquel est attaché le drapeau, etc. — *Lance à feu*, sorte de fusée de feu d'artifice. — *Lance d'eau*, jet d'eau d'un seul ajutage de peu de grosseur, sur une grande hauteur.—*Lance de sonde*, nouvel instrument pour sonder les différentes natures du fond de la mer. — Prov. et fam., *rompre des lances pour quelqu'un*, le défendre contre ceux qui l'attaquent. — Fig. et prov. : *venir, s'en retourner à beau pied sans lance*, venir, s'en retourner à pied.—Fig.: *baisser lance*, fléchir, mollir ; se relâcher. —*Tomber de lance en quenouille*, se disait d'un fief qui passait d'un mâle à une femme.

LANCÉ, E, part. pass. de *lancer*, et adj.— T. de broderie : *points lancés*, points qui ont été courus et jetés trop long.

LANCELLÉE, subst. fém. (*lancèlelé*), t. de bot., espèce de plante. Voy. LONCHITIS.

LANCÉOLAIRE, adj. des deux genres (*lancé-olère*), se dit, en t. de bot., d'une feuille plus longue que large, rétrécie à ses deux extrémités, qui, ainsi qu'un fer de *lance*, se termine en pointe, telles que celles du laurier.

LANCÉOLÉ, E, adj. (*lancé-olé*), t. de bot., se dit d'une feuille dont la largeur diminue insensiblement de la base au sommet, en imitant un fer de *lance*.

LANCER, v. act. (*lancé*) (du mot franç. *lance*), darder, jeter avec roideur. — On dit poét. que *Dieu lance la foudre, que le soleil lance ses rayons sur la terre.*—Fig., *lancer des œillades, des regards, des traits de raillerie.* — Il se dit des anciennes machines de guerre.— *Lancer le cerf*, le faire sortir du fort pour lui donner les chiens. *On lance aussi le loup du liteau, le lièvre du gîte et les bêtes noires de la bauge.—Lancer un vaisseau à la mer*, le mettre pour la première fois à la mer, en le tirant du chantier. — Neut., t. de marine, se dit d'un vaisseau qui présente le cap, tantôt sur tribord, tantôt sur bas bord dans sa route. — SE LANCER, v. pron., se jeter avec impétuosité sur...—*Se lancer dans une carrière*, l'embrasser.—*Se lancer dans le monde*, commencer à voir la société.

LANCÉRÉ, E, part. pass. de *lancérer*.

LANCÉRER, v. act. (*lancéré*), frapper avec la *lance*. (*Boiste*.)Il est vieux et même hors d'usage.

LANCERON, subst. mas. (*lanceron*), t. d'hist. nat., jeune brochet dont le corps est effilé comme une *lance*.

LANCETIER, subst. mas. (*lancetié*), étui à *lancettes*. (*Boiste*.) Peu connu.

LANCETTE, subst. fém. (*lancète*), instrument de chir., pour ouvrir la veine. — *Lancette à bœuf*, couteau de boucher.

LANCHE, subst. fém. (*lanche*), t. de mar., petit bâtiment des rivières de l'Amérique méridionale.

LANCIER, subst. mas. (*lancié*), ouvrier qui fait des *lances*.—Cavalier armé d'une *lance*.

LANCIÈRE, subst. fém. (*lancière*), t. de coutume, ouverture ou passage par où l'eau s'écoule, quand les moulins ne travaillent pas. On dit aussi *abée*.

LANCINANT, E, adj. (*lancinan, nante*), t. de médec., qui se fait sentir par élancement : *douleur lancinante*. Il ne se dit guère que dans cette phrase.

LANCIS, subst. mas. (*lanci*), t. d'archit., dans le jambage d'une porte ou d'une croisée, les deux pierres plus longues que le pied,qui est d'une pièce. — *Lancis du tableau*, celui qui est au parement ; *lancis de l'écoinçon*, celui qui est au-dedans du mur.—En général, toute pierre qui, ajoutée en parement à une autre, fait l'épaisseur d'un mur.

LANCISIE, subst. fém. (*lancizi*), t. de bot., genre de plantes de l'espèce des cotules.

LANCISTÈME, subst. fém. (*lancicetème*), t. de bot., genre de plantes.

LANÇOIR, subst. mas. (*lançoar*), pale qui arrête l'eau du moulin et qu'on lève lorsqu'on veut le faire marcher.

LANÇON, subst. mas. (*lançon*), t. de pêche, jeune brochet dont la forme ressemble au fer d'une *lance*. Mieux *lanceron*.Voy. ce mot.

LANÇONNIER, subst. mas. (*lançonié*), engin de piseur. (*Boiste*.)

LANCRETIE, subst. fém. (*lankreci*), t. de bot., genre de plantes caryophyllées.

LANDAMMAN, subst. mas. (*landaman*), titre du premier magistrat des républiques de la Suisse. Ses fonctions sont temporaires.

LANDAN, subst. mas. (*landan*), t. de bot., arbre des îles Moluques, dont la moelle farineuse fournit le sagou. On le nomme aussi *palmier des Moluques*.

LANDAU ou **LANDAW**, subst. mas. (*landô*), sorte de voiture de luxe dont le dessus se lève en deux parties.

LANDAU, subst. propre mas. (*landô*), ville forte de Bavière, conquise plusieurs fois par les Français.

LANDAULET, subst. mas. (*landôlè*), diminutif de *landau*, petit *landau*.

LANDE, subst. fém. (*lande*) (de l'allemand *land*, terre, pays, région), grande étendue de terre, où il ne vient que des bruyères. — T. de marine, ferrure qui garnit les caps de moutons des haubans des mâts de hune. — Au plur., fig., endroits secs et ennuyeux qui se trouvent dans un ouvrage.

LANDERNEAU, subst. propre mas. (*landèrenô*), ville de France, chef-lieu de canton, arrond. de Brest, dép. du Finistère.

LANDES, subst. propre fém. plur. (*lande*), dép. de la France, ainsi nommé des *landes* ou terres incultes qu'il renferme.

LANDGRAVE, subst. mas. (*languerave*) (de l'allemand *land*, terre, pays, et *grave*, juge ou comte), titre de quelques princes d'Allemagne.

LANDGRAVIAT, subst. mas. (*langueravia*), état d'un *landgrave*.

LANDGRAVINE, subst. fém. (*langueravine*), femme d'un *landgrave*. — Princesse qui possède un *landgraviat*.

LANDIE, subst. fém. (*landi*), t. de bot., genre de plantes très-rapproché des mussendes.

LANDIER, subst. mas. (*landié*), sorte de gros chenet de fer pour la cuisine.—Prov., *être froid comme un landier*, d'un caractère extrêmement froid.

LANDIT, subst. mas. (*landi*) (du lat. *indictum*, employé dans cette signification par les écrivains du moyen-âge, et qui a été fait de *indicere*, annoncer, publier: *Ménage*. *Vaugelas* le dérive d'*annus dictus*, l'an dit, parce que cette foire revenait chaque année, à jour fixe), nom d'une foire qui se tient à Saint-Denis, et qui autrefois ne pouvait être ouverte qu'après la bénédiction du recteur de l'Université, qui s'y transportait en grande pompe. On a dit d'abord *lendit*.—Jour de congé célébré dans l'Université de Paris, à l'occasion de la même foire.—Honoraire que les écoliers de l'Université donnaient anciennement à leurs maîtres, vers le temps de la foire de ce nom. C'étaient six ou sept écus d'or fichés dans un citron, et qu'on mettait dans un verre de cristal.

LANDIVISIAU, subst. propre mas. (*landivizió*), ville de France, chef-lieu de canton, arrond. de Morlaix, dép. du Finistère.

LANDIVY, subst. propre mas. (*landivi*), bourg de France, chef-lieu de canton, arrond. de Mayenne, dép. de la Mayenne.

LANDOLPHIE, subst. fém. (*landolefi*), t. de bot., arbrisseau de la côte d'Afrique.

LANDRATH, subst. mas. (*landrate*) (en allemand *landrath*, conseiller municipal), magistrat particulier de certains cercles d'Allemagne.

LANDRECIES, subst. propre fém. plur. (*landreci*), ville forte de France, chef-lieu de canton, arrondissement d'Avesnes, dép. du Nord.

LANDREUSE, adj. fém. Voy. LANDREUX.

LANDREUX, adj. mas., au fém. LANDREUSE (*landreu, dreuze*), infirme. (*Boiste*.) Vieux et inusité.

LANDROST, subst. mas. (*landrocete*), nom qu'on donne à certains magistrats hollandais.

LANDSTURME, *subst. mas. (landecetourme)*, levée en masse en Allemagne.

LANDWHER, subst. fém.(*landouère*), garde nationale ; citoyens armés en Allemagne.

LANE, subst. fém. (*lane*), t. de pêche usité sur les bords de la Dordogne ; étendue de rivière où on laisse dériver les filets, dans la pêche aux saumons et aux aloses.

LANERET, subst. mas. (*lanerè*), le mâle du *lanier*.

LANET, subst. mas. (*lanè*), t. de pêche, espèce de petit truble.

LANG, subst. mas. (*lan*), t. d'hist. nat., quadrupède de la Chine fort peu connu des naturalistes.

LANGAGE, subst. mas. (*languaje*) (du mot *langue*), idiome ; manière de parler d'une nation, etc. — Discours : *vous me tenez là un étrange langage*. — Manière de s'exprimer. — Style. — Manière de faire entendre certaines choses. — Voix, cri, chant des animaux. — T. de peinture, *langage de l'art*, se dit du talent de dessiner, de celui de composer et d'employer les couleurs, de tous les moyens, en un mot, qui appartiennent à la partie mécanique de l'art. On oppose ce *langage à l'art* lui-même, qui consiste dans les grandes conceptions de l'esprit.—Tout ce qui sert à faire entendre la pensée sans parler : *le langage des yeux, des soupirs.* — LANGAGE, LANGUE, IDIOME, DIALECTE, PATOIS, JARGON. (*Syn.*) *Langage* convient à tout ce qui fait ou paraît faire connaître les pensées. Une *langue* est la totalité des usages propres d'une nation, pour exprimer les pensées par la parole. L'*idiome* exprime les vues particulières à une nation, et les tours singuliers qu'elles occasionnent nécessairement dans sa manière de parler. Le *dialecte* est une manière de parler la même langue dans un état, relativement à d'autres manières de parler la même langue dans d'autres états. Tels sont les différents dialectes des états d'Allemagne et d'Italie. Un *patois* est un usage particulier dans la manière de parler une langue, contraire à ce qu'on appelle le bon usage, chez une nation qui n'a qu'un seul gouvernement. Un *jargon* est un langage particulier aux gens de certains états vils, comme les gueux et les filous de toute espèce ; ou c'est un composé de façons de parler qui tiennent à quelque défaut dominant de l'esprit ou du cœur, comme il arrive aux petits-maîtres, aux coquettes, etc. Le *langage* se sert de tout pour manifester les pensées. Les *langues* n'emploient que la parole. Les *idiomes* se sont approprié exclusivement certaines façons de parler qui rendent difficile la traduction des pensées de l'un en l'autre. Les *dialectes* produisent, dans la langue nationale, des variétés qui nuisent quelquefois à l'intelligence, mais qui sont ordinairement favorables à l'harmonie. Les expressions propres des *patois* sont des restes de l'ancien langage national, qui, bien examinés, peuvent servir à en faire retrouver les origines. Demander si le français est une *langue* ou un *jargon*, c'est presque un crime de lèse-majesté nationale. (*Laveaux.*)

LANGAHA, subst. mas. (*langua-a*), t. d'hist. nat., espèce de serpent.

LANGAR ou **SENAU-BRICK**, subst. mas. (*languar, cenôbrike*), t. de mar., petit bâtiment peu différent du brigantin.

LANGARD, subst. mas. (*languar*), grand parleur. Il est vieux.

LANGE, subst. mas. (*lanje*) (du latin *laneum*, de laine, pour lequel on a dit *lanium*, et ensuite *lanjum*, fait de *lana*, laine; parce que les *langes* sont de laine), tout ce qui sert à envelopper un enfant au maillot.

LANGEAC, subst. propre mas. (*lanjak*), ville de France, chef-lieu de canton, arrond. de Brioude, dép. de la Haute-Loire.

LANGEAIS, subst. propre mas. (*lanjé*), village de France, chef-lieu de canton, arrond. de Chinon, dép. d'Indre-et-Loire.

LANGELOTTE, subst. fém. (*lanjelote*), machine dont *Langelotte*, médecin anglais, a fait usage pour triturer l'or et le rendre potable.

LANGIT, subst. mas. (*lanji*), t. de bot., genre de plantes qui est fort rapproché des sumacs.

LANGOGNE, subst. propre fém. (*languognie*), ville de France, chef-lieu de canton, arrond. de Mendes, dép. de la Lozère.

LANGON, subst. mas. (*languon*), espèce d'espadon. — T. d'hist. nat., sorte de poisson.

LANGON, subst. propre mas. (*languon*), ville de France, chef-lieu de canton, arrond. de Bazas, dép. de la Gironde.

LANGOU, subst. mas. (*languou*), t. de bot., fruit d'un arbre sarmenteux de Madagascar. Il est anguleux, et les habitants mâchent continuellement ses feuilles, pour se noircir les lèvres et les gencives. On ignore à quel genre il doit être rapporté.

* **se LANGOURER**, v. pron. (*celanguouré*), exprimer sa *langueur*, son martyre d'amour.

LANGOUREUSE, adj. fém. Voy. LANGOUREUX.

LANGOUREUSEMENT, adv. (*languoureuzeman*), d'une manière *langoureuse*.

LANGOUREUX, adj. mas., au fém. **LANGOUREUSE** (*languoureu, reuze*), qui ne fait que *languir*; qui outre ou affecte la *langueur*. — Qui marque de la *langueur*. — Subst., personne *langoureuse* : *faire le langoureux auprès des dames*, le passionné.

se LANGOURIR, v. pron. (*celanguourir*), se lamenter. (*Boiste.*) Vieux.

LANGOUSTE, subst. fém. (*languoucete*) (en lat. *locusta*), t. d'hist. nat., genre de crustacés, de la famille des macroures. C'est une écrevisse de mer. — Espèce de sauterelle.

LANGOUSTIÈRE, subst. fém. (*languoucetière*), t. de pêche, filet à larges mailles, pour prendre des *langoustes*. On dit aussi, au mas., *langoustier*.

LANGOUSTINE, subst. fém. (*languoucetine*), t. d'hist. nat., famille de crustacés décapodes macroures.

LANGRAIEN, subst. mas. (*languera-iein*), t. d'hist. nat., oiseau silvain de l'espèce des piesgrièches.

LANGRENUS, subst. mas. (*languerénuce*), t. d'astron., une des taches de la lune.

LANGRES, subst. propre mas. (*languere*), ville de France, chef-lieu d'arrond., dép. de la Haute-Marne.

LANGROIS, E, subst. et adj. (*langueroa, roaze*), de *Langres*.

LANGUE, subst. fém. (*langue*) (en lat. *lingua*), partie qui est dans la bouche de l'animal, le principal organe du goût pour tous les animaux, et de la parole pour l'homme. — En t. de médec., on dit que la *langue d'un malade est blanche, pâle, livide, jaune, noire, rouge, sèche, ridée*; et on appelle *langue chargée*, celle sur la surface de laquelle il s'est formé une croûte plus ou moins épaisse. — Langage particulier à un peuple, à une nation. — *L'usage est le tyran des langues*, l'usage l'emporte souvent sur les principes les plus simples de la grammaire. — *C'est la confusion des langues*, on ne s'entend pas. — *Langue primitive*, celle que les hommes ont parlée la première; c'est encore celle qui ne s'est formée d'aucune autre. — *Langue mère* ou *matrice*, celle qui a servi à former d'autres *langues*. — *Langue dérivée*, qui dérive d'une autre qui en est formée.—*Langue vivante*, celle qu'on parle encore aujourd'hui.— *Langue morte*, celle qu'un peuple ne parle plus, et qui n'existe plus que dans les livres. — *Langues anciennes*, celles des temps reculés, telles que la *langue latine* et la *langue des anciens Grecs*.— *Langues modernes*, celles qu'on parle aujourd'hui, telles que le français, l'anglais, etc. — *Langue littérale*, *langue* grecque des auteurs anciens, par opposition à la *langue* des Grecs modernes.— *Langues sémitiques*, celles qu'on suppose avoir été parlées par les descendants de Sem; telles sont l'hébreu, le syriaque, l'arabe, etc.—*Langue naturelle*, celle du pays où l'on est né. — *Langues étrangères*, celles des autres pays.—*Langue nationale*, celle de toute une nation.—*Langue sacrée*, *langue sainte*, celle des saintes Écritures.—*Langue universelle*, celle qui serait commune à tous les peuples.—*Enfants de langue*, jeunes gens élevés dans la connaissance des langues orientales.—*Maître de langue*, qui enseigne une langue.—On dit d'un homme dont on n'a nulle compassion, qu'*on lui verrait tirer la langue d'un pied de long*, *qu'on ne lui donnerait pas un verre d'eau*. — *Mince comme la langue d'un chat*, se dit d'une chose fort mince.—*Qui langue a, à Rome va*, quand on sait parler, on peut aller partout.—*Avoir soif à avaler sa langue*, avoir grand'soif. — *Ennuyeux à avaler sa langue*, se dit de tout ce qui fait éprouver de l'ennui. — *Avoir la langue grasse*, éprouver de l'embarras pour la prononciation de certaines lettres, de certaines consonnes, et principalement pour les *r*. — *Avoir une grande volubilité de langue*, parler avec une grande rapidité. — *Dénouer*, *délier la langue à quelqu'un*, le forcer à parler quand il voulait se taire.— *N'avoir point de langue*, parler très-peu, ou ne pas oser parler.—*Se mordre la langue*, s'arrêter pour ne pas dire ce qu'on allait dire, et qu'on ne veut plus dire; se repentir d'avoir parlé. — Prov. : *il faut tourner sept fois sa langue dans sa bouche avant de parler*, il faut mûrir ce qu'on a à dire. — *Jeter sa langue aux chiens*, renoncer à deviner quelque chose. — Fam., *avoir la langue bien affilée*, *bien pendue*, parler beaucoup et avec beaucoup de facilité. — *C'est une langue dorée*, il parle bien et fort aisément. — *Avoir bien de la langue*, *ne pouvoir tenir sa langue*, n'être pas secret, ne pouvoir rien tenir caché.— *La langue lui va toujours*, il ne peut pas se taire.—*Quelle langue!* quel bavard! *Il est maître de sa langue*, il sait garder un secret. —*La langue lui a fourché*; il a dit un mot pour un autre.— Fig. : *c'est une mauvaise langue*, *une langue de vipère*, c'est un médisant, une personne qui aime à déchirer la réputation d'autrui. — *Tirer la langue*, témoigner qu'on est dans le besoin, ou se moquer de quelqu'un. — *Donner un frein à sa langue*, parler avec retenue. — *Avoir un mot sur le bout de la langue*, être près de le trouver, de le dire, et ne pas le rencontrer dans sa mémoire.—Fig.: *un coup de langue*, une médisance, un mauvais rapport.; et prov. : *un coup de langue est pire qu'un coup de lance*.—*Prendre langue*, s'informer de ce qui se passe, de l'état d'une affaire, du caractère de ceux avec qui l'on doit traiter, etc.—En parlant des chevaliers de Malte, nation. Voyez LANGAGE. — En t. de verr., cassure qui, des bords d'une pièce de verre, se dirige vers son milieu, etc. — Sorte d'instrument de chirurgie, dont on se sert pour racler les dents. — *Langue de terre*, espace de terre plus long que large, environné d'eau, excepté par un bout. — Pièce de terre longue et étroite enclavée dans d'autres. — En t. d'hist. nat., les entomologistes ont donné le nom de *langue* à la trompe roulée en spirale que l'on remarque dans les insectes de l'ordre des lépidoptères.—On a appelé *langue de tigre*, une coquille du genre vénus.—*Langue de carpe*, outil d'arquebusier, qui est tranchant des deux côtés, et dont l'extrémité est faite en langue de carpe. — *Langue de carpette*, outil de serrurier, dont le tranchant assez étroit est arrondi ou en losange. —*Langue de balance*, petit style perpendiculaire au fléau, et qui doit être caché par la châsse, lorsque la balance est en équilibre. — En t. de chasse et de manège, *donner de la langue*, c'est appeler ou exciter le chien ou le cheval, en appuyant fortement la *langue* contre le palais de la bouche.—T. de mar.: *langue de voile*, toile à voile coupée en pointe, qu'on met aux côtés de quelques voiles. — Quelques charlatans ont appelé *langues de serpent pétrifiées*, des dents de requin, surtout celles qui sont minces, étroites, un peu ondoyantes, accompagnées de deux crochets à la base, et qui paraissent très-voisines de celles de certains squales. — En t. de botanique, on appelle *langue d'agneau*, une espèce de plantain; *langue de bœuf*, une espèce de bolet, et la doradille scolopendre; *langue de cerf*, l'osmonde lunaire; *langue de chat*, le bident tripartite, et une espèce de telline; *langue de cheval*, le fragon à languette; *langue de chien*, la cynoglosse officinale; *langue d'oie*, la grassette; *langue d'oiseau*, la stellaire holostée; *langue d'or*, la telline foliacée; *langue de noyer*, un agaric à pédicule latéral qui croît sur les noyers; *langue de passereau*, la stellène passerine, et la renouée; *langue de pommier*, un agaric à pédicule latéral d'un blanc de lait, qui croît sur les vieux pommiers; *langue de serpent*, l'ophioglosse vulgaire; *langue de vache*, la grande consoude et la scabieuse des champs.

LANGUÉ, E, adj. (*languié*), t. de blason : il se dit de l'aigle, du griffon et de quelques autres oiseaux et reptiles, qui ont la *langue* d'un émail différent de celui du corps.

LANGUEDOC, subst. propre mas. (*languedok*), ancienne province de France, appelée *Gaule narbonnaise* sous les Romains, et comprise aujourd'hui dans les départements de l'Ardèche, de l'Aude, du Gard, de la Haute-Garonne, de la Haute-Loire, de l'Hérault, de la Lozère, du Tarn et de Tarn-et-Garonne.

LANGUEDOCIEN, subst. et adj. mas., au fém. **LANGUEDOCIENNE** (*languedociein, ciène*), du *Languedoc*; qui y a rapport, y appartient.

LANGUEDOCIENNE, subst. et adj. fém. Voy. LANGUEDOCIEN.

LANGUETTE, subst. fém. (*languiète*), petite *langue*, il ne se dit qu'en terme d'arts, de différentes choses qui ont à peu près cette figure et qui servent à divers usages.—Dans une balance, l'aiguille élevée à plomb sur le fléau. — En t. de coutelier, partie fort mince d'un métal, destinée à être logée dans une rainure.—En t. de ferblantier, feuille de fer battu après la première préparation, pour en faire du fer-blanc.—Au plur., séparation de deux ou trois tuyaux de cheminée lesquelles se font de plâtre pur, de brique ou de pierre. — En t. de bot., genre de plantes ficoïdes.

LANGUEUR, subst. fém. (*languieur*) (en lat. *languor*, fait de *languere*, languir), abattement, état d'une personne qui *languit*.—Ennui, peine de l'esprit procédant surtout d'un désir ou d'un amour violent.—*Éprouver des langueurs d'estomac*, se sentir mal à l'aise; mal fonctionner, en parlant de l'estomac.—Stagnation des affaires, du commerce.—*Trouver de la langueur dans un ouvrage*, trouver qu'il manque d'intérêt, d'action, etc.

LANGUÉYAGE, subst. mas. (*languié-iaje*), action de visiter la *langue* du porc.

LANGUEYÉ, É, part. pass. de *langueyer*.

LANGUEYER, v. act. (*languié-ié*), visiter la *langue* d'un porc pour savoir s'il est sain ou ladre.

LANGUEYEUR, subst. mas. (*languié-ieur*), celui qui est commis pour *langueyer* les porcs.

LANGUIER, subst. mas. (*languié*), la *langue* et la gorge d'un porc, quand elles sont fumées.

* **LANGUIDE**, adj. des deux genres (*langu-ide*), languissant, faible. (*Boiste.*) Inus.

* **LANGUIDITÉ**, subst. fém. (*langu-idité*), état de ce qui est *languide*. (*Boiste.*) Inus.

LANGUIR, v. neut. (*languir*) (en lat. *languere*, dérivé du grec λαγγάζειν, être paresseux, être fatigué, comme le sont les personnes *languissantes*), être consumé peu à peu par une maladie qui abat les forces. — Souffrir un supplice lent : *languir dans une prison*. — Il se dit fig., 1° de l'ennui et des autres peines d'esprit : *languir d'ennui*, *d'amour*, *d'impatience*; 2° de tout ce qui n'est pas dans son activité ordinaire. — *Les affaires languissent*, traînent en longueur.—*Ces vers languissent*, sont froids et traînants.—*La conversation languit*, n'est pas animée.

LANGUISSAMMENT, adv. (*languiçaman*), d'une manière *languissante*.

LANGUISSANT, E, adj. (*languiçan, çante*) (en lat. *languens*, part. prés. de *languere*, languir), plein de *langueur*.—Qui a peu de santé, faible.— Fig., qui n'a rien de vif : *vers languissant*, etc. —*Regards languissants*, qui marquent beaucoup d'abattement ou beaucoup d'amour. — LANGUISSANT, LANGOUREUX. (*Syn.*) On est naturellement *languissant*; on fait artificieusement le *langoureux*. On a bien l'air *languissant*, mais on prend l'air *langoureux*. Votre ami vous dit adieu d'une voix *languissante*; un galant pousse auprès de sa belle des soupirs *langoureux*. Un malade très-affaibli vous demande des secours d'un ton *languissant*; un mendiant rusé vous demande l'aumône d'un ton *langoureux*. S'il n'y a pas de l'affectation dans le *langoureux*, il y a du moins quelque chose d'excessif, d'immodéré, d'habituel, de singulier dans sa manière d'être. Ainsi l'on dira d'un convalescent, qu'il est encore un peu *languissant*; et d'un autre qu'il est encore tout *langoureux*. Il ne suffit pas d'être *languissant* pour être appelé *langoureux*; il faut le paraître par des signes ou des démonstrations frappantes de langueur, et d'une langueur assez soutenue, et surtout mêlée de plaintes et de marques de sensibilité, etc. — Aussi, *langoureux* sert-il à exprimer telle espèce de langueur qu'on attribue à quelque passion violente, tandis que la langueur exprimée par le mot *languissant* ne désigne que l'abattement, ou la simple diminution des forces. — Un amant est *langoureux* sans être *languissant*. Un discours *langoureux* sera tendre; un discours *languissant* serait froid. Les regards *languissants* sont *langoureux*, s'ils sont tendres en même temps.

LANGURIE, subst. fém. (*languri*), t. d'hist. nat., genre d'insectes coléoptères de la famille des clavipalpes.

LANI, subst. mas. (*lani*), t. de bot., arbrisseau des Moluques, que les indigènes regardent comme un contre-poison.

LANIAIRE, adj. des deux genres (*lanière*) (du lat. *laniare*, déchirer), t. d'hist. nat. : *dents laniaires*, celles qui dans les animaux mammifères sont placées sur les côtés, et qui, plus longues ordinairement que les incisives, pointues ou en forme de coin, sont propres à déchirer.

LANICE, adj. des deux genres (*lanice*) (du lat. *lanicium*, laine qui provient des moutons, dérivé de *lana*, laine); il n'est guère d'usage qu'avec le mot *bourre*. *Bourre lanice*, bourre qui provient de la *laine*, celle que les laineurs lèvent de dessus les draps, etc., lorsqu'ils les garnissent aux chardons.

LANIER, subst. mas. (*lanié*) (en lat. *laniarius*, qui déchire, parce qu'il déchire les oiseaux qu'il saisit), t. d'hist. nat., espèce de faucon. — C'est la femelle du *laneret*.

LANIÈRE, subst. fém. (*lanière*) (peut-être, dit *Le Duchat*, du lat. *lanaria*, fait de *lana*, laine; parce qu'autrefois les *lanières* étaient de laine), sorte de courroie longue et étroite.

LANIFÈRE, adj. des deux genres (*lanifère*) (en lat. *lanifer*, formé de *lana*, laine, et de *fero*, je porte), qui porte de la *laine*. Il se dit des animaux et des plantes. On dit aussi *lanigère*.

LANIGÈRE, adj. des deux genres (*lanijère*) (du lat. *laniger*, formé de *lana*, laine, et *gerere* porter), t. de bot. Voy. LANIFÈRE.

LANILLE, subst. fém. (*lani-ie*), petite étoffe de *laine* fabriquée en Flandre.

LANIOGÈRE, subst. mas. (*laniojère*), t. d'hist. nat., genre de mollusques médibranches.

LANION, subst. mas. (*lanion*), t. d'hist. nat., oiseau de l'ordre des silvains.

LANISTE, subst. mas. (*laniccete*) (en lat. *lanista*, fait de *laniare*, déchirer, mettre en pièces), t. d'antiq., celui qui achetait, vendait, ou formait des gladiateurs. — T. d'hist. nat., genre de coquilles.

LANITRO, subst. propre mas. (*lanitrô*), démon de l'air chez les habitants des îles Moluques.

LANJANS, subst. mas. plur. (*lanjan*), docteurs de la presqu'île du Gange, qui divisent la terre en seize mondes différents.

LANMAYAN, subst. mas. (*lanma-ian*), t. de bot., espèce d'amarante des Antilles.

LANMEUR, subst. propre mas. (*lanmeur*), village de France, chef-lieu de canton, arrond. de Morlaix, dép. du Finistère.

LANNE, subst. fém. (*lane*), t. de pêche, nom qu'on donne sur les bords de l'Océan aux lignes qui partent des maîtresses cordes. On les appelle aussi quelquefois *semelles*.

LANNEMEZAN, subst. propre mas. (*lanemezan*), ville de France, chef-lieu de canton, arrond. de Bagnères, dép. des Hautes-Pyrénées.

LANQUERRE, subst. fém. (*lankière*), gros bourrelet qui sert à nager.

LANQUETTE, subst. fém. (*lankiète*), t. de bot., espèce de pourpier.

LANS, subst. mas. (*lan*), t. de mar., écart momentané de la route que suit un bâtiment; mouvement de rotation subit et répété qui a lieu par un grand sillage, ayant le vent de l'arrière.

LANSA, subst. mas. (*lança*), t. de bot., arbre à fruit des Moluques.

LANSAC, subst. mas. (*lançak*), t. de jard., poire d'automne, assez grosse, et jaunâtre.

LANSQUENET, subst. mas. (*lanckené*) (de l'allemand *landsknecht*, serviteur du pays, formé de *land*, terre, pays, et *knecht*, garçon, serviteur), on appelait ainsi autrefois un fantassin allemand. —Sorte de jeu de cartes et de hasard. Un *banquier* donne à chaque ponte une carte sur laquelle on met ce qu'on veut; le banquier se donne aussi la sienne. Il tire ensuite des cartes. S'il amène la sienne, il perd; s'il amène celle des autres, il gagne.

LANT, subst. mas. (*lan*), t. d'hist. nat.; on appelle ainsi le zébu, petit bœuf bossu d'Amérique.

LANTANA, subst. fém. (*lantana*), t. de bot.; on a donné ce nom à la mantiane, à cause de la souplesse de ses branches.

LANTÉAS, subst. mas. (*lanté-âce*), t. de mar., barque chinoise dont les Portugais se servent pour le commerce de Canton.

LANTÉ, E, part. pass. de *lanter*.

LANTER, ou **LENTER**, v. act. (*lanté*), t. de chaudronnier, faire avec la tête du marteau de petits ornements sur le cuivre qu'on met en œuvre.

LANTERNE, subst. fém. (*lantèrene*) (du latin *laterna*, fait, dans la même signification, de *latère*, être caché; parce que le feu est caché dedans), sorte de boîte transparente où l'on met une lampe, de la chandelle, de la bougie, qu'on allume pour éclairer.— En archit., tourelle ouverte, mise sur un dôme ou sur le comble d'une maison. — Tribune grillée d'où sans être vu on peut voir et écouter. — Tourelle ouverte de tous côtés au comble d'un édifice : *la lanterne du dôme des Invalides*.—En mécanique, petite roue formée de plusieurs fuseaux, dans laquelle engrènent les dents d'un hérisson ou d'un rouet. — T. d'essayeur d'or, sorte de petite armoire vitrée, pour empêcher l'action de l'air sur les trébuchets ou balances qui y sont placées. — Dans l'artillerie, instrument pour charger le canon, qu'on nomme aussi *cuiller à charger*. — *Lanterne à mitraille*, bois rond, concave, en forme de boîte, qu'on remplit de mitraille, pour en charger un canon. — En t. d'orfèvre, partie à jour d'une crosse d'évêque, ou d'un bâton de chantre, qui a quelque ressemblance avec une *lanterne*.— T. de mar., *lanterne à gargousses*, étui de bois dans lequel on met les gargousses.—*Lanterne magique*, machine d'optique qui fait paraître en grand, sur une toile ou sur une muraille blanche, des figures peintes en petit sur des morceaux de verre et avec des couleurs bien transparentes. Elle a été inventée par le *P. Kircher*, jésuite. — *Lanterne sourde*, celle qui est faite de façon que celui qui la porte voit sans être vu.— T. d'hist. nat., *lanterne d'Aristote*, nom qu'on donne les naturalistes à un appareil très-compliqué de lames calcaires qu'on trouve autour de l'estomac des zoophytes échinodermes, et qui supportent les dents. — Coquille du genre des myes. — On appelle, en terme de botanique, *lanterne rouge*, une espèce de champignon. — Sorte de supplice que la populace révolutionnaire en France fit subir à quelques hommes qu'on lui désignait comme ses ennemis. Il consistait à les suspendre à la corde qui dans les rues servait aux *lanternes* : *mettre à la lanterne ; on criait : à la lanterne ! qu'on le mette à la lanterne !* — Au plur., fadaises, discours frivoles; contes impertinents. On dit aussi *lanterneries*. Style figuré et familier.—Prov. : *faire croire que des vessies sont des lanternes*, faire croire des choses impossibles, faire accroire des choses qui n'ont pas le sens commun. Le peuple dit quelquefois : *faire croire que des vessies sont des lanternes*, pour signifier ce que nous venons de dire : ce dernier proverbe n'a point de sens raisonnable, ou du moins point le sens du proverbe que nous donnons; car il est si vrai qu'on peut *faire des lanternes avec des vessies*, que dans la plupart des villages pauvres, on ne se sert pas d'autre sorte de *lanterne* ou de falot.

LANTERNÉ, E, part. pass. de *lanterner*.

LANTERNEAU, subst. mas. (*lantèrenô*), t. de salines, petite chaussée qui sépare les méans dans les aires.

LANTERNER, v. act. (*lantèrené*), importuner par des fadaises; ajourner et amuser par de vaines paroles. — Tenir des discours impertinents, en importuner quelqu'un. — Neut., être irrésolu, perdre le temps à des riens. Il est familier.

LANTERNERIE, subst. fém. (*lantèreneri*), fadaise, discours frivole, irrésolution, difficulté futile. Il est familier.

LANTERNIER, subst. mas., **LANTERNIÈRE**, subst. fém. (*lantèrenié, nière*), celui ou celle qui fait des *lanternes*. Il est peu usité en ce sens.— Fig. et fam., 1° diseur de fadaises; 2° homme irrésolu, qui *lanterne*, avec qui l'on ne peut rien conclure. —Celui qui allume les *lanternes* des rues. On dit mieux *allumeur*.

LANTERNINE, subst. fém. (*lantèrenine*), monnaie d'argent de Florence, qui a cours pour six livres du pays, et quatre pour cent d'agio.

LANTERNISTE, subst. mas. (*lantèrenicete*), académicien de Toulouse. Ces académiciens ont été nommés ainsi, parce que, avant que leur société fût érigée en académie, ils s'assemblaient la nuit, éclairés par de petites *lanternes*. (L'abbé *Mervesin*, *Histoire de la poésie française*, page 335.) *Trévoux* remarque que les noms de la plupart des académies italiennes paraissent bizarres et extraordinaires.

LANTERNON, subst. mas. (*lantèrenon*), t. d'archit., diminutif de *lanterne*; sorte de coupole.

LANTIONE ou **LATIONE**, subst. fém. (*lancione*, *lacione*), t. de mar., espèce de galère chinoise portant un grand nombre de rames.

LANTIPONNAGE, subst. mas. (*lantiponaje*), action de *lantiponner*, discours frivole et importun. Il est pop.

LANTIPONNÉ, part. pass. de *lantiponner*.

LANTIPONNER, v. neut. (*lantiponé*), tenir des discours frivoles, inutiles, importuns.—Il est pop. et fort peu usité; nous nous étonnons même de le trouver dans l'*Académie*, quand elle s'est abstenue de tant de mots bien autrement essentiels.

LANTOR, subst. mas. (*lantor*), t. de bot., espèce de palmier, qui paraît être le même que le *lontar* des Indes, dont le nom serait altéré.

LANTURE, subst. fém. (*lanture*), t. de chaudronnier, action de *lanter*.

LANTURLU (nous ne savons pourquoi l'*Académie* écrit aussi **LANTURELU**; c'est ce qu'on peut appeler forger une double orthographe bien inutilement), subst. mas. (*lanturlu*), mot sans signification précise, qui s'emploie familièrement pour marquer un refus accompagné de mépris : *il lui répondit lanturlu*.

LANUAS, subst. mas. plur. (*lanu-âce*), sacrificateurs du Soleil chez les habitants du mont Apalache.— Nom qu'ils donnent à leurs médecins.

LANUGINEUSE, adj. fém. Voy. LANUGINEUX.

LANUGINEUX, adj. mas., au fém. **LANUGINEUSE** (*lanujineu, neuze*) (en lat. *lanuginosus*, cotonneux, fait de *lanugo*, coton, duvet), t. de bot.; il se dit de toutes les parties des plantes, des feuilles, fruits, etc., qui sont couverts de poils ou de duvet : *l'abricot est lanugineux*. Voy. LAINEUX.

LANUSURE, subst. fém. (*lanuzure*), t. de plombier, pièce de plomb en forme de basque d'habit, sous les amortissements, etc.

LANZANI, subst. mas. (*lanzani*), t. d'hist. nat., animal redoutable d'Afrique, craint par le lion même.

LANZOS, subst. mas. (*lanzô*), t. de relation, secte de magiciens du royaume de Tunquin.

LAOCOON, subst. mas. (*la-oko-on*), t. d'astron., nom donné par quelques auteurs à la constellation d'*Ophiucus* ou du *Serpentaire*.— Subst. propre mas., fils de Priam et d'Hécube, et grand prêtre d'Apollon. Il s'opposa en vain à l'introduction du cheval de bois dans la ville; les Troyens aveuglés refusèrent de le croire. En même temps deux horribles serpents sortis de la mer se jetèrent sur ses enfants, au pied même de l'autel. *Laocoon* accourut à leur secours, mais il fut bientôt enlacé comme eux et étouffé dans les replis de ces monstres.

LAOCRATIE, subst. fém. (*la-okraci*) (du grec λαος, peuple, et κρατος, force), influence du bas peuple dans les affaires publiques. (*Boiste*.) Inus.

LAODAMAS, subst. propre mas. (*la-odamâce*), myth., fils d'Alcinoüs, roi des Phéaciens; il défia Ulysse à la lutte.

LAODAMIE, subst. propre fém. (*la-odami*), myth., fille de Bellérophon. Elle fut fort aimée de Jupiter. Diane la tua à coups de flèches, à cause de son orgueil.—Il y eut encore une autre *Laodamie*, qui mourut de frayeur en voyant l'ombre de son mari Protésilas, qu'elle désirait ardemment de revoir.

LAODICE, subst. propre fém. (*la-odice*), myth., fille de Priam et d'Hécube, et femme d'Acamas, quelques-uns disent de Démophoon. La terre s'entr'ouvrit sous ses pas et l'engloutit toute vivante, comme elle l'avait désiré, pour échapper à l'opprobre de se voir réduite à l'esclavage par les Grecs vainqueurs et destructeurs de Troie.— Il y eut trois autres *Laodice* : l'une, femme de Phoronée ; une autre, fille de Cinyre; une autre, fille d'Agamemnon et de Clytemnestre, qu'on offrit en mariage à Achille.

LAODOCUS, subst. propre mas. (*la-odokuce*), myth., fils d'Anténor. C'était un jeune Troyen d'une grande valeur, sous la ressemblance duquel Pallas engagea Pandare à tirer une flèche à Ménélas, pour rompre les conventions faites avec les Grecs.

LAOMÉDÉE, subst. fém. (*la-omédé*), t. d'hist. nat., genre de polypiers sertulaires.—Subst. propre fém., myth., nymphe, fille de Nérée et de Doris.

LAOMÉDON, subst. propre mas. (*la-omédon*), myth., fils d'Ilus, roi de Phrygie. Il convint avec Neptune et Apollon d'une somme d'argent, s'ils voulaient l'aider à relever les murs de Troie. L'ouvrage étant terminé, il ne voulut pas tenir sa parole. Pour l'en punir, Apollon affligea le pays d'une peste, et Neptune envoya un monstre après une inondation terrible. Les Troyens consultèrent l'oracle, qui répondit que, pour être délivrés de leurs maux, ils devaient réparer l'injure faite aux dieux en exposant au monstre Hésione, fille de *Laomédon*. Hercule vint délivrer cette princesse, à condition qu'il l'épouserait ; mais ce prince sans honneur et sans foi refusa de lui donner sa fille, comme il l'avait promis. Hercule indigné le tua.

LAOMÉDONTIADÈS, subst. propre mas. (*la-omédonci-adèce*), myth., Priam, fils de Laomédon. Les Troyens étaient aussi quelquefois appelés *Laomédontiades* ou *Laomédiens*.

LAON, subst. propre mas. (*lan*), ville de France, chef-lieu d'arrond., dép. de l'Aisne.

LAONAIS, E, adj. (*lané, nèze*), de Laon.

LAOSYNACTE, subst. mas. (*la-ocinakte*) (du grec λαός, peuple, συν, avec, et αγω, je rassemble), officier de l'Église grecque qui convoque le peuple. (*Boiste*.) Hors d'usage.

LAOTHOÉ, subst. propre fém. (*la-oto-é*), myth., fille d'Hercule, et femme de Polyphème, l'un des Argonautes.

LAPAGERIE, subst. fém. (*lapajeri*), t. de bot., genre de plantes asparagoïdes.

LAPAROCÈLE, subst. fém. (*laparocèle*) (du grec λαπαρα, les lombes, et κηλη, tumeur), t. de chir., hernie abdominale.

LAPATHE ou **LAPATHUM**, subst. mas. (*lapate*, *patome*) (en lat. *lapathum*, pris du grec λαπαθον, dérivé du v. λαπαζω, λαπασσω ou λαπαττω, j'évacue, je ramollis ; parce que cette plante lâche et ramollit le ventre), t. de bot., sorte de plante purgative.— Elle se nomme aussi *pareille* ou *patience*.

LAPÉ, E, part. pass. de *laper*.

LAPER, v. neut. et act. (*lapé*) (en grec λαπτειν), boire en prenant l'eau avec la langue. Il se dit proprement des chiens.—*se* LAPER, v. pron.

LAPEREAU, subst. mas. (*laperô*), jeune lapin de trois ou quatre mois et au-dessous.

LAPEYROUSIE, subst. fém. (*lapérouzi*), t. de bot., arbrisseau du cap de Bonne-Espérance.

LAPHRIA, subst. propre fém. (*lafria*), myth., surnom de Diane. Son culte était célèbre à Calydon, d'où il fut transféré à Patras avec la statue de la déesse, ainsi appelée du nom du sculpteur qui l'avait faite. Pausanias parle au long des cérémonies qui s'observaient aux fêtes de Diane-*Laphria*.

LAPHRIE, subst. fém. (*lafri*), t. d'hist. nat., insecte diptère.— Au plur., myth., fêtes à Patras en l'honneur de Diane-*Laphria*.

LAPHYSTIENNES, subst. fém. plur. Voy. LAPHYSTIUS.

LAPHYSTIUM, subst. propre mas. (*laficetiome*), myth., montagne célèbre par le repas qu'y prit Hercule en sortant des enfers.

LAPHYSTIUS, subst. propre mas. (*laficetiuce*), myth. Bacchus était ainsi surnommé d'une montagne de la Béotie qui lui était consacrée, d'où l'on appelait aussi les bacchantes, *Laphystiennes*. —C'était aussi un surnom de Jupiter.

LAPIDAIRE, subst. mas. (*lapidère*) (en lat. *lapidarius*, qui signifie proprement ouvrier qui travaille dans les carrières, ou tailleur de pierres, fait de *lapis, lapidis*, pierre), marchand qui vend toute sorte de pierres précieuses. — Ouvrier qui les taille.—Adj. des deux genres : *style lapidaire*, style des inscriptions sur les pierres, les marbres, le cuivre, etc.

LAPIDATION, subst. fém. (*lapidâcion*) (en lat. *lapidatio*), action de *lapider*. Il n'est guère usité que dans cette phrase : *lapidation de saint Étienne*. — Fête que célébraient les anciens Éginètes en mémoire de deux jeunes filles de Crète, qu'ils avaient tuées à coups de pierres dans une sédition.

LAPIDÉ, E, part. pass. *de lapider*.

LAPIDER, v. act. (*lapidé*) (en lat. *lapidare*, fait de *lapis*, gén. *lapidis*, pierre), assommer à coups de pierres. Il ne se dit au propre que d'un supplice usité chez les juifs et de la mort de quelques martyrs. —Au figuré, s'élever avec chaleur contre quelqu'un : *si vous tenez ce discours, on vous lapidera*. — *Lapider* se dit fréquemment d'un mouvement aveugle de la populace qui se déclare avec fureur contre ceux qui contrarient ou ont contrarié ses opinions ou ses préjugés : *quiconque, en 1793, aurait manifesté en France une opinion contraire à la destruction des trônes, se serait fait lapider*.—*se* LAPIDER, v. pron.

LAPIDIFICATION, subst. fém. (*lapidifikâcion*), formation des pierres. — Conversion en pierre.

LAPIDIFIÉ, E, part. pass. de *lapidifier*, et adj.

LAPIDIFIER, v. act. (*lapidifié*) (du lat. *lapis*, pierre, et *facere*, faire), t. de chimie, réduire les métaux en pierre.—*se* LAPIDIFIER, v. pron.

LAPIDIFIQUE, adj. des deux genres (*lapidifike*), se dit des substances propres à former des pierres.

LAPIDOSITÉ, subst. fém. (*lapidôzité*), t. de minér., pétrification dans laquelle se trouve une petite pierre.

LAPILLO, subst. mas. (*lapilelô*) (mot italien, diminutif de *lapide* ou *lapida*, pierre, dérivé lui-même du latin *lapis, lapidis*), nom donné par les minéralogistes à des laves réduites en fragments et formant de petites *pierres*.

LAPIN, subst. mas., au fém. LAPINE (*lapein, pine*) (du lat. *lepus*, lièvre, dont on a fait, dans la basse latinité, le diminutif *lepinus*, et enfin successivement *lapinus*, lapin. *Ménage*.), petit animal sauvage qui se loge sous terre. C'est un mammifère rongeur, du genre des lièvres. — On appelle *lapin de garenne*, les *lapins* qui vivent en liberté dans les bois, et *lapin de choux*, ceux qu'on nourrit dans les villes, avec des légumes, comme choux, carottes, etc.—Pop.: *homme brave comme lapin*, habillé de neuf, paré, etc.—*Courir comme un lapin*, la vitesse d'un *lapin*. — Nom vulgaire d'une coquille du genre des porcelaines.

LAPINE, subst. fém. (*lapine*), femelle du *lapin*. — On dit populairement d'une femme qui fait beaucoup d'enfants : *c'est une lapine, une vraie lapine*.

LAPIRÉ, subst. mas. (*lapiré*), t. de comm., bois de Cayenne rouge ou jonquille.

LAPIS, subst. mas. (*lâpice*) (en latin *lapis*, pierre, *la pierre par excellence*. On y joint souvent l'épithète de *lazuli*, dérivé de l'arabe *lazurd*, qui a la même signification), t. d'hist. nat., sorte de pierre précieuse de couleur bleue, quelquefois parsemée de taches ou de veines brillantes et métalliques. Elle n'est point transparente. — Subst. propre mas., myth., surnom de Jupiter, ainsi nommé de la pierre dont on assommait la victime dans les traités, ou de celle que Rhée donna à dévorer à Saturne.

LAPITHE, subst. mas. (*lapite*), myth., peuple de la Thessalie, qui descendait d'Éole et de *Lapithe*, fille d'Apollon. Les Lapithes furent les premiers qui domptèrent des chevaux. Ils se querellèrent avec les Centaures aux noces de Pirithoüs et d'Hippodamie.

LAPLYSIE, subst. fém. (*laplizi*), t. d'hist. nat., genre de mollusque.

LAPMUDE, subst. fém. (*lapemude*), robe de peau de renne.

LAPON, subst. et adj. mas., au fém. LAPONNE (*lapon, pone*), de *Laponie*.

LAPONIE, subst. propre fém. (*laponi*), vaste contrée située au nord de l'Europe et baignée par la mer Glaciale.

LAPPA, subst. fém. (*lapepa*), t. de bot., plante connue des anciens, et qui paraît être la même que notre bardane.

LAPPAGO, subst. mas. (*lapepaguô*), t. de bot., plante des anciens ; la véronique à feuille de lierre selon les uns, et selon les autres une espèce de gaillet.

LAPPAGUE, subst. fém. (*lapepague*), t. de bot., plante graminée du nord de l'Europe.

LAPPULA, subst. fém. (*lapepula*), (diminutif de *lappa*), t. de bot.; les anciens donnaient ce nom à plusieurs plantes que l'on croit être des espèces de caucalides.

LAPPULIER, subst. mas. (*lapepulié*), t. de bot., plante de la famille du tilleul.

LAPRAUDE, subst. fém. (*laprôde*), robe de peau de renne.

LAPS, E, adj. (*lapce*) (du lat. *lapsus*, part. pass. de *labi*, tomber), tombé. On ne se sert de ce terme qu'en parlant d'un hérétique. On dit *laps et relaps*, pour dire qu'il est tombé et retombé dans les erreurs.

LAPS, subst. mas. (*lapce*). (Voy. LAPS, adj. pour l'étymologie), t. de jurisprudence, ce qui est tombé. *Laps de temps*, signifie l'écoulement de temps : *on ne prescrit point contre le droit naturel, par quelque laps de temps que ce soit*.

LAPSANE, subst. fém. (*lapeçane*), t. de bot., sorte de racine qu'on mange dans du lait.

LAQS, subst. mas. Voy. LACS, qui est l'orthographe le plus en usage.

LAQUAIS, subst. mas. (*lakiè*) (suivant *Fauchet* et *Huet*, du vieux mot *naquet*, qui signifiait anciennement *valet allant à pied*, et qui avait été formé de l'allemand *knecht*, valet), valet destiné à suivre son maître ou sa maîtresse.—Prov., *mentir comme un laquais*, mentir avec impudence.

LAQUE, subst. fém. (*lake*), sorte de gomme qui entre dans la composition de la cire d'Espagne.—En peinture, couleur qui a pour base une substance terreuse, à laquelle on ajoute une teinture : *laque colombine, carminée, violette, verte*, etc. C'est proprement de l'alumine colorée. — Subst. mas., le beau vernis de la Chine : *voilà de beau laque*.—*Laque français*, sorte d'ouvrage en carton enduit d'un beau vernis, et orné de dorures et de figures imitant celles de la Chine.— Adj. : *gomme laque*.

LAQUÉAIRE, subst. mas. (*laku-é-ère*) (en latin *laqueator*, fait de *laqueus*, lacet, rets, etc.), t. d'antiq., athlète qui avait d'une main un lacet et de l'autre un poignard.

LAQUELLE, pron. fém. (*lakièle*). Voyez LEQUEL.

LAQUETON, subst. mas. (*laketon*), diminutif de *laquais*.

LAQUIER, subst. mas. (*lakié*), t. de bot., arbre de la Chine qui produit la *gomme laque*.

LAQUEUX, adj. mas., au fém. LAQUEUSE (*lakieu, kieuze*), qui est de la nature ou de la couleur de la *laque* : *gomme laqueuse ; tons laqueux*, en parlant d'un tableau. — *L'Académie*, qui nous donne seule cet adj., ne devrait pas tolérer, ce nous semble, qu'on dît *gomme laque*, puisqu'on peut dire *gomme laqueuse*.

LAR, subst. mas. (*lar*), t. d'hist. nat., nom qu'on donne au gibbon, singe du genre des orangs.

LARA, subst. propre fém. (*lara*), myth., naïade, fille du fleuve Almon. Jupiter, n'ayant pu séduire Juturne, sœur de Turnus, parce que *Lara* le traversait toujours, ordonna à Mercure de la conduire dans les enfers. Celui-ci en fut épris, et elle accoucha de deux jumeaux, qui furent les dieux *Lares*. C'est la même que *Larunde*.

LARAGNE, subst. propre fém. (*laragnie*), ville de France, chef-lieu de canton, arrond. de Gap, dép. des Hautes-Alpes.

LARAIRE, subst. mas. (*larère*) (en lat. *lararium*), t. d'antiq., petite chapelle destinée à placer les dieux *Lares*.

LARARIES, subst. fém. plur. (*larari*), t. d'antiq., fêtes célébrées autrefois par les Romains en l'honneur de leurs dieux *Lares*.

LARBRÉE, subst. fém. (*larbré*), t. de bot., plante aquatique, espèce de stellaire des marais.

LARCHE, subst. propre fém. (*larche*), ville de France, chef-lieu de canton, arrond. de Brives, dép. de la Corrèze.

LARCIN, subst. mas. (*larcein*) (par contraction du latin *latrocinium*), action de celui qui dérobe, qui prend furtivement et sans violence. — La chose dérobée.—Au fig., plagiat. — Poét., *doux larcin*, action de dérober un baiser.

LARD, subst. mas. (*lar*) (en latin *laridum*), graisse ferme qui tient à la chair du cochon, de la baleine, du marsouin, etc. — Prov. : *vilain comme lard jaune*, extrêmement avare.—*Ne je-*

ter pas le lard aux chiens, être ménager, économe. — *Etre gras à lard,* avoir beaucoup d'embonpoint.—*Faire du lard,* dormir la grasse matinée ; et aussi, ne rien faire.

* **LARDACÉ, E**, adj. (*lardacé*), t. de médec., qui ressemble à du *lard* : *peau lardacée.*

LARDAGE, subst. mas. (*lardaje*), droit sur le *lard.* Hors d'usage.

LARDÉ, E, part. pass. de *larder,* et adj., t. de cuisine, piqué de *lardons,* chargé de *lardons.*

LARDER, v. act. (*lardé*), piquer de la viande avec une *lardoire* et y laisser le *lardon.* On dit aussi *larder un jambon de cannelle, de clous de girofle,* etc.— Dans la fabrication des étoffes de soie, etc., il se dit de la navette qui, au lieu de passer franchement entre les deux parties de la chaîne, atteint, pique et traverse l'une ou l'autre. — On dit en t. de mar., *larder les bonnettes,* pour signifier, les piquer d'étoupe.—Fig. et fam., *larder* (percer) *de coups d'épée.* — *se* **LARDER**, v. pron.

LARDEUR ou **LARDIER**, subst. mas. (*lardeur, dié*), autrefois celui qui percevait le droit sur le *lard.*

LARDIER, subst. mas. (*lardié*), t. d'hist. nat., espèce de mésange.

LARDITE, subst. fém. (*lardite*), t. de minér., pierre qui a quelque ressemblance avec le *lard.* Les *lardites* diffèrent de la pierre de *lard.*

LARDIZABALE, subst. fém. (*lardizabale*), t. de bot., plante ménispermoïde.

LARDOIRE, subst. fém. (*lardoare*), instrument propre à *larder.*— Armature de fer pour les pilotis, etc. C'est une espèce de cône, à la base duquel sont soudées trois ou quatre bandes de fer plat, percées de plusieurs trous pour recevoir des clous.

LARDON, subst. mas. (*lardon*), petit morceau de *lard.* — Au fig., brocard, mot piquant contre quelqu'un : *le pauvre homme fut mal accommodé, chacun lui donna son lardon.*— En t. de serrurier, morceau de fer ou d'acier dont on garnit les crevasses qui se forment aux pièces en les forgeant.—Chez les artificiers, serpenteau dont on garnit les pots des autres pièces d'artifice. — On appelle aussi *lardon* le feuillet qui sert de supplément à une gazette.

LARDONNÉ, E, part. pass. de *lardonner.*

LARDONNER, v. act. (*lardoné*), couper, tailler, pincer. Il est fam.—Lancer des *lardons,* etc. — *se* **LARDONNER**, v. pron.

LARDURE, subst. fém. (*lardure*), défaut dans le drap à fils entrelacés.

LARE, subst. mas. (*lare*), t. d'hist. nat., nom donné par divers auteurs au goëland, à la mouette, aux hirondelles de mer, au noddi et au phalarope. Voy. **LARES**.

LARENIER, subst. mas. (*larenié*), t. de menuisier, pièce de bois qui avance au bas d'un châssis, pour empêcher que l'eau ne coule dans l'intérieur d'un bâtiment.

LARENTALES, LAREGTINALES ou **LAURENTINALES**, subst. fém. plur. (*larantale*), myth., fêtes en l'honneur d'*Acca-Laurentia.*

LARES, subst. et adj. mas. plur. (*lare*) (en latin *lares,* gén. *larium*), dieux domestiques des païens. Les antiquaires emploient quelquefois ce mot au singulier mas. adj. : *un dieu lare.* — Poét. : *les lares,* la maison, la demeure.—Myth., les *Lares,* appelés aussi Pénates, étaient enfants de Jupiter ou de Mercure, et de *Lara.* C'étaient de petites statues qu'on honorait dans les maisons, et dont on avait un soin particulier. Elles étaient ordinairement accompagnées de la figure d'un petit chien, qu'on honorait lui-même sous le nom de *Lar familiaris.* Outre ces Lares particuliers, il y en avait encore de publics, dont les uns présidaient aux chemins, *Viales;* les autres présidaient aux carrefours, *Compitales.* Chaque ville avait les siens, qu'on nommait *Urbani.* Ce fut Énée qui sauva ceux de Troie. Enfin il y en avait qu'on adorait sous les noms de *Hostilii* et de *Prœstites :* les premiers, pour obtenir l'éloignement des ennemis ; et les autres, pour être secouru dans les conjonctures fâcheuses. On leur immolait des porcs. Les Égyptiens en révéraient quatre, qu'ils appelaient Anachis, Dymon, Tychis et Héros. — **LARES, PÉNATES.** (*Syn.*) Les *Lares* peuvent être particulièrement considérés comme les dieux protecteurs de l'habitation et de la famille en général ; et les *Pénates,* comme les dieux tutélaires de la maison intérieure ou de la chose domestique. Les *Lares* gardaient surtout la maison des ennemis du dehors ; les *Pénates* la préservaient des accidents intérieurs. — Les *Lares* président particulièrement à la sûreté, et les *Pénates* au ménage.

LARESSIUS, LARISSÆUS ou **LARISSENUS**, subst. propre mas. (*larècecince, ricecé-uce, ricecénuce*), myth., surnoms de Jupiter et d'Apollon, pris du culte qu'on rendait au premier à *Larisse,* ville proche du Caystre, et à Apollon dans un quartier de la ville d'Éphèse, appelé aussi *Larisse.* Voy. **LARISSE**.

LARGE, adj. des deux genres (*larje*) (en latin *largus*, qui signifie proprement copieux, abondant, fait du grec λα, beaucoup, et εργον, chose), qui a de la largeur. Ce mot exprime, dans la surface, le côté le moins long.—On le dit quelquefois au fig. pour *libéral.*—Il se dit en peinture par opposition à *mesquin*, et pour désigner surtout le contraire de la maigreur et de la sécheresse : *contours, draperies, lumières larges; une touche, un pinceau large.* On dit aussi subst. : *il y a du large dans ce tableau.* — *Large de loi,* se dit des espèces dont le titre est plus haut que celui qui a été prescrit. — Dans nos vieilles musiques, on appelait *large,* une note dont on pouvait augmenter la valeur au moyen de traits qu'on tirait par ses côtés et par son milieu. — Prov., *faire du cuir d'autrui large courroie ;* être libéral du bien d'autrui.—*Avoir la conscience large,* être peu scrupuleux.—*Large blessure,* grande.— En t. de manège, *un cheval va large, va trop large,* lorsqu'il s'étend sur un grand terrein. — *Ce cheval est large du devant*, a beaucoup de poitrail.—*Cet oiseau fait large,* écarte les ailes.— —Subst. mas., largeur : *cette étoffe a une aune de large.*—*Prendre le large*, en t. de marine, gagner la haute mer. — *Mettre le cap au large*, tourner la proue vers la haute mer. — Fig. et fam. : *gagner* ou *prendre le large,* s'enfuir. —*au* **LARGE**, adv., spacieusement, à l'aise : *vous êtes logé bien au large.*—*Au large!* espèce d'exclamation : avis que crie une sentinelle de s'écarter d'elle, de crainte de surprise.—Fig. : *être au large,* être dans l'opulence. — *Le vaisseau était au large,* en pleine mer.—*Au long et au large*, adv., dans toute l'étendue de la superficie : *s'étendre au long et au large.*— *Du long et du large*, il a été bien battu, bien bafoué. Il est familier et populaire.—*En large,* adv., en largeur.

LARGE-DOIGTS, subst. mas. (*larjedoè*), t. de bot., nom donné aux anolis dans les colonies d'Amérique.

LARGEMENT, adv. (*larjeman*), abondamment. —*Peindre largement,* d'un pinceau *large.*

LARGER, v. neut. (*larjé*), t. de manège, aller *large*, gagner le terrein en s'éloignant du centre de la volte, et en traçant un grand rond.

LARGESSE, subst. fém. (*larjèce*) (en lat. *largitas*), libéralité. Il se dit ordinairement au plur.— T. de monnaie, *largesse de loi*, ce qui excède le titre ordonné par les lois.— On appelle *pièces de largesse,* des pièces d'or et d'argent que les hérauts jetaient parmi le peuple au sacre des rois et aux autres grandes cérémonies

LARGETTE, subst. fém. (*larjète*), t. de passementier, sorte de nompareille ou de petite faveur.

LARGEUR, subst. fém. (*larjeur*), étendue d'une chose considérée comme *large ;* étendue du côté le moins long.

LARGHETTO, adv. (*larguiètetò*), emprunté de l'italien. T. de musique qui indique un mouvement un peu moins lent que *largo,* mais plus qu'*adagio.*—On dit aussi subst. au mas. : *jouer un larghetto.*

LARGO, adv. (*larguò*), mot emprunté de l'italien. T. de musique qui indique un mouvement plus lent que l'*adagio.* Il répond au mot français *lentement.*—Il se prend quelquefois subst. au mas. : *un largo de Tartini.*—*Largo assai,* superlatif de *largo*, très-lentement.

LARGUE, subst. mas. (*largue*), t. de mar. : *prendre le largue,* tenir la haute mer. — Il est aussi adj. mas., *aller vent largue,* aller par un vent de travers. — Adv., *à la largue,* loin du rivage, des autres vaisseaux.

LARGUÉ, E, part. pass. de *larguer.*

LARGUER, v. act. (*larguié*), t. de marine : *larguer une manœuvre*, la filer. — Démarrer ce qui est amarré.—Lâcher ce qu'on tient à la main. —*Larguer les bateaux,* filer leurs amarres, et les laisser aller de manière qu'ils ne soient plus amarrés au vaisseau.—V. neut., porter plein, et arriver pour ne plus tenir le vent, changer la route du plus près, en une route du vent *largue.*— On dit qu'*un vaisseau largue de partout*, lorsqu'il se défait ; que ses membres, ses bordages se séparent.—*se* **LARGUER**, v. pron.

LARIGOT, subst. mas. (*lariguò*), autrefois, espèce de flûte champêtre. — *Jeu du larigot*, un des jeux de l'orgue. — Prov. : *boire à tire-larigot,* excessivement. Voy. aussi **ARIGOT**.

LARISSE, subst. propre fém. (*larice*), myth., fille de Pélasgus, donna son nom à une ville de Thessalie, d'où Achille est surnommé *Larissæus.* — C'est aussi du nom de cette ville que Coronis est surnommée *Larissæa.*

LARIN, subst. mas. (*larein*), monnaie d'argent de Perse, valant deux mamoudis et demi.

LARIX, subst. mas. (*larikce*) t. de bot., genre qui renferme le mélèze et le cèdre du Liban.

LARME, subst. fém. (*larme*) (par corruption du lat. *lacryma,* fait du grec δακρυμα, dont le racine est δακρυ, qui a la même signification), goutte d'eau qui sort de l'œil, dont la cause ordinaire est la douleur, et quelquefois la joie. —Fam. : *pleurer à chaudes larmes,* amèrement. —*Rire aux larmes,* aux éclats.— *Grosses larmes,* se dit pour exprimer une grande douleur.—Fig. : *s'abreuver de larmes, vivre de larmes,* se livrer à une grande douleur. — *Avoir recours aux larmes,* pleurer pour attendrir quelqu'un qui se montre inflexible. — *Avoir toujours la larme à l'œil*, s'attendrir sur rien et à tout propos.— *Avoir le don des larmes,* pleurer à volonté, aimer à pleurer.—On appelle fig. et fam., *larmes de crocodile,* les larmes que répand une personne dans le dessein d'en tromper une autre ; et cela se dit, parce qu'on prétend que le crocodile, pour attirer les passants et les dévorer, contrefait le cri d'un enfant qui pleure. — En parlant d'un drap mortuaire où il y a des *larmes* représentées, on dit : *un drap mortuaire semé de larmes.* — Goutte ou petite quantité de quelque liqueur : *une larme de vin.* — Suc qui coule goutte à goutte de quelques arbres ou plantes quand on les taille. — *Larme-de-Job*, t. de bot., plante annuelle, à fleur à étamines, originaire des Indes. On fait des chapelets avec les coques dures et ligneuses de son fruit. — *Larme de vigne,* liqueur aqueuse qui distille naturellement goutte à goutte des sommités ou sarments de la vigne en sève. — On dit aussi : *larme de sapin, larme de mastic,* en parlant des sucs gommeux qui se coagulent en distillant de ces arbres. — T. de chasse, *larme de plomb,* petit plomb pour tirer aux oiseaux. — *Larme d'essai,* t. de verrerie, échantillon de verre que l'on prend dans le creuset, au bout d'un crochet, etc., pour juger des progrès de la fusion. — T. de phys. : *larme de verre batavique,* petite portion de verre en fusion qui, jetée et refroidie subitement dans l'eau fraîche, a pris la forme d'une *larme.* On en casse difficilement le gros bout, même à coups de marteau ; mais si on en rompt la queue, la *larme* entière se brise avec éclat, et se réduit presque en poussière. Les premières *larmes bataviques* ont été faites en Hollande (en latin *Batavia*). — *Larmes, campanes, clochettes, gouttes,* en architecture, petits ornements ronds qui représentent des gouttes d'eau. — On appelle *larmes de cerf* une liqueur jaune qui sort de deux ouvertures que cet animal a au-dessous des yeux, et qu'on appelle *larmières.* On l'emploie en médecine. — *Larmes marines,* t. d'hist. nat., on a donné ce nom à des masses glaireuses, piriformes, terminées par une longue queue, et de la grosseur d'un grain de raisin, qu'on a observées dans la mer, aux environs du Havre. On y a vu deux espèces d'animaux, dont l'un, à peine de la longueur d'une ligne, paraît se rapprocher beaucoup des néréides, et l'autre des lombrics. On pense que ces masses glaireuses sont le frai de quelque poisson ou de quelque coquillage, et que les animaux qu'on y a observés étaient ou les germes, ou des animaux qui vivaient à leurs dépens, c'est-à-dire qui n'y étaient qu'accidentellement. — **LARMES, PLEURS.** (*Syn.*) Les *pleurs* renchérissent sur les *larmes.* La tragédie en *pleurs* nous arrache des *larmes* pour nous divertir. La tragédie excite la pitié et la terreur ; qu'elle fasse couler mes *larmes,* j'en sortirai plus tendre et plus humain ; si elle m'arrache des *pleurs,* j'en sortirai mélancolique et farouche. Les *larmes* embellissent souvent la beauté ; les *pleurs* la défigurent. Les *larmes* soulagent, les *pleurs* semblent aigrir la douleur.—La sensibilité, la pitié, la tendresse, les passions douces, répandent des *larmes;* la colère, la fureur, le désespoir, les passions violentes ne versent que des *pleurs.* On dit des *pleurs de rage,* et des *larmes de joie.* Le repentir sincère fait verser des *larmes;* le remords déchirant n'a que des *pleurs.* — Il y aura des *larmes* partout où se trouvera l'humanité ;

dans l'enfer et dans tout ce qui lui ressemble sur la terre, il y aura des *pleurs*.

LARMETTE, subst. fém. (*larmète*), petite *larme*. Il est peu usité et fam.

LARMIER, subst. mas. (*larmié*)) (selon *Félibien*, de ce que l'usage du *larmier* est de faire tomber l'eau goutte à goutte, et comme par *larmes*, loin du mur), t. d'archit., saillie pour empêcher que l'eau ne découle le long du mur.— La partie d'une corniche qui est le plus en saillie. — Pièce de bois au bas d'un châssis. — Au plur., parties chez le cheval qui correspondent aux tempes.

LARMIÈRES, subst. fém. plur. (*larmière*), fentes au-dessous des yeux du cerf. Il en sort une liqueur jaune qu'on appelle *larme de cerf*. Quelques-uns disent au masculin *larmiers*.

LARMILLE, subst. fém. (*larmi-ie*), t. de bot., sorte d'herbe, le gremil. Voy. *larme de Job*, au mot LARME.

LARMOIEMENT, subst. mas. (*larmoèman*), t. de médec., écoulement involontaire et continu de *larmes*.

LARMOYANT, E, adj. (*larmoè-ian, iante*), qui fond en *larmes*. — *Comique larmoyant*, espèce de comique qui attendrit.— Subst. mas. : *le comique et le larmoyant*.

LARMOYER, v. neut. (*larmoè-ié*), pleurer, jeter des *larmes*. Style familier.

LARRE, subst. fém. (*lâre*), t. d'hist. nat., genre d'insectes fouisseurs.

LARRÉE, subst. fém. (*lâré*), t. de bot., arbrisseau de la famille des rutacées.

LARRIS, subst. mas. (*lâri*), terres incultes, terrain vague. Vieux et inus.

LARRON, subst. mas., **LARRONNESSE**, sub. fém. (*lâron, ronèce*) (en lat. *latro*, voleur), celui, celle qui vole et dérobe le bien d'autrui en cachette. Prov. : *l'occasion fait le larron*, on est tenté par la présence de l'objet. — On dit prov. : *ils s'entendent comme larrons en foire*, en parlant des personnes qui sont d'intelligence pour faire des friponneries.—Bien que par le mot *larron* on n'entende pas ordinairement un voleur de grand chemin, cependant, en parlant des deux voleurs qui furent mis en croix avec Jésus-Christ, on ne se sert que du mot *larron* : *Jésus-Christ fut crucifié entre deux larrons; le bon, le mauvais larron*. — En t. d'imprim., petit morceau de papier ou bouchon attaché à la feuille, qui, à l'impression, se dépose sur la forme, et empêche un mot de paraître. — Pli d'un feuillet qui n'a pas été rogné.

LARRONNEAU, subst. mas. (*lâronô*), petit *larron*. Il est familier.

LARRONNÉ, E, part. pass. de *larronner*.

LARRONNER, v. act. et neut. (*lâroné*), voler, faire le métier de *larron*. Il est vieux.

LARRONNERIE, subst. fém. (*lâroneri*), métier de *larron*, filouterie. Il est vieux.

LARRONNESSE, subst. fém. Voy. LARRON.

LARTHY-TYTIBAL, subst. propre mas. (*lartitibale*), nom étrusque de Pluton, qu'on voit sur un ancien monument d'Étrurie dont parle *Gori*.

LARUNDE ou **LARA**, subst. propre fém. (*laronde, lara*), myth., divinité tutélaire des maisons. Jupiter en fit une de ses concubines, et en eut les dieux *Lares*, selon quelques-uns; mais, selon d'autres, ce fut Mercure. Voy. LARA.

LARUNS, subst. propre mas. (*lareunce*), bourg de France, chef-lieu de canton, arrond. d'Oléron, dép. des Basses-Pyrénées.

LARUS, subst. mas. (*laruce*), t. d'hist. nat., nom générique donné par *Linnée* aux goëlands, aux mouettes et aux mauves. — Oiseau dont la cervelle guérit l'épilepsie, le cœur hâte l'accouchement, et l'estomac facilite la digestion. (*Trév.* d'après *Cœlius Aurelianus*.)

LARVE, subst. fém. (*larve*) (du lat. *larva*, masque, parce que l'insecte sous cette forme est en quelque sorte masqué), t. d'hist. nat., état des insectes à métamorphose, après qu'ils sont sortis de l'œuf, et avant qu'ils passent à l'état de chrysalide : *la chenille est la larve du papillon*. — Au plur., t. d'antiq., les âmes des méchants qu'on croyait errer sous des formes hideuses (du lat. *larva*, qui signifie aussi spectre, fantôme).

LARVÉ, E, adj. (*larvé*), t. de médec., se dit de quelques fièvres dangereuses dans lesquelles les symptômes locaux ne sont point apparents.

LARYNGALGIE, subst. fém. (*lareinguaieji*) (du grec λαρυγξ, larynx, et αλγος, douleur), t. de médec., inflammation ou douleur du *larynx*.

LARYNGALGIQUE, adj. des deux genres (*lareingualejike*), t. de médec., qui appartient à la *laryngalgie*.

LARYNGE, E, adj., ou **LARYNGIEN**, adj. mas., au fém. **LARYNGIENNE** (*lareinjé, jiein, jiène*), t. d'anat., qui appartient au *larynx*.

LARYNGOGRAPHE, subst. mas. (*lareingoguerafe*), t. de médec., celui qui s'occupe principalement des inflammations du *larynx*. Il est peu usité.

LARYNGOGRAPHIE, subst. fém. (*lareinguoguerafi*) (du grec λαρυγξ, larynx, et γραφω, je décris), t. d'anat., description du *larynx*.

LARYNGOGRAPHIQUE, adj. des deux genres (*lareinguoguerafike*), qui appartient à la *laryngographie*.

LARYNGOLOGIE, subst. fém. (*lareinguoloji*) (du grec λαρυγξ, et λογος, discours), traité sur le *larynx*.

LARYNGOLOGIQUE, adj. des deux genres (*lareinguolojike*), qui appartient à la *laryngologie*.

LARYNGOTOMIE, subst. fém. (*lareinguotomi*) (du grec λαρυγξ, larynx, et τομη, incision), t. de chir., incision à la trachée-artère, au *larynx*.

LARYNGOTOMIQUE, adj. des deux genres (*lareinguotomike*), t. de chir., qui appartient à la *laryngotomie*.

LARYNGORRHAGIE, subst. fém. (*lareinguoraji*) (du grec λαρυγξ, larynx, et ρηγνυμι, je romps), t. de chir., hémorrhagie du *larynx*.

LARYNGORRHAGIQUE, adj. des deux genres (*lareinguorerajike*), t. de chir., qui est relatif à la *laryngorrhagie*.

LARYNX, subst. mas. (*lareinkce*) (en grec λαρυγξ), t. d'anat., la partie supérieure de la trachée-artère, appelée vulgairement le nœud de la gorge, la pomme d'Adam.

LARYSIES, subst. fém. plur. (*larizi*), t. d'antiq., fêtes qui se célébraient au printemps en l'honneur de Bacchus.

LAS, subst. mas. (*lâ*), partie d'une grange où l'on entasse les gerbes. — Outil du batteur d'or.

LAS (*lâce*)! interjection plaintive qui s'est dite autrefois pour *hélas*! (De l'italien *lasso*, malheureux, misérable.) On n'emploie plus que *hélas*!

LAS, adj. mas., au fém. **LASSE** (*lâ, lâce*) (en lat. *lassus*), fatigué. — Ennuyé de quelque chose que ce soit.—*Faire quelque chose de guerre lasse*, après avoir long-temps résisté.— *Un las d'aller*, que nous lisons dans l'*Académie*, comme se disant d'un homme mou, paresseux et lâche, n'est pas français, ou tout au moins du plus bas usage. — LAS, FATIGUÉ, HARASSÉ. (*Syn.*) Ces trois termes dénotent également une sorte d'indisposition qui rend le corps inapte au mouvement et à l'action. — On est *las* quand on est affecté de cette inaptitude, abstraction faite de toute cause. On est *fatigué* quand on s'est mis dans cet état d'inaptitude par le travail. On est *harassé* quand on ressent une fatigue excessive. — Quand on est *las* du travail, il faut le suspendre ou le changer; car ce n'est souvent que l'uniformité qui *lasse*. Quand on est *fatigué*, il faut se reposer. Quand on est *harassé*, il faut se rétablir.

LASCIF, adj. mas., au fém. **LASCIVE** (*lacecif, cive*) (en lat. *lascivus*, fait de *lacessere*, attaquer, provoquer, agacer), fort enclin à la luxure. — Qui porte à la luxure.

LASCIVE, adj. fém. Voy. LASCIF.

LASCIVEMENT, adv. (*lacecivemun*), d'une manière *lascive*.

LASCIVETÉ, subst. fém. (*lacecivetè*) (en lat. *lascivia* ou *lascivitas*), forte inclination à la luxure. — Ce qui porte à la luxure. — LASCIVETÉ, LUBRICITÉ, IMPUDICITÉ. (*Syn.*) La *lascivetè* naît d'un tempérament amoureux, irritable, voluptueux. La *lubricité* consiste dans l'extrême pétulance, dans l'incontinence hardie, dans l'insatiable avidité de ce tempérament qui dévore l'objet avant que d'en jouir, et qui, également irrité par la résistance et par la jouissance, va sans cesse demandant à son objet de nouveaux plaisirs et les provoque par la débauche. L'*impudicité* résulte des sentiments et des mœurs propres à ce tempérament et à ces vices, et contraires à la modération de la nature et à la sainteté des règles.

LASER, subst. mas. (*lâzère*), t. de bot., plante vivace, méridionale, dont on compte plusieurs espèces.

LASIANTHÈRE, subst. fém. (*laziantère*), t. de bot., plante vivace apocynée d'Afrique.

LASIE, subst. fém. (*lazi*), t. d'hist. nat., espèce de fourmi.—T. de bot., plante de la famille des mousses.

LASIOCAMPE, subst. mas. (*lazi-okanpe*), t. d'hist. nat., genre d'insectes lépidoptères.

LASIOPÉTALE, subst. fém. (*lazi-opétale*), t. de bot., arbuste de la famille des buttnériacées.

LASIOPYGE, subst. mas. (*lazi-opije*) (du grec λασιος, velu, et πυγη, fesse; *fesse vetue*), t. d'hist. nat., genre de singes qui ont les fesses couvertes de poil.

LASIUS, subst. propre mas. (*lazi-uce*), myth., un des prétendants vaincus à la course dont Hippodamie devait être le prix, et qui furent tués par Œnomaüs.

LASQUETTE, subst. fém. (*lacekiète*), t. de pelletier, jeune hermine.

LASSANT, E, adj. (*lâçan, çante*), qui *lasse*; fatigant, ennuyeux.

LASSAY, subst. propre mas. (*lacè*), ville de France, chef-lieu de canton, arrond. de Mayenne, dép. de la Mayenne.

LASSE, adj. fém. Voy. LAS.

LASSÉ, E, part. pass. de *lasser*.

LASSER, v. act. (*lâcé*) (en lat. *lassare*), fatiguer, avec la différence que c'est proprement par sa continuation qu'une chose *lasse*, et qu'elle *fatigue* par la peine qu'elle donne. — Ennuyer. — *se* LASSER, v. pron.

LASSERET, subst. mas. (*lâceré*), t. de serrurier, espèce de piton à vis, à pointe molle, ordinairement à double pointe; parce qu'il faut l'ouvrir pour y placer la pièce qu'il doit retenir.

LASSERIE, subst. fém. (*laceri*), t. de vannier, ouvrage fin; tissu d'osier mince et fort serré.

LASSETÉ, subst. fém. (*lâceté*), *lassitude*. Vieux et même hors d'usage.

LASSEUBE, subst. propre mas. (*laceube*). village de France, chef-lieu de canton, arrond. d'Oléron, dép. des Basses-Pyrénées.

LASSIEN, subst. mas. (*lâciein*), partie d'une grange à côté de l'aire. Voy. LAS, subst.

LASSIER, subst. mas. (*lâcié*), t. de pêche, sorte de filet à manche.

LASSIÈRE, subst. fém. (*lacière*), t. de chasse, filet pour prendre les loups.

LASSIN, subst. mas. Voy. LASSIER.

LASSIS, subst. mas. (*laci*), espèce de bourre de soie. — Étoffe fabriquée avec cette matière.

LASSITUDE, subst. fém. (*lâcitude*), état de la personne qui est *lasse*; fatigue : avec cette différence que la *fatigue* est toujours la suite de l'action et du travail; que la *lassitude* se fait quelquefois sentir sans qu'on ait rien fait.—Les médecins appellent *lassitudes spontanées*, une sorte de *lassitude* qu'on ne peut attribuer à aucun mouvement considérable précédent : *les lassitudes spontanées* annoncent toujours un dérangement dans la machine et une faiblesse dans les nerfs.

LAST, subst. mas. (*lâcete*), mesure de capacité usitée dans quelques contrées de l'Europe, et équivalant à dix-neuf setiers, ancienne mesure de Paris.

LASTE, subst. mas. (*lacete*), t. de mar., poids de deux tonneaux de mer.

LAST-GELT, subst. mas. (*lacetejèlete*), mot hollandais qui exprime un droit perçu en Hollande sur les vaisseaux qui entrent ou qui sortent, ainsi nommé de ce qu'il se paie en raison de la quantité de *lest* ou *laste* que chaque bâtiment peut contenir. — Droit de fret qui se lève à Hambourg sur les marchandises et sur les vaisseaux étrangers.

LASTRE, subst. mas. (*lacetre*), sorte de verre blanc dont on se sert en Orient pour les vitres.

LASTRIO ou **LASTRICO**, subst. mas. (*lacetri-o, tricô*), couverture de toit faite avec un ciment de chaux et de pouzzolane.

LAT., abréviation du mot *latin*.

LATANIER, subst. mas. (*latanié*), t. de bot., palmier des Antilles, dont le tronc est triangulaire.

LATENT, E, adj. (*latan, tante*) (en lat. *latens*, part. prés. de *latere*, être caché), caché.—En t. de manège : *la morve est un des vices latents du cheval*.—En t. de phys., *chaleur latente*, chaleur qui n'est point sensible au thermomètre.— En t. de médec. : *maladie latente*, qui n'est accompagnée d'aucun signe caractéristique.

LATÉRAIRE, subst. mas. (*latérère*) (en lat. *lateraria*); autrefois l'on donnait ce nom à des chevrons posés en travers.

LATÉRAL, E, adj. (*latérale*) (en lat. *lateralis*, fait de *latus*, côté), t. didactique, qui appartient au côté. *Porte latérale*, porte de côté d'un bâtiment.— Il se dit, en bot., des fleurs, des feuilles, des stipules, etc., qui ont leur point d'insertion sur les *côtés* de la tige ou des rameaux. — En géom., il s'emploie avec d'autres mots pour former des composés : *équilatéral*, etc. Dans cet emploi, il a rapport aux lignes qui forment la circonférence des figures. — *Équation latérale*, équation simple ou qui n'est que d'une dimension (d'un seul côté), et qui n'a qu'une racine. On dit aujourd'hui *équation simple* ou *linéaire du premier degré*.—Au plur. mas., *latéraux*.

LATÉRALEMENT, adv. (*latéraleman*), d'une manière *latérale*.

LATÉRALISÉ, E, adj. (*latéralizé*), t. de chir., *taille latéralisée*, celle qui a lieu sur la vessie, à côté de l'urèthre.

LATÉRALISÈTES, subst. mas. plur. (*latéralizète*) (du lat. *lateralis*, qui est au côté, et *seta*, soie), t. d'hist. nat., insectes diptères formant une division des sarcostomes, dont le caractère est d'avoir un poil isolé à chaque côté des antennes.

LATERANUS, subst. propre mas. (*lateranuce*), myth., génie qui présidait aux foyers.

LATÉRAUX, adj. mas. plur. Voy. LATÉRAL.

LATERCULE, subst. mas. (*latèrekule*) (du lat. *laterculum*, qui signifie proprement cabinet en briques, de *later*, brique), rôle des offices, charges et dignités civiles et militaires de l'empire grec, à Constantinople.

LATERE, *à* LATERE, subst. mas. (*lateré*), expression latine. Voy. LÉGAT.

LATÉRIGRADE, subst. mas. (*latériguerade*), t. d'hist. nat., genre d'aranéides.

LATHIKÉDÈS, subst. propre mas. (*latikiédèce*), (en grec λαθικηδής, qui fait oublier les soucis), myth., surnom de Bacchus.

LATHRÆA, subst. fém. (*latré-a*), t. de bot., genre de plantes d'Europe.

LATHRIE, subst. propre fém. (*latri*), myth., sœur jumelle d'Anaxandra. On leur rendait des honneurs divins dans la Laconie.

LATHROBIE, subst. fém. (*latrobi*), t. d'hist. nat., genre d'insectes microptères.

LATHYRIS, subst. mas. (*latirice*), plante des anciens, qui paraît être une euphorbe.

LATHYROÏDE, subst. fém. (*latiro-ide*), t. de bot., espèce d'arobe.

LATHYRUS, subst. mas. (*latiruce*), t. de bot., genre de plantes.

LATIALITHE ou **PIERRE DU LATIUM**, subst. fém. (*laci-alite*), t. d'hist. nat., ancien nom d'une pierre appelée depuis *hauyne*.

LATIALIS, subst. propre mas. (*laci-alice*), myth., surnom de Jupiter adoré particulièrement dans le *Latium*.

LATIAR, subst. mas. (*laciare*), myth., fête instituée par Tarquin-le-Superbe en l'honneur de *Jupiter-Latialis*.

LATIBANDE, subst. fém. (*latibande*), toile ou étoffe grossière que l'on cloue sur les parquets avant d'y fixer les tapis, auxquels elle sert comme de doublure.

LATICAUDA, subst. fém. (*latikóda*), t. d'hist. nat., genre de reptiles.

LATICLAVE, subst. mas. (*latiklave*) (en latin *latusclavus*, formé de *latus*, large, et de *clavus*, clou), tunique que portaient à Rome les sénateurs et les magistrats. Elle était bordée d'une large bande de pourpre, avec un ornement en forme de tête de clou, attaché sur la poitrine.

LATIN, subst. mas. (*latein*), langue *latine*; langue des anciens Romains. — *Du latin de cuisine*, du fort mauvais latin. — Prov. : *être au bout de son latin*, ne savoir plus que dire ni que faire pour venir à bout d'une chose. — *Il y a perdu son latin*, son temps et sa peine.— Subst. mas. plur., les anciens Romains, les catholiques d'Occident.

LATIN, adj. mas., au fém. **LATINE** (*latein, tine*), qui concerne la langue *latine*.—Qui est écrit en *latin*.—*Le pays latin*, figurément, l'Université et les colléges. *L'Église latine*, l'Église occidentale. — *Rit latin*, de l'Église romaine. — En t. de marine, *voile latine*, voile faite en forme de triangle rectangle.

LATINES, subst. fém. plur. (*latine*), anciennes fêtes qu'on célébrait dans le *Latium* en l'honneur de Jupiter.

LATINEUR, subst. mas. (*latineur*), marchand de latin, pédant. (*Boiste*.) Il est vieux et même inusité.

LATINIER, subst. mas. (*latinié*), qui sait bien le *latin*; interprète *latin*. (*Fleury*.) Inusité.

LATINIQUE, adj. des deux genres (*latinike*), du pays des *Latins*.

LATINISATION, subst. fém. (*latinizâcion*), action de *latiniser*. Peu en usage.

LATINISÉ, E, part. pass. de *latiniser*.—En matière de controverse, on appelle *Grec latinisé*, un Grec qui est entré dans les sentiments de l'Église *latine*.

LATINISER, v. act. (*latinizé*), donner une terminaison *latine* à un mot d'une autre langue.— *se* LATINISER, v. pron.

LATINISEUR, subst. mas. (*latinizeur*), qui *latinise*, qui forge du *latin*. Peu usité.

LATINISME, subst. mas. (*latiniceme*), construction, tour de phrase propre à la langue *latine*.

LATINISTE, subst. mas. (*latinicete*), qui entend et parle bien la langue *latine*.

LATINITÉ, subst. fém. (*latinité*), langage *latin*. — Les auteurs *latins* : *bien connaître la latinité*. —*Basse latinité*, auteurs latins des derniers temps, dont le langage était corrompu.

LATINS, subst. propre mas. plur. (*latein*), anciens habitants du *Latium*, aujourd'hui la Campagne de Rome.

LATINUS, subst. propre mas. (*latinuce*), myth., roi de Laurente, dans le *Latium*, fils de Faunus et de la nymphe Marica, et père de Lavinie. Voy. LAVINIE.

LATIOME, subst. fém. (*laciome*), t. de mar., espèce de galère chinoise.

LATIQUE, adj. fém. (*latike*) (en lat. *latica*, fait de *latere*, être caché), en médec., il se dit d'une espèce de fièvre quotidienne remittente, dont les accès sont très-longs et peu marqués.

LATIRE, subst. mas. (*latire*), t. d'hist. nat., genre de coquilles de l'espèce des rochers, remarquable par sa couleur orange rubanée de ponceau.

LATIROSTRE, subst. mas. (*latirocetre*) (du lat. *latus*, large, et *rostrum*, bec), t. d'hist. nat., famille d'oiseaux échassiers, caractérisés par un bec large, obtus, légèrement couché et non cylindrique ou en pointe.

LATITANT, E, adj. (*latitan, tante*) (du lat. *latitare*, se cacher), t. de droit, qui se cache.

LATITUDE, subst. fém. (*latitude*) (du lat. *latitudo*, employé par les astronomes dans le même sens, et qui signifie proprement largeur), en géog., éloignement d'un lieu à l'égard de l'équateur, en allant vers l'un ou vers l'autre pôle. Il est mesuré par l'arc du méridien compris entre le zénith de ce lieu et l'équateur. — En astronomie, la distance par rapport à l'écliptique. — — *Cercles de latitude* ou *cercles secondaires de l'écliptique*, grands cercles qui coupent l'écliptique à angles droits, et qui passent par ses pôles. C'est sur ces cercles que se composent les *latitudes* respectives des étoiles, etc.—*Latitude géométrique*, distance à l'écliptique d'une planète vue de la terre.—*Latitude héliocentrique*, l'angle sous lequel paraîtrait éloignée de l'écliptique une planète vue du soleil.— *Latitude croissante*, la latitude prise sur le méridien d'une carte réduite. — On emploie le mot *latitude* en français figurément, pour la faculté de s'étendre en traitant un sujet, d'employer un grand nombre de moyens pour faire quelque chose : *ce programme donne beaucoup de latitude ; vos instructions vous donnent beaucoup de latitude*.

LATITUDINAIRE, subst. mas. (*latitudinère*), nom de sectaires très-tolérants.

LATIUM, subst. propre mas. (*lâciome*) (du lat. *latere*, se cacher, parce que Saturne, chassé du ciel par Jupiter, alla s'y cacher), ancien pays des *Latins*, aujourd'hui la Campagne de Rome.

LATIUS, subst. propre mas. Voy. LATIALIS.

LATMUS, subst. propre mas. (*latemuce*), myth., surnom d'Endymion, pris du mont *Latmus* dans la Carie, où il dormit plusieurs années.

LATOBIUS, subst. propre mas. (*latobiuce*), myth., l'Esculape des anciens Noriques.

LATOÏDÈS, subst. propre mas. (*lato idèce*), myth., Apollon, fils de *Latone*. Ce mot, au pluriel, s'entend d'Apollon et de Diane.

LATOÏS, subst. propre fém. (*lato-ice*), myth., Diane, fille de *Latone*.

LATOMIE, subst. fém. (*latomi*) (en grec λατομια, carrière, fait de λατομεω, je taille des pierres, dont les racines sont λας, contracté de λααs, pierre, et τομη, action de couper, dérivé de τεμνω, je coupe), t. d'hist. anc., carrière où l'on renfermait les prisonniers. C'était proprement une prison que Denys le Tyran avait fait creuser dans un roc près de Syracuse.

LATONE, subst. propre fém. (*latone*), myth., fille de Cœus et de Phœbé. Jupiter en étant devenu amoureux, Junon, par jalousie, la fit poursuivre par le serpent Python ; et pendant toute sa grossesse elle fut errante et sans asyle. Neptune en eut enfin pitié, et fit sortir du milieu des eaux l'île de Délos, où *Latone* se réfugia pour accoucher d'Apollon et de Diane.

LATONIGENÆ ou **LATONIPROLES**, subst. mas. plur. (*latonijéné, latoniprolèce*) (mots tout latins), myth., les enfants de *Latone*, Apollon et Diane.

LATONIUS ou **LATOÜS**, subst. propre mas. (*latoni-uce, to-uce*), myth., surnoms d'Apollon, fils de *Latone*.

LATOS, subst. mas. (*latôce*), t. d'hist. nat., gros poisson du Nil, qu'on adorait en Égypte.

LATRIDIE, subst. fém. (*latridi*), t. d'hist. nat., genre d'insectes coléoptères xylophages.

LATRIE, subst. fém. (*latri*) (du grec λατρεια, culte, honneur, servitude, dérivé de λατρις, serviteur), le culte souverain qu'on rend à Dieu.

LATRINES, subst. fém. plur. (*latrine*), lieux privés, où l'on satisfait ses besoins naturels.

LATTE, subst. fém. (*late*), pièce de bois longue, étroite et plate qu'on emploie dans les cloisonnages, dans les plafonds, etc. — Chez les faïenciers, petite palette propre à enlever la terre détrempée.—Bande de fer plat, telle qu'elle arrive de la forge. — Mesure d'arpentage, usitée autrefois dans la Guienne. — *Latte volice*, celle qui sert à porter l'ardoise. — *Latte jointe*, celle qu'on met aux pans de charpente pour recevoir et tenir un enduit de plâtre. — *Latte de sciage*, celle qui est taillée à la scie.—Échelons des ailes d'un moulin à vent, sur lesquels la toile est tendue. — En t. de mar., 1° petites pièces de bois fort minces, qu'on met entre les baux, les barrots et les barrotins d'un vaisseau ; 2° traverses ou longues pièces de bois qui soutiennent la couverture d'une galère.—Pièces du métier à broder.

LATTÉ, E, part. pass. de *latter*.

LATTER, v. act. (*laté*), garnir de *lattes*. — *se* LATTER, v. pron.

***LATTIS**, subst mas. (*lati*), arrangement des *lattes* sur un comble.—Ouvrage en *lattes*.

LATYRHOS ou **LATHYRON**, subst. mas. (*latirôce, tiron*), plante des anciens qui paraît être notre gesse cultivée.

LAUDANUM, subst. mas. (*lôdânome*) (corruption du latin *laudandum*, chose à louer, digne de louanges à cause de ses excellentes qualités), extrait d'opium. — Le peuple dit de l'*eau danum*, comme si le *laudanum* était de l'*eau*. C'est une expression tout-à-fait barbare.

LAUDATEUR, subst. mas., au fém. **LAUDATRICE** (*lôdateur, trice*), qui loue, qui flatte. Peu usité.

LAUDATIF, adj. mas., au fém. **LAUDATIVE** (*lôdatif, tive*), qui loue : *discours laudatif*.

LAUDATION, subst. fém. (*lôdâcion*), éloge d'apparat, flagornerie oratoire. (*Boiste*.) Iron. et peu usité.

LAUDATIVE, adj. fém. Voy. LAUDATIF.

LAUDATRICE, subst. fém. Voy. LAUDATEUR.

LAUDE, subst. mas. (*lôde*), vieux t. de coutume, droit qui se payait en certains lieux, pour la vente des marchandises dans les foires et marchés, appelé dans la basse latinité *leuda*.

LAUDES, subst. fém. plur. (*lôde*) (en lat. *laudes*, louanges ; parce qu'elles contiennent principalement les louanges du Seigneur, étant composées de psaumes, de cantiques et d'une hymne), partie de l'office divin qui suit matines.

LAUDICÈNES, subst. mas. plur. (*laudicène*) (du lat. *laudicœna* ou *laudicœnus*, formé de *laus*, *laudis*, louange, et *canere*, chanter), chez les anciens Romains, gens payés pour applaudir aux pièces de théâtre et aux harangues publiques. — Flatteurs qui louent pour gagner un dîner ; parasites. (Dans cette acception, du même mot *laudicœna*, mais formé de *laus*, louange, ou de *cœna*, repas.)

LAUDMIE, subst. fém. Hors d'usage. Voy. LODS.

LAUGERIE, subst. fém. (*lôjeri*), t. de bot., genre de plantes rubiacées qui renferme le *laugier* odorant d'Amérique.

LAUGIER, subst. mas. Voy. LAUGERIE.

LAUMONITE, subst. fém. (*lômonite*), t. d'hist. nat., substance minérale découverte en 1785 par *Gillet-Laumont*, dont elle porte le nom. C'est une espèce de zéolithe.

LAUNZUN, subst. mas. (*lonzeun*), t. de bot., arbre de l'Inde.

LAURE, subst. fém. (*lôre*) (du grec λαυρα, village dont les rues sont fort larges, dérivé de λαυρος, large), sorte d'anciens monastères de l'Orient, dont les cellules, séparées, éparses çà et là, formaient une sorte de village.

* **LAURÉ, E**, adj. (*lôré*) (du latin *laurus*, laurier): *tête laurée*, tête couronnée de *lauriers*, sur une médaille, une monnaie.

LAURÉACÉES, subst. fém. plur. (*lòré-acé*), t. de bot., famille de plantes qui comprend les *lauriers*.

LAURÉA, subst. propre fém. (*lòré-a*), nom d'une divinité gravé sur un monument trouvé en Catalogne.

LAURÉAT, subst. et adj. mas. (*lòré-a*) (en lat. *laureatus*, fait de *laurus*, laurier), celui qui a remporté un prix d'honneur. — *Poète lauréat*, qui a été couronné publiquement. — En Angleterre, poète de la cour.

LAURÉLIE, subst. fém. (*lòréli*), t. de bot., genre de plantes du Chili.

LAURELLE, subst. fém. (*lorèle*), t. de bot., plante sarmenteuse de la famille des thymélées.

LAUREMBERGE, subst. fém. (*lòranbèrje*), t. de bot., nom donné au genre appelé *serpicule*.

LAURENCIE, subst. fém. (*lòranci*), t. de bot., espèce de varec.

LAURENT (SAINT-), subst. propre mas. (*ceinlòran*), nom d'un saint révéré par l'Église.— Prov. : *être sur le gril comme saint Laurent*, être embarrassé ; souffrir toutes les tortures morales. — Pop. : *crier à saint Laurent, le diable se brûle*, se dit en plaisantant d'une personne qui se brûle par maladresse. Nous n'avons admis ce nom propre qu'à cause des deux proverbes.

LAURENTÉE, subst. fém. (*lòranté*), t. de bot., genre de plantes qui ne diffère pas de celui qu'on appelle *sanvitalié*.

LAURENTIA, subst. fém. (*lòreincia*) (mot tout latin), t. de bot., espèce de lobélie à capsule biloculaire.—Subst. propre fém., myth., la même que *Acca-Laurentia*.

LAURENTINE, subst. fém. (*lòrantine*), étoffe à fleurs de soie, coton et poil.

LAURENTIN, subst. propre mas. (*lòrantein*), nom d'anciens peuples d'Italie, sujets de *Latinus*.

LAURÉOLE, subst. fém. (*lòré-ole*), t. de bot., arbrisseau à fleur monopétale, qu'on nomme aussi *garou*. On distingue la *lauréole mâle* ou *garou*, et la *lauréole femelle*, appelée autrement *bois gentil* ou *mézéréon*.

LAURIER, subst. mas. (*lòrié*) (en lat. *laurus*), t. de bot., arbre toujours vert, de moyenne grandeur, à fleur monopétale, qui croît dans les forêts d'Espagne et d'Italie, et se cultive dans les jardins. Il est le symbole de la victoire. On dit fig. et surtout poét. : *cueillir, moissonner des lauriers*.—*Flétrir ses lauriers*, déshonorer sa victoire.—*S'endormir sur ses lauriers*, ne plus rien faire pour sa gloire.— On nomme *lauriers-jambons*, toutes les espèces dont les feuilles aromatiques sont employées dans les assaisonnements. —*Laurier alexandrin*, sorte de rue bisannuelle, dont on distingue une espèce à larges feuilles, et une à feuilles étroites.—*Laurier aromatique*, arbre des îles d'Amérique qu'on appelle aussi *bois d'Inde*. — *Laurier-cerise*, arbre qui nous a été apporté de l'Anatolie, qui a les caractères du prunier, dont les fleurs ressemblent à celles du *laurier*, et le fruit à celui du *cerisier*.—*Laurier-chêne*, plante de Grèce et de Dalmatie.—*Laurier-rose*, *laurose*, *nérion*, arbre de moyenne grandeur, originaire des Indes, à fleur monopétale, infundibuliforme, et qu'on cultive dans les jardins. — *Petit laurier-rose*. Voy. ÉPILOBE.—*Laurier royal*, *laurier des Indes*, arbrisseau qu'on cultive beaucoup en Portugal.— *Laurier-thym*, suivant l'*Académie* et suivant *Trévoux*, *laurier tin* ou *sauvage*, arbrisseau toujours vert, dont le fruit est d'un bleu noirâtre. Il est originaire d'Espagne et d'Italie, et a les caractères de l'obier. On le cultive dans les jardins. — *Laurier-tulipier*, arbre exotique, dont les fleurs sont très-odorantes, et qu'on cultive pour l'agrément.—*Laurier épineux*, variété du houx ordinaire.—*Laurier maritime*, le phyllante.—*Laurier-nain*, sous-arbrisseau de Sibérie, qui croît dans les marais, et dont on mange les fruits.

LAURIÈRE, subst. propre mas. (*lòrière*), bourg de France, chef-lieu de canton, arrond. de Limoges, dép. de la Haute-Vienne.

LAURIFOLIA, subst. fém. (*lòrifoli-a*), t. de bot., nom générique de quelques arbres exotiques, qui ont du rapport avec le *laurier*.

LAURINE, subst. fém. (*lòrine*), t. de bot., sorte d'olivier.

LAURINÉES, subst. fém. plur. (*lòriné*), t. de bot., famille de *lauriers*.

LAURINGUE, adj. des deux genres (*lòreingue*), qui appartient au *laurier*. Inusité.

LAURIOT, subst. mas. (*lòriô*), t. de boulanger, sorte de petit baquet.

LAURIS-MARINE, subst. fém. (*lòricemarine*), t. d'hist. nat., espèce de petite huître.

LAUROMÈLE, subst. mas. (*lòromèle*), instrument de chirurgie en usage autrefois pour certaines opérations.

LAUROPHYLLE, subst. mas. (*lòrofile*), t. de bot., arbre du cap de Bonne-Espérance.

LAUROSE, subst. mas. Voy. *laurier-rose*, au mot LAURIER.

LAUSANNE, subst. propre fém. (*lòzane*), ville de Suisse, chef-lieu du canton de Vaud.

LAUSUS, subst. propre mas. (*lòzuce*), myth., fils de Mézence, grand chasseur.—Il y en eut un autre, fils de Numitor, et frère d'Ilia-Sylvia.

LAUTE, subst. mas. (*lòte*), t. de pêche, sorte de filet usité dans le Languedoc.

LAUTERBOURG, subst. propre mas. (*lôterebour*), ville forte de France, chef-lieu de canton, arrond. de Weissembourg, département du Bas-Rhin.

LAUTIE, subst. fém. (*lôci*), espèce de franges dont certains sauvages se couvrent le front. — Présents que faisaient les anciens Romains aux étrangers de distinction.

LAUTREC, subst. propre mas. (*lòtrèke*), village de France, chef-lieu de canton, arrond. de Castres, dép. du Tarn.

LAUXANIE, subst. fém. (*lôkçani*), t. d'hist. nat., insecte diptère.

LAUZERTE, subst. propre fém. (*lôzèrete*), ville de France, chef-lieu de canton, arrond. de Moissac, dép. de Tarn-et-Garonne.

LAUZET (LE), subst. propre mas. (*lelôzé*), village de France, chef-lieu de canton, arrond. de Barcelonnette, dép. des Basses-Alpes.

LAUZUN, subst. propre mas. (*lôzeun*), ville de France, chef-lieu de canton, arrond. de Marmande, dép. de Lot-et-Garonne.

LAVABO, subst. mas. (*lavâbô*) (mot latin) ; en t. d'église, 1° l'action du prêtre qui se *lave* les mains pendant la messe ; 2° la partie de la messe où se fait cette action ; 3° le linge avec lequel le prêtre s'essuie les doigts après les avoir *lavés* ; 4° carton au côté droit de l'autel où sont écrites ces paroles : *lavabo*, etc. ; 5° ces paroles elles-mêmes.—Meuble de toilette qui porte un pot et sa cuvette pour se *laver*. — Au plur., des *lavabo*.

LAVAGE, subst. mas. (*lavaje*), action de *laver* : *le lavage des vitres*.—Trop grande quantité d'eau répandue pour *laver* : *voilà un grand lavage pour bien peu de chose*. — Mets où l'on a mis trop d'eau : *cette soupe n'est qu'un mauvais lavage*.—Trop grande quantité d'eau, etc., prise par remède : *tout ce lavage vous affaiblit*.—T. de médec. : *médecine en lavage*, fort trempée d'eau. Dans les mines, opération pour séparer le minéral propre à être fondu, de la partie terreuse et pierreuse.

LAVAGNE, subst. fém. (*lavagnie*), espèce de pierre d'ardoise de Gênes.

LAVAL, subst. propre mas. (*lavale*), ville de France, chef-lieu du dép. de la Mayenne.

LAVALLOIS, E, subst. et adj. (*lavaloâ*, *loâze*), de *Laval*, ville de France.

LAVANCHE ou **LAVANGE**, subst. fém. (*lavanche*, *vanje*), amas de neige qui roule d'une montagne. Voy. AVALANCHE, qui seul se dit.

LAVANDE, subst. fém. (*lavande*) (en lat. *lavandula*, fait de *lavare*, laver, parce qu'on en fait usage dans les bains), t. de bot., plante originaire des climats chauds de l'Europe, à fleur labiée, très-aromatique, vivace et cultivée dans nos jardins. —*Lavande mâle*, *aspic*, *nard commun*, autre espèce de *lavande*.—Dissolution d'eau essentielle de *lavande* dans l'esprit de vin.

LAVANDER, subst. mas. (*lavandère*), linge ouvré de Flandre.

LAVANDERIE, subst. fém. (*lavanderi*), lieu où *lavent* les blanchisseuses. Vieux.

LAVANDIER, subst. mas. (*lavandié*), officier chez le roi qui avait soin de faire blanchir le linge.

LAVANDIÈRE, subst. fém. (*lavandière*), femme qui *lave* la lessive ; blanchisseuse.—T. d'hist. nat., oiseau passereau, de la famille des subulirostres.

LAVANÈSE, subst. fém. (*lavanèze*), t. de bot., genre de plantes, la *rue des chèvres*.

LAVARDAQUE, subst. propre fém. (*lavardake*), ville de France, chef-lieu de canton, arrond. de Nérac, dép. de Lot-et-Garonne.

LAVARET, subst. mas. (*lavarè*), t. d'hist. nat., poisson du même genre que le saumon, qui se trouve dans les lacs de Savoie, etc.

LAVARONCUS, subst. mas (*lavaronuce*), t. d'hist. nat., poisson de la Méditerranée. Il a dans la tête des pierres qui, réduites en poudre, sont bonnes contre la gravelle. (*Trévoux*.)

LAVASSE, subst. fém. (*lavace*), pluie subite et impétueuse.—Sauce fade, insipide, où l'on a mis trop d'eau. Pop. — Pierre plate dont on couvre les toits.

LAVATÈRE, subst. fém. (*lavatère*), t. de bot., plante malvacée.

LAVATION, subst. fém. (*lavâcion*), fête en l'honneur de la mère des dieux.—Action de *laver*. Vieux.

LAVATOIRE, subst. mas. (*lavatoare*), lieu où l'on se *lave*. (Amyot.)

LAVAUR, subst. propre mas. (*lavôre*), ville de France, chef-lieu d'arrond., département du Tarn.

LAVE, subst. fém. (*lave*), matière en fusion qui sort des volcans et forme comme des ruisseaux enflammés.—La même matière, devenue, en se refroidissant, une masse solide.

LAVÉ, E, part. pass. de *laver*, et adj. : *couleur lavée*, claire, faible.

LAVÉE, subst. fém. (*lavé*) : *lavée de laine*, tas de laine tirée de l'eau dans laquelle elle a été *lavée*.

LAVÈGE, subst. fém. (*lavèje*), sorte de pierre dont on fait des vases qui résistent au feu.

LAVELANET, subst. propre mas. (*lavelanè*), bourg de France, chef-lieu de canton, arrond. de Foix, dép. de l'Ariège.

LAVE-MAINS, subst. mas. (*lavemein*), vase à *laver les mains* à l'entrée d'une sacristie ou d'un réfectoire.—Ce nom a été étendu aux ustensiles de cuisine, de salle à manger, de chambre, destinés au même usage. — Au plur., des *lave-mains*.

LAVEMENT, subst. mas. (*laveman*), action de *laver* ; il ne se dit en ce sens que de deux cérémonies religieuses : *le lavement des pieds*, *le lavement des autels*.—Ordinairement, clystère.

LAVENTIE, subst. propre fém. (*lavanci*), bourg de France, chef-lieu de canton, arrond. de Béthune, dép. du Pas-de-Calais.

LAVER, v. act. (*lavé*) (en lat. *lavare*), nettoyer avec de l'eau ou avec quelque autre chose liquide : *laver une plaie avec du vin*.—En t. de charpentier, ôter une bosse d'une poutre avec la scie, afin de l'équarrir. — En peinture, coucher les couleurs à plat sans les pointiller. — *Laver ses péchés avec ses larmes*, les pleurer. — *Ce fleuve lave les murailles de la ville*, passe auprès.—*Laver un dessin*, dessiner au pinceau avec des matières colorantes, telles que le bistre ou l'encre de la Chine, délayées dans de l'eau. — *Laver du papier*, lui donner une certaine préparation qui le rend plus uni, plus égal. Les relieurs disent, à peu près dans le même sens, *laver un livre*.—T. d'imprimerie : *laver une forme*, la porter au baquet, où on la *lave* à la lessive caustique, en la frottant avec une brosse.— Fig. : *laver la tête*, ou *la coiffe*, ou *le béguin*, suivant la personne à qui ou de qui l'on parle, faire une légère réprimande. — Fam. : *s'en laver les mains*, déclarer qu'on n'est pas responsable de ce qui peut arriver. Allusion à ce que fit Pilate. — Neutralement : *donner à laver*.—SE LAVER, v. pron., se nettoyer avec de l'eau. — Fig. : *se laver d'un crime*, prouver son innocence.

LAVERIE, subst. fém. (*laveri*), endroit où on *lave*.—Voy. LAVOIR.

LAVERNAL, E, adj. (*lavèrenal*), qui concerne la déesse *Laverne*.—Au plur. mas., *lavernaux*.

LAVERNE, subst. propre fém. (*lavèrene*), myth., divinité qui présidait aux larcins, et protégeait les voleurs. On la représentait sous la figure d'un corps sans tête.

LAVERNIONES, subst. mas. plur. (*lavèrenione*), t. d'hist. anc., nom générique des adorateurs de *Laverne*.

LAVERNIUM, subst. propre mas. (*lavèreniome*), bois ou temple consacré à la déesse *Laverne*.

LAVERT, subst. mas. (*lavère*), t. d'hist. nat., sorte d'insecte de la Louisiane, très-incommode dans les maisons de bois.

LAVETON, subst. mas. (*laveton*), grosse bourre qui sort, par la foulure, des étoffes grossières.

LAVETTE, subst. fém. (*lavète*), morceau de linge dont on se sert pour *laver* la vaisselle.

LAVÉU, subst. mas. (*lavé-u*), t. de pêche, nom qu'on donne, près des Martigues, à l'espèce de filet dont on se sert dans les pêches faites avec les bâtiments nommés *tartanes*. Les pêcheurs languedociens disent *laüte* (prononcez *la-ute*), dans le même sens.

LAVEUR, subst. mas., au fém. **LAVEUSE** (*la-veur, veuze*), celui ou celle qui *lave*. — *Laveur de cendres*, celui qui, par des moyens mécaniques et par le *lavage*, sépare les parties métalliques d'or et d'argent, d'avec les cendres des matières qu'on a fait brûler.—*Laveur de mine*, celui qui, au moyen d'un *lavage*, dégage les parties sablonneuses ou terreuses qui sont attachées à la mine.

LAVEUSE, subst. fém. Voy. **LAVEUR**.

LAVIGNON, subst. mas. (*lavignion*), t. d'hist. nat., coquillage de mer des environs de La Rochelle, et dont le poisson est d'un excellent goût.

LAVINIE, subst. propre fém. (*lavini*), myth., fille unique de Latinus et d'Amate. Elle avait été promise à Turnus; mais Énée étant venu en Italie, Latinus, sur la foi d'un oracle qui lui avait dit qu'il ne devait donner sa fille qu'à un prince étranger, l'accorda au Troyen. Turnus, furieux de l'injure qu'on lui faisait, déclara la guerre à Énée, et souleva contre lui tous les peuples voisins. Énée, ayant tué Turnus dans un combat singulier, épousa *Lavinie*, dont il donna le nom à une ville qu'il bâtit.

LAVINIENS, subst. propre mas. plur. (*lavi-niein*), habitants de *Lavinium*.

LAVINIUM, subst. propre mas. (*laviniome*), ancienne ville du Latium, bâtie, selon *Servius*, par *Lavinius*, frère de Latinus. *Tite-Live* lui donne une autre origine. Voy. **LAVINIE**.

LAVIS, subst. mas. (*lavi*), manière de *laver* un dessin, de peindre avec de l'encre de Chine ou des couleurs délayées dans de l'eau.

LAVIT-DE-LAMAGNE, subst. propre mas. (*la-videlamagnie*), bourg de France, chef-lieu de canton, arrond. de Castel-Sarrazin, dép. de Tarn-et-Garonne.

LAVOIR, subst. mas. (*lavoar*), lieu destiné à *laver* ou le linge ou la vaisselle; ou, dans les communautés et les sacristies, à se *laver* les mains.— Aux Indes, en Turquie, etc., lieu voisin des pagodes et des mosquées, où se *lavent*, par cérémonie de religion, ceux qui veulent entrer dans ces temples. — En t. d'arquebusier, verge de fer à laquelle on attache un linge mouillé pour *laver* un canon de fusil.—Dans les hôtels des monnaies, le résidu des matières qui ont servi à la fusion de l'or et de l'argent.—Machine pour *laver* le minéral.

LAVURE, subst. fém. (*lavure*), eau qui a servi à *laver*.—Action de *laver* certaines choses.—T. de monnayage, *terres de lavures*, les carreaux des fourneaux, les vieux creusets, les balayures du cendrier et de l'atelier, pilés et réduits en cendre, pour en tirer les particules d'or et d'argent qui y sont mêlées.

LAW, subst. propre mas.; nom d'un fameux financier : *le système de Law*. Ce nom propre, qui ne se trouve ici qu'à cause de sa prononciation, se dit en français *lace* ou *lô*; on ne s'accorde point sur ces deux manières de le prononcer; cependant nous avons plus souvent entendu dire *lô* que *lace*.

LAXATIF, adj. mas., au fém. **LAXATIVE** (*lak-çatif, tive*) (en latin *laxativus*, fait de *laxare*, lâcher, relâcher), qui a la vertu, la propriété de *lâcher* le ventre : *remède laxatif; tisane laxative*.—On dit aussi subst. : *un laxatif*.

LAXATIVE, adj. fém. Voy. **LAXATIF**.

LAXIFLORE, adj. des deux genres (*lakciflore*) (du lat. *laxus*, large, et *flos*, gén. *floris*, fleur), t. de bot., dont les fleurs sont très-espacées.

LAXITÉ, subst. fém. (*lakcité*) (en lat. *laxitas*), t. de médec., relâchement, ou défaut de force et de tension dans les fibres, dans les vaisseaux, dans les viscères, etc.

LAXMANNIE, subst. fém. (*lakcemani*), t. de bot., genre de plante qui n'a pas été adopté.

LAYE, subst. fém. (*lé*), boîte qui renferme les soupapes de l'orgue; réservoir du vent.

LAYÉ, E, part. pass. de *layer*.

LAYER, v. act. (*lè-ié*), travailler la pierre avec une *laie*. — Faire des laies dans une forêt. Voy. **LAIE**.—**SE LAYER**, v. pron.

LAYETIER, subst. mas. (*lè-ietié*), artisan qui fait des *layettes*, et toute sorte de boîtes, de caisses, etc.

LAYETTE, subst. fém. (*lè-iète*), sorte de petit coffre.—Tiroir d'un buffet, d'une armoire, où l'on serre des papiers.—Le linge, les langes, etc., destinés à un enfant nouveau-né.

LAYETTERIE, subst. fém. (*lè-ièteri*), commerce, marchandise, métier du *layetier*.

LAYEUR, subst. mas. (*lè-ieur*), celui qui fait des *laies* dans une forêt.

LAYSSAC, subst. propre mas. (*lèçake*), bourg de France, chef-lieu de canton, arrond. de Milhau, dép. de l'Aveyron.

LAZAGNES, subst. fém. plur. (*lazagnie*) (de l'italien *lazagna*), espèce de macaroni en forme de ruban, dont la pâte est faite avec de la semoule.

LAZARET, subst. mas. (*lazaré*) (du *Lazare*, souffrant à la porte du mauvais riche), lieu où l'on fait quarantaine quand on vient de lieux infectés ou soupçonnés d'être infectés de la peste.

LAZARISTE, subst. mas. (*lazaricete*), prêtres de la congrégation de *Saint-Lazare*.

LAZARITE, subst. mas. (*lazarite*), chevalier de l'ordre de *Saint-Lazare*.

LAZARONE, subst. mas. (*lazarone*) (mot purement italien), classe du peuple, à Naples; autrefois ils vivaient à demi nus dans des paniers d'osier d'où ils ne sortaient que pour se réchauffer au soleil ou travailler quelques instants. Ils sont à peu près aujourd'hui ce que sont chez nous les chiffonniers et les boueurs. — Au plur., des *lazaroni*.

LAZULIS. Voy. **LAPIS**.

LAZULITE, subst. fém. (*lazulite*), t. d'hist. nat., sorte de pierre siliceuse.

LAZZI, subst. mas. (*lazezi*), mouvement, jeu muet d'un comédien.—Epigramme, bon mot. — Au plur., des *lazzi*.

LE, LA, LES (*le, la, lè*, devant une consonne, *lèze*, devant une voyelle), articles, lorsqu'ils sont joints à des noms. *Le* est l'article du nom masculin, au singulier : *le soleil*; *la* est l'article du nom féminin, au singulier : *la lune*; *les* est l'article du pluriel, commun aux deux genres : *les hommes, les femmes*.—Lorsque les prépositions *à* et *de* se trouvent devant l'article *le*, et que le mot suivant commence par une consonne, alors on change *à le* en *au*, et *de le* en *du* : *au père, du père*. Mais si le nom commence par une voyelle, alors la préposition et l'article n'éprouvent aucun changement, si ce n'est que dans l'article, soit masculin, soit féminin, la voyelle s'élide : *à l'enfant, de l'enfant; à l'amitié, de l'amitié*.—Quant à l'article du pluriel, la même contraction a lieu, par quelque lettre que commence le mot suivant. Pour *à les*, on dit *aux*, et pour *de les*, on dit *des : aux mois, des mois; aux enfants, des enfants*.—*Le, la, les* sont pronoms, lorsqu'ils sont joints à des verbes. Ils se disent des personnes et des choses. *Le* est pour le masculin singulier; *la*, pour le féminin singulier; *les*, pour les deux genres au pluriel : *voilà un bon ouvrage, je vous engage à le lire; il y a une belle église dans ce village, nous irons la voir; j'ai reçu cent écus hier, je les ai dépensés*.—Les pronoms *le, la, les*, et en général les pronoms en régime, doivent se répéter avant chaque verbe : *l'idée de ses malheurs le poursuit, le tourmente et l'accable*; mais on ne répète pas les pronoms en régime avant les verbes qui, composés du premier, expriment la répétition de la même action, comme : *je vous le dis et redis; il le fait, défait et refait sans cesse*. Cependant, lorsque les verbes ne sont pas au même temps, la répétition est nécessaire : *je le crois et je le croirai jusqu'à ce qu'on m'ait prouvé le contraire*.—Quand plusieurs pronoms accompagnent un verbe, *me, te, se, nous, vous* doivent être placés les premiers; *le, la, les* se placent ensuite; *lui, leur, en* se mettent toujours les derniers.— Le pronom *le* peut tenir la place, soit d'un substantif, soit d'un adjectif, soit d'un membre de phrase entier. Si *le* tient la place d'un membre de phrase entier, il ne prend ni genre ni nombre : *on doit s'accommoder à l'humeur des autres autant qu'on le peut*. — Si *le* tient la place d'un substantif, il doit en prendre le genre et le nombre; mais s'il tient la place d'un adjectif ou d'un substantif pris adjectivement, il ne doit prendre ni genre ni nombre, parce que les adjectifs n'en ont pas eux-mêmes : ils ne règlent pas l'accord, ils le reçoivent : *êtes-vous la mère de cet enfant? oui, je la suis; êtes-vous les marchands dont on m'a parlé? oui, nous les sommes; êtes-vous mère? oui, je le suis; êtes-vous marchands? oui, nous le sommes; je vous étais indifférente, je vois bien que je vous le suis encore*. — On ne doit point mettre *le, la, les* pour rappeler des mots qui sont employés indéfiniment. Ainsi on ne doit pas dire : *vous avez droit de chasse, et je le trouve bien fondé; le roi lui a fait grace, et il l'a reçue en allant au supplice*. — *Le*, devant *plus, moins, mieux*, ne prend ni genre ni nombre 1° quand, avec ces adverbes, il forme un superlatif adverbe : *c'est la chose que j'aime le plus; ce sont les biens que je désire le moins; nous devons parler le plus sagement et nous énoncer le plus clairement qu'il est possible*. — *Le* ne change point, même quand ces adverbes de quantité sont suivis d'un adjectif, et n'indiquent pas proprement de comparaison : *nous ne pleurons pas toujours lorsque nous sommes le plus affligés*. Mais on dira : *la dame qui pleure moins que les autres n'est pas la moins affligée*, parce que cette phrase indique clairement une comparaison.—Toutes les fois que *le* ou *la* sont devant un verbe qui commence par une voyelle, ils s'élident dans l'écriture et dans la prononciation : *je la vis, je l'aimai*. Voy. les mots **ARTICLE** et **PRONOM**.

LÉ, subst. mas. (*lé*), largeur d'étoffe ou de toile entre deux lisières.— *Un demi-lé*, la moitié d'un *lé*. — Espace de huit mètres qu'on laisse le long des rivières pour le tirage.—On dit aussi *laize*, dans la première acception seulement.

LÉA, subst. mas. (*lé-a*), t. de bot., sorte de chou à larges feuilles.

LÉÆNA, subst. propre mas. (*lé-éna*), myth. et astron., l'un des chiens d'Actéon.

LÉÆNÆ, subst. fém. plur. (*lé-éné*), myth., les lionnes, prêtresses de Mythra.

LÉAM ou **LÉANG**, subst. mas. (*lé-an, angue*), morceau d'argent qui a cours à la Chine comme monnaie, et que l'on ne reçoit qu'au poids. Il équivaut à peu près à une once.

LÉANDRE, subst. propre mas. (*lé-andre*), myth., jeune homme de la ville d'Abydos. Voy. **HÉRO**.

LÉANGION, subst. mas. (*lé-anjion*), t. de bot., genre de plantes globuleuses.

LÉANS, adv. de lieu (*lé-an*), là-dedans. (*Boiste*.) Vieux et hors d'usage.

LÉAO, subst. mas. (*lé-a-o*), t. d'hist. nat., substance minérale qui donne le bleu de la porcelaine de la Chine.

LÉARD, subst. mas. (*lé-ar*), t. de bot., arbre nommé plus communément *peuplier*.

LÉARQUE, subst. propre mas. (*lé-arke*), myth., l'un des enfants d'Athamas et d'Ino.

LEBECK, subst. mas. (*lebèke*), t. de bot., espèce d'acacia de l'Inde, qu'on cultive sous le nom de *bois noir*, pour servir d'abri contre les grands vents.

LÉBÈRERTZ, subst. mas. (*lébèrèretcze*), t. d'hist. nat., argent muriaté, mine de cuivre hépatique.

LEBERGÉBIRG, subst. mas. (*lebèrejébirgue*), t. d'hist. nat., argile commune de la haute Autriche, mélangée de soude muriatée.

LEBERGYPS, subst. mas. (*lebèrejipece*), t. d'hist. nat., nom allemand d'une variété de chaux sulfatée.

LÉBERIS ou **LOBERIS**, subst. fém. (*lébérice, loberice*), t. d'hist. nat., vipère du Canada.

LÉBERKIE, subst. fém. (*lébèreki*), t. d'hist. nat., nom donné par les Allemands au fer sulfuré décomposé, et à une variété de fer sulfuré argentifère.

LÉBERSPATH ou **LÉBERSTEIN**, subst. mas. (*lébèrecepate, lébèrecetein*), t. d'hist. nat., noms allemands donnés à la baryte sulfatée mêlée de bitume.

LÉBETINE, subst. fém. (*lébetine*), t. d'hist. nat., nom spécifique d'une vipère.

LÉBIDON, subst. propre mas. (*lébidon*), lieu où les Arabes moabites faisaient leurs sacrifices.

LÉBIE, subst. fém. (*lébi*), t. d'hist. nat., genre d'insectes coléoptères.

LE-CAN-JA, subst. mas. (*lekanja*), cérémonie religieuse des Chinois.

LÉCANOMANCIE, subst. fém. (*lékanomanci*) (du grec λεκανη, bassin, et μαντεια, divination), divination qui, dans l'empire grec, se faisait en jetant des pierres dans un bassin plein d'eau.

LÉCANOMANCIEN, subst. et adj. mas., au fém. **LÉCANOMANCIENNE** (*lékanomanciein, ciène*), qui est relatif à la *lécanomancie*.

LECANORE, subst. fém. (*lekanore*), t. de bot., espèce de lichen.

LÈCHE, subst. fém. (*lèche*), tranche fort mince de quelque chose à manger. — Espèce de vernis que l'on donne, au Mexique, aux piastres qui s'y fabriquent, afin de les rendre d'un plus bel œil. —En terme de pêche, voyez **ACHÉE**.—T. de bot., sorte de plante. Voyez **CAREX**. En ce sens, on dit aussi *laiche*.

LÉCHÉ, E, part. pass. de *lécher* et adj.—Fam.: *Ours mal léché*, homme mal fait et grossier.—En peinture, *tableau léché, trop léché*, fort soigné, mais avec peu d'art et de goût. On a même dit substantiv. : *le léché*, l'excès du fini. — En littérature, *ouvrage léché*, travaillé avec trop de soin.

à **LÈCHE-DOIGT**, loc. adv. (*alèchedoè*), en petite quantité.— Fam., mesquinement. Peu usité.

LÈCHE-FRITE, subst. fém., et non pas **LICHE-FRITE** (*lèchefrite*) (du lat. *laux*, gén. *lancis*, bassin plat, et *frigere*, frire et fricasser; *plat à frire*), ustensile de cuisine qui sert à recevoir le jus que rend une viande à la broche.

LECHÉGUANE, subst. fém. (*lechégu-ane*), t. d'hist. nat., espèce de guêpe.

LÈCHE-PATTE, subst. mas. (*lèchepate*), terme d'hist. nat., nom donné mal à propos à l'unau, qui ne se *lèche* ni les *pattes*, ni aucune autre partie du corps.

LÉCHÉ, E, part. pass. de *lécher*.

LÉCHER, v. act. (*léché*) (en grec λειχω), passer la langue sur... : *lécher un plat, des confitures*.—Le peuple dit *licher*, pour, boire; il devrait dire *lécher*, car *licher*, même dans ce sens, est un barbarisme. — En peinture, travailler un tableau avec trop de soin.— *se* **LÉCHER**, v. pron. — *S'en lécher les doigts*, trouver quelque chose d'excellent à manger.—*Il n'a qu'à s'en lécher la barbe*, se dit de quelqu'un qui n'aura pas ce qu'il croyait avoir.

LECHÈS, subst. propre mas. (*lekièce*), myth., fils de Neptune et de Pirène, donna son nom à un port de Corinthe.

LECHET, subst. mas. Voy. **LECHT**.

LÉCHIES, subst. fém. plur. (*léki*), myth., divinités forestières des Slaves, correspondant à peu près aux Satyres des Grecs.

LECHT, subst. mas. (*lèkte*), t. de comm., mesure usitée sur les mers du Nord; à peu près douze barils.

LÉCIDÉE, subst. fém. (*lécidé*), t. de bot., espèce de lichen.

LEÇON, subst. fém. (*leçon*) (en lat. *lectio*), instruction qu'on donne : *leçon de droit, de médecine*, etc.—On dit sans article : *prendre leçon de*... —Ce qu'un maître donne à l'écolier à apprendre par cœur.—Fig., avis, instruction donnée à quelqu'un pour la conduite ou pour la direction d'une affaire : *un ami sage lui avait donné de bonnes leçons, mais il en a mal profité*.—Enseignement, avertissement utile qu'on reçoit d'un événement : *où peut-on recevoir une plus belle leçon de la vanité des grandeurs humaines?* (Bossuet.) —Événement fâcheux dont on tire une utile instruction : *recevoir une bonne leçon*.— Il se dit aussi fig. et fam., de la différente manière dont une chose est contée, débitée : *vous dites cela d'une manière, mais il y a une autre leçon, une leçon différente*.—Remontrance, réprimande : *faire la leçon à*...—En style d'érudition, la manière dont un texte est écrit. Les diverses *leçons* d'un texte sont appelées *variantes*.—Partie de l'office divin qui se dit à matines : *il y a trois leçons à chaque nocturne*.

LECTEUR, subst. mas., au fém. **LECTRICE** (*lèkteur, trice*) (en lat. *lector*), celui, celle qui *lit*.—Celui qui aime à *lire* : *c'est un grand lecteur, un lecteur infatigable*. — Il se dit relativement à la manière de *lire* : *bon, mauvais lecteur*. — Celui dont la fonction est de *lire* devant un prince, une communauté, etc. : *lecteur du roi*. — Autrefois, au collége de France et dans quelques ordres religieux, professeur. — Dans les universités allemandes, grade au-dessus de celui de professeur. —L'un des quatre ordres mineurs. — Fam., *avis au lecteur*, ou *c'est un avis au lecteur*; prenez cela pour vous, cela vous regarde, etc.

LECTICAIRE, subst. mas. (*lèktikière*) (en latin *lecticarius*, fait de *lectica*, litière), chez les Romains, ouvriers qui faisaient les *litières*.— Porteur de *litières*.

LECTIONNAIRE, subst. mas. (*lèkcionère*), t. de liturgie, recueil de *leçons*.

LECTISTERNES, subst. mas. plur. (*lèkticetèrne*) (en lat. *lectisternium*, fait de *lectus*, lit, et de *sternere*, étendre), t. d'antiq., festins auxquels les statues des dieux étaient posées sur des lits autour d'une table jonchée de fleurs et couverte de toutes sortes de mets. C'était un acte de religion par lequel on croyait apaiser la colère des dieux, et se les rendre favorables. On donnait à ces festins le nom de *sellisternes* quand on les faisait en l'honneur des déesses, parce qu'on plaçait leurs statues sur de petits siéges appelés *sellæ*.

LECTISTERNIATEUR, subst. mas. (*lèkticetèreni-ateur*), celui qui était chargé de placer les lits autour des tables.

LECTOURE, subst. propre fém. (*lèktoure*), ville de France, chef-lieu d'arrondissement, dép. du Gers.

LECTRICE, subst. fém. Voy. **LECTEUR**. — Chez les religieuses, celle qui *lit* au réfectoire.

LECTRIN, subst. mas. (*lèktrein*), sorte de bouclier.—Tablette, pupitre pour lire. Dans ce sens, il est vieux. (*Boiste*.)

LECTROIS, subst. mas. (*lèktroa*), lieu destiné à la *lecture*. (*Boiste*.) Vieux et même hors d'usage.

LECTURE, subst. fém. (*lèkture*) (en lat. *lectio*), action de *lire*.— Habitude de *lire*. — Art de *lire*. —Étude : *il aime la lecture*.—Savoir, érudition, acquit : *il a beaucoup de lecture*.—Ouvrage, livre qu'on *lit* : *cette lecture n'est bonne qu'à gâter le goût*.— *Comité de lecture*, assemblée devant laquelle on lit les ouvrages destinés à un théâtre.—*Cabinet de lecture*, lieu ou réunion où l'on va lire les journaux et les ouvrages en général.

LÉCYTHE, subst. mas. (*lécite*) (en lat. *lecythus*, pris du grec ληκυθος), t. d'antiq., vase fait en forme d'une grosse bouteille, dans laquelle on mettait l'huile pour frotter les athlètes.

LÉCYTHIS, subst. mas. (*lécitice*), t. de bot., arbre du Brésil dont le fruit peut être comparé à une marmite, et que pour cette raison on appelle communément *marmite de singe*.

LÉDA, subst. propre fém. (*léda*), myth., fille de Thestius, et femme de Tyndare. Jupiter, voulant la séduire, se métamorphosa en cygne pour la surprendre, et la trompa en jouant avec elle sur les bords du fleuve Eurotas, où elle se baignait. Elle accoucha de deux œufs, de l'un desquels sortirent Hélène et Clytemnestre, et de l'autre Castor et Pollux.—T. de bot. Voy. **LÈDE**.

LÆDÆA, subst. propre fém. (*lédé-a*), myth., Hermione, petite-fille de *Léda*.

LÉDANE, subst. mas. (*lédane*), t. de pharm., sorte de médicament.

LÈDE, subst. fém. (*lède*) ; *la lède d'un marais salant*, le milieu et le plus grand espace du jas.—T. de bot., arbuste du Nord.

LÉDIGNAN, subst. propre mas. (*lédignian*), village de France, chef-lieu de canton, arrond. d'Alais, dép. du Gard.

LÈDRE, subst. fém. (*lèdre*), t. d'hist. nat., genre d'insectes hémiptères de la tribu des cicadelles.

LÉDUM, subst. mas. (*lédome*), t. de bot., nom générique des *lèdes*, des rosacés d'Europe et de beaucoup de cistes.

LÉE, subst. mas. (*lé*), monnaie chinoise de cuivre avec beaucoup d'alliage. Elle fait la millième partie du *leang*. C'est la seule monnaie empreinte qui circule dans la Chine.

LEEK-AVEN ou **LIE-AVEN**, subst. mas. plur. (*lèkavène, li-avène*), pierres druidiques qui se trouvent près d'Auray, et sont l'objet de la superstition des pâtres.

LÉERSIE, subst. fém. (*lé-érezi*), t. de bot., plante graminée.—Espèce de lichen du genre des mousses.

LÉFLINGE ou **LÉFLINGIE**, subst. fém. (*léfleinje, fleinji*), t. de bot., genre de plantes caryophyllées.

LÉGAL, E, adj. (*léguale*) (en lat. *legalis*, fait de *lex*, gén. *legis*, loi), qui concerne la loi : *cérémonies, observations légales*. En ce sens, il ne se dit que de la loi de Moïse.— Qui est selon la loi ; *démarche, procédure légale*.— *Médecine légale*, celle qui est appliquée aux différentes questions de droit civil, criminel et canonique. —Au plur. mas., *légaux*. — **LÉGAL**, **LÉGITIME**, **LICITE**. (*Syn.*) *Légal* se dit proprement des formes, des choses prescrites par la loi positive, sous peine ou de nullité, ou d'animadversion de la part de la loi. *Légitime* se dit proprement des choses fondées sur la justice essentielle, ou sur la loi sociale dérivée de la loi naturelle de justice, en un mot, sur un droit qu'on ne peut violer sans tomber dans l'injustice. *Licite* se dit proprement des actions ou des choses que les lois regardent du moins comme indifférentes, et qu'elles rendraient moralement mauvaises si elles les défendaient.—Mon action est *légale*, lorsqu'elle est faite dans les formes prescrites; et la loi me garantit. Mon action est *légitime*, lorsque je ne fais qu'user de mon droit, sans attenter au droit d'autrui; et la loi doit me le garantir. Mon action est *licite*, lorsqu'elle est autorisée ou qu'elle n'est aucunement défendue; et la loi me garantit d'animadversion.—La forme rend la chose *légale*; le droit la rend *légitime*; le pouvoir la rend *licite*.

LÉGALEMENT, adv. (*légualeman*) (en lat. *legaliter*), selon les lois.

LÉGALISATION, subst. fém. (*légualizâcion*), certification du juge ou autre ayant l'autorité publique, qui atteste que celui qui a dressé un acte est tel qu'il se qualifie.

LÉGALISÉ, E, part. pass. de *légaliser*.

LÉGALISER, v. act. (*légualizé*) (du mot *légal*, rendre *légal*), compléter l'authenticité d'un acte par la *légalisation*.—*se* **LÉGALISER**, v. pron.

LÉGALITÉ, subst. fém. (*légualité*), fidélité, droiture, probité.

LÉGAT, subst. mas. (*légua*) (en lat. *legatus*, député, envoyé), cardinal envoyé extraordinairement par le pape pour gouverner quelque province de l'état ecclésiastique.— *Légat à latere*, cardinal envoyé extraordinairement par le pape auprès d'un prince chrétien, ainsi nommé de *latus, lateris*, côté, parce que le pape ne nomme à cet emploi que des cardinaux détachés d'*auprès de sa personne*, tirés de son conseil, etc.

LÉGATAIRE, subst. et adj. des deux genres (*léguatère*) (en lat. *legatarius* fait de *legare*, léguer), celui ou celle à qui on a *légué*.

LÉGATEUR, subst. mas., au fém. **LÉGATRICE** (*léguateur, trice*), celui ou celle qui fait un *legs*.

LÉGATINE, subst. fém. (*léguatine*), sorte d'étoffe, moitié fleuret et moitié soie ou laine.

LÉGATION, subst. fém. (*léguâcion*), charge du *légat*.—Temps que durent ses fonctions.—*Légation* se dit aussi du tribunal, de la juridiction d'un *légat*; enfin il se prend quelquefois aussi pour le territoire où s'étend le pouvoir d'un *légat*.—On appelle *légations ordinaires* de simples vicariats apostoliques, comme la *légation d'Avignon*; et *légations extraordinaires*, celles des *légats* que le pape envoie pour traiter quelque affaire particulière.—*Légation*, en diplomatie, se dit de la commission que quelques puissances européennes donnent à une ou plusieurs personnes pour aller négocier auprès d'une puissance étrangère : *il y a des conseillers et des secrétaires de légation*. — On dit : *la légation de Prusse, la légation de Russie*. Ce mot comprend non-seulement l'ambassadeur, l'envoyé ou le ministre plénipotentiaire chargés des affaires, mais encore les conseillers ou secrétaires employés sous lui, et payés par le gouvernement.

LÉGATOIRE, adj. des deux genres (*léguatoare*) (du lat. *legare*, envoyer, députer) : *province légatoire*, gouvernée par un lieutenant sous les empereurs romains.

LÉGATRICE, subst. fém. Voy. **LÉGATEUR**.

LÉGAUX, adj. mas. Voy. **LÉGAL**.

LÈGE, adj. des deux genres (*lèje*) (du mot *léger*), t. de marine : *vaisseau lège*, sans charge, qui n'a pas assez de lest.

LÈGE, subst. propre mas. (*lèje*), bourg de France, chef-lieu de canton, arrond. de Nantes, dép. de la Loire-Inférieure.

LÉGENDAIRE, subst. mas. (*léjandère*), auteur d'une *légende*.

LÉGENDE, subst. fém. (*léjande*) (du lat. *legenda, orum*, choses à *lire*, parce que la *légende* était d'abord un livre d'église contenant les lectures que l'on devait faire dans l'office divin), livre contenant la *Vie des Saints*. Il ne se dit que des anciennes vies, ou par mépris, des nouvelles. On appelle *fausses légendes*, les vies de saints qui ne sont pas authentiques; et *légende dorée*, un ancien recueil des vies de plusieurs saints.—Dans le style plaisant ou critique, liste ennuyeuse.—T. d'art numismatique ; on nomme ainsi les paroles qui sont autour d'une médaille, et qui servent à expliquer les figures gravées dans le champ. En ce sens, il faut dire que chaque médaille porte deux *légendes*, celle de la tête et celle du revers. La première ne sert ordinairement qu'à faire connaître la personne représentée, par son nom propre, par ses charges, ou par certains surnoms que ses vertus lui ont acquis. La seconde est destinée à publier, soit à tort, soit à justice, ses vertus, ses belles actions; à perpétuer le souvenir des avantages qu'il a procurés au monde, et des monuments glorieux qui servent à immortaliser son nom.

LÉGER, adj. mas., au fém. **LÉGÈRE** (*léjé, jère*) (du lat. *levis*, dont on a fait, dans la basse latinité, le diminutif *leviarius*, d'où *léger* a été immédiatement formé. *Ménage*.), qui ne pèse guère : *corps léger, voiture légère, habit léger, étoffe légère*.— On dit qu'une *pièce de monnaie est légère*, pour dire qu'elle n'a pas le poids qu'elle devrait avoir. — On appelle *aliments légers* ceux qui ne chargent pas l'estomac, et sont faciles à digérer.—Une terre est *légère* lorsqu'elle s'ameublit aisément : *un sol léger, poreux et profond, est celui que la nature a destiné à cette production.*—On le dit par comparaison de certains corps qui tendent en haut, forcés de prendre cette direction par des corps plus pesants qu'eux : *la fumée, les vapeurs sont légères.* — Aisé à supporter : *joug léger, peine, douleur légère.*—Dispos et agile : *marcher d'un pas léger.* —Volage : *esprit, cœur léger.* En ce sens, on dit d'une femme qu'elle est *légère*, lorsqu'elle ne s'attache pas fortement ; qu'elle est *inconstante*, lorsqu'elle ne s'attache pas pour long-temps ; qu'elle est *volage*, lorsqu'elle ne s'attache pas à un seul ; qu'elle est *changeante*, lorsqu'elle ne s'attache pas au même. — Agréable et facile : *style léger, conversation légère.*—En peint., en archit. et en sculpture, facile et délicat : *contours légers, ouvrage léger.* Ce mot, en peint., appliqué à la touche et au trait, est à peu près synonyme de *spirituel;* et rapporté à la couleur et à la lumière, il se rapproche des mots *aérien* et *céleste.*—Superficiel : *prendre une teinture légère des sciences.*—*Poésies légères*, sur de petits sujets familiers et agréables.—Peu considérable : *blessure légère.*—Peu grave : *faute légère.*—Inconsidéré : *propos léger.*—T. de man., *cheval léger à la main*, qui a la bouche bonne, qui ne s'appuie pas sur le mors.—T. de faucon. : *oiseau léger*, qui se tient long-temps sur ses ailes. — *Avoir la main légère*, 1° en parlant d'un cavalier, se servir des aides de la main ; 2° en parlant d'un chirurgien, d'un joueur d'instrument et d'autres artistes, opérer, jouer délicatement, adroitement. — *Avoir la voix légère*, faire aisément les cadences. — *Avoir le sommeil léger*, s'éveiller au moindre bruit, etc.— *Etre léger d'un grain*, un peu fou.—*Un homme est léger de cerveau, il a la tête légère, le cerveau léger, l'esprit léger*, il n'est pas trop sage, trop sensé.—*Etre léger d'argent*, n'en avoir guère. — En t. de marine, 1° *canot*, etc., *léger de rames*, qui marche bien à l'aviron, qui est aisé à nager ; 2° *bâtiment léger de voile*, qui va bien à la voile, qui marche vite. — *Troupes légères*, les troupes qu'on emploie hors de ligne, pour reconnaître, harceler, poursuivre l'ennemi. — *Cavalerie légère*, par opposition à la cavalerie pesamment armée.—*Chevaux-légers.* Voy. ce mot. — *De léger*, loc. adv. qui ne se dit même plus pour *à la légère.* — *A la légère*, loc. adv., légèrement : *être armé, être vêtu à la légère.*—Au fig., inconsidérément, sans beaucoup de réflexion : *traiter tout à la légère.*

LÉGÈRE, adj. fém. Voy. LÉGER.

LÉGÈREMENT, adv. (*léjèreman*), d'une manière *légère.*—Un peu.—Inconsidérément.—Sans s'arrêter à quelque chose, sans l'approfondir. — D'une manière prompte, agile.

LÉGÈRETÉ, subst. fém. (*léjèreté*), qualité de ce qui est *léger* et peu pesant. — Agilité, vitesse. — Fig., inconstance, instabilité. — Imprudence. — Peu de grièveté d'une faute, etc. Voy. LÉGER. — On appelle *des legèretés*, des actions qui sont faites avec *légèreté.* — *Légèreté dans l'esprit* se prend quelquefois en bonne part ; on entend ordinairement par cette expression un défaut qui exclut la suite, la profondeur, l'application, mais qui n'exclut pas la sagacité, la vivacité. — T. de peinture ; on dit qu'on *regarde dans un tableau la légèreté du pinceau*, lorsqu'on y reconnaît la sûreté de la main, et une grande aisance à exprimer les objets.—T. de physique, *légèreté respective*, différence en moins du poids d'un corps au poids d'un autre corps auquel on le compare.

LÉGICIDE, subst. mas. (*léjicide*) (du lat. *lex*, loi, et *occidere*, détruire), qui détruit, qui foule aux pieds les *lois.*

LÉGILE, subst. mas. (*léjile*), pièce d'étoffe qui recouvre le pupitre de l'évangile.

LÉGION, subst. fém. (*léjion*) (en lat. *legio*, fait de *legere*, élire, choisir), corps de gens de guerre chez les Romains, qui compta depuis trois jusqu'à six mille fantassins et environ trois cents chevaux.—Fig. et fam., grand nombre : *une légion de parents*, etc.—Dans le style de l'Écriture on dit, *des légions d'anges, des légions de démons.* — *Légion-d'Honneur*, ordre institué en France par l'empereur Napoléon et confirmé par le roi Louis XVIII, pour récompenser les services soit militaires, soit civils, soit littéraires, etc. Il est composé de simples légionnaires, d'officiers, de commandeurs, de grands-officiers et grands-cordons. — *Légion étrangère*, corps de troupes composé en grande partie d'*étrangers* et de réfugiés, et destiné à aller combattre à l'*étranger* ou comme auxiliaires d'une cause *étrangère.*

LÉGIONNAIRE, subst. mas. (*léjionère*) (en lat. *legionarius*), soldat dans une *légion* romaine.— En France, membre de la *Légion-d'Honneur.* — Adj. des deux genres : *soldat légionnaire.*—*Épées légionnaires*, qui ont été au service des *légions* romaines.

LÉGI-OXIS, subst. mas. plur. (*léji-okcice*), secte de moines du Japon.

LÉGIS, subst. et adj. fém. plur. (*léjice*); on appelle *légis* ou *soies légis*, les plus belles soies de Perse.

LÉGISLATÉ, part. pass. de *législater.*

LÉGISLATER, v. neut. (*léjicelaté*), faire le *législateur.* Peu en usage.

LÉGISLATEUR, subst. mas., **LÉGISLATRICE**, subst. fém. (*léjicelateur, trice*) (du lat. *legislator*, formé, avec la même signification, de *legis*, génitif de *lex*, loi, et de *lator*, qui porte, dérivé de *latum*, supin de *ferre*, porter; *qui porte la loi*), celui, celle qui fait des lois : *Moïse fut le législateur des Hébreux.*—*Législateur* se dit aussi de celui qui, dans un état politique, a le pouvoir de donner ou d'abroger les lois : *quand la loi ne paraît pas claire, c'est au législateur qu'il appartient de l'expliquer.*—Il se dit du fondateur d'une religion : *Confucius est le législateur des Chinois; Mahomet, celui des musulmans; Jésus-Christ, celui des chrétiens.* — De celui dont les écrits servent généralement de modèle et de règle dans quelque partie : *Molière, ce législateur dans la morale et dans les bienséances du monde...* — Il s'emploie aussi adj. : *le pouvoir législateur.*

LÉGISLATIF, adj. mas., au fém. **LÉGISLATIVE** (*léjicelatif, tive*) : *pouvoir législatif*, pouvoir de faire des *lois.* — *Corps-législatif.* Voy. ce mot à son rang alphabétique.

LÉGISLATION, subst. fém. (*léjiceldcion*) (du lat. *lex*, gén. *legis*, loi, et *latio*, action de porter), droit de faire des *lois.* — Corps de lois : *Solon acheva l'ouvrage de sa législation.*

LÉGISLATIVE, adj. fém. Voy. LÉGISLATIF.

LÉGISLATRICE, subst. fém. Voy. LÉGISLATEUR.

LÉGISLATURE, subst. fém. (*léjicelature*), mot nouveau tiré de l'anglais. Période de temps pendant lequel le *corps-législatif* d'un état demeure assemblé, depuis son installation jusqu'à l'expiration des pouvoirs de ses membres et leur remplacement. — Le *corps-législatif* lui-même en activité.

LÉGISTE, subst. mas. (*léjicete*), jurisconsulte, celui qui fait profession de la science des lois. Il se dit même d'un étudiant en droit. Voyez JURISTE.

LÉGITÉ, subst. mas. Voy. LÉCILE.

LÉGITIMAIRE, adj. des deux genres (*léjitimère*), qui appartient à la *légitime.* — Dû *légitimement.*

LÉGITIMATION, subst. fém. (*léjitimâcion*), acte par lequel un naturel est *légitimé.*—Dans les anciennes diètes d'Allemagne, reconnaissance authentique et juridique.

LÉGITIME, adj. des deux genres (*léjitime*) (en lat. *legitimus*), qui a les qualités réquises par la loi : *mariage légitime.*—*Enfant légitime*, né d'un père et d'une mère mariés ensemble. — On appelle, en politique, *roi légitime*, celui qui gouverne en vertu du droit d'hérédité. —Juste, équitable.

LÉGITIME, subst. fém. (*léjitime*) (en lat. *legitima*, sous-entendu, *bona, biens légitimes assignés par la loi*), portion des biens du père et de la mère attribuée par la loi aux enfants.

LÉGITIMÉ, E, part. pass. de *légitimer*, et adj. — J.-B. *Rousseau* a dit dans une de ses odes sacrées : *sans une âme légitimée.* C'est une expression impropre, ou plutôt absolument inintelligible.

LÉGITIMEMENT, adv. (*léjitimeman*) (en latin *légitimè*), justement, avec raison.

LÉGITIMER, v. act. (*léjitimé*), rendre un enfant naturel capable des droits des enfants *légitimes.* — Fig., rendre *légitime.* — Dans les diètes, faire reconnaître pour authentique et juridique. — SE LÉGITIMER, v. pron., faire reconnaître ses pouvoirs.

LÉGITIMISTE, subst. des deux genres (*léjitimicete*), partisan de la *légitimité*, surtout en matière politique. — On a appelé plus particulièrement *légitimistes*, après la révolution de 1830, ceux dont l'opinion est que Charles X et son fils ayant abdiqué, leurs droits *légitimes*, c'est-à-dire les droits du trône, sont passés à leur petit-fils Henri V.

LÉGITIMITÉ, subst. fém. (*léjitimité*), l'état, la qualité d'enfant *légitime.*—Aussi, l'état, la qualité d'un roi *légitime.*—Equité : *légitimité d'une prétention.*—Qualité de ce qui est conforme aux lois : *légitimité d'un mariage.*

LÉGOUZIE, subst. fém. (*légnouzi*), t. de bot., espèce de campanule dont la corolle est en forme de roue, et la capsule prismatique.

LEGRAU, subst. mas. (*leguerô*), t. de pêche, filet qui sert à pêcher la jagude dans l'étang d'Arcachon.

LEGS, subst. mas. (*lè*; quelques-uns prononcent *lègue*; nous préférons cette dernière prononciation, qui empêche qu'on ne confonde *legs* avec *les* ou *lai*) (en lat. *legatum*, fait de *legare*, léguer), ce qui est laissé par testament à une personne.

LÉGUÉ, E, part. pass. de *léguer.*

LÉGUER, v. act. (*léghié*) (en lat. *legare*, fait du grec λέγειν, dire, déclarer), laisser, donner par testament. — SE LÉGUER, v. pron.

LÉGUME, subst. mas. (*légume*) (en lat. *legumen*, fait de *legere*, cueillir ; parce qu'en général les *légumes* se cueillent et ne se coupent pas); en t. de bot., péricarpe sec, composé de deux valves ou cosses, et dans lequel les semences ne sont attachées que le long d'une seule suture. On l'appelle aussi *gousse.* — Les petits fruits verts qui viennent dans des gousses ou cosses, comme les pois, les fèves, etc. — Par extension, toutes sortes d'herbes potagères et de racines bonnes à manger. Il s'emploie ordinairement au pluriel.

LÉGUMINEUSE, adj. fém. Voy. LÉGUMINEUX.

LÉGUMINEUX, adj. mas., au fém. **LÉGUMINEUSE** (*légumineu, neuze*), t. de bot. : *plantes légumineuses*, qui ont pour fruit un *légume* ou une gousse. — *Fleurs légumineuses*, celles des pois, fèves, etc.—Subst. fém. : *une légumineuse.*

LÉGUMINIFORME, adj. des deux genres (*léguminiforme*), qui ressemble à une gousse.

LÉHA, subst. mas. (*lé-a*), t. de bot., arbre des Moluques à fleurs en grappes.

LÉIBO, subst. mas. (*lé-ibo*), t. de bot., arbre des Indes.

LEICHE, subst. mas. (*lèche*) t. d'hist. nat., poisson du genre des squales.

LEIMANTHION, subst. mas. (*lèmantion*), t. de bot., espèce de mélanthe.

LEIMONITES, subst. mas. plur. (*lèmonite*), t. d'hist. nat., famille d'oiseaux silvains du genre des étourneaux.

LÉIOBATE, subst. mas. (*lé-iobate*), t. d'hist. nat., poissons du genre des raies.

LÉIODE, subst. mas. (*lé-iode*), t. d'hist. nat., insecte coléoptère de la famille des taxicornes.

LÉIOGNATE, subst. mas. (*lé-iogniate*), t. d'hist. nat., genre de poissons thoraciques.

LÉIOPODE, adj. des deux genres (*lé-iopode*) (du grec λεῖος, lisse, uni, et πούς, gén. ποδός, pied), t. d'anat., qui a la plante du pied plate et sans concavité.

LÉIOPOME, subst. mas. (*lé-i-opome*) (du grec λεῖος, lisse, uni, poli, et πῶμα, couvercle, bouchon), t. d'hist. nat., genre de poissons osseux, thoraciques, qui ont les opercules lisses ou sans épines.

LÉIOSTOME, subst. mas. (*lé-iocetome*), t. d'hist. nat., poisson d'eau douce de la Caroline.

LÉIPOGRAMME, subst. fém. (*lé-ipoguerame*) (du grec λείπω, je laisse, et γράμμα, lettre), pièce de vers dans chacun desquels il manque une lettre de l'alphabet.

LÉITUS, subst. propre mas. (*lé-ituce*), myth. fils d'Electryon, un des capitaines des Béotiens au siége de Troie ; blessé à la main par Hector, il n'échappa à la mort que par le secours d'Idoménée.

LÉLA ou LÉLO, subst. propre mas. (*lèla, lèlo*), dieu de l'amour, chez les Slaves.

LÉLÉBA, subst. fém. (*léléba*), t. de bot., genre de plantes graminées.

LÉLÉGÉIDES, subst. propre fém. plur. (*lélé-jé-ide*), myth., nymphes vénérées autrefois en Laconie.

LÉLÈGES, subst. mas. plur. (*lélèje*), ancien nom des habitants de Mégare.—Peuple de l'Asie-Mineure qui combattit au siége de Troie.

LÉLÉGIE, subst. propre fém. (*lélégi*), ancien nom de la Laconie.

LÉLUS et **POLITUS**, subst. propres mas. (*lélu-cépolituce*), myth., dieux des anciens Sarmates. Ils étaient jumeaux comme Castor et Pollux.

LEMA, subst. mas. (*léma*), t. d'hist. nat., genre d'insectes qui comprend la plupart des criocères.

LÉLEX, subst. propre mas. (*lélèkce*), myth., chef d'une troupe d'anciens habitants du Péloponèse, appelés *Léléges* de son nom, et depuis nommés Lacédémoniens, de Lacédémon, fils de Jupiter, qui, ayant épousé Sparta, fille d'Eurotas et arrière-petite-fille de *Lélex*, bâtit une ville à laquelle il donna le nom de sa femme.

LÉMAN, subst. propre mas. (*léman*), nom allemand du lac de Genève.

LÉMANÉE, subst. fém. (*lémané*), t. de bot., genre de plantes.

LÉMANITE, subst. fém. (*lémanite*), t. d'hist. nat., sorte de jade du lac *Léman*.

LEMBAIRE, subst. mas. (*lanbère*) (du lat. *lembarius*, fait dans le même sens de *lembus*, barque, bateau), chez les anciens Romains, troupes qui combattaient dans des bateaux qu'on armait sur les rivières.

LEMBERTINE, subst. fém. (*lanbèretine*) (du nom de *Lambert* qui en est l'inventeur), machine à pétrir la pâte de farine pour le pain.

LEMMA, subst. mas. (*lèmema*), t. de bot., sorte de plante aquatique.

LEMME, subst. mas. (*lème*), (du grec λεμμα, employé avec la même acception, et qui signifie proprement ce qu'on *admet*, *la majeure d'un syllogisme*, etc.), t. de mathématiques, proposition préliminaire qu'on démontre pour servir à une démonstration suivante.— En t. de musique, silence ou pause d'un temps bref dans le rhythme catalectique.

LEMMING, subst. mas. (*lèmemeingue*), t. d'hist. nat., espèce de mammifères rongeurs du genre des hamsters, qui voyagent souvent en troupes de quatre cents, à la file les uns des autres. Ils habitent la Pologne et la Sibérie.

LEMNIADES, subst. fém. plur. (*lèmeni-ade*), myth., femmes de Lesbos, qui furent punies par Vénus pour avoir négligé son culte.

LEMNISCATE, subst. fém. (*lèmenicekate*) (du grec λημνισχος, nœud de rubans pendant aux couronnes des anciens), nom donné par les géomètres à une courbe qui a la forme d'un 8 de chiffre.

LEMNISCÉROS, subst. mas. (*lèmenicérôce*) (du grec λημνισχος, nœud de rubans), t. de géom., courbe ou portion de courbe, qu'à cause de sa forme on a aussi nommé *nœud* ou *lacs d'amour*.

LEMNISCIDE, subst. propre mas. (*lèmnicide*), myth., surnom de Vulcain particulièrement honoré à *Lemnos*.

LEMNISCIE, subst. fém. (*èmniceci*), t. de bot., genre de plantes appelé aussi *vantane*.

LEMNISQUE, subst. mas. (*lèmenicekе*) (en grec λημνισχος), t. d'hist. anc., bandelette de pourpre avec laquelle on liait les couronnes, on ornait les palmes des athlètes vainqueurs.—En t. de bibliographie, signe usité dans les anciens manuscrits, qui consiste en un trait horizontal placé entre deux points. On l'employait à marquer la différence des interprètes, quant aux termes seulement.

LEMNIUS, subst. propre mas. (*lèmeni-uce*), myth., surnom de Vulcain.

LEMNOS, subst. propre fém. (*lèmenôce*), myth., île de la mer Égée. Vulcain y avait des forges fameuses et l'on y voyait aussi un labyrinthe.

LÉMUNCULE, subst. mas. (*lémonkule*), bateau des anciens dont ils se servaient pour la pêche.

LÉMODIPODE, subst. mas. (*lèmodipode*), t. d'hist. nat., ordre de crustacés.

LÉMONIE, subst. fém. (*lémoni*), t. de bot., genre de plantes de la famille des glaïeuls.

LÉMOSITÉ, subst. fém. (*lèmozité*), t. de médec., larmoiement par l'angle de l'œil.

LÉMOULEMON, subst. mas. (*lémoulemon*), t. d'hist. nat., insecte de Cayenne, de la famille des capricornes.

LÉMOVIEN, subst. mas. (*lémoviein*), nom d'anciens habitants d'une partie de la Germanie.

LÉMUR, subst. mas. (*lémure*), t. d'hist. nat., nom latin donné aux mammifères du genre des makis et à quelques autres.

LÉMURES, subst. mas. (*lémure*) (en lat. *lemures*), lutins, esprits, âmes des morts que les anciens croyaient voir revenir pour tourmenter les vivants.—Myth., fantômes nocturnes ou spectres. C'est ce qu'on appelle parmi nous *revenants* et *loups-garous*. Au mois de mai, on célébrait en leur honneur une fête pendant laquelle on fermait tous les temples. Les Romains appelaient cette fête *Lemuria*; et pendant tous les jours qu'elle durait, ils évitaient surtout de se marier. Elle fut d'abord nommée *Remuria* ou *Remuries*, du nom de *Rémus*, parce que dans sa première institution elle eut pour objet l'expiation du meurtre de ce prince, tué par son frère Romulus, ou par son ordre.

LÉMURIES, subst. fém. plur. (*lémuri*), fêtes qu'on célébrait à Rome en l'honneur des *Lemures*.

LÉMURIEN, subst. mas. (*lémuriein*), t. d'hist. nat., nom de mammifères qui se nourrissent d'insectes et de fruits.

LÉNA-NOËL, subst. mas. (*lénano-èle*), t. de bot., espèce de liseron de Ténériffe.

LENÆUS, subst. propre mas. (*lené-uce*) (en grec Ληναιος, fait de ληνος, cuve ou pressoir pour faire le vin), myth., surnom de Bacchus.

LENCLOITRE, subst. propre mas. (*lankloètere*), bourg de France, chef-lieu de canton, arrond. de Châtellerault, dép. de la Vienne.

LENDEMAIN, subst. mas. (*landemein*) (des deux mots *en demain*, auxquels on a préposé l'article, qu'on écrivait autrefois séparément *l'en demain*; le jour de demain), le jour suivant, le jour d'après : *le lendemain des fêtes*.—Prov. : *il n'y a pas de bonne fête sans lendemain*, après s'être amusé un jour, on aime volontiers à s'amuser encore le jour suivant.

LENDORE, subst. des deux genres (*landore*), *lent* dans ses opérations : *c'est un lendore, une lendore*. Il est pop. et presque inusité ; nous ne l'insérons que parce que nous le lisons encore dans l'*Académie*.

LÉNÉEN, adj. propre mas. (*léné-ein*), myth., surnom de Bacchus. Voy. LENÆUS.

LÉNÉES, subst. fém. plur. (*léné*) (du grec ληναια, fait dans le même sens de ληνος, pressoir, parce qu'on les célébrait pendant les vendanges), t. d'antiq., fêtes athéniennes en l'honneur de Bacchus.

LÉNÉON, subst. mas. (*léné-on*), un des mois d'automne chez les Ioniens; il était consacré à Bacchus.

LENGO-BOUINO, subst. mas. (*languobouino*) (c'est-à-dire *langue de bœuf*), t. de bot., espèce de champignon.

LÉNIDIE, subst. fém. (*lénidi*), t. de bot., arbre de Madagascar, espèce de magnolier.

LÉNIFIÉ, E, part. pass. de *lénifier*.

LÉNIFIER, v. act. (*lénifié*) (du latin *lenis*, doux, et *facere*, faire; *rendre doux*), t. de médecine, adoucir.—*se* LÉNIFIER, v. pron.

LÉNIR, v. act. (*lénire*), adoucir. Vieux et même hors d'usage.

LÉNITÉ, subst. fém. (*lénité*) (en lat. *lenitas*), douceur, indulgence. Vieux et même plus latin que français.

LÉNITIF, subst. et adj. mas., au fém. LÉNITIVE (*lénitife, tive*) (du latin *lenire*, adoucir), remède qui adoucit. — Figur. et fam., adoucissement, soulagement, consolation. — Subst. mas. : *un lénitif*.

LÉNITIVE, subst. et adj. fém. Voy. LÉNITIF.

LÉNOK, subst. mas. (*lénok*), t. d'hist. nat., poisson des rivières de Sibérie.

LENS, subst. propre mas. (*lance*), ville de France, chef-lieu de canton, arrond. de Béthune, dép. du Pas-de-Calais.

LENT, E, adj. (*lan, lante*) (en lat. *lentus*), qui est tardif et n'agit pas avec promptitude. Il se construit avec *dans* devant les subst. : *lent dans le choix de ses caprices*; et avec *à* devant les verbes.— *Fièvre lente*, interne, dont les mouvements sont peu marqués au-dehors.

LENTE, subst. fém. (*lante*) (en latin *lens*, gén. *lentis*), œuf d'où naissent les poux.

LENTÉ, E, part. pass. de *lenter*.

LENTEMENT, adv. (*lanteman*), avec *lenteur*. — En t. de musique, il répond au mot italien *adagio*, et marque que le mouvement doit être à la fois *lent* et posé.

LENTER, v. act. (*lanté*), t. de chaudronnier, l'action de planer en imprimant sur une pièce de cuivre des coups de marteau réguliers.

LENTEUR, subst. fém. (*lanteur*) (en latin *lentitudo*), manque d'activité et de célérité. — *Lenteur* d'imagination.

LENTICULAIRE, adj. des deux genres (*lantikulère*), t. d'anat. : *os lenticulaire*, petit osselet de l'ouïe.—Qui a la forme d'une lentille : *verre lenticulaire*.—Il se dit dans le même sens, en bot., des graines, des anthères, des glandes, etc., dont la forme approche de celle d'une lentille.—Subst. mas., instrument de chirurgie.—T. d'hist. nat., coquille pétrifiée qui a la forme d'une *lentille*.— Sorte de fossile.

LENTICULE, subst. fém. (*lantikule*), t. de bot., plante aquatique, de la famille des naïades, la *lentille d'eau*.

LENTICULÉ, E, adj. (*lantikulé*), t. de bot., voy. LENTICULAIRE, qui a le même sens.

LENTICULINE, subst. fém. (*lantikuline*), t. d'hist. nat., genre de coquilles qui renferme plusieurs espèces fossiles.

LENTIFORME, adj. des deux genres (*lantiforme*), t. d'anat., en forme de *lente*.

LENTIGO, subst. mas. (*lantiguo*), t. de médec., tache de rousseur.—Marbrure causée aux jambes des femmes par les chaufferettes.

LENTILE, subst. fém. (*lantile*), t. de médec., inflammation de la capsule du crystallin.

LENTILLAC, subst. mas. (*lanti-iak*), t. d'hist. nat., chien de mer; le squale émissole de la Méditerranée.

LENTILLADE, subst. fém. (*lanti-iade*), nom que les Provençaux donnent à la raie rhinobate.

LENTILLE, subst. fém. (*lanti-ie*) (en lat. *lens*, gén. *lentis*), t. de bot., plante annuelle, à fleur papilionacée. Sa semence, qui porte le même nom, sert d'aliment. On distingue la *grande lentille* et la *petite lentille*, ou *lentille à la reine*. — En dioptrique, verre taillé en forme de *lentille*, épais dans le milieu et tranchant sur les bords. Il est convexe des deux côtés et quelquefois d'un seul, et plat de l'autre. On l'appelle alors *plan convexe*. — *Lentille d'eau* ou *de marais*. Voy. LENTICULE. — *Lentille du Canada*, sorte de plante à petites fèves blanches. — *Lentille d'Espagne*, espèce de plante légumineuse à fèves.— *Lentille de pendule*, poids en forme de *lentille*, attaché à l'extrémité du pendule. — Au plur., taches rousses aux mains et au visage.

LENTILLER ou **LENTELLIER**, subst. mas. (*lanti-ié, télié*), t. d'hist. nat., poisson du genre des achires.

LENTILLEUSE, adj. fém. Voy. LENTILLEUX.

LENTILLEUX, adj. mas., au fém. LENTILLEUSE (*lanti-ieu, ieuze*), semé de taches ou *lentilles*.

LENTISQUE, subst. mas. (*lanticeke*) (en latin *lentiscum* ou *lentiscus*), t. de bot., sorte de pistachier.— Adj. des deux genres : *miroir lentisque*, miroir ardent composé de deux *lentilles* de verre.

LÉO, subst. mas. (*lé-o*), t. de bot., espèce de chardon appelé aussi *chardon féroce*.

LÉOCARPE, subst. fém. (*lé-okarpe*), t. de bot., genre d'écidies.

LÉOCORION, subst. propre mas. (*lé-okorion*), myth., monument que les Athéniens érigèrent en l'honneur d'un citoyen nommé *Léos*, qui, dans un temps de calamité publique, avait dévoué ses trois filles pour le salut de la patrie.

LÉOCROCOTTE, subst. mas. (*lé-okrokote*), animal tenant du lion et de l'hyène, selon Pline.

LÉONARD (SAINT-), subst. propre mas. (*ceinlé-onare*), ville de France, chef-lieu de canton, arrond. de Limoges, dép. de la Haute-Vienne.

LÉONCITE, subst. mas. (*lé-oncite*) t. d'hist. nat., nom d'un petit quadrumane tamarin.

LÉONCROTTE, subst. mas. (*lé-onkrote*), t. d'hist. nat., gros poisson du genre des squales.

LÉONESSES, adj. fém. plur. (*lé-onèce*), on appelle dans le commerce, *ségovies léonesses*, les plus belles laines d'Espagne qui se tirent du royaume de Léon.

LÉONICEPS, subst. mas. (*lé-onicèpece*), t. d'hist. nat., le pinche, espèce d'ouistiti.

LÉONIDAS, subst. propre mas. (*lé-onidâce*), t. de myth. et d'hist. anc., héros grec, célèbre par la journée des Thermopyles, et que les Lacédémoniens mirent au nombre de leurs dieux.

LÉONIDÉES, subst. fém. plur. (*lé-onidé*), myth., fêtes en l'honneur de *Léonidas*.

LÉONIER, subst. mas. (*lé onié*), t. de bot., arbre du Pérou.

LÉONIN, adj. mas., au fém. LÉONINE (*lé-onein, nine*) (du lat. *leo*, lion), qui est propre au *lion*. —*Société léonine*, société dans laquelle le plus fort tire tout l'avantage de son côté.— *Vers léo-*

nins, vers latins qui avaient la même consonnance au milieu et à la fin. (Suivant *Pasquier*, de *Léon*, *Leoninus*, ou *Léonius*, religieux de Saint-Victor, qui vivait en 1154. Plusieurs prétendent que l'invention de cette sorte de vers date de beaucoup plus haut, et que ce moine *Léon* l'a tout au plus perfectionnée.)

LÉONITIS, subst. mas. (*lé-onitice*), t. de bot., genre de plantes voisin des leucades.

LÉONTIASIS, subst. fém. (*lé-ontiazice*), t. de médec., nom donné par quelques auteurs à la lèpre des Arabes.

LÉONTICE, subst. fém. (*lé-ontice*)(en grec λεοντικη), t. de bot., sorte de plante.

LÉONTINE, subst. fém. (*lé-ontine*), t. de médec., variété de la lèpre.

LÉONTINS, subst. mas. plur. (*lé-ontein*), habitants de *Léontini*, ancienne ville de la Sicile.

LÉONTIOS, subst. mas. (*lé-ontiòce*), t. d'hist. nat., sorte de pierre précieuse.

LÉONTIQUES, adj. et subst. fém. plur. (*lé-ontike*), myth., fêtes ou mystères qui se célébraient en l'honneur du dieu Mithra, ainsi nommées du *lion* (en grec λεων), regardé comme le roi des animaux; parce que dans ces mystères les ministres et initiés étaient déguisés sous la forme de différents animaux dont ils portaient les noms.

LÉONTIS, subst. mas. plur. (*lé-ontice*), nom d'une tribu des anciens Athéniens.

LÉONTODON, subst. mas. (*lé-ontodon*) (du grec λεων, lion, et οδους, gén. οδοντος, dent; *dent de lion*), t. de bot., genre de plantes chicoracées qui comprend le pissenlit, dont les feuilles sont découpées en forme de dent.

LÉONTOPÉTALON, subst. mas. (*lé-ontopétalon*), t. de bot., plante des pays chauds, à racine tubéreuse, noire et amère, bonne, dit-on, contre la morsure des scorpions.

LÉONTOPHON, subst. mas.(*lé-ontofon*), t. d'hist. nat., petit animal qui vit dans les mêmes contrées que le lion.

LÉONTOPODION, subst. mas. (*lé-ontopodion*) (en lat. *leontopodium*, en grec λεοντοποδιον, fait de λεων, lion, et πους, gén. ποδος, pied; *pied de lion*), t. de bot., plante connue des anciens et appelée vulgairement chez nous *pied de lion*.

LÉONTODÈRE, subst. mas. (*lé-ontodère*), t. d'hist. nat., espèce d'agate à laquelle les anciens attribuaient la propriété d'adoucir les animaux féroces.

LÉONTOSTOMON, subst. mas. (*lé-ontoctomon*), t. de bot., nom scientifique de l'*ancolie des jardins* et de la *gueule de lion*.

LÉONURE, subst. fém. (*lé-onure*) (du grec λεων, lion, et ουρα, queue), t. de bot., queue de lion, sorte de plante.

LÉOPARD, subst. mas. (*lé-opar*) (en grec λεοπαρδαλις, formé de λεων, lion, et παρδαλις, panthère; *qui tient de la panthère et du lion*), t. d'hist. nat., animal féroce marqueté sur la peau de diverses taches. En parlant du cri du *léopard*, on dit qu'*il miaule*.—En blason: *léopard lionné*, léopard rampant, parce qu'il se trouve alors dans l'attitude du lion.—*Lion léopardé*, lion passant et qui semble marcher.

LÉOPARDÉ, adj. mas. Voy. **LÉOPARD**.

LÉOPISTA, subst. fém. (*lé-opiceta*), t. d'antiq., sorte de vase des anciens.

LÉOPOLD, subst. mas. (*lé-opolede*), monnaie courante de Lorraine. Il y en avait d'or et d'argent.

LÉOPOLDINO, subst. mas. (*lé-opolcdino*), monnaie du grand-duché de Toscane.

LÉOS, subst. propre mas. (*lé-òce*), myth., fils d'Orphée. Voy. **LÉOCORION**.

LÉOTI, subst. mas. (*lé-oti*), t. de bot., nom des champignons à surfaces unies.

LÉOTIE, subst. fém. (*lé-oci*), t. de bot., genre de plantes à chapeau conique et relevé.

LÉPADITE, subst. fém. (*lépadite*), t. d'hist. nat., patelle fossile.

LÉPADOGASTÈRE, subst. mas. (*lépadoguacetère*) (du grec λεπας, gén. λεπαδος, lépas, et γαστηρ, ventre), t. d'hist. nat., genre de poissons cartilagineux.

LÉPANTHE, subst. fém. (*lépante*), t. de bot., genre de plantes, le malaxis.

LÉPAS, subst. mas. (*lépace*) (du grec λεπας, rocher, parce que ce coquillage s'attache aux rochers), t. d'hist. nat., genre de mollusques, de l'ordre des gastéropodes.

LÉPÉCHINIE, subst. fém. (*lépechini*), t. de bot., genre de plantes voisin des mélisses.

LÉPICAUNE, subst. fém. (*lépikône*), t. de bot., espèce d'épervière ou de crépide.

LÉPIDAGATE, subst. fém. (*lépidaguate*), t. de bot., plante frutescente de l'Inde, espèce d'acanthe.

LÉPIDAPLOA, subst. mas. (*lépidaplo-a*), t. de bot., espèce de vernonie.

LÉPIDION, subst. mas. (*lépidion*), t. de bot., espèce de passerage.

LÉPIDOCARPODENDRON, subst. mas. (*lépidokarpodandron*), t. de bot., espèce de protée à fleurs panachées.

LÉPIDOCARPUS, subst. mas. (*lépidokarpuce*), t. de bot., variété d'une espèce de protée.

LÉPIDOÏDE, adj. des deux genres (*lépido-ide*) (du grec λεπις, gén. λεπιδος, écaille, et ειδος, forme), t. d'anat., qui ressemble à une écaille. Il se dit de la suture écailleuse du crâne.

LÉPIDOLÈPRE, subst. mas. (*lépidolèpre*), t. d'hist. nat., genre de poissons thoraciques.

LÉPIDOLITHE, subst. fém. (*lépidolite*) (du grec λεπις, gén. λεπιδος, écaille, et λιθος, pierre; *pierre écailleuse*), t. d'hist. nat., pierre composée d'une multitude de paillettes d'un blanc nacré.

LÉPIDOPE, subst. mas. (*lépidope*) (du grec λεπις, gén. λεπιδος, écaille, et πους, pied), t. d'hist. nat., genre de poissons osseux, thoraciques.

LÉPIDOPHYLLE, subst. fém. (*lépidofile*), t. de bot., genre de plantes très voisin des ptérones.

LÉPIDOPOME, subst. mas. (*lépidopome*) (du grec λεπις, gén. λεπιδος, écaille, et πωμα, couvercle, bouchon), t. d'hist. nat., poissons osseux, abdominaux et holobranches, dont le caractère est d'avoir les opercules écailleux, et la bouche sans dents.

LÉPIDOPTÈRE, subst. mas. (*lépidopetère*) (du grec λεπις, gén. λεπιδος, écaille, πτερον, aile), t. d'hist. nat., ordre d'insectes qui ont quatre ailes couvertes de petites écailles colorées.

LÉPIDO-SARCOME, subst. mas. (*lépidoçarkome*) (du grec λεπις, écaille, et σαρκωμα, sarcome, tumeur charnue, fait de σαρξ, gén. σαρκος, chair), t. de médec., nom donné par *Marcus Aurelianus Severinus* à une tumeur singulière, ou à une espèce de *sarcome* formé dans la bouche, et couvert d'écailles irrégulières.

LÉPIDOSPERME, subst. mas. (*lépidocepèreme*), t. de bot., genre de plantes qu'on appelle aussi *vaginelle*.

LÉPIDOTE, subst. mas. (*lépidote*), t. d'hist. nat., genre de poissons thoraciques.—Subst. fém., t. de bot., plante, espèce de lycopode.

LÉPIDOTIS, subst. mas. ou **LÉPIDOTE**, subst. fém. (*lépidotice, dote*), t. d'hist. nat., pierre dont les reflets imitaient, selon *Pline*, les écailles versicolores des poissons.

LÉPIMPHIS, subst. mas. (*lépeinfice*), t. d'hist. nat., genre de poissons thoraciques à tête anguleuse.

LÉPIOTE, subst. mas. (*lépiote*), t. de bot., famille d'agaricées qui ne renferme guère que des espèces salubres.

LÉPISACANTHE, subst. mas. (*lépizakante*), t. d'hist. nat., poisson thoracique du genre des gastérostées.

LÉPISME, subst. mas. (*lépiceme*), t. d'hist. nat., genre d'insectes myriapodes.—Poisson du genre sciène.

LÉPISMÈNE, subst. mas. (*lépicemène*), t. d'hist. nat., famille d'insectes tyranoures.

LÉPISOSTÉE, subst. mas. (*lépizocelé*), t. d'hist. nat., poisson du genre des ésoces de *Linnée*.

LÉPISTE, subst. mas. (*lépicete*), t. d'antiq., sorte de vase sacré des anciens.

LÉPODUS, subst. mas. (*lépoduce*), t. d'hist. nat., poisson très-délicat du genre des léiognates.

LÉPONTIEN, subst. propre mas. (*léponciein*), nom par lequel on a désigné les habitants du mont Saint-Bernard.

LÉPORIN, subst. mas. (*léporein*), t. d'hist. nat., famille de mammifères rongeurs qui renferme le genre lièvre.

LÈPRE, subst. fém. (*lèpre*) (du grec λεπρα, fait de λεπρος, rude; parce que cette maladie rend la peau rude et écailleuse), sorte de gale qui couvre tout le corps. On a désigné sous ce nom trois maladies différentes: 1° *la lèpre des Juifs*, qui consiste dans une tache cutanée, blanchâtre, composée de plusieurs petites taches qui se portent souvent, comme en serpentant, d'une partie à une autre, et sur lesquelles il se forme des écailles ou de légères aspérités; 2° *la lèpre* ou *l'éléphantiasis* des Grecs, qui est *la lèpre* proprement dite, maladie héréditaire et contagieuse, dans laquelle la peau se recouvre de tubercules durs, inégaux, plus ou moins volumineux, passant par degrés à un état d'ulcération qui ronge les ongles et fait tomber les doigts. Cette maladie paraît avoir disparu de l'Europe; 3° la *lèpre des Arabes*, qui attaque particulièrement les membres, et revient par accès qui consistent en une douleur vive dans une glande, ou dans le trajet des principaux troncs des lymphatiques, avec fièvre et gonflement comme érysipélateux de la partie, qui reste, après chaque accès, plus volumineuse qu'elle n'était auparavant.—Au fig., *lèpre* est un mot noble; on désigne par ce mot une vilaine et sordide avarice.—Fig. et en t. de dévotion: *la lèpre du péché*.—T. de bot., maladie des arbres.—Plante, famille des lichens.

LÉPREUSE, subst. et adj. fém. Voy. **LÉPREUX**.

LÉPREUX, subst. et adj. mas., au fém. **LÉPREUSE** (*lépreu, preuze*), qui a la *lèpre*. — **LÉPREUX, LADRE**. (*Syn.*) Le *lépreux* et le *ladre* sont attaqués de la même maladie. La *lèpre* est le genre de maladie; la *ladrerie* est cette maladie particulière dont un sujet est actuellement atteint. *Lépreux* est le nom propre et connu des anciens; *ladre* est une dénomination détournée et corrompue de quelques dialectes celtiques.—*Lépreux* se dit plutôt des hommes; *ladre*, des animaux. La *lèpre* était connue chez les Juifs; la *ladrerie* est assez commune parmi les cochons.

LÉPRONQUE, subst. mas. (*lépronke*), t. de bot., plante cryptogame de la famille des algues.

LÉPROPINACE, subst. fém. (*lépropinace*), t. de bot., plante cryptogame, espèce de lichen.

LÉPROSERIE, subst. fém. (*léprôzeri*), hôpital pour les *lépreux*.

LEPTA, subst. mas. (*lèpeta*), t. de bot., espèce d'arbre qui forme seule un genre.

LEPTADÉNIE, subst. fém. (*lèpetadéni*), t. de bot., plante asclépiadée.

LEPTANTHE, subst. fém. (*lèpetante*), t. de bot., genre de plantes.

LEPTASIS, subst. mas. (*lèpetazice*), t. de bot., plante graminée de la Nouvelle-Hollande.

LEPTE, subst. fém. (*lèpete*) (en grec λεπτον, fait de λεπτος, menu, petit), monnaie des anciens. Une obole contenait quarante-deux *leptes*. — Subst. mas., t. d'hist. nat., genre d'arachnides.

LEPTÉRANTHE, subst. fém. (*lèpetérante*), t. de bot., espèce de bluets.

LEPTERUS, subst. mas. (*lèpetéruce*), t. d'hist. nat., poisson de la Sicile, appelé dans le pays *fetula*.

LEPTIDE, subst. fém. (*lèpetide*), t. d'hist. nat., famille d'insectes diptères.

LEPTINITE, subst. fém. (*lèpetinite*), t. d'hist. nat., roche primitive mêlée de mica et de quartz.

LEPTIS, subst. mas. (*lèpetice*), t. d'hist. nat., insecte diptère appelé autrefois *rhagium*.

LEPTOCARPE, subst. mas. (*lèpetokarpe*), t. de bot., plante de la famille des restioles.

LEPTOCARPOÏDE, subst. fém. (*lèpetokarpo-ide*), t. de bot., plante de la famille des joncs.

LEPTOCÉPHALE, subst. mas. (*lèpetocéfale*) (du grec λεπτος, petit, menu, et κεφαλη, tête), t. d'hist. nat., genre de poisson dont la tête est très-petite.

LEPTOCÈRE, subst. fém. (*lèpetocère*), t. de bot., plante, espèce de caladenie.

LEPTOCHLOA, subst. fém. (*lèpetoklo-a*), t. de bot., plante graminée.

LEPTODACTYLE, subst. mas. (*lèpetodaktile*), t. d'hist. nat., genre d'animaux voisin des makis.

LEPTODON, subst. mas. (*lèpetodon*), t. de bot., plante de la famille des mousses.

LEPTOGASTRE, subst. mas. (*lèpetoguacetre*), t. d'hist. nat., genre d'insectes.

LEPTOLÈNE, subst. mas. (*lèpetolène*), t. de bot., arbrisseau de Madagascar.

LEPTOMÈRE, subst. mas. (*lèpetomère*), t. d'hist. nat., genre de crustacés du nord de l'Europe.

LEPTOMÉRIE, subst. fém. (*lèpetoméri*), t. de bot., arbuste de la Nouvelle-Hollande.

LEPTOPE, subst. mas. (*lèpetope*), t. d'hist. nat., genre d'insectes hémiptères voisin des acanthies.

LEPTOPHYTE, subst. fém. (*lèpetofite*), t. de bot., genre de plantes synanthérées.

LEPTOPODE, subst. mas. (*lèpetopode*), t. d'hist. nat., sous-genre de coryphènes.

LEPTOPODIE, subst. fém. (*lèpetopodi*), t. d'hist. nat., genre de crustacés macropodes.

LEPTOPYRON, subst. mas. (*lèpetopiron*), t. de bot., plante graminée voisine des avoines.

LEPTORIMA, subst. fém. *(lèpetorima)*, t. d'hist. nat., production marine rapportée à la famille des algues.

LEPTORKIS, subst. mas. *(lèpetorki)*, t. de bot., plante orchidée qui diffère peu des malaxies.

LEPTOPSÉPHE, subst. masc. *(lèpetopecèfe)* (du grec λεπτός, petit, et ψῆφος, caillou), t. d'hist. nat., espèce de porphyre tacheté d'Égypte.

LEPTOSOME, subst. mas. *(lèpetozome)* (du grec λεπτός, petit, menu, et σῶμα, corps), t. d'hist. nat., famille de poissons thoraciques, dont le corps est très-mince.

LEPTOSPERME, subst. mas. *(lèpetocepèreme)* (en grec λεπτός, petit, menu, et σπέρμα, semence), t. de bot., plante de la famille des myrtoïdes, dont les semences sont très-petites.

LEPTOSTACHYA, subst. fém. *(lèpetocetakia)*, t. de bot., genre de plantes nommé *phryma* par *Linnée*.

LEPTOSTOME, subst. mas. *(lèpetocetome)*, t. de bot., famille de mousses de la Nouvelle-Hollande.

LEPTOTRICHIE, subst. fém. *(lèpetotriki)* (du grec λεπτός, menu, et θρίξ, cheveu), t. de médec., extrême finesse des cheveux.

LEPTURE, subst. mas. *(lèpeture)* (du grec λεπτός, petit, menu, et οὐρά, queue), t. d'hist. nat., genre d'insectes coléoptères, de la famille des xylophages, dont les élytres sont plus étroits à leur partie postérieure. — Subst. fém., t. de bot., plante graminée rampante de la Nouvelle-Hollande.

LEPTURÈTES, subst. fém. *(lèpeturète)*, t. d'hist. nat., insectes coléoptères longicornes.

LEPTURUS, subst. mas. *(lèpeturuce)*, t. d'hist. nat., nom générique du *phaëton*, ou *paille-en-queue*.

LÈQUE, subst. mas. *(lèkie)*, t. de bot., genre de plantes caryophyllées.

LEQUÉE, subst. fém. *(lekié)*, t. de bot., plante de lin.

LEQUEL, sing. mas., au fém. **LAQUELLE**, **LESQUELS**, plur. mas., au fém. **LESQUELLES** (*lekièle*, *lakièle*, *lèkèl*), pronom relatif, composé de *quel* ou *quelle*, et de l'article *le*, *la*, *les*. De tous les pronoms relatifs, c'est le seul qui prenne l'article; encore cet article lui est-il si intimement uni, qu'il ne s'en sépare jamais, et ne fait plus qu'un seul et même mot avec lui.—*Lequel* et *laquelle*, tant au singulier qu'au pluriel, peuvent se dire également des personnes et des choses; mais l'usage ne les admet pas dans toutes les occasions où on aurait lieu de les employer. On ne s'en sert presque jamais en sujet ou en régime direct, et on ne dit pas : *Dieu lequel a créé le ciel et la terre; le livre lequel m'appartient*, etc. Il faut alors avoir recours au pronom relatif *qui*, et dire : *Dieu qui a créé le ciel et la terre; le livre qui m'appartient*, etc. Ce n'est pourtant pas qu'on ne puisse et qu'on ne doive même quelquefois employer ces pronoms en sujet ou en régime, quand on veut éviter toute équivoque, par exemple dans les phrases où le relatif est séparé de l'antécédent par d'autres noms de divers genres, dans les ordonnances, dans les contrats, etc., où il est assez ordinaire, pour plus grande précision, de répéter l'antécédent déjà exprimé, et de le joindre au pronom *lequel*, *laquelle*; comme dans *lequel principe me fait conclure*, etc.; *de laquelle ferme jouiront*, etc. Mais en ces occasions, il est moins question de la pureté des termes que de la clarté et de la netteté du style, et il semble que le génie de la langue répugne de l'employer ailleurs.—Les pronoms *lequel*, *laquelle*, sont d'un usage un peu plus étendu en régime indirect. Quand *lequel*, régi par la préposition *de*, est avant le nom substantif dont il dépend, l'usage ne souffre pas que l'on emploie *duquel* ou *de laquelle*, et que l'on dise, par exemple : *la religion de laquelle on n'observe pas les maximes; le livre duquel vous m'avez fait présent*. Il faut dans ce cas faire usage du pronom *dont*. Mais s'il est après le nom substantif dont il dépend, *duquel*, *de laquelle* sont les seuls dont on puisse se servir : en parlant de choses ou d'animaux, il faut donc dire : *la Seine, dans le lit de laquelle viennent se jeter l'Yonne, la Marne*, etc.; *les moutons à la dépouille desquels les hommes doivent leurs vêtements*. En parlant des personnes, il est souvent égal d'employer *de qui* ou *duquel*, *de laquelle*; c'est à l'oreille à en décider. Ainsi l'on peut dire : *le prince à la protection de qui ou duquel..; c'est une femme sur le compte de qui ou de laquelle...* L'usage de *lequel* régi par la préposition *à* est indispensable quand il est question de choses : *les richesses auxquelles nous attachons tant de prix; les plaisirs auxquels nous nous livrons avec tant d'ardeur...* Mais si l'on parle des personnes, on préférera *à qui* : *il faut bien choisir les personnes à qui l'on veut accorder sa confiance; Dieu à qui nous devons rapporter toutes nos actions*. Toutes ces règles sur le pronom *lequel*, régi par une des prépositions *de* ou *à*, sont applicables aux cas où ce pronom est régi par toute autre préposition. Ainsi on dira : *songeons à fléchir le juge devant qui nous devons paraître un jour; on s'ennuie toujours avec qui il n'est pas permis de s'ennuyer*. Mais pour les choses, on fera usage du pronom *lequel*, et l'on dira : *le bois dans lequel nous nous sommes promenés; l'opinion contre laquelle je me déclare; le cheval sur lequel je suis monté*.

LÉRÉ, subst. propre mas. (*léré*), bourg de France, chef-lieu de canton, arrond. de Sancerre, dép. du Cher.

LÉRIA, subst. fém. *(léri-a)*, t. de bot., genre de plantes labiées qui n'a pas été adopté.

LÉRIE, subst. fém. *(léri)*, t. de bot., espèce de tussilage.

LERNE ou **LERNÉE**, subst. fém. *(lèrene)*, t. d'hist. nat., sorte de vers parasites qui se rapprochent des mollusques. — Subst. propre mas., myth., marais dans le territoire d'Argos, où était l'hydre à plusieurs têtes qu'Hercule défit, et où les Danaïdes jetèrent les têtes de leurs maris.

LERNÉES, subst. fém. plur. *(lèrené)*, myth., fêtes en l'honneur de Bacchus, de Cérès et de Proserpine.

LÉROT, subst. mas. *(lérô)*, t. d'hist. nat., mammifère rongeur du genre des loirs, de couleur grise, avec une tache noire autour de l'œil et derrière l'oreille.

LÉROUXIE, subst. fém. *(lérouksi)*, t. de bot., genre de plantes, la lysimachie des bois.

LERQUE, subst. mas. *(lèreke)*, t. de bot., arbrisseau des Indes, de la famille des malvacées.

LES *(lé)*, plur., art. ou pron. des deux genres. Voy. LE et LA.—On fait quelquefois précéder de l'article *les* les noms propres, lors même que ces noms ne désignent qu'un seul individu; ainsi on dit : *les Homère, les Virgile, les Racine*. C'est une irrégularité ou du moins une licence qui a besoin, pour être tolérée, d'un mouvement oratoire, où le génie de l'écrivain, pour ainsi dire hors de lui-même, croit s'exprimer avec plus de force en employant le signe du pluriel, lors même qu'il ne s'agit que d'une seule personne.

LESBIE, subst. fém. *(lècebi)*, t. d'hist. nat., genre de poissons abdominaux.

LESBIEN, subst. et adj. mas., au fém. **LESBIENNE** *(lècebiein, biène)*, qui est de *Lesbos*.

LESBOS, subst. propre fém. *(lècebôce)*, t. de géog. anc., île de l'Archipel, fameuse par le culte qu'on y rendait à Apollon, et par la naissance de Sapho.

LESCAR, subst. propre mas. *(lècekar)*, ville de France, chef-lieu de canton, arrond. de Pau, dép. des Basses-Pyrénées.

LESCHÉ, subst. mas. *(lècekié)* (du grec λέσχη, entretien, conversation, conférence), t. d'antiq., endroit particulier chez les Grecs, où l'on se rendait pour converser. On donnait ce nom particulièrement aux salles publiques de Lacédémone, dans lesquelles on s'assemblait pour les affaires de l'état.

LÈSE, 3ᵉ pers. de l'indic. prés. du verbe *léser*, et formant une préposit. insépar. : *crime de lèse-majesté*, commis contre une tête couronnée. — On a dit depuis peu dans le même sens : *crime de lèse-nation*.

LÉSÉ, E, part. pass. de *léser*.

LÉSER, v. act. *(lézé)* (en latin *lædere*, blesser, nuire, faire tort), faire souffrir à quelqu'un quelque préjudice. — *se* LÉSER, v. pron., se causer mutuellement quelque préjudice.

LESGHIS, subst. mas. plur. *(lècegnice)*, peuples qui habitent aux confins du Caucase.

LÉSINE, subst. fém. *(lézine)* (de l'italien *lesina*, dont la signification est la même, et que *Le Duchat* dérive de *lazzarina*, employé, dit-il, dans la même langue, avec le sens de *ladrerie*), épargne sordide et raffinée jusque dans les moindres choses.

LÉSINER, v. neut. *(léziné)*, user de *lésine*.

LÉSINERIE, subst. fém. *(lézineri)*, acte de *lésine*.—Vice qui porte à *lésiner*.

LÉSINEUSE, subst. et adj. fém. Voy. LÉSINEUX.

LÉSINEUX, adj. mas., au fém. **LÉSINEUSE** *(lézineu, neuze)*, qui *lésine*. — Subst., personne *lésineuse*.

LÉSION, subst. fém. *(lézion)* (en lat. *læsio*, fait de *lædere*, nuire, blesser, etc.), tort, dommage. —T. de médec., altération dans l'économie animale.

LESKIE, subst. fém. *(lèceki)*, t. de bot., genre de mousses, voisin des gradules.

LESQUE ou **LISQUE**, subst. fém. *(lèceke, liceke)*, t. de pêche, nom qu'on donne en quelques endroits au filet appelé à Dunkerque *cibaudière*.

LESSAY, subst. propre mas. *(lècé)*, bourg de France, chef-lieu de canton, arrond. de Coutances, dép. de la Manche.

LESSE, subst. fém. Voy. LAISSE.

LESSERTIE, subst. fém. *(lècèreti)*, t. de bot. espèce de baguenaudier.

LESSINGIE, subst. fém. *(lèceinji)*, t. de bot., genre de plantes.

LESSIVAGE, subst. mas. *(lècivaje)*, blanchissage du linge par la *lessive*.

LESSIVE, subst. fém. *(lècive)* (en lat. *lixivium*, fait de *lix*, gén. *licis*, cendre du foyer), eau chaude que l'on verse sur du linge à blanchir, recouvert dans un cuvier d'un lit de cendre ou de soude : *faire la lessive*. — Le linge même qu'on blanchit. — Eau détersive. — Eau préparée pour raffiner les sucres.—Lotions en chimie. — *Lessive caustique*, solution de potasse.—T. de médec., purgation complète.—Fig. et fam., grande perte au jeu.

LESSIVÉ, E, part. pass. de *lessiver*.

LESSIVER, v. act. *(lècivé)*, mettre à la *lessive*, faire la *lessive*.—Nettoyer et laver avec de l'eau seconde.—*se* LESSIVER, v. pron.

LEST, subst. mas. *(lècete)* (de l'allemand *last*, charge, fardeau), ce qu'on met au fond d'un vaisseau pour le faire tenir droit lorsqu'il est dans l'eau.—*Revenir sur son lest*, sans cargaison.

LESTAGE, subst. mas. *(lècetaje)*, action de *lester* un vaisseau.

LESTE, adj. des deux genres *(lècete)* (du bas-breton *laste*, qui signifie la même chose. *Huet*.), qui a de la légèreté dans les mouvements.—Proprement vêtu, proprement et richement accommodé : *troupes bien lestes*, bien vêtues et bien armées.—Au fig., adroit, habile, agissant.—Depuis quelque temps on le dit du ton et des propos, dans le sens de : hardi, peu circonspect, sans égard.

LESTÉ, E, part. pass de *lester* et adj.—Fig. et fam. : *homme bien lesté*, qui a bien mangé et bien bu.

LESTEMENT, adv. *(lèceteman)*, d'une manière propre et riche.—Avec adresse, avec agilité.

LESTER, v. act. *(lèceté)*, garnir, charger un vaisseau de *lest*.—*se* LESTER, v. pron.

LESTEUR, subst. et adj. mas. *(lèceteur)*, bateau qu'on charge de *lest*, pour le transporter à bord d'un bâtiment. — On dit aussi adj. : *bateau lesteur*.

LESTEVE, subst. fém. *(lècetève)*, t. d'hist. nat., insectes coléoptères aplatis, qu'on trouve principalement sur les fleurs de l'épine blanche.

LESTIBOUDÈGE, subst. fém. *(lècetiboudèje)*, t. de bot., espèce de souci.

LESTIBOUDOISE, subst. fém. *(lècetiboudoèze)*, t. de bot., espèce d'amarante de Madagascar.

LESTRÉMIE, subst. fém. *(lècetrémi)*, t. d'hist. nat., genre d'insectes diptères.

LESTRIGONIEN, adj. mas., au fém. **LESTRIGONIENNE** *(lècetrigonieín, niène)*, qui a rapport aux *Lestrigons*.

LESTRIGONIENNE, adj. fém. Voy. LESTRIGONIEN.

LESTRIGONS, subst. propre mas. plur. *(lècetrigon)*, myth., peuples, qui ne vivaient que de chair humaine. Ils étaient, comme les Cyclopes, fils de Neptune, et comme eux si féroces, qu'ils dévoraient les malheureux qui tombaient entre leurs mains. Ils habitaient une partie de la Campanie. La flotte d'Ulysse ayant été jetée par une tempête sur leurs côtes, il envoya à la découverte trois de ses gens, et l'un d'eux fut pris et dévoré par Antiphatès, roi du pays. Les *Lestrigons* vinrent attaquer les vaisseaux, qu'ils firent tous couler à fond, à l'exception de celui qu'Ulysse montait.

LETCHI ou **LI-CHI**, subst. mas. *(lètechi, lichi)*, t. de bot., fruit de la Chine, de la grosseur d'une noix, que les Chinois font sécher, et qu'ils mangent avec le thé.

LÉTHALITÉ, subst. fém. *(létalité)*, (du lat. *lethum*, mort), t. de médec., qualité d'une chose mortelle; état d'un mal mortel.

LÉTHARGIE, subst. fém. (*létarji*) (en grec ληθαργια, fait de ληθη, oubli, et αργος, pour αεργος, lâche, paresseux, ou αργος, prompt ; *maladie qui jette dans l'oubli et dans l'inaction*, ou *qui jette promptement dans l'oubli*), t. de médec., assoupissement profond et contre nature, qui ôte l'usage des sens. — Au fig., insensibilité et nonchalance en toute chose.

LÉTHARGIQUE, adj. des deux genres (*létarjike*), attaqué de *léthargie*.—Qui tient de la *léthargie*.

LÉTHÉ, subst. propre mas. (*lété*) (du grec ληθη, oubli), t. de myth., fleuve des enfers, appelé aussi *fleuve d'oubli*, parce que ses eaux faisaient, dit-on, oublier le passé à ceux qui en buvaient. On dit proverbialem. : *avoir bu de l'eau du Léthé*, pour : *avoir perdu la mémoire*.

LÉTHÉE, subst. propre fém. (*lété*), myth., femme phrygienne, qui, fière de sa beauté, osa se préférer aux déesses. Celles-ci voulant en tirer vengeance, Olène, mari de *Léthé*, s'offrit en sa place; mais ils furent tous deux changés en rocher.

LETHECH, subst. mas., ou **LÉTÊQUE**, subst. fém. (*lètêke*), sorte de mesure des Hébreux.

LÉTHIFÈRE, adj. des deux genres (*létifère*) (en lat. *lethifer*, formé de *lethum*, mort, et *fero*, je porte), t. de médec., qui donne la mort ; mortel. — Subst. fém., t. d'hist. nat., sous-division du genre vipère, renfermant celle dont la morsure provoque une léthargie mortelle.

LETHRUS, subst. mas. (*létruce*), t. d'hist. nat., insecte coléoptère scarabéide.

LETT., abréviation du mot *lettres*, signifiant *belles-lettres*.

LETTENKOHL, subst. mas. (*létankole*), nom allemand par lequel on désigne une sorte de houille glaireuse.

LETTRE, subst. fém. (*lètre*) (en lat. *littera*), chacun des caractères de l'alphabet. Les *lettres* se divisent en voyelles et en consonnes. Voy. la grammaire. — Caractère d'imprimerie. — Texte d'un livre ; sens naturel d'un passage, etc. : *s'attacher à la lettre*. — Entretien qu'on a par écrit avec les absents. — Science et doctrine : *les lettres humaines* ; *les belles-lettres* ; *la république des lettres*. — On entend par *belles-lettres*, la grammaire, l'éloquence, la poésie. (*Académie*.) — *Lettres euphoniques*. Voy. EUPHONIQUE. — *Lettres radicales*. Voy. RADICALE. — *Lettres majuscules* ou *capitales*, plus grandes que les autres. — *Gravure avant la lettre*, sans inscription. — *Homme de lettres*, celui qui cultive les *belles-lettres*. — *Lettre fériale*, *dominicale*, la *lettre* qui marque le *dimanche* dans l'almanach perpétuel. — Toute lettre qu'on écrit, soit de pratique, soit de commerce, soit de finance : *lettre de crédit*. — *Lettre de change, de commerce et de banque*; ordre de payer à celui qui en sera le porteur, en un lieu éloigné, et à une époque précise, une somme qu'il a comptée dans celui d'où elle a été retirée. Elle se nomme *traite*, par rapport à celui qui la tire ; *remise*, par rapport à celui qui la reçoit ; et *lettre de change*, soit parce qu'au moyen des endossements elle *change* de main et de propriétaire, soit plutôt parce qu'elle est le signe de *change* qui a lieu par le transport de la créance entre le tireur et le preneur. On nomme *seconde* et *troisième de change*, les duplicata qu'on remet au porteur de la première, dans le cas où elle serait adirée. — *Lettre de voiture*, écrit qu'on donne à un voiturier pour se faire payer du prix de la *voiture* des marchandises dont il a été chargé. — *Lettre de marque*, certificat que les maîtres marqueurs de mesures en Hollande donnent aux capitaines des vaisseaux sujets au droit de *last-gelt*, du jaugeage qu'ils ont fait.—Au plur., t. de mar., pouvoirs dont doit être muni tout capitaine ou patron d'un navire armé en course, sous peine d'être réputé pirate. — *Lettre de mer*, congé ou passe-port expédié par l'amiral, pour constater d'où est le vaisseau, son nom, celui du capitaine, etc.—*Lettres de répit*, lettres de surséance que le roi accordait en faveur des débiteurs de bonne foi, contre des créanciers trop rigoureux.—*Lettre de cachet*, autrefois lettre écrite par le roi, contre-signée par un secrétaire d'état, et *cachetée* du *cachet* du roi. — On appelait, en style de chancellerie, *lettres-royaux*, les actes qui s'expédient en chancellerie au nom du prince ; *lettres closes* ; *lettres patentes*, ou ouvertes. (Du latin *patens*, ouvert.) — On appelle *lettres de créance*, des lettres émanées du souverain ou de quelque autre personne constituée en dignité, portant que l'on peut ajouter foi à ce que dira celui qui est muni de ces lettres. Les ambassadeurs plénipotentiaires, envoyés et autres ministres qui vont dans une cour étrangère, ne partent point sans avoir des *lettres de créance* ; et la première chose qu'ils font, lorsqu'on leur donne audience, est de *présenter leurs lettres de créance*. — On entend aussi par *lettres de créance*, la même chose que par *lettres de crédit*. — On appelle *lettres*, tous les actes qui s'expédient sous le sceau de quelque puissance ou de quelque communauté ou compagnie ecclésiastique ou séculière : *lettres de tonsure* ; *lettres de prêtrise*, etc.; *lettres de maîtres ès-arts* ; *lettres de bourgeoisie*.— On dit prov. et fig. : *ce sont lettres closes*, pour dire c'est un secret qu'on ne peut ou qu'on ne doit pas pénétrer. — Il ne faut pas confondre *lettre* avec *épître* ; ce dernier ne se dit que des lettres des anciens auteurs, des apôtres, des lettres en vers, de celles qu'on met à la tête des livres pour les dédier : *les épîtres de Sénèque* ; *les épîtres* ou *les lettres de Cicéron, de Pline* ; *les épîtres de saint Paul* ; *les épîtres d'Horace*, *de Boileau*, *de Rousseau*, etc. ; *épître dédicatoire*. — On dit aussi *épître* pour *lettre* dans le style badin ou critique.—On appelle *lettres circulaires*, ou simplement *circulaires*, plusieurs lettres de même teneur, écrites et adressées à différentes personnes pour le même sujet : *on a envoyé une circulaire à tous les généraux*. — *Lettres de deux points*, en t. d'impr., celles qui occupent l'espace de deux lignes au commencement du texte de l'ouvrage où on les emploie. — *Lettres grises*, lettres capitales placées à la tête d'un chapitre, etc., qui étaient gravées en bois, ou fondues avec des ornements, ou encadrées dans une composition de vignettes en fonte. On nommait *passe-partout* le cadre de la *lettre grise*, lorsqu'il était percé à jour pour recevoir indifféremment plusieurs sortes de lettres. Les anciens manuscrits du cinquième, du sixième et du septième siècle, ont également, à la tête des chapitres, des *lettres grises* plus ou moins ornées. — *Lettres armoriées*, dans les manuscrits anciens, lettres coloriées de manière à pouvoir être blasonnées ; elles appartiennent à l'écriture lombardique et aux neuvième, dixième, onzième, douzième et treizième siècles.—*Lettres bâtardes*, lettres de la fin du quinzième siècle : ce sont les caractères des *règles* de la civilité.—*Lettres blanches* ou *à jour*, lettres fermées seulement par leurs extrémités, et dont les jambages sont à jour ; elles sont du septième et du huitième siècle. — *Lettres bourgeoises*, caractères qui tiennent le milieu entre nos lettres actuelles et les gothiques cursives, employées par les imprimeurs de la fin du quinzième siècle. — *Lettres en broderie*, elles appartiennent au sixième et au septième siècle, et sont fréquentes dans les manuscrits mérovingiens.— *Lettres en treillis*, *à mailles* ou *à chaînettes*, elles sont du huitième et du neuvième siècle, et ont succédé aux précédentes.—*Lettres enclavées*, lettres renfermées dans une autre, et employées comme initiales dans les manuscrits du sixième et du septième siècle. — *Lettre de forme*, sorte de caractère qui remplaçait notre romain, dans le temps du gothique moderne.—*Lettre en marquetterie*, dans les anciens manuscrits, celles dont les jambages sont découpés en forme de mosaïque.—*Lettres perlées*, celles qui sont formées de petits points à jour.—*Lettres ponctuées*, environnées de points ; elles sont fréquentes dans les manuscrits anglo-saxons.— *Lettres solides*, presque sans déliés, et avec des pleins fort larges. —*Lettres tondues* et *barbues*, du treizième siècle; les premières étaient simples, les secondes hérissées de pointes.—*Lettres tourneuses*, du quinzième et du seizième siècle, majuscules gothiques des manuscrits et des imprimés. — *Lettres tranchées*, qui portent à la base et au sommet un petit trait horizontal, comme les majuscules employées de nos jours dans l'impression.—*Lettres oisives*, lettres employées dans l'écriture, sans y représenter aucun son, comme l'*h* du mot *orthodoxe*.—*Lettres éphésiennes*, *lettres de Milet*, mots barbares ou bizarrement assemblés, auxquels les Grecs du temps d'*Apulée* attribuaient des vertus magiques. — *A la lettre*. Voy. LITTÉRALEMENT. — *Traduire à la lettre*, mot à mot. — *Prendre au pied de la lettre*, dans le sens littéral. —*Aider à la lettre*, suppléer à ce qui manque à quelque passage obscur et défectueux ; et fig., entrer dans l'intention de celui qui parle ou qui écrit ; expliquer ce qu'il a dit ou écrit obscurément.

LETTRÉ, E, adj. (*lètré*), qui a de l'érudition, qui a des *lettres*.—En Chine, on appelle substantivement *lettrés* ceux qui s'appliquent à l'étude des *lettres*, qui apprennent à lire et à écrire, et qui peuvent lire les livres. Il n'y a que les *lettrés* qui puissent être mandarins, et aspirer aux charges. — On dit en style proverbial : *gens ignares et non lettrés*.

LETTRINE, subst. fém. (*lètrine*), en t. d'imprimerie, petite lettre qui se met au-dessous ou à côté d'un mot pour marquer un renvoi.—Dans un *dictionnaire*, lettres majuscules qui sont au haut des colonnes de chaque page, etc.

LETTSOME, subst. fém. (*lèteçome*), t. de bot., arbrisseau du Pérou.

LEUBUSIENS, subst. mas. plur. (*leubuziein*), peuple qui habitait autrefois entre l'Elbe et l'Oder.

LEUCACANTHA, subst. fém. (*leukakanta*) (du grec λευκος, blanc, et ακανθα, épine, à cause de la blancheur de ses épines), t. de bot., chardon épineux.

LEUCACHATE, subst. fém. (*leukakate*), t. de minér., sorte de pierre, espèce de calcédoine.

LEUCADE, subst. fém. (*leukade*), t. de bot., genre de plantes voisin des plomides.

LEUCADENDRON ou **LEUCADENDROS**, subst. mas. (*léukadandron*, *dróce*), t. de bot., espèce de protée à feuilles velues et argentées.

LEUCADIUS, subst. propre mas. (*leukadi-uce*), myth., surnom d'Apollon pris du promontoire de *Leucade* où il était particulièrement adoré. Voy. SAUT DE LEUCADE.

LEUCAÉRIE, subst. fém. (*leuka-éri*), t. de bot., genre de plantes glanduleuses de l'Amérique.

LEUCANTHÈME, subst. fém. (*leukantème*) (du grec λευκος, blanc, et ανθημα, floraison, dérivé de ανθος, fleur), t. de bot., plante qui, mâchée, apaise le mal de dents.

LEUCAPRIDE, subst. mas. (*leukapride*), t. d'antiq., soldat macédonien qui portait des boucliers blancs.

LEUCAS, subst. mas. (*leukâce*), t. de bot., espèce de dryade à feuilles blanches en dessous.

LEUCÉE, subst. fém. (*leucé*) (du grec λευκος, blanc), t. de médec., tache blanche qui vient à la peau et attaque la chair.— Espèce de lèpre blanche, suivant Galien. — Myth., subst. propre, île du Pont-Euxin où Achille était révéré.

LEUCHSPATH, subst. mas. (*leukcepate*) (de l'allemand *leuchtspath*, fait de *leuchte*, lumière, *spath*, spath), t. d'hist. nat., spath lumineux, pierre phosphorescente ou chaux fluatée.

LEUCIENS, subst. mas. plur. (*leuciein*), ancien peuple des environs de Toul. — Nom que portaient aussi les habitants du Péloponèse.

LEUCIPE, subst. propre fém. (*leucipe*), myth., fille de Thestor. Étant en peine de son père et de sa sœur Théonoé, qu'elle avait perdus, elle consulta l'oracle, qui lui conseilla de s'habiller en prêtre, et de les aller chercher, l'assurant qu'elle les trouverait. Arrivée dans la Carie, où Théonoé avait été emmenée par des pirates, et vendue à Icare, roi de cette contrée, qui l'avait épousée, *Leucipe*, sous son habit de prêtre, et passant pour un homme, eut accès à la cour d'Icare, où elle fut vue et aimée de Théonoé ; mais celle-ci, furieuse de ce que ce prétendu étranger ne voulait pas répondre à sa passion, forma le dessein de le faire assassiner. Elle en chargea un esclave tombé depuis quelque temps au pouvoir du roi, et qui était Thestor, son père, mais qu'elle ne reconnaissait pas. Thestor, en déplorant le malheur qu'il avait d'être contraint de faire le métier d'assassin, prononça plusieurs fois le nom de ses filles. *Leucipe* et Théonoé, surprises, l'interrogèrent, se reconnurent, et se sauvèrent avec leur père.

LEUCIPPIDES, subst. fém. plur. (*leucipepide*), myth., filles de *Leucippus*.—Prêtresses du royaume de Pise.

LEUCIPPUS, subst. propre mas. (*leucipepuce*), myth., fils d'Œnomaüs, fut tué par Apollon, à qui il voulut disputer Daphné.—Il y a eu deux autres *Leucippus* : l'un, petit-fils d'Éole, et l'autre, père de Phébé et d Ilaïre.

LEUCIS, subst. mas. (*leucice*), myth., poisson sacré qu'immolaient les anciens pour obtenir une pêche heureuse.

LEUCITE, subst. fém. (*leucite*) (du grec λευκος, blanc), produit volcanique d'Italie et de Bohême.

LEUCOCHRYSE, subst. fém. (*leukokrize*) (du grec λευκος, blanc, et χρυσος, or), t. de minér., sorte de pierre précieuse.

LEUCOCHRYSOS, subst. mas. (*leukokrizôce*), t. d'hist. nat., variété de quartz jaune pâle.

LEUCOCOME, subst. mas. (*leukokome*), t. de bot., espèce de grenadier à fleurs blanches.

LEUCOCROTTE, subst. mas. (*leukokrote*), t.

d'hist. nat., espèce de quadrupède qui imite la voix humaine.

LEUCODON, subst. mas. (*leukodon*), t. de bot., genre de plantes de la famille des mousses.

LEUCOGÉE, subst. fém. (*leukojé*) (du grec λευκὸς, blanc, et γαια, terre), t. d'hist. nat., pierre précieuse blanche.

LEUCOGRAPHIE, subst. fém. (*leukoguerafi*) (du grec λευκὸς, blanc, et γραφω, je décris), description des albinos. — T. d'hist. nat. Voy. LEUCOGRAPHITE.

LEUCOGRAPHIQUE, adj. des deux genres (*leukoguerafike*), qui appartient à la *leucographie*.

LEUCOGRAPHITE, subst. fém. (*leukoguerafite*) (du grec λευκὸς, blanc, et γραφω, j'écris), t. d'hist. nat., pierre blanche, facile à dissoudre, dont on se sert pour donner de l'éclat au linge qu'on blanchit.

LEUCOIUM ou **LEUCOÏON**, subst. mas. (*leukoiome, ko-i-on*) (en grec λευκοιον, formé de λευκὸς, blanc, et de ιον, violette ; *violette blanche*, parce que son parfum se rapproche de celui de la violette), t. de bot., c'est proprement la plante appelée *giroflée blanche* ou *violier blanc*. Voy. GIROFLIER et PERCE-NEIGE.

LEUCOLITHE, subst. fém. (*leukolite*) (du grec λευκὸς, blanc, et λιθος, pierre), t. d'hist. nat., espèce de pyrite blanche que les anciens calcinaient, et qu'ils regardaient comme un remède efficace contre les maux d'yeux.

LEUCOMA, subst. mas. (*leukoma*) (en grec λευκωμα, fait de λευκὸς, blanc), t. de médec., petite tache blanche qui se forme sur la cornée. — Chez les anciens Athéniens, registre public où l'on inscrivait tous les citoyens dès qu'ils avaient atteint l'âge de vingt ans, âge prescrit pour être admis à l'héritage paternel.

LEUCOMORIE, subst. fém. (*leukomori*) (du grec λευκὸς, blanc, et μωρια, folie), t. de médec., état de langueur morale. Syn. peu usité de *mélancolie*.

LEUCOPATHIE, subst. fém. (*leukopati*) (du grec λευκὸς, blanc, et παθος, passion, affection), t. de médec., état des albinos, qui est une véritable infirmité, selon quelques auteurs.

LEUCOPATHIQUE, adj. des deux genres (*leukopatike*), t. de médec., qui appartient à la *leucopathie*.

LEUCOPÉCILE, subst. fém. (*leukopécile*), t. d'hist. nat., pierre précieuse blanche, veinée d'or.

LEUCOPÉTALE, subst. fém. (*leukopétale*), t. d'hist. nat., sorte de pierre précieuse.

LEUCOPHLEGMATIE, subst. fém. (*leukoflèguemaci*) (du grec λευκὸς, blanc, et φλεγμα, flegme, pituite), t. de médec., espèce d'hydropisie pituiteuse qui occasionne sur la surface du corps une pâleur générale.

LEUCOPHLEGMATIQUE, adj. des deux genres (*leukoflèguematike*), t. de médec., attaqué de *leucophlegmatie*.

LEUCOPHORE, subst. mas. (*leukofore*), t. d'hist. nat., bitume blanc.

LEUCOPHRE, subst. mas. (*leukofre*) (du grec λευκὸς, blanc, et οφρυς, sourcil), t. d'hist. nat., genre de vers polypes ou d'animalcules infusoires, qui sont transparents, et entièrement couverts de cils ou poils blancs.

LEUCOPTHALMOS, subst. mas. (*leukofetalmôce*) (du grec λευκὸς, blanc, et οφθαλμος, œil), t. d'hist. nat., sorte d'agate œillée de noir et de blanc.

LEUCOPHYLLE, subst. mas. (*leukofile*), t. de bot., arbuste scrofulaire de la Nouvelle-Espagne.

LEUCOPŒCILLOS, subst. mas. (*leukopécilelôce*), t. d'hist. nat., pierre blanche rayée de lignes de couleur.

LEUCOPOGON, subst. mas. (*leukopoguon*), t. de bot., arbrisseau bicorne de la Nouvelle-Hollande.

LEUCOPHRYNE, subst. propre fém. (*leukofrine*), myth., surnom de Diane.

LEUCOPSIS, subst. mas. (*leukopecice*), t. d'hist. nat., insecte hyménoptère pupivore, qu'on trouve surtout dans les environs de Paris.

LEUCOPYRUS, subst. mas. (*leukopiruce*), t. de bot., nom spécifique de la fluggée des Indes.

LEUCORRHÉE, subst. fém. (*leukôré*) (du grec λευκὸς, blanc, et ρεω, je coule), t. de médec., maladie des femmes, nommée aussi *flueurs blanches*.

LEUCORRHÉIQUE, adj. des deux genres (*leukôré-ike*), t. de médec., qui tient de la *leucorrhée* : *flux leucorrhéique*. On écrit aussi *leucorrhoïque*.

LEUCORYX, subst. mas. (*leukorikce*), t. d'hist. nat., quadrupède du genre des antilopes, longtemps confondu avec l'antilope onyx, dont il a les cornes droites, mais dont il diffère par les couleurs.

LEUCO-SAPHIR ou **LUCO-SAPHIR**, subst. mas., (*leukoçafir*), t. d'hist. nat. ; nom des *saphirs* tendres, laiteux ou blancs, quelquefois mélangés de bleu, qu'on trouve sur les confins de la Bohême et de la Silésie.

LEUCOSCEPTRE, subst. mas. (*leukocèpetre*), t. de bot., plante verbenacée de l'Inde.

LEUCOSIE, subst. fém. (*leukozi*), t. d'hist. nat., genre de crabes marqués de taches blanches. — Subst. propre, myth., une des sirènes, qui donna son nom à une île de la mer Tyrrhénienne.

LEUCOSPERME, subst. mas. (*leukocepèreme*), t. de bot., genre de plantes voisin des protées.

LEUCOSTICTUS, subst. mas. (*leukocetiketuce*), t. d'hist. nat., porphyre rouge tacheté de blanc.

LEUCOSTINE, subst. fém. (*leukocetine*), t. d'hist. nat., porphyre rouge à base de pétrosilex, et parsemé de points blancs.

LEUCOSTITE, subst. fém. (*leukocetite*), t. de minér., pierre précieuse tachetée de blanc.

LEUCOTHÉE, subst. propre fém. (*leukoté*), myth., c'est la même qu'*Ino*. Voyant que son mari Athamas, dans un mouvement de furie, avait jeté son fils Léarque contre un rocher, elle se précipita dans la mer avec Mélicerte, son autre fils, pour éviter le même malheur, et fut métamorphosée, aussi bien que l'enfant, en divinité de la mer. On la représente avec un diadème sur le front, et les cheveux serrés d'une bande.

LEUCOTHOÉ, subst. mas. (*leukoto-é*), t. d'hist. nat., petit crustacé des mers d'Angleterre. — Subst. propre fém., myth., fille d'Orchame et d'Eurynome. Apollon l'aima tendrement et en abusa, en prenant la figure et les habits d'Eurynome. Clytie, rivale de *Leucothoé*, en avertit par jalousie Orchame, qui enterra sa fille toute vive ; mais Apollon la métamorphosa en un arbre qui porte l'encens.

LEUCOXILON, subst. mas. (*leukokcilon*), t. de bot., espèce de bignone des îles.

LEUCTRIDES, subst. propre fém. plur. (*leuktride*), myth., filles de *Leuctrus*, héros grec, qui se tuèrent de désespoir d'avoir été violées par des ambassadeurs lacédémoniens.

LEUDE, subst. fém. (*leude*), droit de péage qui se levait en quelques endroits du Languedoc, sur les denrées et marchandises portées à Toulouse par les étrangers. — Subst. mas., on appelait ainsi les nobles seigneurs francs sous Clovis.

LEUGAIRE, adj. fém. (*leuguière*), t. d'archéologie : *colonne leugaire*, colonne itinéraire des Romains, découverte dans les Gaules, sur laquelle les distances sont marquées par le mot *leuga*, (mot originairement gaulois, et qui vient du celtique *leak*, pierre).

LEUGEON, subst. mas. (*leujon*), t. de pêche, filet pour prendre des raies.

LEUH, subst. mas. (*leu*), livre dans lequel, selon l'Alcoran, toutes les actions des hommes sont écrites par le doigt des anges.

LEUR (*leure*), pron. personnel de la 3e pers. plur., et adj. poss. sing. ; **LE LEUR**, pron. poss. Au plur., **LES LEURS**. *Leur*, pron. personnel, est ainsi nommé, parce qu'il désigne les trois personnes d'une manière plus particulière que les autres pronoms : *je leur dirai telle chose.* — *Leur*, adj. possessif, détermine comme l'adj. la signification du subst. en y ajoutant une idée de possession : *leur esprit, leurs âmes.* — *Leur*, pron. possessif, qui prend toujours devant lui l'art. *le, la, les*, suivant le nombre et le genre, rappelle l'idée du subst., en y ajoutant celle de possession : *j'aime mes parents, j'aime les leurs.* Tout ceci est expliqué aussi parfaitement que possible dans *Laveaux*, seulement il ne fait point mention de la qualité de ce mot comme adj. possessif ; voici ce qu'il dit : Quand *leur* est sans article, et qu'il est joint à un verbe, il est pronom personnel et signifie *à eux* ou *à elles*. Quand il a un article, ou quand il est joint à un nom exprimé ou sous-entendu, il est pronom possessif, et signifie *d'eux* ou *d'elles*. Exemples : *les femmes doivent être attentives, car une simple apparence leur fait quelquefois plus de tort qu'une faute réelle ; les femmes ont peu d'imagination, leurs meilleurs écrits sont tous, comme elles, jolis et petits ; les planètes nous communiquent la lumière du soleil, et jamais la leur.* Dans le premier exemple, *leur* est pronom personnel, parce qu'il est sans article, que d'ailleurs il est joint au verbe *fait*, et qu'on peut mettre *à elles* à la place. Dans le second, *leur* est pronom possessif, parce qu'il est joint à un nom qui est *écrit*, et qu'on peut mettre *d'elles* à sa place. Enfin, dans le troisième exemple, *leur* est également pronom possessif, parce qu'il a un article, qui est *la*, et qu'il se rapporte au nom *lumière*. — Comme pronom personnel, *leur* ne prend point la marque du pluriel : *le pardon des ennemis ne consiste pas seulement à ne pas leur nuire, il faut encore les aimer véritablement, et leur faire plaisir si l'occasion s'en présente.* — Comme pronom possessif, *leur* prend la marque du pluriel : *tous les corps ont leurs dimensions, tous les arbres portent leurs fruits chacun dans leur saison.* — *Leur*, pronom personnel, se dit principalement des personnes. *Il aime ses enfants, et il ne leur passe rien.* Quelquefois il se dit des animaux : *quand je vois les nids des oiseaux formés avec tant d'art, je demande quel maître leur a appris les mathématiques et l'architecture.* Il se dit aussi quelquefois des choses inanimées : *les eaux de Barège sont très-estimées, je leur suis redevable de la santé.* — *Leur* se place ordinairement comme tous les pronoms personnels en régimes, avant le verbe dont il est le régime, *je leur donnerai* ; si ce n'est en apostrophe, quand la proposition est affirmative : *donnez-leur* ; car si elle est négative, il se met avant : *ne leur donnez pas.* — *Leurs* est quelquefois substantif, et signifie *leurs* parents, *leurs* amis, ceux qui *leur* sont attachés : *chacun aime les siens ; je m'intéresse pour moi et pour les miens ; eux, ils s'intéressent pour eux et pour les leurs.*

LEURADIE, subst. fém. (*leuradi*), t. de bot., genre de plante qui ne diffère pas de l'aglaïa.

LEURRE, subst. mas. (*leure*) (du latin *lorum*, courroie, lanière de cuir), morceau de cuir rouge, façonné en forme d'oiseau, dont on se sert pour rappeler le faucon. — *Acharner le leurre*, mettre de la chair dessus. — En t. de pêche, appât factice qu'on attache aux haims. — Fig., chose dont on se sert artificieusement pour attirer quelqu'un afin de le tromper.

LEURRÉ, E, part. pass. de *leurrer*.

LEURRER, v. act. (*leuré*), accoutumer le faucon à venir sur le *leurre*. — Fig., attirer par quelque chose qui donne envie de... — SE LEURRER, v. pron. : *se leurrer d'un fol espoir*, s'en bercer.

LEUTERNIENS, subst. mas. plur. (*leutérenieïn*), myth., race de géants qui furent tués par Hercule.

LEUTRITE, subst. fém. (*leutrite*), t. d'hist. nat., pierre marneuse argilo-calcaire, d'un blanc grisâtre ou jaunâtre, remarquable par la singulière propriété qu'elle a de répandre une lumière phosphorique très-vive, lorsqu'on la gratte, même légèrement. On l'emploie à *Leutra*, près d'Iéna en Saxe, pour engraisser les terres.

LEUZÉE, subst. fém. (*leuzé*), t. de bot., genre de plantes, la centaurée conifère.

LEVAGE, subst. mas. (*levaje*), t. de charpentier, élévation avec des machines, et pose des bois de quelque ouvrage de charpenterie dans leur place : *aller au levage.*

LEVAIN, subst. mas. (*levein*) (du latin barbare *levamen*, fait dans la basse latinité de *levare*, lever ; parce que le *levain* fait *lever* la pâte), morceau de pâte aigre qui, mêlé avec la pâte dont on veut faire le pain, sert à la faire lever et fermenter. — En général, tout corps capable d'exciter un gonflement, une fermentation interne dans celui auquel on l'incorpore. — Les boulangers disent *manier les levains*, pour dire, les pétrir beaucoup. Ils entendent par *levain fatigué*, un levain affaibli ; et par *levain vert*, ou *levain jeune*, celui qu'on a laissé moins de temps à lever. — On entend par *l'apprêt des levains*, l'état où ils sont prêts par la fermentation à être renouvelés, ou à être employés dans la composition de la pâte pour faire du pain. — On appelle *levain de chef*, un morceau de pâte pétrie avec le levain ordinaire, et qu'on laisse fermenter à part. — *Levain artificiel*, celui qui est différent de la pâte fermentée ; tel est le *levain* provenant de la levure de bière. — Les brasseurs disent *mettre en levain*, pour dire, faire fermenter la liqueur. — Par extension, mauvaise disposition des humeurs. — Au fig., 1° mauvaise impression que le péché laisse dans l'âme ; 2° reste de quelque passion violente.

LEVANA, subst. propre fém. (*lévana*), myth., déesse qu'on invoquait quand on *levait* un enfant de terre. Aussitôt après la naissance d'un enfant, on le posait nu sur la terre, et il n'était point regardé comme légitime s'il n'était *relevé* par son père, ou par quelqu'un qui le représentait. C'était à cette action que présidait *Levana*.

LEVANT, subst. mas. (*levan*), la partie du

monde où le soleil se *lève ;* orient ; avec ces différences : 1° que *levant* est plus du style simple, et *orient* du style poétique ; 2° que *Levant* se dit des contrées qui sont sous la domination du Turc, et *Orient* des Indes.—*Levant* ne se dit pas non plus en parlant des anciens peuples.— Adj., qui se *lève : le soleil levant.* — Prov. et fig. : *adorer le soleil levant,* s'attacher à la puissance et à la fortune naissante.— LEVANT, ORIENT, EST. (*Syn.*) Le *levant* est littéralement le lieu où le soleil paraît se lever par rapport à un pays ; l'*orient* est le lieu du ciel où le jour commence à luire, la lumière à briller ; l'*est* est le lieu de l'horizon d'où le vent souffle quand le soleil se lève. — Le *levant* appartient proprement à la sphère, à la géographie ; l'*orient,* à la cosmogonie, à l'astronomie ; l'*est,* à la navigation, à la météorologie.

LEVANTIN, subst. mas., au fém. **LEVANTINE** (*levantein, tine*), natif des pays du *Levant : c'est un Levantin.* — On dit aussi adj. : *peuples levantins.* En parlant des anciens peuples, on dit *Orientaux ;* mais on ne dit guère un *Oriental.*

LEVANTINE, adj. et subst. fém. Voy. LEVANTIN.—Espèce d'étoffe de soie tout unie.—T. d'hist. nat., coquille du genre vénus.

LEVANTIS, subst. mas. plur. (*levanti*), soldats des galères turques.

LEVAQUES, subst. mas. plur. (*levake*), ancien peuple qui habitait le Brabant.

LÈVE, subst. fém. (*lève*), espèce de cuiller de bois à long manche dont on se sert au jeu de mail pour *lever* la boule quand on est en passe.

LEVÉ, subst. mas. (*levé*), t. de musique, mouvement de la main ou du pied qu'on *lève* pour indiquer un temps faible de la mesure.—Au jeu de cartes, main qu'on a *levée*, et qu'on appelle plus communément et mieux au féminin *une levée.*

LEVÉ, E, part. pass. de *lever*, et adj. : *aller partout tête levée,* sans rien craindre. — *Prendre quelqu'un au pied levé,* le prendre au moment de son départ.

LEVÉE, subst. fém. (*levé*), action de *lever,* de recueillir, en parlant des fruits et surtout des grains.—On le dit, dans le même sens, des impôts.—Action de retirer les lettres des boîtes ; heure où elle a lieu.—Enrôlement : *levée de soldats, de troupes.*—*Levée en masse.* Voy. MASSE. —Digue, chaussée.—Heure à laquelle une compagnie se *lève* pour finir la séance : *à la levée du conseil.*—Au jeu de cartes, main qu'on a *levée*. En ce sens, quelques-uns disent aussi *un levé*. Voy. ce mot. —En t. de tailleur, totalité de l'étoffe, de la doublure, etc., nécessaire pour un habit, etc.— En t. de fabrique d'étoffes au métier, la quantité d'ouvrage qu'un ouvrier peut faire, sans être obligé de rouler sur l'ensuple de devant. —En t. de comm., la somme que, suivant l'acte de société, chaque associé peut *prélever* annuellement pour sa dépense personnelle, ou pour l'intérêt de son compte de fonds.—Dans les courses de bague, action de *lever* la lance en courant : *faire une levée de bonne grace.*—En t. de batelier, élévation à chaque extrémité d'un bateau, où elle tient lieu de siége. — En mécan., éminences pratiquées, les unes sur un arbre qui tourne, les autres sur des pièces debout. Les premières, venant à rencontrer les secondes, font *relever* la pièce, s'échappent et la laissent retomber, comme on le voit dans les bocards, dans les moulins de papeterie, etc. Dans quelques machines, ces éminences s'appellent *cammes.*—*Levée d'un siége,* retraite des troupes qui assiégeaient une place. — *Levée du scellé,* action par laquelle on le *lève,* on l'ôte.— *Levée du corps,* action de faire porter en terre, ou, en parlant d'officiers de justice, de faire transporter dans un autre endroit le cadavre d'un homme assassiné, etc., après avoir fait le procès-verbal de l'état où on l'a trouvé.—*Levée des plans,* art de *lever* des plans.—*Levée d'un plan,* action de *lever* un plan.—Fig. et fam. : *faire une levée de boucliers, une belle levée de boucliers,* faire une grande entreprise mal à propos et sans effet.

LEVÈNAGATTE, subst. fém. (*levènaguate*), t. d'hist. nat., poisson du genre des gades.

LÈVE-NEZ, subst. mas. (*lèvené*), t. de mar., petit cordage qui sert à élever les cargues de la brigantine ou artimon au point supérieur de la corne, en suivant la ralingue de l'arrière.

LEVENT ou **LEVENTI**, subst. mas. (*levan, vanti*) (en turc *levendy,* insubordonné, mutin), soldat de marine chez les Turcs. — Nom qu'on donne, à bord des bâtiments de la Méditerranée, à un jeune matelot d'espérance, dispos et hardi.

LEVER, subst. mas. (*levé*), l'heure, le temps où l'on se *lève.*—Chez le roi : *le grand et le petit lever.*—On dit aussi : *le lever de l'aurore, le lever du soleil, de la lune,* etc., leur première apparition au-dessus de l'horizon. — *Lever astronomique,* le moment où un astre arrive sur l'horizon rationnel, c'est-à-dire à quatre-vingt-dix degrés du zénith, par sa situation apparente affectée de la réfraction et de la parallaxe. —*Lever achronique, le lever* d'une étoile, lorsque cette étoile se *lève* le soir au moment où le soleil se couche : *c'est le moment du coucher du soleil qui règle le lever achronique des étoiles.*—*Lever cosmique,* le *lever* d'une étoile, lorsqu'elle se *lève* le matin en même temps que le soleil : *c'est le moment du lever du soleil qui règle le lever cosmique des étoiles.*— *Lever héliaque,* le *lever* d'une constellation ou d'une étoile, lorsque cette constellation ou cette étoile commence à paraître le matin, en se *levant* un peu avant que la lumière du crépuscule soit assez considérable pour la faire disparaître.

LEVER, v. act. (*levé*) (en lat. *levare*), hausser : *lever de terre ; lever les mains, les yeux au ciel.*—Dresser une chose qui était couchée ou penchée.— Oter une chose qui était sur ou dans une autre : *lever l'appareil d'une plaie.*— Recueillir : *lever les fruits, les impôts.*—Faire cesser : *lever des difficultés, des doutes.* — *Lever un habit,* en acheter l'étoffe chez le marchand. —*Lever le plan d'une ville,* etc., le tracer, en prendre les mesures.—*Lever un filet,* en faire la *levure.* Voy. ce mot.—T. de vén. : *lever le pied du cerf,* le couper pour en faire honneur au maître de la chasse. — En t. d'art militaire : *lever des troupes, lever des soldats,* c'est tirer des hommes des villes et des campagnes, pour en former des soldats, pour mettre une armée sur pied. — *Lever le siége d'une place,* se dit des soldats qui se retirent d'une place qu'ils tenaient assiégée.—*Une armée lève un camp,* lorsqu'elle quitte le camp où elle était.—*Des troupes lèvent le piquet,* lorsqu'elles quittent avec précipitation la position qu'elles occupaient.—*Lever la garde,* retirer des soldats qui sont de garde. — *Lever la sentinelle,* retirer un soldat qui est en faction.— En t. d'impr., on dit : *lever la lettre,* pour indiquer l'action du compositeur, lorsqu'il prend dans la casse les lettres les unes après les autres, et qu'il les arrange dans le composteur pour en former des lignes. — On dit au palais : *la cour est levée, l'audience est levée,* pour dire que les juges ont quitté leur siége, et que l'audience est finie. — *Lever la main en justice,* prêter serment. — *Lever un arrêt,* le faire expédier. — *Lever la main sur quelqu'un, lever* la main comme si l'on voulait frapper quelqu'un. — Au jeu de cartes, *lever une main,* c'est ramasser, quand on a fait la main, les cartes qui ont été jouées.—On dit au jeu de trictrac, qu'*un joueur lève ses dames,* lorsqu'après avoir passé toutes ses dames dans le jeu de retour, il les *lève* ensuite sur la bande, laquelle alors est regardée comme case.—En t. de mar. : *lever l'ancre,* retirer l'ancre qu'on avait jetée à la mer : *toute la flotte leva l'ancre et mit à la voile.*— *Lever boutique,* commencer à tenir une boutique. — Fig. : *lever le masque,* agir ouvertement, après s'être contraint pendant quelque temps.—*Lever l'étendard,* faire profession de.. — *Lever l'étendard contre quelqu'un,* se déclarer ouvertement contre lui. — *Lever un empêchement, un obstacle, un scrupule,* etc., les ôter.—*Lever la crête* ou *le nez,* montrer de l'orgueil ou simplement de la satisfaction, quand les affaires sont en bon état.—*Lever le lièvre,* ouvrir le premier un avis ou donner lieu à une discussion, etc. Les deux dernières phrases sont du style familier.—Neut., pousser, sortir de terre, en parlant des plantes : *les blés commencent à lever.*— Fermenter, se gonfler, en parlant de la pâte.—Les distillateurs disent *lever un quart,* pour dire, arrêter la distillation de l'eau-de-vie et retirer la liqueur, quand il y a un quart d'eau-de-vie faible sur une eau-de-vie forte.—LEVER, ÉLEVER, SOULEVER, HAUSSER, EXHAUSSER. (*Syn.*)—On *lève,* en dressant ou en mettant debout. On *élève,* en plaçant dans un lieu ou dans un ordre éminent. On *soulève,* en faisant perdre terre et portant en l'air. On *hausse,* en ajoutant un degré supérieur, soit de situation, soit de force, soit d'étendue. On *exhausse,* en augmentant la dimension perpendiculaire, c'est-à-dire en donnant plus de hauteur par une continuation de la chose même. — On dit *lever* une échelle, *élever* une statue, *soulever* un coffre, *hausser* les épaules et la voix, *exhausser* un bâtiment.—SE LEVER, v. pron., se mettre debout sur ses pieds. Duclos a dit (*Mémoires secrets sur Louis XIV,* etc.) : *se lever en pied.* C'est un italicisme : *levarsi in pie.*—Sortir du lit.—Monter, paraître sur l'horizon, en parlant des astres : *le soleil se lève à cinq heures.*—Commencer à souffler, en parlant du vent, de l'orage, etc.

LEVER-DIEU, subst. mas. (*levédieu*), le moment de la messe où le prêtre consacre et élève l'hostie : *il n'est arrivé qu'au lever-Dieu.*

LEVESCHE, subst. fém. Voy. LIVÊCHE.

LEVET, subst. propre mas. (*levé*), village de France, chef-lieu de canton, arrond. de Bourges, dép. du Cher.

LEVEUR, subst. mas. (*leveur*) : *leveur de lettres,* compositeur d'imprimerie très-expéditif, très-habile à composer.

LEVEUSE, subst. fém. (*leveuze*), t. d'arts et métiers, dans la fabrication des éventails, ouvrière qui sépare les doubles-feuilles collées, pour les étendre sur les cercles.

LÉVIATHAN, subst. mas. (*lévi-atan*), t. d'hist. nat., nom qu'on a donné au crocodile du Nil, adoré autrefois en Égypte.—Mot employé dans l'Écriture pour désigner la plus grosse espèce de cétacés.

LEVIER, subst. mas. (*levié*), verge inflexible de fer, de bois, etc., soutenue par un seul point d'appui, propre à *lever,* à remuer quelque fardeau. C'est la première des machines simples.— En t. de mécan., on appelle *levier,* une machine qui sert à voiturer ou élever un poids considérable. Elle est composée d'une roue dentée, ayant à son centre un arbre ou treuil autour duquel file la corde qui répond au poids d'un balancier dont l'appui se trouve au milieu, et de deux crochets qui accrochent alternativement les dents de la roue. Le poids repose sur un assemblage de charpente portée par des roulettes, et il est attiré, au moyen de poulies et de cordages, par le mouvement qu'impriment au balancier quatre hommes placés deux à un bout et deux à l'autre. — Instrument de chirurgie, outil d'horloger.—*Levier hydraulique,* appareil destiné à élever l'eau des rivières par la seule force du courant.

LEVIÈRE, subst. fém. (*levière*), t. de pêche, grosse corde qui pose sur un treuil, et qui sert à *relever* les filets qu'on tend aux arches d'un pont, lorsqu'on veut les faire sécher.

LÉVIGATION, subst. fém. (*léviguacion*) (en lat. *levigatio*), t. de chimie, action de réduire une poudre en poudre impalpable, par le lavage.

LÉVIGÉ, E, part. pass. de *léviger.*

LÉVIGER, v. act. (*lévijé*) (du lat. *levigare,* employé par *Columelle* dans la même acception, et fait de *levis,* uni, qui dérive du grec λεῖος, pris dans le même sens), t. de chimie, soumettre une poudre à la lévigation. — SE LÉVIGER, v. pron.

LÉVINA, subst. mas. (*lévina*), t. de bot., genre de plantes.

LÉVIPÈDE, adj. des deux genres (*lévipède*) (du lat. *levis,* léger, et *pes,* gén. *pedis,* pied), léger à la course, qui va vite.

LÉVIRAT, subst. mas. (*lévira*), mariage juif avec la veuve du frère.

LÉVIROSTRE, subst. et adj. mas. (*lévirocetre*) (du lat. *levis,* uni, et *rostrum,* bec), t. d'hist. nat., famille d'oiseaux grimpeurs.

LEVIS, adj. mas. (*levi*) (rac. *lever*), usité seulement dans cette expression : *pont-levis,* qui se *lève* et qui se baisse pour ouvrir ou fermer le passage d'un fossé, etc.

LÉVISANUS, subst. mas. (*lévizanuce*), t. de bot., arbrisseau du cap de Bonne-Espérance.

LÉVISILEX, subst. mas. (*lévicilèkce*), t. d'hist. nat., quartz agate nectique.

LÉVITE, subst. mas. (*lévite*) (en lat. *levita*), chez les juifs, prêtre ou sacrificateur, ainsi nommé parce qu'il était de la tribu de *Lévi.*

LÉVITE, subst. fém. (*lévite*), sorte de robe de femme qui enveloppe la taille, comme les robes des *lévites.*—On a donné le même nom, et par la même raison, à une espèce d'habit d'homme appelé redingote.

LÉVITESSE, subst. fém. (*lévitèce*), femme de *lévite.* Peu usité.

LÉVITIQUE, subst. mas. (*lévitike*) (en lat. *leviticus*), troisième livre du *Pentateuque,* qui traite principalement des cérémonies religieuses confiées aux *lévites.*

LÉVITISCUM, subst. mas. (*léviticekome*), t. de bot., plante des anciens, qu'on croit être notre *livêche.*

LEVRAUDÉ, E, part. pas. de *levrauder*, et adj., persécuté, poursuivi, pourchassé comme un *lièvre* ou un *levraut* qu'on chasse. Mot employé par *Voltaire* dans ses *Mémoires*, et qui ne pourrait être conservé que dans le style très-familier.

LEVRAUDER, v. act. (*levrôdé*), harceler, poursuivre comme un lièvre : *il n'y a que les critiques de mauvaise foi qui levraudent les ouvrages consciencieux.*

LEVRAUT, subst. mas. (*levrô*), jeune *lièvre*. On donne le nom de *levreteaux* aux petits *levrauts* qui sont encore nourris par la mère.

LÈVRE, subst. fém. (*lèvre*) (en lat. *labrum*), partie extérieure de la bouche, qui couvre les dents et qui aide à former la parole.—Fig. : *n'honorer Dieu que des lèvres*, *du bout des lèvres*, comme l'hypocrite, sans que le cœur y soit. — *J'avais son nom sur le bord des lèvres*, j'étais près de le dire et je ne m'en souviens plus.—*Avoir le cœur sur les lèvres*, être franc et sincère.—*Avoir la mort sur les lèvres*, être à l'agonie.—*Rire du bout des lèvres*, d'un rire forcé, comme un homme qui n'a pas envie de rire du tout. — En t. d'anat., on appelle *grandes lèvres* et *petites lèvres*, des prolongements du tissu cellulaire qui forment les bords de la vulve des femmes. — On dit aussi *les lèvres d'une plaie, d'un ulcère*. — En t. de bot., *lèvres* se dit de certaines découpures qui caractérisent les fleurs des plantes, qui, par cette raison, sont nommées *plantes labiées*. On distingue dans les fleurs, la *lèvre supérieure* et la *lèvre inférieure* : *les fleurs du thym, de la sauge*, etc., *sont partagées en deux lèvres*.—On appelle aussi *lèvres*, en conchyliologie, les bords de la bouche d'une coquille.— En t. d'art vétérinaire, *lèvres* se dit de la peau qui règne sur les bords de la bouche du cheval et qui environne les mâchoires.—En t. de man., on dit qu'*un cheval s'arme de la lèvre*, quand il les a si grosses qu'elles couvrent les barres, en ôtent le sentiment, et rendent l'appui du mors lourd et pesant.—On appelle, par analogie, *lèvres*, diverses pièces cernées de la bouche des insectes.

LÈVRETEAU, subst. mas. (*lèvretô*), petit *lièvre* qui tette encore.

LÉVRETER, v. neut. (*lèvreté*), chasser au *lièvre*, avec des *lévriers*.— Mettre bas, en parlant des *lièvres*.

LEVRETTE, subst. fém. (*levrète*), femelle du *lévrier*.

LEVRETTÉ, E, adj. (*levrèté*), qui a la taille mince comme un *lévrier* : *épagneul levretté*.

LEVRETTEUR, subst. mas. (*levrèteur*), celui qui élève des *lévriers*.

LÉVREUSE, adj. fém. Voy. LÉVREUX.

LÉVREUX, adj. mas., au fém. **LÉVREUSE** (*lèvreu, vreuze*), qui a de grosses *lèvres*.

LÉVRICHE, subst. fém. (*lèvriche*), femelle d'un petit *lévrier*.

LÉVRIER, subst. mas. (*lèvri-é*), nom donné à une race de chiens qui servent à la chasse du *lièvre*.—C'est une espèce de chiens à hautes jambes, qui chassent de vitesse à l'œil et non à l'odorat. Ils ont la tête et la taille déliées et fort longues : *lévrier à lièvres, lévrier à loups*. Les grands *lévriers* destinés à courre le loup, le sanglier, le renard et toutes les grosses bêtes, se nomment en général *lévriers d'attaque*.

LEVRON, subst. mas. (*levron*), *lévrier* au-dessous de six mois. — Sorte de *lévrier* de petite taille.

LEVROUX, subst. propre mas. (*levrou*), ville de France, chef-lieu de canton, arrond. de Châteauroux, dép. de l'Indre.

LEVURE, subst. fém. (*levure*), écume de la bière quand elle bout. Les boulangers s'en servent à défaut d'autre *levain*. — Ce qu'on *lève* de dessus ou de dessous le lard à larder. —En t. de pêche, demi-mailles par lesquelles on commence un filet.

LEVURIER, subst. mas. (*levurié*), marchand de *levure*.

LÉWISIE, subst. fém. (*lèvizi*), t. de bot., plante vivace de l'Amérique septentrionale.

LEXIARQUES, subst. mas. plur. (*lèkci-arke*) (en grec ληξιαρχοι, formé de ληξις, sort, héritage, et αρχω, je gouverne, parce qu'ils tenaient un registre des enfants qui, étant parvenus à leur majorité, pouvaient disposer de leurs biens), chez les Grecs, magistrats qui examinaient la conduite de ceux que l'on admettait au rang des prytanes, etc.

LEXICOGRAPHE, subst. mas. (*lèkcikoguerafe*) (du grec λεξικον, lexique, et γραφω, j'écris), auteur d'un *lexique*, d'un dictionnaire.

LEXICOGRAPHIE, subst. fém. (*lèkcikoguerafi*), art de faire les dictionnaires.

LEXICOGRAPHIÉ, E, part. pass. de *lexicographier*.

LEXICOGRAPHIER, v. act. (*lèkcikoguerafi-é*), décliner, conjuguer les verbes.— *se* LEXICOGRAPHIER, v. pron.

LEXICOGRAPHIQUE, adj. des deux genres (*lèkcikoguerafike*), qui a rapport à la *lexicographie*.

LEXICOGRAPHIQUEMENT, adv. (*lèkcikoguerafikeman*), à la manière des *lexicographes*.

LEXICOLOGIE, subst. fém. (*lèkcikoloji*) (du grec λεξικον, mot, et λογος, discours), science des mots.—Traité sur les mots.

LEXICOLOGIQUE, adj. des deux genres (*lèkcikolojike*), qui a rapport à la *lexicologie*.

LEXICOLOGUE, subst. mas. (*lèkcikologue*), celui qui s'occupe de *l'exicographie*.

LEXIGRAPHE, subst. mas. (*lèkciguerafe*), auteur d'une *lexigraphie*.

LEXIGRAPHIE, subst. fém. (*lèkciguerafi*), formation des mots.

LEXIGRAPHIER, v. act. (*lèkciguerafié*), conjuguer les verbes.— *se* LEXIGRAPHIER, v. pron.

LEXIGRAPHIQUE, adj. des deux genres (*lèkciguerafike*), qui appartient à la *lexigraphie*.

LEXIPHARMAQUE, adj. des deux genres. Voy. ALEXIPHARMAQUE.

LEXIPYRÉTIQUE, adj. des deux genres. Voy. ALEXIPYRÉTIQUE.

LEXIQUE, subst. mas. (*lèkcike*) (en grec λεξικον, fait de λεξις, mot, diction, dont la racine est λεγω, je dis), dictionnaire, surtout en parlant de ceux de la langue grecque. On dit aussi *lexicon*. —Adj. : *manuel lexique*, petit *dictionnaire* d'un usage facile et fréquent.

LEYDE (*lède*). Voy. *bouteille de Leyde*, au mot BOUTEILLE.

LEYSÈRE, subst. fém. (*lèzère*), t. de bot., plante corymbifère du cap de Bonne-Espérance.

LEZ, adv. (*lé*), corruption et contraction des mots latins *ad latus*, au côté de... *Le Duchat*.); vieux mot qui signifie : à côté de, proche de, tout contre : *le Plessis-lez-Tours*. — On dit dans le même sens *ès*.

LÉZARD, subst. mas. (*lézar*) (en lat. *lacerta*), t. d'hist. nat., genre de reptiles sauriens, qui ont le corps couvert d'écailles en dessus et de plaques en dessous et sur la tête ; leur queue est longue et conique.—En astron., petite constellation boréale, introduite par *Hévélius*, entre celle d'Andromède et du Cygne ; elle est composée de seize étoiles dans le *Catalogue britannique* de *Flamsteed*.

LÉZARDE, subst. fém. (*lézarde*), crevasse qui se fait dans les murs, par vétusté, etc., ainsi nommée des *lézards* auxquels elle ouvre un passage.—On a quelquefois appelé *lézarde* la femelle du *lézard*.

LÉZARDÉ, E, adj. (*lézardé*), fendu, crevassé. Il ne se dit que des murs : *ce mur est tout lézardé*.

LÉZARDELLE, subst. fém. (*lézardèle*), t. de bot., plante vivace de l'Amérique septentrionale. On la cultive dans les jardins à cause de ses longues grappes de feuilles qui lui donnent un aspect particulier.

se **LÉZARDER**, v. pron. (*celézardé*), se couvrir de *lézardes* : *cette maison se lézarde*.

LÉZIGNAN, subst. propre mas. (*lézignian*), bourg de France, chef-lieu de canton, arrond. de Narbonne, dép. de l'Aude.

LEZOUX, subst. propre mas. (*lezou*), ville de France, chef-lieu de canton, arrond. de Thiers, dép. du Puy-de-Dôme.

LHERZOLITHE, subst. fém. (*lèrezolite*), t. d'hist. nat., variété de pyroxène, découverte récemment près de l'étang de *Lhery*, dans les Pyrénées.

LIA-FAIL, subst. mas. (*li-afa-ie*), myth., sorte de pierre sacrée chez les anciens Irlandais.

LIAGE, subst. mas. (*li-aje*), t. de soierie, brins de soie qui, dans les étoffes brochées, *lient* de distance en distance la soie ou la dorure brochée. —Dans les moulins à poudre, on dit le *liage du salpêtre, du soufre et du charbon*, pour dire le mélange de ces matières dans les mortiers.

LIAGORE, subst. fém. (*li-aguore*), t. d'hist. nat., genre de polypiers voisin des tubulaires.

LIAIS, subst. mas. (*li-è*), sorte de pierre dure qu'on tire des carrières d'Arcueil près Paris. Le peuple dit *pierre de lierre*. C'est une expression barbare.—Dans le métier de tisserand, longue tringle de bois qui soutient les lisses.

LIAISON, subst. fém. (*li-èzon*), ce qui sert à *lier* certaines choses.—Union de plusieurs corps. —En littérature : *la liaison des phrases ; la liaison des parties d'un discours. La liaison des scènes*, dans une pièce de théâtre. — *La liaison des idées*. — Rapport, connexité. — Union des cœurs, amitié : *il y a une étroite liaison entre eux*. On dit aussi *liaison d'intérêts, d'affaires, de plaisirs*, etc. — Intelligence : *former des liaisons avec les mécontents*, etc.—En t. de cuisine, jaunes d'œufs délayés, ou autre matière propre à épaissir une sauce.—En t. de maçonnerie, mortier ou plâtre qui sert à jointoyer les pierres : *maçonnerie en liaison*, celle où une pierre est posée sur le joint de deux autres.—Dans l'écriture, trait délié qui *lie* les caractères les uns aux autres. — Dans la musique, exécution d'un passage d'un même coup d'archet, de langue ou de gosier, à la différence des traits détachés ou piqués.—Dans le plain-chant, suite de notes passées sur une même syllabe.

LIAISONNÉ, E, part. pass. de *liaisonner*.

LIAISONNER, v. act. (*li-èzoné*), t. de maçonnerie, arranger des pierres de façon que les joints des unes portent sur le milieu des autres. On le dit aussi des pavés.—En t. de couvreur, *liaisonner les lattes*, les clouer de façon qu'elles n'aboutissent pas toutes sur le même chevron.— —*se* LIAISONNER, v. pron.

LIANCE, subst. fém. (*li-ance*), t. de féod., droit d'un seigneur sur un vasselage, devoir de fidélité du vassal. Il est vieux et hors d'usage.

LIANE, subst. fém. (*li-ane*), t. de bot., nom générique d'une famille de plantes particulières à l'Amérique et à l'Afrique, qui montent comme le lierre en serpentant autour des arbres, et de là jettent des filets qui, retombant sur la terre, s'y enfoncent et prennent racine. On en distingue un très-grand nombre d'espèces.—*Liane à réglisse*, sous-arbrisseau de l'ordre des plantes légumineuses, qui croît au bord de la mer dans les deux Indes, et dont les tiges sont employées au même usage que les racines de la réglisse en France.—*Liane brûlante*, espèce de dragone qui croît à Saint-Domingue et dont le suc est très-caustique.— —*Liane coupante*, espèce de roseau de Cayenne dont les feuilles sont fort acérées.—*Liane à médecine*, espèce de liseron de S.-Domingue qui forme un excellent purgatif. — *Liane à sang*, plante qui croît dans les mornes, aux Iles sous le vent, et qui est remplie d'une liqueur rouge.— *Liane à chiques*, herbe de S.-Domingue, excellente contre la piqûre des chiques.

LIANT, subst. mas. (*li-an*), douceur, souplesse dans le caractère : *avoir beaucoup de liant dans le caractère*.

LIANT, E, adj. (*li-an, ante*), souple : *un ressort est liant*.—Doux, complaisant, affable : *c'est un homme flexible et liant*.

LIARD, subst. mas. (*li-ar*, et non pas *iar*, comme dit le peuple), petite monnaie qui valait trois deniers ; la quatrième partie d'un sou.

LIARDER, v. neut. (*li-ardé*), dépenser sou à sou ; donner chacun une petite somme ; lésiner, donner *liard à liard*. Style fam.

LIARDEUR, subst. mas., **LIARDEUSE**, subst. fém. (*li-ardeur, deuze*), lésineur, avare.

LIARDEUSE, subst. fém. Voy. LIARDEUR.

LIAS, subst. mas. (*li-a*), t. d'hist. nat., sorte de terre marneuse.

LIASSE, subst. fém. (*li-ace*), papiers cotés et *liés* ensemble. — Ce qui sert à *lier* les papiers. — Pièce de fil de quatre-vingts aunès.

LIATRIX, subst. mas. (*li-atrikce*), t. de bot., espèce de serratule de la Caroline.

LIBADIE, subst. fém. (*libadi*), t. de bot., espèce de centaurée.

LIBAGE, subst. mas. (*libaje*), gros moellon mal taillé. — Pierre de taille qu'on ne peut employer parce qu'il s'y trouve des fils, etc.

LIBAN, subst. mas. (*liban*), t. de pêche, corde qui borde le pied du filet, et à laquelle on attache le lest. — Corde d'auffe qui sert à attacher les grosses pièces de liège au filet de la madrague.— Subst. propre, montagne de la Turquie d'Asie, qui se rattache à la chaîne du Taurus. — Myth., *Liban* ou *Libanus*, jeune Syrien, qui fut tué par des scélérats. Les dieux, pour le récompenser du culte qu'il leur avait rendu, le changèrent en montagne. Voy. DENDROLIBANUS.

LIBANIE, subst. fém., ou **LIBANOTIS**, subst. mas. (*libani, banotice*) (du grec λιβανος, encens), t. de bot., plante vivace du midi de l'Europe, dont la racine exhale une odeur analogue à celle de l'encens.—On dit aussi *libanis*.

LIBANIOS, subst. mas. (*libani-ôce*), t. de bot., espèce de vigne aromatique dont le vin était employé aux libations des anciens.

LIBANOCHROS, subst. mas. (*libanokrôce*), t. d'hist. nat., sorte de pierre précieuse.

LIBANOMANCIE, subst. fém. (*libanomanci*) (du grec λίβανος, encens, et μαντεία, divination), divination qui se faisait au moyen de l'encens.

LIBANOMANCIEN, subst. et adj. mas., au fém. **LIBANOMANCIENNE** (*libanomanciein, ciène*), qui devinait ou prédisait par le moyen de l'encens.

LIBANOMANCIENNE, subst. et adj. fém. Voy. LIBANOMANCIEN.

LIBATION, subst. fém. (*libâcion*) (en lat. *libatio*, ou *libamen*, fait de *libare*, dérivé du grec λείβειν, répandre), effusion de vin ou d'autre liqueur que les anciens faisaient en l'honneur de quelque divinité. Il ne s'emploie guère qu'au plur : *faire des libations*.

LIBATOIRE, subst. mas. (*libatoare*), vase qui servait aux *libations*.

LIBATTE, subst. fém. (*libate*) ; on donne ce nom à un camp ou à un village de nègres.

LIBELLA, subst. fém. (*libèlela*), t. d'antiq., petite pièce de monnaie des anciens Romains. Voy. AS.

LIBELLATIQUE, subst. mas. (*libèlelatike*) (en lat. *libellaticus*, fait de *libellus*, certificat, etc.), chrétien qui se rachetait de la persécution au moyen d'une somme d'argent donnée aux magistrats, en échange de laquelle il recevait un *billet* de sauvegarde.

LIBELLE, subst. mas. (*libèle*) (en lat. *libellus*, petit livre, *libelle*, dérivé de *liber*, livre), écrit injurieux, écrit diffamatoire.—T. de jurispr.: *libelle de divorce*, acte par lequel un mari notifie à sa femme qu'il entend la répudier.—*Libelle d'un exploit* ou *d'une demande*, ce qui exprime l'objet de l'ajournement.

LIBELLÉ, subst. mas. (*libèlelé*), rédaction d'un ordre, d'une demande.

LIBELLÉ, E, part. pass. de *libeller*.

LIBELLER, v. act. (*libèlelé*) (du lat. *libellus* requête, exploit, etc.), t. de pratique, dresser un exploit, un acte dans les formes prescrites.—T. de finances : *libeller un mandement*, spécifier à quoi est destinée la somme qui y est portée. — *se* LIBELLER, v. pron.

LIBELLISTE, subst. mas. (*libèlelicete*), auteur d'un *libelle*.

LIBELLULE, subst. fém. (*libèlelule*), t. d'hist. nat., famille d'insectes névroptères, appelés plus communément *demoiselles*.

LIBELLULINE, subst. fém. (*libèleluline*), t. d'hist. nat., insectes névroptères subulicornes.

LIBENTINE, subst. fém. Voy. LUBENTIE.

LIBER ou **LIVRET**, subst. mas. (*libère*) (du lat. *liber*, écorce intérieure de l'arbre), t. de bot., substance comprise entre l'enveloppe cellulaire et l'aubier, formée de différentes couches qui constituent proprement l'écorce. On donne aussi à cette substance le nom de *couches corticales*.

LIBER, subst. propre mas. (*libère*), myth., surnom de Bacchus, pris de la *liberté* qu'inspire le vin.

LIBERA, subst. mas. (*libéra*) (en lat. *libera*, impératif du verbe *liberare*, délivrer), premier mot latin d'une prière que l'Église fait pour les morts, et qui se dit pour la prière elle-même : *chanter un libera*.—Au plur., des *libera*.—**LIBÉRA**, subst. propre fém., myth., surnom donné à Vénus, à Proserpine et à Ariane.

LIBÉRAL, E, adj. (*libéral*) (du lat. *liberalis*, employé dans la même acception , et qui signifie proprement qui est d'une condition *libre*, d'une naissance honnête), qui aime à donner; qui donne facilement et avec plaisir. — On a dit depuis quelque temps, *éducation libérale*, *principes libéraux*, suivant l'étymologie, dignes d'une personne libre et bien née. C'est un latinisme que l'usage a suffisamment autorisé. —*Arts libéraux*, arts honorables où l'esprit a plus de part que la main. Il se dit par opposition à art mécanique. —Au plur. mas., *libéraux*.

LIBÉRAL, subst. mas. (*libéral*), celui qui professe des principes *libéraux*, des idées d'homme *libre*.—Au plur., les *libéraux*.

LIBÉRALEMENT, adv. (*libéraleman*), avec *libéralité*.

LIBÉRALES ou **LIBÉRALIES**, subst. fém. plur. (*libérale*, *râli*), myth., fêtes en l'honneur de Bacchus. — On a dit aussi adjectiv. : *les fêtes libérales*.

LIBERALIS et **LIBERATOR** ou **ÉLEUTHÉRIUS**, subst. mas. (*libérâlice*, *bérâtor*), myth.: on adorait Jupiter sous ces noms, comme dieu tutélaire de la liberté.

LIBÉRALISÉ, E, part. pass. de *libéraliser*.

LIBÉRALISER, v. act. (*libéralizé*), rendre *libéral*, noble et libre. — *se* LIBÉRALISER, v. pron. : *l'Europe se libéralise*.

LIBÉRALISME, subst. mas. (*libéraliceme*), système, ensemble, adoption d'idées *libérales* : conduite d'après ces idées.—Tendance bienveillante au bonheur de toutes les classes de la société.

LIBÉRALITÉ, subst. fém. (*libéralité*) (en latin *liberalitas*), vertu par laquelle on est porté à donner; munificence. — Don d'une personne *libérale*. Il ne prend de pluriel qu'en ce sens. — Quelques néologues ont dit *la libéralité des principes*, *des sentiments*, etc. Voy. au mot LIBÉRAL.

LIBÉRATEUR, subst. mas., au fém. **LIBÉRATRICE** (*libérateur*, *trice*) (en lat. *liberator*), celui, celle qui délivre ou qui a délivré de....

LIBÉRATIF, adj. mas., au fém. **LIBÉRATIVE** (*libératif*, *tive*), qui opère la *libération*.

LIBÉRATION, subst. fém. (*libérâcion*) (en lat. *liberatio*, délivrance, affranchissement), décharge de quelque dette ou de quelque servitude.—Quelques écrivains, et notamment *Mallet* (traduction de Voyages), l'ont employé dans le sens de délivrance. C'est un latinisme que l'usage n'a point adopté.

LIBÉRATIVE, adj. fém. Voy. LIBÉRATIF.

LIBÉRATRICE, subst. fém. Voy. LIBÉRATEUR.

LIBÉRAUX, subst. et adj. mas. plur. Voy. LIBÉRAL.

LIBÉRÉ, E, part. pass. de *libérer* : *forçat libéré*, qui a recouvré sa liberté après avoir subi sa peine.

LIBÉRER, v. act. (*libéré*) (en lat. *liberare*, délivrer, affranchir), t. de pratique, décharger de quelque obligation. — En parlant d'un soldat, le renvoyer dans ses foyers.—*se* LIBÉRER, v. pron., se décharger d'une dette, etc.

LIBÉRIES, subst. fém. plur. (*libéri*), fêtes que les Romains célébraient le 16 des calendes d'avril, jour où les enfants quittaient la robe du premier âge, pour prendre celle qu'on appelait *toga libera*, toge libre.

LIBERTÉ, subst. fém. (*libèreté*) (en lat. *libertas*), en général, pouvoir qu'a l'âme de se déterminer à faire ou à ne pas faire. — *Liberté naturelle*, droit que la nature donne à tous les hommes de disposer de leur personne et de leurs biens, de la manière qu'ils jugent la plus convenable à leur bonheur, sous la restriction qu'ils le fassent dans les termes de la loi naturelle, et qu'ils n'en abusent pas au préjudice des autres hommes. — Indépendance des commandements d'autrui. — État d'une personne *libre*. Il se dit ou par opposition à *servitude* : *donner la liberté à un esclave*; ou par opposition à *captivité* : *ce prisonnier a recouvré sa liberté*; *donner la liberté à un oiseau*. — En parlant d'un état, d'un pays, constitution d'un gouvernement, dans lequel le peuple participe à la puissance législative. — Il est opposé à contrainte : *parler en liberté*, *avec liberté*. — Pouvoir d'agir conformément aux lois : *liberté de commerce*. — On entend par ce mot aujourd'hui, en politique, le droit que chaque citoyen *libre* a de faire tout ce qui n'est pas défendu par les lois. — On appelle *liberté civile*, le droit de faire tout ce que les lois permettent. — *Liberté politique*, par rapport au citoyen, celle qui consiste dans sa sûreté, ou du moins dans l'opinion qu'il a de sa sûreté.—*Liberté politique*, par rapport à un peuple ou une nation, est une expression que l'on a admise dans une multitude de significations différentes. Les uns l'ont prise pour la faculté de déposer celui à qui ils avaient donné un pouvoir tyrannique; les autres, pour la faculté d'élire celui à qui ils devaient obéir; d'autres, pour le droit d'être armés, et de pouvoir exercer la violence; ceux-ci, pour le privilège de ne pouvoir être gouvernés que par un homme de leur nation, ou par leurs propres lois. Un certain peuple a long-temps pris la *liberté* pour l'usage de porter une longue barbe. Ceux-ci ont attaché à ce nom une forme de gouvernement, et en ont exclu les autres. Ceux qui goûtent le gouvernement républicain la mettent dans ce gouvernement; ceux qui veulent le gouvernement monarchique la placent dans la monarchie. Enfin, chacun appelle *liberté* le gouvernement qui est conforme à ses coutumes et à ses inclinations. — *Liberté de la presse*, droit de faire imprimer ce que l'on veut sans être soumis à la censure, en se conformant aux lois.—*Liberté illimitée de la presse*, droit de faire imprimer tout ce que l'on veut. — On appelle *liberté des cultes*, la tolérance de toutes les religions.—Manière d'agir *libre*, familière, hardie.— Au sing., il se dit en bien comme en mal; au plur., se prend en mauvaise part : *se donner*, *prendre des libertés*. — Aisance, facilité : *faire toutes choses avec grace et liberté*; *liberté de pinceau*, *de burin*. — *Liberté de conscience*, permission d'exercer une religion autre que la dominante. — *Liberté d'esprit*, état d'un homme qui a l'esprit dégagé de tout objet étranger. — *Liberté de ventre*, facilité que le ventre a de bien faire ses fonctions. — *Liberté de cour*, sorte de privilège des anciennes villes hanséatiques, qui consistait à être jugé en première instance par le consul, et sur appel, par les magistrats des villes associées. — Au plur., franchises, immunités. — *Libertés de l'Église gallicane*, observation de certains points de l'ancien droit commun et canonique concernant la discipline ecclésiastique que l'Église de France a conservée dans toute sa pureté, sans admettre aucune des innovations qui se sont introduites à cet égard dans plusieurs autres Églises. — Chez les menuisiers qui travaillent en canne, filet de canne qui sert à élever et à baisser les brins pour faciliter le passage d'une aiguille de même matière.— En t. d'éperonnier, espace vide pratiqué dans une embouchure de mors, pour loger la langue de l'animal.— Myth., divinité allégorique. On la représentait sous la figure d'une femme vêtue de blanc, tenant un sceptre d'une main, un bonnet de l'autre, et ayant auprès d'elle un char avec un joug rompu.

LIBERTICIDE, adj. des deux genres (*libèreticide*) (du lat. *libertas*, liberté, et *occidere*, tuer, détruire), destructif de la *liberté* : *opinion*, *complot liberticide*. Mot nouveau.

LIBERTIN, subst. et adj. mas., au fém. **LIBERTINE** (*libèretein*, *tine*), qui aime sa *liberté* ; qui hait toute sorte de sujétion, de contrainte. En ce sens, on ne le dit que des enfants ou des choses qui ont rapport aux personnes : *être d'une humeur libertine*, *mener une vie libertine*.—Déréglé, débauché. Dans cette acception il s'emploie surtout substantivement.—Esprit fort, incrédule : *les impies et les libertins*. C'était là autrefois l'acception la plus ordinaire de ce mot.

LIBERTINAGE, subst. mas. (*libèretinaje*), désordre, dérèglement de vie.—*Libertinage d'esprit*, incrédulité, irreligion.

LIBERTINER, v. neut. (*libèretiné*), vivre dans le *libertinage*; être dissipé, courir beaucoup. Il est fam. — *se* LIBERTINER, v. pron., se dissiper beaucoup, s'écarter de son devoir.

LIBERUM-VETO, subst. mas. (*libéromevétô*), (mots latins), droit accordé par l'ancienne constitution polonaise à chaque nonce ou député de la noblesse, membre d'une diète, de s'opposer à une résolution, quel qu'en fût l'objet, et par là de la rendre nulle. Ce droit s'étendait jusqu'à dissoudre la diète elle-même par ces seuls mots : *que toute délibération soit arrêtée*.

LIBÉTHRA, subst. propre fém. (*libétra*), myth., ville et fontaine sur les frontières de la Macédoine, célèbres dans les poètes par le tombeau d'Orphée.

LIBÉTHRIDES, subst. propre fém. plur. (*libétride*), myth., surnom des Muses, pris de la fontaine de *Libéthra*, qui leur était consacrée.

LIBETTE, subst. fém. (*libète*), t. d'hist. nat., joli insecte coléoptère.

LIBIDINEUSE, adj. fém. Voy. LIBIDINEUX.

LIBIDINEUX, adj. mas., au fém. **LIBIDINEUSE** (*libidineu*, *neuze*) (en lat. *libidinosus*, fait de *libido*, passion désordonnée, dérèglement, débauche), dissolu, lascif.

LIBIDINOSITÉ, subst. fém. (*libidinôzité*), défaut, vice de celui qui est *libidineux*. Vieux et inusité.

LIBITINAIRE, subst. mas. (*libitinère*) (du lat. *libitinarius*, fait de *Libitina*, déesse qui présidait aux funérailles), chez les anciens Romains, espèce d'entrepreneur des funérailles, qui vendait dans le temple de *Vénus Libitine* tout ce qui était nécessaire pour les cérémonies funèbres.

LIBITINE, subst. propre fém. (*libitine*), myth., divinité qui présidait aux funérailles. C'est la même que Proserpine. Quelques-uns croient que c'était Vénus même, et qu'elle présidait à la mort des hommes comme au commencement de leur existence.

LIBOURET, subst. mas. (*libourè*), ligne à plusieurs hameçons, pour la pêche des maquereaux.

LIBOURNE, subst. propre fém. (*libourne*), ville de France, chef-lieu d'arrond., dép. de la Gironde.

LIBRAIRE, subst. des deux genres, (*librère*) (en lat. *librarius*, fait de *liber*, livre), marchand de livres.—On dit, en parlant d'une femme, une *marchande libraire*. En ce sens il est adj.

LIBRAIRESSE, subst. fém. (*librèrèce*), femme de *libraire*. Vieux et burlesque.

LIBRAIRIE, subst. fém. (*librèri*), l'art, la profession de *libraire* : *il entend bien la librairie*, le commerce des livres. — Autrefois il signifiait bibliothèque.—Le corps des *libraires*.

LIBRAMENT, subst. mas. (*libraman*), chez les insectes diptères, la même chose que balancier.

LIBRATION, subst. fém. (*librâcion*), t. d'astron. balancement apparent de la lune autour de son axe, duquel résulte un petit changement dans la situation de son globe et dans la position de ses taches. Les astronomes distinguent quatre sortes de librations : *la libration diurne*, qui est égale à la parallaxe horizontale; *la libration en latitude*, qui vient de l'inclinaison de l'axe de la lune sur l'écliptique; *la libration en longitude*, qui vient des inégalités du mouvement de la lune dans son orbite; enfin la *libration* qui provient de l'attraction de la terre sur la sphéroïde lunaire.—*Libration de l'apogée de la lune*, mouvement alternatif que l'action du soleil produit dans le mouvement de cet apogée, et qui étoit d'environ douze degrés, suivant l'hypothèse d'*Horoccius*, adoptée par *Newton* et *Halley*.—*Libration de la terre*, suivant quelques anciens astronomes, le mouvement par lequel la terre est retenue dans son orbite, de manière que son axe demeure toujours parallèle à lui-même. *Copernic* l'appelait improprement *mouvement de libration*.—*Libration de l'obliquité de l'écliptique*, mouvement de l'axe de la terre, admis par *Copernic* pour expliquer la diminution de l'obliquité de l'écliptique. On ne se sert plus de cette expression.

LIBRE, adj. des deux genres (*libre*) (du lat. *liber*, fait dans le même sens du verbe impersonnel *libet*, il plaît, on trouve bon; *qui peut faire ce qui lui plaît*), qui a le pouvoir de se déterminer.—Indépendant.—Qui n'est pas esclave. —Qui jouit de la liberté politique : *commander à une nation libre*. — Qui n'est plus captif ou prisonnier.—Qui n'est point contraint.—En mécanique, *une roue est libre*, lorsqu'elle se meut avec facilité, qu'elle n'éprouve point d'obstacles dans son mouvement. — *Le commerce est libre*, lorsqu'il n'a point d'entraves, qu'il n'est point gêné par des prohibitions. — On dit d'une personne qui n'est pas mariée, qu'*elle est libre*. Il se dit aussi d'une personne qui n'est point engagée dans les liens de l'amour.—On dit familièrement, qu'*on est libre*, quand on n'a plus rien à faire dans le moment.—*Un gouvernement est libre*, lorsqu'il est fondé sur la liberté politique des citoyens. — En t. de bot., qui n'a point d'adhérences dans les parties voisines.—En parlant des mers, des chemins, où l'on peut aller en sûreté. — Délivré ou exempt : *libre de soins*, *de soucis*, etc.—Licencieux : *paroles libres*. — Hardi, téméraire. — *État*, *peuple libre*, qui se gouverne par ses propres lois.—*Vers libres*, d'une mesure inégale. — *Avoir le ventre libre*, n'être pas constipé.—*Etre libre avec quelqu'un*, n'être pas gêné, vivre avec lui sans cérémonie. — *Les suffrages ne sont pas libres*, on n'ose dire son avis.

LIBREMENT, adv. (*libreman*), avec *liberté*, sans contrainte. — Sans cérémonie; familièrement.—Sans circonspection, sans égard.—T. de peinture, *toucher librement*, avec facilité.

LIBRILLES, subst. fém. plur. (*libri-ie*), t. d'antiq., machines de guerre pour lancer des projectiles.

LIBRIPENS, subst. mas. (*libripeince*), t. d'antiq., officier qui pesait l'argent qu'on donnait aux soldats romains.

LIBUM, subst. mas. (*libome*), t. d'antiq., gâteau de farine, de lait et de sésame, dont on se servait chez les anciens pour les sacrifices.

LIBURNE, subst. fém. (*liburne*) (en lat. *liburna*), t. d'antiq., bâtiment à rames dont on se servait pour la guerre; il fut inventé par les habitants de la *Liburnie*.

LIBURNIE, subst. propre fém. (*liburni*), ancien nom de la Croatie, qui faisait partie de l'ancienne Illyrie.

LIBURNIENS, subst. mas. plur. (*liburniein*), anciens habitants de la *Liburnie*.

LIBURON, subst. mas. (*liburon*), t. d'hist. nat., sorte de poisson.

LIBYCIENS, subst. mas. plur. (*libiciein*), anciens habitants de la Gaule cisalpine.

LIBYE, subst. propre fém. (*libi*), t. de géog. anc., nom d'une contrée considérable de l'Afrique. — Myth., fille d'Epaphus et de Cassiope. Elle épousa Neptune, dont elle eut Agénor et Bélus, et donna son nom à une grande contrée d'Afrique.

LIBYENS, subst. mas. plur. (*libiein*), anciens habitants de la *Libye*.

LIBYPHÉNICIENS, subst. mas. plur. (*libifénicien*), anciens habitants du royaume de Tunis.

LIBYSSINUS, subst. propre mas. (*libicecinuce*), myth., surnom d'Apollon, adoré sur le promontoire Pachynien, en Sicile.

LIBYTHÉE, subst. fém. (*libité*), t. d'hist. nat., genre d'insectes qui comprend plusieurs espèces de papillons.

LICATI, subst. mas. (*likati*), t. de bot., espèce de laurier de la Guyane.

LICATIENS, subst. mas. plur. (*likacicin*), peuple de la Vindélicie, ancienne contrée de la Bavière.

LICE, subst. fém. (*lice*) (du lat. barbare *liciæ*, *arum*, employé avec la même acception dans la basse latinité, et que *Ménage* dérive du mot non moins barbare *palitium*, au plur. *palitia*, clôture en bois, fait de *palus*, pieu), lieu où l'on fait des courses, tournois et autres exercices; carrière d'un carrousel, d'un manège, etc.—Fig.: *entrer en lice*, s'engager publiquement dans quelque contestation. — *Fuir la lice*, éviter d'entrer dans quelque dispute.— Barrières qui bordent la carrière d'un manège, etc. — Barrières qu'on met au-devant des murs de face des palais des princes, etc. —Garde-fous d'un pont de bois.—Sorte de fabrique de tapisserie. On l'appelle *haute-lice*, quand le fond sur lequel les ouvriers travaillent est tendu de haut en bas; et *basse-lice*, quand il est couché horizontalement. (Du lat. *licium*, trame ou tissu.— Dans la fabrication des étoffes, assemblage de gros fils ou de ficelles, etc., disposés sur des tringles de bois, de manière à recevoir séparément les fils d'une chaîne, et à la faire lever et baisser alternativement à l'aide des marches. — Femelle de chien de chasse destinée à faire race. (Suivant plusieurs étymologistes, du latin *lycisca*, chien né d'un loup, en grec λυκος, et d'une chienne.

LICÉE, subst. fém. (*licé*), t. de bot., genre de plantes.

LICENCE, subst. fém. (*liçance*) (en lat. *licentia*), autrefois permission : *donner licence de*... On lit encore dans Racine (*Phèdre*) :

Hélas! ils se voyaient avec pleine *licence*.

—Aujourd'hui, liberté trop grande : *prendre, se donner des licences*.— Dérèglement de mœurs : *licence effrénée*. — *Licence*, en théologie, en droit, en médecine, est le pouvoir que l'on acquiert de professer ces sciences et de les enseigner.—Ce mot signifie aussi le cours d'étude au bout duquel on parvient au degré de *licencié*. — Il se prend aussi pour le degré même de *licence*. —*Licence poétique*, liberté que les poètes se donnent contre les règles de la langue ou contre l'usage.—Au plur., traits de plume hardis, composés et exécutés pour orner des pièces d'écriture.—En t. de peinture, libertés que prennent les peintres de se mettre au-dessus des lois de la perspective et des règles établies par l'usage. — Dans la musique, dissonances, etc., contre les règles et les progressions naturelles de l'harmonie.

LICENCIÉ, subst. mas. (*liçancié*), celui qui a fait sa *licence*, qui a pris ses degrés de *licence*, soit en théologie, soit en droit, soit en médecine : *licencié ès-lois*, *licencié en droit canon*; *un licencié*.

LICENCIÉ, E, part. pass. de *licencier*, et adj.

LICENCIEMENT, subst. mas. (*liçanciman*), congé qu'on donne à des troupes dont on n'a plus besoin.

LICENCIER, v. act. (*liçancié*), congédier des troupes devenues inutiles; leur donner *licence*, permission de se retirer.— Dans les universités, conférer le degré de *licence*.— *se* LICENCIER, v. pron., s'émanciper; sortir des bornes du devoir.

LICENCIEUSE, adj. fém. Voy. LICENCIEUX.

LICENCIEUSEMENT, adv. (*liçancieuzeman*), d'une manière *licencieuse*.

LICENCIEUX, adj. mas., au fém. **LICENCIEUSE** (*liçancieu, cieuze*), désordonné, déréglé.

LICERON, subst. mas. (*liceron*), t. de manuf., petit liteau de bois très-mince sur lequel se tendent les *lices*.

LICET, subst. mas. (*licète*), mot latin qui signifie : permission : *obtenir un licet*.

LICETTE, subst. fém. (*licète*), t. de manuf., *lice* attachée à la queue des trames pour ourdir les étoffes.

LICEUR, subst. mas. (*liceur*), t. de manuf., celui qui *lisse*.

LICHANOTUS, subst. mas. (*likanotuce*), t. d'hist. nat., mammifère quadrumane de la famille des makis, appelé antérieurement *indri*.

LICHE, subst. fém. (*liche*), t. d'hist. nat., poisson du genre squale.

LICHEN, subst. mas. (*likiène*) (en grec λιχην), t. de bot., plante cryptogame dont les espèces sont très-nombreuses, et dont plusieurs fournissent des teintures de couleurs variées.—En médec., espèce de dartre.

LICHENÉE, subst. fém. (*lichené*), t. d'hist. nat. : *lichenée du chêne*, très-belle chenille du chêne.

LICHÉNITES, subst. fém. plur. (*likiénite*), t. d'hist. nat., pierres sur la surface desquelles sont appliquées des espèces de *lichens*.

LICHÉNOGRAPHE, subst. mas. (*likiénoguerafe*), celui qui décrit les *lichens*.

LICHÉNOGRAPHIE, subst. fém. (*likiénoguerafi*), traité, ouvrage sur les *lichens*.

LICHÉNOGRAPHIQUE, adj. des deux genres (*likiénoguerafike*), qui est relatif à la *lichenographie*.

LICHÉNOÏDE, subst. fém. (*likiéno-ide*), t. de bot., espèce de plante voisine des *lichens*.

LICHÉNOLOGIE, subst. fém. (*likiénoloji*), discours sur les *lichens*.

LICHÉNOLOGIQUE, adj. des deux genres (*likiénolojike*), qui appartient à la *lichénologie*.

LICHTER, subst. mas. (*liktère*), t. de mar., petit navire employé dans les ports de la Hollande pour le transport des marchandises des magasins au port et réciproquement.

LICNOPHORES, subst. mas. plur. (*liknofore*) (du grec λικνον, un van, et φερω, je porte), ceux qui portaient le van dans les fêtes de Bacchus.

LICHTENSTEINIE, subst. fém. (*liktèncceténi*), t. de bot., plante vivace du cap de Bonne-Espérance.

LI-CHI, subst. mas. Voy. LETCHI.

LICIER, subst. mas. (*licié*), ouvrier qui fait des *lices*.

LICIET, subst. mas. (*licié*), t. de bot., plante solanée.

LICINE, subst. mas. (*licine*), t. d'hist. nat., insecte coléoptère.

LICITATION, subst. fém. (*licitâcion*) (en lat. *licitatio*, fait du verbe *licitari*, enchérir), t. de pratique, vente au plus offrant et dernier enchérisseur d'un immeuble qui appartient à plusieurs, et qui ne peut se partager.

LICITATOIRE adj. des deux genres (*licitatoare*), ce qui concerne la *licitation*.

LICITÉ, E, part. pass. de *liciter*.

LICITE, adj. des deux genres (*licite*) (en latin *licitus*, fait de *licet*, il est permis), qui n'est point défendu par les lois. — Permis; avec cette différence que ce qui est *licite* n'a été interdit par aucune loi, et que ce qui est *permis* a été autorisé par une loi expresse.

LICITEMENT, adv. (*liciteman*), d'une manière *licite* et permise.

LICITER, v. act. (*licité*) (en lat. *licitari*), faire vendre en justice par *licitation*.— *se* LICITER, v. pron.

LICOCHE, subst. fém. (*likoche*), t. d'hist. nat., nom vulgaire de la limace.

LIÇOIR, subst. mas. (*liçoar*), instrument de verre, de marbre, d'ivoire, etc., avec lequel on *lisse* le linge, le papier, etc. — Perche qui sert à brosser et à remuer la laine.

LICOL, subst. mas. Voy. LICOU.

LICONDO, subst. mas. (*likondo*), t. de bot., arbre d'Afrique d'une grosseur et d'une étendue extraordinaires. Il paraît être le baobab.

LICOPHRE, subst. fém. (*likofre*), t. d'hist. nat., coquille fossile de Transylvanie.

LICORÉE, subst. fém. (*likoré*), t. de bot., genre de plantes.

LICORNE, subst. fém. (*likorne*), t. d'hist. nat., sorte d'animal fabuleux qui, chez les anciens Perses, était le symbole de la force et de la vitesse. — *Licorne de mer*, grand animal marin du genre des cétacés, qui se trouve, comme la baleine, dans les mers du Groënland. C'est le *narwal*, dont les longues dents, placées du bas en forme de défenses, à l'extrémité du museau, ont été long-temps désignées par le nom d'*armes de licorne*, ou de *dents de licorne de mer*. — *Licorne fossile*, éléphant fossile de Sibérie ou *narwal* fossile.—On donne quelquefois le nom de *licorne* aux charançons. — En astronomie, constellation méridionale, introduite par *Bartschius* (*Libes* dit par *J. Bayer*), entre le grand et le petit chien, Orion et l'Hydre. Elle contient trente-une étoiles dans le *Catalogue britannique*. Il y avait dans l'ancienne astronomie une constellation du même nom, située vers la queue de l'Hydre, suivant la sphère persique rapportée par *Scaliger* sur *Manilius*.

LICOU ou **LICOL**, subst. mas. (*likou*) (par contraction des deux mots latins *ligare*, lier, et *collum*, cou; *lien du cou*), lien qu'on met à la tête du cheval pour l'attacher à la mangeoire avec la longe. On disait autrefois *licol* : il n'est plus d'usage qu'en poésie devant une voyelle.

LICTEUR, subst. mas. (*likteur*) (en lat. *lictor*, fait de *ligare*, lier; parce qu'ils liaient les criminels, etc.), huissier armé d'une hache enveloppée de faisceaux, qui marchait devant les magistrats de l'ancienne Rome.

LICUALE, subst. mas. (*liku-ale*), t. de bot., espèce de palmier des Moluques.

LIÇURE, subst. fém. (*liçure*), polissure faite avec un *liçoir*.

LIDMÉE, subst. fém. (*lidemé*), t. d'hist. nat., antilope d'Afrique.

LIE, subst. fém. (*li*) (du latin *limus*, limon, sédiment du vin. *Trévoux*. Suivant *Du Cange*, du latin barbare *lia*, qui signifie la même chose), la matière la plus épaisse et la plus grossière qui demeure au fond de quelque liqueur. Quand on dit absolument *de la lie*, on veut parler de la *lie de vin*.—Fig. : *la lie du peuple*, la plus basse populace. — Adj., vieux mot qui signifiait gai, joyeux, content. (Du latin *lætus*.)—Prov. : *faire chère lie*, faire grande chère.

LIÉ, E, part. pass. de *lier*, et adj.—En musique, *notes liées*, celles sur lesquelles se fait la *liaison*. Voyez ce mot.— En médec., *matières liées*, excréments qui ont une certaine consistance. — *Jouer en deux parties liées*, en sorte qu'il faille gagner deux parties sur trois.

LIÉGE, subst. mas. (*liéje*) (suivant quelques étymologistes, du latin *levis*, léger), t. de bot., espèce de chêne vert dont l'écorce est spongieuse et légère.—On le dit surtout de l'écorce de cet arbre dont on fait des bouchons, des semelles, etc.— Une des parties de l'arçon d'une selle qui est de chaque côté du pommeau.—On appelle *liége des Antilles* le bois de mahot, espèce de fromager.

LIÉGE, subst. propre fém. (*liéje*), ville du royaume de Belgique.

LIÉGÉ, E, part. pass. de *liéger*.

LIÉGEOIS, E, subst. et adj. (*liéjoa, joaze*), de *Liége*.—*Un liégeois*, un almanach fait à *Liége*.

LIÉGER, v. act. (*liéjé*) : *liéger un filet*, le garnir de morceaux de *liége*.

LIÉGEUSE, adj. fém. Voy. LIÉGEUX.

* **LIÉGEUX**, adj. mas., au fém. **LIÉGEUSE** (*liéjeu, jeuze*), de la nature du *liége*.

LIEN, subst. mas. (*liein*) (en latin *ligamen*), ce qui sert à *lier*, à attacher.—Pièce de bois dans un pont qui sert à *lier* les autres pièces de charpente.—Dans les grilles, rampes, etc., pièce qui *lie* les métaux ensemble dans les parties où ils se touchent. Les serruriers appellent *lien à cordon*, celui au milieu duquel on a pratiqué un ornement nommé cordon. — Fig., tout ce qui attache et unit les personnes ensemble : *lien conjugal*; *lien sacré*, *indissoluble*; *liens du sang*, *de la nature*, *d'amitié*, *d'intérêt*, etc.—Nom que, dans les manufactures de lainage du Languedoc, on donne à ce qu'on appelle ailleurs *portée*.— En t. de chapellerie, le bas de la forme du chapeau. — Au plur., corde ou chaîne dont un prisonnier est attaché. — Au fig., esclavage, dépendance : *être sous les liens de quelqu'un*.

LIENNE, subst. fém. (*liène*), t. de tisserand, fils de la chaîne dans lesquels la trame n'a point passé.

LIENTERIE, subst. fém. (*li-anteri*) (en grec λειεντερία, fait de λεῖος, poli, et ἔντερον, intestins, parce que, dans l'opinion des anciens, la tunique interne des intestins est alors si glissante, qu'elle laisse échapper les aliments avant qu'ils soient digérés), sorte de dévoiement dans lequel on rend les aliments comme on les a pris, ou à demi-digérés.

LIENTÉRIQUE, adj. des deux genres (*li-antérike*), qui appartient à la *lienterie*.

LIER, v. act. (*lié*) (en latin *ligare*) (en grec λυγίζω, qui signifie proprement courber une branche pour l'attacher, et dont la racine est λύγος, osier, branche, plante), serrer, attacher avec un *lien*. On *lie*, dit *Girard*, pour empêcher que les membres n'agissent, ou que les parties d'une chose ne se séparent; on *attache*, pour arrêter une chose, ou pour empêcher qu'elle ne s'éloigne : *on lie les pieds et les mains d'un criminel, et on l'attache à un poteau*; *on lie un faisceau de verges avec une corde; on attache une planche avec un clou*. — Se dit, en faucon., lorsque le faucon enlève en l'air sa proie dans ses serres, ou lorsque, l'ayant assommée, il l'environne de ses serres, et la tient à terre. En parlant de l'autour, on dit *empiéter*. — Joindre ensemble : *la chaux et le ciment lient les pierres*.— En t. de mus., unir ensemble plusieurs notes par un coulé, ce qui est l'opposé de piquer. — Fig., 1° unir ensemble : *l'amitié qui nous lie*; *ils sont liés d'amitié, d'intérêt*; 2° engager : *sa parole le lie*. — *Lier une partie de promenade*, la projeter, l'arranger.—*Lier* (contracter) *amitié avec...* —*Lier conversation*, *société*, etc., entrer en conversation, former société avec...— *Lier un discours*, en bien joindre toutes les parties. — *Lier et délier*, refuser ou donner l'absolution. — *Lier une sauce*, lui donner de la *liaison*, de la consistance.— SE LIER, v. pron., se joindre, s'unir. — Fig., *se lier* ou *se lier les mains*, s'obliger; s'ôter le pouvoir de faire autrement.—T. d'arts, former un bel ensemble par l'union assortie.

LIERNAIS, subst. propre mas. (*li-érené*), village de France, chef-lieu de canton, arrond. de Beaune, dép. de la Côte-d'Or.

* **LIERNE**, subst. fém. (*li-érene*) (du verbe *lier*), t. de charpentier, pièce de bois qui sert à faire les planchers en galetas.—Dans l'archit. hydraulique, pièce de bois qui, boulonnée avec les files de pieux d'une palée, sert à les *lier* ensemble; elle diffère de la moise, en ce qu'elle n'a point d'entaille pour accoler les pieux.—Nervure dans les voûtes gothiques.

LIERNÉ, E, part. pass. de *li-erner*.

LIERNER, v. act. (*liérené*), garnir de *liernes* un comble, une palée.

LIERRE, subst. mas. (*li-ère*) (du latin *hedera*, qui a la même signification. On a dit d'abord *hierre*, et ensuite en préposant l'article, *l'hierre*, dont on a fini par faire un seul mot, *lierre*), t. de bot., grand arbrisseau à tiges sarmenteuses, qui s'implantent par leurs vrilles sur les vieilles murailles. La plante est aussi appelée *lierre rampant*, *lierre en arbre*. Le *lierre de Bacchus*, commun en Grèce et dans la Thrace, a ses baies d'un jaune doré. Dans les pays chauds de l'Europe, le *lierre* cesse d'être rampant, et devient un arbre.—*Lierre terrestre*, *herbe de Saint-Jean*, *rondelle*, plante vivace qui vient dans les lieux ombragés, d'une odeur forte et d'une saveur amère, usitée en médecine.

LIERRÉ, E, adj. (*li-èré*), t. de fleuriste, qui se dit des anémones, dont les feuilles d'en bas sont en quelque manière semblables à celles du *lierre*.

* **LIESSE**, subst. fém. (*li-èce*) (du latin *lætitia*, joie, gaîté), joie, gaîté : *vivre en joie et en liesse*. Vieux mot qu'on peut employer dans le style marotique.

LIEU, subst. mas. (*lieu*) (en lat. *locus*), espace qu'un corps occupe.—Endroit : *lieu agréable* ou *affreux*, *désert*, *solitaire*.— Place, rang. *Lieu*, dit *Girard*, marque un total d'espace : *le lieu d'habitation*; *endroit* n'indique proprement que la partie d'un espace plus étendu : *l'endroit d'un livre cité*; *place* insinue une idée d'ordre et d'arrangement : *la place d'un convive à table*, etc. —Endroit indiqué : *nous irons sur les lieux*. — Maison, famille : *s'allier en bon lieu*, *en bas lieu*. —*N'avoir ni feu ni lieu*, point d'asile.— On dit qu'*une chose*, qu'*une nouvelle vient de bon lieu*, pour dire qu'elle vient de personnes bien instruites et dignes de foi. — L'endroit, le temps convenable de dire, de faire : *ce n'est pas ici le lieu de disputer*. — *Lieu* signifie aussi place. Il se dit particulièrement en t. de jurispr. : *chaque créancier viendra en son lieu*; *il a été subrogé en son lieu et place*. — *Etre au lieu et place de quelqu'un*, avoir la cession de ses droits et actions. — On dit : *en premier lieu*, *en second lieu*, *en dernier lieu*, pour dire : premièrement, secondement, enfin. *En dernier lieu* signifie aussi dernièrement.— *Lieu de franchise*, asile.—*Les lieux saints*, la Terre-Sainte. — *Les bas lieux*, poétiquement, la terre. — *Mauvais lieu*, maison de débauche.—En rhétorique, *lieux oratoires*, sources générales d'où l'orateur tire les moyens de traiter son sujet. — En astron., *lieu d'une planète*, sa longitude. — En optique, 1° *lieu* ou *lieu optique*, le point auquel l'œil rapporte un objet, 2° *lieu vrai*, celui dans lequel l'objet existe réellement; 3° *lieu apparent*, celui où l'objet est aperçu; on l'appelle aussi *lieu de l'image*. — En géom., *lieu géométrique*, ligne par laquelle se résout un problème; c'est un *lieu à la ligne droite* s'il ne faut qu'une ligne droite pour construire l'équation du problème; *un lieu au cercle*, s'il ne faut qu'un cercle; *un lieu à la parabole*, s'il ne faut qu'une parabole, etc.—*Lieux plans*, suivant les anciens géomètres, les lieux des équations qui se réduisent à des droites ou à des cercles.—*Lieux solides*, ceux qui sont ou des paraboles, ou des hyperboles, ou des ellipses.— En t. de rhétorique, on appelle *lieux communs* des recueils de pensées, de réflexions, de sentences, dont on a rempli sa mémoire, et qu'on applique à propos aux sujets qu'on traite, pour les embellir ou leur donner de la force. — On appelle aussi *lieux communs* certaines pensées, certains traits, certaines réflexions, qui sont devenus communs par l'usage fréquent que l'on en a fait, et qui, par cette raison, ont perdu tout leur mérite : *cet ouvrage est plein de lieux communs*. — *Lieux*, au plur., les latrines.—*Au lieu de...*, prép., à la place de, etc. — *Au lieu que...*, tandis que. — *Tenir lieu*, valoir autant : *celui-ci lui tiendra lieu de tout*. — T. d'hist. nat., poisson du genre des gades.

LIEUE, subst. fém. (*lieu*) (en latin *leuca*), espace d'une certaine étendue qui sert à mesurer la distance d'un lieu à un autre : *la lieue commune de France était de deux mille sept cent trente-neuf pas géométriques*. Suivant les nouvelles mesures, le degré décimal contient vingt lieues, chacune de cinq mille mètres; et le myriamètre en contient deux; 2282 toises. —Fam. : *vous êtes à cent lieues de la question*, vous ne vous en doutez pas. — Prov. : *il est à cent lieues d'ici*, il n'a pas d'attention à ce qu'on lui dit. — *Lieue*, dans la marine, est une mesure linéaire de la longueur de 2852 toises.

* **LIEUR**, subst. mas. (*lieure*), celui qui *lie* les gerbes durant la moisson.

LIEUTENANCE, subst. fém. (*lieutenance*), charge, emploi de *lieutenant*.

LIEUTENANT, subst. mas. (*lieutenan*) (du lat. *locus*, lieu, place, et *tenere*, tenir, *qui tient le lieu, la place*), celui qui est sous un officier en chef. Ce mot signifie proprement, qui tient le lieu, la place d'un autre. Ainsi, le *lieutenant-général du royaume* tient le lieu et la place du roi pendant l'absence de ce dernier. Autrefois quelques juges, quelques baillis avaient leurs *lieutenants*. Il y avait des *lieutenants généraux* et des *lieutenants particuliers*. — En t. d'art militaire, on donne ce titre à celui qui commande en l'absence d'un officier supérieur : *lieutenant général*, *lieutenant colonel*.—On appelle proprement *lieutenant*, l'officier qui commande en l'absence du capitaine : *il est lieutenant*. Il y a aussi des *sous-lieutenants*. — Dans la marine militaire, c'est le titre de l'officier qui marche après le capitaine de frégate et avant l'enseigne de vaisseau, lorsque ces deux grades existent, comme aujourd'hui.

LIEUTENANTE, subst. fém. (*lieutenante*), femme d'un *lieutenant*. Ce mot ne s'emploie plus aujourd'hui.

LIEUX, subst. mas. plur. (*lieu*), aisances, latrines. Voy. LIEU, dont ce mot est le plur.

LIÈVE, subst. fém. (*li-ève*), t. de droit féodal, extrait d'un papier-terrier pour le paiement des droits.

LIÈVRE, subst. mas. (*li-èvre*) (du lat. *lepus*, *leporis*, dérivé, suivant *Varron*, de l'ancien mot grec λέπορις, que les Eoliens et les Siciliens ont employé dans la même signification), t. d'hist. nat., animal fort vite et fort timide, de poil entre gris et roux. C'est un mammifère rongeur, dont le spécifique est d'avoir les pieds de derrière beaucoup plus longs que ceux de devant. — *Lièvre de mer*, genre de mollusques gastéropodes. — Constellation de l'hémisphère austral au-dessous d'Orion.—Prov., *prendre le lièvre au corps*, alléguer la vraie raison.—*C'est là que gît le lièvre*, c'est le secret, le nœud de l'affaire.—*Lever le lièvre*. Voy. LEVER.—*Mémoire de lièvre*, infidèle.— *Etre peureux comme un lièvre*, être extrêmement timide.—*Montrer le lièvre*, l'affaire, le but. — *Courir* ou *chasser deux lièvres à la fois*, mener deux affaires ou prendre deux moyens pour la même fin, ou prétendre à deux postes disparates, etc. — *Bec de lièvre*, personne qui a la lèvre de dessus fendue par le milieu.

LIÈVRETEAU, subst. mas. (*lièvretô*), petit *lièvre* nourri par le père et la mère.

LIF, subst. propre mas. (*lif*), myth., nom de l'homme qui, selon les Celtes, repeuplera l'univers, après que la terre aura été détruite par le feu.

LIFFRE, subst. propre mas. *(lifre)*, ville de France, chef-lieu de canton, arrond. de Rennes, dép. d'Ille-et-Vilaine.

LIFTHRASER, subst. propre fém. *(lifetrazère)*, myth. celtique, femme de *Lif*.

LIGAMENT, subst. mas. *(liguaman)* (en latin *ligamen* ou *ligamentum*, fait de *ligare*, lier, attacher), t. d'anat., en général, tout ce qui *lie*, attache une partie à une autre.

LIGAMENTEUSE, adj. fém. Voy. LIGAMENTEUX.

LIGAMENTEUX, adj. mas., au fém. LAGAMENTEUSE *(liguamanteu, teuze)*, t. de bot., il se dit des plantes dont les racines sont entortillées en manière de cordages.

LIGAMENTIFORME, adj. des deux genres *(liguamantiforme)*, t. de médec., en *forme* de *ligaments*.

LIGAN, subst. mas. *(liguan)*, t. d'hist. nat., abeille des Philippines.

LIGAR, subst. mas. *(liguar)*, t. d'hist. nat., coquille du genre des sabots.

LIGASTONS, subst. mas. plur. *(liguaceton)*, prêtres idolâtres des anciens Prussiens.

LIGATIF, adj. mas., au fém. LIGATIVE *(liguatif, tive)*, t. de gramm., qui *lie*, qui peut *lier* un mot à un autre.

LIGATURE, subst. fém. *(liguature)* (en lat. *ligatura*), bande de drap dont les chirurgiens serrent le bras ou le pied pour l'opération de la saignée.—Manière de *lier* avec cette bande.—En t. d'impr., plusieurs lettres *liées* ensemble.—Dans la vieille musique, union par un trait de plusieurs notes passées sur une même syllabe.

LIGE, adj. des deux genres *(lije)* (du lat. barbare *ligius*, employé, avec la même signification, dans la basse latinité, et qui, suivant *Huet* et divers autres écrivains, est dérivé de *leudis*, vassal, que l'on trouve dans *Grégoire de Tours*. Les Allemands disent, dans le même sens, *lehnsleute*, formé de *lehen*, fief, et de *leuten*, gens; *homme lige*), t. de féodalité, hommage *lige*, hommage plein.—*Homme lige*, qui était tenu envers le seigneur d'une obligation plus étroite que celle du valet simple.—Subst. au mas., droit de relief que le seigneur prenait sur son vassal à cause du fief qu'il tenait de lui.

LIGÉE, subst. propre fém. *(lijé)*, myth., nymphe, fille de Nérée et de Doris. C'est aussi le nom d'une sirène.

LIGEMENT, adv. *(lijeman)*, d'une manière *lige*.

LIGENCE, subst. fém. *(lijance)*, état d'un homme *lige* ou qualité d'un fief *lige*.

LIGHTEFOOTE, subst. fém. *(la-itefoute)*, t. de bot., nom anglais donné à deux plantes vivaces du Cap.

LIGIE, subst. fém. *(liji)*, t. d'hist. nat., genre de crustacés isopodes.

LIGIENS, subst. mas. *(lijiein)*, anciens peuples de la Germanie.

LIGNAGE, subst. mas. *(ligniaje)* (du lat. *linea*, ligne, dont on a fait, dans la basse latinité, le mot barbare *lineagium*. Ménage), race, extraction, famille.—Espèce de vin rouge, fait de toute sorte de raisins :

> D'un auvernat fumeux qui, mêlé de *lignage*.....
> BOILEAU, *sat.* III.

LIGNAGER, subst. mas. *(ligniajé)*, celui qui est de même *lignage*.—Il est aussi adj., et n'est guère d'usage qu'avec le mot *retrait* : *retrait lignager*, action par laquelle une personne retire sur un étranger un héritage qui a été vendu par quelqu'un de sa parenté, descendant comme lui du premier acquéreur.

LIGNE, subst. fém. *(lignie)* (en lat. *linea*, qui signifie proprement un fil de lin, fait de *linum*), trait simple, considéré comme n'ayant que la longueur, sans largeur ni profondeur.—Cordeau ou ficelle dont plusieurs ouvriers se servent pour dresser leurs ouvrages. — Ficelle, petite corde avec un hameçon au bout, qui sert pour pêcher. On appelle *ligne dormante*, une *ligne* qui est dans l'eau sans qu'on la tienne.— *Ligne de démarcation*, qui sépare une propriété d'une autre.—T. d'art militaire, *troupe de ligne*, autrefois infanterie pour le corps de bataille ; aujourd'hui, tout notre corps d'armée de pied. — Rang, rangée : *l'armée était campée sur trois lignes*. — On appelle *lignes de troupes*, une suite de bataillons et d'escadrons, placés à côté les uns des autres sur la même *ligne* droite, et faisant face du même côté ; *lignes pleines*, celles qui n'ont point d'intervalles entre les bataillons et les escadrons ; et *lignes vides*, celles qui en ont. — Lorsque *les troupes sont en ligne*, on dit qu'elles sont en ordre de bataille, ou simplement en bataille ; ainsi *mettre des troupes en ligne*, c'est les mettre en bataille : *mettre des troupes en bataille sur deux lignes ; l'armée marchait sur deux lignes*. — En t. d'artillerie, on appelle *ligne de moindre résistance*, celle qui, partant du centre du fourneau ou de la chambre de la mine, va rencontrer perpendiculairement la superficie extérieure la plus prochaine. On l'appelle ainsi parce que, comme elle exprime la *plus courte distance du fourneau* à la partie extérieure des terres dans lesquelles il est placé, elle offre la moindre opposition à l'effort de la poudre, ce qui la détermine à agir selon cette *ligne*. — En t. de fortification, on appelle *ligne de communication*, les parties de l'enceinte d'une place de guerre qui joignent la ville à la citadelle. — *Ligne magistrale*, la principale *ligne* du plan.—*Ligne de défense*, une *ligne* que l'on imagine tirée de l'angle du flanc à l'angle flanqué du bastion opposé. — On appelle aussi *lignes*, des retranchements fort étendus, dont l'objet est de fermer un pays à l'ennemi, et de couvrir les troupes qui font un siége contre les attaques extérieures, et contre les entreprises des assiégés. Les dernières *lignes* sont appelées *lignes de circonvallation et de contrevallation*.—*Lignes parallèles* ou *places d'armes*, parties de tranchées qui entourent tout le front de l'attaque. — *Lignes d'attaque*, *lignes d'approche*, tranchées qui aident à s'approcher de la place, à l'*attaquer*. — Grand cercle de la sphère, qu'on appelle aussi l'*équateur*, et qui est également distant des deux pôles du monde. On dit souvent *ligne équinoxiale*. Les marins sont dans l'usage de baptiser les nouveaux matelots et les passagers, la première fois qu'ils passent la *ligne*. Voy. BAPTÊME.—En t. de mar., *vaisseau de ligne*, grand vaisseau de guerre.—*Être en ligne*, se dit d'une flotte dont tous les vaisseaux sont dans les eaux les uns des autres.—Raie à la main ou au front.—T. de jurispr., ordre dans lequel des personnes se trouvent disposées de suite, relativement à la parenté ou affinité qui se trouve entre elles. On appelle *ligne ascendante*, celle qui comprend les *ascendants*, soit en *ligne* directe, comme le fils, le père, l'aïeul, le bisaïeul, etc.; soit en collatérale, comme le neveu, l'oncle, le grand-oncle, etc.—*Ligne collatérale*, celle qui comprend les parents qui ne descendent pas les uns des autres, comme les frères et les sœurs, les cousins et cousines, les oncles, neveux et nièces. *La ligne collatérale* est *ascendante* ou *descendante*. — *Ligne descendante*, celle où l'on considère les parents en *descendant* : comme en directe, le père, le fils, le petit-fils, etc.; et en collatérale, l'oncle et le neveu, le cousin germain, et le cousin issu de germain. — *La ligne directe* est celle qui comprend les parents ou alliés qui sont joints ensemble en droite *ligne*, et qui descendent les uns des autres, comme le trisaïeul, le bisaïeul, l'aïeul, le père, le fils, le petit-fils, etc. *La ligne directe* est *ascendante* ou *descendante*, c'est-à-dire qu'on la considère en remontant ou en descendant. En remontant, c'est le fils, le père, l'aïeul, etc.; en descendant, c'est au contraire l'aïeul, le père, le fils, etc. — On dit qu'*une ligne est défaillante* ou *éteinte*, lorsqu'il ne se trouve plus de parents de la *ligne* dont procède un héritage.—En t. d'escrime, la *ligne* qui est directement opposée à l'ennemi, et dans laquelle doivent être les épaules, le bras droit et l'épée. —En t. de chiromancie, trait ou pli du dedans de la main; le principal s'appelle *la ligne de vie*.—*Ligne méridienne*, qui marque le méridien dans le lieu où elle est tracée.—T. d'hydraulique, *ligne d'eau*, la cent quarante-quatrième partie d'un pouce circulaire d'eau.—T. de man., *ligne de volte*, *ligne* circulaire ou ovale que le cheval suit en travaillant autour d'un pilier ou d'un centre imaginaire. — T. de géom., *ligne géométrique*, *ligne* courbe dont tous les points peuvent se déterminer exactement et sûrement. Les *lignes géométriques* sont aussi appelées *algébriques*, et se divisent en *lignes* du premier, du second, du troisième ordre, etc. — En perspective, *ligne géométrale*, *ligne* droite tirée d'une manière quelconque sur un plan géométral. — *Ligne de terre* ou *fondamentale*, *ligne* droite dans laquelle le plan géométral et celui du tableau se rencontrent. — *Ligne de front*, *ligne* droite parallèle à la *ligne* de terre.—*Ligne verticale*, commune section du plan vertical et de celui du tableau.—*Ligne visuelle*, *ligne* ou rayon qu'on imagine passer par l'objet, et aboutir à l'œil. —*Ligne de station*, suivant les uns, commune section du plan vertical et du plan géométral ; suivant d'autres, hauteur perpendiculaire de l'œil au-dessus du plan géométral ; selon d'autres enfin, *ligne* tirée sur ce plan, et perpendiculaire à la *ligne* qui marque la hauteur de l'œil.—*Ligne de la section*, *ligne* d'intersection du plan à projeter avec le plan du tableau.—*Ligne objective*, *ligne* tirée sur le plan géométral, et dont on cherche la représentation sur le tableau. — En gnomonique, *ligne horizontale*, commune section de l'horizon et du plan du cadran. — *Lignes horaires* ou *des heures*, intersections des cercles horaires de la sphère avec le plan du cadran.—*Ligne sous-stylaire*, *ligne* sur laquelle est élevé le style ou l'aiguille d'un cadran. Voy. SOUS-STYLAIRE. — *Ligne équinoxiale*, ou simplement *la ligne*, intersection du cercle équinoxial et du plan du cadran. — En mécanique, *ligne mécanique*, *ligne* courbe dont quelques points ou tous les points se trouvent par tâtonnement, et seulement d'une manière approchée. — *Ligne de direction*, 1° *ligne* dans laquelle un corps se meut actuellement, ou se mouvrait s'il n'en était pas empêché; 2° *ligne* qui va du centre de gravité d'un corps pesant au centre de la terre. — *Ligne de gravitation*, 1° *ligne* tirée du centre de gravité d'un corps au centre d'un autre vers lequel il pèse ou gravite ; 2° *ligne* selon laquelle ce corps tend en bas.— *Ligne de la plus vive descente*. Voy. BRACHYSTOCHRONE et CYCLOÏDE. — On appelle *ligne de projection*, la *ligne* que les corps graves décrivent dans l'air, lorsqu'ils sont jetés ou horizontalement ou dans une direction oblique; *ligne de réflexion*, la *ligne* que suit un corps en mouvement, après le changement de direction qu'il reçoit par la rencontre d'un obstacle qui l'oblige à rebrousser chemin et le fait rejaillir après le choc ; *ligne d'incidence*, une *ligne* suivant laquelle un corps est dirigé vers un autre qu'il va toucher ; *ligne oblique*, une *ligne* qui, tombant sur une autre *ligne* ou sur un même plan, fait avec cette *ligne* ou ce plan, d'une part, un angle aigu, et de l'autre part, un angle obtus; *lignes convergentes*, des *lignes* qui, si on les continue, se rencontrent dans un point; *lignes divergentes*, des *lignes* qui s'éloignent toujours de plus en plus l'une de l'autre, à mesure qu'elles se prolongent; *lignes parallèles*, des *lignes* qui sont partout également éloignées l'une de l'autre, c'est-à-dire qui gardent entre elles une égale distance; *lignes proportionnelles*, des *lignes* qui sont dans une certaine raison les unes aux autres, c'est-à-dire dont la première est à la seconde comme la seconde est à la troisième, ou comme la troisième est à la quatrième. — En astron., *ligne des apsides*, celle qui traverse l'orbite d'une planète dans sa plus grande longueur, de l'apogée au périgée, ou de l'aphélie au périhélie.—*Ligne des syzygies*, *ligne synodique*, celle qui passe par le soleil et la terre, et sur laquelle se trouve la lune, quand elle est en conjonction ou en opposition. — *Ligne des nœuds*, la commune section d'une orbite et de l'écliptique.—*Ligne du milieu du ciel* ou *du milieu du jour*, nom qu'on a donné quelquefois au méridien.—*Ligne de foi*, dans les instruments d'astronomie, la *ligne* qui va depuis le centre de l'instrument jusqu'au point de l'alidade qui correspond aux divisions de la circonférence. — *Ligne* ou *échelle de Gunter*. Voy. *échelle de logarithmes*, au mot ÉCHELLE.—En anat., *ligne blanche*, espèce de bande qui est formée du concours des tendons des muscles obliques et du muscle transverse, et qui partage l'abdomen en deux par le milieu.—*Ligne médiane*, *ligne* à la surface de la langue, qu'elle semble couper longitudinalement en deux parties égales.—*Ligne latérale*, dans les poissons, *ligne* qui s'étend de la tête à la queue, et le long de laquelle s'étend un nerf superficiel, caché presque immédiatement au-dessous de la peau.—On appelle aussi *ligne*, une certaine mesure qui est la douzième partie d'un pouce : *cette règle a deux pieds six pouces quatre lignes de long*.—En t. d'impr., rangée ou suite de caractères renfermés dans l'étendue que donne la justification prise avec le composteur : *la page d'impression est composée d'un certain nombre de lignes*. — *Ligne de pied* ou *de blanc*, *ligne* composée de quadrats au bas d'une page, dans laquelle on place la signature et les réclames. — *Ligne de tête*, la première *ligne* d'une page. — Il se dit aussi en t. d'écriture, de toute l'écriture qui est sur une *ligne* droite : *cette page n'a que vingt lignes ; faire ses lignes droites ; écrire entre les lignes*.—*Lignes*, au pluriel, se prend quelquefois pour lettre, billet : *je* *vous adressai sept à huit lignes à la hâte* (Voltaire.); *que ces lignes soient baignées de vos larmes.* (Idem.)—*Mettre un mot à la ligne*, c'est commencer par ce mot une nouvelle *ligne*, quoique la précédente ne soit pas finie, en laissant avant ce mot, sur cette nouvelle *ligne*, un petit espace en blanc. — *Donner la ligne à quelqu'un*, c'est ne mettre dans la première *ligne* d'une lettre que le mot *monsieur*, *madame*, *monseigneur*, etc., et laisser le reste de cette *ligne* en blanc : *on ne donne la ligne qu'aux personnes qu'on honore d'une considération particulière.*—T. de musique, on appelle *lignes*, des traits horizontaux et parallèles qui composent la portée, et sur lesquels ou dans les espaces desquels on place les différentes notes, selon leurs degrés. La portée du plain-chant n'est que de quatre *lignes*; on en ajoute, mais rarement. En musique, la portée a cinq *lignes stables* et *continuelles*, outre les *lignes accidentelles* que l'on ajoute, selon le besoin, au-dessus ou au-dessous.—T. de commerce et de teneurs de livres, on appelle *ligne de compte*, chaque article qui compose un registre ou un compte. On dit, en ce sens : *j'ai mis cette somme en ligne de compte*, pour dire, j'en ai chargé mon registre, mon compte. — Quelquefois on entend par *ligne de compte*, la dernière *ligne* de chaque article. Dans ce sens, on dit : *tirer les comptes en ligne*, pour dire, les mettre vis-à-vis de la dernière *ligne* de chaque article, dans les différents espaces marqués pour les livres, sous et deniers, ou pour les francs et centimes.—*Tirer hors de ligne* ou *hors ligne*, c'est mettre les sommes en marge des articles, avant et proche la dernière *ligne*. —*Être sur la même ligne que quelqu'un*; *marcher sur la même ligne que quelqu'un*, être du même rang, jouir des mêmes honneurs, des mêmes prérogatives. — On dit fig., qu'*un homme a toujours marché sur la même ligne*, pour dire qu'il ne s'est jamais écarté des principes, des opinions qu'il avait adoptés.—*A la ligne*, loc. adv., en faisant un alinéa.

LIGNÉ, E, part. pass. de *ligner*, et adj.—T. de bot. : *plante lignée*, marquée de *lignes*.

LIGNÉE, subst. fém. (*ligné*) (en lat. *linea*, ligne ou généalogie), race, enfant, suite d'enfants. Voy. RACE.

LIGNER, v. act. (*ligné*), t. de chasse, couvrir une louve.—En t. de charpentier, surtout dans la marine, tracer avec une *ligne* blanche, noire ou rouge, ce qu'il faut ôter du bois pour lui donner la figure convenable.

LIGNEROLLE, subst. fém. (*lignierole*), t. de mar., petite ficelle faite à la main avec du fil de caret défait.

LIGNETTE, subst. fém. (*ligniète*), *ligne* menue et très-déliée pour la pêche à la canne. On l'appelle aussi *brumet*.

LIGNEUL, subst. mas. (*lignieule*) (du lat. *linum*, lin), sorte de fil enduit de poix qui sert aux cordonniers. Les Bas-Bretons disent *lignol* dans le même sens. —Fil poissé pour lier ensemble les broches des peignes.

LIGNEUSE, adj. fém. Voy. LIGNEUX.

LIGNEUX, adj. mas., au fém. **LIGNEUSE** (*lignieu*, *gnieuze*) (en lat. *ligneus*, fait de *lignum*, bois), de la nature du bois.— *Plantes ligneuses*, celles qui, sous leur écorce, ont une couche de bois, comme les arbres, les arbrisseaux et les arbustes. Les jardiniers disent *boiseux*, *boiseuse*. — Substantivement, au mas., t. de chim., on entend par ce mot ce que les anciens appelaient *caput mortuum*; c'est le squelette végétal, la matière propre du bois qui reste après l'épuisement complet de tout ce que les substances végétales contiennent de dissoluble dans l'eau et l'alcohol.

LIGNIER, subst. mas. (*lignié*), vieux mot qui signifiait bûcheron.

LIGNIÈRES, subst. propre fém. (*lignière*), ville de France, chef-lieu de canton, arrond. de Saint-Amand-Mont-Rond, dép. du Cher.

LIGNIFIÉ, E, part. pass. de *se lignifier*, et adj.

se **LIGNIFIER**, v. pron. (*celiguenifié*) (du latin *lignum*, bois, et *fieri*, devenir), se convertir en bois.

LIGNIPERDE, subst. fém. (*lignipèrede*), ver ou chenille dont les pêcheurs se servent pour amorce.

LIGNITE, subst. mas. Voy. PYROLIGNITE.

LIGNIVORE, subst. et adj. mas. (*liguenivore*) (du lat. *lignum*, bois, et *vorare*, manger, dévorer), t. d'hist. nat., famille nombreuse d'insectes coléoptères qui vivent dans les bois sous la forme de larves, et qu'on nomme aussi *xylophages*. Leur caractère est d'avoir quatre articles à tous les tarses, et les antennes plus grêles à l'extrémité.

LIGNOLET, subst. mas. (*ligniolè*) : *couvrir en lignolet*, les faîtes en ardoises.

LIGNODE, adj. des deux genres (*liguenu-ode*) (du grec λιγνυώδης, de couleur de suie, fait de λιγνύς, suie), t. de médec., nom qu'*Hippocrate* donne, 1° à la langue dans quelques maladies où elle est brune et noire; 2° aux crachats dans les maladies du poumon, lorsqu'ils sont noirs.

LIGNYDION, subst. mas. (*liguenidion*), t. de bot., genre de plantes dépendant des gastéromyces.

LIGOMBEAU, subst. mas. (*liguonbô*), t. d'hist. nat., petite écrevisse de mer.

LIGORISTE, subst. mas. (*liguoricete*) (d'Alphonse Marie de *Ligori* ou *Liguori*, son fondateur), membres d'une congrégation instituée pour la propagation de la foi.

LIGUE, subst. fém. (*ligue*) (du latin *liga*, employé avec la même signification dans la basse latinité, et qui a été fait de *ligare*, lier), confédération de plusieurs états, pour se défendre ou pour attaquer. Voy. ALLIANCE.—Absolument et sans régime, la confédération qui se fit en France pour exclure Henri IV du trône. — On le dit quelquefois des complots particuliers.—*Ligue italique*, *ligue* des peuples d'Italie contre les Romains, qui en l'an de Rome 662 produisit la guerre appelée *sociale* ou *des alliés*.—Au plur. : *les ligues suisses*, ou *ligues grises*, les communautés qui composent le corps des Grisons.

LIGUÉ, E, part. pass. de *liguer*.

LIGUER, v. act. (*ligué*), unir dans une même *ligue*.—*se* LIGUER, v. pron., faire une *ligue* avec quelqu'un. *Boileau* (satire X) a dit absolument :

En vain contre le *Cid* un ministre *se ligue*.

LIGUEUR, subst. mas., **LIGUEUSE**, subst. fém. (*liguieur*, *guieuze*); il ne se dit que de ceux qui étaient de la *ligue* du temps de Henri III et de Henri IV. *Péréfixe*, dans son Histoire de Henri-le-Grand, a écrit mal à propos *ligueux*.

LIGUEUSE, subst. fém. Voy. LIGUEUR.

LIGULAIRE, subst. fém. (*ligulère*), t. de bot., genre de plantes, la cinéraire de Sibérie à fleurs radiées.

LIGULE ou **LINGUATULE**, subst. fém. (*ligule*, *leinguouatule*) (du lat. *ligula*, courroie, lanière, aiguillette), t. d'hist. nat., genre de vers intestinaux aplatis, qu'on trouve dans le foie des poissons, et dans les poumons des oiseaux et des mammifères.—T. de bot., petite membrane tantôt entière, tantôt déchirée, qui se trouve quelquefois au sommet de la gaîne des feuilles de graminées.

LIGULÉ, E, adj. (*ligulé*), t. de bot., qui est à languette : *les demi-fleurons sont des fleurs ligulées*.

LIGURE, subst. fém. (*ligure*), t. de minér., pierre précieuse.

LIGURIE, subst. propre fém. (*liguri*), ancienne contrée d'Italie, le territoire de Gênes.

LIGURIUS, subst. mas. (*liguri-uce*); ce nom désigne, dans la Vulgate, l'une des deux pierres du rational d'Aaron. On présume que ce pouvait être l'hyacinthe, ou peut-être le succin.

LIGUSTICUM, subst. mas. (*liguceticome*), t. de bot., plante des anciens.—Ombellifère qui croît sur le territoire de Gênes.

LIGUSTRUM, subst. mas. (*liguecetrome*), t. de bot., arbre des anciens, qu'on croit être le troëne.

LIGUUS, subst. mas. (*ligu-uce*), t. d'hist. nat., coquille univalve, appelée aussi *ruban*.

LIGYPHONES, subst. propre fém. plur. (*lijifone*), myth., surnom des Hespérides, considérées comme les étoiles du soir.

LIGYRON, subst. propre mas. (*lijiron*), myth., premier nom d'Achille.

LIGYSTUS, subst. propre mas. (*lijicetuce*), myth., fils de Phaéton, donna son nom à la *Ligurie*.

LI-KI, subst. mas. (*liki*), nom d'un livre chinois renfermant des maximes de morale et de piété.

LIKENÉE, subst. fém. (*likené*), t. d'hist. nat., nom donné à deux noctuelles remarquables par la beauté de leurs ailes. Voy. LICHENÉE.

LILACÉES, subst. et adj. fém. plur. (*lilacé*), t. de bot., famille de *lilas*.

LILAÉE, subst. fém. (*lila-é*), t. de bot., espèce de jonc d'Amérique.

LILALITE, subst. fém. (*lilalite*), t. d'hist. nat., variété du lépidolithe.

LILAS, subst. mas. (*lilâ*) (de l'arabe *li-lac*), t. de bot., arbrisseau originaire des Indes, à fleurs monopétales tubulées et disposées en grappes, qu'on nomme thyrses. — Couleur qui tient du gris-de-lin et du rose. — Il s'emploie souvent adj.: *une robe, un chapeau lilas*.

LILÉE, subst. fém. (*lilé*), t. de bot., plante annuelle des marais de l'Amérique.

LILIACÉE, subst. et adj. fém. (*lili-acé*), t. de bot., en forme de *lis*, ou analogue au *lis*.—Il se dit des fleurs polypétales régulières, composées de six ou trois pétales, ou même d'un seul, dont le limbe est divisé en six parties. Les *liliacées* forment la neuvième classe de la méthode de *Tournefort*.

LILIAGO, subst. mas. (*lili-aguo*), t. de bot., *lis* asphodèle d'Europe.

LILIAL, E, adj. (*lili-ale*), t. de bot., qui tient du *lis*.—Au plur. mas., *liliaux*.

LILIANTHOS, subst. mas. (*lili-antoce*), t. de bot., plante uvulaire du Canada.

LILIASPHODÈLE, subst. mas. (*lili-acefodèle*), t. de bot., sorte de houblon sauvage.

LILIASTRUM, subst. mas. (*lili-acetrome*), t. de bot., espèce d'anthérie.

LILIAUX, adj. mas. plur. Voy. LILIAL.

LILIGÈRE, adj. des deux genres (*lilijère*), t. de bot., qui porte des *lis*.

LILITH, subst. mas. (*lilite*), spectre que les Juifs superstitieux croient apparaître la nuit sous la forme d'une femme. C'était, disent les rabbins, la première femme d'Adam, qui se sépara de son mari, et ne voulut plus retourner avec lui, quoique Dieu lui eût envoyé deux anges pour l'y contraindre.

LILIUM, subst. mas. (*lili-ome*), liqueur dont on se sert pour rappeler les esprits d'un malade très-faible. On dit communément *lilium de Paracelse*, du nom de son auteur. C'est l'alcohol de potasse des chimistes modernes.—En t. de bot., on appelle *lilium alexandrinum*, l'ornithogale à feuilles larges; *lilium convallium*, une plante du genre des muguets.—*Lilium lapideum*, fossile articulé du genre des encrines.

LILLE, subst. propre fém. (*lile*), ville de France, chef-lieu du dép. du Nord.

LILLEBONNE, subst. propre fém. (*lilebone*), bourg de France, chef-lieu de canton, arrond. du Havre, dép. de la Seine-Inférieure.

LILLIERS, subst. propre mas. (*lilié*), ville de France, chef-lieu de canton, arrond. de Béthune, dép. du Pas-de-Calais.

LILLIPUTIEN, subst. mas., au fém. **LILLIPUTIENNE** (*lilelipuciein*, *ciène*), prétendue race de pygmées dont il est fait mention dans les contes de *Gulliver*.— Fig. : *un Lilliputien, une Lilliputienne*, un homme ou une femme fort petits.

LILLOIS, E, adj. et subst. (*liloa*, *loaze*), de *Lille*, ville de France.

LIMA, subst. propre fém. (*lima*), ville capitale du Pérou.

LIMACE, subst. fém. (*limace*) (en lat. *limax*, pris du grec λεῖμαξ, qui, dans *Hésychius*, a la même signification, ou de λειμὰς ou λειμαξ, pré, lieu humide et plein de limon, où les *limaces* se tiennent ordinairement), t. d'hist. nat., *limaçon* sans coquille. — T. de mécan., *limace*, ou vis d'Archimède, machine pour élever les eaux.

LIMACIAL, E, adj. (*limaciale*), qui tient de la *limace*, du *limaçon*.

LIMACIE, subst. fém. (*limaci*), t. de bot., arbrisseau grimpant à fleurs jaunes et sans vrilles.

LIMACINE, subst. fém. (*limacine*), t. d'hist. nat., genre de mollusques nus gastéropodes.

LIMAÇON ou **LIMAS**, subst. mas. (*limaçon*, *limâ*), t. d'hist. nat., sorte d'insecte rampant, de substance molle et visqueuse. C'est un mollusque gastéropode, de la même famille que la *limace*, dont il ne diffère qu'en ce qu'il vit dans une coquille roulée en spirale. — En anatomie, partie osseuse du labyrinthe de l'oreille, qui a la forme d'une coquille de *limaçon*.—*Escalier à* ou *en limaçon*, qui tourne en spirale, autour d'un noyau, comme la coquille d'un *limaçon*.

LIMAÇONNE, subst. fém. (*limaçone*), t. d'hist. nat., chenille à brosse.

se **LIMAÇONNER**, v. pron. (*celimaçoné*), rentrer dans sa coquille. Peu en usage.

LIMACULE, subst. fém. (*limakule*), t. d'hist. nat., dent de requin pétrifiée.

LIMAILLE, subst. fém. (*limâ-ie*), petites parties du métal que la *lime* fait tomber.

LIMAIRE, subst. mas. (*limère*), t. d'hist. nat., thon qui commence à grossir.

LIMAN, subst. mas. (*liman*), nom qu'on donne à tous les lacs marécageux de la mer Noire.

LIMANCHIE, subst. fém. (*limanchi*) (du grec *λιμο*, faim, et *αρχω*, je serre, j'étrangle), t. de médec., jeûne excessif.

LIMANDE, subst. fém. (*limande*), t. d'hist. nat., genre de poissons osseux, holobranches, thoraciques, de la famille des hétérosomes.—En t. de charpentier, pièce de bois de sciage plate, peu large et peu épaisse.—En t. de mar., longue bande de toile goudronnée dont on enveloppe les cordages.

LIMANDÉ, E, part. pass. de *limander*.

LIMANDER, v. act. (*limandé*), t. de mar., envelopper un cordage avec une *limande*. — *se* LIMANDER, v. pron.

LIMAS, subst. mas. (*limâ*). Voy. LIMAÇON.

• **LIMATION**, subst. fém. (*limâcion*), réduction en *limaille*.

LIMATULE, subst. fém. (*limatule*), petite *lime*. Inus.

LIMAY, subst. propre mas. (*limè*), bourg de France, chef-lieu de canton, arrond. de Mantes, dép. de Seine-et-Oise.

LIMBARDA, subst. fém. (*leinbarda*), t. de bot., sorte d'inule.

• **LIMBE**, subst. mas. (*leinbe*) (du lat. *limbus*), en astronomie, bord extérieur du soleil et de la lune.—Bord extérieur et gradué d'un quart de cercle, etc.—En bot., contour du sommet d'une corolle ou d'un calice.—En archéol., cercle qui entoure la tête. Les empereurs l'avaient adopté comme la marque de leur dignité, et les artistes l'attribuèrent aussi aux divinités.—Au plur., endroit où étaient les saints de l'ancien Testament avant la venue de Jésus-Christ.—Séjour des enfants morts sans baptême. (Du lat. *limbi*, employé par les Pères dans la même acception; *eò quod*, dit *Du Cange*, *sit limbus inferorum*, le bord de l'enfer.)

LIMBILITHE, subst. fém. (*leinbilite*), t. d'hist. nat., matière volcanique découverte dans une colline de lave porphyrique.

LIMBORCHIA, subst. fém. (*leinborchia*), t. de bot., genre de plantes. Voy. GENTIANELLE.

LIME, subst. fém. (*lime*) (en lat. *lima*, dérivé du grec *λιμω*, je polis), outil de fer creusé par diverses lignes, qui sert à polir et à couper le fer. — *Lime sourde*, garnie de plomb et qui ne fait point de bruit quand on l'emploie. — *Lime douce, lime* à entailles peu profondes, et qui sert à polir. — Au fig., 1° sournois, hypocrite; 2° cause qui mine, qui détruit insensiblement. — Fig. : *passer, repasser la lime sur un ouvrage*, le corriger, le polir.—En t. de pêche, endroit où la surface de l'eau étant unie et comme en repos, il s'y rassemble ordinairement beaucoup de sardines.—T. de bot., espèce de limon ou de citron. —Plante de l'ordre des graminées et du genre des phalaris, qu'on nomme aussi *alpiste rude*. — T. d'hist. nat., coquille bivalve.—*Lime-bois*, insecte qui vit dans le bois sous la forme d'une larve et le perce.—T. de vénerie, au plur., les deux grosses dents du sanglier, appelées aussi *défenses*. — *Lime de mer*, trace que la mer, en se retirant, laisse sur le rivage.

LIMÉ, E, part. pass. de *limer*, et adj. : *ouvrage limé, limé* autant que le travail et la patience de l'homme peuvent *limer*.

LIMÉE, subst. fém. (*limé*), t. de bot., plante vénéneuse.

LIMÉNARCHIE, subst. fém. (*liménarchi*) (en grec *λιμεναρχια*, formé de *λιμην*, port, et *αρχη*, commandement), charge, fonctions de gouverneur d'un port chez les anciens.

LIMÉNARCHIQUE, adj. des deux genres (*liménarchike*), qui appartient à la *limenarchie*.

LIMÉNARQUE, subst. mas. (*liménarke*) (en grec *λιμεναρχης*, formé de *λιμην*, port, et d'*αρχος*, chef), gouverneur d'un port chez les anciens.

LIMÉNITIS, subst. mas. (*liménitice*), t. d'hist. nat., insecte lépidoptère, le papillon du peuplier.—Subst. propre fém., *Limniatis, Limnatis* ou *Limnœa*, myth., surnoms donnés à Diane par les pêcheurs, qui l'invoquaient comme présidant aux marais et aux étangs.

LIMENTINUS, subst. propre mas. (*limeintinuce*), myth., l'une des divinités qui présidaient aux portes.

LIMÉOLE, subst. fém. (*limé-ole*), t. de bot., genre de plantes portulacées.

LIMER, v. act. (*limé*) (en latin *limare*), polir, couper ou amenuiser avec la *lime*. — Fig., polir un ouvrage. — *se* LIMER, v. pron. — LIMER, POLIR. (*Syn.*) *Limer*, c'est enlever avec la *lime* les parties superficielles et saillantes d'un corps dur; *polir*, c'est rendre, par le frottement, un corps uni, luisant, agréable à l'œil.—L'action de *limer* a plusieurs objets différents; on *lime* pour polir, pour amenuiser, pour scier ou couper. L'action de *polir* s'exerce par différents moyens; on *polit* avec la *lime*, avec l'émeri, avec le polissoir, etc.—*Limer* pour polir, c'est enlever les aspérités, les parties superflues, ce qu'un corps a de rude et de raboteux. *Polir* ajoute à cet effet celui de donner au corps la netteté, la clarté, le lustre qu'exige la perfection. —Au fig., *limer* désigne fort bien la critique qui retranche, réforme, corrige, efface ce qu'il y a d'inégal, d'inexact, de dur, de rude dans un ouvrage d'esprit; *polir* désigne bien la dernière façon, la dernière main, la perfection, l'agrément et le brillant qu'il s'agit d'y mettre.—L'exactitude, la correction, la précision, l'égalité, font un style *limé*; le style *poli* a de plus beaucoup d'élégance, quelque chose de brillant ou de lumineux.—Bossuet et Corneille ne *limaient* pas leur style; Racine et Fénelon *polissaient* le leur avec beaucoup de soin. (*Laveaux*.)

LIMESTRE, subst. fém. (*limècetre*), t. de comm., sorte de serge croisée.

LIMETTE, subst. fém. (*limète*) : *eau de limette*, essence de limon ou de bigarade.

LIMEUM, subst. mas. (*limé-ome*), t. de bot., plante vénéneuse des anciens, qu'on croit être une espèce de renoncule. Voy. LIMÉE.

LIMEUX, adj. mas. (*limeu*), se disait autrefois pour *limoneux*. Voy ce mot.

LIMICOLE, subst. mas. (*limikole*), t. d'hist. nat., famille d'oiseaux, petits échassiers à bec grêle.

LIMICULA, subst. fém. (*limikula*), t. d'hist. nat., nom générique des barges.

LIMIER, subst. mas. (*limié*) (du latin *limen*, proprement seuil d'une porte, et par extension, demeure, habitation), chien qui détourne le cerf et autres grandes bêtes, qui les lance hors de leur fort.—*Limier de police*, espion.

LIMINAIRE, adj. des deux genres (*liminère*), qui se met à la tête d'un livre : *épître liminaire*. Il est inusité ; on dit aujourd'hui *préliminaire*.

LIMINARCHIE, subst. fém. (*liminarchi*) (du latin *limen*, porte, entrée, et du grec *αρχη*, gouvernement), charge d'un *liminarque* chez les Romains.

LIMINARCHIQUE, adj. des deux genres (*liminarchike*), qui appartient à la *liminarchie*.

LIMINARQUE, subst. mas. (*liminarke*) (du lat. *limen*, porte, entrée, et du grec *αρχος*, chef, commandant), chez les anciens Romains, officier qui veillait sur les frontières de l'empire.

LIMITATIF, adj. mas., au fém. **LIMITATIVE** (*limitatif, tive*), qui *limite*, qui renferme dans des bornes certaines.—On dit au palais, *legs limitatif, disposition limitative*, en parlant d'un legs, d'une disposition, dont l'objet est tellement déterminé, que le légataire n'a rien à demander, à prétendre sur le surplus des biens du testateur.

LIMITATION, subst. fém. (*limitâcion*) (en lat. *limitatio*), restriction, fixation.

LIMITATIVE, adj. fém. Voy. LIMITATIF.

LIMITATIVEMENT, adv. (*limitativeman*), avec des *limites*, d'une manière *limitée*.

LIMITE, subst. fém. (*limite*) (en latin *limes*, gén. *limitis*), borne, extrémité. — Au plur., bornes qui séparent un territoire d'avec un autre. Voy. BORNE.—T. de mathématique, *limite d'une quantité*, grandeur dont cette quantité peut approcher plus près que d'une grandeur donnée quelconque, sans pouvoir jamais la surpasser. La théorie des *limites* est la base de la vraie métaphysique du calcul différentiel.—T. d'algèbre, au plur., les deux quantités entre lesquelles se trouvent comprises les racines réelles d'une équation. —*Limites d'un problème*, les nombres entre lesquels la solution de ce problème est renfermée. — En astronomie, les points de l'orbite d'une planète, où elle s'écarte le plus de l'écliptique, et qui sont par conséquent à quatre-vingt-dix degrés des nœuds.

LIMITÉ, E, part pass. de *limiter*, et adj.

LIMITER, v. act. (*limité*), borner, mettre, donner des *limites à*... — *se* LIMITER, v. pron., avoir des *limites* : *les désirs de l'homme ne peuvent se limiter*.

LIMITROPHE, adj. des deux genres (*limitrofe*) (du latin *limitrophus*, dit par contraction pour *limitotrophus*, sous-entendu *fundus*., fonds de terre destiné autrefois à l'entretien des troupes qui gardaient les frontières, et composé du latin *limes, limitis*, limite, frontière, et du grec *τροφη*, nourriture, qui vient de *τρεφω*, je nourris), dont les *limites* se touchent : *terres limitrophes*. —Qui est sur les *limites* : *ce pays est limitrophe de l'Allemagne*.

LIMNÆUS ou **LIMNÉUS**, subst. propre mas. (*limené-uce*), myth., surnom de Bacchus pris du culte qu'on lui rendait dans un quartier d'Athènes nommé *Limnes*.

LIMNÉE, subst. fém. (*limené*), t. d'hist. nat., genre de vers mollusques des mers de la Sicile.

LIMNEUDÉTIQUE, subst. fém. (*limeneudétike*) (du grec *λιμνη*, mer, et *οδευω*, je voyage), art de naviguer.

LIMNIADES, LIMNÉES ou **LIMNIAQUES**, subst. propre fém. pl. (*limeni-ade, limené, limeni-ake*), myth., nymphes des lacs et des marais.

LIMNIE, subst. fém. (*limeni*), t. d'hist. nat., insecte coléoptère.

LIMNITE, subst. fém. (*limenite*), t. d'hist. nat.; on appelle ainsi des pierres sur lesquelles sont des dendrytes noires qui, par leurs diverses sinuosités, imitent une carte de géographie.

LIMNOBION, subst. mas. (*limenobion*), t. de bot., plante aquatique appelée aussi *morène spongieuse*.

LIMNOCHARE, subst. fém. (*limenokare*), t. d'hist. nat., genre d'arachnides.

LIMNOCHARIS, subst. mas. (*limenokarice*), t. de bot., genre de plantes, le flûteau jaunâtre.

LIMNOPHILE, subst. fém. (*limenofile*), t. de bot., genre de plantes.

LIMNORIE, subst. fém. (*limenori*), t. d'hist. nat., petit crustacé qu'on trouve sur les côtes d'Angleterre.

LIMOCTONIE, subst. fém. (*limoktoni*) (du grec *λιμοκτονια*, formé de *λιμος*, faim, et *κτεινω*, je tue), t. de médec., faim mortelle ou jeûne excessif capable de tuer un malade. Voy. LIMANCHIE.

LIMODORE, subst. mas. (*limodore*) (en grec *λειμοδωρον*), t. de bot., plante apéritive, qui croît dans les lieux humides.

LIMOINE, subst. fém. (*limoène*) (en grec *λειμωνιον*, fait de *λειμων*, pré, lieu arrosé, parce qu'elle croît dans les lieux marécageux), t. de bot., sorte de plante bonne contre la dyssenterie et les pertes de sang, dont les feuilles, qui sortent de la racine, ressemblent beaucoup à celles du lapathe. On l'appelle aussi *poirée sauvage*.

LIMOGES, subst. propre mas. (*limoje*), ville de France, chef-lieu du dép. de la Haute-Vienne.

LIMON, subst. mas. (*limon*) (en latin *limus*, fait du grec *λιμνη*, marais, ou de *λειμων*, lieu humide, prairie), boue, bourbe. — LIMON, FANGE, BOUE, BOURBE, CROTTE. (*Syn.*) Le *limon* est le dépôt des eaux courantes, la *bourbe*, le dépôt des eaux croupissantes; la *boue*, de la terre détrempée, telle que celle qu'on trouve dans les rues; la *fange*, de la boue presque liquide; la *crotte*, de la *boue* considérée relativement à l'effet qu'elle produit sur les vêtements.—Le Nil dépose du *limon*; on trouve de la *bourbe* au fond des mares; après la pluie, il y a de la *boue* dans les rues; après la pluie, il y a de la *fange* dans les sillons des terres labourées; quand on marche sans précaution dans la *boue*, on couvre ses vêtements de *crotte*.—*Limon d'atterrissement*, t. d'hist. nat., quelques savants naturalistes désignent sous ce nom tous les terreins qui ont été remaniés, quelle que soit leur nature. Ainsi, non seulement les dépôts argileux, semblables à ceux de la vallée du Nil, par exemple, sont pour ces naturalistes du *limon d'atterrissement*, mais encore ils considèrent comme tels les sables calcaires déposés par la Marne dans son long trajet, les sables siliceux des environs de Paris, les galets qui garnissent tous nos villages de Normandie, etc., etc.

LIMON, subst. mas. (*limon*), fruit du *limonier*, sorte de citron qui a beaucoup de jus.—Pièce de bois qui sert à porter les marches d'un escalier. (Dans cette acception, de l'adj. latin *limus*, oblique, de travers.) — Le devant du brancard d'un charriot ou d'une charrette, où est attaché le cheval qui porte une selle. Ce cheval se nomme *limonier*.

LIMONADE, subst. fém. (*limonade*), boisson faite avec du jus de *limon* ou de citron, de l'eau et du sucre.— On appelle *limonade sèche*, une poudre faite avec du sucre, de l'huile de citron et du sel d'oseille.

LIMONADIER, subst. mas., LIMONADIÈRE, subst. fém. (*limonadié, dière*), celui, celle qui fait et vend de la *limonade*, du café et des liqueurs.

LIMONADIÈRE, subst. fém. Voy. LIMONADIER.

LIMONCELLO, subst. mas. (*limoncèlelo*), t. de bot., variété du *limonier* de la Calabre.

LIMONÉ, E, part. pass. de *limoner*.

LIMONELLIER, subst. mas. (*limonèlié*), t. de bot., arbre des Indes.

LIMONEUSE, adj. fém. Voy. LIMONEUX.

LIMONEUX, adj. mas., au fém. LIMONEUSE (*limoneu, neuze*), bourbeux, plein de *limon*.

LIMONIA, subst. fém. (*limoni-a*), t. de bot., arbuste de la famille des orangers.

LIMONIADES, subst. propre fém. plur. (*limoni-ade*), myth., nymphes des prairies et des fleurs.

LIMONIATE, subst. fém. (*limoni-ate*) (du grec λειμὼν, pré), t. d'hist. nat., pierre précieuse de couleur vert-de-pré.

LIMONIE, subst. fém. (*limoni*), t. d'hist. nat., insecte diptère.

LIMONIER, subst. mas. (*limonié*), cheval qu'on attelle aux *limons*.—T. de bot., arbre qui porte des *limons*.

LIMONIÈRE, subst. fém. (*limonière*), espèce de brancard formé par les deux *limons* adaptés au-devant d'une voiture. — Voiture à quatre roues ayant un brancard formé par deux *limons*.

LIMONNÉ, E, part. pass. de *limonner*.

LIMONNER, v. act. (*limoné*), t. de cuisinier, passer un poisson à l'eau bouillante pour le débarrasser du *limon*.—*se* LIMONNER, v. pron.

LIMOSELLE, subst. fém. (*limozèle*), t. de bot., plante de la famille des lysimachies.

LIMOUSIN, ou, suivant le *Richelet portatif*, LIMOSIN, subst. mas. (*limouzein*), maçon qui fait des murailles avec du moellon et du mortier, ainsi nommé parce que ces ouvriers viennent en général du *Limousin*.

LIMOUSIN, subst. et adj. mas., au fém. LIMOUSINE (*limouzein, zine*), celui, celle qui est du *Limousin* : *cheval limousin, jument limousine*.

LIMOUSIN, subst. propre mas. (*limouzein*), ancienne province de France, comprise aujourd'hui dans les dép. de la Haute-Vienne et de la Corrèze.

LIMOUSINAGE ou LIMOSINAGE, subst. mas. (*limouzinaje*), ouvrage des *Limousins*, maçonnerie faite de petits moellons ou de cailloux, à bain de mortier.

LIMOUSINE, subst. fém. (*limouzine*), t. de bot., anémone verte, rouge et blanche.

LIMOUSINÉ, E, part. pass. de *limousiner*, et adj.

LIMOUSINER, v. act. et neut. (*limouziné*), faire du *limousinage*.—*se* LIMOUSINER, v. pron.

LIMOUSINERIE, subst. fém. (*limouzineri*), t. de maçon., *limousinage*.

LIMOUX, subst. propre mas. (*limou*), ville de France, chef-lieu d'arrond., dép. de l'Aude.

LIMPIDE, adj. des deux genres (*leinpide*) (en lat. *limpidus*, fait de λαμπω, je luis, je brille), clair, net : *de l'eau limpide*.

LIMPIDITÉ, subst. fém. (*leinpidité*), qualité, état de ce qui est *limpide*.

LIMULE, subst. mas. (*limule*), t. d'hist. nat., genre de crustacés de la famille des aspidiotes ou clypéacés, qui vivent dans les mers de l'Inde et de l'Amérique, où ils atteignent jusqu'à trois décimètres de longueur.

LIMURE, subst. fém. (*limure*), action de *limer*.—État d'une chose *limée*.—On l'a dit quelquefois dans le sens de *limaille*.

LIMUS, subst. mas. (*limuce*), t. d'antiq., habillement que portaient les victimaires dans les sacrifices.

LIMYRE, subst. propre fém. (*limire*), myth., célèbre fontaine de Lycie qui rendait des oracles par les poissons qu'elle contenait.

LIN, subst. mas. (*lein*) (en lat. *linum*, pris du grec λινον), t. de bot., plante annuelle, à fleur caryophyllée, dont la tige fournit un fil propre à faire de la toile, et dont les espèces sont très-nombreuses. Le *lin purgatif* fournit un excellent diurétique. — Graine de *lin*. — Fil de *lin*. — Sorte de toile de *lin* : *caché sous le lin*... — *Gris de lin*, couleur qui ressemble à celle de la fleur de *lin*.—*Lin de marais*. Voy. LINAIGRETTE. —*Lin de Sibérie*, sorte de *lin* vivace qui s'élève plus haut que le nôtre, et peut être employé aux mêmes usages.—*Lin sauvage*. Voy. LINAIRE.

LINACÉES, subst. fém. plur. (*linacé*), t. de bot., famille de plantes de la nature du *lin*.

LINAIGRETTE, subst. fém. (*linèguerète*), t. de bot., plante de la classe des graminées dont les semences sont entourées de filets lanugineux.

LINAIRE, subst. fém. (*linère*), t. de bot., plante agreste, vivace, à fleur monopétale, personnée, dont les feuilles approchent de celles du *lin*. On en compte beaucoup d'espèces.

LINCE, subst. fém. (*leince*), t. de comm., sorte de satin de la Chine.

LINCEUL, subst. mas. (*leinceule*, et non point *leinceuie*) (en lat. *linteolum*, dimin. de *linteum*, linge, drap), drap de lit. En ce sens, il n'est plus usité. — Le drap de toile servant à ensevelir les morts.

LINCEUX, adj. mas. plur. (*linceu*), de lin. (*Boiste*.) Inusité.

LINÇOIR, subst. mas. (*leinçoar*), t. de charpentier, pièce de bois dans laquelle on assemble les solives d'un plancher au-dessus de la baie d'une porte, d'une croisée, etc. ; ou les chevrons au droit des lucarnes, et pour le passage des cheminées.

LINCONE, subst. fém. (*leinkone*), t. de bot., arbrisseau de la famille des pimprenelles.

LINDE (LA), subst. propre fém. (*laleinde*), ville de France, chef-lieu de canton, arrond. de Bergerac, dép. de la Dordogne.

LINDÈRE, subst. fém. (*leindère*), t. de bot., arbrisseau du Japon, dont le bois est employé en ébénisterie de toilette.

LINDERNE, subst. fém. (*leindèrene*), t. de bot., plante voisine des gratioles.

LINDIEN, adj. mas. (*leindiein*), myth., surnom donné à Hercule, de *Lindus*, ville de l'île de Phades, où l'on faisait des sacrifices en son honneur.

LINDIENNE, adj. propre fém. (*leindiène*), myth., surnom de Minerve, pris d'un temple qu'elle avait à *Lindus*.

LINDSÉE, subst. fém. (*leindecé*), t. de bot., plante cryptogame de la famille des fougères.

LINÉAIRE, adj. des deux genres (*liné-ère*) (en lat. *linearis*, fait de *linea*, ligne), qui a rapport aux *lignes* : *dessin linéaire*.—Qui se fait par des *lignes* : *perspective linéaire*. — En t. de géom., *équation linéaire*, celle dans laquelle l'inconnue ne monte qu'au premier degré. — *Problème linéaire*, celui qui n'admet qu'une solution, ou plus exactement, celui qui est résolu par une équation du premier degré. — *Quantités linéaires*, celles qui n'ont qu'une dimension, par le rapport qu'elles ont avec les simples *lignes*, et pour les distinguer des quantités de plusieurs dimensions, qui représentent des *surfaces* ou des solides. — En t. de bot. : *feuille linéaire*, celle qui est étroite, et d'une largeur égale dans toute sa longueur. — Subst. mas., t. d'hist. nat., sorte de poisson.

LINÉAL, E, adj. (*linéale*) (en lat. *linealis*, fait de *linea*, ligne), t. de jurispr., *la succession linéale*, dans l'ordre d'une *ligne* de parenté. — Au plur. mas., *linéaux*.

LINÉALEMENT, adv. (*liné-aleman*), relativement aux *lignes*.

LINÉAMENT, subst. mas. (*liné-aman*) (en lat. *lineamentum*, fait de *linea*, ligne), *ligne* délicate qu'on observe sur le visage, qui en forme la délicatesse, qui en fait conserver l'image, et qui en cause la ressemblance avec quelque autre. C'est par les *linéaments* que les physionomistes prétendent juger du tempérament et des inclinations.—Trait à peine esquissé.

LINÉES, subst. fém. plur. (*liné*), t. de bot., famille de plantes du genre *lin*.

LINETTE, subst. fém. (*linète*), semence de la plante qui produit le *lin*.

LINGAM, LINGAN, ou LINGUM, subst. mas. (*leinguan* ou *guome*), divinité adorée dans les Indes, surtout au royaume de Carnate. Elle offre le spectacle de l'union des principes de la génération. Par cette représentation, les bramines prétendent enseigner que l'être suprême qu'ils adorent est l'auteur de la création des animaux des différentes espèces.

LINGARD, subst. mas. (*leinguar*), dans les manufactures, fil de chaîne empesé, pour raccommoder ceux qui se rompent dans le travail.

LINGARELLE, subst. fém. (*leinguarèle*), ancien scapulaire des chanoines de Paris.

LINGE, subst. mas. (*leinje*) (du lat. *linium*, dit pour *lineum*, qui est fait de lin, dérivé de *linum*, pris du grec λινον, lin. De *linium* on a fait *lingum* et ensuite *linge*, qui ne s'est dit d'abord que de la toile de lin, et successivement de celle de chanvre), toile coupée selon les différents usages auxquels on veut l'employer, soit pour la personne, soit pour les diverses nécessités du ménage.

LINGER, subst. mas., LINGÈRE, subst. fém. (*leinjé, jère*), celui, celle qui vend, qui fait du *linge*; ou qui a soin du *linge*, qui le raccommode. — *Lingère*, t. d'hist. nat., espèce d'insecte aptère qu'on trouve souvent dans les armoires.

LINGÈRE, subst. fém. Voy. LINGER.

LINGERIE, subst. fém. (*leinjeri*), lieu où l'on met le *linge*. — Commerce de *linge*, de toile.

LINGETTE, subst. fém. (*leinjète*), t. de comm., sorte de petite serge.

LINGOT, subst. mas. (*leinguô*) (suivant *Ménage*, de *lingua*, langue, sans doute à cause de sa forme), morceau de métal brut, qui n'est ni monnayé ni ouvragé, n'ayant reçu d'autre façon que celle qu'on lui a donnée dans la mine en le fondant, et le jetant dans une espèce de moule qu'on appelle *lingotière* : *lingot d'or*, *d'argent*, *de cuivre*; *jeter de l'or en lingot*. — Petit cylindre de fer ou de plomb que l'on met dans un fusil.

LINGOTIÈRE, subst. fém. (*linguotière*), moule où l'on jette les métaux fondus pour les réduire en *lingots*.

LINGUAL, E, adj. (*leingu-ale*) (du latin *lingua*, langue), qui appartient, qui a rapport à la *langue*. —Quelques anatomistes ont appelé *os lingual*, l'os hyoïde. — *Muscle lingual*, petit faisceau musculaire, étendu de la base à la pointe de la langue, entre le génio-glosse et l'hyo-glosse ; on l'appelle aussi le *glossien* ; *artère linguale*, celle qui provient de la partie antérieure-inférieure de la carotide externe ; *nerf lingual*, le nerf hypoglossé, appelé aussi *hyo-glossien*.—En grammaire, *consonnes linguales*, consonnes produites par les différents mouvements et les différentes positions de la *langue*, telles sont *d*, *t*, *l*, *n*, *r*. — Subst. fém. : *une linguale*, une lettre *linguale*.—Cet adj. ne paraît pas avoir de plur. mas.

LINGUARD, subst. mas., ou LINGUE, subst. fém. (*leinguar*, *leingue*), t. de comm., gade molve de l'Amérique, qu'on apporte salé et préparé comme la morue.

LINGUATULE, subst. fém. (*leinguouatule*), t. d'hist. nat., ver qui se loge dans les chairs.

LINGUE, subst. fém. Voy. LINGUARD.

LINGUET, subst. mas. (*leinguié*), t. de marine, pièce de bois attachée sur le tillac d'un vaisseau pour arrêter le cabestan.—Sorte de satin.

LINGUIFORME, adj. des deux genres (*leingu-iforme*) (du lat. *lingua*, langue, et *forma*, forme, ressemblance), en *forme de langue*.

LINGUISTE, subst. mas. (*leingu-icete*), qui s'occupe de l'étude des *langues*.

LINGUISTIQUE, subst. fém. (*leingu-icetike*), traité sur l'étude des *langues*. — Étude et connaissance des langues en général.

LINGUISUGE, subst. mas. (*leingu-içuje*) (du lat. *lingua*, langue, et *sugere*, sucer), t. d'hist. nat. ; on a proposé de donner ce nom aux insectes dont l'extrémité de la lèvre inférieure forme une langue distincte ; ce sont les hyménoptères.

LINGULE, subst. fém. (*leingule*), t. d'hist. nat., mollusque acéphale.

LINGULIER, subst. mas. (*leingulié*), t. d'hist. nat., animal des *lingules*.

LINIAIRE, adj. des deux genres (*lini-ère*), allongé comme un fil : *pétiole liniaire*.

LINIENSTEIN, subst. mas. (*lini-ènecetène*) (de l'allemand *linie*, ligne, et *stein*, pierre), t. d'hist. nat., espèce de jaspe onyx qui présente des lignes noires parallèles sur un fond bleuâtre.

LINIER, subst. mas., au fém. LINIÈRE (*linié, nière*), celui, celle qui prépare et vend le *lin*.

LINIÈRE, subst. fém. (*linière*), terre semée de *lin*.

LINIES, subst. fém. plur. (*lini*), myth., fêtes en l'honneur de *Linus*, fils d'Apollon.

LINIFICIUS-LAPIS, subst. mas. (*linifici-ucelâpice*), pierre qui avait, dit-on, la vertu de guérir de l'épilepsie.

LINIGUISE, subst. fém. (*linigu-ize*), espèce de poudre dont on se sert pour donner le fil aux rasoirs.

LINIMENT, subst. mas. (*liniman*) (en lat. *linimentum*, fait de *linire*, oindre, graisser, etc.), t. de médec., médicament fait pour adoucir et humecter.

LINITION, subst. fém. (*linicion*), action d'oindre, d'enduire.

LINKÉE, subst. fém. (*leinkié*), t. de bot., nom donné aux champignons pezizes.

LINNÉE, subst. fém. (*linené*) (du lat. *Linnæus*, naturaliste suédois), t. de bot., sorte de plante.

LINOCARPE, subst. mas. (*linokarpe*), t. de bot., genre proposé pour le *lin* multiflore.

LINOCIÈRE, subst. fém. (*linocière*), t. de bot., plante jasminée.

LINON, subst. mas. (*linon*), toile de *lin* très-claire et très-déliée. — On distingue quatre sortes de *linon* : *le linon batiste clair uni*, de deux tiers d'aune de large, ou de trois quarts, et de quinze aunes de long ; le *linon batiste clair à jour*, ou *rayé à petits objets brochés*, à l'imitation des mousselines à ramages ou grands dessins, à fleurs et mignonnettes, contrefaisant le point à jour, de trois quarts de large, et de quinze aunes de long; le *linon gaze*, uni, broché à petits ou grands dessins, à mouches ou ramages, de trois quarts ou d'une aune de large, sur quatorze aunes de long ; et le *linon uni, rayé, à carreaux*, pour mouchoirs, de quinze aunes de longueur, pour pouvoir fournir à la pièce vingt mouchoirs de trois quarts de large, ou vingt-deux mouchoirs de deux tiers.—On dit *de la toile de lin*, et plus communément *du linon*.—On disait autrefois *linomple*.

LINOS, subst. mas. (*linôce*), t. d'antiq., nom d'une chanson célèbre en Phénicie.

LINOSTOLE, subst. et adj. des deux genres (*linocetole*) (du grec λινοστολια, long habit de lin), vêtu de lin. Inus.

LINOSTOLIE, subst. fém. (*linocetoli*), longue robe, long vêtement de lin.

LINOSTOME, subst. mas. (*linocetome*), linge placé sur le calice pour l'essuyer.

LINOSTROPHON, subst. mas. (*linocetrofon*), t. de bot., le marrube, plante.

LINOT, subst. mas. (*linô*), mâle de la *linotte*.

LINOTTE, subst. fém. (*linote*), petit oiseau qui chante très-agréablement; ainsi nommé du *lin*, dont la graine fait sa nourriture.—Prov. : *tête de linotte*, homme de peu de sens.—*Siffler la linotte*, boire beaucoup.—Être en prison. Style figuré et burlesque.

LINOZOSTE, subst. fém. (*linozocete*), t. de bot., plante du genre des mercuriales.

LINSENSTEIN, subst. mas. (*leincènecetène leinçancetène*) (de l'allemand *linse*, lentille, et *stein*, pierre), t. d'hist. nat., pierre qui contient des camerines.—Les camerines elles-mêmes.

LINTÉAIRE, subst. fém. (*leinté-ère*), t. de géométrie, courbe que formerait une corde attachée à deux points fixes, située dans un plan vertical, et chargée d'un fluide en équilibre, homogène et incompressible.

LINTEAU, subst. mas. (Il ne faut pas confondre ce mot avec *liteau*.) (*leintô*), pièce de bois qui se met en travers au-dessus de l'ouverture d'une porte ou d'une fenêtre pour soutenir la maçonnerie. — En serrurerie, bout de fer placé au haut des portes et des grilles, dans lequel entrent les tourillons.

LINTHÉE, subst. fém. (*leinté*), t. de comm., sorte d'étoffe de soie qu'on fabrique en Chine.

LINTHURIE, subst. fém. (*leinturi*), t. d'hist. nat., espèce de coquille qu'on trouve près de Sienne.

LINTIBULAIRE, subst. fém. (*leintibulère*), t. de bot., famille des plantes.

LINURGE, subst. fém. (*linurje*), t. d'antiq., sorte de pierre divinatoire des anciens.

LINUS, subst. propre mas. (*linuce*), myth., fils d'Apollon et de Terpsichore, et frère d'Orphée. Il inventa les vers lyriques et les chansons. Ce fut lui qui enseigna la musique à Hercule ; mais le disciple, ayant été un jour réprimandé trop sévèrement, cassa la tête à son maître avec sa lyre.—Il y eut un autre *Linus*, fils d'Amphimarus et d'Uranie, qui fut tué par Apollon, pour avoir osé se vanter de chanter aussi bien que lui.

LINYPHIE, subst. fém. (*linifi*), t. d'hist. nat., genre d'arachnides.

LION, subst. mas., au fém. **LIONNE** (*lion, lione*) (en grec λεων, dont les Latins ont fait *leo*), animal féroce qu'on appelle le *roi des animaux*. Dans la nouvelle division de l'histoire naturelle, c'est un mammifère digitigrade, du genre des chats, de couleur fauve, avec la queue terminée par une touffe de poils noirs, et dont le mâle a une crinière. — *Lion marin*, phoque à crinière. Fig., homme hardi et courageux : *c'est un lion, une lionne*.—*Il est comme un lion*, se dit d'une personne en grande fureur.—*C'est l'âne recouvert de la peau du lion*, se dit d'un faux brave qui fait le fanfaron. — *Partage du lion*, où le plus fort s'empare de tout.— Prov. : *coudre la peau du renard à celle du lion*, joindre la ruse à la force.—T. d'astron., le quinzième signe du Zodiaque, composé de quatre-vingt-quinze étoiles dans le *Catalogue britannique*. — Le *petit lion*, constellation introduite par *Hévélius*, entre le lion et la grande ourse. Elle contient cinquante-trois étoiles dans le *Catalogue britannique*.—Monnaie du règne de Philippe de Valois, sur laquelle le roi était figuré foulant un *lion* aux pieds.— T. d'hist. nat., *lion des pucerons*, larves d'hémérobes, qui se nourrissent de ces insectes, au milieu desquels on les trouve, sans que ceux-ci aient l'instinct de les éviter. Voy. HÉMÉROBES. — T. de blas., *lion morné*, qui n'a ni dents ni langue. — *Lion diffamé*, qui n'a point de queue.—*Lion dragonné*, celui dont le corps est, dans la partie postérieure, terminé par une queue de dragon.—*Lion lissant*, celui qui étant sur un chef ou sur une fasce, ne montre que la tête, le bout de ses pattes de devant, et l'extrémité de sa queue.—*Lion naissant*, celui qui ne paraît qu'à moitié sur le champ de l'écu, la partie inférieure ne paraissant pas.

LION, subst. propre mas. (*lion*), golfe de la Méditerranée au sud-est de la France.

LIONCEAU, subst. mas. (*lionçô*), petit de la *lionne*.

LIONS-LA-FORÊT, subst. propre mas. (*lionlaforê*), ville de France, chef-lieu de canton, arrond. des Andelys, dép. de l'Eure.

LIONDENT, subst. mas. (*liondan*), t. de bot., plante voisine des épervières.

LIONNE, subst. fém. (*lione*), la femelle du *lion*. Voy. LION.

LIONNÉ, E, adj. (*lioné*), t. de blason : *léopard lionné*, rampant.

LIORHINQUE, subst. mas. (*lioreinke*), t. d'hist. nat., genre de vers intestinaux.

LIOUBE, subst. fém. (*lioube*), t. de marine, entaille pour recevoir le bout d'une pièce de bois.

LIPARA, subst. mas. (*lipara*) (du grec λιπαρος, gras), nom que les anciens donnaient aux emplâtres gras.

LIPARE, subst. mas. (*lipare*), t. d'hist. nat., genre d'insectes coléoptères.

LIPARIS, subst. mas. (*liparice*), t. d'hist. nat., poisson du genre du bouclier.

LIPAROCÈLE, subst. fém. (*liparocèle*) (du grec λιπαρος, gras, et κηλη, tumeur; *tumeur graisseuse*), t. de chirurgie, espèce de hernie du scrotum causée par la masse d'une substance semblable à de la *graisse*.

LIPARUS, subst. propre mas. (*liparuce*), myth., fils d'Auson, donna son nom à une des îles Ioniennes.

LIPÉ, part. pass. de *liper*.

LIPER, v. neut. (*lipé*) (en lat. *lipire*), claper avec un petit cri comme le milan.

LIPIN, subst. mas. (*lipein*), t. d'hist. nat., coquille du genre des rochers.

LIPODERME, adj. des deux genres (*lipodèrme*) (du grec λειπω, je manque, et δερμα, peau), t. de médec., dépourvu de peau.

LIPOGRAMMATIE, subst. fém. (*lipoguerame-mati*), écriture, composition *lipogrammatique*.

LIPOGRAMMATIQUE, adj. des deux genres (*lipoguerametatike*) (du grec λειπω, je manque, je laisse, et γραμμα, lettre) ; il se dit des ouvrages dans la composition desquels on ne fait pas entrer certaines lettres de l'alphabet.

LIPOGRAMMATISTE, subst. mas. (*lipoguera-mematicete*), auteur qui, dans un ouvrage, a affecté de s'abstenir de certaines lettres. Voy. LIPOGRAMMATIQUE.

LIPOME, subst. mas. (*lipome*) (du grec λιπος, graisse), t. de chir., loupe graisseuse.

LIPOMERIE, subst. fém. (*lipomeri*), t. de médec., défaut ou manque de quelque partie du corps. Presque inusité.

LIPONIS, subst. mas. (*liponice*), t. de bot., nom générique du roucou.

LIPOPSYCHIE, subst. fém. (*lipopeciki*) (du grec λειπω, je manque, et ψυχη, âme, vie), t. de médec., syn. de *lipothymie*. Voy. ce mot.

LIPOTHYMIE, subst. fém. (*lipotimi*) (en grec λιποθυμια, formé de λειπω, je manque, et θυμος, esprit, courage), t. de médec., défaillance, évanouissement léger.

LIPPE, subst. fém. (*lipe*) (de l'allemand *lippe*, qui a la même signification, et qu'*Huet* croit avoir été fait du latin *labium*, lèvre), lèvre d'en bas trop grosse, ou trop avancée : *grosse lippe, vilaine lippe*.—*Faire la lippe*, bouder.—En t. de serrurier, partie dans les ornements relevée sur le tas, qui est plus renversée que les autres.

LIPPÉE, subst. fém. (*lipé*) (du mot *lippe*, lèvre), bouchée. — *Il a eu une franche lippée*, un bon repas qui ne lui a rien coûté.—*Chercheur de franches lippées*, parasite. Il est familier.

LIPPER, v. neut. (*lipé*). Voy. LIPER.

LIPPI, subst. mas. (*lipepi*), t. de bot., genre de plantes verbenacées.

LIPPISTE, subst. fém. (*lipepicete*), t. d'hist. nat., genre de coquilles.

LIPPITUDE, subst. fém. (*lipepitude*) (du lat. *lippitudo*, lessive), t. de médec., écoulement trop abondant de la *chassie*, surtout quand cette humeur est épaisse, visqueuse et âcre.

LIPPU, E, subst. et adj. (*lipu*), qui a la *lèvre* d'en bas trop grosse et trop avancée : *gros lippu*.

LIPS, subst. mas. (*lipece*), myth., nom sous lequel on désigne le vent du sud-ouest.

LIPTIE ou **LAPKI**, subst. fém. (*lipeci, lapeki*), sorte de chaussure de paysans d'une province de la Russie.

LIPTOTE, subst. fém. (*litote*), figure de rhétorique que l'on appelle autrement *diminution*, parce qu'elle augmente et renforce la pensée, lorsqu'elle semble la diminuer par l'expression. C'est ainsi que nous disons d'un buveur, qu'*il ne hait pas le vin*, pour dire qu'il l'aime beaucoup. On dit plus souvent *litote*.

LI-PU, subst. mas. (*lipu*), t. de relat., sorte de tribunal religieux des Chinois.

LIPURE, subst. fém. (*lipure*), t. d'hist. nat., quadrupède peu connu de la baie d'Hudson.

LIPYRIE, subst. fém. (*lipiri*) (en grec λειπυριας, ou plutôt λειποπυριας, sous-entendu πυρετος, fièvre, formé de λειπω, j'abandonne, et de πυρ, feu, chaleur), t. de médec., espèce de fièvre continue, accompagnée d'une chaleur extrême au dedans, et d'un froid extérieur.

LIPYRIEN, adj. mas., au fém. **LIPYRIENNE** (*lipiriein, riène*), t. de médec.: *fièvre lipyrienne*, *lipyrie* ardente.

LIPYRIENNE, adj. fém. Voy. LIPYRIEN.

LIQUATION, subst. fém. (*likouâcion*) (en lat. *liquatio*, fonte, liquéfaction, fait de *liquare*, fondre), opération métallurgique consistant à séparer, par le moyen de la fusion, deux métaux, dont l'un est plus fusible que l'autre. On dit aussi *ressuage*.

LIQUÉFACTION, subst. fém. (*likuéfakcion*, disent tous les *dictionnaires*, sans en excepter celui de l'*Académie*, tandis que tous aussi veulent qu'on prononce *liquéfier, likiéfié*. Il faudrait être conséquent, ce nous semble ; et pour cela, prononcer ces deux mots, dont l'un dérive nécessairement de l'autre, de la même façon. Maintenant comment dire? Devra-t-on prononcer *likuéfié* comme *likuéfakcion*, ou *likiéfakcion* comme *likiéfié?* Laquelle de ces deux prononciations sera la bonne? L'origine de ces mots étant toute latine, nous pouvons vraisemblablement croire que c'est ce motif qui a fait conserver à *liquéfaction* la prononciation latine. Mais *liquide*, qui est aussi tout latin, se prononce *likide*, à la française; et puis nous avons le mot *liqueur*, que personne ne s'est jamais avisé de prononcer *liku-eur*. Tranchons : notre avis est qu'on doit dire *likiéfakcion* et *likiéfié*) (en lat. *liquefactio*), changement qui survient à un corps, qui de solide devient *liquide*.

LIQUÉFIÉ, E, part. pass. de *liquéfier*.

LIQUÉFIER, v. act. (*likiéfié*) (en lat. *liquefacere*, formé de *liquidus*, et de *facere*, faire), fondre, rendre liquide. Voy. LIQUÉFACTION. — *se* LIQUÉFIER, v. pron.

LIQUET, subst. mas. (*likiè*), t. de jard., sorte de petite poire appelée aussi *lavallée*.

LIQUEUR, subst. fém. (*likieur*) (en lat. *liquor*), en général, toute substance fluide et *liquide*. — En particulier, boisson dont la base est l'eau-de-vie ou l'esprit de vin mêlé de sirop. — *Liqueur bachique* (style plaisant), le vin. — *Vins de liqueur*, vins muscats, vins d'Espagne et autres. — *Vin qui a de la liqueur, trop de liqueur*, trop de douceur. — *Liqueurs fraîches*, la limonade et autres boissons rafraîchissantes.—On appelle *liqueurs maigres*, l'eau, le vin, et les autres *liqueurs* semblables; et *liqueurs grasses*, l'huile, la gomme, la poix, etc.—On appelle particulièrement *liqueurs fortes, liqueurs spiritueuses*, des boissons dont la base est l'eau-de-vie ou l'esprit de vin. — *Liqueur de l'amnios*, t. de médec., la même chose que les eaux de l'amnios.—*Liqueur de Van Swieten*, t. de pharm., dissolution du muriate de mercure au maximum d'oxygénation, dans l'eau-de-vie de grain, à la dose de douze grains pour deux livres de liquide. On emploie encore aujourd'hui ce remède contre les maladies vénériennes; mais, au lieu d'employer l'eau-de-vie comme dissolvant, on se sert de l'eau distillée. — *Liqueur minérale anodine d'Hoffman*, médicament officinal que l'on prépare en mêlant ensemble deux onces d'alcohol, et autant d'éther sulfurique rectifié, auxquels on ajoute douze grains d'huile douce de vin. Ce mélange est employé comme stimulant diffusible, et comme anti-spasmodique.—*Liqueur fumante de Boyle*, t. de chimie, nom qu'on avait donné anciennement au sulfure hydrogéné d'ammoniaque, parce que ce liquide fume à l'air, et que *Boyle* est le premier qui l'ait préparé. — *Liqueur fumante de Libavius*, muriate d'étain, au maximum d'oxydation, privé d'eau. On avait ainsi appelé ce liquide, parce qu'il fume à l'air, et qu'il avait été découvert par *Libavius*. — *Liqueur de cailloux*, nom donné à la dissolution de la silice dans la potasse liquide.

LIQUEUREUSE, adj. fém. Voy. LIQUEUREUX.

LIQUEUREUX, adj. mas., au fém. **LIQUEUREUSE** (*likieureu, reuze*), quoique ce mot dérive bien évidemment du mot *liqueur*, nous devons avertir qu'il n'est pas du bon usage; on dit plus souvent, et c'est peut-être à tort, *liquoreux*. Voy. ce mot.

LIQUIDAMBAR, subst. mas. (*likidanbar*), t. de bot., grand arbre de la Louisiane, dont les feuilles ressemblent à celles du petit érable des bois, et dont l'écorce fournit un baume odorant, qu'on nomme aussi *liquidambar*. — Cet arbre croît naturellement à la Louisiane, en Caroline, dans la Virginie, le Maryland et la Pensylvanie; mais ce n'est que dans les climats les plus chauds de ces pays qu'il produit l'espèce de résine connue dans le commerce sous le nom de *baume* ou d'*ambre liquide*. C'est une substance liquide, jaunâtre, d'une odeur qui approche de celle du *styrax*, et d'une saveur âcre et aromatique. Ses propriétés médicinales ne diffèrent point de celles du baume de copahu, du baume du Pérou et du baume de la Mecque, auxquels on peut le substituer dans tous les cas. Il se sépare quelquefois du suc du *liquidambar* nouvellement récolté une matière balsamique, comme oléagineuse, roussâtre, très-limpide et fort fluide; c'est ce qu'on appelle *huile de liquidambar*.

LIQUIDATEUR, subst. et adj. mas., au fém. **LIQUIDATRICE** (*likidateur, trice*), celui, celle qui *liquide* un compte.

LIQUIDATION, subst. fém. (*likidâcion*), action de *liquider*; fixation de dépens, etc. — L'acte par lequel on *liquide*.— *Liquidation de société*, apurement de comptes, et partage des dividendes entre les associés.

LIQUIDATRICE, subst. fém. Voy. LIQUIDATEUR.

LIQUIDE, adj. des deux genres (*likide*) (en lat. *liquidus*), qui a ses parties fluides et coulantes. — En parlant des biens, net, clair, qui n'est point sujet à contestation ni chargé de dettes : *bien, revenu liquide*.—En t. de jurispr. et de comm., il se dit d'une chose qui est claire, et dont la qualité ou la valeur est déterminée. Une créance peut être *certaine*, sans être *liquide*. Par exemple, un ouvrier qui a fait des ouvrages est, sans contredit, créancier du prix; mais s'il n'y a pas eu de marché fait à une certaine somme, ou que la quantité des ouvrages ne soit pas constatée, *sa créance n'est pas liquide*, jusqu'à ce qu'il y ait eu un toisé ou état des ouvrages, et une estimation. — On entend aussi quelquefois par *liquide*, ce qui est actuellement exigible; c'est pourquoi, quand on dit que *la compensation n'a lieu que de liquide à liquide*, on entend non-seulement qu'elle ne peut se faire qu'avec des sommes ou quantités fixes et déterminées, mais aussi qu'il faut que les choses soient exigibles au temps où l'on veut en faire la compensation.—En gramm., *consonnes liquides*, celles qui, jointes à une autre consonne, sont fort coulantes; telles sont *l, m, n, r*, dans *clair, crédule*, etc.—*Confitures liquides*, qui sont dans du sirop, par opposition à *confitures sèches*.—Subst. mas., ce qui est *liquide*.

LIQUIDÉ, E, part. pass. de *liquider*.

LIQUIDEMENT, adv. (*likideman*), d'une manière claire et *liquide*.

LIQUIDER, v. act. (*likidé*), t. de pratique, rendre clair et certain ce qui était incertain et embarrassé : *liquider les dépens, ses dettes, son bien*.—T. de comm., fixer à une somme *liquide* et certaine des prétentions contentieuses.—*Liquider ses intérêts*, c'est calculer à quoi montent les intérêts d'une somme, à proportion du denier et du temps pour lequel ils sont dus. —*Liquider ses affaires*, c'est y mettre de l'ordre en payant ses dettes passives, en sollicitant le paiement des actives, ou en retirant les fonds qu'on a, et qui sont dispersés dans les différentes affaires et entreprises de commerce.—*se* LIQUIDER, v. pron., s'acquitter.

LIQUIDITÉ, subst. fém. (*likidité*), qualité d'une chose *liquide*.—Propriété qu'ont certains corps d'être composés de molécules qui cèdent à la plus légère pression, et qui se meuvent indépendamment les unes des autres.

LIQUOREUSE, adj. fém. Voy. LIQUOREUX.

LIQUOREUX, adj. mas., au fém. **LIQUOREUSE** (*likoreu, reuze*), se dit en parlant de certains vins qui ont une douceur qu'ils ne devraient point avoir. Voy. LIQUEUREUX.

LIQUORISTE, subst. des deux genres (*likoriste*), marchand de *liqueurs*. Peut-être devrait-on dire *liqueuriste*. Voy. LIQUEUR.

LIRA, subst. fém. (*lira*), monnaie de billon de Venise, valant une livre.—Il y a aussi la *lirazza*, valant une livre dix sous, et la *lira grossa*, monnaie de compte, passée en banque pour dix ducats ou soixante-deux livres banco.

DU VERBE IRRÉGULIER LIRE :

Lira, 3ᵉ pers. sing. fut. indic.
Lirai, 1ʳᵉ pers. sing. fut. indic.
Lirais, précédé de *je*, 1ʳᵉ pers. sing. prés. cond.
Lirais, précédé de *tu*, 2ᵉ pers. sing. prés. cond.
Lirait, 3ᵉ pers. sing. prés. cond.
Liras, 2ᵉ pers. sing. fut. indic.

LIRE, v. act. (*lire*) (en lat. *legere*, fait du grec λεγειν, qui signifie proprement recueillir, rassembler, parce qu'en *lisant* les yeux recueillent, pour ainsi dire, les lettres et les mots pour en former les discours), parcourir des yeux, et avec la connaissance de la valeur des lettres, ce qui est écrit ou imprimé, soit qu'on profère les mots, soit qu'on ne les profère pas. Il s'emploie souvent comme neutre. — Prendre connaissance de ce que contient un livre : *je plains ceux qui n'aiment pas à lire*. — Avoir l'intelligence d'une langue étrangère : *il lit l'anglais*, etc. — Fig., pénétrer, connaître, deviner, augurer : *lire dans la pensée, dans les yeux, dans l'avenir*.—Expliquer : *il lit Virgile à ses écoliers*.—On dit d'un livre qu'on lit sans ennui, qu'*il se laisse lire*, et de celui qu'on lit avec plaisir, qu'*il se fait lire*. —Les imprimeurs disent, *lire sur le plomb*, pour dire, lire sur l'œil du caractère le contenu d'une page ou d'une forme.—T. de manuf., *lire un dessin*, marquer en détail, à l'ouvrier qui monte un métier, le nombre de fils qu'il doit prendre ou laisser pour former sur l'étoffe les mêmes figures que sur le dessin.—*se* LIRE, v. pron.

LIRELLE, subst. fém. (*lirèle*), t. de bot.; mot nouveau introduit pour désigner la fructification des hypoxylées, qui sont étroites, allongées, souvent ramifiées, et qui s'ouvrent sur une fente longitudinale.

Lirez, 2ᵉ pers. plur. fut. indic. du verbe irrégulier *lire*.

LIRI, subst. mas. (*liri*), t. d'hist. nat., espèce de patelle à coquille cartilagineuse.

Liriez, 2ᵉ pers. plur. prés. cond. du verbe irrégulier *lire*.

LIRIODENDRON, subst. mas. (*liri-odandron*), t. de bot., nom que *Linnée* donne au genre tulipier.

LIRION ou **LIRIUM**, subst. mas. (*liri-on, ri-ome*), t. de bot., genre de plante des anciens; on pense que c'est l'amaryllis d'automne.

Lirions, 1ʳᵉ pers. plur. prés. cond. du verbe irrégulier *lire*.

LIRIOPE, subst. mas. (*liri-ope*), t. de bot., genre de plantes.

LIRIOPE, subst. propre fém. (*liri-ope*), myth., nymphe, fille de l'Océan et de Téthys, et mère de Narcisse.

LIRIS, subst. mas. (*lirice*), t. d'hist. nat., genre d'insectes hyménoptères.

LIRON, subst. mas. (*liron*), t. d'hist. nat., espèce de marmotte des Alpes.—Loir.

Lirons, 3ᵉ pers. plur. fut. indic. du verbe irrégulier *lire*.

LIS, subst. mas. (*lice*) (en latin *lilium*, fait du grec λειριον), t. de bot., plante vivace, dont la fleur, d'une odeur forte, offre une corolle blanche sans calice, campanulée et composée de six pétales; sa forme très-connue a fait donner le nom de *liliacée* aux herbes et sous-arbrisseaux dont la fleur offre ou imite les mêmes caractères. Voy. LILIACÉE.—Fleur qui en provient. — On compte beaucoup d'espèces de *lis*. — *Lis-asphodèle*, plante dont la fleur, de couleur jaune, ressemble à celle du *lis*, et la racine à celle de l'*asphodèle*.—*Lis-hyacinthe*, espèce de scille originaire d'Anjou, que l'on cultive dans les jardins.—*Lis-narcisse, colchique jaune, narcisse d'automne*, plante qui tient du *lis* et du narcisse.—*Lis de Saint-Bruno*, plante de l'ordre des scilles, qui croît à la Grande-Chartreuse.—*Lis de Suze*, fritillaire de Perse. — *Lis des vallées*. Voy. MUGUET. — *Lis des étangs*. Voy. NÉNUPHAR. — Fig., blancheur extrême : *teint de lis et de roses*.—*Les lis*, autrefois la France, qui était l'empire des *lis*.—*Fleur de lis* (*s* ne se prononce pas). Voy. ce mot à la lettre F. *Trois fleurs-de-lis* liées ensemble ont été les armoiries de France.—En t. de pêche, sorte de filet, le même que la dreige. — Grosse dent aux extrémités d'un peigne.

DU VERBE IRRÉGULIER LIRE :

Lis, 2ᵉ pers. sing. impér.
Lis, précédé de *je*, 1ʳᵉ pers. sing. prés. indic.
Lis, précédé de *tu*, 2ᵉ pers. sing. prés. indic.

LISABLE, adj. des deux genres (*lizable*) : *écrit lisable*, que l'on peut *lire* avec quelque fruit ou plaisir. Inus.

DU VERBE IRRÉGULIER LIRE :

Lisaient, 3ᵉ pers. plur. imparf. indic.
Lisais, précédé de *je*, 1ʳᵉ pers. sing. imparf. indic.
Lisais, précédé de *tu*, 2ᵉ pers. sing. imparf. indic.
Lisait, 3ᵉ pers. sing. imparf. indic.
Lisant, part. prés.

LISANTHE, subst. fém. (*lizante*), t. de bot., genre de plantes gentianées.

LISARD, subst. mas. (*lizar*), t. de comm., sorte de toile des Indes.

LISARDE ou **LÉZARDE**, subst. fém. (*lizarde*), la femelle du *lézard*.

LISBONINE, subst. fém. (*licebonine*), monnaie d'or de Portugal, valant, avant 1722, quatre mille; et depuis cette époque, quatre mille huit cents reis. La *demi-lisbonne* a la moitié de cette valeur.

LISBONNE, subst. propre fém. (*licebone*), ville capitale du royaume de Portugal.

DU VERBE IRRÉGULIER LIRE :

Lise, précédé de *que je*, 1ʳᵉ pers. sing. prés. subj.
Lise, précédé de *qu'il* ou *qu'elle*, 3ᵉ pers. sing. prés. subj.
Lisent, précédé de *ils* ou *elles*, 3ᵉ pers. plur. prés. indic.
Lisent, précédé de *qu'ils* ou *qu'elles*, 3ᵉ pers. plur. prés. subj.

LISERAGE, subst. mas. (*lizeraje*), dessin de broderie tracé par un seul fil ou cordonnet de métal ou de couleur, qui tranche sur le fond.

LISERÉ, et non pas avec l'*Académie* **LISÉRÉ**, subst. mas. (*lizeré*), cordonnet de métal ou de soie, placé autour d'une broderie.

LISERE, E, part. pass. de *liserer*.

LISERER, v. act. (*lizeré*) (du mot *lisière*, bord. On a dit d'abord *lisiérer*, et ensuite *liserer*), t. de brodeur, relever les dessins d'une étoffe par un cordonnet qui en suit les contours. — *se* LISERER, v. pron.

LISET, subst. mas. Voy. LISERON.

LISEROLE, subst. fém. (*lizerole*), t. de bot., plante de la famille des *liserons*.

LISERON, ou **LISET**, subst. mas. (*lizeron, lizé*) t. de bot., plante vivace, à fleur campaniforme, dont la tige longue et sarmenteuse s'attache à toutes les plantes voisines. On l'emploie en médecine comme anodyne et détersive. Les espèces en sont très-nombreuses.

Lises, 2ᵉ pers. sing. prés. subj. du verbe irrégulier LIRE.

LISET, subst. mas. (*lizé*), t. d'hist. nat., petit scarabé qui gâte les bourgeons des arbres. On l'appelle aussi *coupe-bourgeon*.—En bot., le même que *liseron*.

LISEUR, subst. mas., au fém. **LISEUSE** (*lizeur, zeuze*), celui, celle qui aime à *lire*, qui *lit* beaucoup.—En anat., l'un des quatre muscles droits de l'œil, ainsi nommé parce qu'il sert à faire tourner l'œil vers le nez, ce qu'on fait lorsqu'on *lit*. C'est le même que l'*adducteur*. — T. de fabrique de soierie, *liseuse de dessin*, personne qui *lit les dessins*, et qui indique comment il faut les transporter, corde par corde, sur le semple.

LISEUSE, subst. fém. Voy. LISEUR.

DU VERBE IRRÉGULIER LIRE :

Lisez, 2ᵉ pers. plur. impér.

Lisez, précédé de *vous*, 2ᵉ pers. plur. prés. indic.

LISIBLE, adj. des deux genres (*lizible*), facile à *lire*.—On dit figurément qu'*un ouvrage n'est pas lisible*, pour dire qu'il est impossible de le *lire* sans dégoût ou sans ennui.

LISIBLEMENT, adv. (*liziblemān*), d'une manière *lisible*.

LISIÈRE, subst. fém. (*lizière*) (du lat. *licium*, qui signifie proprement *trame, fil de la trame*, et que Virgile a employé dans le sens de *lisière de drap*. Du pluriel *licia*, on a fait, dans la basse latinité, *liciaria*, d'où est venu immédiatement notre mot *lisière*), le bord d'une étoffe; ce qui borne sa largeur des deux côtés. — Bandes attachées à la robe d'un enfant, pour le soutenir dans ses premiers pas, et qui se faisaient autrefois avec des *lisières* de drap. — Borne, extrémité d'un champ, d'une province, d'un état, etc.— En t. de fortification, on appelle *lisière en saillie*, une espèce de chemin de dix à douze pieds de large, qu'on laisse dans les places revêtues seulement de gazons, entre le pied extérieur du rempart et le bord du fossé, et qui sert à empêcher que les terres du rempart ne s'éboulent dans le fossé. On l'appelle aussi *berme* et *relais*.—Prov. et fig. : *se laisser mener à la lisière*, se laisser gouverner.—Fig. et par plaisanterie : *la lisière est pire que le drap*, les habitants des confins d'un pays décrié sont pires que ceux du milieu du pays même.

LISIEUX, subst. propre mas. (*lizieu*), chef-lieu d'arrond., dép. du Calvados.

DU VERBE IRRÉGULIER LIRE :

Lisiez, précédé de *vous*, 2ᵉ pers. plur. imparf. indic.

Lisiez, précédé de *que vous*, 2ᵉ pers. plur. prés. subj.

Lisions, précédé de *nous*, 1ʳᵉ pers. plur. imparf. indic.

Lisions, précédé de *que nous*, 1ʳᵉ pers. plur. prés. subj.

LISOIR, subst. mas. (*lizoar*), pièce de carrosse sur laquelle posent des pièces qu'on nomme *moutons*.—C'est aussi une pièce de charriot.— Dans les fabriques de drap, bâtis de charpente pour l'apprêt de certaines étoffes, et, en particulier, des étamines du Mans.

DU VERBE IRRÉGULIER LIRE :

Lisons, 1ʳᵉ pers. plur. impér.

Lisons, précédé de *nous*, 1ʳᵉ pers. plur. prés. indic.

LISPE, subst. fém. (*licepe*), t. d'hist. nat., espèce de mouche qu'on trouve sur le sable des bords des mares.

LISPUND, subst. mas. (*liceponde*), poids d'Allemagne qui vaut environ sept kilogrammes.

LISQUE, subst. mas. Voy. LESQUE.

LISSAGE, subst. mas. (*liçaje*), t. de mar., tout ce qui sert à *lisser* un vaisseau.

LISSANT, adj. mas. (*liçan*), t. de blason. Voy. *lion lissant*, au mot LION.

LISSANTHE, subst. fém. (*liçante*), t. de bot., plante de la famille des bicornes.

LISSE, adj. des deux genres (*lice*) (en grec λισσός), uni, poli : *une étoffe lisse*. — En t. de bot., glabre : avec cette différence cependant, que la tige ou la feuille *lisse* est toujours *glabre*; tandis que la tige ou la feuille *glabre* peut n'être pas *lisse*, c'est-à-dire peut offrir des sillons, des stries, etc.

LISSE, subst. fém. (*lice*), t. de mar., assemblage de grosses pièces de bois qui servent à lier les membres du vaisseau. Elles portent divers noms, suivant l'endroit du vaisseau où elles sont placées.—On appelle *lisse de vibord*, une préceinte un peu plus petite que les autres, qui tient le vaisseau tout autour par les hauts; *lisse de plat-bord*, celle qui termine les œuvres mortes entre les deux premières rabattues; *lisse d'hourdi* ou *grande barre d'arcasse*, une longue pièce de bois qui est placée à l'arrière, et qui peut être regardée comme un ban qui passe derrière l'étambot, et sur lequel sont attachés les estains; *lisse de gabaris*, en général toutes les pièces qui sont employées pour former des gabaris ou les façons d'un vaisseau; *lisse de porte-haubans*, de longues pièces de bois plates, que l'on fait régner le long des porte-haubans, et qui servent à tenir dans leur place les chaînes de haubans. — En t. de rivière, pièce courante qui couronne à hauteur d'appui le garde-fou d'un pont de bois. — En t. de gazier, perles d'émail percées par le milieu, et au travers desquelles passent les fils de la chaîne.—En t. de cartonn., de cartier, etc., instrument pour unir et polir le papier, les cartes, le carton.—Outil de corroyeur pour polir les cuirs de couleur, lorsqu'ils ont reçu leur dernier lustre. — En t. de cordier, ficelle à lier des paquets, etc.

LISSE, subst. fém. (*lice*), t. d'hist. nat., couleuvre d'Europe.

LISSÉ, subst. mas. (*licé*), sucre cuit au point de filer plus ou moins.—Les confiseurs appellent *grand lissé*, un sucre cuit au point de former un filet assez fort pour ne point se rompre en ouvrant les deux doigts qu'on y a trempés, et pour prendre ainsi une assez grande étendue. Ils disent *petit lissé*, quand ce sucre fait entre les deux doigts un filet imperceptible, et très-aisé à être rompu pour peu qu'on écarte les doigts.

LISSÉ, E, part. pass. de *lisser*, et adj. : *amandes lissées*, t. de confis., pelées et couvertes de sucre.

LISSER, v. act. (*licé*), polir, rendre *lisse*.—Les ciriers disent *lisser la bougie*, pour dire la rendre unie dans toute sa longueur, en la faisant passer sous le rouloir; *lisser la bougie filée*, pour dire, la faire passer dans une serviette mouillée. — Dans les fabriques de poudre à canon, *lisser les grains de poudre*, se dit d'une opération qui se fait dans un cylindre creux mis en mouvement. — T. de mar., garnir un vaisseau de ses *lisses*.—SE LISSER, v. pron.

LISSOIR, subst. mas. (*liçoare*), instrument avec lequel on *lisse* le papier, le linge, etc.

LISSOTYLE, subst. fém. (*liçotile*), t. de bot., genre de plantes voisin des gravilliers.

LISTE, subst. fém. (*licete*) (du latin barbare *lista*, fait, dans la même signification, de l'allemand *leiste*, bordure, bande, bandelette, parce qu'on écrivait les petits catalogues sur des lanières de parchemin), catalogue. Il se dit ordinairement des personnes et quelquefois des choses.— *Liste civile*, somme que le parlement d'Angleterre alloue au roi pour l'entretien de sa maison. — En France, l'assemblée de 1790 en avait fixé une de vingt-cinq millions pour le même objet. Aujourd'hui la somme est déterminée à l'avènement du roi au trône et pour toute la durée de son règne. — LISTE, CATALOGUE, RÔLE, NOMENCLATURE, DÉNOMBREMENT. (*Syn.*) La *liste* est une suite d'indications simples et brèves. Le *catalogue* suppose un certain ordre, une certaine distribution, un dessein particulier, souvent même des explications et des éclaircissements. Le *rôle* est une sorte de registre qui marque le rang, le tour, l'ordre à observer à l'égard des personnes qui sont engagées dans le même état, assujéties à la même condition, soumises à une règle commune. La *nomenclature* est une exposition, un dénombrement de noms. Le *dénombrement* est un compte détaillé des parties d'un certain tout, comme des habitants d'une ville, d'un royaume.—Une *liste* de candidats; un *catalogue* de livres; un *rôle* de contributions, de soldats, d'ouvriers; une *nomenclature* des plantes de l'Europe; le *dénombrement* des habitants de Paris.

LISTEAU ou **LISTEL**, subst. mas. (*liceté, tèle*), t. d'architecture, petite moulure carrée; bande ou règle qui sert d'ornement.—Espace plein entre les cannelures d'une colonne.

LISTEL, subst. mas. Voy. LISTEAU.

LISTÈRE, subst. fém. (*licetère*), t. de bot., genre de plantes.

LISTON, subst. mas. (*liceton*), t. de blason, petite bande sur laquelle on écrit la devise.

LISTRONITE, subst. fém. (*licetronite*), t. d'hist. nat., coquille bivalve fossile.

Lit, 3ᵉ pers. sing. prés. indic. du verbe irrég. LIRE.

LIT, subst. mas. (*li*) (du lat. *lectus*, fait dans le même sens du grec λέκτρον ou λέχος, dérivés tous les deux de λέγομαι, être couché), meuble fait pour y coucher, s'y reposer, y dormir.—Bois de lit : *lit de bois de noyer*. — Tour de *lit* : *lit de damas, de serge*, etc.—*Fond de lit*, fond sanglé. *Lit de plume*, toile ou coutil rempli de plume.— *Lit*, se prend quelquefois particulièrement pour les matelas, le *lit* de plume, les draps et les couvertures : un *bon lit*, *un lit bien mollet*. *Faire le lit*, c'est arranger toutes ces choses de manière que l'on soit bien couché. — Les accoucheurs et les sages-femmes appellent *lit de misère* ou *de travail*, un *lit* préparé pour les femmes en travail d'enfant. — *Lit de sangles*, lit fait de sangles attachées à deux longues pièces de bois que soutiennent des pieds ou jambages qui se croisent.—*Lit de repos*, petit *lit* bas et sans rideaux.—*Lit de veille*, *lit* qu'on accommode dans la chambre d'un malade pour le veiller.—*Lit de camp* ou *brisé*, petit *lit* dont les pieds et les quenouilles se *brisent* ou se démontent, en sorte que le bois de *lit* se met dans les malles, quand on veut le transporter. C'est aussi le *lit* sur lequel les soldats se reposent dans les corps-de-garde. — *Lit de parade*, 1° *lit* tendu dans une chambre plutôt pour l'ornement que pour l'usage, 2° *lit* sur lequel on expose les grands après leur mort. — *Lit de table*, un *lit* sur lequel les anciens se mettaient pour prendre leurs repas. — On appelle *lit nuptial*, le *lit* dans lequel les nouveaux mariés couchent la première nuit de leurs noces.—Fig.: *souiller le lit nuptial*, manquer à la foi conjugale. — On dit d'un mari et d'une femme qui ne couchent point ensemble, qu'*ils font lit à part*. — *Garder le lit*, être malade. — *Être au lit de la mort*, être à l'extrémité.—*Mourir au lit d'honneur*, sur un champ de bataille, et fig., dans une circonstance honorable.—Prov.: *comme on fait son lit on se couche*, on se trouve bien ou mal de la conduite qu'on a tenue. — *Lit* se prend aussi fig., pour mariage : *enfant du premier*, *du second lit*.—Tout lieu où l'on se couche : *la terre nue était son lit*. — Canal par où coule une rivière.—Couche de quelque chose qui est étendue sur une autre : *lit de sable*, *d'argile*, *de moellons*, etc.—*Lit de fumier*, étage de plusieurs couches de fumier sur une certaine largeur. — Côté d'une pierre sur lequel elle reposait dans la carrière. Celui qui lui est opposé est appelé *lit de dessus*. — En t. de mar., *lit du vent*, direction exacte du vent. — *Lit de marée*, courant marqué en pleine mer, qui écume souvent avec un certain bruit.—*Lit de justice*, se disait lorsque le roi était au parlement, assis sur son trône. (Par corruption, pour *élite de justice*; parce qu'à ces séances solennelles se trouvaient les princes du sang, les pairs, les grands officiers de la couronne, etc. (*Le Duchat*.)

LITA, subst. fém. (*lita*), t. de bot., genre de plantes.

LITAGE, subst. mas. (*litaje*), t. de fabrique de draps; le *litage des draps* est une opération qui consiste à appliquer au bord de la lisière une corde forte, cousue avec de la ficelle, à l'endroit et à l'envers, afin qu'il reste un cordon blanc qui règne le long de la lisière.

LITANIES, subst. fém. plur. (*litani*) (du grec λιτανεία, prières, supplications, dérivé de λιτομαι, prier, supplier), prières qu'on fait à Dieu en invoquant la sainte Vierge et les saints les uns après les autres. — Fam., au sing., longue et ennuyeuse énumération.

LITCHI, subst. mas. (*litechi*), t. de bot., plante du genre des saponacées.

LITE, subst. fém. (*lite*), suc végétal dont les habitants de Madagascar font usage.

LITÉ, E, part. pass. de *liter*.

LITEAU, subst. mas. (Il ne faut pas confondre ce mot avec *linteaux*.) (*litô*), t. de chasse, lieu où se couche et se repose le loup durant le jour. C'est en quelque sorte son *lit*.— En t. de charpentier et de menuisier, petite tringle de bois, ainsi nommée, ou parce qu'elle est couchée sur une autre qui lui sert de *lit*, ou parce que d'autres reposent sur elle.—Au plur., raies coloriées vers les extrémités de certaines serviettes ou le long des pièces de drap.

LITÉE, subst. fém. (*lité*), réunion de plusieurs animaux dans le même gîte.

LITER, v. act. (*lité*) : *liter du poisson salé*, l'arranger par *lits* dans les barils.—*Liter* est aussi un t. de manuf. de draps, qui signifie coudre ou attacher avec du gros fil ou de la menue ficelle, de petites cordes de la grosseur du bout du doigt, le long de la pièce, entre l'étoffe et la lisière, afin que la partie qui en a été couverte ne puisse prendre teinture, et qu'elle garde son fond ou pied.—SE LITER, v. pron.

LITERIE, subst. fém. (*literi*), tout ce qui compose un *lit*.

LITES, subst. propre fém. plur. (*lite*) (du grec λιταί, prières), myth., divinités, filles de

Jupiter. Elles étaient figurées boiteuses, ridées, consternées, etc.

LITEUSE, subst. fém. *(liteuse)*, t. de manuf. de draps, ouvrière qui *lite* les draps.

LITHAGOGIE, subst. fém. *(litaguoji)*, t. de médec., propriété des remèdes qui détruisent la pierre. Voy. LITHAGOGUE.

LITHAGOGUE, adj. des deux genres *(litaguogue)* (du grec λίθος, pierre, et ἄγω, je chasse, je fais sortir), se dit en médecine des remèdes propres à expulser la pierre de la vessie.

LITHANTHRAX, subst. mas. *(litantrakce)*, espèce de charbon. Voy. ANTHRAX.

LITHARGE, subst. fém. *(litarje)*, chaux de plomb, appelée par les chimistes modernes *oxyde de plomb demi-vitreux*.—On ramasse la litharge sur la coupelle, après avoir coupé l'argent. Lorsque la couleur en est blanchâtre, on l'appelle *litharge d'argent*; lorsqu'elle est jaunâtre, elle se nomme *litharge d'or*.

LITHARGÉ ou **LITHARGYRÉ**, E, adj. *(litarjé, jiré)*, préparé, mêlé, falsifié avec la litharge : *vin lithargyré*. Ce mot se trouve dans l'*Émile* de J.-J. Rousseau.

LITHÉOSPHORE, subst. mas. *(lité-ocefore)*, t. d'hist. nat., variété de baryte sulfatée connue sous le nom de *pierre de Bologne*.

LITHI, subst. mas. *(liti)*, t. de bot., arbre du Chili qui rend une eau verdâtre et vénéneuse, et dont les caractères botaniques ne sont pas connus.

LITHIASIS ou **LITHIASIE**, subst. fém. *(liti-asice)* (en grec λιθίασις, fait de λίθος, pierre), t. de médec., formation de la pierre dans le corps humain.—Tumeur dure des bords des paupières.

LITRIATE, subst. mas. *(liti-ate)*, t. de chimie, sel formé par la combinaison de l'acide *lithique* avec une base. On dit aujourd'hui *urate*.

LITHINE, subst. fém., ou **LITHION**, subst. mas. *(litine, liti-on)*, t. de chim., oxyde alcalin, combinaison de l'oxygène avec le *lithium*.

LITHIQUE, adj. des deux genres *(litike)* (du grec λίθος, pierre, calcul), t. de chimie : *acide lithique*, acide tiré du calcul de la vessie. Ce mot a été remplacé par *urique*.

LITHITE, subst. fém. *(litite)*, t. d'antiq., ancienne mesure d'Égypte.

LITHIUM, subst. mas. *(liti-ome)*, t. de chim., substance radicale de la lithine.

LITHIZONTHOS, subst. mas. *(litizontôce)*, t. d'hist. nat., nom que les anciens donnaient à l'escarboucle des Indes.

LITHOBIBLION, subst. mas. *(litobiblion)* (du grec λίθος, pierre, et ϐιϐλίον, feuille), t. d'hist. nat.; on désigne par ce mot, les empreintes de feuilles et les feuilles que l'on trouve fossiles. On dit aussi *bibliolithe*, et *lithophyllum*.

LITHOBIE, subst. fém. *(litobi)*, t. d'hist. nat., insecte myriapode.

LITHOBOLIES, subst. fém. plur. *(litoboli)* (du grec λιθοϐολέω, je lapide, formé de λίθος, pierre, et ϐάλλω, je jette), t. d'antiq., fêtes qui se célébraient à Épidaure, à Égine et à Trézène, en mémoire de Lamie et d'Auxésie, deux jeunes filles de l'île de Crète, que quelques habitants de Trézène lapidèrent dans une sédition.

LITHOCALAME, ou **STÉLÉCHITE**, subst. fém. *(litokalume, cetelechite)*, t. d'hist. nat., tige de plante pétrifiée.

LITHOCARPE, subst. mas. *(litokarpe)*, t. d'hist. nat., nom générique des fruits pétrifiés.

LITHOCHROME, subst. mas. *(litokrôme)*, artiste en *lithochromie*.

LITHOCHROMIE, subst. fém. *(litokrômi)* (du grec λίθος, pierre, et χρῶμα, couleur), procédé pour produire l'apparence d'un tableau à l'huile.

LITHOCHROMIQUE, adj. des deux genres *(litokrômike)*, qui a rapport à la *lithochromie*.

LITHOCHROMISTE, subst. mas. *(litokrômicte)*, qui fait de la *lithochromie*.

LITHOCOLLE, subst. fém. *(litokole)* (en grec λιθόκολλα, formé de λίθος, pierre, et κόλλα, colle), sorte de ciment dont les lapidaires se servent pour attacher et assujettir les pierres précieuses qu'ils veulent tailler sur la meule.

LITHODE, subst. fém. *(litode)*, t. d'hist. nat., espèce d'araignée de mer.

LITHODIALE, subst. fém. *(litodi-ali)*, t. de chir., nouvelle méthode pour broyer la pierre dans la vessie.

LITHODOME, subst. mas. *(litodome)*, t. d'hist. nat., coquillage de l'espèce des moules.

LITHOGÈNE, adj. des deux genres *(litojène)*, se dit de certains polypes dont le tuyau est pétrifié, et d'une action organique qui a pour résultat la formation des calculs.

LITHOGÉNÉSIE, subst. fém. *(litojénézi)*, t. d'hist. nat., nom proposé pour remplacer le mot *géologie*.

LITHOGÉOGNOSIE, subst. fém. *(litojé-oguenôzi)*, t. d'hist. nat., connaissance des pierres.

LITHOGLYPHE, subst. mas. *(litoguelife)* (du grec λίθος, pierre, et γλύφω, je grave), nom donné par les anciens à ceux qui gravaient sur les pierres.

LYTHOGLYPHITE, subst. fém. *(litoguelifite)* (du grec λίθος, pierre, et γλυφή, gravure, ciselure), t. d'hist. nat., substances fossiles qui paraissent moulées et sculptées.

LITHOGRAPHE, subst. et adj. des deux genres *(litografe)*, ouvrier qui travaille à la *lithographie*.—Voy. LITHOLOGUE.

LITHOGRAPHIE, subst. fém. *(litograft)* (du grec λίθος, pierre, et γράφω, j'écris, je décris), description des pierres. — Art nouvellement inventé de reproduire, par l'impression, ce qu'on a dessiné ou écrit sur une pierre polie.—Gravure, dessin, écriture reproduite par les procédés *lithographiques*.

LITHOGRAPHIÉ, E, part. pass. de *lithographier*, et adj.

LITHOGRAPHIER, v. act. *(litograrafté)*, graver, reproduire un dessin, une écriture par les procédés *lithographiques*. — SE LITHOGRAPHIER, v. pron.

LITHOGRAPHIQUE, adj. des deux genres *(litograrafike)*, qui concerne la lithographie : *pierres lithographiques*.

LITHOÏDE, adj. des deux genres *(lito-ide)* (du grec λίθος, pierre, et εἶδος, ressemblance), t. d'hist. nat., qui a l'apparence d'une pierre.

LITHOÏQUE, adj. des deux genres *(lito-ike)*, qui tient de la nature de la pierre : *ciment lithoïque*.

LITHOLABE, subst. mas. *(litolabe)* (du grec λίθος, pierre, et λαμϐάνω, je prends, je saisis), t. de chir., pincette pour saisir la pierre dans l'opération de la taille.

LITHOLISATION, subst. fém. *(litolizācion)*, course pour ramasser et examiner des pierres. Peu usité.

LITHOLOGIE, subst. fém. *(litolcji)* (du grec λίθος, pierre, et λόγος, discours), partie de l'histoire naturelle qui a pour objet les différentes espèces de pierres, leur formation , etc.

LITHOLOGIQUE, adj. des deux genres *(litolojike)*, qui appartient à la *lithologie*.

LITHOLOGUE, subst. mas. *(litologue)*, auteur qui a écrit sur les pierres, qui s'occupe de leur étude, etc. Voyez LITHOGRAPHIE et LITHOLOGIE.

LITHOMANCIE, subst. fém. *(litomanci)* (du grec λίθος, pierre, et μαντεία, divination), myth., divination par le moyen de pierres. On poussait plusieurs cailloux l'un contre l'autre; et leur son plus ou moins aigu faisait connaître, disait-on, la volonté des dieux.

LITHOMANCIEN, adj. et subst. mas. , au fém. **LITHOMANCIENNE** *(litomanciein, ciène)*, qui concerne la *lithomancie*, qui devine par le son des cailloux.

LITHOMARGE, subst. fém. *(litomarje)* (du grec λίθος, pierre, et du latin *marga*), t. d'hist. nat., espèce d'argile grasse au toucher.

LITHOMORPHITE, subst. fém. *(litomorfite)*, t. d'hist. nat., pierre figurée. Voy. DENDRITE.

LITHONTRIBON, subst. mas. *(litontribon)* t. de bot. (du grec λίθος, pierre, et τρίϐειν, broyer), sorte de plante qu'on appelle plus communément *herniole*.

LITHONTRIPTIQUE, adj. des deux genres *(litontripetike)* (du grec λίθος, pierre, et τριπτικός, qui a la vertu de briser, dérivé de τρίϐειν, briser, rompre), se dit d'un remède auquel on suppose la vertu de dissoudre la pierre dans la vessie.

LITHOPHAGE, subst. mas. *(litofaje)* (du grec λίθος, pierre, et φαγω, je mange), t. d'hist. nat., petit ver qui se trouve dans les rochers et qui la ronge.—Il est aussi adj. des deux genres.

LITHOPHOSPHORE, subst. mas. *(litofocefore)*, t. d'hist. nat., pierre phosphorique.

LITHOPHYLLE, subst. fém. *(litofile)*, t. d'hist. nat., feuille pétrifiée.

LITHOPHYTE, subst. mas. *(litofite)* (du grec λίθος, pierre, et φυτόν, plante), t. d'hist. nat., production naturelle qui tient de la pierre par sa dureté, et de la plante par sa forme. C'est un polypier pierreux formé par des zoophytes agglomérés, qu'on nomme aussi *saxigène*, parce que dans les mers du Sud particulièrement les zoophytes produisent , par leur accumulation , des rochers souvent fort dangereux.

LITHOPRIONE, subst. mas. *(litoprione)*, t. de chir., instrument pour briser la pierre dans la vessie.

LITROSIE, subst. fém. *(litôzi)*, t. d'hist. nat., insecte nocturne, genre de lépidoptères.

LITHOSPERME, subst. mas. *(litocepèrme)* (du grec λίθος, pierre, et σπέρμα, semence), t. de bot., plante nommée autrement *gremil*, dont les semences sont renfermées dans des noix extrêmement dures.

LITHOSTROTE, subst. mas. *(litocetrote)* (du grec λίθος, pierre, et στρωτός, pavé), t. d'hist. anc., chez les anciens Grecs, lieu pavé de marbre de différentes couleurs et formant des compartiments.

LITHOTOME, subst. mas. *(litotome)*, instrument de chirurgie propre à l'opération de la taille. Voy. LITHOTOMIE. — T. d'hist. nat., pierre qui a naturellement l'air d'une pierre travaillée.

LITHOTOMIE, subst. fém. *(litotimi)* (du grec λίθος, pierre, et τέμνω, je coupe, à cause de l'incision nécessaire dans cette opération), t. de chir., opération de la taille pour tirer une pierre de la vessie.

LITHOTOMIQUE, adj. des deux genres *(litotomike)*, t. de chir., qui concerne la *lithotomie*.

LITHOTOMISTE, subst. mas. *(litotomicete)*, chirurgien qui s'applique particulièrement à l'opération de la taille. Voy. LITHOTOMIE.

LITHOTRITEUR, subst. mas. *(litotriteur)*, t. de chir., instrument pour broyer la pierre dans la vessie. — Celui qui fait cette opération. Voy. LITHOTRITIE.

LITHOTRITIE, subst. fém. *(litotrici)* (du grec λίθος, pierre, et τρίϐειν, broyer), t. de chir., art de broyer la pierre dans la vessie.

LITHOTRIPTIQUE, adj. des deux genres. Voy. LITHONTRIPTIQUE.

LITHOXYLE, subst. mas. *(litokcile)* (du grec λίθος, pierre, et ξύλον, bois), t. d'hist. nat., bois pétrifié.

LITHUANIE, subst. propre fém. *(litu-ani)*, ancienne province d'Allemagne, située entre la Prusse et la Pologne. Elle a été démembrée.

LITHUANIEN, subst. et adj. mas., au fém. **LITHUANIENNE** *(litu-aniein, niène)*, de la Lithuanie.

LITHUANIENNE, subst. et adj. fém. Voy. LITHUANIEN.

LITIER, subst. mas. *(litié)*, t. de manuf., matière en fusion qui forme un liquide plus léger que le fer fondu.

LITIÈRE, subst. fém. *(litière)* (du latin *lectica*, fait de *lectus*, lit ; parce que dans les *litières* les anciens se trouvaient un coussin et un matelas, comme dans un lit), sorte de voiture ou de chaise couverte et portée sur deux brancards l'un devant, l'autre derrière. — Paille qu'on jette dans les écuries et dans les étables, sous les chevaux, bœufs, brebis, etc. — Les crottes de vers à soie. — *Être sur la litière*, se dit d'un cheval, et fig., d'une personne malade et ne pouvoir sortir. — Prov. : *faire litière de...*, prodiguer; ne point ménager.

LITIGANT, E, adj. *(litiguan, guante)* (en lat. *litigans*, part. prés. de *litigare, litem agere*, plaider), qui plaide et qui conteste en justice. — On dit *les parties litigantes*; on en appelle *co-litigants*, ceux qui sont unis d'intérêt et qui plaident conjointement.

LITIGE, subst. mas. *(litije)* (en lat. *litigium*), t. de pal., procès, différend, contestation en justice. On dit *qu'un bien est en litige*, pour dire qu'il y a contestation en justice, au sujet de ce bien.—On se sert quelquefois de ce mot dans l'usage ordinaire, pour signifier toute sorte de contestation : *cela peut occasionner un litige*.

LITIGIEUSE, adj. fém. Voy. LITIGIEUX.

LITIGIEUX, adj. mas., au fém. **LITIGIEUSE** *(litijieu, jieuze)* (en lat. *litigiosus*), qui peut être en *litige* et contesté en justice.—*droits litigieux*, droits et actions qui ne sont pas liquides, et qui souffrent quelque difficulté.

LITISPENDANCE, subst. fém. *(lilicependance)* (du lat. *lis*, gén. *litis*, procès, et *pendere pendre*), t. de prat., le temps pendant lequel un procès est pendant en justice. Peu usité.

LITOMANCIE, subst. fém. *(litomanci)* (du grec λιτός, qui rend un son clair, et μαντεία, divination), t. d'antiq., divination ou présage qui se tirait du son plus ou moins clair que rendaient des anneaux poussés les uns contre les autres.

LITOMANCIEN, adj. et subst. mas., au fém. **LITOMANCIENNE** (*litomancièin, ciène*), qui appartient à la *litomancie*. — Qui exerce la *litomancie*.

LITORNE, subst. fém. (*litorne*), t. d'hist. nat., grosse grive.

LITOTE, subst. fém. (*litote*) (en grec λιτοτης, simplicité, dimin. de λιτος, simple, petit), figure de rhétorique, qui consiste à se servir, par modestie ou par égard, d'une expression faible, pour réveiller l'idée du plus. Voy. LIPTOTE.

LITRE, subst. fém. (*litre*), bande noire autour d'une église, sur laquelle sont peintes les armoiries du seigneur, etc.—Lé de velours noir sur lequel on pose les écussons, les armes des princes et autres seigneurs, lors de leurs obsèques. — *Droit de litre*, droit que les seigneurs seuls avaient de faire peindre leurs armoiries dans les chapelles et les églises.

LITRE, subst. mas. (*litre*) (en grec λιτρα, ancienne mesure grecque pour les liquides), unité des mesures de capacité dans la nouvelle division, tant pour les liquides que pour les matières sèches. Il contient un décimètre cube. — Le *litre* pour les liquides remplace la *pinte* et vaut à peu près une pinte et un vingtième ; pour les matières, il remplace le *litron*, et équivaut à environ un litron et un quart. La pinte répond en décimales à neuf mille cinq cent douze dix-millièmes de *litre*, et le *litron* à sept mille neuf cent vingt-sept dix-millièmes.

LITRON, subst. mas. (*litron*) (du grec λιτρα, mesure), ancienne mesure qui contenait un seizième de boisseau, ou trente-six pouces cubes.

LITTÉE, subst. fém. (*litelé*), t. de bot., genre de laurier.

LITTÉR., abréviation du mot *littérature* ou *littéraire*.

LITTÉRAIRE, adj. des deux genres (*litetérère*) (en lat. *litterarius*, fait de *litteræ*, gén. *litterarum*, lettres, belles-lettres), qui appartient aux belles-lettres. — *Le monde littéraire*, tous ceux qui cultivent les lettres.

LITTÉRAIREMENT, adv. (*litetérèreman*), sous le rapport *littéraire*.

LITTÉRAL, E, adj. (*litetérale*) (en lat. *litteralis*), qui est à la *lettre* ; selon la *lettre* : *sens littéral*.—*Cet homme est trop littéral*, prend trop les choses à la lettre.—En math., qui est exprimé par des lettres ; algébrique : *calcul littéral*. —*Grec, arabe littéral*, grec, arabe ancien, l'opposé de vulgaire.—Au plur. mas., *littéraux*.

LITTÉRALEMENT, adv. (*litetéraleman*), selon le sens *littéral* ; à la *lettre* : avec cette différence, dit *Roubaud*, que *littéralement* désigne le sens naturel et propre du discours, et qu'*à la lettre* en désigne le sens strict et rigoureux : *il ne faut pas prendre littéralement ce qui ne se dit que par métaphore ; il ne faut pas prendre à la lettre ce qui ne se dit qu'en plaisantant*.

LITTÉRALITÉ, subst. fém. (*litetéralité*), attachement scrupuleux *à la lettre* dans une traduction : *la littéralité est aussi un esclavage*.

LITTÉRATEUR, subst. mas., **LITTÉRATRICE**, subst. fém. (*litetérateur, trice*) (en lat. *litterator*), personne qui est versée dans la *littérature* ; homme de *lettres*. L'*Académie* ne donne pas le fém. de ce mot.

LITTÉRATRICE, subst. fém. Voyez LITTÉRATEUR.

LITTÉRATURE, subst. fém. (*litetérature*) (en lat. *litteratura*), connaissance des ouvrages *littéraires* et des règles des divers genres. — Ensemble des productions *littéraires* d'une nation. — La science des *belles-lettres*. — Tout le corps des gens de *lettres*. — LITTÉRATURE, ÉRUDITION, SAVOIR, SCIENCE, DOCTRINE. (*Syn.*) La *littérature* désigne simplement les connaissances qu'on acquiert par les études ordinaires du collège ; car ce mot n'est pas pris ici dans le sens où il sert à dénommer en général l'occupation de l'étude et les ouvrages qu'il produit. L'*érudition* annonce des connaissances plus recherchées, mais dans l'ordre seulement des belles-lettres. Le *savoir* dit quelque chose de plus étendu, principalement dans ce qui est de pratique. La *science* enchérit par la profondeur des connaissances, avec un rapport particulier à ce qui est de spéculation. *Doctrine* ne se dit proprement qu'en fait de mœurs et de religion ; il emporte aussi une idée de choix dans le dogme, et d'attachement à un parti, à une secte.—La *littérature* fait les gens lettrés ; l'*érudition*, les gens de lettres ; le *savoir*, les doctes ; la *science*, les savants ; la *doctrine*, les gens instruits. (*Laveaux*.)

LITTÉRAUX, adj. mas. plur. Voy. LITTÉRAL.

LITTORAL, E, adj. (*litetorale*) (en lat. *littoralis*, fait de *litus*, côte, rivage), terrain, rivage baigné par la mer. — T. d'hist. nat. : *poissons littoraux*, qui fréquentent les côtes.—Au plur. mas., *littoraux*.—Subst. mas., étendue de pays le long des côtes.

LITTORAUX, adj. mas. plur. Voy. LITTORAL.

LITTORELLE, subst. fém. (*litetorèle*), t. de bot., plante à racine vivace, qui croît sur les bords des étangs.

LITUITE, subst. fém. (*lituite*), t. d'hist. nat., coquilles fossiles cloisonnées qui sont recourbées seulement à une de leurs pointes, et pourvues d'un siphon central.

LITUOLITHE, subst. fém. Voy. LITUITE.

LITURE, subst. fém. (*liture*), vieux mot qui s'est dit pour rature.

LITURG., abréviation du mot *liturgie* ou *liturgique*.

LITURGE, subst. mas. (*liturje*), t. d'antiq., l'un des trois cents plus riches citoyens d'Athènes.

LITURGIE, subst. fém. (*liturji*) (du grec λειτουργια, service, ministère public, formé de λειτος, public, et ἐργον, ouvrage), l'ordre du service divin et les cérémonies qu'on y observe.

LITURGIQUE, adj. des deux genres (*liturjike*), qui appartient à la *liturgie*.

LITURGISTE, subst. mas. (*liturjicete*), auteur qui a recueilli les différentes *liturgies*, les différentes manières de célébrer l'office divin dans chaque temps, chaque pays, chaque église.

LITUUS, subst. mas. (*litu-ucé*) (en lat. *lituus*, dérivé de λιτος, son clair ou aigu), bâton semblable à la crosse des évêques, avec lequel les augures partageaient le ciel en quatre régions pour former le *templum*, lorsqu'ils voulaient observer le vol des oiseaux.—Instrument de musique militaire des Romains ; c'était une espèce de trompette recourbée qui rendait un son aigu.

LIURE, subst. fém. (*liure*), câble d'une charrette qui sert à *lier* les fardeaux dont on la charge. — En t. de marine, plusieurs tours de corde qui assemblent deux choses.— En t. de charpentier, pièces de bois courbes par un bout, pour élever les bords du bateau.

LIVADIE, subst. propre fém. (*livadi*), t. de géog. anc., province de l'ancienne Grèce, dans laquelle se trouvent les ruines de Thèbes, celles de Delphes et le défilé des Thermopyles.

LIVANE, subst. fém. (*livane*), t. d'hist. nat., nom vulgaire du pélican.

LIVARDE, subst. fém. (*livarde*), t. de corderie, corde d'étoupe autour de laquelle on tortille le fil pour le rendre plus uni.

LIVAROT, subst. propre mas. (*livarô*), bourg de France, chef-lieu de canton, arrond. de Lisieux, dép. du Calvados.

LIVÊCHE ou **LIVESCHE**, subst. fém. (*livèche*), t. de bot., plante vivace, ombellifère, qui croît spontanément sur les montagnes, et que l'on cultive dans les jardins.

LIVERDUN, subst. mas. (*livèredeun*), espèce de raisin du dép. de la Meurthe.

LIVERPOOL, subst. propre mas. (*livèrepoule*), ville d'Angleterre, comté de Lancastre.

LIVIDE, adj. des deux genres (*livide*) (en lat. *lividus*), de couleur plombée et tirant sur le noir. Il se dit ordinairement de l'effet produit sur les chairs par une contusion, etc.

+**LIVIDITÉ**, subst. fém. (*lividité*), état de ce qui est *livide*.

LIVIE, subst. fém. (*livi*), t. d'hist. nat., genre de gallinsectes.

LIVISTONE, subst. fém. (*livicetone*), t. de bot., espèce de palmier.

LIVON, subst. mas. (*livon*), t. d'hist. nat., nom d'une espèce de sabot.

LIVONIE, subst. propre fém. (*livoni*), province de la Russie d'Europe.

LIVONIEN, subst. mas., au fém. **LIVONIENNE** (*livoniein, niène*), habitant de la *Livonie*.

LIVONINE, subst. fém. (*livonine*), monnaie d'argent de *Livonie*, qui se divise à Revel en quatre-vingt-seize copecks.

LIVOURNE, subst. propre fém. (*livourne*), ville du duché de Toscane.

LIVOURNINE, subst. fém. (*livournine*), monnaie de compte de *Livourne* et de Toscane, qui vaut cinq livres trois quarts, vingt sous de piastres ou deux cent quarante deniers de piastre, environ quatre livres douze sous tournois, ou quatre francs cinquante-quatre centimes.

LIVRADE, subst. propre fém. (*livrade*), ville de France, chef-lieu de canton, arrond. de Villeneuve-d'Agen, dép. de Lot-et-Garonne.

LIVRAISON, subst. fém. (*livrèzon*) (rac. *livrer*), action par laquelle on *livre* la marchandise qu'on a vendue. — Ouvrage imprimé ou gravé publié par feuilles détachées : *ce dictionnaire a été publié par livraisons*.

LIVRANCIER, subst. mas. (*livrancié*), t. de comm., celui qui *livre* des marchandises.

LIVRE, subst. fém. (*livre*) (en lat. *libra*), poids ; ordinairement seize onces ou deux marcs. — Monnaie de compte en France, qui valait vingt sous. Voy. FRANC. (Du lat. *libra*, parce que la *livre* avait été originairement formée, sous Charlemagne, d'après les poids de matières employées à la fabrication des monnaies.) — On disait, en chiffrant ou en comptant : *une livre, deux livres, trois livres, quatre livres*, et ainsi du reste ; mais dans le discours ordinaire, on disait plutôt vingt sous, quarante sous, un écu, quatre francs, cent sous, six francs, sept francs. — Dans les nombres rompus, on disait *livres* au lieu de francs, comme *quatre livres dix sous, cinquante livres dix sous*, etc.—On dit : *venir au sou la livre, au marc la livre*, pour dire, venir au partage ou à la contribution d'une somme, suivant la proportion de ce qui est dû à chacun : *les créanciers ont été payés au sou la livre*.—*Livre tournois, livre parisis*, anciennes monnaies qui commencèrent à avoir cours en France vers le milieu du onzième siècle, ayant toutes deux les mêmes divisions, mais dont la première valait une *livre* et un quart parisis, en sorte que la *livre parisis* ne valait que seize sous, ou cent quatre-vingt-douze deniers tournois. La monnaie *parisis* était originairement celle des ducs et des comtes de *Paris*. La monnaie *tournois*, fabriquée à *Tours*, était celle de nos rois. C'était la *livre tournois* qui, avant le nouveau système, était en France la monnaie de compte servant d'unité monétaire. — *Livre sterling*, monnaie de compte d'Angleterre valant vingt schillings ; ainsi nommée des fabricateurs que Richard Ier fit venir de l'orient de l'Allemagne, où l'on battait une monnaie plus fine qu'ailleurs. Ces fabricateurs furent appelés *easterlings*, habitants de l'orient. (De *easter*, orient, et de *lying*, participe de *to lie*, demeurer, résider ; et de ce nom s'est formé, par contraction et par corruption, le mot *sterling*.) La *livre sterling* vaut, suivant le cours du change, de vingt-deux à vingt-trois *livres* tournois, ou de vingt-un francs soixante-treize centimes à vingt-quatre francs soixante-neuf centimes.— *Livre de gros*, monnaie de compte en Hollande, qui vaut six florins, ou vingt escalins, ou deux cent quarante gros. La *livre de gros*, argent de banque, est évaluée à treize *livres* neuf sous tournois (treize francs vingt-sept centimes), et argent courant, à douze *livres* seize sous tournois (douze francs soixante-quatre centimes).—Il y a encore, sous la même dénomination de *livre*, plusieurs autres monnaies dont la valeur varie suivant les lieux.

LIVRE, subst. mas. (*livre*) (du lat. *liber*, écorce intérieure des arbres sur laquelle les anciens écrivaient, dérivé du grec λεπος, écorce), volume ; plusieurs feuilles de papier, de vélin, de parchemin, écrites à la main ou imprimées et reliées ensemble. — Registre ; journal. Chez les commerçants, on appelle *livre mémorial* ou *livre brouillard*, un livre sur lequel on écrit toutes les affaires du négoce confusément, et pour ainsi dire mêlées ensemble ; *livre-journal*, celui où l'on écrit jour par jour toutes les affaires à mesure qu'elles se font ; *grand-livre, livre d'extrait, livre de raison*, un livre où l'on forme tous les comptes en débit et en crédit, dont on trouve les articles sur le *livre-journal* ; *livre de caisse et bordereaux*, un livre qui contient en débit et en crédit tout ce qui est entré d'argent dans la caisse et tout ce qui en est sorti, avec l'indication des espèces de monnaies qui sont entrées et sorties ; *livre des échéances*, un livre dans lequel on écrit le jour de l'échéance de toutes les sommes que l'on a à payer ou à recevoir, soit par lettres de change, billets, marchandises ou autrement ; *livre de numéro*, un *livre* qu'on tient pour connaître facilement toutes les marchandises qui entrent dans un magasin, qui en sortent ou qui y restent ; *livre de factures*, un *livre* sur lequel on porte les factures ; *livre des comptes courants*, un livre qui se tient en débit et en crédit de même que le grand-*livre*, et qui sert à dresser les comptes qui sont envoyés aux correspondants pour les régler de concert avec eux, avant de les solder sur le grand-*livre* ; *livre des commissions, ordres* ou *avis*, un *livre* sur lequel on écrit toutes les commissions, ordres ou avis que l'on reçoit de ses correspondants ; *livre des acceptations* ou *des traites*, celui destiné à enregistrer toutes les lettres de change, à mesure que les correspondants les remettent pour en exiger le paiement ; *livre de dépense*, le *livre* où se mettent en détail toutes les menues dépenses qu'on fait, soit pour son ménage, soit pour son commerce ; *livre de copies de lettres*, un *livre* qui sert à conserver les copies de toutes les lettres d'affaires qu'on écrit à ses correspondants ; *livre des ports de lettres*, un petit registre sur lequel on ouvre des comptes particuliers à chacun de ses correspondants, pour les ports de lettres qu'on a payés pour eux, et que l'on solde ensuite quand on le juge à propos ; *livre de vaisseaux*, un *livre* qui se tient en débit et en crédit, en donnant un compte à chaque vaisseau ; *livre des ouvriers*, un *livre* qui est particulièrement en usage chez les marchands qui font fabriquer des marchandises, et qui se tient en débit et en crédit pour chaque ouvrier qu'on fait travailler ; *livre de banque*, celui qui se tient en débit et en crédit, et sur lequel on met les sommes que paie ou que doit payer au négociant une banque publique.—Celui qui, dans une maison de comm., est chargé d'inscrire sur les *livres* l'entrée, la sortie, l'emploi des fonds, le détail des ventes et achats, s'appelle *teneur de livres*. — T. de mar., *livre de bord*, *livre* dans lequel l'écrivain d'un navire enregistre toutes les marchandises qui forment son chargement. — Les imprimeurs appellent *livre de banque* le registre sur lequel ils écrivent, tous les huit ou dix jours, l'ouvrage qui s'est fait chez eux pendant ce temps, avec l'énoncé du prix qu'ils sont convenus d'en payer aux ouvriers. — Ouvrage d'esprit, soit en prose, soit en vers, d'assez grande étendue pour faire un volume : *mettre un livre au jour*. — On dit élégamment au figuré : *le livre du monde, de la nature*. — Une des principales parties formées par la division d'un volume, d'un ouvrage : *livre premier, chapitre second*.— Ce qu'un *livre* contient : *son livre est admirable*.— *Livre*, ou simplement *in-folio*, dont les feuilles sont pliées seulement en deux ; *in-quarto*, celui dont les feuilles sont pliées en quatre ; *in-octavo, in-douze, in-seize*, etc., quand elles sont en huit, en douze, en seize.— *Livre en feuille*, qui n'est encore ni relié ni broché. —*Livres sacrés, livres canoniques*, les *livres* de l'Écriture sainte reçus de toute l'Eglise.— *Livres apocryphes*, ceux que l'Eglise ne reconnaît pas. — *Livres d'église*, ceux qui servent à l'Eglise. — *Livres sibyllins*, recueils qui contenaient les prédictions des sibylles.—*Livres éléphantins*, *livres* écrits, selon Turnèbe, sur des tablettes d'ivoire, et, selon Scaliger, sur des intestins d'*éléphant*. Suivant d'autres, c'étaient les livres où l'on inscrivait les actes du sénat romain. — On appelle *livres auxiliaires*, des livres qui, quoique moins essentiels en eux-mêmes, servent à en composer ou à en expliquer d'autres, comme, dans l'étude des lois, les *livres* des Institutes, les Formules, les Maximes, etc. ; *livres élémentaires*, des *livres* qui contiennent les plus simples éléments des sciences : tels sont les rudiments, les méthodes, les grammaires, etc. ; *livres authentiques*, ceux qui sont véritablement des auteurs auxquels on les attribue ; *livres anonymes*, ceux qui sont sans nom d'auteur ; *livres de bibliothèque*, ceux que d'ordinaire on ne lit pas de suite, mais que l'on consulte au besoin ; *livres classiques*, les ouvrages des auteurs anciens, et qui sont regardés comme des modèles.—*Un livre blanc* est un *livre* qui est tout de papier blanc, et dans lequel on n'a encore rien écrit.— *Livre d'or*, registre où étaient inscrits les noms des nobles vénitiens.—Dans le langage de l'Ecriture, *les élus sont écrits dans le livre de vie*, Dieu les a prédestinés pour leur faire part de sa gloire. — *Livre-volant*, le *livre* dont parle Zacharie. Il avait vingt coudées de haut, et contenait la prédiction des malheurs qui devaient arriver aux Juifs. — *Collationner un livre*, c'est voir si un livre est complet, et s'il n'y manque point quelque feuille. — *Je réussirai, ou j'y brûlerai mes livres*, expression proverbiale qui signifie : j'emploierai tous les moyens qui sont en mon pouvoir pour réussir. —Prov. : *il n'a jamais mis le nez dans un livre ; il est brouillé avec les livres*, il n'a jamais lu. — *Dévorer un livre*, lire avec une extrême avidité. — *Parler comme un livre*, avec facilité, mais souvent en termes trop recherchés pour la conversation. — *Chanter à livre ouvert*, sans avoir besoin d'étudier la note. — *Traduire un auteur à livre ouvert*, avec facilité.

LIVRÉ, E, part. pass. de *livrer*.

LIVRÉE, subst. fém. (*livré*), habits de couleur dont on habille les pages, les laquais, etc. Les *livrées* étaient anciennement des espèces de capes uniformes que nos rois, dans les assemblées solennelles appelées d'abord *champs de mars*, ensuite *champs de mai*, et enfin *parlements*, distribuaient, *livraient* aux seigneurs qui s'y rendaient. Ceux-ci les revêtaient par-dessus leurs habits. (*Anquetil*, Hist. de France.) — Tous les domestiques d'une maison. — Tous les gens qui portent une même *livrée*.—Tous les laquais en général. — Fil de soie attaché à la lisière des batistes, et qui porte le numero de la pièce. — En t. de vènerie, marques et barres que les faons et les marcassins ont sur le corps jusqu'à six mois. — On appelle *livrée de la noce, livrée de la mariée*, les rubans de couleur que l'on donne aux noces de village à un certain nombre de jeunes gens, de jeunes filles. — Fig. : *livrée de la misère*, mauvais vêtements, haillons dont sont couverts les gens qui sont dans la misère. — *Livrée de la servitude*, marques extérieures de la servitude.

LIVRER, v. act. (*livré*) (du lat. *liberare*, qui, comme le prouve *Du Cange*, a été employé dans la signification de donner), mettre au pouvoir, en possession de... Voy. DÉLIVRER. — Abandonner : *livrer une ville au pillage*. — *Livrer bataille*, donner bataille. — Fig. : *livrer un assaut à quelqu'un*, employer tous ses efforts pour engager quelqu'un à faire ce qu'il refuse de faire, à consentir à une chose à laquelle il s'oppose. — On *livre* des vivres, des munitions aux époques dont on est convenu par un marché. — On *livre* un ouvrage qui a été commandé, lorsqu'il est fait et achevé. — On *livre* une ville, une place, en conséquence d'une capitulation ou d'un traité. — *se* LIVRER, v. pron., se donner, se rendre en possession de...—S'abandonner à : *se livrer à ses passions*. — Se mettre au pouvoir de.. : *se livrer à l'ennemi*. — *Se livrer à quelqu'un* signifie aussi se confier, s'abandonner à lui sans réserve : *vous vous livrez à des gens qui vous trahiront*. — On dit qu'*un homme ne se livre pas*, pour dire qu'il est très-circonspect, qu'il évite de faire connaître ce qu'il pense, de laisser pénétrer ses secrets, ses intentions. — S'appliquer : *je me livrerai à la composition de tel ouvrage*. — En t. de jeu, donner quelque avantage à son adversaire : *je me livre toujours*.

LIVRESQUE, adj. des deux genres (*livrèceke*); se dit d'une érudition puisée dans les livres. Inus.

LIVRET, subst. mas. (*livrè*), petit *livre*. — *Livre* que la police délivre aux ouvriers et domestiques, contenant leurs noms, leur domicile, etc. —En t. d'arithm., table qui contient tous les produits des neuf premiers chiffres. — En t. de batteur d'or, petit *livre* dans lequel on met l'or ou l'argent en feuilles, après qu'il est préparé.— Au pharaon et à la bassette, les treize cartes différentes qu'on donne à chacun des pontes.— En bot., voy. LIBER.

LIVRIER, subst. mas. (*livrié*), auteur par métier. Tout-à-fait inusité.

LIXE, subst. mas. (*likce*), t. d'hist. nat., genre d'insectes coléoptères.

LIXIVIATION, subst. fém. (*likcivià-cion*) (du lat. *lixivia*, lessive), opération chimique qui consiste à laver les cendres pour en tirer les sels alkalis.

LIXIVIEL, adj. mas., au fém. **LIXIVIELLE** (*likcivi-èle*) ; se dit des sels alkalis tirés par la *lixiviation*.

LIZARDES, subst. fém. plur. (*lizarde*), toiles fabriquées au Caire.

LIZÉ, E, part. pass. de *lizer*.

LIZER ou **ÉLIZER**, v. act. (*élizé*), t. de draperie, tirer une pièce de drap par les lisières sur la largeur, pour en ôter les faux plis. Peu en usage.

LIZIER (SAINT-), subst. propre mas. (*ceinlizié*), ville de France, chef-lieu de canton, arrond. de Saint-Girous, dép. de l'Ariège.

LIZY, subst. propre mas. (*lizi*), village de France, chef-lieu de canton, arrond. de Meaux, dép. de Seine-et-Marne.

LL, subst. mas., double lettre qui désignait la trente-quatrième feuille d'un volume.

LL. AA., abréviation de *leurs altesses*.

LL. AA. II., abréviation de *leurs altesses impériales*.

LL. AA. RR., abréviation de *leurs altesses royales*.

LL. AA. SS., abréviation de *leurs altesses sérénissimes*.

LLAGUNE, subst. mas. (*lagune*), t. de bot., espèce d'euphorbe du Pérou.

LLAMA. Voy. LAMA.

LLAUTU, subst. mas. (*lautu*); chez les anciens Péruviens, bandelette d'un doigt de largeur, attachée des deux côtés sur les tempes par un ruban rouge, qui servait de diadème aux Incas.

LLAUPANKE, subst. fém. (*lòpanke*), t. de bot., plante du Pérou employée en teinture.

LL. ÉM., abréviation de *leurs éminences*.

LL. EX., abréviation de *leurs excellences*.

LL. HH. PP., abréviation de *leurs hautes puissances*.

LL. MM, abréviation de *leurs majestés*.

LL. MM. II., abréviation de *leurs majestés impériales*.

LO, subst. mas. (*lô*), t. de comm., sorte de gaze fabriquée en Chine.

LO (SAINT-), subst. propre mas. (*ceinlô*), ville de France, chef-lieu du dép. de la Manche.

LOARY, subst. mas. (*lo-ari*), t. de bot., espèce de giroflier.

LOASE, subst. fém. (*lo-âze*), t. de bot., genre de plantes.

LOASÉES, subst. fém. plur. (*lo-âzé*), t. de bot., famille de plantes qui a pour type le genre *loaze*.

LOBAIRE, subst. fém. (*lobère*), t. de bot., plante de la famille des algues.

LOBARIE, subst. fém. (*lobari*), t. de bot., genre de plantes, la parmélie.

LOBAU, subst. propre fém. (*lobô*), île du Danube, près de Vienne. Elle est célèbre par les combats qu'y livra l'armée française en 1809.

LOBE, subst. mas. (*lobe*) (en grec λοβος), pièce molle et un peu plate de certaines parties du corps des animaux, spécialement du poumon et du foie. — Le bout de l'oreille, plus gros et plus charnu que le reste. — En bot., partie saillante qui se trouve entre les échancrures des feuilles, des pétales. — Au plur., corps d'une grosseur assez considérable, qui sortent les premiers du germe, et qui nourrissent la plante. Voy. COTYLÉDONS.

LOBÉ, E, adj. (*lobé*), partagé en *lobes*.

LOBÉLIACÉES, subst. fém. plur. (*lobéli-acé*), t. de bot., famille de plantes très-rapprochée des campanulacées.

LOBÉLIE, subst. fém. (*lobéli*), t. de bot., genre de plantes à fleur infundibuliforme, dont la plupart sont exotiques. *La lobélie anti-siphilitique*, originaire de Virginie, est un spécifique contre les maladies vénériennes.

LOBÉRIS, subst. fém. Voy. LÉBÉRIS.

LOBIER, subst. mas. (*lobié*), t. de bot., champignon du genre bolet.

LOBIOLE, subst. fém. (*lobiole*), t. de bot., diminutif de *lobe*. Ce mot s'applique aux lanières qui entourent les expansions des lichens, appelées frondes ou thalle par les botanistes modernes.

LOBIPÈDE, subst. mas. (*lobipède*), t. d'hist. nat., division de la famille des longirostres.

LOBULAIRE, adj. des deux genres (*lobulère*), du *lobe*.

LOBULAIRE, subst. fém. (*lobulère*), t. d'hist. nat., espèce d'alcyon. — T. de bot., espèce de passerage des bords de la Méditerranée.

LOBULE, subst. mas. (*lobule*), petit *lobe*.

LOBULÉ, E, adj. (*lobulé*), divisé en *lobules*.

LOC., abréviation du mot LOCUTION.

LOCAIRE, subst. mas. (*lokière*), t. d'antiq., officier qui, chez les anciens, était chargé dans les spectacles de placer chacun selon son rang.

LOCAL, E, adj. (*lokale*) (en lat. *localis*), qui a rapport au lieu : *mouvement local, coutume locale*. — En peinture, *couleur locale*, qui est propre et naturelle à l'objet, qui rend fidèlement la nature. Il vaudrait mieux dire : *couleur propre*, et appeler *couleur locale* celle que prend l'objet suivant le plan sur lequel il est tracé. — *Mémoire locale*, celle qui retient particulièrement la disposition et l'état des lieux et des choses.—T. de math. : *problème local*, problème dont la construction se rapporte à un lieu géométrique. Voy. LIEU. Il est peu usité. — Au plur. mas., *locaux*.

LOCAL, subst. mas. (*lokale*) (du lat. *locus*, lieu), toutes les parties d'un lieu : *connaître le local.* — Au plur. : *locaux.*

LOCALEMENT, adv. (*lokaleman*), relativement au *local.* (Fénelon.) — D'une manière *locale.*

LOCALISATION, subst. fém. (*lokalizâcion*), action de rendre *local*, d'adapter aux *localités*; son effet.

LOCALISÉ, E, part. pass. de *localiser.*

LOCALISER, v. act. (*lokalizé*), rendre *local*; adapter, approprier au *local.*

LOCALISTE, subst. mas. (*lokaliceté*), t. de médec., celui qui se fait un système de guérir les maladies *locales.*

LOCALITÉ, subst. fém. (*lokalité*) (emprunté de l'italien *localita*), t. de peinture, qualité de ce qui n'appartient qu'à un certain lieu : *la couleur noire est une localité qui attache une figure au sol de l'Afrique.* — On s'est, depuis quelque temps, servi fréquemment de ce mot pour désigner les circonstances, etc., exclusivement relatives à un *lieu* : *il faut consulter, connaître les localités.*

LOCANDE, adj. fém. (*lokande*), à louer. Peu usité.

LOCAR, subst. mas. (*lokar*), t. de bot., épeautre.

LOCATAIRE, subst. des deux genres (*lokatère*), celui, celle qui tient une maison ou une partie de maison à *louage.*—*Principal locataire*, celui qui *loue* du propriétaire une maison pour la *sous-louer* à d'autres.

LOCATÉ, E, adj. (*lokaté*), se dit d'un héritage que l'on perçoit par les revenus de *locations.*

LOCATEUR, subst. mas. (*lokateur*), celui de qui l'on prend à *louage.*

LOCATI ou **LOCATIS**, subst. mas. (*lokati*), voiture ou cheval de *louage.* Il est familier.

LOCATIF, adj. mas., au fém. **LOCATIVE** (*lokatif, tive*), qui regarde le *locataire* : *réparation locative.* — *Valeur locative*, ce qu'un immeuble peut rapporter quand on le donne en *location.*

LOCATION, subst. fém. (*lokâcion*) (en latin *locatio*), action par laquelle on donne à ferme, à loyer, ou effet de cette action. Voy. CONDUCTION. — *Location de loges*, bureau où l'on *loue* les loges de spectacle.—Action de les *louer.*

LOCATIVE, adj. fém. Voy. LOCATIF.

LOCAUX, subst. ou adj. mas. plur. Voy. LOCAL.

LOCELLE, subst. fém. (*locèle*), t. de bot., petite cavité qui partage la cavité principale du lobe.

LOCH, subst. mas. (*loke*), t. de mar., instrument de bois presque triangulaire qui sert au pilote à mesurer la vitesse d'un vaisseau. Quelques personnes écrivent *log*, d'après l'anglais, dont ce mot a été emprunté, et où il signifie proprement une souche ou un tronc d'arbre.—En t. de cordier, espèce de corde. — T. de pharm. Voy. LOOCH.

LOCHE, subst. fém. (*loche*), t. d'hist. nat., petit poisson d'eau douce, grisâtre, et dont la chair est très-recherchée. C'est un poisson osseux, holobranche, thoracique, du genre des cobites. — Sorte de limas.

LOCHÉ, part. pass. de *locher.*

LOCHÉATE, adj. propre mas. (*lokié-ate*) (du grec λοχεια, enfantement), myth., surnom de Jupiter, comme père de Minerve.

LOCHER, v. neut. (*loché*), branler, être près de tomber. Il ne se dit plus que d'un fer à cheval. (De *loche*, à cause du mouvement prompt de ce poisson. *Trévoux.*) — Prov. : *il y a toujours dans son fait quelque fer qui loche*, quelque chose qui va mal dans sa santé ou dans sa fortune.

LOCHES, subst. propre mas. (*loche*), ville de France, chef-lieu d'arrond., dép. d'Indre-et-Loire.

LOCHET, subst. mas. (*loché*), sorte de bêche étroite pour labourer; elle sert aussi aux mineurs.

LOCHIES, subst. fém. plur. (*lochi*) (en grec λοχεια, fait de λοχος, femme en couche), t. de médec., vidanges ou évacuations qui suivent les accouchements.

LOCHIORRHÉE, subst. fém. (*lochioreré*) (du grec λοχεια, lochies, et ρεω, je coule), t. de médec., flux excessif des lochies.

LOCHIORRHÉIQUE, adj. des deux genres (*lochioreré-ike*), t. de médec., qui appartient à la *lochiorrhée.*

LOCHNÉRIA, subst. fém. (*loknéria*), t. de bot., espèce d'arabette.

LOCKÉE, subst. propre fém. (*lokié*), myth., déesse de la Fortune chez les Indiens.

LOCMAN, subst. mas. Voy. LAMANEUR.

LOCOL, subst. mas. (*lokole*), t. d'hist. nat., petite abeille des Philippines qui fait un miel acide et une cire noire.

LOCOMOBILE, adj. des deux genres (*lokomobile*), qui peut être changé de place.

LOCOMOBILITÉ, subst. fém. (*lokomobilité*), faculté de se mouvoir.

LOCOMOTEUR, subst. et adj. mas., au fém. **LOCOMOTRICE** (*lokomoteur, trice*), qui opère le déplacement. — En anatomie, on distingue deux espèces de *locomoteurs*, ou d'*appareils locomoteurs* : les uns, comme les os et leurs dépendances, comprennent les organes passifs de la *locomotion*; les autres, comme les muscles et leurs annexes, comprennent les organes actifs de la *locomotion.*

LOCOMOTIF, adj. mas., au fém. **LOCOMOTIVE** (*lokomotif, tive*), qui change, qui peut être changé de place : *faculté locomotive*, faculté de se *mouvoir; machine locomotive*, qui a la puissance de déplacer et de faire marcher une chose.

LOCOMOTION, subst. fém. (*lokomôcion*) (du latin *locus*, et *movere; movere loco*, changer de lieu), faculté de se *mouvoir*, d'être *mobile.* — Changement de lieu.— Fonction par laquelle l'animal déplace son corps et le transporte d'un lieu à un autre. Elle dépend de la disposition mécanique du squelette et de la contraction musculaire. Elle comprend le marcher, la course, le saut, le vol, le nager, et tous les mouvements du tronc et des membres; enfin elle est intimement liée à la circulation et aux fonctions du cerveau.

LOCOMOTIVE, adj. fém. Voyez LOCOMOTIF.

LOCOMOTRICE, subst. et adj. fém. Voy. LOCOMOTEUR.

LOCQUETS, subst. mas. plur. (*lokié*), nom donné, en Normandie, à la laine qu'on coupe de dessous les cuisses des bêtes à laine.

LOCRENAN, subst. mas. (*lokrenan*), grosse toile de chanvre écru qu'on fabrique en Bretagne.

LOCRIENS, subst. propre mas. plur. (*lokriein*), peuples de la *Locride.*

LOCULAIRE, adj. des deux genres (*lokulère*) (du lat. *loculus*, bourse à compartiments), t. de bot. : *fruit loculaire*, à semences dans les alvéoles.

LOCULAR, subst. mas. (*lokular*), t. de bot., variété de l'épeautre.

LOCULE, subst. fém. (*lokule*), bourse, coffre.

LOCUSTA, subst. fém. (*lokuceta*), t. de bot., nom qu'on donnait autrefois à différentes espèces de mâches.

LOCUSTAIRE ou **LOCUSTE**, subst. mas. (*lokucetère, kucete*) (en latin *locusta*, qui signifie proprement *sauterelle*), t. d'hist. nat., genre d'insectes de la famille des grilloïdes.

LOCUSTE, subst. fém. (*lokucete*); on désigne par ce mot l'ensemble des fleurs des graminées, contenues dans une glume ou baile calicinale. C'est le synonyme d'épillet, lorsqu'il y a plus de trois fleurs opposées et disposées alternativement.

LOCUSTELLE, subst. fém. (*lokucetèle*), t. d'hist. nat., variété de l'alouette de buisson.

LOCUSTIER, subst. mas. (*lokucetié*) (du latin *laucusta*, sauterelle), t. de bot., arbre d'Asie, recherché par les sauterelles.

LOCUTION, subst. fém. (*lokucion*) (en latin *locutio*, fait de *loqui*, parler), façon de parler, expression.

LODDE, subst. mas. (*lode*), t. d'hist. nat., poisson du genre salmone.

LODÉ, subst. mas. (*lodé*), lotion. Vieux et même hors d'usage.

LODÈVE, subst. propre mas. (*lodève*), ville de France, chef-lieu d'arrond., dép. de l'Hérault.

LODICULAIRE, subst. fém. (*lodikulère*), t. de bot., plante graminée.

LODICULE, subst. fém. (*lodikule*), t. de bot.; on nomme ainsi les parties des fleurs des graminées qui entourent immédiatement l'ovaire : elles étaient autrefois appelées *corolle*, *écaille*, *nectaire* et *glumelle.*

LODIER, subst. mas. (*lodié*) (en latin *lodix*), couverture de lit faite de laine entre deux toiles piquées. On dit aussi *loudier.*

LODOÏCE, subst. fém. (*lodo-ice*), t. de bot., espèce de palmier qui fournit le fruit nommé *coco des Maldives.*

LODS, subst. mas. plur. (*lô*), t. de féod.; on ne dit guère que *lods et ventes*; c'était un droit dû au seigneur par l'acquéreur d'un héritage dans la censive. (Du latin barbare *laudimiæ*, employé avec la même acception dans la basse latinité, et fait de *laudare*, louer, parce qu'au moyen du paiement de ce droit, le seigneur approuvait ce contrat, et l'ensaisinait.)

LODU, subst. mas. (*loda*), t. de bot., arbre des Indes.

LOÉMIUS, subst. propre mas. (*lo-émi-uce*), myth., surnom d'Apollon, lorsqu'on l'invoquait pour être délivré de la peste.

LŒRI, subst. mas. (*léri*), t. d'hist. nat., espèce de perruche à manteau noir.

LOÉSELIE, subst. fém. (*lo-ézeli*), t. de bot., espèce de liseron du Mexique.

LOF, subst. mas. (*lofe*), t. de mar. : *côté du lof*, la moitié du vaisseau qui est vers le vent, et du côté que les voiles sont amurées.—*Aller au lof*, aller au plus près du vent, chercher l'avantage du vent. — *Lof pour lof*, virer vent arrière, en changeant d'amures.—Cordage qui sert à amurer les basses voiles. Voyez AMURES.

LOFER, v. neut. (*lofé*), t. de mar., venir au vent.—*se* LOFER, v. pron.

LOG., abréviation du mot *logique* ou *logiquement.*

LOGANIE, subst. fém. (*loguani*), t. de bot., genre de plantes, espèce de gentianelle.

LOGARITHME, subst. mas. (*loguariteme*) (du grec λογος, raison, proportion, et αριθμος, nombre ; *raison de nombres; nombre en proportion avec un autre*), t. d'arithm., nombre d'une progression arithmétique, lequel répond à un autre nombre dans une progression géométrique. L'invention des *logarithmes* est due à *Néper*, baron écossais.—*Logarithmes différentiels*, logarithmes des cotangentes, suivant *Néper.* Voy. MÉSOLOGARITHME.

LOGARITHMIQUE, subst. fém. (*loguaritemike*), t. de géom., courbe ainsi nommée de ses propriétés, de son usage dans la construction des *logarithmes*, et dans l'explication de leur théorie. —*Logarithmique spirale*, dont l'axe a été roulé le long d'un cercle et dont les ordonnées ont été arrangées de manière qu'elles concourent au centre de ce cercle, et qu'elles se trouvent prises sur ses rayons prolongés.

LOGARITHMIQUE, adj. des deux genres (*loguaritemike*), qui a rapport aux *logarithmes*, ou qui est de leur nature. — *Arithmétique logarithmique*, le calcul des *logarithmes.*—*Baguettes, échelles, règles logarithmiques*, instrument de mathématiques composé de règles de métal, etc., sur lesquelles sont tracées des lignes divisées en parties proportionnelles et représentant les *logarithmes.*

LOGARITHMOTECHNIE, subst. fém. (*loguaritemotékni*), construction des tables de *logarithmes.*

LOGARITHMOTECHNIQUE, adj. des deux genres (*loguaritemotéknike*), qui a rapport à la *logarithmotechnie.*

LOGATE, subst. fém. (*loguate*), t. de cuisine, se dit d'un gigot lardé et bien battu : *gigot à la logate.*

LOGE, subst. fém. (*loje*) (de l'italien *loggia*, fait du grec λογειον, endroit du théâtre où les acteurs récitaient les vers; et aussi, endroit de la maison où l'on délibérait sur les affaires importantes, dérivé de λογος, discours), petite hutte faite à la hâte.—Plus ordinairement, petit réduit fait de cloisonnage, et capable de contenir plusieurs personnes : *loge de portier.* — Dans les salles de spectacle , on appelle *loges*, de petits cabinets ouverts par-devant avec appui , rangés au pourtour de la salle, et séparés les uns des autres par des cloisons. Il y a deux , trois , et quelquefois quatre rangs de loges l'un sur l'autre : *les premières loges*, *les secondes loges*, etc.— *Loges découvertes*, qui n'ont pas de plafond.— *Avoir sa loge*, son entrée payante ou gratuite dans une *loge.*—*Coupon de loge*, billet d'entrée de *loge.* — *Jour de loge*, jour où l'on a le droit de jouir de sa *loge.* — Fig. : *être aux premières loges*, être placé favorablement pour voir telle ou telle chose. — *Loge pontificale*, celle de laquelle le pape donne sa bénédiction. — Petite boutique : *loge de la foire.* — Réduit où l'on enferme les fous dans les petites maisons, et les bêtes dans une ménagerie. — En bot., cavité d'un fruit : ce fruit se nomme *uniloculaire*, *biloculaire*, *multiloculaire*, suivant qu'il s'y trouve une, deux loges, ou un plus grand nombre.— Partie du buffet d'orgue qui contient les soufflets.

— Comptoir des Hollandais aux Indes. — *Loge du change*, lieu où s'assemblaient à Lyon les négociants pour traiter de leurs affaires. A Marseille, on disait *loge des marchands*. C'est ce qu'on appelle aujourd'hui *bourse*. — *Loge maçonnique*, *loge de francs-maçons*, le lieu où ils s'assemblent. Voy. FRANC-MAÇON.

LOGÉ, E, part. pass. de *loger*.

LOGEABLE, adj. des deux genres (*lojable*), où l'on peut *loger* commodément.

LOGEMENT, subst. mas. (*lojeman*), lieu où on *loge*; appartement. — *Logement garni*, qui se loue tout meublé. — Gîte assigné à un officier, à un soldat, soit en marche, soit en garnison : *billet de logement*. — *Faire le logement*, c'est régler, avec les officiers municipaux des villes, les différentes maisons de bourgeois où l'on doit mettre le soldat loger. — Campement : *l'armée a fait trois logements en huit jours*. — Sorte de retranchement qu'on fait à l'armée. — On appelle *logement*, dans l'attaque des places, une espèce de tranchée, ou plutôt de retranchement que l'on fait à découvert dans un ouvrage dont on vient de chasser l'ennemi, afin de s'y maintenir dans ses attaques, et de se couvrir du feu des ouvrages voisins qui le défendent. — On appelle *logement du chemin couvert*, la tranchée ou le retranchement que l'on forme sur le haut du glacis, après en avoir chassé l'ennemi.

LOGER, v. act. (*lojé*) (en latin *locare*, fait de *locus*, lieu, place), donner à *loger* à quelqu'un. — Placer une chose où elle doit être. — Prov. : *loger le diable dans sa bourse*, n'avoir jamais le sou. — Neut., demeurer : *loger chez ses parents*. — *Loger en garni*, dans un hôtel tout meublé. — Prov. et fig : *loger à la belle étoile*, coucher dehors. — On dit fig. et fam., qu'*un homme en est logé là*, pour dire qu'il est tellement attaché à une opinion, à une résolution, qu'il est impossible de l'en faire changer; ou pour dire qu'après avoir perdu sa fortune, il est réduit à un état fâcheux. — On dit aussi, en parlant d'une affaire dont le cours est arrêté par quelque difficulté, par quelque obstacle : *nous en sommes logés là; nous voilà bien logés!* — SE LOGER, v. pron., choisir un *logis* en quelque lieu. — Se faire un *logement*. — *Se loger sur la contrescarpe, la demi-lune*, etc., en t. de guerre, s'y établir, s'y mettre à couvert. — *La balle s'est logée dans la tête*, la balle l'a frappé dans la tête et y est restée.

LOGETTE, subst. fém. (*lojète*), petite *loge*.

LOGEUR, subst. mas., au fém. LOGEUSE (*lojeur, jeuze*), qui tient de petits *logements* garnis.

LOGEUSE, subst. fém. Voy. LOGEUR.

LOGICAL, E, adj. Presque inusité. Voy. LOGIQUE.

LOGICIEN, subst. mas., **LOGICIENNE**, subst. fém. (*lojiciein, ciène*), dialecticien, celui qui possède bien la *logique*, qui raisonne bien. — Autrefois, écolier qui étudiait la *logique*. — Il se dit aussi en parlant d'une femme qui se montre conséquente dans ses discours. Voy. LOGIQUE.

LOGICIENNE, subst. fém. Voy. LOGICIEN.

LOGIE, subst. fém. (*loji*) (du grec λεγω, je dis), discours, traité. — Terminaison qui entre dans la composition de plusieurs mots, tels que *chronologie*, *géologie*, etc.

LOGION, subst. mas. (*lojion*), t. d'hist. anc., nom que donnaient les anciens Grecs à l'oracle exprimé en prose.

LOGIOS, subst. propre mas. (*lojiôce*), myth., surnom de Mercure, comme présidant à l'éloquence.

LOGIQUE, subst. fém. (*lojike*) (en grec λογικη, fait de λογος, discours, et λεγω, je parle), art de penser et de raisonner avec justesse. — Science qui enseigne l'art de la *logique*. — Dans les collèges, la première des deux classes où l'on enseigne la philosophie. — *Logique naturelle*, disposition naturelle à raisonner juste. — *Il n'y a point de logique dans cet ouvrage*, il est sans méthode, sans principes. — Il est aussi adj. des deux genres, et signifie, qui est conforme à la *logique* : *ce raisonnement n'est pas trop logique*. — LOGIQUE, DIALECTIQUE. (*Syn.*) La *logique*, rigoureusement prise, part de principes certains, tirés selon les règles infaillibles du raisonnement. La *dialectique*, suivant l'acception commune, part de données incertaines, pour atteindre au vraisemblable par des conclusions apparentes, déduites avec des raisonnements peut-être réguliers, mais hypothétiques. — La *logique* est non seulement une science, mais la première des sciences nécessaires au philosophe. La *dialectique*, en se jetant dans le champ immense des probabilités, est devenue un art conjectural, honteusement dégradé par les sophistes. — Un logicien a une *logique* ferme, vigoureuse, serrée, pressante; un dialecticien a une *dialectique* fine, subtile, ingénieuse, séduisante. — Il y a une *logique* naturelle, ou une disposition naturelle à raisonner juste, qui vous mène droit à la vérité, même à travers les pièges du sophisme, qu'elle évitera sans démêler tout l'artifice de ses combinaisons. Il y a une *dialectique* d'école, ou une méthode d'argumenter, qui s'oppose aux progrès de toutes les sciences, par l'esprit de doute, de dispute et de contradiction qu'elle répand avec l'obscurité.

LOGIQUEMENT, adv. (*lojikeman*), conformément à la *logique* : *parler logiquement*.

LOGIS, subst. mas. (*loji*) (du grec λογειον, endroit de la maison où l'on s'assemblait pour délibérer sur les affaires importantes), habitation, maison. Voy. MAISON. — La maison de celui qui parle : *on m'attend au logis*. — Hôtellerie : *bon logis à pied et à cheval*. — En t. de verrerie, ouverture placée à niveau du siège derrière chaque pot, et qui perce la paroi du jour et son revêtement. — *Corps-de-logis*, masse ou partie principale du bâtiment. — *Maréchal-de-logis*, sous-officier chargé de marquer les logements. — Fam. : *il n'y a plus personne au logis*, il est devenu imbécile ou hébété.

LOGISTE, subst. mas. (*lojicete*) (en grec λογιστης, t. d'hist. anc., magistrat d'Athènes qui examinait les comptes de ceux qui avaient manié les deniers publics.

LOGISTIQUE, subst. fém (*lojicetike*) (du grec λογιστικος, qui sait calculer, fait de λογιζομαι, calculer), on appelait autrefois l'algèbre, *logistique spécieuse*. — Nom qu'on a donné d'abord à la logarithmique, et qui n'est presque plus en usage.

LOGISTORIQUE, subst. mas. (*lojicetorike*) (du grec λογος, discours, et ιστωρ, qui sait), livre de mots, de discours remarquables. Hors d'usage.

LOGODIARRHÉE, subst. fém. (*loguodi-aré*) (du grec λογος, discours, et διαρροια, diarrhée), flux de paroles, de phrases. Voy. LOGORRHÉE.

LOGOGRAPHE, subst. mas. (*loguoguerafe*), celui qui écrit aussi vite que l'on parle. Voy. LOGOGRAPHIE.

LOGOGRAPHIE, subst. fém. (*loguoguerafi*) (du grec λογος, discours, et γραφω, j'écris), art d'écrire aussi vite que l'on parle.

LOGOGRAPHIQUE, adj. des deux genres (*loguoguerafike*), qui concerne la *logographie*.

LOGOGRIPHE, subst. mas. (*loguoguerife*) (du grec λογος, discours, et γριφος, filet ou énigme), espèce d'énigme renfermée dans un mot dont les lettres combinées diversement, produisent d'autres mots que l'on définit, et qu'il faut aussi deviner : *les logogriphes ne valent pas la peine qu'on se donne pour les deviner*.

LOGOMACHIE, subst. fém. (*loguomachi*) (en grec λογομαχια, formé de λογος, discours, et de μαχομαι, combattre), dispute de mots.

LOGOPHILE, adj. des deux genres (*loguofile*), ami des paroles. Inus.

LOGORRHÉE, subst. fém. (*loguoreré*) (du grec λογος, discours, parole, et ρεω, je coule), flux de paroles.

LOGOTECHNIE, subst. fém. (*loguotèkni*) (en grec λογος, discours, et τεχνη, art), science des mots, de leurs acceptions.

LOGOTHÈTE, subst. mas. (*loguotète*) (du grec λογος, compte, et τιθημι, régler), anciennement, officier de l'empire grec chargé de l'administration des finances.

LOGUÉ, E, part. pass. de *loguer*.

LOGUER, v. act. (*logué*), t. de raffinerie de sucre; il se dit de l'action d'humecter les formes en frottant l'intérieur avec un morceau de vieux linge imbibé d'eau.

LOGUETTE, subst. fém. (*loguiète*), t. de marinier, cordage que l'on ajoute à un câble pour le tirage des bateaux.

LOGUIS, subst. mas. (*logui*), verroterie que l'on vend aux nègres.

LOHONG, subst. mas. (*lo-ongue*), t. d'hist. nat., outarde huppée d'Arabie.

LOI, subst. fém. (*loé*) (l'*Académie* écrit au pluriel *lois*, et non plus *loix*) (en lat. *lex*, gén. *legis*, fait de *legere*, lire, parce que, selon *Varron*, on lisait la *loi* au peuple pour lui en donner connaissance), règle établie par autorité divine ou humaine, qui oblige à certaines choses et en défend d'autres. Voy. DÉCRET. — Il se dit par extension de certaines obligations de la vie civile : *les lois de la bienséance, de l'honnêteté*, etc. — On appelle *la loi du plus fort*, la puissance que le plus fort exerce sur le plus faible : c'est en ce sens qu'*un conquérant range des provinces et des empires sous ses lois*. — *Loi naturelle*, sentiments et principes de justice et d'équité, imprimés au cœur de tous les hommes par l'auteur de la nature : *la loi naturelle nous défend de faire à autrui ce que nous ne voudrions pas qu'on nous fît*; *lois divines*, celles de la religion, qui rappellent sans cesse l'homme à Dieu; *lois humaines*, toutes celles que les hommes font; *lois politiques*, celles qui ont pour objet le bien et la conservation de l'état considéré politiquement en lui-même, et abstraction faite des sociétés renfermées dans cet état; *lois civiles*, qui règlent les droits des citoyens entre eux; *loi de l'état*, toute règle qui est reçue dans l'état, et qui a force de loi, soit qu'elle ait rapport au gouvernement général, ou au droit des particuliers. On entend aussi par *loi de l'état*, une règle que l'on suit dans le gouvernement politique de l'état. — *Lois ecclésiastiques*, celles qui concernent l'Église, les ministres, et les matières qui ont rapport à l'Église. — *Lois criminelles*, celles qui statuent sur les peines des crimes et des délits; *lois pénales*, celles qui sont faites pour prévenir les crimes et délits, et pour les punir; *lois somptuaires*, celles qui ont pour objet de réprimer le luxe; *loi générale*, celle qui est observée dans tous les pays d'une même domination, ou du moins dans toute une province, par opposition aux *lois particulières* ou *locales*, qui ne sont faites que pour une ville, une communauté. On entend aussi par *loi particulière*, celle qui est faite précisément pour un certain cas, à la différence des autres *lois*, qui contiennent des règles générales que l'on applique, par interprétation, aux diverses *lois* qui y ont rapport. — *Lois de la guerre*, certaines maximes du droit des gens que toutes les nations conviennent d'observer même en faisant la guerre. — On appelle *loi fondamentale*, toute *loi* primordiale de la constitution d'un gouvernement; et *loi fondamentale de l'état*, une *loi* qui fait partie de sa constitution; *loi annonaire*, celle qui pourvoit à ce que les vivres n'enchérissent point, et qui rend sujets à accusation et à punition publique ceux qui sont cause de cette cherté; *loi bursale*, celle dont le principal objet est de procurer au souverain quelques finances pour fournir aux besoins de l'état. — *La loi ancienne, la vieille loi, la loi* de Moïse; et *la loi nouvelle, la loi évangélique*, est *la loi de grâce*, celle qui nous a été donnée par Jésus-Christ. — *Loi de l'Alcoran*, loi donnée par Mahomet dans l'Alcoran. — *Loi écrite*. On entend quelquefois par ce terme la loi de Moïse, et aussi le temps qui s'est écoulé depuis Moïse jusqu'à Jésus-Christ, pour le distinguer du temps qui a précédé, qu'on appelle le temps de *la loi de nature*, où les hommes n'avaient pour se gouverner que la *loi* naturelle, et les traditions de leurs ancêtres. En France, dans le commencement de la troisième race, on entendait par *loi écrite*, le droit romain, qui était ainsi appelé par opposition aux *coutumes* qui commencèrent alors à se former, et qui n'étaient pas encore rédigées par écrit. — On appelle *l'étude des lois*, l'étude du droit; et *gens de loi*, *hommes de loi*, les jurisconsultes, avocats, etc. — T. de monnaies, le vrai titre auquel elles doivent être fabriquées. — T. de physique, *lois du mouvement*, règles suivant lesquelles les corps se meuvent, quand ils agissent les uns sur les autres. — *Lois de Kleper*, lois du mouvement des planètes autour du soleil, reconnues et démontrées par *Kleper* : 1° les planètes décrivent des ellipses, et non des cercles; 2° ces ellipses sont parcourues de manière que les aires sont proportionnelles aux temps; 3° les grandeurs de ces mêmes ellipses sont comme les racines cubes des carrés des temps employés à les décrire; ou les carrés des temps, comme les cubes des distances. Ce sont les deux dernières, et surtout la troisième, que l'on appelle plus communément *lois de Kepler*. — *Faire la loi*, prescrire les *lois*. Il se dit des personnes. — *Faire loi*, être une *loi* à suivre. Il se dit des choses. — *Se faire une loi de...*, s'imposer l'obligation de faire une chose. — *Être mis hors la loi*, perdre ses droits politiques. — Prov. : 1° *n'avoir ni foi ni loi*, être un très-méchant homme; 2° *c'est la loi et les prophètes*, la chose est incontestable; 3° *nécessité n'a point de loi*, on ne peut faire l'impossible, ou plutôt le besoin force à faire bien des choses. — Myth., divinité allégorique, fille de Jupiter et de Thémis. On la représente sous la figure d'une jeune femme tenant un sceptre dans sa main.

LOI, subst. fém. (*loé*), en t. de monnayage, ce mot se dit rarement pour *aloi*. L'*Academie* devrait nous en avertir.

LOIBÉIES, subst. mas. plur. (*loèbé-i*), t. d'archéol., petits vases dont les anciens se servaient pour les libations.

LOÏMIQUE, adj. des deux genres (*lo-imike*) (du grec λοιμος, peste), t. de médec., pestilentiel; qui peut communiquer la peste, ou une contagion.

LOÏMIUS, subst. propre mas. (*lo-imiuce*), myth., surnom d'Apollon, comme présidant à la médecine.

LOÏMOGRAPHE, subst. mas. (*lo-imoguerafe*) (du grec λοιμος, peste, et γραφω, je décris), auteur qui décrit, médecin qui observe la peste.

LOÏMOGRAPHIE, subst. fém. (*lo-imoguerafi*), t. de médec., description de la peste et des maladies contagieuses. Voy. LOÏMOGRAPHE.

LOÏMOGRAPHIQUE, adj. des deux genres (*lo imoguerafike*), qui appartient à la *loïmographie*.

LOÏMOLOGIE, subst. fém. (*lo-imoloji*) (du grec λοιμος, peste, et λογος, discours, traité), t. de médec, traité sur les maladies contagieuses.

LOÏMOLOGIQUE, adj. des deux genres (*lo-imolojike*), qui appartient à la *loïmologie*.

LOÏMOPYRE, subst. fém. (*lo-imopire*) (du grec λοιμος, peste, et πυρ, feu), t. de médec., fièvre pestilentielle.

LOIN, adv. (*loein*) (du lat. *longinquè* ou *longinquus*, on écrivait autrefois *loing*. Le Duchat.), à grande distance. — Il est, 1° adverbe de lieu : *aller loin*; 2° adv. de temps : *parler de loin*, d'un temps éloigné ; 3° prép., soit de lieu : *il y a loin de Marseille à Paris*; soit de temps : *nous sommes encore loin de Pâques*. — Fig. et fam. : *voir venir un homme de loin*, deviner quelle est son intention. — Prov. : *a beau mentir qui vient de loin*, un homme qui vient d'un pays éloigné peut mentir à son aise, sans craindre d'être contredit. — *Etre parent de loin*, c'est être parent à un degré fort éloigné. — On dit fig., qu'*un homme est loin de son compte*, pour dire qu'il s'en faut beaucoup qu'il soit près de réussir dans ses prétentions. Et encore de deux personnes qui sont en traité, en marché de quelque chose, et qui ne peuvent convenir ensemble, qu'*elles sont encore toutes deux loin de compte*, *bien loin de compte*. — Fig. : *revenir de loin, de bien loin*, réchapper d'un extrême danger, se rétablir après quelque disgrace. — *Rejeter, renvoyer une chose de bien loin*, la rebuter. — En matière de science, *aller loin, bien loin*, faire de grands progrès. — *Il a des amis, il peut aller loin*, il peut faire fortune. — En matière d'affaire, *aller loin*, s'engager beaucoup : *cette affaire va plus loin qu'on ne pense*, est de plus grande conséquence qu'on ne croit. — *Pousser loin sa haine*, donner de grandes marques de haine. — *Au loin*, adv., dans les lieux reculés : *chasser au loin*. — *De loin*, dans l'éloignement : *je l'ai vu de loin*. — *De loin à loin, de loin en loin*, adv., à des intervalles fort éloignés : *il ne vient plus me voir que de loin en loin*. — *Loin de*, sorte d'interjection qui se met à la tête d'une phrase : *loin d'ici, vils adulateurs*, retirez-vous d'ici, etc. — *Cela est loin de sa pensée*, contraire à ce qu'il pense. — *Etre loin de faire*, être éloigné de faire ; *je suis loin de penser que*... Eloigné vaut mieux. — *Loin* ou *bien loin de*, *bien loin que*, conj. qui veut le subj., au lieu de, tant s'en faut que... — *Non loin de*... près de... style oratoire et poétique :

.....*Non loin de ces tombeaux antiques.*
(RACINE.)

LOINTAIN, subst. mas. (*loeintein*), éloignement d'un tableau ; ce qui paraît le plus *loin* de la vue.

LOINTAIN, E, adj. (*loeintein, tène*), éloigné du lieu où l'on est, ou dont on parle.

LOIR, subst. mas. (*loar*), t. d'hist. nat., sorte de petit animal qui dort, ou plutôt qui est engourdi tout l'hiver. — Subst. propre mas., rivière de France qui baigne *La Flèche*.

LOIRE, subst. propre fém. (*loare*), grand fleuve de France qui a sa source dans les Cévennes et son embouchure dans l'Océan.

LOIRE, subst. propre fém. (*loare*), dép. de la France, tirant son nom du fleuve qui le traverse. — *Haute-Loire*, dép. de la France, situé près de la source de la Loire. — *Loire-Inférieure*, dép. de la France, situé à l'embouchure de la Loire.

LOIRET, subst. propre mas. (*loaré*), dép. de la France, portant le nom d'une des rivières qui l'arrosent.

LOIR-ET-CHER, subst. propre mas. (*loaréchère*), dép. de la France, ainsi nommé de deux des principales rivières qui l'arrosent.

LOIRON, subst. propre mas. (*loaron*), bourg de France, chef-lieu de canton, arrond. de Laval, dép. de la Mayenne.

LOISELEURIE, subst. fém. (*loèzèleuri*), t. de bot., genre de plantes, l'azalée rampante.

LOISIBLE, adj. des deux genres (*loèzible*) (du lat. *licet*, il est permis), permis.

LOISIR, subst. mas. (*loèzir*) (suivant *Huet*, du lat. *otium*, dont on a fait d'abord *oisir*, et ensuite en préposant l'article, *loisir*), temps où l'on n'a rien à faire. Il diffère d'*oisiveté*, en ce que le *loisir* est un temps de liberté, et l'*oisiveté* un temps d'inaction ; c'est l'abus du *loisir*. — Espace de temps suffisant pour faire quelque chose commodément : *je n'ai pas le loisir d'y penser*. — *Loisir* s'emploie quelquefois au pluriel en poésie : *le charme des loisirs*. — *A loisir*, adv., tout à son aise, sans se presser. — Mûrement.

LOK. Voy. LOOCH.

LOKE, subst. propre mas. (*loke*), myth., divinité malfaisante des anciens Celtes.

LOLIE, subst. fém. (*loli*), t. d'hist. nat., espèce de poisson.

LOLIUM, subst. mas. (*loliome*), t. de bot., plante des anciens qui paraît être l'ivraie.

LOMBAGO, subst. mas. (*lonbaguô*) (du lat. *lumbi*, les reins), t. de médec., mal de reins; rhumatisme de la région des *lombes*.

LOMANDRE, subst. fém. (*lomandre*), t. de bot., plante de l'espèce des jonroïdes.

LOMARIE, subst. fém. (*lomari*), t. de bot., plante du genre des onoclées.

LOMATIE, subst. fém. (*lomaci*), t. de bot., genre de plantes.

LOMATOPHYLLE, subst. fém. (*lomatofile*), t. de bot., espèce d'aloès.

LOMBA, subst. mas. (*lonba*), t. de bot., espèce de poivre d'Amboine.

LOMBAGIE, subst. fém. (*lonbaji*), t. de médec. Voy. LOMBAGO.

LOMBAGIQUE, adj. des deux genres (*lonbajike*), t. de médec., qui appartient au *lombago*.

LOMBAIRE, adj. des deux genres (*lonbère*), t. d'anat., qui appartient aux *lombes* : *région lombaire*.

LOMBARD, subst. mas. (*lonbar*) (des *Lombards* qui, attachés à la faction des Gibelins, vinrent d'Italie chercher en France et en Allemagne un asyle contre les Guelfes, leurs ennemis. Comme ils faisaient le commerce et le change d'argent, on donna leur nom aux usuriers qui prêtaient sur gages, et ensuite aux établissements dont il est ici question), nom d'un établissement autorisé dans plusieurs villes où l'on prête de l'argent sur gages, à tant par mois. — Au plur., ancien peuple d'Italie. — Nom donné aux membres de la faction des Gibelins.

LOMBARDES, adj. fém. plur. (*lonbarde*); on appelait autrefois *lettres lombardes*, celles qu'on expédiait pour les Italiens qui voulaient tenir une banque en France.

LOMBES, subst. mas. plur. (*lonbe*) (en latin *lumbi*), t. d'anat., partie inférieure du dos, composée de cinq vertèbres et de chairs qui y sont attachées. — T. d'hist. nat., tout point situé au-dessous, entre le milieu du dos et la queue du poisson.

LOMBEZ, subst. propre mas. (*lonbé*), ville de France, chef-lieu d'arrond., dép. du Gers.

LOMBIS, subst. mas. (*lonbice*), t. de rocailleur, grosse coquille vermeille.

LOMBO, subst. mas. (*lonbô*), t. d'hist. nat., nom d'un poisson appelé aussi *titiri*.

LOMBO-ABDOMINAL, subst. mas. (*lonbô-abdominale*), t. d'anat.; on a donné ce nom au muscle transverse du bas-ventre, parce qu'il s'étend des apophyses transverses des quatre vertèbres supérieures des lombes, à la ligne blanche. — On appelle *lombo-costal* le muscle dentelé inférieur, parce qu'il s'étend entre les apophyses épineuses des trois vertèbres supérieures des *lombes*, et les quatre dernières fausses *côtes* ou *côtes asternales*. — *Lombo-costo-trachélien*, le sacro-lombaire, portion externe du sacro-spinal. — *Lombo-dorso-trachélien*, le long dorsal, portion costo-trachélienne du sacro-spinal. — *Lombo-huméral*, le muscle grand-dorsal, parce qu'il s'étend des *lombes* jusqu'à la partie antérieure du bord postérieur de la gouttière bicipitale de l'*humérus*. — *Lombo-ili-abdominal*, le transverse *abdominal*.

LOMBOYÉ, E, part. pass. de *lomboyer*.

LOMBOYER, v. act. (*lonboé-ié*), t. de salines, faire épaissir le sel.

LOMBRIC, subst. mas. (*lonbrike*) (en latin *lumbricus*, fait de *lubricus*, glissant, parce que le *lombric* est visqueux), t. d'hist. nat., genre de vers endobranches qu'on appelle ordinairement *vers de terre*.

LOMBRICAIRE, subst. fém. (*lonbrikière*), t. de bot., plante de la famille des algues.

LOMBRICAL, E, adj. (*lonbrikale*) (du latin *lumbricus*, ver), t. d'anat. : *muscles lombricaux*, ceux qui font mouvoir les doigts de la main ou des pieds ; ainsi nommés parce qu'ils ressemblent en quelque sorte à des vers. — Au plur. mas., *lombricaux*.

LOMBRICAUX, adj. plur. mas. Voy. LOMBRICAL.

LOMBRICITE, subst. fém. (*lonbricite*), t. d'hist. nat., pétrification imitant des *lombrics*.

LOMBRICOÏDE, subst. mas. (*lonbriko-ide*), t. d'hist. nat., ver ascaride.

LOME, subst. mas. (*lome*), t. d'hist. nat. ; on donne ce nom au plongeon à gorge rouge.

LOMÉCHUSE, subst. fém. (*lomekuze*), t. d'hist. nat., genre d'insectes.

LOMENTACÉE, subst. fém. (*lomantacé*), t. de bot., ordre de plantes légumineuses.

LOMPE, subst. mas. (*lonpe*), t. d'hist. nat., genre de poissons cartilagineux plécoptères.

L'ON. Voy. ON.

LONAS, subst. mas. (*lonâce*), t. de bot., genre de plantes voisin des athanases de *Linnee*

LONCHÈRE, subst. mas. (*lonchère*), t. d'hist. nat., nom donné à un rongeur du genre des echimis.

LONCHIEUX, sub. mas. pl. (*lonchieu*), t. d'hist. nat., poissons à nageoires de la queue en lancette, et à nageoires ventrales séparées.

LONCHITE, subst. fém. (*lonkite*) (du grec λογχη, lance), t. d'astron., espèce de comète qui ressemble à une pique.

LONCHITIS, subst. fém. (*lonkitice*) (même étym. que celle du mot précéd.), t. de bot., sorte de plante qui ressemble à la fougère, mais dont les feuilles sont fort pointues et en forme de lance.

LONCHURE, subst. mas. (*lonchure*), t. d'hist. nat., genre de poissons thoraciques.

LONDRE, subst. mas. (*londre*), t. de mar., vaisseau de bas-bord, en forme de galère.

LONDRES, subst. propre mas. (*londre*), ville capitale de l'Angleterre.

LONDRIN, subst. mas. (*londrein*), t. de comm., drap qui imite les draps de *Londres*.

LONG, adj. mas., au fém. **LONGUE** (*lon, longue*) (en lat. *longus*), qui a de la *longueur*, soit relativement à l'étendue : *champ long et étroit*; soit relativement à la durée : *le temps est long à qui attend*. — On appelle en grammaire et en prosodie, *syllabes longues*, celles sur lesquelles on appuie en les prononçant. — En parlant des personnes, lent, tardif. — On appelle *habit long*, la soutane et le manteau *long* que portent les ecclésiastiques. — Subst. : *tomber tout de son long*, de toute l'étendue de son corps. — Longueur : *dix aunes de long*. — *Le long*, préposition de lieu ou de temps : *habiter le long du Danube*; *jeûner le long du carême*. — *De son long, tout de son long*, adv., tout étendu. — *Au long, tout au long*, adv., d'une manière diffuse, amplement. — *De long*, adv., de longueur. — *De longue main*, adv., depuis long-temps. — Prov. : *long comme carême, comme un jour sans pain*, extrêmement long. — *Ne pas la faire longue*, ne pas vivre long-temps. — *Tirer de long*, s'en aller bien loin. — *Prendre le plus long* (on sous-entend *chemin*). — *En savoir long*, être habile et rusé. — *En avoir tout du long et du large*, en avoir assez ; être bien battu.

LONGANIME, adj. des deux genres (*longuanime*), qui a de la *longanimité*.

LONGANIMITÉ, subst. fém. (*longuanimité*) (du lat. *longus*, long, et *animus*, âme), clémence d'une grande âme. — Plus particulièrement, clémence de Dieu qui diffère à punir.

LONGE, subst. fém. (*lonje*) (rac. *long*), lanière de cuir ou de corde qu'on attache à la têtière d'un cheval. — En t. de man., *donner dans les longes* ou *cordes*, se dit d'un cheval qui travaille entre deux piliers. — En fauconnerie, lanière de cuir qui sert à attacher l'oiseau sur la perche quand il n'est pas assuré. On l'appelle aussi *filière* et *longe-cul*. — *Tirer à la longe*, se dit de l'oiseau qui vole pour venir auprès de celui qui le gouverne. — *Longe de veau*, partie du quartier de derrière d'un veau. — *Longe de bœuf*, partie depuis les aloyaux jusqu'à la cuisse. — Fig. : *marcher sur sa longe*, s'embarrasser dans ses propres mesures.

LONGÉ, E, part. pass. de *longer*, et adj. — T. de blason ; se dit des oiseaux de proie qui ont aux pieds des *longes* d'un autre émail que le corps de l'oiseau.

LONGER, v. act. (*lonjé*), s'étendre *le long de*; marcher le *long* de... : *longer la rivière, un bois*, etc.—En t. de vén., *longer le chemin*, se dit d'une bête qui va d'assurance, et qui fuit avec rapidité.—*se* LONGER, v. pron.

LONGÉVITÉ, subst. fém. (*lonjévité*), longue durée de la vie.

LONGÉVIVE, adj. des deux genres (*lonjévive*), qui a vécu long-temps. Inusité.

LONGICAUDE, subst. mas. (*lonjikôde*) (du lat. *longus*, long, et *cauda*, queue), t. d'histoire nat., famille d'oiseaux gallinacés qui renferme les paons, les coqs, les faisans, etc. — Famille de crustacés décapodes.

LONGICÔNE, adj. des deux genres (*longikône*) (du lat. *longus*, long, et du grec κωνος, *cône*), formé d'un cône allongé : *bec longicône*.

LONGICORNE, subst. mas. (*longikorne*), t. d'hist nat., insecte coléoptère.

LONGIMÉTRIE, subst. fém. (*longimétri*) (du latin *longus*, long, et du grec μετρον, mesure), t. de géom., art de mesurer les *longueurs* accessibles ou inaccessibles.

LONGIMÉTRIQUE, adj. des deux genres (*lonjimétrike*), t. de géom., qui appartient à la *longimétrie*.

LONGIN (SAINT-), subst. mas. (*ceinlonjein*), homme lent. Il est fam.

LONGIPALPE, subst. mas. (*lonjipalpe*), t. d'hist. nat., insecte de la famille des carabiques.

LONGIPENNE, subst. m. et adj. des deux g. (*lonjipène*) (du lat. *longus*, long, et *penna*, plume), t. d'hist. nat., famille d'oiseaux à longues ailes.

LONGIROSTRE, subst. mas. et adj. des deux genres (*lonjirocetre*) (du lat. *longus*, long, et *rostrum*, bec), t. d'hist. nat., famille d'oiseaux à long bec.

LONGITUDE, subst. fém. (*lonjitude*) (en latin *longitudo*), t. de géographie, distance d'un lieu de la terre à un méridien qu'on regarde comme le premier, ou arc de l'équateur compris entre le méridien du lieu et le premier méridien de la terre. Ce premier méridien, dont le choix est arbitraire, avait été fixé par Louis XIII à la partie la plus occidentale des Canaries, qui est l'île de Fer. C'est aujourd'hui celui qui passe par l'Observat. de Paris. Autrefois la *longit.* se comptait en allant d'occident en orient.—En astron., *longitude d'un astre*, arc de l'écliptique compris entre l'équinoxe, ou le premier point d'*Aries*, et l'endroit de l'écliptique auquel l'astre répond perpendiculairement. La *longitude* est, par rapport à l'écliptique, ce que l'ascension droite est par rapport à l'équateur.— On appelle *longitude héliocentrique*, le point de l'écliptique auquel répond perpendiculairement le centre d'une planète, si elle était vue du soleil.—T. de mar., distance du vaisseau, ou du lieu où l'on est, à un autre lieu compté de l'est à l'ouest en degrés de l'équateur.

LONGITUDINAL, E, adj. (*lonjitudinale*), qui est étendu en *long*.—Au plur. mas., *longitudinaux*.

LONGITUDINALEMENT, adv. (*lonjitudinaleman*), en *longueur*.

LONGITUDINAUX, adj. mas. plur. Voy. LONGITUDINAL.

LONG-JOINTÉ, E, adj. (*lonjoeinté*), t. de man.; il se dit d'un cheval dont le paturon est trop long : *cheval long-jointé*.

LONGJUMEAU, subst. propre mas. (*lonjumô*), bourg de France, chef-lieu de canton, arrond. de Corbeil, dép. de Seine-et-Oise.

LONG-NEZ, subst. mas. (*lon-né*), t. d'hist. nat., nom spécifique d'un anguis. — Poisson du genre des squales.

LONGNY, subst. propre mas. (*longni*), bourg de France, chef-lieu de canton, arrond. de Mortagne, dép. de l'Orne.

LONG-PAN, subst. mas. (*lonpan*), t. de maçonn., le plus long côté d'un comble qui a environ le double de sa largeur.

LONGRINE, subst. fém. (*longucrine*), pièce de bois qui retient une file de pieux.

LONG-TEMPS, adv. (*lontan*), pendant un temps considérable. — Plusieurs auteurs l'ont fait substantif : *un long temps, un si long temps*. Il s'emploie surtout de cette manière avec *après*, en séparant *long* de *temps*; *après un si long temps*, et non pas *après un si long-temps*.

LONGUE, adj. fém. Voy. LONG.

LONGUE, subst. fém. (*longue*), ancienne note de musique.—En grammaire et en poésie, syllabe longue.—Prov., *observer les longues et les brèves*. Voy. BREF.—*A la longue*, loc. adv., avec le temps.

LONGUÉ, subst. propre mas. (*longuié*), ville de France, chef-lieu de canton, arrond. de Baugé, dép. de Maine-et-Loire.

LONGUE-ÉPINE, subst. fém. (*longuépine*), t. d'hist. nat.; on donne ce nom au diodon holacanthe.

LONGUEMENT, adv. (*longueman*), durant un *long* temps.

LONGUERIE, subst. fém. (*longueri*), *longueur*, lenteur dans les écrits, les discours. Peu usité.

LONGUERINE, subst. fém. (*longuerine*), t. de mar., assemblage de charpente en grillage.

LONGUESSE, subst. fém. (*longuièce*), t. de carrier, partie de la carrière d'ardoise qu'un ouvrier travaille.

LONGUET, adj. mas., au fém. **LONGUETTE** (*longuiè, guiète*), qui est un peu *long*. Fam. — Subst. mas., t. de luthier, sorte de marteau dont le fer est très-long, et qui sert à enfoncer les pointes auxquelles les cordes de clavecin sont attachées.

LONGUEUR, subst. fém. (*longuieur*) (en latin *longitudo*), étendue de l'un des bouts à l'autre. Il se dit des deux extrémités de la surface qui sont les plus éloignées l'une de l'autre, à la différence de la *largeur*.—Durée du temps.—Lenteur dans ce qu'on fait, dans les affaires.—Choses inutiles au développement des idées : *un discours peut avoir des longueurs sans être long; il y a des longueurs dans cet ouvrage*.—T. de manége : *passager un cheval de sa longueur*, le faire aller en rond de deux pistes, soit au pas, soit au trot, sur un chemin si étroit que les hanches du cheval étant au centre de la volte, la *longueur* de l'animal soit à peu près le demi-diamètre de la volte, et qu'il manie toujours entre deux talons. —*En longueur*, loc. adv., dans le sens de *la longueur : fendre une pièce de bois en longueur*.— *Traîner une affaire en longueur*, accumuler délais sur délais.

LONGUEVILLE, subst. propre fém. (*longuevile*), bourg de France, chef-lieu de canton, arrond. de Dieppe, dép. de la Seine-Inférieure.

LONGUE-VUE, subst. fém. (*longuevu*), lunette d'approche d'une grande *longueur*, au moyen de laquelle on aperçoit des choses fort éloignées.— Au plur., des *longues-vues*.

LONGWOOD, subst. propre mas. (*lonvonde*), plaine de l'île Ste-Hélène, illustrée par le séjour de Napoléon dans cette île funeste.

LONGWY, subst. propre mas. (*lonoui*), ville forte de France, chef-lieu de canton, arrond. de Briey, dép. de la Moselle.

LONKITE, subst. fém. Voy. LONCHITE, LONCHITIS.

LONLANLA, subst. mas. (*lonlanla*), refrain populaire.

LONS-LE-SAULNIER, subst. propre mas. (*lonleçônié*), ville de France, chef-lieu du dép. du Jura.

LONTARD, subst. mas. (*lontar*), t. de bot., espèce de palmier.

LOO, subst. mas. (*lo-ô*), t. de musique, instrument de percussion des Chinois. Ce sont de grandes plaques de cuivre rondes et avec un rebord, dans la composition desquelles on mêle de l'étain ou du zinc pour les rendre plus sonores. On les frappe avec un maillet de bois, dans les occasions où, pour donner un signal, etc., on emploie partout ailleurs le canon. Cet instrument se nomme *jong* dans diverses parties de l'Orient, et *tamtam* en Turquie. Ce dernier nom est aussi celui sous lequel il est connu en France.

LOOAN, subst. mas. (*lo-o-an*), t. d'hist. nat., oiseau de la Chine, de la grandeur d'une oie, qui se dresse à la pêche, comme nos meilleurs chiens à la chasse. Il ne manque jamais de rapporter sa proie dans le bateau de son maître,qu'il distingue entre cent autres.

LOOCH, subst. mas. (*loke*) (de l'arabe *laouak*, qui, entre autres acceptions, signifie potion), t. de pharmacie, remède un peu plus clair qu'un électuaire, et beaucoup plus épais qu'un sirop.

LOOHE, subst. fém. (*lo-o*), t. d'hist. nat., espèce d'oie qu'on trouve chez les Ostiaques.

LOPADE, subst. fém. (*lopade*), t. d'hist. nat., grande coquille de mer des bords de l'Océan.

LOPÈZE, subst. fém. (*lopèze*), t. de bot., espèce d'onagre du Mexique.

LOPHANTE, subst. fém. (*lofante*), t. de bot., genre de plantes.

LOPHARIS, subst. mas. (*lofari*), t. d'hist. nat., poisson thoracique.

LOPHIDIE, subst. fém. (*lofidi*), t. de bot., espèce de fougère.

LOPHIE, subst. fém. (*lofi*) (en grec λοφια, crinière, à cause de ses barbillons qui paraissent comme des crins pendants), t. d'hist. nat., genre de poissons cartilagineux de la famille des chismopnées, qui ont le corps nu, et dont la bouche très-fendue est garnie de barbillons allongés, à l'aide desquels ils pêchent, dit-on, les petits poissons comme à la ligne.

LOPHIODONTE, subst. m. (*lofi-odonte*), t. d'hist. nat., grand animal marin qu'on ne trouve plus qu'à l'état fossile.

LOPHIOLE, subst. fém. (*lofi-ole*), t. de bot., genre de plantes.

LOPHIONOTE, subst. mas. (*lofi-onote*) (du grec λοφια, nageoire, et νωτος, humide; *qui a comme une crinière humide*), t. d'hist. nat., famille de poissons osseux, holobranches, thoraciques, qui ont la nageoire du dos très-longue, et sont très-agiles à la nage.

LOPHIRE, subst. mas. (*lofire*), t. de bot., arbre d'Afrique.

LOPHOBRANCHE, subst. mas. (*lofobranche*), t. d'hist. nat., ordre de poissons ostéodermes.

LOPHOPHORE, subst. mas. (*lofofore*), t. d'hist. nat., oiseau de l'ordre des gallinacés.

LOPHORINE, subst. fém. (*loforine*), t. d'hist. nat., genre d'oiseaux silvains.

LOPHOTE, s. m. (*lofote*), t. d'hist. nat., poisson qui porte sur la tête une sorte de crête osseuse.

LOPHYRE, subst. mas. (*lofire*), t. d'hist. nat., genre de reptiles sauriens. — Insecte de la tribu des mouches à scie. — Genre de vers mollusques.

LOPHYROPE, subst. mas. (*lofirope*), t. d'hist. nat., famille de crustacés branchiopodes.

LOPIN, subst. mas. (*lopein*) (du grec λοβιον, diminutif de λοβος, lobe), morceau de quelque chose à manger, de viande principalement. Il est pop., et bon seulement pour le style plaisant. On dit d'un homme qui a eu une portion considérable dans quelque chose qui était à partager, qu'*il en a eu, qu'il en a emporté un bon lopin*. Fort peu usité.

LOQUACE, adj. des deux genres (*lokouace*), bavard. Il est peu usité.

LOQUACITÉ, subst. fém. (*lokouacité*) (en lat. *loquacitas*, fait de *loqui*, parler), babil, multitude de paroles. Il se prend en mauvaise part, et n'est bon que pour le style critique ou polémique.

LOQUE, subst. fém. (*loke*), pièce, morceau d'étoffe déchirée : *son habit est en loques*.— T. d'hist. anc., cohorte spartiate de cent quinze hommes.

LOQUÉ, adj. mas. (*lokié*), t. de pêche : *harengs loqués*, ceux qui ont été mordus ou blessés par des chiens de mer, etc.

LOQUÈLE, subst. fém. (*lokuèle*) (en lat. *loquela*), facilité de parler des choses communes : *il a de la loquèle*. Plus latin que français..

LOQUET, subst. mas. (*lokié*) (de l'anglais *loch*, serrure, ou *to lock*, fermer la clef. *Loquet* paraît en être une sorte de diminutif), sorte de fermeture fort simple et qui s'ouvre ordinairement en haussant : *hausser le loquet*.—*Couteau à loquet*, qu'on ne peut fermer qu'en retirant le ressort avec le pouce.

LOQUETEAU, subst. mas (*loketô*), petit *loquet*.

LOQUETER, v. neut. (*loketé*), remuer le *loquet* d'une porte. Vieux.—*se* LOQUETER, v. pron.

LOQUETEUSE, adj. fém. Voy. LOQUETEUX.

LOQUETEUX, adj. mas., au fém. **LOQUETEUSE** (*loketeu, teuze*), déchiré : *habit loqueteux*. Hors d'usage.

LOQUETTE, subst. fém. (*lokiète*), t. pop., petite pièce, petit morceau. — Cylindre ou rouleau de laine cardée.

LOQUISTE, subst. mas. (*loku-icete*) (du latin *loqui*, parler), parleur. Inusité.

LORAIRE, subst. mas. (*lorère*) (du lat *lorum*, lanière), t. d'antiq., esclave qui était chargé de châtier les autres esclaves.

LORANDIER, subst. mas. (*lorandié*), valet de charrue. Hors d'usage.

LORANITHE, subst. mas. (*loranite*), t. de bot., espèce de chèvre-feuille.

LORANTHE, subst. mas. (*lorante*), t. de bot., genre de plantes monopétales.

LORANTHÉES, subst. fém. plur. (*loranté*), t. de bot., famille de plantes entre les rubiacées et les caprifoliacées.

LORD, subst. mas. (*lor*) titre d'honneur usité en Angleterre, il signifie *seigneur*.

LORDOZE, subst. fém. (*lordôze*) (en grec λορδωσις, fait de λορδος, courbé, voûté), t. de médec., maladie dans laquelle l'épine du dos se courbe en avant.

LORÉE, subst. fém. (*loré*), t. de bot., genre de plantes, voisin des varecs de *Linnée*.

LORGNADE, subst. fém. (*lorgniade*), action de *lorgner*.—Coup-d'œil à la dérobée. Peu usité.

LORGNÉ, E, part. pass. de *lorgner*.

LORGNER, v. act. (*lorgnié*), regarder avec une *lorgnette*. — Regarder comme à la dérobée, en tournant les yeux de côté, etc. — Fig. et fam. : *lorgner une charge, une maison*, avoir des vues sur une charge, une maison.—*Lorgner une fille*, avoir des vues sur elle. — *se* LORGNER, v. pron.

LORGNERIE, subst. fém. (*lorgnieri*), action de *lorgner*. Il est fam.

LORGNETTE, subst. fém. (*lorgnièle*), petite lunette pour regarder les objets peu éloignés. On l'appelle aussi *monocle*, parce qu'elle ne sert que pour un seul œil (du grec μονος, seul, unique, et du latin *oculus*, œil), à la différence des lunettes ou *bésicles*, qui servent pour les deux yeux.—On fait usage aujourd'hui dans le monde élégant de *binocles*; ce n'est autre chose qu'une double *lorgnette*, au moyen de laquelle on voit des deux yeux.—*Éventail à lorgnette*, qui a une *lorgnette* enchâssée dans les brins.

LORGNEUR, subst. mas., au fém. LORGNEUSE (*lorgnieur, gnieuze*), celui, celle qui *lorgne*.

LORGNEUSE, subst. fém. Voy. LORGNEUR.

LORGNON, subst. mas. (*lorgnion*), lunette à main et à une branche, pour voir d'un œil.

LORGUES, subst. fém. plur. (*lorgue*), ville de France, chef-lieu de canton, arrond. de Draguignan, dép. du Var.

LORI, subst. mas. (*lori*), t. d'hist. nat., perroquet à plumes rouges.

LORICAIRE, subst. mas (*lorikière*) (du lat. *lorica*, cuirasse), t. d'hist. nat., genre de poissons osseux, holobranches, abdominaux, de la famille des oplophores, dont la bouche est sous le museau, et le corps protégé comme par une cuirasse.

LORICÈRE, subst. fém. (*loricère*), t. d'hist. nat., insecte de la famille des carabiques.

LORIENT, subst. propre mas. (*lorian*), ville maritime de France, chef-lieu d'arrond., dép. du Morbihan.

LORIOL, subst. propre mas. (*loriole*), bourg de France, chef-lieu de canton, arrond. de Valence, dép. de la Drôme.

LORIOT, subst. mas. (*lorió*) (suivant *Scaliger*, du lat. *aureolus*, de couleur d'or à cause de son plumage jaune), t. d'hist. nat., oiseau passereau. En parlant de son cri, on dit qu'il *siffle*.—Baquet de boulanger.

LORIPE, subst. mas. (*loripe*), t. d'hist. nat., genre de vers mollusques testacés.

LORIQUE, subst. fém. (*lorike*), t. de bot., tunique qui recouvre la graine. Elle n'est que la seconde, quand il y a une arille. On y remarque un trou nommé *micropyle*.

LORIS, subst. mas. (*lorice*), t. d'hist. nat., animal de Ceylan, petit, long, sans queue, à tête ronde.

LORMAN, subst. mas. (*lorman*), nom qu'on donne au homard sur les côtes de Languedoc.

LORMERIE, subst. fém. (*lormeri*), ouvrages fabriqués par les éperonniers, comme mors, éperons, étriers. Les artisans qui les fabriquent se nomment *lormiers*.

LORMES, subst. propre mas. (*lorme*), ville de France, chef-lieu de canton, arrond. de Clamecy, dép. de la Nièvre.

LORMIER, subst. mas. (*lormié*), fabricant de *lormerie*.

LORMUSE, subst. fém. (*lormuze*), t. d'hist. nat., l'un des noms vulgaires du lézard gris.

LOROGLOSSE, subst. mas. (*loroguelosse*), t. de bot., genre de plantes établi parmi les orchys de *Linnée*.

LOROUX-BOTTEREAU (LE), subst. propre mas. (*lorouboteró*), bourg de France, chef-lieu de canton, arrond. de Nantes, dép. de la Loire-Inférieure.

LORQUIN, subst. propre mas. (*lorkiein*), bourg de France, chef-lieu de canton, arrond. de Sarrebourg, dép. de la Meurthe.

LORRAIN, E, subst. et adj. (*lorein, rène*), de la *Lorraine*.

LORRAINE, subst. propre fém. (*lorène*), ancienne province de France, qui se trouve comprise aujourd'hui dans les dép. de la Meurthe, de la Moselle, de la Meuse et des Vosges.

LORRÉ, E, adj. (*lòré*), t. de blason, se dit des nageoires d'un poisson, lorsqu'elles sont d'un émail différent de celui du corps.

LORREZ-LE-BOCAGE, subst. propre mas. (*lorélebokaje*), village de France, chef-lieu de canton, arrond. de Fontainebleau, dép. de Seine-et-Marne.

LORRIS, subst. propre mas (*lori*), ville de France, chef-lieu de canton, arrond. de Montargis, dép. du Loiret.

LORS, adv. (*lor*; *s* ne se fait sentir que quand il est joint à *que*, dans *lorsque*) (par contraction du lat. *illâ horâ*), alors, en ce temps-là. Il vieillit.—*Lors de*, préposition, dans le temps de.... : *lors de son mariage, lors du combat*.—*Dès lors*, adv., dès ce temps-là.—*Pour lors*, adv. ; en ce temps-là.

LORSQUE, conjonction (*lorceke*), quand, dans le temps que... — Quelquefois *lors* se sépare de *que* : *lors même qu'il le voudrait, il ne le pourrait pas.* — Suivant Girard, *quand* paraît plus propre pour exprimer la circonstance du temps, et *lorsque* pour marquer celle de l'occasion : *il faut travailler quand on est jeune ; il faut être docile lorsqu'on nous reprend à propos.*

LORUM, subst. mas. (*lòrome*), t. d'hist. nat.: on donne ce nom à la partie de la tête des oiseaux qui est entre le bec et l'œil. Le *lorum* est glabre ou emplumé.

LOS, subst. mas. (*lôce*) (en lat. *laus, laudis*), louange. Il est vieux et même tout-à-fait hors d'usage, ce que l'*Académie* aurait dû nous dire.

LOSANGE, subst. fém. (*lozanje*) (suivant *Scaliger*, du latin barbare *laurengia*, fait de *laurus*, laurier, parce que cette figure ressemble, à quelques égards, à la feuille du laurier), figure à quatre côtés égaux, ayant deux angles aigus et deux autres obtus : *vitre taillée en losange.* — Quelques-uns n'appellent *losange* que la figure où la diagonale qui joint les deux angles obtus est égale aux côtés de la *losange*. La dénomination générale a prévalu. On dit ordinairement *rhombe* en géométrie, et *rhomboïde* quand les côtés contigus sont inégaux.—Subst. fém., t. de blas., pièce de l'écu, qui ressemble un peu à la fusée.

LOSANGÉ, E, adj. (*lozanjé*), t. de blason, qui se dit, 1° de l'écu rempli de *losanges* de deux émaux alternés; 2° des figures couvertes de *losanges*.

LOSANGERIE, subst. fém. (*lozanjeri*), louange perfide. Il est vieux et tout-à-fait hors d'usage.

LOSANGIER, subst. mas. (*lozanjié*), flatteur. Il est vieux et même hors d'usage.

LOSSE, subst. fém. (*loce*), t. de tonnelier, outil de fer acéré et tranchant, fait en demi-cône, coupé du haut en bas dans l'axe, et concave en dedans. Il s'emmanche comme une vrille, et sert à percer les bondes des barriques, etc.

LOT, subst. mas. (*lò*) (du flamand *lot*, qui signifie *sort*), portion d'un tout qui se partage entre plusieurs. Voy. LOTIR.— Partie de marchandises. — Ce que gagne à une loterie celui à qui échoit un bon billet.—Condition, sort, partage : *travailler est le lot des mortels.*

LOT, subst. propre mas. (*lote*), dép. de la France, portant le nom de la principale rivière qui le traverse.

LOTE, subst. fém. (*lote*), t. d'hist. nat., sorte de poisson de lac et de rivière, qui recherche les eaux vives, et dont la chair est un manger très-délicat. C'est un poisson osseux, holobranche, jugulaire, de la famille des auchénoptères. Il n'a que deux nageoires sur le dos. On l'appelle aussi *barbote*.

LOT-ET-GARONNE, subst. propre mas. (*lotéguarone*), dép. de la France, tirant son nom de deux rivières qui le traversent.

LOTERIE, subst. fém. (*loteri*), sorte de banque où les *lots* sont écrits sur divers billets qu'on mêle avec beaucoup de billets blancs, pour tirer ensuite au hasard les uns et les autres : *la loterie est abolie en France.*—*La loterie* publique ne faisait tirer que des *numero*; ceux qui sortaient gagnaient. — Fig. et fam. : *c'est une loterie*, une affaire de hasard.

LOTH, subst. mas. (*lote*), division du titre de l'argent en Prusse, en Danemarck, etc. Ce titre se divise en seize *loths*, et chaque *loth* en dix-huit grains.

LOTHARICIEN, adj. mas., au fém. LOTHARICIENNE, ou LOTHARINGIEN, LOTHARINGIENNE. Voy. LORRAIN, qui est le même peuple.

LOTI, E, part. pass. de *lotir*, et adj., partagé.— On dit proverbialement et par ironie, d'une personne qui a fait un mauvais choix, principalement en mariage : *le voilà bien loti, la voilà bien lotie!* il ou elle a un bon *lot*. Il est familier.

LOTIER, subst. mas. (*lotié*), t. de bot., plante agreste, vivace, à fleur légumineuse, qui sert d'aliment aux bestiaux. Il y en a une autre espèce à fleur rouge, nommée *trèfle hémorrhoïdal*.—En t. de pêche, pêcheur qui, au moyen de sa part du filet qu'il fournit, jouit du plein *lot*.

LOTION, subst. fém. (*lôcion*) (en lat. *lotio*), action de laver. — Ablution. — Médicament externe pour laver, déterger certaines parties du corps.

LOTIR, v. act. (*lotir*) (de *lot*, part, portion, dérivé, suivant *Pasquier*, du vieux mot français *leud*, qui signifiait *héritage*. *Lotir*, suivant lui, c'est partager une chose qui est en censive), partager.—*se* LOTIR, v. pron. Inus.

LOTIS ou **LOTOS**, subst. propre fém. (*lotice, lotôce*), myth., nymphe, fille de Neptune, qui, fuyant les poursuites de Priape, fut changée en un arbre nommé *lotos*, de son nom.

LOTISSAGE, subst. mas. (*loticaje*), opération par laquelle on prend d'un tas de minéral pulvérisé de quoi en faire l'essai.

LOTISSEMENT, subst. mas. (*loticeman*), action de faire des *lots*, de partager des marchandises, etc. Peu usité.

LOTISSEUR, subst. mas. (*loticeur*), qui fait des *lots*.

LOTO, subst. mas. (*lotô*), espèce de jeu ressemblant à une *loterie*, et qui se joue avec quatre-vingt-dix numero et autant de boules. — *Loto dauphin*, *loto* moins simple que le *loto* ordinaire.

LOTOIRE, subst. mas. (*lotoare*), t. d'hist. nat., genre de coquilles voisin des rochers.

LOTOPHAGE, subst. mas. (*lotofaje*) (du grec λωτος, lotus, et φαγω, je mange), peuples d'Afrique qui se nourrissaient du fruit du *lotus*. Suivant les anciens, ce fruit était si agréable, qu'après en avoir mangé les étrangers perdaient l'envie de retourner dans leur patrie.

LOTOR, subst. mas. (*lotor*), t. d'hist. nat., nom donné autrefois au genre qui renferme les ratons.

LOTUS ou **LOTOS**, subst. mas. (*lôtuce, loce*) (en grec λωτος), t. de bot., plante aquatique d'Égypte, appelée aussi *fève d'Égypte*. On en voit l'image sur plusieurs monuments égyptiens. — Arbrisseau d'Égypte et de Libye sur lequel les anciens naturalistes ne nous ont laissé que des notions très-imparfaites. — Prov. : *manger du lotus*, oublier son pays pour un autre. Voy. LOTOPHAGE.

LOUABLE, adj. des deux genres (*lou-able*), qui est digne de *louanges*. — En t. de médec., qui est de la qualité requise : *du sang louable; des déjections louables.* — Titre d'honneur dans certains endroits : *les louables cantons de Berne*, etc.

LOUABLEMENT, adv. (*lou-ableman*), d'une manière *louable*.

LOUAGE, subst. mas. (*lou-aje*), transport de l'usage de quelque chose pour un certain temps et à certain prix.—*Domestique de louage, loué* pour un certain temps.

LOUAGER, subst. mas. (*lou-ajé*), louage; locataire. Vieux.

LOUANGE, subst. fém. (*lou-anje*) (du lat. *laus*, gén. *laudis*, dérivé, suivant quelques-uns, du grec λαος, peuple; parce que la *louange*, disent-ils, est la voix du peuple qui *loue*), éloge, discours par lequel on relève le mérite de quelqu'un, de quelque action, etc.

LOUANGÉ, E, part. pass. de *louanger*.

LOUANGER, v. act. (*lou-anjé*), donner des *louanges* exagérées. Il ne se dit qu'en mauvaise part et par dérision. — *se* LOUANGER, v. pron. Style pop. Voy. LOUANGER.

LOUANGEUR, subst. mas., LOUANGEUSE, subst. fém. (*lou-anjeur, jeuze*), celui, celle qui se plaît à *louer* sans discernement.

LOUANGEUSE, subst. fém. Voy. LOUANGEUR.

LOUCHE, adj. des deux genres (*louche*) (du lat. *luscus*, qui signifie proprement borgne, qui n'a qu'un œil), qui a la vue de travers : *il est louche; œil louche.* — Fig., en parlant des choses, qui n'est pas clair, qui est trouble : *vin louche; perles qui ont un œil louche.* — *Phrase, expression louche*, qui n'est pas bien nette, dont le sens est équivoque, etc.—On dit subst. au mas. : *cette expression jette du louche dans la phrase ; il y a du louche dans sa conduite*, etc.— LOUCHE, ÉQUIVOQUE, AMPHIBOLOGIQUE. (*Syn.*) *Amphibologique* est plus général, et comprend sous soi les deux premiers, comme le genre comprend les espèces. Toute phrase *louche* ou *équivoque* est par là même *amphibologique*. Mais ce qui rend une phrase *louche* vient de la disposition particulière des mots qui la composent, lorsque ces mots semblent au premier aspect avoir un certain rapport, quoique véritablement ils en aient un autre. Ce qui rend une phrase *équivoque* vient de l'indétermination essentielle à certains mots, lorsqu'ils sont employés de manière que l'application actuelle n'en est pas fixée avec assez de précision.

LOUCHE, subst. fém. (*louche*), cuiller à servir le potage.

LOUCHÉ, E, part. pass. de *loucher*.

LOUCHEMENT, subst. mas. (*loucheman*), défaut de celui qui *louche*. Inus. Voy. LOUCHERIE.

LOUCHEPOIS, subst. mas. (*louchepoá*), t. d'hist. nat., insecte appelé plus communément *cloporte*.

LOUCHER, v. neut. (*louche*), regarder de travers, parce qu'on a un œil qui ne suit pas la direction de l'autre.

LOUCHERIE, subst. fém. (*loucheri*), défaut, habitude, action de *loucher*.

LOUCHET, subst. mas. (*louchè*), godet de tôle attaché à la chaîne des dragues.

LOUCHETTE, subst. fém. (*louchète*), instrument pour empêcher de *loucher*.

LOUCHEUR, subst. mas., au fém. **LOUCHEUSE** (*loucheur, cheuze*), celui, celle qui *louche*.

LOUCHEUSE, subst. fém. Voy. LOUCHEUR.

LOUDÉAC, subst. propre mas. (*loudé-ak*), ville de France, chef-lieu d'arrond., dép. des Côtes-du-Nord.

LOUDIER, subst. mas. (*loudié*), grosse couverture de poils pour les prisonniers.

LOUDUN, subst. propre mas. (*loudeun*), ville de France, chef-lieu d'arrond., dép. de la Vienne.

LOUDUNOIS, adj. et subst. mas., au fém. **LOUDUNOISE** (*loudunoá, noaze*), de la ville de *Loudun*.

LOUDUNOISE, subst. et adj. fém. Voy. LOUDUNOIS.

LOUE-EN-CHAMPAGNE, subst. propre fém. (*lou-anchanpagnie*), bourg de France, chef-lieu de canton, arrond. du Mans, dép. de la Sarthe.

LOUÉ, E, part. pass. de *louer*, et adj. : *tribune louée*.—*Dieu soit loué !* sorte d'exclamation par laquelle on remercie Dieu de ce qu'il a fait de bien pour nous.

LOUER, v. act. (*lou-é*) (en lat. *locare*), donner, prendre à *louage*. — Donner des *louanges* (en lat. *laudare*). Il est aussi neut., et il a la même signification :

L'art de *louer* commença l'art de plaire.
(VOLTAIRE.)

— *se* LOUER, v. pron. Il a les deux sens de l'actif. Servir ou travailler à prix d'argent. — Se donner des *louanges*. — *Se louer de quelqu'un*, témoigner qu'on est content de son procédé, de sa conduite. — *Se louer d'un remède*, être content de l'effet d'un remède.

LOUEUR, subst. mas., au fém. **LOUEUSE** (*lou-eur, lou-euze*), celui ou celle qui donne quelque chose à *louage*. Il se dit particulièrement de ceux qui *louent* des voitures, des chevaux, des chaises dans les églises ou dans les promenades publiques : *loueur de chevaux*, *loueur de carrosses, de cabriolets*, *loueuse de chaises*. — Celui, celle qui donne des *louanges* à tort et à travers. On dit plutôt en ce sens *louangeur*.

LOUEUSE, subst. fém. Voy. LOUEUR.

LOUGRE, subst. mas. (*louguere*), t. de mar., espèce de bâtiment marchand.

LOUHANS, subst. propre mas. (*lou-an*), ville de France, chef-lieu d'arrond., dép. de Saône-et-Loire.

LOUIS, subst. mas. (*loui*), monnaie d'or de vingt-quatre livres : *un louis*. — *Un demi-louis* (de douze livres) ; *un double louis* (de quarante-huit livres). Lorsqu'il y avait des *louis* d'argent, on disait, pour les distinguer, un *louis d'or* ; aujourd'hui on dit le plus souvent un *louis*, tout simplement. — *Ordre de Saint-Louis*, ordre militaire de France, qui fut institué en avril 1693, par Louis XIV.

LOUISIADE, subst. fém. (*louiziade*), poëme dont *saint Louis* est le héros.

LOUISIANE, subst. propre fém. (*louiziane*), grand territoire de l'Amérique septentrionale qui forme la partie méridionale des États-Unis.

LOULAY, subst. propre mas. (*loulé*), village de France, chef-lieu de canton, arrond. de Saint-Jean-d'Angely, dép. de la Charente-Inférieure.

LOUP, subst. mas., au fém. **LOUVE** (*lou, louve*) (en latin *lupus*, fait du grec λύκος), t. d'hist. nat., animal sauvage et carnassier, qui ressemble à un gros mâtin. C'est un mammifère plantigrade, du genre du *chien*. — *Loup-noir*, mammifère du genre des chiens. — *Loup-rouge*, espèce de loup du Mexique. — *Loup doré*, animal connu des anciens, c'est le chacal ou l'adive. — *Loup des eaux douces* ; on donne quelquefois ce nom au brochet à cause de sa voracité. — Espèce de masque de velours noir pour se préserver du hâle. — Sorte d'ulcère aux jambes, qui ronge et consume les chairs voisines, comme un *loup* affamé. — Machine pour briser la laine. — Instrument de bois aplati pour dresser les paquets de librairie quand ils sont cordés. — En t. de pêche, nom de plusieurs espèces de filets. — En astron., constellation méridionale, au midi du Scorpion, qui contient cinq étoiles dans le *Catalogue britannique*, et cinquante-une dans celui de *La Caille*.—Prov. : *la faim chasse le loup hors du bois*, la nécessité oblige à chercher de quoi vivre. — *Quand on parle du loup, on en voit la queue*, se dit de quelqu'un qui entre quand on parle de lui. — *Avoir vu le loup*, être expérimenté et aguerri, ou être enroué. On dit aussi, en ce dernier sens, *avoir crié au loup*. — *Il faut hurler avec les loups*, il faut faire comme les autres, s'accommoder à leurs manières. — Fig. et fam. : *entre chien et loup*, sur le soir, le jour étant presque tombé. — *Mettre quelqu'un à la gueule du loup*, l'exposer à un péril évident.—*Marcher à pas de loup*, doucement et à dessein de surprendre. — *Manger comme un loup*, manger beaucoup. — *Donner les brebis à garder au loup*, confier des choses précieuses à un administrateur infidèle. — *Qui se fait brebis, le loup le mange*, trop de bonté encourage les méchants à nous faire du mal. — *Tenir le loup par les oreilles* ; être embarrassé dans une affaire difficile. — *Enfermer le loup dans la bergerie*, 1° laisser quelqu'un dans un lieu où il peut faire beaucoup de mal ; 2° laisser fermer une plaie avant qu'il en soit temps. — *Être connu comme le loup blanc*, extrêmement connu. — *Saut-de-loup*, fossé au bout des allées d'un parc, etc., assez large pour n'être pas franchi par un *loup*. —En parlant d'un grand marin, de l'homme qui ne connaît que son métier, qui est toujours sur mer par goût, qui ne paraît être dans son élément qu'en mer, on dit que *c'est un loup de mer*.—On nomme *loup* ou *dent de loup*, un instrument en fer qu'on emploie dans les ports à faire tourner sur leurs axes de longueur les mâts et autres longues pièces de bois. Voy. DENT-DE-LOUP.

LOUP (SAINT-), subst. propre mas. (*ceinlou*), village de France, chef-lieu de canton, arrond. de Lure, dép. de la Haute-Saône.—Autre bourg de France, arrond. de Parthenay, dép. des Deux-Sèvres.

LOUP-CERVIER, subst. mas. (*loucèrevié*), t. d'hist. nat., espèce de *loup* qui ressemble à un grand chat sauvage.— Fig., sobriquet énergique appliqué par *M. Dupin* aîné à ceux qui font métier de jouer à la hausse et à la baisse des fonds publics. —Au plur., des *loups-cerviers*.

LOUPE, subst. fém. (*loupe*) (suivant *Robert Étienne* et *Nicot*, du lat. *loba*, dit par métaplasme pour *lobus*, lobe), t. de médec., tumeur ronde, indolente, enkystée, qui devient souvent prodigieusement grosse.—Nœud sur l'écorce des arbres.—Renflement ou excroissance dans certains bois durs.—Suc pierreux et nacré qui s'est extravasé en forme de nœud, et qui tient à la coquille d'huître.— En t. de joaillier, pierre précieuse imparfaite, qui n'est en quelque sorte formée qu'à demi. — En t. de serrurier, espèce de globe de fer, qui a été un peu purifié à l'affinerie, et qui commence à être en état d'être forgé. —Dans les grosses forges, matière pétrie et ramassée du fer, qu'on porte à la chaufferie, pour être ensuite battue.—Dans la dioptrique, lentille à deux faces convexes, dont les rayons sont fort petits, et qui grossit beaucoup les objets. — Au plur., briques et carreaux des vieux fourneaux qui ont servi à la fonte de l'or et de l'argent.

LOUPEUSE, adj. fém. Voy. LOUPEUX.

LOUPEUX, adj. mas., au fém. **LOUPEUSE** (*loupeu, peuze*), qui a des *loupes* : *arbre loupeux*.

LOUP-GAROU, subst. mas. (*louguarou*), mauvais *loup* dont il faut *se garer*. Il est peu usité en ce sens.— Homme que le peuple suppose être sorcier, et courir les rues, la nuit, transformé en *loup*.— Figur. et fam., homme bourru, farouche, insociable. — Jeu d'enfant. — Au plur., des *loups-garous*.

LOUP-MARIN, subst. mas. (*loumarein*), t. d'hist. nat., poisson de mer. — Au plur., des *loups marins*.

LOUPPE (LA), subst. propre fém. (*la loupe*), bourg de France, chef-lieu de canton, arrond. de Nogent-le-Rotrou, dép. d'Eure-et-Loir.

LOURADIA, subst. fém. (*louradia*), t. de bot., genre de plantes méliacées.

LOURD, E, adj. (*lour, lourde*) (suivant *Du Cange*, du lat. barbare *lurdus*, employé dans la basse latinité, et dont les Italiens ont fait également *lordo*), pesant, difficile à remuer, à porter. — *Faire une lourde chute*, tomber de tout son poids, de toute sa hauteur.—Onéreux : *maison lourde*.—Difficile et rude à faire : *lourde besogne, lourde tâche*.— Grossier : *lourde faute*. — En parlant des personnes, qui se remue pesamment. — Fig., stupide, grossier : *esprit lourd*.— LOURD, PESANT. (*Syn.*) *Lourd* exprime une pesanteur *absolue*, et *lourd* une pesanteur *relative*. Un fardeau *trop lourd* pour un homme peut n'être que *pesant* pour un autre, et même *léger* pour un troisième. Dans le sens figuré, et quand il s'agit de l'esprit, *lourd* enchérit sur *pesant*. L'esprit *pesant* conçoit avec peine, avance lentement, et fait peu de progrès ; l'esprit *lourd* ne conçoit rien, n'avance point et ne fait aucun progrès.— La médiocrité est l'apanage des esprits *pesants*, mais on peut en tirer quelque parti ; la *stupidité* est le caractère des esprits *lourds*, on n'en peut rien tirer.

LOURDAUD, E, subst. (*lourdô, dôde*), grossier et maladroit.— MM. *Noël* et *Chapsal* font ce mot adj. à tort, car l'adj. est *lourd, e*. Il est vrai que *Boiste* et *Laveaux* le donnent aussi pour adj., tout en ne citant que des exemples du substantif. L'*Académie* et *Gattel* le marquent subst. : *un lourdaud de village* ; *une grosse lourdaude*.

LOURDAUDERIE, subst. fém. (*lourdôderi*), maladresse grossière, acte d'un *lourdaud*.

LOURDEAU, subst. mas. (*lourdô*), sorte de raisin de la Bourgogne.

LOURDEMENT, adv. (*lourdeman*), pesamment, rudement.—Au fig., grossièrement.

LOURDERIE ou **LOURDISE**, subst. fém. (*lourderi, lourdize*), faute grossière contre le bon sens, la bienséance. *Lourdise* vieillit.

LOURDES, subst. propre mas. (*lourde*), ville de France, chef-lieu de canton, arrond. d'Argelès, dép. des Hautes-Pyrénées.

LOURDEUR, subst. fém. (*lourdeur*), pesanteur.

LOURDIER, subst. mas. (*lourdié*), sorte de matelas.

LOURDISE, subst. fém. Voy. LOURDERIE.

LOURE, subst. fém. (*loure*), t. de musique, vieux mot qui signifiait *musette* ou *air de musette*.—Air de danse qui se jouait communément sur cet instrument, et d'une mesure à six-quatre assez lente.

LOURÉ, E, part. pass. de *lourer*.

LOUREE, subst. fém. (*loure*), t. de bot., genre de plantes appelé aussi *christie* et *moghanie*.

LOUREIRE, subst. fém. (*lourère*), t. de bot., plante de la famille des euphorbes.

LOURER, v. act. et neut. (*louré*), t. de musiq., imiter, sur un autre instrument que la *loure* ou musette, le jeu qui lui est particulier, en nourrissant les sons avec douceur, et en marquant la première note de chaque temps plus sensiblement que la seconde, quoiqu'elles soient de même valeur. Vieux et même hors d'usage.

LOUREUR, subst. mas. (*loureur*), celui qui jouait de la *loure*. Hors d'usage.

LOURPIDON, subst. mas. (*lourpidon*), vieille difforme. Vieux et même hors d'usage.

LOUSSEAU, **LOUSSET** ou **LOSSET**, subst. mas. (*louçô, loucè, locè*) t. de mar., dans les embarcations qui n'ont pas de pompe montée, c'est un petit réservoir où l'eau se rend, en dessous des membres, par un petit passage, jusqu'entre les deux varangues qui répondent au-dessous du premier banc de l'arrière.

LOUSTIC, subst. mas. (*loucetik*) (de l'allemand *lustig*, gai), bouffon de caserne ou d'atelier.

LOUTARY, subst. mas. (*loutari*), t. d'hist. nat., poisson de lac à Madagascar. Quand il est cuit et qu'on l'ouvre, il en sort un suc délicieux qui lui sert d'assaisonnement.

LOUTRE, subst. fém. (*loutre*), t. d'hist. nat., sorte d'animal amphibie. C'est un mammifère digitigrade, de la famille des martres, qui a les doigts de derrière palmés.

LOUTRE, subst. mas. (*loutre*), chapeau, casquette, manchon de poil de *loutre*.

LOUVAIN, subst. propre mas. (*louvein*), ville de la Belgique.

LOUVART, subst. mas. (*louvar*), louveteau.

LOUVAT, subst. mas. (*louva*), jeune loup; chien-loup.

LOUVE, subst. fém. (*louve*), t. d'hist. nat., femelle du *loup*. — Fig., femme adonnée à la débauche : *c'est une louve*.—Outil de fer qu'on place dans un trou fait exprès à une pierre qu'on veut poser. La partie engagée dans ce trou s'écarte par le poids même de la pierre, et la soutient.—En t. de pêche, verveux, lorsqu'il y a surtout plusieurs ouvertures à chaque bout. Ceux qui sont garnis d'ailes sont appelés *rafles*.—En t. de mar., barrique défoncée mise sur chaque écoutille, par laquelle on fait tomber dans la cale les morues habillées, afin de les saler, etc.

LOUVÉ, E, part. pass. de *louver*.

LOUVELLE, subst. fém. (*louvèle*), t. de mar.: *border en louvelle*, border de manière que les bordages se touchent carrément l'un à côté de l'autre.

LOUVER, v. act. (*louvé*), t. de maçon, faire un trou dans une pierre et y mettre la *louve* pour lever la pierre.—*se* LOUVER, v. pron.

LOUVÉSIEN, subst. mas. (*louvéziein*), ancienne monnaie.

LOUVET, adj. mas., au fém. **LOUVETTE** (*louvè, vète*) : *cheval louvet*, qui a le poil approchant de la couleur de celui du *loup*.

LOUVETEAU, subst. mas. (*louvetô*), le petit de la *louve*.

LOUVETER, v. neut. (*louveté*), mettre bas des *louveteaux*.

LOUVETERIE, subst. fém. (*louveteri*), tout ce qui regarde la chasse du *loup*.—Lieu où l'on serre l'équipage qui sert à la chasse du *loup*.

LOUVETIER, subst. mas. (*louvetié*), officier qui avait autrefois la surintendance, dans la chasse du *loup*.

LOUVETTE, adj. fém. Voy. LOUVET.

LOUVETTE ou **PHALÈNE-LOUVETTE**, subst. fém. (*louvète, falènelouvète*), t. d'hist. nat., espèce d'hépiale dont la chenille vit sur le houblon. — *Louvette-des-piqueurs*; on donne ce nom à la tique des chiens.

LOUVEUR, subst. mas. (*louveur*), celui qui fait un trou aux pierres pour y engager la pièce de fer appelée *louve*.

LOUVIERS, subst. propre mas. (*louvié*), ville de France, chef-lieu d'arrond., dép. de l'Eure.— Drap fabriqué à *Louviers*.

LOUVOYAGE, subst. mas. (*louvoèiaje*), action de *louvoyer*.

LOUVOYER, v. neut. (*louvoè-ié*), t. de mar., courir plusieurs bordées ou faire plusieurs routes, tantôt d'un côté, tantôt d'un autre. — Fig., se conduire avec ménagement, avec adresse, sans heurter personne.

LOUVRE, subst. propre mas. (*louvre*), palais que les rois de France habitaient autrefois à Paris; ainsi nommé, dit-on, parce que c'était jadis une ménagerie où l'on gardait des *loups*. Son nom lat. *Lupara* est fait de *lupus*, loup.—Fig., maison superbe et magnifique.

LOVÉ, E, part. pass. de *lover*.

LOVELACE, subst. mas. (*lovelace*) (du nom d'un personnage de *Richardson*), homme brillant et corrompu qui fait sa principale étude de séduire et de tromper les femmes.

LOVELY, subst. mas. (*loveli*), t. d'hist. nat., nom d'une fringille de l'Inde.

LOVER, v. act. (*lové*), t. de mar. : *lover un câble*, le mettre en cerceau afin qu'il soit en état d'être filé.—*se* LOVER, v. pron.

LOVET ou **LOUVET**, subst. mas. (*lovè, louvè*), t. d'art vétér., fièvre avec tumeurs charbonneuses.

LOWA, subst. mas. (*lova*), t. d'hist. nat., espèce de cormoran de la Chine, qu'on apprivoise et qu'on dresse pour la pêche.

LOWANDO, subst. mas. (*lovandô*), t. d'hist. nat., espèce de guenon des grandes Indes.

LOXARTHRE, subst. mas. (*lokçartre*) (du grec λοξος, oblique, et αρθρον, articulation), t. de médec., déviation ou direction vicieuse d'une articulation d'un membre, sans spasme ni luxation. C'est ce qui a lieu dans les pieds bots, les bosses scapulaires, etc.

LOXIAS, subst. propre mas. (*lokci-âce*) (en grec Λοξιας, fait de λοξος, oblique), myth., surnom d'Apollon considéré comme le soleil, qui fait sa révolution dans un cercle oblique à l'équateur.

LOXIDION, subst. mas. (*lokcidion*), t. de bot., genre de plantes.

LOXIE, subst. fém. (*lokci*), t. d'hist. nat., genre d'oiseaux passereaux. Voy. GROS-BEC.

LOXOCARYE, subst. fém. (*lokçokari*), t. de bot., plante de la Nouvelle-Hollande.

LOXOCÈRE, subst. fém. (*lokçocère*), t. d'hist. nat., genre d'insectes muscides.

LOXOCOSME, subst. mas. (*lokçokoceme*), instrument propre à déterminer les phénomènes du mouvement de la terre, la variété des saisons et l'inégalité des jours (du grec λοξος, oblique, et κοσμος, monde; parce que ces phénomènes résultent de l'obliquité de l'axe de la terre sur le plan de l'écliptique).

LOXODROME, subst. mas. (*lokçodrome*), t. de mar., feuille sur laquelle sont tracées les tables de *loxodromie*.

LOXODROMIE, subst. fém. (*lokçodromi*) (du grec λοξος, oblique, et δρομος, course), t. de mar., route oblique d'un vaisseau, ou la ligne courbe qu'il décrit, en suivant le même rumb de vent.

LOXODROMIQUE, adj. des deux genres (*lokçodromike*), t. de mar., qui a rapport à la *loxodromie : tables loxodromiques*, tables pour calculer le chemin d'un vaisseau.—*Ligne loxodromique*, ou absolument *loxodromique*, subst. fém., espèce de spirale logarithmique qui coupe tous les méridiens sous un même angle qu'on appelle *angle loxodromique*.

LOYAL, E, adj. (*loè-ial*) (du mot *loi* qu'on écrivait autrefois *loy*; proprement, qui a la condition requise par la *loi*), en parlant des personnes, plein d'honneur, de droiture, de probité.— — En parlant des choses, qui est tel qu'il doit être, qui n'est point fraudé, falsifié, etc.— On dit, en t. de pratique : *les frais et loyaux coûts*, pour dire, les frais légitimement faits. Et dans le même style : *un bon et loyal inventaire*.—T. de manège : *cheval loyal*, celui qui donne librement ce qu'il a, qui emploie sa force pour obéir, et ne se défend point quoiqu'on le maltraite.—*Bouche loyale*, bouche excellente, bouche à pleine main.—Au plur. fém., subst., sorte d'étoffes de laine drapées. —LOYAL, FRANC. (*Syn.*) L'homme *franc* est droit et ouvert; l'homme *loyal* est *franc* avec une sorte de générosité, avec cet abandon de l'homme sûr de lui-même, et qui non-seulement ne dissimule rien, mais encore n'a rien à dissimuler de ce qui peut servir à le faire connaître et juger.—L'homme *franc* a le caractère vrai; l'homme *loyal* relève ce caractère par une sorte de naïveté, de noblesse, de grace dans les manières. —Au plur. mas., *loyaux*.

LOYALEMENT, adv. (*loè-ialeman*), d'une manière *loyale*.

LOYALISME, subst. m. (*loè-ialiceme*), opinion des *loyalistes*. Presque inusité.

LOYALISTE, subst. mas. (*loè-ialicete*), Anglais uniquement dévoué aux monarques successeurs des Stuarts.—Américain resté fidèle au gouvernement anglais, lors de la révolution d'Amérique.

LOYAUMENT, adv. (*loè-iôman*), vieux mot qui ne se dit plus pour : *loyalement*.

LOYAUTÉ, subst. fém. (*loè-iôté*), fidélité, probité.—*Plomb de loyauté*, dans la sayetterie d'Amiens, le dernier plomb que les esgards des sayetteurs mettent aux étoffes, comme ayant les qualités prescrites par les règlements.

LOYAUX, adj. mas. plur. Voy. LOYAL.

LOYER, subst. mas. (*loè-ié*), prix du *louage* d'une maison, etc. On dit : *donner une ferme à loyer*, mais, en parlant du prix qu'on paie ou qu'on reçoit du bail d'une ferme, on ne se sert point du mot *loyer*.— Salaire. On dit plus ordinairement *gages* pour le serviteur, et *salaire* pour l'ouvrier.— Récompense ou châtiment. En ce sens, il se dit plus en vers qu'en prose et toujours au singulier.

LOZANGE ne s'écrit pas pour LOSANGE.

LOZÈRE, subst. propre fém. (*lozère*), dép. de la France, ainsi nommé d'une montagne des Cévennes qui y est située.

LU, E, part. pass. de *lire*.

LUA ou **LYÉ**, subst. propre fém. (*lu-a, li-é*), myth., déesse qui présidait aux expiations. On croit que c'est la même que Diane. C'était une des divinités auxquelles il était permis de consacrer les dépouilles des ennemis.

LUB, subst. mas. (*lube*), monnaie de compte de Hambourg, environ soixante centimes de France.

LUBENTIE, LUBENTINE ou **LIBENTINE**, subst. propre fém. (*lubanci, bantine, libantine*), myth., divinité qui présidait aux plaisirs.

LUBERNE, subst. fém. (*luberene*), t. d'hist. nat., femelle du léopard.

LUBIE, subst. fém. (*lubi*) (du lat. *lubet* ou *libet*, il plaît, on a fantaisie), folie, fantaisie ridicule.

LUBINIE, subst. fém. (*lubini*), t. de bot., espèce de lysimachie.

LUBRICITÉ, subst. fém. (*lubricité*), incontinence, impudicité. Voy. LUBRIQUE.

LUBRIFIÉ, E, part. pass. de *lubrifier*.

LUBRIFIER, v. act. (*lubrifié*) (du lat. *lubricus*, glissant, et de *facere*, faire), t. didactique, oindre, rendre glissant. — *se* LUBRIFIER, v. pron.

LUBRIQUE, adj. des deux genres (*lubrike*) (du lat. *lubricus*, glissant, parce que l'homme *lubrique* n'a pas la force de se retenir), qui a de la *lubricité : paroles, regards lubriques*.

LUBRIQUEMENT, adv. (*lubrikeman*), d'une manière *lubrique*.

LUCANE, subst. mas. (*lukane*), t. d'hist. nat., insecte coléoptère. On le nomme aussi *cerf-volant*.

LUCANIDES, subst. fém. (*lukanide*), t. d'hist. nat., tribu d'insectes lamellicornes.

LUCANIE, subst. propre fém. (*lukani*), ancienne province du royaume de Naples.

LUCANIEN, subst. propre mas. (*lukaniein*), habitant de la *Lucanie*.

LUCARIES ou **LUCÉRIES**, subst. fém. plur. (*lukari, céri*) (du lat. *lucaria*, fait de *lucus*, bois), t. d'hist. anc., fêtes qui se célébraient dans un bois sacré près de Rome, en mémoire de ce que les Romains, ayant été battus par les Gaulois, avaient trouvé dans ce bois un asyle favorable.

LUCARNE, subst. fém. (*lukarne*) (du lat. *lucerna*, lampe, flambeau, fait de *lux*, dérivé du grec λυκη, lumière), ouverture pratiquée au toit d'une maison pour donner du jour au grenier, au galetas.—En t. d'archit., on appelle *lucarne faîtière*, celle dont le faîte est couvert d'une tuile faîtière; *lucarne flamande*, celle qui se termine en fronton; *lucarne à la capucine*, celle qui est couverte en croupe de comble; *lucarne demoiselle*, celle qui porte sur les chevrons des combles.

LUCÈRE, subst. fém. (*lucère*), t. d'hist. anc.; on nommait ainsi deux des six décuries des chevaliers romains.

LUCÉRIE, subst. propre fém. (*lucéri*), colonie romaine, fondée, selon la Fable, par Diomède, dans la Pouille, province d'Italie.

LUCERNAIRE, subst. mas. (*lucèrenère*) (du lat. *lucerna*, lampe), nom donné dans la liturgie, 1° aux répons qui se chantent aux vêpres; 2° aux vêpres elles-mêmes, parce qu'elles se chantaient au soleil couchant, et à la lueur des lampes et des cierges. Le *lucernaire* des Grecs est composé d'un grand nombre de prières, plus longues que les vêpres des Latins.

LUCERNATE, subst. mas. (*lucèrenate*), cantique que chantaient les premiers chrétiens dans leurs assemblées. On les appelait ainsi, parce que ces assemblées se tenaient ordinairement dans des caves, où l'on était éclairé par des lampes (en lat. *lucerna*).

LUCERNE, subst. propre fém. (*lucèrene*), ville de la Suisse, chef-lieu du canton qui porte le même nom.

LUCET, subst. mas. (*lucè*), t. de bot., plante rampante des îles Malouines, observée par *Bougainville*, et qui a l'odeur de la fleur d'oranger.

LUCÉTIUS, subst. propre mas. (*lucéci-uce*), myth., surnom de Jupiter, comme dieu de la lumière. Junon, dans le même sens, était aussi surnommée *Lucétia*.

LUCH-SAPHIR, subst. mas. (*lukçafir*), t. d'hist. nat., la première partie de ce nom est une altération du grec λυγξ, lynx, et non pas du mot grec λευκος, qui signifie blanc. Le mot *saphir* qui suit exprime assez que le *luch-saphir* doit participer, par sa couleur bleue, du *saphir* proprement dit. Les minéralogistes ont cru jusqu'ici que le *luch-saphir* était le *saphir* blanc bleuâtre avec une transparence laiteuse, ou une obsidienne globuliforme d'une couleur grise ou noire qu'on trouve à Tokay et à Telkobanya en Hongrie, et que les gens du pays nomment *saphir de lynx* : c'est à tort; car on ne peut douter qu'il ne s'agisse ici de cette gomme désignée dans le commerce par *saphir* d'eau, et qui fut employée avec profusion dans les XVe et XVIe siècles pour faire des colliers et des ornements d'épée, de fusil, les damasquinades, etc. Cette pierre est bleue, dans un sens, et rappelle alors le *saphir;* elle est jaune roussâtre dans un autre, et rappelle la pierre de *lynx*, transparente et de couleur de feu. Ainsi le nom *luch-saphir* lui convient parfaitement. Le *saphir* d'eau se rencontre dans les roches primitives de la Bavière et du cap de Gate en Espagne. Il paraît en venir aussi de la Bohême, et même de l'Inde.

LUCIDE, adj. des deux genres (*lucide*) (en lat. *lucidus*, fait de *lux*, gén. *lucis*, lumière), qui jette de la lumière. Il est peu usité en ce sens.— Clair, net : *raisonnement lucide; terme, expression lucide; cela est lucide.* — *Ce fou a des intervalles lucides*, il raisonne bien en certains moments.

LUCIDEMENT, adv. (*lucideman*), avec *lucidité*. Inusité.

LUCIDITÉ, subst. fém. (*lucidité*), qualité, état de ce qui est *lucide*.

LUCIDONIQUE, adj. des deux genres (*lucidonike*), se dit d'une espèce de peinture à effets transparents.

LUCIE (BOIS DE SAINTE-). Voy. BOIS.

LUCIFER, subst. propre mas. (*lucifère*) (en lat. *lucifer*, fait de *lux*, gén. *lucis*, lumière, clarté, et de *ferre*, porter; *qui porte la clarté*), dans le christianisme, prince des ténèbres, chef des démons. — Myth., fils de Jupiter et de l'Aurore. Il fut mis au nombre des astres, et sa fonction était d'annoncer le jour. C'est la planète de Vénus, lorsqu'elle paraît un peu avant l'aurore. On donne à cette même planète le nom de *Hesper, Vesper* ou *Vesperugo*, quand elle paraît à l'occident, peu après le coucher du soleil.

LUCIFIQUE, adj. des deux genres (*lucifike*), qui produit de la lumière.

LUCIFUGACE, adj. des deux genres (*lucifugace*), qui fuit la lumière.

LUCIFUGE, subst. mas. (*lucifuje*) (du lat. *lux*, gén. *lucis*, lumière, et *fugere*, fuir), t. d'hist. nat., famille d'insectes coléoptères, à élytres dures, soudées et sans ailes, qui ne sortent que le soir.

LUCILIE, subst. fém. (*lucili*), t. de bot., espèce de sarriette à feuilles aiguës.

LUCIMÈTRE, subst. mas. (*lucimètre*) (du latin *lux*, gén. *lucis*, lumière, et du grec μετρον, mesure), t. de physique, instrument pour mesurer les degrés de lumière.

LUCIMÉTRIQUE, adj. des deux genres (*lucimétrike*), qui est relatif au *lucimètre*.

LUCINE, subst. propre fém. (*lucine*) (du lat. *lux*, gén. *lucis*, lumière), myth., divinité qui présidait aux accouchements. C'était Junon qu'on adorait sous ce nom. Quelques-uns croient que c'était Diane.

LUCIODONTE, subst. fém. (*luci-odonte*), t. d'hist. nat., dents de brochet fossiles.

LUCIOLE, subst. fém. (*luci-ole*), t. d'hist. nat., mouche brillante.

LUÇON, subst. propre fém. (*luçon*), ville de France, chef-lieu de canton, arrond. de Fontenay-le-Comte, dép. de la Vendée.

LUCOPHRE, subst. mas. (*lukofre*), t. d'hist. nat., espèce de vers infusoires.

LUCQUES, subst. propre mas. (*luke*), ville d'Italie, capitale du duché de ce nom.

LUCQUOIS, E, subst. et adj. (*lukoa, koaze*), de *Lucques*, ville d'Italie. — Subst. fém. plur., soieries de *Lucques*.

LUCRATIF, adj. mas., au fém. **LUCRATIVE** (*lukratif, tive*), qui apporte du profit, du *lucre*.

LUCRATIVE, adj. fém. Voy. LUCRATIF.

LUCRATIVEMENT, adv. (*lukrativeman*), d'une manière *lucrative*, avantageuse.

LUCRATOIRE, adj. des deux genres (*lukratoare*), t. de droit, qui procure un gain.

LUCRE, subst. mas. (*lukre*) (en lat. *lucrum*), gain, profit.

LUCRIEN, adj. mas. (*lukri-ein*), myth., surnom des dieux qui présidaient aux gains, aux profits, etc.

LUCTATIEN, adj. et subst. mas. (*luktaciein*), t. d'hist. anc., se disait de certain jeu ou lutte usitée chez les Romains.

LUCTUEUSE, adj. fém. Voy. LUCTUEUX.

LUCTUEUX, adj. mas., au fém. **LUCTUEUSE** (*luktu-eu, tu-euze*) (du lat. *luctus*, gémissement), t. de médec. : *respiration luctueuse*, plaintive. La respiration est *luctueuse* ou plaintive, dans les inflammations de poitrine, ou dans quelques fièvres essentielles.

LUCUBRATEUR, subst. mas. (*lukubrateur*), celui qui consacre ses veilles à un travail littéraire. Voy. ÉLUCUBRATEUR.

LUCUBRATION, subst. fém. Voy. ÉLUCUBRATION.

LUCUBRER, v. act. Voy. ÉLUCUBRER, qui seul se dit.

LUCULLITE, subst. fém. (*lukulelite*), t. d'hist. nat., chaux carbonatée bitumineuse ou fétide.

LUCULLIES, subst. fém. plur. (*lukuleli*), t. d'hist. anc., fêtes en l'honneur de *Lucullus*.

LUCUMA, subst. mas. (*lukuma*), t. de bot., arbre du Pérou.

LUDDISTE, subst. mas. (*ludedicete*), nom de rebelles qui brisèrent les métiers, les mécaniques, pour favoriser la main-d'œuvre en Angleterre.

LUDIER, subst. mas. (*ludié*), t. de bot., plante voisine des rosiers.

LUDION, subst. mas. (*ludion*), boule de verre vide à laquelle est attachée une figure d'émail, qui descend au fond de l'eau, lorsqu'on appuie sur la peau qui bouche le vase.

LUDOVIE, subst. fém. (*ludovi*), t. de bot., plante aroïde du Pérou.

LUDWIGIE, subst. fém. (*ludouiji*), t. de bot., plante épilobienne.

LUETTE, subst. fém. (*lu-ète*) (du lat. *uva*, raisin, d'où l'on a fait d'abord *uvette*, ensuite, en préposant l'article, *l'uvette*, qui s'est changé en *luette*), t. d'anat., morceau de chair qui est à l'extrémité du palais, à l'entrée du gosier, et qui a, en quelque sorte, la forme d'un grain de raisin allongé.

LUEUR, subst. fém. (*lu-eur*) (du lat. *lucere*, luire), clarté faible : *la lueur de la lune, des étoiles, du feu.*—Fig., légère apparence.—LUEUR, CLARTÉ, SPLENDEUR. (*Syn.*) La *lueur* est un commencement de clarté, la *splendeur* en est la perfection; ce sont les trois différents degrés de l'effet de la lumière.—Tout le secours de la *lueur* se borne à faire apercevoir et découvrir les objets; la *clarté* les fait pleinement distinguer et connaître; la *splendeur* les montre dans tout leur éclat. *Splendeur*, est plus du style figuré que du style propre.

LUFFA, subst. fém. (*lufa*), t. de bot., nom générique des plantes de l'Inde qui fournissent la racine de solor.

LUFFE, subst. fém. (*lufe*), t. de bot., genre de plantes cucurbitacées de l'Inde.

LUGIBI, subst. mas. (*lujibi*), liqueur faite avec le fruit du dattier.

LUGNY, subst. propre mas. (*lugni*), bourg de France, chef-lieu de canton, arrond. de Mâcon, dép. de Saône-et-Loire.

LUGUBRE, adj. des deux genres (*lugubre*) (en latin *lugubris*, fait de *lugere*, pleurer la perte d'un objet chéri), triste, qui marque de la tristesse, de la douleur : *voix, cris, plaintes lugubres.* — Qui est propre à inspirer de la douleur : *spectacle lugubre.*

LUGUBREMENT, adv. (*lugubreman*), d'une manière *lugubre*.

LUHÉ, subst. mas. (*lu-é*), t. de bot., arbre tiliacé de l'Amérique méridionale.

LUI (*lui*), pronom singulier de la troisième personne, qui est tantôt sujet, tantôt régime direct, mais plus ordinairement régime indirect. *Lui* n'est ordinairement sujet qu'en qualité d'explétif, et quand on veut donner plus de force au discours, comme : *il l'a dit lui-même; mes frères et mon cousin m'ont secouru, et lui m'a pansé.*— Il ne peut aussi être régime direct, qu'en qualité d'explétif : *je le verrai lui-même. Celui qui s'estime véritablement lui-même est peu sensible à l'injuste mépris d'autrui, et ne craint que d'en être digne.* (J.-J. Rousseau.) — La fonction naturelle de ce pronom est d'être régime indirect : *je lui donne; parlez-lui.* — Quand *lui* signifie *à lui, à elle*, il est commun aux deux genres; mais en deux cas seulement : le premier, lorsqu'il précède le verbe : *j'ai rencontré votre sœur, et je lui ai parlé;* le second, quand le verbe est à l'impératif : *si vous rencontrez ma sœur, parlez-lui.* Hors de là, il n'appartient qu'au genre masculin : *c'est lui qui me l'a donné; c'est de lui que je le tiens; il ne travaille que pour lui.*—En parlant des choses, on emploie le pronom *en* au lieu de *de lui*, et le pronom *y* au lieu de *à lui*. On ne dit pas d'un mur : *n'approchez pas de lui*, on dit : *n'en approchez pas;* ni d'un village : *allez à lui*, mais *allez-y*. Une femme dit d'un chien qu'elle aime : *il fait tout mon amusement, je n'aime que lui, je suis attachée à lui, je ne sors pas sans lui.* Néanmoins, on ne dira pas d'un cheval, qu'*on n'a jamais monté que lui*, qu'*on ne s'est pas encore servi de lui;* mais qu'*on ne s'en est pas encore servi.* — Il semble donc qu'avec les prépositions *de* et *à*, *lui* ne se dit pas indifféremment des choses et des personnes. Cependant, lorsqu'il est précédé des prépositions *avec* ou *après*, il peut se dire des choses même inanimées : *ce torrent entraîne avec lui tout ce qu'il rencontre, il ne laisse après lui que du sable et des cailloux.*—Il y a une différence entre *donnez-lui* et *donnez à lui*. Le premier exprime seulement l'action de donner à quelqu'un; le second indique une préférence, une exclusion de quelques autres : *vous ne savez pas à qui donner ce livre, donnez-le à lui*, c'est-à-dire à *lui* préférablement aux autres. Une différence à peu près semblable se remarque entre *je veux lui parler*, et *je veux parler à lui*. Le premier signifie : *je veux lui dire quelque chose, lui faire connaître quelque chose par le moyen de la parole;* le second veut dire : *je veux lui adresser la parole à lui, et non à un autre.* — A tout autre mode que l'impératif, *lui* doit précéder le verbe toutes les fois qu'il est le terme d'un rapport qui pourrait être exprimé par la préposition *à* : *je lui ai lu mon ouvrage.*—Au contraire, il doit suivre le verbe, s'il est le terme exprimé par la préposition *de* : *nous dépendons de lui.* — Lorsque le pronom *le* est régime direct d'un verbe, et qu'il partage cette fonction avec un ou plusieurs noms placés avant le verbe, il faut après ce verbe rappeler l'idée de ce pronom par *lui*, qui lie alors ce nom ou ces noms avec le pronom *le* : *je l'ai vu, lui, sa femme et ses enfants.*— On ne doit pas se servir indifféremment de *lui* et de *soi*. Quand on parle en général, et sans indiquer une personne qui est le sujet de la phrase, il faut se servir de *soi* : *il faut que chacun prenne garde à soi.* Mais lorsqu'une personne en particulier est désignée dans la phrase, il faut mettre *lui* : *cet homme ne prend pas garde à lui.*

Lui, part. pass. du verbe irrégulier LUIRE.

LUIGNAN, subst. mas. (*luignian*), t. de bot., espèce de liane de Madagascar qui contient un suc très-noir.

DU VERBE IRRÉGULIER LUIRE :

Luira, 3e pers. sing. fut. indic.
Luirai, 1re pers. sing. fut. indic.
Luiraient, 3e pers. plur. prés. cond.
Luirais, précédé de *je*, 1re pers. sing. prés. cond.
Luirais, précédé de *tu*, 2e pers. sing. prés. cond.
Luirait, 3e pers. sing. prés. cond.
Luiras, 2e pers. sing. fut. indic.

LUIRE, v. neut. (*luire*) (en latin *lucere*, formé de *lux*, gén. *lucis*, lumière, clarté) : *lui; luisant; je luis; nous luisons; je luirai; que je luise.* Il n'est en usage ni au prétérit de l'indicatif, ni à l'impératif, ni à l'imparfait du subjonctif. Éclairer, répandre de la lumière. — Fig., briller : *un rayon d'espérance me luit encore*, etc.

DU VERBE IRRÉGULIER LUIRE :

Luirez, 2e pers. plur. fut. indic.
Luiriez, 2e pers. plur. prés. cond.
Luirions, 1re pers. plur. prés. cond.
Luirons, 1re pers. plur. fut. indic.
Luiront, 3e pers. plur. fut. indic.
Luis, précédé de *je*, 1re pers. sing. prés. indic.
Luis, précédé de *tu*, 2e pers. sing. prés. indic.
Luisaient, 3e pers. sing. imparf. indic.
Luisais, précédé de *je*, 1re pers. sing. imparf. indic.
Luisais, précédé de *tu*, 2e pers. sing. imparf. indic.
Luisait, 3e pers. sing. imparf. indic.
Luisant, part. prés.

LUISANT, E, adj. (*luizan, zante*), qui *luit*, qui a de l'éclat.—En bot., dont la surface est lustrée, vernissée, imitant le poli de l'acier. — Subst. mas., *le luisant de ce taffetas.*—En peinture, effet de la lumière réfléchie sur les tableaux à l'huile, qui, lorsqu'on les voit d'un certain point, ne permet pas de les considérer. — En astron., et subst. fém., étoile remarquable par son éclat, dans diverses constellations : *la luisante de la Lyre; la luisante de la Couronne*, etc.

DU VERBE IRRÉGULIER LUIRE :

Luise, précédé de *que je*, 1re pers. sing. prés. subj.
Luise, précédé de *qu'il* ou *qu'elle*, 3e pers. sing. prés. subj.

Luisent, précédé de *ils* ou *elles*, 3e pers. plur. prés. indic.
Luisent, précédé de *qu'ils* ou *qu'elles*, 3e pers. plur. prés. subj.
Luises, 2e pers. sing. prés. subj.

LUISETTE ou **LUZETTE**, subst. fém. (*luizète*, *luzète*), maladie des vers à soie, qui leur donne une couleur blanche. On l'appelle aussi *clairette*.

DU VERBE IRRÉGULIER LUIRE :

Luisez, 2e pers. plur. prés. indic.
Luisiez, précédé de *vous*, 2e pers. plur. imparf. indic.
Luisiez, précédé de *que vous*, 2e pers. plur. prés. subj.
Luisions, précédé de *nous*, 1re pers. plur. imparf. indic.
Luisions, précédé de *que nous*, 1re pers. plur. prés. subj.
Luisons, 1re pers. plur. prés. indic.

LUITES, subst. fém. plur. (*luite*), t. de vén., testicules du sanglier.

LUITON, subst. mas. (*luiton*), lutin, esprit follet. Vieux et même hors d'usage.

LUKI, subst. propre fém. (*luki*), myth., déesse des moissons, révérée chez les Gentoux.

LULAFS, subst. mas. plur. (*lulafe*), bouquets ou guirlandes dont les juifs ornent leurs synagogues à la fête des Tabernacles.

LULAT, subst. mas. (*lula*), t. d'hist. nat., espèce de moule.

LULU, subst. mas. (*lulu*), t. d'hist. nat., sorte d'alouette.

LUMACHELLE, subst. fém. (*lumachèle*) (de l'italien *lumachella*, fait de *lumaca*, limaçon, dérivé du latin *limax*, *limacis*), t. d'hist. nat. : *lumachelle* ou *pierre de limaçon*, espèce de marbre qu'on appelle aussi *marbre conchite*. C'est un amas de débris de limaçons, etc., avec leur nacre, unis par un gluten. On écrit aussi *lumaquelle*.

LUMB, subst. mas. (*lonbe*), t. d'hist. nat., oiseau du Spitzberg.

LUMBAGO, subst. mas. (*lonbaguô*), t. de médec. (Mot latin.) Voy. LOMBAGIE et LOMBAGO.

LUMBRICITE ou **LOMBRICITE**, subst. fém. (*lonbricite*), t. d'hist. nat. ; quelques naturalistes ont donné ce nom à des pétrifications dont la forme a quelque ressemblance avec celle des vers connus sous le nom de *lombrics*. Plusieurs espèces de mollusques et d'annelides présentent cette forme.

Lûmes, 1re pers. plur. prét. déf. du verbe irrég. LIRE.

LUMIE, subst. fém. (*lumi*), t. de bot., variété d'oranger.

LUMIÈRE, subst. fém. (*lumière*) (en lat. *lumen*, gén. *luminis*), fluide infiniment subtil, dont le soleil et les étoiles sont en même temps la source et le foyer. Dans cette acception, on dit aussi, et plus proprement, pour éviter toute équivoque : *fluide lumineux*. — Sensation que fait naître ce fluide. — En général, clarté ; ce qui éclaire et rend les objets visibles. — Bougie ou chandelle allumée : *apportez-nous de la lumière, des lumières*. — Fig., 1° la vie, le jour : *commencer à voir la lumière*, naître ; *jouir de la lumière*, vivre ; *perdre la lumière*, mourir : en ce sens il n'est guère usité qu'en poésie ; 2° intelligence : *lumière naturelle* ; 3° connaissances et talents : *il a de grandes lumières* ; 4° tout ce qui éclaire l'esprit : *la lumière de la foi, de l'Évangile* ; 5° éclaircissement, indice sur quelque sujet ; 6° homme d'un grand mérite, d'un grand savoir : *c'est la lumière de son siècle*. — Dans le style de l'Écriture, on dit fig., que *Dieu habite une lumière inaccessible*, et on dit aussi, dans le même style, *anges de lumière*, *enfants de lumière*, par opposition à *anges de ténèbres*, à *enfants de ténèbres*. — Poét., *le père de la lumière*, le soleil. — En t. de peinture, *les lumières sont bien ménagées dans ce tableau*, les endroits qui doivent paraître plus éclairés que les autres sont bien touchés.—On distingue en peinture *la lumière naturelle* et *la lumière artificielle*. La première est celle qui est produite par le soleil, lorsqu'il n'est point caché par des nuages, ou celle du jour, lorsqu'il en est caché. *La lumière artificielle* est celle que produit tout corps enflammé, telle qu'un feu de bois, de paille, un flambeau, etc.—On appelle *lumière directe*, une *lumière* naturelle ou artificielle qui est portée sans interruption sur les objets ; *lumière de reflet*, celle que renvoient en sens contraire les objets éclairés, sur le côté ombré de ceux qui les entourent ; et *lumière accidentelle*, celle qui est introduite par une porte, par une lucarne, ou à l'aide d'un flambeau, etc., par opposition à la *lumière principale*. — En astr. : *équation de la lumière*, équation qui renferme les éléments propres à résoudre les questions relatives à la propagation de la lumière. Voyez PROPAGATION. — *Lumière zodiacale*, clarté ou lumière assez semblable à celle de la voie lactée, que l'on aperçoit dans le ciel en certain temps de l'année, après le coucher du soleil ou avant son lever. — *Lumière cendrée de la lune*, *lumière* faible qu'on aperçoit au dedans du croissant, et qui fait entrevoir le disque entier de la lune, quoique le soleil n'en éclaire qu'une petite partie. — Petit trou à la culasse d'une arme à feu.—Trou dans lequel on introduit le mamelon d'un treuil. — Cavité dans le fût d'un outil de menuiserie, etc., pour y placer le fer, et faciliter la sortie des copeaux. — En t. d'ébéniste, mortaise faite dans le bois. — Chez les facteurs d'orgues, ouverture par laquelle le vent entre dans un tuyau.— Dans les instruments de mathématiques à pinnules, petit trou à travers lequel on aperçoit l'objet observé. Voy. LUEUR. — En t. de blason, yeux de certains animaux qui sont d'un émail différent de celui de l'animal : *sanglier d'argent aux lumières d'azur*. — *Être privé de la lumière, perdre la lumière*, être ou devenir aveugle. — *Mettre un ouvrage en lumière*, le rendre public. — *Cet ouvrage n'a pas encore vu la lumière*, n'a pas encore paru dans le public. — LUMIÈRE, LUEUR, CLARTÉ, ÉCLAT, SPLENDEUR. (*Syn.*) La *lueur* est une *lumière* faible et légère ; la *clarté*, une lumière assez vive, et plus ou moins pure ; l'*éclat*, une *lumière* brillante ou une vive *clarté* ; la *splendeur*, la plus grande *lumière* et le plus grand *éclat*. — La *lumière* fait voir ; la *lueur* fait voir imparfaitement et confusément ; la *clarté* fait voir distinctement et nettement ; l'*éclat* fait voir facilement, mais quelquefois en affectant trop fortement la vue pour qu'elle puisse se soutenir long-temps ou se fixer ; la *splendeur* fait voir tout l'éclat de la chose, et avec tant d'*éclat* que les yeux en sont éblouis.

LUMIGNON, subst. mas. (*lumignion*), le bout de la mèche d'une chandelle, d'une lampe qui brûle, et qui est allumée. — Ce qui reste d'un bout de bougie ou de chandelle qui achève de brûler : *cette bougie va finir, il ne reste plus qu'un petit lumignon*.

LUMINAIRE, subst. mas. (*luminère*) (en lat. *luminare*, *luminaris*), dans le langage de l'Écriture, corps naturel qui éclaire : *Dieu fit de grands luminaires*. — Les astronomes, et surtout les astrologues, donnent encore ce nom au soleil et à la lune. — Cierge, etc., dont on se sert pour le service divin, et surtout dans les enterrements. — En style prov. et plaisant, la vue : *il a usé son luminaire à force de lire*, etc.

LUMINEUSE, adj. fém. Voy. LUMINEUX.

LUMINEUSEMENT, adv. (*lumineuzeman*), d'une manière *lumineuse* ; avec clarté.

LUMINEUX, adj. mas., au fém. **LUMINEUSE** (*lumineu*, *neuze*), qui a, qui jette, envoie, répand la *lumière*. — On dit fig. : *esprit lumineux* ; *il y a des traits lumineux dans ce discours*. — *Principe lumineux*, dont on tire quantité de belles connaissances.—*J.-B. Rousseau* a dit (liv. 4, ode 2) :

> Non moins que par l'éclat de vos faits *lumineux* ;

l'expression n'est en ce sens ni noble, ni poétique.

LUMINIER, subst. mas. (*luminié*), marguiller, agent de la fabrique d'une église, chargé de l'éclairage. Inusité.

LUMME ou **LUMME**, subst. mas. (*lumene*, *lume*), t. d'hist. nat., espèce de petit plongeon du Nord.

LUMPENERZ, subst. mas. (*lonpenèreze*) (de l'allemand *lumpen*, chiffon, et *erz*, mine, minéral), t. d'hist. nat., sorte d'asbeste tressée, d'un brun rougeâtre, et entremêlée d'argent. — Fer oxydé rouge.

LUNA, subst. propre fém. (*luna*), myth., déesse qui présidait aux opérations nocturnes de la magie. Voy. DIANE et LUNUS.

LUNAIRE, adj. des deux genres (*lunère*), qui appartient à la *lune*. — *Cadran lunaire*, qui marque les heures par le moyen de la *lune*. — En t. d'anatomie, il se dit de deux demi-cercles cartilagineux de l'articulation du genou. — Subst. fém., sorte de plante. — T. d'anat., deuxième os de la première rangée du carpe.

LUNAISON, subst. fém. (*lunèzon*), espace de temps compris entre deux nouvelles *lunes* consécutives.

LUNATIQUE, adj. des deux genres (*lunatike*), au propre : *cheval lunatique*, sujet à une certaine fluxion périodique sur les yeux, selon le cours de la *lune*. — Fig. et fam., fantasque, capricieux. — On dit aussi subst., *c'est un lunatique* ; *le lunatique de l'Évangile*. Dans cette dernière phrase il se prend au propre.

LUNDE, subst. mas. (*leunde*), t. d'hist. nat., sorte d'oiseau amphibie.

LUNDI, subst. mas. (*leundi*) (par contraction des deux mots latins *luna*, lune, et *dies*, jour ; *le jour de la lune*, parce que, dans le système des heures planétaires, la *lune* préside à la première heure du premier jour), le second jour de la semaine ; tel est du moins l'usage reçu ; cependant il est dit dans l'Écriture que *Dieu, après avoir créé toutes choses pendant six jours, se reposa le septième*. Le dimanche devrait donc être le dernier, et le *lundi* le premier jour de la semaine. On peut répondre à ceci qu'au moment de la création, la distribution des jours en semaines n'existait pas, et que c'est l'usage qui a établi que le dimanche en serait le premier jour.— *Lundi gras*, le *lundi* du carnaval.— *Lundi saint*, celui de la semaine sainte. — Pop. : *faire le lundi*, ne pas travailler ce jour-là.

LUNE, subst. fém. (*lune*) (en latin *luna*), planète qui tourne en vingt-sept jours autour de la terre, et qui nous éclaire souvent pendant la nuit. C'est, après le soleil, le plus remarquable de tous les astres.—*Lune rousse*, lune qui commence en avril et finit en mai, ainsi nommée des gelées fort dangereuses à cette époque, et que quelques-uns attribuent à la *lune*. Le soleil survenant après ces gelées, brûle les jeunes pousses des plantes, qui prennent une couleur *rousse*. — *La lune de miel*, les premiers mois du mariage.— Poét. : *depuis quatre lunes*, depuis quatre mois.— Dans l'ancienne chimie, l'argent. — Dans les grosses forges d'acier, couleur que doit avoir le feu du fourneau de fonte. —T. de chimie anc., *lune cornée*, muriate d'argent.—T. de lapidaire, *pierre de lune*, espèce d'agate nébuleuse, ou d'opale d'un blanc de lait, qui réfléchit la lumière, comme le fait la *lune*. — T. d'hist. nat., *lune de mer*, poisson qui brille la nuit.—T. de bot., *lune d'eau*, le nénuphar blanc. —Prov. : *vouloir prendre la lune avec les dents*, vouloir faire une chose impossible.—*Aboyer à la lune*. Voy. ABOYER.—*C'est une lune, un visage de pleine lune*, il a le visage plein et fort large.— *Avoir des lunes* ; *être sujet à des lunes* ; *avoir la lune ou un quartier de lune dans la tête*, être fantastique, inégal, un peu fou. —*Faire un trou à la lune*, s'en aller sans rien dire et sans payer ses créanciers.

LUNEL, subst. propre mas. (*lunèle*), ville de France, chef-lieu de canton, arrond. de Montpellier, dép. de l'Hérault.

LUNEL, subst. mas. (*lunèle*), sorte de vin de *Lunel*, ville de France.

LUNELS, subst. mas. plur. (*lunèle*), t. de blason, qui se dit de quatre croissants appointés comme s'ils formaient une rose à quatre feuilles.

LUNETIER (et non pas avec l'*Académie*, **LUNETTIER**), subst. mas., **LUNETIÈRE**, subst. fém. (*lunetié*, *tière*), celui, celle qui fait et vend des *lunettes*. — Dans le style burlesque, celui, celle qui porte des *lunettes*. Hors d'usage.

LUNETIÈRE, subst. fém. Voy. LUNETIER. — T. de bot., plante crucifère.

LUNETTE, subst. fém. (*lunète*) (de leur ressemblance, par leur figure ronde, à une petite *lune*. Ménage.), verre taillé de telle sorte qu'il soulage la vue et rend la vision plus nette et plus distincte. — Au plur., deux verres assemblés dans la même enchâssure. — *Lunette d'approche* ou *de longue vue*, ou *à longue vue*, tuyau à chaque extrémité duquel il y a ordinairement un verre qui grossit les objets éloignés. —*Lunette convexe*, pour grossir les objets. — *Lunette concave*, pour les diminuer. — *Lunette méridienne*. Voy. *instrument des passages*, au mot PASSAGE.— *Lunette achromatique*, au travers de laquelle on n'aperçoit point les couleurs de l'iris. Voy. ACHROMATIQUE.—*Lunette catadioptrique*, composée en partie de miroirs, et en partie de verres. Voy. CATADIOPTRIQUE.—On appelle *lunette à tuyau*, des besicles ou conserves avec de petits tuyaux coniques mis à la place des verres ; *lunettes colorées*, des besicles ou conserves dont les verres sont colorés en vert, ou d'une autre couleur, pour ménager les vues faibles, en modérant l'éclat de la lumière; *lunette de jalousie*, une *lunette* dans laquelle on voit directement un objet en paraissant regarder de côté, ce qui se fait au moyen d'un miroir posé obliquement dans la boîte percée à jour; *lunette d'épreuve*, une *lunette* bien ceintrée, qui porte deux carrés aux extrémités de son tube, et qui sert à vérifier divers instruments.—T. d'archit., 1° petit jour dans le berceau d'une voûte; 2° petites ouvertures dans la flèche d'un clocher. — En t. d'horlogerie, partie de la boîte d'une montre dans laquelle on place le crystal. — Petits ronds que l'on met à côté des yeux des chevaux de manége.— Au singulier, os fourchu au haut de l'estomac d'un poulet, d'un chapon, etc.—Rond percé pour servir de siége de cabinet d'aisances.—En t. de fortification, on appelle *lunettes* des espèces de demi-lunes, ou des ouvrages à peu près triangulaires, composés de deux faces qui forment un angle saillant vers la campagne, et qui se construisent auprès des glacis, ou au-delà de l'avant fossé; et *petites lunettes*, des espèces de places d'armes retranchées ou entourées d'un fossé et d'un parapet qu'on construit quelquefois dans les angles rentrants du fossé des bastions et des demi-lunes. —Aux jeux de dames, des échecs: *mettre dans la lunette*, placer sa pièce entre deux autres de son adversaire, en sorte que l'une des deux est forcée.—Dans les verreries, canal de communication par lequel le feu du four échauffe les petits fourneaux adjacents, appelés *arches*.—Chez les corroyeurs, instrument de fer de forme circulaire, évidé dans le milieu, tranchant dans toute sa circonférence extérieure, qui sert à ratisser les cuirs. — *Lunette* ou *passe-belle*, instrument en acier formant un cercle rigoureusement de la circonférence de la bouche d'un canon, servant à calibrer ou à vérifier le calibre du boulet de 30, 25 et autres, qui doivent entrer dans les bouches à feu montées sur les bâtiments de guerre. Ceux des boulets qui ne sont point ensabotés ont une ligne et demie et deux lignes de moins en diamètre que la *lunette*.—Prov.: *n'avoir pas bien mis, bien chaussé ses lunettes, avoir mis ses lunettes de travers*, n'avoir pas bien vu clair dans une affaire.

LUNETTIER, orthographe de l'*Académie*. Voy. LUNETIER.

LUNÉVILLE, subst. propre fém. (*lunévile*), ville de France, chef-lieu d'arrond., dép. de la Meurthe. Elle est célèbre par le traité de 1801 conclu entre la France et l'Autriche.

LUNGENSTEIN, subst. mas. (*longuiènecetène*) (de l'allemand *lunge*, poumon, et *stein*, pierre, *pierre de poumon*), t. d'hist. nat., nom d'un tuf volcanique qu'on trouve en abondance le long du Rhin.

LUNI-SOLAIRE, adj. des deux genres (*lunicolère*), t. d'astron., qui a rapport à la révolution du *soleil* et à celle de la *lune* considérées ensemble. Le cycle lunaire de dix-neuf ans est la première de toutes les périodes *luni-solaires*. Celle de dix-huit ans, ou de deux cent vingt-trois lunaisons, ramène les éclipses dans le même ordre, mais dix jours plus tard. — *Année luni-solaire*, période de cinq cent trente-deux ans, formée par la multiplication du cycle *lunaire* qui est de dix-neuf ans, et du cycle *solaire* qui est de vingt-huit ans.— *Période luni-solaire de six cents ans*. Elle ramène le *soleil* et la *lune* au même point du ciel, et presque au même jour de l'année.— *Période luni-solaire de Louis-le-Grand*, période proposée par *Dominique Cassini*. Elle est de mille six cents ans, et ramène les nouvelles *lunes* presque à la même heure de l'année grégorienne.—Au plur., *luni-solaires*.

LUNISTE, subst. des deux genres (*lunicete*), qui croit à l'influence de la *lune*.

LUNULE, subst. fém. (*lunule*) (en lat. *lunula*, fait de *luna*, lune), t. de géom., figure plane en forme de croissant, terminée par des portions de circonférence de deux cercles qui se coupent à ses extrémités.—Croissant que les patriciens à Rome portaient sur leurs souliers, comme un ornement distinctif.

LUNULÉ, E, adj. (*lunulé*), t. de bot., en forme de croissant.

LUNULITHE, subst. fém. (*lunulite*), t. d'hist. nat., genre établi parmi les polypiers foraminés. On indique deux espèces fossiles de ce genre, qui toutes deux se trouvent aux environs de Paris.

LUNUS, subst. propre mas. (*lunuce*), myth.; les hommes adoraient la *lune* sous ce nom, comme les femmes sous celui de *Luna*. Dans la Syrie et la Mésopotamie, la *lune* était adorée comme un dieu, et jamais comme une déesse. Cette superstition y était accréditée par une idée singulière que *Spartien* nous a conservée. C'est, dit-il, qu'on croyait constamment que ceux qui prenaient cet astre pour une déesse, et non pour un dieu, seraient toute leur vie esclaves de leurs femmes, mais qu'au contraire ceux qui la tiendraient pour un dieu seraient toujours les maîtres.

LUON, subst. mas. (*lu-on*), pièce d'un moulin à vent.

LUORÉE, subst. fém. (*lu-ôré*), t. de bot., espèce de sainfoin.

LUPANAIRE, subst. mas. (*lupanère*) (du lat. *lupanar*), mauvais lieu; lieu de prostitution.

LUPE, subst. fém. (*lupe*), t. d'hist. nat., genre de crustacés.

LUPERCAL, subst. mas. (*lupèrekal*) (en latin *lupercal*, fait de *lupus*, loup), t. d'hist. anc., chez les Romains, lieu consacré au dieu Pan, dont les soins préservaient les troupeaux des *loups*. — Grotte au pied du mont Palatin, où Rémus et Romulus avaient été allaités par la *louve*.

LUPERCALES, subst. fém. plur. (*lupèrekale*) (en lat. *lupercalia*), t. d'hist. anc., fêtes annuelles chez les Romains en l'honneur de Pan, à qui l'on sacrifiait un *loup*.

LUPERCES, subst. mas. plur. (*lupèrece*) (en lat. *luperci*), myth., prêtres du dieu Pan. Ils étaient partagés en trois sociétés ou colléges, savoir: des Fabiens, dits aussi Faviens, des Quintiliens et des Juliens. Ils restaient nus, tant que duraient les *lupercales*.

LUPERCUS, subst. propre mas. (*lupèrekuce*), myth., le même que *Pan*.

LUPÈRE, subst. mas. (*lupère*), t. d'hist. nat., genre d'insectes coléoptères.

LUPIN, subst. mas. (*lupein*) (en lat. *lupinus*), t. de bot., plante légumineuse, annuelle, à fleurs papilionacées, cultivée dans les pays méridionaux, et qui porte une espèce de pois plats et amers.

LUPINAIRE, subst. mas. (*lupinère*), marchand de *lupins*.

LUPINASTER, subst. mas. (*lupinacetère*), t. de bot., genre de plantes connu aussi sous le nom de *pentaphyllon*.

LUPINELLE, subst. fém. (*lupinèle*), t. de bot., nom vulgaire du trèfle incarnat.

LUPOGE, subst. fém. (*lupoje*), t. d'hist. nat., nom donné à la huppe.

LUPOLOGIE, subst. fém. (*lupoloji*), t. de médec., connaissance des humeurs désignées sous le nom de *loupes*.

LUPOLOGIQUE, adj. des deux genres (*lupolojike*), t. de médec., qui appartient aux *loupes*, à la *lupologie*.

LUPON, subst. mas. (*lupon*), t. d'hist. nat., coquille du genre des porcelaines.

LUPULINA, subst. fém. (*lupulina*), t. de bot., nom donné par *Linnée* à une section de son genre *trifolium*.

LUPULINE, subst. fém. (*lupuline*), t. de bot., espèce de luzerne.

LUQUOISE, subst. fém. (*lukoaze*), t. de manuf., étoffe de soie à chaîne et trame très-fine, fabriquée en France à l'imitation de celle de *Lucques*.

LURE, subst. propre fém. (*lure*), ville de France, chef-lieu d'arrond., dép. de la Haute-Saône.

Lurent, 3e pers. plur. prét. déf. du v. irrég. LIRE.

LURON, subst. mas., au fém. LURONNE (*luron, rone*), bon enfant, bon vivant; homme, femme qui paraît fort robuste. Fam.

DU VERBE IRRÉGULIER LIRE:

Lus, précédé de *je*, 1re pers. sing. prét. déf.
Lus, précédé de *tu*, 2e pers. sing. prét. déf.

LUSEAU, subst. mas. (*luzô*), cimetière. Inus.

LUSIADE, subst. fém. (*luziade*), nom d'un poëme du Camoëns sur la découverte des Indes.

LUSIGNAN, subst. propre mas. (*luzignian*), ville de France, chef-lieu de canton, arrond. de Poitiers, dép. de la Vienne.

LUSIGNY, subst. propre mas. (*luzigni*), ville de France, chef-lieu de canton, arrond. de Troyes, dép. de l'Aube.

LUSITANIE, subst. propre fém. (*luzitani*), nom du Portugal sous les anciens Romains.

LUSITANIEN, subst. mas. (*luzitaniein*), habitant de la *Lusitanie*.

LUSSAC, subst. propre mas. (*luçak*), bourg de France, chef-lieu de canton, arrond. de Libourne, dép. de la Gironde.

LUSSAN, subst. propre mas. (*lucan*), bourg de France, chef-lieu de canton, arrond. d'Uzès, dép. du Gard.

DU VERBE IRRÉGULIER LIRE:

Lusse, 1re pers. sing. imparf. subj.
Lussent, 3e pers. plur. imparf. subj.
Lusses, 2e pers. sing. imparf. subj.
Lussiez, 2e pers. plur. imparf. subj.
Lussions, 1re pers. plur. imparf. subj.

LUSTRAGE, subst. mas. (*lucetraje*), opération qui donne aux étoffes plus de *lustre* et d'éclat.

LUSTRAL, E, adj. (*lucetrale*) (en latin *lustralis*, fait de *lustrare*, purifier par des aspersions, par des sacrifices), t. d'hist. anc., *jour lustral*; à Rome, le jour où les enfants nouveau-nés recevaient leur nom, et où se faisait la cérémonie de leur *lustration* ou purification. Selon l'opinion la plus commune, c'était, pour les enfants mâles, le neuvième jour après la naissance, et le huitième pour les filles.— *Eau lustrale*, dont les prêtres des païens se servaient pour purifier le peuple. — *Hosties lustrales*, celles qu'on immolait pour se purifier d'un crime, etc. C'était ordinairement un cochon ou un bélier.— Au plur. mas., *lustraux*; il est cependant peu usité.

LUSTRATIF, adj. mas., au fém. LUSTRATIVE (*lucetratif, tive*), qui donne du *lustre*.

LUSTRATION, subst. fém. (*lucetrâcion*) (en latin *lustratio*), sacrifices, cérémonies par lesquelles les païens purifiaient une personne ou une chose souillée. Les plus solennelles à Rome étaient celles des fêtes *lustrales*, qui se célébraient de cinq ans en cinq ans, d'où vient l'usage de compter par *lustres*. — *Lustrations publiques*, celles qui se faisaient à l'égard d'un lieu public, comme d'une ville, d'un temple, d'une armée. — *Lustrations particulières*, qui se pratiquaient pour la purification d'un homme, d'une maison, d'un troupeau.

LUSTRATIVE, adj. fém. Voy. LUSTRATIF.

LUSTRE, subst. mas. (*lucetre*) (du lat. *lucere*, luire, briller), éclat que l'on donne à une chose: *le lustre d'une étoffe*, etc. — Composition dont se servent pour cet objet les pelletiers, les chapeliers. — Fig., éclat que donne la beauté, le mérite, la dignité.—*Servir de lustre à*... faire briller, relever l'éclat de... — Chandelier de crystal à plusieurs branches que l'on suspend au plancher. — Chez les anciens Romains, cérémonie religieuse instituée par le roi Servius Tullius, qui consistait à conduire autour du peuple assemblé dans le Champ-de-Mars, une brebis et un taureau, qu'on immolait ensuite pour purifier le peuple (du lat. *lustrum*, fait de *lustrare*, purifier par des sacrifices, etc., lequel vient de *luere*, payer; parce que c'est alors que les fermiers de la république payaient le produit des impôts). — Espace de cinq années, parce que c'était tous les cinq ans que se célébrait cette cérémonie. En ce sens il est très-usité, surtout en poésie.

LUSTRÉ, E, part. pass. de *lustrer*.

LUSTRER, v. act. (*lucetré*), donner du *lustre*, un éclat à une étoffe, à une fourrure, à un chapeau, etc.—*se* LUSTRER, v. pron.

LUSTREUR, subst. mas. (*lucetreur*), celui qui *lustre* une étoffe.

LUSTREUSE, adj. fém. Voy. LUSTREUX.

LUSTREUX, adj. mas., au fém. LUSTREUSE (*lucetreu, treuze*), qui a beaucoup de *lustre*.

LUSTRIER, subst. mas. (*lucetrié*), celui qui fait des *lustres* ou chandeliers à plusieurs branches, qu'on suspend aux planchers des appartements et aux voûtes des salles de spectacles, des églises. Peu usité.

LUSTRIES, subst. fém. plur. (*lucetri*), myth., fêtes des anciens en l'honneur de Vulcain.

LUSTRINE, subst. fém. (*lucetrine*), t. de comm., étoffe, espèce de droguet de soie.

LUSTROIR, subst. mas. (*lucetroar*), petite règle doublée de chapeau, pour enlever les taches des glaces.

LUSTUCRU, subst. mas. (*lucetukru*), pauvre hère; personnage ridicule. Pop.

LUT, subst. mas. (*lute*), t. de chimie, enduit pour boucher un vase.

DU VERBE IRRÉGULIER LIRE:

Lut, précédé de *il* ou *elle*, 3e pers. sing. prét. déf.
Lût, précédé de *qu'il* ou *qu'elle*, 3e pers. sing. imparf. subj.

LUTAIRE, subst. fém. (*lutère*), t. de bot., genre de plantes de la famille des algues, première tribu ou section des Illoïdées. C'est une substance grenue ou filamenteuse enveloppée dans une matière gélatineuse. Les espèces de ce genre, confondues avec les conferves par quelques auteurs, se trouvent au bas des vieux murs ombragés, ou au fond des mares, des dépôts d'eau, lorsque le liquide est presque entièrement absorbé.

LUTANT, E, adj. (*lutan, tante*), bouché avec du *lut*.

LUTATION, subst. fém. (*lutácion*), t. de chimie, action de *luter* les vaisseaux.

LUTÉCIENNE, subst. fém. (*lutécière*) (de *Lutèce*, ancien nom de Paris), sorte de voitures de place.

LUTÉA, subst. fém. (*luté-a*), t. de bot., nom de plusieurs espèces de réséda, employées en teinture.

LUTÉOLA, subst. fém. (*luté-ola*), t. de bot., nom proposé pour quelques espèces de réséda.

LUTÉ, E, part. pass. de *luter*.

LUTER, v. act. (*laté*) (en lat. *lutare*), t. de chim., enduire de *lut*, fermer avec le *lut*, les vases que l'on met au feu.—*SE* LUTER, v. pron.

Lûtes, 2ᵉ pers. plur. prét. déf. du verbe irrégulier LIRE.

LUTH, subst. mas. (*lute*) (de l'espagnol *laud*, fait de l'arabe *alloudh*), instrument de musique à cordes. — Au fig., inspiration, talent poétique : *chanter sur son luth*. Peu usité, l'instrument lui-même n'étant plus en usage.

LUTHÉE, adj. fém. (*luté*) : *mandore luthée*, mandore qui a plus de quatre cordes et qui par là ressemble davantage au *luth*.

LUTHÉRANISME, subst. mas. (*lutéranicème*), doctrine de *Luther*. — On donne aussi ce nom à la secte qui suit cette doctrine.

LUTHÉRIE, subst. fém. (*lutéri*), profession, ouvrages, commerce de *luthier*.

LUTHÉRIEN, subst. et adj. mas., au fém. LUTHÉRIENNE (*lutérien, rième*), partisan de *Luther*. — Adj. conforme à sa doctrine.

LUTHÉRIENNE, subst. et adj. fém. Voy. LUTHÉRIEN.

LUTHIER, subst. mas. (*lutié*), ouvrier qui fait des *luths* et d'autres instruments à cordes.

LUTIN, subst. mas. ; au fém. LUTINE (*lutein, tine*) (on voit dans Rabelais qu'on disait anciennement *luiton*, formé, suivant *Huet*, par corruption de *nuiton*, parce que ceux qui croient aux *lutins* les font apparaître ordinairement la nuit), esprit follet. — Fig. et fam., personne qui fait continuellement des espiègleries.— *Cet homme ne dort pas plus qu'un lutin*, il est sans cesse en mouvement et dort fort peu. — Adj. : *humeur lutine, esprit lutin*.

LUTINE, E, part. pass. de *lutiner*.

LUTINER, v. act. (*lutiné*), tourmenter quelqu'un comme ferait un *lutin*. — Neut., faire le *lutin* : *il n'a fait que lutiner toute la nuit*. — SE LUTINER, v. pron.

LUTJAN, subst. mas. (*lutejan*), t. d'hist. nat., poisson thoracique.

LUTRAIBE, subst. fém. (*lutrébe*), t. d'hist. nat., genre de coquilles.

LUTRIGOT, subst. mas. (*lutrigó*), nom d'un poème satirique qui fut composé contre *Boileau*.

LUTRIN, subst. mas. (*lutrein*) (du latin barbare *lectrium*, diminutif de *lectrum*, qui se trouve dans les *Gloses* d'Isidore, avec la signification de pupitre, et qui paraît avoir été fait de *legere*, lire), pupitre sur lequel on met les livres de chant dans une église. — Tout le monde connaît le charmant poème de *Boileau* qui porte ce titre. — Il se dit aussi de ceux qui chantent au *lutrin*.

LUTRIX, subst. mas. (*lutrikce*), t. d'hist. nat., couleuvre des Indes.

LUTTANT, E, adj. (*lutan, tante*), qui lutte.

LUTTE, subst. fém. (*lute*) (en lat. *lucta* ou *luctatio*), sorte d'exercice gymnastique ou de combat, où l'on se prend corps à corps, pour se terrasser l'un l'autre. — Fig., combat. — *De haute lutte*, adv., par autorité, sans ménagements : *emporter* ou *faire une chose de haute lutte*. — *De bonne lutte*, sans fraude.

LUTTER, v. neut. (*luté*) (en lat. *luctari*), combattre à la lutte. — Fig., *lutter contre la tempête, les vents, les passions*, etc., faire effort pour les surmonter.

LUTTEUR, subst. mas., au fém. LUTTEUSE (*luteur, teuze*) (en lat. *luctator*), celui, celle qui lutte. L'Académie ne donne pas le fém. de ce mot.

LUTTEUSE, subst. fém. Voy. LUTTEUR.

LUXATION, subst. fém. (*luķçacion*) (en lat. *luxatio*), déplacement ou sortie d'un os mobile, de la cavité où il occupe naturellement.

LUXE, subst. mas. (*lukce*) (en lat. *luxus*), somptuosité excessive dans les habits, dans les meubles, dans la table, etc. — Grande abondance; profusion.
—Parure; ornements. — LUXE, FASTE, SOMPTUOSITÉ, MAGNIFICENCE. Le *luxe* désigne une dépense excessive, désordonnée ; le *faste*, une dépense d'apparat, d'éclat ; la *somptuosité*, une dépense extraordinaire, généreuse ; la *magnificence*, une dépense dans le grand et le beau.—Le *luxe* joue la richesse ou l'opulence; le *faste*, la grandeur, la majesté ; la *somptuosité* annonce la grandeur et l'opulence ; la *magnificence*, la grandeur et l'opulence relevées par la manière et par l'objet. Le *luxe* est de tous les états ; il se glisse dans les genres de dépenses les plus communes ; le *faste* ne se trouve proprement que chez les riches, dans leurs bâtiments, dans leurs meubles, dans leurs habillements, dans leurs équipages et leur train ; la *somptuosité* a proprement lieu dans les festins, les édifices, les monuments, les choses d'éclat ; la *magnificence* ne convient qu'aux grands.

LUXÉ, E, part. pass. de *luxer*.

LUXEMBOURG, subst. propre mas. (*lukçanbour*), ville forte des Pays-Bas, capitale de la province du même nom.

LUXER, v. act. (*lukcé*) (en lat. *luxare*), t. de chir., faire sortir un os de sa place.—SE LUXER, v. pron.

LUXEUIL, subst. propre mas. (*lukceu-ie*), ville de France, chef-lieu de canton, arrond. de Lure, dép. de la Haute-Saône.

LUXUEUSE, adj. fém. Voy. LUXUEUX.

LUXUEUX, adj. mas., au fém. LUXUEUSE (*lukçu-eu, euze*), qui a du *luxe*.

LUXURE, subst. fém. (*lukçure*) (en lat. *luxuria*), incontinence : *la luxure est un des péchés capitaux*.—LUXURE, LUBRICITÉ, LASCIVITÉ. (Syn.) La *luxure* est une habitude ou un penchant criminel qui porte un sexe vers l'autre avec emportement et sans retenue. La *lubricité* est l'influence sensible de ce penchant sur les mouvements indélibérés, sur la contenance, les gestes, etc. La *lascivité* est la manifestation extérieure de ce penchant par des actes étudiés et prémédités.

LUXURIANCE, subst. fém. (*lukçuri-ance*), pousse trop abondante des arbres qui jettent trop de branches. Mot nouveau tiré du latin *luxuriari*, et employé par *Delille* dans la préface d'une dernière édition des *Jardins*, etc. Il n'a point d'équivalent dans la langue, et pourrait être conservé.

LUXURIANT, E, adj. (*lukçuri-an, ri-ante*), trop fertile, qui pousse avec trop d'abondance. Mot nouveau, employé par *Delille* dans son poème de la Pitié. Voy. LUXURIANCE.

LUXURIEUSE, adj. fém. Voy. LUXURIEUX.
LUXURIEUSEMENT, adv. (*lukçuri-euzeman*), avec *luxure*.

LUXURIEUX, adj. mas., au fém. LUXURIEUSE (*lukçuri-eu, ri-euze*) (en lat. *luxuriosus*), impudique. On ne le dit, aussi bien que *luxure*, qu'en parlant du péché contre la sixième commandement. —Qui n'inspire, *peinture luxurieuse*.

LUZARCHES, subst. propre mas. (*luzarche*), ville de France, chef-lieu de canton, arrond. de Pontoise, dép. de Seine-et-Oise.

LUZECH, subst. propre mas. (*luzéke*), ville de France, chef-lieu de canton, arrond. de Cahors, dép. du Lot.

LUZERNE, subst. fém. (*luzèrene*), t. de bot., plante vivace, à fleur légumineuse, originaire de Médie, dont on forme des prairies artificielles, et qu'on nomme aussi *trèfle* ou *foin de Bourgogne*. On en compte plusieurs espèces.

LUZERNIÈRE, subst. fém. (*luzèrnière*), terre semée en *luzerne*.

LUZIN, subst. mas. (*luzein*), t. de mar., petit cordage goudronné, à trois tourons, et plus gros de merlin : on s'en sert pour les amarrages et autres menus ouvrages.

LUZIOLE, subst. fém. (*luziole*), t. de bot., plante graminée du Pérou.

LUZULE, subst. fém. (*luzule*), t. de bot., genre de plantes de la famille des joncs.

LUZURIAGUE, subst. fém. (*luzuriague*), t. de bot., espèce d'asperge du Pérou.

LUZY, subst. propre mas. (*luzi*), ville de France, chef-lieu de canton, arrond. de Château-Chinon, dép. de la Nièvre.

LY, adj. mas. (*li*), mesure itinéraire de la Chine. Dix *lys* font une de nos lieues.

LYÆUS, subst. propre mas. (*li-é-uce*) (du grec λύω, je délie, je dégage, parce que le vin dissipe les chagrins), myth., surnom de Bacchus.

LYANG, subst. mas. (*li-angue*), monnaie de compte de la Chine, appelée par les Portugais *tael*, qui se divise en dix *tuyens*, que les Portugais ont nommés *mas*. Chaque *tuyen* ou *mas* se subdivise en dix *fuens*, appelés par les Portugais *condorines*, et chaque *fuen* ou *condorine*, en dix *lys*, ou, suivant les Portugais, *caches*.

LYANTE, subst. fém. (*li-ante*), t. de bot., tulipe amarante.

LYBAS, subst. propre mas. (*libáce*), myth., Grec de l'armée d'Ulysse. La flotte de ce prince ayant été jetée par une tempête sur les côtes de l'Italie, *Lybas* insulta une jeune fille de Témesse, que les habitants de cette ville vengèrent en tuant le Grec ; mais bientôt les Témessiens furent affligés de tant de maux, qu'ils étaient sur le point d'abandonner entièrement leur ville, quand l'oracle d'Apollon leur conseilla d'apaiser les mânes de *Lybas* en lui faisant bâtir un temple, et en lui sacrifiant tous les ans une jeune fille. Ils obéirent, et les calamités cessèrent. Quelques années après, un athlète, nommé Euthyme, s'étant trouvé à Témesse dans le temps qu'on allait faire le sacrifice, entreprit de délivrer la jeune fille, et de combattre le génie de *Lybas*. Le spectre parut, en vint aux mains avec l'athlète, fut vaincu, et de rage alla se précipiter dans la mer. Les Témessiens rendirent de grands honneurs à Euthyme, lequel épousa la jeune fille qui devait être immolée.

LYCANIEN, subst. mas. (*likaniein*), nom d'une ancienne milice de l'Esclavonie.

LYCANTHROPE, subst. mas. (*likantrope*), t. de médec., malade atteint de lycanthropie.

LYCANTHROPIE, subst. fém. (*likantropi*) (du grec λύκος, loup, et ἄνθρωπος, homme), t. de médec., manie qui consiste à se croire changé en loup, et, par extension, en tout autre animal.

LYCANTHROPIQUE, adj. des deux genres (*likantropike*), t. de médec., qui appartient à la *lycanthropie*.

LYCAON, subst. propre mas. (*lika-on*) (du grec λύκος, loup), myth., fils de Titan et de Tellus, roi de Parrhasia, ville d'Arcadie. Il fut métamorphosé en loup dans le temple de Jupiter, pour y avoir immolé un enfant. D'autres racontent autrement cette fable. Voy. ARCAS, DÉMÉNÈTE. — Il y a eu plusieurs autres *Lycaon* : un, frère de Nestor, qui fut tué par Hercule ; un autre, fils de Priam, tué par Achille, etc.

LYCAONIDES, subst. mas. plur. (*lika-onide*), descendants de *Lycaon*.

LYCAONIEN, subst. mas. (*likaonien*), ancien peuple qui habitait dans l'Asie-Mineure.

LYCAONIS, subst. propre fém. (*lika-onice*), myth., Calisto, fille de *Lycaon*.

LYCÉE, subst. mas. (*licé*) (en grec λύκειον, dont les Latins ont fait *lyceum*), lieu près d'Athènes, consacré à Apollon *Lycéen*. Il y avait un gymnase pour les exercices du corps, et des promenades où Aristote enseignait la philosophie.—Montagne d'Arcadie, consacrée à Jupiter et à Pan. C'est de là que le surnom de *Lycæus* fut donné à l'un et l'autre, et que les fêtes instituées en leur honneur furent appelées *lycées*.—L'école d'Aristote à Athènes ; comme le Portique signifie celle de Zénon, l'Académie celle de Platon, etc. — Par extension, lieu où s'assemblent les gens de lettres. —Établissement d'instruction publique où le gouvernement entretient des élèves, etc. — En France, ce nom a remplacé pendant quelque temps celui de collège. — Subst. fém. plur., fêtes qu'on célébrait en *Arcadie*, sur le mont *Lycée*, en l'honneur de Jupiter *Lycéen*, et qui étaient les mêmes que les *Lupercales* des Romains. (Du grec λύκκια, dérivé, ainsi que le nom du mont *Lycée*, de λύκος, loup, parce que cette montagne était infestée de ces animaux.)

LYCÉEN, subst. et adj. mas. (*licé-ein*), qui fréquente un *lycée* : *élève lycéen : c'est un lycéen*. — Autrefois, élève d'un collège. Ce mot manque dans l'*Académie*.

LYCÉENNE, adj. propre fém. (*licé-ène*), myth., surnom de Diane.

LYCÉIES, subst. fém. plur. (*licé-i*), myth., fêtes célébrées à Argos en l'honneur d'Apollon.

LYCHAS, subst. propre mas. (*lichá*), myth., c'est le nom du messager par qui Déjanire envoya à Hercule la chemise fatale de Nessus. Le poison inspira une telle fureur à Hercule, qu'il prit *Lychas* par les cheveux, et le jeta dans la mer ; mais Neptune le changea en rocher.

LY-CHI, subst. mas. (*lichi*), t. de bot., nom d'un arbre fruitier célèbre en Chine.

LYCHNIDE, subst. fém. (*liknide*), t. de bot., plante caryophyllée.

LYCHNIS, subst. mas. (*liknice*), t. d'hist. nat., pierre ainsi nommée, dit *Pline*, parce qu'elle ressemble à la lumière d'une lampe, en grec λυχνός. On la trouve dans les environs d'Orthosia et dans toute la Carie, ainsi que dans les endroits voisins. Mais le *lychnis* le plus estimé est celui des Indes, qui a été appelé par quelques-uns *escarboucle terne.* Selon *Pline*, il y avait une seconde espèce de *lychnis* ressemblant à la première, et qui prenait le nom d'*ionia* (du grec ιον, violette); ailleurs, il ajoute qu'on fait avec le *lychnis* des gobelets à boire, et que toutes les pierres de cette nature résistent opiniâtrément à la gravure, et retiennent une partie de la cire, lorsqu'on s'en sert comme cachet. *Pline* range ces *lychnis* parmi les gemmes ardentes. On pense qu'on peut les prendre pour des quartz enfumés ou d'un brun violâtre.

LYCHNITE, subst. fém. (*liknite*), nom donné au marbre de Paros, qu'on exploitait à la lueur des lampes.

LYCHNITIS, subst. fém. (*liknitice*), t. de bot., plante des anciens dont ils faisaient des mèches de lampe.

LYCHNOÏDE, subst. fém. (*likno-ide*), t. de bot., genre de plante qui répond au phlox de *Linnée.*

LYCHNOMANCIE, subst. fém. (*liknomanci*) (du grec λυχνος, lampe, et μαντεια, divination), divination par le moyen des lumières.

LYCHNOMANCIEN, subst. et adj. mas., au fém. **LYCHNOMANCIENNE** (*liknomanciein, ciène*), qui appartient à la *lychnomancie*, qui exerce la *lychnomancie.*

LYCHNOMANCIENNE, subst. et adj. fém. Voy. LYCHNOMANCIEN.

LYCIARQUE, subst. mas. (*liciarke*) (de *Lycie*, province d'Asie, et αρχη, chef, commandant), t. d'antiq., premier magistrat de *Lycie.*

LYCHNOSOMATE, subst. mas. (*liknosomate*), lumière universelle.

LYCIDAS, subst. propre mas. (*liciddce*), myth., un des Centaures.

LYCIE, subst. propre fém. (*lici*), t. de géog. anc., province de l'Asie-Mineure, célèbre par les oracles d'Apollon, qui s'y rendaient dans la ville de Patare, et par la fable de la Chimère.— Espèce de vesse-de-loup.

LYCIGÉNÈTE, adj. mas. (*licijénète*), myth., surnom d'Apollon, considéré comme auteur de la lumière.

LYCIUM, subst. mas. (*liciome*) (en grec λυκιον, dérivé du nom de la *Lycie*, où croissait la première espèce de *lycium* connu), t. de bot., arbrisseau épineux mentionné par *Dioscoride* et par *Pline.* Il croissait en abondance en Cappadoce et dans les lieux arides de la *Lycie*, d'où il tire son nom. On préparait, avec les racines et les branches, ou avec les graines, une liqueur épaisse comme du miel, qu'on rendait concrète en l'exposant au soleil. On s'en servait dans les ophthalmies pour guérir les ulcères, la rage, la dyssenterie, et pour teindre les cheveux en blond. Il paraît que cette liqueur épaissie, qu'on nommait spécialement *lycium*, était fournie par plusieurs arbres différents.

LYCOCTONUM, subst. mas. (*likoktonome*), t. de bot., les anciens donnaient ce nom à deux espèces d'aconit.

LYCODONTE, subst. mas. (*likodonte*), t. d'hist. nat., nom donné aux dents de requin fossiles. On l'appelle aussi *dent-de-loup.*

LYCOMÈDE, subst. propre mas. (*likomède*), t. d'hist. anc., roi de Syros, chez qui Achille fut envoyé pour ne point aller à la guerre de Troie. Voy. ACHILLE.

LYCOMÈDE ou **LYCOMIDE**, subst. propre mas. (*likomède, mide*), famille athénienne qui avait l'intendance de certaines fêtes religieuses.

LYCOPE, subst. fém. (*likope*), t. de bot., plante labiée.

LYCOPERDINE, subst. fém. (*likopèredine*), t. d'hist. nat., genre d'insectes.

LYCOPERDITE, subst. fém. (*likopèredite*), t. d'hist. nat., nom donné aux alcyons fossiles, parce qu'ils ressemblent à une vesse-de-loup.

LYCOPERDON, subst. mas. (*likopèredon*) (du grec λυκος, loup, et περδη, vesse ou pet, à cause de la puanteur de la poussière du *lycoperdon*), t. de bot., genre de champignons qui ont une bourse remplie d'une poussière séminale très-abondante, qu'ils lancent par une ouverture faite au sommet. On l'appelle aussi *vesse-de-loup.*

LYCOPERSICON, subst. mas. (*likopèreclkon*), terme de bot., plante des anciens, espèce de stramoine.

LYCOPERSICUM, subst. mas. (*likopèrecikome*), t. de bot., espèce de pomme d'amour.

LYCOPHRON, subst. mas. (*likofron*) (du grec λυκος, loup, et φρονεω, je pense), hardi comme un loup.

LYCOPHTHALMOS, subst. mas. (*likofetalmoce*) (du grec λυκος, loup, et οφθαλμος, œil), t. d'hist. nat., pierre qui, selon *Pline*, ressemblait à un œil de loup, et avait quatre couleurs.

LYCOPODE, subst. mas. (*likopode*) (du grec λυκος, loup, et πους, gén. ποδος, pied), t. de bot., plante cryptogame de la famille des mousses, dont on connaît beaucoup d'espèces, et qu'on nomme aussi *pied-de-loup*, parce qu'elle en a la figure.— Poussière inflammable contenue dans les capsules de ces mousses.

LYCOPOLITE, subst. fém. (*likopolite*) (du grec λυκος, loup, et πολις, ville), contrée d'Égypte où les loups étaient honorés.

LYCOPSIS, subst. fém. (*likopecice*) (en grec λυκοψις, formé de λυκος, loup, et de οψις, face, figure; *face de loup*, parce que la tige et les feuilles sont couvertes d'un poil rude comme celui du loup), t. de bot., espèce de buglose, plante labiée.

LYCOPUS, subst. mas. (*likopuce*), t. de bot., plante aquatique qui ressemble au marrube noir.

LYCORÆUS, subst. propre mas. (*likoré-uce*), myth., surnom de Jupiter et d'Apollon.

LYCOREXIE, subst. fém. (*likorèkci*) (du grec λυκος, loup, et ορεξις, appétit), t. de médec., faim de loup, variété de la boulimie.

LYCOREXIQUE, adj. des deux genres (*likorèkcique*), t. de médec., qui est relatif à la *lycorexie.*

LYCORIAS, subst. propre fém. (*likori-âce*), myth., nymphe, compagne de Cyrène, mère d'Aristée.

LYCORIS, subst. propre fém. (*likorice*), myth., montagne où s'arrêta la nacelle de Deucalion après le déluge.

LYCORUS, subst. propre mas. (*likoruce*), myth., fils d'Apollon et de la nymphe Corycie, donna son nom à une ville qu'il bâtit sur le mont Parnasse, d'où Apollon fut surnommé *Lycoræus.*

LYCOSE, subst. fém. (*likôze*), t. d'hist. nat., genre d'insectes xylophages.

LYCTIUS, subst. propre mas. (*likci-uce*), myth., surnom d'Idoménée, pris de *Lyctus*, ville de Crète, dont il était roi.

LYCURE, subst. fém. (*likure*), t. de bot., plante graminée d'Amérique.

LYCURGIDES, subst. fém. plur. (*likurjide*), t. d'hist. anc., fêtes en l'honneur de *Lycurgue.*

LYCURGUE, subst. propre mas. (*likuregue*), myth., roi de Thrace, se déclara implacable ennemi de Bacchus, qui, pour s'en venger, lui inspira une si grande fureur, qu'il se coupa les jambes.—Il y eut deux autres *Lycurgue*, l'un, roi de Némée, et père d'Archémore; l'autre, un géant, qui fut tué par Osiris. — T. d'hist. anc., célèbre législateur des Lacédémoniens, qui instituèrent des fêtes en son honneur.

LYCUS, subst. propre mas. (*likuce*) (du grec λυκος, loup), myth., fils de Pandion, donna son nom à la Lycie. — Surnom de Lycaon. — C'était encore le nom d'un fils de Priam, d'un autre Troyen, d'un Centaure, etc.

LYDIE, subst. propre fém. (*lidi*), t. de géog. anc., contrée de l'Asie-Mineure.

LYDIEN, subst. et adj. mas., au fém. **LYDIENNE** (*lidiein, diène*), qui est de la *Lydie.* — T. de musique: *module lydien*, de la musique grecque.

LYDUS, subst. propre mas. (*liduce*), myth., fils d'Hercule et d'Iole. — Il y en eut un autre, fils d'Atys et frère de Tyrrhénus, qui donna son nom à la *Lydie.*

LYGDINE, subst. fém. (*liguedine*), t. d'hist. nat., sorte de pierre précieuse.

LYGÉE, subst. fém. (*lijé*), t. d'hist. nat., genre d'insectes hémiptères.

LYGIEN, subst. propre mas. (*lijiein*), t. de géog. anc., peuple qui habitait une partie de l'Allemagne.

LYGISTE, subst. mas. (*lijicete*), t. de bot., plante voisine des fernélies.

LYGODION, subst. mas. (*liguodion*), t. de bot., genre de fougères.

LYGODIÉES, subst. fém. plur. (*liguodié*), t. de bot., famille de fougères.

LYGODISODÉES, subst. fém. (*liguodizodé*), t. de bot., arbrisseau grimpant radié. On l'appelle aussi *disodée.*

LYGOPHILE, subst. mas. (*liguofile*) (du grec λυγη, ténèbres, obscurité, et φιλος, ami), t. d'hist. nat., famille d'insectes coléoptères hétéromères, qui se plaisent dans l'obscurité, et dont le caractère est d'avoir les antennes en masse allongée. On les nomme aussi *ténébricoles.*

LYMEXILON, subst. mas. (*limèkcilon*), t. d'hist. nat., genre d'insectes coléoptères.

LYMNE, subst. mas. (*limene*), t. d'hist. nat., poisson du genre des raies.

LYMNÉE, subst. fém. (*limené*), t. d'hist. nat., genre de testacés qui renferme les coquilles fluviatiles à spire allongée.

LYMNORÉE, subst. fém. (*limenoré*), t. d'hist. nat., genre de méduses.

LYMPHA, subst. propre fém. (*leinfa*), myth., l'une des douze divinités romaines qui présidaient à l'agriculture.

LYMPHANITE, subst. fém. (*leinfanite*), t. de médec., inflammation des glandes lymphatiques, des vaisseaux lymphatiques.

LYMPHATIQUE, adj. des deux genres (*leinfatike*), t. de médec., qui concerne la *lymphe.*

LYMPHE, subst. fém. (*leinfe*) (du lat. *lympha*, qui signifie proprement *eau*, et que plusieurs dérivent du grec νυμφη, nymphe, divinité des eaux, et par extension, eau), humeur aqueuse, lympide, un peu visqueuse, qui, dans le corps humain, produit la plupart des humeurs excrémentitielles. — On appelle *lymphe lacrymale*, la *lymphe* qui est fournie par une glande conglomérée, qui se rencontre au-dessus du globe de l'œil, du côté du petit angle; *lymphe de Cottuni*, une espèce de sérosité dont sont remplies toutes les parties du labyrinthe de l'oreille, et qui transmet, dit-on, aux nerfs les ébranlements communiqués par la membrane de la fenêtre ronde, et surtout par la base de l'étrier, qui pose sur la fenêtre ovale. — En bot., humeur qui existe et circule dans tous les végétaux, et se montre dans ceux où elle abonde le plus sous la forme d'une liqueur simple, inodore, sans couleur et semblable à l'eau. C'est ce qu'on nomme plus communément *sève.*

LYMPHÉON, subst. mas. (*leinfé-on*), t. d'antiq., lieu rafraîchi par des jets d'eau.

LYMPHEURISME, subst. mas. (*leinfeuriceme*), t. de médec., ampleur anormale des vaisseaux *lymphatiques.*

LYMPHOCHÉZIE, subst. fém. (*leinfokiézi*) (du grec νυμφη, eau, et χεζω, je vais à la selle), t. de médec., diarrhée séreuse.

LYMPHOSE, subst. fém. (*leinfôze*), t. de médec., élaboration de la *lymphe.*

LYMPHOTOMIE, subst. fém. (*leinfotomi*), t. d'anat., dissection, ouvertures des vaisseaux *lymphatiques.*

LYMPHOTOMIQUE, adj. des deux genres (*leinfotomike*), t. d'anat., qui appartient à la *lymphotomie.*

LYNA, subst. propre fém. (*lina*), myth., déesse des Scandinaves.

LYNCÉE, subst. propre mas. (*leincé*), myth., l'un des cinquante fils d'Egyptus. Il fut le seul qui fut épargné quand ses frères furent massacrés par les Danaïdes: Hypermnestre, sa femme, le sauva. Voy. HYPERMNESTRE.—Il y eut un autre *Lyncée*, frère d'Idas. Castor et Pollux ayant enlevé Phœbé et Ilaïre, qui étaient promises à *Lyncée* et à Idas, ceux-ci prirent les armes pour les retirer de leurs mains; mais dans le combat Castor fut tué par *Lyncée*, celui-ci le fut par Pollux, et Idas fut écrasé par la foudre.—Un autre *Lyncée*, fils d'Apharée, fut un des Argonautes, et encore un autre dont parle Varron, avaient la vue si perçante, que leur nom en est passé en proverbe. On les a mal à propos confondus avec Lyncus.

LYNCÉ, subst. mas. (*leincé*), t. d'hist. nat., genre de crustacés.

LYNCURIUS, subst. mas. (*leinkuriuce*), t. d'hist. nat. Pline rapporte qu'on donnait ce nom à une pierre semblable à l'escarboucle, et qui brillait comme du feu. On croyait qu'elle était due à l'urine congelée du lynx; et une origine pareille était attribuée au succin. Le *lyncurius* ou *pierre de lynx* était d'un transparent de couleur de feu, solide et difficile à polir; il avait, comme le succin, la propriété d'attirer des brins de paille, de petites lames de cuivre ou de fer. On y gravait des cachets. La *pierre de lynx* de la couleur la plus pâle se nommait *pierre de lynx femelle;* celle dont les couleurs étaient plus foncées s'appelait *pierre de lynx mâle.* On pense que c'est une hyacinthe.

LYNCUS, subst. propre mas. (*leinkuce*), myth., roi de Scythie. Il manqua de reconnaissance envers Triptolème, envoyé par Cérès pour enseigner l'agriculture aux hommes: il voulait même le faire mourir; mais Cérès le métamorphosa en *lynx*. Voy. LYNCÉE.

LYNGODE, subst. fém. (*leinguode*) (du grec λυγξ, gén. λυγγος, hoquet), t. de médec., fièvre accompagnée de hoquet.

LYNX, subst. mas. (*leinkce*) (en grec λυγξ, dérivé, dit-on, de λυκη, lumière; parce qu'il a les yeux très-brillants), animal d'Afrique d'un fauve clair, avec des taches brunes et des pinceaux de poils à l'extrémité des oreilles. C'est un mammifère digitigrade, du genre du chat, qui a la vue extrêmement perçante.—En astron., constellation boréale introduite par *Hévélius*, entre la grande Ourse et le cocher, au-dessus des gémeaux. Il y détermina dix-neuf étoiles visibles à l'œil simple, et *Flamsteed* y en a placé jusqu'à quarante-quatre, mais dont la plupart ne peuvent être observées qu'avec des lunettes.—Prov., *avoir des yeux de lynx*, avoir la vue perçante; et fig., voir clair dans les affaires, dans les desseins, dans les pensées des autres.

LYON, subst. propre mas. (*lion*), ville de France, chef-lieu du dép. du Rhône.

LYONNAIS, subst. propre mas. (*lioné*), ancienne province de France, comprise aujourd'hui dans les dép. du Rhône et de la Loire.

LYONNAIS, E, subst. et adj. (*lioné, nèze*), de Lyon, ville de France.

LYONSIE, subst. fém. (*lionzi*), t. de bot., arbrisseau apocyné de la Nouvelle-Hollande.

LYPÉMANIE, subst. fém. (*lipémani*) (du grec λυπερος, triste, et μανια, folie), t. de médec., monomanie accompagnée de tristesse.

LYPÉMANIQUE, adj. des deux genres (*lipémanike*), t. de médec., qui appartient à la *lypémanie*.

LYPÉRANTHE, subst. fém. (*lipérante*), t. de bot., plante orchidée de la Nouvelle-Hollande.

LYPIRIE, subst. fém. (*lipiri*), t. de médec., fièvre vive peu dangereuse.

LYPOSYCHIE, subst. fém. (*lipozichi*) (du grec λυπη, douleur, et ψυχη, respiration), t. de médec., diminution des forces, du pouls et de la respiration.

LYPOTHYMIE, subst. fém. (*lipotimi*) (du grec λυπη, douleur, et θυμος, cœur), t. de médec., défaillance.

LYPOTHYMIQUE, adj. des deux genres (*lipotimike*), t. de médec., qui concerne la *lypothymie*.

LYPY, subst. mas. (*lipi*), t. de bot., tulipe d'un rouge brun.

LYQUE, subst. mas. (*like*), t. d'hist. nat., insecte coléoptère.

LYRA, subst. fém. (*lira*), instrument à cordes des Grecs modernes.

LYRE, subst. fém. (*lire*) (en grec λυρα, en lat. *lyra*), instrument de musique à cordes, en usage chez les anciens. La *lyre* sur les médailles est un symbole de la concorde, ou d'un culte particulier rendu à Apollon. — Muse, poésie lyrique: *les enfants de la lyre*, les poëtes. — En astron., constellation boréale, composée de vingt-une étoiles dans le *Catalogue britannique*. La belle étoile de cette constellation porte le même nom.—T. d'anat., surface intérieure du plancher de la voûte du cerveau. — T. d'hist. nat.; on a donné ce nom au menure. — C'est aussi le nom d'un poisson du genre callionyme.—On appelle quelquefois *lyre de David*, les coquilles appelées harpes.

LYRÉ, E, adj. (*liré*), t. de bot., en forme de lyre: *feuille lyrée*.

LYRIQUE, adj. des deux genres (*lirike*); il se dit de la poésie et des vers qui se chantaient autrefois sur la *lyre*, comme les odes, les hymnes. —Il se dit des vers français qui sont propres à être chantés. — *Poëte lyrique*, celui qui compose des vers propres à être mis en musique.—*Théâtre lyrique*, sur lequel on représente des pièces pour lesquelles la musique est composée tout exprès.—Subst. mas.: le *lyrique*, le genre lyrique.

LYRISTE, subst. mas. (*liriste*), joueur de lyre.

LYRNESSIS, subst. propre fém. (*lirenècice*), myth., surnom de Briséis, parce qu'elle était de *Lyrnesse*, ville de la Troade.

LYRODIE, subst. fém. (*lirodi*) (du grec λυρα, lyre, et ωδη, chant), t. de musique, air pour la *lyre*. Il est vieux.

LYRON, subst. mas. (*liron*), t. de bot., plante des anciens que l'on croit être le plantain aquatique.

LYROPE, subst. mas. (*lirope*), t. d'hist. nat., insecte hyménoptère.

LYS, subst. propre mas. (*lice*), village de France, chef-lieu de canton, arrond. de Muret, dép. de la Haute-Garonne.—Subst. propre fém., rivière.

LYSANDRIES, subst. fém. plur. (*lizandri*), t. d'antiq., fêtes célébrées à Samos en l'honneur de Junon.

LYSIADES, subst. fém. plur. (*liziade*), myth., nymphes des eaux.

LYSANTHE, subst. fém. (*lyzante*), t. de bot., plante du genre des grevillées.

LYSARDE, subst. fém. (*lizarde*), altération du mot lézard, qu'on applique dans quelques cantons au lézard gris.

LYSIANTHE, subst. mas. (*liziante*), t. de bot., plante gentianée.

LYSIDICE, subst. propre fém. (*lizidice*), myth., fille de Pélops et d'Hippodamie, et femme de Nestor.

LYSIMACHIE, subst. fém. (*lizimaki*) (en grec λυσιμαχιον, fait ou de *Lysimaque*, qui l'avait découverte, ou des deux mots λυσις, dissolution, rupture, et μαχη, combat, parce que la *lysimachie* avait, dit-on, la vertu d'empêcher les bœufs et autres animaux de se battre, lorsqu'on le posait sur le joug auquel ils étaient attelés), t. de bot., souci d'eau, plante qui arrête le sang.

LYSIMACHIÉES, subst. fém. plur. (*lizimaki-é*) t. de bot., famille de plantes monopétales.

LYSINÈME, subst. fém. (*lizinème*), t. de bot., genre de plantes.

LYSIODE, subst. mas. (*lizi-ode*) (du grec λυσις, dissolution, et αιδω, je chante; *chanteur dissolu, efféminé*), baladin qui jouait dans les farces des anciens. Suivant *Aristoxène*, le *lysiode* était l'opposé du *magode*; c'est-à-dire que le premier faisait le rôle de femme, quoique habillé en homme. Du reste, ils chantaient les mêmes vers, et ne différaient sous aucun autre rapport.

LYSIPPE, subst. propre fém. (*lizipe*), myth., une des filles de Prœtus.

LYSIS, subst. fém. (*lizice*) (du grec λυσις, solution), t. de médec. Quelques auteurs ont appelé ainsi toute crise salutaire qui s'opère sans phénomène apparent.

LYSIUS, subst. propre mas. (*lizi-uce*), myth., surnom de Bacchus.

LYSMATE, subst. fém. (*licemate*), t. d'hist. nat., genre de crustacés.

LYSSA, subst. propre fém. (*liça*), myth., fille de la Nuit. Quelques-uns en font une quatrième Furie, avec des serpents sur la tête, et un aiguillon à la main.

LYSSODECTE, subst. mas. (*liceçodèkte*), t. de médec.; *Gallien* appelait ainsi ceux qui avaient été mordus par un chien enragé.

LYSTRE, subst. (*licetre*), t. d'hist. nat., on a donné ce nom à un genre d'insectes de l'ordre des hémiptères, famille des cicadaires. Ces insectes ressemblent au premier coup-d'œil à de petites cigales, et quelques-uns leur ont été appelés *cigales-mouches*; mais ils sont bien rapprochés des fulgores, et n'en diffèrent que parce que leur tête est transverse et ne se prolonge pas antérieurement en forme de museau. Ces insectes se trouvent aux Indes orientales, la Chine, et dans l'Amérique méridionale.

LYTÉRIE, subst. fém. (*litéri*), t. de médec., signe qui annonce la solution d'une maladie violente.

LYTÉRIES, subst. fém. plur. (*litéri*), myth., fêtes à Trézène en l'honneur du dieu Pan.

LYTÉRIUS, subst. propre mas. (*litéri-uce*), myth., surnom de Pan.

LYTHRODE, subst. fém. (*litrode*), t. d'hist. nat., variété rouge de la pierre grasse.

LYTROME, subst. mas. (*litrome*), t. de bot., plante des anciens, la *lysimachie*.

LYTHYRAMBE ou **DITHYRAMBE**, subst. propre mas. (*litiranbe*), myth., surnom de Bacchus.

LYTTE, subst. fém. Voy. CANTHARIDE.

LYZAN, subst. mas. (*lizan*), t. d'hist. nat., genre de poisson.

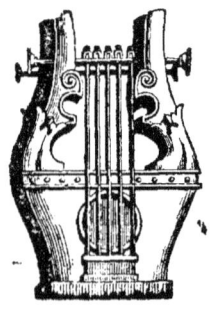

M, subst. mas. (*me*, et non pas *ême*, qui ne rend nullement le son de cette lettre), treizième lettre de l'alphabet et la dixième des consonnes. —Lettre numérale qui signifie *mille*, et avec un trait horizontal au-dessus, *mille fois mille*, ou *un million*. — Employée dans le commerce par abréviation, elle désigne *marc* ou *monnaie*; M/C, signifie *mon compte*. — En t. d'archit., *m* veut dire *mètre*.—Dans les tables astronomiques et autres ouvrages semblables, *m* marque le *midi*; dans le style épistolaire, *monsieur*; *mot*, dans cette abréviation : *m. à m.*; et *majesté* dans celle-ci : *S. M.* — Dans les ordonnances de médecins, *m* est l'abréviation de *misce*, mot latin qui signifie *mêles*, ou du mot également latin *manipulus*, qui veut dire *une poignée*. — Enfin *m*, dans les monnaies, était la marque de la ville de Toulouse. — Le son propre de cette lettre est celui qu'elle a dans les mots *ma*, *mérite*, *midi*, *morale*, *muse*.— M, au milieu des mots, se prononce du nez, ou plutôt a ordinairement le son de *n*, lorsqu'il est suivi des consonnes, *m*, *b*, *p* : *emmener*, *combler*, *comparer*, dites comme s'il y avait *annamé*, *kon-blé*, *kon-paré*. Il y a quelques exceptions dans les mots qui commencent par *imm*; ainsi *immodeste*, *immédiat*, *immense*, *immanquable*, se prononcent *ime-modécete*, *ime-média*, *ime-mance*, *ime-mankable*, et non pas, comme disent certaines gens du peuple : *ein-modécete*, *ein-média*, *ein-mance*, *ein-mankable*. — *M* se double dans les mots qui commencent par *com*, par *im* ; mais il y a des exceptions : l'usage est le seul maître à cet égard. Lorsque *m* est redoublé, on n'en prononce ordinairement qu'un, comme dans *commode*, *commis*, *commissaire*, *dilemme*, etc.; on excepte les mots *Ammon*, *Emmanuel*, *ammoniac*, *incommensurable*, *commémoration*, *committimus*, *commotion*, *commuer* et ses dérivés. *Grammaire*, *grammairien*, fréquemment usités, ont subi le sort de tous les mots qui passent dans la langue usuelle, et ils ont pris une prononciation adoucie, tandis que dans les mots *grammatical*, *grammatiste*, moins usités, on a continué de faire entendre le double *m*; encore la plupart de ceux qui parlent bien prononcent-ils *guerame-mère*, *guerame-mériein*. — On donne aussi au *m* sa prononciation propre dans les mots suivis de *n* : *indemniser*, *amnistie*, *hymne*, *Agamemnon*, *Mnémosyne*, etc.; on en excepte *damner*, *automne*, où la lettre *m* ne se fait pas sentir ; dites *dané*, *ôtone*. — *M* final est ordinairement un signe de nasalité, comme dans *nom*, *pronom*, *faim*, *parfum*, *thym*, etc. Il en faut excepter l'interjection *hem*, quelques mots latins, tels que *item*, *septemvir*, etc., et la plupart des mots étrangers, comme *Sem*, *Cham*, *Jérusalem*, *Surinam*, *Priam*, etc., où le *m* final conserve sa véritable prononciation ; cependant il ne rend encore qu'un son nasal dans *Adam*. *M* a aussi l'articulation nasale dans *comte*, dignité; dans *compte*, qui vient de *computum*, dans *prompt*, venu de *promptus*, et dans tous leurs dérivés.

M., abréviation des mots *midi* ou *monsieur*, suivant le sens.

M i, adj. et pron. fém., dont le mas. est *mon* : *ma sœur*. Devant les mots qui commencent par une voyelle, on dit *mon*, quoique le mot soit féminin : *mon âme*, *mon épée*. Voy. MON.

MA, subst. propre fém. (*ma*), myth., nom d'une femme à laquelle Jupiter confia l'éducation de Rhée.

MAARA, subst. propre fém. (*ma-ara*), t. de géogr. anc., nom d'une place fortifiée chez les Sidoniens.

MABIER, subst. mas. (*mabié*), t. de bot., plante de la famille des euphorbes.

MABRA, subst. propre mas. (*mabra*), nom d'une ville du pays d'Alger. Elle se trouve dans le rayon de Constantine, sur le golfe de Bône.

MACA, subst. fém. (*maka*), vieille entremetteuse. Pop.

MAC-ADAM, subst. mas. (*makadan*), sorte de chemin ferré, inventé par un nommé *Mac-Adam*.

MAC-ADAMISÉ, E, part. pass. du v. *mac-adamiser*.

MAC-ADAMISER, v. act. (*makadamizé*), paver une route à la *Mac-Adam*. — *se* MAC-ADAMISER, v. pron.

MACAF, subst. mas. (*makafe*), vieux t. d'imprim., qui n'est plus en usage; il s'est dit pour *trait de division.*

MACAQUE, subst. mas. *(makake)*, t. d'hist. nat., espèce de singe à tête plate et à queue courte ou nulle.

MACARET ou **MASCARET**, subst. mas. *(makaré, macekaré)*, t. de mar.; on donne ces noms au mouvement rétrograde et quelquefois impétueux que le flux de l'Océan fait éprouver aux eaux des fleuves près de leur embouchure. Cet effet est quelquefois si violent, qu'il fait chasser les vaisseaux sur leurs ancres, et cause divers accidents. —Sorte de barre de fer, suivant *Boiste.*

MACAREUX, subst. mas. *(makareu)*, t. d'hist. nat., espèce d'alque noirâtre.

MACARIBO, subst. mas. *(makaribô)*, t. d'hist. nat., renne d'Amérique.

MACAO, subst. propre mas. *(maka-ô)*, nom d'une ville de la Chine.

MACARISME, subst. mas. *(makariceme* (en grec μακαρισμός, formé de μάκαρ, heureux) ; on appelait ainsi, dans l'ancienne liturgie ecclésiastique des Grecs, les psaumes de l'office divin qui commençaient par le mot grec μακάριος, en lat. *beatus.*—Hymne grec en l'honneur des saints.

MACARON, subst. mas. *(makaron)* (en italien *maccheroni*, dérivé, selon *Ménage*, du grec μάκαρ, heureux; *mets des heureux)*, sorte de petite pâtisserie faite de pâte d'amande et de sucre. — Sorte de petit peigne dont les extrémités sont arrondies en forme de *macaron.*

• **MACARONÉE**, subst. fém. *(makaroné)*, pièce de vers en style *macaronique.*

MACARONI, subst. mas. *(makaroni)* (mot emprunté de l'italien), pâte faite de farine de froment, etc., dont on fait des potages et autres mets. — On a donné aussi ce nom à une préparation pharmaceutique employée anciennement par les religieux de l'hôpital de la Charité de Paris, contre la colique métallique. C'était une poudre composée d'une partie de verre, d'antimoine, et de deux parties de sucre.

MACARONIQUE, adj. des deux genres *(makaronike)* (par allusion au *macaroni* des Italiens, composé de farine, d'œufs, de fromage, etc., de même que dans les vers *macaroniques* il entre du latin, du français, de l'italien, etc.), il se dit d'une sorte de poésie burlesque où l'on fait entrer beaucoup de mots de la langue vulgaire, auxquels on donne une terminaison latine : *enfilavi omnes scadrones et regimentos; de brancâ in brancam degringolat atque facit pouf; tota rabotoso fracassantur membra pavetto*, etc

MACARONISME, subst. mas. *(makaroniceme)*, genre de poésie *macaronique.*

MACÉDOINE, subst. fém. *(macédoène)*, mélange de différents légumes.— T. de littérature, mélanges.—Suite de parties au jeu de cartes. — Subst. propre fém., nom d'une partie de la Grèce ancienne.

MACÉDONIEN, subst. et adj. mas., au fém. **MACÉDONIENNE** (*macédoniein , niène*), qui est de la *Macédoine.*—Nom de sectaires qui niaient que le Saint-Esprit procédât de Jésus-Christ.— Sénatus-consulte qu'on croit avoir été rendu du temps de Vespasien. Le nom de *macédonien* semble lui avoir été donné à cause d'un jeune débauché nommé *Macedo*, qui se ruinait en empruntant à usure.

MACEFONDE, subst. fém. (Ce mot semble être un barbarisme de *Boiste*; c'est bien certainement *macefronde* qu'il faut écrire.) *(macefonde)*, machine militaire qui servait à lancer des pierres.

MACELLERIE, subst. fém. *(macèleri)* (du lat. *macellum*, halle, marché), vieux mot qui signifiait *boucherie*, et non pas *marché*, comme l'indique faussement *Boiste.*

MACELLIER, subst. mas. *(macèlié)* (en lat. *macellarius*), vieux mot inusité qui signifiait *boucher*, charcutier. On avait même donné ce nom aux soldats qui tuaient le plus d'ennemis dans les batailles.

MACER (fausse orthographe de l'*Académie*. On écrit plus souvent et mieux **MASSER**, du grec μάσσω, je pétris), v. act. *(macé)*, t. de médec., frotter, presser toutes les parties du corps avec la main. Voy. MASSAGE.

MACÉRATION, subst. fém. *(macérâcion)* (en lat. *maceratio*), mortification par jeûnes, disciplines et autres austérités. — En t. de chimie, séjour, dans un liquide, d'une substance dont on veut extraire certains principes solubles.

MACÉRÉ, E, part. pass. de *macérer.*

• **MACÉRER**, v. act. (*macéré*) (en lat. *macerare*), en t. de dévotion, mortifier, affliger son corps par diverses austérités.—En t. de chimie et de médecine, faire tremper un mixte dans une liqueur pour le préparer à la distillation, à la dissolution. — SE MACÉRER, v. pron.

MACÉRON, subst. mas. *(macéron)*, t. de bot., plante bisannuelle et ombellifère qui croît dans les lieux marécageux.

MACHABÉES, subst. mas. plur. *(makabé)* (de l'hébreu *ma-ca-ba-i*, lettres initiales des premiers mots du verset 11 du chap. XV de l'Exode, que le premier des trois frères *Machabées*, Judas, avait, dit-on, fait mettre sur ses drapeaux. Les mots entiers signifient : *Qui est semblable à vous parmi les forts* (ou *entre les dieux*), *Seigneur?*), les deux derniers livres de l'Ancien-Testament, contenant l'histoire des Juifs sous les premiers princes de la race des Asmonéens, Judas, Jonathas et Simon, surnommés *Machabées.*

MACHACOIRE, subst. mas. *(makakoare)* (de l'espagnol *machacar*, battre, piler, broyer), instrument pour rompre et broyer le chanvre.

MACHAMONE, subst. fém. (*machamone*), sorte de calebasse à chair rafraîchissante.

MACHAON, subst. propre mas. *(maka-on)*, myth., médecin habile, fils d'Esculape et d'Épione.

MACHASOR, subst. mas. *(makazor)*, livre de prières chez les juifs.

MÂCHE, subst. fém. *(mâche)*, t. de bot., plante annuelle qui croît spontanément dans les vignes, et que l'on cultive dans les potagers. On la mange en salade.

MÂCHÉ, E, part. pass. de *mâcher.*

MÂCHECOUL, subst. propre m. *(mâchekoule)*, nom d'une petite ville de France, qui était la capitale de l'ancien duché de Retz, en Bretagne.

• **MÂCHECOULIS**, ou **MÂCHICOULIS**, subst. mas. *(mâche, mâchikouli)*, ouverture pratiquée dans la saillie des galeries des anciennes fortifications pour défendre le pied du mur, en jetant sur les assiégeants de grosses pierres, etc.

MÂCHE-DRU, subst. mas. *(mâchedru)*, expression basse dont on se sert parmi le peuple pour signifier un gourmand, un grand mangeur. —Au plur., des *mâche-dru.*

MÂCHEFER, subst. mas. *(mâchefère)*, scorie qui s'agglomère dans le foyer des fourneaux.

MÂCHE-LAURIER, subst. mas. *(mâchelorié)*, mot inusité qui a cependant été employé par *Scarron* dans le sens de *poëte.*

MÂCHELIÈRE, adj. fém. *(mâchelière)* : *dents mâchelières*, dents de derrière qui servent à *mâcher*, à broyer les aliments. — Il est aussi subst. fém. : *les mâchelières de dessus.*

MÂCHEMOURE, subst. fém. *(mâchemoure)*, débris des biscuits de mer qu'on donne aux matelots.

MÂCHER, v. act. *(mâché)* (en grec μασάομαι), couper et broyer avec les dents ce que l'on veut manger.—Manger avec gourmandise. — Broyer le chanvre.—On dit d'un cheval qu'*il mâche son frein*, lorsqu'il se joue de son mors et qu'il le ronge.—Et prov. et fig., d'un homme qui n'entend point les affaires, et qui ne veut pas se donner la peine qu'il faut pour les entendre : *c'est un homme à qui il faut mâcher tous ses morceaux.*—Fig. et fam., en parlant d'un homme à qui il faut préparer tellement les affaires, qu'il n'y ait plus qu'à mettre la dernière main, on dit qu'*il faut lui donner la besogne toute mâchée.* — En parlant de quelque chose de désagréable, de fâcheux, qu'on a dit à quelqu'un durement et sans adoucissement, on dit : *je ne le lui ai pas mâché.*—*Mâcher à vide*, 1° voir manger et ne pouvoir manger; 2° attendre un bien qui n'arrive pas.—Fam. : *mâcher de haut*, manger sans appétit.—SE MÂCHER, v. pron.

MACHÉROPHORE, subst. mas. *(machérofore)* (du grec μάχαιρα, épée, et φέρω, je porte), anciennement, soldat qui avait pour arme une épée.

MÂCHEUR, subst. mas.; **MÂCHEUSE**, subst. fém. *(mâcheur, cheuze)*, celui, celle qui *mâche*, qui mange beaucoup. En ce sens il est populaire.— Il n'a guère d'usage que dans *mâcheur de tabac.*

MÂCHEUSE, subst. fém. Voy. MÂCHEUR.

MACHIAVÉLIQUE, adj. des deux genres (*machi-avélike*) : *politique machiavélique*, qui tient du *machiavélisme.*

MACHIAVÉLISER, v. neut. (*machi-avélizé*), agir d'après les maximes de *Machiavel.*

MACHIAVÉLISME, subst. mas. *(machi-avéliceme)*, maximes de *Machiavel* touchant la politique et l'art de régner.— Philosophisme appliqué à la politique.—Art de tyranniser. — Par extension, conduite artificieuse et de mauvaise foi, duplicité, etc.

MACHIAVÉLISTE, subst. des deux genres *(machi-avélicete)*, celui qui, en politique, se conduit d'après les principes de *Machiavel.*

MACHICATOIRE, subst. mas. *(machikatoare)*, tabac ou autre drogue que l'on *mâche* sans l'avaler.

MACHICOT, subst. mas. *(machikô)*, autrefois, officier de l'église de Notre-Dame de Paris, qui était moins que les bénéficiers et plus que les simples chantres à gage.—Mauvais chanteur.

MACHICOTAGE, subst. mas. (*machikotaje*), vieux mot inusité par lequel on désignait autrefois les additions de notes qui remplissent les intervalles dans le chant d'église.

MACHICOTÉ, E, part. pass. de *machicoter.*

MACHICOTER, v. act. *(machikoter)*, chanter comme un *machicot*, ou en *machicot.* Inusité.

MÂCHICOULIS. Voy. MÂCHECOULIS.

MACHINAL, E, adj. *(machinale)*, qui tient de la *machine* : *mouvement machinal; action machinale.* — Au plur. mas. *machinaux.* Buffon a dit *des mouvements machinaux.* Nous sommes étonnés de voir *Boiste* indiquer ce plur. mas. comme inusité, quand il en cite lui-même quatre exemples : *des hommes machinaux*, qui agissent comme de vraies *machines*, etc.

MACHINALEMENT, adv. (*machinaleman*), d'une manière *machinale* : *agir machinalement.*

MACHINATEUR, subst. mas., **MACHINATRICE**, subst. fém. *(machinateur, trice)*, celui, celle qui *machine* quelque complot, quelque intrigue.

MACHINATION, subst. fém. (*machinâcion*), action par laquelle on *machine*, on ourdit un complot, on tend des pièges, des embûches, etc.

MACHINATRICE, subst. fém. (L'*Académie* ne donne pas ce fém.) Voyez MACHINATEUR.

MACHINAUX, adj. mas. plur. Voy. MACHINAL.

MACHINE, subst. fém. *(machine)* (en lat. *machina*, fait du grec μηχανή, machine, invention, art, adresse), en général, ce qui sert à augmenter et à régler les forces mouvantes de quelque instrument destiné à produire du mouvement, de manière à épargner ou du temps dans l'exécution de cet effet, ou de la force dans la cause. Voy. OUTIL. — Certain assemblage de ressorts dont le mouvement et l'effet se terminent en lui-même : *l'horloge est une belle machine.*—On appelle *machines simples*, celles qui servent à composer les autres.—*Machine composée*, celle qui est formée de plusieurs *machines simples* combinées ensemble.—*Machine architectonique*, assemblage de pièces de bois, tellement disposées, qu'au moyen de cordes et de poulies un petit nombre d'hommes peut élever de grands fardeaux, etc. Tels sont les crics, les grues, etc. — *Machine hydraulique* ou *à eau*, 1° simple *machine* pour conduire ou élever l'eau, comme une écluse, une pompe, etc.; assemblage de plusieurs *machines* simples qui concourent à produire quelque effet, comme la *machine de Marly.* — *Machine militaire*, employée à la guerre pour attaquer ou se défendre. Les anciens en avaient de trois espèces : les premières servaient à lancer des flèches, des pierres, etc.; les secondes, à abattre les murailles; les troisièmes, à couvrir ceux qui approchaient des murailles des ennemis.—*Machine infernale*, bâtiment de mer à trois ponts, dont le plus bas est chargé de poudre; le suivant, de bombes et de carcasses; et le plus haut, de barils cerclés de fer et pleins d'artifices. En général, quoi que ce soit, rempli de poudre, dont on doit se servir pour faire sauter un édifice, ou pour opérer quelque catastrophe. L'empereur Napoléon manqua d'être victime de l'explosion d'une *machine infernale*, exposée dans la rue St-Nicaise, à Paris; il ne dut son salut qu'à l'habileté du cocher qui conduisait sa voiture.—T. de phys. : *machine de compression* ou *de condensation*, *machine* destinée à comprimer l'air, à le condenser, par opposition à la *machine pneumatique*, appelée aussi *machine de Boyle* (nom de son inventeur); *machine du vide*, dont l'effet est de raréfier l'air, de le rendre moins dense.— On appelle *machine à vapeur*, une *machine* dont tous les mouvements tirent leur origine du jeu d'un piston qui s'élève et s'abaisse alternativement dans un tuyau cylindrique, en communication avec une chaudière où la vapeur se forme par l'action du feu que l'on entretient en dessous.—*Machine électrique*, *machine* de rotation, dont on se sert pour faire tourner sur son axe, entre deux pointes, le globe ou le plateau électrique. — En astron., *machine parallactique*. Voy. PARALLACTIQUE. — *Machine pneumatique*, constellation méridionale introduite par l'abbé de *La Caille*, entre l'Hydre et le Vaisseau : sa principale étoile est de la cinquième grandeur.—*Machine pyrique*, assemblage de pièces d'artifices rangées sur des tringles de bois ou de fer, pour former un spectacle régulier. — *Machines de théâtre*; on entend par ce mot les cordes, les roues, les contre-poids, etc., au moyen desquels on opère sur la scène les vols, les descentes et les ascensions des divinités, les apparitions des démons, des furies, les changements à vue, les décorations, etc., qui semblent sortir de la terre, etc. — *Machine à mâter*, nom de la mâture établie dans chaque grand port, sur le bord d'un quai élevé et un peu incliné vers la mer, ou sur un vaisseau rasé en ponton, comme à Rochefort.—Fig., 1° invention, ruse, adresse d'esprit, dont on se sert dans quelque affaire; 2° tout grand ouvrage de génie, en poésie, en peinture, etc. — *La machine ronde*, poét. et fam., l'univers.— *Machine* se dit aussi en peinture, d'une belle intelligence de lumière dans un tableau. On dit : *voilà une belle machine*. *Le peintre entend bien la machine*; on exprime par là, non-seulement une belle intelligence de lumière, mais encore une grande ordonnance, une grande composition.—C'est dans ce dernier sens qu'on le dit aussi en architecture : *l'église de Saint-Pierre de Rome est une grande machine*.

MACHINÉ, E, part. pass. de *machiner*.

MACHINER, v. act. (*machiné*), former quelque mauvais dessein ; faire des menées secrètes. Voy. OURDIR.—En t. de cordonnier, passer le *machinoir* sur les points du soulier.—SE MACHINER, v. pron.

MACHINEUR, subst. mas. (*machineur*) ; *La Fontaine* a employé ce mot pour *machinateur*, dans ces vers :

> Son fait, dit-on, consiste en des pierres de prix :
> Un grand coffre en est plein, fermé de dix serrures.
> Lui-même ouvrit ce coffre, et rendit bien surpris
> Tous les *machineurs* d'impostures.

MACHINISME, subst. mas. (*machiniceme*), emploi des *machines*, des mécaniques.

MACHINISTE, subst. mas. (*machinicete*), celui qui, par le moyen de l'étude de la mécanique, invente des *machines* pour augmenter les forces mouvantes, pour les décorations de théâtre, pour l'horlogerie, l'hydraulique, etc.

MACHINOIR, subst. mas. (*machinoar*), outil de cordonnier pour unir et blanchir les points de derrière des souliers.

MÂCHOIRE, subst. fém. (*mâchoare*) (en lat. *maxilla*), l'os de l'animal dans lequel les dents sont plantées, emboîtées. On distingue la *mâchoire supérieure*, qui est immobile et unie au crâne, par harmonie ou par des articulations serrées ; et la *mâchoire inférieure*, qui est mobile et unie au crâne par une articulation lâche ou ligamenteuse. — Partie du chien du fusil qui porte la pierre. — Au plur., pièces de fer dans un étau, etc., qui s'éloignent et se rapprochent pour serrer quelque chose.—Dans la marine des anciens, deux parties avancées de la proue d'un vaisseau, qui la défendaient des approches des autres navires. — Fam. : *avoir la mâchoire pesante*, être stupide et grossier.—On dit, dans le même style, d'un homme qui parle pesamment et mal, que *c'est une mâchoire, une vraie mâchoire*.

MÂCHONNÉ, E, part. pass. de *mâchonner*, et adj. — Se dit, dans la gravure, des contours mal faits, qui n'ont point de netteté, qui sont durs et tranchés.

MÂCHONNEMENT, subst. mas. (*mâchoneman*), action de *mâchonner* quelque chose.

MÂCHONNER, v. act. (*mâchoné*), *mâcher* avec difficulté ou avec négligence.—*se* MÂCHONNER, v. pron.

MÂCHOQUET, subst. mas. (*mâchokiè*), t. d'hist. nat., grillon des îles.

MACHUL ou **MACHOL**, subst. mas. (*makule*, *makole*), espèce de viole, de cistre chez les anciens Hébreux.

MÂCHURAT, subst. mas. (*mâchura*), t. d'imprimerie, apprenti-imprimeur qui barbouille, qui gâte les feuilles qu'il tire.—Mauvais ouvrier.

MÂCHURE, subst. fém. (*mâchure*), dans les draps, défaut de la tonte, lorsque les forces ne coupent pas bien net.

MÂCHURÉ, E, part. pass. de *mâchurer*.

MÂCHURER, v. act. (*mâchuré*), barbouiller, noircir. Il est pop.— En t. d'imprimeur.—*se* MÂCHURER, v. pron.

MACIGNO, subst. mas. (*macignió*), roche arénacée, formée de quartz, d'oxide de fer, d'argile, etc.

MACIS, subst. mas. (*maci*), écorce intérieure de la noix muscade.

MACK, subst. mas. (*mak*), t. d'hist. nat., insecte ; espèce de cousin.

MACLAGE, subst. mas. (*maklaje*), action de *macler*.

MACLE, subst. fém. (*makle*), t. d'hist. nat., sorte de pierre figurée en prisme quadrangulaire. On la trouve en Bretagne, à trois lieues de Rennes, renfermée dans une ardoise ou pierre feuilletée d'un gris bleuâtre.—En bot., espèce de plante, nommée aussi *macre flottante* et *tribule aquatique* Voy. TRIBULE.—En t. de pêche, nom qu'on donne en Picardie aux filets appelés ailleurs *folles*. — Dans le blason, sorte de petite figure, faite comme une maille de cuirasse, et percée en losange.—Voy. MACRE.

MACLÉ, E, part. pass. de *macler*.

MACLER, v. act. (*maklé*), t. de verrerie, remuer le verre dans un pot avec une barre de fer. —Mêler du verre dur avec du verre mou. — *se* MACLER, v. pron.

MACLONIÈRE, subst. fém. (*maklonière*), t. de pêche, sorte de filet.

MÂCON, subst. propre mas. (*mâkon*), ville de France (Saône-et-Loire).— Vin fort estimé des environs de *Mâcon*.

MAÇON, subst. mas. (*maçon*) (suivant *Isidore*, du lat. barbare *machio*, fait dans le même signification, de *machina*, machine, à cause des machines dont les maçons sont obligés de se servir ; suivant *Huet*, du vieux mot français *mas*, qui signifiait maison ; d'après cette étymologie, on aurait écrit d'abord *masson*, faiseur de maisons, et ensuite *maçon*), artisan qui fait tous les ouvrages où il entre du plâtre, de la chaux, de la pierre, etc.—Fig. et fam., ouvrier qui travaille grossièrement sur des ouvrages délicats : *c'est un maçon, un vrai maçon*.— *Maître maçon*, entrepreneur en *maçonnerie*.—*Aide maçon*, manœuvre qui gâche le plâtre et porte les matériaux.— Voy. FRANC-MAÇON.

MAÇONNAGE, subst. mas. (*maçonaje*), travail du *maçon*.

MÂCONNAIS, E, subst. et adj. (*mâkonè*, *nèze*), qui est de la ville de *Mâcon*.— Subst. propre mas. : *Mâconnais*, contrée de France en Bourgogne. — Subst. fém., un tonneau de vin de *Mâcon*.

MAÇONNÉ, E, part. pass. de *maçonner*, et adj. —Se dit, dans le blason, des bâtiments, lorsque les lignes qui marquent les joints des pierres sont d'un émail particulier.

MAÇONNER, v. act. (*maçoné*), bâtir, travailler en pierre, en brique, etc. — Boucher avec de la pierre, du mortier, etc. : *maçonner une porte, une fenêtre*.—*se* MAÇONNER, v. pron.

MAÇONNERIE, subst. fém. (*maçoneri*), l'ouvrage du *maçon*.—Sorte de juridiction établie à Paris, en 1645, pour la police des bâtiments, relative à leur solidité, etc. — Voy. FRANC-MAÇONNERIE.

MAÇONNIQUE, adj. des deux genres (*maçonike*), qui appartient à la *franc-maçonnerie*.

MACOUBA, subst. mas. (*makouba*), excellent tabac d'une couleur foncée, ayant naturellement l'odeur de la rose, ainsi nommé d'un canton du nord de la Martinique, où quelques habitants en cultivent.

MACQUE, subst. fém. Voy. MAQUE.

MACQUER, v. act. Voy. MAQUER.

MACQUERIE, subst. fém. Voy. MAQUERIE.

MACRE, subst. fém. (*makre*), t. de bot., espèce de châtaigne d'eau ; tribule aquatique ; plante de la famille des onagres. Voy. MACLE.

MACRÉE, subst. fém. (*makré*), t. de mar. Voy. MACARET.

MACREUSE, subst. fém. (*makreuze*), t. d'hist. nat., oiseau palmipède.—Prov. : *avoir du sang de macreuse*, un sang froid ; ne s'émouvoir de rien.

MACROBE, subst. mas. (*makrobe*) (du grec μακρος, long, et βιος, vie) ; mot inusité que l'on trouve dans quelques *Dictionnaires*, où on lui fait signifier : personnage qui a vécu un nombre extraordinaire d'années, comme on le dit des anciens patriarches.

MACROBIE, subst. fém. (*makrobî*) (du grec μακρος, long, et βιος, vie), longue vie. Inusité. Voy. la remarque du mot *macrobe*.

MACROCÉPHALE, subst. mas. et adj. des deux genres (*makrocéfale*) (en grec μακρος, long, et κεφαλη, tête), t. de médec., celui qui a la tête plus longue que nature.

MACROCHÈRE, subst. fém. (*makrochère*) (du grec μακρος, long, et χειρ, main), tunique à longues manches des anciens. — Adj. des deux genres, qui a les mains longues : *Artaxerce Macrochère* ou *Longue-main*.

MACROCOSME, subst. mas. (*makrokoceme*) (du grec μακρος, grand, et κοσμος, monde), nom donné par quelques philosophes à l'univers, par opposition à *microcosme* ou *petit monde*.

MACRODACTYLE, subst. mas. (*makrodaktile*), t. d'hist. nat., famille d'oiseaux échassiers.—Tribu d'insectes coléoptères.

MACROGNATHE, subst. mas. (*makroguenate*) (du grec μακρος, long, et γναθος, joue), t. d'hist nat., genre de poissons apodes.

MACROLÉPIDOTE, adj. des deux genres (*makrolépidote*) (du grec μακρος, grand, et λεπις, écaille), t. d'hist. nat., qui a de grandes écailles

MACROPHTHALME, subst. mas. (*makrofetalme*) (du grec μακρος, long, et οφθαλμος, œil), t. d'hist. nat., poisson du Japon.

MACROPHYLLE, adj. des deux genres (*makrofile*) (du grec μακρος, long, et φυλλον, feuille), t. de bot., à grosses feuilles.

MACROPODE, subst. et adj. mas. (*makropode*) (du grec μακρος, long, et πους, gén. ποδος, pied), t. d'hist. nat., poisson thoracique.—Quadrupède rongeur.

MACROPTÈRE, subst. et adj. mas. (*makroptère*) (du grec μακρος, long, et πτερον, aile), t. d'hist. nat., famille d'oiseaux palmipèdes qui ont le pouce libre, le bec non dentelé et les ailes très longues.

MACRORHYNQUE, subst. mas. et adj. des deux genres (*makroreinke*) (du grec μακρος, long, et ρυγχος, bec), t. d'hist. nat., sorte de poissons branchiostèges à long museau.

MACROSTICHE, adj. des deux genres (*makroceliche*) (du grec μακρος, long, et στιχος, ligne), écrit à longues lignes. (*Boiste*.) Inusité.

MACROURE, subst. mas. (*makroure*), t. d'hist. nat., genre de poisson thoracique.

MACROURES, sub. mas. pl. (*makroure*) (du grec μακρος, long, et ουρα, queue), t. d'hist. nat., famille de crustacés à longue queue, tels que les écrevisses, etc.

MACSARET, subst. mas. (*makçaré*), maison de nègres.

MACTRE, subst. fém. (*maktre*) (en lat. *mactra*, pris du grec μακτρα, pétrin, huche à pétrir le pain), t. d'hist. nat., coquillage bivalve en forme de petit coffre.

MACTRISME, subst. mas. (*maktriceme*), t. d'antiq., danse comique chez les Grecs.

MAÇUETTE, barbarisme de *Boiste*, qui le donne comme synonyme de *massue*. Ce serait au moins *massuette* qu'il faudrait écrire, pour lui faire signifier *petite massue*.

MACULATION, subst. fém. (*makulâcion*), t. d'impr., action de *maculer*.

MACULATURE, subst. fém. (*makulature*) (du lat. *maculatus*, part. pass. de *maculare*, tacher, salir), en t. d'impr., se dit des feuilles mal imprimées.—Sorte de papier gris. — Feuille de papier qu'on met entre le cuivre et le lange quand on imprime en taille-douce.

MACULE, subst. fém. (*makule*) (en lat. *macula*), tache, souillure : *papier plein de macules*.— En astronomie, tache obscure sur le disque du soleil.— Dans son acception primitive, tache ou marque de sang que quelques enfants apportent en naissant, et qu'on attribue à la force de l'imagination de la mère.—Au fig., souillure qui vient du péché.

MACULÉ, E, part. pass. de *maculer*, et adj.

MACULER, v. act. (*makulé*) (en lat. *maculare*), tacher, barbouiller. Il ne se dit que des feuilles imprimées et des estampes. — Il s'emploie aussi neutralement : *des feuilles nouvellement imprimées maculent*. —*se* MACULER, v. pron.

MADAGASCAR, subst. propre mas. (*madagacekar*) (ce mot signifie *île de la lune*), île située dans l'océan Éthiopien, en Afrique.

MADAME, subst. fém. (*madame*) (réunion des deux mots *ma* et *dame*), titre d'honneur affecté d'abord exclusivement aux femmes de qualité, et qu'on a donné depuis à toutes les femmes mariées et aux religieuses : *madame la duchesse, madame la marquise, madame une telle.*—On appelle tout simplement *madame*, la maîtresse de la maison chez qui l'on se trouve.—En parlant des reines, on ne dit point : *madame la reine*; on dit seulement : *la reine*; et on ne se sert du titre de *madame*, qu'en lui parlant ou en lui écrivant : *madame, si votre majesté...*—Le titre de *madame* se donnait autrefois à toutes les filles de France, en parlant d'elles ou à elles.—Dans les tragédies, on appelle les filles *madame*.—Par le mot de *Madame*, sans y rien ajouter, on entendait anciennement la fille aînée du roi ou du dauphin, ou la femme de *Monsieur*, frère du roi.—*Jouer à la madame*, se dit de petites filles qui s'amusent ensemble à contrefaire les *dames*.—Pop. et par plaisanterie : *faire la madame*, se donner des airs de grande *dame*. —*C'est une grosse madame*, une femme riche. —*Madame* fait au plur. *mesdames*; la raison de ceci est simple; le mot *madame* étant, comme nous l'avons dit, composé du subst. *dame* et du pron. ou adj. *ma*.

MADAPOLAM, subst. mas. (*madapolame*), espèce de percale. *Boiste* écrit *madapolame*, et fait ce mot du fém.

MADAROSE, subst. fém. (*madarôze*) (en grec μάδαρωσις, fait de μαδός, chauve), t. de chir., chute des cils des paupières.

MADÉCASSE, subst. et adj. des deux genres (*madékâce*), de *Madagascar*.

MADÉFACTION, subst. fém. (*madefakcion*) (du latin *madefacere*, arroser, humecter, formé de *madidus*, humide, mouillé, et de *facere*, faire), t. de pharm., action d'humecter.

MADÉFIÉ, E, part. pass. de *madéfier*.

MADÉFIER, v. act. (*madéfié*), t. de chim., humecter une substance. —*se* MADÉFIER, v. pron.

MADEMOISELLE, subst. fém., (*mademoèzèle*) (réunion des deux mots *ma* et *demoiselle*), titre qui se donne ordinairement aux personnes du sexe non mariées. — On appelle *Mademoiselle*, sans y rien ajouter, la fille aînée de *Monsieur*, frère du roi, ou la première princesse du sang, lorsqu'elle est fille.—Au plur., *mesdemoiselles*.

MADÈRE, subst. propre fém. (*madère*), nom d'une île de l'océan Atlantique, située entre les Açores et les Canaries.—Subst. mas. : *du madère*, du vin de l'île de *Madère*.

MADIAN, subst. propre mas. (*madian*), t. de géogr. ancienne, contrée de l'Arabie Pétrée; elle était située le long de la mer Rouge.

MADIANITE, subst. mas. (*madianite*), peuple de *Madian*.

MADONE, subst. fém. (*madône*) (de l'italien *ma donna, mia donna*, employé dans la même acception, et qui signifie proprement *madame*), image représentant la sainte Vierge : *l'Italie est pleine de madones*.

MADONAINE, subst. fém. (*madonène*), monnaie génoise qui vaut soixante-seize centimes de notre monnaie.

MADOUINE, subst. fém. (*madouine*), pistole du Piémont.

MADRA, subst. propre mas. (*madra*), royaume d'Afrique, dans la Nigritie.

MADRAGUE, subst. fém. (*madrague*), t. de pêche, espèce de grand parc construit en pleine eau, et divisé par compartiments, pour prendre des thons, etc.

MADRAS, subst. mas. (*madrâce*), fichu de soie et de coton des Indes.

MADRÉ, E, adj. (*madré*), tacheté : *porcelaine madrée, léopard madré*. (Par corruption de *marbré*.)—En fauconnerie, *oiseau madré*, qui a mué plusieurs fois.—Fig., en parlant des personnes, fin, rusé matois.—En ce sens, on dit aussi substantivement : *c'est un madré, une madrée*. Il est fam.

MADRÉNAGUE, subst. fém. (*madrénague*), toile de coton et de fil de palmier

MADRÉPORE, subst. mas. (*madrépore*), t. d'hist. nat., corps marin pierreux, garni de branches, et qui ressemble à un arbrisseau.

MADRÉPORITE, subst. mas. (*madréporite*), t. d'hist. nat., *madrépore* pétrifié.

MADRESSÉ, subst. mas. (*madrècé*), suivant *Boiste*, académie turque. Entièrement inusité.

MADRID, subst. propre mas. (*madride*), nom de la capitale du royaume d'Espagne, située près du Mançanarès.—C'est aussi le nom d'une ancienne maison royale, située au nord du bois de Boulogne, à Paris.

MADRIER, subst. mas. (*madrié*) (de l'espagnol *madera*, bois, ou du latin *materia*, toute sorte de bois coupé), planche de bois de chêne fort épaisse.

MADRIGAL, subst. mas. (*madriguale*) (suivant *Huet* (*Origine des Romans*), des *Martégaux*, peuples des montagnes de Provence, très-habiles dans la *science gaie*, et qui ont donné leur nom aux *madrigaux*, comme les *Gavots*, autres montagnards du Haut-Dauphiné, ont donné le leur à la danse appelée *gavotte*), petite pièce de poésie qui renferme dans un petit nombre de vers une pensée ingénieuse, galante et délicate : *voilà un madrigal bien tourné*.—Sorte de pièce de musique, travaillée et savante, qui était fort à la mode en Italie, au commencement du seizième siècle. On y fait toujours grand cas du recueil des *Madrigaux de Clari*.—Au plur., *madrigaux*.

MADRIGALESQUE, adj. des deux genres (*madrigualèceke*), t. de musique : *style madrigalesque*, expression par laquelle on désignait, dans le seizième siècle, le contrepoint rigoureux auquel on avait assujéti les *madrigaux*. Voy. MADRIGAL.

MADRIGALET, subst. mas. (*madriguelè*), petit *madrigal*.

MADRIGALIER, subst. mas. (*madrigualié*), auteur de *madrigaux*. (Boiste.) Inusité.

MADRIGALIQUE, adj. des deux genres (*madrigualike*), du *madrigal*.

MAËSTRAL, subst. mas. (*ma-ècetrale*), vent nord-ouest, sur la mer Méditerranée. — Sans plur.—On dit aussi *mistral*.

MAËSTRALISÉ, part. pass. de *maëstraliser*.

MAËSTRALISER, v. neut. (*ma-ècetralizé*), t. de mar., tourner à l'ouest, en parlant de l'aiguille de la boussole.

MÆMACTÉRION, subst. mas. (*mémaktérion*), premier mois d'hiver à Athènes.

MAËSTRO, subst. mas. (*ma-ècetro*), t. italien qui s'applique aux grands compositeurs de musique.

MAËSTRICHT, subst. propre mas. (*mâcetrike*), l'une des forteresses principales du royaume de Hollande.

MAFLÉ, E, et non pas **MAFFLÉ**, adj. (*maflé*), bouffi, qui a le visage plein; qui a la taille grossière. — Il est aussi substantif : *c'est une grosse maflée*. — La Fontaine (fable de *la Belette entrée dans un grenier*) a dit *maflue*.

MAFLU, E, adj. (*maflu*). Voy. MAFLÉ.

MAFORTE, subst. mas. (*maforte*), sorte de manteau que portaient les moines d'Égypte.

MAFRACH, subst. mas. (*mafrake*), valise chez les Persans.

MAGADÈS, subst. mas. (*maguadèce*), lyre d'Anacréon, à vingt cordes.

MAGADISÉ, part. pass. de *magadiser*.

MAGADISER, v. neut. (*maguadizé*), chanter à l'octave.—Jouer du *magadès*. (Boiste.) Entièrement hors d'usage.

MAGALÈSE, subst. fém. (*magualèze*), mine de fer contenant du zinc.

MAGANÈSE, subst. fém. Voy. MAGNÉSIE.

MAGAS, subst. mas. (*maguace*), concavité au bas d'une lyre, qui sert à la rendre plus sonore.

MAGASIN, subst. mas. (*maguazein*) (de l'arabe *maghazin*, lieu où l'on renferme les choses précieuses), lieu où l'on serre des marchandises. — Amas de diverses choses : *magasin de blé, de poudre*.—Endroit où l'on dépose un grand nombre de choses de même ou de différente espèce. — Grand panier placé sur le devant et sur le derrière des voitures publiques, pour y placer les hardes des voyageurs. — On a dit fig., style badin ou satirique, en parlant des académies, des cercles savants, etc. : *magasin d'esprit*.—Autrefois, à Paris, hôtel dépendant de l'Opéra, où logeaient les directeurs et autres personnes attachées à l'administration de ce spectacle, et où se trouvait un petit théâtre appelé aussi *magasin*, sur lequel se faisaient les premières répétitions. —On appelle *garde-magasin* celui qui a soin des marchandises enfermées dans un *magasin*, soit pour les délivrer sur les ordres d'un supérieur, soit pour recevoir celles qui arrivent. — *Garde-magasin* se dit aussi, en style de commerce en gros, dans le même sens que *garde-boutique* dans le commerce en détail. On entend par ces mots des marchandises hors de mode et qui n'ont plus de débit.

MAGASINAGE, subst. mas. (*maguazinaje*), le temps qu'une marchandise reste dans un *magasin*.—Ce que les négociants et commissionnaires passent en compte à leurs correspondants pour louage de *magasin*.

MAGASINÉ, E, part. pass. de *magasiner*.

MAGASINER, v. act. (*maguaziné*), mettre des marchandises en *magasin*. On dit plus souvent et mieux *emmagasiner*. — *se* MAGASINER, v. pron.

MAGASINIER, subst. mas. (*maguazinié*), celui qui a la garde, le soin des choses renfermées dans un *magasin*. On dit mieux *garde-magasin*.

MAGDALÉON, subst. mas. (*maguedalé-on*) (du grec μαγδαλιὰ, petite masse qu'on roule entre les mains), t. de pharmacie, rouleau d'emplâtre, etc.

MAGDELONNETTES, subst. fém. plur. (*madelonète*), ordre de religieuses.—Prison à Paris où l'on renferme les femmes de mauvaise vie.

MAGDEBOURG, subst. propre mas. (*maguedebour*), auj. chef-lieu de la Saxe prussienne, et située sur l'Elbe.

MAGE, subst. mas. (*maje*) (du grec μάγος, employé dans ce sens, et qui signifie aussi *magicien*; parce que les *mages* passaient pour savants dans l'art magique), chez les anciens Perses, etc., homme savant dans l'astronomie et dans la philosophie du temps. Les *mages* étaient les prêtres et les ministres de la religion, comme les druïdes gaulois, les gymnosophistes des Indiens, etc. — Il se dit particulièrement, au plur., des trois personnages qui vinrent de l'orient pour adorer Jésus-Christ dans l'étable de Bethléem.—Adj., *juge-mage*, ou mieux *maje*, nom qu'on donnait en plusieurs endroits au lieutenant du sénéchal. (Dans cette dernière acception, du lat. *major*, plus grand, supérieur; *judex major*.)

MAGELLAN, subst. propre mas. (*majèlelan*), détroit qui se trouve à la pointe de l'Amérique méridionale, près de la Terre de Feu.

MAGELLANIQUE, adj. des deux genres (*majèlelanike*), qui a rapport au détroit de *Magellan*.

MAGICIEN, subst. mas., au fém. **MAGICIENNE** (*majiciein, ciène*), celui, celle qui fait profession de *magie*.

MAGICIENNE, subst. fém. Voy. MAGICIEN.

MAGIE, subst. fém. (*maji*) (en grec μαγεια, fait de μάγος, magicien, et proprement *mage*), art chimérique par lequel on prétend produire, contre l'ordre de la nature, et par le moyen des démons, des effets merveilleux et surprenants. On l'appelle aussi *magie noire*, par opposition à la *magie blanche* ou *naturelle*, qui, par des opérations inconnues au vulgaire, produit des effets en apparence surnaturels et merveilleux. *La magie noire* est appelée ainsi, parce qu'elle semble opérer par le ministère des démons. — Au fig., illusion qui naît des arts d'imitation : *la magie du style, d'un tableau*. — Chose difficile à comprendre.

MAGIQUE, adj. des deux genres (*majike*), qui a rapport à la *magie*.—*Miroir, lanterne magique*, machines par lesquelles on fait voir des objets surprenants, au moyen d'un artifice purement naturel. — Éblouissant, illusoire, merveilleux : *effet magique*. — Qui fait illusion dans les arts d'imitation.—On appelle *baguette magique* une verge, une baguette dont se servent les *magiciens* pour tracer des cercles dans leurs opérations et leurs enchantements.—*Carré magique*, carré formé de plusieurs cases dans lesquelles on place des nombres dont la somme, prise en tous sens, est la même. — *Tableau magique*, tableau préparé de façon à pouvoir donner la commotion électrique.

MAGISME, subst. mas. (*majiceme*), ancienne religion des *mages* en Perse.

MAGISTER, subst. mas. (*majicetère*) (mot latin qui signifie *maître*), maître d'école de village. — Au plur., des *magister*, sans *s*, le mot étant tout latin.

MAGISTÈRE, subst. mas. (*majicetère*), dignité du grand-maître de Malte.—Temps de son gouvernement.—En chim., poudre médicinale très-fine, faite par la précipitation : *magistère de corail*.—T. de chim. anc., *magistère de bismuth, de soufre, de plomb*, oxyde blanc de bismuth, de soufre, de plomb.

MAGISTRAL, E, adj. (*majicetrale*), qui tient du *maître*, qui convient à un *maître*. Il ne se dit guère que pour critiquer ou se moquer. — En t. de médec., *composition magistrale*, celle qui est faite sur-le-champ d'après l'ordonnance du médecin. — Dans le génie, *ligne magistrale*, le principal trait que l'ingénieur fait sur le papier pour représenter le plan d'une ville.—*Prébende magistrale*, dans certaines églises cathédrales, la prébende, qui, dans d'autres, s'appelait *préceptoriale*.—Dans l'ordre de Malte, *commanderies* *magistrales*, annexées à la dignité de grand-*maître*.—Au plur. mas., *magistraux*.

MAGISTRALEMENT, adv. (*majicetraleman*), d'une manière *magistrale*.

MAGISTRAT, subst. mas. (*majicetra*) (en latin *magistratus*, fait de *magister*, maître), celui qui exerce un office de judicature ou de police. — Dans quelques villes, on disait simplement le *magistrat*, pour dire le corps des officiers municipaux.

MAGISTRATURE, subst. fém. (*majicetrature*), dignité du *magistrat*.—Temps pendant le quel il exerce sa charge.—Ordre entier des *magistrats*

MAGISTRAUX, subst. mas. plur. Voy. MAGISTRAL.

MAGMA, subst. mas. (*maguema*) (en grec μαγμα), t. de pharm., le marc d'un onguent.

MAGNALE, subst. fém. (*magnale*), t. de phys., prétendu esprit de l'eau.

MAGNANERIE, subst. fém. (*magnianeri*). Voy. MAGNANIÈRE, qui semble être le même mot.

MAGNANIER, subst. mas. (*magnianié*), chef d'atelier dans les lieux où l'on élève des vers à soie.

MAGNANIÈRE, subst. fém. (*magnianière*), lieu où l'on élève des vers à soie ; coconnière.

MAGNANIME, adj. des deux genres (*magnianime*) (en latin *magnanimus* ou *magnanimis*, fait des deux mots *magnus*, grand, et *animus*, âme, esprit), qui a l'âme grande et élevée. Il ne se dit proprement que des personnes, ou de ce qui, dans les personnes, est capable de pensée et de sentiment : *prince magnanime ; cœur, âme magnanime*.—On lit cependant dans *J.-B. Rousseau* (ode 2, liv. 4) :

Mais vous savez aussi que vos faits *magnanimes*;

l'expression est inexacte. — Subst., au mas. : *le magnanime est le fait des grandes âmes*.

MAGNANIMEMENT, adv. (*magnianimeman*), d'une manière *magnanime*.

MAGNANIMITÉ, subst. fém. (*magnianimité*) (en lat. *magnanimitas*), grandeur d'âme, grandeur de courage.

MAGNAT, subst. mas. (*maguena*) (en lat. *magnates*, fait de *magnus*, grand), grand seigneur polonais. Il se dit principalement au plur. : *les magnats de Pologne*.

MAGNE, adj. des deux genres (*magnie*), vieux mot formé du latin *magnus*, et qui ne se retrouve plus que dans le nom de Charle*magne*.

MAGNÈS, et plus souvent **MAGNÈS-ARSÉNICAL**, subst. mas. (*magnièce*, *magnièçarcénikal*), dans l'ancienne chimie, mélange de parties égales d'arsenic, de soufre et d'antimoine fondus ensemble. (*Trévoux*.)

MAGNÉSIE, subst. fém. (on prononçait autrefois *maguenézi*, on dit aujourd'hui plus communément *magniézi*) (du grec μαγνης, aimant, peut-être, dit M. *Morin*, parce qu'elle happe à la langue, comme l'aimant attire le fer), terre douce, très-fine et très-blanche, qui est une des terres primitives ou élémentaires des chimistes modernes. Elle forme la base du *sel d'Epsom*, appelé à présent *sulfate de magnésie*, et, par quelques-uns, *magnésie sulfatée*.—Terre absorbante, blanche, précipitée de l'eau-mère du nitrate et d'un alcali fixe.

MAGNÉSIEN, adj. mas., au fém. **MAGNÉSIENNE** (*magniézein*, *ziène*), de *magnésie*.

MAGNÉSIENNE, adj. fém. Voy. MAGNÉSIEN.

MAGNESTRE, subst. fém. (*magueuècetre*), *magnésie*. Voy. ce mot.

MAGNÉTIQUE, adj. des deux genres (*magniétike*) (en lat. *magneticus*, fait du grec μαγνης, aimant), qui a rapport à l'aimant. On appelle *attraction magnétique*, la propriété qu'a l'aimant d'attirer le fer et l'acier, et de s'y attacher fortement ; *azimuth magnétique*, la mesure de la déclinaison aimantée. — *Matière magnétique*, nom général que l'on donne aux différentes propriétés de l'aimant.—*Magnétisme minéral*, fluide subtil et invisible qui entoure chaque aimant, soit naturel, soit artificiel, et qui paraît circuler d'un pôle à l'autre, en formant à l'aimant une espèce d'atmosphère ; *tourbillon magnétique*, la matière *magnétique* en mouvement autour et au-dedans d'un aimant ; *barreaux magnétiques*, ou *barres magnétiques*, deux barres d'acier trempé auxquelles on a communiqué la vertu *magnétique* ; *courant magnétique*, la matière *magnétique* actuellement en mouvement. —*Emplâtre magnétique*, emplâtre aujourd'hui inusité, qui avait pour base un mélange appelé *aimant arsénical*. Ce mélange était formé de parties égales d'antimoine, de soufre et d'arsenic, qu'on faisait fondre ensemble dans une cucurbite de verre.—On a nommé aussi *emplâtres magnétiques*, des composés emplastiques qui contenaient de l'aimant pulvérisé.

MAGNÉTISÉ, E, part. pass. de *magnétiser*.

MAGNÉTISER, v. act. (*magniétizé*), communiquer ou développer, mettre en mouvement et en action le *magnétisme animal*. C'est un mot nouveau, ainsi que la doctrine et les procédés auxquels il a rapport.

MAGNÉTISEUR, subst. mas., **MAGNÉTISEUSE** subst. fém. (*magniétizeur*, *zeuze*), celui, celle qui *magnétise*.

MAGNÉTISEUSE, subst. fém. Voy. MAGNÉTISEUR.

MAGNÉTISME, subst. mas. (*magniéticeme*), propriétés de l'aimant considérées collectivement : *les effets du magnétisme*. —*Magnétisme animal*, propriétés, action et effets du fluide *magnétique* introduit et mis en mouvement dans le corps de l'homme, au moyen de certains procédés.

MAGNETTES, subst. fém. plur. (*magniète*), t. de comm. ; on a donné ce nom à certaines toiles fabriquées en Hollande.

MAGNIFICAT, subst. mas. (*maguenifikate*) (mot tout latin), t. d'église ; c'est le cantique à la Vierge que l'on chante à vêpres, et qui commence par le mot *magnificat*.

MAGNIFICENCE, subst. fém. (*magnifiçance*) (en lat. *magnificentia*), qualité du *magnifique* : *il est porté à la magnificence*. En parlant des choses, somptuosité.—Pompe du style ; grandeur des images : *la magnificence des expressions, des idées*.

MAGNIFIÉ, E, part. pass. de *magnifier*.

MAGNIFIER, v. act. (*maguenifié*) (en lat. *magnificere*), exalter, élever jusqu'à la hauteur de Dieu. Inusité.

MAGNIFIQUE, adj. des deux genres (*magnifike*) (en lat. *magnificus*), en parlant des personnes, qui se plaît à faire de grandes et éclatantes dépenses, principalement dans les choses publiques. *Boileau* a dit (*Art poétique*, chant III) :

Faites choix d'un héros... en vertus *magnifique*.

L'expression en ce sens manque de propriété. — En parlant des choses, splendide, somptueux, pompeux.—*Titres magnifiques*, pompeux et éclatants. — *Termes, paroles magnifiques*, paroles pompeuses et brillantes. — *Style magnifique*, élevé et sublime.— *Promesses magnifiques*, qui font espérer de grandes choses. Il ne se dit guère qu'ironiquement.

MAGNIFIQUEMENT, adv. (*magnifikeman*), avec *magnificence* : *il bâtit magnifiquement*.

MAGNITUDE, subst. fém. (*maguenitude*) (en lat. *magnitudo*), mot plus latin que français que l'on trouve dans *Amyot* et auquel celui-ci fait signifier grandeur, puissance. Inusité.

MAGNODE, que nous donne *Boiste* pour *magode*, est un barbarisme.

MAGNOLE, subst. fém. (*magniole*), noix du *magnolier*.

MAGNOLIE, subst. fém. (*magnioli*), t. de bot., sorte de plante.

MAGNOLIER, subst. mas. (*magniolié*), t. de bot., arbre d'Amérique garni dans sa hauteur de branches et de feuilles qui lui donnent une forme conique.

MAGNOTE, subst. fém. (*magniote*), nom vulgaire de la marmotte.

MAGODE, subst. mas. (*maguode*) (en grec μαγωδος, comédien, bouffon, fait de μαγος, magicien, faiseur de prestiges, et de αειδω, je chante), baladin qui, dans les farces des anciens Grecs, jouait conjointement avec les *lysiodes*.

MAGOPHONIE, subst. fém. (*maguofoni*) (du grec μαγος, mage, et φονος, meurtre), t. d'antiq., fête en l'honneur d'un massacre de mages, qui eut lieu en Perse, 521 ans avant Jésus-Christ.

MAGOT, subst. mas. (*maguô*), t. d'hist. nat., gros singe.—Figure de la Chine. (Dans cette acception, du latin *imago*, image. *Huet*.) — Fig. et fam. : 1° homme fort laid ; 2° amas d'argent caché.

MAGRAPHE, subst. mas. (*maguerafe*), sorte d'instrument des Hébreux.

MAGRÉDINE, subst. fém. (*maguerédine*), t. de comm., toile de lin d'Égypte.

MAHALEB, subst. mas. (*ma-alèbe*), t. de bot., espèce de cerisier sauvage.

MAHERNE, subst. fém. (*ma-èrene*), t. de bot., sorte de plante.

MAHEUTRE, subst. mas. (*ma-eutre*), vieux mot aujourd'hui inusité, et par lequel on désignait un soldat royaliste, du temps de la Ligue.

MAHMEL, subst. mas. (*mamèle*), pavillon du tombeau de *Mahomet*.

MAHMOUDIER, subst. mas. (*mamoudié*), pièce d'or turque de vingt-cinq piastres.

MAHOGON, subst. mas. (*ma-oguon*), t. de bot., plante de la famille des citronniers.

MAHOMERIE, et mieux **MAHOMÉTIE**, quoique l'un ne soit guère plus usité que l'autre ; subst. fém. (*ma-omeri*, *ma-oméci*), mosquée turque, (*Boiste*.) Inusité.

MAHOMÉTAN, **E**, subst. et adj. (*ma-ométan*, *tane*), celui, celle qui professe le *mahométisme*. — Adj. : *la religion mahométane*.

MAHOMÉTISME, subst. mas. (*ma-ométiceme*), religion de *Mahomet*.

MAHON, subst. mas. (*ma-on*), drap de laine fabriqué en Languedoc.—Subst. propre mas., port célèbre. Il fait partie des îles Baléares.

MAHOT, subst. mas. (*ma-ô*), t. de bot., arbrisseau des îles.

MAHUTE, subst. fém. (*ma-ute*) (du vieux mot français *mahute*, qui signifiait *bras*), t. d'hist. nat., la partie des ailes des oiseaux de proie qui tient au corps.

MAI, subst. mas. (*mè*) (du latin *majores* ; parce que ce mois, chez les anciens Romains, était consacré aux vieillards. D'autres disent qu'il fut ainsi nommé en l'honneur de la déesse *Maïa*, mère de Mercure, ou de la déesse *Majestas*, que l'on disait fille de l'*Honneur* et de la déesse *Reverentia*.), le cinquième mois de l'année. — Arbre qu'on plante le premier jour de *mai* en divers endroits. — T. de marine, espèce de grand coffre dont le fond est en grillage à jour, pour faire égoutter les cordages nouvellement goudronnés. En ce sens, ou dit aussi *maie*.

MAÏA, subst. propre fém. (*ma-ia*), myth., fille d'Atlas et de Pléione, qui fut aimée de Jupiter dont elle eut Mercure. Les astronomes ont donné son nom à l'une des sept pléiades.

MAÏDAN, et non pas **MAIDAN**, subst. mas. (*ma-idan*), en Orient, place où se tient le marché. — Le marché lui-même.

MAIE, subst. fém. (*mè*) (en lat. *mactra*, fait du grec μακτρα, dérivé du verbe ματτω, je pétris), dans quelques départements, huche ou coffre à pétrir le pain.—Voyez la troisième acception du mot MAI.

MAÏEUR, subst. mas. (*ma-ieur*), en divers endroits, la même chose que *maire*. Vieux, hors d'usage.

MAIGRE, adj. des deux genres (*mèguere*) (en latin *macer*, fait du grec μακρος, long, parce que les gens maigres paraissent longs), en parlant des personnes, qui a très-peu de graisse ; qui est sec et décharné. — Il se dit dans le même sens des animaux, et surtout de ceux qu'on mange.— En parlant des choses, il a différents sens : *terre fort maigre*, aride, qui rapporte peu.—T. de maçon. : *pierres maigres*, dont les angles sont plus aigus qu'ils ne doivent l'être. — *Il a chassé son fils pour un maigre sujet*, pour un sujet bien léger. — *Maigre divertissement*, peu agréable. — *Maigre chère*, mauvaise chère.—*Style maigre et décharné*, sans agrément, sans ornement.— *Pinceau, trait, contour maigre*, qui n'est point nourri, large, moelleux. — *Repas maigre*, repas où l'on ne sert point de viande. — *Soupe maigre*, soupe faite sans graisse, ni bouillon de viande. — *Jours maigres*, auxquels l'Église défend de manger de la viande. — En t. de maître d'écriture, on appelle *caractère maigre*, un caractère dont les traits, tracés avec timidité ou trop légèrement, ou trop obliquement, présentent des pleins faibles et délicats, des liaisons et des déliés de plusieurs espèces. — Prov. : *aller du pied comme un chat maigre*, fort vite. — T. de marine, *équerrage en maigre*, équerrage selon l'angle aigu d'une section de couple de l'avant ou de l'arrière.— Subst. mas., chair qui n'a point de graisse. — Œufs, poisson et autres mets différant de la viande : *traiter en maigre*.—T. d'hist. nat., grand poisson de mer. — Adv. : *faire ou manger maigre*, s'abstenir de manger de la chair.—En t. de maréchal : *étamper maigre*. Voy. ÉTAMPER. — T. de fauconnerie : *voler bas et maigre*, voler avec contrainte.

MAIGRELET, adj. mas., au fém. **MAIGRELETTE** (*mèguerelè*, *lète*), un peu *maigre* : *cet enfant est maigrelet*. Il est fam.

MAIGRELETTE, adj. fém. Voy. MAIGRELET.

MAIGREMENT, adv. (*mègueremán*), d'une manière *maigre*. Il est peu usité au propre. — Au figuré, petitement.

MAIGRET, adj. mas., au fém. **MAIGRETTE** (*mèguerè, guerète*), un peu *maigre*. Il est fam.

MAIGRETTE, adj. fém. Voy. MAIGRET.

MAIGREUR, subst. fém. (*mègueren̄r*), état du corps des hommes et des animaux *maigres*.—On l'emploie même au fig. : *la maigreur du style; maigreur de touche.*

MAIGRI, E, part. pass. de *maigrir*.

MAIGRIR, v. neut. (*mèguerir*), devenir *maigre*: *il maigrit à vue d'œil; elle maigrit de jour en jour.*—Act., t. de mar. : *maigrir une pièce de bois*, en ôter ce qu'il faut pour lui donner la figure qu'elle doit avoir.—SE MAIGRIR, v. pron.

MAIGUE, subst. fém. (*mègue*), t. d'hist. nat., poisson de mer.

MAIL, subst. mas. (*ma-ie*) (du lat. *malleus*, marteau, maillet), masse de bois garnie de fer par les deux bouts, qui a un long manche et dont on se sert pour jouer en poussant une boule de bois. Allée, etc., où l'on joue au *mail*.—Le jeu lui-même.—*Boule de mail*, la boule avec laquelle on joue au *mail*. — Gros marteau à l'usage des carriers, etc.— Espèce de mortier fait en Italie avec de la chaux vive fusée dans du vin, du suif de cochon et des figues fraîches.

MAILLE, subst. fém. (*mâ-ie*) (en lat. *macula*), petit anneau dont plusieurs réunis font un tissu: *maille de filet*; et dans un sens approchant : *les mailles d'un bas d'estamet, de soie; il y a une maille rompue à votre bas.*—Anciennement, annelets de fer dont on faisait des armures : *chemise, jaque, cotte de mailles.* — Taches qui se forment sur les plumes du perdreau quand il devient grand.—Tache ronde qui vient sur la prunelle de l'œil.—En t. de marine, distance entre les membres d'un vaisseau.—Sorte de petit poids. —Ancienne monnaie de compte, qui faisait la moitié du denier tournois, et se divisait en deux pittes. — On dit prov., dans le dernier sens : *faire la maille bonne*, garantir que le compte est juste. — *N'avoir ni sou, ni maille*, être extrêmement pauvre. — *Ils ont toujours maille à partir ensemble, à partager*, ils ont toujours quelque différend.

MAILLÉ, E, part. pass. de *mailler*, et adj. : *fer maillé*, treillis de fer qui se met à une fenêtre.

MAILLEAU, subst. mas. (*ma-iô*), petit instrument de bois qui sert aux tondeurs de drap à faire mouvoir le côté des forces qu'on appelle le mâle.

MAILLER, v. act. (*ma-ié*), armé de *mailles*. On ne le dit plus que des chiens qu'on mène à la chasse du sanglier. — Faire des *mailles* de filet, etc.— Espacer des échalas de treillage par intervalles égaux. — Tracer un parterre sur le marbre avec un *maillet* de bois, pour en faire disparaître un grain. — On dit aussi, à peu près dans le même sens, *mailler les cuirs*, etc.—Neut., il s'emploie en parlant d'un nœud où se forme le fruit dans le raisin, les melons, les concombres. — SE MAILLER, v. pron.; il se dit des perdreaux à qui les *mailles* commencent à venir.

MAILLERIE, subst. fém. (*ma-ieri*), moulin pour battre le chanvre.

MAILLET, subst. mas. (*ma-ié*) (en lat. *malleus*), espèce de marteau de bois à deux têtes. Il y a, dans presque tous les arts, des *maillets* dont la forme varie, suivant l'usage auquel ils sont principalement destinés. — Ancienne arme en usage dans le quatorzième siècle. Les trente chevaliers bretons, dans leur fameux combat avec un pareil nombre d'Anglais, se servirent entre autres armes de *maillets*. — Chez les anciens Romains, et dans le langage mystérieux des prêtres, la hache avec laquelle on immolait les victimes. Cette hache coupait d'un côté, et frappait de l'autre qui était fait en marteau.

MAILLETAGE, subst. mas. (*ma-ietaje*), t. de mar.; garniture de clous à la carène d'un bâtiment à flot, pour éviter la piqûre des vers.

MAILLETÉ, E, part. pass. de *mailleter*.

MAILLETER, v. act. (*ma-ieté*), couvrir de clous le doublage d'un vaisseau. — SE MAILLETER, v. pron.

MAILLEUR, subst. mas. (*mâ-ieur*), ouvrier qui *maille*, qui fait des filets. On le nomme aussi *laceur*.

MAILLIER, subst. mas. (*ma-ié*), chaînetier.

MAILLOCHE, subst. fém. (*ma-ioche*), gros *maillet* de bois.

MAILLOIR, subst. mas. (*ma-ioar*), dans les blanchisseries, marbre ou pierre dure sur laquelle on bat les toiles avec des *maillets* de bois.

MAILLON, subst. mas. (*ma-ion*), anneau d'émail ou de verre qui, dans les métiers d'étoffes façonnées, servent à suspendre les fils des chaînes.—En t. de chaînetiers, chaque petite portion du tissu qui forme une chaîne flexible sur toute sa longueur. C'est par l'assemblage des *maillons* que se forme la chaîne.

MAILLOT, subst. mas. (*ma-iô*), couches, langes et bandes dont on *emmaillotte* un enfant. — *Enfant en maillot*, enveloppé dans son *maillot*. —*Enfant au maillot*, très-jeune.—T. d'hist. nat., genre de testacés univalves.

MAILLOTIN, subst. mas. (*mâ-iotein*), arme ancienne qui était une espèce de masse de bois ou de fer, pour enfoncer les casques et les cuirasses. —Au plur., factieux, ainsi nommés sous Charles VI, parce qu'ils s'armèrent d'abord de *maillotins*, qu'ils enlevèrent de l'arcenal, pour assommer les commis des douanes.

MAILLURE, subst. fém. (*ma-iure*), taches ou mouchetures qui forment comme des *mailles* sur les ailes d'un oiseau de proie.

MAIMON, subst. mas. (*mémon*), t. d'hist. nat., singe du genre macaque.

MAIN, subst. fém. (*mein*) (en latin *manus*), partie du corps humain qui est au bout du bras et qui a cinq doigts.— Fig., 1° puissance : *c'est un coup de la main de Dieu*; 2° dépendance : *je suis sous sa main*; 3° soin, surtout en parlant d'éducation : *il est formé de la main d'un tel.*— En t. de manège, 1° pied de devant du cheval. Il est peu usité; 2° division du cheval en deux parties à l'égard de la main du cavalier : *ce cheval est beau de la main en avant*, il a la tête et l'encolure belles ; *il est mal fait de la main en arrière*, de la croupe, du train de derrière.— *Un cheval bat à la main*, lorsqu'il secoue la tête et lève le nez ; *il tire à la main*, lorsqu'il résiste aux efforts du cavalier ; *il force la main*, lorsqu'il a la tête pesante ou qu'il s'appuie sur le mors; *il part de la main*, lorsqu'il part légèrement, et qu'il prend bien le galop, qu'il s'emporte malgré le cavalier.— *Lâcher, rendre la main à un cheval*, lui lâcher la bride.—On appelle *main de la bride*, la main gauche du cavalier.—*Cheval de main*, cheval de maître mené par un valet monté sur un autre cheval.—*Changer de main*, porter la tête du cheval d'une main à l'autre, pour le faire aller à droite ou à gauche.— On dit d'un cheval de carrosse qu'*il est sous la main*, pour dire qu'il est attelé ou qu'on a coutume de l'atteler sous la main droite du cocher; et qu'*il est hors de la main*, lorsqu'il est sous la main gauche. — Au jeu de cartes, un levé : *il a déjà trois mains*. On dit au piquet qu'*un homme a la main*, lorsque c'est à lui à jouer le premier; et au lansquenet, lorsque c'est lui qui donne les cartes. A ce dernier jeu, *faire la main*, c'est faire un certain nombre de cartes.— Le pied de quelques oiseaux, comme des perroquets et des oiseaux de fauconnerie. En ce dernier sens, on dit d'un faucon pour en faire l'éloge, qu'*il a la main habile, bonne, gluante, déliée, bien onglée*, etc.— Morceau de fer qui est au bout de la corde d'un puits, et où on passe l'anse du seau. — Il se dit quelquefois, dans la poulie, de sa chape ou écharpe.—Petite machine de cuivre qui sert à prendre de l'argent sur un comptoir.— Certaines pièces de fer dans lesquelles sont passées les soupentes d'un carrosse.— Les cordons attachés en dedans du carrosse pour se soutenir avec la main.— Pelle pour transporter du feu.— Anneau d'un tiroir.—En bot., productions menues et filamenteuses, par lesquelles la vigne et plusieurs plantes s'attachent aux corps qui en sont près. On les appelle aussi *vrilles*, parce qu'elles sont repliées sur elles-mêmes. — Au plur., dans les manufactures de glaces, deux outils de cuivre ou de fer, destinés à retenir le verre en fusion, et à l'empêcher de déborder au-dessus des tringles, par la pression d'un rouleau. —*Main* est encore un terme commun à divers autres arts et sciences.—*Main de papier*, vingt-cinq feuilles de papier blanc pliées ensemble.—*Mettre l'épée à la main*, tirer l'épée hors du fourreau. Cette phrase paraît être ce qu'on appelle une phrase faite, dont on ne peut séparer les mots. Ainsi il y aurait de l'inexactitude dans ce passage du *Télémaque*, liv. XX : *Télémaque voyant Adraste l'épée à la main, se hâta de la mettre aussi.*— *Mettre la main à l'épée*, mettre la main sur la garde de son épée.—*Lever la main*, jurer et affirmer en justice. — *Avoir une belle main*, une belle écriture. — *Reconnaître la main de quelqu'un*, reconnaître son écriture.—Fig., *ils se tiennent par la main*, ils sont liés d'intérêts; ils se donnent mutuellement assistance.—*Un chirurgien a la main légère*, lorsqu'il fait ses opérations avec habileté, et en peu de temps; dans le cas contraire, on dit qu'*il a la main pesante ; il a la main heureuse*, lorsqu'il réussit ordinairement dans des opérations difficiles.—Fig.: *faire tomber les armes des mains de quelqu'un*, l'apaiser. — *Avoir la main rompue à quelque chose*, faite et dressée à quelque chose.—*Tendre la main*, demander l'aumône. — *Tendre la main à quelqu'un*, l'aider, le favoriser. — *Donner la main à quelqu'un*, lui donner la main droite et le lieu d'honneur. — *Lever la main sur quelqu'un*, le battre, ou simplement l'en menacer.—*Battre des mains*, applaudir.—*De la main à la main*, de la main du payant à celle du payé. — *De longue main*, depuis long-temps.—*Tenir la main haute*, traiter avec sévérité. — *Forcer la main*, contraindre.—*Entre les mains*, sous la puissance, sous l'autorité, sous la direction de quelqu'un.— Les imprimeurs appellent *main*, un signe figuré comme une *main*, et dont ils se servent pour marquer une observation.—*Donner la main à une dame*, lui aider à marcher, à monter en carrosse, etc.—En poésie, *donner sa main*, épouser.— On dit : *je vous baise les mains*, et c'est une formule de civilité, pour dire, je vous présente mes civilités.—On le dit aussi ironiquement, pour marquer qu'on est bien éloigné d'accorder de faire une chose, parce qu'on sent bien qu'on en éprouverait quelque perte, quelque désavantage, quelque chagrin : *vous voulez que j'achette votre maison à un si haut prix! je vous baise les mains; vous voulez que je m'expose seul à ce danger! je vous baise les mains.*—*Prendre, recevoir une chose de la main de quelqu'un*, c'est la prendre, la recevoir de sa part, dans la confiance qu'il la connaît bien, et qu'il ne la procurerait pas s'il n'était pas sûr qu'elle ne convînt : *je veux un domestique de votre main.*—*Mettre la main sur le collet de quelqu'un*, l'arrêter pour le mettre en prison : *mettre la main sur quelqu'un*, le frapper.—On dit qu'*une chose*, qu'*une affaire est en bonne main*, pour dire que la personne qui en est chargée est en état de la faire réussir.—*Prendre en main les intérêts, la cause de quelqu'un*, se charger de défendre ses intérêts, sa cause.—*Tenir la main à une chose*, avoir soin de la faire exécuter. — *Donner les mains à quelque chose*, y consentir, ne pas s'y opposer. — En t. de comm., *lâcher la main*, diminuer du prix demandé.—*Acheter de la première main*, acheter en fabrique ; et fig., *tenir une nouvelle de la première main*, la tenir d'une personne qui a dû en être instruite la première. — *Acheter de la seconde main*, de celui qui revend. — *Acheter de la viande à la main*, l'acheter sans la peser. — *Vendre hors la main*, se dit, à Amsterdam, des marchés entre l'acheteur et le vendeur, sans l'intervention d'aucun intermédiaire. — *Ma vie est entre vos mains*, en votre pouvoir, en votre disposition. *Racine* a dit très-irrégulièrement dans *Bajazet* :

Ma liberté, mes jours seront en votre *main*.

—*Un coup de main*, un coup hardi.—*Un homme de main*, d'exécution.—*Être aux mains*, se battre.— *Mettre aux mains*, engager le combat entre...—*Faire main basse*, passer au fil de l'épée. —*Faire main basse sur quelque chose*, se l'approprier.—*Être en bonnes mains*, sous l'autorité, sous la tutelle d'un homme capable.—*Prendre à la main*, prendre avec la main.— On dit que *des personnes se tiennent toutes par la main*, qu'*elles se donnent la main l'une à l'autre*, pour dire qu'elles s'entendent entre elles, qu'elles se prêtent mutuellement assistance. — *Main* s'emploie figurément dans un grand nombre de phrases proverbiales ou familières dont voici les plus usitées : *on a fait cette affaire contre mon avis, je m'en lave les mains*; je n'y ai point de part, on ne peut m'accuser d'y avoir eu part. On dit aussi, dans le même sens, en parlant d'une affaire odieuse : *j'en ai les mains nettes.*—*Ces deux hommes sont comme les deux doigts de la main*, *sont unis comme les deux doigts de la main*, vivent ensemble dans une amitié intime. On dit en parlant d'un fait, qu'on *en mettrait la main au feu*, pour dire qu'on en a une certitude entière.— On dit que *les mains démangent à quelqu'un*, pour dire qu'il a grande envie de faire une chose, comme jouer, se battre, etc. — *Aller bride en main dans une affaire*, y procéder avec beaucoup de retenue et de circonspection.—*Rendre une chose en main propre*, la remettre à la personne même à laquelle elle doit être remise.—*Mettre une chose en main tierce*, la mettre entre les mains d'un tiers.—*Une chose est sous la main*, lorsqu'elle est proche de nous, à notre portée. On le dit aussi pour signifier qu'une chose est dans notre dépendance, que nous pouvons en disposer quand nous le jugerons à propos.—On dit en parlant de deux personnes qui s'accommodent facilement ensemble, parce qu'elles sont de même profession, que *de l'une à l'autre il n'y a que la main.*—*Mettre la main à la conscience* ou *sur la conscience*, examiner si l'on a fait tort à quelqu'un, si l'on a commis quelque injustice.—*A deux mains*, avec les deux mains : *boire à deux mains.*—On dit qu'une chose est *à deux mains*, quand on s'en sert en la tenant avec les *deux mains* : *épée à deux mains*; ou quand on peut l'employer à des usages différents : *cheval à deux mains*, qui peut servir à la selle et à la voiture. On dit aussi qu'*un homme est à deux mains*, quand on peut s'en servir à différents usages. —*Prendre à toutes mains*, se dit des gens en place qui abusent de leur autorité ou de leurs fonctions pour tirer de l'argent de tous ceux qui ont affaire à eux.—*A pleines mains*, abondamment, libéralement : *donner à pleines mains.*—*En un tour de main*, en aussi peu de temps qu'il en faut pour tourner la main : *il change d'avis en un tour de main.*—*Faire une chose haut la main*, avec hauteur, avec une autorité absolue. — *Battre des mains*, applaudir.—*Faire sa main*, piller quand on en a l'occasion. — *Mettre la main à l'œuvre*, commencer à travailler.—*Mettre la main à un ouvrage*, y travailler conjointement avec le principal auteur.—*Mettre, donner la dernière main à un ouvrage*, achever un ouvrage, y donner la dernière perfection.—On dit qu'*un ouvrage est de main de maître*, pour dire qu'il est fait par une personne qui possède bien son art. — *Faire valoir une terre par ses mains*, c'est la cultiver soi-même. — Prov. et fig. : *mettre la main à la pâte*, travailler soi-même à faire quelque chose, aider à quelque chose.—On dit qu'*une chose est faite à la main*, pour marquer qu'elle a été préparée, concertée, quoiqu'on veuille la faire passer pour un effet du hasard. — En t. de jurispr., *saisir entre les mains de quelqu'un*, s'opposer à la délivrance des deniers qui sont entre les mains de quelqu'un : *il a saisi entre les mains de tous les débiteurs.* — *Plaider la main garnie*, plaider pour une chose dont on ne laisse pas de jouir pendant le procès.—*Vider ses mains*, se dessaisir de l'argent qu'on avait entre les mains, et le payer à qui il est ordonné par justice.—*Un immeuble*, ou autre effet, *est sous la main de la justice*, lorsqu'il est sous la puissance et l'autorité publiques. — *Imposer les mains*, se dit de la cérémonie que font les évêques dans la consécration des évêques et dans l'ordination des prêtres : *l'évêque lui imposa les mains.* — Fig. : *lier les mains à...*, empêcher d'exécuter ce qu'on voudrait faire. — Prov., 1° *avoir les mains dans ses poches*, ne rien faire; 2° *avoir les mains nettes*, ne pas s'être laissé corrompre par argent; 3° *mettre à quelqu'un le pain à la main*, être la première cause de sa fortune.—*Tours des mains*, tours de subtilité et d'adresse, tels que ceux des escamoteurs. — *De main morte : y aller de main morte*, sans force, sans ardeur, doucement. — Fam. : *cet homme n'y va pas de main morte*, il frappe bien fort; et figur. et fam. : *ce critique n'y va pas de main morte*; il réfute avec force l'ouvrage qu'il examine.—*De main en main*, d'une personne à l'autre.—*De longue main*, depuis long-temps. — *Sous main*, clandestinement, en se cachant.

MAINA, subst. propre mas. (*mèna*), contrée de la Morée.—Ville de la Morée.

MAINATE, subst. mas. (*mènate*), t. d'hist. nat., genre d'oiseaux de l'ordre des silvains, de la famille des caronculées.

MAINBRAY, subst. propre mas. (*meinbrè*), village de France, en Franche-Comté.

MAIN-CHAUDE, subst. fém. (*meinchôde*), sorte de jeu où l'un des joueurs frappe dans la main d'un autre, jusqu'à ce que ce dernier ait deviné qui l'a touché.—Sans plur.

MAIN-COULANTE, subst. fém. (*meinkoulante*), partie de rampe qui recouvre les balustres d'un escalier ; rampe qui sert d'appui à la main.—Au plur., des *mains-coulantes.*

MAIN-COURANTE, subst. fém. (*meinkourante*), petit registre, calepin particulier pour les dépenses et les achats de chaque jour. — Au plur., des *mains-courantes.*

MAIN-DE-DIEU, subst. fém. (*meindedieu*), t. de pharm., emplâtre d'huile, cire, myrrhe, encens, mastic, gomme ammoniaque, galbanum, etc.—Au plur., des *mains-de-Dieu.*

MAIN-DE-JUSTICE, subst. fém. (*meindejucetice*), sceptre terminé par une main. — Au plur., des *mains-de-justice.*

MAIN-D'ŒUVRE, subst. fém. (*meindeuvre*), le travail de l'ouvrier. —Au plur., des *mains-d'œuvre.*

MAINE, le **MAINE**, subst. propre mas. (*mène*), province de France bornée au nord par la Normandie, au couchant par la Bretagne, au sud par l'Anjou et la Touraine, et au levant par le Perche. Elle est baignée par la Mayenne et la Sarthe.—Un des États unis de l'Amérique septentrionale.

MAINE-ET-LOIRE, subst. propre mas. (*mèneloare*), dép. de France, qui fait partie de l'ancienne province d'Anjou, dont la capitale est Angers.

MAINEVILLE, subst. propre fém. (*mènevile*), bourg de France en Normandie, situé à neuf lieues de Rouen.

MAIN-FERME, subst. fém. (*meinfèreme*), étoffe de laine croisée.—Vieux t. de coutume qui signifiait : bail à cens.—Au plur., des *mains-fermes.*

MAIN-FLEURIE, subst. fém. (*meinfleuri*), sorte de petit papier.—Au plur., des *mains-fleuries.*

MAIN-FORTE, subst. fém. (*meinforte*), assistance qu'on donne à quelqu'un et surtout à la justice. — Sans plur.

MAIN-GARNIE, subst. fém. (*meinguarni*), possession d'une chose en litige. — Au plur., des *mains-garnies.*

MAIN-LEVÉE, subst. fém. (*meinlevé*), permission, liberté obtenue en justice de disposer de ce qui a été saisi : *donner, obtenir main-levée.* — Au plur., des *mains-levées.*

MAIN-MISE, subst. fém. (*meinmize*), t. de palais, saisie. Il se disait surtout de la saisie féodale. — Fam. : *user de main-mise*, frapper quelqu'un.—Au plur., *des mains-mises.*

MAIN-MORTABLE, adj. des deux genres (*meinmortable*), qui est de *main-morte.* — Au plur., *main-mortables*, des *gens main-mortables.*

MAIN-MORTE, subst. fém. (*mein-morte*) (du lat. *manus mortua*, qui, selon *Wachter*, se dit, au propre, d'une main coupée ou mutilée, dont il est impossible de faire aucun usage, et par allusion, au figuré, d'une chose dont on ne peut librement se servir ni disposer, soit à raison de la qualité de serf, soit par toute autre cause quelconque), t. de féod., état de ceux qui ne peuvent rendre les services ou devoirs auxquels les fiefs obligent, et dont les biens ne sont pas sujets à mutation. — Sans plur.

MAINOTE, subst. des deux genres (*mènote*), habitant de *Maina*, ou de la côte méridionale de la Morée qui regarde l'Afrique.

MAIN-POTE, subst. fém. (*meinpote*), main mutilée, qui s'est rétrécie.—Au plur., des *mains-potes.*

MAINT, E, adj. (*mein, meinte*), (suivant *Ménage*, du latin *multus*; suivant *Huet*, de *maint* et *ment*, qui, en gallois et en bas-breton, signifient *quantité*, *grandeur*), plusieurs : *maint homme, mainte personne.* — *Maintes fois*, loc. adv., plusieurs fois, souvent.—MAINTS, PLUSIEURS. (*Syn.*) Le mot *plusieurs*, dit *Roubaud*, marque purement et simplement la pluralité, le nombre; tandis que *maint* réduit la *pluralité* à une sorte d'unité, comme si les objets formaient une exception, un tout séparé du reste, un corps à part. — On l'emploie souvent en le répétant : *par maints et maints auteurs*, ou mieux au singulier, *dans maint et maint écrit.* — La locution de *maint auteur* semble annoncer un nombre d'auteurs qui forment une sorte de classe, et comme s'ils faisaient cause commune : *plusieurs* n'annonce que le nombre, sans désigner aucun rapport particulier entre eux, si ce n'est qu'ils ont la même opinion, la même marche, le même titre, ou quelque chose de semblable. — Ces mots disent plus que *quelques-uns*, et moins que *beaucoup.*

DU VERBE IRRÉGULIER **MAINTENIR** :

Maintenaient, 3e pers. plur. imparf. indic.
Maintenais, précédé de *je*, 1re pers. sing. imparf. indic.
Maintenais, précédé de *tu*, 2e pers. sing. imparf. indic.
Maintenait, 3e pers. sing. imparf. indic.
Maintenant, part. prés.

MAINTENANT, adv. (*meintenan*) (du lat. *manus*, main, et *tenere*, tenir, comme qui dirait *qui tient en main*, Ménage), présentement, à cette heure.—*Maintenant que*, loc. conj.

MAINTENEUR, subst. mas. (*meinteneur*), qui *maintient*.—Nom que prirent les instituteurs des Jeux Floraux en 1423.

DU VERBE IRRÉGULIER **MAINTENIR** :

Maintenez, 2e pers. plur. impér.
Maintenez, précédé de *vous*, 2e pers. plur. prés. indic.
Mainteniez, précédé de *vous*, 2e pers. plur. imparf. indic.
Mainteniez, précédé de *que vous*, 2e pers. plur. prés. subj.
Maintenions, précédé de *nous*, 1re pers. plur. imparf. indic.
Maintenions, précédé de *que nous*, 1re pers. plur. prés. subj.

MAINTENIR, v. act. (*meintenir*) (du lat. *manus*, main, et *tenere*, tenir; *tenir la main* à une chose), tenir au même état : *cette barre de fer maintient la charpente*; *maintenir les lois*; *être maintenu en possession.* Affirmer : *je vous maintiens que...*) — *se* MAINTENIR, v. pron., demeurer dans le même état. — MAINTENIR, SOUTENIR. (*Syn.*) On *maintient* ce qui est déjà tenu, et qu'il faut tenir encore pour qu'il subsiste dans le même état. On *soutient* ce qui a besoin d'être tenu par une force particulière, et qui courrait risque sans cela de tomber : c'est surtout la vigilance qui *maintient*; c'est surtout la force qui *soutient*. La puissance *soutient* les lois ; les magistrats en *maintiennent* l'exécution.

MAINTENON, subst. fém. (*meintenon*), petite croix que les femmes portent au cou, dont le bâton et la traverse sont ronds, et les extrémités d'en haut et des deux bras garnies de trois boutons, quelquefois même de trois diamants. (De madame de *Maintenon*, qui, sous Louis XIV, porta la première ce genre de parure.) — Subst. propre mas., village de France situé entre Chartres et Nogent-le-Roi, sur la rivière d'Eure.

DU VERBE IRRÉGULIER **MAINTENIR** :

Maintenons, 1re pers. plur. impér.
Maintenons, précédé de *nous*, 1re pers. plur. prés. indic.
Maintenu, *e*, part. pass.

MAINTENUE, subst. fém. (*meintenu*), t. de palais, acte par lequel on est *maintenu* dans la possession d'une chose. — Confirmation dans la possession provisoire.

MAINTIEN, subst. mas. (*meintiein*), conservation : *le maintien des lois, de l'autorité, de la discipline.*— Port du corps, air du visage, contenance : avec cette différence que le *maintien* est pour montrer des égards aux autres hommes; la *contenance* est pour leur imposer. (*Beauzée.*) — *N'avoir point de maintien*, avoir l'air gauche et embarrassé.

DU VERBE IRRÉGULIER **MAINTENIR** :

Maintiendra, 3e pers. sing. fut. indic.
Maintiendrai, 1re pers. sing. fut. indic.
Maintiendraient, 3e pers. plur. prés. cond.
Maintiendrais, précédé de *je*, 1re pers. sing. prés. cond.
Maintiendrais, précédé de *tu*, 2e pers. sing. prés. cond.
Maintiendrait, 3e pers. sing. prés. cond.
Maintiendras, 2e pers. sing. fut. indic.
Maintiendrez, 2e pers. plur. fut. indic.
Maintiendriez, 2e pers. plur. prés. cond.
Maintiendrions, 1re pers. plur. prés. cond.
Maintiendrons, 1re pers. plur. fut. indic.
Maintiendront, 3e pers. plur. fut. indic.
Maintienne, précédé de *que je*, 1re pers. sing. prés. subj.
Maintienne, précédé de *qu'il* ou *qu'elle*, 3e pers. sing. prés. subj.
Maintiennent, précédé de *ils* ou *elles*, 3e pers. plur. prés. indic.
Maintiennent, précédé de *qu'ils* ou *qu'elles*, 3e pers. plur. prés. subj.
Maintiennes, 2e pers. sing. prés. subj.
Maintiens, 2e pers. sing. impér.
Maintiens, précédé de *je*, 1re pers. sing. prés. indic.
Maintiens, précédé de *tu*, 2e pers. sing. prés. indic.
Maintient, 3e pers. sing. prés. indic.
Maintinmes, 1re pers. plur. prét. déf.
Maintinrent, 3e pers. plur. prét. déf.
Maintins, précédé de *je*, 1re pers. sing. prét. déf.

Maintins, précédé de *tu*, 2ᵉ pers. sing. prét. déf.
Maintinsse, 1ʳᵉ pers. sing. imparf. subj.
Maintinssent, 3ᵉ pers. plur. imparf. subj.
Maintinsses, 2ᵉ pers. sing. imparf. subj.
Maintinssiez, 2ᵉ pers. plur. imparf. subj.
Maintinssions, 1ʳᵉ pers. plur. imparf. subj.
Maintint, précédé de *il* ou *elle*, 3ᵉ pers. sing. prét. déf.
Maintînt, précédé de *qu'il* ou *qu'elle*, 3ᵉ pers. sing. imparf. subj.
Maintîntes, 2ᵉ pers. plur. prét. déf.

MAÏPOURI, subst. mas. (*ma-ipouri*), t. d'hist. nat., perruche à tête noire.

MAIRAIN, subst. mas. Voy. MERRAIN.

MAIRE, subst. mas. (*mère*) (du lat. *major*, supérieur), premier officier d'une commune, chef du corps municipal. — *Maire du palais*, sous la première race de nos rois, premier et principal officier qui avait la disposition de toutes les affaires de l'état. — *Maire de Londres* ou *lord-maire*, premier magistrat qui a le gouvernement civil de Londres.

MAIRESSE, subst. fém. (*mérèce*), femme d'un *maire*.

MAIRIE, subst. fém. (*méri*), et non pas *mèreri*, comme dit le peuple), charge et dignité de *maire*. — Temps qu'on exerce cette charge. — Maison, bureaux du *maire*.

MAIS, conjonction adversative (*mè*) (du lat. *magis*, davantage); elle marque 1° contrariété, exception, différence ; 2° augmentation ou diminution : *non-seulement il est bon, mais encore il est brave*. — Autrefois, plus, davantage. Le peuple le dit encore dans quelques départements. — Elle sert quelquefois de transition : *mais c'est assez parler de cela, passons à...* — *Mais* s'emploie subst. dans le style familier : *il y a toujours avec lui des si et des mais*, des obstacles, des empêchements. — On dit aussi adv. dans le même style : *je n'en puis mais; en puis-je mais ?* ce n'est pas ma faute; est-ce ma faute ?

MAÏS, subst. mas. (*ma-ice*), t. de bot., plante annuelle, à fleur à étamines, originaire d'Amérique, qui, de toutes les graminées, est l'espèce qui fournit la plus grande quantité de farine. On la nomme aussi *blé de Turquie*, *blé d'Inde*; en Angoumois, *blé d'Espagne*; en Limousin et en Guyenne, *gros millet*.

MAISON, subst. fém. (*mèzon*) (du lat. *mansio*, demeure, séjour, dont on a fait, par corruption, d'abord *masio*, et ensuite *maison*), logis, bâtiment, pour y loger. Le mot de *maison*, dit *Beauzée*, marque plus particulièrement l'édifice; celui de *logis* est plus relatif à l'usage. On loge dans une *maison*; et une *maison* a plusieurs corps de *logis* qui peuvent être occupés par différentes personnes; une seule chambre peut être un *logis*, et jamais *une maison*. — Toutes les personnes qui sont d'une même famille. — Chez les princes, etc., tous les officiers et domestiques d'une *maison*. — *Maison* se dit d'une compagnie, d'une communauté d'ecclésiastiques, de religieux. On disait, lorsque la Sorbonne existait : *docteur de la maison et société de Sorbonne...; la maison professe des jésuites*. — Il se dit collectivement des familles illustres sorties d'une origine commune : *la maison de Bourbon, la maison royale, la maison de Lorraine*. — Établissement de commerce : *il a une maison à Amsterdam et une autre à Cadix; c'est une bonne maison, une maison solide*. — *Maison de ville*, 1° la *maison* commune. Voy. HÔTEL-DE-VILLE; 2° la *maison* qu'un particulier habite à la ville, par opposition à *maison de campagne, maison des champs*. — Une *maison des champs* est une habitation avec les accessoires nécessaires aux vues économiques qui l'ont fait construire ou acheter; comme un verger, un potager, une basse-cour, des écuries pour toutes sortes de bétail, un vivier, etc. — Une *maison de campagne* est une habitation avec les accessoires nécessaires aux vues de liberté, d'indépendance et de plaisir qui en ont suggéré l'acquisition, comme avenues, remises, jardin, parterre, bosquet, parc, etc. — *Maison rustique*, tous les bâtiments qui composent une ferme, une métairie. — *La maison de Dieu*, l'église. — *Maison du roi*. En France, on appelle ainsi, 1° tous les officiers de la bouche, de la chambre, de la garde-robe, etc., attachés au service du roi; 2° les troupes destinées à la garde de sa personne. — *Maison royale*, les princes du sang. — *Maison garnie*, maison meublée à louer en tout ou en partie. — *Petites maisons*, hôpital où l'on enferme les gens aliénés ; *c'est un homme qu'il faudrait mettre aux petites maisons*. — On appelle *petite maison*, au sing., une maison située dans un quartier éloigné, et dont on se sert pour faire des parties secrètes. — *Maison d'arrêt*, prison. — *Maison de détention*, lieu légalement et publiquement désigné pour tenir renfermées les personnes dont la loi a ordonné la détention. — *Tenir maison*, tenir ménage. — *Faire sa maison*, prendre des domestiques. — *Faire maison nette*, les renvoyer tous. — *Faire maison neuve*, en prendre d'autres. — *Faire bien les honneurs de sa maison*, recevoir bien le monde chez soi. — *Garder la maison*, ne pas sortir pour cause d'incommodité. — *Faire une bonne maison*, amasser beaucoup de bien. — Fam. : *traiter, accommoder en enfant de bonne maison*, châtier de la bonne manière. — Prov. : *les maisons empêchent de voir la ville*, la grande attention aux petits détails fait perdre de vue le fond, le principal de l'affaire. — *Cela a été vendu par-dessus les maisons*, excessivement. — On dit prov. que *le charbonnier est maître dans sa maison*, pour dire que chacun vit chez soi comme il lui plaît. — Chacun des douze signes du zodiaque. — Dans l'ancienne astrologie, la douzième partie du ciel, comprise entre deux cercles de position. Ces cercles passent par les deux intersections du méridien et de l'horizon, et coupent l'équateur en douze parties égales. La première *maison* qui suit immédiatement le point ascendant au-dessus de l'horizon à l'orient est appelée *horoscope*, *maison de la vie*, *angle oriental*; la seconde qui suit plus bas, *maison des richesses* ou *des espérances de la fortune*; la troisième, *maison des frères*; la quatrième, dans le plus bas du ciel, *maison des parents*, *angle de la terre, fond du ciel*; la cinquième, *maison des enfants*; la sixième, *maison de la santé*; la septième, *maison du mariage, angle d'occident*; la huitième, *maison de la mort, porte supérieure*; la neuvième, *maison de la piété, de la religion*; la dixième, *maison des offices, dignités, couronnes*; la onzième, *maison des amis, des bienfaits*; la douzième, *maison des ennemis, de la prison*. — *Maison de tonnerre*, t. de phys., petit édifice en carton ou en bois mince, dans lequel on place une cartouche que l'on peut enflammer par l'électricité. L'usage de cette machine est de prouver l'utilité des conducteurs contre les effets du tonnerre. L'étincelle électrique passe sans enflammer la cartouche lorsque les conducteurs qui doivent préserver la petite *maison* ont une disposition analogue à cet effet. Le contraire arrive si les conducteurs n'ont pas la disposition nécessaire pour préserver.

MAISONNAGE, subst. mas. (*mèzonaje*), bois de haute futaie, abattu pour faire du bois de charpente, et destiné à la construction de *maisons*.

* **MAISONNÉE**, subst. fém. (*mèzoné*), tous les gens d'une famille qui demeurent dans une même *maison*. Il est fam.

MAISONNER, v. neut. (*mèzoné*), vieux mot qui s'est dit pour *bâtir des maisons*. On l'a aussi employé dans le sens de : recevoir quelqu'un dans sa *maison*. Hors d'usage.

MAISONNETTE, subst. fém. (*mèzonète*), petite *maison*.

MAISTRANCE, subst. fém. (*mècetrance*), t. de marine, classe des officiers mariniers, qui est comprise entre les officiers qui ont des brevets ou commissions, et les matelots.

MAÎTRE, subst. mas., **MAÎTRESSE**, subst. fém. (*mètre, mètrèce*) (de l'italien *maestro*, fait du lat. *magister*, et que plusieurs dérivent du grec μέγιστος, le plus grand, superlatif de μέγας, grand) ; on écrivait et l'on prononçait autrefois *maistre*. Celui qui a des serviteurs, des domestiques, et dans quelques pays des esclaves. — On dit prov. : *tel maître, tel valet*. — Celui qui enseigne quelque chose que ce soit. — Celui qui élève et qui instruit. Dans ces différentes acceptions, *maître* a un fém. qui est *maîtresse*. — Celui qui avait droit de *maîtrise* dans quelque art ou métier. — *Maître* se dit d'un artisan, relativement aux compagnons qui travaillent sous lui : *ce cordonnier travaille chez un maître; voilà le maître de ces garçons menuisiers*. — Les ambassadeurs disent, en parlant du souverain dont ils tiennent leur mission : *l'empereur mon maître; le roi mon maître*. — Savant, expert en quelque art : *les maîtres de l'art; coup de maître*. — Titre donné à divers officiers et magistrats : *maître des requêtes; maître des comptes*, etc. — C'est aussi le titre de ceux qui sont revêtus de certaines charges à la cour : *maître des cérémonies, maître de la garde-robe*. — *Maître* est un titre qu'on donne aux avocats, aux notaires, et à quelques autres gens de robe. Quand le président d'un tribunal adresse la parole, en pleine audience, à un avocat, à un greffier, il lui dit *maître* au lieu de *monsieur*, en ajoutant son nom. — Supérieur qui commande, soit de droit, soit de force. — Propriétaire : *il est maître de ce domaine; ce chien n'a point de maître*, n'appartient à personne. — En t. de mar., le premier officier marinier qui commande toute la manœuvre. On appelle *maître d'équipage*, un officier marinier établi dans chaque arsenal pour avoir soin de toutes les choses qui regardent l'équipement, l'armement ou le désarmement des vaisseaux. — *Maître des ports*, inspecteur qui a soin des ports, et qui fait ranger les vaisseaux. — *Maître de chaloupe*, officier marinier qui conduit la chaloupe, qui la fait débarquer, embarquer et appareiller, et qui veille à ce que les matelots ne s'en écartent point quand ils vont à terre. — *Maître mâteur*, espèce de charpentier qui visite les *mâts*, et est chargé du soin de les conserver. — Au plur., cavalier : *compagnie de cinquante maîtres*. — *Maître de la maison*, celui qui y commande, à qui tout le reste est subordonné. — *Maître-ès-arts*, celui qui, en vertu de degrés acquis dans une université, a le droit d'enseigner les humanités et la philosophie. — *Maître de musique*, 1° musicien compositeur : *cet opera est d'un grand maître*; 2° musicien chargé de diriger l'orchestre dans un opera, dans un concert. En ce sens, *maître de musique*, est la même chose que le *maestro di capella* des Italiens, dont nous avons fait aussi *maître de chapelle*. — *Maître d'hôtel*, officier d'une grande maison qui sert sur table, etc. — *Maître des hautes-œuvres*, exécuteur de la haute justice. — *Maître des basses-œuvres*, vidangeur. — *Grand-maître*, 1° chef d'un ordre de chevalerie; 2° en France, chef de l'université. — T. de maçonnerie, *maître-compagnon*, homme de confiance et instruit dans la maçonnerie, qui agit pour les intérêts du *maître-maçon*, lorsque celui-ci est absent. — *Maître valet, maître garçon, maître clerc*, celui qui est le premier entre ses compagnons, dans une maison, dans une boutique, ou dans une étude. — *Compter de clerc à maître*, compter exactement, à la rigueur. — *Petit-maître*, jeune homme avantageux, tranchant, qui a des manières libres, etc. Ce nom fut, pour la première fois, donné aux jeunes gens de la cour attachés, du temps de la Fronde, au prince de Condé, et qui, fiers de la protection de leur *maître*, prenaient des airs de suffisance et de supériorité. — *Maître gonin*, homme fin, rusé, adroit. — *Maître coquin, maître fourbe*, grand coquin, etc. — *Maître aliboron*, homme qui veut se mêler de tout, qui fait le connaisseur en tout, et qui ne se connaît en rien. Il est populaire. Voy. ALIBORON. — *Il a trouvé son maître*, un homme plus habile que lui. — *Se rendre maître d'un état*, le conquérir. — *Se rendre maître dans un état*, y devenir le plus fort. — *Se rendre maître des esprits, des cœurs*, les gagner. — *Être maître de ses passions*, les dompter, les vaincre. — *Être le maître* ou *maître de faire quelque chose*, avoir la liberté, le pouvoir de faire quelque chose. — On dit qu'*un orateur est maître de son sujet*, qu'*il est maître de sa matière*, pour dire qu'il possède entièrement son sujet, qu'il manie sa matière en *maître*. — *Heurter en maître*, bien fort, à grands coups. — On dit qu'*une personne frappe en maître*, pour dire qu'elle frappe à une porte très-fortement ou à coups redoublés. — *Passer maître*, se faire recevoir à la maîtrise, en parlant d'un artisan. — Fig. : *être maître passé dans...* être habile, expert, rusé, etc. — *De main de maître*, parfaitement. — Adj., ce qui est le principal de diverses choses : *le maître autel, la maîtresse voûte*.

MAÎTRE-A-DANSER, subst. mas. (*mètradancé*), compas dont les jambes se croisent et dont les pointes sont tournées en dehors. — Au plur., des *maîtres-à-danser*.

MAÎTRE-ÈS-ARTS, subst. mas. (*mètrèzarc*.) Voy. MAÎTRE. — Au plur., *des maîtres-ès-arts*.

MAÎTRESSE, subst. fém. (*mètrèce*), ce mot a presque toutes les acceptions du mot *maître*. — On dit aussi *maîtresse du logis, d'un lieu, d'une hôtellerie; Rome fut la maîtresse du monde*, et fig., *cette femme est maîtresse de ses passions*, etc. — Fille ou femme recherchée en mariage, ou simplement aimée de quelqu'un et qui répond aux sentiments qu'elle inspire. — Au plur., en t. de cartier, les cartes du quatrième lot, et de la dernière qualité qui puisse entrer dans les jeux. — *Petite-maîtresse*, femme qui affecte les manières d'un petit-*maître*. — Adj. : *maîtresse* *femme*, qui a de la tête; qui est habile, intelligente; qui prend de l'ascendant. Il est fam.—*Maîtresse branche*, la branche principale.—*Maîtresse tige*, dans les mines de houille, la veine principale.

MAÎTRISE, subst. fém. (*mètrize*), qualité de *maître*, en parlant des arts et métiers.—*Maîtrise* ou *grande maîtrise*, se dit de certaines charges et dignités. — Dans les cathédrales, on nomme *maîtrise* la maison où les enfants de chœur sont logés et instruits. — *Maîtrise des eaux-et-forêts*, juridiction pour les délits ou différends relatifs aux rivières, aux bois, à la chasse, à la pêche, etc. Les anciens *maîtres des eaux-et-forêts* ont été rétablis, du moins quant à l'administration des bois, sous le nom de *conservateurs*.

MAÎTRISÉ, E, part. pass. de *maîtriser*.

MAÎTRISER, v. act. (*mètrizé*), gouverner en *maître*. Il se dit élégamment au fig. : *maîtriser ses passions, sa douleur*, etc. — *se* MAÎTRISER, v. pron.

MAJA, subst. mas. (*maja*), t. d'hist. nat., genre de crustacés.

MAJESTÉ, subst. fém. (*majèceté*) (en lat. *majestas*, formé de *major*, plus grand, supérieur; et *status*, état, rang), grandeur auguste et souveraine. Il se dit par excellence de Dieu, et par extension des souverains, des lois, des empires. — Dans le style oratoire on dit aussi : *la majesté d'un temple, d'un édifice magnifique*, etc.; *la majesté de son front; il y a de la grandeur, de la majesté dans son style*.—Titre que l'on donne aux empereurs et aux rois vivants, ainsi qu'à leurs épouses, et qui leur sert souvent de nom pour les distinguer. On dit en leur parlant : *votre majesté*, et en parlant d'eux, on dit : *leurs majestés, sa majesté; votre majesté, sire, a ordonné; plaise à votre majesté*. — On appelle un empereur, *sa majesté impériale*; le roi de France, *sa majesté très-chrétienne*; celui d'Espagne, *sa majesté catholique*.—*Sa majesté britannique, sa majesté suédoise, sa majesté danoise*, le roi d'Angleterre, le roi de Suède, le roi de Danemarck. On dit aussi : *sa majesté le roi d'Angleterre; sa majesté le roi de Suède*, etc.

MAJESTUEUSE, adj. fém. Voy. MAJESTUEUX.

MAJESTUEUSEMENT, adv. (*majèceteu-euzeman*), avec *majesté*.

MAJESTUEUX, adj. mas., au fém. **MAJESTUEUSE** (*majèceteu-eu, euze*), qui a de la *majesté*, de l'éclat, de la grandeur.

MAJEUR, E, adj.(*majeure*) (en latin *major*, plus grand), qui a atteint l'âge prescrit par les lois du pays pour jouir de ses droits et pouvoir contracter valablement.—*Force majeure*, à laquelle on ne peut résister.—*Causes majeures*, d'une grande importance. — *Affaire majeure, intérêt majeur*, affaire, intérêt d'une grande importance.—On dit *la majeure partie*, pour la plus grande partie. — Des sept ordres ecclésiastiques admis par les catholiques, il y en a trois qu'on appelle *majeurs*, et quatre *mineurs*. Les *ordres majeurs* sont la prêtrise, le diaconat et le sous-diaconat.—Au piquet, *tierce majeure, quatrième, quinte, sixième, septième majeure*, trois, quatre, cinq, six ou sept cartes d'une même couleur, qui se suivent depuis l'as inclusivement. On disait anciennement, *tierce major, quinte major*, etc. — Subst. mas. plur., autrefois ancêtres ou prédécesseurs (en lat. *majores*).—*Mode* ou *ton majeur*, en musique, celui dont la tierce est *majeure*, c'est-à-dire composée de deux tons. On donne ce nom à certains intervalles), quand ils sont aussi grands qu'ils peuvent l'être, sans devenir faux. Il y a des intervalles qui ne sont sujets à aucune variation, et qui, à cause de cela, s'appellent *justes* ou *parfaits*. D'autres, sans changer de nom, sont susceptibles de quelque différence, par laquelle ils deviennent *majeurs* ou *mineurs*, selon qu'on la pose ou qu'on la retranche. Les intervalles variables sont au nombre de cinq, savoir : le semi-ton, le ton, la tierce, la sixte et la septième. Le *semi-ton majeur* est l'intervalle d'une seconde mineure, comme d'*ut* à *si*, ou de *mi* à *fa*. Le *ton majeur* est la différence de la quarte à la quinte. La tierce, la sixte et la septième diffèrent toujours d'un semi-ton, du *majeur* au *mineur* : *tierce majeure, sixte majeure, septième majeure*.—On dit aussi substantivement : *le majeur et le mineur*.

MAJEURE, subst. fém. (*majeure*), première proposition d'un syllogisme.—Un des actes soutenus par les bacheliers en théologie pendant le cours de la licence.

MAJOR, subst. et adj. mas. (*major*) (du latin *major*, plus grand, supérieur), officier de guerre ordinairement chargé du détail d'un régiment. Il y a aussi des *majors de place*, des *majors de brigade*, des *majors-généraux*, etc.—On donne ce nom, dans les bâtiments de mer, à l'officier de santé en chef : *chirurgien-major*.—*L'état-major* est composé de tous les officiers embarqués sur un bâtiment, pour y faire le service, sans comprendre celui qui le commande.—Le *major* de l'armée ou de l'escadre est un contre-amiral ou un capitaine de vaisseau, sous les ordres de l'amiral. — Les *adjudants-majors* sont des officiers de la *majorité*, embarqués indépendamment des officiers formant l'*état-major* du vaisseau. — Le *bureau-major* est celui où s'expédient, par le *major*, les ordres de l'amiral, pour tous les bâtiments qui sont sous son commandement. — *État-major*, état dans lequel sont compris les officiers supérieurs et quelques autres personnes : *état-major de l'armée, d'une place, d'un régiment*.—*Ronde-major*, celle que fait le *major*. — *Tambour-major*, celui qui dirige et commande les tambours. — *Sergent-major*, le premier des sous-officiers d'une compagnie. — Au piquet, *tierce major*, etc. Voy. *tierce majeure*, etc., au mot MAJEUR.

MAJORAT, subst. mas. (*majora*), espèce de fidéi-commis graduel, successif, perpétuel, indivisible, en vertu duquel certains titres, certains biens sont affectés à l'*aîné* d'une famille (en lat. *natu major*).

MAJORDOME, subst. mas. (*majordome*) (du lat. *major domûs*, le chef de la maison, c'est-à-dire des domestiques), maître-d'hôtel. Il ne se dit que des officiers qui servent en cette qualité à la cour de Rome, dans les autres cours d'Italie et en Espagne. — Sur les galères, officier qui a soin des vivres.

MAJORITÉ, subst. fém. (*majorité*) (du lat. *major*, plus grand), état de celui qui est *majeur*. —Charge de *major*. Vieux dans ce sens. — La *majeure* partie. Cette dernière acception est nouvelle et adoptée : *la majorité de la chambre vota pour la loi*. Dans une assemblée délibérante, c'est le nombre qui excède la moitié des voies.—*Majorité absolue*, celle qui se compose de la moitié des voix, plus une; *majorité relative*, celle qui se forme de la supériorité du nombre des voix obtenues par l'un des concurrents. Voy. MINORITÉ.

MAJORQUE, subst. propre fém. (*majorke*), la plus grande des cinq îles Baléares situées dans la Méditerranée.

MAJORQUIN, E, subst. (*majorkiein, kine*), qui est de *Majorque*.

MAJOURS, subst. mas. plur. (*majour*), mailles de six lignes en carré qu'on fait à certains filets. — Ce n'est qu'en Provence que l'on se sert de ce mot.

MAJUSCULE, adj. des deux genres, et subst. fém. (*majucekule*) (en lat. *majusculus*, un peu plus tard), lettre capitale : *lettre, caractère majuscule; chaque vers commence par une majuscule*. — Le premier mot d'une phrase, les noms propres, le nom de *Dieu*, les noms des sciences, des arts, des êtres abstraits, lorsqu'ils sont personnifiés, les noms appellatifs, etc., doivent toujours être écrits avec une *majuscule*.—*Le majuscule*, dans quelques églises, est une dignité qui répondait à celle de chantre. Il est mas. dans ce dernier sens.

MAKAÏRE, subst. mas. (*maka-ire*), t. d'hist. nat., sorte de poisson thoracique.

MAKI, subst. mas. (*maki*), t. d'hist. nat., classe de mammifères quadrumanes.

MAL, subst. mas. (*male*) (en lat. *malum*), en général ce qui est contraire au bien. — Défaut, imperfection : *dire du mal de son prochain*. — Vice, mauvaise action. — Dommage, perte, calamité : *faire beaucoup de mal*, et non pas *beaucoup de maux*. — Inconvénient, malheur : *c'est un grand mal qu'il soit absent*. — Médisance : *c'est à qui dira le plus de mal de lui*. — Incommodité, peine, travail : *il a bien du mal à gagner sa vie*. En ce dernier sens il est familier.—On emploie souvent ce mot dans le langage médicinal, et on y attache différentes idées. Quelquefois on s'en sert comme d'un synonyme à douleur, comme quand on dit *mal de tête, mal de dents, au ventre*, pour dire douleur de tête, de dents, de ventre. On appelle *mal d'enfant*, les douleurs d'une femme qui accouche. D'autres fois, il n'exprime qu'un certain malaise, un sentiment qui n'est point douleur, mais toujours un état contre nature, qu'il est plus facile de sentir que d'énoncer. C'est le cas de la plupart des *maux d'estomac*, du *mal de cœur*.—*Mal* est aussi d'usage pour désigner une affection quelconque indéterminée d'une partie malade. Ainsi on dit communément, *j'ai mal aux yeux, à la jambe*, etc., sans spécifier quelle est l'espèce de maladie dont on est attaqué.—*Mal* se prend aussi souvent pour maladie : *le mal caduc; mal dangereux; mal incurable*.—On appelle vulgairement *mal d'aventure*, un panaris; *mal de cœur*, un soulèvement d'estomac; *mal de Naples*, la maladie vénérienne; *mal de Siam*, la fièvre jaune; *mal rouge de Cayenne*, une maladie qui ressemble beaucoup à la lèpre, et règne spécialement à Cayenne; *mal d'âne*, des crevasses qui viennent autour de la couronne du cheval, du mulet, et surtout de l'âne. — *Mal des ardents*, fièvre érysipélateuse. — *Mal de mère*, nom que donne le vulgaire à la passion hystérique.—T. de médec., *malemort*, espèce de lèpre ou de gale très-maligne, qui fait paraître la peau comme *morte*.—On appelle *mal de mer*, une incommodité passagère qu'éprouvent sur mer ceux qui ne sont pas accoutumés à y aller. — *Tourner une chose en mal*, lui donner un mauvais sens. — *Prendre une chose en mal*, ou *fort mal*, s'en offenser.—Fam., *mettre une femme à mal*, la séduire. — Au plur., des *maux*.

MAL, E, adj. (*male*) (du lat. *malus*), méchant, mauvais. Vieux mot qui entre dans la composition de plusieurs autres, comme *malheur, malaise*, etc., *malepeste, à la maleheure*.

MAL, adv. (*male*) (en lat. *malè*), autrement qu'il ne se doit : *cette affaire va mal; il a mal opéré; je me porte mal*, etc. — *Se trouver mal*, ressentir une incommodité; tomber en faiblesse. —Fig. : *se trouver mal de..*, éprouver quelque désagrément d'une démarche, avoir à se repentir de l'avoir faite, etc.—*Mettre mal avec..*, brouiller.—*Être mal* (être brouillé) *avec quelqu'un*. — *Penser mal de quelqu'un*, en avoir une mauvaise opinion. *La Bruyère* a dit (chap. VIII) : *pensant mal de tout le monde, il n'en dit de personne*. Cette phrase est irrégulière, parce que, dans la première partie, *mal* est adverbe, et que *en*, dans la seconde, le suppose substantif : il faut *pensant du mal de tout le monde*, etc.

MALABAR, subst. propre mas. (*malabare*), nom d'un grand pays de la presqu'île de l'Inde en-deçà du Gange.

MALABARE, subst. et adj. des deux genres (*malabare*), nom des habitants du *Malabar*. — Qui appartient au *Malabar*. — Subst. mas., langue du *Malabar*.

MALABATHRE, subst. mas. (*malabâtre*), nom des feuilles d'une espèce de laurier du *Malabar*, employées en médecine.

MALACA, subst. propre fém. (*malaka*), nom d'une ville de la presqu'île de Malaca, dans l'Inde, au-delà du Gange. Elle se trouve vis-à-vis de l'île de Sumatra.

MALACHIE, subst. fém. (*malachi*) (du grec μαλακος, mou, tendre, flexible), t. d'hist. nat., genre d'insectes coléoptères.

MALACHITE, subst. fém. (*malachite*) (du grec μαλαχη, mauve), stalagmite cuivreuse, verte et opaque.

MALACHRE, subst. fém. (*malakre*), t. de bot., sorte de plante malvacée.

MALACIE, subst. fém. (*malaci*) (en grec μαλακια, mollesse), t. de médec., appétit dépravé, causé par l'affaiblissement de l'estomac, chez les femmes enceintes et les filles chlorotiques. (Syn. de *pica*.)

MALACODERME, subst. mas. et adj. des deux genres (*malakodèreme*) (du grec μαλακος, mou, et δερμα, peau), t. d'hist. nat., famille ou groupe de zoophytes, libres et isolés, dont le corps est mou, charnu et gélatineux.

MALACOÏDE, subst. fém. (*malako-ide*) (du grec μαλαχη, mauve, et ειδος, forme, ressemblance), t. de bot., sorte de plante qui a la fleur et la forme de la mauve.

MALACOLITHE, subst. fém. (*malakolite*) (du grec μαλακος, mou et tendre, et λιθος, pierre, parce que cette pierre est plus tendre que le *feld-spath*, avec lequel on l'avait d'abord confondue), t. d'hist. nat., pierre formée de masses lamelleuses d'un gris bleuâtre.

MALACOPTÉRYGIEN, subst. et adj. mas. (*malakopetérijiein*) (du grec μαλακος, mou, et πτερυξ, aile ou nageoire), t. d'hist. nat., se dit des poissons dont les nageoires ne sont point armées d'aiguillons.

MALACOSTÉON, subst. mas. (*malakoceté-on*) (du grec μαλακός, mou, et ὀστέον, os), t. de chir., ramollissement des os.

MALACOSTRACÉ, subst. mas. (*malakocetracé*) (du grec μαλακός, mou, et de ὄστρακον, coquille), t. d'hist. nat., genre de crustacés à enveloppe moins dure que l'écaille.

MALACTIQUE, subst. mas. et adj. des deux genres (*malaktike*) (du grec μαλάσσω, j'amollis), t. de médec., se dit des médicaments émollients.

MALADE, subst. et adj. des deux genres (*malade*) (suivant *Robert*, *Henri Étienne*, *Nicot*, etc., du grec μαλακός, mou, faible, languissant; suivant *Ménage*, du latin barbare *malatus*, employé avec la même signification dans la basse latinité, et fait de *malè*, mal; *qui se malè habet*), qui souffre quelque altération dans la santé : *tomber malade*. — On le dit des parties du corps : *avoir un bras malade*.—Par analogie : *un état est malade, est bien malade*, quand il est mal administré, et qu'il y règne un désordre qui tend à sa dissolution.—Il se dit aussi de l'esprit : *il est plus malade de l'esprit que du corps; elle est malade d'imagination; — des arbres, des plantes* qui dépérissent *sont malades*. — On l'emploie souvent comme substantif : *aller voir un* ou *une malade*. — On dit fam. de celui qui se plaint d'une petite peine : *le voilà bien malade!* et pour se moquer d'un danger, d'un mal qu'on exagère : *il n'en mourra que les plus malades*.

MALADIE, subst. fém. (*maladi*), altération dans la santé : *avoir une maladie*, et non pas *faire une maladie*. — On appelle *maladies externes*, celles qui attaquent des parties ou des organes sensibles à la vue; et *maladies internes*, celles qui n'attaquent que les organes et les fonctions qui sont hors de la portée des sens : *le chirurgien s'occupe des maladies externes, et le médecin des maladies internes*. — Fig., 1° altération dans le moral : *les passions sont les maladies de l'âme*; 2° affection déréglée qu'on a pour quelque chose : *avoir la maladie des médailles*, etc.; *il aime à bâtir, c'est sa maladie*.— *Maladie* se dit par analogie, en parlant des états politiques, de l'esprit humain, pour désigner des choses qui tendent à les troubler, à les affaiblir, à les dénaturer. — *Maladie du pays*, désir violent de s'en retourner dans son pays, ou chagrin de ceux qui regrettent leur pays. — T. de bot. : *maladie des plantes*, altérations dans quelques-uns des organes de la plante; dérangement dans les fonctions de l'économie végétale, tels que *l'ergot*, *l'étiolement*, *les chancres*, *les gales*, *les loupes*, *le charbon*, etc.

MALADIF, adj. mas., au fém. **MALADIVE** (*maladif, dive*), sujet à être souvent *malade*; valétudinaire.

MALADIVE, adj. fém. Voy. MALADIF.

MALADRERIE, subst. fém. (*maladreri*) (contraction des deux mots *mal* et *ladre*, nom qu'on donnait autrefois aux lépreux), hôpital pour les lépreux. Voy. LÉPROSERIE.

MALADRESSE, subst. fém. (*maladrèce*), défaut d'*adresse*. — Défaut de conduite, bévue.— MALADRESSE, MALHABILETÉ. (*Syn.*) *Maladresse* se dit, dans le sens propre, du peu d'aptitude aux exercices du corps; *malhabileté* ne se dit que du manque d'aptitude aux fonctions de l'esprit. — Un joueur de billard est *maladroit*; un négociateur est *malhabile*. — On nomme quelquefois au fig. *maladresse*, le manque d'intelligence et de capacité pour les opérations qui dépendent des vues de l'esprit; mais il n'y a pas réciprocité, et l'on ne nommera jamais *malhabileté* le défaut d'aptitude aux exercices corporels. On peut donc dire qu'un négociateur est *maladroit*; mais on ne dira pas qu'un joueur de billard soit *malhabile*.

MALADROIT, E, subst. et adj. (*maladroè, droète*), qui n'a point ou qui a peu d'*adresse* : *ouvrier maladroit; c'est un maladroit*.

MALADROITEMENT, adv. (*maladroèteman*), d'une manière *maladroite*.

MALAGA, subst. propre mas. (*malagua*), nom d'une ville d'Espagne, située sur la côte du royaume de Grenade. — Vin de liqueur de *Malaga*; vin d'Espagne.

MALAGME, subst. mas. (*malagueme*) (en grec μάλαγμα, dérivé de μαλάσσω, j'amollis), t. de médec., espèce de cataplasme émollient.

MALAGMER, v. act. Barbarisme forgé par *Boiste*, qui le dit pour *amalgamer*.

MALAGUETTE, subst. fém. (*ma aguiète*), t. de bot., espèce de poivre qui vient de la côte de *Malaguette* ou *Maniguette*, contrée considérable d'Afrique dans la Guinée, le long de la mer. On le nomme aussi *poivre de la Guinée*.

MALAI, subst. mas. (*malé*), la langue la plus pure de l'Inde orientale. Le samscrit était autrefois la langue savante de l'Inde; aujourd'hui les négociants ne parlent que le *malai*. Quelques-uns écrivent aussi *malais, e*, en faisant un subst. et un adj. Cette seconde orthographe doit être préférée, comme plus conforme à l'usage.

MALAIRE, adj. des deux genres (*malère*) (du lat. *mala*, joue), t. d'anat., qui appartient à la joue : *os malaire; apophyse malaire*.

MALAIS, E, subst. et adj. (*malé, lèze*), du *Malais*, de *Malaca*.

* **MALAISANCE**, subst. fém. (*malèzance*), état de celui qui est *mal à l'aise*. (*Montaigne*.) Hors d'usage.

MALAISE, subst. mas. (*malèze*), état fâcheux, déplaisant, incommode.

MALAISÉ, E, adj. (*malèzé*), difficile. — Incommode : *escalier malaisé*. — En parlant des personnes, qui n'a pas d'aisance dans ses affaires : *riche malaisé*. — Difficile à vivre : *personne malaisée*.

MALAISÉMENT, adv. (*malèzéman*), difficilement.

MALAISER, v. act. (*malèzé*). Ce verbe que l'on trouve dans *Froissard*, où il signifie : mettre *mal à l'aise*, gêner, n'est plus français.

MALANDRE, subst. fém. (*malandre*) (suivant *M. Morin*, du grec μελάνδρυον, la partie noire ou la moelle du chêne, dont les Latins ont fait *melandryum*, cœur de chêne, formé de μέλας, noir, et de δρῦς, chêne, qu'on a pu, dit-il, étendre par métaphore aux chevaux et aux bois gâtés), t. de médec. vétér., espèce de crevasse ou de fente aux genoux d'un cheval.— Au plur., défectuosités, nœuds pourris, etc., dans les pièces de bois de charpente.

MALANDREUSE. Voy. MALANDREUX.

* **MALANDREUX**, adj. mas., au fém. **MALANDREUSE** (*malandreu, dreuze*), qui a des *malandres*, en parlant des bois cariés.

MALANDRIN, subst. mas. (*malandrein*), nom qu'on a donné anciennement, 1° aux lépreux, par allusion aux *malandres*, maladie du cheval; 2° dans le temps des croisades, aux voleurs arabes et égyptiens, ou simplement par mépris, ou peut-être aussi parce qu'ils étaient lépreux; 3° à des brigands qui, sous les rois Jean et Charles V, son fils, commirent beaucoup de désordres en France.

MAL-APPRIS, E, subst. et adj. (*malapri, prize*), sans usage, grossier : *personne mal-apprise; vous êtes un mal-appris*.

MALAPRE, subst. et adj. mas. (*malapre*), ancien t. d'imprim., ouvrier qui a de la peine à lire. — Mot patois, qui, *mal-appris*, ignorant. Presque inusité.

MAL-À-PROPOS, adv. (*malapropô*), à contre-temps.

MALART, subst. mas. (*malar*), mâle des canes sauvages.

MALATE, subst. mas. (*malate*), t. de chim., sel formé de la combinaison de l'acide *malique* avec une base.

MALAVENTURE ne se dit plus pour *mésaventure*.

MAL-AVISÉ, E, subst. et adj. (*malavizé*), imprudent : avec cette différence, dit *Roubaud*, que le *mal-avisé* ne regarde pas assez à la chose qu'il fait, et que l'*imprudent* n'en sait pas bien la valeur, n'en a pas approfondi les conséquences : *le mal-avisé qui ne se soucie point de voir les difficultés est un sot; l'imprudent qui ne s'embarrasse pas de courir des risques est un fou*.

MALAXATION, subst. fém. (*malakçâcion*), t. de pharm., action de *malaxer*; ses effets.

MALAXÉ, E, part. pass. de *malaxer*.

* **MALAXER**, v. act. (*malakcé*) (du grec μαλάσσω, j'amollis), t. de pharm., pétrir des drogues pour les rendre plus molles, plus ductiles. — **se MALAXER**, v. pron.

MALAXIS, subst. mas. (*malakci*), t. de bot., plantes.

MAL-BÂTI, E, subst. et adj. (*malbâti*), mal fait, mal tourné, *c'est un homme bien mal-bâti*; et subst. : *c'est un grand mal-bâti*. — *Se sentir tout mal-bâti* : indisposé. Il est familier dans les deux sens.

MALBERGE, subst. fém. (*malbèrje*), vieux mot hors d'usage, qui a signifié *assemblée sur les montagnes*. Il était formé de *maal*, conférence, et de *berg*, montagne. Ces deux mots sont tirés de la langue teutonique.

MAL-CADUC, subst. mas. (*malkaduke*), épilepsie. On dit aussi *haut-mal*.—Sans plur.

MAL-CONTENT, E, subst. et adj. (*malkontan, tante*), mal satisfait; *mécontent*; avec cette différence que l'on est *mal-content* quand on n'est pas aussi satisfait que l'on avait droit de l'attendre; et que l'on est *mécontent* quand on n'a reçu aucune satisfaction. (*Beauzée*.) *Mécontent* est d'ailleurs presque seul usité.—Au plur., *des mal-contents*.

MAL-DE-MER, subst. mas. (*maldemère*), vomissement, malaise au commencement de la navigation.—Ne confondez pas ce mot avec ce qu'on appelle *le mal de mère*, qui exprime la grossesse d'une femme.

MALDER ou **MALDRE**, subst. mas. (*maldère*), mesure de seize boisseaux à Hambourg.

MAL-DISANT, E, subst. et adj., n'est plus français; on dit *médisant*.

MALDIVES, subst. propre et adj. fém. plur. (*maldive*), les îles *Maldives*. C'est un grand amas d'îles, situées dans l'océan Indien.

MÂLE, subst. mas. (*mâle*) (en latin *masculus*), celui qui est du sexe le plus noble, le plus fort : *le mâle et la femelle*.— On dit dans le style plaisant et mordant : *un laid mâle, un vilain mâle*, un homme fort laid. — En t. de mar., on appelle *mâles*, les fers qui entrent dans les anneaux qui portent le gouvernail; et ces anneaux s'appellent *femelles*.

MÂLE, adj. des deux genres (*mâle*), se dit par opposition à femelle : *enfant mâle; perdrix mâle*. — Fig., fort, vigoureux, énergique : *voix mâle, courage mâle, style mâle*; et en peint. : *contours mâles, composition mâle*. — En t. de mar., on dit qu'*un bâtiment est mâle*, lorsqu'il a des qualités par un gros temps, qu'il n'embarque pas d'eau, s'élevant bien à la lame. — *La mer est mâle*, lorsqu'elle est très-grosse, que les lames élevées frappent sur le bord, et embarquent dans différentes parties du bâtiment.—Dans les forces, on appelle *mâle* le couteau de dessus.

MALÉAS, subst. propre mas. plur. (*malé-âce*), peuple de l'Inde de la presqu'île d'en-deçà du Gange, sur les confins du Malabar.

MALEBESTE, subst. fém. (*malebècete*), ancien t. de mar., qui signifiait hache à marteau pour enfoncer l'étoupe.

MALEBÊTE, subst. fém. (*malebète*) (du latin *mala bestia*, mauvaise bête), personne dangereuse et dont on doit se méfier.

MALEBOSSE, subst. fém. (*maleboce*), charbon de peste; grosse *bosse*.

MALEBRANCHISME, subst. mas. (*malebranchisme*), doctrine de *Malebranche*, qui n'admet d'autre agent que Dieu, qui voit tout en Dieu, et croit sincèrement que l'âme est une portion de la Divinité.

MALEBRANCHISTE, subst. des deux genres (*malebranchicete*), partisan de la doctrine de *Malebranche*. Voy. MALEBRANCHISME.

MALÉDICTION, subst. fém. (*malédikcion*) (en latin *maledictio*, fait de *maledicere*, *dicere malè* ou plutôt *malum*, maudire), action de *maudire*, de souhaiter du mal; imprécation : *donner sa malédiction*, ou *mille malédictions à*... — *Dieu a donné sa malédiction à cette famille*, Dieu l'a abandonnée, lui a retiré ses grâces. — Fatalité, mauvaise destinée.—*La malédiction est sur cette maison, sur cette affaire*, le malheur y paraît attaché.

MALÉE, subst. propre fém. (*malé*), promontoire du Péloponèse, dans la Laconie.

MALEFAIM, subst. fém. (*malefein*), *faim* cruelle : *à ce métier l'on meurt de malefaim*, style burlesque et même hors d'usage.—Sans plur.

MALÉFICE, subst. mas. (*maléfice*) (en latin *maleficium*, fait de *malè* et *facere*, faire mal, nuire), action de nuire aux hommes, aux animaux, aux fruits de la terre, par de prétendues opérations magiques.

MALÉFICIÉ, E, adj. (*maléficié*), malade; incommodé, languissant. — Ensorcelé.

MALÉFIQUE, adj. des deux genres (*maléfike*) (en latin *maleficus*); il se dit des planètes auxquelles la sottise et la superstition attribuent de malignes influences.

à la **MALEHEURE**, loc. adv. (*alamaleure*), malheureusement ; *à la mauvaise heure*. — Prov. et pop. : *va-t'en à la maleheure*, où l'attend le mauvais sort que tu as mérité. Cet adv. est plus que vieilli ; on ne l'emploie plus.

MALEMORT, subst. fém. (*malemor*), mauvaise mort, mort funeste : *ce coquin mourra de malemort*. Il est inusité.

MALENCONTRE, subst. fém. (*malankontre*) *mauvaise rencontre*, malheur, mauvaise fortune. — Prov. : *qui se soucie, malencontre lui vient*, on ne gagne rien à prendre trop de souci. Fort peu usité.

MALENCONTREUSE, adj. fém. Voy. MALENCONTREUX.

MALENCONTREUSEMENT, adv. (*malankontreuzeman*), par *malencontre*. Ce mot a bien vieilli.

MALENCONTREUX, adj. mas., au fém. **MALENCONTREUSE** (*malankontreu, treuze*), en parlant des personnes, malheureux. — En parlant des choses, qui porte *malheur*.

MAL-EN-POINT, adv. (*malanpoein*), en mauvais état, soit pour la santé, soit pour la fortune. Inusité.

MALENTENDU, subst. mas. (*malantandu*), paroles prises dans un autre sens qu'elles n'ont été dites.—Plus ordinairement, erreur, méprise. —Au plur., des *malentendus*, tout ce qui peut être *malentendu*.

MALENTENDU, E, adj. (*malantandu*), mal ordonné, mal conçu.

MALEPESTE, imprécation qui marque l'étonnement (*malepècete*) : *malepeste ! que ce potage est chaud*. Fam.

MALERAGE, subst. fém. (*maleraje*), anciennement, avec *rage* : *la malerage* (la mauvaise rage) *le saisisse!* — Désir violent : *il a la malerage de faim*. Mot entièrement inusité.

MAL-ÊTRE, subst. mas. (*malètre*), état de langueur, indisposition sourde : *avoir, sentir, éprouver du mal-être*.—Il ne s'emploie guère au plur., et si l'on avait absolument besoin de s'en servir, il faudrait dire et écrire *des mal-être*, comme si l'on disait des états de *mal être*, des états *d'être mal*.

MALÉVOLE, adj. des deux genres (*malévole*) (en lat. *malevolus*), qui *veut* du *mal* ; malveillant. Il est familier.

MALFAÇON, subst. fém. (*malfaçon*), ce qu'il y a de *mal fait* dans un ouvrage. — Fig., supercherie, mauvaise façon d'agir. Fort peu usité.

MALFAIRE, v. neut. (*malfère*) (en lat. *malefacere*), faire de méchantes actions : *il est enclin à malfaire*. Il n'est guère usité qu'à l'infinitif et aux temps composés.

MALFAISANCE, subst. fém. (*malfezance*) (en lat. *maleficentia*), disposition à faire du mal à autrui. — Le contraire de *bienfaisance*.

MALFAISANT, E, subst. et adj. (*malfézan, zante*) (en lat. *malefaciens*), en parlant des personnes : malin, qui se plaît à *faire mal*.

MALFAIT, E, part. pass. de *malfaire*, et adj. (*malfè, fète*), qui n'est pas bien *fait* ; qui n'a pas bonne grace. — Mal composé, mal disposé : *meuble, ouvrage malfait*.

MALFAITEUR, subst. mas., au fém. **MALFAITRICE** (*malféteur, trice*), qui commet de méchantes actions, des crimes. *L'Académie* ne donne pas le fém.

MALFAITRICE, subst. fém. Voy. MALFAITEUR.

MALFAMÉ, E, adj. (*malfamé*) (du lat. *mala fama*, mauvaise renommée), qui a une mauvaise réputation. Il est fam.

MALGRACIEUSE, adj. fém. Voy. MALGRACIEUX.

MALGRACIEUSEMENT, adv. (*malgueracieuzeman*), d'une manière *malgracieuse*. Il est fam., et il vieillit.

MALGRACIEUX, adj. mas., au fém. **MALGRACIEUSE** (*malgueracieu, cieuze*), rude, incivil ; qui a mauvaise grace. Il est fam. et peu usité.

MALGRÉ, prép. (*malgueré*), contre le gré de... *malgré vous ; malgré lui ; malgré lui et ses aidants*. Voy. AIDANT. — Nonobstant : *il est parti malgré la rigueur du temps*.—On dit fam. : *vous ferez telle chose, bon gré, mal gré*, vous ferez telle chose de gré ou de force. — *Malgré que*, quoique. Il ne se construit qu'avec le verbe *avoir* et le subj. : *malgré qu'il en ait*. La raison de ceci est que *malgré que* est pour le *mauvais gré que* : *malgré que j'en aie*, équivaut à *le mauvais gré que j'en aie*, et cette construction, qui est déjà grossière, ne serait nullement possible avec tout autre verbe ; on ne doit donc pas dire : *malgré que je fasse*, ni même *malgré que je sois*.

MALHABILE, subst. et adj. des deux genres (*malabile*), qui manque d'*habileté*, qui est maladroit.—Subst. : *vous êtes un malhabile*.

MALHABILEMENT, adv. (*malabileman*), d'une manière *malhabile*.

MALHABILETÉ, subst. fém. (*malabileté*), manque d'*habileté*, de capacité, d'adresse. Voy. MALADRESSE.

MALHERBE, subst. fém. (*malèrebe*), t. de bot., sorte de plante qui sert aux teinturiers.

MALHEUR, subst. mas. (*maleur*) (du lat. *mala hora*, mauvaise heure), mauvaise fortune, mauvaise destinée. — Désastre, infortune ; accident fâcheux. — Etat du malheureux : *mon malheur croissait toujours*. (Fénelon.) — Prov. : *il n'y a qu'heur et malheur en ce monde*, tout y dépend du hasard, et souvent les mêmes choses font le bonheur des uns et le malheur des autres. — On dit, *un malheur ne vient jamais seul*.—*Par malheur*, loc. adv. : *il est arrivé par malheur que*...— MALHEUR, ACCIDENT, DÉSASTRE. (*Syn.*) Le *malheur* s'applique particulièrement aux évènements de fortune et de choses étrangères à la personne ; l'*accident* regarde proprement ce qui arrive dans la personne même ; le *désastre* dit quelque chose de plus général. — C'est un *malheur* de perdre son argent ou son ami ; c'est un *accident* de tomber ou d'être blessé ; c'est un *désastre* de se voir tout à coup ruiné et déshonoré dans le monde.— On dit un grand *malheur*, un cruel *accident*, un *désastre* affreux.

MALHEUR ! interj. (*malheur*), il régit la préposition *à* : *malheur aux vaincus* ! les vaincus doivent subir la loi du vainqueur. — On le dit aussi par simple exclamation, et comme pour prédire le *malheur* qui doit tomber sur quelqu'un dans quelque circonstance : *malheur à la femme qui épousera ce méchant homme!* ou avec la prép. *sur* : *malheur sur eux et sur leurs enfants!*

MALHEUREUSE, subst. et adj. fém. Voy. MALHEUREUX.

MALHEUREUSEMENT, adv. (*maleureuzeman*), par *malheur*. — Avec *malheur*, d'une manière *malheureuse* : *mourir malheureusement*.

MALHEUREUX, subst. et adj. mas., au fém. **MALHEUREUSE** (*maleureu, reuze*), qui n'est pas *heureux*, tranquille, content, satisfait.—Qui manque de ce qui peut rendre l'homme content. — Qui a du *malheur*, qui est infortuné : *malheureux à la guerre, au jeu, dans son commerce*.— Mauvais en son genre : *malheureux auteur, malheureux écrivain*. — Médiocre, insuffisant : *il n'a qu'une malheureuse chambre, qu'un malheureux valet*. Dans ces deux dernières acceptions, il doit toujours précéder le substantif. — Qui porte *malheur*, qui est préjudiciable : *malheureux progrès de l'erreur*. — Qui semble annoncer le *malheur* : *physionomie malheureuse*.— *Un coup malheureux*, arrivé par *malheur* et inopinément. — *Faire une fin malheureuse*, d'une manière pitoyable ; ou comme un criminel, par la main du bourreau.—Au jeu, un coup qui arrive par un *malheur* extraordinaire.—On dit d'un chirurgien, qu'*il a la main malheureuse*, lorsqu'il réussit rarement dans ses opérations.—On le dit aussi de tous ceux qui ne réussissent pas dans quelque ouvrage de main, ou qui gâtent ou cassent les choses qu'ils touchent. — Il se dit subst. d'un homme misérable : *il faut avoir compassion des malheureux*. — On dit aussi d'un méchant homme : *le malheureux qu'il est! c'est un malheureux* ; et dans le même sens, *une malheureuse*, en parlant d'une femme : *c'est une malheureuse qui a commis plusieurs vols*. — On appelle aussi *malheureuse*, une femme publique, une femme adonnée au libertinage. — MALHEUREUX, MISÉRABLE. (*Syn.*) Le *malheureux* est pauvre, dans la gêne ; le *misérable* manque des choses essentiellement nécessaires.

MALHONNÊTE, subst. et adj. des deux genres (*malonète*), qui n'est point *honnête* ; incivil : *un homme malhonnête*. — *Malhonnête homme*, qui n'a ni probité, ni honneur. — Subst. : *vous êtes un malhonnête*.

MALHONNÊTEMENT, adv. (*malonèteman*), d'une manière *malhonnête*.

MALHONNÊTETÉ, subst. fém. (*malonèteté*), incivilité, manque de bienséance.—Action, discours *malhonnête* : *faire des malhonnêtetés*, des impolitesses.

MALICE, subst. fém. (*malice*) (en lat. *malitia*), inclination à malfaire, à nuire, etc. — L'action même qui est l'effet de cette inclination.—Il se prend quelquefois en bonne part, surtout au pluriel, et signifie des tours de gaieté qu'on fait pour se divertir. —*Malice noire*, action de méchanceté horrible et réfléchie.—*La malice supplée à l'âge*, se dit des enfants qui commettent certains crimes avec préméditation, etc. —Prov. et pop. : *innocent fourré de malice*, homme qui, sous une apparence de simplicité, prend plaisir à dire, à faire du mal.—MALICE, MALIGNITÉ, MÉCHANCETÉ. (*Syn.*) Il y a dans la *malice* de la facilité et de la ruse, peu d'audace, point d'atrocité. Il y a dans la *malignité* plus de suite, plus de profondeur, plus de dissimulation, plus d'activité que dans la *malice*. La *malignité* n'est pas aussi dure et aussi atroce que la *méchanceté* ; elle fait verser des larmes, mais elle s'attendrirait peut-être si elle les voyait couler. — Le substantif *malignité* a une tout autre force que son adjectif *malin*. On permet aux enfants d'être *malins* ; on ne leur passe la *malignité* en quoi que ce soit, parce que c'est l'état d'une âme qui a perdu l'instinct de la bienveillance, qui désire le malheur de ses semblables, et souvent en jouit. On leur passe des *malices*, on va même quelquefois jusqu'à les y encourager, parce que, sans tenir à rien de révoltant, la *malice* suppose une sorte d'esprit dont on peut tirer parti par la suite. Cette sorte d'indulgence est pourtant dangereuse : la ruse, que suppose la *malice*, dispose insensiblement à la *malignité*, parce que rien ne coûte à l'amour-propre pour réussir ; et de la *malignité* à la *méchanceté* il y a si peu de distance, qu'il n'est pas difficile de prendre l'une pour l'autre.

MALICIEUSE, adj. fém. Voy. MALICIEUX.

MALICIEUSEMENT, adv. (*malicieuzeman*), avec *malice*.

MALICIEUX, adj. mas., au fém. **MALICIEUSE** (*malicieu, cieuze*), qui a de la *malice*. — *Cheval malicieux*, qui use d'une *maligne* adresse contre celui qui le monte ou ceux qui l'approchent. — On dit subst. : *c'est un malicieux, une petite malicieuse*.

MALICORIUM, subst. mas. (*malicoriome*) (du lat. *corium mali*), écorce de la grenade. Voy. GRENADIER.

MALIGNE, subst. et adj. fém. Voy. MALIN.

MALIGNEMENT, adv. (*maligneman*), avec *malignité*.

MALIGNITÉ, subst. fém. (*malignité*) (en latin *malignitas*), inclination à faire, à dire, à penser mal. Voy. MALIN.—Dans les choses, qualité nuisible. — Mal.—T. de médec. Il se dit, dans les maladies, lorsqu'elles ont quelque chose de singulier et d'extraordinaire, soit dans leurs symptômes, soit dans leur opiniâtreté à résister aux remèdes. Voy. MALIN.

MALIMBE, subst. mas. (*maleinbe*), t. d'hist. nat., oiseau de l'espèce des cardinaux.

MALIN, subst. et adj. mas., au fém. **MALIGNE** (*malein, ligne*), qui prend plaisir à faire ou à dire du mal.—En parlant des personnes, et des choses qui ont rapport aux personnes, *malin* dit quelque chose de moins odieux que le substantif *malignité*.—Mordant, satirique : *discours malins*.—Enclin à penser, à dire des *malices*. —*Maligne joie*, joie secrète du mal d'autrui. — *Le malin esprit*, ou *l'esprit malin*, ou fam. : *le malin*, le démon.—Subst., individu futé, rusé, astucieux, qu'on ne trompe pas aisément, personne qui a une certaine habileté : *c'est un malin, une maligne*. Fam. Le fém. est peu usité. —Qui a quelques qualités nuisibles : *suc malin*. — *Fièvre maligne*, provenant d'une atteinte portée au principe des nerfs par une cause physique ou morale. On l'appelle aujourd'hui *fièvre ataxique*. Voy. ATAXIQUE.—*Ulcère malin*, *plaie maligne*, qui résiste aux remèdes.

MALINE, subst. fém. (*maline*), on appelle ainsi, en t. de mar., les temps des grandes marées à la nouvelle et à la pleine lune.

MALINES, subst. propre fém. sing. (*maline*), nom d'une ville des Pays-Bas, située sur la Dyle, entre Anvers et Louvain. — Dentelle de Flandre, dont le commerce se fait principalement à *Malines*. — On dit *de la malines*, avec un *s*, même au sing. ; de la dentelle de *Malines* : — Au plur., *de belles malines*.

MALINGRE, adj. des deux genres (*maleinguere*), (du lat. *male æger*, malade. Mot tiré de l'argot ou jargon des gueux, qui appellent *malingres* ceux d'entre eux qui, par quelque maladie ou difformité, soit réelle, soit supposée, cherchent à émouvoir la compassion. *Trévoux*.), qui a peine à recouvrer ses forces après une longue maladie, ou dont les forces diminuent sans aucune maladie apparente. Il est fam.

MALINGRIER, subst. mas. (*maleinguerié*), vieux mot inusité qui a signifié : *sacristain*.

MALINTENTIONNÉ, E, subst. et adj. (*maleintancioné*), qui a de mauvaises *intentions* : *homme malintentionné; c'est un malintentionné.*

MALIQUE, adj. des deux genres (*malike*) (du lat. *malum*, pomme, fait du grec μηλον, en dorique μαλον), t. de chim. : *acide malique*, acide végétal extrait des pommes et de divers autres fruits.

MALIS, subst. mas. (*mall*), abcès rempli de vers, suivant Boiste.

MALITORNE, subst. et adj. des deux genres (*malitorne*) (du lat. *malè tornatus*, mal tourné), maladroit, inepte. Il s'emploie ordinairement comme substantif : *ce valet n'est qu'un malitorne*. Style fam.

MALIVOLE, adj. des deux genres (*malivole*), malveillant. Inus.

MAL.-JUGÉ, subst. mas. (*maljujé*), faute du juge, mais sans prévarication, en prononçant sur une affaire.

MALLARD, subst. mas. (*malar*), petite meule de rémouleur.

MALLE, subst. fém. (*male*), espèce de coffre de bois, rond et long, pour le voyage. — Grand panier des petits merciers ambulants. — Voiture des courriers pour les lettres.—Prov. : *trousser en malle*, enlever par surprise et promptement. — On dit de quelqu'un mort en peu de jours d'une maladie, qu'*il a été troussé en malle.*

MALLÉ, subst. mas. (*malelé*), t. d'hist. nat., poisson du Nil, du genre des silures.

MALLÉABILITÉ, subst. fém. (*malelé-abilité*), qualité de ce qui est malléable.

MALLÉABLE, adj. des deux genres (*malelé-able*) (du lat. *malleus*, marteau, maillet), qui peut se battre, se forger et s'étendre à coups de marteau.

MALLÉAMOTHE, subst. mas. (*malelé-amote*), t. de bot., arbrisseau du Malabar, dont le fruit ressemble au lentisque.

MALLEMENT, adv. (*maleman*), vieux mot hors d'usage employé par Scarron, qui lui a fait signifier rudement.

MALLEMOLLE, subst. fém. (*malemole*), t. de comm., fichu de mousseline des Indes, rayé ou brodé d'or, à l'usage des femmes. — Espèce de mousseline.

MALLÉOLAIRE, adj. des deux genres (*malelé-olère*), t. d'anat., qui a rapport aux *malléoles*.

MALLÉOLE, subst. fém. (*malelé-ole*) (en latin *malleolus*, dimin. de *malleus*, marteau), t. d'anat., os de la cheville du pied formant une petite saillie ou éminence au bas de la jambe. La *malléole interne* est une apophyse du péroné. — Chez les anciens, faisceau de roseaux liés avec du fer, à une extrémité duquel était une cavité qu'on remplissait de matières combustibles. Il servait à mettre le feu, en le lançant directement contre les objets qu'on voulait incendier.

MALLE-POSTE, subst. fém. (*malepocete*), voiture qui transporte les dépêches et quelques voyageurs.—Au plur., des *malles-postes*.

MALLETIER, subst. mas. (*maletié*), ouvrier qui fait les *malles*. Ce mot est peu en usage. On dit *layetier*.

MALLETTE, subst. fém. (*malète*), petite *malle*. Peu usité.

MALLIER, subst. mas. (*malié*), cheval qui porte la *malle* et sur lequel le postillon est monté. —Cheval de brancard à une chaise de poste.

MALMAISON (LA), subst. propre fém. (*lamalmézon*), château des environs de Paris.

MALMENÉ, E, part. pass. du v. *malmener*.

MALMENER, v. act. (*malmené*), maltraiter de coups ou de paroles.—*se* **MALMENER**, v. pron.

MALMOULUE, subst. et adj. fém. (*malmoulu*), t. de vén., qui se dit des fumées du cerf mal digérées.

MALO (SAINT-), subst. propre mas. (*cinmalo*), ville de France, située sur une petite île, à trois lieues de Dol.

MALOPE, subst. fém. (*malope*), t. de bot., sorte de plante malvacée.

MALORDONNÉ, E, adj. (*malordoné*), t. de blason. Il se dit des trois pièces, une en chef, et les deux autres parallèles en pointe, au lieu d'être, suivant les règles, posées deux en chef, et une en pointe.

MALOTRU, E, adj. et plus souvent subst. *malotru*) (suivant Ménage, du lat. *malè instructus*, mal rangé, etc.), misérable, méprisable, malfait, etc. C'est un terme de mépris.

MALOUIN, E, subst. et adj. (*malouein, touine*), de *Saint-Malo*.

MALPEIGNÉ, E, subst. et adj. (*malpégnié*), qui est en désordre, mal arrangé.

MALPIGHIACÉE, subst. fém. (*malepigui-acé*), t. de bot., dans la méthode naturelle de *Jussieu*, famille de plantes comprenant des arbres et des arbrisseaux à calice d'une seule pièce, etc., ainsi nommée de *Malpighi*, célèbre médecin de Bologne, au dix-septième siècle.

MALPIGHIE, subst. fém. Voyez **MALPIGHIACÉE**.

MALPLAISANT, E, adj. (*malplèzan, zante*), désagréable, fâcheux. Il vieillit. On dit *déplaisant*.

MALPOLE, subst. mas. (*malpole*), t. d'hist. nat., serpent d'Amérique.

MALPROPRE, adj. des deux genres (*malpro pre*), qui manque de *propreté*, sale.—Qui n'est pas propre à... En ce dernier sens, il est hors d'usage.

MALPROPREMENT, adv. (*malpropreman*), avec *malpropreté*, salement, grossièrement.

MALPROPRETÉ, subst. fém. (*malpropreté*), vice contraire à la *propreté*; saleté.

MALQUINIER, subst. mas. (*malkinié*), vieux mot hors d'usage qui a signifié, fabricant et marchand de fil.

MALSAIN, E, adj. (*malcein, cène*), en parlant des personnes, qui n'est pas *sain*, qui est sujet à être malade. — En parlant des choses, qui est contraire à la santé.—T. de mar., *atterrage malsain* ; *côte malsaine*, où il y a beaucoup d'écueils, dont il est dangereux de s'approcher.

MALSÉANT, E, adj. (*malcé-an, ante*), mes séant, qui est contraire à la bienséance.

MALSEMÉ, E, adj. (*malcemé*), t. de vén. : *bois de cerf malsemé*, dont les andouillers sont en nombre impair.

MALSONNANT, E, adj. (*malçonan, nante*), qui choque, qui répugne ; il ne se dit guère qu'en théol. et au fém. : *proposition malsonnante*, contraire à l'orthodoxie.

MALT, subst. mas. (*malte*) (mot anglais qui signifie *drêche*), orge préparée pour faire de la bière.

MALTAILLÉ, E, adj. (*malta-ié*), t. de blas. ; se dit d'une manche d'habit *taillée* d'une manière capricieuse et bizarre.

MALTALENT, subst. mas. (*maltalan*) (de l'italien *maltalento*), mauvaise volonté, haine, ressentiment. Mot employé par *Boileau* dans une de ses lettres ; par l'abbé *de Choisy* dans ses Mémoires, etc., et qui est aujourd'hui hors d'usage.

MALTE et mieux MALTHE, subst. fém. (*malte*) (en lat. *maltha*, pris du grec μαλθα ou μαλθη, qu'on croit dérivé des langues orientales), espèce de mastic ou ciment, composé de poix, de cire, de plâtre et de graisse, dont se servaient les anciens.—Composition de cire et de poix dont on enduisait les tablettes des juges. — *Malte de Delisle et de Bergmann*, bitume glutineux des minéralogistes modernes. — Subst. propre fém. (*malte*), nom d'une île de la Méditerranée, et d'une ville qui est la capitale de cette île.—*Ordre de Malte*, ordre de religieux militaires nommés d'abord *hospitaliers* ou *chevaliers de Saint-Jean-de-Jérusalem*, et ensuite *chevaliers de Rhodes*; il fut fondé vers l'an 1048.

MALTÔTE, subst. fém. (*maltôté*) (des deux mots *mal*, et *toulte*, participe féminin du verbe *tollir* ou *touldre*, ôter, enlever ; fait du lat. *tollere* ; *somme mal toulte*, mal levée, levée à tort), sorte d'impôt et d'exaction indue. Le premier impôt qui porta ce nom fut celui qu'on leva l'an 1296, pour faire la guerre aux Anglais. On disait alors *maltoute* ou *multoulte*.—Corps des gens d'affaires, des partisans : *la maltôte s'est bien enrichie dans cette guerre*. Il ne se prend qu'en mauvaise part, et même n'est plus usité.

MALTÔTIER, subst. mas. (*maltôtié*), celui qui lève une *maltôte* sur le peuple.

MALTRAITÉ, E, part. pass. de *maltraiter*.

MALTRAITER, v. act. (*maltrété*), offenser, outrager de coups ou de paroles. Il dit plus que *traiter mal*, qui signifierait seulement dire des paroles injurieuses, ou, dans un sens encore moins odieux, faire mauvaise chère à quelqu'un. — Faire tort à... ; ne pas traiter favorablement. — Juger avec défaveur.—*se* **MALTRAITER**, v. pron.

MALVACÉE, subst. fém. et adj. (*malvacé*) (du lat. *malva*, mauve), t. de bot., se dit des plantes comprises dans la classe des mauves.

MALVEILLANCE, subst. fém. (*malvè-lance*), mauvaise volonté, haine.

MALVEILLANT, E, subst. et adj. (*malvè-lan, lante*), qui a de la *malveillance*.—Qui est disposé à blâmer. — Subst. : *un malveillant*.

MALVEISINE, subst. fém. (*malvézine*), ancienne machine de guerre que *Matthieu Paris* conjecture être une espèce de pierrier, et qui, suivant *Du Cange*, tire son nom de *mauvais voisin*, parce qu'elle incommodait fort les ennemis qui en étaient près.

MALVERSATION, subst. fém. (*malvèrsacion*), délit grave commis dans l'exercice d'un emploi public, dans un maniement de deniers.

MALVERSER, v. neut. (*malvèrcé*), se conduire mal dans un emploi ; y commettre des exactions, des concussions, des larcins.

MALVOISIE, subst. propre fém. (*malvoèzi*), nom d'une ville de la Morée.—Subst. masc., certain vin grec fort doux, apporté de *Malvasia*, ville du Péloponèse, qui est l'ancienne *Épidaure*. — Vin muscat cuit.

MAL-VOULOIR, subst. mas. (*malvouloare*), mauvaise volonté ; rancune. Peu usité.

MALVOULU, E, adj. (*malvoulu*), qui est haï, à qui l'on *veut* du *mal*.

M. A M., abréviation de la locution *mot à mot*.

MAMAN, subst. fém. (*maman*), t. de tendresse et de mignardise, qui signifie *mère*.—*Grand'maman*, grand'mère.—Pop. : *grosse maman*, femme qui a de l'embonpoint.

MAMANT, subst. mas. (*maman*), sorte de squelette fossile. Ce mot semble signifier la même chose que *mammout* et *mammouth*.

MAMANTPIAN, subst. mas. (*mamanpian*), ulcère par lequel commence le *pian* chez les nègres.

MAMAS, subst. fém. (*mamâce*), supérieure des vierges consacrées au soleil chez les Péruviens.

MAMBRÉ, subst. propre mas. (*manbré*), nom d'une vallée célèbre de la Judée.

MAMEI, subst. mas. (*mamé*), t. de bot., abricotier des Antilles.

MAMELIÈRE, subst. fém. (*mamelière*), partie de l'armure couvrant le sein.

MAMELLE, subst. fém. (*mamèle*) (du lat. *mamilla*, dimin. de *mamma*, mamelle et mère, dérivé du grec μαμμα, qui signifiait mère chez les anciens Grecs), la partie charnue et glanduleuse des femmes, où se forme le lait. — On le dit aussi en parlant de l'homme et des femelles de certains animaux. — *Allaitement : enfant à la mamelle*.

MAMELLIFORME, adj. des deux genres (*mamèleliforme*) (du lat. *mamma*, mamelle, et de *forma*, forme, ressemblance), t. de bot. : *fruit mamelliforme*, en forme de *mamelle*.

MAMELON, subst. mas. (*mamelon*), le bout de la *mamelle*.—Petites parties glanduleuses sur la peau de l'animal, sur la langue, etc. — En t. de serrurier, partie d'un gond ou d'une fiche à vase, dont la forme est cylindrique, et sur laquelle dans l'œil d'une penture, etc.—Petit cylindre encastré dans chaque extrémité d'un treuil, et qui tourne dans les trous qu'on nomme lumière.—Partie supérieure d'une montagne qui se termine en pointe.

MAMELONNÉ, E, adj. (*mamelone*), t. de bot., recouvert de petits tubercules semblables à des *mamelons*.—Se dit, en anat., de certaines parties figurées en *mamelons* ou *mamelles*.

MAMELU, E, subst. et adj. (*mamelu*), qui a de grosses *mamelles* : *un homme mamelu*; *une grosse mamelle*.

MAMELUK. Voy. **MAMLOUK**.

MAMERS, subst. propre mas. (*mamère*), ville de France, dép. de la Sarthe.

MAMERTINS, subst. mas. plur. (*mamèretein*), ancien peuple d'Italie, et qui habitait la Campanie.

M'AMIE, subst. fém. (*mami*), t. de tendresse; abréviation de *mon amie*.

MAMILLAIRE, adj. des deux genres (*mamilelère*), t. de médec., qui a la figure d'un *mamelon*.

MAMLOUK, MAMELOUK, MAMMELUK, subst. mas. (*mamelouk, luk*) (du verbe arabe *malak* ou *malaka*, posséder, parce que le *mamlouk* est la propriété d'un autre), en Égypte, soldat attaché à un bey, auquel il appartient à titre d'esclave. Les mamlouks formaient une cavalerie redoutable, et c'est du sein de cette milice que se tiraient ordinairement les beys.

MAMMAIRE, adj. des deux genres (*mamemè-re*) (du lat. *mamma*, mamelle), qui a rapport aux *mamelles*. — Subst. fém., t. d'hist. nat., mollusque globuleux.

MAMMALOGIE, subst. fém. (*mamemaloji*) (du lat. *mamma*, mamelle, et du grec λογος, discours, traité), partie de l'histoire naturelle qui traite des mammifères, ou des animaux qui ont des *mamelles*.

MAMMALOGISTE, subst. mas. (*mamemaloji-cete*), auteur qui décrit les *mammifères*.

MAMMAUX, subst. mas. plur. (*mamemô*), *mammifères*. Ce dernier seulement est usité.

MAMMIFÈRE, subst. mas., et adj. des deux genres (*mamemifère*) (du lat. *mamma*, mamelle, et *fero*, je porte), qui a des *mamelles*. — Subst., t. d'hist. nat., nom que, dans la nouvelle division de l'histoire naturelle, on a donné aux animaux appelés auparavant quadrupèdes, et à l'homme lui-même, parce qu'ils nourrissent leurs petits du lait de leurs *mamelles*.

MAMMIFORME, adj. des deux genres (*mame-miforme*) (du lat. *mamma*, mamelle, et *forma*, forme, ressemblance), t. d'anat., qui a la *forme* d'une *mamelle*. On dit plus souvent et mieux *mastoïde*. Voy. ce mot.

MAMMOUT ou **MAMMOUTH**, subst. mas. (*ma-memoute*), nom que les habitants de la Sibérie donnent à l'animal dont on trouve les ossements fossiles aux environs des grandes rivières de ces contrées. Ce sont des os d'éléphants et de rhinocéros.

MAMMULE, subst. fém. (*mamemule*), t. de bot., sorte de cupule que l'on remarque dans les lichens.

MAMOUDI, subst. mas. (*mamoudi*), t. de comm., monnaie de compte et monnaie effective d'argent de Bassora. Le *mamoudi* vaut environ onze sous tournois, ou cinquante-cinq centimes.

M'AMOUR, subst. mas. (*mamour*), t. de tendresse, de mignardise envers une femme. C'est une abréviation de *mon amour*.

MAN., abrév. du mot *manége*.

MAN, subst. mas. (*man*), t. d'hist. nat., larve du hanneton. Elle est quatre ans à se développer, tandis que le hanneton ne vit que sept à huit jours. —Nom d'un dieu des anciens Germains.—Poids usité dans les Indes orientales, et particulièrement dans les états du grand-mogol.

MANAKA, subst. mas. (*manaka*), t. de bot., sorte d'arbrisseau.

MANACON, subst. mas. (*manakon*), t. d'hist. nat., très-beau chat des Indes.

MANAGE, subst. mas. (*manaje*), vieux mot hors d'usage qui signifiait *maison*.

MANAKIN, subst. mas. (*manakiein*), t. d'hist. nat., petit et bel oiseau d'Amérique, du genre des passereaux.

MANALE, subst. et adj. fém. (*manale*) (du latin *manalis*, fait de *manare*, couler ; *lapis manalis*, pierre qui fait couler l'eau), t. d'hist. anc., pierre en laquelle le peuple romain avait une grande confiance, et qu'on roulait dans les rues de Rome, dans les temps de sécheresse, pour avoir de la pluie.

MANANT, subst. mas. (*manan*) (en lat. *manens*, part. prés. de *manere*, demeurer), en style de pratique, celui qui demeure en un bourg ou village. Inusité en ce sens.—Fam., paysan, rustre. T. de mépris.

MANCANDRITE, subst. fém. (*mankandrite*), t. de bot., sorte de champignons de mer.

MANCEAU, et mieux **MANSEAU**, qui est plus conforme à l'étymologie. Voyez ce dernier mot.

MANCELLE, subst. fém. (*mancèle*), chaîne de collier d'un cheval. Peu usité.

MANCENILLIER, subst. mas. (*mancenilié*), t. de bot., arbre d'Amérique, dont on distingue plusieurs espèces, et qu'*Adanson* place parmi les tithymales. Il fournit un suc laiteux qui est un poison brûlant et très-âcre ; il sert aux sauvages à empoisonner leurs flèches. Son fruit n'est pas moins dangereux.

MANCHE, subst. mas. (*manche*) (du lat. *manubrium*, qui signifie la même chose. Suivant *Huet*, de *manica*, employé dans le même sens par *Optatus Milevitanus*), partie d'un instrument par où on le prend pour s'en servir. — Partie de la charrue que tient le laboureur. — Partie d'un luth, d'un violon, etc., où sont les touches. — T. d'hist. nat., *manche de couteau*, coquillage bivalve. — Prov. et figur. : *cet homme branle au* ou *dans le manche*, n'est pas ferme dans le parti qu'il a embrassé, dans sa résolution, ou est menacé de perdre sa place.—*Jeter le manche après la cognée*, abandonner une affaire par chagrin, par caprice.

MANCHE, subst. fém. (*manche*) (en lat. *manica*), partie du vêtement où l'on met le bras. — Demi-manche de toile fine avec un poignet et des arrière-points à chaque bout.—Prov. : 1° *avoir quelqu'un, quelque chose dans sa manche*, en disposer, en être assuré ; 2° *c'est une autre paire de manches*, c'est une autre affaire, ce n'est plus la même chose ; 3° *avoir la conscience large comme la manche d'un cordelier*, n'être point scrupuleux. Il est pop. ; 4° *du temps qu'on se mouchait sur la manche*, du temps qu'on était fort simple. — *Tirer par la manche*, solliciter quelqu'un. — Fig. et fam. : *ne pas se faire tirer la manche* ou *par la manche pour faire une chose*, la faire volontiers. — En t. de guerre, petite troupe de soldats, détachée du bataillon, et qui demeure sur les ailes.—En t. de marine, 1° long tuyau de cuir qui sert à emplir les barriques d'eau ; 2° tuyau de toile goudronnée qui conduit l'eau de la pompe hors du vaisseau. —En t. de pêche, filet en forme de tuyau conique, large à l'entrée, et qui va en s'étrécissant jusqu'à son extrémité, qu'on ferme de différentes manières.— Dans les grosses forges d'acier, espèce de tour en cône tronqué, qui se pose sur certains creusets pour la fonte du fer — Détroit de mer entre deux terres. Il ne se dit que du détroit entre la France et l'Angleterre, qu'on appelle aussi *Pas-de-Calais*. — T. de pharmacie, *manche d'Hippocrate*, sac en forme de cône renversé, fait ordinairement avec de la flanelle, et qui sert à passer différentes choses. — On appelle *manche*, en t. de jeu, la première partie que l'on gagne quand il faut gagner deux parties sur trois pour avoir absolument gagné.— *Gentilshommes de la manche*, officiers qui accompagnaient les fils de France dans leur jeunesse. — *Gardes de la manche*, ceux qui se tenaient aux deux côtés du roi, vêtus de hoquetons et armés de pertuisanes.

MANCHE, subst. propre fém. (*manche*), nom de la mer qui s'étend entre les côtes de France et celles d'Angleterre. — C'est aussi le nom d'un petit pays d'Espagne. — Département de France, dont la capitale est Saint-Lô.

MANCHERONS, subst. mas. plur. (*mancheron*) (rac. *manche*), les parties de la charrue qu'on tient avec les mains lorsqu'on laboure.

MANCHEREAUX, subst. mas. plur. (*mancherô*), t. de manufacture, les poignées de la boîte de la lisse.

MANCHESTER, subst. propre mas. (*manchèce-tère*), ville considérable d'Angleterre, située sur la rivière de Mersey, dans le comté de Lancaster.

MANCHETTE, subst. fém. (*manchète*) (rac. *manche*), ornement fait de toile ou de dentelle, qui s'attache au poignet de la chemise, au bout de la *manche*. — En t. de menuiserie, partie de l'accotoir d'un fauteuil, qu'on garnit d'étoffe.— *Manchette de botte*, garniture de toile qui embrasse le genou, par-dessous la botte. — En t. d'imprimerie, ouvrage à *manchettes*, manuscrit dont les marges sont chargées d'additions. — Prov. : *vous m'avez fait là de belles manchettes*, vous avez fait une équipée, une étourderie qui m'embarrasse fort. — Au plur., mal qu'on fait au poignet en le serrant avec les doigts : *faire des manchettes*.

MANCHON, subst. mas. (*manchon*), sorte de fourrure qui sert comme de *manche*, dans laquelle on tient les mains pour se garantir du froid. — En t. de verrerie, cylindre de verre que l'on fend et qu'on aplatit, pour en former une feuille propre à faire des vitres.—Dans les grosses forges d'acier, virole qui couvre les joints des tuyaux de fonte.

MANCHONNIER, subst. mas. (*manchonié*), celui qui fait des *manchons* dans les verreries.

MANCHOT, E, subst. et adj. (*manchô, chote*) (du lat. *mancus*, fait, dans la même acception, de l'ablatif *manu* et de l'adjectif *ancus*, lequel signifie proprement *celui dont le coude est trop court*), estropié d'une main ou d'un bras : *il est manchot de la main droite*. — Prov. et fig. : *n'être pas manchot*, avoir de l'adresse, de la finesse d'esprit. — Subst. mas., t. d'hist. nat., genre d'oiseaux palmipèdes, de la famille des uropodes, dont les ailes sont courtes et sans pennes, et qui n'ont qu'un ongle à la place du pouce. On les trouve surtout dans la mer du Sud.

MANCIE ou **MANCE**, subst. fém. (*manci, mance*), vieux mot qui signifie : divination.

MANDAÏTE, subst. mas. (*manda-ite*), nom qu'on donne aux chrétiens de St-Jean, à Bassora.

MANDANT, E, subst. mas. (*mandan, dante*), t. de jurispr., celui, celle qui donne un *mandat*.

MANDARIN, subst. mas. (*mandarein*) (du portugais *mandar*, commander, fait du latin *mandare* ; les Chinois disent *quaon*, ou plutôt *coken*, qui signifie *servir*, *être ministre d'un prince*. Trévoux.) Titre de dignité à la Chine. Il y a neuf ordres de *mandarins* qui, au nombre de trente-deux ou trente-trois mille individus, forment les corps les plus distingués de l'empire.

MANDARIN, E, adj. (*mandarein, rine*), qui appartient aux *mandarins* : *la langue mandarine*, ou savante.

MANDARINAT, subst. mas. (*mandarina*), charge, office, dignité de *mandarin*.

MANDAT, subst. mas. (*manda*) (en lat. *mandatum*, fait de *mandare*, commander), rescrit du pape par lequel il donne à quelques personnes certains bénéfices vacants par mort. — Pouvoir, procuration pour agir au nom d'un autre. — Ordre de payer adressé par un propriétaire de fonds à celui qui en est dépositaire. — *Mandat d'amener*, injonction à une personne de comparaître devant un juge, etc., avec ordre de l'y amener. — *Mandat d'arrêt*, ordre d'arrêter quelqu'un et de le conduire dans la maison d'arrêt. — *Mandat territorial*, billet d'état qui devait remplacer les *assignats* et les *rescriptions*, et qui avait la même hypothèque. La création de ce papier, décrétée en 1793, n'a jamais été effectuée : il n'a existé que des *promesses de mandat*, auxquelles le corps législatif avait attribué la même valeur et donné le même cours forcé. Ce cours forcé fut supprimé le 16 pluviôse an V (6 février 1797), par une résolution du conseil des cinq-cents, approuvée deux jours après par celui des anciens.

MANDATAIRE, subst. des deux genres (*mandatère*), celui en faveur de qui le pape a expédié un *mandat*. — Celui qui est chargé d'une procuration pour agir au nom d'un autre.

MANDATÉ, E, part. pass. de *mandater*.

MANDATÉE, adj. fém. (*mandaté*) : *somme mandatée*, portée en *mandat*.

MANDATER, v. act. (*mandaté*), délivrer un *mandat*, mettre un *mandat* de paiement à un mémoire, etc. — *se* MANDATER, v. pron.

MANDATUM, subst. mas. (*mandâtome*), mot tout latin par lequel on exprimait autrefois le lavement des pieds du jeudi-saint. Ce nom avait été donné à cette cérémonie, parce qu'on y chante le morceau de l'Écriture qui commence par ce mot : *mandatum* dedi vobis, etc.

MANDÉ, E, part. pass. de *mander*.

MANDEMENT, subst. mas. (*mandeman*) (en lat. *mandatum*), ordre de la part d'une personne qui a autorité et juridiction. — On appelle *mandement* les instructions que les évêques ont coutume de publier dans certaines circonstances ordinaires, comme à l'approche du carême, pour imposer aux fidèles des œuvres de pénitence ; et dans des circonstances extraordinaires, pour attirer les bénédictions du ciel, comme pour ordonner des prières de quarante heures, à l'avènement d'un roi au trône, à l'ouverture des chambres ou parlement, etc.—Billet qu'on donne à quelqu'un portant ordre à un receveur ou fermier de payer une somme mentionnée dans ce billet. — En t. de pratique, ordre, injonction de venir.

MANDER, v. act. (*mandé*) (en latin *mandare*), faire savoir par lettres ou par message : *mander une nouvelle* ; et neut. : *je lui ai mandé de venir* ou *qu'il vînt*. — Donner avis ou ordre de venir. — *se* MANDER, v. pron.

MANDIBULE, subst. fém. (*mandibule*) (en lat. *mandibula*, fait de *mandere*, manger, mâcher), t. d'anat., mâchoire inférieure de l'homme et des animaux. — Au plur., t. d'hist. nat., parties les plus fortes et les plus apparentes de la bouche des insectes qui se nourrissent de solides, lesquelles sont situées au-dessus des mâchoires.

MANDIBULITHE, subst. fém. (*mandibulite*), t. d'hist. nat., mâchoire de poisson fossile ou pétrifiée.

MANDIL, subst. mas. (*mandi-ie*), sorte de turban persan.

MANDILLE, subst. fém. (*mandi-ie*) (du latin *mantellum*, manteau), autrefois sorte de casaque de laquais. C'était une espèce de manteau fait de trois pièces, dont l'une pendant sur le dos, et les deux autres sur les épaules.

MANDOLINE, subst. fém. (*mandoline*), espèce de petite guitare, ou plutôt *mandore*.

MANDORE, subst. fém. (*mandore*) (par corruption, du grec πανδουρα, qui a la même signification. Voy. PANDORE. Les Italiens disent *mandola*, dont nous avons fait le dimin. *mandoline*, petite *mandore*), sorte d'instrument de musique qui a quelque rapport avec le luth. Quelques-uns disent à tort *mandole*.

MANDRAGORE, subst. fém. (*mandraguore*) (en grec μανδραγορας), t. de bot., plante vénéneuse et vivace, qui croît dans les pays chauds et appartient à la famille des *solanum*. On distingue la *mandragore* mâle et la *mandragore* femelle.

MANDRERIE, subst. fém. (*mandreri*), t. de vannier. Ouvrage gros.

MANDRILL, subst. mas. (*mandrile*), t. d'hist. nat., grand babouin très-laid.

MANDRIN, subst. mas. (*mandrein*), t. de tourneur, pièce sur laquelle on assujétit les ouvrages qui ne peuvent être tournés entre les pointes. — En t. de chaudronniers, longue verge de fer sur laquelle on travaille le tuyau d'un cor de chasse. — Chez les fourbisseurs, instrument de fer qui leur sert à soutenir, entr'ouvrir et travailler plusieurs pièces des épées et des fourreaux. — Outil d'horloger, pour tourner certaines pièces. — Plateau de bois sur lequel les doreurs travaillent les grandes pièces. — Chez les serruriers, poinçon qui sert à percer le fer à chaud.— T. de médec., sorte de sonde. — T. d'injure, brigand, par comparaison au fameux chef de brigands, *Mandrin*.

MANDUBIENS, subst. mas. plur. (*mandubiein*), ancien peuple de la Gaule dont parle Jules-César. Ils habitaient les environs de Langres.

MANDUCATION, subst. fém. (*mandukâcion*) (en lat. *manducatio*), action de manger. Il ne se dit qu'en parlant de l'eucharistie.

MANDUCABLE, adj. des deux genres (*mandukable*) (en latin *menducabilis*), bon à manger. Mot plus latin que français.

MANÉAGE, subst. mas. (*mané-aje*), t. de mar., travail des matelots sur un navire pour charger ou décharger les planches, le merrain, le poisson, etc. Il ne leur est point dû de salaire pour ce travail.

MANE ou **MANÉE**, subst. fém. (*mane, mané*), mesure hongroise de 100 livres.

MANÈGE et non pas **MANÉGE**, subst. mas. (*manèje*) (de l'italien *maneggio*, fait, dans le même sens, du verbe *maneggiare*, manier, gouverner, etc.), lieu où l'on exerce les chevaux de selle et où on les dresse à toute sorte d'airs. — Exercice et travail d'un cheval dans le *manège*; *ce cheval n'est pas encore dressé à ce manège; recherchez ce cheval d'un tel air, d'un tel manège.* — Art de monter à cheval. — En t. de mar., manière particulière de se mouvoir, de faire certaines évolutions.—Au fig., manière d'agir adroite et artificieuse. — Dans les mines de houille, marche, direction des veines.

MANÉGÉ, E, adj. (*manéjé*) : *cheval manégé*, dressé au *manège*.

MÂNES, subst. et adj. mas. plur. (*mâne*) (en latin *manes*), nom que les anciens donnaient aux âmes des morts. On le dit toujours au pluriel, même quand il s'agit d'un seul. — Adj. : *dieux mânes*, dieux infernaux.

MANET, subst. mas. (*mané*), t. de pêche, filet en nappe simple dont les mailles sont proportionnées à la grosseur des poissons qu'on veut prendre.

MANETTE, subst. fém. (*manète*), instrument pour arracher les jeunes plantes avec leurs mottes.

MANGABEY, subst. mas. (*manguabé*), t. d'hist. nat., quadrupède du genre des guenons.

MANGAN, subst. mas. (*manguan*), machine pour lancer de grosses pierres. (*Boiste*.)

MANGANÈSE, subst. mas. (*manguanèze*) (par corruption du grec μαγνης, en lat. *magnes*, aimant, parce que le *manganèse* a quelque ressemblance avec ce minéral), t. d'hist. nat., métal gris-blanc, fragile et très-peu fusible. Cette substance est connue, à l'état d'oxyde noir, sous le nom de *savon des verriers*, parce qu'ils s'en servent pour blanchir le verre.

MANGANIE, subst. fém. (*manguanî*), divination par l'aimant. (*Boiste*, qui la déclare lui-même inconnu.)

MANGÉ, E, part. pass. de *manger*, et adj.—T. de mar. : *vaisseau mangé de la mer*, battu d'une ou plusieurs lames, au point que l'eau passe souvent par-dessus.

MANGEABLE, adj. des deux genres (*manjable*), qui peut être *mangé*.

MANGEAILLE, subst. fém. (*manjâ-ie*), ce qu'on donne à *manger* à quelques animaux domestiques, surtout à la volaille et aux oiseaux.—Dans le style plaisant, tout ce qui sert de nourriture à l'homme.

MANGEANT, E, adj. (*manjan, jante*), qui *mange* : *je l'ai laissée bien buvante, bien mangeante*, se portant bien. Il est fam.

MANGE-BOUILLON, subst. mas. (*manje-bou-ion*), t. d'hist. nat., petit insecte.

MANGE-FROMENT, subst. mas. (*manjefroman*), t. d'hist. nat., chenille du blé vert.

MANGEOIRE, subst. fém. (*manjoare*), sorte d'auge qui va le long de l'écurie ou de l'étable, dans laquelle on donne à *manger* aux chevaux, aux bœufs, aux brebis, etc.—Prov. et fig. : *tourner le dos à la mangeoire*, faire le contraire de ce qu'on devrait faire pour arriver à son but.

MANGER, v. act. (*manjé*) (en lat. *mandare* ou *manducare*, et dont les Italiens ont fait également *mangiare*), mâcher et avaler quelque aliment pour se nourrir.—Neut., prendre ses repas. En ce sens, il est neutre : *il mange à l'auberge*.—En parlant de certaines choses, ronger, détruire : *la rivière a mangé tous ces bords; la rouille mange le fer*, etc.—On dit fig. dans le même sens : *ses valets, sa maîtresse le mangent*, le ruinent. — Ronger : *la rouille mange le fer; un ulcère qui mange les chairs.* — On dit qu'*une planche est mangée*, qu'*une écriture est mangée*, pour dire qu'elle est usée, effacée, et qu'on a peine à y rien connaître. — En t. de gramm., on dit qu'*une voyelle finale se mange*, pour dire qu'elle s'élide, quand elle ne se prononce pas, à cause de la rencontre d'une autre voyelle suivante : *en français, l'e féminin se mange toujours devant une voyelle.*—En t. de mar. : *être mangé par la mer*, pour dire que la mer, étant extrêmement agitée, entre par le haut du vaisseau sans qu'on puisse s'en garantir. — *La mer mange un bâtiment*, lorsque, près d'une côte plus haute que sa mâture, il est comme dans l'obscurité.—On dit d'un objet plus élevé qu'un bâtiment, qu'*il lui mange le vent*, c.-à-d. qu'il l'abrite. — On dit aussi *manger du sable; avoir mangé du sable*, en parlant du timonier, qui, étant au gouvernail, a secoué le sable de l'horloge pour le faire passer plus promptement, ou qui a tourné le sablier trop tôt et avant que tout le sable ne soit passé.—On dit fig.: *l'appétit vient en mangeant*, pour dire que l'ambition, que l'envie d'amasser du bien augmente à mesure qu'elle se satisfait.—*Les gros poissons mangent les petits*, les gens puissants oppriment les faibles. — *Manger de la vache enragée*, vivre de peines, de privations.—On se sert quelquefois du mot *manger*, dans le style familier, pour dire, se mettre dans une grande colère contre quelqu'un : *je n'ai garde de lui en parler, il me mangerait*. On dit dans le même sens : *ils se sont mangé le blanc des yeux.* —Fig.: *manger les mots*, ne pas bien prononcer. — *Manger quelqu'un de caresses*, lui faire de grandes caresses.— *Manger quelqu'un des yeux*, le regarder avidement.—*Savoir son pain manger*, entendre bien ses intérêts.—Fig. et fam. : *il a mangé son pain blanc le premier*, le commencement de sa vie a été plus heureux que la suite. —Fam. : *il mange dans la main*, il abuse de la familiarité qu'on lui permet. — *Être à manger, joli à manger*, être extrêmement joli.—SE MANGER, v. pron., être *mangeable*, se dévorer.—En t. de gramm., se perdre, ne s'écrire, ne se prononcer pas.—Se dévorer, se détruire mutuellement : *les loups ne se mangent pas.*

MANGER, subst. mas. (*manjé*), ce qu'on *mange* : *perdre le boire et le manger*, être entièrement absorbé par le travail ou une passion.

MANGERIE, subst. fém. (*manjeri*), au propre, action de *manger*. Il n'est guère usité que dans *relever mangerie*, recommencer à *manger*.—Au fig., exaction, concussion, frais de chicane.

MANGE-TOUT, subst. mas. (*manjetou*), dépensier, en style familier. — Au plur., des *mange-tout*.

MANGEUR, subst. mas., **MANGEUSE**, subst. fém. (*manjeur, jeuze*), celui, celle qui *mange* beaucoup.—Prov. : *mangeur de charrettes ferrées* ou *de petits enfants*, fanfaron.—*Mangeur de viandes apprêtées*, fainéant, qui aime à faire bonne chère sans se donner aucune peine, ou qui veut tirer du profit d'une affaire où il n'a pas eu de part.—*Mangeur de crucifix*, ou *d'images*, ou *de saints*, bigot, faux dévot.

MANGEURE, subst. fém. (*manjure*), endroit *mangé* d'une étoffe, d'un pain.— En t. de vén., pâture du sanglier.

MANGEUSE, subst. fém. Voy. MANGEUR.

MANGLE ou **MANGLIER**, subst. mas. (*manguele, manguelié*), t. de bot., arbre très-commun sur les bords de la mer dans les Indes occidentales, et dont on connaît plusieurs espèces.

MANGO, subst. mas. (*manguô*), t. d'hist. nat., sorte de poisson.

MANGONNE, subst. fém. (*manguone*), vieux mot qui s'est dit pour *maquignonne*.

MANGONNEAU, subst. mas. (*maguonô*). Voy. MANGAN, qui semble être le même.

MANGONNIER, subst. mas. (*manguonié*), t. de pêche, chasse-marée, ou marchand de poissons en détail.

MANGONS, subst. mas. plur. (*manguon*), pénitents qui erraient presque nus et chargés de chaînes. Hors d'usage.

MANGOUSTAN ou **MANGOSTAN**, subst. mas. (*manguoucetan*), t. de bot., arbre originaire des îles Moluques, transporté dans l'île de Java, à Malaca et aux Manilles. Son fruit, de la grosseur d'une petite orange, réunit le goût de la fraise à celui du raisin; il est réputé le plus délicieux qui croisse dans l'Inde.

MANGOUSTE, subst. fém. (*manguoucete*), t. d'hist. nat., animal des Indes qui, à l'extérieur, ressemble à la fouine.

MANGUE, subst. fém. (*mangue*), t. de pêche, sorte de grand filet.—Subst. fém., fruit du *manguier*.

MANGUIER, subst. mas. (*manguié*), t. de bot., arbre grand et rameux d'Ormus, de Malabar et du Bengale, dont le fruit, nommé *mangue*, en forme de cœur, sert d'aliment, soit cru, soit macéré dans le vin. La *mangue*, coupée en morceaux, se confit au vinaigre, et prend le nom d'*achar de mangue*.

MANHEIM, subst. propre mas. (*manème*), ville du palatinat du Rhin.

MANIABLE, adj. des deux genres (*maniable*) (rac. *main*), qui se *manie* aisément; qui se prête à l'action de la main : *ce drap est doux et maniable; ce marteau est trop lourd, il n'est pas maniable.*—Aisé à mettre en œuvre : *ce fer, ce cuivre est doux et maniable.*—Fig. et fam., traitable, doux.

MANIAQUE, subst. et adj. des deux genres (*maniake*), possédé de quelque *manie*, furieux.

MANICANTERIE, subst. fém. (*manikanteri*) (du lat. *manè cantare*, chanter le matin), école de chant d'un chapitre où l'on entretient des enfants de chœur.

MANICHÉEN, subst. mas., **MANICHÉENNE**, subst. fém. (*maniche-ein, ène*), hérétiques, disciples de *Manès* ou *Manichée*, au troisième siècle, qui reconnaissent deux principes, l'un bon, appelé *lumière*, lequel ne faisait que du bien, et l'autre mauvais, nommé *ténèbres*, qui ne faisait que du mal.

MANICHÉISME, subst. mas. (*maniché-iceme*), doctrine, hérésie de *Manès* et des *manichéens*, ses sectateurs.

MANICHORDION, subst. mas. (*manikordion*) (par corruption du grec μονοχορδιον, ou plutôt μονοχορδον, instrument à une seule corde, formé de μονος, un, et χορδη, corde), sorte d'épinette dont les sautereaux sont armés de petits morceaux de cuivre.

MANICLE, subst. fém. (*manikle*), t. de tondeur de draps, instrument qui fait agir les forces. — Chez les cordonniers, morceau de cuir qui entoure la paume de la *main*. On dit mieux *manique*. Voyez ce mot. — Au plur., les fers qu'on met aux *mains* des prisonniers. On dit plus souvent et mieux *menottes*.

MANIE, subst. fém. (*mani*) (du grec μανια, fureur, folie, dérivé de μαινομαι, être fou, être en fureur), altération d'esprit qui va jusqu'à la fureur.—Transport, délire.—Dans un sens moins odieux, passion portée à l'excès : *sa manie pour les coquilles, pour les éditions rares*, etc.—Voy. TIC. —Depuis quelque temps il est entré dans la composition de plusieurs mots : *anglomanie, bibliomanie, dansomanie, mélomanie*, d'où l'on a fait ensuite *anglomane, bibliomane*, etc. Tous les mots de ce genre appartiennent au style plaisant ou satirique.

MANIÉ, E, part. pass. de *manier*, et adj. —

Ces mots sont bien ou *peu maniés*, sont bien ou peu usités.—T. de mar.: *vaisseau bien manié*, qui est bien manœuvré, auquel un manœuvrier habile donne le mouvement.

MANIEMENT, subst. mas. (*maniman*), action de *manier*.—Sorte de mouvement du bras, de la jambe : *il est perclus de ce bras*, *mais il commence d'en avoir le maniement assez libre.* — Au fig., administration : *maniement des deniers, des affaires.*—*Maniement des armes*, exercice de pied ferme qu'on enseigne aux soldats de recrue, à la différence des évolutions.—T. de peinture, action de traiter les couleurs.

MANIER, v. act. (*manié*) (du latin *manus*, main, dont les Italiens ont fait également *maneggiare*), prendre et toucher avec la main : *manier une étoffe.* — Fig., 1° avoir en sa disposition : *manier les deniers publics.* La Bruyère (chap. 6) a dit en ce sens : *manieur d'argent* ; 2° *manier les affaires*, les administrer ; 3° *manier les esprits*, les gouverner avec adresse ; 4° *manier un sujet*, le traiter. — *Manier le blé*, le remuer avec la pelle. — *Manier bien une chose*, s'en bien servir, la bien travailler : *il manie bien le pinceau, le marbre, le fer, la pâte.* — Assouplir. — Opérer sur une matière. — *Manier bien la parole*, parler avec facilité et agrément. — *Manier à bout*, 1° en t. de couvreur, mettre des lattes neuves, et reposer l'ancienne tuile dessus ; 2° chez les paveurs, relever un ancien pavé et le remettre en place.—*Manier les levains*, les pétrir. — T. de manége, *manier un cheval*, le faire aller, le mener avec art. — Il se dit aussi neut. des mouvements et des exercices des chevaux dressés et qui ont de l'école : *ce cheval manie bien à courbettes, à croupades, terre-à-terre, de ferme-à-ferme*, etc.— *Au manier*, en maniant : *cette étoffe, ce drap paraît bon au manier.*—SE MANIER, v. pron.

MANIÈRE, subst. fém. (*manière*) (du lat. barbare *maneries* ou *maneria*, employé dans la même signification par les auteurs de la basse latinité. *Ménage*, d'après *Vossius*, etc.), façon, sorte. En ce sens il s'emploie adv. : *en toute manière.* — *Faire une chose par manière d'acquit*, négligemment, et seulement parce qu'on ne peut pas faire autrement.—Mode : *son discours se répandait en la manière d'un torrent.*(Bossuet.) —Avec les pronoms possessifs, usage, coutume : *c'est sa manière d'agir*, etc.—*Manière de voir*, se dit relativement au point de vue particulier sous lequel l'esprit considère les choses ; *manière de penser*, relativement aux opinions particulières qu'il a adoptées.—*Manière d'être*, situation particulière dans laquelle on se trouve relativement au bien-être ou au mal-être : *moins sa manière d'être est à sa disposition, plus il demande fréquemment qu'on la change.* (J.-J. Rousseau.)—Fam., il se dit comme *espèce*, de ce qui a l'apparence de la chose dont on parle : *il vint une manière de demoiselle*, etc. —Affectation : *à force de soigner son style, on tombe dans la manière ; cela avoisine la manière* ; et très-fam. : *cela frise un peu la manière*, s'éloigne du naturel. — En peinture, 1° caractère particulier qui, louable ou défectueux, distingue un peintre de tout autre ; c'est la même chose que *style* en littérature : *la manière de Raphaël, du Corrége*, etc.; *avoir une belle, une grande manière*, imiter savamment la nature ; 2° pratique qui ne tient qu'aux habitudes que le peintre a contractées, et qui s'éloigne de la nature : *avoir* ou *mettre de la manière.* En ce dernier sens, il se prend toujours en mauvaise part. — *Manière noire*, manière de graver où le cuivre est tellement préparé, que le fond y est totalement *noir*. Dans ce genre de gravure au burin, on passe des ombres aux lumières, à la différence de la gravure au burin ou à l'eau-forte, qui passe de la lumière aux ombres. La gravure *en manière noire*, cultivée avec beaucoup de succès en Angleterre, y est appelée, d'après l'italien *mezzo-tinto*, demi-teinte.—Au plur., façon d'agir ; il diffère de *façons* en ce que les *manières* sont l'expression des mœurs de la nation, et les *façons* sont une charge des *manières*, ou des *manières* plus recherchées dans quelques individus. — *De manière que...*, conj., de sorte que. — *De manière à...*, loc. prépos., de façon à,..

MANIÉRÉ, E, adj. (*maniéré*), qui a beaucoup de *manière*, d'affectation : *style, auteur maniéré* ; et en peinture, *figure, draperies maniérées.*—Dans ce dernier sens, on dit subst. : *le maniéré*, mauvaise imitation de la simplicité, du naturel, de la noblesse ou des grâces.

MANIÉRISME, subst. mas. (*maniériceme*), façon, genre du *maniériste* ; affectation de *manières*. Fort peu usité.

MANIÉRISTE, subst. mas. (*maniéricete*), peintre *maniéré*, qui dans ses ouvrages n'imite pas la belle nature. Peu usité.

MANIETTE, subst. fém. (*maniète*), t. d'imprimeur en toile, petit morceau de chapeau pour frotter les châssis.

MANIEUR, subst. mas., **MANIEUSE**, subst. fém. (*manieur, manieuze*), qui *manie* ; qui aime à *manier*.—*Manieur d'argent*. Voy. MANIER.—*Manieur de blé*, journalier qui, sur les ports de Paris, gagne sa vie à remuer le blé avec une pelle.

MANIFESTATION, subst. fém. (*manifècetâcion*), action par laquelle on *manifeste*.

MANIFESTE, subst. mas. (*manifècete*), écrit public par lequel un souverain rend raison de sa conduite en quelque affaire importante.—Il se dit par extension d'une personne de grande considération, d'un parti, et alors il signifie *apologie*.

MANIFESTE, adj. des deux genres (*manifècete*) (en lat. *manifestus*), notoire, évident, connu de tout le monde.

MANIFESTÉ, E, part. pass. de *manifester*.

MANIFESTEMENT, adv. (*manifèceteman*) (en lat. *manifestè*), clairement, évidemment.

MANIFESTER, v. act. (*manifèceté*) (en latin *manifestare*), rendre *manifeste*.— Déclarer.— Faire connaître, mettre au jour. — SE MANIFESTER, v. pron., se faire connaître, se montrer.

MANIGANCE, subst. fém. (*maniguance*), intrigue, emploi de petites manœuvres cachées et artificieuses pour parvenir à quelque fin. Il est fam.

MANIGANCÉ, part. pass. de *manigancer*.

MANIGANCER, v. act. (*maniguancé*) (du latin barbare *manicularе*, que, suivant *Du Cange*, on a employé avec la même acception dans la basse latinité ; *quasi*, ajoute-t-il, *manibus ludificare, uti agunt prœstidigitatores*), tramer quelque petite ruse. Il est familier.—SE MANIGANCER, v. pron.

MANIGUIÈRE, subst. fém. (*maniguière*), t. de pêche, filet tendu sur des pieux.

MANIKOR, subst. mas. (*manikor*), t. d'hist. nat., manakin orange.

MANIL ou **MANI**, subst. mas. (*mani*), t. de bot., arbre de la Guyane, dont les vieilles branches fournissent aux habitants une résine qui leur sert à calfater leurs canots.

MANILLE, subst. fém. (*mani-ie*) (de l'espagnol *manilla*, fait de *mano*, main), t. du jeu de l'hombre, du quadrille et du tri ; c'est en noir le deux, et en rouge le sept de la couleur dans laquelle on joue.—Grand anneau de cuivre jaune, en forme de bracelet, que les nègres portent comme parure aux jambes et aux bras. — T. d'hist. nat., vipère de l'Inde. — Subst. propre fém., nom d'une ville des Philippines.

MANIOC ou **MANHIOT**, subst. mas. (*maniok*), t. de bot., plante d'Amérique à fleur campaniforme. — Sa racine tubéreuse fournit une fécule dont on fabrique un pain appelé *cassave*.

MANIPULAIRE, subst. mas. (*manipulère*), chez les anciens Romains, chef d'un *manipule*.— On l'appelait aussi centurion. — Adj. des deux genres, qui appartient au *manipule*.

MANIPULATEUR, subst. mas. (*manipulateur*), t. de pharm., qui *manipule*.

MANIPULATION, subst. fém. (*manipulâcion*), manière d'opérer en chimie, en pharmacie, et en plusieurs arts.

MANIPULE, subst. mas. (*manipule*) (du latin *manipulus*, poignée ou botte de foin attachée au bout d'une perche qui, dans les premiers temps, servait d'enseigne), sorte de petite étole que le prêtre, le diacre et le sous-diacre portent au bras gauche, dans la célébration de la messe. Le *manipule* a remplacé le mouchoir ou la serviette que les prêtres de la primitive église portaient au bras pour s'essuyer les yeux, la main, la bouche ou le visage. Les grecs et les maronites ont deux *manipules*, un à chaque bras. — Chez les anciens Romains, compagnie de soldats, d'abord de cent et ensuite de deux cents hommes.—T. de médec., poignée d'herbes, de feuilles, de fleurs, etc.

MANIPULÉ, E, part. pass. de *manipuler*.

MANIPULER, v. act. (*manipulé*) (du latin *manus* main), opérer avec la *main*. — En pharmacie et en chimie, pétrir, mêler, etc. —SE MANIPULER, v. pron.

MANIQUE, subst. fém. (*manike*) (du lat. *manica*, mitaine, et fait de *manus*, main), morceau de cuir, etc., dont certains ouvriers se couvrent la paume de la main ou le bras, afin de travailler plus commodément.

MANIS, subst. mas. (*manice*), t. d'hist. nat., sorte de lézard écailleux.

MANISURE, subst. mas. (*manizure*), t. de bot., genre de plantes.

MANITOU, subst. mas. (*manitou*), fétiche des sauvages de l'Amérique septentrionale.

MANIVEAU, subst. mas. (*manivô*), sorte de petit panier plat fait d'osier : *un maniveau de champignons.*—Son contenu.

MANIVELLE, subst. fém. (*manivèle*) (suivant *Huet*, du lat. *manulea*, qui signifie proprement manche d'habit, etc.), pièce de fer, etc., coudée deux fois à angle droit, qui, placée à l'extrémité d'un arbre ou essieu, sert à le faire tourner.—En t. d'imprimerie, morceau de bois creux et arrondi placé à la partie de la broche qui sert à faire rouler le train d'une presse.—En t. de charron, 1° petit essieu qui sert à conduire deux petites roues à la fois ; 2° moitié d'un petit essieu de bois rond avec quoi l'on conduit une petite roue où l'on veut.—Chez les maçons, espèce de brancard avec des cordages et un S pour élever des matériaux.—Chez les cordiers, instrument de fer pour tordre de gros cordages. — T. de marine : *manivelle du gouvernail*, pièce de bois que le timonier tient à la *main* pour faire jouer le gouvernail.

MANNE, subst. fém. (*mâne*) (en grec μαννα, en lat. *manna*), espèce de suc congelé qui se recueille en quelques pays sur les feuilles de certains arbres. C'est une drogue purgative. — Nourriture que Dieu fit tomber du ciel pour les Israélites dans le désert.— Fig. : *la manne céleste*, la grace, la parole de Dieu.—Fig. et fam.: production de la terre fort abondante dans un pays, et qui sert à nourrir un grand nombre de personnes. — Nourriture de l'esprit : *c'est une vraie manne.* — *Manne d'encens*, encens mâle, choisi en petits grains les plus ronds et les plus nets, ayant la couleur de la belle *manne*. — *Manne de Prusse*, graine d'une plante graminée, qu'on nomme *herbe à la manne* ou *fétuque flottante.* — *Manne des poissons*, papillon dont les poissons sont très-friands et qui sert à faire des appâts.

MANNE, subst. fém. (*mâne*) (du saxon *mand*, corbeille, panier. *Le Duchat*), sorte de panier grand et plat avec des anses à chaque bout.— Ouvrage de vannier en forme de berceau, où l'on met coucher un enfant. Presque toutes les nourrices disent à tort *banne*.

MANNEQUIN, subst. mas. (*manekiein*) (de *manne*, panier, dont *mannequin* est une espèce de diminutif), panier long et étroit dans lequel on apporte des fruits, etc., au marché.—Panier à claires voies dans lequel on élève des arbres. —Figure de forme humaine à l'usage des peintres et des sculpteurs, et dont les jointures sont faites de manière à pouvoir lui donner l'attitude qu'on désire. (De *man*, qui, en allemand et en anglais, signifie *homme*; *mannequin, petit homme.*) — *Cette figure sent le mannequin*, elle n'a pas été étudiée sur la nature. — Fig. : *c'est un vrai mannequin*, c'est un homme nul et sans caractère, qu'on fait mouvoir comme on veut.

MANNEQUINAGE, subst. mas. (*manekinaje*), la sculpture qu'on emploie dans les édifices.

MANNEQUINÉ, E, adj. (*manekiné*) : *draperies mannequinées*, en peinture et en sculpture, draperies disposées sans naturel, avec affectation.

MANNETTE, subst. fém. (*manète*), petite *manne*. Presque inusité, aussi bien que *mannelette*, qui signifierait la même chose.

MANOË, subst. propre fém. (*mano-é*), petite île de Danemarck.

MANŒUVRE, subst. mas. (*maneuvre*) ; il signifie proprement celui qui travaille de ses mains (*qui manu operatur*) ; mais on ne l'emploie qu'en parlant d'un ouvrier subalterne qui sert ceux qui font l'ouvrage. On le dit surtout d'un aide à maçon, d'un aide à couvreur.—Fig. et par mépris, homme qui exécute un ouvrage d'art grossièrement et par routine.—Ouvrier médiocre : *cet artiste est un vrai manœuvre.*

MANŒUVRE, subst. fém. (*maneuvre*), tous les cordages qui servent à manier les voiles et à faire les autres services du vaisseau. — L'usage et la manière de se servir de ces cordages ; *il entend* *bien la manœuvre ; il changea de manœuvre.* — Par extension, les mouvements qu'on fait à la guerre. — Fig., conduite dans les affaires du monde. — Brigues et intrigues : *les sourdes manœuvres du vice.*

MANŒUVRÉ, E, part. pass. de *manœuvrer.*

MANŒUVRER, v. neut. (*maneuvré*), en t. de mar., faire la *manœuvre.* Dans ce sens on dit aussi activement : *manœuvrer les voiles.* — En parlant des troupes, exécuter certains mouvements. — Au fig., employer des moyens pour réussir dans une affaire : *manœuvrer sourdement.*—*se* MANŒUVRER, v. pron., être, pouvoir être *manœuvré.*

MANŒUVRIER, subst. mas. (*maneuvrié*), matelot qui *manœuvre* bien. Pour l'acception d'*ouvrier*, voy. MANOUVRIER.

MANŒUVRIER, adj. mas., au fém. **MANŒUVRIÈRE** (*maneuvrié, vrière*), habile à faire des évolutions militaires : *troupes manœuvrières.*

MANOIR, subst. mas. (*manoar*) (du lat. *manere*, demeurer, dont on a fait dans la basse latinité *manerium*), demeure, maison ; il n'est plus en usage qu'au palais et en poésie. — *Le sombre manoir*, l'enfer.

MANOLYTHE, subst. mas. (*manolite*) (du lat. *manus*, main, et λιθος, pierre), monument creusé dans le roc. Hors d'usage.

MANOMÈTRE ou **MANOSCOPE**, subst. mas. *manomètre*) (du grec μανος, rare, et μετρον, mesure, ou σκοπεω, j'observe, je considère), t. de physique, instrument qui mesure les variations de la densité et de la rareté de l'air, variations qui ne dépendent pas seulement du poids de l'atmosphère, mais encore de l'action du froid et du chaud, etc. C'est ce qui fait la différence de cet instrument avec le baromètre, lequel ne mesure que le poids de l'air. *Bayle* l'avait nommé *baromètre statique.*

MANON, subst. propre fém. (*manon*), nom de fille qui se dit encore pour *Marie.*

MANOPLES, subst. fém. plur. (*manople*); on a appelé ainsi, chez les anciens, les cestes et les gantelets dont on se servait dans les jeux.

MANOQUE, subst. fém. (*manoke*), rouleau de tabac.

MANORINE, subst. fém. (*manorine*), t. d'hist. nat., genre d'oiseaux chanteurs.

MANOSCOPE, subst. mas. Voy. MANOMÈTRE.

MANOSQUE, subst. propre fém. (*manoceke*), nom d'une ville de France, située en Provence, entre Aix et Sisteron.

MANOSSE, subst. fém. (*manoce*), trou dans les longuesses.

MANOUSE, subst. fém. (*manouze*), lin du Levant.

MANOUVRIER, subst. mas. (*manouvrié*) (du lat. *manu*, abl. de *manus*, main, et *operarius*, ouvrier), ouvrier qui travaille de ses mains et à la journée.

MANQUE, subst. mas. (*manke*), défaut, en parlant des choses : *manque de foi, de parole, d'argent.* — T. de jeu de roulette.—*De manque*, adv., de moins : *il a trouvé dans ce sac de mille francs dix écus de manque.*— *Manque de*, loc. adv., faute de : *il n'a pu le faire manque d'argent, d'amis. Faute de* est plus usité.

MANQUÉ, E, part. pass. de *manquer*, et adj. : *ouvrage manqué*, défectueux.—*Projet manqué*, avorté.—*Poète manqué*, qui n'a pas toutes les qualités nécessaires à un poète.

MANQUEMENT, subst. mas. (*mankeman*), faute d'omission par laquelle on *manque* de faire ce qu'on doit.— Défaut : *manquement de foi, de parole, de respect.* Voy. MANQUE.

MANQUER, v. act. (*mankié*) (du lat. *mancus*, manchot, par extension, défectueux, imparfait, dont on a fait, dans la basse latinité, le mot barbare *mancare*, et d'où dérive également le *mancare* des Italiens, et le *mancar* des Espagnols), laisser échapper : *manquer une belle occasion; manquer son coup.*—Ne pas trouver : *manquer un homme ; nous l'avons manqué d'une heure.*—*Ne pas manquer quelqu'un*, lui dire ce qu'on avait résolu de lui dire. — *Manquer une perdrix, un lièvre*, etc., les tirer et ne pas les tuer.—*Manquer des voleurs que l'on cherchait*, ne pas les prendre.— Prov. : *la manquer belle*, échapper à un grand danger. — Neut., faillir, tomber en faute.—Ne pas prendre feu, en parlant d'un fusil, etc. — Défaillir : *les jambes, le cœur, les forces lui manquent.* — *Le pied lui a manqué*, il a glissé.—Tomber, périr : *cette maison manque par les fondements ; ce cheval manque par les jambes ;* et sans régime, *si cet homme vient à manquer, sa famille est ruinée.* —*Manquer de...*, 1° avoir faute de... : *manquer de cœur, d'esprit ; il manque d'argent*, ou *l'argent lui manque ; il ne manque pas de vanité*, il a de la vanité ; *manquer de parole*, ne pas tenir sa parole ; 2° omettre, oublier de... : *je ne manquerai pas de vous avertir.* — Faillir, penser, être sur le point de... : *il a manqué de tomber.* — *Manquer à...*, ne pas faire ce qu'on doit à l'égard de quelqu'un ou de quelque chose : *il a manqué à son ami.* En ce sens, on dit *se manquer à soi-même*, manquer à ce que l'on se doit, se faire tort.—*Le pied lui a manqué*, il a glissé.—N'être pas à sa place ; être de moins : *il manque un livre à cette tablette ; plusieurs décades de Tite-Live manquent.*—En t. de commerce, on dit absolument *manquer*, pour, cesser ses paiements, faire faillite. — *se* MANQUER, v. pron., ne pas se trouver, se rejoindre : *ils se sont croisés et se sont manqués.*—*Se manquer*, absolument, se dit d'un homme qui a voulu se tuer et qui a *manqué* son coup.

MANS (LE), subst. propre mas. (*leman*), ville de France et capitale du Maine, située sur la Sarthe.

MANSARD ou **MANSEAU**, subst. mas. (*mançar, mançô*), t. d'hist. nat., sorte de pigeon ramier.

MANSARDE, subst. fém. (*mançarde*), toit de bâtiment de l'invention de l'architecte *Mansard*, dont le comble est presque plat et les côtés presque à plomb.— Logement au comble d'une maison, qui prend du jour sur le toit.—Au plur., t. de menuiserie, croisées qui ouvrent à coulisse, ainsi nommées de l'étage en *mansarde* où elles furent d'abord employées.

MANSE, pour **MENSE**, est un barbarisme de l'*Académie.*

MANSEAU, subst. mas., **MANSELLE**, subst. fém. (*mançô, mancèle*), du *Maine* ou du *Mans.* Quelques-uns disent au fém. *manseaute :* ce dernier serait plus selon les règles ; mais, en fait de noms propres, l'usage est et doit être un vrai tyran dont il faut subir le joug.

MANSFELD, subst. propre mas. (*mancefèlede*), nom d'une petite ville de la Thuringe, dans la Haute-Saxe.

MANSFÉNI, subst. mas. (*manceféni*), t. d'hist. nat., oiseau de proie des Antilles; la chair en est excellente.

MANSION, subst. fém. (*mancion*) (du latin *mansio*, demeure, séjour), t. d'hist. anc., lieu marqué sur les grandes routes, où les légions, les recrues, les généraux avec leur suite, les empereurs eux-mêmes trouvaient préparé d'avance tout ce dont ils avaient besoin. Il y avait aussi des *mansions* ou gîtes pour les particuliers qui voyageaient, et qui étaient proprement des auberges.

MANSIONNAIRE, subst. mas. (*mancionère*), officier préposé à la garde d'une église.

MANSOIS, subst. mas. (*mançoâ*), ancienne monnaie d'argent.—Ce mot s'est dit aussi dans le temps pour *manseau.*

MANSOURE, subst. propre fém. (*mançoure*), nom d'une grande et forte ville d'Egypte, sur le Nil.

MANSUÈTE, adj. des deux genres (*mançuète*) (en lat. *mansuetus*), mot plus latin que français, et qui signifie doux, patient. Il est presque inusité aujourd'hui ; mais on appelle encore *poire de mansuète* une espèce de poire fort agréable au goût.

MANSUÈTEMENT, adv. (*mançu-èteman*), avec *mansuétude.* Inusité, mais utile.

MANSUÉTUDE, subst. fém. (*mançu-étude*) (en lat. *mansuetudo*), vertu qui rend doux, traitable et facile ; bénignité, bonhomie, patience.

MANTE, subst. fém. (*mante*) (du lat. *mantellum.* Voy. MANTEAU.), habillement des dames romaines, consistant en une longue pièce d'étoffe riche et précieuse dont la queue était extraordinairement traînante. — En France, espèce de grand voile noir fort long que portaient les dames de haute qualité dans les cérémonies de deuil.—Sorte d'habit de religieuse dans quelques monastères. — Espèce de couverture faite de grosse laine. — Sorte de manteau ou d'écharpe propre pour le commerce de l'Amérique. — T. d'hist. nat. : *mantes de mer*, genre de crustacés arthrocéphales, qui ont les yeux mobiles et articulés. On les nomme aussi *squilles.*

MANTEAU, subst. mas. (*mantô*) (en lat. *mantellum*, fait du grec μανδυη, ou μανδυας, emprunté de l'ancienne langue des Perses, et qui désigne une espèce de vêtement semblable), vêtement fort ample, qu'on porte par-dessus l'habit ou la robe. Il y en a de différentes formes et longueurs. On disait autrefois *mantel.* — Fig., prétexte dont on se couvre ; déguisement ; apparence trompeuse, etc. — Le bout d'une pièce d'étoffe de laine, qui se trouve du côté du chef, et qui lui sert d'enveloppe. — Partie de la cheminée qui couvre la hotte et qui sert de chapeau au foyer.—*Faire quelque chose sous le manteau de la cheminée*, en secret.—Barreau de fer qui, dans une cheminée, porte sur les jambages, et qui soutient le *manteau* en maçonnerie.—En t. de blason, fourrure herminée sur laquelle est posé l'écu.—On appelle *manteau long*, un *manteau* qui traîne, que portent les ecclésiastiques quand ils sont en soutane, et les laïques dans les cérémonies de deuil : *il était en manteau long.*— On appelle *manteau court*, le *manteau* ordinaire, par opposition au *manteau* long : *se mettre en manteau court.*—*Manteau de lit* ou *de nuit*, espèce de *manteau* fort court pour la chambre et pour le lit. — *Vendre une chose sous le manteau*, en cachette.—Prov. : *garder les manteaux.* Voy. GARDER. — *Rôle à manteau*, de tuteur, de vieillard.—On appelle au théâtre *manteau d'arlequin*, un petit rideau d'avant-scène qui ne se lève et ne se baisse jamais ; c'est une draperie d'ornement.— En fauconn., couleur des plumes des oiseaux de proie.—Dans les mollusques, peau coriace dont leur corps est revêtu, et de la surface et des extrémités de laquelle exsude une substance calcaire qui se consolide en forme de coquille.

MANTELÉ, E, adj. (*mantelé*), t. de blason ; il se dit des animaux qui ont un *mantelet* dont il faut spécifier l'émail.

MANTELET, subst. mas. (*mantelè*), espèce de *manteau* violet que les évêques portent en certaines occasions.—Petit *manteau* de luxe dont les femmes se couvrent les épaules.—Dans l'attaque des places, machine composée de plusieurs madriers, et montée sur deux ou trois roues que le premier sapeur pousse devant lui par le moyen d'un timon, pour se mettre à couvert de la mousqueterie. — Espèce de volet ou de panneau servant de fermeture aux sabords d'un vaisseau. — Pièce de cuir qui s'abat sur la portière des carrosses.—Sellette d'un cheval de carrosse.—Se dit, en t. de blason, des courtines du pavillon des armoiries, quand elles ne sont pas couvertes de leurs chapeaux.—T. d'hist. nat., genre de coquillages.

MANTELINE, subst. fém. (*manteline*), *manteau* que portent les femmes de la campagne.

MANTELLATE, subst. fém. (*mantèlelate*), religieuse. Hors d'usage.

MANTELURE, subst. fém. (*mantelure*), poil du dos d'un chien, lorsque, étant d'une autre couleur que celui des autres parties du corps, il lui forme une espèce de *manteau.*

MANTÈQUE, subst. fém. (*mantèke*), saindoux du sanglier.

MANTES, subst. propre fém. (*mante*), ville de France, située sur la Seine, département de Seine-et-Oise.

MANTICHORE, subst. mas. (*mantikore*), t. d'hist. nat., espèce de chacal très-féroce.

MANTICORE, subst. mas. (*mantikore*), t. d'hist. nat., espèce de coléoptère.

MANTIDE, subst. fém. (*mantide*), t. d'hist. nat., tribu d'insectes orthoptères et coureurs.

MANTIL, subst. mas. (*manti-ie*), linge de table. Hors d'usage.

MANTILLE, subst. fém. (*manti-ie*), sorte de *mantelet* de femme, sans coqueluchon.

MANTINÉE, subst. propre fém. (*mantiné*), t. de géog. anc., ville d'Arcadie, dans le Péloponèse, sur les confins de la Laconie.

MANTOIS, subst. propre mas. (*mantoâ*), ancien territoire de *Mantes.*

MANTONNET, subst. mas. (*mantonè*) (de *menton*, dont cette pièce a en quelque sorte la forme, en conséquence on écrirait donc mieux *mentonnet*), espèce de tenon sur la tête des pilots, pour arrêter les madriers ou plates-formes qu'on pose dessus, et qu'on y attache avec des chevilles barbelées.—Petite pièce de fer qui soutient ou arrête en accrochant, telle que celle qui reçoit et retient le battant d'un loquet, etc.

MANTOUAN, subst. propre mas. (*mantouan*), le territoire, le duché de *Mantoue.*

MANTOUAN, E, subst. et adj. (*mantouan, touane*), qui est de *Mantoue.*

MANTOUE, subst. propre fém. (*mantou*), ancienne ville capitale du *Mantouan*, en Italie.

MANTURE, subst. fém. (*manture*), t. de mar., grand coup de mer, agitation violente des vagues. — Dans les forges d'acier, fil de fer qui a été chauffé inégalement et qui est brûlé en quelques endroits.

MANUBALISTE, subst. fém. (*manubalicete*) (en lat. *manus*, main, et *balista*, baliste), sorte d'arbalète.

MANUBIAIRE, adj. des deux genres (*manubière*): *colonne manubiaire*, ornée de trophées en bas-relief.

MANUCORDE, subst. mas. (*manukorde*), t. d'hist. nat., oiseau de paradis.

MANUDUCTEUR, subst. mas. (*manudukteur*) (du latin *manu*, ablatif de *manus*, main, et *ductor*, conducteur, guide ; *qui conduit de la main*), t. de musique, chef d'un orchestre qui bat la mesure. — Autrefois, officier qui, placé au milieu du chœur, donnait le signal aux choristes pour entonner, marquait le temps, battait la mesure et réglait le chant. Hors d'usage.

MANUEL, subst. mas. (*manuèle*), livre qu'on peut porter à la *main*. — Sorte de livre de prières. — Instructions abrégées.

MANUEL, adj. mas., au fém. **MANUELLE** (*manuèle*) (en lat. *manualis*, fait de *manus*, main), qui se fait avec la *main* : *ouvrage*, *travail manuel*. — *Distribution manuelle*, ce que les chanoines reçoivent pour assister à certains offices ou services particuliers.

MANUELLE, adj. fém. Voy. MANUEL. — Subst. fém., t. de marine, barre de fer jointe par une boucle à la barre du gouvernail. — Instrument de cordier, pour tordre et commettre les cordages qui sont fort longs.

MANUELLEMENT, adv. (*manuèleman*), de la *main* à la *main*.

MANUF., abréviation du mot *manufacture*.

MANUFACTURE, subst. fém. (*manufakture*) (du lat. *manufactum*, ouvrage de *main*), fabrication de certains ouvrages qui *se font à la main*. — Lieu où on les fabrique. — Les ouvriers mêmes d'une *manufacture* : *la manufacture s'est révoltée*.

MANUFACTURÉ, E, part. pass. de *manufacturer*.

MANUFACTURER, v. act. (*manufakturé*) (du lat. *manu*, avec la main, et *facere*, faire), fabriquer en *manufacture*. — *se* MANUFACTURER, v. pron.

MANUFACTURIER, subst. et adj. mas., au fém. **MANUFACTURIÈRE** (*manufakturié*, *rière*), celui qui fait fabriquer, qui est le maître d'une *manufacture*; fabricant. — Ouvrier qui travaille dans une *manufacture*. — Adj., qui se livre à la fabrication : *peuple manufacturier*.

MANULÉE, subst. fém. (*manulé*), t. de bot., plante personnée.

MANULUVE, subst. mas. (*manuluve*), t. de médec., bain des *mains*. Inusité.

MANUMISSION, subst. fém. (*manumicion*) (du latin *manumissio*, fait de *manumittere* (*mittere manu*), renvoyer de la main, parce que le maître, en présentant son esclave au magistrat, le tenait par la main, lui donnait un petit soufflet sur la joue, et le laissait aller), action de donner la liberté à un esclave. — Affranchissement des gens de main-morte.

MANUS (IN). Voy. IN MANUS.

MANUSCRIT, E, adj. (*manucekri*, *krite*) (en lat. *manuscriptus*, *scriptus manu*, écrit à la main), écrit à la *main* : *ouvrage manuscrit*.

MANUSCRIT, subst. mas. (*manucekri*), ouvrage écrit à la *main* : *il y a dans cette bibliothèque beaucoup de manuscrits*.

MANUSTUPRATION, subst. fém. (*manucetuprâcion*), onanisme.

MANUTENTION, subst. fém. (*manutancion*), action de *maintenir* : *la manutention des lois*, *des priviléges*, *de la discipline*, soin de régler, de veiller à la conservation des affaires. — Action de confectionner le pain, le biscuit de mer, etc. — Boulangerie militaire.

MANUTENTIONNÉ, E, part. pass. de *manutentionner*, et adj.

MANUTENTIONNEL, adj. mas., au fém. **MANUTENTIONNELLE** (*manutancionèle*), de la *manutention*.

MANUTENTIONNER, v. act. (*manutancioné*), t. d'art militaire administratif, exercer la *manutention sur*... — *se* MANUTENTIONNER, v. pron.

MANZANILLE, subst. fém. (*manzani-ie*), le même que *mancenillier*.

MANZEL, subst. mas. (*manzèle*), caravansérail en Perse.

MAPAS, subst. mas. (*mapâce*), arbre de la Guyane.

MAPPAIRE, subst. mas. (*mapepère*), t. d'antiq., officier qui donnait le signal dans les jeux, en jetant la *mappe*.

MAPPE, subst. fém. (*mape*) (du latin *mappa*), employé dans cette acception, surtout avec l'adjectif *circensis*. *Mappa* signifie proprement *serviette*, *linge qui couvre la table*), chez les anciens Romains, rouleau de linge qui servait de signal pour annoncer le commencement des jeux du cirque.

MAPPEMONDE, subst. fém. (*mapemonde*) (du latin *mappa*, linge qui couvre la table, dont nous avons fait *nappe*, en changeant *m* en *n*, et de *mundus*, monde ; *carte du monde qu'on étend sur la table comme une nappe*), carte géographique qui représente les deux hémisphères.

MAPPÉ, E, part. pass. du v. *mapper*.

MAPPER, v. act. (*mapepé*), nettoyer des meubles. Nous ne trouvons ce mot que dans *Boiste*. Inusité.

MAPURITA, subst. mas. (*mapurita*) ; c'est le même mot que *zorille*.

MAQUE, subst. fém. (*make*), instrument propre à briser le chanvre. — Paquet de fil de cent aunes. — Au plur., deux petits morceaux de bois qui s'élèvent sur le devant de la hotte, du fond jusqu'au collet, et servent à former les angles du dos.

MAQUÉ, E, part. pass. de *maquer*.

MAQUER, v. act. (*makié*) (par corruption de *mâcher*; parce que la *maque* broie et mâche en quelque sorte le chanvre), briser avec la *maque*.

MAQUEREAU, subst. mas. (*makerô*) (du latin *macula*, tache, parce qu'il est fort tacheté) t. d'hist. nat., espèce de poisson de mer, osseux, holobranche et thoracique. — Au plur., taches aux jambes pour s'être chauffé de trop près.

MAQUEREAU, subst. mas., **MAQUERELLE**, subst. fém. (*makerô*, *rèle*) (de *maque*, vieux mot français qui signifiait vente) : t. déshonnête, celui, celle qui débauche et prostitue des femmes et des filles. — Celui qui vit aux dépens des filles de mauvaise vie.

MAQUERÉLAGE, subst. mas. (*makerèlaje*), métier de prostituer et de débaucher les femmes.

MAQUERELLE, subst. fém. Voy. MAQUEREAU.

MAQUERIE, subst. fém. (*makeri*), veine étrangère dans l'ardoise. (*Boiste*.)

MAQUETTE, subst. fém. (*makiète*) (de l'italien *machietta*, diminutif de *macchia*, qui signifie proprement *tache* et, fig., *grossière ébauche de peintre*, etc.), t. de sculpture, léger modèle en cire, et plus ordinairement en terre, où rien n'est arrêté, et qui n'offre que la première pensée de l'artiste. Les *maquettes* sont pour les sculpteurs ce que sont pour les peintres des esquisses heurtées. — En t. d'arquebusier, pièce de fer d'un échantillon proportionné au canon de fusil qu'elle doit produire.

MAQUIGNON, subst. mas. (*makignion*) (du vieux mot *maque*, vente. Voy. MAQUEREAU. Suivant d'autres, du latin *mango*, marchand d'esclaves, etc., courtier, dérivé du grec μαγγανον, ruse, fard, artifice), marchand de chevaux ; cependant on entend plutôt par *maquignon*, un homme qui fait métier de tromper en vendant pour bons de mauvais chevaux. — Fig. et fam., celui qui s'intrigue pour faire traiter des offices, des charges, des mariages.

MAQUIGNONNAGE, subst. mas. (*makignionaje*), métier de *maquignon*; art de faire paraître les chevaux meilleurs qu'ils ne sont, etc. — Fig. et fam., intrigue, négociation pour des charges, des mariages, etc.

MAQUIGNONNÉ, E, part. passé de *maquignonner*.

MAQUIGNONNER, v. act. (*makignioné*), user d'artifice pour faire paraître un cheval meilleur qu'il ne l'est, à dessein de s'en défaire. — Fig. et fam., s'intriguer pour faire vendre des charges, etc. — *se* MAQUIGNONNER, v. pron.

MAQUILLEUR, subst. mas. (*maki-ieur*), bateau à simple tillac, pour la pêche des *maquereaux*.

MAR., abréviation du mot *marine*.

MARABOUT, subst. mas. (*marabou*), prêtre mahométan *qui*, en Afrique, *dessert une mosquée*. — Pop., homme fort laid. — Cafetière de fer-blanc battu, à ventre fort large, et qui vient de Turquie. On l'appelle aussi *cafetière du Levant*. — T. de mar., voile de galère qu'on met dans les temps de tempête. — T. d'hist. nat., oiseau de l'Inde. — Au plur., plumes de cet oiseau dont les femmes ornent leurs chapeaux.

MARABOUTIN, subst. mas. (*maraboutein*), t. de mar., la principale voile du grand mât des galères.

MARACURY, subst. mas. (*marakuri*), t. de bot., espèce de liane qui fournit aux Indiens de la Rivière-Noire un poison mortel dont ils enduisent le fer de leurs flèches.

MARAÎCHER, subst. mas., **MARAÎCHÈRE**, subst. fém. (*marèché*, *chère*), jardinier, jardinière qui fait valoir un *marais*, qui cultive des légumes.

MARAIS, subst. mas. (*marè*) (du latin *mariscum*, jonc marin, parce que les joncs abondent dans les *marais*. *Ménage*. Suivant *Wachter*, de l'allemand *morast*, lieu bourbeux, etc.), eau qui croupit en certains lieux et se dessèche souvent l'été. — A Paris, terroir près des fossés ou le long de la rivière, où l'on cultive des herbages, des légumes, etc. — *Marais salants*, où l'on fait venir de l'eau de la mer pour faire du sel. — Prov. : *se sauver par les marais*, se tirer d'embarras par de mauvaises raisons. — *Marais*, t. de politique. Voy. MONTAGNE.

MARANA, subst. propre fém. (*marana*), nom d'une rivière de la Campagne de Rome, en Italie.

MARANCE, subst. fém. (*marance*), punition de faute légère. Hors d'usage.

MARANDÉ, E, part. pass. de *marander*.

MARANDER, v. act. et neut. (*marandé*), t. de pêche : 1° mettre les appelets à la mer ; 2° raccommoder, radouber les filets. Terme normand.

MARANO, subst. propre mas. (*maranô*), nom d'une petite ville du Frioul, dans les états de Venise.

MARANS, subst. propre mas. (*marance*), nom d'une petite ville de France, située dans le pays d'Aunis, sur la Seure, entre La Rochelle et Luçon.

MARASME, subst. mas. (*maraceme*) (en grec μαρασμός, fait de μαραίνω, je flétris, je dessèche), t. de médec., consomption, maigreur extrême.

MARASQUIN, subst. mas. (*maracekiein*), sorte de liqueur faite avec de la cerise amère.

MARATHON, subst. propre mas. (*maraton*), nom d'un village de la Livadie, en Grèce. C'était jadis une petite ville, qui fut rendue célèbre par la victoire de Miltiade sur les Perses.

MARATISTE, subst. et adj. des deux genres (*maraticete*), révolutionnaire que les fureurs et la violence portent à aimer à faire verser le sang, comme *Marat*.

MARATISME, subst. mas. (*maraticeme*), opinion furieuse et sanguinaire, en rapport avec les principes politiques de *Marat*.

MARÂTRE, subst. et adj. fém. (*marâtre*) (du latin barbare *marastra* ou *maltrasta*, employé avec la même acception dans la basse latinité. *Ménage*, *Caseneuve*, etc.), belle-mère qui maltraite les enfants du premier lit. — Mère cruelle et dénaturée.

MARAUD, E, subst. (*marô*, *rôde*) (suivant *Henri Etienne*, du grec μωρός), t. de mépris, coquin, fripon.

MARAUDAILLE, subst. fém. (*marôdâ-ie*), troupe de *marauds*. Inusité.

MARAUDE, subst. fém. (*marôde*) (du mot *maraud*), action de butiner. — Petite guerre faite par des soldats qui se dérobent du camp, et qui vont piller.

MARAUDER, v. neut. (*marôdé*), aller en *maraude*.

MARAUDEUR, subst. mas., **MARAUDEUSE**, subst. fém. (*marôdeur*, *deuze*), celui, celle qui *maraude*.

MARAUDEUSE, subst. fém. Voy. MARAUDEUR.

MARAVÉDIS, subst. mas. (*maravédi*), petite monnaie de cuivre en Espagne, valant la moitié de l'*ochavo*, trois deniers trois quarts, à peu près un centime et demi. Il n'en existe plus d'effectif.

MARBRE, subst. mas. (*marbre*) (en latin *marmor*, dérivé du grec μαρμαρος, et qui vient du verbe μαρμαίρω, je brille, je reluis, à cause du poli brillant dont le *marbre* est susceptible), sorte de pierre calcaire, extrêmement dure, qui reçoit le poli ; il y en a de beaucoup d'espèces. — T. d'imprim., pierre enchâssée dans le coffre de la presse, et sur laquelle on pose une forme. On le dit *aussi* d'une espèce de table de pierre sur laquelle on entrepose la forme, soit pour la corriger, soit pour attendre qu'elle puisse être mise sous presse, etc. — Pierre qui sert à broyer des drogues et des couleurs. — Dans les verreries, plaque de fonte sur laquelle on tourne le verre cueilli, pour l'unir et l'arranger autour de la canne. — *Marbre statuaire*, celui qu'on emploie à faire des statues. — *Marbre* *artificiel* ou *factice*, composition de gypse dans laquelle on met diverses couleurs, pour imiter le marbre. — Fig. : *il est de marbre*, c'est un homme dur et froid. — *Cœur de marbre*, insensible.—Fig. et fam. : *rester comme un marbre*, interdit, immobile.—*La table de marbre*, autrefois les juridictions de la connétablie, de l'amirauté et des eaux et forêts.—Au plur., ouvrages en *marbre*.—Échantillons de différents *marbres*. —*Marbres d'Arundel, de Paros* ou *d'Oxford*, *marbres* qui contiennent la chronique d'Athènes, depuis sa fondation jusqu'à l'archonte Diogénète, pendant un espace de treize cent dix-huit années. Ces *marbres*, gravés deux cent soixante-quatre ans avant l'ère chrétienne, furent trouvés, au commencement du dix-septième siècle, dans l'île de *Paros*, et transportés en Angleterre par les soins du comte *Thomas d'Arundel*, dont le petit-fils les a depuis déposés dans la bibliothèque de l'université d'*Oxford*.

MARBRÉ, E, part. pass. de *marbrer*, et adj., peint, travaillé, etc., en façon de *marbre* : *papier marbré*, *étoffes marbrées*.—En bot., *fleurs marbrées*, panachées irrégulièrement. — *Truffes marbrées*, grises et blanches en dedans.—Subst. mas., t. d'hist. nat., sorte de lézard.

MARBRER, v. act. (*marbré*), imiter par la peinture, etc., la disposition des couleurs du *marbre*.—Dans les verreries, arranger sur les *marbres* ou plaques de fonte le verre en fusion qui est au bout de la canne. — *se* MARBRER, v. pron.

MARBRERIE, subst. fém. (*marbreri*), atelier, art du *marbrier*.—Art de polir le *marbre*.

MARBREUR, subst. mas., MARBREUSE, subst. fém. (*marbreur, breuze*), celui, celle qui *marbre* du papier.

MARBREUSE, subst. fém. Voy. MARBREUR.

MARBRIER, subst. mas. (*marbrié*), ouvrier qui tire le *marbre* de la carrière.—Celui qui le façonne et qui en fait divers ouvrages. — Celui qui fait faire ces ouvrages et qui les vend.

MARBRIÈRE, subst. fém. (*marbrière*), carrière d'où l'on tire le *marbre*.

MARBRURE, subst. fém. (*marbrure*), imitation du *marbre*, sur du papier, sur du bois, ou sur la tranche d'un livre, par le moyen de la peinture.

MARC, subst. mas. (*mar*, le *c* ne se prononce que dans *Marc*, nom d'homme) (par corruption du latin *amurca*, dérivé du grec αμεργω, je pressure des olives, etc.), ce qui reste de plus grossier de quelque fruit ou herbe qu'on a pressé, du café ou autre substance qu'on a fait bouillir, etc.— Ce qu'on pressure à la fois de raisins ou de pommes. — Poids qui contient huit onces. (Dans cette dernière acception, du lat. barbare *marca*, employé dans le même sens, et que quelques-uns dérivent de l'allemand *mark*, qui signifie proprement *marque*, *signe*, et par extension *poids*, *mesure*, à cause de la marque imprimée aux poids et mesures, etc.) — Sorte de monnaie d'Allemagne, de Suède, de Danemarck, de Hambourg, etc.—*Poids de marc*, celui où la livre a deux *marcs* ou seize onces, à la différence du poids de table où la livre n'a que douze onces, et d'autres poids où elle en a quatorze, etc. — *Être payé au marc la livre*, au sou la livre, au prorata de ce qui est dû à chaque créancier.

MARÇAICHE, subst. masc. (*marcèje*), droit qui se percevait sur le poisson de mer vendu au marché.

MARCASSIN, subst. mas. (*markacein*) (suivant *Huet*, du lat. *meracus*, pur, sans mélange, parce que cet animal ne va pas en troupe, mais seul et sans compagnie), le petit de la laie.

MARCASSITE, subst. fém. (*markacite*), t. d'hist. nat., substance minérale brillante, d'un jaune d'or, composée de fer, de soufre, d'une terre non métallique, à laquelle se joint quelquefois accidentellement du cuivre. C'est le *fer sulfuré* des modernes. Ce mot est d'origine arabe. (*Huet*.)

MARCATION, subst. fém. (*markâcion*). Nous ne trouvons ce mot que dans l'*Académie*, qui renvoie du reste à *ligne de marcation*, au mot LIGNE. Voici ce qu'on y lit : « On donna le nom de *ligne de marcation* à la *ligne* tracée sur la mappemonde par Alexandre VI, qui, de son autorité pontificale, donnait aux Espagnols les terres qu'ils découvriraient à l'ouest de cette ligne, et aux Portugais celles qu'ils découvriraient à l'est. On appela ensuite *ligne de démarcation* celle qui fut fixée d'accord entre ces peuples, et qui déclinait de la *ligne de marcation* d'Alexandre VI. » Nous ajouterons que ce mot de *marcation* ne paraît avoir été employé dans aucune autre circonstance.

MARCESCENCE, subst. fém. (*marcèceçance*), propriété des calices de fleurs qui se sèchent sans tomber. Voy. MARCESCENT.

MARCESCENT, E, adj. (*marecèceçan, çante*) (en lat. *marcescens*, part. prés. de *marcescere*, se flétrir, se faner; se dit, en bot., de la seconde enveloppe de la fleur, qui est colorée, et qui se dessèche long-temps avant de tomber, comme dans les bruyères.

MARCESSIBLE, adj. des deux genres (*marecécecible*), disposé à se flétrir.

MARCHAIS, subst. mas. (*marché*), t. de pêche, hareng vide de laite, après qu'il a frayé.

MARCHAND, E, subst. (*marchan, chande*) (en lat. *mercator*), celui ou celle qui trafique de quelque *marchandise* que ce soit; qui fait profession d'acheter et de vendre. Voy. NÉGOCIANT.— Celui ou celle qui achette, quoiqu'il n'en fasse pas métier.—*Marchand forain*, 1° celui qui fréquente les foires et les *marchés*; 2° *marchand* étranger qui apporte des *marchandises*. (Dans cette seconde acception, du lat. *foras*, hors, dehors.)—*Les six corps des marchands*, autrefois à Paris, les communautés des drapiers, épiciers, merciers, pelletiers, bonnetiers et orfèvres.—*Marchands grossiers* ou *magasiniers*, ceux qui vendent en gros dans les magasins. — *Marchands détaillants*, ceux qui achettent des manufacturiers, pour revendre en détail dans les boutiques. On les nomme aussi *boutiquiers*. — Aux ventes publiques, lorsque le crieur annonce *telle marchandise à tant*, on répond : *il y a marchand à ce taux*.— Prov. : *la foire sera bonne*, *les marchands s'assembleut*. Voyez FOIRE. — *N'est pas marchand qui toujours gagne*, on doit s'attendre à ne pas gagner dans toutes les affaires.—Et aussi : *marchand qui perd ne peut pas rire*. — Et encore : *de marchand à marchand il n'y a que la main*, pour dire qu'entre *marchands* il n'est pas besoin d'écrire, et qu'ils ne font que se toucher dans la main pour conclure, pour arrêter un marché.—*N'être pas bon marchand d'une chose*, n'y pas trouver son compte : *il n'a pas voulu suivre mon conseil*, *il s'en trouvera mauvais marchand*, il lui en arrivera quelque malheur.

MARCHAND, E, adj. (*marchan, chande*), en parlant des lieux où il se fait un grand trafic : *cette ville est fort marchande*.—En parlant des choses, qui a les qualités prescrites pour être vendu : *ce blé est marchand*. — *Prix marchand*, des *marchands* entre eux.—*Place marchande*, commode pour bien vendre. — Fig. et fam. : *se mettre en place marchande*, en lieu public exposé à la vue du monde.— *La rivière est marchande*, est navigable.—*Vaisseau marchand*, qui n'est destiné qu'à porter des *marchandises*.—*Style marchand*, style de *marchand*; on dit plus souvent et mieux : *style mercantile*.

MARCHANDAILLÉ, E, part. pass. de *marchandailler*.

MARCHANDAILLER, v. act. (*marchandâ-ié*), *marchander* pour peu de chose et long-temps. Il est pop.—*se* MARCHANDAILLER, v. pron.

MARCHANDÉ, E, part. pass. de *marchander*.

MARCHANDEMENT, adv., barbarisme de *Boiste*.

MARCHANDER, v. act. (*marchandé*), demander le prix d'une chose, essayer d'en convenir avec le *marchand* et d'en faire rabattre : *il a marchandé ce drap, ce cheval*; et neut. : *il a marchandé sou à sou*. — Fig., 1° hésiter, balancer. Il se dit toujours avec la négative : *il l'a fait sans marchander*; *il ne marchande pas*; il agit, il parle assez ouvertement; 2° avec les personnes pour régime, ne pas épargner : *on n'a pas marchandé ce fripon*. Il est fam. — *Ne pas marchander sa vie*, la défendre courageusement. — *se* MARCHANDER, v. pron.

MARCHANDISE, subst. fém. (*marchandize*)(en lat. *mercatura*), chose dont on trafique.—Le trafic même : *faire marchandise*, *aller en marchandises*.—On appelle *marchandise de contrebande*, celle qu'on fait entrer dans un pays, ou qu'on en fait sortir contre les ordonnances. — *Marchandise marinée*, mouillée d'eau de mer. — *Marchandise naufragée*, endommagée par quelque naufrage.—*Marchandise avariée*, qui a été gâtée dans le vaisseau.—Prov.: 1° *faire valoir sa marchandise*, ce qu'on a ou ce qu'on dit, vanter son mérite; 2° *faire métier et marchandise d'une chose*, la faire souvent, et pour en tirer un profit, un avantage quelconque; 3° *moitié métier, moitié marchandise*, moitié de gré, moitié de force.

MARCHANTE, subst. fém. (*marchante*), t. de bot., plante cryptogame, de la famille des algues.

MARCHE (LA), subst. propre fém. (*lamarche*), ancienne province de France qui fait aujourd'hui partie du département de la Creuse.

MARCHE, subst. fém. (*marche*) (du lat. barbare *marca*, employé avec cette acception dans la basse latinité, dérivé de l'allemand *mark*, borne, limite, frontière), autrefois frontière d'un état; on dit encore *marche Trévisane, d'Ancône, de Brandebourg, de Limosin, etc.*) —*Marches avantagères*, les limites des trois provinces de Bretagne, de Poitou et d'Anjou, à cause des privilèges dont jouissaient les villages placés sur la ligne de ces *marches* ou frontières. — Mouvement, pas de celui qui *marche*. — Chemin qu'on fait d'un lieu à un autre : *il y a dix jours de marche de Lyon à Paris*. — *Ouvrir la marche*, marcher le premier.—Procession ou cérémonie solennelle : *l'évêque, le gouverneur fermait la marche*.—Air de musique qui caractérise la *marche* des troupes.—*Gagner une marche*, prendre les devants sur l'ennemi. —Mouvement des astres.—Mouvement d'un vaisseau qui s'avance en mer.—*Marche d'un poëme*, progrès de l'action. — *Marche d'un ouvrage*, développement successif des idées. —Au jeu des échecs, le mouvement que peuvent faire les pièces.— Degré d'escalier, d'autel ou du trône. Voy. DEGRÉ.—Chez les briquetiers, espace de terre que le *marcheur* doit piétiner.—Autrefois, dans l'orgue, le clavecin, etc., ce qu'on appelle aujourd'hui *touche*. On dit encore *les marches d'une vielle*. — Dans les métiers à fabriquer les étoffes, morceaux de bois fixés par un bout, mais mobiles sur le bouton ou la broche qui les assujétit au bas du métier. A l'autre extrémité elles tiennent par des ficelles aux lisses qu'elles font mouvoir à mesure que l'ouvrier les fait baisser elles-mêmes avec les pieds. — Sorte de métiers horizontaux au bas du fût. — *Faire une marche forcée*, faire plus de chemin qu'à l'ordinaire. — *Faire une fausse marche*, feindre d'aller d'un côté et tourner d'un autre. — Fig. : *cacher sa marche*, les mesures qu'on prend.

MARCHÉ, subst. mas. (*marché*) (en lat. *mercatus*), lieu public où l'on vend toute sorte de denrées.—*Marché franc*, où l'on ne paie pas pour avoir le droit d'y vendre.—La vente de ce qui se débite dans le marché : *le marché a été bon aujourd'hui*. — L'assemblée de ceux qui vendent et achettent dans ce lieu.—Prix, conditions auxquels on achette une chose : *tenir*, *rompre le marché*. — *Bon, grand marché*, vil prix.—*Marché à prime*. Voy. PRIME. — Prov. : *mettre le marché à la main à quelqu'un*, lui témoigner qu'on est prêt à rompre l'engagement qu'on a avec lui, ou le défier au combat sur quelque contestation.— *Marché fait*, prix réglé. — *Être quitte à bon marché*, avoir moins de perte qu'on ne croyait. — *Il le paiera plus cher qu'au marché*, il se repentira, il se trouvera mal de ce qu'il a fait.—Fig. et fam. : *avoir bon marché de quelqu'un*, en venir facilement à bout. — Fig. : *aller* ou *courir sur le marché de quelqu'un*, entreprendre sur ce qu'un autre a ménagé pour soi. — On dit d'une chose qu'on a eue à bon marché, que *c'est un marché donné*; et d'un achat avantageux, que *c'est un marché d'or*.—*A grand marché faire*, signifiant, à mettre les choses au plus bas, est une locution plus que surannée, que nous ne devrions pas retrouver dans l'*Académie*, car ce proverbe ne se comprendrait plus. — *Par-dessus le marché*, adv., outre cela, en outre. Fam.

MARCHÉ, part. pass. de *marcher*.

MARCHE-PALIER, subst. fém. (*marchepalié*), t. d'archit. et de charpentier, *marche* qui forme le bord d'un *palier* d'escalier. — Au plur., des *marches-palier*; c'est comme s'il y avait : *des marches de palier*.

MARCHE-PIED, subst. mas. (*marchepié*), marche ou banquette sur laquelle on pose les *pieds*.—La *marche* la plus élevée de l'estrade d'un trône, de l'œuvre d'une église, d'un confessionnal, etc.— En t. d'imprimerie, planche en talus sur laquelle l'imprimeur place son pied, soit en touchant la forme, soit en tirant le barreau.—Au fig., personne sur laquelle on s'appuie : *les ambitieux se servent de marche-pied*.—Au plur., des *marche-pieds*.

MARCHER, v. neut. (*marché*) (suivant *Sylvius*, du latin *mercari*, acheter, faire le métier de marchand; parce que, dit-il, les marchands vont et viennent sans cesse, pour chercher à faire quelques bénéfices. Suivant *Tabouet*, du celtique *march*, cheval, employé encore aujourd'hui dans le même sens par les Bas-Bretons et les Gallois. *Marcher* a d'abord signifié proprement *aller à cheval*, et ensuite, par extension et par abus, *aller à pied*), aller, s'avancer d'un lieu à un autre par le mouvement des pieds. —Être en *marche*, de quelque manière que ce soit : *l'armée, l'artillerie marche*.—Aller suivant un certain ordre : *le supérieur marche avant l'inférieur*. — Fig., se dit, en musique, de la succession des sons ou des accords : *marcher diatoniquement; les deux parties marchent par mouvement contraire*. — En t. de marbreur de papier, on dit que *les couleurs marchent trop*, lorsqu'elles se pressent sur la surface de l'eau du baquet — *Marcher sur*..... mettre le pied sur quelque chose.—Fig. et fam.: *il ne faut pas lui marcher sur le pied*, il est dangereux de le choquer.—*Marcher droit*, faire bien son devoir. — *Faire marcher quelqu'un droit*, le forcer à faire son devoir.—*Marcher entre des précipices*, se trouver dans des conjonctures difficiles et périlleuses.—*Marcher sur des épines*, dans une carrière pleine de difficultés.—*Marcher sur les pas, sur les traces de ses ancêtres*, les imiter. — *Cette affaire ne marche point*, n'avance point. — *Elle marche toute seule*, on n'a pas besoin de soins, de sollicitations pour la faire réussir.—*Ce poëme, ces discours marchent bien*, ils sont suivis; l'ordre, l'arrangement en sont bons.—*L'action de ce drame marche*, avance vers le dénouement. — *Marcher à grands pas aux dignités*, donner à croire qu'on y parviendra bientôt. — *Marcher à tâtons dans une affaire*, agir sans avoir les lumières nécessaires pour s'y bien conduire.—*Cette fille marche sur les talons de sa mère*, est d'âge à être établie; *sur les talons de sa sœur aînée*, la suit de fort près.—*Ce régiment marche*, fait la campagne.—Act., dans la fabrication des étoffes, presser les *marches* du pied, pour les mettre en mouvement. —En t. de potier de terre, etc., fouler la terre avec les pieds, après qu'elle a trempé quelques jours dans l'eau. — Chez les chapeliers, *marcher l'étoffe*, manier à froid sur la claie, ou à chaud sur le bassin, le poil ou la laine dont on a dressé les capades.

MARCHER, subst. mas. (*marché*), la manière dont on *marche* : *je l'ai reconnu à son marcher*. —Endroit sur lequel on *marche*.

MARCHETTE, subst. fém. (*marchète*), t. d'oiselier, petit bâton qui tient le dessus d'un trébuchet, et dont le mouvement fait détendre la trappe, lorsque les oiseaux viennent *marcher* ou se reposer dessus.—Au plur., t. de soieries, petites *marches*, qui font baisser lentement les lisses de liage.

MARCHETTO, subst. mas. (*markièteto*), à Venise, division du ducat de banque et du ducat courant, dont le *marchetto* fait la cent vingt-quatrième partie.

MARCHEUR, subst. mas., **MARCHEUSE**, subst. fém. (*marcheur, cheuze*), celui ou celle qui *marche* bien ou mal.—Ouvrier briquetier qui corroie la terre dans la fosse, en la piétinant.—En ce sens, on dit aussi *marcheux*.

MARCHEUSE, subst. fém. (*marcheuze*). Voy. MARCHEUR.—Femme ou fille qui remplit l'office de servante dans les maisons de débauche; c'est proprement une *racoleuse* d'hommes.

MARCHEUX, subst. mas. (*marcheu*), fosse pour corroyer la terre à cuire. Voy. MARCHER.

MARCHIS, subst. mas. (*marchi*), vieux mot qui s'est dit pour *marquis*.

MARCHOIR, subst. mas. (*marchoar*), t. de potier, atelier dans lequel on prépare les terres à pot.

MARCIAGE, subst. mas. (*marciaje*), t. de féod., ancien droit des seigneurs sur les saules, les pins, etc.

MARCIGNY, subst. propre mas. (*marcigni*), nom d'un gros bourg qui faisait partie de l'ancien duché de Bourgogne, et situé sur la Loire, à deux lieues de Semur.

MARCILLAC, subst. propre mas. (*marci-iak*), nom d'un ancien château situé en France, sur la Charente.

MARCILLY, subst. propre mas. (*marcie-i*), nom d'une ville du département de l'Aube.

MARCIONITE, subst. des deux genres (*marcionite*), nom des disciples de Marcion, hérétique du deuxième siècle.

MARCOLIÈRE, subst. fém. (*markolière*), t. de pêche, filet avec lequel on fait, la nuit et pendant l'hiver, la pêche des oiseaux marins.

MARCOTÉ, E, part. pass. de *marcoter*.

MARCOTER, v. act. (*markoté*), t. de jard., coucher des branches ou des rejetons en terre pour leur faire prendre racine. Voy. MARCOTTE. — *se* MARCOTER, v. pron.

MARCOTTE, subst. fém. (*markote*) (du latin *mergus*, qui, dans *Columelle*, a la même signification), branche de vigne, de figuier, etc., que l'on couche en terre, et qu'on ne sépare de la plante-mère que lorsqu'elle a pris racine. C'est en quoi la *marcotte* diffère de la *bouture*.—Par extension, rejeton d'œillet, etc., que l'on couche en terre pour lui faire prendre racine, et qu'on sépare ensuite de la plante.

MARDELLE, subst. fém. (*mardèle*). Voy. MARGELLE, qui est plus usité.

MARDI, subst. mas. (*mardi*) (par contraction du latin *Martis dies*, le jour de Mars), le troisième jour de la semaine, consacré par les anciens au dieu Mars.—*Mardi gras*, le dernier des jours du carnaval.

MARE, subst. fém. (*mare*) (de l'allemand *morast*, lieu bourbeux), amas d'eau dormante. — Houe de vigneron.—Auge dans laquelle on écrase les olives.

MARÉAGE, subst. mas. (*maré-aje*), t. de mar., convention entre le maître d'un vaisseau et les matelots pour le service du vaisseau pendant le voyage.

MAREC, subst. mas. (*marèke*) t. d'hist. nat., espèce de canard étranger.

MARÉCAGE, subst. mas. (*marékaje*), terres humides et bourbeuses, comme le sont les *marais*.

MARÉCAGEUSE, adj. fém. Voyez MARÉCAGEUX.

MARÉCAGEUX, adj. mas., au fém. **MARÉCAGEUSE** (*marékajeu, jeuze*), plein de *marécage*.— Humide, qui sent le *marécage* : *air marécageux; ces oiseaux ont un goût marécageux*.—Qui habite les *marécages*.

MARÉCHAL, subst. mas. (*maréchal*) (du bas latin *marechallus*, ou plutôt *mareschalcus*, fait, avec la même signification, du mot teutonique *mar*, cheval, et de *schalk*, serviteur. *Ménage*.), titre de divers officiers militaires : *maréchal de France*, la première dignité militaire en France; celui qui en est revêtu commande les armées.— *Maréchal-de-camp*, officier-général qui commande sous les ordres du général ou du lieutenant-général, ou en chef en leur absence. —*Maréchal - de - bataille*, autrefois, officier-général dont la fonction était de mettre une armée en bataille, et d'en disposer la marche et les campements sous les ordres du général. — *Maréchal-de-logis*, officier qui fait le département du logement des troupes à cheval : *maréchal-général-de-logis d'une armée; maréchal-général-des-logis de la cavalerie*.—On appelle, chez quelques princes d'Allemagne, *grand-maréchal*, un principal officier qui a la surintendance-générale de leur maison.—Artisan qui ferre les chevaux, et qui les panse quand ils sont malades. On dit quelquefois *maréchal ferrant*. — Au plur., *maréchaux*.

MARÉCHALE, subst. fém. (*maréchale*), l'épouse d'un *maréchal* de France.

MARÉCHALERIE, subst. fém. (*maréchaleri*), art du *maréchal* ferrant.

MARÉCHAUSSÉE, subst. fém. (*maréchôcé*), compagnie de gens à cheval, établie sous la dépendance immédiate des *maréchaux de France*, pour veiller à la sûreté publique. Aujourd'hui, *gendarmerie royale*. — Sorte de juridiction ancienne. Voyez CONNÉTABLIE. — Autrefois, dans quelques provinces et en t. de coutume, amas de matériaux pour bâtir.

MARÉCHAUX, subst. mas. plur. Voyez MARÉCHAL.

MARÉ, E, part. pass. de *marer*.

MARÉE, subst. fém. (*maré*), tout le poisson de mer.— Flux et reflux de la mer : *haute marée, basse marée*. — *Aller contre marée*, contre le cours de la mer dans le flux ou reflux. — *Prendre la marée*, prendre le temps que la *marée* est favorable pour entrer dans un port ou pour en sortir.—Il y avait autrefois une juridiction composée de membres du parlement de Paris, établie sous le nom de *chambre de la marée*, qui connaissait de toutes les affaires civiles et criminelles relatives au poisson de mer frais, sec, salé et d'eau douce. — Fig., et fam. : 1° *avoir vent et marée*, avoir toutes choses favorables pour réussir dans ses desseins; 2° *aller contre vent et marée*, avoir toutes choses contraires.— *Arriver comme marée en carême*, fort à propos. Voy. CARÊME.

MARELLE, subst. fém. (*marèle*), jeu d'enfants, qui consiste à tracer une espèce d'échelle sur la terre : on saute dans chacun des intervalles à cloche-pied, et en chassant un palet avec le pied qui touche la terre. Il ne faut pas toucher au tracé de l'échelle, ou bien l'on a perdu. On a dit anciennement *mérelle*.

MARENGO, subst. propre mas. (*mareinguô*), bourg de l'Italie, célèbre dans les fastes militaires des Français.

MARENNES, subst. propre fém. (*marène*), ville de France du dép. de la Charente-Inférieure.

MARER, v. act. (*maré*), labourer la terre avec la *mare* ou la *houe*. — *se* MARER, v. pron.

MARESTÉ, E, part. pass. de *marester*.

MARESTER, v. act. (*marèceté*), multiplier la vigne par les marcottes.— *se* MARESTER, v. pron.

MAREUIL, subst. propre mas. (*mareuie*), nom d'un bourg de France, situé sur les confins du Berri, et sur les bords du Cher.

MARÉYEUR, subst. mas., **MARÉYEUSE**, subst. fém. (*maréieur, ieuze*), marchand de *marée*.

MARFIL, subst. mas. (*marfile*) (de l'espagnol *marfil*, fait, dans la même signification, de l'arabe *fil*, éléphant. On a dit d'abord, en ajoutant l'article, *al fil*, ensuite *arfil*, et enfin *marfil*.), dents d'éléphant non débitées. On les appelle *ivoire*, quand elles sont en morceaux ou façonnées.

MARFORIO, subst. propre mas. (*marforiô*), à Rome, statue placée en face de celle de Pasquin, à l'angle de la rue des Libraires.

MARGAJAT, subst. mas. (*marguaja*), t. de mépris et fam., petit garçon. Inusité.

MARGALINE, subst. fém. (*margualine*), t. d'hist. nat., espèce de *narcissite*.

MARGARINE, subst. fém. (*marguarine*), sel nacré obtenu par la soude et l'acide margarique.

MARGARITIFÈRE, adj. des deux genr. (*marguaritifère*), t. de zool., qui produit des perles; qui porte des taches nacrées, semblables à des perles.

MARGAUDER, mieux **MARGOTER**, v. neut. (*marguôdé*), se dit du cri de la caille.

MARGAY, subst. mas. (*marguié*), t. d'hist. nat., chat sauvage de la Guyane.

MARGE, subst. fém. (*marje*) (en lat. *margo*, gén. *marginis*), le blanc qui est autour d'une page imprimée ou manuscrite. On dit adverbialement en *marge* ou *à la marge*.—T. de bot., lisière de différentes parties des plantes.—Figur. et fam. : *avoir de la marge*, avoir du temps et des moyens de reste pour exécuter quelque chose.

MARGÉ, E, part. pass. du v. *marger*.

MARGELLE, subst. fém. (*marjèle*) (en latin *margo*), pierre qui borde le tour d'un puits. On a dit aussi *mardelle*, mais il est moins usité que *margelle*.

MARGEOIR, subst. mas. (*marjoare*), dans les verreries, plaque d'argile qui sert à fermer exactement, à volonté, les lunettes des arches à pots.

MARGER, v. act. (*marjé*), compasser les *marges* d'une feuille à imprimer, faire la *marge*. — En verrerie, boucher tous les orifices d'un fourneau avec des plaques de tôle enduites de terre glaise.

MARGERIDE, subst. fém. (*marjeride*), chaîne de montagnes situées dans l'intérieur d'un pays, et qui renferment la source d'un grand nombre de ruisseaux.

MARGEUR, subst. mas. (*marjeur*), celui qui *marge* un four.

MARGINAL, E, adj. (*marjinale*), qui est de la *marge* : *notes marginales*. — T. de bot. et de zool., placé au bord. —Au plur. mas., *marginaux*.

MARGINAUX, adj. mas. plur. Voy. MARGINAL.

MARGINÉ, E, part. pass. du v. *marginer*, et adj. — T. de bot. : *feuille marginée*, dont le bord est creusé d'échancrures peu profondes.

MARGINELLE, subst. fém. (*marjinèle*), t. d'hist. nat., sorte de mollusque.

MARGINER, v. act. (*marjiné*), écrire sur la *marge* d'un manuscrit ou d'un livre imprimé. —*se* MARGINER, v. pron.

MARGOT, subst. mas. (*marguô*), t. d'hist. nat., oiseau de mer.—Oiseau de proie.—Subst. fém., dimin. de *Marguerite*, pie.—Fig. et fam., femme bavarde, trop libre.

MARGOUFLIER, subst. mas. (*marguouflié*), arbre des Indes, toujours vert.

MARGOTAS, subst. mas. (*marguotâce*), sorte de bateau carré par devant, et en pointe par derrière.

MARGOUILLIS, subst. mas. (*margouie-i*), gâchis plein d'ordures : *mettre le pied dans le margouillis*.—Au fig., embarras d'une mauvaise affaire. Peu usité.

MARGRAVE, subst. mas. (*marguerave*) (de l'allemand *mark*, limite, frontière, et *graf*, comte, juge gouverneur; *gouverneur d'une ville frontière*), nom de dignité de quelques princes souverains d'Allemagne.—En t. de bot., arbrisseau parasite des Antilles.

MARGRAVIAT, subst. mas. (*marguieravia*), état, dignité d'un *margrave*.

MARGRILLETTE, subst. fém. (*margueri-iète*), sorte de verre bleu foncé.

MARGRITIN, subst. mas. (*marguéritein*), ce mot semble être le même que le précédent.

MARGUERITE, subst. fém. (*marguerite*), t. de bot., petite plante vivace, qui croît dans les prés et sur les pelouses, et qui fleurit au printemps vers Pâques. On la nomme aussi *pâquerette* ou *pâquette*.—*Marguerite dorée, souci des champs* ou *des blés*, autre espèce de *marguerite* annuelle. —*Grande marguerite, grande pâquerette, œil-de-bouc*, plante vivace, à fleur radiée, que l'on cultive dans les jardins.—*Reine marguerite*, plante apportée d'Amérique, dont la fleur fait en automne le principal ornement de nos jardins. — En t. de marine, cordage qu'on amarre, en certains cas, au milieu d'une *manœuvre*, dont il augmente et facilite l'effet lorsqu'on le tire avec force. — Au plur., petites étoffes de laine, sorte de serges.—Prov. : *il ne faut pas jeter les marguerites devant les pourceaux*; dans l'Ecriture sainte, il ne faut pas publier les choses sacrées devant les profanes; et dans le discours ordinaire, il ne faut pas débiter des choses rares et curieuses devant les ignorants. Dans cette expression, le mot *marguerite* est pris pour *perle*, du lat. *margarita*.

MARGUILLERIE, subst. fém. (*margui-ieri*), le corps des marguilliers, la fabrique d'une église.

MARGUILLIER, subst. mas. (*margui-ie*) (du latin *matricularius*, employé avec la même acception dans la basse latinité, et fait de *matricula*, matricule, rôle. La matricule était un registre public où l'on inscrivait les pauvres qui demandaient l'aumône à la porte des églises. Les *marguilliers* n'ont été d'abord que les gardiens de ces registres, et les distributeurs de ces aumônes; on a ensuite donné le même nom à ceux qui ont eu le soin et la garde du revenu des églises. *Ménage*.), celui qui a le soin de tout ce qui regarde la fabrique de l'œuvre d'une paroisse, qui administre les biens d'une église. On distingue dans les paroisses deux espèces de *marguilliers* : les *marguilliers d'honneur*, qui ne sont point comptables, et ne servent que pour le conseil; et les *marguilliers comptables*, qui gèrent les revenus de la fabrique. — Dans quelques endroits, celui qui sonne les cloches, balaie l'église, etc., et qu'on nomme plus communément *bedeau*. (Du même mot *matricularius*; parce que, parmi les pauvres inscrits sur la *matricule*, on en choisissait quelques-uns pour remplir ces fonctions, dont les marguilliers proprement dits ne dédaignèrent pas eux-mêmes de s'acquitter.)

MARGUILLIÈRE, subst. fém. (*margui-ière*), la femme ou la fille d'un *marguillier*.

MARI, subst. mas. (*mari*) (en latin *maritus*), celui qui est joint à une femme par le lien conjugal. Ce mot convient mieux dans la conversation, et celui d'*époux* dans le haut style. Il en diffère encore en ce que *mari* désigne la qualité physique, et qu'*époux* marque l'engagement civil et religieux. (*Roubaud*.)—*Mari commode*, qui, par insouciance, par intérêt, etc., laisse sa femme vivre peu régulièrement.

MARIABLE, adj. des deux genres (*mariable*), qui est en âge d'être *marié* ou *mariée*.

MARIAGE, subst. mas. (*mariaje*) (du lat. barbare *maritagium*, fait, dans la basse latinité, de *matrimonium*, qui a la même signification), union d'un homme et d'une femme par le lien conjugal. C'est un des sacrements de l'Eglise.—Solennité des noces : *assister à un mariage*. — Dot de la *mariée*; le bien qu'un père donne à son fils en le mariant : *il a mangé le mariage de sa femme et le sien*. — *Mariage de conscience*, celui où les formalités et les cérémonies de l'Église n'ont été observées que secrètement.— *Mariage clandestin*, celui qui est célébré sans qu'on y observe les formalités requises pour la publicité des *mariages*. — *Mariage sous la cheminée*, contracté sans que les formalités légales aient été remplies. — *Mariage in extremis*, régularisé au moment où l'une des parties se trouve en danger de mort.—On appelle, en Allemagne, *mariage de la main gauche*, le mariage qu'un prince ou seigneur, propriétaire d'un fief relevant immédiatement de l'Empire, contracte avec une femme d'un état inférieur, en lui donnant la main gauche au lieu de la droite. Les enfants nés de ce *mariage* sont légitimes et nobles, mais ils n'héritent point des états de leur père.—Prov. : *mariage de Jean des Vignes*, ou *mariage en détrempe*, commerce criminel sous quelque apparence de *mariage*.—En t. de mar., entrelacement de plusieurs tours d'un cordage, que l'on passe dans les œillets d'un tourne-vire, pour les joindre, quand on veut s'en servir pour virer une ancre au cabestan.

MARIANNES (ILES), subst. propre fém. plur. (*mariane*), archipel de l'Océanie.

MARIÉ, E, subst. (*marié*), celui, celle qui vient d'être *marié* : *les nouveaux mariés*. — On dit fig. et prov. d'un homme qui se plaint mal à propos d'une chose dont il se devrait louer, qu'*il se plaint que la mariée est trop belle*.

MARIÉ, E, part. pass. de *marier*, et adj., un homme *marié*, une femme *mariée*.

MARIENBERG, subst. propre mas. (*mariambèregue*), nom d'une petite ville de la Misnie, dans la Haute-Saxe.

MARIENBOURG, subst. propre mas. (*mariambourg*), nom d'une ville des Pays-Bas, dans le Hainaut.

MARIER, v. act. (*marié*) (en latin *maritare*), joindre par *mariage*. — Donner la bénédiction nuptiale.—Contribuer au *mariage*.—Fig., joindre, unir, allier : *marier la vigne à l'ormeau*, etc. *Delille* (traduction des *Géorgiques*) a dit absolument : *marier la vigne*. Peut-être cette dernière expression est-elle un peu hasardée.—*Fille bonne à marier*, dans l'âge d'être mariée.—*Marier à*.... donner pour mari, pour femme. — *se* MARIER, v. pron., prendre femme, prendre un mari; épouser.

MARIESTADT, subst. propre mas. (*mariècetade*), nom d'une petite ville de la Suède.

MARIEUR, subst. mas., **MARIEUSE**, subst. fém. (*marieur, rieuze*), faiseur, faiseuse de *mariages*. Il est familier.

MARIEUSE, subst. fém. Voy. MARIEUR.

MARIGOT, subst. mas. (*mariguô*), marécage dans les îles.

MARIGNAN, subst. propre mas. (*marignian*), nom d'une petite ville d'Italie, dans le Milanais.

MARIGNY, subst. propre mas. (*marigni*), nom d'une petite ville de Normandie.

MARIKINA, subst. mas. (*marikina*), t. d'hist. nat., singe-lion.

MARIN, subst. mas. (*marein*), homme de mer. — *Marin d'eau douce*, homme qui n'a jamais navigué que sur les rivières; c'est un terme de dénigrement.

MARIN, adj. mas., au fém. **MARINE** (*marein, rine*) (en lat. *marinus*), qui est de *mer* : *monstre marin*.—Qui sert pour la mer : *carte marine*.— *Avoir le pied marin*, être accoutumé à être sur mer, avoir le pied ferme en marchant sur les ponts, etc.; et fig., ne pas se déconcerter, conserver son sang-froid dans les circonstances difficiles.— —*Trompette marine*, instrument de musique à une seule corde, et dont on joue avec un archet. —En t. de bot., on appelle *plantes marines*, des plantes qui, dans la mer, sont toujours recouvertes par l'eau salée dans laquelle elles nagent. Elles n'ont point de racines, se nourrissent par leurs pores, et ne supportent point les gelées. — En t. de minér., on appelle *corps marin*, les coquilles, les coraux, les poissons, etc., que l'on trouve enfouis et pétrifiés dans le sein de la terre. —*Aigue-marine*, espèce de pierre précieuse tendre, dont la couleur est à peu près celle de l'eau de la *mer*.

MARINADE, subst. fém. (*marinade*), saumure qui sert à conserver les viandes. — Friture de viande *marinée* : *poulets à la marinade* ou *en marinade*.

MARINE, subst. fém. (*marine*), science de la navigation sur *mer* : *il entend parfaitement la marine*.—Ce qui concerne cette sorte de navigation : *officier intendant de la marine*.—Le corps des officiers, troupes, matelots, et même les vaisseaux : *la marine de France, d'Angleterre*. —*Marine marchande*, les bâtiments et les équipages du commerce. — Le goût, l'odeur de la *mer* : *cela sent la marine*.—Tableau qui représente un port de *mer* ou quelque vue de la *mer*.

MARINÉ, E, part. pass. de *mariner*, et adj., altéré, gâté pour avoir été trop long-temps sur *mer* : *ce thé est mariné*.— Assaisonné pour être conservé.—En t. de blason, qui a une queue de poisson.

MARINER, v. act. (*mariné*), faire cuire du poisson, et l'assaisonner de manière qu'il puisse se conserver long-temps, comme on le fait pour les voyages sur *mer*.— *Mariner du chevreuil*, le tremper dans le vinaigre et autres ingrédients.— Frire certaines viandes après les avoir trempées dans une pâte : *mariner des poulets*, etc. — *se* MARINER, v. pron.

MARINGOUIN, subst. mas. (*mareingouein*), t. d'hist. nat., insecte d'Amérique et d'Afrique, du même genre que le cousin.

MARINETTE, subst. fém. (*marinète*), vieux mot qui a signifié, *pierre d'aimant*; et même *boussole*.

MARINIER, subst. mas. (*marini-é*), celui qui conduit quelque petit bâtiment sur les grandes rivières. — En poésie et dans la prose poétique, homme de mer.—On appelle adj. *officiers mariniers*, de bas officiers qui servent à la manœuvre d'un vaisseau.

MARINIÈRE, subst. fém. (*marinière*), la femme d'un *marinier*.

MARINGUES, subst. propre fém. (*mareingue*), nom d'une petite ville de France, en Auvergne, près de Riom, sur l'Allier.

MARIOLE, subst. fém. (*mari-ole*), anciennement, image de la sainte Vierge.

MARIONNETTE, subst. fém. (*mari-onète*) (de *Marion, petite Marie*, dont *Marionnette* est un diminutif. *Ménage*), petite figure en plein relief qu'on fait remuer, gesticuler par artifice, par ressort.—Fig. et fam., femme fort petite; personne qui gesticule beaucoup, et fait des singeries.—Personne frivole, sans caractère, qu'on dirige comme on veut : *c'est une marionnette, une vraie marionnette*. — *Faire jouer les grandes marionnettes*, employer tout pour réussir.— Dans la filature, pièce de bois mobile, à laquelle sont attachés les fuseaux des rouets.— Monnaie qui se fabriquait autrefois en Lorraine, etc. — Poids de deux deniers treize grains.

MARIPA, subst. mas. (*maripa*), t. de bot., dattier de la Guyane.

MARISCA ou **MARISQUE**, subst. fém. (*mariceka, ricеke*), t. de médec., petite excroissance charnue, molle, indolente, qui, chez les femmes, vient au fondement, au périnée, etc. C'est une espèce de *fic*, ainsi nommée de sa ressemblance avec la grosse *figue*, qu'on appelle en lat. *marisca*.

MARIT., abréviation du mot *maritime*.

MARITAL, E, adj. (*maritale*), qui appartient au *mari*.—Au plur. mas., *maritaux*.

MARITALEMENT, adv. (*maritaleman*), en *mari*; comme doit faire un *mari*.

MARITAUX, adj. mas. plur. Voy. MARITAL.

MARITIME, adj. des deux genres (*maritime*), qui est auprès de la *mer* : *ville maritime*.—Qui est adonné à la mer : *les puissances maritimes*. — Qui est relatif à la mer : *législation, code maritime*. — *Les forces maritimes*, les forces de mer. — *Exploits maritimes*, batailles navales. — *Plantes maritimes*, qui viennent sur les bords ou dans le voisinage de la mer.

MARITORNE, subst. fém. (*maritorne*) (de l'espagnol *maritornes*, nom de la servante d'auberge dont l'ingénieux Cervantes fait un si plaisant portrait dans *Don Quichotte*), femme mal bâtie et maussade : *une grosse maritorne*. Peu en usage.

MARIVAUDAGE, subst. mas. (*marivôdaje*), nom donné au style de *Marivaux*, et surtout à celui de ses imitateurs. C'est un mélange bizarre de métaphysique subtile et de locutions triviales, de sentiments alambiqués et de dictons populaires. Style familier et critique.

MARIVAUDÉ, part. pass. de *marivauder*.

MARIVAUDER, v. neut. (*marivôdé*), faire du *marivaudage*.

MARJOLAINE, subst. fém. (*marjolène*) (du lat. barbare *majorana*, fait, dans la basse latinité, de *major*, plus grand, et qu'on n'aura dit d'abord que de la plus grande espèce de *marjolaine*. *Ménage*.), t. d'hist. nat., plante annuelle, à fleur labiée, aromatique, originaire du midi de l'Europe, et cultivée dans nos jardins.

MARJOLET, subst. mas. (*marjolè*) (du lat. *major*, plus grand ; *qui se croit plus grand garçon qu'il n'est*), petit fat qui fait l'entendu : *voilà un plaisant marjolet*. Hors d'usage. L'*Académie* devrait nous en avertir.

MARK, subst. mas. (*marke*), en Angleterre, division de la livre sterling, laquelle contient un *mark* et demi, ou deux angles trois nobles vingt schillings, etc.

MARKAIRE, subst. mas. (*markière*), pâte qui fait le gruyère.

MARKAIRERIE, subst. fém. (*markièreri*), art de faire le fromage de gruyère.—Chaumière des pâtres du pays des Vosges.

A la **MARLBOROUGH** et non pas *malbrou* (*alamarleborou*), subst. fém., employé comme loc. adv., et par laquelle on désigne une roue dont les jantes ont une trop grande largeur.

MARLE, subst. propre fém. (*marle*), nom d'une petite rivière de la Picardie.

MARLER, v. a., ne doit pas se dire pour *marner*. Voy. ce mot.

MARLI, subst. mas. (*marli*), tissu à jour en fil ou en soie, fabriqué sur le métier à faire de la gaze. On en distingue les espèces par les variétés du travail.

MARLOTTE, subst. fém. (*marlote*), vêtement à capuchon des Maures en Espagne.

MARLY, subst. propre mas. (*marli*), nom d'un village près Paris, et situé entre Versailles et S.-Germain.

MARMAILLE, subst. fém. (*marmâ-ie*), nombre de petits enfants, de *marmots*. Il est fam.

MARMANDE, subst. propre fém. (*marmande*), bourg de l'ancienne Guyenne. — Nom d'une rivière qui se décharge dans le Cher.

MARMARA, subst. propre fém. (*marmara*), petite mer située entre l'Europe et l'Asie.

MARMELADE, subst. fém. (*marmelade*) (suivant *Ménage*, du portugais *marmelada*, fait, avec la même acception, de *mermello*, qui, dans cette langue, signifie coing), sorte de confiture de fruits presque réduits en bouillie.—*Ces pommes sont en marmelade*, trop cuites et presque en bouillie.—On le dit, par extension, d'une chose quelconque, lorsqu'elle est trop cuite et presque en bouillie, etc.; fig. et fam., lorsqu'elle est brisée en mille morceaux : *il a la mâchoire en marmelade*.

MARMENTEAU, subst. et adj. mas. (*marmantô*), t. d'eaux-et-forêts; il se dit des bois qu'on n'abat point et qui servent à la décoration d'une terre : *on ordonna que les bois marmenteaux seraient abattus ou étêtés, lorsque le propriétaire serait condamné pour crime de lèse-majesté*.

MARMINOTIER, que nous donne *Boiste*, ne se dit pas pour *marmoteur*.

MARMITE, subst. fém. (*marmite*) (du lat. *marmor*, pris du grec μαρμαρος, marbre, parce que les premières *marmites* ont été des pots de marbre, en forme de mortier. *Ménage*), vaisseau de métal, avec pieds, où l'on fait bouillir la viande. —Fam., *écumeur de marmite*, parasite. — *La marmite est renversée dans cette maison*, il n'y a plus d'ordinaire. — Prov. : *la marmite bout, la marmite est bonne en quelque maison*, il y a bien de quoi dîner, on y fait bonne chère. — En parlant des choses qui contribuent le plus à la subsistance d'une maison, on dit familièrement, *qu'elles font bouillir*, qu'*elles servent à faire bouillir la marmite*.—*Marmite américaine*, *marmite* qui sert à cuire les légumes à la vapeur de l'eau, ce qui conserve leur goût et leur saveur. — Les physiciens appellent *marmite de Papin*, une marmite inventée par Papin, et destinée à procurer un moyen facile et peu coûteux d'extraire les sucs des matières animales et végétales et de cuire les aliments sans évaporation. Cette *marmite* est un vase de métal très-épais et très-fort, et exactement fermé par un couvercle de métal retenu par une sorte de vis. — *Nez fait en pied de marmite*, large par le bas et retroussé.

MARMITEUX, subst. et adj. mas., au fém. • **MARMITEUSE** (*marmiteu*, *teuze*), mot plus que suranné qui s'est dit autrefois pour, pauvre, qui est à plaindre.

MARMITIER, subst. mas. (*marmitié*), celui qui était chargé de dresser les volailles, et de les mettre à la broche.

MARMITON, subst. mas. (*marmiton*), valet de cuisine.

MARMITONNER, v. neut. (*marmitoné*), faire le *marmiton*. Peu usité.

MARMONNÉ, E, part. pass. de *marmonner*.

MARMONNER, v. act. et neut. (*marmoné*), murmurer tout bas. Fam. Voy. MARMOTER, qui se dit plus souvent.

MARMOT, subst. mas. (*marmô*) (du grec μορμω, masque, figure de femme qui inspirait la terreur), t. d'hist. nat., espèce de gros singe à longue queue.—Petite figure laide et mal faite. —Fig., et par mépris, petit écolier, petit garçon. En ce dernier sens on appelle au fém., une petite fille, *une marmotte*. (Dans cette acception du lat. *marmor*, marbre, par allusion aux petites figures de marbre qu'on met dans les jardins. *Ménage*.)—Fig. et fam. : *croquer le marmot*, attendre long-temps.

MARMOTAGE, subst. mas. (*marmotaje*), action de *marmoter*; ce que l'on *marmotte*.

MARMOTÉ, E, part. pass. de *marmoter*.

MARMOTER, v. act. (*marmoté*), parler confusément et entre ses dents, par allusion aux singes ou *marmots* qui semblent parler ainsi. Il est fam.—*se* MARMOTER, v. pron.

MARMOTEUR, subst. mas., **MARMOTEUSE**, subst. fém. (*marmoteur*, *teuze*), qui *marmotte*.

MARMOTEUSE, subst. fém. Voy. MARMOTEUR.

MARMOTTE, subst. fém. (*marmote*), t. d'hist. nat., mammifère rongeur, qui a le corps ramassé et large, et la queue très-courte. — Petite fille. —Sorte de coiffure de femme ; mouchoir uni en bandeau et noué sous le menton.

MARMOUSET, subst. mas. (*marmouzè*), sorte de petite figure grotesque et mal faite, qui a quelque air d'homme ou de femme. — Par dérision, petit garçon, petit homme mal fait. Voy. MARMOT, dont *marmouset* paraît être un diminutif.— Sorte de chenet en fonte pour les cheminées.

• **MARNAGE**, subst. mas. (*marnaje*), action de *marner* les terres.

MARNE, subst. fém. (*marne*) (de *marga*, ancien mot celtique dont *Pline* fait mention, pour lequel on a ensuite employé le diminutif *margila*. Ménage.), sorte de terre propre à engraisser les champs. On a dit autrefois *marle*.

MARNE, subst. propre fém. (*marne*), nom d'une grande rivière de France. Les principales villes qu'elle baigne sont Langres, Châlons et Meaux. Elle se décharge dans la Seine à une lieue au-dessus de Paris.

MARNÉ, E, part. pass. de *marner*.

• **MARNER**, v. act. (*marné*), mettre de la *marne* sur la terre que l'on cultive.—Neut., se dit, en t. de mar., de l'élévation et de l'abaissement de la surface de la mer dans le flux et le reflux : *la mer marne de vingt pieds*, il y a une différence de dix mètres entre la plus grande élévation des eaux, et le dernier degré de leur abaissement. — *La mer marne*, se retire et découvre des terres qu'elle couvrait auparavant.—*se* MARNER, v. pron.

MARNERON, subst. mas. (*marneron*), qui travaille aux *marnières*.

MARNEUSE, adj. fém. Voy. MARNEUX.

MARNEUX, adj. mas., au fém. **MARNEUSE** (*marneu*, *neuze*), de la nature de la *marne* : *terre marneuse*.

• **MARNIÈRE**, subst. fém. (*marnière*), lieu où l'on tire de la *marne*.

MARNOIS, subst. et adj. mas. (*marno-a*), bateau sur la *Marne* : *bateau marnois*.

MAROBOTIN, subst. mas. (*marobotein*), ancienne monnaie française d'or fin.

MAROC, subst. mas. (*marok*), t. de comm., étoffe de laine.

MAROC, subst. propre mas. (*mdroke*), nom de la ville capitale du royaume de *Maroc* en Barbarie.

MAROLLES, subst. propre mas. (*mârole*), nom d'un village situé près d'Avesnes, et renommé pour ses fromages.

MARONITE, subst. et adj. des deux genres (*maronite*), catholique du mont Liban.

MAROQUIN, subst. mas. (*marokiein*), cuir de bouc ou de chèvre apprêté avec de la noix de galle, à l'imitation de ceux qui se fabriquent à *Maroc*. — Par mépris, homme de néant : *c'est un plaisant maroquin*. Il est pop. — Sorte de raisin.

MAROQUINÉ, E, part. pass. de *maroquiner*.

MAROQUINER, v. act. (*marokiné*), apprêter des peaux de veau en façon de *maroquin*. — *se* MAROQUINER, v. pron.

MAROQUINERIE, subst. fém. (*marokineri*), art de faire du *maroquin*.—Lieu où l'on travaille le *maroquin*.

MAROQUINIER, subst. mas. (*marokinié*), ouvrier qui façonne les peaux en *maroquin*.

MAROT, abréviation du mot *marotique*.

MAROTIQUE, adj. des deux genres (*marotike*), imité de Clément *Marot*, poète célèbre du temps de François Ier. Quelques poètes se sont efforcés et s'efforcent encore d'imiter son style, en conservant la grace naïve de ses tours, la liberté de supprimer l'article, une foule de mots bannis de l'usage, et quelques inversions faciles qui, sans troubler le sens, rendent l'expression plus vive et plus piquante : *La Fontaine est le seul poète qui ait excellé dans le style marotique*.

MAROTTE, subst. fém. (*marote*) (suivant *Ménage*, de ce que la *marotte* était la tête d'une *marionnette* ou petite fille. Il ajoute qu'à Paris on disait *marotte* pour *Marion* ou *petite Marie*), sorte de sceptre surmonté d'une tête coiffée d'un capuchon bigarré, et que portaient autrefois ceux qui faisaient le personnage de fou. C'est le symbole de la Folie. — Fig. et fam., objet de quelque passion déréglée ou folle : *chacun a sa marotte*.

MAROUCHIN, subst. mas. (*marouchein*), sorte de pastel de mauvaise qualité.

MAROUETTE, subst. fém. (*marou-ète*), t. d'hist. nat., petit râle d'eau.

MAROUFLE, subst. mas. (*marou fle*), fripon; malhonnête homme. C'est un terme de mépris bas et populaire, que *Ménage* dit être le *cousin germain de maraud* et avoir la même origine.— Subst. fém., en peinture, or-couleur rendu épais et gluant par une grande cuisson, et qui forme une colle forte et tenace.

MAROUFLÉ, E, part. pass. de *maroufler*.

MAROUFLER, v. act. (*marouflé*), coller un ouvrage de peinture avec de la *maroufle*. — *se* MAROUFLER, v. pron.

MAROUTE, subst. fém. (*maroute*), t. de bot., camomille puante.

MARPÉSIA, subst. fém. (*marpézi-a*), minéral de Paros.

MARQUANT, E, adj. (*markan*, *kante*), qui *marque*, qui produit des points : *cartes marquantes*.—Au fig., qui se fait *remarquer* : *c'est un homme marquant*.— A certains jeux, on appelle *cartes marquantes*, celles qui produisent des points à celui qui les a.

MARQUE, subst. fém. (*marke*) (de l'allemand *mark*, qui a la même signification), en général, ce qui sert à désigner, à distinguer.—Empreinte : *la marque de l'orfèvre*, etc. — Instrument avec lequel on fait cette empreinte.—Impression juridique du fer chaud.—Lettre initiale sur le linge. —Impression, trace : *il porte encore les marques de ses blessures*. — Tache, signe qu'un animal apporte en naissant. On le dit aussi des personnes.—Dans les chevaux, *marque* noire appelée *germe de fève*, qui vient vers cinq ans dans les creux des coins, et qui s'efface vers les huit ans.— Ornement qui distingue : *marques d'honneur*. On appelle dans un sens opposé, *marque d'infamie*, ce qui fait connaître l'infamie de quelqu'un.—*Homme de marque*, homme de distinction. — Ce qu'on emploie pour se ressouvenir de quelque chose : *faire une marque à un livre*.—Chiffre ou figure que les ouvriers et les marchands mettent à leurs ouvrages, à leurs marchandises.—Jetons, fiches, etc., qui servent dans certains jeux à marquer les points.—Indice, signe.—Présage.— Preuve, témoignage. En ce sens on dit fam., *une marque* (ou sans article, *marque*) *que j'ai fait cela, c'est que*...—*Lettres de marque*, lettres de représailles accordées par un souverain à l'un de ses sujets, à qui un prince étranger a refusé justice d'une violence qu'il a éprouvée, en temps de paix, de la part des sujets de ce prince.

MARQUÉ, E, part. pass. de *marquer*, et adj., qui a une *marque*.—Se dit en t. de blason, des points qui se trouvent sur diverses pièces de l'écu, et particulièrement sur les dés à jouer. — *Être marqué*, avoir au visage ou au corps une *marque* qui rend difforme. — Au piquet ou au trictrac, avoir perdu un des paris qui composent la partie. — Fam. : *marqué au B*, borgne, boiteux, bossu.—*Soins, égards marqués*, évidents. —On dit d'un homme que la justice a fait *marquer* d'un fer chaud, *qu'il a été marqué*.—Fig., *être marqué sur le livre rouge*, être noté pour quelque faute. — *Cet enfant est né marqué*, il a apporté en naissant quelque *marque*, quelque signe. — *Cheval marqué en tête*, qui a l'étoile ou la pelote au front.—Fig. : *homme marqué*, noté pour quelque faute.—*Noté* est plus noble et plus usité.—*Papier, parchemin marqué*, qui a l'empreinte du timbre pour servir aux actes publics, etc.—Fig., *marquer au coin de..., marqué au bon coin*. Voy. coin.—*Goût marqué*, goût particulier pour quelque chose.

MARQUER, v. act. (*markié*), mettre une *marque*, une empreinte : *marquer de la vaisselle, des moutons*. — Faire impression par quelque coup : *on l'a marqué au visage*. — Laisser des traces, des vestiges : *il a marqué son passage par...*—Mettre une *marque* pour faire souvenir. —Indiquer.—Spécifier, désigner ce qu'on veut : *je lui ai marqué ce qu'il doit faire*; et neut. : *je lui marquai qu'il eût à venir*, etc. — Désigner pour une place, pour un emploi, etc. — Fixer, déterminer : *ce que les destins ont marqué*. — Imprimer avec un fer rouge certaines lettres sur l'épaule d'un criminel. — Indiquer avec des jetons ou autrement le nombre des points gagnés. —Témoigner, donner des *marques*. — Prouver. — Neut. : *cette allée commence à marquer*; les arbres commencent à bien pousser.—*Un cheval marque encore*, lorsqu'on peut connaître aux *marques* des dents l'âge qu'il a; *il ne marque plus*, quand ces *marques* cessent de paraître. Voy. marque. — En t. de chasse, *une perdrix grise marque*, quand le mâle a la crête de couleur de feu, et le dessous de l'estomac à demi-couleur de minime. — *Ce cadran marque* ou *ne marque pas*, le soleil y donne encore ou n'y donne plus. — Fig. : *cet ouvrage marque*, fait sensation dans le public, etc.—Au jeu, valoir des points, les gagner.—*se* marquer, v. pron.

MARQUETÉ, E, part. pass. de *marqueter*, et adj., semé de petites taches. — *Ouvrage marqueté*, ouvrage de *marqueterie*.

MARQUETER, v. act. (*marketé*), *marquer* de plusieurs taches. — *se* marqueter, v. pron.

* **MARQUETTE**, subst. fém. (*markiète*), pain de cire vierge.

MARQUETTERIE, et non pas **MARQUETERIE**, parce qu'il n'est pas dans le génie de notre langue de faire suivre deux syllabes muettes ; subst. fém. (*markiéteri*), ouvrage de pièces de rapport de diverses couleurs.

MARQUEUR, subst. mas., **MARQUEUSE**, subst. fém. (*markieur, kieuze*), celui, celle qui *marque* : *marqueurs de cuirs, de draps*. — Au jeu de paume, celui qui compte le jeu et *marque* les chasses.

MARQUEUSE, subst. fém. Voy. marqueur.

MARQUIS, subst. mas., **MARQUISE**, subst. fém (*marki, kize*), autrefois, officier préposé à la garde des *marches* ou frontières d'un état. — Aujourd'hui, titre de dignité, de distinction en divers pays; rang entre le comte et le duc. — Petit-maître : *faire le marquis*. — *Marquis de Carabas*, homme qui possède de grands biens.

MARQUISAT, subst. mas. (*markiza*), terre de *marquis*. — Titre de *marquis*.

MARQUISE, subst. fém. (*markize*), femme d'un *marquis*. — Celle qui possède en fief un *marquisat*.—Toile qu'un officier fait tendre par-dessus sa tente.—Espèce de poire.—Sorte de fusée volante.—Filet à petite maille.

MARQUISÉ, E, part. pass. de *marquiser*.

MARQUISER, v. act. (*markizé*), faire *marquis*. Presque inusité. — *se* marquiser, v. pron., se qualifier de *marquis*.

MARQUOIR, subst. mas. (*markoar*), instrument de tailleur.

MARRAINE, subst. fém. (*mârène*) (du lat. moderne *matrina*, fait de *mater*, en grec μητηρ, mère ; *seconde mère*), celle qui tient un enfant sur les fonts de baptême.

MARRE, subst. fém. (*mâre*) (en grec μαρρον, espèce de houe de vigneron.

MARREMENT, subst. mas. (*mâreman*), vieux mot qui s'est dit prov. pour : *dommage*. Il est inusité.

MARRI, E, adj. (*mari*) (du latin *mœrens*, part. de *mœrere*, être triste, affligé; d'où l'on a fait, dans la basse latinité, *marritio*, chagrin, tristesse), fâché; repentant. Il vieillit.

MARRISSON, subst. mas. (*mâriçon*), vieux mot inusité qui s'est dit pour : tristesse, regret.

MARRON, subst. mas. (*mâron*) de l'italien *marrone*, fait, dans la même signification, du grec du moyen-âge μαρρον, qui se trouve, avec cette acception, dans le commentaire d'Eusthathe sur l'*Odyssée*. *Ménage*), espèce de grosse châtaigne, très-bonne au goût.—*Marron glacé*, marron confit dans le sucre.—*Marron d'Inde*. Voy. ce mot.—T. d'hist. nat., poisson du genre spare. — Au plur., grosses boucles : *cheveux frisés en marrons*.—T. d'impr., ouvrage imprimé furtivement. — En t. de guerre, pièce de cuivre sur laquelle sont gravées les heures auxquelles les officiers doivent faire leurs rondes. — Chez les artificiers, pétard de figure cubique. — Prov. : *se servir de la patte du chat pour tirer les marrons du feu*, se servir adroitement d'un autre pour faire quelque chose qui peut nous être utile.

MARRON, adj. mas., au fém. **MARRONNE** (*mâron, rone*) (par contraction de l'espagnol *cimarron*, sauvage, indompté), qui est de la couleur du *marron* : *habit marron*. — *Courtier marron*, qui exerce furtivement le courtage. — *Nègre marron*, nègre fugitif qui s'est retiré dans les bois pour y vivre en liberté. C'est un mot des colonies. En ce sens, il a le fém. *marronne*.—On le dit aussi des animaux devenus sauvages : *cochon marron*.

MARRON-D'INDE, subst. mas. (*mârondeinde*), fruit du *marronnier*-d'Inde.—Au plur., des *marrons-d'Inde*.

MARRONNAGE, subst. mas. (*mâronaje*), état d'un esclave *marron*.

MARRONNE, adj. fém. Voy. marron, adj.

MARRONNÉ, E, part. pass. de *marronner*.

MARRONNER, v. act. (*mâroné*), friser les cheveux en *marrons*, en grosses boucles. — T. d'imprim., imprimer des écrits clandestins, tels que des libelles, des ouvrages contre les mœurs, etc.—V. neut., murmurer sourdement, avoir de l'humeur, sans oser ou vouloir la faire paraître. —*se* marronner, v. pron.

MARRONNIER, subst. mas.(*mâronié*), t. de bot., arbre qui porte les *marrons* : *un marronnier*.—*Marronnier-d'Inde*, grand et bel arbre originaire d'Asie, naturalisé en Europe depuis environ deux siècles, moins pour l'utilité, que pour l'agrément de son ombrage et de ses belles fleurs rosacées, disposées en grappes pyramidales.—*Marronnier à fleur rouge*, arbre de la Caroline.

MARRUBE, subst. mas. (*mârube*) (en lat. *marrubium*), t. de bot., plante vivace de la famille des labiées, qui croît dans les lieux humides.

MARRUBIASTRE, subst. mas. (*mârubi-acetre*), t. de bot., faux *marrube*.

MARS, subst. mas. (*mârce*), le troisième mois de l'année, ainsi nommé du dieu *Mars*, à qui il fut consacré par Romulus.— *Champ de mars*, assemblée que les principaux citoyens de la nation française tenaient au mois de *mars* pour régler les affaires de l'état.—A Paris, champ où se font les grands exercices militaires. — Troisième mois de l'année. — *Les mars*, les menus grains qu'on sème au mois de *mars*, comme les orges, les avoines, etc. — Prov. : *venir comme mars en carême, comme marée en carême*. Voyez carême.—En astron., celle des planètes principales et supérieures qui est la moins éloignée de nous ; elle est placée entre la Terre et Vesta; on la distingue par sa couleur rougeâtre. La durée de sa révolution sidérale est d'un an dix mois vingt-deux jours, à très-peu de chose près. — En t. de chimie, le fer. — T. d'hist. nat., papillon du jour.—Subst. propre mas., myth., dieu de la guerre, fils de Jupiter et de Junon. — Fig., grand guerrier.— En poésie, *les travaux, le métier de Mars*, les travaux, le métier de la guerre.

MARSAIGUE, subst. fém. (*marcègue*), sorte de filet tendu sur des perches pour le hareng.

MARSAL, subst. propre mas. (*marçal*), ville de France, dép. de la Meurthe.

MARSAULT, subst. mas. (*marçô*), espèce de saule.

MARSEILLAIS, E, subst. et adj. (*marcè-iè, ièze*), de *Marseille*, ville de France.

MARSEILLAISE, subst. fém. (*marcè-ièze*), chanson ou plutôt ode patriotique et révolutionnaire, composée par *Rouget de l'Isle*.—L'air lui-même.

MARSEILLE, subst. propre fém. (*marcè-ie*), ville de France, chef-lieu du dép. des Bouches-du-Rhône.

MARSES, subst. mas. plur. (*marce*), ancien peuple d'Italie.

MARSIAS ou **MARSYAS**, subst. propre mas. (*marci-âce*), myth., satyre qui osa donner un défi à Apollon. Ce dieu l'ayant vaincu, le fit écorcher tout vif.

MARSILE, subst. fém. (*marcile*), t. de bot., plante cryptogame, de la famille des fougères.

MARSILIANE, subst. fém. (*marciliâne*), bâtiment vénitien à quatre mâts.

MARSOUIN, subst. mas. (*marçouein*) (en latin *maris sus*, cochon de mer, à cause de sa ressemblance avec le pourceau), t. d'hist. nat., poisson de mer le plus petit des cétacés, du même genre que le dauphin. — Pop. et par injure, *gros* ou *vilain marsouin*, homme laid ou mal bâti. — En t. de mar., pièce de charpente qui s'entaille devant et derrière, en se liant par de bons écarts avec la carlingue.

MARSUPIAUX, subst. et adj. mas. plur. (*marçupiô*) (du latin *marsupium*, poche), t. d'hist. nat., se dit des animaux à poches.

MARSYAS, subst. propre mas. Voy. marsias.

MARTAGON, subst. mas. (*martaguon*), t. de bot., espèce de lis à petite fleur, distingué des autres lis par la position des fleurs penchées, dont les pétales sont roulés en dehors.

MARTAVANES, subst. fém. plur. (*martavane*), grands vases de terre vernis, qu'on fabrique aux Indes, et dont on se sert dans les voyages de long cours.

MARTE. Voy. martre, qui seul se dit aujourd'hui.

MARTEAU, subst. mas. (*martô*) (du latin *martellus*, employé par *Pline* dans le même sens, au sujet de Cinira, qui, dit-il, inventa le *marteau* et les tenailles), outil de fer avec un manche, qui sert à cogner, à battre, à forger. On a dit autrefois *martel*. — Heurtoir : *marteau de porte, d'horloge*.—En astr., pinnule mobile sur une arbalète.—En hist. nat., poisson du genre des squales. Sa tête, extrêmement large, et posée en travers sur le corps, représente une sorte de *marteau*.—T. d'anat., un des osselets de l'oreille interne. — Prov. : *graisser le marteau*, donner de l'argent au portier d'une maison, afin de s'en faciliter l'entrée. — *Perruque à trois marteaux*, qui a une longue boucle entre deux nœuds.—*N'être pas sujet à un coup de marteau*, n'être pas assujéti à des heures fixes, comme les gens qui ne sont pas libres. — *Être entre le marteau et l'enclume*. Voy. enclume.

MARTEGAL, subst. mas. (*marteguale*), t. de pêche, sorte de bregin.

MARTEL, subst. mas. (*martèle*), marteau. — *Mettre martel en tête à quelqu'un*, exciter sa jalousie, lui donner de l'inquiétude. Il est vieux. Voy. marteau.

MARTELAGE, subst. mas. (*martelaje*), il se dit de la marque que les officiers des eaux-et-forêts font sur les arbres avec un *marteau*. — L'empreinte qui en résulte.

MARTELÉ, E, part. pass. de *marteler*, et adj. —Battu à coups de *marteau* : *vaisselle martelée*. —*Médaille martelée*, celle dont on a limé le revers qui était commun, pour frapper à la place un revers rare.—En musique, *cadence martelée*, cadence bien frappée, et dans laquelle les deux sons se font entendre distinctement. — En poésie, *vers martelés*, péniblement travaillés, qui sentent en quelque sorte le *marteau*.

MARTELÉES, subst. fém. plur. (*martelé*), t. de vén., fientes ou fumées carrées.

MARTELER, v. act. (*martelé*), battre à coups de *marteau* : *marteler la vaisselle*. — Marquer avec un *marteau* les arbres à abattre.—Neut., il a le même sens que l'actif : *marteler sur l'enclume*.—En t. de vieille fauconn., faire son nid. — *se* marteler, v. pron., s'inquiéter, se tourmenter : *se marteler la tête, l'esprit*.

MARTELET, subst. mas. (*martelè*), petit *marteau*.

MARTELEUR, subst. mas.(*marteleur*), ouvrier qui dirige le *marteau* dans les forges.

MARTELINE, subst. fém. (*marteline*), petit *marteau* dentelé.

MARTELLEMENT, subst. mas. (*martèleman*), t. de musique, agrément de l'ancien chant français, qui se pratiquait en descendant diatoniquement par un tril.

MARTIAL, E, adj. (*marci-ale*) (en lat. *martialis*, fait de *Mars*, gén. *Martis*, Mars), guerrier, courage *martial*.—*Cour martiale*, en Angleterre, conseil de guerre pour juger la conduite des généraux, des amiraux, etc.—En France, *loi martiale*, qui, à certaines époques de la révolution, ordonnait l'emploi de la force militaire, lorsque l'action des lois était jugée insuffisante ou trop lente. — En t. de chimie, ferrugineux. — Au plur. mas., *martiaux*.

MARTIALES, subst. fém. plur. (*marci-ale*), myth., fêtes en l'honneur du dieu *Mars*. On disait aussi *jeux martiaux*. Les Romains les célébraient d'abord dans le cirque le 15 de mai, et ensuite le 1er d'août.

MARTIALISÉ, part. pass. de *martialiser*.

MARTIALISER, v. neut. (*marci-alisé*), faire la guerre. Inusité.

MARTIAUX, adj. mas. plur. Voy. MARTIAL.

MARTICLES, subst. fém. plur. (*martikle*), t. de mar., petites cordes.

MARTIGUES, subst. propre mas. (*martigue*), ville de France, située en Provence, à six lieues de Marseille.

MARTIN, subst. mas. (*martein*), t. d'hist. nat., oiseau du Bengale.

MARTINET, subst. mas. (*martinè*), t. d'hist. nat., espèce d'hirondelle qui a les quatre doigts dirigés en avant.—Sorte de petit chandelier plat, à manche.—*Marteau* qui est mû par la force d'un moulin.—Sorte d'usine, ainsi nommée du *marteau* ou *martinet* qui en est le principal agent. — Petite discipline de cordes attachées au bout d'un bâton. — *Martinet-pêcheur*. Voy. MARTIN-PÊCHEUR.

MARTINGALE, subst. fém. (*marteinguale*), t. de manége, courroie qui tient par un bout à la sangle sous le ventre du cheval, et par l'autre à la muserole, pour empêcher qu'il ne porte au vent. —Languette de buffle cousue à la giberne du fantassin. —En t. de jeu, *jouer à la martingale*, doubler sa mise pour regagner ce qu'on a perdu.

MARTINGALER, v. neut. (*marteingualé*), t. de jeu, jouer *à la martingale*.

MARTINIQUE, subst. propre fém. (*martinike*), nom de l'une des Antilles.

MARTINISME, subst. mas. (*martiniceme*), doctrine des *martinistes*. Voy. ce mot.

MARTINISTE, subst. des deux genres (*martinicete*), sorte de secte de francs-maçons, ainsi nommés de leur chef *Saint-Martin*, auteur, entre autres ouvrages, d'un livre publié à Lyon, vers 1776, sous le titre de *Erreurs de la vérité*.

MARTIN-PÊCHEUR, subst. mas. (*marteinpêcheur*), t. d'hist. nat., oiseau passereau de la famille des ténuirostres.

MARTIN-SEC, subst. mas. (*marteincèk*), t. de jard., sorte de poire d'automne.—On dit au plur., sans *s*, des poires de *martin-sec*.

MARTOIRE, subst. fém. (*martoare*), marteau à deux pannes.

MARTRE, subst. fém. (les naturalistes écrivent *marte*, conformément à l'étym.; mais l'*Académie* semble préférer *martre*) (en lat. *martes*, gén. *martis*), t. d'hist. nat., genre de mammifères digitigrades qui ont le corps très-allongé, les jambes courtes, et les dents incisives intermédiaires rentrées en dedans. Les ongles ne sont pas rétractiles. — Peau de cet animal employée en fourrure : elle est très-estimée. Les peaux des espèces de ce genre forment une partie considérable du commerce de la pelleterie. Elles se tirent de différents pays, mais les plus belles viennent du Canada, de la Biscaye et de la Prusse. Il y a une sorte de *martre* plus estimée que les autres, et que l'on appelle *martre zibeline, zebelline, zibelline* ou *sebelline*. Celle-ci, dont la peau est garnie d'un assez long poil doux et lustré tirant sur le noir, est du nombre des pelleteries les plus précieuses. Les *martres zibellines* se tirent la plupart de Moscovie; on les achette par caisses assorties de dix masses ou timbres, depuis numero 1 jusqu'à numero 10, qui vont toujours en diminuant de beauté depuis le premier numero jusqu'au dernier. La masse est composée de vingt paires ou couples de peaux entières, c'est-à-dire avec la tête, le cou et les jambes, à la réserve du ventre, parce qu'il est peu estimé, de sorte que chaque caisse contient quatre cents peaux. — Prov. : *prendre martre pour renard*, se tromper, prendre une chose pour une autre.

MARTROY, subst. mas. (*martroè*) (du lat. *martyrium*, martyre); vieux mot qui a signifié supplice, et même lieu de supplice. C'est de là que la rue du Martroy, qui conduit de la Grève à la place S.-Gervais, à Paris, a pris son nom.

MARTYR, subst. mas., **MARTYRE**, subst. fém. (*martire*) (en latin *martyr*, pris du grec *μαρτυρ*, témoin), celui, celle qui souffre la mort pour rendre témoignage à Jésus-Christ et à la vérité de sa doctrine. — Fig., 1° celui qui a souffert pour une cause profane : *être le martyr de son ambition, de la vanité*, etc.; 2° celui qui a souffert beaucoup : *le mal et les remèdes le feront mourir martyr*.—Prov. : *être du commun des martyrs*, fort médiocre en son genre.—*Ère des martyrs*, celle qui commence à l'avènement de Dioclétien.

MARTYRE, subst. mas. (*martire*), mort ou tourments endurés pour la foi. Voy. MARTYR.— Fig., peines violentes du corps ou de l'esprit. — *Bénir son martyre*, son tourment amoureux.

MARTYRER, v. act. (*martiré*), faire souffrir, torturer. — Il est vieux; on ne dit que *martyriser*.

MARTYRISÉ, E, part. pass. de *martyriser*.

MARTYRISER, v. act. (*martirizé*), faire souffrir le *martyre*.— Fig., tourmenter cruellement. —*se* MARTYRISER, v. pron.

MARTYROLOGE, subst. mas. (*martiroloje*) (du grec *μαρτυρ*, martyr, et *λογος*, discours), catalogue des *martyrs*, et, par extension, de tous les saints connus.

MARTYROLOGISTE, subst. mas. (*martirolojicete*), qui a écrit sur les *martyrs*.—Auteur d'un *martyrologe*.

MARUM, subst. mas. (*marome*) (en lat. *marum*), t. de bot., plante aromatique et vivace, de la famille des germandrées.—Sorte de thym.

MARVAUX, subst. mas. (*marvô*), corbeille pour égoutter le sel.

MARVILLE, subst. propre fém. (*marvile*), nom d'un bourg situé sur le Vézin, près de l'endroit où il se jette dans le Cher.

MARYLAND, subst. propre mas. (*marilan*), un des États unis de l'Amérique septentrionale.

MARYLAND, subst. mas. (*marilan*), tabac de *Maryland*.—Espèce de jeu de cartes.

MARZEAU, subst. mas. (*marzô*), excroissance charnue qui vient sous le cou des cochons.

MAS., abrév. du mot *masculin*.

MAS, subst. mas. (*mace*), monnaie de compte du royaume d'Achem, qui forme la seizième partie du taël. — Monnaie d'or courante du même royaume, pesant onze as, et de la valeur d'environ une livre dix sous (un franc cinquante centimes) de France.—À Batavia, la sixième partie de la palaque, et le dixième du taël.—À la Chine, monnaie de compte.—Au Japon, voy. TAËL.

MASARE, subst. fém. (*mazare*), genre d'insectes hyménoptères.

MASCARADE (peut-être devrait-on écrire *masquarade*, puisqu'on écrit *masque*), subst. fém. (*macekarade*), troupe de gens déguisés et *masqués*.—Divertissement où l'on se *masque*.— Recueil d'airs grotesques faits pour être joués par des *masques*.—Danse exécutée par des *masques*.

MASCARET, subst. mas. (*macekarè*), reflux violent de la mer dans la Dordogne. C'est la même chose que ce qu'on appelle *barre* sur la Seine, et, en général, le nom qu'on donne à la première pointe du flot qui, proche de l'embouchure des rivières, fait remonter le courant, et le repousse vers la source. Peut-être de *Saint-Macaire*, nom de l'endroit jusqu'où les eaux de la Dordogne sont repoussées, et qui est à neuf lieues de son embouchure. Voy. MACARET.

MASCARIDE, subst. mas. (*macekaride*), t. d'hist. nat., insecte hyménoptère.

MASCARILLE, subst. fém. (*macekari-ie*), espèce de champignon.

MASCARON, subst. mas. (*macekaron*) (du mot *masque*), tête grotesque qu'on met aux portes, aux fontaines, aux grottes, etc.

MASCULIN, E, subst. mas. et adj. (*macekulein, line*) (en lat. *masculinus*), qui convient au *mâle* : *genre masculin, article masculin*. — En gramm., on distingue les noms en *masculins* et féminins, pour déterminer le choix des terminaisons des mots qui ont avec eux un rapport d'identité. Le mot *homme* est *masculin*; le mot *femme* est *féminin*. On appelle *terminaisons masculines*, celles que l'usage donne, dans chaque langue, aux adjectifs pour indiquer leur relation à un nom *masculin*, afin de mieux marquer le rapport d'identité qui est entre ces deux mots.—*Terminaison masculine*, celle d'un mot qui ne finit pas par un *e* muet; comme *maison, vertu, profit*, etc. — *Rimes masculines*, rimes qui ont une terminaison *masculine*.—*Fief masculin*, celui que les *mâles* seuls pouvaient posséder.—Subst. mas., le genre *masculin*.

MASCULINISÉ, E, part. pass. de *masculiniser*.

MASCULINISER, v. act. (*macekulinizé*), donner le caractère, le genre *masculin*.—*se* MASCULINISER, v. pron.

MASCULINITÉ, subst. fém. (*macekulinité*), caractère, qualité de *mâle*.

MASCULIT, subst. mas. (*macekuli*), chaloupe aux Indes.

MAS-GARNIER, subst. propre mas. (*mâguarenié*), ville de France, dép. de la Haute-Garonne.

MASNAGE, subst. mas. (*mânaje*), vieux mot qui s'est dit pour *maison* et *ménage*.

MASOLE, subst. mas. (*mazole*), milice chez les Croates.

MASQUARENNE, subst. fém. (*macekarène*), racine rouge de la Virginie, propre à teindre le bois.

MASQUE, subst. mas. (*maceke*), suivant *Grotius, Huet, Wachter*, etc., de *masca*, sorcière, vieux mot gothique conservé avec la même signification chez les Lombards; parce qu'un *masque* ressemble au visage d'une sorcière. Le *Franciosini*, qui dérivait le *masque* des Français du *maschera* des Italiens, et celui du *mascara* des Espagnols, prétendait que ce dernier mot, composé de *mas*, plus, et de *cara*, visage, signifiait proprement *un visage de plus, un second visage*. Cette étymologie, durement rejetée par *Ménage*, est du moins ingénieuse à la fois et très-simple), faux visage de carton, dont on se couvre la face pour se déguiser. Les femmes portaient autrefois des *masques* de velours noir pour se préserver du hâle. — Chez les anciens, espèce de casque qui couvrait toute la tête des acteurs, et qui, outre les traits du visage, représentait encore la barbe, les cheveux, les oreilles, et jusqu'aux ornements que les femmes employaient à leur coiffure. Ces *masques* de théâtre étaient ou tragiques, ou comiques, ou satiriques, et avaient tous, à un degré marqué, la difformité dont leur genre était susceptible. —Représentation d'un visage d'homme ou de femme dans les ornements de peinture et de sculpture. —Sorte de terre préparée et appliquée sur le visage de quelqu'un pour en prendre le moule.— Personnes *masquées* : *il est venu des masques*. — — Au fig., prétexte, voile, fausse apparence dont on se couvre à dessein : *sous le masque du zèle, de la piété*. *Voile* est plus noble.— *Arracher le masque à quelqu'un*, faire connaître sa fausseté.—*Avoir un bon masque*, se dit d'un acteur dont la physionomie répond aux rôles qu'il joue.—Prov. : *faire un masque de quelque chose à un homme*, lui en barbouiller, lui en couvrir le visage.—Fig., 1° *lever le masque*, ne plus dissimuler, agir ouvertement, sans retenue; 2° *être toujours sous le masque*, déguiser toujours ses sentiments.

MASQUE, subst. fém. (*maceke*), t. de mépris, femme vieille et laide : *la masque, la vilaine masque*. Peu usité. Voy. MASQUE, subst. mas.

MASQUÉ, E, part. pass. de *masquer*, et adj., couvert d'un *masque*.—Dissimulé : *il est toujours masqué*.—*Bal masqué*, où l'on va *masqué* et déguisé.— *Batterie masquée*, cachée.—T. de blason. Il se dit d'un lion qui a un *masque*.—MASQUÉ, DÉGUISÉ, TRAVESTI. (*Syn.*) Il faut, pour être *masqué*, se couvrir d'un faux visage; il suffit, pour être *déguisé*, de changer ses vêtements ordinaires. On ne se sert du mot *travesti* qu'en cas d'affaires sérieuses, lorsqu'il s'agit de passer en inconnu; et c'est alors prendre un habit ordinaire et commun dans la société, mais très-éloigné et très-différent de celui de son état.—On se *masque* pour aller au bal; on se *déguise* pour venir à bout d'une intrigue; on se *travestit* pour n'être pas reconnu de ses ennemis.

MASQUER, v. act. (*macekié*), mettre un *masque* sur le visage.—Déguiser quelqu'un, soit par le *masque*, soit par les habits. Voy. DÉGUISER.— Fig., couvrir le mal de l'apparence du bien : *masquer ses mauvais desseins*.—Cacher, dérober à la vue : *masquer une batterie*.—*se* MASQUER, v. pron.

MASSA, subst. propre fém. (*maçâ*), nom d'une petite ville de la Toscane.

MASSACRANT, E, adj. (*maçakran, krante*), très-difficile, très-bruyant, intraitable : *être d'une humeur massacrante*. Fam.—L'*Académie* ne donne que le fém. de cet adj. Il est vrai que le mas. est peu en usage.

MASSACRE, subst. mas. (*maçakre*) (du latin barbare *mazacrium*, employé avec la même signification dans la basse latinité. *Du Cange*.), tuerie, carnage : *massacre de la Saint-Barthélemi, des Vêpres Siciliennes*.—Grande tuerie de bêtes. —En t. de vén., tête du cerf, du daim, du chevreuil, séparée du corps.—*Sonner le massacre*, appeler au son du cor les veneurs et les chiens pour faire la curée.—En t. de blas., tête du cerf avec son bois.—Fam. : *cet ouvrier est un massacre*, travaille mal.—MASSACRE, CARNAGE, BOUCHERIE, TUERIE. (*Syn.*) La barbarie, la férocité, l'atrocité dans toute leur horreur, ordonnent le *massacre*; la soif du sang, la fureur effrénée, l'acharnement, poursuivent le *carnage*; l'humeur sanguinaire, l'ardeur de dévorer sa proie, l'impitoyable cruauté, font une *boucherie*; une aveugle impétuosité, un horrible désordre, les chocs tumultueux d'une foule emportée, causent une *tuerie*.

MASSACRÉ, E, part. pass. de *massacrer*, et adj., gâté, mal fait : *ouvrage, meuble massacré*.

MASSACRER, v. act. (*maçakré*), tuer, assommer des hommes qui ne se défendent point, ou qui ne peuvent plus se défendre.—Fig. et fam.: *massacrer des meubles, des tableaux*, etc., les gâter, les défigurer.—Mal travailler : *cet ouvrier massacre tout ce qu'il fait*. —*se* MASSACRER, v. pron.

MASSACREUR, subst. mas., **MASSACREUSE**, subst. fém. (*maçakreur, kreuze*), celui, celle qui fait un *massacre*, qui brise par maladresse. — Mauvais ouvrier.

MASSAGE, subst. mas. (*maçaje*) (du grec μασσω, je pétris), pratique hygiénique qui consiste à presser les chairs pour exciter la tonicité de la peau : *le massage vient des Orientaux*.

MASSAGÈTE, subst. mas. (*maçajète*), ancien peuple que les historiens, et principalement les Grecs, ont placé tantôt d'un côté et tantôt d'un autre.

MASSANE, subst. fém. (*maçane*), t. de mar., cordon de la poupe d'une galère.

MASSAPÉE, subst. fém. (*maçapé*), t. de mar., instrument qui sert à mouvoir les cordages.

MASSE, subst. fém. (*mace*) (en lat. *massa*, fait du grec μαζα, rac. μασσω, pétrir, palper, amas de plusieurs parties qui font corps ensemble), il se dit d'un seul corps, mais très-solide et compacte : *une masse de plomb*. — Corps informe : *cet homme n'est qu'une masse de chair*.— En peinture, partie qui a de la grandeur, de l'étendue. Il ne se dit que de ce qui compose le clair-obscur, c'est-à-dire des lumières, des demi-teintes, des ombres et des reflets : *belle masse d'ombres; lumières distribuées par grandes masses*.—Totalité : *la masse de l'air, du sang*.— Fonds d'argent d'une succession, d'une société. —Ce qu'on retient et met en réserve sur la solde des militaires pour fournir aux frais d'habillement, etc.—Espèce de massue.— Gros marteau de fer.—Gros bout de billard.—Bâton surmonté d'une grosse pomme d'argent, que portent les *massiers* de quelques corps dans les cérémonies. —*En masse*, loc. adv., tous ensemble, en totalité. —*Menuiserie en masse* ou *en plein bois*, toute espèce d'ouvrage qui n'est point fait d'assemblages, et dont les champs et les panneaux sont pris dans un seul morceau de bois.—*Levée en* MASSE, levée d'hommes sans distinction de rang ni d'âge.

MÂSSE, subst. fém. (orthographe de l'*Académie*. Tout le monde écrit aujourd'hui MASSE, et prononce *mace*.) (*mace*), somme d'argent qu'on met aux jeux de hasard.

MASSÉ, E, part. pass. de *masser*.

MASSE-D'EAU, subst. fém. (*macedô*), t. de bot., plante aquatique. — Au plur., des *masses-d'eau*.

MASSELOTTE, subst. fém. (*macelote*), métal qui reste au moule des canons. — Excédant de métal.

MASSEMORE, subst. mas. (*macemore*), biscuit de mer pilé pour les animaux.

MASSEPAIN, subst. mas. (*macepein*) (du lat. *massa*, masse, et *panis*, pain; d'où les Espagnols ont fait, dans la même signification, *mazapan*, et les Italiens *marzapane*. *Ménage*.), pâtisserie composée d'amandes, d'avelines, de sucre, de pistaches et de pignons.

MASSER, v. act. (*macé*), faire une *masse* : *il a massé dix louis*. En ce sens, l'*Académie* écrit à tort MÂSSER.—Faire le *massage*, frotter le corps. — *se* MASSER, v. pron., en t. de peinture et d'art militaire, se serrer les uns contre les autres.

MASSETER, subst. mas. (*macetère*) (en grec μασητηρ, fait de μασαομαι, manger), t. d'anat., nom de deux muscles très-forts, qui servent à tirer la mâchoire inférieure vers la supérieure.

MASSÉTÉRIQUE, adj. des deux genres (*macétérike*), t. d'anat., qui appartient au *masseter*.

MASSETTE, subst. fém. (*macète*), t. de bot., sorte de plante aquatique.—T. d'hist. nat., genre de vers intestinaux.

MASSIAC, subst. propre mas. (*maciake*), ville de France, dép. du Cantal.

MASSICAUT, subst. mas. (*macikô*), ancien droit sur le vin. Hors d'usage.

MASSICOT, subst. mas. (*macikô*), couleur jaune pour peindre.—Mélange de verre, de chaux et d'étain pour vernisser la faïence. C'est, dans la chimie moderne, un oxyde de plomb jaune. — *Massicot natif*, plomb carbonaté terreux et jaunâtre.

MASSIER, subst. mas. (*macié*), individu qui porte la *masse* devant certains corps dans les cérémonies.—Espèce d'huissier, de bedeau.

MASSIF, subst. mas. (*macif*) (rac. *masse*), chose pleine et solide : *un massif de maçonnerie*. —Absolument, plein bois qui ne laisse point de passage à la vue : *cette allée est terminée par un massif*. On dit dans le même sens : *un massif de rosiers*, etc.

MASSIF, adj. mas., au fém. **MASSIVE** (*macif, cive*), épais et pesant.—Fig., grossier, lourd. — Il se dit aussi des figures de métal dont le dedans n'est ni creux ni formé d'une autre matière.

MASSIVE, adj. fém. Voy. MASSIF.

MASSIVEMENT, adv. (*maciveman*), d'une manière *massive*.

MASSIVETÉ, subst. fém. (*macivetê*), qualité de ce qui est *massif*. Peu usité.

MASSOLE ou **MASSOULE**, subst. fém. (*maçole, çoule*), supplice qui consistait, en Italie, à assommer à coups de *massue*.

MASSONE, subst. fém. (*maçone*), t. de bot., plante de la famille des asphodèles.

MASSORAH ou **MASSORE**, subst. fém. (*maçore*) (mot emprunté de l'hébreu, qui signifie tradition); on appelle ainsi une critique du texte de l'Écriture sainte, faite par des docteurs juifs, qui ont fixé les différentes leçons, le nombre des versets, des mots, des lettres, etc.

MASSORÈTE, subst. mas. (*maçorète*), auteur de la *Massore*; celui qui y a travaillé.

MASSORÉTIQUE, adj. des deux genres (*maçorétike*), qui a rapport à la *Massore*.

MASSOU, subst. mas. (*maçou*), table formée de madriers pour faire les pains de sel.

MASSUE, subst. fém. (*maçu*) (du lat. barbare *maxuca*, fait, dans la basse latinité, de *massa*, masse), bâton noueux et beaucoup plus gros par un bout que par l'autre.—Fig. et fam. : *coup de massue*, accident fâcheux et imprévu.

MAST, subst. mas. (*macete*), pièce d'en haut d'un parasol.

MASTÈRE, subst. mas. (*macetère*), t. d'hist. anc., nom d'inquisiteurs chargés de la recherche des débiteurs, à Athènes.

MASTIC, subst. mas. (*macetike*) (en grec μαστιχη), gomme ou résine qui sort d'un arbrisseau appelé *lentisque*. On dit ordinairement *mastic en larmes*.—Sorte de composition faite avec de la résine, de la brique pilée, etc.

MASTICATION, subst. fém. (*macetikâcion*) (en lat. *masticatio*), action de *mâcher*.

MASTICATOIRE, subst. et adj. mas. des deux genres (*macetikatoare*), t. de médec., sorte de composition faite de plusieurs ingrédients âcres, et propres, quand on les *mâche*, à purger la pituite. — Adj. : *remède masticatoire*.

MASTIGADOUR, subst. mas. (*maceliguadour*), sorte de mors pour faire écumer les chevaux.

MASTIGOPHORE, subst. mas. (*maceliguofore*) (du grec μαστιγοφορος, formé de μαστιξ, gén. μαστιγος, fouet, et de φερω, je porte; *porte-verge*), t. d'hist. anc., espèce d'huissier chargé, dans les jeux publics de la Grèce, de punir ceux qui enfreignaient les règlements de la police.

MASTIQUÉ, E, part. pass. de *mastiquer*.

MASTIQUER, v. act. (*macetikié*), joindre, coller avec du *mastic*.—*se* MASTIQUER, v. pron.

MASTODONTE, subst. mas. (*macetodonte*), t. d'hist. nat., mammifère fossile très-rapproché de l'éléphant.

MASTODYNIE, subst. fém. (*macetodini*) (du grec μαστος, mamelle, et οδυνη, douleur), t. de médec., douleur des mamelles.

MASTOÏDE, adj. des deux genres (*maceto-ide*) (du grec μαστος, mamelle, et ειδος, forme, ressemblance), t. d'anatomie; il se dit d'une apophyse de l'os temporal, qui a la figure d'un mamelon. L'*Académie* ne fait de ce mot qu'un adj. fém.

MASTOÏDIEN, adj. mas., au fém. **MASTOÏDIENNE** (*maceto-idicin, diène*), t. d'anat., qui appartient, qui a rapport à l'apophyse *mastoïde*.

MASTURBATION, subst. fém. (*maceturbâcion*), action de se *masturber*; pollution manuelle; onanisme.

MASTURBER, v. act. (*maceturbé*), polluer quelqu'un avec la main.—*se* MASTURBER, abuser de soi-même.

MASULIPATAM, subst. propre mas. (*mazulipatan*), ville des Indes, sur les côtes de Coromandel, où il se fabrique beaucoup de cette toile. —Subst. mas., toile de coton très-fine des Indes.

MASULIT, subst. mas. (*mazuli*), chaloupe des Indes, dont les bordages sont cousus avec du fil d'herbe et dont les calfatages sont de mousse.

MASURAGE, subst. mas. (*mâzuraje*), anciennement, droit sur les habitations, les *masures*. Hors d'usage.

MASURE, subst. fém. (*mâzure*) (en lat. *mansura*, fait de *manere*, demeurer, séjourner), ce qui reste d'un bâtiment tombé en ruine. — Au fig., méchante habitation qui menace ruine.

MAT, subst. mas. (*mate*), t. du jeu des échecs, coup qui réduit le roi à ne pouvoir bouger sans se mettre en nouvel échec : *voilà un beau mat*. Voy. au mot ÉCHEC.—Fig. et fam. : *donner échec et mat à quelqu'un*, remporter sur lui un avantage complet. — Ce mot n'a pas de pluriel.

MAT, adj. mas., au fém. **MATTE** (L'*Académie* écrit *mate* au féminin.) (*mate*) (de l'allemand *matte*, languissant, épuisé, sans force, sans éclat. (*Le Duchat*.) Suivant *Trévoux*, *mat* est un vieux mot français qu'on trouve dans *Villon* et nos poëtes anciens, et qui signifiait triste, confondu et froid), il se dit des métaux que l'on met en œuvre sans les polir : *or, argent mat; vaisselle matte*.—*Broderie matte*, trop chargée, qui n'est pas assez dégagée.—*Gâteau mat*, trop compacte. — En peinture, *coloris mat, couleur matte*, qui ont perdu leur éclat. — On dit subst. au mas. : *les mats d'un ouvrage doré*.

MÂT, subst. mas. (*mâ*) (en lat. *malus*), arbre d'un navire auquel sont attachées les vergues ou antennes qui portent les voiles : *grand mât, mât de misaine, mât de beaupré, mât d'artimon*. — Pièces de bois servant aux tentes et aux pavillons.—*Mât d'un brin*, fait d'un seul arbre.—*Mât forcé*, qui a souffert un effort, et qui est en danger de se rompre. — *Mât jumelé, réclampé* ou *renforcé*, fortifié par des jumelles. — *Mât de rechange, mât de hune*, destiné, dans un long voyage, à remplacer celui qui pourrait venir à manquer.—*Mât venu à bas*, rompu ou coupé. — T. de blason : *mât désarmé*, peint sans voiles. —*Aller à mât et à cordes*, abaisser les vergues et les voiles quand le temps est extrêmement violent.

MATACON, subst. mas. (*matakon*), noisette d'Afrique.

MATADOR, subst. mas. (*matadore*) (de l'espagnol *matar*, tuer, ôter la vie), au jeu de l'hombre, les trois premiers triomphes, Spadille, Manille et Baste.—Personne considérable dans son état. — Compagnie de deux cents hommes que levèrent en 1714 les habitants de Barcelonne, qui refusaient de reconnaître Philippe V pour leur souverain.

MATAMORE, subst. mas. (*matamore*) (de l'espagnol *matamaro*, formé de *matar*, tuer, et *moro*, more; *tueur de mores*), faux brave. Il est fam.

MATAPAN, subst. propre mas. (*matapan*), cap dont la pointe est la plus méridionale de la Morée.

MATASSIN, subst. mas. (*matacein*) (de l'espagnol *matachin*, au plur. *matachines*, dont la signification est la même), espèce de danseur grotesque.

MATATAN, subst. mas. (*matatan*), t. de relation, gros tambour indien.

MATÉ, E, part. pass. de *mater*.

MATELAS, subst. mas. (*matelâ*) (du lat. *matta*, natte, parce que les anciens, et depuis eux les moines, couchaient sur des nattes. De *matta* on a fait, dans la basse latinité, d'abord les diminutifs *matula* ou *matura*, ensuite, par corruption, *matras* et enfin *matelas*. (Trévoux.) Suivant le jésuite Oudin, du celtique *mattaus*, ou *materas*, conservé long-temps dans notre langue avec la même signification, et d'où la basse latinité avait fait *materacium*. Les Italiens disent encore *materasso* ou *materasse*; et *Voiture*, ajoute *Oudin*, est le premier écrivain français qui ait dit *matelas*. *Matt*, dans la langue celtique, signifie lit, et *ras*, laine), espèce de sac rempli de laine, de crin ou de bourre, et piqué en divers endroits. C'est une des principales pièces de la garniture d'un lit. — Coussins piqués qu'on met aux côtés d'un carrosse.—*Matelas de guéret*, large sac en forme de paillasse, rempli de balle d'avoine, ainsi nommé parce que c'est dans les guérets que croît cette avoine. Le mot et la chose sont très-usités dans les hautes montagnes de l'Auvergne.

MATELASSÉ, E, part. pass. de *matelasser*.

MATELASSER, v. act. (*matelacé*), garnir en façon de *matelas*.—*se* MATELASSER, v. pron.

MATELASSIER, subst. mas., **MATELASSIÈRE**, subst. fém. (*matelâcié, cière*), celui, celle qui fait et qui rebat des *matelas*.

MATELASSIÈRE, subst. fém. Voy. MATELASSIER.

MATELOT, subst. mas. (*matelô*) (du mot *mât*. On a donné ce nom exclusivement au marinier qui servait près du mât, et ensuite, par extension, à tous les mariniers. (*Ménage, Nicot*, etc.), celui qui sert à la manœuvre d'un vaisseau, sous les ordres d'un pilote et du capitaine.—Dans une armée navale, vaisseau qui en accompagne un plus grand : *l'amiral a deux matelots*.

MATELOTAGE, subst. mas. (*matelotaje*), salaire des *matelots*.

MATELOTTE (l'*Académie* écrit MATELOTE), subst. fém. (*matelote*), mets composé de plusieurs sortes de poissons apprêtés à la manière des *matelots*. —Air d'une danse de caractère, dans laquelle on est vêtu en *matelot*. — *à la* MATELOTTE, loc. adv., à la mode, à la façon des *matelots*.

MATÉOLOGIE, subst. fém. (*maté-oloji*) (du grec ματαιος, inutile, et λογος, discours), vaine recherche des matières abstraites ou sacrées. Hors d'usage.

MATÉOLOGIEN, subst. mas. (*maté-olojiein*), qui veut trop approfondir les mystères. Inusité.

MÂTÉ, E, part. pass. de *mâter*.

MATER, v. act. (*maté*) (en grec ματτειν, piler, broyer, dompter, amollir), donner à certaines parties de l'ouvrage qu'on dore moins de brillant, un ton plus *mat*, de manière qu'elles soient en opposition avec celles qui sont brunies. Quelques-uns, et l'*Académie* elle-même, disent *matir*. Voyez ce mot.—Aux échecs, *faire mat*, réduire le roi à ne pouvoir sortir de sa place sans se mettre en nouvel échec.—Fig., 1° mortifier : *il faut mater sa chair*; 2° humilier : *mater l'orgueil de quelqu'un*.—*se* MATER, v. pron.

MÂTER, v. act. (*mâté*), garnir un vaisseau de *mâts*.— En général, dans la langue des marins, mettre debout : *il faut mâter les futailles pour les radouber*.—*se* MÂTER, v. pron.

MÂTEREAU, subst. mas. (*mâterô*), t. de mar., pièce de bois propre à faire un petit *mât*, un bout de *mât*.

MATÉRIALISÉ, E, part. pass. de *matérialiser*.

MATÉRIALISER, v. act. (*matéri-alizé*), réduire tout à la *matière*. J.-J. Rousseau a dit : *dans ce siècle où l'on s'efforce de matérialiser toutes les opérations de l'âme et d'ôter toute moralité aux sentiments humains*.—*se* MATÉRIALISER, v. pron., devenir un corps.

MATÉRIALISME, subst. mas. (*matéri-aliceme*), opinion de ceux qui n'admettent point d'autre substance que la *matière*.—Dans un sens moins étendu, système de ceux qui soutiennent que l'âme est *matérielle*.

MATÉRIALISTE, subst. et adj. des deux genres (*matéri-alicete*), qui est partisan du *matérialisme*.

MATÉRIALITÉ, subst. fém. (*matéri-alité*), qualité de ce qui est *matériel*.

MATÉRIAUX, subst. mas. plur. (*matériô*) (en latin *materia* ou *materies*), tout ce qui sert à bâtir.—Fig., tout ce qu'on a préparé pour quelque composition, quelque ouvrage d'esprit. — C'est par abus que le peuple dit *matéraux*.

MATÉRIEL, adj. mas., au fém. **MATÉRIELLE** (*matériéle*), qui est composé de *matière*.—Grossier; qui a beaucoup de *matière* et d'épaisseur : *cet ouvrage est trop matériel*.—Fig. : *cet homme est matériel*, a l'esprit grossier et pesant.—Il se dit en terme d'école, par opposition à *formel* : *le sens matériel*.—Il est aussi subst. mas. : *il faut distinguer le matériel du formel*.—T. de guerre, bagages, artillerie, charrois, munitions : *le matériel de l'armée*.

MATÉRIELLE, adj. fém. Voy. MATÉRIEL.

MATÉRIELLEMENT, adv. (*matérièleman*), t. de l'école, qui se dit par rapport à la *matière*, et par opposition à *formellement*.—Grossièrement.

MATERNEL, adj. mas., au fém. **MATERNELLE** (*matèrenèle*) (en lat. *maternus*), qui est de la *mère*, qui est propre à la *mère*. — *Les parents, les biens maternels*, du côté de la *mère*.—*Langue maternelle*, langue du pays où l'on est né.

MATERNELLE, adj. fém. Voy. MATERNEL.

MATERNELLEMENT, adv. (*matèrenèleman*), d'une manière *maternelle*.

MATERNISÉ, part. pass. de *materniser*.

MATERNISER, v. neut. (*matèrenizé*), tenir de sa mère. (*Boiste*.) Inusité.

MATERNITÉ, subst. fém. (*matèrenité*), état, qualité de *mère*. Il y a à Paris un hospice qu'on appelle la *Maternité*.

MÂTEUR, subst. mas. (*mâteur*), ouvrier qui fait des *mâts*.

MATH., abréviation du mot *mathématiques*.

MATHÉMATICIEN, subst. mas., au fém. **MATHÉMATICIENNE** (*matématicieiη, ciène*), celui, celle qui sait les *mathématiques*.

MATHÉMATICIENNE, subst. fém. Voy. MATHÉMATICIEN.

MATHÉMATIQUE, adj. des deux genres (*matématike*), qui appartient aux *mathématiques*. — Démontré, rigoureux : *vérités mathématiques*. — *Point mathématique*, le *point* considéré d'une manière abstraite, et comme n'ayant aucune étendue.

MATHÉMATIQUE, subst. fém. (*matématike*) (du grec μαθημα, au pluriel μαθηματα, qui signifie proprement *science*, dérivé de μανθανω, j'apprends, comme qui dirait la *science par excellence*; parce que les *mathématiques* sont les seules connaissances naturelles susceptibles d'une démonstration rigoureuse), science qui a pour objet les propriétés de la grandeur, en tant qu'elle est calculable et mesurable. Il se dit surtout au plur. : *étudier, savoir, enseigner les mathématiques*, et non pas la *mathématique*.—*Mathématiques pures*, qui considèrent les propriétés de la grandeur d'une manière abstraite. — *Mathématiques mixtes*, qui ont pour objet les propriétés de la grandeur concrète, c'est-à-dire de la grandeur dans certains corps ou sujets particuliers. On dit aujourd'hui, à peu près dans le même sens, *mathématiques appliquées*, à cause de l'*application* qu'il s'y fait des principes généraux et abstraits aux objets particuliers de la statique, de la dynamique, etc.

MATHÉMATIQUEMENT, adv. (*matématikeman*), selon les règles *mathématiques*.

MATI, E, part. pass. de *matir*.

MATIÈRE, subst. fém. (*matière*) (en lat. *materia* ou *materies*), en philosophie, substance étendue et impénétrable, susceptible de toutes sortes de formes.—En ce sens, il se dit par opposition à *esprit* : *au-dessus de la matière; dégagé de la matière*.—Dans les sacrements, il est opposé à la *forme* : *l'eau est la matière du sacrement de baptême*.—Ce dont une chose est faite. — Sujet de quelque discours, de quelque écrit; avec cette différence que la *matière* est le genre d'objets dont on traite, et le *sujet*, l'objet particulier que l'on traite. Un ouvrage roule sur diverses *matières*, et l'on y traite divers *sujets* : *les vérités de l'Évangile sont la matière des sermons; un sermon a pour objet quelqu'une de ces vérités*.(Roubaud.) —Cause, sujet, motif, occasion. — En t. de médec., excrément du corps humain.—Pus qui sort d'une plaie.—*Matières premières*, les productions de la nature.—T. de phys., *matière subtile*, fluide extrêmement délié, répandu partout et dont l'action influe considérablement sur le mécanisme de l'univers. *Descartes* l'a admis sous le nom de *premier élément*, mais en en supposant les molécules parfaitement dures et privées de toute élasticité. Suivant *Newton*, qui l'appelle *éther*, cette matière est de sept cent mille fois plus élastique que l'air que nous respirons. — *Matière électrique*, fluide très-subtil, qui se meut au-dedans et autour du corps électrisé, et lui forme une sorte d'atmosphère. — *Matière affluente*, portion de la *matière* électrique qui se porte vers un corps actuellement électrisé et qui lui vient des corps qui l'avoisinent.—*Matière effluente*, portion de la *matière* électrique qui sort d'un corps actuellement électrisé en forme de bouquets ou d'aigrettes, composées de rayons divergents.—*Matière ignée, matière du feu, matière de la chaleur*, le calorique des chimistes et des physiciens modernes.— — *Matière magnétique*, fluide subtil et invisible qui entoure chaque aimant naturel ou artificiel, et qui paraît circuler d'un pôle à l'autre, en formant autour de l'aimant une sorte d'atmosphère. — *Matière d'or, d'argent*, espèces fondues pour la fabrication des monnaies.—Fig. et fam. : *être enfoncé dans la matière*, avoir l'esprit lourd et grossier. — *En matière de*, adv., en fait, sur la chose dont il s'agit : *en matière de procès, en matière civile*.

MÂTIN, subst. mas., au fém. **MÂTINE** (*mâtein, tine*) (de *mastinus*, employé dans la basse latinité avec la même signification, et que *Ménage* dérive, au moyen de ses transformations accoutumées, de *manere*, demeurer, au supin *mansum*, d'où, ajoute-t-il, on a fait d'abord le vieux mot *mas*, demeure, maison à la campagne, et ensuite *mastin*, chien pour la garder), gros chien pour garder une cour, un troupeau, etc. — Prov. : *qui a bon voisin a bon mâtin*, a bonne et sûre garde. (*Grand Vocabulaire français, Trévoux*, etc.) L'*Académie*, dans ce même proverbe, écrit *matin* au lieu de *mâtin*; et, après l'avoir expliqué par *la tranquillité dont on jouit chez soi lorsqu'on a un bon voisin*, l'applique en général à tous les avantages qu'on peut tirer de ce voisinage.—En parlant des personnes, méchant, tourmentant, ennuyeux : *ce mâtin-là!*

MATIN, subst. mas. (*matein*), en astronomie, le commencement du jour, ou le temps du lever du soleil.—Dans une acception plus étendue et plus usitée, tout l'espace compris depuis minuit jusqu'à midi : *une heure du matin; onze heures du matin*.—*L'étoile du matin*, la planète de Vénus quand elle est occidentale par rapport au soleil, et qu'elle se lève avant lui. Les Grecs l'appelaient alors *phosphore*, et les Latins *lucifer*. — Poétiquement : *les portes du matin*, l'aurore ou le levant, l'orient. — Commencement : *le matin de la vie*.—Fam., jour : *j'irai vous voir un de ces matins, un de ces quatre matins; on ira chez lui un beau matin*, quelque jour. — Prov. :

Rouge au soir, blanc au *matin*,
C'est la journée du pèlerin.

Le ciel rouge au soir et blanc au *matin* présage un beau temps. — *Matin*, adv., de très-bonne heure : *il s'est levé matin*.—On dit *demain matin, hier matin*; et non pas, *demain au matin, hier au matin*.

MATINAGE, subst. mas. (*matinaje*), suivant *Boiste*, on appelle ainsi la courbure des copeaux de treillageurs.

MATINAL, E, adj. (*matinale*), qui se lève *matin*.—Qui appartient, qui est propre au *matin* : *aube matinale; rosée matinale*. Ce mot ne semble pas avoir de plur. mas. — MATINAL, MATINEUX. (*Syn*.) Le premier doit s'appliquer à celui qui s'est levé *matin*; et le second, à celui qui est dans l'habitude de se lever *matin*.

MATINALEMENT, adv. (*matinaleman*), du *matin*.

MÂTINE, voy. MÂTIN.

MATINÉ, E, part. pass. de *mâtiner*.

MATINEAU, subst. mas. (*mâtinô*), petit *mâtin*.

MATINÉE, subst. fém. (*matiné*), tout le temps qui s'écoule depuis le point du jour jusqu'à midi. — Fam. : *dormir la grasse matinée*, bien avant dans le jour.

MÂTINER, v. act. (*mâtiné*), au propre, il se dit du *mâtin* qui couvre une chienne d'une plus noble espèce.—Fig. et fam., gourmander, maltraiter de paroles. Peu en usage dans ce dernier sens.

MATINES, subst. fém. plur. (*matine*), la première partie de l'office divin qui se doit chanter le *matin*.—Prov. : 1° *étourdi comme le premier coup de matines*, fort étourdi; 2° *le retour est pire que matines*, la suite d'une mauvaise affaire est pire encore que le commencement.

MATINEUSE, adj. fém. Voy. MATINEUX.

MATINEUX, adj. mas., au fém. **MATINEUSE** (*matineu, neuze*), qui est dans l'habitude de se lever *matin*.—Qui a rapport au *matin*. Voy. MATINAL.

MATINIER, adj. mas., au fém. **MATINIÈRE** (*matinié, nière*), du *matin* : *étoile matinière*, l'étoile du *matin*, qui travaille dès le *matin*.

MATIR, v. act. (*matir*), rendre *mat* de l'or ou de l'argent, sans le polir ni le brunir.—*se* MATIR, v. pron.

MATITE, subst. fém. (*matite*), configuration de pierre imitant une *mamelle*.

MATOIR, subst. mas. (*matoar*), outil de graveur qui sert à *amatir* l'or et le faire tenir dans les ciselures.

MATOIS, E, subst. et adj. (*matoè, toèze*) (du vieux mot français *mate*, tromperie, dérivé d'une place du même nom à Paris, où s'assemblaient les filous et les escrocs; on a dit long-temps *enfants de la mate*), fin, rusé.—Subst. : *un fin matois*.

* **MATOISEMENT**, adv. (*matoèzeman*), en fin *matois*. Peu usité, mais utile.

MATOISERIE, subst. fém. (matoèzeri), qualité du matois.—Tromperie, fourberie.

MATON, subst. mas. (maton), mot dont on se sert dans quelques provinces et qu'on dit de ce qui est caillé, réduit en grumeaux ; par exemple, en parlant d'une sauce on dit qu'elle est en matons, pour signifier qu'elle est tournée.

MATOU, subst. mas. (matou) (suivant Ménage, c'est une corruption de marcou, qu'on disait autrefois dans le même sens, et qui dérivait, ajoute-t-il, de Marculfus, nom propre qu'on avait donné aux chats, comme celui de Pierre aux perroquets, de Samson aux sansonnets, de Martin aux martinets, etc.), gros chat mâle et entier. — T. d'hist. nat., poisson du genre des silures.

MATOUR, subst. propre mas. (matoure), ville de France, dép. de Saône-et-Loire.

MATRACA, subst. mas. (matraka), roue garnie de marteaux de bois. — Subst. fém., crécelle espagnole.

MATRAMAUX, subst. mas. plur. (matramô), t. de pêche; sorte de folles, de filets.

MATRAS, subst. mas. (matrá), vaisseau chimique, à col étroit et fort long, pour digérer et extraire. — Physique : matras de Boulogne, petite bouteille de verre, en forme de poire creuse, dont le fond est fort épais, et qui se brise en éclats lorsqu'on y laisse tomber un petit gravier anguleux, ou un fragment de pierre à fusil, tandis que la chute d'une balle de plomb n'y produit aucun effet.—Autrefois, trait armé d'un gros fer rond, qui se décochait avec une arbalète. (Dans cette dernière acception, du vieux mot gaulois matara ou mataris, espèce de trait, que les Latins ont adopté dans leur signification. Voy. les Commentaires de César.)—Outil de savonnier.

MATRASSÉ, E, adj. (matrácé), moulu de coups, percé de traits : soldat matrassé. Hors d'usage.

MATRICAIRE, subst. fém. (matrikière), t. de bot., plante à fleur radiée.

MATRICAUX, adj. et subst. mas. plur. (matrikô), qui a rapport aux maladies de la matrice : remèdes matricaux ou simplement des matricaux. Ce mot, donné par Boiste, ne nous paraît pas plus mauvais que tant d'autres, mais nous ne croyons pas qu'il ait été beaucoup employé.

MATRICE, subst. fém. (matrice) (en latin matrix, gén. matricis, formé de mater, mère, dérivé du grec μητρα, matrice, dont la racine est μητηρ, en dorique ματηρ (mère), la partie de la femme où se fait la conception et où l'enfant se nourrit.—Il se dit aussi des animaux : la matrice d'une cavale, d'une chienne.—Substance dans laquelle un minéral a été élaboré.—Fig., 1° moule dans lequel l'on fond les caractères d'imprimerie; 2° carrés des médailles ou monnaies gravés avec le poinçon; 3° originaux ou étalons des poids et mesures.—Matrices de rôles, copies originales des rôles.

MATRICE, adj. fém. (matrice) : église matrice, qui est comme la mère des autres églises.—Langue matrice, qui n'est dérivée d'aucune autre, et dont quelques-unes sont dérivées.—Couleurs matrices, les couleurs simples qui servent là en composer d'autres.

MATRICIDE, subst. et adj. des deux genres (matricide), assassin de sa mère.—Ce crime.

MATRICULAIRE, subst. mas. (matrikulère), inscrit sur la matricule.

MATRICULE, subst. fém. (matrikule) (en latin matricula), registre dans lequel on écrit le nom des personnes qui entrent dans quelque société. —Extrait de ce registre. — Dénombrement. — Matricule des Empire, dénombrement des princes et des états qui avaient séance dans les diètes. — Adj. des deux genres : contrôle matricule.

MATRIMONIAL, E, adj. (matrimoniale) (en lat. matrimonialis, fait de matrimonium, mariage), qui appartient au mariage.—Au plur. mas., matrimoniaux.

MATRIMONIAUX, adj. mas. plur. Voy. MATRIMONIAL.

MATROLOGUE, subst. mas. (matrologue), anciennement, registre d'une municipalité de premier ordre.

MATRONALES, subst. fém. plur. (matronale), t. d'antiq., fêtes des matronales, dans Rome, qui se célébraient aux calendes de mars.

MATRONE, subst. fém. (matrone) (en lat. matrona), sage-femme. — Matrone romaine, dame romaine. Suivant Servius, la matrone était la femme mariée qui avait un enfant, et la mère de famille, celle qui en avait eu plusieurs. Selon d'autres, on nommait matrone la femme qui était mariée, mais qui n'avait point encore eu d'enfants.

MATRONÉE, subst. fém. (matroné), anciennement, la place qu'occupaient les femmes dans l'église.

MATTE, subst. fém. (mate), t. de bot., herbe du Paraguay.—Matière métallique impure, qu'on obtient par la première fonte du minéral. — T. de pêche, matte de thons, bancs de thons en Provence.

MATTÉ, E, part. pass. de matter.

MATTEAU, subst. mas. (mató), t. de manuf., assemblage d'écheveaux de soie tordus.

MATTÉES, subst. fém. plur. (mate), t. d'antiq., mets hachés et fort épicés.

MATTEGAU, ou MARTEGAU (Boiste donne les deux), subst. mas. (mateguô, marteguô), t. de manuf., sorte de jumelle en taquet, qui est adaptée aux basses-œuvres.

MATTELIN, subst. mas. (matelein), sorte de laine du Levant.

MATTER, v. act. (mate), étendre du fer. — Passer de la colle sur de l'or mat.—se MATTER, v. pron.

MATTON, subst. mas. (maton), grosse brique dont on se sert pour paver.—Dans les cordages, etc., nœud, bourre, inégalité, petit amas et dureté de quelques parties.

MATURANT, E. Voy. MATURATIF.

MATURATIF, adj. mas., au fém. MATURATIVE (maturatif, tive) (du latin maturare, mûrir); t. de médec., il se dit des médicaments qui hâtent la formation de la matière purulente d'un abcès.—Subst. mas. : un maturatif.

MATURATION, subst. fém. (maturácion) (en lat. maturatio, fait de maturaré, mûrir), t. d'alchim., opération qui donne une plus grande perfection à un métal.—En médec., coction, atténuation ou préparation des humeurs nuisibles et génératives des maladies, pour les rendre propres à être expulsées du corps.

MATURATIVE, adj. fém. Voy. MATURATIF.

MÂTURE, subst. fém. (mâture), assemblage de tous les mâts d'un vaisseau.—Bois propre à faire des mâts.—Art de mâter un vaisseau.

MATURINADE, subst. fém. (maturinade), vieux mot inusité, quoique nous le lisions encore dans Boiste, et qui a signifié extravagance. N'aurait-on pas dû plutôt écrire mathurinade, en le faisant venir du nom propre Mathurin? Du reste, ce mot n'est pas assez important pour que nous nous y arrêtions davantage.

MATURITÉ, subst. fém. (maturité), qualité de ce qui est mûr.—En bot., état où les fruits, etc., ont atteint leur développement complet. — Figurément : 1° cette affaire est dans sa maturité, est en état d'être conclue, achevée; 2° la maturité de l'âge, de l'esprit, l'état où l'homme est dans sa force, où il a l'esprit mûr, solide, etc. ; 3° agir avec maturité, avec circonspection et jugement.

MATUTE, subst. fém. (matute), t. d'hist. nat., genre de crustacés décapodes.

MATUTINAIRE, subst. mas. (matutinère), t. de liturgie, autrefois, le livre qui contenait l'office des matines.

MATUTINAL, E, adj. (matutinale), qui appartient à matines. (Trévoux.) — Qui a rapport au matin. Il est peu usité dans ce sens. — Au plur. mas., matutinaux.

MATUTINAUX, adj. mas. plur. Voyez MATUTINAL.

MATUTINEL, adj. mas., au fém. MATUTINELLE (matutinèle), qui se fait le matin. (Boiste, qui le donne lui-même comme inusité.)

MAUBEUGE, subst. propre mas. (môbeuje), ville de France, dép. du Nord.

MAUBOURGUET, subst. propre mas. (môbourguié), ville de France, dép. des Hautes-Pyrénées.

MAUBUÉ, E, adj. (môbué), qui ne lave pas bien. On désignait ainsi les eaux qui ne peuvent dissoudre le savon. Ce mot est hors d'usage ; il y a cependant à Paris une vieille rue dégoûtante qui porte le nom de Maubuée.

MAUCLERC, subst. mas. (môklère), ignorant, comme qui dirait : mauvais clerc.

DU VERBE IRRÉGULIER MAUDIRE :

Maudîmes, 1re pers. plur. prét. déf.
Maudira, 3e pers. sing. fut. indic.
Maudirai, 1re pers. sing. fut. indic.
Maudiraient, 3e pers. plur. cond.
Maudirais, précédé de je, 1re pers. sing. prés. cond.
Maudirais, précédé de tu, 2e pers. sing. prés. cond.
Maudirait, 3e pers. sing. prés. cond.
Maudiras, 2e pers. sing. fut. indic.

MAUDIRE, v. act. (môdire) (en lat. maledicere, dicere malè ou malum); maudissant ; maudit ; je maudis, nous maudissons, vous maudissez, etc. Voy. la conjugaison dans le dictionnaire. Prononcer la malédiction sur.... — Charger d'imprécations.—En parlant de Dieu, réprouver, abandonner.—SE MAUDIRE, v. pron.

DU VERBE IRRÉGULIER MAUDIRE

Maudirent, 3e pers. plur. prét. déf.
Maudirez, 2e pers. plur. fut. indic.
Maudiriez, 2e pers. plur. prés. cond.
Maudirions, 1re pers. plur. fut. indic.
Maudirons, 1re pers. plur. fut. indic.
Maudiront, 3e pers. plur. fut. indic.
Maudis, 2e pers. sing. impér.
Maudis, précédé de je, 1re pers. sing. prés. indic.
Maudis, précédé de tu, 2e pers. sing. prés. indic.
Maudis, précédé de je, 1re pers. sing. prét. déf.
Maudis, précédé de tu, 2e pers. sing. prét. déf.
Maudissaient, 3e pers. plur. imparf. indic.
Maudissais, 1re pers. sing. imparf. indic.
Maudissais, précédé de tu, 2e pers. sing. imparf. indic.
Maudissait, 3e pers. sing. imparf. indic.
Maudissant, part. prés.
Maudisse, précédé de que je, 1re pers. sing. prés. subj.
Maudisse, précédé de qu'il ou qu'elle, 3e pers. sing. prés. subj.
Maudisse, précédé de que je, 1re pers. sing. imparf. subj.
Maudissent, précédé de ils ou elles, 3e pers. plur. prés. indic.
Maudissent, précédé de qu'ils ou qu'elles, 3e pers. plur. prés. subj.
Maudissent, précédé de qu'ils ou qu'elles, 3e pers. plur. imparf. subj.
Maudisses, précédé de qu'il ou qu'elles, 3e pers. plur. impér.
Maudisses, précédé de que tu, 2e pers. sing. prés. subj.
Maudisses, précédé de que tu, 2e pers. sing. imparf. subj.
Maudissez, 2e pers. plur. impér.
Maudissez, précédé de vous, 2e pers. plur. prés. indic.
Maudissez, précédé de vous, 2e pers. plur. imparf. indic.
Maudissiez, précédé de que vous, 2e pers. plur. prés. subj.
Maudissiez, précédé de que vous, 2e pers. plur. imparf. subj.
Maudissions, précédé de nous, 1re pers. plur. imparf. indic.
Maudissions, précédé de que nous, 1re pers. plur. prés. subj.
Maudissions, précédé de que nous, 1re pers. plur. imparf. subj.

MAUDISSON, subst. mas. (maudiçon), malédiction. Inusité.

DU VERBE IRRÉGULIER MAUDIRE :

Maudissons, 1re pers. plur. impér.
Maudissons, précédé de nous, 1re pers. plur. prés. indic.
Maudit, précédé de il ou elle, 3e pers. sing. prés. indic.
Maudit, précédé de il ou elle, 3e pers. sing. prét. indic.
Maudit, précédé de qu'il ou qu'elle, 3e pers. sing. imparf. subj.

MAUDIT, E, part. de maudire, adj. et subst. (maudi), exécrable, détestable, très-mauvais : un maudit chemin, un temps maudit. — Subst., réprouvé : allez, maudits.

Maudites, 2e pers. plur. prét. déf. du v. irrégulier MAUDIRE.

MAUGE, subst. fém. (môje), t. de mar., petite manche de cuir, ou de toile goudronnée, qui sert à l'écoulement des eaux.

MAUGRÉ, adv. (môgueré), vieux mot hors d'usage, qui s'est dit pour malgré.

MAUGREBIN, subst. mas. (môguerebein), soldat barbaresque.

MAUGRÉÉ, E, part. pass. de maugréer.

MAUGRÉER, v. neut. (môgueré-é) (des deux mots mauvais et gré, prendre en mauvais gré, mal agréer,), jurer, pester. Il est pop.—Demander dit que ce verbe signifie aussi faire un mau-

vais accueil, comme l'indique assez son étymologie. Il exprime les mauvaises manières, les mauvais traitements, la mauvaise humeur de celui qui vous reçoit : *cet homme maugrée toujours*, est toujours de mauvaise humeur, jure toujours.

MAULÉON, subst. propre mas. (*môléon*), nom d'un bourg de France situé en Poitou, à onze lieues d'Angers.

MAULEVRIER, subst. propre mas. (*môlevrié*), ville de France, dép. de Maine-et-Loire.

MAUPERTUIS, subst. propre mas. (*môpèretui*), ville de France, dép. de Seine-et-Marne.

MAUPITEUSE, adj. fém. Voy. MAUPITEUX.

MAUPITEUX, subst. et adj. mas., au fém. **MAUPITEUSE** (*môpiteu, teuze*), qui se lamente. —Cruel, impitoyable. (*Boiste*.) Vieux, et même inusité.

MAUR (SAINT-), subst. propre mas. (*ceinmôr*), petit village du dép. de Seine-et-Marne, près de Paris.

MAURE, subst. mas. (*môre*) (du grec μαυρος, sombre, noirâtre ; à cause de la couleur du teint des Mores), t. d'hist. nat., serpent.—Subst. propre fém., ville de France, dép. du Cantal. Voy. MORE.

MAURELLE, subst. fém. (*môrèle*), tournesol préparé pour la teinture.

MAURESQUE. Voy. MORESQUE.

MAURIAC, subst. propre mas. (*môriake*), ville de France, dép. du Cantal.

MAURICAUD. Voy. MORICAUD.

MAURIN, E, subst. et adj. (*môrein, rine*), sorte de pigeon noir.

MAURIS, subst. mas. (*môrice*), t. de comm., toile de coton blanche des Indes; ancien nom de la percale.

MAURITANIE, subst. propre fém. (*môritani*), t. de géogr. anc., nom d'une région d'Afrique.

MAUSOLÉE, subst. mas. (*môzolé*), tombeau avec ornements d'architecture et de sculpture, ainsi appelé de celui qu'Artémise, reine de Carie, fit élever à *Mausole*, son époux.—Improprement, catafalque dressé dans une église pour le service d'une personne considérable. *Mausolée* est un terme plus noble que *catafalque*.

MAUSSADE, adj. des deux genres (*môçade*) (de *mal* et de *sade*, vieux mot français qui signifiait propre, net, gentil), qui a mauvaise grace : *homme, femme maussade*. — Malfait, mal construit : *habit, bâtiment maussade*.—On l'emploie aussi subst. : *c'est un maussade*, un homme désagréable, ou qui boude.

MAUSSADEMENT, adv. (*môçademan*), d'une manière *maussade* et de mauvaise grace.

MAUSSADERIE, subst. fém. (*môçaderi*), mauvaise grace. — Façon désagréable, malpropre.

MAUVAIS, E, adj. (*movè, vèze*), (suivant *Huet*, qui pense qu'on a prononcé anciennement *maufais*, du lat. *maleficus*, malfaisant. On pourrait, pour les premières acceptions, le dériver aussi de *malefactus*, malfait, part. pass. de *malefacere*), qui n'est pas bon : *mauvais peintre, poète, orateur*, etc. ; *mauvais pain, mauvaise eau*. — Avec *à* ou *pour*, nuisible : *mauvais à la santé, pour l'estomac*.—Sinistre, funeste : *mauvais augure, mauvaise physionomie*. — Fâcheux, dangereux. En ce sens il ne se dit que des personnes : *mauvais voisin, mauvais esprit*. — *Mauvais bruits*, nuisibles à la réputation. — *Mauvais lieux*, de débauche. — *Trouver une chose mauvaise*, ne pas la trouver à son goût.—Fam. : *prendre une chose en mauvaise part*, la prendre en mal, s'en fâcher.—*Les temps sont mauvais*, en parlant de disette, de troubles, d'oppression, du commerce qui va mal. — Subst. mas. : *le bon et le mauvais*. —Fam. : *faire le mauvais*, menacer de battre, de faire du désordre. — *Mauvais*, adv. : *trouver mauvais*, désapprouver : *il trouve mauvais que*... —*Sentir mauvais*; exhaler une *mauvaise* odeur. —*Il fait mauvais marcher dans un temps de glace*, il est dangereux de marcher, etc.

MAUVAISETÉ, subst. fém. (*môvèzeté*), méchanceté. Il est vieux

MAUVE, subst. fém. (*môve*) (du latin *malva*), t. de bot., plante vivace très-connue, et mise au rang des quatre premières herbes émollientes.— T. d'hist. nat., genre d'oiseaux palmipèdes qu'on appelle aussi *mouette*.

MAUVIETTE, subst. fém. (*môvièle*), t. d'hist. nat., espèce d'alouette. — Fig. : *c'est une vraie mauviette*, une personne chétive et sans force physique.

MAUVIS, subst. mas. (*môvi*), t. d'hist. nat., petite grive, la meilleure de toutes à manger.

MAUVISQUE, subst. mas. (*môviceke*), t. de bot., arbre de la famille des *mauves*.

MAUX, subst. mas. plur. Voy. MAL.

MAVALI, subst. mas. (*mavali*), t. d'hist. nat., poisson d'une grosseur extraordinaire, qui se trouve dans les Indes occidentales. (*Trévoux*, d'après *Herrera*.)

MAX, subst. mas. (*makce*), monnaie d'or de Bavière, qui a cours pour vingt-cinq francs quatre-vingt-sept centimes.

MAXILLAIRE, adj. des deux genres (*makcilelère*) (du latin *maxilla*, mâchoire), qui appartient, qui a rapport aux *mâchoires*. — Subst. fém., t. de bot., plante du Pérou, sorte d'orchidée.

MAXILLO-PALATIN, subst. et adj. mas. (*makcilelôpalatein*), t. d'anat., canal qui résulte de l'union de l'os du palais avec celui de la mâchoire inférieure.

MAXIME, subst. fém. (*makcime*) (du latin *maxima*, très-grande, en sous-entendant, dans la première acception, *sententia*, sentence, et dans la seconde, *nota*, note), proposition générale qui sert de règle en matière de mœurs, de conduite, etc.—En vieux t. de musique, note qui valait elle seule quatre mesures.

MAXIMER, v. act. (*makcimé*), mettre le *maximum*, le plus haut prix de la vente. Tout-à-fait inusité, quoique nous le lisions dans *Boiste*.

MAXIMILIEN, subst. mas. (*makcimili-ein*), monnaie d'or de Francfort, et qui vaut six florins.

MAXIMIN (SAINT-), subst. propre mas. (*ceinmakecimein*), ville de France, dep. du Var.

MAXIMUM, subst. mas. (*makcimome*) (du lat. *maximum*, le plus grand, sous-entendu *punctum*, point), en math., l'état le plus grand où une quantité variable peut parvenir, eu égard aux lois qui en déterminent la variation. — Le plus haut degré en général : *le maximum de la vertu*. — *Loi du maximum*, loi qui, pendant la révolution française, fixait le prix qu'on ne pouvait dépasser dans la vente des denrées et des marchandises.

MAYDANG, subst. mas. (*médan*), t. de bot., rotang des Indes.

MAYE, subst. fém. (*ma-ie*), pierre creuse destinée à recevoir l'huile du moulin à olives.

MAYENCE, subst. propre fém. (*ma-iance*), ville capitale du cercle électoral du Rhin, en Allemagne. Elle est située sur le Rhin, vis-à-vis de l'embouchure du Mein.

MAYENNE, subst. propre fém. (*ma-iène*), département de la France, situé dans l'ancienne province du *Maine*. — Ville sur la rivière du même nom, à dix-huit lieues d'Angers.

MAYENNE, subst. fém. (*ma-iène*), toile de Bretagne.

MAYON, subst. mas. (*mè-ion*), poids de Siam. —Monnaie à la Chine valant 9 sous.

MAZAME, subst. mas. (*mazame*), t. d'hist. nat., quadrupède ruminant du genre des cerfs.

MAZARA, subst. propre fém. (*mazara*), ville épiscopale de la Sicile.

MAZARIN, subst. mas. (*mazarein*), nom donné par les frondeurs aux partisans du cardinal Mazarin.

MAZARINE, subst. fém. (*mazarine*), sorte de pâtisserie d'amandes, de confiture, etc.

MAZÈRES, subst. propre mas. (*mazère*), ville de France, dép. de l'Ariége.

MAZETTE, subst. fém. (*mazète*) (*Le Duchat* le dérive de *malus*, mauvais, par une suite de transformations peu vraisemblables), méchante monture, méchant cheval. — Fig. et fam., homme qui ne sait pas bien jouer : *c'est une mazette*, et non pas *un mazette*. —Personne sans capacités.

MAZILLE, subst. fém. (*mazi-ie*), vieux mot qui signifiait de mauvais argent.

MAZONE, subst. fém. (*mazone*), monnaie d'Alger qui vaut 2 sous 11 deniers.

M^e, abréviation du mot *maître*.

ME, pron. pers. des deux genres (*me*). Il signifie précisément la même chose que *je* et que *moi*, mais il ne s'emploie que comme régime direct, ou comme régime indirect. C'est ainsi qu'on dit, *il me chérit*, pour *il chérit moi* ; *il me plaît*, pour *il plaît à moi*. Il se dit des personnes et des choses personnifiées. *Me* se place ordinairement avant le verbe : *cet enfant me donne beaucoup de satisfaction*. Mais il peut se placer après, quand le verbe est à l'impératif, que la phrase est affirmative, et que la particule *en* suit immédiatement le pronom : *j'ai besoin de sages conseils, donnez-m'en ; vous m'avez mis dans l'embarras, retirez-m'en*. Quant à la particule *y* unie au pronom *me*, elle ne se met jamais après le verbe. On dit bien : *vous m'y attendrez, je vous prie de m'y mener* ; mais on ne dira pas : *attendez-m'y, menez-m'y*.

MEÂ-CULPÂ, subst. mas. (*mé-akulpa*), mots latins qui signifient ma faute, par ma faute : *faire des meâ-culpâ à n'en plus finir*.

MÉANDRE, subst. propre mas. (*mé-andre*), nom d'un fleuve d'Asie, dans l'ancienne Ionie, qui fait beaucoup de détours. — Au fig. et poét., les sinuosités d'une rivière.—Les antiquaires appellent *méandre* un dessin qui imite les détours du fleuve de ce nom.

MÉANDRITE, subst. fém. (*mé-andrite*), t. d'hist. nat., genre de polypier pierreux.

MÉAT, subst. mas. (*mé-a*) (du latin *meatus*, conduit, passage), t. d'anat.; en général, canal quelconque du corps qui porte un fluide dans quelque partie : *méat urinaire*.

MEAUX, subst. propre mas. (*mô*), ville de France, capitale de la Brie, et située sur la Marne, à dix lieues de Paris.

MÉBORIER, subst. mas. (*méborié*), t. de bot., arbrisseau de la Guyane.

MÉCAN., abréviation du mot *mécanicien* ou *mécanique*.

MÉCANICIEN, subst. mas., **MÉCANICIENNE**, subst. fém. (*mékanicien, ciène*), celui, celle qui s'occupe de l'étude de la *mécanique*, qui en recule les limites, etc. — Artiste appliqué à la construction des *machines*, des automates, etc. On n'a guère l'occasion de se servir du fém. *mécanicienne*. Il peut cependant fort bien exister.

• **MÉCANICITÉ**, subst. fém. (*mékanicité*), qualité de ce qui est *mécanique*.

MÉCANIQUE, subst. fém. et adj. des deux genres (*mekanike*) (en grec μηχανική, fait de μηχανή, machine), partie des mathématiques mixtes ou appliquées, qui considère le mouvement et les forces motrices, leur nature, leurs lois et leurs effets dans les *machines*.—Plus particulièrement, science qui traite des *machines*. — Science des forces motrices. On écrivait, il n'y a pas encore long-temps, *méchanique*, qui est plus conforme à l'étymologie. — Structure naturelle ou artificielle d'un corps, d'une chose. — Ressorts qui font mouvoir. — Adj., qui a rapport à la *mécanique*, ou qui se règle par les lois du mouvement. —*Mouvement, geste mécanique*, roide, régulier comme celui d'une *mécanique*. — *Action mécanique*, que l'habitude nous a rendue familière. — *Propriétés mécaniques*, ou *affections mécaniques*, propriétés de la matière qui résultent de sa figure, de son volume et de son mouvement actuel. — *Causes mécaniques*, celles qui ont de telles affections pour fondement. — *Philosophie mécanique*, qui explique les phénomènes de la nature et les actions des substances corporelles par les principes *mécaniques*, savoir : le mouvement, la pesanteur, la figure, etc. On disait autrefois *philosophie corpusculaire*. — *Solutions mécaniques*, qui n'emploient que les mêmes principes. — *Puissances mécaniques*, le levier, le treuil, la poulie, le plan incliné, le coin et la vis. *Varignon* y a ajouté la machine funiculaire. — *Art mécanique*, qui consiste principalement dans le travail de la main. Il se dit par opposition à *art libéral*.—*C'est un métier bien mécanique*, ignoble et bas. — T. de géom., *construction, solution mécanique*, construction ou solution d'un problème qui n'est pas géométrique, c'est-à-dire dont on ne peut venir à bout par des constructions de courbes géométriques. — *Courbe mécanique*, suivant *Descartes*, courbe qui ne peut pas être exprimée par une équation algébrique. *Leibnitz* donne à ces courbes le nom de *transcendantes*.

MÉCANIQUEMENT, adv. (*mekanikeman*), d'une manière *mécanique*.

MÉCANIQUERIE, subst. fém. que *Boiste* nous donne pour *mesquinerie*, ne s'est probablement jamais dit.

MÉCANISÉ, E, part. pass. de *mécaniser*.

MÉCANISER, v. act. (*mékanizé*), employer comme *machine*. — Rendre *machine*, *mécanique*. — Le peuple entend souvent par *mécaniser*, ennuyer : *ne veut-il pas nous mécaniser ?* nous ennuyer, nous chercher noise.—*se* MÉCANISER, v. pron.

MÉCANISME, subst. mas. (*mékaniceme*), la

structure d'un corps suivant les lois du mouvement ou de la *mécanique*.—Manière dont agit une cause *mécanique*. — On dit fig. : *mécanisme du langage*, pour exprimer la structure matérielle, l'arrangement organique des éléments de la parole, considérés indépendamment de la pensée ; et *le mécanisme des vers* ou *de la prose*, pour la composition des parties du vers ou de la phrase, suivant le rhythme qui est propre à l'un ou à l'autre. —Ce qu'il y a de *mécanique* dans un art : *le mécanisme de l'architecture*.

ME CASTOR, sorte d'interj. (*mékacetor*) (mots latins), jurement par *Castor*, en usage chez les anciens.

MÉCÈNE, subst. mas. (*mécène*), nom propre du favori d'*Auguste*, qui est devenu un nom appellatif et commun pour désigner un protecteur des lettres et des savants : *Colbert, le Mécène de tous les arts*. (Voltaire.)

MÉCHAMMENT, adv. (*méchaman*), avec *méchanceté*. — Malicieusement.

MÉCHANCETÉ, subst. fém. (*méchanceté*), malice, malignité, iniquité. Il ne se dit qu'au singulier : *leur méchanceté*, et non pas *leurs méchancetés*. — Action *méchante*. En ce sens, on l'emploie quelquefois au plur., mais seulement dans le style familier : *on lui a fait mille méchancetés*. — Opiniâtreté, indocilité d'un enfant.

MÉCHANT, E, subst. et adj. (*méchan, chante*) (du vieux mot français *meschoir* ou *méchoir*, avoir une mauvaise chance ; en latin *malè cadere*. Ménage.), mauvais, qui n'est pas bon. Il est un peu plus fort et plus odieux que *mauvais*.— Contraire à la justice, à la probité; inique, etc.: *méchant homme ; méchante action*. — *Méchante mine* ou *physionomie*, qui annonce de la *méchanceté*. — *Méchante mine, méchant air*, air ignoble et bas.—*Méchante humeur*, humeur chagrine. — *Méchante tête*, homme opiniâtre, emporté, etc. On dit plus ordinairement *mauvaise tête*. — *Méchante langue*, personne médisante. — *Méchant habit*, habit usé. —On dit subst. et fam. : *faire le méchant*, s'emporter en menaces. — Reproche amical : *vous êtes un méchant de ne pas être venu*.

MÈCHE, subst fém. (*mèche*) (du latin *mixa*, fait du grec μυξα, qui signifie proprement *morve*, et, par métaphore, *mèche* d'une lampe, d'une chandelle, la partie que l'on *mouche*), cordon de coton imbibé d'huile dans les lampes, couvert de suif dans les chandelles, de cire dans les bougies, etc.—Corde préparée pour mettre le feu aux canons, aux mines, etc.—Matière préparée pour prendre facilement feu, comme du linge demi brûlé, etc. — Dans les corderies, 1° brins de chanvre au centre d'un fil, qui ne sont presque point tortillés, et autour desquels les autres se roulent : c'est un défaut; 2° toron que l'on met pour servir d'axes aux cordes qui ont plus de trois torons, et autour duquel, par conséquent, se roulent les autres. — La partie du flambeau où l'on met la chandelle. — Bobèche de chandelier, de martinet, etc.—Flèche spirale d'un tire-bouchon. — Partie d'une vrille, d'un vilebrequin qui perce, ainsi nommée, dit un étymologiste, parce qu'elle paraît au bout d'un vilebrequin, comme une *mèche* au bout d'une bougie. — En t. de marine, on appelle *mèche de mât*, la principale pièce du mât; et *mèche de gouvernail*, la première pièce du bois qui en fait le corps. — Fig. et fam. : *découvrir* ou *éventer la mèche*, découvrir un complot, une intrigue.—Pop. : *il n'y a pas mèche*, il n'y a rien à gagner, rien à faire.

MÉCHÉ, E, part. pass. de *mécher*.

MÉCHEF, subst. mas. (*méchèfe*), malheur, fâcheuse aventure. Il est vieux, et fait du verbe *méchoir*, qu'on disait anciennement dans le sens du latin *infeliciter accidere* : *il vous mécherra de cette entreprise*, vous vous en trouverez mal, *malè tibi accidet*.

MÉCHER, v. act. (*méché*), faire, au moyen d'une *mèche* soufrée, entrer dans un tonneau la vapeur du soufre brûlant.—*se* MÉCHER, v. pron.

MÉCHOACAN, subst. mas. (*meko-akan*), t. de bot., rhubarbe d'Amérique.

MÉCHOISI, E, part. pass. de *méchoisir*.

MÉCHOISIR, v. act. (*méchoèzir*), faire un mauvais *choix*. Vieux.

MECKLEMBOURG, subst. propre mas. (*mèkleinboure*), ville épiscopale et capitale du duché de ce nom, située dans l'un des états du cercle de la Basse-Saxe, en Allemagne.

MÉCOMÈTRE, subst. mas. (*mékomètre*) (du grec μηκος, longueur, et μετρον, mesure), instrument pour mesurer toute sorte de longueur.

MÉCOMPTE, subst. mas. (*mékonte*)(du lat. *mala computatio*, mauvais compte), erreur de calcul dans un *compte*.— Fig. : *trouver du mécompte*, être trompé dans ses espérances, etc.

se MÉCOMPTER, v. pron. (*cemékonté*), se tromper dans un calcul ; et fig., dans ses espérances, dans une affaire, dans un raisonnement. — *Mécompter* se dit neut. d'une pendule qui sonne une autre heure que celle que l'aiguille marque.

MÉCONIAL, E, adj. (*mékonial*), du *méconium*. —Au plur. mas., *méconiaux*.

MÉCONIQUE, adj. des deux genres (*mékonike*), t. de chim. : *acide méconique*, extrait de l'opium. Voyez MÉCONIUM.

MÉCONITE, subst. fém. (*mékonite*) (du grec μηκων, pavot), t. d'hist. nat., espèce de pierre calcaire semblable à des graines de pavots.

MÉCONIUM, subst. mas. (*mékoneome*) (en grec μηκωνιον, fait de μηκων, pavot), t. de chim., suc tiré du pavot par expression, et desséché.—Excrément noir et épais dans les intestins d'un enfant nouveau-né.

MÉCONNAISSABLE, adj. des deux genres (*mékonèçable*), qui n'est pas *reconnaissable* ou qui est difficile à *reconnaître*.

MÉCONNAISSANCE, subst. fém. (*mékonèçance*), manque de gratitude, de *reconnaissance*. Ce mot est vieux, et il marque plus de légèreté et moins de vice que l'*ingratitude*.

MÉCONNAISSANT, E, adj. (*mékonèçan, çante*), ingrat, qui oublie les bienfaits reçus.

MÉCONNAÎTRE, v. act. (*mékonètre*), ne pas *reconnaître*. Il se conjugue comme le simple *connaître*, dont il est formé. — Au fig. et plus ordinairement, désavouer : *méconnaître ses parents, ses anciens amis*.—Être ingrat, manquer de *reconnaissance*. — Oublier ce qu'on doit à quelqu'un qui est au-dessus de nous. Il est peu usité en ce sens.—*se* MÉCONNAÎTRE, v. pron., oublier ce qu'on a été autrefois.

MÉCONNU, E, part. pass. de *méconnaître*, et adj., qui n'est pas *connu*.

MÉCONTENT, E, subst. et adj. (*mékontan, tante*), qui n'est pas *content*, satisfait. Voy. MALCONTENT. — Subst. plur. : *les mécontents* ; *il a fait bien des mécontents*.

MÉCONTENTÉ, E, part. pass. de *mécontenter*.

MÉCONTENTEMENT, subst. mas. (*mékontantemam*), déplaisir, manque de satisfaction.—Sujet, motif d'être *mécontent*.

MÉCONTENTER, v. act. (*mékontanté*), rendre *mécontent*, donner sujet de l'être. — *se* MÉCONTENTER, v. pron.

MECQUE, subst. propre fém. (*mèke*), ville de l'Arabie, capitale de la principauté de *la Mecque*, située à vingt-cinq lieues de la mer Rouge. Elle est célèbre par la naissance de Mahomet. La plus fameuse de toutes les mosquées mahométanes est située au milieu de cette ville.

MÉCRÉANCE, subst. fém. (*mékré-ance*), vieux mot qui a signifié incrédulité, impiété, défiance.

MÉCRÉANT, subst. mas. (*mékré-an*), impie, infidèle, incrédule.

MÉCROIRE, v. neut. (*mécroare*), refuser de *croire*; ne pas *croire*, soupçonner. Il ne se dit guère que dans cette phrase proverbiale : *il est dangereux de croire et de mécroire*.

MÉDAILLE, subst. fém. (*méda-ie*) (suivant *Vossius* et *Ménage*, du latin *metallum*, pris du grec μεταλλον, métal ; suivant *Du Cange*, de *medalia*, nom donné, dans la basse latinité, à l'obole, comme étant la moitié, *medietas*, du denier tournois), pièce de métal fabriquée en l'honneur de quelque personne illustre, ou en mémoire de quelque action, de quelque événement ou entreprise mémorable. — *Médaille fausse*, celle qui n'est pas antique.— *Médaille fruste*, presque tout effacée. — *Médaille fourrée*. Voy. FOURRÉ. — *Médaille inanimée*, qui n'a point de légende. — *Médaille incertaine*, dont on ne peut déterminer ni la date, ni l'occasion pour laquelle elle a été frappée. — *Médaille frappée sur l'antique*, que l'on a réformée, par fourberie, avec le marteau, et à laquelle on a donné une nouvelle empreinte. — *Médaille martelée*, *médaille* antique, commune, dont on a fait une *médaille* rare, au moyen du martelage.—*Médaille incuse*. Voy. ce mot.—*Médaille réparée*, *médaille* antique, fruste ou endommagée, qu'on a rendue, par artifice, nette, entière et lisible.—*Médaille restituée*, sur laquelle, outre le type et la légende de la première fabrication, on voit le nom de l'empereur qui l'a fait frapper une seconde fois, avec les lettres REST., ou le mot entier RESTITUIT. —*Médaille saucée*, battue sur le seul cuivre et ensuite argentée.— *Médaille contorniate*. Voy. ce mot. Anc. monn. des Grecs, des Romains, etc.—Petite pièce de métal de pâte, de cire, etc., où est empreinte l'image d'un saint ou de quelque mystère, à laquelle le pape a attaché des indulgences.—En t. d'archit., sorte de bas-relief de figure ronde. — Prov. : 1° *tourner la médaille*, examiner une chose d'un autre côté, sous un autre point de vue; 2° *chaque médaille a son revers*, chaque chose a un bon et un mauvais côté; 3° *vieille médaille*, vieille personne dont les traits sont grands et fort marqués.

MÉDAILLEUR, subst. mas. (*méda-leur*), qui grave les coins des *médailles*.

MÉDAILLIER, subst. mas. (*méda-lé*), armoire dans laquelle on conserve beaucoup de *médailles* rangées dans des tiroirs.

MÉDAILLISTE, subst. mas. (*méda-ie-icete*), celui qui se connaît en *médailles*; qui a écrit sur les *médailles*.

MÉDAILLON, subst. mas. (*méda-ion*), grande *médaille*.—T. d'archit., la même chose que *médaille*.

MÉDEC., abréviation du mot *médecin* ou *médecine*.

MÉDECIN, subst. mas. (*médecein*), celui qui sait, qui exerce la *médecine*; qui connaît la structure et l'organisation des corps, ses maladies et leurs remèdes, etc. — Fig., ce qui remédie à un mal quelconque : *le vin est le médecin de la mélancolie*.

MÉDECINE, subst. fém. (*médecine*) (en lat. *medicina*, dérivé du grec μηδομαι, avoir soin, dont la racine est μηδος, soin). art de guérir et de connaître les maladies, et de conserver la santé. — Application des connaissances de l'homme à sa conservation, soit physique, soit morale. — — *Médecine mentale*, celle qui ne s'occupe que de maladies morales ; *médecine clinique*, qui se pratique auprès du lit des malades ; *médecine légale*, appliquée à éclaircir différentes questions de droit, comme les emprisonnements, etc.; *médecine agissante*, qui fait immédiatement usage des moyens les plus puissants pour guérir le sujet; *médecine expectante*, qui consiste, de la part des médecins, à attendre les occasions favorables d'appliquer les remèdes, afin d'être sûr de ne pas se tromper ; *médecine vétérinaire*, qui ne traite que de la santé des animaux.— Potion purgative. Il ne prend de pluriel qu'en ce sens.—*Médecine de cheval*, purgation trop forte. —*Médecine en lavage*, étendue dans une grande quantité d'eau. — *Sentir la médecine*, avoir une odeur désagréable. — Prov. : *argent comptant porte médecine*, l'argent comptant vaut mieux que les promesses. Il se dit surtout pour exprimer qu'on ne veut point faire crédit.— *Avaler la médecine*, prendre son parti; se résigner malgré ses dégoûts.

MÉDECINÉ, E, part. pass. de *médeciner*.

MÉDECINER, v. act. (*médeciné*), donner des *médecines*, des breuvages et autres remèdes. Il est familier. — *se* MÉDECINER, v. pron., se droguer.

MÉDECINIER, subst. mas. (*médecinié*), t. de bot., arbre d'Amérique.

MÉDÉE, subst. propre fém. (*médé*), myth., fille d'Æta, roi de la Colchide et d'Hypsée. Fameuse magicienne, renommée surtout pour la composition de ses poisons.

MÉDÉE (PIERRE DE), subst. fém. (*médé*), t. d'hist. nat., pierre noire, traversée par des veines d'un jaune d'or, de laquelle suinte, selon Pline, qui en donne la description, une liqueur de couleur de safran, et qui a le goût du vin.

MÉDÉOLE, subst. fém. (*médé-ole*), t. de bot., plante de la famille des asperges.

MÉDÉON, subst. propre mas. (*médé-on*), ville de Grèce, en Béotie.

MÈDES, subst. propre mas. plur. (*mède*), nom des peuples de l'ancienne *Médie*.

MÉDIAIRE, adj. des deux genres (*médi-ère*) (du latin *medius*, milieu), t. de bot., qui occupe le *milieu*.

MÉDIAL, E, adj. (*médi-ale*), qui occupe le milieu.—T. d'hist. anc., *hostie* ou *victime médiale*, qu'on immolait à *midi*. (Dans cette acception, du lat. *medium*, le milieu du jour.) Presque tous les grammairiens s'accordent à donner *médials* pour plur. mas. à cet adj. Ce mot manque dans l'*Académie*.

MÉDIAN, E, adj. (*médi-an, di-ane*) (en lat. *medianus*, fait de *medium*, milieu), t. d'anat., qui est au milieu : *le nerf médian.* — *La veine médiane*, qui se fait remarquer au milieu du pli du bras, et qu'on ouvre fréquemment dans la saignée.

MÉDIANOCHE, subst. mas. (*médi-anoche*) (mot emprunté de l'espagnol, où il signifie *milieu de la nuit, minuit*), repas gras qui se fait après *minuit* sonné, le lendemain d'un jour maigre : *faire médianoche.*—Réveillon.

MÉDIANTE, subst. fém. (*médi-ante*) (du latin *medians*, qui est au milieu), en musique, la troisième note ou corde au-dessus du ton, ainsi appelée parce qu'elle partage en deux tout l'intervalle qui se trouve entre la tonique et la quinte.—Dans le plain-chant, repos au milieu de chaque verset qui se fait presque toujours sur la dominante du ton. — En math., et suivant quelques auteurs anciens, la division par deux. Il n'est plus usité en ce sens : en parlant des nombres, on dit quelquefois *bipartition*; et *bissection*, en parlant des lignes.

MÉDIASTIN, subst. et adj. mas. (*médi-acetcin*) (en lat. *mediastinus*, fait de *medium*, milieu), t. d'anat., double membrane, formée par la continuation de la plèvre, qui part du sternum, et va droit en descendant aux vertèbres, passant par le *milieu* de la poitrine.

MÉDIASTINE, subst. et adj. fém. (*médi-acetine*), t. d'anat., se dit des veines et artères qui se distribuent au *médiastin.*

MÉDIAT, E, adj. (*médi-a, di-ate*) (en lat. *mediatus*), qui n'a rapport, qui ne touche à une chose que par le moyen d'une autre qui est entre les deux.

MÉDIATEMENT, adv. (*médi-ateman*) d'une manière *médiate.*

MÉDIATEUR, subst. mas., **MÉDIATRICE,** subst. fém. (*médi-ateur, trice*) (en latin *mediator*), celui, celle qui *moyenne* un accommodement entre deux ou plusieurs personnes. — Ministre d'état qui, sous les empereurs de Constantinople, avait l'administration de toutes les affaires de la cour. — Subst., *médiateur*, sorte de jeu de quadrille ancien, et qui ne l'est plus.

MÉDIATION, subst. fém. (*médi-dcion*), entremise.—Office de *médiateur.*—T. d'astron., moment de la culmination d'un astre.—Partage d'un verset en deux.

MÉDIATISÉ, E , part. pass. de *médiatiser.*

MÉDIATISER, v. act. (*médi-atizé*), faire qu'un prince, un pays, etc., ne relève plus *immédiatement* d'un suzerain, d'un empire. Presque inusité.

MÉDICAGO, subst. mas. (*médikaguô*), t. de bot., espèce de luzerne.

MÉDICAL, E, adj. (*médikale*), qui appartient à la *médecine.*—*Matière médicale*, connaissance des *médicaments*, de leur action et de la manière de les administrer.—Au plur. mas., *médicaux.*

MÉDICAMENT, subst. mas. (*médikaman*) (en lat. *medicament* ou *medicamentum*), tout ce qui, étant pris intérieurement ou appliqué extérieurement, est propre à rétablir la santé ou tend à la rétablir.—Au plur., drogues.

MÉDICAMENTAIRE, adj. des deux genres (*médikamantère*), qui traite des *médicaments.*

MÉDICAMENTÉ, E, part. pass. de *médicamenter.*

MÉDICAMENTER, v. act. (*médikamanté*), donner à un malade les remèdes qui lui sont nécessaires.— se médicamenter, v. pron., prendre des remèdes, des *médicaments.*

MÉDICAMENTEUSE, adj. fém. Voy. médicamenteux.

MÉDICAMENTEUX, adj. mas., au fém. **MÉDICAMENTEUSE** (*médikamanteu, teuze*), qui a la vertu d'un *médicament.*

MÉDICAMENTRE, subst. mas. (*médikacetre*), mot inusité auquel on fait signifier, mauvais médecin.

MÉDICATION, subst. fém. (*médikdcion*), changement opéré dans l'organisation; modification des propriétés vitales.—Système, mode de traitement d'une maladie.

MÉDICINAL, E, adj. (*médicinale*) (en latin *medicinalis*), qui sert de remède : *plante, potion médicinale.*—Au plur. mas., *médicinaux.*

MÉDICINAUX, adj. plur. mas. Voy. médicinal.

MÉDICINIER, subst. mas. (*médicinié*), t. de bot., plante de la famille des euphorbes.

MÉDIE, subst. propre fém. (*médi*), t. de géogr. anc., royaume d'Asie.

MÉDIÉTETÉ, subst. fém. (*médi-étcté*), trois membres dont l'un est moyen proportionnel entre les deux autres. (Boiste.) Inusité.

MÉDIMNE, subst. mas. (*médimene*), t. d'antiq., mesure grecque qui valait à peu près quatre de nos boisseaux.

MÉDINA, subst. propre fém. (*médina*), petite ville située au milieu de l'île de Malte.

MEDINA-COELI, subst. propre fém. (*médinaceli*), ville capitale de la vieille Castille, province d'Espagne.

MÉDINE, subst. propre fém. (*médine*), ville de l'Arabie-Heureuse; elle est située à quatre journées de la Mecque. Elle renferme dans sa mosquée le tombeau de Mahomet.

MÉDINE, subst. fém. (*médine*), t. de monnaie, trente-troisième partie de la piastre d'Alexandrie.—A Constantinople, monnaie d'argent de la valeur de trois aspres.

MÉDIOCRE, adj. des deux genres (*médi-okre*) (en lat. *mediocris*, fait de *medius*, qui est au milieu), qui est entre le peu et le trop peu, le grand et le petit, le bon et le mauvais. — Avec l'adv. *bien*, il signifie au-dessous du *médiocre* : *c'est un esprit bien médiocre.* — Subst. mas. : *il n'est point de degrés du médiocre au pire.*

MÉDIOCREMENT, adv. (*médi-okreman*), avec *médiocrité.*— En petite quantité.

MÉDIOCRITÉ, subst. fém. (*médi-okrité*) (en lat. *mediocritas*), milieu entre le peu et le trop peu : *il faut garder la médiocrité en toutes choses* ; il faut garder en tout un juste milieu. — Exiguïté de fortune. — Qualité de ce qui n'est ni habile, ni dépourvu de mérite.

MÉDIONNÉ, E, part. pass. de *médionner.*

MÉDIONNER, v. act. (*médi-oné*) (du lat. *medius*, qui est au milieu), t. d'archit. et de maçonnerie, prendre le *medium.*—Compenser, comme lorsque dans les toises de crépi et d'enduit on compte trois, quatre ou cinq toises pour une de construction.

MÉDIOXIMES subst. mas. plur. (*médi-okcime*), chez les Romains divinités qui tenaient le milieu entre les dieux et les hommes.

MÉDIPONTIN, subst. mas. (*medipontein*), câble de pressoir.—Pont de cordes.

MÉDIQUE, adj. des deux genres (*médike*), de la *Médie*, des *Mèdes.*

DU VERBE IRRÉGULIER **MÉDIRE** :

Médimes, 1re pers. plur. prét. déf.
Médira, 3e pers. sing. fut. indic.
Mediral, 1re pers. sing. fut. indic.
Mediraient, 3e pers. plur. prés. cond.
Medirais, précédé de *je*, 1re pers. sing. prés. cond.
Medirais, précédé de *tu*, 2e pers. sing. prés. cond.
Medirait, 3e pers. sing. prés. cond.
Mediras, 2e pers. sing. fut. indic.
MÉDIRE, v. neut. (*médire*) (en lat. *maledicere*), se conjugue sur *dire*, excepté qu'on dit *vous médisez*, et non pas *vous médites*), mal parler de quelqu'un sans nécessité ; en dire du mal par malignité ou légèreté.

DU VERBE IRRÉGULIER **MÉDIRE** :

Médirent, 3e pers. plur. prét. déf.
Médirez, 2e pers. plur. fut. indic.
Médiriez, 2e pers. plur. cond.
Médirions, 1re pers. plur. prés. cond.
Médirons, 1re pers. plur. fut. indic.
Médiront, 3e pers. plur. fut. indic.
Médis, précédé de *je*, 1re pers. sing. prés. indic.
Médis, précédé de *tu*, 2e pers. sing. prés. indic.
Médis, précédé de *je*, 2e pers. sing. prés. indic.
Médis, précédé de *tu*, 2e pers. sing. prét. déf.
Médisaient, 3e pers. plur. imparf. indic.
Médisais, précédé de *je*, 1re pers. sing. imparf. indic.
Médisais, précédé de *tu*, 2e pers. sing. imparf. indic.
Médisait, 3e pers. sing. imparf. indic.
MÉDISANCE, subst. fém. (*médizance*), discours au désavantage de quelqu'un, tenu sans nécessité. — Inclination à *médire.* — Imputation sans preuve.
MÉDISANT, E, part. prés. et adj. (*médizan, zante*), qui *médit.*—Subst., personne *médisante.*

DU VERBE IRRÉGULIER **MÉDIRE** :

Médise, précédé de *que je*, 1re pers. sing. prés. subj.
Médise, précédé de *qu'il* ou *qu'elle*, 3e pers. sing. prés. subj.
Médisent, précédé de *ils* ou *elles*, 3e pers. plur. prés. indic.

Médisent, précédé de *qu'ils* ou *qu'elles*, 3e pers. plur. prés. subj.
Médises, 2e pers. sing. prés. subj.
Médisez, 2e pers. plur. impér.
Médisez , précédé de *vous*, 2e pers. plur. prés. indic.
Médisiez, précédé de *vous*, 2e pers. plur. imparf. indic.
Médisiez, précédé de *que vous*, 2e pers. plur. prés. subj.
Médisions, précédé de *nous*, 1re pers. plur. imparf. indic.
Médisions, précédé de *que nous*, 1re pers. plur. prés. subj.
Médisons, 1re pers. plur. impér.
Médisons, précédé de *nous*, 1re pers. plur. prés. indic.
Médisse, 1re pers. sing. imparf. subj.
Médissent, 3e pers. plur. imparf. subj.
Médisses, 2e pers. plur. imparf. subj.
Médisez, 2e pers. plur. imparf. subj.
Médissions, 1re pers. plur. imparf. subj.
Médit, précédé de *il* ou *elle*, 3e pers. sing. prés. indic.
Médit, précédé de *il* ou *elle*, 3e pers. sing. prét. déf.
Médit, précédé de *qu'il* ou *qu'elle*, 3e pers. sing. imparf. subj.
Médit, part. pass.
MÉDITATEUR, subst. mas. (*méditateur*), s'est dit des philosophes du commencement du xixe siècle et qui avaient adopté le costume oriental.
MÉDITATIF, subst. et adj. mas., au fém. **MÉDITATIVE** (*méditatif, tive*), qui s'applique souvent à *méditer.*—Subst. au mas. : *les méditatifs sont souvent distraits.*
MÉDITATION, subst. fém. (*méditdcion*) (en lat. *meditatio*), opération de l'esprit qui s'applique à approfondir quelque sujet de philosophie ou de dévotion.—Oraison mentale.
MÉDITATIVE, adj. fém. Voy. méditatif.
MÉDITÉ, E , part. pass. de *méditer*, et adj., concerté.
MÉDITER, v. act. (*médité*) (en lat. *meditare*), penser attentivement à quelque chose ; examiner les moyens d'y réussir : *méditer une entreprise* —Approfondir une vérité, une matière.—Neut., avoir dessein de... : *il médita de se retirer du monde.* — Délibérer, consulter en soi-même : *il médite comment il s'y prendra.*—Faire l'oraison mentale.—*Méditer sur...*, penser attentivement à....—se méditer, v. pron.
MÉDITERRANÉ, E , adj. (*méditéraué*) (en lat. *mediterraneus*, ou *mediterreus*, formé de *medius*, milieu, et *terra*, terre), qui est au milieu des terres : *villes , provinces méditerranées.* — Plus ordinairement, *la mer Méditerranée* ou la *Méditerranée.*—Subst. propre fém., la mer qui communique à l'Océan par le détroit de Gibraltar (en lat. *mare Mediterraneum.*)
Médites, 2e pers. plur. prét. déf. du v. irrég. *médire.*
MEDIUM, subst. mas. (*médi-ome*) (mot latin qui signifie proprement *milieu*), moyen d'accommodement. Il est familier.—En t. d'école, argument qu'on propose contre une thèse. — En musique, étendue de la voix entre le *haut* qui a de l'éclat, mais qui se soutient forcé, et le *bas*, qui est presque toujours sourd. C'est le *medium* qui donne les sons les mieux nourris et les plus mélodieux. — T. de bot., plante astringente.—Sans plur.
MÉDIUS, subst. mas. (*médiuce*), adj. lat. employé substantivement. Le doigt du milieu.
MÉDOC, subst. propre mas. (*médoke*), territoire de France, des environs de Bordeaux.
MÉDOC, subst. mas. (*médok*), caillou brillant du pays du *Médoc.* — Vin renommé du *Médoc*, dép. de la Gironde.
MÉDONNER, v. act. (*médoné*), vieux mot qui n'est dit au jeu pour , *mal donner.*
MÉDOIS, E , adj. (*médoa , doaze*) , qui concerne les *Mèdes.*
MÉDRESSÉ, subst. mas. (*médrécé*), collége bâti par le sultan, près d'une mosquée.
MÉDULLAIRE, adj. des deux genres (*médulclère*) (en latin *medullaris*, fait de *medulla*, moelle), qui appartient à la *moelle* ou qui en a la nature.
MÉDUSE, subst. propre fém. (*médaze*), myth., l'une des trois Gorgones, et la seule qui fût mortelle. — On dit prov. d'un objet qui étonne et interdit, que *c'est la tête de Méduse.* — En hist. nat., genre de zoophyte.
MÉE, subst. fém. (*me*), outil pour mélanger la calamine et le charbon en poudre.

MÉFAIRE, v. neut. (*méfère*) (du lat. *malè facere*), faire mal. Il ne se dit plus qu'au palais, excepté dans les temps composés.

MÉFAIT, subst. mas. (*méfè*), action mauvaise et souvent même criminelle. Il n'est usité que dans cette phrase familière : *il a été puni pour ses méfaits.*

MÉFIANCE, subst. fém. (*méfiance*), défaut de confiance.—Action de la personne qui se *méfie*. —Soupçon en mal.—MÉFIANCE, DÉFIANCE. (*Syn.*) La *méfiance*, dit l'*Encyclopédie*, est une crainte habituelle d'être trompé ; la *défiance* est un doute que les qualités qui nous seraient utiles ou agréables soient dans les hommes ou dans les choses, ou en nous-mêmes. La *méfiance* est l'instinct du caractère timide et pervers ; la *défiance* est l'effet de l'expérience et de la réflexion.

MÉFIANT, E, adj. (*méfian, fiante*), qui se *méfie*, qui est naturellement soupçonneux. Voy. OMBRAGEUX.

se **MÉFIER**, v. pron. (*ce méfié*), soupçonner de peu de fidélité, de peu de sincérité.—Se *défier*. Voy. MÉFIANCE.

MÉGABYSE, subst. propre mas. (*méguabize*), myth., prêtre eunuque de Diane.

MÉGACÉPHALE, subst. mas. (*méguacéfale*) (du grec μεγας, grand, et κεφαλη, tête), t. d'hist. nat., genre d'insectes coléoptères dont la tête est fort grande.

MÉGACHILE, subst. fém. (*méguachile*) (du grec μεγας, grand, et χειλος, lèvre), t. d'hist. nat., genre d'insectes hyménoptères dont la lèvre supérieure se termine en un carré long.

MÉGADERME, subst. mas. (*méguadèreme*), t. d'hist. nat., mammifère du genre des chéiroptères.

MÉGALANTHROPOGÉNÉSIE, subst. fém. (*méguatantropojénézi*) (du grec μεγας, grand, ανθρωπος, homme, et γινομαι, engendrer), l'art prétendu de procréer des enfants qui seront de grands hommes. — Traité sur cet art.

MÉGALÉSIAQUE, adj. des deux genres (*méguatéziake*), qui concerne les *mégalésies*.

MÉGALÉSIEN, adj. mas. (*méguatézièin*) : *jeux mégalésiens*, des *mégalésies*.

MÉGALÉSIES, subst. fém. plur. (*méguatézi*) (du grec μεγαλη, grande), myth., fêtes en l'honneur de Cybèle, appelée la grande déesse.

MÉGALODONTE, subst. mas. (*mégualodonte*) (du grec μεγας, grand, et οδους, dent), t. d'hist. nat., genre d'insectes hyménoptères.

MÉGALOGRAPHE, subst. mas. (*méguatoguerafe*), qui s'adonne à la *mégalographie*.

MÉGALOGRAPHIE, subst. fém. (*méguatoguerafi*) (du grec μεγας, grand, et γραφω, je peins, je décris), chez les anciens, art de peindre les grands sujets, les batailles, etc.

MÉGALOGRAPHIQUE, adj. des deux genres (*méguatoguerafike*), de la *mégalographie*.

MÉGALONYX, subst. mas. (*méguatonikce*), t. d'hist. nat., grand animal fossile de la grosseur d'un bœuf.

MÉGALOPTÈRE, subst. mas. (*méguatopetère*) (du grec μεγαλη, grande, et πτερον, aile), t. d'hist. nat., famille d'insectes.

MÉGALOSPLANCHNIE, subst. fém. (*méguatoceplankeni*) (du grec μεγας, grand, et σπλαγχνον, viscère), t. de médec., tumeur formée par l'accroissement de l'un des viscères abdominaux.

MÉGALOSPLÉNIE, subst. fém. (*méguatoceplèni*) (du grec μεγαλη, grande, et σπλην, rate), t. de médec., enflure de la rate.

MÉGAMÈTRE, subst. mas. (*méguamètre*) (du grec μεγας, grand, et μετρον, mesure, parce que cet instrument *mesure de plus grandes distances* que le micromètre, qui va rarement à un degré), t. d'astron., instrument propre à mesurer les distances de plusieurs degrés entre les astres, inventé par *M. de Charnières*. On s'en sert pour déterminer les longitudes en mer.

MÉGARDE, subst. fém. (*méguarde*), usité seulement dans cette phrase adverbiale : *par mégarde*, par inadvertance; par manque de soin, d'attention. *Agir par mégarde* est le contraire de *prendre garde*.

MÉGARE, subst. propre fém. (*méguare*), t. de géogr. anc., ville de la Grèce. — Myth., fille de Créon, roi de Thèbes; elle fut la première femme d'Hercule.

MÉGARÉEN, subst. et adj. mas., au fém. MÉGARÉENNE (*méguaré-ein, ène*), de *Mégare*.

MÉGARIEN, adj. mas. (*méguarieïn*) ; s'est dit dans l'antiquité des zoïles et des médisants : *ris mégarien*.

MÉGASCOPE, subst. mas. (*méguacekope*) (du grec μεγας, grand, et σκοπεω, j'observe, je considère), t. d'optique, instrument récemment inventé qui présente les objets en grand, et avec beaucoup de précision.

MÉGATHER ou **MÉGATHÉRIUM**, subst. mas. (*méguatère, tériome*), t. d'hist. nat., espèce de mammifère fossile.

MÉGÈRE, subst. propre fém. (*méjère*) (du grec μεγαιρειν, porter envie, haïr ; à cause des haines et des querelles qu'elle excitait parmi les hommes), myth., l'une des trois Furies. — Au fig., femme méchante et emportée.

MEGG, subst. mas. (*mègue*), arme offensive des Turcs ; sorte de javelot.

MÉGI, E, part. pass. de *mégir*, et adj. (*méji*), apprêté par le mégissier.

MÉGIE, subst. fém. (*méji*) (de l'ancien mot français *mégir*, préparer des peaux et des cuirs, fait du latin *medicare*, teindre, colorer, etc. *Huet*.), art de passer les peaux en alun.

MÉGIR, v. act. (*méjir*), mettre en *mégie*. — *se* MÉGIR, v. pron.

MÉGISSERIE, subst. fém. (*méjiceri*), trafic et commerce de *mégissier*.

MÉGISSIER, subst. mas. (*méjicié*) (du vieux mot *mégir*. Voy. MÉGIE.), artisan qui fait tomber la laine de dessus les peaux de brebis et de mouton, et qui passe les peaux à poil avec de l'alun.

MEHERCULE, sorte d'interj. (*mé-èrekule*) (mot latin), jurement par *Hercule* des anciens.

MEIGLE, subst. fém. (*mèguele*), espèce de pioche.

MEILLEUR, E, adj. (*mè-ieur*) (en lat. *melior*), qui a plus de bonté; qui vaut mieux.—*Le meilleur, la meilleure*, adj. superlatif : *il est le meilleur homme du monde.*— Il est aussi substantif : *le meilleur est l'ennemi du bon.* — Fam. : 1° *le meilleur est que..* ; 2° *boire* ou *tirer du meilleur*, du *meilleur* vin qu'on ait.

MEIN, subst. propre mas. (*mein*), grande rivière d'Allemagne.

MEININGEN, subst. propre mas. (*mèneinjène*), petite ville de Franconie, en Allemagne.

MÉIONITE, subst. fém. (*mé-i-onite*) (ainsi nommée du grec μειων, moindre; parce que dans ses crystaux la pyramide du sommet est plus basse que dans les autres crystaux analogues), t. d'hist. nat., espèce de pierre.

MEISTRE, subst. mas. (*mècetre*) (du lat. *magister*, maître; *maître-mât*), t. de mar., le plus grand mât d'une galère. On dit aussi *mestre*.

MÉJUGÉ, E, part. pass. de *méjuger*.

MÉJUGER, v. act. (*méjujé*), mal *juger*.—En t. de chasse, porter les pieds de derrière au-delà de la trace de ceux de devant. — *se* MÉJUGER, v. pron. Peu en usage.

MÉLAC, subst. mas. (*mélake*), étain du Pérou.

MÉLADOS, subst. mas. plur. (*méladôce*), chevaux albinos.

MÉLOENA, subst. fém. (*meléna*) (du grec μελαινα, noire), t. de médec., maladie noire ; évacuation de matières noires par le haut et par le bas.

MÉLAGE, subst. mas. (*mélaje*), mise en tas des divers papiers que le cartier doit coller ensemble.

MÉLAÏNOCOME, subst. mas. et adj. des deux genres (*méla-inokome*) (du grec μελαινα, noire, et κομη, chevelure), qui teint les cheveux en noir.

MÉLAMPYGE, subst. propre mas. (*mélanpije*) (du grec μελαινα, noire, et πυγη, fesse), myth., surnom d'Hercule : *Hercule mélampyge.*

MÉLAMPYRE, subst. mas. (*mélanpire*) (du grec μελας, noir, et πυρος, froment), t. de bot., genre de plantes de la famille des rhinantoïdes.

MÉLANAGOGUE, subst. mas. et adj. des deux genres (*mélanaguogue*) (du grec μελας, noir, et αγω, je chasse, je fais sortir), t. de médec., remède propre à purger la bile noire ou mélancolie.

MÉLANCHLOROSE, subst. fém. (*mélankloroze*), (du grec μελας, noir, et χλωρος, jaune), t. de médec., ictère noir.

MÉLANCOLIE, subst. fém. (*mélankoli*) (en grec μελαγχολια, formé de μελας, noir, et χολη, bile), bile noire. Il est peu usité en ce sens. Quelques-uns écrivent plus conformément à l'étymologie, *mélancholie*. — Espèce de rêverie ou de délire sans fièvre, accompagnée de crainte et de chagrin sans raison apparente.—Fig., tristesse, chagrin. Voy. CHAGRIN. — On dit d'un homme d'une humeur sérieuse mais agréable, qu'*il a une douce mélancolie*; et de celui qui est fort gai, qu'*il n'engendre pas la mélancolie.*

se **MÉLANCOLIER**, v. pron. (*cemélankolié*), se livrer à la *mélancolie*. Vieux et même hors d'usage.

MÉLANCOLIQUE, subst. et adj. des deux genres (*mélankolike*), en qui domine la *mélancolie* : *homme, tempérament mélancolique.*—Qui inspire la *mélancolie* : *temps, lieu, entretien mélancolique.*—Triste, chagrin.—Il s'emploie aussi comme substantif : *c'est un mélancolique.*

MÉLANCOLIQUEMENT, adv. (*mélankolikeman*), d'une manière triste et *mélancolique*.

MÉLANDRE, subst. mas. (*mélandre*) (du grec μελας, noir, et ανδρος, gén. de ανηρ, homme), t. d'hist. nat., poisson de mer dont tout le corps est noir, et qui fuit les hommes.

MÉLANDRYE, subst. fém. (*mélandri*), t. d'hist. nat., genre d'insectes coléoptères.

MÉLANGE, subst. mas. (*mélanje*), ce qui résulte de plusieurs choses *mêlées* ensemble. — En t. de peinture, union de plusieurs couleurs. —Croisement de races.—Le peuple appelle trivialement *mélange*, du vin frelaté. — Au plur., recueil de plusieurs ouvrages de littérature, etc.

MÉLANGÉ, E, part. pass. de *mélanger*, et adj. —*Drap mélangé*, dont la chaîne et la trame sont formées de laines de différentes couleurs, teintes et *mêlées* avant le filage.

MÉLANGER, v. act. (*mélanjé*), *mêler* ensemble. — Faire du vin un *mélange*, une mixtion. —*se* MÉLANGER, v. pron. être, devoir, pouvoir, être *mélangé* : *telles couleurs se mélangent bien ou mal.*

MÉLANIDE, subst. propre fém. (*mélanide*), myth., surnom de Vénus.

MÉLANIE, subst. fém. (*mélani*), t. d'hist. nat., mollusque céphalé.

MÉLANITE, subst. fém. (*mélanite*) (du grec μελανος, gén. de μελας, noir), t. d'hist. nat., espèce de pierre ou de substance minérale, d'un noir parfait, qu'on trouve à Frascati, en Italie. On l'appelle aussi *grenat noir.*

MÉLANOGRAPHITE, subst. fém. (*mélanoguerafite*), t. d'hist. nat., pierre qui a des figures noires.

MÉLANOSE, subst. fém. (*mélanôze*), t. de médec., dégénérescence noire.

MÉLANTERIE, subst. fém. (*mélantéri*), matière minérale.—Terre noire, vitriolique, tendre, dissoluble à l'eau qu'elle colore.

MÉLANTHE, subst. mas. (*mélante*) (du grec μελας, noir, et ανθος, fleur), t. de bot., espèce de jonc à fleurs noires.

MÉLAS, subst. mas. (*mélâce*) (en grec μελας), t. de médec., tache noire et superficielle de la peau ; c'est, à la couleur près, une espèce d'*alphos*.

MÉLASME, subst. mas. (*mélaceme*), t. de médec., espèce d'ecchymose.

MÉLASOME, subst. fém. (*mélaçome*) (du grec μελας, noir, et σωμα, corps), t. d'hist. nat., famille d'insectes coléoptères.

MÉLASSE, subst. fém. (*mélace*) (du grec μελι, miel), résidu mielleux des sucres raffinés.

MÉLASTOME, subst. mas. (*mélacetôme*) (du grec μελας, noir, et στομα, bouche), t. de bot., plante dont les fruits, agréables au goût, noircissent la bouche de ceux qui les mangent.

MÉLASTOMÉE, subst. fém. (*mélacetômé*), t. de bot., famille de plantes semblables au *mélastome*.

MÉLÉAGRE, subst. propre mas. (*mélé-aguere*), myth., fils d'OEné, roi de Calydon. Il fit partie de l'expédition des Argonautes, et fut le chef de la fameuse chasse de Calydon. — T. d'hist. nat., genre de serpent.—Coquille.

MÉLÉAGRIDE, subst. fém. (*mélé-agueride*), t. d'hist. nat., sorte de pintade.

MÊLÉ, E, part. pass. de *mêler*, et adj., mélangé, mis et confondu avec d'autres choses. — Se dit d'un cheval de tirage, lorsqu'il embarrasse ses jambes dans les traits qui l'attachent à la voiture.—Fam. : 1° *avoir les dents mêlées*, articuler mal pour avoir trop bu ; 2° *marchandise mêlée*, compagnie composée de personnes de différents états, de différents caractères.—*Mêlé de...*, modifié par... : *vin mêlé d'eau.*

MÊLÉE, subst. fém. (*mêlé*), combat opiniâtre entre deux troupes de gens de guerre.—Batterie de plusieurs particuliers.—Contestation aigre entre plusieurs personnes.

MÊLER, v. act. (*mêlé*) (en lat. *misculare*, fait de *miscere*, dérivé du grec μιγειν, mêler), brouiller ensemble plusieurs choses.—En t. de cartonnier, distribuer les feuilles de carton simples ou doubles, suivant l'ordre qu'elles doivent avoir dans les cartons collés. — *Mêler les cartes*, les battre; et fig. et fam., embrouiller les affaires. — *Mêler une serrure*, en fausser quelque pièce. — *Mêler un cheval*, le mener de façon qu'il ne sache ce qu'on lui demande. — *Mêler les races*, les croiser. — *Mêler quelqu'un dans une accusation*, l'y comprendre. — *Mêler* (joindre) *la douceur à la sévérité, l'agréable à l'utile*, etc. — *Mêler du vin*, mettre ensemble des vins de diverses sortes; frelater le vin. — *Mêler du fil, des écheveaux, la fusée*, les brouiller de manière qu'on ne puisse aisément les dévider, etc. — SE MÊLER, v. pron., se mélanger. — *Se mêler dans la foule*, s'y engager. — *Se mêler de...* 1° prendre soin : *je ne me mêlerai plus de vos affaires ; il s'est mêlé du raccommodement* ; 2° s'entremettre, s'ingérer mal à propos : *de quoi vous mêlez vous ?* — S'occuper de choses qui ne sont pas de la profession qu'on a embrassée : *il est médecin, et il se mêle d'architecture*.

MÊLET, subst. mas. (*mêlé*), t. d'hist. nat., poisson de mer long et mince.

MÊLÉTÉ, subst. propre fém. (*mêlété*), myth., nom d'une muse.

MÊLÈZE, subst. mas. (*mêlèze*), t. de bot., arbre des forêts peu différent du sapin, dont il a le caractère. Il donne un suc résineux, qu'on appelle *térébenthine de Venise*. On recueille sur ses grosses branches, avant le lever du soleil, de petits grains mous et blancs, qu'on nomme *manne de Briançon*.

MELGORIEN, subst. mas. (*meleguori-ein*), monnaie d'argent française. Vieux et mots hors d'usage.

MÉLIACÉE, subst. fém. (*méli-acé*), t. de bot. ; dans la méthode naturelle de *Jussieu*, famille de plantes ainsi nommée de μελια, mot grec, par lequel Théophraste et Hippocrate désignent le frêne.

MÉLIANTHE, subst. mas. (*méli-ante*) (du grec μελι, miel, et ανθος, fleur), t. de bot., plante originaire d'Afrique, à fleur anomale, dont les feuilles imitent celles de la pimprenelle, et dont la fleur contient une liqueur mielleuse. On la nomme aussi *fleur miellée*, et *pimprenelle d'Afrique*.

MÉLIBÉE, subst. mas. (*melibé*), t. d'hist. nat., petit papillon de jour.

MÉLICA, subst. mas. (*mélika*), t. de bot., espèce de millet qui sert surtout à nourrir les poules et les pigeons.

MÉLICÉRIS, subst. mas. (*mélicérice*) (du grec μελικρον, rayon de miel, formé de μελι, miel, et κηρος, cire), t. de chir., espèce de tumeur enkystée, qui contient une humeur jaunâtre et épaisse comme du miel.

MÉLICERTE, subst. mas. (*mélicèrte*), t. d'astron., constellation d'Hercule.

MÉLICHRYSON, subst. mas. (*melikrizon*) (du grec μελι, miel, et χρυσος, or), topaze, couleur d'or ou de miel.

MÉLICOPE, subst. fém. (*melikope*), t. de bot., plante que l'on trouve dans la mer du Sud.

MÉLIE, subst. fém. (*mélide*), morve ; maladie des ânes.

MÉLIE, subst. fém. (*méli*), sorte de toile.

MÉLIÈNE, subst. fém. (*meliène*), terre qui a les vertus de l'alun.

MÉLIER, subst. mas. (*mélié*), espèce de raisin blanc agréable au goût et dont on fait de bon vin.

MÉLILITHE, subst. fém. (*melilite*), t. d'hist. nat., sorte de crystal volcanique.

MÉLILOT ou MIRLILOT, subst. mas. (*melilo, mirlilo*), t. de bot., plante bisannuelle, à fleur papilionacée, odorante, qu'on nomme aussi *trèfle mellilot officinal*.

MÉLINET, subst. mas., ou CÉRINTHÉ, subst. fém. (*meliné*), t. de bot., plante de l'ordre des borraginées.

MÉLIORAT, subst. mas. (*meliora*), organsin de Boulogne.

MÉLIORATION, subst. fém. (*meliorácion*) (Boiste), ne se dit pas pour *amélioration*.

MÉLIORER, v. act. (*meliore*, Boiste), ne se dit pas pour *améliorer*.

MÉLIPONE, subst. fém. (*mélipone*), t. d'hist. nat., genre d'abeilles.

MÉLISMATIQUE, adj. des deux genres (*melicematike*) (du grec μελιςμα, mélodie), qui tient de l'agrément du chant.

MÉLIQUE, subst. fém. (*melike*), t. de bot., plante graminée dont le calice renferme deux fleurs séparées par un petit corps qui parait le rudiment d'une troisième.

MÉLIS, subst. mas. (*melice*), toile à voiles d'Anjou.

MÉLISSA, subst. propre fém. (*meliceça*), ancien bourg de la Grèce.

MÉLISSE, subst. fém. (*mélice*) (en grec μελιςςα, abeille; parce que les abeilles en sont avides), t. de bot., plante à fleur labiée, d'une odeur forte et agréable, agreste et cultivée. Elle entre dans l'*eau de mélisse*, connue sous le nom d'*eau des carmes*.

MÉLISSES, subst. propre fém. plur. (*melice*), myth., les filles de *Melissus*.

MÉLISSOPHAGE, adj. des deux genres (*meliçofaje*) (du grec μελι, miel, et φαγω, je mange), qui mange du miel, qui en vit.

MÉLISSUS, subst. propre mas. (*melicecuce*), myth., roi de Crète.

MÉLITE, subst. fém. (*melite*), t. de bot., plante labiée.

MÉLLANDE, subst. fém. (*mélelande*), rond de blanc d'œuf assaisonné de sucre et de fleur d'oranger.

MÉLLE, subst. propre mas. (*mèle*), ville de France, dép. des Deux-Sèvres.

Mlle, abréviation du titre de *mademoiselle*.

MÉLLET, subst. mas. (*melelé*), espèce de figue.

MÉLLIER, subst. mas. (*mélié*), troisième ventricule du bœuf.

MÉLLIFÈRE, adj. des deux genres (*mélelifère*), qui donne du miel : *fleur mellifère*. —Subst. mas., t. d'hist. nat., famille d'insectes qui ramassent la poussière des étamines.

MÉLLIFICATION, subst. fém. (*mélelifikácion*), manière dont les abeilles font le miel.

MÉLLIFLU, E, adj. (*meliflu*), trop doux. — Qui donne le miel.

* MÉLLIFLUITÉ, subst. fém. (*meleliflu-ité*), qualité d'un style doux et coulant, qui coule comme miel.

MÉLLISSOGRAPHE, subst. mas. (*meliceçograje*), qui écrit sur la *mellissographie*.

MÉLLISSOGRAPHIE, subst. fém. (*meliceçograji*) (du grec μελιςςα, abeille, et de γραφω, je décris), traité sur les abeilles.

MÉLLISSOGRAPHIQUE, adj. des deux genres (*meliceguerafike*), de la *mellissographie*.

MÉLLITURGIE, subst. fém. (*meliturej*i), ouvrage des abeilles.

MÉLLIQUE, adj. des deux genres (*melelike*), extrait du miel : *acide mellique*.

MÉLLITE, subst. fém. (*melelite*) (du grec μελι, miel), t. d'hist. nat., famille d'insectes hyménoptères, dont la lèvre inférieure est prolongée en une sorte de langue pour sucer le suc des plantes et en recueillir un miel plus ou moins agréable. C'est à cette famille qu'appartiennent les abeilles.

MÉLLITHE ou MÉLLILITHE, subst. mas. (*melelite, lilite*) (du grec μελι, miel, et λιθος, pierre), t. d'hist. nat., petit crystal volcanique nouvellement découvert près de Rome, dont la couleur jaunâtre ressemble à celle du miel.

MÉLLIVORE, subst. mas. (*melelivore*), t. d'hist. nat., espèce de glouton.

MÉLOCACTE, subst. mas. (*melokakte*) (du grec μηλον, pomme, et κακτος, chardon), t. de bot., pommier d'Amérique, sans branches ni feuilles.

MÉLOCHIA, subst. mas. (*melokia*), t. de bot., plante d'Égypte.

MÉLOCHITE, subst. fém. (*melochite*), t. d'hist. nat., pierre d'Arménie.

MÉLODICA, subst. mas. (*melodika*), instrument de musique composé de barres de laiton qui frottent contre un cylindre d'acier.

MÉLODIE, subst. fém. (*melodi*) (du grec μελωδια, chant harmonieux, agréable à l'oreille, formé de μελος, harmonie, et ωδη, chant), agrément qui résulte d'une heureuse suite de sons dans un air chanté par une même voix ou joué par un même instrument, à la différence de l'*harmonie*, qui est l'accord de plusieurs parties qu'on entend en même temps. — La *mélodie* est justement ce qu'on nomme le *chant*.

MÉLODIEUSE, adj. fém. Voy. MÉLODIEUX.

MÉLODIEUSEMENT, adv. (*melodieucemen*), avec *mélodie*.

MÉLODIEUX, adj. mas., au fém. MÉLODIEUSE (*melodieu, dieuze*), plein de *mélodie*.

MÉLODIN, subst. mas. (*melodein*), t. de bot., arbrisseau de la famille des apocyns.

MÉLODRAMATURGE, subst. des deux genres (*melodramaturje*), auteur de *mélodrames*.

MÉLODRAME, subst. mas. (*melodrame*) (du grec μελος, chant, et δραμα, drame), drame mêlée chants.—On entend aujourd'hui par ce mot, une pièce de théâtre où les entrées et les sorties des acteurs sont ordinairement annoncées par la musique et l'orchestre; où cette même musique exprime quelquefois la situation et les sentiments d'un acteur qui va parler, soit qu'il vienne de parler, soit qu'il parle; où enfin, mettant souvent de côté les règles du théâtre, on tend uniquement à produire un grand effet par des événements extraordinaires, par des contrastes extrêmes, par des batailles, des danses, etc.

MÉLODRAMATIQUE, adj. des deux genres (*melodramatike*), qui a rapport au *mélodrame*.

MÉLOÉ, subst. mas. (*mélo-é*), t. d'hist. nat., genre de cantharides.

MÉLOGRAPHE, subst. mas. des deux genres (*meloguerafe*), qui note de la musique.

MÉLOGRAPHIE, subst. fém. (*meloguerafi*) (du grec μελος, chant, et γραφω, j'écris), art de noter de la musique.

MÉLOGRAPHIQUE, adj. des deux genres (*meloguerafike*), de la *mélographie*.

MÉLOMANE, subst. des deux genres (*melomane*), qui se livre à la *mélomanie*. — Celui ou celle qui aime la musique avec passion.

MÉLOMANIE, subst. fém. (*melomani*) (du grec μελος, chant, de μανια, fureur, passion), amour excessif de la musique.

MELON, subst. mas. (*melon*) (en lat. *melo*, gén. *melonis*, pris du grec μηλον, pomme; parce qu'à la grosseur près, la figure du fruit approche de celle d'une pomme), t. de bot., plante annuelle et potagère, très-connue, de la famille des cucurbitacées. — *Melon d'eau* ou *pastèque*, espèce de *melon* originaire de la Calabre, cultivé en Provence, dont le fruit a la chair rouge et les semences noires.

MÉLONGÈNE, subst. fém. (*melonjène*), t. de bot., plante du genre des solanées, dont le fruit approche de la forme du *melon*.

MÉLONIDES, subst. mas., plur. (*melonide*), t. de bot., famille des *melons*.

MÉLONIFÈRE, adj. des deux genres (*melonifère*), t. de bot., se dit des plantes à fruits qui ont la forme du *melon*.

MÉLONNIER, subst. mas. (*melonié*), marchand de *melons*. Mot inusité, mais utile.

* MÉLONNIÈRE, subst. fém. (*melonière*), partie du jardin où l'on cultive les *melons*.

MÉLOPE, subst. mas. (*melope*), t. d'hist. nat., poisson du genre labre.

MÉLOPÉE, subst. fém. (*melopé*) (en grec μελοποιια, formé de μελος, mélodie, chant et ποιεω, je fais, je compose), dans l'ancienne musique des Grecs, l'art de créer la mélodie ; la réunion des règles d'après lesquelles on composait le chant.

MÉLOPÉPONITE, subst. fém. (*melopéponite*), *melon* pétrifié.

MÉLOPLASTE, subst. mas. (*méloplacete*) (du grec μελος, son, et πλασσω, je trace), méthode raisonnée de musique, réduite en principes clairs et faciles, par P. Galin. — Tableau représentant une portée musicale, sur lequel le professeur semble tracer avec une baguette les sons dont il demande l'expression à l'élève. — Une des deux puissances de la méthode.

* MÉLOS, subst. mas. (*meloce*) (en grec μελος), douceur du chant; liaison des sons.

* MÉLOTE, subst. fém. (*melote*) (en grec μηλωτη), peau de brebis avec la laine.

MÉLOTHRIE, subst. fém. (*melotri*), plante cucurbitacée.

MÉLOUABLE, adj. des deux genres (*melou-able*), que nous lisons dans *Boiste* pour, *meprisable*, qu'on ne peut louer, ne se dit plus.

MELPOMÈNE, subst. propre fém. (*melepomène*) (en grec μελπομενη, celle qui chante, présent du part. moyen de μελπω, je chante, parce qu'on lui attribuait l'invention du chant), t. de myth., muse de la tragédie.

MELTE, subst. fém. (*mèlte*), vieux t. de coutume non d'usage; il signifiait *borne*, *limite*.

MELUN, subst. propre mas. (*meleun*), ville de France, chef-lieu du dép. de Seine-et-Marne.

MELUNOIS, E, subst. et adj. (*melunoa-noaze*), de la ville de *Melun*.

MÉMYRE, subst. mas. (*mémire*), t. d'hist. nat., coléoptère.

MÉMACTÉRIES, subst. fém. plur. (*memakteri*) (du grec μαιμακτης, dieu des hivers), fêtes en l'honneur de Jupiter Maimactès.

MÉMACTÉRION, subst. mas. (*memaktérion*), cinquième mois athénien.

MÉMARCHURE, subst. fém. (*memarchure*), entorse que se donne un cheval en faisant un faux pas, en marchant mal.

MEMBRACE, subst. mas. (*manbracé*), t. d'hist. nat., genre d'insectes de l'ordre des hémiptères.

MEMBRANE, subst. fém. (*manbrane*) (en lat. *membrana*), partie mince et nerveuse du corps de l'animal qui sert d'enveloppe à d'autres parties. — *Membrane branchiale*. Voy. BRANCHIOSTÈGES.

MEMBRANÉ, E, adj. (*manbrané*), t. de bot., *tige membranée*, celle qui est aplatie à la manière des feuilles.

MEMBRANEUSE, adj. fém. Voy. MEMBRANEUX.

MEMBRANEUX, adj. mas., au fém. **MEMBRANEUSE** (*manbraneu, neuze*), qui participe de la *membrane*.—En bot., 1° mince, dénué de substance intérieure ; 2° composé de plusieurs *membranes* appliquées les unes sur les autres.

MEMBRANIFORME, adj. des deux genres (*manbraniforme*), t. de médec., qui a la forme d'une *membrane*.

MEMBRE, subst. mas. (*manbre*) (en lat. *membrum*), partie extérieure du corps de l'animal, distinguée des autres par quelque fonction particulière, comme les bras, les jambes, etc. On ne le dit pas de la tête.—Nageoires des poissons.—Fig., 1° partie d'un corps politique, d'une compagnie ; 2° partie d'une terre, d'un bénéfice ; 3° partie d'une période ; 4° en architecture, les différentes parties d'un bâtiment ou d'un entablement ; les différentes parties d'une corniche.—En algèbre : *membre d'une équation*, chacune des deux parties séparées par le signe d'égalité.—*Le membre viril*, la partie de l'homme qui sert à la génération.

MEMBRÉ, E, adj. (*manbré*). Il ne s'emploie guère qu'avec l'adv. *bien* : *être bien membré*, bien proportionné, bien fait dans les principales parties du corps. — T. de blas., il se dit des jambes et des cuisses d'un oiseau, lorsqu'elles sont d'un autre émail que celui du corps.

MEMBRET, subs. m. (*manbré*), légère épaisseur laissée au bout de chaque branche de l'éperon.

MEMBRIOLET, subst. mas. (*maubri-olè*), petit *membre*. (Boiste.) Inusité.

MEMBRON, subst. mas. (*manbron*), pièce d'enfaîtement en plomb.

MEMBRU, E, adj. (*manbru*), qui a de gros *membres*.—Subst. : *un gros membru*. Fam.

MEMBRURE, subst. fém. (*manbrure*), pièces de bois d'une certaine longueur et hauteur, éloignées l'une de l'autre d'environ quatre pieds, au milieu desquelles on met le bois lorsqu'on le corde, à Paris. — En menuiserie, pièce de bois épaisse dans laquelle on enchâsse les panneaux. —En t. de relieur, ais qu'on place sur un paquet de livres mis en presse ; il y a également une autre *membrure* dessous.—En t. de marine, tous les *membres* d'un vaisseau : *la membrure de ce bâtiment est entièrement pourrie*.

MÊME, pronom relatif et adj. des deux genres (*même*) (de l'italien *medesimo*, qui a la même signification, et que *Ménage* dérive du lat. *metipsissimus*, pour *ipsissimusmet*, superlatif de *ipsemet*), qui n'est point autre, point différent. — Après un pronom personnel, il marque plus expressément la personne dont on parle : *nous irons nous-mêmes*. — On dit aussi : *cet homme est la bonté même, la vertu même*, est d'une grande bonté, d'une vertu singulière. — *Même*, adv., aussi, encore : *je vous dirai même que..., quand même cela serait*, etc.— On l'employait autrefois dans le sens de *principalement*, *surtout*. *Même*, adv., ne prend point *s*, quoique *Boileau* ait dit (épît. VIII) :

S'emparer des discours *mêmes* académiques.

et épît. X :

Que si *mêmes* un jour....

ce sont des licences qui aujourd'hui seraient très-vicieuses.— *Cela revient au même*, c'est la même chose. Ici *même* est employé substantiv.—*De même, tout de même*, de la *même* manière. — *Etre à même ; laisser* ou *mettre à même de...*, être ou mettre à portée de..., avoir ou donner des facilités pour... — On dit fam. : *boire à même la bouteille, à même le seau*, pour dire boire dans la bouteille, dans le seau.

MÊMEMENT, adv. (*mêmeman*), *même*, de *même*. Vieux.

MEMENTO, subst. mas. (*mémeintô*) (mot latin qui signifie *souviens-toi*), marque destinée à rappeler le souvenir de quelque chose. — Prières à la messe pour les vivants et pour les morts, qui commencent ainsi : *memento etiam, Domine*, etc.—Au plur., des *memento*.

MÊMETÉ, subst. fém. (*mêmeté*), identité. Inusité, mais utile.

MÉMIN ou **MÉMINA**, subst. mas. (*mémein, mina*), t. d'hist. nat., le plus petit des mammifères ruminants, extrêmement vif dans ses mouvements, et rapide à la course. Sa forme est très-élégante.

MEMNON, subst. propre mas. (*mèmenon*), myth., fils de Titon et de l'Aurore ; il vint au siége de Troie vers le milieu de la dixième année de ce siége, avec dix mille Persans et dix mille Ethiopiens. On lui éleva une statue colossale à Thèbes en Égypte.

MEMNONIDES, subst. propre mas. plur. (*mèmenonide*), famille de *Memnon*.—Oiseaux fabuleux qui naquirent de ses cendres.

MÉMOIRE, subst. mas. (*mémoare*), écrit fait, ou pour se ressouvenir de quelque chose, ou pour en instruire une autre personne.—Etat sommaire : *mémoire de frais, de dépens*, etc.—*Mémoire d'apothicaire*, porté trop haut.—Au plur., relation de faits ou d'évènements particuliers, écrits pour servir à l'histoire ; recueil de dissertations : *les Mémoires de Commines*.

MÉMOIRE, subst. fém. (*mémoare*) (en latin *memoria*), puissance, faculté par laquelle l'âme conserve le souvenir des choses. *Racine* (Andromaque) l'a employé dans le sens d'*esprit* :

De soins plus importants rempliraient ma *mémoire*.

—Action, effet de la *mémoire*, souvenir. — *Mémoire locale*, idée réveillée dans la *mémoire* par certains lieux, certains objets, certaines choses.—*Mémoire artificielle*, méthode qui aide la *mémoire*. —En liturg., commémoration d'un saint : *l'Eglise fait aujourd'hui mémoire de...*—Réputation bonne ou mauvaise d'une personne après la mort : *la mémoire du juste sera éternelle*. Dans toutes ces acceptions, *mémoire* n'a point de pluriel. — Les anciens avaient mis la *Mémoire* au nombre de leurs déesses, et la nommaient *Mnémosyne*, du mot grec μνημοσυνη, qui signifie *mémoire*. — Poét. : *les filles de Mémoire*, les Muses, parce qu'elles sont filles de Jupiter et de Mnémosyne. — *Temple de Mémoire*, l'immortalité.

MÉMORABLE, adj. des deux genres (*mémorable*) (en lat. *memorabilis*), digne de *mémoire* ; qui mérite d'être conservé dans la *mémoire*, remarquable.

MÉMORABLEMENT, adv. (*mémorableman*), d'une manière *mémorable*.—Ce mot manque dans l'*Académie*.

MÉMORANT, E, adj. (*mémoran, rante*), qui se souvient de... Fam. et peu usité.

MÉMORATIF, adj. mas., au fém. **MÉMORATIVE** (*mémoratif, tive*), qui se souvient, qui a *mémoire* de quelque chose. Il est vieux.

MÉMORATIVE, adj. fém. Voy. MÉMORATIF.

MÉMORIAL, subst. mas. (*mémori-al*), ce qui est destiné à rappeler la *mémoire* d'un fait. — Mémoire, placet. Il n'est guère usité qu'en parlant de la cour de Rome et de celle d'Espagne. —En t. de comm., livre sur lequel les négociants écrivent journellement leurs affaires, et qu'ils nomment aussi *journal* ou *brouillard*. — Le *Mémorial de Sainte-Hélène*, récit de ce qui s'est passé à Sainte-Hélène, pendant la captivité de l'empereur *Napoléon*.—*Mémoriaux*, plur., registres des chambres des comptes, sur lesquels étaient inscrites les lettres patentes.

MÉMORIAL, E, adj. (*mémori-al*), qui concerne la *mémoire* : *arithmétique mémoriale*. Peu en usage.

MÉMORIALISTE, subst. mas. (*mémori-aliccte*), auteur de *mémoires*. Presque inusité.

MÉMORIAUX, subst. mas. plur. Voy. MÉMORIAL.

MÉMORIEUX, adj. mas. (*mémori-eu*), qui a de la *mémoire*. Mot tout-à-fait inusité, quoique *Montaigne* ait dit : *homme mémorieux*.

MEMPHIS, subst. propre fém. (*meinfice*), ancienne ville et capitale de l'Égypte. Elle était située sur le bord occidental du Nil. Le Caire a été bâti 4 lieues plus loin, au côté oriental du fleuve.

MEMPHITE, subst. et adj. des deux genres (*meinfite*), qui est de *Memphis*.

MEMPHITE, subst. fém. (*meinfite*), t. d'hist. nat., pierre vulnéraire d'Égypte. — Espèce d'onyx.

MEMPHITIQUE, adj. des deux genres (*meinfitike*), de *Memphis*, ville d'Égypte.

MEN, subst. propre mas. (*mène*), divinité païenne. Quelques savants croient que c'est la *Lune*.

MÉNA, subst. propre fém. (*ména*), myth., déesse qui présidait aux mois des femmes.

MENAC, subst. mas. (*menak*), t. de bot., sorte d'arbrisseau.

MENAÇANT, E, adj. (*menaçan, çante*), qui *menace* : *avenir menaçant*, qui fait présager des malheurs.

MENACE, subst. fém. (*menace*) (en lat. *minaciæ*, qui se trouve dans *Plaute*), parole ou geste dont on se sert pour faire craindre à quelqu'un le mal qu'on lui prépare.—*Menaces en l'air*, qui ne doivent être suivies d'aucun effet.

MENACÉ, E, part. pass. de *menacer*.

MENACER, v. act. (*menacé*), faire des *menaces*. — Fig., pronostiquer : *l'air nous menace d'un grand orage*.— Fig. et fam., faire espérer. Il ne se dit en ce sens que de ce qui est regardé comme une espèce de bien et d'avantage : *nous sommes menacés d'une fête brillante*. — *Il est menacé d'apoplexie, de phthisie*, etc., il y a apparence qu'il sera attaqué d'apoplexie, de phthisie, etc.—*Le bâtiment menace ruine*, est près de tomber. — Fig. et poét. : *ces tours, ces arbres menacent les cieux*, sont fort élevés. — *se* MENACER, v. pron., se faire mutuellement des *menaces*.

MENACEUR, subst. mas., **MENACEUSE**, subst. fém. (*menaceur, ceuze*), qui *menace*.

MÉNADE, subst. propre fém. (*ménade*) (du grec μαινας, une furieuse, dérivé de μαινομαι, être en fureur), myth., nom donné aux bacchantes. — Fig., femme emportée et furieuse.

MÉNAGE, subst. mas. (*ménaje*) (suivant *Ménage*, du latin *manere*, demeurer, séjourner ; suivant *Du Cange*, du mot barbare *mainagium*, dit, dans la basse latinité, avec le même sens que *mansio*, demeure, séjour), gouvernement domestique : *régler, bien conduire son ménage*.—Etat où l'on vit en son particulier et à ses frais : *tenir ménage ; être dans son ménage*. — Meubles et ustensiles du *ménage* : *cette servante tient son ménage très-propre*. Il est populaire. — Toutes les personnes dont une famille est composée : *il y a trois ou quatre ménages logés dans cette maison*. — Épargne, économie : *entendre le ménage*.— *Toile de ménage*, qui porte du profit. —*Pain de ménage*, de farine moins fine que celle qui sert pour le pain des gens riches.—*Ménage de bouts de chandelles*, économie sordide dans de petites choses.—*Femme de ménage*, servante qui ne couche pas à la maison.— *Mettre une fille en ménage*, la marier. — Fam. : *ce mari et cette femme font bon* ou *mauvais ménage*, vivent en bonne ou en mauvaise intelligence. — *Heureux ménage*, où tout prospère. — *Vivre de ménage*, avec économie, ou (en style plaisant) vendre ses meubles pour vivre (*Molière*, le Médecin malgré lui).

MÉNAGÉ, E, part. pass. de *ménager*.

MÉNAGEMENT, subst. mas. (*ménajeman*), égard qu'on a pour quelqu'un ; circonspection. Voy. ÉGARD. — *Le ménagement des esprits*, l'art de les manier.

MÉNAGER, v. act. (*ménajé*), user d'économie : *ménager son bien* ; et fig. : *ménager ses forces, sa santé*, etc. — Conduire, manier avec adresse : *ménager les esprits, les affaires*. — Moyenner, procurer : *ménager un accommodement*, etc.— — *Ménager quelqu'un*, ne pas lui dire tout ce qu'on aurait envie de lui dire, ou ne pas user de sa supériorité contre lui.—*Ménager des troupes*, ne pas les exposer mal à propos.—*Ménager les intérêts de quelqu'un*, prendre garde de rien faire qui le choque, qui le rebute.—*Ménager ses paroles*, parler peu. — *Ménager les termes*, parler avec une grande circonspection. — *Ménager le temps*, en faire un bon emploi, ou prendre son temps bien à propos pour quelque chose.—*Ménager sa voix*, la bien conduire.—T. de peinture : *ménager des effets heureux, de beaux effets*, se réserver le moyen de les produire. — *Ménager ses teintes*, prendre soin de ne pas les brouiller. — *Ménager un terrein, une étoffe*, l'employer si bien qu'il n'y ait rien de perdu.—*Ménager un escalier, un cabinet dans un bâtiment*, y pratiquer un escalier, un cabinet, sans gâter le dessin principal. — Prov. : *ménager la chèvre et le chou*, user d'adresse pour se conduire de manière à ne blesser personne. — Se conduire prudemment. —Se procurer : *ménageons-nous une entrevue*. —*se* MÉNAGER, v. pron., se traiter avec *ménagement* de part et d'autre.

MÉNAGER, subst. et adj. mas., au fém. **MÉNAGÈRE** (*ménajé, jère*), qui entend bien le *ménage*, l'économie.—*Etre bon ménager du temps*, l'employer utilement.—*Etre ménager de sa santé*, prendre soin de la conserver.

MÉNAGÈRE, subst. et adj. fém. Voy. MÉNAGER. — Subst., servante qui a soin du *ménage*. —Parmi le peuple, un mari appelle sa femme, *sa ménagère*.

MÉNAGERIE, subst. fém. (*ménajeri*), lieu où l'on nourrit des animaux rares de toute espèce. — Lieu où l'on engraisse des bestiaux, de la volaille, etc.; où l'on fait le *ménage* de la campagne : *il nourrit d'excellents veaux dans sa ménagerie.*

MÉNAGYRTE, subst. mas. (*ménajirte*) (du grec μην, mois, et ἀγύρτης, mendiant), t. d'antiq., sorte de prêtres mendiants de Cybèle.

MÉNALIPPE, subst. propre fém. (*ménalipe*), sœur d'Antiope, reine des Amazones. Elle fut faite prisonnière par Hercule. Elle se racheta en donnant pour rançon sa ceinture avec ses armes et son baudrier.

MÉNANDRIEN, subst. mas. (*menandriein*), nom des premiers gnostiques.

MENANT, E, adj. (*menan*), qui conduit. Peu en usage.

MENDE, subst. propre fém. (*mande*), ville de France, dép. de la Lozère.

MENDÈS, subst. propre mas. (*meindèce*), nom du bouc que les Égyptiens admettaient au nombre de leurs dieux.

MENDIANT, E, subst. (*mandian, diante*) (en lat. *mendicus* ou *mendicans*), celui, celle qui *mendie*. — Adj. au plur., *les religieux mendiants*, ceux qui vivaient de quêtes, d'aumônes. Les jacobins, cordeliers, augustins et carmes s'appelaient particulièrement *les quatre mendiants*.—On nomme aussi *quatre mendiants* quatre sortes de fruits secs, des figues, des avelines, des raisins et des amandes qu'on sert sur un même plat.

MENDICITÉ, subst. fém. (*mandicité*) (en latin *mendicitas*), état de celui qui est réduit à demander l'aumône pour vivre.— La profession de *mendiant*.—Dépôt de *mendicité*, où l'on recueille les *mendiants*.

MENDIE, E, part. pass. de *mendier*.

MENDIER, v. act. (*mandié*), demander l'aumône : *mendier son pain ; mendier sa vie ;* et neutralement : *il est réduit à mendier*. — Au fig., rechercher avec empressement et avec une sorte de bassesse : *mendier des suffrages, des louanges, des secours*. — SE MENDIER, v. pron.

MENDOLE, ou **MANDOLE**, subst. fém. (*mandole*), t. d'hist. nat., poisson de la Méditerranée.

MENÉ, E, part. pass. de *mener*.

MENEAU, subst. mas. (*menô*), se dit, en architecture, des montants et des traverses en pierre, en fer, en bois, qui séparent les guichets d'une croisée. — *Faux meneau*, celui qui n'est pas assemblé avec le dormant d'une croisée, mais avec les châssis, et qui s'ouvre avec eux.

MÉNECHME, subst. mas. (*ménèkme*), se dit de deux individus d'une ressemblance morale ou physique, mais parfaite.

MENÉE, subst. fém. (*mené*), secrète et mauvaise pratique pour faire réussir quelque dessein. Il se dit le plus souvent au pluriel. — En t. de vènerie : *suivre la menée, être à la menée d'un cerf ;* prendre la route d'un cerf qui fuit. — T. d'horlogerie, chemin d'une dent.

MENEHOULD (SAINTE-), subst. propre fém. (*ceintemenehoule*), v. de France, dép. de la Marne.

MENER, v. act. (*mené*) (du lat. *menare*, qu'on trouve avec la même signification dans *Apulée*, dans *Ausone*, etc., et dont les Italiens ont fait également *menare*), conduire, guider, diriger.— On dit élégamment au fig., *mener à la gloire ; l'ambition, l'intérêt le mène*. — Conduire une troupe ; la faire marcher et agir : *mener au combat, à l'assaut*. — Conduire par force en quelque endroit : *mener en prison, au supplice ; on le menait pendre*. — Se faire accompagner : *il mena tout son monde avec lui*. — Introduire : *menez-moi chez le ministre*. — Amuser, entretenir de fausses espérances : *il y a six mois que vous me menez avec de belles paroles*.—En parlant des animaux, les conduire. — En parlant des marchandises, les voiturer. — *Mener une dame*, 1° lui donner la main et être son écuyer; 2° la prendre pour danser avec elle.— Fig. : *mener quelqu'un*, le gouverner, lui faire faire tout ce qu'on veut. — *Mener quelqu'un à la baguette*, le traiter avec hauteur. — *Mener de front deux affaires, plusieurs sciences*, s'en occuper, les cultiver à la fois. — *Mener bien sa barque*, conduire bien ses affaires.— *Mener tambour battant*, traiter avec hauteur, rudement.— *Cela ne mène à rien*, on n'en peut espérer aucun avantage. — *Mener doucement un homme*, le conduire avec ménagement. — *Mener quelqu'un par le nez*, en faire tout ce qu'on veut.— *Mener quelqu'un par la lisière*, le conduire comme un enfant. — *Mener quelqu'un en laisse*, en disposer à son gré. —*Mener rondement une affaire*, la traiter avec activité.—*Cette médecine l'a mené doucement* ou *rudement*, l'a peu ou beaucoup tourmenté.—*Mener loin, mener rudement quelqu'un*, lui causer de la peine, lui susciter bien des affaires. — *Ces provisions ne peuvent le mener loin*, ne peuvent durer long-temps.—*Mener une vie sainte, scandaleuse*, vivre saintement, scandaleusement. — *Mener le branle*, être à la tête de ceux qui dansent ; et fig. et fam., donner l'exemple. —*Mener un train, un grand train*, faire grand fracas.— SE MENER, v. pron., être *mené* : *telle affaire se mène mal*.

MÉNESTRO, subst. propre fém. (*ménècetrô*), l'une des filles de l'Océan et de Théthys.

MÉNESTREL, subst. mas. (*ménècetrèle*) (du latin barbare *ministerialis*), nom donné dans nos anciens romans, aux ménétriers ou joueurs d'instruments.

MÉNÉTRIER, subst. mas. (*ménétrié*) (suivant *Ménage*, du lat. *ministerium*, occupation, office, métier, d'où l'on a fait, dans la basse latinité, *ministerialis*, et *ministerarius*, homme de métier, artisan. Et comme les meilleurs auteurs latins appellent quelquefois absolument *artifices*, ouvriers par excellence, les joueurs d'instrument, on leur a, par la même raison, donné, dans le moyen-âge, le nom de *ministeriales* ou *ministerarii*. C'est encore au même titre que nous-mêmes nous les nommons artistes.), autrefois, joueur d'instrument. — Aujourd'hui, mauvais joueur de violon.

MENEUR, subst. mas., **MENEUSE**, subst. fém. (*meneur, neuze*), celui qui *mène*. Il ne s'est guère dit que dans *meneur d'une dame*, de celui qui la conduit par la main ; et dans *meneur d'ours*, de celui qui les fait voir et danser en public. — Celui, celle qui se charge de *mener* des nourrices à Paris, et d'aller chez les parents des enfants mis en nourrice.—Au fig., personne qui est à la tête d'une intrigue.

MENEUSE, subst. fém. Voy. MENEUR.

MÉNIANE, subst. fém. (*méni-ane*), t. d'archit., terrasse ou balcon en avant-corps, et qui est ménagé pour laisser jouir de la vue du dehors. C'est une imitation de ceux qui se voient en Italie.

MÉNIANTHE, subst. fém. (*méni-ante*) (du grec μηνανθος, formé de μην, mois, et de ἄνθος, fleur; *fleur du mois*. La *ménianthe* fleurit en avril.), t. de bot., plante vivace qui habite les marais.

MÉNIL, subst. mas. (*méni*), du lat. barbare *manile*, fait de *manere*, demeurer, séjourner), autrefois habitation, village; de là *Ménil-Montant*.

MENILLES, subst. fém. plur. (*méni-ie*), t. de papeterie, manche pour lever les mises.

MENIN, subst. mas. (*menein*) (de l'espagnol *menion*, enfant de qualité attaché à la personne des jeunes princes), nom qu'on donnait à un certain nombre d'hommes de qualité, attachés particulièrement à la personne du dauphin. On a même dit *menine* pour *fille d'honneur*, mais il a été peu employé.

MENINE, subst. fém. (*menine*). Voy. MENIN.

MÉNINGE, subst. fém. (*méneinje*) (du grec μηνιγξ, gén. μηνιγγος), t. d'anat., membrane, et particulièrement celle qui enveloppe le cerveau.

MÉNINGÉ, E, adj. (*méneinjé*), qui a rapport aux *méninges*.

MÉNINGETTE, subst. fém. (*méneinjète*), t. d'anat., nom de la pie-mère.

MÉNINGINE, subst. fém. (*méneinjine*), t. d'anat., nom de l'arachnoïde.

MÉNINGITE, subst. fém. (*méneinjite*), t. de médec., inflammation des *méninges*.

MÉNINGO-GASTRIQUE, adj. fém. (*méneinguogacetrike*), t. de méd., se dit d'une fièvre causée par l'affection de la membrane interne de l'estomac.

MÉNINGOPHYLAX, subst. mas. (*méneinguofilakce*) (du grec μηνιγγος, gén. de μηνιγξ, méninge, et φύλαξ, gardien, fait de φυλάσσω, je garde), instrument de chirurgie pour garantir les *méninges* dans l'opération du trépan.

MÉNINGOSE, subst. fém. (*méninguôze*), union des os par des ligaments qui ont la forme des membranes.

MÉNIPPÉE, adj. fém. (*ménipé*): *satire ménippée*, satire mêlée de prose et de vers, ainsi nommée de *Ménippe* Gadarénien, philosophe cynique, qui a écrit beaucoup en ce genre. *Varron*, chez les Romains, ayant imité son exemple, on donna à la même satire le nom de *Varronienne*. Nous avons en français une satire *ménippée* écrite sur les troubles de la Ligue, par plusieurs beaux esprits du temps, et surtout par *Jacques Gillot* conseiller-clerc au parlement de Paris.

MÉNISPERME, subst. mas. (*ménicepèreme*), (du grec μηνη, lune, et σπέρμα, semence), t. de bot., plante de la famille des anones.

MÉNISPERMIQUE, adj. des deux genres (*ménicepèremike*), extrait de la coque du Levant : *acide ménispermique*.

MÉNISPERMOÏDE ou **MÉNISPERMÉE**, subst. fém. (*ménicepèremo-ide*), t. de bot., famille de plantes dont les semences ressemblent en quelque sorte au croissant de la lune.

MÉNISQUE, subst. mas. (*méniceke*) (du grec μηνισκος, ornement en forme de croissant, que l'on portait sur les souliers, dérivé de μηνη, lune), en optique, verre convexe d'un côté et concave de l'autre. — En géométrie, figure plane ou solide, composée d'une partie concave et d'une partie convexe, à l'instar des *ménisques* optiques. Il est peu usité en ce sens. — Au plur., plaques rondes que les anciens plaçaient sur les statues, afin que les oiseaux ne les souillassent point de leurs ordures.

MÉNISSE, subst. fém. (*ménice*), t. de bot., plante de la famille des fougères.

MÉNOLE, subst. fém. (*ménole*), planche emmanchée pour battre le beurre.

MÉNOLOGE, subst. mas. (*ménoloje*) (du grec μην, mois, et λογος, discours), calendrier de l'Église grecque.

MÉNOLOGIE, subst. fém. (*ménoloji*) (du grec μην, gén. μηνος, mois, et λογος, discours, traité), traité sur les menstrues.

MENON, subst. fém. (Nous ne savons pourquoi l'*Académie* fait le nom d'une femelle du genre mas.) (*menon*), t. d'hist. nat., chèvre du Levant, dont la peau sert à faire du maroquin.

MÉNORRHAGIE, subst. fém. (*ménoraji*) (du grec μην, mois, et ῥηγνυμι, rompre; parce qu'il y a alors un extrême relâchement des vaisseaux sanguins), t. de médec., flux excessif des règles ou menstrues chez les femmes.

MENOTTE, subst. fém. (*menote*), *main* d'un enfant. Il est fam. — Au plur., fers qu'on met aux *mains* des prisonniers et des criminels. (En lat. *manicæ*.) — Fig. : *mettre des menottes à quelqu'un*, le mettre dans l'impossibilité d'agir dans une affaire.

MENOTTÉ, E, adj. (*menoté*), qui a les *menottes*.

DU VERBE IRRÉGULIER MENTIR :

Mens, 2e pers. sing. impér.

Mens, précédé de *je*, 1re pers. sing. prés. indic.

Mens, précédé de *tu*, 2e pers. sing. prés. indic.

MENSAL, E, adj. (*mançale*), de la *mense*, de la table.

MENSE, subst. fém. (*mance*) (en lat. *mensa*), autrefois, table où l'on mangeait. — Revenu : *la mense abbatiale*, le revenu de l'abbé; *la mense conventuelle*, le revenu des religieux; *la mense commune*, le revenu dont les religieux et l'abbé jouissaient en commun.

MENSOLE, subst. fém. (*mançole*), t. d'archit., clef de voûte.

MENSONGE, subst. mas. (*mançonje*) (suivant *Sylvius*, du latin *mentis somnium*, rêve de l'esprit), discours ou proposition avancée contre la vérité, avec dessein de tromper. Voy. MENTERIE. —Erreur, illusion : *le monde n'est qu'illusion, vanité et mensonge*.—Dans le style de l'Écriture, *l'esprit de mensonge, le père du mensonge*, le démon.— *Mensonge officieux*, chose fausse, dite pour faire plaisir à quelqu'un.—*Mensonge innocent*, qui ne peut nuire à personne.—*Mensonge puant*, qui dénote de l'effronterie.—*Dire un mensonge*, avancer, débiter comme vraie une chose qu'on sait être fausse, dans l'intention de tromper. — *Faire un mensonge*, fabriquer, combiner, composer un conte faux qu'on donne pour vrai, dans le dessein d'abuser; à dire un *mensonge* il n'y a que de la fausseté; il y a de l'artifice à faire un *mensonge*. (Roubaud.)

MENSONGER, adj. mas., au fém. **MENSONGÈRE** (*mançonjé, jère*), faux, trompeur.—Il ne se dit guère que des choses et dans le style poétique.

MENSONGÈRE, adj. fém. Voy. MENSONGER.

MENSONGÈREMENT, adv. (*mançonjèreman*), d'une manière *mensongère*.

MENSTRUATION, subst. fém. (*mancetru-âcion*), t. de chimie, action d'exposer à une *menstrue*. —T. de médec., flux des *menstrues*.

MENSTRUAL, E, adj. (*mancetru-ale*), t. de médec., qui a rapport aux *menstrues*. — Au plur. mas., *menstruaux*.

MENSTRUE, subst. fém. (*mancetru*) (du latin *menstruum*, fait de *mensis*, mois, parce que les chimistes ou plutôt les alchimistes prétendent que le dissolvant doit achever sa dissolution en quarante jours, qui forment le mois philosophique), de chim., liqueur propre à dissoudre les corps solides. Au plur., t. de médec., évacuations périodiques de sang connues sous le nom de *règles*, *flux menstruel*, etc. (Du latin *menstrua, orum*, fait de *mensis*, mois, parce que ces évacuations ont lieu chaque mois.)

MENSTRUEL, adj. mas., au fém. **MENSTRUELLE** (*mancetru-èle*) (du latin *menstruus* ou *menstrualis*, de tous les mois) : *le sang menstruel*, *les purgations menstruelles*, le sang qui coule pendant les purgations naturelles des femmes.

MENSTRUELLE, adj. fém. Voy. MENSTRUEL.

MENSTRUES, subst. fém. plur. Voy MENSTRUE.

MENSTRUEUSE, adj. fém. Voy. MENSTRUEUX.

MENSTRUEUX, adj. mas., au fém. **MENSTRUEUSE** (*mancetra-eu, euze*), t. de chim., la même chose que *menstrual* et *menstruel*.

MENSUAIRE, adj. des deux genres (*mançuère*) (du lat. *mensis*, mois), *mensuel*, qui se fait tous les mois. Peu en usage.

MENSUEL, adj. mas., au fém. **MENSUELLE** (*mançuèle*) (du lat. *mensis*, mois), qui se fait par mois.

MENSUELLE, adj. fém. Voy. MENSUEL.

MENSURABILITÉ, subst. fém. (*mançurabilité*) (du lat. *mensurare*, mesurer), t. de géom., propriété qu'a un corps de pouvoir être *mesuré* par quelque grandeur déterminée.

MENSURABLE, adj. des deux genres (*mançurable*), t. de géom., qui est susceptible d'être mesuré.

Ment, 3e pers. sing. prés. indic. du v. irrégulier MENTIR.

MENTAGRE, subst. fém. (*mantaguere*) (du latin *mentum*, menton, et du grec αγρα, capture, prise), t. de médec., dartre rougeâtre du menton.

DU VERBE IRRÉGULIER MENTIR :

Mentaient, 3e pers. plur. imparf. indic.

Mentais, précédé de *je*, 1re pers. sing. imparf. indic.

Mentais, précédé de *tu*, 2e pers. sing. imparf. indic.

Mentait, 3e pers. sing. imparf. indic.

MENTAL, **E**, adj. (*mantale*) (du latin *mens*, gén. *mentis*, esprit), il n'est usité qu'au féminin dans ces phrases : *oraison mentale*, qui se fait en esprit et sans proférer une seule parole. — *Restriction mentale*, qu'on fait au-dedans de soi pour donner à ce qu'on dit un autre sens que le naturel et littéral. — *Maladies mentales*, qui dérangent les fonctions intellectuelles. — Au plur. mas., *mentaux*. Peu usité.

MENTALEMENT, adv. (*mantaleman*), d'une manière *mentale*; intérieurement, dans son esprit.

Mentant, part. prés. du v. irrégulier MENTIR.

MENTAUX, adj. mas. plur. Voy. MENTAL.

DU VERBE IRRÉGULIER MENTIR :

Mente, précédé de *que je*, 1re pers. sing. prés. subj.

Mente, précédé de *qu'il* ou *qu'elle*, 3e pers. prés. subj.

Mentent, précédé de *ils* ou *elles*, 3e pers. prés. indic.

Mentent, précédé de *qu'ils* ou *qu'elles*, 3e pers. plur. prés. subj.

MENTERIE, subst. fém. (*manteri*) (du lat. *mentiri*, mentir), mensonge ; avec ces différences, 1° que *mensonge* est plus du style noble, et *menterie*, du style familier; 2° que la *menterie* est une simple fausseté avancée dans l'intention de tromper, et le *mensonge*, une fausseté combinée de manière à tromper en effet : *les enfants préludent aux mensonges par des menteries*.

Mentes, 2e pers. sing. prés. subj. du v. irrégulier MENTIR.

MENTEUR, subst. et adj. mas., au fém. **MENTEUSE** (*manteur, teuze*), qui *ment*. — Il se dit quelquefois des choses : *silence menteur*, *physionomie menteuse*. — *Menteur comme un arracheur de dents*, *menteur effronté*. — Prov. : *tout homme est menteur*, est sujet à se tromper.

MENTEUSE, subst. et adj. fém. Voyez MENTEUR.

DU VERBE IRRÉGULIER MENTIR :

Mentez, 2e pers. plur. impér.

Mentez, précédé de *vous*, 2e pers. plur. prés. indic.

MENTHE, subst. fém. (*mante*) (en latin *mentha*, pris du grec μενθα), t. de bot., plante aromatique, cultivée dans nos jardins, de la famille des labiées, vivace, et fort usitée en médecine.

DU VERBE IRRÉGULIER MENTIR :

Menti, part. pass.

Mentiez, précédé de *vous*, 2e pers. sing. imparf. indic.

Mentiez, précédé de *que vous*, 2e person. plur. prés. subj.

Mentimes, 1re pers. plur. prét. déf.

MENTION, subst. fém. (*mancion*) (en lat. *mentio*), commémoration, mémoire de... — *Mention honorable*, distinction accordée à quelqu'un, nomination de la personne qui, dans un concours, n'a obtenu ni le prix, ni l'un des *accessit*.

MENTIONNÉ, **E**, part. pass. de *mentionner*.

MENTIONNER, v. act. (*mancione*), faire *mention*. — *Mentionner quelqu'un honorablement*, accorder à quelqu'un une *mention* honorable.

—*se* MENTIONNER, v. pron.

DU VERBE IRRÉGULIER MENTIR :

Mentions, précédé de *nous*, 1re pers. plur. imparf. indic.

Mentions, précédé de *que nous*, 1re pers. plur. prés. subj.

MENTIR, v. neut. (*mantir*)(en lat. *mentiri*), dire, affirmer pour vrai une chose qu'on sait être fausse : *il ment impunément*, *effrontément*. Dans cette expression, *impunément* se dit peut-être par corruption au lieu d'*impudemment*. — Fig., en parlant des choses : *sa physionomie annonce de l'esprit, et ne ment pas*. — *Il n'enrage pas pour mentir*, il ment habituellement. — *Faire mentir le proverbe*, faire une chose contraire à un proverbe autorisé. — *Bon sang ne peut mentir*, des personnes bien nées ne dégénèrent point. — Fam. et adv. : *sans mentir, à ne point mentir*, en vérité, à dire vrai. — Prov. : *a beau mentir qui vient de loin*, il est facile d'en imposer lorsqu'on vient d'un pays éloigné. — *se* MENTIR, v. pron., s'en imposer à soi-même ou en imposer aux autres.

DU VERBE IRRÉGULIER MENTIR :

Mentira 3e pers. sing. fut. indic.

Mentirai, 1re pers. sing. fut. indic.

Mentiraient, 3e pers. plur. prés. cond.

Mentirais, précédé de *je*, 1re pers. sing. prés. cond.

Mentirais, précédé de *tu*, 2e pers. sing. prés. cond.

Mentirait, 3e pers. sing. prés. cond.

Mentiras, 2e pers. sing. fut. indic.

Mentirent, 3e pers. plur. prét. déf.

Mentiriez, 2e pers. plur. prés. cond.

Mentirions, 1re pers. plur. prés. cond.

Mentirons, 1re pers. plur. fut. indic.

Mentiront, 3e pers. plur. fut. indic.

Mentis, précédé de *je*, 1re pers. sing. prét. déf.

Mentis, précédé de *tu*, 2e pers. sing. prét. déf.

Mentisse, 1re pers. sing. imparf. subj.

Mentissent, 3e pers. plur. imparf. subj.

Mentisses, 2e pers. sing. imparf. subj.

Mentissiez, 2e pers. plur. imparf. subj.

Mentissions, 1re pers. plur. imparf. subj.

Mentit, précédé de *il* ou *elle*, 3e pers. sing. prét. déf.

Mentît, précédé de *qu'il* ou *qu'elle*, 3e pers. sing. imparf. subj.

Menties, 2e pers. plur. prét. déf.

MENTON, subst. mas. (*manton*) (en lat. *mentum*), la partie du visage qui est au-dessous de la bouche. — Parmi les animaux, il ne se dit que des boucs et des chèvres, et de cette élévation de figure ronde qui est sous la lèvre postérieure du cheval. — *Avoir deux mentons* ou *double menton*, être fort gras. — Fig. et fam. : *lever le menton*, faire le brave, le résolu. — Fam. : *être à table jusqu'au menton*, y être assis fort bas. — Pop. : *brauler le menton*, manger.

MENTONNET, subst. mas. (*mantoné*), bouton, saillie, tenon, petit crochet.

MENTONNIER, adj. mas., au fém. **MENTONNIÈRE** (*mantonié, nière*), t. d'anat., qui a rapport au *menton*, qui appartient au *menton*.

MENTONNIÈRE, adj. fém. Voy. MENTONNIER. — Subst. fém., partie du masque que portaient autrefois les dames, et qui couvrait le *menton*. Il y a encore des masques à *mentonnière* pour le bal. — Soutien ou support pour le *menton*. — T. de chir., bandage pour le *menton*. — T. d'impr., sorte de tasseau ou de support triangulaire qui se place sous la casse pour la relever par devant.

DU VERBE IRRÉGULIER MENTIR :

Mentons, 1re pers. plur. impér.

Mentons, précédé de *nous*, 1re pers. plur. prés. indic.

MENTOR, subst. propre mas. (*mentor*), ami d'Ulysse, et duquel Minerve prenait la figure, pour exhorter Télémaque à suivre l'exemple de son père. — Ce nom propre devenu commun, désigne un homme qui sert à un autre de conseil, de guide et comme de gouverneur.

MENTULAGRE, subst. fém. (*mantulaguere*), t. de médec., maladie qui cause l'impuissance.

MENTULE, subst. fém. (*mantule*), t. d'hist. nat., sangsue de mer.

MENU, **E**, adj. (*menu*) (en latin *minutus*, part. pass. de *minuere*, diminuer), délié, peu gros : *bâton menu, tête menue*. - *Menus frais, menue dépense*, celle qu'on fait dans un ménage, dans une affaire, pour des objets de peu de conséquence.—*Menus plaisirs*, 1° dépenses qui n'entraient pas dans la dépense ordinaire de la maison du roi, comme les comédies, les ballets, etc. : *trésorier, intendant des menus plaisirs*, et simplement, *intendant des menus*; 2° dépenses d'amusement et de fantaisie : *cette femme, cet enfant a tant pour ses menus plaisirs*. — *Menus-Plaisirs*, à Paris, hôtel de l'intendance des menus plaisirs. — *Menu peuple*, bas peuple. — *Menus suffrages*, 1° oraisons qui se disent après l'office pour la commémoration des saints; et par extension, prières courtes qu'on dit par dévotion. Dans ce dernier sens, il ne s'emploie que par plaisanterie : *elle dit ses menus suffrages*; 2° petits profits, etc., attachés à une charge, à un emploi.—*Menus droits*, extrémités d'un animal dont on fait certains ragoûts. — *Menus grains*, l'orge, l'avoine, etc. — *Menues dîmes*, celles qui se prenaient sur les *menus grains* et sur le bétail.—*Menu rôt*, les cailles, bécassines, ortolans, etc.— *Menu gibier*, lièvre, perdrix, etc.—*Menu bétail*, brebis, moutons, etc. — *Menue monnaie*, de cuivre, de billon.—*Menu plomb*, pour tirer aux petits oiseaux.

MENU, subst. mas. (*menu*) : *compter par le menu*, avec un grand détail. — *Le menu d'un repas*, le mémoire de ce qui doit y entrer. — Fam. : *se donner du menu*, du bon temps, se divertir.

MENU, adv. (*menu*), en petits morceaux : *hacher menu*. — *Écrire menu*, en petites lettres. — *Tomber dru et menu*. Voyez DRU. — Fam. : *marcher, trotter dru et menu*, vite et à petits pas.

MENUAILLE, subst. fém. (*menuâ-le*), quantité de petites monnaies. — Quantité de petits poissons. — Par extension, toute sorte de petites choses qu'on met au rebut.

MENUET, subst. mas. (*menu-è*) (du mot *menu*, parce qu'on y fait de petits pas), sorte de danse d'une simplicité noble et élégante, dont la mesure est à trois temps. — Air sur lequel on la danse.

MENUF, subst. mas. (*menufe*), fin lin; toile d'Egypte.

MENUFEUILLÉ, **E**, adj. (*menufeu-lé*), t. de bot., à feuilles menues. Presque inusité.

MENUISE, subst. fém. (*menuize*), petit plomb à giboyer. — Les pêcheurs appellent *menuise* tous les poissons trop petits pour être vendus. La *menuise* diffère de l'*alevin*, en ce que celui-ci est composé de poissons d'espèces choisies pour la multiplication, et la *menuise* se rejette, sert d'amorce pour la pêche à la ligne, ou se mange en friture.

MENUISÉ, **E**, part. pass. de *menuiser*.

MENUISER, v. act. et neut. (*menuize*) (rac. *menu*), rendre menu), travailler en *menuiserie*.—*se* MENUISER, v. pron.

MENUISERIE, subst. fém. (*menuizeri*), art du *menuisier*. — Ouvrage qu'il fait. — En t. d'orfévres, petits ouvrages d'or et d'argent, comme anneaux, boucles, crochets, etc.; par opposition à la *grosserie*, qui comprend les grands ouvrages, la vaisselle, etc. Il en est de même parmi les potiers d'étain.

MENUISIER, subst. mas. (*menuizié*) (de *minutarius*, ou *minutianus*, fait avec le même sens, dans la basse latinité, de *minutus*, menu); parce que les ouvrages du *menuisier* sont *menus* et délicats en comparaison de ceux du charpentier, qui travaille également en bois; artisan qui travaille en bois et fait divers ouvrages qui servent à l'intérieur des maisons, comme portes, fenêtres, meubles, etc.

MENUISIÈRE, subst. fém. (*menuizière*), la femme du *menuisier*.

MENU-PLAISIRS, subst. mas. (*menuplézir*), dépense de fantaisie et d'amusement. Voy. MENU, adj. — Au plur., des *menus-plaisirs*.

MÉNURES, subst. fém. plur. (*menure*), t. d'hist. nat., genre de gallinacés.

MENU-VAIRÉ, E, adj. (*menuvèré*), t. de blas., d'un *vair menu* d'émail différent.

MÉON, subst. propre mas. (*mé-on*), myth., roi de Phrygie. Il était père de Cybèle, selon *Diodore*.

MÉON ou **MÉUM**, subst. mas. (*mé-on*, *mé-ome*), t. de bot., plante ombellifère et aromatique.

MÉOTIDES. Voy. PALUS-MÉOTIDES.

MÉPHITE, subst. fém. (*méfite*), nom générique des carbonates.

MÉPHITIQUE, adj. des deux genres (*méfitike*) (en latin *mephiticus*), malfaisant, meurtrier, en parlant de certains fluides, de certaines exhalaisons : *air, vapeur méphitique*. — *Acide méphitique*, nom donné par les anciens chimistes à l'acide carbonique des modernes.

MÉPHITIS, subst. propre fém. (*méfitice*) (du lat. *mephitis*, qui, suivant *Scaliger*, est un mot étrusque, emprunté du syrien, où il signifie : odeur forte et malsaine), divinité des anciens habitants de l'Italie, qui présidait aux lieux infects, à ceux particulièrement d'où s'exhalaient des vapeurs sulfureuses. — Par extension, puanteur, corruption causée surtout par des exhalaisons sulfureuses.

MÉPHITISÉ, E, part. pass. de *méphitiser*.

MÉPHITISER, v. act. (*méfitizé*), infecter de *méphitisme*.—*se* MEPHITISER, v. pron.

MÉPHITISME, subst. mas. (*méfiticeme*), corruption, défaut de salubrité dans l'air.

MÉPLACER, v. act. (*méplacé*), ne pas *placer* selon les convenances. Quoique *La Harpe* se soit servi de ce mot, il est resté inusité.

MÉPLAT, E, adj. (*mépla, plate*), qui a plus d'épaisseur que de largeur : *bois, fer méplat*. — En peinture, qui tend de la ligne droite à la circulaire et de la circulaire à la droite : *ligne méplate*. Ce mot, plus usité dans cette seconde acception, semble se dire pour *mi-plat*, *à demi-plat*. —Subst. mas., t. de peinture, arc surbaissé, ou ligne qui semble tendre à la ligne droite, et qui prend cependant une légère rondeur. *Le méplat*, dans la nature des hommes, approche plus de la ligne droite, et dans la nature des femmes, de la ligne circulaire.

se **MÉPRENDRE**, v. pron. (*ceméprandre*)(*malprendre*), se tromper; prendre une chose pour une autre. — S'oublier et manquer de respect : *vous vous méprenez sans doute !*

MÉPRIS, subst. mas. (*mépri*) (du latin *minus pretium*, moindre prix attaché à..., d'où l'on a fait, dans la basse latinité, *mispretium*. Ménage.), sentiment par lequel on juge une personne ou une chose indigne d'égards, d'estime, d'attention. —État dans lequel on est *méprisé* : *tomber dans le mépris*.—Sentiment qui élève l'âme au-dessus de la crainte ou du danger : *le mépris de la mort*. —Au plur., paroles ou actions de *mépris* : *il ne peut souffrir vos mépris*. — *Au mépris*, au préjudice, sans avoir égard : *agir au mépris des lois, de sa parole*. — *En mépris de...*, par un sentiment de *mépris* pour : *en mépris du devoir*. On dirait cependant beaucoup mieux : *au mépris du devoir*. L'*Académie* devrait en avertir.

MÉPRIS, E, part. pass. de *se méprendre*.

MÉPRISABLE, adj. des deux genres (*méprizable*), digne de *mépris*.

MÉPRISABLEMENT, adv. (*méprizableman*), d'une manière *méprisable*. — Avec *mépris*.

MÉPRISAMMENT, adv. (*méprizaman*), d'un ton *méprisable*.

MÉPRISANT, E, adj. (*méprizan, zante*), qui marque du *mépris*.

MÉPRISE, subst. fém. (*méprize*), erreur de celui qui se *méprend*.—*Par méprise*, loc. adv., par inadvertance. Voy. BÉVUE.

MÉPRISÉ, E, part. pass. de *mépriser*.

MÉPRISER, v. act. (*méprizé*), avoir du *mépris* pour.... — N'attacher aucun prix à... : *mépriser des services*. — Ne pas craindre : *mépriser les dangers*.—*se* MÉPRISER, v. pron.

MER, subst. fém. (*mère*) (en lat. *mare*), amas des eaux qui environnent la terre; certaine étendue d'eau salée. La *mer* a différents mouvements. On en distingue de trois sortes : le *diurne*, le *menstruel* et l'*annuel*. Le *diurne* est celui par lequel les eaux de la *mer* se débordent sur nos rivages, et s'en retirent deux fois le jour; et ces inondations arrivent tous les jours près de quarante-huit minutes plus tard que le jour précédent. Le mouvement *menstruel* est ainsi appelé, parce que les marées sont plus fortes aux nouvelles et pleines lunes de chaque mois, que dans les quadratures. Enfin, le mouvement *annuel* est celui par lequel les eaux de la *mer* se gonflent plus considérablement aux nouvelles et pleines lunes des équinoxes, qu'aux nouvelles et pleines lunes des solstices. Les païens nommaient la *mer* : *Téthys*, *Amphitrite*; et avaient Neptune pour dieu de la *mer*. — Les Juifs donnaient le nom de *mer* aux grands lacs. C'est en ce sens que les thalmudistes disent qu'il y a sept *mers* dans la Terre-Sainte : 1° la *mer de Tibériade*; 2° la *mer de Sodome*; 3° la *mer d'Hélath*; 4° la *mer d'Hélatha*; 5° la *mer de Sobéhi*; 6° la *mer d'Apamée*; et 7° la *grande mer*. — *Isaïe* donne aussi au Nil le nom de *mer*, selon quelques Hébreux; mais il est plus probable que le prophète parle de la *mer d'Égypte*, ou de la *mer Rouge*. —Nous donnons aussi le nom de *mer* à quelques lacs. Ainsi, nous appelons *mer Douce*, un grand lac de la Nouvelle-France dans l'Amérique septentrionale.—La *mer* a différents noms, selon les différentes régions, les pays ou villes qu'elle baigne, ou pour d'autres raisons. Voici les principaux de ces noms : la *mer Adriatique*. Voyez ADRIATIQUE.— La *mer d'Afrique*, autrement *mer de Tunis et de Tripoli*, ou *mer de Barbarie*. C'est une partie de la *mer Méditerranée*, renfermée entre les côtes des royaumes de Tunis et de Tripoli, la côte australe de Sicile, et la côte orientale de Sardaigne. — La *mer Atlantique* ou l'Océan Atlantique.—La *mer d'Ausonie*. Les anciens donnaient ce nom à la partie occidentale de la *mer Ionienne*; elle baigne la côte orientale de Sicile et des deux Calabres. Quelques-uns la reculent jusqu'au Péloponèse, et la confondent ainsi avec la *mer Ionienne*.— La *mer Baltique*. — La *mer de Biscaye*, partie de l'Océan qui baigne les côtes septentrionales d'Espagne, et s'étend depuis Fontarabie jusqu'au cap Finistère.—La *mer Blanche*. On appelle ainsi la *mer de Marmara*, par opposition au Pont-Euxin, qu'on appelle *mer Noire*, et parce qu'elle passe pour très-sûre. —La *mer Bosphorique* ou *Cimmérienne*; c'est la partie du Pont-Euxin qui est près du Bosphore Cimmérien.—La *mer du Brésil*. C'est une partie de la *mer du Nord*. Quelques-uns l'étendent tout le long de la côte du Brésil, depuis l'embouchure de la rivière des Amazones jusqu'au Paraguay. D'autres la resserrent à la partie de la *mer du Nord* qui baigne la côte orientale du Brésil. — La *mer Britannique*, c'est la Manche. Voy. MANCHE. —La *mer Calédonienne* ou l'Océan Calédonien. —La *mer de Candie*, partie de la *mer Égée*, ou de l'Archipel, qui voit la côte septentrionale de l'île de Candie. Elle s'étend entre le cap Salomon dans l'île de Candie, jusqu'à celui de Matapan dans le Péloponèse.—La *mer de Caramanie* et *de Rhodes*, *mer d'Asie*, partie de la *mer Méditerranée* qui baigne la côte méridionale de l'Asie-Mineure, ou de l'Anatolie. Anciennement, elle comprenait quatre autres *mers*, la *mer de Lycie*, la *mer de Pamphylie*, la *mer de Cilicie*, et la *mer Carpathienne*. — La *mer Carpathienne* est aujourd'hui la *mer de Scarpanto*. — La *mer Caspienne*, ou *Caspie*, est une *mer* dans l'Asie, vers l'Hircanie, qui reçoit plusieurs grands fleuves, sans avoir aucune communication apparente avec les autres *mers*. On l'appelle aujourd'hui *mer de Bacu* ou *de Sala*. — La *mer de la Chine* est celle qui est aux environs de la Chine, à l'orient et au midi.—La *mer de Chypre* ou *mer du Levant*. C'est la partie de la *mer Méditerranée* qui est aux environs de l'île de Chypre, entre la Cilicie et la Syrie. — La *mer de Cilicie*, aujourd'hui *mer de Caramanie*. C'est la partie de la *mer Méditerranée*, qui baigne les côtes de la Caramanie dans l'Asie Mineure. — La *mer Cimbrique* ou *mer du Jutland*. Voy. ce mot.—La *mer de Cyrène* ou *Cyrénaïque*. C'était, chez les anciens, la *mer* qui était entre celle de Libye et la grande Syrie, le détroit de Sidra, aujourd'hui sur la partie occidentale des côtes septentrionales du royaume de Barca, où était alors la Cyrénaïque Pentapole. — La *mer de Dalmatie*. Autrefois, après la décadence de l'Empire, on donnait ce nom à toute la *mer Adriatique*, ou golfe de Venise. Aujourd'hui, ce n'en est qu'une partie, sur les côtes de Dalmatie.—La *mer de Danemarck*. Voy. DANEMARCK.— La *mer du Désert*, ou *de la Solitude*. C'est un des noms que l'Écriture donne au lac *Asphaltite*. Voy. MER MORTE. Elle était ainsi appelée, parce qu'elle s'étend le long du désert ou de la solitude de Juda. — La *mer d'Écosse*. On donne ce nom au golfe de Forth, qui sépare la Lothiane de la province de Frise, parce que c'est le plus grand golfe d'Écosse.—La *mer Égée*. Voyez ÆGÉE, et ÉGÉE. Voy. encore ARCHIPEL.—La *mer d'Égypte*, partie de la *mer Méditerranée* qui arrose la côte septentrionale d'Égypte, et qui s'étend jusqu'aux côtes méridionales de l'île de Chypre et de Candie.—La *mer Éolienne*, *mer de Smyrne*, ou golfe de Smyrne. — La *mer d'Éthiopie*, autrement l'océan Éthiopien. —La *mer d'Eubée*, aujourd'hui *mer* ou golfe de Neptune. Voy. NÉGREPONT.—La *mer Extérieure*, Quelques-uns ont nommé la *mer Océane*, *mer Extérieure*, comme on nommait la Méditerranée, *mer Intérieure*.—La *mer de Galilée*, c'est le nom que l'Écriture donne au lac de Tibériade, formé par les eaux du Jourdain.—La *mer de Gascogne* ou *de Guyenne*. Voy. GASCOGNE. — La *mer Glaciale*. Voy. GLACIALE. — La *Grande mer* est, dans l'Écriture, la *mer Méditerranée*. Les Hébreux l'appelaient ainsi pour la distinguer des lacs, auxquels ils donnaient le nom de *mer*.—La *mer de Grèce*. Voy. GRÈCE. — La *mer Hircanienne*, ou *d'Hircanie*, nom de la *mer Caspienne*.—La *mer Hyperboréenne*. Les anciens appelaient ainsi une grande partie de la *mer septentrionale*.—Elle comprenait ce que nous nommons *mer de Moscovie*, et *mer de Tartarie*.—La *mer du Japon*, celle qui entoure le Japon. — La *mer d'Ibérie*, ou *mer d'Espagne*. Elle s'étend depuis le détroit de Gibraltar jusqu'au cap de Gates.— La *mer d'Icare*, ou *Icarienne*, aujourd'hui de *Nicari*.—La *mer de l'Inde*, Océan indien, *mer des Indes*. On l'appelle encore *Océan oriental*. Voy. OCÉAN.—La *mer Inférieure*. Les Romains appelaient ainsi la *mer de Toscane*, qui est au midi de l'Italie, comme ils appelaient mer Supérieure le golfe de Venise, qui est au nord. Voy. TOSCANE. — La *mer Intérieure*. C'est, chez les anciens, la *mer Méditerranée*. On aurait pu appeler ainsi en général tous les détroits qui pénètrent dans les terres. — La *mer Ionienne* ou *d'Ionie*. Voy. IONIE. — La *mer d'Irlande*. Voy. IRLANDE. — La *mer du Levant*, c'est un nom qu'on donne encore à la *mer Méditerranée*. De là vient que nous appelons vice-amiral du Levant, le vice-amiral de la Méditerranée, et des ports de Toulon, Marseille, etc.—La *mer de Libye*. C'est aujourd'hui la partie de la Méditerranée qui baigne les côtes septentrionales du royaume de Barca en Afrique. —La *mer de Ligurie*. C'était autrefois ce que nous appelons aujourd'hui *mer de Gênes*.—La *mer de Macédoine*. Voy. MACÉDOINE. — La *mer de Magellan* ou *Magellanique*. Voy. MAGELLANIQUE. — La *mer Majorque*. Voy. MAJORQUE.—La *mer Majeure*. C'est la *mer Noire* ou le Pont-Euxin.—La *mer de Marmara*. Voy. MARMARA.—La *mer Méditerranée*. Voy. MÉDITERRANÉE. Les anciens appelaient la *Méditerranée*, notre *mer*, parce que c'était celle qui environnait leurs terres, sur laquelle seule ils naviguaient.—La *mer de Mexique*. Voy. MEXIQUE.— La *mer de Mingrelie*. Voy. MINGRÉLIE. —La *mer Morte*. C'est, dans la Vulgate, le lac *Asphaltite*. L'Écriture appelle ainsi le grand lac que forme le Jourdain en finissant son cours, et qui occupe la place où se trouvaient Sodome et Gomorrhe.—La *mer Noire*, le Pont-Euxin. On l'appelle *mer Noire*, parce qu'elle est fort périlleuse.—La *mer du Nord*. Voy. NORD. — La *mer d'Occident*. Les anciens appelaient ainsi une grande partie de l'océan Éthiopique, entre l'océan Éthiopique proprement dit, et l'océan Atlantique, sur les côtes de Guinée. C'est ce que nous nommons aujourd'hui *mer de Guinée*. — La *mer Orientale*, grande partie de l'Océan qui s'étend le long de la Chine, du Japon et des Philippines. On dit plus communément *océan Oriental*, que *mer Orientale*.—La *mer Pacifique*. Voy PACIFIQUE.—La *mer de Pamphylie* était, chez les anciens, la partie de la *mer Méditerranée* qui baignait les côtes de Pamphylie, province de l'Asie-Mineure. Elle avait la *mer* de Cilicie à l'est, celle de Lycie à l'ouest, et était au nord-ouest de l'île de Chypre.—La *mer du Phase*. Les anciens ont ainsi appelé la partie du Pont-Euxin qui était sur les côtes de la Colchide, et dans laquelle le Phase se décharge.—La *mer de Phénicie*. Voy. PHÉNICIE. —La *mer de Provence*, autrement golfe de Lyon. Voy. LYON.—La *mer de Rhodes*. Voy. RHODES. —La *mer Rouge*, autrement *mer de la Mecque*, ou détroit Arabique. C'est un grand golfe de la *mer* qui entre dans les terres à Ormus, et s'étend entre l'Afrique et l'Arabie, jusqu'à une lieue au-dessus de Suez, faisant avec la Méditerranée un isthme d'environ cinquante lieues, qui joint l'Afrique à l'Asie.—La *mer de Sardaigne*. Voyez SARDAIGNE.—La *mer Sarmatique*, ou *de Sarmatie*. Voy. SARMATIE.—La *mer de Scythie*. Voy. SCYTHIE.—La *mer de Sicile*.Voy. SICILE. — La *mer de Sodome*. C'est le lac Asphaltite.—La *mer de la Solitude*. Voy. MER DU DÉSERT.—La *mer du Sud*. Voy. SUD et PACIFIQUE.—La *mer de Suède*, c'est la *mer Baltique*.—*La mer Supérieure*. Les Romains appelaient ainsi la *mer Adriatique*, aujourd'hui golfe de Venise, qui est au nord de l'Italie, comme ils appelaient *mer Inférieure* la *mer de Toscane*, qui est au midi. — *La mer de Syrie*, ou *de Sourie*. Voy. SYRIE. — *La mer de Tibériade*. Voy. MER DE GALILÉE, qui est la même chose. On la nomme aussi *mer de Génereth*, ou *de Génésareth*. Voy. ces mots. — *La mer de Toscane*. Voy. TOSCANE.—*La mer de Trinacrie*. Dans les auteurs anciens, c'est la même chose que *mer de Sicile*, qu'on appelait Trinacrie.—*La mer de Tyr*, partie de la *mer de Phénicie*. C'est celle qui est sur les côtes de Tyr.—*La mer Vermeille*. C'est la partie de la *mer du Sud* qui est entre la Nouvelle-Espagne et la péninsule de Californie, le golfe ou le bras de *mer* qui est entre la Nouvelle-Espagne et la Californie. — *La mer de Virginie*. C'est la partie méridionale de la *mer d'Irlande*, qu'on a autrefois appelée ainsi. Elle s'étend entre l'Irlande et le cap de Cornouaille en Angleterre.—*Coup de mer*, 1° tempête de peu de durée; 2° vague. — *Écumeurs de mer*, pirates infestant les *mers*.—*La mer est basse en cet endroit*, il n'y a pas beaucoup d'eau. —*La basse mer*, la *mer* vers la fin de son reflux.—*La pleine* ou *la haute mer*, la *mer* éloignée des rivages.—*Bras de mer*, se dit d'une partie de la *mer* qui passe entre deux terres assez proches l'une de l'autre.—*Port de mer*, ville ou endroit situé sur le bord de la mer où se trouve un port. — *Armée de mer*. Voy. MARINE. — *Se mettre en mer*, s'embarquer. — *Tenir la mer*, courir, naviguer en *haute mer*. — *Mettre un vaisseau en mer*, se dit d'un vaisseau ou de plusieurs vaisseaux qui partent et qui commencent leur route.—*Mettre un vaisseau à la mer*, ou *le mettre à l'eau*, c'est ôter le vaisseau de dessus les chantiers, et le mettre à flot.—On dit qu'*il y a de la mer*, pour dire que la *mer* est un peu agitée; qu'*il n'y a plus de mer*, pour dire que la *mer* est calme; *tirer à la mer*, ou *porter le cap à la mer*, pour dire, se mettre au large en s'éloignant de la terre.—On dit que *la mer brise*, lorsqu'elle bouillonne en frappant contre quelque rocher ou contre la terre; que *la mer étale*, lorsqu'elle ne fait aucun mouvement ni pour monter ni pour descendre; que *la mer moutonne*, pour dire que l'écume des lames paraît blanche; que *la mer rapporte*, pour dire que la grande marée recommence; que *la mer a perdu*, pour dire qu'elle a baissé. — Fam. : *chercher quelqu'un par mer et par terre*, en plusieurs lieux et avec empressement. — Prov. : 1° *c'est la mer à boire*, la chose est impossible, ou emporterait un temps infini; 2° *voguer en pleine mer*, avoir une fortune bien établie; 3° *être en pleine mer*, fort avancé dans une entreprise; 4° *porter de l'eau à la mer*, porter quelque chose en un lieu où il y en a déjà en abondance. — On dit prov. et fig., des petits secours qu'on apporte à des choses qui en demanderaient de très-grands, que *c'est une goutte d'eau jetée dans la mer*.—Par exagération, quand le fleuve d'eau non salée : *cette rivière débordée était une mer*. —*Écume de mer*. Voy. ÉCUME.

MÉRA, subst. propre fém. (*méra*), myth., nom d'une nymphe compagne de Diane.

MERCANTILE, adj. des deux genres (*mèrekantile*) (du lat. *mercans*, gén. *mercantis*, marchand), qui a rapport au commerce : style *mercantile*.

MERCANTILEMENT, adv. (*mèrekantileman*), d'une manière *mercantile*.

MERCANTILLE, subst. fém. (*mèrekanti-ie*), négoce de peu de valeur.

MERCANTORISTE, adj. des deux genres (*mèrekantoricete*) : *style mercantoriste*, des marchands; et principalement la langue commerciale. Vieux.

MERCENAIRE, subst. et adj. des deux genres (*mèrecenère*) (en lat. *mercenarius*, fait de *merces*, récompense, salaire), celui, celle qui sert ou qui travaille pour de l'argent; dont on paie la peine. —Qui a un intérêt sordide.— Fig. : *c'est un mercenaire*, un homme intéressé, qui ne fait rien que pour le gain et pour l'argent. — Adj. : *travail mercenaire*, qui se fait pour le gain. — Fig. : *homme*, *esprit*, *âme mercenaire*, qui se laisse aisément corrompre, à qui l'on fait faire tout ce qu'on veut pour de l'argent. — *Troupes mercenaires*, troupes étrangères dont on achète le service.

MERCENAIREMENT, adv. (*mèrecenèreman*), d'une manière *mercenaire*.

* **MERCENARITÉ**, subst. fém. (*mèrecenarité*), qualité de l'être *mercenaire*.

MERCERIE, subst. fém. (*mèreceri*), toute sorte de marchandises de *mercier*; le corps, le commerce des *merciers*.

* **MERCEROT**, subst. mas. (*mèrecerô*), vieux mot qui s'est dit autrefois pour *petit mercier*.

MERCI, subst. fém. (*mèreci*) (suivant *Caseneuve*, du latin *merces*, *cedis*, dans le sens de prix, salaire; parce que, dit-il, par les anciennes lois, et surtout par la loi salique, la peine, même des plus grands crimes, était rachetée par de l'argent, lequel devenait alors comme le prix (la compensation) de la peine due au crime. *Crier merci*, c'était demander cette conversion de la peine encourue en une amende pécuniaire; *prendre à merci*, c'était l'accorder. D'autres dérivent simplement *merci* du latin *mereri*, mériter, parce que celui qui s'humilie mérite le pardon.), miséricorde : *crier merci*; *recevoir à merci*. Il vieillit et ne s'emploie plus que dans cette phrase familière : *je vous crie merci*, je vous demande pardon. — *Être à la merci* (à la discrétion) *du vainqueur*, *des flots*, etc. — Il est aussi mas. Fam. : *grand merci*, je vous rends graces. — *Un grand merci*, un remerciment, un je vous rends graces.—*Dieu merci*, graces à Dieu. (Dans ces trois dernières phrases, du mot *remercier*).—*Merci* ne s'emploie jamais au plur. — *Don d'amoureuse merci*, faveurs d'une femme. — *Merci de ma vie!* sorte d'exclamation par laquelle on manifeste son désespoir. — *Merci* est aussi adv.; il signifie : j'en ai assez.

MERCIE, subst. propre fém. (*mèreci*), ancien royaume d'Angleterre.

MERCIER, subst. mas., **MERCIÈRE**, subst. fém. (*mèrecié*, *cière*) (du lat. *merx*, gén. *mercedis*, marchandise, d'où l'on a fait dans la basse latinité *mercerius*), marchand qui vend toute sorte de serges, de taffetas, de rubans de soie, de fil, etc. — Porte-balle qui va vendre, dans les villages et à la campagne, de menues *merceries*.

MERCIÈRE, subst. fém. Voy. MERCIER.

MERCŒUR, subst. propre mas. (*mèrekieur*), ville de France, dép. de la Corrèze.

MERCREDI, subst. mas. (*mèrekredi*) (du lat. *dies*, jour, *Mercurii*, de Mercure, parce que chez les Romains il était consacré à *Mercure*. De *Mercurii dies*, on a fait par corruption et par contraction *mercredi*), le quatrième jour de la semaine.

MERCURE, subst. mas. (*mèrekure*) (en lat. *Mercurius*), en astron., la plus petite des planètes inférieures et la plus proche du soleil. Sa révolution sidérale est d'environ deux mois et vingt-huit jours. — En chimie, le vif-argent, auquel l'usage a conservé ce nom.— *Mercure corné des anciens chimistes*, *mercure* muriaté des modernes. — *Mercure vierge*, *mercure* natif.—*Fixer le mercure*, l'unir à quelque autre corps pour qu'il ne puisse devenir coulant. — T. d'hist. nat., sorte de papillon. — Subst. propre mas., myth., dieu de la fable, fils de Jupiter et de Maïa, le messager des dieux; le dieu de l'éloquence et celui des voleurs. — Fig. et fam., l'entremetteur d'un mauvais commerce. — *Mercure galant*, journal littéraire, ainsi nommé d'un *M. Galland*, professeur au Collége royal, qui y travaillait. — Au plur., jeunes enfants, chez les Grecs, âgés de huit, dix à douze ans, et qui étaient dans la célébration des mystères.

MERCURIALE, subst. fém. (*mèrekuri-ale*), assemblée du parlement qui se tenait le premier *mercredi* d'après la Saint-Martin, et le premier *mercredi* d'après la semaine de Pâques, pour la réformation des abus dans l'administration de la justice. Cette espèce de tribunal de censure avait été établi par Louis XII dans son ordonnance de 1499, ensuite de laquelle les assemblées de ce genre doivent se tenir tous les quinze jours, le *mercredi*. — Discours que faisaient ce jour-là le premier président, le procureur-général, etc.— Fig., réprimande.—Assemblée de gens de lettres qui se faisait le *mercredi* chez quelque personne savante. On a tenu long-temps des *mercuriales* chez *Ménage*, à qui la reine *Christine* de Suède, qui avait à Stockholm de semblables assemblées le *jeudi*, écrivait, dit *Ménage* lui-même : *ma joviale est très-humble servante de votre mercuriale*. — T. de bot., plante du genre des tithymaloïdes.— Au plur., prix auquel les grains, les farines, etc., se vendent à chaque marché.—Subst. fém. plur., fêtes qui se célébraient à Rome, en l'honneur de *Mercure*, le 14 juillet, selon les uns, et le 15 mai, suivant d'autres.

* **MERCURIALISÉ**, E, part. pass. de *mercurialiser*.

MERCURIALISER, v. act. (*mèrekuri-alizé*), réprimander. Peu en usage.

MERCURIAUX, subst. et adj. mas. plur. (*mèrekuri-ô*), t. de pharm., qui se dit des médicaments dans lesquels il entre du *mercure*.

MERCURIEL, adj. mas., au fém. **MERCURIELLE** (*mèrekuri-èle*), qui tient du *mercure*, qui en contient : *onguent mercuriel*. — *Frictions mercurielles*, faites avec de l'onguent *mercuriel*.

MERCURIELLE, adj. fém. Voy. MERCURIEL.

MERCURIFICATION, subst. fém. (*mèrekurifikâcion*), opération par laquelle on tire le *mercure* des métaux.

MERDAILLE, subst. fém. (*mèredâ-ie*), troupe importune de petits enfants. Il est pop.

MERDE, subst. fém. (*mèrede*) (en lat. *merda*), excrément, matière fécale de l'homme ou de quelques animaux domestiques.—*Dire merde à quelqu'un*, c'est dire qu'on se moque de lui; et *merde*, par exclamation, signifie : allez vous promener, laissez-moi en paix.

MERDE-D'OIE, subst. mas. (*mèrededoa*), couleur entre le vert et le jaune.— Adj., qui est de cette couleur : *un habit merde-d'oie*.

MERDEUSE, adj. fém. Voy. MERDEUX.

MERDEUX, subst. et adj. mas., au fém. **MERDEUSE** (*mèredeu*, *deuze*), souillé, gâté de *merde*. — *Cas merdeux*, se dit d'une faute que l'on est forcé d'avouer. — *Bâton merdeux*, se dit d'une personne dont le caractère est intraitable.— Subst., polisson, gamin.

MÈRE, subst. fém. (*mère*) (en lat. *mater*, en grec μήτηρ, gén. μητρός), femme qui a mis un enfant au monde.—*Mère de famille*, qui a plusieurs enfants. — *Notre première mère*, Ève, la femme d'Adam. — *Mère nourrice*, la femme qui nourrit un enfant de son lait et qui remplace la propre *mère*.—*Notre mère commune*, la terre.— Il se dit aussi des femelles des animaux. — Matrice : *mal de mère*. — Fig. : *l'Église est la mère des fidèles*. — *La commune mère*, la nature. — Religieuse professe.— Au fig., cause : *l'oisiveté est la mère de tous les vices*; *la défiance est la mère de la sûreté*; *la Grèce est la mère des beaux-arts*, ils y ont été perfectionnés. —On dit d'une femme charitable, qu'elle est la *mère des pauvres*. — *Contes de la mère l'Oie*, avec lesquels on amuse les enfants. — *La mère une telle*, telle femme du peuple dont on parle. Adj. fém. : *mère-goutte*, le plus pur vin qui coule de la cuve sans qu'on ait encore foulé le raisin. — *Mère-laine*, la laine la plus fine. — *Mère-perle*, grosse coquille de perle qui en renferme quelquefois un grand nombre. —En chim., *eau-mère*, eau saline et épaisse qui ne donne plus de crystaux. — *Langue mère*, qui n'est dérivée d'aucune autre, et dont quelques-unes sont dérivées.—En anat., *dure-mère* et *pie-mère*, les deux membranes qui enveloppent le cerveau. — Prov. : *renvoyer quelqu'un à sa grand'mère*, le relancer vivement.—*Grand'mère*, aïeule.—*Belle-mère*. Voy. ce mot.

MÉREAU, subst. mas. (*mérô*) (du grec μερος, ou μερις, part, portion dans la distribution d'une chose; fait de μειρω, je distribue, je partage), marque qu'on distribue à des gens pour servir à être admis en quelque lieu, ou pour témoigner qu'ils y ont été, et avoir part à une distribution. Il se disait surtout des marques de ce genre données aux chanoines pour leur assistance aux offices.

MÈRE-GOUTTE, subst. fém. Voy. MÈRE. — Au plur., des *mères-gouttes*.

MÈRE-LAINE, subst. fém. Voy. MÈRE. — Au plur., des *mères-laines*.

MÉRELLE ou **MARELLE**, subst. fém. (*mé*, *ma-rèle*), sorte de jeu qui n'est guère en usage que parmi les enfants et les écoliers, et où l'on joue avec de petites marques dont trois doivent se trouver en ligne droite. — Autre jeu consistant en une manière d'échelle tracée avec de la craie, etc., dans laquelle on marche à cloche-pied, en poussant avec le pied une espèce de palet.

MÉRELLÉ, E, adj. (*mérèlelé*), t. de blas., qui représente des *merelles*.

MÉRENDÈRE, subst. fém. (*mérandère*), t. de bot., genre de liliacées.

MÉRENGIE, subst. fém. (*méranji*), t. de bot., plante de la famille des sablines.

MÈRE-PERLE, subst. fém. Voy. MÈRE. — Au plur., des *mères-perles*.

MÉRID., abréviation du mot *méridien*.

MÉRIDA, subst. propre fém. (*mérida*), petite ville d'Espagne, située dans l'Estramadure.

MÉRIDIEN, subst. mas. (*méridiein*) (du latin *meridianus*, sous-entendu *circulus* ; fait de *meridies*, midi : parce que lorsque le soleil est dans ce cercle, il est midi ou minuit pour tous les lieux qui sont sous ce même cercle), grand cercle de la sphère qui passe par le pôle du monde, et par le zénith du lieu. — *Premier méridien*. Voy. LONGITUDE. — *Méridien universel*, dans le calcul des éclipses, celui où l'on suppose le soleil fixe, les différents pays de la terre y arrivent successivement.—T. de physique, *méridien magnétique*, grand cercle qui passe par les pôles de l'aimant, et dans le plan duquel se trouve l'aiguille aimantée.

MÉRIDIEN, adj. mas., au fém. **MÉRIDIENNE** (*méridiein, diène*) (en lat. *meridianus*, fait de *meridies*, midi), qui regarde le *midi*.

MÉRIDIENNE, adj. fém. Voy. MÉRIDIEN.— Subst. fém., t. d'astron. : ligne qui marque le *midi*. C'est une partie de la commune section du plan du *méridien* et de l'horizon d'un lieu. On l'appelle aussi *ligne méridienne*, et *ligne nord et sud*. En général, la commune section du méridien et d'un plan quelconque, horizontal, vertical ou incliné. — *Méridienne du temps moyen*, celle qui marque le midi moyen sur une courbe placée suivant l'équation du temps.— *Méridienne d'un cadran*, droite qui se détermine par l'intersection du *méridien* du lieu avec le plan du cadran. C'est la ligne de *midi*, d'où commence la division des lignes des heures.—Sommeil court qu'on prend après midi : *faire la méridienne* (en lat. *meridiari*.) Il n'est usité que dans cette phrase.

MÉRIDIONAL, E, adj. (*méridi-onale*) (en lat. *meridionalis*), qui est du côté du midi, par rapport au lieu dont on parle. — *Distance méridionale*, suivant les marins anglais, la distance des *méridiens*, ou la différence de longitude entre le *méridien* sous lequel le vaisseau se trouve et celui d'où il est parti.— *Cadran méridional*, celui qui est dans la place qui va du levant au couchant. — *Parties méridionales, minutes méridionales*, dans la navigation anglaise, les parties dont les *méridiens* croissent dans les cartes marines, à proportion que les parallèles de latitude décroissent. On dit, dans le même sens : *latitudes croissantes*.—Au plur., *méridionaux*.

MÉRIDIONAUX, adj. mas. plur. Voyez MÉRIDIONAL.

MÉRINDOL, subst. propre mas. (*méreindole*), village de France, situé dans la Provence.

MERINGUE, subst. fém. (*mereingue*), sorte de pâtisserie faite de blancs d'œufs fouettés, de râpures de citron, de sucre fin en poudre, etc.

MÉRINOS, subst. mas. (*mérinôce*) (de l'espagnol *merino*, qui signifie proprement errant, vagabond, et qui se dit des troupeaux qu'on promène de pâturage en pâturage), béliers et brebis à laine très-fine, originaires d'Espagne. — Étoffe de leur laine. — Châle fait avec cette laine.

MÉRION, subst. mas. (*mérion*), t. d'hist. nat., sorte de fauvette.

MERISE, subst. fém. (*merize*), petite cerise douce.

MERISIER, subst. mas. (*merizié*), t. de bot., grand cerisier des bois.

MÉRITANT, E, adj. (*méritan, tante*), qui a beaucoup de *mérite*.

MÉRITE, subst. mas.(*mérite*)(en lat. *meritum*) en parlant des personnes, ce qui rend digne l'estime, de considération, etc.—En parlant des choses, ce qu'elles ont de bon et d'estimable. — Ce qui est digne de récompense ou de punition de la part de Dieu : *Dieu nous jugera selon le mérite de nos œuvres*. — On dit par extension, en style familier et en mauvaise part : *cet homme sera traité selon ses mérites*. — *Se faire un mérite de quelque chose*, en tirer gloire, avantage.—Au plur., les effets de la grace : *les mérites de la passion de Jésus-Christ*, ses souffrances et sa mort, qui nous ont *mérité* la rémission des péchés.— *Les mérites des saints*, leurs bonnes œuvres.

MÉRITÉ, E, part. pass. de *mériter*.

MÉRITER, v. act. (*mérité*) (en lat. *mereri*, ou plutôt *meritare*, qu'on trouve dans *Pline*), être ou se rendre digne de...—Il se dit quelquefois des choses : *cette action mérite récompense*. — Encourir, attirer sur lui : *mériter une punition*.— *Mériter quelque faveur à un autre*, la lui faire obtenir, l'en rendre digne.—*Cette nouvelle mérite confirmation*, n'est pas sûre, a besoin d'être confirmée.— *Bien mériter de...*, avoir rendu de grands services : *il a bien mérité de la patrie*.—*Mériter beaucoup*, être digne de récompense. Dans cette acception il est neut. — SE MÉRITER, v. pron.

MÉRITOIRE, adj. des deux genres (*méritoare*) qui mérite les récompenses éternelles : *œuvre méritoire*. — On dit, depuis quelque temps, *cela est* ou *n'est pas méritoire*, il y a ou il n'y a pas de *mérite* à l'avoir fait.

MÉRITOIREMENT, adv. (*méritoareman*), d'une manière *méritoire*.

MERLAN, subst. mas. (*mèrelan*), t. d'hist. nat., espèce de poissons osseux, holobranches et jugulaires. — Pop., garçon perruquier.

MERLE, subst. mas. (*mèrele*) (en lat. *merula*) t. d'hist. nat., oiseau de moyenne grosseur, qui a le plumage noir, et le bec jaune.—Poisson du genre labre. — Prov. : *c'est un fin merle*, un fin matois, un homme rusé. On dit proverbialement à une personne à qui on ne se fie pas : *à d'autres, dénicheur de merles!*— *Jaser comme un merle*, parler beaucoup. — *Si vous le faites, je vous donne un merle blanc*, je vous donnerai l'impossible, si vous parvenez à faire l'impossible.

MERLETTE, subst. fém. (*mèrelète*), t. de blas., petit oiseau représenté sans pieds ni bec. — Armure de tête.

MERLIN, subst. mas. (*mèrelein*), outil pour fendre du bois.—T. de marine, petit cordage ou ligne goudronnée à deux fils, pour coudre les ralingues des voiles, etc. Il y a du *merlin* à trois fils.—Chez les bouchers, long marteau ou espèce de massue pour assommer les bœufs.

MERLINE, subst. fém. (*mèreline*), orgue mécanique et portatif, monté à l'unisson de la voix des *merles*.

MERLINÉ, E, part. pass. de *merliner*.

MERLINER, v. act. (*mèreliné*), t. de mar., attacher la ralingue avec du *merlin* : *merliner une voile*.—SE MERLINER, v. pron.

MERLON, subst. mas.(*mèrelon*), t. de fortific., partie du parapet entre les embrasures.

MERLUCHE, subst. fém. (*mèreluche*) (du latin *maris lucius*, brochet de mer. *Ménage*.), merlus qu'on a fait sécher au soleil, après lui avoir donné une salaison. — *Poignée de merluches*, deux *merluches* jointes ensemble.

MERLUS, subst. mas. (*mèreluce*), t. d'hist. nat., poisson du genre gade.

MERLUT, subst. mas. (*mèrelu*), t. de mégiss. : *peau en merlut*, séchée sur des cordes avec sa laine.

MERO, subst. mas. (*mérô*), t. d'hist. nat., sorte de poisson.

MÉROCÈLE, subst. fém (*mérocèle*) (du grec μηρος, cuisse, et κηλη, tumeur, hernie), t. de chir., descente de l'intestin vers la cuisse.

MÉRODON, subst. mas. (*mérodon*), t. d'hist. nat., genre d'insectes diptères.

MÉROPE, subst. propre fém. (*mérope*), myth., fille de Caṕtélus, roi d'Arcadie, et femme de Cresphonte, un des Héraclides.—L'une des Pléiades.

MÉRON, subst. mas. (*méron*), t. d'hist. nat., sorte de poisson.

MÉROVINGIEN, adj. et subst. mas., au fém. **MÉROVINGIENNE** (*méroveinjien, ji-ène*), de la race de *Mérovée*.—Subst.: *les Mérovingiens*, les descendants de *Mérovée*, roi des Francs.

MERRAIN, subst. mas. (*mèrein*) (du lat. *materia*, bois coupé, dont on a fait, dans la basse latinité, *materiamen*, et par contraction, *matriamen*. Caseneuve.), bois de chêne refendu en plusieurs planches, pour des panneaux, des douves de tonneaux, etc. — En t. de vènerie, tige commune des andouillers du bois de cerf.

MÉRULE, subst. fém. (*mérule*), t. de bot., plante de la famille des champignons.

MERVEILLE, subst. fém. (*mèrevè-ie*) (de l'italien *maraviglia*, fait, dans la même signification, du lat. *mirabilis*, sous-entendu *res*. Ménage.), chose rare, extraordinaire, surprenante. Il diffère de *miracle*, en ce que la *merveille* peut être un phénomène de la nature dont on ne connaît pas la cause, et que le *miracle* est un prodige qui ne peut être attribué à aucune cause naturelle. — Chef-d'œuvre de l'art. — On appelle *les sept merveilles du monde*, sept ouvrages extraordinaires célèbres dans l'antiquité. Ces *sept merveilles* sont, les pyramides d'Égypte; les jardins et les murs de Babylone; le tombeau qu'Artémise, reine de Carie, éleva au roi Mausole, son époux ; le temple de Diane, à Éphèse ; la statue de Jupiter Olympien, par Phidias ; le colosse de Rhodes; le phare d'Alexandrie. — Prov. : *passer les sept merveilles* ou *être une des sept merveilles*, ou *être la huitième merveille*, être excellent dans son genre. On le dit souvent par dérision. — *Jeune merveille*, jeune personne extrêmement belle. — *Faire merveille*, faire fort bien. — *Promettre monts et merveilles*, faire de très-grandes promesses. — Fam. : *ce n'est pas merveille* ou *grande merveille*, la chose est toute simple. — *A merveille*, adv., d'une manière admirable.—*Pas tant que de merveille*, pour, pas beaucoup, est une loc. qui a tellement vieilli, que nous ne devrions plus la lire dans l'*Académie*.

MERVEILLEUSE, subst. et adj. fém. Voy MERVEILLEUX.

MERVEILLEUSEMENT, adv. (*mèrevé-ieuzeman*), d'une manière *merveilleuse*.

MERVEILLEUX, adj. mas., au fém. **MERVEILLEUSE** (*mèrevé-ieu, ieuze*), surprenant, étonnant, digne d'admiration.—Excellent en son genre. — Fam. et iron. : *vous êtes un merveilleux homme*, étrange et extraordinaire dans vos sentiments, etc.

MERVEILLEUX, subst. mas. (*mèrevéieu*), tout ce qui surprend l'esprit et le force à admirer. — Tout ce qui est contre le cours ordinaire de la nature. — Ce qu'il y a de *merveilleux* dans un poëme, comme l'intervention des dieux, etc.— Au commencement de ce siècle, on appelait *merveilleux* un petit-maître, un homme à la mode : *c'est un de nos merveilleux*. On disait dans le même sens au fém. : *une merveilleuse*; et adjectivement : *ces femmes merveilleuses*, etc.

MERVILLE, subst. propre mas. (*mèrevile*), ville de France, dép. du Nord.

MÉRYCISME, subst. mas. (*méricicеme*) (du grec μερυκω, je rumine), t. de médec., affection pendant laquelle un malade rumine comme les animaux ruminants. Inus.

MÉRYCOLOGIE, subst. fém. (*mérikoloji*) (du grec μερυκω, je rumine, et λογος, discours), traité sur les ruminants.

MÉRYTE, subst. fém. (*mérite*), t. de bot., plante du genre diœcie.

MÉS, particule qui, dans la composition d'un mot, en change la signification *en mal* : *mésintelligence*, mauvaise intelligence, etc.

MES, adj. possessif plur. Voy. MON.

MÉSA, subst. mas. (*méza*), t. de bot., nom de différentes espèces de plantes.

MÉSADOU, subst. mas. (*mézadou*), lame de bois qui sert à faire cailler le lait.

MÉSAIR. L'*Académie* écrit aussi **MÉZAIR**. Voy. cette dernière orthographe.

MÉSAISE, subst. mas. (*mézèze*), il signifie la même chose que *malaise*, avec cette différence que *mésaise* paraît plus propre pour l'état de la santé, et *malaise* pour celui de la fortune.

MÉSALLERIE, subst. fém. (*mézaleri*), vieux mot hors d'usage, qui s'est dit pour désigner une *énorme enflure aux jambes*.

MÉSALLIANCE, subst. fém. (*mézaliance*), *alliance*, mariage avec une personne d'une condition fort inférieure.

MÉSALLIÉ, E, part. pass. *de mésallier*.

MÉSALLIER, v. act. (*mézalié*), marier à une personne d'une condition fort inférieure : *il n'a point mésallié sa fille*. — SE MÉSALLIER, v. pron., épouser une personne d'une condition inférieure. — Fréquenter des inférieurs.

MÉSANGE, subst. fém. (*mézanje*) (de l'allemand *merse*, qui, suivant *Wachter*, a la même signification), t. d'hist. nat., sorte de petit oiseau, de l'ordre des passereaux, et de la famille des subulirostres.

MÉSANGÈRE, subst. fém. (*mézanjère*), t. d'hist. nat., grosse *mésange*.

MÉSANGETTE, subst. fém. (*mézanjète*), piége pour les *mésanges*.

MÉSANIO, subst. mas. (*mézani-ô*), sorte de corail. (*Boiste*.) Inusité.

MÉSARAÏQUE, adj. des deux genres (*mézaraïke*) (du grec μεσαραιον, le mésentère), t. d'anat., il se dit des veines du *mésentère*.

MÉSARRIVER, v. neut. et unipers. (*mézarivé*); il se dit d'un accident fâcheux qui arrive à la suite de quelque chose : *que voulez-vous qu'il en mésarrive? il vous en mésarrivera*. Peu usité.

MÉSAVENANT, E, adj. (*mézavenan, nante*), qui n'est point *avenant*. Hors d'usage.

MÉSAVENANCE, subst. fém. (mézavenance), qualité de ce qui est mésavenant. Hors d'usage.
MÉSAVENIR, v. unipers. (mézavenir), il a le même sens et le même emploi que mésarriver, et n'est guère plus usité.
MÉSAVENTURE, subst. fém. (mézavanture), accident malheureux.
MESCHIEF, subst. mas. (mechiéfe), vieux mot hors d'usage qui s'est dit pour accident fâcheux.
MESE, subst. fém. (méze), vieux t. de musique; corde aiguë qui lie le 2e au 3e tétracorde.
MÉSÉDIFIÉ, E, part. pass. de mésédifier.
MÉSÉDIFIER, v. act. (mézédifié), scandaliser.
— se MÉSÉDIFIER, v. pron.
MÉSENTENDRE, v. act. (mézantandre), vieux mot hors d'usage qui s'est dit pour mal comprendre.
MÉSENTÈRE, subst. mas. (mézantére) (en grec μεσεντεριν, formé de μεσος, qui est au milieu, et εντερον, intestin), t. d'anat., production du péritoine, qui règne en forme de fraise le long des intestins. On l'appelle fraise dans le veau.
MÉSENTÉREMPHRAXIS, subst. fém. (mézantéranfrakecice) (du grec μεσεντεριον, mésentère, et εμφραϭϭω, j'obstrue), t. de médec., obstruction du mésentère.
MÉSENTÉRIQUE, adj. des deux genres (mézantérike), qui appartient au mésentère.
MÉSENTÉRITIS, subst. fém. (mézantéritice), t. de médec., inflammation du mésentère.
MÉSESTIME, subst. fém. (mezécetime), mépris, privation de l'estime.
MÉSESTIMÉ, E, part. pass. de mésestimer.
MÉSESTIMER, v. act. (mézécetimé), en parlant des personnes, n'estimer pas; avoir mauvaise opinion de... — En parlant des choses, les apprécier au-dessous de leur juste valeur; à la différence de mal estimer, qui signifie indifféremment estimer au-dessus ou au-dessous de la valeur. — se MÉSESTIMER, v. pron.
MÉSIER, subst. mas. (mézié), t. de bot., arbrisseau de la famille des anones.
MÉSINTELLIGENCE, subst. fém. (mézeintéletijance), mauvaise intelligence, défaut d'union, de concert. — Brouillerie.
MÉSINTERPRÉTÉ, E, part. pass. de mésinterpréter.
MÉSINTERPRÉTER, v. act. (mézeintérepreté), mal interpréter. — se MÉSINTERPRÉTER, v. pron.
MÉSIRE, subst. mas. (mézire), suivant Boiste, maladie du foie.
MESLE, subst. fém. (mele), nèfle. Mesle est resté en usage dans quelques provinces.
MESMÉRIEN, subst. et adj. mas. (mécemérien), physicien, médecin qui suit et pratique la méthode du mesmérisme. — Qui y a rapport.
MESMÉRISME, subst. mas. (mécemériceme), t. de physique, doctrine du magnétisme animal, ainsi nommée du docteur Mesmer, médecin allemand qui, le premier, l'a fait connaître et pratiquée en France.
MÉSOCÉPHALE, subst. mas. (mézôcefale) (du grec μεσος, qui est au milieu, et κεφαλη, tête), t. d'anat., protubérance cérébrale.
MÉSOCÉPHALIQUE, adj. des deux genres (mézôcefalike), t. d'anat. : artère mésocéphalique, basilaire.
MÉSOCHONDRIAQUE, adj. des deux genres (mézokondriake) (du grec μεσος, qui est au milieu, et χονδριον, cartilage), t. d'anat.; nom donné par Boerhaave à deux plans de fibres musculeuses, situés entre les segments cartilagineux de la trachée-artère.
MÉSOCOLON, subst. mas. (mézokolon)(du grec μεσος, qui est au milieu, et κωλον, l'intestin colon), t. d'anat., partie du mésentère couchée sur le boyau appelé colon.
MÉSOCRANE, subst. mas. (mézôkrâne), t. d'anat., le milieu du crâne.
MÉSOFFRIR, v. neutr. (mézofrir), offrir moins que la chose ne vaut. Fort peu en usage.
MÉSOÏDE, subst. fém. (mézo-ide), sorte de mélopée dithyrambique. Inusité.
MÉSOLABE, subst. mas. (mézolâbe), ancien instrument de mathématiques au moyen duquel on trouvait la moyenne proportionnelle.
MÉSOLOBE, subst. mas. (mézolobe), t. d'anat., corps calleux entre les lobes du cerveau.
MÉSOLOGARITHME, subst. mas. (mézologariteme), nom donné par Kepler aux logarithmes des cosinus, et à ceux des cotangentes. Néper appelle les premiers antilogarithmes, et les seconds, logarithmes différentiels.

MÉSOMÉRIE, subst. fém. (mézoméri) (du grec μεσος, qui est au milieu, et μηρος, cuisse), t. d'anat., la partie du corps entre les cuisses.
MÉSOPOTAMIE, subst. propre fém. (mézopotami), nom d'une grande contrée d'Asie, dont il est souvent question dans les livres saints.
MÉSORE, subst. mas. (mézore), intervalle déterminé que l'on met entre les heures de l'office divin.
MÉSORECTUM, subst. mas. (mézôrektome) (du grec μεσος, qui est au milieu, et du latin rectum, nom des deux gros intestins, qui signifie droit), t. d'anat., membrane qui tient le rectum en place.
MÉSOTHÉNAR, subst. mas. (mézôténar) (du grec μεσος, milieu, et θεναρ, le thénar, la paume de la main), t. d'anat., muscle qui approche le pouce de la paume de la main. On le nomme aussi antithénar.
MÉSOTYPE, subst. fém. (mézotipe) (du grec μεσος, milieu, et τυπος, forme), t. d'hist. nat., sorte de pierre dont la forme primitive présente comme une sillbite. C'est la zéolithe en aiguilles prismatiques et pyramidales de Delisle.
MÉSOZEUGME, subst. mas. (mézôzeugueme), figure qui consiste à supprimer aux extrémités de la phrase un mot qui a été exprimé au milieu. Voy. ZEUGME.
MESQUIN, adj. mas., au fém. MESQUINE (mécekiein, kine) (de l'italien meschino, misérable, dérivé de l'arabe al-meskein, pauvre, misérable, de peu d'importance), en parlant des personnes, chiche, qui fait une dépense au-dessous de son bien. — En parlant des choses, qui se ressent de cette épargne sordide. — En peinture, maigre, pauvre, de mauvais goût. — On le dit au fig., et dans le même sens, des ouvrages d'esprit : tours mesquins ; pensées mesquines, etc.
MESQUINEMENT, adv. (mécekineman), d'une manière mesquine.
MESQUINERIE, subst. fém. (mécekineri), épargne sordide. — Excessive économie.
MESQUITE, subst. mas. (mécekite), t. de bot., grand et bel arbre de l'Amérique, dont les gousses desséchées servent à faire de l'encre.
MESSAC, subst. propre mas. (méçake), bourg situé sur la Vilaine, en Bretagne.
MESSAGE, subst. mas. (méçaje) (du lat. missio, envoi, dont on a fait, dans la basse latinité, missaticum qui se trouve dans les Capitulaires de Charles-le-Chauve, et ensuite messagium), charge, commission de porter quelque chose. — La chose même qu'on a commission de porter.
MESSAGER, MESSAGÈRE, subst. mas. (méçajé, jère) (du lat. missus, envoyé), celui, celle qui fait un message.— Poét. : messager des dieux, Mercure ; la messagère de Junon, Iris; la messagère du Jour, du Soleil, l'Aurore.— Fig., sige avant-coureur de quelque mal à venir : les prodiges, les monstres, etc., sont des messagers de la colère de Dieu.—Celui qui est établi pour porter ordinairement les paquets d'une ville à une autre.— Messager d'état, qui porte officiellement des dépêches : Messager d'état, de la chambre des pairs, de celle des députés. — Messager de malheur, celui qui apporte habituellement de mauvaises nouvelles. — T. d'hist. nat., genre d'oiseaux rapaces, de la famille des plumicoles, caractérisés par une huppe derrière le cou, une longue queue étagée, et les tarses très-allongés. Ils habitent l'Afrique.
MESSAGÈRE, subst. fém. Voy. MESSAGER.
MESSAGERIE, subst. fém. (méçajeri), office de messager public.—Revenu qui vient des messageries. — Lieu où le messager tient son bureau.—Sorte de voitures publiques.—Entreprise de ces voitures.
MESSALINE, subst. fém. (méçaline), nom propre de la femme de l'empereur romain Claude, et qui se dit d'une femme de mœurs peu ou licencieuses.—Toile d'Égypte.
MESSE, subst. fém. (méce) (en latin missa, fait de missio, renvoi, parce qu'anciennement on renvoyait, on faisait sortir de l'église les catéchumènes et les pénitents avant de commencer l'action du sacrifice ; et qu'aujourd'hui encore, comme autrefois, lorsqu'il est fini, on renvoie les fidèles par ces mots : ite, missa est), le sacrifice du corps et du sang de Jésus-Christ dans l'Église catholique. — On donne différents noms à la messe, selon les différents rites, les différentes intentions, les différentes manières dont on la célèbre. Messe grecque, messe célébrée selon le rit grec ; messe latine, qui se dit en latin, selon le rit de l'Église latine ; messe

haute ou grand'messe, celle qui se chante par des choristes, et que l'on célèbre quelquefois avec diacre ou sous-diacre; messe basse, qui se dit sans chant, mais en récitant seulement les prières; messe de la Vierge, que l'on offre à Dieu par l'entremise de la Vierge et sous son invocation; messe du Saint-Esprit, que l'on célèbre au commencement de quelque solennité ou d'une assemblée, et que l'on commence par l'invocation du Saint-Esprit ; messe des morts, ou de requiem, que l'on dit à l'intention des défunts ; messe de paroisse, celle que l'on chante à la paroisse les fêtes et dimanches; messe d'un saint, dans laquelle on invoque Dieu par l'intercession d'un saint. Il y a des messes des apôtres, des martyrs, des confesseurs, des pontifes, des vierges, etc ; messe votive, qui se dit pour quelque raison ou quelque dévotion particulière ; messe de minuit, celle qui se dit à minuit la veille de Noël; messe du point du jour, celle qui se dit le même jour, à la pointe du jour : dire, célébrer la messe ; entendre la messe.—Le musicien a fait une belle messe, a mis en bonne musique ce qui se chante aux grand'messes.
MESSÉANCE, subst. fém. (mécé-ance), manque de bienséance; le contraire de bienséance. Peu en usage.
MESSÉANT, E, adj. (mécé-an, ante), qui n'est pas séant, convenable. On dit plus souvent malséant.
MESSEL, ne se dit plus pour missel.
MESSÉNIE, subst. propre fém. (mécéni), contrée du Péloponèse.
MESSÉNIEN, adj. et subst. mas, au fém. MESSÉNIENNE (mécénieiin, niéne), de la Messénie.
MESSÉNIENNES, subst. fém. (mécéniéne), élégie sur les malheurs de la Messénie ; et, par extension, messéniennes se dit des malheurs de tout autre pays : les messéniennes de Casimir Delavigne.
MESSEOIR, v. neut. (méçoare), ne pas convenir; n'être pas séant. Ce verbe n'est plus guère usité à l'infinitif, mais il s'emploie dans les mêmes temps que seoir, être convenable. Ainsi l'on dit très-bien : cela ne vous messied pas. Voy. SEOIR.
MESSER, subst. mas. (mécére), vieux mot qui s'est dit pour messire. — La Fontaine appelle l'estomac messer Gaster.
MESSERIE, subst. fém. (méceri), vieux mot, hors d'usage, qui s'est dit pour : contrée.
MESSERVIR, v. act. (mécérevir), vieux mot qui se dit quelquefois encore pour desservir.
MESSETERIE, subst. fém. (méceteri), droit perçu sur le café à Constantinople.
MESSIANISME, subst. mas. (méci-aniceme), enseignement religieux qui promet le développement des paroies du Messie. Presque inusité.
MESSIDOR, subst. mas. (mécidor) (du latin messis, moisson), premier mois de l'année républicaine. Il commençait le 19 juin et finissait le 18 juillet. On lui avait donné ce nom, parce que c'est dans ce temps qu'on fait les moissons.
MESSIE, subst. propre mas. (méci) (du lat. Messias, fait dans la même signification de l'hébreu masihh, oint, du verbe masahh, oindre), le Christ promis dans l'Ancien Testament, la venue du Messie.—Prov.: attendre quelqu'un comme la Messie, comme les juifs attendent le Messie, avec la plus vive impatience.
MESSIER, subst. mas. (mécié) (du lat. messis, moisson); on a, dans la basse latinité, appelé messarius, un garde des moissons et des vendanges ; il a chez nous la même signification. — En astron., constellation boréale, découverte, ainsi que beaucoup d'autres, par le célèbre astronome français de ce nom. Elle est située entre Cassiopée, Céphée et la Girafe.
MESSIEURS, subst. mas. plur. (méciu), plur. de monsieur.
MESSIN, E, subst. et adj. (mécein, cine), de Metz.
MESSINE, subst. propre fém. (mécine), ville de la Sicile.
MESSIRE, subst. mas. (mécire) (de l'italien messere, contraction de mio signore, mon seigneur), titre d'honneur qui, dans les actes de justice, se donnait à des personnes distinguées. — SAINT JEAN-, JEAN, a mis en usage MISÉRCENT, subst. mas. (mécirejan), sorte de poire.—Au plur., on ne dit pas des messires-Jeans, mais des poires de messire-Jean.
MESSOTIER, subst. mas. (méçotié), vieux mot inusité, qui a signifié : diseur ou amateur de messes.

MESTIVAGE, subst. mas. (*mècetivaje*), vieux mot qui a signifié, droit sur les *moissons*.

MESTRE, subst. mas. (*mècetre*), t. de mar., *arbre de mestre*, grand mât de galère.

MESTRE-DE-CAMP, subst. mas. (*mècetredekan*), autrefois colonel d'un régiment de cavalerie ou de dragons.—Subst. fém. : *la mestre-de-camp*, autrefois la première compagnie d'un régiment de cavalerie.

MESTRIE, subst. fém. (*mècetri*), vieux mot hors d'usage, et qui a signifié : science, savoir.

MESURABLE, adj. des deux genres (*mezurable*), ce qui peut se *mesurer*.

MESURAGE, subst. mas. (*mezuraje*), action de *mesurer*.—Salaire du *mesureur*.—Droit pris sur chaque *mesure*.— Procès-verbal d'un arpenteur.

MESURE, subst. fém. (*mezure*), en général, ce qui sert de règle pour déterminer une quantité. Il se dit des choses liquides et des solides.—Pour certaines choses, la quantité contenue dans la mesure : *une mesure de sel, d'avoine*.— En math., 1° certaine quantité qu'on prend pour l'unité, et dont on exprime les rapports avec d'autres quantités homogènes. Suivant Euclide, quantité qui, répétée un certain nombre de fois, devient égale à une autre : *l'unité est la mesure commune de tous les nombres entiers*. Cette définition d'Euclide est moins générale que la première, et répond seulement à l'idée de partie aliquote ; 2° quantité invariable dans un système quelconque, qui a la même proportion à l'accroissement de la mesure d'une raison proposée, que le terme croissant de la raison à son propre accroissement. C'est dans cette acception que *Cotes* a traité de l'*harmonie des mesures*.— *Mesure commune*, quantité qui sert d'unité de comparaison à plusieurs grandeurs de même espèce. — La *mesure* des distances d'un lieu à un autre est l'espace qu'on parcourt d'un point donné à un autre, et ainsi de suite pour marquer la longueur des chemins. Les mesures des anciens étaient le *stade* chez les Grecs, la *parasange* chez les Perses, le *mille* chez les Romains, la *lieue* chez nos pères, le *myriamètre* chez nous. En mus., le mouvement qui règle les temps et les intervalles qu'il faut garder dans le chant, dans la danse, etc. — On dit, en t. de manège : *la mesure, la cadence d'un cheval*, en parlant de ses allures : *ce cheval fournit son air avec toute la mesure et la précision possibles*.—Dimension : *prendre les mesures d'une colonne*. — On dit dans le même sens : *prendre la mesure d'un homme*, pour lui faire un habit ; *du pied*, pour lui faire des souliers, etc. Plusieurs disent, mais moins bien : *prendre mesure à...* — En poésie, l'arrangement et la cadence d'un certain nombre de syllabes qui composent un vers. — Fig., 1° moyens qu'on prend pour parvenir au but qu'on se propose : *bien prendre ses mesures ; prendre de fausses mesures* ; 2° ménagements : *j'ai des mesures à garder* ; 3° sagesse, prudence, circonspection : *faire tout avec poids et mesure*. — Au fig. : *avoir deux poids et deux mesures*, juger avec partialité, faire acception des personnes. — *Avoir comblé la mesure*, se dit d'un pécheur endurci. — *Être sans règle et sans mesure*, déréglé et excessif en tout ce qu'on fait. — *Ne garder aucune mesure sur rien*, être imprudent, emporté, ne se retenir sur rien. — *Ne point garder de mesure avec quelqu'un*, n'avoir aucun ménagement, aucun égard pour lui.— En t. d'escrime, 1° *être à la mesure*, être à la distance convenable pour parer ou pour porter un coup de fleuret, etc. ; 2° *être hors de mesure*, n'être pas à cette distance requise ; 3° *rompre la mesure*, se mettre hors de portée de recevoir un coup d'épée, etc.—Fig. : *rompre les mesures de quelqu'un*, traverser ses desseins, empêcher qu'il ne réussisse.—*Mettre quelqu'un hors de mesure*, le déconcerter, déranger ses projets. — *Être jeté hors de ses mesures*, être dérangé dans ses plans ou entraîné par les circonstances, etc., au-delà de ce qu'on se proposait.—*Être en mesure de...*, en état de... ; c'est une locution nouvelle.— *Outre* ou *sans mesure*, adv., avec excès. — *Au fur et à mesure*. Voy. FUR.— *A mesure que...*, selon que, à proportion que.—*A mesure de...*, à proportion de.

MESURÉ, E, part. pass. de *mesurer*, et adj. — Circonspect : *termes peu mesurés ; c'est un homme fort peu mesuré dans ses discours*, etc.—*Les périodes de ce discours sont bien mesurées*, le style en est harmonieux et cadencé.

MESURÉMENT, adv. (*mezuréman*), d'une manière mesurée, avec modération, avec prudence.

MESURER, v. act. (*mezuré*) (en lat. *mensurare*), chercher à connaître une quantité par une *mesure*.—Peser, jauger, toiser, arpenter.—En parlant de grains ou autres matières sèches, on dit *mesurer comble*, pour dire : enfaîter sur la *mesure* ; et *mesurer ras*, pour dire : râcler les bords de la *mesure*, en sorte que la mesure ne les excède pas.—En math., prendre une certaine quantité, et exprimer les rapports qu'ont avec elle toutes les autres quantités du même genre. — Fig., proportionner : *mesurer sa dépense à son revenu*. — *Mesurer des yeux*, juger à l'aide des yeux de la distance et de la grandeur d'un objet. — Fig. et fam. : *mesurer un homme des yeux*, l'examiner avec attention depuis la tête jusqu'aux pieds.—Prov. et fig. : *mesurer les autres à son aune*, juger des sentiments d'autrui par les siens.—*Mesurer son épée avec quelqu'un*, se battre contre lui. — *Se mesurer avec quelqu'un*, vouloir s'égaler à lui, lutter contre lui.— *Mesurer ses discours, ses actions, ses démarches*, parler et agir avec circonspection.—*se* MESURER, v. pron., *se mesurer avec un autre*, lutter contre, vouloir s'égaler à lui ; se battre avec quelqu'un.

MESUREUR, subst. mas., **MESUREUSE**, subst. fém., (*mezureur, reuze*), celui, celle qui *mesure*.

MÉSUSER, v. neut. (*mézuzé*), mal user, abuser ; avec cette différence qu'on *mésuse* de la chose qu'on emploie mal, et qu'on abuse de la chose qu'on emploie à faire du mal : *une mauvaise tête mésuse des bienfaits ; un mauvais cœur en abuse*.

Met, 3e pers. sing. prés. indic. du verbe irrégulier METTRE.

MÈT, subst. mas. (*mè*), sorte de huche à pétrir le pain. Peu usité.

MÉTABASE, subst. fém. (*métabdze*), subst. fém. (*métabaze*), t. de rhét., transposition, transition.

MÉTABOLE, subst. fém. (*métabole*) (du grec μεταβολη, changement, formé de μετα, d'une autre manière, et de βαλλω, je jette), figure de rhét. où l'on répète dans la seconde partie d'une phrase les mots de la première, mais placés dans un ordre inverse. — T. de médec., changement d'une maladie en une autre.

MÉTABOLÉLOGIE, subst. fém. (*métaboléloji*) (du grec μετα, d'une autre manière, βαλλω, je jette, et λογος, traité), t. de médec., traité de la conversion des maladies, de leurs changements.

MÉTACARPE, subst. mas. (*métakarpe*) (du grec μετα, après, et καρπος, le carpe), deuxième partie de la main, entre le poignet et les doigts.

MÉTACARPIEN, subst. et adj. mas. (*métakarpiein*), t. d'anat., nom d'un petit muscle qui s'attache au quatrième os du *métacarpe*.

MÉTACHORÈSE, subst. fém (*métakorèze*) (en grec μεταχωρησις, dérivé du verbe μεταχωρεω, je passe d'un endroit à un autre, dont les racines sont μετα, qui marque changement, et χωρος, lieu), t. de médec., transport d'une humeur morbifique d'une partie dans une autre.

MÉTACHRONISME, subst. mas. (*métakroniceme*) (du grec μετα, qui indique changement, et χρονος, temps), anachronisme qui se fait en rapportant un fait à un temps antérieur à celui où il est arrivé.

MÉTACISME, subst. mas. (*métaciceme*), défaut dans la prononciation de la lettre *m*.

METAGITNIES, subst. fém. plur. (*métajiteni*) (du grec μετα, qui indique changement, et de γειτνια, voisinage), t. d'antiq., fêtes en l'honneur d'Apollon Métagitnien.

MÉTAGITNION, subst. mas. (*métajiteni-on*), t. d'antiq., deuxième mois chez les Athéniens.

MÉTAGRÉBOLISER, v. act. et neut. (*métaguerébolizé*), dans *Rabelais* : rimer malgré Minerve.

MÉTAIL, subst. mas. (*méta-ie*), composition formée de *métaux*. Voy. MÉTAL.

MÉTAIRIE, subst. fém. (*métèri*) (du lat. barbare *medietaria*, fait, dans la basse latinité, de *medietas*, moitié, parce que le métayer, *medietarius*, prend la moitié des fruits), ferme, bien de campagne affermé. — Bâtiments nécessaires pour le faire valoir.

MÉTAL, subst. mas. (*métal*) (en lat. *metallum*, pris du grec μεταλλον), corps minéral qui se forme dans les entrailles de la terre. Les chimistes modernes en comptent aujourd'hui jusqu'à vingt-un, qu'ils ont classés d'après trois propriétés balancées entre elles, savoir : l'acidification, l'oxydation et la ductilité. — *Métal natif* ou *vierge*, celui qui se présente à l'état pur, dans la mine. — En t. de fondeurs, mélange d'étain, de cuivre jaune et de débris de vieux canons. — Chez les potiers d'étain, mélange de régule d'antimoine, d'étain de glace et de cuivre rouge.—*Métal d'Alger*, composition métallique qui imite grossièrement l'argent.—*Métal de prince*, cuivre très-raffiné, dont on fait des tabatières, des étuis, etc.—On appelle *métal des miroirs*, une composition *métallique* très-compacte, dure et serrée, qui prend le poli au point de devenir unie comme une glace. On s'en sert pour les miroirs ardents et autres espèces de miroirs de *métal*. — T. de blas., jaune et blanc, pour *or* et *argent* ; *porter métal sur métal*. — Au plur., *métaux*. — *Métaux*, l'or et l'argent. Les *émaux* sont les couleurs.—MÉTAL, MÉTAIL. (*Syn.*) *Métal* indique un *métal* quelconque, pur, simple ; *métail*, une composition de *métaux*, ou un mélange dans lequel il entre quelques *métaux*. L'or est un *métal* ; le similor est un *métail*.

MÉTALEPSE, subst. fém. (*métalépece*) (du grec μεταληψις, transmutation, transposition, formé de μετα, qui marque changement, et de λαμβανω, je prends), figure de rhétorique par laquelle on prend l'antécédent pour le conséquent, comme : *il a vécu*, pour : *il est mort* ; ou le conséquent pour l'antécédent, comme : *nous le pleurons*, il est mort.

* **MÉTALLÉITÉ**, subst. fém. (*métalelé-ité*), état des *métaux* parfaits, caractérisés.

MÉTALLIFÈRE, adj. des deux genres (*métalelifère*), qui produit, contient des *métaux*.

MÉTALLIQUE, adj. des deux genres (*métalelike*) (en lat. *metallicus*), qui concerne les *métaux* : *corps, substance, partie métallique*.—Qui concerne les médailles : *science, histoire métallique*.—Subst. fém., *métallurgie*.

MÉTALLISATION, subst. fém. (*métalelizàcion*), formation naturelle des *métaux*.—T. de chimie, action de *metalliser*.

MÉTALLISÉ, E, part. pass. de *metalliser*.

MÉTALLISER, v. act. (*métalelizé*), t. de chimie, faire prendre la forme *métallique* à une substance.—*se* MÉTALLISER, v. pron.

MÉTALLOGRAPHE, subst. mas. (*métaleloguerafe*), qui étudie la *métallographie*.

MÉTALLOGRAPHIE, subst. fém. (*métaleloguerafi*) (du grec μεταλλον, métal, et γραφω, je décris), science, connaissance des *métaux*.

MÉTALLOGRAPHIQUE, adj. des deux genres (*métaleloguerafike*), de la *métallographie*.

MÉTALLURGIE, subst. fém. (*métalelurji*) (du grec μεταλλον, métal, et εργον, travail), l'art de tirer les *métaux* des mines, et de les travailler.

MÉTALLURGIQUE, adj. des deux genres (*métalelurjike*), de la *métallurgie*.

MÉTALLURGISTE, subst. mas. (*métalelurjicete*), celui qui s'occupe de la *métallurgie*.

MÉTAMORPHISTE, subst. mas. (*métamorficete*) (du grec μεταμορφοω, je métamorphose, je transforme), t. d'hist. eccl., nom d'hérétiques qui prétendaient que le corps de Jésus-Christ s'était changé (*métamorphosé*) en Dieu lors de son ascension.

MÉTAMORPHOSE, subst. fém. (*métamorfôze*), (en grec μεταμορφωσις, fait de μετα, qui signifie changement, et μορφη, forme), changement de forme en une autre. Il ne se dit au propre que des *métamorphoses* de la fable, et dans l'entomologie, en parlant des transformations des insectes. —Fig., changement extraordinaire dans la forme extérieure, dans l'habillement d'une personne, dans la fortune ou dans les mœurs. — *Les Métamorphoses*, poème d'*Ovide* sur les *métamorphoses* de la fable.

MÉTAMORPHOSÉ, E, part. pass. de *métamorphoser*.

MÉTAMORPHOSER, v. act. (*métamorfôzé*) (en grec μεταμορφοω), changer d'une forme en une autre.—Opérer un grand changement dans la fortune.—*se* MÉTAMORPHOSER, v. pron. : *se métamorphoser en toutes sortes de formes*, changer de manières comme on veut ; jouer toutes sortes de rôles.

MÉTAPHORE, subst. fém. (*métafore*) (du grec μεταφορα, transposition, fait de μεταφορεω, je transporte, rac. φερω, je porte), figure du discours, par laquelle on transporte un mot de son sens propre et naturel dans un autre sens. — La *métaphore* est l'expression abrégée d'une comparaison. Quand on dit, par exemple : *donner un frein à ses passions*, c'est en quelque sorte arrêter ses passions, comme on arrête un cheval avec un frein. La comparaison est dans l'esprit, et le langage n'en donne que le résultat.

MÉTAPHORIQUE, adj. des deux genres (*métaforike*), qui tient de la *métaphore*. Le sens *métaphorique* et le sens *figuré* sont la même chose.

MÉTAPHORIQUEMENT, adv. (*métaforikeman*), d'une manière *métaphorique*, figurément,

MÉTAPHRASE, subst. fém. (*métafrâze*) (du grec μεταφρασις, fait de μεταφραζω, j'interprète, rac. μετα, qui indique changement, et φραζω, je parle ; *je parle dans une autre langue*), traduction, interprétation littérale.

MÉTAPHRASTE, subst. mas. (*métafracete*), t. didactique, celui qui traduit littéralement.

MÉTAPHYS., abréviation du mot *métaphysique* ou *métaphysiquement*.

MÉTAPHYSICIEN, subst. mas., **MÉTAPHYSICIENNE**, subst. fém. (*métafizicïein, ciène*), celui ou celle qui fait son étude de la *métaphysique*.

MÉTAPHYSIQUE, subst. fém. (*métafizike*) (en lat. *metaphysica*, fait du grec μετα, après, et φυσικη, physique, parce que c'est le traité d'*Aristote* qui est placé immédiatement après celui de la physique), science qui traite des premiers principes de nos connaissances, des idées et choses abstraites, des êtres purement spirituels.—Dans un sens plus général, l'art d'abstraire les idées : *chaque science a sa métaphysique*. — Adj. des deux genres, qui appartient à la *métaphysique*.— Trop abstrait, trop subtil.—*Certitudes métaphysiques*, fondées sur l'évidence.

MÉTAPHYSIQUEMENT, adv. (*métafizikeman*), d'une manière *métaphysique*.

MÉTAPHYSIQUER, v. neut. (*métafizikié*), traiter un sujet *métaphysique*; parler d'une manière abstraite. Peu en usage.

MÉTAPLASME, subst. mas. (*métaplaceme*) (en grec μεταπλασμος, fait de μεταπλασσω, je transforme, je change), t. de gramm., en général, altération qui arrive au matériel d'un mot pour quelque cause et en quelque façon que ce soit, pourvu qu'elle soit autorisée par l'usage.— Plus particulièrement, changement dans un mot par le retranchement d'une lettre ou d'une syllabe, comme : *malgré lui*, *malgré ses dents*, pour : malgré lui, malgré ses *aidants*.

MÉTAPTÔME, subst. fém. (*métapetôme*) (du grec μεταπιπτω, je passe), t. de médec., changement d'une maladie en une autre.

MÉTASTASE, subst. fém. (*métacetâze*) (en grec μεταστασις, fait de μεθιστημι, transporter, changer de place), t. de médec., transport d'une maladie d'une partie du corps dans une autre.

MÉTASTATIQUE, adj. des deux genres (*métacetatike*) (du grec μεταστασις, transport), transporté. Se dit, en minéral., des crystaux dont la forme secondaire a des angles plans et des angles solides égaux à ceux du noyau, qui se trouvent ainsi transportés sur la forme secondaire. (*Haüy*.) —T. de médec. : *crise métastatique*, crise imparfaite, dans laquelle la matière critique est transportée çà et là en divers lieux, et fait naître divers phénomènes.

MÉTASYNCRISE, subst. fém. (*métaceinkrize*) du grec μετα, qui indique changement, et συγκρινω, j'amasse), t. de médec., changement qui s'opère dans le corps par des remèdes qui rétablissent les humeurs dans leur état naturel.

MÉTASYNCRITIQUE, adj. des deux genres (*métaceinkritike*), qui amène la *métasyncrise*.

MÉTATARSE, subst. mas. (*métatarce*) (du grec μετα, après, et ταρσος, le tarse), partie du pied entre le *tarse* ou le coude-pied et les orteils.

MÉTATARSIEN, subst. et adj. mas. (*métatarcïein*), t. d'anat., muscle du *métatarse*.

MÉTATHÈSE, subst. fém. (*métatèze*) du grec μεταθησις, transposition, fait de μετατιθημι, transposer), figure de gram., qui consiste dans la transposition d'une lettre, comme *berlan*, pour *brelan*; *éprevier*, pour *épervier*.—T. de médec., transport du mal.

MÉTAUX, subst. mas. plur. Voy. MÉTAL.

MÉTAYER, subst. mas., au fém. **MÉTAYÈRE** (*mété-ié, ière*), fermier, fermière qui fait valoir une *métairie*.

MÉTEIL, subst. mas. (*météie*) (du lat. *mistura*, ou *mixtura*, mélange, dont on a fait, dans la basse latinité, *mixtale*), froment et seigle mêlés ensemble. — *Passe-méteil*, blé dans lequel on mêle deux tiers de froment contre un tiers de seigle.

MÉTEMPSYCHOSE (l'*Académie* écrit à tort **MÉTEMPSYCOSE**), subst. fém. (*métanpecikôze*) (du grec μετα, qui signifie changement, et ψυχη, âme), passage de l'âme d'un corps dans un autre, selon la doctrine de Pythagore, des bramines, etc.

MÉTEMPSYCHOSISTE, subst. et adj. des deux genres (*métanpecikôzicete*), partisan de la *métempsychose*.

MÉTEMPTOSE, subst. fém. (*métanpetôze*) (du grec μετα, après, et εμπιπτω, je tombe, je surviens), t. d'astron., équation solaire qu'il faut faire pour empêcher de compter les nouvelles lunes un jour plus tard. Elle consiste à retrancher un jour d'une année séculaire, au lieu de la faire bissextile.

MÉTÉORE, subst. mas. (*mété-ore*) (du grec μετεωρος, haut, élevé, fait de μετα, au-dessus, et de αειρω, j'élève), phénomène qui apparaît dans l'air, et qui se forme des vapeurs et exhalaisons de la terre. On appelle *météores aériens*, les vents ; *météores aqueux*, ceux qui sont produits par des vapeurs, c'est-à-dire par les substances qui tiennent de la nature de l'eau, et qui s'élèvent dans l'atmosphère; *météores lumineux*, ceux qui résultent des vapeurs et des exhalaisons combinées avec la lumière ; *météores ignés* ou *enflammés*, ceux qui sont vraisemblablement produits par les exhalaisons qui s'enflamment et brûlent dans l'atmosphère, comme les feux follets.— Au fig., personnage qui a jeté un grand éclat : *ce conquérant fut un brillant météore*.

MÉTÉORIQUE, adj. des deux genres (*mété-orike*), qui appartient aux *météores*.—Nom donné par *Linnée* aux fleurs dont l'épanouissement dépend de l'état de l'atmosphère.

MÉTÉORISÉ, E, adj. (*mété-orizé*), tendu, t. de médec., gonflé, affecté du *météorisme* : *ventre météorisé*.

MÉTÉORISME, subst. mas. (*mété-oriceme*) (du grec μετεωρος, élevé), t. de médec., élévation ou tension considérable du bas-ventre, causée par des flatuosités.

MÉTÉOROGRAPHE, subst. mas. (*mété-oroguerafe*) (du grec μετεωρος, météore, et γραφω, j'écris), instrument de physique, pour faire des observations *météorologiques* sur les variations de l'atmosphère.

MÉTÉOROGRAPHIE, subst. fém. (*mété-oroguerafi*) (même étym. que celle du mot précédent), traité, connaissance des *météores*.

MÉTÉOROLITHE, subst. fém. (*mété-orolite*) (du grec μετεωρος, élevé, et λιθος, pierre), t. d'hist. nat., pierre tombée de l'atmosphère.

MÉTÉOROLOGIE, subst. fém. (*mété-oroloji*) (du grec μετεωρος, météore, et λογος, discours), partie de la physique qui traite des *météores*.

MÉTÉOROLOGIQUE, adj. des deux genres (*mété-orolojike*), qui concerne les *météores*. On appelle *observations météorologiques*, toutes celles que l'on fait sur les différentes espèces de *météores*, tels que la pluie, la neige, la grêle, les brouillards, le tonnerre, l'arc-en-ciel, etc.—*Instruments météorologiques*, des instruments construits pour montrer l'état ou la disposition de l'atmosphère, par rapport à la chaleur ou au froid, au poids, à l'humidité, etc. : tels sont les baromètres, les thermomètres, les hygromètres, etc.

MÉTÉOROLOGUE, subst. mas. (*mété-orologue*). Voy. MÉTÉOROGRAPHE.

MÉTÉOROMANCIE, subst. fém. (*mété-oromanci*) (du grec μετεωρος, météore, et μαντεια, divination), divination par les *météores*, par la foudre, par les éclairs.

MÉTÉOROSCOPE, subst. mas. (*mété-orocekope*) (du grec μετεωρος, météore, et σκοπεω, je considère, je vois), t. d'astron., nom que portait autrefois l'astrolabe planisphère.

MÉTHODE, subst. fém. (*métode*) (en lat. *methodus*, pris du grec μεθοδος, formé de μετα, par, et οδος, voie ; *moyen d'arriver à un but par la voie la plus convenable*), manière de dire ou de faire quelque chose avec un certain ordre.— T. d'hist. nat., arrangement, disposition des êtres de la nature, d'après certains caractères communs.—La *méthode* naturelle ou proprement dite, est celle dans laquelle on rapproche le plus des objets qui ont aussi entre eux le plus d'analogie; à la différence du *système*, qui est un arrangement des mêmes êtres, formé d'après des considérations le plus souvent arbitraires. — En math., 1° route que l'on suit pour résoudre un problème; 2° dans une acception plus usitée, route trouvée et expliquée par un géomètre, pour résoudre plusieurs questions du même genre, et qui sont renfermées comme dans une même classe.—Règle pour apprendre une science, un art. —Principes particuliers et nouveaux au moyen desquels on parvient plus facilement à apprendre les sciences, un art : *méthode Jacotot*. — Livre élémentaire pour l'étude d'une langue, d'une science.— En parlant des personnes, coutume, habitude : *c'est ma méthode ; cet homme a une étrange méthode*.

MÉTHODIQUE, adj. des deux genres (*métodike*), en parlant des personnes, qui a de la règle, de la *méthode*. — En parlant des choses, qui est fait avec *méthode*. — *Médecin méthodique*, celui qui s'attache exactement à la médecine. Il se dit par opposition à *empirique*.—*Secte méthodique*, secte d'anciens médecins qui eut pour chef *Thémison* de Laodicée, lequel florissait avant et sous le règne d'Auguste.

MÉTHODIQUEMENT, adv. (*métodikeman*), avec *méthode*.

MÉTHODISME, subst. mas. (*métodiceme*), secte, système des *méthodistes*.

MÉTHODISTE, subst. des deux genres (*métodicete*), nom des sectaires d'Angleterre.—Auteur, partisan d'une *méthode*, d'un système, etc. : *il s'est élevé un autre méthodiste*.— Amateur de *nouvelles méthodes*. — Nom qu'on donnait aux médecins de la *secte méthodique*.

MÉTHONIQUE, adj. des deux genres (*métonike*), t. de chron. : *cycle méthonique*, le cycle lunaire, ou la période de dix-neuf ans (ainsi nommée de *Méthon*, athénien, son inventeur).

MÉTICAL, subst. mas. (*métikale*), poids pour les perles, l'ambre, etc.

MÉTICULEUSE, adj. fém. Voy. MÉTICULEUX.

MÉTICULEUSEMENT, adv. (*métikuleuzeman*), d'une manière *méticuleuse*.

MÉTICULEUX, adj. mas., au fém. **MÉTICULEUSE** (*métikuleu, leuze*) (en lat. *meticulosus*, fait de *metus*, crainte), susceptible de petites craintes. — Scrupuleux sur des riens. — Il est aussi subst. : *un méticuleux*.

MÉTICULOSITÉ, subst. fém. (*métikulôzité*), défaut d'un esprit faible, ou scrupuleux sans motifs.

MÉTIER, subst. mas. (*métié*) (du lat. *ministerium*, employé dans le même sens par les écrivains de la moyenne latinité, et qui signifie proprement *ministère*, *occupation*, *office*), au propre, profession d'un art mécanique.—Fig., profession quelconque : *le métier des armes* ; *ce médecin sait son métier*, etc. — *Métier* diffère proprement de *profession*, en ce que le *métier* demande le travail de la main, et la *profession* un travail quelconque. — Machine qui sert à certains artisans : *métier de tisserand*, *de passementier*. En ce sens, on dit fig. et fam., en matière de littérature, etc. : *quel ouvrage avez-vous sur le métier?* — En t. de vinaigrier, cuvier où l'on pressure la lie du vin pour faire du vinaigre. — En t. de brasseur, liqueur qu'on tire après avoir fait bouillir le houblon, etc. Les premières opérations se nomment *premiers métiers*; les secondes, *seconds métiers*, etc. La liqueur ne prend le nom de bière que lorsqu'elle est entonnée dans les pièces. — Espèce d'oublie ou de pâtisserie mince et roulée, cuite entre deux fers, comme les gaufres. — Corps d'artisans. On disait autrefois, d'après l'italien *mestiere*, *métier* pour besoin : *si métier est*, si besoin est. — Fig. : *gâter le métier*, faire au-delà de son devoir. — *Servir un plat* ou *jouer un tour de son métier* : 1° faire quelque tour d'adresse ou de fourberie; 2° en bonne part, présenter quelque chose de relatif à sa profession, comme un poëte des vers, etc. — *Avoir le cœur au métier*, s'affectionner à ce qu'on a entrepris. — *Faire d'une chose métier et marchandise*. Voy. MARCHANDISE. — *Jalousie de métier*, rivalité d'intérêt ou de réputation.—*Quand chacun fait son métier, les vaches sont bien gardées*, lorsque chacun ne se mêle que de ce qu'il doit faire, tout se fait bien.

MÉTIS, subst. et adj. mas., au fém. **MÉTISSE** (*métice*) (du lat. *mixtus*, mêlé, mélangé), qui est né d'un Européen et d'une Indienne, ou d'un Indien et d'une Européenne. — On le dit aussi des animaux qui sont engendrés de deux espèces.

MÉTISSE, subst. et adj. fém. Voy. MÉTIS.

MÉTOÉCIEN, subst. mas. (*méto-écïein*) (du grec μετα, qui marque changement, et οικια, maison), t. d'antiq., étranger à l'Attique.

MÉTOÉCIES, subst. fém. plur. (*méto-éci*), t. d'antiq., fêtes à Athènes, en mémoire de la confédération attique.

MÉTONIQUE, adj. des deux genres. Barbarisme de *Boiste*. Voy. MÉTHONIQUE.

MÉTONOMASIE, subst. fém. (*métonomazi*) (du grec μετονομασια, changement de nom, fait de μετα, qui marque changement, et de ονομα, nom), changement d'un nom propre par la traduction, comme : *Ramus* pour *la Ramée*.

MÉTONYMIE, subst. fém. (*métonimi*), (du grec μετωνυμια, changement de nom), figure du discours par laquelle on met la cause pour l'effet, le sujet pour l'attribut, le contenant pour le contenu, etc. : *il vit de son travail*, du fruit de son travail; *toute la ville est allée*, tous les habitants sont allés, etc.

MÉTOPE, subst. fém. (*métope*) (en grec *μετοπη*, formé de *μετα*, entre, et *οπη*, trou ; *distance d'un trou à un autre*), t. d'archit., intervalle entre les triglyphes de l'ordre dorique, et dans lequel on met des ornements.

MÉTOPION, subst. mas. (*métapion*), t. de bot., arbre qui produit la gomme ammoniaque.

MÉTOPOSCOPIE, subst. fém. (*métopocekopi*) (du grec *μετωπον*, front, et *σκεπτω*, je considère), art de conjecturer par les traits du visage le caractère, le tempérament, les mœurs d'une personne.

MÉTOPOSCOPIQUE, adj. des deux genres (*métopocekopike*), de la *métoposcopie*.

MÉTOSE, subst. fém. (*métôze*), t. de médec., phthisie de la prunelle.

MÉTRAGE, subst. mas. (*métraje*), mesurage au *mètre*.

MÉTRALGIE, subst. fém. (*métralji*) (du grec *μητρα*, matrice, et *αλγος*, douleur), t. de médec., douleur de la matrice.

MÉTRAMANIE, subst. fém. (*métramani*) (du grec *μητρα*, matrice, et *μανια*, fureur); t. de médec., fureur utérine ; nymphomanie.

MÈTRE, subst. mas. (*mètre*) (en lat. *metrum*, fait du grec *μετρον*), mot ancien qui signifie vers, poésie. — On l'emploie encore dans le style marotique. — Dans la composition, pied ou mesure de vers déterminée par la quantité : *pentamètre, hexamètre*. — Unité des mesures de longueur dans la nouvelle division. Le *mètre* est égal à la dix-millionième partie de l'arc du méridien terrestre, compris entre le pôle boréal et l'équateur, ce qui équivaut à peu près à trois pieds onze lignes et demie. Cette mesure remplace l'*aune*, laquelle répond en décimales à un mètre cent quatre-vingt-huit millimètres.

MÉTRENCHYTE, subst. fém. (*métranchite*) (du grec *μητρα*, matrice, *εν*, dans, et *χυω*, je verse), seringue à injections pour la matrice.

MÉTRÈTE, subst. fém. (*métrète*) (en grec *μετρητης*, fait de *μετρον*, mesure), mesure ancienne pour les liquides.

MÉTRICOLE, subst. mas. (*métrikole*), poids de Portugal; le huitième de l'once.

MÉTRIFIER, v. act. et neut. (*métrifié*) ; mot tout-à-fait inusité, et que nous lisons cependant dans *Boiste*, qui lui fait signifier faire des vers ; disposer, couper les mots par *mètres*.

MÉTRIQUE, subst. fém. (*métrike*), partie de la musique ancienne qui s'occupait de la prosodie, etc.

MÉTRIQUE, adj. des deux genres (*métrike*) (en lat. *metricus*), *un vers métrique*, composé de longues et de brèves, comme les vers grecs et latins. — Se dit de la mesure adoptée dans le nouveau système : *mesure métrique*. — *Musique métrique*, celle qui a pour objet les lettres, les syllabes, les pieds, les vers et le poème. C'est proprement, pour le compositeur, l'art d'observer la prosodie et les différentes coupures des vers qu'il met en musique ; et pour le poète, l'art de combiner, de couper ses vers, d'assortir ses syllabes et ses mots de la manière la plus favorable au chant.

MÉTRITE ou **MÉTRITIS**, subst. fém. (*métrite, tritice*) (du grec *μητρα*, matrice), t. de médec., inflammation de la matrice.

MÉTROLOGIE, subst. fém. (*métroloji*) (du grec *μετρον*, mesure, et *λογος*, discours), recueil ou traité des mesures.

MÉTROMANE, subst. des deux genres (*métromane*), celui qui a la *manie* de faire des vers.

MÉTROMANIE, subst. fém. (*métromani*) (du grec *μετρον*, vers, et *μανια*, fureur), manie, fureur de faire des vers. — En médec., *nymphomanie*. C'est une faute : on dit *métramanie*.

MÉTROMÈTRE, subst. mas. (*métromètre*) (du grec *μετρον*, mesure, répété deux fois), t. de musique, instrument qui sert à régler la mesure d'un air.

MÉTRONOME, subst. mas. (*métronome*) (du grec *μετρον*, mesure, et *νεμω*, je gouverne), t. d'hist. anc., chez les Athéniens, inspecteur des mesures.—Instrument inventé par *Maëlzel*, pour indiquer le mouvement à suivre dans l'exécution d'un morceau de musique.

MÉTROPOLE, subst. fém. (*métropole*) (en grec *μητροπολις*, de *μητηρ*, mère, et *πολις*, ville : *ville mère, ville principale*), ville mère par rapport à ses colonies. C'était anciennement la ville capitale d'une province. — Aujourd'hui ville avec siège archiépiscopal. — On dit adj. : *église métropole*, pour : église archiépiscopale.

MÉTROPOLITAIN, E, adj. (*métropolitein, tène*), archiépiscopal : *église métropolitaine*. — Subst. mas., archevêque, par rapport aux évêques qui sont ses suffragants.

MÉTROPTOSE, subst. fém. (*métropetôze*) (du grec *μετρα*, matrice, et *πτωσις*, chute), t. de chir., descente de la matrice.

MÉTRORRHAGIE, subst. fém. (*métrôraji*), (du grec *μητρα*, matrice, et *ρηγνυμι*, je romps), t. de médec., écoulement excessif de la matrice.

MÉTROSIDÉROS, subst. mas. plur. (*métrozidérôce*), t. de bot., plantes de la famille des myrtes.

METS, subst. mas. (*mè*) (du lat. *missus*, service; ce qu'on porte sur la table à chaque service), tout ce qu'on sert sur la table pour manger : *un mets délicat; il nous a fait faire bonne chère, tous les mets étaient excellents*.

DU VERBE IRRÉGULIER **METTRE** :

Mets, 2ᵉ pers. sing. impér.

Mets, précédé de *je*, 1ʳᵉ pers. sing. prés. indic.

Mets, précédé de *tu*, 2ᵉ pers. sing. prés. indic.

METTABLE, adj. des deux genres (*métable*), qui peut se *mettre*. Il ne se dit guère qu'avec la négative, et son emploi est fort borné : *cet habit est trop usé, il n'est plus mettable*.

DU VERBE IRRÉGULIER **METTRE** :

Mettaient, 3ᵉ pers. plur. imparf. indic.

Mettais, précédé de *je*, 1ʳᵉ pers. sing. imparf. indic.

Mettais, précédé de *tu*, 2ᵉ pers. sing. imparf. indic.

Mettait, 3ᵉ pers. sing. imparf. indic.

Mettant, part. prés.

Mette, précédé de *que je*, 1ʳᵉ pers. sing. prés. subj.

Mette, précédé de *qu'il* ou *qu'elle*, 3ᵉ pers. sing. prés. subj.

Mettent, précédé de *ils* ou *elles*, 3ᵉ pers. plur. prés. indic.

Mettent, précédé de *qu'ils* ou *qu'elles*, 3ᵉ pers. plur. prés. subj.

Mettes, 2ᵉ pers. sing. prés. subj.

METTEUR, subst. mas. (*méteur*), celui qui *met*. On ne l'emploie guère que dans ces deux cas : *metteur en œuvre*, ouvrier dont la profession est de monter des pierreries ; et *metteur en page*, t. d'imprim., celui qui *met en page* la composition.

DU VERBE IRRÉGULIER **METTRE** :

Mettez, 2ᵉ pers. plur. impér.

Mettez, précédé de *vous*, 2ᵉ pers. plur. prés. indic.

Mettiez, précédé de *vous*, 2ᵉ pers. plur. imparf. indic.

Mettiez, précédé de *que vous*, 2ᵉ pers. plur. prés. subj.

Mettions, précédé de *nous*, 1ʳᵉ pers. plur. imparf. indic.

Mettions, précédé de *que nous*, 1ʳᵉ pers. plur. prés. subj.

Mettons, 1ʳᵉ pers. plur. impér.

Mettons, précédé de *nous*, 1ʳᵉ pers. plur. prés. indic.

Mettra, 3ᵉ pers. sing. fut. indic.

Mettrai, 1ʳᵉ pers. sing. fut. indic.

Mettraient, 3ᵉ pers. plur. prés. cond.

Mettrais, précédé de *je*, 1ʳᵉ pers. sing. prés. cond.

Mettrais, précédé de *tu*, 2ᵉ pers. sing. prés. cond.

Mettrait, 3ᵉ pers. sing. prés. cond.

Mettras, 2ᵉ pers. sing. fut. indic.

METTRE, v. act. (*mètre*) (en lat. *mittere*, employé par les écrivains de la basse latinité dans le sens de *ponere*, mettre, placer), *mettant, mis; je mets, nous mettons, vous mettez, ils mettent*. Parfait, *je mis, nous mîmes*, etc., le reste est formé de ces temps. Placer quelqu'un ou quelque chose en certain lieu. *Mettre*, dit l'abbé *Girard*, a un sens plus général que *poser* et *placer*; mais *poser*, c'est mettre avec justesse, dans le sens et de la manière dont les choses doivent être mises ; *placer*, c'est les mettre avec ordre dans le rang et le lieu qui leur conviennent ; on *met* des colonnes pour soutenir un édifice ; on les *pose* sur des bases; on les *place* avec symétrie. — *Mettre sur le trône*, élever à la dignité souveraine.—*Mettre la main à l'encensoir*, usurper l'autorité épiscopale. — *Mettre au fait*, instruire quelqu'un. — *Mettre à même*, donner les moyens. — *Mettre bas*, en parlant des femelles, faire des petits. — *Mettre à bas, en bas*, renverser, détruire. — Exposer : *mettre au hasard d'une bataille*. — Asservir : *mettre dans l'esclavage*. — Employer : *mettre ses soins à former quelqu'un*. Joint à d'autres mots, il s'emploie pour signifier diverses actions, comme *mettre hors, mettre en fuite, mettre en crédit*, etc. — Prov. et fig. : 1° *mettre la charrue devant les bœufs*, faire quelque chose à rebours et contre l'ordre ; 2° *mettre de l'eau dans son vin*, se raviser, se relâcher d'une demande excessive; 3° *mettre la main à la pâte*, travailler soi-même à quelque chose.—Fig.: *mettre la main sur quelqu'un*, le frapper. — *Mettre la main à un ouvrage d'esprit*, y travailler. — *Mettre la dernière main à un ouvrage*, l'achever entièrement, le perfectionner. — *Mettre une affaire, une question sur le tapis*, la proposer pour en délibérer, etc. — En t. d'imprim., 1° *mettre en pages*, composer et placer les titres, les signatures et les folio d'un ouvrage qui a été composé en *paquets*, lier les pages et les disposer pour l'imposition; 2° *mettre en train*, se dit de la préparation entière de tout ce qui est nécessaire pour qu'une forme mise sous presse vienne bien à l'impression. — SE METTRE, v. pron., se placer. — S'habiller : *cet homme se met singulièrement, il ne sait pas se mettre* ; *se mettre en homme*, en parlant d'une femme.— *Se mettre au jeu*, commencer à jouer une partie. — *Se mettre à l'étude*, commencer son étude habituelle. — *Se mettre dans le jeu*, s'adonner à jouer. — *Se mettre dans la dévotion*, se livrer aux pratiques de dévotion. — *Se mettre à boire, à crier*, etc., commencer à boire, à crier, etc.— *Se mettre à son aise*, prendre ses aises, en user sans contrainte.—*Se mettre en colère*, y entrer. — *Se mettre en frais*, faire des dépenses. — *Se mettre en tête*, vouloir avec obstination.

DU VERBE IRRÉGULIER **METTRE** :

Mettrez, 2ᵉ pers. plur. fut. indic.

Mettriez, 2ᵉ pers. plur. prés. cond.

Mettrions, 1ʳᵉ pers. plur. prés. cond.

Mettrons, 1ʳᵉ pers. plur. fut. indic.

Mettront, 3ᵉ pers. plur. fut. indic.

METZ, subst. propre mas. (*mèce*), ville de France, capitale du pays *Messin*.

MEUBLANT, E, adj. verbal (*meublan, blante*), qui est propre à *meubler*. — En jurispr., *meubles meublants*, ce qui sert à garnir une maison, une chambre, sans être attenant aux murs.

MEUBLE, subst. mas. (*meuble*) (en lat. *mobilis*, mobile, qu'on peut mouvoir), tout ce qui sert à *meubler* une chambre, une maison, et qui se peut remuer et transporter. — T. de jurispr., il se dit de toutes les choses qui peuvent se transporter facilement d'un lieu à un autre, sans être détériorées, telles que les habits, linges, hardes; et les *meubles meublants*, c'est-à-dire les *meubles* qui servent à garnir les maisons, tels que lits, tapisseries, chaises, tables, ustensiles de cuisine, livres, papiers, etc. ; tels sont aussi les bestiaux, les volailles, les ustensiles de labour, de jardinage, et autres ; l'argent comptant, les billets, les bijoux, les pierreries, la vaisselle d'argent, etc. — *Meuble* se dit, dans un sens plus étroit, de tous les *meubles* qui garnissent un appartement, une chambre, un cabinet, etc., comme tapisseries, lits, sièges, etc. : *il a un beau meuble dans son salon*. — *Se mettre dans ses meubles*, s'acheter des *meubles* pour garnir sa chambre, son appartement. — *Mettre une femme dans ses meubles*, l'entretenir, lui donner des *meubles* pour garnir une chambre ou un appartement.—En t. de blas., pièce quelconque qui se trouve dans les armoiries, qu'elle soit honorable ou non, ainsi nommée parce qu'elle garnit le champ de l'écu. Adj. des deux genres : *terre meuble*, qui est aisée à labourer, à remuer. — Adj. plur. : *biens meubles*, ceux qui ne tiennent point lieu de fonds, qui peuvent se transporter.

MEUBLÉ, E, part. pass. de *meubler*.— On dit qu'*une personne est bien meublée*, pour dire qu'elle a beaucoup de *meubles*, ou qu'elle a de beaux *meubles*.

MEUBLER, v. act. (*meublé*), garnir de *meubles*. — *Meubler une ferme*, la garnir de tout ce qui sert à la faire valoir. — On dit que *tel objet meuble bien*, quand cet objet produit un bon effet. — *Meubler sa mémoire*, l'orner. — En peinture, *meubler un tableau*, le décorer, le garnir de *meubles* somptueux, de riches ornements, de brillants accessoires. — SE MEUBLER, v. pron., se procurer, acheter des *meubles*.

MEUDON, subst. propre mas. (*meudon*), village de France et château royal à deux lieues de Paris.

MEUGLEMENT, subst. mas. (*meugueleman*). Voy. BEUGLEMENT, qui seul se dit.

MEUGLER, v. neut. (*meuguelé*). Voy. BEUGLER, qui seul se dit.

MEULAN, subst. propre mas. (*meulan*), petite ville de France.

MEULARD, subst. mas. (*meular*), *meule* d'un grand diamètre.

MEULARDE, subst. fém. (*meularde*), *meule* d'un diamètre moyen.

MEULE, subst. fém. (*meule*) (en latin *mola*). corps solide, rond et plat, qui sert à broyer : *meule de moulin*. — Roue de grès, dont on se sert pour aiguiser. — *Meule de fromage*, gros fromage qui a la forme d'une *meule*.—Monceau, pile de foin et de paille qui n'est pas en bottes. —Amas de fumier chanci que les jardiniers ont fait en défaisant leurs couches.—En t. de vén., racine dure et raboteuse du bois du cerf.— Dans les verreries, morceau de verre qui s'attache aux cannes.

MEULIER, subst. mas. (*meulié*), celui qui fait, qui taille les *meules*.

MEULIÈRE (PIERRE DE), subst. fém. (*pièrede meulière*), pierre dont on fait les *meules* de moulin ; sorte de moellon de roche, plein de trous et fort dur. — Carrière d'où l'on tire ces sortes de pierres. — On dit aussi adj. au fém. : *pierre meulière*.

MÉUM ou **MÉON**, subst. mas. (*mé-ome, on*), t. de bot., plante annuelle, ombellifère, très-aromatique, qui imite le fenouil.

MEUN, subst. propre mas. (*meun*), petite ville de France sur la Loire.—Il y a encore un autre *Meun* dans le Berry.

MEUNERIE, subst. fém. (*meuneri*), art, état de *meunier*.

MEUNIER, subst. mas., **MEUNIÈRE**, subst. fém. (*meunié, nière*) (corruption de *mounier*, qu'on disait autrefois, fait du bas latin *molinarius*, qui dérivait de *molina*, moulin à eau, etc.), celui qui gouverne un moulin à blé. — On dit prov. et fig., d'un homme qui passe d'une condition honnête et avantageuse à une autre moindre, qu'*il est devenu d'évêque meunier; qu'il s'est fait d'évêque meunier*.—*Meunier*, t. d'hist. nat., poisson de rivière, à grosse tête, qu'on trouve ordinairement près des moulins. On le nomme aussi *têtard, tétu, mulet, muge*.—Sorte de raisin noir, hâtif, ainsi appelé du duvet blanc dont ses feuilles sont revêtues.

MEUNIÈRE, subst. fém. (*meunière*), femme d'un *meunier*.—Terme d'hist. nat., mésange à longue queue.—Corneille mantelée.

MEURT-DE-FAIM, subst. mas. (*meuredefein*), ouvrier inhabile et sans occupation ; ouvrier sans conduite : *c'est un meurt-de-faim*.—Au plur., des *meurt-de-faim*.

MEURTHE, subst. propre fém. (*meurte*), rivière de Lorraine qui passe à Nancy et se décharge dans la Moselle. — Dép. de France.

MEURTRE, subst. mas. (*meurtre*) (du lat. barbare *mordrum* ou *murdrum*, qui se trouvent souvent avec cette acception dans les auteurs de la basse latinité, et qui dérivent du saxon *mord*, ou du flamand *moord*. Ménage.), homicide de guet-apens et de dessein prémédité, qui n'est arrivé ni dans une rixe ni dans un duel.—Fig. et fam.: 1° *c'est un meurtre* (c'est grand dommage) *de cueillir des fruits si verts*; 2° *crier au meurtre*, se plaindre hautement de quelque injustice, de quelque dommage, etc.— Prov. : *s'en défendre comme d'un meurtre*, désavouer avec chaleur telle parole ou telle action.

MEURTRI, E, part. pass. de *meurtrir*.—L'*Académie* dit que *meurtri* s'emploie quelquefois poétiquement dans le sens de *tué*, qui est l'ancienne signification du v. *meurtrir*, et elle cite cet exemple : *vengeur de vos princes meurtris*. Nous ne contesterons pas que *meurtri* ait été employé pour *tué*, mais bien certainement il est aujourd'hui inusité en ce sens.

MEURTRIER, subst. mas., **MEURTRIÈRE**, subst. fém. (*meurtri-é, tri-ère*) (de l'allemand *morder*), celui, celle qui a fait un *meurtre*.—On dit aussi adj. : *ce siége a été meurtrier*, il y a péri bien du monde; *les armes à feu sont meurtrières*, tuent beaucoup de monde.—Poétiquement : *épée meurtrière; la dent meurtrière du sanglier*.

MEURTRIÈRE, subst. et adj. fém. Voy. MEURTRIER.—Subst. fém., ouverture dans un mur de fortification, par laquelle on peut tirer à couvert sur les assiégeants.

MEURTRIR, v. act. (*meurtrir*), autrefois *tuer*; aujourd'hui, faire quelque *meurtrissure*, quelque contusion.—*Meurtrir les fruits*, les froisser.—En t. de sculpteur, frapper le marbre à plomb, avec le bout de la boucharde, etc. — En t. de peinture, adoucir la grande vivacité des couleurs, par le moyen d'un vernis qui semble jeter une vapeur éparse sur le tableau.— En t. de corroyeur, *meurtrir les têtes*, les travailler pour leur donner la souplesse qui leur manque. — SE MEURTRIR, v. pron.

MEURTRISSURE, subst. fém. (*meurtriçure*), marque livide causée par quelque coup.

DU VERBE IRRÉGULIER MOUVOIR :

Meus, 2e pers. sing. impér.

Meus, précédé de *je*, 1re pers. sing. prés. indic.

Meus, précédé de *tu*, 2e pers. sing. prés. indic.

MEUSE, subst. propre fém. (*meuze*), rivière de France qui prend sa source en Champagne, et donne son nom à un département.

Meut, 3e pers. sing. prés. indic. du v. irrégulier MOUVOIR.

MEUTE, subst. fém. (*meute*) (du latin *mota*, part. pass. fém. de *movere*, mouvoir, lancer : *mota canum turma*, etc. On disait anciennement *movere*, pour courir le cerf, etc. (*Caseneuve*.), nombre de chiens courants dressés pour la grande chasse. — *Clef de meute*, les meilleurs chiens et les mieux dressés. — Fig., homme qui a beaucoup de crédit dans son parti.

DU VERBE IRRÉGULIER MOUVOIR :

Meuve, précédé de *que je*, 1re pers. sing. prés. subj.

Meuve, précédé de *qu'il* ou *qu'elle*, 3e pers. sing. prés. subj.

Meuvent, précédé de *ils* ou *elles*, 3e pers. plur. prés. indic.

Meuvent, précédé de *qu'ils* ou *qu'elles*, 3e pers. plur. prés. subj.

Meuves, 2e pers. sing. prés. subj.

MÉVENDRE, v. act. (*mévandre*) (du latin *malè vendere*), *vendre* à vil prix. Presque inusité.

MÉVENDU, E, part. pass. de *mévendre*.

MÉVENTE, subst. fém. (*mévante*), *vente* à vil prix.—Non-vente; cessation de *vente*. Peu usité.

MEXICAIN, E, subst. et adj. (*mèkcikiein, kiène*), du *Mexique*. — Subst. mas., t. d'hist. nat., sorte de serpent.

MEXICAINE, subst. fém. (*mèkcikiène*), t. de comm., étoffe en laine croisée.

MEXIQUE, subst. propre mas. (*mèkcike*), nouvelle Espagne de l'Amérique septentrionale.— C'est aussi le nom d'un golfe et d'une mer.

MEYDAN, subst. mas. (*médan*), en Perse, marché, place où l'on vend des denrées.

MÉZAIR, subst. mas. (*mézère*) (de l'italien *mezza aria*, air qui tient le milieu entre deux), t. de manége, allure du cheval, entre le terre-à-terre et les courbettes. On écrit aussi, moins bien, *mésair*.

MÉZANCE, subst. fém. (*mézance*), t. de mar., sur une galère, la chambre du comite.

MÉZEL, subst. mas. (*mézèle*), nom qu'on donnait anciennement aux lépreux.

MÉZENCE, subst. mas. (*mézance*), supplice qui consistait à attacher une personne vivante face à face avec un cadavre, et à l'y laisser mourir.

MÉZÉRÉON, subst. mas. (*mézéré-on*), t. de bot., lauréole femelle.

MÉZIÈRES, subst. propre fém. (*mézière*), ville de France sur la Meuse, entre Sedan et Charleville.

MEZZABONT, subst. mas. (*mézabon*), t. de mar., voile de galère dont on se sert dans les tempêtes.

MEZZANIN, subst. mas. (*mézanein*), t. de mar., voile du milieu.

MEZZANINE, subst. fém. (*mézanine*), ordre d'architecture qui comprend deux étages dans sa hauteur. — Plus proprement, petit attique; petit étage qu'on met par occasion sur un premier.

MEZZO-TERMINE, subst. mas. (*médezôtèreminé*), mot emprunté de l'italien, où il signifie: *moyen terme*. Parti moyen qu'on prend pour terminer une affaire embarrassante, pour concilier des prétentions opposées.—Au plur. des *mezzo-termine*.

MEZZO-TINTO, subst. mas. (*mèdezôtinetô*), t. de gravure, pris de l'italien, où il signifie *demi-teinte*. Estampe en manière noire.—Au plur., des *mezzo-tinto*.

MI, particule indéclinable, qui entre dans la composition de plusieurs mots, et qui signifie demi, moitié, milieu : *mi-côte*, *minuit*, *mi-chemin*, *mi-jambe*, etc.—Il est féminin quand il est joint à un nom de mois : *la mi-mai*, *la mi-août*; hors de là, il suit le genre du mot auquel il est joint, excepté, 1° *minuit*, qui est masculin, quoique *nuit* soit féminin ; 2° *mi-carême*, qui est féminin, quoique *carême* soit masculin.— Il s'emploie souvent adv. : *à mi-côte*, *à mi-chemin*, *à mi-jambe*.

MI, subst. mas. (*mi*), t. de mus., nom de la troisième note de la gamme.

MIALET, subst. mas. (*mi-alè*), serge des Cévennes.

MI-AOÛT, subst. fém. (*mi-ou*), le quinze du mois d'*août*.

MIASMATIQUE, adj. des deux genres (*mi-acematike*), t. de médec., qui tient des *miasmes*, en produit.

MIASME, subst. mas. (*mi-aceme*) (du grec μιασμα, contagion, souillure, fait de μιαινω, je souille, je corromps), t. de médec., exhalaisons morbifiques et contagieuses.—Fluides aériformes et suffocants.

MIASZITE, subst. fém. (*mi-azite*), variété de chaux carbonatée.

MIAULANT, E, adj. (*mi-ôlan, mi-ôlante*), qui *miaule*.

MIAULÉ, part. pass. de *miauler*.

MIAULER, v. neut. (*mi-ôlé*), crier, en parlant du chat. Ce mot a été fait par onomatopée.

MICA, subst. mas. (*mika*) (du lat. *micare*, briller), t. d'hist. nat., espèce de pierre brillante, feuilletée et écailleuse , se divisant, à l'aide du couteau, en feuillets très-minces, flexibles, élastiques et luisants. On en distingue plusieurs espèces.

MICACÉ, E, adj. (*mikacé*), t. d'hist. nat., qui est de la nature du *mica*, qui contient du *mica*.

MICARELLE, subst. fém. (*mikarèle*), t. d'hist. nat., substance minérale d'un rouge brun.

MI-CARÊME, subst. fém. (*mikarème*), se dit du jeudi de la 3e semaine de *carême*, qui est à peu près la moitié du *carême*.

MICASCHISTE, subst. mas. (*mikachicete*), t. d'hist. nat., *schiste micacé*.

MICATION, subst. fém. (*mikâcion*), t. d'antiq., sorte de jeu en usage chez les Romains, et qui ressemblait au jeu de *mourre*. Voy. ce mot.

MICHAUXIE, subst. fém. (*mikôkci*), t. de bot., plante de la famille des campanules.

MICHE, subst. fém. (*miche*) (du lat. *mica*, miette, à cause de sa petitesse. Dans la basse latinité, on a dit *mica*, pour petit pain), sorte de petit pain blanc.—Gros morceau de mie. *La Mothe-le-Vayer* observe que c'est à cause de ce mot *miche*, que les boulangers avaient pris saint *Michel* pour leur patron.—Prov. : *faire sa cour à un homme quand il donne les miches*, quand il est en pouvoir d'accorder des graces. — On dit à peu près dans le même sens : *c'est lui qui donne les miches*; *à la porte où l'on donne les miches*, *les gueux y sont*. Cette dernière expression est populaire et vieillie.

MICHÉ, subst. mas. (*miché*), t. de métrol. anc., mesure de capacité employée en Egypte. Le *miché* valait 20 métrètes.

MICHON, subst. mas. (*michon*), vieux mot hors d'usage, qui a signifié *argent*.

MICHUACANEN, subst. mas. (*michu-akanein*), chien d'Espagne.

MICMAC, subst. mas. (*mikmak*), pratique secrète faite à mauvais dessein.—Conduite obscure, embarrassée; embarras qu'on suscite. Il est fam.

MICO, subst. mas. (*mikô*), t. d'hist. nat., petit sagouin à face et à oreilles d'un rouge vif.

MICOCOULIER, subst. mas. (*mikokoulié*), t. de bot., grand arbre des pays chauds.

MICONE, subst. fém. (*mikone*), t. de bot., famille de plantes.

MICROCARPE, subst. mas. (*mikrokarpe*), t. de bot., genre de champignons.

MICROCÈLE, adj. des deux genres (*mikrocèle*) (du grec μικρος, petit, et κηλη, tumeur), qui a un petit ventre.

MICROCÉPHALE, adj. des deux genres (*mikrocéphale*) (du grec μικρος, petit, et κεφαλη, tête), t. d'hist. nat., qui a une petite tête. — A tête de singe. — Insectes de la famille des brachélytres.

MICROCOSME, subst. mas. (*mikrokoceme*) (du grec μικρος, petit, et κοσμος, monde), petit monde : *l'homme est un microcosme*.

MICROGASTRE, subst. mas. (*mikroguacetre*) (du grec μικρος, petit, et de γαστηρ, ventre), genre d'ichneumon.

MICROGRAPHE, subst. mas. (*mikroguerafe*), qui se livre à la *micrographie*.

MICROGRAPHIE, subst. fém. (*mikroguerafi*) (du grec μικρος, petit, et γραφω, je décris), description des parties et des propriétés des objets fort petits, vus seulement au *microscope*.

MICROGRAPHIQUE, adj. des deux genres (*mikroguerafike*), qui appartient, qui a rapport à la *micrographie*.

MICROLÉPIDOTE, subst. mas. et adj. des deux genres (*mikrolépidote*) (du grec μικρος, petit, et λεπις, écaille), t. d'hist. nat., qui a de petites écailles.

MICROMÈTRE, subst. mas. (*mikromètre*) (du grec μικρος, petit, et μετρον, mesure), instrument pour mesurer entre eux les diamètres des astres ou de très-petites distances. — Autre instrument pour mesurer le degré de finesse des laines.

MICROPE, subst. mas. (*mikrope*), t. de bot., genre de plantes ombellifères.

MICROPHONE, subst. mas. et adj. des deux genres (*mikrofone*) (du grec μικρος, petit, et φωνη, son), qui a la voix faible. —Qui affaiblit les sons. — Subst. mas., instrument qui aide à entendre les sons les plus faibles.

• **MICROPHYLLE**, adj. des deux genres (*mikrofile*) (du grec μικρος, petit, et φυλλον, feuille), t. de bot., à petites feuilles.

MICROPTÈRE, subst. mas. (*mikropetère*) (du grec μικρος, petit, et πτερον, aile), t. d'hist. nat., famille d'insectes coléoptères.

MICROPYLE, subst. mas. (*mikropile*) (du grec μικρος, petit, et πυλη, porte), t. de bot., perforation dans l'enveloppe des graines pour leur fécondation.

MICROSCOME, subst. mas. (*mikrocekome*) (du grec μικρος, petit, et κομειν, nourrir; *qui se nourrit de petites choses*), t. d'hist. nat., animal marin renfermé dans une espèce d'enveloppe pierreuse couverte de petits coquillages, de petits animaux, de petites plantes.

MICROSCOPE, subst. mas. (*mikrocekope*) (du grec μικρος, petit, et σκοπεω, je regarde, je considère), t. de diopt., instrument qui sert à grossir les petits objets.— *Microscope simple*, formé d'une seule lentille ou loupe très-convexe.—*Microscope composé*, formé d'un verre objectif d'un foyer très-court et d'un oculaire d'un foyer plus long. Ainsi le *microscope* est l'opposé du *télescope*.—*Microscope solaire*, instrument de dioptrique par le moyen duquel on voit en grand, dans une chambre obscure, les images de très-petits objets vivement éclairés par le soleil.— *Microscope des objets opaques, microscope* qui, par le moyen d'un miroir d'argent extrêmement poli, au centre duquel est placée la lentille, réfléchit une vive lumière sur l'objet examiné.—*Microscope à réflexion*, sorte de *microscope* de l'invention de *Barker*, qui peut servir comme télescope grégorien.—*Voir tout avec un microscope*, s'exagérer tout, grossir en imagination tous les objets. — T. d'astronomie, constellation méridionale placée par *La Caille* au-dessous du Capricorne.

MICROSCOPIQUE, adj. des deux genres (*mikrocekopike*) : *objets microscopiques*, propres à être examinés à l'aide du *microscope*.—*Animaux microscopiques*, qu'on ne peut voir que par le secours du *microscope*, tels que les animaux infusoires, etc. Voy. ce mot.

MICROSTOME, adj. des deux genres (*mikrocetome*) (du grec μικρος, petit, et στομα, bouche), t. d'hist. nat., qui a une petite bouche.— Sorte de lutjan.

MICROTÉE, subst. fém. (*mikroté*), t. de bot., plante de la famille des arroches.

MIDAS, subst. mas. (*midâce*), t. d'hist. nat., sorte de cosson. — Homme riche et stupide. — Prov. : *avoir des oreilles de Midas*, des oreilles d'âne; allusion au roi *Midas* de la fable.

MI-DENIER, subst. mas. (*midenié*), t. de droit, moitié des sommes employées pour impenses et améliorations sur l'héritage de l'un des conjoints par mariage; faites aux dépens de la communauté.

MIDI, subst. mas. (*midi*) (en lat. *medius dies*), le moment où le soleil est au méridien; le milieu du jour.—L'heure qui marque le milieu du jour. —La plus haute élévation du soleil, d'une planète : *le soleil est à son midi*.—Celui des quatre points cardinaux du monde qu'on appelle aussi *sud*. — Pays au sud : *les habitants du midi*. — *Midi vrai*, le temps où le soleil est réellement au méridien. — *Midi moyen*, le temps où il serait *midi*, si le soleil avait un mouvement uniforme. —Prov. : *chercher midi à quatorze heures*, chercher des difficultés où il n'y en a point; allonger inutilement ce qu'on peut faire ou dire d'une manière plus courte.—Poét. : *au midi de mes années*, au milieu de ma vie.—*En plein midi*, adv., en plein jour, publiquement.

MIDLESEX, subst. propre mas. (*midelecèkce*), province et comté du royaume d'Essex, en Angleterre.

MI-DOUAIRE, subst. mas. (*midou-ère*), t. de jurispr., pension que le juge accorde à une femme sur les biens de son mari.

MIE, subst. fém. (*mi*) (en lat. *mica*), la partie du pain qui est enfermée entre les deux croûtes. —Diminutif d'*amie*. Autrefois, les enfants appelaient leur gouvernante *ma mie*; ils disent aujourd'hui *ma bonne*. — Particule négat., au lieu de *point* : *je n'en veux mie*. Hors d'usage.

MIEL, subst. mas. (*mi-èle*) (en lat. *mel*, fait du grec μελι), suc doux que les abeilles tirent des fleurs et des plantes.—Fig. et fam. : *il est tout sucre et tout miel*, il a une douceur affectée.—*La lune de miel*, les premiers mois du mariage. — *On prend plus de mouches avec du miel qu'avec du vinaigre*, on vient mieux à bout de ses affaires par la douceur que par la rigueur et les emportements. — *Miel de l'air, miel aérien*, nom donné à la manne par quelques auteurs anciens, qui n'en connaissaient pas la nature.—*Miel rosat, violet*, compositions pharmaceutiques dont le *miel* est la base.

• **MIELLAT**, subst. mas., ou **MIELLÉE**, subst. fém. (*mi-èla, lé*) (du grec μελι, miel, à cause de la douceur de cette substance), matière plus ou moins liquide et savoureuse qu'on trouve en été sur certains végétaux.

MIELLEUSE, adj. fém. Voy. MIELLEUX.

MIELLEUSEMENT, adv. (*mi-èleuzeman*), d'une manière *mielleuse*.

MIELLEUX, adj. mas., au fém. **MIELLEUSE** (*mi-èleu, leuze*), qui tient du *miel*.—Fade, doucereux : *goût mielleux*; et au fig. : *ton mielleux*. —Subst. : *c'est un mielleux, une mielleuse*, se dit de personnes qui font les doucereuses.

MIÉMITE, subst. fém. (*mi-émite*), t. d'hist. nat., spath magnésien.

MIEN, adj. mas., au fém. **MIENNE** (*mi-ein, mi-ène*) (en lat. *meus, mea*), qui est à moi, qui m'appartient.—Subst. mas. : *le mien*, mon bien. —*Les miens*, mes proches, mes alliés. — *J'ai fait des miennes*, des folies.

MIENNE, adj. fém. Voy. MIEN.

MIETTE, subst. fém. (*miète*) (en lat. *mica*), petite partie qui tombe du pain que l'on coupe, ou qui reste de celui qu'on a mangé.— Très-petit morceau de quelque chose à manger.

MIEUX, adv. (*mieu*) (en lat. *melius*), qui est le compar. de *bien*; *celui-là est bien fait celui-ci l'est encore mieux; il est le mieux du monde*.—Plus : *j'aime mieux l'un que l'autre*.—Les Gascons disent : *il a mieux* (pour plus) *de quarante mille livres de rente; vous dites qu'elle a cinquante ans; elle en a mieux* (pour davantage).—*Il vaut mieux attendre*, il est plus à propos d'attendre. — *Il est mieux qu'il n'était*, en *meilleur* état, en *meilleure* santé, d'un extérieur plus agréable.—*Être mieux* signifie encore, avoir une *meilleure* conduite : *ce jeune homme, corrigé de ses défauts, est beaucoup mieux qu'il n'était auparavant*. — *Mieux* s'emploie souvent au superlatif, et alors on met *le* devant : *c'est lui que j'aime le mieux*. — *Mieux que tout cela*, sorte de loc. adv. dans le sens de : faites *mieux*, de préférence : *mieux que tout cela, partagez le différend par la moitié*. — *Faute de mieux*, à défaut d'une chose *meilleure*, plus convenable. — Fam. ou plutôt bassement : *il chante, il danse des mieux*, aussi bien que ceux qui chantent le *mieux*.—*De mieux en mieux*, loc. adv., en devenant toujours meilleur, plus parfait, etc.—Fam. : *à qui mieux mieux*, à l'envi l'un de l'autre.

MIEUX, subst. mas. (*mieu*), meilleur, plus convenable : *il n'y a rien de mieux*.—*Il fait de son mieux*, aussi bien qu'il lui est possible. — *Le mieux est souvent l'ennemi du bien*, souvent on gâte une chose en voulant la rendre meilleure.

Il y a du mieux chez lui, il se porte *mieux*, ses affaires sont en *meilleur* état.—*Le mieux du monde, au mieux, tout au mieux* ou *pour le mieux*, loc. adv., très-bien, parfaitement bien. — *Du mieux, le mieux, tout au mieux, tout le mieux que...*, loc. conj., aussi bien qu'il est possible. — *Faire du mieux qu'on peut*, c'est le *mieux* qu'on puisse faire. Les deux dernières locutions, *tout du mieux* et *tout le mieux que*, sont d'un trop vieil usage pour qu'on puisse s'en servir aujourd'hui.

MIÈVRE, adj. des deux genres (*mi-èvre*). L'*Académie*, qui nous donne cet adj., lui fait signifier : *vif, remuant, un peu malicieux*, en parlant d'un enfant. Nous répudions ce mot comme suranné. Les subst. *mièvrerie* et *mièvreté*, que nous enregistrons parce que nous les lisons encore dans l'*Académie*, ne doivent pas plus être admis selon nous.

• **MIÈVRERIE**, subst. fém. (*mi-èvreri*), qualité d'un enfant ou d'une personne *mièvre*. Inusité. Voy. MIÈVRE.

• **MIÈVRETÉ**, subst. fém. (*mi-èvreté*), syn. de *mièvrerie*, suivant l'*Académie*. Moins bon encore que *mièvrerie*. Voy. MIÈVRE.

MIGNARD, E, adj. (*migniar, gniarde*), mignon, délicat, agréable.—Travaillé avec une délicatesse extrême: *ouvrage mignard*.—Caressant : *enfant mignard*.— On dit en peint., à peu près dans le même sens et subst. au mas. : *donner dans le mignard*, tomber dans l'affecté, le petit, le mesquin, pour chercher le gracieux. — On dit de quelqu'un qui fait le beau, qu'*il fait le mignard*.

MIGNARDÉ, E, part. pass. de *mignarder*.

MIGNARDEMENT, adv. (*migniardeman*), délicatement; d'une manière *mignarde*.

MIGNARDER, v. act. (*migniardé*), dorloter traiter délicatement. — *Cette femme mignarde trop*, affecte de la gentillesse. — *Mignarder son style, son langage*, avoir un style, un langage trop maniéré. Il est fam.—*se* MIGNARDER, v. pron.

MIGNARDISE, subst. fém. (*migniardize*), délicatesse : *la mignardise de ses traits*. Il ne se dit au singulier que dans cette phrase. — Caractère de l'enfant *mignard*.— Au plur., petits moyens employés pour plaire. — *Mignardise*, espèce de petits œillets de couleur de gris-de-lin.

MIGNATURE, pour *miniature*, est un barbarisme.

MIGNON, subst. et adj. mas., au fém. **MIGNONNE** (*mignion, gnione*), en parlant des choses, délicat, gentil : *visage mignon*.—Fait, travaillé avec délicatesse.—Fam. : *argent mignon*, argent mis en réserve pour quelque dépense superflue. — *Avoir de l'argent mignon*, en avoir beaucoup en réserve. — *Péché mignon*, péché auquel on est le plus attaché. — En parlant des personnes et subst., bien-aimé : *c'est le mignon de la mère*. Le féminin est moins usité.—On dit à un enfant que l'on caresse : *mon petit mignon, ma petite mignonne*.—Sous Henri III, on appelait *mignons* ses favoris.

MIGNONNE, adj. fém. Voy. MIGNON. —Subst. fém., nom d'un caractère d'imprimerie, qui est entre la nonpareille et le petit-texte.— Sorte de pêche et de prune.

MIGNONNEMENT, adv. (*mignioneman*), d'une manière *mignonne* et délicate.

MIGNONNETTE, subst. fém. (*mignionète*), sorte de dentelle légère.—Poivre concassé en fort petits morceaux.—Petits œillets dont on garnit les plates-bandes. — Il s'est dit, dans le style populaire, d'une petite pièce d'argent : *il a reçu une mignonnette*.

MIGNOT, adj. mas., au fém. **MIGNOTTE** (*mignio, gniote*) : *enfant mignot*, enfant gâté. Peu usité.

MIGNOTÉ, E, part. pass. de *mignoter*.

MIGNOTER, v. act. (*mignioté*), traiter délicatement, dorloter, caresser. — *se* MIGNOTER, v. pron.

MIGNOTISE, subst. fém. (*migniotize*), flatterie, caresses.

MIGRAINE, subst. fém. (*miguèrène*) (du grec ημικρανια, formé de ημι, demi, abrégé de ημισυς, moitié, et κρανιον, le crâne, la tête), t. de médec., douleur qui occupe une moitié de la tête, et qui est souvent périodique. C'est un mal de tête, accompagné de mal de cœur et souvent de fièvre.

MIGRANE, subst. mas. (*miguerane*), t. d'hist. nat., genre de crustacés.

MIGRATION, subst. fém. (*miguerâcion*) (du lat. *migrare*, émigrer, se transporter, changer de demeure, fait par contraction de *meare agro*, s'en aller d'une terre), action de passer d'un pays dans un autre pour s'y établir. Il ne se dit que d'une quantité considérable de peuple.— Il se dit aussi de certaines espèces d'animaux.

MIGUEL, subst. mas. (*migu-èle*), t. d'hist. nat., serpent du Paraguay.

MIHIEL (SAINT-), subst. propre mas. (*ceinmiel*), ville de France, dép. de la Meuse.

MIJAURÉE, subst. fém. (*mijôré*), fille ou femme dont les manières sont affectées ou ridicules.

MIJOTÉ, E, part. pass. de *mijoter*.

MIJOTER, v. act. et neut. (*mijoté*), faire cuire lentement et doucement.— Mignoter. Fam. Voy. ce mot.—*se* MIJOTER, v. pron.

MIL ou **MILLET**, subst. mas. (*mi-le, mi-lè*) (en lat. *milium*), t. de bot., plante annuelle, originaire des Indes orientales et cultivée en Europe, de la famille des graminées, à fleur apétale, à étamines. On distingue, parmi ses diverses espèces, le *grand millet noir* ou *millet d'Afrique*; le *petit millet* ou *millet ordinaire*, le *millet épars*, qui croît dans les bois; le *petit mil à chandelle*, etc. Le grain qu'elle porte est fort petit, et sert à engraisser la volaille.

MIL, adj. numéral (*mile*), c'est une abréviation de *mille*. Il se dit pour *millième* dans la supputation des années; mais on n'écrit pas *mil* quand il est question de l'année *mille*. Il faut écrire *l'an mille*, parce que dans cette circonstance *mille* est un nombre qu'on écrirait en chiffres 1,000. Dans tous les autres cas, on écrit *mil* : *l'an mil huit cent trente-sept*, etc. Voy. MILLE.

MILADY, subst. fém. (*milédi*), la femme d'un *milord*.

MILAN, subst. propre mas. (*milan*), ville d'Italie, capitale du duché qui porte ce nom. Elle est située à six lieues de Pavie, entre le Tésin et l'Adda.

MILAN, subst. mas. (*milan*) (en lat. *milvus* ou *milvius*), t. d'hist. nat., espèce d'oiseau de proie. —Poisson du genre trigle.

MILANAIS, E, subst. propre et adj. (*milanè, nèze*), de *Milan*.—Subst. mas. : *le Milanais*.

MILANAISE, subst. fém. (*milanèze*), ouvrage de fileur d'or, à deux brins de soie.

MILANDRE, subst. mas. (*milandre*), t. d'hist. nat., espèce de squale de la Méditerranée.

MILANEAU, subst. mas. (*Milanô*), t. d'hist. nat., petit *milan*.

MILÉSIE, subst. fém. (*milezi*), t. d'hist. nat., genre d'insectes diptères.

MILÉSIEN, subst. propre mas., au fém. **MILÉSIENNE** (*milézie in, ziène*), de *Milet*.

MILET, subst. propre mas. (*milé*), ancienne ville de l'Ionie, dans l'Asie-Mineure.

MILHAU, subst. propre mas. (*mi-iô*), ville de France, de l'Aveyron.

MILIAIRE, adj. des deux genres (*mili-ère*), t. de médec., qui ressemble à des grains de *mil* : *glandes miliaires*.—*Éruption miliaire*, qui donne de très-petits boutons. — *Fièvre miliaire*, dans laquelle il se déclare une éruption *miliaire*.

MILIAIRE, subst. fém. (*mili-ère*), t. d'hist. nat., espèce de couleuvre.

MILICA, subst. mas. (*milika*), t. de bot., blé barbu qui ressemble au *millet*.

MILICE, subst. fém. (*milice*) (du lat. *militia*, fait de *miles*, soldat, lequel dérive de *mille*, mille, parce qu'à Rome chaque tribu fournissant *mille* hommes pour la guerre, quiconque était de ce nombre s'appelait *miles*), l'art et l'exercice de la guerre. Il ne se dit guère en ce sens qu'en parlant des anciens.—Troupe de gens de guerre.—Troupes composées de bourgeois et de paysans, à qui on fait prendre les armes en certaines occasions. En ce sens, il est opposé à *troupes réglées*.—Nouvelles recrues.—*Tirer à la milice*, à la conscription. — Fig. et en style de l'Écriture : *la vie de l'homme est une milice continuelle*, un état de guerre continuel.

MILICIEN, subst. mas. (*milicie in*), soldat de *milice*.

MILICITE, subst. mas. (*milicite*), t. de bot., plante à fleurs incomplètes.

MILIEU, subst. mas. (*mili-eu*) (du lat. *medius locus*), le centre; le lieu qui est également distant des extrémités. — Dans une signification moins exacte, ce qui est éloigné des extrémités, quoiqu'il ne soit pas à une égale distance de toutes : *cette ville est située au milieu, dans le milieu de la France*. — Dans les choses morales, ce qui est également éloigné de deux excès contraires : *la vertu consiste dans un juste milieu*. — *Juste-milieu*. Voyez ce mot. — Tempérament qu'on prend dans les affaires pour les accommoder. On dit en ce sens : *il n'y a pas de milieu*, il n'y a point d'autre parti à prendre. —En physique et en mécanique, espace matériel à travers lequel passe un corps dans son mouvement, et, plus généralement, espace matériel dans lequel un corps est placé, qu'il se meuve ou non : *l'air est le milieu dans lequel nous vivons; le verre est un milieu, eu égard à la lumière qui passe à travers ses pores*, etc.—*Milieu réfrigent*, substance qui prête passage à un corps, mais qui le fait changer de direction, lorsqu'il se présente obliquement à sa surface. Voy. RÉFRACTION.—*Milieu du ciel*, le point de l'équateur qui se trouve dans le méridien.—*Au milieu*, loc. adv., entre, dans, parmi : *au milieu des grandeurs*, etc. — Fam. : *au milieu de tout cela*, parmi tout cela.

MILITAIRE, adj. des deux genres (*militère*) (en lat. *militaris*), qui regarde la guerre, qui concerne le soldat.—*Heure militaire*, précise, exacte.—*Justice militaire*, justice qui s'exerce parmi les troupes, en vertu d'ordonnances militaires.—*Exécution militaire*, peine de mort; dégât, et ravage que l'on fait dans un pays pour contraindre les habitants à faire ce qu'on exige d'eux. — *Architecture militaire*, art de fortifier les places de guerre. — *Testament militaire*, fait à l'armée pendant la durée d'une campagne. — Subst. mas., homme de guerre. — Totalité des gens de guerre : *l'esprit du militaire est généralement bon*.

MILITAIREMENT, adv. (*militèreman*), d'une manière *militaire*.

MILITANTE, adj. fém. (*militante*) (du lat. *militans*, part. prés. de *militare*, militer, combattre): *l'Église militante*, l'assemblée des fidèles sur la terre; *l'Église souffrante* est composée des fidèles qui souffrent dans le purgatoire; et *l'Église triomphante* est l'assemblée des fidèles dans le ciel.

* **MILITER**, v. neut. (*milité*) (en lat. *militare*, fait de *miles*, soldat), combattre. On ne s'en sert qu'en matière de dispute au palais : *cette raison milite pour moi, milite contre vous*.

MILLAIRE, subst. mas. (*milelère*), nom donné dans le premier système à la division du kilomètre.

MILLE, subst. mas. (*mile*), espace de chemin d'environ *mille* pas géométriques : *deux milles d'Italie font une lieue commune de France*.—On appelle *mille de longitude*, le chemin que fait un vaisseau à l'est ou à l'ouest, par rapport au méridien d'où il est parti, et d'où il a fait voile. — On entend aussi, par ce mot, la différence de chemin de longitude, soit orientale, soit occidentale, entre le méridien sous lequel est le vaisseau, et celui d'où la dernière observation ou supputation a été faite. —Il prend *s* au plur.

MILLE, adj. numéral des deux genres (*mile*) (du lat. *mille*), dix fois cent : *dix mille hommes*. — Un grand nombre de... : *il a reçu mille affronts*.— Pour la date des années, on écrit *mil* : *le pain fut fort cher en mil sept cent neuf*. Voy. MIL.—Sans *s*, au pluriel.

MILLECANTON, subst. mas. (*milekanton*), très-petit fretin.—Petite perche du Léman.

MILLE-FEUILLES, et non pas, avec l'*Académie*, **MILLE-FEUILLE**, subst. fém. (*milefeu-ie*), t. de bot., plante agreste, vivace, à fleur radiée, aromatique, vulnéraire et astringente, ainsi nommée parce que ses feuilles sont découpées en parties très-menues. — Au plur., des *mille-feuilles*.

MILLE-FLEURS (Nous ferons observer que l'*Académie*, qui écrit *mille-feuille*, écrit avec nous **MILLE-FLEURS**.), subst. fém. (*milefleur*); on appelle *eau de mille-fleurs*, l'urine de vache reçue dans un vase pour être prise en remède.— *Eau, huile de mille-fleurs*, de l'eau et de l'huile distillées de la bouse de vache. — *Rossolis de mille-fleurs*, fait avec quantité de *fleurs* distillées.—Au plur., des *mille-fleurs*.

MILLE-FOIS, adv. (*milefoè*), très-souvent.

MILLE-GRAINES, subst. fém. (*mileguerène*), t. de bot., plante de Saint-Domingue, à fleur monopétale, qui imite l'hyssope.—On donne aussi le nom de *mille-graines* à la turquette.—Au pluriel, des *mille-graines*.

MILLE-GREUX, subst. mas. (*milegueureu*), t. de bot., jonc marin qui borde les côtes.

MILLÉNAIRE, adj. des deux genres (*milelénère*), qui contient *mille*.—Subst. mas., dix siècles ou *mille* ans : *le premier millénaire*. — Au plur., sectaires qui croyaient qu'après le jugement universel les élus demeureraient *mille* ans sur la terre à jouir de toutes sortes de plaisirs. (En latin *millenarius*, fait de *mille*, mille, et *annus*, année.)

MILLE-PÈDE, subst. mas. (*milepède*), t. d'hist. nat., araignée de mer.

MILLE-PERTUIS, subst. mas. (*milepèrtui*), t. de bot., plante vivace, à fleur rosacée, vulnéraire, diurétique, vermifuge; ainsi nommée des points brillants et diaphanes dont ses feuilles sont marquées. Il y en a un grand nombre d'espèces.

MILLE-PIEDS, subst. mas. (*milepié*), t. d'hist. nat., famille d'insectes aptères, qui ont des pattes à chaque anneau du corps, et quelquefois au nombre de plusieurs centaines. On les nomme aussi *myriapodes*.—Au plur., des *mille-pieds*.

MILLÉPORE, subst. mas. (*milelépore*), t. d'hist. nat., production poreuse percée de trous. C'est une espèce de lithophyte.

MILLÉPORITE, subst. mas. (*mileléporite*), t. d'hist. nat., *millépore* fossile.

MILLERET, subst. mas. (*mi-ieré*), t. de passementier, agrément pour les bordures de robes.

MILLÉRINE, subst. fém. (*mi-iérine*), terre semée de *millet*.

MILLEROLLE, subst. fém. (*milerole*), en Provence, soixante-dix pintes d'huile d'olive.

MILLÉSIME, subst. mas. (*milelézime*), l'année qui est marquée sur une médaille, sur une pièce de monnaie, etc.

MILLET, subst. mas. (*mi-ié*). Voy. MIL, grain.

MILLI (*mileli*), nom générique de *la millième* partie d'une chose.

MILLIADE, subst. fém. (*mileli-ade*), révolution de *mille ans*.

MILLIAIRE, subst. mas., et adj. des deux genres (*mileliére*) : *colonne* ou *pierre milliaire*, que les Romains plaçaient sur les grands chemins, pour marquer les distances, en comptant par *milles*. Quoique nous ne comptions point par *milles*, nous appelons de même *pierres milliaires* celles qui, sur nos grands chemins, indiquent les distances.—*Milliaire doré*, colonne qu'Auguste fit élever au centre de Rome, sur laquelle étaient marqués les grands chemins d'Italie, et leur distance de Rome par *milles*. — Adj., il se dit en bot., 1° des feuilles et des écailles, qui sont si fines et si multipliées qu'on ne peut les compter; 2° des semences ou des glandes qui ressemblent à des graines très-fines. Dans cette dernière acception, *milliaire* est plus conforme à l'étymologie du mot *mil*, qui se prononce *mi-ie*.

MILLIARD, subst. mas. (*miliar*), dix fois cent *millions*.

MILLIARE, subst. mas. (*mileli-are*), *millième* partie de l'*are*.

MILLIASSE, subst. fém. (*mili-ace*), un fort grand nombre, un nombre illimité. Il ne se dit qu'en mauvaise part : *il y a des milliasses de fourmis dans ce champ*.

MILLIÈME, adj. des deux genres (*mili-ème*) (en lat. *millesimus*), qui achève le nombre *mille*. — Subst. mas., une des parties d'un tout composé de *mille*.

MILLIER, subst. mas. (*mili-é*), nombre collectif contenant *mille* : *un millier de fagots*.—*Mille* livres pesant : *un millier d'étain*. — *Un millier de foin, de paille*; un *millier* de bottes de foin, de paille. — *A milliers, par milliers*, loc. adv., en très-grande quantité.

MILLIGRAMME, subst. mas. (*mileliguerame*) (de *milli*, contraction du mot français millième, et du grec γραμμα, gramme. Voy. ce mot), dans le nouveau système, la millième partie du gramme, équivalant à peu près à un cinquantième de grain.

MILLILITRE, subst. mas. (*milelilitre*), nouvelle mesure de liquide, millième partie du *litre*.

MILLIMÈTRE, subst. mas. (*milelimètre*) (de *milli*, contraction de *millième*, et du grec μετρον, mètre), *millième* partie du *mètre*, appelée *trait* en langue vulgaire, et équivalant à peu près à une demi-ligne ancienne.

MILLION, subst. mas. (*mili-on*), dix fois cent mille.— *Être riche à millions*, extrêmement riche. — Nombre indéterminé : *j'ai ouï dire cela un million de fois*.

MILLIONIÈME, adj. des deux genres (*mili-onième*), qui complète le nombre d'un *million*.— Subst. mas., une des parties d'un tout divisé en un *million* de parties.

MILLIONNAIRE, subst. et adj. des deux genres (*mili-onère*), personne riche d'un *million*, et par extension extrêmement riche.

MILLISTÈRE, subst. mas. (*milelicetère*), la *millième* partie du stère.

MILLY, subst. propre mas., ville de France, dép. de Seine-et-Oise.

MILON, subst. propre mas. (*milon*), myth., fils de Diotine, un des athlètes de la Grèce.

MILORD, subst. mas. (*milor*), mot anglais qui veut dire *monseigneur*. Voy. LORD.— Pop., homme riche : *c'est un milord*.

MILORT, subst. mas. (*milor*), t. d'hist. nat., serpent du *Milanais*.

MILOUIN, subst. mas. (*milouein*), t. d'hist. nat., sorte de canard.

MILPHOSE, subst. fém. (*milefôze*) (en grec μιλφωσις), dépilation des paupières.

A MI-MARGE, loc. adv. (*amimarje*), à la moitié de la *marge*. Voy. MARGE.

MIME, subst. mas. (*mime*) (du grec μιμος, imitateur, bouffon, dérivé de μιμεομαι, imiter, contrefaire), chez les anciens, espèce de farce où l'on imitait avec impudeuce les actions, les discours, les manières de quelque personne connue.—Acteur qui jouait dans ces pièces.—Auteur qui les composait.

Mimes, 1re pers. plur. prét. déf. du v. irrég. METTRE.

MIMEUSE, adj. fém. Voy. MIMEUX.

MIMEUX, adj. mas., au fém. **MIMEUSE** (*mimeu*, *meuze*), se dit, en bot., des plantes qui, lorsqu'on les touche, se contractent, et semblent imiter les grimaces d'un *mime*; telle que la sensitive, les étamines de l'épine-vinette, etc.

MIMIQUE, adj. des deux genres (*mimike*), qui appartient aux *mimes*.—Subst. fém., art d'imiter, sur le théâtre, les gestes et l'air des personnes qu'on représente.

MIMOGRAPHE, subst. et adj. des deux genres (*mimoguerafe*) (du grec μιμος, mime, et γραφω, j'écris), qui compose des *mimes*.

MIMOGRAPHIE, subst. fém. (*mimoguerafi*), traité sur la *mimique*.

MIMOLOGIE, subst. fém. (*mimoloji*) (du grec μιμεομαι, imiter, contrefaire, et λογος, discours, parole), manière de parler imitative de la voix, du ton, etc., des personnes qu'on veut contrefaire.

MIMOLOGIQUE, adj. des deux genres (*mimolojike*), fait à l'imitation du geste, de la voix, etc.

MIMOLOGISME, subst. mas. (*mimolojiceme*), figure par laquelle on imite un être animé, en contrefaisant sa physionomie, son geste, sa voix, etc.

MIMOLOGUE, subst. mas. et adj. des deux genres (*mimologue*), qui est habile, exercé dans la *mimologie*.

MIMOSA, subst. fém. (*mimôza*), t. de bot., nom de la sensitive.

MIMULE, subst. mas. (*mimule*), t. de bot., arbre; espèce de gratiole.

MIMUSOPE, subst. mas. (*mimuzope*), t. de bot., espèce de sapotillier.

MINABLE, adj. des deux genres (*minable*), qui a mauvaise *mine*, une *mine* pitoyable, qui fait pitié. Pop.

MINAGE, subst. mas. (*minaje*), droit pris sur la *mine* de blé, ou d'autres grains pour le mesurage.

MINARET, subst. mas. (*minarè*) (de l'arabe *ménareh* ou *ménareth*, bâtiment élevé, tour, en général, qui paraît venir de l'égyptien *manareh*, lieu d'observation, lieu d'où l'on fait la garde, tour, guérite), chez les Turcs, tour faite en forme de clocher, pour appeler le peuple à la prière et annoncer les heures.

MINARZIN, subst. mas. (*minarzein*), t. de relat., astronome du roi de Perse.

MINAUDER, v. neut. (*minôdé*), affecter des *mines*, des façons pour plaire.

MINAUDERIE, subst. fém. (*minôderi*), action de *minauder*. — Au plur., *mines* et façons de faire affectées, dans l'intention de plaire.

MINAUDIER, subst. et adj. mas., au fém. **MINAUDIÈRE** (*minôdié*, *dière*), celui, celle qui est dans l'habitude de *minauder* : *c'est un minaudier; elle est minaudière*.

MINAUDIÈRE, subst. et adj. fém. Voy. MINAUDIER.

MINCE, adj. des deux genres (*meince*) (en lat. *minutus*, menu, part. pass. de *minuere*, diminuer), qui n'a pas beaucoup d'épaisseur.—On dit prov. : *mince comme la langue d'un chat*, très-mince.—Fig., et fam. : *revenu bien mince*, fort modique. — *Raison mince*, faible.—*Mérite*, *esprit*, *savoir bien mince*, au-dessous du médiocre. —*Noblesse mince*, qui n'est pas considérable.—*Mine bien mince*, qui a l'air de peu de chose.

MINCEUR, subst. fém. (*meinceur*), qualité de ce qui est *mince* : *minceur des os*.

MINCIO, subst. propre mas. (*meinci-ô*), fleuve d'Italie.

MINE, subst. fém. (*mine*) (du gallois ou bas-breton *moina*, qui signifie la même chose. *Ménage*), air du visage : *bonne* ou *mauvaise*, *méchante mine*. — Accueil qu'on fait à quelqu'un : *faire bonne mine*, *faire triste* ou *grise mine à*...—Contenance qu'on tient pour quelque dessein : *faire bonne mine*; et prov. : *faire bonne mine à mauvais jeu*, cacher sa peine sous un air de gaieté, etc.—Indice des dispositions de l'âme : *mine noble*, *basse*, *fière*.—Fig., semblant : *faire mine de*... —Mouvements du visage; gestes qui ne sont pas naturels. Il s'emploie ordinairement au pluriel : *faire des mines*.—Bonne ou mauvaise apparence d'une chose : *ce ragoût a bonne mine*. — *Faire la mine*, témoigner qu'on est mécontent.—*Faire une laide mine*, une laide grimace.—Fam. : *avoir la mine d'être riche*, *fou*, etc., *en avoir toute la mine*, paraître tel.—On dit qu'*un homme a la mine*, *a bien la mine d'avoir fait une chose*, lorsqu'on le juge ou à son air ou d'après la connaissance qu'on a de son inclination, etc. On dit encore dans le même sens et en mauvaise part : *vous portez bien la mine d'un espion*, etc.

MINE, subst. fém. (*mine*) (de l'allemand *mine*, qui a la même signification), lieu où se forment les métaux, les minéraux et quelques pierres précieuses. — Les métaux et minéraux encore mêlés avec la terre ou la pierre de la *mine*.— Cavité souterreine faite sous un bastion, un rempart, etc., pour le faire sauter par le moyen de la poudre à canon.—Fig. : *éventer la mine*, découvrir un dessein, et empêcher par là qu'il ne réussisse.—Fig. : *c'est une riche mine*, en parlant d'un bon ouvrage. — *Mine de plomb*, substance d'un gris noirâtre et brillant dont on fait des crayons. On l'appelle aussi *plombagine*.—Couleur d'un rouge orangé fort vif, qui sert pour peindre en miniature.—Vaisseau qui sert à mesurer et qui contient la moitié d'un setier. (Dans cette acception, du latin *mina* ou *mna*, fait du grec μνα, sorte de poids grec, qui revenait à peu près à la livre des Romains.)—Ce qui est contenu dans cette mesure. —Mesure pour les terres, qui revient environ à un demi-arpent de Paris. — Monnaie ancienne qui, chez les Grecs, valait cent drachmes, à peu près cinquante livres tournois ou quarante-neuf francs trente-neuf centimes. (Du grec μνα, dont la signification est la même.) — Monnaie de compte en Turquie, qui est la centième partie de la piastre. On l'appelle aussi *aspre*.—Monnaie de compte dans l'île de Chypre, où elle se divise en cent aspres.

MINÉ, E, part. pass. de *miner*.

MINER, v. act. (*miné*), faire une *mine* sous... : *miner un bastion*.—Creuser, caver : *l'eau mine la pierre*.—Consumer, détruire peu à peu : *cette maladie le mine*.—SE MINER, v. pron., se consumer peu à peu.

MINÉR., abréviation du mot *minéral* ou *minéralogie*.

MINERAI, subst. mas. (*minerè*), métal combiné dans la *mine* avec des substances étrangères.

MINÉRAL, subst. mas. (*minérale*), corps solide qui se tire des *mines*. Il se disait principalement des terres et des sels; les physiciens étendent aujourd'hui cette dénomination généralement à tous les corps qui composent comme l'écorce de la terre, depuis le sommet des montagnes jusqu'aux plus grandes profondeurs où nous puissions parvenir.—Au plur., des *minéraux*.

MINÉRAL, E, adj. (*minérale*), qui tient des *minéraux*, qui leur appartient.—*Règne minéral*, ensemble des objets compris sous le nom de *minéraux*.— *Eaux minérales*, imprégnées de principes *minéraux*.

MINÉRALISATEUR, subst. mas. (*minéralizateur*), t. de minéralogie, substance qui, combinée avec des métaux, les constitue en état de *minerai*.

MINÉRALISATION, subst. fém. (*minéralizâcion*), combinaison d'un métal ou d'un demi-métal avec une substance étrangère, qui le constitue en état de *minerai*. Il se dit surtout de la combinaison avec le soufre ou l'arsenic, ou avec l'un et l'autre ensemble.

MINÉRALISÉ, E, part. pass. de *minéraliser*, et adj.

MINÉRALISER, v. act. (*minéralizé*), donner à un métal ou demi-métal la forme de *minerai* : *plomb minéralisé par le soufre*. — SE MINÉRALISER, v. pron.

MINÉRALISTE, subst. mas. (*minéralicete*), qui étudie, connaît et travaille les *minéraux*.

MINÉRALOGIE, subst. fém. (*minéraloji*) (du lat. *minera*, mine ou minéral, et du grec λογος, discours), connaissance des *minéraux* et de la manière de les tirer du sein de la terre.

MINÉRALOGIQUE, adj. des deux genres (*minéralojike*), qui concerne la *minéralogie*.

MINÉRALOGISTE, subst. mas. (*minéralojicete*), celui qui est versé dans la *minéralogie*. On dit aussi, mais moins souvent et moins bien, *minéralogue*.

MINÉRALOGUE, subst. mas. (*minéralogue*). Voy. MINÉRALOGISTE.

MINÉRAUX, subst. et adj. plur. mas. Voy. MINÉRAL.

MINERIE, subst. fém. (*mineri*), *mine* de sel.

MINERVAL, subst. mas. (*minèrevale*), anciennement, honoraires des professeurs de collèges, payés par les écoliers.

MINERVALES, subst. fém. plur. (*minèrevale*), t. d'antiq., fêtes en l'honneur de *Minerve*.

MINERVE, subst. propre fém. (*minèreve*), myth., déesse des beaux-arts et de la sagesse. On la nommait aussi *Pallas*; elle était fille de Jupiter, qui l'avait fait sortir de son cerveau. — Au fig., femme aussi sage que belle. — Génie d'un poëte : *rimer malgré Minerve*.

MINET, subst. mas., **MINETTE**, subst. fém. (*minè*, *nète*), petit chat, petite chatte. Il est fam.

MINETTE, subst. fém. Voy. MINET.—Chez les briquetiers, baquet à mettre du sable.

MINEUR, subst. mas. (*mineur*), celui qui fouille la *mine* pour en tirer la matière minérale.—Celui qui travaille à une *mine* pour faire sauter quelque fortification. En ce sens on dit : *attacher le mineur*, et non pas *les mineurs*, *à un bastion*, commander des *mineurs* pour le faire sauter.

MINEUR, E, subst. et adj. (*mineur*) (du latin *minor*), plus petit, moindre; celui ou celle qui est en tutelle, qui n'a point atteint l'âge prescrit par les lois pour disposer de sa personne et de ses biens. — Adj., plus petit. — En musique, nom que portent certains intervalles, lorsqu'ils sont aussi petits qu'ils peuvent l'être sans devenir faux. Il est opposé à *majeur*. Lorsque la médiante d'un mode est *mineure*, on dit que le ton, que le mode est *mineur*.—*Ordres mineurs*, les quatre petits ordres ecclésiastiques, qui sont ceux d'acolyte, de lecteur, d'exorciste et de portier. — On dit, en termes de discipline ecclésiastique, *excommunication mineure*, pour dire, excommunication qui prive de la participation des sacrements et du droit de pouvoir être élu ou présenté à quelque bénéfice, à quelque dignité ecclésiastique. Il se dit par opposition à *excommunication majeure*. — *Frères mineurs*, cordeliers.— *Asie-Mineure*, la partie occidentale de l'Asie. Voy. le mot suivant.

MINEURE, subst. fém. (*mineure*), en logique, la deuxième proposition d'un syllogisme. — Un des actes soutenus par un bachelier en théologie, pendant la licence.

MINGUART, subst. mas. (*meinguare*), t. de bot., arbre de la Guyane.

MINGLE, subst. mas. (*meinguele*), mesure hollandaise de 1 pinte 1/4.

MINGRÉLIE, subst. propre fém. (*meingueréli*), t. de géogr. anc., nom de l'ancienne Colchide.

MINGRELIN, E, adj. (*meinguerelein*, *line*), débile, qui n'a point de force. Peu usité.

MINHO, subst. propre mas. (*minio*), rivière d'Espagne, dans la Galice.

MINIATEUR, subst. mas. (*mini-ateur*), peintre en *miniature*. (*Boiste*.) Inusité.

MINIATURE et non pas **MIGNATURE**, subst. fém. (*mini-ature*) (du lat. *minium*, parce que c'est une des couleurs qu'on y emploie le plus ordinairement). — Sorte de peinture délicate qui se fait à petits points, avec de simples couleurs très-fines, détrempées avec de l'eau et de la gomme sans huile.—Tableau peint en ce genre. — On dit d'une femme mignonne et jolie, que c'est une *miniature*.—On le dit aussi d'un objet d'art fort délicatement travaillé : *ce nécessaire est une vraie miniature*.—Loc. adv. : *en miniature*, en petit.

MINIATURISTE, subst. des deux genres (*mini-aturicete*), peintre en *miniature*.

MINICULE, subst. fém. (*minikule*), t. de naturaliste, très-petite parcelle.

MINIÈRE, subst. fém. (*minière*), *mine*, lieu d'où se tirent les minéraux, les métaux.

MINIME, adj. ou superlatif des deux genres (*minime*), très-petit ou le plus petit : *affaire*, *intérêt minime*. Usité seulement dans le style très-familier. — Qui est de couleur grise, obscure, comme celle de l'habit des religieux appelés *minimes*.

MINIME, subst. mas. (*minime*) (du lat. *minimus*, le plus petit), religieux d'un ordre fondé par saint François de Paule, qui avait choisi ce nom par humilité. — Subst. fém., il s'est dit dans la musique antique de la note qu'on appelle aujourd'hui *une blanche*.

MINIMUM, subst. mas. (*minimome*), t. de mathématiques, emprunté du latin. Le plus petit degré auquel une grandeur puisse être réduite.—Somme fixée comme la moindre à payer. —La moindre des peines ou des amendes que la loi inflige. — Il ne s'emploie pas au pluriel.

MINISTÈRE, subst. mas. (*minicetère*) (du lat. *ministerium*), emploi, charge, fonction : *cela n'est pas de mon ministère.*— Entremise : *quel doit être aujourd'hui mon ministère ?* Voy. OFFICE. — Département. — Employés, hôtel, bureaux d'un *ministre*, d'un *ministre* d'état.—Collectivement, tous les *ministres*.—*Ministère public*, dans les tribunaux, fonctions des magistrats chargés de veiller à ce qui intéresse l'ordre public, la police, et la sûreté générale, etc. Ce *ministère* est exercé par les avocats, etc., les procureurs-généraux, et par les substituts. — Ces magistrats eux-mêmes pris collectivement.

MINISTÉRIALISME, subst. mas. (*minicetéri-aliceme*), système, conduite de ceux qui soutiennent les *ministres*, qui reçoivent toutes leurs impulsions.

MINISTÉRIAT, subst. mas. (*minicetéri-a*), gouvernement d'un *ministre*. — La durée de ses fonctions.

MINISTÉRIEL, adj. mas., au fém. **MINISTÉRIELLE** (*minicetéri-èle*), qui est propre au *ministère*; qui se fait selon son vouloir et son bon plaisir. — Du *ministre* : *journal ministériel*, vendu à un *ministre*. — *Officiers ministériels*, les avoués, les notaires, les huissiers, etc.—On dit, en t. de théol., en parlant du pape, qu'il est le *chef ministériel* de l'Eglise, dont Jésus-Christ est le *chef essentiel*.— Subst., partisan de toutes les mesures des *ministres*; qui les approuve sans examen.

MINISTÉRIELLE, adj. fém. Voy. MINISTÉRIEL.

MINISTÉRIELLEMENT, adv. (*minicetéri-èleman*), dans la forme *ministérielle*.

MINISTRE, subst. mas. (*minicetre*) (en latin *minister*, celui dont on se sert dans l'exécution de quelque chose. Il ne se dit que dans les choses morales : *il s'est fait le ministre des passions des grands*, et s'emploie toujours au masculin. Ainsi c'est à tort que *Racine* a dit (*la Thébaïde*) :

. . . . . Une troupe insolente,
D'un fier usurpateur *ministre* violente.

—*Ministre d'état* ou simplement *ministre*, homme public, chargé des affaires principales du gouvernement : *ministre de la guerre, de la marine*, etc.—Envoyé d'un prince dans une cour étrangère. — Dans quelques ordres religieux, le supérieur du couvent. — *Ministre de l'Évangile, ministre du culte*, évêque, curé, prêtre, etc. — Chez les luthériens et les calvinistes : *ministre du saint Évangile, ministre de la parole de Dieu*, ou simplement *ministre*, celui qui fait le prêche.

MINIUM, subst. mas. (*mini-ome*), chaux ou oxyde de plomb rouge. — *Minium natif*, le plomb carbonaté, terreux et rougeâtre des minéralogistes modernes.

MINOIS, subst. mas. (*minoa*) (de *mine*, air de visage), visage d'une jeune personne, plus jolie que belle. Il est fam.

MINON, subst. mas. (*minon*), nom que les enfants donnent aux chats.

MINORATIF, subst. mas. (*minoratif*), t. de médec., remède qui purge doucement. — Adj. : *remède minoratif*.

MINORATION, subst. fém. (*minoràcion*) (en latin *minoratio*, fait de *minorare*, amoindrir, diminuer), t. de médec., évacuation légère et modérée qui ne fait que *diminuer* la quantité des humeurs, sans y exciter de trouble ou de mouvement considérable.

MINORITE, subst. mas. (*minorite*), frère *mineur*. Peu en usage.

MINORITÉ, subst. fém. (*minorité*), état d'une personne *mineure*.—Le temps pendant lequel elle est *mineure*. — On le dit quelquefois absolument et sans régime, en parlant de la *minorité* des rois. — Dans une assemblée délibérante, nombre inférieur à la moitié des votes : *avoir la minorité des voix*. — Se dit aussi des membres de l'assemblée : *minorité des votants*.

MINORQUE, subst. propre fém. (*minorke*), l'une des îles Baléares. Elle est située dans la Méditerranée.

MINORQUIN, E, subst. (*minorkiein, kine*), qui est de l'île de *Minorque*.

MINORT, subst. mas. (*minore*), t. de bot., famille de plantes.

MINOS, subst. propre mas. (*minôce*), myth., fils de Jupiter et d'Europe. Il donna des lois aux habitants de l'île de Crète, dont il fut le roi.

MINOT, subst. mas. (*minô*), mesure qui est proprement la moitié de la *mine*. Ce qui est contenu dans le *minot*.

MINOTAURE, subst. propre mas. (*minotôre*), myth., monstre fabuleux, moitié homme et moitié taureau, engendré de Pasiphaé, femme de Minos, roi de Crète. — T. d'astronomie, nom donné à la constellation du Sagittaire et à celle du Centaure.

MINOTERIE, subst. fém. (*minoteri*), endroit où l'on prépare les farines destinées à l'importation.

MINOTIER, subst. mas. (*minotié*), possesseur d'une *minoterie*; celui qui fait le commerce des farines.

MINTRIR, v. neut. (*meintrir*), crier à petits cris aigres, comme le rat. (*Boiste*.) Inusité.

MINTURNE, subst. propre mas. (*meinturne*), ville du Latium. Elle est entièrement ruinée.

MINUIT, subst. mas. (*minui*), le milieu de la nuit.—Ne dites pas : *minuit sont sonnés*, mais *minuit est sonné*.

MINULE, subst. mas. (*minule*), t. d'hist. nat., petit épervier.

MINUSCULAIRE, subst. mas. (*minucekulère*), t. d'antiq., commis des fermes à Rome.

MINUSCULE, subst. fém. et adj. des deux genres (*minucekule*) (du latin *minusculus*, un peu plus petit, fait de *minor*; *littera minuscula*), se dit des *petites* lettres dont les imprimeurs se servent. Elles sont appelées ainsi pour les distinguer des *majuscules* ou capitales : *lettre, caractère minuscule*.

MINUTE, subst. fém. (*minute*) (du lat. *minutus*, petit, fait de *minuere*, diminuer), la soixantième partie d'une heure. — *Minutes proportionnelles*, dans l'ancienne astronomie, les soixantièmes parties de l'excentricité.—*Minutes d'incidence*, mouvement de la lune depuis le commencement d'une éclipse jusqu'au milieu.—*Minutes d'expurgation* ou *d'émersion*, mouvement de la lune depuis le milieu de l'éclipse jusqu'à la fin. — En géom. et en astron., la soixantième partie du degré.—Petit espace de temps : *il n'y a qu'une minute qu'il est sorti*. —*Être à la minute*, exact. —*Côtelettes à la minute*, légèrement grillées.— Lettre, écriture très-petite.—Brouillon d'un écrit. — Petit caractère dont on se sert pour écrire les actes originaux et publics.— L'original des actes qui demeurent chez les notaires. — L'original des sentences, des arrêts, des comptes qui demeurent au greffe. — Dans l'art de lever les plans, le dessin qu'on a tracé géométriquement ou à vue sur le terrain même dont il est la représentation.

MINUTÉ, E, part. pass. de *minuter*.

MINUTER, v. act. (*minuté*), faire la *minute*, le brouillon d'un écrit. — Écrire très-fin. — Fig., projeter : *il minute son départ, sa retraite*; et neut. : *il minute de partir*, etc. — *se* MINUTER, v. pron.

MINUTIE, subst. fém. (*minuci*) (du latin *minutia* ou *minuties*, qui signifie proprement poussière, parcelle, etc., fait de *minutus*, menu, petit), bagatelle, chose frivole. — MINUTIE, BADIOLE, BAGATELLE, VÉTILLE, MISÈRE. (*Syn.*) *Minutie* désigne proprement le peu de conséquence d'une chose; *babiole*, le peu d'intérêt; *bagatelle*, le peu de valeur; *vétille*, la futilité; *misère*, la nullité d'une chose qu'on ne doit compter pour rien.

MINUTIEUSE, subst. et adj. fém. Voy. MINUTIEUX.

MINUTIEUSEMENT, adv. (*minuci-euzeman*), d'une manière *minutieuse*.

MINUTIEUX, subst. et adj. mas., au fém. **MINUTIEUSE** (*minuci-eu, ci-euze*), qui s'attache aux *minuties*, qui s'en occupe trop. — Subst. : *un minutieux, une minutieuse*.

MIOCHE, subst. mas. (*mioche*), tout petit garçon. — Pop., par mépris, toute espèce de personnes.

MI-PARTI, E, adj., composé de deux parties égales, mais différentes : *robe mi-partie d'écarlate et de velours noir*.—Partagé par moitié : *les avis sont mi-partis*.—*Chambres mi-parties*, composées de juges moitié catholiques et moitié calvinistes. Elles ont été supprimées sous Louis XIV. — T. de blason, *écus mi-partis* : deux écus coupés par la moitié et joints ensemble par un seul écu; de sorte qu'on ne voit que la moitié de chacun.

MIQUELET, subst. mas. (*miquelé*), nom de certaines troupes légères qui font la guerre en enfants perdus, en éclaireurs, sans se mettre en lignes, mais disséminées, derrière un rocher, un tronc d'arbre ou un pan de mur.

MIQUELOT, subst. mas. (*mikelo*), nom de celui qui allait en pèlerinage à *Saint-Michel*, et qui se servait de ce prétexte pour gueuser.— Pop.: *faire le miquelot*, affecter une mine hypocrite. Hors d'usage.

MIRAB, subst. fém. (*mirabe*), t. d'astron., étoile fixe du cou du Cygne.

MIRABELLE, subst. fém. (*mirabèle*), espèce de petite prune, très-bonne à confire.

MIRACH, subst. mas. (*mirake*), t. d'astron., étoile fixe d'Andromède.

MIRACLE, subst. mas. (*mirâkle*) (en lat. *miraculum*, fait de *mirari*, admirer), effet de la puissance divine contre l'ordre de la nature. — Par exagération, 1° chose rare et extraordinaire; 2° chose digne d'admiration. — On dit fam. : *c'est un miracle que de vous voir*.—Iron.: *voilà un beau miracle!* se dit à quelqu'un qui se vante d'une chose fort ordinaire. — *Faire miracle*, faire mieux que tout ce qu'on pouvait attendre.—*Faire des miracles*, se signaler, se distinguer dans tout ce qu'on entreprend. — Fam., *à miracle*, adv., parfaitement bien : *cela est fait à miracle*. Fort peu usité dans cette acception. — *Cela peut se faire sans miracle*, aisément.

MIRACULÉ, E, adj. (*mirakulé*), sur qui s'est opéré un *miracle*. (*Boiste*.) Inusité.

MIRACULEUSE, adj. fém. Voy. MIRACULEUX.

MIRACULEUSEMENT, adv. (*mirakuleuzeman*), d'une manière *miraculeuse* ou surprenante.

MIRACULEUX, adj. mas., au fém. **MIRACULEUSE** (*mirakuleu, leuze*), qui se fait par *miracle*, qui tient du *miracle*.—Par exagération, surprenant, admirable. — Subst. mas. : *il y a du miraculeux* dans tout ceci.

MIRACULISER, v. neut. (*mirakulizé*), faire des *miracles*. (J.-J. Rousseau.) Inusité.

MIRAGE, subst. mas. (*miraje*), phénomène d'optique observé sur mer et dans les plaines de la Basse-Égypte.

MIRAILLÉ, E, adj. (*mirâ-ié*) (du mot *miroir*, parce que ces couleurs en imitent le brillant), t. de blason; il se dit, 1° des ailes de papillon et des queues de paon, qui ont des marques rondes d'un émail différent; 2° de certains oiseaux dont les plumes paraissent de diverses couleurs qui ne leur sont pas naturelles.

MIRAILLET, subst. mas. (*mirâ-iè*), t. d'hist. nat., poisson du genre de la raie.

MIRAMIONES, subst. fém. plur. (*mirami-one*), religieuses qui élevaient, soignaient les jeunes personnes et les malades.

MIRANDE, subst. propre fém. (*mirande*), bourg de l'ancienne Gascogne, en France.

MIRAUDER, v. act. (*mirôdé*), vieux mot qui s'est dit pour regarder avec attention. On ne l'a conservé que dans cette locution : *mirauder un œuf*, le regarder en l'interposant entre l'œil et le jour; et encore, on dit plus souvent : *mirer un œuf*.

MIRAUMONT, subst. propre mas. (*mirômon*), ville du Périgord, en France.

MIRCOLION, subst. mas. (*mirkoli-on*), t. d'hist. nat., sorte d'insecte cornu.

MIRE, subst. fém. (*mire*), espèce de bouton, au bout d'un fusil ou d'un canon, qui sert à *mirer*. — *Prendre sa mire*, se dit d'un canonnier qui pointe le canon, et prend sa visée pour faire que le coup porte où il veut. — *Coins de mire*, morceaux de bois qui servent à hausser ou à baisser un canon. — *Point de mire*, but.

MIRÉ, E, part. pass. de *mirer*, et adj.; en t. de vén., *sanglier miré*, vieux sanglier dont les défenses sont recourbées en dedans.

MIRECOURT, subst. propre mas. (*mirekour*), ville de Lorraine, en France.

MIREMENT, subst. mas. (*mireman*), t. de mar.: *la terre, un vaisseau est en mirement*, lorsque les rayons visuels, courbés par l'effet de la réfraction, dans un air plus dense et brumeux, font paraître les objets plus élevés qu'ils ne le sont réellement, et les font en conséquence découvrir de plus loin.

Mirent, 3e pers. plur. indic. du verbe irrég. METTRE.

Mirent est aussi la 3e pers. plur. prés. indic. et prés. subj. du verbe MIRER.

MIREPOIX, subst. propre mas. (*mirepoa*), ville du Haut-Languedoc, située sur le Lers, en France.

MIRER, v. act. (*miré*) (du lat. *mirare* ou *mirari*, regarder fixement, viser : *mirer le but, le gibier*; et neut. : *il mire long-temps et manque toujours*. *Mirer*, dit *Roubaud*, n'exprime que l'action de considérer; *viser*, indique la fin ou le terme de l'action. On *mire* un objet, et l'on *vise* à son but; *un canonnier mire une tour et vise à l'abattre*. — *Mirer une place, un emploi*, y aspirer.— Regarder à travers : *mirer un œuf*. Voy. MIRAUDER. — *Mirer un drap*, regarder à contre-jour une pièce de drap déployée, pour en apercevoir les défauts. — *se* MIRER, v. pron., se regarder dans quelque chose qui rend l'image : *se mirer dans un miroir, dans l'eau.*— Absolument : *se mirer*, s'admirer. — *On se mire dans ce parquet;* il est uni et luisant. — *On se mire dans cette vaisselle;* elle est très-nette et très-claire. — Fig. : *se mirer dans ses plumes*, faire paraître une grande complaisance pour sa beauté et pour sa parure. Allusion au paon.

MIRI, subst. mas. (*miri*), impôt sur les terres en Turquie.

MIRIDE, subst. fém. (*miride*), t. d'hist. nat., hémiptère sanguisuge.

MIRIDICE, adj. des deux genres (*miridice*), qui dit des merveilles. (*Boiste.*) Tout-à-fait inusité.

MIRIFIQUE, adj. des deux genres (*mirifike*), admirable, surprenant. Peu usité.

MIRIS, subst. mas. (*mirice*), t. d'hist. nat., genre d'insectes hémiptères.

MIRLIFLORE, subst. mas. (*mirliflor*), un agréable, un merveilleux. Style familier.

MIRLIROT, subst. mas. Voy. MÉLILOT.

MIRLITON, subst. mas. (*mirliton*), flûte de roseau, garnie par les bouts de pelure d'ognon.

MIRMIDON. Voyez MYRMIDON.

MIRMILLON, subst. mas. (*mirmi-ion*) (en lat. *mirmilliones*, fait, à ce qu'on croit, de *mormyra*, morue), t. d'hist. anc., s'est dit de gladiateurs armés d'un bouclier, d'un coutelas à lame recourbée, et portant sur leur casque la figure d'un poisson.

MIROBOLAN. Voy. MYROBOLAN.

MIROIR, subst. mas. (*miroar*) (de *mirer, se mirer*), corps dont la surface représente par réflexion les images des objets qu'on met au-devant. Dans un sens moins étendu, glace de verre unie et étamée par derrière, qui représente les objets placés devant.— *Miroir plan*, dont la surface est plane. — *Miroir convexe*, dont la surface est convexe. — *Miroir concave*, dont la surface est concave. On entend ordinairement par *miroirs concaves*, ceux d'une concavité sphérique. — *Miroir cylindrique, parabolique, elliptique, miroir* terminé par une surface cylindrique, parabolique ou elliptique. — *Miroir prismatique*, composé de surfaces planes, inclinées les unes aux autres, et qui ont chacune la figure d'un parallélogramme. — *Miroir pyramidal*, dans lequel les surfaces planes qui le composent sont triangulaires, et inclinées les unes aux autres, de manière que les sommets de tous les triangles se réunissent pour former les sommets de la pyramide. — *Miroir ardent.* Voy. ARDENT. — *Miroir des Incas*, nom qu'on a donné anciennement au fer sulfuré poli. — Fig. : *les yeux sont le miroir de l'âme*, les diverses affections de l'âme se manifestent dans les yeux.— *Le miroir des eaux*, leur transparence.—On disait autrefois : *c'est un miroir* (un exemple) *de vertu, de patience.* — Instrument de chirurgie. Voy. DILATATOIRE. — Plaque, reflets métalliques sur la couverture des ailes de certains oiseaux. — On nomme, en t. de cuisine, *œufs au miroir*, des œufs qu'on fait cuire sur un plat enduit de beurre, sans les brouiller. On les nomme aussi *œufs sur le plat.* — En t. de chasse, on appelle *miroir*, un instrument dont on se sert pour attirer les alouettes dans les pièges qu'on leur tend.

MIROITANT, E, adj. (*miroétan, tante*), t. d'hist. nat., qui offre des reflets brillants comme les métaux.

MIROITÉ, E, adj. (*miroété*) : *cheval bai miroité* ou *à miroir*, dont le poil, véritablement bai, présente sur la croupe des marques plus brunes ou plus claires.

MIROITERIE, subst. fém. (*miroèteri*), commerce de *miroirs.*

MIROITIER, subst. mas. (*miroètié*), ouvrier, marchand qui fait ou vend des *miroirs*, etc.

MIRON, subst. mas. (*miron*), t. de mar., vaisseau à rames.

MIRONTON, subst. mas. (*mironton*), refrain populaire.

MIROSPERME, subst. mas. (*mirocepèreme*) (du grec μυρον, parfum, et σπερμα, semence), t. de bot., genre de plantes de la famille des légumineuses.

MIROTON, subst. mas. (*miroton*), mets composé de tranches de viande déjà cuites, avec une purée d'ognons et divers assaisonnements.

MIROXYLE, subst. mas. (*mirokcile*), t. de bot., sorte de plante.

MIRTIL, subst. mas. (*mirtile*), t. d'hist. nat., sorte de papillon de jour qu'on trouve en été au bord des bois.

MIRZA, subst. mas. (*mirza*), prince tartare.

MIRZASSE, subst. fém. (*mirzace*), princesse tartare.

MIS, subst. mas. (*mi*), t. de palais, date du jour qu'on a *mis* un procès au greffe.

MIS, E, part. pass. de *mettre*, et adj., placé, posé, etc. — En t. de manége, dressé : *cheval bien mis dans la main et dans les talons.*—Habillé : *il est mis simplement, proprement*; *être bien mis, mal mis.*

DU VERBE IRRÉGULIER METTRE :

Mis, précédé de *je*, 1re pers. sing. prét. déf.
Mis, précédé de *tu*, 2e pers. sing. prét. déf.

MISAINE, subst. fém. (*mizène*) (de l'italien *mezzana*, fait du grec μεσος, qui est au milieu), t. de mar., la voile qui est entre le beaupré et la grande voile du grand mât d'un navire.

MISANDRE, subst. fém. (*mizandre*), t. de bot., espèce de plante.

MISANTHROPE, subst. mas. (*mizantrope*) (du grec μισεω, je hais, et ανθρωπος, homme), qui hait les hommes, la société.—Par extension et dans un sens moins odieux, homme bourru, chagrin, peu sociable. —Adj. des deux genres : *esprit misanthrope.*

MISANTHROPIE, subst. fém. (*mizantropi*), haine des hommes, des goûts de la société. Voyez MISANTHROPE.—Par extension, éloignement trop marqué pour la société; humeur toujours chagrine, bourrue, etc.

MISANTHROPIQUE, adj. des deux genres (*mizantropike*), qui naît de la *misanthropie;* qui en a le caractère.

MISCELLANÉE, subst. mas. (*micèlelané*), recueil de différents ouvrages de sciences, de littérature. Il ne s'emploie guère qu'au plur.—C'est un latinisme qui vieillit : on dit plutôt *mélanges. Trévoux* écrit *miscellanea*, qui est purement le mot latin, fait de *miscere*, mêler, mélanger.

MISCHIO, subst. mas. (*miceki-o*), espèce de marbre d'Italie, de différentes couleurs.

MISCIBILITÉ, subst. fém. (*micecibilité*), qualité de ce qui peut se mêler.

MISCIBLE, adj. des deux genres (*micecible*) (du lat. *miscere*, mêler), qui a la propriété de se mêler avec... : *l'huile n'est point miscible avec l'eau.*

MISE, subst. fém. (*mize*), ce qu'on met au jeu ou dans une société de commerce.—*Mise hors*, avances, frais d'une entreprise. — Enchère : *ma mise a couvert la sienne.*—Cours de la monnaie : *ces espèces sont encore de mise.*—Fig. et fam. : *cet homme est de mise*, est présentable, est recevable. — Manière de se mettre, de s'habiller : *sa mise est élégante.* — Au palais : *mise en possession*, formalité pour mettre en possession. — *Mise en jugement*, prévention de culpabilité. — *Mise en liberté*, décision par laquelle un prévenu est mis en liberté.—T. d'imprim.: *mise en pages*, action de rassembler les paquets de composition pour en faire des pages et des feuilles. *Mise en train*, action de tout disposer pour le tirage d'une forme.—*Mise en œuvre*, action de *mettre* en œuvre une matière quelconque. — *Mise en vente*, action de *mettre* quelque chose en vente. — *Mise en scène*, préparatifs, soins qu'exige la représentation d'une pièce de théâtre. — T. de serrur., pièce de fer forgée, à laquelle on donne la forme propre à être soudée exactement à une masse, ou à un autre morceau de fer.—Disposition des pièces de bois d'un train à flotter.

MISE-BAS, subst. fém. (*misebâ*), anciennement, les habits qu'on ne voulait plus porter et qu'on donnait aux domestiques ou aux pauvres.

MISÉRABLE, subst. et adj. des deux genres (*mizérable*) (en latin *miserabilis*), qui est dans la *misère*, dans la souffrance. — Méchant : *il faut être bien misérable pour se conduire ainsi.*— Funeste : *faire une fin misérable.* — Pitoyable : *les misérables disputes de l'école.* On dit par mépris : *se tourmenter pour de misérables honneurs*, etc.—Subst., celui qui est dans la *misère* : *ayez pitié de ce misérable.*—Un homme de néant, un malhonnête homme.—*Une misérable*, une femme libertine.

MISÉRABLEMENT, adv. (*mizérableman*), d'une manière *misérable.*

MISÈRE, subst. fém. (*mizère*) (en latin *miseria*), état malheureux; indigence extrême. — Peines, calamités : *les misères de cette vie.* — Peine, difficulté. — Faiblesse et imperfection de l'homme.—Fam., chose qui n'est d'aucune conséquence, qui ne mérite aucune attention. Voyez MINUTIE.— Prov. : *collier de misère*, travail assidu.—T. de jeu de boston : *faire misère*, ne pas faire une seule main.

MISERERE, subst. mas. (*mizéréré*), espace de temps qu'il faudrait pour dire le psaume *Miserere* : *je reviendrai dans un miserere.*—En t. de médec., sorte de colique très-violente et très-dangereuse dans laquelle on rend les excréments par la bouche; ainsi nommée du latin *miserere, ayez pitié*, à cause de la douleur insupportable qu'éprouve le malade, et qui lui fait implorer du secours. On l'appelle aussi, *passion iliaque.*

MISÉRICORDE, subst. fém. (*mizérikorde*) (en latin *misericordia*), en parlant des hommes, vertu qui porte à avoir pitié des misères d'autrui et à les soulager : *œuvre de miséricorde.*—En parlant de Dieu, bonté par laquelle il pardonne aux pécheurs repentants.—Grace, pardon.—Petite saillie de bois attachée sous le siége d'une stalle et sur laquelle on est en quelque manière assis lorsque le siége est levé, ainsi nommée, comme pour rappeler que cette espèce de siége n'a été accordé que par grace (par *miséricorde*), et que sans lui on serait toujours debout ou à genoux, comme cela se pratiquait autrefois et se pratique encore en Russie dans les églises.— Dague que les anciens chevaliers portaient à la ceinture ou au côté, et que dans les combats singuliers, etc., le vainqueur enfonçait dans le corps du vaincu au défaut de l'armure, si celui-ci ne criait *miséricorde.*—On dit prov. : *à tout péché miséricorde*, pour dire qu'il n'y a point de faute dont on ne puisse obtenir le pardon, soit devant Dieu, soit devant les hommes, quand on le demande sincèrement. — Fam. : *être à la miséricorde de quelqu'un*, dépendre entièrement de lui.—*Se mettre, s'abandonner à sa miséricorde*, à sa merci, à sa discrétion.—*Miséricorde !* interjection qui marque une extrême surprise. — *Crier miséricorde*, crier, parce qu'on éprouve de vives douleurs.

MISÉRICORDIEUSE, adj. fém. Voyez MISÉRICORDIEUX.

MISÉRICORDIEUSEMENT, adv. (*mizérikordi-euzeman*), avec *miséricorde.*

MISÉRICORDIEUX, adj. mas., au fém. **MISÉRICORDIEUSE** (*mizérikordi-eu, di-euze*), qui est enclin à faire *miséricorde.* Il se dit de Dieu. — Qui a de la pitié, de la compassion : *homme miséricordieux envers les pauvres*, etc., et non pas sans régime, *homme miséricordieux.* — Subst. dans l'Evangile : *bienheureux sont les miséricordieux !*

MISEUR, subst. mas. (*miseur*), vieux mot qui s'est dit pour *arbitre.* Hors d'usage.

MISGURN, subst. mas. (*micegurne*), t. d'hist. nat., sorte de poisson.

MISIS, subst. mas. (*mizice*), t. d'hist. nat., papillon diurne.

MISNA, subst. mas. (*micena*), livre juif qui contient les interprétations de la loi.

MISNAÏQUE, adj. des deux genres (*micena-ike*), du *Misna.*

MISNIE, subst. propre fém. (*miceni*), province de la Haute-Saxe, située entre la Bohême, la Franconie et la Thuringe.

MISOGAME, subst. des deux genres (*mizogame*) (du grec μισος, haine, et γαμος, mariage), qui hait le mariage. (*Boiste.*) Inusité.

MISOGYNE, subst. mas. (*mizojine*) (du grec μισος, haine, et γυνη, femme), qui hait la femme, les femmes.

MISOGYNIE, subst. fém. (*mizojini*), haine du *misogyne* contre les femmes.

MISOLOGUE, subst. mas. (*mizologue*) (du grec μισος, ennemi, et λογος, discours, traité), ennemi des méthodes scientifiques. Peu en usage.

MISOMESSE, subst. mas. (*mizomèce*), ennemi de la *messe.* Vieux et inus. Il se disait de ceux qui ne croient pas à la transsubstantiation dans le sacrifice de la messe.

MISOPOGON, subst. mas. (*mizopogon*) (du grec μισος, haine, et πωγων, barbe), qui hait la barbe. Inus.—C'était le titre d'une satire de l'empereur Julien contre les philosophes.

MISPIKEL, subst. mas. (*micepikièle*), t. d'hist. nat., espèce de pyrite.

Misse, 1re pers. sing. imparf. subj. du verbe irrég. METTRE.

MISSEL, subst. mas. (*micèle*), livre qui contient les prières de la messe.

DU VERBE IRRÉGULIER METTRE :

Missent, 3e pers. plur. imparf. subj.
Misses, 2e pers. singulier imparf. subj.

Missiez, 2e pers. plur. imparf. subj.

MISSILANCE, subst. fém. (*micilance*), selon *Boiste*, espèce de petit faucon.

MISSION, subst. fém. (*micion*) (en latin *missio*, fait de *missus*, part. passé de *mittere*, envoyer), envoi et pouvoir qu'on donne à quelqu'un de faire quelque chose.—Il se dit surtout en matière de religion : *la mission des apôtres vient de Jésus-Christ même.* — Nombre de prêtres employés en quelque endroit pour la conversion des infidèles ou pour l'instruction des chrétiens. On dit en ce sens, *faire la mission*, s'employer à ces travaux apostoliques. —Corps des *missionnaires;* leur fonction, sa durée; leur maison ; le pays où ils prêchent. — On appelait en France *pères de la mission*, une congrégation de prêtres réguliers qui vivaient en communauté sous un supérieur-général, et dont l'institution regardait principalement l'instruction des peuples de la campagne. On les nommait aussi *lazaristes.* — *Prêtres des missions étrangères*, ceux dont l'institution était d'aller prêcher l'Évangile dans les Indes.

MISSIONNAIRE, subst. mas. (*micionère*), qui est chargé d'une *mission.* — Ecclésiastique séculier ou régulier employé aux *missions.*

Missions, 1re pers. plur. imparf. subj. du v. irrég. METTRE.

MISSISSIPI, subst. propre mas. (*micicipi*), grand fleuve de l'Amérique septentrionale. — Grande et vaste contrée de ce même pays.

MISSIVE, adj. fém. (*micive*) (du latin *missus*, part. passé de *mittere*, envoyer) : *lettre missive*, qui est écrite pour être envoyée à quelqu'un. — On dit aussi subst. au fém.: *il m'a écrit une longue missive.* Style plaisant ou railleur.

MISTIC, subst. mas. (*micetik*), navire grec.

MISTIGRI, subst. mas. (*miceligueri*), valet de trèfle entre deux cartes de même espèce, à la bouillotte et au brelan.

MISTOUFLET, subst. mas. (*micetouflè*), poupard ; mignard, enfant gâté. Hors d'usage.

MISTRAL ou **MAËSTRAL**, subst. mas. (*micetrale*), vent violent de mer, en Provence.

MISY, subst. mas. (*mizi*), substance sulfurique.

MITAINE, subst. fém. (*mitène*) (du celtique *mittain*, qui a la même signification. *Trévoux.* Dans la basse latinité, on a dit *mitana* ou *mitanna*), gros gant où la main entre tout entière sans qu'il y ait de séparation pour les doigts.—Au plur., petits gants de femme qui ne couvrent que le dessus des doigts. — *De l'onguent miton-mitaine*, remède qui ne fait ni bien ni mal.—*Prendre des mitaines pour parler à quelqu'un*, employer toute sorte de ménagements. — Fig. et fam., expédient inutile pour une affaire. Dans cette dernière acception, on dit aussi pop. : *ce sont des mitaines à quatre pouces.*—Fig. et prov. : 1° *cela ne se prend pas sans mitaines*, on ne peut l'avoir qu'avec beaucoup de peine et de danger ; 2° *on ne peut y toucher* ou *y aller qu'avec des mitaines*, il faut y apporter du soin et de la précaution.—On nomme *croque-mitaine*, un personnage fictif qui sert d'épouvantail aux enfants.

MITAN, subst. mas. (*mitan*), milieu. Il est pop.

DU VERBE IRRÉGULIER METTRE :

Mit, précédé de *il* ou *elle*, 3e pers. sing. prét. déf.

Mît, précédé de *qu'il* ou *qu'elle*, 3e pers. sing. imparf. subj.

MITE, subst. fém. (*mite*) (du grec μιδας, espèce de ver qui ronge les fèves. *Ménage*, d'après *Robert Étienne* et *Nicot.*), t. d'hist. nat., petit insecte qui naît dans le fromage.

MITELÈNE, subst. mas. (*mitelène*), t. d'hist. nat., espèce d'ortolan.

MITELLE, subst. fém. (*mitèle*), t. de bot., sorte de plante; genre de saxifragées.

MITERNE, subst. fém. (*mitèrene*), t. de pêche, jonchère.

Mîtes, 2e pers. plur. prét. déf. du verbe irrég. METTRE.

MITHRA, subst. propre fém. (*mitra*), myth., déesse des Perses. C'était leur Vénus.

MITHRA, subst. mas. (*mitra*), nom que les Perses donnaient à leur grand-prêtre.

MITHRAX, subst. mas. (*mitrakce*), t. d'hist. nat., girasol, genre de crustacés.

MITHRIAQUES, subst. fém. plur. (*mitriake*), fêtes de *Mithra.*

MITHRIDATE, subst. mas. (*mitridate*), sorte de composition bonne contre le poison, attribuée à *Mithridate*, roi de Pont, qui, à force d'avoir usé d'antidotes et de contre-poisons, ne put s'empoisonner quand il voulut se donner la mort. — *Vendeur de mithridate*, charlatan.—Fig. et fam., homme qui parle avec ostentation, qui promet beaucoup et ne tient rien.

MITIGATIF, adj. mas., au fém. **MITIGATIVE** (*mitiguatif, tive*), qui sert à *mitiger.*

* **MITIGATION**, subst. fém. (*mitiguâcion*) (en latin *mitigatio*), adoucissement apporté à une règle trop austère. Son opposé est *réforme.* — En t. de médec., modération.

MITIGATIVE, adj. fém. Voy. MITIGATIF.

MITIGÉ, E, part. pass. de *mitiger*, et adj., adouci.—*Carmes mitigés*, qui vivaient sous une règle moins pénible que celle de leur première institution.

MITIGER, v. act. (*mitijé*) (en lat. *mitigare*, fait de *mitis*, doux), adoucir. — *se* MITIGER, v. pron.

MITIS, subst. mas. (*mitice*), gros chat ; matou.

MITOIERIE, subst. fém. (*mitoèri*), t. de pratique, séparation d'héritages contigus.

* **MITON**, subst. mas. (*miton*), sorte de gant qui ne couvre que l'avant-bras.

MITON-MITAINE, sorte d'adj. Voy. MITAINE.

MITONNÉ, E, part. pass. de *mitonner.*

MITONNER, v. neut. (*mitoné*) (du lat. *mitis*, doux : *mitonner*, c'est adoucir ; un *potage mitonné* est celui dont le pain est ramolli, et par conséquent rendu plus doux); il se dit du pain qu'on fait tremper long-temps sur le feu dans du bouillon : *le potage mitonne; faire* ou *laisser mitonner la soupe.*—Act., dorloter : *il aime qu'on le mitonne, il aime à se mitonner.*—Cajoler, ménager : *elle mitonne son oncle pour être son héritière.*—*Mitonner une affaire*, en préparer doucement le succès. Dans toutes ces acceptions, il est du style fig. et fam. — *se* MITONNER, v. pron.

MITONNERIE, subst. fém. (*mitoneri*), t. de cuisine, action de *mitonner* un mets.—Au fig., cajolerie.

MITOSATES, subs. mas. pl. (*mitozate*), t. d'hist. nat., classe d'insectes cornés et sans palpes.

MITOUCHE. Voy. NITOUCHE.

MITOYEN, adj. mas., au fém. **MITOYENNE** (*mitoéiein, iène*) (du lat. *medianus*, intermédiaire), qui est au milieu : *mur mitoyen*, qui sépare deux maisons ou deux héritages.—*Puits mitoyen*, pratiqué sur une limite commune, et qui est à l'usage de deux propriétaires.—*Cloison mitoyenne*, commune à deux chambres et qui sert à les séparer.—Figur. : *avis mitoyen*, qui tient un peu de deux avis opposés. — *Dents mitoyennes du cheval*, celles qui sont entre les pinces et les coins.—*Parti mitoyen*, éloigné des extrêmes.

MITOYENNE, adj. fém. Voy. MITOYEN.

MITOYENNETÉ, subst. fém. (*mitoé-iènelé*), état de ce qui est *mitoyen* ; d'un mur *mitoyen.* — *Droit de mitoyenneté* de deux voisins sur un mur *mitoyen.*

MITOYERIE. Voy. MITOIERIE.

MITRAILLADE, subst. fém. (*mitrâ-iade*), genre de supplice imaginé par le gouvernement révolutionnaire, et mis principalement en usage dans la ville de Lyon. Des canons chargés à *mitraille* tiraient sur des individus liés et garrottés.

MITRAILLE, subst. fém. (*mitrâ-ie*), toute sorte de petite marchandise de quincaillerie. — Vieux cuivre. — Basse monnaie. — Laiton dont on se sert pour souder. — Toute sorte de ferraille, de vieux clous, etc., dont on charge quelquefois le canon.

MITRAILLÉ, E, part. pass. de *mitrailler.*

MITRAILLER, v. act. (*mitrâ-ié*), tuer au moyen de canons chargés à *mitraille.* — *se* MITRAILLER, v. pron.

MITRAL, E, adj. (*mitrale*), qui a la forme d'une *mitre*, qui ressemble à une *mitre*, se dit surtout en anat. de deux valvules du cœur. — Au plur. mas., *mitraux.*

MITRE, subst. fém. (*mitre*) (du grec μιτρα, nom d'une coiffure à laquelle la *mitre* des évêques ressemble beaucoup), ornement de tête des évêques et autres prélats. — En t. d'antiq., espèce de coiffure des dames romaines, qu'elles avaient empruntée des dames grecques.—En t. d'archit., seconde fermeture de cheminée qui se pose après coup, pour en diminuer l'ouverture, et empêcher qu'il ne fume dans les appartements.—Nom que donnent les maçons à un angle de quarante-cinq degrés.

MITRÉ, E, adj. (*mitré*), qui a une *mitre*, qui a droit de porter la *mitre.*

MITRON, subst. mas. (*mitron*) (du grec μιτρα, en lat. *mitra*, parce que les *mitrons* portaient autrefois des bonnets semblables, pour la forme, à la coiffure des femmes grecques, appelée mitre), garçon boulanger ou pâtissier. Il est pop.—Coiffe ou *mitre* de papier.

MITTE, subst. fém. (*mite*), exhalaison très-vaporeuse d'une fosse d'aisances. On dit aussi *plomb.*

MITTEK, subst. mas. (*mitetèke*), t. d'hist. nat., poule d'eau du Groënland.

MITYLÈNE, subst. propre fém. (*mitilène*), ville ancienne et capitale de l'île de Lesbos. C'est la patrie de Sapho.

MITYLÉNIEN, subst. et adj. mas., au fém. **MITYLÉNIENNE** (*mitilénieïn, niène*), de l'ancienne *Mitylène.*

MITYLÉNIES, subst. fém. plur. (*mitiléni*), myth., fêtes d'Apollon.

MIURE, adj. des deux genres (*mi-ure*) (du grec μειουρος, entrecoupé, t. de médec., inégal, irrégulier, décroissant : *pouls miure.*

MIVA, subst. fém. (*miva*), gelée ou sirop. — Pulpe de coing.

MIXTE, adj. des deux genres (*mikcete*) (du lat. *mixtus* ou *mistus*, part. pass. de *miscere*, mêler), qui est composé de choses de différente nature.—Mêlé, mélangé : *corps mixte.* — *Causes mixtes*, qui sont en partie personnelles et en partie réelles, etc.—*Terme mixte*, t. de la langue d'une science et du langage commun.—T. de math. : *raison* ou *proportion mixte*, celle qui résulte de la raison de l'antécédent et du conséquent comparé à leur différence.— Subst. mas., corps *mixte : parties d'un mixte.*

MIXTILIGNE, adj. des deux genres (*mikcetiligne*) (du lat. *mixtus*, mixte, mélangé, et *linea*, ligne; *mêlé de lignes droites et de lignes courbes*), t. de mathém. : *figure mixtiligne*, celle qui est terminée en partie par des lignes droites et en partie par des lignes courbes.

MIXTION, subst. fém. (*mikceti-on*) (en lat. *mixtio* ou *mixtura*), t. de pharm., mélange de plusieurs drogues dans un liquide, pour composer un remède. — Dans la gravure, mélange de suif et d'huile dont on recouvre les grandes parties qui ont été mordues par l'eau forte, avant de continuer à faire mordre celles qui doivent être creusées plus profondément.

* **MIXTIONNÉ, E**, part. pass. de *mixtionner*, et adj., mélangé. — Qui n'est pas naturel : *du vin mixtionné.*

MIXTIONNER, v. act. (*mikceti-oné*), mêler, faire une *mixtion.* — *se* MIXTIONNER, v. pron.

MIXTURE, subst. fém. (*mikceture*), t. de pharm., sorte de médicament liquide formé du mélange de plusieurs substances.

MM., abréviation du titre de *messieurs.*

Mme, abréviation du titre de *madame.*

MNÉMONIQUE, subst. fém. et adj. des deux genres (*mnémonike*) (du grec μνημονικη, fait de μνημονευω, je me rappelle, sous-entendu τεχνη; *art qui a la mémoire pour objet*), art d'exercer la *mémoire*, de se former en quelque sorte une mémoire artificielle. — Adj. : *art mnémonique.*

MNÉMOSYNE, subst. propre fém. (*mnémozine*), (en grec Μνημοσυνη, fait de μνημονευω, je me souviens), myth., déesse de la mémoire. Elle avait eu de Jupiter les neuf Muses.

MNÉMOTECHNIE, subst. fém. (*mnémotèkeni*), art de fortifier, de cultiver et nourrir la mémoire. Voy. MNÉMONIQUE.

MNÉMOTECHNIQUE, adj. des deux genres (*mnémotèkenike*), qui a rapport à la *mnémotechnie.*

MNIARE, subst. mas. (*mni-are*), t. de bot., plante de la famille des chalefs.

* **MNIE**, subst. fém. (*mni*) (du grec μνιον, mousse), t. de bot., plante cryptogame de la famille des mousses.

MOAB, subst. propre mas. (*mo-abe*), t. de géogr. anc., pays qui faisait partie de l'Arabie.

MOABITE, subst. propre des deux genres (*moabite*), peuple de *Moab.*

MOANSA, subst. mas. (*mo-ança*), t. de relat., grand-pontife du Congo.

MOBED, subst. mas. (*mobède*), nom des prêtres gardiens du feu sacré, chez les Parsis.

MOBILE, adj. des deux genres (*mobile*) (en lat. *mobilis*, fait de *movere*, mouvoir), qui se meut ou qui peut être mu. — Au fig., léger, inconstant : *il a le caractère mobile.* — *Imagination mobile*, qui reçoit promptement des impressions différentes. — Se dit, en bot., des anthères qui, insérées dans leur partie moyenne sur le filament, y sont en équilibre et s'y balancent facilement, comme dans les graminées. On dit aussi *vacillant*.—*Fêtes mobiles*, celles qui, fixées à un même jour de la semaine, ne le sont pas à un même jour du mois. — *Troupes mobiles*, par opposition à celles qu'on appelle *sédentaires*. — *Garde nationale mobile*, qu'on peut *mobiliser*, envoyer aux frontières. — Les imprimeurs appellent *caractères mobiles*, des caractères qu'on arrange, qu'on fait changer de place à volonté, par opposition aux planches gravées en bois, dont on se servait dans l'origine de l'art, et aux planches *polytypées*, *clichées* et *stéréotypées*, ou *fixes*, qu'on emploie depuis quelque temps. — *Menuiserie mobile*, celle qui a pour objet la construction des parties destinées à s'ouvrir, comme les portes, les croisées, etc. — Subst. mas., en mécanique, le corps qui est mu. — Fig., ce qui meut; motif, cause des actions : *l'intérêt est le mobile de tous les hommes*.—*Le premier mobile*, suivant les anciens astronomes, était le mouvement diurne et commun de tout le ciel. —*Temps du premier mobile*, dans l'astron. moderne, le temps qui est mesuré par le retour des étoiles au méridien.—Fig., homme qui donne le branle, le mouvement à une affaire, à une compagnie.

MOBILIAIRE, adj. des deux genres (*mobili-ère*), t. de droit, qui tient de la nature des *meubles*, qui y a rapport : *l'argent*, *les obligations*, *les récoltes coupées sont des effets mobiliaires*. Ils ne sont pas *meubles*, mais on les assimile aux *meubles*. — *Dispositions mobiliaires*, relatives aux *meubles*. — *Mobiliaire* ne s'emploie qu'en t. de droit ; dans tous les autres cas, on se sert de l'adj. *mobilier*, *mobilière*.

MOBILIER, subst. mas. (*mobili-é*), tous les *meubles* rassemblés ; tout ce qui sert à garnir et à orner une maison, sans y être attenant.

MOBILIER, adj. mas., au fém. **MOBILIÈRE** (*mobili-é*, *li-ère*), t. de droit, qui est *meuble*, qui fait *meuble*, qui concerne le *mobilier* : *biens*, *effets mobiliers*, tels que les lits, les tables, les chaises, etc. — *Succession mobiliaire*, succession qui consiste en *meubles*. — *Héritier mobilier*, héritier des *meubles*.

MOBILIÈRE, adj. fém. Voy. MOBILIER.

MOBILISATION, subst. fém. (*mobilizâcion*), t. de droit, ameublissement des *immeubles*. — Action de rendre une troupe *mobile*.

MOBILISÉ, E, part. pass. de *mobiliser*.

MOBILISER, v. act. (*mobilizé*), t. de droit, ameublir un *immeuble*.— Mettre en mouvement une garde sédentaire, comme *la garde nationale* par exemple, pour la répartir sur les frontières ou dans les places fortes. — SE MOBILISER, v. pron.

MOBILITÉ, subst. fém. (*mobilité*) (en lat. *mobilitas*), facilité à être mu. — Possibilité d'être mu : *mobilité de la matière*. — T. de médec., susceptibilité nerveuse. — On dit fig. : *l'extrême mobilité* (l'inconstance) *de son caractère*, et par un néologisme heureux, en parlant d'un acteur : *la mobilité de sa physionomie*.

MOCADE, subst. fém. (*mokade*), sorte d'étoffe.

MOCANÈRE, subst. fém. (*mokanère*), t. de bot., arbrisseau de la famille des onagres.

MOCHE, subst. fém. (*moche*), paquet de soie, tel qu'il vient des pays étrangers, partagé en trois parties égales qu'on appelle *tiers*. — *Soie en moche*, qui n'est pas encore teinte, et qui n'a point eu d'apprêt. On le dit aussi des fils qu'on tire de Rennes sans être tors.

MOCHLIQUE, adj. des deux genres (*moklike*) (du grec μοχλὸς, levier), violent : *un purgatif mochlique*. Peu usité, même en médec.

MOCK, subst. mas. (*mok*), t. de relat., sorte de frénésie que se procurent, en prenant de l'opium, les Malais qui habitent les côtes de l'île de Ceylan, lorsqu'ils ont quelque vengeance à exercer. Un Malais qui *court le mock* ressemble à un loup enragé.

MOCOCO, subst. mas. (*mokokô*), t. d'hist. nat., espèce de maki.

MODALE, adj. fém. (*modale*) (du lat. *modus*, mode), t. de logique: *proposition modale*, celle qui contient quelque condition ou restriction. — T. de mus. : *cordes* ou *notes modales*, qui désignent le mode.

MODALISTE, subst. mas. (*modalicete*), partisan des *modes*. (*Boiste*, qui donne lui-même ce mot comme inusité.)

MODALITÉ, subst. fém. (*modalité*), t. didact., *mode*, qualité, manière d'être : *la blancheur est une modalité du papier*.

MODE, subst. mas. (*mode*) (en lat. *modus*), en philosophie : forme, manière d'être.— *Mode d'administration*, *de gouvernement*, certaines formes d'administration, de gouvernement.—En gramm., *mœuf* ou manière différente d'exprimer l'action du verbe que l'on conjugue. Il y a cinq *modes* : *l'indicatif*, *le conditionnel*, *l'impératif*, *le subjonctif* et *l'infinitif*. Voy. chacun de ces mots.—En mus., arrangement convenu dans une série de sons ; ton dans lequel une pièce de mus. est composée : *mode majeur*, *mode mineur*. — Dans le plain-chant, *mode authentique*, celui où la quarte de la tonique est au grave, et la quinte à l'aigu ; et *mode plagal*, celui où la quinte est à l'aigu, et la quarte au grave. Les Grecs avaient plusieurs *modes*, l'ionique, le dorique, le phrygien, l'éolique, le lydien, etc.

MODE, subst. fém. (*mode*) (du lat. *modus*, manière, façon), usage en vogue de certaines choses qui dépendent du goût et du caprice des hommes : *l'empire*, *le caprice de la mode*. — *Homme*, *femme à la mode*, qui suit la *mode*, qui est fort recherchée et fêtée.— Il se dit aussi des choses : *couleur à la mode*.—Manière, coutume, usage : *chacun vit à sa mode*. — *A la mode d'Italie*, *d'Angleterre*, suivant le goût, les usages de ces pays.— *Oncle*, *tante à la mode de Bretagne*, cousin germain, cousine germaine du père ou de la mère.— *Neveu*, *nièce à la mode de Bretagne*, fils, fille du cousin germain ou de la cousine germaine.—*Bœuf à la mode*, bœuf lardé de gros lard. — Au plur., parures à la *mode*, tels que chapeaux, bonnets, robes de coupe nouvelle, etc.; art de les faire; commerce de ces objets. Voy. VOGUE.

MODELAGE, subst. mas. (*modelaje*), action de *modeler*. — Opération du sculpteur qui *modèle*.

MODÈLE, subst. mas. (*modèle*) (du lat. *modulus*, mesure, et en particulier, mesure pour régler les proportions d'un bâtiment), tout ce que le peintre et le sculpteur se proposent d'imiter. Voy. COPIE. — En particulier, personne d'après laquelle les artistes dessinent ou peignent : *poser le modèle*, le mettre dans l'attitude qu'on veut représenter.—*Être fait comme un modèle*, très-bien proportionné, très-bien fait. — Essai en petit d'un ouvrage qu'on veut exécuter en grand. — Dans la fonte des cloches, couche de ciment et de terre, de la forme et de l'épaisseur de la cloche qu'on veut fondre. — Fig. : exemple qu'il faut suivre : *c'est un vrai modèle*, c'est une personne qui a de grandes vertus, ou de grandes qualités. Voy. RÈGLE.

MODELÉ, E, part. pass. de *modeler*, et adj. : *une statue bien modelée*.— Subst. au mas. et en t. de peint. et de sculpt., représentation, imitation des formes : *voilà un beau modelé*.

MODELER, v. act. (*modelé*), t. de sculpture, imiter un objet en terre molle, en plâtre ou en cire : *modeler une statue* ; et neutralement : *ce sculpteur a passé toute la nuit à modeler*.—Faire en petit la représentation d'un grand ouvrage qu'on projette. — SE MODELER, v. pron., se former, se régler sur... Prendre pour *modèle*.

MODELEUR, subst. mas. (*modeleur*), artiste dont la profession est de *modeler*.

MODÉNAIS, E, subst. et adj. (*modénè*, *nèze*), de *Modène*. — Subst. mas., le territoire de *Modène*.

MODÉNATURE, subst. fém. (*modénature*), t. d'archit., proportion et galbe des moulures d'une corniche, ou plus simplement les moulures.

MODÈNE, subst. propre fém. (*modène*), ville de la Lombardie, et capitale du duché de *Modène*.

MODÈQUE, subst. fém. (*modèke*), t. de bot., plante polypétalée.

MODER., abréviation du mot *moderne*.

MODÉRANTISME, subst. mas. (*modéranticeme*), système politique des *modérés*. (Mercier.)

MODÉRATEUR, subst. et adj. mas., au fém. **MODÉRATRICE** (*modérateur*, *trice*) (en lat. *moderator*), qui règle, gouverne et *modère* : *pouvoir modérateur*, *puissance modératrice*.—Subst., celui, celle qui dirige, qui cherche à tempérer des opinions exaltées, à rapprocher des sentiments extrêmes : *il est le modérateur de tel parti*.

MODÉRATION, subst. fém. (*modérâcion*) (en lat. *moderatio*), vertu qui porte à garder une sage mesure en toute chose. — Diminution d'un prix ordinaire ou fixe : *on lui a fait quelque modération*. Peu usité en ce dernier sens.—Adoucissement, mitigation : *la modération d'une peine*, *d'une amende*.

MODÉRATRICE, subst. et adj. fém. Voy. MODÉRATEUR.

MODÉRÉ, E, part. pass. de *modérer*, et adj., tempéré. — Sage, retenu : *esprit modéré*. — Éloigné de tout excès : *chaleur modérée*; *exercice modéré*.—Subst. mas., celui qui a des opinions, des principes *modérés*.

MODÉRÉMENT, adv. (*modéréman*), avec *modération*, avec retenue.

MODÉRER, v. act. (*modéré*) (en lat. *moderare*, ou *moderari*), tempérer, adoucir ; mettre des bornes à... — SE MODÉRER, v. pron., avoir de la *modération* ; se tempérer, se régler, se contenir, se posséder.

MODERNE, adj. des deux genres (*modèrene*) (du lat. barbare *modernus*, employé avec la même signification dans la basse latinité, et que *Ménage* dérive de l'adverbe *modò*. Il n'y a qu'un moment, il n'y a pas long-temps, naguère : comme qui dirait, *qui modò vivebat*, qui vivait il n'y a pas long-temps), nouveau, récent. Il est opposé à *ancien* et à *antique* : *auteur moderne*, *ouvrages*, *médailles modernes*.—*Astronomie moderne*, celle qui a commencé à Copernic. — *Géométrie moderne*, géométrie des infiniment petits. — *Architecture moderne*, genre qui est en usage depuis le commencement du moyen-âge, à l'exception du genre gothique.— *Édifice*, *bâtiment moderne*, celui qui est confectionné dans le genre de bâtisse le plus récent. — *Physique moderne*, d'abord celle de *Descartes*, ensuite celle de *Newton*. — *Chimie moderne*, créée par *Lavoisier*, développée et étendue par *Fourcroy*, etc. — On dit subst., en parlant des auteurs : *les anciens et les modernes*. — *A la moderne*, loc. adv., dans le goût *moderne*, suivant la manière la plus récente.

MODERNÉ, E, part. pass. de *moderner*.

MODERNER, v. act. (*modèrené*), restaurer une *antique* à la *moderne* : *Benoît XIV voulut moderner le Panthéon*. Très-peu en usage.

MODESTE, adj. des deux genres (*modècete*) (en lat. *modestus*), en parlant des personnes, qui a de la *modestie*, de la pudeur, de la décence.— En parlant des choses, qui marque de la *modestie*.— *Avoir des sentiments modestes de soi-même*, ne pas présumer de soi. —*Couleur modeste*, qui n'est pas éclatante.

MODESTEMENT, adv. (*modèceteman*), avec *modestie*.

MODESTIE, subst. fém. (*modèceti*) (en latin *modestia*), retenue dans la manière de se conduire, de se tenir et de parler de soi.— Modération. — Pudeur : *ces paroles choquent la modestie*.

MODICITÉ, subst. fém. (*modicité*) (en lat. *modicus*, modique), petite quantité ; médiocrité : *modicité du prix*, *du revenu*, *de la dépense*, etc.

MODIFICATIF, adj. mas., au fém. **MODIFICATIVE** (*modifikatif*, *tive*), t. de grammaire, qui *modifie* : *un terme modificatif*. — Subst. mas., mot qui *modifie*, qui détermine le sens d'un autre : *les adverbes sont ordinairement des modificatifs*.

MODIFICATION, subst. fém. (*modifikâcion*) (en lat. *modificatio*), action de *modifier* une loi, un contrat, etc.; tempérament, restriction. — En t. didactique, manière d'être d'une substance.

MODIFICATIVE, adj. fém. Voyez MODIFICATIF.

MODIFIÉ, E, part. pass. de *modifier*.

MODIFIER, v. act. (*modifié*) (en lat. *modificare*, fait de *modus*, mesure, règle, proportion), adoucir, modérer, restreindre les dispositions d'une loi, les clauses d'un contrat, etc. — Dans la didactique, donner un *mode*, une manière d'être à une substance.—SE MODIFIER, v. pron.

MODILLON, subst. mas. (*modi-ion*) (de l'italien *modiglione*, qui a la même signification), t. d'archit., petite console qui sert à soutenir la corniche.

MODIOLE, subst. fém. (*modi-ole*), t. d'hist. nat., mollusque acéphale.

MODIQUE, adj. des deux genres (*modike*) (en lat. *modicus*, fait de *modus*, mesure, règle, proportion), médiocre, qui est de peu de valeur.

MODIQUEMENT, adv. (*modikeman*), avec *modicité*.

MODISTE, subst. et adj. des deux genres (*modicete*), qui fait les *modes*. — Qui les suit. Hors d'usage dans ce dernier sens.

MODIUS, subst. mas. (*modi-uce*), mot tout latin qui signifie, boisseau. Hors d'usage.

MODULATION, subst. fém. (*modulâcion*) (en lat. *modulatio*), t. de musique, suite de tons qui forment un chant, suivant les règles du *mode* dans lequel ce chant est composé.—Plus proprement aujourd'hui, les divers transports d'un chant, d'un *mode* dans un autre. En ce sens, il est synonyme de *transition harmonique*.

MODULE, subst. mas. (*module*) (en lat. *modulus*), mesure qu'on prend pour régler les proportions d'un ordre d'architecture. C'est ordinairement le diamètre de la colonne.— Diamètre d'une médaille, d'une pièce de monnaie.—En algèbre et en géométrie, la ligne qu'on prend pour sous-tangente de la logarithmique, dans le calcul des logarithmes. En ce sens, il est peu usité.

MODULÉ, E, part. pass. de *moduler*.

MODULER, v. act. (*modulé*) (en lat. *modulari*), t. de musique, composer un air suivant les règles du *mode* dans lequel il est. — Neut., se mouvoir dans un *mode*; en parcourir les différentes cordes, en préférant ou rebattant les principales ou essentielles. — Plus proprement aujourd'hui, faire parcourir à un chant les tons relatifs au mode principal dans lequel il est écrit.— *se* MODULER, v. pron.

MOÉDA, subst. fém. (*mo-éda*), monnaie d'or de Portugal, valant 33 fr. 96 cent.

MOELLE, subst. fém. (*moéle*) (en grec μυελος, dont les Latins ont fait *medulla*), substance molle et grasse contenue dans la concavité des os.—Quelques anatomistes appellent *moelle de l'épine, moelle épinière*, ou *moelle allongée*, le prolongement vertébral de la partie blanche du cerveau. — *Sucer quelqu'un jusqu'à la moelle des os*, le ruiner en tirant de lui peu à peu tout ce qu'on en peut tirer. — Fig., en parlant des ouvrages d'esprit, ce qu'il y a de plus essentiel: *tirer, extraire la moelle d'un livre*, ce qu'il contient de plus parfait. — En bot., substance plus ou moins vasculeuse, qui occupe le centre du corps ligneux.— Dans l'ardoise, nœud formé par des grains de marcassite, de quartz, etc. — T. d'hist. nat. : *moelle de pierre*, argile.

MOELLEUSE, adj. fém. Voy. MOELLEUX.

MOELLEUSEMENT, adv. (*moéleuzeman*), d'une manière *moelleuse*.

MOELLEUX, adj. mas., au fém. **MOELLEUSE** (*moéleu, leuze*), rempli de *moelle* : *un bois moelleux*.—Fig. : *discours moelleux*, plein de sens et de bonnes choses.—*Étoffe moelleuse*, qui a du corps et qui est douce quand on la manie. — *Vin moelleux*, qui a beaucoup de corps et qui flatte agréablement le goût.—*Voix moelleuse*, pleine et douce.—*Ciseau, pinceau, burin moelleux*, doux et agréable. — *Contours moelleux*, qui n'ont rien de rude ni de dur. *Moelleux* est, en ce sens, la traduction du *morbido* des Italiens. — Subst. mas., t. de peinture : *le moelleux dans le dessin*, la douceur dans les contours. — *Le moelleux dans la couleur*, un coloris agréable. — *Le moelleux dans la touche*, une touche fondue. —Souplesse : *cette danseuse a du moelleux dans les jambes*.

MOELLON, subst. mas. (*moélon*) (du mot *moelle*, parce que les *moellons* sont au milieu du mur comme la *moelle* est au milieu des os. *Saumaise, Caseneuve*, etc.), pierre à bâtir les murs de clôture, à faire du remplage aux murs de pierre de taille. — *Moellon d'appareil*, qui est équarri pour être employé en parement. — *Moellon piqué*, qui est travaillé avec la pointe. — Dans les manufactures de glaces, pierre qui sert à adoucir les glaces de petit volume. (Du lat. *mollis*, tendre.)

MOELLONNIER, subst. mas. (*moélonié*), petit coin pour casser les pierres.

MŒUF, subst. mas. (*meufe*), t. de grammaire, les différentes manières de conjuguer les verbes. Vieux. On dit plus souvent *mode*.

MŒURS, subst. fém. plur. (*meurce*) (du lat. *mos*, gén. *moris*, coutume, usage, pratique, habitude; au plur., *mores*), habitudes naturelles ou acquises pour le bien ou pour le mal dans la conduite ordinaire de la vie; vertus morales, naturelles à l'homme; lois domestiques; manière d'agir dans le commerce des deux sexes. — Morale publique : *bonnes ou mauvaises mœurs*. On dit absolument : *avoir des mœurs*, de bonnes *mœurs*; *n'avoir point de mœurs*, en avoir de mauvaises. — Inclinations, coutumes, lois particulières d'une nation : *telle chose est ou n'est pas dans les mœurs d'une nation*, n'est pas conforme à ses usages. — En parlant des animaux, nature.— En poésie, en peinture et dans les beaux-arts en général, ce qui regarde les coutumes des peuples et les caractères des personnages; costumes.—Partie de la musique grecque qui en fixait les convenances et l'unité.— T. de rhét., partie *morale* de l'éloquence qui a pour but de gagner la confiance des auditeurs.

MOFETTE. Voy. MOUFETTE.

MOGILNIK, subst. mas. (*mojilenik*), t. d'hist. nat., espèce d'aigle du Nord.

MOGISLALISME, subst. mas. (*mojicelaliceme*) (du grec μογις, difficilement, et λαλεω, je parle), difficulté à prononcer les lettres labiales.

MOGOL, subst. mas. (*moguole*), l'empereur ou souverain de l'Indostan. *Mogol*, dans la langue du pays, signifie homme circoncis : *grand mogol*, chef, roi de tous les circoncis. (*Trévoux*.) —C'est aussi un nom de pays et de peuple.

MOGOLIEN, adj. mas., au fém. **MOGOLIENNE** (*moguolicin, liène*), du *Mogol*.

MOGORIS, subst. mas. (*moguorice*), t. de bot., plante de la famille des jasminées.

MOHABUT, subst. mas. (*mo-abute*), toile de coton des Indes.

MOHARBE, subst. fém. (*mo-arbe*), monnaie d'or de Bombay, valant 20 fr. 63 cent.

MOHATRA, adj. mas. (*mo-atra*) : *contrat mohatra*, contrat usuraire par lequel on rachette à très-vil prix et argent comptant ce qu'on vient de vendre très-cher et à crédit. Vieux et très-vieux.

MOI (*moé*) (en lat. *me*), pronom personnel dont *nous* est le pluriel. Il est des deux genres et ne s'applique qu'à des personnes ou à des choses personnifiées.—*Moi* peut être sujet et régime direct, 1° quand on l'emploie pour tenir lieu d'un verbe et d'un pronom, comme dans ce vers de *Corneille* :

Dans un si grand revers, que vous reste-t-il?—*Moi*.

Moi signifie ici : *je me reste*; 2° après *que*, mis pour *seulement*, comme : *je ne plains que moi*; 3° quand, pour donner plus de force ou de clarté au discours, on l'ajoute au sujet ou au régime déjà exprimé : *moi, que je commette une telle atrocité !* 4° quand on veut marquer la part que différentes personnes ont eue ou auront à un fait, à une action : *il a renvoyé son père, son frère et moi*.—*Moi*, dans une phrase impérative, est régime direct ou régime indirect, quand il est immédiatement après le verbe : *venge-moi, pardonne-moi*. — Lorsque la phrase n'est pas impérative, *moi*, en régime direct, est précédé d'une préposition : *tu dis du mal de moi*. —Après le verbe, *moi* prend toujours le trait d'union : *enseigne-moi mon chemin*. — Quoique l'on dise : *transportez-vous-y, fiez-vous-y, menez-nous-y*, l'usage ne permet pas que l'on dise : *transportez-m'y, menez-m'y*; ni *transporte-m'y, mène-m'y*. Il faut dire : *transportez-y-moi, envoyez-y-moi, menez-y-moi*; et *transporte-s-y-moi, envoie-s-y-moi, mène-s-y-moi*. — Quand, dans une phrase, le pronom *moi* est employé comme sujet, il doit, puisqu'il est pronom de la première personne et synonyme de *je*, régir le verbe à la première personne. Ainsi, l'on doit dire : *moi, qui l'aimai*; *c'est moi qui ai*; *si c'était moi qui eusse*; et non pas : *moi, qui l'aima, c'est moi qui a, si c'était moi qui eût*. Suivant le même principe, *moi* doit régir *me*, et il faut dire : *c'est moi qui me nomme Pierre*, et non pas : *c'est moi qui se nomme Pierre*.—Si le verbe n'a pas pour sujet le seul pronom personnel *moi*, mais s'il a de plus quelque autre pronom personnel ou quelque nom, alors le dernier sujet pronom doit être un pronom personnel pluriel. On dira donc : *elle et moi*, ou *ma sœur et moi nous nous estimons heureux*. — On dit : *vous et moi nous irons à Paris; votre frère et moi nous dînerons ensemble*; et non pas : *moi et vous nous irons à Paris; moi et votre frère nous dînerons ensemble*, parce qu'il est de l'urbanité française que la personne qui parle se nomme la dernière.—*A moi !* sorte d'exclamation pour faire venir promptement quelqu'un auprès de soi : *à moi ! à moi, soldats !* — On dit, *de vous à moi*, pour indiquer à la personne à qui l'on parle qu'on va lui dire une chose qu'on ne voudrait pas qui fût redite à une autre : *de vous à moi, c'est un fripon*.—*Quant à moi*, expression familière par laquelle on marque une sorte d'opposition entre ce qu'on va dire, et ce que disent ou pensent d'autres personnes : *on dira ce qu'on voudra contre cet homme; quant à moi, je suis sûr de sa probité*. Voy. POUR.—*Moi* se prend quelquefois substantivement, pour signifier l'attachement de quelqu'un à ce qui lui est personnel : *le moi choque toujours l'amour-propre des autres*.—Il se prend aussi en philosophie, pour l'individualité métaphysique de la même personne : *malgré le changement continuel de l'individu métaphysique, le même moi subsiste toujours*.—L'homme avec son égoïsme et ses passions : *le moi, tel est pour l'égoïste l'alpha et l'oméga de l'univers*.

MOIDORE, subst. mas. (*moédore*), monnaie portugaise de trente-deux francs huit sous.

MOIGNON, subst. mas. (*moégnion*) (suivant *Le Duchat*, de l'italien *mancone*, augmentatif de *manco*, manchot, fait du latin *mancus*. Suivant *Trévoux*, du celtique ou du bas-breton *moign*, qui signifie également *manchot*), petite partie qui reste d'un bras, d'une jambe, de la cuisse, quand ils ont été coupés.—Branche assez grosse d'un arbre qu'on a taillée un peu loin de la branche principale.

MOILETTE, subst. fém. (*moélète*), outil de bois garni de feutre pour frotter les glaces.

MOINAILLE, subst. fém. (*moênâ-ie*), t. de mépris par lequel on désigne les *moines* en général. Style familier.

MOINDRE, adj. comparatif des deux genres (*moeindre*) (du lat. *minore*, ablatif de *minor*, dont on a fait d'abord *mendre* ou *mindre*, et ensuite *moindre*), c'est le comparatif de *petit*; *le moindre* en est le superlatif. Plus petit, le plus petit en étendue, en quantité, en qualité : *cette somme est moindre que l'autre; c'est le moindre de tous*.—Il s'emploie quelquefois sans la conjonction *que* : *votre douleur en sera moindre*.— Avec la négative, il signifie aucun : *je n'en ai pas la moindre connaissance*.— *Le moindre* veut le verbe qui suit au subj. : *le moindre reproche qu'il puisse vous faire*.

MOINDREMENT, adv. (*moeindreman*), t. pop., *le moins* que... Peu français.

MOINE, subst. mas. (*moène*) (du grec μονιος, solitaire, dérivé de μονος, seul), proprement, religieux qui vit entièrement séparé du monde, comme les chartreux, etc.—Par extension, tous les autres religieux.—*Moine lai*; on appelle *division des moines-lais*, celle des soldats invalides que l'âge ou les infirmités rendent incapables d'un service quelconque. Avant la création de l'hôtel des Invalides, les vieux soldats trouvaient un asyle dans les couvents de *moines*; leur qualité non religieuse leur avait fait donner le nom de *moines laïques*, d'où *moines-lais*.—Petite caisse doublée de fer-blanc, dans laquelle on suspend un réchaud pour chauffer un lit.—Feuille de papier pliée en deux ou en quatre, dont on couvre la traînée de poudre qui doit porter le feu au saucisson d'une mine.—T. d'imprim., mots qui ne paraissent pas à l'impression, faute d'encre également répartie dans la feuille.—En hist. nat., sorte d'insecte.—En province, les enfants appellent *moine*, une toupie. — *Moine bourru*, prétendu fantôme dont on fait peur aux petits enfants.— Fam., homme de mauvaise humeur. — Prov. : *l'habit ne fait pas le moine*, il ne faut pas juger sur les apparences. — *Gras comme un moine*, fort gras.

MOINEAU, subst. mas. (*moènô*) (selon *Ménage*, du grec μονιος, solitaire; parce qu'il y a une espèce de *moineaux* qui aiment à vivre seuls. Suivant *Belon*, de *moine*, à cause de la couleur grise de son plumage), t. d'hist. nat., petit oiseau à plumage gris. C'est un passereau de la famille des conirostres, et du genre des fringilles.—En parlant du cri du *moineau*, on dit qu'il pépie. — Prov. : *tirer sa poudre aux moineaux*, employer son crédit, etc., à des bagatelles.—En t. de fortification, bastion dont la pointe fait un angle obtus.—Adj. mas. : *cheval moineau*, à qui on a coupé les oreilles.

MOINE-LAI, subst. mas. (*moènelè*). Voyez MOINE.

MOINERIE, subst. fém. (*moèneri*), t. de mépris, tous les *moines*.—L'esprit et l'humeur des *moines*.

MOINESSE, subst. fém. (*moènèce*), t. de mépris, religieuse.

MOINETON, subst. mas. (*moèneton*), petit *moine*. On dit plus ordinairement *moinillon*.

MOINILLON, subst. mas. (*moèni-ion*), t. de mépris, petit *moine*.

MOINS, adv. (*moein*) (en lat. *minus*), il marque l'infériorité. C'est le comparatif de *peu*; *le moins* en est le superlatif : *parler moins et moins haut*.—On dit d'une chose, que *c'est moins que rien*, pour dire qu'elle est de nulle conséquence, de nulle importance; et on le dit par mépris d'une personne sans mérite, sans considération : *c'est moins que rien que cet homme-là.* —Subst. mas., *un moins*, en algèbre, signe de la soustraction indiqué par (—). Il est opposé à *plus*, qui est le signe de l'addition.—Il y a dans l'imprim. un filet du même nom, de la même forme et de la même signification, fondu sur le corps du caractère; c'est un simple tiret allongé. Il est employé soit comme signe algébrique, soit à divers autres usages, par exemple, dans ce *Dictionnaire*, à séparer les différentes acceptions d'un même mot. — *Le moins*, la moindre chose : *c'est le moins qu'on puisse faire.* — On dit : *se disputer sur le plus ou le moins*, en parlant de deux personnes dont l'une exige une certaine somme, une certaine quantité, et l'autre ne veut donner qu'une somme, qu'une quantité *moins* considérable. — Il se dit aussi des circonstances d'un fait : *la chose ne peut être arrivée ainsi, il faut qu'il y ait du plus ou du moins*, c'est-à-dire, il faut que l'on ait supposé des circonstances qui ne sont pas vraies, ou qu'on en ait omis qui le sont. — *A moins de...*, loc. prép., à un prix au-dessous de.. : *je ne lui vendrai rien à moins de tant.*— A condition de.. : *je n'entendrai à rien à moins d'une bonne rétractation.*— *A moins*, loc. adv. : *je l'aurai à moins*, à *moindre* prix; *on se battrait à moins*, pour une *moindre* cause.—*Sur et tant moins*, vieille loc. prép. et plus que surannée, qui a signifié, en déduction : *je lui donnerai trois cents francs, sur et tant moins de la somme totale que je lui dois.* — *A moins que*, loc. conj. ; elle régit le subj., lorsqu'elle est suivie d'une négation : *il n'obtiendra rien à moins que vous ne parliez pour lui.* — Sans négation, *à moins que* se construit avec la prép. *de* suivie d'un infinitif : *ils ne peuvent s'expliquer à moins que de se quereller.* Quelquefois même on supprime *que* : *à moins d'avoir perdu l'esprit, il doit se tenir tranquille.*—*Au moins, du moins, tout au moins, tout du moins, pour le moins*, loc. conj. qui marquent la restriction : *si vous ne voulez pas l'aider, au moins ne le desservez pas.*—*De moins*, loc. adv., de manque : *il a vingt francs de moins.* —*En moins de, dans moins de...*, dans un court espace de temps : *en moins de rien*, en fort peu de temps.—*Rien moins* a le sens négatif, lorsqu'il est précédé du v. *être* et suivi d'un adj. : *il n'est rien moins que bon*, il n'est pas bon.—*Rien moins* suivi d'un subst. a le sens positif ou négatif, selon l'occurrence : *vous lui devez des soins, car il n'est rien moins que bon pour vous-même*, il est bon pour vous-même; *vous pouvez ne pas lui accorder vos soins, car il n'est rien moins que bon pour vous*, il n'est pas bon pour vous. Il faut éviter autant que possible la loc. *rien moins*, parce qu'elle est trop sujette à l'équivoque.

MOIRE, subst. fém. (*moare*), sorte d'étoffe de soie ondée, dont le grain est fort serré; ainsi nommée, suivant *Borel*, parce que c'est une étoffe très-*moelleuse*.

MOIRÉ, E, part. pass. de *moirer*, et adj., qui a l'œil de la *moire*; qui est ondé comme la *moire*. —Subst. mas.: *du moiré*, de la *moire*. — *Moiré métallique*, du fer-blanc.

MOIRER, v. act. (*moaré*), donner à une étoffe unie, au moyen de la calandre ou de la presse, l'œil et la façon de la *moire*. — *se* MOIRER, v. pron.

MOIREUR, subst. mas. (*moareur*), ouvrier qui *moire* les métaux, les étoffes, etc.

MOIS, subst. mas. (*moá*) (en lat. *mensis*), la douzième partie de l'année, composée ou de trente-un ou de trente, et pour le mois de février, de vingt-huit ou de vingt-neuf jours.—On dit : *le trois janvier, le six mai* et *le sixième de mai ou du mois de mai.* La première manière est plus du style familier, et la seconde du style soutenu. — *Mois astronomique* ou *naturel*, celui qui est mesuré par un intervalle de temps correspondant exactement au mouvement du soleil ou de la lune. Tel est un *mois solaire vrai*, et non pas *moyen*. — *Mois civil* ou *commun*, intervalle d'un certain nombre de jours entiers, qui approche le plus qu'il est possible de la durée de quelque mois astronomique, soit solaire, soit lunaire.—*Mois solaire*, espace de temps que le soleil emploie à parcourir un signe entier de l'écliptique. Ces *mois* sont inégaux.—*Mois lunaire synodique*, ou simplement *mois lunaire*, lunaison, espace de temps compris entre deux nouvelles lunes. — *Mois lunaire périodique*, espace de temps dans lequel la lune fait sa révolution autour de la terre. Les astronomes seuls font usage de ce *mois* lunaire, qui est de près de deux jours plus court que l'autre. — *Mois dracontique* ou *draconitique*, *mois des latitudes*, retour de la lune à son nœud. Voy. NOEUD. — *Mois embolismique* ou *intercalaire*, *mois* qu'on ajoute aux douze *mois* lunaires tous les trois ans. Voy. EMBOLISME.—*Mois caves*, *mois* lunaires de vingt-neuf jours.—*Mois pleins*, ceux de trente jours.—*Mois anomalistique*, retour de la lune à son apogée.—*Mois romains*, imposition qui se faisait sur les états de l'empire d'Allemagne dans les besoins extraordinaires; ainsi nommée de ce que les états de l'Empire étaient obligés, lorsque l'empereur allait se faire couronner à Rome, de lui fournir une certaine somme pendant quelques *mois*. Ces *mois* étaient de quarante jours. — T. de jurispr.: *les parties viendront au mois*, plaideront dans un *mois*. — Prov. : *nous avons tous les ans douze mois, nous vieillissons tous les jours.* — *Cette femme a ses mois*, ses règles. — *Etre dans son septième mois*, en parlant de la grossesse d'une femme.— *Payer le mois*, le prix convenu pour la nourriture ou les soins d'un *mois*.

MOISE, subst. fém. (*moèze*), t. de charpentier, pièce de bois qui sert à lier ensemble d'autres pièces.

MOISÉ, E, part. pass. de *moiser*.

MOISER, v. act. (*moèzé*), mettre des *moises*. —*se* MOISER, v. pron.

MOISI, subst. mas. (*moèzi*), ce qui est *moisi* : *il faut ôter le moisi.* — Odeur, goût de ce qui est *moisi* : *sentir le moisi*, etc.

MOISI, E, part. pass. de *moisir*.

MOISIR, v. act. (*moèzir*) (en lat. *mucere*, dont on dit par métaplasme, *mucire*), couvrir d'une certaine mousse blanche ou verte qui marque un commencement de corruption. Presque inusité. — Il s'emploie plus souvent comme neutre ou comme réfléchi : *ce pâté commence à moisir.* —*se* MOISIR, v. pron.

MOISISSURE, subst. fém. (*moèziçure*) (en lat. *muco*, ou *mucedo*), altération d'une chose *moisie* : *si la moisissure s'y met...*—Le *moisi*.—Ce qui en est l'effet : *ôtez la moisissure.*—En bot., classe de champignons.

MOISON, subst. fém. (*moèzon*) (de *moitié*, parce que ce partage des fruits se fait par *moitié*), bail à ferme, par lequel un laboureur métayer s'oblige de cultiver une terre et d'en partager les fruits avec le propriétaire.—*Moison de drap*, longueur de la chaîne du drap. (Du lat. *mensio*, mesure.)

MOISONNIER, subst. mas. (*moèzonié*), qui doit la *moison*.

MOISSAC, subst. propre mas. (*moèçak*), ville de France, sur le Tarn, dép. de la Garonne.

• **MOISSINE**, subst. fém. (*moècine*), faisceau de branches de vigne, avec les grappes qui y pendent.

MOISSON, subst. fém. (*moèçon*) (en lat. *messis*, pour lequel on a dit, dans la basse latinité, *messio*), récolte des blés et autres grains. — Le temps de la *moisson* : *la moisson approche.* — Poét., année : *il a vu cinquante moissons.*—Fig. et poét. : *moisson de lauriers, de gloire*, beaucoup d'heureux succès, beaucoup de gloire. — On dit prov. et fig. : *il ne faut pas mettre la faucille dans la moisson d'autrui*, il ne faut point entreprendre sur la charge, sur la fonction, sur les droits d'autrui. — Dans le langage de l'Evangile, *moisson* se dit d'une conversion de beaucoup d'âmes : *ce missionnaire a fait une grande moisson.*

MOISSONNÉ, E, part. pass. de *moissonner*.

MOISSONNER, v. act. (*moèçoné*), faire la *moisson* : *moissonner les froments, les avoines; moissonner un champ*; et absol. : *on ne moissonne point encore.*—Fig. et poét. : *moissonner des palmes, des lauriers.*—Détruire, faire périr : *la mort a moissonné un grand nombre d'hommes; il a été moissonné dans sa fleur*, il est mort dans sa jeunesse.—Prov. : *celui qui sème le vent moissonnera la tempête*, le méchant devient souvent victime de plus méchant que lui. — *Delille* (traduction du *Paradis perdu*) a dit absolument :

La peste au loin *moissonne*.....

—*se* MOISSONNER, v. pron.

MOISSONNEUR, subst. fém., **MOISSONNEUSE**, subst. fém. (*moèçoneur, neuze*), celui, celle qui *moissonne*, qui coupe le blé avec la faucille, etc.

MOISSONNEUSE, subst. fém. Voy. MOISSONNEUR.

MOITE, adj. des deux genres (*moete*) (en lat. *madidus*, fait par contraction de *madus*, ensuite *modus*), un peu humide, mouillé.

MOITEUR, subst. fém. (*moèteur*) (en lat. *mador*), petite humidité. — En médec., humidité froide ou chaude qui se répand sur le corps dans la syncope, dans la défaillance, etc.

MOITI, E, part. pass. de *moitir*.

MOITIÉ, subst. fém. (*moètié*) (en lat. *medietas*), partie d'un tout divisé en deux parties égales. — Dans un sens moins strict, une des deux portions, quoique l'égalité entre elles ne soit pas parfaite : *la moitié d'un pain, d'un poulet*, etc. — Fig. et fam., femme, à l'égard de son mari : *comment se porte votre moitié?* — *Etre de moitié*, être de société avec quelqu'un; partager la perte ou le profit. On dit dans le même sens : *se mettre de moitié.*—En parlant d'une personne que l'on estimait, et sur le compte de laquelle on apprend quelque chose de défavorable, on dit : *j'en rabats de moitié*, c'est-à-dire, je n'ai plus, à beaucoup près, la même estime que j'avais pour elle.—On dit aussi des personnes ou des choses, qu'*il faut en rabattre la moitié* ou *moitié*, pour dire qu'elle n'a pas à beaucoup près la valeur ou le mérite qu'on lui attribue. — *Partager une chose par la moitié*, la partager en deux.—*Partager un différend par la moitié*, s'entendre dans une affaire où il y avait contestation.— *Partager par moitié*, prendre chacun la moitié d'une chose. —*Offrir la moitié de son lit*, faire partager son lit à quelqu'un.—Adv., à demi : *pain moitié seigle, moitié froment.* — *Vaisseau moitié guerre, moitié marchandise*, chargé de marchandises, et armé de manière à être en état de se défendre. —*Moitié figue, moitié raisin*, à contre-cœur et de bonne volonté; *moitié* bien, *moitié* mal. — *Moitié chair, moitié poisson*, se dit d'un homme qui ne sait ce qu'il veut ou ce qu'il ne veut pas. — *A moitié*, adv., à demi, en partie : *à moitié chemin*, à la *moitié* du chemin; *à moitié prix*, pour *moitié* du prix ordinaire.

• **MOITIR**, v. act. (*moètir*): *moitir le papier*, le mouiller un peu.—Tremper, rendre *moite*.— *se* MOITIR, v. pron.

MOKA, subst. propre et adj. mas. (*moka*), café d'excellente qualité qui vient de *Moka*, ville d'Arabie : *du café moka*, ou simplement du *moka*.

MOL ou **MOU**, adj. mas., au fém. **MOLLE**, (on évite aujourd'hui d'écrire *mol*, au sing.) (*mole, mou*) (en lat. *mollis*, fait du grec αμαλος), qui reçoit facilement l'impression des autres corps : *cire molle.*—*Corps mou*, qui, après avoir perdu sa figure par le choc ou la compression, ne tend pas à la reprendre.—Fig., 1° qui a peu de vigueur; 2° efféminé et gâté par les délices; 3° en parlant du temps, relâché; 4° en parlant du vent, chaud et humide; 5° en peint. : *dessin, tableau mou*, dont l'exécution est *molle*, et suppose dans l'artiste un génie nonchalant, un talent privé de ressort et de vigueur. — Au plur. mas., *mous*, et non pas *moux*.

MOLAIRE, adj. des deux genres (*molère*) (en lat. *molaris*, fait de *mola*, en grec μυλος, meule). *dents molaires*, grosses dents qui servent à broyer les aliments. — On dit aussi subst., au fém. : *les molaires*.

MOLDAU, subst. propre mas. (*moledô*), rivière de la Bohême.

MOLDAVE, subst. et adj. des deux genres (*moledave*), qui est de la *Moldavie*.

MOLDAVIE, subst. propre fém. (*moledavi*), contrée jadis soumise à la Turquie, et jouissant aujourd'hui d'un gouvernement national.

• **MOLDAVIQUE**, subst. fém. (*moledavike*), t. de bot., plante annuelle, de la famille des labiées, originaire de *Moldavie*, cultivée dans nos jardins. Elle a l'odeur, la saveur et les propriétés de la mélisse ordinaire.— Adj. des deux genres, de la *Moldavie*.

MOLE, subst. fém. (*mole*) (en lat. *mola*, fait du grec μυλη), t. de médec., masse de chair informe dont les femmes accouchent quelquefois au lieu d'un enfant.—En hist. nat., sorte de poisson de mer.

MÔLE, subst. mas. (*môle*) (du latin *moles*, masse d'une grandeur démesurée, d'un poids énorme), massif de maçonnerie, ou jetée de grosses pierres dans la mer, en forme de digue, au-devant d'un port.—Chez les anciens Romains, espèce de mausolée de forme ronde, sur une base carrée, entouré de colonnes et couvert d'un dôme : *le môle d'Adrien*, aujourd'hui le château Saint-Ange. — En t. de menuisier, morceau de bois dans lequel on fait une rainure avec un bouvet, pour voir si les languettes des planches se rapportent à cette rainure.

MOLEAU, subst. mas. (*molô*), première huile exprimée d'une peau chamoisée.

MOL MOL MON 227

MOLÉCULAIRE, adj. des deux genres (*molékulère*), qui appartient, qui a rapport aux *molécules*.

MOLÉCULE, subst. fém. (*molékule*) (en lat. *molecula*, fait de *moles*), petite partie d'un corps. —En minér., on appelle *molécules élémentaires* ou *constituantes*, celles qui, par leur union, donnent naissance aux minéraux : ainsi, dans la baryte sulfatée, les *molécules* de l'acide sulfurique et celles de la baryte sont des *molécules élémentaires*; et on appelle *molécules intégrantes*, celles qui résultent de la combinaison ou réunion des *molécules élémentaires*. — *Buffon* a prétendu qu'il existe, dans la nature, une matière toujours vivante, toujours active, destinée à la nutrition et aux développements de tous les animaux et de toutes les plantes; et que cette matière se divise en particules extrêmement subtiles, incorruptibles et indestructibles, capables de s'organiser, et de se former en corps animaux et végétaux; et il a donné à ces particules le nom de *molécules organiques*.

MOLÈNE, subst. fém. (*molène*), t. de bot., sorte d'herbe.—Buisson blanc.

MOLER, v. neut. (*molé*), t. de mar., prendre vent en poupe.

MOLESTATION, subst. fém. (*molècetâcion*), action de *molester*.

MOLESTÉ, E, part. pass. de *molester*.

MOLESTER, v. act. (*molècété*) (en lat. *molestare*, fait de *molestus*, fâcheux, importun, etc.), chagriner, importuner. Il dit plus que le premier et moins que le second. — *se* MOLESTER, v. pron.

MOLET, subst. mas. (*molé*), modèle des languettes de Paumery. (*Boiste*.) Peu connu.

MOLETOIR, subst. mas. (*moletoare*), verre scellé sur une pierre et frotté de potée ; instrument pour frotter les glaces.

MOLETTE, subst. fém. (*molète*) (du lat. *mola*, à cause de sa ressemblance avec une petite meule), partie de l'éperon en forme d'étoile avec laquelle on pique le cheval.—Tumeur *molle* qui vient à côté du boulet d'un cheval. Morceau de bois sur lequel le miroitier travaille le verre de la lunette.—Petites roues que l'horloger emploie aux conduites du cadran d'une grosse horloge.—Pincettes d'orfèvre.—Morceau de marbre ou de pierre avec lequel les peintres broient les couleurs.

MOLETTÉ, E, part. pass. de *moletter*.

MOLETTER, v. act. (*moleté*), polir avec le lustroir.—*se* MOLETTER, v. pron.

MOLIÈRE, subst. et adj. fém. (*molière*) (du lat. *mola*, meule), carrière de pierre dure d'où l'on tire les *meules* de moulin. — Adj. : *terre molière*.

MOLINE, subst. fém. (*moline*), laine d'Espagne.—Subst. propre fém., ville d'Espagne.

MOLINISME, subst. mas. (*moliniceme*), sentiments, opinions du jésuite *Molina* sur la Grace.

MOLINISTE, subst. et adj. des deux genres (*molinicete*), disciple, partisan de *Molina*.

MOLLAH, subst. mas. (*molela*), dignité d'un patriarche turc.

MOLLASSE, adj. des deux genres (*molace*) (en lat. *mollis*), qui est trop *mou*, qui n'est pas ferme. Il diffère de *mollet*, en ce que *mollasse* se dit de ce qui est désagréablement *mou* au toucher, et *mollet*, de ce qui l'est agréablement.

MOLLE, subst. fém. (*mole*), botte d'osier fendu dont se servent les vanniers et les tonneliers.

MOLLE, adj. fém. Voy. MOU.

MOLLEMENT, adv. (*moleman*); il ne se dit au propre que dans ces phrases : *être couché mollement*, dans un bon lit. — *S'asseoir mollement*, sur un siége bien *mou*.—Avec un abandon gracieux : *se balancer mollement*.—Fig., 1° faiblement, lâchement ; 2° d'une manière *molle* et efféminée.

MOLLESSE, subst. fém. (*molèce*) (en lat. *mollities*), qualité de ce qui est *mou*.—Fig., 1° manque de vigueur et de fermeté d'âme ; 2° vie oisive et voluptueuse. *Marmontel* (*Lucile*) a fait *mollesse* synonyme de *repos* : *je voudrais que la mollesse fût le prix des travaux guerriers*. Ce mot ne peut être pris dans cette acception.—En t. de littér., douceur de style et d'idées. — En t. de peinture : *la mollesse des chairs*, l'imitation naïve de la flexibilité des chairs.—*La mollesse des contours*, cet ondoyant que l'on souhaite dans les traits des figures des jeunes hommes et des jeunes filles.—*Mollesse du pinceau*, défaut de fermeté dans le maniement du pinceau.

MOLLET, adj. mas., au fém. **MOLLETTE** (*molé, lète*) (en lat. *mollis*), qui n'est pas dur : *un lit mollet*. — *Pain mollet*, pain blanc. — *Œufs mollets*, œufs à la coque. — *Avoir les pieds mollets*, marcher délicatement comme quelqu'un qui a peur de se blesser.

MOLLET, subst. mas. (*molé*), le gras de la jambe. — Petite frange fort basse d'un lit, d'un siége.

MOLLETON, subst. mas. (*moleton*), petite étoffe de laine, soie ou coton, douce et *mollette*.

MOLLETTE, adj. fém. Voy. MOLLET.

MOLLIFICATION, subst. fém. (*molelifikâcion*), action de *mollifier*; ses effets.

MOLLIFIÉ, E, part. pass. de *mollifier*.

* **MOLLIFIER**, v. act. (*molelifié*), t. de médec., rendre *mou* et fluide. — *se* MOLLIFIER, v. pron.

MOLLIPENNE, subst. mas. (*molelipène*) (du lat. *mollis*, mou, et *penna*, aile), t. d'hist. nat., coléoptère à élytres mous, et à antennes filiformes.

MOLLIR, v. neut. (*molire*) (en lat. *mollire*), devenir *mou*. — Manquer de force, de vigueur : *ce cheval mollit*, il bronche. — Au fig., céder lâchement ou par faiblesse de caractère, lorsqu'il faudrait tenir ferme. — Act., en t. de mar. : *mollir une manœuvre*, *mollir un câble*, *un hauban*, diminuer sa roideur. — *Mollir la barre du gouvernail*, c'est, l'ayant du côté du vent, la rapprocher du centre, diminuer l'angle que le gouvernail fait avec l'étambot.—On dit neut., que le *vent mollit*, pour dire qu'il tombe, qu'il diminue de force. — *se* MOLLIR, v. pron.

MOLLITEUR, subst. mas. (*moleliteur*), qui ôte l'amertume. (*Boiste*.) Inusité.

MOLLUCELLE, subst. fém. (*molelucèle*), t. de bot., genre de labiées.

MOLLUSQUE, subst. et adj. mas. (*molluceke*) (du lat. *mollis*, mou, à cause de la *mollesse* de leur substance), t. d'hist. nat., classe d'animaux marins non vertébrés, qui ont des vaisseaux, une moelle nerveuse, simple et sans membres articulés. — Vermisseaux imparfaits. — Animal invertébré.

MOLO, subst. mas. (*molô*), première huile qui sort des peaux en apprêt.

MOLOCHITE, subst. fém. (*molochite*), t. d'hist. nat., pierre précieuse.

MOLORQUE, subst. mas. (*molorke*), t. d'hist. nat., sorte de coléoptère.

MOLOSSE, subst. mas. (*moloce*), dans la poésie grecque et latine, pied de vers composé de trois longues ; ainsi nommé ou d'une danse des *Molosses*, ancien peuple de l'Épire, ou parce que, dans le temple de Jupiter surnommé *Molosse*, on chantait en mémoire de *Molossus*, fils de Pyrrhus et d'Andromaque, des odes dans lesquelles ce pied entrait. — T. d'hist. nat., mammifère carnassier du genre des chéiroptères. — Espèce de gros chien.

MOLTOLINOS, subst. mas. (*moletolinôce*), peau de mouton du Levant.

MOLUGINE, subst. mas. (*molujine*), t. de bot., genre de caryophyllées.

MOLUQUE, subst. fém. (*moluke*), t. de bot., plante annuelle, originaire des *Moluques*, à fleur labiée, et qu'on nomme aussi *mélisse des Moluques*.

MOLUQUES, subst. propre fém. plur. (*moluke*), grand amas d'îles de l'Asie ; sont situées dans l'océan Oriental, au midi des îles Philippines.

MOLURE, subst. mas. (*molure*), t. d'hist. nat., genre de serpent. — Subst. fém., couleuvre des Indes.

MOLY, subst. mas. (*moli*) (du lat. *moly*, fait du grec μωλυ), t. de bot., sorte de plante bulbeuse, dont il y a plusieurs espèces. — Ail.

MOLYBDATE, subst. mas. (*molibedate*), t. de chimie, sel formé par la combinaison de l'acide *molybdique* avec une base.

MOLYBDÈNE, subst. mas. (*molibedène*) (du grec μολυβδαινα, masse de plomb, parce qu'on a long-temps regardé cette substance comme une mine de plomb), t. d'hist. nat., substance métallique douce et grasse au toucher, et dont la couleur approche beaucoup de celle du plomb.

MOLYBDIQUE, adj. des deux genres (*molibedike*), t. de chimie, *acide molybdique*, acide obtenu par l'oxygénation du *molybdène*.

MOLYBDITE, subst. fém. (*molibedite*) (du grec μολυβδος, plomb), t. d'hist. nat., pierre minérale qui contient des particules de plomb.

MOLYBDOÏDE, subst. fém. (*molibedo-ide*) (du grec μολυβδος, plomb, et ειδος, forme, ressemblance), t. d'hist. nat., espèce de mine de plomb moins pesante, mais beaucoup plus dure que la commune.

MÔME, subst. mas. (*môme*), enfant détenu pour vol. — En t. pop., gamin.

MOMENEL, subst. mas. (*momenèle*), t. d'hist. nat., singe cynocéphale.

MOMENT, subst. mas. (*moman*) (en latin *momentum*), petite partie de temps ; instant : avec cette différence, selon *Girard*, que le mot de *moment* a une signification plus étendue ; il se prend quelquefois pour le temps en général, et il est d'usage dans le sens figuré. Le mot d'*instant* a une signification plus resserrée ; il marque la plus petite durée du temps, et n'est jamais employé que dans le sens littéral. — *Bon moment* ; *prendre quelqu'un dans le bon moment*, dans un instant favorable. — *Avoir de bons moments*, se mettre quelquefois en colère, mais aussi se montrer parfois fort bon. — En math. et dans les calculs de l'infini, quantité infiniment petite. C'est ce qu'on appelle plus communément *différence*. — En mécan., 1° quantité du mouvement d'un mobile, laquelle est toujours en raison composée de la quantité de matière et de la vitesse du mobile ; plus proprement et plus particulièrement, le produit d'une puissance par le bras du levier auquel elle est appliquée. — *Le dernier moment*, celui qui précède la mort — *Manquer le moment*, l'occasion. — Le temps en général : *ce travail remplirait tous les moments*.—*A tout moment, de moment en moment*, adv., sans cesse, à toute heure. — *Au moment de...*, sur le point de.—*A tous moments*, sans cesse, à toute heure.—*En ce moment*, présentement.— *Au moment où, du moment que*, dès que.—*Dans le moment*, sur-le-champ. — *Un moment*, dans un instant.

MOMENTANÉ, E, adj. (*momantané*) (en latin *momentaneus*). On écrivait autrefois *momentanée* pour les deux genres ; c'était une bizarrerie inutile, ou, pour mieux dire, une faute. Qui ne dure qu'un moment, qu'un temps fort court : *plaisir momentané*.

MOMENTANÉMENT, adv. (*momantanéman*), passagèrement ; pour un *moment*.— Pendant un *moment*.

MOMERIE, subst. fém. (*mômeri*) (du grec μωμος, un moqueur, ou de *Momus*, le dieu de la raillerie), autrefois, mascarade. — Aujourd'hui, 1° déguisement de sentiments, qui fait faire au-dehors un personnage tout différent de ce qu'on est dans le cœur ; 2° jeu joué pour tromper quelqu'un agréablement.—Cérémonies ridicules.

MOMIE, subst. fém. (*momi*) (du latin *mumia*); il se dit des corps embaumés par les anciens Égyptiens, et de ceux qui sont desséchés par les sables brûlants d'Afrique.—Homme nonchalant.—Cire noire pour la greffe des arbres.

MOMIFICATION, subst. fém. (*momifikâcion*), apprêts au moyen desquels un corps se conserve sous la forme d'une *momie*. — Amaigrissement considérable.

MOMON, subst. mas. (*mômon*) (du grec μωμος, tache, opprobre ; blâme, reproche ; et aussi de *Momus*, dieu de la raillerie), pari fait par des masques sur un coup de dés : *couvrir un momon*, accepter le pari.—*Momon*, au lansquenet et à d'autres jeux de cartes, partie dans laquelle les joueurs prennent la même quantité de jetons, à condition que celui qui gagnera les jetons des autres gagnera la somme totale de l'argent mis au jeu.

MOMONT, subst. mas. (*momon*), faisan des Indes.

MOMORDIQUE, subst. fém. (*momordike*), t. de bot., plante cucurbitacée.

MOMOT, subst. mas. (*momote*), t. d'hist. nat., passereau d'Amérique, de la famille des dentirostres.

MOMUS, subst. propre mas. (*mômuce*), myth., dieu du plaisir et de la raillerie, et fils de la Nuit et du Sommeil. Son occupation était d'examiner les actions des dieux et des hommes, pour les tourner en raillerie et s'en moquer.

MON, adj. poss. mas. (*mon*) (en grec μον, pour εμον), il répond au pronom personnel *moi*, *je* ; il fait *ma* au féminin, et *mes* au pluriel des deux genres : *mon frère*, *ma sœur*, *mes amis*. Lorsqu'un nom féminin, soit substantif, soit adjectif, commence par une voyelle ou par un *h* non aspiré, et qu'il suit immédiatement ce pronom, alors, et seulement pour éviter la cacophonie de deux voyelles qui se rencontreraient, au lieu de *ma*, on dit *mon* : *mon âme*, *mon* *épée, mon imagination, mon habitude.* Mais devant un *h* aspiré, on dit au fém. *ma* : *ma hallebarde, ma harangue.* On met l'article, et non pas le pronom possessif, avant un nom en régime, quand un des pronoms personnels, sujet ou régime, comme *je, te, il, me, le, se, nous, vous, y* suppléent suffisamment, ou que les circonstances ôtent toute équivoque. Ainsi, au lieu de dire : *j'ai mal à ma tête ; j'ai reçu un coup de feu à mon bras,* on dit : *j'ai mal à la tête; j'ai reçu un coup de feu au bras.* Dans cette phrase, les pronoms personnels *je, il, lui,* déterminent d'une manière claire le sens qu'on a en vue, et il n'y a pas d'équivoque. Mais si le pronom personnel n'ôte pas l'équivoque, on doit joindre alors le pronom possessif au nom, comme : *je vois que ma jambe enfle* ; et si l'on s'exprime ainsi, c'est parce qu'on peut voir *enfler la jambe d'un autre* aussi bien que la sienne.—Les verbes qui se conjugent avec deux pronoms de la même personne ôtent communément toute équivoque; comme : *je me suis blessé à la main,* il est évident que je parle de *ma main.* Dans ce cas, l'emploi du pronom serait une faute. Cependant l'usage autorise à dire: *je me suis tenu toute la journée sur mes jambes; je l'ai vu de mes propres yeux; je l'ai entendu de mes propres oreilles.* Ces expressions sont des pléonasmes et des gallicismes reçus.— On emploie encore *mon,* quand on parle d'un mal à la tête, aux dents, et l'on dit : *ma migraine m'a beaucoup tourmenté; mon mal de dents m'a repris.*—On doit répéter ce pronom, 1° avant chaque substantif : *mon père et ma mère sont venus,* et non pas : *mes père et mère sont venus; mon père, ma mère, mes frères et mes sœurs ont été en butte à la plus affreuse calomnie,* et non pas, *mes père et mère, mes frères et sœurs ont été,* etc., etc.; 2° avant les adjectifs qui marquent un sens opposé ou différent : *je lui ai montré mes plus beaux et mes plus vilains habits.* Mais on ne répète pas ce pronom quand les adjectifs sont à peu près synonymes, comme: *je lui ai montré mes plus beaux et plus magnifiques habits.*

MONACAILLE, subst. fém. (*monakâ-ie*), t. de mépris, les *moines* en général.

MONACAL, E, qu'on devrait écrire **MONACHAL**, adj. (*monakale*) (du latin *monachus*, moine), qui tient du *moine.* — Au plur. mas., *monacaux.*

MONACALEMENT, adv. (*monakaleman*), d'une façon *monacale.* Voy. MONACAL.

MONACAUX, adj. mas. plur. Voy. MONACAL.

MONACHISME, subst. mas. (*monachiceme*), vie monastique ; l'influence des moines dans l'État.

MONACO, subst. propre mas. (*monakô*), petite ville d'Italie située sur la côte de Gênes.

MONADE, subst. fém. (*monade*) (du grec μονας, gén. μοναδος, unité, dérivé de μονος, seul), être simple et sans parties dont, suivant *Leibnitz*, tous les êtres étaient composés. — En hist. nat., les plus petits des animaux connus.

MONADELPHE, adj. des deux genres (*monadèlefe*), t. de bot. : *étamines monadelphes*, de la classe de la *monadelphie.*

MONADELPHIE, subst. fém. (*monadèlefi*) (du grec μονος, seul, et αδελφος, frère; *un seul frère*), t. de bot., scizième classe du système sexuel de *Linnée*, qui comprend les plantes dont les étamines sont réunies par leurs filaments en un seul corps.

MONADISTE, subst. et adj. des deux genres (*monadicete*), partisan des *monades.*

MONANDRE, adj. des deux genres (*monandre*), t. de bot., de la classe de la *monandrie.*

MONANDRIE, subst. fém. (*monandri*) (du grec μονος, seul, et ανδρος, gén. de ανηρ, mari), t. de bot., première classe du système sexuel de *Linnée*, qui renferme les fleurs hermaphrodites qui n'ont qu'une étamine.

MONARCHIE, subst. fém. (*monarchi*) (du grec μονος, seul, et αρχη, puissance, gouvernement), gouvernement d'un état par un seul chef.— État gouverné par un roi souvent absolu. — *Monarchie constitutionnelle,* celle dans laquelle les pouvoirs sont balancés et réglés par des lois *constitutionnelles.*

MONARCHIQUE, adj. des deux genres (*monarchike*), qui est gouverné par un *monarque*; qui appartient ou a rapport à la *monarchie.*

MONARCHIQUEMENT, adv. (*monarchikeman*), d'une manière *monarchique.*

MONARCHISÉ, E, part. pass. de *monarchiser.*

MONARCHISER, v. act. (*monarchizé*), rendre, réduire à l'état *monarchique.* Presque inusité.

MONARCHISME, subst. mas. (*monarchiceme*), système, opinion des partisans de la *monarchie* pure.

MONARCHISTE, subst. des deux genres (*monarchicete*), partisan de la *monarchie* absolue.

MONARDE, subst. fém. (*monarde*), t. de bot., plante vivace, originaire de l'Amérique septentrionale, à fleur labiée, que l'on cultive dans nos jardins.

MONARQUE, subst. mas. (*monarke*) (du grec μονος, seul, et αρχος, chef), celui qui a seul le pouvoir souverain dans un grand état.

MONASTÈRE, subst. mas. (*monacetère*) (en latin *monasterium*, fait du grec μοναστηριον, solitude, lieu où l'on vit seul; rac., μονος, seul), couvent; demeure de religieux ou de religieuses. Voy. CLOITRE.

MONASTIER, subst. mas. (*monacetié*), anciennement, abbé d'un *monastère.* Hors d'usage.

MONASTIQUE, adj. des deux genres (*monacetike*), qui regarde les moines et les religieuses.

MONAUL, subst. mas. (*monôle*), t. d'hist. nat., bel oiseau des Indes, du genre des gallinacés.

MONAULE, subst. fém. (*monôle*) (du grec μονος, seul, et αυλος, flûte), t. d'hist. anc., flûte grecque à un seul tuyau.—Subst. mas., celui qui en jouait.

MONAUT, adj. mas. (*monô*) (en grec μονωτος, formé de μονος, seul, un, et de ους, gén. ωτος, oreille), qui n'a qu'une oreille : *chien, chat, monaut.* Peu usité.

MONAX, subst. mas. (*monakce*), t. d'hist. nat., marmotte d'Amérique.

MONBAIN, subst. mas. (*monbein*), t. de bot., grand prunier des îles Antilles.

MONCEAU, subst. mas. (*monçô*) (en lat. *mons*, gén. *montis*, ou plutôt de son dim.: *monticellus*, petit mont), tas, amas en forme de petit *mont* : *monceau de blé, de pierres ; monceau d'argent.*—*Avoir des monceaux d'or*, en avoir beaucoup.

MONCEAUX, subst. propre mas. (*monçô*), village de France en Brie, à deux lieues de Meaux.

MONCONTOUR, subst. propre mas. (*monkontour*), ville de France, dép. de la Vienne, célèbre par la victoire de Henri III sur les protestants.

MONDAIN, E, adj. (*mondein, dène*), t. de dévotion, qui sent le *monde, habit mondain, air mondain.* — Attaché au *monde*, à ses vanités : *femme mondaine.*—Il est aussi subst. : *les mondains ne veulent pas entendre parler de pénitence.* — Subst. mas., espèce de pigeon de volière.

MONDAINEMENT, adv. (*mondèneman*), d'une manière *mondaine.*

MONDANITÉ, subst. fém. (*mondanité*), t. de dévot., attachement aux choses vaines et passagères du *monde*; vanité *mondaine.*

MONDE, subst. mas. (*monde*) (en lat. *mundus*), en général, l'univers, le ciel, la terre et tout ce qu'ils renferment. — Plus particulièrement, la terre, le globe terrestre.—Dans le blason, globe surmonté d'une croix. — La totalité des hommes.—Le commun des hommes.—Dans un sens indéfini, les personnes : *il ne faut pas ainsi accuser le pauvre monde.*— *L'an du monde*, l'an de la création du *monde.* — Certain nombre de personnes : *il y avait bien du monde à la promenade.* — Une grande quantité de personnes. — Une seule ou plusieurs personnes : *il y a du monde avec lui.* — La société dans laquelle on a à vivre : *le grand, le beau monde; aimer le commerce du monde.* On appelle proprement le *grand monde*, la cour et les gens de haute qualité ; et l'on dit *le beau monde*, pour signifier les gens les plus polis. — *Monde physique*, la nature telle qu'elle existe.— *Monde moral*, considéré sous le rapport de l'intelligence et de la morale.—*Monde idéal*, l'idée du *monde* telle qu'elle est en Dieu. — *Monde ancien*, ce que les anciens connaissaient du globe terrestre. —*Nouveau monde*, l'Amérique, que l'on suppose n'avoir pas été connue des anciens. — *L'ancien et le nouveau monde*, les deux continents.—Planètes qu'on suppose être habitées : *les mondes occupent le vaste espace de tout l'univers.* — — Les enfants, les domestiques, la famille prise collectivement : *il a amené tout son monde.* —Tous ceux qui sont sous les ordres de quelqu'un. —Personnes que l'on attend : *on servira dès que notre monde sera arrivé.* — *L'autre monde*, la vie future.— *Il est venu au monde le trois*, il est né le trois. — *Il n'est plus du monde*, il est mort. — *Il n'est pas de ce monde*, il n'en connaît pas les usages.—*Connaître le monde*, les hommes.—La vie des hommes sur la terre : *ainsi va le monde.*—T. de dévotion, ceux qui ont les mœurs corrompues du siècle : *le monde avec toutes ses vanités.* — La vie séculière : *quitter le monde.*—*Il sait bien son monde*, la manière de vivre dans la société.—Fam.: *depuis que le monde est monde*, de tout temps. — *Aller au bout du monde*, fort loin.—*C'est le bout du monde*, c'est le plus haut prix ; ce qu'on demande est fort difficile. — *Ainsi va le monde*, les hommes agissent, se conduisent ainsi. — *C'est le monde renversé*, c'est une chose qui se fait contre l'usage ordinaire.—*Cela va le mieux du monde*, cela va très-bien.—*Le mieux du monde*; ce qu'il y a de mieux, de meilleur.—*C'est un homme de l'autre monde*, qui ne sait pas vivre en société. — *Dire des choses de l'autre monde*, des choses incroyables.—Prov. : *devoir à Dieu et au monde*, être extrêmement endetté. — *Monde* est quelquefois un terme augmentatif : *ils sont le mieux du monde ensemble*, ils sont très-liés, amis très-intimes. — *Monde*, grande fosse dans une des places de Rome, près des Comices, dans laquelle Romulus ordonna de jeter les prémices de toutes les choses dont on se servait.— *Monde ouvert*, dans l'ancienne Rome, petit temple rond dédié aux dieux infernaux.

MONDE, adj. des deux genres (*monde*) (en lat. *mundus*), propre, net, etc.; ce qui est opposé à *immonde.* Peu usité.

MONDÉ, E, part. pass. de *monder*, et adj. Voy. ORGE.

MONDER, v. act. (*mondé*) (en lat. *mundare*), nettoyer : *monder de l'orge*, ôter la petite peau qui la couvre.— *Monder de la casse*, la tirer de son bâton et la préparer, après en avoir ôté les noyaux. — *Monder les amandes*, les échauder pour en ôter la peau. Il ne se dit guère qu'en ces phrases.— SE MONDER, v. pron.

MONDICITÉ, subst. fém. (*mondicité*), propreté. Hors d'usage.

MONDIFICATIF, adj. mas., au fém. **MONDIFICATIVE** (*mondifikatif, tive*), t. de médec., détersif, qui sert à nettoyer une plaie, un ulcère. Peu usité.

MONDIFICATIVE, adj. fém. Voy. MONDIFICATIF.

MONDIFIÉ, E, part. pass. de *mondifier.*

MONDIFIER, v. act. (*mondifié*) (en latin *mundare*), t. de médec., nettoyer, déterger. Peu en usage. — SE MONDIFIER, v. pron.

MONDIQUE, subst. fém. (*mondike*), mine d'étain.—Substance pierreuse.

MONDOVI, subst. propre mas. (*mondovi*), ville du Piémont, située au pied des Apennins.

MONDRAIN, subst. mas. (*mondrein*), t. de mar., monticule de sable.

MONE, subst. fém. (*mone*), t. d'hist. nat., guenon.

MONEINS, subst. propre mas. (*monein*), village de France, dép. des Basses-Pyrénées.

MONÉRIS, subst. mas. (*monérice*) (en grec μονηρης), navire ancien, à un seul rang de rames. Hors d'usage.

MONERON, subst. mas. (*moneron*), ancienne monnaie de billon, de peu de valeur et qui n'a plus de cours. Il en existe cependant encore, mais elles n'ont que la moitié de leur prix. — Ce mot manque dans l'*Académie.*

MONÉTA, subst. propre fém. (*monéta*), myth., surnom qu'on donnait à Junon, comme étant la déesse qui présidait à la monnaie. Elle avait un temple à Rome qui portait ce nom, et dans lequel elle était représentée avec les armes de la monnaie.

MONÉTAIRE, subst. mas. (*monétère*) (en latin *monetarius*, fait de *moneta*, monnaie), intendant des *monnaies.* Il ne se dit que de ceux qui fabriquaient les anciennes monnaies, les médailles.—Adj. des deux genres : *système monétaire*, des monnaies; qui y a rapport.

MONÉTISATION, subst. fém. (*monétizâcion*), action de *monétiser*; ses effets.

MONÉTISÉ, E, part. pass. de *monétiser*, et adj.

MONÉTISER, v. act. (*monétizé*), donner la valeur, le cours des *monnaies* à des effets de papier. — SE MONÉTISER, v. pron.

MONGOL, E, subst. et adj. (*monguole*), habitant de la *Mongolie.*

MONGOLIE, subst. propre fém. (*monguoli*), contrée d'Asie.

MONIAL, E, adj. *(moniale)*, t. de droit canon, religieux. —Ce qui le concerne. Peu usité.

MONILIFORME, adj. des deux genres *(moniliforme)* (du lat. *monile*, collier, et *forma*, forme), t. de bot., en *collier*.

MONIN, subst. mas. *(monein)*, vieux mot qui s'est dit pour singe.

MONISTROL, subst. propre mas. *(monicetrole)*, village de France, dép. de la Haute-Loire.

MONITEUR, subst. mas., **MONITRICE,** subst. fém. *(moniteur, trice)* (en lat. *monitor*, fait de *monere*, avertir), celui, celle qui *avertit*, qui donne des conseils. — Élève-répétiteur dans les écoles d'enseignement mutuel. — Titre d'un journal ou papier-nouvelle publié en France au service spécial du gouvernement. — En hist. nat., espèce de reptile saurien.

MONITION, subst. fém. *(monicion)* (du latin *monitio*, avis, avertissement), t. de droit canon, avertissement juridique, avant de procéder à l'excommunication.

MONITOIRE, subst. mas. *(monitoare)* (du latin *monitorius*, qui avertit), lettre qu'on obtient du juge d'église pour obliger, par censures ecclésiastiques, à venir à révélation sur les faits mentionnés dans ces lettres : *fulminer* ou *jeter un monitoire*. — On le dit adj. pour les deux genres : *lettres monitoires*.

MONITORIAL, E, adj. *(monitoriale)* : *lettres monitoriales*, écrites en forme de *monitoire*. — Au plur. mas., *monitoriaux*.

MONITORIAUX, adj. mas. plur. Voy. MONITORIAL.

MONITRICE, subst. fém. Voy. MONITEUR.

MONGOLIQUE, adj. des deux genres *(monguolike)*, qui concerne la race *mongole*.

MONJOLI, subst. mas. *(monjoli)*, t. de bot., plante de la pentandrie.

MONKIE, subst. fém. *(monki)*, t. d'hist. nat., guenon à tête de mort.

MONMORILLON, subst. propre mas. *(monmori-ion)*, Voy. MONTMORILLON.

MONN., abréviation du mot monnaie.

MONNAGE, subst. mas. *(monaje)*, anciennement, droit de mouture. Hors d'usage.

MONNAIE, subst. fém. *(monè)* (ce mot et ses dérivés devraient s'écrire *monaie*, par un seul *n*, puisqu'ils viennent du lat. *moneta*, fait dans la même signification de *monere*, avertir ; parce que le type du prince *avertit* qu'il n'y a point eu de fraude dans sa fabrication. On ne met nulle part deux *n* à *monétaire;* pourquoi en mettre deux à *monnaie*, dont l'origine étymologique est la même?), espèce d'or et d'argent ou d'autre métal qui a cours.—Menues espèces. — *Avez-vous de la monnaie sur vous?* des petites pièces d'argent blanches, ou même des gros sous.—*Donner à quelqu'un de la belle monnaie*, des pièces d'or ou d'argent. — Lieu où l'on fabrique des *monnaies*. — *Monnaie des médailles*, lieu où l'on frappe les médailles. — On appelle *monnaie fourrée*, celle qu'un faux monnayeur fait d'un métal de vil prix, et qu'il couvre d'or ou d'argent. — On appelle *monnaie réelle*, celle qui existe réellement en pièces d'or, d'argent ou d'un autre métal; et *monnaie idéale*, celle qui n'existe pas réellement. Lorsque la livre était une pièce d'argent du poids d'une livre, *la livre était une monnaie réelle*; dans la suite, *la livre ne fut plus qu'une monnaie idéale*, représentée par vingt sous.— On appelle *papier-monnaie*, un papier créé par un gouvernement pour circuler comme de la *monnaie*. On donne à ces sortes de *monnaies* le nom de *monnaie fictive*.—*Monnaie de billon*; on entend par ces termes des espèces d'argent qu'on a altérées par le mélange du cuivre.— *Monnaie obsidionale*, nom que l'on donne à une *monnaie* ordinairement de bas aloi, que l'on forme ou que l'on frappe pendant un siége, afin de suppléer à la vraie *monnaie* qui manque, et que l'on fait recevoir dans le commerce par les troupes et les habitants, pour signe d'une valeur intrinsèque spécifiée. — *Monnaie noire, monnaie de compte* à Ratisbonne en Bavière, dont on se sert pour payer les charges publiques. La *monnaie* courante est appelée *monnaie blanche*. — *Monnaie longue*, valeur qu'on donne à la monnaie de Bologne, de trois pour cent au-dessous de la valeur de la *monnaie* de banque. — *Bonne monnaie*, valeur que l'on donne à l'argent de Florence, comparé à la *monnaie* longue de Livourne. Vingt-trois livres, *bonne monnaie* de Florence, valent vingt-quatre livres, *monnaie longue* de Livourne. — *Fausse monnaie*, celle qui n'est pas fabriquée avec les métaux prescrits par le gouvernement.—Fig. et fam. : 1° *donner à quelqu'un la monnaie de sa pièce*, lui riposter de la bonne manière ; 2° *être décrié comme de la fausse monnaie*, avoir une fort mauvaise réputation ; 3° *payer en même monnaie*, se venger d'une injure par une autre; rendre la pareille. — *Battre monnaie*, faire de l'argent ; s'en procurer facilement.—*Payer quelqu'un en monnaie de singe*, se moquer de lui, le payer à la façon des singes, en gambades.—*Vos paroles sont une monnaie dont on connaît la valeur*, vos paroles n'ont aucun prix, parce qu'elles n'ont aucun sens. — *Cour des monnaies*, autrefois, cour supérieure établie pour juger souverainement tout ce qui concernait les *monnaies*.

MONNAIERIE, subst. fém. *(monèri)*, lieu où l'on marque l'empreinte des pièces.—Atelier du *monnayeur*.

MONNAYAGE, subst. mas. *(monè-iaje)*, action de *monnayer*.

MONNAYÉ, E, part. pass. de *monnayer*, et adj.—On dit, *argent monnayé*, par opposition à argent ouvragé ou brut : *payer en argent monnayé*.

MONNAYER, v. act. *(monè-ié)*, faire de la *monnaie* de quelque sorte de métal. — Plus particulièrement, donner l'empreinte à la *monnaie*. — SE MONNAYER, v. pron.

MONNAYEUR, subst. mas. *(monè-ieur)*, ouvrier qui travaille à la fabrication de la *monnaie*. — *Faux monnayeur*, celui qui fait de la *fausse monnaie*.

MONNÉAGE, subst. mas. *(moné-aje)*, anciennement, droit sur les *monnaies*.

MONOBOLON, subst. mas. *(monobolon)* (du grec μονος, seul, et βολος, coup), t. d'antiq., exercice du corps, qui consiste à faire des sauts. Hors d'usage.

MONOCÉROS, subst. mas. *(monocérôce)*, t. d'hist. nat., nom de la licorne ; rhinocéros. — Poisson du genre du baliste. — T. d'astronomie, constellation australe.

MONOCHROMATE ou **MONOCHROME,** subst. mas. *(mônokromate)* (du grec μονος, un, seul, et χρωμα, couleur), tableau d'une *seule couleur;* camaïeu. L'invention, chez les anciens, en est attribuée à Cléophante de Corinthe.—Il est aussi adj. des deux genres, mais, comme adj., on ne dit guère que *monochrome*.

MONOCLE, subst. mas. *(monokle)* (du grec μονος, un, seul, et du lat. *oculus*, œil), t. d'optique, petite lunette ou lorgnette, qui ne sert que pour un seul œil. — Bandage sur l'un des yeux. — En hist. nat., ordre de crustacés qui ont les yeux très-rapprochés et presque réunis. — Adj. des deux genres, qui n'a qu'un œil.

MONOCLINE, subst. fém. et adj. des deux genres *(monokline)* (du grec μονος, un, et κλινη, lit), t. de bot. ; il se dit des plantes dont les organes sexuels sont réunis dans la même fleur.

MONOCORDE, subst. mas. *(monokorde)* (du grec μονος, un, seul, et χορδη, corde), sorte d'instrument de musique à une seule *corde*, pour faire connaître les différents intervalles de tons.

MONOCOTYLÉDONE, adj. des deux genres *(monokotilédone)* (du grec μονος, seul, unique, et κοτυληδων, cotylédon), t. de bot.; se dit des plantes dont l'embryon n'a qu'un seul *cotylédon*.—On dit aussi substantivement, au fém.: les *monocotylédones sont fort appréciées*.

MONOCROTON, subst. mas. *(monokroton)* (du grec μονος, seul, et κροτος, impulsion), t. d'antiq., navire à un seul rang de rames. Hors d'usage.

MONOCULAIRE, adj. des deux genres *(monokulère)*, qui n'a qu'un œil.

MONOCULE, subst. mas. *(monokule)* (du grec μονος, un, seul, et du lat. *oculus*, œil), en chirurgie, bandage pour la fistule lacrymale et les autres maladies qui n'affectent qu'un œil. — En optique, loupe ou lorgnette. Voy. MONOCLE.

MONOCULISTE, subst. mas. *(monokulicete)*, mot burlesque employé par Scarron pour désigner les Cyclopes.

MONODACTYLE, subst. mas. *(monodaktile)*, t. d'hist. nat., poisson du genre thoracique.

MONODELPHE, subst. mas. et adj. des deux genres *(mondèlefe)*, se dit des animaux qui n'ont qu'une seule matrice.

MONODIE, subst. fém. *(monodi)* (du grec μονος, seul, et ωδη, chant), chant à une voix seule, par opposition à la *chorodie* ou musique exécutée par le chœur.—Dans une acception plus particulière, sorte de lamentation ou de chanson lugubre qu'on chantait à une seule voix.

MONODONE, subst. mas. *(monodone)*, t. d'hist. nat., espèce de narval.

MONODONTE, subst. mas. *(monodonte)* (du grec μονος, seul, et οδους, οδοντος, dent), mollusque céphalé.

MONOECIE, subst. fém. *(monéci)* (du grec μονος, seul, et οικια, maison, habitation), t. de bot., la vingt-unième classe du système sexuel de *Linnée*, qui comprend les plantes dont les fleurs ont les organes mâles et femelles séparées sur le même individu.

MONOGAME, subst. et adj. des deux genres *(monoguame)*, qui n'a été marié qu'une fois; qui n'a qu'une femme. — T. de bot. Voy. MONOGAMIE.

MONOGAMIE, subst. fém. *(monoguami)* (du grec μονος, un, et γαμος, noces, mariage; *mariage unique*), état de ceux qui n'ont été *mariés qu'une fois ;* qui n'ont qu'une femme.— En bot., le dernier ordre de la vingt-sixième classe du système sexuel de *Linnée*, nommée syngénésie. Cet ordre comprend les plantes dont les fleurs ont leurs étamines réunies par leurs anthères.

MONOGASTRIQUE, adj. des deux genres *(monoguacetrike)* (du grec μονος, seul, et γαστηρ, ventre), t. d'anat., qui n'a qu'un ventre.

MONOGÈNE, adj. des deux genres *(monojène)*, unique en son genre. *(Amyot.)* Hors d'usage.

MONOGRAMMATIQUE, adj. des deux genres *(monoguerammatike)*, du *monogramme*.

MONOGRAMME, subst. mas. *(monoguerame)*, (du grec μονος, seul, et γραμμα, lettre), sorte de chiffre qui contient les lettres du nom de quelqu'un entrelacées en un seul caractère. — En peinture, nom qu'on donnait anciennement à une simple esquisse, à un dessin qui n'avait que le trait.

MONOGRAPHE, subst. et adj. des deux genres *(monoguerafe)*, qui ne traite que d'un seul sujet. Voy. MONOGRAPHIE.

MONOGRAPHIE, subst. fém. *(monoguerafi)* (du grec μονος, seul, et γραφω, je décris), description d'un seul objet, d'un seul genre, etc.

MONOGYNE, adj. des deux genres *(monojine)*, t. de bot., de la *monogynie*.

MONOGYNIE, subst. fém. *(monojini)* (du grec μονος, seul, et γυνη, femme), t. de bot., premier ordre dans les treize premières classes du système sexuel de *Linnée*, comprenant les plantes qui n'ont qu'un pistil.

MONOÏQUE, adj. des deux genres *(mono-ike)*, se dit, en bot., des plantes et des fleurs qui appartiennent à la *monœcie*.

MONOLITHE, subst. mas. *(monolite)* (du grec μονος, un, seul, et λιθος, pierre), t. d'archit., ouvrage fait d'une seule pierre, comme les statues, les sarcophages, etc. — On le dit aussi adjectivement pour les deux genres : *colonne monolithe*.

MONOLOGUE, subst. mas. *(monologue)* (du grec μονος, seul, et λογος, discours), scène dramatique dans laquelle un personnage parle seul, ou se parle à lui-même.

MONOMACHIE, subst. fém. *(monomachi)* (du grec μονος, seul, et μαχη, combat), duel ou combat singulier d'homme à homme. Hors d'usage.

MONOMANE, subst. et adj. des deux genres *(monomane)*, atteint de *monomanie*.

MONOMANIAQUE, adj. des deux genres *(monomaniake)*, qui porte le caractère de la *monomanie*.

MONOMANIE, subst. fém. *(monomani)* (du grec μονος, seul, et μανια, manie, passion), passion, fureur pour un seul objet, une idée unique. — *Manie* de la solitude.

MONÔME, subst. mas. *(monôme)* (du grec μονος, seul, unique, et νομη, part, division), t. d'algèbre, quantité composée d'un seul terme, et exprimée sans que les éléments qui la composent soient joints par les signes *plus* et *moins*.

MONOMOTAPA, subst. propre mas. *(monomotapa)*, grand état situé dans la basse Éthiopie.

MONOPÈDE, adj. des deux genres *(monopède)* (du grec μονος, seul, et du lat. *pes*, gén. *pedis*, pied), qui n'a qu'un pied, qu'une jambe. Presque inusité; on dirait plutôt *monopode*, qui n'est du reste pas plus en usage.

MONOPÉTALE, subst. mas. et adj. des deux genres *(monopétale)* (du grec μονος, seul, unique, et πεταλον, feuille, pétale), t. de bot., *fleur* *monopétale*, qui n'a qu'un pétale, qu'une feuille. Les *monopétales* forment la vingtième classe de *Tournefort*, composée d'arbres et d'arbustes.

MONOPHAGE, subst. et adj. des deux genres (*monofaje*), qui est atteint de *monophagie*; qui ne fait usage que d'une seule espèce d'aliment.

MONOPHAGIE, subst. fém. (*monofaji*) (du grec μονος, seul, et φαγω, je mange), t. de médec., maladie pendant laquelle on est porté à ne manger que d'une seule chose. — Système hygiénique qui consiste à ne faire usage que d'une seule espèce d'aliments. — Subst. fém. plur., myth., fêtes de Neptune, dans lesquelles les convives se servaient eux-mêmes.

MONOPHTHALME, subst. mas. et adj. des deux genres (*monofetalcme*) (du grec μονος, seul, et οφθαλμος, œil), t. d'hist. nat., poisson qui n'a qu'un œil.

MONOPHYLLE, adj. des deux genres (*monofile*) (du grec μονος, seul, un, et φυλλον, feuille), t. de bot., se dit d'un calice composé d'une seule pièce, d'une seule feuille.

MONOPHYSISME, subst. mas. (*monofiziceme*) (du grec μονος, seul, et φυσις, nature), opinion qui n'admet qu'une nature en Jésus-Christ.

MONOPHYSISTE, subst. et adj. des deux genres (*monofizicete*), partisan du *monophysisme*.

MONOPODE, subst. mas. (*monopode*) (du grec μονος, seul, et πους, ποδος, pied), t. d'antiq., table à un seul pied. — Adj. des deux genres. Voy. SOLIPÈDE, qui est plus usité.

MONOPOLE, subst. mas. (*monopole*) (du grec μονος, seul, et πωλειν, vendre), privilége exclusif de vendre seul des marchandises ou des denrées dont la vente devrait être libre. — Convention inique entre des marchands, pour enchérir de concert une marchandise. — Abusivement, imposition onéreuse établie sur les marchandises.

MONOPOLER, v. act. et neut. (*monopolé*), autrefois, faire des cabales. — Quelques-uns le disent aujourd'hui dans le sens de : *faire le monopole*.

MONOPOLEUR, subst. mas. (*monopoleur*), celui qui fait le *monopole*, qui cherche à vendre seul quelque denrée, etc. — Abusivement et en mauvaise part : traitant; commis à la levée des droits.

MONOPOLISÉ, E, part. pass. de *monopoliser*.

MONOPOLISER, v. act. (*monopolizé*), exercer le *monopole*. — SE MONOPOLISER, v. pron.

MONOPTÈRE, subst. mas. (*monopetère*) (du grec μονος, seul, un, et πτερον, aile; *bâtiment qui n'a qu'une aile*), temple rond des anciens, sans murailles, et dont la couverture n'était soutenue que sur des colonnes. — Il est plus souvent adj. des deux genres.

MONOPYRÈNE, adj. des deux genres (*monopirène*) (du grec μονος, seul, et πυρην, noyau), t. de bot., qui ne renferme qu'un noyau.

MONORCHIS, subst. mas. (*monorchice*) (du grec μονος, seul, et ορχις, testicule), t. de médec., qui n'a qu'un testicule.

MONORIME, subst. mas. (*monorime*) (du grec μονος, seul, unique, et ρυθμος, rhythme), sorte de poëme dont tous les vers sont sur la même *rime*.

MONOSPERMATIQUE ou **MONOSPERME**, adj. des deux genres (*monocepèreme*) (du grec μονος, seul, et σπερμα, semence), t. de bot. : *fruit monosperme*, qui n'a qu'une seule semence.

MONOSTIQUE, adj. des deux genres (*monocetike*) (du grec μονος, seul, un, et στιχος, rang), se dit des crystaux qui n'ont qu'une rangée de facettes autour de chaque base. — Subst. mas., épigramme composée d'un seul vers.

MONOSTYLE, adj. des deux genres (*monocetile*) (du grec μονος, seul, un, et στυλος, style), t. de bot., se dit de la fleur qui n'a qu'un *style*.

MONOSYLLABE, subst. mas. et adj. des deux genres (*monocilelabe*) (du grec μονος, seul, un, et συλλαβη, syllabe), qui n'est que d'une *syllabe* : *le mot Dieu est un monosyllabe*.

MONOSYLLABIQUE, adj. des deux genres (*monocilelabike*), formé d'un *monosyllabe*.

MONOTHÉISME, subst. mas. (*monoté-iceme*) (du grec μονος, unique, et θεος, Dieu), religion qui n'admet qu'un seul Dieu.

MONOTHÉISTE, subst. et adj. des deux genres (*monoté-icete*), partisan du *monothéisme*. — Adj., ce qui le concerne, ce qui y a rapport.

MONOTHÉLISME, subst. mas. (*monotéliceme*), système religieux des *monothélites*.

MONOTHÉLITE, subst. des deux genres (*monotélite*) (du grec μονος, seul, un, et θελω, je veux), nom d'hérétiques du septième siècle qui n'admettaient en Jésus-Christ qu'une seule volonté.

MONOTONE, adj. des deux genres (*monotone*) (du grec μονος, seul, et τονος, ton), qui est toujours sur le même ton. — Fig., 1° qui est d'une uniformité fatigante, en parlant du style, etc.; 2° en peinture, qui est égal de ton et de couleur, qui est fade, gris, etc.

MONOTONIE, subst. fém. (*monotoni*), uniformité, égalité ennuyeuse de tons, de tours, de figures, de pensées semblables, etc.

MONOTRÈME, subst. mas. (*monotrème*), t. d'hist. nat., mammifère de la Nouvelle-Hollande, qui tient des oiseaux et des reptiles.

MONOTRIGLYPHE, subst. mas. (*monotriguelife*) (du grec μονος, seul, et τριγλυφος, triglyphe), t. d'archit., espace d'un seul *triglyphe* entre deux colonnes ou deux pilastres.

MONOTYPE, adj. des deux genres (*monotipe*), à un seul *type*.

MONOXYLON, subst. mas. (*monokcilon*) (du grec μονος, seul, et ξυλον, bois), bateau fait d'un seul morceau de bois. Inusité.

MONS, abréviation du mot *monsieur*. Le roi dit aux évêques et archevêques, en leur écrivant : *mons l'évêque, l'archevêque*; et, ici *mons* ne signifie pas *monseigneur*, mais *monsieur*.

MONS, subst. propre mas. (*monce*), ville de la Belgique, et capitale du Hainaut.

MONSEIGNEUR, subst. mas. (*moncègnieur*) (réunion des deux mots *mon* et *seigneur* en un seul. Voyez SEIGNEUR), titre d'honneur employé à l'égard de certaines personnes constituées en dignité éminente, etc. — On appelait absolument *Monseigneur*, le dauphin, fils de Louis XIV. — Grosse pince de voleur. Voy. ROSSIGNOL. Cette dernière acception manque dans l'*Académie*. — Au plur., *messeigneurs*; et dans les requêtes au conseil, etc., *nosseigneurs*.

MONSEIGNEURIE, subst. fém. (*moncègnieuri*), vieux mot qui s'est dit ironiquement pour *seigneurie* : *votre monseigneurie*.

MONSEIGNEURISÉ, E, part. pass. de *monseigneuriser*.

MONSEIGNEURISER, v. act. (*moncègnieurizé*), traiter de *monseigneur*. Style plaisant et critique. — SE MONSEIGNEURISER, v. pron., trancher du *monseigneur*; en prendre la qualité; se la donner l'un à l'autre.

MONSERRAT, subst. propre mas. (*moncèra*), ville d'Espagne, dans la Catalogne.

MONSIEUR, subst. mas. (*mocieu*), (des deux mots *mon* et *sieur*. Voyez SIEUR.), qualité, titre que l'on donne à un homme par honneur, par civilité ou bienséance. — On appelait absolument *Monsieur*, le frère unique ou aîné du roi. — Grosse prune ronde d'un beau violet. — Fam. et pop. : *faire le monsieur*, faire l'homme de conséquence. — *Il est devenu gros monsieur*, il a fait fortune. — *Monsieur vaut madame*, le mari vaut la femme. — *C'est un vilain monsieur*, un homme difficile à vivre, d'humeur maussade. — Au plur., *messieurs*.

MONSTRE, subst. mas. (*moncetre*) (en latin *monstrum*), prodige qui est contre l'ordre de la nature. En ce sens, c'est un latinisme peu usité. — Animal qui a une conformation contraire à l'ordre de la nature. — Au fig., ce qui est extrêmement laid et difforme. — Personne, chose énorme. — Plus figurément encore, personne cruelle et dénaturée. — Par exagération, poisson d'une grandeur extraordinaire : *on a servi des monstres sur la table*. — *Monstre d'ingratitude, d'avarice, de cruauté*, personne très-ingrate, très-avare, très-cruelle. — *Se faire un monstre de...*, s'effrayer d'une chose qui n'a rien d'effrayant. — T. de bot., fleur double.

MONSTRUEUSE, adj. fém. Voyez MONSTRUEUX.

MONSTRUEUSEMENT, adv. (*moncetru-euzeman*), prodigieusement, excessivement.

MONSTRUEUX, adj. mas., au fém. MONSTRUEUSE (*moncetru-eu, euze*) (en latin *monstruosus*), qui est d'une conformation contraire à l'ordre de la nature. — Prodigieux, excessif dans son genre : *tête monstrueuse, poisson monstrueux*. — En parlant des choses morales, vicieux à l'excès : *avarice monstrueuse*.

MONSTRUOSITÉ, subst. fém. (*moncetru-ôzité*), caractère, vice de ce qui est *monstrueux*. — Plus ordinairement, chose *monstrueuse*, au propre et au figuré. — Toute production, tout animal extraordinaire.

MONT, subst. mas. (*mon*) (en latin *mons*, gén. *montis*), montagne, avec cette différence que ce dernier mot exprime une masse plus considérable que le premier. Le *mont* est proprement opposé au *vallon*, et la *montagne* à la *plaine*. — *Mont* ne se dit guère en prose qu'avec un nom propre, *le mont Etna*. — Certaines petites éminences dans la paume de la main, à la racine des doigts, auxquelles les chiromanciens ont, sans raison ni fondement, donné le nom des planètes. — Au plur., *les monts*, ordinairement les Alpes. — *Le double mont*, poétiquement, le Parnasse. — Prov. : *promettre des monts d'or* ou *monts et merveilles*, promettre de grandes richesses, de grands avantages. — *Par monts et par vaux*, de tout côté. — *Mont-de-piété*, lieu où l'on prête sur des nantissements à un intérêt réputé fort modique. — *Montpagnotte*. Voy. PAGNOTTE.

MONTAGE, subst. mas. (*montaje*), action de *monter* : *le montage des bateaux*. — Peine, travail pour *monter* certaines choses : *payer le montage du bois*, etc. — *Montage du métier*, dans les fabriques d'étoffes de soie, opération qui consiste à disposer toutes les parties du métier, à le munir de tout ce qui est nécessaire pour le travail qu'on doit faire.

MONTAGNAC, subst. propre mas. (*montagniake*), village de France, dép. de l'Hérault.

MONTAGNARD, E, subst. et adj. (*montagniar, gniarde*), qui habite les *montagnes*. — Membre du parti de la *Montagne*, dans la Convention.

MONTAGNE, subst. fém. (*montagnie*) (suivant *Ménage*, de *montana*, qui a été dit pour *mons*, comme *fontana* pour *fons*), grande masse de terre ou de roche fort élevée au-dessus de la surface de la terre. Voy. MONT. — *Montagne de glace*, amas considérable de glaces. — *Chaîne de montagnes*, suite de *montagnes*. — *Il n'y a point de montagne sans vallée*, chaque chose a ses conditions naturelles. — Prov. : *la montagne a enfanté une souris*, les belles espérances qu'on avait d'un dessein n'ont abouti à rien de considérable. — *Montagne de la table*, constellation méridionale. Voy. TABLE. — *Montagne*, nom donné au parti qui, dans la Convention, professa les opinions et se déclara pour les mesures les plus révolutionnaires, parce que des membres de ce parti se réunissaient sur les gradins les plus élevés de la salle. Le parti opposé fut, par la raison contraire, appelé *la Plaine*, et quelquefois *le Marais*.

MONTAGNETTE, subst. fém. (*montagniète*), monticule. Inusité.

MONTAGNEUSE, adj. fém. Voyez MONTAGNEUX.

MONTAGNEUX, adj. mas., au fém. MONTAGNEUSE (*montagnieu, gnieuze*), où il y a beaucoup de *montagnes*.

MONTAGUT, subst. propre mas. (*montagu*), v. de France, dép. de Lot-et-Garonne et de la Haute-Garonne.

MONTAIGU, subst. propre mas. (*montègu*), ville de France, dép. de la Vendée.

MONTAIN, subst. mas. (*montein*), t. d'hist. nat., pinson des Ardennes.

MONTAISON, subst. fém. (*montèzon*), t. de pêche, temps où la plus grande partie des truites quittent les eaux salées pour passer (*monter*) dans l'eau douce.

MONTANISTE, subst. des deux genres (*montanicete*) (de *Montanus*, leur chef), secte de chrétiens qui se disaient plus vertueux que les autres.

MONTANT, subst. mas. (*montan*), pièce de bois ou de fer qui est posée de haut en bas en certains ouvrages de menuiserie, de serrurerie, etc. — L'une des cordes qui va le long d'une raquette. — Le total, la somme à laquelle se *monte* un compte. — La tige des plantes. — Ce qu'il y a de spiritueux dans quelque chose : *ce tabac a du montant*. — Celui à qui il appartient de *monter* à quelque place, en cas de vacance : *ce lieutenant est le premier montant*. — Au plur., t. de maçonnerie, corps en saillie aux côtés des chambranles des portes ou croisées, qui servent à porter les corniches et frontons qui les couronnent. — *Montant de la bride*, partie de la bride qui s'élève des côtés de la bouche au sommet de la tête. — *Montants d'une presse*. Voy. JUMELLES.

MONTANT, E, adj. (*montan, tante*), qui *monte* : *un bateau montant*. — *Garde montante*, qui vient relever la troupe qui descend. — T. de bot., se dit d'une tige qui, arquée à sa base, se redresse dans sa partie supérieure. — On le dit, dans le blason, des écrevisses, des épis, etc., dressés contre le chef de l'écu.

MONTARCHER, subst. propre mas. (*montarché*), ville de France, dép. de la Loire.

MONTARGIS, subst. propre mas. (*montarji*), ville de France, capitale de l'ancien Gâtinais.

MONTASSIN, subst. mas. (*montacein*), coton filé du Levant.

MONTAUBAN, subst. propre mas. (*montôban*), ville de France, située dans le Querci, sur le Tarn.

MONTBARD, subst. propre mas. (*monbare*), petite ville de France en Bourgogne.

MONTBÉLIARD, subst. propre mas. (*monbéliar*), village de France, situé dans le dép. du Doubs.

MONT-BLANC, subst. propre mas. (*monblan*), la plus haute montagne des Alpes.

MONTBLAZON, subst. propre mas. (*monblazon*), ville de France, en Touraine.

MONTBRISON, subst. propre mas. (*monbrizon*), ville de France, dép. de la Loire.

MONT-CENIS, subst. propre mas. (*moncéni*), ville de France, dép. de Saône-et-Loire.—Haute montagne des Alpes.

MONT-DE-MARSAN, subst. propre mas. (*mondemarçan*), ville de France, chef-lieu du dép. des Landes.

MONT-DE-PIÉTÉ, subst. mas. (*mondepiété*). Voy. MONT. —Au plur., des *monts-de-piété*.

MONT-DE-VÉNUS, subst. mas. (*mondevénuce*), légère éminence couverte de poils au bas de l'hypogastre. (*Boiste*.)

MONTDIDIER, subst. propre mas. (*mondidié*), ville de France, en Picardie.

MONT-D'OR, subst. propre mas. (*mondor*), village et haute montagne de l'Auvergne.

MONTE, subst. fém. (*monte*), accouplement de chevaux et de cavales.—Temps de cet accouplement. — Subst. mas., outil dans certains métiers.

MONTÉ, E, part. pass. de *monter*, et adj.—*On est bien monté en chevaux, en meubles, en linge*, etc., lorsqu'on en a une quantité considérable.—*Être bien* ou *mal monté*, 1° être monté sur un bon *ou* un mauvais cheval; 2° être bien *ou* mal en chevaux. — On dit prov. : *monté comme un saint George*, très-avantageusement.—*Cheval monté haut* ou *haut monté*, qui a les jambes trop longues.—*Vaisseau monté de tant d'hommes*, qui porte tant d'hommes.—*Personne bien montée...*, bien pourvue de... — *Tête, imagination montée*, exaltée, échauffée.—Fig. et fam. : *il est monté sur un ton plaisant, sur un ton singulier.*

MONTÉE, subst. fém. (*monté*), lieu qui va en montant. — Action de *monter*. — Petit escalier. Voy. DEGRÉ.—Pop., une des marches d'un escalier.—En t. de faucon., vol de l'oiseau qui s'élève à angles droits par degrés, en poursuivant le héron, etc.—*Montée d'essor*, élévation de l'oiseau lorsqu'il *monte* si haut qu'on le perd de vue. — *Montée d'arche*, hauteur perpendiculaire depuis le niveau de la naissance de la voûte, jusqu'à l'intrados de sa clef.—*Montée de pont*, différence du niveau de son pavé sur le milieu de sa maîtresse arche avec le niveau de la culée.—T. d'hist. nat., petit poisson du genre murène.

MONTÉLIMAR, subst. propre mas. (*montélimar*), village de France, dép. de la Drôme.

MONTER, v. neut. (*monté*) (du latin barbare *montare*, fait avec la même signification, dans la basse latinité, de *mons, montis*, mont, montagne. *Ménage*.), se transporter en un lieu plus haut que celui où l'on est. Il prend l'auxiliaire *être* : *je suis monté dans ma chambre*.—En musique, faire succéder des sons hauts à ceux qui sont bas ou graves. — Se mettre sur... *monter à cheval*.—S'élever, en parlant de l'eau, de l'air, du feu, etc. On dit dans le même sens : *le rouge lui monte au visage*, etc. Il prend pour auxiliaire *avoir* plutôt qu'*être* : *la rivière a monté cette année à une telle hauteur; la chaleur lui a monté au visage*.—*Le soleil monte*, quand il s'élève sur l'horizon.—*Le baromètre monte*, le mercure s'élève. On le dit aussi du thermomètre. — Croître en valeur, hausser de prix : *les actions montent*. — Fig., parvenir : *monter au faîte des honneurs; monter au trône* ou mieux *sur le trône*, devenir roi.—Passer à un grade supérieur, à une place plus élevée. — S'accroître : *sa puissance, sa cruauté, son orgueil, montèrent à un tel point que...* — *Monter sur un vaisseau sur mer*; s'embarquer. — *Monter en chaire*, prêcher. — Fig. : *monter sur le Parnasse*, s'adonner à la poésie. — T. de faucon. : *monter à l'essor*, se disait des jeunes oiseaux qui essaient à voler, et qui commencent à tenter de hauts vols.—*Apprendre à monter à cheval*, à bien *monter* à cheval.—Prov. : 1° *monter sur ses grands chevaux*, marquer de la colère, de la fierté dans ses paroles; 2° *monter sur ses ergots*, élever sa voix et son geste avec chaleur et audace.—On dit d'une personne, qu'*elle a monté sur le théâtre*, et par dénigrement, qu'*elle a monté sur les planches*, pour dire qu'elle a joué la comédie sur un théâtre public. Il est pop.—*Monter aux nues*, s'emporter subitement de colère.—Act., il se dit dans le premier sens du neutre avec l'auxiliaire *avoir* : *monter l'escalier ; j'ai monté les degrés*.— Transporter d'un lieu plus bas à un autre plus élevé : *monter du foin au grenier, des meubles dans une chambre*.—Il se combine avec plusieurs mots : *monter une montre, un clavecin* ou *autre instrument; monter un ouvrage d'orfèvrerie*, etc. L'explication de ces expressions composées se trouve ordinairement aux mots avec lesquels *monter* s'associe.—*Monter un cheval*, être sur un cheval. — *Monter une maison*, la pourvoir des choses nécessaires. — *Monter la garde*, être de garde à un poste.—*Monter une garde à quelqu'un*, lui faire une vive réprimande.—*Monter la tête à quelqu'un*, lui inspirer fortement une résolution.— *Monter un métier*. Voy. au mot MONTAGE. Il se dit particulièrement, en t. de passement., pour *passer le patron*.—*Monter un bonnet*, disposer une coiffure sur des passes et un fond, avec des carcasses et des épingles.—*Monter un filet*, le mettre en état de servir.—*Monter un diamant*, le mettre en œuvre.—*Monter une pièce d'étain*, la battre sur l'enclume nue, en faisant tourner à mesure la pièce sur elle-même.—T. de peinture: *monter un trait, une partie, la couleur*, relever un trait, une partie; donner plus de vigueur au coloris.— *Monter en graine*, grandir.—*se* MONTER, v. pron., être *monté* : *cette pendule se monte tous les quinze jours*. — Former un total de... *La dépense se monte à cent francs*.— *Se monter la tête*, s'entêter.

MONTEREAU, subst. mas. (*monteró*), ville de France, dép. de Seine-et-Marne.

MONTESQUIOU, subst. propre mas. (*montècekiou*), ville de France, dép. du Gers.

MONTEUR, subst. mas. (*monteur*), celui qui *monte* des pierres fines, des pièces d'orfèvrerie.

MONTFAUCON, subst. propre mas. (*monfôkon*), village de France, en Champagne.—Endroit près de Paris, où l'on exposait autrefois les corps de ceux qui avaient été exécutés à mort.

MONTFAUCON, subst. mas. (*monfôkon*), grandeur de la feuille d'une sorte de papier.

MONTFERRINE, subst. fém. (*monférine*), danse dans le Montferrat.

MONTFORT, subst. propre mas. (*monfor*), village de France, dép. d'Ille-et-Vilaine.

MONFORT-L'AMAURY, subst. propre mas. (*monforlamôri*), petite ville de France, éloignée de huit lieues de Paris.

MONTGOLFIÈRE, subst. fém. (*mongolcfière*), machine qui sert à s'élever dans les airs, ainsi nommée de *Joseph Montgolfier*, qui l'inventa, conjointement avec son frère, à Annonay, en 1783. Elle consiste en un globe léger dans lequel on raréfie l'air par le moyen du feu, à la différence des autres aérostats inventés depuis, qu'on remplit de gaz hydrogène.

MONTGOMMERY, subst. propre mas. (*mongoméri*), village de France, en Normandie.—Ville d'Angleterre, dans le pays de Galles.

MONTICHICOUR, subst. mas. (*montichikour*), étoffe de soie et coton des Indes.

MONTICULE, subst. mas. (*montikule*) (du lat. *monticulus*, dimin. de *mons*, gén. *montis*, mont, montagne), très-petite montagne; simple élévation de terrein.

† **MONTIGÈNE**, adj. des deux genres (*montijène*), engendré ou fabriqué dans les *montagnes*. (*Rabelais*.) Hors d'usage.

MONTIVILLIERS, subst. propre mas. (*montivilié*), petite ville de France, située dans le pays de Caux, en Normandie.

MONT-JOIE, subst. fém. (*monjoa*), autrefois, monceau de pierres jetées confusément les unes sur les autres, soit pour marquer le chemin, soit en signe de quelque victoire, etc. (*Mont*, annonçant la joie.) — Subst. mas., cri de guerre usité par les Français dans les batailles : *Mont-joie saint Denis*. — Titre du premier roi d'armes de France.

† **MONT-JOLI**, subst. mas. (*monjoli*), t. de bot., sauge de montagnes.—Plante des Antilles.

MONT-LOUIS, subst. propre mas. (*monloui*), ville de France, dans les Pyrénées.

MONTLUÇON, subst. propre mas. (*monluçon*), petite ville de France, dans le Bourbonnais.

MONTMARTRE, subst. propre mas. (*monmartre*), village et butte, près Paris.

MONTMÉDY, subst. propre mas. (*monmédi*), ville forte de France, département de la Meuse.

MONTMEILLAN, subst. propre mas. (*monmélan*), ville de la Savoie.

MONTMÉNATE, subst. mas. (*monménate*), t. d'astron., constellation.

MONTMIREL, subst. propre mas. (*monmirèle*), ville de France, dép. de la Marne.

MONTMORENCY, subst. propre mas. (*monmorancy*), village et vallée de France, situés à quatre lieues de Paris.

MONTMORILLON, subst. propre mas. (*monmori-ion*), ville de France, située en Poitou, à huit lieues de Poitiers.

MONTOIR, subst. mas. (*montoar*), grosse pierre, gros billot de bois, etc., dont on se servait pour *monter* plus aisément à cheval.—*Le côté du montoir*, le côté gauche du cheval; le côté droit s'appelle *le côté hors du montoir*.

MONTPELLIER, subst. propre mas. (*monpélié*), ville de France, dép. de l'Hérault.—Eau-de-vie qu'on fabrique dans cette ville.

MONTRE, subst. fém. (*montre*), petite horloge qui se porte ordinairement dans la poche.—*Montre à répétition*, qui sonne les heures.—La platine qui *montre*, qui indique les heures dans une horloge. On dit plus souvent et mieux, *cadran*. —*Montre marine*, faite pour indiquer les longitudes en mer.—Échantillon, morceau que l'on *montre* pour faire juger du reste.—Ce qu'un marchand, un artisan expose devant sa boutique, pour *montrer* la marchandise dont il trafique ou les choses qu'il fait.—Chez les orfèvres, boîte vitrée garnie de divers bijoux qu'ils exposent à la vue des passants.—Chez les marchands de chevaux, 1° lieux où ils font voir aux acheteurs les chevaux qu'ils ont à vendre; 2° manière dont ils essaient et conduisent ces mêmes chevaux. — Apparence : *cela n'est que pour la montre*. — En parlant des orgues, les tuyaux qui paraissent au dehors. — Revue de gens de guerre. En ce sens, il est vieux: on dit *revue*. Il s'est conservé dans cette phrase familière : *cette chose peut passer à la montre*, elle peut être reçue parmi les autres, quoique d'une qualité inférieure.—Paie qu'on donnait aux soldats tous les mois, lors de la revue. — Fig. : *faire montre de son esprit, de son érudition*, en faire étalage, en faire parade.

MONTRÉ, E, part. pass. de *montrer*.

MONTRER, v. act. (*montré*) (en lat. *monstrare*), indiquer : *montrer le chemin à quelqu'un*. —Faire voir : *il m'a montré son ouvrage*.—Faire paraître : *montrer de l'ardeur, du zèle*. —Enseigner : *montrer le latin, la musique*.—Neut. : *ce maître montre bien*.—Passivement : *il a été bien* ou *mal montré*. Il n'est pas du style noble. — *Montrer les dents*, faire mine de se défendre; n'avoir pas l'air content. — Fig. : *montrer les talons*, s'enfuir. — *Cet habit montre la corde*, est si usé qu'on en voit la trame.—*Montrer son nez quelque part*, se faire voir dans un endroit. — Fig. et prov. : *cela montre la corde*, c'est une finesse grossière et facile à découvrir.—*Montrer quelqu'un au doigt*, se moquer de lui comme d'une personne décriée, ridicule.— *Montrer la porte à quelqu'un*, l'inviter par geste à sortir. — *Se faire montrer au doigt*, se faire moquer de tout le monde. — Fig. : *montrer le chemin aux autres*, faire quelque chose à dessein que les autres le fassent. — Prouver : *il montra ce que la France seule pouvait*. — *se* MONTRER, v. pron., se faire voir : *il n'ose se montrer en public*. — *Se bien montrer*, se conduire avec courage, avec fermeté dans une affaire importante.

MONTREUIL, subst. propre mas. (*montreuie*), ville forte de France, dép. du Pas-de-Calais.

MONTUEUSE, adj. fém. Voy. MONTUEUX.

MONTUEUX, adj. mas., au fém. **MONTUEUSE** (*montu-eu, tu-euze*) : *un pays montueux*, fort inégal, mêlé de plaines et de collines.

MONTURE, subst. fém. (*monture*), bête sur laquelle on *monte* pour aller d'un lieu à un autre.—Dans les départements qui avoisinent l'Espagne, charge d'un mulet, composée de deux balles de marchandises. — *Qui veut aller loin* ménage sa monture, il ne faut aller trop vite en rien, dans la crainte de perdre plutôt que de gagner. — Bois sur lequel sont montés le canon et la platine d'un fusil, d'un pistolet, etc. On le dit à peu près dans le même sens de divers autres ouvrages. — Monture de bride, ce qui porte et soutient le mors d'un cheval. — Travail d'un ouvrier qui a monté un ouvrage. — Métal qui sert à encadrer différentes pièces.

MONT-VOYAU, subst. mas. (monvoé-iô), t. d'hist. nat., crapaud volant de la Guyane.

MONUMENT, subst. mas. (monuman) (en lat. monumentum, fait de monere, avertir), marque publique qui transmet à la postérité le souvenir de quelque chose de mémorable. — Tombeau. En ce dernier sens, il est du style soutenu. — Tout ce qui est digne de passer à la postérité : les ouvrages d'Homère sont les plus beaux monuments de l'antiquité.

MONUMENTAL, E, adj. (monumantal), qui appartient aux monuments antiques : statues monumentales. — Qui a le caractère d'un monument. — Au plur. mas., monumentaux.

MONUMENTAUX, adj. mas. plur. Voy. MONUMENTAL.

MONZA, subst. propre fém. (monza), ville d'Italie dans le Milanais.

MOQUABLE, adj. des deux genres (mokable), dont on peut, dont on doit se moquer. (Marivaux.)

MOQUE, subst. fém. (moke), t. de mar., moufle sans poulie.

MOQUÉ, E, part. pass. de moquer.

se MOQUER, v. pron. (cemokié), se railler de..., en plaisantant. — Mépriser, braver, ne dire, ne faire pas sérieusement : c'est se moquer que de... — Faire hors de propos : vous vous moquez de sortir par ce mauvais temps. — Prov. et pop. : se moquer de la barbouillée, ne rien craindre. — C'est se moquer de la barbouillée, se dit là des propositions ridicules. — La pelle se moque du fourgon, une personne se moque d'une autre qui aurait le droit de se moquer d'elle. — Se faire moquer de soi, s'exposer aux sarcasmes et aux railleries. — Au passif : les moqueurs sont moqués.

MOQUERIE, subst. fém. (mokeri), parole ou action par laquelle on se moque; plaisanterie, raillerie : avec cette différence, dit Roubaud, que la moquerie se prend toujours en mauvaise part; la raillerie peut être prise en bonne ou mauvaise part, suivant les circonstances; la plaisanterie, en soi, ne peut être prise qu'en bonne part. — Chose absurde, impertinente : c'est une moquerie de...

MOQUETTE, subst. fém. (mokiète), étoffe à chaîne et trame de fil, velouté en laine. On nomme tripe, la moquette unie, dont le velouté est d'une seule couleur. — En t. d'oiseleur, oiseau attaché qui sert à en attirer d'autres dans le piège.

MOQUEUR, subst. et adj. mas., au fém. MOQUEUSE (mokieur, kieuze), celui ou celle qui se moque, qui raille, qui ne parle pas sérieusement. — Personne moqueuse. — Subst. mas., t. d'hist. nat., espèce de grive d'Amérique qui imite le chant des autres oiseaux.

MOQUEUSE, subst. et adj. fém. Voyez MOQUEUR.

MORA, subst. fém. (nora), t. d'antiq., troupe de soldats libres à Sparte.

MORABITE, subst. mas. (morabite), chez les musulmans, sectateur de Mohoïdin, petit-fils d'Ali et gendre de Mahomet. Les zéies de cette secte embrassent la vie solitaire.

MORAILLÉ, E, part. pass. de morailler.

MORAILLER, v. act. (mord-ié), se servir de morailles pour allonger le verre. — se MORAILLER, v. pron.

MORAILLES, subst. fém. plur. (mord-ie), dans les verreries, espèce de tenailles de fer, pour allonger le cylindre de verre, avant de l'ouvrir. — Instrument composé de deux branches de fer pour serrer le nez d'un cheval.

MORAILLON, subst. mas. (mord-ion) (du bas-breton moraille), morceau de fer attaché au couvercle d'un coffre. Il porte un anneau qui passe dans la serrure, et dans lequel entre le pène.

MORAINE, subst. fém. (morène), laine que l'on a fait tomber avec la chaux de dessus les peaux de moutons ou de brebis qui meurent de maladie. — Cordon de mortier de chaux et sable corroyés, que le maçon forme autour d'un mur, etc. — T. d'hist. nat., vers qu'on aperçoit au fondement des chevaux qui ont pris le vert.

MORAL, E, adj. (morale) (en lat. moralis), qui regarde les mœurs; qui instruit touchant les mœurs. — Vertus morales, celles qui ont pour principe les seules lumières de la raison. — Cela est fort moral, renferme une morale fort saine. Assurance, certitude morale, assurance vraisemblable; certitude telle qu'on peut l'avoir dans les choses ordinaires de la vie. — Subst. mas., le moral, disposition morale, tendance au bien ou au mal. — Au plur. mas., moraux.

MORALE, subst. fém. (morale), la science, la doctrine des mœurs. — Règle des mœurs. — Théorie de la vertu. — Morale publique, révélée par la conscience et la raison à tous les hommes. — Système moral. — Réprimande, remontrance : il lui a fait une morale qu'il avait bien méritée. — Traité de morale : la Morale d'Aristote, etc. — Sens moral d'une fable.

MORALEMENT, adv. (moraleman) : vivre moralement bien, suivant les seules lumières de la raison. — Conformément à la morale. — Moralement parlant, vraisemblablement, et selon toutes les apparences.

MORALISATION, subst. fém. (moralizâcion), action de rendre moral, de donner de la morale. Il est opposé à démoralisation. Ce mot est nouveau.

MORALISÉ, E, part. pass. de moraliser.

MORALISER, v. act. (moralizé), faire des réflexions morales; en faire naître. — Faire une morale. — Fam., rendre moral; faire de la morale, de mœurs. — se MORALISER, v. pron.

MORALISEUR, subst. mas., MORALISEUSE, subst. fém. (moralizeur, zeuze), celui, celle qui affecte de parler morale. Style ironique et plaisant.

MORALISME, subst. mas. (moraliceme), morale; son effet.

MORALISTE, subst. mas. et adj. des deux genres (moralicete), écrivain qui traite des mœurs.

MORALITÉ, subst. fém. (moralité), réflexion morale. — Sens moral d'une fable. — But moral d'un poème, d'une pièce de théâtre, d'un ouvrage littéraire. — Espèce de drame, dont les interlocuteurs étaient ordinairement les idées ou les choses les plus abstraites ou les plus fantasques personnifiées. — En philosophie, qualité morale : la moralité de nos actions. — Caractère moral d'une personne; ses mœurs, ses principes, etc. Cette dernière acception ne date que de la révolution. Elle est généralement répandue, quoique plusieurs grammairiens se soient élevés contre elle.

MORAT, subst. propre mas. (mora), ville de la Suisse, sur le bord d'un lac qui porte le même nom.

MORATEUR, subst. mas. (morateur), qui prolonge une affaire. Peu en usage.

MORATOIRE, adj. fém. (moratoare) (du lat. mora, retard) : lettres moratoires, qui accordent terme et délai.

MORAVE, subst. des deux genres (morave), habitant de la Moravie.

MORAVIE, subst. propre fém. (moravi), grande province de l'ancien royaume de Bohême.

MORAUX, adj. mas. plur. Voy. MORAL.

MORBIDE, adj. des deux genres (morbide) (de l'italien morbido), délicat, doux, souple au toucher), t. de peinture qui se dit particulièrement des chairs mollement et délicatement exprimées. — T. de médec. : affection morbide, qui caractérise une maladie.

MORBIDESSE, subst. fém. (morbidèce) (de l'italien morbidezza), mollesse, délicatesse), t. de peinture, souplesse, douceur, mollesse aimable qu'offre la nature, surtout dans les chairs des femmes et des enfants.

MORBIFIQUE, adj. des deux genres (morbifike) (en lat. morbificus, formé de morbus, maladie, et de facere, faire), t. de médec., qui cause la maladie.

MORBIHAN, subst. propre mas. (morbi-an), dép. de la France, ancienne Basse-Bretagne.

MORBIEU, interj. (morbieu), sorte de jurement qui a signifié : mort au ciel bleu.

MORCE, subst. fém. (morce), t. d'archit., les pavés qui, dans un ruisseau, font la liaison de la chaussée avec le revers.

MORCEAU, subst. mas. (morçô) (du lat. morsus, morsure, action de mordre ou de manger, dont on a fait, dans la basse latinité, le diminutif morsellus, et successivement morsel et morcel, comme nous disions autrefois), partie d'une chose bonne à manger et séparée de son tout. — Portion d'un corps solide et continu : morceau de terre, d'héritage. — Partie séparée d'un corps continu : morceau de bois, d'étoffe. — Fig. : 1º partie d'un ouvrage d'esprit : il y a de beaux morceaux dans ce poème; 2º dans les arts d'agrément, pièce entière qui ne fait pas partie d'un tout : ce tableau est un beau morceau. — En mus., morceau d'ensemble, à diverses parties, et chanté par plusieurs voix. — Aimer les bons morceaux, la bonne chère. — Doubler ses morceaux, se hâter de manger. — Manger un morceau, faire un repas fort léger. — Fig. : tailler les morceaux à quelqu'un, prescrire la dépense qu'il doit faire. — Lui rogner les morceaux, diminuer ses profits, ses revenus. — Lui compter les morceaux, ne lui donner que le juste nécessaire. — Fam. : avoir ses morceaux taillés, vivre de son revenu, et n'en avoir précisément qu'autant qu'il en faut. — Fig. et fam., ne pouvoir rien faire de plus que ce qui a été prescrit. — Pop. : le morceau d'Adam, petite éminence qui paraît au gosier des hommes. — Fam. : morceau honteux, celui qui demeure le dernier dans le plat. — Morceau à la Brinvilliers (fameuse empoisonneuse), du poison.

MORCELÉ, E, part. pass. de morceler, et adj. — Fig. : style morcelé, coupé par petites phrases, par opposition au style périodique et nombreux.

MORCELER, v. act. (morcelé), diviser par morceaux : morceler une terre, un héritage. Il ne se dit guère qu'en ces phrases. — se MORCELER, v. pron.

Mord, 3e pers. sing. prés. indic. du verbe irrégulier MORDRE.

MORCELLEMENT, subst. mas. (morcèleman), action de morceler.

MORDACHE, subst. fém. (mordache) (du mot mordre), sorte de tenaille propre à remuer le gros bois dans le feu. — Tenaille composée de deux morceaux de bois élastique, qu'on place entre les mâchoires d'un étau, pour saisir l'ouvrage que ces dernières pourraient meurtrir. — Extrémités de quelques instruments qui ont du rapport avec des tenailles : les mordaches d'une tenette. — T. de jard., sorte de poire d'angoisse.

MORDACITÉ, subst. fém. (mordacité) (en lat. mordacitas, fait de mordere, mordre), qualité corrosive. — Action d'un fluide sur un solide qu'il dissout. — Caractère mordant. — Fig., médisance aigre et piquante.

Mordant, 3e pers. mas. plur. imparf. indic. du verbe irrégulier MORDRE.

MORDANTILLÉ, E, part. pass. de mordailler.

MORDAILLER, v. act. (mordâ-ié), mordre légèrement. — se MORDAILLER, v. pron.

DU VERBE IRRÉGULIER MORDRE :

Mordais, précédé de je, 1re pers. sing. imparf. indic.

Mordais, précédé de tu, 2e pers. sing. imparf. indic.

Mordait, 3e pers. sing. imparf. indic.

Mordant, part. prés.

MORDANT, subst. mas. (mordan), vernis, etc., qui sert à retenir l'or en feuille sur du cuivre, du bronze, etc. — Il se dit des substances qui mordent sur les bois, etc. — Au fig., quelque chose d'original et de piquant : cet acteur a du mordant dans son jeu. — En musique, agrément du chant qui consiste en une seule battue de la note supérieure sur celle qui porte le mordant. C'est le petit tril qui se pratique fréquemment aujourd'hui sur les notes de peu de durée. — Avoir du mordant dans la voix, un son de voix fortement accentué. — En t. d'imprimerie, pincette de bois légèrement élastique, qui sert à arrêter la copie sur le visorium. — Dans plusieurs autres arts, instrument destiné, sous des formes différentes, à saisir, pincer, mordre quelques objets. — En charpenterie, manière de couper le bout d'une pièce de bois, pour l'assembler avec une autre : c'est faire un tenon à mi-bois, et couper l'épaulement en onglet.

MORDANT, E, adj. (mordan, dante), qui mord : une bête mordante, en t. de chasse. — Au fig., qui ronge : un acide mordant. — Piquant, satirique : c'est un esprit mordant; il a l'humeur mordante; avec mordant.

MORDARET, subst. mas. (mordarè), clou doré sur les harnais.

MORDATE, subst. mas. (mordate), chrétien deux fois renégat. Peu usité.

DU VERBE IRRÉGULIER MORDRE :

Morde, précédé de que je, 1re pers. sing. prés. subj.

Morde, précédé de *qu'il* ou *qu'elle*, 3e pers. sing. prés. subj.

MORDÉCHI, subst. mas. (*mordéki*), t. de médec., maladie des Indes orientales. Voy. MORDEXIN.

MORDELLE, subst. fém. (*mordéle*), t. d'hist. nat., genre d'insectes coléoptères.

DU VERBE IRRÉGULIER MORDRE :

Mordent, précédé de *ils* ou *elles*, 3e pers. plur. prés. indic.

Mordent, précédé de *qu'ils* ou *qu'elles*, 3e pers. plur. prés. subj.

Mordes, 2e pers. sing. prés. subj.

MORDEXIN, subst. mas. (*mordèkcein*), t. de médec., vomissement continuel et mortel; espèce de choléra-morbus.

DU VERBE IRRÉGULIER MORDRE :

Mordez, 2e pers. sing. prés. impér.

Mordez, précédé de *vous*, 2e pers. plur. prés. indic.

MORDICANT, E, adj. (*mordikan, kante*) (en latin *mordicans*), en physique et en médecine, âcre, picotant, corrosif. — Au fig., qui aime à mèdire, à critiquer, à railler amèrement.

MORDICANTES, subst. fém. plur. (*mordikante*), t. d'hist. nat., mouches à deux ailes dentelées.

MORDICATION, subst. fém. (*mordikácion*), picottement.

MORDICUS, adv. (*mordikuce*) (mot latin employé dans la même acception, et qui signifie proprement, avec les dents, à belles dents), avec ténacité et obstination : *soutenir mordicus son opinion*. Style fam.

MORDIENNE, À LA GROSSE MORDIENNE (*mordiène*), sorte d'adv., sans façon, sans finesse; sincèrement. Il est pop., et même paysan.

MORDIEU ! interj. (*mordieu*), jurement par la mort de Dieu.

DU VERBE IRRÉGULIER MORDRE :

Mordiez, précédé de *vous*, 2e pers. plur. imparf. indic.

Mordiez, précédé de *que vous*, 2e pers. plur. prés. subj.

MORDILLÉ, E, part. pass. de *mordiller*.

MORDILLER, v. act. (*mordi-ié*), mordre légèrement à plusieurs reprises. — SE MORDILLER, v. pron.

DU VERBE IRRÉGULIER MORDRE :

Mordîmes, 1re pers. plur. prét. déf.

Mordions, précédé de *que nous*, 1re pers. plur. prés. subj.

Mordirent, 3e pers. plur. prét. déf.

Mordis, précédé de *je*, 1re pers. sing. prét. déf.

Mordis, précédé de *tu*, 2e pers. sing. prét. déf.

Mordisse, 1re pers. sing. imparf. subj.

Mordissent, 3e pers. plur. imparf. subj.

Mordisses, 2e pers. sing. imparf. subj.

Mordissiez, 2e pers. plur. imparf. subj.

Mordissions, 1re pers. plur. imparf. subj.

Mordit, précédé de *il* ou *elle*, 3e pers. sing. prét. déf.

Mordît, précédé de *qu'il* ou *qu'elle*, 3e pers. sing. imparf. subj.

Mordîtes, 2e pers. plur. prét. déf.

Mordons, 1re pers. plur. impér.

Mordons, précédé de *nous*, 1re pers. plur. prés. indic.

MORDORÉ, E, adj. (*mordoré*), couleur brune mêlée de rouge : *drap mordoré*. — Subst. mas., t. d'hist. nat., tangara jaune; espèce de pigeon. — Couleur mordorée.

MORDORURE, subst. fém. (*mordorure*), couleur mordorée.

DU VERBE IRRÉGULIER MORDRE :

Mordra, 3e pers. sing. fut. indic.

Mordrai, 1re pers. sing. fut. indic.

Mordraient, 3e pers. plur. prés. cond.

Mordrais, précédé de *je*, 1re pers. sing. prés. cond.

Mordrais, précédé de *tu*, 2e pers. sing. prés. cond.

Mordrait, 3e pers. sing. prés. cond.

Mordras, 2e pers. sing. fut. indic.

MORDRE, v. act. (*mordre*) (en lat. *mordere*), serrer avec les dents. — Il se dit par extension des oiseaux et même des insectes, quoiqu'ils n'aient point de dents. — Poét. : *mordre la poussière*, être tué dans un combat. — *Le burin, la lime mordent sur les métaux*, les creusent. — En t. d'imprimerie, se dit de la frisquette lorsqu'elle couvre ce qui doit paraître : *elle mord à la signature et au folio*. — En t. de gravure : *mordre ou faire mordre une planche*, lui faire éprouver l'effet de l'eau-forte. — En t. de teinturier : *l'étoffe mord la teinture*, prend la couleur. — Pop. : *c'est un beau matin ! s'il voulait mordre*, se dit d'un homme bien fait, vigoureux, dont le courage ou la bonne volonté ne répond pas à ce que promet son extérieur. — Neut., il a le même sens que l'actif : *mordre dans du pain; les poissons mordent à l'hameçon*. — Au fig., médire, critiquer, trouver à redire à... : *il cherche à mordre sur tout*. — Figur. et fam. : *mordre à l'hameçon* ou *à la grappe*, écouter avec plaisir une proposition, la recevoir volontiers. — Absolument : *il ne saurait y mordre*, cela est trop difficile pour lui. — Figur. et fam. : *je veux lui apprendre la grammaire, mais il ne saurait y mordre*, il ne peut la comprendre, y faire les premiers progrès. — Prov. : *chien qui aboie ne mord pas*, ceux qui font beaucoup de bruit ne sont pas le plus à craindre. — SE MORDRE, v. pron., se faire une morsure. — *Se mordre les pouces, les doigts*, s'en repentir. — *Se mordre la langue*, s'arrêter au moment où l'on voudrait dire quelque chose.

DU VERBE IRRÉGULIER MORDRE :

Mordrez, 2e pers. plur. fut. indic.

Mordriez, 2e pers. plur. prés. cond.

Mordrions, 1re pers. plur. prés. cond.

Mordrons, 1re pers. plur. fut. indic.

Mordront, 3e pers. plur. fut. indic.

Mords, 2e pers. sing. impér.

Mords, précédé de *je*, 1re pers. sing. prés. indic.

Mords, précédé de *tu*, 2e pers. sing. prés. indic.

MORDU, E, part. pass. de *mordre*, et adj. — Se dit en bot., d'une feuille dont le sommet obtus est terminé par des entailles inégales.

MORE ou **MAURE**, subst. mas. (*môre*) (du grec μαυρος, noirâtre; en suivant l'étymologie, il ne faudrait écrire que *maure*), habitant de la *Mauritanie*. Voyez MAURE. — On le dit par extension des peuples d'Afrique, qui sont du côté de la Méditerranée. Plusieurs disent au fém. *Moresque*; quelques autres *Mauresse*; l'Académie ne met ni l'un ni l'autre. Nous ne voyons aucun inconvénient à admettre pour le fém. *Moresse* ou *Mauresse*; quant à *mauresque* ou *moresque*, ni l'un ni l'autre ne sauraient convenir, parce que ces mots ont déjà une signification comme subst. et comme adj. Voyez MORESQUE. — Prov. : *traiter quelqu'un de Turc à More*, avec dureté et sans aucun égard. *A laver la tête d'un More, on perd sa lessive*, on ne peut pas faire quelque chose soit, quand elle est impossible. — *Cheval de cap de More* ou *cavecé de More*, d'un poil rouan, et dont la tête et les extrémités sont noires. — *Gris de More*, couleur grise tirant sur le noir.

MOREAU, adj. mas. (*morô*) (du grec μαυρος, sombre, noirâtre) : *cheval moreau*, extrêmement noir.

MORÉE, subst. propre fém. (*moré*), péninsule qu'on appelait anciennement le Péloponèse, dans la partie méridionale de la Grèce.

MORÉES, subst. fém. plur. (*more*), t. de bot., plantes iridées.

MORELLE, subst. fém. (*morèle*), t. de bot., plante annuelle, à fleur infundibuliforme, ainsi nommée de la couleur noire de ses fruits ou baies.

MORÈNE, subst. fém. (*morène*), t. de bot., sorte de plante aquatique et vivace, dont on ne connaît qu'une espèce. On la nomme aussi *grenouillette*.

MORÉOTE, subst. et adj. des deux genres (*moré-ote*), habitant de la *Morée*.

MORESQUE ou **MAURESQUE**, adj. des deux genres (*mórèceke*), qui a rapport aux coutumes des *Mores*. — Subst. fém., espèce de danse à la manière des *Mores*. — Peinture faite de caprice, représentant des branchages, des feuillages qui n'ont rien de naturel. On dit aussi et plus souvent *arabesque*. Voy. MORE.

MORET, subst. propre mas. (*moré*), ville de France, dép. de Seine-et-Marne.

MORFIL, subst. mas. (*morfile*), petites parties d'acier qui restent au tranchant d'un couteau, d'un rasoir, etc., qu'on a passé sur la meule. — Dents de l'éléphant, avant d'être travaillées.

MORFONDRE, v. act. (*morfondre*), causer un rhume, ou par extens., refroidir. — Fig., s'ennuyer; perdre le temps à attendre, à poursuivre une entreprise. — *La pâte se morfond*, perd la chaleur qu'elle doit avoir pour faire de bon pain.

MORFONDU, E, part. pass. de *morfondre*.

MORFONDURE, subst. fém. (*morfondure*), t. de médec. vétér., maladie des chevaux qui ont été saisis de froid après avoir eu chaud.

MORGANATIQUE, adj. des deux genres (*morguanatike*), nocturne, mystérieux : *mariage morganatique*, mariage secret, comme les princes d'Allemagne en contractent avec des personnes d'un rang inférieur.

MORGANE, subst. fém. (*morguane*), lumière nocturne qu'on prend pour un fantôme. — Fée.

MORGELINE, subst. fém. (*morjeline*), t. de bot., plante annuelle, à fleur rosacée. On l'appelle aussi *mouron des petits oiseaux*.

MORGILE, subst. mas. (*morjile*), nom de sectaires mahométans.

MORGOULE, subst. fém. (*morguoule*), t. d'hist. nat., mollusque de mer. — Subst. mas., zoophyte.

MORGUANT, E, adj. (*morguan, guante*), qui morgue; qui a de la morgue. Peu usité.

MORGUE, subst. fém. (*morgue*), mine sérieuse où paraît de l'orgueil et de la fierté. — Il se dit, depuis quelque temps, d'un style à prétention, chargé de grands mots, etc. — Endroit à l'entrée d'une prison où le geôlier examine ceux qu'il écroue, afin de pouvoir les reconnaître. — Endroit où l'on expose les corps morts des personnes inconnues, afin de l'instituer ce sait, jusqu'à ce que quelqu'un vienne les réclamer. — En t. de pêche, embouchure de la chausse, et entrée de la manche des filets.

MORGUÉ ! sorte d'interj. (*morgué*), jurement de paysan.

MORGUÉ, E, part. pass. de *morguer*.

MORGUER, v. act. (*morguié*), braver avec insolence. — SE MORGUER, v. pron.

MORGUEUR, subst. mas. (*morguieur*), portier, concierge de la *morgue*. (Boiste.) Presque inusité.

MORGUEUSE, subst. fém. Voy. MORGUEUX.

MORGUEUX, adj. mas., au fém. **MORGUEUSE** (*morgieux, guieuze*), méprisant. (Boiste.) Presque inusité.

MORGUIENNE ! interjection (*morguiène*), sorte de jurement de paysan.

MORIBOND, E, adj. et subst. (*moribon, bonde*) (en lat. *moribundus*), qui va mourir. — Par extension, qui est malade de langueur.

MORICAUD, E, adj. (*moriko, kôde*) (du grec μαυρος, sombre, noirâtre), qui a le teint de couleur brune. — Il est plus souvent subst. mas. : *c'est un moricaud*. — Le fém. *moricaude* est peu usité.

MORIGÉNÉ, part. pass. de *morigéner*, et adj., bien instruit, bien élevé. — Remis dans le devoir.

MORIGÉNER, v. act. (*morijéné*) (du lat. *mores*, mœurs, et de *gignere*, produire, faire naître), instruire aux bonnes mœurs, et corriger les mauvaises. — SE MORIGÉNER, v. pron.

MORILLE, subst. fém. (*morîle*) (du grec μαυρος, noirâtre, à cause de sa couleur noire), t. de bot., plante de la famille des champignons.

MORILLON, subst. mas. (*mori-ion*) (du grec μαυρος, noirâtre), raisin noir. Plusieurs écrivent *maurillon*. — Sorte de petit canard. — Au plur., émeraudes brutes qui se vendent au marc.

MORINDE, subst. fém. (*morinde*), t. de bot., plante des Indes.

MORINGA, subst. mas. (*moreingua*), t. de bot., grand arbre du Malabar, qui fournit un excellent antidote.

MORINE, subst. fém. (*morine*), t. bot., plante apportée du Levant par Tournefort, et à laquelle il a donné le nom de son ami M. *Morin* de l'Académie des sciences.

MORIO, subst. mas. (*morió*), t. d'hist. nat., antiope magnifique; papillon diurne.

MORION, subst. mas. (*morion*), armure de tête plus légère que le casque, dont l'usage, suivant *Bochart*, etc., nous est venu des *Maures*. — Coup de hampe de hallebarde ou de crosse de mousquet sur le derrière. C'était une ancienne punition militaire. — Au plur., chez les anciens, personnages bossus, boiteux, contrefaits, à la tête pointue, à longues oreilles, et de physionomie ridicule, qu'on admettait dans les festins pour amuser les convives. (Du latin *morio, morionis*, bouffon, farceur, tiré du grec μωρος, fou.)

MORIQUE, adj. des deux genres (*morike*), t. de chim. : *acide morique*, extrait du mûrier.

MORISQUE, subst. mas. (*moriceke*), monnaie

30

de compte à Alger, valant, le *morisque double*, vingt sous, et le *morisque simple*, dix sous tournois (à peu près quatre-vingt-dix-neuf centimes et quarante-neuf centimes et demi.)

MORLAIX, subst. propre mas. (*morlè*), ville de France, située dans la Basse-Bretagne, à onze lieues de Brest.

MORLAQUE, subst. mas. (*morlake*), ancien peuple de la Croatie.

MORME, subst. mas. (*morme*), t. d'hist. nat., poisson du genre du spare.

MORMYRE, subst. mas. (*mormire*), t. d'hist. nat., espèce de poisson abdominal.

MORNAIN, subst. mas. (*mornein*), gros raisin blanc du Midi.

MORNE, adj. des deux genres (*morne*) (de l'anglais *to mourn*, qui signifie proprement porter le deuil, être triste, affligé), triste, sombre. — *Temps morne*, obscur et couvert. — *Couleur morne*, sombre et triste. — Subst. mas., t. de mar., montagne ronde élevée sur une pointe de terre, en forme de cap, ou le long d'une côte. — Vieux t. de blason, cercle, anneau au bout d'une lance courtoise.

MORNÉ, E, adj. (*morné*), autrefois, en t. de blason, *lance mornée*, lance émoussée, garnie d'une *morne*. — *Lion morné*, sans dents, sans langue, sans griffes et sans queue. — *Viande mornée*, qui approche de la corruption.

MORNIFLE, subst. fém. (*mornifle*), coup de la main sur le visage. Il est pop.

MORNILLE, subst fém. (*morni-ie*), pêche en bateaux avec des nasses.

MOROCHITE, subst. fém. (*morochite*), terre douce et savonneuse qu'on emploie pour nettoyer certaines étoffes.

MOROSE, adj. des deux genres (*morôze*) (en lat. *morosus*), morne, triste : *pensée morose*.

MOROSITÉ, subst. fém. (*morôzité*), caractère *morose*.

MOROSOPHIE, subst. fém. (*morozofi*), folie. (*J.-J. Rousseau*.) Ce mot n'a pas eu le moindre succès.

MORPHÉE, subst. propre mas. (*morfé*), myth., fils du Sommeil et de la Nuit. Il était l'interprète des songes.

MORPHINE, subst. fém. (*morfine*), t. de chimie, principe amer, fusible à la chaleur. Il existe dans l'opium, et il paraît que c'est à la *morphine* que ce suc végétal doit sa vertu somnifère et vénéneuse.

MORPHIQUE, adj. des deux genres (*morfike*), somnifère; ennuyeux. Peu usité.

MORPION, subst. mas. (*morpion*) (suivant *Ménage*, des deux mots latins *mordens*, mordant, et *pedio* pour *pedis*, qui dans la basse latinité a signifié *pou* extrêmement mordant et tenace), vermine qui s'attache aux endroits du corps où il y a du poil.

MORS, subst. mas. (*mor*) (du latin *morsus*, mordu, parce que le cheval le *mord*) (*s* ne se prononce jamais, mais il s'écrit toujours. Ainsi c'est à tort que *Delille*, dans sa traduction de l'*Énéide*, liv. II, a, pour rimer à *essor*, écrit *mor*, au lieu de *mors*), pièce de métal qui se place dans la bouche du cheval. — *Mors lycos*, sorte de *mors* nouvellement inventé. — *Prendre le mors aux dents*, se dit d'un cheval devenu furieux et insensible au *mors*, en sorte qu'on ne peut plus le gouverner ni le retenir. — Fig. et fam., se mettre à travailler avec une ardeur extrême, après être resté quelque temps dans l'indolence, etc. — Dans les verreries, extrémité de la canne, que l'on plonge dans le creuset, et à laquelle le verre s'attache. — Partie des mâchoires d'un étau, qui serre l'ouvrage et le tient fermement. — T. de bot. : *mors du diable*. Voy. SCABIEUSE.

MORSE, subst. mas. (*morce*), t. d'hist. nat., genre de mammifères solipèdes, de la famille des amphibies. On l'appelle aussi *éléphant de mer*.

MORSURE, subst. fém. (*morçure*) (en lat. *morsus*), plaie, meurtrissure, marque faite en *mordant*. — Au fig., effets de la médisance et de la calomnie.

MORT, subst. fém. (*mor* ; on ne doit jamais faire sonner le *t* devant une voyelle, cette consonnance est trop dure) (en latin *mors*, gén. *mortis*), fin, cessation de la vie. Voy. TRÉPAS. — État où l'on meurt, relativement à la conscience : *il a fait une belle mort, une sainte mort*. — *Mourir de sa belle mort*, de *mort* naturelle. — *Être à l'article de la mort*, à l'agonie. — *Être entre la vie et la mort*, dans un fort grand péril. — *Être malade à la mort ; être à la mort*, être près de mourir. — *Être au lit de la mort*, à la dernière extrémité. — *A son lit de mort*, avant de mourir. — *Avoir la mort sur les lèvres*, avoir le visage d'un mourant. — Au fig. et par exagération, 1° grande douleur : *je souffre mille morts*, et fam. : *je souffre mort et passion* ; 2° violent chagrin : *ce fils dénaturé lui donne la mort* ; 3° grande peine : *c'est une mort que d'avoir affaire à cet homme, que de faire juger un procès*. — Destruction : *le monopole est la mort de l'industrie*. — En t. de jurispr. : *le mort saisit le vif*, un homme en mourant laisse son héritier possesseur de son bien, sans qu'il soit besoin d'un acte de justice. — *Haïr, déplaire à la mort*, extrêmement. — *Mort de l'âme*, état où l'âme tombe par le péché. — *Dieu ne veut pas la mort du pécheur*, il est indulgent pour les faiblesses humaines. — *Être bon à aller chercher la mort*, être lent à faire ce qu'on demande, ou à revenir d'un endroit. — Peine capitale : *condamné à mort*. — *Arrêt de mort*, qui porte la peine de *mort*. — *Mettre à mort*, tuer juridiquement. — *Testament de mort*, dernières volontés d'un condamné au supplice. — Au fig., derniers sentiments d'une personne. — *Combat à mort*, qui ne finit que par la *mort* de l'un des combattants. — *Mort civile*, privation des droits et des avantages de la société. — *Mort éternelle*, la condamnation aux peines que proclame l'Église. — *C'est sa mort*, c'est tout ce qu'il y a de plus désagréable pour quelqu'un. — *Jouer à la mort de telle somme*, jusqu'à ce que l'un des deux joueurs ait perdu une somme désignée. — *A la vie, à la mort*, loc. adv. pour à toujours, à tout jamais. — *Mort aux rats*, drogue dont on se sert pour faire mourir les rats. — *Mort aux chiens*. Voy. COLCHIQUE. — *Mort au safran*, petite truffe parasite, qui s'attache aux bulbes de la racine du safran, et le fait mourir.

MORT, E, part. pass. de *mourir*, et adj. (en lat. *mortuus*), qui est *mort*, qui a perdu la vie. — Sans vigueur, sans action : *le commerce est mort*. — *Avoir le teint mort*, décoloré; *les yeux morts*, éteints; *les lèvres mortes*, pâles. — *Chair morte*, chair insensible qui est dans les eschares des plaies, etc. — *Argent mort*, qui ne rapporte aucun intérêt. — *Cote morte*. Voy. COTE. — Pop. : *il a la gueule morte*, se dit d'un médisant, d'un fanfaron, d'un grand parleur à qui il est arrivé quelque mortification qui l'empêche de parler. — Prov. : *morte la bête, mort le venin*, quand un ennemi est *mort*, il ne peut plus nuire. — *Être mort pour quelqu'un, pour quelque chose*, ne plus pouvoir être d'aucune utilité à quelqu'un, ne pouvoir plus avoir aucune relation avec lui, ne plus pouvoir être sensible à quelque chose. — *Être mort à quelque chose*, ne plus pouvoir jouir d'une chose, soit parce qu'on l'a perdue pour toujours, soit parce qu'on y a renoncé à jamais. — On appelle *pays mort*, un pays où il n'y a ni population, ni activité, ni industrie, ni commerce. — On dit fam., d'un homme qui frappe rudement, qu'*il n'y va pas de main morte*. On le dit aussi fig. d'un homme qui se porte à quelque chose avec ardeur. — En t. de pratique et de jurisprudence, *gens de main morte*, gens d'église, les communautés séculières ou religieuses, les hôpitaux, les couvents, etc. Voy. MAIN-MORTE.

MORT, E, subst. (*mor*, *morte*), personne *morte*, corps *mort* : *ensevelir, enterrer les morts*; *il ne faut point insulter aux morts*. — Prov. : *les morts ont tort*, on excuse toujours les vivants aux dépens des *morts*.

MORTADELLE, subst. fém. (*mortadèle*), gros saucisson qui vient d'Italie.

MORTAGNE, subst. propre fém. (*mortagnie*), ville de France ; ch. lieu d'arrond. (Orne.)

MORTAILLABLE, adj. des deux genres (*mortâiable*), il se disait des personnes de condition servile dont le seigneur héritait ; de manière qu'ils payaient en quelque sorte la taille même après leur *mort*.

MORTAIN, subst. propre fém. (*mortein*), ville de France, chef-lieu d'arrond. (Manche.)

MORTAIN, subst. mas. (*mortein*), laine de très-belle qualité.

MORTAISE, subst. fém. (*mortèze*) (du lat. *mordere*, mordre, comme si l'on disait *mordesia* ou *mortesia*; parce qu'au moyen de la *mortaise*, une pièce de bois mord dans une autre. *Caseneuve* et *Ménage*.), entaillure faite dans une pièce de bois pour y assembler un tenon : *petite mortaise*, *grande mortaise*.

MORTALET, subst. mas. (*mortalè*), boîte contenant les instruments d'artillerie.

MORTALITÉ, subst. fém. (*mortalité*) (en latin *mortalitas*), condition de ce qui est sujet à la *mort*. Il ne se dit que dans le dogmatique. — Quantité d'hommes ou d'animaux qui meurent en peu de temps et d'une même maladie. — La quantité de gens qui meurent annuellement. — *Tables de mortalité*, registres de l'état civil qui constatent les décès annuels.

MORT-BOIS, subst. mas. (*morboa*), épines, ronces, bois blanc qui ne peut servir aux ouvrages. — *Bois mort*, bois sec tombée de l'arbre.

MORTE-CHARGE, subst. fém. (*mortecharje*), t. de mar. : *vaisseau à morte-charge*, sans cargaison.

MORTE-EAU, subst. fém. (*morte-ô*), t. de mar., la saison des plus basses marées ; pour les plus hautes, on dit le *vif de l'eau*. — *Eau morte*, eau qui ne coule point. — Fig., personne sombre et mélancolique qui parle peu. — Au plur., de *mortes-eaux*.

MORTEL, subst. et adj. mas., au fém. **MORTELLE** (*mortèle*) ; après les subst., 1° qui est sujet à la mort : *tous les hommes sont mortels*. Racine a dit (*Esther*):

Si ce succès dépend d'une *mortelle* main.

C'est une incorrection ; il fallait : *d'une main mortelle*, de la main d'un *mortel*; 2° qui cause la mort : *poison mortel, blessure, maladie mortelle*; 3° par exagération : extrême : *haine, douleur mortelle*; *déplaisir mortel*. — Devant les subst., grand, excessif : *il y a trois mortelles lieues d'ici là*. — *Être l'ennemi mortel de quelqu'un*, le haïr profondément. — Les chrétiens appellent *péché mortel*, le péché qui donne la *mort* à l'âme. — Subst., homme, femme : *c'est un heureux mortel*, *les mortels*; *elle n'a pas l'air d'une mortelle* (d'une femme), *mais d'une divinité*. Style poétique et soutenu.

MORTELLE, adj. fém. Voy. MORTEL.

MORTELLEMENT, adv. (*mortèleman*), à *mort* : *blessé mortellement*. — Grièvement : *pécher mortellement*. — Excessivement : *haïr mortellement*.

MORTELLERIE, subst. fém. (*mortèleri*), état du *mortellier*. Hors d'usage. Il y avait cependant à Paris une *rue de la Mortellerie*.

MORTELLIER, subst. mas. (*mortèlié*), artisan qui brise des pierres pour en faire du ciment.

MORTE-PAIE, subst. fém. (*mortepé*), soldat payé en tout temps et entretenu dans les garnisons. — Au plur., des *mortes-paies*. Voy. PAIE.

MORTE-SAISON, subst. fém. (*mortecézon*), temps où l'artisan ne travaille pas, faute d'ouvrage. — *Saison morte*, temps où le commerce, les affaires, etc., languissent. — Au plur., des *mortes-saisons*.

MORT-GAGE, subst. mas. (*morguaje*), t. de prat., gage dont jouit le créancier sans que les fruits soient imputés sur la dette. — Au plur., des *morts-gages*.

MORTIER, subst. mas. (*mortié*) (en lat. *mortarium*), chaux détrempée avec du sable et du ciment. — Par extension, toute liqueur détrempée avec quelque chose qui la rend trop épaisse : *c'est du vrai mortier que cette soupe*. — Vase fait de métal, de pierre ou de bois, dans lequel on pile certaines choses. — Sorte de pièce d'artillerie qui sert à lancer des bombes. — En t. de cirier, sorte de bougie de miel fondue dans un moule. — Autrefois, coiffure du clergé et des gradués. C'était une espèce de bonnet, dit *Ménage*, en forme de *mortier* d'apothicaire. On le galonnait, et l'on en variait les couleurs et les ornements. — Dans des temps plus récents, coiffure du chancelier et des présidents des parlements. De là le nom de *président à mortier*.

MORTIFÈRE, adj. des deux genres (*mortifère*) (en lat. *mortifer* ou *mortiferus*, fait de *mors*, gén. *mortis*, la mort, et *ferre*, porter), qui cause la *mort* : *poison, suc mortifère*.

MORTIFIANT, E, adj. (*mortifian, fiante*), qui *mortifie* en causant du chagrin, de la confusion.

MORTIFICATION, subst. fém. (*mortifikâcion*) (en lat. *mortificatio*), action par laquelle une chose s'altère, se corrompt. Il ne se dit en ce sens qu'en chirurgie : *la mortification des chairs*. — Au fig., action de *mortifier* sa chair, ses sens, etc. — Au plur., austérités. — Humiliation, honte, déplaisir qu'on reçoit.

MORTIFIÉ, E, part. pass. de *mortifier*, et adj., *viande mortifiée*, à moitié corrompue. — *Être mortifié d'une chose*, en être vexé, en éprouver de la confusion.

MORTIFIER, v. act. (*mortifié*) (en lat. *mortificare*), faire que la viande devienne plus tendre, en la laissant quelques jours sans la préparer. —

Fig., 1° affliger son corps par des macérations : *mortifier sa chair ;* 2° par extension, dompter ses sens, réprimer ses passions ; 3° causer du chagrin, humilier par une réprimande, un refus, etc. — On dit au passif : *je suis mortifié* (fâché) *de ne pouvoir faire ce que vous me demandez.* — SE MORTIFIER, v. pron., *mortifier* ses sens.

MORT-IVRE, adj. mas. (*morivre*, et non pas *mortivre*, qui serait trop dur), *ivre* au point d'avoir perdu tout sentiment. — Au plur., *morts-ivres*.—En parlant d'une femme, on dit *ivre-morte*.—Au plur., *ivres-mortes*.

MORT-NÉ, adj. mas. (*morené*), un enfant, un veau, un agneau tiré *mort* du ventre de sa mère: *un enfant mort-né*. — Au plur., *morts-nés*.

MORTS-MURS, subst. mas. plur. (*moremure*), parois d'un four de fusion.

MORTUAIRE, adj. des deux genres (*mortu-ère*), qui concerne les *morts*.—*Drap mortuaire*, drap que l'on met sur le cercueil, dans les cérémonies funèbres.—*Registre mortuaire*, registre où l'on écrit l'inhumation des corps.—*Extrait mortuaire*, certificat d'un enterrement extrait du *registre mortuaire*.—*Droits mortuaires*, droits que les pompes funèbres ou les municipalités sont autorisées à prélever sur les enterrements.

MORUE, subst. fém. (*moru*) (en lat. *mormyra, mormyris* ou *mormyrus*, dont la signification est la même, et d'où l'on croit que les gladiateurs *mirmillons* avaient pris leur nom), t. d'hist. nat., poisson de mer du genre du gade, dont la plus grande pêche se fait au banc de Terre-Neuve.— *Une poignée de morues*, deux *morues* ensemble.

MORVAN, subst. propre mas. (*morvan*), contrée de France, contiguë à l'ancien Nivernais, sur les confins du duché de Bourgogne.

MORVE, subst. fém. (*morve*) (du mot générique *morbus*, maladie. *Ménage.*), excrément visqueux qui sort des narines. — Maladie contagieuse à laquelle les chevaux sont sujets. — En t. de jardinier, pourriture qui attaque les laitues et la chicorée.

* **MORVEAU**, subst. mas. (*morvô*), *morve* plus épaisse et plus recuite. Ce mot est dégoûtant, et l'on doit éviter de s'en servir. Le peuple dit *morviau*.

MORVÉDRO, subst. propre mas. (*morvédrô*), ville d'Espagne, dans le royaume de Valence; elle a été bâtie des ruines de l'ancienne Sagonte.

MORVER, v. neut. (*morvé*), t. de jardinier, avoir la *morve*, se pourrir.

MORVEUSE, subst. et adj. fém. Voy. MORVEUX.

MORVEUX, subst. et adj. mas., au fém. MORVEUSE (*morveu, veuze*), qui a de la *morve* au nez : *cet enfant est souvent morveux.*—Prov. : *qui se sent morveux se mouche*, que ceux qui reconnaissent avoir tort en fassent leur profit. — *Il vaut mieux laisser son enfant morveux que de lui arracher le nez*, il faut prendre garde quand on veut déraciner un petit mal, d'en faire naître un plus grand.—*Cheval morveux*, qui a la maladie appelée *morve*. — Subst., t. de mépris, en parlant des enfants trop jeunes pour avoir de l'expérience : *petit morveux, petite morveuse*.— *Traiter quelqu'un comme un morveux*, comme un enfant qu'on chercherait à humilier. Il est familier.

MORVOLANT, subst. mas. (*morvolan*), soie mêlée lors du dévidage et qui tombe dans le déchet. Peu usité.

MORXI, subst. mas. (*morkci*), t. de médec., maladie pestilentielle aux Indes orientales.

MOSA, subst. mas. (*moza*), farine et lait bouillis. Inusité.

MOSAÏQUE, subst. fém. (*moza-ike*) (suivant *d'Anse de Villoison*, du grec μουσεῖον, μουσιον et μωσιον, qui signifient la même chose dans le grec du moyen-âge, de même que le *musivum opus* des Latins. Quelques-uns ajoutent que c'est parce qu'on orna d'abord de ces ouvrages les cabinets ou musées, en grec μουσεῖον, et *museum* en latin), ouvrage de rapport, où, par le moyen de petites pierres et de petits morceaux de verre différemment colorés, on représente des figures, on copie même des tableaux. — Art qui produit ces sortes d'ouvrages. — Fig., et en littérature, morceaux, mélanges divers dont un ouvrage d'esprit est composé. — Adj. des deux genres, qui appartient à *Moïse*, qui vient de *Moïse* : *la loi mosaïque*.

MOSAÏSTE, subst. mas. (*moza-icete*), artisan qui travaille dans la *mosaïque*.

MOSAMBÉ, subst. mas. (*mozanbé*), t. de bot., plante des Indes.

MOSARABE, subst. et adj. Voy. MOZARABE.

MOSCATELLINE, subst. fém. (*mocekatéleline*), t. de bot., petite plante agreste et baccifère, dont les fleurs et les feuilles ont dans les temps humides une odeur de *musc*.

MOSCHABÉEN, subst. mas. (*mocekabé-ein*), nom de sectaires mahométans qui donnent à Dieu des mains et des pieds.

MOSCOUADE, subst. fém. (*mocekou-ade*), sucre brut, avant qu'il ait été raffiné.

MOSCOVIE, subst. propre fém. (*mocekovi*), état le plus oriental de l'Europe, qu'on nomme aussi grande Russie. Il prend son nom de la *Moskowa*, qui baigne *Moskow*.

MOSCOVITE, subst. et adj. des deux genres (*mocekovite*), Russe, habitant de *Moskow*.

MOSCOW ou **MOSKOW**, subst. propre mas. (*mocekou*), ancienne ville capitale de la *Moscovie*, ou Russie.

MOSELLE, subst. propre fém. (*mozèle*), grande rivière qui donne son nom à un département de la France.

MOSETTE, subst. fém. Voy. MOZETTE.

MOSILLE, subst. mas. (*mozi-ie*), t. d'hist. nat., genre d'insectes diptères.

MOSQUÉE, subst. fém. (*mocekié*) (de l'arabe *masdjid*, lieu d'adoration), lieu où les Turcs s'assemblent pour faire leurs prières.

MOSQUILLE, subst. mas. (*mocekl-ie*), t. d'hist. nat., espèce de cousin d'Amérique.

MOT, subst. mas. (*mô* ; le *t* final ne se prononce que devant une voyelle; on ne le fait plus sentir, même légèrement, à la fin de la phrase) (de l'ancien latin *muttum*, fait de *mutire*, parler bas, qui dérive vraisemblablement du grec μυθος, mot, parole, discours), terme, expression : avec cette différence que le *mot* est de la langue, le *terme* est du sujet, l'*expression* est de la pensée. Il faut se servir de *mots* usités, de *termes* propres et *d'expressions* justes.—*Mot propre*, celui qui convient, qui exprime avec le plus de justesse.—*Mot faible*, qui ne rend l'idée qu'imparfaitement — *Mot à deux ententes, à double entente*, qui a deux sens.—*Manger les mots*, prononcer peu nettement. — *Ce sont des mots*, des paroles vides de sens.—Ce qu'on dit ou ce qu'on écrit brièvement à quelqu'un : *je vous en supplie, dites-lui un mot en ma faveur*.—*Ne dire mot*, ne pas parler.—*S'il ne dit mot, il n'en pense pas moins*, s'il ne parle pas, il sait à quoi s'en tenir.—*Qui ne dit mot consent*, il se tait, donc il est content. — *Ne sonner mot*, ne rien dire. — *Un mot, s'il vous plaît*, venez, j'ai une seule parole à vous dire. — *En dire deux mots à quelqu'un*, lui parler d'une chose désagréable. — *Le grand mot est lâché*, on a dit ce que l'on n'osait dire.—*Vous dites le mot*, ce que vous dites est décisif. — Ce qu'on dit, ce qu'on écrit à quelqu'un en peu de paroles : *je vous expliquerai cela en un mot*, en *deux*, ou *trois*, ou *quatre mots*. L'usage ne va pas plus loin, et l'on ne dit pas *en cinq mots*.—Sentence, apophthegme, dit remarquable.—Le matériel des sens, abstraction faite des idées : *nourrir sa tête d'idées, et non de mots*. — *Grands mots*, expressions exagérées. — *Gros mots*, jurements, paroles offensantes. — *En venir aux gros mots*, se dire des injures. — Dans une énigme, un logogriphe, le nom de la chose décrite. — Dans une devise, les paroles. —*Jeu de mots*, qui fait allusion par la ressemblance qu'ils ont avec d'autres *mots*.—*Mot forgé*, qui n'est employé que par plaisanterie, et pour rendre une idée du moment.—*Mot factice*, dont l'usage n'est pas établi.— *Mot hybride*, composé de plusieurs mots étrangers. — *Mots consacrés*, qui ne sont propres et ne sont usités que pour signifier certaines choses.— *Mots sacramentels*, qui appartiennent à un sacrement, qui sont essentiels pour la validité d'un acte authentique.— *Prendre quelqu'un au mot*, accepter sur-le-champ une offre.—En t. militaire, *mot d'ordre*, mot donné par un commandant pour qu'on puisse se reconnaître : *donner le mot, aller prendre le mot*.—*Mot*, ou plusieurs *mots*, qu'un chef donne aux hommes de garde. Le premier *mot* est le *mot d'ordre*, le second, le *mot de ralliement*. On a dit autrefois, dans le même sens, *mot du guet*. — *Se donner le mot*, s'entendre de concert. — *Bon mot*, chose plaisante; chose dite avec esprit, qui surprend et fait rire; *mot* vivement et finement exprimé. — *Le mot, le petit mot pour rire*, ce qu'on dit en plaisantant, pour divertir la compagnie. — *Avoir le mot*, être averti de quelque chose. — *Ils se sont donné le mot*, ils sont de concert et d'intelligence. — *Traîner ses mots*, parler très-lentement.—*Compter ses mots*, parler avec lenteur, avec affectation. — *Il ne faut pas s'arrêter à l'écorce des mots*, il faut en pénétrer le sens. — *Entendre à demi-mot*, comprendre aisément. — *Trancher le mot*, dire sans ménagement. — *Mot heureux*, heureusement trouvé. — *Mot profond*, qui renferme un grand sens. — *Mot fin*, qui offre une idée délicate et spirituelle. — *Le fin mot*, l'intention secrète. — *N'avoir qu'un mot*, qu'un prix, qu'une parole.— *Prendre quelqu'un au mot*, lui donner une chose pour le prix qu'il en a offert d'abord ; accepter les offres qu'il fait, etc. — En t. de vènerie : *sonner un* ou *deux mots*, sonner du cor une ou deux fois, en prolongeant le son, pour appeler ses compagnons.—En t. de commerce : *c'est mon dernier mot*, je n'en rabattrai rien. On le dit dans le même sens d'*un marchand qui n'a qu'un mot*. — *Mot à mot*, adv., *mot pour mot*, sans changement ni dans les *mots*, ni dans leur ordre: *traduire un auteur mot à mot*, littéralement. — *En un mot*, adv., pour conclusion. — *A ces mots*, après avoir ainsi parlé.

MOTACILLE, subst. fém. (*motacile*), t. d'hist. nat., genre d'oiseaux passereaux de la famille des subulirostres.

MOTEZALITE, subst. mas. (*motezalite*), nom de sectaires mahométans qui croient que le Coran a été créé.

MOTELLE, subst. fém. (*motèle*), t. d'hist. nat., espèce de petit poisson d'eau douce.

MOTET, subst. mas. (*moté*), psaume ou paroles de dévotion, mises en musique pour être chantées dans l'église. (De *mot*, à cause de la brièveté de cette composition.)

MOTEUR, subst. et adj. mas., au fém. adj. MOTRICE (*môteur, trice*) (en lat. *motor*, fait de *movere*, mouvoir); celui qui donne le mouvement : *Dieu est le premier, le souverain moteur de l'univers*, et fig. : *cet homme fut le principal moteur de cette entreprise*. — En parlant d'une femme, on doit dire également qu'*elle a été le moteur* (et non pas *la motrice*) *d'une affaire* ; *motrice* n'est qu'adj. fém.—En mécan., ce qui imprime le *mouvement* : *le feu est le premier moteur de cette machine*.—T. d'anat., il se dit des muscles qui font mouvoir les membres. — Adj., qui fait *mouvoir* : *vertu, puissance motrice*.

MOTHE (LA), subst. propre fém. (*lamote*), ville de France, dép. de la Haute-Marne.

MOTIF, subst. mas. (*motife*), ce qui meut, ce qui porte à faire une chose. — En musique, l'idée principale sur laquelle le compositeur détermine son sujet et arrange son dessein. — *Motif de crédibilité*, ce qui porte à croire, surtout en matière de religion.

MOTILITÉ, subst. fém. (*motilité*) (du latin *motum*, supin de *movere*, mouvoir), t. d'hist. nat., faculté de se mouvoir. C'est un mot nouveau.

MOTION, subst. fém. (*môcion*), dans le style didactique, action de mouvoir. — Proposition faite par quelqu'un dans une assemblée. En ce sens, c'est un mot nouveau tiré de l'anglais *motion* : *faire une motion; appuyer, amender, rejeter la motion; retirer sa motion*.— *Motion d'ordre*, qui a pour objet l'ordre de la discussion.

MOTIONNER, v. neut. (*môcioné*), faire une *motion*. Mot nouveau.

MOTIONNÉ, E, part. pass. de *motionner*.

MOTIONNEUR, subst. mas. (*môcioneur*), qui fait une *motion*. Peu usité.

MOTIVAL, E, adj. (*motival*), qui a rapport au *motif* : *clause motivale*, qui renferme le *motif*. Inusité.

MOTIVE, adj. fém. (*motive*) : *cause motive*, qui détermine à agir.

MOTIVÉ, E, part. pass. de *motiver*.

MOTIVER, v. act. (*motivé*), apporter les *motifs*, les raisons d'un avis, d'un jugement, d'une action. —Servir de *motif* à... : *telle chose a motivé telle mesure*. — En t. de littér. : *motiver dans une pièce de théâtre les entrées et les sorties*, faire qu'elles soient naturelles, ou tout au moins vraisemblables.—SE MOTIVER, v. pron.

MOTRICE, adj. fém. Voy. MOTEUR.

MOTTE, subst. fém. (*mote*) (suivant *Octavius Ferrarius*, dans ses *Origines italiques*, du lat. *meta*, borne pyramidale, et, en général, amas de quelque matière que ce soit, fait en pyramide), petit morceau de terre détaché du reste du champ par la charrue ou la bêche.—Terre qui tient aux racines des arbres ou des plantes quand on les lève pour les transplanter.—Tan que les tanneurs accommodent en petits pains ronds, et que l'on brûle en certains endroits : *motte à brûler.* — Butte, éminence faite par la nature ou de main d'homme. — T. de faucon. : *prendre motte*, se dit d'un oiseau qui se pose à terre au lieu de se percher.

se **MOTTER**, v. pron., se cacher derrière des *mottes* de terre : *la perdrix s'est mottée.*

MOTTEUX, subst. mas. (*moteu*), t. d'hist. nat., oiseau passereau de la famille des subulirostres.

MOTUS, subst. mas. (*môtuce*), mot latin pour signifier ne dites mot : *motus sur cette affaire*, n'en parlez pas. Il est fam.

MOU, adj. mas. Voy. MOL.—Subst. mas. (*mou*), poumon de certains animaux, du bœuf, du veau, ou de l'agneau.—T. de mar., portion lâche d'une manœuvre : *donner du mou.*

MOUCHAGE, subst. fém. (*mouchaje*), fécule de manioc exprimée.

MOUCHARD, E, subst. (*mouchar, charde*) (de *mouche*, parce que les espions vont de côté et d'autre comme les *mouches* qui cherchent leur nourriture), espion de police. On dit aussi *mouche.*

MOUCHARDÉ, E, part. pass. de *moucharder.*

MOUCHARDER, v. act. et neut. (*mouchardé*), faire le métier de *mouchard.* — Écouter en cachette ce que les personnes disent.—*se* MOUCHARDER, v. pron., s'espionner.

MOUCHE, subst. fém. (*mouche*) (en lat. *musca*, fait du grec μυῖα), terme d'hist. nat., petit insecte diptère. En parlant du cri de la *mouche*, on dit qu'*elle bourdonne.*—*Mouche à miel*, abeille. Il y a des *mouches-guêpes*, des *mouches aquatiques*, des *mouches luisantes*, etc. —Celui ou celle que des officiers de justice détachent pour suivre la marche de ceux qu'ils ont ordre d'arrêter. Voyez MOUCHARD.—Petit morceau de taffetas noir préparé que les dames se mettent sur le visage. — Très-petit dessin détaché qu'on figure sur les étoffes, etc.—En astron., petite constellation boréale.—Fig. : *être tendre aux mouches, prendre la mouche*, se piquer, se fâcher de peu de chose.— *On prend plus de mouches avec le miel qu'avec le vinaigre*, on gagne plus de gens avec la douceur que par la rigueur et la dureté. — *Fine mouche*, personne adroite et rusée. — *Pieds de mouche*, écriture dont le caractère est fort petit et mal formé. — *Faire une querelle, un procès sur un pied de mouche*, sur une vétille, sur un rien.—*Quelle mouche vous pique ?* quel sujet avez-vous de vous mettre en colère ?

MOUCHÉ, E, part. pass. de *moucher.*

MOUCHER, v. act. (*mouché*) (en lat. *mucare*, fait, dans le même sens, de *mucus*, morve. A *mucus*, répond, en grec, μύξα, d'où dérive μυσσειν, ou μυττειν, moucher), presser les narines d'un enfant pour en faire sortir la morve. — Oter le bout du lumignon d'une chandelle, etc., lorsqu'il l'empêche d'éclairer. — Espionner : *la police l'a fait moucher.* Hors d'usage en ce sens. — *Moucher le chanvre*, en rompre les pattes en le peignant.—*Moucher un cordage*, retrancher une certaine longueur des bouts, s'ils sont mal commis par le service.—*MM. Noël* et *Chapsal* prétendent que *moucher* n'est jamais neutre, et qu'il ne faut pas dire : *je mouche beaucoup*, mais *je me mouche beaucoup.* Nous serions de leur avis si l'usage n'autorisait pas les deux expressions ; or, nous entendons dire à tout le monde : *je mouche beaucoup*, et *je ne mouche guère.* —*se* MOUCHER, v. pron., se nettoyer les narines en les pressant avec un *mouchoir*, etc. — Prov. et pop. : *ne pas se moucher du coude* ou *du pied*, se dit d'un homme habile à qui il n'est pas aisé d'en faire accroire, etc. — *Qui se sent morveux se mouche*, que celui qui se sent coupable s'applique ce qu'on dit. — *Du temps qu'on se mouchait sur sa manche*, au bon vieux temps.

MOUCHERIE, subst. fém. (*moucheri*), action de *se moucher.* Peu en usage.

MOUCHEROLLE, subst. fém. (*moucherole*), t. d'hist. nat., nom donné à des oiseaux du genre des *gobe-mouches.*

MOUCHERON, subst. mas. (*moucheron*), t. d'hist. nat., petite *mouche.*—Autrefois, on appelait ainsi un bout de chandelle ou de bougie. Il ne faut pas confondre ce mot avec celui de *mouchon.*

MOUCHET, subst. mas. (*mouchè*), t. d'hist. nat., fauvette d'hiver ; petit oiseau. On dit plus souvent *émouchet.*

MOUCHETÉ, E, part. pass. de *moucheter*, et adj. : *du satin moucheté.*—*Animal moucheté*, tacheté.—En t. de blas., *pièce mouchetée*, chargée de *mouchetures* d'hermine.— *Blé moucheté*, blé qui a une poussière noire dans les poils qui sont à l'une des extrémités du grain.—*Épée mouchetée*, dont on a garni la pointe. —En hist. nat., subst. mas. : *le moucheté* espèce de serpent, de lézard.

MOUCHETER, v. act. (*moucheté*), faire de petites marques rondes, en forme de *mouches*, sur une étoffe de soie, etc.—En parlant de l'hermine, y mêler de petits brins de fourrure noire. — *se* MOUCHETER, v. pron.

MOUCHETTE, subst. fém. (*mouchète*), sorte de rabot de menuisier, pour pousser des quarts de ronds. — En t. d'architecture, la partie la plus haute et la plus avancée de la corniche.—Au plur., instrument à petit coffre, fait pour *moucher* une chandelle, etc.

MOUCHETURE, subst. fém. (*moucheture*), ornement qu'on donne à une étoffe ou à une hermine en les *mouchetant.*—En t. de blason, *moucheture d'hermine*, petites figures qu'on met pour représenter des queues d'hermine.—T. de chir., scarification légère.

MOUCHEUR, subst. mas., **MOUCHEUSE**, subst. fém. (*moucheur, cheuze*), celui, celle qui *mouchait* les chandelles au théâtre.

MOUCHOIR, subst. mas. (*mouchoar*), linge dont on se sert pour se *moucher.*—*Mouchoir de cou*, linge dont les femmes se couvrent le cou et la gorge. On dit aujourd'hui *fichu.* — Fig. et fam. : *jeter le mouchoir*, choisir une personne d'un autre sexe pour la posséder.

MOUCHON, subst. mas. (*mouchon*), bout de lumignon.—Mouchure ; bout de mèche brûlée.

MOUCHURE, subst. fém. (*mouchure*), ce qui est retranché d'une chandelle quand on l'a *mouchée.*

MOUCIEU, subst. mas. (*moucieu*), vessie de mer.

MOUÇON. Voy. MOUSSON.

DU VERBE IRRÉGULIER MOUDRE :

Moud, 3ᵉ pers. sing. prés. indic.
Moudra, 2ᵉ pers. sing. fut. indic.
Moudrai, 1ʳᵉ pers. sing. fut. indic.
Moudraient, 3ᵉ pers. plur. prés. cond.
Moudrais, précédé de *je*, 1ʳᵉ pers. sing. prés. cond.
Moudrais, précédé de *tu*, 2ᵉ pers. sing. prés. cond.
Moudrait, 3ᵉ pers. sing. prés. cond.
Moudras, 2ᵉ pers. sing. fut. indic.

MOUDRE, v. act. (*moudre*) (en lat. *molere*, fait de *mola*, meule, en grec μύλη, d'où vient μυλλῶν, moudre), broyer ; mettre en poudre par le moyen de la meule : *moudre du blé, du riz, des fèves*, etc.—Par extension, *moudre du café, du poivre.* — Il se dit neut., en parlant du moulin : *ce moulin ne moud pas assez menu.* — *On l'a moulu, tout moulu de coups*, on l'a battu outrageusement.—*se* MOUDRE, v. pron.

DU VERBE IRRÉGULIER MOUDRE :

Moudrez, 2ᵉ pers. plur. fut. indic.
Moudriez, 2ᵉ pers. plur. prés. cond.
Moudrions, 1ʳᵉ pers. plur. prés. cond.
Moudrons, 1ʳᵉ pers. plur. fut indic.
Moudront, 3ᵉ pers. plur. fut. indic.
Mouds, 2ᵉ pers. sing. impér.
Mouds, précédé de *je*, 1ʳᵉ pers. sing. prés. indic.
Mouds, précédé de *tu*, 2ᵉ pers. sing. prés. indic.

MOUE, subst. fém. (*mou*) (suivant *Huet*, du grec μυάω, je serre les lèvres. Suivant quelques autres, de l'anglo-saxon *muth*, la bouche, ou de l'anglais *mouth*, qui signifie à la fois et la bouche et grimace ; *to mouth*, faire des grimaces), sorte de mine et de grimace que l'on fait en allongeant les deux lèvres ensemble.—Fam. : *faire la moue*, témoigner de la mauvaise humeur par son silence et par son air.

MOUÉE, subst. fém. (*moué*), t. de chasse, mélange de sang de cerf, de lait et de pain coupé, qu'on donne aux chiens à la curée.

MOUET, subst. mas. (*moué*), mesure dans les salines.

MOUÉTER, v. neut. (*mouété*), se dit en parlant du cri du bouc.

MOUETTE, subst. fém. (*mouète*) (de l'anglais *mewe*, ou du flamand *meewe*), t. d'hist. nat., sorte d'oiseau aquatique dont il y a plusieurs espèces.

MOUFÉTIQUE, adj. des deux genres (*moufétike*), qui tient des *moufettes.*

MOUFETTE, subst. fém. (*moufète*), exhalaison pernicieuse qui s'élève des souterrains, des mines, de certains puits, des fosses d'aisances, etc. On dit aussi *mofette*, par corruption du lat. *mephiticus.* Voy. MÉPHITIQUE et MÉPHITIS. — T. d'hist. nat., espèce de mammifère digitigrade, du genre des belettes. Cet animal, quand il est poursuivi, répand une odeur très-désagréable.

MOUFLARD, E, subst. (*mouflar, flarde*), t. de mépris, celui, celle qui a le visage gros et rebondi. Voy. MUFLE. Très-peu en usage.

MOUFLE, subst. mas. (Nous ne savons pourquoi l'*Académie* fait ce mot du fém.) (*moufle*) (de l'allemand *moffel*, qui a la même signification, et dont on a fait, dans la basse latinité, *muffula*. Du Cange), sorte de gants fourrés. Il est vieux dans ce sens ; on dit *mitaine.*— Petit arc de terre dont l'émailleur se sert lorsqu'il veut faire parfondre les métaux.—En mécan., assemblage de plusieurs poulies par le moyen desquelles on multiplie la force mouvante : *lever un fardeau avec un moufle.*—En chimie, vaisseau de terre dont on se sert pour exposer des corps à l'action du feu sans que la flamme y touche immédiatement.—Chez les menuisiers, deux morceaux de bois creusés dans le milieu de leur largeur, avec lesquels on embrasse la tige du fer à chauffer.

MOUFLÉ, E, part. pass. de *moufler*, et adj.— Qui agit avec une autre : *poulie mouflée.*

MOUFLER, v. act. (*mouflé*), prendre et serrer le nez et les joues, en les frappant avec les deux poings.—*se* MOUFLER, v. pron.

MOUFLETTES, subst. fém. plur. (*mouflète*), t. de vitrier, morceau de bois qui sert à contenir le fer à souder.

MOUFLON, subst. mas. (*mouflon*), t. d'hist. nat., animal ruminant, considéré comme souche des variétés de moutons.

MOUILLADE, subst. fém. (*mou-iade*), action d'humecter le tabac d'eau salée. (*Boiste.*) Il est inusité.

MOUILLAGE, subst. mas. (*mou-iaje*), t. de marine, fond propre pour *mouiller*, pour jeter l'ancre.—En t. de corroyeur, façon qu'on donne aux cuirs en les *mouillant* pour certains apprêts.

MOUILLÉ, E, part. pass. de *mouiller*, et adj., imbibé, humecté : *linge mouillé ; yeux mouillés de larmes.*—*Poule mouillée*, personne sans énergie. — Pop. : *être mouillé*, avoir beaucoup bu. — En t. de gramm., *ll mouillés*, qui se prononcent mollement, ou plutôt qui ne se font sentir que comme le son de *ie*, diphthongue. Voyez la lettre L.—Subst. mas., l'opposé de sec : *le sec et le mouillé.*

MOUILLE-BOUCHE, subst. fém. (*mou-iebouche*), sorte de poire qui a beaucoup d'eau.— Au plur., des *mouille-bouches* ; des poires qui *mouillent la bouche.*

MOUILLÉE, subst. fém. (*mou-ié*), quantité de chiffons pourris à la fois. — Poignée de chiffons trempés dans l'eau.

MOUILLEMENT, subst. mas. (*mou-ieman*), léger arrosement.

MOUILLER, v. act. (*mou-ié*) (suivant *Ménage*, du latin barbare *molliare*, dit par corruption pour *mollire*, amollir. Suivant *Huet*, du mot non moins barbare *madiculare*, dit pour *madefacere*, mouiller, humecter), tremper, humecter ; rendre moite et humide : *mouiller un linge*, et neut. : *ce brouillard mouille comme de la pluie.* — En t. de mar., jeter l'ancre : *nous mouillâmes l'ancre* (ou mieux au neut., *nous mouillâmes*) *dans la baie.*—On dit, en t. de gramm., *mouiller le double ll*, pour dire, le prononcer, non tout-à-fait selon sa valeur naturelle, comme dans les mots *ville, Achille*, etc., mais avec une sorte de mollesse, comme dans *fille, grille, bataille*, etc. Alors le double *ll* est toujours précédé d'un *i*. On le dit pareillement de *gn*, lorsqu'il se prononce comme *agneau, gagner*, etc. Voy. les lettres *l* et *g*. — En t. de potier, tremper une pièce dans de la terre délayée fort claire. — *se* MOUILLER, v. pron., s'exposer à la pluie.

MOUILLET, subst. mas. (*mou-ié*), t. de charron, deux jantes formant ovale pour placer les rais.

MOUILLETTE, subst. fém. (*mou-iète*), tranche de pain longue et menue, préparée pour tremper dans les œufs à la coque.

MOUILLOIR, subst. mas. (*moui-e-oar*), petit vase qui sert pour y *mouiller* le bout des doigts en filant à la quenouille. — Chez les bimbelotiers faiseurs de dragées au moule, sebille de bois dans laquelle est une éponge mouillée, destinée à *mouiller* les tenailles avec lesquelles on sépare les dragées des blanches.

MOUILLURE, subst. fém. (*mou-lure*), action de *mouiller*. — État de ce qui est *mouillé*.

MOUHARREM, subst. mas. (*mou-aréme*), premier mois de l'année turque. On dit aussi *moharrem*.

MOULAGE, subst. mas. (*moulaje*), carreaux *moulés*. — La partie du moulin qui sert à faire tourner les *meules* pour *moudre*. — Droit qu'on payait aux seigneurs qui avaient des *moulins* banaux. — Mesurage des bois à brûler. — Droit dû aux *mouleurs* de bois. — Chez les artificiers, carton fait exprès pour former des cartouches.

DU VERBE IRRÉGULIER MOUDRE :

Moulaient, 3e pers. plur. imparf. indic.

Moulais, précédé de *je*, 1re pers. sing. imparf. indic.

Moulais, précédé de *tu*, 2e pers. sing. imparf. indic.

Moulait, 3e pers. sing. imparf. indic.

Moulant, part. prés.

MOULANT, subst. mas. (*moulan*), meunier; garçon meunier. (*Boiste*.) Inusité.

MOULARDE, subst. fém. (*moularde*), terre produite sur une meule par le frottement du fer.

MOULE, subst. mas. (*moule*) (du lat. *modulus*, qui signifie proprement *mesure*, et plus particulièrement, *mesure pour régler les proportions d'un bâtiment*. C'est de là qu'a été fait également le mot *modèle*.), matière qu'on a creusée de manière à donner une forme précise à la cire, au plomb, au bronze, etc. — Fig. et fam., modèle : *se former sur le moule de quelqu'un*. — Chez les batteurs d'or, certain nombre de feuilles de vélin ou de parchemin, entre lesquelles on place des feuilles d'or ou d'argent. — Chez les boutonniers, bois qui sert de fondement aux boutons. — Chez les épingliers, brin de fil de laiton sur lequel on fait la tête de l'épingle. — *Bois de moule*, celui qui est d'une certaine grandeur, et qui est mesuré dans des cordes ou des anneaux. — Prov. et fig. : *cela ne se jette pas au moule*, cela ne se fait qu'avec beaucoup de soin et de temps. — *Le moule en est perdu*, on ne trouve plus de ces bonnes gens-là. — Pop. : *conserver le moule du pourpoint*, se conserver, se ménager dans les périls.

MOULE, subst. fém. (*moule*) (en lat. *mutilus*, fait du grec μυτιλος), espèce de coquillage de forme oblongue. Nous ne savons pourquoi *Boiste* ne donne ce mot qu'au plur.

MOULÉ, E, part. pass. de *mouler*, et adj. : *figure, médaille, chandelle moulée*. — *Lettre moulée*, 1° lettre imprimée; 2° écriture à la main, où l'on imite les caractères des livres imprimés. — Le bas peuple dit subst. au mas. : *lire le moulé, dans le moulé*.

DU VERBE IRRÉGULIER MOUDRE :

Moule, précédé de *que je*, 1re pers. sing. prés. subj.

Moule, précédé de *qu'il* ou *qu'elle*, 3e pers. sing. prés. subj.

MOULÉE, subst. fém. (*moulé*), boue qui provient de la meule d'un rémouleur.

DU VERBE IRRÉGULIER MOUDRE :

Moulent, précédé de *ils* ou *elles*, 3e pers. plur. prés. indic.

Moulent, précédé de *qu'ils* ou *qu'elles*, 3e pers. plur. prés. subj.

MOULER, v. act. (*moulé*), jeter en *moule*, faire couler la matière dans le creux. — Imprimer. Mesurer et mettre du bois dans les membrures. — *Mouler un bas-relief, une statue*, y appliquer du stuc, du plâtre, afin qu'ils en prennent l'empreinte, de telle manière qu'ils puissent servir de *moule* pour en faire de semblables. — *Mouler une faucille*, c'est, en t. de taillandier, lorsqu'elle est dentée et trempée, la passer sous la *meule* pour faire paraître les dents. — *Mouler du bois* se disait autrefois pour *corder du bois*. — T. de pêche, *mouler le hareng*, le presser entre les doigts, pour détacher les corps étrangers, et emporter les écailles. — SE MOULER, v. pron., se former dans le *moule*. — Fig. : *se mouler sur quelqu'un*, le prendre pour modèle.

MOULERIE, subst. fém. (*mouleri*), dans les grosses forges, atelier où l'on jette en *moule* tous les ouvrages en fonte dont on fait usage.

Moules, 2e pers. sing. prés. subj. du verbe irrég. MOUDRE.

MOULETTE, subst. fém. (*moulète*), petit coquillage. — Partie d'un clou de ciseaux.

MOULEUR, subst. mas. (*mouleur*) ouvrier qui *moule* des ouvrages de sculpture. — Chez les briquetiers, ouvrier qui donne la forme à la terre. — *Mouleur de bois*, officier qui visite le bois et mesure les membrures, etc.

DU VERBE IRRÉGULIER MOUDRE :

Moulez, 2e pers. plur. impér.

Moulez, précédé de *vous*, 2e pers. plur. prés. indic.

MOULIÈRE, subst. fém. (*moulière*), lieu où l'on pêche les *moules*.

DU VERBE IRRÉGULIER MOUDRE :

Mouliez, précédé de *vous*, 2e pers. plur. imparf. indic.

Mouliez, précédé de *que vous*, 2e pers. plur. prés. subj.

MOULIN, subst. mas. (*moulein*) (du lat. *molina*, moulin à eau, fait de *mola*, meule, appelé aussi *molinum saxum*. Les Grecs disent pour moulin μυλων et μυλον), machine à *moudre* du grain. — Diverses autres machines qui servent à différents ouvrages : *moulin à foulon, à papier, à tan, à poudre*. — *Moulin à café*, petit *moulin* qui sert à *moudre* du café. — Prov. et fig. : *faire venir l'eau au moulin*, procurer de l'avantage à soi ou aux siens par son industrie, par son adresse. — *Laissez, laissez, il reviendra moudre à notre moulin*, il aura bientôt besoin de nous. — *Ressembler à une chose comme à un moulin à vent*, n'y pas ressembler le moins du monde. — *Se battre contre des moulins à vent*, se forger des chimères pour avoir le plaisir de les combattre. — *Jeter son bonnet par-dessus les moulins*, braver les bienséances. — *C'est un moulin à paroles*, se dit d'une personne qui babille toujours.

MOULINAGE, subst. mas. (*moulinaje*), action de *moudre*. — La façon qu'on donne à la soie en la faisant passer par le *moulin*.

MOULINÉ, E, part. pass. de *mouliner*, et adj. — *Bois mouliné*, gâté par les vers. — *Pierre moulinée*, qui s'écrase sous le pouce et se réduit en poussière.

MOULINER, v. act. (*mouliné*), préparer la soie en la faisant passer au *moulin*. — Neut., creuser la terre, le bois, en parlant des vers : *ces vers moulinent*. — SE MOULINER, v. pron.

MOULINET, subst. mas. (*mouliné*), autrefois, petit *moulin*. — Aujourd'hui, petite roue d'un *moulin* à vent. — Tourniquet qui s'applique à la plupart des machines avec lesquelles on élève ou l'on tire des fardeaux. — En mécanique, la même machine que le treuil ou tour. — En t. de mar., pièce de bois, en forme d'olive, qu'on met dans le hulot du gouvernail, et au travers de laquelle passe la manivelle. — Chez les tireurs d'or, espèce de broche de fer percée dans toute sa longueur, et recouverte par du buis. Elle est destinée à empêcher que l'argent, l'or, etc., ne se coupent. — Machine dont on se sert pour travailler la monnaie. — Sorte de bâton pour serrer une corde, etc. — Une des figures de la contredanse. — *Moulinet à vent*, machine tournante qu'on place dans la hotte d'une cheminée, pour agiter l'air et empêcher la fumée. — *Faire le moulinet avec une épée, un bâton à deux bouts*, etc.; les tourner en rond autour de soi avec tant de vitesse, qu'on puisse parer les coups portés en même temps par plusieurs personnes. — En t. d'imprim., *faire le moulinet*, abattre d'un même coup la frisquette et le tympan.

MOULINIER, ou **MOULINEUR** (l'*Académie* donne les deux), subst. mas. (*moulinié*), qui travaille au *moulinage* des soies.

MOULINS, subst. propre mas. (*moulein*), ville de France, capitale de l'ancien Bourbonnais, sur l'Allier.

MOULLAH, subst. mas. (*moulela*), sorte de docteur mahométan.

MOULT, adv. (*moulete*) (du lat. *multùm*), beaucoup, en grande quantité. Vieux mot conservé seulement dans le style marotique.

MOULU, E, part. pass. de *moudre*, et adj. — *Or moulu*, réduit en très-petites parties. — Fam. : *avoir le corps tout moulu*, sentir des douleurs par tout le corps. — En t. de chasse : *les fumées du cerf sont mal moulues*, mal digérées.

Moulûmes, 1re pers. plur. prét. déf. du verbe irrégulier MOUDRE.

MOULURE, subst. fém. (*moulure*), saillie, ornement d'architecture et de menuiserie, comme astragale, quart de rond, etc.

DU VERBE IRRÉGULIER MOUDRE :

Moulurent, 3e pers. plur. prét. déf.

Moulus, précédé de *je*, 1re pers. sing. prét. déf.

Moulus, précédé de *tu*, 2e pers. sing. prét. déf.

Moulusse, 1re pers. sing. imparf. subj.

Moulussent, 3e pers. plur. imparf. subj.

Moulusses, 2e pers. sing. imparf. subj.

Moulussiez, 2e pers. plur. imparf. subj.

Moulussions, 1re pers. plur. imparf. subj.

Moulut, précédé de *il* ou *elle*, 3e pers. sing. prét. déf.

Moulût, précédé de *qu'il ou qu'elle*, 3e pers. sing. imparf. subj.

Moulûtes, 2e pers. plur. prét. déf.

MOUNÉE, subst. fém. (*mouné*). Ce mot désignait autrefois toute quantité de blé que chaque particulier était dans l'intention de faire moudre, et d'envoyer au moulin.

MOUPHTI, subst. mas. (*moufeti*), ne se dit pas pour *muphti*, qu'on prononce effectivement *moufeti*. Voy. MUPHTI.

DU VERBE IRRÉGULIER MOURIR :

Mouraient, 3e pers. plur. imparf. indic.

Mourais, précédé de *je*, 1re pers. sing. imparf. indic.

Mourais, précédé de *tu*, 2e pers. sing. imparf. indic.

Mourait, 3e pers. sing. imparf. indic.

Mourant, part. prés.

MOURANT, E, adj. et subst. (*mouran, rante*) (en lat. *moriens*), qui se meurt. — Au fig. : *des yeux mourants*, languissants. — *Voix mourante*, langoureuse et traînante. — *Bleu mourant*, fort pâle et fort déchargé. — *Ton mourant*, d'une extrême lenteur. — Subst., homme ou femme qui *se meurt*.

MOUREILLER, subst. mas. (*mouré-ié*), t. de bot., plante du genre des malvacées.

DU VERBE IRRÉGULIER MOURIR :

Mourez, 2e pers. plur. impér.

Mourez, précédé de *vous*, 2e pers. plur. prés. indic.

MOURGON, subst. mas. (*mourguon*), ce qu'on appelle aujourd'hui un plongeur. Inus.

MOURI, subst. mas. (*mouri*), sorte de toile de coton des Indes.

DU VERBE IRRÉGULIER MOURIR :

Mouriez, précédé de *vous*, 2e pers. plur. imparf. indic.

Mouriez, précédé de *que vous*, 2e pers. plur prés. subj.

MOURINE, subst. fém. (*mourine*), t. d'hist. nat., espèce de poisson du genre de la raie.

DU VERBE IRRÉGULIER MOURIR :

Mourions, précédé de *nous*, 1re pers. plur. imparf. indic.

Mourions, précédé de *que nous*, 1re pers. plur. prés. subj.

MOURIR, v. neut. (*mourir*) (en lat. *mori*, fait du grec μορος, destinée, mort); il prend *être* dans les temps composés : *je suis mort* : cesser de vivre, perdre la vie. — Par exagération, souffrir une grande incommodité : *mourir de chaud, de froid, de faim, de soif*, etc. — *Mourir d'amour pour*... *mourir d'impatience*, *d'envie de*... avoir un très-vif amour, une très-grande impatience, une très-grande envie de... — Éprouver cette altération excessive qui mène à la *mort*. — Fig. : 1° renoncer : *mourir au monde, au péché, au vice, à ses passions*; 2° cesser d'être : *les villes, les empires, tout meurt*; 3° avec la négative, durer long-temps : *son nom, sa mémoire, ses ouvrages ne mourront jamais*. — Il se dit encore : 1° des arbres et des plantes qui ont une espèce de vie : *ces arbres sont tous morts*; 2° des choses inanimées dont le mouvement finit peu à peu : *la lampe, le flambeau meurt; le boulet vint mourir à ses pieds*; 3° de plusieurs choses qui finissent par une dégradation insensible, comme les sons, les couleurs, etc. : *il faut que les couleurs d'un tableau se perdent en mourant les unes dans les autres*. — *Mourir civilement*, être privé des droits et des avantages de la société. — *Mourir au champ d'honneur*, être tué à l'armée. — *Mourir de sa belle mort*, de mort naturelle. — *Mourir comme un chien*, sans témoigner du repentir de ses fautes. — *Mourir dans sa peau*, avoir des habitudes tellement enracinées qu'on prévoit qu'on n'en changera jamais. — *Mourir à la peine*, se donner beaucoup de mal. — *On ne sait ni qui meurt, ni qui vit*, le cours de la vie est incertain. — *Nous mourons chaque jour*, tous les jours nous avançons de quelques pas vers la *mort*. — Prov. : *un lièvre va toujours mourir au gîte*, après avoir vu bien du pays, on se lasse, et l'on revient dans le sien. — *Faire mourir un homme*, lui donner la mort par autorité de justice. — Fig. : *vous me faites mourir*, vous m'affligez, vous m'impatientez excessivement. — *Faire mourir queq u'un à petit feu*, le faire languir en prolongeant sa peine, ses tourments. — On dit qu'*en France le roi ne meurt pas*, parce que d'après la successibilité établie, dès que le roi *meurt*, on crie *vive le roi!* en l'honneur de l'héritier présomptif qui lui succède immédiatement. — *Être mort au monde*, vivre dans la retraite et dans les exercices de piété. — On dit que *le cœur meurt*, pour dire que ses facultés s'éteignent, qu'il n'éprouve plus les sentiments qu'il éprouvait. — **se mourir**, v. pron., être près de *mourir* : *il se meurt*. — S'éteindre, en parlant du feu, de la lumière, etc. — *Se mourir d'amour*, être ardemment amoureux.

MOUROIR, subst. mas. (*mouroare*), mot qui s'est employé autrefois, et qui avait la signification de *lit de mort*. — Il est maintenant hors d'usage.

MOURON, subst. mas. (*mouron*), t. de bot., petite plante dont on distingue plusieurs espèces. —T. d'hist. nat., sorte de lézard jaune.

DU VERBE IRRÉGULIER MOURIR :

Mourons, 1re pers. plur. impér.
Mourons, précédé de *nous*, 1re pers. plur. prés. indic.
Mourra, 3e pers. sing. fut. indic.
Mourraient, 3e pers. plur. prés. cond.
Mourrais, précédé de *je*, 1re pers. sing. prés. cond.
Mourrais, précédé de *tu*, 2e pers. sing. prés. cond.
Mourrait, 3e pers. sing. prés. cond.
Mourras, 2e pers. sing. fut. indic.

MOURRE, subst. fém. (*moure*), sorte de jeu qui consiste à montrer une certaine quantité de doigts élevés à son adversaire, qui fait la même chose de son côté. On accuse tous deux un nombre en même temps; et celui-là gagne qui devine le nombre de doigts qui lui sont présentés.

DU VERBE IRRÉGULIER MOURIR :

Mourrez, 2e pers. plur. fut. indic.
Mourriez, 2e pers. plur. prés. cond.
Mourrions, 1re pers. plur. prés. cond.
Mourrons, 1re pers. plur. fut. indic.
Mourront, 3e pers. plur. fut. indic.
Mourûmes, 1re pers. plur. prét. déf.
Moururent, 3e pers. plur. prét. déf.
Mourus, précédé de *je*, 1re pers. sing. prét. déf.
Mourus, précédé de *tu*, 2e pers. sing. prét. déf.
Mourusse, 1re pers. sing. imparf. subj.
Mourussent, 3e pers. plur. imparf. subj.
Mourusses, 2e pers. sing. imparf. subj.
Mourussiez, 2e pers. plur. imparf. subj.
Mourussions, 1re pers. plur. imparf. subj.
Mourut, précédé de *il* ou *elle*, 3e pers. sing. prét. déf.
Mourût, précédé de *qu'il* ou *qu'elle*, 3e pers. sing. imparf. subj.
Mourûtes, 2e pers. plur. prét. déf.

MOUSQUET, subst. mas. (*moucekiè*), ancienne arme à feu que l'on tirait par le moyen d'une mèche allumée et mise sur le serpentin. — Fusil de munition. — Au plur., tapis de Turquie et de Perse qui se vendait à Smyrne. — *Porter le mousquet*, être simple soldat. — *Il crèvera* ou *il a crevé comme un vieux mousquet*, les débauches le tueront ou l'ont tué.

MOUSQUETADE, subst. fém. (*mouceketade*), décharge de *mousquets*. On dit plutôt *mousqueterie*.

MOUSQUETAIRE, subst. mas. (*mouceketère*), autrefois, soldat à pied qui portait le *mousquet*. — Celui qui servait dans une des compagnies à cheval de la maison du roi, appelées *les mousquetaires*.

MOUSQUETON, subst. mas. (*mouceketon*), espèce de fusil dont le canon est plus court que celui des fusils ordinaires, et le calibre gros comme celui d'un *mousquet*.

MOUSQUETTERIE, et non pas, avec l'*Académie*, **MOUSQUETERIE**, subst. fém. (*moucekièteri*), décharge de plusieurs *mousquets* ou fusils tirés en même temps.

MOUSQUITE, subst. fém. (*moucekite*), t. d'hist. nat., insecte du genre des cousins.

MOUSSAUT, adj. mas. (*mouçô*) : *pain moussaut*, pain de farine de gruau.

MOUSSE, adj. des deux genres (*mouce*), qui est *émoussé* : *épée mousse*. Vieux. Voy. ÉMOUSSÉ.

MOUSSE, subst. fém. (*mouce*) (en lat. *muscus*), t. de bot., nom générique d'une famille très-étendue de plantes cryptogames. — *Mousse de Corse*, mélange de plusieurs espèces de varecs et de céramions recueillis dans la mer, principalement sur les rochers de l'île de Corse, qu'on emploie en décoction pour faire périr les vers intestinaux. — Prov. : *pierre qui roule n'amasse pas de mousse*, à changer souvent de profession, on ne s'enrichit guère. — Espèce d'écume qui se forme sur quelques liqueurs.

MOUSSE, subst. mas. (*mouce*) (de l'espagnol *maço*, jeune garçon, jeune valet ; formé, suivant *Guyet*, du latin *mustus*, frais, récent, nouveau), jeune matelot qui sert l'équipage, etc.

MOUSSÉ, E, part. pass. du verbe *mousser*.

MOUSSEAUT, subst. mas. (*mouçô*), pain de farine de gruau. (*Boiste*.) Inusité.

MOUSSELINE, subst. fém. (*mouceline*), toile de coton très-fine et très-claire, ainsi nommée de *Mosul*, ville d'Asie sur la rive droite du Tigre, d'où les premières toiles de ce genre sont parvenues en Europe.

MOUSSER, v. neut. (*moucé*), il se dit des liqueurs sur lesquelles il se forme de la *mousse* : *le vin de Champagne mousse beaucoup*. — On dit fig. et fam. : *faire mousser un succès*, le faire valoir ; *un petit avantage*, le présenter, le raconter de manière à le faire croire plus important qu'il ne l'est en effet.

MOUSSERON, subst. mas. (*mouceron*), nom vulgaire de plusieurs champignons du genre *agaric*.

MOUSSEUSE, adj. fém. Voy. MOUSSEUX.

MOUSSEUX, adj. mas., au fém. **MOUSSEUSE** (*mouceu, ceuze*), qui *mousse* : *vin mousseux*, *bière mousseuse*. — Qui est comme recouvert de *mousse* : *rose mousseuse*. — On dit mieux *rose moussue*. — Subst. et au mas. seulement : *boire du mousseux*.

MOUSSIER, subst. mas. (*moucié*), herbier à *mousse*. (J.-J. Rousseau.) Ce mot n'a pas fait fortune.

MOUSSOIR, subst. mas. (*mouçoar*), instrument pour faire *mousser* le chocolat, etc. — Cylindre de bois pour délayer la pâte du papier, le lait caillé du fromage, etc.

MOUSSON, subst. fém. (*mouçon*) (suivant *Maffée*, du lat. *motiones*, pluriel de *motio*, mouvement, agitation. Suivant *Thévenot*, cité par Huet dans Ménage, de *mouson*, qui, dit-il, signifie en arabe *saison*, quoique d'habiles orientalistes jugent ce mot entièrement étranger à cette langue.) Il se dit des vents réglés et périodiques de la mer des Indes, et de la saison dans laquelle ils soufflent. — Espèce de courant d'eau formé par des vents qui soufflent du même côté.

MOUSSU, E, adj. (*mouçu*), qui est couvert de *mousse*.

MOUSSURE, subst. fém. (*mouçure*), t. de potier, selon *Boiste*, barbe autour des trous.

MOUSTAC, subst. mas. (*moucetak*), t. d'hist. nat., petite guenon.

MOUSTACHE, subst. fém. (*moucetache*) (du grec μυσταξ, qui signifie la lèvre supérieure et le poil qui y vient), barbe qu'on laisse au-dessus de la lèvre d'en haut. — Poils que quelques animaux ont autour de la gueule. — T. d'anat., fossette verticale située au-dessous de la cloison du nez. — Machine des tireurs d'or, pour tirer et dévider les fils d'or ou de soie. — Au plur., t. de marine, deux petits caps de mouton placés tribord et basbord des vergues de civadière, dans lesquels on passe un cordage pour leur servir de soupente. — Fig. et fam. : *enlever une chose jusque sur la moustache de quelqu'un*, en sa présence et malgré lui, à sa barbe. — *Une vieille moustache*, un vieux guerrier. — Pop. : *donner sur la moustache à quelqu'un*, le frapper au visage.

MOUSTIER, subst. propre mas. (*moutié*), ville de France dép. des Basses-Alpes.

MOUSTILLE, subst. fém. (*mouceti-ie*), t. d'hist. nat., belette sauvage.

MOUSTIQUAIRE, subst. fém. (*moucetikière*), garniture de lit pour préserver des *moustiques*.

MOUSTIQUE, subst. mas. (*moucetike*), t. d'hist. nat., petit insecte d'Afrique et d'Amérique, du genre des cousins. Sa piqûre très-douloureuse laisse sur la peau une tache semblable à celle du pourpre.

MOÛT, subst. mas. (*moû*) (en lat. *mustum*, fait de *mustus*, frais, récent, nouveau), vin doux qui n'a point encore bouilli.

MOUTARD, subst. mas. (*moutar*), t. pop., qui désigne un jeune garçon. — On ne dit pas au fém. *moutarde*, à cause du subst. *moutarde*, qui existe déjà dans une autre acception.

MOUTARDE, subst. fém. (*moutarde*) (suivant *Scaliger*, du lat. *mustum*, moût, et *ardor*, ardeur, chaleur ; *mustum ardens*, moût qui brûle à cause de sa saveur caustique), t. de bot., plante extrêmement âcre, annuelle, de la famille des crucifères, connue par son usage dans la cuisine, et par l'emploi qu'on en fait dans les cataplasmes caustiques. On la nomme aussi *sénevé*. — Composition de graine de *moutarde* broyée avec du moût, du vinaigre, etc. — Prov. : 1° *s'amuser à la moutarde*, à des choses inutiles (allusion aux deux mots français *moult*, beaucoup, et *tardé*; *tarder beaucoup à venir*, lorsqu'on est attendu avec impatience. *Matinées sénonaises*.) ; 2° *moutarde après dîné*, chose qui vient lorsqu'on n'en a plus besoin ; 3° *sucrer la moutarde*, adoucir un refus, etc., par des paroles douces ; dorer la pilule ; 4° *la moutarde lui monte au nez*, il commence à se fâcher, à s'impatienter.

MOUTARDELLE, subst. fém. (*moutardèle*), *moutarde* des Allemands. — Raifort.

MOUTARDIER, subst. mas. (*moutardié*), petit vase à mettre de la *moutarde*. — Celui qui fait et vend de la *moutarde*. — On appelle *moutardier du pape*, un homme qui affecte un ton et des airs qu'il ne devrait point avoir.

MOUTIER, subst. mas. (*moutié*) (contraction du mot lat. *monasterium*), monastère, église. Vieux mot conservé dans ces phrases proverbiales : *mener une fille au moutier*, la marier. — *Il faut laisser le moutier où il est*, il ne faut rien changer aux usages reçus.

MOUTON, subst. mas. (*mouton*), bélier châtré qu'on engraisse. — Viande du *mouton*. — Peau de *mouton* préparée. — On dit fig., d'un homme qui est d'une humeur douce et traitable, que *c'est un mouton*, qu'*il est doux comme un mouton*. — On nomme *mouton*, dans les prisons, un homme aposté pour tâcher de découvrir le secret d'un prisonnier, en le faisant jaser. — Gros billot de bois, armé de fer, pour enfoncer des pieux. — Grosse pièce de bois dans les anses d'une cloche. — Au plur., 1° quatre piliers du train d'un carrosse qui soutiennent les soupentes; 2° vagues blanchissantes qui s'élèvent sur la mer ou sur de grandes rivières. — Prov. : *revenons à nos moutons*, reprenons notre discours. Cette expression proverbiale est tirée de l'ancienne farce de *maître Pierre Pathelin* (par *Pierre Blanchet*, vers la fin du quinzième siècle), rajeunie en 1706 par *Bruéys*, sous le titre de *l'Avocat Patelin*. — *Ressembler aux moutons de Berry*, *être marqué sur le nez*, avoir quelque marque sur le visage. — *Le peuple fait comme les moutons*, il se laisse conduire comme on le mène.

MOUTONNAGE, subst. mas. (*moutonaje*), anciennement, droit sur les *moutons*.

MOUTONNAILLE, subst. fém. (*moutoná-ie*) (rac. *mouton*), mot burlesque qui se dit de ceux qui suivent trop l'exemple des autres.

MOUTONNÉ, E, part. pass. de *moutonner*.

MOUTONNEMENT, adv. (*moutoneman*), comme les *moutons*.

MOUTONNER, v. act. (*moutoné*), rendre frisé et annelé comme la laine d'un *mouton*. Son plus grand usage est au participe : *cheveux moutonnés; tête, perruque, coiffure moutonnée*. — Neut. : *la mer moutonne*, est agitée, couverte de vagues qui la blanchissent d'écume. — **se moutonner**, v. pron.

MOUTONNEUSE, adj. fém. Voy. MOUTONNEUX.

MOUTONNEUX, adj. mas., au fém. **MOUTONNEUSE** (*moutoneu, neuze*), qui se *moutonne*. — En parlant de la mer, qui se blanchit de vagues : *mer moutonneuse*.

MOUTONNIER, adj. mas., au fém. **MOUTONNIÈRE** (*moutonié, nière*), qui a la nature et le caractère des *moutons* ; qui suit l'exemple des autres : *la multitude est moutonnière*. Fam.

MOUTONNIÈRE, adj. fém. Voy. MOUTONNIER.

MOUTURE, subst. fém. (*mouture*), action de *moudre* le blé. — Salaire que prend le meunier. — Mélange de froment, de seigle et d'orge par tiers. — Prov. : *tirer d'un sac deux moutures*; se faire payer deux fois d'une même chose.

DU VERBE IRRÉGULIER MOUVOIR :

Mouvaient, 3e pers. plur. imparf. indic.
Mouvais, précédé de *je*, 1re pers. sing. imparf. indic.
Mouvais, précédé de *tu*, 2e pers. sing. imparf. indic.
Mouvait, 3e pers. sing. imparf. indic.

MOUVANCE, subst. fém. (*mouvance*), dépendance d'un fief à l'égard d'un autre. Vieux terme hors d'usage.

Mouvant, part. prés. du verbe irrég. MOUVOIR.

MOUVANT, E, adj. (*mouvan, vante*) (en latin *movens*, part. prés. de *movere*, mouvoir), qui a la puissance de *mouvoir*; il ne se dit qu'au féminin : *force mouvante*. — Qui se déplace ; où l'on s'enfonce : *sable mouvant ; terres mouvantes*. — Qui relève de... : *fief mouvant d'un autre fief*. — *Tableau mouvant*, tableau dont les figures se *meuvent* par un mécanisme caché. — Se dit, dans le blason, pour indiquer positivement de quelle partie de l'écu sort la pièce. — Subst. mas., oiseau dressé pour attirer des oiseaux de son espèce.

MOUVÉ, E, part. pass. de *mouver*.

MOUVE-CHAUX, subst. mas. (*mouvechô*), bouloir de raffineur.

MOUVEMENT, subst. mas. (*mouveman*) (du lat. *movere*, mouvoir), en général, changement continuel et successif de place de la part d'un corps, ou transport d'un corps d'un lieu à un autre. Il se dit, et activement, de l'action de ce qui *meut*; et passivement, de l'état de ce qui est *mu*. —*Mouvement naturel*, celui dont le principe ou la forme *mouvante* est renfermée dans le corps *mu*, tel que celui d'une pierre qui tombe librement.— *Mouvement violent*, celui dont le principe est externe, et auquel le corps *mu* résiste, tel que celui d'une pierre jetée en haut. — *Mouvement rectiligne*, qui se fait en ligne droite. — *Mouvement curviligne*, qui se fait en ligne courbe.—*Mouvement simple*, celui qui est produit par une seule force ou puissance.—*Mouvement composé*, celui qui est produit par plusieurs forces ou puissances qui conspirent à un même effet : tout *mouvement curviligne* est composé ; et réciproquement, tout *mouvement simple* est rectiligne. — *Mouvement perpétuel*, mouvement qui, une fois imprimé, persévèrerait toujours le même, sans aucun changement, sans augmentation ni diminution.— — Passion ou affection de l'âme : *mouvement volontaire* ou *involontaire*; *premiers mouvements*. — Dans l'art militaire, changement de poste, marche, contremarche d'une armée. — Promotion dans un corps quelconque. — On appelle *mouvement*, dans les hôpitaux et dans les prisons, les changements qui arrivent dans ces établissements, par les entrées, les sorties, les décès des individus qui les habitent. — Action du corps : *être en mouvement*. — En musiq., degré de vitesse ou de lenteur que donne à la mesure le caractère de la pièce qu'on exécute. — Dans les vers, le rapport du rhythme et de la cadence avec l'idée qu'on veut exprimer : *ces vers ont du mouvement*. — En astron., il se dit particulièrement du cours régulier des corps célestes. — Ressorts d'une horloge, d'une montre : *le mouvement de cette montre est bon*; et au plur., *les mouvements ne valent rien*. — *Mouvements de terrein*, succession et variété des places d'un terrein.—*Vitesse du mouvement*, la propriété qu'a le mobile de parcourir un certain espace en un certain temps.—*Se donner du mouvement, bien du mouvement*, agir intriguer. — Au plur., dans l'art oratoire ou poétique, les figures pathétiques et propres à exciter les grandes passions : *il employa tous les mouvements de l'éloquence pour persuader ses auditeurs*.—Se dit fig., de l'agitation qui résulte dans un pays, dans une province, du mécontentement ou de la mutinerie de quelques parties du peuple : *mouvements populaires*. — Brouilleries, guerres civiles : *les mouvements de la Ligue furent pernicieux à la France*.

MOUVER, v. act. (*mouvé*), donner une manière de petit labour à de la terre qui est dans un pot, dans une caisse. — T. de raffineur, détacher le sucre de la forme. — Pop., remuer. — SE MOUVER, v. pron.

MOUVERON, subst. mas. (*mouveron*), morceau de bois pour remuer le sucre.

MOUVET ou **MOUVOIR** (le premier se dit plus souvent que le second), subst. mas. (*mouvè, voare*), bâton pour *remuer*.

DU VERBE IRRÉGULIER **MOUVOIR** :

Mouvez, 2e pers. plur. impér.
Mouvez, précédé de *vous*, 2e pers. plur. prés. indic.
Mouviez, précédé de *vous*, 2e pers. plur. imparf. indic.
Mouviez, précédé de *que vous*, 2e pers. plur. prés. subj.
Mouvions, précédé de *nous*, 1re pers. plur. imparf. indic.
Mouvions, précédé de *que nous*, 1re pers. plur. prés. subj.

MOUVOIR, v. act. (*mouvoar*) (en lat. *movere*): donner du *mouvement* ; remuer, faire changer de place.—Au moral, exciter, faire agir.—*Faire mouvoir*, mettre quelque chose en *mouvement*.— SE MOUVOIR, v. pron., se remuer, s'agiter.

DU VERBE IRRÉGULIER MOUVOIR :

Mouvons, 1re pers. plur. impér.
Mouvons, précédé de *nous*, 1re pers. plur. prés. indic.
Mouvra, 3e pers. sing. fut. indic.
Mouvrai, 1re pers. sing. fut. indic.
Mouvraient, 3e pers. plur. prés. cond.
Mouvrais, précédé de *je*, 1re pers. sing. prés. cond.
Mouvrais, précédé de *tu*, 2e pers. sing. prés. cond.
Mouvrait, 3e pers. sing. prés. cond.
Mouvras, 2e pers. sing. fut. indic.
Mouvrez, 2e pers. plur. fut. indic.
Mouvriez, 2e pers. plur. prés. cond.
Mouvrions, 1re pers. plur. prés. cond.
Mouvrons, 1re pers. plur. fut. indic.
Mouvront, 3e pers. plur. fut. indic.

MOUY, subst. propre mas. (*moui*), ville de France, dép. de l'Oise.

MOUZON, subst. propre mas. (*mouzon*), ville de France, dép. des Ardennes.

MOUZONNE, subst. fém. (*mouzone*), nom d'une monnaie de compte en usage à Alger.

MOXA, subst. mas. (*mokça*), t. de médec., coton ou autres matières enflammées que, dans certaines maladies, on applique comme remède sur diverses parties du corps. Ce mot est proprement le nom d'une espèce de mousse indienne que les Anglais, pour se guérir de la goutte, brûlent sur la partie malade.

MOY., abréviation du mot *moyen*.

MOYAC, subst. mas. (*moè-iak*), t. d'hist. nat., oiseau du Canada.

MOYE, subst. fém. (*moè-ie*), partie tendre dans une pierre.

MOYÉ, E, part. pass. de *moyer*.

MOYÉE, adj. fém. (*moè-ié*), *pierre moyée*, qui n'est pas également dure dans toutes ses parties.

MOYEN, subst. mas. (*moè-iein*) (en lat. *medianum*, employé pour *medium*), ce qui sert pour parvenir à quelque fin : *je chercherai le moyen ; je trouverai le moyen de...* Voy. VOIE. — Raison employée au palais pour la défense d'une cause. — Au plur., richesses, commodités : *connaissez-vous ses moyens ?* On le dit quelquefois aussi au sing. : *il n'a pas le moyen de faire telle dépense*. — On dit, *des moyens physiques*, en parlant de la figure, de la contenance, du geste et des autres qualités du corps qui peuvent prévenir en faveur de quelqu'un. — En t. de math., on appelle *moyens*, dans une proportion, le premier conséquent et le second antécédent ; et *moyens proportionnels*, dans une progression, tous les termes placés entre les deux termes extrêmes. — *Le moyen !* espèce d'interj. : *le moyen de réussir ou qu'on réussisse quand on est traversé de tous côtés !* — *Au moyen de..., par le moyen de...*, adv., style de prat., ou fam. : à l'aide de..., par l'aide de...

MOYEN, adj. mas., au fém. **MOYENNE** (*moè-iein, iène*) (du latin *medianus*, qui est au milieu, intermédiaire), qui n'est ni grand ni petit ; médiocre. — Qui est entre deux extrémités. — *Écrire en moyen*, ni gros, ni fin, entre les deux. — *Terme moyen*, parti qui convient le mieux, parce qu'il met tout le monde d'accord.—*Moyenne vertu*, dont la réputation est équivoque. — *La moyenne région de l'air*, qui est entre la haute et la basse.—*Auteurs du moyen-âge*, ceux qui ont écrit depuis la décadence de l'empire romain jusque vers le quinzième siècle.—*Auteurs de la moyenne latinité*, ceux qui ont écrit depuis le règne de Sévère jusque vers la décadence de l'empire romain. — *Moyen*, se dit en t. de grammaire grecque : *aoriste second* ou *moyen*; *temps* ou *verbe moyen*. — En math., et subst. fém. : *moyenne proportionnelle arithmétique*, quantité qui est *moyenne* entre deux autres, de manière qu'elle excède la plus petite d'autant qu'elle est surpassée par la plus grande. On dit aussi, pour abréger : *moyenne arithmétique*. —*Moyenne proportionnelle géométrique*, ou simplement *moyenne proportionnelle*, quantité *moyenne* entre deux autres, de façon que le rapport géométrique qu'elle a avec l'une des deux soit le même que celui que l'autre a avec elle. On dit dans le même sens au mas. : *moyen proportionnel et géométrique*, ou simplement *moyen proportionnel*.—En astron., *lieu moyen* ou *longitude moyenne d'une planète*, point où elle devrait se trouver si elle allait uniformément, et qu'elle n'eût point d'inégalités. — *Mouvement moyen*, celui que l'on considère indépendamment des inégalités ou des équations qui le rendent plus ou moins prompt. — *Temps moyen*, celui que le soleil règle et indique par son mouvement *moyen* et supposé uniforme, par opposition avec le *temps vrai*, que le soleil marque réellement sur nos méridiennes et sur nos cadrans. — *Distance moyenne d'un astre*, celle qui tient le milieu entre la plus grande et la plus petite.

MOYEN-AGE, subst. mas. (*moèiéndje*), temps depuis Constantin jusqu'à la renaissance des lettres. — Sans plur.

MOYÉNEUR, subst. mas., au fém. **MOYÉNEUSE** (*moè-iéneur, neuze*), double barbarisme de *Boiste*, qui devrait au moins écrire *moyenneur, moyenneuse*, négociateur, entremetteur, médiateur, intermédiaire. Vieux.

MOYENNANT, prép. (*moè-iènan*), au *moyen* de... —*Moyennant que...*, loc. conj., à condition que...

MOYENNE, subst. et adj. fém. Voy. MOYEN.

MOYENNÉ, E, part. pass. de *moyenner*.

MOYENNEMENT, adv. (*moè-iéneman*), d'une façon *moyenne*, entre deux extrémités.— Médiocrement. Il est vieux.

MOYENNER, v. act. (*moè-iéné*), procurer par son entremise : *moyenner une entrevue, un accommodement*. — Pop. : *il y a moyen de moyenner*, le motif existe de faire une chose. — SE MOYENNER, v. pron.

MOYENNEUR, subst. mas. Voy. MOYÉNEUR. Barbarisme.

MOYENNEUSE, subst. fém. Voy. MOYÉNEUR. Barbarisme.

MOYER, v. act. (*moè-ié*), fendre en deux une pierre de taille avec la scie. — SE MOYER, v. pronominal.

MOYEU, subst. mas. (*moè-ieu*) (en latin *modiolus*), partie du *milieu* de la roue, où l'on emboîte les rais, et dans le creux de laquelle entre l'essieu. — Jaune d'œuf. En ce sens, il vieillit. (Du latin *medium ovi*, le milieu de l'œuf.) — Espèce de prune confite qui vient de la Franche-Comté.

MOZAMBIQUE, subst. propre mas. (*mozanbike*), petite ville et golfe d'Afrique.

MOZARABE, subst. et adj. des deux genres (*mozarabe*), nom des chrétiens du midi de l'Espagne, qui obtinrent des Arabes vainqueurs le droit de garder leur religion et leurs lois.

MOZARABIQUE, adj. des deux genres (*mozarabike*), des *Mozarabes*.

MOZETTE, subst. fém. (*mozète*), le camail des évêques, des chanoines.

Mr, ou simplement **M.**, abréviation du titre de *monsieur*.

MU, subst. mas. (*mu*), nom francisé de la lettre grecque qui s'écrit : Μ, μ.

MÛ, E, part. pass. de *mouvoir*.

MUABLE, adj. des deux genres (*mu-able*), qui est sujet au changement.

MUANCE, subst. fém. (*mu-ance*), t. de mus. ancienne, changement de note : *depuis qu'on se sert de la note* si, *on ne fait plus usage des muances*.

MUANT, subst. mas. (*mu-an*), canal au milieu d'un marais salant.

MUBAD, subst. mas. (*mubade*), souverain pontife chez les anciens Perses.

MUCATE, subst. mas. (*mukate*), t. de chim., acide *mucique* combiné avec des bases.

MUCHEPOT (A), loc. adv. Voy. MUSSER.

MUCILAGE, subst. mas. (*mucilaje*) (en latin *mucilago*), matière épaisse et visqueuse que contiennent certaines substances. — Principe immédiat des végétaux.

MUCILAGINEUSE, adj. fém. Voy. MUCILAGINEUX.

MUCILAGINEUX, adj. mas., au fém. **MUCILAGINEUSE** (*mucilajineu, neuze*) (en lat. *mucilaginosus*), qui contient du *mucilage*.— En anat., *glandes mucilagineuses*, qui filtrent les humeurs visqueuses.

MUCIQUE, adj. des deux genres (*mucike*), t. de chim. *acide mucique*, qui est produit par l'action de l'acide nitrique sur la gomme.

MUCITE, subst. mas. (*mucite*), t. de chim., sel formé par la combinaison de l'acide *muqueux* avec différentes bases alcalines, terreuses ou métalliques.

MUCOSITÉ, subst. fém., ou **MUCUS**, subst. mas. (*mukozité, mukuce*) (du lat. *mucus*, morve), t. de médec., principe immédiat des végétaux ; fluide que sécrètent les membranes *muqueuses*.

MUCRONÉ, E, adj. (*mukroné*) (du lat. *mucro*, gén. *mucronis*, pointe), qui a une pointe aiguë : *arme mucronée*. — T. de bot.; se dit de toute partie d'une plante dont le sommet est terminé par une pointe piquante.

MUCUS. Voy. MUCOSITÉ.

MUDE, subst. fém. (*mude*), étoffe d'écorce d'arbre de Chine.

MUDÉRIS, subst. mas. (*mudérice*), professeur du Coran dans les écoles des mosquées.

MUE, subst. fém. (*mu*) (suivant *Du Cange*, de *muta*, que dans la basse latinité on a dit pour *mutatio*, changement), changement de plumage dans les oiseaux, de peau dans les serpents, les vers à soie, etc. — Dépouille d'un animal qui a *mué*. On dit en ce sens : *la mue du cerf*, le bois que le cerf a mis bas.—Temps auquel ces changements arrivent. — Lieu où l'on met un oiseau qui *mue*. — Lieu obscur où l'on engraisse la volaille. — *Mettre les chiens à la mue*, cesser de les faire chasser.

MUÉ, E, part. pass. de *muer*, et adj. : *oiseau mué, voix muée*.

MUER, v. neut. (*mu-é*) (en lat. *mutare*), changer naturellement de plumage, en parlant des oiseaux; de peau, en parlant des vers à soie, des serpents; de poil, en parlant du cerf.—On le dit des jeunes garçons quand leur voix change, s'altère au moment de baisser à l'octave : *sa voix mue*.

MUET, subst. et adj. mas., au fém. **MUETTE** (*mu-è*, *mu-ète*) (en lat. *mutus*, fait du grec μυτης, muet), qui n'a point l'usage de la parole, ou qui l'a perdu. — Qui ne saurait parler. — Fig., qui ne parle point, par malice, ou par honte, ou par crainte. — On dit que *les lois sont muettes sur un délit*, lorsqu'elles ne prononcent rien pour le punir. — En gramm., qui ne se prononce pas ou se prononce faiblement : *h muet*, *e muet*. — *Jeu, personnage muet*, au théâtre, jeu, personnage, qui exprime sans parler les sentiments qu'il doit affecter.— *Scène muette*, qui exprime le sentiment par le geste, le maintien, etc.— Subst. plur. mas., serviteurs et bourreaux de la cour ottomane.

MUETTE, subst. et adj. fém. Voy. MUET. — Subst. fém., maison dans une capitainerie des chasses, où l'on garde les *mues* des cerfs, où l'on met les oiseaux de fauconnerie quand ils sont en *mue*.

MUFLE, subst. mas. (*mufle*) (du latin barbare *mufulus*, dit pour *musulus*, diminutif de *musus*, dérivé du grec μυτις, nez, museau. *Ménage*.) (Voy. MUSEAU.) extrémité du museau de certains animaux : *mufle de taureau, de lion, de tigre, de léopard*. — Par dérision, visage d'un homme qu'on veut injurier ; grosse vilaine face : *donner sur le mufle à quelqu'un*, le frapper au visage. Style pop. — On dit encore d'une personne désagréable, d'un lourdaud : *c'est un mufle, un vrai mufle*.—En archit., ornement qui représente un *mufle*.—T. de bot., *mufle de veau*, *muflier*, plante bisannuelle à fleur monopétale personnée, dont on connaît plusieurs espèces. — *Mufle de lion*, sorte de petite fleur. Il y en a de diverses couleurs.

MUFLIER, subst. mas. (*mufli-é*), t. de bot., plante, genre de personnées.

MUFTI, subst. mas. Voy. MUPHTI.

MUGE, subst. mas. (*muje*) (en lat. *mugis*), t. d'hist. nat., sorte de poisson de mer. C'est le même que le *mulet*. Voy. ce mot.—*Muge volant* ou *adonis*, sorte de poisson de mer qui a près des ouïes de très-longues nageoires en forme d'ailes. On le nomme aussi *faucon de mer*.

MUGIL, subst. mas. (*mujile*), t. d'hist. nat., sorte de poisson de mer abdominal.

MUGIR, v. neut. (*mujir*) (en lat. *mugire*), crier, en parlant des taureaux, des bœufs et des vaches. — Fig., il se dit des vents et des flots : *les vents déchaînés mugissent ; les flots mugissaient*. — *Cet acteur mugit*, rend sa voix trop bruyante.

MUGISSANT, E, adj. (*mujiçan, çante*) (en lat. *mugiens*), qui *mugit* : *un taureau mugissant ;* et fig., *les ondes mugissantes*.

MUGISSEMENT, subst. mas. (*mujiceman*) (en lat. *mugitus*), le cri naturel du taureau, de la vache, du bœuf. — On dit au fig. : *le mugissement de la mer, des vagues*.

MUGUET, subst. mas. (*mughiè*) (suivant *Ménage*, du latin *muscatus*, muscat, dont il prétend, d'après Saumaise, que le neutre *muscatum* a été employé dans le sens d'*aromate*. Le *muguet* est le *lilium muscatum*, lis aromatique, comme *nux muscata* signifie noix *muguette* ou muscade), t. de bot., plante fort agréable, à fleur campaniforme. On l'appelle aussi *lis des vallées*. — Fig. et fam., anciennement, galant auprès des dames, toujours paré, pomponné, parfumé, etc. : *il fait le muguet*.

MUGUETÉ, E, part. pass. de *mugueter*.

MUGUETER, v. act. (*mughieté*), faire le *muguet*, le galant : *il muguette toutes les dames*. — Fig. et fam., épier l'occasion d'obtenir ce qu'on souhaite : *mugueter une charge*. En ce sens, il vieillit.

MUID, subst. mas. (*mui*) (en lat. *modium* ou *modius*), sorte de mesure de grain, de sel, de charbon, de plâtre.—Vaisseau, futaille qui contient la mesure d'un *muid* de vin, etc. — Fam. : *être gros comme un muid*, extrêmement gros.

MUIRE, subst. fém. (*muire*), t. de salines, liqueur qui reste au fond de la poêle, après la crystallisation du sel marin.

MULAGIS, subst. mas. (*mulajice*), cavalier turc.

MULAT, subst. mas. (*mula*), métis, selon *Boiste*. Inusité.

MULÂTRE, subst. et adj. des deux genres (*mulâtre*) (de *mulet*, animal engendré de deux différentes espèces), nom qu'on donne dans les Indes aux enfants d'un Nègre et d'une Indienne, ou d'un Indien et d'une Négresse. Ceux qui sont nés d'un Indien et d'une Espagnole sont appelés *métis*. Ils sont tous différents en couleur et en poil. — On dit aussi, mais seulement au subst. fém., *mulâtresse*.

MULÂTRESSE, subst. fém. (*mulâtrèce*). Voy. MULÂTRE.

MULCTE, subst. fém. (*mulekcte*) (en lat. *mulcta*, peine), amende, condamnation. Vieux et inusité.

MULCTÉ, E, part. pass. de *mulcter*.

MULCTER, v. act. (*mulekcté*) (en lat. *mulctare*), vieux mot hors d'usage et plus latin que français; il signifiait, condamner, punir.

MULE, subst. fém. (*mule*) (en lat. *mula*), t. d'hist. nat., femelle de la nature du *mulet*, et engendrée d'un âne et d'une cavale, ou d'un cheval et d'une ânesse, et qui est stérile.—Pantoufle. Il ne se dit, en parlant des hommes, que de la pantoufle du pape, sur laquelle est une croix : *baiser la mule du pape*. (Du lat. *mulleus*, sous-ent. *calceus*.)—Espèce de brodequins de couleur de pourpre, dont se servirent d'abord les rois d'Albe, puis les enfants des sénateurs, et enfin les seuls empereurs. (Ainsi nommés, suivant *Isidore*, etc., de *mullus*, mulet, poisson de couleur rouge comme ces brodequins.) — Espèce de chaussure sans quartier, à l'usage des femmes. — Au plur., sorte d'engelures qui viennent aux talons. (Suivant *Le Duchat*, de ce que ces engelures rendent les talons rouges et luisants comme le cuir roussi, dont on faisait ordinairement des *mules* à l'usage des hommes.) — T. de médec. vétér., fentes ou crevasses qui viennent au boulet du cheval.— Prov. : *ferrer la mule*, profiter sur l'achat qu'on fait pour un autre. Ce proverbe date du temps où les conseillers au parlement de Paris allaient au palais montés sur des *mules*; leurs laquais jouaient pendant la séance, et pour avoir de l'argent ils en demandaient à leurs maîtres, sous prétexte que leurs *mules* avaient besoin d'être *ferrées*.—*Être têtu comme une mule*, avoir beaucoup de caprices et d'obstination.

MULET, subst. mas. (*mulè*) (en lat. *mulus*) quadrupède domestique, engendré d'un cheval et d'une ânesse, ou d'un âne et d'une cavale. — Oiseau de race croisée. — Tout animal provenant d'animaux de différente espèce, et qui n'engendre point. — Genre de poissons osseux, holobranches et thoraciques. — En t. de vénerie, cerf qui a mis bas et qui n'a pas encore de refait. — Navire de Portugal, de moyenne grandeur, qui a trois mâts avec des voiles latines. — Prov. et fig. : *garder le mulet*, attendre long-temps quelqu'un avec ennui. Voy. au mot GARDER. — *Être chargé comme un mulet*, avoir sur les épaules un fardeau très-lourd. — *Entêté comme un mulet*, extrêmement entêté. — *Être rembourré comme un bât de mulet*, avoir beaucoup d'habits les uns sur les autres. Style pop.

MULETIER, subst. mas. (*muletié*), celui qui fait métier de conduire des *mulets*.—La femme d'un *muletier* s'appelle tout naturellement une *muletière*.

MULETIÈRES, subst. fém. plur. (*muletière*), t. de pêche, pièces de filets de la longueur de quarante à cinquante brasses chacune, qui servent à prendre des muges ou *mulets*.

MULETTE, subst. fém. (*mulète*) (du lat. *mollis*, mou, parce que cette partie est toujours molle), t. de faucon., gésier des oiseaux de proie. —La partie du veau qui lui sert de sac ou de poche, et où est contenue la présure. — T. d'hist. nat., genre de testacés bivalves.

MULHOUSE ou **MUHLHAUSEN**, subs. pr. fem. ville de France, ch.-l. de canton, arr. d'Altkirch (H.-Rhin); avant 1798, cap. d'une républ. alliée des Suisses. Ville des États prussiens.

MULIÈBRE, adj. des deux genres (*muli-èbre*), (en lat. *muliebris*), mot qui n'est que latin, et qui ne saurait être employé. Il a signifié quelquefois, en médecine, de la femme.

MULIER, subst. mas. (*mulié*), sorte de filet pour la pêche.

MULLE, adj. fém. (*mule*), nom vulgaire de la garance de qualité inférieure. — Genre de poissons osseux.

MULON, subst. mas. (*mulon*), grand tas de sel qu'on amasse sur le bord de la mer.

MULOT, subst. mas. (*mulô*) (du lat. *mus*, *muris*, rat, souris, dont on a fait dans la basse latinité *murossus* et *mulotus*), t. d'hist. nat., espèce de rat à queue rase et écailleuse, qui vit ordinairement sous terre, dans les champs, dans les bois, etc.— Prov. : *endormir le mulot*, amuser un homme pour le tromper.

MULOTER, v. neut. (*muloté*), se dit du sanglier qui fouille les trous de *mulots*.

MULQUINERIE, subst. fém. (*mulekineri*), métier, commerce, atelier d'un *mulquinier*.

MULQUINIER, subst. mas. (*mulekinié*), ouvrier en *mulquinerie*, fabricant, marchand de fil.

MULTANGULAIRE, adj. des deux genres (*multangulère*). Voy. POLYGONE, qui est plus usité.

MULTICAPSULAIRE, adj. des deux genres (*multikapeçulère*) (du latin *multus*, nombreux, et *capsula*, capsule), t. de bot., se dit du fruit formé de plusieurs *capsules*.

MULTICAULE, adj. des deux genres (*multikôle*) (du latin *multus*, nombreux, et *caulis*, tige), t. de bot.; se dit des plantes dont la racine produit plusieurs tiges.

MULTICOLORE, adj. des deux genres (*mule-tikolore*) (du lat. *multus*, nombreux, et *color*, couleur), de plusieurs couleurs.

MULTIFIDE, adj. des deux genres (*muletifide*) (du lat. *multifidus*, fendu en plusieurs parties, formé de *multum*, et de *findere*, fendre), t. de bot., se dit des feuilles, des calices, etc., divisés jusqu'à moitié au moins par plusieurs incisions aiguës, dont on ne détermine pas le nombre.

MULTIFLORE, adj. des deux genres (*multiflore*) (du lat. *multus*, nombreux, et *flos*, gén. *floris*, fleur), t. de bot. ; se dit du pédoncule qui porte plusieurs fleurs.

MULTIFORME, adj. des deux genres (*muletiforme*) (en lat. *multiformis*, fait de *multus*, nombreux, et *forma*, forme), t. d'anat., qui est de plusieurs *formes* ou figures.

MULTILATÈRE, adj. des deux genres (*muletilatère*) (du lat. *multus*, nombreux, et *latus*, côté), t. de géom., polygone à un grand nombre de côtés.

MULTILOBÉ, E, adj. (*muletilobé*) (du lat. *multus*, nombreux, et *lobus*), t. de bot., qui a plusieurs *lobes*.

MULTILOCULAIRE, adj. des deux genres (*muletilokulère*) (du lat. *multus*, nombreux, et *loculus*, loge, cavité), t. de bot.; se dit des fruits qui ont plusieurs loges.

MULTINÔME. Voy. POLYNÔME.

MULTIPARE, adj. des deux genres (*muletipare*), (du lat. *multum*, beaucoup, et de *parere*, produire, enfanter), t. d'hist. nat., qui produit plusieurs petits d'une portée.

MULTIPARTI, E, adj. (*muletiparti*) (en latin *multipartitus*, formé de *multum*, beaucoup, et de *partiri*, diviser, partager), t. de bot., se dit des parties des plantes divisées très-profondément en un nombre indéfini de lanières oblongues.

MULTIPÈDE, adj. des deux genres (*muletipède*) (du lat. *multum*, beaucoup, et de *pes*, gen. *pedis*, pied), t. d'hist. nat.; se dit des animaux qui ont plusieurs pieds.—Subst. mas. : *un multipède*.

MULTIPLE, adj. des deux genres (*muletiple*) (du lat. *multiplicare*, multiplier ; *quantité multipliée par elle-même un certain nombre de fois*), t. d'arithm. Il se dit d'un nombre qui en contient plusieurs fois un autre exactement et sans reste : *neuf est multiple de trois*.—*Raison multiple*, celle qui se trouve entre des nombres *multiples*.—T. de géom.: *point multiple*, point commun d'intersection de deux ou plusieurs branches d'une même courbe qui se coupent. T. de mécan. : *poulie multiple*, assemblage de plusieurs poulies.—On dit aussi subst. : *douze est le multiple de quatre*.

MULTIPLIABLE, adj. des deux genres (*muletipli-able*), qui peut être *multiplié*.

MULTIPLIANT, subst. mas. (*muletipli-an*), en dioptrique, verre taillé à facettes qui fait voir tout à la fois plusieurs images du même objet, et les *multiplie*.—T. de bot., arbre des Indes orientales, dont les branches, qui retombent verticalement, forment en rentrant en terre une colonnade naturelle de la plus grande beauté. C'est de cette manière de *se multiplier* qu'il prend son nom.

MULTIPLICANDE, subst. mas. (*muletiplikande*), t. d'arithm., nombre à *multiplier* par un autre. Dans une *multiplication* de *sept* par *quatre*, *sept* est le *multiplicande*.

MULTIPLICATEUR, subst. mas. (*muletiplikateur*), t. d'arithm., nombre par lequel on en *multiplie* un autre. Dans une *multiplication* de *sept* par *quatre*, *quatre* est le *multiplicateur*.

MULTIPLICATION, subst. fém. (*muletiplikâcion*) (en lat. *multiplicatio*), augmentation en nombre : *la multiplication des hommes*.—Règle d'arithm., par laquelle on répète un nombre autant de fois qu'il y a d'unités dans un nombre donné.

MULTIPLICITÉ, subst. fém. (*muletiplicité*), grand nombre de choses diverses : *multiplicité d'objets, d'opinions*, etc.

MULTIPLIÉ, E, part. pass. de *multiplier*.

MULTIPLIER, v. act. (*muletipli-é*) (en lat. *multiplicare*, fait de *multiplex*, qui signifie proprement *qui a plusieurs plis* ou *replis* ; racine *multus*, nombreux, et *plicare*, plier), augmenter en nombre : *miroirs qui multiplient les objets*.— En arithm., répéter un nombre autant de fois qu'il y a d'unités dans un autre nombre donné.—Neutralement, croître en nombre : *les lapins multiplient extrêmement*.—*se* MULTIPLIER, v. pron. — Être en quelque sorte dans plusieurs lieux à la fois.—Faire plusieurs choses en même temps : *il semble se multiplier*.

MULTIPLIEUR, subst. mas. (*muletiplieur*), celui qui *multiplie*, qui augmente. Vieux et même presque inusité.

MULTIRÈME, subst. mas. (*muletirème*), t. d'antiq., bâtiment à un grand nombre de rames.

MULTISILIQUEUSE, adj. fém. Voy. MULTISILIQUEUX.

MULTISILIQUEUX, adj. mas., au fém. MULTISILIQUEUSE (*muleticilikieu, kieuze*), t. de bot., qui a plusieurs *siliques*.

MULTITUDE, subst. fém. (*muletitude*) (en latin *multitudo*), grand nombre de personnes ou de choses : *multitude innombrable d'hommes, d'animaux, de livres*.— Absolument et sans régime, le peuple, le vulgaire : *il ne faut pas suivre les opinions de la multitude*.

MULTIVALVE, subst. fém. et adj. des deux genres (*muletivalve*) (du lat. *multus*, nombreux, et *valvæ*, gén. *valvarum*, battants, panneaux), t. d'hist. nat., coquilles composées de plusieurs pièces : *les coquilles multivalves; les multivalves*.

MULTIVALVÉ, E, adj. (*muletivalvé*), t. de bot., à plusieurs *valves* ou panneaux : *capsule multivalvée*.

Mûmes, 1re pers. plur. prét. déf. du verbe irrég. MOUVOIR.

MUNASICHITE, subst. mas. (*munazichite*), sectaire turc partisan de la métempsychose.

MUNCOS, subst. mas. (*monkoce*), t. d'hist. nat., espèce de mangouste.

MUNI, E, part. pass. de *munir*.

MUNICH, subst. propre mas. (*munike*), ville d'Allemagne, capitale de la Bavière.

MUNICIPAL, E, adj. (*municipale*) (du lat. *municipalis*, fait de *municipium*, municipe. Les Latins appelaient *municeps*, le citoyen d'une ville *municipale* qui avait droit de cité à Rome. De *munia*, fonctions, office, et *capere*, prendre; *qui munia capit*, qui est propre à exercer les fonctions de citoyen romain), qui appartient à la *municipalité* : *officier municipal*.—*Garde municipal*, soldat chargé de la police de Paris. — *Ville municipale*. Voy. MUNICIPE. — *Droit municipal, lois municipales*, coutume, droit coutumier d'un pays particulier.—Subst. mas., celui qui fait partie de la garde *municipale*. — Membre d'une *municipalité*.—Au plur. mas., *municipaux*.

MUNICIPALISÉ, E, part. pass. de *municipaliser*.

MUNICIPALISER, v. act. (*municipalizé*), introduire le régime *municipal*.—*se* MUNICIPALISER, v. pron.

MUNICIPALITÉ, subst. fém. (*municipalité*), corps d'officiers élus par une commune pour gérer son administration, veiller à la police, etc. — Le lieu où s'assemblent les officiers *municipaux*.—La commune elle-même.

MUNICIPAUX, adj. mas. plur. Voy. MUNICIPAL.

MUNICIPE, subst. mas., disent tous les *Dictionnaires*, sans excepter celui de l'*Académie*; nous ne pensons pas que ce subst. doive naturellement être du genre mas., puisqu'il ne désigne qu'un mot, celui de ville, qui en grec, en latin et en français, est du fém. Pris adj. dans *ville municipe*, ce qui serait fort admissible, dirait-on que *municipe* est adj. mas.? Non, certainement. Comme ce mot ne se rapporte jamais qu'à celui de ville, nous sommes d'avis de dire qu'il est plutôt *fém.* que *mas.* (*municipe*) (en lat. *municipium*), ville *municipale* du Latium et de l'Italie qui participait aux droits de bourgeoisie romaine.

MUNIFICENCE, subst. fém. (*munifiçance*) (en lat. *munificentia*), vertu qui porte à faire de grandes libéralités. Style soutenu.

MUNIR, v. act. (*munir*) (en lat. *munire*), pourvoir, fournir de tout ce qui est nécessaire. —*se* MUNIR, v. pron., se pourvoir de tout ce dont on a besoin.—On dit fig. : *se munir de patience, de courage, de résolution*, etc.

MUNITION, subst. fém. (*municion*) (en latin *munitio*, fait de *munire*, munir), provision des choses nécessaires dans une armée, dans une place de guerre; il ne se dit en ce sens qu'au plur.: *munitions de guerre, de bouche*.—*Pain de munition*, pain qu'on distribue tous les jours aux soldats. — *Fusil de munition*, de gros calibre, qui est l'arme de guerre, et auquel on peut adapter une baïonnette.

MUNITIONNAIRE, subst. mas. (*municionère*), celui qui a soin des *munitions* et des vivres d'une armée.—Celui qui les fournit.

MUNITIONNÉ, E, part. pass. de *munitionner*.

MUNITIONNER, v. act. (*municioné*), fournir des *munitions*, des approvisionnements. — *se* MUNITIONNER, v. pron.

MUNSTER, subst. propre mas. (*moncetère*), ville d'Allemagne, située sur l'Aa.

MUNYCHIES, subst. fém. plur. (*munichi*), fêtes de Diane qui se célébraient anciennement dans le port de *Munychie*, à Athènes.

MUNYCHION, subst. mas. (*munikion*), dixième mois chez les anciens Athéniens.

MUPHTI, subst. mas. (*moufeti*), grand-prêtre chez les Turcs.

MUQUEUSE, adj. fém. Voy. MUQUEUX.

MUQUEUX, adj. mas., au fém. MUQUEUSE (*mukieu, kieuze*) (en lat. *mucosus*), qui a de la *mucosité* : *fièvre muqueuse*. — *Membrane muqueuse*, celle qui tapisse certaines cavités du corps humain.—On dit même subst. au fém. : *la muqueuse de l'estomac*, etc.

MUR, subst. mas. (*mure*) (en lat. *murus*), muraille; ouvrage de maçonnerie qui renferme quelque espace ou le sépare d'un autre.—MUR, MURAILLE. (*Syn.*) Le *mur*, dit *Roubaud*, est un ouvrage de maçonnerie; la *muraille* est une espèce d'édifice. Le *mur* est susceptible de différentes dimensions : on dit les *murs* d'un jardin, et les *murailles* d'une ville. Cependant on dit aussi quelquefois *mur* en parlant d'une ville. — *Mur de face*, qui est à la face d'un bâtiment.—*Mur mitoyen*, qui sépare les maisons, les fonds de deux voisins, et qui leur est commun. — *Gros mur*, *mur* principal sur lequel porte un bâtiment.—*Mur de refend*, qui sépare les pièces de l'intérieur d'un bâtiment.—*Mur de pignon*, qui va jusqu'au-dessous du toit et en a la forme. — *Mur de parpaing*, formé de pierres qui en traversent l'épaisseur. — *Mur de clôture*, qui ne sert qu'à enfermer les cours, les jardins. —*Mur d'appui*, *mur* qui n'est élevé que de trois à quatre pieds.—Défense :

> Son nom seul est un *mur* à l'empire ottoman.
>
> LA FONTAINE.

—*Mur*, dans les mines, la partie inférieure. — On dit fig. : *un mur d'airain, un triple mur*, pour signifier la difficulté de rapprocher deux choses, ou de pénétrer.— Prov. et fig. : *vouloir le persuader, c'est se donner de la tête contre un mur*, c'est prendre une peine inutile.—*On tirerait plutôt de l'huile d'un mur*, on n'en peut rien obtenir.—*Cet homme tirerait de l'huile d'un mur*, il est si adroit que tout ce qu'il veut lui réussit. —Fam. : *mettre un homme au pied du mur*, le forcer à se décider, à prendre un parti.

MÛR, E, adj. (*mure*) (en lat. *maturus*), qui est dans sa *maturité*; qui est au point d'être cueilli ou mangé. — Fig. : 1° *cet aposthème est mûr*, près de crever; 2° *âge mûr*, celui qui suit la jeunesse; 3° *homme, jugement, esprit mûr*, sage, formé; 4° *mûre délibération*, réfléchie, où tout a été bien pesé; 5° *fille mûre* (style plaisant), en âge d'être mariée, et déjà depuis quelque temps; 6° *affaire qui est mûre, qui n'est pas encore mûre*, à laquelle il est temps ou il n'est pas encore temps de travailler.—*Habit mûr*, usé, vieux.—*C'était un fruit mûr pour le ciel*, se dit d'une jeune personne pieuse, et qui est morte. —*La poire est* ou *n'est pas mûre*, l'affaire en question est ou n'est pas dans l'état qui convient pour la faire.

MURAGE, subst. mas. (*muraje*), droit pour l'entretien des *murs*.—État de ce qui est *muré*.

MURAILLE, subst. fém. (*murâ-ie*) (en latin *murus*), mur long et considérable. Voy. MUR. *Cette muraille pousse*, elle tombe et menace ruine. — Au plur., *murailles* se prend souvent pour la ville même : *les ennemis sont autour de nos murailles*.—*Enfermer quelqu'un entre quatre murailles*, le mettre en prison.—Dans les mines de charbon de terre, la partie de la roche sur laquelle la couche du charbon est appuyée, et qu'on appelle aussi *le sol de la mine*.— En t. de pêche, les cannes ou filets qui forment l'enceinte des pêcheries.—T. d'escrime : *tirer à la muraille*, pousser de tierce et de quarte à quelqu'un qui ne fait que parer.—*Être devant l'ennemi comme une muraille*, être brave et intrépide au point de ne broncher pas plus qu'une *muraille*.—On dit prov. et fig., que *les murailles ont des oreilles*, pour dire que, quand on veut s'entretenir de quelque chose de secret, il faut parler avec beaucoup de circonspection, de peur d'être écouté.

MURAL, E, adj. (*murale*) (en lat. *muralis*) : *couronne murale*, qui se donnait à ceux qui étaient montés les premiers sur les *murs* d'une ville assiégée.—T. de bot., qui croît sur les *murs*. —*Cartes murales*, qui s'appliquent aux *murs*.— Subst. mas.; on appelle *mural*, un quart de cercle fixé sur un *mur*. — Au plur. mas., *muraux*. Peu usité.

MURAT, subst. propre mas. (*mura*), ville de France, située dans l'Auvergne.

MURCIE, subst. propre fém. (*murci*), province d'Espagne, ayant une capitale du même nom.

MURCIEN, subst. mas. (*murciein*), t. d'antiq., selon *Boiste*, soldat qui s'était mutilé pour ne plus servir.

MÛRE, subst. fém. (*mure*) (du lat. *morum*, fait, dans le même sens, du grec μαυρος, sombre, noirâtre, à cause de sa couleur noire), fruit du *mûrier*.—*Mûre sauvage*, le fruit de la ronce.

MURÉ, E, part. pass. de *murer*, et adj.

MUREAU, subst. mas. (*murô*), côtés et dessus de la tuyère d'un fourneau de forge.

MÛREMENT, adv. (*mureman*) (en lat. *maturè*), avec beaucoup d'attention et de réflexion : *penser mûrement*.

MURÈNE, subst. fém. (*murène*) (en grec μυραινα), t. d'hist. nat., sorte de poisson fort estimé chez les Romains, et qui ressemble à l'anguille.

MURÉNOPHIS, subst. mas. (*murénofice*) (du grec μυραινα, murène, et οφις, serpent), t. d'hist. nat., serpent ressemblant à la *murène*. — Poisson osseux, espèce d'ophite.

Murent, 3e pers. plur. prét. déf. du verbe irrégulier MOUVOIR. *Murent* est aussi la 3e pers. plur. prés. indic. du v. MURER.

MURER, v. act. (*muré*), environner de *murailles*.—Boucher par le moyen d'une maçonnerie.—*se* MURER, v. pron.

MURET, subst. propre mas. (*murè*), ville de France, sur la Garonne, à quelques lieues de Toulouse.

MUREX, subst. mas. (*murèkce*) (du lat. *murex*, qui signifie proprement *pointe de rocher*, et par extension, ce coquillage, parce qu'il a la forme d'un rocher hérissé), t. d'hist. nat., genre de coquillages hérissés de pointes. C'est d'un coquillage de ce genre que les anciens tiraient la liqueur qui leur servait à teindre en pourpre.

MÛRI, E, part. pass. de *mûrir*.

MURIACITE, subst. fém. (*muri-acite*), t. de chim., *muriate* de chaux.

MURIATE, subst. mas. (*muri-ate*), t. de chim., sel formé par la combinaison de l'acide *muriatique* et de différentes bases. — *Muriate de soude*, nom donné, dans la nouvelle nomenclature chimique, au sel soit marin, soit de cuisine.—*Muriate de chaux*. eau mère du sel marin, sel marin calcaire, sel ammoniacal fixe, phosphore de Homberg.— *Muriate de plomb*, plomb corné. — *Muriate de potasse*, sel digestif, sel fébrifuge de *Sylvius*, sel fumant à base d'alcali végétal. — *Muriate de zinc*, sel marin de zinc.—*Muriate oxygéné*, sel formé par la combinaison de l'acide *muriatique* avec différentes bases.—*Muriate oxygéné d'étain fumant*, liqueur de *Libavius*.

MURIATIQUE, adj. des deux genres (*muri-atike*) (du lat. *muria*, saumure, fait du grec *ἁλμυρος*), t. de chimie : *acide muriatique*, acide qui, avec la soude, constitue le sel marin.

MURICALCITE, subst. fém. (*murikalcite*), t. d'hist. nat., variété de chaux carbonatée.

MURICHE, subst. mas. (*muriche*), t. de bot., arbre d'Amérique.

MURICITE, subst. fém. (*muricite*), t. d'hist. nat., *murex* fossile.

MURIE, subst. fém. (*muri*), eau qui contient du sel gemme; espèce de saumure.

MÛRIER, subst. mas. (*mûrié*) (en lat. *morus*; en grec *μορεα*), t. de bot., arbre des pays chauds, à fleurs amentacées. La baie qui en forme le fruit s'appelle *mûre*.

MURIN, subst. mas. (*murein*) (du latin *mus*, rat), t. d'hist. nat., famille de rongeurs, tels que les marmottes, les mulots, etc.

MURIQUÉ, E, adj. (*murikié*), t. de bot., couvert d'aspérités calleuses comme le *murex*.

MÛRIR, v. act. (*mûrir*), rendre *mûr*.— Fig. : *l'expérience lui a mûri le jugement*.—Neut., venir en *maturité*, au propre et au figuré. — *se* MÛRIR, v. pron.

MURLEAU, subst. mas. (*murlô*), raisin noir velouté.

MURMURANT, E, adj. (*murmuran, rante*), qui *murmure* : *fontaine, eau murmurante*.

MURMURATEUR, subst. et adj. mas., au fém. **MURMURATRICE** (*murmurateur, trice*), celui, celle qui *murmure* contre ses chefs.

MURMURATION, subst. fém. (*murmurâcion*), action de *murmurer*.

MURMURATRICE, subst. et adj. fém. Voyez MURMURATEUR.

MURMURE, subst. mas. (*murmure*) (en latin *murmur*, en grec *μορμυρω*), bruit sourd de plusieurs personnes qui parlent en même temps. — Plaintes que font en secret des personnes mécontentes. — Bruit sourd et léger des eaux et des vents.

MURMURER, v. neut. (*murmuré*) (en lat. *murmurare*; en grec *μορμυρειν*), se plaindre sourdement, sans éclater. — Rire sourdement, sans éclater.—Dire quelque chose en grondant, parce qu'on n'est pas satisfait. — Il se dit aussi, 1° du bruit sourd qui court de quelque affaire, de quelque nouvelle; 2° de celui que font les eaux et les vents.—*se* MURMURER, v. pron. : *cela se murmure à l'oreille*, on en parle tout bas.

MURMUREUSE, adj. fém. Voy. MURMUREUX.

MURMUREUX, adj. mas., au fém. **MURMUREUSE** (*murmureu, reuze*), qui *murmure*.

MURRHIN, E, subst. et adj. (*murerein, rine*), vase antique. — Adj. : *vases murrhins*, formés d'une sorte de pierre appelée *murra*, dont *Pline* fait mention. Ces vases, précieux par la beauté de leur forme, étaient excessivement chers.

MURRHINE, adj. fém. Voy. MURRHIN.— Subst. fém. (du grec *μυρον*, parfum), ancienne boisson de vin doux mélangé d'aromates.

MURTILLE, subst. mas. (*murti-ie*), t. de bot., arbrisseau d'Amérique.

MURUCUCA, subst. mas. (*murukukâ*), t. de bot., espèce de fleur de la Passion, dont le fruit est délicieux.

DU VERBE IRRÉGULIER MOUVOIR :

Mus, précédé de *je*, 1re pers. sing. prét. déf.
Mus, précédé de *tu*, 2e pers. sing. prét. déf.

MUSAGÈTE, adj. des deux genres (*muzajète*) (du grec *μουσα*, muse, et *αγω*, je conduis; *conducteur des Muses*), myth., surnom d'Apollon.

MUSARAIGNE, subst. fém. (*muzarègnie*) (du latin *mus*, rat, souris, et *araneus*, fait ou d'*arena*, sable, *souris des sables*, ou d'*arenea*, araignée; parce que quelques-uns croient cet animal venimeux), t. d'hist. nat., mammifère plantigrade.

MUSARD, E, subst. et adj. (*muzar, zarde*), qui s'arrête, qui s'amuse partout; qui *muse*. Il est familier. Voy. MUSER.

MUSARDERIE, subst. fém. (*muzarderi*), état d'une personne qui perd son temps à des riens.

MUSARDER, v. neut. (*muzardé*), passer le temps à rien faire. Voy. MUSER.

MUSC, subst. mas. (*muceke*), t. d'hist. nat., mammifère ruminant du genre *chevrotin*. — Liqueur que cet animal porte dans un follicule situé à l'extrémité des organes de la génération, et dont on fait un parfum qui porte le même nom. *Couleur de musc*, espèce de couleur brune. — *Peau de musc*, peau parfumée de *musc*.

MUSCADE, subst. fém. (*mucekade*) (de *musc*, parfum), noix aromatique; fruit d'un arbre des Indes, assez semblable au pêcher.— Petite balle de liège qui *s'escamotte*. — Ce mot est aussi adj. : *rose muscade*, etc.

MUSCADELLE, subst. fém. (*mucekadèle*), espèce de poire qui sent un peu le *musc*.

MUSCADET, subst. mas. (*mucekadè*), sorte de gros raisin blanc. — Vin qui a quelque goût du vin *muscat*. Peu usité dans les deux sens.

MUSCADIER, subst. mas. *mucekadié*), t. de bot., arbre qui porte la *muscade*.

MUSCADIN, E, subst. (*mucekadein,dine*), nom donné par les terroristes de 1793 aux milices bourgeoises, dont la tenue propre donnait à penser qu'elles faisaient usage de *musc*. Depuis on l'a employé familièrement pour désigner un *petit-maître*.—Subst. mas. seulement : petite pastille dans la composition de laquelle il entre du musc.

MUSCARDIN, subst. mas. (*mucekardein*), t. d'hist. nat., petit mammifère rongeur, du genre des *loirs*.

MUSCARDINE, subst. fém. (*mucekardine*), moisissure des vers à soie.

MUSCARI, subst. mas. (*mucekari*), t. de bot., sorte de plante.

MUSCAT, adj. mas. (*muceka*), qui a une sorte de parfum. Voy. MUSC. — On dit aussi subst., au mas. : *manger du muscat, boire du muscat*.

MUSCELLIN, E, adj. (*mucèlein, line*), qui est plein de *musc*.

MUSCICAPE, subst. mas. (*mucecikape*), t. d'hist. nat., espèce de gobe-mouches.

MUSCIPULA, subst. fém. (*mucecipulâ*), t. de bot., petite plante glutineuse.

MUSCLE, subst. mas. (*mucekle*) (du lat. *musculus*, muscle et petit rat, diminutif de *mus*, rat), partie charnue et fibreuse qui est l'organe des mouvements de l'animal.

MUSCLÉ, E, adj. (*mucekié*), qui a les *muscles* bien marqués. Il se dit principalement en t. de peinture et de sculpture : *cette figure, cette statue est bien musclée, trop musclée*.

MUSCOSITÉ, subst. fém. (*mucekôzité*) (du lat. *muscus*, mousse), espèce de mousse ou de velouté qui se trouve dans le ventricule des animaux qui ruminent.

MUSCULAIRE, adj. des deux genres (*mucekulère*), t. d'anatomie, qui s'insère dans les *muscles*; qui concerne les *muscles*.—*Machine musculaire, muscule* des anciens.

MUSCULE, subst. mas. (*mucekule*) (en lat. *musculus*), sorte de machine de guerre des anciens, destinée à mettre les sapeurs à couvert.— Subst. fém., t. d'anat., nom de deux veines de la cuisse, l'une interne, et l'autre externe.

MUSCULEUSE, adj. fém. Voy. MUSCULEUX.

MUSCULEUX, adj. mas., au fém. **MUSCULEUSE** (*mucekuleu, leuze*), plein de *muscles*.—Qui a les *muscles* forts.

MUSCULITE, subst. fém. (*mucekulite*), t. d'hist. nat., moule fossile.

MUSCULO-CUTANÉ, adj. mas. (*mucekulôkutané*), t. d'anat.; se dit des *muscles* branchiaux, voisins de la peau.

MUSE, subst. fém. (*muze*) (en lat. *musa*, en grec *μουσα*), myth., chacune des déesses qui, suivant la fable, présidaient aux arts libéraux. Les anciens en admettaient neuf, et les croyaient filles de Jupiter et de Mnémosyne. On ne connaissait d'abord que trois *muses*, qu'on nommait *Mélété, Mnémé*, et *Aœdé*. Mais un sculpteur de Sicyone ayant eu ordre de faire trois statues des trois *muses*, il conçut qu'il en fallait trois de chacune, et fit trois fois les statues des trois *muses*; on les trouva si belles, qu'on les mit toutes dans le temple d'Apollon; et c'est alors qu'on commença à compter neuf *muses*, auxquelles ensuite Hésiode donna des noms. Osiris avait à sa cour neuf filles, toutes habiles musiciennes; leur maître se nommait Apollon. Peut-être est-ce de là que les poètes ont pris leurs neuf *Muses*. Ces déesses habitaient le mont Hélicon dans la Béotie, et le Parnasse, montagne de la Phocide. Leurs noms sont *Calliope, Clio, Erato, Thalie, Melpomène, Terpsichore, Euterpe, Polymnie* et *Uranie*, et chacune présidait à quelque art particulier. On les peint jeunes, belles, modestes, et couronnées de fleurs. Leurs occupations sont de célébrer par des vers, les victoires des dieux, et d'enseigner la poésie. Quand on invoque les *Muses*, on souhaite sous ce nom le génie de la poésie, et l'inspiration; aussi les *Muses* sont-elles de tous les pays; il y a des *Muses latines, françaises*. Virgile a invoqué les *Muses siciliennes*. On nomme aussi les *Muses* : *Camènes, Héliconiades, Parnassides, Aonides, Piérides, Pégasides, Aganippides, Thespiades, Libéthrides, Castalides*.—Au fig., et avec les pronoms possessifs ou la prép. *de*, pour régime; poésie : *sa muse est enjouée*, etc. *La muse de Corneille est sublime, celle de Racine est tendre*, etc. Boileau (satire X) a dit dans le même sens, et sans pronom :

Jette enfin sur la *muse* un regard favorable.

Le pluriel *les muses*, si le vers l'eût permis, aurait été plus exact. — Au plur., les belles-lettres : *cultiver les muses*. — *Les nourrissons des muses*, les poètes.— En t. de vènerie, commencement du rut des cerfs.

MUSEAU, subst. mas. (*muzô*) (du grec *μυτις*, employé dans la même acception et qui signifie proprement *nez, narine*. De *μυτις*, on a fait dans la basse latinité, *musus*, et ensuite son diminutif *musellus*, d'où vient immédiatement *museau*), cette partie de la tête du chien et de quelques autres animaux, qui comprend la gueule et le nez. —On le dit quelquefois des personnes par mépris ou par plaisanterie : *qu'avait-il besoin d'aller montrer là son museau ?*—En menuis., l'accoudoir des stalles d'un chœur, parce que les Goths y sculptaient des *museaux* ou mufles d'animaux.

MUSÉE, subst. mas. (*muzé*) (en lat. *musæum*, fait du grec *μουσειον*, dérivé en lat. de *musa*, et en grec de *μουσα*, muse), lieu destiné à l'étude des beaux-arts, des sciences et des lettres. — Membres d'une société de savants et d'artistes, qui se réunissent dans un *musée*.—Endroit où sont rassemblés des monuments précieux, le produit des arts, ou de la nature.— Au plur. fém., fêtes des *muses*.

MUSELÉ, E, part. pass. de *museler*.

MUSELER, v. act. (*muzelé*), mettre à un animal une *muselière* : *museler un chien*.—Au fig., empêcher de parler : *on devrait museler les calomniateurs*.—*se* MUSELER, v. pron.

MUSELIÈRE, subst. fém. (*muzelière*) (du mot *museau*), bride qui passe sur le nez du cheval et qui est attachée à la têtière. — Morceau de cuir avec de petits clous qu'on adapte au nez des jeunes poulins. — Ce qu'on met à quelques animaux pour les empêcher de mordre ou de paître.

MUSÉOGRAPHE, subst. mas. (*muzé-oguerafe*), auteur de la description d'un *musée*.

MUSER, v. neut. (*muzé*) (suivant *Caseneuve*, de l'allemand *müsse*, loisir, oisiveté. Suivant *Huet*, du latin *vacare musis*; parce que, dit-il, l'occupation des gens de lettres les éloignant de l'action et du mouvement des gens du monde, ils semblent être oisifs), s'amuser à tout autre chose qu'à ce qu'on a à faire; il est vieux et ne s'est conservé que dans cette phrase proverbiale : *qui refuse muse*, celui qui refuse quelque offre, etc., perd souvent une occasion qu'il ne trouve plus.—T. de vènerie, se dit des cerfs qui entrent en rut.

MUSEROLLE, subst. fém. (*muzerole*), partie de la bride qui se place au-dessus du nez (du *museau*) du cheval.

MUSETTE, subst. fém. (*muzète*) (dimin. de *muse*, en latin *musa*, d'où l'on a fait aussi *musique*), instrument de musique champêtre. On lui donne le vent avec un soufflet qu'on tient sous l'aisselle.—Air fait pour la *musette*.

MUSÉUM, subst. mas. (*muzé-ome*), chez les anciens, lieu consacré aux *Muses*.— Chez nous, la même chose que *musée*. Voy. ce mot.

MUSEUR, subst. mas., **MUSEUSE**, subst. fém. (*muzeur, zeuze*), t. pop., qui *muse* toujours. On dit plutôt *musard*.

MUSICAL, E, adj. (*muzikale*), qui appartient à la *musique*.—Au plur. mas., *musicaux*.

MUSICALEMENT, adj. (*muzikaleman*), d'une manière *musicale*.

MUSICAUX, adv. mas. plur. Voy. MUSICAL.

MUSICIEN, subst. mas., **MUSICIENNE**, subst.

fém. (*musicien, ciène*), celui ou celle qui sait la *musique*, qui enseigne la *musique*.—Plus ordinairement, celui qui fait profession de composer ou d'exécuter de la *musique*. — Chanteur.

MUSICIENNE, subst. fém. Voy. MUSICIEN.

MUSICO, subst. mas. (*muziko*), dans les Pays-Bas, et surtout en Hollande, lieu où le bas peuple, les matelots vont boire, fumer, entendre de la *musique*, se réjouir avec des femmes débauchées.

MUSICOMANE, subst. des deux genres (*muzikomane*), qui a la passion de la *musique*. On dit plus souvent *mélomane*.

MUSICOMANIE, subst. fém. (*muzikomani*), passion de la *musique*.

MUSIQ., abréviation du mot *musique*.

MUSIQUE, subst. fém. (*muzike*) (en lat. *musica*, fait du grec μουσική, dérivé de μουσα, muse), science du rapport et de l'accord des sons : *savoir la musique, composer la musique*.—Dans une acception plus usitée, l'art de composer des chants, des airs, soit simples en en partie, soit avec des voix ou avec des instruments : *composer en musique ; musique savante*.—Chant, concert de voix ou d'instruments : *musique agréable ; musique vocale, instrumentale, etc.*—Compagnie de musiciens attachés au service d'une église, d'un régiment, etc. — *Notes de musique*, marques pour faire connaître les divers tons de la musique. — *Livre*, *papier de musique*, livre, papier où les airs sont écrits et notés.—Fig. et pop. : *musique enragée, musique de chiens et de chats*, 1° musique discordante et chantée par de méchantes voix ; 2° bruit confus de plusieurs personnes qui se querellent. — Fig. et prov. : 1° *pays de musique*, où il y a du haut et du bas; 2° *homme réglé comme un papier de musique*, extrêmement réglé.—*Faire de la musique*, l'exécuter par amusement, et non pas en composer.

MUSIQUER, v. neut. (*muzike*), faire de la *musique*. (J.-J. Rousseau.)—V. act., mettre en *musique*. (Grimm.) Ce mot, malgré ces deux auteurs, n'a été admis ni comme neut., ni comme act.

MUSOIR, subst. mas. (*muzoare*), selon *Boiste*, qui le donne lui-même comme inusité, pointe d'une digue.

MUSOPHAGE, subst. mas. (*muzofaje*) (du lat. musa et du grec φαγω, je mange), t. d'hist. nat., genre d'oiseaux grimpeurs de la famille des lévirostres.

MUSQUÉ, E, part. pass. de *musquer*, et adj., parfumé avec du musc. — Par extension, *fruits musqués*, qui sentent un peu le musc.—Fig. : *paroles musquées*, obligeantes et flatteuses.—*Écrivain, poète musqué*, qui affecte des ornements futiles.—*Fantaisies musquées*, caprice des gens riches, des jolies femmes, etc.

MUSQUER, v. act. (*muskie*), parfumer avec du musc.—*se* MUSQUER, v. pron.

MUSSE, subst. fém. (*muce*), cachette. Il est vieux.—En t. de chasse, passage étroit d'un fort ou d'une haie pour les lièvres, les lapins, etc.

DU VERBE IRRÉGULIER MOUVOIR :

Musse, 1res pers. sing. imparf. subj.
Mussent, 3e pers. plur. imparf. subj.
Musses, 2e pers. sing. imparf. subj.

se MUSSER, v. pron. (*cemuce*), se cacher. Il est vieux. Cependant on a conservé la loc. *à muchepot*, qui se dit par corruption de *à mussepot*, et qui signifie : en cachette.

MUSSIDAN, subst. propre mas. (*mucidan*), ville de France, dép. de la Dordogne.

DU VERBE IRRÉGULIER MOUVOIR :

Mussiez, 2e pers. plur. imparf. subj.
Mussions, 1re pers. plur. imparf. subj.

MUSSITATION, subst. fém. (*mucecitácion*) (du lat. *mussitare*, grommeler), t. de médec., dans les fièvres ataxiques, mouvement des lèvres du malade, qui semble parler à voix basse.

MUSSY-L'ÉVÊQUE, subst. propre mas. (*mucecilevêke*), ville de France, en Bourgogne. Elle est située sur la Seine, entre Châtillon et Bar-sur-Seine.

MUSTELLE, subst. fém. (*mucetèle*), t. d'hist. nat., genre de poisson.

MUSULMAN, E, subst. et adj. (*muzulmane*), titre que prennent les mahométans, et qui signifie, *vrai croyant*, qui met toute sa confiance en Dieu.—Adj. : *les rites musulmans, la loi musulmane*.

MUSULMANISME, subst. mas. (*musulmanicme*), religion musulmane.

MUSURGIE, subst. fém. (*muzurji*) (en grec μουσουργία, fait de μουσουργειν, composer de la musique, rac. μουσα, chant musical, musique, et εργον, ouvrage), t. de musique, art d'employer à propos les consonnances et les dissonnances.

MUSURGUES, subst. fém. plur. (*mucurgue*), t. d'antiq., femmes poëtes. Hors d'usage.

DU VERBE IRRÉGULIER MOUVOIR :

Mut, précédé de *il* ou *elle*, 3e pers. sing. prét. déf.
Mût, précédé de qu'il ou qu'elle, 3e pers. sing. imparf. subj.

MUTABILITÉ, subst. fém. (*mutabilité*) (en latin *mutabilitas*, fait de *mutare*, changer), état, qualité de choses sujettes au changement.

MUTANDE, subst. fém. (*mutande*), anciennement, caleçon de certains religieux.

MUTATION, subst. fém. (*mutácion*) (en latin *mutatio*), en jurisprudence, changement. — Au plur., révolution dans un état, dans l'air, etc.

MUTÉ, E, part. pass. de *muter*.

MUTER, v. act. (*mute*), soufrer le vin.—se MUTER, v. pron.

Mûtes, 2e pers. plur. prét. déf. du v. irrég. MOUVOIR.

MUTILATEUR, subst. mas. (*mutilateur*), celui qui mutile un corps, une statue ; et au fig., un ouvrage.

MUTILATION, subst. fém. (*mutilácion*) (en lat. *mutilatio*), amputation ou retranchement d'un membre.—Action de celui qui se mutile.—On dit aussi *la mutilation d'une statue*.

MUTILÉ, E, part. pass. de *mutiler*, et adj., à qui l'on a retranché quelque membre ou quelque partie.

MUTILER, v. act. (*mutile*) (en latin *mutilare*), couper, retrancher quelque membre : *mutiler un bras; qui t'a mutilé ?* — Il se dit, dans le même sens, des statues.—Quand *mutiler* se dit absolument, il signifie ordinairement *châtrer*.—Fig. : *mutiler un ouvrage*, retrancher une ou plusieurs parties essentielles à sa perfection.—se MUTILER, v. pron.

MUTILLAIRE, subst. mas. (*mutilelère*), t. d'hist. nat., espèce d'insectes hyménoptères dont les femelles sont sans ailes.

MUTILLE, subst. fém. (*mutile*), t. d'hist. nat., genre des mutillaires.

MUTIN, E, subst. et adj. (*mutein*, tîne) (suivant *Ménage*, du latin barbare *motinus*, fait dans la basse latinité de *movere*, remuer); opiniâtre, entêté, obstiné. Il se dit surtout des enfants.—Enclin à la révolte, séditieux.—*Visage, air mutin*, vif, éveillé, piquant. — Subst. : *on dompta les mutins*.

MUTINÉ, E, part. pass. de *mutiner*, et adj. : *troupes mutinées*. — Fig. et poét., il se dit surtout des vents et des flots.

se MUTINER, v. pron. (*cemutiné*), en parlant de l'enfant, se dépiter, faire le *mutin*.—Se porter à la sédition, à la révolte.

MUTINERIE, subst. fém. (*mutineri*), penchant à la révolte, ou la révolte même. — Obstination d'un enfant qui se dépite, qui fait le *mutin*.

MUTIQUE, adj. des deux genres (*mutike*) (en lat. *muticus*), t. de bot., qui ne se termine pas en pointes piquantes. C'est l'opposé d'*aristé*.

MUTIR, v. neut. (*mutir*), vieux t. de fauconn., émeutir, fienter.—Murmurer, grommeler comme la chèvre. — Faire le bruit du muet qui essaie des articulations imparfaites.

MUTISME, subst. mas. (*muticeme*) (du lat. *mutus*, muet), état d'une personne muette. Quelques médecins disent *mutità*.

MUTITÉ, subst. fém. (*mutité*), impossibilité de former les sons articulés. — État d'une personne muette. Voy. MUTISME.

MUTUALISTE, subst. mas. (*mutu-alicete*), actionnaire d'une société mutuelle contre l'incendie, etc.

MUTUALITÉ, subst. fém. (*mutu-alité*), système des compagnies mutuelles contre l'incendie, etc. — État de ce qui est *mutuel*.

MUTUEL, UELLE, adj., ou fém. MUTUELLE (*mutu-èle*) (en lat. *mutuus*), réciproque ; avec cette différence que le mot *mutuel* désigne l'échange, le mot *réciproque*, le retour. Le premier exprime l'action de donner et de recevoir de part et d'autre; et le second, l'action de rendre selon qu'on reçoit, c'est-à-dire la réaction. (Roubaud.) — *Enseignement mutuel*, par lequel les élèves s'instruisent l'un par l'autre.

MUTUELLE, adj. fém. Voy. MUTUEL.

MUTUELLEMENT, adv. (*mutu-èleman*) (en lat. *mutué*, ou *mutuo*), réciproquement.

MUTULE, subst. fém. (*mutule*) (du lat. *mutulus*, employé par *Vitruve* dans le même sens, et que quelques-uns dérivent du grec μυτιλος, moule, coquillage), t. d'archit., espèce de modillon carré dans la corniche de l'ordre dorique, d'où pendent des gouttes ou clochettes.

MUY, subst. propre mas. (*mui*), ville de France, dép. du Var.

MUYDEN, subst. propre mas. (*muïdène*), ville des Pays-Bas, dans l'ancienne province de Hollande.

MYAGRE, subst. mas. (*mi-agyre*), t. de bot., plante crucifère.

MYCÈNE, subst. propre mas. (*micène*), ancienne ville de Grèce, et capitale d'un royaume du même nom.

MYCÈNES, subst. mas. plur. (*micène*), t. de bot., groupe de champignons.

MYCÉTOBIE, subst. mas. (*micétobi*) (du grec μυκης, champignon, et βιοω, je vis), t. d'hist. nat., coléoptère des champignons.

MYCÉTOLOGIE, subst. fém. (*micétoloji*), (du grec μυκης, champignon, et λογος, discours, traité), traité sur les champignons.

MYCÉTOLOGUE, subst. mas. (*micétologue*), qui traite de *mycétologie*.

MYCÉTOPHAGE, subst. mas. (*micétofaje*) (du grec μυκης, champignon, et φαγω, je mange), t. d'hist. nat., coléoptère qui mange les champignons

MYDAS, subst. mas. (*midace*), t. d'hist. nat., tortue de mer. — Genre de diptères. — Myth. Voy. MIDAS.

MYDÈSE, subst. fém. (*midèze*) (du grec μυδησις, poussière), t. de médec., écoulement de matière purulente par le bord des paupières.

MYDRIASE, subst. fém. (*midri-âze*) (en grec μυδριασις, fait de αμυδρος, faible, obscur), t. de médec., affaiblissement de la vue causé par le trop grande dilatation de la prunelle.

MYE, subst. fém. (*mi*), t. d'hist. nat., coquille acéphale.

MYGALE, subst. fém. (*migale*) (en grec μυγαλη), t. d'hist. nat., genre d'insectes aptères, rapproché de celui des araignées.

MYLABRE, subst. mas. (*milabre*), t. d'hist. nat., genre d'insectes coléoptères, de la famille des épispastiques, qui ont les antennes en masse.

MYIOLOGIE, subst. fém. (*mi-iologi*) (du grec μυια, mouche, et λογος, discours), traité sur les mouches.

MYLO-GLOSSE, subst. et adj. des deux genres (*mlloguelose*) (du grec μυλος, meule, molaire, et γλωσσα, langue), t. d'anat., muscle attaché d'une part près des dents molaires, et de l'autre à la langue.

MYLO-HYOÏDIEN, subst. et adj. mas., au fém. MYLOHYOÏDIENNE (*milo-i-o-idieïn, dîène*) (du grec μυλος, meule ou dent molaire, et υοειδης, l'os hyoïde), t. d'anat., se dit de deux muscles de l'os hyoïde, qui naissent des dents molaires à la base de l'os hyoïde.

MYLO-PHARYNGIEN, subst. et adj. mas., au fém. MYLO-PHARYNGIENNE (*milofareinjieïn, jiène*) (du grec μυλος, meule, et φαρυγξ, pharynx), t. d'anat., nom des deux muscles du *pharynx*, qui naissent près des dents molaires.

MYLORD, Voy. MILORD.

MYOCÉPHALE, subst. mas. (*mi-océfale*) (du grec μυια, mouche, et κεφαλη, tête), t. de chir., espèce de tumeur en forme de tête de mouche, qui vient à l'œil sur la tunique vitrée.

MYODYNIE, subst. fém. (*mi-odini*) (du grec μυς, muscle, et οδυνη, douleur), t. de médec., douleur rhumatismale des muscles.

MYOGRAPHE, subst. mas. (*mi-ogurafe*), qui écrit sur les muscles.

MYOGRAPHIE, subst. fém. (*mi-ogurafi*) (du grec μυς, gén. μυος, muscle, et λογος, traité), t. d'anat., description des muscles.

MYOLOGIE, subst. fém. (*mi-oloji*) (du grec μυς, gén. μυος, muscle, et λογος, discours), partie de l'anatomie qui traite des muscles.

MYOMANCIE, subst. fém. (*mi-omanci*) (du grec μυς, rat, et μαντεια, divination), divination par les rats.

MYOMANCIEN, subst. mas., au fém. MYOMANCIENNE (*mi-omancieïn, cîène*), qui devine par le moyen des rats.

MYONIMES, subst. fém. plur. (*mi-onime*), t. de bot., plantes rubiacées.

MYOPE, subst. et adj. des deux genres (*mi-op*), (en grec μυωψ, formé de μυω, cligner les yeux, lignoter, et de ωψ, vue, faculté de voir), celui ou celle qui a la vue fort courte. Il se dit proprement de ceux qui, à la différence des presbytes, voient confusément les objets éloignés, et distinctement les objets proches. — T. d'hist. nat., subst. mas., genre d'insectes diptères.

MYOPIE, subst. fém. (*mi-opi*), état des personnes qui ont la vue courte et basse.

MYOPISME, subst. mas. (*mi-opiceme*), état de la *myopie*.

MYOSIE, subst. fém. (*mi-ozi*), t. de médec., contraction permanente de la prunelle de l'œil.

MYOSOTIS, subst. mas. (*mio-zotice*), t. de bot., sorte de plante; oreille de souris.

MYOSURE, subst. fém. (*mi-ozure*) (du grec *μυς*, rat, et *ουρα*, queue), t. de bot., plante à grains en queue de rat.

MYOSYTIE, subst. fém. (*mi-oziti*), t. de médec., genre de rhumatisme.

MYOTILITÉ, subst. fém. (*mi-otilité*) (du grec *μυος*, muscle), t. de médec., mouvement des muscles.

MYOTOMIE, subst. fém. (*mi-otomi*) (du grec *μυος*, muscle, et *τεμνω*, je coupe), partie de l'anatomie qui traite de la dissection des muscles.

MYRE, subst. mas. (*mire*), t. d'hist. nat., poisson de mer, du genre de la murène.

MYRI, particule générique qui signifie dix mille fois la chose.

MYRIADE, subst. fém. (*miri-ade*) (du grec *μυριας*, et *μυριοι*, dix mille), t. d'hist. anc., nombre de dix mille.—Grand nombre indéterminé : *des myriades d'atomes*.

MYRIAGRAMME, subst. mas. (*miri-aguerame*) (du grec *μυρια*, dix mille, et *γραμμα*, gramme), dans le nouveau système métrique, poids de dix mille *grammes*, équivalant en mesures anciennes à peu près à vingt livres sept onces.

MYRIALITRE, subst. mas. (*miri-alitre*), nouvelle mesure de capacité, contenant dix mille *litres*.

MYRIAMÈTRE, subst. mas. (*miri-amètre*) (du grec *μυρια*, dix mille, et *μετρον*, mètre), dans les nouvelles mesures, longueur de dix mille *mètres*, ou deux lieues moyennes.

MYRIAPODE, subst. mas. (*miri-apode*) (du grec *μυρια*, dix mille, et *πους*, gén. *ποδος*, pied), t. d'hist. nat., famille d'insectes aptères. Voy. MILLE-PIEDS.

MYRIARE, subst. mas. (*miri-are*) (du grec *μυρια*, dix mille, et du mot *are*), dans le nouveau système, étendue de dix mille *ares*, équivalant à un kilomètre carré, ou à cent quatre-vingt-quinze arpents environ.

MYRIASTÈRE, subst. mas. (*miri-acetère*), dix mille *stères*, dans les nouvelles mesures des solides, du bois de chauffage.

MYRIONYME, adj. des deux genres (*miri-onime*) (du grec *μυρια*, dix mille, et *ονυμα*, nom), qui a dix mille *noms*.

MYRIOTHÈQUE, subst. fém. (*miri-otèke*) (du grec *μυρια*, dix mille, et *τηκη*, étui), t. de bot., espèce de fougère, à capsules innombrables.

MYRMÉCIE, subst. fém. (*mirméci*) (du grec *μυρμηξ*, fourmi), t. de médec., espèce de verrue dans la paume de la main ou sous la plante des pieds, qui fait éprouver, lorsqu'on la coupe, la même impression que la morsure d'une *fourmi*. —T. d'hist. nat., genre d'insectes hyménoptères, tribu des formicaires.

MYRMÉCITE, subst. fém. (*mirmécite*), t. d'hist. nat., pierre figurée qui a l'empreinte d'une *fourmi*.

MYRMÉCOPHAGE, subst. et adj. des deux genres (*miremékofaje*) (du grec *μυρμηξ*, fourmi, et *φαγω*, je mange), t. d'hist. nat., qui vit de *fourmis*.

MYRMÈGES, subst. mas. plur. (*mirméje*), t. d'hist. nat., famille de *fourmis*.

MYRMÉLÉON, subst. mas. (*mirmélé-on*) (du grec *μυρμηξ*, fourmi, et *λεω*, lion), t. d'hist. nat., genre de névroptères, sorte de *formicaleo* (fourmi-lion).

MYRMIDON, subst. mas. (*mirmidon*) (du grec *μυρμηδων*, bataillon de fourmis, dérivé de *μυρμος* ou *μυρμηξ*, fourmi. D'après cette étymologie, on ne doit pas écrire *mirmidon*, quoique l'*Académie* elle-même paraisse préférer cette dernière orthographe.), jeune homme de petite taille et de peu de considération. — Homme qui s'oublie et qui veut disputer quelque chose à des gens au-dessus de lui. Style fam., plaisant ou critique.

MYRMILLON, subst. mas. (*mirmi-ion*), t. d'antiq., gladiateur armé.

MYROBOLAN, subst. mas. (*mirobolan*) (du grec *μυρον*, onguent, et *βαλανος*, gland), t. de bot., fruit des Indes, de la forme d'un *gland* et de la grosseur d'une prune. On l'emploie en médecine comme purgatif.

MYROBOLANIER, subst. mas. (*myrobolanié*), t. de bot., arbre toujours vert, qui porte les *myrobolans*.

MYROSME, subst. mas. (*miroceme*), t. de bot., plante de la famille des balisiers.

MYRRHE, subst. fém. (*mire*) (en grec *μυρρα*), *suc* résino-gommeux, d'un goût amer, un peu âcre, d'une odeur forte, mais agréable lorsqu'on le brûle : on l'apporte d'Éthiopie, et l'on ignore quel arbre le donne.

MYRRHÉ, E, adj. (*miré*), t. d'hist. anc. : *vin myrrhé* qu'on mêlait d'un peu de *myrrhe*, pour le rendre meilleur et le conserver plus long-temps.

MYRRHINITE, subst. fém. (*mirinite*), nom donné par quelques auteurs anciens à une pierre qui avait l'odeur de la *myrrhe*.

MYRRHIS, subst. mas. (*mirice*), t. de bot., sorte de plante nommée aussi *cerfeuil musqué*, *cicutaire odorante*, qui a l'odeur de la *myrrhe*.

MYRRHITE, subst. fém. (*mirerite*), t. d'antiq., agate jaune.

MYRTE, subst. mas. (*mirte*) (en lat. *myrtus*, en grec *μυρτος*), t. de bot., arbrisseau toujours vert du midi de l'Europe, à fleur rosacée, dont la baie se nomme *myrtille*, ainsi que les feuilles. On retire des fleurs distillées du *myrte* une eau astringente, *qu'on nomme eau d'ange*. — Dans l'ancienne mythologie, le *myrte* était consacré à Vénus, et il est encore pris aujourd'hui pour le symbole de l'amour. — Poét. : *être couvert de myrtes et de lauriers*, être heureux en amour et à la guerre.

MYRTIFORME, adj. des deux genres (*mirtiforme*), en *forme* de feuille de *myrte*.

MYRRHOSPERNUM, subst. mas. (*mirerocepêrenome*), t. de bot., semence de *myrrhe*.— Arbre du Pérou; quinquina.

MYRSINITE, subst. fém. (*mircinite*), t. d'hist. nat., pierre qui sent la *myrrhe*.

MYRTILE, subst. propre mas. (*mirtile*), myth., fils de Mercure et de Myrto. Il était conducteur du char d'OEnomaüs. Il fut précipité par Pélops dans la mer, qui de son nom fut appelée *Myrtoum mare*.

MYRTILLE, subst. fém. (*mirti-ie*), t. de bot., feuille de *myrte*.

MYRTILLITE, subst. fém. (*mirtilelite*), t. d'hist. nat., pierre figurée, portant l'empreinte de fleurs de *myrte*.

MYRTOÏDE, subst. fém. (*myrto-ide*), t. de bot., famille de plantes, d'arbrisseaux semblables au *myrte*.

MYSIE, subst. propre fém. (*mizi*), ancienne contrée d'Asie.

MYSIES, subst. fém. plur. (*mizi*), myth., fêtes en l'honneur de Cérès qui se célébraient pendant trois jours. Le troisième, les femmes chassaient du temple les hommes et les chiens, et s'y renfermaient avec les chiennes.

MYSIR, subst. mas. (*mizir*), t. d'hist. nat., genre de crustacés.

MYSORE, subst. propre mas. (*mizore*), royaume des Indes.

MYSTAGOGIE, subst. fém. (*micetaguoji*), initiation aux mystères.

MYSTAGOGUE, subst. mas. (*micetaguogue*) (du grec *μυστης*, qui apprend les mystères, et *αγειν*, conduire), prêtre qui, chez les Grecs, initiait aux mystères.— Guide des voyageurs à Athènes.

MYSTE, subst. mas. (*micete*), t. d'antiq., initié aux petits *mystères*. —T. d'hist. nat., poisson du genre du clupe.

MYSTÈRE, subst. mas. (*micetère*) (du lat. *mysterium*, pris, dans le même sens, du grec *μυστηριον*, dérivé, selon quelques-uns, de *μυεω*, instruire sur les choses sacrées, initier; rac. *μυω*, je ferme, parce que les initiés doivent fermer la bouche et se taire sur les choses saintes), chose cachée et difficile à comprendre. Il se dit particulièrement des choses de la religion, et alors il signifie, dans un sens plus resserré, dogme dont le fond est inaccessible à la raison humaine : *les mystères de la foi*. Dans le paganisme, cérémonies secrètes du culte de quelque divinité : *les mystères de Cérès*, *de la bonne déesse*.—Nos pères appelaient *mystères* la représentation de certaines pièces de théâtre, dont le sujet était tiré de la Bible, et où ils faisaient intervenir les anges, les diables, etc. Ces pièces s'appelaient aussi *mystères de la passion*, et les auteurs, *confrères de la passion*.— On dit par extension : *les mystères de la politique*; *mystère d'iniquité*, etc. — Fam. : *faire mystère d'une chose*, la tenir secrète.

MYSTÉRIEUSE, adj. fém. Voy. MYSTÉRIEUX.

MYSTÉRIEUSEMENT, adv. (*micetéri-euzeman*), d'une manière *mystérieuse*.

MYSTÉRIEUX, adj. mas., au fém. **MYSTÉRIEUSE** (*micetéri-eu*, *ri-euze*), en parlant des choses, qui contient quelque *mystère*.—En parlant des personnes, qui fait *mystère* de choses qui n'en valent pas la peine. En ce sens, on dit subst. : *faire le mystérieux*, etc.

MYSTICISME, subst. mas. (*miceticiceme*), système, amour de la *mysticité*.

MYSTICITÉ, subst. fém. (*miceticité*), recherche profonde en fait de spiritualité; raffinement de dévotion. Voy. MYSTIQUE.

MYSTIFICATEUR, subst. mas., **MYSTIFICATRICE**, subst. fém. (*micetifikateur*, *trice*), celui, celle qui a l'art de *mystifier*; qui *mystifie*.

MYSTIFICATION, subst. fém. (*micetifikâcion*), piége dans lequel on fait tomber un homme ignorant, vain, peureux et crédule.

MYSTIFICATRICE, subst. fém. Voyez MYSTIFICATEUR.

MYSTIFIÉ, E, part. pass. de *mystifier*.

MYSTIFIER, v. act. (*micetifié*) (de *mystère*, chose cachée, parce que tout le monde est dans la confidence, excepté celui qu'on *mystifie*), jouer un tour, faire tomber dans un piége, etc. T. pop. : *mystifier quelqu'un*, l'humilier, le rendre ridicule. — *se* MYSTIFIER, v. pron., se dire des choses humiliantes et offensantes.

MYSTIQUE, adj. des deux genres (*micetike*) (en latin *mysticus*, dérivé de *mysterium*), figuré, allégorique, en parlant des choses de la religion : *sens mystique*. — Appliqué aux personnes, qui raffine sur les matières de dévotion et de spiritualité. En ce dernier sens, il est aussi subst. : *c'est un mystique*. — T. de jurispr. : *testament mystique*, secret, sous cachet.

MYSTIQUEMENT, adv. (*micetikeman*), d'une manière *mystique*.

MYSTIQUERIE; subst. fém. (*micetikeri*), t. trivial; théologie *mystique* des plus subtiles.

MYSTRE, subst. mas. (*micetre*) (du grec *μυστρον*, cuiller), ancienne mesure de liquides chez les Grecs.

MYTH., abréviation du mot *mythologie* ou *mythologique*.

MYTHE, subst. mas. (*mite*) (du grec *μυθος*, fable), trait de la *fable*, de l'histoire héroïque ou des temps fabuleux. C'est un mot substitué à celui de *fable*, par quelques-uns des écrivains qui, dans ces derniers temps, ont écrit sur la *mythologie*, et qui paraît avoir été adopté.— Au plur., fables héroïques.

MYTHIQUE, adj. des deux genres (*mitike*), qui a rapport à la science des *mythes*.

MYTHISME, subst. mas. (*miticeme*), science des *mythes*, fondée sur les allégories de la fable.

MYTHOCRATE, subst. mas. (*mitokrate*), chef, monarque des temps fabuleux. Inusité.

MYTHOLOGIE, subst. fém. (*mitoloji*) (du grec *μυθος*, fable, et *λογος*, discours), science ou explication de la fable, de l'histoire fabuleuse des anciennes divinités du paganisme.

MYTHOLOGIQUE, adj. des deux genres (*mitolojike*), qui appartient à la *mythologie*.

MYTHOLOGIQUEMENT, adv. (*mitolojikeman*), d'une manière *mythologique*.

MYTHOLOGISÉ, E, part. pass. de *mythologiser*.

MYTHOLOGISER, v. act. (*mitolojizé*), expliquer, exposer la *mythologie*.—Prendre dans un sens *mythologique*.—*se* MYTHOLOGISER, v. pron.

MYTHOLOGISME, subst. mas. (*mitolojiceme*), système *mythologique*.

MYTHOLOGISTE ou **MYTHOLOGUE**, subst. mas. (*mitolojicete*, *tologue*), celui qui traite de la fable, qui en explique les allégories, etc.

MYTHOLOGUE, subst. mas. Voy. MYTHOLOGISTE.

MYTILÈNE, subst. mas. (*mitilène*), t. d'hist. nat., espèce d'ortolan.

MYTILITHE, subst. fém. (*mitilite*) (du grec *μυτιλος*, moule, et *λιθος*, pierre), t. d'hist. nat., moule fossile pétrifiée.

MYTULE, subst. fém. (*mitule*), t. d'hist. nat., moule; coquillage bivalve.

MYURE ou **MYURUS**, adj. mas. (*mi-ure*, *uruce*) (du grec *μυς*, rat, et *ουρα*, queue, *qui diminue insensiblement comme la queue d'un rat*), t. de médec. : *pouls myure*, dont les pulsations s'affaiblissent peu à peu.

MYVA, subst. fém. (*miva*), gelée de fruits. (*Boiste*.) Inusité.

MYXINE, subst. fém. (*mikcine*), t. d'hist. nat., ver.—Poisson.

MYZINE, subst. fém. (*mizine*), t. d'hist. nat., genre d'insectes de l'ordre des coléoptères.

N, subst. mas. (prononcez *ne*, en faisant sonner du nez, et non plus *ène*, qui ne rend pas la prononciation simple et naturelle de cette lettre), quatorzième lettre et onzième consonne de l'alphabet français. — Comme lettre numérale, elle vaut neuf cents; et avec un trait horizontal au-dessus, neuf mille.—Employée dans le commerce pour abréviation, et coupée par un trait horizontal, elle signifie *numero*; N)C. signifie *notre compte.*—N. B., qui veut dire *nota bené, remarquez bien,* s'emploie pour engager le lecteur à faire une attention particulière à ce qu'on va lui dire. — N capitale suivi d'un point est souvent l'abrégé du mot *nom* ou *nomen,* ou le signe d'un nom propre qu'on ignore, ou d'un nom propre quelconque qu'il faut y substituer dans la lecture. — En t. de marine, N. signifie *nord*; N. E., *nord-est*; N. O., *nord-ouest*; N. N. E., *nord-nord-est*; N. N. O., *nord-nord-ouest*; O. N. O., *ouest-nord-ouest.* — *N couronné,* sur les monnaies et sur les monuments, veut dire NAPOLÉON, *empereur.* — Cette lettre est encore le caractère dont on distinguait la monnaie fabriquée à Montpellier. — Dans les ordonnances de médecin, *n* signifie *nombre.* — La lettre *n* a quatre usages différents qu'il faut remarquer. Elle est le signe de l'articulation *ne*, dans toutes les occasions où cette lettre commence la syllabe, comme dans: *nous, none, nonagé-* *naire*, *Nîmes, Ninive,* etc. — Suivie d'une consonne autre que *n*, cette lettre prend le son nasal, comme dans *entier, commencer.* — Lorsqu'elle est redoublée, à l'exception des mots *ennemi, ennobli,* et de leurs dérivés, elle n'a pas ordinairement le son nasal : *anneau, année,* dites : *anô, auê.* Il y a cependant quelques exceptions; tels sont les mots *annales, annuler, connivence, tunê, innombrable, innové,* etc.; et encore, les noms propres, dans lesquels les deux *n* se font sentir. — *Solennel, hennir,* et son dérivé *hennissement,* se prononcent *colanèle, anir, aniceman.* — *N*, à la fin de la syllabe, est le signe orthographique de la nasalité de la voyelle précédente, comme dans *an, en, ban, bon, bien, lien, indice, onde, fondu, contondant*; il faut seulement excepter les mots *hymen, amen, abdomen, Eden, gramen,* où cette finale conserve sa prononciation naturelle, et représente l'articulation *ène.* — Il faut observer néanmoins que dans plusieurs mots terminés par la lettre *n*, comme signe de nasalité, il arrive souvent que l'on fait entendre l'articulation *ne*, si le mot suivant commence par une voyelle, ou par un *h* muet. — Premièrement, si un adjectif physique ou métaphysique, terminé par un *n* nasal, se trouve immédiatement suivi du nom auquel il a rapport, et que ce nom commence par une voyelle ou par un *h* muet, on prononce entre deux l'articulation *ne* : *bon ouvrage, ancien ami, certain auteur, vilain homme, vain appareil. Un an, mon âme, ton honneur, son histoire,* etc. On prononce encore de même les adjectifs métaphysiques *un, mon, ton, son,* s'ils ne sont séparés du nom que par d'autres adjectifs qui y ont rapport : *un excellent ouvrage, mon intime et fidèle ami, ton unique espérance, son entière et totale défaite,* etc. Hors de ces concurrences, on ne fait point entendre l'articulation *ne*, quoique le mot suivant commence par une voyelle ou par un *h* muet : *ce projet est vain et blâmable; ancien et respectable; un point de vue certain avec des moyens sûrs,* etc.— Le mot *bien*, subst., se prononce avec le son nasal, sans faire entendre l'articulation *ne*. On prononce *bien*, dans : *ce bien est précieux,* comme *bien* dans : *ce bien m'est précieux; un bien honnête,* comme *un bien considérable.* — Mais il y a des cas où l'on fait entendre le son nasal *ne* après l'adverbe *bien*; c'est lorsqu'il est suivi immédiatement de l'adjectif ou de l'adverbe, ou du verbe qu'il modifie, et que cet adjectif, cet adverbe, ou ce verbe, commence par une voyelle ou par un *h* muet : *bien aise, bien honorable, bien utilement, bien écrire, bien entendre,* etc. Si l'adverbe *bien* est suivi d'un autre mot que de l'adjectif, de l'adverbe, ou du verbe qu'il modifie, la lettre *n* n'y est plus qu'un signe de nasalité;

il parlait bien à propos. — Le mot *en*, soit préposition, soit adverbe, fait aussi entendre l'articulation *ne* dans certains cas, et ne le fait pas entendre dans d'autres. Si la préposition *en* est suivie d'un complément qui commence par une voyelle ou par un *h* muet, on prononce l'articulation : *en homme, en Italie, en un moment, en arrivant*, etc. — Si le complément commence par une consonne, *en* est nasal : *en citoyen, en France, en trois heures, en parlant*, etc. — Si l'adverbe *en* est avant le verbe, et que ce verbe commence par une voyelle ou par un *h* muet, on prononce l'articulation *ne* : *vous en êtes assuré; en a-t-on parlé? nous en avons des nouvelles*, etc. Mais si l'adverbe *en* est après le verbe, il demeure purement nasal, malgré la voyelle suivante : *parlez-en au ministre, allez-vous-en au jardin*, etc. — *On*, avant le verbe dans les propositions positives, fait entendre l'articulation : *on aime, on honorera, on a dit, on eût pensé, on y travaille, on en revient, on y a réfléchi*, etc.—Dans les phrases interrogatives, *on* étant après le verbe, ou du moins après l'auxiliaire, est purement nasal, malgré les voyelles suivantes : *a-t-on eu soin? est-on ici pour longtemps? en aurait-on été assuré?* etc. — Le troisième emploi de la lettre *n* est d'être un caractère auxiliaire dans la représentation de l'articulation mouillée que nous figurons par *gn*, comme dans *digne, magnifique, règne, trogne*, etc. Il faut en excepter quelques noms propres, comme *Clugny, Regnaud, Regnard*, où *n* a sa signification naturelle, et le *g* est entièrement muet. — Le quatrième usage de la lettre *n* est d'être avec le *t* un signe muet de la troisième personne du pluriel, à la suite d'un *e* muet; comme dans *ils aiment, ils aimèrent, ils aimeraient*, etc. (*Laveaux.*)

NABAB, subst. mas. (*nababe*), dans l'Indostan, gouverneur préposé par le grand-mogol à une ville, à un district.—Nom donné en Angleterre à ceux qui ont fait leur fortune aux Indes orientales.

NABABIE, subst. fém. (*nababi*), dignité de *nabab*. — Territoire soumis à sa puissance.

NABIS, subst. mas. (*nabi*), t. d'hist. nat., genre d'hémiptères.

NABLE, subst. mas. (*nable*), sorte de psaltérion des Hébreux.

NABONASSAR (ÈRE DE), subst. fém. (*nabonaceçar*), t. de chron., ère des Babyloniens, fameuse dans les tables des anciens astronomes, et surtout dans celles de Ptolémée. Elle a dû commencer un mercredi (ou 4ᵉ férie), 26 février de l'an 747 avant Jésus-Christ. *Nabonassar* est le fondateur du royaume des Babyloniens.

· **NABOT, E**, subst. (*nabô, bote*) (suivant *Ménage*, du latin *napus*, navet, lequel est gros et court comme les *nabots*), t. de mépris et familier, qui est de petite taille.

NACAIRES, subst. fém. plur. (*nakière*), anciennement, timbales.

* **NACARAT**, subst. mas. (*nakara*) (de l'espagnol *nacarado*, fait, dans la même signification, de *nacar*, nacre de perles), couleur d'un rouge clair entre le cerise et le rose : *le nacarat tire sur le rouge de la nacre de perle.* — Adj. indécl., qui est d'un rouge clair : *satin nacarat, étoffe nacarat.*

NACELETTE, subst. fém. (*nacelète*), petite *nacelle*. Inusité.

NACELIER, subst. mas. (*nacelié*), celui qui fait, qui loue, qui conduit des *nacelles*. Peu en usage.

NACELLE, subst. fém. (*nacèle*) (par contraction, du latin *navicella* pour *navicula*, dimin. de *navis*, vaisseau, dérivé du grec ναῦς), petit bateau. On s'en sert particulièrement dans la poésie. — T. d'anat., *nacelle* ou *fosse naviculaire*, cavité à l'extrémité du canal de l'urèthre. — Fig. : *la nacelle de saint Pierre*, l'Église catholique romaine. — En t. d'archit., membre creux en demi-ovale dans les profils.

NACHE, subst. fém. (*nache*), peau entre la patte et la queue. (*Boiste.*) Inusité.

NACHON, adj. mas., au fém. **NACHONNE** (*nachon, chone*), mot hors d'usage que nous lisons dans *Boiste*, et auquel il fait signifier, difficile à nourrir. Ce peut être, comme il le dit, un terme *provincial*, mais il est bien certainement un terme de mauvais français.

NACIBE, subst. fém. (*nacibe*), t. de bot., plante rubiacée.

NACRE, subst. fém. (*nakre*) (de l'espagnol *nacar*); c'est, dans certains coquillages, la partie brillante d'une couleur mêlée d'argent et d'un rouge tendre. — Son écaille préparée. — On dit dans le discours ordinaire, *nacre de perle.* — *Nacre de perle*, t. d'hist. nat., coquillage dans lequel se trouvent ordinairement les perles.

NACRÉ, E, adj. (*nakré*), qui imite la *nacre*.— Subst. mas., t. d'hist. nat., papillon de jour.

NADAB, subst. mas. (*nadabe*), grand-prêtre chez les Persans.

NADIR, subst. mas. (*nadir*) (de l'arabe *nadhara*, qui signifie, entre autres choses, regarder, considérer, être situé vis-à-vis), t. d'astron. emprunté de l'arabe, point du ciel qui est directement sous nos pieds, et auquel aboutit la ligne verticale tirée du point que nous habitons, au centre de la terre. Il est opposé au *zénith*.

NAFFE, subst. fém. (*nafe*), t. de bot.; il n'est d'usage que dans cette phrase : *eau de naffe*, certaine eau de senteur.

NAFRE, subst. fém. (*nafre*), vieux mot hors d'usage, qui a signifié balafre, cicatrice.

NAGAS, subst. mas. (*naguâce*), plante de la famille des guttiers. — Bois de fer.

NAGE, subst. fém. (*naje*), en t. de marine, 1° la vogue d'un vaisseau; 2° la manière de voguer d'une embarcation : *canot léger de nage*, auquel les nageurs ou rameurs donnent facilement un prompt sillage. — A Paris, en t. de batelier, le morceau du bachot où pose la platine de l'aviron, lorsque l'anneau de ce dernier est au touret. — *A la nage*, loc. adv., à force de *nager*; en *nageant* : *il s'est sauvé à la nage; se jeter à la nage*, à l'eau pour *nager*. — Fam. : *être en nage*, être mouillé de sueur. — *A nage pataud*, se dit d'un chien qu'on jette à l'eau; et, par plaisanterie, d'un homme tombé dans l'eau, qui se débat pour en sortir. — Fig. et pop. : *être à nage pataud*, avoir certaines choses en abondance.

NAGEANT, E, adj. (*najan, jante*), se dit en t. de blason, d'un poisson couché horizontalement, ou en travers de l'écusson. — T. de bot., étendu sur l'eau : *feuilles nageantes.* — *Carde nageante*, dont les dents cèdent aisément.

NAGÉE, subst. fém. (*najé*), espace d'eau que l'on parcourt à la *nage*.

NAGEMENT, subst. mas. (*najeman*), action des poissons qui *nagent*.

NAGEOIR, subst. mas. (*najoar*), lieu où l'on *nage*. Presque inusité, mais utile.

NAGEOIRE, subst. fém. (*najoare*), partie du poisson en forme d'aileron, qui lui sert à *nager*. —Calebasses, etc., qu'on met sous les bras pour se soutenir sur l'eau, quand on apprend à *nager*. — Sorte d'assiette de bois que les porteurs d'eau mettent sur leurs seaux quand ils sont pleins.

NAGER, v. neut. (*najé*) (du latin *navigare*, naviguer, d'où l'on a fait dans la basse latinité le mot barbare *nagere*); il se conjugue comme *manger*. Se soutenir sur l'eau par un certain mouvement du corps. — Par extension, flotter sur l'eau sans aller au fond, en parlant du liège, etc. — Fig. et fam. : *nager en grande eau*, être dans une grande fortune, ou en passe de la faire. —*Nager dans la joie, dans les plaisirs*, être rempli de joie; se livrer aux plaisirs.— *Nager entre deux eaux*, se ménager entre deux partis.—Par exagération : *nager dans son sang*, être tout couvert de sang. —T. de faucon. : *nager entre les nuées*, planer.—T. de manège, *faire nager un cheval à sec*, attacher une des jambes de devant du cheval, de manière qu'il ne puisse la poser à terre, et le faire cheminer et trotter sur trois jambes, pour le guérir d'un effort d'épaule. — En t. de batelier, ramer. En ce sens, il est quelquefois actif, surtout en t. de marine, qui disent aussi *se nager* : *nager un vaisseau*, mettre les bateaux du navire sur l'avant, amarrés à bord, pour tirer le vaisseau après eux à force de rames.—**SE NAGER**, v. pron., t. de mar.

NAGEUR, subst. mas., **NAGEUSE**, subst. fém. (*najeur, jeuze*), celui, celle qui *nage*.— Batelier qui rame.—Au plur. mas., t. d'hist. nat., ordre d'oiseaux.

NAGEUSE, subst. fém. Voy. **NAGEUR**.

NAGOR, subst. mas. (*naguor*), t. d'hist. nat., gazelle du Sénégal.

* **NAGUÈRE** ou **NAGUÈRES**, devant une voyelle; adv. (*naguière*) (par contraction des mots *il n'y a guère*), il n'y a pas long-temps. Style poétique ou soutenu.

NAÏADE, subst. fém. (*na-i-ade*) (en grec ναϊας, gén. ναϊάδος, fait de νάω, je coule), myth., nymphe des fontaines et des rivières.—T. de bot., *naïade marine*, plante annuelle qui croît dans les eaux profondes et dans la mer.

NAÏF, adj. mas., au fém. **NAÏVE** (*na-if, ive*) (en latin, *nativus*), naturel, sans fard, sans artifice : *beauté naïve, grâces naïves.* En ce sens il ne se dit qu'en poésie, et ne s'applique qu'aux qualités qui s'associent avec l'ingénuité, la simplicité, la candeur, peut-être même avec une sorte de faiblesse physique. La majesté, la fierté la noblesse peuvent être *naturelles*, mais elles ne sont jamais *naïves*. Suivant *Beauzée*, il y a encor entre ces deux mots, appliqués surtout au style cette différence, que ce qui est *naïf* naît du sujet, et en sort sans effort, et que ce qui est *naturel* appartient bien au sujet, mais n'éclot que par la réflexion: toute pensée *naïve* est *naturelle*, mais toute pensée *naturelle* n'est pas *naïve*.—Qui représente bien la vérité, qui imite bien la nature : *description, peinture naïve*.—Qui n'est pas affecté, étudié : *air naïf, manières naïves*.—En parlant des personnes, ingénu, naturel, et quelquefois simple et un peu niais.—Subst. mas. : *distinguer le naïf du bouffon.*

NAÏM, subst. propre mas. (*na-ime*), ancienne ville de la tribu d'Issachar, en Galilée. Elle est aujourd'hui en ruines.

NAIN, subst. et adj. mas., au fém. **NAINE** (*nein, nène*) (en grec νάνος), qui est d'une taille beaucoup au-dessous de la médiocre : *un joli nain, une jolie naine.*—Adj. : *arbres nains*, qu'on élève en buisson.—*Œuf nain*, œuf de poule sans jaune.— Subst. mas., drap anglais, de fine laine d'Espagne.

NAÏRE, subst. mas. (*na-ire*), chez les Indiens du Malabar, titre donné aux nobles, surtout aux militaires. *Trévoux* écrit aussi *naher*.

NAÏS, subst. propre fém. (*na-ice*), myth., mère du centaure Chiron.

DU VERBE IRRÉGULIER **NAÎTRE** :

Nais, 2ᵉ pers. sing. impér.
Nais, précédé de *je*, 1ʳᵉ pers. sing. prés. indic.
Nais, précédé de *tu*, 2ᵉ pers. sing. prés. indic.
Naissaient, 3ᵉ pers. plur. imparf. indic.
Naissais, précédé de *je*, 1ʳᵉ pers. sing. imparf. indic.
Naissais, précédé de *tu*, 2ᵉ pers. sing. imparf. indic.
Naissait, 3ᵉ pers. sing. imparf. indic.

NAISSANCE, subst. fém. (*nèçance*) (du latin *nascentia*), sortie de l'enfant du sein de sa mère. —En astrologie, le moment auquel *naît* un enfant, eu égard à la disposition du ciel et des astres. — Extraction : *être de grande, d'illustre naissance*. On dit absolument, *homme de naissance*, qui a de la *naissance*, ou *sans naissance*, qui n'a point de *naissance*.—Bonnes ou mauvaises qualités qu'on apporte en *naissant*.— En parlant des végétaux, le temps où ils commencent à pousser.—On dit à peu près dans le même sens, *la naissance du jour*, le moment où il commence à paraître.—Fig., commencement : *la naissance du monde, d'un état, d'une ville*.—En archit., l'endroit où quelque chose commence à paraître, à avoir de la saillie : *naissance de voûte*, le commencement de sa courbure; *naissance de colonne*, la partie concave qui joint le listeau avec le fût, et qu'on appelle communément *congé*.—Autrefois, talent : *naissance heureuse pour la parole*, etc.

NAISSANT, E, adj. (*nèçan, çante*), qui *naît*; qui commence à paraître.— Qui commence à se former, à se faire connaître.—Il se dit, dans le blason, d'un animal qui ne montre que la tête, les épaules, les pieds et les jambes de devant avec la pointe de la queue.

DU VERBE IRRÉGULIER **NAÎTRE** :

Naissant, part. prés.
Naisse, précédé de *que je*, 1ʳᵉ pers. sing. prés. subj.
Naisse, précédé de *qu'il* ou *qu'elle*, 3ᵉ pers. sing. prés. subj.
Naissent, précédé de *ils* ou *elles*, 3ᵉ pers. plur. prés. indic.
Naissent, précédé de *qu'ils* ou *qu'elles*, 3ᵉ pers. plur. prés. subj.
Naisses, 2ᵉ pers. sing. prés. subj.
Naissez, 2ᵉ pers. plur. impér.
Naissez, précédé de *vous*, 2ᵉ pers. plur. prés. indic.
Naissiez, précédé de *vous*, 2ᵉ pers. plur. imparf. indic.
Naissiez, précédé de *que vous*, 2ᵉ pers. plur. prés. subj.
Naissions, précédé de *nous*, 1ʳᵉ pers. plur. imparf. indic.
Naissions, précédé de *que nous*, 1ʳᵉ pers. plur. prés. subj.

NAN NAQ NAR 247

Naissons, 1re pers. plur. impér.
Naissons, précédé de *nous*, 1re pers. plur. prés. indic.
Naît, 3e pers. sing. prés. indic.
Naîtra, 3e pers. sing. fut. indic.
Naîtrai, 1re pers. sing. fut. indic.
Naîtraient, 3e pers. plur. prés. cond.
Naîtrais, précédé de *je*, 1re pers. sing. prés. cond.
Naîtrais, précédé de *tu*, 2e pers. sing. prés. cond.
Naîtrait, 3e pers. sing. prés. cond.
Naîtras, 2e pers. sing. fut. indic.

NAÎTRE, v. neut. (*nètre*) (en lat. *nasci*); il se conjugue avec l'auxiliaire *être*. — Venir au monde; sortir du sein de la mère. — Sortir de l'œuf, en parlant des ovipares. — En parlant des végétaux, commencer à pousser. — Recevoir la naissance : *considérez de quel père Dieu vous a fait naître*. (Bossuet.) — Poét., commencer à paraître, en pariant du jour. — Figur., 1° commencer ; 2° prendre origine de… : *les affaires naissent les unes des autres. J'ai vu naître la fortune de cet homme*, ou absolument, *je l'ai vu naître*, j'ai vu le commencement de sa fortune. — *Il ne fait encore que de naître*, sa fortune ne fait que commencer.—*Naître poëte, peintre, musicien*, etc., avoir de grandes dispositions pour ces arts.—*Naître avec…*, apporter en naissant.—Fam. : *il est à naître que*, il n'est jamais arrivé que… Cette locution a bien vieilli.

DU VERBE IRRÉGULIER **NAÎTRE** :

Naîtrez, 2e pers. plur. fut. indic.
Naîtriez, 2e pers. plur. prés. cond.
Naîtrions, 1re pers. plur. prés. cond.
Naîtrons, 1re pers. plur. fut. indic.
Naîtront, 3e pers. plur. fut. indic.

NAÏVE, adj. fém. Voy. **NAÏF**.

NAÏVEMENT, adv. (*na-iveman*), avec naïveté.

NAÏVETÉ, subst. fém. (*na-iveté*), ingénuité, simplicité d'une personne qui n'use point de déguisement. — Grâce, simplicité naturelle et exquise ; vérité ou vraisemblance parfaite dans l'expression, dans la représentation d'une chose. Voy. **NAÏF**.—Simplicité niaise : *voilà une grande naïveté*. Il ne prend du pluriel que dans ce sens : *dire ou faire des naïvetés*.

NAKIB, subst. mas. (*nakibe*), chef des émirs, porteur de l'étendard du prophète.

NAMAS, subst. mas. (*namdce*), prière turque.

NAMUR, subst. propre mas. (*namur*), ville des Pays-Bas, capitale du comté de Namur. Elle est située au confluent de la Meuse et de la Sambre.

NAMUROIS, E, subst. (*namuroé, roèse*), qui est de Namur.

NAN, subst. mas. (*nan*), t. d'hist. nat., sorte de mouche commune chez les Lapons, qui regardent ces insectes comme des esprits, et les portent avec eux dans des sacs de cuir, persuadés qu'ils seront par là préservés de toute maladie.

NANAN, subst. mas. (*nanan*), mot dont on se sert en parlant aux enfants, pour signifier des friandises, des sucreries : *vous aurez du nanan*. Il est fam.

NANCELLE, subst. fém. (*nancèle*), t. d'archit., coucavité entre deux toits.

NANCÉIQUE, adj. des deux genres (*nancé-ike*), se dit de l'acide lactique.

NANCI, subst. propre mas. (*nanci*), ville de France, capitale de l'ancien duché de Lorraine.

NANDIROBE, subst. fém. (*nandirobe*), t. de bot., sorte de plante cucurbitacée.

NANGUER ou **NANGUEUR**, subst. mas. (*nanguié, gnieur*), t. d'hist. nat., espèce de mammifères ruminants du genre des antilopes, dont les cornes se recourbent en avant.

NANKIN, subst. mas. (*nankéein*), cotonnade couleur chamois, de Chine.—Adj. : *couleur nankin*.

NANKINETTE, subst. fém. (*nankinète*), t. de comm., étoffe légère de coton.

NANNA, subst. fém. (*nanena*), t. de bot., plante d'Amérique. La chair de son fruit, qui ressemble à un artichaut, a le goût d'une poire fort succulente.

NANSE, subst. fém. (*nance*), natte d'osier pour la pêche.

NANT, subst. mas. (*nan*), cascade ou torrent dans les Alpes.

NANTAIS, E, subst. et adj. (*nanté, tèze*), de *Nantes*; qui est de *Nantes*. — Subst. mas., ancienne monnaie d'argent.

NANTAISE, subst. fém. (*nantèze*), vieux mot qui signifiait, cape, houppelande.

NANTERRE, subst. propre mas. (*nantère*), village de France, près Paris.

NANTES, subst. propre mas. (*nante*), ville de France, située en Bretagne, sur la Loire.

NANTEUIL, subst. propre mas. (*nanteu-ie*), nom de plusieurs villages de France.

NANTI, E, part. pass. de *nantir*, et adj.

NANTIR, v. act. (*nantir*) (suivant Meursius, du grec ναντιζειν, qui a la même signification), donner des gages pour assurance d'une dette. — *se nantir*, v. pron., se saisir de quelque bien pour assurance d'une chose due. — Fam., se pourvoir de quelque chose par précaution : *il s'est nanti de son manteau*.

NANTISSEMENT, subst. mas. (*nanticeman*), ce qu'on donne à un créancier pour assurance d'une dette. — *Pays de nantissement*, où il faut faire inscrire sa créance sur le registre public pour avoir son recours sur les biens de son débiteur.

NANTUA, subst. propre mas. (*nantu*), village de France, situé en Bresse, à huit lieues de Belley.

NAPACÉ, E, adj., ou **NAPIFORME**, adj. des deux genres (*napacé*) (du latin *napus*, navet, et de *forma*, forme, ressemblance), t. de bot., en forme de navet.

NAPAUL, subst. mas. (*napôle*), t. d'hist. nat., faisan du Bengale.

NAPÉE, subst. fém. (*napé*) (du grec ναπος ou ναπη), vallée, colline, forêt; myth., nymphe qui présidait aux prairies et aux forêts. — T. de bot., plante malvacée.

NAPEL, subst. mas. (*napèle*), t. de bot., plante, poison mortel et subtil. — Sudorifique en poudre.

NAPHTE, subst. mas. fém. (*nafte*) (du grec ναφθα, dérivé du chaldéen et du syriaque *naphta*, ou de l'arabe *nifth*, qui a la même signification), t. d'hist. nat., espèce de bitume liquide, blanchâtre, transparent, léger et très-inflammable.

NAPIFORME, adj. des deux genres (*napiforme*). Voy. **NAPACÉ**.

NAPLES, subst. propre mas. (*nople*), ville d'Italie, capitale du royaume qui porte ce nom. — Golfe de la mer de Toscane. — *Mal de Naples*, maladie vénérienne.

NAPOLÉON, subst. mas. (*napoléon*), pièce d'or française de 10 francs, de 20 francs, de 40 francs, de 80 francs, à l'effigie de l'empereur Napoléon. Quand on dit simplement : *un napoléon*, c'est 20 francs.

NAPOLITAIN, E, subst. et adj. (*napolitain, tène*), de Naples.—Subst. fém., sorte d'étoffe.

NAPPE, subst. fém. (*nape*) (en latin *mappa*, mot passé de la langue punique dans celle des Romains), linge dont on couvre la table pour prendre ses repas.—On dit par extension, *nappe d'autel*, *de communion*. — En t. de chasse, 1° peau de cerf sur laquelle on fait la curée aux chiens ; 2° la partie la plus déliée des filets des oiseleurs.—En t. de pêche, filet simple que l'on tend à plat. — Morceau de toile blanche que les bouchers attachent à la tringle où ils suspendent avec des allonges les pièces de viande, à mesure qu'ils la dépècent. — Fig. : *nappe d'eau*, chute d'eau qui tombe en manière de *nappe*. — Fam. : *mettre la nappe*, recevoir compagnie chez soi à dîner ou à souper. — Fig. et fam. : *trouver la nappe mise*, faire un bon mariage qui procure une maison riche et meublée.

NAPPERON, subst. mas. (*naperon*), petite nappe posée sur une autre, et qui n'occupe que le milieu d'une table. On l'enlève au dessert.

NAPPISTE, subst. mas. (*napicete*), celui qui chasse avec des *nappes*. (Boiste.) Inusité.

NAQUET, subst. mas. (*makié*), valet de jeu de paume. (Boiste.) Hors d'usage.

NAQUETER, v. neut. (*nakete*), attendre à la porte comme les serviteurs. (Boiste.) Inusité.

DU VERBE IRRÉGULIER **NAÎTRE** :

Naquîmes, 1re pers. plur. prét. déf.
Naquirent, 3e pers. plur. prét. déf.
Naquis, précédé de *je*, 1re pers. sing. prét. déf.

Naquis, précédé de *tu*, 2e pers. sing. prét. déf.
Naquisse, 1re pers. sing. imparf. subj.
Naquissent, 3e pers. plur. imparf. subj.
Naquisses, 2e pers. sing. imparf. subj.
Naquissiez, 2e pers. plur. imparf. subj.
Naquissions, 1re pers. plur. imparf. subj.
Naquit, précédé de *il* ou *elle*, 3e pers. sing. prét. déf.
Naquît, précédé de *qu'il* ou *qu'elle*, 3e pers. sing. imparf. subj.
Naquîtes, 2e pers. plur. prét. déf.

NARBONNE, subst. propre fém. (*narbone*), ville de France, située dans le Languedoc, dép. de l'Aude.—Espèce de pêche.

NARBONNAIS, E, subst. et adj. (*narboné, nèze*), qui est de Narbonne.

NARCAPHTE, subst. mas. (*narkafete*), écorce odoriférante et résineuse.

NARCISSE, subst. mas. (*narcice*) (en lat. *narcissus*, fait du grec ναρκισσος, dérivé de ναρκη, assoupissement ; parce que l'odeur de cette fleur a la propriété d'assoupir), t. de bot., plante et fleur dont il y a plusieurs espèces et beaucoup de variétés. Voy. **JONQUILLE**. — Fig., homme amoureux de sa figure, par allusion à la fable de *Narcisse*, qui devint amoureux de lui-même en se regardant dans l'eau.

NARCISSITE, subst. fém. (*narcicecite*) (du grec ναρκισσος, narcisse), t. d'hist. nat., pierre représentant un *narcisse*.

NARCISSOÏDE, subst. fém. (*narciceço-ide*) (du grec ναρκισσος, narcisse, et ειδος, forme), t. de bot., famille de plantes qui ressemblent au *narcisse*.

NARCOTINE, subst. fém. (*narkotine*), matière cristalline obtenue par la dissolution alcoolique de l'opium.

NARCOTIQUE, adj. des deux genres, et subst. mas. (*narkotike*) (en grec ναρκωτικος, fait de ναρκη, assoupissement, engourdissement), qui excite l'assoupissement. — Subst. : *un narcotique*.

NARCOTISME, subst. mas. (*narkoticeme*), t. de médec., affection soporeuse.

NARD, subst. mas. (*nar*) (en lat. *nardus*, pris du grec ναρδος), t. de bot., plante aromatique et très-odoriférante. On l'appelle ordinairement *nard commun*. Voy. *lavande mâle*, au mot **LAVANDE**. —Chez les anciens, parfum qu'ils tiraient de cette plante.

NARDET, subst. mas. (*nardé*), t. de bot., chiendent à chaume très-menu, qu'on appelle aussi *nard bâtard*.

NAREUSE, subst. et adj. fém. Voy. **NAREUX**.

NAREUX, subst. et adj. mas., au fém. **NAREUSE** (*naren, reuze*), qui vomit facilement. (Boiste, qui le donne lui-même comme inusité.)

NARGUE, subst., espèce de subst. fém. (*nargue*), t. de dépit, de raillerie ou de mépris, par lequel on marque le peu de cas que l'on fait de quelqu'un ou de quelque chose. Il n'admet ni article ni épithète : *nargue du Parnasse* ; *nargue des cérémonies*. Il est familier.—*Se moquer de…*: *dire nargue de…*, *il dit nargue de l'amour*. — *Faire nargue à…*, l'emporter de beaucoup sur… : *les vins de Champagne font nargue à tous les autres vins*.

NARGUÉ, E, part. pass. de *narguer*.

NARGUER, v. act. (*nargué*), faire *nargue à…*, braver avec mépris. — se **NARGUER**, v. pron., se moquer l'un de l'autre, se tourner en ridicule.

NARGUILLÉ, E, part. pass. de *narguiller*.

NARGUILLER, v. act. (*nargui-ié*), diminutif de *nargue*. (Boiste.) Inusité.

NARGUILLET, subst. mas. (*nargui-iè*), sorte de pipe persane.

NARINE, subst. fém. (*narine*) (en lat. *naris*), l'une des deux ouvertures du nez.—Se dit, par extension, d'un grand nombre d'animaux.

NARQUOIS, E, subst. et adj. (*narko-a, koaze*, (du vieux mot *narguin*, qui signifiait mendiant contrefaisant le soldat détroussé. Ménage.), un rusé. Fam. et pop.—*Parler narquois*, parler un langage qui n'est entendu que de ceux qui sont d'intelligence pour tromper quelqu'un.

NARRATEUR, adj. mas., au fém. **NARRATRICE** (*nareratur, trice*), celui, celle qui *narre*, qui raconte. L'*Académie* ne donne pas le fém. de ce mot.

NARRATIF, adj. mas., au fém. **NARRATIVE** (*nareratif, tive*), qui appartient à la *narration*.

NARRATION, subst. fém. (*narerdcion*) (en lat. *narratio*), récit, *narré* ; avec cette différence que *narré* se dit d'un rapport court et peu important, renfermant un seul fait ; et *narration*, d'un récit plus long et plus considérable.—Partie d'un discours qui contient l'exposé des faits et qui précède la *confirmation*.

NARRATIVE, adj. fém. Voy. NARRATIF.—Subst. fém., art de raconter. (*Boiste*.) Inusité.

NARRATRICE, subst. fém. Voy. NARRATEUR.

NARRÉ, subst. mas. (*nareré* et non pas *nâré*), récit.—*Faire des narrés*, donner de mauvaises raisons.

NARRÉ, E, part. pass. de *narrer*, et adj., raconté.

NARRER, v. act. (*nareré*) (en lat. *narrare*), raconter ; faire le récit d'un fait, d'une action. — *Narrer*, dit *Roubaud*, est de la rhétorique et d'apparat : on ne regarde proprement qu'à la manière, *raconter* est de l'instruction, et en tout genre de choses : on regarde surtout à la vérité et à la fidélité ; *conter* est de la conversation ou du genre familier : on regarde au fond et à la forme.—*se* NARRER, v. pron.

NARTHÈCE, subst. mas. (*nartèce*), t. de bot., plante de la famille des joncs.

NARVAL ou **NARWAL**, subst. mas. (*narval*), t. d'hist. nat., gros poisson de la mer Glaciale. Voy. LICORNE.

NASAL, E, adj. (*nâzale*) (du lat. *nasus* ou *nasum*), t. de gramm., qui se prononce du *nez*. — On distingue dans l'alphabet des voyelles et des consonnes *nasales*. *Les voyelles nasales* sont celles dont le son se fait en partie par l'ouverture de la bouche, et en partie par le canal du *nez*. Nous n'avons point de caractères exclusivement destinés à indiquer cet usage ; nous nous servons de *m* ou de *n* après une voyelle simple, pour en marquer la *nasalité* : *an* ou *am*, *ain* ou *aim*, *un* ou *um*, *on* ou *om*. On donne quelquefois aux sons mêmes le nom de voyelles, et, dans ce sens, les *voyelles nasales* sont des sons dont l'émission se fait en partie par le canal du nez. *Les consonnes nasales* sont *m* et *n*.— En anat., *muscle nasal*, *fente nasale*, etc., qui appartient au nez. — Au plur. mas., *nasals*. — Subst. fém. plur., consonnes dont l'émission se fait par le moyen du nez.—Subst. mas., t. de blas., partie supérieure du casque qui retombe sur le nez.

NASALEMENT, adv. (*nâzaleman*), avec un son *nasal* : *n*, dans *océan*, doit être prononcé *nasalement*.

NASALÉ, E, part. pass. de *nasaler*.

NASALER, v. act. (*nâzalé*), donner un son *nasal*.—*se* NASALER, v. pron.

NASALITÉ, subst. fém. (*nâzalité*), qualité des voyelles *nasales*, du son *nasal*.

NASAMMONITE, subst. fém. (*nazamemonite*), t. d'hist. nat., pierre d'un rouge sanguin.

NASARD, subst. mas. (*nâzar*), jeu de l'orgue qui imite la voix d'un homme qui parle du nez.

NASARDE, subst. fém. (*nâzarde*), chiquenaude sur le nez. -*C'est un homme à nasardes*, qui mérite des *nasardes*. Fam.

NASARDÉ, E, part. pass. de *nasarder*.

NASARDER, v. act. (*nâzardé*), donner des *nasardes*. Hors d'usage.—*se* NASARDER, v. pron.

NASBINALS, subst. propre mas. (*nacebinale*), village de France, chef-lieu de canton, arrond. de Marvejols, dép. de la Lozère.

NASCALIE, subst. fém. (*nâcekali*), t. de chir., sorte de pessaire ; aujourd'hui rejeté, ainsi que le mot.

NASE, subst. mas. (*nâze*) (en lat. *nasus*), t. d'hist. nat., espèce de poisson du genre cyprin.

NASEAU, subst. mas. (*nâzô*), la même chose dans les animaux, particulièrement dans le cheval, que *narine* dans l'homme.—*Fendeur de naseaux*, fanfaron. Cette locution est inusitée, quoique l'*Académie* ne se fasse pas scrupule de nous la donner.

NASI, subst. mas. (*nâzi*), président du sanhédrin, chez les juifs.

NASICOLE, subst. mas. (*nâzicole*) (du lat. *nasus*, gén. *nasi*, nez, et *colere*, habiter, cultiver), t. d'hist. nat., ver qui se forme dans le nez.

NASICORNE, subst. mas. (*nâzikorne*) (du lat. *nasus*, gén. *nasi*, et *cornu*, corne), t. d'hist. nat., tortue de mer.—Espèce de scarabé.—Famille de mammifères, qui ne renferme que le seul genre du rhinocéros.

NASILLARD, E, subst. et adj. (*nâzi-iar, iarde*), qui *nasille* ; qui parle du nez : *c'est un nasillard*.—Qui vient du nez : *parler d'un ton nasillard*.

NASILLARDISE, subst. fém. (*nazi-iardize*), prononciation d'un mot en *nasillant*.

NASILLEMENT, subst. mas. (*nâzi-ieman*), action de *nasiller* ; altération de la voix causée par la difficulté qu'éprouvent les sons articulés par les fosses *nasales*, et qui se trouvent oblitérées en partie ou en totalité.

NASILLÉ, part. pass. de *nasiller*.

NASILLER, v. neut. (*nâzi-ié*), parler du nez. —En parlant du sanglier, fouiller avec le groin.

NASILLEUR, subst. et adj. mas., au fém. **NASILLEUSE** (*nâzi-ieur, ieuze*). Voy. NASILLARD.

NASILLONNÉ, part. pass. de *nasillonner*.

NASILLONNEMENT, subst. mas. (*nâzi-ioneman*), mauvaise prononciation du nez. Voy. NASILLARDISE.

NASILLONNER, v. neut. (*nâzi-ioné*), diminutif de *nasiller*.

NASIQUE, subst. fém. (*nâzike*), t. d'hist. nat., espèce de guenon ; singe à long nez.—Espèce de couleuvre.

NASITERNE, subst. mas. (*nâzitèrene*), t. d'antiq., *grand vase à eau*, *fort couvert par le haut*, et ayant trois anses, ou plutôt trois tuyaux.

NASITORT, subst. mas. (*nâzitor*), t. de bot., nom qu'on donne au cresson alénois.

NASO-LOBAIRE, adj. des deux genres (*nâzôlobère*), t. d'anat., se dit de l'un des rameaux du nerf *nasal* et des veines qui l'avoisinent.—Subst. : *le naso-lobaire*.

NASO-MONITE, subst. fém. Voyez NASAMMONITE.

NASON, subst. mas. (*nâzon*), t. d'hist. nat., genre de poissons établi dans la division des thoraciques, aux dépens des chétodons de *Linnée*.

NASONNÉ, part. pass. de *nasonner*.

NASONNEMENT, subst. mas. (*nâzoneman*), action de *nasonner*.

NASONNER, v. neut. (*nâzoné*), parler du nez en bégayant.

NASO-OCULAIRE, adj. des deux genres (*nâzôokulère*) (du lat. *nasus*, nez, et *ocularis*, fait de *oculus*, œil), t. d'anat., qui a rapport au nez et à l'œil.—Se dit aussi du nerf *nasal*. — Subst. : *le naso-oculaire*.

NASO-PALATIN, adj. et subst. mas. (*nâzôpalatein*) (du lat. *nasus*, *nez*, et *palatium*, *palais*), t. d'anat., qui appartient au *nez* et au voile du *palais* : *le muscle naso-palatin*.—Subst. : le *naso-palatin*.

NASO-PALPÉBRAL, adj. et subst. mas. (*nâzôpalepébrale*) (du lat. *nasus*, nez, et *palpebræ*, paupières), t. d'anat., se dit du muscle orbiculaire des paupières : *le nerf naso-palpébral*. — Subst. : *le naso-palpébral*.

NASO-SURCILIER, adj. et subst. mas. (*nâzôçurecilié*) (du lat. *nasus*, et *supercilium*, sourcil), t. d'anat., se dit du muscle qui correspond aux *sourcils* : *le muscle naso-surcilier*.—Subst. : *le naso-surcilier*.

NASSAT, subst. mas. (*naceça*), jeu d'orgues qui est moitié moins ouvert par le haut que par le bas. On l'appelle aussi *quinte couverte*.

NASSAU, subst. propre mas. (*nâçô*), duché d'Allemagne.

NASSAUVE, subst. fém. (*nâçôve*), t. de bot., genre de plantes, qui répand une odeur très-agréable.

NASSE, subst. fém. (*nace*) (en lat. *nassa*), instrument d'osier servant à prendre du poisson.—Filet pour prendre des oiseaux. — Fig. : *être dans la nasse*, dans une affaire fâcheuse dont on ne peut plus se tirer. — T. d'hist. nat., genre de testacés univalves.

NASSELLE, subst. fém. (*nacèle*), t. de pêche, petite *nasse* de jonc. Peu usité.

NASSI, subst. mas. (*naci*), t. de bot., sorte d'arbrisseau dont la baie, quoique fade, est bonne à manger.

NASSIB, subst. propre mas. (*nacibe*), nom que les Turcs donnent au destin, qui est, selon eux, un livre écrit dans le ciel, où est contenue la bonne ou la mauvaise fortune de tous les hommes, qui ne peuvent l'éviter, quoi qu'ils fassent.

NASSIER, subst. mas. (*nacié*), t. d'hist. nat., animal de l'espèce des *nasses*.

NASSITURE, subst. fém. (*naciture*), t. de médec., tumeur dans le corps. (*Boiste*.) Inusité.

NASSONNE, subst. fém. (*naçone*), t. de pêche, *nasse* en forme de *botte*, pour prendre les crustacés.

NASTE, subst. mas. (*nacete*), t. de bot., genre de plantes de la famille des graminées.

NASTÈS, subst. propre mas. (*nacetèce*), myth., l'un des capitaines qui allèrent au secours des Troyens contre les Grecs.

NASTRANDE, subst. propre mas. (*nacetrande*), myth., rivage des morts, enfer définitif des Scandinaves.

NASTURTIE, subst. fém. (*nacetureti*), t. de bot., genre de plantes de la famille des crucifères.

NASTURTIOÏDES, subst. fém. plur. (*nacetureti-o-ide*), t. de bot., genre de plantes qui rentre dans celui des passerages.

NASTURTIOLUM, subst. mas. (*naceturetiolome*), t. de bot., plante de la famille des crucifères. C'est le *passerage* des Alpes.

NASTURTIUM, subst. mas. (*naceturetiome*), t. de bot., espèce de plantes des anciens, dont les graines sont odorantes.

NASUA, subst. mas. (*nazu-a*), t. d'hist. nat., nom spécifique donné par *Linnée* au coati.

NASUTTO, subst. mas. (*nazuteté*), t. d'hist. nat., genre d'animaux mammifères ongulés de la famille des tapirs.

NATAGAI, subst. propre mas. (*natagaié*), myth., espèce de dieu créateur que les Mogols reconnaissaient sans l'adorer.

NATAL, E, adj. (*natale*) (en lat. *natalis*) ; *pays*, *lieu natal*, où l'on *est né* : *respirer l'air natal*.—*Jour natal*, jour de la *naissance*.— Inusité au plur. mas., disent la plupart des lexicographes. L'*Académie* dit positivement que cet adj. n'a point de plur. mas. Cependant le *Dictionnaire de Trévoux* parle des *jeux nataux*, que l'on célébrait anciennement au jour *natal* des grands hommes. On a même nommé quatre grandes fêtes de l'année, dans l'Église catholique, *les quatre nataux*. Ces *quatre nataux* étaient Noël, Pâques, la Pentecôte et la fête de tous les Saints. *Boiste* dit de même *jours nataux*. *Laveaux* seul écrit *natals*. Si nous avions à l'employer, nous dirions aussi *natals*.

NATALIS, subst. propre fém. (*natalice*), myth., surnom de Junon, de Génius et de la Fortune, pris du culte que chacun leur rendait le jour de sa naissance.

NATALITIES, subst. fém. plur. (*natalici*), myth., fêtes des dieux qui présidaient à la naissance.

NATANTE, adj. fém. (*natante*), t. de bot. : *feuille natante*, qui nage sur l'eau.

NATANTIA, subst. mas. (*natancia*), t. d'hist. nat., ordre de mammifères organisés pour la *natation*.

NATATION, subst. fém. (*natâcion*) (en lat. *natatio*), l'exercice ou l'art de *nager*.—*École de natation*. Voy. ÉCOLE.

NATATOIRE, adj. des deux genres (*natatoare*), t. d'hist. nat., se dit particulièrement de la vessie qui soutient les poissons.— *Boiste* prétend qu'on s'en est servi pour exprimer *un lieu disposé pour s'exercer à nager*, et il en fait un subst. mas. Nous ne le trouvons nulle part employé de la sorte et dans ce sens ; on dirait plutôt *nageoir*.

NATCHEZ, subst. propre mas. plur. (*natechèze*), nom d'une tribu puissante qui existait dans l'Amérique septentrionale.

NATES, subst. fém. plur. (*nâtèce*)) (mot latin qui signifie *fesses*), en t. d'anat., fesses ; protubérances du cerveau.

NATHINÉEN, subst. mas. (*natiné-ein*), t. d'antiq., nom des prêtres qui s'étaient voués au service du tabernacle, chez les Hébreux. (*Boiste*.)

NATICE, subst. fém. (*natice*), t. d'hist. nat., genre de testacés, de la classe des univalves.

NATICIER, subst. mas. (*naticié*), t. d'hist. nat., animal qui vit dans les *natices*.

NATIF, adj. mas., au fém. **NATIVE** (*natif*, *tive*) (en latin *nativus*), qui est né en un certain lieu : *il est natif de Paris*.—Apporté en naissant : *vertu*, *qualité native*.—On distingue *natif* de *né*, en ce que *natif* suppose le domicile fixe des parents, au lieu que *né* suppose seulement la naissance. Celui qui *naît* dans un endroit, par accident, *est né* dans cet endroit ; celui qui y *naît* parce que son père et sa mère y ont leur séjour, en est *natif* : *Jésus-Christ est natif de Nazareth et né à Bethléem*.—*J.-J. Rousseau* (Émile) a employé ce mot dans le sens de *naturel* : *ses yeux... ont au moins leur sérénité native*. En ce sens, c'est un latinisme que l'usage ne paraît pas avoir adopté.—*Or*, *argent natif*, tiré de la terre tout formé.

NATICAY, subst. mas. (*natiguéi*), myth., nom des dieux pénates des Tartares Mongols. Ils présidaient aux biens de la terre et étaient les gardiens des familles.

NATION, subst. fém. (*nâcion*) (en latin *natio*, fait de *nasci*, naître), t. collectif, tous les habitants d'un même état, d'un même pays.—Tous ceux d'une même *nation* qui se trouvent dans un pays étranger : *toute la nation se rendit chez l'ambassadeur.* — Une des quatre parties dont était composée la Faculté des arts, dans l'ancienne Université de Paris.—Classe d'individus suivant les mêmes principes : *la nation dévote.* (Boileau.) —Au plur., et dans le style de l'Écriture sainte, les infidèles et les idolâtres. — NATION, PEUPLE. (*Syn.*) Dans le sens littéral et primitif, *nation* marque un rapport commun de naissance, d'origine ; *peuple*, un rapport de nombre et d'ensemble. La *nation* est une grande famille ; le *peuple*, une grande assemblée.—Dans une autre acception, *nation* comprend les *naturels* du pays, et *peuple* tous les habitants. Divers *peuples* rassemblés, *naturalisés*, unis par divers rapports communs dans le même pays, forment une *nation*. Politiquement parlant, la *nation* est une grande famille politique, à l'instar de la famille naturelle ; le *peuple* est une grande multitude rassemblée et réunie par des liens communs.—La *nation* est attachée au pays par la culture, elle le possède ; le *peuple* est dans le pays, il l'habite.— Dans plusieurs états, le *peuple* est distingué de la *nation*, comme un ordre particulier. La *nation* est le tout, le *peuple* est la partie, et la partie est composée d'une grande multitude. La *nation* se divise en plusieurs ordres, et le *peuple* en est le dernier.

NATIONAL, E, adj. (*nacionale*), qui regarde la *nation* ; qui est de la *nation*.—On appelle *troupes nationales*, les troupes composées des sujets naturels de l'état qu'elles servent, et il se dit par opposition à *troupes étrangères*, qui sont celles que le même état tient à sa solde. — *Concile national*, assemblée de tous les évêques d'une *nation*.—*Cardinal national*, cardinal attaché à quelqu'une des couronnes par la naissance.— *Garde national, garde nationale.* Voy. ces mots. Au plur. mas., *nationaux*. — Subst. mas. plur., les habitants d'une seule *nation*, par opposition à *étrangers*, qui sont ceux qui appartiennent aux autres *nations*.

NATIONALEMENT, adv. (*nacionaleman*), d'une manière *nationale*.

NATIONALISÉ, E, part. pass. de *nationaliser*.

NATIONALISER, v. act. (*nacionalizé*), rendre *national*.—Faire adopter par la *nation*.—*se* NATIONALISER, v. pron., se fixer dans une *nation* ; en prendre les mœurs, les habitudes.

NATIONALITÉ, subst. fém. (*nacionalité*), caractère *national*.—Esprit, amour, union, confraternité *nationale*. — Patriotisme commun à tous.

NATIONAUX, adj. et subst. mas. plur. Voyez NATIONAL.

NATIVE, adj. fém. Voy. NATIF.

NATIVETÉ, subst. fém. (*nativeté*), qualité de ce qui est *natif*, de ce qui n'est point factice. (*Boiste*.) Peu en usage.

NATIVITÉ, subst. fém. (*nativité*) (en lat. *nativitas*), *naissance* du Sauveur, de la sainte Vierge, et de quelques autres saints.—Dans un sens absolu, quand on dit seulement : *la Nativité*, on entend la naissance de Jésus-Christ, ou bien l'on désigne la fête de Noël. — Image qui représente la *nativité*. — En t. d'astrol., état du ciel et des astres au moment de la naissance de quelqu'un. — Horoscope qu'on en tire : *on a dressé sa* nativité.

NATOLIE, subst. propre fém. (*natoli*). Orthographe vicieuse. Voy. ANATOLIE.

NATRICE, subst. fém. (*natrice*), t. de bot., espèce de plante dont l'odeur est très-désagréable.

NATRIX, subst. mas. (*natrikce*), t. d'hist. nat., nom donné à une espèce de serpent aquatique.

NATROLITHE, subst. fém. (*natrolite*), (du mot *natrum*, nom qu'on donnait au sel alcali volatil, avant que la chimie eût une nomenclature régulière, et du grec λίθος, pierre), t. d'hist. nat., pierre à soude.

NATRON ou **NATRUM** (l'*Académie* donne les deux), subst. mas. (*nâtron, trome*), nom qu'on donnait, dans l'ancienne chimie, à une substance alcaline, appelée, dans la nouvelle, *carbonate de soude*.

NATSONIE, subst. fém. (*nateçoni*), t. de bot., genre de plantes qui se rapproche beaucoup de celui des turgoties.

NATTA, subst. fém. (*nateta*), t. de médec., tumeur charnue, qui est une espèce de bronchocèle.

NATTAIRE, subst. mas. (*natetère*) ; on a donné anciennement ce nom aux solitaires et aux moines, parce qu'ils couchaient sur des *nattes*.

NATTE, subst. fém. (*nate*) (en lat. *natta*), tissu de paille ou de jonc, servant à couvrir les planchers, etc.—En passementerie, petit tissu étroit et plat fait de trois brins d'or ou de soie entrelacés.—Tresse de cheveux. — *Cheveux tressés en natte*, qui imitent le tissu de la *natte*.

NATTÉ, E, part. pass. de *natter*, et adj.—T. de pêche, *morue nattée*, morue qui a été endommagée par les *nattes* avec lesquelles se font les premiers lits, sur le plancher où l'on établit la pile.

NATTER, v. act. (*naté*), couvrir de *nattes*.— *Natter les cheveux*, les tresser en *natte*.—*se* NATTER, v. pron.

NATTIER, subst. mas., **NATTIÈRE**, subst. fém. (*natié, tière*), celui, celle qui fait et vend des *nattes*. —T. de bot., au mas., sorte de plante.

NATTIÈRE, subst. fém. Voy. NATTIER.

NATTS, subst. mas. plur. (*natece*), myth., chez les Indiens, esprits aériens redoutés des Birmans.

NATUREL, E, adj. (*naturale*), t. de cout., *naturel*. (*Boiste*.) Vieux et même hors d'usage.

NATURALES, en sous-entendant DII, subst. propre mas. plur. (*naturalèce*) (mot latin qui signifie : les dieux naturels), myth., on comprenait dans cette classe de dieux le Monde, le Soleil, l'Air, l'Eau, la Terre, la Tempête, l'Amour, etc.

NATURALIBUS (IN), adv. (*inenaturâlibuce*), expression purement latine et qui signifie, dans l'état de *nature*, dans l'état de nudité : *il m'a surpris in naturalibus*.—On dit quelquefois dans le même sens, et uniquement pour donner plus de force à l'expression : *puris in naturalibus*. Style familier.

NATURALISATION, subst. fém. (*naturalizâcion*), action de *naturaliser*.—Acte par lequel un étranger est *naturalisé*.—Effet des lettres de *naturalité*.

NATURALISÉ, E, part. pass. de *naturaliser*.

NATURALISER, v. act. (*naturalizé*), donner à un étranger les mêmes droits, les mêmes privilèges dont jouissent les *naturels* du pays. — Il se dit des animaux, des plantes, des arts, des sciences que l'on apporte dans un pays et qui y réussissent.—Fig. : *naturaliser un mot, une phrase*, les transporter d'une langue en une autre : *deficit est un mot latin que nous avons naturalisé*.— *se* NATURALISER, v. pron., s'habituer.

NATURALISME, subst. mas. (*naturaliceme*), qualité de ce qui est produit par une cause *naturelle* ; caractère de ce qui est *naturel*. — Histoire *naturelle* d'un pays. — Système de religion qui attribue tout à la *nature*, comme premier principe.

NATURALISTE, subst. mas. (*naturalicete*), savant qui s'applique à l'étude de l'histoire *naturelle*, ou qui l'a étudiée.—On a appelé aussi *naturalistes*, ceux qui n'admettent point de Dieu, mais qui croient qu'il n'y a qu'une substance matérielle revêtue de diverses qualités qui lui sont essentielles, et par le moyen desquelles tout s'exécute nécessairement dans la nature comme nous le voyons. *Naturaliste*, en ce sens, est synonyme de *matérialiste*.

NATURALITÉ, subst. fém. (*naturalité*), état de celui qui est né dans le pays où il habite, ou de celui qui s'y est fait *naturaliser*. — Droits dont ils jouissent. — *Droit de naturalité*, droit dont jouissent ceux qui sont nés dans un pays, à l'exclusion des étrangers.—*Lettres de naturalité*, lettres qui accordent aux étrangers le droit de *naturalité*.

NATURE, subst. fém. (*nature*) (en lat. *natura*), toutes les choses créées ; l'univers tout entier : *Dieu est l'auteur et le maître de la nature.* — L'ordre qui est répandu dans les choses créées ; les lois qui les gouvernent : *la nature est admirable jusque dans les moindres choses.* — Effet que cet ordre produit dans chaque personne : *la nature nous donne les notions du juste et de l'injuste.* — Propriété de chaque être particulier.— Complexion, tempérament : *être de nature bilieuse.* — Constitution du corps humain, du principe de la vie : *la nature s'affaiblit en lui.*— Disposition et inclination de l'âme.—Ce qui distingue les principales espèces des êtres : *la nature divine, la nature angélique, la nature humaine.* Ce dernier se dit aussi pour le genre humain.—État naturel de l'homme, opposé à l'état où il est élevé par la grace : *la nature est fragile.*— Productions de la *nature*, par opposition à celles de l'art. — Les dons de la *nature*. — Ce qui est opposé à la civilisation : *état de pure nature.* — Modèle des arts d'imitation : *prendre la nature pour guide.* — En peinture, sujet naturel sur lequel un peintre travaille : *dessiner, peindre d'après nature.* En ce sens, *nature* est souvent opposé à ce qu'on appelle *pratique* ; c'est-à-dire à ce qu'on fait sans modèle et seulement par habitude : *cette figure, cette draperie est faite d'après nature ; et cette autre, de pratique ; figures plus grandes, plus petites que nature*, qui n'ont pas les proportions *naturelles*. — Sorte, espèce : *je n'ai encore rien vu de cette nature.* — Dans le moral, 1° conscience, lumière *naturelle* pour discerner le bien d'avec le mal : *la nature nous enseigne, nous ordonne de...* ; *cela est conforme à la nature, contre la nature* ; 2° affection, sentiments *naturels* qui nous attachent à nos proches : *la voix, les liens de la nature* ; 3° mouvement par lequel l'homme est porté à ce qui peut contribuer à sa conservation : *la nature demande du repos ; les besoins de la nature.* — *Payer en nature*, avec les productions *naturelles* d'un sol, en effets ou en denrées. — *Loi de nature*, celle qui est innée en nous, par opposition à la *loi ancienne* et à la *loi de grace.* — *Payer le tribut à la nature*, mourir. — *Forcer nature*, faire plus qu'on ne peut. — *Meubles, marchandises en nature*, qui n'ont pas été aliénés, vendus, etc.—En t. de lapidaire, *diamant de nature*, diamant qui, n'ayant pas son fil dirigé uniformément, ne peut être bien poli.—Fig. et prov. : *nourriture passe nature*, l'éducation a plus de force sur nous que la *nature* même. — Subst. propre fém., myth., fille de Jupiter. Quelques-uns la font sa mère, d'autres sa femme. Certains philosophes croyaient que la *Nature* n'était autre chose que Dieu même, et que Dieu n'était autre chose que le monde, c'est-à-dire tout l'univers. Plusieurs admettaient un dieu particulier de la *nature* humaine, qu'on croit être le même que Génius.

NATUREL, adj. mas., au fém. **NATURELLE** (*naturèle*) (en lat. *naturalis*), qui appartient à la *nature*, qui est conforme à l'ordre, au cours ordinaire de la *nature*, qui est conforme à la *nature* de chaque espèce, de chaque individu : *les passions naturelles de l'homme ; la férocité naturelle du tigre ; l'Océan est sorti plusieurs fois de ses bornes naturelles.* — Qui n'est point déguisé, altéré, fardé, mais tel que la *nature* l'a fait : *elle a des graces naturelles.* — Facile, sans contrainte, qui vient de la *nature* seule : *air, esprit, style naturel.* Voy. NAÏF. — *Vin naturel*, qui n'a point été travaillé, falsifié.—En parlant des personnes, aisé, franc. — *Juges naturels*, ceux que la loi assigne aux parties en cause : *nul ne peut être distrait de ses juges naturels*, des juges qui conviennent à la cause, aux personnes. — Ce qu'on fait en conséquence de ses habitudes, de sa spécialité : *il était tout naturel à Boileau d'écrire en vers.* — Qui s'offre à l'esprit *naturellement*, selon les dispositions de la *nature* : *ce passage n'est pas traduit dans son sens naturel.* — *Avoir l'esprit naturel*, d'accord avec tous les principes qui sont selon la *nature*. — *Enfant naturel*, né hors du mariage. — *Enfant légitime et naturel*, celui qui est né d'un mariage légitime, par opposition à l'enfant adoptif. — On appelle *parties naturelles*, les parties destinées à la génération. — *Philosophie naturelle*, celle qui a pour objet l'étude des lois et des phénomènes *naturels*. — *Histoire naturelle*, celle qui donne la description de tout ce qui est dans la *nature* ; elle comprend la description et la classification des animaux, des végétaux et des minéraux. — Ouvrage qui traite de cette science. — *Musique naturelle*, celle qui est formée par la voix humaine, par opposition à l'*artificielle*, qui s'exécute avec des instruments. — *Chant naturel*, doux, aisé, gracieux, etc. — *Harmonie naturelle*, dans laquelle on ne recherche pas trop les dissonnances et les transitions hasardées. — *Mode, ton naturel*, mode tiré de la gamme ordinaire sans altération, où l'on n'emploie ni dièze ni bémol. On le dit dans le même sens de sons particuliers qui ne sont affectés d'aucun de ces signes : *sol naturel.* — *Solfier au naturel*, transporter les tons affectés de dièzes ou de bémols, et les solfier par les noms des sons de la gamme ordinaire, savoir : en *ut* pour les tons majeurs, et en *la* pour les tons mineurs. — T. d'arithm., *nombres naturels*, dans les tables de logarithmes, les nombres consécutifs 1, 2, 3, 4, 5, etc., par opposition aux *nombres artificiels* qui en sont les logarithmes. — *Mois naturel* ou *astronomique*. Voy. au mot MOIS.

NATUREL, subst. mas. (*naturèle*), propriété *naturelle*. — Tempérament, constitution, complexion : avec ces différences, suivant *Roubaud*, que le *naturel* est formé de l'assemblage des qualités naturelles; le *tempérament*, du mélange des humeurs; la *constitution*, du système entier des parties constitutives du corps; la *complexion*, des habitudes dominantes que le corps a contractées. — Inclination, humeur : *il y a du naturel dans tout ce qu'il dit ou fait*. — Amour *naturel* : *mère, enfant qui a beaucoup ou qui n'a point de naturel, qui est sans naturel*.— Humanité, compassion : *il montre son bon naturel dans toutes les occasions; avoir beaucoup de naturel*, avoir les bons sentiments que la *nature* inspire.—Propriété inhérente à la *nature* : *le naturel de l'homme le porte continuellement à vivre en société*.—En t. de dessin, peinture, sculpture, etc., il est synonyme de *nature* : *dessiner d'après le naturel*. Il est d'usage surtout dans les ateliers. — *N'avoir point de naturel*, être gêné dans ses manières, ou contraint, dur, affecté, recherché dans son style.— *Les naturels du pays*, les habitants originaires du pays.—*Au naturel*, loc. adv. : *peint, représenté au naturel*, avec beaucoup de vérité et de ressemblance; d'après la *nature*. — Il se dit de la manière d'apprêter les viandes sans assaisonnement factice ou culinaire : *un bœuf au naturel*, sans assortiment.—*De mon naturel*, loc. adv., *naturellement*.

NATURELLE, adj. fém. Voy. NATUREL.

NATURELLEMENT, adv. (*naturèleman*), par impulsion, propriété ou principe *naturel*. — Par les seules forces, par le secours de la *nature*. — D'une manière naïve et *naturelle*. — Aisément. — Avec franchise, sans déguisement. — Sans art, sans culture : *ces plantes croissent naturellement*. — *Naturellement parlant*, sans figure, sans fard.

NATURISME, subst. mas. (*naturiceme*), doctrine d'après laquelle la *nature* est considérée comme auteur d'elle-même. Inusité et inutile, puisque nous avons le mot *naturalisme*.

NAU, subst. mas. (*no*), vieux mot qui signifiait autrefois un gros vaisseau. (*Furetière*.)

NAUCELLE, subst. propre fém. (*nôcèle*), bourg de France, chef-lieu de canton, arrond. de Rodez, dép. de l'Aveyron.

NAUCLÉE, subst. fém. (*nôklé*), t. de bot., genre de plante de la famille des rubiacées.

NAUCORE, subst. mas. (*nôkore*) (du grec ναυς, navire, bateau, et κορις, punaise), t. d'hist. nat., genre de punaises aquatiques qui ont la forme d'un petit bateau.

NAUCRATE, subst. mas. (*nôkrate*), t. d'hist. nat., genre de poissons qui renferme le centronote conducteur, et une autre espèce de la mer de Sicile.

NAUENBURGIE, subst. fém. (*noanburji*), t. de bot., plante annuelle qu'on trouve dans l'Amérique méridionale.

NAUFRAGE, subst. mas. (*nôfraje*) (du latin *naufragium*, pour *navifragium*, formé de *navis*, navire, vaisseau, et de *frangere*, briser), perte d'un vaisseau sur mer : *faire naufrage*. *Sauver* (garantir) *du naufrage*. Massillon a dit assez improprement (*Oraison funèbre de Louis XIV*) : *essuyer du naufrage*, pour accueillir après le *naufrage*. — Fig., toute sorte de revers, de disgraces.—*Faire naufrage au port*, échouer au moment où il y a le plus d'espoir de réussir.

NAUFRAGÉ, E, subst. et adj. (*nôfrajé*), qui a péri par un *naufrage*. Il se dit des personnes et des choses : *un malheureux naufragé; vaisseau, effets naufragés*.

NAUFRAGER, v. neut. (*nôfrajé*), faire *naufrage*. Voy. ce mot.

NAULAGE, subst. mas. (*nôlaje*) (en grec ναυλον, fait de ναυς, navire, vaisseau), prix que les passagers paient au maître du vaisseau pour leur passage. — Ce qu'on donne aux bateliers pour passer l'eau. On dit aussi *nolis*. Voy. ce mot.— Myth., droit qu'on payait à Caron pour passer le Styx.

NAULE ou **NAULON**, subst. mas. (*nôle, nôlon*), myth.; on appelait ainsi la pièce de monnaie qu'on croyait que Caron exigeait des morts pour leur faire passer le Styx.

NAUMACHIE, subst. fém. (*nômachi*) (en grec ναυμαχια, fait de ναυς, vaisseau, et μαχη, combat), spectacle d'un combat naval chez les anciens Romains. — Lieu où se donnait ce spectacle.

NAUMACHIEN, subst. mas. (*nômachi-ein*), celui qui combattait dans les *naumachies*.

NAUPHYLAQUE, subst. mas. (*nôfilake*) (du grec ναυς, vaisseau, et φυλακος, gén. de φυλαξ, gardien), t. d'antiq., gardien des vaisseaux, chez les Athéniens.

NAUPLIADE, subst. propre mas. (*nôpli-ade*), myth., Palamède, fils de *Nauplius*. — Au plur., fils ou ascendants de ce roi d'Arcadie.

NAUPLIUS, subst. propre mas. (*nôpli-uce*), myth., roi de l'île d'Eubée, et père de Palamède. Son fils, étant allé au siège de Troie, y fut lapidé par l'injustice d'Ulysse et des autres chefs. *Nauplius* en fut si indigné, qu'il causa le plus de désordre qu'il put dans les états des princes grecs pendant leur absence. Après la prise de Troie, voyant la flotte des vainqueurs battue par une violente tempête, il fit allumer pendant la nuit des feux sur les côtes de la mer, vis-à-vis des endroits où étaient les plus dangereux écueils, contre lesquels la plupart de leurs vaisseaux vinrent échouer. *Nauplius* ayant appris qu'Ulysse et Diomède en étaient échappés, en eut tant de dépit, qu'il se précipita dans la mer.—Il y eut un autre *Nauplius*, fils de Neptune et d'Amymone, qui fut un des Argonautes.

NAUPRESTIDE, subst. prop. fém. (*nôprècetide*) (du grec ναυς, vaisseau, et πρηστηρ, fait de πρηθω, je brûle), myth., fille de Priam, qui, captive de Protésilas, incendia les vaisseaux de ce prince pour l'obliger à rester dans l'île de Chio.

NAUROUZ, subst. mas. (*nôrouze*), t. de chron., premier jour de l'ancienne année solaire que les Persans non mahométans célèbrent avec beaucoup de solennité.

NAUSCOPE, subst. mas. (*nôcekope*) (du grec ναυς, navire, et σκοπεω, j'observe), t. de mar., instrument à l'aide duquel on prétend qu'on peut découvrir des vaisseaux, sur la mer, à une très-grande distance, et même à deux cents lieues.

NAUSCOPIE, subst. fém. (*nôcekopi*) (même étymologie que celle du mot précédent), t. de mar., art de découvrir les vaisseaux en mer à une très-grande distance.

NAUSCOPIQUE, adj. des deux genres (*nôcekopike*), qui concerne le *nauscope* et la *nauscopie*.

NAUSÉABOND, E, adj. (*nôzé-abon, bonde*) (en lat. *nauseabundus*, qui signif. proprement *sujet aux nausées*), t. de médec., qui cause des *nausées* : *aliment, remède nauséabond; odeur nauséabonde*. — Beaumarchais, dans ses *Mémoires contre Goëzman*, a dit figurément et avec un régime, en parlant d'un ouvrage : *nauséabond aux lecteurs*. D'après les exemples que nous venons de citer, *Boiste* a tort d'écrire *nauséabonde* pour les deux genres. Il donne aussi *nauséatif*, *nauséative*, adj., mais nous n'avons trouvé l'emploi de ce second adj. nulle part.

NAUSÉE, subst. fém. (*nôzé*) (en lat. *nausea*, fait du grec ναυσια, ionique pour ναυτια, lequel est dérivé de ναυς, vaisseau; parce que le mot *nausée* a signifié primitivement et proprement l'envie de vomir à laquelle on est sujet sur mer; le mal de mer), envie de vomir, soulèvement de cœur. — Au fig., dégoût qu'inspirent tout naturellement certains discours, certains ouvrages littéraires, qui sont ou insipides, ou rebutants, quant à la forme ou à l'esprit : *son livre est si immoral, qu'il m'a donné des nausées*.

NAUSÉEUSE, adj. fém. Voy. NAUSÉEUX.

NAUSÉEUX, adj. mas., au fém. **NAUSÉEUSE** (*nôzé-eu, euze*), t. de médec., qui cause des *nausées*. Voy. NAUSÉABOND et notre observation sur *nauséatif*, dans la classe duquel nous n'hésitons pas à ranger *nauséeux*.

NAUSICAÉ, subst. propre fém. (*nôsiko-é*), myth., fille d'Alcinoüs, roi des Phéaciens. Ayant rencontré Ulysse après un naufrage, d'où il n'était échappé qu'avec beaucoup de peine, elle le conduisit au palais de son père, où il fut très-bien reçu.

NAUSITHOÜS, subst. propre mas. (*nôzito-uce*), myth., roi des Phéaciens, et père d'Alcinoüs. Il était fils de Neptune et de Péribée. — Il y en eut un autre, fils de Circé et d'Ulysse.

NAUTÈS, subst. propre mas. (*nôtèce*), myth., Troyen de la suite d'Énée, qui le considérait beaucoup, à cause de sa grande sagesse.

NAUTIA, subst. propre fém. (*nôcia*), myth., famille patricienne de Rome, consacrée au culte de Minerve, et qui avait la garde du Palladium. *Virgile* la fait descendre de *Nautès*.

NAUTIER, subst. mas. (*nôtié*), t. de pêcheur, sorte de couteau dont les pêcheurs de morue se servent pour ôter les noues.

NAUTIES, subst. propre fém. plur. (*nôti*), fêtes en l'honneur de *Nautia*.

NAUTILE, subst. mas. (*nôtile*) (de ναυτιλος, nom grec de ce coquillage, et qui signifie pilote, navigateur, formé de ναυς, navire, vaisseau, parce que le nautile ressemble à une nacelle conduite sur mer, comme un vaisseau l'est par un pilote.), t. d'hist. nat., genre de testacés univalves. — *Nautile à spire*, belle coquille des mers de la Chine, qui forme maintenant le genre *ammonie*. — *Nautile déprimé*, espèce de fossile qu'on a nommé depuis *bellérophe*. — *Nautile encapuchonné*, coquille fossile des roches calcaires des environs de Namur, dont on a formé le genre *aganide*. — *Nautile papyracé* ou *argonaute*. Voy. NAUTILIER, qui signifie la même chose.

NAUTILIER, subst. mas. (*notilié*), t. d'hist. nat., animal du genre des *nautiles*. Il conduit sa coquille comme une barque, à l'aide d'une sorte de voile formée d'une membrane naturelle.

NAUTILITHE, subst. mas. (*nôtilite*) (du grec ναυτιλος, nom grec du *nautile*, et de λιθος, pierre), t. de minér., nom qu'on a donné aux *nautiles* fossiles ou pétrifiés.

NAUTIQUE, adj. des deux genres (*nôtike*) (en grec ναυτικος, fait de ναυς, vaisseau), qui appartient à la navigation : *cartes nautiques*. — *Astronomie nautique*, propre aux navigateurs.

NAUTIQUEMENT, adv. (*nôtikeman*), d'une manière *nautique*; qui a rapport à l'art *nautique*.

NAUTODIQUE, subst. mas. (*nôtodike*), t. d'antiq., nom des juges qui composaient les tribunaux maritimes chez les anciens Grecs.

NAUTONIER, subst. mas., **NAUTONIÈRE**, subst. fém. (*nôtonié, nière*) (du lat. *nautus*, fait de ναυτης, lequel vient de ναυς, navire), celui, celle qui conduit une barque, un navire, style poétique.—NAUTONIER, NOCHER, PILOTE. (*Syn.*) *Nautonier* se dit de celui qui travaille à la manœuvre; le *pilote* tient le gouvernail; le *nocher* n'est autre que le capitaine-propriétaire.

NAVAGE, subst. mas. (*navaje*), vieux mot qui signifiait : flotte. (*Boiste*.) Inusité.

NAVAL, E, adj. (*navale*) (en lat. *navalis*, fait de *navis*, vaisseau), qui appartient à la navigation; qui concerne les vaisseaux de guerre : *combat naval; armée, force, bataille navale*. Il n'a point de pluriel au masculin.—*Couronne navale*, couronne ornée de proues de vaisseaux, qu'on donnait, chez les anciens Romains, à ceux qui, dans un combat *naval*, étaient montés les premiers sur un vaisseau ennemi.

NAVARCHIE, subst. fém. (*navarchi*), chez les anciens, titre, charge du *navarque*.

NAVARCHIQUE, adj. des deux genres (*navarchike*), qui tient, qui a rapport au *navarque*, à la *navarchie*.

NAVARICIEN, subst. mas. (*navaricïein*), sorte d'anciens sectaires parmi les hérétiques.

NAVARQUE, subst. mas. (*navarke*) (du grec ναυς, vaisseau, et αρχη, commandement), t. d'hist. anc., chez les anciens, officier qui commandait un vaisseau, et qui réglait toutes choses pendant le combat.

NAVARIN, subst. propre mas. (*navarein*), ville et port important de la Grèce en Morée; elle est devenue célèbre en 1827, par le combat naval qui détruisit en quelques heures toute la flotte turque.

NAVARRE, subst. propre fém. (*navare*), province d'Espagne qui porte le titre de royaume.

NAVARREINS, subst. propre mas. (*navareince*), ville forte de France, chef-lieu de canton, arrond. d'Orthez, dép. des Basses-Pyrénées.

NAVARROIS, E, subst. propre et adj. (*navaroâ, roâze*), de la *Navarre*.

NAVEAU, subst. mas. (*navô*), *navet*. (Boiste.) Vieux et même tout-à-fait inusité.

NAVÉE, subst. fém. (*navé*) (du latin *navis*, navire, bateau), charge d'un bateau.—En Normandie, il se dit particulièrement des bateaux chargés de poisson salé.

NAVET, subst. mas. (*navè*) (en latin *napus*), t. de bot., plante bisannuelle, à fleur cruciforme, de la famille des choux, que l'on cultive dans les champs, et dont la racine, qui prend le nom de la plante, sert d'aliment.—Racines de certaines plantes : *navet d'œillet*.—T. d'hist. nat., genre de coquilles univalves.

NAVÉTIER, subst. mas. (*navetié*), t. de mét., ouvrier qui fait des *navettes*.—T. d'hist. nat., animal du genre de la coquille appelée *navette*.

NAVETTE, subst. fém. (*navète*), t. de bot., plante bisannuelle, qu'on nomme aussi *navet sauvage*, à fleur cruciforme, du genre des choux, et dont la racine est plus petite que celle du *navet* cultivé. On tire de sa graine, par expression, une huile à brûler qu'on nomme aussi *navette*.— Sorte de vase, en forme de petit *navire*, dans lequel on met l'encens qu'on brûle à l'église dans les encensoirs.— Instrument de tisserand, avec lequel on fait courir le fil, etc., sur le métier. — Dans ce sens, on dit fig. et fam. : *faire la navette*, faire beaucoup d'allées et de venues; *faire faire la navette*, en faire faire à d'autres. (Du latin *navis*, à cause de sa ressemblance avec un petit *navire*.)—Morceau de plomb en forme de *navette*.—T. d'hist. nat., genre de coquilles univalves.—Bâtiment indien.

NAVICULAIRE, adj. des deux genres (*navikulère*) (du lat. *navicula*, nacelle, diminutif de *navis*, navire), t. de bot., qui a la forme d'une nacelle.—Subst. mas., t. d'anat., os du tarse, qui ressemble à un petit navire, à une nacelle.

NAVICULE, subst. fém. (*navikule*) (en lat. *navicula*), petite barque. Peu usité.

NAVIFORME, adj. des deux genres (*naviforme*) (du lat. *navis*, vaisseau, et *forma*, ressemblance), t. d'anat., épithète donnée quelquefois à l'os scaphoïde, à cause de sa forme. Voy. NAVICULAIRE, qui se dit plus souvent.

NAVIGABILITÉ, subst. fém. (*naviguabilité*), état d'une rivière, d'un lac *navigable*.

NAVIGABLE, adj. des deux genres (*naviguable*) (en lat. *navigabilis*); il se dit tant des mers que des eaux douces dans lesquelles on peut *naviguer*.

NAVIGATEUR, subst. et adj. mas. (*naviguateur*) (en lat. *navigator*), celui qui a fait des voyages de long cours sur mer.—Pilote marin expérimenté, qui entend bien la *navigation*, qui l'a étudiée : *c'est un excellent navigateur*. — Adj., particulièrement adonné à la *navigation* : *peuple navigateur*. — Pourquoi ne dit-on pas *navigatrice*, au fém.?

NAVIGATION, subst. fém. (*naviguâcion*) (en lat. *navigatio*), voyage sur mer, sur les fleuves, etc.—Art de *naviguer*.— *Canal de navigation*, qui porte des bateaux, par opposition à *canal d'irrigation*, qui ne sert qu'à arroser les endroits à travers lesquels on le distribue.

NAVIGUANT, E, adj. (*naviguan, guante*), qui *navigue*.

NAVIGUÉ, part. pass. de *naviguer*.

NAVIGUER, v. neut. (*naviguié*) (en lat. *navigari*, fait de *navis*, vaisseau), aller sur mer ou sur les grandes rivières.—Il se dit aussi, 1° de la manœuvre que fait faire un pilote à un vaisseau : *mer où il est malaisé de bien naviguer*; 2° de la manière dont un vaisseau va sur mer : *ce vaisseau navigue bien*.

NAVILLE, subst. fém. (*navi-ie*) (mot emprunté de l'italien ; *Boiste* a peut-être tort d'écrire *navile* et de faire ce mot mas.), petit canal pour conduire dans les terres les eaux d'arrosage. Il se dit principalement des canaux d'irrigation dont la Lombardie est coupée.

NAVIRE, subst. mas. (*navire*) (en lat. *navis*), grand bâtiment dont on se sert sur mer, et qu'on fait aller avec des voiles et un gouvernail. —En parlant des vaisseaux de guerre, on dit *vaisseau* plutôt que *navire*; et en parlant des vaisseaux marchands, *navire* est plus usité dans les ports de l'Océan, et *vaisseau*, dans ceux de la Méditerranée. — *La navire Argo*, pour le vaisseau des Argonautes, qui se disait autrefois, serait aujourd'hui une faute. — T. d'astron., constellation méridionale appelée aussi : *le navire*, *le vaisseau*, *le navire de Jason*, *le charriot de mer*.—En t. de blas., on dit qu'*un navire est habillé d'argent* ou *de gueules* ou *de sable*, quand les agrès sont de ces émaux.

NAVIS (PRÆTORIA), subst. fém. (*naviceprétoria*). C'était, chez les anciens Romains, ce que nous appelons en Europe vaisseau amiral : il portait le *préteur*, et l'enseigne qui servait de guide aux autres vaisseaux.

NAVRANT, E, adj. (*nâvran, vrante*), très-affligeant : *spectacle navrant*.

NAVRÉ, E, part. pass. de *navrer*.

NAVRER, v. act. (*nâvré*) (du lat. *naufragare*, employé, avec cette acception, par les écrivains du moyen-âge, et qui se dit dans l'usage ordinaire, pour, *faire naufrage*; mais qui, décomposé dans ses éléments, signifie proprement, *briser un navire*, *navem frangere*. Caseneuve et Ménage.); blesser, faire une grande plaie. Dans ce sens, il est vieux. — Aujourd'hui, fig. et seulement avec le mot *cœur*, affliger : *cela me navre le cœur*; *j'en ai le cœur navré*.— Redresser un échalas par une entaille; faire une hoche. (*Boiste*.) Fort peu usité dans cette dernière acception, qui cependant a bien quelque analogie avec la première de ce mot.— SE NAVRER, v. pron.

NAXIAS, NAXIUM, OU PIERRE DE NAXOS, subst. mas. (*nakci-âce, nakci-ome, pièredenakçoce*), pierre qu'on tirait de *Naxos* et d'Arménie, et dont les anciens se servaient pour polir les pierres fines. C'est encore de *Naxos* qu'on tire l'émeril.

NAXOS, subst. propre mas. (*nakçoce*), t. de géog. et de myth., île de la mer Égée, dans laquelle Thésée abandonna Ariane sur un rocher. Elle était célèbre par le culte qu'on y rendait à Bacchus.

NAY, subst. propre mas. (*nè*), ville de France, chef-lieu de canton, arrond. de Pau, dép. des Hautes-Pyrénées.

NAYADE, subst. fém. (*na-iade*), t. de bot., espèce de plante unilobée. Voy. NAÏADE, orthographe plus en usage.

NAYE ou **LAYE**, subst. fém. (*nè-ie, lè-ie*), t. de minér., veine verticale de matières étrangères dans un banc d'ardoises.

NAYOURIVI, subst. mas. (*na-iourivi*), t. de bot., sorte de plante qui croît dans les Grandes-Indes.

NAZAIRE (SAINT-), subst. propre mas. (*ceinnazère*), chef-lieu de canton, arrond. de Savenay, dép. de la Loire-Inférieure.

NAZAR ou **NAZER**, subst. mas. (*nazare, nazère*), t. de relat., surintendant du roi de Perse.

NAZARÉAT, subst. mas. (*nazaré-a*), état du *Nazaréen*.—Temps pendant lequel on s'instruit dans le *nazaréisme*.—Nature de la secte *nazaréenne*.

NAZARÉEN, subst. et adj. mas., au fém. NAZARÉENNE (*nazaré-ein, ène*), sectaires juifs qui honoraient Jésus-Christ comme un homme juste et saint.—Subst., habitant de *Nazareth*, ou qui y est né.

NAZARÉENNE subst. et adj. fém. Voy. NAZARÉEN.

NAZARÉISME, subst. mas. (*nazaré-iceme*), opinion, système, doctrine, principes des *nazaréens*.

NAZARETH, subst. propre mas. (*nazarète*), ville de Syrie, célèbre dans l'histoire sainte. La sainte famille y résida depuis son retour d'Égypte jusqu'au baptême de Jésus-Christ.

NAZIA, subst. fém. (*nazia*), t. de bot., genre de plantes de la famille des graminées.

*__NAZIÈRE__ ou **NASSIÈRE** (double orthographe de *Boiste*; on comprendra aisément que la seconde doit seule être adoptée), subst. fém. (*nazière*, *naceciére*), t. de pêche, endroit où l'on tend les *nasses*.

NAZIR, subst. mas. (*nazire*), t. de relat., inspecteur d'une mosquée chez les Orientaux.

NAZIRÉAT, subst. mas. (*naziré-a*), fonction des *naziréens*.

NAZIRÉEN, subst. mas. (*naziré-ein*), t. d'antiq., Hébreu qui se vouait au sacerdoce, bien que n'étant pas de la tribu de Lévi.

N. B., abréviation des deux mots latins *nota benè*, qui signifient : *remarquez bien*, *notez bien*.

N.-D., abréviation des mots *Notre-Dame*.

NE, particule qui rend une proposition négative, et qui est souvent accompagnée de *pas* ou *point*. *Ne* précède invariablement le verbe, et il précède également le pronom en régime, s'il y en a un de joint au verbe : *je ne pense pas que...*, *vous ne le pensez pas*. La place de *pas* ou *point* varie; on peut indifféremment les mettre devant ou après le verbe s'il est à l'infinitif : *pour ne point souffrir*, *pour ne souffrir point*. A l'impératif, ils se placent toujours après le verbe : *ne faites pas cela*; *n'allez pas au spectacle*. Dans les temps simples du verbe, ils doivent toujours suivre le verbe : *il ne joue point*. Dans les temps composés, ils se mettent entre l'auxiliaire et le participe : *il n'a point joué*. — *Pas* et *point* ne s'emploient pas indifféremment. *Pas* énonce simplement la négative; *point* appuie avec force, et semble l'affirmer. Le premier souvent ne nie la chose qu'en partie, ou avec modification; le second la nie toujours absolument, totalement et sans réserve. Voilà pourquoi l'un se place très-bien devant les modificatifs, lorsque l'autre y aurait mauvaise grace : *telle personne n'est pas riche*, mais elle n'est peut-être pas fort éloignée de l'être. *Tel n'est point riche*, et il s'en faut bien qu'il le soit. *On n'a pas d'esprit*, quand on n'en est pas pourvu; *on n'a point d'esprit*, quand on en est dénué. *Vous ne croyez pas une chose* qu'on ne peut vous persuader; *vous ne croyez point celle* que votre esprit rejette absolument. Dans le premier cas, il peut vous rester quelque doute; dans le second, vous êtes très-décidé. — *Point*, suivi de la particule *ne*, tranche donc absolument, et forme une négation parfaite; au lieu que *pas* laisse la liberté de restreindre ou de réserver. Par cette raison, *pas* doit être préféré à *point*, devant *plus*, *moins*, *si*, *autant*, etc., et autres termes comparatifs : *Cicéron n'est pas moins véhément que Démosthène*; *Démosthène n'est pas si diffus que Cicéron*. Par la même raison, *pas* est préférable devant les adverbes et les noms de nombre : *assez ordinairement il n'y a pas beaucoup d'eau dans cette rivière*; *il n'y a pas une seule personne qui ne soit de votre avis*. Par la même raison encore, *pas* convient mieux à quelque chose de passager et d'accidentel; *point*, à quelque chose de permanent et d'habituel : *il ne lit pas*, présentement; *il ne lit point*, jamais, dans aucun temps. — *Point* se met pour *non*, et jamais *pas*, soit pour terminer une phrase elliptique : *je le croyais mon ami, mais point*; soit pour répondre à une interrogation : *lirez-vous ces vers ? point*. — Quand *pas* ou *point* entre dans l'interrogation, c'est avec des sens un peu différents; car si ma question est accompagnée de quelque doute, je dirai : *n'avez-vous point froid ? n'est-ce point vous qui avez pris ma montre ?* Mais si j'en suis persuadé, je dirai : *n'avez-vous pas froid ? n'est-ce pas vous qui avez pris ma montre ?* — Quelquefois on peut supprimer *pas* et *point*. On le peut après les verbes *cesser*, *oser* et *pouvoir* : *il ne cesse de fréquenter les maisons de jeu*; *je n'ose dire tout ce que je pense*; *on ne peut avoir de confiance en lui*. On peut aussi les supprimer avec élégance dans ces sortes d'interrogations : *y a-t-il un homme dont elle ne médise ? avez-vous un ami qui ne soit des miens ?* — Après les verbes *douter* et *nier*, précédés d'une négative, et suivis de la conjonction *que*, la phrase amenée par cette conjonction demande qu'on répète *ne*, mais tout seul : *je ne doute pas que cela ne soit*. — Après *prendre garde*, quand il signifie *prendre ses mesures*, et après le verbe *empêcher*, on supprime *pas* et *point* : *prenez garde qu'on ne vous trompe*; *quand on le peut, il faut empêcher que le mal ne s'accomplisse*.—Si *prendre garde* signifie *faire réflexion*, on met *ne pas* : *prenez garde que je ne dise pas cela*.—Après le verbe *savoir*, pris dans le sens de *pouvoir*, on doit toujours supprimer *pas* et *point* : *on ne saurait assez se défendre de toute mauvaise fréquentation*. Après ce même verbe précédé de la négation, et signifiant, *être incertain*, le mieux est de les supprimer : *aucun de nous ne sait combien il a de temps à vivre*. Mais il faut *pas* ou *point*, quand *savoir* est pris dans son sens naturel : *tu ne sais pas ce que c'est que d'avoir des reproches à se faire*. — On supprime *pas* et *point*, quand l'étendue que l'on veut donner à la négative est suffisamment indiquée par d'autres termes qui la restreignent : *il n'y a guère de gens qui n'aiment mieux leur profit que celui d'autrui* : ou par des termes qui excluent toute restriction : *l'utile n'est jamais où n'est pas l'honnête*; *l'honnête homme est celui qui fait tout le bien qu'il peut, et qui ne fait de mal à personne*; ou enfin par des termes qui signifient les moindres parties d'un tout, et qui se mettent sans article : *il vaut mieux ne dire mot que de dire des sottises*.—Après toutes ces phrases, si la conjonction *que*, ou les relatifs *qui* et *dont*, amènent une autre phrase qui soit négative, on y supprime *pas* et *point*; *je ne soupe jamais que je ne m'en trouve mal*; *je ne vois jamais personne qui ne vous loue*; *il ne dit aucun mot qui ne soit goûté*. — Si l'expression numérale est jointe à *mot*, il faut employer *pas* : *il ne dit pas un mot qui ne soit à propos*. Il faut aussi employer *pas* avant la préposition *de* : *je ne fais pas de doute; il ne fait pas de démarche inutile.*—On supprime *pas* et *point* après la conjonction *que*, mise à la suite d'un terme comparatif, ou de quelque équivalent : *on se voit d'un autre œil qu'on ne voit son prochain; les richesses sont souvent plus funestes que la pauvreté n'est incommode; il parle encore mieux qu'il n'écrit.* — On les supprime, lorsque avant la conjonction *que* on doit sous-entendre *rien*, comme dans ces phrases : *il ne fait que rire; je ne veux qu'être utile.* — On les supprime quand *que* peut se résoudre par *sinon, si ce n'est* : *trop de lecture ne sert qu'à embrouiller l'esprit.*—On les supprime quand *que* signifie *pourquoi*, au commencement d'une phrase : *que n'avons-nous autant d'ardeur pour la vertu que nous en avons pour le plaisir!* ou quand il sert à exprimer un désir, à former une imprécation : *que ne m'est-il permis de vous dire ce que je désire!* — Après *depuis que*, ou *il y a*, suivis d'un mot qui signifie une certaine quantité de temps, on supprime *pas* et *point*, quand le verbe est au prétérit : *depuis que je ne vous ai vu; il y a trois mois que je ne lui ai écrit.* —Après les conjonctions *à moins que* et *si*, pris dans le sens d'*à moins que*, on supprime *pas* et *point* : *vous ne saurez jamais les détails de cette affaire, à moins que vous ne lui parliez; n'espérez pas obtenir les faveurs du ciel, si vous ne remplissez vos devoirs envers Dieu et envers les hommes.* — On les supprime quand deux négations sont jointes par *ni* : *je ne l'aime ni ne l'estime*, et quand cette conjonction est redoublée ou dans le sujet ou dans l'attribut : *je n'aime ni à donner ni à recevoir; il ne faut être ni avare ni prodigue; heureux qui n'a ni dettes ni procès.*—Après les verbes *craindre, avoir peur, appréhender*, suivis de la conjonction *que*, on supprime *pas* et *point* lorsqu'il s'agit d'un effet que l'on ne désire pas : *vous devez toujours craindre qu'il ne vous trompe; j'ai peur, j'appréhende que ma maladie ne soit longue; je crains que mon ami ne meure.* — Au contraire, il faut *pas* ou *point*, lorsqu'il s'agit d'un effet que l'on désire : *je crains que ce que je dis ne plaise pas à tout le monde.* — La même chose est à observer avec le verbe qui suit *de peur que, de crainte que*; ainsi lorsqu'on dit : *de peur qu'il ne perde son procès*, on marque que l'on désire qu'il le gagne; et quand on dit : *de crainte qu'il ne soit pas puni*, on indique que l'on désire qu'il le soit. — On supprime *pas* et *point* et même *ne*, quand on emploie *rien* pour signifier quelque chose : *y a-t-il rien de plus odieux qu'un ingrat? c'est une lâcheté de rien faire contre sa conscience; qui vous dit rien?* Quand *rien* est employé comme signifiant *néant, nulle chose*, on supprime *pas* et *point*, mais on emploie *ne* : *il n'y a rien de précieux comme de savoir se taire; souvent l'homme qui se tait n'est rien moins qu'un sot; on n'est bon à rien, quand on ne saisit pas les occasions d'être utile à son semblable.* (*Laveaux.*)

NÉ, E, part. pass. de *naître*, et adj. (en lat. *natus*, part. pass. de *nasci*, naître), qui a des talents pour : *il est né pour la guerre*, etc. — *Né natif de Paris*, etc., est une locution populaire : on dit *il est né à Paris*, ou *il est natif de Paris*, ou mieux *il est de Paris.* — *Bien né*, né d'une famille honnête, d'un bon naturel, qui a de bonnes inclinations. Dans un sens contraire, mais moins usité, *enfant mal né*, qui a des inclinations vicieuses. — Destiné à... dès sa naissance : *peuple né pour l'esclavage.*—Il exprime quelquefois une fonction, une prérogative attachée à une charge, etc. : *l'abbé de Cluny était conseiller né au parlement de Paris.* — *Être, se montrer l'ennemi né du mal*, avoir une aversion naturelle et prononcée pour le mal. — *Il est le protecteur né des beaux-arts*, il protège toutes les sciences et tous les arts, et cela en toute occasion. — *Il est né prié*, ou mieux *il est prié né*, il n'a pas besoin d'être invité. — *Mort-né*, mort avant de naître, au propre et au fig. : *c'est un ouvrage mort-né*, dont on n'a pas plus parlé que s'il n'existait pas. — Adj. et subst. : *nouveau-né*, qui vient de naître; *premier-né*, le premier enfant mâle.

NÉALÉNIE, subst. propre fém. (*né-aléni*), myth., une des divinités des Gaulois et des Germains.

NÉANMOINS, adv. (*né-anmoein*) (suivant Du Cange, du lat. *nihilominùs*; suivant Ménage, de l'italien *nientedimeno*, qui ont tous les deux la même signification), toutefois, pourtant, cependant. Voy. POURTANT.

NÉANT, subst. mas (*né-an*) (de l'italien *niente*, employé dans la même acception, et qui signifie proprement *pas un être, ne ente*, fait du lat. *non ens.* Ménage), rien, ce qui n'existe pas : *Dieu a tiré tout du néant.* — Condition de ce qui est périssable; fragilité. — Fig. et par exagération, peu de valeur dans les choses; manque de naissance et de mérite dans les personnes : *le néant des grandeurs humaines; c'est un homme de néant.* — On a dit anciennement *néant* pour : *rien*. On ne le dirait plus. Ainsi cette locution que nous lisons encore dans l'*Académie* : *on n'a pas mis cet homme en prison pour néant*, n'est plus française; il faut : *pour rien.* — En t. de palais, *mettre néant sur la requête, sur un article de compte*; refuser de l'admettre. — Fam. : *néant à la requête*, je n'en ferai rien. Ces deux dernières locutions sont plus que surannées. — *Mettre une appellation au néant*, débouter de l'appel. — *Mettre l'appellation*, etc., *dont est appel au néant*, annuler et l'*appel* et la sentence dont on avait appelé. — Quelquefois on emploie *néant* dans le sens de *non* : *il voulait bien avoir telle chose, mais néant.* — Quant à l'emploi de ce mot au pluriel, dont parle *Boiste*, il est complètement hors d'usage. Ainsi l'on ne dit pas : *écrire des néants*, pour, *écrire des bagatelles, des riens.*

NÉANTHE, subst. mas. (*né-ante*), t. de bot., arbre de la Jamaïque. — Genre de plantes de la famille des légumineuses.—Subst. propre mas., myth., musicien qu'Apollon fit mettre en pièces par ses chiens, pour le punir d'avoir osé se servir de son luth, qu'il prétendait toucher aussi bien que lui.

NÉARQUE, adj. et subst. mas. (*né-arke*) (du grec ναυς, navire, et αρχη, commandement), t. de mar., de l'amiral, qui concerne le vaisseau amiral.—Subst., amiral. C'est peut-être le seul cas dans lequel ce mot ait été employé, et encore sont-ce les poëtes qui s'en sont servis.

NÉBRIDE, subst. fém. (*nébride*), myth., peau de jeune faon dont se couvraient les compagnons de Bacchus.

NÉBRIE, subst. fém. (*nébri*), t. d'hist. nat., genre d'insectes carabiques de l'ordre des coléoptères.

NÉBRITE, subst. fém. (*nébrite*), sorte de pierre d'un jaune fauve, inconnue aujourd'hui aux naturalistes, et que les anciens avaient consacrée à Bacchus, parce qu'elle était de la même couleur que la peau de biche dont ce dieu se couvrait.

NÉBROPHONOS, subst. propre mas. (*nébrofonoce*), t. d'astron. et myth., l'un des chiens d'Actéon.

NÉBULÉ, E, adj. (*nébulé*) (en lat. *nebulosus*, fait de *nebula*, nuée), t. de blason, se dit des pièces qui sont faites en forme de *nuées* : *fasce nébulée.*

NÉBULEUSE, subst. fém. (*nébuleuze*), t. d'hist. nat., espèce de couleuvre grise et blanche. — T. d'astron., assemblage d'étoiles. — Adj. fém. Voy. NÉBULEUX.

NÉBULEUX, adj. mas., au fém. **NÉBULEUSE** (*nébuleu, leuze*) (en lat. *nebulosus*), couvert de nuages : *temps, ciel nébuleux.* — *Étoiles nébuleuses*, ou substantivement *les nébuleuses* : 1° étoiles fixes, d'une lumière pâle et terne. Elles paraissent à la vue simple comme de petits nuages ou de petites taches obscures; 2° petit amas d'étoiles qu'on a peine à distinguer à la vue simple. —Fig. : *esprit nébuleux*, enclin à la mélancolie. — *Visage, front nébuleux*, sur lequel se peignent l'inquiétude et les soucis.—Subst. mas., t. d'hist. nat., espèce de poisson du genre des labres.

NEBULON, subst. mas. (*nebulon*) (en lat. *nebulo*), drôle, vaurien. (*Boiste.*) fam. et inusité.

NÉBULOSITÉ, subst. fém. (*nébulòzité*) (du lat. *nebulositas*, brouillard épais), nuage, obscurcissement.

NÉCANIES, ou **NÉCANÉES**, subst. fém. plur. (*nékani*), toiles rayées de blanc et de bleu, fabriquées aux Indes orientales.

NECBOURG, subst. mas. (*nèkebour*), t. de bot., sorte de plantes, de la famille des palmiers.

NÉCESSAIRE, adj. des deux genres (*nécècère*) (en latin *necessarius*), dont on ne peut se passer. — *Il s'est rendu nécessaire dans cette maison*, on ne peut s'y passer de ses conseils, de son ministère. — Infaillible, inévitable : *mal nécessaire; effet nécessaire*, qui résulte infailliblement de sa cause. — *Cela n'est pas nécessaire au salut*, n'est pas de précepte et d'obligation. On le dit prov. d'une chose peu importante. — En philosophie, *l'Être nécessaire*, Dieu, qui existe par sa nature. — *Lois nécessaires*, sans lesquelles l'univers ne saurait exister. — *Causes, agents nécessaires*, qui n'agissent pas librement et qui produisent cependant leur effet. — *Il est nécessaire*, il faut, il est besoin : *il est nécessaire d'être sage, si l'on ne veut point s'attirer d'affaires : il n'est pas nécessaire que vous sortiez.* — Subst. mas., tout ce qui est *nécessaire* pour la subsistance; il est opposé à *superflu* : *il n'est pas riche, mais il a le nécessaire.* — Ce qui est essentiel, indispensable : *il faut préférer le nécessaire à l'agréable.* — *Faire le nécessaire*, se mêler de tout.— Boîte ou grand étui qui renferme diverses choses *nécessaires* ou commodes en voyage, etc. : *mettez mon nécessaire dans la voiture.*

NÉCESSAIREMENT, adv. (*nécècèreman*) (en latin *necessariò*), par un besoin absolu.— Infailliblement.

NÉCESSARIEN, subst. mas. (*nécèçariein*), nom de sectaires qui admettent l'action des êtres moraux, par *nécessité* physique ou morale.

NÉCESSITANT, E, adj. (*nécècitan, tante*), qui *nécessite* : *pauvreté nécessitante.* — *Les catholiques n'admettent point de grace nécessitante*, de grace qui contraigne et ôte la liberté. — On dit adv. et fam. : *de nécessité nécessitante, de nécessité* absolue et indispensable. Ce mot n'est guère en usage qu'au fém.

NÉCESSITÉ, subst. fém. (*nécècité*) (en lat. *necessitas*), chose *nécessaire* et indispensable : *c'est une nécessité de mourir.* Il se prend dans une signification plus ou moins étroite, suivant les choses dont on parle. — Contrainte : *ne me réduisez pas à la nécessité de vous dire des choses désagréables.* — Besoin pressant : *la nécessité de mes affaires.* — Indigence : *être réduit à la dernière nécessité.* — On entend par *choses de première nécessité*, ce dont il est impossible, ou ce dont il serait pénible ou privatif de se passer. — *Nécessité n'a point de loi*, certaines actions blâmables en elles-mêmes peuvent quelquefois être excusées à cause du péril, ou de l'extrême besoin dans lequel on s'est trouvé.—Fam. : *faire de nécessité vertu*, se faire un mérite de ce qu'on ne peut éviter. — Au plur., choses *nécessaires* à la vie : *il n'a pas toutes ses nécessités.* — Besoin d'argent qu'éprouve un pays, un gouvernement, etc. : *pourvoir par de nouvelles contributions aux urgentes nécessités de telle administration.* — *Nécessités de la nature*, besoins auxquels elle nous assujétit, comme manger, boire, dormir, etc. — *Aller à ses nécessités*, aller à la garde-robe. — *De nécessité, de toute nécessité, de nécessité absolue*, loc. adv., nécessairement.—*Par nécessité*, à cause d'un pressant besoin.—Subst. propre fém., myth., divinité allégorique, fille de la Fortune. Elle était adorée par toute la terre. Sa puissance était telle, que Jupiter lui-même était forcé de lui obéir. Personne, autre que ses prêtresses, n'avait droit d'entrer dans son temple à Corinthe. On la représentait souvent à côté de la Fortune, sa mère, avec des mains de bronze, dans lesquelles elle tenait de longues chevilles et des coins.

NÉCESSITÉ, E, part. pass. de *nécessiter*.

NÉCESSITER, v. act. (*nécècité*), obliger, contraindre, réduire à la *nécessité* de faire.— Rendre *nécessaire* : *cela nécessitera votre intervention.*

NÉCESSITEUSE, subst. et adj. fém. Voy. NÉCESSITEUX.

NÉCESSITEUX, subst. et adj. mas., au fém. **NÉCESSITEUSE** (*nécècitieu, teuze*), pauvre, qui est dans le besoin : *personne nécessiteuse.* — *Langue nécessiteuse*, celle qui manque des mots qui seraient nécessaires pour exprimer une pensée sans périphrase. En français, par exemple, nous n'avons pas un mot qui puisse rendre la périphrase qui suit : *parent qui a perdu ses enfants*; en lat. on la rendrait par ce seul mot *orbus.* — Subst. : *un nécessiteux.* L'*Académie* ne dit rien de ce mot comme subst.

NECKER, subst. mas. (*nèkière*), t. de bot., genre de plantes de la famille des mousses.

NECKERIE, subst. fém. (*nèkeri*), t. de bot., genre de plantes qu'on nomme aussi *poliche*.

NECKSTEIN, subst. mas. (*nèkcetein*), t. de métallurgie, genre de minéral d'étain qui rend peu à la fonte.

NEC NEF NÉG 253

NEC PLUS ULTRA. Voy. NON PLUS ULTRA.

NÉCROBIE, subst. fém. (nekrobi) (du grec νεκρός, mort, et βιος, vie), t. d'hist. nat., famille d'insectes coléoptères qui vivent de charognes, etc.

NÉCRODE, subst. fém. (nekrode), t. d'hist. nat., genre d'insectes de l'ordre des coléoptères.

NÉCROGRAPHE, subst. mas. (nekrograufe) (du grec νεκρός, mort, et γράφειν, écrire, décrire), qui examine, qui décrit les cadavres.

NÉCROGRAPHIE, subst. fém. (nekrografi) (même étym. que celle du mot précédent), description des corps morts; traité sur les cadavres.

NÉCROGRAPHISME, subst. mas. (nekrograficeme), excès, abus dangereux de la nécrographie.

NÉCROLÂTRE, adj. et subst. mas. (nekrolâtre) (du grec νεκρός, mort, et λατρις, fait de λατρεύω, j'adore), qui regrette sans cesse et pleure démesurément un mort. (Boiste.) Inusité.

NÉCROLATRIE, subst. fém. (nekrolâtri) (même étym. que celle du mot précédent), vif regret, douleur exagérée pour un mort. (Boiste.) Inus.

NÉCROLOGE, subst. mas. (nekroloje) (du grec νεκρός, mort, et λογος, discours, livre), livre, registre où l'on marque la date de la mort des évêques et d'autres grands personnages. — Notice sur les morts illustres.

NÉCROLOGIE, subst. fém. (nekroloji) (même étym. que celle du mot précédent), notice historique sur un mort.

NÉCROLOGIQUE, adj. des deux genres (nekrolojike), qui appartient à la nécrologie : notice nécrologique.

NÉCROLOGUE, subst. mas. (nekrologue), celui qui écrit sur les morts ; auteur de notices nécrologiques.

NÉCROMANCE ou NÉCROMANCIE, subst. fém. (nekromance, manci) (du grec νεκρός, mort, et μαντεια, divination), l'art prétendu d'évoquer les morts pour avoir connaissance de l'avenir, etc. On ne disait autrefois que nécromance, et on le dit encore en parlant des temps anciens, ou lorsqu'on veut en imiter le langage. — Magie en général.

NÉCROMANCIEN, subst. mas., au fém. NÉCROMANCIENNE (nékromanciein, ciène), celui, celle qui se mêle de nécromancie.

NÉCROMANCIENNE, subst. fém. Voy. NÉCROMANCIEN.

NÉCROMANT, subst. mas. (nekroman), mot qui se dit quelquefois au mas., seulement pour nécromancien.

NÉCROPHAGE, subst. mas. (nekrofaje) (du grec νεκρός, un mort, un cadavre, et φαγω, je mange), t. d'hist. nat., tribu d'insectes de l'ordre des coléoptères.

NÉCROPHOBE, subst. mas. (nekrofobe) (du grec νεκρός, mort, et φοβος, crainte), qui craint, qui abhorre la mort.

NÉCROPHOBIE, subst. fém. (nekrofobi) (même étym. que celle du mot précédent), crainte, appréhension de la mort.

NÉCROPHORE, subst. mas. (nekrofore) (du grec νεκρός, un mort, et φερω, je porte), portemort ou enseveslisseur.—T. d'hist. nat., genre d'insectes coléoptères, qui ont l'habitude singulière d'enterrer les petits cadavres de taupes, de grenouilles, de souris, pour y déposer leurs œufs.

NÉCROPOLE, subst. fem. (nekropole) (du grec νεκρός, mort, et πολις, ville), ville des morts; cimetière orné de monuments funéraires.

NÉCROSCOPIE ou NÉCROPSIE, subst. fém. (nekrockopi, nekropeci) (du grec νεκρός, mort, et σκοπεω, j'examine), t. d'anat., ouverture, examen des cadavres.

NÉCROSCOPIQUE ou NÉCROPSIQUE, adj. des deux genres (nekrocokopike, nekropecike), qui appartient, qui est relatif à la nécroscopie ou à la nécropsie.

NÉCROSE, subst. fém. (nekrôze) (du grec νεκρωσις, mortification, fait de νεκροω, je mortifie, dérivé de νεκρος, un mort), t. de chir., mortification entière de quelque partie.

NÉCROTOMIE, subst. fém. (nekrotomi) (du grec νεκρος, un mort, et τομη, fait de τεμνω, je coupe), t. d'anat., dissection d'un cadavre.

NÉCROTOMIQUE, adj. des deux genres (nekrotomike), qui appartient, qui a rapport à la nécrotomie.

NECTAIRE, subst. mas. (nektère) (du lat. nectere, lier, attacher ; parce que ces productions étrangères sont comme attachées à la corolle), t. de bot., nom par lequel Linnée désigne certaines productions qu'on trouve dans la corolle, et qui lui sont étrangères. Il dit aussi nectar dans le même sens : c'est le nectar qui fournit le miel.

NECTANDRA, subst. mas. (nektandra), t. de bot., sorte de plante.

NECTAR, subst. mas. (nektare) (du grec νεκταρ, formé de νη, particule négative, et de κταω, je tue, je fais mourir, parce que le nectar rendait immortel), le breuvage des dieux. — Fig., vin excellent, liqueur agréable; tout ce qui est considéré comme délicieux au goût. — Nectar longævital, t. de chim., extrait d'osmazome, conservateur de la santé. — T. de bot. Voy. NECTAIRE.

NECTARÉE, subst. fém. (nektaré), t. de bot., espèce de plante.

NECTARINIA, subst. mas. (nektarinia), t. d'hist. nat., genre d'oiseaux, les souimangas, les guits-guits, etc.

NECTARITE, subst. mas. (nektarite), vin d'Aunée.

NECTIQUE, adj. des deux genres (nèktike) (du grec νηκτικός, fait de νηχομαι, je nage), t. d'hist. nat., se dit d'une espèce de pierre qui surnage facilement.

NECTOPODE, subst. mas. et adj. des deux genres (nèktopode) (du grec νηκτος, nageur, qui peut nager; et πους, gén. ποδος, pied ; qui nage avec les pieds), t. d'hist. nat., sous-classe de mammifères, ordre d'oiseaux à pieds palmés. — Famille d'insectes coléoptères. — Adj., qui est tout à la fois amphibie et testacé.

NÉCYDALE, subst. fém. (nécidale) (en lat. necydalis), t. d'hist. nat., genre d'insectes de l'ordre des coléoptères. — Fève de ver-à-soie.

NÉCYOMANCIE, subst. fém. (néci-omanci). Voy. NÉCROMANCIE, qui est seul usité aujourd'hui.

NÉCYS, subst. fém. propre mas. (nécice) (du grec νεκυς, un mort), myth., nom sous lequel on rendait de grands honneurs à Mars comme dieu de la destruction.

NÉCYSIEN ou NÉCYSÉEN, subst. mas. (nécizien, zé-ein), t. d'hist. anc., nom qu'on donnait à ceux qui figuraient dans les nécysies, chez les Grecs.

NÉCYSIES, subst. fém. plur. (nécizi) (en grec νεκυσια, fait de νεκυς, mort), myth., fêtes solennelles des anciens Grecs en l'honneur des morts.

NÉDA, subst. fém. propre fém. (néda), myth., nymphe, l'une de celles qui prirent soin de l'enfance de Jupiter.— Nom d'un fleuve.

NÉDUSIE, subst. fém. propre fém. (néduzi), myth., surnom de Minerve, qui avait un temple superbe sur les bords du fleuve Néda.

NÉERA, subst. fém. (né-ra), t. de bot., genre de plante de la famille des nyctaginées.

NÉÉRA, subst. fém. propre. (né-éra), myth., nymphe que le Soleil aima, et dont il eut deux filles.

NEF, subst. fém. (nèfe) (en lat. navis, en grec ναυς), autrefois, navire; il se dit encore en ce sens dans la poésie marotique et dans le blason.
— Vase de vermeil en forme de navire. — Moulin à nef, à eau, construit sur un bateau. — Partie d'une église qui s'étend depuis le portail jusqu'au chœur. (Suivant Saumaise, à cause de la ressemblance de la voûte d'une église avec le fond d'un navire. Suivant Henri Étienne, du grec ναος, en attique, pour ναυς, temple. — Église à trois nefs, à cinq nefs, qui a la nef principale pour nous venons de parler, et deux rangées de bas-côtés : l'église de Saint-Eustache, à Paris, a cinq nefs. — NEF, NAVIRE. (Syn.) Nef n'est depuis long-temps qu'un terme poétique. Navire désigne une espèce de bâtiment de haut-bord pour aller en mer, et il sert aussi à désigner collectivement tous les grands bâtiments ou les vaisseaux. — Nef marque proprement quelque chose d'élevé, de construit sur l'eau ; navire, une maison flottante, une habitation pour aller sur mer.—Nef distingue l'élévation et la forme : ainsi l'on dit nef d'église; et l'on appelle nefs, certaines petits vases qui ont la forme d'une nef. Navire exprime particulièrement l'idée d'aller, de nager, de voguer, de naviguer. Le navire est la nef qui va.

NÉFASTE, adj. des deux genres (néfacete) (du lat. nefas, défendu, malheureux), ce qui est défendu, malheureux. — Chez les anciens, on appelait néfastes, les jours qu'on passait dans le calme et en mémoire d'un malheur. Chez les Romains, il était défendu de rendre la justice, etc. Voy. FASTE.

NÈFLE, subst. fém. (nèfle), t. de bot., sorte du fruit qui n'est bon à manger que quand il a été amolli par le temps, après avoir été cueilli.

NÉFLIER, subst. mas. (néflié) (en lat. mespilus, en grec μεσπιλη), t. de bot., arbre de moyenne grandeur, à fleur en rose blanche ou rouge, dont le fruit est une baie globuleuse, couronnée par les denticules du calice. Voy. NÈFLE. On le nomme aussi meslier.

NÉGANOPEAU, subst. mas. (néguanopô), espèce de toile de coton que l'on fabrique aux Indes.

NÉGAT., abréviation des mots négatif ou négation.

NÉGATEUR, subst. mas. (négateur), anciennement, celui qui, au milieu des tourments, renait à la foi chrétienne. — Inusité.

NÉGATIF, adj. mas., au fém. NÉGATIVE (négatif, tive) (en lat. negativus), qui nie, qui exprime une négation.— Fam. : il a le visage négatif, l'air d'un homme toujours prêt à refuser. — En algèbre, grandeurs ou quantités négatives, qui ont devant elles le signe moins (—). Ce signe indique, non pas, comme quelques-uns l'ont dit, une quantité au-dessous de rien, ce qui serait absurde, mais une quantité prise en sens opposé d'une autre. — Avoir voix négative, avoir droit de s'opposer. Voy. NÉGATIVE.

NÉGATION, subst. fém. (négacion) (en lat. negatio), t. didact., action de nier. Il est opposé à affirmation. — Particule qui nie : non, ni, ne sont des négations.— En t. de philosophie, absence d'une qualité dans un sujet qui n'en est pas capable. Voy. NE.

NÉGATIVE, adj. fém. Voy. NÉGATIF. — Subst. fém., proposition qui nie.—Fam., refus : cet homme est fort sur la négative, il est accoutumé à refuser ce qu'on lui demande.— Particule négative. Voy. NÉGATION.

NÉGATIVEMENT, adv. (négativeman), d'une manière négative.

NÉGE ou NAGE, subst. mas. (nèje, naje), le plus fort chantier d'un train de bois.

NÉGEON, subst. mas. (néjon), nom d'une sorte de raisin qui vient dans la Champagne.

NÉGLIGÉ, E, part. pass. de négliger, et adj. — Méprisé, oublié. — Qui a sans ornement. — Qui est peu régulier. — Style négligé, qui n'est pas châtié. —Subst. mas., état, costume d'une personne qui n'est point parée : vous voilà dans un grand négligé. — Dans les arts, négligence agréable, qui plaît à l'œil. On le dit souvent en peinture : un beau négligé plaît souvent plus qu'une froide correction.

NÉGLIGEMMENT, subst. mas. (négueljeman), t. d'arts, action de négliger à dessein. (Houttevil-le.) Bien peu usité.

NÉGLIGEMMENT, adv. (négueljaman), avec négligence.

NÉGLIGENCE, subst. fém. (négueljance) (en lat. negligentia), manque de soin et d'application. — Nonchalance. —Négligence de style, fautes légères qui sont plutôt contre les agréments que contre les régies. Il se dit surtout au plur.

NÉGLIGENT, E, subst. et adj. (négueljan, jante) (en lat. negligens), qui a de la négligence; qui a peu de soin. — Nonchalant.

NÉGLIGER, v. act. (négueljé) (du lat. negligere, employé avec la même acception, et qui signifie proprement ne pas ramasser ce qui est tombé ou épars; de la particule négative ne, et du verbe legere, cueillir, ramasser), n'avoir pas soin d'une chose comme on le devrait. — Négliger ses devoirs, ne pas les remplir exactement.—Ne pas cultiver : négliger son talent. — Négliger quelqu'un, ne pas le voir assidûment, ne pas lui rendre les devoirs ordinaires de la vie civile. — Cet homme néglige sa femme, n'a pas pour elle les égards qu'il lui doit ; il ne lui donne pas les marques d'affection qu'elle a droit d'en attendre. — Négliger une occasion, la laisser échapper sans en profiter. — Ne point faire par insouciance. — se NÉGLIGER, v. pron., négliger sa personne, son ajustement. — Remplir moins exactement ses devoirs.

NÉGLIGIBLE, adj. des deux genres (négueljijible), t. de math., qui peut être négligé. Fort peu usité.

NÉGOCE, subst. mas. (négoce) (du lat. negotium), commerce, trafic. Il ne se dit ordinairement que du commerce en gros, et il s'étend aux affaires de banque et de marchandise, au lieu que le commerce et le trafic se bornent à celles qui concernent les marchandises : avec cette différence que le *commerce* se fait plus par vente et par achat, et le *trafic* par échange. On ne dit pas *le négoce*, mais *le commerce d'une nation, d'un état*. —Fig. et fam., intrigue, affaire : *il fait un vilain négoce; il se mêle de bien des négoces*.

NÉGOCIABLE, adj. des deux genres (*néguoci-able*), qui peut se *négocier* : *ces billets, ces effets sont négociables*. Il ne se dit point des marchandises.

NÉGOCIANT, E, subst. (*néguoci-an, ci-ante*), celui, celle qui fait *négoce*, qui *négocie*. Il se dit proprement de celui qui achète et qui vend en gros; on dit *marchand*, de celui qui vend en détail.

NÉGOCIANTISME, subst. mas. (*néguoci-anticeme*), esprit de corps des *négociants*. — Dans la révolution, reproche fait à quelques négociants de préférer leur intérêt privé à celui du public.

NÉGOCIATEUR, subst. mas., au fém. **NÉGOCIATRICE** (*néguoci-ateur, trice*), celui qui *négocie* quelque affaire considérable auprès d'un état, d'un prince.—Par extension, personne qui *négocie* quelque affaire entre des particuliers.

NÉGOCIATION, subst. fém. (*néguoci-âcion*), l'art et l'action de *négocier* les affaires publiques. —L'affaire même qu'on traite et qu'on *négocie*.—Par extension, il se dit, dans les deux sens, des affaires particulières.—En t. de commerce : *négociation d'un billet*, etc., trafic qui s'en fait par les agents de change, les banquiers, etc.

NÉGOCIATRICE, subst. fém. Voyez **NÉGOCIATEUR**.

NÉGOCIÉ, E, part. pass. de *négocier*.

NÉGOCIER, v. act. (*néguoci-é*) (en lat. *negotiare*), trafiquer; faire *négoce*. Il ne se dit activement que des effets de banque, etc. : *négocier des billets, des lettres de change*.— Traiter une affaire d'état avec... : *négocier un traité, la ligue, la paix*, etc.— Par extension : *négocier un mariage, une reconnaissance, un accommodement*. — Neut. : *négocier en Espagne; négocier en draperie*.—*se* **NÉGOCIER**, v. pron., être négocié. —Se tramer : *il se négocie bien des choses sous le secret*.

NÉGOGRAPHISME, subst. mas. (*néguogueraficeme*) (du lat. *negotium*, négoce, commerce, et du grec γραφειν, écrire), traité sur le *négoce* et les marchandises. (*Boiste.*) Inusité.

NÉGORES, subst. mas. plur. (*néguore*), sectateurs japonais, qui ne se font point de scrupule de s'entr'égorger lorsqu'ils se querellent, quoiqu'ils s'en fassent de tuer un oiseau ou un moucheron, parce que leurs lois le défendent.

NÈGRE, subst. mas.; au fém. **NÉGRESSE** (*nèguere, néguerèce*) (du portugais *negro*, noir; parce que les Portugais, qui les premiers découvrirent la côte occidentale de l'Afrique, appelèrent *negro* le peuple de couleur noire répandu sur la plus grande partie de cette côte, et le pays *Nigritie*), nom qu'on donne aux habitants de l'Afrique, du côté de l'Océan; à la différence de ceux du côté de la Méditerranée, qu'on appelle *Maures* ou *Mores*. — Plus particulièrement, esclaves noirs qu'on tire de la côte d'Afrique. — Le *nègre*, dit *Roubaud*, est proprement l'homme d'un tel pays; et le *noir*, l'homme d'une telle couleur : vous opposez les *noirs* aux blancs; et des *nègres*, vous faites une sorte de bétail. — Fam. : *traiter quelqu'un comme un nègre*, comme un esclave. —*Faire travailler quelqu'un comme un nègre*, le faire travailler plus qu'il ne peut, plus que ses forces ne le lui permettent.— T. d'hist. nat., espèce de singe qu'on trouve à l'île de Java.— Poisson du genre des scombres.—Espèce de papillon du genre satyre.

NÈGREPELISSE, subst. propre mas. (*nèguerepelice*), ville de France, chef-lieu de canton, arrond. de Montauban, dép. de Tarn-et-Garonne. —Sorte de cotonnade que l'on fabrique en France, dans le Quercy.

NÉGRERIE, subst. fém. (*néguereri*), lieu où l'on renferme les *nègres* dont on fait commerce.

NÈGRES-CARTES, ou **MORILLONS**, subst. mas. plur. (*nèguerekarte, mori-ion*), t. d'hist. nat., émeraudes brutes de la première couleur.

NÉGRESSE, subst. fém. Voy. **NÈGRE**.

NÉGRÉTIE, subst. fém. (*néguereci*), t. de bot., genre de plante qu'on a aussi nommé *spitzstizolobion*.

NÉGRIER, subst. et adj. mas. (*néguer-é*) : *vaisseau négrier*, ou simplement *négrier*, qui sert à la traite des *nègres*.—On appelle aussi *négriers*, ceux qui font la traite des *nègres*.

NÉGRILLON, subst. mas., au fém. **NÉGRILLONNE** (*néguerI-ion, ione*), petit *nègre*, petite *négresse*.—Enfant barbouillé de noir.

NÉGRILLONNE, subst. fém. Voy. **NÉGRILLON**.

NEGRIO, subst. mas. (*négueri-o*), sorte de raisin doux dont on fait de très-bon vin en Espagne.

NÉGRITE, subst. fém. (*néguerite*), jeune *négresse*.

NÉGROMANCIE, subst. fém. Voy. **NÉCROMANCIE**, qui seul se dit.

NÉGROMANCIEN et **NÉGROMANT**, subst. mas. Voy. **NÉCROMANCIEN** et **NÉCROMANT**.

NÉGROPHAGE, subst. mas. (*néguerofaje*) (du portugais *negro*, noir, et du grec φαγω, je mange), rigoureusement : mangeur de *nègres*, mais mieux, partisan de l'esclavage des *nègres*. (Boiste.) Inusité.

NÉGROPHAGIE, subst. fém. (*néguerofaji*) (même étymologie que celle du mot précédent), manie, opinion, système de ceux qui soutiennent l'esclavage des *nègres*.

NÉGROPHILE, subst. mas. (*néguerofile*) (du portugais *negro*, noir, et du grec φιλος, ami), ami des *nègres*, qui désire qu'on abolisse leur esclavage.

NÉGROS, subst. mas. (*néguerôce*), partisan des cortès d'Espagne en 1820.

NÉGUNDO, subst. mas. (*néguondo*), petite graine noire de l'Inde.—T. de bot., espèce d'érable qui n'a point de corolle.

NÉGUS, subst. mas. (*néguce*), nom qu'on donne à l'empereur des Abyssins.—Boisson anglaise, composée de vin chaud épicé.

NÉHEL, subst. mas. (*né-èle*), mesure de liquides chez les anciens Hébreux. Environ 90 litres.

NÉHÉMIE, subst. propre mas. (*né-emi*), myth., nom que les thalmudistes donnent au premier des deux messies.

NÉIDE, subst. fém. (*né-ide*), t. d'hist. nat., genre d'insectes de l'ordre des hémiptères.

NEIGE, subst. fém. (*nèje*) (du lat. *ninguis*, employé par Lucrèce, etc., dans la même signification, fait, ainsi que *nix, nivis*, de *ningere*, neiger), vapeur aqueuse qui, condensée par le froid dans la moyenne région de l'air, tombe sur la terre en petits flocons blancs.—Au fig., blancheur extrême : *la neige et les glaces de la vieillesse; la neige de ses cheveux blancs*.— Prov. : *boule de neige*, chose qui augmente par succession de temps.—*Œufs à la neige*, blancs d'œufs battus, et qui forment une mousse comme celle de la *neige*.—Pop. et par mépris : *voilà un bel homme de neige, un beau docteur de neige*. —T. de chimie ancienne, *neige d'antimoine*, oxyde d'antimoine blanc sublimé.

NEIGÉ, part. pass. de *neiger*.

NEIGER, v. unipers. et neut. (*nèjé*) (en lat. *ningere*, fait du grec νιφειν, ou νειφειν): *il neige*; il tombe de la *neige*.—Fig. et fam. : *il a neigé sur sa tête*, il a les cheveux blancs.

NEIGEUSE, subst. fém. (*nèjeuze*), chez les marchands d'objets d'hist. nat., nom d'une coquille du genre porcelaine.—Adj. fém. Voy. **NEIGEUX**.

NEIGEUX, adj. mas., au fém. **NEIGEUSE** (*nèjeu, jeuze*), chargé de *neige* : *temps neigeux, saison neigeuse*.

NEIGIE, subst. fém. (*nèji*), t. d'hist. nat., sorte de plante qu'on trouve dans l'Amérique septentrionale, et dont les fleurs ressemblent à des flocons de *neige*.

NÉILLE, subst. fém. (*né-ie*), t. de tonneliers, étoupe, ficelle décordée dont on se sert pour boucher les fentes d'un tonneau.

NÉITH ou **NÉITHÉ**, subst. propre fém. (*né-ite, né-ite*), myth., nom sous lequel les Égyptiens adoraient Minerve, qu'ils appelaient aussi *Nitocris*, c'est-à-dire, *Minerve la victorieuse*.

NÉKID, subst. propre mas. (*nékide*), myth., ange qui préside au pain et aux aliments.

NÉLAM-MARI, subst. mas. (*nélamemari*), t. de bot., plante annuelle herbacée, du genre des sainfoins.

NELAM-PARENDA, subst. mas. (*nélamepa-randa*), t. de bot., espèce de violette qui croît dans l'Inde.

NÉLANAREGAM, subst. mas. (*nélanarèguame*), t. de bot., sorte d'arbrisseau qui croît au Malabar.

NÉLÉE, subst. propre mas. (*nélé*), myth., fils de Neptune et de la nymphe Tyro. Ayant été chassé de la Thessalie par son frère Pélias, il alla se réfugier dans la Laconie, où il bâtit la ville de Pylos, et où il épousa Chloris, fille d'Amphion, dont il eut douze enfants. Hercule le massacra avec eux, à l'exception de Nestor qui était absent.

NÉLÉIDES, subst. propre mas. plur. (*nélé-ide*), myth., les douze enfants de *Nélée*, un des Argonautes grecs.

NÉLÉIDIES, subst. fém. plur. (*nélé-idi*), myth., fêtes instituées par *Nélée*, en l'honneur de Diane, surnommée de là *Néléis*.

NÉLITRE, subst. mas. (*nélitre*), t. de bot., genre de plantes qui se rapprochent des goyaviers.

NÉLITTE, subst. fém. (*nélite*), t. de bot., plante légumineuse.

NELMA, subst. mas. (*nèlema*), t. d'hist. nat., saumon blanc qu'on pêche dans les rivières de Sibérie.

NELSONIE, subst. fém. (*nèleçoni*), t. de bot., genre de plantes voisines des élytraires et des carmantines.

NÉLUMBO, subst. mas. (*nélonbô*), t. de bot., genre de plantes de la famille des renonculacées.

NÉMASPÈRE, subst. fém. (*némacepère*), t. de bot., genre de plantes de la famille des hypoxylons.

NÉMATE, subst. fém. (*némate*), t. d'hist. nat., genre d'insectes de l'ordre des hyménoptères.

NÉMATOCÈRE ou **FILICORNE**, subst. mas. (*nématocère, filikorne*), t. d'hist. nat., famille d'insectes lépidoptères.

NÉMATOÏDÉE, subst. fém. (*némato-idé*), t. d'hist. nat., ver intestinal qu'on nomme aussi la *filaire de Médine*.

NÉMATOÏDES, subst. mas. pl. (*némato-ide*), t. d'hist. nat., ordre de vers de la classe des intestinaux.

NÉMATOURE, subst. mas. (*nématoure*), t. d'hist. nat., famille d'insectes aptères.

NÉMBROTH, subst. propre mas. (*neinbrote*), myth., esprit que les Chaldéens consultaient dans leurs entreprises.

NÉMÉE, subst. propre fém. (*némé*), myth., fille de Jupiter et de la Lune; elle donna son nom à une contrée d'Élide où il y avait une vaste forêt, fameuse par le lion terrible qu'Hercule étouffa par l'ordre d'Eurysthée.

NÉMÉEN, adj. mas. (*némé-ein*), myth., surnom de Jupiter, comme ayant un temple dans la ville de *Némée*.

NÉMÉEN, adj. mas., au fém. **NÉMÉENNE** (*némé-ein, némé-ène*), qui est de la ville de *Némée*. —Au plur. mas., t. d'antiq. : *jeux néméens*, jeux qu'on célébrait auprès de la forêt de *Némée*, en l'honneur d'Hercule, qui avait tué le lion qui désolait les Argiens.

NÉMÉENNE, adj. fém. Voy. **NÉMÉEN**.

NÉMÉONIQUE, subst. mas. (*némé-onike*), t. d'antiq., nom que les Grecs donnaient au vainqueur dans les jeux *néméens*.

NÉMERTE, subst. fém. (*némèrete*), t. d'hist. nat., genre de vers de la classe des intestinaux.

NÉMERTÉSIE, subst. fém. (*némèretézi*), t. de bot., espèce de plantes voisines des sertulaires.

NÉMÉSÉES, subst. fém. plur. (*némézé*), myth., fêtes lugubres en l'honneur de *Némésis*; on y faisait des sacrifices d'expiation pour les morts.

NÉMÈSES, subst. propre fém. plur. (*némèze*), myth., divinités païennes, filles de l'Érèbe et de la Nuit, que quelques-uns croient être les mêmes que les Euménides. Elles étaient deux. L'une, la Pudeur, s'en retourna au ciel après l'âge d'or; l'autre resta sur la terre et dans les enfers pour la punition des méchants. Voy. **NÉMÉSIS**.

NÉMÉSIE, subst. fém. (*némézi*), t. de bot., genre de plantes de la famille des scrofulaires.

NÉMÉSIENNES, subst. fém. plur. Voy. **NÉMÉSÉES**, qui est le même mot.

NÉMÉSIS, subst. fém. (*némézice*); les anciens donnaient ce nom à une plante que les modernes ne connaissent plus. — Subst. propre fém., myth., déesse de la vengeance, fille de Jupiter et de la Nécessité. Elle châtiait les méchants et ceux qui abusaient des présents de la Fortune. On la représentait toujours avec des ailes, armée de flambeaux et de serpents, et portant sur sa tête une couronne rehaussée d'une corne de cerf. Les Grecs révéraient plusieurs divinités de ce nom qu'ils croyaient filles de l'Érèbe et de la Nuit.

NÉMÉSITE, subst. fém. (*némézite*), t. d'antiq., sorte de pierre dont était construit l'autel de *Némésis* à Athènes, et dont les Athéniens arrachaient des fragments, sans doute pour se rendre la déesse favorable.

NÉMESTRINE, subst. fém. (*némècetrine*), t. d'hist. nat., genre d'insectes de l'ordre des diptères.

NÉMESTRINUS ou **NÉMESTINUS**, subst. propre mas. (*némècetrinuce, némècetinuce*), myth., dieu qui, chez les Romains, présidait aux forêts.

NÉMÉTÈS, adj. propre mas. (*némétèce*), myth., surnom de Jupiter, à cause d'un temple qu'il avait dans la forêt de *Némée*.

NÉMÈTES, subst. propre mas. plur. (*némète*), t. d'hist. anc., ancien peuple de la Gaule belgique, qui habitait dans le Palatinat, en-deçà du Rhin.

NÉMÉUS, adj. propre mas. (*némé-uce*) (mot tout lat.), myth.; Jupiter et Hercule furent ainsi surnommés parce que celui-ci avait tué le lion de la forêt de *Némée*, et que l'autre avait un temple célèbre dans cette contrée.

NÉMIE, subst. fém. (*némi*), t. de bot., sorte de plante que l'on nomme aussi *manule*.

NÉMOCÈRE, subst. mas. (*némocère*), t. d'hist. nat., famille d'insectes de l'ordre des diptères.

NÉMOCTE, subst. mas. (*némokte*), t. d'hist. nat., genre de vers qui vivent dans les eaux douces de la Sicile.

NÉMOGLOSSATE, subst. mas. (*némogueloceçate*), t. d'hist. nat., division d'insectes qui répond aux abeilles.

NÉMOGNATHE, subst. mas. (*némoguenate*), t. d'hist. nat., genre d'insectes de l'ordre des coléoptères.

NÉMOLAPATHUM, subst. mas. (*némolapatome*), t. de bot., nom ancien d'une espèce de *patience* qui croît dans les bois.

NÉMOLITHE, subst. fém. (*némolite*) (du latin *nemus*, pris, dans le même sens, du grec νεμος, forêt, bois, arbres, et λιθος, pierre), t. de minér., pierre arborisée dont les dendrites figurent des arbres.

NÉMOPTÈRE, subst. mas. (*némopetère*), t. d'hist. nat., genre d'insectes de l'ordre des névroptères.

NÉMORALES, subst. fém. plur. (*némorale*), myth., fêtes qui se célébraient en l'honneur de Diane, honorée comme déesse des forêts.

NÉMORAT, subst. mas. (*némora*), ancien temple élevé dans une forêt. (*Boiste.*) Hors d'usage.

NÉMOSIE, subst. fém. (*némozi*), t. d'hist. nat., genre d'oiseaux de l'ordre des silvains.

NÉMOSOME, subst. mas. (*némozome*), t. d'hist. nat., genre d'insectes de l'ordre des coléoptères.

NÉMOTÈLE, subst. mas. (*némotèle*), t. d'hist. nat., insecte des bois de l'ordre des diptères.

NEMOURS, subst. propre fém. (*nemoure*), ville de France, chef-lieu de canton, arrond. de Fontainebleau, dép. de Seine-et-Marne. — T. d'hist. nat., subst. mas., genre d'insectes de l'ordre des diptères.

NEMS, subst. mas. (*neinmece*), t. d'hist. nat., petit quadrupède d'Afrique, qui ressemble au furet.

NÉNIATION, subst. fém. (*néni-âcion*) (en grec νηνια, chant funèbre), antiq., un des airs spondaïques des anciens, composé de notes longues et brèves. On s'en servait pour les hymnes funèbres des fêtes appelées *nénies*.

NÉNIE, subst. propre fém. (*néni*), myth., déesse des funérailles.

NÉNIES, subst. fém. plur. (*néni*) (en lat. *neniæ*, gén. *neniarum*), chants funèbres, ou funérailles, chez les Romains.

NENNI, particule négative (*nanni*) (du latin barbare *nenilum*, pour *ne hilum*. *Huet*, qui observe que quelques auteurs ont écrit autrefois *nenil*), mot dont on se sert dans quelques provinces, pour : *non, je ne veux pas*. — *Il n'y a point de nenni*, il faut qu'on fasse ce qu'on exige. — *Marot* a dit subst. au mas. :

> Un doux *nenni* avec un doux sourire
> Est tant honneste....

NÉNUPHAR ou **NÉNUFAR**, subst. mas. (*nénufar*), t. de bot., plante aquatique, vivace, dont les fleurs, disposées en rose, s'élèvent sur la surface de l'eau.

NÉOBERING, subst. mas. (*néobereingue*), sorte de combat à la lutte que les nègres exécutent entre eux au son des instruments.

NÉO-CHRISTIANISME, subst. mas. (*né-ocricetianiceme*) (du grec νεος, nouveau), mot nouveau, introduit par M. *Drouineau*, qui lui fait signifier: ère nouvelle du christianisme approprié au développement de l'intelligence humaine, à ses progrès vrais ou faux.

NÉOCORAT, subst. mas. (*né-okora*), charge, office, fonctions, emploi, dignité du *néocore*. (Boiste.) Hors d'usage.

NÉOCORE, subst. mas. (*né-okore*) (en grec νεωκορος, formé de νεως, temple, et κορεω, je nettoie), t. d'antiq., gardien, conservateur d'un temple, chez les Grecs. — Dans l'Église grecque, sacristain. — Nom que prirent, sous les empereurs romains, certaines villes où il y avait des temples fameux dédiés à ces empereurs : *Smyrne*, *Éphèse*, *étaient des néocores d'Auguste*. (Boiste.) Hors d'usage.

NÉOCORIQUE, adj. des deux genres (*né-okorike*), qui concerne le *néocorat*, le *néocore*. (Boiste.) Hors d'usage.

NÉOCYCLIQUE, adj. des deux genres (*né-ociklike*) (du grec νεος, nouveau, et κυκλος, cercle); il se disait d'une fête célébrée au commencement d'une époque historique : *fête néocyclique*.

NÉODAMODE, subst. des deux genres (*né-odamode*) (du grec νεος, nouveau, et δαμος pour δημος, peuple), affranchi, à Sparte, autre que l'ilote.

NÉOENIES, subst. fém. plur. (*né-éni*) (du grec νεος, nouveau, et οινος, vin), myth., fêtes qu'on célébrait en l'honneur de Bacchus, quand on buvait pour la première fois du vin nouveau.

NÉOGALE, subst. mas. (*né-oguale*) (du grec νεος, nouveau, et γαλα, lait), t. de médec., lait sécrété par les mamelles, après le *colostrum*.

NÉOGAME, adj. et subst. des deux genres (*né-oguame*) (du grec νεος, nouveau, et γαμεω, j'épouse), celui qui est récemment, nouvellement marié. — Peu en usage.

NÉOGAMIE, subst. fém. (*né-oguami*) (même étym. que celle du mot précédent), nouvelle noce; mariage contracté tout récemment. — Peu en usage.

NÉOGRAPHE, subst. et adj. des deux genres (*né-oguerafe*) (du grec νεος, nouveau, et γραφω, j'écris), qui admet ou propose une orthographe nouvelle, inusitée : *écrivain néographe; les néographes ont quelquefois raison*.

NÉOGRAPHIE, subst. fém. (*né-oguerafi*) (même étym. que celle du mot précédent), traité, ouvrage sur un nouveau système d'orthographe, ou suivant ce nouveau système.

NÉOGRAPHIQUE, adj. des deux genres (*né-oguerafike*), qui concerne la *néographie*.

NÉOGRAPHISME, subst. mas. (*né-oguerafaceme*), la même chose que *néographie*, mais en mauvaise part : *le néographisme est un fléau*.

NÉOGRAPHISTE, subst. des deux genres (*né-oguerafîcete*). Voy. NÉOGRAPHE.

NÉOL., abréviation des mots *néologie* ou *néologique*.

NÉOLATINE, adj. fém. (*né-olatine*) (du grec νεος pour νεα, nouvelle, et du lat. *latina*, sous-entendu *lingua*, langue latine), langue, littérature qui s'est formée à l'imitation des Latins. (*Boiste.*) Voy. HYBRIDE.

NÉOLOGIE, subst. fém. (*né-oloji*) (du grec νεος, nouveau, et λογος, discours, mot, parole), invention, emploi de nouveaux mots. — Emploi des mots anciens dans un sens nouveau. — NÉOLOGIE, NÉOLOGISME. (*Syn.*) La *néologie* annonce, propose, introduit de nouvelles manières de parler, l'invention ou l'application nouvelle des termes; le *néologisme* en est l'abus.

NÉOLOGIQUE, adj. des deux genres (*né-olojike*), qui concerne les mots nouveaux, les expressions hasardées, les phrases extraordinaires : *langage néologique*.

NÉOLOGISME, subst. mas. (*né-olojiceme*), recherche d'expressions nouvelles, de nouveaux mots, de *néologie*. Il se prend en mauvaise part. Voy. NÉOLOGIE.

NÉOLOGISTE, subst. mas. (*né-olojicete*), qui crée des mots nouveaux, admissibles; qui se sert de la *néologie*.

NÉOLOGUE, subst. mas. (*né-ologue*), celui qui, en parlant ou en écrivant, affecte d'employer des termes nouveaux. Il se prend presque toujours en mauvaise part.

NÉOMÉNIASTE, subst. mas. (*né-oméni-acete*), t. d'antiq., chez les Romains, celui qui célébrait les *néoménies*.

NÉOMÉNIE, subst. fém. (*né-oméni*) (en grec νεομηνια, formé de νεος, nouveau, et de μηνη, la lune), nouvelle lune chez les juifs. — Au plur., fêtes chez les anciens Romains à chaque renouvellement de lune.

NÉOMÉNIEN, adj. propre mas. (*né-oméniein*), myth., surnom d'Apollon, qu'on honorait à l'époque de la *néoménie*, parce que la plupart des astres empruntent leur lumière du soleil.

NÉOMÉRIS, subst. mas. (*né-omérice*), t. d'hist. nat., genre de polypiers flexibles. — Subst. propre fém., nymphe, fille de Nérée et de Doris.

NÉOPÈTRE, subst. mas. (*né-opêtre*) (du grec νεος, nouveau, et πητρα, roche), t. d'hist. nat., quartz grossier, sorte de pétro-silex secondaire.

NÉOPHOBE, subst. mas. (*né-ofobe*) (du grec νεος, nouveau, et φοβος, crainte), ennemi des nouveautés. (*Boiste.*) Peu usité.

NÉOPHOBIE, subst. fém. (*né-ofobi*) (même étym. que celle du mot précédent), crainte, horreur de ce qui est nouveau. Peu usité.

NÉOPHYTE, subst. et adj. des deux genres (*né-ofite*) (en grec νεοφυτος, fait de νεος, nouveau, et φυω, je nais. Le mot grec νεοφυτος signifie proprement nouvellement planté), nouveau converti à la religion chrétienne; qui est nouvellement baptisé.

NÉO-PLATONICIEN, subst. mas. (*né-oplatonicien*) (du grec νεος, nouveau, et de πλατωνικος, fait de Πλατων, Platon), philosophe qui suit la doctrine du *néo-platonisme*.

NÉO-PLATONISME, subst. mas. (*né-oplatoniceme*), doctrine imaginée pour faire suite à celle de Platon; nouveau *platonisme*.

NÉOPTOLÈME, subst. propre mas. (*né-opetolème*), myth., surnom de Pyrrhus, fils d'Achille.

NÉOPTOLÉMIES, subst. fém. plur. (*né-opetolémi*), myth., fêtes qu'on célébrait à Delphes en l'honneur de Pyrrhus, surnommé *Néoptolème*.

NÉORAMA, subst. mas. (*né-orama*) (du grec νεως, temple, et οραμα, vue), panorama circulaire représentant un temple, un édifice.

NÉOTÉRIQUE, adj. des deux genres (*né-otérike*) (du grec νεωτερικος, de la jeunesse, de jeune homme, dérivé de νεος, nouveau, jeune; au comparatif νεωτερος, plus jeune), nouveau, moderne. Peu en usage.

NÉOTHERMES, subst. mas. plur. (*né-otèreme*) (formé de νεος, nouveau, et θερμος, chaud), bains d'eau chaude nouvellement établis.

NÉOTIE, subst. fém. (*né-oti*), t. de bot., genre de plantes de la famille des orchidées.

NÉOTOCRYPTE, subst. mas. (*né otokripete*) (du grec νεοττος, petit, et κρυπτω, je cache), t. d'hist. nat., famille d'insectes de l'ordre des hyménoptères.

NÉOU, subst. mas. (*né-ou*), t. de bot., arbre du Sénégal dont le nom générique est inconnu.

NÉOZONZE, subst. fém. (*né-ozonze*), myth., fête solennelle que les Persans célébraient au commencement du printemps, et qui durait plusieurs jours.

NÉPAPANTOTOTL, subst. mas. (*népapantototle*), t. d'hist. nat., espèce de canard sauvage du Mexique.

NÈPE, subst. fém. (*nèpe*), t. d'hist. nat., genre d'insectes hydrocorises de l'ordre des hémiptères.

NÉPENTHE, subst. mas. (*népante*), t. de bot., genre de plantes herbacées qui croissent dans l'Inde.

NÉPENTHÈS, subst. mas. (*népeintèce*) (en grec νηπενθης, formé de la particule négat. νη, et de πενθος, tristesse, affliction), t. de bot., plante d'Égypte dont on tirait un suc regardé par les anciens comme un remède efficace contre la mélancolie. M. *D'Anse de Villoison* pense que c'est l'opium des Orientaux.

NÉPER (BAGUETTE DE), subst. mas. (*népère*), instrument avec lequel on peut faire promptement des règles d'arithmétique. Ce nom lui vient de *Néper*, qui en est l'inventeur.

NÉPÈS, subst. mas. (*népèce*), t. d'hist. nat., scorpion aquatique.

NÈPES, subst. fém. plur. (*nèpe*), t. d'hist. nat., punaises aquatiques.

NÉPÈTE, subst. mas. (*népète*), t. de bot., nom qu'on donnait, chez les anciens, au *pouliot* sauvage.

NÉPHALIES, subst. fém. plur. (*néfali*) (du grec νηφαλια, sous-entendu ιερα, fait de νηφαλιος, sobre), t. d'antiq.; les Grecs nommaient ainsi les fêtes ou sacrifices dans lesquels on employait de l'hydromel au lieu de vin.

NÉPHALION, subst. propre mas. (*néfali-on*), myth., un des enfants de Minos.

NÉPHÉLÉ, subst. propre fém. (*néfélé*), myth., femme d'Athamas, roi de Thèbes, et mère de Phryxus et d'Hellé.

NÉPHÉLÉIS, subst. propre fém. (*néfélé-ice*), myth., Hellé, fille de *Néphélé*.

NÉPHÉLIM, subst. mas. (*néfélime*), Bible,

nom que donne l'Écriture aux enfants nés du commerce des anges avec les filles des hommes.
—Géant, brigand.

NÉPHÉLINE, subst. fém. (*néféline*) (du grec νεφέλη, nuage, brouillard), t. d'hist. nat., pierre transparente qui, mise dans l'acide nitrique, devient comme *nébuleuse* à l'intérieur.

NÉPHÉLION, subst. mas. (*néféli-on*) (même étym. que celle du mot précédent), t. de médec., petite tache blanche produite par la cicatrice d'un ulcère sur l'œil.

NÉPHELLE, subst. fém. (*néfèle*), t. de bot., espèce de plante voisine du châtaignier.

NÉPHÉLOCENTAURE, subst. propre mas. (*néfélocantôre*), peuple imaginaire que *Lucien* place dans la lune.

NÉPHÉLOÏDE, adj. fém. (*néfelo-ide*) (du grec νεφέλη, brouillard, et εἶδος, forme, ressemblance), t. de médec.; il ne se dit que de l'urine qui contient un nuage blanchâtre.

NÉPHÉS-OGLI, subst. propre mas. (*néfésogueli*), t. de relat., nom que les Turcs donnent aux enfants qu'ils croient être nés d'une mère vierge et avoir le don des miracles.

NÉPHRALGIE, subst. fém. (*néfralji*) (du grec νεφρός, rein, et ἄλγος, douleur), t. de médec., douleur des reins.

NÉPHRALGIQUE, adj. des deux genres (*néfraljike*), t. de médec., de la *néphralgie*; qui y a rapport.—Subst. mas. : *un néphralgique*.

NÉPHRANDRA, subst. mas. (*néfrandra*), t. de bot., arbrisseau de la Jamaïque, qu'on a réuni aux gattiliers.

NÉPHRELMINTIQUE, adj. des deux genres (*néfrèlemintike*) (du grec νεφρός rein, et ἕλμινθος, gén. d'ἕλμινς, ver), t. de médec., se dit de l'ischurie causée par les vers qui se trouvent dans les reins.

NÉPHREMPHRAXIS, subst. fém. (*néfreinfrakcice*) (du grec νεφρός, rein, et de ἐμφραξις, fait de ἐμφράττω, je bouche, j'obstrue), t. de médec., obstruction des reins.

NÉPHRÉTIQUE, adj. des deux genres (*néfrétike*) (du grec νεφρός, rein), t. de médec. : colique néphrétique, causée par le gravier qui se détache des reins. — *La graine de lin et la pariétaire sont néphrétiques*, propres à guérir les maladies de reins. — *Il est néphrétique*, ou subst.: c'est un néphrétique, il est affligé de la colique néphrétique.

NÉPHRÉTITE, subst. fém. (*néfrétite*), t. d'hist. nat., espèce de stéatite verte, translucide.—Variété de la serpentine noble.

NÉPHRIT, subst. mas. (*néfrite*), t. d'hist. nat., jade *néphrétique*, qu'on nomme aussi *pierre néphrétique*.

NÉPHRITE, ou **NÉPHRITIS**, subst. fém. (*néfrite*, *tice*) (en grec νέφρίτις, fait de νεφρός, rein), t. de médec., inflammation des reins.

NÉPHROCATALICON, et mieux **NÉPHROCATHARTICON**, subst. mas. (*néfrokatalikon, néfrokaturtikon*) (du grec νεφρός, rein, et καθαρτικός, purgatif), t. de pharm., sorte de remède propice pour les maux de reins, qui propre à nettoyer les reins. Peu usité.

NÉPHROCÈLE, subst. fém. (*néfrocèle*) (du grec νεφρός, rein, et de κήλη, hernie), t. de chir., hernie du rein.

NÉPHRODION, subst. mas. (*néfrodion*), t. de bot., espèce de plante de la famille des fougères.

NÉPHROGRAPHE, subst. mas. (*néfrografe*) (du grec νεφρός, rein, et γράφω, je décris), t. de médec., celui qui décrit les reins et leurs maladies, qui en traite.

NÉPHROGRAPHIE, subst. fém. (*néfrografi*) (même étym. que celle du mot précédent), t. de médec., description, traité des reins et de leurs maladies.

NÉPHROGRAPHIQUE, adj. des deux genres (*néfrografike*), qui a rapport à la *néphrographie*.

NÉPHROJE, subst. mas. (*néfroje*), t. de bot., sorte d'arbrisseau grimpant de la famille des ménispermes.

NÉPHROLITHE, subst. fém. (*néfrolite*) (du grec νεφρός, rein, et λίθος, pierre), t. de médec., pierre ou calcul qui se forme dans les reins.

NÉPHROLITHIQUE, adj. des deux genres (*néfrolitike*), t. de médec., il se dit de l'ischurie qui dépend des calculs rénaux, des *néphrolithes*.

NÉPHROLITHIASE, subst. fém. Voy. **NÉPHROLITHE**.

NÉPHROLITHOTOMIE, subst. fém. (*néfrolitotomi*) (du grec νεφρός, rein, λίθος, pierre, et τομή, fait de τέμνω, je coupe), t. de chir., incision faite dans les reins pour en extraire un calcul.

NÉPHROLITHOTOMIQUE, adj. des deux genres (*néfrolitotomike*), t. de chir., qui tient, qui a rapport à la *néphrolithotomie*.

NÉPHROLOGIE, subst. fém. (*néfroloji*) (du grec νεφρός, rein, et λόγος, discours, traité), partie de l'anatomie qui traite des reins.

NÉPHROLOGIQUE, adj. des deux genres (*néfrolojike*), qui a rapport, qui appartient à la *néphrologie*.

NÉPHROLOGISTE, subst. mas. (*néfrolojicete*), t. de médec., celui qui s'occupe particulièrement de la maladie des reins.

NÉPHROME, subst. mas. (*néfrôme*), t. de bot., genre de plantes de la famille des lichens.

NÉPHROPHLEGMASIE, subst. fém. (*néfroflègmazi*) (du grec νεφρός, rein, et φλέγματος, gén. de φλέγμα, fait de φλέγω, j'enflamme), t. de médec., inflammation des reins; c'est la même chose que l'ischurie muqueuse.

NÉPHROPHLEGMATIQUE, adj. des deux genres (*néfroflègmatike*), t. de médec., qui concerne la *néphrophlegmasie*.

NÉPHROPLÉGIE, subst. fém. (*néfropléji*) (du grec νεφρός, rein, et πλήσσω, je frappe), t. de médec., atonie du rein, paralysie rénale.

NÉPHROPLÉGIQUE, adj. des deux genres (*néfroplèjike*), t. de médec., qui a rapport à l'ischurie des reins, à la *néphroplégie*.

NÉPHROPLÉTHORIQUE, adj. des deux genres (*néfroplètorike*) (du grec νεφρός, rein, et πληθώρα, pléthore), t. de médec., qui concerne l'ischurie, causée par la *pléthore* des reins.

NÉPHROPS, subst. mas. (*néfropece*), t. d'hist. nat., genre de crustacés établi aux dépens des écrevisses.

NÉPHROPYIQUE, adj. des deux genres (*néfropi-ike*), t. de médec., qui est produit par la suppuration des reins, qui a rapport à la *néphropyose*.

NÉPHROPYOSE, subst. fém. (*néfropi-ôze*) (du grec νεφρός, rein, et πύον ou πυον, pus), t. de médec., suppuration des reins.

NÉPHRORRHAGIE, subst. fém. (*néfrôraji*) (du grec νεφρός, rein, ῥαγή, écoulement, fait de ῥέω, je coule, et de ἄγω, je pousse), t. de médec., hémorrhagie du rein ou rénale.

NÉPHRORRHAGIQUE, adj. des deux genres (*néfrôrajike*), t. de médec., qui a rapport, qui est relatif à la *néphrorrhagie*, qui concerne la *néphrorrhagie*.

NÉPHROSPASTIQUE, adj. des deux genres (*néfrocepacetike*) (du grec νεφρός, rein, et σπάω, je serre), t. de médec.; il se dit de l'ischurie qui dépend du spasme des reins.

NÉPHROTHROMBOÏDE, adj. des deux genres (*néfrotronbo-ide*) (du grec νεφρός, rein, et θρόμβος, caillot de sang), t. de médec.; il se dit de l'ischurie rénale causée par le sang grumelé.

NÉPHROTOME, subst. mas. (*néfrotome*), t. d'hist. nat., genre d'insectes à deux ailes et tipulées dorsales.

NÉPHROTOMIE, subst. fém. (*néfrotomi*) (du grec νεφρός, rein, et τομή, incision, fait de τέμνω), t. d'anat., dissection des reins.

NÉPHROTOMIQUE, adj. des deux genres (*néfrotomike*), t. d'anat., qui a rapport à la *néphrotomie*.

NÉPHTÉ, ou **NEPHTYS**, subst. propre fém. (*néfeté*, *néfetice*), myth., une des divinités des Égyptiens, qui joignaient son culte à celui de Typhon. On croit que c'est la même que Vénus.

NEPHTYS, subst. mas. (*néfetice*), t. d'hist. nat., genre de vers voisin de celui des néréides.

NÉPOTISME, subst. mas. (*népoticeme*) (de l'italien *nepotismo*, fait de *nepote*, neveu), autorité que les papes accordent à leurs neveux, ou que ceux-ci s'arrogent dans l'administration des affaires. — Par analogie, faiblesse d'un homme en place qui ne pense qu'à l'avancement de sa famille ou des siens.

NEPTUNALES ou **NEPTUNALIES**, subst. fém. plur. (*népetunale, népetunali*), myth., fêtes et jeux solennels qu'on célébrait à Rome en l'honneur de *Neptune*.

NEPTUNE, subst. propre mas. (*népetune*), myth., fils de Saturne et de Rhée. Lorsqu'il partagea avec ses frères, Jupiter et Pluton, la succession de Saturne, l'empire des eaux lui échut, et il fut nommé dieu de la mer. Rhée le sauva de la fureur de son père comme elle en avait sauvé Jupiter. Elle le donna à des bergers pour l'élever; et quand il fut grand, il épousa Amphitrite, et fut chassé du ciel avec Apollon, pour avoir voulu conspirer contre Jupiter. Ils allèrent ensemble aider Laomédon à relever les murailles de Troie. On le représente ordinairement sur un char en forme de coquille, traîné par des chevaux marins, et tenant dans sa main un trident.
—On donnait le nom de *Neptunes* à certains génies à peu près semblables aux Faunes, aux Satyres, etc. — En poésie, la mer : *dompter l'un et l'autre Neptune*.—En astron., nom donné à la planète d'Herschel, aujourd'hui *Uranus*, parce que cette planète et celle de Jupiter sont placées des deux côtés de Saturne, père commun de Jupiter et de Neptune.

NEPTUNIE, subst. fém. (*népetuni*), t. de bot., genre de plantes aquatiques de la Cochinchine.

NEPTUNIEN, adj. mas., au fém. **NEPTUNIENNE** (*népetuniein, nène*), qui concerne *Neptune*, dieu des eaux.—T. de géologie, *tercium neptunien*, straitifié.—Poét. : *l'empire*, *le rivage neptunien*, la mer, le bord de la mer. — Subst. mas. On donne ce nom aux naturalistes qui regardent la plupart des basaltes, et quelques autres espèces de pierres, comme produites uniquement par la voie humide ; et on donne le nom de *volcanistes* à ceux qui soutiennent que ces mêmes pierres sont des produits volcaniques.

NEPTUNIENNE, adj. fém. Voy. **NEPTUNIEN**.

NEPTUNISME, subst. mas. (*népetuniceme*), système des *neptuniens*.

NEPTUNISTE, subst. mas. Voy. **NEPTUNIEN**.

NÉRAC, subst. propre mas. (*nèrake*), ville de France, chef-lieu de canton et d'arrond., dép. de Lot-et-Garonne.

NÈRE, subst. mas. (*nère*), t. de chronologie, espace de temps dans la chronologie des Chaldéens. Ils divisaient le temps en sares, en nères et en soses. Le sare comprenait un espace de 3600 ans, le *nère*, un espace de 600 ans, et le sose, un espace de 60 ans.

NÉRÉE, subst. propre mas. (*néré*), myth., dieu marin, fils de l'Océan et de Téthys. Il épousa Doris sa sœur, dont il eut cinquante filles, appelées *Néréides*, ou nymphes de la mer. On représente ces nymphes, le corps depuis la ceinture terminé en poisson.

NÉRÉIA, **NÉRÉIS** ou **NÉRINE**, subst. propre fém. Voy. **NÉRÉIDE**, lequel nom leur est commun.

NÉRÉIDE, subst. propre fém. (*néré-ide*) (du grec νερός, humide, dérivé de ναω, je coule), nom de divinités de la mer, filles de *Nérée*. — T. d'hist. nat., genre de vers marins, de la famille des branchiodèles.

NÉRÉIDÉE, subst. fém. (*néré-idé*), t. de bot., genre de plantes établi aux dépens des varecs de Linnée.

NÉRÈNES, subst. mas. plur. (*nèrène*), livre de prières, chez les Persans.

NÉRET, subst. mas. (*nère*), sorte de raisin noir qui croît dans le Languedoc. — Ancienne monnaie.

NERF, subst. mas. (*nère* ou *nèrefe*; f ne se prononce point au pluriel, ni souvent même au singulier comme dans *nerf de bœuf*) (en lat. *nervus*, dérivé du grec νεῦρον, nerf), espèce de cordons blanchâtres, dans le corps humain, de différentes grosseurs, qui partent du cerveau ou de la moelle de l'épine du dos, et que l'on regarde comme les organes des sensations.—Moins proprement, muscle ou tendon : *il s'est foulé un nerf.* — Membre génital du cerf, etc.—Au fig., force, ce qui soutient et fait agir : *l'argent est le nerf de la guerre; ce discours est sans nerf.*— En t. de relieur, cordelettes qui sont au dos du livre, et sur lesquelles les cahiers sont cousus. — En archit., moulures des arcs doubleaux, formerets, tiercerons, etc., qui ornent et séparent les voûtes gothiques. — Dans les fers doux, parties saillantes, en forme de lames plates et allongées, qu'on remarque dans l'épaisseur des filaments.

NERF-FÉRURE, subst. fém. (*nèreferure*), t. de médec. vétér., coup qu'un cheval a reçu sur le tendon de la partie postérieure d'une de ses jambes.—Au plur., des *nerfs-férures*.

NÉRIÈNE ou **NÉRIO**, subst. propre fém. (*nériène, nério*), myth., femme de Mars. C'était dans l'origine une déesse des Sabins.

NÉRINDE, subst. fém. (*nèrinde*), espèce de taffetas qu'on fabrique dans les Indes orientales.

NÉRION, subst. mas. (*nèrion*), t. de bot., espèce de plante de la famille des lauriers.

NÉRIPIEN, subst. propre mas. (*nèripi-ein*), nom d'anciens peuples qui habitaient la Sarmatie asiatique.

NÉRITE, subst. fém. (*nérite*) (du grec νηρὸς, humide), t. d'hist. nat., coquillage univalve d'eau douce ou de mer.

NÉROLI, subst. mas. (*néroli*), essence de fleur d'oranger.

NÉRON, subst. mas. (*néron*), nom propre d'un empereur romain célèbre par sa cruauté. — Au fig., despote sanguinaire.

NÉRONDE, subst. propre fém. (*néronde*), ville de France, chef-lieu de canton, arrond. de Roanne, dép. de la Loire.

NÉRONDES, subst. propre fém. (*néronde*), ville de France, chef-lieu de canton, arrond. de Saint-Amand-Mont-Rond, dép. du Cher.

NÉRONIEN, adj. mas., au fém. **NÉRONIENNE** (*néroniein, niène*), de *Néron*.—Subst. mas. plur., t. d'hist. anc., jeux littéraires institués par *Néron*, l'an 813 de Rome; on y disputait des prix de poésie et d'éloquence. — On dit plus souvent adj. : *jeux néroniens*.

NÉRONIENNE, adj. fém. Voy. NÉRONIEN.

NÉROS, subst. mas. (*nérôce*), t. d'astron., période des anciens, la même, à ce qu'on croit, qui ramène les mêmes lunes, aux mêmes jours du mois.

NERPRUN, subst. mas. (*nèrepreun*) (du latin *nigrum prunum*, à cause de la noirceur de son écorce et de son fruit. *Ménage*.), t. de bot., arbrisseau du midi de l'Europe, à fleur monopétale.

NÉRUSIEN, subst. propre mas. (*néruziein*), nom de peuples qui habitaient les Alpes.

NERVAISON, subst. fém. (*nèrevèzon*), t. de médec., assemblage des *nerfs*, fibres et ligaments.

NERVAL, adj. (*nèrevale*), t. de médec., bon et propre pour les *nerfs* : *baume nerval*. Le plur. mas. *nervaux* est peu usité.

NERVÉ, E, part. pass. de *nerver*, et adj.—Il se dit, en t. de blason, des plantes et des herbes dont les *nerfs* et les fibres sont d'un autre émail que celui du corps de la plante. — T. de bot. : *feuilles nervées*, feuilles qui ont des *nervures* saillantes.

NERVER, v. act. (*nèrevé*), garnir du bois avec des *nerfs* que l'on colle dessus : *nerver un battoir*, *les arçons d'une selle*, etc.—*Nerver un livre*, en dresser et coller les *nerfs* sur le dos.—*se* NERVER, v. pron.

NERVEUSE, adj. fém. Voy. NERVEUX.

NERVEUX, adj. mas., au fém. **NERVEUSE** (*nèreveu, veuze*), où il y a beaucoup de *nerfs*; fort, vigoureux. — En médec., *le genre nerveux*, les *nerfs* du corps pris collectivement.—*Personne nerveuse*, qui a les *nerfs* irritables. On dit même absolument de quelqu'un, *qu'il est nerveux*.— Fig., plein de force et de solidité : *style, discours nerveux*.

NERVÈZE, subst. et adj. mas. (*nèrevèze*): *style, auteur nervèse*, enflé, obscur. (*Bouhours*.) Inusité.

NERVIEN, subst. propre mas. (*nèreviein*), nom d'anciens peuples de la Gaule belgique qui habitaient le Hainaut.

NERVIMOTEUR, subst. mas. (*nèrevimoteur*) (du latin *nervus*, gén. *nervi*, nerf, dérivé du grec νεῦρον, et de *motor*, moteur, fait de *movere*, mouvoir), t. d'anat., agent susceptible de modifier un *nerf* de manière à ce que la modification soit transmise au cerveau.

NERVIMOTILITÉ, subst. fém. (*nèrevimotilité*), t. d'anat., action qu'ont les nerfs de se mouvoir, et de transmettre leurs modifications au cerveau.

NERVIMOTION, subst. fém. (*nèrevimôcion*), t. d'anat., action nerveuse, transmission de l'impression exercée sur les extrémités *nerveuses*.

NERVIN, subst. et adj. mas. (*nèrevein*), t. de médec., le même que *nerval* : *remède, baume nervin*, ou *nerval*.

NERVOIR, subst. mas. (*nèrevoar*), étampoir pour donner les *nervures*.

NERVOL, subst. mas. (*nèrevole*), t. de bot., espèce de plante du genre des fougères.

NERVURE, subst. fém. (*nèrevure*), art de *nerver*, d'appliquer des *nerfs*. — En t. de relieur, parties élevées sur le dos d'un livre, qui sont formées par les *nerfs*. — Passe-poil sur la couture d'un habit. — En archit., moulure des consoles, des arcs doubleaux et des croisées d'ogives. — En t. de bot., petites côtes plus ou moins saillantes sur les feuilles et sur les pétales.

NERVUS, subst. mas. (*nèrevuce*) (mot entièrement latin), chez les anciens Romains, lien de bois qu'on serrait aux pieds, aux mains et au cou de celui qui était condamné à cet horrible supplice. On passait dans des trous les membres du condamné, et le *nervus* rapprochait tellement les membres que la tête se trouvait entre les genoux.

NÉSARNAK, subst. mas. (*nézarenake*), t. d'hist. nat., cétacé du genre des dauphins.

† **NESCIEMMENT**, adv. (*néci-aman*), sans le savoir, imprudemment. (*Brantôme*.) Peu usité.

NESCIO VOS (*nècecio vôce*), locution toute latine, qui signifie : *je ne vous connais pas*, et dont on se sert dans le discours familier, pour dire : *il n'y a pas moyen; cela ne se peut; il n'y a rien à faire*.

NÉSÉE, subst. fém. (*nézé*), t. d'hist. nat., genre de polypiers établi aux dépens des coralines.— T. de bot., genre de plante salicaire.— Subst. propre fém., myth., une des nymphes de la mer.

NESCRÉ, subst. mas. (*nècekré*), lettre, écriture persane. (*Boiste*.) Inusité.

NESKHY ou **NESKY**, subst. mas. (*nèceki*), écriture arabe qui a remplacé le *koufique*, et dont les Turcs et les Arabes se servent souvent dans leurs livres.

NESLE, subst. propre fém. (*nèle*), ville de France, chef-lieu de canton, arrondissement de Péronne, dép. de la Somme.—Ancienne monnaie de billon en France, qui, au milieu du dix-septième siècle, avait cours pour quinze deniers; ainsi nommée de la Tour de *Nesle*, à Paris, où elle avait été d'abord fabriquée.

NESLIE, subst. fém. (*nèli*), t. de bot., espèce de plante du genre des myagres.

NESKARI, subst. mas. (*nècekari*), t. d'hist. nat., sorte de poisson du genre des salmones, qu'on trouve dans les lacs de Sibérie.

NESROCH, subst. propre mas. (*nèceroke*), myth., idole des Assyriens. Sennachérib fut tué par deux de ses fils, pendant qu'il l'adorait dans son temple.

NESSATUS, subst. mas. (*nèceçâtuce*), t. de bot. espèce d'arbrisseau qui croît aux Indes orientales.

NESSUS, subst. propre mas. (*nèceçuce*), myth., centaure, fils d'Ixion et de la Nue. Il offrit ses services à Hercule pour porter Déjanire au-delà du fleuve Évène; et lorsqu'il l'eut passée, il voulut l'enlever : mais Hercule le tua d'un coup de flèche. Le centaure mourant donna sa chemise teinte de son sang à Déjanire, l'assurant que cette chemise aurait la vertu de rappeler son époux, lorsque celui-ci voudrait s'attacher à quelque autre. Elle était imprégnée d'un poison qui fit perdre la vie à Hercule.

NESTIER, subst. propre mas. (*nècetié*), ville de France, chef-lieu de canton, arrond. de Bagnères-de-Bigorre, dép. des Basses-Pyrénées.

NESTOR, subst. propre mas. (*nècetor*), myth., fils de Nélée et de Chloris. Il fut préservé du sort de son père et de ses frères, et combattit contre les centaures, qui voulaient enlever Hippodamie, et se fit une grande réputation au siége de Troie. Apollon le fit vivre trois cents ans.—Au fig., vieillard sage et expérimenté.

NESTORIANISME, subst. mas. (*nècetori-anniceme*), hérésie de *Nestorius*.

NESTORIEN, subst. mas. (*nècetori-ein*), partisan de *Nestorius*, qui niait que le Saint-Esprit procédât du Verbe, et qui niait en même temps l'union hypostatique du Verbe avec la nature humaine. — Au plur., t. d'antiq., secte d'anciens philosophes qui, persécutés par les empereurs d'Orient, se réfugièrent auprès des califes.

NÉSU, subst. propre mas. (*nésu*), myth., l'un des cinq dieux qui ont, pendant long-temps, tenu le premier rang chez les Arabes.

NET, adj. mas., au fém. **NETTE** (*nè*, *nète*) (en lat. *nitidus*, dont les Italiens ont fait également *netto*), qui est sans ordure, propre. — Vide : *j'ai trouvé maison nette*, *place nette*. — Uni, poli, sans tache : *cette fille a le teint net; cette glace est bien nette*. — Distinct : *écriture, impression bien nette*. — Fig., clair, pur, aisé : *expression nette*, *style net et facile*, *voix nette*. — *Avoir la vue nette*, de bons yeux. — Qui est sans embarras, sans ambiguïté : *cela est clair et net*.—Liquide, quitte de dettes : *il a dix mille livres de rente bien nettes*.—Franc, loyal : *son procédé est net*.—Fig. et fam., *faire maison nette*, chasser tous ses domestiques.—*Il a l'âme, la conscience nette*; sa conscience ne lui reproche rien. — *Avoir les mains nettes*, n'avoir pas de rapines, d'injustices à se reprocher. — Fig. et fam., *je veux en avoir le cœur net*, je veux savoir ce qui en est. — *Mettre un écrit au net*, en faire une copie correcte et sans rature. — *Poids net*, le poids réel d'une chose, sans enveloppe.—*Patente nette*, attestation certifiée et légale qui constate qu'un bâtiment n'a pas à son bord de maladies contagieuses. — *Produit net*, toute charge déduite. — *Prix net*, qui ne saurait supporter une réduction. — *Net comme une perle*, très-net, très-propre. — *Pierre nette*, pierre équarrie et atteinte jusqu'au vif. — NET, PROPRE. (*Syn*.) Ce qui est *net* est clair, poli, sans ordure, sans souillure, sans tache, sans défaut, sans mélange étranger. *Propre*, exprime ce qui constitue l'essence, ce qui appartient en propre, ce qui est convenable ou disposé pour une fin; mais, par une ellipse particulière à notre langue, il prend la signification de *net*, *ajusté*. — La *propreté* ajoute donc à *la netteté*, l'idée d'un arrangement ou d'une disposition convenable à la destination et à l'usage de la chose. La *netteté* n'est que le premier élément de la *propreté*. Une chose est *propre* quand elle est *nette* et arrangée comme il convient. — Une assiette *nette*, blanche, est *propre*, propre pour y manger. Des souliers sont *nets*, quand on les a bien décrottés; mais quoique *nets*, ils ne sont pas *propres*, s'ils se trouvent déformés, avachis, éraillés. On dit d'un habillement qu'il est *propre*, plutôt que *net*, parce que l'habillement est fait non-seulement pour être blanc, sans aucune saleté, mais encore ajusté selon les convenances et les bienséances. Quoique *nette* et vêtue d'habits *nets*, une personne n'est pas *propre*, si elle a sa chevelure dans un désordre désagréable, un côté de son habillement plus pendant que l'autre, des vêtements qui ne sont pas faits pour sa taille. — On dit d'un grand mangeur et qui ne laisse rien dans les plats, qu'il fait les plats *nets*; mais ces plats-là ne sont pourtant pas *propres*, il faut les laver pour qu'on y mange de nouveau.

NET, adv. (*nète*), tout d'un coup : *cela s'est cassé net*, *net comme un verre*. — *Tout net*, ou simplement *net*, franchement et librement : *je vous le dis tout net; il lui a parlé net*.

NETTASTOME, subst. mas. (*nètetacetome*), t. d'hist. nat., genre de poissons; une des divisions des apodes.

NETTE, adj. fém. Voy. NET.

NETTEMENT, adv. (*nèteman*), avec *netteté*; avec propreté.— Au fig., 1° d'une manière claire et intelligible; 2° franchement et sans rien déguiser.

NETTETÉ, subst. fém. (*nèteté*), qualité par laquelle une chose est *nette*; propreté; avec cette différence que la *propreté* ajoute à la *netteté* l'idée d'un arrangement convenable à la destination. Ainsi la *netteté* n'est que le premier élément de la *propreté*. — Fig. : *netteté de voix, d'esprit, du style*, etc. Voy. NET.

NETTOIEMENT, subst. mas. (*nètoéman*), action de *nettoyer*; enlèvement des boues des rues.

NETTOYAGE, subst. mas. (*nètoé-iaje*), *nettoiement*.

NETTOYÉ, E, part. pass. de *nettoyer*.

NETTOYER, v. act. (*nètoè-ié*), ôter les ordures; rendre *net*. — Fig. : 1° *nettoyer la mer de corsaires*, *les chemins de voleurs*; chasser, exterminer les corsaires, les voleurs; 2° *la tranchée*; en chasser les assiégeants; 3° *les affaires*, *les biens d'une maison*, en acquitter les dettes, en terminer les procès; 4° *les contours*, en t. de peinture, rendre les contours plus purs et plus corrects; 5° *le tapis*, gagner tout l'argent qui est sur le jeu. — Emporter tout ce qu'il y a dans un endroit. — *se* NETTOYER, v. pron.

NETTORYNQUE, subst. mas. (*nètetoreinke*), t. d'hist. nat., espèce de gros ver qui vit dans les intestins de l'homme.

NETZIN, subst. mas. (*nètezein*), nom d'un mets qu'on fait, dans le Brandebourg, avec des sardines mêlées avec du brochet.

NEUC-MUM, subst. mas. (*neukenôme*), sorte

258 NEU NEU NÉV

de sauce dont les Tonquinois se servent dans leurs ragoûts. (*Boiste*). Inusité.

NEUFCHÂTEAU, subst. propre mas. (*neuchâtô*), ville de France, chef-lieu d'arrond. et de canton, dép. des Vosges.

NEUFCHÂTEL, subst. propre mas. (*neuchâtèle*), grand lac de Suisse.— Canton de Suisse.—Ville de Suisse, cap. du canton du même nom.

NEUFCHÂTEL-EN-BRAY, subst. propre mas. (*neuchâtelanbrè*), ville de France, chef-lieu d'arrond. et de canton, dép. de la Seine-Inférieure.

NEUFCHÂTEL, subst. propre mas. (*neuchâtèle*), bourg de France, chef-lieu de canton, arrond. de Laon, dép. de l'Aisne.

NEUF, nom de nombre indéclinable et des deux genres (*neufe* : *F* final ne se prononce point devant les substantifs qui commencent par une consonne : *neuf personnes, neupèrçone* ; devant une voyelle, *F* sonne comme *v* : *neuf amis*, prononcez : *neuvami*) ; trois fois trois. On le dit quelquefois pour *neuvième* : *le neuf du mois; Charles neuf.*

NEUF, subst. mas. (*neufe*), la valeur du chiffre 9 ; *un neuf de chiffre, un neuf de cœur.*

NEUF, adj. mas., au fém. **NEUVE** (*neufe, neuve*, au plur. mas., *neufs* se prononce *neu*), (en lat. *novus*, fait du grec νεος, et avec le digamma éolique νεϝος), qui est fait depuis peu : *maison neuve*.—Qui n'a pas encore servi ou qui ne sert que depuis peu de temps : *habit neuf*. Le peuple dit *tout battant neuf*.—*Bois neuf*, qui n'a pas flotté.—*Terre neuve*, qui n'a pas encore servi à la végétation.—En parlant des personnes, entrepris, embarrassé, étonné par défaut d'usage. En ce sens, on dit populairement *neuf comme un fifre*; et, par un jeu de mots ou calembourg, *il est neuf, il durera long-temps*.— Qui n'a point été dit, qui n'a point d'expérience, d'usage.— *Faire maison neuve*, renvoyer ses domestiques pour en reprendre d'autres.—*Avoir un cœur tout neuf, avoir des sens tout neufs*, un cœur des sens que les passions n'ont pas encore agités. — *Ceci est tout neuf pour moi* : je n'en avais pas idée, je ne connaissais pas cela. — Prov. : *faire un corps neuf*, rétablir sa santé, après avoir été bien médicamenté.—NEUF, NOUVEAU, RÉCENT. (*Syn.*) Ce qui n'a point servi est *neuf*; ce qui n'avait pas encore paru est *nouveau* ; ce qui vient d'arriver est *récent*. — On dit d'un habit, qu'il est *neuf*; d'une mode, qu'elle est *nouvelle*; d'un fait, qu'il est *récent*.— Une pensée est *neuve* par le tour qu'on lui donne; *nouvelle*, par le sens qu'elle exprime ; *récente*, par le temps de sa production.—Celui qui n'a pas encore l'expérience et l'usage du monde, est un homme *neuf*. Celui qui ne commence que d'y entrer, ou qui est le premier de son nom, est un homme *nouveau*. L'on est moins touché des anciennes histoires que des *récentes*.—Subst. mas., ce qui est *neuf* : *donner du neuf*.—*A neuf*, adv.: *refaire un bâtiment à neuf*, le raccommoder partout, et le renouveler en quelque sorte.—*De neuf*, adv. *il a fait habiller ses gens de neuf*, il leur a fait faire des habits *neufs*

NEUF-HUIT, subst. mas. (*neu-uite*), t. de musique : *mesure à neuf-huit*, composée de neuf croches qui forment trois temps.

NEUFME, subst. mas. (*neume*), droit ancien des curés sur les biens meubles des défunts. Inus.

NEUF-QUATRE, subst. mas. (*neufekatre*), t. de mus. : *mesure à neuf-quatre*, composée de neuf noires, formant trois temps de trois noires chacun.

NEUGORI, subst. mas. (*neuguori*), nom qu'on donne à certains sectateurs ou philosophes, au Japon.

NEUKIDE, subst. fém. (*neukide*), t. de bot., espèce de plante qui croît en Amérique.

NEUILLY-EN-THEL, subst. propre mas. (*neuiei-antèle*), village de France, chef-lieu de canton, arrond. de Senlis, dép. de l'Oise.

NEUILLY-L'ÉVÊQUE, subst. propre mas. (*neuie-ilevèke*), village de France, chef-lieu de canton, arrond. de Langres, dép. de la Haute-Marne.

NEUILLY-SAINT-FRONT, subst. propre mas. (*neuie-iceinfron*), village de France, arrond. de Château-Thierry, dép. de l'Aisne.

NEUILLY-SUR-SEINE, subst. propre mas. (*neuie-içurecène*), village de France, chef-lieu de canton, arrond. de Saint-Denis, dép. de la Seine. Le roi Louis-Philippe y possède un beau château et un parc magnifique.

NEUME, subst. mas. (*neume*) (du grec νευμα, fréquente inclination de tête que font les Grecs en allongeant un ton. *Anse de Villoison.*), t. de plain-chant, addition des notes du ton de l'antienne sur la dernière syllabe. C'est une courte récapitulation du chant d'un mode, qui se fait à la fin de l'antienne, sans y adapter de paroles, comme étant un trait de jubilation.

NEUNG, subst. propre mas. (*neun*), village de France, chef-lieu de canton, arrond. de Romorantin, dép. de Loir-et-Cher.

NEURA, subst. mas. (*neura*), t. de bot., espèce de plante bonne contre les maladies nerveuses.

NEURACHNE, subst. fém. (*neurakne*), t. de bot., genre de plantes de la famille des graminées.

NEURADE, subst. fém. (*neurade*), t. de bot., plante annuelle, de la famille des rosacées, qui croît en Égypte et en Arabie.

NEURANIE, subst. fém. (*neurani*), nombre de *neuf*. (*Boiste.*) Tout-à-fait inusité.

NEURE, subst. fém. (*neure*), petit bâtiment hollandais qui sert pour la pêche du hareng.

NEURITIQUE, adj. des deux genres (*neuritike*). Voy. NÉVRITIQUE.

NEUROBATE, subst. mas. (*neurobate*) (du grec νευρον, corde, et βατηρ, fait de βατεω, pour πατεω, aller, marcher), bateleur, danseur de corde.

NEUROGÈNE, subst. mas. (*neurojène*) (du grec νευρον, nerf), t. de médec., matière nutritive du tissu *nerveux*; cérébrine.

NEUROÏDE, subst. fém. (*neuro-ide*), t. de bot., sorte de laitue sauvage.

NEUROSPACTE, subst. mas. (*neuroccpakete*), t. de bot., espèce de plante de la famille des ronces.

NEUROSPASTE, subst. fém. (*neurocepacete*) (du grec νευρον, nerf, et σπαω, je tire), t. d'antiq., espèce de marionnettes à phallus mobile.

NEUROPTÈRE ou **NÉVROPTÈRE**, subst. mas. (*neuropetère, névropetère*) (du grec νευρον, nerf, et πτερον, aile), t. d'hist. nat., insecte à mâchoires, et à quatre ailes réticulées, transparentes.

NEUSTRÉ, subst. mas. (*neucetré*), nom tout-à-fait hors d'usage que l'on donnait autrefois à l'ouvrier qui fait ou vend des meubles. Aujourd'hui on dit *tapissier*.

NEUT., abréviation du mot *neutre* ou *neutralement*.

NEUTHA, subst. fém. (*neuta*), t. de chir., pellicule qui couvre le visage d'un enfant qui vient de naître. Peu usité.

NEUTRALEMENT, adv. (*neutraleman*), t. de gramm., dans un sens *neutre*.

NEUTRALISATION, subst. fém. (*neutralizâcion*), action de *neutraliser*. — État, effet de la *neutralité*.—Traité provisoire de *neutralité*.

NEUTRALISÉ, E, part. pass. de *neutraliser*.

NEUTRALISER, v. act. (*neutralizé*), rendre *neutre*, nul.—Tempérer, mitiger l'effet d'un principe ; le réduire à presque rien : *on neutralise un projet en le modifiant*.— SE NEUTRALISER, v. pron.

NEUTRALITÉ, subst. fém. (*neutralité*), état d'une puissance, d'une personne qui se tient, qui demeure *neutre* entre deux partis : *garder, observer la neutralité*.—*Neutralité armée*, celle dans laquelle une puissance *neutre* tient cependant sur pied des forces suffisantes pour résister en cas de besoin.

NEUTRE, adj. des deux genres (*neutre*) (en latin *neuter*, qui signifie proprement ni l'un ni l'autre, *nec unus, nec alter*), qui ne prend point de parti entre une puissance ou des personnes qui ont des intérêts opposés.—*Territoire neutre*, celui qui appartient à un état qui garde la *neutralité*, ou dans lequel elle a été promise.—En gramm., 1° *nom neutre*, qui n'est ni du genre masculin ni du genre féminin ; 2° *verbe neutre*, celui qui n'exprime point d'action, comme *exceller, languir, croître*, ou dont l'action ne passe pas hors du sujet, comme *aller, venir*, etc.—On appelle quelquefois *verbes neutres passifs*, les verbes qui ne se conjuguent qu'avec les pronoms personnels, et qui marquent action et passion dans le même sujet, comme *se repentir, se souvenir*, etc. On les nomme aussi *réciproques, pronominaux*, etc.— En chimie, *sel neutre*, sel qui n'est ni acide ni alcalin.—T. d'hist. nat., il se dit des animaux qui ne peuvent pas se reproduire, faute de sexe. — T. de bot., se dit d'une *fleur* qui n'a ni pistils ni étamines. — Subst. mas. plur. : *droit des neutres*, droit reconnu par les puissances aux états qui ne prennent aucune part à la guerre des étrangers.

NEUTRISÉ, E, part. pass. de *neutriser*.

NEUTRISER, v. act. (*neutrizé*) : *neutriser un verbe*, le rendre *neutre*. — SE NEUTRISER, v. pron. Peu en usage.

NEUVAINE, subst. fém. (*neuvène*), prières qu'on fait pendant *neuf jours*. — *La docte neuvaine*, les neuf Muses. Style burlesque ou marotique.

NEUVE, adj. fém. Voy. NEUF.

NEUVIÈME, adj. des deux genres (*neuvième*), nom de nombre ordinal : *celui qui suit immédiatement le huitième*.—Il est aussi substantif : *vous êtes le neuvième* ou *la neuvième; il arrivera le neuvième du mois; il est intéressé pour un neuvième* (une neuvième portion) *dans cette affaire*. —Subst. fém., t. de musique, intervalle dissonnant qui est la réplique de la seconde, et qui peut être majeur ou mineur comme elle.

NEUVIÈMEMENT, adv. (*neuvièmeman*), en *neuvième* lieu.

NEUVILLE, subst. propre mas. (*neuvile*) bourg de France, chef-lieu de canton, arrond de Poitiers, dép. de la Vienne.

NEUVILLE-AUX-BOIS, subst. prop. mas. (*neuvilôboa*), petite ville de France, chef-lieu de canton, arrond. d'Orléans, dép. du Loiret.

NEUVILLE-L'ARCHEVÊQUE, subst. propre mas. (*neuvilelarchevèke*), petite ville de France, chef-lieu de canton, arrond. de Lyon, dép. du Rhône.

NEUVY-LE-ROI, subst. propre mas. (*neuvile-roè*), bourg de France, chef-lieu de canton, arrond. de Tours, dép. d'Indre-et-Loire.

NEUVY-SAINT-SÉPULCRE, subst. propre mas. (*neuviceincèpulekre*), bourg de France, chef-lieu de canton, arrond. de la Châtre, dép. de l'Indre.

NÉVA, subst. propre fém. (*néva*), grand fleuve de Russie, qui prend sa source dans le lac Ladoga, et qui se jette dans le golfe de Finlande, à Saint-Pétersbourg.

NÉVAT ou **NÉONAT**, subst. mas. (*néva, né-ona*), poids arabe ancien qui valait à peu près cinq drachmes de France.

NEVERS, subst. propre mas. (*nevère*), grande ville de France, chef-lieu du dép. de la Nièvre.

NÉVÉRITA, NÉRITA ou **NÉRINA**, subst. propre fém. (*névérita, nérita, nérina*), myth., déesse de la vénération et du respect.

NEVEU, subst. mas. (*neveu*) (du latin *nepos*, gén. *nepotis*, employé dans la même acception, par les écrivains de la basse latinité, et qui signifie proprement *petit-fils*), fils du frère ou de la sœur. — Fam. : *neveu à la mode de Bretagne*, fils du cousin germain ou de la cousine germaine. — *Petit-neveu* ou *arrière-neveu*, le fils du *neveu*.—Poét. : *nos neveux*; la postérité, ceux qui viendront après nous, *jusqu'à nos derniers neveux*.—Au plur. : *neveux*.

NÉVRALGIE, subst. fém. (*névraleji*) (du grec νευρον, nerf, et αλγος, douleur), t. de médec., douleur des *nerfs*.

NÉVRALGIQUE, adj. des deux genres (*névralejike*), t. de médec., qui appartient, qui a rapport à la *névralgie*.

NÉVRARTÉRIEL, adj. mas., au fém. **NÉVRARTÉRIELLE** (*névraretériéle*) (du grec νευρον, nerf, αρτηρια, artère), t. de médec. et d'anat., qui tient aux nerfs et aux artères.

NÉVRILÉMATIQUE, adj. des deux genres (*névrilématike*), t. d'anat., qui a rapport, qui appartient au *névrilème*.

NÉVRILÈME, subst. mas. (*névrilème*) (du grec νευρον, nerf, et λεμμα, membrane), t. d'anat., membrane qui environne la pulpe de chaque filet *nerveux*.

NÉVRILÉMITE, subst. fém. (*névrilémite*), t. de médec., inflammation du *névrilème*.

NÉVRITE, subst. fém. (*névrite*) (du grec νευρον, nerf), t. de médec., maladie, inflammation des nerfs.

NÉVRIMOTILITÉ, subst. fém. (*névrimotilité*) (du grec νευρον, nerf, et du latin *movere*, mouvoir), t. d'anat., propriété de provoquer le mouvement, inhérente aux nerfs chez les animaux, et à un appareil analogue dans les végétaux.

NÉVRITIQUE, adj. des deux genres (*névritike*), t. de médec., se dit des médicaments qui sont propres aux maladies des nerfs.—Subst. mas. : *un névritique*. Voy NÉVROTIQUE.

NÉVROGAMIE, subst. fém. (*névroguami*) (du

grec *νευρον*, nerf, et *γαμος*, fait de *γαμεω*, j'épouse), mariage, accouplement des nerfs, c'est-à-dire *rapport, correspondance, sympathie des nerfs d'une personne avec ceux d'une autre.* — —Magnétisme animal.

NÉVROGRAPHE, subst. mas. (*nèvroguerafe*) (du grec *νευρον*, nerf, et *γραφω*, je décris), t. d'anat., celui qui observe, qui décrit les fonctions, les maladies des nerfs.

NÉVROGRAPHIE, subst. fém. (*nèvroguerafi*), (même étym. que celle du mot précédent), t. d'anat., description des nerfs.—Traité sur les maladies des nerfs.

NÉVROGRAPHIQUE, adj. des deux genres (*nèvroguerafike*), t. d'anat., qui est relatif aux nerfs, à la *névrographie*.

NÉVROLOGIE, subst. fém. (*nèvroloji*) (du grec *νευρον*, nerf, et *λογος*, discours), partie de l'anat. qui traite des nerfs.

NÉVROLOGIQUE, adj. des deux genres (*nèvrolojike*), t. d'anat., qui concerne *la névrologie*.

NÉVROMYÉLITE, subst. fém. (*nèvromi-élite*) (du grec *νευρον*, nerf, et *μυελος*, moelle), t. de médec., inflammation de la moelle épinière.

NÉVROPTÈRE, subst. mas. et adj. des deux genres (*nèvropetère*) (de *νευρον*, nerf, et *πτερον*, aile), t. d'hist. nat., ordre d'insectes dont les ailes sont transparentes et ont des *nervures* croisées en réseau.

NÉVROPYRE, subst. fém. (*nèvropire*) (du grec *νευρον*, nerf, et *πυρ*, fièvre), t. de medec., fièvre nerveuse.

NÉVROSE, subst. fém. (*nèvrôze*) (du grec *νευρον*, nerf), t. de médec., affection *nerveuse*.

NÉVROSTHÈME, subst. fém. (*nèvrocetème*) (du grec *νευρον*, nerf, et *θημων*, amas, fait de *τιθημι*, poser, déposer), t. de médec., excès d'irritation ou d'inflammation nerveuse.

NÉVROTIQUE, adj. des deux genres (*nèvrotike*), t. de médec., *remède névrotique*, bon contre les maladies des nerfs.

NÉVROTÔME, subst. mas. (*nèvrotôme*) (du grec *νευρον*, nerf, et *τεμνω*, je coupe), t. d'anat., scalpel long et étroit pour la dissection des nerfs.

NÉVROTOMIE, subst. fém. (*nèvrotomi*) (même étym. que celle du mot précéd.), t. d'anat., dissection des *nerfs*.

NÉVROTOMIQUE, adj. des deux genres (*nèvrotomike*), t. d'anat., qui a rapport à la *névrotomie*.

NEWTONIANISME, subst. mas. (*neutoni-anniceme*), t. de physique, théorie du mécanisme de l'univers, et particulièrement des mouvements des corps célestes, de leurs lois, de leurs propriétés, telle qu'elle a été enseignée par *Newton*.

NEWTONIEN, adj. mas., au fém. **NEWTONIENNE** (*neutoni-ein, ni-ène*), qui concerne la doctrine de *Newton* : *système newtonien; attraction newtonienne.* — *Philosophie newtonienne*, 1° la philosophie corpusculaire, telle qu'elle a été réformée et corrigée par les découvertes dont *Newton* l'a enrichie; 2° la méthode observée par *Newton* dans sa philosophie. En ce sens, c'est la même chose que *physique expérimentale*; 3° la philosophie qui considère mathématiquement les corps physiques et applique la géométrie et la mécanique à la solution des phénomènes. C'est proprement la *philosophie mécanique et mathématique*; 4° cette partie de la physique que *Newton* a traitée, étendue et expliquée dans son livre des *Principes*; 5° enfin, dans une acception plus générale et plus usitée, les nouveaux principes que *Newton* a portés dans la philosophie, le nouveau système qu'il a fondé sur ces principes, et les nouvelles explications des phénomènes qu'il en a déduites.—Subst. mas., physicien qui suit la doctrine et les principes de *Newton*.

NEWTONIENNE, adj. fém. Voyez NEWTONIEN.

NEWCASTLE, subst. propre mas. (*nioukèceerle*), ville d'Angleterre, chef-lieu du comté de Northumberland.—Comté des États-Unis, état de Delaware.—Ville d'Irlande.

NEWPORT, subst. propre mas. (*nioupor*), ville et port d'Angleterre.—Ville des États-Unis, état de Kentucky, chef-lieu du comté de Campbell.

NEW-YORCK, subst. propre mas. (*neu-iorke*), ville et un des États-Unis.

NEXON, subst. propre mas. (*nèkçon*), village de France, chef-lieu de canton, arrond. de Saint-Yrieix, dép. de la Haute-Vienne.

NEXUS ou **OBÆRATUS**, subst. mas. (*nèkçuce, obèratuce*) (mots latins qui signifient *débiteur*), chez les anciens Romains, débiteur insolvable que les lois obligeaient à servir son créancier jusqu'à ce qu'il l'eût satisfait.

NEZ, subst. mas. (*né*) (du lat. *nasus*, qui signifie la même chose, dérivé, selon quelques-uns, de *nare*, nager; parce que l'air nage en quelque sorte, en passant et repassant par le *nez* dans la respiration. *Trévoux*.), partie éminente du visage, entre le front et la bouche, et qui sert à l'odorat.—Fam., le visage entier : *donner sur le nez à*...—Odorat : *il a bon nez; elle a le nez fin.* —On appelle, en t. de chasse, *chien de haut nez*, celui qui va requérir sur le haut du jour. — La première partie du vaisseau ou bachot, qui finit en pointe et où est la levée sur laquelle se met le batelier : *ce vaisseau est trop sur nez*, est plus calé sur l'avant qu'il ne faut. — T. d'hist. nat., poisson du genre des squales.—Dans la fonte des cloches, morceau de planche taillé en forme de couteau, qui, en tournant le compas, dispose sur le collet du moule d'une cloche la figure des anses. — *Parler du nez, chanter du nez*, parler, chanter d'une manière désagréable, comme si la voix sortait du *nez*.—*Avoir un pied de nez*, avoir honte de ne point avoir réussi.—Prov. : *avoir le nez tourné vers un endroit*, avoir envie ou être sur le point d'y aller.—*Il ne voit pas plus loin que son nez*, il a peu de lumières, peu de prévoyance.—*Tirer les vers du nez de quelqu'un*, tirer adroitement de lui un secret.—Fig. : *jeter quelque chose au nez*, reprocher quelque chose. — *Saigner du nez*, répandre du sang par le *nez*; et au fig., manquer de courage, de résolution. — *Saigner au nez*, avoir une blessure saignant au *nez*, ou sur le *nez*. — *Il met* ou *fourre son nez partout*, il se mêle de ce qui ne le regarde pas. — *Se casser le nez*, ne pas réussir. — *Avoir toujours le nez sur une chose*, y être fort appliqué. — *Mener quelqu'un par le nez*, lui faire faire tout ce qu'on veut. Allusion aux buffles, que l'on conduit au moyen d'un anneau passé dans leurs narines. Cette expression figurée était déjà en usage chez les Grecs.—*Donner du nez en terre, se casser le nez*, succomber dans une entreprise. — *Rire au nez de quelqu'un*, se moquer de lui en face, etc.

NEZ-COUPÉ, subst. mas. (*nèkoupé*), t. de bot., sorte d'arbrisseau.— Au plur., des *nez-coupés*.

NEZ-DE-POTENCE, subst. mas. (*nédepotance*), t. d'horl., partie d'une pièce de laiton qui reçoit l'un des pivots de rencontre. — Au plur., des *nez-de-potence*.

NEZ-RETROUSSÉ, subst. mas. (*néretroucé*), t. d'hist. nat., espèce de serpent. — Au plur., des *nez-retroussés*.

NI (*ni*), particule conjonctive qui exprime une liaison qui tombe directement sur la négation attribuée aux choses, pour la leur rendre commune. Elle se met à la tête des mots qu'elle lie, et se multiplie autant de fois qu'il y a de choses auxquelles on veut rendre la négation commune : *il n'a ni ami ni ennemi; ni vice ni vertu.* — Lorsque les substantifs sont liés par *ni* répété, et qu'il n'y a qu'un des deux sujets qui fasse ou qui reçoive l'action, ou bien lorsqu'il y a exclusion de tout objet, l'adjectif, le pronom et le verbe se mettent au singulier : *il ne boit ni ne mange; ni l'un ni l'autre n'a fait son devoir*. Dans ces phrases, on fait usage du singulier, parce qu'il y a exclusion de tout objet, ou parce que l'action ne tombe que sur l'un des deux substantifs. Mais c'est le pluriel qu'on emploie quand les substantifs font ou reçoivent en même temps l'action, et dès-lors il n'y a pas exclusion :

Ni l'or *ni* la grandeur ne nous rendent heureux.

Quand *ni* est répété, on supprime *pas* ou *point*. Ainsi, on ne dira pas : *il ne faut pas être ni avare ni prodigue*; mais bien : *il ne faut être ni avare ni prodigue*. Mais *pas* ou *point* peut se rencontrer avec *ni*, quand cette conjonction n'est pas répétée : *mon père ni mon frère ne sont point accoutumés à ces humiliations.* (Laveaux.)

NIA, subst. propre fém. (*ni-a*), myth., nom que les anciens Sarmates donnaient à Cérès.

NIABLE, adj. des deux genres (*niable*), qui peut être *nié*.

NIADIS, subst. mas. plur. (*ni-adice*), caste particulière d'Indiens qui suivent la religion de Brama.

NIAGARA, subst. propre mas. (*ni-aguara*), rivière d'Amérique, célèbre par la rapidité de son cours et sa cataracte, qui s'entend de trois lieues et fait trembler la terre.

† **NIAIS, E**, subst. et adj. (*ni-è, ni-èze*); il se dit au propre des oiseaux qui ne sont pas encore sortis du nid.—Fig., simple, qui n'a encore aucun usage du monde. Il se dit surtout de l'air, du ton, de la mine, de la contenance. Voy. BADAUD.—On dit subst. : *un franc niais, une grande niaise; faire* ou *contrefaire le niais*. Voy. BENET.—Prov. : *c'est un niais de Sologne, il prend les sous marqués pour des liards*, se dit d'un homme adroit et alerte sur ce qui regarde son intérêt, et qui contrefait le simple.—Fig. et fam. : *graine de niais*, tour, annonce, etc., pour attraper l'argent des simples.

NIAISEMENT, adv. (*ni-èzeman*), d'un air *niais*; d'une façon *niaise*.

NIAISÉ, part. pass. de *niaiser*.

NIAISER, v. neut. (*ni-èzé*), s'amuser à des *niaiseries*, à des choses de rien.

NIAISERIE, subst. fém. (*ni-èzeri*), caractère de ce qui est *niais*; bagatelle, chose frivole.

NIBAM, subst. mas. (*nibame*), état de bonheur suprême qui consiste en une sorte d'anéantissement. C'est le dernier degré de la félicité des âmes dans l'opinion des habitants du royaume de Pégu.

NIBBAS, subst. propre mas. (*nibebâce*), myth., dieu syrien qu'on croit être le même qu'Anubis.

NIBELUNG, subst. mas. (*nibelon*), peuple du moyen-âge, qui habitait une partie de l'ancienne Scandinavie.

NIBILE, subst. mas. (*nibile*), espèce de musette des Abyssins.

NIBORE, subst. fém. (*nibòre*), t. de bot., espèce de plante aquatique de la famille des acanthes.

NIC, subst. mas. (*nike*), nid; vieux mot inusité qu'on trouve dans *Ronsard*. (Boiste.)

NICAISE, subst. mas. (*nikièze*), nom propre converti en substantif, et qui signifie, homme niais, sans esprit, sans intelligence; jeune homme timide, qui n'est pas encore dégourdi : *c'est un vrai Nicaise*. Il ne se dit qu'au masculin; c'est l'équivalent de *Agnès*, qui s'emploie en parlant d'une jeune fille.

NICANDRE, subst. fém. (*nikandre*), t. de bot., sorte de plante annuelle qu'on cultive à Paris, dans les jardins.

NICANÉ, subst. fém. (*nikané*), sorte de toile de coton qui se fabrique en France, et qu'on envoie en Afrique.

NICARAGUA, subst. propre mas. (*nikaragu-a*), grand lac de Guatimala.

NICATISME, subst. mas. (*nikaticeme*), t. d'antiq., sorte de danse en usage autrefois chez les Thraces, après une victoire.

NICCOLANE, subst. mas. Voy. NICKOLANE.

NICCOLAUM, subst. mas. (*nikola-ome*), t. de métall., nouveau métal qui accompagne le nickel.

NICCOLO, subst. mas. (*nikolo*), t. de minér., espèce d'agate onyx à deux couches, l'une blanche et l'autre noire.

NICE, subst. propre fém. (*nice*), ville et port de Sardaigne.

NICE, adj. des deux genres (*nice*), niais, simple. (*Boiste.*) Vieux et même hors d'usage. *L'Académie* devrait le dire.

NICEMENT, adv. (*niceman*), niaisement, simplement, sans art, sans malice, d'une manière timide. (*Boiste.*) Vieux et même hors d'usage.

NICÉPHORE, adj. mas. (*nicéfore*) (du grec *νικη*, victoire, et *φορεω*, je porte, *qui porte la victoire*), myth., surnom de Jupiter. On le représente quelquefois tenant une petite statue de la Victoire.

NICETÉ, subst. fém. (*niceté*), naïveté, niaiserie, simplicité. (*Boiste.*) Vieux et même hors d'usage.

NICÈTERIES, subst. fém. plur. (*nicèteri*), myth., fêtes anciennes que l'on célébrait à Athènes, en l'honneur de la victoire que Minerve remporta sur Neptune, lorsqu'ils se disputèrent l'honneur de nommer la ville d'Athènes.

NICETTE, subst. fém. (*nicète*), diminutif de *Nice*, jeune fille simple. Fam. (*Boiste.*) Vieux.

NICHANGI, subst. mas. (*nichanji*), t. de relat., premier officier de la Porte, qui a rang après les ministres.

NICHE, subst. fém. (*niche*) (de l'italien *nicchia*, fait, dans la même signification, de *nicchio*, coquille, à cause de la ressemblance d'une *niche* avec une coquille. *Ménage*, d'après les académiciens de *la Crusca*.), enfoncement dans l'épaisseur d'un mur, pour y placer une statue.— Petit trône décoré sous lequel on expose le saint-sacrement.—Par extension, réduit pratiqué dans un appartement pour y mettre un lit, ou dans un jardin pour s'y retirer en particulier.—Tour de malice ou d'espiéglerie qu'on fait à quelqu'un. (En ce sens, c'est une corruption de *nique*); *faire une niche* s'est dit pour : *faire la nique*. Ménage.) Voy. NIQUE.

NICHÉ, E, part. pass. de *nicher*.

NICHÉE, subst. fém. (*niché*), nid où il y a plusieurs oiseaux, plusieurs souris.—Fig. et fam. : *il a chassé toute la nichée*, toutes les personnes de mauvaise vie rassemblées dans un lieu. — Quelques-uns disent aussi, mais à tort, *nitée*.

NICHER, v. neut. (*niché*), faire son *nid*.—Act., placer en quelque endroit.—Fam. *se* NICHER, v. pron., se placer ; trouver une bonne retraite, un bon établissement : *il s'est niché dans une bonne maison*.

NICHET, subst. mas. (*niché*), œuf qu'on met dans un *nid*, pour que les poules aillent y pondre.

NICHOIR, subst. mas. (*nichoar*), sorte de cage propre à mettre couver les serins, etc.

NICK-CORONDE, subst. mas. (*nikoronde*), t. de bot., sorte de cannelle de Ceylan, qui n'a ni odeur, ni saveur. On l'emploie en medecine. L'arbre qui le produit ne paraît pas connu des botanistes.

NICKEL, subst. mas. (*nikièle*), t. de métallurgie, substance métallique, découverte en Suède par Cronstedt, vers le milieu du dix-huitième siècle.

NICKEY, subst. propre mas. (*nikiène*), myth., dieu des mers qu'on honorait autrefois en Danemarck, et que l'on prétendait se montrer quelquefois sur les eaux de l'Océan, ou sur les rivières profondes, sous la forme d'un monstre marin à tête humaine, surtout à ceux qui étaient en danger de périr.

NICKOLANE ou NICCOLANE, subst. fém. (*nikolane*), t. de métallurgie, substance métallique nouvellement découverte dans les mines de cobalt de Suède, et qui accompagne le nickel.

NICOCRÉON, subst. propre mas. (*nikokré-on*), myth., père d'Arsinoé.

NICODÈME, subst. mas. (*nikodème*) : *grand nicodème*, grand niais.

NICOLAÏTE, subst. mas. (*nikola-ite*), nom de sectaires qui permettaient la communauté des femmes.

NICOLAS (SAINT-), subst. propre mas. (*ceinnikola*), ville et chef-lieu de l'île du même nom, l'une des îles du cap Vert.

NICOLAS (SAINT-) DE LA GRAVE, subst. propre mas. (*ceinnikoladelagrave*), ville de France, chef-lieu de canton, arrond. de Castel-Sarrasin, dép. de Tarn-et-Garonne.

NICOLAS (SAINT-) DE REDON, subst. propre mas. (*ceinnikoladeredon*), village de France, chef-lieu de canton, arrond. de Savenay, dép. de la Loire-Inférieure.

NICOLAS (SAINT-) DU PORT, subst. propre mas. (*ceinnikoladupor*), village de France, chef-lieu de canton, arrond. de Nancy, dép. de la Meurthe.

NICOLAU, NICOLO, subst. mas. (*nikoló*), haute-contre de hautbois. Peu usité.

NICON, subst. propre mas. (*nikon*). Voy. NECYS.

NICOPHORE, adj. fém. (*nikofore*), myth., surnom de Vénus et de Diane.

NICORÉE, subst. fém. (*nikoré*), fille simple. (Boiste.) Vieux et même hors d'usage.

NICOSTRATE, subst. propre fém. (*nikocetrata*), myth., mère d'Evandre, fameuse devineresse, qui fut surnommée *Carmentis* et *Carmenta*, du mot lat. *carmen* , vers, parce qu'elle ne donnait ses prédictions qu'en vers.

NICOTEUX, subst. mas. (*nikoteu*), t. de couvreur, morceau de tuile fendue en quatre dont on se sert pour les solins.

NICOTIANE, subst. fém. (*nikoci-ane*), nom de tabac porta d'abord en France lorsqu'il y fut envoyé en 1660, par le président Nicot , alors ambassadeur en Portugal. Voy. TABAC.

NICOTINE, subst. fém. (*nikotine*), t. de chim., principe particulier extrait de la *nicotiane*.

NICOTHOC, subst. mas. (*nikotoke*), t. d'hist. nat. , nom d'un insecte pulmonique qui se nourrit sur les branches du houard.

NICOU , subst. mas. (*nikou*), t. de bot., sorte de robinier de la Guyane, qui sert à enivrer le poisson.

NICROPHORE, subst. mas. (*nikrofore*), t. d'hist. nat., genre d'insectes de l'ordre des coléoptères.

NICTAGE, subst. mas. Voy. NYCTAGE.
NICTAGINÉE, subst. fém. Voy. NYCTAGINÉE.

NICTANTE, subst. fém. (*niktante*), t. de bot., genre de plantes de la famille des jasminées.

NICTATION, subst. fém. (*niktácion*), action de cligner des yeux.

NICTER, v. neut. (*nikté*), t. d'art vétér., cligner des yeux. Peu en usage.

NICTIMÈNE ou NYCTIMÈNE, subst. propre fém. (*niktimène*), myth., jeune fille thessalienne. On dit qu'ayant trop aimé son père, elle fut métamorphosée en hibou. Quelques-uns croient que c'est la même que Myrrha.

NID, subst. mas. (*ni* ; *d* ne se prononce jamais) (en lat. *nidus*), petit logement que se font les oiseaux pour y pondre, y faire éclore leurs petits et les y élever. — Fig. et fam. : *il croit avoir trouvé la pie au nid*, avoir fait une importante découverte. — *Il a trouvé un bon nid*, un bon établissement. — *Petit à petit l'oiseau fait son nid*, les petits efforts répétés conduisent à un but ; les petites sommes accumulées en forment une grosse. — *Nid à rats*, méchante petite chambre. En t. d'imprimerie, voy. COLOMBIER. — En t. de guerre, *nid de pie*, petit logement que font les assiégeants sur le haut de la brèche, à l'angle flanqué d'un bastion, d'une demi-lune. — En t. de minéralogie , endroit où, dans une mine, la mine qui se trouve par masses séparées, et qui n'est pas par filons.

NID-DE-FOURMIS, subst. mas. (*nidefourmi*), t. de bot., sorte d'arbrisseau grimpant de l'île de Cayenne.

NIDDUI, subst. mas. (*nidu-i*), espèce d'excommunication mineure, qui durait trente jours chez les Juifs, et privait l'excommunié de l'usage des choses saintes.

NIDULAIRE, subst. fém. (*nidelère*), t. de bot. (en lat. *nidularia*), plante de la famille des algues.

NIDHOGGER, subst. propre mas. (*nidoguegure*), myth., nom que les Scandinaves donnent au serpent des enfers.

NIDOREUSE, adj. fém. Voy. NIDOREUX.

NIDOREUX, adj. mas., au fém. NIDOREUSE (*nidoreu, reuze*) (en lat. *nidorosus*, fait de *nidor*), odeur forte de chair brûlée, qui a une odeur, un goût de pourri, de brûlé , et d'œuf couvé.

NIDULAIRE, subst. fém. (*nidulère*), t. de bot., genre de champignons.

NIÉ, E , part. pass. de *nier*.

NIÈBE, subst. fém. (*nièbe*), t. de bot. espèce de dolic du Sénégal.

NIÈCE, subst. fém. (*nièce*) (du latin barbare *neptia*, fait par corruption de *neptis*, petite-fille), la fille du frère ou de la sœur. — *Petite-nièce*, la fille du neveu ou de la nièce. — *Nièce à la mode de Bretagne*, fille du cousin germain ou de la cousine germaine.

NIELLE, subst. fém. (*nièle*), maladie de grains, dont l'effet est de convertir l'épi en une poussière noire. — T. de bot., espèce de lychnis. — Espèce de plante annuelle qui croît dans les blés. — L'Académie ajoute à ce mot, pris comme subst. mas. , un t. d'orfèvrerie. Nous ne nions pas l'emploi de ce terme, mais nous doutons que ce mot soit mas. On appelle *nielle*, des ornements, des figures gravées en creux, et dont les traits sont remplis d'un noir d'émail.

NIELLÉ, E , part. pass. de *nieller*.

NIELLER, v. act. (*nièlé*), gâter par la *nielle*.
—Émailler sur or, sur argent. — *se* NIELLER, v. pron.

NIELLURE, subst. fém. (*nièlelure*), action de *nieller*.

NIÉMEN, subst. propre mas. (*ni-mène*), grand fleuve de Russie sur lequel Napoléon Ier et l'empereur Alexandre Ier eurent une entrevue fameuse en 1807.

NIER, v. act. (*ni-é*) (en lat. *negare*) , dire qu'une chose n'est pas vraie : *il nie le fait*; et neutralement : *il nie que cela soit*. — *Nier une dette , un dépôt*, nier qu'on ait une dette à payer, qu'on ait reçu un dépôt. — *Nier une proposition*, n'en pas demeurer d'accord.—*se* NIER, v. pron.

NIEREMBERGE, subst. fém. (*nirambérèje*), t. de bot., plante annuelle à tige filiforme et rampante.

NIEUIL, subst. propre mas. (*nieu-le*), village de France, chef-lieu de canton, arrond. de Limoges, dép. de la Haute-Vienne.

NIÈVRE, subst. propre fém. (*ni-èvre*), dép. de France, qui tire son nom de la *Nièvre*, rivière qui y a tout son cours.

NIFE, subst. fém. (*nife*), t. de minér. , surface supérieure d'un banc d'ardoises. On dit aussi et mieux *nef*.

NIFLHEIM, subst. mas (*niflème*), myth., nom de l'un des deux enfers chez les Scandinaves; séjour des scélérats.

NIGAUD, E, subst. et adj. (*nigaô*, *gaôde*), sot, niais. Voy. BADAUD.—Subst. mas., t. d'hist. nat., genre d'oiseaux palmipèdes.

NIGAUDER, v. neut. (*nigaôdé*) (en lat. *nugari*, s'amuser à des bagatelles), faire des *nigauderies*. — S'amuser à des choses de rien, pour délasser l'esprit, etc.

NIGAUDERIE, subst. fém. (*nigaôderi*), niaiserie, action de *nigaud*.

NIGAUTEAU, subst. mas. (*nigaôtô*), tuile coupée pour les solins.

NIGELLE DE DAMAS, subst. fém. (*nijeledeamá*) (du latin *nigellus*, noir), t. de bot., plante d'ornement, sorte de renonculacée.

NIGRIN, subst. mas. (*niguerein*), t. d'hist. nat. , variété de blanc qui se trouve dans les roches granitiques.

NIGRINE, subst. fém. (*niguerine*), t. de bot., sorte de plante de la Chine, du genre des melasines.

NIGRITIE, subst. propre fém. (*niguerici*), contrée d'Afrique.

NIGROIL ou NÉGUEIL, subst. mas. (*nigueroèle*, *neguèle-ie*), t. d'hist. nat., sorte de poisson de mer , ainsi nommé du latin *niger*, noir , parce que ses yeux sont grands et noirs,et qu'il a une tache noire sur la saque.

NIGROMANCIE, subst. fém. (*nigueromanci*) (du lat. *niger*, noir, et du grec μαντεία, divination), art de connaître les choses cachées dans la terre, et qui sont placées dans des endroits noirs et ténébreux.

NIGROMANCIEN , adj. mas., au fém. NIGROMANCIENNE (*nigueromanci-ein, ci-ène*), qui concerne, qui regarde la *nigromancie*. — Subst. : *un nigromancien*.

NIGROMANCIENNE, adj. fém. Voy. NIGROMANCIEN.

NIGUA, subst. mas. (*nigua*), t. d'hist. nat., espèce d'insecte de l'ordre des coléoptères.

NIGUEDOUILLE , subst. mas. (*niguedoui-le*). Voy. NIQUEDOUILLE.

NIHIL ALBUM ou POMPHOLIX, subst. mas. (*ni-ilalebome, ponfolikce*), t. de minér., nom qu'on donnait autrefois au zinc oxydé.

*NIHILITÉ, subst. fém. (*ni-ilité*) (du lat. *nihil*, rien), nullité; privation de valeur, d'existence. Inusité.

NIKEL , subst. mas. Voy. NICKEL.

NIL, subst. propre mas. (*nile*) (en lat. *Nilus* , en grec Νεῖλος), grand fleuve d'Afrique, qui se forme dans le Sennaar, traverse la Nubie et l'Égypte, et se jette dans la Méditerranée. — Myth. , divinité allégorique que les Égyptiens adoraient, et pour laquelle ils ont toujours conservé une espèce de vénération, en reconnaissance des bienfaits qu'ils lui doivent. On trouve encore en Égypte de nombreux vestiges du culte qu'on lui rendait. — Monnaie de compte usitée à Surate et dans presque toute l'Inde.

NIL-GAUT, subst. mas. (*nilegaô*), espèce d'antilope, dont les cornes sont recourbées en avant.

NILION, subst. mas. (*nili-on*), t. d'hist. nat. , genre d'insectes hélopiens de l'ordre des coléoptères.

NILIOS, subst. mas. (*nili-oce*), t. d'hist. nat. sorte d'agate ; pierre précieuse du genre des topazes.

NILLAS, subst. mas. (*nileláce*), étoffe d'écorce et de soie des Indes.

*NILLE, subst. fém. (*ni-ie*), petit filet rond qui sort du bois de la vigne lorsqu'elle est en fleur. — Ornement de parterre consistant en un simple filet ou trait de buis. — Dans le blason, espèce de croix ancrée, beaucoup plus étroite et plus menue qu'à l'ordinaire.

NILLÉE, adj. fém. (*ni-ié*), t. de blason: *croix nillée*, croix faite de deux bandes séparées et crochues par le bout.

NILOENNES, subst. fém. plur. (*nilo-ène*), myth., nom qu'on donnait aux fêtes célébrées en l'honneur du *Nil*.

NILOGÈNE, subst. et adj. des deux genres (*nilojène*) (du lat. *Nilus*, Nil, et *generatus*, part.

pass. de *genero*, j'engendre), qui est né sur les bords du *Nil*

NILOMÈTRE, subst. mas. (*nilomètre*) (en lat. *Nilus*, en grec Νεῖλος, le Nil, et de μετρον, mesure. On le nomme aussi *niloscope*, du grec σκοπεω, j'observe, j'examine), haute colonne qui sert à mesurer la crue des eaux du *Nil*.

NILOMÉTRIQUE, adj. des deux g. (*nilométrike*), qui a rapport au *nilomètre*.

NILONÉES, subst. fém. plur. Voy. NILOENNES.

NILOSCOPE, subst. mas. Voy. NILOMÈTRE.

NILUS, subst. propre mas. (*niluce*), myth., petit-fils d'Atlas, qui donna son nom au *Nil*.

NIM ou **NIMME**, subst. mas. (*nime*), espèce de drap qu'on fabriquait dans l'ancienne province du Languedoc.

NIMBE, subst. mas. (*neinbe*) (en lat. *nimbus*), t. de numism., cercle qu'on remarque sur des médailles autour de la tête d'un empereur. — Cercle de lumière que les peintres et les sculpteurs mettent autour de la tête des saints. On dit à tort *limbe*. — Myth., auréole ou cercle lumineux dont on entourait quelquefois la tête des divinités. — Nuée qui servait de char aux dieux.

NÎMES, subst. propre mas. (*nime*), ville de France, chef-lieu du dép. du Gard.

NIMÉTULAHIS, subst. mas. plur. (*nimétulahire*), myth., ordre de religieux fondé chez les Turcs.

NÎMOIS, adj. et subst. mas., au fém. **NÎMOISE** (*nimoé, moèze*), qui est de Nîmes ou qui l'habite.

NINGI, subst. mas. (*neinji*), t. de bot., grosse racine avec laquelle les nègres font de la bière pour leur usage.

NINIFO, subst. propre fém. (*ninifô*), myth., divinité chinoise qui préside à la volupté.

NINIVE, subst. propre fém. (*ninive*), ancienne ville d'Assyrie, sur le Tigre.

NINIVITE, subst. propre et adj. des deux genr. (*ninivite*), habitant de *Ninive*, fondée par Assur, et agrandie par Ninus, vers 2100 avant J.-C.

NINSAM, subst. mas. (*neinçame*), t. de relat., nom d'une organisation militaire en Turquie.

NINOS, subst. mas. (*ninôce*), t. d'hist. nat., sorte d'abeille du Pérou.

NIOBÉ, subst. propre fém. (*ni-obé*), myth., fille de Tantale, et femme d'Amphion. Ayant eu quatorze enfants, elle osa se préférer à Latone; ce qui irrita tellement cette déesse, qu'elle fit tuer par Apollon et par Diane ses sept fils et cinq de ses filles. Elle fut métamorphosée en rocher. Il y eut une autre Niobé, mère d'Argus et de Pélasgus.

NIOBIDES, subst. propre mas. plur. (*ni-obide*), myth., les descendants ou les fils de *Niobé*.

NIOLE, subst. fém. (*niole*), t. d'écolier, coup. (*Boiste*.) *Niole* est un barbarisme; c'est *gniole* qu'il faudrait écrire.

NIOPO, subst. mas. (*ni-opo*), t. de bot., espèce d'arbre qui croît en Amérique.

NIONS, subst. propre mas. (*ni-on*), ville de France, chef-lieu de canton et d'arrond., dép. de la Drôme.

NIORT, subst. propre mas. (*ni-ore*), ville de France, chef-lieu du dép. des Deux-Sèvres.

NIORTAIS, subst. et adj. mas., au fém. **NIORTAISE** (*ni-oreté, tèze*), de *Niort*, ou qui habite *Niort*.

NIORTAISE, adj. fém. Voy. NIORTAIS.

NIOTE, subst. fém. (*ni-ote*), t. de bot., plante de la famille des polypétalées.

NIPE, subst. fém. (*nipe*), t. de bot., plante de la famille des palmiers.

NIPPE, subst. fém. (*nipe*) (suivant *Ménage* et quelques autres, de l'espagnol *naypes*, cartes à jouer, qu'on a dit par extension de meubles de peu de valeur, etc.); il se dit tant des habits que des meubles, et de tout ce qui sert à l'ajustement et à la parure. Son usage le plus ordinaire est au plur. — On dit fam., d'un homme qui a retiré beaucoup d'avantage de quelque liaison, de quelque emploi, etc., qu'*il en a eu*, *qu'il en a tiré de bonnes nippes*. — NIPPES, HARDES. (*Syn.*) *Nippes* indique également des habits et des meubles; *hardes* n'indique proprement que des habits ou des habillements quelconques. *Hardes* comprend toutes les sortes de vêtements que l'on porte sur soi, pour l'utilité, pour la nécessité, pour l'agrément, etc. Les *nippes* sont les *hardes* destinées surtout à la propreté et à la parure, comme le linge dont on change, et qu'on lave pour être propre. Le mot *hardes* marque nécessairement une collection, un amas, un paquet; *nippes* ne fait qu'indiquer le genre d'objets ou de choses. On met ses *hardes* en paquet; on a sa valise pleine de *hardes*. Nos *hardes* forment notre équipage; mais nous exprimons par *nippes*, ou tels effets que nous avons, ou l'usage que nous en faisons, les qualités qui les font remarquer. *Hardes* n'a point de singulier; *nippes* en a un, quoiqu'il soit plus fréquemment employé au pluriel. Les *hardes* se prennent en gros, les *nippes* peuvent être considérées en détail. — *Hardes* se dit également de ce qui concerne les hommes et les femmes. *Nippes* se dit plutôt de ce qui concerne les femmes, comme si la propreté et la parure étaient particulièrement affectées à ce sexe, ou si leurs *nippes* formaient la partie principale de leurs effets ou de leurs jouissances. — *Nippes* se dit plutôt à l'égard de la garde-robe des femmes du commun, qu'à l'égard de celle des femmes d'une classe supérieure. Une bourgeoise a de bonnes *nippes*; une grande dame a de belles *hardes*, ou plutôt de beaux habillements, une belle garde-robe.

NIPPÉ, E, part. pass. de *nipper*.

NIPPER, v. act. (*nipé*), fournir de *nippes*. — *se* NIPPER, v. pron., se donner de belles et bonnes choses.

NIPPIS, subst. mas. (*nipepice*), sorte de toile qu'on fabrique aux îles Philippines.

NIQUE, subst. fém. (*nike*) (de l'allemand *niken*, cligner les yeux, hocher la tête, ce qui est un signe de moquerie. Les Bas-Bretons disent *niq*, dans le même sens); il n'est usité que dans cette locution familière : *faire la nique à*... mépriser, se moquer, ne pas se soucier de...

NIQUEDOUILLE, subst. mas. (*nikedou-ie*), sot, niais. Expression basse et populaire.

NIQUET, subst. mas. (*nikiè*), un rien, une bagatelle, une chose de peu de valeur. — Geste de mépris ou de moquerie. Vieux et même hors d'usage.

NIRBISIE, subst. fém. (*nirbizi*), t. de bot., genre de plantes de la famille des renonculacées.

NIRHÉ, subst. propre fém. (*niré*), myth., une des femmes de la suite de Diane.

NIRÉE, subst. propre mas. (*niré*), myth., roi de Naxos, fils de Charopus et d'Aglaïa, était le plus beau des princes grecs qui firent le siége de Troie.

NIREPAN ou **NIREUPAN**, subst. propre mas. (*nirepan, nireupan*), myth., le paradis suprême des Siamois.

NIRUDY, subst. propre mas. (*nirudi*), myth., chez les Indiens, le quatrième des dieux protecteurs des huit coins du monde, roi des démons et des génies malfaisants. On le représente porté sur les épaules d'un géant, et tenant un sabre à la main.

NISA, subst. fém. (*niza*), t. de bot., genre de plantes qui croissent à l'île de Madagascar.

NISABATH, subst. mas. (*nizabate*), sixième mois du calendrier des Juifs.

NISAN, subst. mas. (*nizan*), premier mois du calendrier des Juifs, le septième de leur année civile, et correspondant à notre mois de mars.

NISANNE, subst. fém. (*nizane*), t. de bot., racine médicinale de la Chine, employée surtout contre les évanouissements.

NISE, subst. fém. (*nize*), t. de minér., surface supérieure d'un banc horizontal d'ardoises.

NISÉE, subst. propre fém. (*nizé*), myth., une des nymphes de la mer.

NISPIE, subst. fém. (*nicepi*), sorte de monnaie d'or, qui a cours en Turquie, et qui vaut une piastre et vingt paras, cinq livres sept sous tournois, cinq francs vingt-huit centimes, monnaie actuelle.

NISON, subst. mas. (*nizon*), t. d'hist. nat., sorte d'oiseau de mer, du genre des aigles.

NISSOLE, subst. fém. (*niçole*), t. de bot., genre de plantes de la famille des légumineuses.

NISTA, subst. mas. (*niceta*), t. de bot., espèce d'arbre peu élevé, dont la feuille ressemble à celle du laurier.

NISUS, subst. propre mas. (*nizuce*), myth., roi de Mégare. Le sort lui avait donné un cheveu dont dépendait la destinée des Mégariens, auxquels il devait commander tant qu'il le conserverait. Scylla, sa fille, ayant voulu favoriser Minos, coupa ce cheveu pendant que *Nisus* dormait, et le donna à Minos, qui se rendit maître de Mégare. *Nisus*, en la poursuivant pour la punir, fut métamorphosé en épervier, et elle en alouette. — Il y eut un autre *Nisus*, ami d'Euryale. Énée fut fort sensible à la mort de ce jeune Troyen, qui fut tué par les Rutules.

NITÉE, subst. fém. Voy. NICHÉE, qui vaut mieux.

NITÈLE, subst. fém. (*nitèle*), t. d'hist. nat., genre d'insectes de l'ordre des hyménoptères.

NITIDULAIRE, subst. mas. (*nitidulère*), t. d'hist. nat., famille d'insectes de l'ordre des coléoptères.

NITIDULE, subst. fém. (*nitidule*), t. d'hist. nat., sorte de coléoptère.

NITOÈS, subst. mas. (*nito-èce*), myth., démon ou génie que les habitants des îles Moluques consultent dans les affaires importantes avec des cérémonies superstitieuses.

NITOUCHE (SAINTE-) ou **MITOUCHE**, subst. fém. (*ceintenitouche*) (*sainte mitouche*; de *mie*, négation, et du verbe *toucher*, personne qui n'y *touche mie*. *Sainte nitouche*, qui *n'y touche*), hypocrite. — *Faire la sainte-nitouche*, faire semblant de ne vouloir pas d'une chose qu'on brûle d'envie d'avoir; et dans un sens plus éloigné, affecter un air de douceur et de réserve que le cœur dément. Style fam. et prov.

NITRAIRE, subst. fém. (*nitrère*), t. de bot., genre de plantes de la famille des ficoïdes.

NITRATE, subst. mas. (*nitrate*) (du grec νιτρον, formé de νιζω, pour νιπτω, je lave; parce que le nitre sert à nettoyer), t. de chimie, sel formé par la combinaison de l'acide *nitrique* avec différentes bases.

NITRATÉ, E, adj. (*nitraté*), t. de chim., combiné avec de l'acide *nitrique*.

NITRE, subst. mas. (*nitre*), t. de chim., *nitrate de potasse* des modernes, composé d'acide *nitrique* et de potasse. On l'appelle vulgairement *salpêtre*.

NITREUSE, adj. fém. Voy. NITREUX.

NITREUX, adj. mas., au fém. **NITREUSE** (*nitreu, treuze*), qui tient du *nitre* : *terres nitreuses*; *eaux nitreuses*. — T. de chimie, *acide nitreux*, acide tiré du *nitre*, et qui contient moins d'oxygène que l'acide *nitrique*, ou qui, pour parler plus exactement, est de l'acide *nitrique* liquéfiant du gaz *nitreux*. — *Gaz nitreux*, gaz oxyde d'azote, ou gaz *nitreux*, qui ne contient qu'environ deux parties d'oxygène sur une d'azote.

NITRIATE, subst. mas. (*nitri-ate*), t. de chim., le *nitrate* de potasse. — Substance qui favorise la combustion des matières susceptibles de brûler.

NITRICUM, subst. mas. (*nitrikome*), t. de chim., substance hypothétique, admise par *Berzélius*, qui suppose que l'azote résulte de sa combinaison avec l'oxygène.

* **NITRIÈRE**, subst. fém. (*nitri-ère*), lieu où se forme le *nitre*.

NITRIFICATION, subst. fém. (*nitrifikâcion*) (du grec νιτρον, nitre, et du latin *facere*, faire), t. de géologie, opération par laquelle les terres et les pierres poreuses, imprégnées de matières animales, se chargent avec le temps de nitrates de chaux, de potasse et de magnésie.

NITRIQUE, adj. des deux genres (*nitrike*), t. de chimie : *acide nitrique*, acide tiré du *nitre*, dans lequel le radical est complètement saturé d'oxygène. Voy. ACIDE NITRIQUE. C'est l'eau-forte du commerce.

NITRITE, subst. mas. (*nitrite*), t. de chimie, sel formé par la combinaison de l'acide *nitreux* avec différentes bases.

NITRO-AÉRIEN, adj. mas. (*nitrô-a-ériein*), t. de phys.; il se dit d'une substance que l'on suppose formée de molécules très-ténues, qui sont continuellement, avec celles des corps combustibles, dans un état de lutte qui donne lieu à tous les changements possibles.

NITROGÈNE, subst. mas. et adj. des deux genres (*nitrojène*) (du grec νιτρον, nitre, et du lat. *genus*, genre, fait du grec γενναω, j'engendre), t. de chimie; nom qu'on donne à l'azote, comme étant la base acidifiable de l'acide *nitrique*.

NITRO-LEUCATE, subst. mas. (*nitroleukate*) (du grec νιτρον, nitre, et λευκιτη, craie), t. de chim., sel formé par la combinaison de l'acide *nitro-leucique* avec une base salifiable.

NITRO-LEUCIQUE, adj. des deux genres (*nitroleucike*), t. de chim.; il se dit d'une espèce d'acide crystallisable en aiguilles divergentes, qui résulte de l'action de l'acide *nitrique* sur la *leucine*.

NITRO-MURIATE, subst. mas. (*nitromuri-ate*), t. de chim., sel formé par l'union de l'acide *nitro-muriatique* avec une base salifiable.

NITRO-MURIATIQUE, adj. des deux genres (*nitromuri-atike*), t. de chim., se dit d'un acide qui résulte d'un mélange ou d'une combinaison d'acide *muriatique* et d'acide *nitrique*.

NITRO-SACCHARATE, subst. mas. (*nitroça-kekarate*) (du grec νιτρον, et σακχαρ, sucre), t. de chim., sel formé par la combinaison de l'acide *nitrosaccharique* avec une base salifiable.

NITRO-SACCHARIQUE, adj. des deux genres (*nitroçakekarike*), t. de chim.; se dit d'un acide crystallisé en prismes incolores, transparents, aplatis, et légèrement striés, qui résulte de l'action de l'acide *nitrique* sur le sucre de gélatine.

+ **NITROSITÉ**, subst. fém. (*nitrôzité*), qualité de ce qui tient du *nitre*.

NITRURE, subst. mas. (*nitrure*), t. de chim., combinaison de *nitre* avec diverses bases. — *Nitrure carbonique*, synonyme de *cyanogène*. Voy. ce mot. — *Nitrure tétrahydrique*, synonyme d'*ammonium*. Voy. ce mot. — *Nitrure trihydrique*, synonyme d'*ammoniaque*. Voy. ce mot.

NIVEAU, subst. mas. (*nivô*) (du latin *libellum*, pour *libella*, employé dans la même acception, et qui signifie proprement verge, fléau d'une balance, laquelle, pour être juste, doit se tenir horizontalement. *Menage*, *Felibien*, etc.), instrument qui sert à faire reconnaître si un plan est horizontal. Il sert aux maçons à dresser leurs ouvrages, aux jardiniers à dresser et à aplanir les allées, etc. — État d'une surface plate et horizontale, qui ne penche ni de part ni d'autre : *un terrein de niveau*. — Au fig., parité de rang, de mérite. — *De niveau*, *au niveau*, adv. : *mettre de niveau*; *être de niveau avec...*; *être au niveau de...*, dans le même plan horizontal. — On dit fig. : *être au niveau de...*, *aller de niveau avec...*, aller de pair avec.

NIVEAU-D'EAU-DOUCE, subst. mas. (*nivôdô-douce*), t. d'hist. nat., insecte aquatique.

NIVEAU-DE-MER, subst. mas. (*nivôdemère*), t. d'hist. nat., nom du squale marteau.

NIVELÉ, E, part. pass. de *niveler*.

NIVELER, v. act. (*nivelé*), mesurer avec le *niveau*. — Mettre de *niveau*, égaliser. Ce mot, employé lors de la révolution d'Angleterre, sous *Cromwell*, par des fanatiques qui voulaient mettre de *niveau*, égaliser toutes les fortunes et se partager les terres, a été plus d'une fois renouvelé dans le même sens, pendant la révolution française. Les Anglais disent *to level*, de *level*, niveau. — SE NIVELER, v. pron.

NIVELEUR, subst. mas. (*niveleur*), celui qui fait profession de *niveler*. — Nom de fanatiques qui, dans la révolution française, professaient les mêmes opinions que ceux d'Angleterre, appelés sous Cromwell *levelers*. Voy. NIVELER.

NIVELLEMENT, subst. mas. (*nivèleman*), action de *niveler* : *ce nivellement a été fait avec exactitude*.

NIVÉNIE, subst. fém. (*nivéni*), t. de bot., genre de plantes établi aux dépens des protées de *Linnée*.

NIVÉOLE, subst. fém. (*nivé-ole*), t. de bot., plante, genre de narcissoïdes.

NIVEREAU, subst. mas. (*niverô*), t. d'histoire nat., sorte de pinson qui se plaît ordinairement au milieu des neiges.

NIVERNAIS, subst. propre mas. (*nivèrenè*), ancienne province de France, comprise aujourd'hui dans le dép. de la *Nièvre*.

NIVEROLLE, subst. fém. (*niverole*), t. de bot., sorte de plante d'hiver, qui croît au milieu des neiges.

NIVET, subst. mas. (*nivé*), remise illicite accordée à un commissionnaire de commerce.

NIVETTE, subst. fém. (*nivète*), t. de jard., sorte de pêche très-bonne et très-estimée.

NIVÔSE, subst. mas. (*nivôze*), premier mois d'hiver de l'année républicaine.

NIX, subst. propre mas. (*nikce*), dans la mythologie allemande, génie qui gouverne les eaux.

NIXES, subst. mas. plur. (*nikce*) (en latin *nixii*, sous-entendu *dii*, dieux des accouchements, de *nixa*, couchés), myth., dieux qu'on invoquait dans les accouchements difficiles, et quand on se doutait qu'il y avait plusieurs enfants.

NIXOS, subst. mas. (*nikçôce*), t. d'astron., constellation céleste.

NIZAM-DJÉDID, subst. mas. (*nizamedejédide*), t. de relat., nouvelle organisation des troupes en Turquie. — Décret du sultan pour mettre cet ordre à exécution.

NIZAMONT-ADAWLOUT, subst. mas. (*nizamon-adavelo-ute*), t. de relat., tribunal de Bénarès, dans l'Indoustan, qui correspond à ce que nous nommons chez nous *cour d'assises*.

NIZIER-D'AZERGUES (SAINT-), subst. propre mas. (*ceinnizièr-dazèregue*), bourg de France, chef-lieu de canton, arrond. de Villefranche-sur-Saône, dép. du Rhône.

N°, abréviation du mot *numero*.

NO (*ô*), adv. (*ano*), à la nage. (*Boiste*.) Vieux et même hors d'usage.

NOACHIDES, subst. mas. plur. (*no-achide*), les sept préceptes donnés par *Noé* à ses enfants. — Les fils de *Noé*.

NOAILLES, subst. mas. (*no-â-ie*), sorte de louis d'or.

NOBILIAIRE, subst. mas. (*nobilière*), catalogue des maisons nobles d'un pays. — Adj. des deux genres : *aristocratie nobiliaire*, de nobles.

NOBILISSIMAT, subst. mas. (*nobilicima*), titre, dignité de *nobilissime*. — Temps que durait cette dignité. — Maison qu'habitait le *nobilissime*.

NOBILISSIME, adj. et superl. des deux genres (*nobilicime*) (en lat. *nobilissimus*, superl. de *nobilis*, noble), très-noble. — Titre accordé dans le Bas-Empire aux césars et à leurs femmes. — Subst. mas., dignité créée par Constantin, qui donnait le droit de porter la pourpre. Le *nobilissime* était inférieur au *césar* et avait le pas sur le *patrice*.

NOBILITÉ, subst. fém. (*nobilité*), *noblesse* qui était attachée au sol, que conférait la seule propriété du sol à celui qui en était revêtu. Vieux.

NOBLAILLE, subst. fém. (*noblâ-ie*), t. de mépris, petite noblesse.

NOBLE, adj. des deux genres (*noble*) (en lat. *nobilis*), qui, par sa naissance ou une concession du souverain, est d'un rang au-dessus des autres citoyens. — En parlant des choses qui ont rapport à la personne, illustre, distingué, relevé au-dessus des autres choses de ce genre : *air noble*; *sentiment noble*; *style noble* : *je suis et pour le grand et pour le noble*. — Dans le corps humain : *parties nobles*, celles absolument nécessaires à la vie, comme le cerveau, le cœur, le foie. — *Biens nobles*, tenus en fief.

NOBLE, subst. mas. (*noble*); il se dit dans le premier sens de l'adjectif : *nouveau noble*, *les nobles vénitiens*. — Plus particulièrement, celui qui est *noble* par lettres et non de race. — En t. de monnaie, division en Angleterre de la livre sterling, dont le *noble* forme le tiers.

NOBLE À LA ROSE, subst. mas. (*noblalarose*), monnaie qui fut d'abord frappée en Angleterre, et qui eut cours en France sur la fin du règne de Charles VI et pendant les premières années du règne suivant, la France était alors presque entièrement au pouvoir des Anglais.

NOBLE-D'OR, subst. mas. (*nobledore*), monnaie ancienne d'Angleterre. — Au plur., des *nobles-d'or*.

NOBLE-ÉPINE, subst. fém. (*noblépine*), aubépine. — Au plur., des *nobles-épines*.

NOBLEMENT, adv. (*nobleman*), d'une manière *noble*. — En gentilhomme. — *Tenir noblement une terre*, la tenir en fief.

NOBLESSE, subst. fém. (*noblèce*) (en lat. *nobilitas*), qualité par laquelle on est *noble* : *noblesse d'épée* ou *de robe*. — Tout le corps des *nobles*. — *Noblesse d'extraction*, dont on ne connaît pas l'origine. — *Noblesse de la cloche*, celle qui procédait anciennement de mairie ou d'échevinage. — *Ancienne noblesse*, celle qu'on reconnaît avoir existé avant 1789, époque de la première grande révolution. — *Nouvelle noblesse*, celle qui a été instituée depuis cette dernière époque. — *Haute noblesse*, celle qui est la plus ancienne et la plus illustre. — *Petite noblesse*, les *nobles* parvenus. — On a appelé souvent dans l'histoire *assemblée de noblesse*, une assemblée particulière de gentilshommes. — *Soutenir sa noblesse*, et non plus : *soutenir noblesse*, faire une dépense en rapport avec la *noblesse* de sa maison. — Prov. : *noblesse oblige*, qui est *noble* doit se conduire *noblement*. — *Noblesse vient de vertus*, on n'est véritablement au-dessus d'autrui que par le mérite. — Fig., 1° manière d'agir, de se conduire, de parler, qui a quelque chose de grand, de poli, qui annonce une personne bien élevée, etc. : *noblesse d'âme*, *de cœur*, *de sentiments*; *noblesse de pensées*, *de style*, *d'expressions*; 2° en peinture et en sculpture, élévation des idées transmises dans les ouvrages de ces arts.

NOBLOIS, subst. mas. (*noblo-â*), noblesse, suivant *Boiste*. Mot plus que suranné, et qui ne se comprendrait plus.

NOCCA, subst. mas. (*nokeka*), t. d'hist. nat., espèce d'arbrisseau.

NOCE, subst. fém., ou **NOCES**, subst. fém. plur. (*noce*) (du lat. *nuptiæ*, fait de *nubere*, qui signifie proprement se voiler; parce que, chez les Romains, les filles qu'on mariait étaient conduites dans la maison de leur époux, couvertes d'un voile, en signe de pudeur), mariage. — On appelle *premières noces*, le premier mariage que quelqu'un a contracté; mais on ne se sert de ce terme que par opposition à celui de *secondes*, *troisièmes* et autres *noces*; c'est-à-dire pour distinguer le mariage des mariages subséquents : *il s'est marié en secondes noces*. En ce sens, il ne se dit qu'au pluriel. — Festin, dépense, qui se fait à la suite des épousailles. — Toute l'assemblée, toute la compagnie qui s'est trouvée à la *noce*. — On dit prov. et fig., qu'*un homme ne fut jamais*, *qu'il n'a jamais été à telles noces*, *à pareilles noces*, pour dire qu'il n'a jamais reçu un pareil traitement; et cela se dit le plus souvent en mauvaise part. Il se dit encore pour signifier qu'on n'a jamais couru un pareil danger. — Et aussi prov., d'un homme de guerre qui va gaiement au combat, qu'*il y va comme à la noce*. — Pop. : *faire la noce*, s'en donner comme si l'on était à une *noce*. — Nous réputons surannée la locution *tant qu'à des noces*, que l'*Académie* nous donne encore aujourd'hui, et à laquelle elle fait signifier *abondamment*. — *Rendez-moi ce service*, *je vous servirai le jour de vos noces*, je trouverai bien aussi l'occasion de vous servir un jour.

NOCE, subst. propre mas. (*noce*), village de France, chef-lieu de canton, arrond. de Mortagne, dép. de l'Orne.

NOCÉ, part. pass. de *nocer*.

NOCER, v. neut. (*nocé*), faire la *noce*, mener une mauvaise conduite, boire, s'enivrer. Bas et pop.

NOCEUR, subst. mas. (*noceur*), t. pop. qui se dit d'un homme qui aime la bonne chère, la débauche. — Le fém. *noceuse* ne pourrait guère s'employer.

NOCHER, subst. mas. (*noché*) (en latin *nauclerus*. On écrivait autrefois *naucher*), celui qui gouverne, qui conduit un vaisseau. Il n'a guère d'usage qu'en poésie. — Nom qu'on donne sur la Méditerranée à celui que, sur l'Océan, on appelle *maître du navire*.

NOCIER, subst. mas., au fém. **NOCIÈRE** (*nocié*, *cière*), qui préside aux *noces*.

NOCIÈRE, subst. fém. Voy. NOCIER.

NOCOLOGIE, subst. fém. Voy. NOSOLOGIE.

NOCTAMBULATION, subst. fém. Voy. NOCTAMBULISME.

NOCTAMBULE, subst. et adj. des deux genres (*noktanbule*) (du lat. *nocte*, de nuit, et *ambulare*, marcher), somnambule.

NOCTAMBULISME, subst. mas. (*noktanbulice-me*), maladie du *noctambule*.

NOCTERGIE, subst. fém. (*noktèreji*), t. de médec., somnambulisme. Peu usité. Voy. SOMNAMBULISME.

+ **NOCTIFER**, subst. fém. (*noktifère*), nom qu'on donne, en poésie, à l'étoile du soir; le Vesper.

NOCTILLON, subst. mas. (*nokti-ion*), t. d'hist. nat., genre de chauves-souris.

+ **NOCTILUCA**, adj. propre fém. (*noktiluka*), myth., surnom de la Lune.

NOCTILUQUE, adj. des deux genres et subst. mas. (*noktiluke*) (du lat. *noctiluca*, employé par Horace en parlant de la lune, et formé de *nox*, *noctis*, nuit, et de *lucere*, luire), il se dit des corps qui donnent de la lumière pendant la nuit : *les vers luisants sont des noctiluques*. — Subst. : *un noctiluque*.

+ **NOCTIVAGUE**, adj. des deux genres (*noktivague*) (du lat. *nocte*, de nuit, et *vagare*, errer), qui est visible pendant la nuit, qui marche ou erre pendant la nuit. — Myth. : *le dieu noctivague*, le sommeil déifié, Morphée.

NOCTUÉLITES, subst. fém. plur. (*noktu élite*), t. d'hist. nat., tribu d'insectes de l'ordre des lépidoptères.

NOCTUELLE, subst. fém. (*noktu-èle*), t. d'hist. nat., genre d'insectes lépidoptères, de la famille des séticornes, qui portent leurs ailes en toit, et volent principalement la nuit.

NOCTULE, subst. fém. (*noktule*), t. d'hist. nat., sorte de chauve-souris de nos climats.

NOCTUO-BOMBYCITE, subst. mas. (*noktu-o-bonbicite*), t. d'hist. nat., famille d'insectes de l'ordre des lépidoptères.

NOCTURLABE, subst. mas. (*nokturlabe*) (en latin *nocturlabium*, fait du grec νυκτωρ, de nuit, et λαμβανω, je prends), instrument avec lequel on peut, à toute heure de la nuit, mesurer la hauteur de l'étoile du Nord.

NOCTURNE, subst. mas. (*nokturne*), t. d'hist. nat., famille d'insectes de l'ordre des lépidoptères.

NOCTURNE, subst. mas. et adj. des deux genres (*nokturne*) (du lat. *nocturnus*, fait de *noctu*, pour *nocte*, ablat. de *nox*, *noctis*, nuit), partie de l'office de nuit qu'on nomme matines.—Morceau de musique à deux ou quatre voix.—Adj., qui arrive durant la nuit. — Qui appartient à la nuit. — *Assemblée nocturne*, assemblée illicite qui ne se tient que la nuit. — T. d'astron. : *arc nocturne*, arc de cercle que le soleil décrit ou paraît décrire pendant la nuit, c'est-à-dire pendant qu'il est sous l'horizon. — Subst. mas., t. d'hist. nat., famille d'insectes lépidoptères.

NOCTURNEMENT, adv. (*nokturneman*), nuitamment, pendant la nuit. Il est peu usité.

NOCTURNUS ou **NOCTIFER**, subst. propre mas. (*nokturnuce*, *noktifère*), myth., dieu qui présidait aux ténèbres. C'est le même que Vesper.

NOCUITÉ, subst. fém. (*noku-ité*), l'opposé d'*innocuité*, culpabilité.

NODDI, subst. mas. (*nodedi*), t. d'hist. nat., espèce d'hirondelle de mer.

NODIE, subst. fém. (*nodi*), t. de bot., espèce de plante.

NODINUS ou **NODOTUS**, subst. propre mas. (*nodinuce*, *nodotuce*), myth., dieu qui protégeait les blés au moment où les nœuds de la tige se forment, et qui était adoré par les anciens Romains.

NODOSITÉ, subst. fém. (*nodôzité*), t. de bot., état de ce qui a des *nœuds*.

NODUS, subst. mas. (*nôduce*) (mot latin qui signifie, nœud), t. de médec., tumeur dure et indolente qui vient sur les os du corps humain.

NODUTÉRUSE, subst. propre fém. (*nodutéruze*), myth., divinité, chez les anciens, qui présidait à l'action de battre et de broyer le blé.

NOËL, subst. mas. (*no-èle*) (par contraction, du latin *natale*, comme si l'on disait *nativité*, jour *natal* de Notre-Seigneur. Les Italiens ont conservé *natale* dans la même signification. *Ménage*.), fête de la Nativité de Notre-Seigneur : *à Noël*, *aux fêtes de Noël*, et non pas *à la Noël*.—Cantique spirituel sur la naissance de Jésus-Christ. Dans ce sens, il prend l'article et le pluriel : *chanter un noël*; *ces noëls sont beaux*. On dit même encore abusivement dans quelques provinces : *chanter la Noël*, pour *la fête de Noël*. — *Bûche de Noël*, énorme bûche qu'on met au feu pour qu'elle dure toute la nuit. — Fig. et fam. : *on a tant chanté*, *on a tant crié noël*, *qu'à la fin il est venu*, ce qu'on désirait depuis long-temps est enfin arrivé.

NOÈME, subst. mas. (*no-ème*), figure de rhétorique, selon Quintilien, par laquelle on fait entendre autre chose que ce qu'on dit.

NOERZ, **NOERZE** ou **NOERZA**, subst. fém. (*no-èreze*, *noèreza*), t. d'hist. nat., nom d'une espèce de belette, que plusieurs naturalistes regardent comme une martre.

NOÉTARQUE, subst. mas. (*no-étarke*), chez les philosophes éclectiques d'Alexandrie, le dieu de la nature, la cause des puissances élémentaires, le principe de toute génération, supérieur à tout ce qui existe.

NŒUD, subst. mas. (*neu*; le *d* ne se prononce pas) (en lat. *nodus*), enlacement d'une chose pliante, comme ruban, soie, corde, etc. : *nœud coulant*. Voy. COULANT. — Par extension, ouvrage en relief qui représente un *nœud* : *nœud de perles*, *de diamants*, etc. — *Nœud d'épée*, rosette qui en orne la poignée.—Fig., 1° lien, liaison entre les personnes : *les nœuds de l'amitié*, *de l'hymen*; 2° endroit d'une pièce de théâtre où l'action est le plus compliquée; obstacles qui forment l'intrigue d'un drame; 3° difficulté ou point essentiel d'une affaire : *voilà le nœud de la question*. — Excroissance aux parties extérieures d'un arbre. — Partie plus dure qui se trouve dans leur intérieur : *le sapin est plein de nœuds*. — Dureté dans le marbre, causée par une veine, etc., qui le rend difficile à travailler. — En bot., renflements placés à certaines distances sur les tiges de quelques plantes, comme dans les graminées.—*Nœud* vital, la partie qui est placée au-dessus de la racine.—En musique 1° assemblage de quatre notes rapides, marchant par degrés conjoints. On l'appelle plus communément *groupe*. Voy. ce mot; 2° point de repos d'une corde qui vibre, non dans sa totalité, mais dans ses parties aliquotes; 3° les endroits, dans une trompette, où les branches sont soudées. Ils sont au nombre de cinq. — Jointure des doigts de la main.—Partie du gosier qu'on nomme autrement *larynx*. — Les os de la queue du cheval, du chien, du chat, etc. — En astron., *nœuds*, les deux points où l'écliptique est coupée par l'orbite d'une planète.—*Ligne des nœuds*, ligne droite qui est la commune section de l'orbite de la planète et de l'écliptique. — *Nœud gordien*. Voy. GORDIEN. — T. de géom. : *courbe à nœud*, courbe composée de branches qui se coupent ou se croisent elles-mêmes, en revenant sur leurs pas; le *nœud* d'une courbe n'est qu'un point double. — *Nœud de l'artificier*, t. d'artif., se dit de trois boucles de ficelle passées dans la gorge de la cartouche, en serrant à chaque boucle. — Prov. : *ce rire ne passe point le nœud de la gorge*, ce rire est forcé.

NOGAT, subst. mas. (*noguâ*), orthographe de *Boiste*. Voy. NOUGAT, qui seul se dit.

NOGENT, subst. propre mas. (*nojan*), ville de France, chef-lieu de canton, arrond. de Chaumont-en-Bassigny, dép. de la Haute-Marne.

NOGENT-LE-ROI, subst. propre mas. (*nojanleroé*), petite ville de France, chef-lieu de canton, arrond. de Dreux, dép. d'Eure-et-Loir.

NOGENT-LE-ROTROU, subst. propre mas. (*nojanlerotrou*), ville de France, chef-lieu de canton et d'arrondissement, dép. d'Eure-et-Loir.

NOGENT-SUR-SEINE, subst. propre mas. (*nojançurcène*), ville de France, chef-lieu de canton et d'arrond., dép. de l'Aube.

NOGHROBE, subst. fém. (*noguerobe*), t. d'hist. nat., genre de coquilles univalves, qui se trouvent à Amboine.

NOGUET, subst. mas. (*noguiè*), t. de vannier, grand panier d'osier très-plat, plus long que large, dont les angles sont arrondis et les bords très-bas, et qui est traversé dans sa largeur par une anse de châtaignier.

NOGUETTE, subst. fém. (*noguiète*), revendeuse à la toilette. Vieux. — Dans le dernier siècle, nom des filles de boutique des lingères du Palais.

NOH, subst. propre mas. (*no*), myth., nom du premier homme, suivant les Hottentots.

NOHESTAN, subst. propre mas. (*nohècetan*), myth., nom du serpent d'airain que Moïse éleva dans le désert, et qui devint l'objet de la superstition des Juifs.

NOIR, subst. mas. (*noar*), couleur faite de galle, de couperose, de bois d'Inde et d'autres drogues.—Ce qui est de couleur *noire* : *il porte le noir*.—On dit en peinture : *ce tableau pousse au noir*, prend une teinte noire.—Nègre. Voyez ce mot.—*Noir d'Allemagne*, mélange de lie de vin, d'ivoire et de noyaux de pêches, brûlés et réduits en poudre, dont les imprimeurs en taille-douce se servent pour l'impression des gravures. —*Noir d'ivoire*, *noir de velours*, ivoire brûlé et réduit en poudre, à l'usage des peintres.— *Noir d'Espagne*, liège brûlé dont les Espagnols ont, les premiers, imaginé de se servir, et dont on fait usage dans les arts.—*Noir de fumée*, *noir à noircir*, suie que donne la fumée de la poix résine. —*Noir de terre*, sorte de charbon minéral qu'on emploie dans la peinture à fresque.—*Noir de corroyeurs*, *premier noir*, *noir de rouille*, première teinte de noir appliquée sur les cuirs tannés; la seconde se nomme *noir de soie*. — Fig. : *passer*, *aller du blanc au noir*, d'un contraire à l'autre; d'une extrémité à l'extrémité opposée.— Prov. : *vendre du noir*, tromper quelqu'un, lui en faire accroire.—*Voir tout en noir*, sous un aspect sinistre.—*Faire*, *broyer du noir*, se livrer à des réflexions chagrinantes.—*Mettre du noir sur du blanc*, écrire, composer.

NOIR, **E**, adj. (*noare*) (en lat. *niger*, *gra*, *grum*, dont les Italiens ont fait aussi *nero*, les Espagnols *negro*, etc.), ce qui est de la couleur la plus obscure, et la plus opposée au blanc. Le *noir* n'est point proprement une couleur : il consiste dans une privation plus ou moins parfaite de rayons lumineux transmis ou réfléchis; en sorte qu'un corps est *noir* lorsqu'il ne réfléchit ni ne transmet le fluide lumineux. — Par exagération, qui approche de la couleur *noire* : *pain noir*, *teint noir*, *peau noire*.—Livide, meurtri.— Sombre, obscur : *noir cachot*; *le temps est noir*. Sale, crasseux, en parlant du linge et des mains. — Fig., 1° triste, mélancolique : *noir chagrin*, *humeur noire*; 2° qui suppose beaucoup de méchanceté : *crime bien noir*, *âme noire*.—*Bêtes noires*. Voy. BÊTE. — *Cet homme est ma bête noire*, je ne puis pas le voir; il me porte malheur. —On appelle *viande noire*, la chair de certains animaux qui tire un peu sur le noir, comme celle du lièvre, de la bécasse, etc. On dit aussi de ces animaux mêmes, que *c'est de la viande noire*. —*Livres noirs*, t. d'antiq., livres de magie, de nécromancie. — *Blé noir*, sorte de blé qu'on nomme autrement *sarrasin*.— *Un froid noir*, un froid par un temps fort couvert. — *Chambre noire*. Voy. CHAMBRE. — Fig. : *rendre noir*, noircir, diffamer. —*N'être pas si diable qu'on est noir*, pas si méchant qu'on le paraît.

NOIRÂTRE, adj. des deux genres (*noarâtre*), qui tire sur le *noir*.

NOIRAUD, **E**, subst. et adj. (*noarô*, *rôde*), qui a le teint très-brun.—Subst. : personne *noiraude*. —T. d'hist. nat., espèce de chétodon.

NOIR-AURORE, subst. mas. (*noarôrore*), t. d'hist. nat., gobe-mouches qu'on trouve en Amérique.

NOIRCEUR, subst. fém. (*noarceur*), qualité par laquelle les choses sont *noires*.—Tache *noire* : *il a des noirceurs au visage*.—Sombre tristesse. — Fig. : 1° atrocité d'une méchante action : *la noirceur de cet attentat*; 2° action infâme : *faire une noirceur*.

NOIRCI, **E**, part. pass. de *noircir*.

NOIRCIR, v. act. (*noarcir*), rendre *noir* : *noircir une muraille*.—Fig., diffamer. Il dit quelque chose de plus fort et de plus odieux que *dénigrer*. —Attrister : *ce spectacle noircit l'esprit*.—*Noircir du papier*, écrire.— Neut., devenir *noir*. *Le bois noircit*. — *se* NOIRCIR, v. pron., *se noircir le visage*, se le frotter avec du *noir*.—*Ce linge s'est noirci à la cheminée*, est devenu *noir*.—*Le temps*, *le ciel se noircit*, devient obscur. — Fig. : *il s'est noirci par de grands crimes*, il s'est diffamé.

NOIRCISSEUR, subst. mas. (*noarciceur*), t. de teint., se dit des ouvriers en teinture qui font l'achèvement de la teinture en *noir*.

NOIRCISSURE, subst. fém. (*noarciçure*), tache de *noir*.

NOIRE, subst. fém. (*noare*), note de musique qui vaut la moitié d'une blanche.—T. d'hist. nat., espèce de persègue.

NOIRE (MER), subst. propre fém. (*mèrenoare*), ou **PONT-EUXIN**, subst. propre mas. (*ponteukcein*), mer située entre l'Europe et l'Asie.

NOIRES (MONTAGNES), subst. propre fém. plur. (*montaguienoare*), chaînes de montagnes en France dans les Cévennes, et dans la capitainerie de Mozambique.

NOIRÉTABLE, subst. propre mas. (*noarétable*), village de France, arrond. de Montbrison, dép. de la Loire.

NOIRETÉ, subst. fém. (*noareté*), obscurité (*Boiste.*) Inusité.

NOIR-ET-FAUVE, subst. mas. (*noaréfove*), t. d'hist. nat., espèce de serpent qui porte ces deux couleurs.

NOIRICIN, subst. mas. (*noariceïn*), nom d'une sorte de raisin qui croît dans la Bourgogne.

NOIRMOUTIER, subst. propre mas. (*noaremoutié*), ville de France, chef-lieu de l'île du même nom, arrond. des Sables-d'Olonne, dép. de la Vendée.

NOIRIEU, subst. mas. (*noarieu*), nom d'une espèce de raisin qui croît dans le ci-devant Languedoc.

NOIR-PLOYANT, subst. mas. (*noareploé-ian*), t. de forg., tache sur le fer, qui indique qu'il est ductile.

NOIRPRUN, subst. mas. Voy. NERPRUN, qui seul se dit.

NOIR-SOUCI, subst. mas. (*noareçouci*), t. d'hist. nat., espèce d'oiseau du genre des gros-becs. — Au plur., des *noirs-soucis*.

NOISE, subst. fém. (*noaze*), suivant *Joseph Scaliger*, du lat. *noxia* ou *noxa*, qu'on trouve employé dans le sens de *débat, querelle*), querelle, dispute : *chercher noise à quelqu'un.* Il est fam.—NOISE, QUERELLE, RIXE. (*Syn.*) La *querelle* naît du mécontentement, du ressentiment; elle sort des bornes de la modération, ou du moins de la douceur. La *noise* naît de la méchanceté, ou d'une passion qui veut nuire ; c'est le but ou l'effet propre de la chose. La *rixe* naît d'une grande colère, du courroux ; elle est un délit et une sorte d'attentat. — Le mot *querelle* est comme le genre, susceptible de toutes sortes d'extensions, de modifications, d'accessoires. *Noise* indique proprement un principe de malveillance qui pique, chicane, vexe, pour exciter, ou plutôt susciter une *querelle*, un différend, une rixe, du trouble, et faire du mal, du tort, de la peine. *Rixe* a un caractère déterminé par la nature des actions et des entreprises qu'il indique. — Quelquefois la *querelle* s'élève sans qu'on sache comment, ni qui a tort ou qui a raison ; on voit bien celui qui cherche *noise*. On cherche surtout l'auteur, la cause, le principe de la *noise*. On est communément entraîné dans la *rixe*, et il s'agit de découvrir l'agresseur. — Les gens pétulants et emportés sont sujets aux *querelles*. Les personnes aigres, acariâtres, sont sujettes aux *noises*. Les gens grossiers et brutaux sont sujets aux *rixes*.

* **NOISERAIE**, subst. fém. (*noazeré*), lieu planté de *noyers*.

NOISETIER, subst. mas. (*noazetié*), t. de bot., coudrier. Arbre qui porte des *noisettes*. Voy. COUDRIER.

NOISETTE, subst. fém. (*noazète*), sorte de *petite noix* que porte le coudrier.—*Couleur de noisette*, gris qui approche de la couleur de la *noisette*. — Prov. : *donner des noisettes à ceux qui n'ont plus de dents*, leur donner des choses dont ils ne peuvent plus se servir.

NOISIF, adj. mas. (*noézife*), selon *Boiste*, nuisible. Ce mot est tout-à-fait inusité.

NOIX, subst. fém. (*noâ*) (en lat. *nux*, gén. *nucis*, fait de *nocere*, nuire, parce que l'odeur du *noyer* porte à la tête), en t. de bot. et dans son acception rigoureuse, péricarpe plus ou moins dur, qui ne s'ouvre pas entièrement, composé de deux valves, presque toujours nu, rarement recouvert d'une enveloppe membraneuse, à laquelle il n'est point adhérent.— Dans un sens moins propre et plus usité, fruit à coque dure et ligneuse, couverte d'une écale verte : *écale, coquille, zeste, cuisse de noix*.—Il se dit par extension, de quelques autres fruits qui ressemblent à la *noix* : *noix d'Inde, noix de galle*, etc.—*Noix narcotique*, fruit des Indes, gros comme une petite prune, qui produit, lorsqu'on en mange, des vertiges et un délire qui dure quelquefois deux ou trois jours.—*Noix vomique*, petite amande plate de la forme d'un bouton, grise, ombiliquée, qui est un poison pour les animaux et pour l'homme.—Partie du ressort d'un fusil, d'une arbalète, etc., qui sert à les débander.—L'os qui fait l'emboîtement de la cuisse avec la jambe.—Partie au bas d'un tuyau d'orgue, qui renferme l'anche dans les jeux qui doivent en avoir. — Petite glande qui se trouve dans une épaule de veau, tout près de la jointure des deux os.

NOLANE, subst. fém. (*nolane*), t. de bot., sorte de plante du Pérou, de la famille des solanées.

NOLET, subst. mas. (*nolé*), en t. de charpentier, enfoncement formé pour la rencontre de deux combles de pavillons ou d'escaliers.— En t. de couvreur, tuiles creuses.

NOLI ME TANGERE (*nolimétanjéré*) (mots latins qui signifient *ne me touchez pas*), subst. mas. On appelle ainsi, 1° quelques plantes, parce qu'elles sont piquantes ou que leurs semences, s'élançant avec roideur lorsqu'on les touche, causent une espèce de surprise et une légère douleur; 2° une espèce d'ulcère très-malin et qu'on ne peut toucher sans danger, ni sans douleur pour celui qui en est affligé.

NOLAY, subst. propre mas. (*nolé*), bourg de France, chef-lieu de canton, arrond. de Beaune, dép. de la Côte-d'Or.

NOLINE, subst. fém. (*noline*), t. de bot., espèce de plante de Géorgie, de la famille des liliacées.

NOLIS ou **NOLISSEMENT**, subst. mas. (*notice, noliceman*) (du grec ναυλον ou ναυλος, naulage), fret ou louage d'un vaisseau, d'une barque; *nolis* et *nolissement* ne sont usités que sur la Méditerranée : sur l'Océan on dit *fret* et *frettement*. Voy. NAULAGE.

NOLISÉ, E, part. pass. de *noliser*.

NOLISER, v. act. (*nolizé*), fréter.—SE NOLISER, v. pron.

NOLISSEMENT, subst. mas. Voy. NOLIS.

NOM., abréviation du mot *nominatif*.

NOM, subst. mas. (*non*) (en lat. *nomen*, fait du grec ονομα, en retranchant la lettre initiale *o*), le terme dont on est convenu pour désigner une personne ou une chose. — En grammaire et dans une acception plus resserrée, terme susceptible de genre et de cas : *nom substantif, nom adjectif*, etc.—*Nom commun*, qui convient à tous les êtres, à tous les objets de la même espèce. —*Nom propre*, qui ne convient qu'à un seul être, à un seul objet. — *Nom collectif*, qui exprime une collection totale ou partielle. — *Nom composé*, formé de plusieurs mots. Voy. SUBSTANTIF. — *Nom de baptême*, celui que l'on reçoit dans le baptême.— *Le nom de famille* est appelé autrement *surnom*.—*Le nom chrétien, romain, français*, etc.; tous les chrétiens, le christianisme; tous les Romains, tous les Français, etc. : *Néron fut l'ennemi du nom chrétien*.—*Nom social* (t. de commerce), celui sous lequel des associés indiquent au public leur association et leur raison de commerce. La signature du *nom social* oblige non-seulement celui qui signe, mais tous ses co-associés. — *Décliner son nom ; ne savoir pas décliner son nom*. Voy. DÉCLINER. — Fam. : *nommer les choses par leur nom*, leur donner sans ménagements les noms odieux qu'elles méritent.—*Nom de guerre*, surnom; sobriquet.—*Nom de religion, nom* de saint qu'on prend en entrant dans un couvent.—Fig., réputation : *hériter d'un grand nom*. — *Au nom de...*, loc. adv., de la part de... : *agir au nom de quelqu'un ; en son nom, en mon nom*. — Il s'emploie aussi dans les prières : *au nom de Dieu, je vous en supplie ; au nom de notre amitié*, en considération de notre amitié.—*J'y réussirai, ou j'y perdrai mon nom*, je sacrifierai tout pour réussir.—*Répondre d'une chose en son propre et privé nom*, en être responsable. — *Faire le commerce sous son nom*, le faire pour soi-même.—*Ne pas dire plus haut que le nom*, ménager, traiter avec égard. — —*Nommer une chose par son nom*, appeler les choses comme elles doivent être appelées. — NOM, RENOM, RENOMMÉE. (*Syn.*) Le *nom* annonce une sorte de célébrité ; le *renom* s'applique à la réputation ; la *renommée* est au-dessus de l'une et de l'autre. — Sans épithète, ces trois synonymes se prennent communément en bonne part ; mais le mot *nom* ne se dit guère que dans le genre noble, tandis qu'on dit d'un artisan qu'il a du *renom*, le *renom* ou la réputation d'être un bon ouvrier. La *renommée* ne se dit que de ce qui est grand et noble.— Employés comme synonymes les uns des autres, ils désignent divers degrés d'une *grande réputation* : le *renom* ajoute au *nom*, et la *renommée* au *renom*.—Par le *nom*, vous êtes connu, distingué ; par le *renom*, vous faites du bruit, vous avez de la vogue ; par la *renommée*, vous êtes fameux ; tout est rempli de votre *nom*, et il est durable. — Le *nom* vous tire de l'obscurité ; le *renom* vous donne de l'éclat ; la *renommée* vous élève sur le grand théâtre où les réputations n'ont ni bornes, ni fin. Ce que le *nom* commence, le *renom* l'avance, la *renommée* le consomme. — Avec un mérite brillant et les circonstances, on se fait un *nom*. Des qualités et des succès qui flattent la faveur populaire, dépend le *renom*. Aux places élevées, aux talents sublimes, aux qualités transcendantes, à ce qui produit de profondes impressions et de grands effets, s'attache la *renommée*.

NOMADE, subst. et adj. des deux genres (*nomade*) (du grec νομας, genitif νομαδος, qui recherche les pâturages, fait de νομη, pâturage, dérivé de νεμω, je pais, parce que les peuples pasteurs changent souvent de pâturage), errant, sans habitation fixe : *les Tartares sont des peuples nomades ; c'est un peuple de nomades*. — Subst. fém., t. d'hist. nat., genre d'insectes de l'ordre des hyménoptères.

NOMANCE, subst. fém. (*nomance*), vieux mot qui se disait anciennement pour *nomancie*. (Voy. ce dernier mot.)

NOMANCIE, subst. fém. (*nomanci*) (du lat. *nomen*, fait du grec ονομα, nom, et μαντεια, divination), divination prétendue par les lettres du *nom* d'une personne dont on veut connaître la destinée. Voy. ONOMANCIE.

NOMANCIEN, adj. et subst. mas., au fém. **NOMANCIENNE** (*nomancieïn, ciène*), qui concerne la *nomancie* ; qui tient à la *nomancie*. C'est *onomatomancie* qu'il faudrait dire. V. ONOMANCIEN.

NOMANCIENNE, adj. et subst. fém. Voyez NOMANCIEN.

NOMARCHIE, subst. fém (*nomarchi*), charge, gouvernement d'un *nomarque*.

NOMARQUE, subst. mas. (*nomarke*) (du grec νομος, *nome*, province, gouvernement, et αρχη, commandement, puissance), officier qui gouvernait un *nome* ou une région d'Egypte.

NOMBLE, subst. mas. (*nonble*), t. de vén., partie élevée entre les cuisses du cerf.

NOMBRABLE, adj. des deux genres (*nonbrable*), que l'on peut *nombrer*. Peu usité.

NOMBRANT, adj. mas. (*nonbran*), qui *nombre* : *nombre nombrant*, considéré en lui-même. Voy. NOMBRE.

NOMBRE, subst. mas. (*nonbre*) (en lat. *numerus*), unité, collection, assemblage d'unités, de choses de même espèce.—Quantité indéterminée : *un grand nombre, un petit nombre, un nombre infini de...* On dit quelquefois sans article : *nombre de personnes ; nous étions nombre de parents*. En parlant d'un homme qui n'est de nulle considération dans la compagnie dont il est membre, on dit qu'*il n'est là que pour faire nombre*. —Dans le style, arrangement mélodieux des paroles dans les vers ou dans la prose : *il y a du nombre dans ces vers, dans cette période*. — En grammaire, terminaison qui ajoute à l'idée principale du mot l'idée accessoire de la quotité : *nombre singulier, nombre pluriel*.—*Nombre entier*, composé de plusieurs unités tout entières.—*Nombre rompu*, celui qui admet la subdivision d'un entier.—*Nombre simple*, celui qui s'exprime par plusieurs figures, dont la première à droite n'est pas zéro : 24, 91, 159, etc.—*Nombre articulé*, qui peut se partager en dizaines, comme 20, 50, 40, etc. — *Nombre abstrait, nombre* considéré en lui-même, sans aucune détermination : *deux* est un *nombre abstrait*.—*Nombre concret, nombre* déterminé ; c'est l'application du *nombre abstrait* à quelque sujet que ce soit : *deux francs, dix centimes*.—*Nombre parfait*, celui que produisent ses parties aliquotes additionnées et réunies. *Six est un nombre parfait*, parce que ses aliquotes 3, 2 et 1 réunies donnent 6.—*Nombre imparfait*, celui dont les parties aliquotes donnent plus ou moins que le nombre primitif. *Seize* est un *nombre imparfait* défectueux, parce que ses aliquotes 8, 4, 2 et 1 ne donnent, par leur réunion, que le nombre 15. *Douze* est un *nombre imparfait* par excès ou surabondance, en ce que ses aliquotes 6, 4, 3, 2 et 1 donnent 16.—*Nombre pair*, celui qu'on peut diviser par 2 exactement et sans reste. — *Nombre impair*, qui ne peut être divisé exactement et sans reste en deux parties égales.—*Nombre pairement pair*, qui peut être divisé en deux parties égales et impaires.— *Nombre premier* ou *primitif*, qui n'est divisible que par l'unité.—*Nombre rationnel*, celui qui a une mesure commune avec l'unité.—*Nombre irrationnel*, ou *sourd*, celui qui est incommensurable avec l'unité.—*Nombre cardinal*, celui qui exprime une quantité d'unités, comme *un, deux*, etc.—*Nombre ordinal*, celui qui exprime leur ordre, comme *premier, deuxième*, etc.— *Nombres homogènes*, ceux qui se rapportent à la même unité, comme : *six sphères d'or*.— *Nombres hétérogènes*, ceux qui se rapportent à différentes unités, comme : *trois sphères d'argent et une de cuivre*.—En t. d'arithm., *nombre, dizaine, centaine, mille*, etc.; et alors *nombre* se dit du premier à droite de plusieurs chiffres rangés de suite sur une même ligne. On dit plus communément aujourd'hui, et avec raison, *unité, dizaine, centaine*, etc.—*Nombre d'or*, celui qui exprime chaque année du cycle lunaire.— Au plur. mas. : *les Nombres*, le quatrième des livres de *Moïse* ; il contient le *dénombrement* du peuple hébreu. — *Nombres* ou *notes numérales*, subst. fém. plur. Les Hébreux, les Grecs et les anciens Romains se servaient des lettres de leur alphabet pour exprimer les *nombres* ou le résultat de leur calcul, qu'ils faisaient ordinairement avec de petites pierres que les Latins nommaient *calculi*, et dont ils se servaient comme nous nous servons de jetons. Voy. ABAQUE. — *Au nombre, du nombre*, loc. adv., parmi, au rang : *il a été mis au nombre des saints ; il est du nombre des prisonniers*.— *Sans nombre*, loc. adv. : *il y a des fautes sans nombre*, il y a une grande quantité de fautes.

NOMBRÉ, E, part. pass. de *nombrer*.

NOMBRER, v. act. (*nonbré*) (en lat. *numerare*), en arithm., exprimer un *nombre* marqué par un certain assemblage de chiffres. — Compter, suppuler combien il y a d'unités dans un *nombre*. Il est plus usité dans le moral que dans le physique: *on ne sauroit nombrer les désordres et les malheurs que causent les guerres civiles.* — *se* NOMBRER, v. pron., être, pouvoir être *nombré*.

NOMBREUSE, adj. fém. Voy. NOMBREUX.

NOMBREUSEMENT, adv. (*nonbreuzeman*), en grand *nombre*. Ce mot manque dans l'*Académie*.

NOMBREUX, adj. mas., au fém. **NOMBREUSE** (*nonbreu, breuze*) (en lat. *numerosus*), qui est en grand *nombre*.—En parlant du style, harmonieux.

NOMBRIL, subst. mas. (*nonbri; l ne se prononce jamais*) (en lat. *umbilicus*, en y préposant un *n*), espèce de nœud qui lie les intestins, et qui paraît presque au milieu du ventre.—En géométrie, point de l'axe dans une courbe, qu'on appelle autrement *foyer*.— Enfoncement au milieu de la base d'une coquille.—Cavité dans les fruits opposée à la queue. On la nomme aussi *œil*.—En t. de maquignon, le milieu des reins du cheval. —En t. de bot., *nombril de Vénus*, plante de la famille des joubarbes.—*Nombril blanc*, plante de la famille des champignons.

NOME, subst. mas. (*nome*) (du grec νομος, loi, règle, et aussi, air de musique; parce que ces airs étaient assujétis à des tons qui leur étaient propres, comme à des règles invariables), chant ou air assujéti à certaine cadence. L'*Académie* (édit. de 1835) fait ici de la science d'histoire antique. Elle nous dit que le *nome* « désigne une sorte de poëmes qui se chantaient en l'honneur d'Apollon, comme les dithyrambes se chantaient en l'honneur de Bacchus. Lorsqu'on parle de la musique des anciens, ce mot désigne : un chant ou un air assujéti à une certaine cadence, à laquelle il n'était pas permis de manquer, en changeant à son gré le ton de la voix, ou celui des cordes de l'instrument. Les *nomes* empruntaient leur dénomination de certains peuples : *nome éolien, nome béotien;* ou de la nature du rhythme : *nome orthien, nome trochaïque;* ou de leurs inventeurs : *nome hiéracien, nome polymnestan;* ou de leur sujet : *nome pythique;* ou enfin de leur mode : *nome aigu, nome grave.*» Voilà certes un article des plus intéressants, et dont l'*Académie* est ordinairement plus que sobre. Nous ne l'en féliciterons pas, parce que tout son *Dictionnaire* devrait être formulé d'après ce type. Mais, de bonne foi, pouvons-nous, sans indignation, tolérer qu'elle se permette d'insérer des mots qu'elle n'enregistre pas? Nous cherchons en vain chez elle : *béotien, hiéracien, orthien, polymnestan ;* nous y trouvons *éolien*, et nous n'y lisons *pythiques* que comme adj. plur. des deux genres. Nous ne tenons guère aux mots presque inconnus : *hiéracien, orthien* et *polymnestan*, mais nous ne voudrions pas qu'un *Dictionnaire* dit *de l'Académie* introduisît dans le corps des articles des mots qu'on n'ose ou qu'on ne veut pas nomenclaturer. C'est forcer les gens qui rendent le plus de justice à l'*Académie* à user contre elle d'une critique qu'elle s'attire trop justement et trop méritoirement.— Loi. — Préfecture, gouvernement : *l'Égypte était divisée en trente-six nomes*. (Du grec νομος, qui, avec l'accent grave sur la dernière syllabe, signifiait la même chose.)—Mot, ou plutôt demi-mot dont on se sert en algèbre pour désigner une quantité jointe avec une autre par quelques signes, d'où sont venus les mots de *binomes, trinomes*, etc. : *a*—*b* est un *binome*, dont les deux *nomes*, ou *noms*, sont *a* et *b*.

NOMENCLATEUR, subst. mas. (*nomanclateur*) (en lat. *nomenclator*), chez les Romains, esclave qui nommait les citoyens à ceux qui avaient intérêt de les connaître, qui faisait ranger les conviés à table, en appelant chacun par son *nom*, etc.— Chez nous, celui qui s'applique à la *nomenclature* d'une science ou d'un art. — Classe d'écrivains botanistes qui ne se sont occupés qu'à établir les différentes *nomenclatures* des plantes.

NOMENCLATURE, subst. fém. (*nomanklature*) (du lat. *nomenclatura*), méthode qui assigne aux divers objets de l'histoire naturelle les noms qui peuvent servir à les différencier.—Ce terme, originairement propre à la bot. et à l'hist. nat., s'est étendu à d'autres sciences, et surtout à la grammaire et aux *Dictionnaires* de langues.

NOMENCLATURÉ, E, part. pass. de *nomenclaturer*.

NOMENCLATURER, v. act. (*nomanklaturé*), ranger, classer par ordre, suivant un certain système, d'après leurs *noms*.—Quand ce travail a pour objet de classer les mots qui forment une langue, les *nomenclaturer*, c'est les ranger par ordre alphabétique. — *se* NOMENCLATURER, v. pron.

NOMIE, subst. fém. (*nomi*) (du grec νομος, loi, règle), règle, loi. Il ne se dit pas seul, mais il sert à former divers autres mots, comme : *astronomie*, etc.

NOMINAL, E, adj. (*nominale*); on se sert de ce mot lorsque, pour recueillir les avis des membres d'une assemblée, ou pour s'assurer qu'ils sont présents, on les appelle par leur nom : *appel nominal.*—*Valeur nominale*, valeur exprimée par le nom de certaines pièces de monnaie.—Adj. fém. plur. : *droit de prières nominales*, anciennement, celui d'être nommé aux prières publiques. — Au plur. mas., *nominaux*. Voy. ce mot.

NOMINALIES, subst. fém. plur. (*nominali*), chez les anciens Romains, jours de solennité et de cérémonies pendant lesquels on imposait des *noms* aux enfants.

NOMINALISTE, subst. mas. (*nominalicete*), partisan des *nominaux*.

NOMINATAIRE, subst. des deux genres (*nominatère*), celui qui était nommé par le roi à un bénéfice.

NOMINATEUR, subst. mas. (*nominateur*), celui qui *nomme*, qui avait droit de *nommer* à un bénéfice. Hors d'usage.

NOMINATIF, subst. mas. (*nominatife*) (en lat. *nominativus*, s.-ent. *casus*), t. de gramm., le sujet de la proposition ; le *nom* ou le pronom auquel se rapporte l'action ou l'état exprimé par le verbe. —Premier cas des *noms* qui ont des déclinaisons.— La destination du *nominatif* est d'ajouter à l'idée principale du nom, l'idée accessoire du sujet de la proposition. Dans cette phrase, *le père aime le fils*, c'est le père qui est le *nominatif;* et dans cette autre, *le fils aime le père*, c'est le fils qui est le *nominatif*.

NOMINATIF, adj. mas, au fém. **NOMINATIVE** (*nominatife, tive*), qui *dénomme*, qui contient des *noms* : *état nominatif*.

NOMINATION, subst. fém. (*nominâcion*), action par laquelle on *nomme* à quelque bénéfice, à quelque charge.—Droit de *nommer* à..— Avec les adj. possessifs, il se dit passivement de celui qui est *nommé* : *depuis sa nomination à ce bénéfice*, etc.

NOMINATIVE, adj. fém. Voy. NOMINATIF, adj.

NOMINATIVEMENT, adv. (*nominativeman*), t. du Code civil, en désignant le *nom*.

NOMINAUX, adj. mas. plur. Voy. NOMINAL. — Subst. mas. plur., ceux des anciens scholastiques qui, à la différence des *réalistes*, soutenaient que les *universaux* (les êtres abstraits) n'étaient que de simples *noms*, des termes signifiant seulement les diverses manières dont la logique pouvait envisager les objets.

NOMION, subst. mas. (*nomion*), chez les anciens Grecs, chanson pastorale et d'amour.

NOMIQUE, adj. des deux genres (*nomike*) : *mode nomique*, consacré à Apollon.

NOMIUS, subst. propre mas. (*nomi-ucc*), myth., fils d'Apollon et de Cyrène.—On adorait aussi sous ce nom Jupiter et Apollon, comme dieux protecteurs des campagnes, des pâturages surtout et des bergers.

NOMMÉ, E, part. pass. de *nommer* et adj., à qui l'on a donné un *nom*.—Celui ou celle dont on a fait mention. —Présenté pour quelque charge, ou anciennement, pour quelque bénéfice.— *Être bien nommé, mal nommé*, avoir un nom qui convient aux habitudes, ou qui ne convient pas. — On dit substantiv. : *le nommé un tel, la nommée une telle.* — *A point nommé*, adv., au temps qu'il faut. — *Au jour nommé*, au jour dont on était convenu.

NOMMÉMENT, adv. (*noméman*), spécialement; en désignant par le *nom*.

NOMMER, v. act. (*nomé*) (en latin *nominare*), donner, imposer un *nom*. — Dire le *nom* d'une personne, d'une chose : *nommer des complices*. —*Nommer d'office*, choisir des experts, des arbitres, des défenseurs. — En faire mention. — Choisir, désigner quelqu'un pour posséder un bénéfice, une charge. — *Nommer quelqu'un son héritier*, l'instituer son héritier. —*se* NOMMER, v. pron., prendre tel *nom;* se donner un *nom*, des *noms*, s'appeler.—NOMMER, APPELER. (*Syn.*) On *nomme*, pour distinguer dans le discours; on *appelle*, pour faire venir au besoin. — Il ne faut pas toujours *nommer* les choses par leur *nom*, ni *appeler* toutes sortes de gens à son secours.— Dans un autre sens, *nommer* marque le *nom* propre de la personne ; *appeler* n'énonce qu'un signe ou une qualification distinctive quelconque. *Appeler* demande à sa suite quelque *nom* ou quelque signe particulier pour qu'il signifie *nommer;* mais on ne *nomme* les gens que par leurs *noms*, ou propres, ou patronymiques, ou usités; et on les *appelle* ou par leurs *noms*, ou par leurs qualités, ou par différentes qualifications. Boileau *nomme* Chapelain, et il *appelle un chat un chat, et Rolet un fripon*. Vous *nommez* Tibère, et vous l'*appelez* monstre.—*se* NOMMER, v. pron.

NOMOCANON, subst. mas. (*nomokanon*) (du grec νομος, loi, et κανων, règle, canon), recueil des constitutions impériales et des *canons* qui y sont relatifs.

NOMOGRAPHE, subst. mas. (*nomoguerafe*) (du grec νομος, loi, et γραφω, j'écris), celui qui compose ou qui recueille des traités sur les lois.

NOMOGRAPHIE, subst. fém. (*nomoguerafi*) (même étym. que celle du mot précédent), traité sur les lois.

NOMOGRAPHIQUE, adj. des deux genres (*nomoguerafike*), qui appartient, qui est relatif à la *nomographie*.

NOMOLOGIE, subst. fém. (*nomoloji*) (du grec νομος, loi, et λογος, traité), traité des lois.

NOMOLOGIQUE, adj. des deux genres (*nomolojike*), qui a rapport à la *nomologie*.

NOMOPHYLAX ou **NOMOPHYLACE**, subst. mas. (*nomofilakce, lace*) (du grec νομος, loi, et φυλασσω, je garde), t. d'antiq., magistrat athénien préposé à la garde et au maintien des lois.

NOMOS, subst. propre mas. (*nomôce*), myth., être allégorique que les poëtes prennent dans un sens différent, selon qu'ils ont vécu à une époque plus ou moins reculée.

NOMOTHÉSIE, subst. fém. (*nomotézi*) (du grec νομος, loi, et θεσις, institution), traité sur les lois.

NOMOTHÈTE, subst. mas. (*nomotète*) (du grec νομος, loi, et τιθημι, établir), nom par lequel les Grecs désignaient ceux qui leur donnaient des lois : synonyme de *législateur*.

NOMPAIR, fausse orthographe de *Boiste*, ne s'écrit pas pour *nonpair*.

NOMPAREIL, fausse orthographe de *Boiste*, ne s'écrit pas pour *nonpareil*.

NON, particule négative opposée à *oui* (*non*) (en latin *non*) ; redoublée, elle donne plus de force au discours : *non, non, il n'y consentira jamais*. On dit substantivement : *dites un oui ou un non; il m'a répondu un non bien sec.*— *Non* entre dans la composition de quelques mots auxquels il donne un sens négatif, il suit alors le genre des noms auxquels il est joint : *non-jouissance, non-valeur*, sont du genre féminin ; *non-usage* est du genre masculin.— *Non-seulement*, adv. On le fait suivre ordinairement de la corrélation *mais encore*. — *Non plus*, loc. adv., pas plus. En ce sens, il n'est presque plus usité. Ainsi l'exemple que cite l'*Académie* est plus que suranné : *il n'en fut ému non plus que s'il eût été innocent;* il faudrait : *il n'en fut pas plus ému que s'il avait été innocent.*— Cependant on emploie bien encore *non plus* dans le sens de pareillement : *je ne le sais pas, ni vous non plus.* —*Non pas*, sorte d'adverbe négatif.

NONACRIS, subst. propre fém. (*nonakrice*), montagne d'Arcadie.

NON-ÂGE, subst. mas. (*non-âje*), bas-âge ; l'âge qui précède la puberté. Inusité.

NONAGÉNAIRE, subst. et adj. des deux genres (*nonajénère*) (en lat. *nonagenarius*, fait de *nonaginta*, nonante ou quatre-vingt-dix), qui est âgé de quatre-vingt-dix ans. — Subst., *un nonagénaire*.

NONAGÉSIME, subst. mas., et adj. des deux genres (*nonajézime*), t. d'astron., *le nonagésime*, le point de l'écliptique éloigné de *quatre-vingt-dix* degrés des points où l'écliptique coupe l'horizon.

NONAGONE, adj. des deux genres. Voy. ENNAGONE.

NONALIES, subst. fém. plur. (*nonali*), t. d'antiq., cérémonies religieuses qu'on célébrait le jour des *nones*.

NONANCOURT, subst. propre mas. (*nonancour*), ville de France, chef-lieu de canton, arrond. d'Évreux, dép. de l'Eure.

NONANDRE, adj. fém. (*nonandre*) (du latin *nonus*, neuf, et du grec ανηρ, homme), t. de bot.; il se dit d'une fleur qui est à neuf étamines.

NONANDRIE, subst. fém. (*nonandri*), t. de

bot., famille de plantes à neuf étamines Voyez ENNÉANDRIE.

NONANTE, adj. des deux genres et nom de nombre indéclinable (*nonante*) (en lat. *nonaginta*). On dit aujourd'hui *quatre-vingt-dix*. — Quart de *nonante*, instrument qui représente un quart de cercle divisé en quatre-vingt-dix degrés.

NONANTÉ, part. pass. de *nonanter*.

NONANTER, v. neut. (*nonanté*), t. de jeu, faire quatre-vingt-dix points. — Atteindre sa quatre-vingt-dixième année. Hors d'usage.

NONANTIÈME, adj. des deux genres et nombre ordinal (*nonantième*). On dit dans le discours ordinaire, *quatre-vingt-dixième*.

NON-AVENU, E, adj. (*non-avenu*), qui ne remplit pas sa destination ; qui est nul : *écrit non-avenu*.

NON BIS IN IDEM, loc. adv. (*nonebicinidème*) (mots latins qui signifient littéralement : *non deux fois sur une même chose ou contre une même personne*), maxime de pratique par laquelle un accusé qui a été jugé sur un fait ne peut plus être poursuivi en raison de ce même fait.

NONCE, subst. mas. (*nonce*) (du lat. *nuntius*, envoyé), ambassadeur du pape. — En Pologne, député des provinces aux diètes.

NONCER, v. act. (*noncé*), annoncer. (Boiste.) Inusité.

NONCHAIN, subst. mas. (*nonchein*), t. de jard., nom d'une espèce de poire d'automne.

NONCHALAMMENT, adv. (*nonchalaman*), avec *nonchalance*, mollesse ou abandon.

NONCHALANCE, subst. fém. (*nonchalance*), négligence, indolence, mollesse ou abandon. Voy. ce dernier mot.

NONCHALANT, E, subst. et adj. (*nonchalan, lante*) (c'est le participe du vieux mot *nonchaloir*, qui signifiait *avoir peu de soin d'une chose*, formé de la particule négat. *non*, et de *chaloir*, se mettre en peine, se soucier de... *Chaloir*, suivant le P. Labbe, dérive du lat. *calere*, avoir chaud, parce que lorsqu'on se soucie d'une chose, on s'échauffe pour le faire ou l'avoir) ; négligent ; celui, celle qui, par paresse ou par mollesse, ne se donne pas les soins nécessaires : *les nonchalants* ou *les personnes nonchalantes sont souvent victimes de leur indifférence.*

NONCHALOIR, v. unipers. (*nonchaloar*), ne se soucier pas de quelque chose. Hors d'usage. — Subst. mas., insouciance. Vieux et presque inusité. Voy. NONCHALANT.

NONCIATION, subst. fém. (*nonci-âcion*), t. de jurispr., action d'*annoncer*. Mot à répudier comme *noncer* et *noncier*.

NONCIATURE, subst. fém. (*nonci-ature*), emploi, charge de *nonce* du pape. — Pays sur lequel s'étend sa juridiction.

NONCIÉ, E, part. pass. de *noncier*.

NONCIER, v. act. (*noncié*), annoncer. (Boiste.) Inusité.

NON-CONFORMISTE, subst. et adj. des deux genres (*nonconformicete*), en Angleterre, celui, celle qui ne professe pas la religion anglicane. — Au plur., *non-conformistes*.

NON-CONFORMITÉ, subst. fém. (*nonkonformité*), défaut de *conformité*. — Sans plur.

NONCUPATIF, V, adj. mas. Voy. NUNCUPATIF.

NONDINA, subst. propre fém. (*nondina*), myth., déesse qui présidait à la purification des enfants.

NONE, subst. fém. (*none*), l'une des sept heures canoniales, celle qui se dit après sexte et avant vêpres ; ainsi nommée, parce qu'elle se dit à l'église à la *neuvième* heure du jour (*hora nona*), laquelle répond à trois heures après midi. — Subst. fém. plur., la seconde des trois divisions du mois dans l'ancienne année romaine. Les *nones* commençaient le 7, et étaient de six jours dans les mois de mars, mai, juillet et octobre ; dans les autres mois, elles n'étaient que de quatre jours, et commençaient le 5. (Du lat. *nonæ*, *nonarum*, fait de *nonus*, neuvième ; parce que les ides aux *nones* il y avait *neuf* jours en rétrogradant.)

NON-ÊTRE, subst. mas. (*non-être*), non-existence. — Sans plur.

NONETTE, subst. fém. (*nonète*), t. d'hist. nat., nom qu'on donne en certains endroits à la mésange.

NON-EXISTENCE, subst. fém. (*non-égueciceance*), manque d'*existence*. — Sans plur.

NONFEUILLÉE, subst. et adj. fém. (*nonfeuié*),

t. de bot., genre de plantes de la famille des joncoïdes ou joncacées.

NONIDI, subst. mas. (*nonidi*), neuvième jour de la décade, dans le calendrier républicain français.

NON-INTERVENTION, subst. fém. (*non-eintérevancion*), t. de diplom., inaction forcée de toute puissance qui pourrait *intervenir* dans les affaires d'un état voisin.

NONIONE, subst. fém. (*nionione*), t. d'hist. nat., genre de coquilles qui atteint au plus une demi-ligne de diamètre.

NONIUS, subst. mas. (*noni-uce*), petite pièce employée dans les instruments de mathématiques et d'astronomie, qu'on nomme aussi *vernier*, qui est le nom de son inventeur. — Subst. propre mas., myth., un des chevaux de Pluton.

NON-JOUISSANCE, subst. fém. (*non-jouiçance*), t. de pratique, privation de *jouissance*. — Au plur., des *non-jouissances*.

NONNAIN ou **NONNE**, subst. fém. (*nonein*) (de *nonna*, *nonnana*, ou *nonnanis*, dont les auteurs latins du bas siècle se sont servis pour désigner d'abord une *pénitente*, et ensuite une *religieuse*. Saint Jérôme emploie *nonna* dans ce dernier sens.), religieuse. Il ne se dit plus qu'en plaisantant. — NONNE, NONNETTE, NONNAIN. (Syn.). *Nonne* exprime l'état ou la qualité de religieuse ; *nonnette*, est un diminutif qui marque quelque chose de tendre et de fin ; *nonnain* exprime un rapport particulier de la *nonne* avec son ordre.

NONNAT, subst. mas. (*nona*), t. de pêche, se dit de tous les petits poissons d'eau douce qui viennent tomber dans les filets des pêcheurs.

NONNE, subst. fém. Voy. NONNAIN. — *Pet de nonne* (*pédenone*), sorte de beignet d'une pâte légère.

NONNERIE, subst. fém. (*noneri*), couvent de *nonnes*. — Réunion de femmes babillardes. Peu usité.

NONNETTE, subst. fém. (*nonète*), jeune *nonnain*. — T. d'hist. nat. : *nonnette cendrée*, espèce de mésange. — Aigle de Nigritie. — Au plur., pain d'épice de Reims.

NONOBSTANCE, subst. fém. (*nonobecetance*), en droit, cause qui lève les obstacles ou oppositions prévues. Il est fort peu usité.

NONOBSTANT, prép. (*nonobecetan*), et non pas *nonopecetan*) (du latin *non*, non, et *obstante*, ablatif de *obstans*, part. prés. du verbe *obstare*, poser ; ne *s'opposant pas*), malgré, sans avoir égard à...

NON-OUVRÉ, E, adj. (*non-ouvré*), qui n'est pas mis en œuvre. — Au plur., *non-ouvrés*.

NON-PAIEMENT, subst. mas. (*nonpéman*), défaut de *paiement*. — Au plur., des *non-paiements*.

NON-PAIR, E, adj. (*nonpère*), impair. Il est peu usité. — Au plur., *non-pairs*, *non-paires*, avec un s.

NON-PAREIL, adj. mas., au fém. **NON-PAREILLE**, et non pas NOMPAREIL, NOMPAREILLE, orthographe qui n'est nullement en rapport avec le sens de ces mots (*nonparé-ie*), qui est sans pareil, sans égal. — Au plur., *non-pareils*, *non-pareilles*.

NON-PAREILLE, subst. fém. (Voy. NON-PAREIL, adj.) (*nonparé-ie*), sorte de petit ruban fort étroit. — Espèce de petite dragée. — Petit caractère d'imprimerie qui est entre la *mignonne* et la *parisienne*. — Grosse *nonpareille*, le vingt-deuxième et le plus gros des caractères employés dans l'imprimerie.

NON ou **NEC PLUS ULTRA**, loc. lat., dont on a fait un subst. mas. (*nonepluzultra*), mots lat. qui signifient *nan*, ou *pas au-delà*. (De la fameuse inscription des colonnes d'Hercule), le terme qu'on ne saurait passer : *Netz fut le non plus ultrá de Charles-Quint*. On dit plus souvent *nec plus ultrá*.

NON-PRIX, subst. mas. (*nonpri*), non-valeur ; ce dernier mot est plus usité.

NON-RÉSIDENCE, subst. fém. (*nonrézidance*), absence du lieu où l'on devrait *résider*. — Au plur., des *non-résidences*.

NON-RÉUSSITE, subst. fém. (*nonré-uçite*), manque de *réussite*. — Au plur., des *non-réussites*.

NON-SENS, subst. mas. (*nonçance*), phrase qui n'offre aucun *sens*. — Absence de jugement ; des effets. — Au plur., des *non-sens*.

NON-SEULEMENT, voy. SEULEMENT et NON.

NON-SUCCÈS, subst. mas. (*nonçukcè*), manque de *succès*. — Au plur., des *non-succès*.

NONTRON, subst. propre mas. (*nontron*), ville de France, chef-lieu de canton et d'arrond., dép. de la Dordogne.

NONUPLE, adj. des deux genres (*nonuple*), qui contient *neuf* fois. Peu usité.

NONUPLÉ, E, part. pass. de *nonupler*.

NONUPLER, v. act. (*nonuplé*), répéter neuf fois. — se NONUPLER, v. pron.

NON-USAGE, subst. mas. (*non-uzaje*), manque d'*usage*. — Sans plur.

NON-VALEUR, subst. fém. (*nonvaleur*), manque de *valeur*. Il se dit d'une terre qui ne rapporte pas ce qu'elle devrait rapporter, et des impositions qu'on ne peut lever. — Au plur., des *non-valeurs*.

NON-VENTE, subst. fém. (*nonvante*), ce qui n'a pas été vendu, quand on devait espérer faire une bonne *vente* : *voilà trois jours de suite de non-vente*, depuis trois jours, nous n'avons rien vendu.

NON-VUE, subst. fém. (*nonvu*), t. de mar. : *le vaisseau échoua par non-vue*, parce que la brume empêchait de voir. — Sans plur.

NOOR, subst. mas. (*noore*), t. de jard., nom d'une variété d'abricot.

NOPAGE, subst. mas. (*nopaje*), action de *noper* ou énouer les draps.

NOPAL, subst. mas. (*nopale*), t. de bot., sorte de plante, figuier d'Inde.

NOPALÉES, subst. fém. plur. (*nopalé*), t. de bot., famille de plantes qui diffèrent peu des cactoïdes.

NOPÉ, E, part. pass. de *noper*.

NOPER, v. act. (*nopé*), *noper une pièce de drap*, en arracher les nœuds avec une petite pince. On dit aussi *énouer*. — se NOPER, v. pron.

NOPEUSE, subst. fém. (*nopeuze*), ouvrière qui *nope*, ou énoue une pièce de drap.

NOQUET, subst. mas. (*noké*), t. de couvr., petite bande de plomb attachée sur les couvertures en ardoise, le long des jouées des lucarnes ou des angles rentrants.

NORANTE, subst. fém. (*norante*), t. de bot., arbre de la Guyane, qui forme un genre dans la polyandrie monogynie.

NORD, subst. mas. (*nor*) (du saxon *north*), septentrion, le côté du monde opposé au *midi*. — États situés du côté du *nord* : *se voir maître du nord*. — *Le vent du nord*, et non pas, comme disent quelques-uns, *le vent de nord*. — T. de mar. : *faire le nord*, se diriger vers le *nord*. — *Perdre le nord*, s'égarer au *nord*.

NORD, subst. propre mas. (*nor*), nom d'une partie de l'océan Atlantique. — Nom d'un département de France, dont le chef-lieu est Lille.

NORD-CAPER, subst. mas. (*norkapère*), t. d'hist. nat., espèce de cétacé de la famille des dauphins.

NORDÉ, subst. mas. (*nordé*), t. de mar., nom que les marins donnent au vent du *nord-est*, par une prononciation viciée de ce nom.

NORD-EST, subst. mas. (*nordécete*), la partie du monde qui est entre le *nord* et l'*est*, ou plage située au milieu de l'espace qui sépare le *nord* de l'*est* : elle décline de quarante-cinq degrés du *nord* à l'*est*. Les marins la nomment *nordé*. — *Nord-est-quart-est*, plage située au milieu de l'espace qui sépare le *nord-est* de l'*est-nord-est* : elle décline du cinquante-six degrés quinze minutes du *nord* à l'*est*. — Vent qui souffle de cette plage. — *Nord-est-quart-nord*, plage située au milieu de l'espace qui sépare le *nord-est* du *nord-nord-est* : elle décline de trente-trois degrés quarante-cinq minutes du *nord* à l'*est*. — Vent qui souffle de cette plage.

NORD-ESTÉ, part. pass. de *nord-ester*.

NORD-ESTER, v. neut. (*nordécete*), t. de marine, décliner du *nord* vers l'*est*, en parlant de la boussole.

NORD-OUEST, subst. mas. (*nordou-écete*), plage située au milieu de l'espace qui sépare le *nord* de l'*ouest* : elle décline de quarante-cinq degrés du *nord* à l'*ouest*. — Vent qui souffle de cette plage. — *Nord-ouest-quart-nord*, plage située au milieu de l'espace qui sépare le *nord-ouest* du *nord-nord-ouest* : elle décline de cinquante-six degrés quinze minutes du *nord* à l'*ouest*. — Vent qui souffle de cette plage. — *Nord-quart-nord-est*, plage située au milieu de l'espace qui sépare le *nord* du *nord-est* : elle décline de onze degrés quinze minutes du *nord à l'est.*—Vent qui souffle de cette plage.—*Nord-quart-nord-ouest*, plage située au milieu de l'espace qui sépare le *nord* du *nord-nord-ouest* ; elle décline de onze degrés quinze minutes du *nord à l'ouest.*—Vent qui souffle de cette plage.

NORD-OUESTER, v. neut. (*nordou-èceté*), t. de marine, décliner du *nord* vers l'*ouest.*

NORFOLK, subst. propre mas. (*norefoleke*), comté d'Angleterre.

NORIA, subst. fém. (*nori-a*), t. d'hydraul., machine hydraulique composée d'une chaîne sans fin qui s'enveloppe sur deux tambours. Cette machine, très-simple, est d'une grande utilité dans les irrigations.

NORIMON, subst. mas. (*norimon*), au Japon, palanquin que des hommes portent sur des bambous.

NORMAL, E, adj. (*normale*) (du lat. *normalis*, fait à l'équerre, de *norma*, équerre), qui dirige, qui règle : *enseignement normal.*—On l'emploie quelquefois au fém. et subst.; alors ce mot signifie : ligne perpendiculaire. Cette dernière signification est plus usitée. — *École normale*, école d'après laquelle on forme à l'art d'enseigner des jeunes gens appelés à être professeurs, etc. (Du lat. *norma*, règle, modèle.) — Au plur. mas., *normaux.*

NORMAND, E, subst. et adj. (*norman, mande*), de Normandie. — Peu sincère, ambigu : *réponse normande.* —*Réconciliation normande*, simulée. — *Répondre en Normand*, ne dire ni oui ni non. — *C'est un fin Normand*, un homme rusé, à qui il ne faut pas se fier.

NORMANDIE, subst. propre fém. (*normandi*), ancienne province de France, qui se trouve comprise aujourd'hui dans les départements de la Seine-Inférieure, de l'Eure, du Calvados, de la Manche et de l'Orne. — Subst. fém., terrein planté de pommiers. (*Boiste.*)

NORMAUX, adj. mas. plur. Voy. NORMAL.

NOROLE, subst. fém., (*norole*), espèce de brioche. (*Boiste.*) Inusité.

NOROY-LE-BOURG, subst. propre mas. (*nôrolèboure*), bourg de France, chef-lieu de canton, arrond. de Vesoul, dép. de la Haute-Saône.

NORRAIN, subst. mas. Voy. NOURRAIN.

NORREQUIER, subst. mas. (*norequié*), celui qui possède des bêtes à laine. Vieux et inus.

NORRENT-FONTES, subst. propre mas. (*noranfonte*), village de France, chef-lieu de canton, arrond. de Béthune, dép. du Pas-de-Calais.

NORTENIE, subst. fém. (*noreteni*), t. de bot., genre de plante de la famille des scrofulaires.

NORTHAMPTON, subst. propre mas. (*noretanpetone*), comté d'Angleterre.

NORTHUMBERLAND, subst. propre mas. (*noretonbèrelan*), comté d'Angleterre.

NORTIE, subst. propre fém. (*noreti*), myth., déesse étrusque honorée à Volsinie. Les clous attachés dans son temple désignaient le nombre des années.

NORWÉGE, subst. propre fém. (*norevèje*), contrée d'Europe qui, réunie à la Suède, forme le royaume de Scandinavie.

NORWÉGIEN, adj. et subst. mas., au fém. **NORWÉGIENNE** (*norvéjiein, jiène*), qui est de la *Norwège.*

NOS, adj. possessif plur. Voy. MON, NOTRE.

NOSOCOME, subst. mas. (*nozokome*) (du grec *νοσοκομεω*, soigner les maladies), t. de médec., directeur, chef d'un hôpital.—Par extension, infirmier. Hors d'usage.

NOSOCOMIAL, E, adj. (*nozokomi-al, ale*) (du grec *νοσοκομειον*, hôpital, fait de *νοσος*, maladie, et *κομεω*, je soigne), t. de médec., qui règne dans les hôpitaux : *fièvre nosocomiale; typhus nosocomial ; ce sont des maladies nosocomiales.* — Au plur., *nosocomiaux.*

NOSODENDRE, subst. mas. (*nozodandre*), t. d'hist. nat., genre d'insectes de l'ordre des coléoptères.

NOSODOCHE, subst. mas. (*nozodoche*), t. de médec., hôpital. Hors d'usage.

NOSOGÉNIE, subst. fém. (*nozojéni*), t. de médec., origine des maladies. Hors d'usage.

NOSOGÉNIQUE, adj. des deux genres (*nozojénike*), t. de médec., qui appartient, qui est relatif à la *nosogénie*. Hors d'usage.

NOSOGRAPHE, subst. mas. (*nozoguerafe*) (du grec *νοσος*, maladie, et *γραφω*, je décris), t. de médec., celui qui étudie les maladies. — Auteur d'une *nosographie.*

NOSOGRAPHIE, subst. fém. (*nozoguerafi*) (même étym. que celle du mot précédent), t. de médec., discours ou traité sur les maladies en général. C'est une partie de la pathologie.

NOSOGRAPHIQUE, adj. des deux genres (*nozoguerafike*), qui appartient, qui a rapport à la *nosographie.*

NOSOLOGIE, subst. fém. (*nozoloji*) (du grec *νοσος*, maladie, et de *λογος*, traité), traité sur les maladies.

NOSOLOGIQUE, adj. des deux genres (*nozolojike*), qui a rapport à la *nosologie;* qui en traite.

NOSOLOGISTE, subst. mas. (*nozolojicete*), qui s'occupe de *nosologie.*

NOSSARIS, subst. mas. (*noçarice*), toile de coton qui se fabrique aux Indes.

NOSTALGIE, subst. fém. (*nôcetalji*) (du grec *νοστος*, retour, et *αλγος*, ennui, tristesse), ennui causé par le désir extrême de retourner dans son pays.

NOSTALGIQUE, adj. des deux genres (*nocetaljike*), qui concerne la *nostalgie :* amour, désir, *nostalgique.*

NOSTOC, subst. mas. (*nocetok*), t. de bot., *nostoch des Allemands*, *mousse fugitive* ou *membraneuse*, espèce de gelée végétale.

NOSTOMANIE, subst. fém. (*nocetomani*) (du grec *νοστος*, retour, et *μανια*, passion), désir de revenir dans sa patrie.

NOSTRAS, subst. et adj. mas. sing.; au plur. **NOSTRATES** (*nocetrace, tratèce*), t. de bot. plante qui est très-commune dans nos pays : *des plantes nostrates*, *une plante nostras.* Ces deux mots, qui ne sont que latins, ne devraient pas exister dans notre langue.

NOTA, subst. mas. (*nota*), (mot latin qui signifie *remarquez*); il se dit d'une marque qu'on met à la marge d'un livre : *mettez là un nota.*—*Nota benè*, mots latins qui signifient notez bien, remarquez bien. — Au plur., des *nota.*

NOTABILITÉ, subst. fém. (*notabilité*), qualité de ce qui est *notable.* — Au plur., les *notables* d'un pays, etc.

NOTABLE, adj. des deux genres (*notable*) (en latin *notabilis*), remarquable, considérable. — Subst. mas., on appelle ainsi les personnes les plus remarquables d'une ville, d'un état.— Pendant la révolution française, certain nombre de citoyens choisis pour représenter une commune, soit dans le conseil général, soit à l'information des procès criminels. (Constitution de 1791.)

NOTABLEMENT, adv. (*notableman*), grandement, extrêmement.

NOTACANTHE, subst. fém. (*notakante*), t. d'hist. nat., espèce de poisson de la division des abdominaux. — Subst. mas., famille d'insectes de l'ordre des diptères.

NOTAGE, subst. mas. (*notaje*), manière, art de *noter* les cylindres d'une serinette, d'un orgue de Barbarie, etc.

NOTAIRE, subst. mas. (*notère*) (du lat. *notarius*, fait de *nota*, note), officier public qui reçoit et qui passe les contrats et autres actes volontaires. — *Notaire en second*, celui des deux *notaires* qui n'est appelé que pour donner une double signature à un acte dont il ne conserve pas la minute. — Prov. : *c'est comme si le notaire y avait passé*, se dit d'une chose sur laquelle on peut compter en toute assurance. — *Notaire apostolique*, officier public pour les expéditions en cour de Rome.

NOTALGIE, subst. fém. (*notaleji*) (du grec *νωτος*, dos, et *αγλος*, douleur), t. de médec., douleur dans le dos. Peu usité.

NOTALGIQUE, adj. des deux genres (*notalejike*), t. de médec., qui tient, qui a rapport à la *notalgie*. Peu usité.

NOTAMMENT, adv. (*notaman*), spécialement, nommément.

NOTARCHE, subst. mas. (*notarche*), t. d'hist. nat., genre de mollusques de la division des gastéropodes.

NOTARIAL, E, adj. (*notarial*), qui concerne le *notariat*, les *notaires ;* qui appartient au *notariat : charge, fonction notariale.*—Nous ne trouvons nulle part le plur. mas. *notariaux ;* nous n'hésiterions cependant pas à nous en servir au besoin.

NOTARIAT, subst. mas. (*notaria*), office, fonction de *notaire.*

NOTARIÉ, E, adj. et part. pass. de *notarié : acte notarié*, passé par devant *notaire.*

NOTARIER, v. act. (*notarié*), passer un acte, un contrat par-devant *notaire.*— *se* NOTARIER, v. pron. : *l'acquisition d'un immeuble doit se notarier.* Ce mot manque dans les *dictionnaires;* il nous paraît être assez utile pour que nous l'insérions dans le nôtre.

NOTARIQUE, subst. fém. (*notarike*), myth., l'une des divisions cabalistiques chez les anciens Juifs.

NOTATION, subst. fém. (*notâcion*) (en lat. *notatio*), en arithm., l'art de marquer les nombres par les caractères qui leur sont propres, et de les distinguer par leurs figures.

NOTE, subst. fém. (*note*) (en lat. *nota*), marque qu'on fait en quelque endroit d'un livre, etc. — Remarque, espèce de commentaire sur quelque endroit d'un écrit, etc. — Remarque, observation sur un mot, sur une phrase.— Tout extrait fait pour se souvenir d'une chose : *prenez-en note.* — *Note d'infamie*, ou *infamante*, *note* juridique, qui déshonore.—Dans l'imprim., éclaircissement pour l'intelligence du texte, qu'on place au bas de la page, ou à la fin d'un ouvrage. — Anciennement, abréviation, chiffre. — En t. de commerce, voy. COMPTE. — Caractère de musique qui sert à indiquer les différents tons.—Nom des caractères de musique : ut, re, mi, fa, sol, la, si. — Sons représentés par ces caractères.— *Note tonique*, principale et fondamentale d'un son, d'un mode. — *Note sensible*, qui est d'un demi-ton au-dessous de la tonique.— *Note de goût*, celle qui entre dans la mesure, et non dans l'accord ; on l'appelle aussi *note d'agrément.*—*Chanter la note*, solfier en nommant le caractère des *notes* de musique.—*Chanter bien la note*, être correct, chanter juste, mais sans goût. — *Bien attaquer la note*, être sûr de son intonation.—*Ne savoir qu'une note*, ou *chanter toujours sur la même note*, dire toujours la même chose; ne savoir qu'une seule chose, qu'on répète sans cesse.— *Cela change de note*, cela change l'état des choses.—Prov. et fig.: *changer de note, chanter sur une autre note*, changer de façon de faire ou de parler.—NOTES, REMARQUES, OBSERVATIONS, CONSIDÉRATIONS, RÉFLEXIONS. (*Syn.*) Ces termes ne peuvent être synonymes que dans une acception littéraire. La *note* fait connaître, mieux connaître, ou ressouvenir. La *remarque* fait distinguer, discerner et remarquer attentivement ce qui peut être confondu, ce qui échappe. L'*observation* est un examen ou le résultat d'un examen attentif et de nouvelles recherches. La *considération* roule sur les différentes faces d'un objet dont elle pénètre ensuite les profondeurs. La *réflexion* intellectuelle est un retour de l'esprit sur la pensée, ou la pensée approfondie ou mûrie. — Les *notes* servent proprement à éclaircir ou expliquer un texte ; les *remarques*, à relever, ou dans un ouvrage ou dans un sujet, ce qui attire ou mérite particulièrement l'attention; les *observations*, à découvrir, par un nouvel examen, des choses nouvelles; les *considérations*, à développer avec étendue les différents rapports d'un objet intéressant et la raison des choses, en présentant l'objet sous ses différentes faces ; les *réflexions*, à creuser les idées ou à tirer de nouvelles pensées du fond des choses. — Les *notes* doivent être claires, courtes, précises ; les *remarques*, nouvelles, utiles, critiques ; les *observations*, lumineuses, curieuses, savantes ; les *considérations*, étendues et profondes, grandes ou importantes, du moins pour le sujet ; les *réflexions*, naturelles, sans être triviales, neuves ou exprimées d'une manière neuve et piquante, plutôt judicieuses et solides que subtiles et ingénieuses.

NOTÉ, E, part. pass. de *noter*, et adj.—*Homme noté*, qui a une mauvaise réputation méritée par quelques fautes qui ont fait éclat.—*Paroles notées*, mises en musique.

NOTELÉE, subst. fém. (*notelé*), t. de bot., genre de plantes de la famille des jasminées.

NOTER, v. act. (*noté*) (en latin *notare*), marquer, remarquer, faire une *note*, une remarque : *j'ai noté ce passage dans mon livre.* — Marquer en mal : *noter d'infamie.* — Exprimer sur le papier par des *notes* de musique : *noter un air, un chant.* — *Notez bien* *que*..., faites bien attention que... — *se* NOTER, v. pron.

NOTÈRE, subst. mas. (*notère*), t. d'hist. nat., genre d'insectes de l'ordre des coléoptères.

NOTEUR, subst. mas. (*noteur*), copiste de musique. On dit mieux, et presque uniquement, *copiste*.

NOTHRIE, subst. fém. (*notri*), t. de bot., genre de plantes qui croissent au cap de Bonne-Espérance.

NOTHUS, subst. mas. (*notuce*), t. d'hist. nat., genre d'insectes de l'ordre des coléoptères.

NOTI, subst. mas. (*noti*), t. de bot., nom qu'on donne à l'indigo de la première pousse.

NOTICE, subst. fém. (*notice*) (du lat. *notitia*, connaissance, fait de *noscere*, connaître), extrait raisonné d'un livre. On le dit surtout des manuscrits. — Titre de quelques ouvrages, et en ce sens il signifie description géographique : *la notice du royaume; la notice des Gaules*. — *Notice historique, biographique*, recueil, ou plutôt article d'histoire, ou concernant la vie d'un particulier. — *Notice nécrologique*, qui a rapport à un personnage qui vient de mourir. — En librairie, on ne dit plus *notice*, pour, liste des ouvrages imprimés et mis en lecture; on dit *catalogue*, et l'*Académie* ne devrait plus se servir du mot *notice* dans ce sens.

NOTIE, subst. fém. (*noti*), t. de minér., sorte de pierre précieuse.

NOTIFICATION, subst. fém. (*notifikâcion*), action, acte par lequel on *notifie*.

NOTIFIÉ, E, part. pass. de *notifier*.

NOTIFIER, v. act. (*notifié*) (en lat. *notificare, notum facere*), faire savoir dans les formes juridiques ou reçues. — *se* NOTIFIER, v. pron. — NOTIFIER, SIGNIFIER. (*Syn.*) *Notifier*, c'est *signifier* d'une manière authentique, de façon que la chose soit constante, notoire; vous *signifiez* ce que vous déclarez avec une résolution expresse; vous *notifiez* ce que vous *signifiez* en règle. On *notifie* ses ordres de manière à ne laisser que l'obéissance; on *signifie* ses intentions de manière à ne pas laisser l'excuse de l'ignorance.

NOTIOMÈTRE, subst. mas. Voy. HYGROMÈTRE.

NOTION, subst. fém. (*nocion*) (en lat. *notio*), connaissance, idée qu'on a d'une chose.

NOTITE, subst. fém. (*notite*), t. de géologie, nom proposé pour désigner certaines espèces de roches primitives.

NOTJO, subst. mas. (*notejô*), t. de bot., sorte d'arbre des Indes, dont le genre est voisin des callicarpes.

NOTOCÈRE, subst. fém. (*notocère*), t. de bot., genre de plantes.

NOTOGNIDION, subst. mas. (*notoguenidion*), t. d'hist. nat., genre de poissons.

NOTOIRE, adj. des deux genres (*notoare*) (en lat. *notorius*, fait de *notus*, part. pass. de connaître), connu, manifeste.

NOTOIREMENT, adv. (*notoareman*), manifestement.

NOTOLANE, subst. fém. (*notolane*), t. de bot., genre de plantes de la famille des fougères.

NOTONECTE, subst. fém. (*notonékte*) (du grec νωτος, dos, et νηκτος, qui nage, dérivé de νηχομαι, nager), t. d'hist. nat., genre d'insectes hémiptères; punaises aquatiques qui habituellement nagent sur le dos.

NOTONECTIDÉE, subst. fém. (*notonéktidé*), t. d'hist. nat., tribu d'insectes de l'ordre des hémiptères.

NOTOPÈDE, subst. mas. (*notopède*), t. d'hist. nat., sorte d'insectes coléoptères de la famille des taupins.

NOTOPODE, subst. mas. (*notopode*) (du grec νωτος, dos, et πους, gén. ποδος, pied), t. d'hist. nat., tribu de crustacés de l'ordre des décapodes; ainsi nommés parce qu'ils ont les deux ou quatre dernières paires de pieds insérées sur le dos.

NOTOPTÈRE, subst. mas. et adj. des deux genres (*notopetère*) (du grec νωτος, dos, et πτερον (aile ou nageoire), t. d'hist. nat., poisson qui a une ou plusieurs nageoires sur le dos.

NOTORIÉTÉ, subst. fém. (*notoriété*), évidence d'une chose de fait généralement *reconnue*. — *Actes de notoriété*, actes passés devant *notaire*, dans lesquels des témoins suppléent aux preuves par écrit.

NOTOSTOMATE, subst. mas. (*notocetomate*) (du grec νωτος, dos, et στομα, gén. στοματος, bouche), t. d'hist. nat., sous-classe d'arachnides dont la bouche est placée sur le dos.

NOTOXE, subst. mas. (*notokce*), t. d'hist. nat., genre d'insectes de l'ordre des coléoptères.

NOTOZÉPHYR, subst. mas. (*notozéfire*), vent du sud-est. — Endroit d'où souffle ce vent.

NOTRE, adj. possessif singulier des deux genres (*notre*) (en lat. *noster*; on écrivait autrefois *nostre*), il répond au pron. pers. *nous*. Qui nous appartient : *notre livre*. — Au plur., *nos*.

NÔTRE (LE), adj. possessif et subst. mas. (*le nôtre*), ce qui est à nous : *défendons le nôtre*. — *Les nôtres*, au plur., ceux de notre parti, de notre compagnie, nos soldats : *les nôtres ont bien combattu; servez-vous des nôtres*. — *Nous avons bien fait des nôtres*, nous avons fait beaucoup de folies, de fredaines. — NOTRE, LE NÔTRE. *Notre père; son père est le nôtre*. Il faut observer que *notre* ne prend point l'accent circonflexe dans le premier sens, et qu'il en prend un dans le second, c'est-à-dire quand il est relatif.

NOTRE-DAME, subst. fém. (*notre-dame*), la sainte Vierge. — Sa fête. — Image de la Vierge. — Cathédrale de Paris et de plusieurs chefs-lieux de préfecture.

NOTTINGHAM, subst. propre mas. (*notetineguame*), comté d'Angleterre.

NOTULATION, subst. fém. (*notulâcion*) (en lat. *notulatio*, dérivé de *notula*, diminutif de *nota*, note), action de composer, de faire des *notules*; leur ensemble. Inusité.

NOTULE, subst. fém. (*notule*) (en lat. *notula*, dim. de *nota, note*), petite *note*. Presque inusité.

NOTULÉ, E, part. passé de *notuler*.

NOTULER, v. act. (*notulé*), faire des *notules*, de petites *notes*. — *se* NOTULER, v. pron. Entièrement inusité.

NOTUS, subst. propre mas. (*nôtuce*) (en latin *notus*, en grec νοτος), myth., le vent du midi.

NOUAILLE (LA), subst. propre fém. (*lanou-a-ie*), village de France, chef-lieu de canton, arr. de Nontron, dép. de la Dordogne.

NOUAILLEUSE, adj. fém. Voy. NOUAILLEUX.

NOUAILLEUX, adj. mas., au fém. NOUAILLEUSE (*nou-a-ieu, ieuze*), *noueux*, rempli de *nœuds*. (*Boiste*.) Peu usité.

NOUASSE, subst. fém. (*nou-ace*), espèce de noix muscade sauvage.

NOUE, subst. fém. (*nou*), en archit., angle rentrant que forment deux combles qui se joignent. — Lame de plomb ou d'autre métal placée dans la *noue*. — Sorte de tuile faite en demi canal pour égoutter l'eau. — Terre grasse et humide.

NOUÉ, subst. mas. (*nou-é*), t. de chir., bandage employé pour comprimer la région parotidienne, et dans laquelle on croise les cylindres de la bande, de manière à couvrir cette région de *nœuds* analogues à ceux que l'on forme sur la tempe en appliquant le nœud d'emballeur. Voy. *nœud d'emballeur*, au mot NŒUD.

NOUÉ, E, part. pass. de *nouer*, et adj. — *Pièce de théâtre bien* ou *mal nouée*, dont l'intrigue est bien ou mal menée. — Se dit, en peinture, des figures et des couleurs qui ont entre elles de la liaison et une belle disposition.

NOUÉES, subst. fém. plur. (*nou-é*), t. de vén., nom donné à la fiente des cerfs depuis la mi-mai jusqu'à la fin d'août.

NOUEMENT (Nous ferons remarquer que l'*Académie*, contre son ordinaire, ne donne pas ici la double orthographe, qui, pour elle, serait *noûment*.), subst. mas. (*nou-man*), action de *nouer*. — *Nouement d'aiguillette*, prétendu maléfice.

NOUER, v. act. (*nou-é*) (en latin *nodare*), lier en faisant un *nœud*: *nouer un ruban, des jarretières*. — Fig., lier : *nouer amitié; nouer une partie*. — *Nouer l'aiguillette*, empêcher, par maléfice, la consommation du mariage. — *Nouer une intrigue*, la préméditer. — En littér., former le *nœud*, l'obstacle qui donne lieu à l'intrigue : *nouer l'action d'un drame*. — *se* NOUER, v. pron. — On dit qu'*un enfant se noue* lorsqu'il devient rachitique, que ses membres se raccornissent. — *La goutte se noue*, quand elle se durcit dans les jointures. — *Les intestins se nouent dans la colique de miserere*, ils se retirent sur eux-mêmes. — En parlant des fruits, passer de l'état de fleur à celui de fruit : *les poires commencent à se nouer*.

NOUET, subst. mas. (*nou-é*), *nœud*; linge *noué*, dans lequel on a mis quelque drogue pour la faire tremper ou bouillir.

NOUETTE, subst. fém. (*nou-ète*), tuile bordée d'une arête qu'on emploie dans quelques pays.

NOUEURE, subst. fem., barbarisme. Voy. NOUÛRE.

NOUEUSE, adj. fém. Voy. NOUEUX.

NOUEUX, adj. mas., au fém. NOUEUSE (*noueu, euze*) (en latin *nodosus*, fait de *nodus*, nœud), qui a des *nœuds*, en parlant du bois.

NOUGAT, subst. mas. (*nougua*) (du latin *nux*, gén. *nucis*, noix), espèce de gâteau fait d'amandes ou de noix au caramel.

NOUILLE, subst. fém. (*nou-ie*), pâte d'Allemagne, très-nourrissante, faite en forme de ruban. On dit aussi *noudle* et *noudlen*.

NOUKAHIVA, subst. mas. (*nouka-iva*), nom indigène d'un archipel de la Polynésie, autrefois *îles Marquises*, de *Mendana*, etc.

NOULET, subst. mas. (*noulé*), canal fait avec des *noues* de tuile, de plomb ou de bois, pour l'écoulement des eaux. — Pièce de charpente qui, dans deux combles qui se joignent, forme le fond de la *noue*.

NOUMÈNES, subst. mas. plur. (*noumène*), le principe des phénomènes que l'entendement suppose comme leur base. (*Boiste*.) Inusité.

NOUROU, subst. mas. (*nourou*), myth., fête qu'on célèbre dans le Mogol au commencement de l'année.

NOURRAIN, subst. mas. (*nourein*) (du mot *nourrir*), synonyme d'*alevin*.

NOURRI, E, part. pass. de *nourrir*, et adj. — *Homme bien nourri*, gros et gras. — *N'être pas nourri*, être mal *nourri*. — *Blé, grain bien nourri*, bien rempli. — *Style nourri*, plein, riche, abondant. — *Lettre bien nourrie*, dont les traits sont bien formés; *qui n'est pas nourrie*, qui est plus déliée qu'il ne faut. — En peint., *couleur bien nourrie*, bien empâtée. — *Trait nourri*, qui n'est pas trop fin.

NOURRICE, subst. fém. (*nourice*) (en lat. *nutrix*, gén. *nutricis*, ou *nutritia*), femme qui allaite un enfant qui n'est pas le sien : *c'est sa nourrice*. — On dit d'une mère qui allaite son enfant, *qu'elle a voulu en être la nourrice*. — *Mettre un enfant en nourrice*, le donner à une *nourrice* hors de chez soi; *le retirer de nourrice*, de chez la *nourrice* qui en était chargée. — On dit aussi quelquefois, adj. au fém., *mère nourrice*. — *Cet enfant a été changé en nourrice*, il y a eu substitution d'enfant. — Prov. : *il faut qu'il ait été changé en nourrice*, cet enfant ne ressemble à personne de sa famille du côté de l'éducation et du caractère. — *Battre sa nourrice*, attaquer ceux qui ont fait ou qui font notre éducation. — Fig., province, ville qui fournit des subsistances à d'autres : *la Sicile fut pendant longtemps la nourrice de Rome*. — Nous ne croyons pas qu'on puisse dire avec l'*Académie*, que *les maladies chroniques sont les nourrices du médecin; qu'il y a certaines questions de droit qui sont les nourrices des gens de palais*. L'emploi de ce terme par trop trivial est inconvenant.

NOURRICERIE, subst. fém. (*nouriceri*), lieu où l'on élève des vers à soie.

NOURRICIER, adj. mas., au fém. NOURRICIÈRE (*nouricié, cière*), qui *nourrit*, qui opère la *nutrition*, qui se répand en substance : *suc nourricier, sève nourricière*. — *Père nourricier*, ou subst. au fém. : *le nourricier*, mari de la *nourrice* d'un enfant. — Fig. : *père nourricier des pauvres*, homme qui fait d'abondantes aumônes.

NOURRICIÈRE, adj. fém. Voy. NOURRICIER.

NOURRIR, v. act. (*nourir*) (du latin *nutrire*), en parlant des personnes, entretenir d'aliments : *les enfants doivent nourrir leurs pères et leurs mères dans le besoin*. — Allaiter un enfant. — *Cette femme ne saurait nourrir d'enfants*, que l'*Académie* nous donne comme signifiant : *elle a le malheur de perdre tous ses enfants dès leur bas âge*, ne veut pas dire cela, mais bien : *cette femme ne saurait les allaiter, les nourrir de son sein*. Dans le sens indiqué, on dit : *cette femme ne saurait élever d'enfants*. — Fig., élever, instruire : *il faut nourrir les enfants dans l'amour de la vertu*. — En parlant des choses, servir d'aliment. En ce sens, il s'emploie quelquefois comme neutre : *il y a des aliments qui nourrissent trop*. — Fig., 1° former, façonner l'esprit : *les bonnes lectures nourrissent l'esprit*, etc.; 2° entretenir : *le bois nourrit le feu*, — *Nourrir un serpent dans son sein*, élever, protéger un méchant. — En parlant des plantes, leur fournir des sucs pour la végétation : *la bonne terre nourrit les arbres*, etc. — *Nourrir* se dit d'un pays qui fournit un autre de vivres : *les départements nourrissent une capitale*. — Prov. : *il n'y a si petit métier qui ne nourrisse son homme*, et non pas *son maître*, comme le dit l'*Académie*; en travaillant, on trouve toujours de quoi vivre. — Produire, renfermer : *les pays chauds nourrissent beaucoup d'animaux féroces*. — Faire durer, entretenir : *nourrir de la haine dans son cœur*. — En t. de finances : *nourrir une action*, fournir un supplément à un capital d'action. — A la loterie : *nourrir un numero*, mettre à tous les tirages sur le même numero, en augmentant la première mise. — En t. de peint. : *nourrir le trait*, éviter la maigreur et la sécheresse. — En t. de musique : *nourrir les sons*, les soutenir durant toute leur valeur, et leur donner de la force sans dureté. — *se* NOURRIR, v. pron., prendre de la *nourriture*. — *Se nourrir bien, mal*, vivre d'abondance, de privation; dans un sens éloigné, ces locutions se disent des aliments qui profitent bien ou point. — Fig., se repaître, s'entretenir : *se nourrir d'idées tristes*, etc. — NOURRIR, ALIMENTER, SUSTENTER. (*Syn.*) Ces trois termes ne sont synonymes qu'autant qu'ils désignent un soin relatif à la conservation de la vie par les aliments. — *Nourrir*, c'est fournir à la substance des corps vivants, de manière qu'elle soit conservée par les aliments qui se transforment en cette substance même : *alimenter*, c'est fournir à leur substance de manière qu'ils aient toujours des aliments pour se nourrir. *Sustenter*, c'est pourvoir à leurs besoins rigoureux et pressants, de manière que, par les aliments, ils aient ce qui est nécessaire pour vivre. — Vous maintenez la vie de ceux que vous *nourrissez*; vous entretenez la subsistance de ceux que vous *alimentez*; vous soutenez l'existence de ceux que vous *sustentez*. — La vraie mère *nourrit* son enfant de sa propre substance. Un pourvoyeur *alimente* des consommateurs par des fournitures de denrées. La charité *sustente* l'indigent par des secours. — L'agriculture *nourrit* les peuples par ses productions. Le commerce *alimente* un pays par des approvisionnements successifs. Le travail *sustente* le petit peuple par de modiques salaires. — Vous n'*alimentez* pas vos enfants, vos gens, ceux à qui vous donnez la nourriture; vous les *nourrissez*. Vous ne *nourrissez* pas vos voisins, des étrangers, chez qui vous portez seulement des denrées; vous les *alimentez* si vous entretenez leur consommation. Vous n'*alimentez* point ceux à qui vous portez quelquefois des denrées; vous ne *nourrissez* pas ceux que vous ne faites que soulager; vous les *sustentez*.

NOURRISSAGE, subst. mas. (*nouriçaje*), t. d'économie rurale, surtout en usage dans cette phrase : *nourrissage des bestiaux*, pour dire, le soin et la manière de *nourrir* et d'élever les bestiaux.

NOURRISSANT, E, adj. (*nouriçan, çante*), qui *nourrit* beaucoup. — NOURRISSANT, NUTRITIF, NOURRICIER. (*Syn.*) *Nourrissant*, qui *nourrit* beaucoup. *Nutritif*, qui a la faculté de *nourrir*, de se convertir en la substance de l'objet. *Nourricier*, qui opère la *nutrition* qui se répand dans le corps pour en augmenter la substance. — Le premier de ces termes marque l'effet; le second, la puissance; le troisième, l'action. — *Nourrissant* est le mot usité. *Nutritif* est un terme scientifique. *Nourricier* appartient proprement à la physique des corps animés, et spécialement des plantes.

NOURRISSEUR, subst. mas. (*nouriceur*), qui *nourrit* des vaches, des ânesses, etc.; qui fait commerce de leur lait.

NOURRISSON, subst. mas. (*nouriçon*), l'enfant qu'on *nourrit*. — Fig. : *les nourrissons des Muses*, les poètes.

NOURRITURE, subst. fém. (*nouriture*), ce qui *nourrit*; aliment, au propre et au fig. : *l'esprit, comme le corps, a besoin de nourriture*. — Action de *nourrir* un enfant. — Temps pendant lequel on le *nourrit* — Autrefois, éducation. — On l'a même dit pour l'élève, le disciple, qu'on avait formé : *c'est ma chère nourriture*. On ne comprendrait plus rien aujourd'hui à cette locution. — *Faire des nourritures*, élever, engraisser du bétail, de la volaille : *cette terre est propre à faire des nourritures*. Il faut cependant éviter d'employer cette locution; elle est quelque peu surannée. — On dit prov. : *nourriture passe nature*, la bonne éducation peut corriger un mauvais naturel. — En t. de marine : *nourriture de temps*, horizon chargé, temps couvert de nuages.

NOUS, pron. de la 1re pers. plur. et des deux genres, de *moi* ou *je* (*nou*) (en lat. *nos*, en grec νω ou νωι). Il se dit des personnes et des choses personnifiées : *nous disons, nous voulons*. — *Nous* peut être sujet ou régime direct, ou régime indirect : *nous ne pouvons pas être juges dans notre propre cause; lorsque notre haine est trop vive, elle nous met au-dessous de ceux que nous haïssons; il ne faut pas regarder quel bien nous fait un ami, mais seulement le désir qu'il a eu de nous en faire*. Dans la première phrase, *nous* est sujet; dans la seconde, il est régime direct, et dans la troisième, il est régime indirect. — *Nous* se place ordinairement avant le verbe : *sa mort nous a causé beaucoup de chagrin*; mais il peut se placer après dans la phrase interrogative : *Nous en irons-nous?* — *Nous*, joint à un nom substantif, se répète avec ou sans la préposition *à*. Ainsi on dit : *il nous doit cette somme, à nous et à nos associés; il nous a bien accueillis, nous et nos amis*. — *Je vous l'avouerai entre nous*, gardez-moi le secret là-dessus, ceci ne doit pas être confié à d'autres. Dans le même sens, *entre nous soit dit*. — On dit : *nous autres*, pour dire, nous qui sommes du même côté, du même avis, du même rang : *vous allez jouer, nous autres nous allons à la promenade*. — *Nous* s'emploie par un roi dans plusieurs formules, au lieu du sing. *je* et *moi* : *nous vous mandons, nous vous enjoignons*; par les juges dans leurs jugements, par les évêques dans leurs mandements; par les personnes qui ont caractère et autorité : *nous tel, certifions; nous tel, enjoignons*. Les auteurs le disent quelquefois en parlant d'eux et même au sing.; mais c'est une licence qui ne devrait pas être tolérée. En effet, quoi de plus bizarre que de voir accouplés ensemble un sing. et un plur.? L'œil et l'esprit de la raison ne sauraient voir ce ridicule sans en être péniblement choqués. Ainsi, même quand une seule personne parle d'elle-même, dans la forme du plur., il faut que les participes et les adjectifs soient également mis au pluriel.

NOUÛRE, et non pas **NOUURE**, sans accent, comme l'écrit l'*Académie*. Ce mot n'est pas, du reste, chez elle à son rang alphabétique), subst. fém. (*nou-ûre*), maladie des enfants qui se *nouent*. — Il se dit aussi des fruits : *le temps de la nouûre*.

NOUV., abréviation du mot *nouveau*.

NOUVEAU, NOUVEL, adj. mas., au fém. **NOUVELLE** (*nouvô, vèle; nouveau* se dit devant les noms qui commencent par une consonne, et *nouvel* devant ceux qui commencent par une voyelle ou un *h* muet : *nouveau soldat, nouvel officier*.) (en lat. *novus*, fait du grec νεος, etc., avec le digamma éolique νϝος), qui commence d'être ou de paraître : *vin, fruit nouveau; nouveau dessein; nouvel an*. Voy. NEUF. — *Un mot nouveau*, celui qui commence à s'établir, qui n'est pas encore autorisé par l'usage. — *Un habit nouveau*, d'une nouvelle mode; *un habit neuf*, qui a peu ou qui n'a point servi; *nouvel habit*, différent de celui qu'on vient de quitter. — *Visage nouveau*, homme qu'on n'a jamais vu, qui est nouvellement en place. — *Le nouvel an*, le commencement de l'année. — *La saison nouvelle*, le printemps. — *Le nouveau Monde*, l'Amérique. — *Il est bien nouveau dans son métier, dans sa charge*, il n'y est guère expérimenté. — *Homme nouveau*, le premier de sa race qui parvienne aux honneurs, qui se fasse remarquer, etc. — *C'est du fruit nouveau que de le voir*, on n'a pas vu quelqu'un depuis long-temps, enfin on le voit. — *Homme nouveau* ou *nouvel homme*, se dit encore, en spiritualité, du chrétien régénéré par la grace. — Ressemblance, conformité de rapports avec une personne ou une chose déjà connue : *un nouveau Napoléon; un nouveau déluge*, un autre Napoléon, un autre déluge. — *Nouvelle lune* (astron.), le commencement du mois lunaire, qui a lieu lorsque la lune est en conjonction, c'est-à-dire entre la terre et le soleil. — *Le nouveau style*, la manière de compter dans le calendrier, depuis qu'il a été réformé par Grégoire XIII. Nous croyons que cette explication ne doit être insérée que comme ayant déjà un peu vieilli. — *Nouveau Testament*, les Actes des apôtres, les Epîtres de saint Paul, les Epîtres canoniques et l'Apocalypse, par opposition à ce qu'on appelle *Ancien Testament*, qui renferme les livres saints de l'ancienne loi qui ont été composés avant Jésus-Christ. — (En t. de prat., l'*Académie* consacre la locution : *passer titre nouvel*; et elle ajoute aussitôt que *nouvel* ne s'emploie après le substantif que dans ce *seul* exemple; elle aurait dû dire : et dans l'exemple suivant, qu'elle donne : *articuler faits nouveaux*. De semblables difficultés, qui n'ont aucune espèce d'importance, devraient non-seulement ne pas être encouragées par l'*Académie*, mais être blâmées dans son *Dictionnaire* comme étant de la dernière incorrection. Pourquoi ne pas dire : *passer un titre nouveau; articuler des faits nouveaux?*) — Subst. mas., ce qui n'est point ancien; ce qui est *nouveau*; ce qui arrive inopinément; chose surprenante : *voilà du nouveau*. — *Nouveau*, adv., *nouvellement*. Nous ne serons point encore d'accord avec l'*Académie*, qui tolère qu'on dise : *du beurre nouveau battu*, pour : nouvellement battu. — *Nouveau-né*. Voy. ce mot. — *De nouveau*, loc. adv., une seconde fois. — *A nouveau*, loc. adv. à l'usage de la banque et des maisons de commerce, pour signifier, sur un *nouveau* compte, ne se dit guère.

NOUVEAU-DÉBARQUÉ, subst. mas. (*nouvôdébarkié*), personne nouvellement arrivée de la province. — Au plur., des *nouveaux-débarqués*.

NOUVEAU-MARIÉ (*nouvômarié*), subst. mas., homme nouvellement marié. — Au plur. mas., les *nouveaux-mariés*, le mari et la femme *mariés* depuis peu.

NOUVEAU-NÉ, subst. mas. qui ne s'emploie jamais au fém.; on dit d'une fille même : *le nouveau-né*, et non pas : *la nouveau-née* (*nouvôné*), enfant *nouvellement né*. — Au plur., des *nouveaux-nés*, et non pas des *nouveau-nés*, car il est bien question d'enfants qui sont *nouveaux*, parce qu'ils sont *nés nouvellement*. Nous ferons remarquer que l'*Académie*, qui écrit des *nouveau-nés*, écrit des *nouveaux venus*.

NOUVEAUTÉ, subst. fém. (*nouvôté*), qualité de ce qui est *nouveau*. — Chose *nouvelle*. En ce sens, il se dit plus souvent au plur. : *être amateur de nouveautés; courir après les nouveautés*. — Temps pendant lequel une chose est *nouvelle*. — Parures, brochures, pièces de théâtre *nouvelles*. — Fruits précoces, mets coûteux parce qu'ils sont *nouveaux*. — Innovation : *ce que vous me dites là est de la nouveauté*. — Il y avait à Paris un théâtre appelé *les Nouveautés*.

NOUVEAU-VENU, subst. mas. (*nouvôvenu*), qui est arrivé tout récemment. — Au plur., des *nouveaux-venus*, des gens *venus* tout *nouvellement*, et qui sont par conséquent *nouveaux*.

NOUVEL, adj. mas. Voy. NOUVEAU.

NOUVELLE, adj. fém. Voy. NOUVEAU.

NOUVELLE, subst. fém. (*nouvèle*), le premier avis qu'on reçoit d'une chose arrivée récemment. — *Être à la source des nouvelles*, auprès de ceux qui reçoivent les premiers avis. — *Nouvelles de basse-cour, d'antichambre*, ridicules et sans fondement. — *Nouvelles à la main*, *nouvelles* manuscrites qu'on débitait périodiquement. On ne dit plus aujourd'hui que *journal* ou *feuilles publiques*. — Avis sur ce qui regarde une personne, une chose. — Ce qu'on a appris sur la conduite de quelqu'un. — Conte : *nouvelle historique, nouvelle espagnole*, etc. — On dit, par forme de menace, *vous aurez, vous recevrez de mes nouvelles*, vous recevrez de ma part quelque sujet de chagrin. — En plaisantant : *je sais de vos nouvelles*, de vos aventures secrètes. — *Envoyer savoir des nouvelles de quelqu'un*, s'informer de l'état de sa santé. — *N'avoir ni vent ni nouvelle d'une personne*, n'en point entendre parler. — *Attendez de mes nouvelles pour faire telle ou telle chose*, n'agissez pas avant que je ne vous aie donné de *nouvelles* instructions. — *Pouvoir en dire des nouvelles*, être mieux instruit que personne d'une chose. — *Envoyer aux nouvelles*, envoyer pour avoir des instructions sur telle chose. — *Grandes nouvelles! il y a de grandes nouvelles*, des faits surprenants, extraordinaires. — *Point de nouvelles*, point de résultat; on n'entend parler de rien. — Prov. : *point de nouvelles, bonnes nouvelles*; quand on n'entend point parler d'une personne ou d'une chose, on doit présumer que la personne se porte bien; que la chose ne périclite en rien. — AVOIR NOUVELLE, AVOIR DES NOUVELLES. (*Syn.*) *Avoir nouvelle*, c'est apprendre la chose; on l'ignorait auparavant. *Avoir des nouvelles*, c'est apprendre des circonstances et des particularités de la chose; on savait déjà la chose auparavant, mais on en ignorait les détails. — *Avoir nouvelle* se construit avec *de* et un nom, ou bien avec *que* et une proposition incidente, selon que la chose qu'on apprend peut ou doit s'exprimer par un nom ou par une proposition.

Avoir des nouvelles ne peut se construire qu'avec de et un nom ; *nous avons nouvelle qu'on a découvert au sud un troisième continent; nous y prendrons plus de confiance, quand nous en aurons des nouvelles plus détaillées.*

NOUVELLE-MARIÉE, subst. fém. (*nouvèlemarié*), femme nouvellement mariée.—Au plur., des *nouvelles-mariées.*

NOUVELLEMENT, adv. (*nouvèleman*), depuis peu : *de la crème nouvellement faite*, faite depuis peu.

NOUVELLETÉ, subst. fém. (*nouvèleté*), t. de palais, entreprise faite sur le possesseur d'un héritage. Presque inusité. L'*Académie* devrait nous en avertir.

NOUVELLE-ZEMBLE, subst. propre fém. (*nouvèlezanble*), grande terre de l'Océan glacial arctique.

NOUVELLIER, subst. mas. (*nouvèlié*), inconstant. (*Boiste.*) Hors d'usage.

NOUVELLISÉ, E, part. pass. de *nouvelliser.*

NOUVELLISER, v. act. (*nouvèlizé*), dire des *nouvelles.* (*Boiste.*) Hors d'usage.

NOUVELLISTE, subst. mas. (*nouvèliceté*), celui qui est curieux de savoir des *nouvelles* et qui aime à en débiter. — *Nouvelliste à la main*, expression par trop surannée, et que nous ne devrions pas retrouver dans l'*Académie.*

NOUVION-EN-PONTHIEU, subst. propre mas. (*nouvion-anpontieu*), village de France, chef-lieu de canton, arrond. d'Abbeville, dép. de la Somme.

NOUVION-EN-THIÉRARCHE, subst. propre mas. (*nouvion-anti-érarche*), bourg de France, chef-lieu de canton, arrond. de Vervins, dép. de l'Aisne.

NOVACULITHE, subst. fém. (*novakulite*) (du lat. *novaculam*, rasoir, et du grec λίθος, pierre), sorte de pierre à aiguiser, pierre à lancette.

NOVALE, subst. fém. (*novale*), terre *nouvellement* défrichée et mise en labour. —Au plur., dîmes que les ecclésiastiques percevaient anciennement sur ces sortes de terres.—Il est aussi adj. des deux genres : *terre novale, biens novales.*

NOVATEUR, subst. mas., **NOVATRICE**, subst. fém. (*novateur, trice*) (en lat. *navator*), celui, celle qui *innove*, qui introduit quelque nouveauté. — L'artisan des innovations.— L'usage de ce mot, borné long-temps aux matières de religion, s'est depuis étendu à divers autres objets.—Adj.: *génie novateur, société novatrice.*

NOVATION, subst. fém. (*novâcion*) (en latin *novatio*), t. de droit, acte par lequel on change une obligation en une autre obligation, ou substitue un débiteur à un autre débiteur, etc.

NOVATRICE, subst. fém. Voy. NOVATEUR.

NOVELLA, subst. mas. (*novélela*), t. de bot., nom donné à plusieurs arbres et arbrisseaux qui servent à l'ornement des jardins et des routes dans les Indes orientales. — Subst. propre fém., myth., surnom sous lequel les pontifes invoquaient Junon, à l'époque des calendes.

NOVELLE, subst. fém. (*novèle*) (en lat. *novellæ*), chacune des constitutions de l'empereur Justinien, etc. On se sert plus souvent du plur. : *les Novelles de Justinien.*

NOVEMBRE, subst. mas. (*novanbre*) (en lat. *november*, formé de *novem*, neuf, parce que ce mois était le *neuvième* de l'année romaine, lorsqu'elle commençait au mois de mars), le onzième mois de l'année.

NOVEMDIALE, subst. fém. (*novandiale*) (du lat. *novem*, neuf, et *dies*, jours), myth., chez les anciens, sacrifice funèbre que l'on faisait le neuvième jour après la mort de quelqu'un. — Au plur., fêtes romaines qui duraient neuf jours.

NOVEMDION, subst. mas. (*novandion*) (même étym. que celle du mot précéd.), neuvaine, espace, intervalle de neuf jours. Hors d'usage.

NOVEMVIR, subst. mas. (*novèmevire*) (du lat. *novem*, neuf, et *vir*, homme), t. d'antiq., nom que les Romains donnaient aux archontes d'Athènes, qui étaient au nombre de neuf. Inus.

NOVEMVIRAT, subst. mas. (*novèmevira*), t. d'antiq., à Athènes, haute magistrature exercée par les *novemvirs.* Presque inusité.

NOVENAIRE, adj. des deux genres (*novenère*) (du lat. *novem*, neuf), se dit de ce qui se fait par *neuf*, tous les *neuf* jours : *la chronologie novenaire.*

NOVERCE, subst. fém. (*novèrece*) (en lat. *noverca*), marâtre. (*Boiste.*) Vieux, et même hors d'usage.

NOVICE, subst. et adj. des deux genres (*novice*) (en lat. *novitius*), personne qui a pris nouvellement l'habit de religion, pour s'éprouver pendant un certain temps, avant de faire profession. — Au fig., apprenti, encore nouveau et peu exercé : *il est encore fort novice dans son métier*; et adj.: *une main, une plume novice.* — On dit *novice* d'une personne qui n'a point ou qui a peu la connaissance du monde : *c'est un jeune homme encore novice.*—Fig. et fam. : *ferveur de novice*, ardeur qu'inspire la nouveauté.—*N'être pas novice*, avoir beaucoup, trop même d'expérience.

NOVICIAT, subst. mas. (*novici-a*), état des *novices* avant qu'ils fassent profession.— Temps pendant lequel ils sont dans cet état.—Maison religieuse ou partie de la maison où les *novices* demeurent.—Fig., apprentissage qu'on fait de quelque art, de quelque profession.

NOVION-PORCIEN, subst. propre mas. (*novi-ouporcieïn*), village de France, chef-lieu de canton, arrond. de Réthel, dép du Doubs.

NOVISSIMÈ, et non pas **NOVISSIMÉ**, avec l'accent aigu, comme l'écrit l'*Académie*, ce mot n'étant pas encore tout-à-fait naturalisé français, adv. (*novicecimé*), mot emprunté du lat. qui signifie *tout récemment.* Peu en usage.

NOYADE, subst. fém. (*noé-iade*), action de *noyer* plusieurs personnes à la fois. — Au plur., atrocités révolutionnaires exercées à Nantes sur des malheureux que l'on conduisait dans des bateaux à soupape au milieu de la rivière, où on les submergeait.

NOYALE, subst. fém. (*noé-iale*), toile de chanvre écru pour faire des voiles.

NOYALIÈRE, adj. fém. (*noé-iali-ère*) : *terre noyalière*, semée de *noyaux.* (Boiste.) Il est peu usité.

NOYANT, subst. propre mas. (*noé-ian*), village de France, chef-lieu de canton, arrond. de Baugé, dép. de Maine-et-Loire.

NOYAU, subst. mas. (*noé-iô*) (du lat. *nucellus*, fait de *nucis*, gén. de *nux*, noix. *Ménage.*), partie dure et ligneuse, renfermée au milieu de certains fruits et qui en contient la semence. — *Eau de noyau*, liqueur faite avec des *noyaux* de fruit.— Prov. : *il faut casser le noyau pour en avoir l'amande*, prendre de la peine avant d'avoir du profit. — En archit., *noyau* se dit de ce qui est enveloppé d'un revêtement : *ce marbre a un noyau de maçonnerie.* — En astron., on nomme *noyau d'une comète*, la partie lumineuse de la comète.—Origine, principe d'un établissement, d'une faction : *le noyau grossira.* —Vis à laquelle se rassemblent toutes les marches d'un escalier. — T. d'hist. nat., la partie la plus dure qui se trouve au centre de certains cailloux. — Dans la fonte des cloches, etc., corps solide dont on remplit l'espace renfermé par la cire. Au plur., *noyaux*, en t. de chaufournier, pierres mal calcinées.—Le peuple appelle des *noyaux*, de l'argent : *amasser des noyaux*, des écus.

NOYÉ, E, part. pass. de *noyer*, et adj., qui est mort dans l'eau.—Fig., abymé, perdu sans ressource.— *Des yeux noyés de larmes*, pleins de larmes.—*Dans ce discours, le sens est noyé dans les paroles*, ce discours est trop verbeux, trop diffus.—*Un homme noyé de dettes*, qui doit plus qu'il n'a. — *Un homme noyé*, perdu, ruiné de biens ou de réputation. — En t. d'impr., *papier noyé*, qu'on a trop trempé. — Dans la peinture en émail, *teinte noyée*, teinte affaiblie ou devenue livide par la pente du fluide qui a entraîné la couleur. — Subst., personne morte dans l'eau, ou seulement asphyxiée par l'eau.

NOYÉ-D'EAU, subst. mas. (*noéi-édô*), t. de papetier, nébulosité dans le papier. (*Boiste.*) — Au plur., des *noyés-d'eau.*

NOYER, subst. mas (*noé ié*), t. de bot., grand arbre à fleurs amentacées, qui porte des *noix.*— *Une table de noyer, en noyer*, faite de bois de *noyer.*

NOYER, v. act. (*noé-ié* et non pas *né-ié*, comme dit le peuple) (suivant *Ménage* et d'autres étymologistes, du lat. *necare*, tuer, faire mourir, et qui se trouve avec le sens de *noyer* dans *Sulpice Sévère*, etc.), faire périr dans l'eau ou dans quelque autre liqueur.—Inonder : *les pluies ont noyé la campagne.* — Fig. : *noyer son vin d'eau*, mettre trop d'eau dans son vin.— Poét. : *noyer son chagrin dans le vin*, perdre le souvenir de son chagrin en buvant ; *noyer sa raison dans le vin*, perdre la raison à force de boire. —*Noyer sa pensée dans un déluge de paroles*, être trop diffus. — En t. de peinture, *noyer les couleurs*, les mêler et les appliquer de manière qu'elles se confondent insensiblement les unes dans les autres. — Prov. : *qui veut noyer son chien, dit qu'il a la gale*, on ne manque pas de prétextes quand on veut perdre quelqu'un. — *Noyer une boule, une bille*, en t. de jeu, la pousser plus avant qu'elle ne doit aller. — **SE NOYER**, v. pron., perdre la vie dans l'eau. — Fig., se perdre sans ressource.—*Se noyer dans la débauche, dans les plaisirs*, s'y livrer avec excès. — *Il se noierait dans son crachat*, se dit d'un homme qui ne réussit à rien, qui est malheureux.—*Se prendre à tout comme un homme qui se noie*, employer tous les moyens pour sortir d'une mauvaise affaire.—*C'est un homme qui se noie*, qui agit comme un fou, qui se ruine, se perd. — *Se noyer dans les pleurs*, en répandre beaucoup.

NOYERS, subst. propre mas. (*noé-ié*), village de France, chef-lieu de canton, arrond. de Sisteron, dép. des Basses-Alpes.

NOYON, subst. propre mas. (*noé-ion*), ville de France, chef-lieu de canton, dép. de l'Oise. — C'est dans cette ville que naquit Calvin.

NOYON, subst. mas. (*noé-ion*; il est, selon nous, ridicule de lire dans l'*Académie* qu'on prononce populairement *néyon* ; d'abord ce serait au moins *néion.* Et depuis quand le peuple fait-il autorité en matière de prononciation de langue?), t. de jeu, ligne qui borne le jeu de boule. — T. d'horlogerie, petit creux cylindrique.

NOYURE, subst. fém. (*noé-iure*), trou fait en forme d'entonnoir pour araser la tête d'un clou, d'une vis, etc.

NOZAY, subst. propre mas. (*nozé*), village de France, chef-lieu de canton, arrond. de Châteaubriant, dép. de la Loire-Inférieure.

NOZEROY, subst. propre mas. (*nozeroé*), ville de France, chef-lieu de canton, arrond. de Poligny, dép. du Jura.

NOZOUL, subst. mas (*nozoule*), droit ou impôt de guerre que l'on perçoit en Turquie.

N. S. abrév. de *Notre-Seigneur.*

NU, E, adj. (*nu*) (en lat. *nudus*; on écrivait autrefois *nud*), qui n'est point vêtu, recouvert, voilé : *il était nu ; il avait la jambe, la tête nue.* — Par extension, on le dit des choses : *épée nue*, hors du fourreau, etc.—*Observer quelque chose à l'œil nu*, sans lunettes, sans microscope. —En t. de chimie, on appelle *feu nu*, celui dont l'action est dirigée vers le corps sur lequel on travaille. — Fig., sans déguisement : *c'est la vérité toute nue ; je vous ai montré mon âme toute nue.* — *Aller nu-pieds, nu-jambes, nu-tête*, les pieds *nus*, etc.—Fig. et fam. : *un va-nu-pieds*, un gueux, un misérable.—*Il est tout nu*, il a de méchants habits tout déchirés.— *Être nu en chemise*, n'avoir que sa chemise sur le corps. — *Être arrivé tout nu*, dans le plus complet dénuement.—Prov..—*S'enfuir un pied chaussé, l'autre nu*, en toute hâte, sans avoir le temps de se vêtir.— *Vendre un cheval tout nu*, sans selle ni bride.—*Muraille toute nue*, non couverte de tapisserie. — *Ce portrait, ce tableau est trop nu*, est trop dépouillé d'ornements. — *Un sujet nu, une composition nue*, dépourvue d'un nombre suffisant d'objets, d'ornements convenables.—*Pays nu*, sans verdure.— En jurispr., *nue propriété*, en deux mots, ou bien en un seul, *nu-propriété*, propriété d'un fonds dont un autre a l'usufruit. Voy. NU, subst.

NU, subst. mas. (*nu*), personne qui n'a pas le moyen d'avoir des habits : *vêtir les nus.*—*Le nu*, en t. de peinture et de sculpture, les figures et les parties des figures non drapées : *le nu de cette figure n'est pas correct.*—En t. d'archit. : *le nu du mur*, l'endroit où il n'y a point d'ornements en saillie.— En t. de menuiserie, le devant d'une partie quelconque. — *A nu*, adv., à découvert, au propre et au fig. : *toucher un bras nu ; faire voir son cœur à nu.*— *Monter un cheval à nu*, sans selle.

NUAGE, subst. mas. (*nu-aje*) (en lat. *nubes*), amas de vapeurs élevées en l'air, et qui, réunies, se rendent visibles. Voy. NUE. — Fig. 1° ce qui offusque la vue : *un nuage de poussière* ; 2° par extension de métaphore, les doutes, les incertitudes, les ignorances de l'esprit, etc. : *se perdre dans les nuages*, rendre avec emphase des idées inintelligibles.—En médec., substance légère et blanchâtre qui nage dans l'urine.—Orage qui s'é-

lève.—Chagrin, soupçon, peint sur la figure :
Quel trouble a formé ce *nuage?*
RACINE.

—Au plur., t. d'astron.. nébulosités ou blancheurs.

⁕ NUAGÉ, E, adj. (nu-ajé), t. de blas. ; se dit de l'écu ou des pièces représentées avec plusieurs ondes.

NUAGER, adj. mas., au fém. NUAGÈRE (nuajé, jère), qui appartient aux nuages ; qui est d'une nature analogue à celle des nuages ; qui les habite. (Boiste.) Peu en usage.

NUAGEUSE, adj. fém. Voy. NUAGEUX.

NUAGEUX, adj. mas., au fém. NUAGEUSE (nuajeu, jeuze) : un ciel nuageux, couvert de nuages. — T. de lapid., il se dit au fém. de pierres précieuses dont la transparence est terne en plusieurs endroits.

NUAISON, subst. fém. (nu-èzon), t. de mar., temps que dure un même vent, de quelque partie qu'il souffle.

NUANCE, subst. fém. (nu-ance) (suivant Nicot, on disait autrefois nuage avec la même signification ; et c'est de ce mot que dérive celui de nuance. D'autres le tirent du latin mutatio, changement ; d'où l'on a fait d'abord mutance, et ensuite nuance), augmentation ou diminution insensible d'une même couleur, en passant par degrés de l'obscur au clair et du clair à l'obscur.—Mélange ou assortiment de couleurs qui vont bien ou mal ensemble.—Au fig., différence délicate et presque insensible qui se trouve entre deux choses du même genre.—Il se dit aussi des mots : *ce sont des nuances délicates que les connaisseurs aperçoivent.*

NUANCÉ, E, part. pass. de nuancer, et adj.

NUANCER, v. act. (nu-ance), assortir différentes couleurs. Voy. NUER.—Fig. : *nuancer les caractères dans un ouvrage d'esprit.—se* NUANCER, v. pron.

NUBÉCULE, subst. fém. (nubèkule) (en latin nubecula, diminutif de nubes, nuage), t. de médec., maladie de l'œil, qui fait voir comme au travers d'un nuage.—T. d'astron., tache dans le ciel.

NUBIE, subst. propre fém. (nubi), grande contrée de l'Afrique.

NUBIEN, subst. propre mas. (nubien), peuple de la *Nubie.*

NUBIGÈNE, subst. propre mas. (nubijène), myth., nom des enfants ou descendants de la *Nuée :* les Centaures.

NUBILE, adj. des deux genres (nubile) (du lat. nubilis, fait dans le sens de nubere, prendre un mari, lequel est dérivé de nubes, nuage, pris ici dans le sens de voile ; parce que chez les Romains, les jeunes mariées étaient conduites voilées dans la maison de leur mari), qui a l'âge indiqué par la nature, ou requis par la loi, pour se marier. Il se dit principalement des jeunes filles.—Age nubile, âge auquel les jeunes filles sont en état de se marier. Voy. NUBILITÉ.

NUBILEUSE, adj. fém. Voy. NUBILEUX.

NUBILEUX, adj. mas., au fém. NUBILEUSE (nubileu, leuze), chagrin, sombre, mélancolique. (Boiste.) Inusité.

NUBILITÉ, subst. fém. (nubilité), état de celui ou de celle qui est nubile.—Age nubile.

NUBLESSE ou NUBILESSE, subst. fém. (nublèce, bilèce), interception du jour par un nuage. (Boiste.) Inusité.

NUCIFRAGE, subst. mas. (nucifraje) (du latin nux, nucis, et frangere, rompre, briser), t. d'hist. nat., division d'oiseaux qui aiment beaucoup les noix.

NUCIPERSICA, subst. fém. (nucipèrcika) (du lat. nux, nucis, noix, et persica, pêche), t. de jard., variété de pêche dont le noyau ressemble à une *noix.*

NUCIPRUNIFÈRE, subst. mas. (nuciprunifère) (du lat. nux, gén. nucis, noix, et prunum, génitif pruni, prune, et fero, en grec φερω, je porte), t. de bot., sorte de plante de la famille des savonniers.

NUCLÉOBRANCHE, subst. mas. (nuklé-obranche), t. d'hist. nat., ordre de mollusques.

NUCLÉOLITHE, subst. fém. (nuklé-olite) (du lat. nucleus, noyau, et du grec λιθος, pierre), t. d'hist. nat., genre de vers échinodermes, qui sont fossiles.

NUCTOGRAPHE, subst. mas. (nuktograſe) (du lat. noctu, en lat. νυκτος, de nuit, gén. de νυξ, nuit, et γραφω, j'écris), instrument au moyen duquel on peut écrire la nuit, sans voir clair.

NUCTOGRAPHIE, subst. fém. (nuktograſi) (même étymologie que celle du mot précédent), méthode par laquelle on apprend à écrire dans l'obscurité.

NUCTOGRAPHIQUE, adj. des deux genres (nuktograſike), qui a rapport, qui appartient à la nuctographie.

NUCULAIRE, adj. des deux genres (nukulère), qui renferme des noix : *fruit nuculaire.*

NUCULE, subst. fém. (nukule), t. d'hist. nat., mollusque acéphale.

NUDIBRANCHE, subst. mas. et adj. des deux genres (nudibranche), t. d'hist. nat., ordre de mollusques qui répond à celui des dermobranches.

NUDICOLLE, subst. mas. et adj. des deux genres (nudikole) (du latin nudus, nu , et collum, col), t. d'hist. nat., nom qu'on donne généralement aux oiseaux à cou nu.—Famille d'oiseaux rapaces. — Tribu d'insectes de l'ordre des hémiptères.

NUDIPÉDALES et mieux NUDIPÉDALIES, subst. fém. plur. (nudipédale, dali), t. d'antiq., fêtes que les Grecs et les Romains célébraient *ayant les pieds nus.*

⁕ NUDIPÈDE, adj. des deux genres (nudipède) (du lat. nudus, adj., nom. plur. nudi, nus, et pedes, nom. plur. de pes, pieds), qui va pieds nus : *il y a beaucoup de sauvages nudipèdes.* — Subst. mas., t. d'hist. nat., famille de gallinacés.

NUDITÉ, subst. fém. (nudité) (en lat. nuditas, ou mieux nudatio), état d'une personne qui est *nue,* qui est sans vêtement. — Les parties du corps humain que la pudeur oblige de cacher ; les parties nues.—En t. de peinture, figure nue. Il se dit ordinairement au plur. : *ce peintre se plaît à faire des nudités.*

NUE , subst. fém. (nu) (en lat. nubes), nuée, nuage : *l'éclair qui sort de la nue.* — Fig., élever une personne, une action jusqu'aux nues, la louer excessivement.—Fig. et fam. : 1° faire sauter quelqu'un aux nues, le mettre en colère, faire qu'il s'emporte ; 2° tomber des nues, être extrêmement surpris. On dit dans une autre acception, qu'une chose nous tombe des nues, quand on ne sait d'où elle nous vient ; 3° se perdre dans les nues, perdre de vue le sujet qu'on traite, soit en parlant, soit en écrivant. — Il est tombé des nues, il n'est connu de personne. — Myth., voyez IXION.— NUE, NUÉE, NUAGE. (Syn.) Il semble que nue marque plus particulièrement les vapeurs les plus élevées ; que nuée désigne mieux une grande quantité de vapeurs étendues dans l'air et annonçant de l'orage, et que nuage soit plus propre à caractériser un amas de vapeurs fort condensées. — L'idée de nue fait penser à l'élévation ; celle de nuée, à la quantité et à l'orage ; celle de nuage, à l'obscurité. — Ces idées accessoires deviennent presque principales au figuré. On dit : *elever quelqu'un jusqu'aux nues, tomber des nues, un homme tombé des nues, se perdre dans les nues.*—Dans toutes ces phrases, l'idée d'élévation domine.—On dit fig., qu'une *nuée se forme, et ne tardera pas à éclater.* On dit aussi, *une nuée d'hommes, d'oiseaux, d'animaux.* Dans ces phrases, on voit dominer l'idée de quantité, ou de quelque chose de sinistre. Enfin, on dit fig., un *nuage* de poussière, avoir un *nuage* devant les yeux, avoir des *nuages* dans l'esprit ; l'idée d'obscurité est principalement exprimée dans ces phrases.

NUÉ, E, part. pass. de nuer.

NUÉE, subst. fém. (nu-é), nue, nuage épais et sombre.—Fig., multitude de personnes, d'oiseaux, etc., qui vont par troupes : *une nuée de flèches ; une nuée de corbeaux, de sauterelles,* etc.—Fig. : *la nuée se forme, elle crèvera bientôt,* il se trame un complot, il éclatera dans peu. Voy. NUE. — Au plur., t. de lapid., parties sombres qui se trouvent souvent dans les pierres précieuses et qui en diminuent la beauté et le prix.—*Nuées de Magellan,* deux blancheurs remarquables au ciel, et que les Danois et les Hollandais nomment *nuées du Cap.*—Myth., les anciens avaient fait des *nuées* plusieurs divinités.

NUEMENT, adv. (numan), d'une manière *nue.* — Sans déguisement. Voy. NÛMENT. Tel est du moins le renvoi de *l'Academie,* qui préfère donc *nûment* à nuement. Selon nous, c'est le contraire qu'elle devrait faire, ou bien adopter une orthographe uniforme.

NUE PROPRIÉTÉ, subst. fém. Voy. NU-PROPRIÉTÉ.

NUER, v. act. (nu-é), assortir des couleurs dans des ouvrages de laine ou de soie. *Nuancer* se dit plus ordinairement.—*se* NUER, v. pron. — NUER,

NUANCER. (Syn.) *Nuer* exprime l'action ou l'art d'assortir et de distribuer sur un fond ou sur un tissu les couleurs ou leurs teintes, selon les rapports qu'elles ont entre elles avec le fond et avec les objets qu'elles figurent, qu'elles représentent ou imitent. *Nuancer* exprime l'action ou l'art d'observer, de distinguer, d'employer les *nuances,* soit celles qui forment ou marquent le passage d'une couleur à une autre, soit celles qui forment ou marquent les différents degrés d'une couleur, selon que la chose l'exige.

NUESSE, subst. fém. (nu-èce), t. de prat., anciennement, domaine de certains bénéficiers. (Boiste.)

NUEULE, subst. mas. (nu-eule), t. d'hist. nat., genre de testacés de la division des bivalves.

NUGA, subst. mas. (nugua), t. de bot., nom spécifique qu'on a donné à une espèce de *bouduc.*

NUI, part. pass. de *nuire.*

NUIL, subst. mas. (nuile), t. de bot., espèce d'orchidée qui croît au Chili.

DU VERBE IRRÉGULIER NUIRE :

Nuira, 3ᵉ pers. sing. fut. indic.
Nuirai, 1ʳᵉ pers. sing. fut. indic.
Nuiraient, 3ᵉ pers. plur. prés. cond.
Nuirais, précédé de *je,* 1ʳᵉ pers. sing. prés. cond.
Nuirais, précédé de *tu,* 2ᵉ pers. sing. prés. cond.
Nuirait, 3ᵉ pers. sing. prés. cond.
Nuiras, 2ᵉ pers. sing. fut. indic.

NUIRE, v. neut. (nuire) (en latin nocere), porter dommage, faire tort, faire obstacle ; incommoder. Il se dit des personnes et des choses : *cet homme peut vous nuire* ; *le froid nuit à la santé.—Ne pas nuire,* signifie quelquefois : aider, servir : *je ne lui ai pas nui. — se* NUIRE, v. pron.

DU VERBE IRRÉGULIER NUIRE :

Nuirez, 2ᵉ pers. plur. fut. indic.
Nuiriez, 2ᵉ pers. plur. prés. cond.
Nuirions, 1ʳᵉ pers. plur. prés. cond.
Nuirons, 1ʳᵉ pers. plur. fut. indic.
Nuiront, 3ᵉ pers. plur. fut. indic.
Nuis, 2ᵉ pers. sing. impér.
Nuis, précédé de *je,* 1ʳᵉ pers. sing. prés. indic.
Nuis, précédé de *tu,* 2ᵉ pers. sing. prés. indic.
Nuisaient, 3ᵉ pers. plur. imparf. indic.
Nuisais, précédé de *je,* 1ʳᵉ pers. sing. imparf. indic.
Nuisais, précédé de *tu,* 2ᵉ pers. sing. imparf. indic.
Nuisait, 3ᵉ pers. sing. imparf. indic.

NUISANCE, subst. fém. (nuizance), tort, dommage. (Boiste.) Vieux et même hors d'usage.

DU VERBE IRRÉGULIER NUIRE :

Nuisant, part. prés.
Nuise, précédé de *que je,* 1ʳᵉ pers. sing. prés. subj.
Nuise, précédé de *qu'il* ou *qu'elle,* 3ᵉ pers. sing. prés. subj.
Nuisent, précédé de *ils* ou *elles,* 3ᵉ pers. plur. prés. indic.
Nuisent, précédé de *qu'ils* ou *qu'elles,* 3ᵉ pers. plur. prés. subj.
Nuises, 2ᵉ pers. sing. prés. subj.
Nuisez, 2ᵉ pers. plur. impér.
Nuisez, précédé de *vous,* 2ᵉ pers. plur. prés. indic.

NUISIBLE, adj. des deux genres (nuizible), qui peut *nuire* ou qui nuit.

DU VERBE IRRÉGULIER NUIRE :

Nuisiez, précédé de VOUS, 2ᵉ pers. plur. imparf. indic.
Nuisiez, précédé de *que vous,* 2ᵉ pers. plur. prés. subj.
Nuisîmes, 1ʳᵉ pers. plur. prét. déf.
Nuisions, précédé de *nous,* 1ʳᵉ pers. plur. imparf. indic.
Nuisions, précédé de *que nous,* 1ʳᵉ pers. plur. prés. subj.
Nuisirent, 3ᵉ pers. plur. prét. déf.
Nuisis, précédé de *je,* 1ʳᵉ pers. sing. prét. déf.
Nuisis, précédé de *tu,* 2ᵉ pers. sing. prét. déf.
Nuisisse, 1ʳᵉ pers. sing. imparf. subj.
Nuisissent, 3ᵉ pers. plur. imparf. subj.
Nuisisses, 2ᵉ pers. sing. imparf. subj.
Nuisissiez, 2ᵉ pers. plur. imparf. subj.
Nuisissions, 1ʳᵉ pers. plur. imparf. subj.
Nuisit, précédé de *il* ou *elle,* 3ᵉ pers. sing. prét. déf.
Nuisît, précédé de *qu'il* ou *qu'elle,* 3ᵉ pers. sing. imparf. subj.
Nuisîtes, 2ᵉ pers. plur. prét. déf.

Nuisons, 1re pers. plur. impér.

Nuisons, précédé de *nous*, 1re pers. plur. prés. indic.

Nuit, 3e pers. sing. prés. indic.

NUIT, subst. fém. (*nui*) (en latin *nox*, gén. *noctis*, fait du grec νύξ, gén. νυκτός), espace de temps que le soleil est sous notre horizon. Voy. TÉNÈBRES.—Poétiquement : 1° *la nuit du tombeau*; *l'éternelle nuit*, la mort; 2° *l'astre des nuits*, la lune. — *Les feux de la nuit*, les étoiles et les météores.—*Les voiles de la nuit*, les nuages obscurs.—*Effet de nuit*, en peint., tableau de la *nuit* éclairé par une lumière artificielle.—Fig. : *la nuit des temps*, l'obscurité, les ténèbres qui les couvrent.—*La nuit de l'ignorance*, les époques privées de lumières.—*Nuit blanche*, *nuit* qu'on passe sans dormir. — *Bonnet de nuit*, bonnet qu'on ne met qu'au lit.—*Chemise de nuit*, qu'on ne revêt que pour coucher. — *Table de nuit*, celle que l'on place à côté du lit, et sur laquelle ou dans laquelle on dispose toutes les choses dont on peut avoir besoin pendant la *nuit*. — *Sac de nuit*, sacoche peu volumineuse, qu'on emporte en voyage, et qui renferme tous les objets dont on peut avoir continuellement besoin. —*Bonne nuit*, souhait qu'on se fait en quittant les personnes avec lesquelles on a passé la soirée.— *Se mettre à la nuit*, mieux *s'anuiter*, se faire surprendre par le soir, ou par la *nuit* fermée.—*Passer la nuit*, ne pas se coucher.—*Passer une bonne nuit*, bien dormir.— *Une mauvaise nuit*, mal dormir.—*Ce malade ne passera pas la nuit*, mourra dans la *nuit*. — Prov. : *la nuit, tous les chats sont gris*, on ne reconnaît pas ceux à qui l'on parle; et encore : on ne distingue pas une personne laide ou mal mise d'une autre personne belle ou bien mise.— On dit que la *nuit porte conseil*, pour dire qu'il est bon de passer une *nuit* avant que de prendre une résolution dans une circonstance difficile. — *Nuit et jour* ou *jour et nuit*; toujours, sans discontinuation. — *Ni jour, ni nuit*, jamais. — *De nuit*, adv., pendant la *nuit*. — Myth., déesse des ténèbres, elle était fille de Cœlus et de Tellus. Elle épousa l'Achéron, fleuve des enfers, dont elle eut les Furies et plusieurs autres enfants. On la représente ordinairement avec des habits noirs tout parsemés d'étoiles.

NUITAMMENT, adv. (*nuitaman*) (en latin *noctu*), t. de palais ou style familier, de *nuit*; *à la nuit*; *vol commis nuitamment* ; *il s'en alla nuitamment*.

* **NUITÉE**, subst. fém. (*nuité*), l'espace d'une *nuit*. — L'ouvrage, le travail d'une *nuit*. — Ce qu'on paie dans une auberge pour y passer la *nuit*.

NUITS, subst. propre mas. (*nui*), ville de France, chef-lieu de canton, arrond. de Beaune, dép. de la Côte-d'Or, renommée par les vins que produisent les côtes qui l'environnent.

NUL, adj. mas., au fém. **NULLE** (*nule*) (en latin *nullus*), aucun, pas un. *Nul*, dit *Roubaud*, porte avec lui sa négation ; *aucun* en attend une pour en devenir le synonyme. *Nul* a plus de force exclusive et absolue ; il exclut *chacun*, chaque individu, chaque chose, d'une manière déterminée, depuis la première jusqu'à la dernière; *aucun*, négatif, exclut *quelqu'un*, celui-ci, ou celui-là, une chose ou une autre d'une manière indéterminée. L'homme grossier n'a *nul* égard pour personne; l'homme honnête peut n'avoir aucun égard pour tel individu qui n'en mérite pas. — *Crédit nul, talent nul*, sans crédit, sans talent. — *Nul*, comme *aucun*, et par la même raison (voy. AUCUN.), n'a point de pluriel.—Qui est de *nulle* valeur, en parlant des actes, des contrats.—En parlant des personnes, inutile, sans talents, sans mérite : *c'est un homme nul*. — En t. de bot., qui n'existe pas. Lorsque la fleur qu'on décrit est privée de corolle, on dit que la corolle est *nulle*.

NULLE, adj. fém. Voy. NUL.—Subst. fém.; caractère qui ne signifie rien. On l'emploie dans les lettres en chiffres, pour les rendre plus difficiles à déchiffrer : *cette lettre a été bien difficile à déchirer à cause des nulles*. Ce mot, comme subst., est plus que suranné.

NULLEMENT, adv. (*nuleman*), en aucune manière.—En t. de palais, contre les lois et les formes; d'une manière *nulle*.

NULLI, subst. mas. (*nuleli*), nom d'un ragoût italien.

NULLIFICATEUR, subst. mas. (*nulelifikateur*), celui qui prétend *nullifier*. Voy. ce mot. (*Boiste*.)

NULLIFIÉ, E, part pass. de *nullifier*.

NULLIFIER, v. act. (*nulelifié*) (du lat. *nullus*, nul, et *fieri*, être fait), anéantir ; rendre *nul*. (*Boiste*.) C'est un néologisme qui n'a pas encore reçu ses lettres de naturalisation.

NULLIPORE, subst. mas. (*nulelipore*) (du lat. *nullus*, adj., qui fait au mas. plur. *nulli*, nul, et de *porus*, pore, dérivé du grec πόρος), t. d'hist. nat., genre de polypiers pierreux, dont les *pores* ne sont pas apparents.

NULLITÉ, subst. fém. (*nulelité*), en t. de pratique, défaut de forme, etc., qui rend un acte *nul*, de *nulle* valeur.—En parlant des personnes, 1° anéantissement; 2° défaut de talents; stérilité d'un auteur, etc. : *cet homme est d'une parfaite nullité*, est sans aucun mérite; il ne sait ou ne fait rien; 3° inaction, impuissance. — En t. d'arithm. et d'imprimerie, on appelle *nullité*, un signe à peu près semblable à deux petites virgules accolées, que l'on place dans les colonnes où il ne doit pas se trouver de chiffres; comme, 245 " ; ce signe remplace ordinairement les centimes.

NUM., abréviation du mot *numéral*.

NUMBLE, subst. mas. (*neunble*), t. de féod., droit seigneurial qui se payait par chaque bête qu'on tuait.

NÛMENT, mieux **NUEMENT**, adv. (*numan*), sans déguisement.— En t. de palais et de féodalité, il signifie : immédiatement : *fief qui relève nûment de...* Voy. NUEMENT.

NUMÉRAIRE, adj. des deux genres (*numérère*) (du lat. *numerare*, nombrer, compter; parce que la monnaie se compte) : *valeur numéraire*, valeur fictive dans les espèces.—Subst. mas., argent comptant; espèces sonnantes.

NUMÉRAL, E, adj. (*numérale*) (en lat. *numeralis*, fait de *numerus*, nombre), qui marque quelque *nombre* : *adjectif numéral*. — I, V, X, L, C, D, M, sont des *lettres numérales* dans les chiffres romains : I vaut *un*; V, *cinq*; X, *dix*; L, *cinquante*; C, *cent*; D, *cinq cents*; M, *mille*. — Il n'y a que sept lettres *numérales*, qui sont M, D, C, L, X, V, I, lesquelles composent le chiffre romain. Toutes les sept assemblées forment 1666. Il n'est pas besoin que ce soient ces mêmes lettres qui produisent 1666, car DDDLLLVVVI composent le même nombre, qui pourrait être varié de plusieurs autres manières. Au plur. mas., *numéraux*. — *Vers numéraux*, dont toutes les lettres qui sont *numérales* marquent le millésime de quelque évènement. Les *vers numéraux* s'écrivent comme les autres; mais les *lettres numérales* qui s'y rencontrent se peignent en majuscules, pour qu'on les distingue et qu'on les compte plus facilement. Lorsque don Carlos consulta un astrologue pour savoir quand Philippe II son père mourrait et lui laisserait sa couronne, il lui répondit, dit-on, par ce vers :

Filius ante diem patrios inquirit in annos.

Les *lettres numérales* assemblées de ce vers composent 1568, qui fut l'année de sa mort à lui-même. Cela paraîtra plus clair en l'écrivant *numéralement* :

fILIVs ante DIeM patrIos InqVIrIt In annos.

On a fait beaucoup d'épitaphes en *vers numéraux* qui désignent l'année de la mort, et beaucoup d'inscriptions pour les monuments qui indiquent l'année dans laquelle ils ont été élevés. — NUMÉRAL, NUMÉRIQUE. (*Syn.*) La chose *numérale* forme toujours un nombre; il n'en est pas de même de la chose *numérique*. *Trois* est un nom *numéral* ou un nom de nombre; mais une différence *numérique* n'est pas même cette différence dans le nombre, c'est celle d'un individu à un autre. *Numéral* signifie, ce qui dénomme un nombre; *numérique*, ce qui a rapport aux nombres. Les lettres *numérales* servent de chiffres; les vers *numéraux* marquent des dates; mais les rapports *numériques* sont seulement tirés des nombres : l'arithmétique *numérique* se sert seulement de chiffres au lieu de lettres.

NUMÉRATEUR, subst. mas. (*numérateur*) (en lat. *numerator*), t. d'arithm., celui des deux nombres d'une fraction qui indique combien de fois elle renferme le dénominateur, ou combien on prend de parties égales dans lesquelles l'unité est supposée divisée. C'est le chiffre supérieur d'une fraction, c'est-à-dire : le nombre placé au-dessus de la ligne de division.

NUMÉRATIF, adj. mas., au fém. **NUMÉRATIVE** (*numératif, tive*), de la *numération*.

NUMÉRATION, subst. fém. (*numérâcion*) (en lat. *numeratio*), en arithm., art de prononcer, d'écrire, d'exprimer un nombre quelconque ou une suite de nombres.—Art d'énoncer un nombre écrit. — En t. de pratique, action de *nombrer*, de compter.

NUMÉRATIVE, adj. fém. Voy. NUMÉRATIF.

NUMÉRAUX, adj. mas. plur. Voy. NUMÉRAL.

NUMÉRIE, subst. propre fém. (*numéri*), myth., déesse des nombres, ou qui présidait à l'arithmétique.

NUMÉRIQUE, adj. des deux genres (*numérike*), qui appartient aux *nombres*, qui se fait avec des *nombres* : *calcul*, *opération*, *rapport numérique*. —*Force numérique*, qui consiste dans le *nombre*. Voy. NUMÉRAL.

NUMÉRIQUEMENT, adv. (*numérikeman*), en *nombre* exact.

NUMERO, subst. mas. (*numérô*) (du latin *numerus*, nombre, dont *numero* est le datif et l'ablatif), nombre du chiffre mis sur un ballot, etc. : *numero* 2, 30, 124.—Chez les marchands, marque particulière et connue d'eux seulement qu'ils mettent sur leurs étoffes, pour s'en rappeler le prix. — *Livre de numero*, celui dont on se sert dans les manufactures pour constater l'entrée et la sortie des marchandises.—Grosseur, longueur, finesse, qualité de certaines marchandises : *donnez-moi des épingles, du papier de tel numero*. —*Telle marchandise est du bon numero*, de bonne qualité. — *Un numero de journal*, une feuille *numérotée* d'un journal.— Prov. : *entendre le numero*, avoir de l'intelligence, de la finesse. — Au plur., des *numero*, et non pas des *numeros*, le mot étant tout latin. Cependant le fréquent usage de ce mot peut le faire considérer comme étant passé à l'état de mot purement français; et tous les grammairiens tolèrent aujourd'hui qu'on écrive *numéro*, avec l'accent aigu sur l'*e*, et *numéros*, au plur., en y ajoutant *s*.

* **NUMÉROSITÉ**, subst. fém. (*numérôzité*) (du lat. *numerus*, nombre), qualité de ce qui est nombreux.

NUMÉROTAGE, subst. mas. (*numérotaje*), ordre dans lequel on *numérote* : *numérotage d'une maison*, *d'un carton*, *d'un livre*.—Action de *numéroter* : *je suis occupé à faire le numérotage du cabriolet de M. tel*.

NUMÉROTATION, subst. fém. (*numérotâcion*), action de *numéroter*, de classer par ordre de chiffres. Peu en usage.

NUMÉROTÉ, E, part. pass. de *numéroter*, et adj., marqué d'un *numero*.

NUMÉROTER, v. act. (*numéroté*), coter, mettre le *numero* sur quelque chose. — *se* NUMÉROTER, v. pron.

NUMICIUS ou **NUMICUS**, subst. propre mas. (*numici-uce*, *numikuce*), myth., fleuve d'Italie, dont Anne, sœur de Didon, devint une nymphe. Ce fleuve, sur les bords duquel avait été le tombeau d'Énée, était révéré comme un dieu. Son eau servait, à l'exclusion de toute autre, dans les sacrifices à Vesta.

NUMIDE, subst. mas. (*numide*), habitant de la *Numidie*.

NUMIDIE, subst. propre fém. (*numidi*), ancien royaume d'Afrique, situé au nord du mont Atlas.

NUMIDIEN, subst. mas. (*numidiein*), habitant de la *Numidie*, que l'on nommait aussi *Numide*.

NUMISM., abrév. de *numismale* ou *numismatique*.

NUMISMALE, subst. fém. (*numicemale*) (du lat. *numisma*, fait du grec νόμισμα, pièce de monnaie, à cause de sa forme), t. d'hist. nat., sorte de pierres calcaires et aplaties qui imitent les monnaies.

NUMISMATE ou **NUMISMATISTE**, subst. mas. (*numicemate*, *maticete*), qui étudie, connaît et décrit les médailles, la *numismatique*.

NUMISMATIQUE, adj. des deux genres (*numicematike*) (du lat. *numisma*, en grec νόμισμα, médaille, pièce de monnaie), qui a rapport aux *médailles* antiques.— *Science numismatique*, ou *la numismatique*, subst. fém. : science des médailles.

NUMISMATOGRAPHE, subst. mas. (*numicematoguerafe*), qui s'occupe de *numismatographie*.

NUMISMATOGRAPHIE, subst. fém. (*numicematoguerafi*) (du grec νόμισμα, médaille, et γράφω, je décris), description des médailles antiques.

NUMISMATOGRAPHIQUE, adj. des deux genres

numicematoguerafike), qui concerne la *numismatographie.*

NUMME, subst. mas. *(nome)* (en lat. *numma*), t. d'antiq., monnaie des anciens Romains. Il y avait des *nummes de cuivre*, c'était l'as; des *nummes d'argent*, c'était le denier; des *nummes d'or*, dont chacun valait vingt-cinq deniers d'argent, ou douze livres dix sous tournois, ou douze francs trente-cinq centimes. *Le numme d'or* est souvent appelé *numme* tout simplement.

NUMMULAIRE, subst. fém. *(numemulère)*, t. de bot., plante agreste qui pousse dans les lieux humides.—T. d'hist. nat., coquille pétrifiée. — Adj. mas., t. de chir., se dit d'un cautère dont l'extrémité a la forme d'un écu.

NUMMULITHE, subst. fém. *(numemulite)*, t. d'hist. nat., mollusque céphalé.

NUNC DIMITTIS, loc. lat. dont on a fait abusivement un subst. mas. *(neunkedimitetice)*; les mots *nunc dimittis* sont les premières paroles d'un cantique qu'on chante aux complies dans l'Eglise catholique. C'est proprement *la résignation à la mort après l'accomplissement d'un vœu*, à l'exemple du vieillard Siméon, de l'Ecriture, qui le composa et le chanta le premier.

NUNCUPATIF, adj. mas. *(nonkupatif)* (du lat. *nuncupare*, déclarer de vive voix), t. de jurisprudence : *testament nuncupatif*, fait verbalement, de vive voix, avec les formalités voulues par la loi.

NUNCUPATION, subst. fém. *(nonkupâcion)* (en lat. *nuncupatio*), t. de jurispr., nomination, déclaration, institution d'héritiers faite de vive voix.

NUNDINA, subst. propre fém. *(nondina)*, myth., déesse que les Romains invoquaient quand ils donnaient un nom à leurs enfants, ce qu'ils faisaient le neuvième jour après leur naissance.

NUNDINAIRE, adj. des deux genres *(nondinère)*, t. d'antiq.; il se disait, chez les anciens Romains, des marchés publics qui se tenaient tous les neuf jours, et des jours mêmes de ces marchés : *jours, marchés nundinaires.*

NUNDINAL, E, subst. et adj. *(nondinale)* (contraction de *nonus*, neuvième, et *dies*, jour); on appelait chez les Romains, *nundinales* ou *lettres nundinales*, des lettres qui indiquaient les jours de marché, qui se tenaient tous les neuf jours. C'étaient les huit premières lettres de l'alphabet dans leur calendrier. Cette suite de huit lettres : A, B, C, D, E, F, G, H, était établie sans interruption, et reprise depuis le premier jour de l'année jusqu'au dernier. Il y en avait toujours une qui marquait les jours de marché, ou d'assemblée, appelés *nundinæ*, quasi *novendinæ*, parce qu'ils revenaient de *neuf* en *neuf* jours. Les habitants de la campagne, après avoir été appliqués à leur travail pendant huit jours consécutifs, se rendaient à la ville le *neuvième* pour y porter leurs denrées à vendre, et pour s'instruire en même temps de ce qui regardait la religion ou le gouvernement. Ainsi le jour *nundinal* se trouvait sous la lettre A, au 1er, au 9, au 17, et au 25 de janvier; la lettre D sera la *lettre nundinale* de l'année suivante. Ces *lettres nundinales* ont beaucoup de rapport avec la lettre dominicale, qui revient de huit en huit jours, comme la *nundinale* revenait de *neuf* en *neuf* jours.—Au plur. mas., *nundinaux.*

NUNDINATEUR, subst. propre mas. *(nondinateur)*, myth., surnom donné à Mercure, dans une inscription, comme au dieu qui préside aux marchés *nundinaires.*

NUNDINATION, subst. fém. *(nondinâcion)*, t. d'antiq., trafic, commerce dans les foires et les marchés chez les Romains.

NUNDINE, subst. fém. *(nondine)*, t. d'antiq., marché public qui se tenait dans l'ancienne Rome tous les neuf jours.

NUNNA, subst. fém. *(nunena)*, toile blanche de la Chine.

NUNNESARIE, ou **NUNNESIE**, subst. fém. *(nonezari, nonezi)*, t. de bot., espèce de petit palmier qui croît au Pérou.

NU-PROPRIÉTAIRE, subst. des deux genres *(nupropri-étère)*, t. de jurispr., qui a la propriété d'une chose, sans la *jouissance*, par opposition à *usufruitier*, qui *jouit*, au contraire, de la chose, sans en être *propriétaire*.—Ce mot manque dans tous les *dictionnaires*, mais il nous semble indispensable; d'ailleurs l'usage l'a adopté, comme *nu-propriété.*

NU-PROPRIÉTÉ, orthographe d'usage, mais abusive; on devrait écrire **NUE PROPRIÉTÉ**, subst. fém. *(nupropri-été)*, t. de jurispr., possession d'une chose dont un autre a l'usufruit.

NUPTIAL, E, adj. *(nupeciale)* (en lat. *nuptialis*, fait de *nuptiæ*, noces), qui appartient aux *noces*, au mariage.—Au plur. mas., *nuptiaux.*— *Gains nuptiaux.* Voy. GAIN.

NUPTIALES, subst. propre mas. plur. *(nupeciâlées)*, myth., dieux auxquels on adressait des vœux pour rendre les mariages heureux.

NUPTIAUX, adj. mas. plur. Voy. NUPTIAL.

NUQUE, subst. fém. *(nuke)* (suivant *Ménage*, d'après *Guyet*, du latin *nux, nucis*), creux qui est entre la tête et le chignon du cou; le derrière du cou, sous l'occiput.—T. d'hist. nat.; dans les poissons, partie de la tête qui tient à la première vertèbre du tronc.

NUREMBERG, subst. propre mas. *(nuranbère)*, ville de Bavière.

NURSIE, subst. fém. *(nureci)*, t. d'hist. nat., genre de crustacés.

NUTATION, subst. fém. *(nutâcion)* (en latin *nutatio*), balancement.—En bot., direction de la plante du côté du soleil. — En astron., mouvement de l'axe de la terre.

NUTRICAIRE, subst. mas. *(nutrikière)*, celui qui *nourrit* des enfants trouvés ou abandonnés. Hors d'usage.

NUTRIMENT, subst. mas. *(nutriman)*, nourriture. (*Boiste*.) Inusité.

NUTRITIF, adj. mas., au fém. **NUTRITIVE** *(nutritif, tive)* (en lat. *nutritius*, fait de *nutrire*, nourrir), qui *nourrit*, qui sert d'aliment. — *La vie nutritive*, la digestion, la respiration et la circulation.

NUTRITION, subst. fém. *(nutricion)* (en latin *nutritio*), fonction naturelle par laquelle le suc *nourricier* est converti en notre propre substance.—On dit aussi: *la nutrition des plantes, des végétaux.*

NUTRITIVITÉ, subst. fém. *(nutritivité)*, qualité nutritive des aliments. Peu en usage.

NUTRITUM, subst. mas. *(nutritome)*, t. de pharm., onguent dessiccatif et rafraîchissant. — Suc de solanum.

qu'a un corps de se *nourrir*. Peu en usage.

NYABEL, subst. mas. *(ni-abèle)*, t. de bot., espèce d'arbre qui vient au Malabar, et qui devient fort haut.

NYCTAGE, subst. mas. *(niktaje)* (du grec νυξ, gén. νυκτος, nuit), t. de bot., espèce de belle-de-nuit. —Nom de sectaires hérétiques qui condamnaient les prières qu'on faisait la nuit.

NYCTAGINÉE, subst. fém. *(niktajiné)* (du grec νυξ, nuit, et αγειν, attirer, charmer), t. de bot., famille de plantes appelées *belles-de-nuit.*

NYCTALME, subst. mas. *(niktaleme)*, t. de médec., maladie qui fait croire qu'on voit des fantômes pendant la nuit.

NYCTALOPE, subst. et adj. des deux genres *(niketalope)* (en grec νυκτος, gén. de νυξ, nuit, et ωψ, gén. ωπος, œil), celui, celle qui voit mieux la *nuit* que le jour.

NYCTALOPIE, subst. fém. *(niktalopi)* (même étym. que celle du mot précéd.), t. de médec., maladie des yeux, qui fait qu'on n'y voit pas aussi bien le jour que la nuit.

NYCTALOPIQUE, adj. des deux genres *(niktalopike)*, qui appartient, qui a rapport à la *nyctalopie.* — Subst. mas., t. de bot., espèce d'agaric qui croît aux environs de Paris.

NYCTANTHE, subst. mas. *(niktante)*, t. de bot., sorte d'arbre qui croît dans les lieux arides et sablonneux du Malabar.

NYCTAZONTE, subst. mas. *(niktazonte)*, société de sectaires qui s'opposaient aux prières nocturnes.

NYCTÉE, subst. fém. *(nikté)*, t. de bot., sorte de plante.— Subst. propre mas., myth., fils de Neptune et de Céléne, et père d'Antiope et de Nyctimène.

NYCTÉIS, subst. propre fém. *(nikté-ice)*, myth., Antiope, fille de *Nyctée.*

NYCTOGRAPHE, subst. mas. Voy. NUCTOGRAPHE.

NYCTOGRAPHIE, subst. fém. Voy. NUCTOGRAPHIE.

NYCTOGRAPHIQUE, adj. des deux genres. Voy. NUCTOGRAPHIQUE.

NYCTÉLÉE, subst. fém. *(niktélé)*, t. de bot., genre de plantes de la famille des borraginées.

NYCTÉLIES, subst. fém. plur. *(niktéli)*, myth., fêtes et sacrifices offerts en l'honneur de Bacchus, la nuit, à la lueur des flambeaux.

NYCTÉLIUS, subst. propre mas. *(niktéli-uce)*, myth., surnom de Bacchus, honoré dans les *Nyctélies*, ou fêtes nocturnes.

NYCTÈRE, subst. mas. *(niktère)* (du grec νυκτερος, nocturne), t. d'hist. nat., sorte de chauve-souris.

NYCTÉRIBIE, subst. fém. *(niktéribi)*, t. d'hist. nat., genre d'insectes de l'ordre des diptères.

NYCTÉRIEN, subst. mas. *(niktériein)* (du grec νυκτερος, nocturne), t. d'hist. nat., famille d'oiseaux qui comprend les chouettes et les ducs.

NYCTÉRION, subst. mas. *(niktérion)*, t. de bot., genre de plantes qui ont de grands rapports avec les morelles.

NYCTICÈBE, subst. mas. *(nikticèbe)*, t. d'hist. nat., genre de mammifères de la famille des lémuriens.

NYCTICORAX, subst. mas. *(niktikorâkce)*, t. d'hist. nat., oiseau de nuit; sorte de hibou.

NYCTILOPS, subst. mas. *(niktilopece)* (en grec νυκτιλωψ), t. de bot., plante qui reluit particulièrement pendant la nuit.

NYCTIMÈRE, subst. mas. *(niktimère)*, t. d'astron., révolution diurne et apparente du soleil autour de la terre, ou espace de vingt-quatre heures en y comprenant le jour et la nuit.

NYCTIMÉRIQUE, adj. des deux genres *(niktimérike)*; se dit d'une période qui dure pendant une partie de la nuit et la moitié du jour.

NYCTIMUS, subst. propre mas. *(niktimuce)*, myth., fils de Lycaon. Jupiter l'épargna quand il foudroya ses frères avec son père. Ce fut de son temps qu'arriva le déluge de Deucalion.

NYCTINOME, subst. mas. *(niktinome)*, t. d'hist. nat., genre de mammifères carnassiers de la famille des chauves-souris.

NYMPHACÉE, subst. fém. *(ninfacé)*, t. d'hist. nat., famille de mollusques acéphales.

NYMPHÆA, subst. fém. *(neinfé-a)*, t. de bot., plante des anciens, que l'on croit être le nénuphar.

NYMPHÆACÉE, subst. fém. *(neinfé-acé)*, t. de bot., famille de plantes.

NYMPHAGOGUE, subst. mas. *(neinfagoguie)* (du grec νυμφη, qui signifie alors : nouvelle mariée, et αγω, je conduis), celui qui était chargé de conduire la nouvelle mariée de la maison paternelle à celle de son nouvel époux.

NYMPHALE, subst. fém. *(neinfale)*, t. d'hist. nat., genre d'insectes de l'ordre des lépidoptères.

NYMPHANTHE, subst. fém. *(neinfante)*, t. de bot., genre de plantes.

NYMPHARINE, subst. fém. *(neinfarine)*, sorte de pierre précieuse.

NYMPHE, subst. fém. *(neinfe)* (en lat. *nympha*, du grec νυμφη), myth., divinité. Les *nymphes* du second ordre étaient filles de l'Océan et de Téthys, ou de Nérée et de Doris : les unes, appelées *Océanitides* ou *Néréides*, demeuraient dans la mer; les autres, appelées *Naïades*, habitaient les fleuves, les fontaines et les rivières; celles des forêts se nommaient *Dryades*, et les *Hamadryades* n'avaient chacune qu'un seul arbre sous leur protection; les *Napées* régnaient dans les bocages et les prairies, et les *Oréades* sur les montagnes.—En poésie, jeune fille ou femme belle et bien faite : *taille de nymphe*, élégante et légère.—Chez les Grecs, jeune épouse, nouvelle mariée. — T. d'hist. nat., premier degré de métamorphose dans les insectes : *le ver devient nymphe* ou *chrysalide.*—Genre d'insectes voisin de l'hémérobe. —Œufs de fourmis dont on nourrit les faisans. —T. d'anat., petites lèvres de la vulve, parties spongieuses qui avancent hors de la matrice en dedans des grandes lèvres.

NYMPHÉAU ou **NYMPHÉAU**, subst. mas. *(neinfô, fé-ô)* (du grec νυμφη, nymphe), t. de bot., plante aquatique.

NYMPHÉE, subst. fém. *(neinfé)* (en grec νυμφαιον, temple de *nymphes*, fait de νυμφη, nymphe), t. d'hist. anc., bain public, orné de fontaines, de grottes, etc., tels que ceux qu'on supposait être la demeure des *Nymphes.*

NYMPHEUOMÈNE, subst. propre fém. *(neinfeu-omène)*, myth., surnom de Junon.

NYMPHITE, subst. fém. *(neinfite)*, t. de médec., inflammation des petites lèvres chez les femmes.

NYMPHOÏDE, subst. fém. *(neinfo-ide)*, t. de bot., sorte de plante. C'est la même que le *nymphéau.*

NYMPHOMANE, subst. fém. *(neinfomane)*, jeune fille affectée de *nymphomanie*, de fureur utérine.

NYMPHOMANIE, subst. fém. (*neinfomani*) (du grec νυμφη, qui signifie jeune fille et clitoris), t. de médec., fureur utérine, affection qui est à la femme ce que le satyriasis est à l'homme.

NYMPHON, subst. mas. (*neinfon*), t. d'hist. nat., genre d'arachnides.

NYMPHONIDE, subst. fém. (*neinfonide*), t. d'hist. nat., famille d'insectes de la classe des arachnides.

NYMPHOTOME, subst. mas. (*neinfotome*) (du grec νυμφη, nymphe, et τεμνω, je coupe), t. de chir., instrument dont on se sert pour faire une amputation quelconque aux *nymphes* des femmes.

NYMPHOTOMIE, subst. fém. (*neinfotomi*), même étym. que celle du mot précédent), t. de chir., amputation, retranchement d'une partie des *nymphes*.

NYMPHOTOMIQUE, adj. des deux genres (*neinfotomique*), t. de chir., qui concerne la *nymphotomie*.

NYONS, subst. propre mas. (*ni-on*), ville de France, chef-lieu de canton et d'arrond., dép. de la Drôme.

NYPA, subst. mas. (*nipa*), t. de bot., espèce de grand palmier qui croît dans les Indes.

NYSÆUS, subst. propre mas. (*nisé-uce*), myth. Voy. **NYSE**.

NYSE, subst. propre fém. (*nize*), myth., c'est le nom de la nourrice de Bacchus, aussi bien que celui d'une montagne et de plusieurs villes, tant de l'Inde que de l'Égypte et de la Grèce, où l'on rendait un culte particulier à Bacchus, qui pour cela est surnommé *Nisæus*.

NYSIADE ou NYSÉIDE, subst. propre fém. (*ni-zi-ade, zé-ide*), myth., nom de nymphes qui élevèrent Bacchus.

NYSSA, subst. fém. (*niceça*), t. de bot., genre de plantes de la famille des élæagnoïdes.

NYSSALU, subst. mas. (*niceçalu*), t. de bot., sorte d'arbre qui croît dans une contrée de l'Inde.

NYSSANTHE, subst. fém. (*niceçante*), t. de bot., genre de plante.

NYSSON, subst. fém. (*niceçon*) (du grec νυσσειν, piquer), t. d'hist. nat., insecte de l'ordre des hyménoptères, de la section des porte-aiguillons.

NYSSONIEN, subst. et adj. mas. (*niceçonien*), t. d'hist. nat., tribu d'insectes de l'ordre des hyménoptères.

NYSTAGME, subst. mas. (*nicetagueme*) (en grec νυσταγμος, somnolence), besoin de dormir. — Clignottement spasmodique d'une personne accablée de l'envie de dormir, et qui fait de vains efforts pour s'en abstenir. — T. de médec., spasme de l'œil.

O, subst. mas. (o ou ô, sa prononciation varie suivant les mots qu'il sert à former; cependant, lorsqu'il est seul, on prononce ô), la quinzième lettre de l'alphabet, et la quatrième des voyelles: *un grand O; un petit o; former un o, arrondir un o.*—Zéro dans les chiffres. On dit prov. d'un homme qu'on regarde comme inutile, et qui n'est propre à rien, *que c'est un o de chiffre.*— Il s'emploie comme abréviation dans le commerce, et signifie, ouvert : C¡O, *compte ouvert.* — O marque la quinzième feuille d'un ouvrage imprimé : *signature o. feuille o.* — O, en t. de géog., signifie ouest.—Dans la comptabilité, o¦o veut dire *pour cent.* — O est le caractère dont on distinguait la monnaie de Riom. — En chimie, on distingue par o l'alun, et par oo l'huile. — O, chez les anciens, était une lettre numérale qui signifiait *onze*; et quand on mettait un tiret au-dessus, *onze mille.* — O était autrefois un terme de palais, et signifiait *avec*; il se mettait à la fin des exploits : *o intimation, avec* intimation. — Au commencement d'un nom de famille irlandais, *o* est une marque de dignité, de noblesse : *les O' Néals, les O' Carrols.* — O, avec l'accent circonflexe, est une interjection qui sert à marquer divers mouvements de l'âme, l'admiration : *ô reine !* la joie : *ô jour heureux pour moi !* la douleur : *ô temps ! ô mœurs !* l'effroi : *ô nuit désastreuse!* Elle désigne également l'apostrophe :

Ô tendres d'un époux ! Ô Troyens ! Ô mon père ! (RAC.)

— Nom qu'on a donné aux neuf antiennes qu'on chante dans l'avent, pendant sept ou neuf jours, avant la fête de Noël, et qui précèdent, accompagnent et suivent le cantique *Magnificat.* On les appelle ainsi, parce que chacune d'elles commence par cette exclamation : *o rex gentium ; o Emmanuel :* c'est ce qu'on appelle aussi *les o de Noël.* — Nous représentons souvent le son *o* par la diphthongue oculaire *au,* comme dans *aune, jaune, pauvre,* etc.: d'autres fois nous représentons *o* par *eau,* comme dans *eau, tombeau, cerceau,* etc. — O est quelquefois auxiliaire, et alors on l'associe à la voyelle *u*, pour représenter le son *ou*, qui n'a pas de caractère propre en français, comme dans : *bouton, courage, douceur.* — O était auxiliaire dans la diphthongue apparente *oi,* quand on écrivait *françois, anglois, je lisois, je lirois, paroître, reconnoître,* etc. : *connoisseur, reconnoissant,* où *oi* avait le son d'*é* ou *è.* Aujourd'hui on substitue dans tous les mots l'*a* à l'*o,* et l'on écrit: *français, anglais, je lisais, paraître, reconnaître,* etc., réservant *o i* pour les mots où on les prononce, comme dans *bois,* et dans le nom propre *François.*—La lettre *o* est quelquefois muette: 1° dans les trois mots *paon, faon, Laon* (ville), que l'on prononce: *pan, fan, lan,* et dans les dérivés : *paonneau, Laonnais* (qui est de la ville de *Laon*) ; 2° dans les sept mots : *bœuf, œuf, mœuf, chœur, cœur, mœurs* et *sœur,* que l'on prononce *eufe, beufe, meufe, kieure,*

meurce et *ceur*; 3° dans les trois mots: *œil, œillet* et *œillade,* que l'on prononce: *euie, euié* et *euiade.*

OACO, subst. propre mas. (*o-ako*), province d'Afrique.

OAKAM, subst. propre mas. (*o-akame*), ville d'Angleterre.

OANNÈS, subst. propre mas. (*o-anenèce*), myth., dieu des anciens Syriens représenté sous la forme d'un monstre à deux têtes, avec des mains et des pieds d'homme, la tête et la queue d'un poisson. Ce monstre, qui était doué de la parole, demeurait parmi les hommes sans prendre aucune nourriture, leur donnait la connaissance des lettres et des sciences, leur enseignait la pratique des arts, à bâtir des temples, des villes, des lois, et à fixer les limites des champs par des règles sûres, etc. Lorsque le soleil était près de se coucher, il se retirait dans la mer et y restait la nuit.

OARISTE, subst. mas. (*o-ariste*) (du grec ὀαριστύς, fait, dans le même sens, de ὀαρίζω, je converse, je m'entretiens), t. d'antiq., dialogue entre deux époux, tel que celui d'Hector et d'Andromaque, dans le sixième livre de l'Iliade. L'*Oariste* n'est point un petit poème particulier, mais une partie d'un grand poème.

OASIS, subst. fém. (*o-azice*), chez les Grecs, nom de plusieurs îles verdoyantes et habitées, au milieu des sables brûlants de la Libye. — Fig., jeu, pays fortuné.

OASITE, subst. propre des deux genres *(o-azite)*, habitant des diverses, *oasis* de l'Afrique.

OAXE, subst. propre mas. (*o-akce*), myth., fleuve dans l'île de Crète, appelé ainsi d'*Oaxès*, fils d'Apollon.—C'était aussi une ville de la même île, bâtie par *Oaxus*, fils d'Acacallis et petit-fils de Minos.

OB, subst. propre mas. *(obe)*, myth., esprit ou démon qui donnait ses réponses comme si ses paroles sortaient des parties naturelles, ou quelquefois de la tête et des aisselles; mais il avait une voix si basse et si sombre, qu'il semblait qu'elle vînt de quelque cavité profonde, à peu près comme si un mort avait parlé dans le tombeau; en sorte que la personne qui le consultait ne l'entendait presque pas.

OBAI, subst. mas. (*obé*), t. de bot., sorte de plante du Japon de la famille des jasminées ou jasminoïdes, cultivée pour la beauté de ses fleurs, qui sont doubles, et dont l'odeur approche de celle de la violette, mais devient à la longue très-désagréable.

OBAN, subst. mas. *(oban)*, lingot d'or, d'un poids déterminé, au titre de vingt-deux carats, et qui sert de monnaie au Japon; sa valeur répond à 151 liv. tournois (149 fr. 14 cent.).

OBARASSON, subst. mas. (*obaraçon*), grand jeûne, ou jeûne complet, en usage chez les Indiens. Il consiste à ne rien manger pendant vingt-quatre heures.

OBARATOR, subst. propre mas. *(obarator)* (de la prép. lat. *ob*, autour, et de *arator*, fait de *arare*, labourer : *je laboure autour*.), myth., chez les Latins, l'un des dieux qui présidaient au labourage.

OBCLAVÉ, E, adj. *(obeklavé)* (du lat. *ob*, et de *clavus*, massue), t. de bot., en massue renversée.

OBCONIQUE, adj. des deux genres *(obekonike)* (de la préposition latine *ob*, qui, dans la composition, signifie quelquefois un peu; et du grec κωνικὸς, conique), se dit, en bot., d'un fruit, d'une fleur, etc., dont la forme approche de celle d'un cône renversé.

OBCORDÉ, E, adj. (*obekordé*) (rac. *cor*, gén. *cordis*, cœur), t. de bot., en cœur renversé.

OBDORA, subst. propre fém. (*obedora*), province de la Tartarie Moscovite, dépendant de la Sibérie.

OBÉDIENCE, subst. fém. (*obédi-ance*) (en lat. *obedientia*), autrefois *obéissance*. — Pendant le grand schisme d'Occident, le territoire dans lequel chacun des deux papes était reconnu comme légitimement élu. — Chez les religieux, ordre ou congé que donne un supérieur pour passer d'un couvent à l'autre.—Ce congé même, qui était donné par écrit, et que les moines et les prêtres voyageurs étaient tenus de montrer en diocèse étranger, lorsqu'ils voulaient y dire la messe. — Titre qu'on donnait à des prieurés dépendant de l'abbaye Saint-Victor. — On a aussi appelé *obédiences* les maisons, églises, chapelles et métairies où l'on commettait des religieux pour les faire valoir. — *Ambassade d'obédience*, celle qui se fait au pape de la part d'un prince, pour l'assurer de son *obéissance* filiale. — *Pays d'obédience*, pays où le pape nomme aux bénéfices, et où il exerce une juridiction plus étendue que dans les autres : *l'Allemagne est un pays d'obédience*. — En France, les provinces qui n'étaient point soumises au concordat, ou qui n'y étaient assujéties que pour les bénéfices consistoriaux, comme la Bretagne, la Provence, etc.

OBÉDIENCIAIRE, subst. mas. *(obédi-ancière)*, autrefois, titre du premier dignitaire du chapitre de Saint-Just, à Lyon.

OBÉDIENCIER, subst. mas. (*obédi-ancié*) (du lat. *obedientiarius*, fait, dans la basse latinité, de *obedire*, obéir), religieux qui, par l'ordre du supérieur, va desservir un bénéfice dont il n'est pas titulaire.

OBÉDIENTIELLE, adj. fém. Voy. OBÉDIENTIEL.

OBÉDIENTIEL, adj. mas., au fém. OBÉDIENTIELLE *(obédi-anciéle)*, qui appartient à l'*obédience*. — Subst. mas., officier dont les fonctions étaient autrefois de faire des distributions aux chanoines qui étaient au chœur.

OBÉI, E, part. pass. de *obéir*.

OBÉIR, v. neut. *(obé-ir)* (du lat. *obedire*, formé de *ob*, pour, et de *audire*, écouter; *écouter pour exécuter ce qui est prescrit*.), se soumettre aux ordres de..., et les exécuter : *obéir aux lois; il faut obéir à ses supérieurs.—Obéir à la force, à la nécessité*, faire ou ce que la force ou la nécessité contraint de faire. — *Les corps obéissent aux lois de la gravitation et de l'attraction*, ils suivent les mouvements que leur impriment les propriétés naturelles de la *gravitation* et de l'*attraction*. — Être sujet de... En ce sens, il se dit, non distributivement des personnes, mais collectivement des peuples, des provinces, des villes : *les états qui obéissent à l'empereur*, etc. — On dit fig. : 1° *il faut que les passions obéissent à la raison*, etc.; 2° *ce cheval obéit bien à la main, à l'éperon*. — En parlant des choses : céder, plier : *ce fer obéit sous le marteau*. Les verbes neutres n'ont ordinairement pas de passif, cependant on dit bien : *je veux, je dois être obéi*.

OBÉISSANCE, subst. fém. *(obé-içance)* (en lat. *obedientia*), l'action de celui qui *obéit*.— Il se dit pour autorité, domination, dans cette phrase : *être, vivre, se ranger sous l'obéissance d'un souverain*. — *Prêter obéissance à un prince* est une locution surannée qui voulait dire : se soumettre solennellement à sa domination. — Disposition, habitude à *obéir*; soumission d'esprit aux ordres des supérieurs : *obéissance aveugle, filiale, servile, chrétienne*, etc. : *faire vœu de pauvreté, de chasteté et d'obéissance*. — *Être sous l'obéissance de ses père et mère*, être soumis à leur autorité. — Prov. : *obéissance vaut mieux que sacrifice*, ce qu'on fait par esprit de soumission est plus méritoire que ce qu'on fait de son propre mouvement. — Subst. propre fém., myth., figure allégorique sous les traits d'une femme humble et modeste, portant un joug sur les épaules, et se laissant conduire par un fil délié.

OBÉISSANT, E, adj. *(obé-içan, çante)*, qui *obéit*. —Soumis, docile : *c'est une âme obéissante*. — Fig., souple, qui cède, qui se plie aisément : *du bois, du cuir obéissant*.

OBÈLE, subst. fém. (*obèle*) (du grec ὀβελὸς, broche), trait d'union. — T. de bibliologie, signe en forme de broche, employé dans les anciens manuscrits pour indiquer une répétition, une fausse leçon ou une surabondance de mots.

OBÉLIE, subst. fém. (*obéli*), t. d'hist. nat., genre de vers établi aux dépens des méduses.

OBÉLIES, subst. fém. plur. (*obéli*), myth., sorte de pains de forme pyramidale, dont on faisait des oblations à Bacchus.

OBÉLISCAIRE, subst. fém. (*obélicekière*), t. d'hist. nat., sorte de plante.

OBÉLISQUE, subst. mas. (*obéliceke*) (en grec ὀβελισκὸς, qui signifie proprement une petite broche, dérivé de ὀβελὸς, broche; parce que l'*obélisque* se termine en pointe comme une broche), t. d'archit., sorte de pyramide étroite et longue, faite d'une seule pierre, élevée pour servir de monument public. — T. d'hist. nat., *obélisque chinois*, sorte de coquillage cérite. — En t. d'hydraulique, on appelle *obélisque d'eau*, certaines fontaines qui forment par en bas un rocher terminé en pointe.

OBERBERG, subst. mas. *(obèrebèregue)*, t. de géologie, lit ou banc stérile qui recouvre l'argile schisteuse et calcarifère, cuivreuse et bitumineuse, que l'on exploite comme mine dans les pays de Hesse et de Mansfeld.

OBÉRÉ, E, part. pass. de *obérer*, et adj. (du lat. *obœratus*, formé de *obrutus*, accablé, et de *œs, œris*, argent, *obrutus œre*, sous-entendu *alieno*. Les Latins disaient aussi simplement, et avec la même signification, *œratus*.), endetté, accablé de dettes.

OBÉRER, v. act. *(obéré)*, endetter. Il est surtout usité au participe. — S'OBÉRER, v. pron., s'endetter.

OBESAS, subst. mas. plur. *(obezâce)*, t. d'hist. nat., famille de mammifères qui ne comprend que le genre hippopotame.

OBÈSE, adj. des deux genres *(obèze)* (en latin *obesus*), chargé d'embonpoint, trop gras.

OBÉSITÉ, subst. fém. *(obézité)* (du lat. *obesitas*, formé, dans le même sens, de *obedere, edere ob*, manger autour; *embonpoint qui vient de trop manger*), t. de médec., excès d'embonpoint. — Fig., se dit de l'esprit lourd, épais.

OBICÉ, E, adj. *(obicé)*, opposé, apposé.

OBIER, subst. mas. *(obié)*, t. de bot., arbrisseau à fleur monopétale. Voy. AUBIER, qui vaut mieux.

OBINÉ, E, part. pass. de *obiner*.

OBINER, v. act. *(obiné)*, t. de jard., planter des arbres près à près, en attendant qu'on les replante. — S'OBINER, v. pron. Peu en usage.

OBIT, subst. mas. *(obite)* (du latin *obitus*, mort, décès, fait de *obire*, sous-entendu *diem supremum*, mourir; *ire ob*, pour *ad diem supremum*, arriver à son dernier jour), service fondé pour le repos de l'âme d'un mort.

OBITUAIRE, subst. et adj. mas. *(obitu-ère)*, anciennement, celui qui était pourvu en cour de Rome d'un bénéfice vacant par mort, *per obitum*.—Adj. : *registre obituaire*, celui qu'on tient dans une église, des *obits* qui y sont fondés. On dit aussi subst. en ce sens : l'*obituaire*.

OBJECTÉ, E, part. pass. de *objecter*.

OBJECTER, v. act. *(obejèkté)* en lat. *objicere*, qui signifie proprement *mettre* ou *jeter au-devant, jacere ob*), faire une *objection*; opposer une difficulté à une proposition, à un raisonnement : *on lui objecta telle raison*; et neut. : *on lui objecta que...*—Reprocher : *objecter à quelqu'un la corruption de ses mœurs*.— S'OBJECTER, v. pron., être, pouvoir être *objecté*.—Se faire des *objections*.

OBJECTIF, adj. mas., au fém. OBJECTIVE *(obejèktif, tive)*, t. d'optique : *verre objectif*, verre d'une lunette, destiné à être tourné du côté de l'*objet*, à la différence du verre *oculaire*, destiné à être placé du côté de l'œil. — Qui a rapport à l'*objet* : *réalité objective*. — En théol. : *Dieu est notre béatitude objective*, le seul objet qui puisse nous donner le bonheur. — Subst. mas., verre *objectif*.

OBJECTION, subst. fém. *(obejèkcion)* (en latin *objectio*, fait de *objicere*, objecter), difficulté qu'on oppose à une proposition, à une demande, etc.

OBJECTIVE, adj. fém. Voy. OBJECTIF.

OBJECTIVER, v. act. *(obejèktivé)*, t. de phil., rendre *objectif*; considérer un objet isolément, le dépouiller de tout ce qui n'est pas lui.

OBJECTIVITÉ, subst. fém. *(obejèktivité)*, qualité de ce qui est *objectif*.

OBJET, subst. mas. *(obejè)* (en latin *objectum, jactum ob*, sous-entendu *oculos*, *chose jetée, mise devant les yeux*), ce qui s'offre à la vue, à l'esprit.—Ce qui émeut l'âme.—En style de poésie et de galanterie, les amants appellent leurs maîtresses *l'objet de leurs désirs, l'objet de leurs soupirs, l'objet de leur flamme, l'objet de leur amour*, ou simplement, sans aucune addition, *divin objet, charmant objet*.—Matière d'une science, d'un art. — Sujet d'une passion, d'une action : *objet de pitié, de crainte*, etc.— But, fin qu'on se propose.—Au plur., choses.

OBJURGATEUR, subst. mas. *(obejureguateur)*, censeur, désapprobateur, grondeur. Vieux et presque inusité.

OBJURGATION, subst. fém. *(obejurguâcion)* (en lat. *objurgatio*), reproche, réprimande. Il est vieux. *La Harpe* l'a rajeuni et heureusement employé dans son *Cours de littérature*, en parlant des discours véhéments de *Cicéron* contre *Verrès*.

OBLADE, subst. fém. *(oblade)*, t. d'hist. nat., espèce de poisson du genre des spares, qui se trouve dans la mer de Toscane.

OBLAMINEUSE, adj. fém. Voy. OBLAMINEUX.

OBLAMINEUX, adj. mas., au fém. OBLAMINEUSE, *(oblamineu, neuze)*, qui se conserve long-temps sans se corrompre. Vieux et même hors d'usage.

OBLAT, subst. mas. *(obla)* (du latin *oblatus*, offert), enfant qui, quelquefois dès sa naissance, était dévoué au service des autels dans une maison religieuse.— Soldat invalide qui était logé et nourri dans une abbaye ou dans un prieuré de nomination royale.

OBLATE, subst. fém. *(oblate)*, personne du sexe qui fait partie de congrégations religieuses, à Rome.

OBLATEUR, subst. mas. *(oblateur)*, qui fait une *oblation*. Peu en usage.

OBLATION, subst. fém. *(oblâcion)* (en latin *oblatio*), offrande, action d'*offrir* quelque chose à Dieu. — La chose qui lui est *offerte* : *les prêtres vivent d'oblations*.

OBLATIONNAIRE, subst. mas. *(oblacionère)*, qui reçoit les *oblations* des fidèles. Vieux.

OBLIGATION, subst. fém. *(obliguâcion)* (en lat. *obligatio*), engagement qu'impose le devoir : *remplir les obligations de son état*. Voy. DEVOIR. — Engagement qui naît des services, des bons offices, des bienfaits reçus : *il vous a obligation de la vie*. — *Faire honneur à ses obligations*, payer ses dettes, acquitter ses engagements. —T. de jurispr., lien de droit ou d'équité, et quelquefois de l'un et de l'autre, par lequel quelqu'un est tenu de faire ou de donner quelque chose : *obligation naturelle, obligation civile*. On dit en droit, que *l'obligation est la mère de l'action*, parce qu'en effet toute action est produite par une *obligation*; et, quand il n'y a point d'action : *il y a des obligations qui ne produisent* *point d'action.*— On entend quelquefois par *obligation*, l'écrit qui contient l'engagement ; et, quand ce terme est pris dans ce sens, on entend ordinairement par *obligation*, un contrat passé devant notaire, portant promesse de payer une somme qui est exigible en tout temps, ou du moins au bout d'un certain temps.—On appelle *obligation personnelle*, celle qui engage principalement la personne, et où l'*obligation* des biens n'est qu'accessoire ; *obligation réelle*, celle qui a pour objet principal un immeuble ; *obligation principale*, celle du principal obligé, à la différence de celles de ses cautions et fidéjusseurs, qui ne sont que des *obligations accessoires*. On entend aussi par *obligation principale*, celle qui fait le principal objet de l'acte.—*Obligation pure et simple*, se dit de celle qui n'est restreinte par aucune condition ni terme ; *obligation générale*, de celle par laquelle celui qui s'engage oblige tous ses biens présents et à venir, à la différence de l'*obligation spéciale*, par laquelle il n'oblige que certains biens seulement qui sont spécifiés.— On appelle *obligation causée*, celle dont la cause est exprimée dans l'acte ; *obligation sans cause*, celle où l'obligé n'exprime aucun motif de son engagement ; *obligation verbale*, une promesse que l'on fait de vive voix et sans écrit : *obligation solidaire*, celle de plusieurs personnes qui s'obligent conjointement ou séparément d'acquitter la totalité d'une dette.

OBLIGATOIRE, adj. des deux genres (*obligatoare*), qui a la force d'*obliger* : *clause obligatoire*.—On appelle *lettres obligatoires*, un contrat portant obligation.—Il y a des *actes* qui ne sont *obligatoires* que d'un côté, comme une promesse ou billet qui n'*oblige* que celui qui l'a souscrit ; il y a aussi des actes ou contrats synallagmatiques, c'est-à-dire qui sont *obligatoires* des deux côtés, comme un bail, un contrat de vente, etc.

OBLIGÉ, **E**, part. pass. de *obliger*.

OBLIGÉ, **E**, subst. et adj. (*oblijé*), qui a reçu un bon office ; qui a *obligation* à quelqu'un : *je suis votre obligé*, je vous remercie du service que vous m'avez rendu ; je vous en dois un semblable. — *Le principal obligé*, le principal débiteur.—En t. de musique, qu'on ne saurait retrancher sans interrompre la suite du chant, ou sans gâter les effets de l'harmonie.—*Récitatif obligé*, celui où les intervalles de la déclamation théâtrale, nommée *récitatif*, sont remplis par des traits de symphonie qui peignent la situation de l'acteur, et rendent son silence plus expressif. — *Je vous suis obligé de vos soins*, je vous suis redevable. — Subst. mas., acte entre un apprenti et un maître.

OBLIGEAMMENT, adv. (*oblijaman*), d'une manière *obligeante*.

OBLIGEANCE, subst. fém. (*oblijance*), disposition, penchant à *obliger*.

OBLIGEANT, **E**, adj. (*oblijan, jante*), officieux ; qui aime à *obliger*, à faire plaisir. Voyez SERVIABLE.

OBLIGER, v. act. (*oblijé*) (en lat. *obligare*, qui signifie proprement *lier* autour, *ligare ob*), engager par quelque acte.— Imprimer obligation ; forcer : *votre devoir vous oblige à cela*, *cette nouvelle l'obligea d'abandonner son entreprise*. Devant les verbes, il régit indifféremment *à* ou *de*. Il faut, pour le choix, consulter l'oreille, et surtout ne pas employer les deux régimes dans la même phrase. Avec le passif, *de* est le meilleur ; avec le pronom personnel, *à* est préférable : *il est obligé de le faire* ; *il s'oblige à le faire*. — Porter, exciter à... : *obliger à une démarche*.— Rendre service : *vous m'obligerez infiniment* ; *il oblige de bonne grace*, parce qu'en *liant* par un bienfait, par un service rendu, on *oblige* à la reconnaissance. — *Obliger un apprenti*, l'engager chez un maître pour y apprendre un métier.— S'OBLIGER, v. pron., s'engager par *obligation* devant notaire.—S'engager par une sorte de devoir ou de nécessité. — Se rendre des services mutuels. — OBLIGER, ENGAGER, FORCER, VIOLENTER, (*Syn.*) *Obliger* dit quelque chose de plus fort ; *engager* dit quelque chose de plus gracieux. On nous *oblige* à faire une chose, en nous en imposant le devoir ou la nécessité ; on nous y *engage* par des promesses ou par de bonnes manières. —Les bienséances *obligent* souvent ceux qui vivent dans le grand monde à des corvées qui ne sont point de leur goût. La complaisance *engage* quelquefois dans de mauvaises affaires ceux qui ne choisissent pas assez bien leurs compagnies. —*Obliger* est un acte de persécution ou d'obsession qui arrache plutôt qu'il n'obtient un consentement. *Forcer* est un acte de puissance et de vigueur qui, par son énergie, détruit celle d'une volonté opposée. *Violenter* est un acte d'emportement ou de brutalité, qui emploie le droit et les ressources du plus fort à dompter une volonté rebelle et opiniâtre.

OBLIQUANGLE, adj. des deux genres (*oblikouangnele*) (du lat. *obliquus*, oblique, et *angulus*, angle), t. de géomét., *triangle obliquangle*, dont tous les *angles* sont *obliques*, c'est-à-dire, aigus ou obtus.— *Parallélogramme obliquangle*, dont aucun angle n'est droit.

OBLIQUATION, subst. fém. (*oblikouâcion*), t. d'optique ; on appelait *cathète d'obliquation* une ligne droite perpendiculaire au miroir, dans le point d'incidence ou de réflexion du rayon.

OBLIQUE, adj. des deux genres (*oblike*) (en latin *obliquus*), qui est de biais ; qui n'est pas perpendiculaire.—Au fig., 1° détourné, frauduleux : *moyens*, *voies obliques* ; 2° indirect : *louange oblique*.—T. de gramm., il est opposé à *direct*. On s'en sert pour caractériser certains cas dans les langues transpositives, et dans toutes pour distinguer certains modes et certaines propositions. On appelle en latin *cas obliques*, ceux qui ne peuvent servir qu'à énoncer une proposition incidente, subordonnée à un antécédent qui n'est qu'une partie de la proposition principale ; tels sont le subjonctif, qui appartient à toutes les langues, et l'optatif, qui n'appartient guère qu'aux Grecs.—On distingue pareillement des *propositions directes* et des *propositions obliques*. La *proposition directe* est celle par laquelle on énonce directement l'existence intellectuelle d'un sujet sous un attribut ; une *proposition oblique* est celle par laquelle on énonce l'existence d'un sujet sous un attribut, de manière à présenter cette énonciation comme subordonnée à une autre dont elle dépend, et à l'intégrité de laquelle elle est nécessaire ; le verbe d'une *proposition oblique* est au subj. ou à l'optatif. —T. de géom. : *angle oblique*, aigu ou obtus, qui n'est pas droit.—*Ligne oblique*, qui, en tombant sur une autre, fait avec elle un angle *oblique*.— *Plans obliques*, ceux qui s'écartent du zénith et s'inclinent vers l'horizon.—T. de mécan. : *percussion oblique*, celle dans laquelle la direction du corps choquant n'est pas perpendiculaire au corps choqué, ou n'est point dans la ligne du centre de gravité de ce dernier corps.—*Projection oblique*, celle par laquelle un corps est jeté suivant une ligne qui fait avec l'horizon un angle *oblique*.—*Ordre oblique*, t. de tactique, disposition d'après laquelle un corps d'armée n'engage le combat que par une de ses ailes. — *Pas oblique*, celui d'une troupe qui marche sur une ligne diagonale.—*Feux obliques*, dirigés à droite ou à gauche.—T. de géog. : *sphère oblique*, situation de la sphère dans laquelle l'horizon coupe l'équateur *obliquement*.—T. d'astron. : *ascension oblique*, arc de l'équateur compris entre le premier point d'*Aries*, et le point de l'équateur qui se lève avec une étoile, etc., dans la sphère *oblique*. —*Descension oblique*, arc de l'équateur compris entre le premier point d'*Aries* et le point de l'équateur qui se couche avec une étoile, etc., dans la sphère *oblique*.—En bot., *feuille*, *tige oblique*, qui s'éloigne de la ligne verticale.

OBLIQUEMENT, adv. (*oblikeman*), de biais ; d'une manière *oblique*. — Au fig., frauduleusement.—Indirectement.

OBLIQUITÉ, subst. fém. (*oblikuité*) (en latin *obliquitas*), en math., inclinaison d'une ligne, d'une surface sur une autre.—En astron. : *obliquité de l'écliptique*, angle d'environ vingt-trois degrés et demi, que fait l'écliptique avec l'équateur. — *Obliquité des rayons solaires*, direction des rayons solaires, qui s'écarte des perpendiculaires aux points de la terre sur lesquels tombent ces rayons. C'est, suivant le plus grand nombre des physiciens, la cause principale du froid en hiver.— *Obliquité d'incidence*, *obliquité* de direction d'un corps qui tombe sur un autre. — Au fig., fausseté, astuce : *notre propre obliquité nous instruit à la défiance*.

OBLITÉRATION, subst. fém. (*obliterâcion*), t. de pathol., se dit de l'abolition d'un sens, d'une faculté intellectuelle.— Etat d'un canal ou d'une cavité quelconque dont les parois sont rapprochées et adhérentes, et dont le vide est effacé.— Perte d'une connaissance qu'on avait autrefois. —Rature. Peu usité en ce dernier sens.

OBLITÉRÉ, **E**, part. pass. de *oblitérer*, et adj. — En anat., on dit : *un vaisseau oblitéré*, pour dire, un vaisseau dont le canal est fermé, et dont les parois sont adhérentes l'une à l'autre, de sorte qu'il ne paraît presque plus.

OBLITÉRER, v. act. et neut. (*oblitéré*), effacer insensiblement en laissant des traces : *inscription oblitérée*. — Il se dit surtout en anat. pour : fermer : *cette veine est oblitérée*.—S'OBLITÉRER, v. pron. : *telle coutume s'est oblitérée*, n'est plus en usage.

OBLONG, adj. mas., au fém. **OBLONGUE** (*obelon, longue*) (en latin *oblongus*), qui est beaucoup plus long que large. — En t. de librairie : *format oblong*, dont la hauteur est moindre que la largeur.—En géom. : *sphéroïde oblong*, sphéroïde allongé. Cette dernière dénomination est plus usitée.

OBLONGUE, adj. fém. Voy. OBLONG.

OBNOXIATION, subst. fém. (*obenokcci-âcion*), soumission. (*Boiste*.) Vieux et même hors d'usage.

OBNUBILÉ, **E**, part. pass. de *obnubiler*.

OBNUBILER, v. act. (*obenubilé*) (en lat. *obnubilare*, formé de la prép. *ob*, autour, et de *nubes*, nuage), couvrir de *nuages*, rendre obscur. Vieux. — S'OBNUBILER, v. pron. (*Boiste*.) Peu en usage.

OBOLAIRE, subst. fém. (*obolère*) (en latin *obolaria*), t. de bot., plante pédiculaire. — T. d'hist. nat., subst. mas., genre de poissons.

OBOLE, subst. fém. (*obole*) (du grec ὀϐολος), chez les Athéniens, petite pièce de monnaie dont six faisaient la drachme attique. *L'obole* valait environ trois sous ou quinze centimes, monnaie de France. — Autrefois, en France, très-petite monnaie de cuivre valant la moitié d'un denier tournois. On dit encore prov. : *je n'en donnerais pas une obole*, pas le moindre prix. — En médec., petit poids qui pèse douze grains.

OBOMBRÉ, **E**, part. pass. de *obombrer*.

OBOMBRER, v. act. (*obonbré*) (du lat. *obumbrare*, *ombrager*, couvrir de son *ombre*), cacher, couvrir. Il est vieux, et ne s'emploie que dans le style burlesque ou dans le jargon des petits-maîtres.—S'OBOMBRER, v. pron.

OBORTITE, adj. des deux genres (*obortite*) (du latin *obortus*, part. pass. de *oboriri*, fait de la prép. *ob*, devant, et de *oriri*, paraître), qui s'élève, qui commence à paraître, à croître : *astre obortite*. — Fig. : *peuple obortite*, qui s'éclaire, se distingue. (*Boiste*.) Presque inusité.

OBOVALE, adj., ou **OBOVÉ**, **E**, adj. (*oboval, bové*), t. de bot., en ovale ; renversé en *œuf*, le gros bout en haut.—Au plur. mas., *obovaux*.

OBOVÉ, **E**, adj. Voy. OBOVALE.

OBREPTICE, adj. des deux genres (*oberèpetice*) (du lat. *obreptitius*, fait dans la même signification de *obrepere*, *repere*, *ob*, ramper autour, se glisser, s'insinuer par adresse), t. de chancellerie ; qu'on a eu par surprise en taisant une vérité qui aurait dû être exprimée, à la différence de ce qui est *subreptice*, ou obtenu sur l'exposé d'un fait faux.

OBREPTICEMENT, adv. (*oberèpeticeman*), d'une manière *obreptice*.

OBREPTION, subst. fém. (*oberèpecion*) (en lat. *obreptio*), surprise, réticence d'un fait vrai, qui rend les lettres de chancellerie *obreptices*.

OBRIMO, subst. propre fém. (*obrimo*), myth., surnom de Proserpine.

OBRON, subst. mas. (*obron*), t. de serrurier, morceau de fer percé par le milieu, qui est attaché à l'obronnière du coffre, et dans lequel, par le moyen de la clef, on fait aller le pène de la serrure lorsqu'on ferme le coffre.

OBRONNIÈRE, subst. fém. (*obronière*), t. de serrurier, bande de fer à charnière, qui est attachée au dedans du couvercle d'un coffre-fort.

OBROPHORE, subst. mas. (*obrofore*), porte-lumière. (*Boiste*.) Inusité.

OBRUÉ, **E**, part. pass. de *obruer*.

OBRUER, v. act. (*obru-é*) (en lat. *obruere*), accabler sous une masse énorme. — S'OBRUER, v. pron. Presque inusité.

OBSCÈNE, adj. des deux genres (*obcène*) (du lat. *obscenus*, fait, dans la même signification, de la prép. latine *obs*, pour *ob*, devant, autour, et *cœnum*, bourbier, fange, boue), qui blesse la pudeur ; déshonnête.

OBSCÉNITÉ, subst. fém. (*obcénité*) (en latin *obscenitas*), parole, image, action qui blesse la pudeur.

OBSCUR, **E**, adj. (*obcekure*) (en lat. *obscurus*), sombre, ténébreux, qui n'est pas éclairé : *lieu*, *antre obscur*.— Qui est moins clair, moins vif : *couleur obscure*, *bleu obscur*.—Fig., 1° qui n'est pas bien clair, bien intelligible : *livre*, *discours*, *passage*, *terme obscur*. On le dit dans le même sens des auteurs et des oracles; 2° peu connu, peu distingué : *vie, naissance obscure*.— T. de peinture : *clair-obscur*, imitation que produit la lumière sur les objets en répandant des jours sur les surfaces qu'elle frappe, et en laissant dans l'ombre celles qu'elle ne frappe pas. Quand on décompose ce mot, on ne dit pas *le clair et l'obscur*, mais *les clairs et les bruns, les jours et les ombres, la lumière et l'ombre*. — *Dessin de clair-obscur*, sans mélange d'autres couleurs que du blanc et du noir, ou du blanc avec une seule couleur.—*Chambre obscure*. Voy. au mot CHAMBRE.—*Il fait obscur*, l'air est *obscur*. — *Il fait obscur en cet endroit*, on n'y voit pas bien clair. — OBSCUR, SOMBRE, TÉNÉBREUX. (*Syn.*) Ce qui est *obscur* manque de clarté ; ce qui est *sombre* manque de jour ; ce qui est *ténébreux* manque de toute lumière.— Un lieu est *obscur*, lorsqu'il n'est pas assez éclairé; un bois est *sombre*, lorsque l'épaisseur du feuillage, interceptant le jour, n'y laisse pénétrer qu'une faible lumière. L'enfer est *ténébreux*, parce qu'aucune lumière n'y pénètre. — Des nuages épais et la fuite du jour rendent le temps *obscur*; des nuages *sombres* et l'approche de la nuit le rendent *sombre*; la nuit entière le rend *ténébreux*. — La nuit qui n'est point éclairée par les astres est *obscure*; les ombres, en s'accumulant, la rendent *sombre*; la profonde obscurité la rend *ténébreuse*. — L'*obscurité* se gradue et se modifie, de manière que de légère, pâle et douce qu'elle était, elle devient épaisse, triste et *sombre*; en augmentant encore, elle devient *ténébreuse*.

OBSCURANT, subst. mas. (*obcekuran*), mot nouveau. Il sert à désigner les ennemis des lumières et de la philosophie, qui voudraient proscrire l'exercice de la raison parmi les hommes, et replonger le genre humain dans l'état de stupidité des siècles de superstition et d'ignorance.

OBSCURANTISME, subst. mas. (*obcekuranticeme*), secte, système des *obscurants*.

OBSCURATION, subst. fém. (*obcekurâcion*), t. d'astron., *obscurcissement*. Peu en usage.

OBSCURCI, E, part. pass. de *obscurcir*.

OBSCURCIR, v. act. (*obcekurcir*) (en lat. *obscurare*), rendre *obscur*. — Au fig., diminuer, ternir la gloire, l'éclat. — On dit aussi fig. : *les passions obscurcissent l'entendement*, etc. — S'OBSCURCIR, v. pron., devenir *obscur*, au propre et au fig.— *La vue s'obscurcit dans la vieillesse*, diminue et s'affaiblit. — Prendre un air sévère: *son visage s'obscurcit*. Voy. ÉCLIPSER.

OBSCURCISSEMENT, subst. mas. (*obcekurciceman*), affaiblissement de la lumière. —État d'une chose *obscurcie*, au propre et au fig.

OBSCURÉ, E, part. pass. de *obscurer*.

OBSCURÉMENT, adv. (*obcekuréman*), avec *obscurité*.

OBSCURER, v. act. (*obcekuré*), *obscurcir*, rendre *obscur*, ténébreux. — S'OBSCURER, v. pron. Inusité.

OBSCURIFIÉ, E, part. pass. de *obscurifier*.

OBSCURIFIER, v. act. (*obcekurifié*), rendre *obscur*. — S'OBSCURIFIER, v. pron. Inusité.

OBSCURITÉ, subst. fém. (*obcekurité*) (en lat. *obscuritas*), privation de la lumière : *l'obscurité de la nuit*. Voy. TÉNÈBRES. — 1° fig.: *l'obscurité des temps*, le peu de connaissance qu'on en a ; *l'obscurité de l'avenir*, l'ignorance où l'on est de l'avenir; 2° défaut de clarté dans le style, etc. ; 3° vie cachée, privée de célébrité : *demeurer, vivre dans l'obscurité*; 4° bassesse : *l'obscurité de sa famille*, etc. — Au plur., choses *obscures*.

OBSÉCRATION, subst. fém. (*obcékrâcion*) (en lat. *obsecratio*, fait de *obsecrare*, supplier, conjurer, lequel est formé de *ob*, pour, et de *sacer*, sacré), figure de rhétorique par laquelle on implore l'assistance divine ou celle de quelque personne. — T. d'antiquité, chez les Romains, prières publiques pour apaiser les dieux dans les temps de calamité.

OBSÉDÉ, E, part. pass. de *obséder*.

OBSÉDER, v. act. (*obcédé*) (du lat. *obsidere*, assiéger, et qui signifie proprement être assis autour, *sedere ob*), être assidu auprès de quelqu'un pour se rendre maître de son esprit, et quelquefois pour empêcher que d'autres ne l'approchent. Il se prend toujours en mauvaise part. — Être à charge. — *Obséder quelqu'un*, le fatiguer par importunité. — En parlant du démon, tourmenter par des illusions fréquentes. — S'OBSÉDER, v. pron.

OBSÈQUES, subst. fém. plur. (*obcèke*) (en lat. *obsequia*, fait de *obsequium*, devoir), funérailles pompeuses. Voy. FUNÉRAILLES.

OBSÉQUIEUSE, adj. fém. Voy. OBSÉQUIEUX.

OBSÉQUIEUSEMENT, adv. (*obcekui-euzeman*), avec beaucoup de respect.

OBSÉQUIEUX, adj. mas., au fém. **OBSÉQUIEUSE** (*obcékui-eu, euze*) (en lat. *obsequiosus*), plein d'égards et de déférence, etc. : *politesse obséquieuse*.

OBSÉQUIOSITÉ, subst. fém. (*obcékui-ôzité*), qualité, caractère de l'être *obséquieux*. (Las Cases.)

OBSERVABLE, adj. des deux genres (*obcèrevable*), qui peut être *observé* : *étoile observable*.

OBSERVANCE, subst. fém. (*obcèrevance*) (en lat. *observantia*), règle, statut, coutume. — Pratique de la règle d'un ordre religieux.— Partie des religieux de l'ordre de Saint-François, qui font profession d'*observer* la règle plus étroitement que les autres religieux. — *Observances légales*, pratiques et cérémonies de la loi de Moïse.

OBSERVANTIN, subst. et adj. mas. (*obcèrevantein*), religieux de l'*observance* de Saint-François.

OBSERVATEUR, subst. mas., au fém. **OBSERVATRICE** (*obcèrevateur, trice*) (en lat. *observator*), celui, celle qui *observe*, qui accomplit ce qui lui est prescrit par quelque loi. — Celui qui *observe* les phénomènes de la nature, et plus particulièrement les phénomènes célestes, les astres, etc.—Celui qui *observe* la conduite des autres pour la censurer.—On a aussi appelé *observateur*, un homme payé pour *observer* ce qui se passe dans les endroits publics et en faire son rapport : *bon observateur*. — Dans le style moqueur ou critique, auteur de remarques, d'*observations*. —On dit adj. : *esprit observateur, attention observatrice*.

OBSERVATION, subst. fém. (*obcèrevâcion*) (en lat. *observatio*), action d'*observer* tous les objets naturels; *observation des lois, des règles, des préceptes d'un art*. — Action d'*observer* ce qui est prescrit par une loi ; ce qu'on a promis. — *Avoir l'esprit d'observation* : savoir remarquer les causes et les effets des évènements, des actions humaines. — Objection modérée : *permettez-moi une observation*. — Remarques sur les phénomènes de la nature : *observations météorologiques*. — Note sur les écrits de quelque auteur, ou sur quelque art ou science. — *Observations célestes*, observations des phénomènes des corps célestes, faites avec les instruments d'astronomie, afin de déterminer les situations, les distances, les mouvements, etc., de ces corps. — *Armée d'observation*, celle qui couvre un siége et s'oppose à l'ennemi, pendant qu'une autre attaque la place. — *Être en observation*, se tenir dans un lieu d'où l'on observe tout ce qui se passe.

OBSERVATOIRE, subst. mas. (*obcèrevatoare*), édifice destiné aux *observations* astronomiques.

OBSERVÉ, E, part. pass. de *observer*.

OBSERVER, v. act. (*obcèrevé*) (en lat. *observare, servare ob*, sous-entendu *oculos*, conserver devant *les yeux*, accomplir ce qui est prescrit par quelque loi.—Considérer avec application : *observer le cours des astres*. — Remarquer : *j'ai observé que*... Voy. REMARQUER. En ce sens on ne dit point *observer à quelqu'un*, mais *faire observer à quelqu'un*. — Épier, remarquer les actions, la conduite d'une personne. (Du lat. *obsessio*, qui signifie proprement siége, action d'assiéger. Voy. OBSÉDER.)—Fig. et prov. : *observer les longues et les brèves ou les points et les virgules*, être fort exact pour tout ce qui regarde les bienséances, les devoirs de la vie civile, etc. — S'OBSERVER, v. pron., être circonspect, s'épier réciproquement.— OBSERVER, GARDER, ACCOMPLIR. (*Syn.*) Vous *observez* la loi, par votre attention à exécuter ce qu'elle prescrit; vous la *gardez*, par le soin continuel de veiller à ce qu'elle ne soit violée en aucun point ; vous l'*accomplissez*, par votre exactitude à remplir entièrement et fidèlement tout ce qu'elle ordonne. — *Observer*, marque proprement la fidélité à son devoir; *garder*, la persévérance et la continuité; *accomplir*, la perfection ou la consommation de l'œuvre. —Le précepte qui n'oblige qu'à certaines actions et dans certains cas, comme le précepte du jeûne, vous l'*observez*; l'obligation qui vous lie sans cesse et que vous pouvez à chaque instant violer, comme la foi conjugale, vous la *gardez*; l'œuvre qu'il s'agit de terminer ou de mettre à sa fin, comme une pénitence imposée, vous l'*accomplissez*. — On *observe* l'usage, s'il y a lieu ; on *garde* les bienséances dont on ne s'écarte jamais ; on *accomplit* ses desseins, lorsqu'on en achève l'exécution.

OBSESSION, subst. fém. (*obcècion*), état d'une personne qu'on croit *obsédée* du malin esprit. Voy. POSSESSION. — Fig., 1° action d'une personne qui en *obsède* une autre; 2° état de la personne *obsédée*.

OBSIDES, subst. mas. plur. (*obcide*), ôtages entre les puissances.

OBSIDIANE ou **OBSIDIENNE** (*l'Académie* donne les deux), subst. fém. (*obcidiane*) (d'*Obsidius*, qui le premier l'apporta d'Éthiopie, ou, selon quelques-uns, du grec ὄψις, vue, à cause des miroirs qu'on en fabriquait), pierre transparente qui, chez les anciens, remplaçait les vitres.

OBSIDION, subst. mas. (*obcidion*) (en lat. *obsidium*), siège, blocus. (*Boiste.*) Vieux et même hors d'usage.

OBSIDIONAL, E, adj. (*obcidionale*) (en latin *obsidionalis*, fait de *obsidio*, siége), qui concerne un siège : *couronne obsidionale*, couronne d'herbes que les Romains donnaient à celui qui avait fait lever le siège d'une ville.—*Monnaie obsidionale*, frappée dans une ville assiégée. — Au plur. mas., *obsidionaux*.

OBSISTER, v. neut. (*obciceté*), résister, apporter un obstacle. Presque inusité.

OBSIDIONAUX, adj. plur. mas. Voyez OBSIDIONAL.

OBSTACLE, subst. mas. (*obcetakle*) (en lat. *obstaculum*, fait de *obstare*, s'opposer; *stare ob*, être situé devant), ce qui empêche qu'une chose ne se fasse, ne réussisse : *faire* ou *mettre obstacle à*... En mécan., tout ce qui résiste à une puissance qui le presse. — T. de phys., résistance. — OBSTACLE, EMPÊCHEMENT. (*Syn.*) L'*obstacle* est devant vous; il vous arrête. L'*empêchement* est çà et là, autour de vous ; il vous retient. Pour avancer, il faut surmonter, aplanir l'*obstacle*; pour aller librement, il faut ôter l'*empêchement*, le lever. L'*obstacle* a quelque chose de grand, d'élevé, de résistant : il faut le vaincre, le surmonter, le franchir, le renverser, l'aplanir; s'il n'est que léger, il faut encore le détruire ou passer pardessus. L'*empêchement* a quelque chose de gênant, d'incommode, d'embarrassant ; il faut l'ôter, le lever, s'en débarrasser, s'en délivrer, s'en affranchir : c'est un lien à rompre.—On met des *obstacles* et des *empêchements*; il s'élève des *obstacles* plutôt que des *empêchements*.—L'*obstacle* se rencontre surtout dans les grandes entreprises et avec de grandes difficultés; l'*empêchement*, dans les actions ordinaires et avec des difficultés ordinaires.— Les *obstacles* allument le courage ; les *empêchements* l'impatientent.—Celui qui craint les difficultés, voit partout des *obstacles*; celui qui manque de bonne volonté, a toujours des *empêchements*. Voy. DIFFICULTÉ.

OBSTANCE, subst. fém. (*obcetance*), *obstacle*. (*Boiste.*) Vieux et presque hors d usage.

OBSTANT (*obcetan*), part. prés. du v. inusité *obster* (en lat. *obstare*), qui s'oppose, qui résiste à... Inusité, si ce n'est dans son composé : *nonobstant*. (Boiste.)

OBSTÉTRICAL, E, adj. (*obcetétrikale*) (en lat. *obstetricius*, fait de *obstetricium*, accouchement), qui a rapport aux accouchements. Peu en usage.

OBSTÉTRIQUE, subst. fém. (*obcetétrike*) (en lat. *obstetricium*, d'où l'on a fait *obstetrix*, sage-femme), t. de chir., art des accouchements.

OBSTINATION, subst. fém. (*obcetinâcion*) (en lat. *obstinatio*), opiniâtreté. — Trop grand attachement à son opinion.

OBSTINÉ, E, part. pass. de *obstiner*, et adj., opiniâtre : *un enfant obstiné*.— *Rhume obstiné*, qu'on ne peut faire cesser. — Subst., personne *obstinée* : *un petit obstiné*.

OBSTINÉMENT, adv. (*obcetinéman*), avec *obstination*.

OBSTINER, v. act. (*obcetiné*) (en lat. *obstinare*), rendre opiniâtre. — S'OBSTINER, v. pron., s'opiniâtrer.

OBSTIPATION, subst. fém. (*obcetipâcion*) (en lat. *obstipatio*, fait de *obstipare*, boucher), constipation. Voyez ce mot, qui est seul en usage.

OBSTIPITÉ, subst. fém. (*obcetipité*) (du latin *obstipus*, qui a la tête de travers), torticolis. (*Boiste.*) Peu en usage.

OBSTITES, subst. mas. plur. (*obcetite*), t. d'hist. anc., lieux frappés par la foudre. Hors d'usage.

OBSTRUANT, E, adj. (*obcetru-an, ante*). Le même qu'*obstructif*.

OBSTRUCTIF, adj. mas., au fém. **OBSTRUCTIVE**

(*obcetructif, tive*), qui peut causer, qui cause des *obstructions*.

OBSTRUCTION, subst. fém. (*obcetrukcion*) (en lat. *obstructio*), t. de médec., engorgement, embarras qui se forme dans les vaisseaux, dans les conduits du corps de l'animal.

OBSTRUCTIVE, adj. fém. Voy. OBSTRUCTIF.

OBSTRUÉ, **E**, part. pass. de *obstruer*.

OBSTRUER, v. act. (*obcetru-é*) (en latin *obstruere*, formé de la prép. latine *ob*, devant, et de *struere*, bâtir devant, murer), interposer un obstacle, un passage.— Causer de l'*obstruction*; boucher les conduits naturels, etc.—*s'*OBSTRUER, v. pron.

OBTEMPÉRER, v. neut. (*obtanpéré*) (en latin *obtemperare*), en t. de palais, ce qu'*obéir* signifie en termes ordinaires.

DU VERBE IRRÉGULIER **OBTENIR** :

Obtenaient, 3ᵉ pers. plur. imparf. indic.
Obtenais, précédé de *j'*, 1ʳᵉ pers. sing. imparf. indic.
Obtenais, précédé de *tu*, 2ᵉ pers. sing. imparf. indic.
Obtenait, 3ᵉ pers. sing. imparf. indic.
Obtenant, part. prés.
Obtenez, 2ᵉ pers. plur. impér.
Obtenez, précédé de *vous*, 2ᵉ pers. plur. prés. indic.
Obteniez, précédé de *vous*, 2ᵉ pers. plur. imparf. indic.
Obteniez, précédé de *que vous*, 2ᵉ pers. plur. prés. subj.
Obtenions, précédé de *nous*, 1ʳᵉ pers. plur. imparf. indic.
Obtenions, précédé de *que nous*, 1ʳᵉ pers. plur. prés. subj.

OBTENIR, v. act. (*obtenir*) (du latin *obtinere*, formé dans le même sens de *ob*, devant, et *tenere*, tenir; *tenir devant soi*), faire en sorte par ses prières, par ses sollicitations auprès de quelqu'un, qu'il accorde ce qu'on lui demande. *Saint-Lambert* (poème des *Saisons*), a dit absolument : *avant d'en obtenir* (*d'obtenir de la cour*), *ils voulaient mériter*. Ces deux verbes ne s'emploient point sans régime. Il fallait : *avant d'en obtenir des faveurs*, etc., *ils voulaient les mériter*.—T. de science, parvenir à un effet, à un résultat : *obtenir telle ou telle variété de fruits*. — *Obtenir un jugement*, parvenir à avoir un jugement qu'on poursuivait. — *s'*OBTENIR, v. pron.

DU VERBE IRRÉGULIER **OBTENIR** :

Obtenons, 1ʳᵉ pers. plur. impér.
Obtenons, précédé de *nous*, 1ʳᵉ pers. plur. prés. indic.

OBTENTION, subst. fém. (*obtancion*), t. de prat., action d'*obtenir*, impétration.

OBTENU, **E**, part. pass. de *obtenir*.

DU VERBE IRRÉGULIER **OBTENIR** :

Obtiendra, 3ᵉ pers. sing. fut. indic.
Obtiendrai, 1ʳᵉ pers. sing. fut. indic.
Obtiendraient, 3ᵉ pers. plur. prés. cond.
Obtiendrais, précédé de *j'*, 1ʳᵉ pers. sing. prés. cond.
Obtiendrais, précédé de *tu*, 2ᵉ pers. sing. prés. cond.
Obtiendrait, 3ᵉ pers. sing. prés. cond.
Obtiendras, 2ᵉ pers. sing. fut. indic.
Obtiendrez, 2ᵉ pers. plur. fut. indic
Obtiendriez, 2ᵉ pers. plur. prés. cond.
Obtiendrions, 1ʳᵉ pers. plur. prés. cond.
Obtiendrons, 1ʳᵉ pers. plur. fut. indic.
Obtiendront, 3ᵉ pers. plur. fut. indic.
Obtienne, précédé de *que j'*, 1ʳᵉ pers. sing. prés. subj.
Obtienne, précédé de *qu'il* ou *qu'elle*, 3ᵉ pers. sing. prés. subj.
Obtiennent, précédé de *ils* ou *elles*, 3ᵉ pers. plur. prés. indic.
Obtiennes, 2ᵉ pers. prés. subj.
Obtiens, 2ᵉ pers. sing. impér.
Obtiens, précédé de *j'*, 1ʳᵉ pers. sing. prés. indic.
Obtiens, précédé de *tu*, 2ᵉ pers. sing. prés. indic.
Obtient, 3ᵉ pers. sing. prés. indic.
Obtînmes, 1ʳᵉ pers. plur. prét. déf.
Obtinrent, 3ᵉ pers. plur. prét. déf.
Obtins, précédé de *j'*, 1ʳᵉ pers. sing. prét. déf.
Obtins, précédé de *tu*, 2ᵉ pers. sing. prét. déf.
Obtinsse, 1ʳᵉ pers. sing. imparf. subj.
Obtinssent, 3ᵉ pers. plur. imparf. subj.
Obtinsses, 2ᵉ pers. plur. imparf. subj.
Obtinssiez, 2ᵉ pers. plur. imparf. subj.
Obtinssions, 1ʳᵉ pers. plur. imparf. subj.
Obtint, précédé de *il* ou *elle*, 3ᵉ pers. sing. prét. déf.
Obtînt, précédé de *qu'il* ou *qu'elle*, 3ᵉ pers. sing. imparf. subj.
Obtîntes, 2ᵉ pers. plur. prét. déf.

OBTONDANT, **E**, adj. (*obtondan, dante*), (en lat. *obtundens*, part. prés. de *obtundre*, émousser, ôter la pointe), t. de médec.: *remèdes obtondants*, qui corrigent l'acrimonie des humeurs.

OBTONDRE, v. act. (*obtondre*), émousser.—*s'*OBTONDRE, v. pron. (*Boiste.*) Vieux.

OBTONDU, **E**, part. pass. de *obtondre*.

OBTURATEUR, subst. et adj. mas., au fém. **OBTURATRICE** (*obturateur, trice*)(en latin *obturare*, boucher, bondonner, etc.), t. de phys., clapet ou autre pièce quelconque destinée à boucher une ouverture dans une machine.—En chimie, plaque de verre, etc., dont on se sert dans les opérations pneumato-chimiques, pour boucher, sous l'eau ou le mercure, l'orifice des récipients remplis de gaz, etc.—On dit adj. en anat. : *les muscles, les nerfs obturateurs; les artères obturatrices.*

OBTURATION, subst. fém. (*obturâcion*) (en lat. *obturatio*), t. de chir. C'est la même chose que *obstruction* et *oblitération*.

OBTURATRICE, subst. et adj. fém. Voyez OBTURATEUR.

OBTUS, **E**, adj. (*obtu, tuze*) (du lat. *obtusus*, émoussé, part. pass. de *obtundere*), en géom., *angle obtus*, plus grand qu'un angle droit ou de quatre-vingt-dix degrés.—En bot., qui se termine en une pointe émoussée.—Au fig : *esprit obtus*, qui a peu de pénétration, qui a de la difficulté à concevoir. — *Sens obtus*, dont les perceptions manquent de vivacité, de netteté.

OBTUSANGLE, adj. des deux genres (*obtuzanguele*), t. de géom.; *triangle obtusangle*, qui a un *angle obtus*.

OBTUSANGULÉ, **E**, adj. (*obtuzangulé*), t. de bot., à *angles obtus*.

OBUS, subst. mas. (*ôbuce*), petite bombe sans anse.

OBUSIER, subst. mas. (*ôbuzié*), t. d'artillerie, espèce de mortier monté sur un affut à roues, qui se tire horizontalement. C'est à tort qu'on le nomme aussi *obus*.

OBVENIR, v. neut. (*obevenir*) (en lat. *obvenire*, formé de *ob*, prép., signifiant pour le profit, et de *venire*, venir), t. de jurispr. qui se dit en parlant de certains biens qui échoient par succession, ou de ceux qui reviennent à l'état par suite de quelque changement dans le système administratif.

OBVENTION, subst. fém. (*obevantion*) (du lat. *obventio*, qui signifie proprement, bien qui arrive sans qu'on s'y attende, comme par donation), impôt ecclésiastique.

OBVENU, **E**, part. pass. de *obvenir*.

OBVERS, subst. mas. (*obevère*) (en latin *obversus*, qui est devant, en face), quelques antiquaires désignent par ce mot le côté d'une médaille opposé au revers, lorsque la médaille ne porte point de tête.

OBVIER, v. neut. (*obevié*) (en latin *obviare*, formé de la prép. *ob*, devant, et *via*, chemin, voie; *aller au-devant*), prendre des mesures pour prévenir, pour empêcher un mal, un accident fâcheux : *obvier à un malheur*.

OBVOLUTÉ, **E**, adj. (*obevoluté*) (en lat. *obvolutus*, enveloppé); t. de bot., se dit d'une feuille qui est repliée dans le bouton, de manière que ses bords sont compris alternativement entre les bords d'une autre feuille, comme dans l'œillet.

OBY, subst. propre mas. (*obi*), grand fleuve d'Asie.—Myth. : *le vieillard de l'Oby*, idole des Tartares ostiaques qui habitent les bords de l'*Oby*. Ils l'invoquent dans la saison de la pêche, et lui rendent de grands honneurs, ou l'accablent d'insultes, selon qu'ils ont été heureux ou malheureux dans la pêche.

OBYRE, subst. mas. (*obire*), t. de bot., plante graminée.

OC, subst. mas. (*oke*), sorte de flèche dont les Turcs faisaient autrefois un fréquent usage.—Flûte turque, terminée par une boule.

OCA ou **OKE**, subst. mas. (*oka, oke*), t. de bot., racine d'Amérique, dont on fait une pâte bonne à manger, appelée aussi *cavi*.

OCAIGNÉ, **E**, part. pass. de *ocaigner*.

OCAIGNER, v. act. (*okègnié*) : *ocaigner un gant*, l'enduire en dedans d'une composition parfumée, ou seulement de gomme adragante et d'huile de senteur, pour le disposer à mieux prendre le parfum qu'on veut lui donner. — *s'*OCAIGNER, v. pron. Peu en usage.

OCANA, subst. propre fém. (*ocana*), ville d'Espagne dans la Nouvelle-Castille.

OCCASE, adj. fém. (*okekâze*) (en latin *occasus*, couchant, occident), t. d'astron. : *amplitude occase*, la même chose que *amplitude occidentale*. Voy. ORTIVE.

OCCASION, subst. fém. (*okâzion*) (en latin *occasio*), la conjoncture des temps, des lieux, propre pour quelque chose : *attendre, ménager, saisir, manquer l'occasion*. On dit sans article : *prendre occasion de..., pour*.—Ce qui donne lieu à...: *cela a été occasion de sa perte*.—L'*Académie* donne encore *occasion* dans le sens de *combat*, de *rencontre*, de *guerre*, et cite les exemples suivants : *une occasion très-chaude*; *se porter aux occasions; il a été, il s'est trouvé aux occasions*. Ces locutions, en ce sens, n'ont pas seulement vieilli, elles sont tout-à-fait hors d'usage. — On dit prov., que *l'occasion fait le larron*, pour dire que bien souvent c'est l'*occasion* qui fait faire des choses auxquelles on n'aurait jamais songé sans cela.—Divinité allégorique. — *Prendre l'occasion aux cheveux*. Voy. CHEVEU. — En t. de théol. : *occasions prochaines de péché*, celles qui sont présentes, actuelles, ou qui peuvent s'offrir à tout moment. — *D'occasion*, par *occasion*, à bon marché, eu égard à la circonstance de l'*occasion*, le vendeur désirant se défaire. — OCCASION, OCCURRENCE, CONJONCTURE, CAS, CIRCONSTANCE. (*Syn.*) — *Occasion* se dit pour l'arrivée de quelque chose de nouveau, soit que cela se présente ou qu'on le cherche, et dans un sens assez indéterminé pour le temps comme l'objet; *occurrence* se dit uniquement pour ce qui arrive sans qu'on le cherche, et avec un rapport fixé au temps présent. *Conjoncture* sert à marquer la situation qui provient d'un concours d'événements, d'affaires ou d'intérêts. *Cas* s'emploie pour indiquer le fond de l'affaire, avec un rapport singulier à l'espèce et à la particularité de la chose. *Circonstance* ne porte que l'idée d'un accompagnement, ou d'une chose accessoire à une autre qui est la principale.— On connaît les gens dans l'*occasion*; il faut se comporter selon l'*occurrence des temps*; ce sont ordinairement les *conjonctures* qui déterminent au parti que l'on prend. Quelques politiques prétendent qu'il y a des *cas* où la raison défend de consulter la vertu. La diversité des *circonstances* fait que le même homme pense différemment sur la même chose. —On dit une *belle occasion*, une *occurrence favorable*, une *conjoncture avantageuse*, un *cas pressant*, une *circonstance délicate*. On ne dirait pas une *occasion heureuse*, une *occurrence délicate*, une *belle conjoncture*, un *cas avantageux*, une *circonstance pressante*.

OCCASIONAIRE, subst. mas. (*okâzionère*), aventurier. Vieux et même hors d'usage.

OCCASIONEL, adj. mas., au fém. **OCCASIONELLE** (*okâzionèle*), qui donne *occasion* : *cause occasionelle*.

OCCASIONELLE, adj. fém. Voyez OCCASIONEL.

OCCASIONELLEMENT, adv. (*okâzionèleman*), par *occasion*.

OCCASIONÉ, **E**, part. pass. de *occasioner*.

OCCASIONER (L'*Académie* écrit à tort **OCCASIONNER** par deux **N**. On doit écrire : *il* ou *elle occasionne*; mais il faut écrire *j'occasionais; occasioner; occasionel*, etc.), v. act. (*okâzioné*), donner *occasion*, donner lieu. — *s'*OCCASIONER, v. pron.

OCCATEUR, subst. propre mas. (*okekateur*), myth., dieu qui présidait aux travaux de ceux qui hersaient la terre pour en rompre les mottes et la rendre unie.

OCCIDENT, subst. mas. (*okecidan*) (du latin *occidens*, fait de *occidere*, se coucher, et proprement dérivé de *cadere*), celui des quatre points cardinaux du monde qui est du côté où le soleil se couche. On dit aussi *couchant*, et en t. de mar., *ouest*.—Plus particulièrement, cette partie de notre hémisphère qui est au couchant, par rapport aux pays *orientaux*.

OCCIDENTAL, **E**, adj. (*okecidantal*) (en latin *occidentalis*), qui est à l'*occident*; qui est d'*occident* : *peuples occidentaux; les Indes occidentales*. Avec les mots *empire* et *église*, on dit *empire, Eglise d'occident*, et non pas *empire occidental, Eglise occidentale*. — Au plur., *occidentaux*.—Subst. mas. plur., les *Occidentaux*, les habitants des pays de l'*Occident*, les Européens.

OCCIDENTAUX, subst. et adj. mas. plur. Voy. OCCIDENTAL.

OCCIPITAL, **E**, adj. (*okecipitale*), t. d'anat., qui appartient à l'*occiput*. — T. d'hist. nat., il se dit des nageoires des poissons qui commencent sur la nuque et ne sont point longitudinales ; ou des ouïes placées assez haut pour sembler être sur la nuque.—Au plur., *occipitaux*.

OCCIPITAUX, adj. mas. plur. Voy. OCCIPITAL.

OCCIPITO-ATLOÏDIEN, adj. mas., au fém. **OCCIPITO-ATLOÏDIENNE** (*okecipitò-atlo-idiein, diène*), t. d'anat., qui a rapport à l'*occipital* et à la vertèbre *atlas*.—Subst. : *l'occipito-atloïdien*.

OCCIPITO-ATLOÏDIENNE, adj. fém. Voy. OCCIPITO-ATLOÏDIEN.

OCCIPITO-AXOÏDIEN, adj. mas., au fém. **OCCIPITO-AXOÏDIENNE** (*okecipitò - akço - idiein, diène*), t. d'anat., qui a rapport à l'*occipital* et à la vertèbre *axis*. On appelle *articulation occipito-axoïdienne*, la connexion de l'*occipital* avec l'*axis*, quoiqu'ils ne soient pas réellement articulés, mais qu'ils se tiennent seulement par trois forts ligaments, dont le postérieur se nomme *ligament occipito-axoïdien*.

OCCIPITO-AXOÏDIENNE, adj. fém. Voy. OCCIPITO AXOÏDIEN.

OCCIPITO-FRONTAL, subst. et adj. mas. (*okecipitòfrontal*), t. d'anat., qui appartient à l'*occiput* et au *front*.—Au plur., *occipito-frontaux*.

OCCIPITO-MÉNINGIEN, adj. et subst. mas., au fém. **OCCIPITO-MÉNINGIENNE** (*okecipitò-méneinjiein, jiène*), t. d'anat., qui appartient à l'*occiput* et à la dure-mère.—*Artère occipito-méningienne*, le rameau que la vertébrale fournit à la dure-mère, à son entrée dans le crâne.

OCCIPITO-MÉNINGIENNE, subst. et adj. fém. Voy. OCCIPITO-MÉNINGIEN.

OCCIPITO-MENTONNIER, adj. et subst. mas. (*okecipitò-mantonié*), t. d'anat., le diamètre de la tête, pris obliquement depuis l'*occiput* jusqu'au milieu du *menton*.

OCCIPITO-PARIÉTAL, E, adj. (*okecipitòpariétale*), t. d'anat., qui appartient, qui est relatif à l'os *occipital* et au pariétal. — *Suture occipitale*, la suture lambdoïde.

OCCIPITO-PÉTREUX, subst. et adj. mas. (*okecipitòpétreu*), t. d'anat., qui appartient à l'os *occipital* et à l'apophyse pierreuse de l'os temporal : *hiatus occipito-pétreux*.

OCCIPUT, subst. mas. (*okecipu*) (en latin *occiput* ou *occipitium*), t. d'anat., le derrière de la tête.—T. d'hist. nat., sorte de lézard.

OCCIRE, v. act. (*okecire*) (en latin *occidere*), tuer. Il est vieux et du style trivial. — S'OCCIRE, v. pron.

OCCIS, E, part. pass. de *occire*.

OCCISEUR, subst. mas. (*okecizeur*) (en lat. *occisor*, fait de *occidere*, tuer), tueur, meurtrier. Vieux, burlesque et même hors d'usage.

OCCISION, subst. fém. (*okecizion*) (en lat. *occisio*), meurtre, tuerie. Vieux et même hors d'usage.

OCCITANIE, subst. propre fém. (*okecitani*), le Languedoc, ancienne province de France.

OCCLUSION, subst. fém. (*okluzion*) (en latin *occlusio*, fait de *occludere*, fermer), t. de médec., se dit de l'état où se trouve un intestin, un conduit, un vaisseau, un organe creux dont la cavité est effacée, bouchée en tout ou en partie.

OCCULTATION, subst. fém. (*okuletâcion*) (en latin *occultatio*), t. d'astron., disparition passagère d'une étoile ou d'une planète cachée par la lune.

OCCULTE, adj. des deux genres (*okulete*) (en lat. *occultus*, part. pass. de *occulere*, cacher, couvrir), caché, dont la cause est inconnue : *cause, qualité occulte*. — T. de géom. : *ligne occulte*, ligne qui s'aperçoit à peine, et qui a été tirée ou au crayon ou à la pointe d'un compas.

* **OCCULTÉ, E**, adj. (*okuleté*), caché : *étoile occultée*. Presque inusité.

OCCULTEMENT, adv. (*okuleteman*), d'une manière *occulte*. Ce mot manque dans l'*Académie*.

OCCUPANT, E, subst. et adj. (*okupan, pante*), qui *occupe*, qui s'empare, qui se met en possession : *premier occupant*.—*Avoué occupant*, t. de prat., constitué pour l'instruction d'un procès.

OCCUPATEUR, subst. mas., **OCCUPATRICE**, subst. fém. (*okupateur, trice*), qui occupe, qui envahit. (*Boiste*.) Vieux et presque hors d'usage.

OCCUPATION, subst. fém. (*okupâcion*) (en lat. *occupatio*), action d'*occuper*.—Affaire à laquelle on est *occupé*. — En t. de droit, habitation d'une maison.— En t. de guerre, action de s'emparer de quelque poste, passage, avenue, etc. — *Armée d'occupation*, destinée à contenir un pays nouvellement conquis. — Figure de rhétorique par laquelle on prévient une objection.—*Donner de l'occupation*, causer de la peine, de l'embarras, des affaires.

OCCUPATRICE, subst. fém. Voyez OCCUPATEUR.

OCCUPÉ, E, part. pass. de *occuper*, et adj. : *c'est un homme fort occupé*, qui a beaucoup d'*occupation*.

OCCUPER, v. act. (*okupé*) (en lat. *occupare*), tenir, remplir, en parlant d'un espace de lieu ou de temps : *cela occupe trop de place ; ce rapport a occupé toute la séance*. — En t. de guerre, se saisir, s'emparer : *les grenadiers occupèrent les hauteurs*.—Avec les personnes pour régime, employer, donner à travailler : *occuper des ouvriers, des commis*, etc. ; *nos affaires m'occupent*.—Tenir *occupé* : *occuper quelqu'un*, lui donner de l'*occupation*.— *Occuper une maison*, y habiter, y demeurer. — *Occuper la place de quelqu'un*, exercer son emploi.—Neut., t. de pratique, être chargé par quelqu'un de poursuivre une affaire en justice, le représenter ; agir en son nom. — S'OCCUPER, v. pron., s'employer, s'appliquer à... : *s'occuper à l'étude, au jeu, à lire, à dessiner*.— *Aimer à s'occuper*, aimer le travail.—*Je m'occupe de votre affaire*, j'y pense, je ne la néglige point.— *Être occupé de quelque chose*, y travailler.

OCCURRENCE, subst. fém. (*okurerance*) (du lat. *occurrere*), rencontre, conjoncture, occasion. Voy. OCCASION.

OCCURRENT, E, adj. (*okureran, rante*) (du lat. *occurrens*, part. prés. de *occurrere*, se rencontrer, s'offrir, survenir, et proprement courir au-devant ; *currere*, courir, *ob*, devant), qui survient : *les cas occurrents ; les affaires occurrentes*.

OCÉAN, subst. mas. (*océ-an*) (en lat. *oceanus*, en grec ὠκεανος), la grande mer qui environne toute la terre.—On dit *mer* seulement, pour signifier la vaste étendue d'eau qui occupe une grande partie du globe. L'*océan* a quelque chose de plus particulier ; il se dit de la *mer* en général, par opposition aux *mers* qui sont enfermées dans les terres. Plusieurs géographes ont divisé l'*océan* en quatre grandes parties : l'*océan Atlantique*, qui est situé entre la côte occidentale de l'ancien monde et la côte orientale du nouveau. On l'appelle aussi *océan Occidental*, parce qu'il est à l'occident de l'Europe. L'*océan Pacifique*, ou *grande mer du Sud*, est situé entre la côte occidentale d'Asie et d'Amérique, et s'étend jusqu'à la Chine et aux îles Philippines. L'*océan Hyperboréen* ou *Septentrional* environne le continent arctique. L'*océan Méridional* règne autour du continent méridional.—Au fig., grande quantité, abyme : *océan de maux*, etc.—Myth., le premier dieu des eaux, fils d'Uranus et de la Terre, père de tous les dieux et de tous les êtres, parce que, selon le système de Thalès, l'eau était la matière première dont tous les êtres étaient composés, ou parce que l'eau contribue plus, elle seule, à la production et au développement des corps, que les autres éléments. Il épousa Téthys, dont il eut plusieurs enfants.

OCÉANE, adj. fém. (*océ-ane*) : *la mer Océane* ; l'*océan*. Il n'est en usage que dans cet exemple.

OCÉANIDE, subst. propre fém. (*océ-anide*), myth., fille de l'*Océan* et de Téthys. *Hésiode* en compte soixante-douze.

OCÉANIE, subst. propre fém. (*océ-ani*), la cinquième partie du monde, située dans l'*océan* Austral. On la nomme aussi *Australie, monde maritime*, *Australasie* et *Polynésie*. — T. d'hist. nat., genre de coquilles établi aux dépens des nautiles.

OCÉANIEN, adj. mas., au fém. **OCÉANIENNE** (*océ-aniein, niène*), qui appartient à l'*océan*.

OCÉANIQUE, adj. des deux genres (*océ-anike*), de l'*océan* : *îles océaniques*.

OCÉANITIDE, subst. propre fém. Voy. OCÉANIDE.

OCELLAIRE, subst. fém. (*ocèlelère*) (en latin *ocellaria*), t. d'hist. nat., polypier pierreux.

OCELLITHE, subst. fém. (*ocèlelite*), t. d'hist. nat., *ocellaire* fossile.

OCELLATION, subst. fém. (*ocèlelâcion*) (du lat. *ocellus*, formé de *oculus*, œil), figure d'œil sur les ailes du paon, de quelques papillons, de quelques phalènes, sur le corselet de quelques élatérides. (*Boiste*.) Peu usité.

OCELLÉ, E, adj. (*ocèlelé*) (en lat. *ocellatus*, fait de *oculus*, œil), qui porte une figure d'œil : *papillon ocellé*.

OCELLUS, subst. mas. (*ocèleluce*), t. de jardinier, jolie variété d'œillet.

OCELOT, subst. mas. (*ocelô*), t. d'hist. nat., animal carnassier du Nouveau-Monde, qui est une espèce de *chat-tigre*.

OCELOXOCHITL, subst. mas. (*ocelokçochitele*), t. d'hist. nat., plante d'Amérique, dont la racine donne une fécule nourrissante.

OCHAGOU, subst. mas. (*ochaguou*), t. d'hist. nat., nom qu'on donne, dans le Brésil, au cabiai, lorsqu'il a atteint toute sa grosseur.

OCHAVO, subst. mas. (*ochavo*), monnaie de cuivre d'Espagne, qui est la moitié du quarto, et qui a cours pour deux maravédis de vellon, à peu près trois centimes de France.

OCHE, subst. fém. Voy. HOCHE, qui seul se dit.

OCHÉSIUS, subst. propre mas. (*okézi-uce*), myth., chef des Étoliens au siège de Troie, où il fut tué.

OCHIÉ, E, part. pass. de *ochier*.

OCHIER ou **OCIER**, v. act. (*ochi-é, ci-é*) (en lat. *occidere*), tuer.—S'OCHIER, v. pron. (*Boiste*.) Vieux et même tout-à-fait hors d'usage.

OCHLOCRATE, subst. mas. (*oklokrate*) (du grec ὀχλος, populace, multitude, et κρατος, puissance), celui qui est partisan ou membre d'un gouvernement *ochlocratique*.

OCHLOCRATIE, subst. fém. (*oklokraci*) (même étym. que celle du mot précéd.), gouvernement du bas peuple.

OCHLOCRATIQUE, adj. des deux genres (*oklokratike*), qui appartient, qui est relatif à l'*ochlocratie*.

OCHNA, subst. fém. (*okna*), t. de bot., espèce de gomphie.

OCHNACÉES, subst. fém. plur. (*oknacé*), t. de bot., famille de plantes.

OCHOISON, subst. fém. (*ochoèzon*), occasion. (*Boiste*.) Vieux et même hors d'usage.

OCHOTE, subst. mas. (*okote*), monnaie de cuivre d'Espagne, qui vaut huit maravédis de vellon, environ vingt-cinq centimes de France.

OCHRE, véritable orthographe du mot OCRE.

OCHROLITHE, subst. fém. (*okrolite*) (du grec ωχρος, pâle, et λιθος, pierre), nouvelle terre qui ressemble à l'ocre.

OCHROME, subst. mas. (*okrome*), t. de bot., genre de plantes de la famille des malvacées.

OCHROPYRE, subst. fém. (*okropire*) (du grec ωχρος, pâle, et πυρ, πυρος, feu), t. de médec., fièvre jaune.

OCHROSIE, subst. fém. (*okrózi*), t. de bot., genre de plantes de la famille des apocynées, qui croît à l'île Bourbon.

OCHROXYLE, subst. fém. (*okrokcile*), t. de bot., genre de plantes de la famille des xantoxylées.

OCHRUS, subst. mas. (*okruce*), t. de bot., espèce de plantes à gousse ronde, de la famille des légumineuses.

OCHSENAUGE, subst. mas. (*okcenôje*) (mot allemand, qui signifie *œil de bœuf*), t. d'hist. nat., variété de pierres du Labrador, à reflets chatoyants.

OCHTEBIE, subst. fém. (*oktebi*), t. d'hist. nat., genre d'insectes de l'ordre des coléoptères.

OCHTÈRE, subst. mas. (*oktère*), t. d'hist. nat., genre d'insectes de l'ordre des diptères.

OCHTODE, subst. mas. (*oktode*), t. de médec., espèce d'ulcère dont les bords sont durs et renflés.

OCLAGE, subst. mas. (*oklaje*), présent de noces en argent. — Présent de deuil à une veuve. Vieux.

OCNUS ou **OCHNUS**, subst. propre mas. (*oknuce*), myth., fils du Tibre et de la nymphe Manto.

OCOCOLIN, subst. mas. (*okokolein*), t. d'hist. nat., perdrix du Mexique, plus grosse que notre perdrix rouge.—Espèce de pic, de la grandeur d'un étourneau, dont la couleur est noire et jaune. — Espèce de cotinga.

OCONNEUTL, subst. mas. (*okonenteie*), t. d'hist. nat., espèce de grand pic qu'on trouve au Mexique.

OCOROME, subst. mas. (*okorôme*), t. d'hist. nat., quadrupède du Pérou, que l'on croit être le raton crabier.

OCONDROIS, adv. (*okondroé*), après, ensuite. (*Boiste*.) Vieux et tout-à-fait hors d'usage.

OCOTÉ, subst. mas. (*okoté*) (en lat. *ocotea*), t. de bot., plante voisine du laurier.

OCOTOCHTLI, subst. mas. (*okotoketeli*), t. d'hist. nat., quadrupède du Mexique, qui paraît être une espèce de lynx.

OCOTZINITZCAN, subst. mas. (*okotzinitzekan*), t. d'hist. nat., oiseau du Mexique, qui est de la taille d'un pigeon.

OCQUE, subst. mas. (*oke*), t. de relat., poids du Levant, en usage dans le commerce des peaux et des cuirs, et qui équivaut à trois livres deux onces, poids de marc.

OCQUISITION, subst. fém. (*okekizicion*), vieux mot, tout-à-fait inusité, qui signifiait *occasion*. (Boiste.)

OCRE, et plus conformément à l'étym., OCHRE, subst. fém. (*okre*) (en grec ωχρα, fait de ωχρος, pâle, à cause de sa couleur pâle et sombre), t. d'hist. nat., mélange de terre et de fer à divers degrés d'oxydation : *ocre jaune, ocre rouge*. — Subst. mas., monnaie de Suède.

OCRÉE, subst. fém. (*okré*), t. d'antiq., botte ou bottine de soldat romain, en cuivre ou en fer.

OCREUSE, adj. fém. Voy. OCREUX.

OCREUX, mieux OCHREUX, adj. mas., au fém. OCREUSE, mieux OCHREUSE (*okreu, kreuze*), de la nature ou de la couleur de l'*ocre* ou *ochre*.

OCRIDIES, subst. fém. plur. (*okridi*), myth., fêtes que l'on célébrait à Rhodes , en l'honneur d'un certain *Ocridion*, héros fort peu connu.

OCROCARPE, subst. fém. (*okrokarpe*), t. de bot., genre de plantes de la famille des guttifères.

OCTACORDE, subst. mas. (*oktakorde*) (du grec οκτω, huit, et χορδη, corde), instrument des anciens, à huit cordes. — Système de musique composé de huit sons et huit degrés. — Sorte de lyre.

OCTAÈDRE, subst. mas. (*okta-èdre*) (du grec οκτω, huit, et εδρα, siège, base), t. de géom., corps solide à huit faces égales, lesquelles sont autant de triangles équilatéraux.

OCTAÉTÉRIDE, subst. mas. (*okta-étéride*) (en grec οκταετηρις, formé de οκτω, huit, et ετος, année), t. d'astron. et de chron., chez les anciens Grecs, cycle de huit ans, au bout desquels on ajoutait trois mois lunaires. Il fut en usage jusqu'à l'invention du cycle de dix-neuf ans par *Méton*.

OCTAGYNIE, subst. fém. Voy. OCTOGYNIE.

OCTANDRIE, subst. fém. (*oktandri*) (du grec οκτω, huit, et ανηρ, gén. ανδρος, mari), t. de bot., huitième classe du système sexuel de Linnée, composée des plantes dont les fleurs hermaphrodites ont huit étamines.

OCTANDRIQUE, adj. des deux genres (*oktandrike*), t. de bot., se dit d'une fleur qui contient huit étamines.

OCTANE, adj. fém. (*oktane*) (du grec οκτω, huit), t. de médec., qui revient tous les huit jours : *fièvre octane*. Peu usité.

OCTANT, subst. mas. (*oktan*) (du lat. *octans*, huitième partie, fait de *octo*, en grec οκτω, huit), t. d'astron., instrument ou secteur qui contient la huitième partie du cercle ou quarante-cinq degrés. Il sert à observer en mer les hauteurs et les distances des astres. — Distance de quarante-cinq degrés entre deux planètes : *la lune est dans les octants*. On dit aussi *octile*.

OCTANTE, adj. numéral des deux genres (*oktante*) (en lat. *octoginta*), quatre-vingts. Il est vieux.

OCTANTIÈME, adj. des deux genres (*oktantième*), quatre-vingtième. Vieux et peu usité.

OCTAPHORE, subst. mas. Voy. OCTOPHORE.

OCTAPLES , subst. mas. plur. (*oktaple*) (du grec οκτω, huit, et απλοω, j'explique), espèce de Bible polyglotte imprimée à huit colonnes, dont chacune contenait une version différente; ainsi on y trouvait 1° le texte hébreu en caractères hébraïques; 2° le même texte en caractères grecs ; 3° la version d'Aquila; 4° celle de Symmaque; 5° celle des Septante; 6° celle de Théodotion; 7° celle qui s'appelait la cinquième ; 8° celle qu'on nommait la sixième. Origène était l'auteur des *Octaples*, des *Tétraples* et des *Hexaples*.

OCTAPODE, subst. mas. Voy. OCTOPODE.

OCTARILLE, subst. mas. (*oktari-le*), t. de bot., espèce de grand arbre qui croît dans les Grandes-Indes.

OCTASTYLE, subst. mas. Voy. OCTOSTYLE.

OCTATEUQUE , subst. mas. (*oktateuke*) (du grec οκτω, huit, et τευχος, livre), nom des huit premiers livres de l'Ancien Testament, qui sont : la *Genèse*, l'*Exode*, le *Lévitique*, les *Nombres*, le *Deutéronome*, *Josué*, les *Juges*, et *Ruth*. Il y a dix Commentaires de *Procope de Gaza* sur l'*Octateuque*.

OCTAVAIRE, adj. des deux genres (*oktavère*), de l'*octave*. — Subst. mas., commis de certains partisans qui levaient le huitième de l'impôt.

OCTAVE, subst. fém. (*oktave*) (en lat. *octava*, sous-entendu *dies*, huitième jour), les huit jours pendant lesquels on célèbre certaines fêtes. — En musique : 1° ton éloigné d'un autre de huit degrés, les deux extrémités comprises ; 2° consonnance de deux sons éloignés de huit degrés. — *Octave diminuée*, intervalle d'octave affaibli d'un demi-ton, comme de *fa* dièse à *fa* naturel ; de *si* naturel à *si* bémol. — Les huit degrés consécutifs : *parcourir toute l'octave*.—Dans la poésie italienne, stance de huit vers.

OCTAVIÉ, E, part. pass. de *octavier*.

OCTAVIER, v. neut. (*oktavi-e*), t. de musique, faire monter le son à l'*octave*, en le forçant plus qu'il ne faudrait. C'est ce qui arrive dans les instruments à vent, lorsqu'on souffle trop fort, ou sur le violoncelle, quand le coup d'archet est trop brusque ou trop voisin du chevalet. Fort peu en usage.

OCTAVIN, subst. mas. (*oktavein*), t. de musique, petite flûte.

OCTAVINE, subst. fém. (*oktavine*), petite épinette qui n'a que le petit jeu du clavecin. Hors d'usage.

OCTAVO (IN). Voy. IN-OCTAVO.

OCTAVON, subst. mas., au fém. OCTAVONNE (*oktavon, vone*), celui où celle qui provient d'un quarteron et d'une blanche , ou d'un blanc et d'une quarteronne.

OCTAVONNE, subst. fém. Voy. OCTAVON.

OCTEVILLE, subst. propre mas. (*oktevile*), village de France, chef-lieu de canton, arrond. de Cherbourg, dép. de la Manche.

OCTIDI, subst. mas. (*oktidi*), huitième jour de la décade, dans le calendrier républicain français.

OCTIL, adj. mas. (*oktile*) (du lat. *octo*, en grec οκτω, huit), t. d'astron. : *aspect octil*, la position de deux planètes éloignées l'une de l'autre de la huitième partie du zodiaque ou de quarante-cinq degrés.

OCTILE , subst. mas. (*oktile*), t. d'astron., distance de deux planètes éloignées de quarante-cinq degrés. Voy. OCTANT.

OCTIPÈDE , adj. des deux genres (*oktipède*) (du grec οκτω, huit ; et πους, gén. ποδος, pied), t. d'hist. nat. , se dit des insectes qui ont huit pattes. — Subst. mas. : *un octipède, les octipèdes*.

OCTOBER, subst. mas. (*oktobère*), myth., cheval que l'on immolait tous les ans à Mars, au mois d'*octobre*. Le rit exigeait que sa queue fût transportée avec tant de vitesse du Champ-de-Mars, où on la coupait, jusqu'au temple du dieu, qu'il en tombât encore des gouttes de sang dans le feu lorsqu'on y arrivait, après le sacrifice.

OCTOBLÉPHARE, subst. mas. (*oktobléfare*) (du grec οκτω, huit, et βλεφαρον, paupière), t. de bot., genre de plantes de la famille des mousses.

OCTOBRE, subst. mas. (*oktobre*) (du lat. *october*, fait de *octo*, huit, parce que ce mois était le huitième de l'année romaine, qui commençait au mois de mars), le dixième mois de l'année. — Le mois dans lequel on fait les vendanges. Ainsi *Maynard* a dit dans ses épigrammes :

Ci-git Jean,qui baissait les yeux
A la rencontre des gens sobres,
Et qui eût remercié les dieux
Que l'année eût plusieurs octobres.

— Myth., divinité allégorique chez les anciens.

OCTODICÈRE, subst. mas. (*oktodicère*), t. de bot., genre de plantes de la famille des mousses.

OCTOGAME, subst. mas. (*oktoname*) (du grec οκτω, huit, et γαμος, noces), qui a été marié huit fois. (Boiste.)

OCTOGAMIE, subst. fém. (*oktogami*) (même étym. que celle du mot précédent), action de se marier huit fois, état de celui qui est octogame.

OCTOGÉNAIRE, adj. des deux genres (*oktojénère*) (en lat. *octogenarius*, fait de *octo*, huit, quatre-vingts), qui a quatre-vingts ans.—Il est aussi subst. : *c'est un, une octogénaire*.

OCTOGONE, subst. mas. (*oktogône*) (du grec οκτω, huit, et γωνια, angle), qui a huit angles et huit côtés. — Adj. des deux genres : *figure octogone*.

OCTOGYNIE, subst. fém. (*oktojini*) (du grec οκτω, huit, et γυνη, femme), t. de bot., classe de plantes à huit pistils.

OCTOGYNIQUE , adj. des deux genres (*oktojinike*), t. de bot., qui a rapport, qui appartient à l'*octogynie*.

OCTOMÈRE, subst. mas. (*oktomère*), t. de bot., genre de plantes.

OCTONAIRE, subst. mas. (*oktonère*), t. d'hist. anc., nom de soldats romains qui formaient la huitième légion.

OCTOPÉEN, adj. mas. (*oktopé-ein*) , t. d'astron., se dit des huit emplacements des constellations qui se trouvent entre les quatre points cardinaux.

OCTOPÉTALÉ , E , adj. (*oktopétalé*) (du grec οκτω, huit, et πεταλον, pétale), t. de bot., qui a huit pétales.

OCTOPHORE, subst. mas. (*oktofore*) (du grec οκτω, huit , et φερω, je porte), litière, ou lit funèbre des Romains , porté par huit hommes.

OCTOPHYLLE, adj. des deux genres (*oktofile*) (du grec οκτω, huit , et φυλλον, feuille) , t. de bot., divisé en huit pièces ou folioles , en parlant du calice des fleurs.

OCTOPODE, subst. mas. et adj. des deux genres (*oktopôde*) (du grec οκτω, huit, et πους, pied), t. d'hist. nat., ordre de mollusques de la classe des céphalopodes.

OCTOSTYLE, subst. mas. et adj. des deux genres (*oktocetile*) (du grec οκτω, huit, et στυλος, colonne), t. d'archit., bâtiment ou édifice qui a huit colonnes de front. — Adj., qui a huit colonnes.

OCTRISE, subst. fém. (*oktrize*), octroi. (Boiste.) Vieux et même hors d'usage.

OCTROI, subst. mas. (*oktroâ*), concession. Il n'a d'usage que dans les lettres de chancellerie et les affaires de finances.—*Deniers d'octroi*, levés par les villes sur elles-mêmes, à cause de quelque concession pour subvenir à leurs dépenses publiques. — Droit que paient certaines denrées à leur entrée dans la ville.—Bureau où l'on paie ce droit.

OCTROYÉ, E, part. pass. de *octroyer* et adj.

OCTROYER, v. act. (*oktroè-ié*) (suivant *Du Cange*, du lat. barbare *octrogare*), employé avec la même acception dans la basse latinité , et d'où les Espagnols ont aussi fait *otorgar*), concéder , accorder. Style de chancellerie et de finance. — s'OCTROYER, v. pron.

OCTUAL, subst. mas. (*oktu-ale*), sorte de mesure ancienne.

OCTUPLE, adj. des deux genres (*oktuple*) (en lat. *octuplus*), qui contient huit fois : *seize est octuple de deux*.

OCTUPLÉ, E, part. pass. de *octupler*.

OCTUPLER, v. act. (*oktuple*) (du lat. *octo*, huit), répéter huit fois. — s'OCTUPLER, v. pron.

OCTUSSE, subst. fém. (*oktuce*), t. d'antiq., pièce de monnaie qui valait huit as.

OCULAIRE, subst. mas. et adj. des deux genres (*okulère*) (du lat. *ocularis*, fait de *oculus*, œil), qui appartient aux yeux. — Verre d'une lunette d'approche, destiné à être placé du côté de l'œil. Il est opposé à *objectif*.—On dit aussi *verre oculaire*. —Adj. : *témoin oculaire*, qui rend témoignage de ce qu'il a vu.—*Clavecin oculaire*. Voy. au mot CLAVECIN.

OCULAIREMENT, adv. (*okulèreman*), visiblement, sensiblement ; à l'œil. Il est peu usité.

OCULATE, subst. mas. (*okulate*), t. d'hist. nat., sorte de poisson.

OCULATION, subst. fém. (*okulâcion*), action d'ébourgeonner une plante. (*Boiste*.) Vieux et inusité.

OCULI, subst. mas. (*okuli*), c'est le troisième dimanche de carême, ainsi marqué dans l'almanach. Ce nom lui est donné du premier mot de l'introït de la messe qu'on dit ce jour là : *Oculi mei semper*.

OCULIMANCIE, subst. fém. (*okulimanci*) (du lat. *oculus*, œil , et du grec μαντεια, divination), divination dont le but était de découvrir un larron, en lui crevant ou en lui tournant l'œil, après des cérémonies superstitieuses. — Hors d'usage.

OCULIMANCIEN, -IENNE, adj. au fém. OCULIMANCIENNE (*okulimanciein, ciène*), qui concerne l'*oculimancie* : *opération oculimancienne*. — Subst., celui, celle qui exerçait l'oculimancie. Hors d'usage.

OCULINE, subst. fém. (*okuline*), t. d'hist. nat., genre de polypiers, établi aux dépens des madrépores.

OCULISTE, subst. et adj. mas. (*okulicete*) (du lat. *oculus*, œil), celui qui fait profession de traiter les maladies des yeux. — Adj. : *chirurgien-oculiste*.

OCULO-MUSCULAIRE, adj. des deux genres (*okulo-mucekulère*) (du lat. *oculus*, œil, et *muscularis*, fait de *musculus*, muscle), t. d'anat., qui a rapport aux *muscles* de l'œil.—Subst. : l'*oculo-musculaire*.

OCULUS, subst. mas. (*oculuce*) (mot latin qui signifie *œil*), t. de bot., sorte de tulipe.

OCULUS-CHRISTI, subst. mas. (*okulucekricetí*) (mots lat. qui signifient *œil du Christ*), t. de bot., sorte de plante qui est une espèce d'aster.

OCULUS-MUNDI, subst. mas. (*okulucemondi*) (mots latins qui signifient *œil du monde*), t. de minér., espèce d'onyx naturellement opaque, mais qui devient transparent dans l'eau.—Quartz-résine hydrophane.

OCURCI, **E**, part. pass. d'*ocurcir*.

OCURCIR, v. neut. (*okurcir*), courir devant. Barbarisme de *Boiste*.

OCYDROME, subst. mas. (*ocidrome*), t. d'hist. nat., genre d'insectes de l'ordre des coléoptères.

OCYPÈTE, subst. mas. (*ocipète*) (du lat. *ocius*, fait du grec ὠκυς; et de *petens*, part. prés. de *petere*, aller, courir vite : *qui court plus vite*), t. d'hist. nat., genre d'arachnide de la tribu des ascarides. — Subst. propre fém., myth., l'une des Harpies.

OCYPODE, subst. mas. (*ocipode*) (du grec ωκυς, vite, et ποδος, gén. de πους, pied), t. d'hist. nat., espèce de cancre carré.

OCYPTÈRE, subst. mas. (*ocipetère*) (du grec ωκυς, vite, et πτερον, aile), t. d'hist. nat., genre d'insectes de l'ordre des diptères.

OCYROÉ, subst. fém (*ociro-é*), t. d'hist. nat., genre d'insectes établi dans la famille des méduses.—Subst. propre fém., myth., fille de Chiron et de Chariclo. Elle fut métamorphosée en cavale pour avoir voulu connaître l'avenir.—C'est aussi le nom d'une nymphe, fille de l'Océan et de Téthys.

OCYTHOÉ, subst. fém. (*ocito-é*), t. d'hist. nat., genre d'insectes établi aux dépens des sèches.— Subst. propre fém., myth.; c'est la même qu'*Ocypète*.

ODA, subst. fém. (*oda*), t. de relation, chambre, classe, ordre. Les pages du grand-seigneur sont divisés en cinq classes, qui sont autant de chambres, qu'on appelle *oda*.

ODA-BASCHI, subst. mas. (*odabaceki*), t. de relat., lieutenant d'une compagnie militaire en Turquie.

ODACANTHE, subst. fém. (*odakante*), t. d'hist. nat., genre d'insectes de l'ordre des coléoptères.

ODACON, subst. propre mas. (*odakon*), myth., divinité syrienne qu'on croit être la même que le Dagon, ou l'un des quatre Oannès, qui parut sous le roi Aérodach, qui régnait avant le déluge.

ODALISQUE, subst. fém. (*odaliceke*) (du turc *oda*, chambre, parce que toutes les *odalisques* sont logées dans des chambres séparées. D'autres disent, au contraire, qu'elles logent et vivent toutes en commun dans deux grandes chambres appelées *odas*.), simple favorite du grand-seigneur, renfermée dans le sérail pour servir à ses plaisirs.

ODAS, subst. mas plur. (*odâce*), t. de relat., corps de milice turque.

ODAXISME, subst. mas. (*odakciceme*), t. de médec., prurit douloureux des gencives avant la sortie des dents.

ODE, subst. fém. (*ode*) (en grec ωδη, chant, chanson, cantique, dérivé de αειδω, je chante), poëme lyrique, divisé en strophes ou stances qui ont le même nombre de vers et la même mesure. L'*ode*, chez les anciens, se chantait sur la lyre : *les odes de Pindare*.

L'*ode* avec plus d'éclat, et non moins d'énergie,
Élevant jusqu'au ciel son vol ambitieux,
Entretient dans ses vers commerce avec les dieux;
Chante un vainqueur poudreux au bout de la carrière.

. . . .

Vante un baiser cueilli sur les lèvres d'Iris.

. . . .

Son style impétueux souvent marche au hasard :
Chez elle un beau désordre est un effet de l'art.
BOILEAU.

—*Ode héroïque*, celle dont le style doit être noble et élevé; *ode anacréontique*, celle dont le style doit être léger et facile.

ODÉE, subst. mas. (*odé*) (du grec ωδειον, en lat. *odeum*); on ne s'accorde pas sur la signification de ce mot chez les anciens. Quelques-uns pensent que c'était la même chose que l'*odéon*. Voy. ce mot. Il est constant aussi qu'*odée* se disait de bâtiments qui n'avaient aucun rapport avec le théâtre. *Pausanias* dit qu'Hérode l'Athénien fit bâtir un magnifique *odée* pour servir de sépulcre à sa femme. — On a plus tard appelé ainsi le chœur d'une église.

ODEN, subst. propre mas. Voy. ODIN.

ODENSDAG, subst. mas. Voy. ODINSDAG.

ODÉON ou **ODÉUM**, qui est le mot latin, subst. mas. (*odé-on*) (en grec ωδειον, formé de ωδη, chant), édifice destiné, chez les anciens, à la répétition de la musique qui devait être chantée sur le théâtre. Le plus célèbre est celui que Périclès avait fait bâtir dans Athènes, où l'on distribuait le prix de la musique, dans la fête des Panathénées.—On a formé à Paris, sous le nom d'*Odéon*, un établissement dramatique dont le but était de réunir tous les genres de spectacles.

ODENCÉE, subst. propre fém. (*odancé*), nom d'une ville de Danemarck, capitale de l'île de Fionie.

ODER, subst. propre mas. (*odère*), nom propre d'un fleuve d'Allemagne.—Petite rivière de France qui coule en Bretagne, et qui baigne Quimper-Corentin.

ODEUR, subst. fém. (*odeur*) (en lat. *odor*), émanation subtile qui s'exhale des corps et qui produit la sensation de l'*odorat*. — Pouvoir qu'a un corps *odorant* d'exciter en nous cette sensation.— Au pluriel, seul et sans épithète, il se dit toujours des bonnes *odeurs* : *il aime* ou *il craint les odeurs*.—Au fig., réputation : *mourir en odeur de sainteté; elle est en bonne, en mauvaise odeur dans le monde.—N'être pas en odeur de sainteté auprès de quelqu'un*, n'être pas bien dans son esprit.—ODEUR, SENTEUR. (*Syn.*) L'*odeur* est l'émanation des corps sensible à l'*odorat*; la *senteur* est cette même émanation sentie par l'*odorat*. L'*odeur* peut absolument n'être pas sentie, il suffit qu'elle s'exhale; il faut que la *senteur* le soit, elle frappe le sens. L'*odeur* peut être assez légère et faible pour qu'elle soit insensible; mais la *senteur* est toujours assez forte et abondante pour affecter l'organe : c'est une *odeur* forte. L'*odeur* est commune à une infinité de corps; la *senteur* est propre à certains corps odoriférants, tels que les aromates, certaines fleurs, certains fruits. On ne dit pas qu'un corps qui ne sent rien n'a point de *senteur*; il n'a point d'*odeur*.—*Odeur* est le terme générique, et c'est celui qu'on emploie pour exprimer l'espèce particulière d'*odeur* de chaque espèce de corps. *Senteur* ne se dit guère que d'une manière vague et indéterminée, pour une forte *odeur*. Nous disons l'*odeur* et non la *senteur* du plâtre, du charbon, du thym, etc., pour distinguer les espèces.—Au pluriel, les *odeurs* et les *senteurs* sont également des parfums agréables destinés à embaumer, à parfumer, à faire sentir bon. Les *senteurs* sont plus fortes que les *odeurs*. Vous avez des *odeurs* pour les respirer lorsqu'il sent mauvais; on s'imprègne de *senteurs* pour ne pas sentir mauvais.

ODIEUSE, adj. fém. Voy. ODIEUX.

ODIEUSEMENT, adv. (*odi-euzeman*) (en lat. *odiosé*), d'une manière *odieuse*.

ODIEUX, adj. mas., au fém. **ODIEUSE** (*odi-eu, di-euze*) (en lat. *odiosus*, fait de *odium*, haine), haïssable; qui excite la haine, l'indignation. — Subst. mas., ce qu'il y a d'*odieux* : *l'odieux d'une action*.—ODIEUX, HAÏSSABLE. (*Syn.*) Avec certains défauts, on est *haïssable*; avec certains vices, on est *odieux*. Un homme méchant, pervers, dangereux, intolérable, est *odieux*; une personne incommode, fâcheuse, contrariante, devient *haïssable*. — Il n'y a point d'homme si parfait, qu'il ne soit *haïssable* pour un autre; il n'y a point de méchant si endurci, qu'il ne soit quelquefois *odieux* à lui-même.—*Haïssable* ne se dit guère que des personnes ou de leurs manières, et dans le style modéré; *odieux* se dit, dans tous les styles, des personnes et des choses.

ODIN, subst. propre mas. (*odein*), dieu de la guerre chez les anciens Danois.

ODINOLION, subst. mas. (*odinolion*), t. d'hist. nat., espèce de poisson du genre des lamproies.

ODINSDAG, subst. mas. (*odeincedague*), myth., jour consacré chez les anciens Danois, à *Odin*, leur principale divinité. Il répondait au mercredi du calendrier moderne.

ODINSTUN, subst. propre mas. (*odeincetune*), myth., nom que les Scandinaves donnent à l'arène consacrée à leur héros.

ODIOSITÉ, subst. fém. (*odi-ozité*), ce qui rend *odieux*. (Boiste.) Vieux et peu en usage.

ODITÈS, subst. propre mas. (*oditèce*), myth., centaure, fils d'Ixion et de la Nue; il fut tué par le lapithe Mopsus, aux noces de Pirithoüs.

ODOMANTIEN, subst. mas. (*odomanciein*), nom de certains peuples qui habitaient une partie de la Thrace.

ODOMÈTRE, subst. mas. (*odomètre*) (du grec οδος, chemin, et μετρον, mesure), instrument qui sert à mesurer le chemin qu'on a fait, soit à pied, soit en voiture. On l'appelle aussi *pédomètre* et *compte-pas*. — T. d'arts et métiers, instrument que l'on adapte aux machines à chapelets, et qui sert à faire connaître le nombre de tours de manivelle exécutés par les ouvriers qui manœuvrent la machine. Par le moyen de cet instrument, on peut faire travailler les ouvriers à la tâche, et régler le prix pour un certain nombre de tours de manivelle.

ODOMÉTRIE, subst. fém. (*odométri*), art de faire des *odomètres*. — Profession de ceux qui les fabriquent.

ODOMÉTRIQUE, adj. des deux genres (*odométrike*), qui tient, qui est relatif à l'*odomètre*, à l'*odométrie*.

ODON, subst. propre mas. (*odon*), petite rivière de Normandie.

ODONATE, subst. mas. (*odonate*), t. d'hist. nat., ordre d'insectes qui répond à la classe des libellulines.

ODONECTIS, subst. fém. (*odonèkeli*), t. de bot., genre de plantes de la famille des orchidées.

ODONE, subst. propre mas. (*odone*), nom de peuples anciens qui habitaient une partie de la Thrace.

ODONESTIS, subst. mas. (*odonèceti*), t. d'hist. nat., genre d'insectes qui ont leurs palpes avancées en forme de bec.

ODONTAGOGUE, subst. mas. (*odontaguogue*) (du grec οδους, gén. οδοντος, dent, et αγω, je fais sortir), instrument propre à arracher les dents.

ODONTAGRE, subst. fém. (*odontaguere*) (du grec οδους, gén. οδοντος, dent, et αγρα, prise), t. de médec., douleur rhumatismale ou goutteuse, fixée sur les dents. — Nom qu'on donne aussi à un instrument propre à arracher les dents.

ODONTALGIE, subst. fém. (*odontaleji*) (en grec οδονταλγια, formé de οδοντος, gén. de οδους, dent, et de αλγος, douleur), t. de chir., douleur de dents.

ODONTALGIQUE, adj. des deux genres (*odontaljike*) : *remède odontalgique*, propre à calmer les douleurs des dents. — Subst. mas. : *un bon odontalgique*.

ODONTECHNIE, subst. fém. Voy. ODONTOTECHNIE.

ODONTÉINE, subst. fém. (*odonté-ine*), t. de médec., substance dentaire.

ODONTIASE, subst. fém. (*odonti-âze*), t. de médec., dentition.

ODONTIE, subst. fém. (*odonti*), t. de bot., espèce de champignon établi aux dépens des érinaces.

ODONTILE, subst. fém. (*odontile*), t. de bot., plante dont la décoction apaise l'*odontalgie*.

ODONTIQUE, adj. des deux genres (*odontike*), *odontalgique*.

ODONTITE, subst. fém. (*odontite*) (du grec οδους, οδοντος, dent), t. de médec., phlegmasie dentaire.

ODONTIRIE, subst. fém. (*odontiri*), t. de bot., sorte de plante.

ODONTISME, subst. mas. (*odonticeme*), t. de mus. anc.; l'*odontisme* faisait partie de l'iambe, troisième partie du nome pythien.

ODONTITIS, subst. mas (*odontitice*), nom d'une plante des anciens qu'on a appliqué à plusieurs autres plantes.

ODONTOGÉNIE, subst. fém. (*odontojéni*), t. de médec., pousse des dents.

ODONTOGLOSSE, subst. fém. (*odontogueloce*), t. de bot., plante parasite de la famille des orchidées.

ODONTOGLYPHE, subst. mas. (*odontoguelife*) (du grec οδους, gén. οδοντος, dent, et γλυφω, je polis), sorte de cure-dents faits avec un bout de roseau; instrument propre à nettoyer les dents.

ODONTOGNATHE, subst. mas. (*odontoguenate*) (du grec οδοντος, gén. de οδους, et γναθος, joue, mâchoire), t. d'hist. nat., genre de poissons apodes.

ODONTOÏDE, adj. des deux genres (*odonto-ide*) (du grec οδοντος, gén. de οδους, dent, et ειδος, forme, ressemblance), t. d'anat.; se dit de l'apophyse de la première vertèbre du cou, qui a quelque ressemblance avec une dent. — Subst. mas., t. d'hist. nat., nom donné aux dents pétrifiées des squales ou glossopètres.

ODONTOÏDIEN, adj. et subst. mas., au fém. **ODONTOÏDIENNE** (*odonto-idiein, diène*), t. d'anat., qui a rapport, qui tient à l'apophyse *odontoïde* : *muscle odontoïdien*. — *Ligaments odontoïdiens*, deux courts et épais faisceaux coniques, dont les sommets tronqués enchâssent les côtés de l'apophyse, et dont les bases se fixent dans les fossettes creusées en dedans des condyles de l'occipital.

ODONTOLITHE, subst. fém. (*odontolite*) (en grec οδοντος, gén. de οδους, dent, et λιθος, pierre), t. d'hist. nat., dent fossile.

ODONTOLOGIE, subst. fém. (*odontoloji*) (du grec οδοντος, gén. de οδους, dent, et λογος, discours), partie de l'anatomie qui traite des dents.

ODONTOLOGIQUE, adj. des deux genres (*odontolojike*), qui appartient, qui est relatif à l'*odontologie*.

ODONTOLOGISTE, subst. mas. (*odontolojicete*), auteur d'un traité sur les dents.

ODONTOMAQUE, subst. mas. (*odontomake*), t. d'hist. nat., genre d'insectes de la tribu des formicaires.

ODONTOMYE, subst. fém. (*odontomi*), t. d'hist. nat., genre d'insectes de l'ordre des diptères.

ODONTOPHYE, subst. fém. (*odontofi*) (du grec οδοντος, gén. de οδους, dent, et φυω, je nais), t. de médec., sortie des dents hors des alvéoles; dentition.

ODONTOPÈTRE, subst. fém. (*odontopètre*) (du grec οδους, dent, et πετρος, pierre), dent pétrifiée, fossile.

ODONTOPTÈRE, subst. mas. (*odontopetère*), t. de bot., genre de plantes établi pour placer l'hydroglosse.

ODONTORAMPHE, subst. mas. (*odontoranfe*). Voy. DENTIROSTRE.

ODONTORRHAGIE, subst. fém. (*odontòraji*) (du grec οδοντος, gén. de οδους, dent, ροος, écoulement, et αγω, je fais), t. de médec., hémorrhagie qui a lieu par un alvéole à la suite de l'évulsion d'une ou de plusieurs dents.

ODONTORRHAGIQUE, adj. des deux genres (*odontòrajike*), qui a rapport, qui est relatif à l'*odontorrhagie*.

ODONTOTECHNIE, subst. fém. (*odontòtèkni*) (du grec οδοντος, gén. de οδους, dent, et τεχνη, art), t. de chir., l'art du dentiste.

ODONTOTECHNIQUE, adj. des deux genres (*odontòtèknike*), il se dit de ce qui concerne l'art du dentiste.

ODONTOTRIME, subst. mas. (*odontòtrime*), t. de médec.; dentifrice.

ODONTOXESTE, subst. mas. (*odontokcècete*) (du grec οδους, οδοντος, dent, et ξεω, je racle), sorte d'instrument pour enlever la carie des dents.

ODOPHYLACE, subst. mas. (*odofilace*) (du grec οδος, chemin, et φυλαξ, gardien), t. d'antiq., nom de soldats, d'archers, qui veillaient à la sûreté des chemins.

ODORABILITÉ, subst. fém. (*odorabilité*), qualité de ce qui est *odorant*.

ODORANT, E, adj. (*odoran, rante*) (en latin *odorans*), qui répand une bonne *odeur*. Il n'est guère usité qu'en poésie, à la différence d'*odoriférant*, qui est plus propre à la prose.

ODORAT, subst. mas. (*odora*) (en latin *odoratus*), celui des cinq sens qui a pour objet les *odeurs*.

ODORATION, subst. fém. (*odorâcion*) (en latin *odoratio*), t. de médec., perception des *odeurs*. Il est peu usité.

ODORÉ, E, part. pass. de *odorer*.

ODORER, v. act. (*odoré*) (en lat. *odorari*), ressentir une impression par le moyen de l'*odorat*. Mot substitué à celui de *sentir*, pour éviter toute équivoque.

ODORIA, subst. propre fém. (*odoria*), myth., déesse des *odeurs*. Peu connue.

ODORIFÉRANT, E, adj. (*odoriféran, rante*), qui a une agréable *odeur*. Voyez ODORANT.

ODORIFÈRE, adj. des deux genres (*odorifère*), qui produit ou répand une *odeur* agréable : *plante odorifère*.

ODOROSCOPIE, subst. fém. (*odorocekopi*) (du latin *odor*, odeur, et du grec σκοπεω, j'examine), t. de médec., examen, connaissance des *odeurs*.

ODOROSCOPIQUE, adj. des deux genres (*odorocekopike*), qui appartient, qui est relatif à l'*odoroscopie*.

ODRYSIUS, subst. propre mas. (*odrizi-uce*), myth., surnom de Borée.

ODRYSSE, subst. mas. (*odrice*), nom d'anciens peuples qui habitaient une partie de la Thrace.

ODRYSUS, subst. propre mas. (*odrizuce*), myth., un des dieux des Thraces.

ODYNÈRE, subst. fém. (*odinère*), t. d'hist. nat., genre d'insectes de l'ordre des hyménoptères.

ODYNOLYON, subst. mas. (*odinoli-on*), t. d'hist. nat., nom d'un petit poisson qu'on croyait avoir la propriété de faciliter la délivrance des femmes en couches lorsqu'elles en mangeaient.

ODYSSÉE, subst. fém. (*odicé*) (en grec Οδυσσεια, fait de Οδυσσευς, Ulysse), poëme d'*Homère* qui contient le retour d'*Ulysse* dans sa patrie, après avoir lutté dix ans contre les tempêtes et tous les dangers de la mer. — Par extension, ce mot s'applique à tout voyage semé d'aventures extraordinaires.

OÉ, OHÉ! sorte d'interj. (*o-é*), cri du charretier qui veut arrêter ses chevaux.

ŒAGRE, subst. propre mas. (*é-aguere*), myth., fils de Pharops, roi de Thrace. Il épousa Calliope, une des Muses, de laquelle il eut Orphée. C'est de son nom que Virgile donne l'épithète *OEagrius* à l'Hèbre, fleuve de Thrace.

ŒBALIDE, subst. propre mas. (*ébalide*), myth., surnom que la fable donne à Castor et à Pollux, à Hélène et à Hyacinthe.

ŒBALIEN, subst. mas. (*ébaliein*), nom d'anciens habitants de l'*OEbalie* ou Laconie en Grèce.

ŒCHALIEN, subst. propre mas. (*échalien*), nom d'anciens peuples d'Eubée. — Habitants d'OEchalie, ville ancienne d'Arcadie.

ŒCODOME, subst. fém. (*ékodome*) (du grec οικος, maison, et δομη, fait de δεμω, je construis), t. d'hist. nat., genre d'insectes de l'ordre des hyménoptères.

ŒCOPHORE, subst. fém. (*ékofore*) (formé du grec οικος, maison, et de φερω, je porte), t. d'hist. nat., genre d'insectes lépidoptères nocturnes.

ŒCUMÉNICITÉ, subst. fém. (*ékuménicité*), qualité de ce qui est *œcuménique* : *l'œcuménicité d'un concile*.

ŒCUMÉNIQUE, adj. des deux genres (*ékuménike*) (du grec οικεω, j'habite, d'où l'on a fait οικουμενη, terre habitable), universel, de toute la terre habitable : *concile œcuménique*, concile général auquel tous les évêques de l'Église catholique ont assisté. Il n'est guère usité que dans cette phrase.

ŒCUMÉNIQUEMENT, adv. (*ékuménikeman*), d'une manière *œcuménique*.

ŒDÉMATEUSE, adj. fém. Voy. ŒDÉMATEUX.

ŒDÉMATEUX, adj. mas., au fém. **ŒDÉMATEUSE** (*édemateu, teuze*), qui est de la nature de l'*œdème*. — Qui en est attaqué.

ŒDÉMATIE, subst. fém., ou **ŒDÈME**, subst. mas. (*édemaci, édème*) (en grec οιδημα, qui, selon Hippocrate, signifie tumeur en général, dérivé de οιδειν, être enflé), t. de médec., tumeur molle, blanchâtre, sans douleur, cédant à l'impression du doigt, et la retenant quelque temps.

ŒDÉMATIÉ, E, adj. (*édématié*), t. de médec., qui est affecté d'*œdème*. Il se dit plus particulièrement de la partie malade que de la personne qui en est affectée.

ŒDÈME, subst. mas. Voy. ŒDÉMATIE.

ŒDÉMÈRE, subst. mas. (*édémère*) (du grec οιδειν, être enflé, et μηρος, cuisse), t. d'hist. nat., genre d'insectes coléoptères qui ont les cuisses de derrière excessivement grosses, et les antennes en soie.

ŒDÉMOSARQUE, subst. mas. (*édémozarke*), (du grec οιδημα, tumeur, et σαρξ, σαρκος, chair), t. de médec., tumeur qui tient le milieu entre le sarcôme et l'*œdème*.

ŒDÈRE, subst. fém. (*édère*), t. de bot., genre de plantes de la famille des corymbifères.

ŒDICNÈME, subst. mas. (*édiknème*), t. d'hist. nat., genre d'oiseaux de l'ordre des échassiers.

ŒDIPE, subst. mas. (*édipe*), (en grec Οιδιπος ou Οιδιπους, nom qui fut donné à OEdipe, parce qu'ayant eu les pieds percés au moment de sa naissance, pour être suspendu à un arbre, il les eut toujours depuis gros et enflés; dérivé de οιδειν, être enflé, et de ποδος, gén. de πους, pied), myth., roi de Thèbes, célèbre par ses malheurs, qui devina l'énigme que proposait le sphinx. — Fig., homme qui devine des choses très-embrouillées. Styl. fam.

ŒDMANNIE, subst. fém. (*èdemani*), t. de bot., genre de plantes diadelphes, qui croissent au cap de Bonne-Espérance.

ŒDONOZOPHIE, subst. fém. (*édonozofi*), t. de médec., sorte de maladie causée par un flux ou courant d'air. Peu usité.

ŒIL, subst. mas. (*euie*) (en latin *oculus*), plur., *œils* et *yeux*, (prononcez *ieu* et non pas, comme le peuple, *zieu*), l'organe de la vue : *le globe, le fond, la cavité, le blanc, la prunelle, le coin de l'œil*. — On dit au plur. *yeux*, lorsqu'il s'agit de l'organe de la vue; et *œils*, dans les cas où il n'est question que de ce qui peut y avoir rapport par imitation : *les œils de la soupe*, du *fromage*. Nous ferons remarquer que c'est le contraire qui devrait avoir lieu. Eh! quoi! vous établissez une règle pour le pluriel; et cette règle la voici : *le pluriel se forme du singulier en ajoutant s, x ou z, quand l'une de ces trois consonnes n'y existe pas*. Nous savons bien qu'on va nous répondre en nous donnant la raison de l'usage, qui veut que *œil* se dise au sing., et *yeux*, au plur. C'est très-bien; nous serions même du meilleur accord avec vous, si vous ne nous aviez pas forgé l'exception de *œils*, au plur., pour les choses qui n'ont pas immédiatement rapport avec l'*organe naturel de la vue*. Mais pourquoi n'avoir pas dit dans ce dernier cas, *œil, et œils*; et n'avoir pas déclaré que tout ce qui aurait ressemblance d'*œil* s'appellerait *yeux*? Pourquoi n'avoir pas créé, même au singulier, le mot *yeux*? Quand on est en train de créer, il en coûte peu pour donner un nom à une chose qui n'en a pas encore; on aurait évité une grande difficulté aux étrangers, qui ne manquent jamais de dire des *yeux-de-bœuf*, pour des *œils-de bœuf*; comme certains se sont rencontrés qui disaient : *des boyaux de père*, pour *des entrailles de père*. La faute n'en est pas à eux, et l'on aurait grand tort de s'en moquer; les régulateurs seuls de la langue doivent être passés à l'étamine du ridicule. C'est le cas de parler de l'expression familière *quatre yeux*. Nous copions l'*Académie* : « On dit, *entre quatre yeux*, pour dire, tête à tête : *je lui dirai cela entre quatre yeux*. (On prononce *quatre-z-yeux*.) » Comment écrire *quatre yeux*, et prononcer *quatre-z-yeux* : c'est impossible; écrivons *quatre-s-yeux*, en intercalant *s* par euphonie, comme nous introduisons le *t* dans certaines locutions, pour éviter la dureté des consonnances, et alors, et seulement alors, nous prononcerons *katrezieu*; mais nous sommes d'avis qu'il vaudrait mieux écrire *quatre yeux*, et dire tout naturellement *katri-eu*; ce qui ne nous paraît pas, du reste, plus dur que *katre-zieu*. Il faut être sobre dans une langue, de ces lettres euphoniques qui n'ont trait à rien. C'est avec ces sortes d'irrégularités qu'on rend ces langues inabordables pour les étrangers.)—*Œil*, se dit au fig. pour : esprit, intelligence, opinion, sentiment, mémoire : *je m'en tiens aux vérités lumineuses qui frappent mes yeux et convainquent ma raison*. — *Les yeux lui sortent de la tête*, se dit d'une personne qui a les *yeux* extraordinairement gros. — *Deux beaux yeux*, une belle femme : *il est épris de deux beaux yeux; c'est un compliment à lui faire*. —*Avoir l'œil spirituel, l'œil fripon*, faire pressentir qu'on est spirituel, malicieux.—*Yeux* se dit triv. pour *lunettes* : *avoir ses yeux dans sa poche*. —Il se dit, par quelque sorte de ressemblance, de diverses choses : 1° petite lucarne faite en rond ou en ovale; on l'appelle *œil-de-bœuf*, et on dit au plur. des *œils-de-bœuf*; 2° dans un marteau, dans une meule, etc., ouverture qui s'y trouve; 3° trou qui est au haut de la branche d'un mors; 4° en t. d'imprimerie, intervalle que laissent entre elles les parties d'une lettre, d'après les proportions établies pour les caractères. Si l'on a excédé ces proportions, le caractère est *gros œil*;

dans le cas contraire, il est *petit œil;* 5° boutons sur une branche; 6° trous qui se forment dans la mie du pain et dans certains fromages.—Fig., lustre des étoffes ou éclat des pierreries, etc. : *ces draps, ces perles ont* ou *n'ont pas un bel œil.* — On dit d'un vin qui a une couleur un peu trouble, qu'*il a un œil louche.* Cela se dit aussi figurément d'une affaire : *cette affaire a un œil louche,* elle a quelque chose de suspect, quelque chose de peu satisfaisant. — *Un cheval a l'œil vairon,* quand il a *un œil* dont la prunelle est entourée d'un cercle blanchâtre, l'autre *œil* n'étant pas de même; et on dit d'une grosse carpe, qu'*elle a tant entre œil et bat,* pour dire qu'elle a tant de longueur entre les yeux et la queue.—On appelle *œil de verre*, un œil artificiel de verre ou d'émail, qu'on met à la place d'un *œil naturel.*—*Œil d'aiguille,* l'ouverture qui reçoit le fil. — *Œil de pont*, ouverture ronde au-dessus d'une pile et dans les reins des arches d'un pont. — *Œil d'une carte,* petit rond qu'on fait dans une carte avec du noir, et qui sert de but aux archers pour tirer à la cible.—*Voir quelqu'un de bon œil*, avec plaisir. — *Voir une chose par les yeux de l'esprit, la voir des yeux de l'esprit,* c'est l'examiner par la raison; *voir une chose avec les yeux de la foi*, c'est l'adopter sans aucun examen, par la seule raison qu'on la croit révélée.—*Aimer quelqu'un comme ses yeux*, extrêmement.—*Avoir le jour, le soleil, dans les yeux,* avoir le visage tourné du côté du grand jour, du soleil. — *Avoir des yeux*, s'apercevoir de ce qui se passe. — *Avoir des yeux au bout des doigts*, avoir beaucoup d'habileté pour les ouvrages minutieux. — *Avoir des yeux de bœuf,* de gros *yeux*; *des yeux de chat*, des *yeux* scintillants et malicieux. — *Avoir les yeux plus grands que le ventre*, annoncer beaucoup d'appétit, et ne pouvoir manger beaucoup.—*Avoir les yeux malades*, de *travers*, *bouchés*; au fig., ne pas voir les choses ce qu'elles sont.—*Avoir les yeux on ne sait où,* ne pas s'apercevoir de ce qui frapperait tous les *yeux*.—*Avoir les yeux pochés, au beurre noir,* s'être battu, et avoir attrapé sur l'*œil* des coups qui ont laissé des marques de lividité et des meurtrissures.—*Avoir des yeux d'aigle, de lynx,* voir, découvrir les objets de loin.—Fig. : *il a de bons yeux*, il a de la pénétration dans les affaires. — *Il a des yeux d'Argus*, il est fort vigilant, rien n'échappe à son attention. —*Il n'a des yeux que pour un tel,* il n'a d'affection que pour un tel.—Fam. : *faire les yeux doux à quelqu'un,* lui témoigner de l'amour par des regards.—*Manger, dévorer quelqu'un des yeux,* le regarder d'une manière passionnée.—*Couver quelqu'un des yeux,* avoir toujours les yeux sur lui en signe d'affection et de tendresse.—Fam. et iron. : *croyez-vous que l'on fait cela pour vos beaux yeux?* pour vous plaire, pour l'amour de vous, gratuitement.—On dit qu'*une personne a un bandeau sur les yeux,* pour dire qu'elle est préoccupée de quelque passion, qu'elle est entichée de quelque préjugé qui l'empêche de juger sainement des choses.—*Avoir l'œil exercé*, avoir acquis par l'habitude beaucoup d'expérience.—*Avoir l'œil au guet,* prendre garde, faire attention à tout ce qui se passe.—*Avoir un œil aux champs et l'autre à la ville,* avoir tant d'activité qu'on semblerait porter son attention et sur ce qui se passe dans le lieu où l'on se trouve, et dans ceux où l'on n'est pas.—*Avoir le compas dans l'œil,* mesurer aussi bien, aussi juste de l'*œil*, qu'on pourrait le faire au moyen d'un compas.—*Blesser les yeux*, déplaire, causer du chagrin.—*Conserver une chose comme la prunelle de ses yeux,* la conserver si précieusement, qu'on préférerait perdre les *yeux,* que les choses qu'on veut conserver.—*Dessiller les yeux à quelqu'un,* le désabuser, le détromper.—*Être prêt à s'arracher les yeux*, être au désespoir.—*Se manger le blanc des yeux,* se dit de deux personnes qui ont une violente altercation ensemble.—*Fasciner les yeux,* éblouir quelqu'un par de fausses apparences. —*Fermer les yeux,* mourir.—*Fermer les yeux à quelqu'un,* le voir mourir, l'assister dans ses derniers moments. —Prov. : *loin des yeux, loin du cœur,* l'absence contribue beaucoup à refroidir les affections. — *Ne pouvoir fermer l'œil*, ne pouvoir dormir. — *Ne rien voir que par les yeux d'autrui,* ne connaître les choses que par ce qu'on en entend dire.—*Ouvrir les yeux,* commencer enfin à s'apercevoir que ce qu'on disait et que ce que nous ne voulions pas croire est vrai.—*Ouvrir de grands yeux,* rester ébahi comme celui qui n'a jamais rien vu.—*Se battre l'œil de quelque chose,* se moquer de ce qui peut en arriver.—*Suivre quelqu'un des yeux*, le surveiller, faire attention à toutes ses démarches.—*Voir tout par ses yeux,* ne s'en rapporter qu'à soi-même. — *Voir une paille dans l'œil de son prochain*, trouver facilement à redire chez les autres. — *Les yeux sont le miroir de l'âme,* les différentes passions de l'âme paraissent dans les yeux.—*Avoir l'œil à quelque chose*, y veiller, y prendre garde.—*Avoir l'œil sur quelqu'un,* prendre garde à sa conduite. — *Fermer les yeux sur une chose,* faire semblant de ne pas la voir, etc.—*Jeter les yeux sur quelqu'un pour quelque chose,* le juger propre à quelque chose, ou avoir dessein de l'y employer. — *Jeter les yeux sur quelque chose,* signifie aussi examiner une chose légèrement, sans une très-grande attention : *j'ai jeté les yeux sur cette brochure; j'y ai à peine jeté les yeux.* — Fam. : *avoir des affaires par-dessus les yeux*, en avoir un si grand nombre qu'on peut à peine y suffire. — *On irait en cet endroit les yeux fermés,* on connaît si bien le chemin de cet endroit, qu'on n'aurait pas besoin d'avoir les yeux ouverts pour s'y rendre.—*Il a signé ce traité, ce contrat les yeux fermés*, par pure confiance, sans aucun examen.—Prov.: *l'œil du maître engraisse le cheval*, tout va bien dans un ménage, quand le maître étend sur tout sa surveillance et ses soins. — On dit fam. qu'*un homme a bon pied, bon œil,* quand il a une bonne constitution physique, quoiqu'il ne soit plus de la première jeunesse; qu'*il fait la guerre à l'œil*, quand il épie toutes les occasions, afin d'en profiter. — Fam. : *donner dans l'œil à quelqu'un,* faire sur lui une impression vive par les agréments extérieurs : *cette jeune fille lui a donné dans l'œil.* —*Jeter de la poudre aux yeux de quelqu'un,* l'éblouir, le surprendre par quelque éclat extérieur, par quelque apparence trompeuse.—On dit qu'*une chose crève les yeux,* pour dire qu'elle est sous les yeux de celui qui la cherche; qu'*elle saute aux yeux,* quand elle est d'une vérité frappante, dont l'évidence s'offre d'abord à l'esprit.—*Frapper les yeux*, être fort visible. —Prov. : *œil pour œil*, *dent pour dent,* peine du talion.—*Avoir toujours une chose devant les yeux,* en avoir l'idée, l'imagination tellement remplie, qu'on en fasse la règle de sa conduite.—*Coup-d'œil,* regard, œillade. — *Coup-d'œil* se dit familièrement d'un regard prompt et de peu de durée : *il a à peine jeté un coup-d'œil sur cette maison; j'ai jeté un coup-d'œil sur ce poëme.*—Fig. : *un homme a le coup-d'œil excellent*, il saisit le fond d'une affaire au premier examen.—*Coup-d'œil*, se dit encore de l'aspect d'une chose, de l'effet qu'elle produit à la première vue : *le coup-d'œil de ce jardin est beau.*—*A l'œil,* avec *l'œil,* la vue.—Le peuple dit: *boire à l'œil,* quand il entend boire à crédit.—*A vue d'œil*, autant qu'on en peut juger par la vue : *à vue d'œil, cette pièce de terre est de six arpents.* —*A vue d'œil*, visiblement : *cet enfant croît à vue d'œil; ce malade s'affaiblit à vue d'œil.*—*Faire toucher une chose au doigt et à l'œil,* la démontrer, la prouver d'une manière aussi claire, aussi sensible que les choses dont on prend connaissance par la vue et le toucher. — On dit qu'une *montre va au doigt et à l'œil,* quand elle se dérange continuellement.—*Clin-d'œil*, mouvement de la paupière qui se relève au même instant.—*En un clin-d'œil,* en un moment.—*Voir quelqu'un de bon œil, de mauvais œil,* le voir avec ou sans plaisir.—*Voir quelqu'un d'un œil indifférent,* sans haine, mais sans affection.—*Voir une chose d'un œil sec,* sans s'affliger.—*Voir les choses d'un autre œil que les autres,* ne pas être de leur avis.—*Aux yeux, à tous les yeux,* loc. adv., sous les regards de tous. —*Entre deux yeux,* fixement.—(Nous avons parlé plus haut de l'expression, *entre quatre yeux*.) — *Par-dessus les yeux,* plus qu'on n'en peut faire ou qu'on n'en veut faire : *j'en ai par-dessus les yeux.*—*Pas plus que dans mon œil*, et non pas : *non plus que dans mon œil,* point du tout.—*Pas plus qu'il n'en tiendrait dans l'œil,* moins que rien. —OEIL, BOUTON, BOURGEON, t. de bot. (*Syn.*) Ces trois mots indiquent une progression dans l'objet commun qu'ils indiquent. *L'œil* est un petit filet, d'où doit sortir le *bouton*. Le *bouton* est ce même filet développé, porté déjà sur une tige ligneuse, mais encore tendre, et qui, par sa forme, peut annoncer s'il ne contient que des feuilles et du bois, ou s'il renferme le dépôt qui doit produire des fleurs ou des fruits; le *bourgeon* est ce même *bouton* beaucoup plus développé, plus avancé, dont la tige a acquis de l'accroissement tant en grosseur qu'en longueur. *L'œil* paraît au commencement de l'été, il devient *bouton* dans le solstice, il devient *bourgeon* au printemps.

ŒIL-DE-BOEUF, subst. mas. (*euiedebeufe*), t. de bot., genre de plantes à fleurs conjointes, de la division des *radiées*. Voy. CAMOMILLE.— En t. de mar., ouverture que l'on voit dans les nuages, lorsque le temps est chargé et couvert : c'est par là que le vent se fait un passage. L'*œil-de-bœuf* est toujours marqué des mêmes couleurs que l'arc-en-ciel, à cause des globules d'eau qui en sont le principe, à l'opposé du soleil ou de la lune.—Nom historique d'une des salles du palais de *Versailles*. Voy. OEIL.—Au plur., des *œils-de-bœuf.*

ŒIL-DE-BOUC, subst. mas. (*euiedebouk*), t. d'hist. nat., coquillage du genre des patelles.—Au plur., des *œils-de-bouc.*

ŒIL-DE-BOURRIQUE, subst. mas. (*euiedebourike*), t. de bot., nom d'une espèce de dolie. —Au plur. des *œils-de-bourrique.*

ŒIL-DE-CHAT, subst. mas. (*euiedecha*), espèce d'agate.—Au plur., des *œils-de-chat.*

ŒIL-DE-CHÈVRE, subst. mas. (*euiedechèvre*), t. de bot., sorte de graminée dont les épis ont de grandes barbes. — Au plur., des *œils-de-chèvre.*

ŒIL-DE-CHIEN, subst. mas. (*euiedechiein*), t. de bot., sorte de plantain.—Au plur., des *œils de-chien.*

ŒIL-DE-CHRIST, subst. mas. (*euiedekricete*), t. de bot., plante cultivée dans nos jardins.—Au plur., des *œils-de-christ.*

ŒIL-DE-CORNEILLE, subst. mas. (*euiedekorné-ie*), t. de bot., agaric noir qui croît aux environs de Paris. — Au plur., des *œils-de-corneille.*

ŒIL-DE DRAGON, subst. mas. (*euiededraguon*), t. de bot., nom que l'on a donné au fruit du litchi longanier.— Au plur., des *œils-de-dragon.*

ŒIL-DE-FLAMBE, subst. mas. (*euiedeflanbe*), t. d'hist. nat., espèce de coquille du genre des toupies.—Au plur., des *œils-de-flambe.*

ŒIL-DE-LIÈVRE, subst. mas. (*euiedeli-èvre*), t. de médec., affection de l'œil qui reste entr'ouvert même pendant le sommeil.—Au plur., des *œils-de-lièvre.*

ŒIL-DE-LOUP, subst. mas. (*euiedelou*), t. d'hist. nat., crapaudine, ou espèce de dent fossile.—Au plur., des *œils-de-loup.*

ŒIL-D'OR, subst. mas. (*euiedore*), t. d'hist. nat., espèce de poisson du genre des lutjans. — Au plur., des *œils-d'or.*

ŒIL-DE-PAON, subst. mas. (*euiedepan*), t. d'hist. nat., nom donné au paon du jour et au chétodon œillé.—Au plur., des *œils-de-paon.*

ŒIL-DE-PERDRIX, subst. mas. (*euiedepèredri*), en bot., arbre de la Chine, d'un bois dur et lourd, de couleur brun foncé.—En minéralogie, la substance appelée aujourd'hui *lave éthérée.* —Au plur., des *œils-de-perdrix.*

ŒIL-DE-POISSON, subst. mas. (*euiedepoèçon*), t. d'hist. nat., pierre chatoyante, à reflets blancs mêlés de bleu. — Au plur., des *œils-de-poisson.*

ŒIL-DE-RUBIS, subst. mas. (*euiederubi*), t. d'hist. nat., nom qu'on a donné à la patelle granatine.—Au plur., des *œils-de-rubis.*

ŒIL-DE-SAINTE-LUCIE, subst. mas. (*euiedeceinteluci*), t. d'hist. nat., nom donné à l'opercule d'un sabot de l'Inde. — Au plur., des *œils-de-Sainte-Lucie.*

ŒIL-DE-SERPENT, subst. mas., ou CRAPAUDINE, subst. fém. (*euiedecèrepan*, *krapôdine*), t. d'hist. nat., dents fossiles de l'anarchicas lupus. On croyait autrefois que c'étaient des dents de serpent pétrifiées. — Au plur., des *œils-de-serpent.*

ŒIL-DE-SOLEIL, subst. mas. (*euiedeçoléie*), t. de bot., plante matricaire à fleurs simples. — Au plur., des *œils-de-soleil.*

ŒIL-DE-VACHE, subst. mas. (*euiedevache*), t. de bot., nom de l'hélice glauque et de la camomille des champs. — Au plur., des *œils de-vache.*

ŒIL-DE-VOLUTE, subst. mas. (*euiedevolute*), t. d'hist. nat., point central qui termine la dernière sphère des coquilles.— Au plur., des *œils-de-volute.*

ŒIL-DOUBLE, subst. mas. (*euiedouble*), t. de chir., espèce de bandage, ainsi appelé parce qu'il recouvre en même temps les deux yeux.—Au plur., des *œils-doubles.*

ŒIL-DU-DIABLE, subst. mas. (*euiedudiable*), t. de bot., l'adonide d'été, dont la fleur est d'un rouge de feu.—Au plur., des *œils-du-diable.*

OEIL-DU-JOUR, subst. mas. (euledujour), t. d'hist. nat., espèce de papillon de nos contrées, qu'on nomme aussi paon du jour. — Au plur., des œils-du-jour.

OEIL-DU-MONDE, subst. mas. Voyez HYDROPHANE.

OEILLADE, subst. fém. (eu-iade), regard, coup-d'œil: jeter une œillade, des œillades.—OEILLADE, COUP-D'OEIL, REGARD.(Syn.) L'œillade est un coup-d'œil ou un regard jeté comme furtivement, avec un dessein et avec une expression marqués. Le coup-d'œil est un regard fugitif, ou jeté comme en passant. Le regard est l'action de la vue qui se porte sur l'objet qu'on veut voir.—Il y a toujours dans l'œillade une intention et un intérêt visibles. On jette des œillades amoureuses, jalouses, animées, favorables, etc. On donne un coup-d'œil pour voir en gros; on jette un coup-d'œil à dessein ou par hasard; et il y a des coups-d'œil très-expressifs. Les regards se portent, se tournent, se jettent, se lancent, se fixent sur les objets; ils forment l'action propre de la vue, et même une sorte de langage naturel.—Les passions dissimulées jettent des coups-d'œil vains; mais la fierté lance un coup-d'œil dédaigneux. Chaque passion a son regard, et le regard prend toutes sortes de caractères: regard de colère; regard de pitié; regard doux, sévère, etc. — OEillade ne se dit qu'au propre et dans le style familier. Dans le style soutenu, il faut dire coup-d'œil pour œillade. Coup-d'œil se dit au figuré comme regard.

OEILLADÉ, E, part. pass. de œillader.

OEILLADER, v. act. (eu-iadé), jeter des œillades. — s'OEILLADER, v. pron. Ce mot est tout-à-fait inusité.

OEILLE, E, adj. (eu-ié), transparent, à cercles concentriques. — Subst. mas., t. d'hist. nat., chien de mer.

OEILLÈRE, subst. fém. (eu-ière), petit vase dans lequel on baigne l'œil. — Petit morceau de cuir attaché à la bride du cheval de carrosse, qui lui couvre et lui garantit l'œil. — Adj. fém, dents œillères, les dents de la mâchoire supérieure dont la racine est proche de l'œil.

OEILLET, subst. mas. (eu-ié) (du mot œil, à cause, dit Pierre Morin, célèbre fleuriste, de sa beauté, et de la conformité qu'il a, en sa figure, à l'œil, cette précieuse partie du corps humain). — T. de bot., plante vivace cultivée partout, et connue par la beauté et l'odeur de ses fleurs, dont le nom latin caryophyllus, a donné le nom à la huitième classe de la méthode de Tournefort, composée de cette plante.—OEillet d'Inde, plante annuelle, à fleur flosculeuse, qui est improprement nommée œillet.—OEillet d'Espagne, petit œillet d'un rouge fort vif. — OEillet de poète, œillet encore plus petit qui vient dans les bois.—En t. de couturière, petit trou entouré de fil, qu'on fait au col des chemises, etc. — Petit trou pour passer un lacet. — Petits bouillons qui s'élèvent sur les plaques émaillées, lorsqu'on les met au feu.

OEILLETON, subst. mas. (eu-ieton), rejeton, marcotte d'œillet.—Rejeton d'artichaut. En mécanique, pièce ronde de cuivre qui se met dans les télescopes à l'extrémité du tuyau des oculaires. Elle est percée d'un trou fort petit auquel l'œil s'applique immédiatement.

OEILLETONNÉ, E, part. pass. de œilletonner.

OEILLETONNER, v. act. (eu-ietoné), détacher les œilletons des œillets. — s'OEILLETONNER, v. pron. Presque inusité.

OEILLETTE, subst. fém. (euiéte), nom vulgaire du pavot cultivé et de l'huile qu'on retire de ses graines.

OEILLETTERIE, subst. fém. (eu-iéteri), lieu planté d'œillets : il a beaucoup d'œillets dans son œilletterie.

OEIL-ROUGE, subst. mas. (euierouje), t. d'hist. nat., espèce de cyprin. — Au plur., des œils-rouges.

OEIL-SIMPLE, subst. mas. (euieceinple), t. de chirurgie, espèce de bandage qui sert à recouvrir qu'un seul œil.—Au plur., des œils simples.

OELLO, subst. fém. (o-élelò), myth., nom qu'on donne, au Pérou, à certaines femmes qui se consacrent volontairement à la retraite, à la pénitence et à la chasteté.

OELSARTS, subst. mas. plur. (o-éleçare), temple des prêtres du premier ordre dans l'île de Ceylan.

OLMÉ, subst. propre fém. (émé), myth., l'une des filles de Danaüs, qui tuèrent leurs maris la première nuit de leurs noces.

OENANTHE, subst. fém. (enante) (du grec οινος, vin, et ανθος, fleur; fleur de vin: soit parce que ses fleurs ont l'odeur de la vigne, soit parce qu'elle fleurit en même temps que la vigne), t. de bot., plante aquatique, qu'on nomme aussi persil des marais.

OENAS, subst. mas. (énèce) (du grec οινος, vigne, ou pigeon sauvage, parce que sa couleur approche de celle des raisins mûrs, dérivé d'οινος, vin), t. d'hist. nat., espèce de pigeon sauvage. — Genre d'insectes coléoptères.

OENÉE, subst. propre fém. (éné), myth., fille de Parthaon et d'Euryte, roi de Calydon, et mari d'Althée, dont il eut Méléagre, Tydée et Déjanire. Diane, irritée de ce qu'OEnée ne lui avait pas fait des sacrifices comme aux autres dieux, envoya un sanglier monstrueux qui ravagea tout le pays. Quelques-uns prétendent que ce fut Méléagre qui oublia de sacrifier à Diane.—Il y eut une autre OEnée dont Hercule tua l'échanson qui ne le servait pas à son gré, en le frappant à la tête d'un seul doigt.

OENÉIS, subst. propre fém. (éné-ice), myth., nymphe que quelques-uns croient avoir été la mère du dieu Pan.

OENÉLEUM, subst. mas. (énelé-ome) (du grec οινος, vin, et ελαιον, huile), mélange de vin et d'huile rosat pour les fomentations.

OENÉIDE, subst. propre mas. (énide), myth., nom des descendants d'OEnée.—Nom d'une tribu athénienne.

OENISTÉRIES, subst. fém. plur. (éniceteri) (du grec ονιστηρια, fait, dans la même sens, de οινος, vin), myth., fêtes que les jeunes gens célébraient en faisant des libations de vin en l'honneur de Bacchus.

OENISTICE, subst. fém. (enicetice) du grec οινος, oiseau), t. d'antiq., sorte de divination qui se faisait par le moyen des oiseaux.

OENISTICIEN, subst. et adj. mas., au fém. OENISTICIENNE (eniceticien, ciène), celui ou celle qui prédisait l'avenir par le moyen des oiseaux.

OENISTICIENNE, adj. fém. Voy. OENISTICIEN.

OENO, subst. propre fém. (éno), myth., une des filles d'Anius.

OENOGALA, subst. mas. (énoguala) (du grec οινος, vin, et γαλα, lait), t. de pharm., mélange de vin et de lait.

OENOLATIF, adj. mas., au fém. OENOLATIVE (énolatif, tive), t. de médec. et de pharm., se dit d'une injection, d'un gargarisme vineux.

OENOLATIVE, adj. fém. Voy. OENOLATIF.

OENOLATURE, subst. fém. (énolature), t. de médec. et de pharm., vin médicinal.

OENOLOGIE, subst. fém. (énoloji) (du grec οινος, vin, et λογος, discours), art de faire le vin. — Traité, ouvrage sur l'art de faire et de conserver le vin.

OENOLOGIQUE, adj. des deux genres (énolojike), qui appartient, qui est relatif à l'œnologie.

OENOLOGISTE, subst. mas. (énolojicete), celui qui écrit ou qui a écrit sur l'art de faire et de conserver le vin.

OENOMANCIE, subst. fém. (énomanci) (du grec οινος, vin, et μαντεια, divination), divination qui se faisait avec le vin destiné aux libations.

OENOMANCIEN, subst. et adj. mas., au fém. OENOMANCIENNE (énomanciein, ciène), qui concerne l'œnomancie.—Celui, celle qui pratiquait l'œnomancie.

OENOMANCIENNE, adj. fém. Voy. OENOMANCIEN.

OENOMAÜS, subst. propre mas. (énoma-uce), myth., roi d'Élide, fils de Mars, et père d'Hippodamie. Ayant appris qu'il mourrait de la main de son petit-fils, il résolut de ne pas marier sa fille. Comme il était fort adroit à la course, il obligeait tous ceux qui venaient la lui demander de courir avec lui, à condition de l'accorder à celui qui le vaincrait dans cet exercice. Il les tuait après les avoir vaincus; mais Pélops, qui le quatorzième, gagna Myrtile, cocher d'OEnomaüs, et celui-ci ayant enlevé la clavette de l'essieu de fer qui retenait la roue, OEnomaüs fut renversé de son char, et périt misérablement. Pélops, victorieux, épousa Hippodamie.

OENOMEL, subst. mas. (énomèle) (du grec οινος, vin, et μελι, miel), t. de pharm., vin de miel, ou mêlé avec du miel.

OENOMÈTRE, subst. mas. (énomètre) (du grec οινος, vin, et μετρον, mesure), instrument pour mesurer le degré de force ou de qualité du vin.

OENOMÉTRIE, subst. fém. (énométri), opération qui consiste à mesurer le degré de force du vin au moyen de l'œnomètre.

OENOMÉTRIQUE, adj. des deux genres (énométrike), qui a rapport, qui est relatif à l'œnomètre : degré œnométrique.

OENONE, subst. fém. (énone), t. d'hist. nat., genre de plante de la famille des annélides. — Subst. propre fém., myth., une des nymphes du mont Ida. On dit qu'elle se laissa séduire par Apollon, qui lui donna une parfaite connaissance de l'avenir et de la médecine. Elle épousa Pâris, qui l'abandonna bientôt, et à qui il prédit qu'il serait cause de la ruine de Troie. — Il y eut une autre OEnone, dont Jupiter mit au nombre de ses femmes, et dont il eut Eaque.

OENOPE, adj. des deux genres (énope) (du grec οινος, vin, et ωψ, aspect, apparence), t. de médec., tout ce qui a la couleur, l'apparence du vin.

OENOPÉUS ou OENOPION, subst. propre mas. (enope-uce, pi-on), myth., fils de Bacchus et roi de l'île de Chio. Ne sachant comment garantir sa fille des poursuites du géant Orion, il implora les secours de son père, qui fit tomber le géant dans un profond sommeil, dont OEnopion profita pour lui crever les yeux.

OENOPHORE, subst. mas. (énofore) (du grec οινος, vin, et φερω, je porte), vase, cruche dans laquelle les anciens mettaient du vin. — Celui qui avait soin du vin, et qui puisait le vin dans les cruches pour le servir à table, aux convives.

OENOPHORIES, subst. fém. plur. (enofori) (même étym. que celle du mot précéd.), fêtes égyptiennes où les convives portaient un vase plein de vin.

OENOPLIA, subst. fém. (énopli-a), t. de bot., espèce de jujubier commun qui croît en Crète et en Égypte.

OENOPLIE, subst. fém. (énopli), t. de bot., espèce de nerprun qui croît dans la Caroline.

OENOPTE, subst. mas. (énopte) (du grec οινος, vin, et οπτομαι, je vois), censeur athénien qui était chargé de surveiller les festins et de réprimer les débauches.

OENOTHÉROS ou OENOTHÈRE, subst. mas. (énotéroce, énotère) (en grec οινοθηρος), t. de bot., nom d'une plante qui, infusée dans le vin, inspire, dit-on, la gaieté.

OENOTRIE, subst. propre fém. (énotri), partie de l'Italie habitée par les Arcadiens qu'OEnotrus y avait amenés.

OENOTRIEN, subst. mas. (énotri-ein), t. d'antiq., ancien peuple qui habitait une partie du royaume de Naples.

OENOTRUS, subst. propre mas. (énotruce), myth., un des fils de Lycaon, qui donna son nom à une contrée d'Italie où il vint s'établir. Quelques-uns rapportent le nom d'OEnotrie, qui fut donné à cette contrée, à un ancien roi des Sabins, nommé aussi OEnotrus.

OENUS, subst. propre mas. (enuce), myth., fils de Lycimnius, frère d'Alcmène. Ayant été tué par le fils d'Hippocoon, Hercule vengea sa mort sur le père et sur ses enfants.

OEOLYCUS, subst. propre mas. (é-olikuce), myth., père d'Égée.

OEONISTICE, subst. fém. Voy. OENISTICE.

OEONISTICIEN, subst. mas., au fém. OEONISTICIENNE. Voy. OENISTICIEN.

OERRH, subst. fém. (ère), nom du roseau avec lequel les Arabes forment le fût de leurs lances.

OERVE, subst. fém. (èreve), t. de bot., l'ellébore javanique, plante vivace de l'Inde.

OESIPE ou SUINT, subst. mas. (èzipe), laine grasse, non lavée.

OESIPÈRE, subst. fém. (èzipère), toison qui n'a pas encore été lavée. — Laine grasse.

OESOPHAGE, subst. mas. (èzofaje) (en grec οισοφαγος, formé de οιω, fait de ωω, je porte, et de φαγειν, manger; porte-manger), t. d'anat., canal membraneux qui conduit les aliments depuis la bouche jusque dans l'estomac.

OESOPHAGIEN, adj. mas., au fém. OESOPHAGIENNE (èzofajiein, jiène), qui appartient à l'œsophage : angine œsophagienne.

OESOPHAGIENNE, adj. fém. Voy. OESOPHAGIEN.

OESOPHAGISME, subst. mas. (èzofajiceme), t. d'anat., mal de l'œsophage.

OESOPHAGITE, subst. fém. (èzofajite), t. de médec., inflammation de l'œsophage.

OESOPHAGORRHAGIE, subst. fém. (ezofagorajî) (du grec οισοφαγος, œsophage, et ρεω, je coule), t. de médec., hémorrhagie qui a lieu dans l'*œsophage*.

ŒSOPHAGORRHAGIQUE, adj. des deux genres (*ézofaguòrajike*), t. de médec., qui est relatif à l'*œsophagorrhagie*.

ŒSOPHAGOTOMIE, subst. fém. (*ézofaguotomi*) (du grec οισοφαγος, œsophage, et τομη, fait de τεμνω, je coupe), t. de chir., incision faite à l'*œsophage* pour en tirer un corps étranger.

ŒSOPHAGOTOMIQUE, adj. des deux genres (*ézofaguotomike*), qui a rapport, qui tient à l'*œsophagotomie*.

ŒSTRE, subst. mas. (*ècetre*) (du grec οιστρος, taon, grosse mouche qui pique les animaux, et leur cause une espèce de fureur), t. d'hist. nat., famille d'insectes diptères.—T. de médec. : *œstre vénérien*, désir ardent des plaisirs de l'amour dans les deux sexes.

ŒSTRIDÉE, subst. fém. (*ècetridé*), t. d'hist. nat., petite famille d'insectes de l'ordre des diptères.

ŒSTRIDE, subst. mas. (*ècetride*), t. d'hist. nat., tribu d'insectes de l'ordre des diptères.

ŒSTROMANE, subst. des deux genres (*ècetromane*), celui, celle qui éprouve une violente passion, un amour furieux.

ŒSTROMANIE, subst. fém. (*ècetromani*) (du grec οιστρος, taon, et μανια, fureur), t. de médec., fureur amoureuse.

ŒSTROMANIQUE, adj. des deux genres (*ècetromanike*), t. de médec., qui a rapport, qui appartient à l'*œstromanie*.

ŒTA, subst. propre mas. (*éta*), myth., mont fameux par la mort d'Hercule. Il est sur les frontières de la Thessalie.

ŒTANIA, subst. fém. (*étania*), t. de bot., division de plantes du genre des unones.

ŒTE, subst. fém. (*éte*), t. de bot., plante d'Égypte.

ŒTOLINE, subst. fém. (*étoline*), chanson lugubre des anciens Grecs en l'honneur de Linus.

ŒTINIEN, subst. propre mas. (*étiniein*), nom d'un ancien peuple qui habitait une partie du royaume de Pont.

ŒTURE, subst. mas. (*être*), t. d'hist. nat., genre de crustacés brachyures, voisin des calopes.

ŒTUS ou **OTHUS**, subst. propre mas. (*étuce*), myth., géant, fils d'Aloéus, et frère d'Ephialte.

ŒUF, subst. mas. (dites *eufe* au sing., et *eu* au plur.; cependant, *œuf dur*, *œuf frais*, se prononcent *eudur*, *eufré*) (en grec ωον, et, avec le digamma éolien, ωϝον, dont les Latins ont fait *ovum*, œuf), corps organique que pondent la poule et l'oiseau femelle, et qu'ils couvent.—Il se dit, par extension, des poissons, des fourmis, des tortues, etc.—Prov. : 1° *donner un œuf pour avoir un bœuf*, faire un petit présent pour en avoir un plus considérable; 2° *pondre sur ses œufs*, jouir tranquillement de son bien; 3° *il tondrait sur un œuf*, il est extrêmement avare; 4° *je ne lui ai dit ni œuf ni bœuf*, ni petite, ni grosse sottise.—*Marcher sur des œufs*, se conduire avec circonspection.—*Plein comme un œuf*, extrêmement plein.—On dit d'un homme qui fait dépendre d'une seule chose son sort, sa fortune, son bonheur, etc., qu'*il a mis tous ses œufs dans un panier*.—*Œufs rouges*, *œufs de Pâques*, *œufs* durcis dans l'eau chaude, dont la coque est teinte en rouge, et qu'on vend ordinairement vers le temps de Pâques.—Présents qu'on se fait à cette époque dans certains pays. — Myth., petite offrande que les anciens Romains faisaient aux dieux lorsqu'ils voulaient se purifier, ou dans les repas des funérailles.

ŒUF-DE-LÉDA, subst. mas. (*eufedeléda*), myth., *œuf* duquel on prétend que naquirent Castor et Pollux.

ŒUF-DE-SERPENT, subst. mas. (*eufedecèrepan*), myth., *œuf* fabuleux que les druides croyaient formé par la bave et l'écume d'un grand nombre de serpents réunis et enlacés pendant l'été. Au sifflement de ces *serpents*, l'*œuf* s'élevait en l'air; il fallait alors le recevoir avant qu'il touchât à terre. Celui qui l'avait reçu devait monter promptement à cheval et s'échapper, parce que les *serpents* courraient après lui, jusqu'à ce qu'ils fussent arrêtés par une rivière qui leur coupât le chemin. La figure de cet *œuf* était celle d'une pomme ronde de moyenne grosseur; la coque était cartilagineuse, couverte de fils et de filaments qui ressemblaient un peu à des pinces de polypes. On l'essayait en le jetant dans l'eau, et il fallait qu'il surnageât avec le cercle d'or qui l'entourait. Les druides, pour le mettre en plus grand crédit, disaient qu'on devait le recevoir à certains jours de la lune, et qu'il avait la vertu de donner gain de cause dans tous les différends qu'on avait à démêler, et qu'il faisait avoir un libre accès auprès des rois, lorsqu'on le portait sur soi.

ŒUF-DE-VANNEAU, subst. mas. (*eufedevanô*), t. d'hist. nat., sorte de coquille du genre des bulles.

ŒUF-D'ORPHÉE, subst. mas. (*eufedorfé*), myth., symbole mystérieux dont se servait cet ancien poète philosophe pour désigner cette force intérieure, ce principe de fécondité dont toute la terre est naturellement imprégnée.

ŒUF-D'OSIRIS, subst. mas. (*eufedozirice*), myth., *œuf* où les anciens Égyptiens croyaient qu'étaient renfermées deux figures pyramidales blanches, pour marquer les biens infinis dont Osiris voulait combler les hommes.

ŒUF-MARIN, subst. mas. (*eufemarein*), t. d'hist. nat., nom qu'on donne à l'oursin esculent, sans doute à cause de la forme et de la couleur jaune de son foie.

ŒUF-PAPIRACÉ, subst. mas. (*eufepapiracé*), t. d'hist. nat., sorte de coquille qui paraît être l'ovule gibbeuse.

ŒUF (PETIT-), subst. mas. (*petiteufe*), t. d'hist. nat., sorte d'agaric de taille naine, qui a la forme d'un *œuf*.

ŒUF-PRIMITIF, subst. mas. (*eufeprimitife*), myth., *œuf* duquel on prétend que sont sortis tous les êtres.

ŒUVÉ, E, adj. (*euvé*); il se dit des poissons qui ont des *œufs* : *carpe œuvée; hareng œuvé*.

ŒUVRE, subst. fém. (*euvre*) (en lat. *operis*, gén. de *opus*), ce qui est produit par quelque agent; ouvrage. — *Mettre en œuvre*, employer. — Fabrique et entretien d'une église paroissiale. — Banc destiné pour les marguilliers. —Production d'esprit. Il ne se dit guère qu'au pluriel : *œuvres de Corneille*, *de Racine*, etc., le recueil de leurs ouvrages.— Action morale et chrétienne : *bonne œuvre, œuvre méritoire, œuvre pie, œuvre de charité*. — *Œuvre de surérogation*, qu'on fait sans y être obligé.—T. de marine, *œuvres mortes*, parties d'un vaisseau qui sont hors de l'eau. — *Œuvres vives*, les parties qui sont dans l'eau.—*Œuvres de marée*, radoub, carénage qu'on donne aux vaisseaux, soit en haute mer, soit sur un banc, quand la mer est retirée. — En t. de théologie : *l'œuvre de la chair, l'œuvre de chair*, l'union charnelle de l'homme et de la femme. — *Être enceinte des œuvres d'un tel*, se dit d'une femme grosse du fait de quelqu'un qui n'est pas son mari.— *Mettre quelqu'un à l'œuvre*, employer quelqu'un à un travail. — *Payer la main-d'œuvre*, le travail fait.—*Chef-d'œuvre*. Voy. ce mot. — *Bon jour, bonne œuvre*, bonne action faite le jour d'une grande fête de l'Eglise.— *Maître des hautes, des basses œuvres*. Voy. MAÎTRE.—Prov. : *à l'œuvre on connaît l'ouvrier*, c'est le mérite de l'ouvrage qui fait celui de l'ouvrier.—*La fin couronne l'œuvre*, s'il faut bien commencer, il faut surtout bien finir. —*Ne faire œuvre de ses dix doigts*, ne rien faire. —Fam. : *voilà de vos œuvres!* vous ne faites que des bévues, que des sottises. (Voyez le mot suivant pour la syn.)

ŒUVRE, subst. mas. (*euvre*), la pierre philosophale. Les alchimistes l'appellent le *grand œuvre*.—Recueil de toutes les estampes d'un graveur.—Ouvrage d'un musicien : *le premier, le second œuvre de Rossini*. — En archit., le corps du bâtiment, les quatre gros murs, et on dit : *travailler sous œuvre, dans œuvre, reprendre sous œuvre*, pour dire réparer les fondements d'un mur sans l'abattre et en le soutenant.—T. de joaillier, action, ouvrage de celui qui enchâsse, travaille et accommode quelque pierre précieuse : *mettre en œuvre; metteur en œuvre*. — En t. de métallurgie, plomb qui contient de l'argent.— *Mettre en œuvre quelque chose* ou *quelqu'un*, l'employer, l'occuper. — *Hors-d'œuvre*. Voy. ce mot. — ŒUVRE, OUVRAGE. (*Syn.*) *Œuvre* exprime proprement l'action d'une puissance, ce qui est fait, produit par un agent; *ouvrage* exprime le travail de l'industrie, ce qui est fait, exécuté par un ouvrier. On dit : l'*œuvre* de la création, et l'*ouvrage* des six jours. La création est l'*œuvre* de la toute-puissance : le monde, sorti des mains du Créateur dans six jours d'exécution, est son *ouvrage*. La force productive est dans l'*œuvre*; l'effet de son action est dans l'*ouvrage*. L'*œuvre* de la rédemption est ce que Jésus-Christ a fait pour le salut des hommes; et son *ouvrage* est leur salut. Nous admirons dans les *œuvres* de la nature son énergie, et dans ses *ouvrages* leur beauté. La puissance et l'action de l'agent font l'*œuvre*; l'*ouvrage* est le résultat du travail et de l'industrie.—*Œuvres* est le titre de certains *ouvrages*. Les *œuvres* annoncent l'auteur; les *ouvrages* le supposent. L'*œuvre* est sa production; le livre est son *ouvrage*. L'*œuvre* est l'*ouvrage*, en tant qu'il est fait par l'auteur, et considéré comme tel. L'*ouvrage* est bien fait par l'auteur, mais on le considère tel qu'il est en lui-même, ou indépendamment de ce rapport. Ainsi on juge l'*ouvrage*, et non l'*œuvre*. L'*ouvrage* est bon ou mauvais en lui-même, et sans égard à celui qui l'a fait; mais à l'*œuvre* on connaît l'ouvrier, on juge l'homme. Voy. ACTION.

ŒUVRES-BLANCHES, subst. fém. plur. (*euvreblanche*), t. de taillandiers, se dit des gros outils de fer coupants et tranchants.

ŒUVRISTE, subst. mas. (*euvricete*), qui fait, qui achette des collections d'œuvres de gravures. Peu usité.

OFAVAI ou **OFFAVAI**, subst. mas. (*ofavè*), au Japon, petite boîte pleine de bâtons menus autour desquels on entortille des papiers découpés.

OFFA, subst. fém. (*ofefa*), t. d'antiq., sorte de pâte que les augures romains offraient en sacrifice.— *Offa helmontii*, t. de chim., crystallisation de carbonate d'ammoniaque qu'on obtient en versant de l'alcohol très-rectifié dans une dissolution concentrée de ce sel.

OFFE, subst. mas. (*ofe*), spart, jonc d'Espagne.

OFFENDICES, subst. fém. plur. (*ofandice*), bandes qui tombaient des deux côtés des mitres ou bonnets de flamines, et qu'ils nouaient sous le menton.

OFFENDRE, v. act. (*ofandre*), rencontrer ou *offenser*. (*Marot*.) Vieux, et même hors d'usage.

OFFENSANT, E, adj. (*ofançan, cante*), choquant, injurieux.

OFFENSE, subst. fém. (*ofance*) (en latin *offensa* ou *offensio*), injure de fait ou de parole.— En matière de religion, faute, péché.

OFFENSÉ, E, part. pass. de *offenser*.

OFFENSÉ, E, adj. et subst. (*ofancé*), celui, celle qui a reçu une *offense*; à qui l'on fait une injustice.

OFFENSER, v. act. (*ofancé*) (en latin *offendere*), faire une *offense*. — *Offenser Dieu*, violer ses commandements. — Fig., blesser : *ce coup lui a offensé le cerveau*. — Par extension de métaphore : *les discours libres offensent les oreilles chastes*. — *Il n'y a que la vérité qui offense*, les reproches sensibles sont ceux qu'on a mérités. — S'OFFENSER, v. pron., se tenir pour *offensé*; se piquer, se fâcher.

OFFENSEUR, subst. mas., au fém. **OFFENSEUSE** (*ofanceur, ceuze*) (en latin *offensor*), celui, celle qui *offense*. Corneille a dit dans *le Cid* :

> En cet affront mon père est l'*offensé*,
> Et l'*offenseur*, le père de Chimène.

OFFENSEUSE, subst. fém. Voy. OFFENSEUR.

OFFENSIF, adj. mas., au fém. **OFFENSIVE** (*ofancif, cive*), qui attaque, qui *offense* : *armes offensives*, *ligue offensive*, armes, ligue pour attaquer. Il se dit plus ordinairement avec *défensive* : *ligue offensive et défensive*, *armes offensives et défensives*.—On appelle *guerre offensive*, une guerre dans laquelle on attaque l'ennemi, par opposition à *guerre défensive*, dans laquelle on ne fait que se défendre.

OFFENSIVE, adj. fém. Voy. OFFENSIF.—Subst. fém., en t. de guerre, attaque : *non-seulement il est sur la défensive, il va même jusqu'à l'offensive*.

OFFENSIVEMENT, adv. (*ofanciveman*), d'une manière *offensive*.

OFFERT, E, part. pass. de *offrir*, et adj., présenté.

OFFERTE, subst. fém., ou **OFFERTOIRE**, subst. mas. (*ofèrete, ofèretoare*), partie de la messe dans laquelle le prêtre *offre* à Dieu du pain et du vin.—Antienne qui se chante pendant cette partie de la messe. On dit plus souvent *offertoire* aujourd'hui.

OFFICE, subst. mas. (*ofice*) (en lat. *officium*, formé de *officere*, pour *efficere*, faire), devoir : *il est de l'office d'un magistrat*, *d'un père*, etc. —Assistance, service. En ce sens il ne s'emploie au plur. qu'avec *bons* ou *mauvais*, et au sing. qu'avec la préposition *de* : *accordez-moi vos bons offices auprès de..; il m'a rendu de mauvais offices, c'est un office d'ami*, etc. Voy. BIENFAIT. — Prières publiques et les cérémonies qu'on y fait : *assister à l'office*. — Partie du bréviaire que doivent dire tous les jours ceux qui en sont tenus : *dire son office*. — *Le petit Office*, l'office abrégé de la sainte Vierge. — *L'Office des morts*, les prières que l'Église récite pour les morts. — *Livre d'offices*, qui contient les prières récitées ou chantées à l'église. — Charge : *office de judicature*, etc. — *Faire quelque chose d'office*, de son propre mouvement. — *Le juge a informé d'office*, sans en être requis. — *Experts nommés d'office*, nommés par le juge. — *Le saint-office*, le tribunal de l'inquisition, à Rome. — Fonctions : *son estomac fait bien son office*. — OFFICE, MINISTÈRE, CHARGE, EMPLOI. (*Syn.*) L'idée propre d'*office*, c'est d'obliger à faire une chose utile à la société ; celle de *ministère*, est d'agir pour un autre, au nom d'un autre, d'un maître qui commande ; celle de *charge*, de porter un fardeau, ou de faire une chose pénible pour un bien ou un avantage commun ; celle d'*emploi*, d'être attaché à un travail qui est commandé. — L'*office* impose un devoir ; le *ministère*, un service ; la *charge*, des fonctions ; l'*emploi*, de l'occupation. — L'*office* donne en même temps un pouvoir, une autorité pour faire ; le *ministère*, une qualité, un titre pour représenter les personnes, disposer des choses ; la *charge*, des prérogatives, des privilèges qui honorent ou distinguent le titulaire ; l'*emploi*, des salaires, des émoluments qui paient ou récompensent le travail. — En général, l'*office* est par lui-même stable ; mais on supprime des *offices*. — Tout *office* est une *charge*, mais toute *charge* n'est pas un *office*. Les *charges* dans les parlements étaient de véritables *offices* ; mais les places d'échevins, consuls et autres *charges* municipales, n'étaient pas des *offices* en titre, quoique ce fussent des *charges* ; parce que ceux qui les remplissaient ne les tenaient que pour un temps, sans aucun titre que celui de leur élection ; au lieu que les *offices* proprement dits sont une qualité permanente.

OFFICE, subst. fém. (*ofice*), lieu dans une grande maison où l'on prépare tout ce que l'on sert sur table pour le fruit ; où l'on garde le linge, la vaisselle, etc. Dans les maisons ordinaires, on dit *dépense*. — Domestiques qui mangent à l'*office*. — Art de préparer ce que l'on sert sur la table pour le fruit : *il entend bien l'office*. — Au plur., tous les lieux où l'on garde tout ce qui est nécessaire pour le service de table : *de grandes, de belles offices*.

OFFICIAL, subst. mas. (*ofici-al*) (du lat. *officialis*, employé avec cette acception dans les auteurs ecclésiastiques, et qu'on trouve dans Apulée pour ministre d'un magistrat ; fait d'*officium*, office), juge de cour d'église. — Au plur., *officiaux*.

OFFICIALITÉ, subst. fém. (*ofici-alité*), juridiction de l'*official*. — Lieu où il rendait justice.

OFFICIANT, E, subst. et adj. (*ofici-an, ci-ante*), celui qui *officie* à l'église. — L'*officiante*, la religieuse qui est de semaine au chœur.

OFFICIAUX, subst. mas. plur. Voy. OFFICIAL.

OFFICIEL, adj. mas., au fém. **OFFICIELLE** (*ofici-èle*), publié, déclaré constant par l'autorité. — *Nouvelle officielle*, publiée par le gouvernement.

OFFICIELLE, adj. fém. Voy. OFFICIEL.

OFFICIELLEMENT, adv. (*ofici-èleman*), d'une manière *officielle*.

OFFICIER, subst. mas. (*oficié*), celui qui a un *office*, une charge. — Celui qui a un grade militaire, soit sur terre, soit sur mer. En ce sens il s'emploie le plus souvent absolument et sans addition : *il y avait à cette assemblée un grand nombre d'officiers*. — *Les officiers de justice* sont ceux auxquels on a confié l'administration de la justice dans les différentes cours ou tribunaux du royaume. — *Officier de la Légion-d'Honneur*, le second rang en remontant, après celui de chevalier. — On applique plus ordinairement ce mot aux gens de guerre qui ont quelque commandement dans les armées. *Les officiers généraux* sont ceux dont le commandement n'est point restreint à une seule troupe, à une seule compagnie, à un seul régiment, mais qui ont sous leurs ordres un corps de troupes composé de plusieurs régiments ; tels sont les généraux, les lieutenants-généraux, les majors-généraux, brigadiers, etc. *Les officiers de l'état-major* sont ceux qui ont sous leurs ordres un régiment entier, comme les colonels, lieutenants-colonels, et majors. *Les officiers subalternes* sont les lieutenants, sergents, caporaux, etc. ; ces deux derniers se nomment aussi *sous-officiers*. — On appelle *officiers de la marine*, ces officiers qui commandent et servent sur les vaisseaux du roi et dans les ports. — *Officiers municipaux*, les personnes qui exercent des charges municipales. — *Officier de santé*, médecin, chirurgien, etc. — Celui qui dans une grande maison a soin de l'*office*, prépare le fruit, etc. *Officiers*, au plur., comprend le cuisinier et le maître d'hôtel. — On appelait chez le roi, *officiers de la bouche*, les écuyers de cuisine qui travaillaient pour la bouche du roi ; *officiers du gobelet*, ceux qui fournissaient le vin ; *officiers du commun*, ceux qui travaillaient pour les autres tables de la maison du roi.

OFFICIER, v. neut. (*oficié*), faire l'*office* divin à l'église. — Dans un sens plus restreint, célébrer une grand'messe, ou présider à l'*office* divin. — Fam. : *il officie bien à table*, il mange et boit bien ; il fait bien son devoir à table.

OFFICIÈRE, subst. fém. (*oficière*), religieuse qui a un *office*, une charge dans un couvent.

OFFICIEUSE, adj. fém. Voy. OFFICIEUX.

OFFICIEUSEMENT, adv. (*ofici-euzeman*) (en latin *officiosé*), d'une manière officieuse, obligeante.

OFFICIEUSETÉ, subst. fém. (*ofici-euzeté*), caractère, conduite de l'*officieux*. Ironiquement.

OFFICIEUX, adj. mas., au fém. **OFFICIEUSE** (*ofici-eu, ci-euze*) (en lat. *officiosus*), qui est porté à rendre service, obligeant. Voy. SERVIABLE. — *Mensonge officieux*, qu'on se permet pour faire plaisir à quelqu'un. — Subst. : *faire l'officieux*, l'empressé.

OFFICINAL, E, adj. (*oficinale*) (du latin *officina*, boutique, laboratoire, formé de *officere* pour *efficere*, faire), t. de pharm. : *compositions officinales*, qui se trouvent toutes composées chez les apothicaires, par opposition aux *compositions magistrales*, qu'on ne prépare que d'après l'ordonnance du médecin. — Au plur. mas., *officinaux*.

OFFICINAUX, adj. mas. plur. Voy. OFFICINAL.

OFFICINE, subst. fém. (*oficine*), dans l'emplacement d'un pharmacien, partie où il vend ses préparations et ses médicaments.

DU VERBE IRRÉGULIER OFFRIR :

Offraient, 3ᵉ pers. plur. imparf. indic.
Offrais, précédé de *j'*, 1ʳᵉ pers. sing. imparf. indic.
Offrais, précédé de *tu*, 2ᵉ pers. sing. imparf. indic.
Offrait, 3ᵉ pers. sing. imparf. indic.

OFFRANDE, subst. fém. (*ofrande*), don que l'on *offre* à Dieu. — Cérémonie par laquelle le prêtre, avant et après l'offertoire, reçoit les *offrandes* des fidèles. — En général, ce qu'on *offre* à quelqu'un par respect et dévouement, etc. : *recevez l'offrande de mes vœux*. — OFFRANDE, OBLATION. (*Syn.*) L'*offrande* se fait à Dieu, à ses saints, et même à ses ministres ; l'*oblation* ne se fait qu'à Dieu. L'*offrande* est seulement un don religieux. L'*offrande* du pain et du vin, dans le sacrifice de la messe, est une *oblation*. Les présents que les catholiques font à l'autel sont proprement des *offrandes*. — *Oblation* a toujours un sens plus rigoureux qu'*offrande* ; et il ne se dit que pour exprimer le sacrifice ou le don fait avec les cérémonies religieuses prescrites à cet effet. Ainsi toute *offrande* n'est pas *oblation* ; et l'idée du don, ou même du dévouement, suffit pour constituer une *offrande* sans aucune cérémonie.

OFFRANT, part. prés. du verbe irrég. *offrir*.

OFFRANT, E, subst. mas. (*ofran, frante*), t. de palais, celui qui *offre* : *adjuger au plus offrant*. Nous ne trouvons nulle part le fém. *offrante* ; mais nous ne voyons aussi aucune raison qui puisse empêcher qu'on ne s'en serve.

OFFRANVILLE, subst. propre mas. (*ofranvile*), village de France, dép. de la Seine-Inférieure, chef-lieu de canton, arrond. de Dieppe.

OFFRE, subst. fém. (*ofre*), action d'*offrir* : *faire offre de.....* — Ce que l'on *offre* : *j'accepte votre offre, vos offres*. — T. de jurispr., acte par lequel on se soumet à faire quelque chose, ou par lequel on exhibe à quelqu'un des pièces ou autre chose qu'on est tenu de lui remettre, ou bien une somme qu'on est obligé de lui payer. On appelle *offres labiales* celles qui ne consistent que dans une déclaration de bouche ou par écrit ; et *offres réelles*, celles qui sont accompagnées de l'exhibition et présentation effectives des deniers ou autres choses que l'on *offre*, soit que les *offres* soient faites par un huissier, ou qu'elles le soient sur le bureau. — On disait autrefois au masculin : *un offre avantageux*. *Richelet* fait observer que M. *de Sacy* lui a donné ce genre dans sa traduction de la *Bible* ; et *Racine* a dit (dans *Bajazet*, acte III, scène VIII) :

> Ah ! si d'une autre chaîne il n'était point lié,
> L'*offre* de mon hymen l'eût-il tant effrayé ?
> L'eût-il refusé même aux dépens de sa vie ?

DU VERBE IRRÉGULIER OFFRIR :

Offre, précédé de *j'*, 1ʳᵉ pers. sing. prés. indic.
Offre, précédé de *il* ou *elle*, 3ᵉ pers. sing. prés. indic.
Offre, précédé de *que j'*, 1ʳᵉ pers. sing. prés. subj.
Offre, précédé de *qu'il* ou *qu'elle*, 3ᵉ pers. sing prés. subj.
Offrent, précédé de *ils* ou *elles*, 3ᵉ pers. plur. prés. indic.
Offrent, précédé de *qu'ils* ou *qu'elles*, 3ᵉ pers. plur. prés. subj.
Offres, précédé de *tu*, 2ᵉ pers. sing. prés. indic.
Offres, précédé de *que tu*, 2ᵉ pers. sing. prés. subj.

OFFREUR, subst. mas. (*ofreur*), celui qui *offre*. (*Philippe de Valois*.) Vieux, mais utile.

DU VERBE IRRÉGULIER OFFRIR :

Offrez, 2ᵉ pers. plur. impér.
Offrez, précédé de *vous*, 2ᵉ pers. plur. prés. indic.
Offriez, précédé de *que vous*, 2ᵉ pers. plur. prés. subj.
Offrions, précédé de *nous*, 1ʳᵉ pers. plur. imparf. indic.
Offrions, précédé de *que nous*, 2ᵉ pers. plur. prés. subj.
Offrîmes, 1ʳᵉ pers. plur. prét. déf.

OFFRIR, v. act. (*ofrir*) (en latin *offerre*, formé de *ob*, devant, et *ferre*, porter ; *porter* ou *mettre devant*), présenter une chose à quelqu'un. Voy. DONNER. — Proposer de donner, de faire... : *on lui a offert cent mille écus de sa maison* ; *il offrit de me conduire à...* — *Offrir à la vue*, exposer à la vue. — *Offrir le choix des armes à son ennemi*, lui en laisser le choix. — *Offrir à Dieu ses maux, ses peines*, etc., les souffrir pour l'amour de Dieu. — S'OFFRIR, v. pron., se présenter, se proposer : *s'offrir pour quelqu'un*.

DU VERBE IRRÉGULIER OFFRIR :

Offrira, 3ᵉ pers. sing. fut. indic.
Offrirai, 1ʳᵉ pers. sing. fut. indic.
Offriraient, 3ᵉ pers. plur. prés. cond.
Offrirais, précédé de *j'*, 1ʳᵉ pers. sing. prés. cond.
Offrirais, précédé de *tu*, 2ᵉ pers. sing. prés. cond.
Offrirait, 3ᵉ pers. sing. prés. cond.
Offriras, 2ᵉ pers. sing. fut. indic.
Offrirent, 3ᵉ pers. plur. prét. déf.
Offrirez, 2ᵉ pers. plur. fut. indic.
Offririez, 2ᵉ pers. plur. prés. cond.
Offririons, 1ʳᵉ pers. plur. prés. cond.
Offrirons, 1ʳᵉ pers. plur. fut. indic.
Offriront, 3ᵉ pers. plur. fut indic.
Offris, précédé de *j'*, 1ʳᵉ pers. sing. prét. déf.
Offris, précédé de *tu*, 2ᵉ pers. sing. prét. déf.
Offrisse, 1ʳᵉ pers. sing. imparf. subj.
Offrissent, 3ᵉ pers. plur. imparf. subj.
Offrisses, 2ᵉ pers. sing. imparf. subj.
Offrissiez, 2ᵉ pers. plur. imparf. subj.
Offrissions, 1ʳᵉ pers. plur. imparf. subj.
Offrit, précédé de *il* ou *elle*, 3ᵉ pers. sing. prét. déf.
Offrît, précédé de *qu'il* ou *qu'elle*, 3ᵉ pers. sing. imparf. subj.
Offrîtes, 2ᵉ pers. plur. prét. déf.
Offrons, 1ʳᵉ pers. plur. impér.
Offrons, précédé de *nous*, 1ʳᵉ pers. plur. prés. indic.

OFFUSQUÉ, E, part. pass. de *offusquer*.

OFFUSQUER, v. act. (*ofuceké*) (en latin *offuscare*, fait de *ob*, devant, et *fuscus*, sombre, noir), empêcher de voir : *ôtez-vous de devant moi, vous m'offusquez la vue*. — Empêcher d'être vu : *ces arbres offusquent votre maison*. — Empêcher de voir en éblouissant : *le soleil m'offusque les yeux* ; et neutralement : *une trop grande clarté offusque*. — Fig., 1° obscurcir, troubler l'esprit : *les vapeurs du vin offusquent la raison* ; 2° surpasser quelqu'un en sorte que sa gloire soit diminuée, etc. : *cet homme a un rival qui l'offusque*. — Donner de l'ombrage, déplaire : *tout l'offusque*. — S'OFFUSQUER, v. pron. — OFFUSQUER, OBSCURCIR. (*Syn.*) *Offusquer* signifie empêcher de voir ou d'être vu, du moins de voir et d'être vu clairement,

288　OGO　　　OIG　　　OIS

dans sa clarté naturelle, par l'interposition ou l'opposition d'un corps, d'un obstacle. *Obscurcir* exprime l'action simple et vague de faire perdre à un objet sa lumière ou son éclat, sans aucun rapport indiqué ni au moyen de la vue.—Le soleil est *obscurci*, lorsqu'il a perdu son éclat; si vous le considérez dans les nuages, il est *offusqué*. Les nuages l'*obscurcissent* et l'*offusquent* : ils l'*obscurcissent*. en lui ôtant sa lumière; ils l'*offusquent* en vous empêchant de le voir, ou en l'empêchant d'être vu. — Le hâle *offusque* le teint; il laisse un masque sur la figure. Le teint s'*obscurcit* avec l'âge; il n'a plus ses couleurs et son éclat.—Une montagne qui borne la vue de votre maison, l'*offusque*; elle ne l'*obscurcit* pas comme un mur qui lui ôterait le jour. — Les passions *obscurcissent* l'entendement, de quelque manière qu'elles le troublent; elles l'*offusquent*, en élevant autour de lui des nuages, ou en s'interposant entre lui et la vérité. — s'OFFUSQUER, v. pron.

OFTIE, subst. fém. (*ofeti*), t. de bot., genre de plantes qui répond au camara de Linnée.

OG, subst. propre mas. (*ogue*), myth., géant d'une taille immense, qui survécut au déluge en se tenant sur le toit de l'arche pendant l'inondation. Il fut tué par Moïse. Les Syriens, qui le croyaient ainsi, en ont fait un dieu.

OGCODE, subst. mas. (*oguekode*), t. de bot., genre d'insectes de l'ordre des diptères.

OGEGNA, subst. mas. (*ojégua*), t. de bot., arbre du Congo qui porte des fruits semblables à des prunes.

OGÉNUS, subst. propre mas. (*ojénuce*), myth., ancien dieu qu'on croit être le même que l'Océan.

OGIAS, subst. propre mas. (*ôji-àce*), myth., nom d'un géant qui, selon un des livres apocryphes condamnés par le pape Gélase, avait vécu avant le déluge.

OGIÈRE, subst. fém. (*oji-ère*), t. de bot., genre de plantes de la famille des hélianthées.

OGIVAL, E, adj. (*ojivale*), en *ogive*. (Pouqueville.)—Au plur. mas., *ogivaux*.

OGIVAUX, adj. mas. plur. Voy. OGIVAL.

OGIVE, subst. fém. (*ojive*), t. d'archit., voûte formée par deux arcs de cercle qui font un angle aigu, imitant la pointe d'une mitre. L'*Académie* dit que ce mot est aussi adj. : *porte, arc ogive*. Pourquoi ne pas se servir d'*ogival*, qui est bien formé, et qui existe?

OGMION, OGMIOS, OGMIUS, subst. propre mas. (*oguemi-on, oguemi-oce, oguemi-uce*), myth., l'Hercule gaulois, l'une des divinités des anciens Celtes.

OGNE, subst. fém. (*ognie*), les écoliers donnent ce nom à un coup appliqué sur les doigts.

OGNEMENT ou OIGNEMENT, subst. mas. (*ognieman*), action par laquelle on oint. — État de ce qui est oint.

OGNON (quelques-uns, et, entre autres l'*Académie*, écrivent encore OIGNON, qu'ils prononcent cependant *ognion*), subst. mas. (*ognion*) (du latin *unio*, employé par *Columelle* dans la même acception, parce que, disent *Caseneuve* et *Ménage*, la bulbe de l'*ognon* n'est formée que d'une seule pièce), nom générique qu'on donne vulgairement aux caïeux des racines bulbeuses des plantes cultivées dans nos jardins par les fleuristes : *ognon de fleur*. Voy. BULBE. — Plus particulièrement, plante potagère bisannuelle très-connue par son usage dans les cuisines. Quand on dit *ognon* tout seul, c'est en ce dernier sens qu'on l'entend. — Dureté douloureuse, en forme d'*ognon*, qui vient aux pieds. — Prov. : 1° *être vêtu comme un ognon*, fort peu couvert de vêtements; 2° *se mettre, se placer en rang d'ognon*, se placer en cercle avec des gens de distinction ; vouloir tenir son coin avec eux. (D'*Artus de La Fontaine-Solaro*, baron d'*ognon*, qui, aux états de Blois de 1576, faisait les fonctions de grand-maître des cérémonies, et, en cette qualité, assignait à chaque députe le *rang* et la place qu'il devait occuper.) — *Regretter les ognons d'Egypte*, regretter son ancien état.—*Marchand d'ognons se connait en ciboules*, on est difficilement trompé sur les choses de son métier.

OGNONADE, ou OIGNONADE, subst. fém. (*ognionade*), fricassée d'*ognons*.

OGNONET ou OIGNONET, subst. mas. (*ognionè*), t. de jard., sorte de poire d'été.

OGNONIÈRE ou OIGNONIÈRE, subst. fém. (*ognionière*), terre semée d'*ognons*.

OGOA, subst. propre mas. (*oguo-a*), nom d'un temple fameux qui était à Mylase, ville du pays des Cariens. Ce temple était consacré à Jupiter surnommé *Osogus*.

OGOESSE, subst. fém. (*oguo-èce*), t. de blason, tourteau de sable.

OGOTONE, subst. mas. (*oguotone*), t. d'hist. nat., sorte de petit animal de la famille des rongeurs.

OGRE, subst. mas. (*oguere*), monstre imaginaire que l'on suppose manger de la chair humaine ; de là l'expression prov. : *manger comme un ogre*, excessivement. Peut-être, comme le conjecture M. *Morin*, du grec αγριος, sauvage, farouche.

OGRESSE, subst. fém. (*oguerèce*), femme de l'*ogre*.

OGULNIE, adj. fém. (*ogulèni*) : *loi Ogulnie*, loi des anciens Romains qui régla que les nouveaux membres des collèges sacerdotaux seraient pris à l'avenir dans l'ordre des plébéiens.

OGYGÈS, subst. propre mas. (*ojijèce*), myth., fils de Neptune et d'Alitra. Il régna dans la Grèce, où il fonda plusieurs villes. De son temps, un déluge affreux submergea l'Attique et toute l'Achaïe.

OGYGIE, subst. propre fém. (*ojiji*), myth., île et demeure ordinaire à Calypso. C'était aussi le nom d'une des filles d'Amphion et de Niobé. — T. d'hist. nat., genre de plantes fossiles extrêmement aplatics.

OGYGIUS, subst. propre mas. (*ojiji-uce*), myth., surnom d'Apollon et de Bacchus.

OH (ô)! interjection qui marque : 1° la surprise : *oh, oh!* 2° l'admiration: *oh, que cela est beau!* 3° l'affirmation : *oh , pour cela , non!*

OHÉ! sorte d'exclamation. Voy. OÉ.

OHIGGINSIE, subst. propre fém. (*o-iguejcinci*), t. de bot., genre de plantes de la famille des rubiacées.

OHIN, subst. mas. (*o-ein*), défaut, vice, faute. (Boiste.) Inusité.

OHIO , subst. propre mas. (*o-io*), rivière des États-Unis.

OI, diphthongue. Voyez sa prononciation dans chaque mot où elle se trouve.

OIAROU, subst. mas. (*o-iarou*), myth., bagatelle vue en songe, objet du culte des Iroquois, comme un calumet, une peau d'ours, une plante, un couteau, un animal, etc. Ils croient pouvoir, par la vertu de cet objet, opérer ce qui leur plait, se transporter dans un lieu promptement, et même se métamorphoser.

OIE, subst. fém. (*oâ*) (du lat. barbare *auca*, employé dans la même sens par les auteurs de la basse latinité, et que *Ménage* dérive d'*avica*, fait d'*avis*, oiseau), sorte d'oiseau aquatique, plus gros que la cane. — *Oie du nord*. Voy. EIDER. — Au fig. : *c'est une oie, une personne sotte comme une oie*.—En astron., constellation. — *Jeu de l'oie*, jeu auquel on joue avec deux dés, sur un carton où sont représentées des oies placées dans un certain ordre. — *Conte de ma mère l'Oie*. Voy. CONTE. — *Merde d'oie*. Voy. ce mot.— *Patte d'oie*, le point de réunion de plusieurs routes.

OIER, subst. mas. (*o-ié*), marchand d'*oies*. (Boiste.) Vieux et même hors d'usage.

DU VERBE IRRÉGULIER OINDRE :

Oignaient, 3ᵉ pers. plur. imparf. indic.
Oignais, précédé de j', 1ʳᵉ pers. sing. imparf. indic.
Oignais , précédé de tu, 2ᵉ pers. sing. imparf. indic.
Oignait, 3ᵉ pers. sing. imparf. indic.
Oignant, part. prés.
Oigne , précédé de que j', 1ʳᵉ pers. sing. prés. subj.
Oigne, précédé de qu'il ou qu'elle, 3ᵉ pers. sing. prés. subj.
OIGNEMENT, subst. mas. (*oègnieman*), action par laquelle on *oint*, on parfume. Il est peu usité.

DU VERBE IRRÉGULIER OINDRE :

Oignent, précédé de ils ou elles, 3ᵉ pers. plur. prés. indic.
Oignent, précédé de qu'ils ou qu'elles, 3ᵉ pers. plur. prés. subj.
OIGNÉ, E, part. pass. de *oigner*.
OIGNER , v. act. (*ogné*), le contraire de *poindre, plaire*. (Montaigne.) (Boiste.) Ce mot ne signifie plus rien pour nous. — s'OIGNER, v. pron.

DU VERBE IRRÉGULIER OINDRE :

Oignes, 2ᵉ pers. sing. prés. subj.
Oignez, 2ᵉ pers. plur. impér.

Oigniez, précédé de *vous*, 2ᵉ pers. plur. imparf. indic.
Oigniez,précédé de *que vous*, 2ᵉ pers. plur. prés. subj.
Oignîmes, 1ʳᵉ pers. plur. prét. déf.
Oignions, précédé de *nous*, 1ʳᵉ pers. plur. imparf. indic.
Oignions, précédé de *que nous*, 1ʳᵉ pers. plur. prés. subj.
Oignirent, 3ᵉ pers. plur. prét. déf.
Oignîtes, 2ᵉ pers. plur. prét. déf.

DU VERBE IRRÉGULIER OINDRE :

Oignis, précédé de *j'*, 1ʳᵉ pers. sing. prét. déf.
Oignis, précédé de *tu*, 2ᵉ pers. sing. prét. déf.
Oignisse, 1ʳᵉ pers. sing. imparf. subj.
Oignisses, 2ᵉ pers. sing. imparf. subj.
Oignissiez, 2ᵉ pers. plur. imparf. subj.
Oignissions, 1ʳᵉ pers. plur. imparf. subj.
Oignit, précédé de *il* ou *elle*, 3ᵉ pers. sing. prét. déf.
Oignît, précédé de *qu'il* ou *qu'elle*, 3ᵉ pers. sing. imparf. subj.
Oignîtes, 2ᵉ pers. plur. prét. déf.
OIGNON. Voy. OGNON.
Oignons, 1ʳᵉ pers. plur. impér.
Oignons, précédé de *nous*, 1ʳᵉ pers. plur. prés. indic.

OILIADES , subst. propre mas. (*oeli-ade*), fils ou descendants d'Oilée, roi de Loriens.

OIL, particule affirmative (*oéle*), oui, entièrement. (Boiste.) Inusité.

OILLE, subst. fém. (*o-ie*, à l'italienne) (de l'espagnol *olla*), potage composé de racines et de viandes différentes. (Voy.

DU VERBE IRRÉGULIER OINDRE :

Oindra, 3ᵉ pers. sing. fut. indic.
Oindrai, 1ʳᵉ pers. sing. fut. indic.
Oindraient, 3ᵉ pers. plur. prés. cond.
Oindrais, précédé de *j*', 1ʳᵉ pers. sing. prés. cond.
Oindrais, précédé de *tu*, 2ᵉ pers. sing. prés. cond.
Oindrait, 3ᵉ pers. sing. prés. cond.
Oindras, 2ᵉ pers. sing. fut. indic.
OINDRE, v. act. (*oeindre*) (en lat. *ungere*), frotter avec quelque chose d'onctueux. Il n'est guère usité qu'en parlant de quelques cérémonies religieuses où l'huile est employée. — s'OINDRE, v. pron., se frotter de quelque chose d'onctueux.

DU VERBE IRRÉGULIER OINDRE :

Oindrez, 2ᵉ pers. plur. fut. indic.
Oindriez, 2ᵉ pers. plur. prés. cond.
Oindrions, 1ʳᵉ pers. plur. prés. cond.
Oindrons, 1ʳᵉ pers. plur. fut. indic.
Oindront, 3ᵉ pers. plur. fut. indic.

OING, subst. mas. (*oein*) (en lat. *unctum*); il ne se dit qu'en parlant de la graisse de porc dont on se sert pour graisser les roues, et alors il est précédé du mot *vieux* : *graisser les roues d'une voiture avec du vieux oing*.

OINOMEL, subst. mas. (*o-inomèle*), mélange de miel et de vin dont on se servait autrefois pour préparer des médicaments.

OINOMÈTRE, subst. mas. Voy. OENOMÈTRE.
OINOMÉTRIQUE , adj. des deux genres. (Voy. OENOMÉTRIQUE.

OINOSPONDES, subst. mas. plur. (*ô-inocèponde*), sacrifices des anciens, qui ne consistaient qu'en libations de vin.

DU VERBE IRRÉGULIER OINDRE :

Oins, 2ᵉ pers. sing. impér.
Oins, précédé de *j*', 1ʳᵉ pers. sing. prés. indic.
Oins, précédé de *tu*, 2ᵉ pers. sing. prés. indic.
Oint, 3ᵉ pers. sing. prés. indic.

OINT, subst. mas. (*oein*), celui qui a reçu une onction sainte : *l'oint du Seigneur* par excellence, le Messie. Voy. OINDRE.

OINT, E, part. pass. de *oindre* , et adj. (en lat. *unctus*), part. pass. de *ungere*, oindre), qui est frotté d'huile ou de quelque autre chose d'onctueux.

OINTIER , subst. mas. (*oeintié*), parfumeur. (Boiste.) Vieux et même hors d'usage.

OINTURE, subst. fém. (*oeinture*), onguent. (Boiste.) Vieux et même hors d'usage.

OIRE, adv. (*odre*), aujourd'hui.(Boiste.) Vieux et même hors d'usage.

OIRRER, v. neut. (*oérré*), être en route, aller. Inusité.

OISANITE ou OCTAÉDRITE, subst. fém. (*oèzanite, okta-édrite*), t. d'hist. nat., schorl bleu.

OISE, subst. propre fém. (*oèze*), rivière de France , qui donne son nom à un département.

OISEAU, subst. mas. (*oèzô*) (du latin barbare *avicellus*, que dans la basse latinité on a formé d'*avis*, et dont on a fait ensuite *aucellus*, d'où les Italiens ont pris leur *augello*. Ménage.), animal à deux pieds, ayant des plumes et des ailes. —Poét. : *l'oiseau de Jupiter*, l'aigle; *l'oiseau de Junon*, le paon; *l'oiseau de Minerve*, la chouette; *l'oiseau de Vénus*, la colombe; *l'oiseau d'Apollon*, le cygne. — En faucenn., *oiseau* se dit absolument pour *oiseau de proie*. —*Oiseau branchier*, qui ne peut voler que de branche en branche. — *Oiseau de leurre*, oiseau dressé à revenir au leurre, tel que le faucon, etc.— *Oiseau de poing*, dressé à revenir sur le poing. — En astron., constellation méridionale. — Petits ais posés sur deux morceaux de bois qui débordent, que les aides placent sur leurs épaules pour porter du mortier aux maçons, aux couvreurs, etc. — Espèce de palette sur laquelle on met le mortier pour travailler en stuc. — *Tirer l'oiseau*, disputer à qui abattra d'un coup de fusil ou de flèche la figure d'un oiseau attachée au haut d'une perche, ou placée sur un poteau. — Prov. : *être comme l'oiseau sur la branche*, dans un état incertain. — *La belle plume fait le bel oiseau*, les beaux habits relèvent la bonne mine. — *Petit à petit l'oiseau fait son nid*, on fait sa fortune peu à peu. — *L'oiseau n'y est pas, il s'est envolé*, notre homme s'est évadé. — *Ne voilà-t-il pas un bel oiseau !* se dit fam. d'un homme qui fait le beau ou l'important. — *A vol d'oiseau*, adv., en ligne droite. — *Plan à vue d'oiseau*, plan qui représente une chose telle qu'on la verrait si l'on était élevé comme un *oiseau*.

OISEAU-D'OR, subst. mas. (*oèzôdore*), nom que les magiciens de Babylone donnaient à certains oiseaux, qu'ils appelaient les langues des dieux, et qu'ils prétendaient leur faire de beaux discours pour exhorter les peuples à la fidélité envers leurs rois.

OISEAU FOSSILE ou **ORNITHOLITHE**, subst. mas. (*oèzofocile*, *ornitolite*), t. d'hist. nat. ; c'est le nom générique sous lequel on désigne les ossements d'*oiseaux* conservés dans la terre.

OISEAU-MOUCHE, subst. mas. (*oèzo-mouche*), t. d'hist. nat., fort petit *oiseau* très-joli d'Amérique. — Au plur., des *oiseaux mouches*.

OISEL, subst. mas. (*oèzèle*), vieux mot qui s'est dit pour *oiseau*.

OISELÉ, E, part. pass. de *oiseler*.

OISELER, v. act. (*oèzelé*), t. de fauconn., dresser un *oiseau* pour le vol. — Neut., tendre des gluaux, des filets, etc., pour prendre des *oiseaux*.

OISELET, subst. mas. (*oèzelè*), tout petit *oiseau*.

OISELEUR, subst. mas. (*oèzeleur*), celui dont le métier est de prendre les oiseaux à la pipée, aux filets, etc.

OISELIER, subst. mas., au fém. **OISELIÈRE** (*oèzelié*, *lière*), celui, celle dont la profession est d'élever et de vendre des *oiseaux*.

OISELLERIE, subst. fém. (*oèzèleri*), art de prendre et d'élever les *oiseaux*. — Métier d'en vendre.

OISEMONT, subst. propre mas. (*oèzemon*), bourg de France, chef-lieu de canton, arrond. d'Amiens, dép. de la Somme.

OISEUSE, adj. fém. Voy. OISEUX.

OISEUX, adj. mas., au fém. **OISEUSE** (*oèzeu*, *zeuze*), qui, par goût ou par habitude, ne fait rien, ou ne fait que des riens : *gens oiseux*, fainéants. Voy. OISIF. — En parlant des choses, inutile, qui n'est bon à rien : *dispute*, *occupation*, *considération oiseuse*. On dit, en fait de style, *une épithète oiseuse*, *des ornements oiseux*, qui ne servent en rien à la pensée. (Du latin *otiosus*.) — *Boileau* a dit (*Lutrin*):

> Quitte ce lit *oiseux* qui te tient attache,
> Et renonce au repos ou bien à l'évêché.

Dans cet emploi, il signifie *qui sert à la paresse*. — *Paroles oiseuses*, discours, entretiens de choses vaines et inutiles.

OISEUX, subst. mas. plur. (*oèzeu*), officiers publics, chez les Hébreux, qui n'avaient pour tout emploi qu'à vaquer aux exercices de piété et au service divin.

OISIF, adj. mas., au fém. **OISIVE** (*oèzif*, *zive*) (en lat. *otiosus*), qui ne fait rien, qui est dans l'*oisiveté*. Il s'applique plus proprement à la personne qu'à la chose : *homme oisif*, *gens oisifs*. *Oiseaux* au contraire se dit plus des choses que des personnes : *discours oiseux*, *vie oiseuse*. — Subst. : un *oisif*. On dit rarement cependant : *une oisive*.

OISILLON, subst. mas. (*oèzi-ion*), petit oiseau. Il est fam.

OISIVE, adj. fém. Voy. OISIF.

OISIVEMENT, adv. (*oèziveman*) (en lat. *otiose*), d'une manière *oisive*.

OISIVETÉ, subst. fém. (*oèziveté*) (en latin *otium*), état de celui qui est *oisif* : *l'oisiveté est la mère de tous les vices*, et prov. : *est mère de tout vice*. Voy. LOISIR. — On dit en bonne part : *vivre dans une honnête oisiveté*, dans un honnête loisir ou repos.

OISON, subst. mas. (*oèzon*), le petit de l'*oie*. — Fig., idiot : *c'est un oison*, *un oison bridé*. — Myth., l'un des animaux qui sont particulièrement consacrés à Junon.

OJAK, subst. mas. (*ojak*), t. de relat., nom d'un régiment de janissaires.

OJAK-AGALARI, subst. mas. (*ojakagualari*), t. de relat., celui qui commande le régiment de janissaires appelé *ojak*.

OJIBBEVAYS, subst. mas. plur. (*ojibevé*), tribu ou peuplade d'Amérique.

OKAL, subst. mas. (*okale*), t. de relat., hôtellerie égyptienne. — C'est ce qu'on nomme plus communément *khan*. Voy. OKELAS.

OKE, subst. mas. (*oke*), t. de relat., sorte de poids turc correspondant à notre livre, ou 2 kilogr.

OKÉE, subst. propre fém. (*okié*), myth., l'une des idoles des habitants de Virginie.

OKEITSOK, subst. mas. (*okiètèçok*), t. d'hist. nat., poule de mer du Groënland, nommée aussi *courte langue*.

OKELAS ou **OKELS**, subst. mas. (*okelâce*, *okèle*), t. d'archit., espèce de portique ou suite de boutiques autour d'une cour, à l'usage des marchands forains en Égypte.

OKIR, subst. mas. (*okir*), t. de bot., arbre d'Amboine, dont l'écorce sert à teindre les filets des pêcheurs.

OKKA, subst. mas. (*oka*), t. de relat., poids de Turquie, équivalant à un 1/2 kilogr. de France.

OKKISIK, subst. mas. (*okizik*), myth., nom sous lequel les Hurons désignent certains génies ou esprits, bienfaisants ou malfaisants, attachés à chaque homme.

OKIGRAPHE, subst. mas. (*okiguerafe*) (du grec ὠκυς, vite, et γραφω, j'écris), celui qui possède ou exerce l'art d'écrire aussi vite que la parole. — Auteur d'un ouvrage sur cet art. C'est OKYGRAPHE qu'on devrait écrire.

OKIGRAPHIE, subst. fém. (*okiguerafi*) (même étym. que celle du mot précéd.), l'art d'écrire aussi vite que la parole. — Traité sur cet art.

OKIGRAPHIQUE, adj. des deux genres (*okiguerafike*), qui appartient, qui a rapport à l'*okigraphie*.

OKYR, subst. mas. (*okir*), t. de bot., espèce d'arbre de l'île d'Amboine.

OLA, subst. mas. (*ola*), t. de bot., espèce de cocotier des Indes.

OLACINÉES, sub. fém. pl. (*olaciné*), t. de bot., famille de plantes voisine des hespéridées.

OLAMBA, subst. mas. (*olanba*), sorte de tambour des nègres, d'une grandeur extraordinaire.

OLAMPI, subst. mas. (*olanpi*), espèce de gomme qui vient d'Amérique.

OLARGUES, subst. propre mas. (*olargue*), ville de France, chef-lieu de canton, arrond. de St.-Pons-de-Thomières, dép. de l'Hérault.

OLAX, subst. mas. (*olakce*), t. de bot., arbre de l'île de Ceylan, où l'on mange ses feuilles en salade.

OLBERS, subst. mas. (*olebère*), t. d'astron., nom qu'on a donné à une nouvelle planète.

OLDENBOURG, subst. propre mas. (*oledeinboure*), nom d'une ville de la Westphalie.

OLDENLANDE, subst. fém. (*oledeinlande*), t. de bot., genre de plantes de la famille des rubiacées.

OLÉA, subst. mas. (*olé-a*), t. d'hist. nat., sorte de pierre qu'on croit être une variété du jaspe.

OLÉAGINEUSE, adj. fém. Voy. OLÉAGINEUX.

OLÉAGINEUX, adj. mas., au fém. **OLÉAGINEUSE** (*olé-ajineu*, *neuze*) (en lat. *oleaginus*, fait de *oleum*, huile d'olive), qui tient de la nature de l'huile ; huileux.

OLÉANDER, subst. mas. (*olé-andère*), t. de bot., nom spécifique qu'on a donné au lauroso.

OLÉANDRE, subst. mas. (*olé-andre*), t. de bot., sorte d'arbrisseau aquatique. — Genre de plantes de la famille des fougères.

OLÉARIA, subst. fém. (*olé-aria*), t. d'hist. nat., genre de coquilles marines, qui sont d'une très-grande taille.

OLÉASTÈRE, subst. fém. (*olé-acetère*), t. de bot., olivier sauvage.

OLÉATE, subst. mas. (*olé-ate*), t. de chim., sel formé par la combinaison de l'acide *oléique* avec une base salifiable.

OLEB, subst. mas. (*olèbe*), lin qu'on tire d'Égypte, et qui paraît n'être que le lin ordinaire.

OLÉCRANARTHROCACE, subst. fém. (*olékranartrokace*) (du grec ωλεκρανον, l'olécrane, αρθρον, articulation, et κακος, vicieux), t. de médec., carie de l'articulation du coude.

OLÉCRÂNE, subst. mas. (*olékrâne*) (du grec ωλενη, coude, et κρανιον, tête; *tête de coude*), t. d'anat., apophyse qui termine l'os du coude.

OLÉCRÂNIEN, adj. mas., au fém. **OLÉCRÂNIENNE** (*olékrânicin*, *niène*), t. d'anat., qui a rapport à l'*olécrane*. — *L'apophyse olécrânienne*, *l'olécrâne* même. — *Cavité*, *fosse olécrânienne*, enfoncement de la partie postérieure de l'extrémité inférieure de l'humérus, dans lequel s'introduit l'*olécrâne* quand on étend l'avant-bras.

OLÉCRÂNIENNE, adj. fém. Voy. OLÉCRÂNIEN.

OLÉIFIANT, E, adj. (*olé-ifian*, *fiante*), t. de chimie : *principe oléifiant*. Voy. OLÉOGÈNE. Les chimistes hollandais ont nommé *gaz oléifiant* ou *oléfiant*, le gaz hydrogène carburé.

OLÉINE, subst. fém. (*olé-ine*), substance liquide produite par les corps gras.

OLÉIQUE, adj. des deux genres (*olé-ike*), t. de chim., se dit de l'un des trois acides gras contenus dans les savons de graisses et d'huiles.

OLÉOGÈNE, subst. mas. (*olé-ojène*) (du latin *oleum*, huile, et du grec γενναω, j'engendre), t. de chimie, principe de l'huile, qu'on a nommé aussi : *principe oléifiant*, *gaz oléifiant*.

OLÉO-SACCHARUM, subst. mas. (*olé-ôçakekarome*) (du latin *oleum*, en grec ελαιον, huile, et σακχαρον, sucre), t. de pharm., huile essentielle mêlée avec du sucre.

OLER, v. act. (*olé*) (en lat. *olere*), sentir bon. (*J. de Mehun*.) Inusité.

OLÉRACÉ, E, adj. (*oléracé*) (en latin *oleraceus*, fait de *olus*, gén. *oleris*, herbes potagères, légumes), t. de bot., qui sert d'aliment, comme les plantes potagères.

OLÉRIES, subst. fém. plur. (*oléri*), myth., fêtes qu'on célébrait à l'île d'Oléros, en l'honneur de Minerve.

OLÉRON, subst. propre mas. (*oléron*), petite île située vis-à-vis de l'embouchure de la Charente.

OLETTE, subst. propre fém. (*olète*), village de France, chef-lieu de canton, arrond. de Prades, dép. des Pyrénées-Orientales.

OLÉULÉ, subst. mas. (*olé-ulé*), t. de chim. et de pharm., se dit de divers médicaments auxquels une huile essentielle sert de base.

OLFACTIF, adj. mas., au fém. **OLFACTIVE** (*olefaktif*, *tive*) (du lat. *olfactus*, odorat), t. d'anat., qui a rapport à l'odorat.

OLFACTIVE, adj. fém. Voy. OLFACTIF.

OLFACTION, subst. fém. (*olfakcion*), sensation spéciale, à l'aide de laquelle nous percevons l'impression faite sur les nerfs *olfactifs* par les molécules odorantes suspendues dans l'atmosphère. — L'un des cinq sens spéciaux accordés à l'homme et à la plupart des animaux.

OLFACTOIRE, adj. des deux genres (*olefaktoare*), t. d'anat., qui appartient à l'odorat : *les nerfs olfactoires*.

OLIBAN, subst. mas. (*oliban*), le premier encens qui découle de l'arbre ; encens mâle.

OLIBRIUS, subst. mas. (*olibri-uce*), t. burlesque ; glorieux, arrogant, fanfaron : *faire l'olibrius*. (*Olibrius* était un sénateur romain, qui épousa Placidie, fille de Valentinien III, et que l'arien Ricimer fit proclamer empereur d'Occident en 472. Comme il n'entendait rien à gouverner, son nom a passé à ceux qui, comme lui, s'ingèrent dans des affaires auxquelles ils ne sont pas propres.)

OLIDAIRE, subst. fém. (*olidère*), t. de bot., genre de plantes de la famille des chénopodées.

OLIERGUES, subst. propre mas. (*olièrgue*), ville de France, chef-lieu de canton, arrond. d'Ambert, dép. du Puy-de-Dôme.

OLIFIANT, subst. mas. (*olifian*), petit cor dont les paladins et les anciens chevaliers se servaient pour appeler et défier l'ennemi.—On a dit aussi *olifant*.

OLIGANTHE, subst. fém. (*oliguante*), t. de bot., genre de plantes synanthérées de la famille des vernoniées.

OLIGARCHIE, subst. fém. (*oligarchie*) (en grec ολιγαρχια, fait de ολιγος, peu, et de αρχη, puissance, gouvernement), gouvernement où l'autorité souveraine est entre les mains d'un petit nombre de personnes.

OLIGARCHIQUE, adj. des deux genres (*oliguarchike*), qui appartient à l'*oligarchie*.

OLIGARQUE, subst. des deux genres (*oliguarke*), partisan, membre de l'*oligarchie*.

OLIGARRHÈNE, subst. fém. (*oliguarène*), t. d e bot., sorte d'arbrisseau qui croît dans la Nouvelle-Hollande.

OLIGISTE, adj. des deux genres (*olijicete*), t. de minér., se dit d'une mine de fer peu abondante en métal.

OLIGOBLENNIE, subst. fém. (*obliguoblèneni*)(du grec ολιγος, peu, et βλεννα, mucus), t. de médec., défaut, manque, absence de mucus.

OLIGOCARPE, subst. mas. (*oliguokarpe*), t. de bot., genre de plantes voisin de la famille des conyses.

OLIGOCHOLIE, subst. fém. (*oliguokoli*) (du grec ολιγος, peu, et χολη, bile), t. de médec., sécrétion peu abondante de la bile.

OLIGOCHYLE, adj. des deux genres (*oliguochile*) (du grec ολιγος, peu, et χυλος, chyle), t. de médec.; se dit des aliments peu nourrissants, qui fournissent le chyle en petite quantité.

OLIGOCHYLIE, subst. fém. (*oliguochili*) (même étym. que celle du mot précéd.), t. de médec., rareté de suc nourricier dans un corps.

OLIGOCHRONE, adj. des deux genres (*oliguokrône*) (du grec ολιγος, peu, et χρονος, durée), se dit d'un peuple, d'un animal, d'une plante qui vit peu de temps. (*Boiste*.) Inusité.

OLIGOCHYMIE, subst. fém. Voy. OLIGOCHYLIE.

OLIGOCOPRIE, subst. fém. (*oliguokopri*) (du grec ολιγος, peu, et κοπρια, fiente), t. de médec., rareté des déjections alvines.

OLIGODACRIE, subst. fém. (*oliguodakri*) (du grec ολιγος, peu, et δακρυ, larmes), t. de médec., défaut, manque d'humeur lacrymale.

OLIGOGALIE, subst. fém. (*oliguoguali*) (du grec ολιγος, peu, et γαλα, lait), t. de médec., manque de lait.

OLIGOHÉMIE, subst. fém. (*oliguo-émi*) (du grec ολιγος, peu, et αιμα, sang), t. de médec., défaut de sang; pauvreté du sang.

OLIGOHYDRIE, subst. fém. (*oliguo-idri*) (du grec ολιγος, peu, et υδωρ, eau), t. de médec., défaut de sueur, transpiration arrêtée ou supprimée.

OLIGOMANIE, subst. fém. (*oliguomani*) (du grec ολιγος, peu, et μανια, manie, folie), t. de médec., désordre fixé sur un petit nombre d'idées.

OLIGOMANIQUE, adj. des deux genres (*oliguomanike*), qui a rapport, qui appartient à l'*oligomanie*.

OLIGOPHARMACIE, subst. fém. (*oliguofarmaci*), pharmacie simplifiée. — Ouvrage sur cette harmacie.

OLIGOPHARMAQUE, subst. mas. (*oliguofarmake*), celui qui adopte ou pratique la *pharmacie* simplifiée.

OLIGOPHYLLE, adj. des deux genres (*oliguofile*) (du grec ολιγος, peu, et φυλλον, feuille), t. de b ot., qui a peu de feuilles.

OLIGOPIONIE, subst. fém. (*oliguopi-oni*) (du grec ολιγος, peu, et πιον, graisse), t. de médec., défaut de graisse; maigreur, sécheresse du corps.

OLIGOPODE, subst. mas. (*oliguopode*) (du grec ολιγος, peu, et πουδος, gén. de πους, pied), t. d'hist. nat., genre de poissons que l'on nomme aussi *leptopode*.

OLIGOPOSIE, subst. fém. (*oliguopòzi*) (du grec ολιγος, peu, et ποσις, boisson), t. de médec., diminution de la soif. — Diminution dans la dose des boissons. — Abstinence des boissons.

OLIGOPSYCHIE, subst. fém. (*oliguopecichi*) (du grec ολιγος, peu, et ψυχη, âme), t. de médec., pusillanimité.

OLIGOSIALIE, subst. fém. (*oliguosi-ali*) (du grec ολιγος, peu, et σιαλον, salive), t. de médec., défaut, manque de salive; sécheresse dans les glandes salivaires.

OLIGOSPERME, adj. des deux genres (*oliguocepérème*) (du grec ολιγος, peu, et σπερμα, sperme), t. de bot., se dit d'un fruit qui ne contient qu'un petit nombre de semences.

OLIGOSPERMIE, subst. fém. (*oliguocepéremi*) (même étym. que celle du mot précéd.), t. de médec., sécrétion peu abondante du sperme.

OLIGOSPORE, subst. fém. (*oliguocepore*),t. de bot., genre de plantes de la famille des armoises.

OLIGOTRICHE, subst. fém. (*oliguotriche*), t. de bot., genre de mousses qui rentre dans la famille des atrichies.

OLIGOTROPHE, subst. mas. (*oliguotrofe*), t. d'hist. nat., genre d'insectes de l'ordre des diptères.

OLIGOTROPHIE, subst. fém. (*oliguotrofi*) (du grec ολιγος, peu, et τρεφω, je nourris), t. de médec., petite nutrition, diminution de nourriture.

OLIGOTROPHIQUE, adj. des deux genres (*oliguotrofike*), t. de médec., qui appartient, qui a rapport à l'*oligotrophie*.

OLIGOURÉSIE, subst. fém. (*oliguourèzi*) (du grec ολιγος, peu, et ουρεω, j'urine), t. de médec., rareté de l'urine.

OLIK, subst. mas. (*olike*), t. de relat., monnaie d'argent turque, qui vaut dix aspres.

OLIM (*olime*), mot emprunté du lat., et qui signifie, autrefois. — Subst. mas. plur., on appelait *olim* d'anciens registres du parlement de Paris, qui remontaient jusqu'en 1313.

OLINDE, subst. fém. (*oleinde*), sorte de lame d'épée très-fine.

OLINDER, v. neut. (*oleindé*), tirer l'épée pour se battre; *il ne cherche qu'à olinder*. Hors d'usage.

OLINDEUR, subst. mas. (*oleindeur*), bretteur, ferrailleur, qui n'aime qu'à se battre, spadassin. Fam.

OLIO, subst. mas. (*olio*), bois de charpente du Brésil, qui a une odeur particulière.

♦ **OLIVAIE**, subst. fém. (*olivè*), plant, bois d'oliviers. Voy. OLIVETTE et OLIVIER. (Boiste.) Inusité.

OLIVAIRE, adj. des deux genres (*olivère*), t. d'anat. : *corps olivaires*, protubérances voisines du lieu d'où sort la moelle allongée.

OLIVAISON, subst. fém. (*olivèzon*), saison où l'on fait la récolte des olives.

OLIVARÈS, subst. propre mas. (*olivarèce*), nom d'un bourg de la Vieille-Castille, en Espagne.

OLIVÂTRE, adj. des deux genres (*olivâtre*), qui tire sur la couleur d'olive, jaune basané.

OLIVE, subst. fém. (*olive*) (en lat. *oliva* ou *olea*, du grec ελαια ou ελαιον, et avec le digamma éolique, ελαιρα, sorte de fruit à noyau dont on tire de l'huile. — En t. d'archit., ornement fait en olive. — Il se dit quelquefois pour olivier : *le jardin des olives*; *l'olive est le symbole de la paix.* — Fig. et poét. : *joindre l'olive aux lauriers*, faire la paix après la victoire. — Plant d'oliviers. En ce sens, on dit aussi *olivière*. Voy. ce mot.—T. de bot., plante qui fournit de l'huile.—T. d'hist. nat., pinson de la Chine.

OLIVER, subst. propre mas. (*olivé*) (en lat. *olea*), t. de bot., arbre des pays chauds de l'Europe, qui produit un fruit charnu, ovale, à noyau très-dur, nommé olive. Ses espèces ou ses variétés sont très-nombreuses. — Symbole de la paix.

OLIVIÈRE, subst. fém. (*olivière*), t. de bot., plante annuelle qui est cultivée à Paris, et qui est de la famille des ombellifères.—Champ planté d'oliviers.

OLIVIFÈRE, adj. des deux genres (*olivifère*) (du lat. *olea*, olivier, et *fero*, je porte), t. de bot., qui porte, produit des olives. — Se dit d'un pays fertile en oliviers, où il croît beaucoup d'oliviers.

OLIVILE, subst. fém. (*olivile*), t. de chim., substance particulière découverte dans la gomme d'olivier.

OLIVINBLENDE, subst. mas. (*oliveinblande*), t. de bot., variété de pyroxène, qui ressemble au péridot granuliforme.

OLIVINE, subst. fém. (*olivine*), t. de bot., le péridot granuliforme. — Substance retirée de la gomme d'olivier. — Cellier à l'huile d'olive.

OLIVIQUE, adj. des deux genres (*olivike*); se dit de la substance que l'on retire des oliviers.

OLIVITE, subst. fém. (*olivite*), genre de principes immédiats des végétaux, qui comprend l'olive et la sarcocolline.

OLLA, subst. fém. (*olela*), t. d'antiq., pot où les prêtres faisaient cuire la portion de la victime qui leur était destinée après le sacrifice. — Myth., nom d'une divinité adorée par les naturels de Biolabola.

OLLAIRE, adj. des deux genres (*olelère*) (en lat. *ollaris*, fait de *olla*, pot, marmite); il se dit d'une pierre tendre et facile à tailler. On s'en sert pour faire des pots.

OLLIERGUES, subst. propre mas. (*oleli-èregue*), ville de France, chef-lieu de canton, arrond. d'Ambert, dép. du Puy-de-Dôme.

OLLURE, subst. fém. (*olelure*), gros tablier de mégissier, que l'on nomme aussi tablier de rivière.

OLMÈDE, subst. mas. (*olemède*), t. de bot., arbre qui croît dans les plaines du Pérou.

OLMON, subst. mas. (*olemon*), nom ancien d'une partie de la flûte, probablement de l'embouchure.

OLMUTZ, subst. propre mas. (*olemntece*), ville de Moravie, dont la citadelle servit de prison au général Lafayette.

OLOGRAPHE, adj. des deux genres (*ologuerafe*) (en grec ολος, entier, et γραφω, j'écris) : *testament olographe*, écrit en entier de la main du testateur.

OLOGRAPHIE, subst. fém. (*ologueraf*i), manière de faire un testament *olographe*.

OLOGRAPHIÉ, E, part. pass. de *olographier*.

OLOGRAPHIER, v. act. (*ologueraf*ié), faire un testament *olographe*. — S'OLOGRAPHIER, v. pron. Peu usité.

OLOGRAPHIQUE, adj. des deux genres (*ologuerafike*), qui concerne l'*olographie*. Voy. OLOGRAPHE.

OLOLYGMANCIE, subst. fém. (*ololiguemanci*) (du grec ολολυγη, hurlement, et μαντεια, divination), divination que l'on tirait autrefois du hurlement des chiens.

OLOLYGMANCIEN, adj. mas., au fém. **OLOLYGMANCIENNE** (*ololiguemanciein*, *cienne*), qui concerne l'*ololygmancie*: *opération ololygmancienne.* — Subst., celui, celle qui pratique l'*ololygmancie* : *un ololygmancien.*

OLOLYGMANCIENNE, adj. fém. Voy. OLOLYGMANCIEN.

OLOLYGONE, subst. fém. (*ologuigone*) (du grec ολολυγη, hurlement), t. d'hist. nat., nom d'une grenouille dont le cri ressemble à des hurlements.

OLONNE, subst. fém. (*olone*), toile à voile qui se fabrique dans une partie de la Bretagne.

OLONZAC, subst. propre mas. (*olonzak*), ville de France, chef-lieu de canton, arrond. de Saint-Pons-de-Thomières, dép. de l'Hérault.

OLOPONG, subst. mas. (*olopon*), t. d'hist. nat., sorte de grande vipère des Philippines.

OLOPHYRME, subst. mas. (*olofirme*) (eu grec ολοφυρμος, chant lugubre, fait de ολοφυρομαι, pleurer, se lamenter), chanson des anciens dans les évènements tristes et funèbres.

OLOSTRE, subst. mas. (*olocetre*), peuplade des Indes.

OLOTOPOLT, subst. mas. (*olotopolete*), t. d'hist. nat., oiseau du Mexique un peu plus gros qu'un merle.

OLOUGÉNIE, subst. fém. Voy. OOLOGÉNIE.

OLUS, subst. mas. (*oluce*), mot latin qui désigne les herbes potagères en général.

OLUSE, subst. fém. (*oluze*), vente de vin en fraude. Vieux.

OLY, subst. propre mas. (*oli*), myth., l'une des idoles les plus révérées chez les Madécasses.

OLYMPE, subst. propre mas. (*oleinpe*) (du grec Ολυμπος, olympe) (rac. ολος, entier, et λαμπω, je brille), montagne de Thessalie si élevée que, suivant l'opinion des anciens, elle semblait toucher le ciel.—En poésie, le ciel.

OLYMPÉON, subst. propre mas. (*oleinpé-on*), temple de Jupiter élevé sur la place publique à Syracuse.

OLYMPIADE, subst. fém. (*oleinpi-ade*) (en grec ολυμπιας), espace de quatre ans, compté depuis une célébration des jeux olympiques jusqu'à la suivante. La première olympiade commença au mois de juillet de l'année 3938 de la période julienne, 776 ans avant la naissance de Jésus-Christ.

OLYMPIADES, subst. propre fém. plur. (*olein-pi-ade*), myth., surnom donné aux Muses comme habitant autrefois l'*Olympe*.

OLYMPIAS, subst. propre fém. (*oleinpi-ace*), myth., fontaine dans l'Arcadie, auprès de laquelle il y avait un volcan. On croyait que c'était là que les géants avaient combattu contre Jupiter.

OLYMPIE, subst. propre fém. (*oleinpi*), myth., ville de l'Élide dans le Péloponèse, célèbre par le temple de Jupiter *Olympien* et par les jeux *olympiques*.

OLYMPIEN, subst. mas. et adj., au fém. **OLYMPIENNE** (*oleinpi-ein*, *pi-ène*), myth., les douze grands dieux : Jupiter, Mars, Neptune, Pluton, Vulcain, Apollon, Junon, Vesta, Minerve, Cérès, Diane et Vénus. —On donnait particulièrement ce surnom à Jupiter, à cause du temple magnifique qu'il avait à *Olympie*, en Élide. — On appelait aussi Junon *Olympienne*, parce qu'elle présidait aux jeux *olympiques* des femmes.

OLYMPIONIQUE, subst. mas. (*oleinpi-onike*), chez les anciens, nom des vainqueurs aux jeux *olympiques*.

OLYMPIQUE, adj. des deux genres (*oleinpike*), *jeux olympiques*, jeux qui se célébraient tous les quatre ans auprès d'*Olympie*, ville de l'Élide, dans le Péloponèse.

OLYNTHE, subst. propre fém. (*oleinte*), ancienne ville de Thrace.

OLYRE, subst. fém. (*olire*), t. de bot., genre de plantes de la famille des graminées.

OLYS, subst. mas. plur. (*olice*), caractères que les prêtres madécasses donnent aux peuples, afin de les préserver de plusieurs malheurs, et surtout pour empêcher la puissance du diable. Voy. OLY.

OMAGRE, subst. fém. (*omaguere*) (du grec ωμος, épaule, et αγρα, prise), t. de médec., goutte à l'épaule; douleur d'épaule.

OMAGUAS, subst. mas. plur. (*omaguace*), nom de peuples des environs du fleuve des Amazones.

OMAID, subst. mas. (*omède*), t. de bot., sorte de plante de la famille des gouets; gouet à feuilles ternées.

OMALIE, subst. fém. (*omali*), t. d'hist. nat., genre d'insectes de l'ordre des coléoptères.

OMALISE, subst. mas. (*omalize*), t. d'hist. nat., genre d'insectes de l'ordre des coléoptères.

OMALOCARPUS, subst. mas. (*omalôkarpuce*), t. de bot., section de plantes du genre des anémones.

OMALOÏDE, subst. et adj. mas. (*omalo-ide*), t. d'hist. nat., famille d'insectes de l'ordre des coléoptères. Voyez PLANIFORME.

OMALOPTÈRE, subst. mas. et adj. des deux genres (*omalopetère*), t. d'hist. nat., ordre d'insectes sujets à trois métamorphoses.

OMALORAMPHE, subst. et adj. mas. (*omaloranfe*), t. d'hist. nat., famille d'oiseaux passereaux.

OMALYCUS, subst. mas. (*omalikuce*), t. de bot., genre de plantes de la famille des champignons.

OMARTHROCACE, subst. mas. (*omartrokace*) (du grec ωμος, épaule, αρθρον, articulation, et κακος, vicieux), t. de médec., carie de l'articulation scapulo-humérale.

OMASUM ou **OMASUS**, subst. mas. (*omazôme*, *zuce*), t. d'hist. nat., le ventricule des animaux qui ruminent.

OMBELLE, subst. fém. (*onbèle*) (du latin *umbella*, parasol), t. de bot., assemblage de fleurs ou de fruits dont les pédoncules partent d'un centre commun, comme les branches d'un parasol.

• **OMBELLÉ**, **E**, adj. (*onbèlelé*), t. de bot., en *ombelle*, qui en porte.

OMBELLIFÈRE, adj. des deux genres (*onbèlelifère*) (du latin *umbella*, parasol, et *ferre*, porter), t. de bot., qui est en *ombelle* ou en parasol.— Subst. fém. plur., famille de plantes dicotylédones.

OMBELLIFORME, subst. fém. et adj. des deux genres (*onbèleliforme*) (du latin *ombella*, parasol, et *forma*, forme), t. de bot., famille de plantes nommées aussi *ombellifères*.

OMBELLULAIRE, subst. fém. (*onbèlelulère*), t. d'hist. nat., sorte de polype du genre des polypiers libres.

OMBELLULE, subst. fém. (*onbèlelule*), petite *ombelle*.

OMBELLULÉ, **E**, adj. (*onbèlelulé*), t. de bot., qui est disposé en *ombellules* : *plantes ombellulées*.

OMBIASSE, subst. mas. (*onbi-ace*), sorte de prêtres, de magiciens madécasses.

OMBILIC, subst. mas. (*onbilike*) (en lat. *ombilicus*), t. d'anat., nombril.—En bot., 1° petite cavité à la partie supérieure des fruits à pepins, que les cultivateurs nomment *œil*; 2° cette partie de la graine où se trouve l'ouverture qu'on observe dans son enveloppe extérieure.

OMBILICAIRE, subst. fém. (*onbilikière*), t. de bot., genre de plantes de la famille des lichens.

OMBILICAL, **E**, adj. (*onbilikale*), qui appartient, qui a rapport à l'*ombilic*.—Au plur. mas., *ombilicaux*.

OMBILICAUX, adj. plur. mas. Voyez OMBILICAL.

OMBILICO-MÉSENTÉRIQUE, adj. des deux genres (*onbilikomézantérike*), t. d'anat., se dit des rameaux ou veines que fournit la *mésentérique* supérieure dans le fœtus, et qui tient au cordon *ombilical*.

OMBILIQUÉ, **E**, adj. (*onbilikié*), t. de bot., où l'on observe un *ombilic*.

OMBLE, subst. mas. (*onble*), t. d'hist. nat., poisson du genre du salmone. On l'appelle aussi *ombre*.

OMBRAGE, subst. mas. (*onbraje*), l'ombre que font les arbres. — Au fig., défiance, soupçon : *donner*, *causer de l'ombrage*, et sans article : *faire ombrage à*... On lit dans Racine (*Phèdre*) :

Tout autre aurait pour moi pris les mêmes *ombrages*.

1° *Ombrage*, même en ce sens, ne s'emploie pas au plur. ; 2° il fallait *envers moi*, *contre moi* ; et non pas *pour moi*.

OMBRAGÉ, **E**, part. pass. de *ombrager*.

OMBRAGER, v. act. (*onbrajé*), faire, donner de l'*ombre*.—Dans la broderie, appliquer sur l'or de la soie qui en tempère l'éclat.—Fig. et poét. : *les lauriers ombragent sa tête*, *son front*, il a remporté plusieurs victoires. — S'OMBRAGER, v. pron., se couvrir d'*ombrage*.

OMBRAGEUSE, adj. fém. Voy. OMBRAGEUX.

OMBRAGEUX, adj. mas., au fém. **OMBRAGEUSE** (*onbrajeu*, *jeuze*); il se dit des chevaux sujets à avoir peur de leur *ombre*, etc. — Fig., soupçonneux, qui prend aisément de l'*ombrage*. —OMBRAGEUX, SOUPÇONNEUX, MÉFIANT. (*Syn.*) L'*ombrageux* voit tout en noir, tout l'offusque. Le *soupçonneux* voit tout en mal, tout le choque. Le *méfiant* est toujours en garde, il craint tout. Il y a des apparences qui donnent de l'*ombrage* au premier ; il ne faut pas même des apparences au second; le dernier craint et repousse indistinctement tout le monde.—L'*ombrageux* s'arrête aux apparences ; le *soupçonneux*, à la supposition ; le *méfiant*, à la crainte d'être trompé.

OMBRE, subst. fém. (*onbre*) (en lat. *umbra*), espace privé de lumière ou dans lequel la lumière est affaiblie par l'interposition de quelque corps opaque.—Plus proprement, l'obscurité que cause cette interposition. — En perspective, représentation de l'*ombre* d'un corps sur un plan. — En astron., cône formé par les rayons qui, partant du soleil, touchent le globe lunaire dans les éclipses du soleil, ou le globe terrestre dans les éclipses de lune.—Fig., 1° protection, appui. Il se dit surtout adv. : *à l'ombre d'une protection si puissante*, etc.; 2° avec la préposition *sous*, prétexte : *sous ombre d'amitié*; *sous ombre qu'il avait des affaires pressantes*; 3° apparence vaine : *il n'a qu'une ombre de crédit*.—On dit adv. : *pas l'ombre*, point du tout. — Signe, figure d'une chose à venir. Il ne se dit en ce sens qu'en parlant des choses de l'ancienne loi, par rapport à la nouvelle.— L'âme séparée du corps ; mânes. Il se dit surtout en poésie.—En peinture : 1° les endroits les plus bruns et les plus obscurs d'un tableau, qui servent à rehausser l'éclat des autres. En ce sens, on dit fig. d'un léger défaut dans une personne vertueuse, dans un bon ouvrage, que *c'est une ombre au tableau* ; 2° terre brune et noirâtre qui sert à faire les *ombres*. On dit plus communément *terre d'ombre*.— Poisson. Voy. OMBLE. — Fig. : *avoir peur de son ombre*, s'effrayer trop légèrement.—*Tout lui fait ombre*, il se défie de tout.—*Faire ombre à quelqu'un*, obscurcir son mérite, son crédit, en le surpassant à l'un et à l'autre égard. — *Courir après une vaine ombre*, se livrer à de vaines espérances. —Subst. mas., sorte de jeu. En ce sens, on écrit mieux, et plus souvent, *hombre*. — Au plur., chez les anciens Romains, les personnes que les convives invités amenaient avec eux.

OMBRÉ, **E**, part. pass. de *ombrer*, et adj.; se dit, dans le blason, des édifices, etc., dont les côtés opposés au jour sont d'un émail différent, pour marquer l'*ombre*.

OMBRE-DE-MER, subst. mas. (*onbredemère*), t. d'hist. nat., sorte de poisson du genre des sciènes.

OMBRE-DE-RIVIÈRE, subst. mas. (*onbrederivière*), t. d'hist. nat., nom qu'on a donné au salmone tithymale, sorte de poisson.

OMBRE-DE-SOLEIL, subst. mas. (*onbredeçolè-ie*), t. de blas., *soleil* qui est de tout autre émail que d'or.

OMBRELLE, subst. fém. (*onbrèle*), très petit *parasol* que portent les femmes pour se préserver du soleil.

OMBRÉ, **E**, part. pass. de *ombrer*.

OMBRER, v. act. (*onbré*), mettre les *ombres* dans un tableau.— En t. d'ébéniste, etc., brunir plus ou moins certaines parties. — S'OMBRER, v. pron.

OMBRETTE, subst. fém. (*onbrète*), t. d'hist. nat., oiseau du Sénégal.

OMBREUSE, adj. fém. Voy. OMBREUX.

OMBREUX, adj. mas., au fém. **OMBREUSE** (*onbreu*, *breuze*), qui fait de l'*ombre*. Il est vieux. — Delille l'a rajeuni dans sa traduction de l'*Énéide* :

Dont un bois vaste entoure une vallée *ombreuse*.

Dans ce vers, *ombreux* signifie *ombragé*, où il y a de l'*ombre*.

OMBRIE, subst. propre fém. (*onbri*), nom d'une ancienne province de l'empire romain.

OMBRINE, subst. fém. (*onbrine*), t. d'hist. nat., sous-genre de poissons du genre des sciènes.

OMBROMÈTRE, subst. mas. (*onbromètre*) (du grec ομβρος, pluie, et μετρον, mesure), t. de phys., instrument pour mesurer la quantité de pluie qui tombe chaque année.

OMBROMÉTRIQUE, adj. des deux g. (*onbrométrike*), t. de phys., qui concerne l'*ombromètre* : *degré ombrométrique*.

OMBROYÉ, **E**, part. pass. de *ombroyer*.

• **OMBROYER**, v. act. (*onbroè-ié*), placer dans l'*ombre*. — S'OMBROYER, v. pron. Vieux et peu usité.

OMÉGA, subst. mas. (*oméga*), dernière lettre de l'alphabet grec. — Fig., ce qui est la fin, la dernière partie de quelque chose : l'*alpha* et l'*oméga*, le commencement et la fin.

OMELETTE, subst. fém. (*omelète*) (suivant Lamotte-le-Vayer, contraction des deux mots français *œufs mêlés*), œufs cassés, battus et cuits dans une poêle avec du beurre.

OMEN, subst. mas. (*omène*) (mot tout lat.), signe ou présage qu'on tirait des paroles d'une personne.

OMENTÉSIE, subst. fém. (*omantézi*), t. de médec., phlegmasie ou inflammation de l'épiploon. Voy. ÉPIPLOÏTE.

OMENTITE, subst. fém. (*omantite*), la même chose que *omentésie*.

OMENTUM, subst. mas. Voy. ÉPIPLOON.

OMER, subst. mas. (*omère*), t. d'antiq., mesure hébraïque qu'on croit avoir été la même que la léthech. Voy. LÉTHECH. — Il y en avait une autre du même nom, qui était la même que le gomart.

OMER (SAINT-), subst. propre mas. (*ceintomère*), ville de France, chef-lieu de canton et d'arrond., dép. du Pas-de-Calais.

OMÉTIDES, subst. fém. plur. (*ométide*), tampons ou coussins dont les femmes maigres se servaient autrefois pour faire paraître leurs épaules et leurs hanches. Hors d'usage.

DU VERBE IRRÉGULIER OMETTRE :

Omet, 3e pers. sing. prés. indic.

Omets, 2ᵉ pers. sing. impér.
Omets, précédé de *j'*, 1ʳᵉ pers. sing. prés. indic.
Omets, précédé de *tu*, 2ᵉ pers. sing. prés. indic.
Omettaient, 3ᵉ pers. plur. imparf. indic.
Omettais, précédé de *j'*, 1ʳᵉ pers. sing. imparf. indic.
Omettais, précédé de *tu*, 2ᵉ pers. sing. imparf. indic.
Omettait, 3ᵉ pers. sing. imparf. indic.
Omettant, part. prés.
Omette, précédé de *que j'*, 1ʳᵉ pers. sing. prés. subj.
Omette, précédé de *qu'il* ou *qu'elle*, 3ᵉ pers. sing. prés. subj.
Omettent, précédé de *ils* ou *elles*, 3ᵉ pers. plur. prés. indic.
Omettent, précédé de *qu'ils* ou *qu'elles*, 3ᵉ pers. plur. prés. indic.
Omettes, 2ᵉ pers. sing. prés. subj.
Omettez, 2ᵉ pers. plur. impér.
Omettez, précédé de *vous*, 2ᵉ pers. plur. prés. indic.
Omettiez, précédé de *que vous*, 2ᵉ pers. plur. indic.
Omettiez, précédé de *vous*, 2ᵉ pers. plur. prés. subj.
Omettions, précédé de *nous*, 1ʳᵉ pers. plur. imparf. indic.
Omettions, précédé de *que nous*, 1ʳᵉ pers. plur. prés. subj.
Omettra, 3ᵉ pers. sing. fut. indic.
Omettrai, 1ʳᵉ pers. sing. fut. indic.
Omettraient, 3ᵉ pers. plur. prés. cond.
Omettrais, précédé de *j'*, 1ʳᵉ pers. sing. prés. cond.
Omettrais, précédé de *tu*, 2ᵉ pers. sing. prés. cond.
Omettrait, 3ᵉ pers. sing. prés. cond.
Omettras, 2ᵉ pers. sing. fut. indic.

OMETTRE, v. act. (*omètre*) (du latin *omittere*, fait, dans la même signification, de la préposition *ob*, devant, autour, et *mittere*, envoyer, laisser là, quitter, abandonner) manquer à faire ou à dire quelque chose qui est d'obligation, d'usage, etc., ou qu'on s'était proposé de faire ou de dire. — Passer sous silence : *il a omis plusieurs circonstances*. — s'OMETTRE, v. pron.

DU VERBE IRRÉGULIER OMETTRE :

Omettrez, 2ᵉ pers. plur. fut. indic.
Omettriez, 2ᵉ pers. plur. prés. cond.
Omettrions, 1ʳᵉ pers. plur. prés. cond.
Omettrons, 1ʳᵉ pers. plur. fut. indic.
Omettront, 3ᵉ pers. plur. fut. indic.

OMICRON, subst. mas. (*omikrone*), *o* bref dans l'alphabet grec.

Omîmes, 1ʳᵉ pers. plur. prét. déf. du v. irrég. OMETTRE.

OMINEUX, adj. mas., au fém. OMINEUSE (*omineu, neuze*) (du lat. *omen*, augure), de mauvais augure. — Criminel. Vieux et inusité.

DU VERBE IRRÉGULIER OMETTRE :

Omirent, 3ᵉ pers. plur. prét. déf.
Omis, précédé de *il*, 3ᵉ pers. sing. prét. déf.
Omis, précédé de *tu*, 2ᵉ pers. sing. prét. déf.
Omis, *e*, part. pass.
Omisse, 1ʳᵉ pers. sing. imparf. subj.
Omissent, 3ᵉ pers. plur. imparf. subj.
Omisses, 2ᵉ pers. sing. imparf. subj.
Omissiez, 2ᵉ pers. plur. imparf. subj.

OMISSION, subst. fém. (*omicion*) (en latin *omissio*), manquement de celui qui *omet*. — Péché d'*omission*, qui consiste à ne pas faire ce qui est commandé.

DU VERBE IRRÉGULIER OMETTRE :

Omissions, 1ʳᵉ pers. plur. imparf. subj.
Omit, précédé de *il* ou *elle*, 3ᵉ pers. sing. prét. déf.
Omit, précédé de *qu'il* ou *qu'elle*, 3ᵉ pers. sing. imparf. subj.
Omîtes, 2ᵉ pers. plur. prét. déf.

OMMAILLOUROS, subst. mas. (*omema-iouroce*), t. d'hist. nat., sorte d'agate; le quartz agate chatoyant.

OMM-ALKETAD, subst. mas. (*omemalekete-be*), t. de relat., livre ou table des décrets divins, où les musulmans prétendent que le destin de tous les hommes est écrit en caractères ineffaçables.

OMMANI, subst. mas. (*omemani*), maïs réduit en farine grossière et à demi cuite dans l'eau.

OMMIADES, subst. mas. pl. (*omemi-ade*), nom des califes qui descendaient d'*Ommias*, oncle de Mahomet.

OMADIUS, subst. propre mas. (*omadi-uce*), surnom de Bacchus. On célébrait en son honneur des fêtes dans lesquelles on lui sacrifiait un homme dont on déchirait cruellement les membres les uns après les autres.

OMNIBUS, subst. mas. (*omenibuce*) (mot latin qui signifie *pour tous* et *à tous*), voiture publique que l'on a établie dans certaines grandes villes, à un prix fort modique. — On dit adj. : *une voiture omnibus*. — On dit fam., d'une femme qui donne ses faveurs à qui veut les payer, que *c'est un omnibus, un véritable omnibus*. — Ce nouveau substantif, par le genre duquel on n'est pas encore bien fixé, nous semble devoir être du masculin, comme le sont en général les mots qui, dérivant du latin, sont masculins ou neutres. Les personnes qui font le mot *omnibus* féminin invoquent l'ellipse du substantif *voiture* ; mais ce motif suffit-il pour écarter celui que nous donnons ? On peut avoir dans l'esprit le mot *carrosse* aussi bien que le mot *voiture*.

OMNICOLOR, subst. mas. (*omenikolore*) (mot tout latin), t. d'hist. nat., espèce de souï-manga varié de toutes couleurs.

OMNIFORME, adj. des deux genres (*omeniforme*) (du mot latin *omni*, ablatif de *omnis*, toute, et du mot français *forme*), de toute *forme*, qui prend toutes les *formes*.

OMNIGENE, adj. des deux genres (*omenijène*) (en lat. *omnigenere*, fait des deux ablatifs *omni*, de tout, et *genere*, genre), qui appartient à tous les genres. (Rabelais.)

OMNIPHAGE, adj. des deux genres. Voy. OMNIVORE.

OMNIPOTENCE, subst. fém. (*omenipotance*), toute-puissance, pouvoir absolu. — Faculté de décider en certaines matières.

OMNIPRÉSENCE, subst. fém. (*omeniprézance*) (de l'ablatif lat. *omni*, s.-ent. *loco*, en tout lieu, et du mot français *présence*), faculté d'être partout *présent* en même temps. Il ne se dit que de Dieu : *l'omniprésence de Dieu*.

OMNISCIENCE, subst. fém. (*omenici-ance*) (en latin *omniscientia*, fait, par les théologiens, de *omnis*, tout, et de *scientia*, science), t. de théol., connaissance infinie de Dieu.

OMNITIGE, adj. des deux genres (*omenitije*) (barbarisme forgé du mot latin *omnis*, tout, et par extension forcée, plusieurs, un grand nombre, et du mot français *tige*), t. de bot., qui a plusieurs *tiges* qui s'élèvent également dans le sens vertical. — Se dit aussi de la tendance ou de la disposition de plusieurs végétaux dont le suc s'épand également dans toutes les *tiges* : *des plantes omnitiges; arbre omnitige*.

OMNIUM, subst. mas. (*omeni-ome*) (mot latin signifiant en français *de tout*), t. de banq., ensemble des trois espèces de fonds publics en Angleterre, ou représentation générale de l'emprunt de l'année pendant qu'il est en recouvrement.

OMNIVAGUE, adj. fém. (*omenivague*) (du lat. *omni*, s.-ent. *loco*, en tout lieu, et *vagare*, vaguer, errer), myth., surnom de Diane, considérée comme une étoile errante.

OMNIVOME, adj. des deux genres (*omenivome*) (du lat. *omnis*, tout, et *vomere*, vomir), t. de médec. ; il se dit de celui qui *vomit* tout ce qu'il boit ou mange.

OMNIVORE, adj. des deux genres (*omenivore*) (du latin *omnis*, tout, et *vorare*, manger, dévorer), qui mange de tous les aliments.

OMOALGIE, subst. fém. (*omo-aleji*) (du grec ωμος, épaule, et αλγος, douleur), t. de médec., souffrance, douleur à l'épaule.

OMOALGIQUE, adj. des deux genres (*omoalejike*), t. de médec., qui tient, qui est relatif à l'*omoalgie*.

OMO-CLAVICULAIRE, subst. et adj. mas. (*omoklavikulère*) (du grec ωμος, épaule, et du latin *clavicula*), t. d'anat., ligament qui unit l'apophyse coracoïde de l'omoplate à la *clavicule*.

OMOCOTYLE, subst. mas. (*omokotile*) (du grec ωμος, épaule, et κοτυλη, cavité), t. d'anat., cavité de l'omoplate qui reçoit la tête du l'humérus.

OMO-HYOÏDIEN ou **OMO-PLATOHYOÏDIEN**, adj. et subst. mas. (*omo-i-o-idieln*) (du grec ωμος, épaule, ου ωμοπλατη, les omoplates, et υοιδης, l'os hyoïde), t. d'anat., se dit du muscle qui va de l'omoplate à l'os *hyoïde*.

OMOIOUSIENS, subst. mas. pl. (*omo-i-ouziein*), nom des ariens au IVᵉ siècle, par opposition aux *omoousiens* ou catholiques.

OMOÏDE, adj. des deux genres (*omo-ide*), t. de médec., nom que l'on a donné à un petit os oblong sur lequel s'articule, de chaque côté, la branche palatine du bec supérieur des oiseaux.

OMOLITHE, subst. mas. (*omolite*) (du grec ωμος, épaule, et λιθος, pierre), t. d'anat., pièce osseuse, qui, chez certains animaux, se joint au corps de l'omoplate, vers son extrémité opposée à l'humérale, et porte cette extrémité jusque sur l'épine.

OMOMANCIE, subst. fém. (*omomanci*) (du grec ωμος, épaule, et μαντεια, divination), divination qui se faisait, chez les Arabes, par les épaules de mouton, en examinant certains points dont elles sont marquées.

OMOMANCIEN, adj. mas., au fém. OMOMANCIENNE (*omomanciein, ciène*), qui concerne l'*omomancie*. — Subst., celui, celle qui exerçait l'*omomancie*.

OMOMANCIENNE, subst. et adj. fém. Voyez OMOMANCIEN.

OMONT, subst. propre mas. (*omon*), village de France, chef-lieu de canton, arrond. de Mézières, dép. des Ardennes.

OMOPHAGE, adj. des deux genres (*omofaje*) (du grec ωμος, cru, et φαγω, je mange), qui mange la *chair crue*.

OMOPHAGIE, subst. fém. (*omofaji*), usage des viandes crues. — Au plur., myth., fêtes en l'honneur de Bacchus, dans lesquelles on lui immolait des boucs, dont on dévorait les entrailles toutes crues.

OMOPHAGIQUE, adj. des deux genres (*omofajike*), qui a rapport, qui est relatif à l'*omophagie* : *goût, repas omophagique*.

OMOPHORION, subst. m. (*omoforion*) (du gr. ωμος, épaule, et φορειον, vêtement), petit manteau court que portaient autrefois les évêques pendant l'office.

OMOPHRON, subst. mas. (*omofron*), t. d'hist. nat., genre d'insectes de l'ordre des coléoptères.

OMOPLATE, subst. fém. (*omoplate*) (du grec ωμος, épaule, et πλατυς, large), t. d'anat., os de l'épaule plat et large, qui en forme la partie postérieure. — Il se dit même du plat de l'épaule : *il a reçu un coup sur l'omoplate*.

OMOPTÈRE, subst. mas. et adj. des deux genres (*omopetère*), t. d'hist. nat., genre d'insectes de l'ordre des coléoptères.

OMOULE, subst. mas. (*omoule*), t. d'hist. nat., espèce de poisson du genre des corégones.

OMOUSIENS, subst. mas. plur. Voyez OMOIOUSIENS.

OMPANORATES, subst. mas. plur. (*onpanorate*), prêtres madécasses. On les nommait aussi *ombiasses*. Voyez ce mot.

OMPHACARPE, subst. mas. (*onfakarpe*), t. de bot., sorte de plante.

OMPHACIN, **E**, adj. (*onfacein, cine*) (du grec ομφαξ, raisin vert, et tout fruit qui n'est pas mûr), t. de pharmacie : *huile omphacine*, qu'on tire des olives avant qu'elles soient mûres.

OMPHACOMELI, subst. mas. (*onfakomèli*), t. de pharm., oxymel préparé avec des raisins verts et du miel. Peu usité.

OMPHALE, subst. propre fém. (*onfale*), myth., reine de Lydie. Hercule eut tant de passion pour cette princesse, qu'il s'abaissa pour lui plaire jusqu'à prendre la quenouille et filer avec elle.

OMPHALIE, subst. fém. (*onfali*), t. de bot., genre de plante de la famille des champignons.

OMPHALIER, subst. mas. (*onfalié*), t. de bot., plante de la famille des euphorbes.

OMPHALIQUE, subst. des deux genres (*onfalmike*), t. d'anat., se dit d'une branche de la quatrième paire de nerfs.

OMPHALOBE, subst. mas. (*onfalube*), t. de bot., espèce de plante de Ceylan, qui diffère peu du connaître.

OMPHALOCARPE, subst. mas. (*onfalokarpe*), t. de bot., sorte de plante d'Afrique, de la famille des hilospermes.

OMPHALOCÈLE, subst. fém. (*onfanocèle*) (du grec ομφαλος, nombril, et κηλη, tumeur), t. de chir., hernie du nombril.

OMPHALODE, subst. mas. (*onfalode*) (du grec ομφαλος, nombril, et ειδος, forme, ressemblance), t. de bot., petite consoude, herbe au *nombril*, plante vulnéraire, ainsi nommée de la cavité de ses capsules, qui approche de la *forme* du *nombril*.

OMPHALOMANCIE, subst. fém. (*onfalomanci*) (du grec ομφαλος, nombril, et μαντεια, divination), divination par le nombre de nœuds du cordon ombilical de l'enfant qui vient de naître.

OMPHALOMANCIEN, adj. mas., au fém. OMPHALOMANCIENNE (*onfalomanciein, ciène*), qui concerne l'*omphalomancie* : *divination omphalomancienne*. — Subst., celui, celle qui exerçait l'*omphalomancie*.

OMPHALOMANCIENNE, subst. et adj. fém. Voyez OMPHALOMANCIEN.

OMPHALO-MÉSENTÉRIQUE, adj. des deux genres (*onfalomézantérike*), t. d'anat., qui appartient à l'ombilic et au mésentère. : *artère omphalo-mésentérique*, branche de la mésentérique supérieure.—*Vaisseaux omphalo-mésentériques*, se dit d'une veine et d'une artère qui se ramifient sur les parois de la vésicule ombilicale. — *Veine omphalo-mésentérique*, qui se jette dans le trou ou dans l'une des branches de la mésentérique supérieure.— Il est aussi subst. : *l'omphalo-mésentérique*.

OMPHALOMYCE, subst. mas. (*onfalomice*), t. de bot., espèce de champignon feuilleté. — T. d'hist. nat., sorte de coquille.

OMPHALONCIE, subst. fém. (*onfalonci*) (du grec ομφαλος, nombril, et ογκος, tumeur), t. de chir., tumeur qui survient au nombril.

OMPHALOPHYME, subst. fém. (*onfalofime*) (du grec ομφαλος, nombril, et φυμα, tumeur), t. de chir., synonyme de *omphaloncie*.

OMPHALOPTIQUE, adj. des deux genres (*onfalopetike*), t. d'optique; il se dit d'un verre convexe des deux côtés. Peu usité. On dit aussi *omphaloptre*. Voyez ce mot.

OMPHALOPTRE, adj. des deux genres (*onfalopetre*) (du grec ομφαλος, bosse, et οπτομαι, voir), t. d'opticien, se dit des verres qui grossissent les objets. Voyez LENTICULAIRE.

OMPHALORRHAGIE, subst. fém. (*onfaloraji*) (du grec ομφαλος, nombril, et ρεω, je coule), t. de chir., hémorrhagie ombilicale chez des nouveau-nés.

OMPHALORRHAGIQUE, adj. des deux genres (*onfalorajike*), t. de chir., qui appartient, qui a rapport à l'*omphalorrhagie*.

OMPHALOTOMIE, subst. fém. (*onfalotomi*) (du grec ομφαλος, nombril, et τομη, coupure), t. de chir., amputation du cordon ombilical.

OMPHALOTOMIQUE, adj. des deux genres (*onfalotomike*), t. de chir., qui tient, qui est relatif à l'*omphalotomie*.

OMPHAZITE, subst. fém. (*onfazite*), t. de bot., variété de plantes du genre des actinotes.

OMPOK, subst. mas. (*onpoke*), t. d'hist. nat., genre de poissons de la division des abdominaux.

OMRAS, subst. mas. (*onrâce*), t. de relat., titre des grands seigneurs de la cour du Mogol. On écrit aussi *omrhas*.

ON, pronom personnel indéfini des deux genres, et faisant souvent fonction d'un subst. mas. (*on*), c'est une contraction du mot *homme* : *on dit, on raconte, homme dit, homme raconte*; pour le pluriel : *les hommes disent*, etc. Lorsque *on* est terme collectif, comme dans les phrases ci-dessus, il veut le verbe au singulier et les adjectifs et participes au pluriel : *on se battait en désespérés*; *on se méfiait les uns les autres*. Dans tous les autres cas, il ne se construit qu'avec le singulier. Ainsi c'est à tort que *Marmontel*, dans ses *Mémoires*, a dit, en parlant de *Voltaire* : *on croyait être ses rivaux en se montrant son ennemi*. La Bruyère (chap. VI) a fait la même faute : *pourvu que l'on ne soit ni ses enfants ni sa femme*; il fallait : *ni l'un de ses enfants*, etc. Le même a dit encore (chap. XII) : *et si on le fait, qui m'empêchera de le mépriser?* La phrase est incorrecte; il fallait : *et si quelqu'un le fait*, etc. Ce pronom, toujours sujet, dit *Laveaux*, pourrait être appelé pronom personnel, collectif, indéfini, parce qu'il ne se joint jamais qu'avec la troisième personne du singulier; que son emploi le plus ordinaire est de servir à marquer pluralité, multitude, universalité, et parce qu'il n'est guère d'usage que dans les façons de parler indéfinies, où aucun sujet n'est spécifié, comme quand on dit : *on secourt volontiers les malheureux, quand on l'a été soi-même*. Le pronom *on*, d'un usage très-étendu dans la langue française, ne se dit absolument que des personnes; toutefois on n'en fait point usage en parlant de Dieu : ainsi, au lieu de dire : *au jour du jugement, on ne nous demandera pas ce que nous avons lu, mais ce que nous avons fait*, dites : *Dieu ne nous demandera pas*, etc. Pour la douceur de la prononciation, on met avant *on* l'article *le*, dont la lettre *e* s'élide. Les mots près lesquels *l'on* doit être employé plutôt que *on* sont : *et*, *si*, *ou*, et *que* : *si l'on veut plaire*, *il faut se rendre aimable*. Cependant, dans le cas où le pronom *on* serait suivi de *le*, *la* ou *les*, il ne faudrait pas faire usage de l'article *le*, afin d'éviter à l'oreille un son désagréable. On dirait donc : *si on ne le voit pas, on l'entend; je ne veux pas qu'on le tourmente*; et non pas : *si l'on ne le voit pas, on l'entend; je ne veux pas que l'on le tourmente*. Enfin, *on* est en général préférable à *l'on*; et il serait ridicule de commencer une phrase et même un alinéa par *l'on*. On a aussi introduit, pour la douceur de la prononciation, un *t* euphonique, dont on fait usage dans toutes les phrases où le verbe se termine à la troisième personne par *a* ou par *e* : *elle se moque du qu'en dira-t-on; n'éprouve-t-on pas toujours un contentement intérieur, quand on a fait une bonne action?* Quoique ce pronom soit ordinairement masculin, il y a des circonstances qui marquent si précisément qu'on parle d'une femme, qu'alors *on* peut être suivi d'un féminin : *quand on est jolie*, *on ne l'ignore pas*; *on n'est pas maîtresse d'accoucher le jour qu'on voudra*. Le pronom *on* doit se répéter avant tous les verbes auxquels il sert de sujet : *on le loue*, *on le menace*, *on le caresse*. Quand on répète le pronom *on*, il faut le faire rapporter à un seul et même sujet : *on croit être aimé*, *et l'on ne vous aime pas*, est une phrase vicieuse, parce que *on* a deux rapports différents; il faut dire : *on croit être aimé, et on ne l'est pas*. Tous les verbes, à l'exception des verbes impersonnels de leur nature, peuvent être précédés du pronom *on*. Ainsi on dira : *on est aimé, on aime, on tombe*, *on est puni, on se promène, on se convient*; mais on ne dira pas : *on importe*, *on faut*, *on pleut*, parce que ces verbes ne peuvent avoir *homme* pour sujet.—On-dit. Voy. ce mot.

ONAGRE, subst. fém. (*onaguera*), t. de bot., plante des anciens, que l'on croit être une espèce d'épilobium.— Genre de plantes exotiques, l'œnothéra de *Linnée*.

ONAGRE, subst. mas. (*onaguere*) (en grec οναγρος, formé de ονος, âne, et αγριος, sauvage), t. d'hist. nat., âne sauvage, animal d'Asie et d'Afrique, très-léger à la course.—Ancienne machine de guerre qui servait à jeter des pierres. Ainsi nommée de l'âne sauvage qui, pressé par les chiens, pousse au loin des pierres avec ses pieds de derrière. — *Pierre d'onagre*, bézoard qui se trouve, dit-on, dans la tête et dans la mâchoire de l'âne sauvage.

ONAM, subst. mas. (*oname*), fête que les Indiens célèbrent sur la côte du Malabar, à l'entrée du printemps.

ONANISME, subst. mas. (*onaniceme*), habitude de la masturbation, vice d'*Onan*. Voy. *la Bible*.

ONC, ONCQUES, adv. (*onke*) (du latin *unquam*), vieux mots qui signifiaient, jamais.

ONCE, subst. fém. (*once*) (du lat. *uncia*, qui signifiait, en général, la douzième partie d'un tout, et, en particulier, la douzième partie de l'*as*, c'est-à-dire de la livre romaine), sorte de poids pesant huit gros. La livre de Paris était de seize *onces*; la livre romaine était de *douze onces* seulement. Dans les nouvelles mesures françaises, *once* est le nom vulgaire de l'hectogramme. — Nom de diverses monnaies d'Espagne, de Malte, de Sicile, etc.—Prov. : *n'avoir pas une once de bon sens*, *de jugement*, en avoir fort peu.—T. d'hist. nat., animal doux et privé qui sert en Perse à prendre des gazelles. En parlant du cri de l'*once*, on dit qu'*elle frémit*.

ONCEAU, subst. mas. (*onçô*), t. d'hist. nat., petite *once*.

ONCELLE, subst. fém. (*oncèle*), t. d'hist. nat., sorte de petit tigre qu'on rencontre dans les états de Barbarie.

ONCHESTIES, subst. fém. plur. (*onchèceti*), myth., fêtes célébrées à *Oncheste* en l'honneur de Neptune.

ONCHESTIUS, subst. propre mas. (*onchèceticuce*), myth., surnom de Neptune, pris du culte qu'on lui rendait à *Oncheste*, ville de Béotie, bâtie par *Onchestus*, un de ses fils.

ONCHETS, jeu d'enfant. Voyez JONCHETS.

ONCHIDE, subst. fém. (*onchide*), t. d'hist. nat., mollusque céphalé.

ONCHIDIE, subst. fém. (*onchidi*), t. d'hist. nat., genre de vers mollusques nus, voisin des dorés.

ONCHIDORE, subst. mas. (*onchidore*), t. d'hist. nat., genre de mollusques, intermédiaire entre les *dorés* et les *onchidies*.

ONCIALE, adj. fém. (*onci-ale*) (du latin *uncialis*, fait de *uncia*, once, douzième partie d'un tout) : *lettres onciales*, grandes lettres dont on se servait autrefois pour les inscriptions et les épitaphes; ainsi nommées parce qu'elles avaient en hauteur un douzième du pied romain.

ONCIDION, subst. mas. (*oncidion*), t. de bot., genre de plantes de l'Amérique méridionale.

ONCINE, subst. fém. (*oncine*), t. de bot., arbrisseau grimpant de la famille des apocynées.

ONCLE, subst. mas. (*onkle*) (en lat. *avunculus*), le frère du père ou de la mère.—*Grand-oncle*, le frère du grand-père ou de la grand'mère. —*Oncle à la mode de Bretagne*, cousin-germain du père ou de la mère.

ONCOBA, subst. fém. (*onkoba*), t. de bot., espèce de plante qui croît en Arabie.

ONCOSE, subst. fém. (*onkôze*) (en grec ογκος), t. de chir., tumeur.

ONCOTOMIE, subst. fém. (*onkotomi*) (du grec ογκος, tumeur, et τομη, incision, fait de τεμνω, je coupe), t. de chir., ouverture d'une tumeur, d'un abcès avec un instrument tranchant.

ONCOTOMIQUE, adj. des deux genres (*onkotomike*), t. de chir., qui concerne l'*oncotomie*.

ONCRE, subst. mas. (*onkre*), t. de mar., sorte de petit navire.

ONCTION, subst. fém. (*onkcion*), (en lat. *unctio*, fait de *ungere*, oindre), action d'*oindre*; il se dit surtout en médec. et dans plusieurs sacrements et cérémonies de l'Eglise.—Fig., 1° mouvement de la grace, consolation du Saint-Esprit : *onction intérieure*; 2° choses qui touchent le cœur, qui le portent à la piété; *il y a de l'onction dans ce discours*.—*Extrême-onction*, le sacrement qu'on administre aux malades qui sont en danger de mort.

ONCTUEUSE, adj. fém. Voy. ONCTUEUX.

ONCTUEUSEMENT, adv. (*onktu-euzeman*), t. de dévotion, avec onction.

ONCTUEUX, adj. mas., au fém. **ONCTUEUSE** (*onktu-eu*, *euze*) (en lat. *unctuosus*, fait de *ungere*, oindre), gras, huileux. — Fig., qui a de l'*onction*.

ONCTUOSITÉ, subst. fém. (*onktu-ôzité*), qualité de ce qui est *onctueux*.

ONCUS, subst. propre mas. (*onkuce*), myth., fils d'Apollon; il fut possesseur du cheval Arion. —T. de bot., espèce d'arbrisseau qui croît à la Cochinchine.

ONDATRA, subst. mas. (*ondatra*), t. d'hist. nat., mammifère rongeur du genre des rats, qui se trouve en Amérique. Il porte sous la queue un follicule contenant une humeur très-odorante, ce qui l'a fait nommer aussi *rat musqué*.

ONDE, subst. fém. (*onde*) (en lat. *unda*), flot, soulèvement de l'eau agitée. Chaque *onde* forme sur la surface de l'eau une cavité, une élévation. —En poésie, l'eau en général, et principalement la mer.—Au plur., ce qui est en figure d'*onde* : *les ondes d'une moire*, *d'un camelot*; *les ondes d'un bois veiné*, etc.— Poét. : *l'onde noire*, l'eau du Styx et du Cocyte : *passer l'onde noire*, mourir.—On dit, dans le même style, de l'eau claire d'un ruisseau qui serpente : *le crystal de son onde*; *son onde fugitive*.—*Onde* ou *calotte d'une cloche*, dans la fonte des cloches, partie de matière qui sert à augmenter l'épaisseur du cerveau, et à donner plus de solidité aux anses.

ONDÉ, E, adj. (*ondé*), fait en *ondes*. — En bot., façonné en *ondes*, plissé à gros plis arrondis.— En t. de blason, se dit des pièces de longueur qui ont des sinuosités curvilignes, concaves et convexes alternativement.

ONDÉCAGONE, subst. mas. et adj. des deux genres (*ondékaguône*) (du grec ενδεκα, onze, et γωνια, angle), t. de géom., figure régulière qui a onze angles et onze côtés.

ONDÉCIMAL, subst. mas. (*ondécimale*), t. d'hist. nat., poisson du genre du silure.

ONDÉCIMAL, E, adj. num. (*ondécimale*), t. d'arith., système de numération qui n'est divisible que par l'unité, et dont la base est *onze*. —Au plur. mas., *ondécimaux*. Ce mot est peu usité.

ONDÉE, subst. fém. (*ondé*), grosse pluie subite et passagère.

ONDEHLANDE, subst. fém. (*ondélande*), t. de bot., genre de plantes de la famille des rubiacées.

ONDÉRA, subst. mas. (*ondéra*), lieu de ténèbres où furent relégués les anges rebelles.

ONDIN, E, subst. (*ondein*, *dine*), chez les cabalistes, prétendus génies qui habitent les eaux.

ON-DIT, subst. mas. (*ondi*), rapport indiscret, hasardé. — Au plur., propos vagues, bruits : *ce ne sont que des on-dit*; *croire des on-dit*; *condamner quelqu'un sur des on-dit*. Fam.

ONDOIEMENT, subst. mas. (*ondoèman*), baptême donné sans les cérémonies de l'Eglise.

ONDOYANT, E, adj. (*ondoè-ian, iante*), qui *ondoie*, qui flotte par *ondes*.—Il se dit au fig., en peinture, des contours des draperies.

ONDOYÉ, E, part. pass. de *ondoyer*.

ONDOYER, v. neut. (*ondoè-ié*), flotter par *ondes*. Il ne se dit qu'au fig. : *ses cheveux ondoyaient au gré du vent.* — Act., baptiser sans faire de cérémonies.—S'ONDOYER, v. pron.

ONDULANT, E, adj. (*ondulan, lante*), t. de médec., se dit d'un pouls grand, mais inégal, et donnant l'idée des *ondulations* de la mer.—Part. prés. du v. *onduler*.

ONDULATION, subst. fém. (*ondulâcion*), t. de phys., mouvement des *ondes* : *les ondulations de l'air, de la lumière*, etc.—Ce qui les imite.

ONDULATOIRE, adj. des deux genres (*ondulatoare*), il n'est guère d'usage qu'en cette phrase : *mouvement ondulatoire*, pour signifier : *mouvement d'ondulation*.

ONDULÉ, E, part. pass. de *onduler*.

ONDULÉ, E, adj. (*ondulé*), qui présente des *ondulations*.

ONDULER, v. neut. (*ondulé*), produire, avoir un mouvement d'*ondulation*.

ONDULEUSE, adj. fém. Voy. ONDULEUX.

ONDULEUX, adj. mas., au fém. ONDULEUSE (*onduleu, leuze*), qui forme des *ondulations*.

ONÉIROCRITE, subst. mas. (*oné-irokrite*) (du grec ονειρος, songe, et κρινω, je juge), celui qui chez les anciens interprétait les songes.

ONÉIROCRITIE, subst. fém. (*oné-irokrici*) (même étym. que celle du mot précédent), explication des songes, art de les interpréter.

ONÉIROCRITIQUE, adj. des deux genres (*oné-irokritike*), qui concerne l'*onéirocritie*, l'interprétation des songes.

ONÉIRODYNIE, subst. fém. (*oné-irodini*) (du grec ονειρος, songe, et οδυνη, douleur), t. de médec.; on a réuni sous ce nom le somnambulisme et le cauchemar.

ONÉIROGYNE, subst. mas. (*oné-irojine*) (du grec ονειρος, songe, et γυνη, femme), songe qui a trait aux plaisirs de l'amour.

ONÉIROMANCIE, subst. fém. (*oné-iromanci*) (du grec ονειρος, songe, et μαντεια, divination), art de deviner d'après les songes, de les interpréter.

ONÉIROMANCIEN, subst. et adj. mas., au fém. ONÉIROMANCIENNE (*oné-iromanciein, ciène*), celui, celle qui prétendait deviner l'avenir en interprétant les songes.—Adj., qui a rapport, qui appartient à l'*onéiromancie*.

ONÉIROMANCIENNE, subst. et adj. fém. Voy. ONÉIROMANCIEN.

ONÉRAIRE, adj. des deux genres (*onérère*) (en lat. *onerarius*, fait de *onus*, gén. *oneris*, charge, fardeau), qui a le soin et la charge d'une chose dont un autre a l'honneur : *tuteur onéraire*.

ONÉRER, v. act., charger. (*Boiste.*) Ce mot est plus latin que français.

ONÉREUSE, adj. fém. Voy. ONÉREUX.

ONÉREUX, adj. mas., au fém. ONÉREUSE (*onéreu, reuze*) (en lat. *onerosus*), incommode, qui est à charge.—T. de jurispr., *titre onéreux*, celui par lequel on acquiert une chose à prix d'argent.

ONGA, subst. propre fém. (*ongua*), myth., divinité des anciens Phéniciens, qui paraît être la Minerve des Grecs.

ONGLADE, subst. fém. (*onguelade*), t. de médec., inflammation chronique de la matière des *ongles*, ou peau *ongulée* qui se forme dans les parties frottées.

ONGLE, subst. mas. (*onguele*) (en lat. *ungula*, dimin. de *unguis*, fait du grec ονυχος, gén. de ονυξ, ongle), partie dure et ferme qui couvre le dessus de l'extrémité des doigts des mains et des pieds de l'homme. — Il se dit aussi de quelques animaux, et d'oiseaux autres que les oiseaux de proie.—En t. de bot., endroit par lequel le pétale est attaché au calice d'une plante. On dit aussi *onglet*.—En t. d'oculiste : 1° pellicule vers l'angle interne de l'œil; 2° amas de pus entre l'iris et la cornée.—En fauconn., espèce de taie qui vient dans l'œil de l'oiseau, et que cause un chaperon trop serré, etc.—Prov. et fig. : *rogner les ongles à quelqu'un*, lui diminuer son pouvoir ou son profit. — *Avoir du sang sous les ongles*, avoir du cœur.—*Avoir bec et ongles*, savoir bien se défendre.— Fam. : *avoir de l'esprit jusqu'au bout des ongles*, en avoir beaucoup.—*Avoir sur les ongles*, être tancé, morigéné.

ONGLÉ, E, adj. (*onguelé*), t. de blas., qui a des *ongles*, des griffes, lorsque ces *ongles* sont d'un émail différent. On le dit même des bêtes à quatre pieds, quoiqu'elles n'aient point de griffes : *à la biche d'or onglée de sable.* — En t. de faucon., qui a des serres.

ONGLE-AROMATIQUE, subst. mas. (*onguelaromatike*), t. d'hist. nat., se dit des opercules d'une coquille qui ont l'odeur du castoréum. — Au plur., des *ongles-aromatiques*.

ONGLE-DE-CHAT, subst. mas. (*ongueledecha*), t. de bot., sorte de mimose à épines crochues.— Au plur., des *ongles-de-chat*.

ONGLÉE, subst. fém. (*onguelé*), engourdissement douloureux au bout des doigts causé par un grand froid.—T. d'art vétér., *ongle*, excroissance membraneuse au coin de l'œil.

ONGLE-MARIN, subst. mas. (*onguelemarein*), t. d'hist. nat., espèce de coquillage du genre des solens.

ONGLE-ODORANT, subst. mas. (*onguelodoran*), t. d'hist. nat., espèce de coquillage univalve du genre des pourpres, qui se pêche dans les marais des Indes, où croît une plante odoriférante dont il se nourrit.

ONGLET, subst. mas. (*onguelè*), deux pages in-8° ou in-12, que l'on imprime sur un feuillet volant, pour insérer dans un volume d'un de ces formats, à la place de deux autres pages où il se serait glissé des fautes.—Bande de papier qu'on relie avec d'autres feuilles, pour pouvoir ensuite y coller quelque planche ou carte.—En t. de menuisier, assemblage dans lequel les deux pièces qui doivent se joindre sont coupées diagonalement suivant un angle de quarante-cinq degrés, de manière que réunies elles forment un angle droit : *assemblage à onglet*. (*Onglet*, en ce sens, paraît être une corruption d'*anglet*.) — Poinçon d'orfèvre et de graveur. — Chez les bouchers, partie de la fressure qui tient au mou et au foie. — En bot., petit *ongle*, partie inférieure du pétale, par laquelle il est immédiatement inséré sur le réceptacle.—Peau membraneuse qui se forme au petit coin de l'œil du cheval.

ONGLETTE, subst. fém. (*onguelète*), poinçon de serrurier pour ciseler, dont l'extrémité est en triangle.—Echancrure sur le dos et vers la pointe d'une lame de couteau ou de canif, dans laquelle on met l'*ongle* pour lever la lame.

ONGLETTÉ, E, adj. (*onguelèté*), t. de bot., qui a un *onglet*.

ONGO, subst. mas. (*onguô*), t. d'hist. nat., espèce de poisson du genre des holocentres.

ONGUÉAL, E, adj. (*ongu-é-ale*), t. d'hist. nat., se dit, dans les mammifères, de la phalange qui porte l'*ongle*.—Il est aussi subst.

ONGUENT, subst. mas. (*onguan*) (en lat. *unguentum*, fait de *ungere*, oindre), médicament extérieur d'une consistance molle.— Anciennement, drogues aromatiques.—*Onguent miton-mitaine*. Voy. MITAINE. — *Onguent-de-Cayenne*, t. de bot., nom d'une plante, espèce de bignonne.

ONGUENTAIRE, adj. des deux genres (*onguantère*), t. de pharm., qui tient de l'*onguent* : *nature onguentaire*.

ONGUICULÉ, E, adj. (*ongu-ikulé*) (du lat. *unguiculus*, petit ongle), se dit des doigts des quadrupèdes terminés par un *ongle* long et grêle.— Subst. mas. plur., t. d'hist. nat., classe de quadrupèdes pourvus d'*ongles* aux doigts.

ONGUICURE, subst. mas. (*ongu-ikure*) (du lat. *unguis*, ongle, et *curare*, soigner, guérir), celui qui fait profession de nettoyer et d'entretenir les *ongles*. Presque inusité.

ONGULÉ, E, adj. (*ongulé*), qui a des *ongles*. —Subst. mas. plur., t. d'hist. nat., famille d'animaux dont les dernières phalanges sont totalement entourées d'un *ongle* épais ou sabot.

ONGULINE, subst. fém. (*onguline*), t. d'hist. nat., genre de testacés de la classe des bivalves.

ONGULOGRADE, subst. mas. et adj. des deux genres (*onguloguerade*), t. d'hist. nat., ordre de mammifères qui correspond aux *ongulés*; ce sont des animaux pachydermes et ruminants.

ONIROCRITE, **ONIROCRITIE**, et **ONIROCRITIQUE**. Voy. ONÉIROCRITE, ONÉIROCRITIE, et ONÉIROCRITIQUE, qui sont plus conformes à l'étymologie.

ONIROMANCIE ou **ONIROMANCIEN**. Voy. ONÉIROMANCIE et ONÉIROMANCIEN.

ONIROSCOPIE, subst. fém. Voy. ONÉIROCRITIE ou ONÉIROMANCIE.

ONISCOÏDES, subst. mas. pl. (*oniceko-ide*), t. d'hist. nat., famille d'insectes de la division des entomostracés.

ONISQUE, subst. mas. (*oniceke*), t. d'hist. nat., espèce de poisson.— Nom d'une espèce de chenille.— Genre d'insectes de la division des *entomostracés*.

ONISTE, subst. fém. (*onicete*), t. de bot., sorte de plante vénéneuse.

ONITE, subst. mas. (*onite*), t. d'hist. nat., espèce de poissons du genre des labres.

ONITIS, subst. mas. (*onitice*), t. d'hist. nat, genre d'insectes de l'ordre des coléoptères.

ONKOTOMIE, subst. fém. Voy. ONCOTOMIE.

ONKOTOMIQUE, adj. des deux genres. Voyez ONCOTOMIQUE.

ONOBATE, adj. fém. (*onobate*) (du grec ονος, âne, et βαινω, je marche, je me promène), t. d'antiq., se disait, dans la ville de Cumes, d'une femme surprise en adultère, et que, pour punition, on promenait sur un âne par la ville.

ONOBRISATES, subs. mas. plur. (*onobrizate*), anciens peuples de la Gaule Aquitanique.

ONOBROME, subst. fém. (*onobrome*), t. de bot., genre de plante qu'on croit être notre sainfoin.

ONOBRYCHIS, subst. fém. (*onobrichice*), t. de bot., plante des anciens. Les modernes ont donné ce nom au luthier, au miroir de Vénus, etc.—Espèce de sainfoin.

ONOBRYCHITE, subst. fém. (*onobrichite*), t. d'hist. nat., le sainfoin fossile; sorte de pétrification herbacée.

ONOCENTAURE, subst. mas. (*onoçantôre*) (du grec ονος, âne, et κενταυρος, centaure), myth., monstre fabuleux moitié homme et moitié âne.

ONOCÉPHALE, subst. mas. et adj. des deux genres (*onocéfale*) (du grec ονος, âne, et κεφαλη, tête), qui porte une tête d'âne.

ONOCHOIRITÈS, subst. propre mas. (*onokoiritèce*) (du grec ονος, âne, et χοιρος, cochon), myth., monstre moitié âne et moitié porc, dont les païens disaient que les chrétiens avaient fait leur dieu. C'était une des calomnies que les prêtres des idoles avaient inventées pour tâcher de jeter du ridicule sur la religion chrétienne

ONOCLÉE, subst. fém. (*onoklé*), t. de bot., genre de plantes cryptogames de la famille des fougères.

ONOCORDON, subst. mas. (*onokordon*), t. de bot.; on a donné ce nom au vulpin des prés.

ONOCROTALE, subst. mas. (*onokrotale*) (du grec ονοκροταλος, formé de ονος, âne, et de κροτος, bruit ; parce que le cri de cet oiseau ressemble au braire d'un âne), t. d'hist. nat., grand oiseau aquatique ; c'est le même que le pélican.

ONOMANCIE, subst. fém. (*onomanci*) (du grec ονομα, nom, et μαντεια, divination), l'art de prédire, par le nom d'une personne, ce qui lui doit arriver.

ONOMANCIEN, adj. mas., au fém. ONOMANCIENNE (*onomanciein, ciène*), qui concerne l'*onomancie*. — Subst., celui, celle qui prédit à une personne ce qui doit lui arriver par l'interprétation des lettres de son nom.

ONOMANCIENNE, subst. et adj. fém. Voy. ONOMANCIEN.

ONOMASTIQUE, adj. des deux genres (*onomacetike*) (en grec ονομαστικος), qui doit être nommé : *jour onomastique*. Presque inusité.

ONOMATE, subst. fém. (*onomate*), myth., fête qu'on célébrait à Sycione en l'honneur d'Hercule.

ONOMATOLOGIE, subst. fém. (*onomatoloji*) (du grec ονομα, nom, et λογος, discours), science des noms, branche d'instruction essentielle dans la science des méthodes.—Système d'orthographe adopté pour les noms propres.

ONOMATOLOGIQUE, adj. des deux genres (*onomatolojike*), qui appartient à l'*onomatologie*.

ONOMATOMANCIE, **ONOMATOMANCIEN**. Voy. ONOMANCIE, ONOMANCIEN et NOMANCIE.

ONOMATOPÉE, subst. fém. (*onomatopé*) (du grec ονοματοποιια, *formation d'un nom*, fait de ονομα, nom, et ποιεω, je fais), t. de grammaire, formation d'un mot dont le son est imitatif de la chose qu'il signifie. Les mots : *trictac, bêler*, etc., sont formés par *onomatopée*.

ONOMATOPOSE, subst. fém. (*onomatopôze*), nom supposé, déguisé.

ONONIE, subst. fém. (*ononi*), t. de bot., plante de la famille des orties.

ONONIS, subst. mas. (*ononice*), t. de bot., arrête-bœuf. Voy. ce mot.

ONONYCHITE, adj. des deux genres (*ononichite*) (du grec ονος, âne, et ονυξ, sabot), qui a les pieds d'un âne.

ONOPALIES, subst. fém. plur. (*onopali*), myth., fêtes qu'on célébrait en Grèce et dans l'ancienne Rome.

ONOPIX, subst. mas. (*onopikce*), t. de bot., genre de plantes qui croissent dans la Louisiane.

ONOPORDE, subst. fém. (*onoporde*), t. de bot., genre de plantes de la famille des cynarocéphales.

ONOPYCÉE, subst. fém. (*onopicée*), t. de bot., espèce de plante de la famille et du genre des chardons.

ONORÉ, subst. mas. (*onoré*), t. d'hist. nat., héron de Cayenne.

ONOSCÈLE, subst. mas. (*onocèle*) (du grec ονος, âne, et σκελος, jambe), myth., monstre fabuleux qui, dit-on, avait des jambes d'âne.

ONOSÈRE, subst. fém. (*onozère*), t. de bot., genre de plantes de l'Amérique méridionale.

ONOSMA, subst. fém. (*onocema*), t. de bot., genre de plantes de la famille des borraginées.

ONOSMODE, subst. mas. (*onocemode*), t. de bot., le grémil de Virginie.—Au plur., t. d'hist. nat., sorte de granit.

ONOSUKE, subst. mas. (*onozure*), t. de bot., genre de plantes de la famille des épilobiennes.

ONOTHÈRE, subst. mas. (*onotère*), t. de bot., sorte de plante propre à guérir certains ulcères.

ONOTOCHILE, subst. mas. (*onotochile*), t. d'hist. nat., genre d'insectes diptères.

ONQUÉ, part. pass. de *onquer*.

ONQUER, v. neut. (*onkié*) (en lat. *oncare*), crier comme l'âne quand il arrête son braiment ou le suspend sur un certain ronflement rauque. Presque inusité.

ONSAI, subst. mas. (*oncé*), ordre de prêtres ou de religieux dans la Cochinchine.

ONSKESTEEN, subst. mas. (*oncékécetine*), myth., pierre à souhaits; c'est l'ovaire de l'insecte appelé *aselle aquatique*, qui figure parmi les superstitions islandaises.

Ont, 3ᵉ pers. plur. prés. indic. du verbe AVOIR.

ONTHOPHAGE, subst. mas. et adj. des deux genres (*ontofaje*) (du grec ονθος, fiente, et φαγω, je mange), t. d'hist. nat., genre d'insectes coléoptères qui vivent dans la fiente des animaux.

ONTHOPHILE, subst. mas. et adj. des deux genres (*ontofile*) (du grec ονθος, fiente, et φιλεω, j'aime), t. d'hist. nat., genre d'insectes de la famille des escargots.

ONTOLOGIE, subst. fém. (*ontoloji*) (du grec ων, gén. οντος, un être, et λογος, discours), t. de philosophie, science, traité des êtres en général.

ONTOLOGIQUE, adj. des deux genres (*ontolojike*), qui appartient à l'*ontologie*.

ONTOLOGISME, subst. mas. (*ontolojiceme*), système de l'*ontologie*.

ONTOLOGISTE, subst. mas. (*ontolojicete*), qui s'adonne à l'*ontologie*.

ONUAVA, subst. propre fém. (*onu-ava*), myth., l'une des divinités des anciens Gaulois, que l'on croit être la Vénus céleste.

ONUNÇIO, subst. mas. (*ononcio*), myth., nom que des sauvages donnent à un chef et à Dieu même.

ONUPHIS, subst. propre mas. (*onufice*), myth., l'un des bœufs sacrés qu'adoraient les anciens Égyptiens.

ONXIE, subst. fém. (*onkci*), t. de bot., genre de plantes de la famille des corymbifères.

ONYCHITE, subst. fém. (*onichite*), t. d'hist. nat., coquille fossile qui se rapporte à des térébratules.—Pierre fossile qui porte l'empreinte d'un ongle.

ONYCHOCRYPTOSE ou ONYCHOGRYPOSE, subst. fém. (*onikogueripetôze, gueriyôze*) (du grec ονυχος, ongle, et κρυπτω, courbure), t. de chir., courbure anormale des ongles.—Ongle qui rentre dans les chairs.

ONYCHOMANCIE, subst. fém. (*onikomanci*) (du grec ονυξ, gén. ονυχος, ongle, et μαντεια,

divination), t. d'antiq., divination que l'on pratiquait en observant les ongles d'un enfant.

ONYCHOMANCIEN, adj. mas., au fém. ONYCHOMANCIENNE (*onikomanciein, ciène*), qui concerne l'*onychomancie*.—Subst., celui, celle qui la pratiquait.

ONYCHOMANCIENNE, subst. et adj. fém. Voy. ONYCHOMANCIEN.

ONYCHOPHTHORIE, subst. fém. (*onikofetori*) (du grec ονυξ, gén. ονυχος, ongle, et φθορα, perte), t. de chir., altération morbide des ongles.

ONYCHOPTOSE, subst. fém. (*onikopetoze*) (du grec ονυξ, gén. ονυχος, ongle, et πτωσις, chute), terme de médec., chute des ongles.

ONIGÈNE, subst. mas. (*onijène*) (du grec ονυξ, ongle, corne, et γεινομαι, naître), t. de bot., genre de champignons qui poussent sur le sabot du cheval, les cornes des bœufs, des moutons, etc.

ONYGOS, subst. mas. (*oniguoce*), t. de médec., maladie de l'ongle.

ONYMANCIE, subst. fém. (*onimanci*) (du grec ονυξ, ongle, et μαντεια, divination), sorte de divination qui se faisait au moyen de l'huile et de la cire.

ONYMANCIEN, adj. mas., au fém. ONYMANCIENNE (*onimanciein, ciène*), qui concerne l'*onymancie*.—Subst., celui, celle qui la pratiquait.

ONYMANCIENNE, subst. et adj. fém. Voy. ONYMANCIEN.

ONYX, subst. mas. (*onikce*) (du grec ονυξ, ongle), espèce d'agate très-fine, dont la partie laiteuse est d'un blanc couleur d'*ongle*.

ONYXIE, subst. fém. (*onikci*), t. de chir., inflammation de la matière des ongles.

ONZE, nom. de nombre indécl. et adj. des deux genres (*onze*) (en lat. *undecim*), dix et un.—Dans les mots qui précèdent *onze*, la consonne finale ne se prononce et la voyelle ne s'élide pas plus que si *onze* commençait par un *h* aspiré : *vers les onze heures, le onze du mois*; dites : *le-onzeure; le onze.*

ONZE (LES), subst. mas. (*lè-onze*), se disait, dans Athènes, des onze magistrats qui composaient le tribunal criminel.

ONZIÈME, adj. numéral des deux genres (*onzi-ème*) (en lat. *undecimus*), on dit indifféremment *le onzième jour* et *l'onzième jour*.—T. de musiq., accord de septième, au-dessous duquel on fait entendre la quinte du son fondamental.—Subst. mas., la *onzième* partie. Même observation relative à la prononciation, pour *onzième* que pour *onze*. Voy. ce mot.

ONZIÈMEMENT, adv. (*onzi-ememan*), en *onzième* lieu. Pour la prononciation, voy. ONZE.

OO, subst. fém., double lettre qui occupe la 35ᵉ feuille d'un ouvrage, et qui ne s'emploie que quand le premier alphabet est épuisé.

OODE, subst. fém. (*o-ode*), t. d'hist. nat., genre d'insectes qui a été établi aux dépens de celui des carabes.

OOLITHE, subst. fém. (L'*Academie* a tort de faire ce mot du mas.) (*o-olite*) (du grec ωον, œuf, et λιθος, pierre), t. d'hist. nat., pierre composée de petits globules, en forme d'œufs de poisson.

OOLITHIQUE, adj. des deux genres (*o-olitike*), t. d'hist. nat., qui appartient, qui a rapport à l'*oolithe*: *pierre oolithique*.

OOMANCIE, subst. fém. (*o-omanci*) (du grec ωον, œuf, μαντεια, divination), divination qui se faisait en observant les figures ou signes qui paraissaient dans les œufs.

OOMANCIEN, subst. et adj. mas., au fém. OOMANCIENNE (*o-omanciein, cienne*), qui concerne l'*oomancie*. — Subst., celui, celle qui se livrait à cette opération : *un oomancien*.

OOMANCIENNE, subst. et adj. fém. Voy. OOMANCIEN.

OON, subst. mas. (*o-one*) (en grec ωον), t. de médec., germe.

OONENTÈRE, subst. fém. (*o-onantère*), t. de médec., se dit des voies du germe fécondé.

OOPHORITE, subst. fém. (*o-oforite*) (du grec ωον, œuf, et φερω, je porte), t. de médec., inflammation des ovaires de la femme.

OOPO, subst. propre mas. (*o-opô*), myth., nom que les O-Taïtiens donnent à la mort.

OOSCOPIE, subst. fém., OOSCOPIEN, adj. et subst. mas. (*o-ocekopi, pi-ein*) (du grec ωον,

œuf, et σκεπτω, je considère). Voy. OOMANCIE, OOMANCIEN.

OORAII., subst. mas. (*o-ora-ie*), t. d'hist. nat., oiseau des Indes que l'on croit être la femelle de l'outarde passerage.

OPA, subst. mas. (*opa*), t. de bot., genre de plantes de la famille des myrtoïdes.

OPACITÉ, subst. fém. (*opacité*) (en lat. *opacitas*), t. didactique, qualité de ce qui est *opaque*.

OPAH, subst. mas. (*opā*), t. d'hist. nat., nom donné à un poisson du genre des chrysostoses: le poisson lune.

OPALAT, subst. mas. (*opala*), t. de bot., espèce de grand arbre qui croît dans l'île de Cayenne.

OPALE, subst. fém. (*opale*) (en lat. *opalus*, en grec οπαλος), t. d'hist. nat., espèce de pierre précieuse de couleur laiteuse, qui, suivant les différents points de vue, a des reflets diversement colorés.

OPALÉ, E, part. pass. de *opaler*.

OPALER, v. act. (*opalé*), t. de raffin., remuer le sucre dans les formes avec un couteau; l'en détacher.—s'OPALER, v. pron.

OPALIES, subst. fém. plur. (*opali*), myth., fêtes que l'on célébrait à Rome en l'honneur d'*Ops*, après la moisson et l'entière récolte des productions de la terre.

OPALIN, subst. mas., au fém. OPALINE (*opalein, line*), qui présente un aspect plus ou moins semblable à celui de l'*opale*.—*Liquide opalin*, liquide laiteux.

OPAQUE, adj. des deux genres (*opake*) (en lat. *opacus*, fait de *ops*, la terre), t. didactique, qui n'est point transparent.

OPAS, subst. fém. propre mas. (*opâce*), myth., divinité égyptienne.—Nom de Vulcain, protecteur de l'Égypte.

OPÂTRE, subst. mas. (*opâtre*), t. d'hist. nat., genre d'insectes de l'ordre des coléoptères.

OPEGRAPHE, subst. mas. (*opeguerafe*), t. de bot., genre de plantes cryptogames de la famille des hypoxylons.

OPÉLIE, subst. mas. (*opeli*), t. de bot., espèce d'arbre qui croît dans les montagnes des Indes.

OPERA, subst. mas. (*opéra*) (de l'italien *opera*, ouvrage, composition), sorte de drame en musique, ordinairement accompagné de machines et de danses. — Lieu destiné à la représentation des pièces de ce genre. — Fig. et fam., chose difficile : *c'est tout un opera.*—*Opera-comique*, pièce qui doit tenir de la comédie, du drame et de l'*opera*, sous le point de vue musical principalement. — *Opera-buffa*, ou *bouffe*, opera dont le sujet est divertissant. — *Tailleur d'opera*, celui qui retourne une tragédie, etc., pour en faire un *opera*. Cette expression méprisante et surannée est de La Harpe. — L'Académie, dans les premières éditions de son *Dictionnaire*, avait décidé qu'*opera* ne prenait point s au pluriel; d'après celle de Smits, an VII, et l'édition de 1835, on doit dire au plur., *operas* : *les operas de Lully*. La Harpe veut qu'il soit indéclinable comme spectacle, et déclinable comme drame. Pourquoi toujours faire des exceptions dans les exceptions mêmes ? Nous sommes d'avis qu'on devrait suivre la règle générale qui concerne les mots de langues étrangères, et que *opera* ne devrait pas plus que les autres prendre la marque du pluriel. Mais nous avons contre nous quelques personnes, qui veulent que ce mot soit passé dans la langue, et nous avouerons que tout le monde écrit aujourd'hui, au plur., *des operas* et *des operas-comiques*.

OPÉRATEUR, subst. mas., au fém. OPÉRATRICE (*opérateur, trice*), celui qui fait des *opérations* de chirurgie : *habile opérateur*.—Charlatan, vendeur d'orviétan, arracheur de dents, etc.

OPÉRATIF, adj. mas., au fém. OPÉRATIVE (*opératif, tive*), qui opère.

OPÉRATION, subst. fém. (*opéracion*) (en lat. *operatio*), action de ce qui opère : *les opérations de Dieu, de la nature.*—Action du Saint-Esprit, de la grâce sur la volonté.—En philosophie, on appelle *opérations de l'entendement*, la simple idée, le jugement qu'on fait des choses, et le raisonnement. — Action méthodique du chirurgien sur quelque partie du corps humain.—Action d'un remède. — *Opérations arithmétiques*, supputations et calculs que l'on fait; calculs qui se font au moyen des quatre règles. — En t. de guerre, ce qu'on doit faire pendant la campagne : *régler les opérations de la campagne.*

OPÉRATIVE, adj. fém. Voy. OPÉRATIF.

OPÉRATOIRE, adj. des deux genres (*opératoare*), t. de médec., qui consiste dans une opération.—*Médecine opératoire*, chirurgie. Il est vieux.

OPÉRATRICE, subst. fém. Voy. OPÉRATEUR.

OPERCULAIRE, subst. fém. (*opérekulère*), t. de bot., plante monopétale.

OPERCULE, subst. mas., suivant *Gattel* et *Trévoux*; fém. suivant *Boiste, Laveaux*, MM. *Noël* et *Chaptal*. Nous ne pouvions donner dans nos précédentes éditions le sentiment de l'*Academie*; aujourd'hui ce mot s'y trouve, et elle le fait du genre mas. Nous croyons qu'il serait plus du génie de la langue de le faire du fém. (*opérekule*) (en lat. *operculum*, fait de *operculare*, fréquentatif de *operire*, couvrir), t. d'hist. nat., couvercle pour défendre l'entrée de la bouche d'une coquille.— En bot., partie qui surmonte et qui ferme l'urne des mousses ; elle est ordinairement recouverte par la coiffe. — Plaque osseuse, mobile qui, dans un grand nombre de poissons, *recouvre* les ouies ou branchies.

OPERCULÉ, E, adj. (*opérekulé*), t. de bot. et d'hist. nat.; il se dit des coquillages et des plantes qui sont munis d'*opercules*.

OPERCULITHE, subst. fém. (*opérekulite*) (du lat. *operculum*, opercule, et du grec λιθος, pierre), t. d'hist. nat., *opercule* de certaines coquilles devenues fossiles.

OPÉRÉ, E, part. pass. de *opérer* : *être opéré*, subir une *opération* chirurgicale.

OPÉRER, v. act. (*opéré*) (en lat. *operari*, fait de *opera*, occupation, peine, travail), faire, produire quelque effet : *opérer des miracles ; qu'avez-vous opéré dans cette affaire?* — *Opérer sa jonction*, se réunir à un autre corps, en parlant d'un corps d'armée. — Neut., il se dit dans le même sens que l'actif : *opérer sur l'esprit du peuple*. — En parlant d'un remède, produire son effet : *cette médecine a bien opéré*.—En parlant des chimistes et des chirurgiens, travailler de la main.—On le dit aussi des mathématiciens. — s'*OPÉRER*, v. pron., être, pouvoir être *opéré*, exécuté, fait, réalisé.

OPERTANÉEN, adj. prop. mas. (*opèrtané-éin*), myth., surnom de dieux qui habitaient dans les entrailles de la terre ; divinités infernales.

OPERTANÉES, subst. fém. plur. (*opérétané*), myth., sacrifices mystérieux que l'on offrait à Cybèle dans des lieux secrets, et où le silence le plus rigoureux était observé.

OPERTANÉ, subst. et adj. mas. (*opèrtané*), myth., nom et surnom de certains dieux, chez les anciens Romains, qui avaient des cérémonies secrètes.

OPERTUM, subst. mas. (*opérétome*), myth., lieu secret, chez les anciens, où l'on sacrifiait à Cybèle.

OPES, subst. mas. plur. (*ope*) (du grec οπη, trou), t. d'archit., *trous* des boulins qui restent dans les murs. Ceux, par exemple, sur lesquels sont posés les bouts de solives.

OPÉTIOLE, subst. fém. (*opeti-ole*), t. de bot., sorte de plante des Indes, qui n'a pas de tige.

OPHARITE, subst. mas. (*ofarite*), nom d'un ancien peuple de la Sarmatie asiatique.

OPHATE, subst. mas. (*ofate*), t. d'hist. nat., sorte de marbre.

OPHÈLE, subst. mas. (*ofèle*), t. de bot., grand arbre d'Afrique, qui diffère peu du baobab.

OPHIASE, subst. fém. (*ofi-âze*) (du grec οφις, serpent, et ιοσς, pareil), t. de médec., maladie qui fait tomber les cheveux en différents endroits de la tête, en sorte qu'elle paraît mouchetée comme la peau d'un serpent.

OPHIBASE, subst. fém. (*ofibâze*) (du grec οφις, serpent, et βασις, base) base du porphyre vert unique, nommé *ophite* ou *serpentin*.

OPHICALCE, subst. fém. (*ofikalce*), t. d'hist. nat., variété de marbre.

OPHICARDITE, subst. fém (*ofikardite*), t. d'hist. nat., sorte de pierre précieuse dont parle Pline.

OPHICÉPHALE, subst. mas. (*oficéfule*) (du grec οφις, serpent, et κεφαλη, tête), t. d'hist. nat., genre de poissons de la division des thoraciques.

OPHICHTHYCTÉ, subst. mas. (*ofiketikete*), t. d'hist. nat., ordre de poissons établi parmi les osseux.

OPHICLÉIDE, subst. mas. (*ofikté-ide*) (du grec οφις, serpent, et κλεις, clef), sorte de serpent à clefs, nouvel instrument en usage dans les grands orchestres et dans les églises.

OPHIDIE, subst. fém. (*ofidi*), t. d'hist. nat., genre de poissons de la division des apodes, voisin des congres.

OPHIDIEN, subst. et adj. mas. (*ofidiéin*) (du grec οφιδιον, petit serpent, dimin. de οφις, serpent), nom par lequel, dans la nouvelle classification de l'hist. nat., on désigne l'ordre des serpents : *les ophidiens, les reptiles ophidiens*.

OPHINÉUS, subst. mas. (*ofiné-uce*), t. d'astron., serpentaire, constellation.

OPHIOCTÈNE, subst. mas. (*ofi-oktène*), t. d'hist. nat., espèce d'insectes du genre des scolopendres.

OPHIOCTONON, subst. mas. (*ofi-oktonon*), t. de bot., espèce de plante qui, dit-on, tue les serpents.

OPHIODONTE, subst. mas. et adj. des deux genres (*ofi-odonte*) (du grec οφις, serpent, et οδοντος, gén. de οδους, dent), t. d'hist. nat., nom donné aux dents de serpents fossiles.

OPHIOGÈNE, subst. mas. et adj. des deux genres (*ofi-ojène*) (du gr. οφις, g. οφιος, serpent, et γενομαι, naître), myth., race particulière d'hommes qui rapportaient leur origine à un serpent, transformé depuis en héros, et qui, dit-on, avaient la propriété d'être craints par les serpents. Leur attouchement soulageait de la piqûre de ces animaux, et leur main appliquée sur l'endroit piqué en chassait le venin.

OPHIOGLOSSE, subst. mas. et adj. des deux genres (*ofi-iogueloce*) (du grec οφις, gén. οφιος, serpent, et γλωσσα, langue), t. de bot., plante cryptogame qui croît dans les marais.

OPHIOGLOSSITE, subst. fém. (*ofi-oguelocite*), t. d'hist. nat., variété de glossopètres ; dents de serpent pétrifiées.

OPHIOÏDES, subst. mas. plur. (*ofi-o-ide*), t. d'hist. nat., cornes d'Ammon, ou ammonites.

OPHIOLÂTRE, subst. mas. et adj. des deux genres (*ofi-olâtre*) (du grec οφις, serpent, et λατρευω, adorer), qui adore des serpents, qui rend un culte aux serpents.

OPHIOLÂTRIE, subst. fém. (*ofi-olâtri*) (même étym. que celle du mot précéd.), culte, adoration des serpents.

OPHIOLÂTRIQUE, adj. des deux genres (*ofi-olâtrike*), qui appartient, qui a rapport à l'*ophiolâtrie*.

OPHIOLITHE, subst. fém. (*ofi-olite*) (du grec οφις, serpent, et λιθος, pierre), t. d'hist. nat., espèce de roche composée.

OPHIOLOGIE, subst. fém. (*ofi-oloji*) (du grec οφις, serpent, et λογος, discours), description des serpents.—Traité sur les serpents.

OPHIOLOGIQUE, adj. des deux genres (*ofi-olojike*), qui est relatif, qui a rapport à l'*ophiologie*.

OPHIOLOGISTE, subst. mas. (*ofi-olojiccte*), auteur qui travaille ou qui a fait un ouvrage sur les serpents.

OPHIOMANCIE, subst. fém. (*ofi-omanci*) (du grec οφις, serpent, et μαντεια, divination), sorte de divination qui se faisait par le moyen des serpents.

OPHIOMANCIEN, adj. mas. (*ofi-omancièin*, *cièn*), qui appartient, qui a rapport à l'*ophiomancie*.—Subst., celui, celle qui devine l'avenir au moyen des serpents.

OPHIOMANCIENNE, subst. et adj. fém. Voyez OPHIOMANCIEN.

OPHIOMAQUE, adj. des deux genres (*ofi-omake*) (du grec οφις, serpent, et μαχη, fait de μαχομαι, combattre), myth., surnom de plusieurs dieux égyptiens qui combattaient les serpents.—Particulièrement, surnom de l'Isis égyptienne.

OPHIOMORPHITES, subst. mas. plur. (*ofi-omorfite*). Voyez OPHIOÏDES.

OPHION, subst. propre mas. (*ofi-on*), myth., ancien roi vaincu par Saturne.— C'est aussi le nom d'un géant, et celui d'un des compagnons de Cadmus. — T. d'hist. nat., sorte d'animal quadrupède qui est particulier à l'île de Sardaigne.

OPHIONÉE, subst. propre mas. (*ofi-oné*), myth., le chef des mauvais génies.

OPHIONIDÉS, subst. mas. propre mas. (*ofi-onidèce*), myth., Amicus, fils d'*Ophion*.

OPHIONIEN, subst. propre mas. (*ofi-oniéin*), nom des anciens Thébains.

OPHIOPHAGE, subst. mas. et adj. des deux genres (*ofi-ofaje*) (du grec οφις, serpent, et φαγω, je mange), anciens peuples de l'Ethiopie, qui, dit-on, se nourrissaient de serpents.

OPHIOPHAGIE, subst. fém. (*ofi-ofaji*) (même étym. que celle du mot précéd.), action, désir, habitude de se nourrir de serpents.

OPHIOPHAGIQUE, adj. des deux genres (*ofi-ofajike*), qui appartient, qui est relatif à l'*ophiophagie*.

OPHIOPOGON, subst. mas. (*ofi-opoguon*), t. de bot., espèce de muguet qui croît au Japon.

OPHIORRHIZE, subst. fém. (*ofi-ôrize*), t. de bot., genre de plantes de la famille des gentianées.

OPHIOSCOLODON, subst. mas. (*ofi-ocekolodon*), t. de bot., espèce d'arbrisseau du genre des câpriers.

OPHIOSE, subst. fém. (*ofi-ôze*), t. de bot., sorte d'arbrisseau de la polygamie diœcie.

OPHIOSÈME, subst. fém. (*ofi-ozème*), t. d'hist. nat., sorte de ver intestinal qui rentre dans le genre fissule.

OPHIOSPERME, subst. fém. (*ofi- ocepéreme*), t. de bot., famille de plantes nommées aussi *ardisiacées* et *myrsinées*.

OPHIOSTACHYS, subst. fém. (*ofi-ocetakice*), t. de bot., plante vivace de la Caroline et de la Virginie.

OPHIOSTAPHYLE, subst. mas. (*ofi-ocetafle*), t. de bot., espèce de plante de la famille des câpriers.

OPHIOSTOME, subst. mas. (*ofi-ocetome*), t. d'hist. nat., genre de vers intestinaux établi aux dépens des ascarides.

OPHIOURE, subst. fém. (*ofi-oure*), t. de bot., plante d'Ethiopie, qui inspirait, dit-on, une telle frayeur des serpents, que ceux qui en avaient mangé se donnaient la mort volontairement.

OPHIR, subst. propre mas. (*ofir*), pays où les flottes de Salomon allaient chercher de l'or.

OPHIRE, subst. fém. (*ofire*), t. de bot., sorte d'arbrisseau du cap de Bonne-Espérance.

OPHISAURE, subst. fém. (*ofizóre*), t. d'hist. nat., genre de reptiles de la famille des serpents.

OPHISPERME, subst. mas. (*oficepéreme*), t. de bot., genre de plantes qui diffère peu de celui des aquilaires.

OPHISURE, subst. fém. (*ofizure*), t. d'hist. nat., genre de poissons qui se rapproche de celui des murènes.

OPHITE, subst. mas. et adj. des deux genres (*ofite*) (du grec οφις, serpent), t. d'hist. nat. : *marbre ophite*, vert et mêlé de filets jaunes, comme la peau d'un serpent. Subst., *de l'ophite*.—Au plur., gnostiques qui croyaient que la sagesse s'était manifestée aux hommes sous la figure d'un *serpent*, et qui, en conséquence, rendaient un culte à cet animal.

OPHIUCUS, subst. mas. (*ofi-ukuce*), t. d'astron., constellation boréale qu'on nomme aussi le *serpentaire*.

OPHIURE, subst. fém. (*ofi-ure*) (du grec οφις, serpent, et ουρα, queue ; *queue de serpent*), t. d'hist. nat., genre de zoophytes, de la famille des échinodermes. — T. de bot., genre de plantes de la famille des graminées.

OPHRYAS, subst. mas., au fém. OPHRYE (*ofri-ace*, *ofri*), t. d'hist. nat., espèce de serpent du genre des boas.

OPHRYS, subst. mas. (*ofrice*) (du grec οφρυς, sourcil, et, par métaphore, tête ; parce que sa fleur ressemble en quelque sorte à une tête d'homme), t. de bot., plante dont on tire un baume très-utile pour les plaies.

OPHRYSE, subst. fém. (*ofrize*), t. de bot., genre de plantes de la famille des orchidées.

OPHTHALGIE, subst. fém. (*ofetalgi*) (du grec οφθαλμος, œil, et αλγος, douleur), t. de médec., douleur de l'œil, sans inflammation.

OPHTHALGIQUE, adj. des deux genres (*ofetalgike*), qui concerne l'*ophthalgie*.

OPHTHALMIE, ou **OPHTHALMITIS**, moins usité, subst. fém. (*ofetalemi*) (du grec οφθαλμος, œil, dérivé de οπτομαι, voir), t. de médec., maladie des yeux : inflammation de la conjonctive.

OPHTHALMIQUE, adj. des deux genres (*ofetalemike*), qui concerne les yeux.

OPHTHALMITE, subst. fém. (*ofetalemite*), t. d'hist. nat., la pierre œillée des Grecs, espèce d'agate.

OPHTHALMIUS, subst. mas. (*ofetalemi-uce*), pierre fabuleuse qui, dit-on, rendait invisible celui qui la portait.

OPHTHALMOBLENNORRHÉE, subst. fém. (*oftalmoblénoreré*) (du grec οφθαλμος œil, ϐλεννα, mucus, et ρεειν, couler), t. de médec., flux palpébral uniforme qui découle de l'œil.

OPHTHALMOBLENNORRHÉIQUE, adj. des deux genres (*oftalmoblénoreré-ike*), qui concerne l'*ophthalmoblennorrhée*.

OPHTHALMOCÈLE, subst. fém. (*oftalmocèle*) (du grec οφθαλμος, œil, et κηλη, tumeur), t. de chir., hernie de l'œil.

OPHTHALMODYNIE, subst. fém. (*oftalmodini*) (du grec οφθαλμος, œil, et οδυνη, douleur), t. de médec., variété de la névralgie frontale du côté de l'œil.

OPHTHALMOGRAPHE, subst. mas. (*oftalmoguerafe*) (du grec οφθαλμος, œil, et γραφω, je décris), t. d'anat., celui qui étudie ou décrit ce qui concerne l'œil.

OPHTHALMOGRAPHIE, subst. fém. (*oftalmoguerafi*) (même étym. que celle du mot précéd.), description anatomique de l'œil, discours sur les usages de ses diverses parties.

OPHTHALMOGRAPHIQUE, adj. des deux genres (*oftalmoguerafike*), qui concerne l'*ophthalmographie*.

OPHTHALMOÏÂTRE, subst. mas. (*oftalmo-i-âtre*). Inusité. Voyez OCULISTE.

OPHTHALMOÏÂTRIE, subst. fém. (*oftalmo-i-âtri*), médecine oculaire. Inusité.

OPHTHALMOÏÂTRIQUE, adj. des deux genres (*oftalmo-i-âtrike*), qui a rapport à l'*ophthalmoïâtrie*. Inusité.

OPHTHALMOLOGIE, subst. fém. (*oftalmoloji*) (du grec οφθαλμος, œil, et λογος, discours), partie de l'anatomie qui traite des yeux.

OPHTHALMOLOGIQUE, adj. des deux genres (*oftalmolojike*), ce qui appartient, ce qui a rapport à l'*ophthalmologie*.

OPHTHALMOMÈTRE, subst. mas. (*oftalmomètre*) (du grec οφθαλμος, œil, et μετρον, mesure), sorte de compas d'épaisseur, dont on fait usage pour démontrer et fixer la grandeur des chambres de l'humeur aqueuse.

OPHTHALMOMÉTRIE, subst. fém. (*oftalmométri*), science de l'*ophthalmomètre*.—Manière, action de se servir de cet instrument.

OPHTHALMOMÉTRIQUE, adj. des deux genres (*oftalmométrike*), qui concerne l'*ophthalmométrie*.

OPHTHALMONOSOLOGIE, subst. fém. (*oftalmonozoloji*) (du grec οφθαλμος, œil, νοσος, maladie, et λογος, discours, traité), t. de médec., traité des maladies de l'œil.

OPHTHALMONOSOLOGIQUE, adj. des deux genres (*oftalmonozolojike*), qui a rapport à l'*ophthalmonosologie*.

OPHTHALMONOSOLOGISTE, subst. mas. (*oftalmonozolojicete*), celui qui s'occupe spécialement des maladies de l'œil, ou qui écrit sur ces maladies. —Oculiste.

OPHTHALMOPHYME, subst. mas. (*oftalmofime*) du grec οφθαλμος, œil, et φυμα, enflure), t. de médec., tuméfaction du globe de l'œil.

OPHTHALMOPONIE, subst. fém. (*oftalmoponi*) (du grec οφθαλμος, œil, et πονος, douleur), t. de médec., synonyme de *ophthalmie*.

OPHTHALMOPTOSE, subst. fém. (*oftalmopetôze*), t. de médec., saillie de l'œil produite par l'hydrophthalmie.

OPHTHALMORRHAGIE, subst. fém. (*oftalmoraji*) (du grec οφθαλμος, œil, et ρεω, je coule), t. de médec., hémorrhagie de l'œil.

OPHTHALMORRHAGIQUE, adj. des deux genres (*oftalmorajike*), qui est relatif à l'*ophthalmorrhagie*.

OPHTHALMOSCOPIE, subst. fém. (*oftalmocekopi*) (du grec οφθαλμος, œil, et σκοπεω, je considère), art de connaître le tempérament ou le caractère d'une personne par l'inspection des yeux.

OPHTHALMOSCOPIQUE, adj. des deux genres (*oftalmocekopike*); il se dit de ce qui concerne l'*ophthalmoscopie*.

OPHTHALMOSTATE, subst. mas. (*oftalmocetate*) (du grec οφθαλμος, œil, et στοω, je suis arrêté), instrument dont se servent les oculistes pour fixer le globe de l'œil dans certaines opérations.

OPHTHALMOTHÉRAPEUTIQUE, subst. fém. (*oftalmotérapeutike*) (du grec οφθαλμος, œil, et θεραπευτικος, médicamentaire, médicinal), t. de médec., *thérapeutique* oculaire.

OPHTHALMOTOMIE, subst. fém. (*oftalmotomi*) (du grec οφθαλμος, œil, et τομη, incision, dérivé de τεμνω, je coupe), dissection anatomique de l'œil.

OPHTHALMOTOMIQUE, adj. des deux genres (*oftalmotomike*), qui concerne l'*ophthalmotomie*.

OPHTHALMOXYSE, subst. fém. (*oftalmokcize*) (du grec οφθαλμος, œil, et ξυσις, démangeaison), t. de chir., scarification sur la membrane conjonctive de l'œil, dans l'*ophthalmie*.

OPHTHALMOXYSTRE, subst. mas. (*oftalmokcicetre*) (du grec οφθαλμος, œil, et ξυστρον, étrille), t. de chirurgie, très-petite brosse qui sert pour scarifier les paupières.

OPHYS, subst. mas. (*ofice*), t. d'hist. nat., poisson. (*Boiste*.)

OPIACÉ, E, adj. et part. pass. de *opiacer*. T. de pharm.: il se dit des médicaments qui contiennent de l'opium. — Il est aussi subst.: *les opiacés*.

* **OPIACER**, v. act. (*opiacé*), t. de pharm., composer des médicaments en combinant de l'opium avec d'autres substances.— S'OPIACER, v. pron.

OPIAT, subst. mas. (*opiate*) (du grec οπιον, *opium*, suc de pavot, parce que tous les *opiats* étaient préparés avec l'*opium* ou les *narcotiques*), t. de pharm., sorte d'électuaire d'une consistance un peu molle, et dans lequel il entre divers ingrédients. — Pâte ou poudre rouge dont on se sert pour nettoyer les dents.—L'*Académie* permet de dire aussi *opiate* au fém.

OPICHTHE, subst. masc. (*opikte*) (du grec οφις, serpent, et ιχθυς, poisson), t. d'hist. nat., genre de poissons qui ont quelque ressemblance avec les serpents.

OPICIEN, subst. mas. (*opiciein*), ancien peuple qui habitait une partie de la Campanie.

OPICONSIVES, subst. fém. plur. (*opikoncive*), myth., fêtes qui se célébraient à Rome, en l'honneur d'*Ops consiva*.

OPIGÈNE, subst. propre fém. (*opijène*) (du lat. *opus*, secours, et du grec γεινομαι, enfanter), myth., surnom de Junon comme protectrice des femmes romaines en couches.

OPILATIF, adj. mas., au fém. **OPILATIVE** (*opilatif, tive*), qui peut causer des obstructions. Voy. OPILER.

OPILATION, subst. fém. (*opilâcion*) (en latin *opilatio*), t. de médec., obstruction.

OPILATIVE, adj. fém. Voy. OPILATIF.

OPILE, subst. mas. (*opile*), t. d'hist. nat., genre d'insectes de l'ordre des coléoptères. — Sorte de coquille.— T. de bot., espèce d'arbrisseau des Indes.

OPILÉ, E, part. pass. de *opiler*.

OPILER, v. act. (*opilé*) (en latin *oppilare*, fait de *ob*, devant, et du grec πιλοω ou πιλεω, je foule, je serre, je presse), t. de médec., boucher les conduits du corps, causer des obstructions. *Trévoux* écrit ces mots avec deux *pp*, conformément à l'étymologie latine. — S'OPILER, v. pron.

* **OPIMES**, adj. fém. plur. (*opime*) (du lat. *opimus*, qui signifie gras, fertile, abondant, riche; dérivé d'*Ops*, femme de Saturne, honorée comme la distributrice des richesses, d'où vient aussi le mot *opes*, richesses): *dépouilles opimes*, celles que remportait un général romain qui avait tué le général ennemi.

OPIMIEN, adj. mas. (*opimiein*), s'est dit d'un vin recueilli sous le consulat de *L. Opimius* et de *Q. Fabius Maximus*, l'an 121 avant J.-C.: il était si exquis et si fort qu'on en garda pendant plus d'un siècle.

OPINANT, E, subst. et adj. (*opinan, nante*), celui, celle qui *opine*.

OPINATEUR, subst. mas. (*opinateur*), t. d'hist. ancienne, nom d'officiers qui étaient chargés du soin de veiller à l'exécution des marchés arrêtés pour la fourniture des vivres et des fourrages de l'armée.

OPINÉ, part. pass. de *opiner*.

OPINER, v. neut. (*opiné*) (en latin *opinari*, dire son avis dans une assemblée sur une chose mise en délibération.—Prov.: *opiner du bonnet*, être de l'avis des autres sans y rien ajouter ni diminuer; parce qu'un juge qui était d'un même sentiment que ceux qui avaient parlé avant lui ne faisait qu'ôter son bonnet sans rien dire. Les Athéniens *opinaient de la main*, en étendant la main vers le magistrat qu'ils élisaient, ou vers l'orateur dont ils suivaient l'avis.

OPINIÂTRE, adj. et subst. des deux genres (*opini-âtre*), obstiné, qui est trop fortement attaché à son opinion ou à sa volonté. Il se dit des personnes et des choses qui ont rapport à la personne. Voy. TÊTU. — *Combat opiniâtre*, soutenu longtemps avec vigueur. — *Travail opiniâtre*, long et difficile. — *Maladie, rhume opiniâtre*, qui résiste aux remèdes, dont on a peine à guérir. — Subst., entêté: *on hait les opiniâtres*.

OPINIÂTRÉ, E, part. pass. de *opiniâtrer*.

OPINIÂTRÉMENT, adv. (*opini-âtréman*), avec *opiniâtreté*. — Avec fermeté et constance: *il a défendu opiniâtrément cette place*.

OPINIÂTRER, v. act. (*opini-âtré*), soutenir un fait, une proposition avec *opiniâtreté*. — *Opiniâtrer le combat*, se battre long-temps et avec acharnement. — *Opiniâtrer un enfant*, l'obstiner.—S'OPINIÂTRER, v. pron., s'obstiner, se montrer *opiniâtre*.

OPINIÂTRETÉ, subst. fém. (*opini-âtreté*), obstination, trop grand attachement à son opinion ou à sa volonté.—Constance; fermeté.

OPINION, subst. fém. (*opinion*) (en lat. *opinio*), croyance probable. — Sentiment: *c'est là mon opinion*.—*C'est une affaire d'opinion*, chacun peut en parler comme il lui plaît. — Jugement que l'on porte de...: *j'ai mauvaise opinion de cette affaire*. — Avis d'un juge, etc., dans une délibération: *aller aux opinions*. Voy. SENTIMENT.

OPINIONISTE, subst. mas. (*opinionicete*), auteur d'une *opinion*.

OPIPIXCAN, subst. mas. (*opipikcekan*), t. d'hist. nat., espèce de canard sauvage qu'on trouve au Mexique; il a le bec rougeâtre, les pieds roussâtres, et le plumage varié de noir et de cendré.

OPIS, subst. propre fém. (*opice*), myth., nymphe, l'une des compagnes de Diane.

OPISTHOPHOSE, subst. fém. Voy. OPISTHOCYPHOSE.

OPISTHOCYPHOSE, subst. fém. (*opicetocifôze*) (du grec οπισθοκυφωσις, fait de οπισθεν, en arrière, et κυφωσις, courbure, dérivé de κυφοω, je courbe), t. de chir., courbure de la colonne vertébrale en arrière.

OPISTHODÔME, subst. mas. (*opicetodôme*) (en grec οπισθοδομος, fait de οπισθεν, en arrière, et δομος, maison), t. d'antiq., trésor public à Athènes, placé derrière le temple de Minerve.

OPISTHO-GASTRIQUE, adj. des deux genres (*opicetoguacetrike*) (du grec οπισθεν, en arrière, et γαστηρ, estomac), t. d'anat., se dit du tronc cœliaque qui naît derrière la partie supérieure de l'estomac.—Il est aussi subst.: *l'opistho-gastrique*.

OPISTHOGNATHE, subst. mas. (*opicetoguenate*), t. d'hist. nat., poisson des Indes qu'on range parmi les blennies.

OPISTHOGRAPHE, adj. des deux genres (*opicetoguerafe*) (du grec οπισθεν, par derrière, et γραφω, j'écris), qui est écrit au recto et au verso de la page: *les chartes opisthographes sont plus fréquentes en Angleterre qu'en France*.

OPISTHOGRAPHIE, subst. fém. (*opicetoguerafi*) (même étym. que celle du mot précédent), écriture sur le recto et le verso de la page. Les anciens n'écrivaient que sur le recto: l'usage d'écrire sur le revers du papier fut, dit-on, introduit chez les Romains par Jules-César.

OPISTHOGRAPHIQUE, adj. des deux genres (*opicetoguerafike*), qui a rapport à l'*opisthographie*.

OPISTHOTONOS, subst. mas. (*opicetôtonoce*) (du grec οπισθεν, par derrière, et de τονος, tension), t. de médec., état convulsif dans lequel le corps tombe en arrière.

OPITER, OPITULUS, adj. propre mas. (*opitère, opituluce*), myth., surnom de Jupiter.

OPITERGINIEN, subst. propre mas. (*opitèrejiniein*), habitants d'Odezzo, ville ancienne de la Marche Trévisane.

OPIUM, subst. mas. (*opi-ome*) (en grec οπιον, fait de οπος, suc et liqueur), suc qui découle des incisions faites aux têtes des pavots blancs. Il a une qualité narcotique et soporative: *les Turcs font un grand usage de l'opium*. — Au plur., des *opium* sans *s*.

OPLISMÈNE, subst. fém. (*oplicemène*), t. de bot., genre de plantes de la famille des graminées.

OPLITE, subst. mas. Voy. HOPLITE.

OPLITODROMIE, subst. fém. Voy. HOPLITODROMIE.

OPLOMACHIE, subst. fém. Voy. HOPLOMACHIE.

OPLOMACHISTE, subst. m. V. HOPLOMACHISTE.

OPLOPHORE, subst. mas. (*oplofore*), t. d'hist. nat., famille de poissons de la division des abdominaux.

OPOBALSAMUM, subst. mas. (*opobalzamome*) (en grec οποϐαλσαμον, formé de οπος, suc, et βαλσαμον, baume), baume de Judée ou d'Égypte.

OPOCABALSAMUM, **OPOCALBASUM**, subst. mas. (*opokabalzamome*, *opokalbazome*), substance gommo-résineuse que quelques-uns disent être essentiellement résineuse.

OPODELDOCH, subst. mas. (*opodèledoke*), t. de pharm., baume composé de savon blanc, de racines de guimauve, de grande consoude, de gentiane, d'aristoloche ronde et angélique, de feuilles de sanicle, de pied-de-lion, de piloselle, de camphre, d'alcool, etc., etc., pour des douleurs rhumatismales.

OPODÉOCÈLE, subst. fém. (*opodé-ocèle*), t. de médec., hernie sous-pubienne, ou du trou obturateur.

OPOL, subst. mas. (*opol*), suc. Inusité.

OPOPONAX ou **OPOPANAX**, subst. mas. (*opoponakce*), gomme jaune au dehors et blanche au dedans, d'une odeur forte et désagréable, que l'on tire par incision d'un arbre qui croît en Grèce.

OPORIQUE, subst. fém. (*oporike*), chez les anciens, remède composé de divers fruits d'automne.

OPORTO ou **PORTO**, subst. propre mas. (*oporto*), grande ville de Portugal, sur le Douro, à 64 lieues de Lisbonne. Elle fut prise par les Français en 1808. C'est de là que don Pédro data la charte qu'il donna aux Portugais en 1831.

OPOSPERME, subst. fém. (*opocepèreme*), t. de bot., genre de plantes de la famille des conferves.

OPOSSUM, subst. mas. (*opoceçome*), t. d'hist. nat., sorte de quadrupède du genre des didelphes.

OPOSTAL, subst. mas. (*opocetale*), t. de médec., extrait.

OPPIDUM, subst. mas. (*opepidome*), t. d'antiq., nom que l'on donnait à la partie du cirque qui était avant les barrières, et que l'on nommait *carceres*.

OPPORTUN, **E**, adj. (*oporteun, tune*) (en lat. *opportunus*, qui vient à propos, formé de *ob*, devant, et *portus*, port), favorable, propre; selon le temps et le lieu. Il vieillit.

OPPORTUNÉMENT, adv. (*oportunéman*), d'une manière *opportune*.

OPPORTUNITÉ, subst. fém. (*oportunité*) (en lat. *opportunitas*), qualité de ce qui est *opportun*, occasion propre, favorable.

OPPOS., abréviation de la locution *par opposition*.

OPPOSANT, **E**, subst. et adj. (*opôzan, zante*), t. de palais, celui ou celle qui *s'oppose* à une sentence, etc. : *il est opposant; il y a un nouvel opposant*. — Subst. mas. plur., t. d'anat., les muscles de la main.

OPPOSÉ, **E**, part. pass. de *opposer*, et adj. (*opôzé*), placé vis-à-vis. — Contraire, en parlant des esprits, des humeurs, des intérêts, etc. — En dialectique, on le dit d'un terme relatif ou contraire à un autre terme : fils est *opposé* à père, qui est son relatif; chaud est *opposé* à froid, qui est son contraire. En ce sens, on dit substantivement que *tous les contraires sont opposés*, mais que *tous les opposés ne sont pas contraires*. —En t. de blas., *deux pièces sont opposées* quand la pointe de l'une regarde le chef, et la pointe de l'autre regarde le bas de l'écu.—En bot., se dit des parties des plantes qui naissent de deux points diamétralement *opposés*. — Subst. mas., ce qui est directement contraire, *opposé : ceci est tout l'opposé de ce que nous avons vu*.

OPPOSER, v. act. (*opôzé*) (en lat. *opponere*, formé de *ob*, devant, et *ponere*, mettre; *mettre devant*), mettre une chose ou une personne pour faire obstacle à une autre : *opposer une batterie à une autre; opposer la force à la force*. Racine a eu tort de dire (*Athalie*), opposer contre :

Qui donc opposez-vous contre ces satellites?

— Mettre vis-à-vis : *opposer un trumeau à une cheminée*. — Mettre en parallèle : *opposer les modernes aux anciens*. — **S'OPPOSER**, v. pron., être contraire à quelqu'un ou à quelque chose.— Faire des efforts pour arrêter, pour mettre obstacle. — En t. de pratique, déclarer judiciairement qu'on met empêchement à l'exécution de quelque acte, etc.

OPPOSITE, subst. des deux genres (*opôzite*) (en lat. *oppositum*, fait de *oppositus*, part. pass. de *opponere*), le contraire : *il est tout l'opposite de son frère*.—*A l'opposite*, loc. adv., vis-à-vis.

OPPOSITIF, subst. mas., au fém. **OPPOSITIVE** (*opôzitif, tive*), qui oppose.

OPPOSITION, subst. fém. (*opôzicion*) (en lat. *oppositio*), empêchement, obstacle : *mettre, apporter, faire, former opposition à...* — Contrariété : *opposition d'humeurs, de sentiments*. — Dans l'escrime, 1° mouvement de la main par lequel on pare une estocade; 2° action d'*opposer* le fort de sa lame au faible de celle de son adversaire. — En astron., éloignement d'une planète de cent quatre-vingts degrés d'une autre planète: elles sont alors diamétralement *opposées*.— En t. de rhétorique, réunion de deux idées qui paraissent contradictoires : *une folle sagesse*. — T. d'anat., *mouvement d'opposition*, qu'exécutent les muscles *opposés*. — Dans une assemblée nationale et politique, on appelle *opposition* le parti habituellement *opposé* à la majorité.—Les écrivains, les journalistes *opposés* au gouvernement.

OPPOSITIVE, adj. fém. Voy. OPPOSITIF.

OPPRESSÉ, **E**, part. pass. de *oppresser*.

OPPRESSER, v. act. (*oprècé*) (en lat. *opprimere*), presser fortement, nuire à la liberté de la respiration. — Opprimer. Voy. ce mot. — **S'OPPRESSER**, v. pron.

OPPRESSEUR, subst. mas. (*oprèceur*) (en lat. *oppressor*), celui qui *opprime*, et non pas celui qui *oppresse*.— Adj. au mas. : *gouvernement oppresseur*.

OPPRESSIF, adj. mas., au fém. **OPPRESSIVE** (*oprècif, cive*), qui *opprime* : *moyens oppressifs*.

OPPRESSION, subst. fém. (*oprècion*), état de ce qui est 1° *opprimé : oppression de poitrine;* 2° *oppressé : le peuple est dans une grande oppression*. Action d'*opprimer : gémir sous l'oppression*.

OPPRESSIVE, adj. fém. Voy. OPPRESSIF.

OPPRESSIVEMENT, adv. (*oprèciveman*), d'une manière *oppressive*.

OPPRIMÉ, **E**, part. pass. de *opprimer*, et adj. — Subst., celui, celle qu'on *opprime*.

OPPRIMER, v. act. (*oprimé*) (en lat. *opprimere*), accabler par violence, par abus d'autorité. *Voltaire* a dit (*Sémiramis*) :

Je voudrais... mais faut-il dans l'état qui m'*opprime*...

On n'est point *opprimé* par un état, parce qu'*opprimer* ne se dit que des personnes, ou de ce qui peut être personnifié figurément, comme le pouvoir, l'injustice, etc. : à la différence d'*oppresser*, qui ne se dit que des choses. Ainsi l'on est *accablé* d'un état, *oppressé* de douleur, et *opprimé* par ses ennemis. — **S'OPPRIMER**, v. pron.

OPPROBRE, subst. mas. (*oprobre*) (en lat. *opprobrium*), ignominie, honte, affront.

OPRAS, subst. mas. (*opra*), t. de relat., titre des grands seigneurs du royaume de Siam. On les nomme aussi *oyas*.

OPS, subst. propre fém. (*opece*), myth., c'est la même divinité que Rhée, Cybèle, la Terre. Voy. CYBÈLE.

OPSARTYCIENS, subst. mas. plur. (*opeçarticiein*), t. d'hist. anc., livres qui traitaient de l'art culinaire.

OPSIGONE, adj. des deux genres (*opeciguone*) (du grec οψε, tard, et γεινομαι, être produit), t. didactique, produit dans un temps postérieur : *les dents molaires s'appellent opsigones*, parce qu'elles ne paraissent qu'après les autres.

OPSIMATHIE, subst. fém. (*opecimati*) (du grec οψε, tard, et μανθανω, j'apprends), érudition tardive, envie tardive de s'instruire. (*Boiste*.) Inusité.

OPSOMANE, subst. des deux genres (*opeçomane*) (du grec οψον, aliment, et μανια, passion), qui aime avec fureur un aliment, qui a un goût exclusif pour quelque aliment.—Il se prend aussi adjectivement. (*Boiste*.)

OPSONOME, subst. mas. (*opeçonome*) (du grec οψον, denrée, aliment, et νομος, loi, règle), magistrat de police à Athènes, chargé de veiller sur la qualité des denrées apportées au marché.

OPSOPHAGE, subst. et adj. des deux genres (*opeçofaje*) (du grec οψον, nourriture, et φαγω, je mange), friand de bonne chère. — Surnom que les Éléens donnaient à Apollon.

OPT., abréviation du mot *optatif*.

OPTATIF, adj. mas., au fém. **OPTATIVE** (*opetatif, tive*) (du lat. *optare*, souhaiter), ce qui exprime le souhait. — Subst. mas., celui des modes du verbe par lequel on exprime quelque *désir*. Ses temps, dans notre langue, sont empruntés du subjonctif.

OPTATIVE, adj. fém. Voy. OPTATIF.

OPTÉ, part. pass. de *opter*.

OPTER, v. neut. (*opeté*) (en lat. *optare*), choisir entre plusieurs choses qu'on ne peut avoir ensemble. — OPTER, CHOISIR. (*Syn.*) On *opte* en se déterminant pour une chose, parce qu'on ne peut les avoir toutes. On *choisit* en comparant les choses, parce qu'on veut avoir la meilleure. L'un ne suppose qu'une simple décision de la volonté, pour savoir à quoi s'en tenir; l'autre suppose un discernement de l'esprit, pour s'en tenir à ce qu'il y a de mieux. —Entre deux choses parfaitement égales, il y a à *opter*, mais il n'y a pas à *choisir*. — On est quelquefois contraint d'*opter*, mais on ne l'est jamais de *choisir*. — Nous n'*optons* que pour nous; mais nous *choisissons* quelquefois pour les autres. — On peut *opter sans choisir*; il n'y a qu'à suivre le hasard ou le conseil d'autrui : mais on ne peut *choisir sans opter*, quand on *choisit* pour soi. — Lorsque les choses sont à notre *option*, il faut tâcher de faire un bon *choix*.

OPTÉRIES, subst. fém. plur. (*opetéri*), présents faits à un enfant à la première entrevue.— Présent d'un nouveau marié à son épouse lorsqu'on le conduisait chez elle, et qu'on la lui présentait.

OPTICIEN, subst. mas., au fém. **OPTICIENNE** (*opeticiein, ciène*), celui qui est versé dans l'*optique*. — Celui qui fait des instruments d'*optique*.

OPTICOGRAPHE, subst. mas. (*opetikoguerafe*), (du grec οπτικη, fait de οπτομαι, voir, et de γραφω, je décris), qui étudie la partie des mathématiques qui concerne l'*optique*, ou qui écrit sur cette science.

OPTICOGRAPHIE, subst. fém. (*opetikoguerafi*) (même étym. que celle du mot précéd.), traité, discours, ouvrage sur l'*optique*.

OPTICOGRAPHIQUE, adj. des deux genres (*opetikoguerafike*), qui a rapport, qui est relatif à l'*opticographie*.

OPTICOMÈTRE, subst. mas. (*opetikomètre*) (du grec οπτικη, fait de οπτικομαι, voir, et μετρον, mesure), t. d'opticien, instrument destiné à mesurer les degrés de la vue.

OPTICOMÉTRIE, subst. fém. (*opetikométri*), l'art de mesurer les degrés de la vue au moyen de l'*opticomètre*.

OPTICOMÉTRIQUE, adj. des deux genres (*opetikométrike*), qui a rapport, qui appartient à l'*opticomètre* et à l'*opticométrie* : *degré opticométrique*.

OPTIMATIE, subst. fém. (*opetimaci*) (en latin *optimates*), les principaux citoyens d'une ville.

OPTIMÈ, adv. (*opetimé*), mot emprunté du latin qui signifie : fort bien, très-bien.

OPTIMISME, subst. mas. (*opetimiceme*) (du lat. *optimus*, le meilleur, superlatif de *bonus*, bon), système des philosophes qui prétendent que le mieux possible est dans tout ce qui est et ce qui arrive.

OPTIMISTE, subst. et adj. des deux genres (*opetimicete*), partisan de l'*optimisme*.

OPTIMUS MAXIMUS (*opetimuce-makcimuce*) (mots latins qui signifient : *le meilleur* et *le plus grand*), surnom le plus ordinaire que les anciens Romains donnaient à Jupiter.

OPTION, subst. fém. (*opecion*) (en lat. *optio*), pouvoir d'*opter* : *donner, avoir l'option de...* — Action d'*opter* : *faire option*.

OPTION, subst. mas. (*opecion*) (du lat. *optio*, choix; parce que dans le principe les centurions avaient la liberté de se choisir des *lieutenants*), lieutenant que, chez les anciens Romains, le tribun militaire donnait au centurion pour l'aider dans ses fonctions. — Le même nom d'*option* a été donné à divers autres aides ou adjoints.

OPTIQUE, subst. fém. (*opetike*) (en grec οπτικη, fait de οπτομαι, voir), proprement, science de la *vision* directe, c'est-à-dire de la vision des objets par des rayons qui ne sont ni rompus ni réfléchis. — Dans un sens plus étendu, science de la vision en général. L'*optique*, dans cette acception, renferme la catoptrique et la dioptrique, et même la perspective. — Partie de la physique qui traite des propriétés de la lumière et des couleurs, sans aucun rapport à la vision. — Dans le sens le plus ordinaire, partie des mathématiques mixtes, qui traite de la lumière et des lois de la vision.

OPTIQUE, adj. des deux genres (*opetike*) (en grec οπτικος), qui concerne la *vue*, qui y a rapport, qui y sert : *le nerf optique; apparence optique*. — *Cône optique*, faisceau de rayons qu'on imagine partir d'un point quelconque d'un objet, et venir tomber sur la prunelle pour entrer dans l'œil. — *Axe optique*, rayon qui passe par le centre de l'œil, et qui fait le milieu de la pyramide ou du cône optique. — *Chambre optique*, la même que *la chambre obscure*. — *Verres optiques*, verres convexes ou concaves, qui, réunissant ou écartant les rayons, sont propres à rendre la vue meilleure, ou à la conserver. — *Triangle optique*, triangle dont la base est une des lignes droites de la surface de l'objet, et dont les côtés aboutissent à l'œil. — *Rayons optiques*, ceux qui terminent une pyramide ou un triangle *optique*. — En astron., *inégalité optique*, inégalité apparente dans le mouvement des planètes. — *Lieu optique d'une étoile*, le point du ciel où elle nous paraît être. — *Illusions optiques*, toutes les erreurs où notre vue nous fait tomber sur la distance apparente des corps, sur leur figure, etc.

OPULEMMENT, adv. (*opulaman*), avec *opulence*.

OPULENCE, subst. fém. (*opulance*) (en latin *opulentia*, fait de *opes*, richesses), abondance de biens.

OPULENT, E, adj. (*opulan, lante*), riche, dans l'*opulence*.

OPUNTIA, subst. fém. (*oponci-a*), t. de bot., espèce de cactier du Mexique et de l'Amérique méridionale, sur lequel on recueille l'insecte nommé *cochenille*, si précieux pour la teinture. *L'opuntia* se nomme aussi *nopal*.

OPUNTIEN, subst. propre mas. (*oponci-ein*), peuplade locrienne qu'*Homère* fait aller au siége de Troie.

OPUSCULE, subst. mas. (*opucekule*) (en latin *opusculum*, dimin. de *opus*, ouvrage), petit ouvrage. Il ne se dit qu'en matière de science et de littérature.

OQUAMIRIS, subst. mas. (*okouamirice*), t. d'antiq., sacrifice en usage chez les Romains.

OQUELLES, subst. fém. plur. (*okièle*), nom qu'on donne aux auberges dans la ville d'Alexandrie. Voyez OSQUELLE, qui semble être le même mot.

OR, subst. mas. (*ore*) (en lat. *aurum*, fait de αυρον ou αυρος, que l'on ne retrouve plus que dans son composé θησαυρος, trésor), métal jaune, le plus précieux, le plus ductile et le plus pesant de tous.—Monnaie d'or : *payer en or*.—Fig., richesse, opulence : *l'or supplée souvent la beauté*. — *Avoir des monceaux d'or*, ou fam. : *être tout cousu d'or*, être fort riche. — Il se dit poétiquement de certaines choses jaunes et brillantes : *l'or de ses cheveux ; l'or des moissons*. — Dans le blason, la couleur jaune.—*Or en lames*, *or trait*, qu'on a aplati entre deux rouleaux d'acier.—*Or filé*, *filé d'or*, *or* en lames dont on a couvert un brin de soie.—*Or en coquilles*, feuilles d'or réduites en poudre, et broyées sur le marbre avec du miel, dont on enduit l'intérieur d'une coquille et qu'on emploie dans la peinture.—*Or monnayé*, qu'on a employé à la fabrication des monnaies.—*Or vert*, *or* en feuilles, appliqué sur l'assiette après avoir été bruni, et dont on se sert en peinture. — *Or en chaux*, *or* épuré, prêt à fondre, et qu'on fait refroidir : on l'emploie pour le vermeil doré.—*Or en pâte*, prêt à fondre dans le creuset.— *Or en bain*, celui qui est en état de fusion.—*Or mat*, qui n'est pas poli, qui ne brille pas.—*Or faux*, cuivre rosette forgé en lingots, recouvert d'argent et doré ensuite comme les lingots d'argent fin.—*Or blanc*. Voyez PLATINE. — *Or fulminant*, en chimie, *or* dissous dans de l'eau régale (l'acide nitro-muriatique), et précipité par un alcali ou fixe ou végétal.—*Or bas*, *or* au-dessous du titre, jusqu'à douze carats. — *Or sol*, expression dont on se sert dans le calcul des monnaies de France qu'on émet à l'étranger. *Or sol* répond à trois livres ou au triple de la somme énoncée. — *Une tonne d'or*, en Hollande, cent mille florins. — *Ors*, au plur. : les différentes couleurs qu'on peut donner à l'*or* : *une boîte de deux ors : des ors de différentes couleurs*. — *Age d'or*, *siècle d'or*, en poésie, les premiers temps du monde où les hommes vivaient en paix et dans l'innocence. On dit, dans le même style, *des jours filés d'or et de soie*, des jours heureux.— Fam. : *ce contrat est de l'or en barre*, ce contrat est très-bon, on en aura de l'argent quand on voudra. — *Marché d'or*, très-avantageux.—*Promettre des monts d'or*, faire de grandes promesses. — Prov. : 1° *dire ou parler d'or*, pertinemment; 2° *faire un pont d'or à quelqu'un*, lui céder beaucoup pour se débarrasser d'une affaire fâcheuse; 3° *acheter au poids de l'or*, fort cher; 4° *valoir son pesant d'or*, se dit d'un homme serviable, officieux ou laborieux, attaché à ses devoirs, etc.; 5° *Saint Jean bouche d'or*, homme qui dit toujours sa pensée franchement et sans égards; 6° *tout ce qui reluit n'est pas or*, tout ce qui a l'apparence d'être bon ne l'est pas; 7° *c'est de l'or de Toulouse qui lui coûtera cher*, se dit d'un homme qui a eu quelque avantage, qu'il doit ensuite payer chèrement (Du proverbe latin *aurum habet Tolosanum*, fondé sur ce que Q. Cépion ayant pris et livré au pillage la ville de Toulouse, dont les temples étaient remplis d'or, tous ceux qui emportèrent cet *or* périrent, dit-on, misérablement, et dans les douleurs les plus cruelles.)—*Nombre d'or*. Voyez au mot NOMBRE.—*Or fulminant*, oxyde d'*or* précipité de l'hydrochlorate d'*or*, par un excès d'ammoniaque que l'on a lavé et séché à une douce chaleur.—*Or mussif*, t. de minér. et de métallurgie, *or* composé de soufre et d'étain.

OR (*ore*), particule conjonctive qui sert 1° à lier un discours à un autre : *or, pour revenir à ce que nous disons ;* 2° à lier une proposition à une autre, comme la mineure d'un argument à la majeure; en ce sens, on dit aussi : *or est-il que...*; 3° à exhorter, à convier : *or sus, commençons ; or ça, finirons-nous ?* Familier.

OR (CÔTE-D'), subst. propre mas. (*côtedore*), nom d'un dép. de France.

ORACLE, subst. mas. (*orakle*) (en latin *oraculum* ou *oraclum*, fait de *os*, gén. *oris*, bouche), réponse que les païens s'imaginaient recevoir de leurs dieux. — Le dieu qui rendait l'oracle. — Fig. 1° les vérités énoncées dans l'Écriture, ou déclarées par l'Église; 2° décisions données par des personnes d'autorité et de savoir; 3° ces personnes mêmes. — *Parler comme un oracle*, très-bien.—*Parler d'un ton d'oracle*, affecter un ton imposant.—*S'exprimer en oracle*, en termes ambigus.

ORACULISTE, subst. et adj. des deux genres (*orakulicete*), qui prononce des *oracles*.

ORADOUR-SUR-VAYRES, subst. propre mas. (*oradourçurevère*), village de France, chef-lieu de canton, arrond. de Rochechouart, dép. de la Haute-Vienne.

ORAGE, subst. mas. (*oraje*) (du lat. *aura*, d'où l'on a fait, dans la basse latinité, *auragium*, suivant *Ménage*, et suivant *Du Cange*, *orago*), tempête, grosse pluie mêlée d'éclairs et de tonnerre.—Fig., malheur dont on est menacé : *conjurer, dissiper, laisser passer l'orage*.—Agitation des sentiments : *l'orage des passions*.—Guerre menaçante; désordre; révolution : *l'orage était près d'éclater*.

ORAGEUSE, adj. fém. Voy. ORAGEUX.

ORAGEUX, adj. mas., au fém. ORAGEUSE (*orajeu, jeuze*), qui cause de l'*orage* : *vent orageux*.—Qui est sujet aux *orages* : *mer orageuse*. —Où il arrive ordinairement des *orages* : *temps orageux; saison orageuse*. — Fig. : *cour orageuse*, où les intrigues causent des révolutions fréquentes.—*Séance orageuse*, *discussion orageuse*, troublée par des querelles, des emportements.

ORAIN, subst. mas. Voy. ORIN.

ORAIRE, adj. des deux genres (*orère*) (du lat. *oratio*), obtenu par prières.

ORAISON, subst. fém. (*orèzon*) (en lat. *oratio*), *discours* d'éloquence destiné à être prononcé en public. Il ne se dit plus en ce sens que des discours des anciens orateurs et de ceux prononcés à la louange des morts, et qu'on nomme *oraison funèbre*. Voyez DISCOURS. — En grammaire, *les parties d'oraison*, du discours.—Prière adressée à Dieu et aux saints. On ne le dit guère que des prières particulières de l'office divin, excepté dans l'*Oraison dominicale*, le *Pater noster*.— Méditation : *faire l'oraison*, ou sans article, *faire oraison*.—ORAISON, DISCOURS. (*Syn.*) Dans le *discours*, on envisage surtout l'analogie et la ressemblance de l'énonciation avec la pensée énoncée; dans l'*oraison*, on fait plus attention à la matière physique de l'énonciation, et aux signes vocaux qui y sont employés.—Le *discours* est plus intellectuel; ses parties sont les mêmes que celles de la pensée : le sujet, l'attribut et les divers compléments nécessaires aux vues de l'énonciation. Il est du ressort de la logique.—L'*oraison* est plus matérielle; ses parties sont les différentes espèces de mots : le nom, le pronom, l'adjectif, etc. Le mécanisme en est soumis aux lois de la grammaire. — Le *discours* s'adresse à l'esprit, parce qu'il lui présente des idées. Ce qui le caractérise, c'est le style, qui le rend précis ou diffus, élevé ou rampant, facile ou embarrassé, vif ou froid, etc. L'*oraison* est pour l'imagination, parce qu'elle représente d'une manière matérielle et sensible. Ce qui la caractérise, c'est la diction, qui la rend correcte ou incorrecte, claire ou obscure, harmonieuse ou malsonnante. Voyez DISCOURS.

ORAL, subst. mas. (*orale*) (en latin *os*, gén. *oris*, bouche), grand voile que le pape met sur sa *tête*, qui se replie sur ses épaules et sur sa poitrine. — Autrefois, voile ou coiffe de femme. — Voile que devaient porter les Juives quand elles allaient par la ville.

ORAL, E, adj. (*orale*), qui se transmet de bouche en bouche : *loi orale*, *tradition orale*.

ORAN, subst. propre mas. (*oran*), ville et port de Barbarie, état d'Alger, en Afrique.

ORAN-BLEU, subst. mas. (*oranbleu*), t. d'hist. nat., merle d'Afrique.

ORANG, subst. mas. (*oran*), t. d'hist. nat., espèce de singe dont la tête est arrondie comme celle de l'homme.

ORANGE, subst. fém. (*oranje*) (du latin barbare *aurantia*, dit dans la basse latinité pour *aurata* ou *aurea*, dorée, de couleur d'or, dérivé de *aurum*, or. Les anciens appelaient les oranges *mala aurea*, pommes d'or.), fruit à pepin de couleur jaune doré, et qui a beaucoup de jus.—En t. de blason, toute pièce ronde qui est jaune ou tannée.

ORANGÉ, E, adj. (*oranjé*), de couleur d'*orange*. C'est la seconde des couleurs primitives en commençant par le rouge.—Subst. mas., la couleur d'*orange*.

ORANGEADE, subst. fém. (*oranjade*), boisson faite avec du jus d'*orange*, du sucre et de l'eau.

ORANGEAT, subst. mas. (*oranja*), confiture sèche ou dragées faites d'écorce d'*orange*.

ORANGE-DE-MER, subst. fém. (*oranje-demère*), t. d'hist. nat., espèce d'alcyon peu connu, dont la forme est globuleuse. — Au plur., des *oranges-de-mer*.

ORANGE-D'HIVER, subst. fém. (*oranjedivère*), t. de jard., sorte de poire verte, de forme sphérique, et qui est très-tardive. — Au plur., des *oranges-d'hiver*.

ORANGE-MUSQUÉE, subst. fém. (*oranjemucekié*), t. de jard., sorte de poire très-hâtive, qui a un goût de musc, et dont la forme est presque sphérique.—Au plur., des *oranges-musquées*.

ORANGER, subst. mas. (*oranjé*), t. de bot., arbre originaire de la Chine, cultivé et naturalisé dans le midi de l'Europe.—Voy. ORANGE. On en connaît un grand nombre d'espèces.

ORANGER, subst. mas., **ORANGÈRE**, subst. fém. (*oranjé, jère*), celui, celle qui vend des *oranges*.

ORANGERIE, subst. fém. (*oranjeri*), endroit d'un jardin où l'on place des *orangers*. — Lieu où on les serre pendant l'hiver.

ORANGESSE, subst. fém. (*oranjèce*), ratafiat d'*orange*.

ORANGE-TULIPÉE, subst. fém. (*oranjetulipé*), t. de jard., sorte de grosse poire hâtive, ovoïde, mi-partie verte, mi-partie d'un rouge obscur, avec des raies d'un rouge pâle.—Au plur., des *oranges-tulipées*.

ORANGIN, subst. mas. (*oranjein*), courge qui imite l'*orange*.

ORANGISTE, subst. mas. (*oranjicete*), celui qui élève des *orangers*, qui en a soin. Peu en usage. — Partisan de la maison d'*Orange*.

ORANG-OUTANG, subst. mas. (*oran-outan*), t. d'hist. nat., nom que l'on donne, aux Indes orientales, à l'*homme sauvage* ou *des bois*, espèce de grand singe. Voy. ORANG.

ORANG-OUTANG-ROUX, subst. mas. (*oranoutanrou*), t. d'hist. nat., jocko d'environ trois pieds de hauteur.

ORANG-OUTANG-CHIMPANZÉ, subst. mas. (*oran-outancheinpanzé*), t. d'hist. nat., grand jocko, et qui a la taille de l'homme, très-robuste.

ORANVERT, subst. mas. (*oranvère*), t. d'hist. nat., espèce de merle que l'on trouve au Sénégal.

ORARIUM, subst. mas. (*orari-ome*), mouchoir dont les anciens se servaient, entre autres usages, pour faire ou donner des signes d'applaudissement.

ORATE, subst. mas. (*orate*), t. de chimie, combinaison d'acide d'*or* avec des bases salifiables. —*Orate d'ammoniaque*, *or* fulminant.

ORATEUR, subst. mas. (*orateur*) (en lat. *orator*), homme qui compose et prononce des discours d'éloquence : *orateur sacré*, prédicateur. — En Angleterre, président de la chambre des communes. — Celui qui a la parole dans une assemblée. — Quand on dit par excellence l'*orateur romain*, c'est de *Cicéron* qu'on veut parler.—En parlant d'une femme comme d'un homme, on dit *orateur*.

ORATIONNEL, adj. mas., au fém. ORATIONNELLE (*oraci-onèle*), complexe, de deux mots : *locution orationnelle*, comme : *château - fort*, *Mont-Blanc*. (*Boiste*.) Presque inusité.

ORATOIRE, subst. mas. (*oratoare*) (en lat. *oratorium*, fait de *orare*, prier), petit lieu dans une maison destiné pour prier Dieu. — Congrégation d'ecclésiastiques fondée par le cardinal de Bérulle. — Leur maison et leur église. — Adj. des deux genres, qui appartient à l'*orateur* : *l'art oratoire*.

ORATOIREMENT, adv. (*oratoareman*), d'une manière *oratoire*.

ORATORIEN, subst. mas. (*oratori-ein*) (en lat. *oratorius*), qui est de la congrégation de l'*Oratoire*.

ORATORIO, subst. mas. (*oratorio*), mot emprunté de l'italien. Espèce de petit drame, écrit en latin ou en langue vulgaire, fait pour être mis en musique, et dont les sujets sont ordinairement tirés de l'histoire sainte : *l'opera de Moïse est un magnifique oratorio*. — On l'appelle aussi *hiérodrame*, du grec ιερος, sacré, et δραμα, drame. — Au plur., des *oratorio*.

ORBE, subst. mas. (*orbe*) (du latin *orbis*, cercle, rond, disque), t. d'astron., espace que parcourt une planète dans son cours. — Corps ou espace *sphérique* terminé par deux surfaces, l'une convexe, qui était en dehors, l'autre concave, qui était en dedans. — *Le grand orbe*, espace dans lequel on suppose que le soleil se meut, ou plutôt celui dans lequel la terre fait sa révolution annuelle. — T. d'hist. nat., poisson du genre des chétodons.

ORBE, adj. des deux genres (*orbe*) (en latin *orbus*, borgne ou aveugle); en chirur., *un coup orbe*, qui n'entame pas la chair, mais qui fait une grande meurtrissure. — En t. de maçonn., *un mur orbe*, sans porte ni fenêtre.

ORBEC, subst. propre mas. (*orbèk*), ville de France, chef-lieu de canton, arrond. de Lisieux, dép. du Calvados.

ORBIBARIEN, subst. mas. (*orbibariein*), nom d'une corporation de sectateurs errants.

ORBICULAIRE, adj. des deux genres (*orbikulère*) (en latin *orbicularis*), qui est de figure *ronde* et sphérique. — En bot., arrondi.

ORBICULAIREMENT, adv. (*orbikulèreman*) (en lat. *orbiculatim*), en rond.

ORBICULE, subst. fém. (*orbikule*), t. d'hist. nat., sorte de coquille *orbiculaire*, de la division des bivalves. — Famille de crustacés dont la tête est presque *orbiculaire*.

ORBICULÉ, E, adj. (*orbikulé*), t. de bot., plat et rond.

ORBICULITHE, subst. mas. (*orbikulite*) (du latin *orbicula*, dim. de *orbis*, orbe, cercle, rond, et du grec λιθος, pierre), t. d'hist. nat., sorte de mollusque fossile. — Genre de crustacés fossiles.

ORBIÈRE, subst. fém. (*orbière*), cuir hémisphérique que l'on place sur les yeux d'un mulet.

ORBILLE, subst. fém. (*orbi-ie*), t. de bot., sorte de cupule ou de conceptacle qui se trouve dans les lichens.

ORBIS, subst. mas. (*orbice*), t. d'hist nat., sorte de gros poisson marin dont la forme est orbiculaire. C'est le même que l'*orbe*.

ORBITAIRE, adj. des deux genres (*orbitère*), t. d'anat., qui est relatif à l'*orbite* : *les trous orbitaires; les sinus orbitaires*.

ORBITE, subst. fém. (*orbite*) (en lat. *orbita*), en astron., la route, le chemin que décrit une planète par son mouvement propre. — En anat., la cavité dans laquelle l'œil est placé. — Région qui entoure l'œil des oiseaux.

ORBITÉ, subst. fém. (*orbité*), état de deux époux qui n'ont point d'enfant. Peu usité.

ORBITELLE, subst. fém. (*orbitèle*), t. d'hist. nat., genre d'araignées de la famille des tendeuses.

ORBITO-EXTUS-SCLÉROTICIEN, adj. et subst. mas. (*orbito-èkcetuceklérotici-ein*), t. d'anat., se dit du muscle droit externe de l'œil.

ORBITO-INTUS-SCLÉROTICIEN, subst. et adj. mas. (*orbito-eintuceklérotiçiein*), t. d'anat.; se dit du muscle droit interne de l'œil.

ORBITOLITHE, subst. mas. (*orbitolite*), t. d'hist. nat., genre de polypiers pierreux, libres et *orbiculaires*.

ORBITO-MAXILLI-LABIAL, adj. et subst. mas. (*orbitomakcilelilabi-ale*), t. d'anat.; se dit du muscle élévateur de la paupière supérieure.

ORBITO-PALPÉBRAL, subst. et adj. mas. (*orbitopalepébrale*), t. d'anat.; se dit du muscle abaisseur de la paupière supérieure.

ORBITO-SUS-PALPÉBRAL, subst. et adj. mas. (*orbitoçucepalepébrale*), t. d'anat.; se dit du muscle releveur de la paupière supérieure.

ORBONE, subst. propre fém. (*orbone*), myth., déesse qu'invoquaient les Romains pour qu'elle eût soin des enfants orphelins.

ORBULITHE, subst. fém. (*orbulite*), t. d'hist. nat., genre de testacés de la division des univalves.

ORCA, subst. mas. (*orka*), t. d'hist. nat., sorte de grand cétacé du genre des dauphins. — Sorte de pierre irisée.

OR ÇA, loc. interj. (*orça*), particule qui sert pour exciter, pour rappeler l'attention. Voy. OR, particule.

ORCADES, subst. fém. plur. (*orkade*), myth., nymphes des montagnes.

ORCANETTE, et non pas **ORCANÈTE**, subst. fém. (*orkanète*), t. de bot., plante, espèce de buglosse dont la racine fournit une teinture de rouge foncé, qui servait de fard aux anciens.

ORCEILLE, subst. fém. (*orcé-ie*), t. de bot., espèce d'agaric des Alpes, qui est bon à manger.

ORCHEF, subst. mas. (*orchèfe*), t. d'hist. nat., sorte d'oiseau des Indes.

ORCHÉSIE, subst. fém. (*orkiézi*), t. d'hist. nat., genre d'insectes de l'ordre des coléoptères.

ORCHÉSOGRAPHE, subst. mas. (*orkiézoguerafe*) (du grec ορχησις, danse, fait de ορχεομαι, danser, et γραφω, je décris), qui écrit sur la danse, qui en note les pas.

ORCHÉSOGRAPHIE, s. fém. (*orkiézoguerafi*) (même étym. qu'*orchésographe*), art d'écrire la danse par des notes indiquant les pas et mouvements.

ORCHÉSOGRAPHIQUE, adj. des deux genres (*orkiézoguerafike*), il se dit de ce qui concerne la description de la danse, *l'orchésographie*.

ORCHESTE, subst mas. (*orkièccte*), t. d'hist. nat., genre d'insectes de l'ordre des coléoptères.

ORCHESTIE, subst. fém. (*orkièccti*), t. d'hist. nat., genre de crustacés qu'on nomme aussi *talitre*.

ORCHESTIQUE, subst. fém. et adj. des deux genres (*orkièccetike*) (l'*Académie* veut bien nous donner la prononciation de ce mot. Pourquoi donc celle de celui-ci, et point celle de tous les autres ?) (du grec ορχηστικη, dérivé de ορχεισθαι, danser), l'un des deux principaux genres de la gymnastique ancienne, qui comprenait la *danse*, et, sous les noms de *cubistique* et de *sphéristique*, les sauts, les tours de force et l'exercice de la paume. L'autre genre était la *palestrique*.

ORCHESTOGRAPHIE, subst. fém. (*orkièccetoguerafi*). Voy. ORCHÉSOGRAPHIE.

ORCHESTRATION, subst. fém. (*orkièccetràcion*), science de conduire un orchestre; la manière dont on combine les diverses parties d'un orchestre : *voilà une orchestration bien ordonnée*.

ORCHESTRE, subst. mas. (*orkièccetre*) (en grec ορχηστρα, dérivé de ορχεομαι, danser). *Boiste*, *Gattel*, *Trévoux* et plusieurs autres lexicographes font ce mot du fém. L'*Académie* elle-même lui avait aussi donné ce genre; mais la dernière édition indique le masculin. Nous ajouterons, nous, que tout le monde fait aujourd'hui *orchestre* masculin. — Dans le théâtre des Grecs, lieu où l'on *dansait*. — Dans celui des Romains, lieu où se plaçaient les sénateurs. — Chez nous, lieu où l'on place la symphonie, et qui sépare le théâtre du parterre. — On le dit même des musiciens placés dans l'*orchestre*, et par extension, de ceux qui, dans un concert, exécutent des symphonies, accompagnent les voix, etc.; et encore des spectateurs qui occupent les places réservées entre les musiciens et le parterre.

ORCHESTRINO, subst. mas. (*orkièccetrinô*), sorte d'instrument qui en imite plusieurs à la fois. On lui donne aussi le nom de *petit orchestre*.

ORCHESTROMANIE, subst. fém. (*orkièccetromani*) (du grec ορχηστρα, fait de ορχεομαι, danser, et μανια, folie), t. de médec., danse involontaire morbide; sorte de chorée ou de tarentisme.

ORCHESTROMANIQUE, adj. des deux genres (*orkièccetromanike*), qui a rapport, qui appartient à l'*orchestromanie*.

ORCHET, subst. mas. (*orché*), t. d'hist. nat., espèce de gros-bec qu'on rencontre dans les Indes. C'est le même que l'*orchef*.

ORCHIDASTRON, subst. mas. (*orchidacetron*), t. de bot., genre de plantes.

ORCHIDÉE, subst. fém. (*orchidé*), t. de bot., famille de plantes dont les racines sont quelquefois fibreuses, plus souvent tuberculeuses, ainsi nommées de l'*orchis*, la principale d'entre elles. Les *orchidées* forment 4 sections : *ophrydées*, genre orchide; *limodorées*, genre vanille; *épidendrées*, genre angrec; *cypripédiées*, genre *cypripedium*.

ORCHIDOCARPE, subst. mas. (*orchidokarpe*), t. de bot., genre de plantes.

ORCHIE, adj. fém. (*orchi*), t. d'hist. anc., se dit d'une loi romaine qui fixait le nombre des convives dans les repas publics.

ORCHIOCÈLE, subst. fém. (*orki-ocèle*) (du grec ορχις, testicule, et κηλη, tumeur, hernie), t. de chir., hernie humorale ou des testicules.

ORCHIONCIE, subst. fém. (*orki-onci*) (du grec ορχις, testicule, et ογκος, tumeur), t. de chir., synonyme de *orchiocèle*.

ORCHIS, subst. mas. (*orkice*) (du grec ορχις, testicule), t. de bot., plante à fleur anomale, de la famille des orchidées.

ORCHITE, subst. fém. (*orchite*), t. de bot., variété d'olive dont la forme est sphérique et testiculaire. — T. de médec., inflammation du testicule. Voy. ORCHITITE.

ORCHITITE, subst. fém. (*orchitite*), t. de médec., inflammation des testicules.

ORCHITOMOLOGIE, subst. fém. (*orchitomoloji*) (du grec ορχις, testicule, τομη, fait de τεμνω, je coupe, et λογος, traité, discours), t. de chir., traité de l'amputation des testicules. (*Roland*.)

ORCHITOMOLOGIQUE, adj. des deux genres (*orchitomolojike*), qui a rapport à l'*orchitomologie*.

ORCHOTOME, subst. mas. (*orkotome*) (du grec ορχις, testicule, et τομη, fait de τεμνω, je coupe), t. de chir., instrument de chirurgie dont on se servait autrefois pour faire la castration.

ORCHOTOMIE, subst. fém. (*orkotomi*) (même étym. que celle du mot précéd.), t. de chir., castration, amputation des testicules.

ORCHOTOMIQUE, adj. des deux genres (*orkotomike*), qui tient, qui appartient à l'*orchotomie*.

ORCHOTOMOLOGISTE, subst. mas. (*orkotomolojicete*), t. de chir., celui qui s'occupe d'écrire sur l'*orchotomie*.

ORCIÈRES, subst. propre mas. (*orcière*), village de France, chef-lieu de canton, arrond. d'Embrun, dép. des Hautes-Alpes.

* **ORCINE**, subst. fém. (*orcine*), matière ou principe colorant qu'on trouve dans le lichen.

ORCINIEN, subst. mas. (*orciniein*), t. d'hist. anc., chez les anciens Romains, esclave affranchi par suite du testament de son maître.

ORCUS, subst. propre mas. (*orkuce*), myth., dieu des enfers, ou Pluton. — Les enfers en général.

ORD., abréviation du mot *ordinal*.

* **ORD, E**, adj. (*orde*), sale, vilain. Vieux. Nous concevons très-bien que *Boiste*, à tout pris partout, ait inséré ce mot; mais que l'*Académie* de 1835 le donne aujourd'hui, c'est ce qu'il nous est impossible d'accepter sans nous plaindre. En effet, le *Dictionnaire de Trévoux* le donnait déjà comme *vieux*. Il est plus que *vieux* aujourd'hui, quoiqu'on le fasse venir de *sordidus*, mot latin qui avait cette signification.

ORDALIE, subst. fém. (*ordali*), (suivant *Hatpsfeld*, du saxon *ordall*, qui signifie *purgation*), dans le moyen-âge, épreuve par les éléments; c'est ce qu'on appelait chez nous *le jugement de Dieu*.

ORDÉAL, subst. mas. (*ordé-ale*), arbre dont les naturels du Congo se servent comme d'une sorte de jugement de Dieu, d'où on lui a donné le nom de *arbre à l'épreuve*. Il paraît que c'est le *dondra* dont parlent quelques anciens auteurs. On le trouve aussi à Madagascar, où il sert aux mêmes usages.

ORDEMENT, adv. (*ordeman*), salement. (*Boiste*.) Vieux. Voy. notre observation au mot ORD. Du reste, *ordement* ne se lit pas dans l'*Académie*.

ORDINAIRE, subst. mas. (*ordinère*), ce qu'on a coutume de servir pour le repas. — Mesure réglée de vin, etc., qu'on fournit chaque jour aux domestiques. — Ce qu'on a coutume de faire : *c'est son ordinaire*. — *L'ordinaire de la messe*, prières qui ne changent jamais. — Courrier qui porte les lettres, et qui part et arrive à certains jours précis. — Jour où part ce courrier. — L'évêque diocésain : *il s'est pourvu par-devant l'ordinaire; il a pris son visa d'ordinaire*. — Subst. mas. plur. : *ordinaires de l'Académie royale de Musique*, titres que prenaient autrefois les chanteurs et chanteuses de l'Opéra de Paris.—On appelait *ordinaires de la musique, de la chambre du roi*, les chanteurs et chanteuses des concerts du roi.— Subst. fém. plur., on appelle souvent *ordinaires* les purgations naturelles des femmes.

ORDINAIRE, adj. des deux genres (*ordinère*) (en lat. *ordinarius*), ce qui a coutume d'être, de se faire; qui arrive souvent : *le cours ordinaire de la nature.* — Commun, vulgaire : *c'est un homme, un esprit ordinaire.* Voy. TRIVIAL.—En parlant de divers emplois, il se dit par opposition à *extraordinaire*, ou qui ne sert que par quartier, par semestre : *ambassadeur ordinaire, médecin ordinaire.—Conseiller d'état en service ordinaire*, celui qui siége au conseil-d'état toute l'année; *conseiller d'état en service extraordinaire*, celui auquel le roi confie aujourd'hui des fonctions qui ne permettent pas qu'il puisse assister au conseil-d'état.—*Juges ordinaires*, ceux qui ont naturellement la connaissance des affaires civiles ou criminelles.—*Commissaires ordinaires des guerres*, les officiers qui y sont *ordinairement* employés.— *Question ordinaire*, anciennement, premier degré de torture qu'on faisait subir aux inculpés. Cette barbarie a été heureusement abolie par Louis XVI. — T. d'art militaire, *pas ordinaire*, le plus lent de ceux qui sont réglés pour les troupes; c'est celui qu'elles doivent prendre naturellement, si on ne leur en commande pas d'autre.—*Régler une affaire, un procès à l'ordinaire*, ordonner qu'un procès intenté au criminel ne pourra être poursuivi qu'au civil.—*D'ordinaire*, adv., fréquemment, souvent. —*D'ordinaire, pour l'ordinaire*, le plus souvent. — *A l'ordinaire*, comme on a coutume. — ORDINAIRE, COMMUN, VULGAIRE, TRIVIAL. (*Syn.*) Le fréquent usage rend les choses *ordinaires, communes, vulgaires* et *triviales*; mais *trivial* dit quelque chose de plus usité que *vulgaire*, qui, à son tour, enchérit sur *commun*, comme celui-ci sur *ordinaire*. — *Ordinaire* est d'un usage plus marqué pour la répétition des actions; *commun*, pour la multitude des objets; *vulgaire*, pour la connaissance des faits; et *trivial*, pour la tournure du discours.— La dissimulation est chose *ordinaire* à la cour. Les monstres sont *communs* en Afrique. Les disputes de religion ont rendu *vulgaires* bien des faits qui n'étaient connus que des savants. De tous les genres d'écrire, il n'y a que le comique où les expressions *triviales* puissent trouver place. Dans le sens où ces mots se disent par rapport au petit mérite des choses, ils ont aussi un ordre de gradation, de façon que le dernier est celui qui ôte le plus au mérite. Ce qui est *ordinaire* n'a rien de distingué; ce qui est *commun* n'a rien de recherché; ce qui est *vulgaire* n'a rien de noble; ce qui est *trivial* a quelque chose de bas.

ORDINAIREMENT, adv. (*ordinèreman*), d'*ordinaire*, pour l'*ordinaire*.

ORDINAL, E, adj. (*ordinale*) (en lat. *ordinalis*, fait de *ordo*, gén. de *ordinis*, ordre), il se dit en grammaire des mots qui servent à déterminer l'*ordre* des individus. On distingue les *adjectifs ordinaux : premier, second* ou *deuxième, troisième*, etc., *dernier*; et les *adverbes ordinaux : premièrement, secondement*, etc. — Au plur. mas., *ordinaux*.

ORDINAND, subst. mas. (*ordinan*) (en lat. *ordinandus*, fait de *ordinare*, ordonner), celui qui se présente pour être promu aux *ordres*.

ORDINANT, subst. mas. (*ordinan*) (en lat. *ordinans*, part. prés. de *ordinare*), l'évêque qui confère les *ordres*.

ORDINATEUR, subst. mas. (*ordinateur*), celui qui met en *ordre*. (Boiste.) Peu en usage; c'est *ordonnateur* qu'on doit dire.

ORDINATION, subst. fém. (*ordinâcion*) (en lat. *ordinatio*), action d'*ordonner*, de conférer les *ordres* de l'Église.

ORDINAUX, adj. mas. plur. Voy. ORDINAL.

ORDI, E, part. pass. de *ordir*.

ORDIR, v. act. (*ordir*), rendre sale, impur, *orde*; salir, souiller. (*Clément Marot*.) — *s'ordir*, v. pron. Inusité.

ORDO, subst. mas. (*ordô*) (emprunté du lat. où il signifie : *ordre, règle*), petit livret à l'usage des ecclésiastiques, qui contient la manière de faire ou de réciter l'office de chaque jour.— Au plur., des *ordo* sans *s*.

ORDON, subst. mas. (*ordon*), l'usine qui contient les gros marteaux des forges.

ORDONNANCE, subst. fém. (*ordonance*) (rac. *ordonner*), disposition, arrangement : *l'ordonnance d'un tableau, d'un poème*, etc.—Règlement fait par l'autorité. — On disait, en t. de palais : *ordonnances royaux*, en parlant, au pluriel, des *ordonnances* de nos rois. — *Ordonnances du Louvre*, le recueil des anciennes *ordonnances* publié par l'imprimerie royale.— Loi, constitution. On dit, en parlant collectiv., et en mettant le singulier pour le pluriel : *juger suivant l'ordonnance ; cela est contraire à l'ordonnance.*—En t. de finance, mandement à un trésorier de payer certaine somme. — Ce que prescrit le médecin.—Écrit par lequel le médecin *ordonne*.—En t. de guerre, les sergents et cavaliers de chaque brigade qui sont chez le général, le major-général, etc., pour porter les *ordres* chacun à son corps respectif.—On appelle *officiers d'ordonnance*, des officiers qui font le service d'aides-de-camp.— *Compagnie d'ordonnance*, qui ne fait partie d'aucun régiment.—*Habit d'ordonnance*, uniforme des officiers et des soldats.—Prov. : *être meublé selon* ou *suivant l'ordonnance*, n'avoir que les meubles absolument nécessaires, ceux que l'*ordonnance* défend de saisir; et, par extension, être mal meublé.

ORDONNANCÉ, E, part. pass. de *ordonnancer*.

ORDONNANCEMENT, subst. mas. (*ordonanceman*), t. de finances, action d'*ordonnancer* un paiement.

ORDONNANCER, v. act. (*ordonancé*), donner un *ordre*, un mandement pour payer, le mettre au bas d'un bon, etc. — *s'ORDONNANCER*, v. pron.

ORDONNATEUR, subst. mas., au fém. **ORDONNATRICE** (*ordonateur, trice*), celui, celle qui *ordonne*, qui dispose : *ordonnateur d'un bâtiment, d'un ballet, d'une fête.* —Adj. : *commissaire-ordonnateur*, en t. de guerre et de mar., le plus ancien officier civil qui fait fonction d'intendant.—On appelle aussi *commissaire-ordonnateur*, l'employé supérieur qui préside, à Paris, aux inhumations.

ORDONNATRICE, subst. fém. Voy. ORDONNATEUR.

ORDONNÉ, E, part. pass. de *ordonner*, et adj., disposé, mis en *ordre* : *fête bien ordonnée.* —*Maison bien ordonnée*, bien tenue.—*Tête bien ordonnée*, esprit juste et méthodique.—*Tête mal ordonnée*, folle ou dérangée.—On appelle, en t. de blas., *mal ordonnées*, trois pièces mises l'une en chef et les deux autres parallèlement en pointe. — Prov. : *charité bien ordonnée commence par soi*, dans les positions embarrassantes, on pense à soi avant de penser aux autres.

ORDONNÉE, subst. fém. (*ordoné*), t. de géométrie, ligne tirée d'un point de la circonférence d'une courbe à une ligne droite menée dans le plan de cette courbe, et qu'on prend pour l'axe ou la ligne des abscisses.

ORDONNER, v. act. (*ordoné*) (en lat. *ordinare*), disposer, mettre en *ordre* : *ordonner un festin, un bâtiment.*— Commander : *n'avez-vous rien à ordonner?* — Prescrire : *les médecins lui ont ordonné les eaux*, etc.— En t. de finances, donner un mandement de payer certaine somme : *on lui a ordonné mille écus pour son voyage.* C'est *ordonnancer* qu'il faut dire en ce sens. L'*Académie* elle-même nous en avertit; elle aurait agi plus sagement en supprimant tout-à-fait *ordonner* dans l'acception d'*ordonnancer*.—Conférer les *ordres* sacrés. — Neut., commander : *on vous ordonne de le faire; votre père a ordonné que vous le fissiez.* Voltaire a dit (*Oreste*) :

> . . . . Et le ciel nous *ordonne*
> Que, sans peser ses lois, nous respections son trône.

Le premier *nous* est de trop, et puis la rime est vicieuse.—*Ordonner de....* disposer de... : *jusqu'à ce qu'il en ait été autrement ordonné.*—*s'ORDONNER*, v. pron., se donner *ordre* à soi-même, se prescrire, se disposer, se mettre en *ordre*. — Être pourvu, être *ordonné*. —Se combiner, se disposer, se mettre en rapport. — ORDONNER, COMMANDER. (*Syn.*) Il faut la puissance, la force pour *ordonner*; il faut une domination, une supériorité pour *commander*. Un maître *ordonne*; un chef *commande*. La loi, la justice *ordonne*, la force en main; un général, un officier *commande*, par son grade, une armée, une troupe. —L'action d'*ordonner* a toujours quelque chose de plus absolu, de plus impérieux, de plus pressant que celle de *commander*. On *commande* à des hommes libres; mais celui qui *ordonne* ne laisse pas de liberté.—On *commande* une troupe quand on lui *ordonne* de marcher, ou quand on la conduit comme chef. — *Ordonner* n'est qu'un acte émané de l'autorité; *commander* est encore un office, une charge, une fonction. On *ordonne* par un acte de sa volonté, lorsqu'il est question d'agir; on *commande* dans une province où l'on a été chargé de maintenir l'*ordre*.

ORDRE, subst. mas. (*ordre*) (en lat. *ordo*), arrangement, disposition. — Ordonnances d'un officier supérieur : *tel avis a été mis à l'ordre du jour.*—*Ordre de marche, de bataille*, disposition d'après laquelle une armée doit marcher, ou être rangée.—*Ordre mince*, troupes disposées sur un front très-étendu, sans profondeur.—*Ordre profond*, troupes rangées sur une grande profondeur. — *Ordre oblique*, dispositions d'après lesquelles les troupes n'engagent le combat que d'un seul côté, en réservant l'autre pour le soutenir au besoin. — Le mot du guet : *donner, envoyer, porter, prendre l'ordre.* — *Un esprit, un talent du premier ordre*, d'un rang élevé parmi les autres esprits et les autres talents. — Exactitude régularité : *mettre les affaires de quelqu'un en ordre*, en règle. — État bien réglé des choses : *cet appartement est en bon ordre.* — *Ordre de choses*, ensemble naturel des choses; système de gouvernement. — *Ordre d'idées*, ensemble des idées relatif à l'objet qu'elles embrassent.— — *Ordre du jour*, *ordre* du travail dont une assemblée délibérante doit s'occuper dans le jour ou tel jour : *passer à l'ordre du jour sur une proposition*; etc., ne pas la mettre en délibération.— *Grand ordre du jour*, se dit des affaires qui ont le plus d'importance.—*Petit ordre du jour*, de celles qui en ont le moins.—*Mettre ordre à quelque chose*, pourvoir à ce qu'une affaire prenne ou ait la tournure qu'elle doit avoir.—État, situation par rapport à la fortune, aux affaires : *être en bon* ou *en mauvais ordre*.—Corps qui composent certains états : *il y avait à Rome l'ordre des sénateurs, l'ordre des chevaliers et l'ordre des plébéiens.* — Dans un état, une ville, une armée : tranquillité, police, discipline : *ordre public; maintenir le bon ordre*, rétablir l'*ordre* parmi des soldats.—*Ordre social*, règle qui constitue la société.—*Nouvel ordre de choses*, système nouveau de gouvernement, d'administration.—Commandement d'un supérieur. Voy. COMMANDEMENT. —En t. de commerce et de banque, endossement mis au dos d'un effet de commerce qui le rend payable à celui à qui on l'a cédé. — *Ordre de créanciers*, état dressé de tous les créanciers d'une personne, d'une succession, pour les payer d'après la date de la reconnaissance de leur créance. — *Billet à ordre*, payable à la personne dont le nom est signalé sur le billet, ou à telle autre qu'il lui conviendra de déléguer. — Compagnie de religieux ou d'autres personnes qui s'obligent par serment de vivre sous certaines règles : *ordre de Saint-François; ordre de chevalerie.*—Collier, ruban, ou autre marque d'un *ordre* de chevalerie : *il porte l'ordre de...*—*Chevalier des ordres du roi*, chevalier de Saint-Michel et du Saint-Esprit. — *Chevalier de l'ordre du roi*, chevalier de Saint-Michel.—*Chevalier de l'ordre*, chevalier du Saint-Esprit.— *Ordre des avocats*, ceux des avocats qui sont inscrits sur le tableau, et qui exercent dans une juridiction. — *Ordre hiérarchique*, les différents degrés de dignité, d'autorité, de juridiction : *l'ordre des anges, des séraphins*, etc. —Le sixième sacrement de l'Église : *l'ordre de prêtrise*, etc.; *prendre les ordres.* — *Les quatre ordres moindres*, ou mieux : *les quatre mineurs*, les titres de portier, de lecteur, d'exorciste et d'acolyte. — En t. d'architecture, certaines proportions, certains ornements sur lesquels on règle la colonne de l'entablement : *l'ordre dorique, ionique, corinthien, toscan et composite.* — En parlant des sciences, etc., méthode : *on doit apprendre par ordre les sciences, traiter chaque chose par ordre.* — En bot. et dans les autres branches de l'hist. nat., l'une des principales divisions dans lesquelles on distribue les individus eu égard à ce qu'ils ont de commun et de différent. Les *ordres* viennent immédiatement après les *classes*, et comprennent des *familles* qui se divisent en *genres* subdivisés en *espèces*, etc.—En géom., classe à laquelle appartiennent les lignes droites ou courbes, en raison des différents degrés de leur équation : celles dont l'équation ne monte qu'au premier degré composent le *premier ordre*, et ainsi de suite.— *Infini du second ordre*, quantité infinie par rapport à une autre qui est déjà infinie elle-même. On dit, dans le même sens : *infiniment petit du second ordre*, etc.—*En sous-ordre*, adv. Voy. SOUS-ORDRE.—ORDRE, RÈGLE. (*Syn.*) Ils indiquent l'un et l'autre une sage disposition des choses ; mais le mot d'*ordre* a plus de rapport à l'effet qui résulte de cette disposition, et celui de *règle* en a davantage à l'autorité et au modèle qui conduisent la disposition. — On observe l'*ordre*, on suit la *règle*. Le premier est un effet de la seconde.

ORDREMENT, subst. mas. (*ordreman*), ordre, jussion. (*Boiste.*) Vieux et entièrement hors d'usage.

ORDRYSSUS, subst. mas. (*ordriceçuce*), myth., divinité des anciens Thraces, dont ils croyaient être issus.

ORDUN, subst. mas. (*ordeun*), t. de pêcheur, certaine longueur de cannes montées sur des cordes pour la pêche.

ORDURE, subst. fém. (*ordure*), excréments et autres impuretés du corps.—Par extension, toutes les choses malpropres qui s'attachent aux habits, aux meubles, etc.—Au plur., balayures : *jetez cela aux ordures*. — Fig., paroles sales, actions honteuses : *cette comédie est pleine d'ordures; que d'ordures dans la vie de cet homme-là!* Il se dit plus souvent des paroles que des actions.

ORDURIER, subst. et adj. mas., au fém. **ORDURIÈRE** (*ordurié, rière*), qui se plaît à dire des *ordures*, des paroles sales : *un ordurier*. — Qui contient des *ordures* : *conte ordurier; chanson ordurière*.

ORDURIÈRE, subst. fém. Voy. ORDURIER.

ORE, adv., à présent. Voyez ORES.

ORÉADE, subst. fém. (*oréa-de*) (en grec ὀρειας, fait de ὄρος, montagne), t. de myth., nom des nymphes des montagnes, et particulièrement des nymphes de la suite de Diane. — T. d'hist. nat., genre de coquilles. — T. de bot., espèce de plante dont la fleur ressemble à la tête d'un singe.

ORÉE, subst. fém. (*oré*) (du lat. *ora*, bord, extrémité), le bord d'un bois. Il est vieux.

OREILLARD, E, adj. (*orè-iar, iarde*), qui a les *oreilles* longues, basses ou mal plantées : *une jument oreillarde*. — Subst. mas., t. d'hist. nat., sorte de chauve-souris.

OREILLE, subst. fém. (*orè-ie*) (du lat. *auricula*), partie cartilagineuse, externe, et qui ressort des deux côtés de la tête ; c'est l'organe de l'ouïe. —T. d'anat. : *oreille externe*, la partie qui est en dehors de la tête ; *oreille interne*, celle qui se trouve en dedans. — On le dit figur., 1° de plusieurs choses qui ont quelque ressemblance avec la figure de l'oreille : *l'oreille d'un soulier, d'une écuelle, d'une charrue*; 2° de diverses plantes ou fleurs.—Pli qu'on fait au feuillet d'un livre, au haut ou au bas de la page, pour marquer quelque chose.—Dans l'imprimerie, la languette de la frisquette. — En t. de menuiserie, *oreille d'âne*, voussure dont la partie supérieure est droite en devant et dont le fond est bombé en arc.—Angles des pattes d'une ancre de vaisseau. — *Avoir bonne oreille, l'oreille fine*, entendre aisément le moindre bruit.—*Avoir l'oreille dure, une dureté d'oreille; être dur d'oreille*, entendre difficilement.—*Avoir de l'oreille, l'oreille juste et délicate*, etc., en parlant de musique, de vers et de danse, c'est sentir bien la mélodie de la musique, la mesure et l'harmonie du vers, suivre ou marquer bien la mesure en dansant.—*Avoir l'oreille hardie* (manége), se dit d'un cheval qui, lorsqu'il marche, porte les pointes des oreilles en avant. — Fig. : *avoir les oreilles délicates*, ne pouvoir souffrir les paroles déshonnêtes.—*Prêter l'oreille*, être attentif ou écouter favorablement. —*Ce discours chatouille, flatte, charme l'oreille*, il fait plaisir à entendre. On dit dans un sens contraire : *ce discours blesse, offense, choque, écorche l'oreille*. — *Il n'a point d'oreille pour la chose que vous demandez*, il ne veut pas absolument la faire. — *Si cette affaire vient aux oreilles de votre père*, si votre père en entend parler. — *Avoir les oreilles battues et rebattues d'une affaire*, en avoir souvent entendu parler. —*Se faire tirer l'oreille*, se faire beaucoup prier; ne céder qu'avec peine. — *Rompre les oreilles à quelqu'un*, le suivre partout pour lui parler de choses qui l'importunent.—*Secouer les oreilles*, désapprouver ce qu'on dit ; faire semblant de ne pas ressentir un affront. — *Se gratter l'oreille*, ne savoir à quoi se décider.—*Avoir l'oreille d'un prince, d'un ministre*, etc., en être écouté favorablement. — *Échauffer les oreilles à quelqu'un*, l'irriter par ses discours. — Fam. : *donner sur les oreilles à quelqu'un*, le battre. — *Baisser les oreilles; avoir*, ou *revenir les oreilles basses* ou *baissées*, être humilié, confus de n'avoir pas réussi.—*Avoir la puce à l'oreille*, être inquiet, en peine du succès de quelque affaire.—*Avoir les oreilles chastes*, redouter les paroles qui blessent la pudeur. — *Cela lui entre par une oreille et lui sort par l'autre*, il ne fait nullement attention à ce qu'on lui dit ; c'est même comme si on ne le lui disait pas. — *Chien hargneux a toujours l'oreille déchirée*, toujours quelque accident arrive aux querelleurs.— *Corner quelque chose aux oreilles de quelqu'un*, ne cesser d'entretenir quelqu'un de quelque chose, dans l'intention de le persuader. — *Dire un mot à l'oreille*, parler bas, ou de manière à n'être entendu de personne. — *Dormir sur les deux oreilles*, ne s'occuper de rien, comme quelqu'un qui n'a nul souci, nulle affaire.—*Faire la sourde oreille*, faire semblant de ne point entendre. — *Fermer l'oreille*, n'avoir pas l'air d'entendre ce qu'on dit.—*Frotter les oreilles à quelqu'un*, le gronder, le réprimander.— *Les oreilles ont dû vous corner*, vous avez dû vous douter qu'on parlait de vous, car nous en avons assez parlé.—*Les oreilles lui cornent*, il entend ce qu'on ne lui dit pas, et il n'entend pas ce qu'on lui dit. — *Les murs, les murailles ont des oreilles*, parlons toujours avec précaution, on ne sait pas qui peut nous entendre.—*Ouvrir l'oreille*, écouter attentivement. — *Ouvrir les oreilles*, commencer à comprendre que ce qu'on nous dit est dans notre intérêt.—*Souffler quelque chose aux oreilles de quelqu'un*, lui dire quelque chose en secret. —*Tenir le loup par les oreilles*, ne savoir comment sortir d'embarras ; et aussi, suivant ce sens, tenir quelqu'un dans l'embarras.— *Ventre affamé n'a point d'oreilles*, celui qui a faim, celui qui ne peut attendre, n'écoute aucune représentation.—*Laisser ses oreilles*, être malheureux dans une expédition, dans une affaire.— Presque toutes les expressions précédentes appartiennent au style proverbial. — *Jusqu'aux oreilles*, des pieds à la tête. — *Par-dessus les oreilles*, plus qu'on ne peut supporter.

OREILLÉ, E, adj. (*orè-ié*), dont les *oreilles* paraissent. — *Feuille oreillée*, garnie à sa base d'appendices en *oreilles*.

OREILLE-BRUNE, subst. fém. (*orè-iebrune*), t. de bot., trémelle de consistance cassante et de couleur brune.—Au plur., des *oreilles-brunes*.

OREILLE-D'ABBÉ, subst. fém. (*orè-iedabé*), t. de bot., c'est un des noms vulgaires du cotylet. —Au plur., des *oreilles-d'abbé*.

OREILLE-D'ÂNE, subst. fém. (*orè-iedâne*), t. de bot., la grande consoude. — T. d'hist. nat. Voy. OREILLE-DE-MIDAS.—Au plur., des *oreilles-d'âne*.

OREILLE-DE-BOEUF, subst. fém. (*orè-iedebeufe*), t. de bot., nom qu'on donne au bulime *oreille-de-bœuf*.—Au plur., des *oreilles-de-bœuf*.

OREILLE-DE-CHARDON, subst. fém. (*orè-iedechardon*), t. de bot., agaric qui croît sur le collet des racines du panicaut.—Au plur., des *oreilles-de-chardon*.

OREILLE-DE-CHARME, subst. fém. (*orè-iedecharme*), t. de bot., agaric à pédicule latéral, qui croît sur les vieux charmes.—Au plur., des *oreilles-de-charme*.

OREILLE-DE-CHAT, subst. fém. (*orè-iedecha*), t. de bot., trémelle d'un blanc sale, qui croît dans les bois des environs de Paris. — Au plur., des *oreilles-de-chat*.

OREILLE-DE-CHÊNE-VERT, subst. fém. (*orè-iedechênevère*), t. de bot., agaric à pédicule latéral, qui croît sur l'yeuse.—Au plur., des *oreilles-de-chêne-vert*.

OREILLE-DE-CHIEN, subst. fém. (*orè-iedechien*), t. de bot., nom d'une espèce de cadelart. —Au plur., des *oreilles-de-chien*.

OREILLE-DE-COCHON, subst. fém. (*orè-iedekochon*), t. de bot., sorte de trémelle en forme d'*oreille*, dont la consistance est cassante. —T. d'hist. nat., c'est aussi le nom d'un strombe et d'une espèce de moule.—Au plur., des *oreilles-de-cochon*.

OREILLE-DE-DIANE, subst. fém. (*orè-iededi-ane*), t. d'hist. nat., nom qu'on donne vulgairement à une espèce de strombe. — Au plur., des *oreilles-de-diane*.

OREILLE-DE-GÉANT, subst. fém. (*orè-iedejé-an*), t. de bot., nom de la grande bardane.— T. d'hist. nat., espèce de coquille haliotide.— Au plur., des *oreilles-de-géant*.

OREILLE-DE-JUDAS, subst. fém. (*orè-iedejudâ*), t. de bot., espèce de champignon cartilagineux qui croît sur le sureau. — Au plur., des *oreilles-de-judas*.

OREILLE-DE-LIÈVRE, subst. fém. (*orè-iedelièvre*), t. de bot., sorte de plante.—Au plur., des *oreilles-de-lièvre*.

OREILLE-DE-MALCHUS, subst. fém. (*orè-iedemalkuce*), t. de bot., nom qu'on donne vulgairement au bolet de noyer.— Au plur., des *oreilles-de-malchus*.

OREILLE-DE-MER, subst. fém. (*orè-iedemère*), t. d'hist. nat., sorte de coquillage d'une seule pièce, qu'on appelle aussi *ormier*. — Au plur., des *oreilles-de-mer*.

OREILLE-DE-MIDAS, subst. fém. (*orè-iedemidace*), t. de bot., espèce de volute. — T. d'hist. nat., une haliotide, coquillage. —Au plur., des *oreilles-de-midas*.

OREILLE-DE-MURAILLE, subst. fém. (*orè-iedemurâ-ie*), t. de bot., le myosotis, plante voisine des ceraistes. — Au plur., des *oreilles-de muraille*.

OREILLE-DE-NOYER, subst. fém. (*orè-iedenoèié*), t. de bot., espèce d'agaric qui croît ordinairement sur le noyer.— Au plur., des *oreilles-de-noyer*.

OREILLE-DE-L'OLIVIER, subst. fém. (*orè-iedelolivié*), t. de bot., espèce d'agaric à pédicule latéral, qui croît sur l'olivier. — Au plur., des *oreilles-de-l'olivier*.

OREILLE-DE-RAT, subst. fém. (*orè-iedera*), t. d'hist. nat., l'épervière piloselle.— Au plur., des *oreilles-de-rat*.

OREILLE-DE-SAINT-PIERRE, subst. fém. (*orè-iedeceinpière*), t. d'hist. nat., animal de la fissurelle que l'on mange à Marseille.—Au plur., des *oreilles-de-saint-pierre*.

OREILLE-DE SILÈNE, subst. fém. (*orè-iedecilène*), t. d'hist. nat., c'est un bulime.—Au plur., des *oreilles-de-silène*.

OREILLE-DE-SOURIS, subst. fém. (*orè-iedeçouri*), t. de bot., plante vivace à fleur rosacée.— Au plur., des *oreilles-de-souris*.

OREILLE-D'HOMME, subst. fém. (*orè-iedome*), t. de bot., c'est le cabaret ou lazaret d'Europe, ou bolet du noyer. — Au plur., des *oreilles-d'homme*.

OREILLE-D'ORME, subst. fém. (*orè-iedorme*), t. de bot.; on donne ce nom, en certains endroits, au bolet de l'orme.—Au plur., des *oreilles-d'orme*.

OREILLE-D'OURS, subst. fém. (*orè-iedource*), t. de bot., plante vivace. — Au plur., des *oreilles-d'ours*.

OREILLE-GRANDE, subst. fém. (*orè-ieguerande*), t. d'hist. nat., nom que les matelots donnent au thon, sur la Méditerranée. — Au plur., des *oreilles-grandes*.

OREILLER, subst. mas. (*orè-ié*), coussin qui sert à soutenir la tête, quand on est couché : *taie d'oreiller*.—En architect., face de côté des volutes.

OREILLETTE, subst. fém. (*orè-iète*), petit linge qu'on met derrière l'*oreille*. — En anat., *les oreillettes* (les oreilles) *du cœur*.

OREILLONNÉ, E, adj. (*orè-ioné*), t. de fortif., qui a des oreillons.

OREILLONS ou **ORILLONS**, subst. mas. plur. (*orè-ion, ori-ion*), sorte de fluxion qui se jette sur l'*oreille* ou autour de l'*oreille*. — Rognures de peau dont on fait la colle-forte.—T. d'archit., retours aux coins des chambranles de portes ou de croisées.—En t. de fortification : *bastion à oreillons*, aux côtés duquel il y a des avances, des épaulements de figure ronde pour couvrir l'artillerie. — *Écuelle à oreillons*, à oreilles. — *Les oreillons d'une charrue*, les pièces de bois qui accompagnent le soc de la charrue.

ORÉLIE, subst. fém. (*oréli*), t. de bot., espèce d'arbrisseau qui croît dans l'île de Cayenne.

OREMUS, et non pas, avec l'*Académie*, **ORÉMUS**, ce mot étant tout latin, subst. mas. (*orémuce*), (emprunté du latin, où il signifie *prions*), prière, oraison : *chanter des oremus*. Il est familier.

ORÉNI, subst. mas. (*oréni*), t. de bot., plante mucilagineuse dont on fait du papier au Japon.

ORÉNOQUE, subst. propre mas. (*orénoke*), fleuve de la Colombie, en Amérique.

ORÉOBOLE, subst. mas. (*oré-obole*), t. de bot., plante vivace de la famille des cypéracées.

ORÉOCALLE, subst. mas. (*oré-okale*), t. de bot., espèce d'arbrisseau du Pérou, de la famille des protées.

ORÉODOXE, subst. mas. (*oré-odokce*), t. de bot., genre de plantes de la famille des palmiers.

ORÉOGRAPHIE, subst. fém. (*oré-oguerafi*), Voy. OROGRAPHIE, qui seul est régulier.

ORÉON, subst. mas. (*oré-on*), t. de bot., sorte de renouée.

ORÉ, E, part. pass. de *orer*.

ORER, v. act. (*oré*) (en latin *orare*), prier. Vieux et même hors d'usage.

ORERI, subst. mas. (*oréri*), machine inventée par un nommé *Oreri*, laquelle est la copie de notre monde planétaire, que l'on fait tourner avec une manivelle.

ORES, adv. (*ore*) (du latin *hora*, heure, à cette heure), présentement. Il est vieux.

ORESBIOS, adj. propre mas. (*orècebi-oce*) (du grec ορος, montagne, et βιος, fait de βιωμαι, vivre), myth., épithète de Bacchus, qui vit dans les montagnes.

ORÉSILOÏPOS, adj. propre mas. (*orézilo-ipoce*) (du grec ορος, montagne, et de λειπω, j'abandonne), myth., surnom de Bacchus, qui déserte les montagnes.

ORÉSITROPHUS, subst. mas. (*orézitrofuce*), t. d'astron., constellation, l'un des chiens d'Actéon.

ORESTE, subst. propre mas. (*orècete*), myth., fils d'Agamemnon et de Clytemnestre. Lorsqu'il fut grand, il vengea la mort de son père sur Clytemnestre même, sa mère, qui l'avait fait assassiner. Étant ensuite allé en Épire, il poignarda Pyrrhus au pied de l'autel où il allait épouser Hermione, et voulut enlever cette princesse; mais, toujours agité des furies depuis son parricide, l'oracle lui ordonna d'aller dans la Taurique pour se purifier de ses crimes. Il partit accompagné de Pylade son intime ami, qui ne voulut jamais le quitter; et lorsqu'ils furent arrivés, ils furent arrêtés par l'ordre de Thoas, roi de cette contrée, qui, ayant su que l'un d'eux était *Oreste*, ordonna qu'il fût sacrifié. Comme il ne le connaissait que de nom, Pylade, pour sauver son ami, dit que c'était lui qui était *Oreste*; et celui-ci, ne voulant pas que Pylade mourût pour lui, soutint le contraire; mais dans le moment qu'*Oreste* allait recevoir le coup fatal, Iphigénie, sa sœur, prêtresse de Diane, le reconnut, et se joignit aux deux amis pour sacrifier le cruel Thoas et les aider à s'emparer de la statue de Diane. *Oreste* mourut de la morsure d'une vipère.

ORESTES, subst. propre mas. plur. (*orècete*), nom qui fut donné à certains peuples d'Épire, qui avaient reçu *Oreste* dans leurs paisibles contrées, lorsqu'il fut guéri de sa frénésie.

ORESTIADE, subst. fém. (*orèceti-ade*). Voy. ORÉADE, qui est le même mot.

ORESTINE, subst. propre fém. (*orècetine*), myth., nom donné à Diane, enlevée par *Oreste*.

ORÉUS, subst. propre mas. (*oré-uce*), myth., nom donné à Bacchus, pris du culte qu'on lui rendait sur les montagnes.

OREXIE, subst. fém. (*orèkci*) (en grec ορεξις, fait de ορεγω, je désire), t. de médec., faim continuelle, mais qui n'entraîne aucun danger.

ORF ou **ORFE**, subst. mas. (*orfe*), t. d'hist. nat., espèce de poisson.

ORFÈVRE (et non pas **ORFÉVRE**, ainsi que l'écrit à tort l'*Académie*), subst. mas. (*orfèvre*) (du lat. *auri faber*, fait dans la signification d'*aurum*, or, et de *faber*, ouvrier, artisan qui emploie le marteau, dérivé de *facere*, faire), ouvrier et marchand qui fait et vend des ouvrages d'*or* et d'argent. On trouve *orfèvresse* dans *Boiste*.—*Orfèvre-bijoutier*, qui fabrique et vend des bijoux.— *Orfèvre-joaillier*, qui met en œuvre et vend des joyaux, tels que diamants, perles précieuses.

ORFÈVRERIE (et non pas **ORFÉVRERIE**, écrit à tort dans l'*Académie*), subst. fém. (*orfèvreri*), art ou commerce et trafic d'*orfèvre*.— Ouvrage, marchandise d'*orfèvre*.

ORFÉVRI, E, adj. (*orfévri*), il se dit de l'or, de l'argent, des perles, etc., travaillés par l'*orfèvre*. (*Voltaire*.) Inusité, mais utile. L'*Académie* donne ce mot.

ORFILLER, subst. mas. (*orfi-ié*), coussin de coutelier qui est placé sur le chevalet; on dit mieux *oreiller*.

ORFRAIE, subst. fém. (*orfrè*) (du latin *ossifraga*, formé de *ossa*, os, et de *frangere*, briser; *qui brise les os*), t. d'hist. nat., sorte d'oiseau de nuit que le peuple croit de mauvais augure.

ORFROI, subst. mas. (*orfroé*) (du lat. *aurum phrygium*, or de broderie, ou mieux, broderie en or. La première invention des broderies de ce genre est due aux Phrygiens.), ornement sur le devant des chapes. — Le milieu des chasubles, qui est souvent embelli de broderies.

ORGAGIS, subst. mas. (*orguajice*), sorte de toile de coton ou de taffetas qui vient des Indes orientales.

ORGANDI, subst. mas. (*orguandi*), sorte de mousseline ou de toile de coton.

ORGANE, subst. mas. (*orguane*) (en lat. *organum*, fait du grec οργανον, instrument), en général, ce qui sert aux sensations et aux opérations de l'animal. — En particulier, la voix : *cet orateur a un bel, un bon organe.* — Au fig., 1° personne dont un prince se sert pour déclarer ses volontés; 2° en parlant des particuliers : *cet homme ne fait rien que par l'organe* (par l'entremise et le moyen) *d'un tel.*

ORGANEAU, subst. mas. (*orguanô*). Voy. ARGANEAU, qui se dit aussi souvent.

ORGANIQUE, adj. des deux genres (*orguanike*), t. de physique : *corps organique*, qui agit par le moyen des *organes*; *partie organique*, qui sert d'*organe*.— *Molécules organiques*, les premiers éléments des corps *organisés*.— Destiné à *organiser* : *décret organique.* — *Lois organiques*, relatives à l'*organisation* d'un corps politique. En ce sens, c'est un mot nouveau. — *Géométrie organique*, l'art de décrire des courbes par le moyen d'instruments, et en général par un mouvement continu.—T. de médec. : *lésion organique, maladie organique*, celle qui attaque un des *organes* nécessaires à la vie. — Subst. fém., les anciens appelaient *organique*, la science de l'orchestration, c'est-à-dire, la composition et l'exécution de la musique de tous les instruments qui entrent dans un orchestre.

ORGANISATION, subst. fém. (*orguanizâcion*), manière dont un corps est *organisé*. — Chez nos vieux musiciens, résultat de l'action d'*organiser*. Voyez ce mot. Les modernes ont remplacé ce mot, qui n'est plus usité, par celui d'*harmonie*. — Forme intérieure d'un corps politique, etc., manière dont il est réglé.

ORGANISÉ, E, part. pass. de *organiser* et adj., qui a des *organes* : *un corps bien* ou *mal organisé.* — On dit fig. et dans le moral : *tête bien* ou *mal organisée.* — Réglé : *être bien organisé.* — En musique, se dit d'un instrument auquel on a adapté un petit *orgue* : *vielle organisée, piano organisé.*

ORGANISER, v. act. (*orguanizé*), former les *organes* d'un corps. — Joindre un petit *orgue* à un clavecin, à une vielle. — Autrefois, *organiser le chant*, l'accompagner de quelques tierces, et pratiquer le discant sur le plain-chant. — Régler le mouvement intérieur d'un corps politique, d'une administration, etc. — S'ORGANISER, v. pron.

ORGANISME, subst. mas. (*orguaniceme*), disposition, arrangement des *organes*; ensemble de leurs diverses fonctions.

ORGANISTE, subst. des deux genres (l'*Académie* a tort de ne faire ce mot que du genre mas.; il y a aujourd'hui beaucoup de femmes qui touchent de l'*orgue*.) (*orguanicete*), celui, celle dont la profession ou l'emploi est de jouer de l'*orgue*. — Subst. mas., sorte d'oiseau dont le chant est aigre.

ORGANOGÉNIE, subst. fém. (*orguanojéni*) (du grec οργανον, organe, et γεινομαι, être fait), t. de médec., connaissance de la manière dont les *organes* se développent dans l'embryon.

ORGANOGRAPHE, subst. mas. (*orguanoguerafe*) (du grec οργανον, organe, et γραφω, je décris), celui qui s'occupe à décrire les *organes* des plantes, etc.

ORGANOGRAPHIE, subst. fém. (*orguanoguerafi*) (même étym. que celle du mot précédent), t. d'hist. nat., description des *organes* des plantes et des animaux.

ORGANOGRAPHIQUE, adj. des deux genres (*orguanoguerafike*), qui est relatif, qui a rapport à l'*organographie*.

ORGANOLEPTIQUE, adj. des deux genres (*orguanolèpetike*), se dit de l'action du corps sur les sens et sur les autres organes.

ORGANOLOGIE, subst. fém. (*orguanoloji*) (du grec οργανον, organe, et λογος, discours), traité des caractères des *organes* des plantes.— Traité de la structure des *organes*.

ORGANOLOGIQUE, adj. des deux genres (*orguanolojike*), qui appartient, qui est relatif à l'*organologie*.

ORGANOSCOPIE, subst. fém. (*orguanocekopi*) (du grec οργανον, organe, et σκοπεω, je considère), t. de médec., de bot. et d'hist. nat., examen des *organes*. — Divination par l'inspection des *organes*. Voyez CRANIOSCOPIE.

ORGANOSCOPIEN, subst. mas. (*orguanocekopiein*), celui qui décrit les parties et les fonctions des *organes*.

ORGANOSCOPIQUE, adj. des deux genres (*orguanocekopike*), qui appartient, qui est relatif à l'*organoscopie*.

ORGANO-SYRICON, subst. mas. (*orguanocirikon*), sorte d'instrument qui en réunit plusieurs autres à vent, associés à un piano.

ORGANSIN, subst. mas. (*orguancein*) (de l'italien *organzino*), soie torse apprêtée, qui a passé par le moulin.

ORGANSINAGE, subst. mas. (*orguancinaje*), méthode, opération d'*organsiner*.

ORGANSINÉ, E, part. pass. de *organsiner*.

ORGANSINER, v. act. (*orguanciné*), tordre la soie et la faire passer deux fois au moulin. — S'ORGANSINER, v. pron.

ORGANUM, subst. mas. (*orguanome*), t. d'antiq., instrument de musique des anciens, le même que la flûte de Pan, attribuée à ce dieu, aux faunes et aux satyres, et quelquefois à Apollon et à Mercure.

ORGASME, subst. mas. (*orguaceme*) (en grec οργασμος, fait de οργαω, être en mouvement), t. de médec., agitation des humeurs qui cherchent à s'évacuer.

ORGE, subst. fém. et mas. (*orje*) (en lat. *hordeum*), t. de bot., plante graminée, très-connue par sa culture et par ses divers usages.—On nomme *orge mondé*, des grains d'orge bien nettoyés et préparés, ou boisson faite avec ces grains; *orge perlé*, une préparation qui se fait en Flandre de l'orge mondé. Dans ces deux seules phrases, *orge* prend le genre masculin. (*Acad.*) — *Grain d'orge, toile grain-d'orge*, toile qui commença sous Henri IV à être fabriquée par un nommé *Grain-d'Orge*, de Normandie. — *Sucre d'orge*, composition jaunâtre, transparente, faite avec du sucre mis dans une décoction légère d'orge, jusqu'à ce qu'il ait assez de consistance pour qu'on puisse en faire des tablettes ou des bâtons.—Prov. et fam. : *faire ses orges*, faire son profit, faire bien ses affaires.

ORGEADE, subst. fém. Voy. ORGEAT.

ORGÉANES, subst. fém. plur. (*orjé-ane*), myth., prêtresses de Bacchus qui présidaient aux *orgies*. Voy. ORGIASTES, qui semble être le même mot.

ORGEAT, subst. mas. (*orja*), sorte de boisson rafraîchissante fort connue, dont la décoction d'*orge* est la base. On la nommait anciennement *crème d'orge*.

ORGELET, subst. mas. (*orjelè*, maladie de l'œil, ou plus exactement des paupières. C'est une tumeur qui a la forme d'un *grain d'orge*.

ORGELET, subst. propre mas. (*orjelè*), ville de France, chef-lieu de canton, arrond. de Lons-le-Saulnier, dép. du Jura.

ORGERAN, subst. mas. (*orjeran*), espèce de pomme.

ORGIASTES, subst. fém. plur. (*orji-acete*), myth., nom des prêtresses de Bacchus, ou des bacchantes, qui présidaient aux *orgies*.

ORGIE, subst. fém. (*orji*) (en grec οργια, fait, dans le même sens, de οργη, colère, emportement; à cause du transport de ceux qui les célébraient, et des désordres qu'ils se permettaient); au plur., fêtes consacrées à Bacchus. — Fig., débauche de table. En ce sens, il se dit au singulier et au pluriel : *faire une orgie; ce sont des orgies continuelles.*

ORGIOPHANTE, subst. mas. (*orji-ofante*) (du grec οργια, orgie, et φαινω, je montre), prêtre qui présidait aux *orgies*.

ORGNES, subst. fém. plur. (*orgnie*), rangées de javelles que l'on place horizontalement l'une à côté de l'autre.

ORGON, subst. propre mas. (*orguon*), ville de France, chef-lieu de canton, arrond. d'Arles, dép. des Bouches-du-Rhône.

ORGUE, subst. mas., et **ORGUES**, subst. fém. plur. Il nous est impossible de nous taire sur une telle absurdité. Quoi! vous voulez qu'un mot qui n'a qu'une seule étymologie ait, sans motifs raisonnables, plausibles, un genre mas. au sing., et un genre fém. au plur.? Nous dirons qu'*orgue* au sing. étant mas. devrait être également mas. au plur. Cependant, nous poserons les règles de la presque universalité des grammairiens : *orgue*, instrument de musique, prend le genre féminin lorsqu'il est employé au plur. : *de belles orgues, des orgues harmonieuses*; mais on dirait au masculin *un bel orgue, un orgue harmonieux*, le substantif *orgue* étant dans ces exemples du nombre singulier (*orgue*) (du grec ὄργανον, instrument, l'*instrument par excellence*), instrument de musique à vent, composé de plusieurs tuyaux d'inégale grandeur, de claviers et de soufflets. — Lieu de l'église où sont les *orgues*. — T. de musique : *point d'orgue*, silence indiqué, après une phrase musicale, pendant lequel l'exécutant peut faire des agréments. — *Orgue d'Allemagne*, *orgue* qui se joue par le moyen d'une manivelle et d'un cylindre noté. — *Orgue de Barbarie*, vielle organisée, qu'on appelle aussi *orgue d'Allemagne*. — *Orgue hydraulique*, sorte d'*orgue* que l'eau fait jouer. — *Orgue des saveurs*, instrument inventé par l'abbé *Poncelet*. Inusité. — Espèce de herse avec laquelle on ferme la porte d'une ville attaquée. — Assemblage de plusieurs canons de mousquets dont les lumières se communiquent. — *Orgue pierreux*, t. d'hist nat., substance pierreuse qui croît dans la mer sur les rochers ; c'est un assemblage de petits tuyaux rangés par étages les uns contre les autres. Cette substance sert à arrêter les hémorrhagies. — *Orgue-de-mer*, sorte de coquillage.

ORGUEIL, subst. mas. (*orguieu-ie*) (du grec ὀργίλος, sujet à la colère, ou suivant d'autres de ὀργάω, je suis enflé, parce que l'orgueil est une enflure du cœur), opinion trop avantageuse de soi-même. — On dit en bonne part : *un noble orgueil*, un sentiment noble et élevé. — ORGUEIL, VANITÉ, PRÉSOMPTION. (*Syn.*) *L'orgueil* fait que nous nous estimons ; la *vanité* fait que nous voulons être estimés ; la *présomption* fait que nous nous flattons d'un vain pouvoir. — *L'orgueilleux* se considère dans ses propres idées ; plein et bouffi de lui-même, il est uniquement occupé de sa personne. Le *vain* se regarde dans les idées d'autrui ; avide d'estime, il désire d'occuper la pensée de tout le monde. Le *présomptueux* porte son espérance audacieuse jusqu'à la chimère ; hardi à entreprendre, il s'imagine pouvoir venir à bout de tout. — La plus grande peine qu'on puisse faire à un *orgueilleux* est de lui mettre ses défauts sous les yeux. On ne saurait mieux mortifier un homme *vain*, qu'en ne faisant aucune attention aux avantages dont il veut se faire honneur. Pour confondre le *présomptueux*, il n'y a qu'à le présenter à l'exécution.

ORGUEILLEUSE, adj. fém. Voy. ORGUEILLEUX.

ORGUEILLEUSEMENT, adv. (*orguieu-ieuzeman*), d'une manière *orgueilleuse*.

ORGUEILLEUX, subst. et adj. mas., au fém. **ORGUEILLEUSE** (*orguieu-ieu, ieuze*), qui a de l'*orgueil*. En ce sens il est aussi substantif. Voy. GLORIEUX. — Qui est l'effet de l'*orgueil* : *réponse, entreprise orgueilleuse*.

ORGYE, subst. fém. (*orji*), myth., petite idole que gardaient précieusement les femmes qui étaient initiées aux mystères de Bacchus. Voy. ORGIE. — T. de bot., genre de plantes établi aux dépens des varecs de *Linnée*.

ORIBASE, subst. fém. (*oribaze*), t. de bot., espèce de plante, le psychotre. — T. d'astron., un des chiens d'Actéon.

ORIBATE, subst. fém. (*oribate*), t. d'hist. nat., genre d'arachnides de la famille des trachéennes.

ORICHALQUE, subst. mas. (*orikalke*) (en lat. *orichalcum*), cuivre de Corinthe, mélange de cuivre, d'or et d'argent, très-estimé.

ORICOU, subst. mas. (*orikou*), t. d'hist. nat., sorte de vautour qu'on rencontre à Pondichéry.

ORIENT, subst. mas. (*ori-an*) (en lat. *oriens*, fait de *oriri*, naître, se lever), le point du ciel où le soleil se *lève* sur l'horizon. Voy. LEVANT. — Plus précisément, celui des quatre points cardinaux où le soleil se lève à l'équinoxe. — *Orient équinoxial*, le point de l'horizon où le soleil se lève quand il est dans l'équateur, c'est-à-dire pour l'époque actuelle, lorsqu'il entre dans le bélier ou la balance. — *Orient d'été*, le point où le soleil se lève au commencement de l'été, dans les plus longs jours. — *Orient d'hiver*, le point où le soleil se lève au solstice d'hiver. — Le côté d'une carte de géographie que nous avons à notre main droite lorsqu'elle est devant nos yeux. — États de l'Asie orientale : *les régions, les peuples de l'Orient*. — *Commerce d'orient*, le commerce de l'Asie *orientale*. — *L'empire d'orient*, partie orientale de l'empire romain divisé après Théodose. — *L'orient d'une perle*, sa couleur, son eau. — Jeu des couleurs brillantes de la nacre dans les ouvrages où entre cette matière.

ORIENTAL, E, adj. (*ori-antale*), qui est du côté de l'*orient* : *pays oriental ; peuples orientaux*. — On dit, en astron., qu'une planète est *orientale*, lorsqu'elle paraît suivre le soleil, ou lorsqu'elle est plus à l'*orient* que le soleil. — Qui croît en *Orient*, qui vient d'*Orient* : *plantes, perles orientales*. — *Indes orientales*, ou *les Grandes-Indes*, partie de l'Asie entre la Perse et la Chine, par opposition à l'Amérique, qu'on nomme souvent *Indes occidentales*. — *Langues orientales*, l'hébreu, le syriaque, le chaldéen, l'arabe, le persan, etc. — *Luxe oriental*, digne du luxe des *Orientaux*, qui en affectent un fort brillant. — *Style oriental*, métaphorique et hyperbolique surtout. — Au plur. mas., *orientaux*.

ORIENTALES, adj. fém. plur. (*ori-antale*) ; se dit des pierres précieuses qui jouissent de toute la perfection dont elles sont susceptibles ; et *occidentales*, de celles qui pèchent par la couleur ou le défaut de dureté. — En ces deux sens, il se prend aussi substantivement : *des orientales ; des occidentales*. — Pièces de vers ainsi intitulées : *les Orientales de M. Victor Hugo sont fort estimées*.

S'ORIENTALISER, v. pron. (*çori-antalizé*), adopter les mœurs des *Orientaux*. Peu usité.

ORIENTALISTE, subst. mas. (*ori-antalicete*), savant versé dans la connaissance des langues *orientales*.

ORIENTATION, subst. fém. (*ori-antâcion*), action d'*orienter* une carte.

ORIENTAUX, adj. mas. plur. Voy. ORIENTAL. — Subst. mas. plur. (*ori-antô*), les peuples de *l'Orient*. Il ne se dit guère que des peuples de l'Asie occidentale, qui sont à notre *orient*, comme les Turcs, les Persans, les Arabes.

ORIENTÉ, E, part. pass. de *orienter*, et adj. : *plan bien orienté ; carte mal orientée*. — *Maison bien* ou *mal orientée*, dans une bonne ou mauvaise position à l'égard de l'*orient* et des autres points cardinaux.

ORIENTER, v. act. (*ori-anté*), disposer une chose selon la situation qu'elle doit avoir par rapport à l'*orient* et aux trois autres parties du monde : *orienter une maison, un cadran, une boussole*. — En t. de marine, *orienter les voiles*, les disposer de manière qu'elles reçoivent le vent, relativement à la route qu'on veut faire. — S'ORIENTER, v. pron., reconnaître l'*orient* et les trois autres points cardinaux du lieu où l'on est. — Au fig., examiner, tâcher de reconnaître ce dont il s'agit, la conduite qu'on tiendra, etc.

ORIENTEUR, subst. mas. (*ori-anteur*), appareil destiné à donner le midi vrai pour chaque jour de l'année.

ORIER, subst. mas. (*ori-é*), mouchoir. (*Boiste.*) Vieux et même hors d'usage.

ORIFANT, subst. mas. (*orifan*), petit cor des anciens chevaliers pour provoquer au combat. Inus.

ORIFICE, subst. mas. (*orifice*) (en lat. *orificium*), en anat., ouverture, entrée de certaines parties intérieures du corps : *l'orifice de l'estomac, de la vessie*. — Par extension, entrée étroite de certains vases de terre ou de verre. — En hydraul., surface de l'ouverture circulaire d'un ajutage, etc. Cette surface est toujours comme le carré de son diamètre.

ORIFLAMME, subst. fém. (*oriflâme*) (du lat. *aurum*, or, parce que cet étendard était attaché à une lance dorée, et *flamma*, flamme, soit à cause de la couleur de feu de l'étoffe, soit parce que le bas de cette étoffe était, comme dans toutes les bannières, découpé en forme de flamme), étendard que les anciens rois de France faisaient porter quand ils allaient à la guerre. C'était, dans l'origine, la bannière de l'abbaye de Saint-Denis, sous laquelle combattaient les vassaux de ce monastère. Elle devint, dans la suite, l'étendard de la France, mais demeura toujours déposée à Saint-Denis, où les rois allaient la prendre lorsqu'ils partaient pour une expédition, et la rapportaient avec pompe à la fin de la guerre. On disait autrefois *auriflamme*.

ORIFLANT, adj. mas. (*oriflan*), orgueilleux, superbe, pompeux, vain. (*Borel.*) Vieux et même hors d'usage.

ORIGAN, subst. mas. (*origuan*) (en grec ὀρίγανον, ou ὀρείγανον, fait de ὄρος, montagne, et de γάνος ; parce que cette plante se plaît, dit-on, sur les montagnes), t. de bot., plante vivace, à fleurs labiées, d'une odeur aromatique, qu'on nomme aussi *origan sauvage* ou *commun*, *grand origan*, *marjolaine d'Angleterre*, *sauvage* ou *bâtarde*. Il y en a beaucoup d'espèces.

ORIGINAIRE, adj. des deux genres (*orijinère*), qui tire, qui prend son *origine* de...

ORIGINAIREMENT, adv. (*orijinèreman*), primitivement, dans l'*origine*.

ORIGINAL, E, adj. (*orijinale*), qui n'est d'après aucun modèle, d'après aucun exemplaire de la même nature : *tableau original, statue originale*, pour lesquels l'auteur n'a eu de modèle que la nature et son imagination. — *Pensée originale*, neuve et qui n'a été prise d'aucun auteur. — Subst. mas., chose qui est première en son genre, qui n'est point une copie : *l'original d'un traité, d'un écrit ; ce tableau est un original*. — Personne représentée dans un portrait. — Fig., auteur qui excelle en quelque chose, sans s'être formé sur aucun modèle. — Plus ordinairement, homme bizarre et singulier : *c'est un original*, un homme qui a de la singularité dans toutes ses manières. — *Savoir une chose d'original*, de source.

ORIGINALEMENT, adv. (*orijinaleman*), d'une manière *originale*.

ORIGINALITÉ, subst. fém. (*orijinalité*), caractère de ce qui est *original*. — Bizarrerie, singularité d'une personne. Il ne prend de pluriel qu'en ce sens.

ORIGINAUX, subst. et adj. mas. plur. Voy. ORIGINAL.

ORIGINE, subst. fém. (*orijine*) (en lat. *origo*, fait de *oriri*, naître, commencer d'être), principe, source de... — Extraction d'une personne, d'une race. — Étymologie d'un mot. — En géom., 1° le point duquel on commence à décrire une courbe, lorsqu'on la décrit par un mouvement continu ; 2° le sommet d'une courbe, c'est-à-dire le point où l'on suppose que commencent les ordonnées et les abscisses. Ce point s'appelle plus souvent *origine des coordonnées*, surtout quand la courbe ne passe pas par cette origine, ce qui arrive souvent. — *Origine d'amour*, myth., figure allégorique, sous les traits d'une jeune beauté qui tient d'une main un miroir concave, qu'elle oppose aux rayons du soleil, dont la réflexion allume un flambeau que porte l'autre main. Au-dessous du miroir on lit : *Sic in corde facit amor incendium*. — ORIGINE, SOURCE. (*Syn.*) *L'origine* est le premier commencement des choses. *L'origine* met au jour ce qui n'était point ; la *source* répand au dehors ce qu'elle renfermait dans son sein. Les choses prennent naissance à leur *origine* ; elles tiennent leur existence de leur *source*. *L'origine* nous apprend dans quel temps, en quel lieu, de quelle manière les objets ont paru au jour ; la *source* nous découvre le principe fécond d'où les choses découlent, procèdent, émanent avec plus ou moins de continuité ou d'abondance. Toute *origine* est petite ; toute *source* est primitivement faible.

ORIGINEL, adj. mas., au fém. **ORIGINELLE** (*orijinèle*), qui est de l'*origine*, qui vient de l'*origine*. Il ne se dit guère que dans le langage de la religion : *péché originel, justice, grace originelle*.

ORIGINELLE, adj. fém. Voy. ORIGINEL.

ORIGINELLEMENT, adv. (*orijinèleman*), dès l'*origine* ; dès le commencement.

ORIGNAL, subst. mas. (*origniale*), t. d'hist. nat., nom qu'on donne à l'élan dans le nord de l'Amérique.

ORIGOME, subst. mas. (*origuome*), t. de bot., bourgeon séminiforme qui sort des tubercules dont les expansions des hépatiques sont parsemées, et qui n'ont aucune connexion avec les organes de la fructification de ces plantes singulières.

ORILLARD, E, adj. Voy. OREILLARD.

ORILLON, subst. mas. Voy. OREILLON.

ORILLONNÉ, E, adj. Voy. OREILLONNÉ.

ORIMANTHE, subst. fém. (*orimante*), t. de bot., genre de plantes marines de forme et de substances diverses.

ORIN, subst. mas. (*orein*), t. de mar., câble qui tient à la croisée d'une ancre et à la bouée. — En t. de pêche, corde qui répond à l'extrémité d'un filet qu'on a calé au fond de la mer.

ORINAL, subst. mas. (*orinale*), urinal. (*J. de Mehun. Scarron.*) Vieux et même hors d'usage.

ORION, subst. propre mas. (*ori-on*), myth., fils de Jupiter, de Neptune et de Mercure. Ces trois dieux, voyageant ensemble, allèrent loger chez un nommé Hyréus, homme fort pauvre, chez qui ils furent bien reçus ; et, pour le récompenser, ils promirent de lui accorder ce qu'il leur demanderait. Hyréus souhaitait depuis longtemps d'avoir un fils ; mais sa femme étant morte, il avait fait vœu de vivre dans le célibat. Les dieux lui ordonnèrent d'apporter la peau du bœuf qu'il avait tué pour les régaler, et, l'ayant trempée dans l'eau, ils l'assurèrent qu'il en sortirait un fils, s'il la gardait soigneusement au même endroit. Orion eu étant né, devint un grand chasseur. Il eut deux filles, Métioque et Ménippa, qui, dans un temps de peste, se dévouèrent volontairement à la mort pour délivrer l ur patrie de cette calamité. Diane, qu'il avait osé défier à qui prendrait le plus de bêtes sauvages, fit naître un scorpion qui le mordit, et le fit mourir ; mais Jupiter le métamorphosa en une constellation qui amène les pluies et les orages. — Orion fut aussi le nom d'un géant, à qui OEnopion, dont il voulait séduire la fille, creva les yeux ; mais il en recouvra l'usage en faisant ce qui lui avait été prescrit par l'oracle, qu'il alla consulter.—Dieu de la guerre chez les anciens Parthes.—En astron., constellation méridionale, la plus grande du ciel, et celle de laquelle on part pour reconnaître les autres : elle contient soixante-dix-huit étoiles dans le Catalogue britannique.

ORIPEAU, subst. mas. (oripò) (de l'italien orpello, qui a la même signification, et que les académiciens de la Crusca dérivent de oro, or, et de pelle, peau ; peau d'or), laiton battu en feuille. — Fig., chose apparente, mais de peu de valeur.— Faux brillant.

ORISEL, subst. mas. (orizèle), t. de bot., espèce de genêt qui croît dans les îles Canaries.

ORISSA, subst. propre mas. (oriça), myth., nom donné dans certaines contrées à l'Être-Suprême.

ORITE, subst. mas. (orite), t. de bot., genre de plantes protées. — T. d'hist. nat., sorte de pierre précieuse.

ORITHIIE, subst. fém. (oriti), t. d'hist. nat., genre de crustacés de l'ordre des décapodes. — Subst. propre fém., myth., fille d'Érechthée, roi d'Athènes. Elle fut enlevée par Borée, et eut de lui Zéthès et Calaïs. — Il y eut une autre Orithyie, reine des Amazones, célèbre par sa valeur et par sa vertu. Elle voulut venger ses sœurs, qui avaient été insultées par Hercule et par Thésée ; mais le succès ne répondit pas à son courage.

ORITOCRUS, subst. mas. (oritori-uce), t. d'hist. nat., pierre dont l'intérieur, dit-on, remue quand on la secoue ; elle est analogue à celle qui est nommée œtite.

ORIUS, subst. mas. (ori-uce), myth., surnom d'Apollon. — Nom de l'un des centaures que tua Hercule lorsqu'ils voulurent entrer dans la grotte de Phallus.

ORIX, subst. mas. (orikce), t. d'hist. nat., sorte d'animal cruel et farouche, qui paraît même fabuleux.

ORIXA, subst. mas. (orikça), t. de bot., espèce d'arbrisseau du Japon qui se rapproche de l'othère.

ORKNEY-BEANS, subst. mas. plur. (orknéban), mot anglais qui signifie fève des îles Orkney, que nous appelons Orcades.

ORLE, subst. mas. (orle) (de l'italien orlo, bord), en t. de blason, filet vers le bord de l'écu. — En t. d'archit., filet sous l'arc du chapiteau, et suivant Palladio, plinthe de la base des colonnes.—Autrefois ourlet.

ORLÉANAIS, subst. propre mas. (orlé-anè), ancienne province de France, comprise aujourd'hui dans les dép. du Loiret, d'Eure-et-Loir et de Loir-et-Cher.

ORLÉANAIS, E, subst. et adj. (orlé-anè, nèze), d'Orléans.

ORLÉANIDE, subst. mas. (orlé-anide), poème composé sur la Pucelle d'Orléans par Lebrun de Charmettes.

ORLÉANISTE, subst. et adj. des deux genres (orlé-aniste), partisan de la branche d'Orléans.

ORLÉANS, subst. propre mas. (orlé-an), grande ville de France, capitale de l'ancienne province de l'Orléanais, aujourd'hui chef-lieu du dép. du Loiret.

ORMAIE (l'Académie dit aussi ORMOIE. Pourquoi donc donner si souvent deux mots pour une seule acception ?), subst. fém. (orme), lieu planté d'ormes.

ORME, subst. mas. (orme) (en latin ulmus), t. de bot., grand et gros arbre de futaie, à fleur monopétale, dans laquelle le calice tient lieu de corolle, et dont le bois est employé dans le charronnage. On l'appelle aussi ormeau, ormille et arbre au pauvre homme.—On dit iron. et prov. à quelqu'un à qui l'on semble promettre une chose qu'on ne veut pas lui donner : attendez-moi sous l'orme. (Des arbres plantés autrefois, près des églises,

et surtout à la porte du manoir seigneurial, sous lesquels les juges des seigneurs tenaient leurs assises, appelées par Loiseau plaids de la porte. Comme ces arbres étaient ordinairement des ormes, on disait à un homme qu'on menaçait d'assigner et de traduire en justice : attendez-moi sous l'orme ; expression qui, avec une signification un peu altérée, a passé dans le style familier. Matinées Senonaises, d'après Trévoux.)

ORMEAU, subst. mas. (ormô), petit orme.

ORMEL, subst. mas. (ormèle), ormeau. Il est vieux, et même il ne se dit plus.

ORMÉNIDE, subst. mas. (orménide), myth., se dit des descendants d'Ormenus, roi de Thessalie.

ORMIER, subst. mas. (ormié), t. d'hist. nat., nom qu'on donne à l'animal des haliotides ; oreille de mer. — Genre de coquilles voisines des patelles.

ORMIÈRE, subst. fém. (ormière), t. de bot., sorte de plante.

ORMILLE, subst. fém. (ormi-ie), plant de petits ormes.

ORMIN, subst. mas. (ormein) (en grec ορμινον, que quelques-uns dérivent de ορμαινω, j'excite, j'agite, parce qu'on a cru que l'ormin excitait aux passions violentes), t. de bot., plante de la famille des labiées, d'une odeur aromatique et d'une saveur amère.

ORMOCARPE, subst. mas. (ormokarpe), t. de bot., genre de plantes de la famille des légumineuses, voisines des sainfoins.

ORMOIE, subst.fém. (ormoè) Voy. ORMAIE.

ORMOSIE, subst. fém. (ormosi), t. de bot., genre de plantes.

ORMUSD, subst. propre mas. (ormuzède), myth., nom que les anciens Perses donnèrent au premier principe de toutes choses, et à l'Être-Suprême, seul objet de leur culte.

ORNAIN, subst. propre mas. (orneiu), rivière de France. Elle baigne Bar-le-Duc, et se jette dans la Marne.

ORNANO, subst. propre mas. (ornânô), rivière de Corse.

ORNANS, subst. propre mas. (ornan), ville de France, chef-lieu de canton, arrond. de Besançon, dép. du Doubs.

* ORNATEUR, subst. mas. (ornateur), qui orne, qui décore. (Rabelais.) Inusité.

* ORNE ou ORNIER, subst. mas. (orne, ornié) (en lat. ornus), t. de bot., espèce de frêne d'Italie qui croît dans les forêts et les montagnes. Voy. FRÊNE.

ORNE, subst. propre fém. (orne), rivière de France qui donne son nom au dép. dont le chef-lieu est Alençon.

ORNÉ, E, part. pass. de orner.

ORNÉES, subst. fém. plur. (orné), myth., fêtes de Priape, où n'y avaient pour ministres que des femmes mariées.

ORNEMANISTE, subst. et adj. des deux genres (ornemaniste), qui fait fabriquer ou qui vend des ornements. — Peintre ornemaniste, d'ornements. Peu usité.

ORNEMENT, subst. mas. (orneman) (en latin ornatum, fait de ornare, orner), tout ce qui sert à orner ; embellissement, parure. — Fig., ce qui sert à rendre plus recommandable : la modestie est un grand ornement pour le mérite. — Au plur., habits sacerdotaux. En ce sens, s'emploie au singulier pour un assortiment de chasubles, dalmatiques, chapes, etc. : ornement complet ; ornement blanc, rouge, etc. — Figures qui embellissent le discours.

ORNÉODE, subst. mas. (orné-ode), t. d'hist. nat., genre d'insectes de l'ordre des lépidoptères.

ORNÉPHILE, subst. mas. (ornéfile), t. d'hist. nat., famille d'insectes sylvicoles, de l'ordre des coléoptères.

ORNER, v. act. (orné) (en latin ornare, dérivé du grec αρα, beauté), parer, décorer ; avec cette différence qu'orner, c'est ajouter à une chose les accessoires destinés à l'embellir ; parer, c'est orner comme pour un jour de fête ou d'apparat ; décorer, c'est ajouter à une chose les ornements convenables, nécessaires, décents, appropriés à l'usage qu'on veut en faire. (Guizot.) — S'ORNER, v. pron.

ORNEUS, subst. propre mas. (orné-uce), myth., centaure, fils d'Ixion et de la Nue.—C'était aussi un surnom de Priape, en l'honneur de qui il y avait des fêtes appelées Ornéennes.

ORNI, subst. mas. (orni), figue printanière qui vient dans la Grèce.

ORNICLE, subst. fem. (ornikle), espèce d'étoffe de soie.

ORNIÈRE, subst. fém. (orni-ère), trace profonde que les roues d'une voiture font dans les chemins.— Au fig. : suivre la mauvaise ornière, des opinions ou des habitudes auxquelles on ne peut renoncer.

ORNIS, subst. mas. (ornice), sorte de toile de coton ou de mousseline qui se fabrique dans l'Indostan.

ORNITHIDION, subst. mas. (ornitidi-on), t. de bot., genre de plantes dont le nectaire sessile est en forme de capuchon.

ORNITH., abréviation du mot ornithologie.

* ORNITHIES, adj. et subst. mas. plur. (orniti, du grec ορνις, gén. ορνιϑος, oiseau), nom donné par les anciens Grecs aux vents du printemps avec lesquels arrivent les hirondelles et les autres oiseaux de passage. Plusieurs font le mot du genre féminin.

ORNITHOCÉPHALE, subst. mas. (ornitocéfale) (du grec ορνις, gén. ορνιϑος, oiseau, et κεφαλη, tête), t. d'hist. nat., sorte de fossile décrit aussi sous le nom de ptéroductyle.

ORNITHOGALON (l'Académie dit ORNITHOGALE), subst. mas. (ornitogalon) (du grec ορνις, ορνιϑος, oiseau, et γαλα, lait), t. de bot., genre de plantes de la famille des liliacées. Son ognon se mange.

ORNITHOGLOSSE, subst. mas. et adj. des deux genres (ornitogueloce) (d'ορνις, ορνιϑος, oiseau, et γλωσσα, langue, t. d'hist. nat., langues de requin fossiles ; glossopètres. — T. de bot., espèce de mélanthe vert.

ORNITHOGRAPHE, subst. mas. (ornitoguerafe) (du grec ορνις, ορνιϑος, oiseau, et γραφω, je décris) naturaliste qui s'occupe de la description des oiseaux.

ORNITHOGRAPHIE, subst. fém. (ornitoguerafi) (même étym. que celle du mot précéd.), traité, ouvrage, histoire, description des oiseaux.

ORNITHOGRAPHIQUE, adj. des deux genres (ornitoguerafike), qui appartient, qui a rapport à l'ornithographie.

ORNITHOÏDES, subst. mas. pl. (ornito-ide), t. d'hist. nat., sous-classe de reptiles, les sauriens, les chéloniens et les ophidiens.

ORNITHOLITHE, subst. fém. (ornitolite) (du grec ορνιϑος, gén. de ορνις, oiseau, et λιϑος, pierre), t. d'hist. nat., parties d'oiseaux fossiles ou pétrifiées, telles que les becs, les ongles, etc. Ce sont plutôt des incrustations que de véritables pétrifications.

ORNITHOLOGIE, subst. fém. (ornitoloji) (du grec ορνις, gén. ορνιϑος, oiseau, et λογος, discours), histoire naturelle des oiseaux. — Ouvrage sur cette matière.

ORNITHOLOGIQUE, adj. des deux genres (ornitolojike), qui a rapport à l'ornithologie.

ORNITHOLOGISTE, subst. mas. (ornitolojiste), celui qui s'applique à l'ornithologie, à la connaissance des oiseaux.

ORNITHOLOGUE, subst. mas. Voy. ORNITHOLOGISTE.

ORNITHOMANCE ou ORNITHOMANCIE, subst. fém. (ornitomance, manci) (du grec ορνις, gén. ορνιϑος, oiseau, et μαντεια, divination), divination par le vol ou par le chant des oiseaux.

ORNITHOMANCIEN, adj. mas., au fém. ORNITHOMANCIENNE (ornitomancien, ène), qui a rapport à l'ornithomancie. — Subst., celui, celle qui faisait des prédictions ou tirait des présages d'après le vol, le cri ou le chant des oiseaux.

ORNITHOMANCIENNE, adj. fém. Voy. ORNITHOMANCIEN.

ORNITHOMYSE, subst. mas. (ornitomize) (du grec ορνις, gén. ορνιϑος, oiseau, et μυζω, je suce), t. d'hist. nat., sorte d'insecte de l'ordre des coléoptères.

ORNITHOPE, subst. mas. (ornitope), t. de bot., genre de plantes de la famille des légumineuses.

ORNITHOPHONIE, subst. fém. (ornitofoni) (du grec ορνις, ορνιϑος, oiseau, et φωνη, chant), musique des oiseaux, imitation de leurs chants.

ORNITHOPODE, subst. mas. (ornitopode) (du grec ορνις, gén. ορνιϑος, oiseau, et πους, gén. ποδος, pied), t. de bot., plante agreste, dont les gousses représentent le pied d'un oiseau avec ses articulations, ses doigts et ses ongles.

ORNITHORYNQUE, subst. mas. (ornitorinke) (du grec ορνις, gén. ορνιϑος, oiseau, et ρυγχος, bec ou museau), t. d'hist. nat., animal de la Nouvelle-Hollande, qui, au lieu de mâchoires et de dents, a un museau aplati et recouvert d'une peau molle, comme le bec d'un canard.

ORNITHOSCOPE, subst. mas. (ornitoscope) (du grec ορνις, gén. ορνιϑος, oiseau, et σκοπεω, je considère), celui qui, chez les anciens, observait le vol des oiseaux pour en tirer des présages.

ORNITHOSCOPIE, subst. fém. (*ornitocekopi*). Voy. ORNITHOMANCIE.

ORNITHOSCOPIQUE, adj. des deux genres (*ornitocekopike*), qui concerne l'*ornithoscopie*.

ORNITHOTROPHE, subst. mas. (*ornitotrofe*), t. de bot., genre de plantes de la famille des saponacées.

ORNITHOTROPHIE, subst. fém. (*ornitotrofi*) (du grec ορνις, gén. ορνιθος, oiseau, et τρεφω, j'élève, je nourris), art de faire éclore et d'élever des oiseaux domestiques, connu et pratiqué depuis long-temps en Egypte.

ORNITHOTROPHIQUE, adj. des deux genres (*ornitotrofike*), qui a rapport, qui appartient à l'*ornithotrophie*.

ORNITHOTYPOLITHE, subst. mas. (*ornitotipolite*) (du grec ορνις, gén. ορνιθος, oiseau, τυπος, type, ressemblance, et λιθος, pierre), t. d'hist. nat., pierre à empreinte d'oiseau.

ORO, subst. propre mas. (*oro*), myth., le grand dieu des habitants de l'île d'O-Taïti.

OROBANCHE, subst. fém. (*orobanche*) (en grec οροβαγχη, formé de οροβος, orobe, plante, et αγχω, je serre, je suffoque; parce qu'elle fait périr l'*orobe* et les autres légumes parmi lesquels elle croît), t. de bot., plante parasite à fleur personnée, qui s'implante sur les racines des plantes qui se trouvent dans son voisinage.

OROBANCHIE, subst. fém. (*orobanchi*), t. de bot., genre de plantes de la famille des scrofulaires.

OROBANCHOÏDE, subst. fém. et adj. des deux genres (*orobanko-ide*) (du grec οροβαγχη, orobanche, et ειδος, forme, ressemblance), t. de bot., famille de plantes semblables à l'*orobanche*.

OROBE, subst. fém. (*orobe*) (en grec οροβος), t. de bot., plante vivace, à fleur papilionacée, dont la semence fournit une farine comptée parmi les quatre farines résolutives.

OROBITE, subst. fém. (*orobite*), t. d'hist. nat., concrétion calcaire de la gousse d'une semence d'*orobe*. —Borax artificiel.

OROGRAPHIE, subst. fém. (*orogueraft*) (du grec ορος, montagne, et γραφω, je décris), représentation des montagnes.

OROGRAPHIQUE, adj. des deux genres (*oroguerafike*), qui a rapport à l'*orographie*.

OROLOGIE, subst. fém. (*oroloji*) (du grec ορος, montagne, et λογος, discours), traité, description des montagnes.

OROLOGIQUE, adj. des deux genres (*orolojike*), qui a rapport à l'*orologie*.

OROMASE, subst. propre mas. (*oromâze*), myth. indienne, le principe ou le dieu du bien, selon Zoroastre, qui admettait un autre principe ou auteur du mal, nommé Arimane.

OROMÉDON, subst. propre mas. (*oromédon*), myth., nom de l'un des géants qui voulurent escalader le ciel, mais qui fut écrasé sous une montagne de l'île de Cos, à laquelle il donna son nom.

ORONGE, subst. fém. (*oronje*), t. de bot., nom donné en Guienne à l'espèce de champignon la plus vantée par les gourmets. Il se développe sous la forme et la couleur d'une *orange* de Portugal, et ne s'emploie dans les cuisines qu'avant l'époque de sa maturité.

ORONTE, subst. propre mas. (*oronte*), un des capitaines troyens de la suite d'Enée.—C'est aussi le nom d'un fleuve de Syrie, qui fut ainsi appelé du nom d'un géant d'une taille prodigieuse.

ORPAILLEUR, subst. mas. (*orpâ-ieur*), celui qui tire les *paillettes d'or* du sable des rivières.

ORPHANIE, ou **ORPHANITÉ**, subst. fém. (*orfani*, *fanité*), *orphelinage*. (*Boiste*.) Vieux et inusité.

ORPHANISTE, subst. mas. (*orfanicete*) (du grec ορφανος, orphelin), t. d'hist. anc., protecteur des *orphelins* à Athènes.

ORPHANOTROPHION, subst. mas. (*orfanotrofion*) (du grec ορφανος, orphelin, et τροφεω, je nourris), t. d'hist. anc., nom d'un établissement destiné à élever les orphelins.

ORPHARION, subst. mas. (*orfarion*), nom d'un instrument à cordes, qui a quelque ressemblance avec le luth.

ORPHE, subst. mas. (*orfe*), t. d'hist. nat., nom d'un poisson du genre spare. — Nom d'un poisson cyprin.

ORPHÉE, subst. propre mas. (*orfé*), myth., fils d'Apollon et de Clio; et selon d'autres, d'OEagre et de Calliope. Il jouait, dit-on, si bien de la lyre, que les arbres et les rochers se déplaçaient, les fleuves suspendaient leur cours, et les bêtes féroces s'attroupaient autour de lui pour l'entendre. Eurydice, sa femme, étant morte de la morsure d'un serpent le même jour de ses noces, en fuyant les poursuites d'Aristée, il descendit aux enfers pour la redemander, et toucha tellement Pluton, Proserpine et toutes les divinités infernales par les accords de sa lyre, qu'ils la lui rendirent, à condition qu'il ne regarderait pas derrière lui jusqu'à ce qu'il fût sorti des enfers. Ne pouvant commander à son impatience, il se retourna pour voir si Eurydice le suivait, mais elle disparut aussitôt. Depuis ce malheur, il ne put souffrir les femmes, auxquelles il préféra la compagnie des hommes, ce qui irrita si fort les Bacchantes, qu'elles se jetèrent sur lui et le mirent en pièces. On le représente ordinairement une lyre ou un luth à la main.

ORPHÉIQUE, adj. des deux genres (*orfé-ike*), t. d'hist. anc., qui appartient, qui est relatif à la doctrine d'*Orphée*.

ORPHÉISME, subst. mas. (*orfé-iceme*), t. d'hist. anc., doctrine d'*Orphée*.

ORPHÉISTE, subst. mas. (*orfé-icete*), t. d'hist. anc., celui qui suit, qui observe la doctrine d'*Orphée*.

ORPHELIN, E, subst. (*orfelein, line*) (en grec ορφανος), enfant en bas âge qui a perdu son père et sa mère ou l'un des deux, surtout le père.

ORPHELINAGE, subst. mas. (*orfelinaje*), état d'*orphelin*.

ORPHELINE, subst. fém. (*orfeline*), t. de jard., espèce d'œillet violet. — T. d'hist. nat., nom qu'on donne à plusieurs coquilles.

ORPHÉON ou **ORPHÉOS**, subst. mas. (*orfé-on*), t. de musiq., instrument à cordes de boyau qui résonne par le moyen d'une roue, comme la vielle, mais qui est plus grand.

ORPHÉORON, subst. mas. (*orfé-oron*), t. d'hist. nat., petite pandore, coquille qu'on trouve dans la Méditerranée.

ORPHÉOTÉLESTE, subst. mas. (*orfé-otélécete*) (du grec Ορφευς, Orphée, et τελεω, j'initie), t. d'hist. anc., chez les Grecs, homme initié dans la doctrine d'*Orphée*. — Interprète des mystères les plus profonds.

ORPHIE, subst. fém. (*orfi*), t. d'hist. nat., espèce de poisson dont le corps est fort allongé.

ORPHILIÈRE, subst. fém. (*orfilière*), t. de pêche, espèce de filet pour prendre les poissons.

ORPHIQUE, adj. des deux genres (*orfike*), qui appartient à *Orphée*. — *Vie orphique*, sage et réglée, dans laquelle on pratique la religion, l'abstinence et l'étude conformément à la doctrine d'*Orphée*, qu'adoptèrent les pythagoriciens. — Subst. fém. plur. : *les orphiques*, espèces d'orgies et de bacchanales. (Suivant les uns, parce qu'*Orphée* avait perdu la vie dans une célébration des orgies; selon d'autres, parce que les mystères des orgies avaient été apportés d'Egypte par *Orphée*.)

ORPIERRE, subst. propre mas. (*orpière*), bourg de France, chef-lieu de canton, arrond. de Gap, dép. des Hautes-Alpes.

ORPIMENT, subst. mas. (*orpiman*) (du lat. *auripigmentum*, qui signifie proprement *fard de couleur d'or*, de *aurum*, or, et de *pigmentum*, fard), combinaison d'arsenic et de soufre, qui se sublime dans les fissures volcaniques. C'est l'oxyde d'arsenic sulfuré jaune des chimistes modernes. On le nomme aussi *orpin*, et il sert à peindre en jaune.

ORPIMENTÉ, E, part. pass. de *orpimenter*.

ORPIMENTER, v. act. (*orpimanté*), mêler, colorer avec de l'*orpiment*. — S'ORPIMENTER, v. pron.

ORPIN, subst. mas. (*orpein*), t. de bot., plante vivace, qui croît dans les lieux pierreux, et dont la fleur est disposée en rose. On la nomme également *joubarbe des vignes*.—*Orpin blanc*. Voy. JOUBARBE.

OR-POTABLE, subst. mas. (*orpotable*), t. de chim., liquide huileux et alchoolique, obtenu en versant de l'huile volatile dans une dissolution d'hydrochlorate d'*or*.

ORQUE, subst. fém. (*orke*), t. d'hist. nat., gros poisson de mer.

ORRÉRY, subst. mas. Voy. ORERI et PLANÉTAIRE.

ORRERIAS, subst. mas. (*orcri-âce*), t. de bot., plante qui croît sur la côte de Malabar.

ORRHOCHÉSIE, subst. fém. (*orerochézie*) (du grec ορρος, petit-lait, et χεζω, je vais à la selle), t. de médec., diarrhée séreuse ou remplie de sérosités.

ORRON, subst. mas. (*oreron*) (du grec ορρος), t. de médec., petit-lait.

ORSE, subst. fém. (*orce*), t. de mar., marche d'un vaisseau contre le vent, à l'aide des rames.

ORSÉ, part. pass. de *orser*.

ORSEILLE, subst. fém. (*orcè-ie*), pâte molle, d'un rouge violet ou colombin, qu'on emploie en teinture, et qui provient de la préparation d'un lichen mis en poudre, et mêlée avec de la chaux et de l'urine.

ORSER, v. neut. (*orcé*), t. de mar., aller contre le vent à l'aide des rames.

ORSI, subst. propre mas. (*orci*), myth., nom que les anciens Perses donnaient à l'Etre suprême.

ORSILOQUE, subst. propre mas. (*orciloke*), myth., fils d'Idoménée; fut tué par Ulysse, parce qu'il ne voulait pas qu'il eût part au butin fait à la prise de Troie.

ORSODACNE ou **ORSODACHNE**, subst. mas. (*orçodakne*), t. d'hist. nat., genre d'insectes de l'ordre des coléoptères.

ORT, subst. mas. (*or*), la quatrième partie de la rixdale danoise. *L'ort* se divise en douze sous, et équivaut à une livre deux sous tournois (à peu près un franc dix-sept centimes).—Division des monnaies de cuivre des ci-devant Pays-Bas autrichiens. Il y a des pièces d'un et de deux *orts*. — La quatrième partie du thaler d'espèce de Cologne. — Adj. et adv., en t. de commerce la même chose que *brut* : *cette balle pèse quatre cents livres brut* ou *ort*. Voy. BRUT.

ORTA-JAMI, subst. mas. (*ortajami*), t. de relat., oratoire ou mosquée des janissaires à Constantinople.

ORTAS, subst. mas. (*ortâce*), t. de relat., chef de l'état-major des janissaires à Constantinople.

ORTÉGIE, subst. fém. (*ortéji*), t. de bot., genre de plantes de la famille des caryophyllées.

ORTEIL, subst. mas. (*orté-ie*) (corruption d'*arteil*, fait du lat. *articulus*, article, jointure), doigt du pied : *se dresser sur ses orteils*. — Plus particulièrement, le plus gros doigt du pied. — En t. de fortification, berme et retraite.

ORTEIL-DE-MER, subst. mas. (*orté-iedemère*), t. d'hist. nat.; on a donné ce nom à l'alcyon lobé. — Au plur., des *orteils-de-mer*.

ORTHANE, subst. propre fém. (*ortane*), myth., divinité adorée par les Athéniens. Le culte qu'on lui rendait ressemblait à peu près à celui qu'on rendait à Priape.

ORTHÈS, subst. propre mas. (*ortèce*), ville de France, chef-lieu de canton et d'arrond., dép. des Basses-Pyrénées.

ORTHÉSIE, **ORTHIS**, subst. propre fém. (*ortézi*, *ortice*), myth., surnom de Diane chez les Lacédémoniens.

ORTHIEN, adj. et subst. mas. (*orti-ein*), t. de musiq. anc., c'était un air de flûte dont la modulation était élevée et le rhythme plein de vivacité. C'est en jouant cet air que Timothée fit courir Alexandre aux armes. C'est aussi cet air que chantait Arion sous la poupe du vaisseau d'où il se précipita dans la mer.

ORTHIENNE, adj. fém. (*orti-ène*), surnom de Diane. Voy. ORTHIONE, qui semble être le même mot.

ORTHIONE, adj. propre fém. (*orti-one*), myth., surnom donné à Diane, à cause de la sévérité avec laquelle elle punissait celles de ses nymphes qui manquaient à la chasteté.

ORTHITE, subst. fém. (*ortite*), t. de minér., substance minérale qu'on a trouvée à Fimbo, en Finlande.

ORTHOCÉRACÉE, subst. fém. (*ortocéracé*), t. d'hist. nat., genre de coquilles qui se rapportent aux orthocérées.

ORTHOCÉRALITHE, subst. mas. (*ortocéralite*) (du grec ορθος, droit, κερας, corne, et λιθος, pierre), t. d'hist. nat., corps pierreux, cloisonnés, mollusques et céphalopodes.

ORTOCÉRAS, subst. mas. (*ortocerâce*) (du grec ορθος, droit, et κερας, corne), t. de bot., plante exotique de la famille des orchidées, qui croît dans la Nouvelle-Hollande.

ORTHOCÉRATITE, subst. fém. (*ortocératite*), (en grec ορθοκερατικος, fait de ορθος, droit, et κερας, corne), t. d'hist. nat., sorte de coquille fossile, droite, sans spirale, et à peu près semblable à une corne.

ORTHOCÈRE, subst. mas. (*ortocère*), t. d'hist. nat., mollusque céphalé. — Genre d'insectes de l'ordre des coléoptères.

ORTHOCÉRÉE, subst. fém. (*ortocéré*), t. d'hist. nat., coquille voisine des mollusques céphalopodes.

ORTHOCHILE, subst. mas. (*ortochile*), t. d'hi

nat., genre d'insectes de l'ordre des diptères.

ORTHOCLADE, subst. fém. (*ortoklade*), t. de bot., genre de plante de la famille des graminées.

ORTHOCOLON, subst. mas. (*ortokolon*) (du grec ορθος, droit, et κωλον, membre), t. de chir., synonyme d'*ankylose*, avec cette différence que le membre dont l'articulation n'est plus mobile demeure constamment étendu, tandis que dans l'ankylose il est souvent fléchi.

ORTHODORE, subst. m. (*ortodore*), petite mesure de longueur chez les Grecs, égale à onze doigts, ou à la longueur de la main étendue.

ORTHODOXE, adj. des deux genres (*ortodokce*) (du grec ορθος, droit, et δοξα, opinion, sentiment), qui est conforme à la saine doctrine, en matière de religion. — On dit aussi subst., *les orthodoxes*.

ORTHODOXIE, subst. fém. (*ortodokci*), qualité de ce qui est *orthodoxe*. —Conformité à une saine et droite opinion en matière de religion, de morale, et même, par extension, de doctrine littéraire.

ORTHODOXOGRAPHE, subst. mas. (*ortodokçògguerafe*), auteur qui a écrit sur les dogmes des catholiques.

ORTHODOXOGRAPHIE, subst. fém. (*ortodokçòguerafi*), traité sur les dogmes des catholiques.

ORTHODOXOGRAPHIQUE, adj. des deux genres (*orthodokçòguérafike*), qui a rapport, qui est relatif à l'*orthodoxographie*.

ORTHODROMIE, subst. fém. (*ortodromi*) (du grec ορθος, droit, et δρομος, course), route en droite ligne d'un vaisseau.

ORTHODROMIQUE, adj. des deux genres (*ortodromike*), qui est relatif, qui a rapport à l'*orthodromie*.

ORTHOÉPIE, subst. fém. (*orto-épi*) (en grec ορθοεπεια), style correct. (*Boiste*.) Hors d'usage.

ORTHOGONAL, E, adj. (*ortoguonale*) (du grec ορθος, droit, et γωνια, angle), en géom., 1° qui est perpendiculaire, ou à angles droits; 2° rectangle, qui a un ou plusieurs angles droits. — *Figure orthogonale*, dont un des côtés est perpendiculaire à l'autre. — *Solide orthogonal*, dont l'axe est supposé perpendiculaire à l'horizon. — Au plur., *orthogonaux*.

ORTHOGONALEMENT, adv. (*ortoguonaleman*), perpendiculairement.

ORTHOGONAUX. Voy. ORTHOGONAL.

ORTHOGONE, adj. des deux genres (*ortoguone*), t. de géom.; *ligne orthogone*, qui tombe à angle droit sur une autre.

ORTHOGRAPHE, subst. fém. (*ortoguerafe*) (du grec ορθος, droit, et γραφω, j'écris), l'art et la manière d'écrire correctement les mots : *bonne* ou *mauvaise orthographe*. — *L'orthographe de Voltaire*, celle qui lui est particulière, comme le changement de *oi* en *ai* dans les verbes, et dans les mots où *oi* ne doit pas se prononcer *oé*, mais *è*. — Fig. : *faire une faute d'orthographe*, ne pas se conduire comme on le devrait.

ORTHOGRAPHIE, subst. fém. (*ortoguerafi*) (du grec ορθος, droit, et γραφω, je décris, parce que dans l'*orthographie* toutes les lignes horizontales sont droites et parallèles, et non obliques, comme dans la perspective), t. d'architecture, représentation, sur un plan, de l'élévation d'un bâtiment dans ses véritables proportions, qu'on appelle autrement *élévation géométrale*. — Plus particulièrement, le profil ou la coupe perpendiculaire d'une fortification, etc.

ORTHOGRAPHIÉ, E, part. pass. de *orthographier*, et adj.

ORTHOGRAPHIER, v. act. (*ortoguerafié*), écrire correctement, suivant les règles de l'*orthographe*. — S'ORTHOGRAPHIER, v. pron.

ORTHOGRAPHIQUE, adj. des deux genres (*ortoguerafike*), qui appartient, 1° à l'*orthographe* : *dictionnaire orthographique* (voy. SYLLABIQUE); 2° à l'*orthographie* : *plan orthographique*.—T. d'astron.: *projection orthographique de la sphère*, représentation des différents points de la surface de la sphère sur un plan, en supposant l'œil à une distance infinie, et dans une ligne perpendiculaire au plan.

ORTHOGRAPHISTE, subst. mas. (*ortoguerafiscete*), auteur qui traite de l'*orthographe*.—Celui qui la met bien.

ORTHOLOGIE, subst. fém. (*ortoloji*) (du grec ορθος, droit, et λογος, discours), art de parler correctement.

ORTHOLOGIQUE, adj. des deux genres (*ortolojike*), qui appartient, qui a rapport à l'*orthologie*.

ORTHOMORPHE, subst. mas (*ortomorfe*) (du grec ορθος, droit, et μορφη, forme), t. de bot., famille de plantes.

ORTHOMORPHIE, subst. fém. (*ortomorfi*) (même étym. que celle du mot précéd.), t. de médec., art de restituer au corps humain la régularité des formes.

ORTHOMORPHIQUE, adj. des deux genres (*ortomorfike*), t. de médec., se dit des procédés à l'aide desquels on restitue au corps humain la régularité des formes.

ORTHONTROPIE, subst. fém. (*ortontropi*). Voy. ORTHOPÉDIE.

ORTHOPALE, subst. fém. (*ortopale*), sorte de lutte dans laquelle on combattait debout.

ORTHOPÉDIE, subst. fém. (*ortopédi*) (du grec ορθος, droit, et παις, gén. παιδος, enfant), t. de chir., art de corriger ou de prévenir dans les enfants les difformités du corps.

ORTHOPÉDIQUE, adj. des deux genres (*ortopédike*), qui appartient à l'*orthopédie*.

ORTHOPÉDISTE, subst. mas. (*ortopédicete*), médecin qui écrit sur, qui soigne les déviations de la colonne vertébrale.

ORTHOPNÉE, subst. fém. (*ortopené*) (du grec ορθος, droit, et πνεω, je respire), t. de médec., oppression qui empêche de respirer, à moins qu'on ne se tienne droit.

ORTHOPNIQUE, adj. des deux genres (*ortopenike*), qui appartient, qui a rapport à l'*orthopnée*.

ORTHOPTÈRE, subst. mas. et adj. des deux genres (*ortopetère*) (du grec ορθος, droit, et πτερον, aile), t. d'hist. nat., ordre d'insectes à quatre ailes, dont les deux supérieures ou élytres sont courtes et servent comme d'étuis, et les deux inférieures sont plissées sur leur longueur, et rarement pliées en travers.

ORTHOPYXIS, subst. mas. (*ortopikcice*), t. de bot., genre de plantes voisin des bartramies.

ORTHORYNQUE, subst. mas. (*ortoreinke*) (du grec ορθος, droit, et ρυγχος, bec), t. d'hist. nat., genre d'oiseaux passereaux, de la famille des ténuirostres, qu'on appelle aussi *oiseaux-mouches*, à bec droit et effilé. Ce sont les plus petits de tous les oiseaux connus. Ils se trouvent en Amérique.

ORTHOS, adj. propre mas. (*ortoce*), myth., surnom de Bacchus, qui avait un autel dans le temple des Heures, à Athènes.

ORTHOSE, subst. fém. (*ortôze*), t. d'hist. nat., composé d'alumine, de silice et de potasse.

ORTHOSIE, subst. fém. (*ortôzi*), t. d'hist. nat., nouveau genre d'insectes de l'ordre des lépidoptères.

ORTHOSOMATIQUE, subst. fém. (*ortôçomatike*) (du grec ορθος, droit, et σωμα, corps), t. de chir., art de redresser le corps par des machines ou des exercices. Voy. ORTHOPÉDIE.

ORTHOSTADE, subst. fém. (*ortocetade*), ancienne tunique grecque, tombant à plis droits.

ORTHOSTÉMON, subst. mas. (*ortocetémon*), t. de bot., plante exotique, placée entre les érythrées et les capsores.

ORTHOTRIC, subst. mas. (*ortotrike*), t. de bot., genre de plantes établi parmi les mousses.

ORTHRAGORISQUE, subst. mas. (*ortraguoriceke*), t. d'hist. nat., sorte de grand poisson du genre des cétacés.

ORTHRAGUS, subst. mas. (*ortraguce*), t. d'hist. nat., genre de poissons qui renferme la môle de *Linnée*.

ORTIE, subst. fém. (*orti*) (en lat. *urtica*) : *grande ortie piquante*, *ortie vivace* ou *vulgaire*, plante agreste très-connue, qui croît partout et armée de poils piquants.— Prov. : *jeter le froc aux orties*, renoncer à la profession ecclésiastique.—Mèche qu'on insinue entre la chair et le cuir du cheval : *pratiquer une ortie*. — T. d'hist. nat., petit poisson de mer qui a la bouche placée au milieu du corps et les dents menues.

ORTIÉ, E, adj. (*ortié*), t. de médec., se dit d'une légère gastro-entérite avec éruption analogue à celle qu'excite l'*ortie*, lorsqu'on en frappe la peau : *fièvre ortiée*, *exanthème ortié*.

ORTIVE, adj. fém. (*ortive*), t. d'astron. : *amplitude* ou *latitude ortive*, l'arc de l'horizon entre le point où se lève un astre, et l'orient vrai où se fait l'intersection de l'horizon et de l'équateur.

ORTOLAN, subst. mas. (*ortolan*) (de l'italien *ortolano*, fait du lat. *hortolanus*, dérivé de *hortus*, jardin, parce que cet oiseau habite volontiers les haies des jardins. *Ménage*.), t. d'hist. nat., oiseau passereau, de la famille des conirostres et du genre des bruants ou emberizes. Il est d'un goût exquis.

ORTYGIE, subst. propre fém. (*ortiji*), myth., surnom de Diane.

ORTYGOCOPIE, subst. fém. (*ortiguokopi*) (du grec ορτυξ, caille, et κοπτω, je tourmente), jeu qui consistait à tuer adroitement des cailles.

ORTYGOMÈTRE, subst. mas. (*ortiguomètre*), t. d'hist. nat., nom que les anciens donnaient à l'oiseau que nous appelons râle ou roi des cailles.

ORUS, subst. mas. (*oruce*), t. d'astron., la constellation du *Cocher*.

ORVALE, subst. fém. (*orvale*), t. de bot., plante de la famille des labiées, qui croît dans les prés. Elle est bisannuelle, et d'une odeur très-pénétrante.

ORVET, subst. mas. (*orvé*), t. d'hist. nat., genre de reptiles ophidiens ou de serpents, de la famille des homodermes. Ce sont des animaux très-innocents qui ne se nourrissent que de vers, d'insectes et autres petits animaux, parce que leurs mâchoires sont soudées et non dilatables.— Espèce d'oiseau-mouche.

ORVIÉTAN, subst. mas. (*orvi-étan*), sorte de contre-poison, ainsi appelé d'un charlatan d'*Orvielte*, ville d'Italie, qui l'apporta à Paris, vers le milieu du dix-septième siècle.— *Marchand d'orviétan*, charlatan qui débite de mauvaises drogues.—Au fig., parleur éternel qui vante tout ce qui lui passe par la tête.

ORYCTÈRE, subst. mas. (*oriktère*), t. d'hist. nat., famille d'insectes de l'ordre des hyménoptères.

ORYCTÉRIEN, subst. mas. (*oriktériein*) (du grec ορυσσω, je fouis, je creuse), t. d'hist. nat., nom donné aux animaux qui fouissent la terre.

ORYCTÉROPE, subst. mas. (*oriktérope*) (du grec ορυκτηρ, fossoyeur, et οπη, trou, parce qu'il aime à fouiller la terre), t. d'hist. nat., petit mammifère édenté, qu'on nomme plus communément : *cochon de terre*.

ORYCTE, subst. mas. (*orikte*), t. d'hist. nat., genre d'insectes de l'ordre des coléoptères.

ORYCTOGNOSIE, subst. fém. (*oriktoguenôzi*) (du grec ορυκτηρ, fossoyeur, et γνωσις, connaissance), science qui a pour objet les espèces minérales; c'est une branche de la *minéralogie*.

ORYCTOGRAPHE, subst. mas. (*oriktoguerafe*), homme versé dans l'*oryctographie*; qui écrit sur cette science.

ORYCTOGRAPHIE, subst. fém. (*oriktoguerafi*) (du grec ορυκτηρ, fossoyeur, et γραφω, je décris), science des fossiles, traité sur les fossiles.

ORYCTOGRAPHIQUE, adj. des deux genres (*oriktoguerafike*), qui appartient, qui a rapport à l'*oryctographie*.

ORYCTOLOGIE, subst. fém. (*oriktoloji*) (du grec ορυκτος, fossile, et λογος, discours), science qui traite des fossiles.

ORYCTOLOGIQUE, adj. des deux genres (*oriktolojike*), de l'*oryctologie*.

ORYCTOLOGISTE, subst. des deux genres (*oriktolojicete*), qui écrit sur l'*oryctologie*.

ORYGE, subst. mas. (*orije*), t. d'hist. nat., sorte de chèvre sauvage.

ORYGIE, subst. fém. (*oriji*), t. de bot., genre de plantes qui a été réuni à celui des talins.

ORYGMA, subst. mas. (*origuema*), t. d'antiq., fosse à Athènes, qu'on nommait plus communément barathre. Voyez ce mot.

ORYSSUS, subst. mas. (*oriceçuce*), t. d'hist. nat., genre d'insectes de l'ordre des hyménoptères.

ORYTHIE, subst. fém. (*oriti*), t. d'hist. nat., genre d'insectes établi aux dépens des méduses.

ORYX, subst. mas. (*orikce*), chèvre de Gétulie, qui a les cornes longues, le pied fourchu et la pointe du poil tourné vers la tête. — Machine de guerre sous laquelle les pionniers se mettaient à couvert.

ORYZOPSIS, subst. mas. (*orizopecice*), t. de bot., genre de plantes de la famille des graminées.

OS, subst. mas. (*ô*; prononcez *s* au sing. : un *ôce*, et à la fin de la phrase; devant une voyelle, *ôze*) (en latin *os*, gén., *ossis*, fait du grec οστεον ou οστουν), partie du corps de l'animal, dure, solide, destituée de sentiment, et qui sert à attacher, à soutenir les autres parties. —On dit aussi *os de sèche*, *de baleine*, quoiqu'on se serve du mot *arête* pour les autres poissons.—En t. de vénerie, les ergots du cerf.— *Etre percé, mouillé jusqu'aux os*, extrêmement mouillé. — Au fig. : *briser les os à quelqu'un*, le battre d'une manière horrible.—*Tel homme ne fera pas de vieux os*, il mourra jeune. — *Y laisser ses os*, mourir dans un endroit où l'on était allé, croyant bien en revenir.—*Ronger quelqu'un jusqu'aux os*, le ruiner complètement. — *Jusqu'à la moelle des os*, profondément, autant qu'il est possible. — *Être avare jusque dans la moelle des os*, autant qu'il est possible de l'être.—Prov. : *donner ou laisser un os à ronger à quelqu'un*, lui susciter une affaire fâcheuse et difficile à démêler. — *Jeter un os à un chien pour le faire taire*, faire des présents à quelqu'un pour l'empêcher de parler. — *Ce sont trop de chiens après un os*, trop de gens se mêlent de ce commerce. — On dit fam. d'une personne extrêmement maigre, que *les os lui percent la peau ; qu'elle n'a que la peau et les os ; qu'elle a la peau collée sur les os.*

OSAGE, subst. et adj. des deux genres (*ozaje*), nom d'un peuple sauvage de l'Amérique, qui habite le Missouri et l'Arkensas.

OSANE, subst. fém. (*ozane*), t. d'hist. nat., l'antilope chevaline.

OSBECK, subst. mas. (*ocebèk*), t. de bot., genre de plante de la famille des mélastomées.

OSCABIORN, subst. mas. (*ocekabiorne*), terme islandais duquel est dérivé celui d'*oscabrion*. Dans la suite on a appelé *oscabiorn* l'animal qui vit dans l'*oscabrion*.

OSCABRION, subst. mas. (*ocekabrion*), t. d'hist. nat., genre de mollusques de la famille des dermobranches.

OSCANE, subst. mas. (*ocekane*), t. d'hist. nat., genre de testacés de la classe des univalves.

OSCÉDO, subst. mas. (*océdo*), t. de médec., sorte de scorbut.

OSCHÉITE, subst. fém. (*oceché-ite*) (du grec οσχεον, le scrotum), t. de médec., inflammation douloureuse du scrotum.

OSCHÉOCHALASIE, subst. fém. (*océkié-okalazi*) (du grec οσχεον, le scrotum, et χαλασις, atonie, relâchement), t. de chir., hypertrophie du tissu cellulaire scrotal.

OSCHÉOCÈLE, subst. fém. (*ocekié-ocèle*) (du grec οσχεον, le scrotum, et κηλη, tumeur), t. de chir., hernie dans laquelle l'épiploon et l'intestin descendent jusque dans le scrotum.

OSCHÉONCIE, subst. fém. (*ocekié-onci*) (du grec οσχεον, le scrotum, et ογκος, tumeur), t. de médec., tumeur qui se forme dans le scrotum.

OSCHÉOTITE, subst. fém. (*ocekié-otite*), t. de médec., inflammation, engorgement du scrotum.

OSCHÉPHORIES, subst. fém. plur. (*ocekiéfori*), myth., fêtes qu'on célébrait en l'honneur de Bacchus et de Minerve.

OSCILLAIRE, subst. fém. (*ocilelère*), t. de bot., genre de cryptogames.

OSCILLATION, subst. fém. (*ocilelâcion*) (en lat. *oscillatio*), t. de mécanique, mouvement d'un pendule en descendant et en montant. — Par extension, mouvement d'un corps qui va et vient alternativement en sens contraire, comme un pendule. — Mouvement des fibres du corps humain, au moyen duquel elles broient, elles atténuent les liquides, etc.— Au fig., fluctuation : *les oscillations de l'esprit humain.*

OSCILLATOIRE, adj. des deux genres (*ocilelatoare*), qui est de la nature de l'*oscillation* : *mouvement oscillatoire.*

OSCILLÉ, part. pass. de *osciller*.

OSCILLER, v. neut. (*ocilelé*) (en lat. *oscillare*), se mouvoir alternativement en sens contraire. Il se dit particulièrement *du pendule.*

OSCILLE, subst. fém. (*ocecile*), myth., petite figure humaine qu'on suspendait au cou de Saturne, et qu'on lui consacrait en la lui faisant toucher, pour se le rendre favorable en certaines occasions. — On donnait aussi le nom d'*oscilles* à toutes sortes de masques représentant des figures hideuses. — Tête de cire qu'offrit Hercule en Italie, au lieu de victimes humaines.

OSCINE, subst. fém. (*ocecine*), t. d'hist. nat., genre d'insectes de l'ordre des diptères, famille des athéricères. — Nom que les Romains donnaient à certains oiseaux du chant desquels ils tiraient des présages.

OSCITANT, E, adj. (*ocecitan, tante*), t. de médec., se dit des fièvres dans lesquelles le malade bâille continuellement : *c'est une fièvre oscitante.*

OSCITATION, subst. fém. (*ocecitâcion*) (du latin *oscitari*, bâiller), bâillement.

OSCULATEUR, adj. mas. (*ocekulateur*) (du lat. *osculari*, baiser ; parce que ce cercle embrasse, pour ainsi dire, la développée en la touchant), t. de géom. : *rayon osculateur d'une courbe*, rayon de la développée de cette courbe. — *Cercle osculateur*, cercle qui a pour rayon le rayon de la développée.

OSCULATION, subst. fém. (*ocekulâcion*), t. de géom. : 1° point où un cercle *osculateur* touche ou *baise* la développée. Huyghens a dit aussi *point baisant* ; 2° point d'attouchement de deux branches d'une courbe qui se touchent. Lorsque la concavité de l'une des deux branches embrasse la concavité de l'autre, l'*osculation* s'appelle *embrassement.*

OSÉ, E, part. pass. de *oser*, et adj., qui a l'*audace* de faire quelque chose qu'il ne devrait pas faire. Il se joint ordinairement avec les particules *si, bien, assez* : *il n'est pas si osé que de.. ; c'est être bien osé que de... ; il a été assez osé pour...*

OSEILLE, subst. fém. (*ôzè-ie*) (en lat. *oxalis*, gén. *oxalidis*, fait du grec οξυς, acide), t. de bot., plante agreste potagère. — *Oseille de Guinée*, plante dont les feuilles ont le même goût que l'*oseille*, et que *Haller* croit être un géranium. Il y a aussi l'*oseille de Guinée blanche.* — *Oseille rouge*, plante de la famille des mauves, que l'on mange à St-Domingue.

OSELLE, subst. fém. (*ozèle*), monnaie ou plutôt médaille d'or de Vienne, qui a cours pour 88 liv. (48 fr. 28 cent. de France.) — Il y a aussi l'*oselle d'argent*, qui a cours pour 5 liv. 18 sous de piccioli (3 fr. 13 cent.).

OSER, v. neut. et act. (*ozé*) (en lat. *audere*, au part. pass. *ausus* ; au supin, *ausum*), avoir la hardiesse de... ; avoir le courage de... : *osez me suivre !* — Avoir la prétention de... — *Ne pas oser*, craindre de faire, de dire par circonspection, par ménagement. — Act., entreprendre hardiment : *il peut tout oser ; il n'y a rien qu'il n'ose.*

OSERAIE, subst. fém. (*ôzeré*), lieu planté d'osiers.

OSEREUSE, adj. fém. Voy. OSEREUX.

OSEREUX, adj. mas., au fém. **OSEREUSE** (*ozereu, reuze*), fait d'osier, plein d'*osier*.

OSEUR, subst. mas., au fém. **OSEUSE** (*ozeur, zeuze*), celui, celle qui *ose*.

OSIER, subst. mas. (*ôzié*) (en grec οισυα), t. de bot., arbrisseau dont les jets sont fort pliants. C'est une espèce de saule nain. — Les jets de cet arbrisseau.—Fig. : *être pliant, souple comme de l'osier*, avoir l'esprit accommodant.—*Être franc comme l'osier*, sincère, sans dissimulation.

OSIRIS, subst. propre mas. (*ozirice*), myth., fils de Jupiter et de Niobé, et mari d'Io, qu'il épousa lorsqu'elle se sauva en Égypte pour fuir les persécutions de Junon. Les Égyptiens l'adoraient sous divers noms, comme Apis, Sérapis, et sous le nom de tous les autres dieux. Les symboles ou les marques par lesquelles on désignait *Osiris*, sont une mitre ou un bonnet pointu, et un fouet à la main. Quelquefois, au lieu d'un bonnet, on lui mettait sur la tête un globe ou une trompe d'éléphant, ou de grands feuillages. Assez souvent, au lieu d'une tête d'homme, on lui donnait une tête d'épervier avec une croix ou un T attaché à sa main par le moyen d'un anneau. Voy. ISIS.

OSLADE ou **OUSLADE**, subst. propre mas. (*ocelade, oucelade*), myth. slave, dieu des festins chez les anciens habitants de Kiew.

OSMANLIS, subst. propre mas. plur. (*oceman-li*), terme d'histoire ; c'est le même peuple qu'on appelle aujourd'hui les Turcs. Il n'a été connu sous ce dernier nom que dans le moyen-âge.

OSMAZOME, subst. fém. (*ocemazôme*) (du grec οσμη, odeur), substance nutritive, agréable, dans les muscles et le sang des animaux, base du bouillon.

OSMÈRE, subst. mas. (*ocemère*), t. d'hist. nat., genre de poisson qui se rapproche de celui des salmones.

OSMIE, subst. fém. (*ocemi*), t. d'hist. nat., genre d'insectes de l'ordre des hyménoptères, famille des mellifères.

OSMIMÉTRIQUE, adj. des deux genres (*ocemimétrike*) (du grec οσμη, odeur, et μετρον, mesure), qui donne la mesure des odeurs ; l'odorat est le sens *osmimétrique*, selon quelques auteurs.

OSMITE, subst. mas. (*ocemite*), t. de bot., genre de plantes de la famille des corymbifères.

OSMITOPSIS, subst. mas. (*ocemitopecice*), t. de bot., genre de plante établi aux dépens de celui des *osmites*.

OSMIUM, subst. mas. (*ocemi-ome*), t. de minér., nouveau métal, d'un gris foncé.

OSMONDAIRE, subst. mas. (*ocemondère*), t. de bot., genre de plantes établi aux dépens des varecs de *Linnée*. Il ne contient qu'une espèce originaire des mers de la Nouvelle-Hollande.

OSMONDE, subst. fém. (*ocemonde*), t. de bot., espèce de fougère qui croît au bord des fleuves. —*Osmonde royale*, ou *fougère à fleurs*, plante qui descend de la fougère femelle. Sa racine dissout le sang caillé dans le corps, et on en fait un onguent pour la guérison des plaies.—Genre de plantes jadis de la famille des fougères, aujourd'hui placé dans la famille des schismatoptérides : il contient sept à huit espèces.

OSMONDIACÉE, subst. fém. (*ocemondi-acé*), t. de bot., nom d'une tribu de plantes de la division des fougères.

OSMYLE, subst. mas. (*ocemile*), t. d'hist. nat., genre d'insectes de l'ordre des névroptères, famille des planipennes. Il ne comprend qu'une espèce, l'hémérobe tacheté, qui a trois petits yeux lisses.

OSNABRUG, subst. propre mas. (*ocenabrugue*), nom d'une ville de la Westphalie.

OSNON, subst. mas. (*ocenon*), pontife des nègres d'Issini, sur la côte d'Ivoire, en Afrique.

OSPHALGIE, subst. fém. (*ocefaleji*) (du grec οσφυς, les reins, et αλγος, douleur), t. de médec., douleur qu'on éprouve quelquefois dans les lombes.

OSPHALGIQUE, adj. des deux genres (*ocefalejike*), qui concerne l'*osphalgie* : *douleur osphalgique.*

OSPHRÉSIOLOGIE, subst. fém. (*ocefréziolojì*) (du grec οσφρησις, l'odorat, senteur, et λογος, discours), traité des odeurs.—Discours, ouvrage sur les odeurs.

OSPHRÉSIOLOGIQUE, adj. des deux genres (*ocefréziolojike*), qui tient, qui a rapport à l'*osphrésiologie.*

OSPHRONÈME, subst. mas. (*ocefronème*), t. d'hist. nat., genre de poissons de la division des thoraciques.

OSPHYALGIE, subst. fém. Voy. OSPHALGIE.

OSPHYALGIQUE, adj. des deux genres. Voy. OSPHALGIQUE.

OSPHYTE, subst. fém. (*ocefite*) (du grec οσφυς, les reins), t. de médec., inflammation du tissu cellulaire des lombes.

OSQUELLE, subst. fém. (*ocekièle*), vaste enceinte carrée où résident le consul et les négociants français dans les îles.

OSQUE, subst. et adj. des deux genres (*oceke*), nom d'un peuple ancien de la Campanie. — La langue *osque* est une de celles qui ont contribué à former le latin. — T. d'hist. anc., nom qu'on donnait autrefois aux comédies atellanes. — Jeux scéniques qu'on représentait sur les théâtres romains. Ces jeux, ainsi que les satiriques, se représentaient le matin, avant la grande pièce.

OSQUIDATE, subst. mas. (*ocekidate*), nom d'anciens peuples qui habitaient une partie de l'Aquitaine.

OSSA, subst. propre mas. (*oceça*), myth., montagne de la Thessalie, l'une de celles que les géants entassèrent les unes sur les autres pour escalader le ciel. — On dit fig. : *entasser Ossa sur Pélion*, faire de grands efforts pour réussir dans quelque chose.

OSSATURE, subst. fém. (*oceçature*), l'ensemble des *os*. — T. d'archit., les parties qui lient un édifice.

OSSEC, subst. mas. (*ocecèk*), t. de marine, la partie la plus basse des vaisseaux, dans laquelle toute l'eau infiltrée se rassemble.

OSSÉEN, subst. propre mas. (*océcé-ein*), myth., s'est dit des centaures qui habitaient le mont *Ossa.*

OSSELET, subst. mas. (*ocelè*) (en lat. *ossiculum*), petit *os*. — Petit morceau d'ivoire façonné en forme d'*os*. — Petits *os* tirés du gigot avec lesquels jouent les enfants. — Tumeur osseuse à la jambe d'un cheval. — Sorte de torture : *donner les osselets.* — T. d'anatom. : *osselets de l'oreille*, quatre petits *os* qu'on trouve dans la caisse du tambour, et qu'on nomme le *marteau*, l'*enclume*, l'*os orbiculaire* et l'*étrier*. — En t. de bot., selon *Gaertner*, enveloppe distincte, dure, épaisse, rejointe par ses bords, et dans laquelle les semences sont renfermées. L'*osselet* diffère du *noyau*, en ce qu'il est plus petit, qu'il ne se sépare point en valves par l'effort du couteau, qu'il est d'une substance moins épaisse, et que sa surface n'est jamais sillonnée, hérissée de tubercules, ou relevée par des lames saillantes.

OSSEMENTS, subst. mas. plur. (*oceman*), *os* décharnés des hommes, des animaux morts.

OSSEUSE, adj. fém. Voy. OSSEUX.

OSSEUX, adj. mas., au fém. **OSSEUSE** (*oceu, ceuze*), qui est de nature d'*os*. — T. d'hist. nat. : *poissons osseux*, classe de poissons dont les vertèbres non flexibles sont véritablement *osseuses*, à la différence des *cartilagineux*, chez qui ces parties sont molles et flexibles.

OSSIANIQUE, adj. des deux genres (*oci-anike*) : *style ossianique*, style extrêmement figuré, tel que celui des poésies galliques ou erses attribuées à *Ossian*.

OSSIANISÉ, E, part. pass. de *ossianiser*.

OSSIANISER, v. neut. (*oci-anizé*), imiter le style d'*Ossian*. (*Boiste*.) Inusité.

OSSIANISME, subst. mas. (*oci-aniceme*), forme poétique grave, grandiose, de l'école d'*Ossian*, de *Macpherson*.

OSSIFRAGUE, subst. mas. suivant l'*Académie*, et fém. suivant *Trévoux* (*ocifrague*), t. d'hist. nat., oiseau, grand aigle de mer. Voyez ORFRAIE.

OSSIFIAGE, subst. mas. (*ocifi-aje*), t. d'hist. nat., poisson du genre labre.

OSSIFICATION, subst. fém. (*ocecifikâcion*), t. d'anat., formation des *os*. — Changement des membranes et des cartilages en *os*.

OSSIFIÉ, E, part. pass. de *ossifier*.

OSSIFIER, v. act. (*ocecifié*), changer en *os*. — S'OSSIFIER, v. pron.

OSSIFIQUE, adj. des deux genres (*ocecifike*) : *qualité ossifique*, qui convertit en *os* une partie de la nourriture.

OSSIFRAGUM, subst. mas. (*ocecifraguome*), t. de bot., plante qui, selon une erreur populaire, a la propriété de dissoudre les *os* des bestiaux qui en mangent.

OSSILEGIUM, subst. mas. (*ocecilėjiome*) (mot latin formé de *os, ossa*, les ossements, et de *legere*, recueillir); chez les anciens, action de retirer du bûcher les *os* calcinés ; ce pieux devoir était rendu par les parents, qui éteignaient le reste du feu avec du vin.

OSSILLON, subst. mas. (*oceci-ion*), petit *os* d'oiseau.

OSSIVORE, adj. des deux genres (*ocecivore*), t. de médec., *ulcère ossivore*, qui attaque l'*os*, qui détruit la consistance de l'*os*. Inusité.

OSSOMÈTRE, subst. mas. Voyez DYNAMOMÈTRE.

OSSONE, subst. propre fém. (*oçone*), petite ville d'Espagne.

OSSU, E, adj. (*oceçu*), qui a de gros *os*.

OSSUAIRE, subst. mas. (*oceçuère*), assemblage d'*os*. — *L'ossuaire de Morat*, colonne formée des *os* des Bourguignons tués à la bataille de *Morat*.

OSSUN, subst. propre mas. (*oceceun*), bourg de France, chef-lieu de canton, arrond. de Tarbes, dép. des Hautes-Pyrénées.

OST, subst. mas. (*ocete*) (du latin *hostis*, ennemi), armée. Il est vieux et même hors d'usage.

OSTADE, subst. fém. (*ocetade*), sorte d'étoffe ancienne.

OSTAGE, subst. mas. (*ocetaje*), vieux mot qui signifiait : droit sur les maisons, gîte. Hors d'usage. On dit aujourd'hui *ôtage*, et encore ce n'est plus dans le sens ancien d'*ostage*.

OSTAGER, subst. mas. (*ocetajé*), anciennement celui qui occupait une maison dans une seigneurie. — Qui payait l'*ostage*. Vieux et même hors d'usage.

OSTAGIER, v. neut. (*ocetajié*), mettre en *otage*. Vieux et même hors d'usage.

OSTAGRE, subst. mas. (*ocetaguere*) (du grec ὀστεον, *os*, et ἀγρα, prise), t. de chir., nom qu'on donne à une pince propre à saisir les *os*.

OSTAR, subst. propre mas. (*ocetar*), myth., dieu de la lune, auquel les anciens Scandinaves sacrifiaient.

OSTÉAL, adj. mas. (*oceté-ale*), t. de médec. : *son ostéal*, son qui se fait entendre quand on percute les *os*.

OSTÉALGIE, subst. fém. (*oceté-aleji*) (du grec ὀστεον, *os*, et ἀλγος, douleur), t. de médec., douleur dans les *os*.

OSTÉALGIQUE, adj. des deux genres (*oceté-alejike*), qui a rapport, qui appartient à l'*ostéalgie*.

OSTÉIDE, subst. fém. (*oceté-ide*), t. de minér., concrétion qui offre l'apparence, la forme d'un *os*. — Production *osseuse* accidentelle.

OSTENDE, subst. propre mas. (*ocetande*), ville et port de mer, dans le royaume de Belgique, renommé pour les huîtres qu'on y pêche.

OSTENDOIS, E, subst. et adj. (*ocetandoè, doèze*), d'*Ostende*.

OSTENSIBLE, adj. des deux genres (*ocetancible*) (du latin *ostendere*, montrer), qui peut être montré. — Qui tombe sous le sens, évident.

OSTENSIBLEMENT, adv. (*ocetancibleman*), d'une manière *ostensible*.

OSTENSIF, adj. mas., au fém. **OSTENSIVE** (*ocetancif, cive*), qui montre, qui sert à montrer.

OSTENSIVE, adj. fém. Voy. OSTENSIF.

OSTENSOIR ou **OSTENSOIRE**, subst. mas. (L'Académie donne les deux mots ; l'un ou l'autre nous paraît inutile ; et puisqu'on donne à tous deux le genre mas., notre avis serait de supprimer *ostensoire*, dont l'*e* muet de la finale semblerait indiquer un fém.) (*ocetançoare*) (du latin *ostendere*, montrer), pièce d'orfèvrerie dans laquelle on met l'hostie pour l'exposer sur les autels.

OSTENTATEUR, adj. mas., au fém. **OSTENTATRICE** (*ocetantateur, trice*), superbe. *J.-J. Rousseau*. — Qui a de l'*ostentation*.

OSTENTATION, subst. fém. (*ocetantâcion*) (en latin *ostentatio*, montre affectée de quelque chose dont on tire vanité.

OSTENTATRICE, adj. fém. Voyez OSTENTATEUR.

OSTENTION, subst. fém. (*ocetancion*), t. de liturg., exposition. Peu usité.

OSTÉOCÈLE, subst. fém. (*oceté-ocèle*) (du grec ὀστεον, *os*, et κηλη, tumeur), t. de chir., tumeur plus ou moins arrondie, pédiculée, dure, partagée à l'intérieur par des cloisons cartilagineuses ou osseuses que forment en s'ossifiant quelques sacs herniaires anciens, après la réduction entière des parties qu'ils contenaient.

OSTÉOCOLLE, subst. fém. (*oceté-okole*) (du grec ὀστεον, *os*, et κολλα, colle), t. de chimie, chaux carbonatée concrétionnée, qui incruste les végétaux et autres corps plongés dans certains *os*.

OSTÉOCOPE, subst. fém. et adj. des deux genres (*oceté-okope*) (du grec ὀστεον, *os*, et κοπτω, je brise, je romps), t. de médec., se dit d'une douleur aiguë et profonde dans les *os*, comme s'ils étaient fracturés.

OSTÉODERME, subst. mas. et adj. des deux genres (*oceté-odèreme*) (du grec ὀστεον, *os*, et δερμα, peau), t. d'hist. nat., famille de poissons cartilagineux.

OSTÉODYNIE, subst. fém. (*oceté-odini*) (du grec ὀστεον, *os*, et ὀδυνη, douleur), t. de médec., douleur aiguë dans les *os*.

OSTÉOGÉNÉSIE ou **OSTÉOGÉNIE**, subst. fém. (*oceté-ojénezi, oceté-ojéni*) (du grec ὀστεον, *os*, et γενεσις, génération, dérivé de γεινομαι, être produit), partie de l'anatomie qui traite de la formation des *os*.

OSTÉOGRAPHE, subst. mas. (*oceté-oguerafe*), anatomiste qui décrit les *os*, auteur d'une *ostéographie*.

OSTÉOGRAPHIE, subst. fém. (*oceté-oguerafi*) (du grec ὀστεον, *os*, et γραφω, je décris), t. d'anat., description des *os*.

OSTÉOGRAPHIQUE, adj. des deux genres (*oceté-oguerafike*), qui appartient, qui a rapport à l'*ostéographie*.

OSTÉOLITHE, subst. mas. (*oceté-olite*) (du grec ὀστεον, *os*, et λιθος, pierre), t. d'hist. nat., *os* fossile ou pétrifié.

OSTÉOLOGIE, subst. fém. (*oceté-oloji*) (du grec ὀστεον, *os*, et λογος, discours), la partie de l'anatomie qui traite des *os*.

OSTÉOLOGIQUE, adj. des deux genres (*oceté-olojike*), qui est relatif, qui a rapport à l'*ostéologie*.

OSTÉOMALACIE, subst. fém. (*oceté-omalaci*) (du grec ὀστεον, *os*, et μαλακια, fait de μαλασσω, j'amollis), t. de médec., ramollissement des *os* qui tient beaucoup du rachitis.

OSTÉONÉCROSE, subst. fém. (*oceté-onékrôze*), t. de médec., mortification des *os*.

OSTÉOPHAGE, subst. mas. (*oceté-ofaje*) (du grec ὀστεον, *os*, et φαγω, je mange), mangeur d'*os*, qui mange des *os* : *le chien est ostéophage*.

OSTÉOPHILE, subst. mas. (*oceté-ofile*) (du grec ὀστεον, *os*, et φιλος, ami), t. d'hist. nat., genre d'insectes voisin de celui des podures.

OSTÉOPHTHORIE, subst. fém. (*oceté-ofetori*) (du grec ὀστεον, *os*, et φθορα, peste), t. de médec., spina-ventosa, carie interne des *os*.

OSTÉOPSATHYROSE, subst. fém. (*oceté-opeçatirôze*) (du grec ὀστεον, *os*, et ψαθυρος, friable), t. de médec., friabilité, flexibilité des *os*.

OSTÉOSARCOME, subst. mas. Voy. OSTÉOSARCOSE.

OSTÉOSARCOSE, subst. fém. (*oceté-oçarkôze*) (du grec ὀστεον, *os*, et de σαρξ, gén. σαρκος, chair), t. de chir., maladie des *os* qui se ramollissent comme de la chair.

OSTÉOSE, subst. fém. (*oceté-ôze*), t. d'anat., synonyme de *ostéogénésie*.

OSTÉOSPERME, subst. mas. (*oceté-ocepèreme*) (du grec ὀστεον, *os*, et σπερμα, semence), t. de bot., genre de plantes de la famille des corymbifères.

OSTÉOSTÉATOME, subst. mas. (*oceté-ôceté-atome*) (du grec ὀστεον, *os*, et στεαρ, gén. στεατος, suif), t. de médec., dégénérescence osseuse sous forme de matière sébacée.

OSTÉOSTOME, subst. mas. (*oceté-ocetome*) (du grec ὀστεον, *os*, et στομα, bouche), t. d'hist. nat., famille de poissons osseux.

OSTÉOTIDE, subst. fém. (*oceté-ocetide*), t. de chir., matière osseuse, substance qui doit se former en *os*.

OSTÉOTOMIE, subst. fém. (*oceté-otomi*) (du grec ὀστεον, *os*, et τεμνω, je coupe), t. d'anat., dissection des *os*.

OSTÉOTOMIQUE, adj. des deux genres (*oceté-otomike*), qui tient, qui a rapport à l'*ostéotomie*.

OSTÉOTYLE, subst. mas. (*oceté-otile*) (du grec ὀστεον, *os*, et τυλος, cal), t. de médec., exostose.

OSTÉOZOAIRE, subst. mas. (*oceté-ozo-ère*), t. d'hist. nat., animal vertébré.

OSTIAIRE, subst. mas. (*oceti-ère*), t. d'hist. anc., nom d'hommes choisis qui composaient la garde des rois de France, dans les commencements de la monarchie jusqu'à Philippe-Auguste.

OSTIE, subst. propre fém. (*oceti*), nom d'une ville d'Italie, située à l'embouchure du Tibre.

OSTINATI, subst. mas. plur. (*ocetinati*) (mot italien qui signifie *obstinés*), nom des membres d'une *Académie* établie à Viterbe, ville d'Italie.

OSTIOLE, subst. fém. (*oceti-ole*), t. de bot., ouverture presque invisible qui se forme pour la sortie des bourgeons séminiformes de certains varecs, à l'époque de leur maturité.

OSTITE, subst. fém. (*ocetite*), t. de médec., inflammation des *os*.

OSTOME, subst. mas. (*ocetome*), t. d'hist. nat., genre d'insectes que l'on nomme aussi *nitidule*.

OSTRACAIRE, subst. mas. (*ocetrakière*), t. d'hist. nat., animal des coquilles, huîtres et peignes.

OSTRACÉ, E, adj. (*ocetracé*) (du grec ὀστρακον, écaille), t. d'hist. nat., qui est couvert de deux ou plusieurs écailles dures, comme les huîtres, les moules, etc., à la différence des testacés, qui n'en ont qu'une. — On dit aussi subst. au mas. : *les ostracés ; l'huître est un ostracé*.

OSTRACÉE, subst. fém. (*ocetracé*), t. d'hist. nat., famille de coquilles bivalves et irrégulières.

OSTRACIAS, subst. mas. (*ocetraci-âce*), t. d'hist. nat., sorte de pierre précieuse qui polit comme la pierre ponce.

OSTRACINE, subst. propre fém. (*ocetracine*), ville d'Égypte, située sur la Méditerranée.

OSTRACIN ou **BITESTACÉ**, subst. mas. (*ocetracein, bitécetacé*), t. d'hist. nat., famille de *testacés* à deux valves.

OSTRACION, subst. mas. (*ocetraci-on*), t. d'hist. nat., genre de poissons de la division des branchiostéges.

OSTRACISÉ, E, part. pass. de *ostraciser*.

OSTRACISER, v. act. (*ocetracizé*), exercer l'*ostracisme*, y condamner. — S'OSTRACISER, v. pron., t. réfléchi, se proscrire, s'exiler : *les partis s'ostracisent tour-à-tour*. (Boiste.) Inusité.

OSTRACISME, subst. mas. (*ocetraciceme*) (en grec ὀστρακισμος, fait de ὀστρακον, coquille, parce qu'on donnait son suffrage en écrivant le nom de l'accusé sur une coquille, ou plutôt sur un morceau de terre cuite, fait en forme d'écaille ou de coquille), t. d'antiq., loi en vertu de laquelle les Athéniens bannissaient pour dix ans les citoyens que leur puissance, leur mérite ou leurs services rendaient suspects à la jalousie républicaine.

OSTRACITE, subst. fém. (*ocetracite*) (du grec ὀστρακον, coquille, écaille), t. d'hist. nat., coquille d'huître pétrifiée.

OSTRACODERME, adj. des deux genres (*ocetrakodèreme*) (du grec ὀστρακον, coquille, et δερμα, peau), t. d'hist. nat., il se dit des animaux qui sont couverts d'écailles. — Subst. mas., classe ou division d'animaux à peau couverte d'écailles.

OSTRACODE, subst. mas. (*ocetrakode*), t. d'hist. nat., tribu de crustacés de la famille des lophyropes.

OSTRAGINE, subst. fém. (*ocetrajine*), t. d'hist. anc., suffrage que les Athéniens écrivaient sur des coquilles ou sur de petites écailles.

OSTRÉINE, subst. fém. (*ocetré-ine*), t. d'hist. nat., substance qui appartient à l'huître.

OSTRÉITE, subst. fém. (*ocetré-ite*), t. d'hist. nat., sorte de coquille fossile du genre des huîtres.

OSTRELIN, subst. mas. (*ocetrelein*) (de l'allemand *ost* ou *ostein*, est, orient), nom donné dans quelques histoires aux peuples orientaux, par rapport à l'Angleterre et aux villes hanséatiques.

OSTROG ou **OSTROGOU**, subst. mas. (*ocetrogue*, *troguou*), t. de relat., nom qu'on donne aux villages du Kamtschatka.

OSTROGOTH, et non pas **OSTROGOT**, comme l'écrit l'*Académie*, subst. mas. et adj. (*ocetrogué*) (de l'allemand *ost* ou *osten*, est, orient), autrefois *Goths* orientaux.— Aujourd'hui, prov., homme qui ignore les usages, les bienséances : *me prenez-vous pour un Ostrogoth?*—Adj. : *un goût ostrogoth.*

OSTROGOTHIE, subst. propre fém. (*ocetroguoti*), pays des *Goths* orientaux, aujourd'hui un gouvernement du royaume de Suède.

OSTROLENKA, subst. propre mas. (*ocetrolein-ka*), ville de Pologne, où les Français remportèrent une victoire sur les Russes en 1806.

OSTRYS, subst. mas. (*ocetrice*), t. de bot., sorte d'arbrisseau qui croît dans les Indes occidentales.

OSYRIDÉE, subst. fém. (*oziridé*), t. de bot., famille de plantes de la division des apétales.

OSYRIS, subst. mas. (*ozirice*), t. de bot., sorte de plantes du Japon dont les feuilles servent de nourriture.

OTACOUSTIQUE, adj. des deux genres (*ota-koucetike*) du grec οὖς, gén. ωτος, oreille, et ακουστικος, dérivé de ακουω, j'entends), se dit de ce qui aide ou perfectionne le sens de l'ouïe. — Subst. fém., la science *otacoustique.*

ÔTAGE, et non pas **OTAGE**, subst. mas. (*ôtaje*) (suivant *Le Duchat*, du lat. barbare, *hospitagium*, fait de *hospes*, hôte, parce que, dit-il, les *ôtages* sont en quelque sorte les *hôtes* des personnes auprès de qui ils sont en *ôtage*), personne qu'on remet à ceux avec qui l'on traite, pour sûreté de l'exécution d'un traité.— *Otage* se dit même des villes, des places, et enfin de toutes les garanties que les ennemis peuvent exiger dans un pays vaincu : *donner des villes d'ôtage.*

OTALGIE, subst. fém. (*otaleji*) (du grec οὖς, gén. ωτος, oreille, et αλγος, douleur), t. de médec., douleur d'oreille.

OTALGIQUE, adj. des deux genres (*otalejike*), qui est propre pour les maladies de l'oreille. — Subst. mas. : *un bon otalgique.*

OTE, subst. mas. (*ote*), t. d'hist. nat., espèce d'oiseau nocturne.

ÔTÉ, E, part. pass. de *ôter.*

ÔTÉ, sorte d'adv., ou plutôt de prép. (*ôté*), hormis, excepté : *ôté ces endroits, l'ouvrage est bon.* Presque inusité.

OTEL, adv. (*otèle*), autant. (*Boiste.*) Inusité.

OTEN, subst. propre mas. (*otène*), nom du dieu de la guerre chez les Scandinaves, le même qu'*Odin*. Voy. ce mot.

OTENCHYTE, subst. mas. (*otanchite*) (du grec οὖς, gén. ωτος, oreille, et εγχυειν, injecter), seringue pour faire des injections dans l'oreille. —Ces injections.

ÔTER, v. act. (*ôté*) (suivant *Du Cange*, *Eccard*, *Le Duchat*, etc., du lat. *obstare*, qui, dans le moyen-âge, a signifié *s'opposer au passage de quelqu'un*, lui *ôter* la faculté ou la liberté d'aller par un chemin; d'où, ajoute M. *Morin*, est venue à ce mot la signification générale qu'il a aujourd'hui. *Obstare* est composé de *ob*, devant, et de *stare*, être debout, se placer.), tirer une chose de la place où elle est. — Se dit de toutes les parties du vêtement que l'on quitte : *ôter son manteau.*—*Ôter son chapeau à quelqu'un*, le saluer. — Priver d'une chose : *ôter le pain de la main de quelqu'un*, lui enlever ses moyens de subsistance.— Reprendre ce qu'on a donné. — Détruire. — Délivrer. — Faire cesser, faire passer : *ôter à quelqu'un quelque chose de l'esprit*, faire ce qu'on peut pour que son imagination ne s'y arrête plus.— Retrancher.—Enlever par force, par autorité ou par artifice. — *Ôter l'honneur à quelqu'un*, le diffamer.—*Ôter l'honneur à une femme*, la séduire, ou la perdre de réputation. On écrivait autrefois *oster*.—*s'ÔTER*, v. pron.

ÔTEVENT, subst. mas. (*ôtevan*), auvent. (*Boiste.*) Vieux et même hors d'usage.

OTHÈRE, subst. mas. (*otère*), t. de bot., sorte d'arbrisseau du Japon, à fleurs blanches, qui forme un genre dans la tétrandrie monogynie.

OTHÉROCERNE ou **ORTHÉROCERNE**, subst. mas. (*otérocèrene*, *ortérocèrene*), t. de bot., espèce d'arbre exotique.

OTHONNE, subst. fém. (*otone*), t. de bot., sorte d'arbrisseau toujours vert. — Espèce de Jacobée. — Genre de plantes de la famille des corymbifères.

OTHRYS, subst. mas. (*otrice*), t. de bot., espèce d'arbuste de Madagascar, de la famille des câpriers.

OTIE, subst. fém. (*oci*), oisiveté, désœuvrement. Dans ce sens, il a vieilli.—T. d'hist. nat., espèce de poisson marin à coquille.

OTIEUSE, adj. fém. Voy. OTIEUX.

OTIEUX, adj. mas., au fém. **OTIEUSE** (*oci-eu*, *cie-uze*), oisif, désœuvré. Vieux.

OTION, subst. mas. (*oci-on*), t. d'hist. nat., genre de mollusques établi parmi les cirrhipèdes.

OTIOPHORE, subst. mas. (*oci-ofore*), t. d'hist. nat., famille d'insectes de l'ordre des coléoptères.

OTIQUE, adj. des deux genres (*otike*), t. de médec., bon pour les lésions de l'ouïe.

OTIRRHÉE, subst. fém. (*otireré*) (du grec οὖς, gén. ωτος, et ρεω, je coule), t. de médec., écoulement qui se fait par l'oreille. C'est, selon quelques auteurs, l'*otite* chronique.

OTIRRHÉIQUE, adj. des deux genres (*otireré-ike*), qui appartient, qui est relatif à l'*otirrhée.*

OTIS, subst. mas. (*otice*), t. d'hist. nat., genre d'oiseaux de la famille des gallinacés.

OTITE, subst. fém. (*otite*) (du grec οὖς, gén. ωτος, oreille), t. de médec., inflammation des oreilles.

OTKÉE, subst. propre mas. (*otekié*), myth., le créateur du monde, selon les sauvages de la Virginie.

OTKON, subst. propre mas. (*otekon*), myth., le créateur du monde, selon les sauvages Iroquois.

OTOGRAPHE, subst. mas. (*otoguerafe*) (du grec οὖς, gén. ωτος, oreille, et γραφειν, écrire), t. de médec., anatomiste qui décrit ce qui concerne les oreilles.

OTOGRAPHIE, subst. fém. (*otoguerafi*) (même étym. que celle du mot précéd.), partie de l'anatomie qui concerne les oreilles.

OTOGRAPHIQUE, adj. des deux genres (*otoguerafike*), qui a rapport, qui est relatif à l'*otographie.*

OTOÏATRIE, subst. fém. (*oto-i-âtri*) (du grec ωτος, gén. de οὖς, oreille, et ιατρεια, guérison), partie de la médecine qui se rapporte spécialement au traitement des maladies de l'oreille ou de l'ouïe.

OTOÏATRIQUE, adj. des deux genres (*oto-i-âtrike*), qui appartient, qui a rapport à l'*otoïatrie.*

OTOLITHE, subst. mas. (*otolite*) (du grec ωτος, gén. de οὖς, oreille, et λιθος, pierre), t. d'hist. nat., genre de poissons établi aux dépens des Johnes.

OTOLOGIE, subst. fém. (*ototoji*) (du grec οὖς, ωτος, oreille, et λογος, traité. Voy. OTOGRAPHIE.

OTOLOGIQUE, adj. des deux genres. (*ototojike*). Voy. OTOGRAPHIQUE.

OTORRHÉE, subst. fém. Voy. OTIRRHÉE.

OTORRHÉIQUE, adj. des deux genres (*otoreré-ike*). Voy. OTIRRHÉIQUE.

OTOTOMIE, subst. fém. (*ototomi*) (du grec ωτος, gén. de οὖς, oreille, et τομη, fait de τεμνω, je coupe), partie de l'anatomie qui enseigne la manière de disséquer et de préparer l'oreille.

OTOTOMIQUE, adj. des deux genres (*ototomike*), qui a rapport, qui appartient à l'*ototomie.*

OTRANTE, subst. propre fém. (*otrante*), ville qui a donné son nom au territoire d'*Otrante*, une des provinces du royaume de Naples.

OTTE, subst. propre fém. (*ote*), nom d'une ancienne forêt qui se trouvait entre Sens et Troyes. Le pays porte encore ce nom : *le pays d'Otte; Aix en Otte.* Quelques-uns écrivent aussi *Othe.*

OTTÉLIE, subst. fém. (*oteléli*), t. de bot., genre de plantes aquatiques.

OTTOMAKS, subst. mas. plur. (*otomake*), peuples des bords de l'Orénoque, qui subsistent des mois entiers avec une sorte de terre grasse dont ils font des boulettes.

OTTOMAN, E, subst. et adj. (*otetoman, mane*), Turc.

OTTOMANE, subst. fém. (*otetomane*), grand siége qui sert à la fois de sopha et de lit de repos, ainsi nommé des Turcs ou *Ottomans*, qui font un grand usage de ce meuble.—Voy. OTTOMAN.

OTTUPLE, subst. mas. (*otetuple*), t. de mus., mesure à quatre temps. Vieux.

OU, sans accent, conj. alternative: (*ou*) *tou partez ou restez.* — Autrement, en d'autres termes : *la dialectique ou la logique.*

OÙ, avec un accent, adv. de lieu (*ou*) (du grec ου, qui a la même signification, et dont les Latins ont fait également *ubi*), en quel lieu, en quel endroit : *où allez-vous?*—Dans lequel, dans laquelle, dans lesquels : *l'endroit où il fut tué; la peine où je suis; les embarras où je me trouve.* — A quoi : *où en sommes-nous réduits!* — Il se dit aussi quelquefois pour auquel, à laquelle, etc. : *le point où je suis parvenu; le bonheur, la félicité où j'aspire.* Dans cet emploi, le substantif auquel *où* se trouve joint doit offrir, comme dans ces deux phrases, quelque idée d'étendue, de dimension physique ou morale, de manière qu'on puisse être censé y parvenir, ou y être placé. Ainsi, *La Harpe* a eu raison de critiquer ce vers de *Voltaire* (Œdipe) :

La splendeur de ces noms *où* votre nom s'allie,

parce qu'un nom, et surtout un nom propre, tel que ceux dont il est ici question, n'a point d'étendue. — Il se combine avec les prépositions *de* et *par* : *d'où il est venu*, *par où il a passé.* — *C'est où.* Voy. C'EST.

OU, subst. mas. (*ou*), sorte d'instrument chinois qui a la forme d'un tigre couché sur une caisse.

OUACAPOU, subst. mas. (*ou-akapou*), t. de bot., arbre de la Guyane, dont les propriétés sont les mêmes que ceux de l'*ouapa.*

OUAHICHE, subst. propre mas. (*ou-a-iche*), myth., génie ou démon dont les jongleurs iroquois se prétendent inspirés.

OUAICHE, subst. mas. (*ou-èche*), t. de mar., sillage d'un vaisseau. — *Tirer un vaisseau en ouaiche*, le remorquer avec un autre vaisseau.— *Traîner un vaisseau ennemi en ouaiche*, le traîner pendant à fleur d'eau à l'arrière d'un vaisseau. — Nom que certains sauvages de l'Amérique donnent à un démon nocturne.

OUAILLE, subst. fém. (*ou-â-ie*) (du latin *ovilia*, pluriel de *ovile*, bergerie, fait de *ovis*, brebis), autrefois, brebis. — Aujourd'hui, fig., personne commise aux soins d'un curé, d'un évêque, et de tout autre pasteur spirituel. Son plus grand usage est au pluriel. — T. de bot., arbre de la Guyane, dont on fait des canots et qui s'emploie dans la charpente.

OUAIS (*oué*)! interjection qui marque de la surprise. (Du grec ωη, qui se trouve dans Euripide, dont les Latins ont fait également *ohe*, employé par *Horace*, etc. *Huet.*) Il est fam.

OUANDEROU, subst. mas. (*ou-anderou*), t. d'hist. nat., espèce de singe du genre des macaques.

OUANGOU, subst. mas. (*ou-anguou*), espèce de pâte qui se fait avec de la farine de manioc.

OUAPA, subst. mas. (*ou-apa*), t. de bot., espèce d'orobe en arbre qui croît à la Guyane, dont on se sert pour faire des pilotis.

OUARACABA, subst. mas. (*ou-arakaba*), myth., chez les Caraïbes, idole de bois taillée en forme de lézard à queue courte, barbouillé de blanc et de noir d'une manière tout-à-fait bizarre.

OUARINE, subst. fém. (*ou-arine*), t. d'hist. nat., espèce de sapajou.

OUAROUCHI, subst. mas. (*ou-arouchi*), t. de bot., nom d'une espèce de plante du genre des leiquiers.

OUASPOUS, subst. mas. (*ou-acepou*), t. d'hist. nat., espèce de grand poisson du genre des phoques.

OUÁSSACOU, subst. mas. (*ou-aceçakou*), t. de bot., sorte de phyllanthe, plante vénéneuse.

OUATE, subst. fém. (*ou-ate*) (l'*Académie* dit que l'on prononce *ouète*; cela est vrai, si nous devons accepter la prononciation du bas peuple pour bonne prononciation. Si l'*Académie* décidait qu'on doit prononcer régulièrement *ouate*, personne ne se permettrait de dire *ouète*), espèce de coton plus fin et plus soyeux que le coton ordinaire, que l'on met entre deux étoffes. On dit et l'on écrit *de la ouate*, et une *couverture d'ouate*, *une jupe piquée d'ouate*, etc. La *ouate* proprement dite est la bourre douce et lustrée qu'on trouve avec les semences dans les gousses de l'apocyn, et d'une autre plante appelée également *herbe à la ouate*. Voy. APOCYN.

OUATÉ, E, part. pass. de *ouater.*

OUATER, v. act. (*ou-até*), mettre de la *ouate* entre une étoffe et de la doublure. — *se* OUATER, v. pron.

OUATERGAN, subst. mas. (*ou-atèrcquan*), fossé plein de bourbe.

OUATEUSE, adj. fém. Voy. OUATEUX.

OUATEUX, adj. mas., au fém. OUATEUSE (*ou-ateu, teuze*), de la *ouate*, de sa nature.

OUAYE, subst. fém. (*oua-ie*), t. de bot., sorte de plante de la Guinée, dont la moelle sert d'amadou, et dont les feuilles s'emploient pour couvrir les maisons.

OUBIER, subst. mas. (*oubié*), t. d'hist. nat., une des dix espèces principales de faucons.

OUBLI, subst. mas. (*oubli*) (en lat. *oblivio*), manque de souvenir. — *Oubli des injures*, action de les *oublier*, de les pardonner.—*Oubli de ses devoirs*, action de manquer à ses devoirs.— *Oubli de soi-même*, abnégation de ses propres droits. — Myth., *le fleuve d'Oubli* ou *le Léthé*, un des fleuves des enfers.

OUBLIABLE, adj. des deux genres (*oubli-able*), qui est susceptible d'être *oublié*. (*Boiste*.) Vieux.

OUBLIANCE, subst. fém. (*oubli-ance*), *oubli*, faute de mémoire. Il est vieux.

OUBLIE, subst. fém. (*oubli*), sorte de pâtisserie faite de farine, d'œufs et de sucre, etc., qui se met entre deux fers. On disait autrefois *oblée* et *oblaie*, par corruption d'*oblaye*, fait du latin *oblata*, sous-entendu *res*, offrande, chose offerte, qui a signifié anciennement une hostie non consacrée. — *Main d'oublies*, cinq oublies.

OUBLIÉ, E, part. pass. de *oublier* et adj. — Prov. : *chose, personne mise au rang des péchés oubliés*, à laquelle on ne songe plus.

OUBLIER, v. act. (*oubli-é*) (en lat. *oblivisci*), perdre le souvenir de... — Laisser par inadvertance : *j'ai oublié mes gants, ma montre*, etc. — Omettre : *il n'a rien oublié pour réussir*. — *Oublier ses parents, ses amis*, ne pas leur rendre les devoirs de la parenté, de l'amitié. — Ne plus faire attention : *oublier sa douleur*. — Ne pas se prévaloir; perdre l'usage, l'habitude : *oublier la musique*. — *Oublier une injure, une offense*, n'en point garder de ressentiment. — *Oublier son devoir, le respect qu'on doit à quelqu'un*, manquer à son devoir, au respect, etc.—*Oublier qui l'on est*, se méconnaître soi-même.—Neut., il a le premier sens de l'actif : *il apprend aisément et oublie de même*.— *Oublier à...*, perdre la facilité que l'exercice et l'usage donnaient : *en ne chantant point, en ne dansant point, on oublie à chanter, à danser*. — *Oublier de...*, manquer de mémoire ou d'exactitude : *j'ai oublié de vous dire que...* Boileau, dans une de ses lettres, a dit en ce sens : *j'oubliais à vous dire*, c'est une faute. — *N'oubliez pas les pauvres, s'il vous plaît*, locution dont on se sert pour quêter au profit des pauvres.— S'OUBLIER, v. prov., se méconnaître, manquer de respect, devenir fier, vain, etc.— Oublier son devoir.—Négliger ses intérêts. — *S'oublier de faire*, pour *oublier de faire*, est un mauvais français.

OUBLIERIE, subst. fém. (*oubli-ri*), t. de pâtissier, art de faire des *oublies*. — Lieu où l'on serre les *oublies*.

OUBLIETTES, subst. fém. plur. (*oubliète*), autrefois, cachot couvert d'une fausse trappe dans lequel on enfermait ceux qui étaient condamnés à une prison perpétuelle, à être tout-à-fait *oubliés* : *mettre aux oubliettes; faire passer par les oubliettes*.

OUBLIEUR, subst. mas., au fém. OUBLIEUSE (*oubli-eur, euze*), celui, celle qui fait et vend des *oublies*.

OUBLIEUSE, subst. fém. Voy. OUBLIEUR. Adj. fém. Voy. OUBLIEUX.

OUBLIEUX, adj. mas., au fém. OUBLIEUSE (*oubli-eu, euze*), qui *oublie* aisément ; qui ne se souvient plus : *les vieillards sont ordinairement oublieux*.

OUCLE, subst. mas. (*oukle*), t. de bot., espèce d'arbuste de l'Inde, dont on se sert pour faire des cercles.

OUEN (SAINT-), subst. propre mas. (*ceintouein*), village de France, sur les bords de la Seine, arrond. et canton de Saint-Denis, devenu célèbre par la déclaration que Louis XVIII data de ce lieu, le 2 mai 1814.

OUES, subst. fém. plur. (*ou*), nom que les rôtisseurs donnaient autrefois à des oies rôties ou non rôties.

OUESSANT, subst. propre mas. (*ou-èçan*), île et ville de France, sur la côte du dép. du Finistère.

OUEST, subst. mas. (*ou-ècete*), de l'allemand, du flamand ou de l'anglais *west*, qui a la même signification), la partie du monde qui est au soleil couchant. C'est la même chose qu'*occident*. —Le vent qui souffle de ce côté. — *Ouest-nord-ouest*, plage située au milieu de l'espace qui sépare l'*ouest* du *nord-ouest* : elle décline de vingt-deux degrés trente minutes de l'*ouest* au *nord*.— Vent qui souffle de cette plage. — *Ouest-quart-nord-ouest*, plage située au milieu de l'espace qui sépare l'*ouest* de *l'ouest-nord-ouest* : elle décline de onze degrés quinze minutes de l'*ouest* au *nord*. — Vent qui souffle de cette plage. — *Ouest-quart-sud-ouest*, plage qui occupe le milieu de l'espace qui sépare l'*ouest* de *l'ouest-sud-ouest* : elle décline de onze degrés quinze minutes de l'*ouest* au *sud*.—Vent qui souffle de cette plage. — *Ouest-sud-ouest*, plage située au milieu de l'espace qui sépare l'*ouest* du *sud-ouest* : elle décline de vingt-deux degrés trente minutes de l'*ouest* au *sud*.—Vent qui souffle de cette plage.

OUETTE, subst. fém. (*ou-ète*), t. d'hist. nat., oiseau du Brésil.

OUF ! interj. qui marque une douleur subite, l'étouffement, etc. (Prononcez *oufe*.)

OUGYAH, subst. mas. (*oujiâ*), poids arabe ancien qui équivalait à dix drachmes de France.

OUI, adv. ou particule d'affirmation (*oui*), il est vrai; je l'avoue, j'y consens, je le veux bien. Dans les mots placés avant *oui*, la consonne finale ne se lie et la voyelle ne s'élide pas plus que si *oui* commençait par un *h* aspiré, excepté peut-être dans : *il dit qu'oui*, et non pas *que oui*. (Suivant *Ménage*, des deux mots latins *hoc est*, c'est cela même. On a dit autrefois *oc* pour *oui*, dans une grande partie de la France, qui en a conservé long-temps le nom de *Languedoc*. De ce mot *oc* s'est formé par des altérations successives celui d'*oce*, et enfin celui d'*oui*. C'est de ce même mot *hoc* ou *oc* dit pour *oui*, qu'est venue cette façon de parler proverbiale : *cela vous est hoc*, vous est assuré.)—Subst. mas. : *le oui et le non* ; *il a dit ce oui-là à regret*.— *Dire, prononcer le grand oui*, se marier.

OUIAKOU, subst. mas. (*oui-akou*), t. d'hist. nat., sorte d'oiseau qui est en grande vénération au Mississipi.

OUÏ, E, part. pass. de *ouïr*, et adj., entendu.

OUICOU, subst. mas. (*ou-ikou*), boisson faite avec des patates, des bananes, etc., et dont on se sert, en Amérique, pour remplacer le vin lorsqu'il manque.

OUI-DÀ, express. adv. qui signifie *oui*, avec une sorte d'étonnement : *oui-dà, vous croyez que... ?* — Volontiers, de bon cœur. Fam.

OUÏ-DIRE, subst. mas. (*ou-idire*), chose qu'on ne sait que sur le dire d'autrui. — Au plur., des *ouï-dire*.

OUÏE, subst. fém. (*ou-i*), celui des cinq sens par lequel on reçoit les sons. Voy. OUÏR. — Au plur., dans les poissons, branchies, ouvertures par où ils rejettent l'eau qu'ils ont avalée par la respiration.— Fig. et fam. : *avoir les ouïes pâles*, être abattu de maladie ou avoir reçu quelque mortification.— En t. de luthier, ouvertures sur le violon, la harpe, etc.

OUILLE, subst. fém. (*oui-ie*), t. de cuisine, potage de viande et de racines.

OUILLÉ, E, part. pass. de *ouiller*.

OUILLER, v. act. (*oui-ié*), mettre du vin dans un tonneau pour achever de le remplir.

OUIKKA, subst. propre mas. (*ouika*), myth., mauvais génie que les Esquimaux regardent comme l'auteur de tous les maux. Ils le redoutent beaucoup.

OUÏR, v. act. (*ou-ir*.) (Ce verbe est tellement irrégulier, et en même temps si peu en usage, si nous en exceptons le présent de l'infinitif, que nous croyons devoir donner, en tête de l'article, sa conjugaison, et la voici : *j'ois, tu ois, il oit; nous oyons, vous oyez, ils oient. J'oyais. J'ouïs. J'oirai. Que j'oie. Que j'ouïsse. Oyant, ouï, e.*) (en lat. *audire*). Il n'est plus usité qu'au passé défini, au prés. du subj., à l'infin., au part. pass., et aux temps composés. Entendre : avec cette différence qu'il a une signification moins étendue. Il ne se dit proprement que d'un son passager, et qu'on entend par hasard et sans dessein. — Donner audience. — Ecouter favorablement : *Seigneur, daignez ouïr nos prières*.— Au palais : *ouïr des témoins*, recevoir leur déposition.

OUISTITI, subst. mas. (*ouicetiti*), t. d'hist. nat., petit sagouin d'une très-jolie figure.

OULCHI-LE-CHÂTEAU, subst. propre mas. (*oulcchile-châtô*), village de France, chef-lieu de canton, dép. de l'Aisne, arrond. de Soissons.

OULEMARY, subst. mas. (*oulemari*), t. de bot., grand arbre d'Amérique, nommé aussi *couramari*.

OULÉMA, subst. mas. (*ouléma*), corps de lettrés turcs divisés en trois classes : les imans, ou ministres du culte; les muphtis, ou docteurs de la loi; les cadis ou juges.—Membres du corps de l'*ouléma*.

OULICES, subst. fém. plur. (*oulice*), t. de métier : *tenons à oulices*, coupés en carré.

OULITE, subst. fém. (*oulite*) (du grec οὐλον, gencive), t. de médec., inflammation qui affecte les gencives.

OULMIÈRE, subst. fém. (*oulemière*), plant d'ormes; lieu planté d'ormes.

OULOGÉNIE, subst. fém. (*oulojéni*), code de lois russes adopté dans le seizième siècle.

OULONITE, subst. fém. (*oulonite*), t. de médec., synonyme d'*oulite*.

OULORRHAGIE, subst. fém. (*oulôraji*) (du grec οὐλον, gencive, et ῥεω, je coule), t. de médec., écoulement de sang par les gencives.

OULORRHAGIQUE, adj. des deux genres (*oulôrajike*), qui est relatif, qui appartient à l'*oulorrhagie*.

OUNITE, subst. fém. (*ounite*), racine d'un arbrisseau de Madagascar, qui sert à teindre en rouge.

OUNUNTIO, subst. propre mas. (*ounonci-ô*), myth., nom que les Iroquois et quelques sauvages donnent à l'Être suprême.

OUPELOTE, subst. fém. (*oupelote*), racine médicinale qui nous est apportée de Surate. On écrit aussi *oupelote*.

OUPIZÉE, subst. mas. (*oupizé*), chef de monastère dans le royaume d'Ava, chez les Indiens.

OURAGAN, subst. mas. (*ouraguan*) (suivant *Le Duchat*, du mot indien ou plutôt américain *uracan* ou *huracan*, qui a, sous cette dernière forme, passé dans la langue des insulaires de Saint-Domingue, et qui signifie les quatre vents réunis ensemble et soufflant à la fois), tempête violente, accompagnée de tourbillons.

OURANOGRAPHE, subst. mas. (*ouranoguerafe*) (du grec οὐρανὸς, le ciel, et γραφω, j'écris, je décris), qui décrit le ciel. *Uranographe* est plus usité.

OURANOGRAPHIE, subst. fém. (*ouranoguerafi*), description du ciel. Voy. URANOGRAPHIE.

OURANOGRAPHIQUE, adj. des deux genres (*ouranoguerafike*). Voy. URANOGRAPHIQUE.

OURAN, subst. mas. (*ouran*), sorte de jongleur dans les Indes orientales.

OURAPTÉRIX, subst. mas. (*ourapetérikce*), t. d'hist. nat., genre d'insectes de l'ordre des lépidoptères.

OURAQUE, subst. mas. (*ourake*) (du grec οὐρον, urine, et ἐχειν, contenir), t. d'anat., canal membraneux qui vient de la vessie du fœtus, sort de l'abdomen par l'ombilic, et finit à l'allantoïde.

OURATI, subst. mas. (*ourati*), t. de bot., sorte de plante vénéneuse des Indes orientales.

OURAS ou **ÉVENTOUSE**, subst. mas. (*ourâce, évantouze*), soupirail des fours de munition.

OURATE, subst. mas. (*ourate*), t. de bot., très-grand arbre de la Guyane.

OURCHENDI, subst. mas. (*ourchandi*), petit jeûne en usage chez les Indiens.

OURDIDOU, subst. mas. (*ourdidou*), espèce de halle ou hangar sous lequel on fait les pièces de canne pour la pêche.

OURDI, E, part. pass. de *ourdir*.

OURDIR, v. act. (*ourdir*) (en latin *ordiri*), disposer les fils pour faire la toile.—Tortiller de l'osier.—Fig. : *ourdir une trahison*, prendre des mesures pour trahir quelqu'un.—T. de pêche, *ourdir les cannes*, en faire des cordes ou des espèces de claies. — S'OURDIR, v. pron., être, pouvoir être *ourdi*.

OURDISSAGE, subst. mas. (*ourdiçaje*), première opération pour *ourdir*.

OURDISSEUR, subst. mas., au fém. OURDISSEUSE (*ourdiceur, ceuze*), ouvrier qui *ourdit*, qui fait l'*ourdissage*.

OURDISSOIR, subst. mas. (*ourdiçoar*), outil sur lequel certains ouvriers mettent la soie ou le fil lorsqu'ils *ourdissent*.

OURDISSURE, subst. fém. (*ourdiçure*), action d'*ourdir* de la toile ou quelque tissu.

OURDON, subst. mas. (*ourdon*), nom qu'on

donne à des feuilles qui se trouvent souvent mêlées au séné. — Partie de bois vendue ou exploitée.

OURDRE, subst. mas. (*ourdre*), t. de pêche, nœud de la maille d'un filet.

OUREGON, subst. mas. (*oureguon*), t. de bot., espèce de plante du genre des canangs.

OURET, subst. mas. (*ouré*), t. de bot., espèce de plante du Sénégal; sorte de cadelari.

OURÉTIQUE, adj. des deux genres (*ourétike*) (du grec ουρον, urine), t. de médec., de l'urine. Voy. URÉTIQUE.

OURICATI-TIROUNAL, subst. mas. (*ourikatitirounale*), myth., fêtes que les Indiens célèbrent avant la pleine lune d'août.

OURIGOURAP, subst. mas. (*ouriguourape*), t. d'hist. nat., sorte de vautour que l'on trouve en Afrique.

OURISIE, subst. fém. (*ourizi*), t. de bot., genre de plantes de la famille des personnées.

OURLÉ, E, part. pass. de *ourler*, et adj.

OURLER, v. act. (*ourlé*), faire un *ourlet* à du linge ou à quelque étoffe : *ourler des serviettes*, etc.—*s'*OURLER, v. pron.

OURLET, subst. mas. (*ourlè*) (du latin *ora*, bord, dont, suivant *Ménage*, on a fait, dans la basse latinité, le diminutif *orlum*, et successivement *orletum*. Les Italiens disent encore aujourd'hui, et dans le même sens, *orlo*, qui est tiré de la même source), le pli, le rebord que l'on fait à du linge, à des étoffes de laine ou de soie, soit pour ornement, soit pour empêcher qu'elles ne *s'effilent*. — *Petit rebord qui est sur l'aile du* plomb, des panneaux de vitre.—Bande de cuir long et mince dont les selliers, etc., bordent les gros cuirs.—En bot., disposition des organes de la fructification sur le dos des feuilles de quelques fougères.—En hydraul., bourlet ou bord saillant d'un tuyau de grès emboîté dans un autre, et précisément l'endroit où il se joint par un nœud de soudure de mastic.

OUROCYSTÈLE, subst. fém. (*ourocicetèle*) (du grec ουρον, urine, et κυστις, vessie), t. de médec., inflammation de la vessie urinaire.

OURONOLOGIE, subst. fém. (*ouronoloji*) (du grec ουρον, urine, et λογος, traité), t. de médec., partie de la médecine qui traite de l'urine. — Traité sur les urines et sur les symptômes qu'ils annoncent.

OURONOLOGIQUE, adj. des deux genres (*ouronolojike*), qui concerne l'*ouronologie*.

OURONOLOGISTE, subst. mas. (*ouronolojicete*), celui qui étudie les urines et qui les décrit; auteur d'une *ouronologie*.

OURONOSCOPIE, subst. fém. (*ouronocekopi*) (du grec ουρον, urine, et σκοπειν, considérer), t. de médec., inspection des urines, d'après laquelle on établit un diagnostic.

OURONOSCOPIQUE, adj. des deux genres, et **OURONOSCOPIEN**, adj. mas., au fém. **OURONOSCOPIENNE** (*ouronocekopike*, *ouronocekopiein*, *piène*), qui concerne, qui regarde l'*ouronoscopie*.

OURONOSCOPIENNE, adj. fém. Voy. OURONOSCOPIE.

OURQUE, subst. fém. (*ourke*) t. d'hist. nat., le même que *orque* ; gros poisson de mer.

OURS, subst. mas. (*ource* et non pas *oure*) (en latin *ursus*), t. d'hist. nat., mammifère plantigrade et féroce, à corps gros, court, bas sur jambes, couvert d'un poil touffu et roide, dont le nez se prolonge en une sorte de museau, et dont les larges pattes sont armées d'ongles longs et courbés.—Figur., 1° homme fort velu; 2° homme farouche, qui fuit la société, etc. : *c'est un ours*.—Prov. : *être monté sur l'ours*, n'avoir point de peur, en parlant d'un enfant. — *Ours mal léché*, enfant mal fait; ou homme brutal, rustre et mal élevé. — *Être fait comme un meneur d'ours*, être mal vêtu et mal bâti.

OURSE, subst. fém. (*ource*), la femelle de l'*ours*. —T. d'astron., nom de deux constellations voisines du pôle arctique : *la grande ourse, la petite ourse*; dans la seconde se trouve l'étoile polaire. La *grande ourse*, composée de quatre-vingt-cinq étoiles dans le *Catalogue britannique*, est la plus remarquable des constellations boréales. Elle est aussi appelée *Hélice* ou *Vis*, parce qu'elle tourne autour du pôle, et *Charriot*, à cause de sa forme. Le nom d'*ours* lui vient vraisemblablement des *ours* qui habitent le Nord.—Poét., le septentrion. —Au plur., t. de marine, manœuvres qui servent à orienter les antennes des bâtiments latins, ainsi que celles des artimons des vaisseaux.

OURSIN, subst. mas. (*ourcein*), t. d'hist. nat., coquillage de mer de forme ronde.

OURSINE, subst. fém. (*ourcine*), t. de bot., plante du cap de Bonne-Espérance.

OURSINÉ, E, adj. (*ourciné*), t. de bot., hérissé d'aiguillons comme les *oursins*.

OURSININ, subst. mas. (*ourcinein*), t. d'hist. nat., famille de mammifères qui répond à celle des *ours* de *Linnée*.

OURSON, subst. mas. (*ourçon*), le petit d'un *ours*.

OURVARI, subst. mas. (*ourvari*) (du bas allemand *her-weher*, qui signifie *deçà*, ou impérativement *retourne*. *Ménage*.), ruse d'un animal qui, pour tromper les chiens, retourne sur ses premières voies.—Cri des chasseurs pour rappeler les chiens sur la voie.—Fig. et fam., 1° contre-temps dans une affaire; 2° grand bruit, grand tumulte. On écrit plus souvent *hourvari*.

OURVILLE, subst. fém. (*ourvile*), sorte de toile qui se fabrique en plusieurs endroits de la Normandie.

OUVILLE-EN-CAUX, subst. propre mas. (*ourvilankô*), bourg de France, chef-lieu de canton, arrond. d'Yvetot, dép. de la Seine-Inférieure.

OUSELAGE, subst. mas. (*ouzelaje*), baiser. (*Boiste*.) Vieux, et même entièrement hors d'usage.

OUST, subst. propre mas. (*oucete*), village de France, chef-lieu de canton, arrond. de Gerons, dép. de l'Ariége.

OÛT, pour *août*. Voy. ce mot.

OUTARDE, subst. fém. (*outarde*) (du latin *avis tarda*, à cause de sa pesanteur. *Albert-le-Grand* l'a nommée *bistarda*, parce qu'elle fait deux sauts lorsqu'elle se dispose à voler), t. d'hist. nat., genre d'oiseaux gallinacés, de la famille des alectrides.

OUTARDEAU, subst. mas. (*outardô*), le petit d'une *outarde*.

OUTARVILLE, subst. propre mas. (*outarvile*), village de France, chef-lieu de canton, arrond. de Pithiviers, dép. du Loiret.

OUTIBOT, subst. mas. (*outibô*), nom qu'on donne à la partie qui porte le poinçon dans la machine à frapper les épingles.

OUTIL, subst. mas. (*outi*) (du latin *utile*, chose utile, ou *utensile*, ustensile), tout instrument dont les artisans, les laboureurs, les jardiniers, etc., se servent pour travailler. L'*outil* est une invention utile, usuelle; l'*instrument*, une invention adroite, ingénieuse. Si la chose est plus compliquée, c'est une *machine*. — *Un mauvais ouvrier se plaint toujours de ses outils*, quand on n'est pas habile, on cherche toujours à faire excuser sa maladresse.

OUTILLÉ, E, part. pass. de *outiller*, et adj. : *être bien ou mal outillé*, avoir de bons ou de mauvais *outils*; et fig., être bien ou mal dans ses affaires.

OUTILLER, v. act. (*outi-ié*), garnir d'*outils*.—*s'*OUTILLER, v. pron.

OUTRACHON, subst. mas. (*outrachon*), semence d'un fruit aigre qui ne croît qu'au nord de l'Inde.

OUTRAGE, subst. mas. (*outraje*) (suivant *Du Cange*, du latin barbare *ultragium*, fait avec la même acception, dans la basse latinité, de *ultrà*, outre, au-delà, et de *agere*, agir; *injure outre mesure*), injure atroce de fait ou de parole. — *Faire outrage à la raison*, déraisonner. — *Faire outrage à la morale publique*, se conduire ou agir déshonnêtement.—*Faire outrage au bon sens*, dire des choses qui ne sont pas à dire. — Poét. : *l'outrage des ans*, les dommages que cause le temps.

OUTRAGÉ, E, part. pass. de *outrager*.

OUTRAGEANT, E, adj. (*outrajan*, *jante*), qui *outrage*. Il ne se dit que des choses.

OUTRAGER, v. act. (*outrajé*), offenser cruellement.—Faire *outrage*. — *s'*OUTRAGER, v. pron., s'offenser mutuellement.

OUTRAGEUSE, adj. fém. Voy. OUTRAGEUX.

OUTRAGEUSEMENT, adv. (*outrajeuzeman*), avec *outrage*; d'une manière *outrageuse*.—A outrance.

OUTRAGEUX, adj. mas., au fém. **OUTRAGEUSE** (*outrajeu*, *jeuze*), qui fait *outrage*, tort ou injure. Il se dit des choses et des personnes.

À **OUTRANCE**, *À* **TOUTE OUTRANCE**, loc. adv. (*à outrance*, *à toutoutrance*), à la rigueur, avec violence, jusqu'à l'excès.—*Combat à outrance*; anciennement, duel qui ne devait se terminer que par la mort de l'un des deux combattants.

OUTRE, subst. fém. (*outre*) (en latin *uter*), peau de bouc préparée et cousue pour y mettre quelque liqueur, ou qu'on remplit de vent.

OUTRE, prép. et adv. (*outre*) (en latin *ultrà*), au-delà : *les guerres d'outre-mer; la nuit l'empêcha de passer outre*. — Par-dessus : *outre cela*, *outre la somme promise; outre ce que je viens de dire*. — *Outre que*, locution conjonctive un peu vieillie. — *En outre*, adv., outre cela; de plus. — *D'outre en outre*, adv., de part en part.

OUTRÉ, E, part. pass. de *outrer*, et adj., fatigué : *cheval outré*. — Exagéré : *pensée outrée*, *sentiments outrés*, *morale outrée*. — Pénétré, transporté : *outré de douleur*, *de dépit*, *de colère*, etc.— Fâché, irrité, indigné : *outré de cet affront*. — OUTRÉ, INDIGNÉ. (*Syn*.) On est *outré*, dit M. *Guizot*, par le sentiment violent d'une injure personnelle; il suffit, pour être *indigné*, du sentiment de droiture et de justice qui fait qu'une âme honnête se soulève contre une mauvaise action, que l'effet nous en soit personnel ou étranger : *on est outré du mauvais procédé d'un* ami ; *indigné* de la perfidie qu'il a mise dans sa conduite. — T. de manége : *cheval outré*, qu'on a trop fait travailler, etc.

OUTRECUIDANCE, subst. fém. (*outrekuidance*) (des deux mots *outre*, au-delà, et *cuider*, penser, croire, s'imaginer), présomption, témérité. Il est vieux.

OUTRECUIDANT, E, adj. (*outrekuidan*, *dante*), présomptueux, téméraire, contrariant. (*Voltaire*.)

OUTRECUIDÉ, E, adj. et part. pass. de *outrecuider*, présomptueux, téméraire. Vieux. (*Boiste*.)

OUTRECUIDER, v. neut. (*outrekuidé*), avoir trop bonne opinion de soi. Vieux et inusité.

OUTRÉMENT, adv. (*outréman*), d'une manière *outrée*.—*A outrance*. Peu usité.

OUTREMER, subst. mas. (*outremère*), sorte de couleur bleu céleste qui a le *lapis-lazuli* pour base, et qui nous vient du Levant *par la voie de la mer*.

OUTRE-MESURE, loc. adv. (*outremezure*), déraisonnablement, avec excès.

OUTRE-MOITIÉ, loc. adv. (*outremoètié*), au-delà de la moitié.

OUTRE-PASSE, subst. fém. (*outrepâce*), t. d'eaux-et-forêts, abattis que fait l'adjudicataire d'une coupe de bois au-delà des limites qui lui ont été marquées. — Au plur., des *outre-passes*.

OUTRE-PASSÉ, E, part. pass. de *outre-passer*.

OUTRE-PASSER, v. act. (*outrepâcé*), passer au-delà des bornes prescrites ; aller au-delà de....—*s'*OUTRE-PASSER, v. pron.

OUTRER, v. act. (*outré*) (du latin *ultrà*, outre, au-delà), accabler, surcharger de travail : *outrer des ouvriers, un cheval*. Il se dit surtout des animaux.—Porter les choses au-delà de la juste raison. — Offenser avec excès; pousser à bout la patience de quelqu'un : *il a été tellement outré qu'il ne le pardonnera jamais*. — *s'*OUTRER, v. pron., se fatiguer excessivement. Peu usité.

OUVANE, subst. propre fém. (*ouvane*), myth., déesse des anciens Allobroges, la même que la Minerve des Grecs.

OUVAVE, subst. mas. (*ouvave*), t. de bot., espèce de roseau qui teint en rouge.

OUVERT, E, part. pass. de *ouvrir*, et adj. (*ouvère*, *vèrete*), qui n'est pas fermé.—En bot., qui est étalé : il se dit des feuilles, des tiges, des pédoncules. — On le dit, en t. de blason, 1° des portes des châteaux, tours, etc., dont l'émail est différent; 2° des fruits, et particulièrement des grenades, dont l'ouverture est d'un autre émail que le fruit.—*Parler à cœur ouvert*. Voy. CŒUR. *A livre ouvert*. Voy. LIVRE. — *A bras ouverts*, avec empressement. — *A bureau ouvert*, dès qu'on se présente. — *Tenir table ouverte*, avoir une table à recevoir ceux qui se présentent, même sans être priés. — *Sa porte est ouverte aux honnêtes gens*, les honnêtes gens sont bien reçus chez lui. — *Le pari est ouvert*, chacun est reçu à parier ; on est prêt à parier contre qui voudra.—*Ville ouverte*, *tout ouverte*, qui n'est pas fortifiée. — *Visage ouvert*, *physionomie ouverte*, air franc et sincère. — *Succession ouverte au profit d'une personne*, quo cette personne est en droit de recueillir.—*Compte ouvert*, qui n'est point arrêté et auquel on ajoute journellement de nouveaux articles.—*Guerre ouverte*, déclarée.—*A force ouverte*, les armes à la main. —*Garde ouverte*, dont les dents sont trop écartées.

—*Cheval ouvert*, cheval ouvert *du devant* ou *du derrière*, t. de manège, dont les jambes sont suffisamment écartées l'une de l'autre. — *Tête de cerf, de daim, de chevreuil ouverte*, t. de vén., dont les perches sont écartées. — Fam. : *briseur, enfonceur de portes ouvertes*, fanfaron.

OUVERTEMENT, adv. (*ouvèretcman*), franchement, sans déguisement.

OUVERTURE, subst. fém. (*ouvéreture*) (en latin *apertura* ou *apertio*), fente, trou, espace vide dans ce qui d'ailleurs est continu. — Action par laquelle on ouvre : *l'ouverture d'un coffre, d'un pâté*, etc.—*A l'ouverture d'un livre*, en ouvrant le livre au hasard. — Fig., 1er commencement : *l'ouverture d'une assemblée, l'ouverture d'une foire*, le jour fixé pour l'époque où elle commence ; 2º symphonie qui précède un opéra, une pièce de théâtre quelconque ; 3º proposition qu'on fait, expédient qu'on suggère : *faire des ouvertures* ; 4º occasion, conjoncture favorable ; 5º franchise, sincérité : *ouverture de cœur* ; 6º facilité de comprendre, d'imaginer : *ouverture d'esprit* ; 7º dispositions, facilité pour apprendre les sciences.

OUVIRANDRA, subst. fém. (*ouvirandra*), t. de bot., genre de plantes aquatiques de la famille des fluviales.

* OUVRABLE, adj. des deux genres (*ouvrable*) (en lat. *operarius*, fait de *opera*, peine, travail), *jour ouvrable*, jour de travail. Le peuple dit *jour ouvrier*.

OUVRAGE, subst. mas. (*ouvraje*) (en lat. *opus*, gén. *operis*), ce qui est produit par l'ouvrier : *ouvrage de menuiserie*, etc.; *l'univers est l'ouvrage de Dieu*. — La façon, le travail qu'on emploie à faire un ouvrage : *il y a de l'ouvrage pour trois mois*. — Production de la nature, de la fortune, etc. — Production de l'esprit. — En t. de fortification, travaux avancés au dehors d'une place, *ouvrage à couronne*, etc. Voy. OEUVRE.—T. d'imprimerie, *ouvrages de ville*, ouvrages passagers qui ne sont pas des labeurs.—*Ouvrages à filets*, les registres, placards ou tableaux divisés en colonnes.

OUVRAGÉ, E, part. pass. de *ouvrager*, et adj., qui a demandé beaucoup de travail de la main ; où il y a beaucoup d'ouvrage : *la garde de cette épée est bien ouvragée*.

OUVRAGER, v. act. (*ouvrajé*), travailler de la main. Il est peu usité. — S'OUVRAGER, v. pron.

DU VERBE IRRÉGULIER OUVRIR :
Ouvraient, 3ᵉ pers. plur. prés. cond.
Ouvrais, précédé de *j'*, 1ʳᵉ pers. sing. prés. indic.
Ouvrais, précédé de *tu*, 2ᵉ pers. sing. prés. indic.
Ouvrait, 3ᵉ pers. sing. prés. indic.
Ouvrant, part. prés.

* OUVRANT, E, adj. (*ouvran, vrante*), *à jour ouvrant*, dès que le jour commence à paraître. — *A porte ouvrante*, quand on ouvre la porte d'une ville.

✓ OUVRÉ, E, part. pass. de *ouvrer*, et adj.— Linge ouvré, travaillé, façonné et figuré à fleurs. — Argent, cuivre ouvré, travaillé et mis en œuvre.

DU VERBE IRRÉGULIER OUVRIR :
Ouvre, 2ᵉ pers. sing. impér.
Ouvre, précédé de *j'*, 1ʳᵉ pers. sing. prés. indic.
Ouvre, précédé de *qu'il* ou *qu'elle*, 3ᵉ pers. sing. prés. indic.
Ouvre, précédé de *que j'*, 1ʳᵉ pers. sing. prés. subj.
Ouvre, précédé de *qu'il* ou *qu'elle*, 3ᵉ pers. sing. prés. subj.

OUVREAUX, subst. mas. plur. (*ouvrô*), ouvertures latérales par lesquelles on travaille dans les fourneaux de la verrerie.

DU VERBE IRRÉGULIER OUVRIR :
Ouvreni, précédé de *ils* ou *elles*, 3ᵉ pers. plur. prés. indic.
Ouvrent, précédé de *qu'ils* ou *qu'elles*, 3ᵉ pers. plur. prés. subj.

OUVRER. v. act. (*ouvré*), travailler, fabriquer, en parlant du linge et des métaux. — S'OUVRER, v. pron.

DU VERBE IRRÉGULIER OUVRIR :
Ouvres, précédé de *tu*, 2ᵉ pers. sing. prés. indic.
Ouvres, précédé de *que tu*, 2ᵉ pers. sing. prés. subj.

OUVREUR, subst. mas.; OUVREUSE, subst. fém. (*ouvreur, vreuse*), qui ouvre : *une ouvreuse d'huîtres*. — Celui, celle qui ouvre les loges dans un théâtre. — Dans les verreries, ouvrier chargé d'ouvrir la bosse pour en faire un plateau de verre à boudins.

OUVREUSE, subst. fém. Voy. OUVREUR.

DU VERBE IRRÉGULIER OUVRIR :
Ouvrez, 2ᵉ pers. sing. impér.
Ouvrez, précédé de *vous*, 2ᵉ pers. plur. prés. indic.

OUVRIER, subst. et adj. mas., au fém. OUVRIÈRE (*ouvri-é, ère*) (en latin *operarius*) : *jour ouvrier*, dans lequel il est permis de travailler. Voy. OUVRABLE.—*Cheville ouvrière*, celle qui joint le train de devant d'une voiture à la flèche; et fig., le principal agent d'une affaire, d'une entreprise. —Subst., celui, celle qui travaille dans quelque métier que ce soit. Voy. ARTISAN.—*Ouvrier aux pièces*, celui qu'on paie à raison du travail qu'il fait. — T. d'imprim., *ouvriers en conscience*, payés à la journée. — Fig. : *ouvriers d'iniquité*, les méchants.—Au plur., dans les hôtels des monnaies, ceux qui ajustent et taillent les flans ; les autres se nomment *monnayeurs*.

OUVRIÈRE, subst. et adj. fém. Voy. OUVRIER.

DU VERBE IRRÉGULIER OUVRIR :
Ouvriez, précédé de *vous*, 2ᵉ pers. plur. imparf. indic.
Ouvriez, précédé de *que vous*, 2ᵉ pers. plur. prés. subj.
Ouvrîmes, 1ʳᵉ pers. plur. prét. déf.
Ouvrions, précédé de *nous*, 1ʳᵉ pers. plur. imparf. indic.
Ouvrions, précédé de *que nous*, 1ʳᵉ pers. plur. prés. subj.

OUVRIR, v. act. (*ouvrir*) (en lat. *aperire*), dans le sens le plus naturel et le plus ordinaire, faire que ce qui était fermé ne le soit plus. — *Faire une incision*, percer : *ouvrir un abcès*. — Fig., commencer : *ouvrir la campagne*, la dispute, etc.; *ouvrir une assemblée*, un avis, être le premier à le proposer dans une délibération. — *Ouvrir une lettre*, la décacheter et la déplier pour la lire. — *Ouvrir un mur*, le percer.—*Ouvrir une mine*, commencer à y fouiller.—*Ouvrir la laine*, la battre sur une claie pour la dépouiller de ses ordures.—*Ouvrir les peaux*, les rendre plus maniables en les raclant sur le palisson.—*Ouvrir un compte*, écrire sur le grand-livre le nom de celui avec qui l'on commence des affaires.—*Ouvrir le jeu*, au brelan, etc., faire la première vade. — Fig. : *ouvrir l'esprit*, donner des lumières à l'esprit. — *Ouvrir les yeux*, sortir de l'ignorance ou de l'aveuglement où l'on était. — *Ouvrir la bouche aux cardinaux*, se dit de la cérémonie que fait le pape pour donner aux cardinaux nouvellement créés le pouvoir de parler dans les consistoires. — *Ouvrir les portes, les chemins, les mers*, les rendre libres.—*Ouvrir l'appétit*, donner de l'appétit.—*Ouvrir les bras*, les étendre.—*Ouvrir les jambes*, les écarter.—*Ouvrir de grandes oreilles*, écouter avec grande surprise. — *Ouvrir la porte aux désordres, aux abus*, y donner lieu. — *Ouvrir sa bourse à quelqu'un*, lui offrir de l'argent. — Fig. : *ouvrir son cœur à quelqu'un*, lui confier ses sentiments les plus secrets. — *N'oser ouvrir la bouche*, n'oser parler. — V. neut., *ouvrir la porte* : *ouvrez*; *on ne veut pas ouvrir*. — S'ouvrir : *cette porte n'ouvre pas aisément*. — Commencer : *la scène ouvre par un monologue*. — S'OUVRIR, v. pron., n'être plus fermé. — En parlant des fruits, se fendre. — S'élargir. — Fig., découvrir ses pensées à quelqu'un. — *S'ouvrir un chemin*, s'en frayer un.

DU VERBE IRRÉGULIER OUVRIR :
Ouvrira, 3ᵉ pers. sing. fut. indic.
Ouvrirai, 1ʳᵉ pers. sing. fut. indic.
Ouvrirais, précédé de *je*, 1ʳᵉ pers. sing. imparf. cond.
Ouvrirais, précédé de *tu*, 2ᵉ pers. sing. imparf. cond.
Ouvrirait, 3ᵉ pers. sing. prés. cond.
Ouvriras, 2ᵉ pers. sing. fut. indic.
Ouvrirent, 3ᵉ pers. plur. prét. déf.
Ouvriez, 2ᵉ pers. plur. prés. cond.
Ouvririons, 1ʳᵉ pers. plur. prés. cond.
Ouvrirons, 1ʳᵉ pers. plur. fut. indic.
Ouvriront, 3ᵉ pers. plur. fut. indic.
Ouvris, précédé de *j'*, 1ʳᵉ pers. sing. prét. déf.
Ouvris, précédé de *tu*, 2ᵉ pers. sing. prét. déf.
Ouvrisse, 1ʳᵉ pers. sing. imparf. subj.
Ouvrissent, 3ᵉ pers. plur. imparf. subj.
Ouvrisses, 2ᵉ pers. sing. imparf. subj.
Ouvrissiez, 2ᵉ pers. plur. imparf. subj.
Ouvrissions, 1ʳᵉ pers. plur. imparf. subj.
Ouvrit, précédé de *il* ou *elle*, 3ᵉ pers. sing. prét. déf.
Ouvrît, précédé de *qu'il* ou *qu'elle*, 3ᵉ pers. sing. imparf. subj.
Ouvrîtes, 2ᵉ pers. plur. prét. déf.

OUVROIR, subst. mas. (*ouvroar*), lieu où quelques ouvriers travaillent. — Dans certains couvents, lieu où travaillent les religieuses.

DU VERBE IRRÉGULIER OUVRIR :
Ouvrons, 1ʳᵉ pers. plur. prés. indic.
Ouvrons, précédé de *nous*, 1ʳᵉ pers. plur. prés. indic.

OUZOUER-LE-MARCHÉ, subst. propre mas. (*ouzou-érelemarche*), village de France, chef-lieu de canton, arrond. de Blois, dép. du Loiret.

OUZOUER-SUR-LOIRE, subst. propre mas. (*ouzou-érecurloare*), village de France, chef-lieu de canton, arrond. de Gien, dép. du Loiret.

OUYRA-OUASSOU, subst. mas. (*ou-ira-ouacçou*), t. d'hist. nat., très-gros oiseau de proie du Brésil.

OVAIRE, subst. mas. (*ovère*) (du lat. *ovum*, œuf), la partie des animaux ovipares où se forment les œufs. — Chez la femme, nom de deux corps glanduleux placés près des reins. — Partie analogue dans des autres animaux. — En bot., partie inférieure du pistil qui contient les rudiments des semences et les organes qui servent à leur nutrition.

OVALAIRE, adj. des deux genres (*ovalère*), qui est de forme ovale.—En anat., on le dit du trou dont les est percé l'os ischion.

OVALE, adj. des deux genres (*ovale*), qui est de figure ronde et oblongue comme celle d'un œuf. Se dit en bot. des feuilles dont la figure imite la coupe longitudinale d'un œuf. — Subst. mas., figure ronde et oblongue.—T. d'hist. nat., espèce de poisson du genre des centronomes. —Subst. fém., machine à tordre les soies.

OVALÉ, E, part. pass. de *ovaler*.

OVALER, v. act. (*ovale*), t. de métier, préparer les soies avec l'*ovale*. — S'OVALER, v. pron. Presque inusité.

OVARINE, subst. fém. (*ovarine*), t. d'anat., liquide qui est contenu dans l'ovaire.

OVARIONCLE, subst. fém. (*ovari-oncl*) (du lat. *ovarium*, ovaire, et du grec ογκος, tumeur), t. de médec., tumeur de l'ovaire.

OVARIQUE, adj. des deux genres (*ovarike*), t. d'anat.; il se dit de certaines artères qui tiennent aux ovaires.

OVARISTE, subst. mas. (*ovariste*), physiologiste qui explique les phénomènes de la génération par le système des *œufs*. On dit aussi *oviste*.—Adj. des deux genres : *physiologiste ovariste*.

OVARITE, subst. fém. (*ovarite*), t. de médec., inflammation, douleur aiguë de l'ovaire.

OVAS, subst. mas. plur. (*ovace*), l'un des trois peuples qui habitent l'île de Madagascar.

OVATION, subst. fém. (*ovacion*) (en lat. *ovatio*), petit triomphe parmi les Romains, où le triomphateur entrait dans la ville à pied ou à cheval, et sacrifiait une *brebis* (en lat. *ovis*) ; à la différence du grand triomphe, où le triomphateur était sur un char et sacrifiait un taureau.

OVE, subst. mas. (*ove*) (en lat. *ovum*), ornement d'architecture en forme d'*œuf*. — Moulure formée par un quart de circonférence, que les ouvriers appellent *quart de rond*.

OVÉ, E, part. pass. du v. presque inusité *over*, et adj. T. de bot., se dit d'une feuille *ovale*, rétrécie des deux côtés et aux extrémités. — T. d'hist. nat., se dit des parties qui ont la forme d'un œuf.

OVELLE, subst. fém. (*ovèle*), t. d'hist. nat., espèce de poisson du genre des cyprins.

OVENT, adv. (*ovan*), l'année précédente. (*Boiste*.) Tout-à-fait hors d'usage.

OVÉOLITHE, subst. mas. (*ové-olite*) (du grec ωον, œuf, et du λιθος, pierre), t. d'hist. nat., fossile de Grignon qui ressemble beaucoup à un petit *œuf*.

OVER, v. act. (*ové*), entendre. (J. de Mehun.) Vieux, et même hors d'usage.

OVERLAND, subst. mas. (*ovèrelande*), sorte de petit bâtiment hollandais pour le commerce.

OVER-YSSEL, subst. propre mas. (*ovèricèle*), nom d'une province des Pays-Bas.

OVIBOS, subst. mas. (*oviboce*), t. d'hist. nat., genre de ruminants qui renferme le buffle ou bison musqué du Canada.

OVICULE, subst. fém. (*orikule*), t. d'archit., petit *ove*.—Voy. ASTRAGALE.

OVIDUC, subst. mas. (*oviduke*) (du latin, *ovi,*

gén. de *ovum*, œuf, et *ductus*, fait de *ducere*, conduire), t. d'anat., canal des *œufs*. Peu usité.

OVIDUCTE, subst. fém. (*ovidukte*), t. d'anat., nom que quelques-uns ont donné à la trompe de Fallope. Ce mot n'est guère plus usité que le précédent.

OVIÈDE, subst. fém. (*ovi-ède*), t. de bot., espèce de plante de la famille des gattiliers.

OVIÉDO, subst. propre mas. (*ovi-édo*), ville d'Espagne, capitale des Asturies.

OVIFORME, adj. des deux genres (*oviforme*) (du lat. *ovi*, gén. de *ovum*, œuf, et *forma*, forme), qui a la forme d'un œuf.

OVILIE, subst. fém. (*ovili*), t. d'antiq., place à Rome, fermée par des barreaux, dans le champ de Mars, où les Romains entraient l'un après l'autre pour donner leur voix dans le choix des magistrats.

OVILLE, adj. des deux genres (*ovile*) (en lat. *ovilis* et *ovillus*, formé de *ovis*, brebis), des brebis, qui est de la nature des brebis. Vieux.

OVILLÉ, E, adj. (*ovi-ié*) : *déjections ovillées*, semblables à celles des brebis.

OVIN, subst. mas. (*ovein*), t. de mar., corde du bout de l'ancre. Voy. ORIN, qui semble être le même.—Sorte de vase dans lequel boivent les brebis.

OVINE, subst. fém. (*ovine*), t. de bot., espèce de fétuque, plante de la famille des graminées.

OVIPARE, adj. des deux genres (*ovipare*) (en lat. *oviparus*, formé de *ovum*, œuf, et de *parere*, produire), t. d'hist. nat.; il se dit des animaux qui se multiplient par le moyen des œufs. —Subst. mas. plur., famille d'animaux qui se reproduisent par les œufs.

OVISSARA, subst. propre mas. (*oviçara*), myth., nom que quelques peuplades d'Afrique donnent à l'Être suprême.

OVISTE, subst. mas. et adj. des deux genres (*ovicete*). Voy. OVARISTE, qui est le même.

OVIVORE, subst. fém. (*ovivore*) (du lat. *ovum*, œuf, et *vorare*, manger), t. d'hist. nat., espèce de couleuvre d'Amérique qui se nourrit d'*œufs*.

OVOÏDE, adj. des deux genres (*ovo-ide*) (du lat. *ovum*, œuf, et du grec ειδος, forme, ressemblance), se dit en bot. du fruit dont la forme ressemble à celle d'un œuf. — Les mots *ové* et *ovoïde* diffèrent en ce que le premier n'a rapport qu'à la circonscription, tandis que le second présente l'objet quant à la circonscription et quant à l'épaisseur.

OVOIR, subst. mas. (*ovoar*), outil de ciseleur dont le bout sert à faire sur le métal un relief *ovale*.

OVOVIVIPARE, sub. m. et adj. des deux genres (*ovovivipare*), t. d'hist. nat.; il se dit des animaux chez lesquels les œufs éclosent dans le ventre des femelles.

OVULE, subst. mas. (*ovule*), t. d'hist. nat., mollusque céphalé ; rudiment de la graine.

OXACIDE, subst. mas. (*okçacide*), t. de chim., acide formé d'un corps combustible et d'*oxygène*.

OXALATE, subst. mas. (*okçalate*), t. de chim., sel formé par la combinaison de l'acide *oxalique* avec différentes bases.

OXALIDE, subst. fém. (*okçalide*) (du grec οξαλις, oseille, fait de οξυς, aigre, acide), t. de bot., plante acide comme l'oseille.

OXALIQUE, adj. des deux genres (*okçalike*) t. de chim. : *acide oxalique*, acide particulier qu'on a retiré du suc d'oseille.

OXALIS, subst. mas. (*okçalice*), t. de bot., plante des anciens que l'on croit être notre *oseille*.

OXALME, subst. mas. (*okcaleme*) (du grec οξυς, vinaigre, et αλμη, saumure), t. de médec., vinaigre imprégné de saumure.

OXAMIDE, subst. mas. (*okçamide*), t. de chim., produit qui se forme par la distillation de l'*oxalate* d'ammoniaque.

OXÉE, subst. fém. (*okcé*), t. d'hist. nat., genre d'insectes de l'ordre des hyménoptères.

OXÉOL, subst. mas. (*okcé-ole*), t. de chim., vinaigre considéré comme excipient.

OXÉOLAT, subst. mas. (*okcé-ola*), t. de chim. et de pharm., vinaigre médicamenteux.

OXFORD, subst. propre fém. (*okcefor*), ville et comté d'Angleterre, célèbre par son université.

OXYACANTHE, subst. mas. (*okci-akante*), (du grec οξυς, aigre, et ακανθα, épine), t. de bot., épine-vinette.

OXYACOUSIE, subst. fém. (*okci-akouzi*) (du grec οξυς, aigu, et ακουω, j'entends), t. de médec., finesse de l'ouïe.—Sensibilité douloureuse de l'organe de l'ouïe.

OXYANTHE, subst. mas. (*okci-ante*), t. de bot., genre de plante de la famille des rubiacées.

OXYBAPHE, subst. mas. (*okcibafe*), t. de bot., genre de plantes qui croissent au Pérou.

OXYBAPHON, subst. mas. (*okcibafon*), t. d'antiq., mesure grecque pour les liquides, le quart du cotyle. Quelques-uns croient que l'*oxybaphon* était égal à la grande conque.

OXYBÈLE, subst. mas. (*okcibèle*), t. d'hist. nat., genre d'insectes de l'ordre des hyménoptères.

OXYCARPE, subst. mas. (*okcikarpe*), t. de bot., sorte de grand arbre qui croît dans l'Inde.

OXYCÈDRE, subst. mas. (*okcicèdre*), t. de bot., sorte de petit arbuste du genre des *cèdres*.

OXYCÉPHAS, subst. mas. (*okcicéface*), t. d'hist. nat., genre de poissons de la division des osseux.

OXYCÈRE, subst. mas. (*okcicère*), t. d'hist. nat., genre d'insectes de l'ordre des diptères. — T. de bot., genre de plantes.

OXYCOÏE, subst. fém. (*okciko-i*). Presque inusité. Voy. OXYACOUSIE.

OXYCOQUE, subst. mas. (*okcikoke*), t. de bot., genre de plantes que l'on nomme aussi *scollère*.

OXYCRAT, subst. mas. (*okcikra*) (du grec οξυς, vinaigre, et χραω, je mêle), t. de médec., mélange d'eau et de vinaigre qu'on administre comme astringent et rafraîchissant.

OXYCRATÉ, E, part. pass. de *oxycrater*.

OXYCRATER, v. act. (*okcikraté*), laver avec du vinaigre; faire une limonade dans laquelle il entre de l'*oxycrat*.—*s'*OXYCRATER, v. pron.

OXYCROCÉUM, subst. mas. (*okcikrocé-ome*), t. de pharm., sorte d'emplâtre composé de safran, de vinaigre, etc.

OXYCYANURE, subst. fém. (*okcici-anure*), t. de chim., composé de cyanogène et d'un *oxyde* métallique.

OXYDABILITÉ, subst. fém. (*okcidabilité*), faculté qu'ont les métaux de s'oxyder.

OXYDABLE, adj. des deux genres (*okcidable*), t. de chim., susceptible d'*oxydation*.

OXYDATION ou **OXYGÉNATION**, subst. fém. (*okcidâtion*), t. de chim., effet de la combinaison d'une substance avec l'*oxygène* : production d'un *oxyde*.

OXYDE, subst. mas. (*okcide*) (du grec οξυς, acide), dans la chimie moderne, substance combinée avec l'oxygène, mais non jusqu'au point d'être portée à l'état d'acide. Les *oxydes métalliques* sont ce que, dans l'ancienne doctrine, on appelait très-improprement *chaux métallique*. — *Oxyde vitreux*, verre métallique. — Il y a des *oxydes demi-vitreux*, tels que la litharge.

OXYDÉ, E, part. pass. de *oxyder*, et adj. : *métal oxydé* ; à l'état d'*oxyde* : *fer oxydé*, en noir, en rouge.

OXYDER, v. act. (*okcidé*), réduire à l'état d'*oxyde*, surtout en parlant des métaux.—*s'*OXYDER, v. pron.

OXYDERCE, subst. propre fém. (*okcidèrece*), myth., surnom de Minerve aux yeux perçants.

OXYDULE, subst. mas. (*okcidule*), dimin. d'*oxyde*.

OXYDULÉ, E, adj. (*okcidulé*), légèrement *oxydé*.

OXYGALA, subst. mas. (*okciguala*), lait aigre.

OXYGÉNABLE, adj. des deux genres (*okcijénable*), qui peut se combiner avec l'*oxygène*.

OXYGÉNATION, subst. fém. (*okcijénâcion*), action d'*oxygéner*; état de ce qui est *oxygéné*.

OXYGÈNE, subst. mas. (*okcijène*) (du grec οξυς, acide, et γενναω, j'engendre), nom donné par les chimistes modernes au principe *acidifiant* ou *générateur de l'acide*. *L'oxygène* est la base de l'air vital, appelé autrefois *air déphlogistiqué*. Fondu dans le calorique et la lumière, il forme *le gaz oxygène*, ou l'air vital atmosphérique, et mêlé dans cet état avec trois parties environ de gaz *azote* (dans la proportion de vingt-sept à cent), il constitue l'air atmosphérique. Combiné avec différentes bases, il forme les oxydes et les acides.

OXYGÉNÉ, E, part. pass. de *oxygéner*, et adj., uni à certaines quantités d'*oxygène*.

OXYGÉNER, v. act. (*okcijéné*), combiner avec l'*oxygène*. *Oxyder* se dit plus souvent lorsqu'il s'agit de métaux.—*s'*OXYGÉNER, v. pron.

OXYGÉNÈSES, subst. fém. plur. (*okcijénèze*), t. de médec., maladies qu'on attribue aux désordres de l'*oxygénation*.

OXYGONE, adj. des deux genres (*okciguone*) (du grec οξυς, aigu, et γωνια, angle), t. de géom. : *triangle oxygone*, qui a tous les angles aigus. On dit plus communément *acutangle*.

OXYHAPHIE, subst. fém. (*okci-afi*) (du grec οξυς, aigu, et αφη, toucher), t. de médec., développement excessif du toucher.

OXYHAPHIQUE, adj. des deux genres (*okci-afike*), qui concerne l'*oxyhaphie*.

OXYLAPATHE, subst. mas. (*okcilapate*), t. de bot., sorte de plante.

OXYLÈLES, sub. mas. pl. (*okcilèle*), t. d'hist. nat., famille d'insectes de l'ordre des coléoptères.

OXYLOBION, subst. mas. (*okcilobi-on*), t. de bot., sorte d'arbrisseau de la famille des légumineuses.

OXYMEL, subst. mas. (*okcimèle*) (du grec οξυς, vinaigre, et μελι, miel), mélange de miel et de vinaigre.

OXYMELLITE, subst. fém. (*okcimèlelite*), t. de pharm., médicament dans la préparation duquel il entre de l'*oxymel*.

OXYMORON, subst. mas. (*okcimoron*), fig. de rhétorique par laquelle on semble se contredire. — Demande faite avec une affectation qui déplaît. Inusité.

OXYMYRSINE, subst. fém. (*okcimircine*), t. de bot., sorte de plante sauvage de la famille des myrtes.

OXYONE, subst. mas. (*okci-one*), peuple imaginaire qui avait, dit-on, la tête humaine et le reste du corps d'une bête.

OXYOPE, subst. mas. (*okci-ope*), t. d'hist. nat., genre d'arachnides de l'ordre des pulmonaires.

OXYOPIE, subst. fém. (*okci-opi*) (du grec οξυς, aigu, et οψ, œil), t. de médec., développement excessif du sens de la vue. — Impossibilité de reconnaître les plus petits objets, même faiblement éclairés.

OXYPETALUM, subst. mas. (*okcipétalome*), t. de bot., genre de plantes de la famille des asclépiadées.

OXYPÈTRE, subst. fém. (*okcipètre*), t. d'hist. nat., pierre alumineuse qui avait, dit-on, la propriété de calmer la soif, en la faisant infuser dans le liquide que l'on buvait.

OXYPHÉRIE, subst. fém. (*okciféri*), t. de bot., genre de plantes qui diffère peu des humées et des caloméries.

OXYPHLOGOSE, subst. fém. (*okcifloguôze*), (du grec οξυς, aigu, et φλογωσις, inflammation), t. de médec., douleur, inflammation sur-aiguë.

OXYPHŒNIE, subst. fém. (*okciféni*), t. de bot., nom qu'on donne quelquefois au tamarin.

OXYPHONIE, subst fém. (*okcifoni*) (du grec οξυς, aigu, et de φωνη, voix), t. de médec., symptôme de quelques maladies, où le larynx est d'abord affecté.—Voix aiguë.

OXYPHONIQUE, adj. des deux genres (*okcifonike*), qui concerne *l'oxyphonie*.

OXYPHOSPHURE, subst. mas. (*okcifocefure*), t. de chim., composé de *phosphore* et d'un *oxyde* métallique.

OXYPHRÉSIE, subst. fém. (*okcifrézi*) (du grec οξυς, aigu, et οσφρησις, odorat), t. de médec., développement excessif du sens de l'odorat.

OXYPORE, subst. mas. (*okcipore*), t. d'hist. nat., genre d'insectes de l'ordre des coléoptères.

OXYPTÈRE, subst. mas. (*okcipetère*), t. d'hist. nat., genre de cétacés voisins des dauphins.

OXYREGMIE, subst. fém. (*okciréguemi*) (du grec οξυς, aigre, et ερευγειν, roter), t. de médec., aigreur de l'acide de l'estomac qui cause des rapports.

OXYRHYNQUE, subst. mas. (*okcireinke*) (du grec οξυς, aigu, et ρυγχος, bec), t. d'hist. nat., genre de poissons qui se rapprochent des salmones. — Myth., poisson révéré en Égypte dans la ville du même nom que lui.

OXYRRHODIN, subst. mas. (*okcirodein*) (du grec οξυς, vinaigre, et ροδον, rose), t. de pharm., liniment d'huile rosat et de vinaigre rosat.

OXYS, subst. mas. (*okcice*), t. de bot., plante des anciens que quelques modernes rapportent à la surelle.

OXYSACCHARUM, subst. mas. (*okciçak-karome*) (du grec οξυς, vinaigre, et σακχαρον, sucre), sirop fait de sucre et de vinaigre.

OXYSEL, subst. mas. (*okcizèle*), t. de chimie : *sel* dont la base est combinée avec un acide.

OXYSTELME, subst. fém. (*okiceteleme*), t. de bot., plante pubescente de la famille des apocynées.

OXYSTOME, subst. mas. (*okcicetome*), t. l'hist. nat., genre d'insectes de l'ordre des coléoptères.

OXYSULFURE, subst. mas. (*okciçulefure*), t. de chimie, composé de soufre et d'un *oxyde* métallique.

OXYTARTRE, subst. mas. (*okcitartre*), t. de chim., acétate de potasse, terre foliée de *tartre*.

OXYTÈLE, subst. mas. (*okcitèle*), t. d'hist. nat., genre d'insectes de l'ordre des coléoptères.

OXYTROPIS, subst. mas. (*okcitropice*), t. de bot., genre de plantes voisin de celui des phacas et des astragales.

OXYURE, subst. mas. (*okci-ure*), t. d'hist. nat., genre de vers intestins. — Genre de poissons osseux.

OXYZÈNE, subst. mas. (*okcizéne*), t. d'hist. nat., sorte de poisson.

OYANT, E, adj. (*oé-ian, iante*), t. de prat., celui, celle à qui on rend un compte en justice. C'est aussi le part. prés. presque inusité de *ouïr*.

OYE, subst. fém. (*oé-ié*), ouïe. — Oie. (*Boiste*.) Vieux, et même hors d'usage.

OYER, subst. mas. (*oé-ié*), rôtisseur, marchand d'*oies*. Hors d'usage.

OYEZ, impératif de *ouïr* (*oé-ié*), silence, écoutez. Il est vieux.

OYONNAX, subst. propre mas. (*oi-ouenakce*), village de France, chef-lieu de canton, arrond. de Nantua, dép. de l'Ain.

OZANIQUE, adj. mas. (*ozanike*), se dit d'un remède ou d'une préparation propre à nettoyer l'intérieur de la bouche.

OZÈSE, subst. mas. (*ozéne*) (du grec ὄζειν, sentir mauvais), t. de médec., ulcère putride du nez qui exhale une odeur très-désagréable. — T. d'hist. nat., espèce d'animal marin qui répand une mauvaise odeur. — Genre d'insectes carabiques de l'ordre des coléoptères.

OZÉNITE, subst. fém. (*ozenite*), t. de bot., sorte de petite plante qui exhale une mauvaise odeur.

OZINISCAN, subst. mas. (*ozinicekan*), t. d'hist. nat., espèce d'oiseau qui se trouve en Amérique.

OZIRAT, subst. mas. (*ozira*), mois de juin du calendrier des Syriens.

OZOLE, subst. propre mas. (*ozole*), nom d'une ancienne peuplade locrienne, dont la capitale était Amphise.

OZONE, subst. mas. (*ozone*), t. de bot., genre de plantes.

OZOTIAMNE, subst. mas. (*ozotamene*), t. de bot., sorte d'arbrisseau de la famille des corymbifères.

P, subst. mas. (prononcez *pe* et non pas *pé*, qui ne rend point le son naturel de cette lettre), seizième lettre de l'alphabet français, et la douzième des consonnes.—P était, chez les Romains, une lettre numérale qui, comme le C, signifiait cent, et, surmonté d'une barre horizontale, quatre cent mille.—En musique, par abréviation, P signifie *piano* ou *doux*; PP *pianissimo*, très-doux.—En t. de banque et de commerce, P signifie *protesté*; ASP, *accepté sous protêt*; ASPC, *accepté sous protêt pour mettre à compte*; P °/₀, *pour cent*; P °°/₀₀, *pour mille*. — P indique la seizième feuille d'un livre. — P est aussi le signe de la mesure du *pied* ou *pouce*; cependant nous proposons dans notre *Dictionnaire* pᵈ pour abréviation de *pied*, et pᵉ pour abréviation de *pouce*. — P est le caractère qui distinguait la monnaie frappée à Dijon. — En pharmacie, P est l'abréviation de *pugillum*, poignée, et souvent celle de *pars*, partie. — P initial se prononce toujours, soit devant les voyelles, soit devant les consonnes, comme dans *page*, *psaume*, *psalmiste*; il faut en excepter le p immédiatement suivi d'un h. — Dans le corps d'un mot, il conserve également le son qui lui est propre, excepté encore quand il est suivi d'un *h*. Il se fait sentir dans *inepte*, *inepte*, *adoption*, *captieux*, *baptismal*, *septembre*, *septénaire*, *reptile*, *aptitude*, *septuagésime*, *contempteur*, *excepté*, *symptôme*, *exception*. — Mais il est muet dans *baptême*, *baptistaire*, *baptiser*, *baptiste*, *cheptel*, dans *exempt*, *exempter*, *compte*, *prompt*, *dompter*, et en général dans presque tous les mots où il se trouve deux consonnes. — Le *p* final ne se prononce pas dans *camp*, *champ*, *sirop*, *loup*, *drap*, *sept* et ses dérivés, mais il se prononce dans *Alep*, *Gap*, *jalap*, *cap*. — P final se prononce dans *beaucoup* et *trop*, suivis d'une voyelle : *il a beaucoup étudié* ; *il est trop entêté*. S'il n'est pas suivi d'une voyelle, on ne le fait pas sentir. On le prononce aussi dans le discours soutenu, dans le mot *coup*, suivi d'une voyelle : *coup inattendu*, *coup extraordinaire*. Lorsqu'il y a deux p de suite, la première syllabe est brève, comme dans *opposer*, etc. En général, lorsque p est redoublé, on n'en prononce qu'un. — Ph se prononce *fe* : *philosophe*. Ph conserve ce son qui lui est propre dans tous les mots. Observons que ph est tout-à-fait inutile, et hors du génie de notre langue. Il remplace ou annonce le plus ordinairement le φ des Grecs, et nous le faisons sonner comme nous prononçons cette lettre grecque. Aussi est-il le plus souvent la marque qu'il y a eu grec une aspiration ; et nous ne devrions employer cette double consonne que dans le cas seul de cette aspiration.

PAAMYLES ou **PAAMYLIES**, subst. fém. plur. (*pa-umile*, *pa-amili*), myth., fêtes égyptiennes, célébrées en l'honneur d'Osiris retrouvé, c'est-à-dire du soleil renaissant.

PAASSI, subst. propre mas. (*pa-aci*), myth., nom donné à l'Être suprême par les Ersaniens, division des Morduans, peuples soumis à la Russie.

PABOUS, subst. mas. (*pabou*), t. de relat. ; c'est, en Perse, le baisement des pieds, marque de respect des seigneurs envers les souverains; et la manière dont les vassaux prêtent foi et hommage à leurs seigneurs.

PABULAIRE, subst. mas. (*pabulère*), t. d'hist. anc., soldat qui allait au fourrage.—Adjudicataire de travaux publics, chez les Romains.

PACA, subst. mas (*paka*), t. d'hist. nat., sorte de cochon de lait du Brésil.

PACAGE, subst. mas. *pakaje*) (en lat. *pascua*), lieu où le bétail va paître. — *Droit de pacage*, le droit d'envoyer paître son bétail dans certains pâturages. — PACAGE, PÂTURAGE, PÂTIS, PÂTURE. (*Syn.*) Le *pacage* est un lieu propre pour nourrir et engraisser du bétail. Le *pâturage* est un champ où le bétail pâture et se repaît. Le *pâtis* est une terre où l'on mène paître le bétail. La *pâture* est une terre inculte où le bétail trouve quelque chose à paître. — On dit de bons *pacages*, de gras *pâturages*, un simple *pâtis*, une vaine *pâture*. — *Pacage*, désigne la qualité de la terre et la production propre dont elle se couvre. *Pâturage* marque et la propriété de la terre, et l'abondance de la production propre au bétail, et l'usage qu'on en fait. *Pâtis* rappelle seulement l'action simple de paître. *Pâture* ne se prend, dans l'acception présente, que pour un lieu vain et entièrement négligé, qui ne peut donner qu'une herbe rare, courte et pauvre. — Les prés et les prairies forment naturellement des *pacages*. Les *pacages* soignés, entretenus, employés à leur destination naturelle, couverts de bestiaux, sont des *pâturages*. Les bruyères, les landes, les bois, comme les prés, forment des *pâtis*. Des friches, des terreins négligés ou abandonnés, de mauvaises terres qui ne sont ni en pré ni en labour, sont des *pâtures*.

PACAGÉ, part. pass. de *pacager*.

PACAGER, v. neut. (*pakajé*), t. de coutume, paître, pâturer.

PACAL, subst. mas. (*pakale*), t. de bot., espèce d'arbre dont les cendres guérissent, dit-on, les dartres et les feux volants.

PACALIES, subst. fém. plur. (*pakali*) (du lat. *pax, pacis*, paix), myth., fêtes des anciens Romains célébrées en l'honneur de la Paix.

PACANE ou **PACANIER**, subst. mas. (*pakane*), t. de bot., noyer de la Louisiane.

PACANT, subst. mas. (*pakan*), t. pop., manant, homme du peuple.

PACASCHAS, subst. mas. (*pakacekâce*), moscouade que l'on retire de la sève des palmiers, aux Philippines.

PACCAUDIÈRE (LA), subst. propre fém. (*lapakôdière*), village de France, chef-lieu de canton, arrond. de Roane, dép. de la Loire.

PACE (IN), subst. mas. (*inepâce*), prison de moines dans laquelle on enfermait pour la vie.— Au plur., des *in-pace*.

PACFI ou **PAFI**, subst. mas. (*pakefi, pafi*), t. de mar., la grande voile du grand mât, ou le grand *pacfi*. — Le petit *pacfi* est la voile de misaine.

PACHA, subst. mas. (*packa*), t. de relat., titre d'honneur qui se donne, en Turquie, à des personnes considérables, même sans gouvernement. — Autrefois on disait, et quelques-uns disent encore, *bacha*. — Monnaie de cuivre du royaume de Guzarate.

PACHACAMAC, subst. propre mas. (*pachakamak*), myth., nom que les Péruviens donnaient à l'Être suprême.

PACHALIK, subst. mas. (*pachalik*), gouvernement d'une province turque. — La province même.

PACHACAMAMA, subst. propre fém. (*pachakamama*), myth., déesse adorée autrefois par les habitants du Pérou.

PACHÉABLÉPHAROSE, subst. fém. (*paché-ablèfarôze*) (du grec παχυνειν, épaissir, et βλεφαρον, paupière), t. de médec., nom que quelques auteurs ont donné à l'épaississement du tissu des paupières, produit par des excroissances ou des tubercules développés sur ses bords.

PACHÉE, subst. fém. (*paché*), t. d'hist. nat., émeraude orientale, corindon vitreux d'une couleur verte.

PACHIRIER, subst. mas. (*pachirié*), t. de bot., genre de plantes de la famille des malvacées.

PACHOLECK, subst. mas. (*pacholèk*), valet qui accompagnait chaque soldat d'une milice tartare qu'on employait autrefois dans les armées polonaises.

PACHON, subst. mas. (*pachon*), ancien mois égyptien qui répond au mois de mai.

PACHYCHYMIE, subst. fém. (*pachichimi*) (du grec παχυς, épais, et χυμος, suc, humeur), t. de médec., épaississement morbide des humeurs.

PACHYDERME, subst. mas. et adj. des deux genres (*pachidèreme*) (du grec παχυς, épais, et δερμα, peau), t. d'hist. nat., famille de mammifères quadrupèdes.

PACHYGASTRE, subst. mas. et adj. des deux genres (*pachiguacetre*) (du grec παχυς, épais, et γαστηρ, l'estomac), t. d'hist. nat., genre d'insectes de l'ordre des diptères.

PACHYNÈME, subst. mas. et adj. des deux genres (*pachinème*) (du grec παχυς, épais, et νεμος, bois), t. de bot., arbuste de l'Australie.

PACHYPHYLLE, subst. fém. (*pachifile*) (du grec παχυς, épais, et φυλλον, feuille), t. de bot., plante parasite de la famille des orchidées.

PACHYSANDRE, subst. fém. (*pachizandre*), t. de bot., plante vivace de l'Amérique septentrionale.

PACHYSTOME, subst. mas. et adj. des deux genres (*pachicetome*), t. d'hist. nat., genre d'insectes de l'ordre des diptères.

PACHYTOS, subst. propre mas. (*pachitôce*), myth., un des chiens d'Actéon, constellation.

PACIFÈRE, adj. des deux genres (*pacifère*) (du latin *pax*, gén. *pacis*, paix, et *fero*, je porte), qui porte la paix. — Surnom de Minerve.

PACIFICATEUR, subst. et adj. mas. (*pacifikateur*) (en lat. *pacificator*), qui fait la paix, qui travaille à la paix. On dit aujourd'hui au fém. *pacificatrice*. — On a donné autrefois le nom de *pacificateurs* aux membres de plusieurs sectes d'anabaptistes.

PACIFICATION, subst. fém. (*pacifikâcion*) (en latin *pacificatio*), rétablissement de la paix dans un état; calme des dissensions domestiques.

PACIFIÉ, E, part. pass. de *pacifier*.

PACIFIER, v. act. (*pacifié*) (en lat. *pacificare*), calmer, apaiser, faire cesser la guerre et rétablir la paix.—*se* PACIFIER, v. pron.

PACIFIQUE, adj. des deux genres (*pacifike*) (en latin *pacificus*), en parlant des personnes, paisible, qui aime la paix. — En parlant des choses, paisible, tranquille. — *Titulaire pacifique*, dont le titre n'est pas contesté. — *La mer Pacifique*, la mer qui est au couchant de l'Amérique.

PACIFIQUEMENT, adv. (*pacifikeman*), d'une manière *pacifique*.

PACKFOND, subst. mas. (*pakefon*), nouvel alliage imitant l'argent, composé de cuivre, de nikel et de zinc. On le nomme aussi *argenton*.

PACKHUIS, sub. mas. (*paku-i*), en Hollande, magasin où les marchandises restent en dépôt, en attendant qu'elles aient acquitté les droits.

PACLITHE, subst. fém. (*paklite*), t. d'hist. nat., genre de coquilles dont on a trouvé le type dans le désert de Zara.

PACO, subst. mas. (*pakô*), t. d'hist. nat., sorte de pierre métallique.

PACOCÉROBA, subst. mas. (*pakocéroba*), t. de bot., plante du Brésil qui a le port et le feuillage de la canne d'Inde.

PACOLET, subst. mas. (*pakolè*), t. de mar., cheville avec laquelle on amarre les haubans à l'extrémité des boute-hors qui sont à la proue et à la poupe de la tartane.

PACO, subst. mas. (*pako*), t. d'hist. nat., animal d'Amérique assez semblable à la vigogne, et portant comme elle un poil laineux, très-doux et très-fin.

PACOSÉROCA, subst. fém. (*pakocéròka*), t. de bot., plante pour la teinture.

PACOTILLE, subst. fém. (*pakoti-ie*), quantité de marchandises que celui qui sert sur un vaisseau peut embarquer pour son compte. On l'appelle aussi *portée*.—Dans le commerce, partie de marchandises qui compose la cargaison d'un navire. — Fam., quantité d'objets quelconques : *voilà une pacotille de hardes et de livres*. — *Marchandise de pacotille*, marchandise de qualité inférieure, qu'on ne peut débiter qu'à bas prix, et même à perte : *ce que vous voulez me vendre n'est véritablement que de la pacotille*.

PACOTILLEUR, subst. mas. (*pakoti-ieur*), qui fait une *pacotille* pour des pays d'outremer.

PACOURIER, subst. mas. (*pakourié*), t. de bot., sorte d'arbrisseau dont les fruits ressemblent à des coings.

PACOURINE, ou **PACOURINOPSIDE**, subst. fém. (*pakourine, pakourinopecide*), t. de bot., genre de plantes de la famille des chicoracées.

PACQUER, v. act. Voy. PAQUER.

PACQUET, subst. mas. (*pakié*), composition de suie, de farine et d'urine, pour tremper le fer et l'acier par cémentation.

PACQUIRE, subst. mas. (*pakire*), t. d'hist. nat., animal semblable au porc, qu'on troure dans l'île de Tabago.

PACTA-CONVENTA, subst. mas. plur. (Telle est du moins l'opinion de l'*Académie*; mais, de bonne foi, n'est-ce pas plutôt une locution latine qu'un subst.?) (*paktakonveinta*), expression latine que l'usage a consacrée, et qui signifie : *les conventions* que le roi de Pologne nouvellement élu et la république s'obligeaient mutuellement à observer dans la diète d'élection : *signer les pacta-conventa*.

PACTE, subst. mas. (*pakte*) (en lat. *pactum*, fait de *pascici*, traiter, convenir, faire un accord), accord, convention. — *Pacte de famille*, l'accord qui se fait entre les membres d'une famille, et non pas seulement entre les membres d'une famille souveraine, comme l'indique faussement l'*Académie*.

PACTEUR, subst. mas. (*pakteur*), faiseur de traités, de conventions. (*Boiste*.) Inusité.

PACTION, subst. fém. (*pakcion*) (en latin *pactio*), pacte. Il est vieux et ne se dit qu'au palais.

PACTISÉ, part. pass. de *pactiser*.

PACTISER, v. neut. (*paktizé*) (en lat. *pascici*), t. de prat., faire un *pacte*, une convention. — Composer, transiger. Il ne se prend guère qu'en mauvaise part.

PACTOLE, subst. propre mas. (*paktole*), fleuve d'Asie, dans la Lydie, fameux chez les anciens par les parcelles d'or qu'il roulait, dit-on, dans son lit. Les poètes l'ont célébré à l'envi, et font même encore aujourd'hui sur ce fleuve des allusions continuelles : *avoir, posséder le Pactole*, être fort riche.

PACTOLIDES, subst. propre fém. plur. (*paktolide*), myth., nymphes des bords du *Pactole*.

PACY-SUR-EURE, subst. propre mas. (*pacicureure*), ville de France, chef-lieu de canton, arrond. d'Évreux, dép. de l'Eure.

PADÉEN, subst. mas. *padé-ein*), nom d'un peuple des Indes, que l'on dit anthropophage.

PADELIN, subst. mas. (*padelein*), pot ou creuset dans lequel on fond la matière du verre.

PADEN, subst. mas. (*padein*), sorte d'amande amère qui sert de petite monnaie à Guzarate.

PADÈRE, subst. mas. (*padère*), t. d'hist. nat., genre de reptiles de la famille des serpents.

PADINE, subst. fém. (*padine*), t. de bot., genre de plantes de la famille des algues.

PADISHA, subst. mas. (*padicha*), t. de relat., dignité en Turquie.

PADOLLE, subst. fém. (*padole*), t. d'hist. nat., genre de coquilles de la famille des haliotides.

PADOTA, subst. fém. (*padota*), t. de bot., espèce de plante du genre des marrubes.

PADOU, subst. mas. (*padou*), ruban moitié fil et moitié soie.

PADOUE, subst. propre fém. (*padou*), ville forte du royaume lombardo-vénitien.

PADOUAN, subst. mas. (*padou-an*), pâturage.

PADOUAN, subst. et adj. mas., au fém. **PADOUANNE** (*padou-an, dou-ane*), qui est de *Padoue*, qui concerne *Padoue*.

PADOUANE, subst. fém. (*padou-ane*), médaille contrefaite d'après l'antique, par un graveur de *Padoue, Louis Léon*, surnommé *le Padouan*. C'était un peintre célèbre qui florissait au commencement du dix-septième siècle : *cette médaille que vous croyez antique est une padouane*. —Sorte de danse usitée à *Padoue*.

PADRI, subst. mas. (*padri*), t. de bot., bel arbre du Malabar, de la famille des bignonnées.

PÆAN, subst. mas. (*pé-an*), myth., hymne des anciens en l'honneur des dieux et des héros.

PÆANTIDE, subst. fém. (*pé-antide*), t. d'hist. nat., pierre précieuse.

PÆDÈRE, subst. mas. (*pédère*), t. d'hist. nat., genre d'insectes de l'ordre des coléoptères.—T. de bot., sorte de plante.

PÆDÉROS, subst. mas. (*pédéròce*), t. d'hist. nat., sorte d'améthyste, ou espèce d'opale blanche.

PÆDÉROTE, subst. fém. (*pédérote*), t. de bot., genre de plantes de la famille des personnées.

PÆDONOME, subst. mas. (*pédonome*) (du grec παιδος, gén. de παις, enfant, et νεμω, je gouverne), instituteur des enfants dans la république de Sparte.

PÆDOPHILE, subst. des deux genres (*pédofile*) (du grec παις, gén. παιδος, enfant, et φιλος, ami), qui aime les enfants.

PÆDOTHYSIE, subst. fém. (*pédotizi*) (du grec παις, παιδος, enfant, et θυσια, victime), t. d'antiq., sacrifice d'enfants pour apaiser les dieux.

PÆDOTRIBE, subst. mas. (*pédotribe*) (du grec παις, παιδος, enfant, et τριβω, je frotte), t. d'antiq.; nom qu'on donnait à celui qui, dans les gymnases, frottait d'huile les jeunes gens avant les exercices.

PÆDOTROPHIE, subst. mas. (*pédotrofe*) (du grec παις, gén. παιδος, enfant, et τρεφω, je nourris), celui qui enseigne la manière de nourrir les enfants.

PÆDOTROPHIE, subst. fém. (*pédotrofi*) (même étym. que celle du mot précéd.), art de nourrir les enfants à la mamelle. — Nom d'un poëme latin composé par Sainte-Marthe.

PÆDOTROPHIQUE, adj. des deux genres (*pédotrofike*), qui a rapport, qui concerne la *pædotrophie*.

PAÉNI-CAORI, subst. mas. (*pa-énika-ori*) myth., espèce de pandarou ou prêtre indien.

PÆON, subst. mas. (*pé-on*), t. de litt. anc., pied de vers d'une longue et trois brèves.

PÆONIA, subst. fém. (*pé-onia*), t. de bot., plante des anciens que l'on a rapportée à la pivoine.

PAGAIE, subst. fém. (*paguié*), rame que les sauvages emploient sur leurs pirogues. — Arbre très-commun à la Guyane, dont le bois sert à faire des canots et des avirons.—T. de raffineurs de sucre, grande spatule de bois, semblable à la *pagaie* des canots, mais plus petite. On s'en sert pour remuer le sucre quand il rafraîchit, afin d'en former le grain.

PAGALE, subst. fém. (*paguale*), t. de mar. qui ne s'emploie qu'avec la prép. *en* : *en pagale*, pour dire : avec précipitation, en désordre : *mouiller en pagale ; jeter des effets en pagale dans la cale du vaisseau.*

PAGAMAT, subst. mas. (*paguama*), t. de bot., arbre visqueux qui croît aux Moluques.

PAGAMIER, subst. mas. (*paguamié*), t. de bot., nom d'un arbrisseau qui croît dans l'île de Cayenne.—Genre de plantes de la famille des rubiacées.

PAGANALES ou **PAGANALIES**, subst. fém. plur. (*paguanale, nali*), myth., fête des dieux champêtres.

PAGANIE, subst. fém. (*paguani*), culte, adoration des païens. Inusité. Voy. PAGANISME.

PAGANELLE, subst. fém. (*paguanèle*), t. d'hist. nat., sorte de poisson du genre des gobies.

PAGANISME, subst. mas. (*paguaniceme*) (en lat. *paganismus*), religion païenne, idolâtrie. Voy. PAÏEN.

PAGAPATE, subst. mas. (*paguapate*), t. de bot., grand arbre du Malabar.

PAGASÉEN, subst. propre mas. (*paguazé-ein*), ancien peuple de *Pagase*, ville de Thessalie.

PAGAYARQUE, subst. mas. (*pagua-iarke*) (du grec παγος, bourg, et αρχος, pouvoir), t. d'hist. anc., magistrat de village chez les anciens.

PAGAYÉ, E, part. pass. de *pagayer*.

PAGAYER, v. neut. (*pagua-ié*), faire voguer une pirogue indienne au moyen de la *pagaie*. Inusité.

PAGAYEUR, subst. mas. (*paga-ieur*), t. de marine, celui qui rame avec la *pagaie*. Peu usité.

PAGE, subst. fém. (*paje*) (en lat. *pagina*), un des côtés d'un feuillet de papier ou parchemin. —L'écriture contenue dans la *page* : *les trois premières pages de son livre sont admirables.*— *Ce n'est pas la plus mauvaise page de sa vie*, ce n'est pas une action qui le déshonore, bien au contraire.— T. d'imprim. : *mettre en pages*, réunir ensemble plusieurs paquets de composition, pour en faire des *pages* auxquelles on met un folio.—*Metteur en pages*, celui qui est chargé de cette opération.

PAGE, subst. mas. (*paje*) (suivant *Turnèbe* et l'opinion la plus commune, du lat. *pædagogium*, troupe des enfants d'honneur ou des pages, et le lieu où ils sont élevés; fait du grec παιδαγωγειον. Voy. PÉDAGOGUE), enfant d'honneur qu'on met auprès des rois, des princes, etc. — *Pages de la musique*, jeunes enfants qu'on élevait pour la chapelle du roi. —*Pages de la vènerie*, ceux qui se destinaient à la vènerie. — *Tour de page*, tour d'espièglerie. — *Effronté comme un page de cour*, hardi jusqu'à l'impudence.— *Être hors de page*, hors de la puissance ou dépendance d'autrui. (Allusion aux temps de l'ancienne chevalerie, où les jeunes gentilshommes étaient, dès l'âge de sept ans, mis auprès de quelque haut baron, ou de quelque illustre chevalier, en qualité de *page*, de *damoiseau* ou *varlet*, espèce de noviciat très-assujétissant. A quatorze ans, ils étaient *hors de page*, et devenaient écuyers.)— *Être sorti de page*, avoir fait le temps de son service dans les *pages*. —*Le hors de page*, locution surannée qui signifiait la récompense qu'on accordait aux *pages* en quittant le service. —En t. de mar., apprenti matelot, qu'on appelle autrement *mousse*.

PAGEAU, subst. mas. (*pajô*), t. d'hist. nat., sorte de poisson qu'on trouve dans les mers d'Afrique.

PAGEL, subst. mas. (*pajèl*), t. d'hist. nat., sorte de poisson rouge du genre des spares.

PAGÉSIE, subst. fém. (*pajézi*), t. de bot., genre de plantes de la famille des bignonnées.

PAGI, subst. mas. (*paji*). Voy. PUMA.

PAGIAVEL, subst. mas. (*paji-avèle*), compte de pièces de marchandises usité aux Indes, lorsqu'on vend en gros.—Au Pegu, il est de quatre pièces.

PAGINATION, subst. fém. (*pajinâcion*), série de numérotage des *pages* d'un livre.

PAGINÉ, E, part. pass. de *paginer*.

PAGINER, v. act. (*pajiné*), numéroter les *pages* d'un livre.—SE PAGINER, v. pron.

PAGNE, subst. mas. (*pagnie*), morceau d'étoffe dont les sauvages couvrent leurs reins.

PAGNON, subst. mas. (*pagnion*), drap noir très-fin, ratiné à l'envers, fabriqué à Sedan, qui a pris et conservé le nom du fabricant.

PAGNONES, subst. fém. plur. (*pagnione*), pièces de bois qui forment la fusée ou le rouet d'un moulin.

PAGNOTTE, subst. mas. (*pagniote*) (de l'italien *pagnotta*, petit pain. *Gentiluomini di pagnotta*, gentilshommes qui se louaient pour escorter les grands dans quelques cérémonies, et à qui l'on donnait ce jour-là un pain. *Ménage*.), poltron, lâche à la guerre. —*Voir un combat du mont Pagnotte*. Voy. MONT.

PAGNOTTERIE, subst. fém. (*pagnioteri*), lâcheté, bévue. Peu usité. Voy. PAGNOTTE.

PAGODE, subst. fém. (*paguode*), temple des Indiens idolâtres.— A la Chine, les *pagodes* sont des édifices élevés et circulaires, employés à différents usages, mais jamais à aucun culte religieux. —Idole qu'on y adore.—Petite figure dont la tête est ordinairement mobile.—On dit fam. : *il remue la tête comme une pagode.* — *Ce n'est qu'une pagode*, qu'une personne d'un caractère insignifiant. — Monnaie d'or qui a cours dans l'Inde, à peu près pour neuf livres tournois, ou huit francs quatre-vingt-neuf centimes.— Sorte de manches aux robes négligées des femmes.

PAGODINE, subst. fém. (*paguodine*), t. d'hist. nat., espèce de stéatite que l'on tire de la Chine.

PAGODITE, subst. fém. (*paguodite*), t. de minér., substance minérale que l'on appelle vulgairement *pierre de lard*.

PAGOTIN, subst. mas. (*paguotein*), nom qu'on donne, dans l'Inde et en Chine, aux petits réduits qui forment chapelle dans les pagodes. — On donne aussi ce nom à des chapelles seules et isolées dans différents hameaux ou villages, dans lesquelles se trouvent ordinairement les figures ou les statues des dieux qu'on y adore. — On désigne aussi, dans quelques endroits, par ce nom, les statues mêmes de ces divinités. Voy. PAGODE.

PAGRE, subst. mas. (*paguere*), t. d'hist. nat., sorte de poisson qui ressemble au pagel. Voyez PHAGRE.

PAGURE, subst. mas. (*pagure*) (en grec παγουρος), t. d'hist. nat., genre de crustacés.

PAÏDONOSOLOGIE, subst. fém. (*pa-idonozoloji*) (du grec παιδος, gén. de παις, enfant, νοσος, maladie, et λογος, traité), t. de médec., description, doctrine des maladies des enfants.

PAÏDONOSOLOGIQUE, adj. des deux genres (*pa-idonozolojike*), qui concerne la *païdonosologie*.

PAIE, subst. fém. (*pè*) (suivant *Du Cange*, du latin barbare *pagua* ou *paga*, qu'on a dit avec la même signification dans la basse latinité), solde qu'on donne aux gens de guerre.—Salaire. Le *salaire*, dit *Roubaud*, est le prix ou la rétribution due à un travail, à un service; la *paie* est le *salaire* d'un travail ou d'un service continu, ou rendu chaque jour ; la *solde* est le prix ou la *paie* d'un service rendu par une personne soudoyée, c'est-à-dire engagée à le rendre moyennant ce *salaire*. — Débiteur : *bonne, mauvaise paie.* — Celui qui *paie*, payeur : *c'est une bonne, une mauvaise paie ; d'une mauvaise paie il faut en tirer ce qu'on peut.* Ce proverbe se dit au propre et au figuré. — *Haute-paie*. Voy. à la lettre *H*. — *Morte-paie*, subst. fém., soldat entretenu dans une garnison, tant en paix qu'en guerre. — Par extension, vieux domestique, etc., qu'on entretient dans une maison sans qu'il y fasse aucun service.

PAIEMENT ou **PAÎMENT** (*L'Académie* semble préférer **PAYEMENT**, et, selon nous, cette préférence va contre les règles ; car on ne doit se servir de l'*y*, dans les mots de ce genre, que devant une voyelle sonnante, et nullement devant un *e* muet. C'est ainsi que l'*Académie* elle-même écrit *j'envoie* et *nous envoyons*. Si l'on devait écrire *payement*, comme elle semble l'insinuer à tort, on devrait écrire aussi *j'envoye*.), subst. mas. (*pêman*) (du lat. barbare *pagamentum*. Du Cange.), ce qui se donne pour acquitter une dette ou une obligation. — Action de *payer*. — Termes dans lesquels on *paie*.

PAÏEN, subst. et adj. mas., au fém. **PAÏENNE** (*pa-iein, iène*) (du lat. *paganus*, qui signifie proprement *habitant de la campagne, paysan* ; parce que, lors de l'établissement du christianisme, les gens de la campagne conservèrent l'idolâtrie long-temps après la conversion des villes), adorateur des faux dieux ; idolâtre. Il ne se dit guère aujourd'hui que des anciens peuples, et par opposition à *chrétien*.— *Jurer comme un païen*, jurer continuellement.

PAÏENNE, subst. et adj. fém. Voy. PAÏEN.

PAILLARD, E, subst. et adj. (*pa-iar, iarde*) (de *paille*), lascif, débauché.

PAILLARDEMENT, adv. (*pa-iardeman*), d'une manière impudique.

PAILLARDER, v. neut. (*pa-iardé*), commettre le péché de *paillardise*.

PAILLARDISE, subst. fém. (*pa-iardize*), débauche, impudicité. Ce mot et les trois qui le précèdent sont licencieux, et les gens honnêtes évitent de s'en servir.

PAILLASSE, subst. fém. (*pâ-iace*), amas de *paille* renfermée dans un sac de toile pour servir à un lit. — Ce sac de toile lui-même : *il faut remplir cette paillasse*, y mettre de la paille. — Chez les distillateurs d'eaux-fortes, massif en briques sur le sol et sous le manteau de la cheminée, pour y élever des fourneaux.

PAILLASSE, subst. mas. (*pâ-iace*), plat bouffon, qui, dans les troupes de charlatans, danseurs de corde, etc., contrefait ridiculement le jeu ou les tours de force de ses camarades.

PAILLASSON, subst. mas. (*pâ-iaçon*), sorte de *paillasse* plate et piquée entre deux coussins, qu'on met au-devant des fenêtres pour garantir du bruit, etc.—Petite pièce de natte en paille, en sparte, etc., placée à la porte d'un appartement pour s'essuyer les pieds. — Quantité de *paille* attachée avec de la ficelle le long de quelques perches, dont on couvre les espaliers des jardins, etc.

PAILLE, subst. fém. (*pâ-ie*) (en latin *palea*), le tuyau du blé, du seigle, de l'orge, lorsque le grain en est dehors. — *Un millier de paille, un millier de bottes de paille.*— *Paille d'avoine*, la balle du grain qu'on en sépare en le vannant.— *Une paille*, un fétu : *il m'est entré une paille dans l'œil.* — *Coucher sur la paille*, être dans la plus grande misère. — *Mettre quelqu'un sur la paille*, le réduire à la dernière misère.— Défaut de liaison dans la fusion des métaux. — Défaut dans un diamant, qui en diminue l'éclat.—*Paille d'arrimage*, bûche droite placée sous chaque bout de futailles que l'on arrime dans les cales de vaisseaux.—*Paille de bitte*, longue cheville de fer rond, qui, passée en travers de la tête des montants de bittes, empêche le câble de se décapeler.—*Paille-en-cul*, la voile hissée au bout d'en haut de la vergue d'artimon.— *Vin de paille*, fait avec du raisin laissé sur la *paille*, après la récolte. — Fig. et fam. : *rompre la paille*, se brouiller. (Allusion à ce qui se pratiquait chez les anciens Gaulois et les Romains lors de la prise de possession d'une terre, ou du déguerpissement, du dessaisissement. Dans le premier cas, appelé *infestucation seigneuriale*, du latin *festuca*, fétu, paille, on délivrait une houssine d'aulne, ou l'on donnait un brin de paille, un fétu ; dans le second cas, qu'on nommait *defestucation*, on rompait quelques brins de paille.) —*Voir une paille dans l'œil d'autrui, et ne pas voir la poutre qui est dans le sien*, remarquer jusqu'aux moindres défauts d'autrui, et s'aveugler sur les siens propres. — *Tirer à la courte paille*, tirer au sort. — *Feu de paille*, passion, tumulte, ardeur qui ne doit pas durer. — *Homme de paille*, prête-nom ou homme de néant, de nulle considération.—*Cela lève la paille*, l'emporte sur toutes les choses du même genre. — *Être aise comme un rat en paille*, être fort aise. — *Être dans la paille jusqu'au ventre*, avoir toutes ses commodités, surtout en parlant des gens de guerre.

PAILLÉ, E, adj. (*pâ-ié*), t. de blason, diapré, bigarré de diverses couleurs.

PAILLE-EN-QUEUE, subst. fém. (*pâ-ie-ankieu*), t. d'hist. nat., oiseau blanc des tropiques, ainsi nommé parce que sa queue est formée d'une longue plume blanche très droite, qui remue sans cesse. On l'appelle aussi *paille-en-cul*, et *fétu-en-cul*. Voy. ce mot.

PAILLÉE, subst. fém. (*pâ-ié*), blé ou tas de blé qui couvre la surface d'une aire. Vieux.

PAILLÉOLES, subst. fém. plur. (*pâ-iéole*), paillettes d'or qui se trouvent dans les sables de quelques rivières. Voy. PAILLETTE et PARCELLE.

PAILLER, subst. mas. (*pâ-ié*), cour d'une ferme où il y a des *pailles*, des grains : *chapon de pailler*, et par abréviation, *chapon-pailler*.— On dit prov., d'un homme qui est dans un lieu où il est le plus fort, qu'*il est sur son pailler*, que *c'est un coq sur son pailler*.

PAILLET, adj. mas. (*pâ-iè*) : *vin paillet*, vin rouge peu chargé de couleur, et en quelque sorte de couleur de *paille*. — Subst. mas., petite pièce de fer ou d'acier entre la platine et le verrou; ressort.

PAILLETTE, subst. fém. (*pâ-iète*), petit grain, petite parcelle d'or qu'on trouve parmi les sables de quelques rivières.— Petite parcelle d'or, d'argent, etc., ronde, mince et percée, qu'on applique sur la broderie, etc. — En bot., petite lame membraneuse qui sépare souvent les fleurons et demi-fleurons des fleurs composées.

PAILLEUR, subst. mas., au fém. PAILLEUSE (*pâ-ieur, ieuze*), celui, celle qui vend et fournit de la *paille*.

PAILLEUSE, subst. fém. Voy. PAILLEUR. — Adj. fém. Voy. PAILLEUX.

PAILLEUX, adj. mas., au fém. PAILLEUSE (*pâ-ieu, ieuze*); il se dit du fer et des autres métaux qui ont des *pailles*. L'*Académie* ne donne pas le fém. de ce mot.

PAILLIER, subst. mas. (*pâ-ié*), meule de *paille* battue, longue et terminée en pointe comme le toit d'une charpente à deux égouts. Voy. PALLIER et PALIER.

PAILLO, subst. mas. (*pâ-iô*), dans une galère, chambre où l'on resserre le biscuit de mer.

PAILLOLE, subst. mas. (*pâ-iole*), t. de pêcheur, filet dont les mailles sont étroites et faites d'un fil délié.

PAILLON, subst. mas. (*pâ-ion*), dans la broderie, morceau de lame d'argent, verni de différentes couleurs.—Ce sont les chaînetiers, petites lames de métal, auxquelles sont attachés les anneaux ou crochets, qui donnent de la flexibilité à la chaîne.— Petite feuille carrée de cuivre battu, que l'on met au fond des chatons des pierres précieuses, etc. — Goutte d'étain fin qu'au moyen du fer à souder, les potiers d'étain font tomber sur une platine de cuivre, etc. — *Paillon de soudure*, petit morceau de métal mince, prêt à placer sur l'ouvrage à souder. On dit aussi *paillette*.

PAILLONNÉ, E, part. pass. de *paillonner*.

PAILLONNER, v. act. (*pâ-ioné*), faire fondre des *paillons* d'étain sur une pièce enduite de poix résine.—*se* PAILLONNER, v. pron.

PAILLOTEUR, subst. mas. (*pâ-ioteur*), celui qui s'occupe à ramasser et à laver les *paillotes*. Voy. ORPAILLEUR.

PAIMBOEUF, subst. propre mas. (*peinbeufe*), ville de France, chef-lieu de canton et d'arrond., dép. de la Loire-Inférieure.

PAÎMENT. Voy. PAIEMENT.

PAIN, subst. mas. (*pein*) (en lat. *panis*, en grec πανος, dérivé de παομαι), aliment fait de farine pétrie et cuite au four.—*Pain bénit, pain* bénit par le prêtre, et qu'on distribue par morceaux dans l'église.— *C'est pain bénit*, c'est bien mérité. — *Pain azyme, pain* sans levain. — Il se dit également au figuré, dans le style de l'éloquence sacrée : *se nourrir d'un pain de larmes et d'amertume*. — *Le pain des anges, le pain céleste*, l'Eucharistie.—*Pains de propositions*, dans l'Ancien-Testament, douze *pains* qu'on offrait au jour du sabbat dans le tabernacle, et qui y demeuraient exposés durant sept jours ; les prêtres seuls avaient le droit d'y toucher et de les manger. — *Pain d'épices*. Voy. ce mot à son rang alphabétique. — *Pain aux champignons, à la crème*, sorte de mets fait avec du *pain*, des champignons, de la crème, etc.—*Pain quotidien*, la nourriture de chaque jour.—Ce que l'on fait tous les jours : *il passe sa vie à lutter contre les autres, c'est là son pain quotidien*. — *Pain de munition*, pain bis et grossier qu'on manipule pour le soldat.— L'*Académie* ajoute à la suite de cette locution celle de *pain des prisonniers ;* mais il y a une petite remarque à faire, c'est que les prisonniers n'ont pas d'autre *pain* que du *pain de munition*. Il n'y a pas en effet de *pain* particulier pour les prisonniers.— *Pain du roi* ne se dit plus, à moins que ce ne soit par pure plaisanterie, du *pain* des soldats ou des prisonniers. On s'en servirait mieux en l'étendant à toutes les personnes qui vivent aux dépens de la liste civile. — *Pain de chien*, de très-mauvais *pain*.—*Pain de cretons*, *pain* plus grossier encore que le précédent.—*La parole de Dieu est le pain des fidèles*, leur nourriture spirituelle.—Subsistance : *on veut m'ôter mon pain ; gagner son pain*. — Certaines choses mises en masse : *pain de sucre, de savon, de cire, de bougie*, etc. — *Pain à cacheter*, petit pain sans levain pour cacheter les lettres. — *Pain à chanter* : 1° nom vulgaire donné aux hosties; 2° la même chose que *pain à cacheter*. — *Pains d'abbaye*, pensions sur les abbayes, accordées anciennement dans les Pays-Bas à des femmes ou filles d'anciens militaires.—*Pain de laine*, laine cardée dont on remplit et garnit les balles. — *Pain de nœuds*, en t. d'ardoisiers, morceaux de pierre d'ardoise. — *Être condamné au pain de douleur*, ne saurait plus signifier, comme en l'entendait au 18e siècle, *être condamné à vivre au pain et à l'eau*. *Le pain de douleur* n'est plus aujourd'hui qu'une expression figurée qui a le sens de : *tremper son pain de larmes*. (Voy. plus bas. — Prov. : 1° *manger son pain à la fumée du rôt*, être témoin et spectateur des plaisirs d'autrui, sans y avoir part ; 2° *promettre plus de beurre que de pain*, plus qu'on ne veut ou qu'on ne peut tenir ; 3° *n'avoir pas de pain*, être réduit à la dernière misère ; 4° *avoir mangé plus d'un pain*, avoir beaucoup voyagé ; avoir beaucoup d'expérience; 5° *savoir son pain manger*, être habile, adroit, expérimenté (l'*Académie de* 1835 donne encore ce proverbe ; mais nous devons dire qu'il est plus que suranné); 6° *manger son pain dans sa poche*, manger seul ce qu'on a, sans en faire part aux autres. (Nous préférerions qu'on donnât à ce proverbe le sens de : manger seul, parce qu'on est fort misérable, et parce qu'on a honte.) ; 7° *faire passer* ou *faire perdre le goût du pain à quelqu'un*, le faire mourir ; 8° *mettre à quelqu'un le pain à la main*, lui donner le moyen de gagner sa vie, de s'avancer ; 9° *lui ôter le pain de la main*, les moyen de subsister. — *Pain coupé n'a point de maître*, à table on peut prendre le *pain* d'un autre.— *Manger du pain d'un autre*, être domestique. Mais on dit bien aussi : *il a mangé de mon pain pendant tant de temps*, ce qui peut signifier encore qu'on a occupé une personne à un travail mercenaire, sans que pour cela cette personne ait été en état de domesticité.—*Ne pas valoir le pain qu'on mange*, être fainéant, n'être bon à rien.—*Manger son pain blanc le premier*, avoir été heureux et ne l'être plus.—*Avoir du pain quand on n'a plus de dents*, trouver de quoi vivre lorsqu'on n'est plus dans l'âge de jouir de la vie. — *Du pain cuit*, un avenir heureux. — *Avoir son pain cuit*, sa subsistance assurée. — *Liberté et pain cuit*, est un proverbe fort peu usité, auquel l'*Académie* fait signifier que les deux plus grands biens sont d'être libre, et d'avoir ce qui est nécessaire à la vie. — *Du pain dur*, qui coûte beaucoup de sueur à essuyer, beaucoup de déboires. —*Du pain bien long*, qui exige bien des peines et un long temps pour se dire : *je l'ai gagné*.—*Tremper son pain de larmes*, être continuellement plongé dans les amertumes de la douleur.—*Il y a là un morceau de pain*, on y trouve de quoi manger, de quoi vivre ; et encore : cette occasion offre un avenir. — *Long comme un jour sans pain*, fort long et fort ennuyeux. — *Être bon comme le bon pain*, extrêmement doux et bienveillant.

PAIN-DE-BOUGIE, subst. mas. (*peindebouji*), t. d'hist. nat., nom vulgaire que l'on donne aux tuyaux de certains serpules, qui offrent un assez grand nombre de circonvolutions serrées les unes contre les autres de manière à former une masse semblable à un petit *pain de bougie*.—Au plur., des *pains-de-bougies*.

PAIN-D'ÉPICES, et non pas **PAIN-D'ÉPICE**, subst. mas. (*peindépice*), composé de miel, de fleur de seigle et des quatre épices, qu'on fait cuire au four.—Au plur., des *pains-d'épices*.

PAIR, subst. mas., **PAIRESSE**, subst. fém. (*père, pèrèce*) (du latin *par*, égal, parce que leurs privilèges sont essentiellement les mêmes), t. de dignité ; c'était, en France, un des ducs ou comtes qui avaient séance au parlement de Paris : *duc et pair ; la cour des pairs*. Aujourd'hui, c'est un membre de la haute chambre législative instituée par Louis XVIII, sous le titre de *chambre des pairs*. En Angleterre, c'est un des seigneurs, ducs, marquis, comtes, vicomtes et barons qui ont droit de séance et de suffrage à la chambre haute du parlement. — On appelait autrefois du même nom les principaux vassaux d'un seigneur, qui avaient droit de juger avec lui. — Subst. mas., valeur d'une lettre de change ou d'un billet à ordre, pour lesquels on a donné autant de livres, etc., qu'il en est porté par la lettre ou par le billet.—On dit que le *change est au pair*, lorsqu'il n'y a ni à gagner ni à perdre dans les remises d'argent d'une place à une autre.—*Pair* ou *égalité de change*, celui qui résulte de la comparaison du prix d'une espèce dans un pays, avec le prix de la même espèce dans un autre pays.— *Pair réel*, celui qui résulte de la comparaison du titre, du poids et du cours d'une espèce d'un pays avec le titre, le poids et le prix d'une autre espèce dans un autre pays. — *Pair politique*, celui qui résulte de la combinaison des prix de change de plusieurs places, et par le moyen duquel les banquiers découvrent des prix d'égalité qui les déterminent dans leurs opérations.

PAIR, adj. mas. (*père*)(en lat. *par*), égal, pareil, semblable : *traiter quelqu'un de pair à compagnon ; ils sont pair et compagnon ; c'est un homme sans pair*. — *Nombre pair*, qui peut se diviser en deux parties égales, sans fraction. *Pair* ne prend de pluriel qu'en ce sens. — *Pair ou non*, sorte de jeu où on donne à deviner si le nombre des pièces de monnaie, des jetons ou de tous autres objets qu'on tient cachés dans la main est *pair* ou *impair* : *jouer à pair ou non*. —*Pair et impair*, jeu qui se joue avec trois dés. —*Pair* se dit subst. du mâle et de la femelle de certains oiseaux, et particulièrement de la tourterelle : *la tourterelle a perdu son pair*. — De *pair*, adv., d'égal, d'une manière égale : *il va de pair avec les savants, les officiers*, etc. *Il s'est mis hors de pair*, il s'est élevé au-dessus de ses égaux.

PAIRE, subst. fém. (*père*) (en lat. *par*), couple d'animaux, de choses de même espèce qui vont ensemble : *une paire de pigeons, de souliers, de gants, de pistolets*.—*Une paire d'amis*, deux amis.—T. d'anat. : *paire de nerfs*, chaque division de nerfs semblables. — Il se dit aussi d'une chose unique, mais composée essentiellement de deux pièces : *une paire de ciseaux, de lunettes, de mouchettes*, etc.—*Une paire d'Heures*, livre de prières. — Fig. et prov. : *c'est une autre paire de manches*, c'est une autre affaire. — *Les deux font la paire*, ils ont les mêmes défauts, ils se ressemblent également.

PAIREMENT, adv. (*pèreman*), t. d'arithm., *nombre pairement pair*, dont la moitié est aussi un nombre *pair*. *Huit, douze*, etc., *sont des nombres pairement pairs*. Voy. NOMBRE.

PAIRESSE, subst. fém. (*pèrèce*), la femme d'un *pair*, ou celle qui en Angleterre possède une *pairie* femelle. Voy. PAIR, subst. mas.

PAIRIE, subst. fém. (*pèri*), dignité de *pair*. Il se dit même du domaine auquel la dignité est attachée.—*Pairie femelle*, en Angleterre, celle qui passe aux femmes.

PAIRLE, subst. fém. (*pèrele*), t. de blas., pal mouvant de la pointe de l'écu, et divisé en deux parties égales qui vont aboutir, en forme d'Y, aux deux angles du chef. Voy. PERLÉ et PAL.

DU VERBE IRRÉGULIER **PAÎTRE** :

Pais, 2e pers. sing. impér.

Pais, précédé de *je*, 1re pers. sing. prés. indic.

Pais, précédé de *tu*, 2e pers. sing. prés. indic.

PAISIBLE, adj. des deux genres (*pèzible*), qui aime la *paix ;* qui est d'humeur douce et tranquille. Il se dit des hommes et des animaux.—Qui n'est point troublé dans la possession d'un bien : *il est paisible possesseur de*... — En parlant des lieux : où l'on est en *paix*, où il n'y a point de bruit, de tumulte.

PAISIBLEMENT, adv. (*pèzibleman*), sans trouble ; d'une manière paisible et tranquille.

DU VERBE IRRÉGULIER **PAÎTRE** :

Paissaient, 3e pers. plur. imparf. indic.

Paissais, précédé de *je*, 1re pers. sing. imparf. indic.

Paissais, précédé de *tu*, 2e pers. sing. imparf. indic.

Paissait, 3e pers. sing. imparf. indic.

PAISSANCE, subst. fém. (*pèçance*), pâturage, pâture. Peu en usage.

Paissant, part. prés. du verbe irrégulier PAÎTRE.

PAISSANT, E, adj. (*pèçan, çante*), qui *paît* : *des moutons paissants*.

DU VERBE IRRÉGULIER **PAÎTRE** :

Paisse, précédé de *que je*, 1re pers. sing. prés. subj.

Paisse, précédé de *qu'il* ou *qu'elle*, 3e pers. sing. prés. subj.

PAISSEAU, subst. mas. *(pèçô)*, échalas. Presque inusité.

PAISSELÉ, E, part. pass. de *paisseler*.

PAISSELER, v. act. *(pècelé)*, mettre des échalas aux pieds de la vigne. — *se* PAISSELER, v. pron. Peu usité.

PAISSELIÈRE, subst. fém. *(pècelière)*, lieu où l'on fait les *paisseaux*, où on les resserre. Peu usité.

PAISSELURE, subst. fém. *(pècelure)*, menu chanvre avec lequel on attache les paisseaux.

DU VERBE IRRÉGULIER PAÎTRE :

Paissent, précédé de *ils* ou *elles*, 3e pers. plur. prés. indic.
Paissent, précédé de *qu'ils* ou *qu'elles*, 3e pers. plur. prés. subj.
Paisses, 2e pers. sing. prés. subj.
Paissez, 2e pers. plur. impér.
Paissez, précédé de *vous*, 2e pers. plur. prés. indic.
Paissiez, précédé de *que vous*, 2e pers. plur. prés. subj.
Paissiez, précédé de *vous*, 2e pers. plur. imparf. indic.
Paissions, précédé de *nous*, 1re pers. plur. imparf. indic.
Paissions, précédé de *que nous*, 1re pers. plur. prés. subj.

PAISSON, subst. fém. *(pèçon)*, tout ce que les bestiaux et les bêtes fauves *paissent* et broutent, surtout dans les forêts. — Au mas., fer arrondi en manière de cercle. — T. de gantier, instrument pour étendre les peaux.

PAISSONNÉ, E, part. pass. de *paissonner*.

PAISSONNER, v. act. *(pèçoné)*, étendre une peau sur le *paisson*. — *se* PAISSONNER, v. pron. Peu en usage.

PAISSONNIER, subst. mas., au fém. PAISSONNIÈRE *(pèçonié, pèçonière)*, celui qui mène les bestiaux en *paisson*. Peu usité.

DU VERBE IRRÉGULIER PAÎTRE :

Paissons, 1re pers. plur. impér.
Paissons, précédé de *nous*, 1re pers. plur. prés. indic.
Paît, 3e pers. sing. prés. indic.
Paîtra, 3e pers. sing. fut. indic.
Paîtrai, 1re pers. sing. fut. indic.
Paîtraient, 3e pers. plur. prés. cond.
Paîtrais, précédé de *je*, 1re pers. sing. prés. cond.
Paîtrais, précédé de *tu*, 2e pers. sing. prés. cond.
Paîtrait, 3e pers. sing. prés. cond.
Paîtras, 2e pers. sing. fut. indic.

PAÎTRE, v. act. et neut. *(pêtre)* (en lat. *pasci*); *pu* ; *paissant* ; *je pais, tu pais, il paît, nous paissons*, etc. ; *je paîtrai*, etc., etc. Les passés et les temps composés ne sont point en usage.— Manger. Il ne se dit proprement que des animaux qui broutent l'herbe : *les moutons qui paissent l'herbe*; et neutralement : *mener, faire paître des moutons, des chevaux*.— Donner à manger. En ce sens, il n'est usité au propre qu'en fauconnerie : *paître un oiseau*. — On dit fig., dans la même acception : *un bon pasteur a soin de paître ses ouailles du pain de la parole*, de les instruire. (Du latin *pascere, pasco*.) — Prov. : *envoyer paître quelqu'un*, l'envoyer promener, le renvoyer avec mépris. — *Envoyer paître quelque chose*, y renoncer. — *se* PAÎTRE, v. pron., se nourrir, en parlant des oiseaux carnassiers : *les corbeaux se paissent de charognes*.—Au fig.: *se paître de vent, de chimères*, que nous trouvons encore dans l'*Académie*, n'est plus en usage. On dit *se repaître*.

DU VERBE IRRÉGULIER PAÎTRE :

Paîtrez, 2e pers. plur. fut. indic.
Paîtriez, 2e pers. plur. prés. cond.
Paîtrions, 1re pers. plur. prés. cond.
Paîtrons, 1re pers. plur. fut. indic.
Paîtront, 3e pers. plur. fut. indic.

PAIX, subst. fém. *(pè)* (en lat. *pax*), déesse révérée par les anciens Romains, etc. — État d'un peuple qui n'est point en guerre. — Concorde dans les familles, etc. — Réconciliation : *ils ont fait la paix*.—*Faire sa paix*, rentrer dans les bonnes grâces d'un protecteur, etc. — Tranquillité de l'âme : *paix intérieure*. Voy. TRANQUILLITÉ. — Calme, silence : *vous êtes ici bien en paix*.— *L'ange de la paix*, Jésus-Christ. — Fig. : *c'est un ange de paix*, se dit d'une personne qui vit saintement, et qui prêche partout et en tout le bon exemple.—En t. de liturgie, 1o la patène que le prêtre donne à baiser quand on va à l'offrande ; 2o sorte de petite plaque qu'on baiser dans l'église aux ecclésiastiques, etc.— *Baiser de paix*, les embrassements qu'on se donnait anciennement à la grand'-messe ; on ne baise plus aujourd'hui que la patène.—*Se donner le baiser de paix*, se réconcilier.—Os plat et large d'une épaule de veau ou de mouton, quand la chair en est ôtée.—*Paix plâtrée* ou *fourrée*, fausse paix à laquelle on consent malgré soi, etc. — *Paix religieuse*, en Allemagne, traité conclu en 1555 entre l'empereur Charles-Quint et les états et princes protestants, par lequel l'exercice de la religion luthérienne était permise dans tout l'Empire.— *Juge de paix* (voy. JUGE).— *Paix du roi*, tranquillité intérieure dans tout le royaume. On se sert souvent de cette expression en Angleterre. On a autrefois appelé *paix du roi* les vingt-quatre heures de trêve que deux partis s'imposaient, pendant les guerres civiles, le jour de la fête du roi. — *Paix de Dieu*, loi qui, en 1200, contraignait à poser les armes certains jours de la semaine.—Prov. : *être ou vivre en paix et aise*, avoir toutes ses commodités, et en jouir en repos : *il ne veut, il ne demande que paix et aise*. — *Ne donner ni paix ni trêve à quelqu'un*, ne lui donner aucun relâche ; le harceler continuellement.—*Laisser quelqu'un en paix*, ne plus l'importuner, ne plus le molester. — Prov. : *laissons les morts en paix*, ne médisons point de ceux qui sont morts, ou des absents.—*Le séjour de la paix*, le tombeau. — *Le séjour de la paix éternelle*, le lieu où doivent reposer les âmes des justes pendant l'éternité ; le ciel.—*Dieu lui fasse paix !* qu'il soit heureux dans l'autre monde après sa mort.—*Paix et peu*, est un proverbe que nous lisons dans l'*Académie*, qui lui fait signifier : avoir peu et vivre en *paix* ; nous préférerions qu'on traduisît cette expression par : je me contenterai volontiers de peu, pourvu que j'aie la *paix*.

PAIX ! *(pè)* interjection dont on se sert pour qu'on fasse silence : *paix là ! paix donc !*

PAJERO ou **PAJERON**, subst. mas. *(pajerô, pajeron)*, t. d'hist. nat., espèce d'animal du genre des chats, qu'on trouve dans le pays des Pampas, du côté de Buenos-Ayres.

PAJOTAGE, subst. mas. *(pajotaje)*, subversion des jantelles dans l'eau.

PAKEL, subst. mas. *(pakièle)*, t. d'hist. nat., espèce de coquille du genre des succins.

PAK-FONG, subst. mas. *(pakefon)*, métal sonore qui ressemble à de l'argent.

PAKLAKENS, subst. mas. pl. *(paklakan)*, sorte de jolis draps qui se fabriquent en Angleterre.

PAL., abréviation du mot *palais*.

PAL, subst. mas. *(pale)*, pieu aiguisé par un bout : *le supplice du pal*. Voy. EMPALER. — En t. de blason, pieu perpendiculaire et ordinairement aiguisé par un bout, qui partage l'écu dans le sens de sa longueur. Il fait au pluriel *paux* ou *pals*, suivant l'*Académie*. Il nous semble que le pluriel *pals* est préférable, ne fût-ce que parce qu'il n'y aurait pas d'équivoque possible entre le pluriel de *pal* et celui de *peau*. — Le pal dans les armoiries, était jadis une marque de juridiction féodale. — On appelait *pals comettés* ceux dont le chef se terminait en ondes, et *pals flamboyants* ceux dont l'extrémité supérieure figurait une flamme.—T. d'antiq. Ce mot désignait les pieux ou palissades dont les Romains entouraient leurs camps ou leurs retranchements. Dans les marches chaque légionnaire était obligé de se charger de douze pals formant ensemble un poids d'environ trente kilogrammes. On retrouve l'usage des pals dans notre histoire du moyen âge. Les soldats du fameux prince Noir portaient avec leurs bagages des pals ou pieux, tant pour se palissader la nuit, que pour soutenir leur arbalète, afin de mieux ajuster l'ennemi.

PALA, subst. mas. *(pâla)*, t. d'hist. nat., nom vulgaire du lavaret, sorte de poisson. — T. de bot., muscadier, plante.

PALABRE, subst. fém. *(palabre)*, t. de relat., présent volontaire et plus souvent forcé, que font les Européens aux petits souverains des côtes de l'Afrique. — Propos longs et inutiles.

PALACHE, subst. fém. *(palache)*, sorte d'épée longue et large.

PALADE, subst. fém. *(palade)*, t. de marine, mouvement par lequel les palmes des rames font avancer une galère.

PALADIN, subst. mas. *(paladein)* (par corruption de *palatin*, homme du palais, de la cour ; du latin *palatinus*, fait dans le même sens de *palatium*, palais), dans les anciens romans de chevalerie, un des principaux seigneurs qui suivaient Charlemagne à la guerre. — Par extension : 1o chevalier errant qui va cherchant des aventures, les occasions de signaler sa valeur, etc. ; 2o seigneur qui veut passer pour brave et pour galant. — Fig. : *c'est un vrai paladin*, un homme tout-à-fait galant comme on l'était dans l'ancien temps.

PALÆSTÈS, subst. propre mas. *(palècetèce)*, (c'est-à-dire *lutteur*), myth., surnom de Jupiter, parce qu'il prit la figure d'un athlète pour combattre contre Hercule, qui lui céda la victoire quand il l'eut reconnu.

PALAIS (SAINT-), subst. propre mas. *(ceinpalè)*, ville de France, chef-lieu de canton, arrond. de Mauléon, dép. des Basses-Pyrénées.

PALAIS, subst. mas. *(palè)*, bâtiment convenable pour loger un roi ou un prince. — *Révolution de palais*, celle qui a lieu dans l'intérieur du palais d'un souverain, et qui est faite par les gens mêmes du *palais*. — *Maire du palais*. (Voy. MAIRE.) — Par exagération, maison magnifique ; dans presque toutes les villes d'Italie, on donne le nom de *palais* à ce que nous appelons ici *hôtels*, quand nous ne désignons que l'habitation d'un particulier fort riche. — Pris absolument, le lieu où l'on rend la justice : *jours de palais*, ceux où l'on plaide au *palais*.— *Gens de palais*, les juges, etc.— *Style de palais*, formules et termes de pratique et de jurisprudence dont on se sert dans les actes judiciaires et dans les plaidoiries.— La profession des gens de *palais*.— *Suivre le palais*, c'est proprement exercer les fonctions d'avocat ou d'avoué. — Partie supérieure du dedans de la bouche ; il se dit des hommes et des animaux, (en lat. *palatum*, dérivé du grec πάω, je mange). — *Avoir le palais fin*, avoir le sens du goût, être délicat sur les mets.—T. de bot., éminence convexe sur la lèvre inférieure de quelques fleurs labiées.

PALAIS-DE-BOEUF, subst. mas. *(palèdebœuf)*, t. d'hist. nat., espèce de nérite dont la lèvre est garnie de petits tubercules qu'on a comparés aux papilles nerveuses de la langue d'un *bœuf*. — T. de bot., nom d'une espèce de plante.—Au plur., des *palais-de-bœuf*.

PALAIS-DE-LIÈVRE, subst. mas. *(palèdeliè-vre)*, t. de bot., sorte de plante ; c'est la même que le laiteron ou laitron.—Au plur., des *palais-de-lièvre*.

PALAISEAU, subst. propre mas. *(palèzô)*, village de France, chef-lieu de canton, arrond. de Versailles, dép. de Seine-et-Oise.

PALAISTE, subst. fém. *(palècete)*, ancienne mesure d'Égypte.

PALALIE, subst. fém. *(palali)*, t. de bot., espèce de plante qui croît aux Indes orientales.

PALAMÈDE, subst. propre mas. *(palamède)*, myth., fils de Nauplius, roi de l'île d'Eubée, et arrière-petit-fils de Bélus. Ce fut lui qui découvrit la feinte d'Ulysse, qui contrefaisait l'insensé pour ne point aller à la guerre de Troie. Il prit Télémaque encore dans le berceau, et le mit devant le soc de la charrue qu'Ulysse conduisait ; mais celui-ci courut aussitôt à son fils, et le retira du danger. Lorsqu'ils furent au siège de Troie, Ulysse, pour se venger, cacha dans la tente de Palamède une somme d'argent qu'il dit lui avoir été volée, et le fit lapider. On croit que *Palamède* inventa les jeux d'échecs et de dés pendant le siège, aussi bien que les poids et les mesures.

PALAMÉDÉE, subst. fém. *(palamédé)*, t. d'hist. nat., sorte d'oiseau qu'on croit être du genre des grues.

PALAMÉEN, subst. propre mas. *(palamé-ein)*, myth., nom de dieux malfaisants, qu'on croyait toujours occupés à nuire aux hommes. Ils sont les mêmes que les dieux Telchines. Jupiter était surnommé *Paláméen* quand il punissait les coupables.

PALAMENTE, subst. fém. *(palamante)*, t. de mar., tout le corps des rames d'un bâtiment, comme d'une galère.

PALAMIDE, subst. fém. *(palamide)*, t. d'hist. nat., espèce de poisson du genre des scombres.

PALAMIDIÈRE, subst. fém. *(palamidière)*, t. de pêche, sorte de filet dont on se sert pour prendre des *palamides*.

PALAN, subst. mas. *(palan)*, t. de mar., cordes, moufles et poulies propres à enlever des fardeaux. — Corde qui sert à remuer le timon des galères.

PALANCHE, subst. fém. *(palanche)*, morceau de bois entaillé aux deux bouts, qui sert pour porter deux seaux d'eau sur les épaules.—Étoffe grossière dont on double les capotes des matelots.

PALANÇONS, subst. mas. plur. (palançon), t. de maçonn., morceaux de bois qui retiennent les orchis.

PALANGASIEN, subst. mas. (palanguasien), t. d'hist. anc., nom qu'on donnait aux crocheteurs ou portefaix.

PALANCE, subst. fém. (palanse), t. d'hist. anc., rouleau pour transporter les fardeaux.

PALANGRE, subst. fém. (palanguere), t. de pêche, corde garnie de lignes et de haims, dont on se sert beaucoup en Provence.

PALANQUE, subst. fém. (palanke), espèce de fortification faite avec des pieux ou pals, dans certaines villes fortes ou places fortifiées de Hongrie, de Croatie, etc.

PALANQUÉ, E, part. pass. de palanquer.

PALANQUER, v. act. (palankie), charger ou décharger un vaisseau par le moyen des palans. —Haler sur un palan.—Former une fortification en palanque. — se PALANQUER, v. pron. Fort peu en usage.

PALANQUIN, subst. mas. (palankiein), en t. de mar., petit palan. — Dans les Indes, sorte de chaise ou pluiot de lit de repos portatif, dans lequel les personnes de haut rang se font transporter d'un lieu à un autre.

PALANQUINET, subst. mas. (palankine), t. de mar., corde ou palan qui sert à mouvoir le timon d'une galère.

PALAPE, subst. mas. (palape), mouvement des palmes des rames. On dit mieux palade.

PALARDEAUX, subst. mas. plur. (palardô), t. de mar., bouts de planche garnis de bourre et de goudron pour boucher les trous du bordage d'un bâtiment.—Tampons pour boucher les écubiers.

PALARE, subst. mas. (palare), t. d'hist nat., genre d'insectes de l'ordre des hyménoptères.

PALARIE, subst. fém. (palari), t., t. d'hist. anc., exercice que l'on faisait faire aux soldats autour d'un poteau. Cet exercice consistait à porter plusieurs coups à un pieu qui était placé à une certaine distance.—Le lieu même où se faisait cet exercice.

PALASTRE, subst. mas. (palacetre), pièce de fer qui forme la partie extérieure d'une serrure, et sur laquelle sont montées toutes les pièces qui la font agir.

PALATALE, subst. et adj. fém. (palatale) (du lat. palatum, palais), t. de grammaire : consonnes palatales, celles produites par le mouvement de la langue qui va toucher le palais: D, L, N, R, T, sont des consonnes palatales. — Subst fém, voy. PALATAL.

PALATIN, subst. et adj. mas., au fém. PALATINE (palatein, tine), autrefois, en Allemagne, électeur laïc qui avait ses états sur le Rhin. On le nommait aussi comte Palatin du Rhin. Sa famille était appelée maison palatine. C'est aujourd'hui le roi de Bavière. — La femme d'un palatin se nomme princesse palatine. (Du lat. comes palatinus, titre qui était commun à tous les princes et seigneurs attachés à la cour, au palais de l'empereur, et qui, dans la suite, demeura particulièrement à l'électeur Palatin du Rhin.) — Subst. mas., en Hongrie, le vice-roi. — En Pologne, gouverneur de province. — En t. d'anat., on nomme adj. os palatins, ceux qui servent à former les fosses nasales et maxillaires : les nerfs palatins, les glandes palatines. (Du lat. palatum, le palais.)—Jeux palatins, t. d'antiq., jeux institués par l'impératrice Livie, femme d'Auguste, pour être célébrés sur le mont Palatin, qui était situé dans Rome même, en l'honneur de cet empereur.

PALATINAT, subst. mas. (palatina), dignité de palatin. — Etats de l'électeur Palatin, avant 1789, etc. — En Pologne, chaque province s'appelait palatinat.

PALATINE, subst. fém. (palatine), fourrure ou ornement de fourrure que les femmes mettent sur leur cou : cette femme a une belle palatine ; ainsi nommée de la princesse Palatine, qui, sous la minorité de Louis XIV, en introduisit l'usage en France.—Adj. fém. Voy. PALATIN.

PALATITE, subst. fém. (palatite) (du lat. palatum, le palais), t. de médec., inflammation du palais.

PALATO-LABIALE, adj. fém. (palatôlabi-ale), t. d'anat.; se dit de l'artère qui au palais et aux lèvres.

PALATO-PHARYNGIEN, subst. et adj. mas. (pa-latôfarcinjtein), t. d'anat., nom de deux muscles qui s'attachent au palais.

PALATO-PHARYNGITE, subst. fém. (palatôfareinjite), t. de médec., inflammation du palais et du pharynx.

PALATO-SALPINGIEN, subst. et adj. mas. (palatôcalepeinjtein), t. d'anat. ; il se dit du péristaphylin externe ou inférieur.—Il est aussi subst.

PALATO-STAPHYLIN, subst. et adj. mas. (palatôcetaflein) (du lat. palatum, palais, et du grec σταφυλη, la luette), t. d'anat., nom de deux muscles qui s'attachent au palais et à la luette.

PALÂTRE, subst. mas. (pâlâtre), tôle battue en feuilles.

PALATUA, subst. propre fém. (palatu-a), myth., déesse sous la protection de laquelle les Romains avaient mis le mont Palatin.

PALATUAL, subst. et adj. mas., au fém. PALATUALE (palatu-al), myth., sacrifice qui se faisait, sur le mont Palatin, à la déesse Palatua.

PALATUAR, subst. mas. (palatu-ar), prêtre, ministre du culte de la déesse Palatua, à Rome.

PALAVE, subst. fém. (palave), t. de bot., genre de plante de la famille des millepertuis.

PALAVER, subst. mas. (palavère), t. de relat., assemblée de vieillards de condition libre parmi les Africains.

PALAVIE, subst. fém. (palavi), t. de bot., genre de plantes de la famille des malvacées.

PALE, subst. fém. (pale) (du latin palla), carton carré recouvert d'un linge, qui se met pendant la messe sur le calice. — Bout plat d'un aviron.—Pièce de bois qui retient les eaux d'une écluse.

PÂLE, adj. des deux genres (pâle) (en lat. pallidus), qui a de la pâleur. — En parlant des couleurs, qui n'est pas vif, qui est peu chargé : du bleu pâle. — En parlant du style d'un ouvrage littéraire, qui est sans intérêt, qui manque de brillant : la poésie est pâle.—T. de médec. : pâles couleurs. Voy. CHLOROSE.—Les pâles ombres, les morts.

PALÉ, E, adj. (pâlé), t. de blason : écu palé, divisé en parties égales par des pals perpendiculaires.

PALÉACÉ, E, adj. (palé-acé), t. de bot., garni de paillettes.

PALÉAGE, subst. mas. (palé-aje), t. de mar., travail des matelots qui remuent du sel avec une pelle.

PALÉE, subst. fém. (palé), rang de pieux ou pals enfoncés en terre, pour former une digue, soutenir des terres, etc.

PALEFRENIER, subst. mas. (palefrenié) (de palefroi, cheval), valet qui panse les chevaux.

PALEFROI, subst. mas. (palefroé) (suivant Nicot, des trois mots par le frein; parce que les chevaux de parade et ceux que montaient les dames étaient conduits par des écuyers, qui les tenaient par le frein ou la bride. Cette étymologie, désapprouvée par Ménage, a été adoptée par Casaubon.), cheval de parade sur lequel les princes, etc., faisaient leur entrée.— Cheval que montait une dame avant l'usage des carrosses. Il est vieux.

PALÉMON, subst. mas. (palémon), t. d'hist. nat., genre de crustacés de l'ordre des décapodes. — Subst. propre mas., myth., devin marin, fils d'Athamas et d'Ino, le même que Mélicerte.— C'était aussi un nom de berger dans les pastorales.

PALÉOGRAPHE, subst. mas. (palé-ograje), qui s'adonne à la paléographie.

PALÉOGRAPHIE, subst. fém. (palé-ograff) (du grec παλαιος, ancien, et γραφη, écriture), science qui s'occupe de l'origine de l'écriture, et des formes diverses qu'elle a eues chez des nations et dans des temps différents ; les instruments et les substances qu'elle a employés, etc. Art de déchiffrer les écritures anciennes.

PALÉOGRAPHIQUE, adj. des deux genres (palé-ograpfke), qui a rapport, qui est relatif à la paléographie.

PALÉOLAIRE, subst. fém. (palé-olère), t. de bot., genre de plantes de la famille des synanthérées.

PALÉOLOGUE, adj. des deux genres (palé-ologue) (du grec παλαιος, ancien, et λογος, discours), surnom de plusieurs empereurs d'Orient.

PALÉONTOLOGIE, subst. fém. (palé-ontoloji) (du grec παλαιος, ancien, ων, οντος, l'être, et λογος, description), histoire descriptive des êtres qui ont jadis peuplé la terre, des animaux, des végétaux fossiles.

PALÉONTOLOGIQUE, adj. des deux genres (palé-ontolojike), qui a rapport, qui concerne la paléontologie.

PALÉOTHÉRIUM, subst. mas. (paléotériome) (du grec παλαιος, antique, et θηρ, animal farouche), t. d'hist. nat., genre de mammifères fossiles des environs de Paris.

PALÉOZOOLOGIE, subst. fém.(palé-ozo-oloji), histoire naturelle des animaux fossiles.

PALÉOZOOLOGIQUE, adj. des deux genres (palé-ozo-olojike), qui est relatif, qui a rapport à la paléozoologie.

PALÉOZOOLOGISTE, subst. mas. (palé-ozo-olojicete), celui qui s'occupe à décrire les animaux fossiles.

PALÉOTHÈRE, subst. mas. Voyez PALÉOTHÉRIUM.

PALERON, subst. mas. (paleron) (du lat. pala, pelle, comme qui dirait petite pelle; parce que le paleron en a la forme), cou de l'épaule de certains animaux, qui est plate et charnue : cheval blessé au paleron.

PALERME, subst. propre fém. (palèreme), ville capitale du royaume de Sicile.

PALÈS, subst. propre fém. (palèce), myth., la déesse des bergers, des pâturages et des troupeaux.—T. d'hist. nat., sorte d'insecte de l'ordre des lépidoptères.

PALESTEAU ou PALISSEAU, subst. mas. (palèceto, liço), lambeau. (Boiste.) Inus.

PALESTIN, subst. mas. adj., au fém. PALESTINE (palècetein, tine), de la Palestine; qui concerne la Palestine.

PALESTINE, subst. propre fém. (palècetine). Voy. SYRIE. — Au plur., myth., déesses que l'on croit être les mêmes que les Furies. — Subst. fém., nom d'un caractère d'imprimerie, du corps de vingt-deux points, qui vient entre le gros parangon et le petit canon : deux cicéro forment le corps de la palestine.

PALESTRE, subst. fém. (palècètre) (en grec παλαιστρα, fait de παλη, lutte), chez les Grecs et les Latins, lieux publics où l'on se formait aux exercices du corps. — Ces exercices mêmes. — Quelques écrivains donnent le genre masculin à ce mot employé dans la première acception : le palestre d'Athènes, de Thèbes, etc. L'Académie le fait constamment féminin. — Subst. propre fém., myth., fille de Mercure; on lui attribue l'invention de l'exercice de la lutte. D'autres la disent fille d'Hercule, et lui font honneur d'avoir établi que les femmes qui voudraient disputer le prix de la course et des autres jeux publics ne le feraient qu'avec la décence qui convient à leur sexe.

PALESTRIQUE, adj. des deux genres (palèce-trike) : exercices palestriques, qui se faisaient dans les palestres. — Subst. fém., chez les anciens, l'un des trois principaux genres de la gymnastique, qui contenait cinq exercices : la lutte, le pugilat, le trait, la course et le saut. L'autre genre était l'orchestique.

PALESTROPHYLAX, subst. mas. (palècetroflakce) (en grec παλαιστροφυλαξ, de παλη, lutte, et φυλαξ, gardien), t. d'hist. anc., officier subalterne qui était préposé à la garde des palestres.

PALET, subst. mas. (paletè) (suivant Ménage, du latin patulus, large, étendu, dont on a fait le diminutif patuletus, et ensuite, par corruption palet. Suivant d'autres, du grec πλαιστηρα, palestre), morceau de métal, de pierre ou de tuile plat, rond et uni, dont on se sert pour jouer. — Palets de Gascogne, filets pour la pêche, usités en Languedoc ; on les tend comme les rets traversants, et les fouissant dans le sable.

PALETÉ, part. pass. de paleter.

PALETER, v. neut. (paletè), faire glisser le palet sur la terre. — Fam., jouer fréquemment au palet. (Trévoux.) Inusité dans cet dernier sens.

PALETOT, subst. mas. (paletô), t. de relat, justaucorps, pourpoint. — Espèce de redingote ou de surtout fort en usage maintenant.

PALETTE, subst. fém. (palète) (du lat. pala, pelle, ou plutôt de son diminutif paleta, petite pelle, à cause de la forme de la palette. Ménage.), petit battoir rond dont on se sert au lieu de raquette pour jouer au volant ou à la paume. On dit aujourd'hui raquette en ce sens. — En t. d'imprimerie, sorte de spatule de fer garnie d'un manche, dont on se sert pour prendre de l'encre. — Petite planche fort mince, sur laquelle les peintres arrangent et mêlent leurs couleurs : charger sa palette, y étendre ses couleurs. — Faire des teintes sur sa palette, y mélangor les couleurs. — *Fait d'une seule palette*, se dit en parlant d'un tableau tellement bien fait, sous le rapport de l'harmonie et de l'exécution, que tout y paraît avoir été fait d'un seul coup de pinceau. — *Sentir la palette*, se dit, au contraire, d'un tableau dont les couleurs sont mal en accord, en harmonie.—*Avoir une belle palette*, être fort bon coloriste, très-bon peintre. — Chez les horlogers, petite aile qui, poussée par la roue de rencontre, entretient les vibrations du régulateur. — Petit plat dans lequel on reçoit le sang de ceux à qui on ouvre la veine. — La quantité de sang qu'on a tiré dans une *palette* : *on lui a tiré trois, quatre palettes de sang*. — Ce mot est en usage dans beaucoup d'autres arts, où il a à peu près la même acception.—*Palette triangulaire*, enfoncement lisse bordé de poils, au milieu des pattes postérieures de l'abeille.

PALETTE-À-DARD, subst. mas. (*palètadare*), t. de bot., espèce de plantes du genre des agarics. — Au plur., des *palettes-à-dard*.

PALETTE-DE-LÉPREUX, subst. mas. (*palètedelépreu*), t. d'hist. nat., espèce de coquille de la classe des bivalves. — Au plur., des *palettes-de-lépreux*.

PALÉTUVIER, subst. mas. (*palétuvié*), t. de bot., grand arbre d'Amérique; ses branches touchant à terre prennent racine.

PALEU ou **PALLEU**, subst. mas. (*paleu*), sorte d'outil dont se servent les cordiers.

PÂLEUR, subst. fém. (*pâleur*) (en lat. *pallor*), certaine couleur tirant sur un blanc fade, qui vient souvent de maladie, et qui paraît sur le visage. Il ne se dit que des personnes et non des couleurs. — Myth., divinité allégorique à laquelle les Romains rendaient un culte conjointement avec la Peur.

PALI, subst. mas. (*pâli*), langue des lois, de la religion et des sciences, dans toutes les contrées situées entre l'Inde et la Chine; elle domine dans tous les dialectes. Son alphabet paraît dérivé du *devanagari* : la forme des lettres est différente; mais l'ordre en est le même. Au fond, le *pâli* est un ancien dialecte du sanscrit, avec lequel il a plus de rapports encore que le *prakrit* et le *zend*. La plus grande partie des mots indique très-clairement cette origine; tous les livres des sectateurs de Bouddah sont en *pâli*. Cette langue, de même que le *pakrit* et le *zend*, a été cultivée régulièrement; mais elle a eu le sort de la langue-mère : c'est aujourd'hui une langue morte.

PALICARES, subst. mas. (*palikare*) (du grec πάλιν, de nouveau, et καρη, chef), t. d'hist. anc., nom de certaines compagnies militaires ou régiments grecs de nouvelles levées.

PALICOT, subst. mas. (*palikô*), t. de pêche, petit parc tournant, construit aux endroits où le poisson abonde.

PALICOUR, subst. mas. (*palikour*), t. de bot., arbrisseau de la Guyane.—Voy. PALIKOUR.

PÂLI, E, part. pass. de *pâlir*.

PALIER, subst. mas. (*palié*), plate-forme sur un escalier. — *Palier de communication*, celui qui se trouve sur une même direction, au même étage. — Nous allons émettre ici une opinion contraire à celle de l'*Acad*. Elle dit prov. et fig., *un homme est fort bien sur son palier*, ou est fort bien chez soi, dans sa maison. Nous n'avons pas trop à redire contre cette locution; nous n'avons qu'une controverse à établir, et cette controverse ne se base que sur ce que l'*Académie* ajoute que, on dit aussi dans le même sens : *sur son pailler*. Il faudrait cependant finir par s'entendre sur l'orthographe régulière des mots. Nous croyons, nous avons même la ferme conviction que *palier* est une corruption de *pailler*; il ne faudrait donc pas deux manières d'écrire ce mot. Et en effet, ce mot ne désigne qu'un endroit sur lequel on étale ou de la *paille*, ou des nattes de *paille*; *palier* est donc un véritable barbarisme; c'est *pailler* qu'on doit écrire. Voir notre Dictionnaire, au mot PAILLER. — Dans les machines, segment de sphère en cuivre, qui facilite le mouvement horizontal de deux parties l'une sur l'autre, à une distance uniforme.

PALIFICATION, subst. fém. (*palifikâcion*), action de fortifier un sol par le moyen des pilotis.

PALIKARE OU PALLIKARE. Voy. PALICARE.

PALIKOUR, subst. mas. (*palikour*), t. d'hist. nat., oiseau fourmilier de Cayenne.

PALILIES, subst. fém. plur. (*palili*), myth., fêtes romaines en l'honneur de la déesse Palès.

PALILITIE, subst. fém. (*paliliti*), t. d'astron., l'une des sept hyades; étoile fixe de la première grandeur.

PALIMPSESTE, subst. et adj. mas. (*paleinpecècete*) (en lat. *palimpsestus*), chez les anciens, tablette sur laquelle on avait effacé ce qui y avait été écrit, pour y substituer une écriture nouvelle.

PALINDROME, subst. mas. (*paleindrome*) (du grec παλινδρομος, rétrograde, de πάλιν, de nouveau, et δρομος, course), sorte de vers ou de discours qui se trouve toujours le même, soit qu'on le lise de gauche à droite ou de droite à gauche.

PALINDROMIE, subst. fém. (*paleindromi*) (même étym. que celle du mot précéd.), t. de médec., reflux des humeurs viciées vers les parties nobles du corps.

PALINDROMIQUE, adj. des deux genres (*paleindromike*), t. de médec., qui est relatif, qui a rapport à la *palindromie*.

PALINGES, subst. propre mas. (*paleinje*), village de France, chef-lieu de canton, arrond. de Charolles, dép. de Saône-et-Loire.

PALINGÈNE, adj. des deux genres (*paleinjène*) (du grec πάλιν, de nouveau, et γεινομαι, naître), de nouvelle création; qui se renouvelle, qui reprend la vie après l'avoir perdue en apparence.

PALINGÉNÉSIE, subst. fém. (*paleinjénézi*) (même étym. que celle du mot précéd.), action par laquelle, dans l'opinion de quelques chimistes, les principes des végétaux et des animaux, décomposés par l'analyse chimique, reproduisent un corps semblable à celui dont ils ont été retirés, ou du moins le fantôme, la forme de ce corps. *Palingénésie* signifie proprement *régénération*.

PALINLOGIE, subst. fém. (*paleinloji*) (du grec πάλιν, de nouveau, et λογος, discours), t. de prosodie, répétition d'un mot à la fin d'un vers et au commencement du suivant.

PALINLOGIQUE, adj. des deux genres (*paleinlojike*), qui a rapport, qui appartient à la *palinlogie*.

PALINOD, subst. mas. (*palinô*) (du grec πάλιν, de nouveau, et ωδη, chant), poésie en l'honneur de l'immaculée conception de la Vierge. On donnait le prix à la meilleure pièce de ce genre à Rouen, à Caen et à Dieppe.

PALINODIE, subst. fém. (*palinodi*) (même étym. que celle du mot précédent), chez les anciens, poème qui contenait une rétractation en faveur de la personne que le poëte avait offensée. —Fig., désaveu, rétractation de ce qu'on a dit. Il ne s'emploie qu'avec chanter : *on l'a contraint de chanter la palinodie*, de se rétracter.

PALINTOCIE, subst. fém. (*paleintoci*) (du grec πάλιν, de nouveau, et τοκος, enfantement, et intérêt d'argent placé), en t. de myth., seconde naissance de Bacchus, lorsqu'il sortit de la cuisse de Jupiter. — En t. de droit, répétition d'usure ou d'intérêts payés.

PALINURE, subst. mas. (*palinure*), t. d'hist. nat., espèce de homard. — Pilote, conducteur d'une barque. — Subst. propre mas., myth., pilote du vaisseau d'Énée. Morphée l'ayant endormi, il tomba dans la mer avec son gouvernail, et après avoir erré trois jours à la merci des flots, le quatrième il fut jeté sur la côte d'Italie, où les habitants le massacrèrent et jetèrent son corps dans la mer. Ils en furent punis par une peste violente, qui ne cessa que quand ils eurent rendu, suivant la réponse de l'oracle, les derniers devoirs à *Palinure*.

PALIPON, subst. mas. (*palipon*), t. de bot., arbre de Cayenne dont les fruits sont bons à manger.

PALIQUES ou **PALISQUES**, subst. propre mas. plur. (*palike, paliceke*), myth., frères jumeaux, enfants de Jupiter et de Thalie. Cette muse, se voyant grosse, craignit la colère de Junon, et pria la Terre de l'engloutir. Sa prière fut exaucée, et elle y accoucha de deux garçons, qui furent appelés *Paliques*, parce qu'ils naquirent deux fois, la première fois de Thalie, et la seconde de la Terre, qui les mit au jour. On dit que dans l'endroit où ils naquirent il se forma deux lacs formidables aux parjures et aux criminels; d'autres disent qu'en ce lieu les feux du mont Etna commencèrent alors à paraître. Les Siciliens leur sacrifiaient comme à des divinités.

PÂLIR, v. neut. (*pâlir*) (en lat. *pallescere*), devenir *pâle*. — *Pâlir sur les livres*, étudier sans cesse. — *Son étoile pâlit*, son bonheur, son crédit diminue. — Act., rendre *pâle*. — SE PÂLIR, v. pron.

PALIRRHÉE, subst. fém. (*palirreré*) (du grec πάλιν, de nouveau, et ρεω, je coule), t. de médec., maladie qui se manifeste de nouveau.

PALIRRHÉIQUE, adj. des deux genres (*palireré-ike*), qui a rapport à la *palirrhée*.

PALIS, subst. mas. (*pali*), *pal* ou pieu. — Lieu entouré de pieux, de *palis*. — Clôture faite avec des perches ou claies sèches. — En t. de pêche, filet que l'on tend sur des piquets, comme les manets.

PALISSADE, subst. fém. (*paliçade*), rang de *palis* ou de pieux pointus et plantés tout droits, près à près, pour la défense d'un poste, d'un retranchement. — Un des pieux de la *palissade*. — Suite d'arbres plantés près à près, qui forment un mur de verdure.

PALISSADÉ, E, part. pass. de *palissader*.

PALISSADEMENT, subst. mas. (*paliçademan*), action, manière de *palissader*. — Ensemble des *palissades*.

PALISSADER, v. act. (*paliçadé*), entourer une fortification de *palissades*.—Dresser des *palissades* dans un jardin. — SE PALISSADER, v. pron.

PALISSAGE, subst. mas. (*paliçaje*), action de *palisser*; ses effets.

PALISSAIRE, adj. fém. (*palicère*): *couronne palissaire*, la même que la couronne *vallaire*. Voy. ce mot.

PALISSANDRE, ou **PALIXANDRE**, (l'*Académie* donne les deux), subst. mas. (*paliçandre*), bois violet et odorant, propre à la marqueterie.

PÂLISSANT, E, adj. (*pâliçan, çante*), qui *pâlit*, qui devient *pâle*.

PALISSE (LA), subst. propre fém. (*lapalice*), ville de France, chef-lieu de canton et d'arrond., dép. de l'Allier.

PALISSÉ, E, part. pass. de *palisser*, et adj. — En t. de blas., se dit d'une pièce formée de plusieurs pieux placés près à près, et pointus en haut en forme de *palissade*.

PALISSER, v. act. (*palicé*), attacher à des pieux ou *palis* contre une muraille les branches des arbres qu'on veut mettre en espalier : *palisser des pêchers*, etc. — SE PALISSER, v. pron.

PÂLISSEUR, subst. fém. (*pâliceur*), *pâleur*. Vieux et inusité en ce sens.

PALISSON, subst. mas. (*paliçon*), instrument de fer plat et poli, sur lequel les chamoiseurs passent leurs peaux, pour les rendre plus souples.

PALIXANDRE, subst. mas. Voy. PALISSANDRE.

PALIURE, subst. mas. (*paliure*) (du grec πάλιν, de nouveau, et ουρεω, urine), t. de bot., espèce de nerprun, arbrisseau de haies dont le spécifique est d'être diurétique.

PALLA, subst. fém. (*palela*), t. d'antiq., manteau que portaient les dames romaines. — Longue robe traînante dont se servaient les comédiens de Rome, lorsqu'ils représentaient des tragédies.

PALLADES, subst. propre fém. plur. (*palelade*), myth., jeunes filles que l'on consacrait d'une manière infâme à Jupiter, à Thèbes, en Egypte. Elles étaient choisies parmi les plus belles et dans les plus illustres familles. Parmi elles, une jeune vierge avait la liberté d'accorder ses faveurs à son gré jusqu'à ce qu'elle fût devenue nubile : alors on la mariait; mais, jusqu'à son mariage, on la pleurait comme morte.

PALLADIA, subst. fém. (*paleladi-a*), t. de bot., genre de plantes qui se rapprochent des lysimachies.

PALLADIE, subst. fém. (*paleladi*), t. de bot., genre de plantes de la famille des gentianées.

PALLADION, subst. mas. (*paleladi-on*), t. de bot., plante des anciens.

PALLADIUM, subst. mas. (*paleladi-ome*) (en grec παλλαδιον), proprement, statue de *Pallas*, qui passait pour le gage de la conservation de Troie. Cette statue, haute de trois coudées, n'était que de bois.—Objet auquel, chez les anciens, une ville, un empire attachait sa durée. — Par extension, appui, garantie : *la loi est le palladium de la justice*. — Métal découvert dans le platine. — C'est une espèce de *métal blanc* très-difficile à faire fondre.— *Palladium de vaisseau*, statue de bois doré, placée dans une niche à la poupe; partie des navires qui était sous la protection immédiate de *Pallas*. — *Palladium d'Athènes*, lieu où l'on jugeait les meurtres fortuits et involontaires : les juges étaient au nombre de cent.

PALLADURE, subst. fém. (*paleladure*), alliage de *palladium* et d'un autre métal.

PALLANTE, subst. propre mas. (*palelante*), myth., roi de Trézène. Thésée le massacra, avec tous ses enfants, à l'exception d'une fille nommée Aricée ou Aricie, qui fut femme d'Hippolyte, et s'empara du royaume.

PALLANTIDES, subst. mas. plur. (*palelantide*), myth., fils ou descendants de *Pallante*, prince d'Athènes.

PALLAS, subst. propre fém. (*palelâce*) (en grec παλλάς, dérivé de παλλειν, agiter, lancer), myth., déesse de la guerre, que quelques-uns distinguent de Minerve, mais que le plus grand nombre confond avec elle. — En astron., planète découverte par le docteur *Olbers*, à Brémen, le 28 mars 1802. Elle est placée dans le ciel après Cérès : sa révolution sidérale est d'environ quatre ans et sept mois.

PALLASIE, subst. fém. (*palelazi*), t. de bot., sorte d'arbrisseau qui croît dans l'île de Cayenne.

PALLE, subst. fém. (*pale*), t. de mar., sorte de navire ou de vaisseau en usage sur la côte du Malabar.

PALLÉ, E, adj. (*paleté*), t. de blas., se dit de l'écu et des figures chargés de *pals*.

PALLETÉ, part. pass. de *palleter*.

PALLETER, v. neut. (*paleté*), combattre. (Boiste.) Vieux et même tout-à-fait inusité.

PALLÉNIS, subst. propre fém. (*palelénice*), myth., surnom de Minerve.

PALLIATEUR, subst. et adj. mas., au fém. **PALLIATRICE** (*paleli-ateur, trice*), qui pallie.

PALLIATIF, adj. mas., au fém. **PALLIATIVE** (*paleli-atif, tive*), qui ne guérit qu'en apparence; qui adoucit le mal, mais qui ne le guérit pas. Voy. **PALLIER**. — On dit aussi subst. au mas. : *un palliatif*, au propre et au fig.

PALLIATION, subst. fém. (*paleli-âcion*), action de pallier une faute, etc.; couleur adroite et favorable qu'on lui donne. — Adoucissement.

PALLIATIVE, adj. fém. Voy. **PALLIATIF**.

PALLIATRICE, adj. fem. Voy. **PALLIATEUR**.

PALLIÉ, E, part. pass. de *pallier*.

PALLIER, v. act. (*paleli-é*) (du latin *palliare*, employé dans la même acception, et qui signifie proprement couvrir d'un manteau, de *pallium*, manteau), déguiser, excuser, donner un jour favorable à une chose qui est mauvaise. — En parlant d'un mal, ne le guérir qu'en apparence.—*se* **PALLIER**, v. pron.

PALLIO, subst. mas. Voy. **PAILLO**.

PALLIOBRANCHE, subst. mas. (*paleli-obranche*), t. d'hist. nat., ordre établi dans la classe des mollusques acéphales.

PALLIOLE, subst. mas. (*paleli-ole*), t. d'antiq., sorte de petit manteau ou capuchon que portaient les Romains.

PALLION, subst. mas. (*paleli-on*), manteau. (Boiste.) Vieux.

PALLIUM, subst. mas. (*paleli-ome*), (mot emprunté du latin, où il signifie manteau) 1° grand manteau des anciens philosophes grecs, etc.; 2° couverture de laine dont les Romains se couvraient la tête lorsqu'ils étaient incommodés. — Ornement de laine blanche semé de croix noires, bénit par le pape, qui l'envoie aux archevêques et à quelques évêques. — Autrefois, sorte de voile. — Au plur., des *pallium*.

PALLOMMIER, subst. mas. (*palomié*), t. de bot., plante de la famille des bruyères.

PALLORIEN, subst. mas. (*palori-ein*), myth., surnom des prêtres de la Pâleur, l'une des divinités infernales.

PALLUAU, subst. propre mas. (*palelu-ô*), ville de France, chef-lieu de canton, arrond. des Sables-d'Olonne, dép. de la Vendée.

PALMA, subst. fém. (*palema*), t. de bot., nom qu'on a appliqué à des palmiers et des bananiers d'Europe.

PALMA-CHRISTI, subst. mas. (*palemakriceti*) (mots latins qui signifient : palme du Christ), ricin; sa graine donne une huile purgative, et son écorce brûlée sent le musc.—Au plur., des *palma-christi*.

PALMADIQUE, subst. fém. (*palemadike*), chez les anciens, sorte de danse pour laquelle on choisissait son danseur par le frappement des mains.

PALMAGE, subst. mas. (*palemaje*), t. de mar., l'action de *palmer* un tôt, une vergue.

PALMAIRE, adj. des deux genres (*palemère*) (en latin *palmaris*, fait de *palma*, paume de la main), t. d'anat., qui a rapport à la paume de la main.

PALMA-RÉAL, subst. mas. (*palemaré-al*), t. de bot., espèce de palmier qui croît dans l'île de Cuba.

PALME, subst. fém. (*paleme*) (en lat. *palma*), petite branche de palmier. — Fig., victoire, avantage soit à la guerre, soit dans une dispute littéraire, etc. : *remporter la palme*. — *Les palmes d'Idumée*, et non pas *les palmes idumées*, comme dit l'Académie, qui ne met point cet adj. dans son *Dictionnaire*. C'est *idumeennes* qu'il faudrait dire, en créant l'adj. *idumeen*, *idumeenne*.—*La palme du martyre*, la mort que les martyrs ont soufferte. — *Palme-de-Christ*. Voy. **PALMA-CHRISTI**. Nous ferons observer seulement ici, conformément à l'usage reçu, qu'on ne dit pas du *vin de palme*; le vin, dit de palmier, se nomme *palma-christi*.

PALMÉ, E, part. pass. de *palmer*, et adj., se dit : 1° en t. d'hist. nat., des pieds des oiseaux dont les doigts sont unis par une membrane, et qui ressemblent à une main ouverte; 2° en bot., d'une feuille divisée en lobes profonds, réunis à leur base, et imitant les doigts d'une main ouverte.

PALMER, v. act. (*paleme*) : *palmer les aiguilles*, les aplatir par le bout opposé à la pointe.—*se* **PALMER**, v. pron.

PALMERAIE, subst. mas. (*palemeriè*), lieu planté de palmiers, rempli de palmiers.

PALMESARE, subst. fem. (*palemezare*), t. de mar., se dit de pièces de bois cintrées qui forment et entretiennent la rondeur de la proue d'un bâtiment.

PALMETTE, subst. fém. (*palemète*), ornement en forme de feuilles de palmier sur une moulure. — *Petit palmier*.

PALMIER, subst. mas. (*palemié*) (en lat. *palma*), genre nombreux d'arbres ou d'arbrisseaux, qui portent des dattes. — Subst. mas. plur., t. de bot., famille de plantes à étamines. —*Palmier aouara*, sorte de palmier d'Afrique, à fleurs hermaphrodites. — *Palmier de montagne*, palmier de la Nouvelle-Espagne, dont le fruit, que l'on mange, est écailleux et imite la pomme de pin.—*Palmier nain des marais*, petit palmier qui croît dans les marais de la Cochinchine.—*Palmier vinifère*, sorte de palmier toujours vert, dont la liqueur a le goût du vin d'Anjou.—*Palmier marin*, t. d'hist. nat., espèce de fossile.

PALMIERS (PAYS DES), subst. mas. (*pé-i-dépalemié*), pays situé sur le rivage oriental du golfe arabique.

PALMIFÈRE, subst. mas. et adj. des deux genres (*palemifère*) (du lat. *palma*, palme, et *fero*, je porte), qui porte des palmes.

PALMIFORME, adj. des deux genres (*palemiforme*). Voyez **PALMÉ**.

PALMIGÈRE, adj. des deux genres (*palemijère*) (du latin *palma*, palme, et *gero*, je porte), qui porte une branche de palmier : *statue palmigère*.

PALMIPÈDE, subst. mas. et adj. des deux genres (*palemipède*) (du lat. *palma*, paume de la main, et *pes*, gén. *pedis*, pied), t. d'hist. nat., famille d'oiseaux qui ont les pieds palmés. —Adj., *oiseaux palmipèdes*.

PALMI-PHALANGIEN, adj. et subst. mas., au fém. **PALMI-PHALANGIENNE** (*palemifalanji-ein, jiène*), t. d'anat., se dit des muscles lombricaux des mains.

PALMI-PHALANGIENNE, subst. et adj. fém. Voy. **PALMI-PHALANGIEN**.

PALMISTE, subst. et adj. mas. (*palemicete*), t. de bot., nom que l'on donne à un ordre de palmiers, dont la principale espèce est le palmiste franc ou chou palmiste. — T. d'hist. nat., subst. mas., 1° sorte d'écureuil; 2° espèce d'oiseau du genre des merles.

PALMITE, subst. mas. (*palemite*), moelle du palmier.

PALMO-PLANTAIRE, subst. mas. (*palemoplantière*), t. d'hist. nat., ordre de mammifères, tels que les singes et les makis.

PALMOSCOPE, subst. mas. (*palemocokope*), nom qu'on donnait à celui qui faisait profession de prédire l'avenir ou de deviner les événements par le moyen de la *palmoscopie*.

PALMOSCOPIE, subst. fém. (*palemocokopi*) (du grec παλμός, palpitation, ou παλαμη, paume, et σκοπέω, je considère), t. d'antiq., augure qui se tirait de la palpitation des parties du corps, ou par l'inspection de la paume de la main.

PALMOSCOPIQUE, adj. des deux genres (*palemocokopike*), qui a rapport, qui appartient à la *palmoscopie*.

PALMYRE, subst. propre fém. (*palemire*), t. de géogr. ancienne, magnifique cité des temps antiques, située en Syrie; elle fut, dit-on, bâtie par Salomon. Il n'en reste plus que des ruines, occupées par quelques peuplades arabes. — T. de bot., genre de plantes de la classe des aphrodites.

PALMYTÉS, subst. propre mas. (*palemitéce*), myth. égypt., dieu qu'on adorait autrefois en Égypte.

PALO-DE-LUZ, subst. mas. (*palôdeluse*), t. de bot., sorte de plante dont les tiges peuvent, dit-on, servir de chandelles.

PALO-DE-VACA, subst. mas. (*palôdevaka*), t. de bot., nom d'un arbre qui fournit un très-bon lait, que le savant de *Humboldt* a trouvé dans la province de Vénézuéla, et qui a été rangé dans la famille des urticées. On le nomme aussi *arbre à vache* ou *à lait*.

PALOMANCIE, subst. fém. (*palomanci*) (du grec παλός, vibration, et μαντεια, divination), divination par la baguette de coudrier.

PALOMANCIEN, adj. mas., au fém. **PALOMANCIENNE** (*palomanciein, ciène*), qui a rapport à la *palomancie*. —Subst., celui, celle qui la pratiquent.

PALOMANCIENNE, subst. et adj. fém. Voy. **PALOMANCIEN**.

PALOMBE, subst. fém. (*palonbe*) (en lat. *palumbus*), espèce de pigeon ramier.—En t. de cordier, bout de corde attaché par une extrémité à la manivelle, et par l'autre aux fils de la corde qu'on veut commettre.

PALOMBIN, ou **PALOMBINO**, subst. mas. (*palonbein, binó*), sorte de marbre blanc de lait, qui se trouve dans les débris de vieux monuments.

PALOMET, subst. mas. (*palome*), t. de bot., espèce d'agaric qu'on mange dans les landes de Bordeaux.

PALOMETTE, subst. fém. (*palomète*), t.de bot., espèce de mousseron qui croît dans le Béarn.

PALOMIER, subst. mas. (*palomié*), t. de bot., genre de plantes de la famille des bicornes.

PALON, subst. mas. (*palon*), chez les ciriers, spatule de bois qui sert à remuer la cire dans la chaudière.

PALONNE, subst. fém. (*palone*), t. de mar., espèce de cordage.

PALONNEAU, subst. mas. (*palonô*), Voy. **PALONNIER**.

PALONNIER, subst. mas. (*palonié*), pièce du train d'un carrosse, jointe au train de devant par un anneau de fer. On dit aussi *palonneau*.

PALOT, subst. mas. (*palo*), t. de mépris, villageois fort grossier. Il est fam., et presque inusité aujourd'hui. — En t. de pêche : 1° vieille bêche ou couteau dont on se sert pour tirer du sable les vers destinés à servir d'appât; 2° piquet sur lequel on tend au bord de la mer des lignes garnies d'hameçons.

PÂLOT, adj. mas., au fém. **PÂLOTTE** (*pâlô, pâlote*), un peu pâle.

PÂLOTTE, adj. fém. Voy. **PÂLOT**.

PALOUN, subst. mas. (*paloune*), sorte de mortier où les nègres pilent le grain dont ils se nourrissent.

PALOURDE, subst. fém. (*palourde*), t. d'hist. nat., espèce de coquillage de mer.

PALPABLE, adj. des deux genres (*palepable*) (du lat. *palpare*, toucher avec la main), qui se fait sentir par le toucher.—Fig., sensible à l'esprit, clair, facile à comprendre.

PALPABLEMENT, adv. (*palepableman*), d'une manière *palpable*.

PALPE, subst. fém. (*palepe*), petite antenne; barbillon des poissons : *les palpes d'un hanneton*.

PALPÉ, E, part. pass. de *palper*.

PALPÉARINE, subst. fém. (*palepé-arine*), t. de médec., produit sécrété par les glandes de *Meibomius*.

— **PALPÉBRAL, E**, adj. (*palepébrale*) (du lat. *palpebra*, paupière), t. d'anat., se dit de ce qui a rapport aux paupières.—Au plur. mas. *palpébraux*.

PALPÉBRAUX, adj. mas. plur. Voy. **PALPÉBRAL**.

PALPÉBREUR, subst. et adj. mas. (*palepébreur*), organe *palpébreur*, de l'œil : le *palpébreur*.

PALPER, v. act. (*palpé*) (en lat. *palpare*), toucher doucement avec la main, manier. — *se* PALPER, v. pron.

PALPETS, subst. mas. plur. (*palepé*), t. d'hist. nat., barbillons allongés que plusieurs poissons portent auprès de la bouche. — Appendices de quelques insectes.

PALPEUR, subst. mas. (Ce mot semble être le même que *palpets*. L'Académie ne fait pas mention de *palpets*, et nous serions nous-mêmes d'avis de le supprimer comme inutile et comme extraordinaire, en ce sens que nous ne le trouvons usité qu'au plur.) (*palepeur*), t. d'hist. nat., genre de coléoptères.

PALPICORNE, subst. mas. et adj. des deux genres (*palepikorne*), t. d'hist. nat., sorte de coléoptères à *palpes* silongues,

PALPIGÈRE, adj. des deux genres (*palepijère*) (du lat. *palpa*, petite antenne, et *gerere*, porter), t. d'hist. nat., qui porte des *palpes*.

PALPISTE, adj. des deux genres (*palepiceste*), t. d'hist. nat., qui a des *palpes*, des antennules : *arachnide palpiste*.

PALPITANT, E, adj. (*palepitan*, *tante*), qui *palpite*.

PALPITATION, subst. fém. (*palepitâcion*) (en latin *palpitatio*), mouvement déréglé et inégal du cœur.

PALPITÉ, part. pass. de *palpiter*.

PALPITER, v. neut. (*palepité*) (en lat. *palpiture*), avoir des *palpitations*.—Se mouvoir d'un mouvement inégal et fréquent : *la paupière, le cœur lui palpite.* — Avoir encore quelque mouvement , en parlant des parties intérieures des animaux fraîchement tués.

PALPLANCHE, subst. fém. (*paleplanche*), en t. de ponts-et-chaussées, madrier ou planche affutée par un bout, pour être pilotée.—Planche aiguisée en *pal*.

PALSAMBLEU, PALSANGUIENNE, interj.(*palepanbleu,ganguiène*),sorte de jurement burlesque.

PALTA, subst. mas. (*paleta*), t. de bot., sorte de fruit qui croît dans les Indes.

PALTELIE, subst. fém. (*paleteli*), combat léger. (Boiste.) Vieux et même entièrement inusité.

PALTOQUET, subst. mas. (*paletokié*) (du vieux mot *paletot*, jaquette de paysan), t. de mépris et pop., homme grossier, paysan.

PALUDAMENTUM, subst. mas. (*paludameintome*), (mot latin et usité dans notre langue parmi les antiquaires), habit militaire des généraux romains, qui ne le prenaient qu'en partant de la ville, lorsqu'ils avaient reçu la qualité d'*imperator* ou général. Cet habit était écarlate et pourpre.

PALUDICOLE, subst. et adj. des deux genres (*paludikole*) (du latin *paludis*, gén. de *palus*, marais, et de *colere*, habiter, cultiver), qui habite les marais, qui s'y plait, qui les cultive. Presque inusité.

PALUDIER, subst. mas. (*paludi-é*), ouvrier des salines, ou plutôt ouvrier qui travaille dans les marais salants.

PALUS , subst. mas. (*paluce*) (en lat. *palus*), marais. Il n'est guère usité qu'avec un nom propre de lieu et au pluriel : *le Palus-Méotides*.

PALUSCKAS, subst. mas. (*palucekâce*), sorte de petite monnaie russe, division du copeck. Voy. *ce mot*.

PALUS-MÉOTIDES, subst. propre mas. plur. (*palucemé-otide*), t. de géogr. anc., province située vers l'embouchure du Tanaïs, au-delà du Pont-Euxin. On dit quelquefois, mais rarement au sing. : *le Palus-Méotide*.

PAL-VALLI, subst. mas. (*palevaleli*), t. de bot., genre de plantes de la famille des apocynées.

PALYTHOÉ, subst. fém. (*palito-é*), t. d'hist. nat., genre de polypiers qui vivent dans les mers des Antilles.

PA-MA, subst. mas. (*nama*), t. de bot., espèce de plantes de la famille des orties , qui croît en Chine.

PAMAQUA, subst. mas. (*pamaka*), t. de bot., espèce d'arbre qui croît en Amérique; son écorce sert à faire des cordes.

PAMBE, subst. mas. (*panbe*), t. d'hist. nat., poisson plat , qui est fort estimé dans les Indes.

PAMBŒOTIES, subst. fém. plur. (*panbé-oci*), myth., fêtes célébrées, chez les Béotiens , en l'honneur de Minerve.

PAMBORE, subst. mas. (*panbore*), t. d'hist. nat. , genre d'insectes de l'ordre des coléoptères.

PAMBOU ou PAMBON, subst. mas. (*panbou, panbon*), t. d'hist. nat., serpent des Indes. Les indigènes le révèrent comme un être sacré.

PÂMÉ, E , part. pass. de *pâmer*, et adj. ; se dit , en t. de blason, d'un poisson qui a la gueule béante.

PAMELLE, subst. fém. (*pamèle*), t. de bot., espèce de plante de la famille des orges, qui croît en Picardie.

PÂMER, v. neut. (*pâmé*) (du grec σπασμα, ou σπασμος, spasme, convulsion), tomber en *pâmoison* , en défaillance. On disait autrefois *pasmer*. — Par exagération, *pâmer* ou mieux *se pâmer de rire, de joie; rire à pâmer.* — *se* PÂMER, v. pron.

PAMIER , subst. mas. (*pamié*), t. de bot., espèce d'arbre de la famille des myrobolans.

PAMIERS, subst. propre mas. (*pamié*), ville de France, chef-lieu de canton et d'arrond., dép. de l'Ariège.

PAMMILÉS, PAMMYLÉS, ou PAMYLÉS, subst. propre mas. (*pamiléce*), myth., divinité que les Égyptiens adoraient sous une figure semblable à celle de Priape.

PAMMILIES, subst. fém.plur. (*pamili*), myth., fêtes que l'on célébrait autrefois en l'honneur d'Osiris-Pammilés, après les récoltes.

PÂMOISON, subst. fém. (*pâmoézon*), défaillance; évanouissement.

PAMPA , subst. mas. (*panpa*), t. d'hist. nat. , sorte de chat qu'on rencontre au Paraguay.

PAMPAS , subst. mas. plur. (*panpâce*) , peuplades indiennes qui habitent à l'ouest de Buenos-Ayres.

PAMPE, subst. fém. (*panpe*), la feuille du blé, de l'orge, de l'avoine.

PAMPELUNE, subst. propre fém. (*panpelune*), ville d'Espagne, chef-lieu de la prov. du même nom , roy. de Navarre.

PAMPHAGUS , subst. mas. (*panfaguce*) , t. d'anat., l'un des chiens d'Actéon , constellation.

PAMPHANÈS , subst. mas. (*panfanèce*) (du grec πας, tout, et φαινω , je brille), myth., surnom qu'on donnait à Bacchus.

PAMPHALÉE, subst. fém. (*panfalé*), t. de bot., plante d'Amérique , de la famille des composées bilabiées, que l'on trouve dans l'Amérique méridionale.

PAMPHILE, subst. propre mas. (*panfile*), nom du valet de trèfle, à certains jeux de cartes. — Myth., fils d'Apollon ; on lui attribue l'invention de la broderie en soie. — Un des fils d'Égyptus, qui fut tué par sa femme la première nuit de ses noces.

PAMPHILIE , subst. fém. (*panfili*) , t. d'hist. nat. , genre d'insectes de l'ordre des hyménoptères.

PAMPHLET, subst. mas. (*panflè*), tiré de l'anglais; brochure. Il se dit le plus souvent dans le style critique.

PAMPHLETIER ou PAMPHLÉTAIRE (l'Académie ne donne que le second de ces mots), subst. mas. (*panflétié, étère*), auteur de *pamphlets*.

PAMPHRACTUS, subst. mas. (*panfraktuce*) , t. d'hist. nat., espèce de petit quadrupède de Java.

PAMPHYLIE, subst. propre fém. (*panfili*), contrée de l'Asie-Mineure.

PAMPHYLIENS, subst. mas. plur. (*panfiliein*), peuples qui habitent la *Pamphylie*.

* PAMPINATION, subst. fém. (*panpinâcion*), se dit de la vigne quand elle bourgeonne.

PAMPINIFORME, adj. des deux genres (*panpiniforme*) (du lat. *pampinus*, pampre, et *forma*, forme), t. d'anat.: *corps ou vaisseau pampiniforme*, les veines et les artères spermatiques, contenues sous une enveloppe commune, et entortillées comme les tendrons de la vigne.

PAMPLEMOUSSE, subst. fém. (*panplemouce*), t. de bot., arbre des Indes, espèce d'oranger.—Son fruit.

PAMPRE, subst. mas. (*panpre*) (en lat. *pampinus*), branche de vigne avec ses feuilles. — En architecture, branche de vigne dont on décore les colonnes torses, etc.

PAMPRÉ, E , adj. (*panpré*), t. de blason, qui se dit des feuilles et de la tige d'une grappe de raisin, lorsqu'elles sont d'un autre émail que la grappe.

PAMYLIES, subst. fém. plur. (*pamili*), myth., fêtes que l'on célébrait à Thèbes ; on y portait une figure d'Osiris assez semblable à celle de Priape, parce que ce dieu était lui-même regardé comme le grand dieu de la reproduction.

PAN, subst. mas. (*pan*) (du lat. *pannus*, étoffe, drap), partie considérable d'un vêtement, d'une étoffe de meuble : *le pan d'une robe; les pans d'un manteau.*—Par extension, partie d'un mur: *un pan de murailles.*—Un des côtés d'un ouvrage : *table, salière à pans, à six pans.*—Pièce de bois large de quatre pouces et de la longueur du lit. Les *pans* sont les quatre pièces de bois qui forment la couchette.— *Pan de comble*, un des côtés de la couverture d'un comble.—*Pan coupé*, surface qui sert d'angle, contre deux *pans* de mur. — *Pan de bois*, assemblage de charpente dont on remplit un vide de maçonnerie. — Mesure de longueur usitée dans le midi de la France. Elle est de neuf pouces, et fait la huitième partie de la canne. — Subst. propre mas., myth., fils de Jupiter ou de Mercure, dieu des campagnes, des troupeaux de toute espèce, et particulièrement des bergers. Il poursuivit Syrinx jusqu'au fleuve Ladon, où cette nymphe fut métamorphosée en roseau, que ce dieu coupa, et dont il fit la première flûte. Il accompagna Bacchus dans les Indes, et fut père de plusieurs satyres. On dit qu'il était jour et nuit dans les campagnes, jouant continuellement de la flûte en gardant ses troupeaux. Les poètes le représentent avec un visage enflammé, des cornes sur la tête, l'estomac couvert d'étoiles, et la partie inférieure du corps semblable à celle d'un bouc. Plusieurs le confondent avec le dieu Sylvain et le dieu Faune. Les Arcadiens l'honoraient particulièrement. *Pan* est un mot grec qui signifie *tout*; et, sous ce nom, c'était, selon *Servius*, toute la nature qu'on adorait.

PANACEAU, subst. mas. (*panaçô*), lame attachée aux fusées volantes.

PANACE, subst. mas. Voy. PANAX.

PANACÉE , subst. fém. (*panace*) (du grec παν, tout, et ακεομαι, je guéris), dans la mythologie, une des divinités de la médecine, fille d'Esculape et d'Épione ou Lampétio. — En médec., remède universel. On donne aussi ce nom à quelques préparations.

PANACHE, subst. mas. (*panache*) (de l'italien *pennacchio*,fait de *penna*, plume), assemblage de plumes dont on ombrage un casque , etc.—Mélange de couleurs dans une fleur. — Partie supérieure d'une lampe d'église.—En archit., portion de voûte en saillie, de figure triangulaire, presque verticale, ou par le devant comme une trompe, élevée sur un ou deux angles rentrants pour porter en l'air une portion de tour creuse. — *Panache de mer*, corps marin ; espèce de lithophyte. — *Panaches de porcs*, oreilles de cochon panées et cuites sur le gril.

PANACHÉ, E , part. pass. de *panacher*, et adj.; il se dit des fleurs qui sont nuancées de différentes couleurs : *œillet panaché, tulipe panachée.*—*Glace panachée*, formée de deux ou plusieurs sortes de glaces de différentes couleurs. — En t. de blason, *chapeau, casque panaché*, orné d'un *panache*.

PANACHÉENNE, adj. propre fém. (*panaché-ène*), myth., surnom sous lequel Cérès avait un temple en Achaïe.

PANACHÉIS , subst. fém. pris adj. (*panaché-ice*), myth., surnom de Minerve, adorée en Achaïe, comme protectrice de tous les *Achéens*.

PANACHER , v. neut., et *se* PANACHER , v. pron. (*panache*); il se dit de certaines fleurs, lorsqu'il vient à s'y former une nouvelle couleur qui fait à peu près l'effet d'un *panache*.—PANACHER, *se* PANACHER. (Syn.) Des fleurs, des oiseaux *panachent*; c'est leur propriété de prendre les couleurs ou les formes d'un *panache*. Les oiseaux, les fleurs *se panachent*, lorsque, par le développement de cette propriété, ils prennent en effet ses couleurs et ses formes.

PANACHER-BOUQUETIER, subst. mas. (*panachébouketié*), nom qu'on donnait anciennement aux plumassiers.—Au plur., des *panachers-bouquetiers*.

PANACHURE, subst. fém. (*panachure*), t. de bot., taches blanches , en forme de *panache*, qui annoncent que des feuilles entières, ou des parties de feuilles , ne sont nourries qu'imparfaitement.

PANACOCO, subst. mas. (*panakoko*), t. de bot., espèce d'arbre qui croît à l'île de Cayenne, et fournit une graine semblable à un pois rouge marqué d'une petite tache noire.

* PANADE, subst. fém. (*panade*) (du lat. *panis*, pain), pain émié et long-temps mitonné dans de l'eau, avec du sel et du beurre.

PANADÉ, E, part. pass. de *se panader*.

se PANADER, v. pron. (cepanadé), se carrer; marcher avec ostentation, comme un *paon* quand il fait sa roue. On dit plus ordinairement *se pavaner*. Style fam. et moqueur.

PANAGE, subst. mas. (*panaje*) du lat. *pasci*, paître), droit ou permission de mettre des porcs dans une forêt pour s'y nourrir de glands, de faînes.

PANAGÉE, subst. fém. (*panajé*), t. d'hist. nat., genre d'insectes de l'ordre des coléoptères.—Adj. propre fém., myth., surnom qu'on donne à Diane, comme changeant souvent de demeure et de figure.

PANAGIE, subst. fém. (*panaji*), offrande de *pain*; cérémonie religieuse chez les Grecs modernes.

PANAIS, subst. mas. (*pané*) (par contraction, du lat. *pastinaca*, fait dans la même signification, de *pastus*, nourriture; parce qu'on mange le *panais* des jardins), t. de bot., sorte de plante potagère.—Sa racine.

PANARD, adj. mas. (*panare*), t. de man.: *cheval panard*, dont les pieds de devant sont tournés en dehors.

PANARÈTE, subst. mas. (*panarète*) (du grec πᾶν, tout, et ἀρετη, vertu; qui comprend toutes les vertus), recueil des trois livres sapientiaux.

PANARGYRE, subst. mas. (*panarjire*), t. de bot., genre de plantes de la famille des composées.

PANARILLE, subst. fém. (*panari-le*), t. de bot., sorte de plante.

PANARINE, subst. fém. (*panarine*), t. de bot., genre de plantes de la famille des amarantoïdes.

PANARION, subst. mas. (*panarion*), petit *panaris*.

PANARIS, subst. mas. (*panari*) (en grec παρωνυχια, fait de παρα, auprès, et ονυξ, l'ongle), t. de médec., tumeur phlegmoneuse qui vient à l'extrémité des doigts ou à la racine et aux côtés des ongles.

PANASSES, subst. fém. plur. (*panace*), petits *pains*. (Boiste.) Entièrement inusité.

PANATHÉNAÏCON, subst. mas. (*panaténa-i-kon*) (en latin *panathenaïcon*), t. de pharm., sorte d'onguent cité par Pline.

PANATHÉNAÏQUE, adj. des deux genres (*panaténa-ike*), qui concerne les *panathénées*.

PANATHÉNÉES, subst. propre fém. plur. (*panaténé*) (du grec πᾶν, tout, et Αθηνη, Minerve), t. d'antiq., fêtes annuelles et solennelles de Minerve, à Athènes.

PANAX ou PANACE, subst. mas. (*panakce*, *nace*), t. de bot., plante des anciens à laquelle on attribuait de nombreuses propriétés médicinales.

PANCALIERS, subst. et adj. mas. (*pankalié*), t. de bot., se dit de choux venus de *Pancaliers*.

PANCALIERS, subst. propre mas. (*pankalié*), ville du Piémont, renommée par ses choux.

PANCARPE, subst. mas. (*pankarpe*) (du latin *pancarpum*, formé du grec παγκαρπια, mélange de toute sorte de fruits et de fleurs. Les Romains donnaient ce nom, par extension, à un spectacle où paraissaient toutes sortes de bêtes.

PANCARTE, subst. fém. (*pankarte*) (du grec πᾶν, tout, et χαρτης, papier; *papier qui contient le tarif de tous les droits*), placard annonçant les droits imposés sur certaines denrées, etc.—Toute espèce d'affiches.—En plaisantant ou par mépris, toute sorte de papiers, d'écrits.

PANCE, subst. mas. (*pance*), nom d'une sorte de raisin noir. Inusité.

PANCERNE, subst. mas. (*pancérene*), chevalier polonais: *une compagnie de pancernes*. — Au plur., corps de cavalerie de Pologne, qui se divise en hussards et en *pancernes*; elle faisait presque à elle seule la force de l'état avant son licenciement, qui eut lieu en 1831.

PANCHRE, subst. fém. (*pankre*), t. d'hist. nat., sorte de pierre précieuse.

PANCHRESTE, adj. des deux genres (*pankrècete*) (du grec πᾶν, tout, et χρηστος, bon); il se dit de certains médicaments qu'on prétend propres à guérir toutes sortes de maladies. Voy. PANACÉE.

PANCHYMAGOGUE, adj. des deux genres (*pankimaguogue*) (du grec πᾶν, tout, χυμος, humeur, et αγω, je chasse), t. de médec.; vieux; se disait de certains remèdes qu'on regardait comme capables de purger toutes les humeurs: *un remède panchymagogue*. — *Extrait panchymagogue*, t. de pharm., extrait d'aloès auquel on ajoute de la coloquinte, du séné, des racines d'ellébore noir, de l'agaric, de la scammonée et de la poudre diarrhodon.—Il est aussi substantif: *les panchymagogues*.

PANCLADIES, subst. propre fém. plur. (*pankladi*), fêtes célébrées à Rhodes, au temps où l'on taillait les vignes.

PANCOVE, subst. mas. (*pankove*), t. de bot., espèce d'arbre qui croît en Guinée, dont les fleurs ont des bractées.

PANCRACE, subst. mas. (*pankrace*) (du grec πᾶν, tout, et κρατος, force), t. d'hist. anc., exercice gymnique formé de la lutte simple et de la lutte composée. Dans cet exercice, on faisait effort de tout son corps: aux secousses et à toutes les ruses en usage dans la lutte, on pouvait ajouter, pour vaincre, le secours des poings et des pieds, même des dents et des ongles.

PANCRAÏS, subst. mas. (*pankra-ice*), t. de bot., plante de la famille des narcisses.

PANCRATÈS, subst. propre mas. (*pankratèce*) (du grec πᾶν, tout, et κρατος, pouvoir, puissance), myth., surnom de Jupiter comme étant tout-puissant.

PANCRATIALE ou PANCRATIASTE, subst. mas. (*pankraci-ale*, *ci-accte*), celui qui faisait les cinq exercices gymniques; qui y remportait le prix.

PANCRATIE, subst. fém. (*pankraci*), exercices gymniques; *pancrace*.

PANCRATIUM, subst. mas. (*pankraci-ome*), t. de bot., plante narcissoïde à belles fleurs. Voyez SCILLE.

PANCRÉAS, subst. mas. (*pankré-âce*) (du grec πᾶν, tout, et κρεας, chair), t. d'anat., corps glanduleux situé sous l'estomac, entre le foie et la rate, que les anciens croyaient n'être composé que de chair.—*Pancréas d'Aselli*, le prolongement plus ou moins considérable que le *pancréas* offre presque toujours à sa partie droite.

PANCRÉATALGIE, subst. fém. (*pankré-ataleji*) (du grec παγκρεας, le pancréas, et αλγος, douleur), t. de médec., douleur dont le siège est dans le *pancréas*.

PANCRÉATALGIQUE, adj. des deux genres (*pankré-atalejike*), qui tient, qui a rapport à la *pancréatalgie*.

PANCRÉATEMPHRAXIS, subst. fém. (*pankré-atanfrakcice*) (du grec παγκρεας, le pancréas, et φρασσω, j'obstrue), t. de médec., obstruction du *pancréas*.

PANCRÉATICO-DUODÉNAL, E, adj. (*pankré-atikodu-odénale*), t. d'anat., nom qu'on donne aux vaisseaux qui se distribuent au *pancréas* et au *duodénum*.

PANCRÉATINE, subst. fém. (*pankré-atine*), t. de médec., liquide *pancréatique*, ou qui sort des glandes du *pancréas*.

PANCRÉATION, subst. fém. (*pankré-âcion*), t. de bot., sorte de plante bulbeuse.

PANCRÉATIQUE, adj. des deux genres (*pankré-atike*), t. d'anat.; il se dit de tout ce qui a rapport au *pancréas*: *muscles, nerfs, artères, veines pancréatiques*. — *Suc pancréatique*, liqueur qui sort du *pancréas*; *pancréatine*.

PANCRÉATITE, subst. fém. (*pankré-atite*) (du grec παγκρεας, le pancréas), t. de médec., inflammation du *pancréas*.

PANCRÉATONCIE, subst. fém. (*pankré-atonci*) (du grec παγκρεας, le pancréas, et ογκος, tumeur), t. de médec., inflammation, tumeur dans le *pancréas*.

PANCRÉON, subst. mas. (*pankré-on*), t. de médec., synonyme de *pancréatine*. Voy. ce mot.

PANDA, subst. propre fém. (*panda*), myth., déesse qu'on invoquait quand on se mettait en chemin, surtout lorsque le voyage était dangereux, ou que le lieu où l'on allait était d'un accès difficile. Quelques-uns, sur l'autorité de *Varron*, ont cru que *Panda* était la même que Cérès, mais il ne paraît pas que ce soit le vrai sens de cet auteur, qui les distingue formellement.

PANDACA, subst. mas. (*pandaka*), t. de bot., espèce d'arbre qui croît dans l'île de Madagascar.

PANDALE, subst. mas. (*pandale*), t. d'hist. nat., genre de crustacés de l'ordre des décapodes.

PANDALÉON, subst. mas. (*pandalé-on*), t. de pharm., sorte de médicament en tablettes pour les maux de poitrine.

PANDAN, subst. mas. (*pandan*), t. de bot., espèce de plante à tiges sarmenteuses, qui croît à Amboine.

PANDARE, subst. propre mas. (*pandare*), myth., fils de Lycaon, fut un de ceux qui allèrent au secours des Troyens contre les Grecs. — Il y eut un autre *Pandare* qui suivit Énée, et fut tué par Turnus.

PANDARON, subst. mas. (*pandaron*), nom de prêtres ou religieux indiens de la secte de Skiva.

PANDECT ou PANDIT PANDÈKTE, subst. masc. (*pandi*), sorte de lettré, de savant de l'Inde, expliquant le sanscrit, et sachant même un peu la langue anglaise.

PANDECTAIRE, subst. mas. (*pandèktère*), auteur de *Pandectes*.

PANDECTES, subst. fém. plur. (*pandèkte*) (en grec πανδεκται, fait de πᾶν, tout, et de δεχομαι, recueillir), recueil de décisions ou de lois compilées sous Justinien. — *Pandectes florentines*, édition des *Pandectes* publiée et composée sur le manuscrit de Florence. — Il faut bien distinguer les *Pandectes* du *Digeste*.

PANDÈME, subst. propre fém. (*pandème*), myth., surnom de Vénus. — Subst. mas. plur., jours pendant lesquels on servait aux morts des festins publics.

PANDÉMIE, subst. fém. (*pandémi*) (du grec πᾶν, tout, et δημος, peuple), t. de médec., synonyme de *épidémie*. Peu usité.

PANDÉMIQUE, adj. des deux genres (*pandémike*), qui tient à la *pandémie*. Peu usité.

PANDÉMON, subst. mas. (*pandémon*), myth., fête générale célébrée autrefois par tout le peuple d'Athènes.

PANDÉMONION (c'est l'orthographe du mot grec étymologique; mais l'*Académie* écrit en latinisant, bien plutôt qu'en francisant le mot, *pandémonium*, qu'elle fait prononcer *pandémoni-ome*), subst. mas. (*pandémoni-on*) (du grec πᾶν, tout, et δαιμων, démon), salle du conseil des démons dans *Milton*. C'est un lieu imaginaire, que la mythologie des anciens a fait supposer être la capitale des Enfers, et dans laquelle Satan, selon Milton, convoque le conseil des démons. — Fig.: *c'est un vrai pandémonium*, se dit de la réunion de gens malintentionnés, qui ne se rassemblent et ne s'entendent que pour mal faire ou faire du tapage.

PANDIARE, subst. mas. (*pandi-are*), chef de la religion et juge souverain des Maldives.

PANDICULAIRE, subst. mas. et adj. des deux genres (*pandikulère*), t. d'antiq., se dit de certains jours auxquels on sacrifiait à tous les dieux, chez les Grecs et les Romains.

PANDICULATION, subst. fém. (*pandikulâcion*) (en lat. *pandiculatio*, fait de *pandiculari*, s'étendre, s'allonger par lassitude), t. de médec., extension du corps, causée par lassitude ou par envie de dormir.

PANDIES, subst. fém. plur. (*pandi*), myth., fêtes que l'on célébrait, en Grèce et à Rome, en l'honneur de Jupiter.

PANDIONIDE, subst. propre mas. sing. (*pandi-onide*), descendant de *Pandion*, roi d'Athènes.

PANDIONIDE, subst. fém. (*pandi-onide*), t. d'antiq., l'une des tribus des Athéniens.

PANDIT, subst. mas. Voy. PANDECT.

PANDORE, subst. propre fém. (*pandore*) (en grec πανδωρα, fait de πᾶν, tout, et δωρον, présent), myth., suivant *Hésiode*, nom de la première femme, formée par Vulcain, et que les dieux douèrent à l'envi de tous les dons. Jupiter l'ayant chargée pour Épiméthée d'une boîte bien close, elle l'ouvrit, et tous les maux qui affligent le genre humain en sortirent aussitôt, en ne laissant au fond que l'espérance. De là, l'expression proverbiale de, *la boîte de Pandore*, pour désigner un présent funeste, qui devient la source de malheurs multipliés.—Subst. fém., instrument de musique des anciens, qui ressemblait au luth, mais dont les cordes étaient de laiton, et les touches en cuivre, comme celles du cistre. On l'appellerait mieux *pandure*, ce mot venant, dans ce dernier sens, du latin *pandura*.

PANDOULEAU, subst. mas. (*pandoulô*), nom d'un raisin noir qui croît dans le Jura.

PANDOUR ou PANDOURE (l'*Académie* donne les deux), subst. mas. (*pandoure*), nom de certains soldats hongrois. Ce sont des troupes légères, propres surtout au pillage. — Fig., homme dont les manières sont brusques, rudes, impolies, etc. Fort peu usité.

PANDROSIE, subst. fém. (*pandrozi*), t. d'antiq., fête que l'on célébrait, à Athènes, en l'honneur de *Pandrose*, l'une des filles de Cécrops, à qui Minerve avait confié un dépôt.

PANDURE, subst. fém. (*pandure*), instrument qu'on croit être le même que la *pandore*.

PANDURÉ, E, ou PANDURIFORME, adj. (*panduré*, *duriforme*) (du lat. *pandura*, pandore ou pandure, et *forma*, forme), t. de bot., se dit des feuilles oblongues, larges à leur base et rétrécies dans les côtés, en forme de violon ou de *pandore*.

PANDUVIE, subst. fém. (*panduvi*), chez les anciens, sorte d'instrument à vent.

PANDYSIES, subst. fém. (*pandizi*), t. d'antiq., réjouissances publiques qui avaient lieu en Grèce, dans la saison où l'on ne pouvait plus tenir la mer.

PANÉ, E, part. pass. de *paner*, et adj. — *Eau panée*, dans laquelle on a fait tremper du *pain*.

PANE, subst. mas. (*pane*), espèce de bouclier ancien, recouvert de peau.

PANÉAS, nom pr. mas. (*panéâce*), ancienne ville de la Galilée, près du Jourdain, aujourd. *Banias*.

PANÉGYRE, subst. mas. (*panéjire*), *panégyrique*. (*Boiste*.) Vieux et même inusité.

PANÉGYRIARQUE, subst. mas. (*panéjiri-arke*) (du grec πανηγυρις, jeux publics, solennités, de παν, tout, αγυρις, foule, et αρχη, commandement autorité), t. d'ant., magistrat des villes grecques qui présidait aux fêtes solennelles et aux jeux *panégyriques*.

PANÉGYRIDES, subst. fém. plur. (*panéjiride*), t. d'antiq., fêtes, jeux qui se célébraient chez les anciens Grecs, tous les cinq ans. Voy. PANÉGYRIS.

PANÉGYRIQUE, subst. mas. et adj. des deux genres (*panéjirike*), discours à la louange de quelqu'un.—*Assemblée, fête, jeu panégyrique*, où se rassemble un grand concours de monde. Dans ce dernier sens, il ne s'emploie qu'en parlant des anciens.

PANÉGYRIS, subst. mas. (*panéjirice*), t. d'antiq., assemblée grecque qui répondait exactement aux foires des Romains. — C'était aussi le nom d'une fête athénienne.

PANÉGYRISME, subst. mas. (*panéjiriceme*), louange outrée. Presque inusité.

PANÉGYRISTE, subst. mas. (*panéjiricete*), celui qui fait un *panégyrique*, celui qui fait en général l'éloge de quelqu'un.— T. d'hist. anc., la même chose que *panégyriarque*.

PANÉKÉQUE, subst. mas. (*panékiéke*) (de l'anglais *pankake*), espèce de gâteau qu'on fait en Angleterre.

PANEL, subst. mas. (*panèle*), t. de bot., nom qu'on donne à plusieurs arbres de la côte de Malabar.

PANELLE ou **PANNELLE**, subst. fém. (*panèle*), sucre brut qu'on tire des Antilles.—T. de blas., feuille de peuplier.

PANÉMION, subst. mas. (*panémi-on*), mois athénien qui répond à notre mois de juillet.

PANÉMORE, subst. mas. (*panémore*), nom d'une machine nouvellement inventée, qui tourne et se meut à tout vent.

PANER, v. act. (*pané*), couvrir de *pain* émié la viande qu'on fait griller ou rôtir. — SE PANER, v. pron.

PANÈRE, subst. fém. (*panère*), pierre précieuse qu'on disait contribuer à la fécondité de celle qui la portait sur elle.

PANERÉE, subst. fém. (*paneré*), plein un panier.

PANETER, subst. mas. (*panetère*), boulanger. (*Boiste*.) Vieux, et même entièrement hors d'usage.

PANETERIE, subst. fém. (*paneteri*) (on devrait écrire PANETTERIE, et prononcer *panèteri*, parce que le génie de la langue se refuse à ce qu'il se rencontre ainsi dans un même mot deux syllabes muettes de suite), lieu où l'on dispose le *pain* sur des étagères, dans les manutentions militaires. — Endroit où l'on distribuait le *pain* chez le roi. — Tous les officiers qui servent à la *paneterie* : *le chef de la paneterie*.

PANETIER, subst. mas. (*panetié*) : *grand panetier*, autrefois, grand officier de la couronne, qui faisait distribuer le *pain* de la maison du roi, et qui avait autorité sur tous les boulangers de France.

PANETIÈRE, subst. fém. (*panetière*), espèce de poche ou de sac où les bergers mettent leur *pain*.

PANETOLIUM; subst. mas. (*panétoli-ome*), t. d'antiq., conseil de la nation chez les anciens Eoliens.—Lieu où siégeait ce conseil.

PANETTERIE, subst. fém. Voy. PANETERIE.

PANGA, subst. propre mas. (*pangua*), myth., idole des noirs du Congo. C'est un bâton de la forme d'une hallebarde, avec une tête sculptée et peinte en rouge.

PANGI, subst. mas. (*panji*), t. de bot., arbre des Moluques.—Noyau dont l'amande huileuse est bonne à manger.

PANGLOSSIE, subst. fém. (*pangueloci*) du grec παν, tout, et γλωσσα, langue), réunion de tous les langages.

PANGOLIN, subst. mas. (*panguolein*), t. d'hist. nat., genre de mammifères édentés de la famille des fourmiliers.

PANGONIAS, subst. mas. (*panguoni-âce*), prisme de quartz; pierre des anciens, longue seulement comme le doigt.

PANGONIE, subst. fém. (*panguoni*), t. d'hist. nat., genre d'insectes de l'ordre des diptères.

PANGOUMI, subst. mas. (*pangoumi*), mois indien qui correspond à notre mois de mars.

PANHARMONICON ou **PANHARMONIQUE**, subst. mas. (*panarmonikon, nike*) (du grec παν, tout, et αρμονικος, harmonique, fait de αρμονια, harmonie; *harmonie universelle*), t. de musique, instrument mécanique inventé par M. *Maelzel* de Vienne en Autriche, au moyen duquel on fait entendre : 1° tous les sons des divers instruments à vent; 2° ceux des cymbales, du triangle, des tymbales, de la grosse caisse, etc., employés dans la musique militaire. Quelques modifications heureuses faites à cet instrument l'ont rendu propre à imiter parfaitement les sons de la voix humaine. On l'a appelé alors *panharmoni-métallicon*.

PANHELLÉNIEN, adj. mas. (*panèléniein*) (du grec παν, tout, et ελλην, grec), myth., surnom donné à Jupiter comme protecteur de toute la Grèce.

PANHELLÉNIES, subst. fém. plur. (*panèléni*) (même étym. que celle du mot précéd.), fêtes en l'honneur de Jupiter, auxquelles toute la Grèce devait participer.

PANHELLÉNION, subst. mas. (*panèlelénion*) (même étym. que celle du mot précéd.), t. d'antiq., l'assemblée nationale en Grèce.—Lieu, bâtiment où se tenait cette assemblée.

PANIC. Voy. PANIS.

PANICAUT, subst. mas. (*panikô*), t. de bot., sorte de plante appelée autrement *chardon-Roland*.

PANICOPHOBIE, subst. fém. (*panikofobi*) (du grec πανικος, panique, et φοβος, crainte), t. de médec., terreur sans motif; terreur, épouvante nocturne.

PANICOPHOBIQUE, adj. des deux genres (*panikofobike*), qui tient, qui a rapport à la *panicophobie*.

PANICULE, subst. fém. (*panikule*) (du lat. *paniculus*, dont la signification est à peu près la même, dérivé de *panus*, peloton de laine), t. de bot., assemblage de fleurs portées sur des pédoncules grêles et inégaux, qui les étalent confusément et sans ordre déterminé. Quelques-uns le font à tort du masculin.

PANICULÉ, E, adj. (*panikulé*), t. de bot., se dit d'une tige dont les rameaux, en se divisant et en se subdivisant diversement, représentent une *panicule*.

PANICUM, subst. mas. (*panikome*), t. de bot., sorte de plante qui ressemble au millet. On dit aussi *panis* ou *panic*.

PANIER, subst. mas. (*panié*) (du latin *panis*, pain), ustensile d'osier, de jonc, etc., où l'on met diverses choses. Il servait dans l'origine à y mettre du *pain*.—Ce que contient un *panier* : *un panier de fruits*.—En t. de pêche, voy. CAGE.—Ruche d'abeilles. — *Panier d'un coche*, grande caisse faite d'osier, et qui se mettait anciennement derrière le coche.—*Panier à marée*, dans lequel on apporte la marée. Nous ne connaissons point de *panier* commun pour toute la marée. La marée se transporte ordinairement dans de la paille; il n'y a que certains poissons de prix qu'on empaille dans des *paniers* particuliers. — *Panier à bouteilles*, à compartiments pratiqués de manière qu'on peut facilement s'en servir pour transporter des bouteilles.— *Panier à ouvrage*, dans lequel on resserre tous les ouvrages d'aiguille. — T. d'archit. : *arcade à anse de panier*, dont le cintre est surbaissé, qui n'a pas son cintre plein. — Dans l'ancienne armure des Français, espèce de bouclier fait d'osier, et creux en dedans. — Le milieu de la corde de l'arbalète à jalet, qui est fait en creux, et où l'on met la balle ou le jalet, lorsqu'on veut tirer. — Espèce de jupon garni autrefois de cercles de baleine, pour soutenir les jupes et la robe.—Figur. et fam. : *le dessus du panier*, ce qu'il y a de meilleur dans quelque chose que ce soit.—*Le fond du panier*, ce qu'il y a de plus mauvais.—*Adieu paniers, vendanges sont faites*, l'occasion est passée, il n'y a plus rien à faire.—*Cette cuisinière fait danser l'anse du panier*, vole sur ce qu'elle achette au marché.—Prov. : 1° *mettre tous ses œufs dans un panier*, risquer tout son bien dans une seule entreprise; 2° *panier percé*, prodigue, dissipateur; 3° *sot comme un panier*, fort sot.

PANIFIABLE, adj. des deux genres (*panifiable*), dont on peut faire du *pain*.

PANIFICATION, subst. fém. (*panifikâcion*), conversion des matières farineuses en *pain* : *la pomme de terre est susceptible de panification*.

PANIONIES, subst. fém. plur. (*pani-oni*) (du grec παν, tout, et Ιωνια, Ionie), t. d'antiq., fêtes de Neptune, que l'on célébrait autrefois chez les Ioniens.

PANIQUE, adj. des deux genres (*panike*) (en grec πανικος) : *terreur panique*, terreur subite et sans fondement réel, que les anciens croyaient inspirée par le dieu *Pan*. Il ne se dit que dans cette phrase. — Subst. fém. : *une panique*, une terreur *panique*.

PANIS. Voy. PANICUM.

PANISQUE, subst. propre mas. (*paniceke*), myth., nom de petits Pans, dieux champêtres, que l'on croyait tout au plus de la taille des pygmées.

PANISTON, subst. mas. (*paniceton*), sorte d'étoffe de laine drapée que l'on fabrique en France.

PANKAMA, subst. mas. (*pankama*), t. d'hist. nat., poisson de mer de la Guyane, dont la chair est glutineuse et fort estimée.

PANKE, subst. mas. (*panke*), t. de bot., espèce de plante du Chili qui sert à teindre et à tanner les cuirs.

PANLEXIQUE, subst. mas. (*panlèkcike*) (du grec παν, tout, et λεξικον, lexique), dictionnaire comprenant tous les mots et toutes les locutions consacrés dans une langue pour désigner tous les êtres, exprimer toutes les idées, tous les sentiments, etc. — Extrait de tous les dictionnaires; c'est le titre que *Boiste* a donné à son *Dictionnaire*; malheureusement pour nous, il a poussé beaucoup trop loin le besoin qu'il ressentait d'un *panlexique*, en insérant tout ce qu'il rencontrait dans tous les autres *dictionnaires*, le bon comme le mauvais, sans même se donner la peine de nous dire si l'on devait accueillir tel mot préférablement à tel autre. Nous ne comprendrons jamais un *panlexique* fait ainsi; c'est un ouvrage qui devient d'une inutilité complète, parce que, loin d'éclairer l'esprit, il ne peut que le fourvoyer et l'égarer; et c'est ce qui nous arrive à nous-mêmes quand nous voulons nous rendre compte de l'orthographe différente d'un même mot, dont nous avons perdu, par le temps, l'origine étymologique et la tradition.

PANNAIRE, subst. fém. (*panenère*), basane non teinte qui couvre l'étoffe lorsqu'on la fabrique.

PANNE, subst. fém. (*pane*) (en latin *pannus*, qui désigne toute sorte d'étoffe à chaîne en trame de soie ou de laine, fabriquée à peu près comme le velours.—Graisse dont la peau du cochon et de quelques autres animaux est garnie.—Fig. et fam. : *avoir deux doigts de panne*, être extrêmement gras.—Dans le blason, fourrure de vair ou d'hermine.—En t. de charpentier, pièce de bois qui sert à soutenir les chevrons d'une couverture.— Le bout aplati d'un marteau.— Pièce de bois de charpente posée horizontalement. — *Mettre un vaisseau en panne*, en t. de mar., disposer les voiles de manière à ne pas continuer route. — *Être* ou *rester en panne*, ne pas tenir, ne pas prendre le vent.—Fig., suspendre toute action.

PANNÉ, E, part. pass. de *panner*.

PANNEAU, subst. mas. (*panô*), pièce de bois ou de vitrage enfermée dans une bordure : *panneau de porte, de lambris, de vitre*. — Une des faces d'une pierre de taille. — Moule ou modèle de carton ou de bois, pour tailler une pierre, et qu'on lève sur l'épure. — En peinture, planche imprimée sur laquelle on peint.—Filet pour prendre des lièvres et des lapins. (En ce sens, du latin *pannellus*, dimin. de *pannus*, drap, étoffe. Suivant *Du Cange*, on a, dans la basse latinité, dit *penellum*, avec la même signification.) — Au fig., piège : *on lui a tendu un panneau; donner dans le panneau*.—Chacun des deux coussinets, etc., qu'on met aux côtés d'une selle pour empêcher que le cheval ne se blesse. — Chez les chapeliers, sorte de chevalet sur lequel pose la chanterelle à l'extrémité de l'arçon, et qui sert à bander la corde, quand on veut faire voguer l'étoffe.—Au plur., dans la frise ou machine à friser les étoffes, deux roues de champ placées verticalement.—T. de bot., voyez VALVE. — Prov. et figur. : *crever dans ses panneaux*, renfermer au-dedans de soi quelque grand dépit, etc. Il est populaire.

PANNEAUTÉ, part. pass. de *panneauter*.

PANNEAUTER, v. neut. (panôté), tendre des panneaux à lapins. Ce mot a bien vieilli.

PANNEFIN, subst. mas. (panefein), sorte de papier qu'on fabrique dans la Hollande.

PANNE-ISABELLE, subst. fém. (panizabèle), t. de bot., fleur anémone isabelle à peluche.

PANNELLE, subst. fém. (panèle), t. de blas., feuille de peuplier.

PANNER, v. act. (pané), creuser une pièce de métal avec la *panne* d'un marteau.—*se* PANNER, v. pron.

PANNETON, subst. mas. (paneton), partie d'une clef qui entre dans la serrure. — Chez les boulangers, panier long et étroit garni de toile en dedans. — *Panneton d'espagnolette*, la partie saillante qui sert à fermer les volets.

PANNEXTERNE, subst. mas. (panèkcetèrene), t. de bot., l'écorce en enveloppe extérieure des fruits.—Leur peau. Presque inusité.

PANNICULE, subst. fém. (panikule) (du lat. *pannicula*, étoffe mince et légère, dimin. de *pannus*, étoffe), t. d'anat., membrane cutanée. — *Pannicule charnue*, tégument musculeux qui, dans les animaux, se trouve au-dessous de la peau. — *Pannicule graisseuse*, le tissu cellulaire.

PANNINTERNE, subst. mas. (paneintèrene), t. de bot., membrane qui tapisse l'intérieur des péricarpes dans les plantes. Presque inusité.

PANNOIR, subst. mas. (panoar), sorte de marteau dont se servent les épingliers.

PANNOMIE, subst. fém. (panenomi) (du grec παν, tout, et νομος, loi, décret), titre d'un recueil de décrets, attribué par les uns à *Ives de Chartres*, et par les autres à *Hugues de Châlons*.

PANNON, subst. mas. (panon), rousseur aux mains, au visage. (Boiste.) Peu usité.

PANNONIE, subst. fém. (panenoni), figure de médaille qui tient à la main des enseignes militaires pour caractériser la vaillance des anciens Pannoniens. — Subst. propre fém., nom ancien de la Hongrie d'aujourd'hui.

PANNOSITÉ, subst. fém. (panenôzité) (du lat. *pannus*, linge, étoffe), t. de médec., défaut de consistance de la peau, que la maladie rend mollasse.

PANNOSITEUSE, adj. fém. Voyez PANNOSITEUX.

PANNOSITEUX, adj. mas., au fém. PANNOSITEUSE (panenôzieu, teuze), couvert de *pannes*, de haillons. (Boiste.) Hors d'usage.

PANNUS, subst. mas. (panenuce) (mot lat. qui signifie *drap*, *étoffe*), t. de chir., tache de l'œil qui ressemble à un petit lambeau de drap. — Tache irrégulière de la peau.

PANNYCHIE, subst. fém. (panenichi) (du grec παν, tout, et νυχιος, dérivé de νυξ, nuit), myth., fontaine imaginaire que *Lucien* place dans l'île des Songes.

PANNYCHISME, subst. mas. (panenichicème) (même étym. que celle du mot précéd.), t. d'antiq., veillée religieuse ou célébration nocturne de mystères.

PANOMPHÉON, subst. mas. (panonfé-on) (du grec παν, tout, et ομφη, voix), myth., surnom de Jupiter, pris de ce qu'étant adoré par tous les peuples, il connaissait toutes les langues, puisqu'il rendait à chacun des oracles dans son propre langage.

PANON, subst. mas. (panon), t. d'hist. nat., oiseau qu'on trouve en Amérique.

PANONCEAU, subst. mas. (panonçô), écusson d'armoiries mis sur une affiche pour y donner plus d'autorité, ou sur un poteau pour marque de juridiction.—Écusson mis à la porte des hommes de loi.

PANOPE, subst. mas. (panope), t. d'hist. nat., genre d'oiseaux nageurs. — Genre de coquilles de la classe des bivalves. — Subst. propre fém., myth., l'une des Néréides.

PANOPHOBIE, subst. fém. (panofobi) (du grec παν, tout, et φοβος, crainte, frayeur), t. de médec., maladie qui fait qu'on a peur de tout.

PANOPHOBIQUE, adj. des deux genres (panofobike), qui est relatif, qui appartient à la *panophobie*.

PANOPLIE, subst. fém. (panopli) (du grec παν, tout, et οπλα, armes), armure complète.

PANOPS, subst. mas. (panopece), t. d'hist. nat., genre d'insecte de l'ordre des diptères.

PANOPTÉS, subst. propre mas. (panopetèce) (du grec παν, tout, et οπτομαι, voir), myth., surnom de Jupiter, parce qu'il voit tout.

PANOPTIQUE, subst. mas. (panopetike) (du grec παν, tout, et οπτομαι, voir), bâtiment où, d'un point de l'édifice, l'œil embrasse toutes les parties de l'intérieur.

PANORAMA, subst. mas. (panorama) (du grec παν, tout, et οραμα, vue, dérivé de οραω, je vois : *vue de la totalité*; *vue de l'ensemble*), grand tableau circulaire, disposé de manière que le spectateur qui est placé au centre, embrassant successivement tout son horizon, et ne rencontrant partout que ce tableau sans pouvoir le comparer avec aucun objet étranger, éprouve l'illusion la plus complète.

PANORAMIQUE, adj. des deux genres (panoramike), de *panorama*, d'un horizon entier.

PANORPATE, subst. mas. (panorpate), t. d'hist. nat., tribu d'insectes panorpiens.

PANORPE, subst. mas. (panorpe), t. d'hist. nat., genre d'insectes de l'ordre des névroptères.

PANOURE, subst. fém. (panoure), t. de mar., sorte de petit bateau ou de galiote chinoise.

PANPHALÉE, subst. fém. (panfalé), t. de bot., genre de plantes de la famille des bilabiées.

PANS, subst. propre mas. plur. (pan), myth., satyres qui reconnaissaient *Pan* pour leur chef; c'étaient les dieux des chasseurs, des bois et des champs.

PANSAGE, subst. mas. (pançaje), action de *panser* un cheval.

PANSARD, E, adj. (pançar, çarde), qui a une grosse panse.

PANSCROSTÈCHE, subst. fém. (panceckrocetèche) (de l'allemand *pantser*, cuirasse, et *schroteisen*, tranchant), longue épée de houssard allemand. Il est heureux pour nous de pouvoir avertir que ce mot est tout allemand.

PANSE, subst. fém. (pance) (en lat. *pantex*, gén. *panticis*), la partie du ventre des animaux qui renferme ce qu'ils ont mangé. — Premier estomac des animaux ruminants. — Fam., en parlant des personnes, ventre : *avoir une grosse panse*; *panse pleine*. — *Se faire crever la panse*, se faire tuer. — Prov. : *avoir plus grands yeux que grande panse*, avoir plus d'appétit en imagination qu'en réalité. — *Après la panse vient la danse*, quand on a fait bonne chère, on ne pense plus qu'à se divertir. — Fig., et fam. : *panse d'a*, le corps de la lettre *a* : *je n'ai pas fait une panse d'a*, je n'ai rien écrit.—*Panse de vache*, linge ouvré qui se fabrique en Picardie.—*Panse de damas*, sorte de raisins séchés au soleil.

PANSÉ, E, part. pass. de *panser*.

PANSÉLÈNE, subst. fém. (pancélène) (du grec παν, tout,entier, et σεληνη, lune), t. d'astron., la pleine lune. — Adj. des deux genres, né en pleine lune. Peu usité.

PANSEMENT, subst. mas. (panceman), action de *panser* une plaie. Il se dit même des soins qu'on donne à un *pansement*.

PANSER, v. act. (pancé), appliquer à une plaie les remèdes nécessaires; la nettoyer, enlever l'appareil, en mettre un autre, etc. — Brosser, étriller un cheval, en avoir soin.—*se* PANSER, v. pron.

PANSOPHIE, subst. fém. (pançofi) (du grec παν, tout, et σοφια, sagesse), sagesse universelle. Inusité.

PANSOPHIQUE, adj. des deux genres (pançofike), qui a rapport, qui est relatif à la *pansophie*. Inusité.

PANSPERMIE, subst. fém. (pancepèremi) (du grec παν, tout, et σπερμα, semence), t. de phys., système de ceux qui prétendent que tous les germes des corps organisés sont répandus partout, et n'attendent que des circonstances favorables pour se développer.

PANSPERMIQUE, adj. des deux genres (pancepèremike), qui concerne la *panspermie*.

PANSTÉRÉORAMA, subst. mas. (pancetéré-orama) (du grec παν, tout, στερεος, solide, et οραμα, vue), représentation entière, en relief, et dans ses véritables proportions, d'un objet.

PANSTÉRÉORAMIQUE, adj. des deux genres (pancetéré-oramike), qui est relatif, qui a rapport au *panstéréorama*.

PANSU, E, subst. et adj. (pançu), qui a une grosse panse. Il est familier. — On dit aussi subst. et dans le même style : *c'est un gros pansu*. (Boiste.) Peu usité.

PANTAGA, subst. mas. (pantagua), t. de bot., arbre des Indes orientales qui produit le santal rouge.

PANTAGATHE, subst. mas. (pantaguate),
myth., oiseau qu'on regardait comme étant de bon augure.

PANTAGOGUE, adj. des deux genres (pantaguogue) (du grec παν, tout, et αγω, je chasse), t. de médec., évacuant, purgatif.

PANTAGRUÉLION, subst. mas. (pantagueru-éli-on), nom burlesque donné au chanvre par *Rabelais*.

PANTAGRUÉLIQUE, adj. des deux genres (pantagueru-élike), qui mange et boit sans fin. — Qui traite de la mangeaille et de la bouteille.

PANTAGRUÉLISÉ, part. pass. de *pantagruéliser*.

PANTAGRUÉLISER, v. neut. (pantagueru-élizé), boire copieusement, (comme *Pantagruel* dans *Rabelais*).

PANTAGRUÉLISME, subst. mas. (pantagueruélicème), philosophie insouciante des amis de *Pantagruel*, et de ceux qui lui ressemblent.

PANTAGRUÉLISTE, subst. mas. (pantagueruélicete), joyeux buveur, bon convive, philosophe rabelaisien.

PANTAGUIÈRES, subst. fém. plur. (pantaguière), t. de mar., cordes pour assurer les mâts dans la tempête.

PANTALÉON, subst. mas. (pantalé-on), espèce de tympanon monté avec des cordes à boyau.

PANTALON, subst. mas. (pantalon) (ce mot vient des Vénitiens, qui portent cette espèce de vêtement, et qu'on appelle *pantaloni*, à cause de saint *Pantaléon*, qui était autrefois le patron de Venise. *Ménage*.), sorte de culotte qui prend depuis les reins jusqu'aux pieds. — Caleçon qui est tout d'une pièce avec le bas. — Un des personnages de la comédie italienne, qui est toujours un marchand vénitien. — Fig. et fam., homme qui joue toute sorte de rôles pour parvenir à ses fins.—*A la barbe de Pantalon*, en dépit de celui que cela intéresse le plus.

PANTALONNADE, subst. fém. (pantalonade), danse de *pantalon*. — Bouffonnerie.— Fig. : 1° entrée ou sortie brusque d'un étourdi; 2° fausse démonstration de joie, de douleur, de bienveillance; 3° subterfuge ridicule pour se tirer d'embarras.

PANTANNE, subst. fém. Voy. PANTÈNE.

PANTARBE, subst. mas. (pantarbe), espèce de pierre précieuse à laquelle les anciens attribuaient la faculté d'attirer l'or comme l'aimant attire le fer, et dont ils racontaient les merveilles les plus surprenantes.

PANTE, subst. fém. (pante), chapelet fait de petites coquilles blanches. — Toile de crin dont on se sert dans les brasseries.

PANTELANT, E, adj. (pantelan, lante), haletant, palpitant. — Étendu sans connaissance. — *Chairs pantelantes*, récemment meurtries.

PANTELÉ, part. pass. de *panteler*.

PANTELER, v. neut. (pantelé), haleter, palpiter fortement et d'une manière embarrassée.

PANTÈNE, subst. fém. (pantène), t. de pêche, espèce de filet du genre des verveux, qu'on place au bout des bourdigues, pour retenir les anguilles. Voy. PANTENNE.

PANTÉNEITH, subst. mas. (panténète), myth., chef des prêtres de Neith, en Égypte.

PANTENNE, subst. fém. (pantène), t. de mar., état d'un vaisseau dégréé et désemparé : *vaisseau en pantenne*.

PANTÉ, E, part. pass. de *panter*.

PANTER, v. act. (panté), t. de manuf., arrêter les peaux des cardes dans le *panteur*. — *se* PANTER, v. pron.

PANTEUR, subst. mas. (panteur), instrument pour tendre les peaux des cardes.

PANTHACHATE, subst. fém. (pantakate) (du grec πανθηρ, bête féroce, et αχατης, agate), t. d'hist. nat., agate mouchetée comme la peau d'un tigre.

PANTHÉE, E, adj. (panté) (du grec παν, tout, et θεος, dieu), figure panthée, chez les païens, figure qui réunissait les symboles ou les attributs de plusieurs divinités.—Il est aussi subst. fém. : *les panthées*. — Myth., subst. propre mas., myth., fils d'Oléus, Troyen, père d'Euphorbe.

PANTHÉISME, subst. mas. (panté-icème) (même étym. que celle du mot précéd.), t. de théol., système de ceux qui, comme *Spinosa*, n'admettent d'autre dieu que le *Grand Tout*, l'universalité des êtres existants.

PANTHÉISTE, subst. et adj. des deux genres (panté-icete), partisan du *panthéisme*, ce qui tient à lui; qui croit que Dieu est le tout, et que le tout est Dieu.

PANTHÉOLOGIE, supst. fém. (*panté-oloji*) (du grec παν, tout, θεος, dieu, et λογος, discours), histoire de tous les dieux du paganisme.

PANTHÉOLOGIQUE, adj. des deux genres (*panté-olojike*), qui est relatif, qui a rapport à la *panthéologie*.

PANTHÉON, subst. mas. (*panté-on*) (du grec παν, tout, et θεος, dieu), temple consacré à *tous les dieux*. Agrippa, gendre d'Auguste, en fit construire à Rome un qui subsiste encore sous le nom de *la Rotonde*. — On a donné le nom de *Panthéon*, en France, à un monument destiné à recevoir les cendres des grands hommes.—On appelle aussi *panthéon* l'ensemble des petites *figures* dites *panthées*.

PANTHÉRA, subst. fém. (*pantéra*), t. d'hist. nat., pierre des anciens qu'on a reconnue être une agate jaspée, et à laquelle ils attribuaient beaucoup de vertus fabuleuses.

PANTHÈRE, subst. fém. (*pantère*) (en lat. *panthera*, fait du grec πανθηρ, formé de παν, tout, et θηρ, bête féroce, non parce que la panthère surpasse tous les autres animaux en férocité, mais parce qu'elle en a les diverses couleurs), t. d'hist. nat., espèce de bête féroce, fauve, marquée de taches noires, en anneaux.—*Pierre de panthère*. Voy. PANTHÉRA.

PANTHICA, subst. propre fém. Voy. PANDA.

PANTIÈRE, subst. fém. (*panti-ère*) (en lat. *panther*, fait du grec πανθηρον, filet à prendre toute sorte d'animaux), sorte de filet pour prendre les oiseaux.

PANTIMER, v. act. Voy. PANTINER.

PANTIN, subst. mas. (*pantein*), figure de carton plat et peint, qui se meut avec des fils. — Fig., personne qui agit comme on veut, ou qui agit elle-même d'une façon ridicule.

PANTIN, subst. propre mas. (*pantein*), bourg de France, chef-lieu de canton, dép. de la Seine.

PANTINE, subst. fém. (*pantine*), nombre d'écheveaux de soie, de fil ou de laine liés ensemble.

PANTINER v. act. (*pantiné*), t. de teint., passer un fil autour de chaque matteau de soie.

PANTOGÈNE, adj. des deux genres (*pantojène*) (du grec παν, gén. παντος, tout, et γεινομαι, naître), t. d'hist. nat., se dit des crystaux dans lesquels chaque arête ou chaque angle solide subit un décroissement.

PANTOGONIE, subst. fém. (*pantoguoni*), t. de géom. (du grec παν, tout, gén. παντος, et γωνια, angle), trajectoire réciproque qui, pour différente position de son axe, se coupe toujours elle-même sous un angle constant.

PANTOGRAPHE, subst. mas. (*pantoguerafe*) (du grec παντος, gén. de παν, tout, et γραφω, je décris), instrument pour copier mécaniquement et sans savoir le dessin toute sorte d'estampes, etc. — *Pantographe des sculpteurs*, machine inventée en 1620 par M. *Gatteaux*, destinée à mettre au point les statues et les bustes de marbre.

PANTOGRAPHIE, subst. fém. (*pantoguerafi*) (même étym. que celle du mot précédent), l'art de copier toutes sortes d'estampes sans le secours du dessin.

PANTOGRAPHIQUE, adj. des deux genres (*pantoguerafike*), se dit de ce qui a rapport au *pantographe*, et de ce qui est exécuté par le moyen de cette machine : *opération pantographique*.

PANTOGRAPHIQUEMENT, adv. (*pantoguerafikeman*), d'une manière *pantographique*, avec le *pantographe*.

PANTOIEMENT, subst. mas. (*pantoèman*), t. de faucon., asthme dont les oiseaux sont attaqués.

PANTOIRE, subst. fém. (*pantoare*), t. de mar., manœuvre dormante, capelée, comme les haubans, sur les bas mâts. On dit plus souvent *pendeur*. Voy. ce mot.

PANTOIS, adj. mas. (*pantoè*), haletant, hors d'haleine. Il avait autrefois un féminin. — *Rester tout pantois*, demeurer interdit. Vieux.

PANTOMÈTRE, subst. mas. (*pantomètre*) (du grec παντος, gén. de παν, tout, et μετρον, mesure), instrument pour mesurer toute sorte d'angles, de hauteurs ou de distances. Voy. HOLOMÈTRE.

PANTOMÉTRIQUE, adj. des deux genres (*pantométrike*), qui a rapport, qui appartient au *pantomètre*.

PANTOMIME, subst. mas. (*pantomime*) (du grec παντος, gén. de παν, tout, et μιμεομαι, imiter, contrefaire), acteur qui exprime toute sorte de choses par des gestes et sans parler. — Subst. fém., dans l'art dramatique, le langage de l'action, l'art de parler aux yeux, l'expression muette du visage et des gestes. — Pièce de ce genre. — Adj. des deux genres : *ballet, divertissement pantomime*, où toute l'action s'exprime par gestes et sans paroles.

PANTOPHAGE, subst. mas. et adj. des deux genres (*pantofaje*) (du grec παν, gén. παντος, tout, et φαγω, je mange), qui se nourrit de toutes sortes d'aliments. Peu usité.

PANTOPHAGIE, subst. fém. (*pantofaji*) (même étym. que celle du mot précéd.), appétit vorace ; habitude de manger toutes sortes d'aliments. Peu usité.

PANTOPHAGIQUE, adj. des deux genres (*pantofajike*), qui tient, qui est relatif à la *pantophagie*. Peu usité.

PANTOPHILE, subst. mas. et adj. des deux genres (*pantofile*) (du grec παντος, gén. de παν, tout, et φιλος, ami), qui aime tout. (*Voltaire*.) Peu usité.

PANTOPHOBE, subst. mas. (*pantofobe*), affecté de *pantophobie*.

PANTOPHOBIE, subst. fém. (*pantofobi*) (du grec παντος, gén. de παν, tout, et de φοβος, crainte), t. de médec., crainte de tous les objets; hydrophobie compliquée.

PANTOPTÈRE, subst. mas. (*pantopetère*) (du grec παντος, gén. de παν, tout, et πτερον, aile ou nageoire), t. d'hist. nat., famille de poissons osseux.

PANTOQUIÈRE, subst. fém. (*pantokière*), t. de mar., corde pour tenir plus fermes les haubans.

PANTOUFLE, subst. fém. (*pantoufle*) (de l'allemand *pantoffel*. Wachter, Ménage.), sorte de chaussure dont on se sert dans la chambre, et qui est ordinairement sans quartier. — *Mettre ses souliers en pantoufles*, plier le quartier sur le talon. — Prov. : *raisonner pantoufle*, raisonner tout de travers ; ou, dans un sens moins fort, causer pour causer.— *Pantoufle* ou *fer à pantoufle*, sorte de fer de cheval, plus épais en dedans qu'en dehors.—*En pantoufles*, loc. adv., à son aise, avec toute sorte de commodités : *faire un siége en pantoufles ; plaider en pantoufles*. Ces locutions sont surannées et triviales.

PANTOUFLÉ, part. pass. de *pantoufler*.

PANTOUFLER, v. neut. (*pantouflé*), raisonner comme une *pantoufle*, de travers.—Causer à son aise chez soi. (*De Sévigné*.) Malgré la haute réputation de l'auteur, ce mot n'a pas été accepté.

PANTOUFLERIE, subst. fém. (*pantoufleri*), art du *pantouflier*. — Fam., raisonnement faux.

PANTOUFLIER, subst. mas. (*pantoufli-é*), t. d'hist. nat., espèce de poisson du genre des squales. — Celui qui fait ou qui vend des *pantoufles*. Inusité dans ce dernier sens.

PANULÉ, E, adj. (*panulé*), t. de chir., se dit d'un furoncle qui forme des bubons, des abcès qui ont la couleur jaunâtre d'une croûte de *pain*.

PANURGE, subst. mas. (*panurje*) (du grec παν, tout, et εργον, ouvrage), t. d'hist. nat., genre d'insectes de l'ordre des hyménoptères.—Qui est propre à tout ; homme actif, industrieux, fertile en expédients. (*Rabelais*.)

PANZÈRE, subst. fém. (*panzère*), t. de bot., plante de la Caroline.

PAON, subst. mas., au fém. **PAONNE** (*pan, pane*) (en lat. *pavo*, gén. *pavonis*), t. d'hist. nat., oiseau domestique, du plus beau plumage et du cri le plus aigre ; c'est un gallinacé de la famille des alectrides, originaire de l'Afrique et de l'Asie. Il a sur la tête des plumes redressées en forme d'aigrette. — *Glorieux comme un paon*, fort glorieux.— *C'est le geai paré des plumes du paon*, se dit d'une personne qui se fait honneur d'une chose qui ne la regarde, qui ne lui appartient pas. — Gros *papillon*, le plus beau de l'Europe.—En astron., constellation méridionale inconnue aux anciens, et qui n'est point visible dans nos climats. — Myth., le *paon* était l'oiseau favori de Junon.

PAONACE, subst. fém. (*pa-onace*), t. de bot., sorte de plante de la famille des anémones.

PAON-BLANC, subst. mas. (*panblan*), t. d'hist. nat., oiseau du Nord. — Au plur., des *paons-blancs*.

PAON-BLEU, subst. mas. (*panbleu*), t. d'hist. nat., espèce de poisson du genre des labres. — Au plur., des *paons-bleus*.

PAON-D'INDE, subst. mas. (*pandeinde*), t. d'hist. nat., sorte de poisson de mer du genre des bandoulières. — Au plur., des *paons-d'Inde*.

PAON-DE-JOUR, subst. mas. (*pandejour*), t. d'hist. nat., genre d'insectes de l'ordre des lépidoptères. — Au plur., des *paons-de-jour*.

PAON-MARIN, subst. mas. (*panmarein*), t. d'hist. nat., oiseau royal. — Sorte de poisson du genre des labres. — Au plur., des *paons-marins*.

PAONNE, subst. fém. (*pane*), la femelle du *paon*.

PAONNÉ, E, adj. (*pané*. Voy. PAONNIER), de couleur variée comme la queue d'un *paon*.

PAONNEAU, subst. mas (*panô*), jeune *paon*.

PAONNIER, subst. mas. (*panié*. Cette prononciation, qui peut faire confondre *paonnier* avec *panier*, fait assez ressortir l'inutilité et la bizarrerie de prononcer *pan* le mot *paon*.), qui a soin des *paons*.

PAPA, subst. mas. (*papa*) (en grec παππας), t. de mignardise, père. — T. d'hist. nat., vautour d'Amérique, remarquable par ses couleurs, et qu'on nomme aussi *roi des vautours*.—Prov.: *bon papa*, bon homme. — *Gros papa de bonne mine*, se dit d'un homme qui a de la fraîcheur et de l'embonpoint.—*Grand-papa*, grand-père.

PAPABLE, adj. mas. (*papable*), propre à être élu *pape*. Ce mot, s'il a jamais été employé, n'a pu l'être que par plaisanterie ou par dénigrement. Scarron et Rabelais auraient pu s'en servir; mais devrait-on le trouver dans le dictionnaire régulateur de la langue, et surtout l'y trouver sans aucun avertissement qui en proscrive l'usage? Quant à nous, il nous semble qu'on ne peut pas plus dire un cardinal *papable*, qu'on ne dirait un électeur *députable*.

PAPAFIQUE, subst. mas. (*papafike*), t. de mar., nom qu'on donne, sur certains ports de mer, à la voile d'en-haut d'un bâtiment.

PAPAIE, subst. fém. (*papè*), fruit du *papayer*.

PAPAL, E, adj. (*papale*), qui est du *pape*, qui appartient au *pape*, qui relève du *pape*. — Au plur. mas., *papals*.

PAPALIN, subst. mas. (*papalein*), soldat du *pape*. Vieux.

PAPALISÉ, part. pass. de *papaliser*.

PAPALISER, v. neut. (*papalizé*), se mettre sur les rangs pour être élu *pape*. (*Boiste*.) Entièrement inusité.

PAPANGAYE, subst. fém. (*papanguiè*), t. de bot., plante que l'on cultive à l'île de Bourbon et à l'île de France.

PAPAS, subst. mas. (*papâce*) (du grec παππας, papa ou père), nom que plusieurs peuples d'Orient donnent à leurs prêtres : *un papas arménien*.

PAPAUTÉ, subst. fém. (*papôté*), dignité du *pape*.—Durée de l'occupation du saint-siége.

PAPAVÉRACÉES, subst. fém. pl. (*papavéracé*), t. de bot., dans la méthode naturelle de *Jussieu*, famille de plantes, ainsi nommées du *pavot*, l'une des principales, dont le nom latin est *papaver*.

PAPAYER, subst. mas. (*papa-ié*), t. de bot., arbre d'Amérique et des Indes orientales.

PAPE, subst. mas. (*pape*) (du grec παππας, père, nom qu'on donnait autrefois à tous les évêques, et principalement à celui d'Alexandrie. Ce n'est que depuis 1073, sous Grégoire VII, qu'il est demeuré affecté exclusivement à l'évêque de Rome), l'évêque de Rome, chef de l'Église universelle.—Joli oiseau de trois couleurs, gros comme un serin, qui se trouve à la Caroline et au Canada. — On dit pop., de deux personnes qui se rencontrent en même temps dans une même pensée, qu'*elles auraient fait un pape*.

PAPEFIGUIÈRE, subst. fém. (*papefiguière*), pays d'incrédulité, d'huguenotisme, où l'on fait la *figue* au *pape*. (*Rabelais*.)

PAPEGAI, subst. mas. (*papeguiè*), oiseau de carte ou de bois peint, planté au bout d'une perche, pour servir de but. — Autrefois, sorte de perroquet.

PAPEGÉ, part. pass. de *papéger*.

PAPÉGER, v. neut. (*papéjé*), faire tout ce qui peut conduire à la *papauté*. (*Boiste*.) Ce mot est encore moins usité que *papaliser*.

PAPELARD, E, subst. et adj. (*papelar, larde*), t. de mépris, hypocrite, faux. — Adj., qui annonce l'hypocrisie.

PAPELARDÉ et **PAPELARDISÉ**, part. pass. de *papelarder* et *papelardiser*.

PAPELARDER ou **PAPELARDISER**, v. neut. (*papelardé, dizé*), faire l'hypocrite. Il est vieux et même hors d'usage.

PAPELARDISE, subst. fém. (*papelardize*), hypocrisie, fausse dévotion. Il est familier.

PAPELINE, subst. fém. (*papeline*), sorte d'étoffe tramée de fleuret, fabriquée d'abord à Avignon, autrefois terre *papale*, d'où lui est venu son nom. L'*Académie* nous donne *popeline* pour synonyme de *papeline*. C'est *papeline* qu'on devrait dire.

PAPELONNÉ, E, (*papelone*), t. de blas.; se dit d'un écu chargé d'écailles : *écu papelonné de gueules*.

PAPERASSE, subst. fém. (*paperace*), papier écrit qui n'est plus d'aucun usage. Ce mot est du style familier.

PAPERASSÉ, part. pass. de *paperasser*.

PAPERASSER, v. neut. (*paperacé*), passer son temps à feuilleter, à arranger des *papiers*. Fam. — Composer sans fin; faire des écritures inutiles.

PAPERASSIER, subst. mas. (*paperacié*), qui aime à *paperasser*. Fam. Nous ne voyons aucune raison qui puisse empêcher de dire au fém. *paperassière*.

PAPESSE, subst. fém. (*papèce*). Nous ne donnons ce mot, quoique usité dans la dénomination de *papesse Jeanne*, que parce que nous le trouvons dans l'*Académie*. Il est bien certain que ce mot a été ridiculement forgé, et nous croyons, avec l'*Académie*, que ce personnage féminin, tout scandaleux qu'on a prétendu le faire, n'est qu'imaginaire, en admettant avec les mauvais plaisants qu'une *papesse* ait jamais occupé le trône pontifical.

PAPET, subst. mas. (*papè*), monnaie d'argent à Rome valant environ 1 fr. 4 cent. de France, selon *Gattel* et *Laveaux*, et 1 fr. 8 c., selon *Boiste*. On dit en italien *papetto* ou *papeto*.

PAPETERIE. Voy. PAPETTERIE.

PAPETIER, subst. mas. (*papetié*), ouvrier qui fait du *papier*. — Marchand qui en vend. — Le fém. *papetière* est fort usité; nous ne le trouvons cependant pas dans l'*Académie*.

PAPETTERIE, et non pas **PAPETERIE**, parce qu'on prononce réellement *papèteri*; subst. fém. (*papèteri*), lieu où l'on fait le *papier*. — Commerce de *papiers*.

PAPETTO ou **PAPETO**. Voy. **PAPET**.

PAPÉUS, subst. mas. (*papé-uce*), surnom donné par les Scythes à Jupiter.

PAPEURI, subst. mas. (*papeuri*), nom d'une sorte de raisin.

PAPHIA, subst. propre fém. (*pafia*), myth., surnom de Vénus honorée à *Paphos*.

PAPHIE, subst. fém. (*pafi*), t. d'hist. nat., genre de coquilles qui se rapprochent des mactres et des vénus.

PAPHORE, subst. mas. (*pafore*), t. d'hist. nat., espèce de grand aigle.

PAPHOS, subst. propre mas. (*pafôce*), myth., ville de Chypre, consacrée à Vénus.

PAPHLAGONIE, subst. propre fém. (*paflaguoni*), province de l'Asie mineure.

PAPHLAGONIEN, subst. et adj. mas., au fém. **PAPHLAGONIENNE** (*paflaguoniein, niène*), qui est originaire de la *Paphlagonie*; qui est relatif à la *Paphlagonie*.

PAPIA, subst. fém. (*papi-a*), t. de bot., genre de plantes de la famille des labiées.

PAPIE, subst. fém. (*papi*), loi romaine qui donnait au grand-prêtre le droit de choisir vingt jeunes vierges pour le service de la déesse Vesta.

PAPIER, subst. mas. (*papié*) (en grec παπυρος, papyrus, petit arbrisseau d'Égypte, dont l'écorce intérieure servait autrefois à faire le *papier*. Ce mot παπυρος dérive de l'égyptien *piapyr*), composition faite de vieux linge détrempé dans l'eau, broyé par un moulin et étendu par feuilles, pour écrire, imprimer, etc. — *Papier de linge*, ou *de chiffe*, celui dont nous nous servons, et dont l'origine est inconnue. On l'attribue aux Arabes : il paraît qu'il a été inventé entre le treizième et le quatorzième siècle. — Journal, livre de compte : *papier journal*. — *Papier marqué* ou *timbré*, celui qui porte le timbre de l'autorité, et dont on est obligé de se servir pour les écrits et contrats judiciaires. — *Papier mort*; *papier libre*, celui qui n'est pas ou n'a pas besoin d'être timbré. — *Papier réglé*, sur lequel sont tracées des lignes pour écrire; ou *papier* sur lequel on pose des notes de musique. Dans le premier cas, le trait est fait au crayon et n'a qu'une ligne; dans le second, le trait est marqué à l'encre et comporte cinq lignes; c'est ce qu'on appelle, en t. de mus., *portée*. — *Papier-volant*, feuille détachée; on dit plus souvent *feuille volante*. — Lettres de change; billets payables au porteur, et autres effets de cette nature : *tout son bien est en papier*. — *Bon, mauvais papier*, billet qui sera, ou qui ne sera pas exactement payé. — *Papier de négociant*, lettres et billets souscrits par lui. — Au plur., titres, renseignements, mémoires, etc. : *apportez vos papiers*. — Au plur., *papiers* s'entend encore du livret, du passeport, des actes qui servent à faire connaître civilement l'identité d'une personne. — Effets publics, valeurs en papier livrées par le gouvernement : *papiers royaux*. On dit plus souvent *bons royaux* aujourd'hui. — *Papier peint*, de tenture de chambres. — *Papier de coton, papier bombycin* (en latin *charta bombycina*), papier en usage au neuvième et au dixième siècle, venu d'Orient en Italie. — *Papier d'écorce*, fait de l'écorce de certains arbres, employée sans apprêt. On n'en connaît pas l'origine : l'usage en a cessé vers le onzième siècle. — *Papier de Chine, papier de soie*, papier fait avec la seconde pellicule de l'écorce de bambou, réduite en pâte. — *Papier-monnaie*, qui a cours comme l'argent monnayé. — *Papier nouvelle*, anciennement : gazette. — *Papier terrier*, registre qui contient le dénombrement des cens et rentes qui étaient payables aux seigneurs possesseurs de fiefs et de terres. — Prov. : *brouiller, gâter du papier*, écrire de méchantes choses, des choses inutiles. — *Le papier souffre tout*, on y écrit ce qu'on veut, et une chose n'est pas vraie par cela seul qu'elle est écrite. — *Cela est beau sur le papier*, votre projet paraît beau, mais l'exécution en est impossible. — *Les murailles sont les papiers des fous*, il n'y a que les fous qui écrivent sur les murailles. — *Mettre, jeter ses idées sur le papier*, les mettre par écrit. — Prov. : *figure de papier mâché*, qui est blême et annonce une mauvaise santé. — *Être sur les papiers de quelqu'un*, lui devoir de l'argent. — Fig. et fam. : *être bien ou mal dans les papiers de quelqu'un*, être bien ou mal dans son esprit. — Fam. : ôtez, *rayez cela de vos papiers*, ne comptez pas là-dessus.

PAPIER-BROUILLARD, subst. mas. (*papié-brou-iar*), sorte de *papier* qui ne sert pas pour écrire, mais pour imbiber l'encre fraîche. — T. d'hist. nat., sorte de coquille du genre des cônes. — Au plur., des *papiers-brouillards*.

PAPIER-DE-LA-CHINE, subst. mas. (*papié-delachine*), t. d'hist. nat., sorte de coquillage chinois du genre des olives. — Au plur., des *papiers-de-la-Chine*.

PAPIER-FOSSILE, subst. mas. (*papiéfocile*), t. d'hist. nat., variété de la même substance que le cuir ou le liége fossile. — Au plur., des *papiers-fossiles*.

PAPIER-MARBRÉ, subst. mas. (*papiémarbré*), sorte de papier de tenture, et dont on se sert pour la couverture des livres en demi-reliure. — Les marchands donnent ce nom à la coquille cône-amiral. — Au plur., des *papiers-marbrés*.

PAPIER-DU-NIL, subst. mas. (*papiédunile*), t. de bot., nom que quelques naturalistes donnent au *papyrus*. — Au plur., des *papiers-du-Nil*.

PAPIER-ROULÉ, subst. mas. (*papiéroulé*), t. d'hist. nat., nom vulgaire de la bullée, dont on a fait le genre scaphandre. — Au plur., des *papiers-roulés*.

PAPILIO, subst. mas. (*papili-o*), chez les anciens Romains, tente carrée qui servait de logement à six ou huit soldats.

PAPILIONACÉ, E, (Nous répudions comme tout-à-fait inusitée l'orthographe double que nous donne pour ce mot l'*Académie*, qui veut qu'on écrive aussi **PAPILLONACÉ, E**, en dérivant ce mot de *papillon*. Voy. notre observation sur l'orthographe du mot PAPILLON.), adj. (*papilionacé*), t. de bot., se dit des plantes légumineuses dont la fleur a en quelque sorte la forme d'un *papillon*. — Subst. fém. : *une papilionacée*.

PAPILLAIRE, adj. des deux genres (*papilelère*), en t. d'anat., qui a des *papilles*, des mamelons.

PAPILLE, subst. fém. (*papile*) (en lat. *papilla*, le bout du téton, mamelon), t. d'anat., petites éminences où aboutissent les nerfs, et qui ressemblent à un petit mamelon.

PAPILLON, subst. mas. (On devrait écrire PAPILION. Du reste, cette orthographe nous sert bien contre ceux qui veulent de toute rigueur que les *l* mouillés sonnent *lt*, et non pas *ie*. Voici un mot dont l'étymologie est des plus régulières : eh bien! nous voyons l'autorité et l'usage ne pas vouloir qu'on dise *papili-on*, mais *papi-ion*.) (*papi-ion*) (en lat. *papilio*), t. d'hist. nat., genre d'insectes lépidoptères, de la famille des globulicornes. On en connaît près de quinze cents espèces. — Esprit léger et volage; personne svelte et vive : *c'est un papillon*. — Fig. : *courir après des papillons*, s'amuser à des frivolités. — *Se brûler à la chandelle comme un papillon*, donner dans un piége. — Partie d'une coiffe qui s'élargit comme les ailes d'un *papillon*. — En t. de blason, *papillon miraillé*, celui qui a les marques ou taches des ailes d'un autre émail que son corps.

PAPILLONNAGE, subst. mas. (*papi-ionaje*), action de *papillonner*.

PAPILLONNÉ, part. pass. de *papillonner*.

PAPILLONNER, v. neut. (*papi-ioné*), voltiger d'un objet à l'autre, comme les *papillons*.

PAPILLONIDE, subst. fém. (*papi-ionide*), t. d'hist. nat., famille d'insectes de l'ordre des coléoptères.

PAPILLOTAGE, subst. mas. (*papi-iotaje*), les *papillotes* d'une frisure, d'une perruque : *faire ou défaire un papillotage*. (Trévoux.) (L'*Académie* indique comme première acception de ce mot, qu'on entend par *papillotage* le mouvement involontaire des yeux, qui les empêche de se fixer sur les objets : *le papillotage des yeux*. Il y a, selon nous, bien peu d'analogie entre ce sens et celui de *papillote*, dont *papillotage* est formé. Nous en dirons autant du verbe *papilloter*. Pourquoi n'avoir pas créé le subst. mas. PUPILLAGE, et le verbe neut. PUPILLER, qui se trouveraient tout naturellement dériver du subst. fém. *pupille*, signifiant : *ouverture de l'iris de l'œil*, autrement : *la prunelle*?) — Effet de ce qui *papillotte* : *il y a beaucoup de papillotage dans ce tableau, dans ce style*. — En t. d'imprimerie, petites taches noires aux extrémités des pages et des lignes, qui proviennent des caractères qui *papillotent à l'impression*.

PAPILLOTE. Voy. PAPILLOTTE.

PAPILLOTÉ, E, part. pass. de *papilloter*.

PAPILLOTER, v. act. (*papi-ioté*), mettre les cheveux en *papillottes*. Il est peu usité. — V. neut., suivant l'*Académie*, en parlant des yeux : avoir un mouvement involontaire qui les empêche de se fixer sur les objets. Voy. notre observation, au mot PAPILLOTAGE. — Il se dit : 1° en peint., d'un tableau où les lumières, au lieu d'être distribuées par de grandes masses, sont dispersées par petites parties, et font à peu près l'effet que produisent sur la tête des *papillottes* qu'on peut compter une à une; 2° en sculpture, d'un ouvrage qui offre trop de petites parties qui reçoivent des lumières étroites, et portent de petites ombres. — Par extension, en parlant du style, être chargé d'ornements et d'expressions brillantes qui éblouissent comme des *papillottes* ou paillettes multipliées. — On le dit, en t. d'imprimerie, des caractères qui paraissent imprimés en double. — *se* PAPILLOTER, v. pron., se mettre les cheveux en *papillottes*.

PAPILLOTS, subst. mas. plur. (*papi-iô*), taches sur la peau quand on a la fièvre pourprée.

• **PAPILLOTTE** (L'*Académie*, contre le génie de la langue, écrit **PAPILLOTE** par un seul *t*. Pourquoi donc écrire : *nous jetons*, et *il jette*? Car il est de principe, et de principe reconnu par l'*Académie*, qu'on double le *t* devant une syllabe muette, et qu'on n'en met qu'un seul devant les syllabes sonnantes.), subst. fém. (*papi-iote*), petit morceau de *papier* ou de taffetas pour envelopper une boucle de cheveux. — Paillettes d'or ou d'argent pour les habits.

PAPIMANE, subst. fém. (*papimane*), partisan de tout ce qui a rapport au gouvernement, à l'autorité temporelle et spirituelle du *pape*.

PAPIMANIE, subst. fém. (*papimani*), t. de dénigr., la cour, le cortége du *pape*.

PAPIN, subst. mas. (*papein*), bouillie. — *Marmite à papin*, à couvercle vissé.

PAPINIANISTE, subst. mas. (*papini-anicete*), jurisconsulte qui suit les maximes, les lois, les doctrines de *Papinien*.

PAPION, subst. mas. (*papi-on*), t. d'hist. nat., sorte de babouin, quadrumane de la famille des singes.

PAPIRIE, subst. fém. (*papiri*), loi romaine qui ordonnait qu'aucun citoyen ne pourrait consacrer un édifice, un terrein, etc., sans en avoir obtenu auparavant la permission du peuple. — On dit plus souvent, comme adj. fém. : *loi Papiria*.

PAPISME, subst. mas. (*papiceme*), nom que les protestants donnent à la communion de l'Église catholique, parce que le *pape* en est le chef.

PAPISTE, subst. et adj. des deux genres (*papicete*), nom donné par les protestants aux catholiques romains. T. de dénigrement.

PAPISTIQUE, adj. des deux genres (*papicetike*), de *papiste*. (*Boiste*.) Peu usité.

PAPOAGE, subst. mas. (*papo-aje*), héritage, succession paternelle; biens patrimoniaux. (*Boiste*.) Vieux et même hors d'usage.

PAPON, subst. mas. (*papon*), t. d'hist. nat., sorte de poisson.

PAPOUTCHES, subst. fém. plur. (*papouteche*), ancienne chaussure turque usitée parmi les grands. C'est de là vraisemblablement qu'est venu par corruption le nom de *babouches*, donné à une sorte de chaussure actuellement en usage en Turquie.

PAPOUTCHI, subst. mas. (*papoutechi*), t. de relat., nom que l'on donne, à Constantinople, aux cordonniers.

PAPPE, subst. mas. (*pape*) (en lat. *pappus*), t. de bot., duvet cotonneux qui protège les semences, quand la floraison est passée, dans un grand nombre de plantes, comme le chardon, le séneçon, etc. Vieux.

PAPPOPHORE, subst. mas. (*papepofore*), t. de bot., genre de plantes de la famille des graminées.

PAPRIKA, subst. fém. (*paprika*), t. de relat., soupe au poivre, que l'on fait en Afrique.

PAPULAIRE, subst. fém. (*papulère*), t. de bot., genre de plantes.

PAPULES, subst. fém. plur. (*papule*) (du lat. *papula*, pustule, bubon), t. de médec., pustules, petits ulcères de la peau, rougeâtres et d'une nature maligne.

PAPULEUSE, adj. fém. Voy. PAPULEUX.

PAPULEUX, adj. mas., au fém. PAPULEUSE (*papuleu, leuze*), t. de médec., garni, rempli de *papules : peau papuleuse*.

PAPYRACÉ, E, adj. (*papiracé*) (en lat. *papyraceus*, fait de *papyrus*, papier), t. de bot., membraneux, mince et sec comme du *papier*.

PAPYRIER, subst. mas. (*papirié*), t. de bot., le mûrier à *papier* de *Linnée*.

PAPYRIFÈRE, subst. des deux genres (*papirifère*), se dit des feuilles des plantes propres à faire du *papier*.

PAPYROGRAPHE, subst. mas. (*papiroguerafe*), celui qui exerce la *papyrographie*.

PAPYROGRAPHIE, subst. fém. (*papiroguerafi*) (du grec παπυρος, papyrus, papier, et γραφω, j'écris), nom donné à l'art d'imprimer en lithographie, sur le papier ou le carton.

PAPYROGRAPHIQUE, adj. des deux genres (*papiroguerafike*), qui est relatif, qui appartient à la *papyrographie*.

PAPYRUS, subst. mas. (*papiruce*), arbrisseau d'Egypte dont l'écorce intérieure servait de *papier* aux anciens.

PAQUA, subst. mas. (*paka*), art de consulter les esprits chez les Indiens.

PAQUAGE, subst. mas. (*pakaj*), arrangement de poisson salé dans les barils où on l'enferme.

PAQUÉ, E, part. pass. de *paquer*.

PÂQUE, subst. fém. (*pâke*) (en lat. *pascha*, fait de l'hébreu *phasu*, *pesahh* ou *phasé*, passage), fête solennelle que les Juifs célébraient en mémoire de leur sortie d'Égypte. Les juifs d'aujourd'hui ne manquent pas de la célébrer encore tous les ans, le quatorzième jour de la lune après l'équinoxe du printemps. — *Manger la pâque*, manger de l'agneau, selon qu'il était prescrit par Moïse, pour la célébration de cette fête. On écrit *pâque* quand on veut parler de la fête des juifs, et *Pâques*, s'il est question de la plus grande solennité des chrétiens. Voy. PÂQUES.

PAQUEBOT. Voy. PAQUET-BOT.

PAQUEFIC, subst. mas. (*pakefike*), t. de mar., basses-voiles.

PAQUER, v. act. (*pakié*), t. de pêche, arranger par couches les harengs, etc., dans des barils après les avoir salés, et les y presser le plus fortement possible : *harengs paqués ; du saumon paqué*.—*se* PAQUER, v. pron.

PÂQUERETTE, subst. fém. (*pakerète*), t. de bot., espèce de petite marguerite blanche, qui fleurit vers *Pâques*.

PÂQUES, subst. mas. (*pâke*), parmi les chrétiens, le jour où Jésus-Christ est ressuscité d'entre les morts.—La fête par laquelle on célèbre la résurrection de Jésus-Christ : *quand Pâques sera venu ; Pâques est haut cette année*.—*Quinzaine de Pâques*, les semaines qui s'écoulent entre le dimanche des Rameaux et celui dit de Quasimodo. — *La semaine de Pâques*, celle qui est entre le jour de *Pâques* et celui de Quasimodo. — *Œufs de Pâques*, œufs rouges qu'on vend et qu'on distribuait autrefois pendant les fêtes de *Pâques*.—Petits présents qu'on se fait à *Pâques*. Cet usage est conservé dans beaucoup de provinces.—*Brave comme un jour de Pâques*, paré comme dans le plus beau jour de fête.—*L'Académie* nous cite encore un prov. qui a fort bien pu se dire anciennement, mais qu'on ne comprendrait plus peut-être aujourd'hui ; c'est celui-ci : *se faire poissonnier la veille de Pâques*, dans le sens de : s'engager dans une affaire quand il n'y a plus aucun avantage à en retirer. Nous le répétons, ce prov. est bon ; mais il a vieilli. — Au plur. il est fém. : *Pâques fleuries*, le dimanche des Rameaux ; *Pâques closes*, le dimanche de Quasimodo.—*Faire ses pâques*, communier dans la quinzaine de *Pâques*. Voy. PÂQUE.

PAQUET, subst. mas. (*pakiè*) (de l'allemand *pack*), assemblage de plusieurs choses attachées ou enveloppées ensemble.—Plusieurs lettres renfermées sous une même enveloppe.—En t. d'imprimerie, nombre de lignes qui entrent dans la page pleine d'un ouvrage, mais sans titre, sans folio et sans signature. On dit des compositeurs qui ne sont point chargés de la mise en pages, qu'*ils vont en paquets*.—Fig. et pop., tromperie, malice qu'on fait à quelqu'un.—Femme habillée sans grace, personne qui a trop d'embonpoint. — Fig. et fam. : 1° *donner* ou *faire le paquet à quelqu'un*, lui imputer quelque chose de honteux, de désagréable ; 2° *donner à quelqu'un son paquet*, lui faire une réponse vive et ingénieuse qui l'oblige à se taire ; 3° *hasarder un paquet*, s'engager dans une affaire douteuse ; 4° *faire son paquet*, s'en aller de quelque maison. — *Faire ses paquets pour l'autre monde*, mourir, ou plutôt : donner des symptômes de mort prochaine.—*Donner dans un paquet*, être trompé, attrapé. — *Faire des paquets*, dire des menteries.

PAQUETAGE, subst. mas. (*paketaje*), t. militaire, manière dont les soldats plient leurs effets d'habillement, et les placent, soit sur les tablettes de leur chambre, soit dans leur sac.

PAQUET-BOT ou **PAQUEBOT**, subst. mas. (*pakebô*) (de l'anglais *packet-boat*, formé dans la même signification de *paket*, paquet, et *boat*, bateau ; *bateau pour les paquets*), bâtiment léger qui sert à faire passer les *paquets*, les dépêches, et à conduire les passagers d'un lieu à un autre.

PAQUETÉ, E, part. pass. de *paqueter*.

PAQUETER, v. act. (*paketé*), mettre en *paquets*.—*se* PAQUETER, v. pron.

PAQUETIER, subst. mas. (*paketié*), compositeur d'imprimerie qui va en *paquets*.

PAQUEUR, subst. mas. (*pakieur*), qui *paque* les poissons salés.

PAQUIS, subst. mas. (*pâki*), pâturage. Vieux.

PAR (*par*), prép. qui exprime, 1° la cause efficiente : *tout a été créé par la parole de Dieu* ; 2° le motif qui fait agir : *il ne parle que par envie* ; 3° le moyen qu'on emploie : *réussir par son habileté*, etc.—C'est aussi une prép., ou de lieu : *aller par les rues* ; ou de temps : *voyager par un beau temps* ; ou de distribution et de partage : *marcher par troupes, ranger par chapitres ; distribuer par compagnies*. (Du lat. *per*.) —Elle a encore divers autres usages, et elle se joint à plusieurs adv. : *par dehors, par dedans, par dessus, par dessous*, etc. — On disait anciennement *par auprès, par ainsi* ; on a supprimé *par*. — Elle s'est conservée comme particule explétive dans les phrases suivantes du style familier : *par trop grossier ; il l'a répété par deux fois*. — *De par*, de la part, par l'ordre, par le commandement : *de par le roi*. — *De par le monde*, dans le monde.—*Par ici, par là*, adv., en divers endroits ; çà et là : *je n'ai lu ce livre que par ci, par là*.—De fois à autres : *je la vois par ci, par là*.—*Par trop*, beaucoup trop.—*Par-delà*, adv. Au-delà. Voy. DELA. — *Le par-dessus*, subst. mas., ce qu'on donne de plus que la somme due ou la marchandise vendue : *le marchand m'a donné le par-dessus*.

PARA, subst. mas. (*para*), t. de relat., monnaie de Turquie, nommée aussi *médine*, valant 4 cent. de France. — Quarantième partie de la piastre de Smyrne.

PARAAL, subst. mas. (*para-al*), t. d'hist. nat., nom donné par *Geoffroy-St-Hilaire* à l'osselet qui se trouve placé au-dessus du cycléal, dans les animaux chez lesquels les pièces vertébrales sont géminées. — On dit aussi adj. : *l'os paraal*.—Au plur. mas., *paraaux*.

PARAANGIEL, adj. mas., au fém. PARAANGIELLE (*para-anjièle*), t. d'anat. ; se dit dans le même sens qu'*artériel*.

PARAANGIELLE, adj. fém. Voy. PARAANGIEL.

PARAAUX, adj. mas. plur. Voy. PARAAL.

PARABARA-VASTU, subst. propre mas. (*parabaravacetu*), myth., nom que des sectaires indiens donnent à l'Être suprême.

PARABASE, subst. fém. (*parabâze*) (en grec παραϐασις, fait de παρα, au-delà, et ϐαινω, je vais), sorte d'épisode ou de *digression* dans les pièces dramatiques des anciens.

PARABATE, subst. mas. (*parabate*) (même étym. que celle du mot précédent), t. d'hist. anc., celui qui, dans les jeux du cirque, après avoir couru sur un char conduit par un cocher, courait encore à pied.

PARABIE, subst. fém. (*parabi*), sorte d'ancien breuvage dans lequel il entrait du millet.

PARABOLAIN, subst. mas. (*paraboleiu*) (en lat. *parabolani*, fait du grec παραϐολος, hardi, téméraire), nom donné anciennement aux plus hardis gladiateurs, et depuis, par extension, aux clercs qui affrontaient les plus grands dangers pour secourir les malades et surtout les pestiférés.

PARABOLE, subst. fém. (*parabole*) (du grec παραϐολη, comparaison), en rhétorique, similitude, allégorie sous laquelle on enveloppe quelque vérité importante. On ne le dit qu'en parlant de celle de l'Écriture ; ailleurs on dit *allégorie*. — Les *proverbes de Salomon* s'appellent aussi les *paraboles de Salomon*. — En géom., ligne courbe qui résulte de la section d'un cône par un plan parallèle au côté de ce cône. (Dans cette acception, du grec παραϐαλλω, j'égale, parce que, dans cette courbe, le carré de l'ordonnée est égal au rectangle du paramètre par l'abscisse, au lieu qu'il est plus petit dans l'ellipse, et plus grand dans l'hyperbole.) — Myth., nom du vaisseau sur lequel Thésée, après avoir tué le minotaure, ramena à Athènes les jeunes filles qui devaient être dévorées par ce monstre. — PARABOLE, ALLÉGORIE. (*Syn.*) La *parabole* a pour objet les maximes de morale ; et l'*allégorie*, les faits d'histoire. L'une et l'autre sont une espèce de voile qu'on peut rendre plus ou moins transparent, et dont on se sert pour couvrir le sens principal, en ne le représentant que sous l'apparence d'un autre. Ce déguisement se fait dans la *parabole* par la substitution d'un autre sujet, peint avec des couleurs convenables à celui qu'on a en vue. Il s'exécute dans l'*allégorie*, en introduisant des personnages étrangers et arbitraires au lieu des véritables, ou en changeant le fond réel de la description en quelque chose d'imaginé. — Les *paraboles* sont fréquentes dans les instructions que donne le Nouveau-Testament. L'*allégorie* fait le caractère de la plupart des ouvrages orientaux.

PARABOLIQUE, adj. des deux genres (*parabolike*), de la *parabole*.— Taille et figure de *parabole* : *miroir parabolique*.—T. de géom., qui se fait par une *parabole* : *jet, mouvement parabolique*. — En t. de bot., il se dit des feuilles qui, étant plus hautes que larges, se rétrécissent insensiblement vers leur sommet toujours arrondi.

PARABOLIQUEMENT, adv. (*parabolikeman*), en *parabole*, par *paraboles* : *parler paraboliquement*. — En géométrie, en décrivant une *parabole*.

PARABOLOÏDE, subst. fém. (*parabolo-ide*), t. de géom. : *paraboloïde demi-cubique*, courbe dans laquelle les cubes des ordonnées sont comme les carrés des diamètres. On la nomme plus ordinairement *seconde parabole cubique*.

PARABRAHMA, subst. propre mas. (*parabrama*), myth., le premier des dieux de l'Inde, de qui sont nés *Maïso*, *Visthnou* et *Brahma*, qui forment la trinité indienne.

PARACARPE, subst. mas. (*parakarpe*) (du grec παρα, auprès, et καρπος, fruit), t. de bot., ce qui, dans les fleurs mâles par avortement, remplace l'ovaire, ou simplement l'ovaire avorté.

PARACELSISTE, subst. mas. (*paracèlecicete*), partisan du système, des principes de *Paracelse*.

PARACENTÉRION, subst. mas. (*paraçantérion*), t. de chir., nom qui a été donné par *Woolhouse* au petit trois-quarts qu'employait *Nuck* pour la ponction de l'œil affecté d'hydropisie.

PARACENTÈSE, subst. fém. (*paraçantèze*) (en grec παρακεντησις, fait de παρα, à côté, et κεντεω, je pique), t. de chir., ponction au bas-ventre des hydropiques, pour évacuer les eaux.

PARACENTRIQUE, adj. des deux genres (*paraçantrike*) (du grec παρα, proche, au-delà, et κεντρον, centre), t. de géom. : *isochrone paracentrique*, courbe telle que si un corps pesant descend librement le long de cette courbe, il s'éloigne ou s'approche également, en temps égaux, d'un centre ou point donné.

PARACERCIDE, subst. mas. (*paracèrecide*) (en grec παρακερκις, fait de παρα, à côté, à l'entour, et κερκις, le grand os, l'os principal de la jambe), t. d'anat., nom donné aux petits os de la jambe.

PARACHEVÉ, E, part. pass. de *parachever*.

PARACHÈVEMENT, subst. mas. (*parachèveman*), fin, perfection d'un ouvrage. Vieux.

PARACHEVER, v. act. (*parachevé*), achever, terminer, perfectionner. — *se* PARACHEVER, v. pron. Vieux.

PARACHLAMYDE, subst. fém. (*paraklamide*) (du grec παρα, autour, à l'entour, et χλαμυδη, chlamyde, manteau), t. d'antiq., vêtement qui était propre aux militaires et aux enfants.

PARACHRONISME, subst. mas. (*parakronicceme*) (du grec παρα, au-delà, et χρονος, temps) : *faire un parachronisme*, rapporter un fait à un temps postérieur à celui où il est réellement arrivé. Le *parachronisme* est opposé au *prochronisme*, qui place un évènement plus tôt qu'il n'est arrivé.

PARACHUTE, subst. mas. (*parachute*), t. de phys., machine adaptée aux aérostats, qui, ralentissant la vitesse de leur descente, garantit les aéronautes des dangers d'une *chute* précipitée.

PARACLET, subst. mas. (*paraklè*) (en grec παρακλητος, consolateur), nom qu'on donne au Saint-Esprit. Il s'est élevé autrefois de grandes disputes pour savoir si l'on devait dire *paraclet* ou *paraclyt*. On poussa la rigueur jusqu'à interdire un évêque qui, en célébrant la messe, avait prononcé *paraclet* au lieu de *paraclyt*. Il est vrai que le sens de *paraclet* est bien opposé à celui de *paraclyt*, qui, tiré du grec παρακλυτος, signifie infame, déshonoré, et que cette énorme différence pouvait justifier cette interdiction aux yeux des hommes de cette époque.—On a donné aussi ce nom à d'anciens couvents.

PARACLÉTIQUE, subst. mas. et adj. des deux genres (*paraklétike*), du *Paraclet*. — Subst., invocatoire, livre ou antienne de l'office grec. (*Boiste*.) Inusité.

PARACLOSE, subst. fém. (*paraklôze*), planches entre les aiguilles et les lisses d'un vaisseau que l'on se prépare à lancer à la mer. — Enceinte de bois qui renferme le siége d'une stalle d'église.

PARACMASTIQUE, adj. des deux genres (*parakmacetike*) (en grec παρακμαστικος, de παρακμασις, affaiblissement, fait de παρακμαζω, je diminue, je décline, dérivé de παρα, mal, et de ακμη, vigueur), t. de médec., se dit d'une maladie qui, après être arrivée à son plus haut degré d'intensité, va en décroissant jusqu'à sa terminaison.

PARACME, subst. mas. (*parakme*) (du grec παρακμασις, affaiblissement), t. de médec.. déclin d'une maladie. Peu usité.

PARACOPE, subst. mas. (*parakope*), t. de médec., léger délire que l'on observe quelquefois dans la chaleur fébrile.

PARACOROLLE, subst. fém. (*parakorole*), t. de bot., partie qui ressemble à une *corolle*, et qui est en dedans de la vraie *corolle* d'une plante.

PARACOUSIE, subst. fém. (*parakouzi*) (du grec παρα, mal, et ακουω, j'entends), t. de médec., fausse perception de certains sons.

PARACTÈNE, subst. mas. (*paraktène*), t. de bot., genre de plantes de la famille des graminées.

PARACYÉSIE, subst. fém. (*paraci-ézi*) (du (grec παρα, autour, et κυησις, grossesse), t. de méd., grossesse extra-utérine.

PARACYNANCIE, subst. fém. (*paracinanci*) (du grec παρα, qui indique comparaison, κυων, chien, et αγχω, je suffoque), t. de médec., variété de l'angine, moins intense que la *cynancie*. — Phlegmasie des muscles extérieurs du larynx.

PARACYNOMIE, subst. fém. (*paracinomi*) (du grec παρα, comparatif, κυων, chien, et νομος, loi), t. de médec., espèce d'esquinancie, qui paraît être la même que la précédente, la *paracynancie*.

PARADE, subst. fém. (*parade*) (du latin *parata* pour *paratus*, préparatif, apprêts.), montre, étalage : *cela n'est mis que pour parade*, ou *pour la parade*.—Ostentation, vanité : *faire parade de son esprit, de son savoir*, etc. —En t. de guerre, evolutions que font sur la place d'armes les troupes qui vont monter la garde.—En t. d'escrime, action et manière de *parer* un coup.—*N'être pas heureux à la parade*, savoir mal se défendre d'une plaisanterie. — En t. de man., arrêt d'un cheval qu'on manie. (Dans cette acception, de l'espagnol *parada*, fait de *parar*, arrêter, retenir.) — Endroit où les maquignons font voir leurs chevaux. — Scènes burlesques que les bateleurs jouent à la porte de leur théâtre pour engager à y entrer. — *Comédie-parade*, farce, comédie au gros sel. — *Cheval de parade*, celui dont on se sert dans les occasions de cérémonie et d'apparat, et plus pour la beauté que pour le service réel. — *Lit de parade*, sur lequel on expose, après leur mort, les personnages éminents. — PARADE, OSTENTATION. (*Syn.*) *Parade* sert plutôt à désigner l'action et sa fin ou son but, et *ostentation* indique plutôt la manière de faire l'action, et son principe ou sa cause.—On fait plutôt *parade* d'une chose qu'on n'en fait *ostentation*; l'usage ordinaire est d'exprimer l'action par le premier de ces mots. —On se met en *parade* pour être vu, on s'y montre avec *ostentation*. — On fait une chose non avec *parade*, mais avec *ostentation*, ce qui désigne la manière de la faire.—On fait une chose pour la *parade*, on la fait par *ostentation*. — *Parade* ne désigne que l'appareil extérieur, l'*ostentation* seule est le vice. L'*ostentation* fait *parade* des choses.—Une chose de *parade* est faite pour les occasions d'apparat ou avec appareil; une chose d'*ostentation* se fait par vanité, par vaine gloire. — *Parade* se dit au propre, dans un sens favorable ou indifférent; *ostentation* réveille toujours l'idée de blâme. — On a des habits de *parade* pour la cérémonie; celui qui est réduit à se faire valoir par ses habits, les étale avec *ostentation*. — La *parade* est la montre ou l'étalage des choses qu'on croit propres à faire briller ou faire paraître avantageusement; l'*ostentation* est une montre vaine ou un étalage fastueux de choses qu'on croit propres à donner de l'éclat et à effacer tout le reste. — S'il y a de la vanité dans la *parade*, l'*ostentation* est un excès de vaine gloire. On se pare, on se targue de la chose dont on fait *parade*; on se glorifie, on s'enorgueillit de la chose qu'on fait avec *ostentation*. (*Laveaux*.)

PARADÉ, part. pass. de *parader*.

PARADER, v. neut. (*paradé*), t. de mar., croiser, faire mine d'attaquer. — Faire la *parade*, en parlant des troupes.— *Faire parader un cheval*, le faire manœuvrer sur la *parade*.

PARADIASTON, subst. mas., ou **PARADIASTOLE**, subst. fém. (*paradi-aceton*, *di-acetole*) (en grec παραδιαστολη), t. de rhét., distinction précise des idées analogues. Inusité.

PARADIATION, subst. fém. (*paradi-âcion*), t. de rhét., distinction précise des idées analogues. Inusité.

PARADIAZEUXE, subst. fém. (*paradi-azeukce*) (en grec παραδιαζευξις, fait de παραδιαζευγνυμι, au fut. παραδιαζευξω), t. de rhét., disjonction vicieuse dans les idées.

PARADIÈRE, subst. fém. (*paradi-ère*), t. de pêche, espèce de filet dont on forme une enceinte en le tendant sur des pieux.

PARADIGME, subst. mas. (*paradigueme*) (du grec παραδειγμα, formé de παρα, qui indique comparaison, et δεικνυω, je montre), t. de gram., exemple, modèle : *les paradigmes des conjugaisons*.

PARADIS, subst. mas. (*paradi*) (du grec παραδεισος, jardin), jardin délicieux où Adam fut placé aussitôt qu'il eut été créé. On dit ordinairement *paradis terrestre*. — Par extension, le séjour des bienheureux. Voy. CIEL. — Séjour délicieux, charmant, orné par la nature et par l'art : *cette maison de campagne est un vrai paradis*. —Au théâtre, galerie au-dessus des loges.—En t. de marine, endroit dans le fond d'un port où les vaisseaux sont en sûreté.— *Pomme de paradis*, pomme rouge qui se mange en été.—*Oiseaux de paradis*. Voy. PARADISIER — Fig. et fam : *chemin du paradis*, défilé, chemin étroit.—*Être, se trouver, se croire en paradis*, être dans une grande joie; se croire au comble de la prospérité; ou bien encore : se trouver délivré de grands maux qui font mieux goûter le calme et le bonheur présent. — *Entendre les joies du paradis*, prov. que l'on trouve dans l'*Académie*, et qui signifie, selon elle, entendre des personnes qui se divertissent, qui prennent des plaisirs auxquels on n'a point de part. Il nous semble que par ces mots on doit plus naturellement entendre le bonheur d'une vie future; ou bien entendre simplement les moyens d'être heureux, même dans cette vie. — *Se recommander à tous les saints du paradis*, implorer l'assistance, la protection de tous. — *Faire son paradis en ce monde*, et plus souvent : *faire son paradis de ce monde*, ne vivre que pour la joie et les plaisirs mondains. — *Paradis de Mahomet*, promis par ce prophète à ses sectaires; il consiste dans les plaisirs des sens.

PARADISA, subst. mas. (*paradiza*), nom d'un raisin qui croît dans l'île de Corse.

PARADISIER, subst. mas. (*paradizié*), t. d'hist. nat., genre d'oiseaux passereaux, de la famille des plénirostres, qu'on nomme aussi *oiseaux de paradis*. Ce sont de très-beaux oiseaux qui vivent sous la zône torride.

PARADISTE, subst. mas. (*paradicete*), celui qui, à la porte d'un petit théâtre, fait des *parades*, des scènes burlesques.

PARADOXAL, E, adj. (*paradokçale*), qui tient du *paradoxe* : *opinion paradoxale*. — Qui aime le *paradoxe* : *esprit paradoxal*.—Au plur. mas., *paradoxaux*.

PARADOXAUX, adj. mas. plur. Voy. PARADOXAL.

PARADOXE, subst. mas. (*paradokce*) (en grec παραδοξον), proposition avancée contre l'opinion commune.— Adj. : *principe, opinion paradoxe*. Peu usité. On dit mieux adj.: *opinion paradoxale*.

PARADOXISME, subst. mas. (*paradokciceme*), figure de rhétorique, qui consiste à réunir sur le même sujet, par forme de *paradoxe*, des attributs qui, au premier coup-d'œil, paraissent inconciliables et contradictoires.

PARADOXITE, subst. mas. (*paradokcite*), t. d'hist. nat., sorte de fossile que l'on a trouvé dans les schistes.

PARADOXOLOGIE, subst. fém. (*paradokçologi*) (du grec παραδοξον, paradoxe, et λογος, discours), manie, abus du *paradoxe*.

PARADOXOLOGUE, subst. mas. (*paradokçologue*), ancien mime ou bateleur, qui amusait le peuple par ses bouffonneries, et que l'on a aussi nommé *arétologue*.

PARADROME, subst. mas. (*paradrôme*), t. d'antiq., lieu découvert où s'exerçaient les lutteurs.

PARÆTONIUM, subst. mas. (*parétoni-ome*), substance marine des anciens, que l'on croit être une terre magnésienne.

PARAFE, subst. mas. Voy. PARAPHE.

PARAFER, v. act. Voy. PARAPHER.

PARAFEU, subst. mas. (*parafeu*), dans les verreries, petit mur élevé devant les ouvreaux.

PARAFOUDRE, subst. mas. (*parafoudre*). Inusité. Voy. PARATONNERRE.

PARAGAUDES, subst. fém. pl. (*paraguaude*), t. d'antiq., sorte de chemise fine. — Bords de soie brochés qu'on mettait au bas des habits.

PARAGE, subst. mas. (*paraje*) (du latin barbare *paragium*, fait de *par, paris*, pair; *de haut parage*, qui a des pairs distingués, etc. *Ménage*.) (On a dit anciennement *pairage* et *parroye*), autrefois, extraction, qualité : *dame de haut parage*.— Aujourd'hui, en t. de mar., étendue de mer, que l'on désigne par quelque terme qui fasse connaître l'endroit dont on veut parler : *les parages du banc de Terre-Neuve*, ce banc et ses environs. — Contrée, pays : *que vient-il faire dans nos parages?* — Il se dit aussi de la première façon qu'on donne aux vignes après la vendange.

PARAGEAU, subst. mas. (*parajô*), frère puîné. Vieux et même hors d'usage.

PARAGEUR, subst. mas. (*parajeur*) aîné, premier chef de la famille. Vieux et même hors d'usage.

PARAGLOSSE, subst. fem. (*paragueloce*) (du grec παρα, au-delà, et γλωσσα, langue), t. de médec., gonflement de la langue qui semble renversée dans le pharynx.

PARAGOGE, subst. fem. (*paraguoje*) (en grec παραγωγη), accroissement dans le matériel primitif d'un mot, par une addition faite à la fin; en latin *dicier* pour *dici*; en français *divine* de *divin*, *bonté* de *bon*, etc.

PARAGOGIQUE, adj. des deux genres (*paraguojike*), qui s'ajoute, en parlant d'une *paragoge* : *lettre, syllabe paragogique*.

PARAGOMPHOSE, subst. fém. (*paraguonfôze*) (du grec παρα, et γομφος, emboîtement), t. de chir., enclavement incomplet de la tête de l'enfant.

PARAGRAMME, subst. mas. *(paraquerame)* (du grec παρα, contre, et γραμμα, lettre, écriture), faute de grammaire, faute d'orthographe. —Erreur dans l'arrangement des lettres; faute d'impression.

PARAGRAPHE, subst. mas. *(paraguerafe)* (du grec παραγραφος, formé de παρα, proche, et de γραφω, j'écris), petite section d'un chapitre, d'un discours.—Il se dit par extension de la manière dont la science est traitée : *il y a d'excellents paragraphes dans ce chapitre.* — Marque dont on se sert pour indiquer cette section : § en est le signe.

PARAGRÊLE, subst. mas. *(paraguerèle)*, perche, armée d'un laiton et destinée à préserver es récoltes de la grêle, que cet appareil résout en pluie.

PARAGUANTE, subst. fém. *(paragouante)* (emprunté de l'espagnol *paraguante*, pour : *des gants*), présent que l'on fait à quelqu'un en reconnaissance de quelque service rendu : *il a eu dix mille écus pour sa paraguante; voilà une bonne paraguante.* Hors d'usage.

PARAGUAY, subst. propre mas. *(paraguié)*, état et rivière d'Amérique.

PARAGUAY-DENTIFRICE, subst. mas. Voyez **PARAGUAY-ROUX**.

PARAGUAY-ROUX, subst. mas. *(paraguérou)*, t. de pharm., spécifique nouvellement inventé contre les maux de *dents*, qui est à peu près comme le *paraguay-dentifrice*, le baume ou l'eau de *Paraguay*.

PARAGUE, subst. mas. *(parague)*, t. d'hist. nat., genre d'insectes de l'ordre des diptères.

PARAGUÉEN, subst. et adj. mas., au fém. **PARAGUÉENNE** *(paraguié-ein, guié-ène)*, du *Paraguay*.

PARAGUÉENNE, subst. et adj. fém. Voy. **PARAGUÉEN**.

PARAIMÉ, E, part. pass. de *paraimer*.

PARAIMER, v. act. *(parême)* (eu latin *peramare*, de *per*, préposition qui, ajoutée à un mot, marque le superlatif, et de *amare*, aimer), aimer beaucoup, passionnément. — *se* **PARAIMER**, v. pron. Nous n'inventons ce mot que parce que nous le lisons dans *Boiste*, lequel, suivant son ordinaire, n'avertit pas qu'il est tout-à-fait inus.

PARAISON, subst. fém. *(parézon)*, t. de verr., forme particulière donnée à la matière des glaces et des bouteilles.

PARAISONNÉ, E, part. pass. de *paraisonner*.

PARAISONNER, v. act. *(parézoné)*, t. de verrerie ; donner la forme au verre.

PARAISONNIER, subst. mas. *(parézonié)*, celui qui souffle les glaces à miroir.

DU VERBE IRRÉGULIER **PARAÎTRE** :

Parais, 2ᵉ pers. sing. impér.
Parais, précédé de *je*, 1ʳᵉ pers. sing. prés. indic.
Parais, précédé de *tu*, 2ᵉ pers. sing. prés. indic.
Paraissaient, 3ᵉ pers. plur. imparf. indic.
Paraissais, précédé de *je*, 1ʳᵉ pers. sing. imparf. indic.
Paraissais, précédé de *tu*, 2ᵉ pers. sing. imparf. indic.
Paraissait, 3ᵉ pers. sing. imparf. indic.
Paraissant, part. prés.
Paraisse, précédé de *que je*, 1ʳᵉ pers. sing. prés. subj.
Paraisse, précédé de *qu'il* ou *qu'elle*, 3ᵉ pers. sing. prés. subj.
Paraissent, précédé de *ils* ou *elles*, 3ᵉ pers. plur. prés. indic.
Paraissent, précédé de *qu'ils* ou *qu'elles*, 3ᵉ pers. plur. prés. subj.
Paraisses, 2ᵉ pers. sing. prés. subj.
Paraissez, 2ᵉ pers. plur. impér.
Paraissez, précédé de *vous*, 2ᵉ pers. plur. prés. indic.
Paraissiez, précédé de *vous*, 2ᵉ pers. plur. imparf. indic.
Paraissiez, précédé de *que vous*, 2ᵉ pers. plur. prés. subj.
Paraissions, précédé de *nous*, 1ʳᵉ pers. plur. imparf. indic.
Paraissions, précédé de *que nous*, 1ʳᵉ pers. plur. prés. subj.
Paraissons, 1ʳᵉ pers. plur. impér.
Paraissons, précédé de *nous*, 1ʳᵉ pers. plur. prés. indic.
Paraît, 3ᵉ pers. sing. prés. indic.

PARAÎTRE, v. neut. *(parêtre)* (du latin *parere*, dérivé, dans la même signification, du grec παρειμι, se présenter, être présent; se faire voir, se montrer. Il s'emploie souvent comme impersonnel : *il paraît une comète, un livre*, etc.— Être publié : *ce livre vient de paraître.*—Briller, se faire remarquer : *les jeunes gens aiment à paraître.* — Sembler. En ce sens il régit des adjectifs : *il paraît savant; cela me paraît beau.* —On dit unipersonnellement, dans la même acception : *il me paraît que vous êtes content*, etc. Voy. **SEMBLER**. — Fam. : *il y paraît*, on le voit bien, il en reste des marques. — *Il n'y a rien qui n'y paraisse*, cela est évident. — *Il paraît que...*, il y a apparence que.

DU VERBE IRRÉGULIER **PARAÎTRE** :

Paraîtra, 3ᵉ pers. sing. fut. indic.
Paraîtrai, 1ʳᵉ pers. sing. fut. indic.
Paraîtraient, 3ᵉ pers. plur. prés. cond.
Paraîtrais, précédé de *je*, 1ʳᵉ pers. sing. prés. cond.
Paraîtrais, précédé de *tu*, 2ᵉ pers. sing. prés. cond.
Paraîtrait, 3ᵉ pers. sing. prés. cond.
Paraîtras, 2ᵉ pers. sing. fut. indic.
Paraîtrez, 2ᵉ pers. plur. fut. indic.
Paraîtriez, 2ᵉ pers. plur. prés. cond.
Paraîtrions, 1ʳᵉ pers. plur. prés. cond.
Paraîtrons, 1ʳᵉ pers. plur. fut. indic.
Paraîtront, 3ᵉ pers. plur. fut. indic.

PARALE, subst. mas. *(parale)*, t. d'antiq., navire qui était en grande vénération chez les Athéniens, parce qu'il avait été sauvé seul de la défaite des Athéniens à la journée d'Ægos-Potamos.

PARALÉE, subst. fém. *(paralé)*, t. d'hist. nat., espèce de poisson.

PARALIAS, subst. mas. *(parali-ace)*, t. de bot., nom qu'on a donné à une euphorbe de l'Europe méridionale.

PARALIENS, subst. mas. plur. *(paraliein)*, t. d'antiq., ceux qui montaient le navire nommé *parale*.—Habitants du quartier qui avoisinait le port d'Athènes, appelé quartier maritime.

PARALIPOMÈNES, subst. mas. plur. *(paralipomène)*, proprement, sorte de supplément à l'ouvrage qui précède. Les *prolégomènes* se placent au commencement, les *paralipomènes* à la fin.— Deux livres historiques de l'*Ancien Testament*, qui contiennent ce qui avait été omis dans les autres.

PARALIPSE, subst. fém. *(paralipece)* (en grec παραλειψις, fait de παραλειπειν, négliger), figure de rhétorique par laquelle on fixe l'attention sur un objet en feignant de le négliger. On l'appelle autrement *préterition*.

PARALLACTIQUE, adj. des deux genres *(paralaktike)*, qui appartient à la *parallaxe.*—*Angle parallactique*, celui qui sert à calculer la parallaxe de longitude, de latitude, d'ascension droite et de déclinaison. Il est formé par le vertical et le cercle de latitude ou celui de déclinaison.— *Triangle parallactique*, celui qui est formé par l'angle de la parallaxe et par le rayon de la terre. —*Règles parallactiques*, instrument dont Ptolémée se servit pour calculer la parallaxe de la lune.—*Machine parallactique* ou *lunette parallactique*, machine composée d'un axe dirigé vers le pôle du monde, et d'une lunette qui peut s'incliner sur cet axe, et suivre le mouvement diurne d'un astre, ou le *parallèle* qu'il décrit.

PARALLAXE, subst. fém. *(paralakce)* (en grec παραλλαξις, fait de παραλλαττω, je transpose), t. d'astron., différence entre le lieu où un astre paraît être vu de la surface de la terre. C'est un angle formé par deux des rayons, dont l'un va au centre de la terre, et l'autre au point de la surface où est l'observateur. On l'appelle quelquefois *parallaxe diurne*, pour la distinguer de la *parallaxe annuelle*, qui est un angle formé par deux lignes droites, qui pourraient être menées aux extrémités d'un même diamètre de l'orbe de la terre.

PARALLÈLE, adj. des deux genres *(paraléle)* (en grec παραλληλος), t. de géom. qui se dit d'une ligne ou d'une surface également distante, dans toute son étendue, d'une autre ligne ou d'une autre surface. — *Règles parallèles*, instrument composé de deux règles également larges partout, et jointes ensemble par des lames de traverse, de manière qu'elles puissent s'ouvrir à différents intervalles, s'approcher, s'éloigner sans cesser d'être parallèles. —*Sphère parallèle*, situation de la sphère dans laquelle l'équateur est parallèle à l'horizon. La sphère est *parallèle* par rapport aux habitants des pôles, si les pôles sont habités. — Subst. fém., ligne parallèle : *théorie des parallèles.* — En t. de guerre et de siége, communication d'une tranchée à une autre : *tirer une parallèle.* — Subst. mas., en astron., cercle *parallèle* à l'équateur.—Comparaison d'une chose ou d'une personne avec une autre : *faire le parallèle des anciens et des modernes.*—Mettre en parallèle, comparer.

PARALLÈLEMENT, adv. *(paraléleman)*, en *parallèle*.

PARALLÉLIPIPÈDE, subst. mas. *(paralelélipipède)* (du grec παραλληλος, parallèle, επι, sur, et πεδον, plaine, surface plane), t. de géom., corps solide terminé par six parallélogrammes, dont les opposés sont semblables, égaux et parallèles entre eux.

PARALLÉLISME, subst. mas. *(paralléliceme)*, propriété ou état de deux lignes parallèles.—On entend, en astron., par *parallélisme de l'axe de la terre*, la propriété de l'axe de la terre à rester sensiblement parallèle à lui-même.

PARALLÉLOGRAMME, subst. mas. *(paralelloguerame)* (du grec παραλληλος, parallèle, et γραμμα, ligne), t. de géom. : figure dont les côtés opposés sont égaux et parallèles.

PARALLÉLOGRAPHE, subst. mas. *(paralelloguerafe)* (du grec παραλληλος, parallèle, et γραφω, je décris), instrument pour tirer les lignes parallèles.

PARALLÉLOGRAPHIE, subst. fém. *(paralelloguerafi)* (même étym. que celle du mot précéd.), art de tirer des lignes droites parallèles.

PARALLÉLOGRAPHIQUE, adj. des deux genres *(paralelleloguerafike)*, qui est relatif, qui a rapport à la *parallélographie*.

PARALLÉLOPLEURON, subst. mas. *(paralelleoplɛuron)*, t. de géom., carré imparfait.

PARALOGISME, subst. mas. *(paralojiceme)* (en grec παραλογισμος, fait de παρα, mal, et λογιζομαι, raisonner), faux raisonnement, sophisme. — **PAROLOGISME, SOPHISME.**(Syn.) Le *paralogisme* est un raisonnement faux, un argument vicieux, une conclusion mal tirée ou contraire aux règles. Le *sophisme* est un trait d'artifice, un raisonnement insidieux, un argument captieux. — Le *paralogisme* et le *sophisme* induisent en erreur: le premier, par défaut de lumière ou d'application ; le second par malice ou par une subtilité méchante. Je me trompe par un *paralogisme* ; on m'abuse par un *sophisme*. Le *paralogisme* est contraire aux règles du raisonnement; le *sophisme* l'est de plus à la droiture d'intention. *Paralogisme* est un terme dogmatique, et par-là même il désigne plutôt une opposition aux règles de l'art ; *sophisme* est un terme plus familier, il désigne plutôt l'art d'abuser ou le métier de chicaner.

PARALOS, subst. mas. *(paraloce)*, t. d'antiq., vaisseau sacré qui était l'objet d'une vénération singulière chez les Athéniens, et n'était employé que pour des affaires importantes de l'état ou de la religion.

PARALYSÉ, E, part. pass. de *paralyser*, et adj.—On ne dit pas subst. : *un paralysé*, mais, *un paralytique*.

PARALYSER, v. act. *(paralizé)*, rendre *paralytique*. — Fig., empêcher l'action de quelque cause morale : *sa paresse paralyse ses bons désirs.* — *se* **PARALYSER**, v. pron.

PARALYSIE, subst. fém. *(paralizi)* (en grec παραλυσις, fait de παρα, autour, et λυω, je délie), t. de médec., privation ou diminution considérable du sentiment et du mouvement volontaire, ou de l'un des deux, dans quelque partie du corps, causée par le relâchement des nerfs et des muscles.

PARALYTIQUE, subj. et adj. des deux genres *(paralitike)*, qui est atteint de *paralysie.*—Adj.: *membre paralytique*.

PARAMÉCIE, subst. fém. *(paraméci)*, t. d'hist. nat., genre de vers polypes amorphes.

PARAMÈSE, subst. fém. *(parameze)*, t. de mus. anc., la seconde corde de la lyre, dédiée à Mars.

PARAMÈTRE, subst. mas. *(paramètre)* (du grec παρα, à côté, et μετρον, mesure), t. de géom., ligne constante et invariable qui entre dans l'équation ou la construction d'une courbe, et qui sert de mesure pour la comparaison des ordonnées et des abscisses.

PARAMÉTRIQUE, adj. des deux genres *(parametrike)*, qui a rapport, qui appartient au *paramètre*.

PARAMMON, subst. mas. (*paramemon*), myth., surnom sous lequel les Eléens faisaient des libations à Mercure. Il paraît que le culte de ce dieu leur était venu de la Libye.

PARAMONAIRE, subst. mas. (*paramonère*), fermier d'une église, des biens d'une église. Vieux et même hors d'usage.

PARAMONDRA, subst. mas. (*paramondra*), t. d'hist. nat., sorte de fossile qui se rapproche de l'alcyon.

PARAMONT, subst. mas. (*paramon*), t. de vènerie, sommet de la tête du cerf.

PARANATELLONS, subst. mas. plur. (*paranatèleton*) (du grec παρα, à côté, et ανατελλω, je me lève, je parais), t. d'astr., nom donné à des étoiles fixes.

PARANDRE, subst. mas. (*parandre*), t. d'hist. nat., genre d'insectes de l'ordre des coléoptères.

PARANÈTE, subst. fém. (*paranète*), t. de mus. anc., la sixième corde de la lyre, dédiée à Jupiter.

PARANGERIE, subst. fém. (*paranjeri*), t. d'antiq., la poste. — Passage par un chemin de traverse. — Corvée extraordinaire. Vieux et même inusité.

PARANGON, subst. mas. (*paranguon*), autrefois, modèle, patron, comparaison. Vieux et même hors d'usage dans cette acception; en effet, *mettre en parangon* pour *mettre en comparaison*, ne se comprendrait plus. L'*Académie* tient cependant encore à cette acception. Voy. PARANGONNER.—Diamant sans défaut. En ce sens il est adj. des deux genres et subst. mas. : *un diamant parangon, un parangon.*— Caractère d'imprimerie, qui est entre la palestine et le gros-romain. Il y a le *gros* et le *petit parangon.* — Espèce de marbre fort noir, que les anciens tiraient de l'Egypte et de la Grèce.

PARANGONNAGE, subst. mas. (*paranguonaje*), action de *parangonner*. Il n'est usité qu'en t. d'imprim. : *faire un parangonnage.*

PARANGONNÉ, E, part. pass. de *parangonner.*

PARANGONNER, v. act. (*paranguoné*) (en grec παραγειν, fait de παρα, à côté, et de αγειν, conduire), comparer. Il est vieux et hors d'usage en ce sens.—T. d'imprimerie, *parangonner des lettres*, donner à une lettre d'un corps inférieur la force d'un caractère courant, en y ajoutant des espaces ou un quadratin, suivant la proportion des caractères entre eux. — *se* PARANGONNER, v. pron.

PARANNISÉ, E, part. pass. de *paranniser.*

PARANNISER, v. act. (*paranizé*), rendre *annuel.* — *se* PARANNISER, v. pron. Mot inusité forgé par *Boiste.*

PARANITE, subst. fém. (*paranite*), t. d'hist. nat., sorte de pierre précieuse, espèce d'améthiste.

PARANOMASIE, subst. fém. (*paranomazi*) (du grec παρα, à côté, proche, et ονομα, nom), t. didactique, ressemblance entre des mots de différentes langues. On dit aussi *paronomasie.* On ne dit même que ce dernier.

* **PARANT**, E, adj. (*paran, rante*), qui *pare*, qui orne. — Part. prés. du v. *parer.*

PARANTHINE, subst. fém. (*parantine*), t. d'hist. nat., sorte de substance minérale qui perd promptement son éclat.

PARANYMPHE, subst. mas. (*paraneinfe*) (du grec παρανυμφος, formé de παρα, proche, et de νυμφη, jeune épouse), chez les anciens Romains, jeune garçon qui accompagnait la mariée chez son époux. — Dans les temps postérieurs, seigneur nommé pour conduire une princesse qui se marie, de la cour de son père à celle de son époux. — Discours solennel prononcé dans les écoles de théologie ou de médecine, à la fin de la licence; il renfermait le portrait de chaque licencié.

PARANYMPHÉ, E, part. pass. de *paranympher.*

PARANYMPHER, v. act. (*paraneinfé*), faire le portrait de quelqu'un dans un *paranymphe.*— *se* PARANYMPHER, v. pron. (*Boiste.*) Entièrement inusité dans les deux cas.

PARAPARA, subst. fém. (*parapara*), t. de bot., espèce d'herbe vénéneuse qu'on trouve en Amérique.

PARAPEGME, subst. mas. (*parapègueme*), t. d'antiq., table de métal, sur laquelle on inscrivait les ordonnances et les protestations publiques. — Se dit aussi des tables sur lesquelles les astrologues inscrivaient leurs règles. —Machine astronomique, qui servait chez les Syriens et les Phéniciens à indiquer les solstices par l'ombre d'un style.

PARAPET, subst. mas. (*parapé*) (de l'italien *parapetto*, fait dans la même signification de *parare*, parer, garantir, et de *petto*, la poitrine), élévation de terre ou de pierre au-dessus d'un rempart pour couvrir le canon et les combattants. — Muraille à la hauteur d'appui au-dessus d'une terrasse, d'un pont, d'un quai, etc.

PARAPÉTALE, subst. mas. (*parapétale*), t. de bot., nom qu'un auteur a donné à une partie pétaliforme, mais plus intérieure que les pétales, qu'on peut observer dans l'ellébore.

PARAPÉTALIFÈRE, subst. mas. et adj. des deux genres (*parapétalifère*), t. de bot., genre de plantes établi aux dépens des diosmas.

PARAPHE, et non pas, avec l'*Académie*, PARAFE, subst. mas. (*parafe*), sorte de marque qu'on met après sa signature, ou qui en tient lieu. Corruption de *paragraphe.*

PARAPHÉ, E, part. pass. de *parapher.*

PARAPHER, et non pas, avec l'*Académie*, PARAFER, v. act. (*parafé*), mettre son *paraphe* au bas d'un écrit.—*Parapher ne varietur*, mettre son *paraphe*, en parlant d'un officier ministériel, afin que le papier sur lequel on l'appose ne soit pas changé.—*se* PARAPHER, v. pron.

PARAPHERNAL, E, adj. (*paraférenale*) (du grec παρα, outre, et φερνη, dot), t. de jurispr., qui arrive outre la dot, par surplus. Il s'emploie surtout au plur. mas. — *Biens paraphernaux*, biens qui ne font point partie de la dot d'une femme, et dont le mari n'a pas l'administration. Nous ne trouvons pas le fém. de ce mot dans l'*Académie*. Est-ce qu'on ne dirait pas bien : *une rente paraphernale?*—Subst. mas. : *le paraphernal, les paraphernaux.*

PARAPHERNAUX, adj. et subst. mas. plur. Voy. PARAPHERNAL.

PARAPHERNALITÉ, subst. fém. (*paraférenalité*), état, constitution de biens *paraphernaux.*

PARAPHIMOSIS, subst. mas. (*parafimôzice*), (du grec παρα, trop, et φιμοω, je serre), t. de médec., affection dans laquelle le prépuce est tellement renversé ou enflé, qu'il ne peut être rabattu sur le gland.

PARAPHONE, adj. des deux genres (*parafone*), t. de musiq. : *sons paraphones*, qui forment entre eux la consonnance appelée *paraphonie.*

PARAPHONIE, subst. fém. (*parafoni*) (en grec παραφωνια, fait de παρα, et φωνη, voix), t. de musiq., des Grecs; consonnance qui ne résulte pas des mêmes sons, mais de sons réellement différents, tels que la quinte et la quarte.

PARAPHONISTE, subst. des deux genres (*parafonicete*), musicien qui fait une *paraphonie.*— Il se prend aussi adjectivement : *musicien paraphoniste.* Peu en usage.

PARAPHRASE, subst. fém. (*parafrâze*) (du grec παραφρασις, fait de παρα, selon, et φραζω, je parle), explication étendue d'un texte; commentaires détaillés sur un texte.—Interprétation maligne. — Exagération : *faire inutilement de longues paraphrases.*

PARAPHRASÉ, E, part. pass. de *paraphraser*, et adj.

PARAPHRASER, v. act. (*parafrâzé*), faire des *paraphrases : paraphraser les Psaumes.*—Fam., amplifier, augmenter dans le récit. — *se* PARAPHRASER, v. pron.

PARAPHRASEUR, subst. mas., au fém. PARAPHRASEUSE (*parafrâzeur, zeuze*), qui fait des *paraphrases*, mais des *paraphrases* bavardes et ennuyeuses. Fam.

PARAPHRASEUSE, subst. fém. Voy. PARAPHRASEUR.

PARAPHRASTE, subst. mas. (*parafracete*), celui qui fait une *paraphrase;* interprète, auteur de *paraphrases : les paraphrastes chaldaïques.*

PARAPHRASTIQUE, adj. des deux genres (*parafracetike*), de la *paraphrase.*

PARAPHRÉNÉSIE, subst. fém. (*parafrénézi*) (du grec παρα, autour, et φρενες, le diaphragme), t. de médec., délire passager causé par les inflammations du diaphragme.

PARAPHROSYNIE, subst. fém. (*parafrozini*) (du grec παρα, autour, et φρην, esprit), t. de médec., délire passager occasioné par des poisons.

PARAPHYSES, subst fém. plur. (*parafize*) (du grec παρα, à l'entour, et φυω, je nais), t. de bot., poils fistuleux qui entourent les fleurs de certaines mousses.

PARAPINACE, adj. des deux genres (*parapinace*), affamé. (*Boiste*, qui le donne lui-même comme inusité.)

PARAPLASME, subst. mas. (*paraplaceme*) (du grec παρα, à côté, et πλασμα, figure), marque qu'on fait dans un livre pour retrouver un endroit remarquable.

PARAPLECTIQUE, adj. des deux genres (*paraplèktike*), qui est affecté de la *paraplexie.* Voy. PARAPLÉGIE.

PARAPLÉGIE, subst. fém. (*parapléji*) (du grec παρα, autour, et πλησσω, je frappe), t. de médec., paralysie qui succède à l'apoplexie; paralysie de toutes les parties au-dessous du cou.

PARAPLÉGIQUE, adj. des deux genres (*paraplêjike*), qui est affecté de la *paraplégie.*

PARAPLEURÉSIE, subst. fém. (*parapleurézi*), t. de médec., fausse *pleurésie* ou *pleurodynie.*

PARAPLEURITIS, subst. fém. (*parapleuritice*) (du grec παρα, autour, et πλευρα, plèvre), t. de médec., inflammation de la partie de la plèvre qui recouvre la partie supérieure du diaphragme.

PARAPLEXIE, subst. fém. Voy. PARAPLÉGIE.

PARAPLUIE, subst. mas. (*paraplui*), sorte de petit pavillon portatif pour se garantir, se *parer* de la *pluie.*

PARAPONTIQUE, subst. fém. (*parapontike*) (du grec παρα, au-delà, et du lat. *pontus*, mer), machine pour traverser la mer. (*Boiste.*) Inusité.

PARAPOPLECTIQUE, adj. des deux genres (*parapoplèktike*), qui est affecté de la *parapoplexie.*

PARAPOPLEXIE, subst. fém. (*parapoplèkci*) (du grec παρα, à côté, et αποπληξια, apoplexie), t. de médec., fièvre maligne avec assoupissement, migraine, délire. — Etat soporeux qui simule l'*apoplexie.*

PARARDI, part. pass. de *parardir.*

PARARDIR, v. neut. (*parardire*) (en lat. *perardere*, brûler, fait de *per*, prép. qui marque le superlatif, et *ardere*, brûler), brûler d'amour. (*Boiste.*) Vieux et même hors d'usage.

PARARTHRÈME, ou **PARARTHROME**, subst. mas. (*pararetrème, trome*) (du grec παρα, mal, et αρθρον, articulation), t. de chir., luxation incomplète.

PARASANGE, subst. fém. (*paraçanje*) (du grec παρασαγγης, mot persan d'origine. Les Chaldéens disaient *farsa*; les Persans actuels l'appellent *parsang*), mesure itinéraire chez les anciens Perses; elle était de trente stades.

PARASCÉNIUM, subst. mas. (*paracecéni-ome*) (en grec παρασκηνια, formé de παρα, proche, et de σκηνη, scène), le derrière du théâtre chez les anciens, où les acteurs s'habillaient, etc. On dit aussi *postscénium.*

PARASCEPASTRE, subst. mas. (*paracepacetre*), t. de chir., sorte de bandage ancien qui enveloppait la tête.

PARASCÈVE, subst. mas. (*paracecève*), se dit, chez les Juifs, de la préparation au sabbat. — Jour qui précède une fête juive.

PARASCHE, subst. mas. (*parache*), chapitre des livres sacrés des Juifs. — Leçon de l'Ecriture sainte.

PARASCIDE, subst. mas. (*paracecide*), t. de chir., fragment ou esquille d'un os fracturé. Peu usité.

PARASÉLÈNE, subst. fém. (*paracélène*) (du grec παρα, proche, et σεληνη, la lune), t. d'astron., apparence d'une ou de plusieurs lunes autour ou à côté de la véritable. La *parasélène* est pour la lune ce que le *parhélie* est pour le soleil.

PARASÉMATOGRAPHE, subst. mas. (*paracématoguerafe*) (du grec παρα, sur σημα, gén. σηματος, signe, emblème, γραφω, j'écris, je décris), celui qui s'occupe du blason, qui décrit les armoiries, qui a fait un ouvrage sur le blason.

PARASÉMATOGRAPHIE, subst. fém. (*paracématoguerafi*) (même étym. que le mot précéd.), la science des armoiries, le blason.

PARASÉMATOGRAPHIQUE, adj. des deux genres (*paracématoguerafike*), qui a rapport, qui appartient à la *parasématographie.*

PARASITE, subst. mas. et adj. des deux genres (*parazite*) (du grec παρασιτος, formé de παρα, proche, et de σιτος, blé; *celui qui est près du blé*), subst., autrefois ministre préposé pour recueillir le *blé* destiné au culte sacré; presque tous les dieux avaient leurs *parasites.* — Aujourd'hui, et dans un sens odieux, écornifleur, homme qui fait métier d'aller manger à la table d'autrui.—Adj. : *expressions parasites*, qui reviennent trop souvent. — On dit au fig. : *plante parasite*, qui végète sur une autre; *branche parasite*, qui suce l'arbre inutilement. — T. d'hist. nat., famille d'insectes aptères qui n'ont point de mâchoires, et qui vivent sur les corps des autres animaux, tels que les puces, les poux, les tiques. — PARASITE, ÉCORNIFLEUR. (Syn.) L'assiduité à une table, et l'art de s'y maintenir, désignent le *parasite*; l'avidité de manger, et l'art de surprendre des repas, distinguent l'*écornifleur*. Le *parasite* a du moins l'air de chercher le maître, et de s'en occuper ; il prend des formes : l'*écornifleur* a l'air de ne chercher que la table et de s'en occuper uniquement. — Le *parasite* sait se faire donner ce qu'il convoite, et du moins on le souffre ; l'*écornifleur* escroque souvent ce qu'on n'a pas envie de lui donner, et on le souffre impatiemment. Le *parasite* paie en empressements, en complaisances, en adulations, en paroles, en bassesses, sa commensualité : l'*écornifleur* mange, le repas est payé. Il y a des *parasites* qu'on est bien aise de conserver ; il n'y a pas un *écornifleur* dont on ne tâche de se défaire. (*Laveaux*.)

PARASITION, subst. fém. (*parasiti-on*), chez les anciens, lieu où l'on enfermait les grains offerts aux dieux.

PARASITIQUE, subst. fém. (*parasitike*), art du *parasite*. (Boiste.) Presque inusité.

PARASITISME, subst. mas. (*parasitisme*), profession, état, habitude de vivre du *parasite*. (Boiste.) Plus usité que le précédent.

PARASOL, subst. mas. (*paraçole*), espèce de petit pavillon qu'on porte pour se garantir, se parer de l'ardeur du *soleil*. — En bot., on appelle *plante en parasol*, une plante ombellifère.

PARASQUINANCIE, subst. fém. (*parackinanci*) (du grec παρα, beaucoup, συν, avec, et αγχω, je serre), t. de médec., variété d'*esquinancie*.

PARASTADES, subst. mas. plur. (*paracetade*), t. de bot., filaments stériles placés entre les pétales et les étamines des fleurs. — T. d'archit., pierres qui forment les jambages d'une porte.

PARASTAMINE, subst. fém. (*paracetamine*), t. de bot., nom qu'on a donné à des *étamines* avortées.

PARASTATE, subst. mas. (*paracetate*) (du grec παρα, auprès, et ιστημαι, être placé), t. d'anat., petit corps rond qui entoure chaque testicule. Voy. ÉPIDIDYME. — T. d'archit., pilastre, pilier, pied-droit, poteau, jambe de force, etc.

PARASTREMME, subst. mas. (*paracetrème*) (du grec παρα, d'une manière vicieuse, et στρεφω, je tourne), t. de chir., distorsion de la bouche ou d'une partie du visage.

PARASTYLE, subst. mas. (*paracetile*) (du grec παρα, mal, et στυλος, style), t. de bot., pistil avorté, ou faux pistil.

PARASYAS, subst. fém. (*parasiace*), myth., nom des prêtresses de Diane en Cappadoce.

PARATHÉNAR, subst. mas. (*paraténare*) (du grec παρα, proche, et θεναρ, plante des pieds), t. d'anat., muscle qui forme le bord extérieur de la plante du pied, et qui sert à écarter le petit doigt des autres.

PARATHÈSE, subst. fém. (*paratèze*), imposition des mains.

PARATILME, subst. mas. (*paratileme*) (du grec παρατιλλειν, épiler), t. d'hist. anc., châtiment des adultères pauvres et hors d'état de payer l'amende ; on leur arrachait jusqu'à la racine le poil des parties naturelles.

PARATITLAIRE, subst. mas. (*paratitelère*), auteur de *paratitles*.

PARATITLES, subst. mas. plur. (*paratitele*) (en grec παρατιτλα, formé de παρα, proche, et τιτλος, titre), explication abrégée de quelques titres ou livres du Code ou du Digeste.

PARATHRÈTE, subst. fém. (*paratréts*), t. de mus. anc., flûte dont les sons aigus ne convenaient qu'au deuil et à la tristesse. On en jouait très-lentement.

PARATONNERRE, subst. mas. (*paratonère*), t. de physique, conducteur, barre de métal, appareil qui, en soutirant l'électricité d'un nuage, garantit du *tonnerre*. Cette importante découverte est due à l'Américain Franklin.

PARÂTRE, subst. mas. (*pardtre*), mauvais beau-père. Inusité, mais utile.

PARATRIMME, subst. mas. (*paratrime*) (du grec παρα, entre, et τριβω, je frotte), t. de médec., rougeur érysipélateuse qui se manifeste entre les fesses et les cuisses.

PARAVENT, subst. mas. (*paravan*), suite de châssis de bois, unis par des charnières, garnis d'étoffe, etc., dont on se sert dans une chambre pour se garantir, se parer du *vent* et du froid.

PARAUXÈSE, subst. fém. (*paròkcèze*), t. de rhét., augmentation, exagération. Peu usité.

PARAY-LE-MONIAL, subst. propre mas. (*parèlemoni-ale*), ville de France, chef-lieu de canton, arrond. de Charolles, dép. de Saône-et-Loire.

PARAZONIUM, subst. mas. (*parazoni-ome*), t. d'antiq., espèce de poignard ou de dague que l'on portait autrefois dans un ceinturon.

PARBAJOLLO, subst. mas. (*parbajoleto*), monnaie de Milan qui vaut à peu près 9 centimes de France.

PARBLEU ! interj. (*parbleu*), sorte d'exclamation, sorte de jurement, *par le ciel bleu*.

PARBOUILLI, E, part. pass. de *parbouillir*.

PARBOUILLIR, v. neut. (*parbou-le-ir*), bouillir légèrement ; bouillir à demi. (Boiste.) Entièrement inusité.

PARC, subst. mas. (*park*) (suivant *Wachter*, dans son *Glossaire germanique*, du celtique *pferch*, qui signifie un lieu clos en général), grande étendue de terre entourée de murailles, pour la conservation des bois, pour le plaisir de la chasse, etc. — Pâtis entouré de fossés où l'on met les bœufs à l'engrais. — Clôture faite de claies, où l'on renferme les moutons quand ils couchent dans les champs. — Enceinte que les pêcheurs forment dans l'eau pour prendre le poisson qui suit le retour de la marée, en se portant vers la haute mer. — Lieu préparé pour y laisser grossir et verdir les huîtres. — En t. de chasse, enceinte de toile dans laquelle on enferme les bêtes noires. — Endroit où une armée en campagne place son artillerie, ses munitions et ses vivres. — Tout le matériel d'une armée en campagne. — *Parc-aux-Cerfs*, endroit réservé du *parc* de Versailles, où Louis XV et sa cour entretenaient une espèce de sérail.

PARCAGE, subst. mas. (*parkaje*), séjour des moutons *parqués* sur des terres labourables.

PARCELLAIRE, adj. des deux genres (*parcèlelère*), par parcelles, en parcelles : *cadastre parcellaire*, état par pièces de terres. — Subst. mas. : le parcellaire d'un canton.

PARCELLE, subst. fém. (*parcèle*) (contraction du lat. *particula*, dimin. de *pars*, gén. *partis*, partie), petite partie de quelque chose.

PARCELLÉ, E, part. pass. de *parceller*.

PARCELLER, v. act. (*parcèlelé*), diviser une chose par *parcelles*. — SE PARCELLER, v. pron. (Boiste.) Inusité.

PARCE QUE, loc. conj. (*parceke*), à cause que, attendu que... Il ne faut pas confondre *parce que*, signifiant *attendu que...*, avec *par ce que* (en trois mots), qui signifient *par cela que*, d'après ce que : *parce qu'il est mort...*, attendu qu'il est mort. — *Par ce que vous m'en dites*, d'après ce que vous m'en dites. Voy. PAR.

PARCHASSÉ, E, part. pass. de *parchasser*.

PARCHASSER, v. act. (*parchacé*), vieux t. de vén., poursuivre la bête sans aboiements. — SE PARCHASSER, v. pron.

PARCHEMIN, subst. mas. (*parchemein*) (du lat. *pergamenus*, de *Pergame* ; parce que, suivant *Isidore*, les rois de Pergame furent les premiers qui, à défaut de papier, se servirent de cette peau pour écrire), peau de mouton préparée qui sert à écrire, à couvrir des livres et à d'autres usages. — *Parchemin vierge*, peau de chevreaux ou d'agneaux morts-nés préparée. — *Figure de parchemin*, visage blême et jaune. — Prov. : *allonger* ou *étendre le parchemin*, multiplier les papiers, les écritures, étendre le discours sans nécessité. — Au plur., titres de noblesse : *montrer, étaler ses parchemins*.

PARCHEMINERIE, subst. fém. (*parchemineri*), l'art de faire le *parchemin*, lieu où on le prépare. Il y avait à Paris un quartier affecté à cette sorte d'opération, la rue de la *Parcheminerie* l'indique assez. — Commerce de *parcheminier*.

PARCHEMINIER, subst. mas., PARCHEMINIÈRE, subst. fém. (*parcheminié, nière*), celui qui apprête et vend le *parchemin*.

PAR-CI, PAR-LÀ, loc. adv. (*parci, parla*), en divers endroits ; d'un endroit à un autre.

PARCIMONIE, subst. fém. (*parcimoni*) (en lat. *parcimonia*, fait de *parcus*, avare, mesquin), économie soigneuse, minutieuse, qui s'attache aux plus petites dépenses. Style soutenu.

PARCIMONIEUSE, adj. fém. Voyez PARCIMONIEUX.

PARCIMONIEUX, adj. mas., au fém. PARCIMONIEUSE (*parcimonieu, nieuse*), qui a de la *parcimonie*.

PARCLOSE, subst. fém. (*parklôse*), t. de mar., planche mobile de la varangue, qu'on laisse dans la cale des deux côtés de la carlingue.

PARÇONNIER, subst. mas., au fém. PARÇONNIÈRE (*parçonié, nière*), qui a part dans un partage. — *Partionnier, partionnière*, vaudraient mieux, en les faisant dériver tout naturellement de *pars, partis*, qui en lat. signifie *part*, portion. Ces deux mots sont, du reste, fort peu en usage.

DU VERBE IRRÉGULIER PARCOURIR :

Parcourrai, 3ᵉ pers. plur. imparf. indic.
Parcourais, précédé de *je*, 1ʳᵉ pers. sing. imparf. indic.
Parcourais, précédé de *tu*, 2ᵉ pers. sing. imparf. indic.
Parcourait, 3ᵉ pers. sing. imparf. indic.
Parcourant, part. prés.
Parcoure, précédé de *que je*, 1ʳᵉ pers. sing. prés. subj.
Parcoure, précédé de *qu'il* ou *qu'elle*, 3ᵉ pers. sing. prés. subj.
Parcourent, précédé de *ils* ou *elles*, 3ᵉ pers. plur. prés. indic.
Parcourent, précédé de *qu'ils* ou *qu'elles*, 3ᵉ pers. plur. prés. subj.
Parcoures, 2ᵉ pers. sing. prés. subj.
Parcourez, 2ᵉ pers. plur. impér.
Parcourez, précédé de *vous*, 2ᵉ pers. plur. prés. indic.
Parcourez, précédé de *vous*, 2ᵉ pers. plur. imparf. indic.
Parcouriez, précédé de *que vous*, 2ᵉ pers. plur. prés. subj.
Parcourions, précédé de *nous*, 1ʳᵉ pers. plur. imparf. indic.
Parcourions, précédé de *que nous*, 1ʳᵉ pers. plur. prés. subj.

PARCOURIR, v. act. (*parkourir*) (en lat. *percurrere, currere per*, courir à travers) ; il se conjugue sur *courir*. Visiter rapidement. — Courir çà et là : aller d'un bout à l'autre : *parcourir la ville*, etc. — Aller d'un objet à un autre. — *Parcourir un livre, des papiers, un appartement*, etc., y jeter légèrement la vue, sans s'arrêter en aucun endroit. — SE PARCOURIR, v. pron.

DU VERBE IRRÉGULIER PARCOURIR :

Parcourons, 1ʳᵉ pers. plur. impér.
Parcourons, précédé de *nous*, 1ʳᵉ pers. plur. prés. indic.
Parcourra, 3ᵉ pers. sing. fut. indic.
Parcourrai, 1ʳᵉ pers. sing. fut. indic.
Parcourraient, 3ᵉ pers. plur. prés. cond.
Parcourrais, précédé de *je*, 1ʳᵉ pers. sing. prés. cond.
Parcourrais, précédé de *tu*, 2ᵉ pers. sing. prés. cond.
Parcourras, 2ᵉ pers. sing. fut. indic.
Parcourrez, 2ᵉ pers. plur. fut. indic.
Parcourrions, 1ʳᵉ pers. plur. prés. cond.
Parcourrons, 1ʳᵉ pers. plur. fut. indic.
Parcourront, 3ᵉ pers. plur. fut. indic.
Parcourrez, 2ᵉ pers. sing. impér.
Parcours, précédé de *je*, 1ʳᵉ pers. sing. prés. indic.
Parcours, précédé de *tu*, 2ᵉ pers. sing. prés. indic.

PARCOURS, subst. mas. (*parkour*), droit de *parcourir*; de mener paître des moutons de commune en commune, sur le terrain commun, et même sur celui d'autrui.

DU VERBE IRRÉGULIER PARCOURIR :

Parcouru, e, part. pass.
Parcourûmes, 1ʳᵉ pers. plur. prét. déf.
Parcoururent, 3ᵉ pers. plur. prét. déf.
Parcourus, précédé de *je*, 1ʳᵉ pers. sing. prét. déf.
Parcourus, précédé de *tu*, 2ᵉ pers. sing. prét. déf.
Parcourusse, 1ʳᵉ pers. sing. imparf. subj.
Parcourussent, 3ᵉ pers. plur. imparf. subj.
Parcourusses, 2ᵉ pers. sing. imparf. subj.
Parcourussiez, 2ᵉ pers. plur. imparf. subj.
Parcourussions, 1ʳᵉ pers. plur. imparf. subj.
Parcourut, précédé de *il* ou *elle*, 3ᵉ pers. sing. prét. déf.
Parcourût, précédé de *qu'il* ou *qu'elle*, 3ᵉ pers. sing. imparf. subj.
Parcourûtes, 2ᵉ pers. plur. prét. déf.

PARCQ (LE), subst. propre mas. (*leparke*), village de France, chef-lieu de canton, arrond. de Saint-Pol, dép. du Pas-de-Calais.

PARDALIANCHE, subst. fém. (*pardali-anche*), t. de bot., nom d'une espèce de plante d'Amérique peu connue.

PARDALIDE, subst. fém. (*pardalide*), myth., peau de panthère, dont on revêt souvent Bacchus et ceux qui l'accompagnent, au lieu de la nébride ou peau de faon.

PARDALIE, subst. fém. (*pardali*), t. d'hist. nat., sorte de pierre précieuse d'un brun rougeâtre.

PARDALOTE, subst. mas. (*pardalote*), t. d'hist. nat., genre d'oiseaux silvains.

PARDANTHE, subst. mas. (*pardante*), t. de bot., nom d'une plante qui croît en Chine.

PARDAVE, subst. fém. (*pardave*), monnaie de compte du royaume d'Achem, qui vaut le quart d'un taël.

PARDESSUS, subst. mas. (*paredeçu*), nom qu'on donne à une grande redingote qui se met *par-dessus* les autres parties de l'habillement, soit des hommes, soit des femmes. — Ce mot manque dans les *dictionnaires*.

PARDI ou **PARDIENNE**, interj. (*pardi, diène*) (corruption de *par Dieu*), exclamation; sorte de jurement *par* le nom de *Dieu*. Fam.

PARDISION, subst. mas. (*pardizion*), t. de bot., genre de plantes de la famille des radiées.

PARDO, subst. mas. (*pardô*), monnaie d'argent qui a cours dans le royaume de Goa.

PARDON, subst. mas. (*pardon*), rémission d'une faute, d'une offense. Il régit les personnes et les choses : *le pardon des ennemis, des injures*. Voy. ABSOLUTION. — Rémission des péchés. —Avertissement qui se fait dans les églises le matin, à midi et le soir, par plusieurs coups de cloche, pour avertir de prier, en disant la prière qu'on nomme *Angélus*.—Au plur., les indulgences que l'Église accorde aux fidèles.— Anciennement le jubilé était appelé le *grand pardon*. Voy. PARDONNER.— *Demander pardon*. Voy. *faire excuse* au mot EXCUSE.—*Lettres de pardon*, lettres par lesquelles le roi remettait autrefois certains délits qui n'étaient pas réputés assez graves pour qu'on eût besoin d'avoir recours aux grandes *lettres de grace*.—*Pardon!* sorte d'interjection qui se dit par ellipse, pour, je vous demande *pardon : pardon si je vous ai manqué de parole; mais....*—PARDON, RÉMISSION, ABSOLUTION. (*Syn.*) Le *pardon* est en conséquence de l'offense, et regarde principalement la personne qui l'a faite; il dépend de celle qui est offensée, et produit la réconciliation, quand il est sincèrement accordé et sincèrement demandé. La *rémission* est en conséquence du crime, et a un rapport particulier à la peine dont il mérite d'être puni; elle est accordée par le prince ou par le magistrat, et elle arrête l'exécution de la justice. L'*absolution* est en conséquence de la faute ou du péché; elle est prononcée par le juge civil ou par le ministre ecclésiastique, et elle rétablit l'accusé ou le pénitent dans les droits de l'innocence.

PARDONNABLE, adj. des deux genres (*pardonable*), qui mérite *pardon*, excuse. Il ne se dit que des choses.

PARDONNAIRE, subst. mas. (*pardonère*), celui qui est chargé de distribuer les indulgences à Rome.

PARDONNÉ, E, part. pass. de *pardonner*. — *Péché caché est à demi pardonné*, où le péché n'est pas scandaleux, le péché est moins grave. — *Vous êtes tout pardonné*, se dit dans le flux de la conversation à une personne qui fait ses excuses sur une liberté qu'elle avoue avoir eu tort de prendre.

PARDONNER, v. act. (*pardoné*) (du latin barbare *perdonare*, employé avec la même acception dans la basse latinité, et fait de la particule augmentative *per*, et de *donare*, donner, accorder; *accorder l'entière rémission d'une faute*), accorder le pardon d'une faute, d'une injure : *pardonner une offense*.—Faire grace : *le roi lui a pardonné*. — Excuser : *le monde ne pardonne pas les moindres sottises*. — Voir sans chagrin, sans jalousie : *on peut pardonner à cette femme sa beauté*.— *Ne pardonner*, n'excepter, n'épargner : *la mort ne pardonne à personne*. — *Pardonnez-moi*, expression de civilité pour contredire, démentir.— *Dieu me pardonne*, façon de parler familière qui peut être considérée comme une excuse ou un adoucissement : *on dirait, Dieu me pardonne! à l'entendre, que je lui veux du mal*.— Ne dites pas : *pardonner quelqu'un*, ni *pardonner à quelque chose*, mais : *pardonner quelque chose à quelqu'un; pardonner à quelqu'un*; cependant on dit fort bien : *pardonnez à ma franchise de vous dire cela*. — *se* PARDONNER, v. pron.

PARDONNEUR, subst. mas. (*pardoneur*), celui qui *pardonne*. (*Boiste*.) Inusité.

PARDOUX-LA-RIVIÈRE (SAINT-), subst. propre mas. (*ceinpardoularivière*), village de France, chef-lieu de canton, arrond. de Nontron, dép. de la Dordogne.

PARÉ, subst. mas. (*paré*), t. d'hist. nat., espèce d'oiseau.

PARÉ, E, part. pass. de *parer*, et adj.; orné, embelli.—En parlant des personnes, vêtu avec élégance, habillé en grande toilette. — En t. de litt., brillant, semé de fleurs : *style paré*.— En t. de prat., *un titre est paré*, est en forme exécutoire.—*Cidre paré*, cidre qui a fermenté. — En t. de blas., se dit d'un dextrochère dont le bras est d'un autre émail que la main; d'une foi habillée d'un émail différent. — T. de mar., *vaisseau paré*, prêt à combattre; *paré à tout*, lesté partout, *bien paré*, bien alesti.

PARÉAGE ou **PARIAGE**, subst. mas. (*paré-aje*) (du latin *par*, gén. *paris*, pareil, égal), t. de féod., égalité de droit ou de possession que deux seigneurs avaient par indivis dans une même terre.

PARÉAS, subst. mas. (*paré-âce*), t. d'hist. nat., espèce de serpent benin.

PARÉATIS, subst. mas. (*paré-âtice*) (c'est un mot latin qui signifie : *obéissez*, de *parere*, obéir), lettres de la chancellerie pour faire exécuter une sentence, etc., hors du tribunal qui l'a rendue.

PAREAU, subst. mas. (*parô*), grande barque indienne.—Chaudière pour fondre la vieille cire. —Subst. mas. plur., t. de pêche, gros cailloux qui entraînent la seine à fond, tandis que le haut de ce filet flotte au moyen des liéges.

PARECBASE, subst. fém. (*parèkbâze*), t. de rhét. Voy. DIGRESSION et PARECTASE.

PARECTASE, subst. fém. (*parèktâze*), t. de rhét., allongement d'un mot par une syllabe qu'on y insère.

PARÈDRES, subst. mas. plur. (*parèdre*), myth., surnom de demi-dieux.— A Athènes, gens consommés dans les affaires que le chef d'une tribu prenait pour ses assesseurs.

PARÉE, subst. fém. (*paré*), partie d'un fourneau.

PAREGMENON, subst. mas. (*parèguemenon*), dérivation d'un mot qui est composé d'un autre mot.

PARÉGORIE, subst. fém. (*parèguori*) (du grec παρηγορεω, j'adoucis, je calme), action, qualité des remèdes qui adoucissent et calment les douleurs.

PARÉGORIQUE, adj. des deux genres (*paréguorike*), t. de médec. : *remède parégorique*, qui calme, qui apaise les douleurs.

PARÉIA, subst. mas. (*paré-ia*), t. d'anat., partie de la face qui est située entre les yeux et le menton. Peu usité.

PAREIL, adj. mas., au fém. **PAREILLE** (*parè-ie*) (en latin *par*, gén. *paris*), égal, semblable. — On dit substantivement : *ses pareils; vos pareils; cet homme n'a pas son pareil*. —*Sans pareil, sans pareille*, excellent, supérieur dans son genre.— *C'est un homme sans pareil*, du plus grand mérite.—*Toutes choses pareilles*, égales.

PAREILLE, adj. fém. Voy. PAREIL. — Subst. fém., la même chose.—*Rendre la pareille*, faire à quelqu'un un traitement pareil à celui qu'on en a reçu.—*A la pareille*, loc. adv., de la même manière. Cette loc. est surannée.

PAREILLEMENT, adv. (*parè-ieman*), semblablement, aussi : *vous le voulez, et moi pareillement*, et moi aussi.

PARÉIRA-BRAVA, subst. fém. (*paré-irabrâva*), t. de bot., plante du Brésil, dont la racine est usitée en médecine.

PARÉLÉE, subst. fém. Voyez PARECTASE, qui semble être le même mot.

PARÉLIE, subst. mas. Voyez PARHÉLIE.

PARELLE, subst. fém. (*parèle*), t. de bot., sorte de plante, patience.

PARELLIPSE, subst. fém. (*parèlelipece*), t. de gramm., omission d'une consonne lorsqu'elle est double dans un mot.

PAREMENT, subst. mas. (*pareman*) (du verbe *parer*, orner), devant d'autel en étoffe.—Étoffe riche ou voyante que portaient les hommes sur les manches de leurs habits, et les femmes sur le devant de leurs robes. — Le bout de manche d'un habit où l'étoffe est retroussée. — La face apparente d'un ouvrage de menuiserie.—En maçonnerie, le côté d'une pierre qui doit paraître en dehors du mur. — Au plur. : 1° les grosses pierres de taille dont un ouvrage est revêtu; 2° les gros quartiers de pierre ou de grès qui bordent un chemin pavé; 3° les gros bâtons d'un fagot.

PAREMENT-BLEU, subst. mas. (*paremanbleu*), t. d'hist. nat., oiseau de la grosseur du verdier.

PAREMPTOSE, subst. fém. (*paranpetôze*), t. de médec., synonyme d'*accident* et de *coïncidence*.

PARENCÉPHALE, subst. mas. (*parancéfale*) (en grec παρεγκεφαλις, formé de παρεγχεω, j'épanche, et κεφαλη, tête), t. d'anat., cervelet.

PARENCÉPHALITE, subst. fém. (*parancéfalite*), t. de médec., inflammation du cervelet.

PARENCÉPHALOCÈLE, subst. fém. (*parancéfalocèle*) (du grec παρεγκεφαλις, le cervelet, et κηλη, tumeur), t. de médec., hernie du cervelet, affection rare; elle s'annonce ordinairement par une tumeur molle, indolente, non réductible, et qui occupe la région occipitale presque tout entière.

PARENCHYMAL, E, adj. (*paranchimale*), t. de médec., qui forme les *parenchymes* : *membrane parenchymale*.—Au plur. mas., *parenchymaux*.

PARENCHYMATEUSE, adj. fém. Voy. PARENCHYMATEUX.

PARENCHYMATEUX, adj. mas., au fém. **PARENCHYMATEUSE** (*paranchimateu, teuze*), qui a rapport au *parenchyme*.

PARENCHYME, subst. mas. (*paranchime*) (du grec παρεγχυμα, effusion, épanchement, dérivé de παρεγχεω, j'épanche), substance propre de chaque viscère.—En bot., tissu cellulaire, tendre et spongieux, qui remplit, dans les feuilles et dans les jeunes tiges, les intervalles entre les plus fines ramifications.

PARÉNÈSE, subst. fém. (*parénèze*) (du grec παραινεσις, exhortation, avertissement), t. didactique, discours moral, exhortation à la vertu.

PARÉNÉTIQUE, adj. des deux genres (*parénétike*), qui a rapport à la *parénèse*, à la morale.

PARENT, E, subst. (*paran, rante*) (en lat. *parens*, gén. *parentis*), celui ou celle qui nous est uni par le sang, qui nous touche par consanguinité : *il est mon parent du côté de ma mère*. — Au plur., *parents*, ceux de qui l'on descend : *il est né de parents illustres*. — Plus particulièrement, le père et la mère : *on ne peut se marier sans le consentement de ses parents*. — *Parent* se dit même des simples alliés : *on devient parent d'une famille par le mariage*. — On appelle *grands parents* les plus considérables et les plus proches.—*Nos premiers parents*, Adam et Eve. — Prov. : *renvoyer quelqu'un chez ses parents*, l'envoyer promener.—*Rois et juges n'ont point de parents*, ils doivent sacrifier leurs affections personnelles à l'intérêt public.

PARENTAGE, subst. mas. (*parantaje*), parenté. Il vieillit.

PARENTALES, subst. fém. plur. (*parantale*), fêtes funèbres que l'on célébrait, chez les anciens, en l'honneur des morts d'une même famille, et quelquefois d'un même pays.

PARENTÉ, subst. fém. (*paranté*), qualité de *parent* : *degré de parenté*. — Tous les *parents* d'une même personne, collectivement pris : *assembler la parenté*.

PARENTÈLE, subst. fém. (*parantèle*), tous les *parents*: *la parentèle*. Vieux et même hors d'usage.

PARENTHÈSE, subst. fém. (*parantèze*) (en grec παρενθεσις, formé de παρα, entre, de εν, dans, et τιθημι, je place), mots qu'on *insère dans* quelque période et qui font un sens à part. —Marques qui servent à *enfermer* le sens d'une *parenthèse*. Ces marques sont : ( ).—*Par parenthèse*, loc. adv.; on s'en sert, dans la conversation, pour ajouter quelque chose qui n'y a pas un rapport direct : *je vous dirai, par parenthèse, que je n'aime pas les querelles*.

PARENTIS-EN-BORNE, subst. propre mas (*paranti-anborne*), village de France, chef-lieu de canton, arrond. de Mont-de-Marsan, dép. des Landes.

PARÉPIGRAPHE, subst. fém. (*parépiguerafe*), figure de rhét. par laquelle on fait à dessein les choses qui ont dû précéder celle dont on parle (de παρεπιγραφη, mot adopté par les Latins).

PARER, v. act. (*paré*) (en latin *parare*), orner, embellir.—On dit prov. et pour se *moquer* : *paré comme un autel, comme une épousée de village*.—Donner une certaine façon au cuir. — Oter de la corne du pied d'un cheval pour le ferrer —Eviter un coup, soit en le détournant, soit en y opposant quelque chose qui l'arrête : *parer un coup*. — Au fig. : *parer une botte*, se défendre contre un mauvais pas, contre une embûche qu'on vous tendait.—Garantir : *cela vous parera de la pluie, du soleil*, et, neut. : *on ne peut parer* *à tout; il ne fait que parer aux coups*, que se défendre. Racine a dit (*Bajazet*) :

Rien n'a pu me *parer* contre ses derniers coups.

Parer ne peut s'appliquer aux personnes que comme verbe réfléchi, et suivi de la préposition *de* : *se parer des embûches de l'ennemi, se parer du soleil*. On ne dirait pas : *se parer contre l'ennemi*. —En t. de mar., *parer un cap*, le laisser à côté, en allant au-delà; *parer un abordage*, l'éviter; *parer un câble, une ancre*, mettre l'ancre en mouillage, l'attacher avec le câble que l'on débarrasse de tout, en prenant sa biture.—En t. de man., l'arrêter : *ce cheval pare bien sur les hanches*.—*Parer les viandes*, ôter les peaux et les graisses superflues. — *Parer du cidre*, le faire fermenter. — SE PARER, v. pron., s'ajuster. — Se défendre, se mettre à couvert de quelque chose. — Fig., affecter; faire *parade* : *se parer d'une vertu austère*, etc.—En t. de mar., se préparer, se débarrasser, s'alestir. — Prov. : *se parer des plumes d'autrui, des plumes du paon*, s'approprier ce qui appartient à un autre.

PARÈRE, subst. mas. (*parère*) (du latin *parere*, paraître : *paret*, il paraît, il me paraît, je suis d'avis que...), avis, sentiment de négociants sur une question de commerce.

PARERGO, subst. mas. (*parèreguô*) (du grec παρα, proche, et εργον, ouvrage), t. de maçonn., addition à l'ouvrage principal. Peu en usage.

PARERMENEUTE, subst. mas. (*parèreméneute*) (du grec παρα, contre, et ερμηνευς, interprète), t. d'hist. eccl., secte d'hérétiques qui voulaient expliquer l'Ecriture-Sainte à leur manière.

PARÉSIS, subst. fém. (*parézice*) (en grec παρεσις, relâchement), t. de médec., paralysie imparfaite.

PARESSE, subst. fém. (*parèce*) (du grec παρεσις, relâchement, affaiblissement, langueur, abattement), fainéantise, nonchalance, négligence ou lenteur blâmable. — Humeur paisible, calme d'esprit : *paresse douce, aimable*.—*Paresse d'esprit*, nonchalance, lenteur de l'esprit à saisir, à concevoir une idée. — Prov. : *relever quelqu'un du péché de paresse*, lui faire faire son devoir.—PARESSE, FAINÉANTISE. (*Syn.*) La *paresse* est un moindre vice que la *fainéantise* : celle-là semble avoir sa source dans le tempérament, et celle-ci dans le caractère de l'âme. La première s'applique à l'action de l'esprit comme à celle du corps. La seconde ne convient qu'à cette dernière sorte d'action.—Le *paresseux* craint la peine et la fatigue; il est lent dans ses opérations, et fait traîner l'ouvrage; le *fainéant* aime à être désœuvré, il hait l'occupation et fuit le travail.

PARESSÉ, part. pass. de *paresser*.

PARESSEMENT, adv. (*parèceman*), avec *paresse*, avec nonchalance, par fainéantise. (*Boiste*.) Vieux et même inusité.

PARESSER, v. neut. (*parècé*), faire le *paresseux*, se laisser aller à la *paresse*. Il est fam.

PARESSEUSE, subst. et adj. fém. Voy. PARESSEUX.

PARESSEUSEMENT, adv. (*parèceuzeman*), avec *paresse*.

PARESSEUX, subst. et adj. mas., au fém. PARESSEUSE (*parèceu, ceuze*), fainéant, nonchalant. Voy. PARESSE. — Devant l'infinitif des verbes, il régit *à* ou *de*, plus souvent *à* : *paresseux à servir, paresseux d'écrire*.—En t. de médec. : *estomac paresseux*, lent à faire ses fonctions.— Subst., celui, celle qui a le défaut de la *paresse*.— Subst. mas., t. d'hist. nat., mammifère tardigrade.

PARÉTACIEN, subst. propre mas. (*parétaciein*), nom d'un ancien peuple qui habitait entre la Médie et la Perse.

PAREUR, subst. mas. (*pareur*), ouvrier qui finit, perfectionne un ouvrage. — *Pareur de drap*, titre que prenaient, à Paris, les maîtres-foulons. — *Pareur de cordes*, en t. de rivière, celui qui est chargé d'empêcher que la corde ne s'arrête, lorsque le bateau monte.

PARF., abréviation du mot *parfait*.

PARFAIRE, v. act. (*parfère*) (du lat. *perficere*, formé de la particule augmentative *per*, et de *facere*, faire, faire entièrement), achever; compléter. Il ne se dit guère qu'en t. de pratique et de finance, et ne s'emploie qu'à l'infinitif et aux temps composés : *son procès est fait et parfait; parfaire une somme, un paiement*. — SE PARFAIRE, v. pron.

PARFAIT, E, part. pass. de *parfaire*, et adj., qui a tout ce qu'il doit avoir; accompli dans son genre. Voy. ACCOMPLI.—Le *parfait*, dit *Girard*, regarde proprement la beauté qui naît du dessin et de la construction de l'ouvrage, et le *fini*, celle qui vient du travail et de la main de l'ouvrier : *les anciens se sont plus attachés au parfait, et les modernes au fini*. — En t. d'arithm., *nombre parfait*, celui qui est égal à la somme de ses parties aliquotes. —En mus., *accord parfait*. Voy. ACCORD. — *Cadence parfaite*, celle qui porte la note sensible, et passe de la dominante sur la finale. — *Consonnance parfaite*, celle qui ne peut être rendue ni majeure ni mineure, comme la quinte et l'octave. — Subst. mas.; ce qui est *parfait*, la perfection. — En t. de gram., *parfait*, ou *prétérit parfait*, le prétérit qui marque une chose faite, une chose arrivée dans un temps qui n'est ni précis, ni déterminé, comme *j'ai aimé, j'ai dit*; et *plus que parfait*, ou *prétérit plus que parfait*, le prétérit qui marque une chose faite ou arrivée dans un temps plus éloigné que le temps marqué par le prétérit *parfait*, comme *j'avais aimé*.

PARFAITEMENT, adv. (*parfèteman*), d'une manière *parfaite*, complète.

PARFILAGE, subst. mas. (*parfilaje*), action de *parfiler*. — Ce qui résulte de cette action : *un tas, une botte de parfilage*.

PARFILÉ, E, part. pass. de *parfiler*.

PARFILER, v. act. (*parfilé*), séparer dans une étoffe, dans un galon, etc., l'or et l'argent, de la soie qu'ils recouvrent; les diviser par fils. — SE PARFILER, v. pron.

PARFILURE, subst. fém. (*parfilure*), fils d'or et d'argent séparés de la soie qu'ils recouvraient. — Brins de soie, etc., d'une étoffe effilée. — En t. de passementier, endroit d'un ouvrage où se forment les contours des figures, tant en dedans qu'en dehors, et qui sont exprimés par les points noirs et blancs du dessin.

à la PARFIN, loc. adv. (*alaparfein*), enfin. Il est vieux et de style de paysan.

PARFOIS, adv. (*parfoè*), quelquefois.

PARFOND, subst. mas. (*parfon*), t. de pêche, hameçon plombé qui reste au fond de l'eau.

PARFONDRE, v. act. (*parfondre*), faire *fondre* l'émail également partout. — SE PARFONDRE, v. pron., entrer en fusion, se mélanger, s'unir également.

PARFONDU, E, part. pass. de *parfondre*.

PARFORCÉ, E, part. pass. de *parforcer*.

PARFORCER, v. act. (*parforcé*), faire un grand *effort*. — SE PARFORCER, v. pron. (*Boiste*.) Inusité.

PARFOURNI, E, part. pass. de *parfournir*.

PARFOURNIR, v. act. (*parfournir*), *fournir* en entier, achever de *fournir*. Peu usité.—SE PARFOURNIR, v. pron.

PARFOURNISSEMENT, subst. mas. (*parfourniceman*), action de *parfournir*.

PARFUM, subst. mas. (*parfeun*) (du lat. *per*, au milieu, à travers, et *fumus*, fumée, vapeur qui se répand), senteur agréable qui s'exhale d'un corps odoriférant. Voy. AROMATE. — Corps d'où s'exhale cette senteur. En ce dernier sens, il se dit surtout des compositions artificielles odoriférantes. — Fig. : *le parfum des louanges*. Le plaisir qu'on prend à s'entendre louer.—*Cet appartement respire un parfum d'antiquité*, est décoré dans le genre des anciens.

PARFUM-D'AOÛT, subst. mas. (*parfeundou*), t. de jard., petite poire hâtive, qui est d'un jaune citron d'un côté et d'un rouge foncé de l'autre, et d'une odeur fort agréable.

PARFUMÉ, E, part. pass. de *parfumer*, et adj.

PARFUMER, v. act. (*parfumé*), répandre une bonne odeur dans l'air : *les fleurs parfument l'air*. Voy. PARFUM. — Faire prendre une bonne odeur à.. : *parfumer des gants, du linge*, etc. — *Parfumer une maison, un navire*, etc., y brûler du soufre ou un autre ingrédient d'une odeur forte, pour en chasser le mauvais air. — On *parfume* les lettres qui viennent de Constantinople, en les exposant au feu de soufre, et en les trempant dans le vinaigre. — SE PARFUMER, v. pron., remplir de bonnes odeurs ses habits, ses cheveux, etc.

PARFUMEUR, subst. mas., PARFUMEUSE, subst. fém. (*parfumeur, meuze*), celui, celle qui fait et vend toute sorte de senteurs et de *parfums*.

PARFUMEUSE, subst. fém. Voy. PARFUMEUR.

PARFUMOIR, subst. mas. (*parfumoar*), sorte de machine en forme de coffre, avec une grille sous laquelle on brûle du *parfum*, pour en imprégner les différentes choses que l'on veut *parfumer*.

PARGANIOTE, subst. des deux genres (*parganiote*), habitant de *Parga*, ville de la Grèce.

PARGASITE, subst. mas. (*parguazite*), t. d'hist. nat., sorte de minéral d'un vert grisâtre ou bleuâtre.

PARGINIE, subst. fém. (*parjini*), t. d'hist. nat., espèce d'oiseau qu'on rencontre au Japon.

PARGNEAU, subst. mas. (*pargnió*), nom d'une petite carpe qu'on ne peut manger que frite.

PARGOUTÉE, subst. fém. (*parguouté*), myth., nom de la première femme, suivant les Banians.

PARGUIÉ ! PARGUIENNE ! interj. (*parguié, guiène*), jurements burlesques, corruption de *pardienne*.

PARHÉLIE, subst. mas. (*paréli*) (du grec παρα, proche, et ηλιος, soleil), t. d'astron., sorte de météore; représentation d'un ou de plusieurs soleils sous la forme d'une clarté brillante, qui paraissent autour du soleil, et qui sont formés par la réflexion des rayons de cet astre dans une nuée.

PARHYPATE, subst. fém. (*paripate*), t. de mus. anc., seconde corde de la lyre, qui était dédiée à Mercure.

PARI, subst. mas. (*pari*) (du latin *paris*, gén. de *par*, pareil, égal), gageure, promesse réciproque, par laquelle deux ou plusieurs personnes qui soutiennent des choses contraires, s'engagent de payer une certaine somme à celui qui se trouvera avoir raison.—Ce qu'on a gagé, ou la somme exposée : *payer le pari*. — Le *pari* n'a souvent pas de rapport avec l'enjeu de deux adversaires, il peut être tenu en dehors du jeu, et par des personnes autres que les joueurs.—*Tenir le pari*, l'accepter et *parier* contre.—*Le pari est ouvert*, tout le monde est admis à *parier*. — *Il est hors de pari*, se dit de celui qui a déjà perdu, et qui n'a plus droit aux enjeux que vont se disputer encore les autres

PARIA, subst. mas. (*pari-a*), homme né dans la dernière caste des Indiens qui suivent la loi de Brahma. Cette caste est réputée infame par toutes les autres, qui refusent d'avoir avec elle la moindre communication.

PARIADE, subst. fém. (*pari-ade*), saison dans laquelle les perdrix *s'apparient* : *la chasse est défendue durant la pariade*.— Perdrix *appariées* : *il y a trois ou quatre pariades dans ce champ*. Pourquoi ne dirait-on pas plutôt *appariade?*

PARIAL, E, adj. (*pari-ale*), qui appartient aux *pairs*. (Boiste.) Inusité. Il vaudrait mieux, ce nous semble, dire : PAIRIAL, E.

PARIAMBIDE, sub. mas. (*pari-ambide*), t. de mus. anc., sorte d'instrument à cordes, qui servait à accompagner les vers *ïambiques*.

PARIANE, subst. fém. (*pari-ane*), t. de bot., genre de plantes de la famille des graminées.

PARICLES, subst. et adj. fém. plur. (*parikle*), se disait des chartes dont on délivrait aux contractants autant de copies qu'il y avait de personnes intéressées à l'acte qu'on venait de dresser.

PARIÉ, E, part. pass. de *parier*.

PARIER, v. act. (*pari-é*), faire un *pari*, gager. Voy. ce mot.—*Parier pour quelqu'un*, gager que le joueur qu'on désigne gagnera la partie.— *Parier à coup sûr*, avec la certitude qu'on gagnera. —*Il y a beaucoup, il y a gros à parier que...*; il est certain, il y a des raisons de croire que... — SE PARIER, v. pron.

PARIÉTAIRE, subst. fém. (*pari-étère*) (en lat. *parietaria*, fait de *paries*, gén. *parietis*, muraille), t. de bot., plante vivace, à fleurs à étamines, qui croît sur les murailles humides.

PARIÉTAL, E, adj. (*pari-étale*), t. d'anat., *os pariétal*, os situé à la partie latérale et supérieure du crâne, et qui s'articule avec son semblable. On dit aussi subst. : *le pariétal*. —*Bosse, fosse, suture pariétale*, qui appartiennent à l'os *pariétal*. — T. de bot., situé sur la paroi interne d'un fruit. — Au plur. mas., *pariétaux*.

PARIÉTAUX, adj. mas. plur. Voy. PARIÉTAL.

PARIEUR, subst. mas., PARIEUSE, subst. fém. (*pari-eur, ri-euse*), celui, celle qui *parie*. L'*Académie* ne donne pas de fém. à ce mot : c'est probablement une omission.

PARIEUSE, subst. fém. Voy. PARIEUR.

PARIGLINE, subst. fém. (*parigueline*), t. de chim., principe immédiat découvert récemment dans la salsepareille.

PARILIE, subst. fém. (*parili*), t. de bot., genre de plantes connu généralement sous le nom de *nyctante*.

PARILIES, subst. fém. plur. (*parili*) (du lat. *parere*, enfanter), myth., fêtes romaines que les femmes enceintes faisaient célébrer dans leurs maisons pour obtenir un heureux accouchement.

PARINAIRE, subst. mas. (*parinère*), t. de bot., genre de plantes de la famille des rosacées.

PÂRIS, subst. propre mas (*pârice*), myth., fils

de Priam et d'Hécube. Sa mère, étant enceinte de lui, alla consulter l'oracle, qui répondit que cet enfant serait un jour cause de la ruine de sa patrie. Priam, pour éviter ce malheur, ordonna à un de ses officiers, appelé Archélaüs, de faire mourir *Pâris* aussitôt qu'il serait né. Archélaüs, par l'ordre d'Hécube, et par compassion, le donna à des bergers du mont Ida pour l'élever, et montra à Priam un autre enfant mort. Quoique *Pâris* fût élevé parmi les bergers, ce jeune prince s'occupait à des choses bien au-dessus de cette condition. Comme il était parfaitement beau, Jupiter le choisit pour terminer le différend entre Junon, Pallas et Vénus, touchant la pomme que la Discorde avait jetée sur la table, dans le festin des dieux, aux noces de Thétis et de Pélée. *Pâris*, devant qui ces trois déesses parurent *pour le séduire chacune en sa faveur* à force de promesses, donna la pomme à Vénus, dont il mérita la protection par ce jugement; mais il s'attira aussi la haine de Junon et de Pallas. Il épousa la nymphe OEnone, qui lui prédit les maux dont il serait un jour cause. Lorsqu'on célébrait des jeux à Troie, il y allait, et entrait dans la lice, où il remportait souvent la victoire sur Hector, son frère, sans le connaître. Comme on ne parlait que de ce berger, Priam voulut le voir. Après l'avoir interrogé sur sa naissance, il le reconnut pour son fils; et, cédant à sa tendresse, il le reçut et le plaça dans le rang qui lui appartenait de droit. On le choisit pour aller en qualité d'ambassadeur à Sparte, redemander sa tante Hésione, que Télamon avait autrefois enlevée sous le règne de Laomédon. Étant arrivé, il séduisit Hélène, femme de Ménélas, et l'enleva. Les Grecs s'assemblèrent pour venger cet affront, allèrent assiéger Troie, prirent la ville, après dix ans de siége, et la saccagèrent. *Pâris*, ayant été blessé dans un combat par *Pyrrhus*, se fit porter sur le mont Ida, auprès d'OEnone, pour s'en faire guérir, car elle avait une connaissance parfaite de la médecine; mais cette nymphe, indignée contre lui de ce qu'il l'avait abandonnée, le reçut mal, et ne voulut point le guérir. *Pâris* étant mort de sa blessure, elle se pendit de désespoir, pour lui avoir refusé les secours de son art.

PARIS, subst. propre mas. (*pari*), capitale de la France, chef-lieu du dép. de la Seine et de douze arrond. municipaux; résidence royale; siége des deux chambres législatives, de tous les ministères, des administrations, des directions générales et de toutes les grandes autorités; de diverses cours, royale, de cassation, etc.; siége de tribunaux de première instance et de commerce, d'archevêché, etc., etc.; siége de la première division militaire, etc., etc.

PARIS, subst. fém. (*pârice*), t. de bot., la plante des anciens, qui n'est autre chose que celle que nous nommons aujourd'hui *parisette*.

PARISETTE, subst. fém. (*parizète*), t. de bot., herbe des environs de *Paris*, raisin de renard.

PARISIEN, subst. et adj. mas., au fém. **PARISIENNE** (*parizien, ziène*), de *Paris*. — Ironiquement, délicat; badaud.

PARISIENNE, subst. et adj. fém. Voy. PARISIEN.—Subst. fém., petit caractère d'imprimerie. On l'appelle aussi sédanoise.—Sorte de voiture omnibus.

PARISIES, subst. fém. plur. (*parizi*), t. d'antiq., fêtes que les femmes célébraient dans leurs lits. Voyez PARILIES.

PARISIS, adj. des deux genres (*parizice*) : *un sou parisis, un denier parisis*, autrefois, un sou, un denier de la monnaie frappée à *Paris*. Voy. *livre parisis*, au mot LIVRE.

PARISTHMITE, subst. fém. (*paricemite*) (du grec παρα, auprès, et ισθμός, gosier), t. de médec., angine tonsillaire sur le côté de la gorge.

PARISYLLABIQUE, adj. des deux genres (*paricilelabike*) (du lat. *par*, gén. *paris*, égal, et du grec συλλαβη, syllabe), se dit, en t. de gram., *des déclinaisons grecques qui ont un égal nombre de syllabes au nominatif et au génitif singulier*.

PARITÉ, subst. fém. (*parité*), égalité entre des choses de même qualité, de même nature. — Comparaison par laquelle on prouve une chose par une semblable : *prouver, nier la parité*.

PARITOIRE, subst. mas. Voy. PARIÉTAIRE.

PARIVÉ, subst. fém. (*parivé*), t. de bot., sorte de grand arbre qui croît à la Guyane. — Genre de plantes de la famille des légumineuses.

PARJURE, subst. mas. (*parjure*) (en lat. *perjurium*), faux serment : *faire un parjure*.

PARJURE, adj. des deux genres (*parjure*) (en lat. *parjurus*), celui, celle qui a fait un faux serment ou qui a violé *son serment* : *cet homme est un parjure; elle est parjure*. Voy. le subst.

se **PARJURER**, v. pron. (*ceparjuré*) (en latin *perjurare*), faire un *parjure*, violer son serment, ou faire un faux serment devant la justice.

PARKÉRIACÉE, subst. fém. (*parkiéri-acé*), t. de bot., famille de plantes de la Guyane, qui se rapprochent des fougères.

PARKÉRIE, subst. fém. (*parkiéri*), t. de bot., nom d'une plante nouvellement découverte à la Guyane.

PARKINSON, subst. mas. (*parkieinçon*), t. d'hist. nat., espèce de gros faisan qui ne se tient que dans les montagnes.

PARKINSONIE, subst. fém. (*parkieinçoni*), t. de bot., espèce d'arbre d'Amérique, de la famille des légumineuses.

PARLAGE, subst. mas. (*parlaje*), verbiage, abondance de paroles inutiles et dépourvues de sens. Style familier.

PARLANT, E, adj. (*parlan, lante*), qui *parle*. —Fam. : *cet homme est peu parlant*, il ne *parle* pas à tout le monde. — Qui semble *parler*; fort ressemblant : *ce portrait est parlant*.— *Des regards, des gestes parlants*, qui sont expressifs.— *Trompette parlante*, ancienne dénomination de ce que nous appelons aujourd'hui *porte-voix*. — En t. de blas. : *armes parlantes*, celles dont la pièce principale exprime le nom de la famille à qui elles appartiennent.

PARLÉ, E, part. pass. de *parler*.

PARLEMENT, subst. mas. (*parleman*) (du latin barbare *parlamentum*, qui signifiait originairement un pourparler, une conférence de plusieurs personnes assemblées pour délibérer de leurs affaires communes), sous les premiers rois de France, assemblée des grands du royaume, pour délibérer sur les affaires importantes. — Dans les temps postérieurs, cour souveraine établie pour rendre la justice.—*Parlement* se disait quelquefois pour signifier : le ressort, l'étendue de la juridiction d'un *parlement* : *le parlement de Paris s'étendait jusqu'en Saintonge; Lyon était du parlement de Paris*.— Il se disait aussi de la durée du *parlement*, depuis le jour de son ouverture jusqu'aux vacances : *cette affaire ne sera pas jugée de ce parlement; le parlement finira bientôt*.— On appelait *l'ouverture du parlement*, la première assemblée du *parlement* après la Saint-Martin. — *Parlement d'Angleterre*, assemblée convoquée par le roi, et composée de la chambre haute ou des pairs ecclésiastiques et séculiers, et de la chambre basse ou des députés des provinces et des villes.—Autrefois, sorte de fichu à coqueluchon.

PARLEMENTAIRE, subst. mas. et adj. des deux genres (*parlemantère*), celui qui, en Angleterre, tient le parti du *parlement* contre la cour. Il *s'est dit surtout des troubles* d'Angleterre sous Charles Ier, et du temps de la Fronde en France. — Celui qui est envoyé par des assiégeants ou des assiégés pour faire ou pour écouter des propositions.— *Vaisseau parlementaire*, ou simplement *un parlementaire*, vaisseau qu'on envoie porter des papiers, etc., à une flotte, ou dans un port de la nation avec laquelle on est en guerre.

PARLEMENTÉ, part. pass. de *parlementer*.

PARLEMENTER, v. neut. (*parlemanté*), faire et écouter des propositions pour rendre une place, etc.—Fig., entrer en voie d'accommodement dans une affaire particulière.—Prov. : *ville qui parlemente est à demi rendue*. Cela se dit aussi figurément : des personnes qui écoutent les propositions qu'on leur fait pour les amener à quelque composition.

PARLÉE, adj. fém. (*parlé*), énoncé, exprimé à l'aide de la voix. Il ne s'emploie qu'avec le mot *langue* : *on distingue la langue parlée de la langue écrite*.

PARLER, v. neut. (*parlé*) (du lat. barbare *parabolare*, fait de *parabola*, qui s'est dit autrefois dans le sens de *parole*. Voy. ce mot. De *parabolare*, est venu d'abord *paroler*, qui se trouve dans le roman de la *Rose*, et ensuite, par contraction, *parler*), proférer, prononcer, articuler des mots : *cet enfant commence à parler*.—Adresser la parole à quelqu'un; converser avec lui : *il faut lui parler; je veux vous parler*. On disait autrefois : *parler à lui; parler à vous*. Cette locution n'est plus que du style familier.— *Parler avec quelqu'un*, s'entretenir avec lui, discourir. —Expliquer ses pensées, ses sentiments : *je n'ai pu le faire parler; la loi parle clairement là-dessus*.—Au palais, plaider pour... : *je parle pour un tel*. — Manifester sa pensée, sa volonté : *parler des yeux, du geste*. — En parlant de certains oiseaux, imiter le langage de l'homme.— Prov. : *parler par compas*, avec gravité, en mesurant ses paroles.—*Parler à un sourd*, *parler* à quelqu'un qui ne veut pas se laisser persuader. —*Parler de la pluie et du beau temps*, s'entretenir de choses indifférentes.—*Parler des yeux*, avoir un regard animé, expressif. *Racine* (Andromaque) a dit en ce sens, par une très-heureuse hardiesse : *tu lui parles du cœur*. La même expression se trouve dans *Bérénice*.—*Parler d'une affaire à bâtons rompus*, à diverses fois et sans aucune suite.—*Parler en l'air*, sans aucun dessein ou sans fondement et sans être bien instruit. —*Parler au hasard*, sans réfléchir à ce qu'on dit. — *Parler légèrement*, sans être bien certain de ce qu'on avance. — *Parler pour parler*, ne rien dire de sérieux.—*Parler comme un perroquet*, sans savoir ce qu'on dit. —*Parler comme un livre*, d'une manière correcte et arrangée. — *Parler en maître sur une matière*, la posséder à fond. — *En parler comme un écolier*, comme quelqu'un qui n'y connaît rien. — *Parler français*, fig., expliquer nettement son intention sur une affaire, etc.—*Parler à cheval à quelqu'un*, lui parler avec hauteur, avec empire. — *Parler des grosses dents*, *parler* avec menaces.—*Trouver à qui parler*, trouver gens qui nous répondent, qui nous rabattent le caquet.—*Trouver avec qui parler*, gens avec qui l'on peut s'entretenir.—*Il n'a point fait parler de lui*, il n'a rien fait qui lui ait donné une réputation soit bonne, soit mauvaise. —*Elle n'a point fait parler d'elle*, elle a toujours tenu une conduite sage et réglée.—*Faire parler quelqu'un*, lui faire dire ce qu'il ne dirait pas de lui-même; lui prêter des discours qu'il n'a point tenus.—On le dit de tout ce qui se manifeste par la pensée : *le cœur parle*; on *parle* avec franchise; *le sang parle*, les sentiments naturels se réveillent. — *La chose parle d'elle-même*, elle est évidente.—Act. : *parler une langue étrangère*, etc., s'exprimer dans cette langue, la savoir.—*Parler physique, politique, gouvernement*, etc., discourir sur ces matières. — *Parler raison*, raisonner.—On dit neut., dans le même sens : *parler de politique, de peinture, de physique*.—*Parler d'affaires*, s'entretenir d'affaires avec quelqu'un, surtout si, dans cet entretien, on en fait son unique objet. Lorsqu'on n'exclut pas tout autre sujet de conversation, on dit neut. : *parler d'affaires*. — *Parler mal de quelqu'un*, médire de lui. — *Parler bien*, avec pureté et élégance. — *Parler juste*, raisonner d'après les lois du bon sens. — *Parler d'or*, expression surannée qui se disait d'une personne qui *parlait* de la manière la plus convenable et la plus satisfaisante, par rapport à celui à qui elle adressait la parole. — *Parler avec passion*, avec exagération, en disant tout ce que l'animosité ou les passions peuvent suggérer.—*Parler pour quelqu'un*, intercéder en sa faveur — *Parler contre quelqu'un*, chercher à lui nuire par de méchants discours.— *Parler d'une chose comme un aveugle des couleurs*, *parler* de choses dont on n'a pas connaissance. — *Parler à cœur ouvert*, avec une entière franchise. — *Parler d'abondance*, sans préparation. — *Parler d'abondance de cœur*, de manière à intéresser, à toucher. — *Parler à un mur*, à quelqu'un qui ne veut pas se laisser toucher. — *Parler haut*, avec insolence. — *En parler bien à son aise*, *parler* comme quelqu'un qui n'a aucun intérêt dans le conseil qu'il donne.—*Apprendre à parler à quelqu'un*, lui donner sur les doigts; le rendre circonspect dans son langage. — Prov. : *trop gratter cuit, trop parler nuit*, un grand *parleur* s'attire souvent des désagréments.—*Laisser parler*, ne pas s'occuper de ce qu'on dit.—*On en parlera*, telle chose, tel événement fera du bruit. — *Parler à son bonnet*, se parler à soi-même. — *Les murailles parlent*, il y a des témoins des choses les plus cachées.— *Tout parle pour lui*, le bon droit et l'équité sont de son côté.— *Généralement parlant*, loc. adv., à parler, à prendre la chose en général.—*Sans parler de...*, loc. prép., indépendamment de...—MAL PARLER, PARLER MAL. (*Syn.*) *Mal parler* tombe sur les choses que l'on dit, et *parler mal*, sur la manière de les dire. Le premier est contre la morale; le second, contre la grammaire.—C'est *mal parler* que de dire des paroles offensantes, de tenir des propos inconsidérés, déplacés, qui peuvent nuire, ou à celui qui les tient, ou à ceux dont on parle.

C'est *parler mal*, que d'employer une expression hors d'usage, d'user de termes équivoques; de construire une phrase d'une manière embarrassée, obscure, ou à contre-sens, etc. Il ne faut ni *mal parler* des absents, ni *parler mal* devant les savants.—*se* PARLER, v. pron. : *la langue française se parle* (est parlée) *par toute l'Europe.*—S'adresser mutuellement la parole; avoir un entretien : *ils se sont parlé pendant une heure.* — Se dire intérieurement quelque chose à soi-même.

PARLER, subst. mas. (*parlé*), langage : *il a le parler gracieux.— Avoir son franc parler*, dire habituellement ce qu'on pense.

PARLERIE, subst. fém. (*parleri*), babil importun. Fam.

PARLEUR, subst. mas., **PARLEUSE**, subst. fém. (*parleur, leuze*), celui, celle qui *parle*, qui discourt, qui cause : *beau parleur*, qui s'énonce d'une manière agréable ; *grand parleur*, qui *parle* trop.

PARLEUSE, subst. fém. Voy. PARLEUR.

PARLIER, adj. mas., au fém. **PARLIÈRE** (*parlié, lière*), verbeux, qui abonde en paroles plus qu'en raisons : *l'éloquence parlière, agréable et facile de cet orateur.* (Beaumarchais.) Mot bon tout au plus pour le style familier et critique.— Subst. mas., vieux mot hors d'usage qui signifiait : 1° un avocat; 2° un procureur, comme *parlant* pour un autre. (*Trévoux.*)

PARLOIR, subst. mas. (*parloar*), lieu destiné, dans les monastères, communautés et prisons, pour *parler* aux personnes de dehors. Il se dit surtout des monastères de filles.

PARLORISÉ, part. pass. de *parloriser*.

PARLORISER, v. neut. (*parlorizé*), *parler* d'une manière affectée; avoir un langage de fat. Inusité.

PARMACELLE, subst. fém. (*parmacèle*), t. d'hist. nat., genre de mollusques très-voisin des limaces.

PARMACOLE, subst. mas. (*parmakole*), t. d'hist. nat., genre d'échinides.—Espèce de scutelles.

PARME ou **PARMULE**, subst. fém. (*parme, parmule*), t. d'antiq., sorte de petit bouclier des anciens, couvert de cuir, dont la forme était ronde, et qui n'avait qu'un demi-pied de diamètre.

PARME, subst. propre fém. (*parme*), capitale du duché du même nom, situé en Italie.

PARMÉLIE, subst. fém. (*parmeli*), t. de bot., genre de plantes de la famille des lichens.

PARMENTIÈRE, subst. fém. (*parmantière*), t. de bot.; on appelle ainsi la pomme-de-terre, du nom du savant *Parmentier*, qui en a perfectionné la culture.

PARMESAN, E, adj. (*parmezan, zane*), de *Parme*. — Subst. mas., sorte de fromage.

PARMI, prép. (*parmi*) (du latin *per medium*, par le milieu), entre, au milieu : *parmi les carrosses, parmi le peuple*. Cette préposition ne s'emploie qu'avec un plur. indéfini qui signifie plus de deux, ou avec un singulier collectif. Ainsi *Racine* a eu tort de dire (*Britannicus*) :

Mais, *parmi* ce plaisir, quel chagrin me dévore?

Parmi diffère de *entre*, en ce que ce dernier se dit de deux objets : *entre lui et moi* ; et *parmi*, d'un plus grand nombre : *parmi les hommes, parmi la foule*.

PARMOPHORE, subst. mas. (*parmofore*), t. d'hist. nat., espèce de coquille que l'on nomme aussi *scute*.

PARMULAIRE, subst. mas. (*parmulère*), t. d'antiq., gladiateur qui combattait armé du bouclier appelé *parme* ou *parmule*.

PARNASSE, subst. propre mas. (*parnace*) (en lat. *Parnassus*, fait du gr. Παρνασσος ou Παρνησος), la plus haute montagne de la Phocide, consacrée à Apollon et aux Muses.—On dit fig. : *les nourrissons du Parnasse*, les poètes. — *Monter sur le Parnasse*, s'adonner à la poésie. — *Le Parnasse français*, la poésie française, les poètes français.

PARNASSIA, subst. fém. (*parnacia*), t. de bot., sorte de plante des marais, ou la *parnassie des marais*.

PARNASSIDE, subst. fém. (*parnacide*), myth., surnom donné aux Muses, à cause de leur séjour au *Parnasse*.

PARNASSIE, subst. fém. Voy. PARNASSIA.

PARNASSIEN, subst. mas. (*parnaciein*), t. d'hist. nat., sorte d'insectes coléoptères.— Adj., du *Parnasse*. — On dit aussi adj. au fém. : *parnassienne*.

PARNASSIM, subst. mas. (*parnacime*), directeur d'une synagogue. (*Boiste.*) Inusité.

PARNASSIN, subst. mas. plur. (*parnacein*), chez les juifs modernes, nom qu'on donne aux diacres dont les fonctions ressemblent à celles des anciens dans les consistoires des réformés. Ils sont chargés de recueillir les aumônes et de les distribuer aux pauvres.

PARNIDE, subst. mas. (*parnide*), t. d'hist. nat., famille d'insectes de l'ordre des coléoptères.

PARNOPÈS, subst. mas. (*parnopèce*), t. d'hist. nat., genre d'insectes hyménoptères.

PAROCHIES, subst. fém. plur. (*parochi*), t. d'antiq., provisions que l'on faisait ou préparait pour les magistrats qui voyageaient pour la république. Voy. PAROQUES.

PARODIE, subst. fém. (*parodi*) (en grec παρωδια, formé de παρα, contre, et ωδη, chant), maxime triviale ou proverbe populaire. — Plus proprement, imitation ridicule d'un ouvrage sérieux. — Par extension, écrit dans lequel on détourne le vrai sens d'un autre écrit.— Travestissement burlesque d'une pièce de théâtre sérieuse. —T. de musique, air de symphonie sur lequel on ajuste des paroles.

PARODIÉ, E, part. pass. de *parodier*, et adj. : *tragédie parodiée*.

PARODIER, v. act. (*parodié*), faire une *parodie*. — *Parodier quelqu'un*, le contrefaire. — *se* PARODIER, v. pron.

PARODIQUE, adj. des deux genres (*parodike*), de la *parodie*.

PARODISTE, subst. mas. (*parodicete*), auteur d'une *parodie*.

PARODONTIDE, subst. fém. (*parodontide*), t. de médec., sorte de tumeur qui se forme sur les gencives.

PAROÉNIE ou **PAROÉNIENNE**, adj. fém. (*paroéni, niène*), se disait des flûtes dont on se servait dans les festins des anciens.

PAROETONIUM, subst. mas. (*parétonome*), nom que les anciens donnaient au salpêtre de houssage, qui contient de la soude muriatée.

PAROI, subst. fém. (*paroa*) (du latin *paries*, mur, muraille), autrefois, muraille, cloison maçonnée. — Aujourd'hui, les bords ou plutôt la surface latérale d'un vase, d'un tube. Il ne se dit guère qu'au plur. : *les parois intérieures d'un tube capillaire*, etc.—En anat., *les parois de l'estomac*, les membranes qui l'environnent. —Au plur., dans l'exploitation des bois, les arbres qui servent de séparation aux différentes coupes.—*Parois du sabot d'un cheval*, épaisseur des bords de la corne.

PAROIR, subst. mas. (*paro-ar*), boutoir, instrument avec lequel on *pare* le pied d'un cheval. — Instrument sur lequel on *pare* les peaux.

PAROIRE, subst. fém. (*paro-are*), outil d'acier avec lequel on gratte le cuivre avant de l'étamer.

PAROISSE, subst. fém. (*paroèce*) (en grec παροικια, qu'on trouve en ce sens dans quelques conciles, et qui signifie proprement, demeure voisine, réunion de maisons voisines, de παρα, proche, et οικος, maison, habitation), territoire dont les habitants sont soumis, pour le spirituel, à la conduite d'un curé.—L'église de la *paroisse*. —Les habitants de la *paroisse*. — *Le coq de la paroisse*, celui qui est le plus riche et le plus considéré dans une *paroisse* de campagne. — *Habit de deux paroisses*, de deux étoffes, ou de deux couleurs mal assorties.

PAROISSIAL, E, adj. (*paroècial, ciale*), qui appartient à la *paroisse*. Inusité au plur. mas.

PAROISSIEN, subst. mas., **PAROISSIENNE**, subst. fém. (*paro-écien, ciène*), celui, celle qui habite dans une *paroisse*. — Subst. mas., livre d'heures. — Adj., qui appartient à la *paroisse*.

PAROISSIENNE, subst. et adj. fém. Voy PAROISSIEN.

PAROLE, subst. fém. (*parole*) (par contraction du lat. *parabola*, employé dans le même sens par les écrivains de la basse latinité, et dérivé du grec παραβολη, qui signifie *comparaison, parabole*. Les auteurs ecclésiastiques, comme le remarque *M. Morin*, ayant fait un usage fréquent de la *parabole*, ont, par extension, donné à tous les mots le nom de *paraboles*, changé depuis en celui de *paroles*. C'est du même mot *parabola* que vient le *parola* des Italiens.), mot prononcé. — La faculté naturelle de parler. — Le ton de la voix : *avoir la parole rude* ou *douce, agréable*. — Sentence, mot notable : *parole mémorable, selon la parole du Sage*.— Discours pris suivant ses qualités, relativement à ceux à qui l'on parle ; *paroles civiles, obligeantes* ou *fâcheuses, aigres*, etc.—Art de parler : *le talent de la parole*. — Assurance, promesse : *parole d'honneur, tenir parole* ou *sa parole*.—Proposition que l'on fait : *parole d'accommodement*, etc. — *La parole éternelle, incréée*, Jésus-Christ. — Au plur., 1° discours offensants, aigres, piquants : *se prendre de paroles* ; 2° discours sans réalité : *donner des paroles; payer en paroles; de belles paroles*, des promesses, et voilà tout; *de bonnes paroles*, des intentions favorables; *des paroles emmiellées*, d'une douceur affectée; 3° les mots d'une chanson : etc. : *je sais l'air, mais j'ai oublié les paroles*.—*Porter la parole*, parler au nom d'une corporation. — *Porter parole*, faire des offres : *on m'a porté parole de vingt mille livres pour ma part dans...*— Fam. : *Avoir la parole en main*, mener la parole, s'énoncer avec facilité. *Perdre la parole*, ne savoir plus que dire.— *Avoir la parole haute*, menacer, parler avec arrogance. — *Adresser la parole à quelqu'un*, lui parler directement. — *Prendre la parole après quelqu'un*, parler immédiatement après lui. — *Couper la parole à quelqu'un*, l'interrompre dans son discours. — *C'est un homme de parole*, qui tient ce qu'il a promis. — *Jouer, perdre sur parole*, à crédit et sur sa bonne foi. — *La parole vaut le jeu*, il faut tenir ce qu'on a promis.—*Il ne lui manque que la parole*, se dit d'un animal intelligent d'un portrait fort ressemblant. — *Avoir la parole*, avoir le droit de parler. — *Demander la parole*, demander à être entendu.— *Faire passer la parole*, transmettre un avis, etc —A certains jeux, celui qui doit *parler* et qui ne veut pas couvrir son jeu, dit : *passe-parole*. Prov. : *les paroles ne puent pas*, cela peut se dire, ce n'est pas ce que nous disons qui est désobligeant, dégoûtant.—*N'avoir qu'une parole*, ne jamais reculer sur ce qu'on a dit. — *Faire rentrer à quelqu'un les paroles dans le corps*, le faire taire. — On dit qu'*un homme est à deux paroles*, qu'*il a deux paroles*, pour dire qu'il parle tantôt d'une façon, tantôt d'une autre, qu'il n'y a pas de fondement à faire sur ce qu'il dit. — On appelle par excellence, *paroles sacramentales*, et absolument les *paroles*, les mots que le prêtre catholique prononce dans la consécration : *quand le prêtre a prononcé les paroles sacramentales, a dit les paroles*, etc.

PAROLÉ, part. pass. de *paroler*.

PAROLER, v. neut. (*parolé*), discourir, parler. Inusité.

PAROLI, subst. mas. (*paroli*), le double de ce qu'on a joué la première fois. — Corne qu'on fait à la carte sur laquelle on joue le double. — *Paroli de campagne*, celui que fait un joueur par friponnerie, avant que sa carte soit venue, comme s'il avait déjà gagné. — Fig. : *faire paroli à quelqu'un*, renchérir sur ce qu'il a dit ou fait.

PAROMÉE, subst. fém. (*paromé*), t. de bot., genre de plantes de la famille des athérospermées.

PAROMOLOGIE, subst. fém. (*paromoloji*) (en grec παρομολογια), figure de rhétorique qui signifie concession.—Concession feinte de quelque chose, dont on tire de fortes conséquences contre son adversaire.

PAROMOLOGIQUE, adj. des deux genres (*paromolojike*), qui concerne la *paromologie*.

PAROMPHALOCÈLE, subst. fém. (*paronfalocèle*) (du grec παρα, à côté, ομφαλος, nombril et κηλη, tumeur), t. de chir., hernie ventrale qui survient à côté de l'ombilic.

PARON, mieux **PATRON**, subst. mas. (*paron, péron*), père et mère des oiseaux de proie.

PARONIQUE, subst. fém. (*paronike*), t. de bot., herbe aux panaris; plante du genre des renouées.

PARONOMASE, subst. fém. (*paronomâze*) (du grec παρα, proche, et ονομα, nom), fig. de rhét. qui rapproche dans la même phrase des mots d'une même consonnance, mais qui expriment des idées différentes.

PARONOMASIE, subst. fém. (*paronomazi*) (même étym. que celle du mot précéd.), ressemblance entre les mots de différentes langues qui peut marquer une origine commune.

PARONYCHIE, subst. fém. (*paronichi*) (du grec παρωνυχις, panaris), t. de bot., plante qui croît dans les endroits pierreux, ainsi appelée parce qu'elle est employée avec succès contre les panaris.

PARONYCHIÉE, subst. fém. (*paronichié*), t. de bot., famille de plantes qui se rapprochent des amarantacées.

PARONYME, subst. mas. (paronime) (du grec παρα, proche, et ονομα, nom), mot qui a de l'affinité avec un autre par son étymologie ou sa consonnance : *amende* et *amande* sont des paronymes.

PARONYMIQUE, adj. des deux genres (paronimique), qui a de l'affinité par sa consonnance, son étymologie : *mots paronymiques*.

PAROPHOBIE, subst. fém. (parofobi) (du grec παρα, contre, et φοβος, crainte, horreur), t. de médec., c'est la même chose qu'*hydrophobie*. Voy. ce mot.

PAROPSIDE, subst. mas. (paropeside), t. d'hist. nat., genre d'insectes de l'ordre des coléoptères.

PAROPSIE, subst. fém. (paropeci), plante de Madagascar, dont on mange la semence.

PAROQUES, subst. mas. plur. (paroke), t. d'antiq., nom que les Romains donnaient à des officiers qui avaient soin de faire délivrer aux magistrats qui voyageaient tout ce qui leur était nécessaire dans les villes municipales par où ils passaient. — On donnait aussi ce nom à ceux qui préparaient tout pour les festins et les réjouissances.

PARORCHIDIE, subst. fém. (parorchidi) (du grec παρα, au-delà, et ορχις, testicule), t. de médec., position mauvaise et peu naturelle de l'un ou des deux testicules. — On dit aussi *parorchidie*.

PARORCHIDO-ENTÉROCÈLE, subst. mas. (parorchido-antérocèle), t. de chir., hernie intestinale compliquée du déplacement du testicule, ou de la rétention de cet organe dans l'abdomen.

PAROT, subst. mas. (paró), t. d'hist. nat., poisson du genre labre.

PAROTE, subst. fém. (parote), t. de bot., l'ansérine du Mexique, plante naturalisée en Europe.

PAROTIDE, subst. fém. (parotide) (du grec παρα, contre, auprès, et ους, ωτος, oreille), t. d'anat., glande située au-dessous des oreilles.— Tumeur qui occupe ces glandes ; *parotide bénigne*, celle des enfants ; *parotide maligne*, celle qui survient dans les fièvres adynamiques, etc.

PAROTIDÉE, adj. fém. (parotide), t. de médec. : esquinancie parotidée, qui affecte le cou et la gorge.

PAROTIDIEN, adj. mas., au fém. PAROTIDIENNE (parotidien, diène), qui a rapport à la glande parotide : *canal parotidien*.

PAROTIDIENNE, adj. fém. Voy. PAROTIDIEN.

PAROTIDITE, subst. fém. (parotidite), t. de médec., inflammation, engorgement de la parotide.

PAROTIDO-AURICULAIRE, adj. des deux genres (parotido-orikulére), t. d'anat., se dit du cinquième muscle de l'oreille. — Subst. mas. : *le parotido-auriculaire*.

PAROTIDONCIE, subst. fém. (parotidonci) (du grec παρωτις, la parotide, et ογκος, tumeur), t. de médec., tuméfaction de la glande parotide.

PAROTITE, subst. fém. (parotite), t. de médec., inflammation de la parotide.

PAROTONCIE, subst. fém. (parotonci), t. de médec., oreillon, gonflement de la glande parotide.

PAROU, subst. mas. (parou), apprêt que l'on donne aux toiles avant de les livrer dans le commerce.

PAROULIE, subst. fém. (parouli) (du grec παρα, à côté, et ουλα, gencives), t. de médec., inflammation, abcès des gencives. Voy. PARULIE.

PAROXYSME, subst. mas. (parokciceme) (du grec παροξυσμος, irritation, fait de παροξυνω, j'irrite, j'aigris, rac. παρα, beaucoup, οξυς, aigu), accès, redoublement ; le temps le plus fâcheux de la maladie.

PAROXYSMIQUE ou PAROXYMIQUE, adj. des deux genres (parokciceminke, parokcimike), qui a rapport au *paroxysme*.

PAROXYSTIQUE ou PAROXYTIQUE, adj. des deux genres (parokcicetike, parokcitike), t. de médec., se dit des jours où reparaissent les *paroxysmes*. — Se dit aussi des jours, des semaines où la réapparition des accès de fièvre intermittente est plus à craindre.

PARPAILLOT, subst. mas. (parpa-ió), t. de mépris donné anciennement aux calvinistes. — Impie.

PARPAING, subst. mas. (parpein) (peut-être, dit *Ménage*, de la prép. lat. *per*, par, à travers, et de *panus*, pour *pannus*, dans la signification de pan de muraille; *pierre qui passe à travers la muraille*), pierre de taille qui tient toute l'épaisseur d'un mur, et qui a deux parements apparents. — On appelle *parpaing fait parpaing*, lorsqu'elle fait face des deux côtés, comme celle d'un parapet. — On appelle *parpaing d'appui*, une pierre à deux parements et formant l'appui d'une croisée ; et, *parpaing de chiffre*, le mur qui porte les marches d'un escalier.

PARPAIE, subst. fém. (parepé), fin de paiement. (Boiste.) Inusité.

PARPAYÉ, E, part. pass. de parpayer.

PARPAYER, v. act. (parpé-ié), achever de payer, finir un paiement. (Boiste.) Inusité.

PARPAYOLLE, subst. fém. (parpa-iole), petite monnaie de Milan, valant 7 centimes de France.

PARQUE, subst. propre fém. (parke) (en lat. *parcæ*, gén. *parcarum*), myth., fille de l'Érèbe et de la Nuit. Elles étaient trois, savoir : Clothon, Lachésis et Atropos. La vie des hommes, dont ces trois sœurs filaient la trame, était entre leurs mains. Clothon tenait la quenouille, Lachésis tournait le fuseau, et Atropos coupait le fil avec des ciseaux. Quelques-uns leur donnaient une autre origine, d'autres fonctions et d'autres noms. Ils les appelaient Vénus, Minerve, Martin ou Marté ; ou bien Nona , Décima et Marta. — Fig. et poét. : *la parque a tranché le fil de ses jours*.

PARQUÉ, E, part. pass. de parquer.

PARQUER, v. act. (parké), mettre dans un parc, dans une enceinte : *parquer des bœufs, des moutons, des chevaux, des huîtres*. — En parlant des munitions de guerre : *on parqua l'artillerie près du fort*. — On dit aussi neutralement : *les moutons ne parquent pas encore*. — se PARQUER, v. pron.

PARQUET, subst. mas. (parkié) (dim. de *parc*, dans le sens de clôture, enceinte, etc.), assemblage de plusieurs morceaux de bois qui font un compartiment sur le plancher d'en bas. — *Parquet en feuilles*, celui qui se compose de plusieurs assemblages.—Assemblage de bois sur lequel on applique des glaces. — Lieu du palais où les officiers chargés du ministère public donnent audience. —Ces officiers mêmes. —*Tenir le parquet*, tenir séance. — Espace renfermé par les sièges des juges et par le barreau où l'on plaide. — Lieu où se tiennent les huissiers pendant la séance des juges.—*Parquet des agents de change*, l'enceinte où ils se réunissent pour faire constater le cours de la Bourse. — Dans une salle de spectacle, partie la plus basse du théâtre ; ceux qui y sont.

PARQUETAGE, subst. mas. (parketaje), ouvrage de parquet.

PARQUETÉ, E, part. pass. de parqueter.

PARQUETER, v. act. (parketé), mettre du parquet dans un lieu quelconque. — se PARQUETER, v. pron.

PARQUETTERIE, et non pas PARQUETERIE, subst. fém. (purkiétieri), art de faire du parquet.

PARQUETEUR, subst. mas. (parketeur), ouvrier qui fait du parquet.

PARQUIER , subst. mas. (parkié) , celui qui prend du poisson dans les parcs. — Celui qui est chargé de garder les bestiaux saisis. Peu usité aujourd'hui.

PARRA, subst. fém. (para), t. d'hist. nat., oiseau que les anciens regardaient comme de mauvais augure.

PARRAIN, subst. mas. (pârein) (du latin barbare *patrinus*, fait de *pater*, père ; second père), celui qui tient un enfant sur les fonts de baptême. — Celui qui nomme une cloche quand on la bénit. — Dans les ordres militaires, le chevalier qui présente le novice qu'on va recevoir. — Celui qu'un soldat, qui doit être passé par les armes, choisit pour lui tirer le premier coup ou pour lui bander les yeux. — Dans l'ancienne chevalerie, celui qui accompagnait un chevalier dans un combat singulier, qui assistait, en qualité de second, à un tournoi , etc.

PARRAKOUA, subst. mas. (parakoua), t. d'hist. nat., faisan de la Guyane.

PARRANG, subst. mas. (parangue), t. de bot., espèce de plante légumineuse de la famille des palmiers.

PARRHASIS, subst. fém. (parazice), t. d'astron., la grande ourse ; constellation.

PARRHASIUS, subst. propre mas. (*pare asi-ace*), myth., fils de Mars et de Philonomie. Il fut nourri par une louve avec son frère Lycaste, dans une forêt où leur mère les avait abandonnés aussitôt après leur naissance. — C'était aussi un surnom d'Apollon.

PARRHASIEN, subst. mas. (parazien), nom d'un ancien peuple qui habitait une partie de l'Arcadie.

PARRICIDE, subst. mas. (parericide) (en latin *parricida*, fait de *pater*, et *cædere*, tuer), celui qui tue ou qui a tué son père, sa mère, son frère, sa sœur ou ses enfants. En ce sens il se dit également au féminin. — Crime que commet le parricide. (Du latin *parricidium*.) — On dit adj. des deux genres : *une main, un dessein parricide*.

PARS, subst. mas. (par), t. d'hist. nat., espèce de chat qui est un peu voisin du serval.

DU VERBE IRRÉGULIER PARTIR :

Pars, 2ᵉ pers. sing. impér.
Pars, précédé de *je*, 1ʳᵉ pers. sing. prés. indic.
Pars, précédé de *tu*, 2ᵉ pers. sing. prés. indic.

PARSAD, subst. mas. (parçade), pain sacré que les *scheïks*, dans l'Indoustan, mangent en commun ; il est composé de fleur de farine, de beurre et de quelques épices.

PARSEMÉ, E, part. pass. de parsemer, et adj.: *gazon parsemé de fleurs*.

PARSEMER, v. act. (parcemé) (du latin *per*, parmi, entre, et *seminare*, semer), semer, jeter, répandre çà et là. Il ne se dit que des choses qu'on répand pour orner , pour embellir. — *se* PARSEMER, v. pron., être, pouvoir être *parsemé*.

PARSERVI, E, part. pass. de parservir.

PARSERVIR, v. neut. (parcérevir), servir longtemps, entièrement et très-bien. (Boiste.) Inus.

PARSI ou PARSIS, subst. mas. (parci), Persan idolâtre sectateur de Zoroastre, appelé autrement *guèbre*.

PARSIMONIE, orthographe vicieuse du mot PARCIMONIE.

PARSIMONIEUX, orthographe vicieuse du mot PARCIMONIEUX.

PARSONNIER, subst. mas. (parçonnié), t. d'anc. cout., se disait d'un héritage qui devait se diviser entre plusieurs cohéritiers, et du cohéritier lui-même.

PARSOXSIE, subst. fém. (parçonci), t. de bot., sorte de plante de la Jamaïque, de la famille des apocynées.

Part, 3ᵉ pers. sing. prés. indic. du verbe irrégulier PARTIR.

PART., abréviation du mot *participe*.

PART, subst. mas. (parte) (en lat. *partus*, accouchement), t. de droit. L'enfant dont une femme vient d'accoucher. — Il n'a point de plur.

PART, subst. fém. (par) (en lat. *pars*, gén. *partis*), portion d'une chose qui se divise entre plusieurs personnes : *voilà votre part ; entrer en part.* Voy. PARTIE. — Part du lion, celle que s'approprie le plus fort. — *Faire part d'une chose*, en donner une partie. — *Billet de faire part*, billet de part, circulaire par laquelle on annonce un mariage, un décès, etc.—Chose qui, sans être divisée, peut se communiquer à plusieurs personnes : *avoir part à la faveur, aux bonnes graces de*...—*Ne pas tirer sa part aux chiens*, ne rien perdre de ses prétentions.—D'où vient une chose ; *de quelle part viennent ces nouvelles ? allez-y de ma part*. — Autrefois, 1ʳᵉ partie : *cette part de moi-même ;* 2ᵉ côté : *des deux parts*. En ce dernier sens on dit encore *de toute part*, ou *de toutes parts*, de tout côté, de part et d'autre.—D'une part, d'autre part, locutions dont on se sert pour faire distinguer les parties qui contractent dans un acte.— *De l'autre part*, de l'autre côté de la feuille. — *Avoir part à*... 1° se mêler de... ; *il a eu part à cette intrigue* ; 2° contribuer à... : *vous aurez part à la réussite ;* 3° être admis à... : *avoir part au profit*. Boileau (Lutrin, chant I), a dit :

...... *Prétend part à cet illustre emploi*.

pour *prétend avoir part à*... Cette ellipse ne serait pas permise aujourd'hui. — *Entrer en part, être complice*.—*Faire part d'une nouvelle, d'une affaire*, etc., la faire savoir , la communiquer. — *Faire la part des accidents*, tenir compte de tout ce qui peut arriver d'imprévu. — *Faire la part de la critique*, mêler de la critique aux éloges.— *La part du diable*, la faiblesse humaine. — On a dit : *faire la part de l'envie, de la raison, de la vertu*. — *Prendre en bonne ou mauvaise part*, trouver bon ou mauvais, interpréter bien ou mal. — *Prendre une chose de la part d'où elle vient*, ne se formaliser qu'autant que la chose en vaut ou n'en vaut pas la peine. *Être à la part*, en t. de mar., avoir *part* des prises. — *Avoir part au gâteau*, avoir *part* aux profits.—*A part*, séparément. Voy. APARTE. — *Raillerie à part*, sérieusement, sans raillerie. — *Un esprit à part*, dont on ne trouverait pas le pareil. — *Pour ma part*, *pour sa part*, quant à moi, quant à lui, pour ce qui regarde moi et lui. —*A part moi*, en moi-même.—*De part en part*, d'une superficie à l'autre; d'un côté à l'autre. — DE TOUTES PARTS, DE TOUS CÔTÉS. (*Syn.*) *De tous côtés* paraît avoir plus de rapport à la chose même dont on parle; *de toutes parts* semble en avoir davantage aux choses étrangères qui environnent celles dont on parle. — On va *de tous côtés*, on arrive *de toutes parts*. — On voit un objet *de tous côtés*, lorsque la vue se porte successivement autour de lui et le regarde sur toutes ses faces; on voit *de toutes parts*, lorsque tous les yeux qui l'entourent l'aperçoivent, quoiqu'il ne soit vu de chacun d'eux que par une de ses faces. — Le malheureux a beau se tourner *de tous côtés* pour chercher la fortune, jamais il ne la rencontre. La faveur auprès du prince attire des honneurs *de toutes parts*, comme la disgrace attire des rebuts.

PARTAGE, subst. mas. (*partaje*) (du lat. *partitio*), division d'une chose entre plusieurs personnes : *faire le partage du butin*. — Portion de la chose partagée : *partage égal* ou *inégal*.—Acte qui contient la division d'une *succession* : *produisez votre partage*. — Au fig., la portion des choses départies aux créatures, soit biens, soit maux, soit talents naturels, etc. : *l'homme a eu l'esprit en partage; le rossignol, le chant*, etc. — Qualités, avantages que la nature a donnés aux personnes, ou qui convenaient à leur destination : *la douceur et la compassion sont le partage des femmes.*— *Posséder un cœur sans partage*, posséder seul toute la tendresse de ce cœur.—Égalité de voix ou de suffrages parmi des juges ou des électeurs : *il y a eu partage; vider le partage.* — En hydraul., *point de partage*, il se dit du lieu le plus élevé d'où l'on puisse faire couler les eaux, et d'où on les distribue en différents endroits, par le moyen de canaux, ruisseaux, conduites, etc.

PARTAGÉ, E, part. pass. de *partager*, et adj. : *un amour partagé*, qui est réciproque.

PARTAGEABLE, adj. des deux genres (*partajable*), t. du Code civil; qui peut être *partagé*.

PARTAGEANT, E, subst. (*partajan jante*), qui *partage*, qui reçoit une *part* de quelque chose. L'*Académie* ne donne pas de fém. à ce mot.

PARTAGER, v. act. (*partajé*) (en lat. *partiri*), diviser en plusieurs *parts* pour en faire la distribution : *partager le butin*, etc. —*Partager le gâteau, sa part* de profit.—*Partager en frères*, par portions égales. Voy. DIVISER. — Quand on conserve une portion de ce qu'on *partage*, on doit dire *partager avec;* et lorsqu'on ne se réserve rien, *partager entre*, et non pas *à*...— Posséder en commun : *partager la faveur.*—*Partager l'avis de quelqu'un*, être du même sentiment.—*Partager un différend par la moitié*, faire une égale concession de part et d'autre.—Simplement diviser : *l'équateur partage le monde.*— Donner en *partage* : *son père l'a bien ou mal partagé*; et fig.: *la nature, la fortune l'a bien partagé.*— Séparer en *partis* opposés: *cette affaire, cette querelle partage la ville.*—Prendre *part à*...: *je partage votre joie.* —En t. de mar., *partager le vent*, le disputer à un vaisseau ennemi; manœuvrer de manière que, si l'on ne peut pas avoir l'avantage du vent, l'ennemi ne l'ait pas non plus. — *se* PARTAGER, v. pron., se diviser, se séparer; être *partagé*.

PARTANCE, subst. fém. (*partance*) (rac. *partir*), t. de marine, *départ* d'un vaisseau, d'une flotte : *jour de partance; tirer le coup de partance.*— *Être de partance*, en état de partir. — Fig. et fam.: tout autre départ, toute autre séparation. Vieux mot.

PARTANT, adv. (*partan*), c'est pourquoi, par conséquent; peu en usage.

à **PARTÉ**. Voy. APARTE.

DU VERBE IRRÉGULIER PARTIR :

Partaient, 3ᵉ pers. plur. imparf. indic.

Partais, précédé de *je*, 1ʳᵉ pers. sing. imparf. indic.

Partais, précédé de *tu*, 2ᵉ pers. sing. imparf. indic.

Partait, 3ᵉ pers. sing. imparf. indic.

Parte, précédé de *que je*, 1ʳᵉ pers. sing. prés. subj.

PARTEMENT, subst. mas. (*parteman*), départ. Il est vieux et même hors d'usage en ce sens.—T. de mar., direction du cours d'un vaisseau.—En t. d'artificier, fusée volante.

PARTENAIRE, subst. des deux genres (*partenère*) (du lat. *partem tenere*), qui partage au jeu. — Personne avec laquelle l'on danse. Voy. PARTNER, qui semble être le même. (*Partner* est le mot anglais.)

DU VERBE IRRÉGULIER PARTIR :

Partent, précédé de *ils* ou *elles*, 3ᵉ pers. plur. prés. indic.

Partent, précédé de *qu'ils* ou *qu'elles*, 3ᵉ pers. plur. subj.

PARTÈQUE, subst. fém. (*partèke*), t. de pêche, sorte de perche.

PARTERRE, subst. mas. (*partère*), aire plate et unie. — On entendait anciennement par le mot *parterre le sol* et *le rez-de-chaussée.* — Partie d'un jardin, planté de buis, de gazon, etc., en compartiment, et ornée de fleurs, etc. —Dans les salles de spectacle, aire ou espace vide au milieu de l'enceinte des loges, entre l'orchestre et l'amphithéâtre. — Les spectateurs qui sont au *parterre*. — Fig. et fam. : *réjouir le parterre*, le public.

PARTERRIEN, subst. mas. (*partèriein*); on donne ce nom à ceux qui sont au *parterre* dans un théâtre. Fam. et pop.

DU VERBE IRRÉGULIER PARTIR :

Partes, 2ᵉ pers. sing. prés. subj.

Partez, précédé de *vous*, 2ᵉ pers. plur. prés. indic.

PARTHE, subst. propre mas. (*parte*), nom des habitants de l'ancienne *Parthie*.

PARTES, subst. pr. fém. pl. (*parte*), myth., nom de déesses dont l'une, nommée *Nona*, était invoquée par les femmes grosses dans le neuvième mois; et l'autre, nommée *Decima*, était invoquée lorsqu'elles allaient jusqu'au dixième mois.

PARTHENAY, subst. propre mas. (*partené*), ville de France, chef-lieu de canton et d'arrond. dép. des deux Sèvres.

PARTHÉNIE, subst. fém. (*parténi*), t. de bot., genre de plantes de la famille des corymbifères. — Myth., subst. propre fém., surnom donné à Minerve comme ayant toujours conservé sa virginité.—Nom que l'on donnait aussi à Junon, quoique *mère de plusieurs enfants*, parce que tous les ans la fontaine Canathos, dont elle buvait les eaux, lui rendait sa virginité.—Nom de l'un des signes du zodiaque.

PARTHÉNIEN, adj. mas., au fém. **PARTHÉNIENNE**, (*parténiein*, *niène*), il se disait d'un enfant né en l'absence du mari. — On appelait *flûte parthénienne*, une flûte au son de laquelle dansaient les vierges grecques.

PARTHÉNIENNE, adj. fém. Voy. PARTHÉNIEN.

PARTHÉNIES, subst. fém. plur. (*parténi*) (du grec παρθενεια), t. d'hist. anc., hymnes ou cantiques que chantaient dans certaines solennités des chœurs ou troupes de *jeunes filles*.

PARTHÉNION, subst. mas. (*parténi-on*), myth., nom de la plante que Minerve apporta à Périclès, pour guérir un ouvrier tombé d'un échafaud; c'est la même que *la matricaire*.

PARTHÉNIUS, subst. propre mas. (*parténi-uce*), myth., fleuve de Paphlagonie, ainsi appelé, parce que Diane, surnommée *Parthénie*, allait souvent à la chasse dans les bois au milieu desquels il coulait. —C'est encore une montagne d'Arcadie, où les jeunes filles célébraient des fêtes en l'honneur de Vénus.

PARTHÉNOLOGIE, subst. fém. (*parténoloji*) (du grec παρθενος, vierge, et λογος, discours), traité médical pour les filles.

PARTHÉNOLOGIQUE, adj. des deux genres (*parténolojike*), qui a rapport, qui appartient à la *parthénologie*.

PARTHÉNOMANCIE, subst. fém. (*parténomanci*) (du grec παρθενος, vierge, et μαντεια, divination), divination qui se faisait par la virginité d'une fille.

PARTHÉNOMANCIEN, subst. et adj. mas., au fém. **PARTHÉNOMANCIENNE**, (*parténomancicin*, *ciène*), qui concerne la *parthénomancie*.—Subst., celui, celle qui avait l'art de deviner par la virginité d'une fille.

PARTHÉNOMANCIENNE, subst. et adj. fém. Voy. PARTHÉNOMANCIEN.

PARTHÉNON, subst. mas. (*parténon*) (du grec παρθενος, vierge, un des surnoms de Minerve, comme ayant toujours conservé sa virginité), proprement parlant, l'appartement des filles qui, chez les Grecs, était l'endroit de la maison le plus reculé. — Subst. propre mas., temple de Minerve dans la citadelle d'Athènes.

PARTHÉNOPE, subst. fém. (*parténope*), t. d'hist. nat., genre de crustacés décapodes. — Myth., subst. propre fém., l'une des Sirènes qui, de désespoir, se précipitèrent dans la mer pour n'avoir pu charmer Ulysse par leur chant. *Parthénope* aborda en Italie, et les habitants, ayant trouvé son corps, lui élevèrent un tombeau. Dans la suite, la ville où était ce tombeau ayant été renversée, on en bâtit une autre plus magnifique, qu'on appela Naples (*Neapolis*), c'est-à-dire, *ville nouvelle*.

PARTHÉNOS, subst. mas. (*parténôce*), t. d'astronomie, l'un des signes du zodiaque.

PARTHÉNOSOLOGIE, subst. fém. (*parténozoloji*) (du grec παρθενος, vierge, νοσος, maladie, λογος, discours), doctrine, traité des maladies des filles. Voy. PARTHÉNOLOGIE.

PARTHÉNOSOLOGIQUE, adj. des deux genres (*parténozolojike*), qui appartient, qui a rapport à la *parthénosologie*. Voy. PARTHÉNOLOGIQUE.

PARTHIE, subst. propre fém. (*parti*), région autrefois habitée par les Parthes, représentée sous les traits d'une femme habillée à la manière du pays, et portant un carquois et un arc.

PARTHINIEN, subst. mas. (*partinicin*), ancien peuple qui habitait la Macédoine.

PARTHIQUE, adj. (*partike*), surnom des empereurs romains qui vainquirent les *Parthes*. Trajan fut le premier à qui il fut donné.—*Jeux parthiques*, institués par l'empereur Adrien, en mémoire de la victoire de Trajan sur les *Parthes*.

PARTI, subst. mas. (*parti*) (en lat. *partes*), union de plusieurs personnes contre d'autres : *être du bon parti*. Voy. FACTION et INTRIGUE. — On appelle *homme de parti*, celui qui se montre crédule et passionné pour tout ce qui intéresse son *parti*; et *esprit de parti*, la disposition d'esprit qui le rend tel.—*Avoir un parti*, un grand nombre de partisans.— *Tirer parti d'une chose*, profit, avantage. — Intérêt : *j'ai pris votre parti.* — *Prendre le parti de quelqu'un*, en prendre la défense.—Résolution : *c'est le parti qu'il faut prendre*. En ce sens on dit dans le style plaisant : *prendre son parti en grand capitaine*. — *Prendre son parti*, signifie aussi : se résigner à ce qui doit ou peut arriver. — Expédient, moyen. — Condition, traitement qu'on propose : *on lui fera un bon parti*. — *Faire un mauvais parti à quelqu'un*, lui susciter des entraves; attenter à sa vie.—Profession : *le parti de l'épée, de la robe*. — Troupe de gens de guerre détachée pour battre la campagne, etc. — *Parti bleu*, gens de guerre qu'on a ainsi nommés anciennement parce qu'ils étaient sans aveu et sans commission.—Personne à marier : *c'est pour vous un bon parti*, c'est un mariage avantageux. — *Prendre parti*, s'enrôler dans des troupes.

PARTI, E, part. pass. de *partir*, et adj., t. de blason, se dit d'un écu, d'un lion, etc., divisé en deux également par une perpendiculaire. On dit aussi *parti en bande*, *parti en fasce*, *parti en pal*. C'est le part. de l'ancien verbe *partir*, partager. — T. de bot., profondément divisé. (Du lat. *partitus*; part. de *partiri*, partager, diviser.)

PARTIAIRE, adj. des deux genres (*parci-ère*), t. du Code civil : *fermier partiaire*, fermier d'une partie, d'une portion des produits.

PARTIAL, E, adj. (*parciale*), qui favorise une personne, un *parti*, au préjudice d'un autre. — *Partial* ne se dit pas pour *partiel*, et c'est par erreur sans doute que s'est glissé dans l'*Académie* l'exemple suivant : *éclipse partiale*; évidemment c'est *éclipse partielle* qu'il faut dire.—Au plur. mas. *partiaux*. Nous ne pensons pas non plus que l'*Acad.* soit fondée à proscrire ce pluriel comme non usité.

PARTIALEMENT, adv. (*parcialeman*), avec *partialité*.

PARTIALISÉ, E, part. pass. de *partialiser*.

se **PARTIALISER**, v. pron. (*ceparti-alizé*), prendre *parti* pour ou contre, de manière à ne vouloir pas écouter ce qui est contraire.

PARTIALISTE, subst. mas. (*parci-alicete*), homme *partial*, juge *partial*.—Homme de *parti*. Inusité.

PARTIALITÉ, subst. fém. (*parci-alité*), sentiment, préférence qui fait prendre *parti* pour ou contre, par préférence, par injustice. — Myth., figure allégorique sous les traits d'une femme dont l'œil droit est couvert d'un bandeau, et dont la main, appuyant sur une balance, en ôte son équilibre, pendant que l'autre main cache un flambeau qui pourrait l'éclairer.

PARTIAUX, adj. mas. plur. Voy. PARTIAL.

PARTIBLE, adj. des deux genres *(partible)*, t. de bot., susceptible de division spontanée.

PARTI-BLEU, subst. mas. *(partibleu)*, *parti* qui marche sans ordre ni commission du général.

in **PARTIBUS** (on sous-entend *infidelium*) *(ine-partibuce)* loc. latine : *évêque in partibus*, qui a le titre d'évêque dans un pays occupé par les infidèles.— Qui n'a point de siège.

PARTIC., abréviation du mot *particule*.

PARTICHOIR, subst. mas. *(partichoare)*, instrument dont on se sert dans la préparation des fils.

PARTICIPANT, E, adj. *(participan, pante)*, qui *participe à...* : *si cette affaire réussit, vous en serez participant*.

PARTICIPATION, subst. fém. *(participâcion)*, action de *participer à...*—Communication, connaissance qu'on donne d'une affaire. Il se dit ordinairement avec *sans* : *cela s'est fait sans ma participation*. — Part qu'on y a eue. — Consentement. — En t. de com., *société en participation*, association momentanée, et ordinairement secrète, entre plusieurs négociants.

PARTICIPE, subst. mas. *(participe)*, t. de grammaire, partie du discours qui *participe* de la nature de l'adjectif, en ce qu'il se joint au substantif; et de celle du verbe, en ce qu'il exprime une action et qu'il est suivi d'un régime. Il est indéclinable; et c'est à tort que *Boileau* a dit (*Sat.* VI) :

Et plus loin des laquais l'un l'autre *s'agaçants*;

il fallait *s'agaçant*, parce que ce n'est point un adj. verbal, mais un véritable *participe*. — *Participe passif*, celui qui, joint au verbe auxiliaire *être*, appartient à ce que les grammairiens appellent la *voix passive* dans les verbes : *je suis venu*, *étant suivi*, *être aimé*. — *Participe présent*, celui qui est terminé en *ant* : *aimant*, *ayant*, *étant*. Dans les verbes actifs, c'est la même chose que le participe actif. — Le *participe passé* est celui qui est relatif au temps passé, et qui reçoit différentes terminaisons : *aimé*, *lu*, *suivi*. Mis avant le nom auquel il se rapporte, il est indéclinable : *j'ai reçu des lettres*; *j'ai eu d'importantes affaires*; mais il prend le genre et le nombre de ce nom, toutes les fois que celui-ci étant, ou sous sa propre forme, ou, au moyen du relatif *que*, employé comme régime simple ou direct, le *participe* se trouve placé après ce même nom : *pauvre Didon, où t'a réduite*, etc.; *la route qu'il a suivie*. *J.-B. Rousseau* a fait une faute grave contre cette règle, lorsqu'il a dit (liv. 1, *ode* 2) :

.... Jouissez des félicités
Qu'*ont mérité* pour vous mes bontés secourables.

Il fallait incontestablement *qu'ont méritées*. Voy. au mot ÉLOIGNÉ une construction inusitée du part. pass. employée par *Marmontel*. — *Participe*, en t. de finances, celui qui a *part* dans un traité, dans une affaire de finances.— T. de jurispr., celui qui prend *part* à un crime : *les fauteurs et participes*. Il est plus que suranné dans ces deux dernières acceptions.

PARTICIPÉ, part. pass. de *participer*.

PARTICIPER, v. neut. *(participé)*, avoir *part à....* : *vous participerez au profit et à la perte*. — Prendre part, s'intéresser à... : *il participe à votre douleur*. En ce sens il est peu usité. — *Participer de....* tenir de la nature de quelque chose : *le mulet participe de l'âne et du cheval*.

PARTICULAIRE, adj. et subst. des deux genres *(partikulère)*, *particulier*. Inusité en ce sens. —Qui a rapport aux *particules*.

PARTICULARISÉ, E, part. pass. de *particulariser*.

PARTICULARISER, v. act. *(partikularizé)*, marquer les *particularités*, les détails d'une affaire, d'un évènement. — Faire une application particulière à..., t. de jurispr. : *particulariser une affaire*, la poursuivre contre un seul de ceux qui y ont pris part. — *se* PARTICULARISER, v. pron., se distinguer des autres.— Faire l'original.

PARTICULARISME, subst. mas. *(partikularicene)*, l'intérêt *particulier* ou plutôt personnel. C'est du moins de la sorte que *Duclos* (Mémoires secrets sur Louis XIV, etc.) a employé ce mot tout-à-fait étranger à la langue, surtout en ce sens : *le particularisme, en France, l'emporte toujours sur l'intérêt général*.

PARTICULARISTE, subst. mas. *(partikularicete)*, nom de théologiens qui tiennent pour la grace particulière, c'est-à-dire, qui croient et enseignent que Jésus-Christ est mort uniquement pour les élus.

PARTICULARITÉ, subst. fém. *(partikularité)*, circonstance *particulière*, détail, incident. — *Avoir des particularités avec une femme*, avoir avec elle des liaisons intimes.

PARTICULE, subst. fém. *(partikule)* (en lat. *particula*, dim. de *pars*, gén. *partis*, partie), petite partie. En ce sens c'est un terme didactique. — En grammaire, petite partie du discours, comme les conjonctions, interjections, prépositions, etc. — Parties élémentaires qui entrent dans la composition des mots.

PARTICULÉ, E, adj. *(partikulé)*, t. de gramm., précédé d'une *particule*, ou uni à une *particule*.

PARTICULIER, subst. mas. *(partikulié)*, personne privée, par opposition, soit à communauté, à société, soit à personne publique ou d'un rang très-élevé. — *Le particulier d'une affaire*, le détail, les circonstances. — *En particulier*, adv., séparément; à part; en secret. — *Être en son particulier*, être retiré dans son cabinet. — *Vivre* ou *se mettre en son particulier*, ne point vivre en pension avec d'autres. — *En mon particulier*, pour ce qui est de moi. — *Dans le particulier*, dans le monde *particulier*, entre soi. — *Dans le particulier*, dans la société *particulière*.— On dit aussi subst. au fém., *particulière*.—*Sa particulière*, au fém., femme avec laquelle on est bien; une maîtresse. Pop.

PARTICULIER, adj. mas., au fém. **PARTICULIÈRE** *(partikulié, lière)* (en lat. *particularis*), qui appartient proprement et singulièrement à une personne ou à une chose. — Il se dit quelquefois par opposition à général : *assemblée particulière*. — Opposé à public : *jouir de la simplicité d'une vie particulière*. — Extraordinaire, peu commun : *il a un talent particulier, tout particulier pour...* — Secret : *il y a quelque chose de particulier entre eux*. — En parlant des personnes : 1° fort retiré, qui se communique peu; 2° bizarre, qui ne pense pas comme tout le monde. — Vif, fortement prononcé : *goût particulier pour....* — Séparé : *chambre particulière*.

PARTICULIÈREMENT, adv. *(partikulièreman)*, singulièrement : *il vous honore particulièrement*. — Spécialement : *il excelle en tout, particulièrement en poésie*. — En détail : *ce soir nous parlerons de cette affaire plus particulièrement*.

PARTIE, subst. fém. *(parti)* (en lat. *pars*, gén. *partis*), portion d'un tout physique ou moral. — Ce qu'on détache, ou ce qu'on considère comme détaché d'un tout : *la partie est moindre que le tout*.—En termes de mathématiques, on appelle *partie aliquote*, celle qui, étant répétée un certain nombre de fois, fait une somme précisément égale au tout; *partie aliquante*, celle dont la répétition ne produit jamais qu'une somme inférieure ou supérieure au tout. *Trois* est *partie aliquote* de douze, parce que, répété quatre fois, il produit exactement ce nombre; mais trois n'est que *partie aliquante* de seize, car cinq fois trois font quinze, et six fois trois font dix-huit, deux nombres, l'un au-dessus, l'autre au-dessous de seize.—*Partie*, se dit de toutes les choses dont l'effet, l'action, le développement, peuvent être divisés : *actif, infatigable, il étend ses soins sur presque toutes les parties de l'administration*.— En parlant du corps humain, on appelle *parties naturelles*, les parties de la génération. On les appelle figurément *parties honteuses*, parce que la pudeur ordonne de les cacher. On dit aussi absolument, *les parties*. Les viscères sont appelés *parties nobles*.—En parlant de l'âme, on dit en style didactique, *la partie supérieure*, pour dire, la raison; et, *la partie inférieure, la partie animale*, pour dire, l'appétit sensitif, la concupiscence. On dit aussi *la partie irascible*; *la partie concupiscible*.—T. de gramm.; on appelle *parties d'oraison* ou *parties du discours*, les mots dont le discours est composé, comme l'article, le nom, le pronom, le verbe, l'interjection, la conjonction, etc.; et on dit : *faire les parties d'un discours*, pour dire, expliquer un discours mot à mot, en marquant sous quelle partie d'oraison chaque terme doit être rangé.—T. de musiq., on appelle *partie de musique*, chaque voix ou mélodie séparée, dont la réunion forme l'harmonie ou le concert. Pour constituer un accord, il faut au moins que deux sons se fassent entendre à la fois, ce qu'une seule voix ne saurait faire. Pour former une harmonie ou une suite d'accords, il faut donc plusieurs voix; le chant qui appartient à chacune de ces voix s'appelle *partie*, et la collection de toutes les *parties* s'appelle *partition*. Comme un accord complet est composé de quatre sons, il y a aussi dans la musique quatre *parties principales*, dont la plus aiguë s'appelle *dessus*, et les trois autres sont les *hautes-contre*, la *taille* et la *basse*, qui toutes appartiennent à des voix humaines.— On divise aussi la musique instrumentale en quatre *parties* qui répondent à celles de la musique vocale, et qui s'appellent *dessus*, *quinte*, *taille*, *basse*.—On appelle *parties récitantes* celles qui ne peuvent être chantées que par une seule voix, ou jouées que par un seul instrument. D'autres *parties* s'exécutent par plusieurs personnes chantantes ou jouant à l'unisson, et on les appelle *parties de chœur*. — On appelle aussi *partie*, le papier de musique sur lequel est écrite la *partie* séparée de chaque musicien : *chanter en partie*, exécuter sa *partie* dans un concert.— On dit figurément et populairement, qu'*un homme tient bien sa partie*, pour dire qu'il fait bien son devoir dans la compagnie où il est : *il tient bien sa partie à table*; *il tient bien sa partie dans une conversation sérieuse*. — *Partie*, en matière de compte, signifie aussi l'article d'un compte : *laisser une partie en souffrance*. — En t. de comptes et de finances, on appelle *partie prenante*, celui qui, en vertu de son titre, a reçu ou doit recevoir une somme. — T. de comm. : *partie simple*, *partie double*, deux manières différentes de tenir les livres. Dans la tenue des livres *à partie simple*, on ouvre seulement sur le livre de raison des comptes aux débiteurs et aux créditeurs particuliers. Dans la tenue des livres *à partie double*, inventée par les Italiens, on y joint, sous le nom de *marchandises générales*, *traites et remises*, *profits et pertes*, etc., des comptes généraux qui font le contrôle perpétuel des comptes particuliers, et dont les résultats indiquent, par un calcul sûr et facile, les bénéfices ou les pertes du négociant. C'est de ces *doubles comptes*, que cette méthode a pris le nom de *partie double*.— Quantité plus ou moins considérable de marchandises : *j'ai à vous vendre une belle partie de calicots*.—En t. de librairie, chacune des différentes divisions des feuilles d'un volume, assemblées, collationnées et pliées.—*Partie*, au jeu, se dit de la totalité de ce qu'il faut faire pour qu'un des joueurs ait gagné ou perdu, suivant les règles de chaque sorte de jeu : *au piquet, il faut faire tant de points pour gagner la partie*.—*Partie d'honneur*, la dernière *partie* qu'on joue, lorsque les *parties* sont égales. —Fig. : *c'est une partie perdue*, on n'a plus rien à espérer de ce qu'on avait entrepris.— *Quitter la partie*, se désister de quelque chose. — Prov. et fig. : *qui quitte la partie, la perd*, celui qui abandonne la poursuite d'une affaire, ou de quelque autre chose, n'y peut plus guère revenir.—On dit qu'*une partie est bien faite*, *est mal faite*, qu'*elle est égale*, qu'*elle est inégale*, pour dire qu'elle est faite entre des joueurs de force égale ou inégale.—Projet fait entre plusieurs personnes, pour être exécuté par ces personnes réunies : *c'est une partie concertée*.— Il se dit particulièrement des projets de récréation, de divertissement, de plaisir : *une partie de plaisir, une partie de promenade, une partie de débauche*. — *Partie* se dit aussi du divertissement qui est l'objet d'une partie de plaisir : *cette partie a été agréable, désagréable, triste, gaie, ennuyeuse, divertissante*. — Fig. : *être de la partie*, contribuer à un travail, à une expédition; être d'une *partie de plaisir*.—*Partie carrée*, *partie* de plaisir, qui se fait entre deux hommes et deux femmes.—*Partie fine*, faite avec mystère.—Prov.: *il ne faut jamais remettre une partie au lendemain*; il ne faut pas différer ce qu'on peut faire sur le moment, etc. — *Se mettre de la partie*, se joindre. — *Coup de partie*, affaire ou démarche décisive. — Prov. : 1° *peloter en attendant partie*, faire peu en attendant mieux; 2° *chanter* ou *jouer sa partie*, faire comme les autres. —T. de jurispr., il se dit de tout plaideur. L'avocat ou le procureur, en parlant de son client, l'appelle *sa partie*; ce qui vient de ce que dans l'ancien style, où les plaidoyers étaient relatés dans les jugements, on disait *ex parte* N...., c'est-à-dire, de la part d'un tel a été dit, etc. — *Partie adverse*, celui qui plaide contre un autre : le défendeur est la *partie adverse* du demandeur, et le demandeur *la partie adverse* du défendeur. — *Partie civile*, en matière criminelle, celui qui se déclare partie contre celui qu'il accuse d'avoir commis un crime. On l'appelle ainsi, parce qu'en concluant sur la plainte, il ne peut demander qu'une réparation civile et des intérêts civils. — *Partie publique*, celui qui est chargé de l'intérêt public, tel que les avocats généraux, les avocats du roi; *la partie publique veille pour les citoyens*. — On appelle *partie comparante*, celle qui se présente en personne ou par le ministère de son avocat ou de son procureur, soit à l'audience, soit devant le juge ou autre officier public; *parties contradictoires*, parties qui, ayant des intérêts opposés, se présentent l'une et l'autre en personne, ou par le ministère de leur avocat ou de leur procureur, devant le juge; *partie défaillante*, qui fait défaut, c'est-à-dire qui ne comparaît pas en personne, ni par le ministère d'un avocat ou d'un procureur; *partie intervenante*, celle qui, de son propre mouvement, se rend *partie* dans une contestation déjà pendante entre deux autres *parties*; *parties litigantes*, qui sont en procès ensemble; *parties ouïes*, qui ont été entendues contradictoirement; *partie plaignante*, qui a rendu plainte en justice; *partie principale*, qui est la plus intéressée dans la contestation. On donne aussi ce nom à ceux entre lesquels a commencé la contestation, pour les distinguer de ceux qui ne sont que *parties intervenantes*. — On appelait autrefois *parties casuelles*, la finance qui revenait au roi des offices vénaux qui n'étaient pas héréditaires. — On dit qu'*un plaideur prend son juge à partie*, pour dire qu'il se rend *partie* contre son juge, l'accusant d'avoir prévariqué. Et l'on dit figurément : *prendre quelqu'un à partie*, pour dire, lui imputer le mal qui est arrivé, s'en prendre à lui. — *Avoir affaire à forte partie*, avoir un ennemi puissant. — *Qui n'entend qu'une partie, n'entend rien*, il faut écouter les deux *parties* pour se mettre en état de bien juger. — *Parties*, au pluriel, se dit de plusieurs personnes qui contractent ensemble : *les parties contractantes en sont d'accord*. — Bonnes qualités naturelles et acquises : *il a toutes les parties d'un grand capitaine, il a de grandes parties*. — Mémoires de ce qui a été fourni par un marchand, etc., *arrêter, payer les parties*. — On appelle *parties belligérantes*, les puissances qui sont en guerre les unes contre les autres. — *Parties prenantes*, créanciers de l'état, ou gens qui en reçoivent des secours. — Ceux qui profitent de fonds provenant de leurs débiteurs. — Expression adverbiale : *vous êtes cause en partie qu'il s'en est allé; il n'est héritier qu'en partie*. — On omet quelquefois la préposition *en* : *je l'ai payé partie en argent, partie en billets; il a fait cela partie pour l'amour de vous, partie pour son propre intérêt*. — PARTIE, PART, PORTION. (*Syn.*) La *partie* est ce qu'on détache du tout; la *part* est ce qui en doit revenir; la *portion* est ce qu'on en reçoit. Le premier de ces mots a rapport à l'assemblage; le second, au droit de propriété; le troisième, à la quantité. — On dit, une *partie* d'un livre, et une *partie* du corps humain; une *part* de gâteau, et une *part* d'enfant dans une succession; une *portion* d'héritage, et une *portion* de réfectoire. — Dans la coutume de Normandie, toutes les filles qui venaient à partager ne pouvaient pas avoir plus de la troisième *partie* des biens pour leur *part*; et cette troisième *partie* se partageait entre elles par égales *portions*.

PARTIEL, adj. mas., au fém. PARTIELLE (*parci-èle*), qui fait *partie* d'un tout : *somme, éclipse partielle*, et non pas *partiale*.

PARTIELLE, adj. fém. Voy. PARTIEL.

PARTIELLEMENT, adv. (*parci-èl man*), par *parties*.

DU VERBE IRRÉGULIER PARTIR :

Partîmes, 1re pers. plur. prét. déf.
Partions, précédé de *nous*, 1re pers. plur. imparf. indic.
Partions, précédé de *que nous*, 1re pers. plur. prés. subj.

PARTIL, subst. mas. (*partile*), t. d'astron., sorte d'aspect, en parlant des planètes.

PARTIONNIER, subst. mas. Voy. PARÇONNIER.

PARTIR, v. act. (*partir*) (en latin *partiri*, fait de *pars*, gén. *partis*, partie, portion), partager. Il est vieux, et n'est plus guère usité qu'à l'infinitif, lorsqu'en parlant de gens qui ont toujours quelque démêlé ensemble, on dit, qu'*ils ont toujours maille à partir*.

PARTIR, v. neut. et irrég. (*partir*) (du latin *partiri*, partager, séparer : *partir* d'un lieu, c'est s'en séparer. *Ménage*.) (Il prend *être* pour auxiliaire.) Se mettre en chemin; commencer un voyage. — Avec la négative et la prép. *de*, ne pas bouger d'un endroit : *il ne part point de l'église*. — Se mettre à courir : *au signal donné, il est parti comme un trait*. — En parlant des animaux, des oiseaux, prendre sa course, son vol : *le lièvre partit à quatre pas de moi; mon chien fit partir deux perdrix*. — En parlant des choses inanimées, sortir avec impétuosité : *la bombe qui part du mortier; la foudre de la nue*, etc. — Tirer son origine de... : *tous les nerfs partent du cerveau*. — Fig., 1° en choses morales, émaner : *cela part d'un bon cœur*; 2° conclure, se prévaloir de... : *il partit de là pour exiger que...* — *Partir d'un principe*, raisonner en conséquence d'un principe reconnu. — *Partir d'un éclat de rire*, rire tout-à-coup, avec éclat. — *Partir de la main*, se dit, au propre, d'un cheval qui prend le galop dès qu'on lui baisse la main; et au fig., d'un homme prêt à exécuter tout ce qu'on lui dit.

à PARTIR *de*, loc. adv. (*à partir de*), en commençant à... — *A partir de là*, en supposant telle chose.

PARTIR, subst. mas. (*partir*), t. de man. : *le partir du cheval*, le moment où il part. — *Un beau partir de la main*, course qu'on fait faire au cheval sur une ligne droite, sans qu'il s'en écarte, ou qu'il se traverse.

DU VERBE IRRÉGULIER PARTIR :

Partis, précédé de *je*, 1re pers. sing. prét. déf.
Partis, précédé de *tu*, 2e pers. sing. prét. déf.

PARTISAN, subst. mas. (*partizan*), celui qui est du *parti* de quelqu'un. — Celui qui est attaché à un ordre de choses, à une opinion, à un système. — Anciennement, celui qui faisait un traité pour des affaires de finances. Voy. PUBLICAIN. — Officier qui mène habituellement des gens de *parti* à la guerre. — *Voltaire* a dit : *vous n'avez pas de partisanne plus sincère*. Nous ne voyons aucun motif raisonnable qui puisse nous faire répudier ce fém., que, du reste, l'*Académie* n'adopte pas.

DU VERBE IRRÉGULIER PARTIR :

Partisse, 1re pers. sing. imparf. subj.
Partissent, 3e pers. plur. imparf. subj.
Partisses, 2e pers. sing. imparf. subj.
Partissiez, 2e pers. plur. imparf. subj.
Partissions, 1re pers. plur. imparf. subj.
Partit, précédé de *il* ou *elle*, 3e pers. sing. prét. déf.
Partît, précédé de *qu'il* ou *qu'elle*, 3e pers. sing. imparf. subj.
Partîtes, 2e pers. plur. prét. déf.

PARTITEUR, subst. mas. (*partiteur*), diviseur; il est peu usité, même en arithmétique.

PARTITIF, adj. mas., au fém. PARTITIVE (*partitif, tive*), t. de gramm., qui marque une *partie*, qui désigne une *partie* d'un tout. Dans la phrase : *des savants prétendent que...*, *des* est partitif, il équivaut à *quelques savants*. — Le collectif *partitif* exprime plusieurs personnes ou plusieurs choses comme faisant partie d'un tout. (Voy. notre *Grammaire*.)

PARTITION, subst. fém. (*partici-on*) (en latin *partitio*), t. de gramm., partage, division, distribution d'une chose en ses parties. — T. de belles-lettres : *Partitions Oratoires*, ouvrage de *Cicéron* qui traite des parties de la rhétorique. — En t. de musique, toutes les *parties* d'un opéra, d'une symphonie, etc., réunies ensemble. — Chez les facteurs d'orgue, de piano, etc., règle pour accorder la première octave de l'instrument. C'est sur cette octave ou *partition*, que l'on accorde ensuite tout le reste. — Au plur., t. de blason, les diverses divisions qui peuvent se faire dans l'écu.

PARTITIVE, adj. fém. Voy. PARTITIF.

PARTNER, subst. mas. (*partenère*), (mot emprunté de l'anglais et que l'on a francisé par celui de *partenaire*, qui signifie, associé au jeu ou à un plaisir. Voy. PARTENAIRE.

PARTOLOGIE, subst. fém. (*partoloji*) (du latin *partus*, accouchement, et du grec λογος, discours), t. de chir., traité des accouchements.

PARTOLOGIQUE, adj. des deux genres (*partolojike*), qui a rapport, qui appartient à la *partologie*.

PARTOUT, adv. (*partou*), en tous lieux. — En quelque lieu que ce soit. — *Fourrer son nez partout*, s'introduire dans tous les lieux; s'ingérer de toutes les affaires. — Au jeu : *trois, six partout, trois, six*, aux deux extrémités du jeu. — On ne dit pas subst. : *faire un partout*, à moins qu'on n'entende par *un* le chiffre *un*, et alors, dans ce cas, *partout* serait encore adv. L'*Académie* a donc tort de nous donner *partout* comme subst.

PARTROUBLÉ, E, part. pass. de *partroubler*.

PARTROUBLER, v. act. (*partroublé*), troubler extrêmement. (*Boiste*.) Vieux et même inusité. — *se* PARTROUBLER, v. pron.

PARTULA, subst. propre fém. (*partula*), myth., déesse qui, selon *Tertullien*, réglait le terme de la grossesse.

PARTURITION, subst. fém. (*parturicion*), action d'accoucher.

PARU, part. pass. de *paraître*.

PARULIE ou PARULIS, subst. fém. Voy. PAROULIE.

Parûmes, 1re pers. plur. prét. déf. du verbe irrégulier PARAÎTRE.

PARUNDA, subst. propre fém. (*paronda*), myth., divinité qui présidait aux accouchements.

PARURE, subst. fém. (*parure*), ce qui sert à *parer*. — Ornement. Voy. AJUSTEMENT. — *Parure de diamants*, garniture de diamants pour servir de *parure*. — *La parure des forêts*, la verdure. Style poét. — Ressemblance ou convenance entre deux objets : *chevaux de même parure*, de même taille et de même poil. — *Meubles de même parure*, du même bois, de la même étoffe. — Dans plusieurs arts, ce qui a été retranché avec un outil : *la parure du pied d'un cheval*, la corne qu'on en a ôtée avant de le ferrer. — *Une parure de veau*, en t. de relieur, la peau détachée avec le couteau, pour l'employer à couvrir un livre. — Au plur., rognures pour faire de la colle forte.

DU VERBE IRRÉGULIER PARAÎTRE :

Parus, précédé de *je*, 1re pers. sing. prét. déf.
Parus, précédé de *tu*, 2e pers. sing. prét. déf.
Parusse, 1re pers. sing. imparf. subj.
Parussent, 3e pers. plur. imparf. subj.
Parusses, 2e pers. sing. imparf. subj.
Parussiez, 2e pers. plur. imparf. subj.
Parussions, 1re pers. plur. imparf. subj.
Parut, précédé de *il* ou *elle*, 3e pers. sing. prét. déf.
Parût, précédé de *qu'il* ou *qu'elle*, 3e pers. sing. imparf. subj.
Parûtes, 2e pers. plur. prét. déf.

PARVATI, subst. propre fém. (*parvati*), myth., indienne, femme du dieu Shiva, qui semble se rapprocher de la Junon des Grecs.

DU VERBE IRRÉGULIER PARVENIR :

Parvenaient, 3e pers. plur. imparf. indic.
Parvenais, précédé de *je*, 1re pers. sing. imparf. indic.
Parvenait, 3e pers. sing. imparf. indic.
Parvenant, part. prés.
Parvenez, 2e pers. plur. impér.
Parvenez, précédé de *vous*, 2e pers. plur. prés. indic.
Parveniez, précédé de *vous*, 2e pers. plur. imparf. indic.
Parveniez, précédé de *que vous*, 2e pers. plur. prés. subj.
Parvenions, précédé de *nous*, 1re pers. plur. imparf. indic.
Parvenions, précédé de *que nous*, 1re pers. plur. prés. subj.

PARVENIR, v. neut. (*parvenir*) (en latin *pervenire*. Il se conjugue sur *venir* et prend l'auxiliaire *être*.) Arriver au terme, ordinairement avec difficulté. — Il se dit quelquefois des choses : *votre lettre est enfin parvenue jusqu'à moi*. — Obtenir ce que l'on souhaite : *parvenir à une charge, à un emploi, à une dignité*. — Absolument et sans régime, 1° s'élever en dignité; 2° faire fortune : *il veut parvenir à quelque prix que ce soit*. Voy. ATTEINDRE.

DU VERBE IRRÉGULIER PARVENIR :

Parvenons, 1re pers. plur. impér.
Parvenons, précédé de *nous*, 1re pers. plur. prés. indic.
Parvenu, e, part. pass.

PARVENU, E, subst. (*parvenu*), homme obscur ou femme qui a fait une fortune subite : *c'est un parvenu, un nouveau parvenu; une parvenue*. L'*Académie* ne donne pas de fém. à ce mot.

DU VERBE IRRÉGULIER PARVENIR :

Parviendra, 3ᵉ pers. sing. fut. indic.
Parviendrai, 1ʳᵉ pers. sing. fut. indic.
Parviendraient, 3ᵉ pers. plur. prés. cond.
Parviendrais, précédé de *je*, 1ʳᵉ pers. sing. prés. cond.
Parviendrais, précédé de *tu*, 2ᵉ pers. sing. prés. cond.
Parviendrait, 3ᵉ pers. sing. prés. cond
Parviendras, 2ᵉ pers. sing. fut. indic.
Parviendrez, 2ᵉ pers. plur. fut. indic.
Parviendriez, 2ᵉ pers. plur. prés. cond.
Parviendrions, 1ʳᵉ pers. plur. prés. cond.
Parviendrons, 1ʳᵉ pers. plur. fut. indic.
Parviendront, 3ᵉ pers. plur. fut. indic.
Parvienne, précédé de *que je*, 1ʳᵉ pers. sing. prés. subj.
Parvienne, précédé de *qu'il* ou *qu'elle*, 3ᵉ pers. sing. prés. subj.
Parviennent, précédé de *ils* ou *elles*, 3ᵉ pers. plur. prés. indic.
Parviennent, précédé de *qu'ils* ou *qu'elles*, 3ᵉ pers. plur. prés. subj.
Parviennes, 2ᵉ pers. sing. prés. subj.
Parviens, 2ᵉ pers. sing. impér.
Parviens, précédé de *je*, 1ʳᵉ pers. sing. prés. indic.
Parviens, précédé de *tu*, 2ᵉ pers. sing. prés. indic.
Parvient, 3ᵉ pers. sing. prés. indic.
Parvînmes, 1ʳᵉ pers. plur. prét. déf.
Parvinrent, 3ᵉ pers. plur. prét. déf.
Parvins, précédé de *je*, 1ʳᵉ pers. sing. prét. déf.
Parvins, précédé de *tu*, 2ᵉ pers. sing. prét. déf.
Parvinsse, 1ʳᵉ pers. sing. imparf. subj.
Parvinssent, 3ᵉ pers. plur. imparf. subj.
Parvinsses, 2ᵉ pers. sing. imparf. subj.
Parvinssiez, 2ᵉ pers. plur. imparf. subj.
Parvinssions, 1ʳᵉ pers. plur. imparf. subj.
Parvint, précédé de *il* ou *elle*, 3ᵉ pers. sing. prét. déf.
Parvînt, précédé de *qu'il* ou *qu'elle*, 3ᵉ pers. sing. imparf. subj.
Parvîntes, 2ᵉ pers. plur. prét. déf.

PARVIS, subst. mas. (*parvi*) (du lat. *pervitus*, ouvert), anciennement, chez les Juifs, l'espace qui était autour du tabernacle. — Aujourd'hui, place devant la grande porte d'une église, et surtout d'une église cathédrale : *le parvis de Notre-Dame*.—Poét., vestibule, enceinte : *les sacrés parvis*.

PARVITÉ, subst. fém. (*parvité*), petitesse. (*Boiste*.) Très-vieux.

PARVULISSIME, adj. des deux genres (*parvulicecime*), très-petit, très-délié. (*Boiste*.) Inusité.

PAS, subst. propre mas. (*pâ*), bourg de France, chef-lieu de canton, arrond. d'Arras, dép. du Pas-de-Calais.

PAS, subst. mas. (*pâ* et devant une voyelle *pâze*) (en latin *passus*), le mouvement que fait une personne, un animal, en mettant les pieds l'un devant l'autre pour marcher. — Au plur., allées et venues que l'on fait pour quelque affaire. —Manière de marcher : *aller bon pas*.—T. d'art milit., manière de marcher réglée pour les troupes : *pas ordinaire, accéléré*.— *Changer de pas*, quitter un *pas* pour en prendre un autre.— *Changer le pas*, rapporter le pied de derrière à côté de celui de devant. — *Marquer le pas*, faire du bruit à chaque *pas* régulier qu'on doit faire. — Vestige que laisse le pied lorsqu'on marche. Espace qui se trouve d'un pied à l'autre quand on marche, et qui sert de mesure : *pas commun*; *pas géométrique*. — Passage étroit et difficile dans une vallée, dans une montagne. On appelle *Pas-de-Calais*, le détroit entre Calais et Douvres. — Seuil d'une porte : *il est sur le pas de la porte*.—Marche d'un degré.— En t. d'arts, *pas d'une vis*, l'espace compris entre les deux filets d'une vis. — En t. d'horlogerie, *pas de fusée*, chaque tour que fait la fusée. — *Pas russe*, air d'une danse en usage chez les Russes. Elle se danse à deux personnes, et a, quant à la figure, quelques rapports avec le menuet; mais la mesure en est à quatre temps. — *Pas de deux*, entrée dansée par deux personnes; *de trois*, par trois personnes. — *Faire un pas en arrière*; reculer d'un pas.— *Retourner sur ses pas*, d'où l'on vient. — *Il plaint ses pas*, il est paresseux. — *Il demeure à trois pas d'ici*, fort près d'ici. — *Il est attaché à mes pas*, il me suit partout. — *Faire un faux pas*, glisser, chanceler ; et fig. et fam., faire une faute dans sa conduite, dans une affaire. — *Pas de clerc*, faute commise par imprudence ou par ignorance dans une affaire.—Conduite, démarche : *observer les pas de quelqu'un*. — *Sauter le pas*, faire une chose malgré soi ; mourir.— *Marcher sur les pas de quelqu'un*, le suivre, l'imiter.— Allure naturelle d'un cheval : *mettre un cheval au pas*.—T. de manège, *pas et le saut*, air qui se forme en trois temps, dont le premier est un temps de galop raccourci ou de terre-à-terre, le second une courbette, et le troisième une cabriole.—*Mettre quelqu'un au pas*, le mettre à la raison.—*Cela ne se trouve pas dans le pas d'un cheval*, c'est une chose difficile à trouver. —Fig. : 1° *avoir le pas*, avoir la préséance, marcher le premier ; 2° *être dans un mauvais pas*, dans une situation critique et dangereuse (du *pas* ou *pas d'armes* de l'ancienne chevalerie, qui était un des combats les plus difficiles à soutenir, soit en attaquant, soit en défendant. Voyez *pas d'armes* à son rang alphabétique, et aussi le mot ARMES); 3° *se tirer d'un mauvais pas*, d'une affaire difficile ; 4° *franchir le pas*, faire une chose à laquelle on ne pouvait se déterminer. — *C'est un pas glissant*, une situation où il est difficile de se bien conduire.—*Vous devriez baiser la trace de ses pas*, il vous a rendu tant de services, que vous lui devez toute reconnaissance. — *Il n'y a que le premier pas qui coûte*, le plus difficile est de commencer ; quand on a fait une faute, on tombe en bien d'autres. — *Tout dépend d'un premier pas*, le succès dépend de la manière dont on entame la chose. — *Faire les premiers pas*, les avances, les premières démarches. — *Faire aller quelqu'un plus vite que le pas*, lui susciter des embarras ; le mener rudement.—*Aller à pas de tortue*, n'avancer que lentement. — *A pas comptés*, lentement.— *A pas mesurés*, avec circonspection.—*A pas de loup*, doucement, de manière à surprendre quelqu'un. — *A grands pas*, avancer vite, au propre et au fig. — *A pas de géant*, extraordinairement vite.—*Pas à pas*, adv., doucement. — *De ce pas*, adv., tout de suite : *j'y vais de ce pas*.

PAS, adv. (*pâ*), particule négative : *je ne serai pas long-temps*. Il diffère de *point* en ce que *pas* énonce simplement la négation, au lieu que *point* appuie avec force et semble l'affirmer. Le premier ne nie souvent la chose qu'en partie ou avec modification ; le second la nie toujours absolument, totalement et sans réserve. La raison de cette différence est, dit *Collin d'Ambly*, que *pas* et *point*, qui, par eux-mêmes, n'ont rien de négatif, ne prennent cette signification qu'autant qu'ils expriment en quelque sorte la limite des diminutions, des soustractions qu'on peut ou qu'on veut faire dans les objets dont on parle : or, dans l'ordre des distances, le *point* est une limite plus restreinte que le *pas*. Le même grammairien établit encore entre *pas* et *point* cette autre différence, laquelle n'est au fond qu'une conséquence de la première, que *pas* s'emploie de préférence dans les phrases usuelles, et *point* dans les phrases énergiques, dans les sentences, dans les commandements. La poésie emploie ordinairement *point* au lieu de *pas*. (Voy. notre *Grammaire*.)— *Pas un, pas une*, loc. adj., nul, aucun.

PASAN, subst. mas. (*pazan*), t. d'hist. nat., espèce de mammifères ruminants du genre des antilopes.

PASCAL, E, adj. (*pacekale*) (en lat. *paschalis*, fait de *pascha*), qui est de Pâques : *l'agneau pascal ; communion pascale*. — Au plur. mas., *pascals*.

PASCALIE, subst. fém. (*pacekali*), t. de bot., espèce de plante qui croît au Chili, de la famille des corymbifères.

PASCALIN, subst. mas. (*pacekalein*), sorte de machine d'arithmétique inventée par *Pascal*.

PASCAN, subst. mas. (*pacekan*), variété de vigne dont le grain est rond et presque vert.

PAS-D'ÂNE, subst. mas. (*pâdâne*), plante qui croît dans les lieux humides. On la nomme aussi *tussilage*. — *Grand pas-d'âne*. Voy. PÉTASITE.— Sorte de mors de cheval. — Instrument avec lequel on tient ouverte la bouche d'un cheval pour la considérer intérieurement. — Garde d'épée qui couvre toute la main.— Au plur., des *pas-d'âne*.

PAS-D'ARMES, subst. mas. (*pâdarme*), combat qui avait pour objet de défendre un poste quelconque, soit un pont, soit un chemin ou un sentier de forêt, soit enfin un passage en rase campagne, mais fermé par des barricades.

PAS-D'ASSE, subst. mas. (*pâdace*), chanfrein intérieur que l'on voit sur l'épaisseur des douves d'un tonneau, dans la partie du jable.—Au plur., des *pas-d'asse*.

PAS-DE-CALAIS, subst. propre mas. (*pâdekâlé*), nom d'un département de la France, qui tire son nom d'un détroit situé entre la France et l'Angleterre.

PAS-DE-CAMP, subst. mas. (*pâdekan*), mesure qui sert à fixer les espaces nécessaires à un campement —Au plur., des *pas-de-camp*.

PAS-DE-CHAT, subst. mas. (*pâdecha*), défaut dans le drap.—Au plur., des *pas-de-chat*.

PAS-DE-SOURIS, subst. mas. plur. (*padeçouri*), t. de fortification, petits degrés en forme d'escalier, qui servent à communiquer du fond du fossé au haut de la contrescarpe.

PASENG, subst. fém. (*pazangue*), chèvre de la Perse qui produit le bésoard le plus estimé.

PASIGRAPHE, subst. mas. (*paziguerafe*), celui qui écrit en caractères *pasigraphiques*.

PASIGRAPHIE, subst. fém. (*paziguerafi*) (du grec πασι, à tous, datif plur. de πας, tout, et γραφω, j'écris), art d'écrire et d'imprimer en une langue, de manière à être lu et entendu dans toute autre langue, sans traduction.

PASIGRAPHIQUE, adj. des deux genres (*paziguerafike*) : *écriture, signe, méthode pasigraphique*. Voy. PASIGRAPHIE.

PASILALIE, subst. fém. (*pazilali*) (du grec πασι, à tous, et λαλω, je parle), *pasigraphie* parlée.

PASIMAQUE, subst. mas. (*pazimake*), t. d'hist. nat., genre d'insectes établi aux dépens des scarites.

PASIPHAÉ, subst. propre fém. (*pazifa-é*), myth., fille du Soleil et de Persa, et femme de Minos. Vénus, irritée contre le Soleil de ce qu'il l'avait fait surprendre avec Mars, inspira à sa fille *Pasiphaé* de la passion pour un taureau. Cette princesse mit au monde le Minotaure, monstre demi-homme et demi-taureau. Thésée le tua dans le fameux labyrinthe que Minos avait fait faire par Dédale. Voy. TAURUS, MINOTAURE.

PASIPHÉE, subst. fém. (*pazifé*), t. d'hist. nat., genre de crustacés décapodes.

PASITE, subst. mas. (*pazite*), t. d'hist. nat., genre d'insectes de l'ordre des hyménoptères.— Sorte de coquilles.

PASMAKLIK, subst. mas. (*pacemaklike*), t. de relat., apanage des princesses sultanes, qu'on leur a donné sous le titre de *prix des babouches* ; ce qu'on nomme chez nous épingles.

PASPALE, subst. mas. (*pâpale*), t. de bot., genre de graminées.

PASPHLON, subst. mas. (*pâceflon*), nom qu'*Hippocrate* donnait au millet.—T. de bot., variété de millet.

PASQUE, subst. fém. (*pâke*). Voy. PÂQUE, dont *pasque* est l'ancienne orthographe.

PASQUIN, subst. mas. (*pacekiein*), statue mutilée d'un ancien gladiateur, qui est à Rome, et à laquelle on avait coutume d'attacher des placards plaisants et satiriques. Du nom d'un cordonnier de cette ville, fameux par ses railleries et par ses lardons, après la mort duquel on trouva cette statue en creusant devant sa boutique. — Fig., esprit bouffon et satirique qui fait rire par ses saillies.—Valet de comédie.—*Boileau* (épître VI) l'a employé pour *pasquinade*, raillerie satirique. En ce sens, il a vieilli.

PASQUINADE, subst. fém. (*pacekinade*), placard satirique qu'on attache à la statue de *Pasquin*. —Raillerie satirique.

PASQUINISÉ, E, part. pass. de *pasquiniser*.

PASQUINISER, v. act. (*pacekinizé*), faire des *pasquinades*.—Médire du tiers et du quart. —Adresser des paroles satiriques à quelqu'un.— *se* PASQUINISER, v. pron. Fam.

PASS., abréviation des mots *passé* ou *passif*.

PASSABLE, adj. des deux genres (*pâçable*), qui peut être admis comme n'étant pas mauvais dans son espèce.

PASSABLEMENT, adv. (*pâçableman*), d'une manière supportable, de manière à pouvoir s'en contenter.

PASSACAILLE, subst. fém. (*pâçakâ-ie*), t. de musique, danse ; espèce de chaconne. — Danse sur l'air d'une *passacaille*.

PASSADE, subst. fém. (*pâçade*), aumône demandée par les *passants* ou faite aux *passants* : *demander, donner la passade*. — *Passage* d'une personne dans un lieu où elle fait peu de séjour. — Jouissance passagère d'une chose. — Fam., une fois en *passant* : *cela est bon pour une passade, mais n'y revenez plus*.—En t. de manège, course d'un cheval qu'on fait *passer* et *repasser* plusieurs fois sur une même longueur de terrein.—En t. d'escrime, la même chose que *passe*. — *A la passade*, loc. adv., une fois en *passant*.

PASSÆA, subst. fém. (*pâcé-a*), t. de bot., genre de plantes qui produit des graines aplaties et chagrinées.

PASSAGE, subst. mas. (*pâçaje*), action de *passer*, de traverser. Il se dit, et de la chose traversée : *passage de la rivière*; et de la personne qui traverse : *passage d'une armée*. — Chemin que l'on fait pour *passer* d'un lieu à un autre. — Il se dit surtout, 1° des voyages sur mer : *le passage de Douvres à Calais*; 2° au moral : *ce passage subit de la plus violente colère à la plus grande modération*, etc.—Somme que l'on donne pour son *passage*, pour la traversée.—Fig., chose qui n'est pas de longue durée : *la vie n'est qu'un passage*. — Lieu par où l'on *passe*.—Endroit par lequel il ne *passe* que des piétons : *le passage de l'Opéra*.— Droit que l'on paie pour *passer* une rivière, un pont. — — Endroit d'un auteur qu'on cite, etc. — En astron., *observer le passage d'une étoile*.—En t. de musique, roulement de voix d'une note à l'autre; diminution ou ornement dont on charge un trait de chant. — En peinture : 1° transition d'un effet à l'autre dans différentes parties de l'art; 2° usage qu'on fait des nuances pour parvenir à l'harmonie et à la vérité que présente la nature. Dans ce dernier sens, il ne s'emploie guère qu'au pluriel : *il y a, dans cette carnation, des passages d'une finesse extrême*.—*Passage de couleurs*, espace entre deux couleurs différentes.—Dans l'imprimerie, l'espace au travers duquel le tympan *passe* sous la platine. — En t. de manége, allure mesurée et cadencée du cheval.—*Oiseaux de passage*, ceux qui, en certaines saisons, *passent* d'un pays en un autre.— Fig. et fam., au sing., personne qui n'est en un lieu que pour peu de temps.

PASSAGÉ, E, part. pass. de *passager*.

PASSAGER, v. act. (*pâçajé*), t. de manége, conduire et tenir un cheval dans l'action du *passage* : *passager un cheval sur les voltes*; *passager la volte*. On dit, dans le même sens, mais moins souvent et moins bien : *ce cheval passage bien*.—*se* PASSAGER, v. pron.

PASSAGER, adj. et subst. mas., au fém. **PASSAGÈRE** (*pâçajé, jère*), qui est de peu de durée : *fleurs passagères; plaisirs passagers*.—En parlant des oiseaux, qui ne s'arrête point, qui ne fait que *passer*. —Subst., celui, celle qui ne s'embarque sur un vaisseau que pour *passer* en quelque lieu. —Celui, celle qui n'a pas de demeure fixe dans un lieu : *je ne suis que passager dans cette ville*.—Il ne faut pas dire qu'un chemin est *passager*, qu'une rue est *passagère*, parce que l'adj. *passager* ne signifie pas *où l'on passe fréquemment*; dites : *un chemin passant, une rue passante*.

PASSAGÈRE, subst. et adj. fém. Voy. PASSAGER.

PASSAGÈREMENT, adv. (*pâçajèreman*), en *passant*, pour peu de temps.

PASSAGEUR, subst. mas. (*pâçajeur*), celui qui *passe*, dans un bac, qui dirige un bac. Peu usité.

PASSAIS, subst. propre mas. (*pâcé*), bourg de France, chef-lieu de canton, arrond. de Domfront, dép. de l'Orne.

PASSALE, subst. mas. (*pâçale*), t. d'hist. nat., genre d'insectes de l'ordre des coléoptères.

PASSAN, subst. mas. (*pâçan*), t. d'hist. nat., espèce de poisson.

PASSANDAU ou **PASSANDEAU**, subst. mas. (*pâçandô*), ancienne pièce de canon qui portait dix huit livres de balles.

PASSANT, E, adj. (*pâçan, çante*), par où il *passe* beaucoup de monde; fréquenté : *chemin passant, rue passante; ville passante*, où il aborde beaucoup d'étrangers, de voyageurs. — En t. de blason, se dit des animaux qui semblent marcher.—Subst. mas., qui *passe* par une rue, par un chemin : *il vend du cidre aux passants*. Il s'emploie souvent dans les épitaphes : *arrête, passant*, etc.—Petite bande de cuir cousue par les deux extrémités.

en **PASSANT**, loc. adv. (*anpâçan*), chemin faisant, ou mieux, en faisant chemin : *je n'ai vu cette ville qu'en passant*; et fig. : *je vous donne cet avis en passant*.

PASSARAGE, subst. mas. (*pâçaraje*), t. d'hist. nat., espèce d'outarde qu'on rencontre dans les Indes.

PASSARILLES, subst. mas. plur. (*pâçari-ie*), raisins qu'on prépare à Frontignan et dans ses environs.

PASSATION, subst. fém. (*pâçâcion*), action de *passer* un contrat, etc.

PASSAVANT ou **PASSE-AVANT**, subst. mas. (*pâçavan*), t. de douane, sorte d'écrit portant ordre de laisser *passer* librement les marchandises qui ont déjà payé le droit, ou celles qui en sont exemptes.—T. de mar., passage qu'on établit de chaque côté d'un vaisseau de guerre, pour qu'on puisse communiquer avec les gaillards.— Au plur., des *passavants* ou des *passe-avant*.

PASSE, subst. fém. (*pâce*), action de *passer*. —Petite somme qu'il faut ajouter à des pièces de monnaie, pour achever de faire une certaine somme : *celui qui doit cinquante livres, et qui donne deux louis de vingt-quatre livres chacun, doit encore deux livres de passe*.—*Passe* se dit aussi de ce qu'on paie pour le sac dans lequel on reçoit de l'argent : *il faut payer la passe des sacs*.—On appelle ainsi, dans certains jeux, la mise que chacun doit faire de quelques jetons ou fiches : *mettez votre passe; on a oublié la passe; gagner la passe; la passe est double*.—T. d'escr., botte qu'on exécute en *passant* le pied gauche devant le droit: on s'en sert contre un ennemi qui recule.—Aux jeux de billard et de mail, l'archet ou porte par laquelle il faut faire *passer* sa bille ou sa boule : *être, se mettre, venir en passe*.—Mise à chaque coup au brelan et à la bouillotte : *gagner la passe*, c'est aussi un t. de jeu de roulette : *impair et passe*. — *Lettres de passe*, pour *passer* d'un endroit à un autre. — Entrelacement des bras dans la valse.—On dit fig. et fam. : *être en passe* (en état) *de...; il est en passe de faire fortune; il est en belle passe*.—En t. de mar., canal de mer entre deux bancs par où les vaisseaux peuvent *passer* sans échouer.—En t. d'imprim., *main de passe*, main de papier qu'on donne à l'ouvrier imprimeur en plus sur chaque rame. Elle est censée servir à la mise en train, et à remplacer les feuilles gâtées ou celles qui manqueraient à la rame. La *main de passe* s'appelle aussi *chaperon* : *cinq cents exemplaires, plus douze de main de passe*. — Chez les teinturiers, dernière façon qu'on donne à une couleur en la *passant* légèrement dans une cuve. — En t. de lingère, partie du bonnet rond à laquelle est attaché le fond. — La partie d'un chapeau de femme qui est attachée à la forme. — Sorte de raisins secs. (Dans cette dernière acception, de l'espagnol *pasa*, qui signifie la même chose.) — *Passe*, adv.; soit, à la bonne heure : *passe pour cela; passe pour la première fois; passe encore si...* Il est familier.

PASSÉ, subst. mas. (*pâcé*), temps écoulé : *le passé, le présent et l'avenir*. — Chose faite; chose qui s'est *passée* : *oublions le passé*.—Sorte de broderie dans laquelle la soie embrasse autant d'étoffe en dessus qu'en dessous. — T. de gramm., temps du verbe qui exprime l'action comme ayant été faite dans un temps *passé*; il y a deux *passés* : *le passé indéfini et le passé défini*. Voy. PRÉTÉRIT.

PASSÉ, E, part. pass. de *passer*, et adj., qui n'est plus.—Qui est vieux. — Qui a perdu son lustre.—*Passé*, prép., excepté.— Au-delà de...

PASSE-BALLE, subst. mas. (*pâcebale*), t. d'artillerie, planche de bois, de fer ou de cuivre, percée en rond pour le calibre que l'on veut, en sorte qu'une balle ou un boulet y puisse passer en effleurant seulement les bords. — Au plur., des *passe-balle*.

PASSE-BLEU, subst. mas. (*pâcebleu*), t. d'hist. nat., nom qu'on donne au moineau de Cayenne. —Au plur., des *passe-bleu*.

PASSE-BOULET, subst. mas. (*pâceboulè*), planche percée en rond qui sert à prendre le calibre des boulets.—Au plur., des *passe-boulet*.

PASSE-CARREAU, subst. mas. (*pâcekârô*), espèce de tringle de bois dont un des côtés est un peu arrondi, et qui sert aux tailleurs pour passer leurs coutures au fer.—Au plur., des *passe-carreau*.

PASSE-CHEVAL, subst. mas. (*pâcecheval*), bateau plat qui accompagne les coches d'eau, et dans lequel on passe les chevaux lorsqu'il faut changer de rivage.— Au plur., des *passe-cheval*.

PASSE-CICÉRO, subst. mas. (*pâcecicéro*), caractère d'imprimerie immédiatement au-dessus du *cicéro* —Au plur., des *passe-cicéro*. Inusité.

PASSE-CICÉRON, subst. mas. (*pâcecicéron*), plus savant que *Cicéron*, au-dessus de *Cicéron*. Fam.—Au plur., des *passe-Cicéron*.

PASSE-CORDE, subst. mas. (*pâcekorde*), outil de bourreliers pour *passer* une corde au travers des courroies.—Au plur., des *passe-corde*.

PASSE-COUDES, subst. mas. plur. (*pâcekoude*), t. de gantier, gants longs qui couvrent le bras. (*Boiste*.) Inusité.

PASSE-D'ARMES, subst. fém. (*pâcedarme*), sorte de combat qui était en usage chez les anciens. — Au plur., des *passes-d'armes*. Ici *passe* est subst. fém.

PASSE-DEBOUT, subst. mas. (*pâcedebou*), acquit que donnent les commis des douanes, des octrois, etc., pour les marchandises ou denrées qui doivent seulement traverser quelques villes ou quelques départements sans y être déchargées. Au plur., des *passe-debout*.

PASSE-DE-SAULE, subst. mas. (*pâcedeçôle*), t. d'hist. nat., moineau friquet qu'on voit ordinairement sur les *saules*. — Au plur., des *passe de-saule*.

PASSE-DIX, subst. mas. (*pâcedice*), sorte de jeu avec trois dés, dans lequel un des joueurs parie d'amener plus de *dix*. Il faut, pour que le coup soit compté, que deux dés marquent le même point, c'est-à-dire qu'il y ait un *doublé*. Si les trois dés marquent également, c'est ce qu'on appelle *rafle*. Les coups où les trois dés marquent des points différents sont nuls. — Au plur., des *passe-dix*.

PASSE-DROIT, subst. mas. (*pâcedroè*), grace accordée contre le *droit* et l'usage ordinaire, sans tirer à conséquence. — Plus ordinairement, espèce d'injustice qu'on fait à quelqu'un en ne suivant pas l'usage ou les règlements. — Au plur., des *passe-droit*.

PASSÉE, subst. fém. (*pâcé*), action de *passer*, en parlant des bécasses : *tuer des bécasses à la passée*, au moment où elles se lèvent du bois pour gagner les campagnes. — Grand filet pour les prendre.—Trace du pied d'une bête. — Cheveux qu'on tresse sur les soies.— En t. de tisserands, l'aller et le venir de la navette.

PASSE-FLEUR, subst. fém. (*pâcefleur*), t. de bot., plante annuelle, à fleur caryophyllée.—Au plur., des *passe-fleur*.

PASSÉGE, mieux **PASSAGE**, subst. mas. (*pâcéje, pâçaje*), t. de manége, l'allure du cheval dans le moment qu'il *passége*.

PASSÉGÉ, E, part. pass. de *passéger*.

PASSÉGER, mieux **PASSAGER**, v. act. (*pâcéjé, pâçajé*), t. de man., mener un cheval au pas ou au trot sur deux pistes, en le faisant marcher de côté, en sorte que les hanches tracent un chemin parallèle à celui que tracent les épaules.—Neut. : *le cheval passége bien*.—*se* PASSÉGER, v. pron.

PASSEMENT, subst. mas. (*pâceman*), proprement, petite dentelle d'or, de fil ou de soie.—Par extension et dans l'usage ordinaire, tissu étroit et plat de fil d'or, de soie, de laine, etc., tels que les rubans.

PASSEMENTÉ, E, part. pass. de *passementer*.

PASSEMENTER, v. act. (*pâcemanté*), chamarrer de *passement*.—*se* PASSEMENTER, v. pron.

PASSEMENTERIE, subst. fém. (*pâcemanteri*), art de fabriquer des *passements*, galons, rubans, franges, etc.

PASSEMENTIER, subst. mas., **PASSEMENTIÈRE**, subst. fém. (*pâcemantié, tière*), celui, celle qui fabrique toute sorte de rubans et de *passements*. —Marchand qui en fait commerce.

PASSEMENTIÈRE, subst. fém. Voyez PASSEMENTIER.

PASSE-MÉTEIL, subst. mas. (*pâcemété-ie*), blé dans lequel il y a deux tiers de froment contre un tiers de seigle. — Sans plur.

PASSE-MUR, subst. mas. (*pâcemur*), grande couleuvrine.—Au plur., des *passe-mur*.

PASSE-MUSC, subst. mas. (*pâcemucke*), t. d'hist. nat., sorte de petit animal qui donne un musc très-estimé.—Au plur., des *passe-musc*.

PASSE-MUSQUE ou **PASSE-MUSCAT**, subst. mas. (*pâcemucke, muceka*), espèce de raisin.

PASSE-PAROLE, subst. fém. (*pâceparole*), commandement donné à la tête de l'armée, pour le faire passer de bouche en bouche jusqu'à la queue. Voy. au mot PAROLE. — Au plur., des *passe-parole*.

PASSE-PARTOUT, subst. mas. (*pâcepartou*), clef qui sert à ouvrir plusieurs serrures. — Clef commune à plusieurs personnes pour ouvrir une même porte.— En t. de grav. et d'imprim., on appelle *passe-partout*, une gravure dans laquelle on a réservé une ouverture pour y placer une autre pièce gravée ou une lettre. — Cadre avec glace, dont le fond s'ouvre pour recevoir les dessins, les gravures, etc. — Les bûcherons appellent *passe-partout*, une espèce de grande scie dont les dents sont entr'ouvertes et détournées, et qui sert à scier les plus gros arbres.

— Les ardoisiers, une sorte de ciseau qui sert à diviser les blocs d'ardoises. — Les ouvriers des forges de fer, une batte plate, qui sert à fouler le sable dans les endroits où la batte ronde ne pourrait entrer. — Les facteurs d'orgues, une espèce de scie à main, dentée des deux côtés.— Prov. et fig. : *l'argent, une belle figure*, etc., *est un bon passe-partout*, donne entrée partout. — Au plur., des *passe-partout.*

PASSE-PASSE, subst. mas. (*pâcepâce*) : *tours de passe-passe*, 1° tours d'adresse, de subtilité des joueurs de gobelets; 3° filouterie : *faire des tours de passe-passe*, tromper adroitement.— Au plur., des *passe-passe.*

PASSE-PERLE, subst. mas. (*pâcepèrele*), fil de fer le plus fin.—Il se dit aussi des fils de laiton.—Au plur., des *passe-perle.*

PASSE-PIED, subst. mas. (*pâcepié*), sorte de danse bretonne, dont le mouvement, à trois temps comme celui du menuet, est beaucoup plus vif.—Air propre à cette danse. —Au plur., des *passe-pied.*

PASSE-PIERRE ou **PERCE-PIERRE**, subst. fém. (*pâcepière*), t. de bot., plante maritime, vivace, ombellifère, dont on confit les feuilles dans le vinaigre, et qu'on nomme aussi *bacile maritime, criste* ou *crête marine, fenouil marin, herbe de Saint-Pierre.* —Au plur., des *passe-pierre*, des *perce-pierre.*

PASSE-POIL, subst. mas. (*pâcepoèle*), petit liséré d'or, d'argent, de soie, de satin, etc., qui sort un peu des coutures d'un habit, au-dedans desquelles il est appliqué : *des revers rouges avec un passe-poil bleu.* — Au plur., des *passe-poils.*

PASSE-PORT, subst. mas. (*pâcepor*), permission par écrit, donnée par le gouvernement, de passer librement, et qui porte ordre pour la liberté et la sûreté du passage. — Fig. et fam.: *porter son passe-port avec soi*, se dit d'une personne que son heureuse physionomie, son esprit, etc., font bien recevoir partout.— Au plur., des *passe-ports.*

PASSER, v. neut. (*pâcé*) (du latin barbare *passare*, employé avec cette acception dans la basse latinité, et fait de *passus*, pas. *Ménage*, d'après *Saumaise*.), aller d'un lieu, d'un endroit à un autre; traverser un lieu, une chose. Il prend l'auxiliaire *avoir* : 1° quand il a un régime : *il a passé de France en Angleterre; cela m'a passé de l'esprit; il a passé par Lyon, à travers la ville, dans la rue, sur le pont*, etc. Ainsi il y a une faute dans ce vers de Boileau :

Est *passé* (leur sang) jusqu'à vous de Lucrèce en Lucrèce;

il fallait *a passé*; 2° quand il signifie *être reçu : ce mot, cet avis a passé.* Lorsqu'il est sans aucun régime, il prend l'auxiliaire *être* : *l'armée est passée; cette fleur est passée; nos beaux jours sont passés.* — Il se dit, dans le moral, des affections, des états de l'âme, etc., qui se succèdent : *passer de la tristesse à la joie, de l'amour à l'indifférence*, etc. — *Passer du blanc au noir*, aller d'une extrémité à l'autre.—*Passer sur une chose*, ne pas l'approfondir. — Ajouter à ce qu'on a dit ou fait.—En parlant des dignités, charges, possessions, etc., changer de main. — Il se dit des transitions qui se font dans le discours d'un point ou d'une matière à l'autre : *passons à d'autres choses.*—S'écouler, ne demeurer pas dans un état permanent; aller vers la fin : *le temps passe; la beauté passe comme une fleur.* Voy. SE PASSER. — Cesser, finir : *sa colère passera; la faim lui a passé.* — Être admis, être reçu : *il ne passera pas à l'examen, à la revue*, etc.; *cet avis a passé.* — Faire *passer*, admettre : *cette fantaisie lui a passé par la tête*, lui est venue subitement. — Laisser, ne pas relever une chose qui a été dite.—Périr, disparaître, mourir : *Madame a passé, ainsi que l'herbe des champs.* — Changer de possesseur : *cette terre a passé dans telle maison, par mariage.*—En t. de palais : *cette affaire a passé à l'avis ou contre l'avis du rapporteur*, a été jugée suivant ou contre l'opinion du rapporteur.—Aux jeux de billard et de mail, faire *passer* la bille ou la boule par la *passe.*—Au jeu de l'hombre, etc., ne point faire jouer.—Au jeu du brelan, etc., ne point tenir la vade que fait un autre joueur.—*Passer debout*, se dit des marchandises qu'on a obtenu de faire passer d'un lieu à un autre, sans en payer de droits.—*Cette monnaie passe pour tant*, est reçue pour tant dans le commerce.—*Passer pour....* Être estimé, réputé.— *En passer par*, se réduire, se soumettre à...—*Passer de cette vie en l'autre, de cette vie à une meilleure*, ou absol. et fam. : *passer*, mourir, expirer. — *Passer par de rudes épreuves*, avoir beaucoup à souffrir en diverses occasions.—*Passer par-dessus toutes les considérations*, n'avoir égard à rien. — *Passer par-dessus de beaux endroits d'un livre*, ne les point remarquer. — *Passer en coutume*, devenir usité, ordinaire, habituel. — *Passer de mode*, n'être plus à la mode.—*Passer en proverbe*, devenir proverbe.—*Passer par l'étamine*, être examiné sévèrement. — *Passer outre, plus avant*, ajouter encore à ce qu'on a déjà fait. —*Passer par la main du bourreau*, être puni corporellement par ordre de justice.—*Passer sur quelqu'un*, en t. d'escr., gagner le fort de son épée pour le saisir au corps, pour le désarmer.—*Passer* est aussi act. (il prend l'auxil. *avoir*), traverser : *passer le pont, la rivière.* — Transporter d'un lieu à un autre : *passer du canon dans les bateaux; le batelier m'a passé.*—Faire *passer* : *passer un lacet dans un œillet.* — Mettre, en parlant des vêtements : *passer un habit, une robe.*—Aller au-delà : *la boule a passé le but; passer les bornes.* — Devancer : *ce lévrier passe tous les autres à la course.* — Fig., 1° surmonter en mérite; 2° être au-dessus de la portée, de l'intelligence : *cela me passe; cela passe l'imagination.* — En parlant du temps, employer, consumer : *passer son temps à l'étude, au jeu.* — Pardonner : *le monde passe plus aisément les vices que les ridicules.*—Faire couler les choses liquides, etc., au travers d'un tamis, d'un linge, d'une passoire : *passer un bouillon, une décoction, de la farine*, etc.—Préparer, apprêter : *passer une peau, une étoffe en couleur.*—Faire, en parlant des actes : *passer un contrat, une procuration*, etc.—Fig., omettre; ne point parler de... : *passer sous silence.*—Approuver; allouer : *passer un article, passer un à-compte.* — Frotter une chose sur une autre. — *Passer son ordre à une lettre de change*, l'endosser en faveur de quelqu'un à qui l'on en transmet la propriété.—*Passer des marchandises en fraude*, les faire entrer ou sortir sans payer les droits.—Fig.: *passer une chose par l'étamine*, l'examiner sévèrement.—*La passer au gros sas*, ne l'examiner que superficiellement. —*Passer condamnation*, avouer qu'on a tort.— *Passer maître*, recevoir à la maîtrise; et fig. et fam., *on l'a passé maître; on l'a fait passer maître*, on a dîné ou soupé sans lui. — *Passer un soldat par les armes*, le fusiller; ou lui faire subir une correction militaire quelconque. — *Passer au fil de l'épée*, égorger, massacrer. — *Passer la lime sur un ouvrage*, l'achever, le polir, etc. — SE PASSER, v. pron., s'écouler, en parlant du temps : *le temps passe si rapidement qu'à peine avons-nous le loisir de former des projets, bien loin d'avoir celui de les exécuter; une partie de la vie se passe à désirer l'avenir, et l'autre à regretter le passé.*—Perdre de son éclat, de son lustre, de sa force, de sa qualité. — Arriver : *les événements qui se passent dans notre siècle.* (Massillon.) —S'abstenir, soit de gré, soit de force. — Se contenter de : *il se passe de peu ou à peu.*—PASSER, SE PASSER. (*Syn.*) La qualité et le sort des choses qui *passent*, c'est de n'avoir qu'une existence bornée et de finir. L'état actuel et la révolution des choses qui *se passent*, c'est d'être sur leur déclin ou dans une crise de décadence qui amène leur fin. —*Passer* a rapport à la fin de l'existence; et *se passer*, à l'action d'une telle époque, à la dégradation.—Les fleurs et les fruits *passent* : ils n'ont qu'une saison; les fleurs et les fruits *se passent*, lorsqu'ils se fanent ou se flétrissent. Les plaisirs sont, pour la plupart, comme ces fleurs qui ne font que *passer*; la plupart des biens sont comme ces fruits qui *se passent* dès qu'on les a cueillis. —Les couleurs *passent* : elles n'ont qu'une certaine durée; elles *se passent*, dès qu'elles commencent à s'effacer, ou à perdre leur lustre. C'est ainsi que la beauté *passe* et *se passe.*—Les saisons *passent*, elles se succèdent, elles ne *se passent* que quand elles tirent à leur fin.—Les maux *passent*, et votre mal *se passe.* Le temps *passe*; le temps de semer et de recueillir *se passe.* Le goût du monde *passe*; et votre goût pour le monde *se passe*, à mesure que vous en essuyez plus de dégoûts.—Comme le mot *passer* n'a trait qu'à la durée et à la fin, on s'en sert plus particulièrement pour marquer le peu de durée des choses. Comme le verbe *se passer* désigne particulièrement une action ou une révolution, il sert particulièrement à indiquer un rapport à l'emploi des choses. Le temps *passe* sans que nous nous en apercevions; il *se passe* sans que nous en profitions. La vie *passe*, et elle *se passe* à perdre la plus grande partie du temps.

PASSE-RAGE ou **CHASSE-RAGE**, subst. fém. (*pâceraje*), t. de bot., plante vivace, que l'on croit propre à guérir la *rage.*

PASSEREAU, subst. mas. (*pâcerô*) (en latin *passer*, gén. *passeris*), nom que l'on donne au moineau franc.—Au plur., oiseaux de passage.— Ordre d'oiseaux auquel le *passereau* appartient.

PASSERELLE, subst. fém. (*pâcerèle*), femelle du *passereau.* —(*L'Académie*, qui n'indique pas cette signification, donne celle-ci : sorte de pont étroit qui ne sert qu'aux piétons : *établir une passerelle sur une rivière.* Ce mot est fort usité à Paris, où plusieurs passerelles ont été établies.

PASSERIE, subst. fém. (*pâceri*), liqueur aigre dont on se sert pour faire enfler les peaux. On appelait autrefois, *passeries, traité des passeries*, une convention de commerce qui permettait aux Français et aux Espagnols de commercer, en temps de guerre, par les passages des montagnes.

PASSERINE, subst. fém. (*pâcerine*), t. de bot., genre de daphnoïdes.—T. d'hist. nat., genre d'oiseaux silvains et chanteurs.

PASSERINETTE, subst. fém. (*pâcerinète*), t. d'hist. nat., espèce de petite fauvette, de l'ordre des oiseaux silvains.

PASSERNIQUE, subst. fém. (*pâcèrenike*), nom d'une espèce de pierre à aiguiser. Inusité.

PASSE-ROSE, subst. fém. (*pâcerôze*), t. de bot., mauve des jardins; nom donné à l'alcée rose.—Au plur., des *passe-rose.*

PASSE-ROSE-PARISIENNE, subst. fém. (*pâcerôzepariziène*), t. de bot., sorte de plante caryophyllée, l'agrostème des jardins.—Au plur., des *passe-rose-parisienne.*

PASSE-ROUTE, subst. mas. (*pâceroute*). Voy. PASSE-PORT, qui seul se dit. — Au plur., des *passe-route.*

PASSE-SATIN, subst. mas. (*pâceçatein*), t. de bot., la lunaire actuelle, espèce de plante. — Au plur., des *passe-satin.*

PASSE-SOIE, subst. fém. (*paceçoé*), t. de fab., lame de fer percée de trous par lesquels on fait *passer* la *soie.* — Au plur., des *passe-soie.*

PASSET, subst. mas. (*pâcé*), mesure de quinze palmes dont on faisait usage autrefois.

PASSE-TAILLE, subst. fém. (*pâcetâ-ie*), ancienne composition de musique qui était à trois temps, et dont les membres de phrases étaient de quatre mesures. — Au plur., des *passe-taille.* Hors d'usage.

PASSE-TALON, subst. mas. (*pacetalon*), morceau de peau de veau noircie, avec laquelle on couvrait autrefois les *talons* de souliers. — Au plur., des *passe-talon.* Hors d'usage.

PASSE-TALONNIER, subst. mas. (*pâcetalonié*), celui qui faisait les *passe-talon* dont les cordonniers se servaient pour couvrir les *talons* de souliers que portaient autrefois les femmes. — Au plur., des *passe-talonniers.* Hors d'usage.

PASSE-TEMPS, subst. mas. (*pâcetan*), plaisir, divertissement; occupation agréable, et qui n'apporte ni travail ni fatigue.— Au plur., des *passe-temps.*

PASSETTE, subst. fém. (*pacète*), chez les tisserands, long fil de laiton tourné en spirale pour attirer ou accrocher le fil de soie que l'ouvrier donne. — Chez les tireurs d'or, portion du cercle dont un bout se termine en anneaux coniques pour laisser passer le fil sous les roues du moulin.

PASSEUR, subst. mas., **PASSEUSE**, subst. fém. (*pâceur, ceuze*), celui, celle qui prend dans son bateau les personnes qui veulent passer une rivière.

PASSEUSE, subst. fém. Voy. PASSEUR.

PASSE-VELOURS, subst. mas. (*pâcevelour*), t. de bot., sorte de plante, ainsi nommée parce qu'elle a l'œil du *velours.* —Au plur., des *passe-velours.*

PASSE-VERT, subst. mas. (*pâcevère*), t. d'hist. nat., nom d'une espèce de tangara qu'on trouve dans l'île de Cayenne. — Au plur., des *passe-vert.*

PASSE-VIN, subst. mas. (*pâcevein*), instrument dont on se sert pour faire passer une liqueur sur une autre plus légère en les faisant changer de place. — Au plur., des *passe-vin.* Inusité.

PASSE-VIOLET, subst. mas. (*pâcevi-olè*), couleur qu'acquièrent, à un certain degré de feu, l'acier, le fer. — Au plur., des *passe-violet.*

PASSE-VOGUE, subst. fém. (*pâcevogue*), redoublement d'efforts que l'on fait faire à des galériens pour *voguer*. — Au plur., des *passe-vogue*.

PASSE-VOLANT, subst. mas. (*pâcevolan*), autrefois homme qui *passait* en revue et qui n'était pas enrôlé. Il ne se présentait que pour faire nombre. — Fig. et fam., 1° celui qui s'introduit dans une partie de plaisir sans payer sa part de la dépense; 2° celui qui entre au spectacle sans payer, quoiqu'il n'en ait ni le droit ni la permission. — Au plur., des *passe-volants*.

PASSIBILITÉ, subst. fém. (*pacecibilité*), qualité de ce qui est *passible*, des corps *passibles*.

PASSIBLE, adj. des deux genres (*pacecible*) (en lat. *passibilis*, fait de *pati*, souffrir), qui peut souffrir, éprouver des sensations. — T. de palais : *passible de dommages et intérêts*, qui peut y être condamné.

PASSIF, adj. mas., au fém. **PASSIVE** (*pacecif, cive*) (en lat. *passivus*, fait de *passum*, supin de *pati*, *patior*), qui souffre; qui reçoit l'action; en général, ce qui est opposé à *actif*. — *Principe passif*, sujet sur lequel travaille l'agent physique; *qualité passive*, qui rend propre à recevoir l'impression de cet agent. — Qui n'agit point : *c'est un homme purement et simplement passif*. — *Obéissance passive*, celle d'un homme qui fait ce qu'on lui demande sans examen ni objection. — En t. de droit : *dette passive*, à laquelle on est obligé envers un autre. — En ce sens il est aussi subst. mas. : *l'actif surpasse le passif*. — *Voix passive*, pouvoir, capacité d'être élu. — T. de gramm. : *verbe passif*, celui qui exprime une action reçue, soufferte par le sujet du verbe. — *Participe passé, passif*. Voy. PARTICIPE. — *Signification passive*, celle des verbes ou des adjectifs verbaux qui servent à marquer l'action qui est reçue par le sujet. — On l'emploie encore subst. au mas. dans ce sens : *le passif d'un verbe; tel verbe est sans passif*.

PASSIFLORÉES, subst. fém. plur. (*pâcifloré*), t. de bot., famille de plantes qui a pour type le genre grenadille.

PASSIFLORE, subst. fém. (*pâciflore*), t. de bot., espèce de grenadille. Voy. ce mot.

PASSION, subst. fém. (*pâcion*) (en lat. *passio*, fait de *pati*, en grec παθειν, souffrir), souffrance. Il ne se dit qu'en parlant de *Jésus-Christ* : *la passion de Notre-Seigneur*. — Prov. : *souffrir mort et passion*, souffrir beaucoup. — *Semaine de la Passion*, celle qui précède la semaine sainte. — Sermon qui se prêche le vendredi-saint sur la *passion* de Notre-Seigneur. — La partie de l'Evangile où elle est racontée. — En t. de médec., souffrance, affection, maladie : *passion hystérique, passion iliaque*. — Mouvement impétueux de l'âme excité par quelque objet, comme l'amour, la haine, etc. — *Lâcher la bride à ses passions*, s'y abandonner entièrement. — Violente affection pour... : *il a une grande passion pour les tableaux*, ou *il a la passion des tableaux*. — Prévention, partialité outrée : *c'est là ce qu'on appelle de la passion*. — Absolument et sans régime, la *passion* de l'amour : *déclarer sa passion*. — Objet d'une *passion* : *la chasse, le jeu est sa passion, sa plus forte passion*. — *Aimer à la passion*, extraordinairement, éperdument. — *Avoir fait de grandes passions*, avoir été éperdument aimé par plusieurs personnes. — *Il entre bien dans la passion*, il se pénètre bien du sentiment qu'il veut exprimer. — Dans la poésie, la peinture, la musique, la représentation vive de *passions* : *il y a de la passion dans ces vers, dans cet air, dans cette tête de peinture*. — En t. de philosophie, impression reçue dans un sujet. Dans ce sens, il est opposé à *action*. — *De passion*, loc. adv., *passionnément* : *aimer une chose de passion*.

PASSIONNAIRE, subst. mas. (*pâcionère*), livre qui contient l'histoire de la *Passion*. Hors d'usage.

PASSIONNÉ, E, part. pass. de *passionner*, et adj., rempli de *passion*. Il se dit des personnes et des choses qui ont rapport aux personnes : *passionné pour la gloire; homme passionné, air passionné*. — Prévenu : *écrivain passionné*.

PASSIONNEL, adj. mas., au fém. **PASSIONNELLE** (*pâcionèle*), qui agit par le moyen des *passions*.

PASSIONNÉMENT, adv. (*pâcionéman*), avec beaucoup de *passion*. Il ne se dit guère que de l'amour et du désir : *aimer, désirer passionnément une chose, un objet*.

PASSIONNER, v. act. (*pâcioné*), donner à ce qu'on débite, à ce qu'on chante, à ce qu'on écrit, un caractère animé et qui marque de la *passion*. — Intéresser fortement : *une âme que les grandes vertus passionnent*. — **SE PASSIONNER**, v. pron., se laisser aller à sa *passion*; s'emporter, etc. — S'intéresser très-fortement pour... — Devenir amoureux.

PASSIVE, adj. fém. Voy. PASSIF.

PASSIVEMENT, adv. (*paciveman*), d'une manière *passive*.

PASSIVETÉ, subst. fém. (*paciveté*), état de l'âme *passive*. (Bossuet.) — Sensibilité interne et externe. (*Boiste*.) Peu usité.

PASSOIRE, subst. fém. (*pâçoare*), sorte d'ustensile percé de plusieurs trous, qui sert à *passer* les légumes pour en tirer de la purée, etc.

PASSOURE, subst. fém. (*pâçoure*), nom qu'on donne au fruit du conori, à la Guyane.

PASSULAT, subst. mas. Voy. PASSULE.

PASSULE, subst. fém. (*pâçule*), miel préparé avec des raisins cuits; raisin séché au soleil.

PASSY, subst. propre mas. (*paci*), village de France, près de Paris, remarquable par ses belles maisons de campagne, et sa position pittoresque sur les bords de la Seine et la lisière du bois de Boulogne.

PASTEL, subst. mas. (*pacetèle*) (du mot *pâte*, qui s'écrivait et se prononçait autrefois *paste*), crayon formé de couleurs pulvérisées, mêlées soit avec du blanc de plomb, soit avec de la céruse ou du talc, et incorporées avec une eau de gomme, de manière à former une *pâte*. — Portrait, tableau peint au *pastel*. — *Orangé pastel*, couleur orangée qui tire un peu plus sur le brun que l'orange ordinaire. — T. de bot., plante bisannuelle de la famille des cruciformes, remarquable par la teinture bleue qu'on en retire.

PASTELLAGE. Inusité. Voy. PASTILLAGE.

PASTENADE, subst. fém. (*pacetenade*). Voy. PANAIS.

PASTENAGUE, subst. fém. (*pacetenague*), t. d'hist. nat., poisson de mer de la forme d'une raie.

PASTÈQUE, subst. fém. (*pacetèke*), t. de bot., melon d'eau, dont la chair est très-rafraîchissante.

PASTER, v. neut. (*pâté*.) Mot inusité. Voy. PÂTER. (*Boiste*.)

PASTEUR, subst. mas. (*pâceteur*) (en latin *pastor*, fait de *pascere*, paître), berger. Il ne se dit au propre que des gardeurs de moutons, et dans les histoires anciennes. — Au fig., ecclésiastique chargé du soin des âmes : évêque, curé. On le dit aussi d'un ministre protestant. — Adj. : *les peuples, les rois pasteurs*. Voy. PÂTRE.

PASTICHE, subst. mas. (*pastiche*) (de l'italien *pasticcio*, pâté; parce qu'ordinairement un *pâté* est composé de différentes viandes), en peint. : 1° tableau qui n'est ni un original ni une copie, mais qui est formé de différentes parties prises dans d'autres tableaux; 2° tableau où l'on a imité le goût, le coloris, etc., d'un peintre. — En littérature et par extension, imitation affectée du style d'un écrivain. — En musique, opera ordinairement bouffon, dont les paroles ou la musique sont composées ou ont été composées par différents maîtres; un *pastiche* en général doit être une pièce sans prétention.

PASTILLAGE, subst. mas. (*paceti-iaje*), espèce de pâte de sucre dont on garnit des assiettes montées qu'on sert sur la table dans les desserts.

PASTILLE, subst. fém. (*paceti-ie*) (en latin *pastillus*), petit gâteau ou petit pain de sucre rond; composition de pâte d'odeur, bonne à manger ou à brûler.

PASTISSON, subst. mas. (*paceticon*), t. de bot., espèce de plantes du genre des courges.

PASTONADE, subst. fém. (*pacetonade*), t. de bot., nom que l'on donne, dans le midi de la France, à la racine jaune.

PASTOPHORE, subst. mas. (*pacetofore*) (du grec παστας, lit, ou παστος, voile, et φερω, je porte), t. d'hist. anc., nom de prêtres qui pratiquaient la médecine en Egypte. — C'était aussi celui de prêtres chargés de lever le voile qui, à la porte des temples égyptiens, cachait la divinité.

PASTOPHORIE, subst. fém. (*pacetofori*), t. d'antiq., porche d'un temple, tabernacle. — Habitation près des temples, où logeaient les *pastophores*.

PASTOPHORION, subst. mas. (*pacetoforion*), habitation où l'on dit que demeuraient les prêtres destinés à porter en procession la petite chapelle qui renfermait la statue d'un dieu.

PASTORAL, E, adj. (*pacetorale*) (en lat. *pastoralis*), qui appartient au pasteur : *chant, habit pastoral; vie pastorale*. — Champêtre : *la simplicité de la vie pastorale*. — Qui appartient au pasteur : *le soin pastoral des âmes; sollicitude, instruction pastorale*. — *Poésie pastorale*, imitation de la vie champêtre, représentée avec tous ses charmes possibles. — Subst. mas., rituel à l'usage des évêques. — Au plur. mas., *pastoraux*. L'*Académie* dit positivement que ce plur. mas. n'est point usité, et en effet on ne trouverait guère l'occasion de l'employer.

PASTORALE, subst. fém. (*pacetorale*), pièce de théâtre dont les personnages sont des bergers et des bergères. — Chanson, air de danse d'un caractère simple et naïf, assorti aux mœurs champêtres.

PASTORALEMENT, adv. (*pacetoraleman*), en bon *pasteur*. Il ne se dit qu'au figuré.

PASTORAUX, adj. mas. plur. Voy. PASTORAL.

PASTORELLE, subst. fém. (*pacetorèle*), air italien, dans le genre *pastoral*, dont la mesure est à six-huit.

PASTORICIDE, subst. mas. (*pacetoricide*), ancien nom d'hérétiques qui tuaient les curés et les évêques au sixième siècle.

PASTOSITÉ, subst. fém. (*pacetôzité*), état de ce qui est pâteux. (*Boiste*.) Inus.

PASTOUR, subst. mas. (*pacetour*), pasteur. Usité seulement en poésie légère, où il a été autrefois employé pour désigner un petit berger.

PASTOUREAU, subst. mas., **PASTOURELLE**, subst. fém. (*pacetourô, rèle*), petit berger, petite bergère. Usité dans les chansonnettes. — Subst. mas. plur., *pastoureaux*, fanatiques qui, pendant la captivité du roi *saint Louis*, en Egypte, exercèrent en France de grands ravages sous la conduite d'un moine apostat, nommé *Jacob*, qui s'était échappé d'un couvent de l'ordre de Cîteaux en Allemagne.

PASTOURELLE, subst. fém. Voy. PASTOUREAU.

PASTRAMA, subst. mas. (*pacetrama*), t. de relat., nom qu'on donne au bœuf salé à Constantinople.

PASTREMENTS, subst. mas. plur. (*pacetreman*), t. de relat., peaux de bœufs et de vaches dont on fait usage l'hiver en Turquie.

PASYTHÉE, subst. fém. (*pazité*), t. d'hist. nat., genre de polypiers établi aux dépens des cellulaires.

PAT, subst. mas. (*pate*) (suivant *Ménage*, de l'italien *patto* ou *patta*, qui signifie la même chose, et dont l'origine est très-incertaine); aux échecs, *être pat*, ne pouvoir plus jouer sans mettre son roi en échec.

PÂT, subst. mas. (*pâ*) (du latin *pastus*, nourriture), en t. de faucon., mangeaille.

PATABIÈS, subst. mas. (*patabi-èce*), t. de bot., genre de plantes de la famille des rubiacées.

PATAC, subst. mas. (*patake*), monnaie d'Avignon, valant à peu près deux deniers tournois.

PATACHE, subst. fém. (*patache*) (de l'italien *patascia*), vaisseau léger pour le service des navires. — Barque destinée à transporter des passagers ou des lettres. — Petit bâtiment pour la garde des rivières et des passages où on lève quelques droits. — Espèce de voiture qui n'est pas suspendue, et par cette raison, qui est très fatigante pour les voyageurs.

PATACHON, subst. mas. (*patachon*), celui qui conduit la voiture qu'on nomme *patache*. — Celui qui garde la *patache* aux droits. — Celui qui dirige le vaisseau nommé *patache*.

PATAGION, subst. mas. (*patajion*), membrane qui fait fonction d'aile chez la chauve-souris.

PATAGON, subst. mas. (*pataguon*), sorte de monnaie fabriquée au coin du roi d'Espagne, et valant à peu près un écu. Il y a en divers autres pays, sous le même nom, des monnaies dont la valeur moyenne est d'environ cinq livres tournois ou quatre francs quatre-vingt-quatorze centimes. — T. de bot., espèce de plantes de la famille des valérianes.

PATAGONS, subst. prop. mas. plur. (*pataguon*), peuples à demi sauvages, mais d'assez haute stature, qui habitent vers le détroit de Magellan.

PATAGONULE, subst. fém. (*patagonule*), t. de bot., sorte d'arbrisseau du genre des sébesteniers, qui croît dans l'Amérique méridionale.

PATAGUA, subst. mas. (*patagua*), t. de bot., sorte d'arbre qui croît au Chili, et qui devient très gros.

PATAÏQUES, subst. propre fém. plur. (*patatke*), myth., divinités dont les Phéniciens plaçaient l'image sur la poupe de leurs vaisseaux.

PATALA ou **PATALAM**, subst. propre mas. (*patala, lame*), myth., abîme souterrein que les Indiens se représentent comme un lieu de tourment : c'est proprement leur enfer.

PATALÈNE, subst. propre fém. (*patalène*), myth.; l'une des divinités des moissons, chez les anciens.

PATAOUA, subst. mas. (*pata-oua*), t. de bot., espèce de palmier qui croît dans l'île de Cayenne.

PATAPATAPLAN, subst. mas. (*patapataplan*), bruit imitatif du tambour.

PATAQUE, subst. fém. (*patake*), monnaie effective de Batavia. — Monnaie d'argent du Brésil.—Monnaie de compte en Barbarie.—Monnaie d'argent qui a cours en Turquie.

PATAQUE-CHIQUE, subst. fém. (*patakechike*), monnaie d'Alger, qui a cours aussi, dit-on, à Tunis.

PA-T-A-QU'EST-CE, subst. mas. (*patakièce*), faute qui consiste à faire entendre un *t* à la place d'un *s*, ou un *s* à la place d'un *t*. C'est ce qu'on appelle vulgairement un *cuir*.—Au plur., des *pa-t-à-qu'est-ce*.

PATARA, subst. mas. (*patara*), galhauban volant.

PATARÆUS, subst. propre mas. (*pataré-uce*), myth., surnom d'Apollon, pris d'un temple fameux qu'il avait dans la ville de *Patare*. Il y rendait des oracles pendant six mois de l'année, et pendant les six autres mois dans l'île de Délos.

PATARAFFE, subst. fém. (*patarafe*), traits d'écriture informes, lettres, etc. Style plaisant et moqueur. — *Pataraffe* ne se dit pas pour *paraphe*, excepté par plaisanterie.

PATARASSE, subst. fém. (*patarace*), t. de mar., espèce de ciseau à froid, qui, dans la construction des vaisseaux, sert à ouvrir les joints entre les bordages, pour en faire la couture.

PATARASSÉ, E, part. pass. de *patarasser*.

PATARASSER, v. act. (*pataracé*), t. de mar., presser l'étoupe dans les contours d'un vaisseau, avec la *patarasse*; enfoncer la *patarasse*. — *se* PATARASSER, v. pron.

PATARD, subst. mas. (*patar*), petite monnaie. — Fam. : *cela ne vaut pas un patard*.

PATARIN, subst. mas. (*patarein*), nom d'anciens sectaires hérétiques de France ; albigeois.

PATAS, subst. mas. (*patâce*), t. d'hist. nat., nom d'une espèce de beau singe qui se tient en Afrique.

PATATE, subst. fém. (*patate*), t. de bot., sorte de pomme de terre d'Amérique.

PATATRAS, interj. (*patatrâ*). Ce mot sert à exprimer, par imitation, la chute rapide, le fracas, la rupture violente d'un corps.—On dit famil. d'une personne qui tombe : *Patatras! le voilà par terre.*

PATAUD, E, subst. et adj. (*patô, tôde*), fig. et fam., gros enfant potelé.—Personne grossièrement faite. — Paysan grossier. — Subst. mas., jeune chien qui a de grosses pattes. — Prov. et fig. : *être à nage pataud*, dans l'abondance.

PATAUGÉ, part. pass. de *patauger*.

PATAUGER, v. neut. (*patôjé*), marcher dans une eau bourbeuse. — Au fig., s'embarrasser dans une affaire dans un discours.

PATAVINITÉ, subst. fém. (*patavinité*), manière de parler propre aux habitants de Padoue (*Patavium*). Suivant Quintilien, on reprochait à Tite-Live sa patavinité : on sait que cet historien était de Padoue. — Qualité particulière du style.

PATAY, subst. propre mas. (*patè*), bourg de France, chef-lieu de canton, arrond. d'Orléans, dép. du Loiret.

PATE ne s'écrit plus pour **PATTE**.

PÂTE, subst. fém. (*pâte*) (en lat. *pasta*), farine détrempée et pétrie pour faire du pain, de la pâtisserie, etc. On écrivait autrefois *paste*. — *Mettre la main à la pâte*, aider les autres à travailler.—*Il n'y a ni pain ni pâte au logis*, il n'y a rien à manger.—*Mettre des viandes, du gibier en pâte*, les mettre cuire dans de la *pâte*.—*Être comme un coq en pâte*, être très-heureux, très-à son aise; ce qui signifiait primitivement, ainsi que le remarque l'*Académie* : *être dans son lit bien chaudement et bien couvert, de sorte que la tête seule paraisse.* — Fig. et fam. : 1° complexion, constitution : *il est de bonne pâte* ; 2° naturel : *c'est une bonne pâte d'homme, la meilleure pâte d'homme*. — Diverses choses broyées et pulvérisées qu'on met en masse en les humectant : *de la pâte d'amandes*.—*Pâtes d'Italie*, de farine d'Italie, ou plutôt *pâtes* auxquelles on donne la façon et la forme de celles d'Italie. — *Pâtes de verre*, en termes d'artistes et d'antiquaires, composition de pierres gravées factices, que les anciens nommaient *vitrum obsidianum*. — T. de peinture, *peindre dans la pâte*, fondre les tons et retrouver les formes de la nature au milieu d'une grande quantité de couleur dont on a chargé un tableau, dès le premier travail de l'empâtement. — T. de gravure : *estampes d'une belle pâte*, dont les tailles ont de la souplesse, de la largeur, et surtout du moelleux et de la couleur. — T. d'imprimerie, *tomber en pâte*, se dit d'une forme dont les caractères se détachent et se séparent d'eux-mêmes.

PÂTÉ, subst. mas. (*pâté*) (viande enfermée dans la *pâte*), pièce de pâtisserie qui renferme de la chair, du poisson, etc.— *Pâté en terrine*. Voy. TERRINE. —*Pâté d'ermite*, figue sèche dans laquelle il y a une noix ou une amande.—Goutte d'encre tombée sur du papier.—Dans la gravure, endroits noirs qui se trouvent dans les ombres par la confusion que l'eau-forte fait sur les hachures serrées et croisées. — En t. d'imprimerie, caractères mêlés et confondus sans aucun ordre. — Chez les lapidaires, assemblage de plusieurs espèces de pierres de nature et de forme différentes, que l'on expose en vente : *vendre, acheter un pâté de pierres*. — Petit ustensile de brodeur à plusieurs cases.—En t. d'archit., assemblage de maisons. — Dans l'architecture militaire, fortification de figure ronde, attachée au corps d'une place ou d'un ouvrage avancé. — Fig. et fam. : *un gros pâté*, un gros enfant potelé. — En t. de jeu : *faire le pâté*, arranger les cartes pour se donner beau jeu. — Prov. : *hacher menu comme chair à pâté*, hacher par morceaux, mettre en pièces.—*C'est un prix fait comme celui des petits pâtés*, c'est une chose dont le prix est réglé, et que tout le monde connaît.

PÂTÉ, E, part. pass. de *pâter*.

PÂTÉE, subst. fém. (*pâté*), *pâte* faite avec des recoupes de son, qu'on donne à la volaille pour l'engraisser. — Mélange de pain émietté et de viande pour les animaux domestiques.

PATÉIDES, subst. propre fém. plur. (*paté-ide*), myth., surnom des Muses, pris d'une fontaine qui leur était consacrée dans la Macédoine.

PATELET, subst. mas. (*patelé*), sorte de morue qui tient le cinquième rang dans le triage qu'on en fait dans la Normandie.

PATELIN, E, subst. et adj. (*patelein, line*) (de la farce de *maître Pierre Patelin*, rajeunie sous le titre de l'*Avocat Patelin*. Voyez : *revenons à nos moutons*, au mot MOUTON.), homme, femme souple et artificieux, qui, par des manières flatteuses et insinuantes, fait venir les autres à ses fins. Style fam. — Adj.: *air patelin, voix pateline*.—Subst. mas., t. de verrerie, petit creuset d'essai.

PATELINAGE, subst. mas. (*patelinaje*), manière insinuante et artificieuse d'un *patelin*. Il est fam.

PATELINÉ, E, part. pass. de *pateliner*.

PATELINER, v. neut. (*pateliné*), agir en *patelin*. — Act., ménager adroitement l'esprit d'un homme dans la vue de quelque intérêt. — Manier une affaire avec adresse pour la faire réussir comme on le souhaite. Il se prend toujours en mauvaise part.—*se* PATELINER, v. pron.

PATELINEUR, subst. et adj. mas., au fém. PATELINEUSE (*patelineur, neuze*); il se dit dans le même sens que *patelin*; avec cette différence cependant, que *patelin* marque la qualité, le défaut, le vice; et *patelineur*, l'action de faire le *patelin*, l'habitude du *patelinage*; de même que *papelard* désigne non-seulement le vice, mais la manie, l'affectation, l'excès. On est *patelin* par caractère, et par un caractère souple et artificieux; on est *patelineur* par le fait et par les manières propres du *patelin*; on est *papelard* par hypocrisie et par un manège caché. (*Roubaud.*)

PATELINEUSE, subst. et adj. fém. Voy PATELINEUR.

PATELLAIRE, adj. mas. (*patèlelère*), myth., se dit des dieux du dernier ordre, auxquels on faisait des offrandes dans de petites écuelles qu'on nommait *patelles*.

PATELLE, subst. fém. (*patèle*), t. d'antiq., sorte de vase sacré des anciens, dans lequel ils faisaient des offrandes aux dieux. — T. d'hist. nat., genre de coquilles de la classe des univalves. — Genre d'insectes. — Genre de mollusques de la famille des dermobranches, dont le corps est protégé par un têt d'une seule pièce en forme de petit vase. Voy. LÉPAS.

PATELLITE, subst. fém. (*patèlelite*), t. d'hist. nat., *patelle* fossile

PATEMMENT, adv. (*pataman*), d'une manière publique, *patente*. (*Boiste.*) Inusité.

PATÈNE, subst. fém. (*patène*) (du lat. *patena*, employé dans le même sens par les liturgistes, et qui, dans *Columelle*, signifie un petit vase évasé, fait de *patere*, être ouvert), vase sacré fait en forme de petite assiette et qui sert à couvrir le calice.

PATENÔTRE, subst. fém. (*patenôtre*), le *Pater* et les autres premières prières qu'on apprend aux enfants. Corruption du latin *pater noster*, notre père. — Par extension, toute sorte d'autres prières chrétiennes. — Au plur. : 1° grains d'un chapelet; 2° le chapelet tout entier. Il est populaire dans toutes ces acceptions. — En archit., espèce de perles ou de grains de chapelet, dans les astragales, les baguettes, etc. — Prov. et bassement : *dire la patenôtre de singe*, gronder, murmurer entre ses dents.

PATENÔTRERIE, subst. fém. (*patenôtreri*), commerce, vente de chapelets; étalage de chapelets, de croix, etc. Il est vieux.

PATENÔTRIER, subst. mas. (*patenôtri-é*), celui qui fait et vend des *patenôtres*, ou grains de chapelet. Il est vieux.

PATENT, E, adj. (*patan, tante*), manifeste, évident.—*Lettres patentes*, lettres en forme et scellées du grand sceau (du lat. *patens*, ouvert ; parce que ces lettres se délivraient ouvertes, à la différence des *lettres closes*, des lettres de cachet). — T. de chancellerie : *acquit patent*, brevet portant gratification d'une somme d'argent et servant d'acquit au payeur.

PATENTABLE, adj. des deux genres (*patantable*), soumis à la *patente*.

PATENTE, subst. fém. (*patante*), lettres accordées par le roi, par une université, etc. : *on lui a délivré ses patentes, des patentes de docteur.* — On le dit aussi au sing. pour le titre qui confère le droit d'exercer un état, un métier, et même de la contribution annuelle imposée à ceux qui font un commerce : *obtenir une patente de menuisier, montrer, produire sa patente*.—Passeports et certificats de santé qu'on délivre dans les ports de mer. — On nomme *patente nette*, celle qui atteste que le vaisseau est parti d'un pays non infecté; et *patente brute*, celle qui dit le contraire.—*Patente nationale*, brevet accordé aux inventeurs, aux auteurs de nouvelles découvertes, pour leur en assurer la propriété et l'exercice exclusif. On l'appelle plus souvent *brevet d'invention*. (Constitution de 1791.)

PATENTÉ, E, part. pass. de *patenter* et adj. (*patanté*), qui paie *patente*.—On dit quelquefois au mas. : *c'est un patenté; les patentés*, ceux qui sont soumis à la *patente*.

PATENTER, v. act. (*patanté*), donner des lettres de *patente*. — *se* PATENTER, v. pron., prendre des lettres de *patente*.—Ce mot manque dans l'*Académie*.

PATER, subst. mas. (*patère*) (mot pris du lat.), l'oraison dominicale : *dire son Pater*.—Les gros grains d'un chapelet sur lesquels on dit le *Pater*. — Fam. : *savoir une chose comme son Pater*, parfaitement bien. — *Ne savoir pas son Pater*, être fort ignorant. — Au plur., des *Pater*.

PÂTER, v. act. (*pâté*), t. de cordonnier, coller des cuirs ensemble.— Neut., t. de chasse, se dit de l'animal qui emporte de la boue avec ses *pattes*. — *se* PÂTER, v. pron.

PATÈRE, subst. fém. (*patère*) (en lat. *patera*, fait de *patere*, être ouvert), t. d'hist. anc., vase très-ouvert dont on se servait dans les sacrifices. — En architecture, ornement en forme de *patère*, dans les métopes de la frise dorique. — Ornement qui imite la *patère*, pour soutenir des rideaux, des chapeaux. — Au plur., myth., prêtres d'Apollon par la bouche desquels ce dieu rendait ses oracles. — Instruments de sacrifices dans lesquels on recevait le sang des victimes, ou dont on se servait pour faire des libations.

PATERNE (SAINT-), subst. propre mas. (*ceinpatèrne*), village de France, chef-lieu de canton, arrond. de Mamers, dép. de la Sarthe.

PATERNE, adj. des deux genres (*patèrene*) (en lat. *paternus*), qui offre les apparences de l'affection : *paternel : parler d'un ton paterne*. Fam. et vieux.

PATERNEL, adj. mas., au fém. **PATERNELLE** (*patèrenèle*) (en lat. *paternus*), tel qu'il convient à un père : *amour paternel, tendresse paternelle*. — Tel qu'il appartient à la qualité de père : *autorité paternelle*. — Du côté du père : *parents, biens paternels*.

PATERNELLE, adj. fém. Voy. PATERNEL.

PATERNELLEMENT, adv. (*patèrenèleman*), d'une manière *paternelle*.

PATERNISÉ, part. pass. de *paterniser*.

PATERNISER, v. neut. (*patèrenizé*), ressembler à son père, prendre la qualité de père. (*Boiste*.) Inusité.

PATERNITÉ, subst. fém. (*patèrenité*), état, titre, qualité de père. — Titre d'honneur donné aux religieux.

PATERSONE, subst. fém. (*patèreçone*), t. de bot., genre de plantes de la famille des iridées.

PATERSONIE, subst. fém. (*patèrçoni*), t. de bot., genre de plantes établi sur une crustolle.

PÂTEUSE, adj. fém. Voy. PÂTEUX.

PÂTEUX, adj. mas., au fém. **PÂTEUSE** (*pâteu, teuze*) ; il se dit : 1° du pain qui n'est pas cuit ; 2° des choses qui font dans la bouche le même effet que ferait de la *pâte* ; 3° de la bouche, de la langue, qui est comme *empâtée* d'une salive épaisse ; 4° d'un chemin qui est en terre grasse, molle et à demi-détrempée ; 5° en t. de peinture, d'un pinceau ferme, nourri, gras et moelleux ; des chairs qui sont peintes largement, moelleusement et dans la *pâte*, etc. — *Liqueur pâteuse*, épaisse.—*Ce diamant a un œil pâteux*, n'est pas clair, a quelque chose de louche.

PATHÉTIQUE, subst. mas. et adj. des deux genres (*patétike*) (du grec παθος, passion, fait de παθεω ou πασχω, je souffre), qui remue, qui excite les passions ; touchant, énergique. — Subst. : *aimer le pathétique*.—En anat., *nerf pathétique*, qui se rend au muscle de l'œil.

PATHÉTIQUEMENT, adv. (*patétikeman*), d'une manière *pathétique* et touchante.

PATHÉTISME, subst. mas. (*patéticeme*), l'art d'émouvoir les passions.

PATHICISME, subst. mas. (*paticiceme*) (du grec παθος, passion), prostitution, impudicité.

PATHOGÉNÉSIE, subst. fém. (*patojénézi*) (du grec παθος, maladie, et γενεσις, génération), origine des maladies, leur cause, leur principe.

PATHOGÉNÉSIQUE, adj. des deux genres (*patojénézike*), qui tient, qui a rapport à la *pathogénésie*.

PATHOGÉNIE, subst. fém. Voy. PATHOGÉNÉSIE.

PATHOGNOMONIQUE, adj. des deux genres (*patoguenomonike*) (du grec παθος, maladie, et γνωμονικος, qui dénote, qui indique), t. de médec. : *signes pathognomoniques*, propres et particuliers à chaque maladie.

PATHOLOGIE, subst. fém. (*patoloji*) (du grec παθος, affection, maladie, et λογος, discours), partie de la médecine qui considère la nature, les différences, les causes et les symptômes des maladies.

PATHOLOGIQUE, adj. des deux genres (*patolojike*), qui appartient à la *pathologie*.

PATHOLOGISTE, subst. mas. (*patolojicete*), médecin qui écrit ou qui dogmatise sur la science des maladies.

PATHOMANIE, subst. fém. (*patomani*) (du grec παθος, maladie, et μανια, folie), t. de médec., espèce de maladie qui se rapporte à la démence, à l'égarement d'esprit.

PATHOPÉE, subst. fém. (*patopé*), fig. de rhétorique par laquelle on excite les mouvements de l'âme.

PATHOS, subst. mas. (*pâtôce*) (mot purement grec), autrefois les mouvements ou passions qu'un orateur excite dans l'âme de ses auditeurs : *il entend bien le pathos*, il s'entend à remuer les passions. — Il ne se dit plus que dans le style plaisant et moqueur, pour signifier : une chaleur affectée et déplacée dans un discours, dans un ouvrage.

PATIBULAIRE, adj. des deux genres (*patibulère*) (du latin *patibulum*, gibet), qui appartient au gibet : *fourches patibulaires*. — Qui sent le gibet : *mine, physionomie patibulaire*, d'un méchant homme.

PATIBULE, subst. fém. (*patibule*), exposition. Vieux et même hors d'usage.

PATIEMMENT, adv. (*paci-aman*), avec *patience*.

PATIENCE, subst. fém. (*paci-ance*) (en latin *patientia*, fait de *pati*, souffrir), vertu qui fait supporter l'adversité, les douleurs, les injures, etc., avec modération et sans murmure : *prendre patience ; prendre son mal en patience*. — Persévérance : *la patience dans les travaux*. —*Ouvrage de patience*, qui a coûté beaucoup de temps. — *Prendre patience ; avoir* ou *se donner patience*, attendre sans s'impatienter, sans agitation.— T. d'anat., muscle releveur de l'omoplate. — T. milit., petite planche fort mince, large de deux doigts, longue de six à huit pouces, fendue au milieu dans le sens de la longueur, et dont les militaires se servent pour nettoyer les boutons de métal.—T. de bot., plante apétale, vivace, agreste et cultivée, dont la racine est amère, astringente et stomachique.

PATIENCE ! interj. (*paci-ance*), ayez *patience*. —On le dit aussi par forme de menace : *patience! j'aurai mon tour*.

PATIENT, E, subst. (*paci-an, ante*) (en lat. *patiens*, fait de *pati*, souffrir), celui, celle qui a été condamné à mort et qu'on va exécuter. — Fig. et fam., celui, celle qui souffre une opération douloureuse par la main d'un chirurgien. — En philosophie, et par opposition à *agent*, le sujet sur lequel on agit.

PATIENT, E, adj. (*paci-an, ante*), qui souffre les maux, les injures avec *patience*. — Qui supporte les fautes, les défauts, etc., etc., avec bonté, avec douceur. — Qui attend, qui persévère avec tranquillité. — En philosophie, qui reçoit l'impression d'un agent physique.

PATIENTÉ, part. pass. de *patienter*.

PATIENTER, v. neut. (*paci-anté*), prendre *patience*, attendre patiemment, avec *patience*.

PATIME, subst. fém. (*patime*), t. de bot., espèce de plante qui croît dans les forêts de la Guyane.

PATIN, subst. mas. (*patein*) (suivant *Borel*, de πατειν, fouler aux pieds), anciennement, sorte de soulier de femme, aussi élevé par devant que par derrière. — Chaussure garnie de fer par-dessous pour glisser.—*Fer à patin*, fer qu'on met au pied d'un cheval pour le forcer à s'appuyer sur le pied opposé.—Ais fort épais sous la charpente d'un escalier.—En t. d'imprim. : 1° morceau de bois qui sert à assembler le bas des jumelles d'une presse ; 2° pièce de bois dans laquelle s'assemblent les traverses du berceau.

PATINABLE, adj. des deux genres (*patinable*), qui peut être *patiné*, sur quoi on peut *patiner*.

PATINAGE, subst. mas. (*patinaje*), action de *patiner*.

PATINE, subst. fém. (*patine*), brillante couleur de vert-de-gris, ou cuivre oxydé sur le cuivre antique.

PATINÉ, E, part. pass. de *patiner*.

PATINER, v. neut. (*patiné*), aller sur la glace avec des *patins*. — Act., manier indiscrètement. —SE PATINER, v. pron.

PATINEUR, subst. mas., **PATINEUSE**, subst. fém. (*patineur, neuze*), qui glisse sur la glace avec des *patins*. — Qui manie indiscrètement les mains et les bras d'une femme. En ce sens il est libre.

PATINEUSE, subst. fém. Voy. PATINEUR.

PÂTIR, v. neut. (*pâtir*) (du latin *pati*, souffrir), souffrir de la misère. — Être puni : *souvent les bons pâtissent pour les méchants ; vous en pâtirez*. Il est fam. — Éprouver du dommage.

PATIRA, subst. mas. (*pâtira*), petit tapis de lisière, sur lequel les tailleurs font porter les boutonnières de l'habit qu'ils repassent, afin qu'elles ne soient point aplaties par l'action du carreau. — T. d'hist. nat., cochon d'Amérique.

PATIRICH, subst. mas. (*patirike*), t. d'hist. nat., sorte de guêpier de Madagascar.

PÂTIRAGE, subst. mas. (*pâtiraje*), ancien droit de *pâture*.

PÂTIS, subst. mas. (*pâti*), lieu où l'on met *paître* les bestiaux.

PÂTISSAGE, subst. mas. (*pâtiçaje*), droit de *pâture*.—Action de *pâtisser*.

PÂTISSÉ, E, part. pass. de *pâtisser*.

PÂTISSER, v. neut. (*pâticé*), faire de la *pâtisserie*.—SE PÂTISSER, v. pron.

PÂTISSERIE, subst. fém. (*pâticeri*), *pâte* préparée et assaisonnée d'une certaine manière et cuite au four.—Art du *pâtissier*.

PÂTISSIER, subst. mas., **PÂTISSIÈRE**, subst. fém. (*pâticié, cière*), celui, celle qui fait ou vend des *pâtés* et autres pièces de four.

PÂTISSOIE, subst. fém. (*pâtiçoé*), étoffe de soie de Chine.

PÂTISSOIRE, subst. fém. (*pâtiçoare*), table à rebord pour *pâtisser*.

PATOIS, subst. mas. (*patoé*) (suivant *Ménage*, du lat. *patrius*, sous-entendu *sermo* : *sermo patrius*, langage paternel du pays), sorte de langage grossier du peuple, et surtout des paysans, particulier à quelques provinces.

PATOLLES, subst. fém. plur. (*patole*), étoffe de soie que l'on fabrique aux environs de Surate.

PÂTON, subst. mas. (*pâton*) (rac. *pâte*), petit morceau de cuir dont on renforce le bout d'un soulier en dedans. — Morceau de *pâte* dont on engraisse les chapons, les poulardes, etc.—Morceau de *pâte* agité avec force lorsqu'on pétrit.— Motte de terre plus petite que les ballons, qui sert à faire une oreille, un manche d'une pièce de poterie.—Rouleau de terre qui, mis sur les autres, forme le creuset du verrier.

PATORÉALE, subst. fém. (*patoré-ale*), t. d'hist. nat., espèce de canard du Chili qui a une crête rouge sur le bec.

PATOUILLE, subst. fém. (*patou-ie*), dans les forges, machine qui sépare la terre de la mine de fer.

PATOUILLET, subst. mas. (*patou-ié*), machine hydraulique par laquelle on sépare le minerai des parties terreuses.

PATOUILLEUR, subst. mas. (*patou-ieur*), celui qui agite le minerai pour le séparer des parties terreuses.—Celui qui sépare la terre de la mine de fer.

PATOUILLEUSE, adj. fém. (*patou-ieuze*), t. de mar. : *mer patouilleuse*, mer grosse relativement aux embarcations, aux chaloupes, aux canots, etc.

PATOUR, subst. mas. (*patour*), trompeur. (*Boiste*.) Inusité.

PATOW, subst. mas. (*patove* ou *patou*), t. de relat., casse-tête, espèce d'arme offensive des Indiens de la mer du Sud.

PATRAQUE, subst. fém. (*patrake*), machine usée et de peu de valeur : *sa montre est une patraque*.—Personne d'une faible constitution.

PATRAT, subst. mas. (*patra*), officier dont les fonctions, à Rome, étaient à peu près celles de nos hérauts d'armes : *père patrat*, chef des féciaux.—Nom d'une monnaie arabe.

PÂTRE, subst. mas. (*pâtre*) (corruption du mot *pastor*, pasteur), celui qui garde des troupeaux de bœufs, de vaches, etc. — PÂTRE, PASTEUR, BERGER. (*Syn.*) *Pâtre* se prend dans un sens générique et collectif, pour désigner tout gardien de toute espèce de troupeaux, comme le bouvier, le chevrier, le porcher, le berger ; et il se dit particulièrement de ceux qui gardent le gros bétail, les bœufs, les vaches, etc. *Pasteur* se prend quelquefois dans un sens générique ; mais il se dit proprement de celui qui garde le menu bétail. *Berger* n'indique qu'un gardien de moutons ou de brebis, ou plutôt il en est l'éducateur.—Dans le genre pastoral, les personnages de *Théocrite* ne sont quelquefois que des *pâtres* grossiers ; ceux de *Virgile* sont des *bergers* un peu ennoblis ; ceux de *Gessner* sont des *pasteurs* tendres, sensibles, délicats, tels qu'on n'en voit nulle part.

ad **PATRES** (*adepâtrèce*), loc. adv. et latine : *aller ad patres* (vers ses pères, ses aïeux), mourir. — *Envoyer ad patres*, faire mourir. Bas et burlesque.

PATRIARCHAL, E, et non pas, avec l'*Académie*, PATRIARCAL, adj. (*patri-arkale*), qui a rapport aux *patriarches*.—Qui appartient au *patriarche* : *siége patriarchal ; dignité patriarchale*. — Au plur. mas., *patriarchaux*.

PATRIARCHALEMENT, et non pas **PATRIARCALEMENT**, adv. (*patri-arkaleman*), en *patriarche* ; d'une manière *patriarchale*.

PATRIARCHAT, et non pas, avec l'*Académie*, **PATRIARCAT**, subst. mas. (*patri-arka*), dignité de *patriarche*.—Étendue du territoire de sa juridiction.—Durée de cette juridiction.

PATRIARCHAUX, adj. mas. plur. Voy. PATRIARCHAL.

PATRIARCHE, subst. mas. (*patri-arche*) (du grec πατρια, famille, et αρχος, chef ; *chef de la famille*), nom qu'on donne à plusieurs personnages de l'Ancien Testament, Noé, Abraham, etc. — Titre de dignité dans l'Église, au-dessus de celle des archevêques. — Instituteur d'un ordre religieux.—Vieillard qui a une figure respectable.— Vieillard qui vit au milieu d'une famille nombreuse et heureuse.

PATRICE, subst. mas. (*patrice*) (en lat. *patricius*, formé de *pater*, père), dignité instituée dans l'empire romain par Constantin. Elle donnait à celui qui en était revêtu le premier rang dans l'empire, après les césars. — Au plur., dieux que les anciens Romains croyaient gouverner l'univers, tels que Janus, Saturne, Pluton, etc., etc.

PATRICIAT, subst. mas. (*patricia*), dignité de *patrice*. — Ordre des nobles dans les gouvernements où on les appelle *patriciens*.

PATRICIDE, subst. mas. (*patricide*), qui tue son père. Voy. PARRICIDE, qui est plus usité — Fig., celui qui tue la *patrie*; son crime. Peu en usage dans les deux sens.

PATRICIE, subst. fém. (*patrici*), t. de bot., nom de deux plantes. — Subst. propre fém., myth., surnom sous lequel Isis avait un temple dans la cinquième région de Rome.

PATRICIEN, subst. et adj. mas., au fém. **PATRICIENNE** (*patriciein, ciène*) (en lat. *patricius*, formé de *pater*, père).—Subst., descendant des premiers sénateurs de Rome. — Nobles dans certains gouvernements.—Adj., qui était issu des premiers sénateurs.

PATRICIENNE, subst. et adj. fém. Voyez PATRICIEN.

PATRICIES, subst. fém. plur. (*patrici*), t. d'antiq., mystères et cérémonies concernant le culte du Soleil.

PATRIE, subst. fém. (*patri*) (en lat. *patria*, sous-entendu *terra*; *terre paternelle*), pays où l'on est né.—Lieu de la naissance. — On le dit, par extension, de la nation même où l'on se trouve, de ses concitoyens, de leurs sociétés, de leurs mœurs, de leurs habitudes, de leurs manières de se vêtir, de leurs jeux, etc.—Le mot *pays* dit quelquefois autant que *patrie*. — On appelle souvent *patrie* la société politique dont on est membre.—On appelle *patrie des beaux-arts*, le lieu où ils sont le plus en honneur.—*La céleste patrie*, le ciel.

PATRIENS, subst. et adj. mas. plur. (*patri-ein*), myth., dieux de la *patrie*, ceux qu'on a reçus de ses pères. Hors d'usage.

PATRIMES et **MATRIMES**, subst. mas. plur. (*patrime, matrime*), t. d'antiq., ceux dont les pères et mères vivaient encore.

PATRIMOINE, subst. mas. (*patrimoène*) (en lat. *patrimonium*), biens qui viennent du père et de la mère. — Ce qui appartient, ce qui revient naturellement : *son industrie fait son patrimoine*. — *Le patrimoine de saint Pierre*, une partie du domaine que le pape possède en Italie.

PATRIMONIAL, **E**, adj. (*patrimoni-ale*), qui est du *patrimoine*. — Au plur. mas., *patrimoniaux*.

PATRIMONIALISÉ, **E**, part. pass. de *patrimonialiser*, et adj. : *biens patrimonialisés*.

PATRIMONIALISER, v. act. (*patrimoni-alizé*) (rac. *patrimoine*), rendre *patrimonial* un bien national par traité avec le dépossédé.— *se* PATRIMONIALISER, v. pron. (*Boiste*.) Inusité.

PATRIMONIALITÉ, subst. fém. (*patrimonialité*), qualité de ce qui est *patrimonial*. (Thouret.) Peu usité.

PATRIMONIAUX, adj. mas. plur. Voyez PATRIMONIAL.

PATRIOTE, subst. des deux genres (*patri-ote*) (du latin *patria*, patrie), celui, celle qui aime sa *patrie*, et qui est disposé à faire toute sorte de sacrifices pour elle.—Quelques-uns emploient ce mot adj. : *âme, cœur, esprit, personne patriote*.

PATRIOTIQUE, adj. des deux genres (*patri-otike*), qui tient du *patriote*; qui lui appartient : *sentiments patriotiques*; *courage patriotique*.

PATRIOTIQUEMENT, adv. (*patri-otikeman*), en vrai *patriote*.

PATRIOTISME, subst. mas. (*patri-oticeme*), amour pour la *patrie*; caractère du *patriote*; civisme noble et généreux.

PATRIPASSIEN, subst. mas. (*patripâciein*), t. d'hist. ecclés., nom de sectaires qui attribuaient à Dieu le père les souffrances endurées par J.-C.

PATRIQUES, subst. mas. plur. (*patrike*), myth., sacrifices des anciens Perses, en l'honneur du dieu Mythra.

PATRISIE, subst. fém. (*patrizi*), t. de bot., genre de plantes qu'on nomme aussi *rianie* ou *ricenie*.

PATRISTIQUE, subst. fém. (*patricetike*), science des choses qui sont relatives aux anciens Pères de l'Église.

PATROCINÉ, part. pass. de *patrociner*.

PATROCINER, v. neut. (*patrociné*) (en lat. *patrocinari*, plaider), parler longuement et jusqu'à l'importunité. Vieux dans ce sens, mais employé encore pour *protéger*, *servir de patron*.

PATROCLE, subst. mas. (*patrokle*), t. d'hist. nat., genre de coquilles de la classe des univalves. Subst. propre mas., myth., nom d'un Grec qui, élevé à la cour de Pélée, roi de Phthie en Thessalie, par Chiron avec son fils Achille, devint l'ami de ce dernier. Tué au siége de Troie par Hector, il fut vengé par Achille, qui, bientôt après, fit tomber Hector sous ses coups.

PATRON, subst. mas., **PATRONNE**, subst. fém. (*patron*, *trone*) (en latin *patronus*, fait de *pater*, père), protecteur. Il se dit du saint, de la sainte, dont on porte le nom. — Par extension, homme puissant auquel on s'attache, sous la protection duquel on se met. C'est en ce sens que ce mot est employé en parlant des anciens.—Maître d'un esclave.—Maître d'une maison; maître d'ouvriers.—Défenseur. —Celui qui commande aux matelots d'un vaisseau, d'une galère, d'une barque; qui veille à la manœuvre.—Celui qui a droit de nommer à un bénéfice : *patron ecclésiastique*, *patron laïque*. — Fam. : *patron de la case*. Voy. CASE. — Fig. : *patron de la barque*, celui qui a le plus de crédit dans une société, dans une affaire, etc. — Adj. : *cardinal patron*, anciennement celui qui gouvernait avec la qualité de premier ministre. —On a appelé autrefois *galère patronne*, ou simplement *la patronne*, la seconde des galères du roi. — Subst., mais seulement au mas., dans les acceptions qui suivent : modèle : *patron de dentelle*, etc. — En peinture, papier ou carton découpé à jour, qu'on applique sur une toile, etc., pour imprimer avec de la couleur la partie de cette toile qui est demeurée à découvert.—On le disait autrefois, dans le même sens, des personnes. Il s'est conservé dans cette phrase familière : *être formé sur un bon, sur un mauvais patron*.—En t. de luthier, pièces de bois qui ont la forme des différentes parties d'un instrument : *violoncelle d'un grand patron*.

PATRONAGE, subst. mas. (*patronaje*), anciennement, droit de nommer ou de présenter à un bénéfice vacant. — Aujourd'hui, protection d'un grand à l'égard d'un homme inférieur. Voy. PATRON. — En t. de peinture, *ouvrage de patronage* fait au moyen d'un *patron*.

PATRONAL, **E**, adj. (*patronal*), qui a rapport au *patron* : *fête patronale*, du saint de la paroisse. — Sans plur. mas., du moins nous ne l'avons trouvé nulle part.

PATRONAT, subst. mas. (*patrona*), droit d'un marchand sur ses esclaves; rapport où il est avec ses affranchis. — Protection, défense, bienveillance.

PÂTRONET, subst. mas. (*pâtroné*), garçon pâtissier. Pop.

PATRONNE, subst. et adj. fém. Voy. PATRON.

PATRONNÉ, **E**, part. pass. de *patronner*.

PATRONNER, v. neut. (*patroné*), t. de cartier, enduire de couleur, au moyen d'un *patron* évidé, les endroits où la couleur qu'on emploie doit paraître.

PATRONNEUR, subst. mas., au fém. **PATRONNEUSE** (*patroneur, neuze*), celui qui invente les dessins, et qui les forme sur le papier. Peu usité.

PATRONYMIQUE, adj. des deux genres (*patronimike*) (du grec πατρός, gén. de πατήρ, père, et de ὄνομα, ou ὄνυμα, nom), nom commun à tous les descendants d'une race et tiré de celui qui en est le père : c'est ainsi qu'on appelait *Éacides* les descendants d'*Éaque*; *Héraclides*, les descendants d'*Hercule*. — Il se dit aussi des noms de famille, par opposition aux surnoms.

PATROUILLAGE, subst. mas. (*patrou-iaje*), saleté, malpropreté qu'on fait en *patrouillant*. Il est peu usité.

PATROUILLE, subst. fém. (*patrou-ie*) (de *patrouiller*; parce que dans les courses de nuit, on *patrouille* dans la boue), marche qu'une escouade de soldats ou le guet fait pendant la nuit, pour la sûreté du camp ou des habitants. — L'escouade ou le guet qui fait la *patrouille*. — Fam. et pop. : *se mettre en patrouille*, riboter, aller de cabaret en cabaret, boire sans nécessité, et plus qu'il ne convient.

PATROUILLÉ, **E**, part. pass. de *patrouiller*.

PATROUILLER, v. neut. (*patrou-ié*), faire *patrouille*.—Agiter de l'eau bourbeuse.—Act., manier malproprement.

PATROUILLIS, subst. mas. (*patrouie-i*), bourbier dans lequel on *patrouille*. Peu en usage.

PATROUILLOTISME, subst. m. (*patrou-ioticeme*), zèle outré pour le service de la garde nationale.

PATTAI, subst. mas. (*paté*), t. de bot., espèce d'acacia des Indes, dont on emploie les feuilles sèches pour améliorer l'arack qu'on y fabrique.

PATTARA, subst. mas. (*patara*), t. de bot., genre de plantes de la famille des cistes.

PATTE, et non point **PATE**, que l'on peut confondre avec *pâte*; subst. fém. (*pate*), pied des animaux quadrupèdes qui ont des doigts, des ongles et des griffes, et de tous les oiseaux, hormis les oiseaux de proie. — On le dit aussi des écrevisses, des araignées, etc.—Fig. et fam., pied ou main de l'homme. — *Faire patte de velours*, se dit du chat qui retire ses griffes en donnant la *patte*. Fig., cacher, sous des dehors caressants, le pouvoir et le dessein de nuire. — Prov. : *tirer les marrons du feu avec la patte du chat*; *bailler le chat par les pattes*. Voy. CHAT. — Fig. et fam. : *trouver quelqu'un sous sa patte*, à sa portée. — *Se tirer des pattes de quelqu'un*, se soustraire à son pouvoir, ou simplement à ses persécutions, à ses importunités. — *Marcher à quatre pattes*, sur les mains et sur les pieds. — *Mettre la patte sur quelqu'un*, 1° le maltraiter; 2° se rendre maître de son esprit; prendre de l'ascendant, de l'empire sur lui.—*Passer sous la patte de quelqu'un*, en être maltraité. — *Être entre les pattes de*....., être soumis à l'examen d'un homme dont on a lieu de craindre la sévérité.—*Tenir sous sa patte*, être en état, en pouvoir de faire déplaisir à...— *Donner un coup* ou *des coups de pattes à quelqu'un*, lâcher contre lui un trait vif et malin.—*Graisser la patte à quelqu'un*, le corrompre, le gagner par argent.—*Ne pouvoir remuer ni pieds ni pattes*, à cause de la faiblesse ou de la lassitude. — *Pattes de mouche*, traits d'une écriture très-fine et mal formée.—En bot., racine qui a quelque ressemblance avec la *patte* d'un animal : *patte d'anémone, pattes* ou *griffes de renoncule*.—Pied d'un verre, d'une coupe, etc. : *verre à patte*.— Partie inférieure d'une cloche qui va en s'amincissant.— En musique, 1° ouverture inférieure des instruments à vent : flûte, hautbois, etc.; 2° instrument à plusieurs pointes, pour régler le papier de musique.—Morceau de fer pointu par un bout, plat par l'autre. — Sorte de clou dont la tête est aplatie en forme d'ovale, et percée de plusieurs trous, pour l'attacher contre une planche, etc.—Chez les bouchers, crochet à queue d'hirondelle, ou cheville de bois avec un mentonnet, pour y accrocher la viande. — En t. de tailleur, de lingère, etc., petite bande d'étoffe, etc., doublée ou non, avec ou sans boutonnière, servant à attacher quelque partie d'un vêtement, etc., telle que celle qui se passe dans une boucle, pour serrer par derrière la ceinture d'une culotte, etc.—*Pattes d'ancre*, triangles recourbés qui la font mordre au fond de l'eau. — T. de mar., *mouiller en pattes d'oie*, mouiller sur trois ancres, disposées en triangle, à l'avant du vaisseau.

PATTÉ, **E**, adj. (*paté*), t. de blason, qui a les extrémités en forme de *patte*.

PATTE-DE-LION, subst. fém. (*patedeli-on*), t. de charpentiers, enrayure formée par l'assemblage des demi-tirants qui retiennent les chevets d'une vieille église. — Plusieurs allées dans un bois qui aboutissent à un même centre comme les rayons du cercle. — T. de bot., sorte de plante qui croît dans les Alpes, que l'on nomme aussi *cotonnière étoilée* ou *herbe à coton*. — Au plur., des *pattes-de-lion*.

PATTE-D'OIE, subst. fém. (*patedoa*), t. de bot., plante. — Point de réunion de divers chemins divergents. — Au plur., des *pattes-d'oie*.

PATTE-PELU, subst. mas. (Telle est du moins l'orthographe et le genre de ce mot, d'après l'*Académie* (édit. de 1835). Qu'il nous soit permis d'exprimer ici une opinion contraire à celle qu'a exprimée l'*Académie* dans son dictionnaire, sur un mot qui ne méritait peut-être pas d'être enregistré par elle. Voici d'abord textuellement la définition qu'elle en donne. On entend, d'après elle, par *patte-pelu* : « un homme qui va » adroitement à ses fins, sous des apparences de » douceur et d'honnêteté : *c'est un franc patte-* » *pelu*; on dit aussi *patte-pelue*, au féminin, » même en parlant d'un *homme*.» (Nous prions le lecteur de ne pas oublier que c'est toujours de la sixième et dernière édition du *Dict. de l'Académie* que nous l'entretenons) : «*cet homme, cette femme est une vraie patte-pelue, une dangereuse patte-pelue.*» Nous sommes bien loin de contester que, soit en parlant d'un homme, soit en parlant d'une femme, il faille dire *patte-pelue;* ce que nous demandons, c'est si l'expression *patte-pelu* est correcte, bien qu'elle soit avouée par l'*Académie*. Le raisonnement, d'accord avec la règle sur les mots composés, veut qu'on fasse accorder l'adj. *pelue* avec le subst. *patte;* on ne peut donc pas écrire au mas. sing. *patte-pelu*, sans commettre un solécisme; c'est *patte-pelue* qui est la véritable orthographe de ce mot, aussi bizarre, du reste, que peu usité; écrivons donc *patte-pelue;* disons-le d'un homme comme d'une femme, et donnons-lui le genre fém., qu'il s'applique à un homme ou à une femme; car toute l'idée de l'acception retombe sur le subst. *patte*, qui est bien du fém.)(patepelu), fourbe, doucereux. — Au plur., des *pattes-pelues*.

PATTIÈRE, orthog. vic.; c'est **PATIÈRE** qu'on devrait dire, subst. fém. (*patière*), femme qui trie et déblaie les chiffons à papier.

PATTU, E, adj. (*patu*), qui a de grosses *pattes*, qui a des plumes jusque sur les *pattes*.

PÂTURAGE, subst. mas. (*pâturaje*), lieu où les bêtes vont *paître*. — Usage des *pâturages*. — Herbe du *pâturage*. Voy. PACAGE.

PÂTURE, subst. fém. (*pâture*), ce qui sert à la nourriture des bêtes, des oiseaux, des poissons. — Terrein inculte où le bétail trouve quelque chose à *paître*. — *Vaine pâture*, terres sur lesquelles on peut faire *pâturer* librement, où tout le monde peut amener ses bestiaux; ce sont, en général, des terres qui n'ont ni semences ni fruits. On dit dans le même sens : *droit de parcours et de vaine pâture.* Voy. PACAGE.— Au fig., la nourriture de l'âme, de l'esprit.

PÂTURÉ, part. pass. de *pâturer*.

PÂTUREAU, subst. mas. (*pâturô*), t. de cout., lieu de *pâture*. Peu usité.

PÂTURER, v. neut. (*pâturé*), paître, prendre la *pâture*. Peu usité.

PÂTUREUR, subst. mas. (*pâtureur*), t. de guerre, à l'armée, celui qui mène les chevaux à l'herbe.

PATURIN, subst. mas. (*patureïn*), t. de bot., plante qui donne beaucoup de *pâture*.

PATURON, subst. mas. (*pâturon*), la partie du bas de la jambe du cheval, qui est entre le boulet et la couronne.

PATURSA, subst. fém. (*paturça*), t. de médec., nom donné par Fallope à la maladie vénérienne.

PAU, subst. mas. (*pô*), ancienne machine de guerre en usage autrefois parmi les Chinois. — Subst. propre mas., ville de France, chef-lieu du département des Basses-Pyrénées.

PAUCIFLORE, adj. des deux genres (*pôciflore*) (du lat. *pauci*, peu, et *flores*, fleurs), t. de bot., qui porte *peu* de *fleurs*. Peu usité.

PAUCI-RADIÉ, E, adj. (*pôciradi-é*) (du latin *pauci*, peu, et de *radii*, rayons), t. de bot., qui a *peu* de *rayons*, peu de pédoncules. Peu usité.

PAUCITÉ, subst. fém. (*pôcité*) (en lat. *paucitas*), petite quantité d'une chose; petit nombre. (*Voltaire.*) Peu en usage.

PAUFORCEAU, subst. mas. (*pôforçô*), t. d'oiseleur, piège fiché en terre, qui arrête par les pattes l'oiseau destiné à en attirer d'autres.

PAUILLAC, subst. propre mas. (*pô-iak*), ville de France, chef-lieu de canton, arrond. de Lesparre, dép. de la Gironde.

PAULE, subst. mas. (*pôle*) (pris de l'italien *Paolo*, Paul, nom de pape), monnaie de Rome, de Bologne, etc., qui a cours pour dix baïoques (dix sous six deniers tournois, cinquante-deux centimes).—*Le paule* du grand-duché de Toscane a cours pour treize sous quatre deniers (onze sous trois deniers tournois, à peu près cinquante-six centimes.)

PAULÉTIE, subst. fém. (*pôléci*), t. de bot., genre de plantes qui a des rapports avec les bauhinies.

PAULETTE, subst. fém. (*pôlète*), droit annuel qui se payait pour certains offices de justice et finance. (De Charles *Paulet*, secrétaire de la chambre du roi, qui fut tout à la fois et le premier inventeur et le premier fermier de ce droit, établi par un édit de 1604.) Vieux et même hors d'usage.

PAULETTÉ, part. pass. de *pauletter*.

PAULETTER, v. neut. (*pôlèté*), payer la *paulette*. Vieux et même hors d'usage.

PAUL (SAINT-), subst. propre mas. (*ceinpole*), village de France, chef-lieu de canton, arrond. de Barcelonnette, dép. des Basses-Alpes.

PAUL-CAP-DE-JOUX (SAINT-), subst. propre mas. (*ceinpolekapedejou*), village de France, chef-lieu de canton, arrond. de Lavaur, dép. du Tarn.

PAUL-DE-FENOUILLET (SAINT-), subst. propre mas. (*ceinpoledefenou-iè*), petite ville de France, chef-lieu de canton, arrond. de Perpignan, dép. des Pyrénées-Orientales.

PAULHAGUET, subst. propre mas. (*pôlaguiè*), chef-lieu de canton, arrond. de Brioude, dép. de la Haute-Loire.

PAULIEN (SAINT-), subst. propre mas. (*ceinpôliein*), ville de France, chef-lieu de canton, arrond. du Puy, dép. de la Haute-Loire.

PAULIER, subst. mas. (*pôlié*), dîmeur. (*Boiste.*) Hors d'usage.

PAULITE, subst. fém. (*pôlite*), t. de bot., sorte de plantes que l'on rencontre sur la côte du Labrador.

PAULLINIE, subst. fém. (*pôlelini*), t. de bot., genre de saponacées.

PAULO-POST-FUTUR, subst. mas. (*pôlôpocetefutur*) (mot plus latin que français, et forgé par quelque grammairien avide de créer un mot. On lui a fait signifier : *futur très-prochain*). C'est le nom d'un temps de verbes grecs, qui ne se rencontre que dans les verbes passifs. Presque inusité.

PAUME, subst. fém. (*pôme*) (en lat. *palma*, fait dans la même signification du grec παλάμη), le dedans de la main, entre le poignet et les doigts. — *Siffler en paume*, que l'*Académie* nous indique comme étant une expression populaire, et à laquelle elle fait signifier, *appeler en faisant du creux de la main une espèce de sifflet*, nous paraît être fort peu usité. — Mesure formée par la hauteur du poing fermé; elle est d'environ trois pouces. On dit dans ce sens plus souvent *palme*. Voy. ce mot. — Jeu dans lequel, avec une raquette ou un battoir, les joueurs chassent et se renvoient une balle, qu'on appelle aussi quelquefois *paume*. On y jouait autrefois avec la *paume* de la main. — Son local ou son terrein.

PAUMÉ, E, part. pass. de *paumer*.

PAUMELLE, subst. fém. (*pômèle*), espèce d'orge. — Sorte de penture de porte. — T. d'oiseleur, machine où l'on met un oiseau vivant pour appeler.

PAUMER, v. act. (*pômé*) (du mot *paume* de la main) : *paumer la gueule à quelqu'un*, lui donner des coups de poing sur le visage. Pop. et bas. — SE PAUMER, v. pron. : *se paumer la gueule*, se battre. Pop. et bas.

PAUMET, subst. mas. (*pômè*), t. de mar., sorte de dé dont les voiliers se servent pour pousser leur aiguille.

PAUMIER, subst. mas. (*pômié*), maître d'un jeu de *paume*.

PAUMILLE, le même que *paumelle*.

PAUMILLON, subst. mas. (*pômi-ion*), partie de la charrue qui tient l'épars où sont attachés les bœufs ou les chevaux qui tirent la charrue.

PAUMOYÉ, E, part. pass. de *paumoyer*.

PAUMOYER, v. act. (*pômoé-ié*), t. de jeu et de mét., manier hardiment quelque chose. — SE PAUMOYER, v. pron. Peu usité.

PAUMURE, subst. fém. (*pômure*), t. de vén., sommet du bois d'un cerf. On dit aussi *empaumure*.

PAUPÉRISME, subst. mas. (*pôpériceme*) (du lat. *pauper*, pauvre), état du *pauvre* à la charge du public.—*Pauvres* nourris par lui : *le paupérisme épuise l'Angleterre.* (Boiste.) Nouveau et adopté.

PAUPIÈRE, subst. fém. (*pôpière*) (en lat. *palpebra*), peau qui couvre l'œil, et qui est bordée de poils appelés *cils*. — Poils de la *paupière*. — *Fermer la paupière*, dormir ou essayer de dormir; et encore, mourir : *à peine eut-il fermé la paupière, qu'on mit tout chez lui sous le scellé.*— *Fermer la paupière à quelqu'un*, recevoir son dernier soupir.—*Ouvrir la paupière*, se réveiller.

PAUPOIRE, subst. fém. (*pôpoare*), t. de verr., plaque de fonte placée dans les ateliers, sur laquelle on aplatit le cul des bouteilles noires.

PAUSAIRE, subst. fém. (*pôzère*), nom de ceux qui préparaient les reposoirs dans les fêtes d'Isis, à Rome. — Ceux qui, dans les galères, donnaient le signal aux rameurs pour les faire manœuvrer de concert.

PAUSANIAS, subst. fém. plur. (*pôzani*), t. d'antiq., fêtes célébrées à Sparte, accompagnées de jeux, et auxquelles les Spartiates avaient seuls le droit de disputer le prix.

PAUSE, subst. fém. (*pôze*) (en lat. *pausa*, fait du grec παῦσις, repos, dérivé de παύω, je cesse d'agir), suspension, cessation d'une action, d'un mouvement pendant quelque temps. — Dans le plain-chant et la musique, intervalle pendant lequel une ou plusieurs voix demeurent sans chanter. — Silence de la durée d'une mesure. — *Demi-pause*, silence de la valeur d'une *blanche*.—Dans les cloches, l'endroit où le battant frappe.

PAUSÉ, part. pass. de *pauser*.

PAUSER, v. neut. (*pôzé*), t. de musiq., appuyer sur une syllabe en chantant.— Faire une *pause* en musique. Ne confondez pas *pauser* avec *poser*.

PAUSES ou **STATIONS**, subst. fém. plur. (*pôze*), myth., endroits marqués où s'arrêtaient ceux qui portaient la statue d'Anubis, dans les processions faites en l'honneur de ce dieu et de la déesse Isis.

PAUSICAPE, subst. fém. (*pôzikape*) (du grec παῦσις, cessation, et κάπτειν, manger), t. d'antiq., instrument de supplice en usage chez les Athéniens, par le moyen duquel on empêchait de manger ceux qui étaient condamnés à mourir de faim. — Muselière qu'on mettait aux chevaux et quelquefois même aux esclaves pour les empêcher de manger.

PAUSIE, subst. fém. (*pôzi*), t. de bot., nom d'une espèce d'olive.

PAUSILLE, subst. fém. (*pôzi-ie*), t. d'hist. nat., tribu d'insectes de l'ordre des coléoptères.

PAUSSUS, subst. mas. (*pôçuce*), t. d'hist. nat., genre d'insectes de l'ordre des coléoptères.

PAUSUS, subst. propre mas. (*pôzuce*), myth., dieu du repos ou de la cessation du travail.

PAUTONNIER, subst. mas. (*pôtonié*), bourreau. (*Boiste.*) Vieux et même hors d'usage. C'est sans doute POTSAUNIER qu'on a dit autrefois, en dérivant ce mot de *poteau*.

PAUVRE, subst. et adj. mas., au fém. **PAUVRESSE** (*pôvre*, *pôvrèce*) (du lat. *pauper*), qui n'a pas de bien; qui est dans la disette et la nécessité. — Qui n'a pas de quoi vivre selon sa condition :

Un grand souvent est *pauvre* avec le superflu.

— *Pays pauvre*, qui ne suffit pas aux besoins de ses habitants.—*Pauvre* se dit quelquefois : 1° par un sentiment de compassion, et il signifie *malheureux : ce pauvre homme! il a bien souffert; mes pauvres enfants! mes pauvres vignes sont gelées;* 2° par mépris, dans le sens de chétif, mauvais dans son genre : *c'est un pauvre poëte; il nous a donné un pauvre repas*, etc. Dans cette acception, *pauvre* se place toujours avant le substantif.—Subst., indigent, mendiant.—Prov. *le pauvre est toujours pauvre*, il ne trouve jamais les moyens de sortir de la misère. — *Pauvres honteux*, ceux qui n'osent demander publiquement l'aumône. — *Un pauvre homme*, celui qui manque d'industrie, d'esprit, de cœur dans ses affaires.— *Un homme pauvre*, celui qui manque de biens.—*C'est un pauvre sire*, un homme sans mérite, sans considération. — *Un pauvre hère, un pauvre diable*, un homme à plaindre, misérable. — *Faire le pauvre*, feindre de manquer du nécessaire, comme font les avares.—En style de l'Écriture : *les pauvres d'esprit*, ceux qui ont l'esprit et le cœur détachés des biens terrestres. — *Pauvre d'esprit*, se dit aussi fam. d'une personne qui manque d'esprit.—Fig.: *langue pauvre*, qui n'offre pas assez de termes et de phrases pour exprimer les pensées. — *Un sujet pauvre*, stérile.—En peinture, *une tête pauvre*, ignoble; *draperie pauvre*, qui manque d'apparence, d'ampleur; *composition pauvre*, qui n'a pas la richesse que promettait le sujet; *dessin pauvre*, petit, mesquin, qui manque de grandeur dans les formes, etc. — PAUVRE, INDIGENT, NÉCESSITEUX, MENDIANT, GUEUX. (*Syn.*) *Le pauvre* n'a qu'une existence précaire : il est exposé au besoin. L'*indigent* est dans le besoin, il éprouve de la souffrance. Le *nécessiteux* est dans une extrême détresse, il manque des nécessités de la vie. Le *mendiant* professe, pour ainsi dire, la misère, il va sollicitant la charité publique. Le *gueux* gueusant étale la nudité ou le dénuement de la misère; il mendie avec l'appareil le plus dégoûtant et le plus révoltant.—*Le pauvre*, tant qu'il est valide, n'a besoin que de son travail, l'*indigent* a besoin d'assistance; le *nécessiteux* a un besoin urgent de secours ; le *mendiant* a besoin de subsistance ; le *gueux* de profession a besoin ou semble avoir besoin de tout.

PAUVREMENT, adv. (*pôvreman*), dans la *pauvreté* : *vivre pauvrement*. — D'une manière qui sent la misère : *être logé, vêtu, nourri pauvrement*.

PAUVRESSE, subst. fém. Voy. PAUVRE.

PAUVRET, subst. mas. ; **PAUVRETTE**, subst. fém. (*pôvré, vrète*), diminutif de *pauvre* : *le pauvret, la pauvrette ne sait où dîner*. Il est fam.

PAUVRETÉ, subst. fém. (*pôvreté*) (en lat. *paupertas*), indigence, manque des choses nécessaires à la vie : *être dans la pauvreté, dans une extrême pauvreté*. — Chose basse et méprisable qu'on dit et qu'on fait : *quelle pauvreté ! il ne dit que des pauvretés*. — Ce qui sent le commun ; ce qui est mauvais, mesquin : *il y a bien des pauvretés dans son livre*. — *Pauvreté évangélique*, renonciation volontaire aux biens temporels. — *Pauvreté d'esprit*, détachement entier des biens de la terre. — *Pauvreté d'idées*, manque d'étendue, d'agrément dans les idées. — *Pauvreté d'une langue*, manque de mots, de phrases nécessaires pour exprimer les pensées. — Prov. : *pauvreté n'est pas vice*, on n'est pas malhonnête pour être *pauvre*. — PAUVRETÉ, INDIGENCE, DISETTE, BESOIN, NÉCESSITÉ. (*Syn.*) La *pauvreté* est une situation de fortune opposée à celle des richesses, dans laquelle on est privé des commodités de la vie, et dont on n'est pas toujours le maître de sortir. *L'indigence* enchérit sur la pauvreté ; on y manque des choses nécessaires. La *disette* est un manque de vivres, dont l'opposé est l'abondance ; elle semble venir d'un accident ou d'un défaut de provisions, plutôt que de défaut de biens-fonds. Le *besoin* et la *nécessité* ont moins de rapport à l'état et à la situation habituelle, que les trois mots précédents ; mais ils en ont davantage aux secours qu'on attend, ou au remède qu'on cherche ; avec cette différence entre eux deux, que le *besoin* semble moins pressant que la *nécessité*. — Une heureuse étoile ou d'heureux talents tirent de la *pauvreté* ceux qui y sont nés, et la prodigalité y plonge les riches. Un travail assidu est un remède contre l'*indigence* ; si l'on manque d'y avoir recours, elle devient une juste punition de la fainéantise. Les sages précautions préviennent la *disette* ; les consommations superflues et immodérées la causent quelquefois. Quand on est dans le *besoin*, c'est à ses amis qu'il faut demander de l'aide, mais il faut aussi s'aider soi-même, de peur de les importuner. Le moyen d'être secouru dans une extrême *nécessité*, c'est d'implorer les personnes vraiment charitables.

PAUVRETTE, subst. fém. Voy. PAUVRET.

PAUX, subst. mas. plur. (*pô*), t. de pêche, pieux ou piquets qui forment la muraille ou la châsse de la paradière. — En t. de blason, voy. PAL.

PAUXI, subst. mas. (*pôkci*), t. d'hist. nat., espèce de hocco noir, oiseau d'Amérique.

PAVAGE, subst. mas. (*pavaje*), ouvrage du *paveur*, fait avec du *pavé*.

PAVAME, subst. mas. (*pavame*), t. de bot., espèce d'arbre d'Amérique, qui produit une sorte de cannelle.

PAVAN, subst. propre mas. (*pavan*), myth., dieu du vent et l'un des huit génies des Indiens.

PAVANE, subst. fém. (*pavane*) (de l'espagnol et de l'italien *pavana*, fait de cette dernière langue de *pava* pour *Padova*, Padoue. *Ménage* et *Le Duchat*.), sorte de danse grave et sérieuse que nous avons prise des Espagnols, et qui paraît venir originairement de la ville de Padoue, en Italie.

PAVANÉ, E, part. pass. de *se* PAVANER.

se **PAVANER**, v. pron. (*cepavané*), marcher d'une manière fière et superbe, comme un paon (en lat. *pavo, pavonis*). Il n'est guère que du style moqueur ou satirique.

PAVATE, subst. mas. (*pavate*), t. de bot., arbrisseau des Indes.

PAVÉ, subst. mas. (*pavé*) (en lat. *pavimentum*), en général, toute pierre dure, carreau, etc., dont on se sert pour *paver*. — Plus particulièrement, *pavé* de grès ou de caillou : *un pavé, un cent de pavés*. — *Pavé refendu*, celui qui n'a que la moitié de l'épaisseur du *pavé* ordinaire. — Chemin, terrein qui est *pavé* : *le pavé est mauvais, est glissant, est rompu*, etc. — Fig. et fam. : *être sur le pavé*, ne trouver pas où loger, ou être sans emploi, et en parlant d'un domestique, être sans condition. — *Mettre quelqu'un sur le pavé*, lui ôter toutes ses ressources. — *Être sur le pavé du roi*, sur la voie publique. — *On a mis ses meubles sur le pavé*, dans la rue. — Prov. : *bride en main sur le pavé*, il est dangereux de galoper sur le *pavé* ; et fig., il ne faut rien précipiter dans les affaires délicates et qui peuvent avoir des suites fâcheuses. — *Battre le pavé*, courir çà et là sans aucun but. — *Brûler le pavé*, aller très-vite. — *Batteur de pavé*, fainéant qui ne fait que courir les rues. — Fig. : *tâter le pavé*, agir avec circonspection. — *Faire quitter le pavé à quelqu'un*, l'obliger à ne plus paraître. — *Prendre le haut du pavé*, marcher le long des maisons. — Fig. : *tenir le haut du pavé*, le premier rang, être le plus considéré.

PAVÉ, E, part. pass. de *paver*, et adj., garni de *pavés*. — Prov. et fig. : *les rues de Paris sont pavées de laquais*, il y a une grande quantité de laquais à Paris. — Fig. et fam. : *avoir le gosier pavé*, avaler sans peine des choses extrêmement chaudes, ou fortes.

PAVECHEUR ou **PAVESSIER**, subst. mas. (*pavecheur, pavecié*), nom d'une ancienne milice dont les hommes qui la composaient étaient armés de *pavois*.

PAVEMENT, subst. mas. (*paveman*), action de *paver*. — *Pavage* de luxe. — Matériaux qu'on emploie à cet effet.

PAVENTIE, subst. propre fém. (*pavanci*), myth., divinité qu'on invoquait pour garantir les enfants de la peur.

PAVER, v. act. (*pavé*) (en lat. *pavire*), couvrir le sol avec des *pavés* : *paver une rue* ; on dit aussi neut. : *chacun doit paver devant sa porte*. — *se* PAVER, v. pron.

PAVESADE, subst. fém. (*pavezade*) (rac. *pavois*), t. de marine, toile ou étoffe tendue le long d'un vaisseau le jour d'un combat, pour empêcher les ennemis de découvrir ce qu'on y fait. — Autrefois, grande claie portative, derrière laquelle se mettaient les archers pour lancer des flèches.

PAVESSIER, subst. mas. Voy. PAVECHEUR.

PAVETTE, subst. fém. (*pavète*), t. de bot., espèce de plantes du genre des ixores, à baie à deux semences.

PAVEUR, subst. mas. (*paveur*), celui qui *pave*.

PAVIE, subst. propre fém. (*pavi*), ville du royaume lombardo-vénitien.

PAVIE, subst. fém. (*pavi*), pêche qui ne quitte point le noyau. — T. de bot., sorte de marronnier.

PAVIER, subst. mas. (*pavié*), t. de mar., se dit quelquefois du bord d'un vaisseau qui sert de garde-fou. — Au plur. Voy. PAVESADE.

PAVILLON, subst. mas. (*pavi-ion*) (du lat. *papilio*, qui dans *Pline* a la même signification), sorte de tente dont on se sert principalement dans les campements. — Corps de bâtiment qui accompagne la maison principale. — Corps de bâtiment carré qui a quelque ressemblance avec les pavillons d'armée. — Extrémité évasée d'une trompette, d'un cor, d'un porte-voix, d'un entonnoir, etc. — T. d'anat., *pavillon de l'oreille*, le cartilage qui le compose. — Tour de lit plissé par en-haut, qui tombe en forme de pavillon. — Tour d'étoffe dont on couvre le tabernacle dans quelques églises, ou qu'on met sur le ciboire. — Espèce d'étendard que l'on met à un des mâts d'un vaisseau. — *Amener le pavillon*, le baisser. — *Assurer son pavillon*, tirer un coup de canon, en même temps qu'on arbore le *pavillon* de sa nation. — *Mettre le pavillon en berne*, le plier dans toute sa hauteur, pour rappeler l'équipage, ou pour implorer du secours. — Les vaisseaux, toute l'armée navale d'une nation : *le pavillon français domine dans ces mers*. — *Trafiquer sous pavillon neutre*, employer des bâtiments neutres pour le transport des marchandises. — Au trictrac, marque qui annonce qu'on a bredouillé. — En t. de bot., pétale supérieur des légumineuses. — Prov. et fig. : *baisser le pavillon*, ou sans article, *baisser pavillon devant quelqu'un*, se reconnaître inférieur à lui. — *Se ranger sous le pavillon de quelqu'un*, se reconnaître inférieur à lui ; se ranger de son parti. — *Déserter le pavillon*, abandonner le parti.

PAVILLON-DE-HOLLANDE, subst. mas. (*pavi-ionde-olande*), t. d'hist. nat., le bulime de Virginie. — Au plur., des *pavillons-de-Hollande*.

PAVILLON-D'ORANGE, subst. mas. (*pavi-ion-doranje*), t. d'hist. nat., le bulime fascié. — Au plur., des *pavillons-d'Orange*.

PAVILLON-D'OR, subst. mas. (*pavi-iondore*), monnaie d'or qui fut frappée en 1329 par Philippe de Valois, et qui fut décriée l'année suivante. Ce prince y était figuré sous un *pavillon* ou tente. — Au plur., des *pavillons-d'or*.

PAVILLONNÉ, E, adj. (*pavi-ioné*), se dit, en t. de blason, d'une trompe ou d'un cor de chasse dont le *pavillon* est d'un émail différent : *pavillonné d'or*, etc.

PAVILLONNER, v. neut. (*pavi-oné*), t. pop. qui signifie dire ou faire des plaisanteries.

PAVOIS, subst. mas. (*pavoè*) (de l'italien *pavese*), anciennement, sorte de grand bouclier. — En t. de mar., tenture de toile ou de drap le long du plat-bord d'un vaisseau, soit dans un jour de réjouissance, soit dans un jour de combat.

PAVOISÉ, E, part. pass. de *pavoiser*, et adj. : *vaisseau pavoisé*.

PAVOISER, v. act. (*pavoèzé*), t. de mar., garnir un vaisseau de *pavois* et de *pavillons*. — *se* PAVOISER, v. pron.

PAVOLO, subst. mas. (*pavolô*), monnaie du pape, à Rome, qui équivaut à cinquante centimes de France. Il y a aussi des demi-pavolo qui ne valent que vingt-cinq centimes.

PAVONAIRE, subst. mas. (*pavonère*), t. d'hist. nat., genre de polypiers, voisin des scirpiaires.

PAVONAZZO, subst. mas. (*pavonatso*), marbre antique, panaché de rouge et de blanc.

PAVONE, subst. fém. (*pavone*), t. d'hist. nat., sorte de polypier pierreux. — T. de bot., plante de la famille des malvacées.

PAVONESQUE, adj. des deux genres (*pavonèceke*), qui tient du *paon* ; qui est propre à son espèce ; *vanité pavonesque*. (*Boiste*.) Inusité.

PAVONITE, subst. fém. (*pavonite*), t. d'hist. nat., genre de polypiers fossiles. — T. de bot., sorte de plante exotique.

PAVOR, subst. propre fém. (*pavore*), myth., déesse de la Peur, chez les anciens Romains.

PAVORIEN, subst. mas. (*pavoricin*), nom d'anciens prêtres romains qui étaient attachés au culte de la déesse *Pavor*.

PAVOT, subst. mas. (*pavô*), t. de bot., plante annuelle à fleur rosacée, qui fournit l'opium : *pavot blanc ; le pavot des jardins*. — Les poëtes disent : *les pavots du sommeil*, pour le sommeil même.

PAXDA, subst. mas. (*pakceda*), t. de relat., nom que l'on donne à l'empereur d'Aracan, dans les Indes.

PAXILOME, subst. mas. (*pakcilome*), t. d'hist. nat., très-petit insecte de l'ordre des hyménoptères.

PAYABLE, adj. des deux genres (*pè-iable*), qui doit être *payé* en certain temps : *lettre de change payable à vue*.

PAYANT, E, subst. et adj. (*pè-ian, iante*), celui, celle qui *paie* : *le nombre des payants n'était pas grand*. — *Billet payant*, qu'on achette. — *Carte payante*, le compte de la dépense faite chez un restaurateur.

PAYE, subst. fém. Voy. PAIE.

PAYÉ, E, part. pass. de *payer*. — *Telle chose est bien payée, n'est pas payée*, on en donne ou on n'en donne pas tout ce qu'elle vaut. — *Tant tenu, tant payé*, on vous paie vos services en raison du temps qu'ils vous ont demandé. — *Être payé pour quelque chose*, être chargé d'un soin, d'un travail qui vous est rétribué. — Au fig. : *je suis payé pour cela*, j'en connais les désagréments, ou le côté dangereux, nuisible, etc.

PAYEMENT, subst. mas. Voy. PAIEMENT.

PAYELLES, subst. fém. plur. (*pè-ièle*), chaudières dans lesquelles, en Flandre, on fait raffiner le sel.

PAYEN ne s'écrit pas pour **PAÏEN**.

PAYER, v. act. (*pè-ié*) (du lat. *pacare*, employé, dans le même sens, par les écrivains de la basse latinité (voy. *Du Cange*), et qui signifie proprement *calmer, apaiser* ; parce que, dit *Caseneuve*, d'après *Vossius*, on apaise un créancier lorsqu'on le paie. Du même mot *pacare*, les Italiens ont fait, dans le même sens, *pagare*, et les Espagnols *payar*), s'acquitter d'une dette. Il régit les choses et les personnes : *payer une somme, payer ses créanciers*. — *Payer une obligation, un billet*, donner la somme portée sur un billet. — On dit qu'*une marchandise paie tant du cent pesant à l'entrée d'un pays*, qu'elle est sujette à un droit d'entrée de tant. — Dédommager, récompenser : *la terre le payait de ses soins avec usure*. — Fig., reconnaître un service, etc., récompenser : *vous serez payé de votre zèle.*—Dans un sens contraire, punir : *il a payé son audace de sa tête.*— *Payer comptant*, sur-le-champ. — *Payer en papier*, en billets.—Pop. : *payer chopine, bouteille, payer* pour quelqu'un au cabaret. — Fig.: *payer le tribut à la nature*, mourir. — *Payer les violons*, faire les frais d'une affaire dont les autres tirent le profit. — *Il paiera pour les autres*, il sera seul puni d'une faute commune à plusieurs. — On dit d'une chose excellente dans son genre, qu'*elle ne saurait se payer.* — *Payer ric-à-ric*, jusqu'au dernier sou, sans tort ni grace.—*Payer en même monnaie*, rendre la pareille.—*Payer en monnaie de singe*, en gambades ; ne point *payer* du tout.— *Qui répond paie*, celui qui s'est rendu caution doit *payer.*— *Payer de belles paroles*, ne satisfaire qu'en paroles. — *Payer d'ingratitude*, manquer de reconnaissance pour un bienfait reçu.—*Payer de retour*, reconnaître un procédé par des procédés semblables.—*Payer de raisons*, alléguer de bonnes raisons. — *Payer d'effronterie*, soutenir effrontément un mensonge. — *Payer de bonne mine*, n'être recommandable que par là. — — *Payer de sa personne*, s'exposer; faire bien son devoir dans une occasion dangereuse. — Par menace : *il me le paiera; il me la paiera*, je saurai me venger de lui. — *Il en paiera les pots cassés*, on se vengera, on se dédommagera sur lui.— *Il est payé*, il a ce qu'il mérite. — Prov. : *les battus paient l'amende*, ce sont ceux qui ont des droits qui sont souvent le plus maltraités. — *Payer cher une chose*, en éprouver les suites fâcheuses.—*se* PAYER, v. PROD., se satisfaire.—*Se payer par ses mains*, se *payer* par soi-même et des fonds qu'on a entre ses mains.—*Se payer de raisons*, se rendre aux raisons alléguées et feindre d'y croire.—Être *payé : cela ne saurait se payer.*—*Se faire payer*, vendre ses services.—*Se faire bien payer*, vendre cher son travail, ses services.—PAYER, ACQUITTER. (*Syn.*) *Payer*, c'est remplir la condition d'un marché, en livrant le prix convenu d'une chose ou d'un service qu'on reçoit. *Acquitter*, c'est remplir une charge imposée, de manière à être libéré et quitte avec celui envers qui elle était imposée. — On *paie* des denrées, des marchandises, des services, des travaux, etc., ce qu'on reçoit moyennant un prix; mais on n'*acquitte* pas ces objets. On *acquitte* des obligations, des billets, des contrats, ce qui engage et grève à quelque titre; et ce n'est pas dans ce sens qu'on les *paie*. On *s'acquitte* d'un devoir, et on ne le *paie* pas. En *payant* une dette, on *s'acquitte* envers son créancier. Le *paiement* termine le marché ; l'*acquit* décharge la personne ou la chose. Vous *payez* un droit pour prix de quelque équivalent ; vous *acquittez* un droit à titre de charge. Vous *payez* les impôts, le tribut, à raison des avantages que vous retirez de la protection et des dépenses publiques ; vous *acquittez* des droits de péage et d'entrée, dans la simple idée d'acquérir ou de recouvrer la liberté de passer et d'entrer. — Quand vous achetez une marchandise, vous la *payez ;* si vous ne la *payez* pas, vous la devez, vous vous imposez une obligation : il faudra un jour que vous *acquittiez* l'obligation et que vous *payiez* la marchandise. Ainsi, *payer* une dette, c'est donner le prix de la chose due ; et *acquitter* une dette, c'est remplir l'obligation de débiteur.—On *paie* les personnes et on s'*acquitte* envers elles. Vous *acquittez* quelqu'un, lorsque vous *payez* pour lui. *Acquitter,* c'est toujours décharger ; *payer,* c'est satisfaire.

PAYEUR, subst. mas ; **PAYEUSE** , subst. fém. (*pè-ieur, ieuze*), celui, celle qui *paie*, dont la fonction est de *payer.*— Adj. : *un officier-payeur.*

PAYEUSE, subst. fém. Voy. PAYEUR.

PAYROLLE, subst. fém.,(*pèrole*), t. de bot., sorte d'arbrisseau qui croît à la Guyane.

PAYS, subst. mas. (*pè-i*) (du lat. *pagus*, employé par les Latins dans la même signification, et que *Festus* dérive du grec παγα, dorique, pour πηγη, fontaine ; parce qu'on a coutume d'habiter auprès des fontaines et des eaux), région, contrée.—*Plat pays*, se dit par opposition aux lieux fortifiés; et l'on dit : *pays plat*, par opposition à *pays* montueux. — On appelait autrefois, en termes de jurisprudence, *pays coutumier*, les provinces où l'on suivait une coutume particulière et locale, par opposition à *pays de droit écrit*, qui désignait celles où l'on suivait le droit romain. — A Paris, *le pays latin*, le quartier de l'Université.—*Pays d'états*, provinces où les impositions se font par l'assemblée des états.—*Pays d'élection*, celui où il y avait des généralités et des élections établies. — *Pays d'obédience*, où le pape nomme à certains bénéfices. —On appelle *pays conquis*, les conquêtes faites par la France depuis le règne de Louis XIII. — *Pays de sapience*, ancien titre qu'on donnait à la Normandie.—*Pays perdu*, qui n'offre aucune ressource ; ou quartier éloigné du centre de toutes les affaires.—*Pays étranger*, *pays* qui n'est pas la patrie ; on le dit de toute nation dans laquelle on n'est pas né ou naturalisé. — *Gagner pays*, *avancer pays*, pour signifier avancer en chemin, ne se dit plus. — *Tirer pays*, s'enfuir, s'évader, est une expression aussi surannée que *gagner pays*. — Patrie, lieu de la naissance de quelqu'un ; et l'on entend par ce mot, tantôt l'état dans lequel on est né, tantôt la province, tantôt la ville ou le village : *pays natal; la France est mon pays; aimer son pays.*—*Vin du pays*, petit vin recueilli dans des cantons peu renommés. — Fam. : *écrire au pays*, dans sa patrie. — *Avoir la maladie du pays*, une extrême envie d'y retourner.—*Pays de cocagne*, où l'on fait bonne chère, où tout abonde.—*Il est bien de son pays de croire que...*, etc., il est bien simple.— En t. de vèn., *grand*, *petit pays*, grand ou petit bois.—Prov. : *faire voir du pays à un homme*, lui faire de la peine, lui susciter des affaires. — *Battre le pays*, explorer, reconnaître un *pays*. — *Battre du pays*, parcourir beaucoup de contrées.—Prov. et fig. : *battre du pays*, traiter beaucoup de sujets différents. — *Être en pays de connaissance*, parmi des gens de sa connaissance. — Fig. : *savoir la carte du pays*, connaître ceux avec qui l'on a à vivre. — Prov. et fam. : *nul n'est prophète dans son pays*, il est plus difficile de se faire une grande réputation dans son *pays*, que chez les étrangers. — On dit à un homme qui ignore quelque chose que tout le monde sait : *de quel pays venez-vous ?*—*Parler, juger à vue de pays*, parler, juger d'après les premières conjectures, les premières apparences.— Les gens du peuple appellent *pays*, un homme qui est de leur *pays ;* et ils disent aussi : *cet homme-là est mon pays; c'est un de mes pays ;* et en parlant d'une femme, *c'est ma payse.*

PAYSAGE, subst. mas. (*pè-izaje*), étendue de *pays* que l'on voit d'un seul aspect : *beau*, *riche paysage ; paysage agréable.*—Tableau qui représente un *paysage.*—Genre de peinture qui a pour objet la campagne.

PAYSAGISTE, subst. mas. (*pè-izajicete*), peintre qui ne fait que des *paysages.*

PAYSAN, subst. et adj. mas., au fém. **PAYSANNE** (*pè-izan*, *zane;* et non pas *pèzan*, *pèzane*) (du lat. *pagus*, bourg, village), homme, femme de campagne.—Fig., rustre, grossier, peu civil : *c'est un paysan*, *une vraie paysanne.* — On dit adj., en ce sens : *avoir l'air paysan, les habitudes paysannes. A la paysanne*, loc. adv., à la manière des *paysans.*

PAYSANNE, subst. et adj. fém. Voy. PAYSAN.

PAYSANNERIE, subst. fém. (*pè-izaneri*), classe des *paysans.*

PAYS-BAS, subst. propre mas. plur. (*pè-ibâ*). Voyez BELGIQUE et HOLLANDE.

PAYSE, subst. fém. (*pè-ize*). Voy. PAYS.

PÉ (SAINT-), subst. propre mas. (*ceinpé*), village de France, chef-lieu de canton, arrond. d'Argelès, dép. des Hautes-Pyrénées.

PÉ, subst. mas. (*pé*), montant d'osier dans les ouvrages de mandrerie.— Morceau d'ardoise fixé en terre, qui sert d'appui pour y former ou rassembler un tas d'ardoises. On écrit aussi *pey* en ce sens.

Pd., abréviation du mot *pied.*

Pe., abréviation du mot *pouce.*

PÉAGE, subst. mas. (*pé-aje*), droit qui se prélève sur le bétail qui passe, sur la marchandise qui se transporte, etc., ce droit sert à l'entretien des ponts, des passages. — Lieu où l'on paie ce droit : *il faut s'arrêter au péage.*

PÉAGER, subst. mas. (*pé-ajé*), fermier de *péage.* — Adj. mas. : *chemin péager*, où l'on doit le *péage.*

PÉAGIER, subst. mas. (*pé-ajié*), celui qui doit le *péage.*

PÉANITE, subst fém. (*pé-anite*), t. d'hist. nat., géode dont les parois sont tapissées de crystaux. — Genre de coquilles de la classe des bivalves.— Pierre fabuleuse que les anciens croyaient bonne pour les accouchements.

PÉANTIDE, subst. fém. (*pé-antide*), t. d'hist. nat., sorte de pierre gemme.

PEAU, subst. fém. (*pô*) (en lat. *pellis*), partie extérieure de l'animal, qui enveloppe et couvre toutes les autres parties. — On peut regarder la *peau*, dans son acception générale, comme une enveloppe universelle, extérieure, et même intérieure et intestinale pour tous les corps organisés. Toute plante, depuis la moisissure jusqu'au chêne, a une sorte de *peau*, d'écorce ou d'épiderme qui varie dans chaque espèce : *la peau de l'homme; la peau des bêtes; la peau d'une tige de plantes.*—On appelle aussi *peau*, une enveloppe très-mince qui couvre la véritable *peau*, et que l'on nomme autrement *épiderme* : *la peau des nègres.* — Les médecins appellent *peau de poule*, *chair de poule*, *chair d'oie*, la rudesse de la *peau* qu'on observe dans le frisson qui précède les fièvres, et surtout les fièvres intermittentes. —*Peau* se dit de la *peau* des animaux considérée comme séparée de leur corps : *une peau de lapin ; une peau d'anguille; une peau de mouton.*—Les tanneurs, les hongroyeurs, les mégissiers préparent les *peaux* des animaux pour divers usages. — Les tanneurs appellent *peaux de bon apprêt*, les *peaux* qui sont faciles à préparer : *les peaux de bœufs d'Auvergne sont de bon apprêt.*—En termes de hongroyeurs : *chaponner une peau*, c'est fendre la tête depuis les yeux jusqu'à la bouche, et couper les oreilles.— Les mégissiers appellent *peaux fraîches*, les maroquins façon de Barbarie, qui se fabriquent à Rouen ; et *peaux vertes*, les *peaux* qui n'ont point encore reçu de préparation, et qui sont telles qu'elles ont été levées de dessus le corps de l'animal.—*Peau de vélin*, *peau* de veau préparée pour la reliure ou l'impression. — Anciennement, on appelait en t. de palais : *greffier à peau*, le parchemin dont on se servait pour rédiger les actes.—Le bas peuple appelle trivialement une femme de mauvaise vie, ou une femme laide, vieille et ridée : *une peau.* — On appelle : *contes de Peau-d'âne*, de petits contes inventés pour l'amusement des enfants ; et cela se dit à cause d'un vieux conte où l'on introduit une fille vêtue de la *peau* d'un *âne.* — *Maladie de peau*, qui altère, qui attaque la *peau.* — Fig. et fam., personne : *je ne veux point me charger de ta peau*, de toi. — Enveloppe qui couvre les fruits, les ognons des plantes et des fleurs, etc. : *la peau des pêches*, *des fruits à noyaux.* — Espèce de croûte déliée qui se forme sur la bouillie, sur des confitures, etc.—Prov. et fig. : *il ne faut pas vendre la peau de l'ours avant de l'avoir pris*, il ne faut pas songer à partager les dépouilles d'un ennemi avant de l'avoir vaincu. — *Ne pouvoir durer dans sa peau*, être inquiet, remuant. — On dit d'une personne très-maigre, que *les os lui percent la peau*, qu'*elle n'a que la peau et les os*, qu'*elle a la peau collée sur les os.*—*Crever dans sa peau*, avoir un violent dépit.—*Coudre la peau du renard à celle du lion.* Voy. COUDRE. — *Dans sa peau mourra le renard*, un homme rusé ne se corrigera jamais de sa ruse. — Fam. : *être gras à pleine peau*, extrêmement gras.—*Faire bon marché de sa peau*, prodiguer sa vie. — *Avoir peur de sa peau*, *craindre pour sa peau*, craindre les coups. —*Craindre pour la peau de quelqu'un*, prévoir un malheur pour lui.——*Il mourra dans sa peau*, avec ses vices.— *Vendre bien cher sa peau*, se bien défendre contre ceux qui nous attaquent.— *Je ne voudrais pas être dans sa peau*, je ne voudrais pas être à sa place. — *La peau lui démange*, il s'expose à se faire battre. — *Peau de chien*, *peau* d'un poisson cartilagineux, du genre des squales, qu'on appelle *chien de mer* ou *requin*, dont se servent les menuisiers, etc., pour polir leurs ouvrages.

PEAU-DE-CHAGRIN, subst. fém. (*pôdechaguerein*), t. d'hist. nat., espèce de coquille du genre des cônes.—Au plur., des *peaux-de-chagrin.*

PEAU-DE-CHAT, subst. fém. (*pôdecha*), t. d'hist. nat., nom vulgaire d'une coquille du genre des porcelaines. — Au plur., des *peaux-de-chat.*

PEAU-DE-CHÈVRE, subst. fém. (*pôdechèvre*), t. d'hist. nat., espèce de coquille qui a l'odeur de la *peau* de *chèvre.*— Au plur., des *peaux-de-chèvre.*

PEAU-DE-CHIENNÉ, E, part. pass. de *peau-de-chienner.*

PEAU-DE-CHIENNER, v. act. (*pôdechiéné*),

polir certains ouvrages de doreurs avec la *peau-de-chien* de mer. — *se* PEAU-DE-CHIENNER, v. pron. (*Boiste.*) — Mot forgé d'une manière ridicule. Si on l'admettait, il faudrait consigner tous les termes grossiers et toutes les acceptions informes qu'on crée ou qu'on invente chaque jour dans les ateliers du plus bas étage.

PEAU-DE-CIVETTE, PEAU-DE-LION, PEAU-DE-SERPENT, PEAU-DE-TIGRE, subst. fém. (*pôdecivète, delion, decèrepan, detiguere*), t. d'hist. nat., sortes de coquilles.—Au plur., des *peaux-de-civette*, etc., etc.

PEAU-DE-MORILLE, subst. fém. (*pôdemori-ie*), t. de bot., sorte de champignon du genre des pezizes.—Au plur., des *peaux-de-morille*.

PEAUSSERIE, subst. fém. (*pôceri*), commerce ou marchandise de *peaux*.

PEAUSSIER, subst. mas. (*pôcié*), artisan qui prépare les *peaux* pour divers usages.— Marchand qui les vend. Dans ce sens, on pourrait dire au fém. : *peaussière*. — *Muscle peaussier*, qui sert à quelques animaux pour remuer leur *peau*. Dans cette phrase, *peaussier* est adj.—On dirait bien aussi, dans l'acception propre : *un marchand peaussier*.

PEAUTRE, subst. mas. (*pôtre*), gouvernail d'un bateau ou vaisseau.— *Envoyer quelqu'un au peautre*, le chasser. Fam., vieux et même hors d'usage.

PEAUTRÉ, E, adj. (*pôtré*), t. de blas., se dit de la queue des poissons dont l'émail est différent de celui du corps : *dauphin d'azur peautré d'or*.

PEAUX-DOUCES, subst. fém. plur. (*pôdouce*), t. de bot., famille de champignons du genre des garics de *Linnée*.

PEC, adj. mas. (*pèk*) : *hareng pec*, hareng en caque, fraîchement salé.

PÉCARI, subst. mas. (*pékari*), t. d'hist. nat., mammifère pachyderme, du genre cochon, particulier aux contrées méridionales de l'Amérique; on l'appelle à Cayenne *cochon des bois*.

PECCABLE, adj. des deux genres (*pèkekable*) (du lat. *peccare*, pécher), qui est capable de pécher : *tout homme est peccable*.

PECCADILLE, subst. fém. (*pèkekadi-ie*), faute légère; *péché* léger.

PECCANT, E, adj. (*pekekan, kante*) (en latin *peccans*, part. prés. de *peccare*, pécher), qui *pèche*. Peu usité au propre. — En t. de médec., vicieux, vicieuse, qui pèche par quelque endroit : *humeurs peccantes*.

PECCATA, subst. mas. (*pèkekata*), âne dans les combats d'animaux. — Nous insérons ce mot d'après l'*Académie*.—On appelle un homme stupide et sot : *un peccata*. — Il y avait à Paris, il y a peu d'années, en dehors des barrières, une espèce de cirque où l'on faisait combattre des animaux : un âne vigoureux, sous le nom de *Peccata turc*, était l'un des principaux personnages.

PECCAVI, subst. mas. (*pèkekavi*) (emprunté du latin, où il signifie *j'ai péché*) ; on entend par ce mot une véritable contrition, un bon repentir : *il ne faut qu'un bon peccavi pour se réconcilier avec Dieu*. Il est fam. — Au plur., des *peccavi*.

PÈCE, subst. fém. Voy. PESSE.

PECH, subst. mas. (*pèke*), vieux mot qui signifiait *montagne*. C'est le nom propre de plusieurs endroits. Avant d'arriver à Saint-Germain, près Paris, on rencontre un village qui porte le nom de *Pech*.

PÉCHA, subst. fém. (*pécha*), petite monnaie des Indes, qui vaut à peu près deux centimes de France.

PECH-BLENDE, subst. fém. (*pèche-blande*), t. d'hist. nat., urane oxydulé.

PÊCHE, subst. fém. (*pèche*) (du latin barbare *pessicum*, corruption de *persicum*, sous-entendu *malum*, nom que les Latins donnaient à ce fruit), gros fruit à noyau qui a beaucoup d'eau et qui est d'un goût exquis. — *Un lit rembourré de noyaux de pêches*, un lit fort dur.—L'art, l'exercice ou l'action de *pêcher* du poisson (du lat. *piscatura*). — Droit de *pêcher*. — Poisson que l'on a *pêché* : *combien voulez-vous de votre pêche?* —On dit aussi la *pêche des perles, du corail, des débris d'un vaisseau*, etc.—Nous ferons une observation sur ces deux mots, qui sont tous deux du fém., et qui s'orthographient tous deux de la même manière. N'aurait-on pas dû, dans un cas de cette nature, laisser à la *peche* (fruit) son ancien nom, qui était *persique*, ou *persica*, ou même *persèche*, en francisant le mot? De cette manière, il n'y aurait eu aucune confusion entre *le fruit* et l'action de *pêcher*. Nous soumettons à qui de droit cette rectification raisonnée et juste, par rapport même à son importance.

PÉCHÉ, subst. mas. (*péché*) (en lat. *peccatum*), transgression de la loi de Dieu : on appelle *péché de la chair*, les *péchés* qui ont pour objet quelque délectation charnelle, comme la gourmandise, la luxure ; *péché de l'esprit*, ceux qui se passent dans l'intérieur, comme l'orgueil, l'envie, etc.; *péché originel*, celui que nous tirons de notre origine, que nous apportons en naissant, et dont Adam notre premier père nous a rendus coupables; *péché actuel*, celui que nous commettons par notre propre volonté ; *péché de commission*, celui qui consiste à faire ce que la loi défend ; *péché d'omission*, celui qui consiste à ne pas faire ce qu'elle prescrit; *péché mortel*, une prévarication qui donne à l'âme la mort spirituelle en la privant de la grace sanctifiante, et en la rendant sujette à la damnation ; *péché véniel*, une faute qui affaiblit en nous la grace de la justification sans la détruire, et qui nous soumet à la nécessité de subir quelques peines temporelles pour en obtenir la rémission. — *Péché mignon*, le péché d'habitude. — Fam. : *se dire les sept péchés mortels*, de grosses injures. — *Péché caché est à demi pardonné*, le mal fait sans scandale est moindre. — *Mettre quelqu'un au rang des péchés oubliés*, le négliger, ne plus le voir.—*A tout péché miséricorde*, il faut avoir de l'indulgence, la Providence est généreuse, elle fait souvent grace.— *Rechercher les vieux péchés de quelqu'un*, sa vie passée.—*Pour mes péchés*, pour ma punition.

PÉCHÉ, E, part. pass. de *pécher*.

PÊCHE-PIERRE, subst. mas. (*pêchepière*), t. de chir., instrument garni d'un petit filet pour *pêcher* la pierre dans la vessie.

PÉCHER, v. neut. (*péché*) (en lat. *peccare*), faire un *péché*; transgresser la loi divine. — Fig., manquer à quelque devoir, etc. : *pécher contre la bienséance, contre les règles de l'art*. En ce sens on le dit également des choses : *cet ouvrage pèche par trop d'esprit*, etc. — En médec. : *ces humeurs pèchent en quantité, en qualité*, n'ont pas la quantité ou la qualité requise. — *Qui perd pèche*, quand on éprouve quelque dommage, on s'en prend à tout le monde; quand on est volé, on voit dans tout ce qui entoure son voleur.—*Ce n'est pas par là qu'il pèche*, ce n'est pas là son défaut. — On dit du vin *qu'il pèche en couleur*, lorsque sa couleur est un peu louche.

PÊCHER, v. act. (*pêché*) (en lat. *piscari*), prendre du *poisson* ou autre chose dans l'eau avec des filets ou autres instruments. — Fig. et fam., prendre : *où pêchez-vous toutes ces raisons-là?* — Prov. : *pêcher en eau trouble*, profiter des désordres pour son avantage, les faire naître à ce dessein. — *Pêcher au plat*, prendre dans le plat ce qu'on veut. — *Toujours pêche qui en prend un*, un petit gain n'est pas à négliger.

PÊCHER, subst. mas. (*pêché*) (en lat. *pessica*, pour *persica*, sous-entendu *mala*), t. de bot., genre originaire de Perse, naturalisé en Europe, dont le fruit est connu sous le nom de *pêche*.— *Couleur fleur de pêcher*, couleur de chair.

PÉCHERESSE, subst. fém. Voy. PÉCHEUR.

PÊCHERIE, subst. fém. (*pêcheri*), lieu où l'on a coutume de *pêcher*. — Lieu préparé pour la *pêche*.

PÉCHERZ, subst. mas. (*péchèreze*), t. de minér., espèce de minéral qui a l'aspect de la poix.

PÉCHEUR, subst. mas.; **PÉCHERESSE**, subst. fém. (*pécheur, cherèce*), celui, celle qui *pèche* ; qui commet quelque *péché* : *un vieux pécheur*, un vieux débauché. — Prov. : *Dieu ne veut pas la mort du pécheur*, on ne doit pas être plus que Dieu, inexorable.

PÊCHEUR, subst. mas ; **PÊCHEUSE**, subst. fém. (*pêcheur, cheuze*), celui, celle qui *pêche des poissons* ; celui qui fait métier de *pêcher*.— *Anneau du pêcheur*, le sceau qu'on appose à Rome sur certaines expéditions apostoliques.

PÊCHEUR-MARIN, subst. mas. (*pêcheurmarein*), t. d'hist. nat., la lophie, qui attire le poisson par une amorce. — Au plur., des *pêcheurs-marins*.

PÊCHEUR-DU-ROI, subst. mas. (*pêcheurduroa*), t. d'hist. nat., c'est le même que le martin-pêcheur, ou martinet-pêcheur. Voy. ces mots. —Au plur., des *pêcheurs du-roi*.

PÊCHEUR-DU-SÉNÉGAL, subst. mas. (*pêcheur ducénégual*), t. d'hist. nat., oiseau de plumage varié, et de la grosseur d'un moineau. — Au plur., des *pêcheurs-du-Sénégal*.

PÊCHEUSE, subst. fém. Voy. PÊCHEUR.

PÉCHURIN, subst. mas. (*péchurein*), fruit aromatique qu'on emploie quelquefois dans la fabrication du chocolat.

PÉCHYAGRE, subst. fém. (*péchi-aguere*) (du grec πῆχυς, coude, et ἄγρα, prise), t. de médec., espèce de goutte qui attaque ou affecte le coude.

PÉCHYAGRIQUE, adj. des deux genres (*péchiaguerike*), qui tient, qui est relatif à la *péchyagre*.

PÉCILE, subst. mas. (*pécile*), monument public que l'on avait élevé à Athènes, où l'on conservait avec soin les plus rares chefs-d'œuvre de peinture.

PÉCO, subst. mas. (*péko*), sorte de thé de la Chine.

PÉCORE, subst. fém. (*pékore*) (en lat. *pecus, pecoris*), animal, bête. — Au fig. sot, sotte; qui n'a point d'esprit. Il est fam.

PÉCOUT, subst. mas. (*pékou*), nom qu'on donne, dans certains endroits, à la queue d'une poire, d'une pomme, et surtout à celle d'une cerise.

PECQUE, subst. fém. (*pèke*), femme sotte, impertinente, et qui fait l'entendue. T. fam. et injurieux.

PECQUEMENT, subst. mas. (*pèkeman*), moût de raisin dans lequel on fait tremper le maroquin.

PECTEN, subst. mas. (*pèktène*) (du lat. *pecten*, peigne), t. d'anat., os pubis.—T. d'hist. nat., espèce de coquillage.

PECTIDE, subst. fém. (*pèktide*), t. d'antiq., sorte d'instrument de musique en usage parmi les Lydiens.

PECTINAIRE, subst. mas. (*pèktinère*), t. d'hist. nat., genre de vers marins.

PECTINE, subst. fém. (*pèktine*), t. de bot., genre de plantes établi sur un fruit venu de Ceylan.

PECTINÉ, E, adj. (*pèktiné*) (du lat. *pecten*, employé par quelques anatomistes pour désigner l'os pubis, et qui signifie proprement *peigne*), qui est en forme de *peigne*. — Subst. mas., t. d'anat., muscle qui va au *pubis* à la cuisse.

PECTINÉES, adj. fém. plur. (*pèktiné*), t. d'hist. nat.; se dit des antennes des insectes garnies d'appendices semblables aux dents d'un peigne.

PECTINEUX, subst. mas. (*pèktineu*), t. d'anat., troisième muscle de la cuisse.

PECTINIBRANCHE, subst. mas. (*pèktinibranche*), t. d'hist. nat., ordre de mollusques gastéropodes.

PECTINICORNE, subst. mas. (*pèktinikorne*), t. d'hist. nat., tribu d'insectes de l'ordre des hyménoptères.

PECTINIER, subst. mas. (*pèktinié*), t. d'hist. nat., animal du genre des peignes.

PECTINITE, subst. fém. (*pèktinite*), t. d'hist. nat., peigne fossile; sorte de pétrification en forme de peigne.

PECTIS, subst. mas. (*pèktice*), t. de bot., genre de plantes de la famille des corymbifères.

PECTONCULITHE, subst. fém. (*pèktonkulite*). Voy. PECTINITE, qui semble être le même.

PECTORAL, subst. mas. (*pèktoral*) (en latin *pectorale*), pièce de broderie que le grand-prêtre des juifs portait sur la poitrine.—Au plur. mas., *pectoraux*.

PECTORAL, E, adj. (*pèktorale*) (en lat. *pectoralis*, fait de *pectus*, gén. *pectoris*, poitrine), qui se porte sur la *poitrine* : *croix pectorale*.— Qui concerne la *poitrine*.— Qui est bon pour la poitrine : *sirop pectoral*. — Au plur. mas., *pectoraux*.

PECTORAUX, subst. et adj. mas. plur. Voy. PECTORAL. — T. d'anat., les muscles de la *poitrine* : *les pectoraux* ou *les muscles pectoraux*. —T. d'hist. nat., division de poissons, la même que celle des thoraciques.

PECTORILOQUE, adj. des deux genres (*pèktoriloke*), t. de médec., nom donné à ceux qui présentent le phénomène de *pectoriloquie*. — Subst. mas., instrument qu'on applique sur la poitrine pour reconnaître l'existence d'une cavité ulcéreuse dans le poumon.

PECTORILOQUIE, subst. fém. (*pèktoriloki*)

(du lat. *pectus*, gén. *pectoris*, poitrine, et *loqui*, parler), t. de médec., phénomène qui s'observe, à l'aide du *pectoriloque*, chez les personnes affectées d'un ulcère au poumon ; il consiste en ce que la voix semble sortir directement de la poitrine.

PÉCUDIFÈRE, adj. propre mas. (*pékudifère*) (du lat. *pecus*, *pecudis*, troupeau, et *ferre*, porter), myth., surnom de Sylvain, comme favorisant la multiplication des troupeaux.

PÉCULAT, subst. mas. (*pékula*) (en latin *peculatus*), vol des deniers publics, fait par ceux qui en ont le maniement ou l'administration.

PÉCULATEUR, subst. mas. (*péculateur*), coupable de *péculat*, celui qui a volé les deniers publics. (*Boiste.*) Peu usité.

PÉCULE, subst. mas. (*pékule*) (en lat. *peculium*, fait de *pecunia*, argent), bien qu'a acquis par son travail, son industrie et son épargne, celui qui est en puissance d'autrui.— On a aussi appelé *pécule* un petit troupeau.

PÉCULIER, adj. mas., au fém. **PÉCULIÈRE** (*pékulié*, *lière*), particulier. (*Montaigne.*) Peu usité.

PÉCULIÈRE, subst. fém. Voy. PÉCULIER.

PÉCUNE, subst. fém. (*pékune*) (du lat. *pecunia*, fait, dans le même sens, de *pecus*, bétail, parce que, chez les Romains, la première monnaie qui fut frappée portait l'empreinte d'un animal), argent. Il est vieux.

PÉCUNIAIRE, adj. des deux genres (*pékunière*) (en latin *pecuniaris*), qui consiste en *argent* : *peine pécuniaire* ; *secours pécuniaire*. — *Intérêt pécuniaire*, intérêt d'argent.

PÉCUNIEUSE, adj. fém. Voy. PÉCUNIEUX.

PÉCUNIEUX, adj. mas., au fém. **PÉCUNIEUSE** (*pékunieu*, *nieuze*) (en lat. *pecuniosus*, fait de *pecunia*, argent), riche, qui a beaucoup d'argent. Il est fam. et peu en usage.

PÉDAGNE, subst. mas. (*pédagnie*), appui des pieds des forçats qui tirent la rame dans les galères.

PÉDAGOGIE, subst. fém. (*pédaguoji*) (en grec παιδαγωγια), instruction, éducation des enfants. —Dans certains pays, établissement d'instruction publique : *chef de la pédagogie*, *entrer à la pédagogie*. Peu usité.

PÉDAGOGIQUE, adj. des deux genres (*pédaguojike*), de la *pédagogie*, qui a rapport à l'instruction des enfants.

PÉDAGOGUE, subst. mas. (*pédaguogue*) (en grec παιδαγωγος, fait de παις, gén. παιδος, enfant, et de αγωγος, conducteur, dérivé de αγω, je conduis), autrefois, celui qui enseignait les enfants, qui avait soin de leur éducation : on dit aujourd'hui *précepteur*. Il ne se dit plus guère que par dérision.

PÉDAIRE, adj. et subst mas. (*pédère*), t. d'antiq., sénateur qui ne donnait son avis qu'en passant du côté de celui dont il approuvait le sentiment ou l'opinion.

PÉDALE, subst. fém. (*pédale*) (mot purement italien, dérivé du latin *pes*, gén. *pedis*, en grec πους, gén. ποδος, pied), gros tuyau d'orgue qu'on fait jouer avec le *pied*. — Les touches de ce jeu. —Sorte de touches dans la harpe, dans le piano, qu'on fait mouvoir avec le *pied*. — Le son le plus bas d'un serpent, d'un basson. — Morceau de bois sur lequel on pose le pied, pour faire mouvoir une meule, le tour, etc.

PÉDALINÉES, subst. fém. plur. (*pédaliné*), t. de bot., famille de plantes établie entre les verbénacées et les myoporinées.

PÉDALION, subst. mas. (*pédalion*), t. de bot., espèce de plante qui croît dans les Grandes-Indes.

PÉDANCHONE, subst. mas. (*pédunkône*) (du grec παις, παιδος, enfant, et αγχω, j'étrangle), t. de médec., nom d'une angine mortelle, propre aux enfants.

PÉDANE, subst. mas. (*pédane*), t. de bot., nom du chardon commun. Voy. CHARDON.

PÉDANÉ, adj. mas. (*pédané*) (en latin *pedaneus*, fait de *pes*, gén. *pedis*, pied), autrefois *juges pédanés*, juges de village qui jugeaient debout, n'ayant point de siége pour tenir la justice. — Chez les anciens Romains, les juges *pédanés* étaient des juges inférieurs qui n'avaient ni tribunal, ni prétoire : ils étaient assis sur un banc fort bas, qui ne les distinguait qu'à peine de ceux qui étaient à *leurs pieds*.

PÉDANT, E, adj. (*pédan, dante*) (du grec παις, gén. παιδος, enfant), qui sent le *pédant*. — Subst., celui, celle qui enseigne les *enfants* dans un collége, etc. C'est un terme injurieux et méprisant. — Celui qui affecte de paraître savant, qui parle d'un ton décisif, etc.— Celui qui affecte trop d'exactitude, trop de sévérité dans des bagatelles, etc. : *faire le pédant*, *la pédante* ; *avoir un mari pédant, une femme pédante, des manières pédantes*.

PÉDANTAILLE, subst. fém. (*pédantâ-ie*), pédanterie. —Les *pédants*. T. de mépris qui n'est plus en usage.

PÉDANTÉ, part. pass. de *pédanter*.

PÉDANTER, v. neut. (*pédanté*), t. injurieux, enseigner dans les colléges ; faire le métier de *pédant*. Fort peu usité.

PÉDANTERIE, subst. fém. (*pédanteri*), t. injurieux dont on se sert pour exprimer la profession de ceux qui enseignent dans les classes. — Érudition *pédante*.— Air *pédant*, manières *pédantes*.

PÉDANTESQUE, adj. des deux genres (*pédantèceke*), qui sent le *pedant*.

PÉDANTESQUEMENT, adv. (*pédantècekeman*), d'une manière *pédantesque*.

PÉDANTISER, v. neut. (*pédantizé*), faire le *pédant*. Il est fam.

PÉDANTISME, subst. mas. (*pédanticeme*), l'esprit, les manières et le caractère du *pédant*.

PÉDARCHIE, subst. fém. (*pédarchie*) (du grec παις, gén. παιδος, enfant, et αρχη, pouvoir), ironiquement, gouvernement des enfants, des jeunes gens.

PÉDARCHIQUE, adj. des deux genres (*pédarchike*), qui tient, qui a rapport à la *pédarchie*.

PÉDARTHROCACÉ, subst. mas. (*pédartrokacé*) (du grec παις, enfant, αρθρον, jointure, articulation, et κακια, vice, maladie), t. de médec., maladie des articulations dans les enfants.

PÉDATROPHIE, subst. fém. (*pédatrofi*) (du grec παις, παιδος, enfant, de α priv. et de τρεφω, je nourris), t. de médec., atrophie mésentérique.

PÉDATROPHIQUE, adj. des deux genres (*pédatrofike*), qui appartient, qui a rapport à la *pédatrophie*.

PÉDAUQUE, subst. mas. (*pédôke*), statue de la reine Berthe, mère de Charlemagne, qui était terminée par des pieds d'oie et qui se voit sur des monuments gothiques. (*Boiste.*)

PÉDÈME, subst. fem. (*pédème*), t. d'antiq., sorte de danse lacédémonienne. — Air de cette danse.

PÉDÉRASTE, subst. mas. (*pédéracete*) (en grec παιδεραστης), celui qui est adonné à la *pédérastie*.

PÉDÉRASTIE, subst. fém. (*pédéraceti*) (en grec παιδεραστια, fait de παις, gén. παιδος, jeune garçon, et de ερασω, j'aime), passion, amour honteux et criminel entre des hommes ; d'un homme pour un jeune garçon.

PÉDÈRE, subst. mas. (*pédère*), t. d'hist. nat., genre d'insectes de l'ordre des coléoptères.

PÉDÉROS, subst. mas. (*pédéroce*), pierre précieuse.

PÉDESTRE, adj. des deux genres (*pédècetre*) (en lat. *pedestris*, fait de *pes*, gén. *pedis*, pied), qui pose sur ses pieds : *statue pédestre*, d'un homme à pied. — Qui se fait à pied : *voyage pédestre*. Peu usité dans cette dernière acception.

PÉDESTREMENT, adv. (*pédècetreman*), à pied : *aller pédestrement*. Il est fam.

PÉDÈTE, subst. mas. (*pédète*), t. d'hist. nat., mammifère rongeur du Cap, de la grosseur du lièvre.

PÉDIAIRE, adj. des deux genres (*pédière*), t. de bot., nom qu'on donne aux feuilles dont le pétiole bifide porte des folioles attachées uniquement sur le côté intérieur de ses divisions.

PÉDICATEUR, subst. mas. (*pédikateur*), pédéraste. (*Boiste.*) Inusité.

PÉDICELLAIRE, subst. mas. (*pédicèlelère*), t. d'hist. nat., nom d'un genre de polypes. — Espèce de coquille. — T. de bot., espèce d'arbre de la Cochinchine.

PÉDICELLE, subst. mas. (*pédicèle*) (en lat. *pedicellus*, dimin. de *pediculus*, pédoncule), t. de bot., petit *pédoncule*.

PÉDICELLÉ, subst. mas. (*pédicèlelé*), t. d'hist. nat., ordre de vers marins établi parmi les échinodermes.

PÉDICELLIE, subst. fém. (*pédicèleli*), t. d'hist. nat., espèce d'arbre des Indes, de la famille des rhamnoïdes.

PÉDICIE, subst. fém. (*pédici*), t. d'hist. nat., genre d'insectes de l'ordre des diptères.

PÉDICULAIRE, adj. des deux genres (*pédikulère*) (en lat. *pedicularis*, fait de *pedicus*, pou), t. de médec. : *maladie pédiculaire*, celle dans laquelle il s'engendre des poux entre cuir et chair. — Subst. fém., t. de bot., genre de plantes à fleurs personnées, qui appartiennent aux pays froids.

PÉDICULE, subst. mas. (*pédikule*) (en latin *pediculus*, dimin. de *pes*, gén. *pedis*, pied), t. de bot., support en forme de queue, propre à certaines parties des plantes, telles que les aigrettes, les nectaires, etc. Il ne faut pas confondre le *pédicule* avec le *pédoncule*, ou la tige qui supporte la fleur et le fruit. Voy. PÉDONCULE. — Tige des champignons. — L'*Académie* ajoute qu'en t. de chir. on dit : *le pédicule d'une verrue*.

PÉDICULÉ, E, adj. (*pédikulé*), t. de bot., porté par un *pédicule*.

PÉDICULIDÉE, subst. fém. (*pédikulidé*), t. d'hist. nat., tribu d'insectes de l'ordre des diptères.

PÉDICURE, subst. et adj. mas. (*pédikure*) (du lat. *pedis*, gén. de *pes*, pied, et *cura*, soin) : *chirurgien pédicure*, qui a soin des pieds.

PÉDIEN, subst. mas. (*pédiein*), nom qu'on donnait aux Athéniens, qui habitaient entre la colline et la mer. — On dit mieux *Pédiéen*.

PÉDIEUX, adj. mas., au fém. **PÉDIEUSE** (*pédieu*, *euze*), t. d'anat., qui est placé sur le pied : *muscle pédieux*; *artère pédieuse*.

PÉDILANTHE, subst. mas. (*pédilante*), t. de bot., genre de plantes de la famille des tithymaloïdes.

PÉDILUVE, subst. mas. (*pédiluve*) (du lat. *pes*, gén. *pedis*, pied, et *lavare*, laver), t. de médec., bain de pieds.

PÉDIMANE, subst. mas. (*pédimane*) (du lat. *pes*, gén. *pedis*, pied, et *manus*, main), t. d'hist. nat., famille de mammifères qui ont le pouce séparé aux pieds de derrière. — On dit aussi adj. : *le sarigue est pédimane*.

PÉDINE, subst. mas. (*pédine*), t. d'hist. nat., genre de coléoptères.

PÉDIONALGIE, subst. fém. (*pédi-onalji*) (du lat. *pes*, *pedis*, pied, et du grec αλγος, douleur), t. de médec., sorte de maladie spasmodique qui affecte la plante des pieds. — Névralgie des pieds.

PÉDIONALGIQUE, adj. des deux genres (*pédi-onaljike*), qui a rapport, qui appartient à la *pédionalgie*.

PÉDIOCLE, adj. (*pédi-okle*), t. d'hist. nat., genre de crustacés dont les yeux sont portés sur un *pédicule*, et mobiles, le limaçon, etc.

PÉDIONOME, subst. mas. (*pédi-onome*), t. d'hist. nat., famille d'oiseaux de l'ordre des échassiers.

PÉDIPALPE, subst. mas. (*pédipalpe*), t. d'hist. nat., tribu d'insectes établie parmi les arachnides pulmonaires.

PÉDOMÈTRE, subst. mas. (*pédomètre*). Voy. ODOMÈTRE.

PÉDON, subst. mas. (*pédon*) (du lat. *pedo*, *pedonis*, qui signifie proprement qui a de grands pieds), courrier à pied.

PÉDONCULAIRE, adj. des deux genres (*pédonkulère*), de *pédoncule*.

PÉDONCULE, subst. mas. (*pédonkule*) (du lat. *pediculus*, queue des fruits, etc.), t. de bot., tige qui supporte la fleur et le fruit. — T. d'anat., diverses appendices cérébrales.

PÉDONCULÉ, E, adj. (*pédonkulé*), t. de bot., porté par un *pédoncule*.

PÉDONNE, subst. fém. (*pédone*), petit bouton d'ivoire ou de buis attaché au bout du fer frisé, dans les manufactures de velours.

PÉDOPHILE, subst. et adj. des deux genres (*pédofile*) (du grec παις, παιδος, enfant, et φιλος, ami), qui aime les enfants. — Myth., surnom de Cérès, considérée comme la mère ou la nourrice du genre humain.

PÉDOPHLÉBOTOMIE, subst. fém. (*pédoflébotomi*) (du grec παιδος, gén. de παις, enfant, φλεβος, veine, et τομη, fait de τεμνω, je coupe), t. de médec., saignée des enfants.

PÉDOPHLÉBOTOMIQUE, adj. des deux genres (*pédoflébotomike*), qui a rapport, qui appartient à la *pédophlébotomie*.

PÉDOTHYSIE, subst. fém. (*pédotizi*) (du grec παις, παιδος, enfant, et θυσια, fait de θυω, j'immole), sacrifice des enfants, coutume barbare qu'on pratiquait chez les anciens pour désarmer le courroux des dieux.

PÉDOTROPHE, subst. mas. (*pédotrofe*), celui qui enseigne la manière, l'art de nourrir les enfants. — Surnom de Diane, honorée à Coronè, tiré de la vieille opinion où l'on était que la lune influe sur la grossesse et l'accouchement.

PÉDOTROPHIE, subst. fém. (*pédotrofi*) (du grec παῖς, gén. παιδός, enfant, et τροφή, nourriture), t. de médec., manière de nourrir les enfants. — Titre d'un beau poème latin de Scévole de Sainte-Marthe. — (De πεδον, sol, et τρεφω, je nourris), t. d'agronomie, art des engrais. (*Boiste.*)

PÉDOTROPHIQUE, adj. des deux genres (*pédotrofike*), qui appartient, qui a rapport à la pédotrophie.

PÉDUM, subst. mas. (*pédome*) (mot latin), bâton pastoral, houlette. — Caractère distinctif des auteurs comiques, parce que Thalie, muse de la comédie, était aussi la muse de l'agriculture. — Attribut de Pan, des Faunes, d'Actéon, etc.

PÉGASE, subst. mas. (*péguase*) (en grec Πηγασος, fait de πηγη, fontaine), myth., cheval ailé, célébré par les poètes, qui, sur le mont Hélicon, fit, d'un coup de pied, sourdre la fontaine Hippocrène. — Génie, inspiration poétique :

Pour lui Phœbus est sourd et *Pégase* est retif.
(BOILEAU.)

— Constellation boréale, qui contient quatre-vingt-treize étoiles. — T. d'hist. nat., genre de poissons cartilagineux.

PÉGASIDES, subst. propre fém. plur. (*péguazide*), myth., surnom des Muses, pris du cheval *Pegase*, qui, comme elles, habitait l'Hélicon.

PÉGAULIÈRE, subst. fém. (*pégoliére*), bateau dans lequel sont placées les chaudières qui servent à chauffer le brai pour caréner les vaisseaux.

PÉGÉES, subst. fém. plur. (*péje*) (du grec πηγη, fontaine), myth., nymphes des fontaines, les mêmes que les naïades.

PÉGLE, subst. mas. (*péguele*), espèce de goudron.

PÉGMAIRE, subst. mas. (*péguemère*) (du grec πηγμα, théâtre, échafaud), t. d'antiq., gladiateur qui combattait sur un second théâtre mobile, élevé sur le grand théâtre.

PEGMATE, subst. mas. (*péguemate*) (en grec πηγμα, échafaud), t. d'antiq., machine mouvante que l'on construisait à Rome pour les théâtres. — Gladiateur qui combattait au haut de cette machine. Voy. **PEGMAIRE**.

PEGMATITE, subst. fém. (*péguematite*), t. d'hist. nat., roche granitique, dans laquelle on trouve le kaolin, terre précieuse avec laquelle on fabrique de la porcelaine.

PEGME, subst. mas. (*pégueme*) (en grec πηγμα), t. d'antiq., machine qui servait au théâtre pour le changement des décorations.

PEGO ou **PÉGOT**, subst. mas. (*péguo*), t. d'hist. nat., espèce de fauvette des Alpes, genre d'oiseaux de l'ordre des silvains.

PÉGOLIÈRE, subst. fém. Voyez **PÉGAULIÈRE**.

PÉGOMANCIE, subst. fém. (*péguomanci*) (du grec πηγη, fontaine, et μαντεια, divination), divination qui se faisait, chez les anciens, par l'inspection de l'eau des fontaines.

PÉGOMANCIEN, subst. et adj. mas., au fém. **PÉGOMANCIENNE**, (*péguomancien, ciène*), qui concerne la *pégomancie*. — Celui, celle qui pratiquait la *pégomancie*.

PÉGOUSE, subst. fém. (*péguouze*), t. d'hist. nat., espèce de poisson plat qu'on trouve dans la Méditerranée.

PEHLEVI, subst. mas. (*pèlevi*), ancien caractère persan; ancienne langue persane.

PEIGNAGE, subst. mas. (*péniaje*), action de *peigner* le chanvre, la laine, etc. Ce mot manque dans l'*Académie*.

DU VERBE IRRÉGULIER **PEINDRE** :

Peignaient, 3ᵉ pers. plur. imparf. indic.
Peignais, précédé de *je*, 1ʳᵉ pers. sing. imparf. indic.
Peignais, précédé de *tu*, 2ᵉ pers. sing. imparf. indic.
Peignait, 3ᵉ pers. sing. imparf. indic.
Peignant, part. prés.
Peigne, précédé de *que je* 1ʳᵉ pers. sing. prés. subj.
Peigne, précédé de *qu'il* ou *qu'elle*, 3ᵉ pers. sing. prés. subj.

PEIGNE, subst. mas. (*péguie*) (en lat. *pecten*), instrument de bois, de buis, de corne, d'écaille ou d'ivoire, taillé en forme de dents, qui sert à démêler les cheveux et à décrasser la tête. — Ornement de tête que les femmes portent pour retrousser leurs cheveux. — Fam. : *être sale comme un peigne*, n'avoir sur soi aucune propreté. — Pop. : *donner*, *se donner un coup de peigne*, battre, se battre. — Instrument pour apprêter la laine, le chanvre, le lin. — Chez les tisserands, etc., sorte de châssis long et étroit, divisé en une multitude de petites ouvertures par où passent les fils de la chaîne. — Instrument avec lequel les boulangers qui font le biscuit de mer gravent diverses figures sur leurs galettes. — Chez les menuisiers, les extrémités : 1° des échalas de treillage, qu'on fait entrer dans la terre; 2° de ceux qui surpassent la dernière latte supérieure. — Sorte de maladie qui survient aux chevaux. — T. d'hist. nat., genre de coquillage bivalve dont la forme est très-connue, parce qu'une des espèces de ce genre sert d'ornement aux pèlerins de Saint-Jacques ou de Saint-Michel. Ce sont des mollusques acéphales.

PEIGNÉ, E, part. pass. de *peigner*, et adj. — Fig. : *lieu, jardin bien peigné*, ajusté, soigné. — *Ouvrage bien peigné*, poli, travaillé avec soin, exact et châtié. — *Style trop peigné*, d'une correction affectée. — *Être peigné à la diable*, avoir les cheveux, ou même tout son individu, en désordre. — Subst. : *un mal peigné*, un homme malpropre. — T. de pêche : *harengs peignés*, ceux qui ont perdu leurs nageoires ou beaucoup de leurs écailles.

PEIGNÉE, subst. fém. (*pégnie*), action de se battre ; *se donner une peignée*. Pop.

DU VERBE IRRÉGULIER **PEINDRE** :

Peignent, précédé de *ils* ou *elles*, 3ᵉ pers. plur. prés. indic.
Peignent, précédé de *qu'ils* ou *qu'elles*, 3ᵉ pers. plur. prés. subj.

PEIGNER, v. act. (*pégnie*) (en latin *pectere*, fait du grec πεκειν, ou πεκεω), démêler, nettoyer, ajuster les cheveux avec le *peigne*. — Apprêter de la laine, du chanvre, du lin avec des *peignes* à dents de fer. — Battre, maltraiter. Pop. — *se* **PEIGNER**, v. pron., *peigner* ses cheveux. — Se battre. Pop.

Peignes, 2ᵉ pers. sing. prés. subj. du v. irrégulier **PEINDRE**.

PEIGNEUR, subst. mas.; **PEIGNEUSE**, subst. fém. (*pégnieur, gniéuze*), ouvrier qui *peigne* la laine, le chanvre, le lin, etc.

PEIGNIER, subst. mas. (*pégnie*), celui qui fait et vend des *peignes*. Peu en usage.

PEIGNEUSE, subst. fém. Voy. **PEIGNEUR**.

DU VERBE IRRÉGULIER **PEINDRE** :

Peigniez, précédé de *vous*, 2ᵉ pers. plur. imparf. indic.
Peigniez, précédé de *que vous*, 2ᵉ pers. plur. prés. subj.
Peignîmes, 1ʳᵉ pers. plur. prét. déf.
Peignions, précédé de *nous*, 1ʳᵉ pers. plur. imparf. indic.
Peignions, précédé de *que nous*, 1ʳᵉ pers. plur. prés. subj.
Peignirent, 3ᵉ pers. plur. prét. déf.
Peignis, précédé de *je*, 1ʳᵉ pers. sing. prét. déf.
Peignis, précédé de *tu*, 2ᵉ pers. sing. prét. déf.
Peignisse, 1ʳᵉ pers. sing. imparf. subj.
Peignissent, 3ᵉ pers. plur. imparf. subj.
Peignissiez, 2ᵉ pers. sing. imparf. subj.
Peignissions, 1ʳᵉ pers. plur. imparf. subj.
Peignit, précédé de *il* ou *elle*, 3ᵉ pers. sing. prét. déf.
Peignît, précédé de *qu'il* ou *qu'elle*, 3ᵉ pers. sing. imparf. subj.
Peignîtes, 2ᵉ pers. plur. prét. déf.

PEIGNOIR, subst. mas. (*péguioar*), linge en forme de manteau ou de casaque, qu'on se met sur les épaules lorsqu'on se *peigne*, pour empêcher que la crasse, les cheveux ne tombent sur les habits, sur la robe de chambre. — Manteau de bain.

PEIGNON, subst. mas. (*pégnion*), paquet de chanvre affiné que porte, en forme de ceinture, l'ouvrier qui file une corde. — Au plur., rebut ou reste des menus *peignées*.

DU VERBE IRRÉGULIER **PEINDRE** :

Peignons, 1ʳᵉ pers. plur. impér.
Peignons, précédé de *nous*, 1ʳᵉ pers. plur. prés. indic.

PEIGNURES, subst. fém. plur. (*pégniure*), cheveux qui tombent de la tête lorsqu'on se *peigne*.

PEILLER, subst. mas. (*pè-ié*), celui qui ramasse des chiffons pour la fabrication du papier. Inusité. On dit chiffonnier.

PEILLES ou **PEIES**, subst. fém. plur. (*pè-ié*), vieux chiffons employés à la fabrication du papier. Presque hors d'usage.

PEINCHEBEC, subst. mas. (*peinchebèke*), espèce de métal, résultat de l'alliage du zinc et du cuivre.

DU VERBE IRRÉGULIER **PEINDRE** :

Peindra, 3ᵉ pers. sing. fut. indic.
Peindrai, 1ʳᵉ pers. sing. fut. indic.
Peindraient, 3ᵉ pers. plur. prés. cond.
Peindrais, précédé de *je*, 1ʳᵉ pers. sing. prés. cond.
Peindrais, précédé de *tu*, 2ᵉ pers. sing. prés. cond.
Peindrait, 3ᵉ pers. sing. prés. cond.
Peindras, 2ᵉ pers. sing. fut. indic.

PEINDRE, v. act. (*peindre*) (en latin *pingere*, fait, selon Jules Scaliger, du grec πηγειν, éclairer, rendre lumineux), enduire de couleurs. — Représenter un objet par les traits et les couleurs : *peindre à l'huile*, *en pastel*, *en miniature*. — *Peindre quelqu'un*, faire son portrait. — *Peindre l'histoire*, représenter des sujets historiques. — Orner de peintures : *peindre une galerie*. — Couvrir simplement avec des couleurs, sans qu'elles représentent aucun objet. — Au figuré, décrire et représenter vivement par le discours. — Il se dit de la manière dont on forme ses lettres en écrivant : *il peint bien*, *il peint mal*. En ce sens il est neutre. — Fam. : *personne faite à peindre*, parfaitement conformée. — *Habit fait à peindre*, qui va à *peindre*, habit bien fait, qui va bien à la taille, etc. — *Pour nous achever de peindre*, pour surcroît de malheur. — *se* **PEINDRE**, v. pron., se représenter : *ces avantages se peignaient à leur esprit*, etc. — Être représenté : *les objets se peignent sur la glace d'un miroir*, *sur la surface de l'eau*, etc. — Se montrer sensiblement : *la joie*, *la douleur se peint sur son front*. — *Se peindre dans ses ouvrages*, y donner à connaître son caractère, ses inclinations. — *Dire ses défauts*, *ses qualités*. — *S'achever de peindre*, compléter sa ruine. Fam. — *Se peindre les cheveux*, pour paraître plus jeune.

DU VERBE IRRÉGULIER **PEINDRE** :

Peindres, 2ᵉ pers. plur. fut. indic.
Peindrez, 2ᵉ pers. plur. prés. cond.
Peindrions, 1ʳᵉ pers. plur. prés. cond.
Peindrons, 1ʳᵉ pers. plur. fut. indic.
Peindront, 3ᵉ pers. plur. fut. indic.

PEINE, subst. fém. (*pène*) (en latin *pœna*, fait du grec πενομαι, travailler), sentiment de quelque mal dans le corps ou dans l'esprit. — Chagrin, fâcherie. Travail, fatigue. — *Être dans la peine*, dans le malheur, dans la misère. — *Je le ferai*, *ou je mourrai à la peine*. — *Homme de peine*, qui gagne sa vie par un travail pénible de corps. — Salaire du travail d'un artisan. — Répugnance qu'on a à dire ou à faire quelque chose : *faire une chose sans peine*. — Obstacle, difficulté : *cela se fait sans peine*, aisément. — Châtiment, punition. (Du même mot latin *pœna* dérivé, en ce sens, du grec πινη, dorique ποινα.) *La peine du sens*, la douleur que souffriront les damnés par les tourments de l'enfer. — *La peine du dam*, ce que leur fait souffrir la privation de la vue de Dieu. — *Les peines du purgatoire*, ce que les âmes souffrent dans le purgatoire. — *Être comme une âme en peine*, être fort tourmenté, fort inquiète. — *Sous les peines de droit*, que la loi autorise à infliger. — *Vous n'aurez que la peine de...*, il vous suffira de... — *Perdre sa peine*, travailler inutilement. — *Compter pour rien ses peines*, être fort obligeant, fort actif. — *Prenez la peine de venir me voir*, formule de politesse pour dire : je vous prie de venir me voir. — *La chose en vaut bien la peine*, ou *n'en vaut pas la peine*, est assez ou n'est pas assez considérable. — *Cela ne vaut pas la peine d'en parler*, c'est trop peu important. — *Avoir de la peine à parler*, parler avec difficulté. — *Avoir de la peine à marcher*, marcher difficilement. — *A peine*, loc. adverbiale qui marque le peu de temps qu'il y a qu'une chose est arrivée : *à peine est-il hors du lit*; *à peine le soleil fait-il lever que...* — *Presque pas* : *à peine on le voit*, *on a à se conduire*. — *À grand'peine*, difficilement. — AVOIR PEINE, AVOIR DE LA PEINE à

FAIRE QUELQUE CHOSE. (*Syn.*) *Avoir peine* exprime uniquement l'espèce de sentiment que l'on a, le genre de disposition où l'on est. *Avoir de la peine* marque tel effet que l'on sent, certaine épreuve que l'on fait, avec telle circonstance, dans un cas particulier ou particularisé.—Vous *avez peine* à faire la chose à laquelle vous répugnez naturellement; *vous avez de la peine* à faire ce que vous ne faites qu'avec plus ou moins de difficulté.—*On a peine* à croire ce que l'esprit rejette de lui-même; *on a de la peine* à croire ce qu'on ne se persuade pas aisément. Dans le premier cas, il y a une répugnance ou un préjugé à vaincre; dans le second, vous trouvez des difficultés ou des embarras à lever. — Nous *avons peine* à concevoir ce qui choque nos idées; nous *avons de la peine* à concevoir ce qui ne nous est pas présenté d'une manière claire et intelligible. —Un homme délicat *a peine* à se prêter à certaines manœuvres; un bègue *a de la peine* à parler.

PEINÉ, E, part. pass. de *peiner*, et adj. : *je suis peiné de...*, fâché.—*Ouvrage peiné*, travaillé avec effort et pesamment. On dit dans le même sens : *style peiné, écriture peinée*.

PEINER, v. act. (*pêné*), faire de la *peine* : *votre situation me peine extrêmement*.—Travailler beaucoup et difficilement ce qu'on fait : *ce poète, ce peintre peine beaucoup ses ouvrages*.—Neut., avoir de la *peine*, travailler avec effort : *ces bateliers, ces chevaux peinent beaucoup à remonter la rivière*. — Répugner à... : *on peine à faire des reproches mérités*. — *Cette solive peine beaucoup*, elle est trop chargée, elle menace ruine. — SE PEINER, v. pron., prendre de la *peine*.

PEINEUSE, adj. fém. Voy. PEINEUX.

PEINEUX, adj. mas., au fém. **PEINEUSE** (*pêneu, neuze*), qui donne de la peine.

DU VERBE IRRÉGULIER **PEINDRE** :

Peins, 2e pers. sing. impér.
Peins, précédé de *je*, 1re pers. sing. prés. indic.
Peins, précédé de *tu*, 2e pers. sing. prés. indic.
Peint, 3e pers. sing. prés. indic.
Peint, *e*, part. pass. et adj.

PEINT., abréviation du mot *peinture*.

PEINTADE, subst. fém. Voy. PINTADE.

PEINTADEAU, subst. mas. Voyez PINTADEAU.

PEINTRE, subst. mas. (*peintre*) (en latin *pictor*), celui, celle qui exerce l'art de la *peinture*. On dit également d'une femme, qu'*elle est peintre en miniature*, etc. L'*Académie* veut qu'on dise *une femme peintre*; il est vrai qu'on ne dit pas *une peintre*, en parlant d'une femme.—Fig., qui représente vivement les choses dont il parle et dont il traite : *cet orateur est un grand peintre*; *l'Arioste est un très-grand peintre*.—*Boiste* donne *peintresse* pour fém. à ce subst.

PEINTREAU, subst. mas. (*peintrô*), mauvais *peintre*.

PEINTURAGE, subst. mas. (*peinturaje*), enduit de couleur sur du bois, sur un mur, etc. Voy. PEINTUREUR.

PEINTURE, subst. fém. (*peinture*) (en latin *pictura*), art de *peindre* : *il excelle dans la peinture*. — Ouvrage du *peintre* : *il y a de belles peintures dans cette église*. — Au fig., description vive et animée que fait un orateur, un poète. — Dans un jeu de cartes, les rois, les dames, les valets. On dit ordinairement *figure*. —*En peinture*, adv., en apparence : *riche, brave en peinture*.

PEINTURÉ, E, part. pass. de *peinturer*.

PEINTURER, v. act. (*peinturé*), enduire une chose d'une seule couleur : *peinturer un treillage, un lambris*.—SE PEINTURER, v. pron. Voy. PEINTUREUR pour la remarque.

PEINTUREUR, subst. mas. (*peintureur*), ouvrier qui imprime en couleur les bois, les fers, les murs. — Mot utile à conserver pour distinguer cet ouvrier de l'artiste, que seul on doit nommer *peintre*. Il en est de même de *peinturage* et *peinturer*, par rapport à *peinture* et *peindre*.

PEINTURLURÉ, part. pass. de *peinturlurer*.

PEINTURLURER, v. neut. (*peintureluré*), t. burl., enluminer, mal *peindre*. (Boiste.) Trivial et presque inusité.

PEIRUM, subst. propre mas. (*pérome*), myth., dieu que les Japonais attendent à la fin du monde.

PÉJORATIF, subst. et adj. mas., au fém. **PÉJORATIVE** (*péjoratif, tive*) (du lat. *pejus*, pire), qui rend pire, qui exprime l'augmentatif dans le mauvais; certaines terminaisons de mots sont des expressions *péjoratives*, comme d'autres sont *diminutives*, d'autres *augmentatives* : *ache*, dans *bravache*; *ace*, dans *villace*; *aille*, dans *criailler*, sont des *péjoratifs*.

PÉKAN, subst. mas. (*pékan*), t. d'hist. nat., animal de l'Amérique septentrionale.

PÉKAO, subst. mas. (*péka-ô*), thé analogue au *péco*.

PÉKÉA, subst. mas. (*pékié-a*), t. de bot., sorte de plante qui croît dans l'île de Cayenne; le caryocar.

PÉKIN, subst. propre mas. (*pékiein*), capitale de la Chine. — Subst. mas., étoffe de soie de la Chine. — T. de soldat, qui n'est pas militaire.

PÉKU, subst. fém. (*péku*), nom qu'on donne, à Batavia, à la valeur de mille caches.

PÉLACHE, subst. fém. (*pelache*), peluche grossière.

PELADE, subst. fém. (*pelade*) (rac. *peler*), maladie qui fait tomber le *poil* et les cheveux.— Laine qu'on enlève, à l'aide de la chaux, sur les peaux de mouton.

PELAGE, subst. mas. (*pelaje*) (du lat. *pilus*, poil), couleur du poil de certains animaux, comme du cheval, du cerf, etc. : *ces chevaux ne sont pas du même pelage*.

PÉLAGIANISME, subst. mas. (*pélaji-aniceme*), hérésie ainsi nommée de *Pélage*, moine anglais, qui lui donna naissance. *Pélage* niait le péché originel, et, sous prétexte de défendre le libre arbitre, détruisait entièrement le pouvoir de la grace.

PÉLAGIE, subst. fém. (*pélaji*), t. de médec., érysipèle écailleux des mains. — T. d'hist. nat., genre établi aux dépens des méduses. — Subst. propre fém., myth., nom d'une île voisine des Colonnes d'Hercule, consacrée à Saturne. — Pris adj., surnom de Vénus; surnom d'Isis dans plusieurs inscriptions.

PÉLAGIEN, subst. mas.; **PÉLAGIENNE**, subst. fém. (*pélajiein, jiène*), hérétique, sectateur de *Pélage*. — Adj., se dit des oiseaux de la pleine mer. (Du grec πελαγιος, marin, dérivé de πελαγος, en lat. *pelagus*, la mer.)

PÉLAGOSCOPE, subst. mas. (*pélaguocekope*) (du grec πελαγος, mer, et σκοπεω, je regarde), instrument d'optique dont on se sert pour voir les objets dans la mer, au fond de l'eau.

PÉLAGOSCOPIE, subst. fém. (*pélaguocekopi*), art, action, manière de voir les objets au fond de la mer.—Point de vue, représentation du *pélagoscope*.

PÉLAGOSCOPIQUE, adj. des deux genres (*pélaguocekopike*), qui concerne le *pélagoscope* et la *pélagoscopie*.

PÉLAGUSE, subst. fém. (*pélaguze*), t. d'hist. nat., genre de coquille de la famille des nautiles.

PELAINS, subst. mas. plur. (*pelein*), satins que l'on fabrique en Chine. (*Boiste*.)

PÉLAMIDE, subst. fém. (*pélamide*) (du grec πηλος, boue, limon; parce qu'il se tient dans le limon), nom donné par les anciens à un jeune thon d'un an. — T. d'hist. nat., genre de reptiles.

PELARD, adj. mas. (*pelar*) : *bois pelard*, qui a été écorcé sur pied, *pelé* pour faire du tan.

PELARDEAUX, subst. mas. plur. (*pelardô*), t. de mar., morceaux de bois enduits de poix et de bourre pour boucher les trous des boulets.

PELARGON, subst. mas. (*pelarguon*), t. de bot., genre de plantes de la famille des géranoïdes.

PÉLASGES, subst. propre mas. plur. (*pelaje*), les plus anciens peuples grecs, distingués des Hellènes.—Nom que portèrent d'abord les Macédoniens. — C'est aussi le nom d'un ancien peuple presque sauvage, qui habitait entre le Danube et la mer du Péloponèse, dans des antres profonds, d'où ils ne sortaient que pour disputer aux animaux des aliments grossiers pour se nourrir.

PÉLASGIE, subst. propre fém. Voy. PÉLAGIE.

PÉLASGIQUE, subst. propre mas. (*pélajike*), myth., surnom de Jupiter.

PÉLASGIS, subst. propre fém. (*pélajice*), myth., surnom de Cérès qu'elle devait à un temple qui fut élevé en son honneur par *Pélasgus*, roi d'Argos, qui y fut enterré.

PELASTRE, adj. des deux genres. Voy. PELLÂTRE.

PELATES, subst. mas. plur. (*pelate*) (en grec πελατης, domestique), t. d'antiq., domestiques particuliers, à Athènes; c'étaient des citoyens libres que leur pauvreté forçait à servir.

PELAUDÉ, E, part. pass. de *pelauder*.

PELAUDER, v. act. (*pelôdé*), battre, châtier. —SE PELAUDER, v. pron., se battre à coups de poing. Pop. (*Boiste*.) Inusité.

PELCOSE, subst. fém. (*pélekôze*) (du grec πελιος, livide), t. de médec., lividité.

PÊLE, mot que l'*Académie* renvoie à *pêne*, et qui est hors d'usage.

PELÉ, E, part. pass. de *peler*, et adj., à qui l'on a ôté le *poil*.— On dit par injure et subst. : *vieux pelé, vieille pelée*; et d'une assemblée dont on ne fait pas grand cas : *il n'y avait que trois tondus*, ou *teigneux*, *et un pelé*.

PÉLÉADES, subst. propre fém. plur. (*pélé-ade*) (en grec πελειαδες, ou πελειαι), myth., anciennes prophétesses qui demeuraient chez les Dodoniens. —T. d'astron., les pléiades, étoiles.

PÉLÉCANOÏDE, subst. mas. (*pélékano-ïde*) (du grec πελεκυς, hache, et ειδος, forme), t. d'hist. nat., section d'oiseaux du genre pétrel.

PÉLÉCINE, subst. fém. (*pélécine*) (en grec πελεκινος), t. d'hist. nat., genre d'insectes de l'ordre des hyménoptères. — Nom d'un oiseau. — T. de bot., petite plante qui vient dans les blés.

PÉLÉCINON, subst. mas. (*pélécinon*) (du grec πελεκυς, hache), cadran ancien, en hache et horizontal.

PÉLÉCOÏDE, subst. fém. (*péléko-ide*) (en grec πελεκοειδης, formé de πελεκυς, hache, et ειδος, forme), figure faite en hache.

PÉLÉCOTOME, subst. mas. (*pélékotome*), t. d'hist. nat., genre d'insectes de l'ordre des coléoptères.

PÉLÉIDES, subst. propre mas. plur. (*pélé-ide*), myth., descendants de *Pélée*.

PÊLE-MÊLE, adv. (*pêlemêle*), confusément; en désordre. — Subst. mas., état, situation où l'on est *pêle-mêle* : *le pêle-mêle de la société*.

PELER, v. act. (*pelé*) (du lat. *pilus*, poil, *Martial* a dit *pilare*, épiler, ôter le poil), ôter le poil : *peler un cochon*. — Oter la peau d'un fruit ou l'écorce d'un arbre. (Du lat. *pellis*, peau.) —On dit aussi *peler des langues de bœuf* ou *de cochon*; *peler du fromage*, et autres choses qui ont une espèce de *peau*.—*Peler la terre*, en enlever du gazon.—Neut. : *le corps pelle*, la peau s'enlève. — SE PELER, v. pron., être *pelé* : *les fruits se pellent*.

PÈLERIN, E, subst. (*pèlerein, rine*) (du lat. *peregrinus*, voyageur, étranger), celui, celle qui va en *pèlerinage*. — Fig. et fam., personne adroite, fine et dissimulée : *vous ne connaissez pas le pèlerin*, *la pèlerine*. — Prov. : *rouge au soir, blanc au matin, c'est la journée d'un pèlerin*, il fera beau tout le jour; ou bien encore : il faut boire du vin rouge le soir et du vin blanc le matin. — T. d'hist. nat., genre de coquilles bivalves.

PÈLERINAGE, subst. mas. (*pèlerinaje*), voyage qu'on fait en quelque lieu par dévotion. Voy. PÈLERIN.—Lieu où l'on va en *pèlerinage*.—*Cette vie n'est qu'un pèlerinage*, qu'un voyage.

PÈLERINE, subst. fém. Voy. PÈLERIN.—Ajustement semblable à ce qu'on a aussi nommé *palatine*.—Au plur., t. d'hist. nat., genre de mollusques acéphales.

PÉLESTINIENS, subst. propre mas. plur. (*pélécetini-ein*), anciens peuples qui habitaient l'Ombrie, en Italie.

PÉLETRAGE, subst. mas. (*péletraje*), ce qui ferme un coffre. (*Boiste*.) Inusité.

PÉLÉTHRONIENS, subst. propre mas. plur. (*pélétroni-ein*), anciens Lapithes.

PELETTE, subst. fém. (*pelète*), instrument qui sert à diviser, à couper la terre à briques.

PÉLEVANILLE, subst. fém. (*pélevani-ie*), nom d'une variété de raisins, qui croît, en France, dans le Médoc.

PÉLEXIE, subst. fém. (*pélèkci*), t. de bot., genre de plantes établi aux dépens des néoties.

PÉLIAS, subst. propre mas. (*péli-âce*), myth., fils de Neptune et de la nymphe Tyro. Il fut nourri par une jument, et devint le plus cruel de tous les hommes. Ayant usurpé les états d'Eson, il immola sa belle-mère à Junon, et fit assassiner la femme et les enfants d'Eson, à l'exception de Jason, qu'on déroba à sa fureur, et qu'on fit élever en secret. Jason, dans la suite, vint redemander ses états à *Pélias*, qui n'osa les lui refuser : mais *Pélias* engagea ce jeune prince à aller conquérir la Toison d'or, espérant qu'il y périrait. Jason revint triomphant avec Médée, qui punit *Pelias* de tous ses forfaits en persuadant à ses propres filles de l'égorger, et de faire bouillir ses membres dans une chaudière.

PÉLICAN, subst. mas. (*pelikan*) (en grec πελεκαν, fait de πελεκυς, hache, parce que son bec plat ressemble à une hache), t. d'hist. nat., oiseau aquatique, qui retire de son estomac les aliments qu'il a pris, pour en nourrir ses petits.— Sorte d'alambic bouché et garni de deux tuyaux. — Instrument pour arracher les dents.—Autrefois, pièce d'artillerie qui portait six livres de balles.—Petit crochet qui sert à assujétir les pièces de bois, lorsqu'on les scie, et qu'on les travaille.

PÉLICE, subst. fém. (*pélice*), t. d'hist. nat., espèce de reptile du genre des couleuvres.

PÉLIN, mieux PLAIN, subst. mas. (*pelein, plein*), chaux éteinte dans l'eau, où l'on met tremper les cuirs pour les peler.—Cuve qui sert à ce travail. — On appelle, *plain faible*, celui qui a encore une certaine force; *plain mort*, celui qui est rempli d'une vieille eau de chaux qui a jeté tout son feu ; *plain neuf*, celui qui n'a pas encore servi.

PÉLIOME, subst. fém. Voy. PÉLIOSE.

PÉLION, subst. propre mas. (*péli-on*), l'une des montagnes de Thessalie que les géants entassèrent pour escalader le ciel.

PÉLIOPE ou PÉLIOPODE, subst. fém. (*péli-ope, opode*) (du grec πελειος, blanc, et ποδος, gén. de πους, pied), t. d'hist. nat., sorte de poule d'eau dont les pieds sont blancs

PÉLIOSANTHE, subst. mas. (*péli-ozante*), t. de bot., nom de deux plantes qui croissent dans les Indes.

PÉLIOSE, subst. fém. (*péli-ôze*) (du grec πελιος, livide), t. de médec., lividité, ecchymose, tache scorbutique, maladie pustuleuse hémorrhagique, souvent mélangée de sérosités.

PELISSE, subst. fém. (*pelice*) (du latin *pellis*, peau), manteau ou mantelet de femme , doublé ou garni de fourrure.

PELISSON, subst. mas. (*peliçon*), sorte d'habit de peau, dont on fait usage dans les pays froids.

PELLA, subst. fém. (*pélela*), t. de bot., genre de plantes qui a été établi d'après un fruit de Ceylan.—Subst. propre fém., nom d'une petite ville de Judée. — C'est aussi le nom d'une ancienne ville de Macédoine.

PELLÂTRE, subst. fém. (*pélelâtre*), la partie inférieure et la plus large d'une *pelle* de bois ou de fer.

PELLE, subst. fém. (*péle*) (en latin *pala*), instrument de fer qui sert à prendre le feu.— Instrument de bois, de fer, dont on se sert pour remuer diverses choses.—Prov.: *la pelle se moque du fourgon*, il a les mêmes défauts que celui dont il veut se moquer.—*Avoir de l'argent à remuer à la pelle*, avoir beaucoup d'argent.

PELLE-À-CUL, subst. fém. (*pélaku*), sorte de chaise de jardin dont le siège est fait en forme de *pelle*.

PELLÉE, PELLERÉE ou PELLETÉE, subst. fém. (*pele, péleré, peleté*), autant qu'il peut en tenir sur une *pelle*. De ces trois mots, *pelletée* paraît le plus usité.

PELLEGRUE, subst. propre mas. (*pélegueru*), bourg de France, chef-lieu de canton, arrond. de la Réole, dép. de la Gironde.

PELLÉNÉENNE, adj. fém. (*péleléné-ène*), myth., surnom de Diane , pris du culte qu'on lui rendait à *Pellène*, ville d'Achaïe.

PELLERÉE, subst. fém. Voy. PELLÉE.

PELLERIN (LE), subst. propre mas. (*lepèlerein*), bourg de France , chef-lieu de canton, arrond. de Paimbœuf, dép. de la Loire-Inférieure.

PELLERON, subst. mas. (*péleron*), pelle longue et étroite pour enfourner les petits pains.

PELLETÉE, subst. fém. Voy. PELLÉE.

PELLETERIE, mieux PELLETTERIE. Voy. ce mot.

PELLETIER, subst. mas., PELLETIÈRE, subst. fém. (*peletié, tière*) (du latin *pellis*, peau), celui, celle qui accommode et vend des peaux pour des fourrures, des manchons, etc.

PELLETIÈRE, subst. fém. Voy. PELLETIER.

PELLETTERIE, subst. fém. (*péleteri*), art d'accommoder les *peaux* et d'en faire des fourrures. —Marchandises de *pelletier*.—Le corps des *pelletiers*.—Boutique , atelier de *pelletterie*.

PELLICULE, subst. fém. (*pélelikule*) (en latin *pellicula*, dimin. de *pellis*, peau), peau extrêmement mince : 1° dans le corps humain ; 2° audedans de la coque d'un œuf ou de quelque fruit.

PELLICULEUSE, adj. fém. Voyez PELLICULEUX.

PELLICULEUX, adj. mas., au fém. PELLICULEUSE (*pélelikuleu, leuze*), plein de *pellicules*.

PELLONIA, subst. propre fém. (*pélelonia*) (du lat. *pellere*, chasser), myth., déesse qu'on invoquait à Rome pour chasser les ennemis.

PELLOS, subst. mas. (*péleôce*), t. d'hist. nat., espèce de héron.

PELLUCIDE, adj. des deux genres (*pelelucide*), t. d'anat., se dit de certaines membranes minces.

PELMATODE, subst. mas. (*pélematode*) , t. d'hist. nat., famille d'oiseaux de l'ordre des silvains.

PÉLOGONE, subst. mas. (*péloguône*), t. d'hist. nat. , genre d'insectes de l'ordre des hémiptères.

PELOIR , subst. mas. (*peloar*) , rouleau de bois avec lequel le mégissier fait tomber le poil des peaux.

PELONE, subst. fém. (*pelone*), t. d'hist. nat., nom que certains auteurs donnent à un animal à cornes qui a quelque ressemblance avec le cochon.

PÉLOPÉE, subst. propre fém. (*pelope*), myth., fille de Thyeste, qui fut violée par son père, dont elle eut Égysthe. — T. d'hist. nat., genre d'insectes hymenoptères.

PÉLOPIDES, subst. mas. propre mas. plur. (*pelopide*), myth., nom donné par les Grecs à la famille de *Pelops*.

PÉLOPIES, subst. fém. plur. (*pelopi*) , myth., fête que les Éléens célébraient en l'honneur de *Pelops*.

PÉLOPONÈSE , subst. propre mas. (*peloponèze*). C'est la *Morée* d'aujourd'hui. Voy. MORÉE.

PÉLOPS, subst. propre mas. (*pelopece*), myth., fils de Tantale. Son père ayant un jour reçu les dieux chez lui, leur servit les membres de *Pelops* pour tout mets. Cérès, mourant de faim, en mangea une épaule , que Jupiter remplaça par une d'ivoire, quand il eut rassemblé ses membres pour les ranimer. *Pelops* épousa Hippodamie, après avoir vaincu OEnomaüs, père de cette princesse, et donna son nom au *Péloponèse*, dont il se rendit maître.

PÉLORE, subst. mas. (*pelore*), t. d'hist. nat., sorte de coquillage.

PÉLORIDE, subst. fém. (*peloride*), t. d'hist. nat., espèce de coquille du genre des cames.

PÉLORIES, subst. fém. plur. (*pelori*), fêtes qu'on célébrait en Thessalie, qui avaient beaucoup de rapport avec les saturnales des anciens Romains, dont elles furent peut-être l'origine.

PÉLORIS , subst. mas. (*pelori*), t. d'hist. nat., genre de vers mollusques, dont les huîtres font partie.

PELOSARD , subst. mas. (*pelozar*), nom d'un raisin qui croît dans le Midi.

PELOTAGE , subst. mas. (*pelotaje*), troisième sorte de laine de vigogne, qu'on apporte d'Espagne en *pelottes*.

PELOTE , subst. fém., orthographe de l'Académie, mieux PELOTTE. Voy. ce mot.

PELOTÉ , E , part. pass. de *peloter*.

PELOTER, v. neut. (*peloté*), jouer à la paume par amusement, sans que ce soit une partie réglée. —Jeter des *pelottes* de neige.—Jeter de petites *pelottes* de mangeaille aux poissons.— Fig., agir comme par manière d'essai, sans oser le faire plus sérieusement. — Act., maltraiter de coups ou de paroles : *on l'a bien peloté*. Il est familier. — *se* PELOTER , v. pron.

PELOTEUSE-MÉCANIQUE, subst. fém. (*pelotenzemekanike*) , petite machine destinée à *pelotonner* le coton lorsqu'il est en écheveaux.

PELOTON, subst. mas. (*peloton*), fil, laine, soie dévidée en rond. — Balle à jouer à la paume, qui n'est point couverte. — Fig. : 1° personnes assemblées par petites troupes ; 2° petits corps de gens de guerre ; 3° grande quantité d'insectes ou tout ensemble en un tas. — *Se mettre en peloton*, rassembler ses membres de façon que le corps forme en quelque sorte la boule.— Au plur., t. de pêche, bouts de membrures qu'on clôt sur la partie de l'auge qui traverse la chaussée des étangs. On dit aussi *pelotes*.

PELOTONNÉ, E , part. pass. de *pelotonner*.

PELOTONNER, v. act. (*pelotoné*), mettre en *peloton*. —*se* PELOTONNER, v. pron.

PELOTTE, subst. fém. (*pelote*) (en latin *pila*, balle à jouer. *Ménage*.), petite boule qu'on forme en dévidant du fil, de la soie, etc.—Autrefois, petite balle de paume.—Boule qu'on fait avec de la neige pressée. —Coussinet sur lequel les femmes fichent des épingles et des aiguilles.—Petite personne très-grasse.— Prov. et fam. : *la pelotte se grossit*, les torts augmentent.—*Faire sa pelotte*, mettre à part des profits illicites.—Dans les verreries, tas de cendres rouges ou de menue braise, sur lequel les ouvriers en plat déposent leurs plateaux lorsqu'ils les ont finis.— Chez les chamoiseurs , réunion des peaux qu'on jette à la fois dans la *pile*, pour y être foulées.—Petite marque blanche sur le front d'un cheval : *ce cheval a la pelotte*.

PELOUSE, subst. fém. (*pelouze*) (de *pilus*, poil. *Ménage*.) , sorte d'herbe courte et douce. —Terrain qui en est couvert.

PELOUSTION, subst. mas. (*pelouceion*), dans le midi de la France, petite huître qui tient à une grosse.

PELTA, subst. fém. (*péleta*), sorte de petit bouclier échancré qui était , dit-on , particulier aux Amazones. — T. de bot., petite cupule ou conceptacle qui se trouve dans les lichens.

PELTACÉE, subst. fém. (*péletace*), t. de bot., famille de plantes établies aux dépens des équisétacées.

PELTAIRE, subst. fém. (*péletère*), t. de bot., genre de plante de la famille des crucifères.

PELTASTE , subst. mas. (*peletacete*) (du grec πελτη, bouclier), t. d'antiq., corps de troupes légères grecques, armées du bouclier nommé *pelta*. —T. d'hist. nat., genre d'insectes hyménoptères.

PELTE, subst. fém. (*pelete*) (en latin *pelta*), t. d'hist. anc., petit bouclier des anciens. C'est le même mot que *pelta*.

PELTÉ, E , adj. (*pélete*), qui a la forme d'un bouclier. — En bot., il se dit d'une feuille dont le pétiole s'implante au milieu de sa surface , et d'un stigmate, etc.—En anat., il se dit de certaines petites parties ou membraneuses chez l'homme et dans les animaux , qui ont la même forme.

PELTIDÉE, subst. fém. (*péletidé*) , t. de bot., plante cryptogame de la famille des lichens.

PELTIS , subst. mas. (*peleti*), t. d'hist. nat., genre d'insectes de l'ordre des coléoptères.

PELTOÏDES, subst. mas. pl. (*péleto-ide*) (du lat. *pelta*, petit bouclier, en grec πελτη, et ειδος, forme), t. d'hist. nat., tribu d'insectes de l'ordre des coléoptères , de la section des pentamères, de la famille des clavicornes.

PELTOPHORE, subst. mas. (*péletofore*) (du grec πελτη, petit bouclier, et φερω, je porte), t. de bot., genre de plantes établi pour placer le manisure queue-de-rat.

PELTRE , subst. mas. (*pélete*) , t. de comm., toile commune et grossière que l'on fabrique dans la Bretagne.

PELU, E , adj. (*pelu*) (en latin *pilosus*), garni de poil.—Fig. et fam., *patte-pelue*, personne qui va adroitement à ses fins, sous des apparences de douceur et d'honnêteté. Voy. PATTE-PELU.

PELUCHE, subst. fém. (*peluche*), sorte d'étoffe à grands poils. — Touffe de feuilles dans les fleurs artificielles. — L'*Académie* écrit aussi *pluche*. — Ensemble des pétales qui remplacent les pistils dans l'anémone double.

PELUCHÉ, E , adj. , velu : *des bas peluchés ; une fleur peluchée*.

PELUCHER, v. neut. (*peluché*); il se dit d'une étoffe qui , par l'usage ou par le frottement, a le défaut de se couvrir de *poils*. — *se* PELUCHER, v. pron. Voy. PELUCHE.

PELUCHEUSE, adj. fém. Voy. PELUCHEUX.

PELUCHEUX, adj. mas., au fém. PELUCHEUSE (*pelucheu, cheuze*), qui se *peluche*.

PELURE, subst. fém. (*pelure*) , la peau qu'on ôte de dessus quelque fruit ou quelque fromage.

PELURE-D'OGNON, subst. fém. (*peluredognion*), t. d'hist. nat., agaric des environs de Paris. —Variété de pommes de terre.—T. d'hist. nat., coquille des Indes. — Sorte de petite huître.— Nom qu'on donne à la couleur de certains vins.

PÉLUSE, subst. propre fém. (*peluze*), ancienne ville d'Égypte ; aujourd'hui *Tineh*.

PÉLUSSIN, subst. propre mas. (*péluceln*), village de France, chef-lieu de canton, arrond. de Saint-Étienne, dép. de la Loire.

PELVI-CRURAL, E, adj. (*pélevikrural*), t. d'anat., qui appartient au bassin et à la cuisse : *artère pelvicrurale*.

PELVIEN, adj. mas., au fém. **PELVIENNE** (*pélevieln*, *viène*), t. d'anat. : *cavité pelvienne*, du bassin; *membres pelviens*, inferieurs.

PELVIENNE, adj. fém. Voy. PELVIEN.

PELVIMÈTRE, subst. mas. (*pélevimètre*) (du lat. *pelvis*, bassin, et du grec μετρον, mesure), t. de chir., instrument dont on se sert, dans les couchements, pour mesurer l'étendue du bassin.

PELVIS, subst. mas. (*pélevice*) (mot latin qui signifie *bassin*), t. d'anat., le bassinet des reins.

PELVI-TROCHANTÉRIEN, adj. mas., au fém. **PELVI-TROCHANTÉRIENNE** (*pélevitrochantériein*, *tériène*), t. d'anat., qui appartient au bassin et au *trochanter* : *region pelvi-trochantérienne*. —Subst. mas., le *pelvi-trochantérien*.

PELVI-TROCHANTÉRIENNE, adj. fém. Voy. PELVI-TROCHANTÉRIEN.

PÉLYOSANTHE, subst. mas. (*péli-ozante*), t. de bot., sorte de plante originaire de l'Inde. Voyez PÉLIOSANTHE, qui est bien certainement le même.

PÉMANIEN, subst. mas. (*pémaniein*), ancien peuple qui vivait dans une contrée du Luxembourg.

PEMBROCKE, subst. propre mas. (*peinbroke*), ville et province du pays de Galles, chef-lieu du comté de même nom.

PEMINA, subst. fém. (*pemina*), t. de bot., sorte de plante du Canada.

PEMPHIGODE, adj. des deux genres (*panfiguode*), t. de médec., se disait, chez les anciens, de la fièvre causée par le *pemphigus*.

PEMPHIGUS, subst. mas. (*panfiguce*) (du grec πεμφιξ, gén. πεμφιγος, pustule), t. de médec., maladie inflammatoire avec des pustules.

PEMPHIS, subst. mas. (*panfice*), t. de bot., sorte d'arbrisseau qui croît dans les Moluques.

PEMPHIX, subst. mas. Voy. PEMPHIGUS.

PEMPHRÉDON, subst. mas. (*panfrédon*), t. d'hist. nat., genre d'insectes de l'ordre des hyménoptères.

PENADÉ, part. pass. de *penader*.

PENADER, v. neut. (*penadé*), marcher avec peine, se traîner, se rouler dans la boue. (*Boiste*.) Vieux et même hors d'usage.

PENAILLE, subst. fém. (*pená-ie*), iron., assemblée de moines. Vieux et hors d'usage.

PENAILLERIE, subst. fém. (*pená-ieri*), bigotisme des moines. Vieux et hors d'usage.

PENAILLON, subst. mas. (*pená-ion*) (du latin *pannus*, étoffe), haillon; il est fam. — Ironiquement, moine.

PÉNAL, E, adj. (*pénale*) (en latin *pœnalis*, fait de *pœna*, peine), qui assujétit à quelque peine : *les lois pénales*, *le code pénal*. Inusité au plur. mas.

PÉNALITÉ, subst. fém. (*pénalité*), qualité de ce qui est *pénal*.

PENANCE, subst. fém. (*penance*), *pénitence*. Hors d'usage.

PENANCIER, subst. mas. (*penancié*), *pénitencier*. Hors d'usage.

PENARD, subst. mas. (*penar*) : *un vieux penard*, un vieillard cassé et libertin.

PÉNATES, subst. et adj. mas. plur. (*pénate*) (du latin *penates*, fait dans la même signification, de l'adjectif *penitus*, intérieur, parce qu'on plaçait les *pénates* dans l'endroit le plus retiré de la maison, *in pœnitissima ædium parte*), chez les anciens, les dieux de la patrie, et dans une acception plus resserrée, les dieux des maisons particulières; les dieux domestiques. En ce dernier sens, ils ne différaient point des lares. —Fig. et fam., habitation : *revoir ses pénates*.

PÉNATIGÈRE, adj. des deux genres (*pénatijère*) (du latin *penates*, pénates, et *gerere*, porter), *qui emporte ses pénates*), surnom donné à Énée, par *Virgile*, dans l'*Enéide*. Mot tout latin.

PENAUD, E, subst. et adj. (*penô*, *nôde*) (suivant *Huet*, de *peneux*, pour *peineux*, qui est dans la *peine*, qui souffre de confusion, etc.), embarrassé, honteux, interdit. — Subst. et fam.: *faire le penaud*, *la penaude*.

PENAUTIER, subst. propre mas. (*penôtié*), petite ville de France dans le Languedoc.

PENAUX, subst. mas. plur. (*penô*), paquet de menues hardes. Vieux et inusité.

PENCE, subst. mas. (*pance*), monnaie de cuivre d'Angleterre. Les *pences* sont le pluriel de *penny*; c'est la 12e partie du schilling, de valeur de 9 centimes.

PENCHANT, subst. mas. (*panchan*), pente, terrein qui va en *penchant* : *le penchant d'une montagne*, *d'un précipice*.—Fig., inclination naturelle de l'âme; propension. Voyez INCLINATION. — Figur. : *se retenir sur le penchant du précipice*, lorsqu'on est près de se laisser aller au désordre, de s'engager dans un mauvais parti.—*Être sur le penchant de sa ruine*, sur le point d'être ruiné.—*Sa fortune est sur son penchant*, sur le déclin.—*Le penchant de l'âge*, le déclin de l'âge.—PENCHANT, PENTE, PROPENSION, INCLINATION. (*Syn.*) Au propre, le *penchant* est une direction qui porte la chose vers le bas; la *pente*, un abaissement progressif qui mène la chose de haut en bas; la *propension*, une tendance naturelle de la chose vers un terme qui l'attire puissamment; l'*inclination*, une impression qui fait plier ou courber la chose d'un côté. — En morale, le *penchant* marque une forte impulsion; la *pente*, une situation glissante; la *propension*, un puissant attrait; l'*inclination*, une sorte de goût ou une disposition favorable. —Les *inclinations* forment comme une espèce d'instinct ou de sympathie; la *propension* forme la manière d'être, le genre de vie; la *pente* forme les habitudes et un état passif. Voyez INCLINATION.

PENCHANT, E, adj. (*panchan*, *chante*), qui *penche*; qui menace ruine. — Au propre et au fig. : *un mur penchant*; *une fortune penchante*; cependant on dit mieux : *une fortune chancelante*.

PENCHÉ, E, part. pass. de *pencher*, et adj., incliné, etc. — Il se dit, en bot., des tiges, des fleurs, des feuilles qui s'inclinent en dehors.— Fam. : *airs penchés*, mouvements affectés de la tête ou du corps, dans le dessein de plaire.

PENCHEMENT, subst. mas. (*pancheman*), action d'une personne qui se *penche*.— État d'un corps qui est *penché*.

PENCHER, v. act. (*panché*) (suivant *Nicot*, du latin *pendere*, être suspendu. Suivant *Ménage*, de *pandus*, courbé, plié), incliner, baisser de quelque côté; mettre hors de l'aplomb.—Être hors de son aplomb, hors de la ligne perpendiculaire.— *Cet empire penche vers sa ruine*, est sur le point d'être ruiné. — Fig., incliner, être porté à quelque chose.— *Pencher pour...*, donner la préférence à...— SE PENCHER, v. pron., s'incliner, se courber, sortir de son aplomb.

PENDABLE, adj. des deux genres (*pandable*), qui mérite la potence : *homme pendable*. — *Cas pendable*, dont l'auteur mérite d'être *pendu*. — *Tour pendable*, tour méchant et qu'on a de la peine à pardonner.

PENDAGE, subst. mas. (*pandaje*), inclinaison que l'on remarque dans les veines de charbon.

PENDAISON, subst. fém. (*pandèzon*), l'action de *pendre* au gibet, exécution des *pendus*. Il est populaire.

PENDANT, subst. mas. (*pandan*) (rac., *pendre*), partie qui *pend* au bas du baudrier ou du ceinturon, au travers de laquelle on passe l'épée. — Pierreries, etc., attachées aux boucles que les femmes portent à leurs oreilles. Il se dit ordinairement au pluriel : *pendants d'oreilles*. — Tableau ou estampe qui est en regard ou en symétrie avec un autre : *ce tableau est le pendant de...*; *cette estampe fait pendant avec...* On appelle au plur. *pendants*, deux tableaux d'égale grandeur, et peints à peu près dans le même goût.—En ce sens on dit au figuré, en parlant des personnes, *faire le pendant de...* éprouver le même sort que, etc. — La partie d'une boîte de montre à laquelle on attache la chaîne ou le cordon. — On appelle *fruits pendants par les racines*, les fruits, les blés mêmes dont on n'a pas encore fait la récolte.

PENDANT, prép. (*pendan*), durant un certain espace de temps.

PENDANT QUE, loc. conj. (*pendanke*), tandis que. — PENDANT QUE, TANDIS QUE. (*Syn.*) *Pendant que* n'est guère employé que pour désigner la circonstance ou l'époque des choses; au lieu que *tandis que*, par un usage familier aujourd'hui, sert particulièrement à marquer des rapports moraux entre deux choses, et à faire sortir les oppositions, les contrastes, les disparates; comme si l'on disait *au contraire*, *au lieu que*, *au rebours*. *Pendant que* l'innocence dort, le crime veille. *Tandis que* l'innocence veille et dort en paix, le crime ne veille et ne dort que dans le tourment.

PENDANT, E, adj. (*pandan*, *dante*), qui est suspendu par en haut, qui *pend* : *des manches pendantes*. — Qui n'est pas encore décidé : *procès*, *instance pendante*.

PENDARD, E, subst. (*pandar*, *darde*), méchant, coquin, vaurien, fripon à *pendre*. Style fam.

PENDELOQUE, subst. fém. (*pandeloke*), petit morceau de crystal taillé en poire. — Pierreries ajoutées à des boucles d'oreilles.—*Pendants* d'oreilles d'une pièce.—Par dérision, morceau d'étoffe qui *pend* d'un habit déchiré.

PENDEMENT, subst. mas. (*pandeman*), action de *pendre*. (Molière.) Peu usité. Voy. *penderie*, ce qui du reste n'est guère en usage.

PENDENTIF, subst. mas. (*pandantif*), t. d'archit., corps d'une voûte qui est *suspendue* hors le perpendicule des murs.

PENDER, subst. mas. (*pandère*), docteur parmi les Indiens; nom affecté surtout à ceux des brachmanes. Voy. PANDIT.

✎ **PENDERIE**, subst. fém. (*panderi*), chez les mégissiers, suite de perches ou assemblage où ils tendent les peaux. — Pop., action de mettre, de *pendre* au gibet.

PENDEUR, subst. mas. (*pandeur*), t. de mar., bout de corde qui tient la poulie.—T. d'hist. nat., nom d'une espèce de pie-grièche.

PENDICE, adj. fém. (*pandice*) : *araignées pendices*, qui s'attachent aux plafonds.

PENDILLARD, subst. mas. (*pandi-iar*), nom d'un raisin noir qui croît dans le département de l'Aisne.

PENDILLÉ, part. pass. de *pendiller*.

PENDILLER, v. neut. (*pandi-ié*), être suspendu en l'air, et être agité par le vent. Fam.

PENDILLON, subst. mas. (*pandi-ion*), t. d'horl., dans une pièce d'horlogerie, verge rivée avec la tige de l'échappement, pour maintenir le pendule en vibration.

PENDRE, v. act. (*pandre*) (en latin *pendere*), attacher une chose en haut par une de ses parties, de manière qu'elle ne touche pas en bas. — Attacher et étrangler à un gibet : *pendre un voleur*.—*Pendre son épée au croc*, renoncer à l'état militaire.— *Être toujours pendu au cou*, *aux trousses de quelqu'un*, embrasser, caresser quelqu'un continuellement; suivre assidûment quelqu'un.—*Autant vaudrait être pendu*, *que d'avoir fait telle chose*, l'action en question est tellement blâmable, qu'elle ne peut attirer que des désagréments.—*Je veux être pendu si...*, formule de serment qui ne devrait se rencontrer dans la bouche de personne. — *Être pendu haut et court*, vieille expression dont on se servait souvent dans le discours familier, du temps que l'on exécutait à la potence.—*Cet homme ne vaut pas le pendre*; il ne vaut rien. Nous ne donnons cette mauvaise expression que parce que nous la lisons dans l'*Académie*. Nous dirons tout d'abord qu'elle n'est plus française, dans le cas où elle l'aurait jamais été; ce qui le prouve, c'est que nous ne trouvons nulle part le mot *pendre* comme subst. mas., et dans la phrase que nous citons, l'*Académie* le donne cependant bien comme un subst. Bref, cette expression est condamnable; on ne dit pas *cet homme ne vaut pas le pendre*, mais bien : *cet homme ne vaut pas la corde pour le pendre*, expression qui manque dans l'*Académie*, au mot PENDRE. — *Dire pis que pendre de quelqu'un*, en dire toute sorte de mal. Il est fam. — V. neut., être attaché, suspendu : *auberge où pend une enseigne*, etc. — Fig., descendre, tomber trop : *les joues lui pendent*; *sa robe pend d'un côté*. — *Autant lui en pend à l'oreille*, il peut lui en arriver autant. Suivant l'*Académie*, on dit quelquefois, dans le même sens, *autant lui en pend à l'œil*; si l'on dit *autant lui en pend à l'oreille*, *au nez*, cela vient de ce qu'on porte des *pendants aux oreilles et même au nez* dans certains pays. Mais on ne peut rien suspendre *à l'œil*. — SE PENDRE, v. pron., se suspendre, se *pendre* à un arbre par les mains.—Se faire mourir en se suspendant pour s'étrangler. — Fam., on dit en parlant d'un accident fâcheux : *il y a de quoi se pendre*.

PENDU, E, part. pass. de *pendre*, et adj., attaché en haut. — *Avoir la langue bien pendue*, parler avec facilité et beaucoup.—Étranglé à une potence.—Prov. : *aussitôt pris*, *aussitôt pendu*, se dit d'une personne, d'une chose qui se présente inopinément et dont on fait un prompt emploi. (Allusion à la fin tragique de trois membres du Parlement et du Châtelet, Brisson, Larcher et Tardif, qui, dans les temps orageux de la Ligue, arrêtés par ordre des Seize, à neuf heures du matin, le 16 novembre 1591, furent confessés à dix, et pendus à onze.) En ce dernier sens, *pendu* est souvent employé comme subst. : *il a l'air d'un pendu, ou est sec comme un pendu*, extrêmement maigre et sec. — *Avoir de la corde de pendu dans sa poche*, être heureux dans tout ce qu'on entreprend.—Prov. : *il ne faut pas parler de corde dans la maison d'un pendu, d'un homme qui a été pendu*, il ne faut pas dire des choses qui peuvent être un reproche pour ceux devant qui l'on parle.

PENDULE, subst. mas. (*pandule*) (en lat. *pendulum*, sous-entendu *corpus* ou *pondus*), en mécan., corps pesant suspendu de manière à pouvoir faire des vibrations en allant et venant autour d'un point fixe, par la force de la pesanteur. Ces vibrations s'appellent aussi *oscillations*. Le *pendule* sert à régler les mouvements d'une horloge, etc. — On appelle *pendule simple*, un corps dont toute la pesanteur est réunie en un seul point, lequel, étant suspendu à un fil supposé sans pesanteur, peut se mouvoir en décrivant des arcs de cercle autour du point où le fil est suspendu; *pendule libre*, celui dont les oscillations sont indépendantes du rouage, et se font par la seule impulsion qu'on a donnée, en écartant ce *pendule* de son repos. Il diffère du *pendule simple*, en ce que sa verge est pesante, et que la lentille est étendue. — On appelle *pendule composé*, celui dont la verge est faite de deux ou de plusieurs barres de métal différent, qui ont pour objet la compensation du chaud et du froid; *pendule à pirouette*, celui qui, au lieu de faire ses oscillations dans un même plan, décrit un cône dont la base est horizontale.

PENDULE, subst. fém. (*pandule*), horloge à poids ou à ressorts, à laquelle est joint un *pendule* qui en règle les mouvements.— On appelle *pendules à poids*, celles qui sont à grandes vibrations, à équation, etc. ; *pendules à ressort*, celles d'une certaine grandeur, qui ont un ressort pour principe du mouvement. — *Pendule à équation, pendule* qui, marquant l'heure du temps vrai et celle du temps moyen, indique, par la différence entre ces deux espèces d'heures, l'équation du soleil. Voyez ÉQUATION.

PENDULIER, subst. mas. (*pandulié*), ouvrier qui fait des *pendules*. Voyez HORLOGER, qui seul se dit.

PENDULINE, subst. fém. (*panduline*), t. d'hist. nat., mésange du Languedoc, parce qu'elle suspend son nid aux arbres.

PENDULISTE, subst. mas. (*pandulicete*), celui qui fait des boîtes pour y renfermer des *pendules*.

PÊNE, subst. mas. (*pêne*) (du lat. *pessulus*, verrou), morceau de fer long et carré qui entre dans la gâche quand on ferme une porte, un coffre, etc.—On appelle *pêne en bord*, celui que l'on met aux serrures de coffre. Il passe le long du bord de la serrure.—Le *pêne à demi-tour* ou *à ressort* a lieu dans une serrure où il est toujours repoussé par un ressort qui le tient fermé. Il n'y a que l'action de la clef et la pression d'un bouton qui le tiennent ouvert.—Le *pêne dormant* est celui qui ne va que par le moyen de la clef, et qui reste dans la place où elle l'a conduit.—Le *pêne fourchu* est le même que le *pêne dormant*, si ce n'est qu'il a la tête fendue, et qu'il forme deux *pênes* en apparence, en se montrant au bord de la serrure par deux ouvertures.—Le *pêne à pignon* est celui qui est mû par un pignon. Le pignon peut chasser un grand nombre de *pênes* à la fois.—T. de rubaniers ; il se dit du reste de la pièce que l'on emploie jusqu'au plus près des lisses qu'il est possible, au moyen de la corde à encorder.—Subst. fém., t. de mar., pièce de bois qui forme une partie de l'antenne. — C'est aussi le nom de la grosse étoffe dont sont faits les pinceaux des calfats.

PENÉ, E, part. pass. de *pener*.

PÉNÉE, subst. mas. (*péné*), t. d'hist. nat., genre de crustacés décapodes.—Subst. propre, grand fleuve de Grèce.

PENÉEN, adj. mas. (*pené-ein*), t. de géol.; il se dit d'un terrain qui est pauvre en minerai.

PÉNÉLOPE, subst. propre fém. (*pénélope*), myth., fille d'Icarius et de Péribée, et femme d'Ulysse. Pour se délivrer de l'importunité de ceux qui voulaient la séduire pendant que son mari était au siége de Troie, elle s'engagea d'épouser celui qui tendrait l'arc d'Ulysse. Pas un seul ne put en venir à bout, et comme ils la pressaient de plus en plus, elle leur promit de se déclarer lorsque une pièce de toile qu'elle travaillait serait achevée. Mais elle défaisait la nuit ce qu'elle avait fait pendant le jour; elle les amusa ainsi par toutes sortes d'artifices jusqu'à l'arrivée de son mari, qui les massacra tous. On la regarde comme la femme la plus vertueuse de l'antiquité fabuleuse.

PENER, v. act. (*pené*), punir. (*Boiste*.) C'est un vieux mot qu'on trouve dans *Jehan de Meung*, continuateur du roman de la *Rose*.

PÉNÉROPLE, subst. mas. (*pénérople*), t. d'hist. nat., genre de coquilles qui se trouvent sur les côtes de Livourne.

PÉNESTES, subst. mas. plur. (*pénècete*), esclaves de l'ancienne Thessalie.

PÉNÉTRABILITÉ, subst. fém. (*pénétrabilité*), qualité qui rend *pénétrable*.

PÉNÉTRABLE, adj. des deux genres (*pénétrable*) (en lat. *penetrabilis*), qu'on peut *pénétrer*; où l'on peut *pénétrer*.

PÉNÉTRANT, E, adj. (*pénétran, trante*), qui *pénètre*.— *Œil pénétrant*, qui *pénètre* au fond des cœurs.—*Discours pénétrant*, insinuant, touchant. — Fig. : *avoir l'esprit pénétrant*, avoir une grande perspicacité, concevoir et approfondir aisément les choses les plus difficiles.

PÉNÉTRATIF, adj. mas., au fém. **PÉNÉTRATIVE** (*pénétratif, tive*), t. didactique, qui *pénètre* aisément : *qualité pénétrative*.

PÉNÉTRATION, subst. fém. (*pénétrâcion*) (en lat. *penetratio*), vertu et action de *pénétrer*. —Fig., vivacité d'esprit, sagacité, facilité à *pénétrer* dans la connaissance des choses.

PÉNÉTRATIVE, adj. fém. Voy. PÉNÉTRATIF.

PÉNÉTRÉ, E, part. pass. de *pénétrer*, et adj., touché, affligé : *cœur pénétré*.—*Air pénétré*, très-affecté.

PÉNÉTRER, v. act. (*pénétré*) (en lat. *penetrare*, fait de *penitus*, au-dedans, et de *intrare*, entrer), percer, passer à travers : *l'eau pénètre partout*.—*Entrer* bien avant : *le coup a pénétré les chairs*.—Fig., 1° avoir une connaissance profonde de... : *pénétrer les secrets de la nature* ; 2° toucher vivement, sensiblement : *sa douleur me pénètre le cœur*.—Neut., il a le second sens de l'actif : *le coup pénètre dans les chairs*.—Parvenir, entrer dans un lieu : *Alexandre pénétra dans la Perse*. — On dit aussi au fig. : *pénétrer dans les secrets de la nature*, etc.—*se* PÉNÉTRER, v. pron., remplir son âme ou son cœur : *se pénétrer de ses devoirs*. — *Se pénétrer de quelque chose*, se le bien mettre dans la tête.

PENGUIN ou **PENGOUIN**, subst. mas. (*Boiste*.) Voy. PINGOUIN, qui seul se dit.

PÉNIBLE, adj. des deux genres (*pénible*), difficile ; qui donne de la *peine*. — Au fig., qui cause de la *peine*, qui afflige.

PÉNIBLEMENT, adv. (*pénibleman*), d'une manière *pénible*.

PÉNICHE, subst. fém. (*péniche*), t. de mar., canot d'un vaisseau de ligne, petit bâtiment de transport. Il y a, pour la garde des côtes, des péniches armées en guerre.

PÉNICILLAIRE, subst. fém. (*pénicilelère*), t. de bot., genre de plantes.

PÉNICILLE, subst. mas. (*pénicile*) (en lat. *penicillum*), pinceau.— T. d'anat., partie disposée ou divisée à l'extrémité en manière de pinceau. Inusité.

PÉNICILLÉ, E, adj. (*pénicilelé*) (du lat. *penicillum*, pinceau), t. d'anat., divisé à l'extrémité en manière de pinceau, terminé par un bouquet de poils ou de crins.

PÉNICILLIFORME, adj. des deux genres (*pénicileliforme*) du lat. *penicillum*, pinceau, et *forma*, forme), se dit, en bot. et en anat., de ce qui est en *forme* de pinceau.

PÉNICILLION, subst. mas. (*pénicilelion*), t. de bot., genre de plantes de la classe des anandres ; moisissure.

PÉNIDE, subst. fém. (*pénide*), t. de pharm., sucre clarifié.— Sucre d'orge.

PÉNIE, subst. propre fém. (*péni*), myth., déesse de l'indigence.

PÉNIENNE, adj. et subst. fém. (*péniène*), t. d'anat., se dit de l'artère du *pénis*.

PÉNIL, subst. mas. (*pénile*), t. d'anat., partie antérieure de l'os barré qui est autour des parties naturelles, et où il croît du poil, qui est la marque de la puberté.

PÉNINSULAIRE, subst. et adj. des deux genres (*péneinçulère*), d'une *péninsule*; habitant d'une presqu'île. Peu usité.

PÉNINSULE, subst. fém. (*péneinçule*) (en latin *peninsula*, de *penè*, presque, et *insula*, île), étendue de terre, de toute part entourée d'eau, excepté d'un seul côté, et qui ne tient au continent que par une langue de terre. On dit aussi presqu'île ou *chersonèse* : *l'Espagne, le Portugal est une péninsule*.

PÉNIS, subst. mas. (*pénice*), membre viril.

PÉNISTON, mieux **PANISTON**, subst. mas. (*pé, paniceton*), sorte d'étoffe de laine drapée. Voy. PANISTON.

PÉNITENCE, subst. fém. (*pénitance*) (en latin *pœnitentia*), repentir, regret d'avoir offensé Dieu. La *pénitence* est une vertu chrétienne; le *repentir* est un sentiment moral. — Sacrement institué par Jésus-Christ pour remettre les péchés commis après le baptême.—Peine ou satisfaction imposée par le confesseur, ou qu'on s'impose soi-même en expiation de ses péchés.—*Tribunal de la pénitence*, se dit du prêtre qui reçoit la confession et du lieu où il confesse. — Jeûnes, prières, austérités qu'on s'impose pour l'expiation de ses péchés : *faire pénitence*. — *Temps de pénitence*, le Carême, l'Avent. — A certains jeux, la peine qu'on impose à ceux qui ont manqué aux conditions prescrites. — Prov. : *faire pénitence*, faire mauvaise chère.—*Faire pénitence de..., en faire pénitence*, porter la peine de ses débauches, par des infirmités, etc. — Fam. : *pour pénitence, en pénitence*, en punition, pour peine.—*Mettre en pénitence*, imposer une peine.

PÉNITENCERIE, subst. fém. (*pénitanceri*), espèce de tribunal où l'on donne, au nom du pape, des dispenses pour les cas occultes. — Charge, fonction, dignité de *pénitencier*.

PÉNITENCIER, subst. mas. (*pénitancié*), prêtre commis par l'évêque pour absoudre des cas réservés. — *Sous-pénitencier*, prêtre subordonné au *pénitencier* et qui peut le remplacer.

PÉNITENT, E, adj. (*pénitan, tante*) (en latin *pœnitens*), qui a regret d'avoir offensé Dieu; qui est dans les pratiques de *pénitence* : *pécheur pénitent*. — Subst., celui, celle qui confesse ses péchés à un prêtre. — Membre d'une confrérie, où l'on fait une profession expresse de quelques exercices de *pénitence* : *les pénitents bleus, les pénitents blancs*.

PÉNITENTIAIRE, adj. des deux genres (*pénitancière*), qui concerne la *pénitence*; qui a rapport à la *pénitence*, à l'austérité d'un monastère, d'un couvent : *régime pénitentiaire*.

PÉNITENTIAUX, adj. mas. plur. (*pénitancio*) : *psaumes pénitentiaux*, les psaumes de la *pénitence* ou les sept psaumes. — *Canons pénitentiaux*, canons de la primitive Église, concernant les *pénitences* publiques. — Il ne paraît pas que cet adjectif pluriel ait un singulier. Le mot *pénitentiel* existe néanmoins, mais comme substantif. Pourquoi ne ferait-on pas pour *pénitentiel* ce qu'on a fait pour *universel*, qui a deux pluriels, *universels* et *universaux* ? L'adj. mas. *pénitentiel*, ferait au fém. *pénitentielle*, et signifierait qui appartient à la pénitence; le pluriel *pénitentiaux* s'appliquerait aux sept Psaumes; et le pluriel *pénitentiels* serait pour les autres cas.

PÉNITENTIEL, subst. mas. (*pénitanciel*), rituel de la *pénitence*, pour les temps où la *pénitence* publique était en vigueur. Voy. PÉNITENTIAUX.

PENNACHE, subst. fém. (*pénenache*), t. d'hist. nat., zoophyte marin.

PENNADE, subst. fém. (*pénenade*), coup de pied. Vieux.

PENNADÉ, E, part. pass. de *pennader*.

PENNADER, v. act. (*pénenadé*), donner un coup de pied. —*se* PENNADER, v. pron. (*Boiste*.) Vieux et même hors d'usage.

PENNAGE, subst. mas. (*pénenaje*), t. de fauconn., toutes les plumes qui couvrent les oiseaux de proie.

PENNATIFIDE, adj. des deux genres (*pénenatifide*), t. de bot., à nervures *pennées* et à lobes incisés plus ou moins profondément.

PENNATILOBÉ, E, adj. (*pénenatilobé*), t. de bot., se dit des feuilles qui, ayant les nervures *pennées*, ont une profondeur difficile à déterminer.

PENNATIPARTI, E, adj. (*pénenatiparti*), t. de bot., se dit des feuilles qui, ayant les nervures *pennées*, ont les lobes divisés jusqu'à la nervure du milieu, et le parenchyme non interrompu.

PENNATISÉQUÉ, E, adj. (*pénenaticékié*), t. de bot., se dit des feuilles *pennées*, à parenchyme interrompu.

PENNATULAIRE, subst. mas. (*pénenatulère*), t. d'hist. nat., les *pennatules*, genre d'animaux radiaires.

PENNATULE, subst. fém. (*pénenatule*) (du latin *penna*, plume), t. d'hist. nat., genre de polypier libre.

PENNATULITHE, subst. fém. (*pênenatulite*) (du lat. *pennatula*, diminutif de *penna*, plume, et du grec λίθος, pierre), t. d'hist. nat., empreinte de la *pennatule* fossile.

PENNE, subst. fém. (*pène*) (du lat. *penna*, plume), t. d'hist., nat., grosse *plume* d'oiseau de proie.—Petites *plumes* que l'on met à une flèche pour la faire aller droit.

PENNE, subst. propre mas. (*pène*), bourg de France, chef-lieu de canton, arrond. de Villeneuve-d'Agen, dép. de Lot-et-Garonne.

PENNÉ, E, adj. (*pènené*) (du lat. *penna*, plume), t. de bot., dont les nervures ressemblent à des plumes.

PENNIFORME, adj. des deux genres (*pêneniforme*) (du lat. *penna*, plume, et *forma*, forme), t. d'anat., à fibres en barbes de plume : *muscle penniforme*.

PENNINES, adj. fém. plur. (*pênenine*); se dit d'une partie des Alpes. *Les Alpes pennines* s'étendent dans l'ancienne province du Valais.

PENNING, subst. mas. (*pênein*); c'est, en Hollande, la plus petite monnaie de compte, la sixième partie du stuyver.

PENNIPÈDE, adj. des deux genres (*pénipède*) (du lat. *penna*, plume, et *pes*, *pedis*, pied), qui a des ailes aux pieds.—Myth., surnom que la fable donne à Persée.

PENNISETTE, subst. fém. (*pênenizète*), t. de bot., genre de plantes de la famille des graminées.

PENNON, subst. mas. (*pênenon*) (du lat. *pannus*, étoffe), autrefois, étendard à longue queue que faisait porter un chevalier qui avait sous lui vingt hommes d'armes. On disait aussi *pannon*. —En t. de mar., bout de ficelle garni de plumes, qu'on met au bout d'un petit bâton sur le bord du vaisseau pendant la nuit, pour indiquer la direction du vent, la girouette étant alors hors de vue.

PENNY, subst. mas. (*pèneni*), monnaie d'argent d'Angleterre, qui vaut la douzième partie du schelling. Le pluriel du mot anglais *penny* est *pence*; ainsi douze *pences* font un schelling. Il y a une monnaie de cuivre appelée *half penny* ou demi-denier. Le *penny* vaut à peu près deux sous ou 9 centimes.

PÉNOMBRE, subst. fém. (*pénonbre*) (du latin *pené*, presque, et *umbra*, ombre), partie de l'*ombre* éclairée par une partie du corps lumineux.—T. d'astron., *ombre* faible qu'on observe dans les éclipses, avant l'obscurcissement total et avant la lumière totale. Elle est principalement sensible dans les éclipses de lune.—En peinture, endroit où l'*ombre* se mêle avec la lumière; passage du clair à l'obscur.

PENON, subst. masculin, orthographe vicieuse Voy. **PENNON**.

PENORÇON, subst. mas. (*penorçon*), t. de musique anc., espèce de pandore, instrument qui a neuf rangs de cordes. Inusité.

PENSANT, E, adj. (*pançan*, *çante*), qui *pense* : *être pensant*.—*Bien pensant*, qui a de bons sentiments.—*Mal pensant, mal pensante*, qui juge désavantageusement de son prochain.

PENSÉ, E, part. pass. de *penser*, et adj., en t. de peinture et de sculpture, raisonné, réfléchi : *ce tableau est bien pensé* ; *cette figure est bien pensée*.

PENSÉE, subst. fem. (*pancé*), action de l'esprit qui *pense*; faculté de *penser*; à la différence de *penser*, subst. qui, marquant la manière propre et distinctive dont on *pense*, a nécessairement beaucoup plus d'énergie : avec des *pensées*, on est *pensant*; avec des *penser*s, on est *pensif*. (Roubaud.) Voyez **IDÉE**. — *Pensée*, se dit de toutes les opérations de l'âme. — On appelle, en général, *pensée*, tout ce que l'âme éprouve, soit par des impressions étrangères, soit par l'usage qu'elle fait de sa réflexion. Le mot *pensée* comprend dans son acception toutes les facultés de l'entendement, et toutes celles de la volonté. — Chose *pensée* et exprimée : *voilà une belle pensée*. — On a donné le titre de *pensées* à des livres composés de réflexions ou de maximes extraites des ouvrages d'un auteur : *les Pensées de Pascal, de Cicéron*.—Sentiment, opinion : *sa pensée était que...* Voy. **SENTIMENT**. — Dessein : *je n'ai jamais eu cette pensée*. — Dans les arts du genre du dessin, en littérature, la première idée, l'esquisse. — *Entretenir ses pensées*, ou mieux, *s'entretenir avec ses pensées*, s'occuper de ses rêveries.— *N'être pas tourmenté par ses pensées*, avoir peu d'esprit.— *Avoir de mauvaises pensées*, penser à des choses criminelles, déshonnêtes. — *Tel traducteur est bien entré dans la pensée de son auteur*, a bien pénétré, bien rendu le sens. — *Entrer dans la pensée de quelqu'un*, le comprendre et l'approuver. — *Lire dans la pensée de quelqu'un*, apercevoir ce qui se passe intérieurement dans son esprit.—T. de bot., sorte de violette inodore, à fleur large, dont chaque pétale est de trois couleurs, pourpre ou bleu, jaune ou blanc.— *Couleur de pensée*, violet brun.

PENSEMENT, subst. mas. (*panceman*), *pensée*. (La Fontaine, Montaigne, Regnier.) Hors d'usage.

PENSER, v. act. (*pancé*) (du lat. *pensare*, peser, examiner), avoir dans l'esprit : *vous le dites, mais vous ne le pensez pas*. — Imaginer : *j'ai pensé une chose qui vous sera utile*. Quoique nous trouvions cet exemple dans l'*Académie*, nous croyons qu'on dirait mieux neutralement : *j'ai pensé à une chose qui vous sera utile*.—Croire, juger : *que pensez-vous de cela?* — Neut., former dans son esprit l'idée, l'image de quelque chose. — Songer à quelque chose : *je n'y ai plus pensé*.— Avoir une chose en vue : *à quoi pensez-vous donc?* — Faire réflexion : *penser à ses affaires*. — Raisonner : *l'art de penser*. — *Bien, mal penser*, avoir de bons, de mauvais sentiments. — *Penser mal, penser à mal*, avoir dans l'esprit quelque mauvaise intention. — *Penser noblement*, avoir des idées nobles; *penser finement*, avoir des idées fines. — *Penser tout haut*, parler quand on devrait se taire; faire connaître ce qu'on devrait tenir caché. — *Façon de penser*, opinion particulière qu'on a de quelque chose : *c'est là une façon de penser*. — Prendre garde : *pensez à vous*.— Avoir une chose en vue : *vous devriez penser à cette charge, à cette maison*, etc. — Croire, imaginer, juger : *je pense que...* En ce sens, *Racine* a dit (*Phèdre*):

> *Je pensais qu'à l'amour son cœur toujours fermé*
> *Fût contre tout mon sexe également armé.*

C'est *serait*, et non pas *fût*, qu'il fallait.—Avec un infinitif, être sur le point de... : *il pensa tomber; j'ai pensé mourir*. — *A ce que je pense*, loc. familière qui signifie selon moi, à mon avis, suivant mon idée : *il viendra, à ce que je pense*, du moins. — *Honni soit qui mal y pense*, n'interprétons pas en mal ce qui est innocent en lui-même. — **PENSER, SONGER, RÊVER.** (*Syn.*) On *pense* tranquillement et avec ordre, pour connaître son objet. On *songe* avec plus d'inquiétude et sans suite, pour parvenir à ce qu'on souhaite. On *rêve* d'une manière abstraite et profonde, pour s'occuper agréablement. —La philosophie *pense* à l'arrangement de son système. L'homme embarrassé d'affaires *songe* aux expédients pour en sortir. L'amant solitaire *rêve* à ses amours.

PENSER, subst. mas. (*pancé*), en poésie, *pensée*. Voy. ce mot.

PENSEUR, subst. mas., **PENSEUSE**, subst. fém. (*panceur*, *ceuze*), celui, celle qui est accoutumé à *penser*, à réfléchir. Nous ne savons pourquoi l'*Académie* refuse un fém. à ce mot. Un *penseur*, dit M. *Guizot*, est un homme d'une grande force et d'une grande habitude de *pensée*; un esprit *méditatif* est un esprit porté à la méditation : on n'est *pensif* qu'au moment où une *pensée* occupe; *rêveur* qu'au moment où l'on se livre à la rêverie.

PENSIF, adj. mas., au fém. **PENSIVE** (*pancif*, *cive*), qui songe, qui rêve; celui qui est tout occupé d'une *pensée*. Voy. **PENSEUR**.

PENSION, subst. fém. (*pancion*) (en lat. *pensio*, qui signifie proprement paiement, action de payer, fait de *pendere*, payer), somme d'argent que l'on donne pour être logé, nourri et quelquefois enseigné.—Lieu où l'on est logé et nourri pour un certain prix.—Maison où de jeunes enfants sont logés, nourris et instruits moyennant une certaine somme. En ce sens, quelques-uns disent *pensionnat*.—*Demi-pension*, ce qu'on paie pour un repas seulement, et dans une maison d'éducation, pour un repas et l'instruction. — Revenu annuel que l'on donne à quelqu'un. — *Pension alimentaire*, celle que l'on donne pour assurer la subsistance d'une personne.

PENSIONNAIRE, subst et adj. des deux genres (*pancionère*), celui, celle qui paie *pension* pour être logé, etc.—Celui, celle à qui l'on fait une *pension*.—En Hollande, le *grand-pensionnaire*, celui qui était chargé des affaires de la république. — *Pensionnaire de la Comédie française*, comédien qui ne participe point aux bénéfices des sociétaires. — Elève nourri, logé et instruit dans une *pension*.—*Demi pensionnaire*, élève à *demi-pension*.

PENSIONNAT, subst. mas. (*panciona*), le lieu où logent les *pensionnaires* dans un collége.—En général, maison où l'on prend, où l'on met des enfants en *pension*. Voy. **PENSION**.

PENSIONNÉ, E, part. pass. de *pensionner*, et adj. : *soldat pensionné*, qui reçoit une *pension* de l'état.

PENSIONNER, v. act. (*pancioné*), donner, faire une *pension* à quelqu'un. — *se* **PENSIONNER**, v. pron.

PENSIVE, adj. fém. Voy. **PENSIF**.

¶ **PENSIVETÉ**, subst. fém. (*panciveté*), souci mélancolique, inquiétude, chagrin. Vieux et même hors d'usage.

PENSUM, subst. mas. (*peinçome*), (mot latin qui signifie *tâche*, *besogne*), surcroît de travail qu'on exige d'un écolier pour le punir. — Au plur., des *pensum*.

PENSYLVANIE, subst. propre fém. (*pancilevani*), état d'Amérique, l'un des plus florissants des États-Unis. On nomme *cheminée de Pensylvanie*, une sorte de cheminée économique.

PENTACANTHE, subst. mas. (*peintakante*) (du grec πέντε, cinq, et ἄκανθα, épine, t. d'hist. nat., sorte de persègue, poisson de l'ordre des thoraciques.

PENTACHONDRE, subst. mas. (*peintakondre*), t. de bot., genre de plantes qui se rapproche de celui des épacris.

PENTACHORDE, subst. mas. Voy. **PENTACORDE**.

PENTACLE, subst. mas. (*pantakle*), myth., nom que la magie des exorcismes donne à un sceau imprimé ou sur du parchemin vierge fait de peau de bouc, ou sur quelque métal.

PENTACONTARCHIE, subst. fém. (*peintakontarchi*) (du grec πεντήκοντα, cinquante, et ἀρχή, pouvoir), t. d'antiq., charge, fonctions du *pentacontarque*.

PENTACONTARQUE, subst. mas. (*peintakontarke*), celui qui, en Grèce, commandait à une compagnie de cinquante hommes, soit dans le civil, soit dans le militaire.

PENTACORDE, subst. mas. (*peintacorde*) (du grec πέντε, cinq, et χορδή, corde), t. d'antiq., lyre à cinq cordes.

PENTACOSIOMÉDIMNE, subst. mas. (*peintakozi-omédimene*) (du grec πεντακοσιομέδιμνος, fait de πεντακόσιοι, cinq cents, et μέδιμνος, mesure grecque qui contenait six boisseaux, vingt mains ou quarante pintes de Paris), t. d'antiq., citoyen d'Athènes qui recueillait cinq cents mesures de blé ou d'huile.

PENTACRINITE, subst. fém. (*peintakrinite*), t. d'hist. nat., *encrine* fossile, remarquable par ses cinq rayons.

PENTACROSTICHE, adj. des deux genres (*peintakrocetiche*) (du grec πέντε, cinq, et ἀκροστιχον, acrostiche), se dit de certains vers disposés de manière qu'on y trouve toujours cinq *acrostiches* du même nom.

PENTADACTYLE, adj. des deux genres (*peintadaktile*) (du grec πέντε, cinq, et δάκτυλος, doigt), t. d'hist. nat., se dit des animaux qui ont cinq doigts à chaque pied.

PENTADARQUE, subst. mas. (*peintadarke*) (du grec πεντάδαρχης, fait de πεντάς, ou πέντε, cinq, et ἄρχω, je commande), t. d'antiq., qui commandait à cinq hommes.

PENTADÉCAGONE, subst. mas. (*peintadékaguone*) (du grec πέντε, cinq, δέκα, dix, et γωνία, angle), t. de géom., figure qui a quinze angles et quinze côtés, nommée aussi *quindécagone*.

PENTAÈDRE, subst. mas. (*peinta-èdre*) (du grec πέντε, cinq, et ἕδρα, siége, base), t. de géom., corps solide à cinq faces.

PENTAGLOTTE, adj. des deux genres (*peintaguelote*) (du grec πέντε, cinq, et γλῶττα, langue), qui est en cinq langues.

PENTAGONE, subst. mas., et adj. des deux genres (*peintaguone*) (du grec πέντε, cinq, et γωνία, angle), figure qui a cinq côtés et cinq angles : *pentagone irrégulier*.—Adj. : *une figure pentagone*.

PENTAGONIQUE, adj. des deux genres (*peintaguonike*), en *pentagone*, qui a la forme d'un *pentagone*.

PENTAGONIUM, subst. mas. (*peintaguoniome*), t. de bot., sorte de plante de la famille des campanules.

PENTAGRAPHE, subst. mas. *(peintagerafe)*, instrument par le moyen duquel, sans avoir aucune connaissance du dessin ni de la gravure, on copie des plans ou des estampes.

PENTAGRAPHIE, subst. fém. *(peintagerafi)* (du grec πεντε, cinq, et γραφειν, écrire), action de copier un plan, une estampe, sans avoir la moindre connaissance du dessin ou de la gravure.

PENTAGRAPHIQUE, adj. des deux genres *(peintagerafike)*, qui a rapport au *pentagraphe* et à la *pentagraphie*.

PENTAGYNE, adj. des deux genres *(peintajine)*, t. de bot., qui appartient à la *pentagynie*.

PENTAGYNIE, subst. fém. *(peintajini)* (du grec πεντε, cinq, et γυνη, femme), t. de bot., un des ordres qui renferme les fleurs qui ont cinq pistils ou cinq parties femelles.

PENTALOBE, subst. mas. *(peintalobe)*, t. de bot., genre de plantes qui diffère peu du vanguier, et dont les semences ont cinq lobes.

PENTAMÈRE, subst. mas. *(peintamère)* (du grec πεντε, cinq, et μερος, partie), t. d'hist. nat., genre de coquilles. — Au plur., section de l'ordre des insectes coléoptères, dont les tarses ont cinq articles distincts.

PENTAMÉRIS, subst. fém. *(peintamérice)*, t. de bot., genre de plantes de la famille des graminées.

PENTAMÈTRE, subst. mas., et adj. des deux genres *(peintamètre)* (du grec πεντε, cinq, et μετρον, mètre), vers qui a cinq pieds.

PENTAMYRON, subst. mas. *(peintamiron)* (du grec πεντε, cinq, et μυρον, onguent), t. de pharm., onguent composé de cinq sortes de substances.

PENTANDRE, adj. des deux genres *(peintandre)*, t. de bot., qui appartient à la *pentandrie*, se dit d'une plante dont chaque fleur renferme cinq étamines.

PENTANDRIE, subst. fém. *(peintandri)* (du grec πεντε, cinq, et ανδρος, gén. de ανηρ, homme), t. de bot., classe comprenant les plantes dont les fleurs hermaphrodites ont cinq étamines ou parties mâles.

PENTANDRIQUE, adj. des deux genres *(peintandrike)*, c'est le même que *pentandre*.

PENTANÈME, subst. fém. *(peintanème)*, t. de bot., genre de plantes de la famille des synanthérées.

PENTANTHÈRE, adj. des deux genres *(peintantère)*, t. de bot., à cinq *anthères*: plante *pentanthère*.

PENTAPARVE ou **PENTAPASTE**, subst. fém. *(peintaparve, peintapacete)* (du grec πεντε, cinq, et σπαω, je tire), t. d'antiq., machine à cinq poulies, dont on se servait pour lever de lourds fardeaux.

PENTAPÉTALÉ, E, adj. *(peintapétalé)* (du grec πεντε, cinq, et πεταλον, pétale), t. de bot., se dit des corolles des fleurs formées de cinq *pétales*.

PENTAPÈTE, subst. mas. *(peintapète)*, t. de bot., plante très-élevée qui vient des Indes orientales et de la chine.

PENTAPHYLLE, adj. des deux genres *(peintafile)* (du grec πεντε, cinq, et φυλλον, feuille), t. de bot., qui a cinq feuilles ou folioles.

PENTAPHYLLOÏDE, subst. fém. *(peintafiloïde)* (du grec πεντε, cinq, et φυλλον, feuille, et ειδος, forme), t. de bot., sorte de plante exotique. — Genre de sibbaldies.

PENTAPHYLLON, subst. mas. *(peintafilelon)* (du grec πεντε, cinq, et φυλλον, feuille), t. de bot., plante qui a cinq feuilles sur le même pétiole; le comaret, l'achimille des Alpes.

PENTAPÉTÈS, subst. mas. *(peintapétèce)* (du grec πεντετετες, nom de la quinte-feuille), t. de bot., plante malvacée.

PENTAPOGON, subst. mas. *(peintapoguon)* (du grec πεντε, cinq, et πωγων, barbe), t. de bot., genre de plantes établi aux dépens des aristides.

PENTAPOLE, subst. fém. *(peintapole)* (du grec πεντε, cinq, et πολις, ville), contrée où il y a cinq villes. Inusité.

PENTAPTÈRE, adj. des deux genres *(peintaptère)* (du grec πεντε, cinq, et πτερον, aile), t. de bot., qui a cinq ailes: *les plantes pentaptères sont rares*.

PENTAPYLON, subst. mas. *(peintapilone)* (du grec πεντε, cinq, et πυλαι, porte), édifice à cinq portes. — Temple de Jupiter à Rome.

PENTARCHIE, subst. fém. *(peintarchi)* (du grec πεντε, cinq, et αρχη, pouvoir), gouvernement dirigé par cinq personnes. — Dignité du *pentarque*. — Durée des fonctions du *pentarque*.

PENTARCHIQUE, adj. des deux genres *(peintarchike)*, qui tient, qui a rapport à la *pentarchie*.

PENTARQUE, subst. mas. *(peintarke)*, l'un des cinq qui composent le gouvernement de la *pentarchie*.

PENTARRAPHIS, subst. fém. *(peintarafice)*, t. de bot., plante vivace des hautes montagnes du Mexique.

PENTASPERME, adj. des deux genres *(peintacepèreme)* (du grec πεντε, cinq, et σπερμα, semence), t. de bot., qui a cinq graines.

PENTASTYLE, subst. mas. et adj. des deux genres *(peintacetile)* (du grec πεντε, cinq, et στυλος, colonne), t. d'archit., édifice à cinq colonnes, de face.

PENTASYRINGUE, subst. fém. *(peintacireingue)* (du grec πεντε, cinq, et συριγξ, tuyau), t. d'antiq., machine de bois à cinq trous où l'on entravait, chez les Grecs, les membres des criminels.

PENTATEUQUE, subst. mas. *(pantateuke)* (en grec πεντατευχος, formé de πεντε, cinq, et τευχος, livre), les cinq livres de Moïse. — On appelle, en t. de médec., *pentateuque médical*, la division des maladies externes formant cinq classes : les plaies, les ulcères, les tumeurs, les fractures et les luxations.

PENTATHLE, subst. mas. *(peintatele)* (en grec πεντατλον), t. d'antiq., réunion des cinq exercices en usage dans les jeux des Grecs, le saut, la course, le disque, le pugilat et la lutte.

PENTATÔME, subst. mas. *(peintatôme)*, t. d'hist. nat., genre d'insectes hémiptères.

PENTAURÉA, subst. fém. *(peintôre-a)*, mine de fer magnétique ou qui attire le fer.

PENTE, subst. fém. *(pante)*, *penchant*; manière d'être d'un terrain qui va en *penchant*. — Ce terrain lui-même. — Il se dit aussi dans le même sens des eaux : *la pente de la rivière*. — Manière dont on fait *pencher* quelque chose. — Bande qui *pend* autour du ciel d'un lit, d'un dais. — Au fig., inclination, propension. Voy. INCLINATION.

PENTÉCOMARCHIE, subst. fém. *(peintékomarchi)* (du grec πεντε, cinq, κωμη, bourg, et αρχη, pouvoir), t. d'antiq., chez les Grecs, gouvernement de cinq bourgs. — Fonctions, charge du *pentécomarque*. — Durée de ses fonctions.

PENTÉCOMARQUE, subst. mas. *(peintekomarke)*, t. d'antiq., gouverneur de cinq bourgs.

PENTÉCONTACORDE, subst. mas. *(peintekontakorde)* (du grec πεντηκοντα, cinquante, et χορδη, corde), instrument de musique qui a cinquante cordes inégales.

PENTÉCONTARQUE, subst. mas. *(peintekontarke)*, chef d'un *pentécontore*.

PENTÉCONTORE, subst. mas. *(peintékontore)*, t. d'antiq., vaisseau à cinquante rameurs.

PENTÉCOSTAIRE, subst. mas. *(peintekocetère)*, qui tient à la Pentecôte, qui concerne la Pentecôte. — Sub. mas., livre qui contient les offices de la Pentecôte.

PENTÉCOSTYS, subst. mas. *(peintekocetice)*, t. d'antiq., nom qu'on donnait à une cohorte de cinquante Spartiates.

PENTECÔTE, subst. fém. *(pantekôte)* (en grec πεντηκοστη, formé de πεντηκοστος, cinquantième), fête que l'Église célèbre en mémoire de la descente du Saint-Esprit sur les apôtres, le cinquantième jour après Pâques.

PENTÉLIQUE, adj. des deux genres *(peintélike)* : *marbre pentélique*, beau marbre blanc qu'on tirait autrefois du mont Pentélien, aujourd'hui Pentélès, près d'Athènes.

PENTÉTÉRIS, subst. mas. *(peintetérice)* (en grec πεντετηρις, pour πεντακτηρις, fait de πεντε, cinq, et ετος, année), t. d'antiq., lustre, ou espace de cinq ans.

PENTÉTURIE, subst. fém. *(peintétri)*, t. d'hist. nat., genre d'insectes de la tribu des tipulaires.

PENTHÉE, subst. propre mas. *(panté)*, myth., roi de Thèbes, fils d'Echion et d'Agavé. Il méprisait si fort les dieux, qu'au lieu d'aller audevant de Bacchus qui passait par ses états, il commanda qu'on le lui amenât pieds et mains liés. Mais ce dieu prit la forme d'Acathe, l'un de ses pilotes ; et lorsqu'il fut en prison, il en sortit sans être vu, et inspira une telle fureur à la famille de Penthée, qu'elle mit ce prince en pièces. — Il y eut une reine de ce nom, fille de Cadmus et d'Hermione.

PENTHÈSE, subst. fém. *(peintèze)*, nom qu'on donnait, dans l'Église d'Orient, à la fête de la Purification.

PENTHÉSILÉE, subst. propre fém. *(pantésilé)*, myth., fille de Mars, reine des Amazones. Après avoir donné plusieurs marques de valeur, elle fut tuée devant Troie.

PENTHIÈVRE, subst. propre mas. *(peinti-èvre)*, ancien comté de France, en Bretagne, érigé en duché-pairie par Charles IX.

PENTHORE, subst. fém. *(pantore)*, t. de bot., espèce de plante herbacée, à tige anguleuse et rude au toucher.

PENTIÈRE, subst. fém. Voy. PANTIÈRE.

PENTILICIEN, adj. mas., au fém. PENTILICIENNE. Voy. PENTÉLIQUE.

PENTISULCE, adj. des deux genres *(panticulce)*, se dit des quadrupèdes à pieds divisés en cinq doigts.

PENTOROBE, subst. mas. *(pantorobe)*, t. de bot., sorte de plante.

PENTORUM, subst. mas. *(pantorome)*, t. de bot, sorte de plante qui croît dans l'Amérique septentrionale.

PENTSÉE, subst. mas. *(pantecé)*, touffe de cheveux en rond que les Chinois laissent sur le sommet de la tête.

PENTURE, subst. fém. *(panture)*, bande de fer plat, percée de plusieurs trous, et dont une extrémité est repliée en rond, pour recevoir le mamelon d'un gond : on la cloue sur une porte, sur un contrevent, pour les soutenir et les faire mouvoir.

PÉNULE, subst. fém. *(pénule)*, t. d'antiq., casaque de peau ou de laine que les Romains portaient en temps de pluie. Elle était fermée par devant comme la toge, mais plus étroite et plus courte. Lorsqu'elle était de peau, on lui donnait le nom de *scortea*.

PÉNULTIÈME, adj. des deux genres *(pénultièème)* (du lat. *pené*, presque, et *ultimus*, dernier), avant-dernier ; qui précède immédiatement le dernier. — On dit subst. : *le pénultième*, *la pénultième*.

PÉNURIE, subst. fém. *(penuri)* (en lat. *penuria*), grande disette des choses les plus nécessaires. — Extrême pauvreté.

PÉON, subst. mas. *(pé-on)*, t. d'antiq., pied de vers de quatre syllabes que l'on employait autrefois dans les hymnes d'Apollon, comme guérissant les maladies. — Division du nome pythien, qui désignait la victoire d'Apollon sur le serpen Python. — Subst. propre mas., myth., médecin qui guérit Pluton de la blessure qu'Hercule lui avait faite. Il y en a qui croient que Péon est un surnom d'Apollon.

PÉONIEN, subst. mas. *(pé-oniein)*, nom d'un ancien peuple de la Macédoine, qui avait l'habitude, dit-on, de nourrir les bœufs avec des poissons vivants ; car, morts, ces animaux n'en auraient pas voulu.

PÉOTTE, subst. fém. *(pé-ote)* (de l'italien *peota*), espèce de bâtiment rond, plus grand qu'une chaloupe, qui est fort en usage chez les Vénitiens.

PÉPAIOS, subst. mas. *(pépa-iôce)*, t. de bot., sorte de végétal d'Amérique dont un seul voyageur a parlé.

PÉPASME, subst. mas. *(pépaceme)* (du grec πεπασμω, je cuis), t. de médec., maturité d'humeurs, matière morbifique qui a perdu sa crudité, selon les humoristes.

PÉPASTIQUE, adj. des deux genres *(pépacetike)* (même étym. que celle du mot précéd.), propre à mûrir les humeurs, à faciliter la digestion. On dit aussi *peptique*.

PÉPERIN, subst. mas. *(péperein)* (de l'italien *peperino*), t. d'hist. nat., pierre grise et dure dont les Romains se servaient pour bâtir.

PÉPERINO, subst. mas. *(pépérino)* (du grec πεπερι, poivre), t. d'hist. nat., tuf de volcan, argileux, de la grosseur d'un grain de poivre.

PÉPÉRITE, subst. fém. *(pépérite)*, t. d'hist.-nat., tuf de volcan.

PÉPÉROMIE, subst. fém. *(pépéromi)* (du grec πεπερι, poivre), t. de bot., genre de plantes qui diffèrent peu des poivres par la fructification.

PÉPÉTILLÉ, part. pass. de *pépétiller*.

PÉPÉTILLER, v. neut. (*pépéti-ié*), jeter beaucoup d'étincelles : *ce feu pépétille beaucoup*. Inusité; on ne dit plus que *pétiller*. Voy. ce mot.

PÉPIE, subst. fém. (*pépi*) (par corruption du lat. *pituita*, qui, dans *Columelle*, a la même signification, et dont, selon *Ménage*, les écrivains de la basse latinité ont, par des altérations successives, fait le mot *pipita*, changé depuis en celui de *pépie*), pellicule qui vient quelquefois au bout de la langue des oiseaux, et qui les empêche de boire et de chanter. — Prov. : *il n'a pas la pépie*, il boit volontiers. — *Il nous fera avoir la pépie*, il ne nous donne pas à boire. — *N'avoir pas la pépie*, parler, babiller beaucoup.

PÉPIÉ, part. pass. de *pépier*.

PÉPIER, v. neut. (*pépié*) (en lat. *pipire*), il se dit du cri naturel des moineaux.

PÉPIN, subst. mas. (*pepein*) (suivant *Le Duchat*, de *pappinus*, dimin. du lat. *pappus*, coton que poussent certaines plantes quand la fleur est passée), semence qui se trouve au centre de certains fruits.

PÉPINIÈRE, subst. fém. (*pépini-ère*) (du mot *pépin*, parce que les *pépinières* ont été d'abord formées des *pépins* de pommes, etc., qu'on y avait semés. *Ménage*.), plant de petits arbres sur une ou plusieurs lignes, pour les lever et les transplanter au besoin.—On dit fig. dans le style médiocre : *la France est une pépinière de soldats*, abonde en soldats.

PÉPINIÉRISTE, subst. mas. (*pépini-ériсete*), jardinier qui élève des *pépinières*.— Adj. : *jardinier pépiniériste*.

PÉPITA ou **PÉPITE**, subst. fém. (*pépita*, *pite*), t. d'hist. nat., morceau de métal dans les mines. — Morceau d'or natif détaché de sa gangue et roulé par les eaux. — Or natif amorphe.

PÉPLEGMÉNON, subst. mas. (*péplègueménon*), t. d'antiq., nom que les Grecs donnaient à une armée rangée en bataille, en forme des croissant (de πλεκω, faire approcher, conduire, et de μηνις, croissant.)

PÉPLIDE, subst. fém. (*péplide*), t. de bot., espèce de plante qui se rapproche des gratioles.

PÉPLION ou **PÉPLIS**, subst. mas. (*pépli-on*, *plice*), t. de bot., plante qu'on nomme aussi *pourpier sauvage*.

PÉPLON ou **PÉPLUM**, subst. mas. (*péplon*, *plome*) (en grec πεπλος), manteau ou long voile dont les femmes se servaient autrefois.

PÉPLOS, subst. mas. (*péplôce*) (en grec πεπλος), t. de bot., espèce de plante de la famille des euphorbes. — Sorte d'ancien voile dont on parait autrefois les statues. — Robe blanche, sans manches, toute brochée d'or, qui ornait la statue de Minerve, chez les anciens.

PÉPO ou **PÉPON**, subst. mas. (*pépo*, *pépon*), t. de bot., concombre que les Grecs mangeaient avec de la viande.

PÉPONIDE, subst. fém. (*péponide*), t. de bot., genre de fruit charnu dont les graines sont écartées de l'axe; le potiron, le concombre, le melon, etc.

PEPSIE, subst. fém. (*pépeci*) (du grec πεπτω, je cuis), t. de médec., coction, maturation. — Effet que subissent les aliments dans l'estomac.

PEPSIQUE, adj. des deux genres (*pépecike*), t. de médec. : *le sens pepsique*, celui qui préside à la digestion.

PEPSIS, subst. mas. (*pépecice*), t. d'hist. nat., genre d'insectes de l'ordre des hyménoptères.

PEPTIQUE, adj. des deux genres (*pépetike*). Voy. PÉPASTIQUE.

PÉRA, subst. mas. (*péra*), t. de bot., sorte d'arbre d'Amérique que l'on nomme aussi *pérula*.— Subst. propre mas., nom d'un faubourg de Constantinople, qu'habitent ordinairement les Francs et les chrétiens.

PÉRAGER, subst. mas. (*péraje*), voyage. (*Boiste*.) Inusité. Il aurait au moins fallu en faire un verbe et lui faire signifier *voyager*, en le dérivant du latin *peragere*.

PÉRAGRATION, subst. fém. (*péraguerâcion*), t. d'astron., action de parcourir; course, marche. — On dit également : *mois de pérågration*.

PÉRAGU, subst. mas. (*peragu*), t. de bot., genre de plantes de la famille des pyrénacées.

PERHAHAR, subst. fém. (*péra-ar*), mytb., lune sacrée des Chingulais, qui se renouvelle au mois de juin.

PÉRAMBULATION, subst. fém. (*péranbulâcion*), arpentage, visite d'une forêt. Vieux.

PÉRAME, subst. fém. (*pérame*), t. de bot., nom d'une petite plante de la Guyane, de la famille des gattiliers.—T. de mar., sorte de petit bâtiment des mers du Levant.

PÉRAMÈLE, subst. mas. (*pérameèle*), t. d'hist. nat., espèce de blaireau à poche.

PÉRAPÉTALE, subst. mas. (*pérapétale*) (du grec περαω, je dépasse, et πεταλον, feuille), t. de bot., appendice de pétale; filet de la corolle des ménanthes.

PÉRAPHYLLE, subst. mas. (*pérafile*) (du grec περαω, je dépasse, et φυλλον, feuille), t. de bot., expansion du calice d'une plante. — Bosse du périgone que l'on aperçoit dans certaines plantes.

PER ARSIN, PER THÉSIN, loc. adv. (*pèrarcein*, *pèretézein*), vieux termes de musique. *Per* est une préposition latine, qui signifie par, pendant : *arsis* et *thesis*, sont deux mots grecs dont le premier signifie élévation, et le second position. *Per thesin* veut dire : en battant, ou dans le premier temps de la mesure. *Per arsin* veut dire : en levant, ou dans le dernier temps de la mesure. On dit aussi qu'un chant, qu'un contre-point, qu'une fugue, etc., sont *per thésin*, quand les notes descendent de l'aigu au grave; et qu'ils sont *per arsin*, quand au contraire les notes montent du grave à l'aigu. Hors d'usage.

PÉRASIE, subst. propre fém. (*pérazi*) (du grec περατις, passage, fait de περαιοω, passer au-delà, traverser), myth., surnom donné à Diane, qui était adorée à Castabale, pris de ce qu'elle avait passé la mer pour arriver en ce lieu.

PÉRATOSCOPIE, subst. fém. (*pératocekopi*) (du grec περατη, horizon, et σκοπεω, je considère), divination par le moyen des choses extraordinaires qui apparaissent dans les airs.

PÉRATOSCOPIEN, adj. mas., au fém. **PÉRATOSCOPIENNE** (*pératocekopiein*, *piène*), qui concerne la *pératoscopie* : *opération*, *divination pératoscopienne*.— Subst., celui, celle qui pratique la *pératoscopie*.

PERÇAGE, subst. mas. (*pèreçaje*), t. de mar., action de percer des trous pour y mettre des chevilles.

PERCALE, subst. fém. (*pèrekale*), toile de coton blanche et fine, des Indes.

PERCALINE, subst. fém. (*pèrekaline*), toile de coton grise, façon des Indes.

PERÇANT, E, adj. (*pèreçan*, *çante*), qui perce, qui pénètre. — Au fig. : *froid perçant*, qui pénètre : *voix perçante*, claire et aiguë; *yeux perçants*, vifs et brillants; *esprit perçant*, qui a beaucoup de pénétration; *vue perçante*, qui aperçoit les objets les plus éloignés. — PERÇANT, PÉNÉTRANT. (*Syn.*) Le mot *perçant* tient de la force de la *lumière* et du *coup-d'œil*. *Pénétrant* tient de la force de l'attention et de la réflexion.— Un esprit *perçant* voit les choses au travers des voiles dont on les couvre; il est difficile de lui cacher la vérité; il ne se laisse pas tromper. Un esprit *pénétrant* approfondit les choses sans s'arrêter à la superficie; il n'est pas aisé de lui donner le change.

PERCE, subst. fém. (*pèrece*), sorte d'outil. Voy. PERCE-À-MAIN. — *En perce*, manière de parler adv. : *mettre du vin en perce*, faire une ouverture au tonneau pour en tirer le vin.

PERCÉ, subst. mas. Voy. PERCÉE.

PERCÉ, E, part. pass. et adj. Voy. PERCER.— *Maison bien percée*, qui a de grandes fenêtres disposées avec symétrie, etc. — *Cocons percés*, qui ne servent qu'à faire du fleuret. — En t. de blas., *pièces percées*, celles qui sont à jour et qui laissent voir l'émail du champ de l'écu. — En peinture, *paysage bien percé*, qui laisse découvrir des objets éloignés. En ce sens, on dit subst. : *il y a de beaux percés dans ce paysage*.—Prov. et fig. : *être bas percé*, n'avoir presque plus de bien; avoir ses affaires en désordre. — *Avoir le cœur percé*, pénétré de douleur. — *Panier percé*, personne qui dépense tout ce qu'elle a, qui ne saurait garder d'argent.

PERCE-À-MAIN, subst. mas. (*pèreçamein*), outil de facteurs de musettes pour percer les trous qui doivent former les différents sons d'un instrument. C'est la même chose que *perce*. — Au plur., des *perce-à-main*.

PERCE-BOIS, subst. mas. (*pèreceboa*), t. d'hist. nat., insectes coléoptères qui *percent* le bois et s'y introduisent, ou y déposent leurs œufs. — Au plur., des *perce-bois*.

PERCE-BOSSE, subst. mas. (*pèreceboce*), t. de bot., nom qu'on donne vulgairement à la lysimachie, plante. — Au plur., des *perce-bosses*.

PERCE-BOURDON, subst. mas. (*pèrecebourdon*), outil de facteur de musettes, pour *percer* les *bourdons*. — Au plur., des *perce-bourdons*.

PERCE-CHAUSSÉE, subst. mas. (*pèrecechôcé*), t. d'hist. nat., espèce d'insecte qui est de la grosseur d'un hanneton. — Au plur., des *perce-chaussées*.

PERCE-CRÂNE, subst. mas. (*pèrecekrâne*), t. de chir., sorte d'instrument qu'on emploie pour diminuer les dimensions de la tête de l'enfant mort, dans la vue de faciliter l'accouchement. Voy. CÉPHALOTOMIE. — Au plur., des *perce-crânes*.

PERCÉE, subst. fém. (*pèrecé*), ouverture faite dans un bois, ou qui s'y trouve naturellement, et qui procure un point de vue, un chemin, etc. — On dit aussi au masculin *un percé* : *il faudrait là un percé*.— *Faire une percée*, pénétrer dans un pays en voyageant, etc.

PERCE-FEUILLE, subst. fém. (*pèrecefeu-ie*) (en lat. *perfoliata*), t. de bot., plante annuelle, à fleur en ombelle, vulnéraire et astringente. — Au plur., des *perce-feuilles*.

PERCE-FORÊT, subst. mas. (*pèreceforé*), t. dont on se sert dans le style familier, en parlant d'un chasseur déterminé. — Au plur., des *perce-forêts*.

PERCE-LETTRE, subst. mas. (*pèreceléire*), petit instrument d'acier dont la pointe servait à *percer* les *lettres*, pour y passer un cordon de soie sur les extrémités duquel on mettait de la cire et l'empreinte d'un cachet. — Au plur., des *perce-lettres*.

PERCEMENT, subst. mas. (*pèreceman*), t. d'architecture, ouverture faite après coup pour la baie d'une porte, d'une croisée, etc. — Chemin fait en pente pour faciliter l'écoulement des eaux dans les mines.

PERCE-MEULE, subst. mas. (*pèrecemeule*), t. de coutel., outil d'acier qui sert à *percer* une *meule* de grès dans le milieu. — Au plur., des *perce-meules*.

PERCE-MOUSSE, subst. mas. (*pèrecemouce*), t. de bot., sorte de *mousse* qui croît dans les *mousses*; le politric commun. — Au plur., des *perce-mousses*.

PERCE-MURAILLE, subst. fém. (*pèrecemurâie*). Voy. PARIÉTAIRE.—Au plur., des *perce-murailles*.

PERCE-NEIGE, subst. fém. (*pèrecenèje*), t. de bot., plante à fleur liliacée. — Au plur., des *perce-neige*.

PERCE-OREILLE, subst. mas. (*pèreçoré-ie*), t. d'hist. nat., genre d'insectes orthoptères. C'est à tort qu'on a cru qu'ils pouvaient *percer* la membrane des oreilles et rendre sourd. — Au plur., des *perce-oreilles*.

PERCE-PIED, subst. mas. (*pèrecepié*), t. de bot., genre de plantes annuelles à fleurs à étamines, qu'il ne faut pas confondre avec le *perce-pierre* ou *passe-pierre*. — Au plur., des *perce-pied*.

PERCE-PIERRE, subst. fém. (*pèrecepière*), t. de bot., plante dont la racine est fibreuse. — Au plur., des *perce-pierre*.

PERCEPTA, subst. mas. plur. (*pèrecèpeta*), mot latin conservé en français par le célèbre *Hallé*, qui s'en servait pour désigner les sensations tant externes qu'internes.

PERCEPTEUR, subst. mas. (*pèrecèpeteur*) (du latin *percipere*, recevoir), commis préposé pour la recette des impôts.

PERCEPTIBILITÉ, subst. fém. (*pèrecèpetibilité*), qualité de ce qui est *perceptible*, de ce qui peut être *perçu*.

PERCEPTIBLE, adj. des deux genres (*pèrecèpetible*) (du latin *percipere*, recevoir), qui peut être *perçu* : *impôt perceptible*. — Qui peut être *perçu* par les sens. Il ne s'emploie guère qu'avec la négative : *cela n'est point perceptible aux yeux*, *au goût*, etc. *Imperceptible* est plus usité.

PERCEPTIF, adj. mas., au fém. **PERCEPTIVE** (*pèrecèpetif*, *tive*), se dit de ce qui peut recevoir par les sens l'*impression* des *objets*, la *sensation* qu'ils causent et l'idée qu'on en conçoit. Peu usité.

PERCEPTION, subst. fém. (*pèrecèpecion*) (du lat. *perceptio*), recette, recouvrement de deniers, de fruits, de revenus, etc. — Charge de *percepteur*. — En philosophie, action de connaître et d'apercevoir par l'esprit et par les sens. Voy. SENTIMENT.

PERCEPTIVE, adj. fém. Voy. PERCEPTIF.

PERCER, v. act. (*pèrecé*) (suivant *Caseneuve*, du latin *pertundere*, qui a la même signification, et dont le participe passif *pertusus* a d'abord, par le retranchement de la syllabe du milieu *tu*, donné l'adjectif et le participe *percé*, d'où a été fait ensuite le verbe *percer*), faire une ouverture de part en part. — Pénétrer : *la pluie a percé la terre d'un pied.* — *Percer une croisée dans un mur*, en faire l'ouverture.— *Percer une rue*, ouvrir une rue en abattant des maisons. — *Percer les buissons, les forêts*, passer à travers.—*Les os lui percent la peau*, se dit d'une personne ou d'un animal fort maigre.— *Percer un bataillon, un escadron*, s'y faire un passage à travers, les armes à la main.—*Percer un nuage*, y passer à travers, en parlant des rayons du soleil. — *Percer une étoffe*, se dit, dans les manufactures, des draperies qu'on a trop foulées, et qui, par cette raison, perdent beaucoup de leur valeur. — Fig. : *percer l'avenir*, le prévoir. — *Percer une affaire*, en pénétrer le fond. — *Percer le cœur*, affliger extrêmement. — *Percer la nuit à jouer, à étudier*, la passer entièrement au jeu, à l'étude. Cela ne se dirait plus aujourd'hui. *Voltaire* a dit :

Le temps qui *perce* enfin la nuit la plus obscure.

On dit, observe La Harpe, *percer la nuit des temps*, mais non *le temps perce la nuit*.—*Percer un tonneau*, y faire une ouverture pour en tirer le vin.—*Crier à percer les oreilles*, pousser de hauts cris.—Neut., se faire ouverture : *cet abcès a percé de lui-même.* — Avoir une issue : *cette maison perce dans deux rues.*—Pénétrer : *le coup perce dans les chairs*; et fig. : *percer dans l'avenir, dans le fond d'une affaire.*— *Cette étoffe ne perce pas*, la pluie ne la pénètre pas.— *Être percé jusqu'aux os*, extrêmement mouillé. —Se découvrir, se montrer : *le talent perce dans cet ouvrage*, etc. — Faire son chemin : *cet homme percera.* — En t. de chasse : *le cerf perce*, tire de long. — *se* PERCER, v. pron., se blesser.—Fig., *se percer de ses propres traits*, se nuire à soi-même en voulant nuire aux autres.

PERCERAT, subst. mas. (*pèrecera*), t. d'hist. nat., aigle de mer.

PERCERETTE, subst. fém. (*pèrecerète*), nom qu'on donne vulgairement à une vrille.

PERCE-ROCHE, subst. fém. (*pèreceroche*), t. de bot., nom qu'on donne vulgairement à la térébelle.—Au plur., des *perce-roches*.

PERCE-RONDE, subst. fém. (*pèreceronde*), espèce de compas à verge dont se servent les cribliers.—Au plur., des *perce-rondes*.

PERCES, subst. fém. plur. (*pèrece*), trous qu'on fait à une flûte traversière.

PERCEUR, subst. mas. (*pèreceur*), ouvrier qui *perce* pour cheviller.

PERCEVOIR, v. act. (*pèrecevoar*) (en latin *percipere*, formé de *per*, par, et de *capere*, prendre), recevoir ou recueillir quelques fruits, quelques revenus : *percevoir des impôts.*—Recevoir l'impression des objets.—*se* PERCEVOIR, v. pron., pouvoir être *perçu*.

PERCHANT, subst. mas. (*pèrechan*), t. d'oiselier, oiseau attaché par le pied à une perche, etc., pour faire venir les autres oiseaux.

PERCHE, subst. fém. (*pèreche*) (en grec περκη, fait de περκος, tacheté de noir), t. d'hist. nat., nom donné à deux poissons dont l'un se trouve dans les eaux douces et l'autre dans la mer.—Mesure d'arpentage de dix-huit à vingt ou vingt-deux pieds, selon les différents pays. En Angleterre, la *perche d'ordonnance* établie par la loi est de seize pieds et demi, et de dix-huit pieds pour les bois taillis. Chez les anciens Romains, la *perche* était de dix pieds. — Dans le nouveau système métrique, nom vulgaire qui correspond au décamètre. La *perche*, en ce sens, est égale à dix mètres, et, en mesures anciennes, à peu près à trente pieds. — Brin de bois de dix à douze pieds de longueur, sur lequel on étend du linge, etc. — Fig. et par raillerie : *grande perche*, femme dont la taille est grande et tout d'une venue. — Croc de batelier. — Bois de cerf qui porte plusieurs andouillers. — Subst. propre mas., ancienne province de France, au nord de la Normandie et au couchant du Maine.

PERCHÉ, subst. mas. (*pèreché*) : *tirer les faisans au perché*, quand ils sont *perchés*.

PERCHÉ, E, part. pass. de *percher*.

† PERCHÉE, subst. fem. (*pèreché*), réunion d'oiseaux *perchés*.

* PERCHER, subst. mas. (*pèreché*), t. de tanneur, bâton qui sert à étendre les mottes pour les faire sécher.

PERCHER, v. neut. (*pèreché*), se mettre sur une *perche* pour se reposer et dormir, en parlant de la volaille.—Act., mettre sur un lieu élevé.— *se* PERCHER, v. pron., en parlant des oiseaux, se mettre sur une branche d'arbre pour se reposer à la fin de leur vol. — Fig. et fam., se mettre sur quelque endroit élevé pour mieux voir ou mieux entendre.

PERCHERON, subst. mas., au fém. PERCHERONNE (*pèrecheron, rone*), habitants du *Perche*, ancienne province de France.

*PERCHES, subst. fém. plur. (*pèreche*), t. d'archit., piliers ronds, gothiques, imitant des *perches* réunies, et qui, courbées par le haut, formaient les nerfs d'ogives. — Branches qu'on plie dans les avenues des pipées pour y tendre les gluaux ; ce que l'on nomme aussi *pliants*.

PERCHEUSE, subst. fém. (*percheuze*), nom de la farlouse, dans quelques provinces du midi de la France.

* PERCHIS, subst. mas. (*pèrechi*), clôture de *perches*.—Treillage qui n'est pas fait avec des échalas.

PERCHLORATE, subst. mas. (*perklorate*), t. de chim., sel formé par la combinaison du *chlore* avec une base.

PERCHLORIQUE, adj. des deux genres (*pèreklorike*), t. de chim.; on a donné ce nom à l'acide *chlorique oxygéné*.

PERCHOIR, subst. mas. (*pèrechoar*), bâton sur lequel un oiseau se *perche*.

PERCIDE, subst. mas. (*pèrecide*), t. d'hist. nat., genre de poissons qui a été réuni aux cottes.

PERCIS, subst. mas. (*pèreci*), t. d'hist. nat., nom qu'on a donné à la sciène cylindrique.

PERCLUS, E, adj. (*pèreklu, kluze*) (du latin *præclusus*, part. de *præcludere*, boucher, fermer, interdire) ; qui a perdu l'usage d'un bras, d'une jambe, etc.—*Avoir l'esprit perclus*, manquer d'esprit.

PERCNOPTÈRE, subst. mas. (*pèrekenopetère*) (du grec περκνος, moucheté, et πτερον, aile), t. d'hist. nat., nom donné à certaines espèces de vautours.

PERCNOS, subst. mas. (*pèrekenôce*), t. d'hist. nat., espèce d'oiseau de proie de la famille des aigles.

PERÇOIR, subst. mas. (*pèreçoar*), instrument avec lequel on *perce*.

PERÇU, E, part. pass. de *percevoir*.

PERCULAIRE, subst. fém. (*pèrekulère*), t. de bot., plante du genre des apocynées.

PERCUNUS, subst. propre mas. (*pèrekunuce*), idole des anciens Prussiens, en l'honneur de laquelle ils entretenaient un feu de bois de chêne. Ce fait est regardé comme douteux.

PERCUSSION, subst. fém. (*pèrekucion*) (du lat. *percussio*, fait de *percutere*, frapper, lequel est formé de la particule augmentative *per*, et de *quatere*, secouer, agiter, ébranler), impression d'un corps qui en frappe un autre ou qui tombe sur un autre.—T. de mécan.: *percussion directe*, celle qui se fait suivant une ligne perpendiculaire à l'endroit du contact, et qui passe par le centre de gravité commun de deux corps qui se choquent. — *Percussion oblique*, celle où l'impulsion se fait suivant une ligne oblique à l'endroit du contact, ou suivant une perpendiculaire qui ne passe pas par le centre de gravité de deux corps. — *Centre de percussion*, le point dans lequel se trouve réunie toute la force d'un corps qui en frappe un autre.

PERCUTÉ, E, part. pass. de *percuter*.

PERCUTER, v. act. (*pèrekuté*) (en lat. *percutare*), frapper. Mot plus latin que français.

PERCY, subst. propre mas. (*perci*), bourg de France, chef-lieu de canton, arrond. de Villedieu, dép. de la Manche.

PERDABLE, adj. des deux genres (*pèredable*), qui peut se *perdre* : *procès perdable*.

PERDANT, subst. mas., PERDANTE, subst. fém. (*pèredan, dante*), celui, celle qui *perd* au jeu. Il se dit plus ordinairement au plur. : *les gagnants, les perdants ; il est dans les perdants.* — Adj. : *un billet perdant*.

PERDICIE, subst. fém. (*pèredici*), t. de bot., genre de plantes de la famille des corymbifères.

PERDICITÉ, subst. fém. (*pèredicité*) (du lat. *perdix*, perdrix), t. d'hist. nat., pierre de perdrix, ou qui a la couleur des perdrix.

PERDITION, subst. fém. (*pèredicion*) (en lat. *perditio*, fait de *perdere*, perdre), mauvais emploi de son bien. En ce sens, il ne se dit que dans cette phrase familière : *tout son bien s'en va en perdition.* — État d'une personne qui est hors de la voie du salut : *œuvre de perdition*, qui fait perdre la grâce : *maison de perdition*, où le vice domine.—En style de l'Écriture : *enfant de perdition*, Judas ; l'ante-Christ.

PERDRE, v. act. (*pèredre*) (en lat. *perdere*, fait du grec περθειν, ravager, ruiner, détruire, perdre, tuer), être privé de quelque chose qu'on possédait. — Être privé de quelque avantage naturel ou moral : *perdre la santé, la vie, la raison, l'esprit, l'amitié de quelqu'un*, etc. — *Perdre une chose*, l'égarer, ne pas savoir ce qu'elle est devenue : *perdre son mouchoir, sa tabatière, sa montre ; il a perdu son chien dans la rue.*—Se trouver privé de quelqu'un par la mort : *il a perdu sa mère.* —Être privé de quelque partie, de quelque faculté sensible ou physique : *il a perdu un bras, tout son sang.* — *Perdre la vie*, mourir. — *Perdre la parole*, ne plus pouvoir parler ; ne savoir plus que dire ; et encore, devenir muet de surprise.— *Perdre haleine*, manquer d'haleine ; ne plus pouvoir respirer. — Ne pas obtenir le gain qu'on pouvait attendre : *vous ne perdez pas au change ; sachons perdre pour gagner.* — *Perdre*, en parlant d'un ouvrage, de la réputation, diminuer dans l'estime, dans l'affection ; ne plus être aussi bien prisé qu'auparavant.— Compromettre : *une indiscrétion peut tout perdre.*—Cesser d'avoir : *les arbres ont perdu leurs feuilles ; perdre l'envie, l'espérance de.....*— Manquer à profiter de..... : *perdre le temps* ou *son temps ; perdre l'occasion.* — En t. de commerce, ne pas retirer ses avances ; vendre une chose moins qu'elle n'a coûté : *j'ai perdu, cette année, dix mille francs dans mon commerce ; j'ai perdu mille écus sur cette marchandise.*— On dit, par analogie : *perdre le fruit de ses soins, de ses peines, de ses travaux*, etc. — On dit qu'*une marchandise*, qu'*une denrée perd dans le commerce*, pour dire qu'elle baisse de prix ; qu'*un effet perd sur la place*, pour dire qu'il tombe au-dessous de sa valeur primitive, ou de la valeur qu'il avait auparavant. — *Son papier a perdu tant pour cent*, il a diminué de tant pour cent sur sa valeur réelle.— *Perdre le boire et le manger*, s'appliquer tellement à une chose, qu'on néglige toutes les autres. — Avoir du désavantage contre quelqu'un : *perdre une gageure, la partie, la bataille, son procès.* — *Jouer à qui perd gagne*, jouer à un jeu où l'on convient que celui qui *perdra* selon les lois ordinaires gagnera la partie ; et cela se dit familièrement au figuré lorsqu'un désavantage apparent procure un avantage réel.—On dit aussi qu'*on perd le fil du discours d'un prédicateur, d'un orateur*, lorsque, faute d'attention ou autrement, on n'a plus présente à l'esprit la liaison des idées dont ce discours est composé. — Ruiner, décréditer, causer du préjudice à la fortune de quelqu'un, à sa réputation, à sa santé, etc. : *c'est un homme qui vous perdra ; il est perdu d'honneur, de réputation.* — Corrompre ; débaucher : *il perd la jeunesse.* — Gâter ; endommager : *La pluie l'a surprise en chemin, et sa robe est perdue.* — Fig. : *perdre de vue un dessein, une affaire*, pour dire, ne plus s'en occuper. — *Perdre un homme de vue*, être long-temps sans le voir, sans songer à lui.—*Perdre le chemin*, être égaré du chemin, n'être plus dans le chemin qu'on voulait suivre.— *Perdre la piste, perdre la voie, perdre la trace.* — Fig. : *un homme a perdu son rang ; il a laissé perdre son rang*, lorsque, dans une cérémonie, il n'a pas continué à marcher dans le rang où il était ; et *un cocher a perdu la file*, lorsqu'après avoir marché quelque temps dans une file de voitures, il s'en trouve sorti par négligence, par maladresse, ou autrement. —En t. de mar. : *perdre la tramontane*, c'est ne plus voir l'étoile polaire, ou être tellement agité par la tempête, qu'on ne peut plus s'aider de la boussole. — Fig. : *il a perdu la tramontane*, il ne sait plus où il en est. — *La mer perd, la marée perd*, elle se retire, il y a jusant. — *Perdre la carte*, se troubler.—*Perdre pied, perdre terre*, ne plus trouver le fond de l'eau avec les pieds. — *Perdre du terrein*, reculer dans une affaire. — *Perdre la tête*, avoir la tête tranchée. Fig., 1° devenir fou ; 2° ne savoir plus où l'on en est. — Neut., éprouver quelque *perte*, quelque dommage : *il n'aime point à perdre ; il perd à n'être pas connu ; il perd de plus en plus de son crédit.* —SE PERDRE, v. pron., se dissiper, s'égarer.—*Je m'y perds* ; je n'y conçois rien.—*Se perdre dans les nues*, rendre avec emphase des idées simples.—Se déshonorer, se débaucher, se damner.—Faire naufrage, en parlant d'un vaisseau : *se perdre au milieu des écueils.*—*Un homme se perd de gaieté de cœur ; il se perd à plaisir*, lorsqu'il ruine sa santé, qu'il prodigue son bien par indiscrétion, par étourderie, et sans aucun motif plausible. — En t. de jeu de billard, *se perdre*, mettre sa propre bille dans la blouse, ou la faire sauter.—*Un homme joue à se perdre*, lorsqu'il fait ou dit quelque chose qui peut causer sa perte ; et *il joue à tout perdre*, lorsqu'il expose au hasard tout ce qu'il a.—*Vous ne perdrez rien pour attendre*, pour être retardé, votre paiement n'en est pas moins assuré ; vous y trouverez peut-être même un avantage.—*Cette rue perd son nom à tel endroit*, change de nom en arrivant à tel endroit.—*Y perdre ses pas*, entreprendre des choses dans lesquelles il est certain qu'on ne réussira pas.—*Perdre son grec et son latin*, employer inutilement son savoir et son expérience ; vouloir persuader un homme qui ne comprend rien.

PERDREAU, subst. mas. (*pèredrô*), le petit de la *perdrix*.—Au plur., t. d'artillerie, plusieurs grenades qui sortent ensemble d'un mortier en même temps que la bombe.

PERDRIAUX, subst. mas. plur. (*pèredri-ô*), pierres autour des bornes.

PERDRIGON, subst. mas. (*pèredriguon*), sorte de prune.

PERDRIX, subst. fém. (*pèrdri*), t. d'hist. nat., oiseau de la famille des alectrides, dont la chair est fort estimée.—*Linge à œil de perdrix*, linge de table ouvré dont le dessin représente la façon d'un *œil de perdrix*. — *Vin œil de perdrix*, vin paillet fort limpide et fort clair. — Prov. : *à la Saint-Remy tous perdreaux sont perdrix*, ils sont trop gros et trop forts pour s'appeler *perdreaux*.

PERDU, E, part. pass. de *perdre*, et adj.—*Puits perdu*, dont le fond est de sable et où les eaux se perdent.—*Temps perdu*, qu'on emploie mal, ou pendant lequel on n'a rien à faire. — *Peine, soins perdus*, inutiles. — *Pays perdu*, désert, inhabité, ou fort éloigné. — Prov. : *ce qui est différé n'est pas perdu*, une chose utile n'est pas perdue parce que la jouissance en est différée. — *Un bienfait n'est jamais perdu*, à tôt ou tard sa récompense. — Par dénigrement, *avocat des causes perdues*, mauvais avocat qui perd toujours ses causes.—*Tirer à coup perdu*, au hasard.—*Faire des fondations à pierres perdues*, jeter des pierres sans ordre dans un endroit déterminé, pour servir de fondement : *les fondations de cette digue, de ce môle ont été faites à pierres perdues.* — On dit, en t. de peinture, que *les couleurs des objets représentés dans un tableau sont perdues*, lorsqu'ils ne se détachent pas de leur fond.—*A corps perdu*, sans ménagement : *se jeter sur quelqu'un à corps perdu.* — *A ballon perdu*, s'élever en l'air par le moyen d'un aérostat, sans cordes qui le retiennent.—*Salle des pas perdus*, devant les chambres d'audience, dans les tribunaux, grande salle qui les précède immédiatement. — *Reprise perdue*, en t. d'ouvrière, reprise si bien faite qu'on ne s'aperçoit pas qu'il y en a une. — Prov. : *pour un perdu, deux retrouvés*, et non pas *deux de retrouvés*, comme dit le bas peuple ; on parlant des personnes : quelqu'un vous quitte, on en retrouve d'autres ; en parlant des choses : la perte qu'on fait est facile à réparer. — *Faire flotter du bois à bois perdu*, le jeter dans de petites rivières, pour le rassembler à leur embouchure et en former des trains.—*Mettre, placer de l'argent à fonds perdu*, à rentes viagères. — *A vos heures perdues*, quand vous aurez le loisir. — *Tout est perdu*, il n'y a plus d'espérance, plus de ressources. — *C'est du bien perdu*, la personne à laquelle on fait du bien ne saura pas en profiter. —En t. de guerre : *enfants perdus*, soldats que l'on détache pour engager l'action. — *Sentinelle perdue*, postée dans un lieu très-avancé. — *Être perdu d'honneur, de débauches, de dettes*, avoir perdu l'honneur, avoir ruiné sa santé par ses débauches, être accablé de dettes. — *C'est une tête perdue*, se dit d'une personne qui a l'esprit égaré. — *C'est un homme perdu*, sans espoir, sans ressources. — *Une femme perdue*, une femme publique et abandonnée. — Subst. mas. : *être comme un perdu*, comme un fou. — *Crier comme un perdu*, de toutes ses forces.

PERDURABLE, adj. des deux genres (*perdurable*), vieux mot inusité qui signifiait, éternel, qui *dure* toujours.

PERDURABLEMENT, adv. (*pèredurableman*), toujours. Hors d'usage.

PÈRE, subst. mas. (*père*) (du latin *pater*, fait du grec πατηρ), celui qui a engendré ; celui qui a un ou plusieurs enfants. — *Père de famille*, celui qui a femme et enfants. — *Père naturel*, celui qui a eu un enfant d'une personne avec laquelle il n'était point marié ; *père légitime*, celui qui a eu un enfant d'un mariage légitime ; *père putatif*, celui qui est réputé le *père* d'un enfant, quoiqu'il ne le soit pas en effet ; *père adoptif*, celui qui a adopté quelqu'un pour son enfant. — *Grand-père*, le *père* de celui ou de celle qui est notre *père* ou notre mère.—*Beau-père*, celui qui a épousé notre mère après la mort de son premier mari ; c'est aussi le père de la femme qu'on épouse. — *Pères*, au plur., est à peu près synonyme d'*ancêtres*. Voy. ce mot. — *Père heureux en enfants*, dont les enfants sont bien nés. — *Père heureux dans ses enfants*, dont les enfants sont bien pourvus. — Au fig. : 1° homme bienfaisant à qui nous avons de grandes obligations : *vous êtes mon bienfaiteur et mon père ; François Ier a été surnommé le père des lettres* ; 2° auteur, etc., qui a en quelque sorte créé son art, etc. : *Démosthène et Cicéron sont les pères de l'éloquence* ; 3° auteur : *il y a peu d'erreurs qui n'aient eu un philosophe pour père ou pour apologiste.* — Titre d'honneur, de vénération : *les pères*, ou *les pères de l'Église*, les saints docteurs de l'Église. — Titre qu'on donne aux religieux prêtres. *Père spirituel*, confesseur ou directeur.—*Père en Dieu*, titre qu'on donne à certains personnages religieux d'un grade hiérarchique fort élevé.—*Père temporel des capucins*, etc., séculier qui autrefois recevait les aumônes qu'on leur donnait.—*Pères du concile*, les évêques qui assistent à un concile. — *Les pères du désert*, les anciens anachorètes qui ont vécu dans les déserts. —*Les pères conscrits*, les sénateurs de l'ancienne Rome. — *Père nourricier*, le mari de la nourrice d'un enfant. — Fig. : *il est le père nourricier de sa famille*, il la fait subsister.—*Il est le père de la patrie, du peuple*, il a fait de grandes choses pour le bien de la patrie, du peuple. —*Le père des soldats*, un général qui a grand soin du bien-être des soldats, et qui ménage leur sang. — *Père des pauvres*, qui leur fait beaucoup de bien. — Au théâtre, on appelle *père noble*, celui qui tient l'emploi des *pères* dans la tragédie et la haute comédie.—Poét. : *le père du jour*, le soleil.—*Le père du mensonge*, le démon, etc.—*Notre premier père*, Adam.—*Le père des croyants*, Abraham.—*Le Père éternel*, Dieu.—*Le saint-père*, le pape.—Principe : *le travail est le père du plaisir*.—Pop. : 1° *père douillet*, homme qui aime extrêmement à prendre ses commodités ; 2° *père aux écus*, homme fort riche.—*Le père La Joie*, celui qui rit toujours.—*De père en fils*, loc. adv., par transmission successive du *père* au fils.

PÈRE-EN-RETZ (SAINT-), subst. propre mas. (*ceinpèranrè*), village de France, chef-lieu de canton, arrond. de Paimbœuf, dép. de la Loire-Inférieure.

PÉREBIER, subst. mas. (*pèrebié*), t. de bot., arbre de la Guyane qui rend un suc laiteux en entamant son écorce.

PÉRÉGRATION, subst. fém. Voy. PÉRÉGRINATION.

PÉRÉE, subst. fém. (*péré*), t. de géog., se dit généralement d'un pays situé au-delà d'une mer ou d'un fleuve.

PÉRÉGRIN, subst. mas. (*péréguerein*), voyageur. Vieux et même hors d'usage.

PÉRÉGRINAIRE, adj. des deux genres (*péréguerinère*), t. claustral, qui appartient aux étrangers.

PÉRÉGRINATION, subst. fém. (*péréguerinâcion*) (en lat. *peregrinatio*), voyage fait en pays éloignés. Vieux mot.

PÉRÉGRINÉ, part. pass. de *pérégriner*.

PÉRÉGRINER, v. neut. (*péréguerinė*), aller en pèlerinage, aller au loin. Vieux.

PÉRÉGRINI, subst. mas. plur. (*péréguerini*), myth., dieux étrangers chez les Romains.

PÉRÉGRINITÉ, subst. fém. (*péréguerinité*) (en lat. *peregrinitas*, fait de *peregrinus*, étranger), t. d'hist. anc., état d'un homme dépouillé du titre de citoyen romain, et rendu par là semblable à un étranger. — Aujourd'hui, en t. de jurisprudence, état de celui qui est étranger dans un pays.

PÉRÉGRINOMANE, subst. mas. (*péréguerinomane*), celui qui est possédé de la passion des voyages, de la *pérégrinomanie*. Inusité.

PÉRÉGRINOMANIE, subst. fém. (*péréguerinomani*) (du lat. *peregrinari*, voyager, et *mania*, manie), fureur de voyager ; manie, passion des voyages.

PÉRÉGRINOMANIQUE, adj. des deux genres (*péréguerinomanike*), qui a rapport, qui tient à la *pérégrinomanie*. Inusité.

PÉREMPTION, subst. fém. (*péranpecion*) (en lat. *peremptio*, fait de *perimere*, détruire, abolir), t. de jurispr., prescription qui annulle une procédure civile : *il y a péremption d'instance*, l'instance est *périmée*, éteinte, hors de droit.

PÉREMPTOIRE, adj. des deux genres (*péranpetoare*), décisif : *raison péremptoire*, qui *périme*, qui détruit tous les raisonnements.

PÉREMPTOIREMENT, adv. (*péranpetoareman*), d'une manière *péremptoire*, d'une façon décisive.

PÉREMPTORISÉ, E, part. pass. de *péremptoriser*.

PÉREMPTORISER, v. act. et neut. (*péranpetorizé*), augmenter, prolonger, donner des délais. — SE PÉREMPTORISER, v. pron. (*Boiste.*) Inusité.

PÉRENNIAL, E, adj. (*pérèneni-al*) (du latin *perennis*), vieux mot presque inusité, qui signifiait perpétuel.—Au plur., *pérenniaux*.

PÉRENNIES, subst. fém. plur. (*pérèneni*), cérémonies qui s'observaient lorsqu'on prenait les auspices.

PÉRENNISÉ, E, part. pass. de *pérenniser*.

PÉRENNISER, v. act. (*pérènenizé*), mot peu usité auquel on a fait signifier, rendre perpétuel.—SE PÉRENNISER, v. pron.

PÉRENNITÉ, subst. fém. (*pérènenité*) (en lat. *perennitas*), vieux mot peu usité, qui signifiait longue durée.

PÉRÉQUAIRE, subst. mas. (*pérékiaire*), cadastre d'un pays, d'une contrée. Vieux et même hors d'usage.

PÉRÉQUATEUR, subst. mas. (*pérékouateur*), préposé à la répartition égale des impôts, dans la commune. (*Boiste.*) Inusité.

PÉRÉQUATION, subst. fém. (*pérékouâcion*) (du latin *per*, entre, parmi, et *æquare*, répartir), *équation* parfaite. — Répartition égale des impôts. Hors d'usage dans la seconde acception.

PÉRÉTÉRION, subst. mas. (*péréteri-on*) t. de chir., trépan perforatif. Peu connu.

PÉRÉZIE, subst. fém. (*pérézi*), t. de bot., genre de plantes.

PERFECTIBILITÉ, subst. fém. (*pèrefèktibilité*), qualité de ce qui est *perfectible*.

PERFECTIBLE, adj. des deux genres (*pèrefèktible*), qui peut être *perfectionné*.

PERFECTION, subst. fém. (*pèrefèkcion*) (en lat. *perfectio*), qualité de ce qui est *parfait* en son genre. — Idée du *parfait* : *atteindre la perfection.* — Achèvement entier.—Qualité excellente, soit de l'âme, soit du corps. Il ne prend de plur. qu'en ce dernier sens, et c'est surtout en ce nombre qu'il s'emploie : *être doué de grandes perfections.* — On dit en théol. : *les perfections divines*, les qualités qui sont en Dieu.—EN PERFECTION, *dans la* PERFECTION, loc. adv., *parfaitement*.

PERFECTIONNÉ, E, part. pass. de *perfectionner*, et adj. : *invention perfectionnée*.

PERFECTIONNEMENT, subst. mas. (*pèrefèkcioneman*), action de *perfectionner*.—État de ce qui est *perfectionné*.

PERFECTIONNER, v. act. (*pèrefèkcioné*) (du lat. *perficere*, employé dans la même acception, et qui signifie proprement, *faire entièrement*, *parfaire*, *achever*, formé de la particule augmentative *per*, et de *facere*, faire), rendre *parfait*, accompli.—SE PERFECTIONNER, v. pron., se rendre *parfait*.

PERFECTISSIMAT, subst. mas. (*pèrefèkticima*) (du lat. *perfectissimus*, superl. de *perfectus*, parfait), dignité que, dans le Bas-Empire, les empereurs accordaient à certaines personnes. Elle était au-dessus du *clarissimat* ; et ce fut un des titres imaginés par le grand Constantin.

PERFECTISSIME, subst. mas. (*pèrefèkticime*), titre de dignité dans le Bas-Empire. Voy. PERFECTISSIMAT.

PERFICA, subst. propre fém. *(pèrefika)*, myth., déesse que les Romains invoquaient dans les mariages.

PERFIDE, subst. et adj. des deux genres *(pèrefide)* (en lat. *perfidus*), qui manque à sa foi, à sa parole; traître, déloyal : *ami perfide;* et subst. : *c'est un perfide, une perfide.* — Il se dit des choses qui ont rapport aux personnes : *tour, action, serment perfide.*

PERFIDEMENT, adv. *(pèrefideman)* (en latin *perfidè*), avec perfidie.

PERFIDIE, subst. fém. *(pèrefidi)* (en lat. *perfidia*), manquement de foi, de loyauté; abus de confiance.

PERFOLIÉ, E, adj. *(pèrefoli-é)* (du latin *per*, par, à travers, et *folium*, feuille), t. de bot. : *feuille perfoliée*, qui est traversée par la tige.

PERFORANT, E, subst. et adj. *(pèreforan, rante)* (en lat. *perforans*, formé de *per*, à travers, et de *forare*, percer), qui *perfore*.—Subst. mas., t. d'anat., muscle des doigts de la main, appelé communément le *profond*. Celui qui lui répond dans les doigts du pied est nommé *long fléchisseur commun des orteils.* — Adj., *muscle perforant.*

PERFORATEUR, subst. mas. *(pèreforateur)*, t. de chir., partie du lithotriteur qui sert à *perforer* la pierre; il est fait en forme de fraise.

PERFORATIF, subst. mas. *(pèreforatife)*, t. de chir., le même instrument que le *trépan.*

PERFORATIF, adj. mas., au fém. **PERFORATIVE** *(perforatif, tive)*, qui sert à *percer.*

PERFORATION, subst. fém. *(pèreforâcion)* (en lat. *perforatio*, fait de *per*, à travers, et *forare*, percer), action de *perforer*, de percer quelque chose.

PERFORATIVE, adj. fém. Voy. PERFORATIF.

PERFORÉ, E, adj. *(pèreforé)*, t. d'anat.; il se dit du muscle des doigts de la main, appelé communément *le sublime ;* c'est celui qui est terminé par quatre tendons à la troisième phalange des doigts.—Subst. mas. : *le perforé.*

PERFORÉ, E, part. pass. de *perforer*, et adj.

PERFORER, v. act. *(pèreforé)* (en latin *perforare*), percer, c'est un terme d'art. — *se* PERFORER, v. pron.

PERGAME, subst. propre mas. *(pèreguame)*; on appelait ainsi Troie, à cause de l'une de ses tours nommée *Pergame.*—Il y eut aussi une ville de ce nom dans la Troade, ou plutôt dans la Mysie, célèbre par le culte qu'on y rendait à Esculape, parce qu'il y avait exercé la médecine.

PERGASIE ou **PERGÉE**, subst. propre fém. *(pèreguazi, pèrejé)*, myth., surnom de Diane, adorée à *Pergée*, ville de Pamphylie.

PERGÉE, subst. fém. *(pèrejé)*, amende levée sur les bêtes prises au moment qu'elles font du dégât. Vieux et même hors d'usage. — Subst. propre fém., myth., surnom de Diane tiré d'une ville de Pamphylie où elle avait un temple.

PERGOLÈSE, subst. mas. *(pèreguolèze)*, espèce de raisin noir.

PERGONTE, subst. fém. *(pèreguonte)*, t. de bot., fleur blanche qui a quelque ressemblance avec la marguerite.

PERGUBRIOS, subst. propre mas. *(pèregubrioce)*, myth., idole des anciens peuples de la Prusse, qui présidait aux fruits de la terre, et en l'honneur de laquelle on célébrait une fête le 22 mars.

PERGUE, subst. fém. *(pèregue)*, t. d'hist. nat., genre d'insectes de l'ordre des hyménoptères.

PERGULAIRE, subst. fém. *(pèregulère)*, t. de bot., genre de plantes de la famille des apocynées. Comment *Raymond* donne-t-il *pergulaire* et *pergularia ?* il ne s'est donc pas aperçu que ces deux mots ne désignent que la même plante?

PERGUS, subst. propre mas. *(pèreguce)*, lac de Sicile, sur les bords duquel Pluton enleva Proserpine.

PÉRI, subst. des deux genres *(péri)*, myth., nom donné par les Persans à une espèce de créatures qui ne sont ni hommes, ni anges, ni diables, et qui, dans les anciens romans de Perse, répondent à ce que, dans les nôtres, nous appelons *fées.* Il y en a de mâles et de femelles, et ce sont des génies bienfaisants.

PÉRI, E, part. pass. de *périr*, et adj., se dit dans le blason, 1° d'un meuble qui se trouve au centre de l'écu, et qui est d'une très-petite proportion : 2° plus ordinairement, d'un petit bâton posé en bande ou en barre, qui sert de brisure, et qui est de même placé au centre de l'écu.

PÉRIAL, E, adj. *(périal)*, t. d'anat., nom que M. Geoffroy-Saint-Hilaire donne à la première paire d'osselets placés immédiatement au-dessus du cycléal. — Au plur. mas., *périaux : les os périaux.*

PÉRIAUX, adj. mas. plur. Voy. PÉRIAL.

PÉRIAMBE, subst. mas. *(péri-anbe)*, t. de poésie grecque et latine, pied de vers, formé de deux brèves.

PÉRIANTHE, subst. mas. *(péri-ante)* (du grec περι, autour, et ανθος, fleur; *qui entoure la fleur)*, t. de bot., calice particulier des fleurs.

PÉRIAPTE, subst. mas. *(péri-apete)* (du grec περι, autour, et απτω, j'attache), talisman, espèce d'amulette qu'on portait au cou, chez les anciens, pour se préserver des maladies.

PÉRIBÉE, subst. propre fém. *(péribé)*, myth., femme de Télamon. Le père de cette princesse, s'étant aperçu que Télamon avait eu commerce avec elle avant son mariage, ordonna à un de ses gardes de la jeter dans la mer; et Télamon prit la fuite. Le garde, qui en eut compassion, au lieu de la noyer, la vendit. Elle fut conduite à Salamine, où elle retrouva Télamon, et y accoucha d'Ajax. Quelques-uns disent que ce fut à Thésée qu'on la vendit, et qu'étant arrivé à Salamine, ce prince, touché de ses pleurs, la rendit à Télamon.

PÉRIBLEPSIE, subst. fém. *(périblèpeci)* (du grec περι, autour, et βλεπω, je considère), t. de médec., regard effaré qu'on remarque chez ceux qui sont dans le délire.

PÉRIBOLE, subst. mas. *(péribole)* (du grec περιβολη, qui a la même signification), première enceinte des temples des païens.—Espace de terre planté d'arbres et de vignes qu'on laissait autour des temples; il était fermé par un mur, consacré aux divinités du lieu, et les fruits qui y croissaient appartenaient aux prêtres.—T. de médec., transport de la matière morbifique sur la surface du corps.— Porcelaine incomplète. —T. d'hist. nat., nom d'une espèce de coquille.

PÉRIBROSE, subst. fém. *(péribrôze)* (en grec περιβρωσις, fait de περι, autour, et βρωσκω, je ronge), t. de médec., ulcération des paupières, ou autour des paupières.

PÉRICAL, subst. mas. *(périkale)*, t. de médec., éléphantiasis des Arabes qui affecte la jambe.

PÉRICALLES, subst. mas. pl. *(périkale)* (en grec περικαλλης, fait de περι, autour, et καλλος, barbe de coq), t. d'hist. nat., famille d'oiseaux de l'ordre des silvains.

PÉRICARDE, subst. mas. *(périkarde)* (en grec περικαρδιον, fait de περι, autour, et de καρδια, cœur), t. d'anat., capsule membraneuse qui environne le cœur.

PÉRICARDIAIRE, subst. mas. et adj. des deux genres *(périkardi-ère)*, t. d'hist. nat., se dit de vers qui s'engendrent dans le *péricarde.*

PÉRICARDIN, E, adj. *(périkardein, dine)*, t. d'anat., qui appartient, qui a rapport au *péricarde.*

PÉRICARDITE, subst. fém. *(périkardite)*, t. de médec., inflammation du *péricarde.*

PÉRICARPE, subst. mas. *(périkarpe)* (en grec περικαρπια, ou περικαρπιον, formé de περι, autour, et καρπος, fruit), t. de bot., partie du fruit qui enveloppe la semence.

PÉRICHONDRE, et non pas **PÉRICONDRE**, subst. mas. *(périkondre)* (du grec περι, autour, et χονδρος, cartilage), t. d'anat., membrane qui recouvre certains *cartilages.*

PÉRICHORE, subst. mas. *(périkore)* (du grec περιχορευω, danser autour), t. d'antiq., nom d'un jeu grec, qui est resté inconnu pour nous.

PÉRICLITANT, E, adj. *(périklitan, tante)*, qui *périclite.*

PÉRICLITÉ, part. pass. de *péricliter.*

PÉRICLITER, v. neut. *(périklité)* (en lat. *periclitari*, fait de *periculum*, péril, danger), courir quelque *hasard.*— Être en péril. Il ne se dit guère que des choses : *cette affaire périclite.*

PÉRICLYMÈNE, subst. mas. *(périklimène)* (du grec περικλυζω, j'entoure), t. de bot., nom d'une plante que l'on croit être notre chèvre-feuille des jardins, et que les anciens appelaient *periclymenum.*—Subst. propre mas., myth., nom de l'un des douze fils de Nélée, qui avait reçu des dieux le privilége ou le pouvoir de changer de figure.

PÉRICOLLIE, subst. fém. *(périkoleli)*, t. de bot., genre de plantes de la classe des monocotylédones.

PÉRICONIE, subst. fém. *(périkoni)*, t. de bot., genre de plantes cryptogames de la famille des champignons.

PÉRICRÂNE, subst. mas. *(périkrâne)* (en grec περικρανιον, formé de περι, autour, et κρανιον, crâne), t. d'anat., membrane épaisse qui couvre et enveloppe le crâne.

PÉRIDÉCAÈDRE, adj. des deux genres *(péridéka-èdre)* (du grec περι, autour, δεκα, dix, et εδρα, base), t. de géom., figure dont la forme prismatique à quatre pans se change en *décaèdre.*

PÉRIDESMIQUE, adj. des deux genres *(péridècemike)* (du grec περι, autour, et δεσμος, lien), t. de médec.; il se dit de l'ischurie qui est occasionnée par une ligature trop serrée du pénis.

PÉRIDIDYMITE, subst. fém. *(pérididimite)* (du grec περι, autour, et διδυμος, testicules), t. de médec., inflammation de la membrane extérieure des testicules.

PÉRIDIOLITHE, subst. fém. *(péridi-olite)*, t. d'hist. nat., petite coquille à valves closes qu'on trouve en Westphalie.

PÉRIDION, subst. mas. *(péridi-on)*, partie des champignons qui contient des bourgeons séminiformes.

PÉRIDONIUS, subst. mas. *(péridoni-uce)*, t. d'hist. nat., sorte de pierre fauve qui avait la vertu de guérir la goutte.

PÉRIDOT, subst. mas. *(péridô)*, pierre précieuse qui tire un peu sur le vert.

PÉRIDROME, subst. mas. *(péridrome)* (du grec περιδρομος, fait de περι, autour, et de δρομος, course), t. d'archit. anc., l'espace, la galerie, l'allée qui, dans un périptère, régnait entre les colonnes et les murs; c'était une promenade.

PÉRIE, subst. fém. *(Boiste.)* Voy. PÉRI, seul usité.

PÉRIÉCIENS. Voy. PÉRIOECIENS.

PÉRIÉGÈSE, subst. fém. *(péri-éjèze)* (du grec περι, autour, et γη, pour γαια, la terre), description géographique du monde.

PÉRIÉGÈTES, subst. mas. plur. *(péri-éjète)* (en grec περιηγητης, formé de περι, autour, et de ηγεομαι, conduire), ministres du temple de Delphes, qui servaient aux étrangers et de *guides* et d'interprètes. — Géographes qui décrivaient les côtes, qui conduisaient en quelque sorte leurs lecteurs autour des terres.

PÉRIÉLÈSE, subst. fém. *(péri-élèze)* (en grec περιειλησις, circonlocution; formé de περι, autour, et de ειλεω, je roule, j'entoure), dans le plain-chant, cadence qui se fait dans l'intonation pour avertir le chœur que c'est à lui à poursuivre.

PÉRIER, subst. mas. *(périé)*, morceau de fer emmanché qui sert à faire l'ouverture des fourneaux, afin de faire couler le métal quand on veut jeter quelque ouvrage en bronze. *(Trévoux d'après Félibien.)*

PÉRIÈRE, subst. fém. *(périère)*, t. d'hist. nat., oiseau de la couleur et de la grandeur de l'alouette commune. — T. de médec., ensemble de la peau et des membranes muqueuses.

PÉRIÉRÈSE, subst. fém. *(péri-érèze)* (du grec περι, autour, et αιρεω, je prends), t. de chir., incision que les anciens faisaient autour des grands abcès.

PÉRIÉRIQUE, adj. des deux genres *(péri-érike)*, t. de médec., situé à la surface, qui paraît à la surface.

PÉRIERS, subst. propre mas. *(périé)*, ville de France, chef-lieu de canton, arrond. de Coutances, dép. de la Manche.

PÉRIGÉE, subst. mas. *(périjé)* (du grec περι autour, et γη, terre), t. d'astron., l'endroit du ciel où se trouve une planète quand elle est le plus proche de la terre. Il est opposé à *apogée.* *L'Académie* ajoute que ce mot est aussi adj. des deux genres : *la lune est périgée.*

PÉRIGLOTTE, subst. fém. *(périguelote)* (du grec περι, autour, et γλωσσα, langue), t. d'anat., glande épiglottique.

PÉRIGONE, subst. mas. *(périguone)* (du grec περι, autour, et γονη, semence), t. de bot., enveloppe des organes de la végétation dans les plantes. — Subst. propre fém., myth., nom de la fille du géant Sinnis.

PÉRIGORD, subst. propre mas. *(périguore)*, nom d'une ancienne province de France.

PÉRIGOURDIN, E, subst. et adj. *(périguourdein, dine)*, qui est du *Périgord.*

PÉRIGRAPHE, subst. mas. *(périguerafe)* (du

grec περι, autour, et γραφω, je décris), t. d'anat., insertion aponévrotique du muscle droit de l'abdomen.

PÉRIGUEUX, subst. propre mas. (*périguieu*), ville de France, chef-lieu du dép. de la Dordogne.

PÉRIGUEUX, subst. mas. (*périguieu*), sorte de pierre noire fort dure des environs de *Périgueux*.

PÉRIGYNE, ou **PÉRIGYNIQUE**, adj. des deux genres (*périjine*, *périjinike*) (du grec περι, autour, et γυνη, femme), t. de bot., se dit de la corolle et des étamines des fleurs qui sont attachées autour de l'ovaire ou de l'organe femelle.

PÉRIGYNIQUE. Voy. PÉRIGYNE.

PÉRIHÉLIE, subst. mas. (*péri-éli*) (du grec περι, autour, et ηλιος, soleil), t. d'astron., le point où une planète est le plus près du soleil : *Vénus est dans son périhélie.* — On dit aussi adj. des deux genres : *Vénus est périhélie.*

PÉRIKÈGE, subst. mas. (*périkièje*) (du grec περι, autour, et χαιτη, chevelure), t. de bot., involucre velouté qui enveloppe la base du pédoncule des fleurs de quelques mousses.

PÉRIL, subst. mas. (*périle*, et non plus *périe*) (du lat. *periculum*, danger), danger, risque ; état où il y a quelque chose de fâcheux à craindre. — *Prendre une affaire à ses risques et périls*, se charger du bon et du mauvais succès. Voy. DANGER. — *Il y a péril en la demeure*, le moindre retard peut causer le plus grand préjudice.

PÉRILAMPE, subst. mas. (*périlanpe*), t. d'hist. nat., genre d'insectes de l'ordre des hyménoptères.

PÉRILEUCOS, subst. mas. (*périleukôce*), t. d'hist. nat., pierre précieuse qui paraît être une agate à deux couches, l'une blanche et l'autre brune.

PÉRILEXE, subst. fém. (*périlèkce*) (en grec περιλεξις, circonlocution, fait de περιλεγω, dérivé de περι, autour, et λεγω, je dis, je parle), fig. de rhétorique, circonlocution, détour.

PÉRILLE, subst. fém. (*péri-ie*), t. de bot., plante à tige simple.

PÉRILLEUSE, adj. fém. Voy. PÉRILLEUX.

PÉRILLEUSEMENT, adv. (*péri-ieuzeman*), dangereusement ; avec chance de *péril*.

PÉRILLEUX, adj. mas., au fém. **PÉRILLEUSE** (*péri-ieu*, *ieuze*) (en lat. *periculosus*), dangereux ; où il y a du *péril* à courir. — *Saut périlleux*, saut difficile et dangereux, qu'exécutent les danseurs de corde.

PÉRILOMIE, subst. fém. (*périlomi*), t. de bot., genre de plantes de la famille des labiées, originaires du Pérou.

PÉRIMÉ, E, part. pass. de *périmer*.

PÉRIMER, v. neut. (*périmé*) (du lat. *perimere*, détruire, abolir), t. de jurispr., se perdre ; périr, en parlant d'une instance. C'est proprement laisser arriver la prescription qui fait qu'une instance vient à périr faute d'avoir été poursuivie dans le temps nécessaire. Il prend l'auxiliaire *être* : *l'instance est périmée* et non pas *a périmé*. — SE PÉRIMER, v. pron.

PÉRIMÈTRE, subst. mas. (*périmètre*) (du grec περι, autour, et μετρον, mesure), t. de géom., contour, étendue qui termine une figure ou un corps. Dans les figures circulaires, le *périmètre* est appelé *périphérie* ou *circonférence*.

PÉRIMÉTRIQUE, adj. des deux genres (*périmétrike*), t. de géom., qui appartient, qui est relatif au *périmètre*.

PÉRINÉAL, E, adj., ou **PÉRINÉEN**, adj. mas., au fém. **PÉRINÉENNE** (*périné-ale*, *né-ein*, *néène*), t. d'anat., qui appartient au *périnée*.

PÉRINÉE, subst. mas. (*périné*) (en grec περινεος ou περινεον, formé de πηριν, scrotum), t. d'anat., l'espace qui se trouve entre l'anus et les parties naturelles.

PÉRINÉEN, **PÉRINÉENNE**, adj. Voy. PÉRINÉAL.

* **PÉRINÉOCÈLE**, subst fém. (*périné-ocèle*) (du grec περιναιος, périnée, et κηλη, tumeur), t. de chir., hernie du *périnée*.

PÉRINÉO-CLITORIEN, subst. mas. (*périné-oklitoriein*), t. d'anat., muscle constricteur qui s'étend du *périnée* au *clitoris*. — Il est aussi adj. mas. : *muscle périnéo-clitorien*.

PÉRINE-VIERGE, subst. fém. (*périne-vièreje*), nom que les Provençaux donnent au suc résineux qui coule du pied des pins par incision.

PÉRINTHE, subst. propre mas. (*pèreinte*), nom d'une ancienne ville de la Thrace.

PÉRINYCTIDE, subst. fém. (*périniktide*) (du grec περι, autour, et νυκτος, gén. de νυξ, nuit), t. de médec., exanthème qui se montre la nuit et disparaît le jour.

PÉRIODE, subst. mas. (*péri-ode*), le plus haut point de quelque chose : *Démosthène et Cicéron ont porté l'éloquence à son plus haut période.* — Un certain espace de temps vague, indéterminé : *dans un certain période de temps.* — *Dans le dernier période de sa vie*, dans les derniers temps de sa vie.

PÉRIODE, subst. fém. (*péri-ode*) (en grec περιοδος, circuit, fait de περι, autour, et οδος, chemin), révolution, cours d'un astre pour revenir au même point d'où il est parti : *le soleil fait sa période en trois cent soixante-cinq jours et près de six heures.* — En t. de chronologie, mesure du temps ; époque, temps remarquable par où l'on commence à compter les années. — *Période de Constantinople*, la même que la *période julienne*; avec cette seule différence, que celle-là a commencé, suivant quelques-uns, sept cent quatre-vingt-quinze ans plus tôt que celle-ci, c'est-à-dire cinq mille cinq cent huit ans avant la naissance de Jésus-Christ. — *Période dionysienne* ou *victorienne* (ainsi nommée de *Denys le Petit* à qui elle est attribuée, et de *Victorinus* ou *Victorius*, qui vivait sous le pape Hilaire), intervalle de cinq cent trente-deux ans, formé par le produit de 19 et 28, ou du cycle lunaire par le cycle solaire. On l'a aussi appelée le *grand cycle pascal*, parce qu'elle ramenait les nouvelles lunes et la fête de Pâques au même jour de l'année julienne. — *Période d'Hipparque*, révolution de trois cent quatre années solaires, à la fin de laquelle les nouvelles et les pleines lunes reviennent aux mêmes jours de l'année solaire où elles étaient tombées dans la première année de cette *période*, ainsi nommée de son auteur, mathématicien et astronome de Nicée, qui florissait l'an 156 avant Jésus-Christ. — *Période julienne*, produit des trois cycles solaires, lunaire et d'indiction, ou de 28, 19 et 15, ce qui donne un espace de sept mille neuf cent quatre-vingts ans, au bout duquel les trois cycles reviennent ensemble dans le même ordre. Cette *période* a été proposée en 1583 par *Joseph Scaliger*, qui lui donna le nom de son père *Jules-César*. — *Période chaldéenne*, *période* de dix-huit ans ou deux cent vingt-trois lunaisons, qui ramène la lune à la même position, par rapport au soleil, à l'apogée et au nœud. — *Période de six cents ans*, qui ramène le soleil et la lune en conjonction au même point du ciel, du moins à un jour près. Suivant l'historien *Josèphe*, ce n'est qu'après cette révolution que s'accomplit la *grande année*, appelée aussi la *grande année des patriarches*. — *Période lunisolaire de Louis-le-Grand*, *période* de onze mille six cents ans, proposée par *Cassini*. Elle ramène les nouvelles lunes au même jour et presque à la même heure de l'année grégorienne. — *Période caniculaire*, *cynique*, ou *cycle caniculaire*, espace de quatorze cent soixante ans, au bout desquels l'année solaire naturelle se trouvait recommencer avec l'année civile ou *thôt* vague des Egyptiens, qui n'avait que trois cent soixante-cinq jours. — *Période de huit ans*, employée autrefois par *Cléostrate* et *Harpalus*. — *Période de cinquante-neuf ans*, proposée par *Philolaüs* et *Œnopidès*. — *Période de quatre-vingt-deux ans*, proposée par *Démocrite*. — *Période de deux cent quarante-sept ans*, proposée par *Camaliel*. — *Période de trois cent quatre ans*. Voy. plus haut *période d'Hipparque*. — En t. de médec., chacun des espaces de temps qu'une maladie peut parcourir : *la période d'accroissement, la période de déclin, de terminaison.* — Durée de l'accès et de l'intermission dans une fièvre intermittente. — Dans l'art oratoire, plusieurs phrases tellement réunies qu'elles dépendent les unes des autres pour former un sens complet. — *Période carrée*, composée de quatre membres. Par extension, *période* nombreuse et conçue en termes bien arrangés.

PÉRIODEUTE, subst. mas. (*péri-odeute*) (en grec περιοδευτης), t. d'antiq., nom de médecins qui allaient de ville en ville traiter des maladies.

PÉRIODICITÉ, subst. fém. (*péri-odicité*), qualité de ce qui est *périodique*.

PÉRIODIQUE, adj. (*péri-odike*), qui a ses *périodes* : *mouvement, révolution périodique; fièvre périodique.* — Qui paraît dans des temps fixes et réglés : *ouvrage périodique.* — Qui paraît par livraisons et à des jours réglés. — En parlant du style d'un discours : 1° qui a du nombre et de l'harmonie; 2° qui est composé de *périodes* travaillées avec art.

PÉRIODIQUEMENT, adv. (*péri-odikeman*), d'une manière *périodique* : *les astres se meuvent périodiquement.* — On dit par raillerie et en mauvaise part : *parler périodiquement*, par *périodes* nombreuses. Peu usité dans cette dernière acception.

PÉRIODISTE, subst. mas. (*péri-odicete*), faiseur de feuilles *périodiques*. On dirait mieux : *écrivain périodique.*

PÉRIODONIQUE, adj. des deux genres (*péri-odonike*) (du grec περι, autour, οδος, route, et νικαω, je suis vainqueur), t. d'antiq., se disait des jeux ou combats auxquels on n'admettait que les seuls athlètes qui avaient déjà été vainqueurs. — Subst. mas., celui qui remportait la victoire dans les quatre grands jeux de la Grèce.

PÉRIODONTITE, subst. fém. (*péri-odontite*) (du grec περι, autour, et de οδοντος, gén. de οδους, dent), t. de médec., inflammation de la membrane alvéolaire.

PÉRIODYNIE, subst. fém. (*péri-odini*) (du grec περι, autour, et οδυνη, douleur), t. de médec., sorte de douleur d'estomac, violente douleur locale.

PÉRIODYNIQUE, adj. des deux genres (*péri-odinike*), qui tient, qui est relatif à la *périodynie*.

PÉRIŒCIENS, subst. mas. plur. (*péri-écieln*) (du grec περι, autour, et οικεω, j'habite; *qui habitent autour du pôle*), habitants du même parallèle terrestre, qui sont opposés en longitude, mais qui ont la même latitude.

PÉRIOPHTHALME, subst. mas. (*péri-ofetalme*), t. d'hist. nat., genre de poissons qu'on a établi parmi les gobies.

PÉRIOPHTHALMIE, subst. fém. (*péri-ofetalmi*) (du grec περι, autour, et οφθαλμος, œil), t. de médec., sorte d'inflammation qui occupe le tour des yeux.

PÉRIOPHTHALMIQUE, adj. des deux genres (*péri-ofetalmike*), qui concerne la *périophthalmie*.

PÉRIORBITE, subst. mas. (*péri-orbite*) (du grec περι, autour, et du lat. *orbis*, cercle), selon quelques anatomistes, le périoste qui tapisse la fosse *orbiculaire*.

PÉRIOSTE, subst. mas. (*péri-ocete*) (du grec περι, autour, et οστεον, os), t. d'anat., membrane qui enveloppe les os.

PÉRIOSTITE, subst. fém. (*péri-ocetite*), t. de médec., inflammation du *périoste*.

PÉRIOSTOSE, subst. fém. (*péri-ocetôze*), t. de médec., gonflement du *périoste*.

PÉRIPATÉTICIEN, subst. et adj. mas., au fém. **PÉRIPATÉTICIENNE** (*péripatéticiein*, *ciène*) (du grec περι, autour, et πατεω, je me promène, parce que les *péripatéticiens* disputaient dans le Lycée en se *promenant*.), celui qui suit la doctrine d'*Aristote*. — Adj., qui a rapport au *péripatétisme*.

PÉRIPATÉTICIENNE, subst. et adj. fém. Voy. PÉRIPATÉTICIEN.

PÉRIPATÉTISME, subst. mas. (*péripatéticeme*), doctrine des *péripatéticiens*.

PÉRIPÉTIE, subst. fém. (*péripéci*) (en grec περιπετεια, incident, renversement d'état, formé de περι, contre, πιπτω, je tombe), changement inopiné d'une fortune bonne ou mauvaise en une toute contraire. Il se dit surtout du dernier événement d'une pièce de théâtre, d'un poëme épique, d'un roman. — Au plur., myth., fêtes qu'on célébrait autrefois dans la Macédoine.

PÉRIPHALLIES ou **PÉRIPHALLIQUES**, subst. fém. plur. (*périfaleli*, *like*) (du grec περι, autour, et φαλλος, Priape, phallus), myth., fêtes qu'on célébrait chez les anciens Grecs et Romains, en l'honneur de Priape.

PÉRIPHÉRIE, subst. fém. (*périféri*) (du grec περι, autour, et φερω, je porte), t. de géom., contour, circonférence d'une figure curviligne.

PÉRIPHÉROME, subst. mas. (*périférome*) (du grec περιφερομαι, fait de περι, autour, et φερομαι, être emporté), figure de rhétorique par laquelle on ajoute à une phrase un mot superflu ; supplément inutile. Inusité.

PÉRIPHRASE, subst. fém. (*périfrâze*) (en grec περιφρασις, formé de περι, autour, et de φραζω, je parle), circonlocution, tour de paroles dont on se sert pour exprimer ce qu'on ne veut pas dire en termes propres. — PÉRIPHRASE, CIRCONLOCUTION. (*Syn.*) La *périphrase* est proprement un terme de rhétorique. La *périphrase* est une figure par laquelle, à l'expression simple d'une idée, vous substituez une description ou une expression plus développée, pour rendre le discours plus agréable, plus noble, plus sensible, plus frappant, plus intéressant, plus pittoresque. *Circonlocution* est un terme plus simple. La *circonlocution* est une expression détournée, développée et substituée à l'expression naturelle, sans art, ou moins par art ou avec une intention oratoire ou poétique, que par nécessité, par convenance, pour la commodité, pour l'utilité, soit parce qu'on n'a pas le mot ou l'expression propre, soit parce qu'il est à propos de s'en abstenir, soit parce qu'il s'agit de faciliter l'intelligence des choses.—La *circonlocution* est la *périphrase* commune, familière, sans prétention de style et de recherche dans l'élocution; la *périphrase* est la *circonlocution* oratoire ou poétique, faite pour embellir ou relever le discours.

PÉRIPHRASÉ, part. pass. de *périphraser*.

PÉRIPHRASER, v. neut. (*périfrâzé*), parler par *périphrases*. — SE PÉRIPHRASER, v. pron., se mettre en *périphrase*.

PÉRIPLE, subst. mas. (*périple*) (du grec περι, autour, et πλεω, je navigue), t. de géog. anc., navigation autour d'une mer ou de quelque côte. — Ouvrage qui en rend compte : *le périple d'Hannon*.

PÉRIPLEUMONIE. (*Barbarisme.*) Voy. PÉRIPNEUMONIE.

PÉRIPLOCA, subst. fém. (*périploka*), t. de bot., genre de plantes voisin des asclépiadées.

PÉRIPLOQUE, subst. fém. (*périploke*) (en grec περιπλοκη, entortillement, fait de πλεκειν, enlacer), t. de bot., plante de la famille des apocynées de *Jussieu*, qui se roule autour des plantes et des corps qu'elle rencontre.

PÉRIPLYSIE, subst. fém. (*périplizi*) (en grec περιπλυσις), t. de médec., flux abondant.

PÉRIPNEUMONIE, subst. fém.(*péripeneumoni*) (du grec περι, autour, et πνευμα, poumon, dérivé de πνεω, je respire), t. de médec., inflammation du poumon avec fièvre aiguë et oppression.

PÉRIPOLYGONE, subst. mas. (*péripoliguone*) (du grec περι, autour, et πολυγωνον, polygone), prisme à un grand nombre de pans.

PÉRIPSYXIE, subst. fém. (*péripecikeci*), t. de médec., diminution très-grande de la chaleur du corps.

PÉRIPTÈRE, subst. mas. (*péripetère*) (du grec περι, autour, et πτερον, aile ; *qui a des ailes autour*), t. d'archit. anc., édifice, temple entouré extérieurement de colonnes isolées, à la différence du *péristyle*, qui n'en avait que devant. Voy. PÉRISTYLE. — On dit aussi adj. pour les deux genres : *un temple périptère*.

PÉRIPYÈME, subst. mas. (*péripi-ème*) (du grec περι, autour, et πυον, pus), t. de médec., suppuration autour d'un organe, d'une dent, etc.

PÉRIR, v. neut. (*périr*) (en lat. *perire*, fait de la prép. *per*, par, au milieu, et de *ire*, aller), il prend tantôt *avoir*, tantôt *être* pour auxiliaire. En parlant des choses : 1° prendre fin ; 2° tomber en ruine, en décadence. Il se dit surtout des bâtiments. — En parlant des personnes, faire une fin malheureuse : *périr de froid*, *de faim*, *de misère*, etc. — *Périr d'ennui*, en être excédé. — N'être point transmis à la postérité : *sa mémoire a péri*.—Sorte d'imprécation à l'impératif :

Périsse le Troyen !....

RACINE.

— Faire naufrage. Il se dit des vaisseaux et de l'équipage.—En t. de pratique : *laisser périr une instance*, négliger de la poursuivre pendant un certain temps.—Laisser des droits se perdre par la prescription. Dans ces deux dernières acceptions, *périr* dit tout autant que *périmer*.

PÉRIRRANTÉRION, subst. mas. (*périreranté-ri-on*), chez les anciens, vase destiné à contenir l'eau lustrale.

PÉRIS, subst. mas. plur. (*péri*), myth., demi-dieux adorés par les anciens Perses, êtres chimériques. Voy. PÉRI.

PÉRISCÉLIDE, subst. fém. (*pérICecélide*) (du grec περι, autour, et σκηλος, jambe), espèce de bracelets que l'on plaçait, chez certains peuples, au-dessus de la cheville du pied.

PÉRISCIENS, subst. mas. plur. (*périceci-ein*) (du grec περι, autour, et σκια, ombre), habitants des zones froides, dont l'ombre fait le tour de l'horizon en certains temps de l'année.

PÉRISCOPIQUE, adj. des deux genres (*péricekopike*) (du grec περι, autour, et σκοπεω, je vois), t. d'opticien, se dit d'un verre de lunette dont tout le champ transmet les objets : *lunette périscopique*.

PÉRISCYLACISME, subst. mas. (*pérICecilaciceme*) (en grec περισκυλακισμος, fait de περι, autour, et σκυλαξ, chien), myth., expiation par un chien ou un renard. Les Grecs offraient à Proserpine, dans les purifications, un de ces animaux que l'on promenait autour de ceux qui avaient besoin d'être purifiés; après quoi on l'immolait.

PÉRISCYPHISME, subst. mas. (*pérICecificeme*) (du grec περι, autour, et σκυφος, vase), t. de chir., incision que l'on pratiquait autour du crâne, afin de procurer du soulagement dans les maux de tête et les fluxions des yeux.

PÉRISPASME, subst. mas. (*péricepaceme*) (du grec περι, autour, et σπασμα, mouvement), t. milit., double conversion.

PÉRISPERME, subst. mas. (*péricepèreme*) (du grec περι, autour, et σπερμα, semence), t. de bot., petit corps quelquefois farineux, qui, dans certaines plantes, entoure l'embryon, auquel il est simplement contigu.

PÉRISPERMÉ, E, adj. (*péricepèremé*), qui est muni, entouré d'un *périsperme*.

PÉRISPERMIQUE, adj. des deux genres (*péricepèremike*), t. de bot., qui a un *périsperme*.

PÉRISPHALSIS, subst. fém. (*péricefalcice*) (du grec περι, et σφαλλω, je glisse), t. de chir., mouvement de circonduction par lequel on replaçait un os luxé dans sa cavité.

PÉRISPORE, subst. mas. (*péricepore*), t. de bot., nom que l'on donne dans les plantes cryptogames, à ce qu'on appelle péricarpe dans les plantes phanérogames.

PÉRISSABLE, adj. des deux genres (*périçable*), sujet à périr, peu durable : *biens périssables*.

PÉRISSOLOGIE, subst. fém. (*pericecoloji*) (du grec περισσος, superflu, formé de περι, outre mesure, et de λογος, discours), vice d'élocution qui consiste à répéter, en d'autres termes et sans nécessité, une idée ou une pensée suffisamment énoncée auparavant.

PÉRISSON, subst. mas. (*périçon*), t. de bot., espèce d'herbe dont les qualités sont très-vénéneuses.

PÉRISTALTIQUE, adj. des deux genres (*péricetaltike*) (du grec περιστελλω, je retire, je contracte, formé de περι, contre, et de στελλω, je resserre), t. de médec., *mouvement péristaltique*, mouvement propre des intestins, semblable à celui d'un ver qui rampe.

PÉRISTAPHYLIN, subst. et adj. mas. (*péricetafilein*) (du grec περι, autour, et de σταφυλη, la luette); se dit, en t. d'anat., de deux muscles de la luette.

PÉRISTAPHYLO-PHARYNGIEN, subst. et adj. mas. (*péricetafilofareinjiein*) (du grec περι, autour, près, σταφυλη, la luette, et φαρυγξ, le pharynx), t. d'anat., nom de deux muscles placés *entre la luette* et le *pharynx*.

PÉRISTÉDION, subst. mas. (*péricetédi-on*), t. d'hist. nat., genre de poissons de la division des thorachiques.

PÉRISTÈRE, subst. mas. (*péricetère*) (du grec περι, presque, et στερεος, solide); t. d'hist. nat., famille d'oiseaux qui se rapprochent beaucoup des passereaux, et qui ont le bec mou, comme les pigeons.

PÉRISTÉRÉON, subst. mas. (*péricetéré-on*), t. de bot., nom que les anciens Grecs donnaient à la verveine.

PÉRISTIARQUE, subst. mas. (*péricetiarke*) (du grec περιστια, cérémonies lustrales, et αρχος, chef), t. d'antiq., magistrat d'Athènes qui purifiait l'intérieur des temples.

PÉRISTOLE, subst. fém. (*péricetole*), t. de médec., mouvement *péristaltique* des intestins. Voy. PÉRISTALTIQUE.

PÉRISTOME, subst. mas. (*péricetome*) (du grec περι, autour, et στομα, bouche), t. de bot., ouverture de l'urne des mousses, visible après la chute de l'opercule.

PÉRISTOMION, subst. mas. (*péricetomion*), t. de bot., genre de plantes de la famille des mousses.

PÉRISTOSE, subst. fém. (*péricetôze*), t. de médec., faculté compressive des fibres. Ce mot semble être le même que *péristole*.

PÉRISTYLE, subst. mas. (*péricetile*) (du grec περι, autour, et στυλος, colonne), édifice environné intérieurement de colonnes isolées, qui forment une galerie, à la différence du *périptère*, dans lequel les colonnes sont extérieures. — Rang de colonnes tant au-dedans qu'en dehors d'un édifice.—On ne dit guère adj. : *un temple péristyle*.

PÉRISYSTOLE, subst. fém. (*péricicetole*) (du grec περι, autour, au-delà, et de συστελλω, je contracte), t. de médec., intervalle *entre la systole* et la diastole, c'est-à-dire entre la contraction et la dilatation du cœur et des artères.

PÉRITE, adj. des deux genres (*périte*) (du lat. *peritus*), habile, mot tout latin. Vieux et hors d'usage.

PÉRITESTE, subst. mas. (*péritècete*) (du grec περι, autour, et du lat. *testis*, testicule), t. d'anat., nom donné par quelques anatomistes à la tunique albumineuse qui enveloppe les testicules.

PÉRITIE, subst. fém. (*périci*) (du latin *peritus*, habile), vieux mot, presque inusité, qui désignait la qualité d'un homme habile.

PÉRITOINE, subst. mas. (*péritoène*) (du grec περιτοναιον, formé dans ce même sens de περι, autour, et de τεινω, je tends), t. d'anat., membrane qui revêt intérieurement le bas-ventre.

PÉRITONÉAL, E, adj. (*péritoné-ale*), qui appartient au *péritoine*. — Au plur. mas., *péritonéaux*.

PÉRITONÉAUX, adj. mas. plur. Voyez PÉRITONÉAL.

PÉRITONITE ou **PÉRITONITIS**, subst. fém. (*péritonite*, *nitice*), t. de médec., inflammation du *péritoine*.

PÉRITROCHON, subst. mas. (*péritrokon*) (du grec περι, autour, et τροχος, roue), ancienne machine propre à enlever de gros fardeaux.

PÉRITROPE, adj. des deux genres (*péritrope*), t. de bot., se dit des graines dirigées de l'axe du fruit vers le péricarpe.

PÉRIZOME, subst. mas. (*périzome*), nom que quelques chirurgiens donnent aux bandages herniaires.

PERKALE et **PERKALINE**, orthographe vicieuse, indiquée par quelques dictionnaires. Voy. PERCALE et PERCALINE.

PERKINISME, subst. mas. (*pérekiniceme*), t. de médec., moyen curatif inventé par *Perkins*, qui consiste en un frottement des parties souffrantes. (*Boiste*.) Hors d'usage.

PERKINS (MACHINE A LA), subst. fém. (*machinalapérekeince*), machine à vapeur, pression illimitée, inventée par *Perkins*.

PERLAIRE, subst. mas. (*pérelère*). Voyez PERLIDE.

PERLASSE, subst. fém. (*pérelace*), potasse d'Amérique.

PERLE, subst. fém. (*pèrele*) (suivant *Ménage*, *Caseneuve*, etc., du latin barbare *pirula*, dimin. de *pirum*, poire, employé avec la même acception dans la basse latinité, à cause de la forme des perles, qui les fait ressembler à de petites poires), substance dure, blanche, ordinairement ronde, qui se forme dans certaines coquilles.— *Perles fines*, perles véritables.—*Perles fausses*, perles contrefaites.—*Semence de perles*, les plus petites perles. — *Nacre de perles*, l'intérieur de la coquille des moules à *perles*. — *Gris de perle*, gris approchant de la couleur des perles. — Gouttes d'un liquide quelconque, et particulièrement celles que produit la rosée : *les perles du matin*, la rosée.—*Les perles des cieux*, les étoiles. — Dans l'imprimerie, le plus petit de tous les caractères.—T. d'archit., petits grains ronds qui ont la forme de *perles*. — Fig. et fam. : *c'est la perle des hommes*, le meilleur homme du monde, le plus aimable ou le plus estimable. —*Avoir les dents comme des perles*, très-belles et excessivement blanches.—Prov. : *enfiler des perles*, ne rien faire, baguenauder. — *Nous ne sommes pas ici pour enfiler des perles*, nous sommes ici pour nous occuper sérieusement. — *Net comme perle*, fort net. — *Jeter des perles devant les pourceaux*, donner ou montrer seulement à quelqu'un des choses dont il ne sait pas le prix; lui dire des choses que son esprit peu délicat et peu fin ne saurait comprendre ni sentir.

PERLÉ, E, part. pass. de *perler*, et adj. (*pèrelé*), fait avec goût, avec soin, en parlant d'ouvrages de main.—En t. de blason, *couronne perlée*, *croix perlée*, ornée de *perles*.—*Julep perlé*, dans la composition duquel il entre des *perles*. — *Bouillon perlé*, bien fait et au-dessus duquel paraissent des ronds qui ressemblent à des *perles*. —*Orge perlé*, entièrement dépouillé de son tégument.—Chez les confiseurs : *sucre perlé* ou *cuit à la perle*, auquel on a donné le second degré de cuisson et qui coule en forme de *perles*.— En t.

de mus., *jeu perlé*, *cadence perlée*, jeu brillant, cadence brillante.

PERLER, v. act. (*pérelé*) (rac. *perle*), faire dans la perfection un ouvrage de couture.—Chez les confiseurs, couvrir certaines friandises de petites dragées en forme de *perles*.—Fabriquer ces petites dragées par le moyen d'un entonnoir à petit trou.—*se* PERLER, v. pron.

PERLETTE, subst. fém. (*pérelète*), petite *perle*.

PERLIDES, subst. mas. pl. (*pérelide*), t. d'hist. nat., tribu d'insectes de l'ordre des névroptères.

PERLIÈRE, subst. fém. (*péretière*), t. de bot., genre de plantes.

PERLIMPINPIN, subst. mas. (mot auquel on ne connaît pas d'étymologie raisonnable) (*péreleinpeinpein*), t. populaire, usité seulement avec le mot *poudre* : *poudre de perlimpinpin*, poudre sans vertu dont se servent les baladins.

PERLOIR, subst. mas. (*péreloar*), en t. de ciseleur, ciselet gravé en creux pour faire de petits ornements de relief en forme de *perles*.—Chez les confiseurs, espèce d'entonnoir à trou fort petit, pour laisser doucement filer le sucre sur les dragées à *perler*.

PERLON, subst. mas. (*pérelon*), t. d'hist. nat., poisson rouge, à taches blanches.—Genre de trigles.

PERLOSETTE, subst. fém. (*pérelozète*), nom d'une sorte de raisin dont les grains sont très-petits.

PERLUAUX, subst. mas. plur. (*pérelu-ô*), t. d'ardoisiers, écorces enduites de résine, servant de flambeau.

PERLURE, subst. fém. (*pérelure*), grumeaux sur le bois des cerfs, des daims, etc.

PERMANENCE, subst. fém. (*péremanance*) (du latin *permanere*, être stable), durée constante.—Il se dit proprement du corps de Notre-Seigneur qui, suivant le dogme catholique, continue de demeurer réellement dans l'eucharistie après la consécration : *les luthériens nient la permanence*.—État d'une assemblée qui est constamment en fonctions.

PERMANENT, E, adj. (*péremanan*, nante) en lat. *permanens*, part. prés. de *permanere*, formé de *per*, particule augmentative, et de *manere*, rester), stable, durable, qui dure.—*Assemblée permanente*, qui est en état de *permanence*.

PERMÉABILITÉ, subst. fém. (*péremé-abilité*), qualité de ce qui est *perméable*.

PERMÉABLE, adj. des deux genres (*péremé-able*) (en latin *permeabilis*, fait de *permeare*, *meare per*, couler, passer à travers), t. de phys., qui peut être traversé par...: *corps perméable à la lumière*, *à l'air*; *le verre est perméable*.

PERMESSE, subst. propre mas. (*péremèce*), petite rivière qui prenait sa source dans l'Hélicon, montagne de la Béotie, et qui par cette raison fut regardée comme consacrée à Apollon et aux Muses. On la nomme aujourd'hui *Panitza*.—Fig.: fréquenter le Permesse, se livrer à la poésie.

PERMESSIDES, subst. et adj. fém. plur. (*péremécide*), t. de myth., surnom des Muses, qui habitaient les bords du *Permesse*.

DU VERBE IRRÉGULIER PERMETTRE :

Permet, 3ᵉ pers. sing. prés. indic.
Permets, 2ᵉ pers. sing. impér.
Permets, précédé de *je*, 1ʳᵉ pers. sing. prés. indic.
Permets, précédé de *tu*, 2ᵉ pers. sing. prés. indic.
Permettaient, 2ᵉ pers. plur. imparf. indic.
Permettais, précédé de *je*, 1ʳᵉ pers. sing. imparf. indic.
Permettais, précédé de *tu*, 2ᵉ pers. sing. imparf. indic.
Permettait, 3ᵉ pers. sing. imparf. indic.
Permettant, part. prés.
Permette, précédé de *que je*, 1ʳᵉ pers. sing. prés. subj.
Permette, précédé de *qu'il* ou *qu'elle*, 3ᵉ sing. prés. subj.
Permettent, précédé de *ils* ou *elles*, 3ᵉ pers. plur. prés. indic.
Permettent, précédé de *qu'ils* ou *qu'elles*, 3ᵉ pers. plur. prés. subj.
Permettes, 2ᵉ pers. sing. prés. subj.
Permettez, 2ᵉ pers. plur. impér.
Permettez, précédé de *vous*, 2ᵉ pers. plur. prés. indic.
Permettez, précédé de *vous*, 2ᵉ pers. plur. imparf. indic.
Permettiez, précédé de *que vous*, 2ᵉ pers. plur. prés. subj.

Permettiez, précédé de *que vous*, 2ᵉ pers. plur. prés. subj.
Permettions, précédé de *nous*, 1ʳᵉ pers. plur. imparf. indic.
Permettions, précédé de *que nous*, 1ʳᵉ pers. plur. prés. subj.
Permettons, 1ʳᵉ pers. plur. impér.
Permettons, précédé de *nous*, 1ʳᵉ pers. plur. prés. indic.
Permettra, 3ᵉ pers. sing. fut. indic.
Permettrai, 1ʳᵉ pers. sing. fut. indic.
Permettraient, 3ᵉ pers. plur. prés. cond.
Permettrais, précédé de *je*, 1ʳᵉ pers. sing. prés. cond.
Permettrais, précédé de *tu*, 2ᵉ pers. sing. prés. cond.
Permettrait, 3ᵉ pers. sing. prés. cond.
Permettras, 2ᵉ pers. sing. fut. indic.
PERMETTRE, v. act. (*pérmètre*) (en latin *permittere*), donner pouvoir de faire, de dire : *permettre le début d'une marchandise*, *l'impression d'un ouvrage*; et neut. : *il m'a permis de le voir*, *permettez que je vous dise*, etc. Voltaire a dit (Nanine) :

Permettez-moi qu'ici l'on vous destine...

C'est une faute grave; il fallait : *permettez qu'ici l'on vous destine*, ou *permettez-moi de vous destiner*.—Autoriser à faire une chose : *le médecin lui a permis l'usage du café*.—Permettre la viande, n'en pas défendre l'usage.—Tolérer : il faut bien *permettre* ce qu'on ne peut empêcher.—Avec les choses pour sujet, donner le moyen, la commodité, le loisir de... : *ma santé*, *le temps ne me le permet pas*.—*Le ciel a permis que...*, a voulu quo...—*Vous me permettrez*, *permettez-moi de vous dire...* formules de politesse dont on se sert à l'égard d'une personne dont on conteste le sentiment, l'opinion.—Ou dit même aussi tout simplement : *permettez!*—S'il n'est permis de parler ainsi, locution qu'on emploie pour faire passer un mot ou une tournure de phrase peu usitée.—*Il n'est pas permis à personne de...* personne n'a le droit de...—*A lui permis*, à vous permis, qu'on fasse ce qu'on voudra, on ne s'en soucie guère.—*se* PERMETTRE, v. pron., s'attribuer, se donner la liberté de...

PERMIS, subst. mas. (*péremi*), droit sur le chargement et déchargement d'un navire.—Permission : *obtenir un permis*.

PERMIS, E, part. pass. de *permettre*, et adj., qui n'est pas défendu; qu'on peut faire avec justice, etc. Voy. LICITE.

DU VERBE IRRÉGULIER PERMETTRE :

Permis, précédé de *je*, 1ʳᵉ pers. sing. prét. déf.
Permis, précédé de *tu*, 2ᵉ pers. sing. prét. déf.
Permisse, précédé de *que je*, 1ʳᵉ pers. sing. imparf. subj.
Permissent, 1ʳᵉ pers. plur. imparf. subj.
Permisses, 2ᵉ pers. sing. imparf. subj.
Permissiez, 2ᵉ pers. plur. imparf. subj.
PERMISSION, subst. fém. (*péremicion*) (en latin *permissio*), le pouvoir et la liberté qu'un supérieur accorde à un inférieur de faire quelque chose.—Autorisation de faire, de dire quelque chose.—*Abuser de la permission*, outrepasser les choses; aller plus avant qu'il ne faut.—*Permission de chasser*, permis de chasser.—*C'est comme une permission de Dieu*, comme un ordre de la justice divine.—*Avec votre permission*, loc. de pure civilité : je le ferai, *avec votre permission*.

DU VERBE IRRÉGULIER PERMETTRE :

Permissions, 1ʳᵉ pers. plur. imparf. subj.
Permit, précédé de *il* ou *elle*, 3ᵉ pers. sing. prét. déf.
Permît, précédé de *qu'il* ou *qu'elle*, 3ᵉ pers. sing. imparf. subj.
Permîtes, 2ᵉ pers. plur. prét. déf.
PERMIXTION, subst. fém. (*péremikcetion*) (en latin *permixtio*), mélange qui consiste à tempérer deux choses l'une par l'autre.

PERMUTABLE, adj. des deux genres (*péremutable*), susceptible d'être changé, ou échangé.

PERMUTABILITÉ, subst. fém. (*péremutabilité*), qualité de ce qui est *permutable*.

PERMUTANT, E, subst. (*péremutan*, *tante*), celui, celle qui permute.

PERMUTATION, subst. fém. (*péremutacion*) (en lat. *permutatio*), échange d'un bénéfice, d'un emploi contre un autre.—Transposition de choses qui forment un tout.—En arithmétique, en algèbre, etc., transposition des parties d'un même mot, des lettres d'un mot, des chiffres d'un nombre, etc., pour en tirer les divers arrangements dont elles sont susceptibles.

PERMUTÉ, E, part. pass. de *permuter*.

PERMUTER, v. act. (*péremuté*) (du latin *permutare*), échanger un bénéfice, un emploi contre un autre.—*se* PERMUTER, v. pron.; il se dit, surtout en grammaire, des lettres et des consonnes qui peuvent se substituer les unes aux autres.

PERMUTEUR, subst. mas., PERMUTEUSE, subst. fém. (*péremuteur*, *teuze*), troqueur, troqueuse. Peu en usage.

PERMUTEUSE, subst. fém. Voyez PERMUTEUR.

PERNE, subst. fém. (*pèrne*), t. d'hist. nat., genre de coquilles bivalves.

PERNES, subst. propre mas. (*pèrne*), petite ville de France, chef-lieu de canton, arrond. de Carpentras, dép. de Vaucluse.

PERNET, subst. mas. (*pèrné*), baronnet. Vieux.

PERNETTE, subst. fém. (*pèrnète*), prisme triangulaire que l'on fait à la main ou au moule à la faïence.

PERNICIAL, E, adj. (*pèrenici-ale*), pernicieux. Vieux et même hors d'usage.

PERNICIEUSE, adj. fém. Voy. PERNICIEUX.

PERNICIEUSEMENT, adv. (*pèrenici-euzeman*), d'une manière pernicieuse.

PERNICIEUX, adj. mas., au fém. PERNICIEUSE (*pèrenici-eu*, *euze*) (en latin *perniciosus*), nuisible, dangereux.

PERNICITÉ, subst. fém. (*pèrnicité*) (mot francisé, t. de physique, vitesse extraordinaire de mouvement, comme celle d'un boulet qui fend l'air, celle de la terre dans son orbite. Peu usité.

PERNOCTÉ, part. pass. de *pernocter*.

PERNOCTER, v. neut. (*pèrenokté*) (du latin *pernoctare*), passer la nuit. Ce mot, qualifié de *pédantesque* par Boiste, mériterait d'être naturalisé.

PER OBITUM, loc. adv. et lat. (*pérobitome*), à la mort : *place*, *emploi vacant per obitum*.

PÉRODACTYLIEN, subst. et adj. mas., au fém. PÉRODACTYLIENNE (*pérodaktilien*, *liène*) (du grec ὀκτύλος, doigt), t. d'anat. ; se dit du long fléchisseur commun des orteils, et des veines et artères qui l'accompagnent.

PÉRODACTYLIENNE, subst. et adj. fém. Voy. PÉRODACTYLIEN.

PÉROJA, subst. mas. (*péroja*), t. de bot., espèce d'arbrisseau qui croît dans la Nouvelle-Hollande.

PÉRONÉ, subst. mas. (*pèroné*) (en grec περόνη), t. d'anat., os extérieur le plus menu de la jambe.

PÉRONÉE, subst. fém. (*pèroné*), t. d'hist. nat., genre de vers mollusques, dont les branchies sont rameuses.

PÉRONÉO-MALLÉOLAIRE, subst., mas. et adj. des deux genres (*péroné-omalelé-olère*), t. d'anat., qui a rapport au *péroné* et à la *malléole*.

PÉRONÉO-PHALANGIEN, subst. et adj. mas. (*péroné-ofalanjien*), t. d'anat., se dit du muscle fléchisseur oblique du pied du cheval.

PÉRONÉO-PHALANGINIEN, subst. et adj. mas. (*péroné-ofalanjinien*), t. d'anat.; se dit du muscle qui s'attache au *péroné* et au bout inférieur de la deuxième *phalange* du gros orteil.

PÉRONÉO-PRÉPHALANGIEN, subst. et adj. mas. (*péroné-oprefalanjiein*), t. d'art vétér., se dit du muscle extenseur latéral du pied du cheval.

PÉRONÉO-SOUS-PHALANGETTIEN, subst. et adj. mas. (*péroné-ogouçfalanjétiein*), t. d'anat., se dit du muscle qui s'étend du *péroné* à la dernière *phalange* du premier orteil.

PÉRONÉO-SOUS-TARSIEN, subst. et adj. mas. (*péroné-ogoutarciein*), t. d'anat., se dit du muscle qui s'étend de la partie supérieure et externe du *péroné* jusqu'au-dessus du *tarse*.

PÉRONÉO-SUS-MÉTATARSIEN, subst. et adj. mas. (*péroné-ogucemétajarciein*), t. d'anat., se dit des muscles qui s'étendent des deux tiers inférieurs du *péroné* jusqu'au coté supérieur de l'extrémité postérieure du cinquième ou du *métatarse*. Il y a le petit et le grand.

PÉRONÉO-SUS-PHALANGETTIEN, subst. et adj. mas. (*péroné-ogucefalanjétiein*), t. d'anat., se dit du muscle qui s'étend du bord interne du *péroné* jusqu'aux troisièmes *phalanges* des quatre derniers orteils.

PÉRONÉO-SUS-PHALANGINIEN, subst. et adj. mas. (*péroné-ogucefalanjiniein*), t. d'anat.; se dit du muscle qui s'attache au *péroné* et à l'extrémité antérieure de la seconde *phalange* du pouce.

PÉRONÉO-TIBIAL, subst. et adj. *(pérone-oti-bi-ale)*, t. d'anat., qui a rapport au *péroné* et au *tibia*.

PÉRONES, subst. fém. plur. *(pérone)*, t. d'antiq., chez les Romains, chaussure de cuir non apprêté, qui avait à peu près la forme d'une demi-bottine.

PÉRONIE, subst. fém. *(péroni))*, t. de bot., plante vivace de la famille des *balisiers*.

PÉRONIER, adj. mas., au fém. **PÉRONIÈRE** *(péronié, nière)*, t. d'anat., qui a rapport au *péroné*.

PÉRONIÈRE, adj. fém. Voy. PÉRONIER.

PÉRONNE, subst. propre fém. *(pérone)*, ville de France, chef-lieu d'arrond., dép. de la Somme, surnommée la *Pucelle*, parce qu'elle n'a jamais été prise.

PÉRONNELLE, subst. fém. *(péronèle)* (par corruption de *pétronelle*, pour *pétronille*, nom propre de femme, en lat. *petronilla*), t. pop. et de mépris, femme sotte et babillarde : *c'est une vraie péronnelle.*

PÉRONS, subst. mas. plur. *(péron)*, t. de faucon.; il se dit des pères et des mères des oiseaux.

PÉROPTÈRE, subst. mas. et adj. des deux genres *(péropetère)* (du grec πηρος, privé de, et πτερον, nagooire), t. d'hist. nat., famille de poissons apodes de la division des osseux.

PÉROPLE, subst. mas. *(pérople)*, t. de bot., espèce de bluet, plante.

PÉRORAISON, subst. fém. *(pérorèzon)* (en lat. *peroratio*), conclusion d'un discours d'éloquence.

PÉRORÉ, part. pass. de *pérorer*.

PÉRORER, v. neut. *(péroré)* (en lat. *perorare*), déclamer en paroles et avec une certaine emphase. — Discourir pour persuader.

PÉROREUR, subst. mas., **PÉROREUSE**, subst. fém. *(péroreur, reuze)*, qui *pérore*; bavard.

PÉROREUSE, subst. fém. Voy. PÉROREUR.

PÉROSIS, subst. mas. *(pérôzice)*, mot dont on s'est servi, en médecine, pour désigner les vices de conformation qui résultent du défaut de développement ou de la perte de certaines parties.

PÉROT, subst. mas. *(péró)*, bois de l'âge de deux coupes.

PÉROTE, subst. fém. *(pérote)*, t. de bot., genre de plantes de la famille des graminées.

PÉROTRICHE, subst. fém. *(pérotriche)*, t. de bot., genre de plantes de la famille des synanthérées.

PÉROU, subst. propre mas. *(pérou)*, contrée de l'Amérique méridionale, très-riche en mines d'or, d'argent, etc.—On dit prov., d'une affaire très-lucrative, etc., que *c'est un Pérou.* — Fam. : *ce n'est pas le Pérou*, c'est peu de chose. — *Gagner le Pérou*, beaucoup.

PÉROUASCA, subst. mas. *(pérou-aceka)*, t. d'hist. nat., espèce de belette carnassière, du genre des martres.

PÉROXYDE, subst. mas. *(pérokcide)* (du grec περι, à l'entour, et οξυς, acide), t. de chim., métal au plus haut degré d'oxygénation.

PÉROXYDÉ, E, adj. *(pérokcidé)*, qui a du *peroxyde*; qui contient une quantité d'oxygène.

PERPEIRE, subst. fém. *(pèrepère)*, t. d'hist. nat., espèce de poisson du genre des pleuronectes.

PERPENDICLE, subst. mas. Inusité. Voy. PERPENDICULE.

PERPENDICULAIRE, adj. des deux genres *(pèrepandikulère)* (du lat. *perpendicularis*), qui *pend*, qui tombe d'aplomb : *une ligne droite est perpendiculaire à une autre ligne*, lorsqu'elle tombe sur elle à angles droits. — Vertical. — Subst. fém. : *tirer une perpendiculaire*. On dit aussi : *ligne normale*.

PERPENDICULAIREMENT, adv. *(pèrepandikulèreman)*, d'une manière *perpendiculaire*.

PERPENDICULARITÉ, subst. fém. *(pèrepandikularité)*, état de ce qui est *perpendiculaire*.

PERPENDICULE, subst. mas. *(pèrepandikule)* (en lat. *perpendiculum*), ligne verticale et *perpendiculaire* qui mesure la hauteur d'un objet : *le perpendicule de cette tour est de soixante mètres*, etc.—Fil qui dans une équerre, dans un niveau, etc., est tendu par le plomb, et donne la *perpendiculaire* à l'horizon.— *Perpendiculaire d'une horloge*, filet qui tend en bas.

PERPÉTRATION, subst. fém. *(pèrepétrácion)* (en lat. *perpetratio*), achèvement; action de *perpétrer*.

PERPÉTRÉ, E, part. pass. de *perpétrer*.

PERPÉTRER, v. act. *(pèrepétré)* (en lat. *perpetrare*), faire, commettre. — T. de prat. : *perpétrer un crime*. Fort peu usité.—*se* PERPÉTRER, v. pron. Vieux.

PERPÈTRES, subst. fém. plur. *(pèrepètre)*, terres communes ou qui ne sont possédées par aucun particulier. Vieux.

PERPÉTUATION, subst. fém. *(pèrepétu-ácion)*, action qui *perpétue*.—Effet de cette action.

PERPÉTUANE, subst. fém. *(pèrepétu-ane)*, sorte d'étoffe de Portugal.

PERPÉTUÉ, E, part. pass. de *perpétuer*.

PERPÉTUEL, adj. mas., au fém. **PERPÉTUELLE** *(pèrepétu-èle)* (en lat. *perpetuus*), continuel; qui ne cesse point, qui dure toujours.—En parlant de certaines charges, qui est à vie : *secrétaire perpétuel de l'Académie*.—Qui revient souvent : *des combats perpétuels*. — *Mouvement perpétuel*, mouvement qui se conserve et se renouvelle continuellement de lui-même, sans le secours d'aucune cause extérieure. C'est l'objet d'un problème fameux qui a exercé les mathématiciens depuis deux mille ans : *chercher le mouvement perpétuel*, la solution d'une question ou d'un problème insoluble. — PERPÉTUEL, CONTINUEL, ÉTERNEL, IMMORTEL, SEMPITERNEL. (*Syn.*) *Perpétuel* désigne le cours et la durée d'une chose qui va ou qui revient toujours; *continuel*, le cours ou la durée prolongée d'une chose qui ne s'arrête pas, ou une suite longue de choses qui se succèdent rapidement; *éternel*, la durée de l'objet qui n'a ni commencement ni fin, ou du moins qui n'a point de fin; *immortel*, la durée de l'être qui ne meurt pas, ou ne passe pas; *sempiternel*, la durée de la chose qui existe toujours ou qui ne périra pas. — Par la valeur propre des termes, *perpétuel* et *continuel* expriment une action ou un cours de choses, avec cette différence que *perpétuel* exclut toute borne à la durée de la chose dans l'avenir, et que *continuel* marque une chose commencée et suivie, sans rien déterminer sur la durée future. *Éternel, immortel, sempiternel*, ne font proprement qu'annoncer un état permanent et illimité dans la durée; mais avec cette différence qu'*éternel* exprime littéralement la durée du temps; *immortel*, la durée de la vie; *sempiternel*, la durée de l'existence.—Ces termes se prennent souvent pour une durée ou un temps plus ou moins long. Un supérieur de couvent est *perpétuel*, lorsqu'il l'est pour sa vie. On dit, en parlant de plaintes très-longues et très-fréquentes, qu'elles sont *continuelles*. Ce qui dure outre mesure, contre notre attente ou l'ordre commun, de manière à fatiguer, à excéder, est *éternel*; ce qui mérite ou laisse une longue et glorieuse mémoire est *immortel*; la personne qui passe les bornes de la vie et qu'on semble ennuyé de voir vivre est *sempiternelle*. (Laveaux.)

PERPÉTUELLE, adj. fém. Voy. PERPÉTUEL.— Subst. fém., se dit de certaines étoffes, à cause de leur long service et de leur force.

PERPÉTUELLEMENT, adv. *(pèrepétu-èleman)* (en lat. *perpetuò*), toujours, sans cesse.—Habituellement.

PERPÉTUER, v. act. *(pèrepétu-é)* (en latin *perpetuare*), rendre *perpétuel*; faire durer toujours.—*se* PERPÉTUER, v. pron., durer toujours, se maintenir : *se perpétuer dans une charge*.

PERPÉTUITÉ, subst. fém. *(pèrepétu-ité)* (en latin *perpetuitas*), durée sans interruption, qui ne cesse point. — *A perpétuité*, loc. adv., pour toujours.

PERPIGNAN, subst. propre mas. *(pèrepignian)*, ville de France, chef-lieu du dép. de Pyrénées-Orientales.

PERPIGNÉ, E, part. pass. de *perpigner*.

PERPIGNER, v. act. *(pèrepignié)*, t. de mar., disposer les couples d'un vaisseau pour être placés bien perpendiculairement à la quille. — *se* PERPIGNER, v. pron. (*Boiste.*) Peu connu.

PERPLEXE, adj. des deux genres *(pèreplèkce)* (en latin *perplexus*, embarrassé, fait du grec *περιπλεκω*, je lie autour, j'entortille; qui est formé de περι, autour, et de πλεκω, je noue, j'enlace, etc.), irrésolu, incertain; qui est dans la *perplexité*, dans l'inquiétude.—Qui cause de la *perplexité*.

PERPLEXITÉ, subst. fém. *(pèreplèkcité)* (en lat. *perplexitas*), irrésolution pénible, inquiétude fâcheuse, incertitude sur le parti qu'il faut prendre.

PERPRENDRE, v. act. *(pèreprandre)*, prendre une chose de sa propre autorité.—*se* PERPRENDRE, v. pron. (*Boiste.*) Inusité.

PERPRIS, E, part. pass. de *perprendre*.

PERQUIRATEUR, subst. mas. *(pèrekuirateur)*, t. de banq., expéditionnaire. Peu usité.

PERQUISITEUR, subst. mas. *(pèrekiziteur)* (en lat. *perquisitor*), qui fait une *perquisition*, une recherche.

PERQUISITION, subst. fém. *(pèrekizicion* (du latin *perquisitio*, fait de *perquirere*, et form de *per*, augmentatif, et de *quærere*, cher cher), recherche exacte d'une personne ou d'une chose.

PERQUISITIONNÉ, part. pass. de *perquisitionner*.

PERQUISITIONNER, v. neut. *(pèrekizicioné)*, rechercher avec exactitude, faire une *perquisition*. Peu usité.

PERREAU, subst. mas. *(pèrô)*, espèce de grand chaudron dans lequel les ciriers amollissent la cire quand ils font les cierges à main.

PERRELLE, subst. fém. *(pérèle)*, t. d'hist. nat., espèce de croûte végétale ou de mousse qu'on trouve sur les rochers, et qui est propre à la préparation de l'orseille.

PERREUX, subst. propre mas. *(péreu)*, bourg de France, chef-lieu de canton, arrond. de Roane, dép. de la Loire.

PERRICHE, subst. fém. *(pèriche)*, t. d'hist. nat., perruche d'Amérique.

PERRIER, subst. mas. *(pèrié)*, t. d'hist. nat., longue barre de fer qui sert à déboucher le canal d'un fourneau de fonte. Voy. PIERRIER.—Au plur., ouvriers qui sont employés à l'exploitation des mines d'ardoise.

PERRIÈRE, subst. fém. *(pèrière)* (par corruption de *pierrerie*), carrière d'où l'on tire des *pierres*.

PERRIQUE, subst. fém. *(pèrike)*, petit *perroquet*.

PERRON, subst. mas. *(pèron, et non pas péron)*, escalier découvert et en dehors.

PERROQUET, subst. mas. *(pèrokiè)* (de *perrot*, diminutif de *Pierre*, nom qu'on a donné à cet oiseau), t. d'hist. nat., oiseau d'Amérique, à bec fort gros et bombé, qui apprend facilement à parler, et qui imite la voix humaine.—Chaise à dos pliant dont on se sert ordinairement pour la table.—En t. de mar., petit mât élevé sur les grands et sur les hunes.—Sorte de toile à voile.—*Soupe à perroquet*, pain trempé dans du vin. — *Parler comme un perroquet*, parler de mémoire; répéter ce qu'on a ouï-dire. — *C'est un perroquet*, il ne sait ce qu'il dit.

PERROS-GUIREC, subst. propre mas. *(pèrô-gu-irèk)*, village de France, chef-lieu de canton, arrond. de Lannion, dép. des Côtes-du-Nord.

PERROT, subst. mas. *(pèrô)*, dans quelques fabriques, écheveau de fil de trame. Peu usité.

PERRUCHE, subst. fém. *(pèruche)*, femelle du *perroquet*.—Espèce de petit *perroquet*.

PERRUQUE, subst. fém. *(pèruke)* (du grec πυρριχος, en dialecte dorique, pour πυρρος, fauve, jaune; parce que les premières *perruques* étaient de couleur jaune, c'est-à-dire de cheveux blonds, couleur fort estimée des anciens Romains. M. *Morin*, d'après *Wachter* dans son *Glossaire germanique*), coiffure de faux cheveux.— Fig., *tête à perruque*, ou simplement *perruque*, vieillard qui n'est imbu que des anciens préjugés.

PERRUQUIER, subst. mas., **PERRUQUIÈRE**, subst. fém. *(pèrukié, kière)*, qui fait et vend des *perruques*.—Qui taille les cheveux, qui fait des barbes.

PERRUQUIÈRE, subst. fém. Voyez PERRUQUIER.

PERS., abréviation des mots *personne* ou *personnel*.

PERS, E, adj. *(père, au fém. pèrece)*, vieux mot presque inusité par lequel on désignait un couleur qui est entre le vert et le bleu.

PER SALTUM, loc. adv. *(pèreçaletome)* (mots latins), t. de droit canonique : par saut. On le disait par exemple de celui qui serait admis à la prêtrise sans avoir reçu le diaconat.

PERSAN, E, subst. et adj. *(pèreçan, çane)*, de *Perse*; qui en est originaire.—*Le persan*, la langue *persane*.

PERSCRUTATION, subst. fém. *(pèrecekrutácion)* (en lat. *perscrutatio*), recherche minutieuse, profonde.

PERSCRUTÉ, E, part. pass. de *perscruter*.

PERSCRUTER, v. act. *(pèrecekruté)* (en lat. *perscrutari*), rechercher avec soin, avec opiniâtreté.—*se* PERSCRUTER, v. pron.

PERSCRUTATEUR, subst. mas. *(pèrecekruta-*

teur), celui qui était chargé de faire des recherches minutieuses. Vieux.

PERSE, subst. propre fém. (*pèrece*), vaste royaume d'Asie. — Subst. mas., nom ancien des peuples qui habitaient autrefois la Perse, et qu'on nomme aujourd'hui *Persans*.

PERSE, subst. fém. (*pèrece*), belle toile peinte qui vient de *Perse*, royaume d'Asie.

PERSÉA, subst. mas. (*pèrecé-a*), t. de bot., espèce d'arbres toujours verts qui croissent aux environs du Caire.

PERSÉCUTANT, E, adj. (*pèrecékutan, tante*), qui *persécute;* qui se rend incommode par ses importunités.

PERSÉCUTÉ, E, part. pass. de *persécuter*.

PERSÉCUTER, v. act. (*pèrecékuté*) (du latin *persequi*, formé de *per*, augmentatif, et de *sequi*, suivre; *suivre avec acharnement*), vexer, inquiéter par des poursuites injustes et violentes.—Par exagération, importuner; presser avec importunité.—*se* PERSÉCUTER, v. pron.

PERSÉCUTEUR, subst. et adj. mas., au fém. **PERSÉCUTRICE** (*pèrecékuteur, trice*), celui, celle qui *persécute;* qui presse, importune.

PERSÉCUTION, subst. fém. (*pèrecékucion*) (en lat. *persecutio*), poursuite injuste et violente. — Martyre des chrétiens.—Importunité continuelle.

PERSÉCUTRICE, subst. fém. Voyez PERSÉCUTEUR.

PERSÉE, subst. mas. (*pèrecé*), t. d'astron., constellation boréale. — Subst. propre mas., myth., fils de Jupiter et de Danaé. Acrise, ayant appris de l'oracle qu'il périrait de la main de son petit-fils, fit enfermer Danaé, sa fille unique, dans une tour d'airain, pour empêcher qu'elle se mariât jamais. Jupiter, métamorphosé en pluie d'or, parvint cependant à pénétrer dans cette tour, et Acrise, informé que Danaé était enceinte, la fit exposer sur la mer. Elle échappa à ce danger et se retira chez Polydecte, où l'on eut soin d'elle et de son enfant, qui fut nommé *Persée*. Celui-ci étant devenu grand, obtint le bouclier de Minerve, avec le secours duquel il fit plusieurs belles actions, dont les deux plus fameuses furent d'avoir coupé la tête à Méduse, du sang de laquelle naquit le cheval Pégase; puis, monté sur ce cheval, d'avoir délivré Andromède d'un monstre marin auquel elle était exposée. Il métamorphosa ce monstre en rocher, en lui montrant la tête de Méduse. A son retour, Acrise voulut s'opposer à son passage; mais il le tua: et ayant appris que cet Acrise était son aïeul, il en fut si affligé, que Jupiter, pour le consoler, l'enleva et le plaça parmi les constellations.

PERSÈGUE ou **PERSÈQUE**, subst. fém. (*pèrecègue* ou *cèke*), t. d'hist. nat., poisson du genre des thoraciques, le même que la *perche*.

PERSÉITÉ, subst. fém. (*pèrecé-ité*), t. dogmatique, existence par soi-même; c'est l'un des attributs de Dieu.

PERSÉVÉRAMMENT, adv. (*pèrecévéraman*), avec *persévérance*.

PERSÉVÉRANCE, subst. fém. (*pèrecévérance*) (en lat. *perseverantia*), qualité de celui qui *persévère*. — Constance dans le bien, dans la foi, dans la piété.

PERSÉVÉRANT, E, subst. et adj. (*pèrecévéran, rante*), qui *persévère : les persévérants*.

PERSÉVÉRÉ, part. pass. de *persévérer*.

PERSÉVÉRER, v. neut. (*pèrecévéré*) (du latin *perseverare*, formé dans la même signification de *per*, augmentatif, et de *severus*, sévère, rigoureux; qui ne cède point, qui ne se relâche point), persister; demeurer ferme et constant dans la même résolution ou la même conduite.—Absolument, persister dans le bien : *je persévère*, je suis toujours du même avis. — *Son mal persévère*, sa maladie résiste aux remèdes. — PERSÉVÉRER, PERSISTER. (*Syn.*) *Persévérer*, dit Roubaud, signifie continuer avec attache, ou plutôt avec une longue constance, ce qu'on avait commencé. *Persister* signifie soutenir avec attachement, et confirmer avec une ferme assurance ce qu'on a décidé ou résolu : *à persévérer*, on arrive à son but; *à persister*, on demeure dans le même état; rien ne *résiste* à celui qui *persévère;* celui qui *persiste* résiste à tout.

PERSICA, subst. propre fém. (*pèrecika*), myth., surnom de Diane chez les Perses. On lui immolait des taureaux qui paissaient sur les bords de l'Euphrate; ils portaient l'empreinte d'une lampe, pour avertir qu'ils étaient consacrés à la déesse.

PERSICAIRE, subst. fém. (*pèrecikière*) (en lat. *persicaria*), t. de bot., plante astringente.

PERSICARIA, subst. fém. (*pèrecikaria*), t. de bot., plante des anciens qui n'est autre que notre *persicaire*.

PERSICITE, subst. fém. (*pèrecicite*), t. d'hist. nat., sorte de pierre argileuse qui imite la pêche par sa forme.

PERSICOT, subst. mas. (*pèrecikô*) (du lat. *persicum malum*, pêche), liqueur spiritueuse dont la base est de l'esprit-de-vin, des noyaux de *pêche*, etc.

PERSIENNE, subst. fém. (*pèreciène*), jalousies composées de lames de bois fort minces, disposées en abat-jour, dont la mode nous vient de *Perse*.

PERSIFFLAGE (l'*Académie* écrit *persiflage*. Voy. SIFFLER), subst. mas. (*pèreciflaje*), action de *persiffler*.—Discours d'un *persiffleur*. La Harpe définit le *persifflage*, une sorte d'esprit qui consiste à dire plaisamment les choses sérieuses, et sérieusement les choses frivoles.

PERSIFFLÉ, E, part. pass. de *persiffler*.

PERSIFFLER (l'*Académie*, qui écrit *siffler*, écrit *persifler*), v. act. (*pèreciflé*) (rac. *siffler*), rendre quelqu'un instrument et victime d'une plaisanterie par les choses qu'on lui fait dire ingénument.— *Persiffler quelqu'un*, le railler avec finesse.—Neut., tenir de dessein formé des discours sans idées liées.—*se* PERSIFFLER, v. pron., se railler.

PERSIFFLEUR, subst. mas., **PERSIFFLEUSE**, subst. fém. (l'*Académie*, qui écrit *siffleur*, écrit *persifleur*) (*pèreciflèur, fleuze*), celui, celle dont l'habitude est de *persiffler*. L'*Académie* refuse un fém. à ce mot. Elle dit cependant *siffleuse*.

PERSIFFLEUSE, subst. fém. Voyez PERSIFFLEUR.

PERSIL, subst. mas. (*pèreci; l* ne se prononce jamais) (du grec πετροσέλινον, persil sauvage qui croît dans les pierres, formé de πετρος, pierre, et de σελινον, nom grec du *persil* commun), plante potagère. — Prov. : *grêler sur le persil*, exercer son autorité, sa critique, etc., contre des gens faibles ou dans des choses de nulle conséquence.

PERSIL-DE-BOUC, subst. mas. (*pèrecidebouke*), t. de bot., plante, espèce de saxifrage, fort commune dans les montagnes.—Au plur., des *persils-de-bouc*.

PERSIL-DE-MACÉDOINE, subst. mas. (*pèrecidemacédoène*), t. de bot., sorte de plante dont la semence sert en médecine. — Au plur., des *persils-de-Macédoine*.

PERSIL-DE-MARAIS, subst. mas. (*pèrecidemarè*), t. de bot., encens d'eau, œnanthe. — Au plur., des *persils-de-marais*.

PERSILLADE, subst. fém. (*pèreci-iade*), tranches de bœuf assaisonnées avec du *persil*, de l'huile et du vinaigre.

PERSILLÉ, E, adj. (*pèreci-ié*) : *fromage persillé*, qui a en dedans de petites taches verdâtres, comme si l'on y avait haché du *persil*.

PERSIQUE, adj. des deux genres (*pèrecike*), *ordre persique*, ordre d'architecture dans lequel l'entablement est porté par des figures d'esclaves *perses*. Cet ordre doit son origine à la défaite des *Perses* par les Lacédémoniens, sous le commandement de *Pausanias*. — *Golfe Persique*, situé entre la *Perse* et l'Arabie-Heureuse.

PERSISTANCE, subst. fém. (*pèrecicetance*), qualité de ce qui est *persistant*. — Action de *persister*.

PERSISTANT, E, adj. (*pèrecicetan, tante*), t. de bot., qui dure au-delà du temps accoutumé. Il se dit du calice qui ne tombe pas avec la corolle, des feuilles qui restent vertes sur la plante, jusqu'au développement des nouvelles, etc.

PERSISTÉ, part. pass. de *persister*.

PERSISTER, v. neut. (*pèrecicelé*) (en latin *persistere*, formé de *per*, augmentatif, et de *sistere*, retenir, ou *stare*, être debout), demeurer ferme dans ce qu'on a résolu ou dit.

PERSONNAGE, subst. mas. (*pèreçonaje*), personne. Il ne se dit ordinairement que des hommes illustres et dans le style relevé. On ne le dit point des femmes. — Employé seul ou avec une épithète peu honorable, il appartient au style familier et moqueur ou comique : *avez-vous vu le personnage? c'est un sot, un plaisant, un ridicule personnage*. — Rôle que joue un comédien ou une comédienne, avec cette différence que *personnage* est plus relatif au caractère de l'objet représenté, et *rôle* à l'art qu'exige la représentation. Un *personnage* est noble ou bas, un *rôle* est aisé ou difficile, etc. — Fig. : *jouer un beau personnage*, être dans un emploi qui attire de la considération, de l'estime.—*Personnage allégorique*, être inanimé que la poésie *personnifie*.—*Tapisserie à personnages*, où il y a des figures d'hommes et de femmes.

PERSONNAIRE, subst. fém. (*pèreçonère*), t. de bot., genre de plantes qui a été établi aux dépens des gortères.

PERSONNALISÉ, E, part. pass. de *personnaliser*.

PERSONNALISER, v. act. (*pèreçonalizé*), appliquer à des *personnages* quelconques et feints une vérité, une maxime, une instruction pour la rendre plus sensible et plus utile, en la tirant par cette fiction d'une généralité trop vague. C'est ce qu'on fait dans l'allégorie, la fable, etc. —Personnifier. — *se* PERSONNALISER, v. pron.

PERSONNALITÉ, subst. fém. (*pèreçonalité*) (rac. *personne*), ce qui constitue un individu dans la qualité de *personne*. — Caractère, qualité de ce qui est *personnel : dépouillons toute personnalité pour juger sainement de cette affaire*. — En mauvaise part, trait piquant, injurieux et *personnel : il y a trop de personnalités dans ce mémoire*.

PERSONNALISME, subst. mas. (*pèreçonaliceme*), défaut de celui qui rapporte tout à sa *personne*. — Action de *personnaliser*.

PERSONNAT, subst. mas. (*pèreçona*), anciennement, dignité particulière dans un chapitre, au-dessus de celle de chanoine.

PERSONNE, subst. fém. (*pèreçone*) (du lat. *persona*, employé dans la même acception, et qui signifie proprement masque scénique, fait de *personare*, *sonare per*, retentir fortement, résonner avec grand bruit; parce que, sur le théâtre des anciens, la voix des acteurs, au moyen d'un masque qui enveloppait leur tête entière, retentissait beaucoup plus fortement. Ce nom a passé du masque au rôle de l'acteur ou au *personnage* qu'il représentait, ensuite à l'acteur lui-même, et enfin à tous les individus de l'espèce humaine), un homme ou une femme : *c'est une personne de mérite, de considération*. — *Personne* se dit quelquefois d'une femme, et c'est alors le sens qui en détermine l'acception : *c'est une bien belle personne*. — *La personne du roi*, le roi. — En théol., *les trois personnes divines*, Dieu le Père, Dieu le Fils, Dieu le Saint-Esprit. —*Être bien fait de sa personne*, d'une belle figure. — *Exposer sa personne*, sa vie. — *S'assurer de la personne de quelqu'un*, l'arrêter.— *Aimer sa petite personne*, aimer ses aises; se faire choyer. — *Être content de sa personne*, être fort satisfait de soi-même.—*Payer de sa personne*, s'exposer au péril avec courage ou s'acquitter bien de son devoir. — *Je ne réponds que de ma personne*, que de moi. — *Acception de personnes*, préférence marquée pour une *personne* plutôt que pour telle autre : *la justice ne doit pas faire acception de personnes*. — T. de pratique : *parlant à sa personne*, parlant à lui-même. — *Personne*, t. de gramm.; les grammairiens ont donné le nom de *personnes* aux trois relations générales que peut avoir à l'acte de la parole le sujet de la proposition. On appelle *première personne*, la relation du sujet qui parle de lui-même : *je veux; seconde personne*, la relation du sujet à qui l'on parle de lui-même : *tu danses, vous aimez; troisième personne*, la relation du sujet dont on parle, qui ne prononce ou qui n'est pas censé prononcer lui-même le discours, et à qui il n'est point adressé : *il court, elle pardonne*. — *En personne : je m'y trouverai en personne*, moi-même.

PERSONNE, pron. indéf. mas. (*pèreçone*), nul : *celui à qui personne ne plaît est plus malheureux que celui qui ne plaît à personne*. — *Personne* sans *ne*, quelqu'un ou qui que ce soit; *personne a-t-il mieux narré que La Fontaine? —Cet emploi lui convient mieux qu'à personne*.

PERSONNÉ, E, adj. (*perçoné*), t. de bot.; se dit des plantes dont les fleurs ont la forme d'un mufle d'animal.

PERSONNÉE, subst. fém. (*pèreçoné*), t. de bot., famille de plantes *personnées*.

PERSONNEL, subst. mas. (*pèreçonèle*), manière d'être, naturel. — Égoïsme. — Ce qui constitue ou regarde le physique ou la *personne : le personnel et le matériel d'une armée; être employé au personnel*.

PERSONNEL, adj. mas., au fém. **PERSONNELLE** (*pèreçonèle*), propre et particulier à chaque *personne : mérite personnel*. — Prov. : *les fautes sont personnelles*, on n'est pas responsable des fautes d'autrui. — En t. de pratique: ac-

tion personnelle, celle par laquelle on poursuit une *personne* obligée en son propre nom. — *Entrée personnelle*, qui ne peut se transmettre à un autre.—*Droit personnel*, tellement attaché à la *personne*, qu'il ne peut être transporté à un autre. — *Contribution personnelle*, celle qu'on doit payer individuellement, pour sa propre *personne*, pour son droit de logement, etc.—*Droit personnel*, qui n'appartient qu'à la *personne*, qu'à un seul individu.—T. de gramm., qui est relatif aux *personnes*, ou qui reçoit des inflexions relatives aux *personnes*. On applique ce terme aux pronoms, aux terminaisons de certains modes des verbes, à ces modes des verbes et aux verbes mêmes : *pronoms personnels ; terminaisons personnelles ; modes personnels ; verbes personnels*.—*Homme personnel*, égoïste.

PERSONNELLE, adj. fém. Voy. PERSONNEL.

PERSONNELLEMENT, adv. (*pèreçonèleman*), en propre *personne*.

PERSONNIER, subst. mas. (*pèreçonié*), associé. (*Boiste*.) Inusité.

PERSONNIFICATION, subst. fém. (*pèreçonifikâcion*), action de *personnifier*; ses effets.

PERSONNIFIÉ, E, part. pass. de *personnifier*, et adj.

PERSONNIFIER, v. act. (*pèreçonifié*), attribuer à une chose la figure, les sentiments, le langage d'une *personne*. — *se* PERSONNIFIER, v. pron.

PERSPECT., abréviation du mot *perspective*.

PERSPECTIF, adj. mas., au fém. **PERSPECTIVE** (*pèrecepèktif, tive*), qui représente un objet en *perspective* : *plan perspectif*.

PERSPECTIVE, adj. fém. Voy. PERSPECTIF.

PERSPECTIVE, subst. fém. (*pèrecepèktive*) (du latin *perspectare*, considérer attentivement, examiner, ou *perspicere*, voir clairement, distinguer, apercevoir), art de représenter les objets selon la différence que l'éloignement et la position y apportent, soit pour la figure, soit pour la couleur : *ce peintre entend bien les règles de la perspective*. — *Perspective linéaire*, qui se fait par les lignes seules.—*Perspective aérienne*, qui se fait par la dégradation des couleurs, et qui résulte du degré de lumière que les objets réfléchissent vers le spectateur, à raison de leur éloignement. — Peinture qui représente des jardins, des bâtiments ou autres choses en éloignement. — Aspect des objets vus de loin : *ce coteau fait une belle perspective*. — Fig. : *avoir une belle* ou *une vilaine perspective*, avoir de grands avantages à espérer ou de grands malheurs à craindre. — *En perspective*, loc. adv., dans l'éloignement, dans l'avenir.

PERSPICACE, adj. des deux genres (*pèrecepikace*), qui a beaucoup de finesse, de pénétration dans l'esprit.

PERSPICACITÉ, subst. fém. (*pèrecepikacité*) (en lat. *perspicacitas*, formé de la prép. *per*, à travers, et de *spectare*, regarder), pénétration d'esprit qui fait apercevoir promptement les choses difficiles à connaître, à comprendre.

PERSPICUÏTÉ, subst. fém. (*pèrecepiku-ité*) (du lat. *perspicuitas*, employé avec la même acception, et qui signifie proprement transparence, fait de *perspicere*, lequel est formé de *per*, à travers, et d'*aspicere*, regarder, voir), clarté, netteté. Il ne se dit que du discours, du style, et n'est en usage que parmi les savants. Voy. CLARTÉ.

PERSPIRABLE, adj. des deux genres (*pèrecepirable*), t. de médec., qui a la faculté de pénétrer par les pores de la peau, au moyen de la transpiration : *humeur perspirable*. Presque inusité.

PERSPIRATION, subst. fém. (*pèrecepirâcion*) (du lat. *perspirare*, souffler, pénétrer à travers), t. de médec., transpiration insensible. Peu usité.

PERSTRICTION, subst. fém. (*pèrecetrikcion*), t. de chir., sorte de bandage ancien propre à combattre certaines maladies d'accès accompagnés de frissons, les douleurs, les hémorrhagies, les convulsions, etc. On l'appliquait au creux des aisselles et aux poignets pour les bras; et, pour les extrémités inférieures, aux aines, aux jarrets et aux malléoles. Peu usité.

PERSUADANT, E, adj. (*pèreçu-adan, dante*), qui *persuade*, engageant.

PERSUADÉ, E, part. pass. de *persuader*.

PERSUADER, v. act. et neut. (*pèreçu-adé*) (en lat. *persuadere*, formé de *per*, augmentatif, et de *suadere*, conseiller, porter, exhorter à...), porter, déterminer quelqu'un à croire ou à faire. — Convaincre : avec cette différence que *persuader* dit encore davantage. Par la *conviction*, on ne triomphe que de l'esprit; par la *persuasion*, on gagne encore le cœur. — *se* PERSUADER, v. pron., croire, s'imaginer, se figurer.

PERSUASIBLE, adj. des deux genres (*perçu-azible*), qui peut être *persuadé*.

PERSUASIF, adj. mas., au fém. **PERSUASIVE** (*pèreçu-azif, zive*), qui *persuade*, qui a la force de *persuader*.

PERSUASION, subst. fém. (*pèreçu-âzion*) (en lat. *persuasio*), action de *persuader*. — Etat de celui qui est *persuadé*; ferme croyance. Voy. CONVICTION. — *Il a la persuasion sur les lèvres*, il est très-éloquent.

PERSUASIVE, adj. fém. Voy. PERSUASIF.

PERTE, subst. fém. (*pèrete*) (du grec πέρσις, ravage, ruine, dérivé de πέρθειν, ruiner, détruire), privation de quelque avantage, agrément ou commodité dont on jouissait auparavant. — Dommage : *il a souffert de grandes pertes*. Voy. DOMMAGE. — Ruine dans les affaires publiques ou dans la fortune des particuliers : *jurer la perte de quelqu'un*, résoudre sa ruine.—Mauvais succès : *la perte d'une bataille, d'un procès*, etc. —*Perte d'esprit*, grande dissipation d'esprit.— *La perte de l'âme*, la damnation éternelle. — *Perte de temps*, mauvais ou inutile emploi du temps. — En hydraulique, écoulement d'eau qui se fait dans une conduite, par des endroits qu'on ne connaît point : *la perte du Rhône*. — *Perte* se dit absolument d'un flux excessif de sang, chez les femmes, après l'accouchement, etc. On dit aussi *perte de sang*.—*Être en perte*, perdre au jeu.—*Se retirer sur sa perte*, se retirer du jeu quand on perd.—*Être repoussé avec perte*, avoir le désavantage.—*En pure perte*, sans utilité.—*Il a fait beaucoup de frais en pure perte*, inutiles, qui ne lui seront point remboursés. — *A perte*, locution adv., avec *perte* : *vendre à perte*, perdre sur ce qu'on vend.—*Allée à perte de vue*, si longue qu'on ne peut distinguer les objets qui la terminent.—Fig. : *Raisonner à perte de vue*, faire des raisonnements vains et vagues qui n'aboutissent à rien.

PERTÉRÉBRANT, E, adj. (*pèretérébran, brante*) (du latin *per*, à travers, et *terebra*, vrille, outil pour percer), t. de médec.; il se dit d'une douleur aiguë, et comparable à celle que produirait une vrille en perçant une partie.

PERTICA, subst. fém. (*pèretika*), mesure agraire qui est usitée à Parme.

PERTINACITÉ, subst. fém. (*pèretinacité*), opiniâtreté. Mot plus latin que français.

PERTINEMMENT, adv. (*pèretinaman*), comme il faut, avec jugement, avec discrétion.

PERTINENCE, subst. fém. (*pèretinance*), qualité par laquelle une chose, un être est *pertinent*, convient. Peu en usage.

PERTINENT, E, adj. (*pèretinan, nante*) (en lat. *pertinens*, part. prés. de *pertinere*, appartenir, convenir), qui est tel qu'il convient.

PERTISE, subst. fém. (*pèretize*), adresse. (*Boiste*.) Vieux, et même hors d'usage.

PERTUAUX, subst. mas. plur. (*pèretu-ô*), écorces de bois enduites de résine, dont on se sert pour éclairer les ouvriers qui travaillent dans les ardoisières. Quelques-uns disent *perluaux*. Voy. ce mot.

PERTUIS, subst. mas. (*pèretui*) (du lat. *pertusus*, part. de *pertundere*, percer), trou par où se perd l'eau d'un bassin de fontaine ou d'un réservoir. — Trou d'une clef, d'une filière, etc. —En hydraul. : 1° passage étroit pratiqué dans une rivière, pour en hausser l'eau et faciliter la navigation; 2° trou par lequel l'eau passe d'une écluse dans un coursier, pour faire mouvoir une roue.—En géog., détroit entre une île et la terre ferme : *le pertuis d'Antioche*.

PERTUIS, subst. propre mas. (*pèretui*), ville de France, chef-lieu de canton, arrond. d'Apt, dép. de Vaucluse.

PERTUISANE, subst. fém. (*pèretuizane*) (suivant *Ménage*, de *pertundere*, percer; suivant *Du Cange*, du mot barbare *pertusare*, qu'on a dit dans la basse latinité pour *perforare*), espèce d'ancienne hallebarde ou pique, destinée à arrêter l'impétuosité de la cavalerie. Vieux.

PERTUISANIER, subst. mas. (*pèretuizanié*), soldat chargé de la garde des forçats, armé d'une *pertuisane*. Hors d'usage.

PERTUISANON, subst. mas. (*pèretuizanon*), petite *pertuisane*. (Boiste.) Vieux, et même hors d'usage.

PERTUISÉ, E, part. pass. de *pertuiser*, et adj., rongé de vers : *bois pertuisé*. Peu usité.

PERTUISER, v. act. (*pèretuizé*), percer, faire un trou dans du bois et autre matière. Vieux et même hors d'usage. — *se* PERTUISER, v. pron.

PERTUNDA, subst. propre fém. (*pèretonda*), myth., une des divinités romaines qui présidaient aux mariages. On en plaçait la statue dans la chambre de la nouvelle mariée, le jour de ses noces.

PERTURBATEUR, subst. mas., **PERTURBATRICE**, subst. fém. (*pèreturbateur, trice*) (en lat. *perturbator*), celui, celle qui trouble, qui excite le désordre. Il se dit surtout dans cette phrase : *perturbateur du repos public*.—Adj. : *force perturbatrice*, qui trouble les mouvements. — *Médecine perturbatrice*, qui emploie des moyens actifs, propres à troubler la marche de la maladie.

PERTURBATION, subst. fém. (*pèreturbâcion*) (en lat. *perturbatio*, fait de *perturbare*, troubler), trouble, émotion de l'âme.—En t. de médec., trouble des fonctions animales.—En astron., trouble et dérangement que les planètes se causent réciproquement par leur attraction en tout sens.

PERTURBATRICE, subst. fém. Voy. PERTURBATEUR.

PERTUSAIRE, subst. mas. (*pèretuzère*), t. de bot., genre de plantes de la famille des hypoxylons.

PERTUSE, adj. fém. (*pèretuze*) (en lat. *pertusus*), t. de bot., *feuille pertuse*, semée de points transparents.

PÉRULA, subst. fém. (*pérula*), t. de bot., espèce d'arbre qui croît dans l'Amérique méridionale.

PÉRULE, subst. fém. (*pérule*), t. de bot., enveloppe extérieure des boutons de plantes.—Petite cavité ou petit sac formé dans les fleurs des orchidées.

PÉRUNO, subst. mas. (*péruno*), myth., nom que les anciens Prussiens donnaient à la foudre, qu'ils adoraient comme une divinité.

PÉRUTOTOTL, subst. mas. (*pérutototele*), t. d'hist. nat., espèce de canard qu'on trouve au Mexique.

PÉRUVIEN, subst. et adj. mas., au fém. **PÉRUVIENNE** (*péruviein, ène*), du Pérou.

PÉRUVIENNE, subst. et adj. fém. Voy. PÉRUVIEN. — Subst. fém., étoffe de soie.

PERVENCHE, subst. fém. (*pèrevanche*) (en lat. *pervinca*, fait de *pervinco*, je surmonte), t. de bot., plante vivace du genre des apocynées.

PERVENCHÈRE, subst. propre fém. (*pèrevanchère*), village de France, chef-lieu de canton, arrond. de Mortagne, dép. de l'Orne.

PERVERS, E, subst. et adj. (*pèrevère, vèrece*) (en lat. *perversus*), méchant, dépravé. Voy. VICIEUX.

PERVERSEMENT, adv. (*pèrevèreceman*), avec *perversité*. Ce mot manque dans l'*Académie*.

PERVERSION, subst. fém. (*pèrevèrecion*) (en lat. *perversio*), changement de bien en mal, en matière de religion et de morale. — En médec., dépravation des humeurs.

PERVERSITÉ, subst. fém. (*pèrevèrecité*) (en lat. *perversitas*), méchanceté, dépravation.

PERVERTI, E, part. pass. de *pervertir*, et adj.

PERVERTIR, v. act. (*pèrevèretir*) (en lat. *pervertere*, formé de *per*, augmentatif, et de *vertere*, tourner), changer de bien en mal, en fait de mœurs ou de religion. — *Pervertir l'ordre des choses*, troubler, changer un ordre établi. — *Pervertir le sens d'un passage de l'Écriture*, l'altérer, le mal interpréter. — *se* PERVERTIR, v. pron., se corrompre; de bon, devenir mauvais.

PERVERTISSABLE, adj. des deux genres (*pèrevèrtiçable*), aisé à *pervertir*.

PERVERTISSEMENT, subst. mas. (*pèrevèreticeman*), action de *pervertir*; ses effets.

PERVERTISSEUR, subst. mas., **PERVERTISSEUSE**, subst. fém. (*pèrevèreticeur, ceuze*), qui corrompt, qui gâte les mœurs.

PERVERTISSEUSE, subst. fém. Voy. PERVERTISSEUR.

PERVIGILIES, subst. fém. plur. (*pèrevijili*), myth., fêtes nocturnes que l'on célébrait en l'honneur de Cérès.

PÉRYCLIMÈNE, subst. mas. (*périklimène*), t. de bot., sorte de chèvre-feuille.

PESADE, subst. fém. (*pezade*), t. de manége, mouvement par lequel un cheval lève les pieds de devant sans remuer ceux de derrière.

PESAMMENT, adv. (*pezaman*), d'une manière *pesante*. — Lourdement; sans facilité, sans grace.

PESANT, E, adj. (*pezan, zante*), qui *pèse*, qui est lourd. Voy. LOURD. — Au fig., onéreux, fâcheux. — *Joug pesant*, domination dure. — En peinture, *figure pesante*, d'une proportion courte, grosse, ramassée. — *Contour pesant*, qui manque de légèreté et de finesse. — *Avoir la main pesante*, sans légèreté, fort lourde. — *Composition pesante*, surchargée d'objets. — *Exécution pesante*, où le travail se sent. — *Tête pesante*, chargée d'humeurs, de vapeurs. — *Esprit pesant*, lent. — *Conversation pesante*, ennuyeuse. — *Écu d'or pesant, pistole pesante*, du poids réglé et ordonné par la loi. — Subst. au mas., fam. : *cet homme vaut son pesant d'or*, est officieux, d'un commerce sûr et aisé, etc. — *Ce livre vaut son pesant d'or*, est excellent. *Pesant*, subst. mas., morceau de fer ou de plomb que les tailleurs mettent sur l'ouvrage pour l'assujétir. Ils disent aussi *plomb*. — Sorte de verroterie. — *Pesant*, adv. : *il lui a donné une livre pesant d'or*.

PESANTEUR, subst. fém. (*pezanteur*), le mouvement ou plutôt la tendance des corps vers un centre déterminé. — Dans une acception moins étendue, force en vertu de laquelle tous les corps que nous connaissons tombent et s'approchent du centre de la terre, lorsqu'ils ne sont pas soutenus. — Qualité de ce qui est *pesant*. — Violence d'un coup que donne un corps *pesant* ou un homme fort et robuste : *la pesanteur du coup le jeta par terre; je crains la pesanteur de son bras, de ses coups*. — Indisposition qui fait qu'on ressent comme un poids dans quelque partie du corps : *pesanteur d'estomac, de tête*, etc. — Fig., *pesanteur d'esprit*, lenteur et grossièreté d'esprit. — PESANTEUR, POIDS, GRAVITÉ. (*Syn.*) La *pesanteur* est dans le corps une qualité qu'on sent et qu'on distingue par elle-même. Le *poids* est la mesure ou le degré de cette qualité; on ne le connaît que par comparaison. La *gravité* est précisément la même chose que la *pesanteur*, avec un peu de mélange de l'idée du *poids*, c'est-à-dire qu'elle désigne une certaine mesure générale et indéfinie de *pesanteur*. Ce mot, pris dans le sens physique, est un terme de science, qui n'est guère d'usage que dans l'occasion où l'on parle d'équilibre, et lorsqu'on le joint avec le mot *centre*; ainsi, l'on dit que, pour mettre un corps dans l'équilibre, il faut trouver le centre de *gravité*; mais on s'en sert plus fréquemment au figuré lorsqu'il s'agit de mœurs et de manières. — On dit absolument, et dans un sens indéfini, qu'une chose a de la *pesanteur*; mais on dit relativement, et d'une manière déterminée, qu'elle est d'un tel *poids*, de deux livres, par exemple, de trois livres, etc. — Dans le sens figuré, la *pesanteur* se prend en mauvaise part; elle est alors une qualité opposée à celle qui provient de la pénétration et de la vivacité de l'esprit; le *poids* s'y prend en bonne part, il s'applique à cette sorte de mérite qui naît de l'habileté, jointe à un extérieur réservé, et qui procure à celui qui le possède du crédit et de l'autorité sur l'esprit des autres.

PESCIE, subst. fém. (*pèceci*), t. d'antiq., sorte de bonnet fait avec une peau d'agneau.

PESÉ, E, part. pass. de *peser*.

PESÉE, subst. fém. (*pezé*), action de *peser*. — Tout ce qu'on *pèse* en une seule fois. — En t. d'architecture, etc., action, effort des hommes qui tirent de haut en bas un cordage, ou qui appuient sur l'extrémité d'un levier.

PÈSE-LIQUEURS, et non pas, avec l'*Académie*, PÈSE-LIQUEUR, subst. mas. (*pèzelikieur*), instrument pour *peser* les *liqueurs*. — Au plur., des *pèse-liqueurs*.

PESER, v. act. (*pezé*) (en lat. *pensare*), examiner, juger avec des *poids* combien une chose est lourde : *peser un ballot*. — Fig., considérer, examiner attentivement : *peser les conséquences d'une entreprise*, et fam. : *il pèse toutes ses paroles*, il parle avec lenteur et avec circonspection. — Neut. : avoir un certain *poids* : *peser beaucoup; le tout pèse cinquante livres*. — Fig., être à charge. — Appuyer sur : *peser sur une note de musique, sur une syllabe, sur un levier, sur une bascule*. — En t. de man., on dit d'un cheval qui s'abandonne trop sur la bride, qui a trop d'appui, qu'*il pèse à la main*. — Fig. et fam. : *cette affaire me pèse sur le cœur*, me cause beaucoup de chagrin. — *Un secret lui pèse*, il ne peut garder un secret. — SE PESER, v. pron.

PESEUR, subst. mas., **PESEUSE**, subst. fém. (*pezeur, zeuze*), celui, celle qui *pèse*.

PESEUSE, subst. fém. Voy. PESEUR.

PESME, subst. propre mas. (*pême*), petite ville de France, chef-lieu de canton, arrond. de Gray, dép. de la Haute-Saône.

PESO, subst. mas. (*pezô*), sorte de monnaie de compte d'Espagne, qui vaut un peu moins que le ducat; douze mille *pesos* valent dix mille ducats.

PESON, subst. mas. (*pezon*), sorte de balance, appelée autrement *balance romaine*, ou simplement *romaine*, au moyen de laquelle on trouve la pesanteur des différents corps, en leur comparant un seul et même poids, qu'on fait courir le long d'une verge divisée en kilogrammes, etc. — *Peson à ressort*, machine dont on se sert pour peser certaines marchandises, telles que le foin, la paille, la filasse, la viande, etc. Elle a un ressort de fil d'acier, en forme de tire-bourre, attaché au bas d'une lame de fer qui le traverse. — *Peson à tiers-point*, dont le ressort est une lame d'acier recourbée.

PESSAC, subst. propre mas. (*pèçak*), village de France, chef-lieu de canton, arroud. de Bordeaux, dép. de la Gironde.

PESSAIRE, subst. mas. (*pècère*), t. de médec., instrument dont on se sert dans certaines maladies de femmes.

PESSE, subst. fém. (*pèce*), t. de bot., sorte de faux sapin. — Genre de plantes de la famille des hydrocharidées.

PESSELAGE ou **PAISSELAGE**, subst. mas. (*pèceluje*), droit ancien de couper des *paisseaux* dans une forêt.

PESSIMISME, subst. mas. (*pècimiceme*) (du lat. *pessimus*, très-mauvais), opinion de ceux qui trouvent que l'état des choses est le plus mauvais possible.

PESSIMISTE, subst. mas. (*pècimicete*), celui qui croit que tout va mal; qui voit tout en noir.

PESSINUNTE, subst. propre fém. (*pècinonte*), myth., ville de Phrygie, célèbre par le tombeau d'Atys, et par le culte de Cybèle, qui pour cela était surnommée *Pessinuntia*, et dont le simulacre fut transporté à Rome avec grand appareil.

PESSINUNTIA, subst. propre fém. (*pècinoncia*), myth., surnom de Cybèle, pris du culte qu'on lui rendait dans la ville de *Pessinunte*.

PESSON, subst. mas. (*pèçon*), morceau de fer en forme de fer à cheval, monté sur un morceau de bois de deux pieds et demi de hauteur, dont les peaussiers se servent pour préparer leurs peaux et les ouvrir.

PESSONURE, subst. fém. (*pèçonure*), ratissure de peaux qui sert à faire de la colle pour les cartonniers.

PESTARD, subst. mas. (*pètar*), t. d'écolier auquel on a fait signifier : rapporteur. Il est inusité.

PESTE, subst. fém. (*pècete*) (en lat. *pestis*), maladie épidémique et contagieuse qui a des caractères particuliers et qui cause une grande mortalité. — Fig., personne ou chose capable de corrompre l'esprit et le cœur : *cet homme est une peste, une méchante peste*. On le dit surtout d'un méchant petit garçon, d'une jeune fille vive et malicieuse. — *Il est un peu peste*, il est malin. Dans cette phrase, *peste* est adj.; ajoutons qu'on ne se sert plus de cette locution, non plus que de *c'est une petite peste*. — On dit fam., par imprécation : *peste soit de l'ignorant, du fou !*

PESTÉ, part. pass. de *pester*.

PESTER, v. neut. (*pèceté*) (du lat. *pestis*, peste), murmurer avec vivacité; exhaler sa mauvaise humeur contre... — *Pester entre cuir et chair*, *pester* en soi-même.

PESTERIE, subst. fém. (*pèceteri*), emportement, fâcherie, mauvaise humeur. Peu usité.

PESTIFÈRE, adj. des deux genres (*pècetifère*) (en lat. *pestifer* ou *pestiferus*, formé de *pestis*, peste, et de *fero*, je porte), qui communique la *peste*.

PESTIFÉRÉ, E, et adj. (*pècetiféré*), infecté de la *peste*; qui a la *peste*. — Subst. : *fuir quelqu'un comme un pestiféré*, éviter tout commerce avec lui.

PESTIFÉRER, v. act. (*pècetiféré*), communiquer la *peste*. — SE PESTIFÉRER, v. pron.

PESTILENCE, subst. fém. (*pècetilance*) (en lat. *pestilentia*), corruption de l'air; *peste* répandue dans un pays. Il ne se dit guère que dans cette phrase : *dans un temps de pestilence*. — *Être assis dans la chaire de pestilence*, enseigner une mauvaise doctrine. C'est une expression tirée de l'Écriture sainte.

PESTILENT, E, adj. (*pècetilan lante*) : *maladie pestilente*, qui tient de la *peste*. — Fig., contagieux : *cette pestilente galanterie*. (Boileau, dans *les Héros de romans*.) — PESTILENT, PESTILENTIEL, PESTILENTIEUX, PESTIFÈRE. (*Syn.*) *Pestilent*, qui tient de la *peste*, du caractère de la *peste*, qui est contagieux. *Pestilentiel*, qui est infecté de *peste*, qui est propre à répandre la contagion. *Pestilentieux*, qui est tout infecté et tout infect de *peste*, qui est fait pour répandre de tous côtés la contagion. *Pestifère*, qui produit, porte, communique, répand partout la *peste*, la contagion. — *Pestilentiel* est le terme le plus usité; *pestifère* est un terme didactique.

PESTILENTIEL, adj. mas., au fém. PESTILENTIELLE (*pècetilancièle*), qui a une qualité maligne et qui tient de la *peste* : *air pestilentiel*.

PESTILENTIELLE, adj. fém. Voy. PESTILENTIEL.

PESTILENCIEUSE, adj. fém. Voy. PESTILENCIEUX.

PESTILENCIEUX, adj. mas., au fém. PESTILENCIEUSE (*pècetilancieu, cieuze*), la même chose que *pestilentiel*.

PESTOR, subst. mas. (*pècetor*), nom qu'on donnait anciennement aux boulangers. Hors d'usage.

PÉSUXIEN, subst. propre mas. (*pézukcieìn*), ancien peuple du Portugal.

PET, subst. mas. (*pé*) (en lat. *peditus*), vent qui sort du fondement avec bruit. — *Pet-en-gueule*, jeu d'écolier. — *Pet-en-l'air*. Voyez ce mot. — *Pet-de-nonne*, pâte légère, fort enflée.

PÉTA, subst. propre fém. (*péta*), myth., déesse qui présidait aux demandes qu'on avait à faire aux dieux; on la consultait pour savoir si ces demandes étaient justes ou non.

PÉTACHE, subst. mas. (*pétache*), t. de mar., sorte de petit bâtiment anglais, propre à être armé en course.

PÉTALAIRE, subst. mas. (*pétalère*), t. d'hist. nat., espèce de reptile de la famille des serpents.

PÉTALE, subst. mas. (*pétale*) (en grec πεταλον, feuille, fait de πεταω, j'ouvre), t. de bot., chacune des pièces qui composent la corolle.

PÉTALÉ, E, adj. (*pétalé*), t. de bot.; se dit des fleurs composées de *pétales*.

PÉTALIFORME, adj. des deux genres (*pétaliforme*), t. de bot., en forme de *pétale*.

PÉTALISME, subst. mas. (*pétaliceme*) (du grec πεταλον, feuille), t. d'anat., forme de jugement établie à Syracuse, et qui ressemblait à l'ostracisme des Athéniens. On écrivait sur une feuille d'olivier le nom de celui qu'on voulait bannir; les principaux citoyens se bannissaient même les uns les autres, en se mettant simplement une feuille d'olivier dans la main.

PÉTALITE, subst. mas. (*pétalite*), t. de minér., substance minérale, roche composée de mica en lamellules.

PÉTALOCHEIRE, subst. mas. (*pétalochère*), genre d'insectes de l'ordre des hémiptères.

PÉTALOÏDE, adj. des deux genres (*pétalo-ide*) (du grec πεταλον, pétale, et ειδος, forme), t. de bot., qui a la forme d'un *pétale*.

PÉTALOPÈDE, subst. mas. (*pétalopède*) (du grec πεταλον, pétale, et ποδος, gén. de πους, pied), t. de bot., genre de plantes très-voisin des dahlias.

PÉTALOSOME, subst. mas. (*pétalozôme*) (du grec πεταλον, feuille, et σωμα, corps), t. d'hist. nat., genre de poisson osseux de la division des thorachiques, et dont le corps est aplati.

PÉTALOSPERME, subst. mas. (*pétalocepèreme*) (du grec πεταλον, pétale, σπερμα, semence), t. de bot., genre de plantes établi aux dépens des dahlias.

PÉTALOSTOME, subst. mas. (*pétalocetome*, (du grec πεταλον, feuille, et στομα, bouche), t. d'hist. nat., genre de vers de l'ordre des intestinaux.

PÉTAMINAIRE, subst. mas. (*pétaminère*), voltigeur, faiseur de tours de force, chez les anciens.

PÉTARADE, subst. fém. (*pétarade*), plusieurs *pets* de suite que font les chevaux en ruant. — Fig. et fam., bruit qu'on fait de la bouche, par mépris pour quelqu'un.

PÉTARD, subst. mas. (*pétar*), machine de métal creux d'une certaine largeur, qu'on emplit de poudre pour faire sauter les portes, les barrières, etc., des villes qu'on veut prendre d'emblée, pour rompre quelque pont-levis, etc. — Papier en plusieurs doubles garni de poudre à canon.

PÉTARDÉ, E, part. pass. de *pétarder*.

PÉTARDER, v. act. (*pétardé*), faire jouer le *pétard* contre... Peu usité. — *se* PÉTARDER, v. pron.

PÉTARDIER, subst. mas. (*pétardié*), celui qui fait ou applique les *pétards*.

PÉTASATUS, subst. propre mas. (*pétazatuce*), myth., surnom de Mercure, tiré du *pétase*, dont sa tête est ordinairement couverte, comme étant le voyageur par excellence.

PÉTASE, subst. mas. (*pétaze*) (en grec πετασος, dont les Latins ont fait *petasus*), sorte de chapeau ou de bonnet des anciens, garni de bords, pour garantir du soleil; à la différence du *pileus*, bonnet sans bords. Le *pétase ailé* est un des symboles de Mercure.

PÉTASITE, subst. fém. (*pétazite*), t. de bot., plante, espèce de tussilage.

PÉTAUD, subst. mas. (*pétô*); il n'est usité que dans cette phrase familière : *la cour du roi Pétaud*, lieu de confusion et de désordre, où tout le monde commande et personne n'obéit. (Autrefois, en France, toutes les communautés nommaient un chef qu'on appelait *roi*; les mendiants même en avaient un que par plaisanterie on nommait le *roi Pétaud*, corruption du latin *peto*, je demande. *Matinées Sénonnaises.*)

PÉTAUDIÈRE, subst. fém. (*pétôdière*), assemblée sans ordre; lieu où chacun fait le maître. Style fam. Voy. PÉTAUD.

PÉTAURE, subst. mas. (*pétôre*), t. d'antiq., espèce de bascule par le moyen de laquelle deux hommes se balançaient l'un l'autre.

PÉTAURISTE, subst. mas. (*pétôricete*), t. d'hist. nat., mammifère carnassier.

PÉTÉCHIAL, E, adj. (*pétéchi-ale*), t. de médec. : *fièvre pétéchiale*, accompagnée de *pétéchies*. Ce mot ne s'emploie guère qu'avec le mot *fièvre*; on peut dire que son plur. mas. n'est point usité.

PÉTÉCHIES, subst. fém. plur. (*pétéchi*), t. de médec., espèce de pourpre; taches sur la peau dans les fièvres malignes.

PET-EN-L'AIR, subst. mas. (*pètanlère*), vêtement fort court que portaient les femmes en négligé, et qui ressemblait à une robe qu'on aurait coupée au bas des reins. Style familier.

PÉTÉ, part. pass. de *péter*.

PÉTER, v. neut. (*pété*) (du lat. *pedere*, qui a la même signification, et dont le supin *peditum* a, dans la basse latinité, formé *peditare*, et par contraction *petare*. Ménage.), *faire un pet*. — Fig. et fam., faire un certain bruit, en parlant d'un fusil, d'un pistolet qu'on tire. — Éclater avec bruit en parlant du bois qui est au feu, etc. — Prov. et bassement : *péter plus haut que le cul*, entreprendre des choses au-dessus de ses forces, ou prendre des manières au-dessus de son état. — *Péter dans la main*, 1° en parlant des personnes, manquer au besoin; 2° en parlant d'un billet, d'une lettre de change, etc., n'être pas payé. — On dit d'une affaire dans laquelle on ne veut point d'accommodement, que *la gueule du juge en pettera*.

PÉTÉROLLE, subst. fém. (*pétérole*), petit *pétard*.

PÉTERSBOURG (SAINT-), subst. propre mas. (*ceinpétèreceboure*), ville capitale de l'empire russe, chef-lieu du gouvernement. Résidence habituelle de l'empereur.

PÉTÉSIE, subst. fém. (*pétézi*), t. de bot., espèce de plante de la famille des rubiacées.

PÉTEUR, subst. mas., **PÉTEUSE**, subst. fém. (*péteur, teuze*), qui *pette*.—Prov. : *on l'a chassé comme un péteur*, honteusement. Le peuple dit au mas., *péteux*.

PÉTEUSE, subst. fém. Voy. PÉTEUR.

PÉTILIE, subst. fém. (*pétili*), t. de bot., sorte de rose sauvage.

PÉTILLANT, E, adj. (*péti-ian, iante*), qui *pétille* : *sang, vin pétillant; yeux pétillants*.

PÉTILLEMENT, subst. mas. (*péti-ieman*), action de *pétiller*.

PÉTILLÉ, part. pass. de *pétiller*.

PÉTILLER, v. neut. (*péti-ié*) (dimin. de *péter*), éclater en faisant du bruit à plusieurs reprises : *le sel pétille dans le feu*. — Briller avec éclat : *des yeux qui pétillent*. — *Le sang lui pétille dans les veines*, il est vif et impétueux. — *Pétiller d'esprit*, en avoir, en montrer beaucoup.—*Il pétille de courir*, il souhaite avec ardeur de courir, etc.

PÉTIMBE, subst. mas. (*péteinbe*), t. d'hist. nat., sorte de poisson de mer qu'on trouve dans la Méditerranée.

PÉTIOLAIRE, adj. des deux genres (*péti-olère*), t. de bot., qui appartient au *pétiole*.

PÉTIOLE, subst. mas. (*péti-ole*) (en lat. *petiolus*), t. de bot., queue ou support des feuilles.

PÉTIOLÉ, E, adj. (*péti-olé*), t. de bot., porté par un *pétiole*.

PÉTIOLULE, subst. mas. (*péti-olule*), t. de bot., petit *pétiole*.

PETIT, E, adj. (*peti, tite*) (du vieux mot lat. *petitus*, employé par *Plaute*, dans le sens de mince, délié, *petit*), qui a peu d'étendue ou de volume dans son genre.— Généralement, ce qui est moindre que d'autres choses du même genre, soit au physique, soit au moral. Voy. EXIGU.— Fort jeune : *petit enfant*. En ce sens on dit subst. : *le pauvre petit, cette pauvre petite*, etc.

PETIT, subst. mas. (*peti*), qui est *petit*. — Animal nouvellement né : *la chienne a fait des petits*. — Au plur. et en parlant des personnes, il se dit, 1° par opposition à gens puissants, riches, etc. : *les petits pâtissent des sottises des grands*; 2° par opposition à *vieux*, âgés : *les grands et les petits*, les vieux et les jeunes. — *Du petit au grand*, par comparaison des *petites* aux grandes choses.—*En petit*, adv., raccourci : *peindre en petit; un modèle en petit*. — *Petit à petit*, adv., peu à peu.

PETIT-BARRAGE, subst. mas. (*petibâraje*), linge ouvré à *petites* raies ou *barres*.—Au plur., des *petits-barrages*.

PETIT-BIJOU-BLANC-DE-LAIT, subst. mas. (*petibijoublandelè*), t. de bot., sorte d'agaric des environs de Paris.— Au plur., des *petits-bijoux-blanc-de-lait*.

PETIT-BLANC, subst. mas. (*petiblan*), monnaie d'argent qui avait cours autrefois en France. —Au plur., des *petits-blancs*.

PETIT-CANON, subst. mas. (*petikanon*), t. d'imprimerie, nom d'un caractère dont le corps répond à deux saint-augustin. — Au plur., des *petits-canons*.

PETIT-CHÊNE, subst. mas. (*petichêne*), t. de bot., cyprès; germandrée.—Au plur., des *petits-chênes*.

PETIT-CHOU, subst. mas. (*petichou*), sorte de pâtisserie. — T. de caresse : *mon petit chou*. Au plur., des *petits-choux*.

PETIT-CORPS, subst. mas. (*petikor*), à Beauvais, ouvrier qui ne fabrique que de la petite serge. — *Petit-corps des marchands*, nom que les trois premiers *corps* des marchands de Paris donnaient autrefois aux trois derniers. — Au plur., des *petits-corps*.

PETIT-COUP, subst. mas. (*petikou*), vis du métier à bas. — Au plur., des *petits-coups*.

PETIT-CYPRÈS, subst. mas. (*peticipré*), t. de bot., genre de plantes de la famille des abiés.— Au plur., des *petits-cyprès*.

PETIT-DEUIL, subst. mas. (*petideu-ie*), t. d'hist. nat., sorte de mésange. — Au plur., des *petits-deuils*.

PETITE-FILLE, subst. fém. (*petitefi-ie*), *fille* du *fils* ou de la *fille*. — Au plur., des *petites-filles*.

PETITE-GUERRE, subst. fém. (*petite-guière*), exercice à feu imitant un combat.—Guerre d'escarmouches. — Au plur., des *petites-guerres*.

PETITE-MAÎTRESSE, subst. fém. (*petite-mètrèce*). Voy. MAÎTRESSE.—Au plur., des *petites-maîtresses*.

PETITEMENT, adv. (*petiteman*), d'une manière *petite* et pauvre : *il vit petitement*. — Il *est logé petitement*, à l'étroit.

PETITE-NIÈCE, subst. fém. (*petite-ni-èce*), la fille du neveu ou de la *nièce*.— Au plur., des *petites-nièces*.

PETITE-OIE, subst. fém. (*petitoè*), petits membres d'une oie, etc.; abattis.— Fig., petits ajustements.—Faveurs légères.— Au plur., des *petites-oies*.

PETITE-OLONNE, subst. fém. (*petitolone*), toile à voiles qui se fabrique à *Olonne* et dans les environs. — Sans plur.

PETITE-PIERRE (LA), subst. propre fém. (*lapetitepière*), bourg de France, chef-lieu de canton, arrond. de Saverne, dép. du Bas-Rhin.

PETITE-ROMAINE, subst. fém. (*petite-romène*), t. de papeterie, nom d'un papier de la petite sorte. — Au plur., des *petites-romaines*.

PETITES-CARDES, subst. fém. plur. (*petitekarde*). Voy. CARDE.

PETITES-MAISONS, subst. propre fém. plur. (*petitemèzon*), maison de fous, dans certaines contrées.

PETIT-ESPADON, subst. mas. (*petitécepadon*), t. d'hist. nat., poisson du genre de l'ésoce. — Au plur., des *petits-espadons*.

PETIT-ESPRIT, subst. mas. (*petitécepri*), personne à petits moyens. — Au plur., des *petits-esprits*.

PETITESSE, subst. fém. (*petitèce*), peu d'étendue ou de volume : *la petitesse d'un vase; la petitesse de la taille de cette femme*, et non pas *la petitesse de cette femme*. — Modicité : *la petitesse de sa fortune*. — Au fig. : *petitesse d'âme, d'esprit*, etc.; *il y a de la petitesse* (peu de grandeur, d'élévation, de dignité) *à...; il est plein de petitesses*, il a l'esprit minutieux.

PETITE-VÉROLE, subst. fém. (*petitevérole*), t. de médec., maladie cutanée, épidémique et dangereuse. — Au plur., des *petites-véroles*.

PETIT-FILS, subst. mas. (*petifice*), *fils* du *fils* ou de la *fille*. — Au plur., des *petits-fils*.

PETIT-GRIS, subst. mas. (*peligueri*), t. d'hist. nat., écureuil du Nord; sa peau; le duvet qui se forme sous l'aile de l'autruche.—Au plur., en parlant de l'animal seulement, des *petits-gris*.

PETIT-HAUT, subst. mas. (*peti-ô*), quatrième étage du bois disposé dans le fourneau pour faire le charbon. — Au plur., des *petits-hauts*.

PETIT-HOUX, subst. mas. (*peti-ou*), t. de bot., nom qu'on a donné au houx-frelon.—Au plur., des *petits-houx*.

PETITIE, subst. fém. (*petici*), t. de bot., sorte d'arbrisseau de la famille des pyrénacées.

PÉTITION, subst. fém. (*péticion*) (en lat. *petitio*, fait de *petere*, demander), demande adressée à une autorité. — En t. de philosophie, *pétition de principe*, vice de raisonnement qui consiste à alléguer pour preuve la chose même qui est en question.

PÉTITIONNAIRE, subst. des deux genres (*péticionère*), celui qui fait une *pétition*.

PÉTITIONNÉ, part. pass. de *pétitionner*.

PÉTITIONNER, v. neut. (*péticioné*), demander, faire une *pétition*.

PETITISSIME, subst. mas. (*petiticime*), très-petit. (*Boiste.*) Inusité.

PETIT-LAIT, subst. mas. (*petilè*), sérosité du *lait*.—Au plur., des *petits-laits*.

PETIT-MAÎTRE, subst. mas. Voy. MAÎTRE. — Au plur., des *petits-maîtres*.

PETIT-MÉTIER, subst. mas. (*petimétié*), t. de pâtissier, nom qu'on donne aux petites oublies roulées en cornet. — Au plur., des *petits-métiers*.

PETIT-MONDE, subst. mas. (*petimonde*), t. d'hist. nat., espèce de poisson. — Au plur., des *petits-mondes*.

PETIT-MOUTON, subst. mas. (*petimouton*), anc. monnaie en or qui avait cours autrefois en France. — Au plur., des *petits-moutons*.

PETIT-NEVEU, subst. mas. (*petineveu*), fils du *neveu* ou de la *nièce*.—Au plur., des *petits-neveux*.

PETIT-NOM-DE-JÉSUS, subst. mas. (*petinondejézu*), t. de papeterie, papier de la petite sorte. — Au plur., des *petits-noms-de-jésus*.

PÉTITOIRE, subst. mas. (*pétito-are*) (en lat. *petitorius*), t. de prat., action par laquelle on demande la propriété d'une chose.—On dit aussi adj.: *action pétitoire*.

PETIT-OPERCULE-AQUATIQUE, subst. fém. (*petitopèrekulakouatike*), t. d'hist. nat., coquille fluviatile.—Au plur., des *petits-opercules-aquatiques*.

PETITOSE, subst. fém. (*petitoze*), petit membre d'oiseau. (*Boiste.*) Inusité.

PETIT-PARANGON, subst. mas. (*petiparanguon*), t. d'imprim., caractère au-dessous du *petit-canon*.—Au plur., des *petits-parangons*.

PETIT-PIED, subst. mas. (*petipié*), os spongieux renfermé dans le sabot du cheval. — Au plur., des *petits-pieds*.

PETIT-QUÉ, subst. mas. (*petikué*), en t. d'imprimerie, le point et virgule (;), parce que, dans les anciennes éditions latines, ce signe indiquait l'abréviation de la conjonction *que* : *nosq; nobisq; vobisq;* pour *nosque, nobisque, vobisque*, etc.

PETIT-RAISIN, subst. mas. (*petirèzein*), t. de papeterie, nom d'un papier de la petite sorte. — Au plur., des *petits-raisins*.

PETIT-ROMAIN, subst. mas. (*petiromein*), t. d'imprim., caractère au-dessous de la *philosophie*.—Au plur., des *petits-romains*.

PETIT-ROYAL, subst. mas. (*petiroè-ial*), monnaie d'or fin qui avait cours autrefois en France.

PETITS-FERS, subst. mas. plur. (*petifère*), outils gravés en relief dont le relieur se sert pour faire des ornements sur les couvertures des livres.

PETIT-SIMON, subst. mas. (*peticimon*), t. d'hist. nat., espèce d'oiseau que l'on trouve en Afrique.—Au plur., des *petits-simons*.

PETIT-TEXTE, subst. mas. (*petitèkcete*), t. d'imprimerie, caractère au-dessous de la *gaillarde*.—Au plur., des *petits-textes*.

PETIT-TOURNOIS, subst. mas. (*petitournoè*), monnaie d'argent qui avait cours en France.—Au plur., des *petits-tournois*.

PETIT-VENISE, subst. mas. (*petivenize*), sorte de linge ouvré qui se fabrique en Basse-Normandie. — Au plur., des *petits-venise*.

PETIT-VÈRE, subst. mas. (*petivère*), t. de bot., genre de plantes de la famille des chénopodées.—Au plur., des *petits-vères*.

PETOFFE, subst. fém. (*pétofe*), balivernes, fadaises. Vieux et même hors d'usage.

PÉTOLA, subst. mas. (*pétola*), t. de bot., genre de plantes de la famille des cucurbitacées.

PÉTOLE, subst. fém. (*pétole*), t. d'hist. nat., espèce de reptile du genre des couleuvres.

PETON, subst. mas. (*peton*), t. enfantin qui signifie : petit pied : *de jolis petits petons*.

PÉTONCLE, subst. fém. (*pétonkle*), t. d'hist. nat., sorte de coquillage bivalve.

PÉTONÈTE, subst. fém. (*pétonète*), t. d'hist. nat., espèce de coquillage.

PÉTORITE, subst. mas. (*pétorite*), t. d'antiq., espèce de charriot qui avait quatre roues.

PÉTREAU ou **DRAGEON**, subst. mas. (*pétrô*, *drajon*), t. de bot., sauvageon qui pousse du pied d'un arbre.

PÉTRÉE, adj. fém. (*pétré*) (du grec πετρα, rocher), usité seulement en parlant de l'*Arabie-Pétrée*, couverte de rochers. Voy. PÉTREUX. — T. de bot., espèce d'arbrisseaux grimpants de la famille des pyrénacées.—T. d'anat., nom qu'on donne à l'apophyse qui naît de la face interne de l'os temporal, et qu'on nomme ordinairement le *rocher*.

PÉTRÉITÉ, subst. fém. (*pétré-ité*), t. de scholastique, entité de *Pierre*; ce qui fait qu'il est *Pierre*.

PÉTREL, subst. mas. (*pétrèle*), t. d'hist. nat., sorte d'oiseaux palmipèdes et macroptères.

PÉTREUSE, adj. fém. Voy. PÉTREUX.

PÉTREUX, adj. mas., au fém. **PÉTREUSE** (*pétreu*, *treuze*) (du grec πετρα, pierre), t. d'anat., pierreux, qui tient de la pierre par sa dureté : *apophyse pétreuse*, ou *pétrée*. Voyez ce dernier mot.

PÉTRI, E, part. pass. de *pétrir* et adj.—Formé, composé de : *femme pétrie de talents, de graces*. — *Être pétri de salpêtre*, être colère, impétueux.

PÉTRICHERIE, subst. fém. (*pétricheri*), t. de pêche, appareil de la pêche de la morue. — Endroit propice destiné ou préparé pour faire cette pêche.

PÉTRICOLE, subst. fém. (*pétrikole*), t. d'hist. nat., genre de coquilles de la classe des bivalves.

PÉTRIÈRE, subst. fém. (*pétri-ère*), lieu où l'on *pétrit*. — Dans quelques endroits, sorte de coffre où l'on *pétrit* le pain, et qu'on nomme aussi *pétrin*. Voy. ce mot, et HUCHE.

PÉTRIFIANT, E, adj. (*pétrifian*, *ante*), qui a la faculté de *pétrifier*.

PÉTRIFICATION, subst. fém. (*pétrifikâcion*); il se dit des restes de végétaux et d'animaux convertis en pierre, que l'on trouve dans les couches du globe de la terre. Quand ces corps n'ont point subi de changement et qu'ils n'ont point été altérés, on les nomme simplement *fossiles*. —La chose *pétrifiée*. Voy. PÉTRIFIER.

PÉTRIFIÉ, E, part. pass. de *pétrifier* et adj.

PÉTRIFIER, v. act. (*pétrifié*) (du lat. *petra*, pierre, et *fieri*, devenir, être fait), devenir de nature de pierre; convertir en pierre. — Au fig., interdire, rendre immobile d'étonnement. — *se* PÉTRIFIER, v. pron., devenir *pierre*.

PÉTRIFIQUE, adj. des deux genres (*pétrifike*), qui change en pierre. (*Voltaire*.)

PÉTRIN, subst. mas. (*pétrein*) (rac. *pétrir*), coffre dans lequel on *pétrit*, où l'on serre le pain. — *Être dans le pétrin*, dans l'embarras. — *Pétrin mécanique*, espèce de cylindre armé de dents, et qu'on fait mouvoir par une manivelle ou au moyen de la vapeur, pour *pétrir* la pâte.

PÉTRINAL, subst. mas. (*pétrinal*), sorte d'arquebuse qui était plus courte que le mousquet Inusité.

PÉTRIR, v. act. (*pétrire*), détremper de la farine avec de l'eau, la mêler, la remuer et en faire de la pâte. — Fouler l'argile avec les mains et les pieds pour la rendre plus facile à employer. —*Se croire pétri d'un autre limon que le reste des hommes*, se croire d'une nature supérieure à celle des autres. — *se* PÉTRIR, v. pron.

PÉTRISSAGE, subst. mas. (*pétriçaje*), action de *pétrir*.

PÉTRISSEUR, subst. mas., **PÉTRISSEUSE**, subst. fém. (*pétriceur*, *ceuze*), celui, celle qui *pétrit*; garçon boulanger qui *pétrit* la pâte.

PÉTRISSOIR, subst. mas. (*pétriçoar*), synonyme de *pétrin*.

PÉTRITE, subst. mas. (*pétrite*), nom d'une sorte de vin que l'on faisait dans l'Arabie *Pétrée*, auprès de la ville de *Pétra*, dont il tire son nom.

PÉTROBION, subst. mas. (*pétrobion*), t. de bot., sorte d'arbrisseau qui se rapproche du salmée; il croît à Sainte-Hélène.

PÉTROCALE, subst. fém. (*pétrokale*), t. de bot., plante des Pyrénées, ou la drave des Pyrénées.

PÉTRO-JOANNITE, subst. mas. (*pétrojoanenite*), t. d'hist. eccl., sectaires chrétiens qui prétendaient qu'aucune grace ne nous est infuse par le baptême, etc.

PÉTRO-KOTSIPHO, subst. mas. (*pétrokoteçifô*), t. d'hist. nat., nom du merle bleu, ou solitaire de l'île de Scio.

PÉTROLE, subst. mas. (*pétrole*), bitume liquide et noir, qui sort des fentes des rochers.

PÉTROMARULE, subst. fém. (*pétromarule*), t. de bot., genre de plantes établi aux dépens des raiponces.

PÉTRO-MYSON, subst. mas. (*pétromizon*) (du grec πετρος, pierre, et μυζω, je suce), nom que les naturalistes donnent aux lamproies, parce qu'elles s'accrochent aux pierres à l'aide de leur bouche, qui fait l'office d'une ventouse.

PÉTRONO, subst. mas. (*pétrono*), monnaie de Bologne.

PÉTRO-OCCIPITAL, E, adj. (*pétro-okcipitale*), t. d'anat., qui appartient à l'apophyse *pétrée* de l'os temporal et à l'*occipital*.

PÉTRO-PHARYNGIEN, subst. et adj. mas. (*pétrofareinjiein*) (du grec πετρος, pierre, et φαρυγξ, pharynx), t. d'anat., nom de deux muscles du *pharynx*, qui s'attachent à l'apophyse *pierreuse* de l'os des tempes.

PÉTROPHILE, subst. fém. (*pétrofile*), t. de bot., genre de plantes de la famille des protées.

PÉTRO-SALPINGO-PHARYNGIEN, subst. et adj. mas. (*pétroçalepeinguôfareinjiein*), t. d'anat.; se dit du faisceau charnu qui va du sphénoïde, de l'apophyse *pétreuse* et de la trompe d'Eustache jusqu'à la partie supérieure du *pharynx*.

PÉTRO-SALPINGO-STAPHYLIN, subst. et adj. mas. (*pétroçalepeinguôcetafilein*), t. d'anat., muscle péristaphylin interne.

PÉTROSELIN, subst. mas. (*pétrozelein*), t. de bot., nom donné, dans certains endroits, au persil sauvage.

PÉTRO-SILEX, subst. mas. (*pétrocilèkce*) (du grec πετρος, pierre, et du latin *silex*, caillou), t. de minér., sorte de *pierre* qui tient de la nature du *silex*.

PÉTRO-SILICEUSE, adj. fém. Voy. PÉTRO-SILICEUX.

PÉTRO-SILICEUX, adj. mas., au fém. **PÉTRO-SILICEUSE** (*pétro-ciliceu*, *ceuze*), t. de minér.; il se dit de ce qui est de la nature du *pétro-silex*.

PÉTRO-SPHÉNOÏDAL, E, adj. (*pétrocefénoïdale*), t. d'anat., qui appartient à l'apophyse *pétreuse* de l'os temporal et au *sphénoïde*.

PÉTRO-STAPHYLIN, subst. mas. (*pétrocetafilein*), t. d'anat., muscle péristaphylin interne. Voy. PÉRISTAPHYLIN.

PETTO, *in* **PETTO**, loc. adv. (*inepèteto*), t. italien; dans l'intérieur du cœur, en secret.

PÉTULAMMENT, adv. (*pétulaman*) (en latin *petulanter*), avec *pétulance*.

PÉTULANCE, subst. fém. (*pétulance*) (en lat. *petulantia*), qualité de celui qui est *pétulant*, vivacité, turbulence; avec cette différence, dit M. *Guizot*, que la *pétulance* est une *vivacité* impétueuse, et la *turbulence*, une *vivacité* désordonnée. La *vivacité* dans les actions est le contraire de la lenteur; la *pétulance* indique le manque de réflexion; la *turbulence*, le manque d'idées, et le besoin de mouvement.

PÉTULANCIES, subst. fém. plur. (*pétulanci*), myth., fêtes que l'on célébrait, chez les anciens Grecs, en l'honneur de Vénus, sous le nom de la Lune; ou plutôt de Pétulance, fille de la Nuit.

PÉTULANT, E, adj. (*pétulan*, *lante*) (en lat. *petulans*), vif, brusque, impétueux, qui a peine à se contenir.

PETUN, subst. mas. (*peteun*), tabac. On ne s'en sert que par raillerie : *c'est un preneur de petun*. (Nom donné originairement à cette plante par les peuples de la Floride, d'où elle fut apportée d'abord en Portugal et ensuite en France, par le président *Nicot*. Voy. NICOTIANE.)

PETUNÉ, part. pass. de *petuner*.

PETUNER, v. neut. (*petuné*), prendre du tabac en fumée : *ils ont petuné toute la nuit*. Vieux, et même hors d'usage. L'*Académie* le donne encore.

PÉTUNIE, subst. fém. (*pétuni*), t. de bot., genre de plantes de la famille des solanées.

PETUN-SÉ, subst. mas. (*péteuncé*), nom que l'on donne à l'une des deux pierres qui entrent dans la composition de la porcelaine que font les Chinois : l'autre est le *kaolin*. Le *petun-sé* est le *feld-spath granuleux* des minéralogistes modernes.

PEU, adv. (*peu*) (du lat. *paucus*, comme *feu* de *focus*. Ménage.), en petit nombre ou en petite quantité : *peu d'hommes*, *peu d'argent*, et non pas *peu des hommes*; *peu de l'argent*. — PEU, GUÈRE. (*Syn.*) *Peu*, dit *Roubaud*, est l'opposé de *beaucoup*, et *guère* en devient une forte négation. S'il n'y a *guère* d'une chose, non-seulement il n'y en a pas beaucoup, mais il n'y en a pas assez, il n'y en a pas ce qu'il faut, il y en a *trop peu*, *fort peu*, il n'y en a presque point. Un homme qui a *peu* d'argent peut en avoir assez pour ses besoins, parce qu'il y a des gens qui ont *peu* de besoins, et qui savent se contenter de *peu*. Un homme qui n'a *guère* d'argent, en manque ou est dans le cas d'en manquer pour ses besoins. —Je vous avais demandé *peu* d'argent pour cette entreprise; vous ne m'en donnez pas assez, je dis que vous ne m'en donnez *guère*. L'usage est parfaitement conforme à cette observation.— Il modifie aussi les adjectifs et les adverbes : *peu aimable*, *peu agréablement*. — Il s'emploie quelquefois comme substantif : *le peu que je vaux*; *profitons du peu qui nous reste*; *vivre de peu*. — *C'est un homme de peu*, un homme de néant, etc. — *C'est peu de chose que ce livre-là*; ce livre est médiocre, peu important. — *C'est peu de chose que de nous*, nous sommes bien faibles et exposés à bien des misères. — *Un peu*, adv. *attendez un peu*; *un peu de patience*. — *Un peu* est quelquefois employé comme particule explétive : *laissez-moi un peu passer*. C'est une locution populaire et vicieuse. — On dit adverbialement et mieux, *un peu plus*, *un peu moins*, etc. — *Dans peu*, dans *peu* de temps. — *Pour peu que*, conjonc. : *pour peu que vous frappiez, il entendra*; si vous frappez le moins du monde, il entendra. *Fénelon* a dit dans le même sens, *si peu que* : *si peu qu'il sente en vous de facilité* (Télémaque, liv. XVII); *si peu qu'on excitât sa vivacité*; *si peu qu'on parût douter de ses moyens*. (Ibid., liv. XVII.) Cette locution serait aujourd'hui vicieuse. — *Peu à peu*, adv., insensiblement. — *A peu près*, adv., en partie; presque entièrement. — *Peu souvent*, adv., assez rarement. On dit encore *tant soit peu*, *quelque peu*, etc.

PEUCÉDAN, subst. mas. (*peucédan*), t. de bot., genre de plante de la famille des ombellifères.

PEUGNE, subst. fém. (*peugnie*), pêche qui se fait en mer le long de la côte, près la Tête-de-Buch.

PEUILLE, subst. fém. (*peu-ie*), petit morceau de métal ou de fonte sur lequel on fait l'essai du reste.

PEUMO, subst. mas. (*peumo*), t. d'hist. nat., genre de plantes de la famille des nerpruns.

PEUPLADE, subst. fém. (*peuplade*) (rac. *peuple*), colonie d'étrangers qui viennent chercher des habitations dans une contrée. — Lieu où l'on fait quelque peuplade. — Il se dit aussi du *frai*, de l'*alvin* et de tous les petits poissons que l'on met dans un étang pour l'empoissonner.

PEUPLE, subst. mas. (*peuple*) (en lat. *populus*), multitude d'hommes qui habitent un même pays et vivent sous les mêmes lois. — Multitude d'habitants : *il y a beaucoup de peuple dans Paris*. (Acad.) On dit mieux : *il y a beaucoup de monde*. — Dans une acception moins générale, la partie des habitants d'un même pays qui est la plus nombreuse, mais la moins distinguée par ses richesses, etc. On dit dans un sens encore plus étroit et plus odieux : *le petit peuple*, *le menu peuple*, *la lie du peuple*. — Dans les monarchies, il se dit pour *sujet*, surtout en parlant au prince: *vos peuples, votre peuple.* Dans les démocraties c'est le *peuple* qui est souverain. — *Le peuple roi*, l'ancien *peuple* romain.— Prov. : *la voix du peuple est la voix de Dieu*, ordinairement le sentiment général est fondé sur la vérité. — Petit poisson qu'on met dans un étang pour le *peupler*.

PEUPLÉ, E, part. pass. de *peupler* et adj.

PEUPLEMENT, subst. mas. (*peupleman*), action de *peupler*. Peu en usage.

PEUPLER, v. act. (*peuplé*) (de *peuple*, en lat. *populus*), remplir d'habitants un lieu où il n'y en avait point. — Augmenter le nombre des habitants par la voie de la génération : *Adam et Ève ont peuplé toute la terre.* En ce sens, on dit neutralement : *toutes les nations ne peuplent pas également.* — Par extension : *peupler un étang de poissons; peupler une garenne*; et neut. : *il n'y a point d'animaux qui peuplent* (qui multiplient) *autant que les lapins*.— On dit aussi : *peupler un bois, une vigne.* — En peinture, *peupler un tableau*, y faire entrer un grand nombre de figures. — En t. de charpentier, garnir un vide de pièces de bois espacées à égale distance. — SE PEUPLER, v. pron.

PEUPLERAGE, subst. mas. (*peupleraje*), bois garni de *peupliers*; allée de *peupliers*. Peu usité.

PEUPLIER, subst. mas. (*peupli-é*) (du latin *populus*), grand arbre, fort élancé, qui croît dans les lieux humides.

PEUPLIÈRE, subst. fém. (*peupli-ère*), t. de bot., sorte de champignon qui croît sur les *peupliers* d'Italie.

PEUR, subst. fém. (*peur*) (en latin *pavor*. Ménage dit qu'anciennement on écrivait *paor.*), crainte, frayeur : *avoir peur de son ombre*, avoir *peur* des moindres choses. —*Être laid à faire peur*, excessivement laid : *mourir de peur*, craindre beaucoup. — PEUR, FRAYEUR, TERREUR. (*Syn.*) Ces trois expressions marquent par gradations les divers états de l'âme plus ou moins troublée par la vue de quelque danger. Si cette vue est vive et subite, elle cause la *peur;* si elle est plus frappante et plus réfléchie, elle produit la *frayeur;* si elle abat notre espérance, c'est la *terreur.* — La *peur* est souvent un faible de la machine pour le soin de sa conservation, dans l'idée qu'il y a du péril. La *frayeur* est un trouble plus grand, plus frappant, plus persévérant. La *terreur* est une passion accablante de l'âme, causée par la présence réelle ou par l'idée très-forte d'un grand péril. — Pyrrhus eut moins de *peur* des forces de la république romaine, que d'admiration pour ses procédés. Attila faisait un trafic continuel de la *frayeur* des Romains; mais Julien, par sa sagesse, sa constance, son économie, sa valeur, et une suite perpétuelle d'actions héroïques, chassa les barbares des frontières de son empire, et la *terreur* que son nom leur inspirait les contint tant qu'il vécut. Voy. ALARME, CRAINTE, CRAINDRE. — *De* PEUR, loc. adv., par un sentiment de *peur*.— *De* PEUR *de*, sorte de conj. : *de peur des brigands; de peur d'être volé*.—*De* PEUR *que*, autre conj. : *restez ici, de peur qu'il n'arrive.*

PEUREUSE, subst. et adj. fém. Voy. PEUREUX.

PEUREUX, subst. et adj. mas., au fém. PEUREUSE (*peureu, reuze*), qui est sujet à la *peur*. — Qui manque de résolution.

PEUSE, subst. fém. (*peuze*), question, interrogation, figure de rhétorique.

Peut, 3e pers. sing. prés. indic. du v. irrég. *pouvoir.*

PEUT-ÊTRE, adv. (*peutêtre*), il peut se faire que... : *il viendra peut-être; peut-être qu'il viendra*, il peut se faire qu'il vienne.— *Peut-être* est quelquefois subst. : *il ne faut pas se fonder sur un peut-être.*

DU VERBE IRRÉGULIER POUVOIR :

Peuvent, 3e pers. plur. prés. indic.

Peux, précédé de *je*, 1re pers. sing. prés. indic.

Peux, précédé de *tu*, 2e pers. sing. indic.

PEXISPERME, subst. mas. (*pèkcicepèreme*), t. de bot., espèce de plante de la famille des conferves.

PEYRAC, subst. propre mas. (*pérak*), ville de France, chef-lieu de canton, arrond. de Gourdon, dép. du Lot.

PEYREHORADE, subst. propre mas. (*pèreorade*), ville de France, chef-lieu de canton, arrond. de Dax, dép. des Landes.

PEYRELEAU, subst. propre mas. (*pèrelô*), ville de France, chef-lieu de canton, arrond. de Milhau, dép. de l'Aveyron.

PEYRIAC-LES-MINERVOIS, subst. propre mas. (*péri-aklèminèrevoé*), bourg de France, chef-lieu de canton, arrond. de Carcassonne, dép. de l'Aude.

PEYROLLES, subst. propre mas. (*pèrole*), ville de France, chef-lieu de canton, arrond. d'Aix, dép. des Bouches-du-Rhône.

PEYROUSIE, subst. fém. (*pérouzi*), t. de bot., genre de plantes établi aux dépens des glaïeuls.

PEYRUIS, subst. propre mas. (*pèru-i*), bourg de France, chef-lieu de canton, arrond. de Forcalquier, dép. des Basses-Alpes.

PEYRUNIE, subst. fém. (*pèruni*), myth., fête solennelle que l'on célébrait en Chine et au Japon, en l'honneur de *Peyrun*, qui se réfugia sur les côtes de la Chine avec sa famille.

PEZ et **PISCHAROS**, subst. propre mas. (*pèz, picekaroce*), myth., nom de deux divinités indiennes qui accompagnent Junon.

PÉZENAS, subst. propre mas. (*pèzenâce*), ville de France, chef-lieu de canton, arrond. de Béziers, dép. de l'Hérault.

PEZIZE, subst. fém. (*pezize*), t. de bot., espèce de plante cryptogame de la famille des champignons.

PFENNING, subst. mas. (*pefènensingue*), petite monnaie de cuivre en Allemagne, qui a différentes valeurs suivant les états et les endroits où elle a cours.

PH., prononcez *fe*. Voy. à la lettre P.

PHACA, subst. mas. (*faka*), t. de bot., genre de plantes de la famille des légumineuses.

PHACÉLIE, subst. fém. (*facéli*), t. de bot., sorte de plante d'Amérique, de la famille des sébesteniers.

PHACITE, subst. fém. (*facite*) (du grec φακος, lentille, et λιθος, pierre), t. d'hist. nat., pierre nummulaire ou lenticulaire. — Variété d'oolithe et de pizolithe.

PHACOÏDE, adj. des deux genres (*fako-ide*) (du grec φακος, lentille, et ειδος, forme), t. d'anat., se dit du crystallin de l'œil, à cause de sa forme lenticulaire.

PHACOSE, subst. fém. (*fakoze*) (en grec φακος), t. de méd., tache noire qui affecte quelquefois l'œil.

PHACOTE, subst. mas. (*fakote*) (du grec φακος, grattoir), t. de chir., ciseau, rouge ou rugine pour les fractures simples du crâne.

PHÆCASIE, subst. fém. (*fekazi*) (du grec φαικος, léger), chaussure légère des anciens, montant jusqu'à mi-jambe.

PHAÉTHON et non **PHAÉTON**, subst. propre mas. (*fa-éton*) (du grec φαεθων, brillant, fait de φαω, je brille), myth., fils du Soleil et de Clymène, qui, ayant voulu conduire le char de son père, fut foudroyé par Jupiter et précipité dans l'Éridan. — En astronomie, nom de la constellation du Cocher. — En ornithologie, genre d'oiseaux palmipèdes, de la famille des podoptères, caractérisés par deux longues plumes rectrices et intermédiaires qui ornent leur queue. On les nomme aussi *paille-en-queue*.—Sorte de petite calèche à deux roues.

PHAÉTHONTIADES, subst. propre fém. plur. (*fa-éton-ci-ade*), myth., sœurs de *Phaéthon*, changées en peuplier après la mort de leur frère. Voy. HÉLIADES.

PHAÉTUSE, subst. fém. (*fa-étuze*), t. de bot., plantes de la famille des corymbifères.

PHAGÉDÉNIQUE, adj. des deux genres (*fajédénike*) (en grec φαγεδαινικος, fait de φαγεδαινα, grande faim, faim canine, dérivé de φαγειν, manger), t. de médec., rongeant, corrosif : *ulcère, eau phagédénique.*

PHAGÉDAINE, subst. mas. (*fajédaine*) (du grec φαγεδαινα, faim canine), t. de médec., espèce de cancer avec ulcère.

PHAGÉSIES, subst. fém. plur. (*fajézi*) (en grec φαγησια), myth., fêtes en l'honneur de Bacchus.

PHAGÉSIPOSIES, subst. fém. plur. (*fajézipozi*), t. d'antiq., carnaval à Athènes, fêtes semblables aux *phagésies*.

PHAGON, subst. mas. (*faguon*), myth., nom d'une fête qu'on célébrait autrefois en Égypte.

PHAGRE, subst. mas. (*faguere*), t. d'hist. nat., sorte de poisson dont les Égyptiens avaient fait une divinité.

PHAIE, subst. fém. (*fè*), t. de bot., sorte de plante de la Cochinchine. — Subst. propre fém., myth., nom donné à la mère du sanglier de Calydon, dont la défaite fut un des exploits de Thésée.

PHAÏNOCALLIGRAPHIE, subst. fém. (*fa-inokaleliguerafi*) (du grec φαινω, je montre, καλος, beau, et γραφειν, écrire), méthode pour apprendre à écrire en peu de leçons.

PHAÏNOCALLIGRAPHE, adj. des deux genres (*fa-inokaleliguerafe*), qui concerne la *phaïnocalligraphie.*

PHAÏOFNÉE, subst. fém. (*fa-i-ofené*), espèce de navire du Japon dont les grands se servent ordinairement pour se promener.

PHALACROSE, subst. fém. (*falakrôze*) (du grec φαλακρος, chauve), t. de médec., calvitie, chute des cheveux.

PHALANGE, subst. fém. (*falanje*) (en grec φαλαγξ), chez les anciens Grecs, corps de piquiers qui combattaient sur quatre, huit, douze et même seize de hauteur.—Par extension et poétiquement, bataillon d'infanterie.—En anat., les os qui composent les doigts de la main et du pied. Les *phalanges* sont distinguées en premières ou métacarpiennes, secondes ou moyennes, et troisièmes ou onguéales. On a laissé le nom de *phalanges* aux *phalanges* métacarpiennes, les moyennes ont été appelées *phalangines*, et les onguéales *phalangettes*.—Espèce d'araignée venimeuse, à longues jambes divisées par *phalanges*. C'est la même que la *tarentule*. — Plante qu'on croit bonne contre la morsure des serpents. On la nomme aussi *phalangère*. (Dans ces deux dernières acceptions, du grec φαλαγγιον.)

PHALANGER, subst. mas. (*falanjé*), t. d'hist. nat., quadrupède de Surinam, de la taille d'un petit lapin, remarquable par la singulière conformation de ses *phalanges*.

PHALANGÈRE, subst. fém. (*falanjère*), t. de bot., genre de liliacées.

PHALANGETTE, subst. fém. (*falanjète*), petite *phalange*.— En anat., se dit des *phalanges* qui terminent les doigts et portent les ongles.

PHALANGIE, subst. fém. (*falanji*), t. d'hist. nat., genre d'insectes de la famille des scorpionides.

PHALANGIEN, subst. mas. et adj. des deux genres (*falanjiein*), t. d'hist. nat., tribu d'insectes de la famille des holètres.

PHALANGIEN, adj. mas., au fém. PHALANGIENNE (*falanjiein, jiène*), t. d'anat., qui a rapport aux grandes ou premières *phalanges*.

PHALANGIENNE, adj. fém. Voy. PHALANGIEN.

PHALANGINE, subst. fém. (*falanjine*), t. d'anat., *phalange* moyenne, celle qui se trouve entre la *phalange* métacarpienne et la *phalange* onguéale, ou *phalangette*.

PHALANGINIEN, adj. mas., au fém. PHALANGINIENNE (*falanjiniein, niène*), t. d'anat., qui appartient aux secondes *phalanges*.

PHALANGISTE, subst. mas. (*falanjicete*), t. d'hist. nat., genre d'insectes scarabés de l'ordre des coléoptères.

PHALANGITE, subst. mas. (*falanjite*), soldat de la *phalange*. — T. d'hist. nat., genre de poissons. On dit aussi, dans l'un et l'autre cas, *phalangiste.*

PHALANGOSE, subst. fém. (*falanguôze*) (en grec φαλαγγωσις, formé de φαλαγξ, phalange), t. de médec., maladie dans laquelle les paupières sont tournées en-dedans, et les cils hérissés contre l'œil.

PHALANSTÈRE, subst. mas. (*falancetère*) (du grec φαλαγξ, phalange, et στερεος, solide), association (encore à former), d'individus qui concourent à un nouvel établissement social. Société modèle. (*Fourier*.)

PHALANSTÉRIEN, subst. et adj. mas., au fém. PHALANSTÉRIENNE (*falancetériein, riène*), membre du *phalanstère*; qui concerne le *phalanstère*.

PHALANSTÉRIENNE, subst. et adj. fém. Voy. PHALANSTÉRIEN.

PHALARIQUE, subst. fém. (*falarike*), chez les anciens, lance embrasée pour lancer des feux au loin.

PHALANTE, subst. propre mas. (*falante*), myth., frère d'Arachné. Pallas prit un soin particulier de leur éducation; mais, indignée qu'ils y répondissent mal, et qu'ils eussent conçu l'un pour l'autre une passion criminelle, elle les métamorphosa en vipères.

PHALARIS, subst. mas. (*falarice*) (en grec φαληρος, de φαλος, blanc), t. de bot., sorte de plante du genre des graminées.— Subst. propre mas., myth., nom d'un tyran d'Agrigente, dont la mère, au rapport de *Cicéron*, eut un songe qui lui apprit que son fils serait cruel. En effet, *Phalaris* fut si barbare que ses sujets, lassés de sa cruauté, se révoltèrent contre lui, et le brûlèrent vif dans un taureau d'airain qu'il avait fait fabriquer lui-même, et dont il s'était long-temps servi pour faire mourir ses sujets.

PHALAROPE, subst. mas. (*falarope*), t. d'hist. nat., oiseau du genre des échassiers.

PHALÈNE, subst. fém. (*falène*) (en grec φαλαινα, dérivé de φαω, je luis), t. d'hist. nat., sorte de papillon de nuit.

PHALÉNITES, subs. mas. pl. (*falénite*), t. d'hist. nat., tribu d'insectes de l'ordre des lépidoptères.

PHALÈRE, subst. fém. (*falère*), t. d'antiq., ornement de distinction, marque, récompense honorifique que les princes accordaient autrefois, et qui consistait dans un grand collier dont une partie pendait sur la poitrine, et l'autre, en forme de cordons, passait sur les épaules et se nouait derrière le cou.

PHALÉRIE, subst. fém. (*faléri*), t. d'hist. nat., genre de coléoptères.

PHALEUCE ou **PHALEUQUE**, subst. mas. et adj. des deux genres (*faleuce, leuke*) (de Phaleucus, nom d'un poète grec), espèce de vers latin qui a cinq pieds, et qui est composé d'un spondée et de quatre trochées.

PHALISQUE, subst. mas. (*faliceke*), vers latin de quatre pieds.

PHALLIQUE, adj. des deux genres (*falelike*), qui tient du *phallus*: emblème *phallique*.

PHALLITE, subst. fém. (*falelite*) (du grec φαλλος, verge), t. de médec., inflammation douloureuse ou non douloureuse de la verge.

PHALLODYNIE, subst. fém. (*falelodini*) (du grec φαλλος, verge, et οδυνη, douleur), t. de médec., douleur qui se fait sentir dans la verge.

PHALLOÏDE, subst. fém. (*falelo-ide*) (du grec φαλλος, phallus, verge, et ειδος, forme), t. d'hist. nat., sorte de stalactite qui ressemble beaucoup à un *phallus*.

PHALLOPHORE, subst. mas. (*falelofore*) (en grec φαλλοφορος, fait de φαλλος, phallus, et φερω, je porte), ministres des orgies qui portaient le *phallus* dans les fêtes de Bacchus.

PHALLOPHORIES, subst. fém. plur. (*falelofori*), myth., sacrifices que l'on offrait en l'honneur d'Isis.

PHALLORRHAGIE, subst. fém. (*faleloraji*) (du grec φαλλος, verge, membre viril, et ρεω, je coule), t. de médec., synonyme de *blennorrhagie*. Voy. ce mot.

PHALLORRHAGIQUE, adj., des deux genres (*falelorajike*), qui a rapport à la *phallorrhagie*.

PHALLORRHÉE, subst. fém. (*falelore*). Voy. BLENNORRHÉE.

PHALLORRHÉIQUE, adj. des deux genres (*falelôré-ike*). Voy. BLENNORRHÉIQUE.

PHALLUS, subst. mas. (*faleluce*) (en grec φαλλός), t. d'antiq., image des parties viriles. — Subst. propre mas., myth., un des quatre principaux dieux de l'impureté. Les trois autres étaient Priape, Bacchus et Mercure. Les déesses infâmes qu'on ne rougissait pas d'adorer étaient en plus grand nombre: Vénus, Cotytto, Perlica, Prema, Pertunda, Lubentéa, Volupié, etc.

PHALLUSIE, subst. fém. (*falelazi*), t. d'hist. nat., genre d'insectes établi aux dépens des ascidies.

PHALOÉ, subst. mas. (*falo-é*), t. de bot., genre de plante de la famille des rubiacées. — Subst. propre fém., myth., nymphe, fille du fleuve Lyris, avait été promise à celui qui la délivrerait d'un monstre ailé. Un jeune homme, appelé Elaate, s'offrit de le tuer, et y réussit; mais il mourut avant son mariage. Phaloé versa tant de larmes, que les dieux, touchés de sa douleur, la changèrent en fontaine, dont les eaux sortant d'une source environnée de cyprès, se mêlèrent avec celles du fleuve Lyris, son père, mais de manière qu'on pouvait les reconnaître par leur amertume.

PHALSBOURG, subst. propre mas. (*falecebourg*), ville de France, chef-lieu de canton, arrond. de Sarrebourg, dép. de la Meurthe.

PHAMARCS, subst. propre mas. (*famaruce*), myth., l'un des anges qui durent leur chute à la beauté des femmes.

PHAMÉNOTH, subst. mas. (*faménote*), mois égyptien qui répondait à notre mois de juillet.

PHAMMASTRIE, subst. fém. (*famemacetri*), myth., solennité grecque dont on n'a conservé que le nom.

PHANÈRE, subst. mas. (*fanére*), t. de bot., espèce d'arbrisseau grimpant qui croît dans la Cochinchine. — T. de médec. (du grec φανερος, visible), nom que certains auteurs donnent à des organes folliculaires dans lesquels la partie produite ou excrémentée est dure, solide, calcaire ou cornée, de forme variable, et demeure constamment à la surface de l'animal, de manière à être toujours visible. Le *phanère* est l'opposé de *crypte*.

PHANÉRITE, subst. fém. (*fanérite*) (du grec φανερος, visible), t. de médec., engorgement, inflammation des *phanères*.

PHANÉROGAME, adj. des deux genres (*fanéroguame*) (du grec φανερος, apparent, et de γαμος, mariage), t. de bot.: plantes phanérogames, dont les organes sexuels sont apparents. C'est l'opposé de *cryptogame*.

PHANTAISIE, et ses dérivés. Voy. FANTAISIE, et ses dérivés.

PHANTASMAGORIE, subst. fém., et ses dérivés. Voy. FANTASMAGORIE et ses dérivés.

PHANTASMASCOPE, subst. mas. Voy. FANTASMASCOPE.

PHANTÔME, subst. mas. Voy. FANTÔME.

PHANTIS, subst. mas. (*fantice*), t. de bot., espèce d'arbre qui croît dans l'île de Ceylan.

PHARAME, subst. mas. (*farame*), t. d'hist. nat., genre de coquilles établi aux dépens des nautiles.

PHARAMOND, subst. mas. (*faramon*), ancienne monnaie d'argent qui avait cours en France. — Subst. propre mas., nom du premier roi de France, en 420.

PHARAON, subst. mas. (*fara-on*) (de l'arabe furoun feragoun ou feragoun), sorte de jeu de cartes. — Subst. propre mas., nom générique des anciens rois d'Égypte.

PHARAONE, subst. fém. (*fara-one*), t. d'hist. nat., espèce de coquille qu'on nomme vulgairement bouton de camisole.

PHARE, subst. mas. (*fare*), grand fanal placé sur une haute tour pour indiquer une côte, etc., aux vaisseaux qui sont en mer. — Tour où est placé le fanal. (Du grec Φαρος, nom d'une île d'Égypte, près d'Alexandrie, où Ptolémée-Philadelphe fit élever une tour semblable, qui prit le nom de l'île et fut comptée au nombre des sept merveilles du monde.) — Sorte de machine où l'on mettait plusieurs lampes et plusieurs bougies, et qui avait quelque ressemblance avec nos lustres. — T. de bot., genre de plantes de la famille des graminées, que l'on nomme aussi *pharelle*.

PHARELLE, subst. fém. (*farèle*), t. de bot., genre de plantes de la famille des graminées. Voy. PHARE.

PHARETRA-DEA, subst. fém. (*farétradé-a*), myth., Diane, la déesse qui porte un carquois.

PHARIAS, subst. mas. (*fari-ace*), t. de bot., nom d'un serpent dont la queue trace un sillon quand il marche.

PHARIENNE, adj. fém. (*fari-éne*), myth.; se dit de Cérès, dont les statues, sous ce nom, n'étaient que des blocs informes de bois ou de pierre.

PHARIER, subst. mas. (*farié*), nom d'une espèce de pigeon ramier. Peu connu.

PHARILLON, subst. mas. (*fari-ion*), petit *phare*. — T. de pêche, petit réchaud que l'on fait un feu de flamme pendant la nuit pour attirer le poisson.

PHARISAÏQUE, subst. des deux genres (*farizaike*), qui tient du *pharisaïsme*.

PHARISAÏSME, subst. mas. (*fariza-iceme*), caractère des *pharisiens*. — Fig. et fam., hypocrisie.

PHARISIEN, subst. mas. (*farizieïn*), nom de sectaires parmi les Juifs. Les *pharisiens* affectaient de se distinguer par l'austérité des maximes et par la sainteté extérieure de la vie. — Fig., hypocrite, faux dévot, rigoriste outré, etc.

PHARITIEN, subst. propre mas. (*faricieln*), nom d'anciens habitants du *Phare* d'Égypte.

PHARM., abréviation des mots *pharmacien*, ou *pharmacie*.

PHARMAC, subst. mas. (*farmak*), t. de bot., espèce d'arbre qui croît en Amboine.

PHARMACEUTE, subst. mas. (*farmaceute*), (du grec φαρμακον, médicament), celui qui, chez les anciens, préparait les médicaments.

PHARMACEUTIQUE, subst. fém. et adj. des deux genres (*farmacetike*) (en grec φαρμακευτικος, dérivé de φαρμακον, médicament, remède), subst., partie de la médecine qui traite de la composition et de l'usage des médicaments. — Adj., qui appartient à la *pharmacie*.

PHARMACIE, subst. fém. (*farmaci*) (en grec φαρμακεια, fait de φαρμακον, remède), art de composer et de préparer les remèdes. — Lieu où on les prépare, où on les vend.

PHARMACIEN, subst. mas., **PHARMACIENNE**, subst. fém. (*farmaciein, ciéne*), celui, celle qui exerce la *pharmacie*.

PHARMACIENNE, subst. fém. Voyez PHARMACIEN.

PHARMACITE, subst. fém. (*farmacite*), t. d'hist. nat., bois fossile bitumineux, terre noire, huileuse et inflammable.

PHARMACOCHIMIE, subst. fém. (*farmakochimi*) (du grec φαρμακον, remède, et χημεια, chimie), partie de la *chimie* qui enseigne la préparation des médicaments.

PHARMACOCHIMIQUE, adj. des deux genres (*farmakochimike*), qui a rapport, qui appartient à la *pharmacochimie*.

PHARMACOLITHE, subst. fém. (*farmakolite*) (du grec φαρμακον, poison, et λιθος, pierre), arséniate de chaux mêlé de cobalt.

PHARMACOLOGIE, subst. fém. (*farmakoloji*) (du grec φαρμακον, remède, et de λογος, discours), science de la *pharmacie*, de la composition des remèdes.

PHARMACOLOGIQUE, adj. des deux genres (*farmakolojike*), qui tient, qui a rapport à la *pharmacologie*.

PHARMACOPE, subst. mas. (*farmakope*). Voy. PHARMACIEN.

PHARMACOPÉE, subst. fém. (*farmakopé*) (du grec φαρμακον, remède, et ποιεω, je fais), traité, recueil des remèdes usités; manière de les faire.

PHARMACOPOLE, subst. mas. (*farmakopole*) (en lat. *pharmacopola*, pris du grec φαρμακοπωλης, formé de φαρμακον, remède, et de πωλεω, vendre), marchand de drogues.

PHARMACOPOSIE, subst. fém. (*farmakopôzi*) (du grec φαρμακον, remède, et ποσις, potion), t. de médec., remède ou purgatif liquide.

PHARMACOTHÈQUE, subst. fém. (*farmakotéke*) (du grec φαρμακον, remède, et θηκη, boîte), autrefois, boîte propre à renfermer les médicaments.

PHARMACOTRITE, subst. mas. (*farmakotrite*) (du grec φαρμακον, médicament, et du lat. *tritor*, broyeur), chez les anciens, on donnait ce nom aux broyeurs de drogues.

PHARMAQUE, subst. mas. (*farmake*), t. d'antiq., chez les Grecs, prêtre qui purifiait les parricides, etc.

PHARMATHI, subst. mas. (*farmati*), t. d'antiq., mois chaldéen, qui répondait à peu près à notre mois d'avril.

PHARNACE, subst. mas. (*farnace*), t. de bot., genre de plantes de la famille des caryophyllées. — Au plur., nom d'un ancien peuple de l'Éthiopie.

PHARNAK, subst. propre mas. (*farnake*), myth., dieu qu'on adorait dans le Pont et dans l'Ibérie. C'était le même que le Lunus, ou l'intelligence qui présidait au cours de la lune.

PHARODYNIEN, subst. propre mas. (*farodiniein*), nom d'anciens peuples qui habitaient une partie de l'Allemagne.

PHARSALE, subst. propre fém. (*farçale*) (en lat. *Pharsalia*), contrée de Thessalie. — Nom donné au poème épique de *Lucain*.

PHARUSIENS, subst. mas. plur. (*faruziein*), peuples d'une partie de l'Afrique, voisine de la Mauritanie.

PHARYGÉE, adj. propre fém. (*farijé*), myth., surnom de Junon, adorée à Pharigas, bourg de la Phocide.

PHARYNGÉ, E, adj. (*farcinjé*), t. d'anat., qui concerne le *pharynx*.

PHARYNGIEN, adj. mas., au fém. **PHARYNGIENNE** (*farcinjiein, jiéne*), t. d'anat., qui appartient au *pharynx*.

PHARYNGIENNE, adj. fém. Voy. PHARYNGIEN.

PHARYNGITE, subst. fém. (*farcinjite*), t. de médec., inflammation du *pharynx*, plus connue sous le nom d'*angine gutturale pharyngée* ou *pharyngienne*.

PHARYNGOCÈLE, subst. fém. (*farcinjnocèle*) (du grec φαρυγξ, pharynx, κηλη, tumeur), t. de médec., tumeur qui résulte d'une dilatation du *pharynx*. — Prolapsus du *pharynx*, poche résultant de la dilatation de ce conduit.

PHARYNGO-GLOSSIEN, adj. et subst. mas. (*farcinguoguelōciein*), t. d'anat.; il se dit du nerf qui appartient au *pharynx* et à la langue.

PHARYNGOGRAPHE, subst. mas. (*fareinguografe*) (du grec φαρυγξ, *pharynx*, et γραφω, je décris), t. d'anat., celui qui traite ou décrit la partie du *pharynx*.

PHARYNGOGRAPHIE, subst. fém. (*fareinguografi*) (même étym. que celle du mot précéd.), t. d'anat., description du *pharynx*. — Ouvrage sur le *pharynx*.

PHARYNGOGRAPHIQUE, adj. des deux genres (*fareinguografike*), qui concerne la *pharyngographie*.

PHARYNGOLOGIE, subst. fém. (*fareinguoloji*) (du grec φαρυγξ, *pharynx*, et λογος, discours), t. d'anat., traité du *pharynx*, de ses usages, etc.

PHARYNGOLOGIQUE, adj. des deux genres (*fareinguolojike*), t. d'anat., qui appartient, qui est relatif à la *pharyngologie*.

PHARYNGOLYSE, subst. fém. (*fareinguolize*) (du grec φαρυγξ, *pharynx*, et λυειν, relâcher), t. de médec., paralysie du *pharynx*.

PHARYNGO-PALATIN, subst. mas. (*fareinguo-palatein*) (du grec φαρυγξ, *pharynx*, et du lat. *palatum*, palais). Voy. PALATO-PHARYNGIEN.

PHARYNGOPÉRISTOLE, subst. fém. (*fareinguopéricetole*), t. de médec., constriction, coarctation du *pharynx*.

PHARYNGOPLÉGIE, subst. fém. (*fareinguopléji*) (du grec φαρυγξ, *pharynx*, et πλεσσω, je frappe), t. de médec., synonyme de *pharyngolyse*.

PHARYNGOPLÉGIQUE, adj. des deux genres (*fareinguoplejike*), t. de médec., qui a rapport à la paralysie du *pharynx*.

PHARYNGORRHAGIE, subst. fém. (*fareinguoraji*) (du grec φαρυγξ, *pharynx*, et ρεω, je coule), t. de médec., écoulement de sang par les vaisseaux du *pharynx*.

PHARYNGORRHAGIQUE, adj. des deux genres (*fareinguorajike*), qui concerne la *pharyngorrhagie*.

PHARYNGOSPASME, subst. mas. (*fareinguocepaceme*) (du grec φαρυγξ, *pharynx*, et σπασμα, contraction), t. de médec., constriction spasmodique du *pharynx*.

PHARYNGO-STAPHYLIN, adj. et subst. mas. (*fareinguoceтaflein*) (du grec φαρυγξ, le *pharynx*, et σταφυλη, la luette), t. d'anat.; se dit de deux muscles qui ont rapport au *pharynx* et à la *luette*.

PHARYNGOTOME, subst. mas. (*fareinguotome*) (du grec φαρυγξ, *pharynx*, et de τεμνω, je coupe), t. de chir., lancette pour ouvrir le *pharynx*.

PHARYNGOTOMIE, subst. fém. (*fareinguotomi*) (même étym. que celle du mot précéd.), opération chirurgicale par laquelle on ouvre le *pharynx*.

PHARYNGOTOMIQUE, adj. des deux genres (*fareinguotomike*), qui a rapport à la *pharyngotomie*.

PHARYNGO-TYROÏDIEN, subst. et adj. mas. Voy. THYRO-PHARYNGIEN.

PHARYNX, subst. mas. (*fareinkce*) (en grec φαρυξ), t. d'anat., orifice supérieur du gosier ou de l'œsophage.

PHASCOLOME, subst. mas. (*facekolome*) (du grec φασχωλιον, ou φασχωλος, poche), t. d'hist. nat., genre de marsupiaux.

PHASE, subst. fém. (*faze*) (en grec φασις, apparence, fait de φαινειν, paraître), t. d'astron., différentes apparences de quelques planètes, qui présentent tantôt avec plus, tantôt avec moins d'étendue, leur partie éclairée. — Au fig., changement qui se fait remarquer dans certains évènements, dans certaines choses.

PHASÉ, subst. fém. (*faze*), cérémonie juive; c'est la pâque des juifs.

PHASELLE, subst. fém. (*fazèle*), t. de mar., sorte de petite chaloupe; petite barque.

PHASÉOLE, subst. fém. (*fazé-ole*), t. de bot., sorte de haricot. Voy. FASÉOLE.

PHASÉOLOÏDE, subst. fém. (*fazé-olo-ide*) (du grec φασηολος, phaséole, et ειδος, forme), t. de bot., genre de plantes de la famille des légumineuses.

PHASGANE, subst. fém. (*faceguane*) (du grec φασγανον, couteau), t. de bot., sorte de plante dont les feuilles ressemblent à un couteias.

PHASIANELLE, subst. fém. (*fazi-anèle*), t. d'hist. nat., genre de coquilles établi aux dépens des bulimes.

PHASIE, subst. fém. (*fazi*), t. d'hist. nat., insecte diptère.

PHASME, subst. mas. (*faceme*), t. d'hist. nat., insecte orthoptère.

PHASQUE, subst. mas. (*faceke*), t. de bot., plante cryptogame de la famille des mousses.

PHASQUIER, subst. mas. (*facekié*), pêche au feu, dans laquelle on pique les poissons avec la fouane.

PHATAGIN, subst. mas. (*fatajein*), t. d'hist. nat., sorte de pangolin.

PHATNIORRHAGIE, subst. fém. (*fateni-òraji*) (du grec φατνη, ou φατνια, alvéole, et ρεω, je coule), t. de médec., écoulement de sang par une alvéole.

PHATNIORRHAGIQUE, adj. des deux genres (*fateni-òrajike*), qui concerne la *phatniorrhagie*.

PHAUSINGES, subst. fém. plur. (*fòzeinje*), t. de médec., taches rouges des jambes, produites par la chaleur.

PHAXANTA, subst. mas. (*fakcanta*), t. de bot., genre de plantes de la famille des varecs.

PHAZALA, subst. fém. (*fazala*), t. d'art vétér., nom qu'on donne à une maladie qui attaque les chevaux.

PHÉ, subst. mas. (*fé*), t. d'hist. nat., petit animal rongeur qu'on trouve en Sibérie.

PHÉACIEN, subst. propre mas. (*fe-aciein*), ancien peuple qui s'établit dans l'île de Corcyre, et qui est devenu célèbre par les jardins d'Alcinoüs, et le séjour qu'y fit Ulysse.

PHÉBADE, subst. fém. (*febade*), myth., prêtresse d'Apollon.—Subst. mas. plur., prêtres ou ministres du culte d'Apollon.

PHÉBALION, subst. mas. (*febali-on*), t. de bot., genre de plantes de la famille des myrtes.

PHÉBÉON, subst. mas. (*febé-on*), temple dédié à Apollon dans les environs de Sparte.

PHÉBIGÈNE, subst. propre mas. (*febijène*), myth., surnom donné à Esculape, et qui signifie : fils de Phébus.

PHÉBUS, subst. propre mas. (*febuce*) (du grec φοιβος, clair), dans la fable ou poétiquement : 1° Apollon : *Phébus t'a inspiré*; 2° le soleil : *le blond Phébus*.—Subst. mas., en style critique et par antiphrase, discours, langage, style guindé, trop figuré, et par là plus ou moins obscur : *parler phébus*, *donner dans le phébus*. *Le phébus*, dit le P. Bouhours (Manière de bien penser dans les ouvrages d'esprit), n'est pas aussi obscur que le *galimathias* ; il a un brillant qui signifie ou qui semble signifier quelque chose.

PHÉCASIE, subst. fém. (*fekazi*), t. d'antiq., chaussure légère des anciens, qui ne venait qu'à mi-jambes.

PHÉCASIENS, subst. propre mas. plur. (*fékaziein*), myth., divinités particulières qu'adoraient les Athéniens.

PHÉDON, subst. mas. (*fédon*), titre d'un ouvrage philosophique de Platon.

PHÈDRE, subst. propre fém. (*fèdre*), myth., fille de Minos et de Pasiphaé. Thésée l'enleva et l'épousa. Cette princesse ayant conçu de la passion pour Hippolyte, fils de Thésée et d'Antiope, reine des Amazones, qui ne voulut point l'écouter, l'accusa auprès de son père d'avoir attenté à son honneur; ce qui irrita tellement Thésée, qu'il livra son fils à la fureur de Neptune. Hippolyte allait s'exiler lui-même, lorsqu'un monstre, sorti tout-à-coup du fond de la mer, effraya ses chevaux, qui le traînèrent à travers les rochers, où le char se fracassa et fit périr ce jeune prince. *Phèdre* rendit témoignage à son innocence en se tuant elle-même.

PHÉGÉE, subst. propre mas. (*féjé*), myth., roi d'Arcadie, reçut dans sa cour Alcméon, qui, agité des Furies pour avoir tué sa mère Eriphile, était venu chez ce prince dans l'espérance qu'il y trouverait du soulagement à son mal.

PHÉGOR, subst. propre mas. (*féguor*), idole des anciens Madianites.

PHELLANDRE, subst. mas. (*félelandre*) (du grec φελλος, liège, et de ανηρ, ανδρος, homme), t. de bot., plante ombellifère, qu'on nomme encore *ciguë aquatique*.

PHELLODRYS, subst. mas. (*félelodrice*) (du grec φελλος, liège, et δρυς, chêne), t. de bot., arbre des anciens, espèce de chêne, qui participait de la nature du liège et de celle du chêne.

PHELLOPLASTIQUE, subst. fém. (*félelaplacetike*) (du grec φελλος, liège, et πλαστικη, art de façonner, dérivé de πλασσω, je forme), art d'imiter en liège des monuments antiques, inventé à Rome par *Auguste Rosa*, descendant du célèbre peintre *Salvator Rosa*. Il est aussi adj. des deux genres. — Jeu d'optique dans lequel des figures peintes sur un carton circulaire paraissent en mouvement lorsqu'on les regarde d'un point de vue donné en faisant tourner le carton.

PHELLOPODE, subst. mas. (*félelopode*) (du grec φελλος, liège, et de πους, gén. de ποδος, pied), nom d'un peuple imaginaire : c'étaient des hommes qui avaient des pieds de liège, ce qui les soutenait sur l'eau; leur patrie était *Phello*, qui signifie liège.

PHELLOS, subst. mas. (*félelôce*), myth., fête grecque qui servait de préparation aux dionysiaques.

PHELOPHANIE, subst. fém. (*felofani*), fête que les Chinois célébraient en l'honneur d'un certain *Phelo*, qui le premier trouva l'usage du sel.

PHÉLYPÉE, subst. fém. (*félipé*), t. de bot., genre de plantes de la famille des orobranchoïdes.

PHÈNE, subst. fém. (*fène*), t. d'hist. nat., oiseau de proie.

PHENGITE, subst. mas. (*feinjite*), sorte de marbre brillant.

PHÉNICIAS, subst. fém. (*fénici-âce*), t. d'hist. nat., nom d'une pierre précieuse qui a la forme d'une datte.

PHÉNICIE, subst. propre fém. (*fénici*), ancienne contrée d'Asie.

PHÉNICIEN, subst. et adj. mas., au fém. PHÉNICIENNE (*fénicicin*, *ciène*), qui est de la *Phénicie*.

PHÉNICISME, subst. mas. (*fénicicme*) (du grec φοινιξ, rouge), t. de médec., nom que quelques médecins donnent à la rougeole.

PHÉNICITE, subst. fém. (*fenicite*), t. d'hist. nat., pierre judaïque, ou pointe d'oursin pétrifiée.

PHÉNICOPTÈRE, subst. mas. et adj. des deux genres (*fénikopetère*) (du grec φοινιξ, rouge, et πτερον, aile), t. d'hist. nat., genre d'oiseaux échassiers.

PHÉNIGME, subst. mas. (*fénigueme*) (en grec φοινιγμος, fait de φοινιξ, rouge), t. de médec., remède qui excite de la rougeur, et fait élever des ampoules sur les parties du corps où il est appliqué.

PHÉNION, subst. mas. (*féni-on*), t. de bot., sorte de plantes de la famille des anémones.

PHÉNIX, ou **PHOENIX**, subst. mas. (*fenikce*) (du grec φοινιξ, rouge, à cause de la couleur de son plumage), oiseau fabuleux, qu'on croyait unique en son espèce, et renaissant de ses cendres.—Fig., supérieur à tous ceux de son genre: *c'est le phénix des beaux esprits*. Style familier, et le plus souvent plaisant ou même moqueur.—En hist. nat., l'ivraie sauvage, dont la semence est rouge.—En astron., constellation méridionale, située près l'Éridan et le Poisson austral. Elle contient soixante-douze étoiles dans le catalogue de *La Caille*.—T. de blas., oiseau qui paraît les ailes étendues sur un bûcher.—Subst. propre mas., myth., fils d'Amyntor. Ayant été faussement accusé, par une concubine de son père, d'avoir attenté à son honneur, on lui fit crever les yeux ; mais Chiron le centaure le guérit, et lui donna la conduite d'Achille, avec qui il alla au siège de Troie. On lui attribue l'invention des lettres grecques. — Il y eut un autre *Phénix*, fils d'Agénor, qui, n'ayant point trouvé sa sœur Europe qu'il était allé chercher, quand Jupiter l'eut enlevée, se fixa dans une contrée des côtes orientales de la Méditerranée, à laquelle il donna son nom.

PHÉNOMÉNAL, E, adj. (*fénomènale*), qui tient du *phénomène*. — Au plur. mas., *phénoménaux*.

PHÉNOMÉNALISME, subst. mas. (*fénomènaliceme*), doctrine philosophique dans laquelle on n'attache d'importance qu'à ce qui peut tomber sous l'un de nos sens.

PHÉNOMÉNAUX, adj. mas. plur. Voy. PHÉNOMÉNAL.

PHÉNOMÈNE, subst. mas. (*fénomène*) (du grec φαινομαι, apparaître), tout ce qui paraît de nouveau dans l'air, dans le ciel.—Par extension, les différents effets qu'on remarque dans la nature.—Fig., ce qui surprend par sa nouveauté sur sa rareté : *c'est un phénomène que de vous voir ici*.—*Phénomène* se dit même des personnes qui ont quelque chose d'extraordinaire : *c'est un phénomène*.

PHÉNOMÉNOGRAPHIE, subst. fém. (*fénomènografi*) (du grec φαινομαι, j'apparais, et γραφω, décrire), traité, description de ce qui touche nos sens.

PHÉNOMÉNOGRAPHIQUE, adj. des deux genres (*fénomènografike*), qui tient, qui a rapport à la *phénoménographie*.

PHÉNOMÉNOLOGIE, subst. fém. (*fénomèno-*

loji) (du grec φαινομενον, phénomène, et λογος, discours), discours, ouvrage sur ce qui touche nos sens.

PHÉNOMÉNOLOGIQUE, adj. des deux genres (*fénoménolojike*), qui tient, qui a rapport à la *phénoménologie*.

PHÉNOMÉRIDES, subst. propre fém. plur. (*fénoméride*), nom que les poètes et la fable donnaient à des filles de Sparte, qui combattaient presque nues.

PHÉRÉCRATIEN, adj. mas. (*férékraciein*) (de *Phérécrate*, poète grec qui en fut l'inventeur), se dit d'une sorte de vers grec ou latin composé d'un dactyle entre deux spondées.

PHÉRÉCRATIES, subst. fém. plur. (*férékraci*), myth., fêtes célébrées en l'honneur de Proserpine.

PHÉRÉENNE, adj. fém. (*féré-ène*), myth., surnom de Diane à Sycione, parce que sa statue avait été apportée de *Phérès*.

PHÉRÉPHATIES, subst. fém. plur. (*féréfaci*), myth., c'étaient les mêmes fêtes que les *phérécraties*.

PHÉRÉPOLE, subst. propre fém. (*férépole*), surnom donné à la Fortune, comme à celle qui gouverne et soutient l'univers.

PHÉRÉSÉEN, subst. propre mas. (*férézé-ein*), surnom de peuples anciens qui étaient melangés avec les Cananéens.

PHÉRÉTIADE, subst. propre mas. (*féréci-ade*), myth., descendant ou fils de Phérès.

PHÉRUSE, subst. fém. (*féruze*), t. d'hist. nat., l'amphitrite plumeuse, ver marin.—Genre de polypes de la mer.

PHEUXIME, subst. mas. (*feukcime*), t. d'antiq., autel où les esclaves maltraités trouvaient un asile dans leur fuite.

PHI, subst. mas. (*fi*), la vingt-unième lettre de l'alphabet grec φ, qui répond au *ph* des Français.

PHIALA, subst. fém. (*fi-ala*), t. d'antiq., coupe plate à deux anses, dont on se servait particulièrement dans les cérémonies qui avaient lieu pour le culte de Bacchus.

PHIALITHE, subst. fém. (*fi-alite*) (du grec φιαλη, fiole, flacon, et λιθος, pierre), t. d'hist. nat.; il se dit des concrétions pierreuses, souvent sablonneuses, et qui imitent des flacons, des bocaux, etc.

PHIBALURE, subst. fém. (*fibalure*), t. d'hist. nat., genre d'oiseaux de l'ordre des silvains.

PHIDITIES, subst. fém. plur. (*fidici*), t. d'antiq., repas publics en usage dans la Grèce, et surtout à Lacédémone.

PHIL., abréviation des mots *philosophie, philosophique* ou *philosophiquement*.

PHILADELPHE, adj. des deux genres (*filadèlefe*) (du grec φιλος, ami, et αδελφος, frère), t. d'hist. anc., surnom donné par ironie et par antiphrase à un *Ptolémée*, qui avait fait mourir deux de ses frères.

PHILADELPHIE, subst. propre fém. (*filadèlefi*), ville des Etats-Unis, l'une des plus belles et des plus florissantes, chef-lieu du comté du même nom.

PHILADELPHIES, subst. fém. plur. (*filadèlefi*), t. d'antiq., jeux institués à Sardes, pour célébrer l'union de Caracalla et de Géta, fille de Septime-Sévère.

PHILALEXANDRE, subst. mas. (*filalèkçandre*), (du grec φιλος, ami; *ami d'Alexandre*), myth., surnom d'Apollon, qui lui fut donné à l'occasion suivante : Tyr, assiégée par Alexandre, avait enchaîné la statue d'Apollon avec des chaînes d'or. La ville étant prise, le dieu fut délié, et reçut le nom de *Philalexandre*.

PHILANDER ou **PHILANDRE**, subst. mas (*filandère*, *filandre*), t. d'hist. nat., animal du genre des didelphes.

PHILANTHE, subst. mas. (*filante*) (du grec φιλος, ami, et ανθος, fleur), t. d'hist. nat., genre d'insectes hyménoptères, de la famille des anthophiles ou florilèges, dont les antennes sont renflées et le corps sans poils, et qu'on trouve sur les fleurs.

PHILANTHEUR, subst. mas. (*filanteure*), t. d'hist. nat., tribu d'insectes de l'ordre des hyménoptères.

PHILANTHROPE, subst. mas. (*filantrope*) (du grec φιλος, ami, et ανθρωπος, homme, *ami des hommes*), celui qui, par disposition et bonté naturelle, est porté à aimer tout le monde. — Celui qui veut et fait du bien à tous les hommes, sans intérêt, par pure bonté de cœur.

PHILANTHROPIE, subst. fém. (*filantropi*), caractère, vertu du *philanthrope*. — Myth., figure allégorique.

PHILANTHROPIQUE, adj. des deux genres (*filantropike*), inspiré par la *philanthropie*.

PHILANTHROPIQUEMENT, adv. (*filantropikeman*), d'une manière *philanthropique*.

PHILANTHROPISME, subst. mas. (*filantropiceme*), le système et l'esprit des *philanthropes*.

PHILANTHROPOS, subst. mas. (*filantropoce*), t. de bot., plante des anciens, que l'on croit être la bardane.

PHILANTHROPUS, subst. mas. (*filantropuce*), t. de bot., plante des anciens, que l'on croit être le grateron.

PHILARCHIE, subst. fém. Voy. PHYLARCHIE.

PHILARCHIQUE, adj. des deux genres. Voy. PHYLARCHIQUE.

PHILARÉTIE, subst. fém. (*filaréci*) (du grec φιλος, ami, et αρετη, vertu), amour pur de la vertu; pratique des actions morales et vertueuses.

PHILARGYRE, subst. mas. (*filarjire*), t. d'hist. nat., nom qu'on donne à une espèce de poisson.

PHILARGYRIE, subst. fém. (*filarjiri*) (du grec φιλος, ami, et αργυρος, argent), amour de l'argent; propension à amasser de l'argent.

PHILARQUE, subst. mas. Voy. PHYLARQUE.

PHILAUTIE, subst. fém. (*filôci*) (en grec φιλαυτια, fait de φιλεω, j'aime, et αυτος, soi-même), chez les modernes, ce serait l'amour-propre personnifié.

PHILÉLIE, subst. fém. (*filéli*), chanson que chantaient les anciens en l'honneur d'Apollon.

PHILÉMON, subst. propre mas. (*filémon*), mythologie; c'était un vieux bûcheron fort pauvre qui vivait avec Baucis, sa femme, plus vieille encore que lui, dans une chétive cabane. Jupiter, sous la forme humaine, accompagné de Mercure, ayant voulu visiter la Phrygie, fut rebuté de tous les habitants du bourg auprès duquel demeuraient *Philémon* et Baucis, qui seuls les reçurent. Pour les récompenser, il leur ordonna de les suivre au haut d'une montagne, et lorsqu'ils regardèrent derrière eux, ils virent tout le bourg et les environs submergés, excepté leur petite cabane, qui se changea en temple. Jupiter leur promit de leur accorder ce qu'ils demanderaient. Les bonnes gens souhaitèrent seulement d'être les ministres de ce temple, et de ne point mourir l'un sans l'autre. Leurs souhaits furent accomplis. Parvenus à une extrême vieillesse, ils furent tous deux, dans le même moment, métamorphosés en arbres, *Philémon* en chêne et Baucis en tilleul.

PHILÉRÈME, subst. mas. (*filerème*), t. d'hist. nat., genre d'insectes de l'ordre des coléoptères.

PHILÉTÈRE, subst. mas. (*filétère*), t. de bot., le basilic sauvage.

PHILÉSIE, subst. fém. (*filézi*), t. de bot., petit arbuste du détroit de Magellan, de la famille des asparagoïdes.

PHILEURE, subst. mas. (*fileure*), t. d'hist. nat., genre d'insectes de la famille des lamellicornes.

PHILHARMONIQUE, adj. des deux genres (*filarmonike*) (du grec φιλος, ami, et αρμονια, harmonie), il se dit d'un amateur de musique, qui aime la musique.

PHILHELLÈNE, subst. et adj. des deux genres (*filèlelène*) (du grec φιλος, ami, et ελλην, grec), ami des Grecs. Mot nouveau.

PHILIA, subst. propre fém. (*fili-a*), myth., une des divinités qu'on adorait dans l'ancienne Grèce.

PHILIÂTRE, subst. mas. (*fili-âtre*) (du grec φιλεω, j'aime, et ιατρευειν, guérir), celui qui se livre par goût et avec zèle à la pratique de la médecine.—Etudiant en médecine.

PHILIÂTRIE, subst. fém. (*fili-âtri*) (même étym. que celle du mot précéd.), pratique soutenue avec zèle de l'étude de la médecine.

PHILIÂTRIQUE, adj. des deux genres (*fili-âtrike*), qui appartient, qui est relatif à la *philiâtrie*.

PHILIDE, subst. propre fém. (*filide*), famille athénienne. Une prêtresse issue de cette famille, tenait un rang distingué dans le temple d'Eleusis, où son ministère particulier était de consacrer à l'initiation.

PHILIN, subst. mas. (*filein*), t. de bot., espèce de volute.

PHILINTHIE ou **PHILINTHE**, subst. fém. (*fileinti*, *leinte*), t. de bot., espèce de libellule des environs de Paris.

PHILIPPE, subst. masc. (*filipe*), t. de monn., ancienne monnaie d'or et d'argent d'Espagne. — Monnaie d'argent de Milan, qui a cours pour sept livres dix sous, valeur courante (environ six livres tournois ou cinq francs quatre-vingt-treize centimes.)—A Modène, monnaie d'argent qui équivaut à six livres quatre sous tournois ou six francs treize centimes.

PHILIPPIQUE, subst. fém. (*filipike*) (du nom propre *Philippe*, qui en grec signifiait *amateur de chevaux*, fait de φιλεω, j'aime, et de ιπποs, cheval), nom donné : 1° aux harangues de *Démosthène* contre *Philippe*, roi de Macédoine; par extension, aux discours de Cicéron contre *Antoine*; 3° à tout discours violent et satirique.

PHILIPPISTE, subst. des deux genres (*filipicete*), partisan du roi *Louis-Philippe*.

PHILIPPSBOURG, subst. propre mas. (*filipecebour*), ville du grand-duché de Bade, prise par les Français en 1644, 1688, 1734 et 1799.

PHILISTIN, subst. propre mas. (*filicetein*), nom d'un peuple fameux dans la Bible, et qui habitait la Palestine.

PHILLYRÉE, subst. fém. (*filiré*) (du grec φιλλυρεα, fait de φυλλον, feuille, parce qu'il conserve ses feuilles pendant l'hiver), t. de bot., sorte d'arbrisseau de moyenne grandeur, toujours vert et fort branchu.

PHILOBIOSIE, subst. fém. (*filobi-ôzi*) (du grec φιλος, ami, et βιος, vie), amour de la vie. (*Boiste.*) Inusité.

PHILOCALIE, subst. fém. (*filokali*) (du grec φιλοκαλος, fait de φιλος, ami, et καλος, propreté, parure), amour de la propreté, recherche, luxe dans ses vêtements. Inusité.

PHILOCHRYSE, subst. fém. (*filokrize*) (du grec φιλος, ami, et χρυσος, or), amour de l'or, soif déréglée des richesses. (*Boiste.*) Inusité.

PHILOCTÈTE, subst. propre mas. (*filoktète*), myth., fils de Pœan et compagnon d'Hercule. Celui-ci, près de mourir, lui ordonna d'enfermer ses flèches dans sa tombe, et le fit jurer de ne jamais découvrir le lieu de sa sépulture : il lui donna en même temps ses armes teintes du sang de l'hydre. Les Grecs ayant appris par l'oracle qu'on ne prendrait jamais Troie sans les flèches d'Hercule, *Philoctète*, pour n'être pas parjure, frappa du pied à l'endroit du tombeau où elles étaient renfermées : mais il ne viola pas moins son serment; et les dieux ne tardèrent pas à l'en punir. A peine était-il rembarqué, qu'une de ses flèches tomba sur le pied même dont il avait frappé la terre, et l'infection de sa plaie devint si grande, que les Grecs, ne la pouvant supporter, l'abandonnèrent dans l'île de Lemnos. Cependant, après la mort d'Achille, ils furent obligés de recourir à lui; mais, indigné de l'injure qu'on lui avait faite, il fut long-temps sans vouloir se rendre à leurs prières. *Philoctète* était du nombre de ceux sans lesquels Troie ne pouvait être prise; il eut beaucoup de part à la mort de Pâris.

PHILODAMÉE, subst. propre fém. (*filodamé*), myth., fille de Danaüs, épousa Mercure, de qui elle eut un fils nommé Pharis.

PHILODOXE, adj. des deux genres (*filodokce*) (du grec φιλος, ami, et δοξα, opinion), qui tient fortement à ses opinions, qui abonde en son sens.

PHILOGYNIE, subst. fém. (*filojini*) (du grec φιλεω, j'aime, et γυνη, femme), amour pour les femmes.

PHILOLOGIE, subst. fém. (*filoloji*) (du grec φιλεω, j'aime, et λογος, discours; *amour du discours et du savoir*), érudition qui embrasse diverses parties des belles-lettres.—Branche de la bibliographie, qui comprend les ouvrages de critique relatifs à la littérature en général.

PHILOLOGIQUE, adj. des deux genres (*filolojike*), qui concerne la *philologie*.

PHILOLOGUE, subst. mas. (*filologue*), qui s'attache à diverses parties de la littérature et surtout à la critique. Voy. PHILOLOGIE.

PHILOLOGUÉ, part. pass. de *philologuer*.

PHILOLOGUER, v. neut. (*filologué*), mot inusité que l'on trouve dans un dictionnaire, où on lui fait signifier, *s'occuper de philologie*. Il pourrait être adopté sans inconvénient, ainsi qu'on a adopté *philosopher*.

PHILOMATHIQUE, adj. des deux genres (*filomatike*) (du grec φιλος, ami, et μαθη, connaissance, science): *société philomathique*, composée d'amis des sciences.

PHILOMÈLE, subst. propre fém. (*filomèle*) (du grec φιλομηλα, formé dans cette double acception de φιλος, ami, et de μελος, chant, qui aime le chant), myth., fille de Pandion, roi d'Athènes. Térée attira cette princesse dans ses piéges, puis lui coupa la langue et l'enferma. *Philomèle* peignit sur une toile tout ce que Térée lui avait fait, et l'envoya à Progné sa sœur, femme de Térée. Progné vint, à la tête d'une troupe de femmes, le jour de la fête des orgies, délivrer *Philomèle* de sa prison ; puis elle fit à Térée un festin de son propre fils Itys. Après qu'il en eut mangé, elle jeta sur la table la tête de l'enfant. Ce prince s'étant mis en devoir de poursuivre sa femme et de la tuer, fut métamorphosé en épervier, Progné en hirondelle, *Philomèle* en rossignol, Itys en faisan. — En poésie, le rossignol lui-même.

PHILOMÉTOR, subst. mas. *(filométor)* (du grec φιλος, ami, et μητηρ, mère ; *ami de sa mère)*, t. d'hist. anc., surnom donné par antiphrase à Ptolémée VI, roi d'Égypte, qui était détesté de Cléopâtre sa mère.

PHILOMIRAX, subst. fém. *(filomirakce)*, myth., surnom de Diane, comme étant la déesse qui se plaît avec la jeunesse. Sous ce nom elle avait un temple à Élis, qui était voisin d'un lieu où s'exerçait la jeunesse.

PHILONIUM, subst. mas. *(filoni-ome)*, t. de pharm., électuaire composé de graines de jusquiame blanche, de pavot blanc, de persil, d'ache et de fenouil, d'opium, de castoréum, de cassia lignea, de costus d'Arabie, de cannelle, de daucus de Crète, du nard indien, de pyrèthre, de zédoaire, de miel et de safran.

PHILONOMÉE, subst. propre fém. *(filonomé)*, myth., seconde femme de Cycnus, ayant conçu une passion criminelle pour Ténès ou Ténus, que Cycnus avait eu de sa première femme, essaya inutilement de l'engager à y répondre. Outrée de dépit, elle l'accusa auprès de son mari d'avoir voulu l'insulter. Cycnus, trop crédule, ayant aussitôt fait enfermer son fils dans un coffre, le fit jeter à la mer ; mais Neptune son aïeul en eut soin, et le fit aborder dans une île où il régna, et qui fut depuis appelée Ténédos.

PHILONOMIE, subst. propre fém. *(filonomi)*, myth., nymphe de la suite de Diane, qui épousa secrètement Mars, de qui elle eut en même temps deux enfants, Parrhasius et Lycaste.

PHILONOTIS, subst. fém. *(filonotice)*, t. de bot., sorte de plantes du genre des renoncules.

PHILOPATOR, subst. mas. *(filopator)* (du grec φιλος, ami, et πατηρ, père ; *ami de son père)*, t. d'hist. anc., surnom de quelques anciens rois d'Égypte et de Syrie, distingués par leur tendresse pour leur père. — On a, par antiphrase, donné le même nom à un Ptolémée, roi d'Égypte, qui avait empoisonné son père.

PHILOPATRIDALGIE, subst. fém. *(filopatridalji)* (du grec φιλεω, j'aime, πατριδα, patrie, αλγος, douleur), t. de médec., maladie du pays ; nostalgie.

PHILOPATRIDALGIQUE, adj. des deux genres *(filopatridaljike)*, qui concerne la *philopatridalgie*.

PHILOPATRIMANIE, subst. fém. *(filopatrimani)* (du grec φιλεω, j'aime, πατριδος, gén. de πατρις, patrie, et μανια, passion), amour extrême, maladie du pays.

PHILOPATRIMANIQUE, adj. des deux genres *(filopatrimanike)*, qui concerne la *philopatrimanie*.

PHILOPHANE, adj. des deux genres *(filofane)* (du grec φιλος, ami, et φαινω, je brille), qui adore la lumière. (*Boiste*.) Inusité.

PHILOSCIE, subst. fém. *(filoceci)*, t. d'hist. nat., genre de crustacés de l'ordre des isopodes.

PHILOSÉBASTE, adj. des deux genres *(filocébacete)* (du grec φιλος, ami, et σεβαστος, vénérable, digne d'être révéré), t. d'hist. anc., titre qui fut donné à Auguste, le premier des empereurs romains, que portèrent également ses successeurs, et que prenaient des princes et des villes pour témoigner publiquement leur attachement à quelque empereur. Il signifie aussi ami d'Auguste.

PHILOSOPHAILLE, subst. fém. *(filozofâ-ie)*, t. d'injure et de mépris, inventé par *Fréron* contre les philosophes du XVIIIe siècle. Ce mot n'a pas fait fortune.

PHILOSOPHAILLER, v. neut. *(filozofâ-ié)*, faire le *philosophe*, parler *philosophie*.

PHILOSOPHALE, adj. fém. *(filozofale)*, *pierre philosophale*, la prétendue transmutation des métaux en or. (Ainsi appelée du nom de *philosophes*, de sages par excellence, que se sont approprié les alchimistes.) On dit prov. : 1° d'une chose difficile ou facile à trouver, que c'est ou que *ce n'est pas la pierre philosophale* ; d'un homme dont on ignore les ressources et qui fait beaucoup de dépense, qu'*il faut qu'il ait trouvé la pierre philosophale* ; 2° de celui qui a l'esprit borné, qu'*il ne trouvera pas*, ou qu'*il n'a pas trouvé la pierre philosophale*.

PHILOSOPHASTE, **PHILOSOPHÂTRE**, subst. mas. Voy. PHILOSOPHISTE.

PHILOSOPHE, subst. mas. *(filozofe)* (du grec φιλεω, j'aime, et σοφια, sagesse), celui qui s'applique à la *philosophie*. — Homme sage, qui se met au-dessus de l'ambition, etc., et mène une vie tranquille et retirée. — Abusivement, incrédule, libertin d'esprit, etc., qui, sous prétexte de s'affranchir des préjugés, se met au-dessus de tous les devoirs. — Écolier qui étudie en *philosophie*. — Il s'emploie quelquefois adjectivement : *des âmes philosophes ; un ton philosophe*.

PHILOSOPHÉ, part. pass. de *philosopher*.

PHILOSOPHÈME, subst. mas. *(filozofème)*, raisonnement *philosophique*, rempli d'idées *philosophiques*.

PHILOSOPHER, v. neut. *(filozofé)*, raisonner de matières *philosophiques*. — Raisonner conformément aux principes de la *philosophie*. — Raisonner trop subtilement sur quelque chose : *il ne faut pas tant philosopher*.

PHILOSOPHERIE, subst. fém. *(filozoferi)* ; c'est ainsi que les ennemis des lumières ont appelé la *philosophie*, afin de jeter sur elle du ridicule et du mépris.

PHILOSOPHESQUE, adj. des deux genres *(filozofèceke)*, qui a rapport à la *philosophie* : *tourbe philosophesque*. Injurieux et burlesque.

PHILOSOPHIE, subst. fém. *(filozofi)* (du grec φιλοσοφια, formé de φιλεω, j'aime, et σοφια, sagesse), connaissance claire et distincte des choses naturelles et divines. — Science qui comprenait la logique, la morale, la physique et la métaphysique. — Plus particulièrement, tantôt la métaphysique, tantôt la morale. — Certaine fermeté et élévation d'esprit par laquelle on se met au-dessus des accidents de la vie et des fausses opinions du monde. — *Philosophie naturelle*, fondée sur les lumières naturelles. — *Philosophie chrétienne*, fondée sur les maximes du christianisme. — En t. d'impr., caractère entre le cicéro et le petit-romain, dont le corps équivaut à une mignonne et une parisienne.

PHILOSOPHIQUE, adj. des deux genres *(filozofike)*, qui appartient à la *philosophie*. — *Esprit philosophique*, plein de clarté et de méthode ; exempt de préjugés et de passions.

PHILOSOPHIQUEMENT, adv. *(filozofikeman)*, d'une manière *philosophique* : *parler d'une chose philosophiquement*. — En *philosophe* : *vivre philosophiquement*.

PHILOSOPHISME, subst. mas. *(filozoficeme)*, secte de *philosophistes* ; leur doctrine.

PHILOSOPHISTE, subst. mas. *(filozoficete)*, prétendu *philosophe* qui, sous prétexte de s'affranchir des préjugés, brave toutes les opinions et tous les principes reçus.

PHILOSTÉMON, subst. mas. *(filocétémon)*, t. de bot., genre d'arbustes, arbuste radicant.

PHILOTECHNIE, subst. fém. *(filotèkni)* (du grec φιλος, ami, et τεχνη, art), amour des arts.

PHILOTECHNIQUE, adj. des deux genres *(filotèknike)*, qui aime les arts.

PHILOTÈQUE, subst. mas. *(filotèke)*, t. de bot., sorte d'arbrisseau qui croît dans la Nouvelle-Hollande.

PHILOTÉSIE, subst. fém. *(filotézi)*, usage établi, chez les anciens Grecs, de boire à la santé les uns des autres.

PHILOXÈRE, subst. mas. *(filokcère)*, t. de bot., genre de plantes de la famille des amarantacées.

PHILTRATION. Voy FILTRATION.

PHILTRE, subst. mas. *(filtre)* (du grec φιλειν, aimer), breuvage, etc., qu'on supposait propre à donner de l'amour.

PHILTRER, v. act. *(filetré)*. Voy. FILTRER.

PHILYDRE, subst. mas. *(filidre)*, t. de bot., sorte de plante herbacée de la famille des joncs.

PHILYRE, subst. propre fém. *(filire)*, myth., fille de l'Océan. Elle fut aimée de Saturne. Rhée les ayant surpris ensemble, Saturne se métamorphosa en cheval pour s'enfuir plus vite, et *Philyre* alla errer sur les montagnes, où elle accoucha du centaure Chiron. Elle eut tant d'horreur d'avoir mis au monde ce monstre, qu'elle demanda à être métamorphosée en tilleul.

PHIMOSIQUE, adj. des deux genres *(fimôzike)*, du *phimosis*.

PHIMOSIS, subst. mas. *(fimôzice)* (mot purement grec qui signifie ligature, fait de φιμος, ficelle, cordon à lier), t. de médec., maladie du prépuce, dans laquelle il est si resserré qu'il ne peut se renverser et découvrir le gland.

PHINÉE, subst. propre mas. *(finé)*, myth., roi de Thrace, fils d'Agénor et mari de Cléopâtre, fille de Borée, dont il eut deux fils. Après l'avoir répudiée, il épousa une autre femme, qu'il condamna à perdre la vie, parce qu'on l'accusa d'avoir eu des intelligences avec ses enfants, auxquels il fit crever les yeux. Mais Borée vengea l'innocence de ses petits-fils en rendant aveugle *Phinée*, qui obtint pour toute consolation la connaissance de l'avenir. Ce fut aussi pour le punir que Junon et Neptune envoyèrent les Harpies, qui, par leurs ordures, gâtaient les viandes sur sa table ; ce qui dura jusqu'à ce que Zétès et Calaïs vinrent chasser ces monstres. — Il y eut un autre *Phinée* que Persée changea en pierre avec tous ses compagnons, en leur montrant la tête de Méduse, parce que ce roi prétendait épouser Andromède promise à Persée. — Ovide parle encore d'un autre *Phinée*, qui fut changé en oiseau.

PHIOLE, subst. fém. Voy. FIOLE.

PHISITÈRE, subst. mas. Voy. PHYSÉTÈRE.

PHISOPHORE, subst. mas. Voy. PHYSOPHORE.

PHITOLITHE, subst. fém. Voy. PHYTOLITHE.

PHLASME ou **PHLASIS**, subst. fém. *(flaceme, flazice)* (du grec φλασμα, ou φλασις, ionique, pour θλασμα, θλασις, dérivé de θλαω, je brise, j'écrase), t. de chir., contusion, enfoncement d'un os plat.

PHLÉBARTÉRIODIALGIE, subst. fém. *(flébartéri-odi-alji)* (du grec φλεψ, gén. φλεβος, veine, αρτηρια, artère, et αλγος, douleur), t. de médec., anévrisme variqueux.

PHLÉBARTÉRIODIALGIQUE, adj. des deux genres *(flébaretéri-odi-aljike)*, qui concerne la *phlébartériodialgie*.

PHLÉBECTASIE, subst. fém. *(flébèktazi)* (du grec φλεψ, gén. φλεβος, veine, et εκτασις, extension), t. de médec., dilatation d'une veine ou d'une portion de veine.

PHLÉBEURYSME, subst. mas. *(flébeuriceme)* (du grec φλεψ, gén. φλεβος, veine, et ευρυνω, je dilate), t. de médec., varice.

PHLÉBITE, subst. fém. *(flébite)* (du grec φλεψ, gén. φλεβος, veine), t. de médec., inflammation de la membrane interne des veines, à la suite d'une saignée. — Engorgement veineux.

PHLÉBOCARYE, subst. fém. *(flébokari)*, t. de bot., sorte de plante vivace de la famille des hæmodoracées.

PHLÉBOGRAPHE, subst. mas. *(fléboguerafe)* (du grec φλεψ, gén. φλεβος, veine, et γραφω, je décris), t. d'anat., celui qui décrit les veines, qui travaille sur les veines.

PHLÉBOGRAPHIE, subst. fém. *(fléboguerafi)* (même étym. que celle du mot précéd.), t. d'anat., description des veines.

PHLÉBOGRAPHIQUE, adj. des deux genres *(fléboguerafike)*, qui concerne la *phlébographie*.

PHLÉBOLITHE, subst. mas. *(flébolite)* (du grec φλεψ, gén. φλεβος, veine, et λιθος, pierre), t. d'anat., calcul des veines.

PHLÉBOLITHIS, subst. fém. *(flébolitice)*, t. de bot., genre de plantes.

PHLÉBOLOGIE, subst. fém. *(fléboloji)* (du grec φλεβος, gén. de φλεψ, et λογος, discours), t. d'anat. traité des veines, de leur usage.

PHLÉBOLOGIQUE, adj. des deux genres *(flébolojike)*, qui tient, qui a rapport à la *phlébologie*.

PHLÉBOPHTHALMOTOMIE, subst. fém. *(flébofetalemotomi)* (du grec φλεψ, gén. φλεβος, veine, οφθαλμος, œil, et τομη, fait de τεμνω, je coupe), t. de médec., émission sanguine qui a lieu par l'ouverture des vaisseaux oculaires ; affection dangereuse pour la vue.

PHLÉBOPHTHALMOTOMIQUE, adj. des deux genres *(flébofetalemotomike)*, qui regarde, qui concerne la *phlébophthalmotomie*.

PHLÉBORHEXIE, subst. fém. *(fléborèkci)* (du grec φλεψ, gén. φλεβος, veine, et ρηγνυμι, je romps), t. de médec., rupture, déchirure d'une veine.

PHLÉBORRHAGIE, subst. fém. *(fléboraji)* (du grec φλεψ, gén. φλεβος, veine, et ρεω, je coule), t. de médec., hémorrhagie dans laquelle le sang provient d'une veine.

PHLÉBORRHAGIQUE, adj. des deux genres *(fléborajike)*, qui concerne la *phléborrhagie*.

PHLÉBOTOME, subst. mas. *(flébotome)*, t. de chir., instrument dont on se sert surtout en Allemagne pour saigner les animaux ; lancette à ressort. Voy. PHLÉBOTOMIE.

PHLÉBOTOMIE, subst. fém. *(flébotomi)* (du grec φλεψ, gén. φλεβος, veine, et τομη, fait de τεμνω, je coupe), t. de chir., opération qui consiste dans l'incision des veines, afin d'en tirer du sang.—Art de saigner.—Dissection anatomique des veines.

PHLÉBOTOMIQUE, adj. des deux genres *(flébotomike)*, qui a rapport, qui est relatif à la *phlébotomie*.

PHLÉBOTOMISÉ, E, part. pass. de *phlébotomiser*.

PHLÉBOTOMISER, v. act. *(flébotomizé)*, saigner, ouvrir la veine. Voy. PHLÉBOTOMIE. — *se* PHLÉBOTOMISER, v. pron.

PHLÉBOTOMISTE, subst. mas. *(flebotomicte)*, celui qui saigne. — Anatomiste qui s'occupe de l'étude des veines.

PHLÉGÉTHON, subst. propre mas. *(flejéton)* (mot grec dérivé de φλεγω ou φλεγεθω, je brûle), myth., fleuve de l'enfer qui roulait des torrents de flammes, et environnait de toute part la prison des méchants.

PHLEGMAGOGUE, adj. Voy. FLEGMAGOGUE.

PHLEGMASIE, subst. fém. Voy. FLEGMASIE.

PHLEGMATIQUE, adj. des deux genres. Voyez FLEGMATIQUE.

PHLEGMATORRHAGIE et **PHLEGMATORRHAGIQUE**. Voyez FLEGMATORRHAGIE et FLEGMATORRHAGIQUE.

PHLEGME, subst. mas. Voy. FLEGME.

PHLEGMON, subst. mas. Voy. FLEGMON.

PHLEGMONEUX, adj. Voy. FLEGMONEUX.

PHLÉGON, subst. propre mas. *(léguon)*, myth., l'un des chevaux du Soleil.

PHLÉGONTITHE, subst. fém. *(leguontite)*, t. d'hist. nat., sorte de pierre précieuse qui paraît être enflammée.

PHLÉGYAS, subst. propre mas. *(fleji-ace)*, myth., fils de Mars, roi des Lapithes, et père d'Ixion. Ayant su que sa fille Coronis avait été insultée par Apollon, il alla mettre le feu au temple de ce dieu, qui le tua à coups de flèches, et le précipita dans les enfers, où il fut condamné à demeurer éternellement sous un grand rocher, qui, paraissant toujours prêt à tomber, lui causait une frayeur continuelle.

PHLÉGYENS, subst. propre mas. plur. *(fleji-ein)*, guerriers de *Phlégyas*, qui, ayant voulu piller le temple de Delphes, furent exterminés par le feu du ciel, par des tremblements de terre et par la peste. — Descendants de *Phlégyas*.

PHLOGINE, subst. fém. *(flojine)*, t. d'hist. nat., pierre précieuse dont la couleur est d'un rouge ardent.

PHLOGISTIQUE, subst. mas. *(flojicetike)* (du grec φλογιστος, brûlé, enflammé, dérivé de φλογιζω, j'enflamme, dont la racine est φλεγω, je brûle), dans la théorie chimique de *Stahl*, le feu fixé ou combiné avec le corps. Les chimistes modernes ont remplacé ce mot par celui de *calorique*. —Adj. des deux genres, t. de médec.; se dit des maladies accompagnées d'une chaleur plus ou moins intense.

PHLOGISTIQUÉ, E, adj. *(flojicetiké)*, t. danc chim., qui est composé de parties susceptibles de s'enflammer.

PHLOGITHE, subst. fém. *(flojite)*, t. d'hist. nat., sorte de pierre précieuse dans l'intérieur de laquelle on aperçoit une espèce de flamme.

PHLOGODE, adj. des deux genres *(floguode)*, t. de médec., enflammé, rouge. Voy. PHLOGOÏDE.

PHLOGOÏDE, adj. fém. *(flogou-ide)* (du grec φλογωδης, dérivé de φλεγω, je brûle, et ειδος, forme), t. de médec., se dit des fièvres inflammatoires ou angioténiques.

PHLOGOSE, subst. fém. *(floguôze)* (du grec φλογωσις, dérivé de φλεγω, je brûle), t. de médec., inflammation interne ou externe; ardeur, chaleur contre nature.

PHLOGOSÉ, E, adj. *(floguozé)*, t. de médec., qui est atteint de *phlogose* : *son bras est tout phlogosé*.

PHLOÏOTRIBE, subst. mas. *(flo-i-otribe)*, t. d'hist. nat., genre d'insectes de l'ordre des coléoptères.

PHLOMIS, subst. mas. *(flomice)*, t. de bot., plante du genre des labiées.

PHLOMOÏDE, adj. fém. *(flomo-ide)*, t. de bot., genre de plantes gymnospermes de la famille des labiées.

● **PHLOSCOPE**, subst. mas. *(flocekope)* (du grec φλοξ, flamme, et σκοπειν, voir), sorte de poêle où l'on voit la flamme.

PHLOX, subst. mas. *(flokce)*, t. de bot., genre de plantes de la famille des polémoniacées.

PHLYACOGRAPHE, subst. mas. *(fli-akoguerafe)*, auteur de pièces que l'on nomme *phlyacographies*.

PHLYACOGRAPHIE, subst. fém. *(fli-akoguerafi)* (du grec φλυαξ, gén. φλυακος, bouffon, et γραφειν, écrire), parodie, imitation, composition badine, chez les anciens Grecs.

PHLYCTÈNE, subst. fém. *(fliktène)* (du grec φλυκταινα, fait de φλυζειν, bouillonner), t. de médec., pustule ou petite vessie qui s'élève sur la peau, semblable à celles que cause une brûlure.

PHLYCTÉNOÏDE, adj. des deux genres *(flikténo-ide)* (du grec φλυκταινα, phlyctène, et ειδος, forme), t. de médec., qui est de la nature des *phlyctènes*, qui est caractérisé par des *phlyctènes*.

PHLYCTIS, subst. mas. *(fliktice)*, t. de bot., genre de plantes qui se rapprochent des ulves et des varecs.

PHOBÈRE, subst. mas. *(fobère)*, t. de bot., sorte d'arbrisseau épineux de la famille des myrtes.

PHOBÉTOR, subst. propre mas. *(fobétor)* (du grec φοβος, peur), myth., nom du deuxième des trois Songes, enfants du Sommeil, ainsi nommé parce qu'il prenait la figure des bêtes sauvages, des serpents et autres animaux qui inspirent le terreur.

PHOBOS, subst. propre fém. *(foboce)*, myth., nom de la Peur, chez les Grecs, représentée avec une tête de lion.

PHOCACÉE, subst. fém. *(fokacé)*, t. d'hist. nat., famille de mammifères qui contient les *phoques*.

PHOCÉENS, subst. mas. pl. *(focé-ein)*, anciens peuples d'Ionie ou de la Phocide, contrée d'Achaïe.

PHOCÈNE, subst. mas. *(focène)*, t. d'hist. nat., espèce de poisson du genre des marsouins.

PHOCUS, subst. propre mas. *(fokuce)*, myth., fils d'Eaque et de la néréide Psammate. Jouant un jour avec Pélée et Télamon, ses deux frères du premier lit, le palet de Télamon lui cassa la tête. Eaque, informé de cet accident, condamna ces jeunes princes à un exil éternel.

PHODILE, subst. mas. *(fodile)*, t. d'hist. nat., espèce d'oiseau de proie.

PHOÉBÉ, subst. propre fém. *(fébé)*. Voy. DIANE.

PHOEBUS, subst. mas. Voy. PHÉBUS.

PHOENICOPTÈRE, subst. mas. Voy. PHÉNICOPTÈRE.

PHOENIX, subst. mas. Voy. PHÉNIX.

PHOENICURE, subst. mas. *(fénikure)* (du grec φοινιξ, rouge, et ουρα, queue), t. d'hist. nat., oiseau, rossignol de muraille, à queue rouge.

PHOLADAIRE, subst. mas. *(foladère)*, t. d'hist. nat., famille des pholades.

PHOLADE, subst. fém. *(folade)* (du grec φωλεος, caverne), t. d'hist. nat., genre de coquilles de la division des multivalves.

PHOLADIER, subst. mas. *(foladié)*, t. d'hist. nat., animal de l'espèce des *pholades*.

PHOLADITE, subst. fém. *(foladite)*, t. d'hist. nat., *pholade* pétrifiée.

PHOLADOMIE, subst. fém. *(foladomi)*, t. d'hist. nat., fossile de coquille dans les terres calcaires.

PHOLCUS, subst. mas. *(folkuce)*, t. d'hist. nat., genre d'arachnides de l'ordre des pulmonaires.

PHOLIDIE, subst. fém. *(folidi)*, t. de bot., genre de plantes de la famille des myoporinées.

PHOLIDOTE, subst. mas. *(folidote)*, t. d'hist. nat., nom qu'on donne au pangolin. Voy. ce mot.

PHONATION, subst. fém. *(fondcion)* (du grec φωνη, voix), t. de médec., ensemble des fonctions, des phénomènes qui concourent à la formation de la voix et de la parole.

PHONÈME, subst. mas. *(fouème)*, t. d'hist. nat., genre de coquilles établi aux dépens des nautiles.

PHONGHI, subst. mas. *(fongui)*, t. de rel., prêtre de Goutama, d'un ordre inférieur.

PHONIQUE, subst. fém. *(fonike)* (du grec φωνη, voix, son), doctrine ou science des sons, appelée plus communément *acoustique*.

PHONIQUE, adj. des deux genres *(fonike)*, t. de phys. : *voûte phonique*, elliptique, sous laquelle les sons sont répétés par un écho. — *Centre phonique*, place d'où part le son dans un écho. — En gramm. : *signes phoniques*, qui représentent les sons.

PHONOCAMPTIQUE, adj. des deux genres *(fonokamptike)* (du grec φωνη, voix, et καμπτω, je réfléchis), qui renvoie l'écho.

PHONOLITHE, subst. fém. *(fonolite)* (du grec φωνη, son, et λιθος, pierre), t. d'hist. nat., pierre feuilletée compacte, qu'on a confondue avec les pétrosilex.

PHONOMÈTRE, subst. mas. *(fonomètre)* (du grec φωνη, voix, et μετρον, mesure), instrument pour mesurer les sons.

PHONOMÉTRIQUE, adj. des deux genres *(fonometrike)*, qui regarde, qui concerne le *phonomètre*.

PHOQUE, subst. mas. *(foke)* (du grec φωκη, veau marin), t. d'hist. nat., genre de mammifère amphibie.

PHORACIS, subst. mas. *(foracice)*, t. de bot., genre de varecs rameux.

PHORBÉION, subst. mas. *(forbé-ion)*, t. d'antiq., bandage de cuir dont les joueurs de flûte s'entouraient la tête.

PHORCUS, PHORCYS, ou **PHORCINUS**, subst. propre mas. *(forkuce, forcice, forcinuce)*, myth., fils de Neptune et de la nymphe Thoosa, et père des Gorgones et des Grées. Il était roi des îles de Sardaigne et de Corse. Ayant été vaincu, détrôné et accablé par Atlas, il fut changé en dieu marin, et révéré comme le chef des Tritons et des autres divinités subalternes de la mer, que les poètes nomment le chœur de Phorcus : *chorus Phorci*, *exercitus Phorci*.

PHORCYADES, subst. propre mas. pl. *(forciade)*, myth., surnom des Gorgones, parce qu'elles étaient les filles de *Phorcys*. Voy. PHORCUS.

PHORCYNIE, subst. fém. *(forcini)*, t. d'hist. nat., genre de méduses.

PHORE, subst. mas. *(fore)*, t. d'hist. nat., genre d'insectes de l'ordre des diptères.

PHORIME, subst. fém. *(forime)*, t. de bot., genre de plantes de la famille des champignons.

PHORIMON, subst. mas. *(forimon)*, substance blanche comme du lait, d'une saveur styptique, astringente; sorte d'alun ou de vitriol.

PHORMINGE, subst. fém. *(forminje)*, t. d'antiq., instrument à cordes des anciens; espèce de cithare.

PHORMIUM, subst. mas. *(formi-ome)*, t. de bot., plante dont les anciens Grecs se servaient pour faire des nattes.

PHORONOMIE, subst. fém. *(foronomi)* (du grec φορα, transport, et νομος, loi), la science des lois du mouvement des solides et des fluides.

PHORONOMIQUE, adj. des deux genres *(foronomike)*, qui appartient, qui a rapport à la *phoronomie*.

PHORULITHE, subst. fém. *(forulite)* (du grec φορυς, et λιθος, pierre), t. d'hist. nat., sorte de coquille fossile de Grignon, qui appartient au *phorus*.

PHORUS, subst. mas. *(foruce)*, t. d'hist. nat., genre de coquilles établi aux dépens de celui des fripiers.

PHOS, subst. mas. *(foce)*, t. d'hist. nat., genre de coquilles qui se trouve dans la mer des Indes.

PHOSGÈNE, subst. mas. *(focejène)*, t. de chim., combinaison de l'acide carbonique avec l'hydrochlorure.

PHOSPHATE, subst. mas. *(focefate)*, t. de chimie; on donne ce nom aux substances qui résultent de la combinaison aux acides phosphorique avec une base alcaline, terreuse ou métallique. — *Phosphate calcaire* ou *de chaux*, terre des os ; terre animale chrysolithe des jouilliers. — *Phosphate de fer*, sidérite; fer d'az; mine de fer des marais. — *Phosphate de mercure*, précipité rose de Lemery. — *Phosphate de plomb*, plomb spathique. — *Phosphate de soude et d'ammoniaque*, sel natif ou fusible de l'urine. — *Phosphate sur-saturé de soude*, sel admirable perlé. — *Phosphate ammoniaco-magnésien*, t. de chim., sel double que l'on rencontre dans quelques calculs de la vessie de l'homme, et il est souvent parfaitement cristallisé. — *Phosphate d'ammoniaque*, t. de chim., sel qui existe dans les concrétions intestinales des animaux ; il se forme de *phosphate d'ammoniaque* soluble et de *phosphate* de chaux insoluble. — *Phosphate de magnésie*, t. de chim., sel qui existe dans quelques graines céréales et dans certains calculs urinaires. On l'obtient en versant du *phosphate* de soude dissous dans une dissolution concentrée de sulfate de *magnésie*. — *Phosphate de soude*, t. de chim., sel qui s'obtient en décomposant le *phosphate* acide de chaux par le sous-carbonate de soude.

PHOSPHATÉ, E, adj. *(focefaté)*, t. de chimie, combiné avec l'acide phosphorique.

PHOSPHATIQUE, adj. des deux genres (*focefatike*), t. de chim. ; se dit d'un acide que l'on obtient en exposant à l'air des cylindres de *phosphore* que l'on fait brûler lentement.

PHOSPHITE, subst. mas. (*focefite*), t. de chim., sel formé par la combinaison des bases avec l'acide *phosphoreux*.

PHOSPHORE, subst. mas. (*focefore*) (du grec φως, lumière, et φερω, je porte), substance qui paraît lumineuse dans l'obscurité. — Le *phosphore*, en termes de chimie, est un corps simple qui brûle avec flamme par le contact de l'air.— *Phosphore sulfuré*, produit des bougies et des briquets *phosphoriques*. — *Phosphore de Kunchel*, ou *phosphore d'Angleterre*, substance qui ressemble à de la cire jaune, qui donne de la lumière dans l'obscurité, et qui s'enflamme par un mouvement assez léger.

PHOSPHORÉ, E, adj. (*foceforé*), où il entre du *phosphore*.

PHOSPHORÉNÈSE, subst. fém. (*foceforénèze*), t. de médec., maladie qu'on a attribuée aux désordres de la *phosphorisation*.

PHOSPHORESCENCE, subst. fém. (*foceforèçance*), t. de chim., formation du *phosphore*.— Lumière que rendent, dans certaines circonstances, les substances minérales, végétales, ou les animaux.

PHOSPHORESCENT, E, adj. (*foceforèçan, çante*), qui a les propriétés de la *phosphorescence*.

PHOSPHOREUSE, adj. fém. Voy. PHOSPHOREUX.

PHOSPHOREUX, adj. mas., au fém. PHOSPHOREUSE (*foceforeu, reuze*), t. de chim. : *acide phosphoreux*, acide obtenu par la combustion lente du *phosphore*.

PHOSPHORIES, subst. fém. plur. (*focefori*), myth., fêtes grecques célébrées en l'honneur de Lucifer.

PHOSPHORINE, subst. fém. (*foceforine*), t. de phys., substance particulière et lumineuse inhérente aux animaux.

PHOSPHORIQUE, adj. des deux genres (*foceforike*), qui appartient au *phosphore*. — *Acide phosphorique*, acide dans lequel le *phosphore* est complètement saturé d'oxygène.— *Briquet phosphorique*, qui est rempli de *phosphore*.—*Bougies phosphoriques*, dont la mèche est enduite de *phosphore*.

PHOSPHORISATION, subst. fém. (*foceforizâcion*), t. de médec., influence du phosphate calcaire dans l'économie animale.

PHOSPHORUS, subst. mas. (*foceforuce*), t. d'astron., étoile du matin ; la planète de Vénus, lorsqu'elle précède le soleil.

PHOTOGÈNE, subst. mas. (*fotojène*), matière de la lumière.

PHOTOLOGIE, subst. fém. (*fotoloji*) (du grec φως, gén. φωτος, lumière, et λογος, discours), histoire naturelle ou traité de la lumière.

PHOTOLOGIQUE, adj. des deux genres (*fotolojike*), qui a rapport, qui appartient à la *photologie*.

PHOTOMÈTRE, subst. mas. (*fotomètre*) (du grec φωτος, gén. de φως, lumière, et μετρον, mesure), instrument propre à mesurer l'intensité de la lumière.

PHOTOMÉTRIQUE, adj. des deux genres (*fotométrike*), qui a rapport à la *photométrie*.

PHOTOPHOBE, subst. des deux genres (*fotofobe*) (du grec φως, gén. φωτος, lumière, et φοβος, crainte), t. de médec., celui qui fuit la lumière.

PHOTOPHOBIE, subst. fém. (*fotofobi*) (même étym. que celle du mot précéd.), t. de médec., répugnance pour la lumière.

PHOTOPHOBIQUE, adj. des deux genres (*fotofobike*), qui est relatif, qui a rapport à la *photophobie*.

PHOTOPHOBOPHTHALME, subst. mas. (*fotofobofetaleme*), t. de médec., nyctalope, qui voit mieux la nuit que le jour. Voy. PHOTOPHOBOPHTHALMIE.

PHOTOPHOBOPHTHALMIE, subst. fém. (*fotofobofetalemi*) (du grec φως, gén. φωτος, lumière, φοβος, crainte, et οφθαλμος, œil), t. de médec., nyctalopie.

PHOTOPHOBOPHTHALMIQUE, adj. des deux genres (*fotofobofetalemike*), qui a rapport à la *photophobophthalmie*.

PHOTOGRAPHE, subst. mas. (*fotoguerafe*), écrivain qui écrit sur la lumière ; auteur d'une *photographie*.

PHOTOGRAPHIE, subst. fém. (*fotoguerafi*) (du grec φωτος, gén. de φως, lumière, et γραφειν, décrire), description, traité de la lumière.

PHOTOGRAPHIQUE, adj. des deux genres (*fotoguerafike*), qui concerne la *photographie*.

PHOTOPHORE, subst. mas. (*fotofore*) (du grec φωτος, génit. de φως, lumière, et φερω, je porte; *porte-lumière*), cône tronqué de fer-blanc, poli à l'intérieur, qui, placé devant une mèche allumée, répand à quelques pieds de distance une lumière vive et égale.

PHOTOPHYGE, subst. mas. (*fotofije*) (du grec φωτος, lumière, et φευγω, je fuis), t. d'hist. nat., famille d'insectes de l'ordre des coléoptères, que l'on nomme aussi *lucifuges*.

PHOTOPSIE, subst. fém. (*fotopeci*) (du grec φως, gén. φωτος, lumière, et οψις, vue, fait de οπτομαι, voir), t. de médec., lésion du sens de la vue, dans laquelle on croit voir des traînées lumineuses.

PHRA, subst. propre mas. (*fra*), myth., nom sous lequel les premiers Égyptiens adoraient le soleil, leurs rois et leurs prêtres.

PHRASE, subst. fém. (*frâze*) (du grec φρασις, dérivé de φραζω, je parle), assemblage de mots réunis pour l'expression d'une idée quelconque ; et, comme la même idée peut être exprimée par différents assemblages de mots, elle peut être rendue par des phrases toutes différentes : *une phrase correcte, incorrecte, claire, obscure, louche élégante, commune, simple, figurée*.—*Chanter très-bien* est une phrase correcte, *chanter des mieux* est une phrase incorrecte. On dit qu'*une phrase est estropiée*, quand il y manque quelque chose, et qu'elle n'a pas l'étendue qu'elle devrait avoir.— On dit : *parler par phrases*, pour dire, abandonner une expression courte et simple, qui se présente d'elle-même, pour en employer une plus étendue et moins naturelle, qui a je ne sais quoi de fastueux. C'est dans ce sens qu'on dit d'une personne, qu'*elle ne parle que par phrases; un faiseur de phrases*.— *Phrase* se dit quelquefois dans un sens plus général, pour désigner le génie particulier d'une langue dans l'expression des pensées. On dit, dans ce sens, que *la phrase hébraïque a de l'énergie* ; *la phrase grecque, de l'harmonie; la phrase latine, de la majesté; la phrase française, de la clarté et de la naïveté*, etc. — *Phrase*, t. de musiq., suite de chant ou d'harmonie qui forme un sens plus ou moins achevé, et qui se termine par un repos, par une cadence plus ou moins parfaite. — En mélodie, *la phrase* est constituée par le chant, c'est-à-dire par une suite de sons tellement disposés, soit par rapport au ton, soit par rapport à la mesure, qu'ils fassent un tout bien lié, qui aille se résoudre sur une des cordes essentielles du mode. Dans l'harmonie, la phrase est une suite régulière d'accords, tous liés entre eux par des dissonances exprimées ou sous-entendues : *phrase musicale*.—On appelle *phrase botanique*, la description d'une plante qui en présente les caractères dans une *phrase* très-courte.

PHRASÉ, E, part. pass. de *phraser*.

PHRASÉOLOGIE, subst. fém. (*frazé-oloji*) (du grec φρασις, et λογος, discours), t. de gramm., construction de *phrase* particulière à une langue, propre à un écrivain, etc. : *la phraséologie de la langue grecque, de la langue latine, de la langue française*.

PHRASER, v. neut., (*frâzé*), t. de musiq. : *un compositeur qui phrase bien est un homme d'esprit*.—Act. : *phraser la musique*, bien marquer chaque *phrase* d'une pièce de musique, dans la composition ou dans l'exécution. — SE PHRASER, v. pron.

PHRASEUR, subst. mas. (*frâzeur*), qui fait des *phrases*. Ce mot ne peut s'employer que dans un sens de dénigrement.

PHRASIER, subst. mas. (*frâzié*), discoureur qui fait des *phrases*, qui parle ou écrit beaucoup, et en général avec une pureté affectée, pour dire fort peu de chose. —C'est un mot nouveau qu'on a employé aussi adj. : *un discours phrasier*. Il ne peut être conservé que dans le discours familier et satirique.

PHRÉATIS, subst. mas. (*fré-atice*), t. d'antiq., tribunal d'Athènes établi pour juger ceux qu'on poursuivait à l'occasion d'un second meurtre, et qui, ne s'étant pas réconciliés avec les parents de celui qu'ils avaient tué involontairement, vivaient en exil.

PHRÉNÉSIE, subst. fém. Voy. FRÉNÉSIE.

PHRÉNÉTIQUE, subst. mas. Voy. FRÉNÉTIQUE.

PHRÉNICO-GASTRIQUE, subst. et adj. mas. (*frénikôguacetrike*), t. d'anat., nom que quelques anatomistes donnent à la portion du péritoine qui unit le diaphragme à l'estomac.

PHRÉNICO-SPLÉNIQUE, subst. et adj. mas. (*frénikôceplénike*), t. d'anat., nom qu'on a donné à la portion située entre le diaphragme et la rate. Ces deux derniers mots, de même que quelques-uns des suivants, peuvent prendre les initiales *FR*, comme *frénésie*, dont ils dérivent ; mais il est bon de conserver, dans ces mots seulement, l'orthographe la plus usitée en médecine, en conservant le *PH*.

PHRÉNIQUE, adj. des deux genres (*frénike*) du grec φρενες, le diaphragme), t. d'anat., qui a rapport au diaphragme.—En physiol., qui a rapport à l'intelligence.

PHRÉNITIS, PHRÉNITIE ou **PHRÉNITE**, subst. fém. (*frénitice, nici, nite*) (même étym. que celle du mot précéd.), t. de médec., inflammation du diaphragme, nommée aussi *paraphrénésie*.

PHRÉNOLOGIE, subst. fém. (*frénoloji*) (du grec φρην, esprit, et λογος, discours), connaissance de l'homme moral, intellectuel; doctrine des facultés intellectuelles et affectives.

PHRÉNOLOGIQUE, adj. des deux genres (*frénolojike*), qui a rapport, qui appartient à la *phrénologie*.

PHRICIASIE, subst. fém., ou **PHRICASME**, subst. mas. (*frici-azi, frikaceme*) (du grec φριξ, φρικος, frisson), t. de médec., froid morbifique, ou qui annonce la mort.

PHRICOÏDE ou **PHRICODE**, adj. des deux genres (*friko-ide, kode*) (du grec φριξ, gén. φρικος ou φρικη, frisson, et ειδος, forme), t. de médec.; se dit des fièvres où l'on éprouve un froid très-violent.

PHRONIME, subst. fém. (*fronime*), t. d'hist. nat., genre de crustacés. — Subst. propre mas., fille d'Etéarque, et mère de Battus.

PHRONTISTES, subst. mas. plur. (*fronticete*), t. d'hist. ecclés., chrétiens contemplatifs qui passaient leur vie à méditer sur la foi divine.

PHRYGANE, subst. mas. (*friguane*) (du grec φρυγανον, fagot), t. d'hist. nat., genre d'insectes névroptères, qui vient au milieu des broussailles.

PHRYGANELLE, subst. fém. (*friguanèle*), t. de bot., genre de plantes établi aux dépens des varecs de *Linnée*.

PHRYGIE, subst. fém. (*friji*), t. de bot., genre de plantes établi aux dépens des centaurées.— Subst. propre fém., ancienne province de l'Asie-Mineure.

PHRYGIEN, subst. et adj. mas., au fém. **PHRYGIENNE**, (*friji-ein, ène*), de la *Phrygie*. — *Mode phrygien*, un des modes de la musique grecque.

PHRYGIENNE, subst. et adj. fém. Voy. PHRYGIEN.

PHRYGIES, subst. fém. plur. (*friji*), myth., fêtes de Cybèle, que l'on nomme aussi *phrygiennes*.

PHRYMA, subst. mas. (*frima*), t. de bot., sorte de plante qu'on trouve en Amérique.

PHRYNE, subst. mas. (*frine*), t. d'hist. nat., genre d'arachnides de la famille des pédipalpes.

PHRYNÉ, subst. mas. (*friné*), t. d'hist. nat., papillon de jour.

PHRYNION, subst. mas. (*frini-on*), t. de bot., genre de plantes; elle est bonne, dit-on, contre la morsure du crapaud.

PHRYXUS, subst. propre mas. (*frikçuce*), myth., fils d'Athamas et frère de Hellé. Pendant qu'il était avec sa sœur chez Chrétée, leur oncle, roi d'Iolchos, Démodice, femme de Chrétée, essaya de se faire aimer de *Phryxus*; mais, se voyant refusée, elle l'accusa d'avoir voulu attenter à son honneur. Aussitôt, une peste ravagea tout le pays, et l'oracle consulté répondit qu'on n'apaiserait les dieux qu'en leur immolant les dernières personnes de la maison royale. Comme cet oracle regardait *Phryxus* et Hellé, on les condamna à être immolés : mais dans l'instant ils furent entourés d'une nue, d'où sortit un bélier qui les enleva l'un et l'autre dans les airs, et prit le chemin de la Colchide. En traversant la mer, Hellé, effrayée du bruit des flots, tomba et se noya dans cet endroit qu'on appela depuis l'Hellespont. *Phryxus* étant arrivé dans la Colchide, y sacrifia ce bélier à Jupiter, et prit la toison, qui était d'or, la pendit à un arbre dans une forêt consacrée au dieu Mars, et la fit garder par un dragon qui dévorait tous ceux qui se présentaient pour l'enlever. Jupiter fut si content de ce sacrifice, qu'il voulut que ceux chez qui serait cette toison vécussent dans l'abondance tant qu'ils la conserveraient, et qu'il fût cependant permis à tout le monde d'essayer d'en faire la conquête. Telle est l'origine de cette fameuse toison d'or que Jason, accompagné des Argonautes, enleva par le secours de Médée. Voy. JASON. On dit que ce bélier fut mis au nombre des douze signes du zodiaque, en en fut le premier. C'est *Aries* chez les Latins.

PHTHIRIASE, subst. fém. *(fetiri-aze)* (du grec φθειρ, pou), t. de médec., maladie *pédiculaire*.

PHTHIRIE, subst. fém. *(fetiri)*. t. d'hist. nat., genre d'insectes de l'ordre des ptères.

PHTHIROCTONE, subst. mas. *(fetiroktone)*, t. de bot., herbe aux poux.

PHTHIROPHAGE, adj. des deux genres *(fetirofaje)* (du grec φθειρ, pou, et φαγειν, manger), mangeurs de poux, tels que les Hottentots et les singes.

PHTHISIE, subst. fém. *(fetizi)* (du grec φθισις, dérivé de φθιεω, je sèche, je corromps), t. de médec., toute sorte de maigreur, de dépérissement du corps, quelle qu'en soit la cause. — *Phthisie pulmonaire*, celle qui est causée par un ulcère ou des tubercules dans les poumons. — *Phthisie oculaire*, un rétrécissement de la prunelle qui fait voir les objets plus gros qu'ils ne sont.

PHTHISIOLOGIE, subst. fém. *(fetizi-oloji)* (du grec φθισις, dérivé de φθιεω, je sèche, et de λογος, discours), t. de médec., traité ou discours sur la *phthisie*.

PHTHISIOLOGIQUE, adj. des deux genres *(fetizi-olojike)*, qui tient, qui est relatif à la *phthisiologie*.

PHTHISIOPNEUMONIE, subst. fém. *(fetizi-openeumoni)* (du grec φθισις, phthisie, et πνευμων, le poumon), t. de médec., phthisie pulmonaire, maladie du poumon.

PHTHISIOPNEUMONIQUE, adj. des deux genres *(fetizi-openeumonike)*, qui concerne la *phthisiopneumonie*. — Subst. : un *phthisiopneumonique*.

PHTHISIQUE, subst. et adj. des deux genres *(fetizike)*, qui est atiaqué de *phthisie*. — Subst. : un *phthisique*.

PHTHONOS, subst. propre mas. *(fetônoce)*, myth., l'Envie, dieu des anciens Grecs.

PHTHORA, subst. fém. *(fetora)*, t. de bot., sorte de renoncule des Alpes, qui passe pour un violent poison.

PHTORE, subst. mas. *(fetore)*, quelques chimistes donnent ce nom à l'un des éléments de l'acide fluorique.

PHTOROBORIQUE, adj. des deux genres *(fetoroborike)*, t. de chimie; se dit d'un acide que l'on croit formé de ptatre et de silicium.

PHTORURE, subst. fém. *(fetorure)*, t. de chim., acide composé de *phtore* et d'un autre corps simple.

PHYCIS, subst. mas. *(ficice)*, t. d'hist. nat., sorte de poisson, le seul qui se construise un nid. — Genre d'insectes lépidoptères et nocturnes.

PHYCOS, subst. mas. *(fikôce)*, t. de bot., sorte de plante marine.

PHYDADELPH ou PLANTIFUGE, subst. mas. *(fidadéleje, plantifuje)*, t. d'hist. nat., famille d'insectes de l'ordre des hémiptères.

PHYGETHLON, subst. mas. *(fijétclon)* du grec φυγεθλον, t. de chir., tumeur inflammatoire, espèce d'érysipèle garni de petites pustules qui le font ressembler à du pain.

PHYLACTERE, subst. mas. *(filaktère)* (en grec φυλασσω, je garde), ce mot désignait, chez les anciens, toutes sortes d'amulettes ou de préservatifs qu'ils portaient sur eux pour se garantir de quelque mal. — Les juifs appelaient ainsi de petites bandes de parchemin sur lesquelles étaient écrits différents passages de l'Ecriture.

PHYLARCHIE, subst. fém. *(filarchi)*, t. d'antiq., emploi, fonctions, dignité du *phylarque* à Athènes. — Fig., avidité de commander. C'est Raymond qui donne cette dernière acception au mot *phylarchie*; il se trompe, car, pour signifier *amour du pouvoir*, il faudrait que *phylarchie* fût écrit avec un *i*, il dériverait alors de φιλος, et non avec un *y*, ce qui lui donne une tout autre étymologie. Voy. *phylargue*.

PHYLARCHIQUE, adj. des deux genres *(filarchike)*, qui est relatif, qui a rapport à la *phylarchie*.

PHYLARQUE, subst. mas *(filarke)* (du grec φυλη, tribu, et αρχος, chef, dérivé d'αρχω, commandement), t. d'antiq., magistrat, chef de tribu chez les Athéniens. — Dans l'empire grec, chef des troupes auxiliaires que les Sarrasins envoyaient aux empereurs de Constantinople, et qui étaient divisées en diverses tribus.

PHYLE, subst. fém. *(file)*, t. d'antiq., nom d'une tribu attique.

PHYLIQUE, subst. mas. *(filike)*, t. de bot., genre de plantes de la famille des rhamnoïdes.

PHYLLACHNE, ou PHYLLACNE, subst. mas. *(filelakne)*, t. de bot., plante qui croît dans les marais de Magellan.

PHYLLACTIS, subst. mas. *(filelaktics)*, t. de bot., sorte de plante qui croît au Pérou, espèce de valériane.

PHYLLADE, subst. mas. *(filelade)*, t. de géol., roche primitive, à texture feuilletée.

PHYLLANTHE, subst. mas. *(filclante)* (du grec φυλλον, feuille, et ανθος, fleur), t. de bot., genre de plantes de la famille des lithymaloïdes.

PHYLLANTHION, subst. mas. *(filclanti-on)*, t. de bot., herbe qui sert à la teinture en pourpre.

PHYLLAURE, subst. mas. *(filelôre)*, t. de bot., sorte d'arbrisseau qui croît en Amérique.

PHYLLÉE, subst. fém. *(filele)*, t. de bot., espèce de plante.

PHYLLÉPIDE, subst. mas. *(filelepide)*, t. de bot., sorte de plante de la famille des amarantoïdes, qui croît dans l'Amérique septentrionale.

PHYLLIDE, subst. fém. *(filelide)* (du grec φυλλον, feuille), t. d'hist. nat., mollusques gastéropodes.

PHYLLIDOCE, subst. fém. *(filelidoce)*, t. d'hist. nat., espèce de ver marin du genre des néréides.

PHYLLIE, subst. fém. *(fileli)* (du grec φυλλον, feuille), t. d'hist. nat., genre d'insectes de l'ordre des orthoptères.

PHYLLIRHOÉ, subst. mas. *(feleliro-é)*, t. d'hist. nat., genre de mollusques de l'ordre des ptéropodes.

PHYLLIS, subst. fém. *(filelice)* (du grec φυλλον, feuille), t. de bot., arbuste dont le feuillage fait toute la beauté. — Subst. propre fém., myth., nom de la fille de Lycurgue, roi des Pauliens, qui fut changée en amandier, après qu'elle se fut jetée à la mer, de desespoir de ne pas voir revenir Démophoon, roi d'Athènes, son amant.

PHYLLITHE, subst. mas. *(filelite)* (du grec φυλλον, feuille, et λιθος, pierre), t. d'hist. nat., feuille pétrifiée, ou pierre qui porte les empreintes de feuilles.

PHYLLITIS, subst. fém. *(filelitice)*, t. de bot., sorte de plante qu'on nomme aussi *langue-de-cerf*.

PHYLLOBOLIE, subst. fém. *(fileloboli)* (du grec φυλλον, feuille, et βαλλω, je jette), t. d'antiq., action, usage de jeter des fleurs et des feuilles sur les tombeaux des morts, aux athlètes vainqueurs à leurs parents qui se trouvaient avec eux.

PHYLLODE, subst. mas. *(filelode)*, t. d'hist. nat., substance minérale qui tient de la nature de l'ardoise.

PHYLLODION, subst. mas. *(filelodi-on)*, t. de bot., genre de plantes établi aux dépens du sainfoin.

PHYLLOLITHE, subst. mas. *(filelolite)*, t. de médec., (du grec φυλλον, feuille, et λιθος, pierre), chaux carbonatée dont la structure est crystallisée et en masse.

PHYLLOMANIE, subst. fém. *(filelomani)* (du grec φυλλον, feuille, et μανια, excès, abondance), t. de bot., maladie des plantes qui consiste dans la trop grande multiplication des feuilles.

PHYLLOME, subst. mas. *(filelome)*, t. de bot., genre de plantes qui croissent dans l'île de Bourbon.

PHYLLON, subst. mas. *(filelon)*, t. de bot., genre de plantes du genre des mercuriales.

PHYLLOPODE ou PHYLLOPÉDE, subst. mas. et adj. des deux genres *(filelopode, pede)* (du grec φυλλον, feuille, et ποδος, gén. de πους, pied), t. d'hist. nat., famille de crustacés de l'ordre des branchiopodes.

PHYLLOSOME, subst. mas. *(filelozôme)*, t. d'hist. nat., genre de crustacés.

PHYLLOSTOME, subst. mas. *(filelocetôme)* (du grec φυλλον, feuille, et στομα, bouche), t. d'hist. nat., genre de mammifères carnassiers de la famille des chéiroptères ou chauves-souris.

PHYLLORHODOMANCIE, subst. fém. *(filelorodomanci)* (du grec φυλλον, feuille, ροδος, rose, et μαντεια, divination), t. d'antiq., divination qui se pratiquait par le moyen des feuilles de roses.

PHYLLORHODOMANCIEN, adj. mas. et fém. PHYLLORHODOMANCIENNE, *(filelorodomancien, ciene)*, qui concerne la *phyllorhodomancie*. — Subst., celui, celle qui la pratiquait : un *phyllorhodomancien*.

PHYLLURE, subst. mas. *(filelure)*, t. d'hist. nat., espèce de reptile de la famille des lézards.

PHYMATE, subst. mas. *(fimate)*, t. d'hist. nat., genre d'insectes de l'ordre des hémiptères.

PHYMATOSE, subst. fém. *(fimatoze)*, t. de médec., maladie tuberculeuse dans les ganglions lymphatiques.

PHYME, subst. mas. *(fime)* (en grec φυμα, dérivé de φυομαι, naître), t. de chir., tumeur inflammatoire sur la peau, sans aucune cause externe.

PHYS., abréviation du mot *physique* ou *physiquement*.

PHYSA, subst. fém. *(fiza)*, t. de bot., plante caryophillée. — T. d'hist. nat., sorte de poisson adoré en Égypte.

PHYSALE, subst. mas. *(fisale)*, t. d'hist. nat., genre de mammifères de l'ordre des cétacés, connus sous le nom de *souffleurs*.

PHYSALIE, subst. fém. *(fisali)* (du grec φυσαλις, goutte d'eau), t. d'hist. nat., ver radiaire.

PHYSALIDE, subst. mas. *(fizalide)*, t. de bot., genre de plantes solanées, dont l'alkekenge fait partie.

PHYSALOÏDE, subst. mas. *(fizalo ïde)* (du grec φυσαλις, goutte d'eau, et ειδος, forme), t. de bot., genre de plantes de la famille des somnifères.

PHYSAPE, subst. mas. *(fizape)*, t. d'hist. nat., genre d'insectes de l'ordre des hémiptères.

PHYSAPODE, subst. mas. *(fizapode)*, t. d'hist. nat., famille d'insectes de l'ordre des hémiptères.

PHYSARE, subst. mas. *(fizare)*, t. de bot., sorte de plante. — On a donné ce nom à des moisissures.

PHYSCIE, subst. fém. *(ficeci)*, t. de bot., genre de plantes cryptogames de la famille des lichens.

PHYSCION, subst. propre mas. *(ficeci-on)*, myth., nom du rocher sur lequel s'était retiré le Sphinx, et où ce monstre se donna la mort lorsque OEdipe eut deviné ses énigmes.

PHYSCOCÈLE, subst. fém. Voy. PHYSCÈLE.

PHYSCOCÉPHALE, subst. mas. Voy. PHYSCOCÈPHALE.

PHYSCONIE, subst. fém. *(ficekoni)* (du grec φυσκη, enflure), t. de médec., enflure volumineuse dans quelque partie du corps. — Tuméfaction ou intumescence dure de l'abdomen.

PHYSE, subst. fém. *(fize)*, t. d'hist. nat., genre de coquillages de la division des univalves. — Pierre fausse qui en imite une véritable.

PHYSENE, subst. fém. *(fizène)*, t. de bot., genre de plantes, la varonte de Madagascar.

PHYSÉTÉRE, subst. mas. *(fizétère)* (du grec φυσητηρ, dérivé de φυσαω, je souffle), t. d'hist. nat., gros poisson de mer, du genre des cétacés.

PHYSHARMONICA, subst. mas. *(fixarmonika)*, sorte de nouvel instrument de musique, dont les sons, produits par le verre, forment une harmonie agréable et mélodieuse.

PHYSICIEN, subst. mas., PHYSICIENNE, subst. fém. *(fisici-ein, ci-ène)* (du grec φυσις, dérivé de φυσις, nature), qui sait la *physique*. — Qui s'occupe de *physique* expérimentale. — Autrefois, on appelait *physicien*, l'écolier qui étudiait en *physique*; comme on dit aujourd'hui un *rhétoricien*, un *philosophe*.

PHYSICIENNE, subst. fém. Voy. PHYSICIEN.

PHYSICO-MATHÉMATIQUE, adj. des deux genres *(fizikomaténnatike)*; on donne ce nom aux parties de la *physique* dans lesquelles on réunit l'observation et l'expérience au calcul *mathematique*, et où l'on applique ce calcul aux phénomènes de la nature.

PHYSICO-TECHNIOPE, subst. mas. *(fizikotekni-ope)*, microscope dont le champ est d'une extrême grandeur.

PHYSIDRUM, subst. mas. *(fisidrome)*, t. d'hist. nat., sorte de production marine,

PHYSIOCRATE, subst. mas. (fizi-okrate) (du grec φυσις, nature, et κρατος, pouvoir), celui qui n'admet de pouvoir que celui de la nature; matérialiste. Peu usité.

PHYSIOCRATIE, subst. fém. (fizi-okraci) (du grec φυσις, nature, et κρατος, puissance), pouvoir de la nature. Peu usité.

PHYSIOCRATIQUE, adj. des deux genres (fizi-ocratike), qui tient à la physiocratie. Peu usité.

PHYSODE, subst. mas. (fizi-ode), t. d'hist. nat., sorte de poisson qui, au printemps, paraît avoir plusieurs couleurs.

PHYSIOGNOMONIE, subst. fém. (fizi-ognomoni) (du grec φυσιογνωμονια, formé de φυσις, nature, caractère, et de γινωσκω, je connais, je juge), science qui a pour objet de connaître par l'inspection des traits du visage, etc., le caractère, les penchants, les mœurs, etc.

PHYSIOGNOMONIQUE, adj. des deux genres (fizi-ognomonike), qui appartient à la physiognomonie.

PHYSIOGNOMONISTE. Voy. PHYSIONOMISTE.

PHYSIOGNOSIE, subst. fém. (fizi-ognozi) (du grec φυσις, nature, γινωσκω, je connais), science de la nature, connaissance des secrets de la nature.

PHYSIOGRAPHE, subst. mas. (fizi-ografe), qui pratique la physiographie.

PHYSIOGRAPHIE, subst. fém. (fizi-ografi) (du grec φυσις, nature, et γραφω, je décris), description des productions de la nature.

PHYSIOGRAPHIQUE, adj. des deux genres (fizi-ografike), qui appartient à la physiographie.

PHYSIOLOGIE, subst. fém. (fizi-oloji) (du grec φυσις, nature, et λογος, discours, science), partie de la médecine qui traite des principes de l'économie animale, de l'usage et du jeu des différents organes, etc. — Ouvrage qui traite de cette science.

PHYSIOLOGIQUE, adj. des deux genres (fizi-olojike), qui concerne la physiologie.

PHYSIOLOGIQUEMENT, adv. (fizi-olojikeman), d'une manière physiologique.

PHYSIOLOGISME, subst. mas. (fizi-olojiceme), faculté, doctrine, connaissance de la physiologie.

PHYSIOLOGISTE, subst. mas. (fizi-olojicete), celui qui est versé dans la physiologie.

PHYSIONOMIE, subst. fém. (fizi-onomi) (du grec φυσις, nature, et γινωσκω, je connais, je juge), l'art de juger du caractère de quelqu'un par les traits du visage. — L'air, les traits mêmes du visage. — Caractère distinctif d'une belle figure : avoir de la physionomie.

PHYSIONOMISTE, subst. des deux genres (fizi-onomicete), qui juge sur la physionomie, qui se connaît en physionomie.

PHYSIONOTRACE, subst. mas. (fizi-onotrace) (du grec φυσις, nature, et du mot français tracer), t. d'optique, sorte d'instrument dont on se sert pour réduire et graver les dessins des portraits.

PHYSIONOTYPE, subst. mas. (phyzi-onotipe) (du grec φυσις, nature, et τυπος, modèle, figure originale), instrument qui grave, qui donne le portrait exact de la chose sur laquelle il est appliqué.

PHYSIQUE, subst. fém. (fizike) (du grec φυσις, nature), science des choses naturelles qui traite des causes et des effets de la nature, des propriétés des corps, etc. — Ouvrage qui traite de cette science. — Classe, dans les collèges, où l'on enseigne la physique.

PHYSIQUE, subst. mas.(fizike), la constitution physique et naturelle de l'homme.

PHYSIQUE, adj. des deux genres (fizike), selon la nature : impossibilité physique, fondée sur les lois de la nature.

PHYSIQUEMENT, adv. (fizikeman), naturellement, d'une manière réelle et physique.

PHYSOCÈLE, subst. fém. (fizocèle) (du grec φυσαω, je gonfle, et κηλη, tumeur), t. de médec., tumeur venteuse du scrotum. On l'appelle aussi pneumatocèle.

PHYSOCÉLIE, subst. fém. (fizoceli) (du grec φυσαω, je souffle, et κοιλια, bas-ventre), t. de médec., tympanite. Voy. ce mot.

PHYSOCÉPHALE, subst. mas. (fizocefale) (du grec φυσαω, je souffle, et κεφαλη, tête), t. de médec., tumeur de toute la tête.

PHYSODE, subst. mas. (fizode), t. d'hist.

nat., genre d'insectes voisin de celui des cloportes.

PHYSOMÈTRE, subst. mas. (fizomètre) (du grec φυσαω, je gonfle, et μητρα, matrice), t. de médec., tumeur légère, élastique, située dans la région hypogastrique. On l'appelle aussi tympanite de la matrice.

PHYSONCIE, subst. fém. (fizonci) (du grec φυσαω, je souffle, et ογκος, tumeur), t. de médec., tumeur formée par de l'air ou tout autre gaz.

PHYSOPHORE, subst. mas. (fizofore) (du grec φυσα, vessie, et φερω, je porte), t. d'hist. nat., genre de vers radiaires, dont le corps gélatineux est couvert de vésicules aériennes propres à le soutenir sur la surface de l'eau.

PHYSOPSOPHIE, subst. fém. (fizopeçofi), (du grec φυσαω je gonfle, et ψοφειν, faire du bruit), t. de médec., éruption bruyante du gaz.

PHYSOPSOPHIQUE, adj. des deux genres (fizopeçofike), qui a rapport, qui est relatif à la physopsophie.

PHYSOSPASME, subst. mas. (fizocepaceme) (du grec φυσα, vessie, et σπασμα, resserrement, constriction), t. de médec., tympanite produite par le resserrement spasmodique de quelque partie du canal intestinal.

PHYSOTHORAX, subst. mas. (fizotorakce) (du grec φυσαω, je souffle, et θωραξ, poitrine), t. de médec., accumulation de gaz dans la poitrine.

PHYSOTRIS, subst. mas. (fizotrice), t. d'hist. nat., production marine en forme de vessie.

PHYTIBRANCHE, subst. mas. (fitibranche), t. d'hist. nat., genre de crustacés de l'ordre des isopodes.

PHYTOBIE, subst. fém. (fitobi) (du grec φυτον, plante, et βιος, vie), t. de médec., vie végétale. — Science de la vie végétale. Voy. PHYTOBIOLOGIE.

PHYTOBIOLOGIE, subst. fém. (fitobi-oloji) (du grec φυτον, plante, βιος, vie, et λογος, discours), t. de médec., connaissance, science de la vie végétale, ou de la vie des plantes.

PHYTOBIOLOGIQUE, adj. des deux genres (fitobi-olojike), qui appartient, qui a rapport à la phytobiologie.

PHYTOCHIMIE, subst. fém. (fitochimi), chimie végétale.

PHYTOCHIMIQUE, adj. des deux genres (fitochimike), qui appartient, qui est relatif à la phytochimie.

PHYTOCONIS, subst. mas. (fitokonice), t. de bot., genre de plantes de la famille des algues ; byssus pulvérulent.

PHYTOGRAPHE, subst. mas. (fitografe) (du grec φυτον, plante, et γραφω, j'écris), botaniste qui décrit les plantes, auteur d'une phytographie.

PHYTOGRAPHIE, subst. fém. (fitografi), description des plantes.

PHYTOGRAPHIQUE, adj. des deux genres (fitografike), qui tient, qui a rapport à la phytographie.

PHYTOLACCA, subst. mas. (fitolakeka) (du grec φυτον, plante, et λακκα, laque), sorte de raisin qui croît en Amérique. C'est une plante chénopodée dont on mange les jeunes pousses, mais dont la racine est purgative.

PHYTOLITHE, subst. fém. L'Académie a tort, ce nous semble, de faire mas. un mot composé de deux mots féminins. (fitolite) (du grec φυτον, plante, et λιθος, pierre), t. d'hist. nat., plante pétrifiée; pierre qui porte la figure ou l'empreinte de quelque plante.

PHYTOLOGIE, subst. fém. (fitoloji) (du grec φυτον, plante, et λογος, traité), l'art de décrire les plantes, la botanique est l'art de les connaître méthodiquement, à l'aide de leurs caractères. On emploie néanmoins les mots botanique et phytologie comme synonymes, quoiqu'à la rigueur ils ne le soient pas.

PHYTOLOGIQUE, adj. des deux genres (fitolojike), qui appartient, qui a rapport à la phytologie.

PHYTOLOGISTE, subst. mas. (fitolojicete), qui se livre à la phytologie.

PHYTONOMATOTECHNIE, subst. fém. (fitonomatoteknì) (du grec φυτον, plante, ονομα, nom, et τεχνη, fait de τεχναω, arranger avec art) — art d'imposer des noms aux plantes, en raison de leurs caractères ; méthode onomatologique pour les botanistes qui découvrent des espèces nouvelles.

PHYTOPHAGE, subst. mas. et adj. des deux genres (fitofaje) (du grec φυτον, plante, et φαγω, je mange), t. d'hist. nat., famille d'insectes coléoptères qui vivent sur les plantes, et qu'on nomme aussi herbivores.

PHYTOTOME, subst. mas. (fitotome) (du grec φυτον, plante, et τεμνω, je coupe), t. d'hist. nat., genre d'oiseaux passereaux, de la famille des dentirostres, qui se nourrissent de végétaux. Ils habitent le Chili et l'Abyssinie.

PHYTOTOMIE, subst. fém. (fitotomi) (même étym. que celle du mot précéd.), anatomie végétale.

PHYTOTOMIQUE, adj. des deux genres (fitotomike), qui tient, qui a rapport à la phytotomie.

PHYTOTYPOLITHE, subst. fém. Voy. PHYTOLITHE.

PHYTURGIE, subst. fém. (fiturji), culture des plantes; soin qu'on apporte à cultiver les plantes.

PHYTURGIQUE, adj. des deux genres (fiturjike), qui a rapport, qui appartient à la phyturgie.

PI, subst. mas (pi), seizième lettre de l'alphabet grec, π.

PIACULAIRE, adj. des deux genres (pi-akulère) (du lat. placularis, fait de piaculum), expiatoire.

PIACULUM, subst. mas. (pi-akulome) (mot latin), t. d'antiq., sacrifice expiatoire qui se faisait chez les Latins.

PIAFFE, subst. fém. (pi-afe), vanité, ostentation, vaine somptuosité. Fam. et peu usité.

PIAFFÉ, part. pass. de piaffer.

PIAFFER, v. neut. (pi-afé), faire de la piaffe; avoir de l'ostentation, etc. Style familier et critique ou moqueur. — En t. de manége, passager dans une seule et même place, sans avancer, sans reculer, sans se traverser.

PIAFFEUR, subst. et adj. mas., au fém. PIAFFEUSE (pi-afeur, feuze), cheval qui piaffe.—Adj., pompeux, magnifique ; celui, celle qui met du luxe dans sa parure. Populaire et peu usité.

PIAILLÉ, part. pass. de piailler.

PIAILLER, v. neut. (pi-á-lé) (du lat. pipilare, piauler, glousser), crisiller, crier continuellement. Il se dit principalement des enfants. Fam.

PIAILLERIE, subst. fém. (pi-â-leri), criaillerie. Fam.

PIAILLEUR, subst. mas., PIAILLEUSE, subst. fém. (pi-à-leur, ieuze), criard, qui ne fait que piailler. Fam.

PIAILLEUSE, subst. fém. Voy. PIAILLEUR.

PIAN, subst. mas. (pian), nom que l'on donne en Amérique à la maladie vénérienne.

PIANELLE, subst. fém. (pi-anèle), sorte de chaussure. Hors d'usage.

PIANE-PIANE, pour PIANO-PIANO, qui ne se dit guère qu'en musique, adv. (pianepiane, pi-anôpi-anô), (formé de l'italien piano), doucement : aller piane-piane ne se dit plus.

PIANISTE, subst. des deux genres (pi-anicete), celui, celle qui touche du piano.

PIANO, adv. (pi-anô), t. de musique emprunté de l'italien, doux, doucement. On dit aussi souvent piano-piano.

PIANO, subst. mas. Voy. FORTÉ-PIANO.
Tenir le piano, jouer du piano, ou bien encore, exécuter la partie du piano. — Au plur., des piano, des forté-piano, ces mots étant étrangers.

PIAST ou PIASTE (l'Académie donne les deux) , subst. mas. (pi-acete), descendant des anciennes maisons de Pologne. Piast est opposé à étranger. Il se dit surtout des candidats qu'on proposait pour occuper le trône. (Suivant l'opinion commune, d'un paysan de Crusvice, nommé Piaste, à qui les Polonois déférèrent la couronne après la mort du roi Popiel, en 830, et qui rendit ses peuples très-heureux. Le trône de Pologne demeura dans sa famille pendant quatre cents ans.)

PIASTRE, subst. fém. (pi-acetre), monnaie d'argent qui se fabrique en Espagne et dans les Indes occidentales. Elle vaut à peu près cinq livres neuf sous tournois ou cinq francs trente-huit centimes. — D'autres pays ont encore, sous le même nom de piastres, des monnaies ou de compte ou effectives de différentes valeurs.

PIAT, subst. mas. (pia), le petit de la pie. Peu connu.

PIATTOLE, subst. fém. (piatetole), espèce de vase propre à faire reposer le lait.

PIAUHAU, subst. mas. (pi-ômô), t. d'hist. nat., genre d'oiseaux de l'ordre des sivains.

PIAULARD, subst. mas.; **PIAULARDE**, subst. fém. (*pi-ôlar, larde*), pleureur, qui *piaule* ou qui a l'habitude de *piauler*. Pop.

PIAULÉ, part. pass. de *piauler*.

PIAULER, v. neut. (*pi-ôlé*) (du lat. *pipilare*, formé par onomatopée), se dit du cri des petits poulets. — Fig. et pop., se plaindre en pleurant. Il se dit particulièrement des enfants.

PIAULIS, subst. mas. (*pi-ôli*), ramage des oiseaux. Peu usité.

PIAZZI, subst. mas. (*pi-atezi*), nom d'une planète récemment découverte par l'astronome *Piazzi*.

PIBOLE, subst. fém. (*pibole*), musette, cornemuse poitevine. (*Rabelais*.) Hors d'usage.

PIC, subst. mas. (*pike*), instrument de fer pour casser des choses dures. — En t. de géographie, montagne très-haute. — Coup du jeu de piquet, où celui qui a la main compte jusqu'à trente, en jouant les cartes, avant que l'autre joueur puisse rien compter. Alors, au lieu de trente il compte soixante. — Dans les manufactures, mesure d'étendue pour les toiles, etc. — En t. de passementier, petit ouvrage de cartisanne, en forme de carré, dont les angles sont émoussés. — En hist. nat., genre d'oiseaux grimpeurs qui vont saisir les insectes sous des arbres. — *A pic*, loc. adv., façon de parler adv., perpendiculairement. —*Etre à pic sur l'ancre*, t. de marine, se dit d'un vaisseau amené presque perpendiculairement sur son ancre.

PICA, subst. mas. (*pika*), t. de médec., appétit dépravé auquel sont sujettes les femmes enceintes et les filles attaquées des pâles couleurs.

PICACISME, subst. mas. (*pikaciceme*). Voyez **PICA**. Presque inusité.

PICACUROBA, subst. mas. (*pikakuroba*), t. d'hist. nat., sorte de tourterelle du Brésil.

PICADIL, subst. mas. (*pikadile*), verre devenu presque noir, jaune ou vert, par la combinaison et la vitrification d'une portion de cendres.

PICADON, subst. mas. (*pikadon*), lieu dans les savonneries où l'on brise les soudes.

PICADOR, subst. mas.; au plur. **PICADORES** (*pikadore*), cavalier espagnol qui attaque le taureau avec la *pique*, après les *taureadores*, et avant le *matador*.

PICAILLON, subst. mas. (*pikâ-ion*), petite monnaie de cuivre du Piémont, valant deux deniers. Quelques personnes disent à tort *piscaillon*) pour *piscotin*.

PICARD, E, subst. et adj. des deux genres (*pikar, pikarde*), de *Picardie*.

PICARDIE, subst. propre fém. (*pikardi*), ancienne province de France qui se trouve comprise aujourd'hui dans le département de la Somme.

PICARDEAU, subst. mas. (*pikardô*), sorte de raisin muscat de Montpellier.

PICAREL, subst. mas. (*pikarèle*), t. d'hist. nat., espèce de poisson du genre des spares.

PICARLAT, subst. mas. (*pikarla*), nom vulgaire qu'on donne, dans certaines villes de France, à des espèces de cotrets de menu bois, etc.

PICATION, subst. fém. (*pikâcion*) (du lat. *pix*, *picis*, poix), t. de pharm., nom d'un médicament externe, de la consistance de l'emplâtre.

PICATOPHORE, subst. mas. (*pikatofore*), selon les astrologues, c'est la huitième maison céleste par laquelle ils font des prédictions.

PICASSURE, subst. fém. (*pikâçure*), tache que l'on remarque sur la faïence.

PICCINISTE, subst. et adj. des deux genres (*pitechinicete*), partisan de *Piccini*, célèbre musicien italien, que la France peut à bon droit revendiquer comme lui appartenant du côté de la célébrité.

PIC-D'ADAM, subst. propre mas. (*pikedadan*), myth., montagne très-haute de l'île de Ceilan, qui est pour les Indiens un objet de vénération, parce que, selon les traditions orientales, *Adam* fut créé sur son sommet.

PICÉA, subst. mas. (*picé-a*), t. de bot., espèce de sapin.

PICÉARIES, subst. fém. plur. (*picé-ari*), t. d'antiq., impôt qui se percevait sur la poix. Inus.

PICENIEN, subst. propre et adj. mas. (*picé-niein*), nom des anciens peuples de la Marche d'Ancône, contrée d'Italie.

PICHET, subst. mas. (*pichè*), petit vase de terre dans lequel on met du vin ou du cidre. Mot propre à quelques départements.

PICHINA, subst. mas. (*pichina*), sorte d'étoffe de laine que l'on fabrique en Flandre.

PICHOLINE, subst. fém. (*pikoline*), olive de la plus petite espèce.—Adj. fém. : *des olives picholines*.

PICHON, subst. mas. (*pichon*), t. de pêche, quatrième chambre de la madragne.—T. d'hist. nat., chat putois qu'on trouve à la Louisiane.

PICHURINE, subst. fém. (*pichurine*), fruit d'une espèce de laurier peu connu, qui croît au Brésil.

PICICITLI, subst. mas. (*piciciteli*), t. d'hist. nat., sorte d'oiseau qu'on trouve au Brésil.

PICINNA, subst. fém. (*picinena*), t. de bot., sorte de plante de la famille des cucurbitacées, qui croît au Malabar.

PICO, subst. mas. (*pikô*), t. de bot., variété de l'oreille-d'ours, plante à courtes étamines.

PICOÏDE, subst. mas. (*piko-ide*), t. d'hist. nat., genre d'oiseaux qui se rapprochent des pics tridactyles.

PICOLETS, subst. mas. plur. (*pikolè*), petits crampons qui tiennent le pène dans la serrure.

PICORÉ, part. pass. de *picorer*.

PICORÉE, subst. fém. (*pikoré*), action de *picorer*. — Pillage des soldats qui se détachent de leurs corps. — Maraude d'écoliers qui dérobent des fruits, etc.—*Aller à la picorée*, en parlant des abeilles, aller sucer des fleurs.

PICORER, v. neut. (*pikoré*), (suivant *Ménage*, du mot de basse latinité *pecorare*, enlever des troupeaux), aller en maraude, butiner.—En parlant des abeilles, sucer les fleurs. — On le dit aussi des auteurs plagiaires, qui vont cherchant dans les ouvrages d'autrui. Peu en usage.

PICOREUR, subst. mas. (*pikoreur*), soldat qui va à la *picorée*.— Plagiaire. Il est vieux et presque hors d'usage.

PICOT, subst. mas. (*pikô*), petite pointe qui reste du bois coupé près de terre. — Petite engrelure qu'on fait au bout des dentelles. — Espèce de marteau pointu qui n'a qu'un côté. — En t. de pêche, filet sédentaire, flotté et plombé, du genre des demi-folles. On l'appelle aussi *picoteux*.

PICOTÉ, E, part. pass. de *picoter*, et adj. — *Picoté*, marqué de petite-vérole.

PICOTEMENT, orthographe de l'*Académie*. Voy. **PICOTTEMENT**.

PICOTER, v. act. (*pikoté*), causer sur la peau ou sur les membranes une impression douloureuse, semblable à la *piqûre* d'une aiguille, etc.: *les sérosités picottent la peau*. — Faire aux fruits de petites piqûres, en parlant des oiseaux qui les becquettent. — Fig., attaquer à plusieurs reprises par des traits malins qui déplaisent. — En t. de man., *picoter un cheval*, lui faire sentir légèrement l'éperon.— *se* **PICOTER**, v. pron., s'agacer mutuellement, comme font les oiseaux.

PICOTEUX, subst. mas. (*pikoteu*), t. de pêche, petit bateau qui ne peut porter que deux ou trois hommes. — Sorte de filet. Voy. **PICOT**.

PICOTIN, subst. mas. (*pikotein*), sorte de petite mesure pour donner de l'avoine aux chevaux. — Quantité d'avoine contenue dans le *picotin*. — Mesure d'arpentage usitée en Guyenne.

PICOTTE, subst. fém. (*pikote*), nom donné en quelques endroits à la petite-vérole. —Sorte de camelot grossier.

PICOTTEMENT, subst. mas. (*pikoteman*), impression douloureuse que les humeurs âcres font sous la peau.

PICOTTERIE (et non pas **PICOTERIE**, comme l'écrit l'*Académie*), subst. fém. (*pikoteri*), paroles malignes dites pour *picoter*, pour fâcher. —Dispute pour des bagatelles.

PICOU, subst. mas. (*pikou*), t. de relat., ordre inférieur de prêtres parmi les Talapoins.

PICPUS, subst. mas. (*pikepuce*), religieux franciscain.

PICQUET, subst. mas. (*pikiè*), outil de saunier.

PICRAMNIE, subst. fém. (*pikrameni*), t. de bot., sorte d'arbuste qui croît à la Jamaïque.

PICRIDE, subst. fém. (*pikride*), t. de bot., genre de plantes de la famille des chicoracées.

PICRIDION, subst. mas. (*pikridi-on*), t. de bot., genre de plantes de la famille des chicoracées, auquel on donne aussi le nom de *reichardie*.

PICRIE, subst. fém. (*pikri*), t. de bot., plante herbacée de la famille des scrofulaires.

PICRIS, subst. mas. (*pikrice*), t. de bot., plante des anciens que l'on a rapportée à notre chicorée sauvage.

PICRITE, subst. mas. (*pikrite*), t. d'hist. nat., chaux carbonatée.

PICROCHOLE, adj. des deux genres (*pikrokole*) (en grec πικροχολος, formé de πικρος, amer, et de χολη, bile), t. de médec., qui abonde en bile amère, qui est enclin à la colère.

PICROLITHE, subst. fém. (*pikrolite*) (du grec πικρος, et λιθος), t. d'hist. nat., pierre magnésifère.

PICROMEL, subst. mas. (*pikromèle*), matière gluante, un peu sucrée, âcre et très-amère, retirée de la bile.

PICROSPATHUM, subst. mas. (*pikrocepatome*), sorte de chaux, la chaux carbonatée magnésifère.

PICROTOXINE, subst. fém. (*pikrotokcine*), t. de chim., substance alcaline que l'on tire de la coque du Levant, et qui est sous la forme de prismes triangulaires, blancs, brillants, demi-transparents et très-amers.

PICTE, subst. mas. (*pikte*), nom d'anciens peuples du nord de l'Écosse, qui étaient féroces et belliqueux.

PICTITE, subst. fém. (*piktite*), t. d'hist. nat., variété de titane, en petits crystaux.

PICTOMANIE, subst. fém. (*piktomani*) (du lat. *pictum*, peinture, et du grec μανια, passion), manie pour la peinture, les tableaux. (*Boiste*.) Inusité.

PICUCULE, subst. mas. (*pikukule*), t. d'hist. nat., genre de l'ordre des oiseaux silvains, et de la famille des grimpereaux.

PIC-VERT, subst. mas. Voy. **PIVERT**, qui seul se dit.

PIE, subst. fém. (*pi*) (du latin *pica*), oiseau de plumage blanc et noir, de la grosseur d'un pigeon, appartenant à la famille des plénirostres et du genre des corbeaux. — *Pie* ou *cheval pie*, cheval blanc et noir. — *Fromage à la pie*, fromage blanc écrémé. — *Jaser comme une pie*, jaser beaucoup. — Prov. : *croire avoir trouvé la pie au nid*, croire avoir fait une découverte importante.—*Donner à manger à la pie*, en t. de jeu, mettre une partie de son gain dans sa poche. Ce dernier prov. et suranné.

PIE, adj. des deux genres (*pi*) (du lat. *pius*, *a*, *um*), pieux, charitable : *faire une œuvre pie*, un acte de charité, pour plaire à Dieu.

PIÈCE, subst. fém. (*pièce*), portion, morceau : *pièce de bœuf*; *pièce d'une montre*; *pièce de tapisserie*. — Morceau de toile, d'étoffe, de métal, etc., qu'on attache à des choses de même nature pour les raccommoder. — Morceau d'étoffe que les femmes mettent quelquefois au devant de leur corps de jupe. — Il se dit souvent d'un tout complet : *pièce de toile*, etc.—Chacun, chacune : *ils coûtent tant la pièce*. — Canon : *pièce d'artillerie*. — Ouvrage d'esprit en vers ou en prose : *pièce de théâtre*, *pièce d'éloquence*. — Absolument, tout ouvrage de théâtre. — Au palais, écriture qu'on produit dans un procès.— *Pièces justificatives*, ajoutées pour servir de preuves.—Monnaie : *pièce d'or*, *d'argent*.— Aux échecs, tout ce qui n'est pas pion. — Tour de malice ou de plaisanterie : *jouer* ou *faire une pièce à quelqu'un*; *lui faire pièce*, sans article. — Fam., en parlant des personnes : *fine pièce*, *méchante pièce*, et ironiquement : *bonne pièce*, personne malicieuse et rusée. — Au plur., les différentes parties d'un logement. — *Pièce de four*, de pâtisserie. — *Pièce de vin*, muid ou tonneau. — *Pièce d'eau*, grande quantité d'eau retenue dans un certain espace pour l'embellissement d'un jardin. — *Pièce de terre*, *de blé*, *d'avoine*, etc., certaine étendue de terre, etc. — *Pièce d'estomac*, morceau de flanelle ou de toile piquée, etc., dont on couvre son estomac. — *Pièces honorables*, se dit en t. de blason, de certaines pièces principales, qui ont été les premières mises en usage dans l'art héraldique. — *Accommoder un homme de toute pièce*, le mal-traiter ou en dire beaucoup de mal. — *Emporter la pièce*, railler, médire d'une manière atroce. — *Mettre tout le monde en pièces*, médire de tout le monde. — *L'armée fut taillée en pièces*, fut entièrement défaite. — *Lanier tout d'une pièce*, t. de faucon., tout entier de la même couleur. — *On lui a donné la pièce*, on lui a donné quelque argent. — *Être près de ses pièces*, avoir peu d'argent. — *Pièces de rapport*, différentes pièces dont on se sert dans les ouvrages de marqueterie. — *Table tout d'une pièce*, d'un seul morceau. — Fig. : *dormir tout d'une pièce*, toute la nuit sans se réveiller. — *Être tout d'une pièce* : 1° se tenir trop droit, n'avoir rien de libre, de dégagé dans sa taille; 2° être rigide, inflexible, n'avoir ni souplesse dans l'esprit, ni manège dans la conduite.

PIÉCETTE, subst. fém. (*piécète*), monnaie d'argent en Espagne, et à Lucerne en Suisse.

PIED, subst. mas. (*pié; le d ne se prononce pas ordinairement; cependant pied-à-terre se prononce piétatère*, etc.) (du lat. *pes, pedis*, dérivé du grec πούς, ποδός), partie de l'animal qui lui sert de base ou de point d'appui pour se poser, se soutenir et marcher, et qui est l'instrument du mouvement progressif. — Trace de la bête qu'on chasse. — Fig. : 1° le bas d'un arbre, d'une montagne, d'un mur, d'une tour. — On le dit quelquefois d'un arbre, d'une plante entière : *il a fait abattre deux cents pieds d'arbres; un pied d'œillet.* — En t. de botanique, le support du champignon ; 2° en parlant de meubles, d'ustensiles, la partie qui sert à les soutenir ; 3° endroit d'un lit qui est opposé au chevet : *le pied* ou *les pieds du lit* ; 4° dans la poésie grecque ou latine, certain nombre de syllabes qui entrent dans la composition d'un vers et qui font la mesure. — Sorte de mesure contenant douze pouces, chacun de douze lignes. *Boileau* a dit fig. (Satire XVIII) :

Est-ce au *pied* du savoir qu'on mesure les hommes?

— Prix : *payer une étoffe sur le pied de tant l'aune; je l'ai achetée, payée sur le même pied.* — En t. de teinture, première couleur qu'on donne à une étoffe pour la disposer à en recevoir d'autres. — Sédiment ou ordure que la cire dépose au fond des moules où on l'a jetée encore chaude. — *Pied du style*, en gnomonique, point du plan sur lequel tombe une ligne abaissée du bout du style perpendiculairement sur le plan du cadran. — *Pêche de pied*, celle qui se fait sur les grèves avec des cordes garnies de lignes et de haims. — En t. de rôtisserie, *les petits pieds*, les perdrix, les cailles, les ortolans et autres petits oiseaux exquis. — *Le pied du montoir d'un cheval*, le pied gauche de devant. — *Le pied hors du montoir*, le pied droit de devant. — *Ce cheval galope sur le bon pied*, en galopant il lève le pied droit de devant le premier. Fam. : *aller du pied comme un chat maigre*, marcher bien. — *Chercher quelqu'un à pied et à cheval*, le chercher partout. — *Attendre, combattre de pied ferme*, attendre, combattre avec assurance et sans quitter son poste. — *Lâcher le pied*, reculer. — Fam. : *donnez un coup de pied jusqu'à Paris*, allez, venez jusqu'à Paris. — *Donner du pied à une échelle*, etc., éloigner de la muraille le bout d'en bas pour y monter sans danger. — Prov. : *faire le pied de grue*, être long-temps dans un lieu pour faire sa cour. — *Faire le pied de veau*, saluer quelqu'un servilement. — *Faire haut-le-pied*, disparaître tout-à-coup. — *C'est un haut-le-pied*, un homme qui ne tient à rien, qui n'a point d'établissement fixe, qui peut disparaître d'un moment à l'autre. Il est pop. — *Mettre une chose sous les pieds*, la mépriser. — *Tenir le pied sur la gorge à quelqu'un*, le traiter fort durement, lui faire faire par force ce qu'on veut. — *Être sur un bon pied, sur un grand pied dans le monde*, y être en estime, en considération, y jouer un rôle honorable. — *Être sur le pied de bel esprit, d'homme puissamment riche*, etc., passer pour tel, en tenir l'état, etc. *Être sur le pied* (en possession) *de faire...* — *Sur ce pied-là* ou *sur le pied où sont les choses*, cela étant ainsi. — *Réduire un plan au petit pied*, en faire en petit une copie où l'on conserve les mêmes proportions. — Fig. : *être réduit au petit pied*, être réduit à un état fort au-dessous de celui où l'on était, etc. — *Au pied de la lettre*, 1° littéralement ; 2° sans exagération. — *D'arrache-pied*. Voy. ce mot. — *De pied ferme*, loc. adv., sans quitter la place ; avec courage.

PIED-À-PIED, adv. (*piétapié*), peu à peu.

PIED-À-TERRE, subst. mas. (*piétatère ; pié-à-tère* donnerait lieu à un *hiatus* intolérable), petit logement où l'on ne couche qu'en passant, ou rarement. — Au plur., des *pied-à-terre*.

PIED-BOT, subst. mas. (*piébô*), pied de forme ronde, et qui fait qu'on marche avec peine. — Celui qui a cette incommodité. — Au plur., des *pied-bot*, des gens qui ont le *pied-bot*. Voy. BOT. — *Pieds-bots*, t. de bot., nom d'une famille de plantes du genre des champignons.

PIED-CORNIER, subst. mas. (*piékornié*), t. de charp., longue pièce de bois aux encoignures des pans de charpente. — Chez les menuisiers, tout battant formant un angle saillant, dont l'arête est arrondie. — Au plur., des *pieds-corniers*.

PIED-D'ALOUETTE, subst. mas. (*piédalouète*), t. de bot., plante annuelle qui a beaucoup de rapport avec les aconits. — Au plur., des *pieds-d'alouettes*.

PIED-D'ÂNE, subst. mas. (*piédâne*), t. d'hist. nat., espèce d'huître dont la coquille a beaucoup de ressemblance avec la corne du *pied de l'âne*. — Au plur., des *pieds-d'âne*.

PIED-DE-BICHE, subst. mas. (*piédebiche*), instrument de dentiste. — T. d'horlogerie, détente brisée. — Support en *pied de biche*. — Barre pour fermer une porte. — Au plur., des *pieds-de-biche*.

PIED-DE-BOEUF, subst. mas. (*piédebeufe*), sorte de jeu d'enfants. — Sans plur.

PIED-DE-CHAT, subst. mas. (*piédecha*), t. de bot., herbe blanche, plante vulnéraire. — Au plur., des *pieds-de-chat*.

PIED-DE-CHÈVRE, subst. mas. (*piédechèvre*), instrument d'imprimerie. — Espèce de petit levier, pince fendue et courbe. — Jambe de la chèvre. Tas très-lisse et uni. — En bot., plante, petite angélique sauvage. — Au plur., des *pieds-de-chèvre*.

PIED-DE-COQ, subst. mas. (*piédekoke*), t. de bot., plante à fleurs en épis. — Au plur., des *pieds-de-coq*.

PIED-DE-GRIFFON, subst. mas. (*piédegueri-fon*), t. de bot., espèce de plante. — Instrument pour les accouchements laborieux. — Au plur., des *pieds-de-griffon*.

PIED-DE-LIÈVRE, subst. mas. (*piédeli-èvre*), t. de bot., plante, petit trèfle des champs. — Au plur., des *pieds-de-lièvre*.

PIED-DE-LION, subst. mas. (*piédelion*), t. de bot., plante vivace, à fleurs à étamines, qui croît dans les bois et dans les taillis. On la nomme aussi *alchimille*. — Au plur., des *pieds-de-lion*.

PIED-DE-LOUP, subst. mas. (*piédelou*), t. de bot., marrube. — Au plur., des *pieds-de-loup*.

PIED-DE-MOUCHE, subst. mas. (*piédemouche*), traits d'écriture mal formés. — En t. d'imprimerie, caractère ainsi figuré ☾, qui sert ou pour des renvois ou pour la signature de feuilles qui appartiennent au corps de l'ouvrage, sans en faire absolument partie. — Au plur., des *pieds-de-mouche*.

PIED-D'ENTRÉE, subst. mas. (*piédantré*), montant ou battant d'une voiture, où bat la portière. — Au plur., des *pieds-d'entrée*.

PIED-DE-PIGEON, subst. mas. (*piédepijon*), t. de bot., plante qui a du rapport avec le *bec-de-grue*. — Au plur., des *pieds-de-pigeon*.

PIED-DE-ROI, subst. mas. (*piéderoé*), mesure de douze pouces. — Au plur., des *pieds-de-roi*.

PIED-D'ÉTALE, subst. mas. (*piédétale*), instrument de fer qui, étant enfoncé dans un bloc, sert d'établi aux cloutiers et à d'autres artisans. — Au plur., des *pieds-d'étale*.

PIED-DE-VEAU, subst. mas. (*piédevô*), t. de bot., plante ; on en fait une poudre médicinale. — Au plur., des *pieds-de-veau*.

PIED-DROIT, subst. mas. (*piédroé*), partie du jambage d'une porte, d'une fenêtre, qui comprend le chambranle, le tableau, la feuillure, l'embrasure et l'écoinçon. — Au plur., des *pieds-droits*.

PIED-ÉQUIN, subst. mas. (*piétékiein*), t. de médec., nom qu'on donne à un pied tordu, et dont la pointe est tournée en bas, en forme de pied de cheval. — Au plur., des *pieds-équins*.

PIÉDESTAL, subst. mas. (*piédèstal*) (du français pied, et du teutonique *stall*, base, soutien, appui), partie basse de la colonne sur laquelle porte son fût : *le piédestal d'une statue, d'un vase*. — *Piédestal continu*, soubassement d'une file de colonnes. — Au plur., des *piédestaux*.

PIÉDESTAUX, subst. mas. plur. Voy. PIÉDESTAL.

PIED-DE-VENT, subst. mas. (*piédevan*), t. de mar., éclaircie dans l'horizon, qui marque que le *vent* viendra de ce côté. — Au plur., des *pieds-de-vent*.

PIED-FORT, subst. mas. (*piéfor*), pièce de monnaie très-épaisse, qui sert de modèle. — Au plur., des *pieds-forts*.

PIED-FOURCHÉ, subst. mas. (*piéfourché*), droit d'entrée sur les quadrupèdes bisulces. — Au plur., des *pieds-fourchés*.

PIED-GRIS, subst. mas. (*piégueri*), t. d'hist. nat., alouette de mer. — Au plur., des *pieds-gris*.

PIED-HORAIRE, subst. mas. (*pié-orère*), troisième partie de la longueur du pendule. — Au plur., des *pieds-horaires*.

PIED-NOIR, subst. mas. (*piénoère*), t. d'hist. nat., sorte d'oiseau du genre des traquets. — Au plur., des *pieds-noirs*.

PIÉDOUCHE, subst. mas. (*piédouche*) (de *pied*, et d'*adoucir*), petite base longue ou carrée en adoucissement, avec moulures, qui sert à porter un buste, etc.

PIED-PLAT, subst. mas. (*piépla*), homme méprisable. — Au plur., des *pieds-plats*.

VA-NU-PIEDS, subst. mas. (*vanupié*), homme de néant, de la lie du peuple. — Au plur., des *va-nu-pieds*.

PIED-POUDREUX, subst. mas. (*piépoudreu*), vagabond, va-nu-pieds, fam. — Au plur., des *pieds-poudreux*.

PIED-ROUGE, subst. mas. (*piérouje*), t. d'hist. nat., sorte d'oiseau de mer qui vit de coquillages.

PIED-VERT, subst. mas. (*piévère*), t. d'hist. nat., sorte de bécasseau. — Au plur., des *pieds-verts*.

PIÈGE, subst. mas. (*pièje*) (du latin *pedica*, fait dans le sens de *pes, pedis*, pied, parce que les animaux s'y prennent ordinairement par les pattes), machine pour attraper certains animaux. — Au fig., embûche, artifice.

PIE-GRIÈCHE, subst. fém. (*pigueri-èche*) (du lat. *pica græca*, pie grecque, d'où, par corruption, on a fait *pie-grièche*), t. d'hist. nat., genre d'oiseaux passereaux, de la famille des crénirostres, dont la voix est très-aigre et très-désagréable. — Fig. et fam., femme d'une humeur aigre et querelleuse.

PIE-MÈRE, subst. fém. (*pi-mère*) (du lat. *pia mater*), t. d'anat., membrane qui couvre immédiatement le cerveau.

PIÉMONT, subst. propre mas. (*piémon*), ancienne province d'Italie, aujourd'hui comprise dans les états de Sardaigne. Capitale, Turin.

PIÉMONTAIS, E, adj. et subst. (*piémonté, tèze*), du *Piémont*.

PIÉRIDE, subst. fém. (*pi-éride*), t. d'hist. nat., papillon diurne.

PIERRAILLE, subst. fém. (*pièrâ-ie*), amas de petites *pierres*.

PIERRE, subst. fém. (*pière*) (du grec πετρος), corps dur et solide qui se forme dans la terre et dont on se sert pour la construction des bâtiments : *faire un ouvrage à pierre perdue* ou à *pierres perdues*, un ouvrage de *pierres* qu'on élève dans l'eau, en y jetant une grande quantité de *pierres*. — Amas de gravier qui se forme en *pierre* dans les reins ou dans la vessie. — Dureté qui se trouve dans quelques fruits. — *Pierre à cautère*, potasse caustique ou fondue. — *Pierre à détacher*, espèce d'argile propre à ôter les taches. — *Pierre à rasoir*, sorte de schiste, blanc d'un côté et noir de l'autre, pour affiler les rasoirs. — *Pierre à aiguiser*, grès pour aiguiser les instruments tranchants. — *Pierre à fusil*, silex qui donne de vives étincelles. — *Pierre meulière*, espèce de quartz poreux propre à faire des meules de moulin. — *Pierre infernale*, nitrate d'argent fondu. — *Pierre ponce*, pierre légère et poreuse qui semble avoir été calcinée par des feux souterreins. — *Pierre des menuisiers*, argile schisteuse graphique. — *Pierres précieuses* ou simplement *pierres*, diamants, rubis, etc. — *Pierres fausses*, celles qui sont contrefaites. — *Pierres gravées*, celles qui sont gravées. — *Pierre de touche*, pierre pour éprouver l'or. — Prov. et fig. : *l'intérêt est la pierre de touche de l'amitié*. — *Pierre fondamentale*, qui sert de fondement à un édifice. — Fig. : *la justice est la pierre fondamentale des états*. — *Pierres d'attente*, qu'on laisse en saillie au côté d'un bâtiment pour le continuer ou pour former le commencement d'un autre; et fig., chose commencée qui doit avoir des suites. — *Pierre angulaire*, que l'on met la première à l'angle d'un édifice. Voyez ANGULAIRE. — *Pierre d'évier*, pierre taillée pour servir à l'écoulement des eaux d'une cuisine, d'une cour, et qu'on appelle aussi vulgairement *pierre à laver*. — *Pierre d'autel*, pierre sur laquelle le prêtre dit la messe, et qui a été consacrée auparavant par un évêque. — *Pierre à chaux, pierre à plâtre*, dont on fait la chaux, le plâtre. — Se dit des cailloux et autres corps solides de même nature : *se battre à coups de pierre*. — Marbre sur lequel on bat l'or et l'argent. — Brunissoir de sanguine pour les doreurs. — *Pierre* dont se servent les lapidaires pour enlever tous les traits de la lime. — *Pierre grenue*, la pierre aigre et dure qu'on tire d'une ardoisière.—*Pierre à broyer*, celle d'un grain très-serré, dur et très-uni. — *Pierre à brunir*, des cailloux taillés en coude pour polir l'or. — *Pierre de croix*, sorte de *pierre* tendre, dont la coupe transversale offre ordinairement la figure d'une croix noire. — On appelle *pierre fière* une *pierre* dure, sèche et difficile à travailler ; *pierre franche*, celle qui est parfaite en son espèce ; *pierre pleine*, toute *pierre* dure qui n'a ni cailloux , ni trous , ni coquillages; *pierre gelisse verte*, celle qui est nouvellement tirée de la carrière, et qui n'a pas encore jeté son eau ; *pierre en binard*, tout gros bloc de *pierre* qui ne peut être apporté de la carrière que sur un binard ; *pierre débitée*, celle qui est sciée ; *pierre d'échantillon* , un bloc de *pierre* d'une certaine mesure, commandée exprès aux carrières ; *pierre d'encoignure* , celle qui , ayant deux parements, cantonne l'angle d'un bâtiment de quelque avant-corps; *pierre ébousinée*, celle dont on a ôté le bouzin ou le tendre; *pierre en chantier*, celle qui est calée par le tailleur de *pierre* et disposée pour être taillée ; *pierre émillée*, celle qui est équarrie et grossièrement taillée avec la pointe du marteau ; *pierre hachée*, celle dont les parements sont dressés avec la hache du marteau bretelé, pour être ensuite layée ou rustiquée; *pierre layée* , celle qui est travaillée à la laie; *pierre louvée*, celle dans laquelle on fait un trou pour recevoir la louve ; *pierre nette*, celle qui est équarrie et atteinte jusqu'au vif ; *pierre parpaigne*, la *pierre* qui traverse l'épaisseur d'un mur, et qui en fait les deux parements; *pierre piquée*, celle dont les parements sont piqués à la pointe, et dont les ciselures sont relevées; *pierre ragréée au fer* , celle qui est passée au riflard ; *pierre retournée*, celle dont les parements opposés sont d'équerre et parallèles ; *pierre rustique*, celle qui, après avoir été dressée et hachée , est piquée grossièrement avec la pointe; *pierre traversée* , celle où les traits des bretelures sont croisés; *pierre velue* , toute *pierre* brute telle qu'on la sort de la carrière. —On appelle *pierres fichées* celles dont le devant des joints est rempli de mortier clair et de coulis ; *pierres jointoyées*, celles dont les dehors des joints sont bouchés et ragréés de mortier serré, de plâtre ou de ciment. — On nomme *pierre délitée* celle qui est fendue à l'endroit d'un fil de lit, et qui, taillée avec déchet, ne sert qu'à faire des arases ; *pierre en délit*, celle qui n'est pas posée sur son lit de carrière dans un cours d'assise , mais sur son parement ou délit en joint; *pierre moyée*, celle dont la moye ou le tendre est abattu avec perte, parce que son lit n'est pas également dur; *pierre moulinée*, celle qui est graveleuse et qui s'égrène à l'humidité. — Les fabricants de pipes à fumer appellent *pierre à torrent* deux cailloux dans lesquels on a creusé des calibres de la grosseur du tuyau et de la tête de la pipe. — On appelle *pierre à champignon, ou racine de champignon*, le produit des champignons blancs, poreux; *pierre aérophane*. Voy. AÉROPHANE; *pierre alectorienne*. Voy. ALECTOIRE; *pierre apyre* , une *pierre* qui a la propriété de résister à l'action du feu, comme talc, amiante, etc. ; *pierre arménienne*. Voy. ARMÉNIENNE ; *pierre assienne*. Voy. ASSIENNE ; *pierre atramentaire*. Voy. ATRAMENTAIRE; *pierre de Boulogne*, une *pierre* transparente qui, après avoir été calcinée, donne une odeur fétide et urineuse et luit dans les ténèbres; *pierre calaminaire*, l'oxyde de zinc natif; *pierre calcaire* , le carbonate de chaux ; *pierre colubrine*. Voy. COLUBRINE ; *pierre d'aigle*. Voy. ÆTITE; *pierre d'Alchéron*. V. ALCHÉRON; *pierre de circoncision*, une espèce de jade d'un vert sombre; *pierre de croix*. V. MACLE; *pierre de Florence*, une sorte de marbre jaune ou verdâtre, à dessins en forme de ruines; *pierre de foudre*, une substance altérée par la foudre; *pierre de gallinace*, une espèce de verre noirâtre , naturel au Pérou ; *pierre de lait*, une substance argileuse qui sert à dégraisser, lait de lune fossile ; *pierre de lard* , un talc graphique; *pierre de liais*. Voy. LIAIS ; *pierre de lune*, l'agate nébuleuse à reflets ; *pierre de Labrador* , une espèce de feld-spath ; *pierre de Lydie* , une *pierre* d'aimant ; *pierre de miel*. Voy. MELLITE ; *pierre de mine*, une *pierre* dont on se sert dans les forges pour forger le fer ; *pierre de poix*, une variété de quartz ; *pierre de porc-épic*, une *pierre* qui se trouve dans la vessie du porc-épic des Indes; *pierre de sassenage*, une chélidoine ; *pierre des Incas* , une pyrite arsénicale, ou espèce de marcassite ; *pierre de tripes* , une concrétion de baryte sulfatée en forme d'intestins ; *pierre de violette*, une *pierre* qui a une odeur de violette ; *pierre d'iris*, une *pierre* précieuse qui a les couleurs de l'arc-en-ciel ; *pierre hépatique* ou *de foie*, une combinaison d'acide vitriolique, de matière inflammable, de terre calcaire et argileuse; *pierre judaïque*. Voy. JUDAÏQUE; *pierre lenticulaire*, une *pierre* qui ressemble à une lentille; *pierre lumachelle*, ou de limaçons, un marbre conchite , un amas de débris de limaçons, etc., unis par un gluten ; *pierre nummulaire*, une *pierre* qui ressemble à une monnaie; *pierre ollaire*, une sorte de talc, en masses tendres, dont on fait des vases sur le tour ; *pierre pesante*, le tungstène calcaire ; *pierre-porc* ou *puante*, une combinaison de terre calcaire et d'argile avec le soufre ; *pierre pourrie* , une argile qui a perdu son gluten , et dont on se sert pour polir les métaux ; *pierre rouge*. Voy. SANGUINE, *pierre spéculaire*, la chaux sulfatée en larmes: *pierre stéatite*, la *pierre* ollaire; *pierre volante*, l'arsenic natif amorphe ; *pierre obsidienne*, ou *obsidiane*. Voy. ce mot. Voy. PIERRES SACRÉES, subst. fém. plur. *Pierre d'aimant*, *pierre* qui attire le fer. Voy. AIMANT ; *pierre de bézoard* , *pierre* qui se trouve dans le corps d'un animal des Indes orientales, et qu'on prétend être bonne contre les poisons et les fièvres malignes. Voy. BÉZOARD; *pierre de jade*, *pierre* dure et verdâtre qui guérit, dit-on, la colique néphrétique. Voy. JADE ; *pierre de limace*, sorte de concrétion nacrée que l'on trouve dans le dos de la limace , *pierre de santé* , nom qu'on donne en Savoie à une pyrite martiale très-dure et susceptible d'un beau poli. — *Pierre de Cayenne*, le hocco du Mexique.—*Pierre philosophale*, Voy. PHILOSOPHALE.—Fig. : 1° *pierre d'achoppement*. Voy. ACHOPPEMENT; 2° *pierre de scandale*, ce qui cause du scandale. — Prov. et fig. : *trouver des pierres en son chemin* , trouver des obstacles à ce qu'on veut faire. — *Jeter des pierres dans le jardin de quelqu'un* , dire devant lui des choses qu'il ne peut s'empêcher de s'appliquer. — *Jeter la pierre à quelqu'un* , accuser une personne plutôt qu'une autre, la blâmer. — *Faire d'une pierre deux coups*. Voy. COUP.—Fig. et fam. : *geler à pierre fendre* , extrêmement fort. — On dit d'une grande douleur, qu'*elle est à fendre les pierres*. — *La pierre en est jetée* , le dessein en est pris.

PIERRE, subst. propre mas. (*pière*), chef-lieu de canton, arrond. de Louhans, dép. de Saône-et-Loire.

PIERRE-BUFFIÈRE, subst. propre mas. (*pièrebufière*), ville de France, chef-lieu de canton , arrond. de Limoges , dép. de la Haute-Vienne.

PIERRE-D'OLÉRON , subst. propre mas. (*pièredoléron*), petite ville de France, chef-lieu de cant., arrond. de Marennes, dép. de la Charente-Inférieure.

PIERRE (SAINT-) , subst. propre mas. (*ceinpière*), ville de la Martinique , chef-lieu de l'arrond. de son nom.

PIERRE-DE-CHIRAC (SAINT-), subst. propre mas. (*ceinpièredechirak*) , ville de France, chef-lieu de cant., arrond. de Périgueux , dép. de la Dordogne.

PIERRE-ÉGLISE (SAINT-), subst. propre mas. (*ceinpièreguelize*), bourg de France, chef-lieu de canton , arrond. de Cherbourg , dép. de la Manche ; et petite ville, chef-lieu de canton , arrond. de Nevers , dép. de la Nièvre.

PIERRE-SUR-DIVES (SAINT-) , subst. propre mas. (*ceinpièreçurdive*), bourg de France, chef-lieu de cant., arrond. de Lisieux, dép. du Calvados.

PIERRÉE , subst. fém. (*pièré*), conduit fait en terre, à *pierres* sèches , pour l'écoulement des eaux.

PIERREFITTE, subst. propre mas. (*pièrefite*), village de France, chef-lieu de canton, arrond. de Commercy, dép. de la Meuse.

PIERREFORT, subst. propre mas. (*pièrefore*), petite ville de France, chef-lieu de canton, arrond. de Saint-Flour, dép. du Cantal.

PIERRE-LATTE, subst. propre mas. (*pièrelate*), ville de France, chef-lieu de canton, arrond. de Montélimart, dép. de la Drôme.

PIERRE-LES-VARANS, subst. propre mas. (*pièrelèvaran*), chef-lieu de canton, arrond. de Baume-les-Dames, dép. du Doubs.

PIERRERIES, subst. fém. plur. (*pièreri*), *pierres* précieuses.

PIERRES SACRÉES, subst. fém. plur. (*pièreçacrée*), tas de pierres dédiés à Mercure, et placés à côté des grands chemins.

PIERRETTE , subst. fém. (*pièrète*) , petite *pierre*.—Personnage de comédie.—Sorte de déguisement.

PIERREUSE, adj. fém. (*piéreuze*). Voy. PIERREUX.

PIERREUX, adj. mas., au fém. PIERREUSE (*piéreu, reuze*), plein de *pierres*. — Il se dit des fruits qui renferment certaines parties dures, qui ressemblent à de petits grains de *pierres*. — Subst. , qui est attaqué de la *pierre*.

PIERRIER, subst. mas. (*pièri-é*), sorte de petit canon de marine, qui sert à lancer des *pierres*.

PIERRIÈRES, subst. fém. plur. (*pièrière*), monceaux de *pierres* devant une place forte.

PIERROT, subst. mas. (*pièrô*), nom vulgaire du moineau franc et du pétrel.—Personnage de l'ancienne comédie-parade ; bateleur. — Sorte de déguisement.

PIERRURES , subst. fém. plur. (*pièrure*), t. de vénerie, ce qui sur la tête du cerf entoure la meule en forme de petites *pierres* ; ce qui forme la fraise.

PIESTE, subst. mas. (*pièçete*), t. d'hist. nat., sorte d'insecte du Brésil, de la famille des brachélitres.

PIÉTÉ, subst. fém. (*pi-été*) (du latin *pietas*, de *pius*), dévotion , affection et respect pour les choses de la religion. — Sentiment religieux.— *Piété filiale*, amour des enfants pour leur père et leur mère. — *Piété envers les malheureux*, qui consiste à les plaindre et à les secourir.—T. de blason, les petits d'un pélican qui s'ouvre le sein pour les nourrir de son sang. — *Mont-de-piété*. Voy. ce mot.—Subst. propre fém., myth., divinité qui présidait elle-même au culte qu'on lui rendait, aux soins respectueux des enfants pour leurs parents , et à la tendresse des parents pour leurs enfants.

PIÉTÉ , E , part. pass. de *piéter*.

PIÉTER, v. neut. (*pi-été*), diviser une toise , etc., en *pieds* , en pouces , etc.—T. de marine , marquer les *pieds* et les pouces sur l'étrave et l'étambord d'un vaisseau, en commençant par le bas , pour connaître combien il tire d'eau. — Act., disposer quelqu'un à la résistance. Il est fort peu en usage dans cette acception.—*se piéter* , v. pron., se disposer à résister. Presque hors d'usage.

PIÉTIN, subst. mas. (*pi-étein*), t. d'hist. nat., sorte de coquille du Sénégal, qui faisait partie du genre bulime.

PIÉTINAGE, subst. mas. (*pi-étinaje*), t. de métiers, action de fouler avec les *pieds*.

PIÉTINEMENT, subst. mas. (*pi-étineman*), action de *piétiner*; son effet.

PIÉTINÉ, E , part. pass. de *piétiner*.

PIÉTINER, v. neut. (*pi-étiné*) , remuer fréquemment les *pieds* par vivacité ou par inquiétude : *piétiner de colère, d'impatience*. — Act. : *piétiner la terre*, la corroyer avec les *pieds* , en marchant dans la fosse.

PIÉTISME, subst. mas. (*pi-éticeme*), piété excessive , outrée. — Doctrine des piétistes.

PIÉTISTE, subst. des deux genres (*pi-éticete*), sectaire tolérant , indifférentiste , qui croit les créatures émanées de Dieu.

PIÉTON , subst. mas.; PIÉTONNE , subst. fém. (*pi-éton, tone*), qui voyage, va à *pied*.—Soldat à pied.—*Un bon piéton* , un homme qui marche bien.

PIÉTONNE, subst. fém. Voy. PIÉTON.

PIÉTONNÉ, part. pass. de *piétonner*.

* PIÉTONNER, v. neut. (*pi-étoné*), aller à *pied*. Peu usité.

PIÉTOT, subst. mas. (*pi-étô*), monnaie de Malte, qui vaut environ trois deniers tournois de l'ancienne monnaie.

PIÈTRE, adj. des deux genres (*pi-ètre*), chétif, mesquin, mauvais. Fam.

PIÈTREMENT, adv.(*pi-ètreman*), chétivement, en mauvais état, de nulle capacité, de nulle valeur. Fam.

PIÈTRERIE, subst. fém. (*pi-ètreri*), chose vile et méprisable en son genre : *ce marchand n'a que de la piètrerie*. Fam.

PIÉTRI, part. pass. de *piétrir*.

PIÉTRIR, v. neut. (*piétrire*), t. de parchem., se ramollir. Peu usité.

PIETTE, subst. fém. (*pi-ète*) (dimin. de *pie*), t. d'hist. nat., oiseau palmipède et aquatique.

PIEU, subst. mas. (*pieu*) (du lat. *palus*), pièce de bois aiguisée, et quelquefois ferrée par un des bouts, pour faire des fraises, des palissades, les palées d'un pont de bois, etc. — Au plur., des *pieux*.

PIEUSE, adj. fém. Voy. PIEUX.

PIEUSEMENT, adv. (*pi-euzeman*) , d'une manière *pieuse*.—*Croire pieusement*, par esprit de dévotion , par déférence.

PIEUX, adj. mas., au fém. **PIEUSE** (*pi-eu, euze*) (du lat. *pius*), qui a de la *piété*.—En parlant des choses, qui part d'un sentiment de *piété*. — Qui a rapport avec la piété filiale.—*Legs pieux*, qui doit être employé en œuvres *pies*.

PIFFRE, subst. mas.; **PIFFRESSE**, subst. fém. (*pifre, pifrèce*) (de l'allemand *pfeiffer*, joueur de fifre; parce que cet instrument fait enfler les joues et paraître excessivement gras), t. bas et injurieux, gourmand.—Excessivement gros et replet.

PIFFRESSE, subst. fém. Voy. PIFFRE.

se **PIFFRER**, v. pron. (*cepifré*), t. bas, manger avec excès. — Plus souvent et mieux *s'empiffrer*.

PIGAMON, subst. mas. (*piguamon*), t. de bot., plante vivace à fleur rosacée.

PIGARGUE, subst. fém. (*piguargue*), t. d'hist. nat., oiseau carnivore.— Espèce de gazelle.

PIGEON, subst. mas. (*pijon*) (du lat. *pipio, pipionis*, pigeonneau), oiseau domestique qu'on élève dans un colombier. Les *pigeons* forment, sous le nom de péristères, une famille qui paraît tenir le milieu entre les gallinacés et les passereaux. — *Pigeon ramier, pigeon sauvage*. — Fig. et fam., homme qu'on attire par adresse pour le duper. — Variété de pomme. — *Une paire de pigeons*, deux pigeons vivants et appariés. —*Une couple de pigeons*, deux *pigeons* pour manger.— *Aile de pigeon*, manière de disposer les cheveux en leur faisant former une *aile* de chaque côté de la tête. — Couleur *gorge de pigeon*, couleur chatoyante comme celle de la gorge de *pigeon*.

PIGEONNEAU, subst. mas. (*pijonô*), petit *pigeon*.

PIGEONNÉ, E, part. pass. de *pigeonner*.

PIGEONNER, v. neut. (*pijoné*), t. de maçon, mettre du plâtre dans la main avec la truelle, et le gâcher un peu serré pour le rendre propre à former les languettes d'une cheminée, etc.

PIGEONNET, subst. mas. (*pijonè*), sorte de petite pomme d'automne.

PIGEONNIER, subst. mas. (*pijonié*), lieu où l'on élève des *pigeons*.

PIGMALION, subst. propre mas. (*piguemalion*), myth., fils de Bélus, roi de Tyr. Il fit mourir Sichée, mari de Didon, sa sœur, qui se sauva en Afrique avec tous ses trésors, et y fonda la ville de Carthage. Astébé, sa femme, aussi cruelle que lui, l'empoisonna; et, voyant qu'il ne mourait pas assez promptement, elle l'étrangla. Après ce crime, voulant encore faire mourir son fils Balcazar, celui-ci se sauva dans une barque, passa en Syrie, où il garda des troupeaux pour gagner sa vie. Niard, un des principaux officiers de la cour, qui l'avait averti des desseins de sa mère, le fit revenir en lui envoyant un anneau d'or, qui était le signe dont ils étaient convenus; et ce prince monta sur son trône après la mort d'Astébé.— Il y eut un autre *Pigmalion*, fameux sculpteur, qui aima tellement une statue de Vénus qu'il avait faite, qu'il l'épousa. Il demanda avec instance à Vénus que cette statue fût animée : ce que cette déesse lui accorda; et il en eut Paphus.

PIGMENT, subst. mas. (*pigueman*), t. d'art vétér., sorte de maladie qui est particulière au cheval.

PIGNE, subst. fém. (*pignie*), t. de minér., masse d'or ou d'argent tirée du minerai, et séparée du mercure auquel il s'était amalgamé. — En t. de monnaie, le reste de l'argent qui a été amalgamé quand on a fait des lavures.

PIGNEROLLE, subst. fém. (*pignierole*), t. de bot., chardon étoilé.

PIGNOCHÉ, E, part. pass. de *pignocher*.

PIGNOCHER, v. neut. (*pignioché*), manger négligemment et par petits morceaux. Familier.

PIGNON, subst. mas. (*pignion*) (suivant *Huet*, du celtique *pen*, pointe d'une montagne, d'où sont venus les mots *apennin, alpes pennines*, etc. Suivant *Bochart*, du latin *tignum*, poutre, solive, par le changement du *t* en *p*.), mur d'une maison qui est terminé en pointe et qui porte le haut du faîtage. — *Mur de pignon*, mur montant jusqu'au faîte, qui tient lieu de fermé à la charpente qui vient s'appuyer dessus. — Prov. : *avoir pignon sur rue* : 1° avoir une maison à soi ; 2° avoir du bien en évidence.—En t. d'hort., petite roue d'acier dont les dents ou fuseaux s'appellent ailes.—En mécan., 1° en général, la plus petite de deux roues qui engrènent l'une dans l'autre; 2° plus particulièrement, celle qui est menée.— Fruit de la pomme de *pin*; on en met en dragées et l'on en confit, ce qui s'appelle *pignolat*. (Du lat *pineus*, sous-entendu *nucleus*.)—Ce qui sort du cœur du chanvre lorsqu'on l'habille.

* **PIGNONÉ, E**, adj. (*pignioné*), t. de blason, qui s'élève en forme de *pignon* de muraille; qui se termine en pointe par briques ou carreaux les uns sur les autres, en forme de plusieurs montants d'escalier.

PIGNORATIF, adj. mas., au fém. **PIGNORATIVE** (*piguenoratif, tive*), t. de droit, qui engage : *contrat pignoratif*.

PIGNORATION, subst. fém. (*piguenorâcion*), t. de droit, engagement, saisie.

PIGNORATIVE, adj. fém. Voy. PIGNORATIF.

PIGNORÉ, E, part. pass. de *pignorer*.

PIGNORER, v. act. (*piguenoré*) (du lat. *pignus*, gage), saisir, engager. (*Boiste*.) Vieux et même hors d'usage.

PIGOCHE, subst. fém. (*piguoche*), espèce de jeu de marelle.

PIGOU, subst. mas. (*piguou*), chandelier de fer à deux pointes dont on se sert communément dans les cales des vaisseaux.

PIGRIÈCHE, orthographe vicieuse. Voy. PIE-GRIÈCHE.

PIISSIME, adj. des deux genres (*pi-icecime*), très-pieux. Mot plus latin que français.

PIKA, subst. mas. (*pika*), t. d'hist. nat., espèce de lièvre de Sibérie.

PILA, subst. mas. (*pila*), t. d'antiq., chez les Romains, nom donné à certains boucliers fort petits, qui figuraient sur l'enseigne des boucliers entassés les uns sur les autres.

PILAIRE, adj. des deux genres (*pilère*), t. de médec., se dit de l'ensemble des poils du corps : *système pilaire* ou *pileux*.—*Maladie pilaire*, maladie des poils, plique-trichiase.

PILASTRE, subst. mas. (*pilacetre*) (du lat. *pila*, pilier), pilier carré qui entre ordinairement dans le mur, et se place quelquefois derrière les colonnes dont il a les proportions, avec cette différence qu'il est d'un diamètre égal dans toute sa hauteur.

PILATE (MONT), subst. propre mas. (*monpilate*), montagne de Suisse, au sommet de laquelle est un lac ou étang sur lequel on a fait beaucoup de fables, entre autres, que *Pilate* s'y était jeté, que les diables y paraissaient souvent, etc., etc.

* **PILAU**, subst. mas. (*pilô*), riz cuit avec du beurre ou de la graisse et de la viande.

PILE, subst. fém. (*pile*) (du grec πιλός, laine entassée, feutre, etc.), amas de choses entassées avec ordre.—Maçonnerie qui soutient les arches d'un pont.—Monnaie de compte français.—Matrice, coin.—Côté de la face d'une monnaie : *jouer à croix ou à pile*. Voy. CROIX.—Mortier de moulin à papier; auge.—Pierre pour *piler*.—Boîte en cuivre, de poids de marc, contenant ses subdivisions. — *Pile* ou *empile*, ligne qui porte l'hameçon. — *Pile de Volta*, appareil électrique pour les expériences galvaniques. —*Pile de Héron*, machine hydraulique.

PILÉ, E, part. pass. de *piler*.

PILÉE, subst. fém. (*pilé*), quantité d'étoffe mise dans l'auge pour la faire fouler.—Action de *piler*. — Quantité de la chose *pilée* dans un mortier.

PILÉOLE, subst. fém. (*pilé-ole*), t. de bot., la feuille la plus extérieure du germe, celle qui enveloppe les autres.

PILER, v. act. (*pilé*) (du grec πιλεῖν, fouler, serrer), broyer, écraser dans un mortier. — *se* PILER, v. pron.

PILERIE, subst. fém. (*pileri*), bâtiment où l'on *pile* le sel.

PILESTE, subst. mas. (*pilècete*), t. de bot., un des noms qu'on donne au gouet, sorte de plante.

PILET, subst. mas. (*pilé*), t. d'hist. nat., oiseau; espèce de canard du Nord.

PILETTE, subst. fém. (*pilète*), instrument qui sert à *piloner* la laine.

PILEUR, subst. mas., au fém. **PILEUSE** (*pileur, leuze*), ouvrier employé à *piler*.

PILEUSE, subst. fém. Voy. PILEUR.

PILÉUS, subst. mas. (*pilé-uce*), t. d'anat., membrane dont le fœtus est quelquefois coiffé en venant au monde.—Espèce de bonnet que l'on voit sur les médailles, et dont la forme approche assez de celle d'un bonnet de nuit.

PILEUX, adj. mas., au fém. **PILEUSE** (*pileu, leuze*). Voy. PILAIRE.

PILIDION, subst. mas. (*pilidi-on*), t. de bot., sorte de cupule ou de conceptacle dans les lichens.

PILIER, subst. mas. (*pilié*) (du lat *pila*), ouvrage de maçonnerie servant à soutenir un édifice. —Fig. et fam., celui qui ne bouge pas d'un endroit : *pilier de cabaret*, etc.—Poteau de justice. — Poteau qui, dans une écurie, sert à séparer les places des chevaux.—Autrefois, à Malte, le chef de chacune des huit langues qui composaient l'ordre. — En anat., colonne, soutien. *piliers du diaphragme*; *piliers du voile du palais*.—Prov. : *se frotter au pilier*, prendre les mauvaises habitudes de ceux qu'on hante.—*Avoir de bons gros piliers*, de grosses jambes. Pop.

PILIFORME, subst. fém. et adj. des deux genres (*piliforme*) (du lat. *pilus*, poil, et *forma*, forme), t. d'anat., l'une des plus petites membranes de l'œil.

PILLAGE, subst. mas. (*pi iaje*), action de *piller*.—Dégât qui en est la suite.

PILLARD, E, subst. et adj. (*pi-iar, iarde*), qui aime à *piller*. — Domestique qui gruge ses maîtres.—T. de vén. : *chien pillard*, chien hargneux.

PILLÉ, E, part. pass. de *piller*.

PILLER, v. act. (*pi-ié*) (de l'ancien mot latin *pilare*, dérivé du grec πιλέω, je serre, je presse), emporter violemment les biens d'une ville, d'une maison.—Faire des extorsions, des exactions, des concussions.—Donner comme de sa composition des vers qu'on a pris dans un poète, etc. — En parlant des chiens, se jeter sur les animaux ou sur les personnes : *ce chien pille tous les passants*. On crie aux chiens pour les animer, *pille, pille !*—*se* PILLER, v. pron.

PILLERIE, subst. fém. (*pi-ieri*), action de *piller*, volerie, extorsion. — PILLERIE, PILLAGE. (*Syn.*) Ce dernier se dit des saccagements des villes qui se font avec violence, et *pillerie*, des voleries et des extorsions plus secrètes.

PILLEUR, subst. mas., **PILLEUSE**, subst. fém. (*pi-ieur, ieuze*), celui qui *pille*.

PILLEUSE, subst. fém. Voy. PILLEUR.

PILLU, subst. mas. (*pi-lu*), t. d'hist. nat., espèce d'oiseau que l'on trouve au Chili; il ressemble beaucoup à la cigogne. Peu connu.

PILLURION, subst. mas. (*pilelurion*), t. d'hist. nat., genre d'oiseaux de l'ordre des silvains, famille des collurions.

PILOBOLE, subst. mas. (*pilobole*), t. de bot., sorte de plante cryptogame, de la famille des champignons.

PILOCARPE, subst. mas. (*pilokarpe*), t. de bot., espèce d'arbre des Antilles, dont les fleurs sont à grappes pendantes.

PILOIR, subst. mas. (*piloar*), bâton de mégissier pour enfoncer les peaux qui remontent sur l'eau.

PILON, subst. mas. (*pilon*), instrument pour *piler* dans un mortier.—Masse de bois, en forme de cône très-aigu, dont se servent les fondeurs pour battre la terre qui doit envelopper les moules dans la fosse.—En t. de verrerie, barre de fer avec laquelle on remue le verre dans le pot. —*Mettre un livre au pilon*, en saisir les exemplaires, et les porter au moulin à papier pour être mis sous les *pilons* et réduits en pâte.

PILONAGE, subst. mas. (*pilonaje*), t. de verrerie, action de remuer le verre dans le creuset avec le *pilon*.

PILONÉ, E, part. pass. de *piloner*.

PILONER, v. act. (*piloné*), t. de verrerie, remuer le verre avec le *pilon*.—*Piloner la laine*, la fouler.—*se* PILONER, v. pron.

PILORI, subst. mas. (*pilori*) (suivant *Sauval*, corruption de *puits Lori*, d'un nommé *Lori*, dont le puits était, à Paris, près du gibet, qui en prit le nom), espèce de poteau où l'on attache ceux que la justice veut punir en les exposant à la vue du public.

PILORIÉ, E, part. pass de *pilorier*.

PILORIER, v. act. (*piloriè*), mettre au *pilori*. —Fam., diffamer. — *se* PILORIER, v. pron. Fort peu en usage.

PILORIMENT, subst. mas. (*pilorīman*), vieux mot, hors d'usage, qui signifiait l'action d'attacher au *pilori*. — Le supplice même ou la souffrance que ce supplice fait éprouver.

PILORIS, subst. mas. (*pilorice*), t. d'hist. nat., rat musqué des Antilles.

PILOSELLE, subst. fém. (*pilôzèle*) (du latin *pilus*, poil), t. de bot., plante dont les feuilles sont revêtues de poil. On s'en sert beaucoup en médecine.

PILOSI, adj. mas. plur. (*pilozi*) (mot latin qui signifie *velus*), myth., espèce d'incubes. Hors d'usage.

PILOT, subst. mas. (*pilô*), t. de salines, *pile*, tas de sel.—En t. de pêche, portion du filet appelée *folle*.

PILOTAGE, subst. mas. (*pilotaje*), ouvrage de *pilotis*; fondation sur laquelle on bâtit dans l'eau. —T. de mer, art de conduire un vaisseau.—Droits dus au *pilote*.

PILOTE, subst. mas. (*pilote*), celui qui dirige un vaisseau.— *Pilote côtier*, celui qui a la direction et la surveillance des côtes.—*Pilote hauturier*, celui qui, dans un voyage de long cours, a la route du bâtiment.—Fig., celui qui est à la tête des affaires.—T. d'hist. nat., petit poisson qui accompagne les vaisseaux.

PILOTÉ, E, part. pass. de *piloter*.

PILOTER, v. act. (*piloté*), enfoncer des *pilotis*.—Neut., t. de mar., conduire des vaisseaux hors des embouchures des rivières.

PILOTIN, subst. mas. (*pilotein*), t. de mar., jeune homme qui apprend à conduire un vaisseau. — T. d'organiste, petite baguette qui soulève les soupapes. — Principal pieu des bourdigues.

PILOTIS, subst. mas. (*piloti*), pieux qui composent le *pilotage*: *une maison bâtie sur pilotis*.

PILULAIRE, adj. des deux genres (*pilulère*), t. de pharm., qui tient de la *pilule* : *masse, consistance pilulaire*. — Subst. fém., t. de bot., plante du genre des fougères.

PILULARIÉE, subst. fém. (*pilulari-é*), t. de bot., famille de plantes qui a la *pilulaire* pour type.

PILULE, subst. fém. (*pilule*) (en lat. *pilula*, diminutif de *pila*, balle à jouer, etc.), composition médicamentale qu'on met en petites boules : *purger un malade avec des pilules*. — Prov. : *faire avaler la pilule à quelqu'un*, lui faire faire une chose pour laquelle il a beaucoup de répugnance.—*Dorer la pilule*. Voy. DORER.—En t. de pharm., on appelle *pilules alexitères*, celles qui sont composées de pignons d'Inde, de vipérine de Virginie, d'acide sulfurique, de crême de tartre et de sirop de capillaire; *pilules aloétiques émollientes*, celles qui sont composées d'aloès succotrin, de racine de réglisse, de racine de guimauve et de sirop de pommes; *pilules amères fondantes*, celles composées de savon blanc amygdalin, d'extrait de gentiane et de rhubarbe; *pilules angéliques*, celles composées d'aloès succotrin, de rhubarbe, de trochisques d'agaric, de cannelle, et de sucs dépurés de bourrache, de chicorée, de houblon, de fumeterre et de roses pâles; *pilules anti-dyssentériques*, celles composées de cire jaune, de blanc de baleine, de cachou et d'huile volatile de cannelle; *pilules astringentes*, celles composées de bol d'Arménie, de terre sigillée, de corail rouge, de cachou, d'hématite, de sang-dragon, de mastic, de laudanum liquide, de sirop de menthe composé, de racine de grande consoude, de bistorte et de tormentille; *pilules balsamiques*, celles composées de térébenthine, de résines de lierre et de genièvre, d'extrait aqueux d'aloès, de myrrhe, de ményanthe, de rhubarbe, d'ellébore, d'extraits vineux d'absinthe, de charbon bénit et de fumeterre; *pilules bénites*, celles composées d'aloès, de séné, d'assa-fœtida, de galbanum, de myrrhe, de sulfate de fer, de safran, de macis, d'huile de succin, et de sirop d'armoise; *pilules catholiques*, celles composées de résine de jalap, de scammonée, et d'extraits d'aloès, d'ellébore noir et de coloquinte; *pilules chalybées*, celles composées de limaille de fer, de cannelle, d'aloès succotrin, et de sirop d'armoise; *pilules cochées majeures*, celles composées d'hiera-piera, de trochisques d'alhandal, de scammonée, de turbith végétal, de fleurs de stæchas, et de sirop de nerprun; *pilules cochées mineures*, celles composées d'aloès, de scammonée, et de trochisques d'alhandal; *pilules de Becker*, celles composées d'aloès, de myrrhe, de safran, de résine hédérée, de sandaraque, de soufre, de kermès végétal, d'extraits d'absinthe, de charbon bénit, de trèfle d'eau, de gaïac et de rhubarbe, de mithridate et d'élixir de propriété; *pilules de Belloste*, celles composées de mercure coulant, de sucre en poudre, de scammonée, de jalap et de vin blanc; *pilules de cynoglosse*, celles composées de racine de cynoglosse, de graine de jusquiame blanche, d'extrait gommeux d'opium; *pilules de deuto-iodure de mercure*, celles composées de deuto-iodure de mercure, d'extrait de sureau et de poudre de réglisse; *pilules d'iode*, celles composées d'iode pur, d'extrait de sureau et de poudre de réglisse; *pilules de Méglin*, celles composées d'extrait de jusquiame noire, de racine de grande valériane, et d'oxyde blanc de zinc; *pilules de mercure gommeux*, celles composées de cloporte en poudre, d'acide benzoïque, de gomme ammoniaque, de baume du Pérou, de safran, et de baume de soufre anisé; *pilules d'alun teint*, celles composées d'alun et de sang-dragon; *pilules de panacée mercurielle*, celles composées de proto-chlorure de mercure lavé, de mie de pain et d'eau; *pilules de proto-iodure de mercure*, celles composées de proto-iodure de mercure, d'extrait de sureau et de poudre de réglisse; *pilules de Rufus*, celles composées d'aloès succotrin, de safran, de myrrhe, et de sirop d'absinthe; *pilules de savon*, celles composées de savon blanc amygdalin et de poudre de réglisse; *pilules de Starhey*, celles composées d'extrait sec d'opium, d'ellébore blanc, d'ellébore noir, de réglisse, de savon de Starhey et d'huile essentielle de térébenthine liquide, cuite dans l'eau bouillante; *pilules emménagogues*, celles composées de limaille de fer, d'huile volatile de sabine et d'aloès; *pilules émétiques*, celles composées de mie de pain et de tartrate antimonié de potasse; *pilules éthiopiques*, celles composées de sulfate noir, de mercure, de sulfure d'antimoine, de résine, de gaïac et d'extrait de salsepareille; *pilules expectorantes*, celles composées de sous-hydro-sulfate d'antimoine, d'iris de Florence et de beurre de cacao; *pilules fétides majeures*, celles composées d'hermodactes, de racine d'ésule et de turbith, de spica, de nard, de gingembre, de coloquinte, d'épithyme, de graines de rue, de sagapénum, d'opopanax, de gomme ammoniaque, d'euphorbe, d'aloès succotrin, de bdellium, de cannelle, de scammonée, de safran, de castoréum, et de suc de poireaux; *pilules gourmandes*, celles composées d'aloès succotrin, de mastic, de roses rouges et de sirop d'absinthe; *pilules hydragogues de Bontius*, celles composées d'aloès succotrin, de gomme gutte, de gomme ammoniaque et de vinaigre; *pilules hydragogues de Helvetius*, celles composées de gomme gutte, de jalap, de suc d'ail, et de sirop de roses pâles; *pilules hystériques*, celles composées de galbanum, de sagapénum, d'opopanax, de gomme ammoniaque, d'assa-fœtida, de myrrhe, de castoréum, d'huile de succin empyreumatique, et de mithridate; *pilules mercurielles gargarisées*, celles composées de mercure coulant, de séné, de jalap, d'aloès succotrin, de scammonée, de gomme gutte, de pignons d'Inde, de baume de copahu, et de sirop de nerprun; *pilules napolitaines*, celles composées de mercure coulant, d'aloès succotrin, de scammonée, de rhubarbe de la Chine, de macis, d'agaric blanc, de miel, de sassafras et de cannelle; *pilules perpétuelles*, des balles d'antimoine pesant environ six grains; *pilules purgatives*, celles composées de scammonée, de calomélas, de jalap, de sirop de fleurs de pêcher; *pilules autres purgatives*, celles composées de résine de jalap, d'extrait catholique, d'alcohol, et de scammonée; *pilules savonneuses*, celles composées de gomme ammoniaque, d'acétate de potasse, de savon médicinal, et de *pilules* de *Rufus*; *pilules splénétiques*, celles composées de gomme ammoniaque, d'extrait d'aloès, de myrrhe, et de racine de bryone; *pilules stomachiques*, celles composées d'aloès succotrin, de fiel de bœuf et d'alchool.

PILUM, subst. mas. (*pilome*), t. d'antiq., sorte d'arme de jet que portaient les hastaires, chez les anciens Romains. Voy. JAVELOT.

PIMBÊCHE, subst. fém. (*peinbêche*), t. de mépris, femme impertinente, qui fait la précieuse. Fam.

PIMÉLEPTÈRE, subst. mas. (*pimélèpetère*), t. d'hist. nat., genre de poissons de la division des thoraciques.

PIMÉLIAIRE, subst. fém. (*piméli-ère*), t. d'hist. nat., tribu d'insectes de l'ordre des coléoptères.

PIMÉLIE, subst. fém. (*piméli*), t. d'hist. nat., genre de coléoptères.

PIMÉLODE, subst. mas. (*pimélode*), t. d'hist. nat., genre de poissons abdominaux.

PIMENT, subst. mas. (*piman*), t. de bot., plante d'une saveur forte et qui sert à assaisonner les mets.

PIMENTADE, subst. fém. (*pimantade*), sauce au *piment*.

PIMPANT, E, adj. (*peinpan*, *pante*) (par corruption sans doute de *pompant*, fait du latin *pompa*, dans le sens de faste, ostentation, appareil), superbe et magnifique en vêtements, en parures.—Subst. : *faire le pimpant, la pimpante*.

PIMPESOUÉE, subst. fém. (*peinpeçou-é*), femme qui a des manières affectées et ridicules. Entièrement hors d'usage.

PIMPRENELLE, subst. fém. (*peinprenèle*), t. de bot., plante du genre des rosacées. — Herbe potagère.

PIN, subst. mas. (*pein*) (en lat. *pinus*), t. de bot., arbre qui a les caractères du sapin et qui porte la résine.

PINACLE, subst. mas. (*pinakle*) (en lat. *pinaculum*), t. d'archit., comble terminé en pointe, que les anciens mettaient au haut des temples pour les distinguer des maisons dont les combles étaient plats, ou en manière de plate-forme. Aujourd'hui, on ne le dit au propre que de l'endroit du temple où le Sauveur fut transporté lorsqu'il fut tenté par le démon. — Fig. et fam. : *mettre quelqu'un sur le pinacle*, le louer extrêmement, le mettre au-dessus des autres par des louanges. —*Il est sur le pinacle*, dans une grande élévation de fortune.

PINANGUA, subst. mas. (*pinangu-a*), t. de bot., nom d'un arbre de la famille des palmiers.

PINARU, subst. mas. (*pinaru*), t. d'hist. nat., sorte de poisson du genre des blennes.

PINASSE, subst. fém. (*pinace*) (du lat. *pinus*, pin, arbre qui sert à la construction des vaisseaux), t. de mar., sorte de bâtiment de transport, à voiles et à rames.—Au plur., étoffes d'écorces d'arbres que l'on fabrique dans les Indes orientales.

PINASTRE, subst. mas. (*pinacetre*), t. de bot., nom qu'on donne au pin sauvage.

PINÇARD, subst. et adj. mas. (*peinçare*), t. de maréchal ferrant, cheval qui, en marchant, appuie sur la *pince*.

PINCE, subst. fém. (*peince*), bout du pied de certains animaux. — Par extension, le devant d'un fer de cheval. — Barre de fer, aplatie par un bout, dont on se sert comme d'un levier. — Pli qu'on fait à du linge, à une étoffe : *cette veste est trop large, il faut y faire une pince.*— Dans un navire, le plein bois qui se trouve à l'étrave vers l'angle du brion, et à l'étambot vers le talon, et où le vaisseau offre des faces latérales presque plates. — Le bord ou l'extrémité inférieure de la cloche, sur laquelle frappe le battant. — Au plur., les deux dents supérieures et inférieures de devant du cheval. — Sorte de petite tenaille. — Pop. : *être sujet à la pince*, 1° en parlant des personnes, être d'humeur à griveler; 2° en parlant de l'argent, être sujet à être pris, volé, pillé. — *Auner une étoffe pince à pince*, sans faire bonne mesure.

PINCÉ, subst. mas. (*peincé*), action, manière brillante de *pincer* de certains instruments.

PINCÉ, E, part. pass. et adj. Voy. PINCER. — Affecté : *air pincé, style pincé*.

PINCEAU, subst. mas. (*peinçô*) (du latin *penicilus*, pour *peniculus*, qui a la même signification), tuyau de plume garni par un bout de poil délié, dont les peintres se servent pour appliquer et étendre les couleurs. — Fig., 1° manière de colorier d'un peintre; 2° la plume d'un poète, d'un orateur.

PINCE-BALLE, subst. mas. (*peincebale*), sorte de grande tenaille pour saisir et porter un boulet rouge.

PINCE-DE-CHIRURGIEN, subst. mas. (*peincedechirurjiein*), t. d'hist. nat., sorte de coquillage du genre des tellines.

PINCÉE, subst. fém. (*peincé*), quantité qu'on peut saisir de quelque chose avec trois doigts

PINCELIER, subst. mas. (*peincelié*), vase séparé en deux parties, dans lequel les peintres mettent l'huile et nettoient leurs *pinceaux*.

PINCE-MAILLE, subst. mas. (*peincemâ-ie*), homme qui manifeste son avarice jusque dans les plus petites choses. — Au plur., des *pincemaille*.

PINCEMENT, subst. mas. (*peinceman*), t. de jardinier, action de *pincer* les fruits.

PINCER, v. act. (*peincé*) (du latin *pungere*, piquer, aiguillonner. *Ménage*.), serrer la superficie de la peau avec le bout des doigts ou autrement.—Fig., critiquer, railler. — On dit neut. et sans régime, *pincer sans rire, pincer en riant*. — *Pincer un voleur*, le prendre sur le fait. — *Pincer quelqu'un*, le prendre, le saisir, au moment qu'il y pense le moins. — En agriculture, couper ou presser quelques bourgeons, pour empêcher qu'un arbre ne pousse trop. — En parlant d'instruments à cordes, en tirer le son, en les touchant du bout des doigts. C'est ce que les Italiens appellent *pizzicato*. — On le disait autrefois de quelques instruments dont on fait résonner les cordes avec les doigts, comme la guitare, la harpe, etc. On dit aujourd'hui pour ces instruments comme pour tous les autres, *jouer*. — En t. de mar. : 1° *pincer le vent*, aller au plus près du vent ; *pincer un navire*, lui donner beaucoup de *pince*, beaucoup de façon. — En t. de manège, approcher délicatement l'éperon du flanc du cheval, sans donner de coup ni appuyer : *pincer du droit ; pincer du gauche ; pincer des deux.* — *se* PINCER, v. pron. —*Se faire pincer*, se laisser prendre.

PINCER, subst. mas. (peincé), t. de man., action d'approcher l'éperon du poil, mais sans appuyer.

PINCE-SANS-RIRE, subst. mas. (peinceçanrire), homme malin, rusé et sournois.—Au plur., des *pince-sans-rire*.

PINCETÉ, E, part. pass. de *pinceter*.

PINCETER, v. act. (peincté), arracher le poil avec des *pinces*. — *se* PINCETER, v. pron. Peu usité.

PINCETTES (l'Académie écrit aussi au sing. fém. PINCETTE), subst. fém. plur. (peincète), instrument de fer à deux branches dont on se sert pour accommoder le feu, pour arracher le poil, pour prendre quelque chose. — Fam. : *on ne le toucherait pas avec des pincettes*, il est si sale qu'on ne saurait le toucher sans se salir.

PINCEUR, subst. mas., PINCEUSE, subst. fém. (peinceur, ceuse), qui aime à *pincer*. Ces deux mots manquent dans l'Académie.

PINCEUSE, subst. fém. Voy. PINCEUR.

PINCHARD, subst. mas. (peinchar), t. d'hist. nat.,espèce de pinson.

PINCHE, subst. mas. (peinche), t. d'hist. nat., espèce de joli petit sagouin à soie douce.

PINCHBECK, subst. mas. (peinchebèk), métal formé par le mélange de cuivre et de zinc.

PINCHINA, subst. mas. (peinchina), étoffe de laine ; espèce de gros drap.

PINÇON, subst. mas. (peinçon), marque noire qui reste sur la peau lorsqu'on a été *pincé*.—T. de maréchal-ferrant, orifice de rebord à la pince d'un fer, et particulièrement aux fers de dernière.

PINÇOTÉ, E, part. pass. de *pinçoter*.

PINÇOTER, v. act. (peinçoté), *pincer* avec les doigts. — *se* PINÇOTER, v. pron.

PINÇOTEUR, subst. mas.; PINÇOTEUSE, subst. fém. (peinçoteur, teuze), celui, celle qui *pinçote*.—Au fém., celle qui, dans les manufactures de toiles peintes, fait au pinceau des dessins si polis qu'il serait très-difficile de les exécuter à la planche.

PINÇURE, subst. fém. (peinçure), faux pli d'un drap.

PINDARIQUE, adj., des deux genres (peindarike), qui est dans le goût de *Pindare*, poète grec, dont nous avons quatre livres d'odes.

PINDARISER, v. neut. (peindarize), affecter, sous prétexte d'imiter *Pindare*, un style enflé, des termes recherchés, des tournures bizarres. Il est familier.

PINDARISEUR, subst. mas. (peindariseur), celui qui *pindarise*. Il est familier.

PINDE, subst. propre mas. (peinde) (du grec πινδός, en lat. *Pindus*), poétiquement, le Parnasse, montagne consacrée au Muses. — *Les nourrissons du Pinde*, les poëtes.

PINDIQUE, adj. des deux genres (peindike), du *Pinde*.

PINÉALE, adj. fém. (piné-ale), t. d'anat., *glande pinéale*, petite glande dans le troisième ventricule du cerveau, figurée en pomme de pin. C'est dans cette glande que *Descartes* établissait le siège de l'âme humaine.

PINEAU, subst. mas. (pinô), raisin fort noir. — T. de bot., espèce de palmier de la Guyane.

PINÈDE, subst. mas. (pinède), t. de bot., espèce d'arbrisseau du Pérou, voisin du genre des acomats.

PINETIER, subst. mas. (pinetié), lieu planté de pins. — Forêt, bois rempli de *pins*. Presque inusité.

PINÉE, subst. fém. (piné), morue sèche, la plus estimée et la meilleure.

PINGOUIN (l'Académie dit aussi PINGUIN, qui n'est pas usité), subst. mas. (peingnouein), t. d'hist. nat., genre d'oiseaux palmipèdes, dont le bec est sillonné ou travers.

PINGRE, subst. mas. (peinguere), espèce de bâtiment de mer, sans poulaine ni figure.— Fam., personne avare, lésineuse, méticuleuse. — Personne de mauvaise, de méchante figure ; malheureux. — Adj., malin, effronté.

PINGUE, subst. mas. (peingue),t.de mar., petite barque ou flûte. Voy. PINGUE.

PINICOLE, subst. fém. (pinikole) (du latin *pinus*, gén. *pini*, pin, et *colere*, habiter), t. d'hist. nat., genre d'insectes de l'ordre des hyménoptères, qui vivent sur les pins.

PINICOLIE, subst. fém. (pinikoli), t. de bot., espèce de plante.

PINNAS, subst. mas. (pinenàce), t. de bot., sorte de fruit qui croît, dit-on, en Amérique.

PINNATIFIDE, adj. des deux genres (pinenatifide) (du lat. *pinna* ou *penna*, aile, et *findere*, fendre), t. de bot., se dit des feuilles dont les bords sont, en forme d'ailes, découpés en plusieurs lobes.

PINNATIPÈDE, subst. mas. (pinenatipède), t. d'hist. nat., famille d'oiseaux de l'ordre des échassiers.

PINNATULE, subst. fém. (pinenatule), t. d'hist. nat., sorte de petite coquille du genre des pinnes.

PINNE, E, adj. (pinené), t. de bot., feuille *pinnée*, ailée en folioles.

PINNE-MARINE, subst. fém. (pinemarine), t. d'hist. nat., grand coquillage bivalve qui a beaucoup de rapport avec les moules.—Au plur., des *pinnes-marines*.

PINNIER, subst. mas. (pinié), t. d'hist. nat., animal du genre des *pinnes-marines*.

PINNINGINE, subst. fém. (pineneinfine), t. d'hist. nat., genre de coquilles de l'ordre des bivalves.

PINNIPÈDE, adj. des deux genres (pinenipède), t. d'hist. nat. ; il se dit des oiseaux dont les quatre doigts sont liés par une membrane.—Subst. mas. plur., genre de mammifères carnassiers et amphibies.

PINNITE, subst. fém. (pinenite), t. d'hist. nat., pinne-marine pétrifiée.

PINNOPHYLACE, subst. mas. (pinenoplace) (du grec πιννα, nacre, et φυλαξ, gardien), t. d'hist. nat., petit poisson qui vit avec la nacre dans sa coquille.

PINNOTÈRE, subst. mas. (pinenotère) (du grec πιννοτηρης, fait de πιννα, coquillage bivalve, moule, nacre, et τηρεω, j'ai soin ; *pourvoyeur de la moule*), t. d'hist. nat., espèce de crabe qui vit habituellement dans les coquilles des mollusques bivalves.

PINNULAIRE, subst. fém.(pinenulère) (du lat. *pinnula*, dimin. de *pinna*, nageoire de poisson), t. d'hist. nat., nageoire ou aileron d'un poisson fossile ou pétrifié.

PINNULE, subst. fém. (pinenule) (du latin *pinnula*, dimin. de *pinna*, plume d'oiseau, petite plume), petite plaque de cuivre, percée d'une fente dans son milieu, et élevée perpendiculairement à chaque extrémité d'une alidade. — Au plur., appendices placées près des yeux des poissons et mobiles au gré de l'animal.

PINOPHILE, subst. mas. (pinofile), t. d'hist. nat., genre d'insectes de l'ordre des coléoptères.

PINQUE, subst. fém. (peinke), t. de marine, vaisseau à fond plat et dont l'arrière est rond et élevé.

PINS, subst. mas. plur. (pein), t. de pêche, mailles du fond de la *manche*, qui ont au plus quatre lignes d'ouverture en carre.

PINSON, subst. mas. (peinçon) (du lat. *spinthion*, d'où l'on a fait d'abord *pinthio*, et ensuite *pinson*, Trévoux), petit oiseau qui a le bec gros et dur, et le plumage de diverses couleurs. C'est un passereau, du genre des *fringiles* ou moineaux. — Prov. : *gai comme un pinson*, fort gai.

PINSONNÉE, subst. fém. (peinçoné), chasse aux *pinsons* et aux autres petits oiseaux pendant la nuit.

PINSONNIÈRE, subst. fém. (peinçoni-ère), nom vulgaire qu'on donne dans quelques endroits à la mésange.

PINTADE, subst. fém. (peintade) (de l'espagnol *phutada*, fait de *pintar*, peindre), t. d'hist.nat., sorte d'oiseau ainsi nommé parce que son plumage paraît être peint de diverses couleurs. On l'appelle aussi *poule de Numidie*. — Sorte de serpent. — Coquillage bivalve du genre des huîtres.

PINTADEAU, subst. mas. (peintadô), petit de la *pintade*.

PINTE, subst. fém. (peinte) (suivant *Budée*, du grec πινειν, boire), sorte de mesure pour les liquides. — Quantité de liqueur contenue dans une *pinte* : *tirer, boire pinte*.— Il se dit aussi de certaines choses solides qu'on vend à la pinte : *une pinte d'olives*.

PINTÉ, part. pass. de *pinter*.

PINTER, v. neut. (peinté), boire ; faire de la débauche. Il est pop. et même peu usité.

PINULE, subst. fém. (pinule), t. de bot., c'est le synonyme de *foliole* dans les feuilles composées.

PIOCHAGE, subst. mas. (pi-ochaje), travail de la *pioche*.

PIOCHE, subst. fém. (pi-oche), sorte d'outil pour remuer la terre.

PIOCHÉ, E, part. pass. de *piocher*.

PIOCHER, v. act. (pi-oche), fouir avec la pioche.—Travailler fort et rudement. — *se* PIOCHER, v. pron.— Pop., se battre.

PIOLER, orthographe vicieuse indiquée par quelques dictionnaires. Voy. PIAULER.

PIOCHEUR, subst. mas., PIOCHEUSE, subst. fém. (pi-ocheur, cheuze), qui *pioche* ; fort travailleur.

PIOCHEUSE, subst. fém. Voy. PIOCHEUR.

PIOCHON, subst. mas. (pi-ochon), sorte de besaiguë de charpentier, qui n'a que quinze pouces de long.—En t. de pêche, piquet sur lequel on tend des pièces de filet, pour former un parc à l'anglaise.

PION, subst. mas. (pi-on), petite pièce du jeu des échecs.—Dame simple au jeu de dames. — En t. d'écolier, surveillant d'étude et de cour. —Autrefois, piéton.—Coureur.—Fig. et fam. : *damer le pion à quelqu'un*, l'emporter sur lui ; lui couper l'herbe sous les pieds.

PIONIEN, subst. propre mas. (pi-onien), nom d'un ancien peuple de la Mysie, contrée de l'Asie.

PIONNÉ, part. pass. de *pionner*.

PIONNER, v. neut. (pi-oné), au jeu d'échecs, prendre des *pions*.

PIONNIER, subst. mas. (pi-onié) (suivant *Caseneuve* et *Ménage*, d'après *Joseph Scaliger*, du lat. *pedites*, gens de pied, dont on a fait dans la basse latinité le diminutif *peditones*, d'où a été ensuite formé le mot *pionnier*). La première signification de ce mot, ajoute *Caseneuve*, était un *homme de pied* : ce n'est que par extension, et parce que les gens de pied étaient à la guerre employés anciennement à faire des tranchées, etc., que ce nom a été dans la suite donné à ceux dont on se sert dans une armée pour remuer les terres), t. d'art militaire, travailleurs qui aplanissent les chemins, ouvrent les tranchées, etc.

PIOT, subst. mas. (piô), vin. L'*Académie* nous donne ce mot, qui est pour le moins suranné.

PIOTTE, subst. fém. (piote), bâtiment fait en forme de gondole de Venise.

PIPA, subst. mas. (pipa), espèce de crapaud de Surinam.

PIPABLE, adj. des deux genres (pipable), que l'on peut prendre à la *pipée* ; que l'on peut *piper*.

PIPAGE, subst. mas. (pipaje), droit ancien prélevé sur chaque *pipe* de vin.

PIPAIRE, subst. mas. (pipare), t. de bot., sorte d'arbre qui croît à la Guyane et dans ses environs.

PIPE, subst. fém. (pipe) (du mot *pipeau*, chalumeau), petit tuyau de terre cuite ou d'autre matière dont on se sert pour prendre du tabac en fumée. — *Allumer sa pipe*, allumer le tabac d'une pipe. — *Fumer une pipe*, fumer le tabac d'une *pipe*.—Grande futaille : *une pipe d'eau-de-vie*. (De sa forme oblongue qui la fait ressembler à un pipeau ou chalumeau. *Ménage*,)—Petit coin de fer dont se servent les menuisiers.—T. d'hist. nat., poisson du genre du syngnate.

PIPÉ, E, part. pass. de *piper*.

PIPEAU, subst. mas. (pipô) (de l'anglo-saxon *pipe*, qui signifie la même chose, et dont les Allemands ont fait *pfeiffe*, fifre), chalumeau, flûte champêtre. Il ne s'emploie que dans les poésies pastorales. — Petit chalumeau pour contrefaire les cris des oiseaux et les attirer sur des arbres chargés de gluaux. — Au plur., petites branches ou brins de paille qu'on enduit de glu pour prendre de petits oiseaux. — Au fig., petits artifices par lesquels un homme rusé cherche à tromper.

PIPÉE, subst. fém. (pipé), sorte de chasse aux oiseaux avec des gluaux et des *pipeaux*, qui imitent les cris, et, comme dit *Ménage*, les *pippis* des oiseaux ou le cri de la chouette. — *Faire une pipée,* se préparer à cette sorte de chasse.— Fig. et fam. : *attraper une chose à la pipée*, adroitement.

PIPELINE, subst. fém. (*pipeline*), t. d'hist. nat., sorte de mouette qui est très-bonne à manger.

PIPER, v. act. (*pipé*), contrefaire le cri de la chouette pour attirer les oiseaux au lieu où l'on a mis de la glu. Voy. PIPÉE. — Fig. et pop., tromper au jeu. — *Piper des dés*, les préparer pour tromper au jeu. — Trivialement, tirer la fumée comme sortant d'une *pipe* à tabac. — SE PIPER, v. pron.

PIPERELLE, subst. fém. (*piperèle*), t. de bot., espèce de plante de la famille des thymélées.

PIPERIE, subst. fém. (*piperi*), tromperie au jeu.—Toutes sortes de tromperies. Il est pop.

PIPERIN, subst. mas. (*piperein*), t. de chim., matière crystallisable analogue aux résines, qu'on a découverte nouvellement dans les poivres.

PIPÉRINE, subst. fém. (*pipérine*), espèce de ciment naturel et volcanique d'Italie.

PIPÉRITE, subst. fém. (*pipérite*), t. de bot., nom qu'on donne quelquefois à la poivrette.

PIPÉRITÉE, subst. fém. (*pipérité*), t. de bot., famille des plantes voisine de celle des urticées.

PIPÉRITIS, subst. mas. (*pipéritice*), t. de bot., sorte de passerage à larges feuilles.

PIPET, subst. mas. (*pipè*), t. d'hist. nat., espèce d'oiseau étranger.

PIPETTE, subst. fém. (*pipète*), petit instrument de verre très-usité dans les laboratoires de chimie.

PIPEUR, subst. mas.; **PIPEUSE**, subst. fém. (*pipeur, peuze*), celui celle qui *pipe*; trompeur au jeu. Il est pop.

PIPEUSE, subst. fém. Voy. PIPEUR.

PIPI, subst. mas. (*pipi*), t. enfantin: *faire pipi*, *pisser*. — T. d'hist., nat., oiseau silvain.

PIPIÉ, part. pass. de *pipier*.

PIPIEMENT, subst. mas. (*pipiman*), cri des petits oiseaux.

PIPIER, v. neut. (*pipié*), crier en gémissant comme le moineau ; le passereau *pipie* en pleurant sa couvée. Voy. PÉPIER.

PIPINELLE, subst. fém. (*pipinèle*), nom qu'on donne, en certains endroits, à du pâturage excellent.

PIPIRI, subst. mas. (*pipiri*), t. d'hist. nat., sorte d'oiseau.

PIPISTRELLE, subst. fém. (*pipicetrèle*), t. d'hist. nat., sorte de chauve-souris.

PIPOIR, subst. mas. (*pipoar*), outil qu'emploie le menuisier pour serrer les *pipes* ou coins en fer.

PIPOT, subst. mas. (*pipô*), nom qu'on donne à Bordeaux à de certaines futailles ou barils dans lesquels on met du miel.

PIPONCULE, subst. mas. (*piponkule*), t. d'hist. nat., genre d'insectes diptères.

PIPRIS, subst. mas. (*piprice*), t. de mar., espèce de pirogue dont se servent les nègres du cap Vert et de Guinée.

PIPTA, subst. mas. (*pipeta*), t. d'hist. nat., espèce de manakin.

PIPTATHÈRE, subst. mas. (*pipetatère*), t. de bot., genre de plantes établi aux dépens des millets de *Linnée*.

PIPTOCOME, subst. mas. (*pipetokome*), t. de bot., genre de plantes établi dans la classe des synanthérées, tribu des vernoniées.

PIPUNCULE, subst. mas. (*piponkule*), t. d'hist. nat., genre d'insectes de l'ordre des diptères, famille des athéricères.

PIQUAGE, subst. mas. (*pikaje*), action de repiquer les meules.

PIQUAMMENT, adv. (*pikaman*), d'une manière *piquante*.

PIQUANT, subst. mas. (*pikan*), tout ce qui *pique*. — Pointe, aiguille, épine.

PIQUANT, E, adj. (*pikan, kante*), qui *pique*. — Fig., offensant, choquant : *vos paroles sont bien piquantes*.—Qui plaît, qui touche extrêmement ; qui excite la curiosité : nouvelle *piquante*. Il se dit quelquefois des personnes et plus souvent des ouvrages d'esprit : *beauté piquante, style piquant*. — PIQUANT, POIGNANT. (*Syn.*) *Piquant* s'applique à la cause, à la chose qui *pique* ; *poignant*, au mal, à la douleur qu'on éprouve. Un trait est *piquant* ; le mal qu'il cause est *poignant*. On dit, une raillerie *piquante*, une douleur *poignante*. Une épigramme est *piquante* ; le remords est *poignant*. — Les choses nous paraissent *piquantes*, en raison de ce que nous sommes sensibles ; ce qui est *poignant* pour une personne, serait peut-être léger pour une autre. — Le ressentiment est souvent plus *poignant* que l'injure n'est *piquante*. — L'injure la plus *piquante* est celle qu'on mérite ; le mal le plus *poignant* est celui qu'on s'est attiré.

PIQUE, subst. fém. (*pike*) (suivant *Du Cange*, du latin *pica* ou *picca*, employé avec la même signification dans la basse latinité, et que *Turnèbe* dérive de *spica*, épi, à cause de sa pointe aiguë et *piquante*), arme à long bois dont le bout est garni d'un fer plat et pointu. — Fam., petite querelle qui cause du refroidissement. — Fig. et fam. : — En t. de musique ; *notes piquées*, surmontées d'un point ou d'un accent qui indique qu'elles doivent être bien frappées et bien senties. *Être à cent piques*, l'emporter de beaucoup sur... Cette façon de parler nous paraît vicieuse, et nous ne concevons pas pourquoi on a dit *à cent piques* plutôt qu'*à cent toises* ou *à cent pieds*. Quoi qu'il en soit, l'usage a conservé cette locution, qui, au surplus, est du genre trivial.

PIQUE, subst. mas. (*pike*), une des deux couleurs noires des cartes, en forme de *pique*. — Prov. : *voilà bien rentrer de piques noires*, expression inusitée que nous trouvons cependant dans l'*Académie*, qui la dit d'une personne qui rentre mal à propos dans un sujet, dans une conversation par des choses qui n'y ont aucun rapport. Dans cette phrase, ajoute l'*Académie*, *pique* est fém.

PIQUÉ, subst. mas. et adj. (*pikié*), t. de musique, jeu ou chant qui consiste à marquer fortement les notes. — Étoffe *piquée*.

PIQUÉ, E, part. pass. de *piquer* et adj.

PIQUE-BOEUF, subst. mas. (*pikebeufe*), aiguillon avec lequel le charretier pique ses bœufs pour les faire marcher.—T. d'hist. nat., oiseau d'Afrique. — Au plur., des *pique-bœufs*.

PIQUE-CHASSE, subst. mas. (*pikechâce*), poinçon d'artificiers pour percer les châsses et les sacs à poudre.

PIQUENAIRE, subst mas. (*pikenère*), t. d'antiq., celui qui était armé d'une *pique*. Hors d'usage.

PIQUE-NIQUE, subst. mas. (*pikenike*) : *faire un pique-nique*, ou *un repas en pique-nique*, faire un repas pour lequel chacun paie son écot. Au plur., des *pique-niques*. — A PIQUE-NIQUE, EN PIQUE-NIQUE, loc. adv. : *dîner en pique-nique*, se dit plus souvent cependant que *dîner à pique-nique*.

PIQUE-POULE, subst. mas. (*pike-poule*), nom d'une sorte de raisin noir, fort aimé des *poules*. — Au plur., des *pique-poules*.

PIQUE-PUCE. Voy. PICPUS.

PIQUER, v. act. (*pikié*) (suivant *Wachter*, de l'allemand ou plutôt du celtique *picken*, qui a la même signification ; suivant *Turnèbe*, du latin *spicare*, façonner, aiguiser en épi), percer, entamer légèrement avec quelque chose de pointu.— Causer quelque douleur en *piquant*. — Larder un poulet, une perdrix, etc. — En maçonnerie, rustiquer les parements ou les lits d'une pierre. — En t. de charpentier, marquer sur une pièce de bois, par des lignes avec le traceret, l'ouvrage qu'il faut y faire pour la tailler et la façonner. — Dans le dessin, rehausser les parties les plus éclairées avec de la craie blanche, etc. — Mordre, en parlant des serpents, etc.—Fig., fâcher, offenser, mordre. — *Piquer une étoffe*, faire sur deux étoffes, mises l'une sur l'autre, des points avec du fil, etc., qui les traversent et qui les unissent. — *Piquer un papier*, y faire de petits trous. — *Piquer un collet d'habit*, y faire des points symétriques.—*Piquer les absents*, pointer les absents par une marque qui les fait reconnaître.—T. de manége, *piquer un cheval*, manier un cheval avec les éperons ou le poinçon. — *Piquer des deux*, attaquer vivement le cheval avec l'éperon, aller à toute course.—Fig., faire beaucoup de diligence. — Fam., *piquer la mazette*, monter un mauvais cheval. — *Piquer les coffres*, attendre dans les antichambres. Hors d'usage. — *Piquer les tables*, aller souvent manger chez ceux qui tiennent table.— *Piquer l'assiette*, faire le parasite.— Au billard : *piquer la bille*, la toucher vivement.—T. de pêche, *piquer le poisson*, donner au haim une petite secousse pour en faire entrer la pointe dans le gosier du poisson qui y a mordu.—*Ce poisson pique*, n'est pas frais.—*Ce vin pique la langue*, ce vin est trop fort en saveur. — *Piquer quelqu'un d'honneur*, lui persuader qu'il est de son honneur de faire ou de ne pas faire quelque chose. — *Piquer la curiosité*, l'exciter. — *Piquer* signifie encore à peu près dans le même sens, faire éprouver une impression vive et agréable : *il y a dans son style un je ne sais quoi qui pique*. — En t. de marine, 1° *piquer l'horloge*, frapper autant de coups de battant de la cloche qu'il y a de demi-heures écoulées depuis le commencement du quart ; 2° *piquer au vent*, s'approcher du plus près lorsqu'on est largue, et tenir le vent tout-à-fait quand on veut s'y élever. Dans cette phrase, *piquer* est neutre. — SE PIQUER, v. pron., se blesser à quelque chose de *piquant*.—Au fig., se fâcher. — *Se piquer de quelque chose*, faire profession d'exceller en quelque chose.—*Se piquer d'honneur*, montrer du courage, de la générosité.— *Se piquer au jeu*, 1° s'opiniâtrer à jouer malgré la perte ; 2° fig., vouloir venir à bout d'une chose malgré les obstacles qu'on y trouve. —Se dit en t. d'imprimerie, du papier trempé qui se tache quelquefois dans les chaleurs de l'été, lorsque la colle vient à se corrompre. — *Les bois, les étoffes se piquent*, les vers s'y mettent.

PIQUERIE, subst. fém. (*pikeri*), t. de bot., sorte de plante vivace de la famille des corymbifères.

PIQUEROLLE, subst. fém. (*pikerole*), nom populaire de la variole dans quelques endroits.

PIQUERON, subst. mas. (*pikeron*), pointe qui *pique*.

PIQUET, subst. mas. (*pikiè*), petit pieu qu'on fiche en terre (avec lequel on *pique* la terre) pour tenir une tente, un pavillon en état. — Long bâton ou perche qu'on plante d'espace en espace pour prendre un alignement.—*Être droit comme un piquet*, se tenir debout et immobile.— Dans la fonte des cloches, pièce de fer ou de bois placée au centre du noyau de la cloche, qui porte la crapaudine du compas de construction. — Sorte de jeu de cartes fort connu.—En parlant des cartes qui composent ce jeu, les trente-deux cartes qui servent à le jouer. — En t. de guerre, certain nombre de soldats commandés pour être prêts au premier ordre : *piquet de cavalerie*.—*Être de piquet*, de planton.— Sorte de châtiment militaire, qui consistait à se tenir debout sur un *piquet* où posaient seulement les doigts d'un pied, tandis que la main opposée était tirée en haut autant qu'elle pouvait être étendue. — *Planter le piquet*, camper ; être ou attendre quelqu'un. — *Lever le piquet*, décamper. —Prov. : *aller planter le piquet chez quelqu'un*, aller s'y établir pour quelque temps.

PIQUETTE, subst. fém. (*pikiète*), boisson faite avec de l'eau, du marc de raisin où des prunelles, qui *pique* désagréablement le gosier. — Par extension, vin faible. — Fig., toute boisson d'une qualité inférieure.

PIQUEUR, subst. mas. (*pikieur*), dans les bâtisses, les travaux des grands chemins, etc., celui qui tient les rôles des ouvriers, en *piquant* ou pointant les absents, et qui veille sur l'ouvrage. On le nomme aussi *chasse-avant*. — Il se disait aussi, dans certains chapitres, du chanoine qui tenait note des absences, qui *piquait* les absents. — Celui qui larde les viandes. — *Piqueur d'assiette*, parasite. — Dans ces deux dernières acceptions, on dit *piqueuse* au fém.—En t. de vénerie, celui qui suit une meute de chiens pour les faire bien chasser. — Celui qui monte les chevaux que l'on met en vente. — Celui qui précède à cheval la voiture d'un grand ou d'un prince. — Nom donné à des individus qui *piquaient* les passants. — Dans les fabriques d'étoffes de soie, etc., celui qui passe les fils de chaîne dans le peigne.

PIQUEUSE, subst. fém. (*pikieuse*). Voyez PIQUEUR.

PIQUICHIN, subst. mas. (*pikichein*), nom donné à des paysans armés sous Philippe-Auguste.

PIQUIER, subst. mas. (*pikié*), soldat armé d'une *pique*.

PIQUIGNI, subst. propre mas. (*pikigni*), village de Picardie, sur la Somme.

PIQUITINGE, subst. mas. (*pikiteinje*), t. d'hist. nat., espèce de poisson du genre des ésoces.

PIQÛRE, subst. fém. (*pikure*), petite blessure que fait une chose qui *pique*. — Ouvrage qui se fait en *piquant* une étoffe, etc. *La piqûre d'une jupe, d'un matelas*, etc. — Certaines figures que l'on fait sur le taffetas, etc., en le perçant avec de petits fers.— Corsage de toile garni de baleines et bien *piqué*. — Trous que font les insectes sur les fruits, les bois, les étoffes, etc.

PIRABE, subst. mas. (*pirabe*), t. d'hist. nat., poisson des mers d'Espagne.

PIRAPÈDE, subst. mas. (*pirapède*), t. d'hist.

nat., espèce de poisson qui fait partie des trigles.

PIRATE, subst. mas. (pirate) (du grec πειρατής, fait dans le même sens de πειράω), j'entreprends, dérivé de πεῖρα, entreprise, à cause des entreprises audacieuses des pirates), celui qui, sans commission d'aucun gouvernement, court les mers pour piller. — On le dit par extension des corsaires barbaresques, quoiqu'ils aient commission d'écumer les mers. — Tout homme qui s'enrichit par des exactions.

PIRATÉ, part. pass. de pirater.

PIRATER, v. neut. (piraté), faire le métier de pirate.

PIRATERIE, subst. fém. (piraterî), métier de pirate. — Actes de piraterie, exactions. — Au fig., concussion, exaction.

PIRATIQUE, adj. des deux genres (piratike), de piraté. Peu en usage.

PIRE, adj., des deux genres (pire) (du lat. pejor, qui a la même signification), comparatif de mauvais; plus méchant, plus mauvais, plus fâcheux. Au superlatif on dit le pire. — Prov. : il n'y a pire eau que celle qui dort, qui croupit, il faut se défier des mélancoliques et des sournois. — Il s'emploie quelquefois comme subst. : qui choisit prend souvent le pire, ce qu'il y a de plus mauvais : il y a eu du pire (du désavantage) dans cette affaire. — Pire n'est point adv., ne dites donc pas : il va pire ; mais : il va pis.

PIRÉE, subst. propre mas. (pirê), nom d'un ancien port d'Athènes.

PIREMENT, adv. (pireman), plus mal. Presque inusité. Boiste, qui donne ce mot, l'orthographie pirement.

PIRÈNE, subst. propre fém. (pirène), myth., fille du fleuve Achéloüs. Elle fut changée en fontaine.

PIRIFORME, adj. des deux genres (piriforme) (du lat. pirum, poire, et forma, forme), qui a la forme d'une poire. — T. d'anatomie qui s'emploie souvent subst. au mas. : le piriforme, le premier des muscles adducteurs de la cuisse.

PIRIMÈLE, subst. fém. (pirimèle), t. d'hist. nat., genre de crustacés de l'ordre des décapodes.

PIRIPU, subst. mas. (piripu), t. de bot., arbrisseau du Malabar, qui paraît appartenir au genre des lianes.

PIRITHOÜS, subst. propre mas. (pirito-uce), myth., fils d'Ixion. Ayant ouï dire une infinité de merveilles de Thésée, il lui déroba un troupeau, pour l'obliger à le poursuivre; ce que fit Thésée. Ils prirent le combat tant d'estime l'un pour l'autre, qu'ils jurèrent de ne se plus quitter. Pirithoüs fut secouru par Thésée contre les Centaures, qui voulaient lui enlever Hippodamie, qu'il venait d'épouser. Il descendit ensuite aux enfers avec Thésée, qui prétendait enlever Proserpine ; mais il fut dévoré par Cerbère; et Thésée, fait prisonnier, resta enchaîné par l'ordre de Pluton, jusqu'à ce qu'Hercule vint le délivrer. Quelques astronomes ont donné le nom de ces deux héros à une constellation.

PIRITU, subst. mas. (piritu), t. de bot., espèce de plantes de la famille des palmiers.

PIROGUE, subst. fém. (pirogue), bateau de sauvage, fait d'un arbre creusé.

PIROIS, subst. propre mas. (piro-ice), myth., nom d'un des chevaux du Soleil.

PIROLLE (l'Académie a tort d'écrire pirole), subst. fém. (pirole) (du lat. pirus, poirier), t. de bot., plante dont la feuille est semblable à celle du poirier.

PIROMIS, subst. fém. plur. (piromice), myth., statues de bois qui représentaient les prêtres égyptiens.

PIRON, subst. mas. (piron), sorte de gond.

PIROPE est un barbarisme ; c'est pyrope qu'il faut écrire.

PIROT, subst. mas. (pirô), t. d'hist. nat., sorte d'oison. — Nom d'une petite coquille.

PIROUÉTÉ, subst. mas. (pirou-été), pas de danse qui se fait en place, en tournant le corps sur un pied ou sur l'autre, sans remuer sur un pivot.

PIROUÉTER (l'Académie écrit avec 2 t pirouetter), v. neut. (pirou-été), faire une pirouette ; faire sur un pied un tour entier de lui-même le corps. — Fig., pirouéter pendant des heures, être indécis ; tourner sans cesse dans un même cercle d'idées.

PIROUETTE, subst. fém. (pirou-ète) (par corruption du lat. gyrinetta, fait de gyrus, tour, lequel est dérivé du grec γυρός), sorte de jouet, morceau de carton, de bois ou de métal, traversé d'un petit bâton qui sert à le faire tourner sur lui-même. — Tour entier qu'on fait de tout le corps en se tenant sur un pied. — En termes de manège, volte que fait le cheval sur sa longueur, dans une seule et même place. — En t. d'horlogerie, pendule circulaire. — Fig. et fam. : répondre par des pirouettes, ne répondre que par des plaisanteries à un discours sérieux dont on devrait profiter. — Payer ses créanciers en pirouettes, leur échapper par des subterfuges ou par des tours d'adresse.

PIRRHONIEN, PIRRHONIENNE, sont des barbarismes. Voy. PYRRHONIEN, PYRRHONIENNE.

PIRRHONISME, voy. PYRRHONISME.

PIS, subst. mas. (pî), (du grec πιτύζω, je suce, je tette), tétine d'une vache, d'une chèvre, d'une brebis.

PIS, adv. (pi, et devant une voyelle pize) (du lat. pejus, qui signifie la même chose), comparatif de mal ; le superlatif est le pis. Plus mal, en plus mauvais état, etc. — Qui pis est, ce qu'il y a de pire, de plus fâcheux. — De mal en pis, de mal en plus mal. — De pis en pis, de pius mal en plus mal. — Subst. : le pis, et fam. : le pis du pis, ce qu'il y a de pire : le pis que j'y trouve, etc. — Faire du pis qu'on peut, 1° faire mal quelque chose de dessein formé ; 2° nuire à quelqu'un par tout ce qu'on peut. — Prendre les choses au pis, les envisager dans le pire état où elles puissent être.

PIS-ALLER, subst. mas. (pizalé), c'est votre pis-aller, c'est le pis que l'on puisse vous arriver. — Il sera mon pis-aller, je me servirai de lui si je ne trouve rien de mieux. — Au pis-aller, loc. adv., posant les choses au pire état où elles puissent être.

PISANA, subst. mas. (pizana), nom d'un raisin noir qui croît dans l'île de Corse.

PISAN, E, adj. (pizan, zane), qui concerne la ville de Pise. — Subst., qui est originaire de Pise.

PISAN OU PISANTIN, subst. propre mas. (pizan, zantein), nom d'une province du duché de Toscane. — Territoire de Pise.

PISANÉSIES, subst. fém. plur. (pizanézi), myth., fêtes que l'on célébrait, chez les anciens, en l'honneur d'Apollon.

PISATELLO, subst. propre mas. (pizatèlelô), nom d'une petite rivière des états de l'Église.

PISCANTINE, subst. fém. (picekantine), mauvais vin. — Eau jetée sur le marc de raisin. Peu usité.

PISCATOIRE, adj. des deux genres (picekatoare), qui a rapport aux pêches, aux poissons.

PISCATORIEN, subst. mas. (picekatorien), t. d'antiq., sorte de jeux que les Romains renouvelaient tous les ans en l'honneur des pêcheurs sur le Tibre, dont le gain était porté en tribut au temple de Vulcain.

PISCICOLE, subst. fém. (picecikole), nom qu'on donne à la sangsue géomètre.

PISCICEPTOLOGIE, subst. fém. (piceciceptoloji) (du lat. pisces, poissons, capere, prendre, et du grec λόγος, traité), art de pêcher. — Ouvrage sur la pêche.

PISCICEPTOLOGIQUE, adj. des deux genres (piceciceptolojike), qui a rapport, qui est relatif à la pisciceptologie.

PISCINA, subst. propre fém. (piscina), petite ville du royaume de Naples.

PISCINE, subst. fém. (picecine) (en lat. piscina), vivier, réservoir d'eau. On ne dit plus du lieu où, suivant l'Évangile, l'ange descendait une fois tous les ans pour troubler l'eau. On l'appelait anciennement piscine probatique. — Lieu, dans les sacristies, où l'on jette l'eau qui a servi à nettoyer les vases, les linges d'autel. — Chez les anciens, vivier, où ils nourrissaient le poisson. — Lavoir chez les Turcs.

PISCIOTA, subst. propre fém. (piceci-ota), petite rivière et petite ville du royaume de Naples.

PISCIVORE, subst. mas. (picecivore) (du latin pisces, poissons, et vorare, dévorer, manger), t. d'hist. nat., espèce de serpent. — Adj., se dit des oiseaux qui vivent de poissons.

PISE, subst. fém. (pize), t. d'hist. nat., genre de crustacés. — Subst. propre fém., ancienne ville du Péloponèse. — Ville du duché de Toscane, en Italie.

PISÉ, subst. mas. (pizé), construction en terre rendue compacte.

PISÉ, E, part. pass. de piser.

PISÉEN, subst. propre mas. (pizé-ein), habitant de Pise, ancienne ville du Péloponèse.

PISER, v. act. (pizé), rendre la terre compacte. — se PISER, v. pron.

PISEUR, subst. mas. (pizeur), maçon qui bâtit en pisé.

PISIDES, subst. propre mas. plur. (pizide), anciens peuples de Pisidie.

PISIDIE, subst. propre fém. (pizidî), ancienne contrée de l'Asie-Mineure.

PISIFORME, adj. des deux genres (piziforme) (du lat. pisum, pois, et forma, forme), qui a la forme d'un pois. C'est le quatrième os de la première rangée.

PISIN, subst. propre mas. (pizein); il y a deux bourgs de ce nom dans l'Istrie.

PISISTRATIDE, subst. des deux genres (pizicetratide), qui est de la race de Pisistrate, fameux tyran d'Athènes.

PISITOÉ, subst. fém. (pizito-é), t. d'hist. nat., genre de crustacés qui est très-voisin de celui des phronimes.

PISOCARPE, subst. mas. (pizokarpe), t. de bot., genre de plantes de la classe des asandres.

PISOLITHE, subst. fém. (pizolite) (du lat. pisum, pois, et du grec λίθος, pierre), t. d'hist. nat., pierre composée de petits globules de la grosseur d'un pois, appelée par des minéralogistes modernes, chaux carbonatée globulifère.

PISOLITHIQUE, adj. des deux genres (pizolitike), qui concerne la pisolithe; qui est de la nature de la pisolithe.

PISON, subst. mas. (pizon), balle pour piser.

PISONE, subst. fém. (pizone), t. de bot., genre de plantes de la famille des nyctaginées.

PISSASPHALTE, subst. mas. (piçaçfalete) (du grec πισσα, poix, et ἄσφαλτος, bitume), t. d'hist. nat., mélange de poix et d'asphalte.

PISSAT, subst. mas., et non PISSE, subst. fém. (piça), urine hors du corps de l'animal — À l'égard de l'homme on ne dit pissat que par mépris. C'est urine qu'il faut dire.

PISSÉ, E, part. pass. de pisser.

PISSE-FROID, subst. mas. (picefroé) ; il se dit injurieusement aussi bien d'une femme que d'un homme, personne sérieuse, mélancolique et insensible. — Le peuple appelle aussi pisse-froid, un impuissant.

PISSÉLÉON, subst. mas. (picecelé-ou) (du grec πίσσα, poix, et ἔλαιον, huile), huile de poix qui s'employait aux mêmes usages que le goudron.

PISSEMENT, subst. mas. (piceman), t. de médec., action de pisser involontaire. — Pissement de sang, évacuation de sang par le canal des urines.

PISSENLIT, subst. mas. (piçanli), t. de bot., plante vivace qu'on nomme aussi dent-de-lion. On en connaît plusieurs espèces. — Enfant qui pisse au lit. Style burlesque.

PISSER, v. act. et neut. (picé) (de l'allemand pissen, Ménage,) ; uriner : pisser le sang ou du sang. — Pop., mener les poules pisser ; on dirait de le voir qu'il mène les poules pisser, il fait nonchalamment tout ce qu'il entreprend de faire. — se PISSER, v. pron.

PISSEUR, subst. mas. ; PISSEUSE, subst. fém. (piceur, ceuze), enfant, celle qui pisse souvent. — On dit souvent, par dénigrement, d'une petite fille, c'est une pisseuse. Trivial et familier. — En t. d'hist. nat., coquille du genre des pourpres, qui lance une liqueur pourprée.

PISSEUSE, subst. fém. Voy. PISSEUR.

PISSIDE, subst. fém. (picide), t. de bot., sorte de plantes de la famille des champignons.

PISSITE, subst. fém. (picite), t. d'hist. nat., pierre de poix. — Quartz résinite commun. — Vin obtenu avec du moût de raisin et du goudron.

PISSOCÉRON, subst. mas. (piceçéron), composition de cire et de pollen que les abeilles incrustent dans leurs ruches.

PISSOIR, subst. mas. (piçoar), baquet, lieu pour pisser, dans certains endroits publics.

PISSOTÉ, E, part. pass. de pissoter.

PISSOTER, v. neut. (picoté), uriner fréquemment, et en petite quantité.

PISSOTIÈRE, subst. fém. (piçotière), lieu, baquet dans lequel on pisse. — Fontaine qui jette peu d'eau.

PISSOTTE, subst. fém. (piçote), canule de bois au bas d'un cuvier à lessive.

PISTACHE, subst. fém. (picetache) (en grec

πιστακια), espèce de noisette dont l'enveloppe est rousse et l'amande verte. — Amande de *pistache* couverte de sucre. — *Pistache de terre*, sorte de plante légumineuse.

PISTACHIER, subst. mas. (*picetachié*), t. de bot., arbre à fleurs apétales, qui croît aux Indes, et dont le fruit est une baie ovale, peu charnue, qui contient une grande amande qu'on nomme *pistache*.

PISTE, subst. fém. (*picete*) (du latin *pista*, fém. de *pistus*, part. pass. de *pisare* ou *pisere*, battre, piler dans un mortier, etc.; *semita pista*, chemin, sentier battu : trace, *piste*. Les Italiens disent également *pista*), trace, vestige. Il se dit au propre des animaux, et au figuré, des hommes : *suivre quelqu'un à la piste*.—En t. de manége : lignes que le cheval trace sur le chemin qu'il parcourt.

PISTIL, subst. mas. (*picetile*) (du latin *pistillum* ou *pistillus*, pilon; parce que le plus grand nombre des *pistils* approche de la forme d'un pilon), t. de bot., organe femelle de la fécondation dans les fleurs. Il en occupe ordinairement le centre, et il est composé de trois parties : l'ovaire, le style et le stigmate.

PISTOIE, subst. propre fém. (*picetoé*), ville de Toscane.

PISTOIS, subst. mas. (*picetoa*) (du grec πιστις, foi), fidèle, croyant. Vieux et même hors d'usage.

PISTOLADE, subst. fém. (*picetolade*), coup de *pistolet*. Hors d'usage.

PISTOLE, subst. fém. (*picetole*) (pour l'étymologie, voy. PISTOLET), monnaie d'or d'Italie, d'Espagne, etc. — En France, monnaie de compte qui valait dix livres : *cent pistoles valent mille francs*.—*Pistole volante*, pistole qu'on suppose revenir toujours à celui qui l'emploie : *cet homme fait tant de dépense qu'on dirait qu'il a la pistole volante*. — Prov. : *être cousu de pistoles*, fort riche.

PISTOLÉ, E, part. pass. de *pistoler*.

PISTOLER, v. act. (*picetolé*), tuer à coups de *pistolet*. — *se* PISTOLER, v. pron. Hors d'usage.

PISTOLET, subst. mas. (*picetolé*) (de *Pistoie*, ville d'Italie, où se fabriquaient de petits poignards qui, apportés en France, y furent appelés *pistoyers*, *pistoliers*, et enfin *pistolets*. Ce nom fut ensuite donné à de petites arquebuses plus courtes que les arquebuses ordinaires, et même étendu à tout ce qui, dans son genre, était au-dessous des dimensions communes, aux petits chevaux, aux écus d'Espagne réduits à un moindre volume que les écus de France, et qui ont retenu le nom de *pistoles*. Celui de *pistolet* n'a été conservé que pour les petites armes à feu dont il est ici question.), arme à feu qu'on tire d'une main.—*Pistolet de poche*, très-petit *pistolet* qu'on porte sur soi.—*Pistolet de Volta*, t. de physique. Voy. *fusil électrique*, au mot FUSIL.— Prov. : *si ses yeux étaient des pistolets, il le tuerait*, se dit d'une personne qui nous en veut et qui nous regarde en menaçant.—En t. de parcheminier, outil d'acier avec lequel on retourne le fil d'un fer à raturer.

PISTOLETTÉ, E, part. pass. de *pistoletter*.

PISTOLETTER, v. act. (*picetolètété*), tirer avec de petits *pistolets*. — *se* PISTOLETTER, v. pron. Hors d'usage.

PISTOLIER, subst. mas. (*picetolié*), cavalier habile à tirer le *pistolet*. — Il se dit aussi de celui qui fait des *pistolets*. Hors d'usage.

PISTOLOCHE, subst. fém. (*picetoloche*), t. de bot., nom qu'on a donné à une espèce d'aristoloche.

PISTON, subst. mas. (*piceton*), cylindre qui entre dans le tuyau ou corps d'une pompe, et qui, étant levé ou poussé, aspire ou pousse l'eau ou l'air.—*Fusil, pistolet à piston*, dont le chien frappe sur un grain de poudre fulminante; et ce grain remplace la pierre à fusil.—Sorte de trompette mieux organisée et plus agréable que la trompette ordinaire : *il joue bien du piston*. Celui-là même qui en joue : *il est très-bon piston*.

PISTOR, subst. propre mas. (*picetor*), myth., surnom de Jupiter, chez les Romains.

PIT, subst. mas. (*pite*), mesure d'aunage dont on se sert à Tunis; c'est à peu près notre mètre.

PITANCE, subst. fém. (*pitance*) (suivant *Vossius*, *Guyet*, *Caseneuve*, etc., du latin barbare *pictancia*, fait de *pietas*, piété; parce que la *pitance* des moines provient de la piété des fidèles), ce qu'on donne à chaque religieux pour son repas.—Subsistance journalière de personnes aisées. — Il se dit quelquefois par opposition à *pain* : *tant de pain ou de blé, et tant d'argent pour la pitance*. — Fam. : *aller à la pitance*, aller acheter des provisions pour vivre.

PITANCERIE, subst. fém. (*pitanceri*), office claustral, provisions d'une communauté. Vieux.

PITANCIER, subst. mas. (*pitancié*), officier claustral; pourvoyeur, économe d'une communauté. Vieux.

PITAR, subst. mas. (*pitare*), t. d'hist. nat., nom d'une espèce de coquille du genre vénus.

PITAUD, E, subst. (*pitô*, *tôde*), paysan lourd et grossier. Vieux et même hors d'usage : nous ne devrions même plus le lire dans l'*Académie*.

PITCHOU, subst. mas. (*pitechou*), t. d'hist. nat., espèce de fauvette de Provence.

PITE, orthographe de l'*Académie*. Voy. PITTE, qui seul se dit.

PITEUSE, adj. fém. Voy. PITEUX.

PITEUSEMENT, adv. (*piteuzeman*), d'une manière *piteuse*.

PITEUX, adj. mas., au fém. **PITEUSE** (*piteu*, *teuze*), digne de *pitié*, de compassion. Il ne se dit guère que des choses. — Fam. : *faire piteuse mine*, une mine rechignée. — *Faire piteuse chère*, mauvaise chère.— Subst. : *il fait le piteux*, il se plaint, il se lamente sans sujet.

PITHÉCIEN, subst. mas. (*pitéciein*), t. d'hist. nat., l'une des divisions des singes : c'est celle qui comprend les singes sans queue, comme les ourangs et le magot.

PITHÉCUS, subst. mas. (*pitékuce*), nom que les anciens naturalistes avaient donné au genre orang-outang.

PITHÈQUE, subst. mas. (*pitèke*) (en grec πιθηκος, gén. de πιθηξ, singe), t. d'hist. nat., singe d'Afrique qui n'a point de queue.

PITHIVIERS, subst. propre mas. (*pitivié*), chef-lieu d'arrond., dép. du Loiret.

PITHO, subst. propre fém. (*pitô*) (du grec πειθω, je persuade), myth., déesse de la persuasion chez les anciens Grecs.

PITHOMÈTRE, subst. mas. (*pitomètre*), instrument de jaugeage. Voy. PITHOMÉTRIQUE.

PITHOMÉTRIQUE, adj. des deux genres (*pitométrike*) (du grec πιθος, tonneau, et μετρον, mesure) : *échelle pithométrique*, qui indique les segments des tonneaux dans le jaugeage.

PITIABLE, adj. des deux genres (*piti-able*), digne de *pitié*, qui peut exciter la compassion. (*Boiste*.) Tout-à-fait inusité.

PITIÉ, subst. fém. (*piti-é*) (du lat. *pietas*, qu'on trouve dans *Suétone*, etc., avec la même acception, et dont les Italiens ont fait *pieta*, également dans le même sens), compassion; douleur qu'on a du mal d'autrui. — *Il raisonne à faire pitié*, de travers. — *Il chante à faire pitié*, il chante mal. — *Regarder quelqu'un en pitié*, n'en faire aucun cas, le mépriser. — *Ce serait grand'pitié* ou *grande pitié*, ce serait grand dommage. — PITIÉ, COMPASSION, COMMISÉRATION. (*Syn.*) La *pitié*, dit *Roubaud*, est proprement la qualité de l'âme qui dirige sur les malheureux le sentiment de la bienveillance ou plutôt de la charité universelle. La *compassion* est le sentiment de *pitié* actuellement excité dans l'âme par des malheureux dont la douleur nous frappe droit au cœur. La *commisération* est l'expression sensible d'un vif intérêt qui, excité dans l'âme par la compassion, se répand sur le malheureux avec plus ou moins d'effet.

PITO, subst. mas. (*pito*), t. d'hist. nat., espèce d'étourneau de la Nouvelle-Hollande. C'est le même que le *pito-réal*.

PITON, subst. mas. (*piton*), sorte de fiche au bout de laquelle est un anneau. — Petite pièce d'horlogerie dont l'usage est d'affermir une autre pièce. — Il se dit particulièrement des petits pics de montagnes des Antilles.

PITONNILLE, subst. fém. (*pitoni-ie*), t. d'hist. nat., genre de coquilles.

PITO-RÉAL, subst. mas. (*pitoré-al*), t. d'hist. nat., sorte d'oiseau vert qu'on trouve dans le Pérou.

PITOYABLE, adj. des deux genres (*pitoè-iable*), en parlant des personnes, qui est enclin à la *pitié*. — En parlant des choses, qui excite la *pitié*. — Qui fait *pitié*, qui mérite le mépris ou qui l'excite : *orateur*, *discours*, *poëme pitoyable*.

PITOYABLEMENT, adv. (*pitoè-iableman*), d'une manière *pitoyable*, misérable, chétive; qui excite la compassion, le mépris.

PITPIT, subst. mas. (*pitepite*), t. d'hist. nat., espèce de petit oiseau de la Guyane, qui se rapproche des figuiers.

PITREPITE, subst. mas. (*pitrepite*), sorte de liqueur très-forte qu'on fait avec de l'esprit-de-vin.

PITTE, subst. fém. (*pitete*), t. de bot., plante d'Amérique. Voy. ALOÈS.—Autrefois, petite monnaie de cuivre, valant la moitié d'une obole et le quart d'un denier. (Du lat. *picta*, abrégé de *pictavina*, parce que cette monnaie était originairement celle des comtes de Poitou, et que son plus grand usage était dans cette province. *Ménage*. Suivant d'autres, du mot *picta*, fém. de *pictus*, part. pass. de *pingere*, peindre : parce que, disent-ils, la *pitte* était peinte.)

PITTONE, subst. fém. (*pitetone*), genre de plantes de la famille des sébestes.

PITTORESQUE, adj. des deux genres (*pitetorèceke*) (de l'italien *pittoresco*, fait, dans la même signification, de *pittore*, peintre), au propre, qui prête à une peinture vive ou gracieuse : *site*, *sujet pittoresque*. — Qui est d'un grand effet en peinture, qui rend bien l'idée qu'a dû se former le peintre : *contours*, *attitudes pittoresques*. — Il se dit par extension et fig. de tout ce qui peint à l'esprit : *description*, *ballet pittoresque*; *terme*, *expression énergique et pittoresque*.—On dit aussi subst. au mas., *le pittoresque d'un lieu*.

PITTORESQUEMENT, adv. (*pitetorècekeman*), d'une manière *pittoresque*.

PITTOSE, subst. fém. (*pitetôze*), genre de plantes de la famille des pittosporées.

PITTOSPORÉE, subst. fém. (*pitetoceporé*) (du grec πιττα, poix, et σπορος, semence), t. de bot., famille de plantes à étamines hypogynes. — On dit aussi au mas. *pittospore*.

PITUITAIRE, adj. des deux genres (*pituitère*), qui a rapport à la *pituite*.—*La membrane pituitaire*, celle qui tapisse les cavités nasales.

PITUITE, subst. fém. (*pituite*) (du latin *pituita*, dérivé, suivant *Vossius*, du grec πιττα, poix, à cause de sa viscosité), flegme, humeur blanche et visqueuse du corps humain.

PITUITEUSE, subst. et adj. fém. Voy. PITUITEUX.

PITUITEUX, subst. et adj. mas., au fém. **PITUITEUSE** (*pituiteu*, *teuze*), qui abonde en *pituite*, qui est sujet à la *pituite*.

PITYORNE, subst. mas. (*piti-orne*) (du grec πιτυς, pin, et ορνις, oiseau), t. d'hist. nat., bruant des pins.

PITYRIASE, subst. fém. (*pitiri-âze*) (du grec πιτυρον, son), t. de médec., espèce de teigne que l'on nomme *teigne porrigineuse*.

PITYRODIE, subst. fém. (*pitirodi*), t. de bot., sorte d'arbrisseau qui est voisin des callicarpes.

PITYTE, subst. fém. (*pitite*), t. d'hist. nat., sorte de bois pétrifié.

PIVE, subst. fém. (*pive*), t. d'hist. nat., sorte de pou de poisson.

PIVERT, subst. mas. (*pivère*), t. d'hist. nat., oiseau dont le plumage est jaune et *vert*.

PIVETTE, subst. fém. (*pivète*), t. d'hist. nat., bécasseau.

PIVOINE, subst. mas. (*pivoène*), t. d'hist. nat., petit oiseau à gorge rougeâtre.

PIVOINE, subst. fém. (*pivoène*), t. de bot., plante renonculacée à très-grosse fleur.—Cette fleur.

PIVORI, subst. mas. (*pivori*), liqueur vineuse faite avec le pain de cassave fermenté dans l'eau.

PIVOT, subst. mas. (*pivô*) (suivant *Huet*, *pivot* a été dit pour *pieuvot*, dimin. de *pieu*), morceau de métal arrondi en pointe par une de ses extrémités, qui soutient un corps solide et sert à le faire tourner dans une virole, etc. — Fig., homme qui a la principale part dans une affaire. — Le principal mobile d'une chose. — En t. d'imprim., extrémité inférieure de la presse.—T. de vén., les os saillants du front des cerfs, daims, etc. — En bot., tronc d'une racine qui s'enfonce perpendiculairement en terre.

PIVOTANT, E, adj. (*pivotan*, *tante*), t. de bot., *racine pivotante*, qui s'enfonce perpendiculairement à l'horizon.

PIVOTE-ORTOLANE, subst. fém. (*pivotortolane*), t. d'hist. nat., espèce de petit oiseau, sorte d'alouette.

PIVOTÉ, part. pass. de *pivoter*.

PIVOTER, v. neut. (*pivoté*), tourner sur un *pivot*. — Se dit en bot., de l'arbre qui pousse son *pivot*.

PIZZICATO, subst. mas. (*pidezikâto*) (mot italien), t. de musique; passage qui s'exécute en pinçant un instrument, qui se joue avec un archet.—Par rapport à la voix, la même chose que *plaquer la note.* — Au plur., des *pizzicato.* — Ce mot est aussi adv., *jouer pizzicato.*

PLACABLE, adj. des deux genres (*plakable*), que l'on peut apaiser. Vieux et même hors d'usage, quoique *Voltaire* l'ait employé.

PLACAGE, subst. mas. (*plakaje*), ouvrage de menuiserie fait de bois scié en feuilles, qui sont appliquées par compartiment sur du bois d'un moindre prix. Voy. PLAQUER. — Chez les briquetiers, mortier liquide fait avec de la terre grasse. — Fig., en parlant des ouvrages d'esprit, parties qui n'ont pas absolument trait au sujet qui pourrait en être séparé.

PLACAQUE, subst. mas. (*plakake*), mortier liquide fait avec de la terre grasse.

PLACARD, subst. mas. (*plakar*) (du mot *plaque*, parce que les *placards* s'affichaient autrefois sur une *plaque.* (*Ménage.*), écrit ou imprimé qu'on affiche dans les carrefours, pour informer le public de quelque chose.—Écrit injurieux qu'on applique au coin des rues, ou qu'on sème parmi le peuple.— En t. d'imprimerie, composition établie par colonnes et sans pagination.— Assemblage de menuiserie en forme de panneaux qui s'élève ordinairement jusqu'au plancher.

PLACARDÉ, E, part. pass. de *placarder.*

PLACARDER, v. act. (*plakardé*), mettre, afficher un *placard.* — *Placarder une personne*, afficher ou semer contre elle des *placards* injurieux. — SE PLACARDER, v. pron.

PLACE, subst. fém. (*place*), lieu, endroit, espace qu'occupe ou que peut occuper une personne ou une chose. Voy. LIEU. — Fig., charge, dignité, emploi.—Lieu public et environné de bâtiments (en lat. *platea*).—Lieu où les banquiers, les négociants traitent de leurs affaires : *avoir crédit sur la place, faire des remises de place en place*, d'une ville de commerce à l'autre. Ville de guerre; forteresse. — Chez les cloutiers, espèce d'enclume enfoncée par le pied dans un gros bloc de bois, sur laquelle se fabriquent les clous.—En t. de guerre, *place d'armes*, 1° lieu spacieux destiné pour y ranger des troupes en bataille; 2° ville frontière, où est le dépôt principal des munitions, etc.—*Place de bouche, place de fourrage*, une ration de nourriture ou de fourrage. —*Être tué, tomber mort sur la place;* être tué sur-le-champ, tout d'un coup, expirer sur le lieu même.—*Il est demeuré mille hommes*, etc., *sur la place;* mille hommes ont été tués sur le champ de bataille.—*Faire place à quelqu'un*, 1° se ranger afin qu'il passe; 2° lui donner une place auprès de soi; 3° fig., céder sa place à un autre. — *Place, place!* rangez-vous! faites *place.*—*Ce mot n'est pas dans sa place*, ne convient pas à l'endroit où on l'a mis.—*Il aura place dans l'histoire*, il sera parlé de lui dans l'histoire. —*Se mettre à la place de quelqu'un*, se figurer que l'on est dans sa situation. — *Remettre quelqu'un à sa place*, le rappeler à ce qu'il doit.

PLACÉ, E, part. pass. de *placer*, et adj. — Fig. : *avoir le cœur bien placé*, avoir de l'honneur, de la vertu, les sentiments d'un honnête homme.—*Cela n'est pas bien placé*, cela est déplacé, inconvenant.

PLACEL, subst. mas. (*placèle*), fond élevé dans la mer; fond plein et uni. Peu en usage.

PLACEMENT, subst. mas. (*placeman*), t. de commerce, action de *placer* de l'argent ou effet de cette action : *faire un placement; c'est un bon, un mauvais placement.*—*Bureau de placement*, où l'on *place* les domestiques et autres.

PLACENTA, subst. mas. (*placeinta*) (du latin *placenta*, gâteau), en anat., masse mollasse qui est une partie des enveloppes du fœtus.—En t. de bot., partie interne du péricarpe, sur laquelle déposent immédiatement les semences.

PLACER, v. act. (*placé*), mettre, poser dans une *place*, dans un lieu, situer, etc. — *Placer une chose*, la mettre à sa *place.*— Fig. : *placer bien ce qu'on dit*, le dire à propos et dans l'endroit où il faut.—*Placer bien ses aumônes, ses bienfaits*, etc., les faire avec choix, avec discernement.—*Placer son amitié en bon lieu*, aimer une personne qui est digne d'être aimée.—*Placer de l'argent*, le faire profiter, l'employer à un capital, à une charge, etc.—*Placer une personne*, lui procurer un emploi. — SE PLACER, v. pron., prendre une *place*, se procurer une *place*, un emploi.

PLACET, subst. mas. (*placè*) (diminutif de *place*), sorte de siége qui n'a ni dos, ni bras. Hors d'usage en ce sens. — Demande succincte par écrit, pour obtenir justice, grace ou faveur. (Du latin *placet* pour *placeat*, qu'il plaise à....)

PLACEUR, subst. mas., **PLACEUSE,** subst. fém. (*placeur, ceuze*), celui qui désigne les places dans les marchés, les foires, les spectacles, etc. Voy. PLACIER.—Celui qui tient un bureau dans lequel on procure des places et des emplois aux personnes qui en ont besoin.

PLACHETTES, subst. fém. plur. (*plachète*), petits ais de bois qui portent les tuiles d'un toit de bâtiment. On dirait mieux *planchettes.*

PLACIDE, adj. des deux genres (*placide*) (en lat. *placidus*), calme, doux, pacifique, traitable. (*Boiste.*) Plus latin que français.

PLACIDEMENT, adv. (*placideman*), d'une manière *placide.* (Boiste.)

PLACIDITÉ, subst. fém. (*placidité*) (en latin *placiditas*), douceur, naturel doux, humeur tranquille. (*Boiste.*) Plus latin que français.

PLACIER, subst. mas., **PLACIÈRE,** subst. fém. (*placié, cière*), locataire d'une *place* dans un marché.

PLACIÈRE, subst. fém. Voy. PLACIER.

PLACITE, subst. fém. (*placite*), t. de bot., espèce de plante.

PLACITE, subst. fém. (*placite*), t. de palais, assise de justice.—Cour plénière que les rois tenaient avec les grands. Vieux et même hors d'usage.

PLACITÉ, E, adj. (*placité*), t. de prat., approuvé : *sentence placitée.* Vieux et même hors d'usage.

PLACK, subst. mas. (*plak*), l'une des plus petites monnaies qui ait eu cours en Écosse.

PLACODE, subst. fém. (*plakode*), t. de bot., genre de plantes cryptogames de la famille des lichens.

PLACUNE, subst. fém. (*plakune*), t. d'hist. nat., genre de testacés de la classe des bivalves.

PLACUS, subst. mas. (*plakuce*), t. de bot., genre de plantes de la famille des corymbifères.

PLADAROSE, subst. fém. (*pladaroze*) (du grec πλαδαρος, flasque), t. de médec., loupe molle sans rougeur ni douleur, qui survient aux paupières. *Boiste* dit à tort *pladarote*, en faisant ce mot du genre mas.

PLAFOND, subst. mas. (*plafon; d* ne se prononce jamais) (on écrivait autrefois *plat-fond*, ce qui donne l'étymologie du mot), le dessous d'un plancher cintré ou plat, garni de plâtre ou de menuiserie, et quelquefois orné de peinture. —En t. de marine, le *fond*, la carène ou l'œuvre vive du vaisseau.

PLAFONNAGE, subst. mas. (*plafonaje*), action de *plafonner;* le travail même.

PLAFONNÉ, E, part. pass. de *plafonner*, et adj., qui est *plafonné.*

PLAFONNER, v. act. (*plafoné*), couvrir le dessous d'un plancher, le garnir de plâtre ou de menuiserie. Voy. PLAFOND. — En peinture, donner le raccourci nécessaire à une figure, pour qu'elle paraisse suspendue en l'air. On dit même neut., qu'*une figure plafonne.* — SE PLAFONNER, v. pron.

PLAFONNEUR, subst. mas. (*plafoneur*), celui qui fait des *plafonds.*

PLAGAL, subst. et adj. mas. (*plaguale*), mode de musique, l'opposé de celui qu'on appelle *authentique.* Voyez ce mot.

PLAGE, subst. fém. (*plaje*) (en lat. *plaga*, fait du grec πλαξ, gén. πλακος, chose plate et unie, plaine), t. de marine, rivage de mer plat et découvert.—Poét., contrée, climat.

PLAGIAIRE, subst. mas. et adj. des deux genres (*plaji-ère*) (du lat. *plagiarius*, employé par *Martial* dans la même acception, et qui signifiait proprement, celui qui achetait ou vendait comme esclave une personne qu'il savait être d'une condition libre. Ceux qui étaient coupables de ce crime étaient condamnés au fouet : *plagis damnabuntur;* et c'est de ce mot *plaga*, plaie, coup, qu'a été fait *plagiarius*), celui qui pille ou qui s'attribue les ouvrages d'autrui. — Adj. : *auteur plagiaire.*—Au plur., t. d'hist. anc., nom qu'on donnait à ceux qui enlevaient des hommes libres, pour les vendre et en faire des esclaves; à ceux qui volaient des esclaves, ou qui recelaient ceux qui avaient pris la fuite.

PLAGIANTHE, subst. mas. (*plaji-ante*), t. de bot., arbre des Indes de la famille des malvacées.

PLAGIARISME, subst. mas. (*plaji-ariceme*), habitude, action du *plagiaire.* (Boiste.) Inusité.

PLAGIAT, subst. mas. (*plaji-a*), action du *plagiaire.*—Passage pillé d'un ouvrage.—Vol littéraire.

PLAGIAULE, subst. fém. (*plaji-ôle*), t. d'antiq., espèce de flûte qui fut inventée par les Libyens.

PLAGIÈDRE, adj. des deux genres (*plaji-èdre*) (du grec πλαγιος, oblique, et ἑδρα, siége, base); se dit des cristaux qui ont des facettes situées obliquement à la base de leurs pyramides.

PLAGIOSTOME, subst. mas. et adj. des deux genres (*plaji-ocetome*) (du grec πλαγιος, oblique, et στομα, bouche), t. d'hist. nat., poisson cartilagineux, qui a la bouche située transversalement, au-dessous du museau.

PLAGIURE, subst. mas. (*plaji-ure*), t. d'hist. nat., poisson et coquillage qui ne se trouvent que dans les hautes mers.

PLAGIUSE, subst. fém. (*plaji-uze*), t. d'hist. nat., espèce de poisson du genre des pleuronectes.

PLAGUSIE, subst. fém. (*plaguzi*), t. d'hist. nat., genre de crustacés de l'ordre des décapodes.

PLAID, subst. mas. (*plè*) (du latin *placitum*, employé dans la même signification. Voy. PLAIDER.), ce qu'on dit en *plaidant* pour défendre une cause. Il n'est plus usité que dans cette phrase proverbiale : *peu de chose, peu de plaid*, il ne faut pas un long discours pour une petite affaire, ou la chose ne vaut pas la peine d'être contestée. — On a dit au plur. : *tenir les plaids*, tenir l'audience.— Prov. : *on est sage au retour des plaids*, on perd l'envie de *plaider* après avoir eu quelque procès. — Grand manteau de laine, à carreaux, que les montagnards écossais portent retroussé et noué sur l'épaule gauche.

PLAIDABLE, adj. des deux genres (*plèdable*), t. de palais : *jour plaidable*, où il y a audience.— *Cette cause n'est pas plaidable*, ne vaut rien. (*Trévoux.*)

PLAIDANT, E, subst. et adj. (*plèdan, dante*), qui *plaide.* — Il est aussi subst. : *le plaidant, la plaidante.*

PLAIDÉ, E, part. pass. de *plaider.*

PLAIDER, v. act. (*plèdé*) (en lat. *placitare*), défendre quelqu'un en justice : *plaider la cause de..; plaider sa cause.*—En style de palais : *plaider quelqu'un*, pour signifier lui faire un procès, ne se dit plus, et ne s'est même que fort rarement dit. — Neut., il a le premier sens de l'actif : *plaider pour..; il plaide avec action, avec véhémence.* — Parler en faveur de quelqu'un. — Être en procès avec quelqu'un : *ils plaident l'un contre l'autre.* — SE PLAIDER, v. pron.

PLAIDEUR, subst. mas., **PLAIDEUSE,** subst. fém. (*plèdeur, deuze*), celui, celle qui *plaide*, qui est en procès. En ce sens, il ne s'emploie guère qu'au mas. — Celui, celle qui aime à *plaider : c'est un plaideur fieffé, une franche plaideuse.*

PLAIDEUSE, subst. fém. Voy. PLAIDEUR.

PLAIDOIRIE, subst. fém. (*plèdoèri*), action de *plaider.* — Art de *plaider* une cause.

PLAIDOYABLE, adj. des deux genres (*plèdoè-iable*), t. de palais : *jour plaidoyable*, dans lequel on peut *plaider.* Peu usité, si même il l'a jamais été. On ne dit que *plaidable.*

PLAIDOYER, subst. mas. (*plèdoè-ié*), discours prononcé à l'audience pour *plaider* une cause, pour la défendre.

PLAIE, subst fém. (*plè*) (en lat. *plaga*, fait du grec πληγη, en dorique πλαγα, dérivé de πλησσω, je frappe), t. de chir., solution de continuité dans quelque partie molle du corps. Voy. BLESSURE.—Cicatrice qui reste après la guérison d'une *plaie.*—Fig., affliction, peine.—*Les plaies d'Égypte*, dans le style de l'Écriture, les fléaux dont Dieu punit l'endurcissement de Pharaon.— Prov. : *ne demander que plaies et bosses*, souhaiter des malheurs pour en faire son profit. — *Mettre le doigt sur la plaie*, dire nettement ce qui est.

DU VERBE IRRÉGULIER PLAINDRE :

Plaignaient, 3e pers. plur. imparf. indic.
Plaignais, précédé de *je*, 1re pers. sing. imparf. indic.
Plaignais, précédé de *tu*, 2e pers. sing. imparf. indic.
Plaignait, 3e pers. sing. imparf. indic.
Plaignant, part. prés.

PLAIGNANT, E, subst. et adj. (*plègnian, gniante*), t. de palais, celui, celle qui se *plaint* en justice : *le plaignant; la partie plaignante.*

DU VERBE IRRÉGULIER PLAINDRE :

Plaigne, précédé de *que je*, 1re pers. sing. prés. subj.
Plaigne, précédé de *qu'il* ou *qu'elle*, 3e pers. sing. prés. subj.

Plaignent, précédé de *ils* ou *elles*, 3ᵉ pers. plur. prés. indic.
Plaignent, précédé de *qu'ils* ou *qu'elles*, 3ᵉ pers. plur. prés. subj.
Plaignes, 2ᵉ pers. sing. prés. subj.
Plaignez, 2ᵉ pers. plur. impér.
Plaignez, précédé de *vous*, 2ᵉ pers. plur. prés. indic.
Plaigniez, précédé de *vous*, 2ᵉ pers. plur. imparf. indic.
Plaigniez, précédé de *que vous*, 2ᵉ pers. plur. prés. subj.
Plaignîmes, 1ʳᵉ pers. plur. prét. déf.
Plaignions, précédé de *nous*, 1ʳᵉ pers. plur. imparf. indic.
Plaignions, précédé de *que nous*, 1ʳᵉ pers. plur. prés. subj.
Plaignirent, 3ᵉ pers. plur. prét. déf.
Plaignis, précédé de *je*, 1ʳᵉ pers. sing. prét. déf.
Plaignis, précédé de *tu*, 2ᵉ pers. sing. prét. déf.
Plaignisse, 1ʳᵉ pers. sing. imparf. subj.
Plaignissent, 3ᵉ pers. plur. imparf. subj.
Plaignisses, 2ᵉ pers. sing. imparf. subj.
Plaignissiez, 2ᵉ pers. plur. imparf. subj.
Plaignissions, 1ʳᵉ pers. plur. imparf. subj.
Plaignit, précédé de *il* ou *elle*, 3ᵉ pers. sing. prét. déf.
Plaignît, précédé de *qu'il* ou *qu'elle*, 3ᵉ pers. sing. imparf. subj.
Plaignîtes, 2ᵉ pers. plur. prét. déf.
Plaignons, 1ʳᵉ pers. plur. impér.
Plaignons, précédé de *nous*, 1ʳᵉ pers. plur. prés. indic.

PLAIN, subst. mas. (*plein*), sorte de grande cuve de tanneur.—Espèce de bouillie de chaux éteinte dans de l'eau, où l'on a mis tremper des cuirs.—Le vrai mot, dit *Trévoux*, devrait être *pelin*. Selon nous, ce serait plutôt *pellin* qu'il faudrait dire, puisqu'il le dérivait de *pellis*, peau.

PLAIN, E, adj. (*plein*, *plène*) (en lat. *planus*), proprement, qui est uni, plat, sans inégalité.—*Maison en plaine campagne*, en rase campagne.—*Chambre de plain pied*, de même étage et niveau.—*Etoffe plaine*, unie, sans figure, sans façon.—*Linge plain*, uni, non ouvré, non damassé.

PLAINAGE, subst. mas. (*plènaje*), travail du *plain*.

PLAIN-CHANT, subst. mas. (*pleinchan*), chant ordinaire de l'Église catholique. Ce chant, dans l'origine, était syllabique. Il est encore aujourd'hui borné au genre diatonique, et assujéti à ce qui nous est resté des modes anciens. On n'entendait autrefois par *plain-chant* que le chant romain ou celui de saint Grégoire; il se dit à présent de tous les chants d'église. Maintenant, il reste une question à poser et un raisonnement à établir. On a dit anciennement *plain-chant* et *plein-chant*: lequel des deux doit se dire? ou se disent-ils tous les deux? Nous ne croyons pas qu'on puisse employer les deux orthographes; car, en lat., *planus* signifie : ce qui est *plat*, *uni*; et *plenus*, ce qui est bien rempli; par exemple : *une voix pleine* est celle dans le sens de la rondeur et du volume; on ne dirait certainement pas : *une voix plaine*. Mais on ne doit écrire que *plain-chant*, parce que, dans le *plain-chant*, on chante à l'unisson, c'est-à-dire que le chant y est uni, et sur un même ton, sans contre-partie. C'est bien aussi un *chant plein*, bien fourni, bien expressif; mais, c'est encore plutôt un *chant plain*, bien exact et bien posé. On ne doit donc écrire que *plain-chant*; et les lexicographes qui renvoient leurs lecteurs à *plein-chant* n'ont pas raisonné sur ce mot.—Au plur., des *plains-chants*.

DU VERBE IRRÉGULIER PLAINDRE :
Plaindra, 3ᵉ pers. sing. fut. indic.
Plaindrai, 1ʳᵉ pers. sing. fut. indic.
Plaindraient, 3ᵉ pers. plur. prés. cond.
Plaindrais, précédé de *je*, 1ʳᵉ pers. sing. prés. cond.
Plaindrais, précédé de *tu*, 2ᵉ pers. sing. prés. cond.
Plaindrait, 3ᵉ pers. sing. prés. cond.
Plaindras, 2ᵉ pers. sing. fut. indic.

PLAINDIN, subst. mas. (*pleindein*), sorte de serge qu'on fabrique en Ecosse.

PLAINDRE, v. act. (*pleindre*) (du latin *plangere*, pleurer. Ménage.), avoir pitié, avoir compassion de...—*Plaindre sa peine*, *ses soins*, *son temps*, *ses pas*, etc., les employer avec répugnance et à regret.—*Ne pas plaindre l'argent*, *la dépense*, dépenser volontiers.—*Plaindre le pain*

a ses enfants, *l'avoine à ses chevaux*, etc.; ne pas leur en donner suffisamment. On dit aussi *plaindre le pain*, *l'avoine qu'ils mangent*, etc., avoir regret aux dépenses les plus nécessaires. — *Se plaindre toutes choses*, se passer des choses dont on a le plus besoin. Il est peu usité.—SE PLAINDRE, v. pron., faire des *plaintes*, se lamenter, soupirer.—Témoigner du mécontentement, du déplaisir : *j'ai bien lieu de me plaindre de vous*. Racine a dit (*Iphigénie*) : *Qu'ai-je à me plaindre? pour de quoi ai-je à me plaindre?* — PLAINDRE, REGRETTER. (Syn.) On *plaint* le malheureux; on *regrette* l'absent. L'un est un mouvement de pitié, l'autre l'effet de l'attachement.—La douleur arrache nos *plaintes*; le repentir excite nos *regrets*.
— Le mot *plaindre* employé pour soi-même change un peu la signification qu'il a lorsqu'il est employé pour autrui : retenant alors l'idée commune et générale de sensibilité, il cesse de représenter ce mouvement particulier de pitié, qu'il fait sentir lorsqu'il est question des autres; et, au lieu de marquer un simple sentiment, il emporte de plus dans sa signification, la manifestation de ce sentiment. Nous *plaignons* les autres, lorsque nous sommes touchés de leurs maux; cela se passe au dedans de nous, ou du moins peut s'y passer, sans que nous le témoignions au dehors. Nous nous *plaignons* de nos maux, lorsque nous voulons que les autres en soient touchés; il faut pour cela les faire connaître.—Ce mot marque aussi quelquefois un sentiment de repentir. On dit, en ce sens, qu'on *plaint* ses pas; qu'un avare se *plaint* toutes choses, jusqu'au pain qu'il mange. — Un cœur dur ne *plaint* personne; un courage féroce ne se *plaint* jamais. Un paresseux *plaint* sa peine plus qu'un autre; un parfait indifférent ne *regrette* rien.

DU VERBE IRRÉGULIER PLAINDRE :
Plaindrez, 2ᵉ pers. plur. fut. indic.
Plaindriez, 2ᵉ pers. plur. prés. cond.
Plaindrions, 1ʳᵉ pers. plur. prés. cond.
Plaindrons, 1ʳᵉ pers. plur. fut. indic.
Plaindront, 3ᵉ pers. plur. fut. indic.

PLAINE, subst. fém. (*plène*) (en latin *planum*), *plate campagne*, grande étendue de terre sans montagnes.—*Plaine d'eau*, grande étendue d'eau.—Poét. : *la plaine liquide*, la mer. —*Plaine*, parti politique opposé à celui de la *Montagne*. Voy. ce mot.

PLAIN-PIED, subst. mas. (*pleinpié*), plusieurs pièces d'un appartement qui sont de niveau, sans pas ni ressauts. — Au plur., des *plains-pieds*.—*De plain-pied*, loc. adv., qui est au même étage, qui est du même niveau.

PLAINS (LES), subst. propre mas. plur. (*lèplein*), petit canton de l'ancien pays de Caux.

DU VERBE IRRÉGULIER PLAINDRE :
Plains, 2ᵉ pers. sing. impér.
Plains, précédé de *je*, 1ʳᵉ pers. sing. prés. indic.
Plains, précédé de *tu*, 2ᵉ pers. sing. prés. indic.
Plaint, précédé de *il* ou *elle*, 3ᵉ pers. sing. prés. indic.
Plaint, e, part. pass.
• PLAINT, subst. mas. (*plein*), gémissement d'un enfant, d'un homme, d'un criminel qui souffre. Vieux et peu usité; on ne dit plus guère que *plainte*.

PLAINTE, subst. fém. (*pleinte*) (du lat. *planctus*, dont la signification est la même), gémissement, lamentation.—Mécontentement qu'on témoigne de vive voix ou par écrit : *former des plaintes contre*...—Au palais : rendre sa plainte au juge, au commissaire, exposer le sujet qu'on a de se *plaindre*.

PLAINTIF, adj. mas., au fém. PLAINTIVE (*pleintif*, *tive*), qui se *plaint*; triste, dolent : *ton plaintif*, *voix plaintive*.—Familièrement : *homme plaintif*, qui se *plaint* à tout propos.

PLAINTIVE, adj. fém. Voy. PLAINTIF.

PLAINTIVEMENT, adv. (*pleintiveman*), d'un ton *plaintif*, d'une *voix plaintive*.

DU VERBE IRRÉGULIER PLAIRE :
Plaira, 3ᵉ pers. sing. fut. indic.
Plairai, 1ʳᵉ pers. sing. fut. indic.
Plairaient, 3ᵉ pers. plur. prés. cond.
Plairais, précédé de *je*, 1ʳᵉ pers. sing. prés. cond.
Plairais, précédé de *tu*, 2ᵉ pers. sing. prés. cond.
Plairait, 3ᵉ pers. sing. prés. cond.

Plairas, 2ᵉ pers. sing. fut. indic.
PLAIRE, v. neut. (*plère*) (du latin *placere*), agréer à..., être au gré de.. Voy. COMPLAIRE.—Sans régime, avoir de l'agrément, des charmes. Il se dit surtout des femmes.—Vouloir, trouver bon. En ce sens, il est unipersonnel : *je ferai ce qu'il me plaira*, *ce que je voudrai*, *ce qui me plaira*, *ce qui me sera agréable*. — SE PLAIRE, v. pron., trouver du *plaisir* et de la satisfaction en quelque chose. Devant les verbes, il veut la préposition *à*, et non pas *de*. Racine a dit à tort dans *Esther* :

Du temple où notre Dieu se plaît d'être adoré.

— Il se dit quelquefois des animaux et des plantes : *le gibier se plaît dans les taillis; la vigne se plaît dans les terres pierreuses*. — *S'il vous plaît*, s'emploie : 1° comme terme de civilité : *soyez*, *s'il vous plaît*, *persuadé de mon attachement*; 2° pour ajouter quelque énergie à ce qu'on dit : *songez*, *s'il vous plaît*, *que je suis sûr de ce que je dis*. — *Mon affaire va comme il plaît à Dieu*, va mal.—*Être chez une personne à plaît-il maître?* avoir pour elle une complaisance servile. Loc. surannée.—*Plaise à Dieu!* *plût à Dieu que...* Loc. qui marquent le souhait. On dit même aussi absol., *plût à Dieu! plaise à Dieu!*—*A Dieu ne plaise!* que Dieu ne fasse pas que telle chose arrive : — En t. de formule du palais : *plaise à la cour....* nous demandons que la cour veuille bien faire telles ou telles choses...

DU VERBE IRRÉGULIER PLAIRE :
Plairez, 2ᵉ pers. plur. fut. indic.
Plairiez, 2ᵉ pers. plur. prés. cond.
Plairions, 1ʳᵉ pers. plur. prés. cond.
Plairons, 1ʳᵉ pers. plur. fut. indic.
Plairont, 3ᵉ pers. plur. fut. indic.
Plais, 2ᵉ pers. sing. impér.
Plais, précédé de *je*, 1ʳᵉ pers. sing. prés. indic.
Plais, précédé de *tu*, 2ᵉ pers. sing. prés. indic.
Plaisaient, 3ᵉ pers. plur. imparf. indic.
Plaisais, précédé de *je*, 1ʳᵉ pers. sing. imparf. indic.
Plaisais, précédé de *tu*, 2ᵉ pers. sing. imparf. indic.

PLAISAMMENT, adv. (*plèzaman*), d'une manière *plaisante*, agréable.—Ridiculement.

PLAISANCE, subst. fém. (*plèzance*), usité seulement dans ces phrases : *lieu de plaisance*; *maison de plaisance*, maison de campagne pour le *plaisir* et non pour le revenu.

PLAISANCE, subst. propre mas. (*plèzance*), ville de France, chef-lieu de canton, arrond. de Mirande, dép. du Gers. — Grande et belle ville de l'état de Parme, chef-lieu du duché de ce nom.

Plaisant, part. prés. du v. irrég. PLAIRE.

PLAISANT, E, adj. (*plèzan*, *zante*), qui récrée, qui divertit, qui fait rire : *conte*, *récit plaisant*; et en parlant des personnes : *c'est l'homme du monde le plus plaisant*, *c'est une femme fort plaisante et fort amusante*.—On l'employait autrefois dans le sens d'agréable, qui *plaît*; et c'est ainsi que Boileau a dit (*Art poétique*, chant I) :

Passer du grave au doux, du *plaisant* au sévère,

et chant IV :

Partout joigne au *plaisant* le solide et l'utile.

— Mis devant les noms, il signifie : ridicule : *voilà un plaisant visage*, *un plaisant habit*.

PLAISANT, subst. mas., (*plèzan*), celui qui fait métier de dire et de faire des choses dans l'intention de faire rire.—*Le genre plaisant*.—Ce qu'il y a de *plaisant*.

PLAISANTÉ, E, part. pass. de *plaisanter*.

PLAISANTER, v. act. et neut. (*plèzanté*), railler : *plaisanter quelqu'un*. — *Ne pas plaisanter*, prendre une chose au sérieux. — Neut., dire ou faire quelque chose pour exciter à rire. — Ne pas parler sérieusement. — SE PLAISANTER, v. pron., se moquer les uns des autres.

PLAISANTERIE, subst. fém. (*plèzanteri*), chose dite ou faite pour réjouir, pour divertir, pour faire rire. Voy. MOQUERIE. — *Entendre la plaisanterie*, *se prêter à la plaisanterie*, ne pas s'offenser d'une *plaisanterie*. — *Plaisanterie à part*, parlant sérieusement.

PLAISANTIN, subst. propre mas. (*plèzantein*), nom de contrée, duché de *Plaisance*.

PLAISANTIN, subst. mas., PLAISANTINE,

subst. fém. (*plèzantein, tine*), habitant du duché de *Plaisance*. — *Plaisantin*, était anciennement le nom d'un personnage qui, dans les farces de la foire, avait l'emploi de faire rire les assistants. Il s'appelait ailleurs *fagotin*, et plus communément *arlequin*.

DU VERBE IRRÉGULIER PLAIRE :

Plaise, précédé de *que je*, 1re pers. sing. prés. subj.
Plaise, précédé de *qu'il* ou *qu'elle*, 3e pers. sing. prés. subj.
Plaisent, précédé de *ils* ou *elles*, 3e plur. pers. prés. indic.
Plaisent, précédé de *qu'ils* ou *qu'elles*, 3e pers. plur. prés. subj.
Plaises, 2e pers. sing. prés. subj.
Plaisez, 2e pers. plur. impér.
Plaisez, précédé de *vous*, 2e pers. prés. plur. indic.
Plaisiez, précédé de *vous*, 2e pers. plur. imparf. indic.
Plaisiez, précédé de *que vous*, 2e pers. plur. prés. subj.
Plaisions, précédé de *nous*, 1re pers. plur. imparf. indic.
Plaisions, précédé de *que nous*, 1re pers. plur. prés. subj.

PLAISIR, subst. mas. (*plèzir*) (du latin *placere*, plaire. *Ménage.*), sentiment ou sensation agréable excité dans l'âme par la présence ou l'image d'un bien. Voy. CONTENTEMENT. — Ce qui cause ce sentiment ou cette sensation ; divertissement, etc. — Volonté, consentement : *si c'est votre plaisir*, si vous le trouvez bon. — Grace, faveur, bon office : *Faites-moi ce plaisir*. Voyez BIENFAIT. — *Les plaisirs*, les divertissements de la vie : *il a renoncé aux plaisirs*. — On appelait *les plaisirs du roi*, une étendue de pays où la chasse était réservée exclusivement pour le roi. — *Menus plaisirs*. Voy. MENU. — *A plaisir*, loc. adv. : 1° avec soin : *place fortifiée à plaisir*; 2° fort à l'aise : *j'ai tout vu à plaisir*; 3° *contes faits à plaisir*, faits exprès pour divertir. — *Tel est notre plaisir*, formule de lettres de chancellerie, que la courtisannerie avait mise dans la bouche des rois. — *A son*, *à mon plaisir*, à sa ou à ma volonté. — *Par plaisir*, locution adv. : 1° par divertissement ; 2° pour éprouver, pour voir si... — *Sous le bon plaisir de...*, avec l'agrément et le consentement de... — PLAISIR, DÉLICES, VOLUPTÉ. (*Syn.*) L'idée de *plaisir* est d'une bien plus vaste étendue que celle de *délices* et de *volupté*, parce que ce mot a rapport à un plus grand nombre d'objets que les deux autres. Ce qui concerne l'esprit, le cœur, les sens, la fortune, enfin tout, est capable de nous procurer du *plaisir*. L'idée de *délices* enchérit par la force du sentiment sur celle de *plaisir* ; mais elle se borne proprement à la sensation, et regarde surtout celle de bonne chère. L'idée de *volupté* est toute sensuelle, et semble désigner dans les organes quelque chose de délicat qui raffine et augmente le goût. — Les vrais philosophes cherchent les *plaisirs* dans toutes leurs occupations, et ils s'en font un de remplir leur devoir. C'est un *délice* pour certaines personnes de boire à la glace. Les femmes poussent ordinairement la sensibilité jusqu'à la *volupté*. — Ces trois mots expriment aussi quelquefois l'objet ou la cause du sentiment, comme quand on dit d'une personne, qu'elle se livre entièrement aux *plaisirs*, qu'elle jouit des *délices* de la campagne, qu'elle se plonge dans les *voluptés*. Dans ce sens, le mot *plaisir* a plus de rapport aux pratiques personnelles, aux usages et aux passe-temps, tels que la table, le jeu, les spectacles, les galanteries. Celui de *délices* en a davantage aux agréments que la nature, l'art et l'opulence fournissent, tels que de belles habitations, des commodités recherchées des compagnies choisies. Celui de *voluptes* désigne proprement des excès qui tiennent de la mollesse, de la débauche et du libertinage.

DU VERBE IRRÉGULIER PLAIRE :

Plaisons, 1re pers. plur. impér.
Plaisons, précédé de *nous*, 1re pers. plur. prés. indic.
Plaît, 3e pers. sing. prés. indic.

PLAK, subst. mas. (*plake*), le tiers d'un sou écossais, c'est-à-dire à peu près cinq centimes de France.

PLAMAGE, subst. mas. (*plamaje*), action de *plamer* les cuirs.

PLAMÉ, E, part. pass. de *plamer* et adj.

* **PLAMÉE**, subst. fém. (*plamé*), chaux avec laquelle on enlève le poil des cuirs. — On l'emploie aussi au lieu de plâtre, pour bâtir en moellons.

* **PLAMER**, v. act. (*plamé*), t. de tannerie, faire tomber le poil du cuir. — SE PLAMER, v. pron.

* **PLAMERIE**, subst. fém. (*plameri*), endroit où se fait le *plamage*.

PLAMOTÉ, E, part. pass. de *plamoter*.

PLAMOTER, v. act. (*plamoté*), t. de raffineur ; retirer les pains de sucre des formes. — SE PLAMOTER, v. pron.

PLAMUSE, subst. fém. (*plamuze*), coup, soufflet, tape avec la main. Vieux et même hors d'usage.

PLAN, E, adj. (*plan, plane*) (en latin *planus*, plat, uni), anc. géom. : *angle plan*, angle tracé sur une superficie *plate*. — *Surface plane*, surface *plate* et unie. — *Triangle plan*, renfermé entre trois lignes droites. — *Lieu plan*, lieu géométrique à la ligne droite ou au cercle, par opposition au *lieu solide*, qui était une parabole, une ellipse ou une hyperbole. — *Problème plan*, problème qui ne peut être résolu géométriquement que par l'intersection ou d'une ligne droite et d'un cercle, ou des circonférences de deux cercles. — En t. d'optique, *verre* ou *miroir plan*, dont la surface est plate ou unie. Dans l'usage ordinaire, on dit simplement *miroir*. — *Verre plan-concave*, verre qui a une de ses surfaces plane et l'autre concave. — *Verre plan-convexe*, dont une surface est plane et l'autre convexe. — *Carte plane*, carte maritime où les méridiens et les parallèles sont représentés par des lignes droites parallèles. — *Navigation plane*, art de calculer par le moyen d'une carte plane, ou de représenter sur une semblable carte les différents cas et les différentes circonstances d'un vaisseau. — Anc. arithm., *nombre plan*, celui qui peut résulter de la multiplication de deux nombres l'un par l'autre.

PLAN, subst. mas. (*plan*) (du latin *planum*), surface *plane*, à laquelle une ligne droite peut s'appliquer en tout sens, de manière qu'elle coïncide toujours sur cette surface. — En géom. pratique, représentation de la base horizontale d'une campagne, d'une ville, etc., tracée en petit sur le papier d'après une échelle quelconque, au moyen des mesures réelles prises sur le terrein. — *Plan horizontal*, parallèle à l'horizon. — *Plan incliné*, qui fait un angle oblique avec un *plan* horizontal. — *Lever un plan*, décrire sur le papier les différents angles et les différentes lignes d'un terrein, dont on a pris les mesures avec un graphomètre, etc., et avec une chaîne. — En archit., dessin d'un édifice tracé sur le papier. — En peinture, 1° résultat respectif des divers points sur lesquels sont placés tous les objets qui entrent dans une scène : *premier, second, troisième plan ; la dégradation des plans* ; 2° les détails, les différentes surfaces d'un objet : *les plans de cette tête sont bien sentis*, tous les détails qui la composent sont bien exprimés, sont bien à leur place. — Fig., dessein, projet d'un ouvrage d'esprit. — Plus figurément, tout autre projet : *plan d'une campagne militaire*, *d'une négociation* ; *plan de conduite*.

PLANAIRE, subst. mas. (*planère*), t. d'hist. nat., ver aquatique, dont le corps est aplati.

PLANANTHE, subst. mas. (*planante*), t. de bot., genre de plantes établi aux dépens des lycopodes de *Linnée*.

PLANCHÉ, E, part. pass. de *plancher*.

PLANCHE, subst. fém. (*planche*) (en latin *planca*, dérivé de πλὰξ, gén. πλακός, tablette, plaque), ais, morceau de bois scié en long, d'une certaine épaisseur et largeur. — Morceau de bois plat ou plaque de cuivre où l'on a gravé des figures, pour en tirer des estampes. — Estampe tirée sur la *planche*. Voy. ESTAMPE. — En t. de jardinage, petit espace de terre plus long que large, où l'on cultive des fleurs, des légumes, etc. — En t. de coutelier, tout l'équipage qui comprend la meule et ses dépendances : *limer* ou *émoudre en planche*, dresser une pièce à la lime et à la meule. — Large platine de fer qu'on ajuste au pied des mulets, ouverte d'un trou proportionné à la sole. — Chez les cordonniers, le dessus d'un talon de bois pour femme. — Dans un étrier, espèce de cadre d'une forme quelconque, dont le vide est rempli par la grille de l'étrier. — Bloc d'ardoise, avant qu'il soit fendu. — En t. de nat., *faire la planche*, s'étendre sur l'eau. — Fig. et fam. : 1° *faire la planche*, tenter le premier une chose où il paraissait quelque péril, quelque difficulté ; 2° *s'appuyer sur une planche pourrie*, mettre sa confiance en quelqu'un qui ne peut être d'aucun secours.

PLANCHÉIÉ, E, part. pass. de *planchéier*.

PLANCHÉIER, v. act. (*planché-ié*), couvrir proprement de *planches* le sol d'un appartement. — SE PLANCHÉIER, v. pron.

PLANCHÉIEUR, subst. mas. (*planché-ieur*), autrefois officier de ville chargé de veiller aux ponts de planches, et de placer les madriers nécessaires pour arriver sûrement sur les bateaux. — Ouvrier qui *planchéie*, qui s'occupe particulièrement de faire des *planchers*.

PLANCHER, subst. mas. (*planché*), assemblage de *planches* et autres pièces de bois, posées horizontalement et formant une épaisseur plus ou moins grande, pour séparer l'un de l'autre et en dedans les différents étages d'une maison. Il se dit également de la partie basse d'une chambre, d'une salle : *plancher parqueté, carrelé* ; et de la partie haute : *plancher plafonné*. — Rang de tronçons de bois disposés dans un fourneau pour faire du charbon. — En t. d'imprimeur, 1° deux *planches* sur lesquelles repose l'encrier dans les presses en bois ; et 2° le marche-pied. — *Plancher de fer*, *plancher* que l'on construit de diverses pièces de fer jointes ensemble. — Fig. et pop., *il n'est rien de tel que le plancher des vaches*, il vaut mieux voyager ou vivre sur terre que sur l'eau, ou dans l'air. — *Faire sauter quelqu'un au plancher*, pousser quelqu'un à bout en lui soutenant des choses absurdes.

PLANCHER, v. act. (*planché*), t. de manuf., émoudre les forces sur la longueur. — SE PLANCHER, v. pron.

PLANCHETTE, subst. fém. (*planchète*), petite *planche*. — En géom., instrument d'arpentage au moyen duquel on a sur le terrein même le plan qu'on demande. — *Planchette ronde*, instrument dont les arpenteurs font un grand usage pour prendre des angles, des distances, des hauteurs, etc.

PLANÇON, subst. mas. (*plançon*), branches de saule et des autres arbres qui viennent de bouture. Voy. PLANTARD.

PLANCY, subst. propre mas. (*planci*), village de France, en Champagne.

PLANE, subst. mas. (*plane*), t. d'hist. nat., espèce de poisson du genre des pleuronectes. — T. de bot., arbre appelé autrement *platane*. Voy. ce mot.

PLANE, subst. fém. (*plane*) (du lat. *planula*), outil tranchant et à deux poignées, qui sert aux charrons, aux tonneliers, etc., à préparer, unir et polir le bois qu'ils emploient. — En t. de plombier, morceau de cuivre carré, garni d'une poignée ; on le fait chauffer pour *planer* le sable.

PLANÉ, E, part. pass. de *planer*.

PLANER, v. act. (*plané*), polir le bois avec la *plane*. — Dans la plomberie, dresser, aplanir les tables de plomb. — Dans la gravure en taille-douce, unir et dresser le cuivre. — Unir, polir de la vaisselle, etc. — Neut., se dit des oiseaux qui se soutiennent en l'air sur les ailes étendues, sans paraître les remuer : *un oiseau qui plane en l'air, un milan qui plane*. — Considérer de haut : *la vue plane sur la campagne*. — Fig., en parlant de l'esprit : *c'est un génie qui planera sur tous les siècles*. — SE PLANER, v. pron. Il est aussi v. neut.

PLANÈRE, subst. fém. (*planère*), t. de bot., sorte d'arbre de la Caroline, qui croît sur le bord des rivières.

PLANÉTAIRE, adj. des deux genres (*planétère*), t. d'astron., qui appartient aux *planètes*, qui concerne les *planètes*. — *Système planétaire*, système ou assemblage des *planètes*, tant premières que secondaires, qui se meuvent chacune dans leur orbite autour du soleil comme centre commun. — *Région planétaire*, l'espace où les *planètes* se meuvent. — *Jours planétaires*, à chacun desquels présidait une *planète* dont il portait le nom, comme dans la semaine des anciens. — *Année planétaire*, période de temps que les *planètes* emploient à faire leur révolution autour du soleil, etc. — *Carrés planétaires*, carrés magiques de sept nombres, depuis 3 jusqu'à 9.

PLANÉTAIRE, subst. mas. (*planétère*), t. d'astron., instrument qui représente le mouvement des *planètes*, soit par des cercles comme dans les sphères mouvantes, soit par des aiguilles et des cadrans.

PLANÈTE, subst. fém. (*planète*) (du grec πλανήτης, errant, dérivé de πλάνη, course vagabonde), astre qui ne luit qu'en réfléchissant la lumière du soleil, qui fait sa révolution autour de cet astre, et qui change continuellement de position par rapport aux étoiles, dont ces différentes circonstances le distinguent. On connaît aujourd'hui onze planètes rangées dans l'ordre suivant, à commencer par celle qui est la plus proche du soleil : *Mercure, Vénus*, la *Terre*, *Mars, Vesta, Junon, Cérès, Pallas, Jupiter, Saturne, Uranus*. — *Planètes supérieures*, plus éloignées du soleil que ne l'est la terre, telles sont *Mars, Vesta*, et les six autres. — *Planètes inférieures*, plus proches du soleil que ne l'est la terre : ce sont *Mercure* et *Vénus*. — Fig., *être né sous une heureuse planète*, être très-heureux dans tout ce qu'on entreprend.

PLANETÉ, E, part. pass. de *planeter*.

PLANETER, v. act. (*planeté*), adoucir la corne du peigne. — *se* PLANETER, v. pron.

PLANÉTOLABE, subst. mas. (*planétolabe*) (du grec πλανητης, planète, et λαμβανω, je prends), t. d'astron., instrument pour mesurer les *planètes*. On ne s'en sert plus aujourd'hui.

PLANEUR, subst. mas., **PLANEUSE**, subst. fém. (*planeur, neuze*), artisan qui *plane* la vaisselle d'or et d'argent. — *Planeur en cuivre*, qui polit le cuivre.

PLANEUSE, subst. fém. Voy. PLANEUR.

PLANÈZE, subst. fém. (*planèze*), contrée étendue, sommet, plate-forme d'une chaîne de montagnes en Auvergne.

PLANICAUDE, subst. mas. (*planikôde*) (du lat. *planus*, plat, et *cauda*, queue), t. d'hist. nat., famille de reptiles dans laquelle se trouve le crocodile.

PLANIFORME, subst. mas. et adj. des deux genres (*planiforme*) (du lat. *planus*, plat, et *forma*, forme), t. d'hist. nat., insectes plats, omaloïdes. — Adj., qui a la *forme* d'un *plan*.

PLANIMÈTRE, subst. mas. (*planimètre*) (du lat. *planus*, plat, et du grec μετρον, mesure), instrument propre à mesurer les surfaces *planes*.

PLANIMÉTRIE, subst. fém. (*planimétri*) (même étym. que celle du mot précéd.), art de *mesurer* les surfaces *planes*.

PLANIMÉTRIQUE, adj. des deux genres (*planimétrike*), qui a rapport au *planimètre* et à la *planimétrie*.

PLANIPÈDE, subst. mas. et adj. des deux genres (*planipède*) (du lat. *planus*, plat, et *pes, pedis*, pied), se disait des mimes, parce qu'ils avaient les pieds nus.

PLANIQUEUE, subst. mas. (*planikieue*), t. d'hist. nat., famille de quadrupèdes rongeurs, le desman, le castor, etc.

PLANIROSTRE, subst. mas. et adj. des deux genres (*planirocetre*) (du latin *planus*, plat, aplati, et de *rostrum*, bec), t. d'hist. nat., famille d'oiseaux passereaux.

PLANISPHÈRE, subst. mas. (*planiccfère*) (du latin *planus*, plat, et du grec σφαιρα, sphère), projection de la *sphère* et de ses différents cercles sur une surface *plane* : *planisphère céleste, planisphère terrestre*. — Représentation sur un plan des cercles ou orbites que les planètes décrivent. — Carte céleste représentant les constellations de tout le ciel, projetées sur le plan de l'écliptique ou sur celui de l'équateur. — Nom qu'on a donné autrefois à l'astrolabe.

PLANOIR, subst. mas. (*planoar*), ciselet dont l'extrémité est aplatie et très-polie.

PLANORBE, subst. mas. (*planorbe*), t. d'hist. nat., coquillage univalve d'eau douce.

PLANORBIER, subst. mas. (*planorbié*), t. d'hist. nat., animal des *planorbes*.

PLANOSPIRITE, subst. fém. (*planocepirite*), t. d'hist. nat., sorte de coquille de la classe des univalves.

PLANOUZE, subst. propre fém. (*planouze*), île d'Italie, dans la mer de Toscane.

PLANT, subst. mas. (*plan*), scion qu'on tire de certains arbres pour les *planter* : *plant de vigne; élever du plant*. — Lieu où l'on a *planté* de jeunes arbres, et où on les élève. En ce sens, on dit aussi *pépinière*. — Espace de terrein *planté* d'arbres avec ordre et symétrie, en avenues, quinconces, etc. — *Jeune plant*, vignes nouvellement plantées. On dit aussi *nouveau plant*. — Verger de jeunes arbres. — Jeune bois de vingt et trente ans.

PLANTADE, subst. fém. (*plantade*), *plant* d'arbres. Vieux et inusité.

PLANTAGE, subst. mas. (*plantaje*), tout ce qu'on a *planté*. Il se dit particulièrement, en Amérique, des *plantes* de cannes à sucre, de tabac, etc. : *les plantages ont été ruinés par les ouragans*. — Action de *planter*.

PLANTAGENET, subst. propre mas. (*plantajené*), nom d'une dynastie issue du fils de Mathilde et du comte d'Anjou, qui régna en Angleterre vers l'an 1154.

PLANTAGINÉE, subst. et adj. fém. (*plantajiné*), t. de bot., dans la méthode naturelle de *Jussieu*, famille de plantes ainsi nommées du *plantain*, qui est l'un des trois genres compris dans cette famille.

PLANTAIN, subst. mas. (*plantein*), t. de bot., plante à fleurs infundibuliformes, dont les espèces sont très-nombreuses.

PLANTAIRE, adj. des deux genres (*plantère*), t. d'anat., qui a rapport à la plante du pied : *muscles plantaires; les artères plantaires*. — Subst. mas.; on a donné ce nom aux didelphes et aux phalangers.

PLANTARD, subst. mas. (*plantar*), plançon, avec cette différence que *plançon* se dit d'une branche de saule, etc., coupée pour être *plantée*, et *plantard* de cette même branche déjà *plantée* jusqu'à ce qu'elle ait poussé elle-même d'autres branches. — *Duhamel* donne proprement ce nom à la partie des boutures qui s'élève hors de terre. L'*Académie* renvoie à PLANÇON.

PLANTAT, subst. mas. (*planta*), nom d'une vigne *plantée* depuis un an.

PLANTATION, subst. fém. (*plantâcion*), action de *planter*. — Le *plant* même : *il a fait de belles plantations dans sa terre*. — Établissement dans les colonies. Lorsque ces établissements sont faits, ils prennent le nom d'*habitation*.

PLANTE, subst. fém. (*plante*) (en lat. *planta*), en général, corps organique vivant, qui tire sa nourriture et son accroissement de la terre, dépourvu de sentiment et incapable de déplacement spontané. On nomme *herbes*, les *plantes* qui perdent leur tige tous les hivers; *plantes ligneuses*, celles dont la tige a la consistance du bois, et qui se divisent en *arbres, arbrisseaux* et *sous-arbrisseaux*. — Dans un sens plus resserré, *plante* qui ne pousse point de bois : *le tabac est une belle plante*. — *Plante* médicinale. — *Le jardin des plantes*. — En parlant d'une jeune vigne, on dit *du vin de plante, de jeune, de nouvelle Plante*. — Fig. : *jeune plante*, jeune garçon ou jeune fille. — *La plante des pieds*, le dessous des pieds de l'homme. La partie des pieds qui pose à terre, et sur laquelle tout le corps porte quand l'homme est debout. (Du latin *planta*, qui lui-même est tiré du grec πλατη, en dorique πλατα, la partie large et plate d'une rame.)

PLANTÉ, E, part. pass., et adj. Voy. PLANTER. — *Maison bien plantée*, dans une situation agréable. — *Terre bien plantée*, où il y a beaucoup de belles avenues d'arbres. — Fig. et fam. : *me voilà bien planté pour reverdir*, dans une triste situation. — *Cheveux bien plantés*, bien placés. *Statue, figure en pied bien plantée*, représentée debout dans une belle attitude. — *Être bien planté sur ses pieds*, se tenir de bonne grace.

PLANTER, v. act. (*planté*) (du latin *plantare*, mettre une *plante* en terre pour lui faire prendre racine, et lui donner de l'accroissement. — Par extension et par similitude, ficher, enfoncer certaines choses en terre, de manière qu'il en paraisse une partie dehors : *planter des bornes, un pilier*. — *Planter des échelles à une muraille*, les y appliquer pour monter à l'assaut. — *Planter l'étendard de la croix dans un pays*, introduire le christianisme. — *Planter quelqu'un en quelque endroit*, l'y laisser en passant. Style plaisant. — *Planter là quelqu'un*, le quitter, l'abandonner. — Prov. : *arrive qui plante*, faire quelque chose, quoi qu'il en puisse arriver. — *Planter le piquet*, attendre quelqu'un. — Fig. et fam. : 1° *planter quelque chose au nez de quelqu'un*, lui dire en face quelque chose de désagréable; 2° *on l'a envoyé planter des choux chez lui*, on l'a relégué dans sa terre. — *se* PLANTER, v. pron., être *planté*. — *Se planter devant quelqu'un*, se mettre devant lui de manière à le gêner.

PLANTEUR, subst. mas., **PLANTEUSE**, subst. fém. (*planteur, teuze*), celui, celle qui *plante* des arbres : *c'est un grand planteur*. — Propriétaire d'une *plantation* ou habitation en Amérique. — Fam. et par mépris, *planteur de choux*, homme qui vit à la campagne.

PLANTIGRADE, subst. mas. et adj. des deux genres (*plantiguerade*) (du latin *planta*, plante du pied, et *gradi*, marcher), t. d'hist. nat., famille de mammifères, ainsi nommés parce qu'en marchant ils appuient sur la terre la *plante* entière du pied, qui en conséquence est toujours nue et privée de poils : tels sont les ours, les hérissons, les taupes et les musaraignes. — Adj., littéralement, qui marche sur la *plante* du pied.

PLANTI-SOUS-PHALANGIEN, subst. et adj. mas. (*planticoufalanjiein*), t. d'anat., se dit des muscles lombricaux du pied, parce qu'ils répondent à la *plante* du pied et se terminent à la face inférieure des premières *phalanges*.

PLANTISUGE, subst. mas. et adj. des deux genres (*planticuje*), t. d'hist. nat., nom donné à des hémiptères qui habitent dans les *plantes* et les sucent.

PLANTI-TENDINO-PHALANGIEN, subst. et adj. mas. (*plantitandinofalanjiein*), t. d'anat., nom qu'on donne aux muscles lombricaux en raison de leur attache.

PLANTIVORE, subst. mas. et adj. des deux genres (*plantivore*) (du lat. *planta*, plante, et *vorare*, dévorer), se dit des animaux qui se nourrissent de *plantes*. Peu usité. Voy. FRUGIVORE.

PLANTOIR, subst. mas. (*plantoar*), outil pour *planter*.

PLANTOMANE, subst. mas. (*plantomane*) (du lat. *planta*, plante, et *mania*, manie), celui qui aime la *plantation*, qui a la manie de *planter*. Presque inusité.

PLANTOMANIE, subst. fém. (*plantomani*), amour, passion de *planter*, manie des *plantations*, de former des *plants*. Presque inusité.

PLANTOMANIQUE, adj. des deux genres (*plantomanike*), qui est relatif, qui a rapport à la *plantomanie*. Inusité.

PLANTON, subst. mas. (*planton*) (rac. *plante*) (même étymologie que celle du mot précéd.), *un planton, un soldat de planton*, celui qui est de service auprès d'un officier supérieur pour porter ses ordres.

PLANTULE, subst. fém. (*plantule*) (du latin *plantula*, diminutif de *planta*, plante), t. de bot., embryon qui commence à germer. *Plantule* et *embryon* sont dans quelques auteurs employés comme synonymes.

PLANTUREUSE, adj. fém. Voy. PLANTUREUX.

PLANTUREUSEMENT, adv. (*plantureuzeman*), fam., copieusement, abondamment. Vieux.

PLANTUREUX, adj. mas., au fém. **PLANTUREUSE** (*plantureu, reuze*), copieux, abondant. Fam. et vieux.

PLANULITHE, subst. fém. (*planulite*), t. d'hist. nat., mollusque céphalé.

PLANURE, subst. fém. (*planure*), bois retranché des pièces qu'on *plane*. — Dans les mines de charbon minéral, veine de charbon qui s'étend en superficie. En ce sens, on dit aussi *plature*.

PLAPPERT, subst. mas. (*plapepère*), monnaie d'Allemagne qui est la sous-division du reichstale de Bâle.

PLAQUE, subst. fém. (*plake*) (du grec πλαξ, gén. πλακος, table, tablette, dérivé de πλατυς, large), table de quelque métal que ce soit. — Grande plaque de fer ou de fonte qu'on attache au contre-cœur d'une cheminée. — Partie d'une garde d'épée qui couvre la main. — Croix ou marque des différents ordres, brodée sur l'habit. C'est ce qu'on appelle crachat.

PLAQUÉ, subst. mas. (*plakié*), métal sur lequel on a appliqué une feuille d'argent, d'or, etc. : *c'est du plaqué*.

PLAQUÉ, E, part. pass. de *plaquer* et adj. — *Cuirs plaqués*, séchés et tannés. — *Argent plaqué*, métal recouvert d'argent.

PLAQUEMINIER, subst. mas. (*plakeminié*), t. de bot., arbre originaire d'Afrique, à fleurs en godet. On dit aussi *plaqueminer*.

PLAQUER, v. act. (*plakié*), appliquer une chose plate sur une autre : *plaquer de l'or ou de l'argent sur du bois*, etc. — *Plaquer du plâtre*, l'appliquer sur un mur avec la main. — *Plaquer du gazon*, planter du gazon et le battre avec la batte. — Pop. : *plaquer un soufflet sur la joue*, donner un soufflet. — Pop. : *plaquer une chose à quelqu'un*, lui appliquer ce qui a été fait ou dit pour un autre : *on lui a plaqué sur le corps l'habit du premier venu; on lui a plaqué une vieille épigramme faite il y a cent ans*, etc. — *se* PLAQUER, v. pron.

PLAQUERESSES, subst. fém. plur. (*plakerèce*), t. de manuf., sorte de cardes. On dit aussi *plaquettes fines*.

PLAQUESAIN, subst. mas. (*plakezein*), petit vase ou bassin de métal dans lequel les vitriers détrempent le blanc dont ils se servent pour marquer le verre avant de le couper. On le nomme aussi *écuelle de plomb*.

PLAQUES-BARRES, subst. mas. plur. (*plake-bâre*), t. de mar., nom que les marins donnent à des taches d'eau d'un brun roussâtre.

PLAQUETTE, subst. fém. (*plakiète*), monnaie de billon dans plusieurs pays. — Prov. : *cela ne vaut pas une plaquette*, cela n'a pas de valeur.— — L'*Académie* ajoute qu'on appelle encore *plaquette* : un petit volume relié qui a fort peu d'épaisseur relativement à son format. Ce terme est bien peu connu, si toutefois il est en usage.

PLAQUEUR, subst. mas. (*plakieur*), ouvrier en *placage*, en *plaqué*.—*Plaqueur d'argile*, celui qui revet d'argile des lattes, etc.

PLAQUIS, subst. mas. (*plaki*), t. de maçon., incrustation d'un morceau mince de pierre sans liaison, qui n'est que *plaqué*, pour faire un parement, etc.

PLASMA, subst. mas. (*placema*), t. d'hist. nat., sorte de pierre siliceuse verte. Voyez PLASME.

PLASMATEUR, subst. mas. (*placemateur*), celui qui pétrit, qui donne la forme. (*Boiste.*) Inusité.

PLASME, subst. mas. (*placeme*) (du grec πλασσω, je forme), t. didact., type, modèle, figure primitive. — Sorte d'agate. — Emeraude brute broyée pour entrer dans certains médicaments.

PLASMATIOSE, subst. fém. (*placemati-ôze*), l'art de travailler l'argile. (*Boiste.*) Inusité.

PLASTIQUE, adj. des deux genres (*placetike*) (du grec πλαστικος, fait de πλασσειν, former, façonner), t. de philosophie, qui a la puissance de *former* : *la vertu plastique des animaux, des végétaux*, le pouvoir d'engendrer, de produire, la puissance génératrice. — *L'art plastique*, ou subst. fém., *la plastique*, dans la sculpture, l'art de modeler toute sorte de figures en plâtre, en terre, etc. Il ne se dit guère qu'en parlant des anciens.

PLASTODYNAMIE, subst. fém. (*placetodinami*) (du grec πλασσω, je forme, et δυναμις, force), t. de phys., vertu formatrice qui constitue et développe les organes.

PLASTODYNAMIQUE, adj. des deux genres (*placetodinamike*), qui appartient à la *plastodynamie*.

PLASTRON, subst. mas. (*placetron*) (de l'italien *plastrone*, fait, dans le même sens, de *impiastro*, emplâtre, comme si l'on disait un emplâtre sur l'estomac. *Le Duchat.*), espèce de cuirasse qui ne couvre que le devant du corps.—Espèce de corselet rempli de bourre et couvert de cuir, que le maître d'armes met devant sa poitrine lorsqu'il donne ses leçons. — Dans la sculpture, ornement en forme d'anse de panier avec deux enroulements, imité du bouclier naval antique. —Nom que les naturalistes donnent au sternum des reptiles chéloniens, tels que la tortue, etc. —Fig. et fam., celui qui est en butte aux railleries d'autrui : *il est le plastron de ses voisins*.

PLASTRONNÉ, E, part. pass. de *se plastronner*.

PLASTRONNER, v. act. (*placetroné*), garnir d'un *plastron*.—*se* PLASTRONNER, v. pron., se garnir d'un *plastron*. —Se servir de quelque chose comme d'un *plastron*.

PLAT, E, adj. (*pla, plate*) (du grec πλατυς, large, ample, ouvert), dont les parties ne sont pas plus élevées les unes que les autres : *un terrein plat*.—Au fig., en parlant des ouvrages d'esprit, sans sel, sans agrément : *cette épigramme est bien plate*.—Lâche, sans mérite : *c'est un plat valet*.—*Vin plat*, dénué de saveur. —*Le plat pays*, la campagne, les villages, etc., par opposition aux places fortifiées. — *Un pays plat*, un pays sans montagnes.—*Vaisseau* ou *bâtiment plat*, de bas-bord. — *Visage plat*, qui est moins relevé qu'il ne faut.—*Cheval plat*, qui a les côtés serrés, les épaules plates. — *Physionomie plate*, basse et qui ne signifie rien.—*Cheveux plats*, qui ne frisent point naturellement. —Fam. : *avoir le ventre plat, la bourse plate*, n'avoir pas mangé depuis long-temps, n'avoir guère d'argent.—*Broderie plate*, non relevée.— *Vaisselle plate*, d'une seule pièce, sans soudure. Il se dit par opposition à *vaisselle montée*. (Cette expression vient originairement de l'espagnol, *vaxilla de plata*, vaisselle d'argent.) — *Vers à rimes plates*, dont les rimes se suivent deux à deux sans être entremêlées.—*Etre battu* ou *défait à plate couture*, complètement. — *A plate-terre*, loc. adv., sur le pavé, sur le plancher.—*Se coucher à plat ventre*, se mettre, se coucher sur le ventre.—*Tout à plat, tout plat*, loc. adv. : 1° entièrement, tout-à-fait ; 2° sans déguisement, sans détour : *je vous dis tout net et tout plat*.—*Tomber tout à plat*, ne pas réussir, en parlant d'une pièce de théâtre.

PLAT, subst. mas. (*pla*), la partie *plate* de certaines choses : *il a reçu des coups de plat de sabre*. — Prov. : *faire merveille du plat de la langue*, donner de belles paroles qu'on n'exécute point.—*Donner du plat de la langue*, vouloir en imposer à force de paroles.— Sorte de vaisselle creuse avec des rebords, où l'on sert le potage, de la viande, etc.—Ce qui est contenu dans le *plat* : *plat d'asperges*, etc., *plat d'entrée, de rôti, d'entremets*, etc. — Entretènement de bouche chez un prince, soit en viande, soit en argent : *ces officiers ont tant pour leur plat*, pour leur table. — *Plats de balance*, les deux bassins.— *Plat de verre*, table de verre ronde telle qu'on les fabrique dans les verreries, et que l'on coupe avec le diamant pour former des panneaux de vitrage, etc. — Prov. : *donner un plat de son métier*, quelque chose de ce qu'on fait ou de ce qu'on sait le mieux. Il se prend souvent en mauvaise part : *ce fripon nous a donné* ou *servi un plat de son métier*. — *A plat couvert*, loc. adv., en cachette, clandestinement.

PLATA, subst. fém. (*plata*), mot espagnol qui signifie *argent*, dans un sens générique.— Réal de *plata*, par opposition au mot *vellon*, qui signifie *billon*.—Subst. propre fém., ville du Pérou dans l'Amérique méridionale. — *Province Rio de la Plata*, province du Paraguay.—*Rio de la Plata*, subst. pr. m., grand fleuve de l'Amérique méridionale, qui se jette dans l'océan Atlantique.

PLATAGONE, subst. mas. (*plataguone*) (du grec πλαταγη, claquement), t. d'antiq., sorte de sistre grec qui était garni de grelots.

PLATALÉE, subst. fém. (*platalé*), t. d'hist. nat., nom d'un joli oiseau.

PLATANAIE, subst. fém. (*platané*), lieu, champ planté de *platanes*. Peu usité. Voy. PLATANÉE.

PLATANE, subst. mas. (*platane*) (du lat. *platanus*, même signification, et du grec πλατανος), t. de bot., grand et bel arbre, à fleurs amentacées. On le nomme aussi *plane*, par contraction.

* **PLATANÉE**, subst. fém. (*platané*), champ, lieu rempli de *platanes*.

PLATANISTE, subst. mas. (*platanicete*), t. d'antiq., plaine remplie de *platanes* où les Spartiates faisaient leurs exercices gymnastiques. — T. d'hist. nat., sorte de poisson du Gange. — Myth., surnom donné à Apollon, honoré près du bourg d'Ilée, dans le Péloponèse, sans doute parce que son temple était tout entouré de *platanes*.

PLATANON, subst. mas. (*platanon*), nom de la prairie où l'on cueillit les fleurs qui servirent à former les guirlandes que porta Hélène le jour de ses noces.

PLATANTHÈRE, subst. fém. (*platantère*), t. de bot., genre de plantes de la famille des orchidées.

PLATARI, subst. propre mas. (*platari*), ancien bourg de l'île de Négrepont.

PLATATIM, adv. (*platâtime*), mot forgé par plaisanterie, pour dire *plat à plat* : *on servit platatim*. Inusité.

PLAT-BORD, subst. mas. (*plabor*), t. de mar., garde-fou autour du pont d'un vaisseau. — Au plur., des *plats-bords*.

PLATE, subst. fém. (*plate*), en t. de blason, besant d'argent. — Espèce de grand bateau *plat*. —Au plur., planches de cuivre jaune bien dressées, et mises d'une égale épaisseur dans toute leur étendue.

PLATEAU, subst. mas., (*platô*), le fond de bois de grosses balances dont on se sert pour peser les lourds fardeaux.—Sorte de planche plus longue que large qui sert aux boulangers pour y mettre le pain mollet, etc. — Sorte de petit *plat* de bois vernissé ou de tôle sur lequel on sert ordinairement le thé, le café et le chocolat. — Grand plat en glace, en verre, en métal, avec des crystaux, des vases de fleurs, etc., qu'on met au milieu d'une table que les *plats* qui composent le service ne garniraient pas suffisamment. — En t. de guerre, terrein élevé, mais *plat* et uni en haut, sur lequel on met du canon en batterie. — *Plateau électrique*, t. de physique, plan circulaire de verre, que l'on rend électrique en le faisant tourner entre deux coussins. Le *plateau* a été substitué au globe électrique.—*Plateau collecteur*, disque de métal poli qui sert à rendre sensibles de très-petites quantités d'électricité qu'un même corps développe successivement. — Au plur., t. de chasse, les fumées des bêtes fauves, lorsqu'elles sont *plates* et rondes.

PLATE-BANDE, subst. fém. (*platebande*), morceau de terre assez étroit qui règne le long d'un parterre.—En archit., 1° moulure carrée, plus haute que saillante, comme sont les faces d'une architrave, etc.; 2° la pierre qui, dans la baie d'une porte ou d'une croisée, est portée par les deux jambages.— Dans les parquets, planche longue et étroite qui sépare les feuilles, et qui en forme la bordure au pourtour des murs.—Espèce de gros ruban de métal qui entoure le canon dans son épaisseur. — *Couteau à plate-bande*, couteau garni d'or ou d'argent sur le dos de la lame, du ressort et des platines.—Au plur., des *plates-bandes*.

PLATÉE, subst. fém. (*platé*), t. d'archit., massif de fondement, qui comprend toute l'étendue d'un édifice. — Plat chargé de nourriture. Pop.

PLATÉE, subst. propre fém. (*platé*), ancienne ville de la Béotie, en Grèce. Elle est célèbre par son temple qui était dédié à *Jupiter libérateur*, et par la victoire que Pausanias, le Lacédémonien, avec un petit nombre de Grecs, y remporta sur Mardonius, général des Perses.

PLATÉEN, subst. mas. (*platé-ein*), myth., jeux quinquennaux qui se célébraient dans la ville de *Platée*, et dans lesquels on courait tout armé autour de l'autel de Jupiter.

PLATE-FACE, subst. fém. (*plateface*), place des tuyaux de montre dans l'orgue. — Au plur., des *plates-faces*.

PLATE-FORME, subst. fém. (*plate-forme*), toit d'une maison *plat* et uni. — Tertre ou terrasse. — Ouvrage de terre élevé et uni par le haut, plancher de solives pour placer du canon. — Au plur., des *plates-formes*.

PLATEL, subst. mas. (*platèle*), *plat*. Vieux et même hors d'usage.

PLATE-LONGE, subst. fém. (*platelonje*), longe de cuir fort large qu'on ajoute aux harnais des chevaux de carrosse pour les empêcher de ruer. —Longe qu'on passe sur le garrot des chevaux qu'on met dans le travail. — En t. de chasse, longe de cuir qu'on met au cou des chiens. — Au plur., des *plates-longes*.

PLATEMENT, adv. (*plateman*), d'une manière *plate*, avec *platitude*.

PLATÈNE, subst. fém. (*platène*), étoile, planète. Vieux et même hors d'usage.

PLATEURE, subst. fém. (*plature*), couche ou filon qui, après s'être enfoncé en terre perpendiculairement ou obliquement, continue à marcher horizontalement.

PLATIASME, subst. mas. (*plati-aceme*), vice de prononciation en ouvrant trop la bouche.

PLATIÈRE, subst. fém. (*plati-ère*), ruisseau qui traverse une chaussée.

PLATILLES, subst. fém. plur. (*plati-ie*), toiles de lin blanches que l'on fabrique en Silésie et même en France.

PLATIN, subst. mas. (*platein*), t. de mar., rivage plat et sablonneux couvert et découvert par les marées.

PLATINE, subst. fém. (*platine*), sorte d'ustensile de ménage, consistant en un grand rond de cuivre un peu convexe, monté sur des pieds de fer, et dont on se sert pour sécher et repasser le linge.—Pièce à laquelle sont attachées toutes celles qui servent au ressort d'une arme à feu : *platine de fusil*, etc. — Plaque qui sert à soutenir tous les mouvements d'une montre. Il y en a deux, l'une en dessus, l'autre en dessous. —Plaque de fer attachée ou à une porte, ou au-devant de la serrure pour y passer la clef.—*Verrou à platine*, monté sur une plaque de fer. — Chez les imprimeurs, morceau de cuivre ou de fonte carré, qui est fixé sous la boîte de la presse, et qui foule sur le tympan.

PLATINE OU OR BLANC, subst. mas. (de l'espagnol *platina*, qui a la même signification et qui est un diminutif de *plata*, argent, à cause de la couleur du *platine*), substance métallique blanche qui a à peu près le poids de l'or et plusieurs de ses propriétés. Sa valeur est le tiers de celle de l'or.

PLATINIFÈRE, adj. des deux genres (*platinifère*). mêlé de parcelles de platine.

PLATIPÉRINE, subst. mas. (*platiperine*), t. d'hist. nat., genre d'insectes de l'ordre des hyménoptères.

PLATISME, subst. mas. (*platiceme*), t. de bot., genre de plantes établi aux dépens des varecs de Linnée.

PLATITUDE, subst. fém. (*platitude*), qualité de ce qui est *plat* : *ce vin est d'une platitude extrême*, n'a pas de goût. Il se dit même au figuré des écrits, du style, de la conversation : *ce discours est de la dernière platitude.* — *Chose plate : dire, écrire des platitudes.* Il est fam.

PLATOLE, subst. fém. (*platole*), vase pour reposer le lait, afin d'en obtenir de la cr me.

PLATONICIEN, subst. et adj. mas., au fém. **PLATONICIENNE** (*platoniciein, ciène*), qui suit la philosophie de *Platon*, ou qui y a rapport.

PLATONICIENNE, subst. et adj. fém. Voyez **PLATONICIEN**.

PLATONIQUE, adj. des deux genres (*platonike*), qui a rapport au système de *Platon. Amour platonique*, affection mutuelle entre deux personnes de différent sexe, qui n'a pour objet que le mérite sans aucun égard aux sens. — *Année platonique*, révolution à la fin de laquelle tous les corps célestes seront dans le même lieu où ils étaient à la création. Voy. au mot ANNÉE. — *Corps platoniques*, t. de géom., ceux qu'on appelle plus communément *corps réguliers*, dont les propriétés furent, dit-on, découvertes par l'école de *Platon*.

PLATONISME, subst. mas. (*platoniceme*), système de *Platon*.

PLÂTRAGE, subst. mas. (*plâtraje*), ouvrage fait en *plâtre*.

PLÂTRAS, subst. mas. (*plâtrâ*), morceau de *plâtre* qui a déjà été mis en œuvre; débris de vieilles murailles de *plâtre*.

PLÂTRE, subst. mas. (*plâtre*) (du grec πλαστειν, ou πλάττειν, former, façonner), sorte de pierre calcinée et mise en poudre avec une batte, qui sert à bâtir, à enduire, à crépir. C'est le sulfate de chaux des chimistes modernes. — *Plâtre crû*, qui est propre à être cuit. — *Plâtre éventé*, auquel l'air a fait perdre la première qualité. — *Plâtre noyé*, gâché avec beaucoup d'eau. — *Plâtre au sas, passé au tamis.* — *Plâtre au panier*, criblé au travers d'un panier. — *Cette femme a deux doigts de plâtre sur la figure*, elle a mis trop de blanc. — En t. de sculpture, statue, bas-relief, etc., moulé en *plâtre*, d'après une statue, un bas-relief original : *plâtre de la Vénus de Médicis*, du groupe de Laocoon. — *Amour du plâtre*, bonne qualité d'un *plâtre* qui, étant bien cuit, prend et se durcit avec facilité. — Prov. : *battre quelqu'un comme plâtre*, le battre excessivement. — *Tirer un plâtre sur quelqu'un*, prendre la forme de son visage avec un *plâtre* fait exprès. — *Plâtres*, au plur., les menus ouvrages en *plâtre*.

PLÂTRÉ, E, part. pass. de *plâtrer*, et adj., qui est enduit de *plâtre*. — Fardé, feint : *les dehors plâtrés d'un zèle spécieux*. (Molière.) — Paix *plâtrée*, qui durera peu.

PLÂTRER, v. act. (*plâtré*), enduire de *plâtre*. — Au fig., cacher quelque chose de mauvais sous une apparence peu solide. — SE PLÂTRER, v. pron., se farder, en parlant d'une femme. Style plaisant et critique.

PLÂTRERIE, subst. fém. (*plâtreri*), carrière à *plâtre*. Voy. PLÂTRIÈRE.

PLÂTREUSE, adj. fém., au fém. PLÂTREUSE (*plâtreu, treuze*), se dit d'un terrain qui est mêlé de craie.

PLÂTRIAUT, subst. mas. (*plâtri-ô*), *plut*, creuset. Vieux et même hors d'usage.

PLÂTRIER, subst. mas. (*plâtri-é*), ouvrier qui fait le *plâtre*. — Ouvrier qui l'emploie. — Marchand qui le vend.

PLÂTRIÈRE, subst. fém. (*plâtri-ère*), lieu où l'on fait le *plâtre*. — Carrière d'où on le tire.

PLÂTRONOIR, subst. mas. (*plâtronoar*), outil dont les maçons se servent pour pousser la brique ou la pierre dans les trous où ils scellent quelque ouvrage avec du *plâtre*.

PLATURE, subst. mas. (*plâture*), t. d'hist. nat., genre de serpents aquatiques des Indes, à queue aplatie et à crochets venimeux.

PLATYCARPE, subst. mas. (*platikarpe*) (du grec πλατυς, plat, et καρπος, jointure),

t. de bot., arbre qui croît sur les rives de l'Orénoque.

PLATYCÉPHALE, subst. mas. (*platicéfale*) (du grec πλατυς, plat, et κεφαλη, tête), t. d'hist. nat., famille d'insectes de la division des bousiers.

PLATYCÉRATE, subst. mas. (*platicérate*) (du grec πλατυς, large, et κερας, corne), t. d'hist. nat., famille d'insectes dont les cornes sont fort ouvertes. Voy. APODIES.

PLATYCÈRE, subst. mas. (*platicère*), t. d'hist. nat., genre d'insectes lamellicornes de la famille des coléoptères.

PLATYLOBE, subst. mas. (*platilobe*) (du grec πλατυς, plat, et λοβος, lobe), t. de bot., genre d'arbres de la famille des légumineuses. Voyez BOSSIÆNA.

PLATYNOTE, subst. mas. (*platinote*), t. d'hist. nat., genre d'insectes de l'ordre des coléoptères.

PLATYONIQUE, subst. mas. (*plati-onike*), t. d'hist. nat., genre d'insectes de l'ordre des coléoptères.

PLATYOPHTHALME, subst. mas. (*plati-ofetalme*) (du grec πλατυς, plat, et οφθαλμος, œil), t. d'hist. nat., pierre précieuse qui a la figure d'un œil.

PLATYPE, subst. mas. (*platipe*), t. d'hist. nat., genre d'insectes de l'ordre des coléoptères.

PLATYPÈZE, subst. mas. (*platipèze*), t. d'hist. nat., genre d'insectes de l'ordre des diptères.

PLATYPHYLLE, subst. mas. et adj. des deux genres (*platifile*) (du grec πλατυς, large, et φυλλον, feuille), t. de bot., genre de plantes cryptogames.

PLATYPODE, subst. mas. et adj. des deux genres (*platipode*) (du grec πλατυς, large, et ποδος, gén. de πους, pied), t. d'hist. nat., genre d'oiseaux à pieds aplatis.

PLATYPROSOPE, subst. mas. (*platiprozope*), t. d'hist. nat., section d'insectes de l'ordre des coléoptères.

PLATYPTÈRE, subst. mas. (*platipetère*) (du grec πλατυς, plat, et πτερον, antenne), t. d'hist. nat., genre d'insectes de l'ordre des diptères, à large bec.

PLATYRHYNQUE subst. mas. (*platireinke*) (du grec πλατυς, large, et ρυγχος, bec), t. d'hist. nat., genre d'oiseaux à large bec.

PLATYROSTRE, subst. mas. et adj. des deux genres (*platirocetre*) (du grec πλατυς, large, et du latin *rostrum*. bec), t. d'hist. nat., genre de poissons de l'ordre des chondroptérygiens.

PLATYRRHINIA, subst. mas. (*platirrinein*), t. d'hist. nat., genre de singes d'Amérique, à narines larges et ouvertes sur les côtés du nez.

PLATYSCÈLE, subst. mas. (*platicecèle*), t. d'hist. nat., genre d'insectes de l'ordre des coléoptères.

PLATYSMAMOÏDE, subst. mas. (*platicemamo-ide*) (du grec πλατυς, plat, et μυωδης, musculeux). Voy. PEAUSSIER.

PLATYSOME, subst. mas. (*platizome*), t. d'hist. nat., tribu d'insectes de l'ordre des coléoptères. — Au sing., espèce d'escarbot.

PLATYSTE, subst. mas. (*platicete*), t. d'hist. nat., genre de poissons se rapproche de celui des silures.

PLATYURE, subst. fém. (*plati-ure*), t. d'hist. nat., genre d'insectes de l'ordre des diptères.

PLATYZOME, subst. fém. (*platizome*), t. de botanique, espèce de plantes de la famille des fougères, qui croît à la Nouvelle-Hollande.

PLAUBAGE, subst. mas. (*plôbaje*), t. de bot., sorte de plante dentelaire.

PLAUDE, subst. fém. (*plôde*), sorte de souquenille. Voy. BLAUDE, qui semble être le même.

PLAUSIBILITÉ, subst. fém. (*plôziblité*), t. didactique, qualité de ce qui est *plausible*.

PLAUSIBLE, adj. des deux genres (*plôzible*) (en lat. *plausibilis*, fait de *plaudere*, applaudir), qui a une apparence spécieuse, probable, vraisemblable : avec cette différence que ce qui est *plausible* est probablement ce qu'on peut approuver; ce qui est *probable*, ce qu'on peut prouver par des raisonnements; *vraisemblable*, ce qu'on peut supposer vrai. (M. Guizot.)

PLAUSIBLEMENT, adv. (*plôzibleman*), d'une manière *plausible*.

PLAUSITÉ, part. pass. de *plausiter*.

PLAUSITER, v. neut. (*plôzité*) (en lat. *plausitare*), se dit d'un certain cri de la colombe ou d'un certain bruit produit par le frémissement de ses ailes. Inusité.

PLAYÉ, E, part. pass. de *player*.

PLAYER, v. act. (*plé-ié*), blesser. — SE PLAYER, v. pron. Vieux et même inusité.

PLAZE, subst. fém. (*plaze*), t. de bot., espèce d'arbrisseau du Mexique, de la famille des labiatiflores.

PLÉBAN, subst. mas. (*plêban*), nom que l'on donnait autrefois au curé qu'un chapitre avait choisi.

PLÈBE, subst. fém. (*plèba*) (en lat. *plebs*), la partie du peuple qui ne jouit d'aucun droit politique ou civil, telle qu'était la *plèbe* romaine durant les premiers temps de la république.

PLÉBÉCULE, subst. fém. (*plébekule*) (en lat. *plebecula*), petit peuple, canaille.

PLÉBÉIANISME, subst. mas. (*plébé-i-aniceme*), état, intérêts des plébéiens.

PLÉBÉIEN (*plebé-iein, iene*) (du lat. *plebs, plebis*, peuple); on désignait par ce mot, chez les Romains, celui qui ne descendait pas des premiers sénateurs dont Romulus forma le sénat, ni de ceux qui furent appelés par les rois qui lui succédèrent. — Qui était de l'ordre du peuple. — *Jeux plébéiens*, en l'honneur du peuple.

PLÉBÉIENNE, subst. et adj. fém. Voy. PLÉBÉIEN.

PLÉBISCITE, subst. mas. (*plebicite*) (en latin *plebiscitum*), décret émané du *peuple* romain assemblé en tribus, sans le concours des sénateurs ni des patriciens, et sur la réquisition de l'un de ses tribuns. Les *plébiscites*, quoique faits par les plébéiens seuls, obligeaient aussi les patriciens.

PLÉCOPODE, subst. mas. (*plékopode*) (du grec πλεκειν, nouer, enlacer, et πους, ποδος, pied), t. d'hist. nat., sorte de poissons de la division des thoraciques.

PLÉCOPTÈRE, subst. mas. (*plékopetère*) (du grec πλεκειν, nouer, enlacer, et πτερον, aile ou nageoire), t. d'hist. nat., famille de poissons cartilagineux, téléobranches, qui ont les nageoires du ventre ordinairement soudées.

PLÉCOSTE, subst. mas. (*plékocete*), t. d'hist. nat., genre de poissons qui se rapproche de celui des loricaires.

PLÉCOSTOME, subst. mas. (*plékocetome*) (du grec πλεκειν, nouer, et στομα, bouche), t. de bot., genre de plantes de la famille des champignons.

PLÉCOSTUS, subst. mas. (*plékocetuce*), t. d'hist. nat., genre d'oreillards qui diffère peu de celui des vespertilions.

PLECTANÈJE, subst. mas. (*plèktanèje*), t. de bot., sorte d'arbuste de la famille des apocynées.

PLECTOGNATHE, subst. mas. (*plèktognante*), t. d'hist. nat., ordre de poissons qui diffèrent peu des téléobranches.

PLECTONEURITE, subst. fém. (*plèktoneurite*), t. de médec., inflammation, engorgement des plexus nerveux.

PLECTORHYNQUE, subst. mas. (*plèktoreinke*) (du grec πλεκειν, nouer, et ρυγχος, bec), t. d'hist. nat., genre de poissons de la division des abdominaux.

PLECTRANTHE, subst. mas. (*plèktrante*) (du grec πλεκτρον, ergot, et ανθος, fleur), t. de bot., genre de plantes de la famille des labiées.

PLECTROPOME, subst. mas. (*plektropome*), t. d'hist. nat., genre de poissons établi aux dépens des bodians.

PLECTRUM, subst. mas. (*plèktrome*) (en latin *plectrum*, fait du grec πληκτρον, qui vient de πλησσω, je frappe), t. de musique anc., baguette légère avec laquelle on frappait les cordes de plusieurs instruments.

PLÉE, subst. fém. (*plé*), t. de bot., plante de la famille des joncoïdes.

PLÉGORRHYSE, subst. fém. (*plégorize*), t. de bot., sorte d'arbrisseau qui croît au Chili.

PLÉIADES, subs. fém. pl. (*plé-iade*) (du gr. πλειαδων, fait de πλειν, naviguer; parce qu'au printemps, et vers le temps de leur lever héliaque, on commençait les grandes navigations. Les Romains les appelaient *vergeliæ*, de *ver*, printemps), t. d'astron., étoiles au nombre de six, situées sur le dos, ou, suivant les anciens, qui en comptaient sept, sur la queue du Taureau. On en distingue un plus grand nombre à l'aide des lunettes. — Au sing., on a appelé *pléiade poétique*, sept poëtes illustres. — Subst. propre fém. plur., nymphes, filles de Pléione et d'Atlas, lesquelles furent métamorphosées en étoiles, et placées sur la poitrine du Taureau, l'un des douze signes du Zodiaque, parce que leur père avait voulu lire dans le ciel pour découvrir les secrets des dieux. Elles étaient sept, savoir : Alcynoé, Céléno, Electre, Maïa, Astérope, Mérope et Taygète.

PLÉIAS, subst. fém. (plé-i-âce), nom donné à la *pléiade* Maïa, la plus brillante de toutes.

PLEIGE, subst. mas. (plèje) (en latin *præs, prædis*, caution, dont on a, dans la basse latinité, fait *præpius*), t. de palais, caution, répondant. Vieux et hors d'usage.

PLEIGÉ, E, part. pass. de *pleiger*.

PLEIGER, v. act. (pléjé), cautionner en justice. Il est vieux et même hors d'usage.

PLEIN, E, adj. (plein, plène) (en lat. *plenus*, qui lui-même est tiré du grec πλεος ou πλειος), qui contient tout ce qu'il est capable de contenir; où il ne reste point d'espace vide.—Par extension, qui contient beaucoup de... : *salle pleine de monde*.—*Plein comme un œuf*, tout-à-fait plein. —Copieux, abondant en... : *jardin plein de fruits.* — En parlant d'une bête qui porte des petits, on dit *pleine* et non pas *grosse* ni *enceinte*. —Il se dit des ouvrages d'esprit et des choses morales : *livre plein d'érudition , homme plein d'esprit, de bonté, de courage*, etc. —Entier, absolu : *avoir pleine connaissance d'une affaire ; il a un plein pouvoir sur l'esprit de…—Homme plein de difficultés*, fort difficultueux ; *plein d'expédients* , qui en trouve sur tout ; *plein de lui-même*, qui a une haute opinion de sa personne. —*Etre plein d'une chose*, en avoir l'esprit rempli, l'imagination tout occupée. — Fam. : *avoir le ventre plein*, trop rassasié.—*Visage plein*, rond et gras. —*Style plein et nourri*, où il y a beaucoup d'idées.—*Etre plein de loisir*, maître de son temps et sans affaires.—*Mois plein*, mois lunaire synodique de trente jours, par opposition au *mois cave*, qui n'en a que vingt-neuf.—*Année pleine*, année lunaire de trois cent cinquante-quatre jours; lorsqu'elle n'en a que trois cent cinquante-trois , on l'appelle *année cave*. — *Ecu plein* , t. de blas., écu rempli d'un seul émail. —*Armes* ou *armoiries pleines*, sans écartelure ni brisure. — En bot., *fleur pleine*, fleur double. — *Arbre à plein vent*, auquel on laisse la faculté de s'élever à toute la hauteur dont il est susceptible. — *Plein jeu*, en t. de mus., se dit : 1° du jeu de l'orgue, lorsqu'on a mis tous les registres ; 2° des instruments à cordes, lorsqu'on en tire tout le son qu'ils peuvent donner. — *En plein, en pleine*, loc. adv., au milieu de, dans, etc. —*En plein midi, en plein jour*, publiquement. — *En pleine mer*, en haute mer. —*Tout plein*, beaucoup. — *A pleines mains*, loc. adv., fig., en grande quantité, abondamment : *donner à pleines mains, répandre à pleines mains.*—*A pleines voiles* , au moyen de toutes les voiles.—*Crier à pleine tête ou gorge*, de toute sa force. — *Passer d'un plein saut, d'une petite charge à une grande*, y passer tout d'un coup, etc.—*Prendre une bille pleine*, au jeu de billard , la toucher par son centre.—PLEIN, REMPLI. (Syn.) Il ne peut plus en tenir, dit *Gérard*, dans ce qui est *plein* ; on ne peut pas en mettre davantage dans ce qui est *rempli*. Le premier a un rapport particulier à la capacité du vaisseau ; et le second, à ce qui doit être reçu dans cette capacité ; *aux noces de Cana*, les vases furent *remplis* d'eau : et par miracle, ils se trouvèrent *pleins* de vin.

PLEIN, subst. mas. (plein), ce qui est opposé au vide : *le plein et le vide*.—En t. d'écriture, le plein de la plume, certaine largeur dans le trait, par opposition au *delié*. — En archit., *le plein d'un mur*, le massif.— Quand on tire au but, on dit *mettre dans le plein* ou *en plein*.—Au jeu de trictrac : *faire, conserver, tenir, rompre son plein*.

PLEIN-CHANT. Voy. PLAIN-CHANT.

PLEINE-CROIX, subst. fém. (plénekroé), garniture que l'on forme sur le rouet d'une serrure.

PLEINEMENT, adv. (plènman), entièrement, tout-à-fait.

PLEIN-POUVOIR, subst. mas. (pleinpouvoare), *pouvoir qu'on donne à un plénipotentiaire*.

PLEIN-SUCRE, subst. mas. (pleinçukre), t. de confiseur : *confire des fruits à plein sucre*, mettre une livre de sucre pour une livre de fruits.

PLÉIONE, subst. propre fém. (plé-i-one), myth., nom d'une nymphe marine. Elle était fille de l'Océan et de Thétis, femme d'Atlas et mère des *Pléiades*.

PLÉMOCHOÉ, subst. fém. (plémoko-é), t. d'antiq., fête grecque, l'une des Eleusinies, que l'on célébrait, chez les Athéniens , le 25 du mois boédromion.

PLEINPE, subst. fém. (pleinpe), t. de mar., sorte de petit bâtiment hollandais pour la pêche. Peu connu.

PLÉNIÈRE, adj. fém. (pléni-ère), entière et parfaite : *indulgence plénière*, rémission pleine et entière de toutes les peines dues aux péchés. — *Cour plénière*, autrefois, assemblée solennelle que tenaient les grands princes. Il n'est usité que dans ces deux phrases.

PLÉNIPOTENTIAIRE, subst. mas. et adj. des deux genres (plénipotanciére) (du lat. *plenus*, plein, et *potentia*, pouvoir), envoyé d'un souverain qui a *un plein pouvoir* pour une négociation. — Il se dit même des agents diplomatiques de second ordre.

PLÉNIPRÉBENDÉ, subst. et adj. mas. (pléniprébande), chanoine qui jouissait autrefois de tous les revenus attachés à sa *prébende*.

PLÉNIROSTRE, subst. mas. et adj. des deux genres (plénirocètre) (du latin *plenus*, plein, et *rostrum*, bec), t. d'hist. nat., famille d'oiseaux passereaux, dont le bec, sans crénelures, est droit, allongé et comprimé.

PLÉNISTE, subst. mas. (plénicete), partisan du *plein* ; philosophe qui soutient qu'il n'y a point de vide dans la nature. Peu usité.

PLÉNITUDE, subst. fém. (plénitude) (en latin *plenitudo*), abondance excessive. Il n'est d'usage au propre que dans cette phrase : *plénitude d'humeurs* ou simplement *plénitude*. — Il se dit au figuré en style de chancellerie, de la puissance des souverains : *par plénitude de puissance*.— En style de l'Ecriture-Sainte : *plénitude de grâce; la plénitude de la Divinité; la plénitude (l'accomplissement) des temps.*

PLÉON, abréviation du mot *pléonasme*.

PLÉONASME, subst. mas. (plé-onaceme) (en grec πλεονασμός, abondance, qui vient de πλεονάζω, j'abonde, dérivé lui-même de πλεος, plein), proprement, figure par laquelle on ajoute des mots inutiles dans le sens d'une phrase, mais qui peuvent y mettre de la force ou de la grâce : *voyons voir* est un pléonasme, parce que *voyons* dit tout autant que *voyons voir*.—Dans une acception plus usitée, redondance vicieuse de paroles.

PLÉONASTE, subst. mas. (plé-ônacete), t. d'hist. nat., sorte de schorl ou de grenat brun.

PLÉOPELTE, subst. fém. (plé-opèlte), t. de bot., fougère du Mexique, dont la souche est rampante.

PLÉROSE, subst. fém. (plérôze) (en grec πλήρωσις, réplétion, dérivé de πληρόω, je remplis), t. de médec., réplétion ou rétablissement d'un corps épuisé par les maladies.

PLÉROTIQUE, adj. des deux genres (plérotike), t. de médec., qui est propre à faire renaître les chairs. Voy. PLÉROSE.

PLÉSIE, subst. fém. (plézi), t. d'hist. nat., genre d'insectes de l'ordre des hyménoptères.

PLÉSION, subst. fém. (plézion), carré long, à centre plein ou vide, formé par une troupe d'infanterie chez les anciens Grecs.

PLÉSIOPE, subst. fém. (plézi-ope), t. d'hist. nat., sous-genre de poissons établi pour placer les chromis à tête comprimée, à yeux rapprochés, etc.

PLÉSIOSAURE, subst. mas. (plézi-osôre), t. d'hist. nat., espèce de reptile.

PLESMONE, subst. fém. (plècemone), t. de médec., plénitude de l'estomac, état opposé à la faim.

PLESMONIQUE, adj. des deux genres (plècemonike), qui est affecté de la *plesmone*, malade de la *plesmone*.

PLESSIS, subst. mas. (plèci), vieux mot qui signifiait anciennement : *maison de plaisance*. Le nom en est resté à plusieurs terres seigneuriales et à plusieurs pays.

PLESTIE, subst. fém. (plèceti), t. d'hist. nat., la bordelière, sorte de poisson du genre des cyprins.

PLET, subst. mas. (plé), t. de mar., pli d'un cordage roulé sur lui-même.

PLÉTEUX, subst. mas. (pléteu), t. de pêche, outil propre à donner la courbure convenable aux haims.

PLÉTHORE, subst. fém. (plétore) (du grec πληθώρα, plénitude, qui vient de πίμπλω, je remplis, dérivé de πλέος, plein), t. de médec., réplétion d'humeurs ou de sang.

PLÉTHORIQUE, adj. des deux genres (plétorike), t. de médec., replet, abondant en humeurs.

PLÈTHRE ou PLÉTHRON, subst. mas. (plètre, plétron), t. d'antiq., chez les Grecs, mesure de longueur, environ quinze toises deux pieds.

PLEUMOBRANCHE, subst. mas. (pleumobranche), t. d'hist. nat., famille de mollusques , les limaces, limacelles, etc.

PLEUR, subst. mas. (pleur), larme, action de pleurer. (Bossuet.) Voy. PLEURS.

PLEURANDRE, subst. mas. (pleurandre), t. de bot., genre de plantes de la famille des millepertuis.

PLEURANT, E, adj. (pleuran, rante), qui verse des larmes, qui pleure : *voir toutes choses d'un œil pleurant.*

PLEURARD, E, subst. et adj. (pleurar, rarde), larmoyant, qui se plaint de misères : *c'est un pleurard.*

PLEURE, subst. fém. (pleure). Voy. PLÈVRE qui seul se dit.

PLEURÉ, E, part. pass. de *pleurer*.

PLEURE-MISÈRE, PLEURE-PAIN, subst. mas. Voy. PLEURARD.— Au plur. des *pleure-misère, des pleure-pain.*

PLEURER, v. act. et neut. (pleuré), répandre des larmes.—*Pleurer de colère, de dépit, de joie, de tendresse* : pleurer pour quelqu'un, déplorer ses fautes, ses égarements, ses malheurs. — On dit prov. d'un homme qui aurait, par exemple, un chapeau neuf très-petit, quand la mode est de porter de grands chapeaux, un habit neuf court et étroit, quand les habits longs et larges sont à la mode, qu'*il a pleuré pour avoir un chapeau , pour avoir un habit.* — On dit d'une personne qui a quelque sérosité qui lui distille des yeux de temps en temps, que *les yeux lui pleurent*, que *ses yeux pleurent*. — Par extension, *la vigne pleure*, il en dégoutte de l'eau.— Prov. : *pleurer comme une vache*, ou, plus communément, *comme un veau*, pleurer excessivement et surtout pour une chose qui n'en vaut pas la peine, regretter beaucoup. — Témoigner du repentir : *pleurer ses péchés*.—*Pleurer la mort de son père* , ou *pleurer son père, son fils.* — Il ne lui reste que les yeux pour pleurer, il a tout perdu. — *Un tel malheur devrait être pleuré avec des larmes de sang*, on ne saurait trop le déplorer. — *Pleurer le pain que quelqu'un mange*, se dit d'un avare qui regrette la nourriture d'une personne qu'il doit nourrir.—*se* PLEURER, v. pron.

PLEURES, subst. fém. plur. (pleure), t. de comm., lames coupées sur des bêtes mortes.

PLEURÉSIE, subst. fém. (pleurézi) (en grec πλευρίτις, de πλευρός, plèvre), t. de médec., inflammation de la *plèvre*, qui cause une douleur de côté très-violente, accompagnée d'une fièvre aiguë, et crachats sanguinolents, etc. — *Fausse pleurésie*, douleur très-aiguë de côté, sans fièvre, sans soif , et souvent sans toux , causée par une sérosité âcre engagée dans la *plèvre*.

PLEURÉTIQUE, adj. des deux genres (pleurétike), qui concerne la pleurésie. — Subst., qu est attaqué d'une *pleurésie*.

PLEUREUR, subst. et adj. mas., au fém. PLEUREUSE (pleureur, reuze), celui ou celle qui pleure presque sans raison. — *Saule pleureur*, saule dont les branches sont pendantes. — T. d'hist. nat., subst., espèce de sapajou qui pousse des cris plaintifs comme les enfants.

PLEUREUSE, subst. fém. (pleureuze.) Voyez PLEUREUR.—Adj. fém. Voy. PLEUREUX.

PLEUREUSES, subst. fém. plur. (pleureuze), t. d'antiq., chez les Grecs et les Romains, femmes louées pour chanter aux funérailles. — Larges manchettes de batiste qu'on met sur les revers des manches d'un habit dans les premiers temps d'un grand deuil.

PLEUREUX, adj. mas., au fém. PLEUREUSE (pleureu, reuze), qui pleure facilement. — Il a encore les yeux tout pleureux, tout rouges d'avoir pleuré, tout moites. — Avoir l'air pleureux, la mine pleureuse, l'air et la mine d'une personne triste, affligée. (Gattel.)—Subst., qui pleure facilement, pour rien. Fam.

PLEURITE, subst. fém. (pleurite) (en grec πλευρῖτις, fait de πλευρα, plèvre), t. de médec., synonyme de pleurésie. — Septième genre de la cinquième famille de la Nosologie d'Alibert, celle des pneumoses.

PLEURITIQUE, adj. des deux genres. Voy. PLEURÉTIQUE.

PLEURNICHÉ, part. pass. de pleurnicher.

PLEURNICHER, v. neut. (pleurniché), faire semblant de pleurer.

PLEURNICHEUR, subst. mas., PLEURNICHEUSE, subst. fém. (pleurnicheur, cheuze), qui feint de pleurer ; qui pleure sans cesse et sans raison.

PLEURNICHEUSE, subst. fém. Voy. PLEURNICHEUR.

PLEUROBRANCHE, subst. mas. (pleurobranche) (du grec πλευρα, plèvre, et βρογχος, gorge), t. d'hist. nat., genre de vers mollusques nus de la mer des Indes.

PLEUROCÈLE, subst. fém. (pleurocèle) (du grec πλευρα, plèvre, et κηλη, tumeur), t. de médec., hernie thoracique ou de la plèvre.

PLEUROCYSTHE, subst. mas. (pleurocicete) (du grec πλευρα, côté, et κυσθος, anus), t. d'hist. nat., sorte d'oursin dont l'anus est de côté.

PLEURODINIE, subst. fém.(pleurodinii)(du grec πλευρα, côté, et οδυνη, douleur), t. de médec., douleur de côté, rhumatisme dans les muscles intercostaux.

PLEURODYNIQUE, adj. des deux genres (pleurodinike), qui a rapport à la pleurodynie.

PLEUROGONIS, subst. fém. (pleurogounice), t. de bot., genre de plantes.

PLEUROÑECTE, subst. mas. et adj. des deux genres (pleuronékte) (du grec πλευρα, côté, et νηκτος, qui nage), t. d'hist. nat., genre de poissons pectoraux, à deux yeux situés des deux côtés de la tête.

PLEUROPE, subst. mas. (pleurope), t. de bot., espèce de plante du genre des champignons.

PLEUROPÉRIPNEUMONIE, subst. fém. Voyez PLEUROPNEUMONIE.

PLEUROPÉRIPNEUMONIQUE, adj. des deux genres. Voyez PLEUROPNEUMONIQUE.

PLEUROPNEUMONIE, subst. fém. (pleuropeneumoni) (du grec πλευρα, plèvre, et πνευμων, poumon), t. de médec., pleurésie compliquée de pneumonie, c'est-à-dire dans laquelle la plèvre et les poumons sont enflammés.

PLEUROPNEUMONIQUE, adj. des deux genres (pleuropeneumonike), qui concerne la pleuropneumonie. —Subst., qui est affecté d'une pleuropneumonie.

PLEURORRHÉE, subst. fém. (pleuroré) (du grec πλευρα, plèvre, et ρεω, je coule), t. de médec., accumulation de fluides dans la plèvre.

PLEURORRHÉIQUE, adj. des deux genres (pleuroré-ike), qui tient, qui est relatif à la pleurorrhée.

PLEURORTHOPNÉE, subst. fém. (pleurortopené) (du grec πλευρα, côté, ορθος, droit, et πνεω, je respire), t. de médec., douleur de côté qui ne laisse la respiration libre qu'en posant son corps dans une direction verticale.

PLEUROSPASME, subst. mas. (pleurocepaceme) (du grec πλευρα, côté, et σπασμα, spasme), t. de médec., spasme de la poitrine, qui n'affecte qu'un seul côté de cet organe.

PLEUROSPASMODIQUE, adj. des deux genres (pleurocepaceuodike), qui a rapport, qui tient au pleurospasme.

PLEUROTHALLE, subst. fém. (pleurotale), t. de bot., genre de plantes à feuilles pareilles à celles du dragonnier.

PLEUROTHOTONOS, subst. mas. (pleurototonoce) (du grec πλευροθεν, de côté, et τεινω, je tends), t. de médec., maladie spasmodique qui courbe le corps de côté.

PLEUROTOME, subst. mas. (pleurotome), t. d'hist. nat., genre de testacés de la division des univalves.

PLEUROTOMIER, subst. mas. (pleurotomié), t. d'hist. nat., animal du pleurotome.

PLEURS, subst. mas. plur. (pleur), larmes, plainte, gémissement.—Bossuet (Oraison funèbre d'Anne de Gonzague) a dit au singulier : là commencera ce pleur éternel.— Poét. : les pleurs de l'Aurore, la rosée. Voy. LARME. — Essuyer ses pleurs, se consoler ; essuyer les pleurs de quelqu'un, lui apporter des consolations.— Fondre, être en pleurs, pleurer excessivement. — Les pleurs de la vigne, l'eau qui s'échappe des jeunes bourgeons.—Pleurs de terre, eaux de pluie qui coulent entre les terres.

PLEURTUIT, subst. propre mas. (pleurtui), bourg de France, chef-lieu de canton, arrond. de Saint-Malo, dép. d'Ille-et-Vilaine.

PLEUTRE, subst. mas. (pleutre), t. de mépris et très-familier, homme de nulle capacité, de nulle valeur.—On entend généralement aussi par ce mot : un avare.

PLEUVI, E, part. pass. de pleuvir.

PLEUVIR, v. neut. (pleuvir), exceller, surpasser. Vieux et même hors d'usage.

PLEUVOIR, v. neut. et unipers. (pleuvoar) (en lat. pluere), il se dit, au propre, de l'eau qui tombe du ciel : il pleut à verse. On a dit autrefois qu'il pleuvait du sang. — On dit qu'il pleut dans une maison, lorsqu'elle n'est pas bien couverte, et que la pluie y tombe. — Pleuvoir se dit aussi par similitude de plusieurs choses qui tombent d'en haut en grande quantité : les bombes pleuvaient sur les maisons.— Prov. : quand il pleuvrait des hallebardes, quelque mauvais temps qu'il puisse faire ; et cela se dit ordinairement pour marquer qu'on est dans la nécessité ou dans la ferme résolution de sortir, et qu'il n'y a aucune considération de mauvais temps qui en puisse empêcher.—Prov. et fig., on dit d'une espérance très-incertaine, d'un projet très-hasardé, que c'est un écoute s'il pleut. —Je n'en ai non plus qu'il en pleut, expression proverbiale qui signifie qu'on n'a pas de la chose dont on parle. Elle se lit dans l'Acad., mais elle n'en est pas moins surannée.—Au fig., neut. et toujours à la 3e personne, tomber avec abondance : l'argent y pleut ; les coups de mousquet y pleuvaient ; les chansons, les brochures pleuvent, ou il pleut des chansons contre lui. — On dit aussi : faire pleuvoir (faire tomber) des flèches, des pierres sur....— Comme s'il en pleuvait, en grande quantité.

PLÉVI, E, part. pass. de plévir.

PLÉVIR, v. act. (plévir), donner caution. Vieux et même hors d'usage. — SE PLÉVIR, V. pron.

PLÈVRE ou PLEURE, subst. fém. (plèvre) (en grec πλευρα), t. d'anat., membrane qui garnit intérieurement les côtes et les muscles intercostaux.

PLÉVRODYNIE, subst. fém., PLÉVRODYNIQUE, adj. des deux genres. Voy. PLEURODYNIE, PLEURODYNIQUE.

PLEXANDRE, subst. fém. (plékçandre), t. d'hist. nat., genre de polypiers établi aux dépens des gorgones.

PLEXICHRONOMÈTRE, subst. mas. (plékcikronomètr) (du grec πλεκω, j'entrelace, χρονος, temps, et μετρον, mesure), espèce de chronomètre.

PLEXICHRONOMÉTRIE, subst. fém. (plékcikronometri), la manière, l'action, l'art de se servir du plexichronomètre.

PLEXICHRONOMÉTRIQUE, adj. des deux genres (plékcikronometrike), qui est relatif, qui a rapport au plexichronomètre.

PLEXIFORME, adj. des deux genres (plékciforme) (du mot plexus, dérivé du grec πλεκω, je joins, j'enlace), t. d'anat., en forme de plexus.

PLEXUS, subst. mas. (plékçuce) (mot lat. dérivé de plectere, qui lui-même vient du grec πλεκω, je joins, j'enlace), t. d'anat., lacis de plusieurs filets de nerfs les uns avec les autres. —On appelle plexus brachial, un entrelacement nerveux formé par la réunion des branches antérieures des quatre derniers nerfs cervicaux ; par la branche antérieure du premier nerf dorsal ; plexus cardiaque, l'entrelacement nerveux qui constitue le centre de réunion des nerfs cardiaques ; plexus cervical, l'entrelacement nerveux formé par la réunion des branches antérieures des premier, second et troisième nerfs cervicaux ; plexus chorofde, les replis de la pie-mère intérieure, au nombre de deux, situés chacun dans un des ventricules latéraux du cerveau ; plexus solaire, un vaste réseau nerveux de la vie organique, formé par la réunion des ganglions et des rameaux appartenant spécialement aux deux grands nerfs dont ce plexus est le terme commun , tandis qu'il est l'origine de presque tous les plexus intestinaux ; plexus cœliaque, la division la plus considérable du plexus solaire, dont il n'est que le prolongement inférieur. Il enveloppe l'artère cœliaque et ses trois principales divisions, et se divise comme elle en trois plexus différents, savoir : le plexus coronaire stomachique, qui suit, dans sa distribution, l'artère du même nom, et fournit des ganglions nombreux qui la recouvrent ; le plexus hépatique, qui enveloppe l'artère de la veine-porte, se divise en deux portions, dont l'inférieure constitue le plexus de l'artère gastro-épiploïque droite; l'autre, supérieure, plus considérable, donne des rameaux entrelacés à la vésicule du fiel et suit, dans la substance du foie, les rameaux du conduit hépatique, de l'artère hépatique et de la veine-porte, en formant beaucoup de petits ganglions. On nomme plexus splénique, celui dont les rameaux serpentent autour de l'artère splénique, et pénètrent tels avec les divisions de cette artère ; plexus coronaire, les divisions des plexus cœliaque et cardiaque ; plexus diaphragmatique, le lacis nerveux provenant de la partie inférieure du plexus solaire, pour accompagner les artères diaphragmatiques inférieures ; plexus hépatique, la division du plexus cœliaque, destinée pour les vaisseaux hépatiques ; plexus hypogastrique, l'entrelacement nerveux qui est situé dans la cavité pelvienne, et formé par des rameaux du plexus sacré et des ganglions abdominaux, et surtout par le plexus mésentérique inférieur ; plexus lombaire ou lombo-abdominal, un entrelacement nerveux formé par la réunion des branches abdominales des nerfs lombaires ; plexus mésentérique inférieur, le prolongement du plexus mésentérique supérieur, auquel se joignent des rameaux provenant des ganglions abdominaux et du plexus rénal ; plexus mésentérique supérieur, un entrelacement nerveux assez considérable, formé par le plexus solaire, au-dessous du plexus cœliaque, à la naissance de l'artère mésentérique supérieure ; plexus pulmonaire, un entrelacement nerveux considérable, situé derrière les bronches, et formé par le nerf vague ; plexus rénal, un lacis nerveux, double comme l'organe auquel il appartient, et provenant du plexus cœliaque et mésentérique supérieur ; plexus sacré, un entrelacement nerveux formé par le cordon lombo-sacré et par les premières paires sacrées. (Laveaux.)

PLEYON, subst. mas. (plé-ion), paille liée en botte. — Paille dont on couvre les petites salades en couche, et dont on fait des paillassons. — Petit brin d'osier qui sert à plier et lier la vigne.

PLI, subst. mas. (pli) (en lat. plica), un ou plusieurs doubles qu'on fait à une étoffe, à du linge.—Marque qui reste à une étoffe pour avoir été pliée ; cette étoffe, cet habit a un faux pli. —Enveloppe : mettre deux lettres sous le même pli.—En peinture, partie enflée d'une draperie, formée par l'ampleur de l'étoffe. — Il se dit de l'endroit où une chose se plie : le pli du coude, le pli de la jambe.—Pli, t. d'archit., angle rentrant d'un mur, par opposition à coude, qui est l'angle saillant.—En t. de mar., on appelle pli du câble, la longueur de la roue du câble, tel qu'il est roulé dans sa place. Ne mouiller qu'un pli du câble, c'est ne filer que très-peu de câble en mouillant l'ancre.— T. de man. : le pli de l'embouchure d'une bride, l'endroit de la brisure du mors. — Fig. 1o habitude : il a pris son pli, l'habitude est formée ; il a pris un bon ou un mauvais pli ; il a de bonnes ou de mauvaises habitudes ; 2o tournure : donner un bon pli à une affaire. —Avoir des plis au front, des rides. — Fam. : cet habit ne fait pas un pli, est juste à la taille.— Fig. et fam., cette affaire ne fera pas un pli, ne fera point de difficulté, ne souffrira point de contradiction.

PLIABLE, adj. des deux genres (pli-able), pliant, flexible, aisé à plier, au prop. et au fig. : ce bois n'est pas pliable ; son caractère est assez pliable. Peu usité : on dit mieux pliant.

PLIAGE, subst. mas. (pli-aje), action de plier, ou effet de cette action.

PLIANT, subst. mas. (pli-an), espèce de siège qui se plie en deux, et qui n'a ni bras ni dossier.

PLIANT, E, adj. (pli-an, ante), qui plie, qui est facile à plier.—Au fig. : il a l'humeur pliante, docile.

PLI PLO PLO 401

PLICA, subst. mas. (*plika*), t. de médec. Voy. PLIQUE.

PLICATILE, adj. des deux genres (*plikatile*), t. de bot., qui peut se *plier* ou se *plisser*.

PLICATULE, subst. fém. (*plikatule*), t. d'hist. nat., mollusque acéphale, bivalve.

PLICOSTOME, subst. mas. (*plikocctome*), t. d'hist. nat., sorte de poisson du genre des cuirassiers.

PLIE, subst. fém. (*pli*), t. d'hist. nat., espèce de pleuronecte, qui ressemble par la forme au turbot et à la sole.

PLIÉ, E, part. pass. de *plier*.

PLIÉ, subst. mas. (*pli-é*), t. de danse, mouvement des genoux qu'on *plie* : *faire des pliés*.

PLIEMENT, subst. mas. (*pliman*), action de *plier* des feuilles de papier pour relier ou brocher un livre.—Action de monter un éventail. On dit plus souvent PLIAGE.—Nous ferons observer que l'*Acad.* ne rapporte pas *pliement*, bien qu'il soit fort usité. D'un autre côté, on trouve dans son dictionn. *plissement*, mais non *plissage*, qui toutefois se dit plus que *plissement*. Nous croyons qu'on peut adopter *pliement* et *plissage*.

PLIER, v. act. (*pli-é*) (en lat. *plicare*, du grec πλεκειν, joindre, plier), mettre en un ou plusieurs *plis* et avec quelque arrangement : *plier du linge, des étoffes, du papier ; plier une lettre*.—Courber, fléchir : *plier les genoux, les bras*.—*Plier des pièces de bois*, les faire courber en les chauffant.—T. de man. : *plier un cheval à droite* ou *à gauche*, l'accoutumer à tourner sans peine à ses deux mains ; *plier le cou d'un cheval*, le rendre souple, afin qu'il obéisse plus promptement quand on veut le tourner. — En t. de mar. : *un bâtiment plie*, lorsqu'ayant le vent du travers, il incline plus ou moins sous sa voilure ; *un vaisseau plie le côté*, lorsqu'il a le côté faible, et qu'il porte mal la voile ; *plier les voiles, plier le pavillon*, les attacher, et ne pas les laisser étendus.—Fig., et en t. de guerre, reculer ; céder à la force : *l'infanterie plia*. Voyez PLOYER. On dit qu'*une armée a plié bagage*, pour dire qu'elle a décampé, qu'elle s'est retirée de devant une autre armée ; qu'*un homme a plié bagage*, pour dire qu'il s'en est allé furtivement.—On a dit dans le même sens : *plier* ou mieux *faire son paquet*.—On a dit aussi, mais anciennement : *plier la toilette*, pour signifier, voler, emporter les hardes de quelqu'un. — En t. d'éventaillistes : *plier un éventail*, le monter, y mettre le bois. Il signifie aussi quelquefois, faire les *plis* au papier, pour le mettre en état de recevoir la monture.—En t. de relieurs, mettre les feuilles de la grandeur qu'elles doivent avoir dans le format : *on plie les feuilles en deux pour l'in-folio, en quatre pour l'in-quarto*, etc.—Fig. : 1° *plier les genoux devant le veau d'or*, faire servilement la cour à un homme riche et puissant ; 2° *plier son esprit, son humeur*, l'assujétir selon le besoin, selon les occasions.—Neut., devenir courbé : *roseau, bâton, baguette qui plie*. — *Plier sous le faix*, au propre et au figuré. — Prov. : *c'est un roseau qui plie à tout vent*, c'est un homme faible qui cède à la volonté des uns et des autres. —*Il vaut mieux plier que rompre*, il vaut mieux céder que de se perdre en résistant. — SE PLIER, v. pron., se courber. — S'accommoder, céder : *se plier aux caprices, aux volontés de quelqu'un*.

PLIEUR, subst. mas., **PLIEUSE**, subst. fém., (*pli-eur, euze*), celui, celle qui *plie du drap, des livres, du papier*, etc.

PLIEUSE, subst. fém. Voy. PLIEUR.

PLINE, subst. mas. (*pline*), t. de bot., sorte d'arbre qui croît dans les îles de l'Amérique.

PLINGÉ, E, part. pass. de *plinger*.

PLINGER, v. act. (*pleinjé*), donner la première trempe à la mèche lorsqu'on fait de la chandelle. Peu usité.—SE PLINGER, v. pron.

PLINGEURE, subst. fém. (*pleinjure*), action de *plinger*.

PLINTHE, subst. fém. (*pleinte*) (du grec πλινθος, brique, parce qu'elle en a la forme), membre d'architecture qui a la forme d'une petite table carrée. Dans les bases des colonnes, on l'appelle *socle*, et *tailloir* dans les chapiteaux.—Cordon d'un pont, lorsqu'il est en monture plate.—Plate-bande qui règne dans les ouvrages de maçonnerie et de menuiserie.—Ornement, en forme de petite plate-bande, sur une pièce de canon.

PLIOIR, subst. mas. (*pli-oar*), instrument dont on se sert pour *plier* et pour couper du papier.—Sorte de couteau de bois très-mince, large de quatre à cinq pouces, et long de deux ou trois pieds, sur lequel on dresse les *plis* des étoffes en laine.

PLIQUE, subst. fém., **PLICA**, subst. mas., (c'est dans l'*Académie* que nous trouvons ce double genre pour deux mots qui signifient une même chose) (*plike, plika*) (en lat. *plica*), t. de médec., maladie très-commune en Pologne, dans laquelle les cheveux sont si mêlés les uns avec les autres, qu'on ne peut les démêler ; lorsqu'on les coupe, il en sort du sang.

PLISSAGE, subst. mas. (*pliçaje*), action de *plisser*, et même ce qui est *plissé*. L'*Académie*, qui ne dit pas *plissage*, ne devrait pas dire *pliage*. Voy. notre observation critique au mot PLIEMENT.

PLISSÉ, E, part. pass. de *plisser*, et adj. : *une collerette plissée*. — Subst. mas., t. d'hist. nat., espèce de reptile de la famille des lézards.

PLISSEMENT, subst. mas. (*pliceman*), action de *plisser*.

PLISSER, v. act. (*plicé*), faire des *plis* à des habits, à du linge ; il se dit des tailleurs et des ouvrières en linge. — Neut. : *cette étoffe plisse*, fait des *plis*.—On dit, qu'*une étoffe plisse bien*, que *des rideaux plissent bien* ou *mal*, pour dire que les *plis* en sont bien faits, que les *plis* y font un bon ou un mauvais effet. — SE PLISSER, v. pron., devenir *plissé*.

PLISSON, subst. mas. (*pliçon*), mets délicat composé de crème et de lait qu'on fait alternativement chauffer et refroidir, jusqu'à ce que le dessus se *plisse*, à l'épaisseur du doigt.

PLISSURE, subst. fém. (*pliçure*), manière de *plisser* ; assemblage de plusieurs *plis*.

PLISTOBALINDE, subst. mas. (*plicetobaleinde*), jeu de dés usité chez les anciens, où celui qui amenait le plus de points gagnait le coup ou la partie.

PLISTOLOCHIE, subst. fém. (*plicetolochi*), t. de bot., nom qu'on a donné à une espèce de manne sauvage.

PLOAS, subst. mas. (*plo-âce*), t. d'hist. nat., genre d'insectes de l'ordre des diptères.

PLOC, subst. mas. (*plok*) (du grec πλοκη, tissu), composition de poil de vache et de verre pilé qu'on met entre le doublage et le bordage d'un vaisseau, pour le préserver des vers.—Laine de rebut.

PLOCAGE, subst. fém. (*plokaje*), action de carder les laines.

PLOCAME, subst. mas. (*plokame*), t. de bot., genre de plantes de l'ordre des rubiacées.

PLOCAMIE, subst. fém. (*plokami*), t. de bot., genre de plantes établi aux dépens des varecs de *Linnée*.

PLOËRMEL, subst. propre mas. (*plo-èremèle*), ville de France, chef-lieu de canton et d'arrond., dép. du Morbihan.

PLOEUC, subst. propre mas. (*plo-euk*), bourg de France, chef-lieu de canton, arrond. de Saint-Brieuc, dép. des Côtes-du-Nord.

PLOIÈRE, subst. fém. (*plo-ière*), t. d'hist. nat., genre d'insectes de l'ordre des hémiptères.

PLOMB, subst. mas. (*plon*) (en lat. *plumbum*), métal d'un blanc bleuâtre, très-mou et le plus pesant après l'or et le platine. Les anciens chimistes l'appelaient *saturne*. — Balles de *plomb* dont on charge les armes à feu : *charger un fusil de menu plomb ; cette ville s'est rendue faute de plomb et de poudre*. — Instrument dont les maçons et les charpentiers se servent pour élever perpendiculairement leurs ouvrages.—Maladie dont les vidangeurs sont quelquefois attaqués, et qui consiste dans une suffocation et une défaillance totale, causée par la vapeur maligne des privés.— Les imprimeurs disent : *lire sur le plomb*, pour dire, lire sur l'œil du caractère le contenu d'une page ou d'une forme. — Fam. : *avoir du plomb dans la tête*, être froid et sage. —*Avoir besoin d'une calotte de plomb*, être frivole, léger, étourdi.—*Cul de plomb*, homme sédentaire.—*Jeter son plomb sur quelque chose*, former un dessein pour y parvenir, y prétendre, est un proverbe suranné, quoique nous le lisions dans l'*Académie*. — Au plur., cachots sous les toits, à Venise.

à-**PLOMB**, loc. adv. (*aplon*), perpendiculairement : *mettre une muraille à-plomb*, la dresser *à-plomb*.—Directement : *le soleil donne à-plomb sur cet endroit*.—On dit subst., au mas. : *prendre l'aplomb* ou *les aplombs d'une muraille*, voir avec le *plomb* si elle est en ligne perpendiculaire. Voy. APLOMB.

PLOMBAGE, subst. mas. (*plonbaje*), action de *plomber*, de garnir de *plomb*.

PLOMBAGINE, subst. fém. (*plonbajine*), sorte de crayon, substance minérale de la nature du talc qu'on appelle *mine de plomb*. C'est la *carbure de fer* des minéralogistes modernes.

PLOMBAGINÉE, subst. fém. (*plonbajiné*), t. de bot., famille de plantes dicotylédones.

PLOMBATEUR, subst. mas. (*plonbateur*), celui qui scelle en *plomb* les bulles qu'on dresse à Rome.

PLOMBÉ, subst. mas. (*plonbé*), sorte de composition dont on se sert pour *plomber* certains livres.—T. d'hist. nat., poisson du genre du labre.

PLOMBÉ, E, part. pass. de *plomber*, et adj., *tête plombée*, légère, étourdie.—*Visage plombé*, livide.

PLOMBÉE, subst. fém. (*plonbé*), composition dont on se sert pour colorer en rouge.—Autrefois, sorte de massue garnie de *plomb*. — En t. de pêche, *plomb* qu'on met au bout du filet pour le lester et le faire aller au fond de l'eau.—Ligne d'*à-plomb*.

PLOMBEMENT, subst. mas. (*plonbeman*), affaissement. Peu usité.

PLOMBER, v. act. (*plonbé*), appliquer du *plomb*, ou une marque en *plomb*, sur les ballots. —Vernir la vaisselle de terre avec la mine de *plomb*. — Dans les manufactures, marquer les étoffes, etc., avec de petits sceaux de *plomb*. A Amiens on dit *ferrer*, et dans quelques autres endroits, *marquer*.—En maçonnerie, voir avec le *plomb* si une muraille est droite.—En t. de relieur, mettre le *plomb* sur la tranche d'un livre.—*Plomber une dent*, en t. de dentiste, remplir de *plomb* en feuilles minces une dent creuse. —Battre des terres rapportées afin qu'elles s'affaissent moins. — SE PLOMBER, v. pron.

PLOMBERIE, subst. fém. (*plonberi*), art de fondre et de travailler le *plomb*. — Ouvrage du *plombier*.

PLOMBEUR, subst. mas. (*plonbeur*), celui qui *plombe* les marchandises.

PLOMBIER, subst. mas. (*plonbié*), ouvrier qui travaille en *plomb*.

PLOMBIÈRE, adj. fém. (*plonbière*) : *pierre plombière*, qui ressemble au *plomb* et qui a les mêmes propriétés que la mine de *plomb*. — Subst. fém. sorte de glace délicate dans laquelle il entre de l'écorce de fruit confite. — Fam., la femme du *plombier*.

PLOMBIÈRES, subst. propre mas. (*plonbière*), ville de France, chef-lieu de canton, arrond. de Remiremont, dép. des Vosges.

PLOMBOIR, subst. mas. (*plonboar*), instrument pour *plomber* les dents.

PLOMÉE, subst. fém. (*plomé*), action de tailler les parements de la pierre jusqu'au milieu.

PLOMET, subst. mas. (*plomé*), *plomb*, instrument de maçon.

PLOMMÉ, E, part. pass. de *plommer*.

PLOMMER, v. act. (*plomé*), c'est vernir, *plomber* la poterie de terre.— SE PLOMMER, v. pron. (*Boiste.*) C'est sans doute *plomber*, qu'il a voulu dire.

PLONGÉ, E, part. pass. de *plonger*. — *Chandelle plongée*, celle qu'on fait en *plongeant* la mèche dans le suif.

PLONGEANT, E, adj. (*plonjan, jante*), dont la direction est de haut en bas : *vue plongeante*.

PLONGÉE, subst. fém. (*plonjé*), t. de fortification : *la plongée du parapet*, la partie du parapet qui va en glacis du côté de la campagne.

PLONGEON, subst. mas. (*plonjon*), oiseau aquatique qui *plonge* souvent.—Pièce d'artifice qui se *plonge* dans l'eau, et en sort encore allumée. — *Faire le plongeon*, *plonger*, en parlant d'un nageur.— *Faire le plongeon*, c'est aussi se noyer, et fig. : 1° se perdre ; 2° baisser la tête quand on entend tirer ; 3° s'esquiver par crainte ; 4° se relâcher par faiblesse de ce qu'on a dit.

PLONGER, v. act. (*plonjé*) (suivant *Ménage*, du latin barbare *plumbiare*, employé dans le même sens par les écrivains de la basse latinité, et fait de *plumbum*, plomb, à cause du plomb avec lequel on sonde la profondeur de l'eau), enfoncer quelque chose dans l'eau pour l'en retirer ;

plonger un homme dans la mer.—Fig., 1° enfoncer : *plonger un poignard dans le sein*, ce qui se dit plus figurément encore, pour causer un grand chagrin par quelque nouvelle fâcheuse ; 2° *plonger dans la douleur, dans la misère, dans un abyme de maux*, etc. — Neut., descendre dans l'eau jusqu'à une profondeur considérable, et y rester pendant quelque temps ; *cet homme plonge bien ; l'art de plonger est très-utile ; on plonge dans la mer pour pêcher des perles, des coraux, des éponges.*— En t. de mar., un vaisseau *plonge* de tant de pieds, c'est-à-dire tire tant de pieds d'eau, entre dans l'eau de tant de pieds. — *se* PLONGER, v. pron., entrer dans l'eau et s'y baigner, à la différence de *plonger*, v. neut., qui signifie s'y enfoncer entièrement. — Fig. : *se plonger dans la débauche*, etc.

PLONGEUR, subst. mas. (*plonjeur*), celui qui a coutume de *plonger* dans la mer pour pêcher les perles ou autre chose, ou pour retirer ce qui est tombé dans l'eau. — Le nageur qui sait bien *plonger*. — Les papetiers appellent *plongeur*, un ouvrier dont la seule occupation est de *plonger* les moules ou formes dans la cuve, où est la pâte, et de les remettre entre les mains du coucheur. — Au plur., t. d'hist. nat., famille d'oiseaux nageurs de la tribu des téléopodes.

PLOQUE, subst. mas. (*ploke*), rouleau filamenteux qui se met à une quenouille pour filer.— Synonyme de loquette. Voy. ce mot.

PLOQUÉ, E, part. pass. de *ploquer*.

PLOQUER, v. act. (*plokié*), t. de mar., garnir un vaisseau de *ploc*. Voyez ce mot.—T. de draperie : *ploquer les laines*, faire le mélange des laines de couleurs différentes. —T. de bonnetterie, *les laines se ploquent*, elles se mettent en bourrons.—*se* PLOQUER, v. pron.

PLOQUES, subst. fém. plur. (*ploke*), feuillets de laine ou de coton cardé. Voy. PLOC.

PLOTÉE, subst. fém. (*ploté*), t. de bot., espèce de plante de la famille des roseaux.

PLOTIA, subst. fém. (*ploci-a*), t. de bot., genre de plantes à fleurs en grappes axillaires et terminales.

PLOTOSE, subst. mas. (*plotoze*), t. d'hist. nat., genre de poissons qui diffère peu de celui des silures.

PLOTTE, subst. fém. (*plote*), monnaie d'argent de Suède, qui équivaut à un franc quatre-vingt-un centimes de France.

PLOUAGAT, subst. propre mas. (*plou-agua*), village de France, chef-lieu de canton, arrond. de Guingamp, dép. des Côtes-du-Nord.

PLOUARET, subst. propre mas. (*plou-aré*), village de France, chef-lieu de canton, arrond. de Lannion, dép. des Côtes-du-Nord.

PLOUAY, subst. propre mas. (*plou-è*), bourg de France, chef-lieu de canton, arrond. de Dinan, dép. des Côtes-du-Nord.

PLOUDALMÉZEAU, subst. propre mas. (*ploudalmézô*), bourg de France, arrond. de Brest, dép. du Finistère.

PLOUDIRY, subst. propre mas. (*ploudiri*), village de France, chef-lieu de canton, arrond. de Brest, dép. du Finistère.

PLOUESCAT, subst. propre mas. (*plou-ècka*), bourg de France, chef-lieu de canton, arrond. de Morlaix, dép. du Finistère.

PLOUGASTEL-DAOULAS, subst. propre mas. (*plouguacetèleda-oulâce*), village de France, chef-lieu de canton, arrond. de Brest, dép. du Finistère.

PLOUGASTEL-SAINT-GERMAIN, subst. propre mas. (*plouguacetèlceinjèremein*), village de France, chef-lieu de canton, arrond. de Quimper, dép. du Finistère.

PLOUGUENAST, subst. propre mas. (*plouguenacete*), bourg de France, chef-lieu de canton, arrond. de Loudéac, dép. des Côtes-du-Nord.

PLOUTONOMIE, subst. fém., (*ploutonomi*) (du grec πλουτος, richesse, et νομος, loi), science qui traite des richesses ; économie politique. Inusité.

PLOUTRE, subst. mas. (*ploutre*), rouleau très-lourd qui sert à briser les mottes de terre.

PLOUTRÉ, E, part. pass. de *ploutrer*.

PLOUTRER, v. act. (*ploutré*), briser des mottes de terre avec le *ploutre*.—*se* PLOUTRER, v. pron. Hors d'usage.

PLOUZÉVÉDE, subst. propre mas. (*plouzévède*), village de France, arrond. de Brest, dép. du Finistère.

PLOYABLE, adj. des deux genres (*ploé-iable*), aisé à *ployer*.

PLOYÉ, E, part. pass. de *ployer*.

PLOYER, v. act. et neut. (*ploé-ié*), fléchir, courber. Il n'est guère usité que dans la poésie et le haut style ; hors cela on dit *plier*. — PLIER, PLOYER. (*Syn.*) Au propre, *plier*, c'est mettre en double par plis, de manière qu'une partie de la chose se rabatte sur l'autre ; *ployer*, c'est mettre en forme de boule ou d'arc, de manière que les deux bouts de la chose se rapprochent plus ou moins. On *plie* à plat, on *ploie* en rond. Ainsi, *plier* et *ployer* diffèrent comme le *pli* de la *courbure*. Le papier que vous plissez, vous le *pliez* ; le papier que vous *ployez*, vous le roulez. — *Plier* et *ployer* s'emploient quelquefois l'un et l'autre dans le sens de courber, fléchir, céder ; mais alors *plier* indique un effet plus grand, plus marqué, plus approchant du pli rigoureux. En marchant vous *ployez* le genou ; dans une génuflexion profonde vous le *pliez*. Pour marquer qu'une personne *ploie* beaucoup le corps sans pouvoir se relever, on dira qu'elle est *pliée* en deux. Si vous voulez absolument qu'une épée *plie*, quoiqu'elle ne fasse en effet que *ployer*, ce sera lorsqu'elle *pliera*, comme on dit, jusqu'à la garde. Sous le fardeau qui fait *ployer* un homme fort, l'homme faible *plie*. Une armée ne fait que *ployer*, tant qu'elle résiste et s'efforce de reprendre sa place ; sinon elle *plie* et s'enfonce, il ne lui reste que la retraite. — Ainsi, au figuré, il faut fléchir, faiblir, mollir pour *ployer* ; on *plie* quand on ne fait plus que céder, obéir, succomber. — *Plier* et *ployer* emportent quelquefois une idée secondaire d'arrangement avec une fin ou une destination particulière. Le marchand *plie* sa marchandise pour en diminuer l'étendue, car, en la dépliant, il l'étend ; il *ploie* sa marchandise pour la soustraire à la vue, car, en la déployant, il l'étale. On *plie* du linge afin de le placer commodément et de le conserver propre ; on le *ploie* pour le renfermer et le mettre à part et à couvert.—En fait d'arrangement et d'ordre, on ne doit dire *plier* que des choses qui se mettent en plis, ou bien par lits et par couches semblables à des lits, telles que des nippes, des toiles, des vêtements, des étoffes ; *ployer* convient mieux à ce qui se met en paquet, en bloc, en *peloton*, de ce qui se roule, s'enveloppe sans avoir besoin de plis. Un marchand de draps *plie* sa marchandise ; un marchand de porcelaines *ploie* la sienne. L'usage permet cependant de dire *plier bagage*. — *Plier* ne suppose pas une résistance à vaincre ; *ployer*, au contraire, suppose des efforts de la part de celui qui fait l'action. Ainsi, *plier* se dit des choses qui se plient facilement et qui gardent leur pli ; tandis que *ployer* s'emploie en parlant des corps roides qui fléchissent avec peine sous l'effort, et qui tendent à revenir dans leur premier état. Conséquemment on *plie* de la mousseline, et on *ploie* une branche d'arbre. — Au fig., cependant, les écrivains emploient *plier* avec la signification que nous venons d'assigner à *ployer*. En effet, l'usage permet de dire *plier son esprit, plier son humeur, plier sous l'autorité, plier sous les ordres*. — *se* PLOYER, v. pron., se conformer ; céder à la nécessité.

PLOYON, subst. mas. (*ploé-ion*), nom que les vanniers donnent à une branche d'osier.

PLUCHE, subst. fém. Voy. PELUCHE ; tel est du moins le renvoi de l'*Académie*.

PLUCHÉE, subst. fém. (*pluché*), t. de bot., genre de plantes qui a pour type la conyse de Maryland.

PLUCHEUSE, adj. fém. Voy. PLUCHEUX.

PLUCHEUX, adj. mas., au fém. PLUCHEUSE (*plucheu, cheuze*) ; il se dit d'un linge élimé, usé, qui laisse sur les étoffes et les objets qu'il touche une sorte de duvet qui ressemble à la *pluche*. — Il se dit aussi d'une étoffe qui n'a pas été tondue.

PLU, part. pass. de *pleuvoir*.

PLU, part. pass. de *plaire*.

PLUIE, subst. fém. (*plui*) (en latin *pluvia*), l'eau qui tombe du ciel.—Ce qui tombe comme la *pluie* : *une pluie de feu, de sang*. — On appelle *pluies prodigieuses*, des *pluies* extraordinaires que les anciens attribuaient à des causes surnaturelles, parce qu'ils n'avaient pas fait la découverte de leurs causes physiques ; telles sont les *pluies de pierres, de cendres, de terre, de sang*, et autres semblables, dont il est fait mention dans leurs historiens. — Espèce de droguet brillanté d'or et d'argent. — Prov. et fig. : *après la pluie le beau temps*, souvent la joie succède à la tristesse. — *Se cacher dans l'eau de peur de la pluie*, pour éviter un inconvénient, se jeter dans un plus grand. — *Parler de la pluie et du beau temps*, de choses indifférentes.

PLUIE-D'ARGENT, subst. fém. (*pluidarjan*), t. d'hist. nat., nom d'une espèce de coquille du genre des cônes. — Au plur., des *pluies-d'argent*.

PLUIE-DE-FEU, subst. fém. (*pluidefeu*), chute d'un grand nombre d'étincelles de feu dans les artifices et dans certaines pièces de théâtre.—Au plur., des *pluies-de-feu*.

PLUIE-D'OR, subst. fém. (*pluidor*), t. d'hist. nat., nom d'une sorte de coquille du genre des cônes. — Au plur., des *pluies-d'or*.

PLUMAGE, subst. mas. (*plumaje*), toute la *plume* qui est sur le corps d'un oiseau.

PLUMAIL, subst. mas. (*pluma-ie*), petit balai de *plumes*.

PLUMARD, subst. mas. (*plumar*), pièce de bois qui reçoit le tourillon d'un moulinet.—Houssoir de plumes. Il est vieux dans ce dernier sens.

PLUMARTIN, subst. propre mas. (*plumartein*), bourg de France, chef-lieu de canton, arrond. de Châtellerault, dép. de la Vienne.

PLUMASSEAU, subst. mas. (*plumaçô*), balai de *plumes*.—Tampon de charpie aplati, en forme de *plume*, qu'on met sur les plaies, etc. — Bout de *plume* dont on se sert pour *emplumer* les clavecins, etc.

PLUMASSERIE, subst. fém. (*plumaceri*), métier et commerce de *plumassier*.

PLUMASSIER, subst. mas., **PLUMASSIÈRE**, subst. fém. (*plumacié, cière*), marchand, ouvrier qui accommode des *plumes* d'autruche, monte des aigrettes, vend et loue toute sorte d'ouvrages de *plumes*.

PLUMASSIÈRE, subst. fém. Voy. PLUMASSIER.

PLUMBAGO, subst. mas. (*plonbaguo*), mot latin adopté en français, pour désigner : 1° la mine de plomb qui sert à faire les crayons, (Voy. PLOMBAGINE) ; 2°, en t. de bot., la grande persicaire ; 3° la couleur plombée de certaines perles ; 4° en t. de minér., une veine d'argent mêlée de *plomb*.

PLUME, subst. fém. (*plume*) (en latin *pluma*), ce qui couvre les oiseaux et sert à les soutenir en l'air. — Plus particulièrement, plume d'autruche préparée : *bouquet de plumes, brin de plume*. — Gros tuyau de *plume* de l'aile des oies, dont on se sert pour écrire. — On appelle *plume hollandée*, celle dont on a passé le tuyau dans la cendre chaude, pour en ôter la graisse et l'humidité, et la préparer à être taillée.—*Plume d'or, plume d'argent, plume d'acier, plume de platine*, des morceaux de ces matières taillés en forme de plume, et dont on se sert pour écrire. — *Prendre la plume, mettre la main à la plume*, commencer à écrire une lettre, ou quelque ouvrage. — Fig., 1° style, manière d'écrire d'un auteur : *il a une excellente plume* ; 2° l'auteur lui-même : *c'est une plume féconde ; c'est une des meilleures plumes de France*. — On dit de celui qui est chargé d'écrire les résolutions, les délibérations qui se prennent dans une compagnie, dans une assemblée, etc., que *c'est lui qui tient la plume*. — *Homme de plume, gens de plume*, gens d'affaires dont le travail consiste principalement à faire des écritures. — — On appelle *guerre de plume*, une dispute par écrit entre des écrivains. — *Plume géométrique*, instrument qui sert à tracer toutes sortes de courbes, par une combinaison de mouvements circulaires. — En t. de bot., partie fort petite de la graine cachée dans la cavité de ses lobes. On dit mieux *plumule*.— *Plume-de-paon* (lapidaire), pierre fine de couleur verdâtre, qui paraît pourpre à la lumière. C'est une agate tendre, quoique orientale. — Prov. et fig. : *passer la plume par le bec*, attraper. — *Il a laissé des plumes ou de ses plumes dans cette affaire*, il lui a coûté de l'argent pour s'en tirer. — En termes de jeu, *il a eu de ses plumes*, il lui a gagné de l'argent.—*Il a perdu la plus belle plume de son aile*, une place honorable, une puissante protection. — *Chien au poil et à la plume*, dressé à chasser, à arrêter toute sorte de gibier. — Fig. et fam. : *homme au poil et à la plume*, également propre aux emplois de l'épée, de la robe et du cabinet.

PLUME (LA), subst. propre fém. (*laplume*), petite ville de France, chef-lieu de canton, arrond. d'Agen, dép. de Lot-et-Garonne.

PLUME-ARTIFICIELLE, subst. fém. (*plumar-*

tificièle), *plume* faite en métal, et taillée de la même manière que la *plume* ordinaire.

PLUMÉ, E, part. pass. de *plumer*.

PLUMEAU, subst. mas. (*plumó*), petit balai de plumes de dindon ou d'autres volatiles, pour les peintres, etc. — Petit balai, avec un manche, fait de *plumes* de la queue des coqs, dont on se sert pour épousseter les meubles et les choses fragiles. — Chez les fabricants de fleurs artificielles, brins de *plumes* dont on forme les pistils des fleurs.

PLUMEAU-D'EAU, subst. mas. (*plumôdô*), t. de bot., l'hottone des marais, jolie plante qu'on nomme aussi *plume*.

PLUMÉE, subst. fém. (*plumé*), plein la *plume* d'encre.— En t. de tailleur de pierre, action de dresser avec la règle et le marteau les bords du parement d'une pierre, pour la dégauchir : *faire une plumée*.

PLUMELLE, subst. fém. (*plumèle*), t. de bot., espèce de plante dont les feuilles ressemblent à des bouts de *plume*.

PLUME-MARINE, subst. fém. (*plumemarine*), t. d'hist. nat., nom qu'on donne à la pinnatule, sorte de coquille. — Au plur., des *plumes-marines*.

PLUMER, v. act. (*plumé*), arracher les *plumes* d'un oiseau.— Fig. et fam. : *plumer quelqu'un*, *tirer de l'argent de quelqu'un*, le dépouiller. Il se dit surtout du jeu. — Dans la mégisserie, ôter la laine de dessus une peau. — En t. de pêche, ôter avec un couteau les feuilles des cannes dont on construit les bourdigues. — Prov.: *plumer la poule sans la faire crier*, lever les impôts ou faire des exactions sans exciter des plaintes. — SE PLUMER, v. pron.

PLUMEROLLE, subst. fém. (*plumerole*), t. de bot., nom d'une tulipe.

Plûmes, 1re pers. plur. prét. déf. du verbe irrégulier PLAIRE.

PLUMES, subst. fém. plur. (*plume*), myth., la couronne de *plumes*, symbole de l'équité. — Placées sur la tête, attribut des Muses.

PLUME-SANS-FIN, subst. fém. (*plumeçanfein*), petit instrument conique, percé par en bas d'un petit trou qui fournit l'encre à la plume au fur et à mesure que l'on écrit. — Au plur., des *plumes-sans-fin*.

PLUMET, subst. mas. (*plumé*), *plume* d'autruche autour d'un chapeau. — Par raillerie, jeune homme qui porte un *plumet*. — On nomme à Paris *plumets*, les porteurs de grain et de charbon. — *Plumets de pilote*, t. de mar., *plumes* attachées à un morceau de liége, qu'on laisse voltiger pour voir d'où vient le vent.

PLUMET-BLANC, subst. mas. (*plumèblan*), t. d'hist. nat., espèce de manakin, oiseau de Cayenne.

PLUMETÉ, E, adj. (*plumeté*), t. de blason, moucheté, papillonné ; chargé de broderie.

PLUMETIS, subst. mas. (*plumeti*), brouillon d'une écriture. — Sorte de broderie faite avec du coton.

PLUMETTE, subst. fém. (*plumète*), petite étoffe ordinairement toute de laine.

PLUMEUSE, adj. fém. Voy. PLUMEUX.

PLUMEUX, adj. mas., au fém. **PLUMEUSE** (*plumeu, meuze*), qui tient de la *plume* ; qui est fait de *plume*. (Trévoux.) — En bot., garni de poils disposés comme les barbes d'une *plume*.

PLUMICOLLE, subst. mas. et adj. des deux genres (*plumikole*) (du latin *pluma*, plume, et *collum*, cou), t. d'hist. nat., famille d'oiseaux rapaces dont la tête et le cou sont garnis de *plumes*.

PLUMIPÈDE, subst. mas. et adj. des deux genres (*plumipède*) (en lat. *pluma*, plume, et *pes*, *pedis*, pied), t. d'hist. nat., famille d'oiseaux de l'ordre des gallinacés. — Adj., qui a les pieds garnis de *plumes*.

PLUMITIF, subst. mas. (*plumitif*), minute originale, écrite à l'audience, des jugements qui s'y prononcent, etc. : *écrire sur le plumitif ; faire apporter le plumitif ; greffier du plumitif*. — On dit, en parlant d'une société, d'une assemblée délibérante, qu'*une personne tient le plumitif*, pour dire qu'elle prend note des délibérations. — *Beaumarchais* a dit adj., au fém. (Requête à la commune de Paris) : *canaille plumitive*, pour, vils écrivassiers, auteurs de méchants libelles.

PLUMOTAGE, subst. mas. (*plumotaje*), façon que l'on donne à la terre qui sert à raffiner le sucre. On la rafraîchit et on la pétrit.

PLUMOTÉ, part. pass. de *plumoter*.

PLUMOTER, v. neut. (*plumoté*), faire le *plumotage*.

PLUMULAIRE, subst. mas. (*plumulère*), t. d'hist. nat., genre de polypiers établis aux dépens des sertulaires.

PLUMULE, subst. fém. (*plumule*) (du latin *plumula*, diminutif de *pluma*), t. de bot., partie supérieure de l'embryon, destinée à former sa tige.

la **PLUPART** (on devrait écrire **PLUS-PART**), subst. fém. (*laplupar*), la plus grande partie, le plus grand nombre. — Lorsque *la plupart* est employé absolument, il régit presque toujours le pluriel du verbe, que le substantif auquel il se rapporte soit pluriel ou non : *la plupart font étalage de leur savoir ; le sénat fut partagé, la plupart décidèrent affirmativement*. — On dit *pour la plupart*, pour dire quant à la plus grande partie : *ils sont pour la plupart très-ignorants*. On dit aussi, dans le même sens, *la plupart*, en supprimant *pour* : *la plupart sont très-ignorants*. —*La plupart du temps*, loc. adv., le plus ordinairement.

PLUR., abréviation du mot *pluriel* ou *plurielle*.

PLURALISÉ, E, part. pass. Voy. PLURALISER.

PLURALISER, v. act. (*pluralizé*), t. de gramm., mettre, employer un mot au *pluriel*.— SE PLURALISER, v. pron.

PLURALITÉ, subst. fém. (*pluralité*) (en latin *pluralitas*), plus grand nombre, plus grande quantité : *la pluralité des suffrages*.—Multiplicité: *la pluralité des mondes*. — On appelle *pluralité absolue*, dans le recensement des suffrages d'une assemblée, celle qui se forme de plus de la moitié de la totalité des suffrages, et *pluralité relative*, celle qui ne se forme que de la supériorité du nombre des voix qu'a un concurrent relativement aux autres concurrents.

Plurent, 3e pers. plur. prét. déf. du verbe irrég. PLAIRE.

PLURIEL, subst. mas. (On prétend que quelques-uns écrivent *plurier* ; nous n'avons jamais vu ce mot ainsi orthographié) (*pluri-èle* et non pas *pluri-é*) (du lat. *pluralis*, sous-entendu *numerus*), nombre qui marque plusieurs. On peut réduire à quatre règles principales ce qui concerne le *pluriel* des noms et des adjectifs : 1° les noms et les adjectifs terminés par l'une des trois lettres *s*, *z* ou *x*, ne changent pas de terminaison au *pluriel* : ainsi, l'on dit également *le succès, les succès ; le fils, les fils ; le nez, les nez ; le prix, les prix, la voix, les voix*, etc. ; 2° les noms et les adjectifs terminés au singulier par *au* et *eu* prennent un *x* de plus au *pluriel* : on dit au singulier : *beau, chapeau, feu, lieu*, etc. ; et au *pluriel* : *beaux, chapeaux, feux, lieux* ; 3° plusieurs mots terminés au singulier par *al* ou *ail* ont leur terminaison *plurielle* en *aux* ; on dit au singulier : *travail, cheval, égal, général*, etc. ; et, au *pluriel* : *travaux, chevaux, égaux, généraux* ; 4° les noms et les adjectifs qui ne sont point compris dans les trois règles précédentes prennent au *pluriel* un *s* de plus qu'au singulier : *le bon père, les bons pères ; ma chère sœur, mes chères sœurs ; un roi clément, des rois cléments*. Voir les exceptions dans les grammaires.

PLURIEL, adj. mas., au fém. **PLURIELLE** (*pluri-èle*), t. de gramm., qui marque plusieurs : *un nombre pluriel ; une terminaison plurielle*.

PLURIELLE, adj. fém. Voy. PLURIEL.

PLURILOCULAIRE, adj. des deux genres (*pluriloku1ère*), t. de bot., qui a plusieurs loges.

PLUS, adv. (*plu*) (en latin *plus*), davantage : *il est plus grand que vous*. — Il demande tantôt *que* et tantôt *de* après l'adjectif qu'il modifie. Il demande *que*, lorsque l'adverbe fait terme de comparaison, c'est-à-dire, lorsqu'on compare la qualité d'une personne ou d'une chose à une autre, et encore faut-il que l'adverbe soit au simple degré comparatif : *Auguste n'était peut-être pas plus grand homme qu'Antoine, mais il fut plus heureux que lui ; les sages doutent plus que les ignorants*. Cependant, si l'adverbe faisant terme de comparaison est dans le degré éminent qui domine sur tout, alors c'est la préposition *de* qui unit à la chose modifiée le terme de comparaison : *Démosthène fut l'orateur le plus éloquent de la Grèce, et Caton le plus sage des Romains*. — *Plus* demande *de* après l'adjectif qu'il modifie, lorsque cet adverbe est simplement adverbe de quantité, et point adverbe de comparaison, c'est-à-dire lorsque le terme de comparaison énoncé après l'adverbe de quantité comparative est quelque mesure précise et positive de cette quantité. On dira donc : *il est plus grand de toute la tête ; il est plus d'à moitié persuadé*. — Quand l'adverbe comparatif *plus* est suivi d'un *que* et d'un verbe à l'indicatif, on met *ne* avant le verbe : *les richesses sont souvent plus funestes que la pauvreté n'est incommode*. Quand cet adverbe est suivi d'un *que* et d'un verbe à l'infinitif, on répète avant cet infinitif la préposition que demande l'adjectif : *il est plus beau de vaincre ses passions que de vaincre ses ennemis ; nous sommes plus portés à nous excuser qu'à reconnaître nos torts*. Après *plus* suivi de deux infinitifs, il faut mettre *de* avant le second : *il est plus sage de se taire que de parler hors de propos*. — *Plus d'un*, terme de quantité qui emporte avec soi l'idée de plusieurs, demande le verbe qui le suit au pluriel : *nous avons plus d'un général qui peuvent être comparés aux généraux de l'antiquité*. — *Tant et plus*, beaucoup, abondamment : *je m'y suis ennuyé tant et plus*. — *Il y a plus*, outre les choses qui ont été déjà marquées, outre les raisons qui ont été déjà alléguées.— *Il y a plus* signifie aussi qu'on va dire quelque chose de plus fort que ce qu'on avait dit.—*Plus* s'emploie souvent avec la négative, sans marquer de comparaison, et alors il indique cessation d'action ou absence de quelque chose que l'on avait auparavant : *n'y pensons plus ; il n'a plus rien à dire ; il n'a plus d'argent*.—Quelquefois il s'emploie absolument dans le même sens, et sans que la négative soit exprimée. Ainsi, on dit : *plus de larmes, plus de soupirs, plus de chagrin*, etc., pour dire : désormais il ne faut *plus* verser de larmes, il ne faut *plus* pousser de soupirs, il ne faut *plus* avoir de chagrin ; ou bien, dans un sens impératif, qu'on ne verse *plus* de larmes, qu'on ne pousse *plus* de soupirs, etc. — *Plus, de plus, qui plus est, bien plus*, outre cela. Le premier est, dans les inventaires, une espèce de formule par laquelle on fait transition d'un article à un autre : *un plat d'argent, plus vingt-quatre couverts d'argent, plus*, etc. Les trois autres sont du discours ordinaire : *je vous dirai, de plus ; j'ajouterai, qui plus est... ; bien plus, je dirai...* — En algèbre, on nomme *plus* le signe de l'addition, lequel, placé entre deux grandeurs, signifie qu'il faut les ajouter l'une à l'autre. — *Plus* se prend quelquefois substantivement : *le plus que je puis faire ; le plus que je puisse faire*, ce que je puis faire de *plus* ; *le plus que vous puissiez demander*, le plus grand prix, la plus grande somme que vous puissiez demander ; *le plus que je puisse espérer ; cela dépend du plus ou du moins de travail que vous ferez*.—Quand on emploie substantivement *plus* et *moins* dans la même phrase, il faut répéter l'article : *il faut qu'il y ait du plus ou du moins à cet événement*, c'est-à-dire, cet événement ne paraît pas vraisemblable tel qu'on nous l'a raconté, il faut qu'il y ait eu quelques circonstances de *plus* ou de *moins*. — *Il ne s'agit entre deux personnes que du plus ou du moins*, lorsque étant d'accord sur toutes les autres conditions d'un marché, d'un traité, il ne s'agit plus que d'une légère différence dans le prix. — *Plus*, précédé de l'article, et suivi d'un autre mot, devient un même substantif avec lui ; et alors l'article prend le genre du mot en question.—*Au plus, tout au plus*, marque le plus grand excès dans une chose : *cela ne vous coûtera que vingt écus, au plus, tout au plus*. — *Plus du tout*, loc. adv., point, nullement. — *Plus ou moins*, à peu près. — *Ni plus ni moins*, tout de même. — On dit encore : *sans plus différer, sans plus de façon*, etc. — *Sans plus*, parmi les joueurs, sans revanche : *il joua deux parties sans plus*. — *Un peu plus*, quelque peu *plus*. — *Le plus* a la force du superlatif : *il est le plus savant ; c'est celui de ses frères qu'elle aime le plus*. Dans cet emploi, il doit toujours être précédé de l'article. Racine a dit à tort (*Bajazet*) :

Chargeant de mon débris les reliques *plus chères*,

pour, *les plus chères*. —*De plus en plus*, marque de progrès en bien ou en mal : *il s'enrichit* ou *s'appauvrit de plus en plus*. — *Il y a du plus ou du moins à cela*, la chose ne s'est pas passée précisément comme on le dit.—*Plus-que-parfait*, t. de gramm. V. ce mot.—**PLUS**, **DAVANTAGE**.(*Syn.*) *Plus*, s'emploie pour établir explicitement et directement une comparaison ; *davantage* en rappelle implicitement l'idée et la renverse. Après *plus*, on met ordinairement un *que*, qui amène le second terme, ou le terme conséquent du rapport énoncé dans la phrase comparative. Après *da-*

vantage, on ne doit jamais mettre *que*, parce que le second terme est énoncé auparavant. — Ainsi l'on dira, par une comparaison directe et explicite : les Romains ont *plus* de bonne foi que les Grecs ; l'aîné est *plus* riche que le cadet. Mais dans la comparaison inverse et implicite, il faut dire : les Grecs n'ont guère de bonne foi, les Romains en ont *davantage* ; le cadet est riche, mais l'aîné l'est *davantage*. — DE PLUS, D'AILLEURS, OUTRE CELA. (*Syn.*) *De plus* s'emploie fort à propos, lorsqu'il est seulement question d'ajouter une raison à celles qu'on a déjà dites : il sert précisément à multiplier, et n'a rapport qu'au nombre. *D'ailleurs* est à sa vraie place, lorsqu'il s'agit de joindre une autre raison à celles qu'on vient de rapporter : il sert proprement à rassembler, et a un rapport particulier à la diversité. *Outre cela* est d'un usage très-convenable lorsqu'on veut augmenter, par une nouvelle raison, la force de celles qui suffisaient par elles-mêmes : il sert principalement à renchérir, et a un rapport spécial à l'abondance. — Pour qu'un état se soutienne, il faut que ceux qui gouvernent soient modérés, que ceux qui doivent obéir soient dociles, et que *de plus* les lois y soient judicieuses. Il y aura toujours des guerres entre les hommes, parce qu'ils sont ambitieux, que l'intérêt les gouverne, que *d'ailleurs* le zèle de la religion les rend cruels. L'Ecriture-Sainte nous prêche l'unité d'un Dieu ; la raison nous la démontre ; *outre cela*, toute la nature nous la fait sentir.

DU VERBE IRRÉGULIER PLAIRE :

Plus, précédé de *je*, 1re pers. sing. prét. déf.
Plus, précédé de *tu*, 2e pers. sing. prét. déf.

PLUSAGE, subst. mas. (*pluzage*), action de *pluser*.

PLUSÉ, E, part. pass. de *pluser*.

PLUSER, v. act. (*pluzé*), t. de manuf., éplucher la laine. — *se* PLUSER, v. pron.

PLUSIAQUE, adj. des deux genres (*pluzi-ake*) (du grec πλουσιος, riche), t. de géologie ; il signifie : très-riche, et se dit d'un terrein où se forment les mines d'or et de diamants. Peu en usage.

PLUSIEURS, subst. et adj. plur. (*pluzieur*) (en lat. *plurimi*), un grand nombre, une grande quantité : *plusieurs personnes affirment*... ; *il donne à cela plusieurs raisons*.

PLUS-PÉTITION, subst. fém. (*plucepéticion*), t. de pratique, demande trop forte.

DU VERBE IRRÉGULIER PLAIRE :

Plusse, 1re pers. sing. imparf. subj.
Plussent, 3e pers. plur. imparf. subj.
Plusses, 2e pers. sing. imparf. subj.
Plussiez, 2e pers. plur. imparf. subj.
Plussions, 1re pers. plur. imparf. subj.

PLUS-QUE-PARFAIT, subst. mas. (L'*Académi* veut aussi que ce mot soit adj. ; nous ne présumons pas dans quelle circonstance) (*pluceke-parfè*), t. de gramm., temps des verbes qui désigne une action antérieure à une autre déjà passée elle-même : *j'avais été*... — Au premier coup-d'œil, il paraît qu'il y a peu de différence entre le *plus-que-parfait* et le *prétérit antérieur* ; il y en a néanmoins une essentielle, c'est que la chose ou l'action exprimée par le *prétérit antérieur* est subordonnée à celle qui l'a suivie, et que c'est à cette dernière que l'on porte principalement son attention : *quand j'eus reconnu mon erreur, je fus honteux des mauvais procédés que j'avais eus à son égard* ; mon intention est de dire, *que je fus honteux*, mais seulement après que j'eus reconnu mon erreur ; et c'est ce que j'exprime à l'aide du *prétérit antérieur*. C'est tout le contraire à l'égard du *plus-que-parfait*. Quand je dis : *j'avais déjeûné quand vous vîntes me demander*, mon intention est de dire *que j'avais déjeûné, et alors vous vîntes*. L'attention se porte donc principalement sur le *plus-que-parfait*, et non précisément sur le temps où vous *vîntes*. Quand on emploie le *prétérit antérieur*, la chose ou l'action qu'on a principalement en vue est présentée la dernière ; et, lorsqu'on se sert du *plus-que-parfait*, c'est au contraire le premier rang qu'elle tient. — Le *plus-que-parfait* du subjonctif exprime ordinairement, comme le *prétérit*, une chose passée, et il est susceptible d'une signification future : *je ne croyais pas que vous eussiez si tôt fini* ; *si tôt fini* exprime un passé. Mais dans cette phrase : *je voudrais que vous eussiez fini quand je reviendrai* ; *que vous eussiez* exprime un futur ; futur à l'égard de *je voudrais* ; futur antérieur à l'égard de *je reviendrai*.

PLUS TARD, adv. de temps et subst. mas. (*plutar*), marque un temps prolongé. — Subst., *j'arriverai le plus tard possible*. Voy. PLUS TÔT.

Plût-s, 2e pers. plur. prét. déf. du verbe irrégulier PLAIRE.

PLUS TÔT, PLUTÔT, PLUTÔT QUE, adv. (*plutô*), 1° de temps : *il est arrivé plus tôt que moi* ; 2° de préférence : *plutôt mourir que de me déshonorer*. Pascal (4e *Provinciale*) a supprimé la prép. *de* : *plutôt que dire qu'on pèche*, etc. C'est une expression entièrement surannée. — Nous ferons encore ici une remarque relative à ce qu'avance le *Dictionnaire de l'Académie*. *Plutôt* en un seul mot, dit-elle, avec retranchement du S, marque *préférence*. Nous sommes entièrement de son avis, ainsi que le lecteur vient de le voir. Mais l'*Académie* cite cet exemple à l'appui de ce qu'elle vient de décréter : *il n'eut pas plutôt dit, il n'eut pas plutôt fait telle chose, qu'il s'en repentit*, pour signifier : à peine eut-il dit, eut-il fait telle chose, qu'il s'en repentit. Ce n'est pas *plutôt* qu'il fallait écrire dans cet exemple, d'après la règle posée par l'*Académie* elle-même, mais *plus tôt* ; en effet, il est question de temps dans cet exemple et nullement question de préférence : *il n'eut pas plutôt* dit signifie : dès qu'il eut dit, du moment qu'il eut dit. Il faudrait donc : *il n'eut pas plus tôt dit*, etc. Cette règle n'est malheureusement pas rigoureusement accomplie ; mais, du moment que l'*Académie* la pose en principe, elle doit s'exécuter, ou s'y soumettant. — *Au plus tôt*, locution adverbiale, vite, promptement. — Ne confondez pas *plus tôt* et *plutôt* : *plus tôt* est l'opposé de *plus tard* : *partons plus tôt* ; *plutôt* exprime la préférence :

Plutôt la mort que l'esclavage. . . .

— On dit subst. : *venez le plus tôt possible*.

PLUS-VALUE, subst. fém. (*pluvalu*), t. de jurispr., augmentation de valeur d'une chose quelconque. — Au plur., des *plus-value*.

Plut, 3e pers. sing. prét. déf. du verbe irrégulier PLEUVOIR.

DU VERBE IRRÉGULIER PLAIRE :

Plut, précédé de *il*, 3e pers. sing. prét. déf.
Plût, précédé de *qu'il* ou *qu'elle*, 3e pers. sing. imparf. subj.

PLÛT À DIEU, PLÛT À DIEU QUE, sorte d'exclamation dans le premier cas, et dans le second, sorte de conjonction qui marque le désir, l'exclamation, etc. Voy. PLAIRE.

PLUTE, subst. fém. (*plute*), t. d'antiq., panier d'osier couvert de peau, qui pouvait servir de bouclier.

PLUTÉON, subst. mas. (*pluté-on*), t. d'antiq., machine de guerre, couverte de claies et de peaux de bœuf, dont on se servait pour aller à couvert saper des murailles.

PLUTON, subst. propre mas. (*pluton*), myth., dieu des enfers. Il était frère de Jupiter et de Neptune, et le troisième fils de Saturne. Son père l'avait dévoré ; mais Jupiter sauvé par sa mère ayant fait prendre un breuvage à Saturne, ce dernier fut obligé de rejeter de son sein ceux qu'il avait engloutis. C'est ainsi que *Pluton* revit le jour : aussi n'oublia-t-il rien pour seconder son frère, et le faire triompher des Titans. Après la victoire, *Pluton* eut pour son partage la région des enfers. Comme il régnait sur les morts, la nature de cet empire inspirait une si grande aversion pour lui, qu'il ne pouvait trouver de femme ; il fut donc obligé d'avoir recours à la force pour s'en procurer une, et il enleva Proserpine lorsqu'elle allait puiser de l'eau dans la fontaine d'Aréthuse, en Sicile. On le représente avec une couronne d'ébène sur la tête, des clefs dans sa main, et sur un char traîné par des chevaux noirs. — T. de comm., nom d'une toile de coton fabriquée en Normandie.

PLUTONIENS, subst. mas. plur. (*plutoniein*), on appelait ainsi, du nom de *Pluton*, des gouffres dont on ne pouvait mesurer la profondeur, tels que ceux qu'on voyait en Asie, près de Laodicée.

PLUTONIQUE, adj. des deux genres (*plutonike*), t. de géologie : *terrein plutonique*, formé par éruption.

PLUTONISTE, subst. mas. (*plutonicete*), celui qui attribue la formation du globe au feu, etc. Inusité.

PLUTÔT, adv. (*plutô*), qui marque le choix que l'on fait d'une chose préférablement à une autre. Voy. PLUS TÔT.

PLUTUS, subst. propre mas. (*plutuce*), myth., dieu des richesses, ministre de Pluton, et fils de Cérès et de Jason. Théocrite et Aristophane disent qu'il était aveugle. Suivant ce dernier, *Plutus*, au commencement, avait la vue bonne, et ne s'attachait qu'aux justes ; mais Jupiter lui ayant fait perdre la vue, les richesses devinrent indifféremment le partage des bons et des méchants. On a dit de *Plutus* qu'il était aveugle, et très-agile pour aller chez les méchants, mais qu'il était boiteux pour aller chez les hommes vertueux. On le représente sous la forme d'un vieillard qui tient une bourse à la main. Selon les anciens, il venait à pas lents, et s'en retournait avec des ailes, parce que les biens s'acquièrent difficilement, et s'évanouissent avec promptitude. Ils l'avaient mis au nombre des dieux infernaux, parce que les richesses sortent du sein de la terre, séjour de ces divinités. — On dit fig. : *un plutus*, pour désigner un homme très-riche.

PLUVIAL, subst. mas. (*pluvi-al*) (en latin *pluviale*, fait de *pluvia*, pluie), sorte de manteau que les évêques et les prêtres portaient pour se garantir de la *pluie*, lorsqu'ils allaient à la campagne administrer les sacrements. — On a même dit anciennement *pluvial* pour chape, et l'*Académie* ne donne même que cette acception, qui aujourd'hui cesse d'être exacte.

PLUVIALE, adj. fém. (*pluvi-ale*), qui est de *pluie* : *eaux pluviales*. — Subst. fém., t. d'hist. nat., espèce de grenouille.

PLUVIAN, subst. mas. (*pluvi-an*), t. d'hist. nat., genre d'oiseaux de l'ordre des échassiers, famille des ægialithes.

PLUVIATILE, adj. des deux genres (*pluvi-atile*), pluvieux. Voy. ce mot.

PLUVIER, subst. mas. (*pluvié*) (du latin *pluvia*, pluie, parce qu'il se prend plus aisément en temps de *pluie*), oiseau de la grosseur du pigeon et fort bon à manger.

PLUVIEUSE, adj. fém. Voy. PLUVIEUX.

PLUVIEUX, adj. mas., au fém. PLUVIEUSE, (*pluvi-eu, euze*), abondant en *pluie*. Il se dit du temps et des saisons : *temps, jour pluvieux ; saison pluvieuse*. — Qui amène la *pluie* : *vent pluvieux ; constellation pluvieuse*.

PLUVIGNER, subst. propre mas. (*pluvignié*), village de France, arrond. de Lorient, dép. du Morbihan.

PLUVINE, subst. fém. (*pluvine*), t. d'hist. nat., espèce de salamandre.

PLUVINÉ, part. pass. de *pluviner*.

PLUVINER, v. neut. (*pluviné*), pleuvoir légèrement. Fort peu en usage. *Boiste* qualifie ce mot de *vieux* et de *provincial*, et il ajoute cependant qu'il est *très-bon*.

PLUVIOMÈTRE, subst. mas. (*pluvi-omètre*) (du latin *pluvia*, pluie, et du grec μετρον, mesure), t. de phys., instrument qui sert à mesurer la quantité de pluie qui tombe. Voy. HYÉTOMÈTRE, OMBROMÈTRE, UDOMÈTRE.

PLUVIOMÉTRIQUE, adj. des deux genres (*pluvi-ométrike*), qui a rapport, qui est relatif au *pluviomètre*.

PLUVIOMÉTROGRAPHE, subst. mas. (*pluvi-ométrogueràfe*) (du latin *pluvia*, pluie, du grec μετρον, mesure, et γραφειν, écrire), celui qui observe avec un instrument la mesure, la quantité de pluie qui tombe ou qui est tombée dans le courant d'une année.

PLUVIOMÉTROGRAPHIE, subst. fém. (*pluvi-ométrografi*) (même étymologie que celle du mot précédent), art d'observer et de mesurer la quantité de pluie qui tombe. — Traité sur cet art.

PLUVIOMÉTROGRAPHIQUE, adj. des deux genres (*pluvi-ométroguerafike*), qui concerne la *pluviométrographie*, le *pluviométrographe*.

PLUVIÔSE, subst. mas. (*pluvi-ôze*), cinquième mois de l'année française républicaine, du 20 janvier au 18 février.

PLYNTÉRIES, subst. fém. plur. (*pleintéri*), myth., fêtes et cérémonies qu'on célébrait à Athènes en l'honneur de Minerve, dont on nettoyait alors la statue.

PLYMOUTH, subst. propre mas. (*plimoute*), ville et port d'Angleterre.

PNÉOMÈTRE, subst. mas. (*pené-omètre*) (du grec πνεω, je respire, et μετρον, mesure), instrument pour connaître la force du souffle des hommes et des machines.

PNÉOMÉTRIQUE, adj. des deux genres (*pené-ométrike*), qui tient, qui a rapport au *pnéomètre*.

PNEUMA, subst. mas. (*peneuma*) (en grec πνευμα, esprit), principe de nature spirituelle que les stoïciens considéraient comme un cinquième élément ; air, souffle.

PNEUMALOGIE, subst. fém. (*peneumaloji*) (du grec πνευμα, esprit, et λογος, traité, discours), traité sur les esprits. Voy. PNEUMATOLOGIE.

PNEUMALOGIQUE, adj. des deux genres (*peneumalojike*), qui concerne la *pneumalogie*. Voy. PNEUMATOLOGIQUE.

PNEUMATIQUE, subst. fém. et adj. des deux genres (*peneumatike*) (du grec πνευμα, air, vent), qui est relatif à l'air : *chimie pneumatique*, *physique pneumatique*, chimie, physique qui traite des propriétés de l'air et des gaz. — *Briquet pneumatique*, qui allume l'amadou par une compression subite de l'air. — *Machine pneumatique*, avec laquelle on pompe l'air d'un récipient, et qui sert à faire plusieurs expériences sur les propriétés de l'air.—Subst. fém., science qui a pour objet les propriétés de l'air. — Étude des propriétés du gaz. — Au plur., nom d'une secte qui attribuait la santé et la maladie aux divers rapports ou proportions du principe de nature spirituelle qu'elle admettait. En ce sens, il est aussi adj. : *secte pneumatique*.

PNEUMATISME, subst. mas. (*peneumaticeme*), doctrine des *pneumatistes*.

PNEUMATISTE, subst. mas. (*peneumaticete*), partisan de la secte des *pneumatiques*. Voy. ce mot.

PNEUMATOCÈLE, subst. fém. (*peneumatocèle*) (du grec πνευμα, vent, et κηλη, tumeur), t. de chir., fausse hernie du scrotum causée par un amas d'air qui le gonfle.

PNEUMATO-CHIMIQUE, adj. des deux genres (*peneumatochimike*) (du grec πνευμα, air, et χημεια, chimie) : *appareil pneumato-chimique*. Voy. HYDROPNEUMATIQUE.

PNEUMATOCORDE, subst. mas. (*peneumatokorde*) (du grec πνευμα, air, et χορδη, corde), instrument à vent et à cordes.

PNEUMATODE, adj. des deux genres (*peneumatode*), t. de médec., se dit d'une respiration gênée par l'emphysème, ou d'une respiration courte et fréquente.—Il est aussi subst. mas.

PNEUMATOLOGIE, subst. fém. (*peneumatoloji*) (du grec πνευμα, esprit, et λογος, discours), traité, description des substances spiritueuses et des esprits.

PNEUMATOLOGIQUE, adj. des deux genres (*peneumatolojike*), qui concerne la *pneumatologie*.

PNEUMATOMAQUE, subst. mas. (*peneumatomake*) (du grec πνευμα, πνευματος, esprit, et μαχομαι, je combats), hérétiques qui combattaient la divinité du Saint-Esprit.

PNEUMATOMPHALE, subst. fém. (*peneumatonfale*) (du grec πνευμα, air, vent, et ομφαλος, nombril), t. de chir., fausse hernie du nombril causée par un amas d'air.

PNEUMATO-RACHIS, subst. mas. (*peneumatorachice*) (du grec πνευμα, air, esprit, et ραχις, rachis), t. de médec., accumulation de fluides élastiques dans le canal vertébral.

PNEUMATOSE, subst. fém. (*peneumatôze*) (du grec πνευμα, πνευματος, vent, air), t. de médec., enflure causée par des vents, par des flatuosités.

PNEUMOCÈLE, subst. fém. (*peneumocèle*) (du grec πνευμων, poumon, et κηλη, tumeur), t. de médec., hernie formée par le poumon à travers l'un des points des parois thoraciques.

PNEUMODERME, subst. mas. (*peneumodèreme*), t. d'hist. nat., espèce de mollusques.

PNEUMO-GASTRIQUE, subst. mas. et adj. des deux genres (*peneumoguacetrike*), t. d'anat., se dit du nerf qui envoie des rameaux au poumon et à l'estomac.

PNEUMOGRAPHE, subst. mas. (*peneumoguerafe*), t. de médec., celui qui traite de la *pneumographie*.

PNEUMOGRAPHIE, subst. fém. (*peneumoguerafi*) (du grec πνευμων, poumon, et γραφειν, décrire), t. de médec., partie de l'anatomie qui a pour objet la description des poumons; traité sur les poumons.

PNEUMOGRAPHIQUE, adj. des deux genres (*peneumoguerafike*), qui concerne, qui regarde la *pneumographie*.

PNEUMOLARYNGALGIE, subst. fém. (*peneumolareingualeji*) (du grec πνευμων, poumon, λαρυγξ, larynx, et αλγος, douleur), t. de médec., douleur *pneumolaryngée*. — Asthme aigu.

PNEUMOLARYNGALGIQUE, adj. des deux genres (*peneumolareingualejike*), qui tient, qui a rapport à la *pneumolaryngalgie*.

PNEUMOLARYNGÉ, E, adj. (*peneumolareinjé*), t. de médec.; se dit d'une douleur qui affecte le poumon et le larynx en même temps.

PNEUMOLOGIE, subst. fém. (*peneumoloji*) (du grec πνευμων, poumon, et λογος, discours), discours, traité sur les usages du poumon et sur ses maladies.

PNEUMOLOGIQUE, adj. des deux genres (*peneumolojike*), qui tient, qui est relatif à la *pneumologie*.

PNEUMONALGIE, subst. fém. (*peneumonaleji*) (du grec πνευμων, poumon, et αλγος, douleur), t. de médec., nom qu'*Alibert* donne à l'angine de poitrine, qui forme le cinquième genre des *pneumoses* de sa *Nosologie naturelle*.

PNEUMONALGIQUE, adj. des deux genres (*peneumonalejike*), t. de médec., qui tient, qui a rapport à la *pneumonalgie*.

PNEUMONANTHE, subst. fém. (*peneumonante*) (du grec πνευμων, poumon, et ανθος, fleur), t. de bot., genre de plantes de la famille des gentianes.

PNEUMONIE, subst. fém. (*peneumoni*) (du grec πνευμων, poumon, t. de médec., maladie, inflammation des poumons.

PNEUMONIQUE, adj. des deux genres (*peneumonike*), qui est propre aux maladies du poumon. — Il est aussi subst. mas. : *un bon pneumonique*.

PNEUMONITE, subst. fém. (*peneumonite*), t. de médec., synonyme de *pneumonie*. Voyez ce mot.

PNEUMOPÉRICARDE, subst. mas. (*peneumopérikarde*) (du grec πνευμα, air, et περικαρδιον, péricarde), t. de médec., épanchement de gaz dans la cavité du *péricarde*.

PNEUMOPLEURÉSIE, subst. fém. (*peneumopleurézi*), t. de médec., nom que quelques-uns donnent à la *pneumopleuritis*. Voy. ce mot.

PNEUMOPLEURITIS, subst. fém. (*peneumopleuritice*) (du grec πνευμων, poumon, et πλευριτις, pleurésie), t. de médec., inflammation du poumon et de la plèvre.

PNEUMORE, subst. fém. (*peneumore*), t. d'hist. nat., genre d'insectes de l'ordre des orthoptères.

PNEUMORRHAGIE, subst. fém. (*peneumòraji*) (du grec πνευμων, poumon, et ρεω, je coule), t. de médec., crachement de sang qui vient des poumons; synonyme de hémoptysie.

PNEUMORRHAGIQUE, adj. des deux genres (*peneumòrajike*), qui est relatif à la *pneumorrhagie*.

PNEUMORRHÉE, subst. fém. (*peneumòré*). Voy. PNEUMORRHAGIE.

PNEUMORRHÉIQUE, adj. des deux genres. Voy. PNEUMORRHAGIQUE.

PNEUMOSE, subst. fém. (*peneumôze*), t. de médec., cinquième famille de la *Nosologie* d'*Alibert*, comprenant toutes les maladies qui affectent le poumon.

PNEUMOTHORAX, subst. mas. (*peneumotorakce*) (du grec πνευμα, air, et θωραξ, thorax), t. de médec., épanchement de fluides aériformes qui a lieu dans la cavité des plèvres.

PNEUMOTOMIE (*peneumotomi*) (du grec πνευμων, poumon, et τομη, fait de τεμνω, je coupe), t. d'anat., dissection du poumon.—Traité sur cette dissection.

PNEUMOTOMIQUE, adj. des deux genres (*peneumotomike*), qui est relatif, qui a rapport à la *pneumotomie*.

PNIGITE, adj. fém. (*penijite*), t. de médec. et de pharm., se dit d'une terre glaise dont on se sert quelquefois en médecine.

PNYX, subst. mas. (*penikce*) (en grec Πνυξ), t. d'antiq., place publique à Athènes, où se tenaient les assemblées du peuple.

PÔ, subst. propre mas. (*pô*), grand fleuve d'Italie, appelé *Eridan* par les anciens.

POA ou **PATURIN**, subst. mas. (*poa; paturein*), t. de bot., plante de la famille des graminées.

POALLIER, subst. mas. (*poalié*), t. de fondeur, grosse pièce de cuivre dans laquelle porte le tourillon du sommier d'une cloche.

POCHADE, subst. fém. (*pochade*) (de *pocher*, sans doute dans le sens de *charger d'encre*), t. de peinture, et plus souvent de simple dessin, esquisse imparfaite, croquis grossier. — Lithographie à dessin largement tracé.

POCHE, subst. fém. (*poche*) (du saxon *pack*, sac), sac de toile, d'étoffe, etc., qui fait partie de l'habillement de l'homme et de la femme, et dans lequel on met ce qu'on veut porter sur soi. — Grand sac de toile dans lequel on met du blé, de l'avoine. — Faux pli que font les habits mal taillés : *cet habit fait des poches*, des plis. — Fente des robes et des jupes, pour donner passage à la main, quand on veut fouiller dans la véritable *poche*. — Sorte de cuiller profonde avec un long manche. — Sac, sinus qui se forme dans un abcès, dans une plaie. — Jabot, en parlant des oiseaux; partie du gosier qui reçoit d'abord les aliments. — Filet à prendre des lapins au furet : *tendre une poche*. On dit aussi *pochette* dans ce sens. — En t. de pêche, espèce de sac de toile pour prendre du menu poisson. — Rondeur que les maîtres d'écriture donnent à certaines lettres. — Petit violon que les maîtres à danser portent dans la *poche*. On le nomme aussi *pochette*; mais dans les deux cas, il est aujourd'hui peu en usage.— Fig. et fam. : *il n'a pas toujours eu ses mains dans ses poches*, il n'a pas toujours été à ne rien faire. On le dit quelquefois en mauvaise part, et alors, dans ce cas, *n'avoir pas eu toujours ses mains dans ses poches* signifie s'être enrichi du bien d'autrui; n'avoir pas toujours été probe. — Prov. : *manger son pain dans sa poche*, manger seul. — Prov. et fig. : *acheter chat en poche*, acheter une chose sans l'avoir vue.— *Vendre chat en poche*, vendre une chose sans l'avoir fait voir. — *Mettre en poche*, convertir à son usage particulier ce qu'on a reçu pour plusieurs.— *Payer de sa poche*, de ses propres deniers. — Pop. : *jouer de la poche*, débourser, dépenser. (Allusion au petit violon que les maîtres à danser portent dans leur *poche*, quand ils vont montrer en ville, et que les luthiers appellent *poche*.) — Au plur., sorte de paniers à l'usage des femmes, en forme de lanternes, dans lesquels on faisait entrer les *poches*.

POCHÉ, E, part. pass. de *pocher*, et adj.—*Yeux pochés*, meurtris et enflés.—*OEufs pochés*, cuits sans être battus ensemble : *œufs pochés à l'eau, au beurre noir*. — *Écriture pochée*, où les lettres sont mal formées et pleines d'encre.

POCHER, v. act. (*poché*)(suivant *Ménage*, du lat. *pungere*, piquer, percer), meurtrir quelqu'un sur les yeux avec enflure. — Faire une rondeur avec la plume au bout d'une lettre : *pocher la queue d'un g*. — Charger une écriture de trop d'encre. — *Pocher des œufs*, en t. de cuisine, les faire cuire dans l'eau bouillante ou dans la friture, sans les avoir battus. — *se* POCHER, v. pron., se meurtrir les yeux à coups de poing.

POCHETÉ, E, part. pass. de *pocheter*, et adj. : *des olives, des truffes pochetées*, qui ont été portées dans la *poche*.

POCHETER, v. act. (*pocheté*), serrer pour quelque temps dans sa *poche* certaines choses bonnes à manger : *pocheter des olives, des truffes*, etc. — *se* POCHETER, v. pron.

POCHETIER, subst. mas. (*pochetié*), qui fait et taille des *poches*. Inusité.

POCHETTE, subst. fém. (*pochète*), petite *poche*. — Dimin. de *poche*, dans le sens de *filet* et de *petit violon*. Peu usité dans ce dernier cas.

POCHURE, subst. fém. (*pochure*), creux, *poche* d'une étoffe.

POCKEINSTEIN, subst. mas. (*pokekeincetein*), t. d'hist. nat., espèce de roche amygdaloïde, avec des noyaux calcaires.

POCO, adv. (*pokô*). Ce mot italien a passé dans la langue musicale. Ainsi on dit : *poco forte*, un peu fort; *poco à poco*, peu à peu, insensiblement.

POCOCURANTE, subst. mas. (*pokôkurante*) (de l'italien *poco*, peu, et du lat. *curare*, avoir soin), homme qui ne se soucie de rien, n'estime rien; égoïste blasé. (*Boiste*.)

POCOCURANTISME, subst. mas. (*pokôkuranticeme*), indifférentisme absolu; système du *pococurante*.

POCOYAN, subst. mas. (*pokoian*), t. d'hist. nat., abeille des Philippines, plus grosse que celle d'Europe.

PODAGRAIRE, subst. fém. (*podaguerère*), t. de bot., plante ombellifère que l'on croyait bonne contre la goutte.

PODAGRE, subst. et adj. des deux genres (*podaguere*) (du grec πους, gén. ποδος, pied, et αγρα, prise, pris par les pieds), qui a la goutte, principalement aux pieds : *il est, elle est podagre*. — Subst. fém., goutte des pieds. Peu usité dans ce sens.— Myth., surnom de Diane, déesse de la chasse, comme présidant en cette qualité aux pièges et aux rets.—T. d'hist. nat., coquille du genre des ptérocères.

PODALIRE, subst. propre mas. (*podalire*), myth., fils d'Esculape. Ce fut un habile médecin, aussi bien que son frère Mochson. Ils allèrent l'un et l'autre au siège de Troie.

PODALYRE, subst. mas. (podalire), t. d'hist. nat., espèce de papillon qu'on trouve aux environs de Paris, et que quelques-uns nomment flambé.

PODALYRIE, subst. fém. (podaliri), t. de bot., espèce de plante du genre des rotulaires.

PODARGE, subst. mas. (podarje), t. d'hist. nat., genre d'oiseaux de la famille des chélidons.

PODARTHROCACE, subst. fém. (podartrokace) (du grec ποδός, gén. de πους, pied, αρθρον, articulation, et κακός, vicieux), t. de médec., carie qui a lieu quelquefois à l'articulation du pied.

PODAXIS, subst. mas. (podakcice), t. de bot., genre de plantes de la famille des champignons.

PODENSAC, subst. propre mas. (podançak), ville de France, chef-lieu de canton, arrond. de Bordeaux, dép. de la Gironde.

PODÈRE, subst. fém. (podère), t. d'antiq., robe traînante dont les prêtres juifs étaient revêtus durant leur service dans le temple.

PODESTAT, subst. mas. (podeceta) (de l'italien podesta, fait, avec la même signification, de potesta, pouvoir, puissance), officier de justice et de police dans plusieurs villes d'Italie.

PODESTATIQUE, adj. des deux genres (podecetatike), qui a rapport, qui est relatif à la charge de podestat.

PODEX, subst. mas. (podèkce), t. de médec., l'anus, le fondement.

PODICEPS, subst. mas. (podicèpece), t. d'hist. nat., genre d'oiseaux de la famille des grèbes.

PODICIPÈDE, subst. mas. (podicipède), t. d'hist. nat., oiseaux dont les pieds sont placés près de l'anus ou du podex.

PODIE, subst. fém. (podi), t. d'hist. nat., genre d'insectes de l'ordre des hyménoptères.

PODIMÈTRE, subst. mas. (podimètre), t. d'antiq., sorte de mesure de longueur, chez les anciens. Voy. ODOMÈTRE.

PODIMÉTRIE, subst. fém. (podimétri) (du grec πους, ποδός, pied, et μετρον, mesure), mesure de longueur par pieds.

PODIMÉTRIQUE, adj. des deux genres (podimétrike), qui concerne, qui regarde le podimètre, qui y a rapport.

PODISOME, subst. mas. (podizome), t. de bot., genre de plantes de l'Amérique méridionale.

PODIUM, subst. mas. (podiome), nom que l'on donnait, chez les anciens, à l'orchestre des arènes. C'était une espèce de galerie formant amphithéâtre, où se plaçaient les sénateurs et les magistrats.

PODOCARPE, subst. mas. (podokarpe), t. de bot., genre de plantes qui croissent dans l'Amérique méridionale.

PODOCÈRE, subst. mas. (podocère), t. d'hist. nat., nouveau genre de crustacés de l'ordre des isopodes.

PODOCOME, subst. mas. (podokome), t. de bot., genre de plantes de la famille des synanthérées.

PODODUNÈRE, subst. mas. (pododunère), t. d'hist. nat., ordre d'insectes qui se rapproche de celui des aptères.

PODOGYNE, adj. mas. (podojine), t. de bot., il se dit d'un style aminci à sa base.

PODOLÈPE, subst. fém. (podolèpe), t. de bot., plante vivace qui croît dans la Nouvelle-Hollande.

PODOLIE, subst. propre fém. (podoli), nom d'une province de la Russie polonaise.

PODOLOBION, subst. mas. (podolobion), t. de bot., genre de plantes putténées de la famille des légumineuses.

PODOLOGIE, subst. fém. (podoloji) (du grec ποδός, gén. de πους, pied ; et λογος, discours), t. d'anat., description du pied, discours, traité sur le pied.

PODOLOGIQUE, adj. des deux genres (podolojike), qui concerne la podologie.

PODOMÈTRE, subst. mas. (podomètre) (du grec πους, gén. ποδός, pied, et de μετρον, mesure), instrument avec lequel on peut compter tous les pas que l'on fait, tous les tours de roues d'un carrosse.

PODOMÉTRIQUE, adj. des deux genres (podométrike), qui a rapport, qui tient au podomètre.

PODONÉRÉIDE, subst. fém. (podonéré-ide), t. de bot., genre de plantes établi aux dépens des néréides.

PODOPHTHALME, subst. mas. (podofetaleme) (du grec ποδός, gén. de πους, pied, et οφθαλμος, œil), t. d'hist. nat., genre de crustacés décapodes.

PODOPHYLLE, subst. mas. (podofilele), t. de bot., genre de papavéracées.

PODOPTÈRE, subst. mas. et adj. des deux genres (podoptère) (du grec ποδός, gén. de πους, et πτερον, aile ou nageoire), t. d'hist. nat., famille d'oiseaux palmipèdes dont les quatre doigts sont réunis dans une seule membrane.

PODOSÈME, subst. mas. (podozème), t. de bot., genre de plantes de la famille des graminées.

PODOSOMATE, subst. mas. (podozomate), t. d'hist. nat., ordre d'arachnides correspondant à celui des céphalostomes.

PODOSPERME, subst. mas. (podocepèrme) (du grec πους, ποδός, pied, et σπερμα, semence), t. de bot., filet qui part du placenta et soutient la graine. — Plante de la Nouvelle-Hollande, voisine des scorsonères.

PODOSTÈME, subst. mas. (podocetème), t. de bot., sorte de plante aquatique que l'on trouve sur les bords de l'Ohio.

PODOSTOME, subst. mas. (podocetome), t. d'hist. nat., genre de mollusques de la famille des proctiles.

PODURE, subst. fém. (podure) (du grec ποδός, gén. de πους, pied, et de ουρα, queue), t. d'hist. nat., genre d'insectes aptères, dont la queue est terminée par des poils.

PODURELLE, subst. fém. (podurèle), t. d'hist. nat., sorte d'insectes de l'ordre des thysanoures ; les podures et les smyntures.

PŒCILE, subst. mas. (pécile) (du latin, pœcile, fait du grec Ποικιλη, dérivé lui-même de ποικιλος, varié), t. d'antiq., le plus considérable des portiques ou galeries couvertes qui embellissaient la ville d'Athènes. Les premiers peintres de la Grèce y avaient à l'envi représenté les actions des grands capitaines de la république.

PŒCILIE, subst. fém. (pécili), t. d'hist. nat., genre de poissons à mâchoires garnies de petites dents, et à trois rayons aux ouïes.

PŒCILOPE, subst. mas. (pecilope), t. d'hist. nat., famille de crustacés de l'ordre des branchiopodes.

PŒKILOPTÈRE, subst. mas. (pekilopetère), t. d'hist. nat., genre d'insectes de l'ordre des hémiptères.

PŒKILOSE, subst. mas. (pekilôze), t. d'hist. nat., sorte de marbre factice.

POÊLE, subst. mas. (poèle) (point d'étym. raisonnable), drap mortuaire. — Anciennement, sorte de dais. — Voile qu'on étend sur la tête des mariés durant la bénédiction nuptiale. — Faire passer sous le poêle ; il a été mis sous le poêle, se dit des enfants nés avant le mariage, qu'on a reconnus légitimes en étendant sur eux le poêle à la cérémonie du mariage : on met sous le poêle les enfants nés avant le mariage, pour les reconnaître en face de l'Eglise. — Sorte de grand fourneau de terre ou de métal dont on se sert pour chauffer un appartement, une chambre. — En Allemagne, chambre commune où se trouve le poêle. — Dans cette dernière acception, on peut, selon l'Acad., écrire poile. Cette décision peut paraître un peu singulière. Il faudra donc écrire qu'en Allemagne on appelle poile la chambre commune où est le poêle ? C'est augmenter sans nécessité les difficultés de la langue. Notre opinion est que l'on aurait dû donner trois terminaisons différentes à trois mots qui ont trois acceptions diverses.

POÊLE, subst. fém. (poèle) (point d'étym. raisonnable), ustensile de cuisine pour frire, pour fricasser. — Ustensile pour faire des confitures. On l'appelle plus ordinairement bassine. — Prov. : bien embarrassé qui tient la queue de la poêle, celui sur qui tout repose dans une administration, dans une affaire, est celui qui a le plus de difficultés à vaincre. — Tomber de la poêle dans le feu est un prov. suranné, qui ne se dit presque plus ; il signifiait : tomber d'un état fâcheux dans un pire. — En t. de pêche, endroit d'un étang, vis-à-vis de la bonde, qu'on creuse plus que le reste, pour que le poisson s'y rassemble, quand on vide l'étang pour le pêcher.

POÊLÉE, subst. fém. (poêlé), tout ce que contient une poêle.

POÊLETTE, subst. fém. (poêlète), petite poêle, petit bassin.

POÊLIER, subst. mas. (poêlié), artisan qui fait et vend des poêles. (L'Académie, qui écrit dans le sens de ce mot, poêle et poîle, devrait écrire, poêlier et poîlier.)

POÊLON, subst. mas. (poêlon), petite poêle.

POÊLONÉE, subst. fém. (poêlonc), ce que peut contenir un poêlon.

POÈME, subst. mas. (nous ferons remarquer que l'Académie, qui n'écrit plus poésie, mais poésie, d'après la nouvelle orthographie, continue d'écrire poème et poète, mais elle écrit poëtereau et poëtesse) (poème) (en latin pœma, du grec ποιεω, faire), ouvrage en vers d'une certaine étendue. — Poème épique ou héroïque, celui dans lequel l'on raconte quelque action d'un héros embellie d'évènements merveilleux. — Poème héroïque, myth., figure allégorique, couronnée de laurier, et tenant une trompette, pour indiquer que son sujet est noble et grand. — Poème lyrique, myth., figure allégorique qui a pour attribut une lyre. — Poème pastoral, myth., figure allégorique, sous les traits d'un jeune berger couronné de fleurs. Il tient une flûte à sept tuyaux, un bâton de pâtre, et une panetière au côté. — Poème satirique, myth., figure allégorique, sous les traits d'un satyre qui, par son ris moqueur, fait connaître le caractère mordant de cette poésie sous l'apparence du badinage. — On appelle poème en prose un genre d'ouvrages où l'on retrouve la fiction et le style de la poésie, et qui, par là, sont de vrais poèmes, à la mesure et à la rime près. Le Télémaque de Fénelon est un poème en prose.

PŒMENIS, subst. propre fém. (pémenice), myth., chienne d'Actéon, qui sans doute avait gardé les troupeaux.

PŒNA, subst. propre fém. (péna), myth., déesse de la punition, des peines, adorée anciennement en Italie et en Afrique.

PŒONIE, subst. propre fém. (pé-oni), myth., surnom de Pallas, ayant pour attribut le serpent, emblème de l'art de guérir.

POÉSIE, subst. fém. (po-ézi) (en grec ποιησις, fait de ποιεω, composer), art de faire des ouvrages en vers. — Imitation, souvent exagérée, de tout ce que la nature a de plus beau et de plus sublime. — Manière d'écrire pleine de figures et de fictions. En ce sens, on dit qu'il y a de la poésie dans un ouvrage, soit de prose, soit de vers, pour dire que le style en est poétique et plein d'images. — Poésie du style, richesse de style. — Poésie lyrique, celle des odes et des poèmes faits pour être chantés. — Poésie dramatique, celle des pièces qu'on représente sur le théâtre. — Poésie burlesque, qui traite son sujet d'une manière burlesque. — Poésie morale, celle qui traite des mœurs, etc. — Le feu, les images de la poésie : il n'y a point de poésie dans ces vers. — Dans un sens plus resserré, versification : poésie nombreuse, harmonieuse, etc. — Au plur., ouvrages en vers, surtout en parlant des petites pièces : les poésies de Chaulieu, de Gresset, etc.

POÉT., abréviation du mot poétique ou poétiquement.

POÈTE, subst. mas. (l'Académie écrit encore POÊTE. Voy. notre remarque au mot POÈME.) (poète) (en grec ποιητης, et en lat. poeta), celui qui s'adonne à la poésie, qui fait des vers. — Il s'emploie quelquefois adj. : il est poète, il a du talent pour la poésie. — Être né poète, avoir un talent naturel pour la poésie. — En parlant des femmes, on dit : madame Deshoulières était un poète aimable, etc., mais on ne dirait pas avec l'article : le poète, ni la poète, ni moins encore la poétesse, Deshoulières. — Avoir lu, entendu les poètes anciens et principalement les grecs et les latins. Poète crotté, mauvais poète.

POÊTEREAU (et non pas, avec l'Académie, POÊTEREAU. Il est de principe qu'on ne met point l'accent aigu sur l'e, lorsqu'une syllabe muette suit immédiatement. C'est ainsi qu'on écrit règle, et règle.), subst. mas. (po-éteró), mauvais poète.

POÉTESSE, subst. fém. (po-étèce), femme poète. Inusité.

POÉTIQUE, subst. fém. (po-étike) (du grec ποιητικη, sous-entendu τεχνη, art), traité de l'art de la poésie : la poétique d'Aristote. — La poétique des beaux-arts, tout ce que les beaux-arts ont de plus réservé, de plus brillant, d'idéal même. — Chez les anciens, partie de musique qui traitait des tons et de l'accent de la poésie.

POÉTIQUE, adj. des deux genres (*po-étike*) (en lat. *poeticus*, et en grec ποιητικος), qui a l'air et le caractère de la *poésie*. — Qui la concerne : *l'Art poétique d'Horace, de Boileau*.—On appelle *licences poétiques*, certaines libertés que les *poëtes* se donnent dans leurs vers contre les règles ordinaires de la langue, et qui ne seraient pas reçues dans la prose.—Au fig., altération de la vérité : *ce récit est plein de licences poétiques*, de mensonges.—En t. d'imprim., *caractères poétiques*, caractères plus serrés et plus allongés qu'à l'ordinaire, plus convenables pour les vers.

POÉTIQUEMENT, adv. (*po-étikeman*), d'une manière *poétique*.

POÉTIQUEUR, subst. mas. (*po-étikieur*), *poëte*. Vieux.

POÉTISÉ, E, part. pass. de *poétiser*.

POÉTISER, v. neut. (*po-étizé*), versifier; il ne se dit que par dénigrement ou dans le style marotique.—On dit aussi quelquefois act. : *poétiser son langage, poétiser son style*, lui donner une couleur, une teinte *poétique*.

POGE, subst. mas. (*poje*), t. de mar. du Levant, le côté droit du vaisseau.—Droit de coutume que l'évêque de Nantes percevait autrefois sur les harengs qui passaient le trépas de Saint-Nazaire, et qui était de demi-obole par millier.

POGONATE, subst. mas. (*poguonate*), t. d'hist. nat., genre de poissons de la famille des abdominaux.

POGONATHÈRE, subst. mas. (*poguonatère*), t. de bot., genre de plantes qui contient les pérotes.

POGONIAS, subst. mas. (*poguôni-âce*) (du grec πωγων, barbe), t. d'hist. nat., genre de poissons.—T. d'astron., nom d'une comète barbue ou chevelue.

POGONIASE, subst. fém. (*poguôni-âze*) (même étymologie que celle du mot précédent), t. de médec., développement de la barbe chez une femme.

POGONIE, subst. fém. (*poguoni*), t. de bot., genre de plantes de la famille des orchidées.

POGONOCÈRE, subst. mas. (*poguonocère*), t. d'hist. nat., genre d'insectes de l'ordre des coléoptères.

POGONOLOGIE, subst. fém. (*poguonoloji*) (du grec πωγων, barbe, et λογος, traité), art, traité sur l'art de raser.

POGONOLOGIQUE, adj. des deux genres (*poguonolojike*), qui tient, qui a rapport à la *pogonologie*.

POGONOPHORE, subst. mas. (*poguonofore*) (du grec πωγων, barbe, et φερω, je porte), t. d'hist. nat., genre d'insectes carabiques de l'ordre des coléoptères.

POGONOTOME, subst. des deux genres (*poguonotome*), celui, celle qui rase, qui coupe la barbe. Voy. POGONOTOMIE.

POGONOTOMIE, subst. fém. (*poguonotomi*) (du grec πωγων, barbe, et τομη, fait de τεμνω, je coupe), art, action de raser, de se raser.

POGONOTOMIQUE, adj. des deux genres (*poguonotomike*), qui a rapport à la *pogonotomie*.

POGOSTÉMON, subst. mas. (*poguocetémon*), t. de bot., espèce d'arbuste de la famille des labiées, et voisin des hyssopes.

POHLIE, subst. fém. (*poli*), t. de bot., genre de plantes de la famille des mousses.

POIDS, subst. mas. (*poâ*, et devant une voyelle *po-dze*; *d* ne se prononce jamais) (du lat. *pondus*), pesanteur, qualité de ce qui est pesant : *fardeau d'un grand poids*. Le *poids* est proprement la force plus ou moins grande avec laquelle un corps tend, à raison de sa masse, à se précipiter vers le centre de la terre, à la différence de la *pesanteur*, qui, étant inhérente à chaque partie de matière, est la même dans tous les corps. — Fig., 1° importance, considération : *homme de poids; raison d'un grand poids*; 2° pesanteur, charge : *le poids des affaires*. — Fig. : *porter tout le poids du jour et de la chaleur*, travailler pendant tout le jour.— *Soutenir le poids des affaires*, en avoir la principale direction. — Sorte d'instrument propre à peser.—Morceaux de cuivre, de fer ou de plomb dont on se sert pour peser. — Corps d'une certaine pesanteur connue, dont on se sert pour peser les autres, comme la livre, l'once, le kilogramme : *on met la marchandise dans un bassin des balances, et les poids dans l'autre*. — On appelle *poids de marc*, un marc avec toutes les subdivisions d'onces et de gros qui y sont comprises : *le poids de marc est de huit onces; poids matrices*, ceux sur lesquels on vérifie les autres *poids*; *poids étalonnés*, ceux qui sont marqués du poinçon des officiers chargés de les vérifier; *poids détaillants*, les petits poids, tels que les onces, les demi-onces; et à présent, les décagrammes, les grammes, etc.— *Poids du roi*, balance publique qui était établie dans les principales villes de commerce. Il en subsiste une en beaucoup d'endroits sous le nom de *poids de ville*. — *Bon poids*, excédant le *poids* que le vendeur accorde à l'acheteur.—*Clous au poids*, clous plus forts que les broquettes, et qui commencent où celles-ci finissent.—*Monnaie de poids*, qui a le pesanteur qu'elle doit avoir.—Morceau de métal ou de pierre qu'on attache aux cordes d'une horloge, d'un tournebroche pour lui donner du mouvement. — *Vendre, acheter une chose au poids de l'or*, excessivement cher. — *Avoir deux poids et deux mesures*, juger différemment une même chose, dire blanc à l'un, et à l'autre noir; et encore, vendre plus cher à l'un qu'à l'autre.—*Faire une chose avec poids et mesure*, avec une grande circonspection.—*Examiner une chose au poids du sanctuaire*, selon les règles exactes de la conscience.

POIGNANT, E, adj. (*pognian, gniante*) (du latin *pungens*, part. prés. de *pungere*, piquer), qui cause une vive impression, qui fait souffrir: *douleur poignante*.

POIGNARD, subst. mas. (*pogniar*; quelques personnes, il est vrai, disent *poégniar*; pourquoi? Une telle prononciation n'est prescrite ni par l'étymologie, ni par l'harmonie) (du latin *pugio*, fait dans la même signification, ou de *pugnus*, poing, ou de *pungere*, piquer), sorte d'arme pour frapper de la *pointe*, et qui est beaucoup plus courte qu'une épée. — *Poignard* se dit figurément dans plusieurs façons de parler : *cette nouvelle fut pour lui un coup de poignard*, lui causa subitement une vive douleur. — *Tourner à quelqu'un le poignard dans le cœur*, appuyer sur une chose qui l'afflige vivement. — *Tenir à quelqu'un le poignard sur la gorge*, vouloir le contraindre à faire ce qu'il ne peut ou ce qu'il ne veut pas faire. — Fig., douleur extrême : *il a le poignard dans le sein*. On dit dans le même style : *aiguiser le poignard de la trahison*, etc.

POIGNARDÉ, E, part. pass. de *poignarder*.

POIGNARDER, v. act. (*pogniardé*), frapper, tuer avec un *poignard*.— Au fig., causer une peine très-sensible, une douleur extrême. — *se* POIGNARDER, v. pron.

POIGNÉ, E, part. pass. de *poigner*.

POIGNÉE, subst. fém. (*pognié*; voir la remarque du mot POIGNARD), autant que le *poing*, que la main fermée peut contenir : *une poignée de blé*. — Ce qu'on peut *empoigner* avec la main : *une poignée d'herbes*. — Fig. et fam., petit nombre : *une poignée de gens*. — Partie d'une chose par où on la prend pour la tenir à la main : *la poignée d'une épée*.— En t. de mégissier, laine d'une toison, etc., qui s'enlève à la fois et presque tout d'une pièce de dessus la peau. — *Une poignée de morue*, deux morues salées jointes ensemble. — Au plur., paquets de quatre toiles arrangées de façon que les crochets sont en dehors, et les faces l'une contre l'autre. — *à* POIGNÉE, loc. adv., en abondance, en grande quantité.—*Prendre à poignée*, sans compter.

POIGNER, v. act. (*pognié*), chagriner, tourmenter. Vieux. Voy. POINDRE et POIGNARDER. — *se* POIGNER, v. pron.

POIGNET, subst. mas. (*pognié*) (du latin *pugnus*, poing), endroit par où le bras se joint à la main. — Bord de la manche d'une chemise; la partie où sont les arrière-points et les pommettes.— Fausses manches qu'on met pour conserver les *poignets* des chemises.

POIL, subst. mas. (*poèle*) (du lat. *pilus*), petite partie menue, longue, flexible et sèche, qui sort de la peau comme un filet. — Ce qui sort par les pores des animaux à quatre pieds et qui les couvre entièrement.— Barbe. — *Poil follet*, sorte de *poil* qui vient aux jeunes gens avant la barbe.—En parlant de certains animaux et surtout des chevaux, couleur : *de quel poil est votre cheval?*— *Monter un cheval à poil*, sans selle. — En t. de fauconn., *mettre l'oiseau à poil*, le dresser à voler le gibier à *poil*. — Prov.: *avoir le poil ou du poil à quelqu'un*, avoir quelque avantage sur lui, le gagner au jeu, etc.— Fig. : *un poil ne passe pas l'autre*, il est toujours ajusté pour le mieux. — Prov. et fig. : *prendre* ou *reprendre du poil de la bête*, recommencer ce qui a causé le mal; *vous êtes fatigué pour avoir dansé, il faut reprendre du poil de la bête*, recommencer à danser. (De l'usage où est le peuple, en quelques endroits, d'appliquer sur la morsure faite par certains animaux *le poil de la bête* dont on a été blessé.) — *Velours à trois poils, à quatre poils*, dont la trame est de trois ou de quatre fils de soie. — Fig. et fam. : *brave à trois poils*, homme qui fait profession de bravoure.—On dit aussi : *c'est un gaillard qui a du poil*, qui ne craint personne. — Au plur., t. de bot., filaments très-déliés et le plus souvent flexibles, qui naissent de la superficie de diverses parties des végétaux.

POIL-DE-NACRE, subst. mas. (*poèledenakre*), sorte de laine soyeuse qui se trouve dans une espèce de moule de mer du genre des jambonneaux, et qu'on nomme aussi *laine de pinnemarine* et *soie de mer*.

POILE, subst. mas. (double orthographe de l'*Académie*.) Voy. POÊLE.

POIL-NOIR, subst. mas. (*poèlenoare*), t. de minér., ardoise d'une bonne qualité, dont la tête est taillée en pointe.

POIL-ROUX, subst. mas. (*poèlerou*), t. de minér., ardoise de mauvaise qualité, tachée de points *roux* qui s'opposent à sa division.

POIL-TACHÉ, subst. mas. (*poèletaché*), t. de minér., ardoise d'une qualité inférieure, défigurée par des *taches*.

POILETTE (c'est *poêlette* qu'il faut dire.) subst. fém. (*poèlète*), ustensile de fer où l'on met la graisse qui sert à graisser un moulin. — Petit bassin pour recevoir le sang. — Pelotte.

POILIER, subst. mas. (*poèlié*), grosse pièce de fer qui porte la fusée et la meule d'un moulin.

POILU, E, adj. (*poèlu*), garni de *poil*, velu.

POINCILLADE, subst. fém. (*poeincl-iade*), t. de bot., arbrisseau de la famille des légumineuses.

POINÇON, subst. mas. (*poeinçon*) (du lat. *pungiunculus*, diminutif de *pungio*, poignard, dérivé lui-même de *pungere*, piquer), instrument dont on se sert pour percer, pour *poinçonner*.—Sorte de ciseau propre aux graveurs et aux sculpteurs.—Instrument dont l'orfèvre se sert pour marquer la vaisselle d'argent. — Morceau d'acier où des lettres, une tête, une figure, etc., sont gravées en relief. — On appelle *poinçon*, dans la fabrique des monnaies et des médailles, un morceau d'acier gravé en bosse, avec lequel on frappe les carrés dont on se sert pour l'empreinte des monnaies et des médailles : *on fait un nouveau poinçon pour les monnaies, pour les médailles*. —On appelle *poinçon*, en termes de fondeurs de caractères d'imprimerie, un morceau d'acier où les lettres sont gravées en relief, avec lequel on frappe les matrices qui servent à fondre les caractères : *on a perdu les matrices de ces caractères, mais on a les poinçons*. — Aiguille de tête, au haut de laquelle il y a quelque pierre enchâssée, et qui sert à la coiffure des femmes. — En t. de manége, morceau de bois rond, pointu par le bout, qui sert à exciter les chevaux à sauter entre les piliers. — Espèce de mesure, etc.— Sorte de tonneau qui tient à peu près les deux tiers d'un muid.

POINÇONNÉ, E, part. pass. de *poinçonner* : *vaisselle poinçonnée*, marquée au coin du métal dont elle est faite.

POINÇONNER, v. act. (*poeinçoné*), se servir du *poinçon*. — Marquer de l'orfèvrerie. — *se* POINÇONNER, v. pron.

POINDRE, v. act. et neut. (*poeindre*) (du latin *pungere*, piquer, percer), ce verbe pourrait être considéré comme irrégulier, s'il était en usage dans tous ses temps; mais il ne s'emploie guère que dans les temps réguliers. — Act. : piquer, offenser. Il est peu usité. — Neut., commencer à paraître : *le jour ne fait que poindre; les herbes commencent à poindre*, à percer la terre. —L'*Académie* de 1835 nous donne ce mot avec toutes ses acceptions, bien que fort surannées; nous ne pouvons en faire juges nos lecteurs qu'en copiant l'ancienne édition, que la nouvelle s'est contentée de répéter scrupuleusement. — POINDRE, v. act., piquer. Il n'est guère d'usage qu'en cette phrase proverbiale : *oignez vilain, il vous poindra; poignez vilain, il vous oindra*; qui signifie, caressez un malhonnête homme, il vous fera du mal; faites-lui du mal, il vous caressera. (Ce proverbe est tout-à-fait hors d'usage.) — On dit fam. et fig. : *quel taon vous point?* dans le même sens qu'on dit : *quelle mouche vous pique?* c'est-à-dire : quelle fantaisie vous prend? d'où vous vient cette humeur?

— *Poindre* est aussi neutre ; alors il n'est guère d'usage qu'à l'infinitif et au futur, et ne se dit proprement que du jour qui commence à paraître, et des herbes qui commencent à pousser : *le jour ne fait que poindre, commençait à poindre; dès que les herbes commencent à poindre ; je partirai dès que le jour poindra.* — On dit familièrement d'un jeune garçon à qui la barbe commence à venir, que *le poil commence à lui poindre au menton.*

POING, subst. mas. (*poein; g* ne se prononce jamais) (du lat. *pugnus*, fait, dans le même sens, du grec πυγμη), la main fermée. — *Fermer le poing*, tenir la main serrée. — Toute la partie de la main, y compris le *poignet* : *il a été condamné à avoir le poing coupé.* — *Flambeau de poing*, flambeau de cire qu'on porte à la main. — *Oiseau de poing*, oiseau de proie qui, étant réclamé, revient sur le *poing* du fauconnier sans leurre. — *Voler de poing en fort*, jeter les oiseaux de *poing* après le gibier. Ces deux expressions sont surannées comme presque tous les termes de l'ancienne vénerie. — Autrefois, on disait *mener une femme sur le poing*, c'est ce qu'on appellerait aujourd'hui la mener par la main. — *Mener quelqu'un pieds et poings liés*, après lui avoir lié les bras et les pieds. — *Livrer quelqu'un pieds et poings liés*, le remettre entre les mains de ses ennemis. — *Faire le coup de poing*, se battre à coups de poing. — *Il ne vaut pas un coup de poing*, il n'a ni force ni santé. — *Montrer le poing à quelqu'un*, le menacer.

POINT, subst. mas. (*poein*, et *poeinte* devant une voyelle) (en lat. *punctum*), piqûre faite dans l'étoffe avec une aiguille enfilée de soie, de laine, de fil, etc. — Manière de travailler en tapisserie à l'aiguille : *gros point, petit point, point carré*, etc. — En parlant de ces ouvrages, on dit absolument que *le point en est beau, laid*, etc., pour le travail, l'exécution de l'ouvrage. — On appelle *ouvrages de point* les ouvrages de dentelle, de fil faits à l'aiguille : *point de Gênes, point de Venise*, etc. — *Point*, en astron., se dit des équinoxes : *points équinoxiaux*; des solstices, *points solsticiaux*; des apsides, *points de la plus grande et de la plus petite distance* ; du *point* de l'écliptique situé dans le méridien, *point culminant*. — On appelle encore *point culminant* la partie la plus élevée de certaines choses. — On appelle *points cardinaux* le septentrion, le midi, l'orient et l'occident ; *points collatéraux*, l'orient d'été, l'orient d'hiver, l'occident ou le couchant d'été, l'occident ou le couchant d'hiver; et *points verticaux*, le *point* du ciel qui est directement au-dessus de notre tête, et celui qui est directement au-dessous de nos pieds. Ces deux *points* sont aussi appelés par les astronomes, le *zénith* et le *nadir*. — En anat., on appelle *points ciliaires* de petits trous que l'on observe dans la face interne des paupières, et qui ne sont que les orifices des petits conduits excréteurs des glandes ciliaires ; et *points lacrymaux*, les orifices des petits conduits qui vont aboutir au sac lacrymal. — *Point doré*, opération essayée pour prévenir la rechute de la hernie inguinale. — Les lapidaires appellent *points*, de petits grains blancs, noirs ou rouges, qui font tache dans un diamant. — On appelle *points d'application* ou *de suspension*, les endroits du levier de la romaine, auxquels on applique le contrepoids. — *Point de vue*, (en perspective), 1° selon quelques-uns qui l'appellent aussi *point principal*, le point où le plan du tableau est coupé par une ligne droite tirée de l'œil perpendiculairement au plan ; 2° suivant d'autres, qui le nomment encore *point de division*, le *point* où l'œil est actuellement placé et où tous les rayons se terminent. — Fig. : *il s'agit maintenant d'envisager les choses sous un point de vue nouveau*, les examiner sous une autre face. — *Point accidentel, point* de la ligne horizontale où se rencontrent les projections de deux lignes qui sont parallèles l'une à l'autre dans l'objet qu'on veut mettre en perspective, et qui ne sont pas perpendiculaires au tableau. Le *point accidentel* est opposé au *point principal*. Voy. *Point de vue* dans sa première acception. — *Point objectif*, *point* sur le plan géométral, dont on demande la représentation sur le plan du tableau. — *Point de concours*, celui dans lequel les rayons convergents se rencontrent. — En t. d'opt., *point d'incidence, point* sur la surface d'un miroir, où tombe un rayon. — *Point de dispersion*. Voyez *Foyer virtuel* ou *imaginaire*, au mot FOYER. — *Point rayonnant* ou *radieux*, celui qui envoie ou duquel partent les rayons. — *Point de réfraction*, celui où un rayon se rompt sur la surface d'un verre, etc. — *Point de réflexion*, celui d'où un rayon est réfléchi. — En géométrie, 1° ce qui est considéré comme n'ayant point d'étendue : *le point mathématique est l'extrémité de la ligne* ; 2° la douzième partie d'une ligne. — *Point simple d'une courbe, point* tel que, quelque direction qu'on donne à l'ordonnée, elle n'aura jamais en ce *point* qu'une seule valeur, à moins qu'elle ne soit tangente. — *Point singulier*, *point* où l'ordonnée étant supposée tangente, peut avoir plus de deux valeurs : tels sont les *points* d'inflexion, de serpentement, de rebroussement, etc. — *Point double, triple, quadruple*, et en général *point multiple, point* commun où deux, trois, quatre et en général plusieurs branches d'une courbe se coupent. — En t. de phys., *point lumineux*, petit *point* de lumière qu'on aperçoit. — En t. d'hydraul., *point de partage*, l'endroit où les eaux se séparent pour couler de deux côtés différents. — En grammaire, petite marque ronde qu'on met à la fin d'une phrase ou sur un *i*, etc. On termine par un *point* toute proposition dont le sens est entièrement absolu et indépendant de la proposition suivante. On appelle *point simple*, celui qui termine une proposition purement expositive; *point interrogatif* ou *d'interrogation*, celui qui termine une proposition interrogative, et qui se marque ainsi (?); *point admiratif, d'admiration*, *d'exclamation*, celui qui se met à la fin d'une phrase pathétique, ou qui énonce le mouvement de quelque passion. Il se marque ainsi (!). — On se sert de deux *points* posés verticalement, ou d'un *point* sur une virgule, à la fin d'une proposition expositive dont le sens grammatical est complet et fini, mais qui a avec la proposition suivante une liaison logique et nécessaire. — On met deux *points* horizontalement au-dessus d'une voyelle, pour indiquer qu'il faut la prononcer séparément d'une autre voyelle qui la précède, avec laquelle on pourrait croire qu'elle ferait une diphthongue, si l'on n'en était averti par cette marque que l'on nomme *diérèse*, comme dans *Saül*, qui, sans la *diérèse*, pourrait se prononcer *Saul*. — On dispose quelquefois plusieurs *points* horizontalement dans le corps de la ligne, pour indiquer la suppression, soit du reste d'un discours commencé et qu'on n'achève pas par pudeur, par modération ou par quelque autre motif ; soit d'une partie d'un texte que l'on cite ou d'un discours que l'on rapporte. — L'usage veut que l'on mette un *point* au-dessus des *i*. — Fig. : *mettre les points sur les i*, faire une chose avec une exactitude scrupuleuse. — *C'est un homme avec qui il faut mettre les points sur les i*, c'est un homme de mauvaise foi, avec qui il est bon de bien prendre ses précautions. — Dans la langue hébraïque, on appelle *points-voyelles*, des *points* ou de très-petits traits de plume qui tiennent lieu de voyelles. — Dans les colléges, dans les écoles, note bonne ou mauvaise qu'on délivre aux enfants. — Au jeu, 1° nombre qu'on attribue à chaque dé ou carte, selon les différents jeux auxquels on joue ; 2° réunion de tous ces *points* : *quel est votre point? j'ai écarté mon point.* — Presque à tous les jeux, nombre que l'on marque à chaque coup : *il me faut encore tant de points pour gagner la partie ; donner, rendre des points*, accorder un certain nombre de *points* à son adversaire, que l'on suppose moins fort que soi, avant de commencer la partie. — Petit trou qu'on fait à des étrivières, etc., pour y passer l'ardillon. — Marque ou division du compas des cordonniers : *chausser à tant de points*, *au même point*. Voy. CHAUSSER. — Fig. : *faire venir quelqu'un à son point*, l'obliger, l'engager adroitement à faire ce qu'on veut. — Douleur piquante qui se fait sentir en divers endroits du corps, et particulièrement au côté. — Endroit fixe et déterminé : *point de milieu, point d'appui*, etc. — En t. de mar., chacun des angles d'une voile. On distingue les *points des voiles* selon qu'ils sont disposés au vent : *le point de l'amure* est vers le vent quand la voile est amurée ; *le point de l'écoute* est toujours sous le vent du côté où elle est bordée, etc. — *Faire le point*, déterminer le *point* de la surface du globe où l'on se trouve après avoir fait une route. — Article, matière : *n'insistons pas sur ce point.* — Question : *éclaircir un point de chronologie; point de fait, de droit.* — Ce qu'il y a de principal dans une affaire : *c'est là le point essentiel, capital, décisif.* — Partie d'un discours oratoire, et plus ordinairement d'un sermon, d'une oraison funèbre, etc. — État, situation, soit par rapport à la santé, soit eu égard à la fortune : *ce malade est toujours au même point; ses affaires sont en mauvais point.* — Degré, période, dans les choses morales : *au plus haut point de la gloire*, etc. — Instant, moment, temps précis dans lequel on fait quelque chose : *sur le point de partir*, etc. — *Arriver à point*, à propos. — En musique, marque qui, placée à la droite d'une note, en augmente de moitié la valeur. — *Point d'orgue* ou *de repos*, 1° marque d'une suspension générale de la mesure, pendant laquelle la partie chantante se livre à ses caprices ; 2° silence général exigé par l'auteur ou laissé à la disposition des concertants. — En t. d'imprimerie, *points carrés, points* fondus sur le corps d'un cadratin, qu'on emploie dans les ouvrages à filets. — *Points typographiques*, divisions des corps des caractères par degrés égaux et déterminés. — *Point d'honneur*, chose particulière qui touche, qui atteint l'honneur. — *Point du jour*, commencement du jour. — *Point long*, dans le dessin, la trace successive de *points* allongés, avec lesquels on marque les sillons de terres labourées, etc. — *Ces lunettes sont à mon point*, sont propres pour ma vue. — Prov. : *faute d'un point Martin perdit son âne*, le succès dans les affaires tient souvent aux plus petites circonstances, etc. (Suivant *Cardin*, cité par l'auteur des *Matinées Sénonnaises*, d'un nommé *Martin*, abbé d'une maison appelée *Asello*, sur la porte de laquelle il fit inscrire ce vers :

Porta, patens esto. Nulli claudatur honesto.

L'ouvrier ignorant ayant mis le *point* après *nulli*, ce qui donnait au vers un sens entièrement opposé, le pape priva *Martin* de son abbaye. Le successeur de celui-ci fit réformer la ponctuation du vers, auquel on ajouta le suivant :

Pro solo puncto caruit Martinus Asello.

Et comme *asellus* en latin signifie *âne*, on a traduit ce vers par : *faute d'un point, Martin perdit son âne.* Cette origine, qui a paru à quelques critiques beaucoup trop recherchée, et qui pourrait bien n'être dans le fond qu'un conte fait à plaisir, est cependant assez plaisante pour qu'on ait dû au moins la rapporter.) — *De point en point*, loc. adv., exactement. — *A point, à point nommé*, loc. adv., précisément, justement et à temps. — *Tout vient à point à qui peut attendre*, avec du temps et de la patience on vient à bout de tout. — *De la viande, du gibier cuit à point*, comme il faut, ni trop, ni pas assez cuit. — *De tout point*, loc. adv., entièrement et comme il faut : *équiper une personne de tout point*, de tout ce qui lui est nécessaire. — Fig. : *l'accommoder de tout point*, le traiter extrêmement mal. — *Au dernier point*, locution adv., extrêmement, excessivement : *il est malheureux au dernier point.* — *A son point et aisément*. Voy. AISÉMENT. — *Point à point*, loc. adv., avoir le même nombre de *points* : *être point à point.* — LE POINT DU JOUR, LA POINTE DU JOUR. (*Syn.*) *Le point du jour* est l'instant où le jour commence à poindre, à paraître, à percer. *La pointe du jour* est le temps qui succède au *point du jour*, celui où, n'étant plus nuit, il n'est pas encore jour. — *Le point du jour* est indivisible ; au moment où l'on dit qu'il existe, il n'existe déjà plus. *La pointe du jour* est divisible, son existence disparaît successivement. On dit *la petite pointe du jour.*

POINT, adv. de négation, qui signifie *pas*, nullement (*poein*). — *Point du tout* signifie la même chose. Voy. PAS. (Du lat. *punctum*, point : *nequidem punctum*, pas même un point.) — Prov. : *point d'argent, point de suisse*, il faut payer ou récompenser les gens pour en obtenir quelque chose. — *Point de nouvelles, bonnes nouvelles*, on n'entend parler de rien, c'est que tout va au mieux.

POINTAGE, subst. mas. (*poeintaje*), t. d'art., action, manière de *pointer*, d'ajuster un canon. — *Vis de pointage*, vis au moyen de laquelle on *pointe* un canon de gros calibre. — T. de mar., désignation que fait un pilote, sur une carte, du lieu où se trouve le vaisseau. — Dans les draps, défaut qui provient de la tonte.

POINTAL, subst. mas. (*poeintal*), étai de bois perpendiculaire.

POINT-A-LA-REINE, subst. mas. (*poeintalarène*), sorte de blonde. — Sans plur.

POINT-DE-CÔTÉ, subst. mas. (*poeindekôté*), t. de médec., douleur vive qui se fait sentir momentanément dans l'un des côtés de la poitrine. — Au plur., des *points-de-côté.*

POINT-DU-JOUR, subst. mas. (*poeindujour*), myth., figure allégorique que l'on représente ayant une étoile sur la tête, et un coq à ses pieds. Quelquefois on lui fait tenir un flambeau.

POINTE, subst. fém. (*poeinte*) (en lat. *punctio*, fait de *pungere*, piquer), bout piquant et aigu : *la pointe d'une aiguille.* — Extrémité des choses qui vont en diminuant : *la pointe d'un clocher.* — Portion d'étoffe coupée en triangle, qui entre dans la composition d'un bonnet, d'un étui, etc. — Partie d'une chemise, d'une robe, taillée en *pointe* par un bout, et qui donne de l'ampleur au bas. — En parlant du vin ou d'une sauce, saveur piquante et agréable. — *Avoir une pointe, une pointe de vin*, être en gaieté, avoir plus bu qu'à l'ordinaire, sans cependant être ivre. — Au fig. : 1° pensée qui surprend par quelque subtilité d'imagination ou quelque jeu de mots; 2° dessein, entreprise : *suivre, poursuivre sa pointe.* — Petit clou sans tête ou avec une fort petite tête. — Instrument pour graver à l'eau-forte. — *Pointe sèche*, celle dont les graveurs se servent sur le cuivre. — *Pointe de diamant*, ou simplement *diamant*, en t. de vitrier, diamant taillé en *pointe* pour couper le verre.— *La pointe du jour.* Voy. *point du jour*, au mot POINT. — Dans l'imprimerie, instrument armé d'une *pointe* en fer, dont le compositeur, lorsqu'il corrige, se sert pour élever au-dessus de la forme la ligne où il y a quelque changement à faire. — Marteau d'ardoisier moins fort et moins pesant que le pic. — Bout de cierge qu'on place au haut d'une souche. — Dans le blason, la partie inférieure de l'écu, qui se termine ordinairement en *pointe.* — Au plur., t. de couvreur, tuiles hachées, dont on a retranché plus du tiers dans leur longueur. — *Pointes électriques*, en physique, extrémités *pointues* des corps électrisables par communication.— *Pouvoir des pointes*, propriété des corps pointus pour soutirer le fluide électrique.—*Faire une pointe*, en t. de manège, se dit d'un cheval qui, au lieu de suivre régulièrement le rond, sort un peu de son terrein, et fait une espèce d'angle ou de *pointe* à sa piste circulaire.—Fig. : *la pointe de l'esprit*, ce qu'il y a de plus pénétrant dans l'esprit. — *Pointe d'épigramme* : la pensée fine ou brillante qui la termine. — *Faire des pointes*, de mauvais calembourgs. — *Emporter une chose à la pointe de l'épée*, avec beaucoup d'efforts.—*Faire des querelles, disputer, raisonner*, etc., *sur la pointe d'une aiguille*, sur des riens.—*En pointe*, loc. adv., en forme de *pointe* : *la pyramide finit en pointe.*

POINTÉ, E, part. pass. de *pointer* et adj., t. de blas., *écu pointé*, écu marqué de pointures ou de piqûres, comme les *pointes* qui servent de masse à la rose, tandis qu'elle est en bouton. — *Écu pointé fascé*, chargé de plusieurs *pointes* en fasce, qui sont en nombre égal, et d'émaux différents. — En mus., *note pointée*, suivie immédiatement d'un *point* qui lui donne une valeur de moitié en sus de sa valeur naturelle.

POINTEAU, subst. mas. (*poeintô*), poinçon d'acier pour faire des trous.

POINTEMENT, subst. mas. (*poeinteman*), t. d'art., action de *pointer* le canon. — On dit aussi *pointage.*

POINTER, v. act. (*poeinté*), porter des coups de la *pointe* de l'épée.—Diriger vers un point : *pointer le canon, une lunette.*—En t. de mar., *pointer la carte*, mettre le *point* de section de latitude et de longitude sur une carte réduite, pour voir dans quel lieu du monde on se trouve. — Indiquer, au moyen d'une épingle, ou par un *point* à la plume, les personnes absentes : *il n'est pas venu à l'heure, pointez-le.* — Dans la coupe des pierres, prendre sur l'épure le développement des panneaux, et les rapporter sur les blocs de pierre, avec le compas, etc.—Dans les fabriques, arrêter les plis d'une pièce d'étoffe par quelques points sur les lisières. — En t. d'imprim., placer sur le tympan une feuille en retiration, en faisant entrer les ardillons des pointures aux mêmes trous formés en imprimant le papier blanc. — En t. de teneur de livres, vérifier dans les articles de chaque compte du grand-livre s'il n'y a eu ni omission ni fausse position; opération dans laquelle on marque d'un point chaque article vérifié. — Neut., faire à petits *points*, en parlant des miniatures. — T. de bot., *poindre*, commencer à pousser. — En parlant des oiseaux, aller d'un vol rapide, soit en s'élevant, soit en s'abaissant. — En musique, rendre alternativement longues et brèves des notes égales, en marquant d'un point les 1re,3e,5e,7e, etc.—*se* POINTER, v. pr.

POINTEUR, subst. et adj. mas. (*poeinteur*), officier d'artillerie qui *pointe* le canon. — Adj., *canonnier pointeur.* — Chanoine, etc., qui pique sur une feuille ceux qui sont absents du chœur.

POINTICÈLE, subst. fém. (*poeinticèle*), dans les fabriques de soie, petite broche qui traverse l'espolin dans la poche de la navette.

POINTIL, subst. mas. (*poeintile*), longue et forte verge de fer dont on se sert pour *pointiller* les glaces.

POINTILLADE, subst. fém. (*poeinti-iade*), t. de bot. Voy. POINCILLADE.

POINTILLAGE, subst. mas. (*poeinti-iaje*), petits *points* qu'on fait dans les ouvrages en miniature.

POINTILLE, subst. fém. (*poeinti-ie*), vaine subtilité.

POINTILLÉ, subst. mas. (*poeinti-ié*), manière de graver ou de dessiner en petits *points.*— Ce genre de gravures. — T. d'hist. nat., sorte de poisson du genre salmone.

POINTILLÉ, E, part. pass. de *pointiller.*

POINTILLER, v. neut. (*poeinti-ié*), faire des *points* avec la plume, le burin, le pinceau, le crayon.—Au fig., contester sur les moindres choses : *il pointille sur des riens*, il veut rendre importantes les choses qui le sont le moins.— Act. piquer, dire des choses désobligeantes.— *se* POINTILLER, v. pron. Peu en usage.

POINTILLERIE, subst. fém. (*poeinti-ierî*), contestation sur des bagatelles.

POINTILLEUSE, subst. et adj. fém. Voyez POINTILLEUX.

POINTILLEUX, subst. et adj. mas., au fém. **POINTILLEUSE**, (*poeinti-ieu, ieuze*), qui aime à *pointiller*, à contrarier : *un pointilleux.*— On dit fort souvent aussi, comme subst., *pointilleur, pointilleuse.* On devrait se servir de celui-ci comme subst., et de *pointilleux*, pour adj.

POINTU, subst. mas. (*poeintu*), t. d'hist. nat., espèce de poisson du genre des chétodons.—Au plur., petits morceaux d'étoffes que l'on met sur les capades d'un chapeau.

POINTU, E, adj. (*poeintu*), qui a une *pointe* aiguë.—*Nez pointu*, qui finit en *pointe.* — *Chapeau pointu*, dont la forme élevée va en diminuant.—Fig. et fam. : *avoir l'esprit pointu*, chercher à subtiliser sur tout.

POINTURE, subst. fém. (*poeinture*), en t. d'imprimerie, petite lame de fer qui a une *pointe* à l'une de ses extrémités, destinée à percer la feuille de papier qu'on imprime, et à assurer la justesse du registre lors de la retiration. —En t. de mar., raccourcissement de la voile pour prendre moins de vent.

POIRE, subst. fém. (*poare*) (du lat. *pirum*), sorte de fruit à pepin dont il y a plusieurs espèces. —*Poire molle*, *poire* qui commence à se gâter. —On dit fig. d'une personne faible ou lâche que c'est une *poire molle, une vraie poire molle.*— Petite bouteille de cuir bouilli dans laquelle on met de la poudre à tirer. — Vaisseau de cuivre, en forme de *poire*, où se fait le vernis d'imprimerie.—En t. de balancier, masse ou contre-poids qui a la forme d'une *poire.* — Sorte d'ornement que le coutelier fait quelquefois au bas de la branche d'un instrument. — Morceau de bois, etc., taillé en forme de *poire*, que le passementier recouvre de soie, etc., pour en faire un gland. —*Poire d'angoisse.* Voy. ANGOISSE.— *Poires secrètes*, en t. d'éperonnier, sorte d'embouchure du mors du cheval.—Prov. et fig. : 1° *garder une poire pour la soif*, ménager, réserver quelque chose pour les besoins à venir; 2° *entre la poire et le fromage*, sur la fin du repas.

POIRÉ, subst. mas. (*poaré*), boisson faite avec du jus de *poire.*

POIREAU ou **PORREAU**, (l'*Académie* donne les deux; nous croyons, eu égard à l'étymologie, *porrum*, qu'on ne devrait dire que *porreau* pour le légume, et *poireau* pour la verrue. Cependant l'*Académie* semble préférer *poireau* dans les deux cas; car elle n'écrit pas une seule fois *porreau* dans les quelques exemples qu'elle cite. Il est vrai qu'au mot *poirée* elle n'écrit pas *porrée*; mais nous ne serons pas démentis, quand nous affirmerons que dans un grand nombre de départements de France, on dit aussi souvent *de la porrée*, que *de la poirée.* Quelle autorité invoquera-t-on contre ceux qui disent *porrée*, pour les convertir, eux qui pourraient à bon droit demander à l'*Académie* pourquoi elle dit *porreau* et *poireau?*) subst. mas. (*poarô, pôrô*), espèce de verrue qui vient aux chevaux.—Petite tumeur qui vient sur la peau de l'homme.—T. de bot., sorte d'herbe potagère, à racine bulbeuse, à fleur liliacée, d'un grand usage dans les aliments.

POIRE-D'AGATE, subst. fém. (*poaredagate*), t. d'hist. nat., nom d'une coquille du genre des fasciolaires.

POIRE D'ANCHOIS, subst. fém. (*poaredanchoa*), t. de bot., nom qu'on donne, en quelques endroits, au fruit du grias.

POIRE-D'ANGOISSE, subst. fém. (*poaredanguoèce*), instrument de fer fait en forme de *poire* et à ressort, que des voleurs mettent par force dans la bouche des personnes qu'ils volent pour les empêcher de crier.

POIRE-DE-BACHELIER, subst. fém. (*poaredebachelié*), t. de bot., nom qu'on donne quelquefois à la morelle mammiforme.

POIRE-DE-TERRE, subst. fém. (*poaredetère*), t. de bot., nom qu'on donne quelquefois au topinambour.

POIRÉE, subst. fém. (*poaré*), t. de bot., sorte de plante potagère à larges feuilles et à côtes larges et épaisses, qu'en quelques endroits on appelle aussi *bette* et même *porrée.* (Voy. au mot POIREAU, notre observation sur ce mot.)

POIRE-FAUSSE, subst. fém. (*poarefôce*), nom qu'on donne, en quelques endroits, à la courge pepon.

POIRE-SÈCHE, subst. fém. (*poarecèche*), t. d'hist. nat., sorte de coquille du genre des pyrules.

POIRÉ-SOUS-LA-ROCHE, subst. propre mas. (*poaréçoularoche*), bourg de France, chef-lieu de canton, arrond. de Bourbon-Vendée, dép. de la Vendée.

POIRÉTIE, subst. fém. (*poaréci*), t. de bot., nom qu'on donne à plusieurs plantes, l'houstone, le springel, un crotolaire, une plante vivace de Saint-Domingue, etc.

POIRIER, subst. mas. (*poarié*) (en latin *pirus*), arbre cultivé dans toute l'Europe, à fleur rosacée, à cinq pétales, dont le fruit à pépin, oblong et ombiliqué, se nomme *poire.* On en tire une liqueur spiritueuse, une espèce de vin, qu'on appelle *poiré.* La culture a beaucoup multiplié les variétés de cet arbre.

POIS, subst. mas. (*poâ*) (en lat. *pisum*), t. de bot., légume à gousse, ou plutôt à cosse, peu volumineux et de figure ronde.—La plante même, avec sa tige : *ramer des pois.* — *Pois goulus*, dont la cosse est tendre et peut se manger.—*Pois chiche*, plante annuelle, à fleur papilionacée, dont la semence sert d'aliment. — Les espèces du *pois* sont très-nombreuses : celles qu'on cultive de préférence sont le *pois des jardins* ou le *petit pois.*—PROV. : *avaleur de pois gris.* Voyez AVALEUR.—*Aller et revenir comme pois en pot*, être comme les pois qu'on met bouillir dans un pot, et qui vont et viennent, montent et descendent continuellement, jusqu'à ce qu'ils commencent de cuire. Ce proverbe, du reste, est très-peu usité, et il appartient au langage trivial des gens du peuple. — *Donner un pois pour avoir une fève*, donner peu pour avoir beaucoup.—*Rendre pois pour fève*, rendre la pareille, suivant l'*Académie.* Il nous semble que cette expression ne doit pas signifier cela tout-à-fait; une *fève* est plus grosse qu'un *pois. Rendre pois pour fève* devrait signifier, rendre moins qu'on n'a reçu, et fig., faire moins de mal qu'on ne vous en a fait. La seule manière de pouvoir se servir de ce prov., ce serait de dire : *rendre fève pour pois*, ce qui signifierait, se venger, par représailles, mais en faisant plus de mal qu'on ne nous en a fait; et c'est malheureusement ce qui arrive toujours, et ce qui seul peut satisfaire la vengeance. — *Manger des pois chauds*, être embarrassé, ne savoir que répondre, etc.—*Pois à cautère*, boule d'iris pour entretenir la suppuration d'un cautère.

POIS-AMER, subst. mas. (*podzamère*), t. de bot., espèce de haricot.

POIS-À-SAVON, subst. mas. (*podzaçavon*), t. de bot., espèce de plante grimpante et légumineuse de Saint-Domingue.

POIS-CHICHE, subst. mas. (*poâchiche*), t. de bot., plante légumineuse. Voy. POIS.—Au plur., des *pois-chiches.*

POIS-CHOUCRES, subst. mas. plur. (*poâchoukre*), t. de bot., nom qu'on donne au dolic ensiforme.

POIS-DE-MERVEILLE ou **CORINDUM**, subst. mas. (*poâdemérevé-ie*), t. de bot., sorte de plante qui vient des Indes, dont le fruit est en partie noir, en partie blanc.

POISON, subst. mas. (*poèzon*) (du lat. *potio, potionis*, potion, breuvage médicinal. Le mot *poison* a été souvent, dans nos vieux auteurs français, pris dans le sens de *potion*, et en bonne part. *Ménage.*), tout ce qui *empoisonne* et peut donner la mort; venin : pour les animaux venimeux, on dit *venin* et non pas *poison.* — Fig. : maximes pernicieuses, dogmes, exemples dangereux, etc.—Choses qui peuvent troubler la raison; agiter le cœur; nuire à la tranquillité, au bonheur : *les embarras des affaires sont le poison de la vie.*—POISON, VENIN. (*Syn.*) *Poison,* dans le sens propre, se dit des plantes ou des préparations dont l'usage est dangereux pour la vie ; *venin* se dit spécialement du suc de ces plantes, ou de certaine liqueur qui sort du corps de quelques animaux.—La ciguë est un *poison ;* le suc qu'on en exprime est le *venin.* Le sublimé est un *poison* violent; il renferme un *venin* corrosif, qui donne la mort avec des douleurs cruelles. — Tout *poison* produit son effet par le *venin* qu'il renferme; mais on ne peut pas dire qu'il y ait *poison* partout où il y a du *venin;* et jamais on ne dira, par exemple, le *poison* de la vipère ou du scorpion.—Le mot *poison* suppose une contexture naturelle ou artificielle dans les parties propres à contenir et à cacher le *venin* qui s'y trouve; et le mot *venin* désigne plus particulièrement le suc ou la liqueur qui attaque les principes de la vie.—C'est avec cette différence que ces deux termes s'emploient dans le sens figuré, et il faut peut-être ajouter que le terme de *poison* y désigne une malignité préparée avec art, ou cachée du moins sous des apparences trompeuses; au lieu que le terme de *venin* ne réveille que l'idée de malignité subtile et dangereuse, sans aucune attention aux apparences extérieures.

POIS (SAINT-), subst. propre mas. (*ceinpoâ*), bourg de France, chef-lieu de canton, arrond. de Mortain, dép. de la Manche.

POISSARD, E, subst. et adj. (*poèçar, çarde*) : *le genre poissard,* celui dans lequel on imite les mœurs et le langage du bas peuple de Paris. — Subst., homme, femme de la halle, qui vendent du *poisson.*— Déguisement de carnaval : *se déguiser en poissard, en poissarde.* On ne se sert plus guère de ce mot, comme subst., que dans cette dernière acception; et même on n'a presque jamais dit *un poissard*, d'un vendeur de marée. On dit aujourd'hui : *marchand, marchande de marée, de poisson :* et dans une acception plus relevée et pour désigner les marchandes les plus riches et qui exercent les fonctions de syndics, on dit : *les dames de la halle; la reine a reçu en audience les dames de la halle, qui lui ont offert de magnifiques bouquets.*

POISSE, subst. fém. (*poèce*), fascine ou petit fagot qu'on a enduit de *poix.*

POISSÉ, E, part. pass. de *poisser.*

POISSER, v. act. (*poècé*), enduire de *poix.* — Salir avec quelque chose de gluant : *ces confitures poissent les doigts.* — SE POISSER, v. pron.

POISSEUSE, adj. fém. Voy. POISSEUX.

POISSEUX, adj. mas., au fém. **POISSEUSE** (*poèceu, ceuze*), qui *poisse.*

POISSON, subst. mas. (*poèçon*) (en lat. *piscis*), animal qui naît et qui vit dans l'eau, qui a des écailles, des nageoires, etc. : *poisson de mer; poisson d'eau-douce.* — *Poisson-scie*, poisson cartilagineux du genre des squales. — *Poisson volant*, genre de poissons osseux, dont les nageoires ventrales, très-allongées, atteignent la nageoire de la queue, et lui forment comme des ailes. — *Poisson volant,* petite constellation méridionale peu connue des anciens, et qui n'est pas visible dans nos climats.—T. de commerce, *poisson vert,* qui vient d'être salé. — *Poisson mariné*, frais, assaisonné ou frit. — *Poissons secs*, salés et séchés au soleil. — *Poissons royaux*, nom qu'on donnait aux dauphins, aux esturgeons, aux saumons et aux truites, parce qu'ils appartenaient au roi, lorsqu'ils se trouvaient échoués sur le rivage.—*Poissons à lard*, les baleines, les marsouins, les souffleurs, etc., qui sont regardés comme épaves lorsqu'ils sont échoués. — T. d'astron. : *poisson austral,* constellation méridionale, appelée aussi *poisson solitaire.*—*Poisson* s'emploie dans quelques phrases proverbiales et familières, dont voici les principales : *être comme le poisson dans l'eau*, être dans un lieu ou l'on se trouve bien, et où l'on jouit de toutes les commodités de la vie.—*Être comme le poisson hors de l'eau,* ne pas être où l'on voudrait être. — On dit qu'*on ne sait si une personne est chair ou poisson*, pour dire qu'elle n'a point de caractère marqué, ni de genre de vie déterminé.—*Rester muet comme un poisson,* demeurer interdit.—Par exagération on dit d'un homme qui a grande soif ou grande faim, qu'*il avalerait la mer et les poissons.* — Prov. : *jeune chair et vieux poisson,* il faut pour manger quelque chose de bon, se procurer de jeunes bêtes et de vieux *poissons.*—*Les gros poissons mangent les petits*, les plus puissants oppriment les plus faibles. — On dit figurément que la *sauce fait manger le poisson*, pour dire qu'une chose qui n'est pas agréable par elle-elle, le devient par les circonstances qui l'accompagnent.—*La sauce vaut mieux que le poisson*, se dit de mauvaise viande, *poisson,* etc., bien préparée.—Fig. : *ne savoir à quelle sauce manger le poisson*, être fort embarrassé dans une affaire.—On appelle *poisson d'avril*, une espèce de jeu populaire qui n'a lieu que le premier jour du mois d'avril. Il consiste à faire accroire à quelqu'un quelque fausse nouvelle, ou à lui faire faire quelque démarche inutile, pour avoir occasion de se moquer de lui : *on lui a donné un poisson d'avril.*—*Poissons,* au plur., l'un des douze signes du zodiaque, composé de cent treize étoiles dans le *Catalogue de Flamsteed.*

POISSON, subst. mas. (*poèçon*), mesure de liquide, la moitié d'un demi-setier.

POISSON-FÉTICHE, subst. mas. (*poèçonfétiche*), myth., sorte de *poisson* d'une rare beauté auquel les nègres de la Côte-d'Or rendent une espèce de culte.

POISSONNAILLE, subst. fém. (*poèçona-ie*), petits *poissons;* fretin.

POISSONNERIE, subst. fém. (*poèçoneri*), lieu où l'on vend le *poisson.*

POISSONNEUSE, adj. fém. Voyez POISSONNEUX.

POISSONNEUX, adj. mas., au fém. **POISSONNEUSE** (*poèçoneu, neuze*), qui abonde en *poissons.*

POISSONNIER, POISSONNIÈRE, subst. mas., subst. fém. (*poèçonié, nière*), celui, celle qui vend le *poisson.*—*Se faire poissonnier la veille de Pâques*, commencer un établissement quand tous ceux de la même profession ont gagné tout ce qu'il y avait à y gagner. — On nomme aussi *poissonnière*, au fém., un ustensile de cuisine dans lequel on fait cuire du *poisson.*

POISSONNIÈRE, subst. fém. Voy. POISSONNIER.

POISSONNURE, subst. fém. (*poèçonure*), ratissure de peau de mouton pour en faire de la colle.

POISSONS, subst. propre mas. (*poèçon*), bourg de France, chef-lieu de canton, arrond. de Joinville, dép. de la Haute-Marne.

POISSY, subst. propre mas. (*poèçi*), ville de France, chef-lieu de canton, arrond. de Versailles, dép. de Seine-et-Oise.

POITÉE, subst. fém. (*poèté*), t. de bot., espèce d'arbrisseau de la famille des légumineuses.

POITEVIN, E, subst. et adj. (*poètevein, vine*), du *Poitou.*

POITIERS, subst. propre mas. (*poètié*), ville de France, chef-lieu du dép. de la Vienne, capitale de l'ancienne province de *Poitou.*

POITOU, subst. propre mas. (*poètou*), ancienne province de France, comprise aujourd'hui dans les départements de la Vienne, des Deux-Sèvres et de la Vendée.

POITRAIL, subst. mas. (*poètra-ie*) (du latin *pectorale,* fait de *pectus,* poitrine), partie du cheval comprise entre les deux épaules, au-dessous de l'encolure.—Partie du harnais qui se met sur le *poitrail* du cheval. — En t. d'archit., grosse pièce de bois portée sur des colonnes, des pilastres ou de gros murs. — Au plur., des *poitrails.*

POITRINAIRE, subst. et adj. des deux genres (*poètrinère*), qui a la *poitrine* attaquée ou mauvaise : *cet homme, cette femme est poitrinaire.*—*Un, une poitrinaire.*

POITRINAL, subst. mas. (*poètrinal*), sorte d'arme entre l'arquebuse et le pistolet.

POITRINAL, E, adj. (*poètrinal*), qui s'attache sur la *poitrine.* — Au plur. mas., *poitrinaux.*

POITRINAUX, adj. mas. plur. Voyez POITRINAL.

POITRINE, subst. fém. (*poètrine*) (du latin *pectus, pectoris*), partie de l'animal qui contient les poumons et le cœur.—Le sein d'une femme : *cette femme a une belle poitrine.*—Il se dit des parties que contient la *poitrine* et surtout des poumons : *être malade de la poitrine.*—Dans les animaux, partie des côtes avec la chaire qui y tient : *manger de la poitrine de veau.*— Voix, *cet orateur n'a point de poitrine; il a une bonne poitrine.*—*Voix de poitrine,* qui sort des poumons, et non pas seulement de la bouche et du gosier.

POITRINIÈRE, subst. fém. (*poètrinière*), traverse qui passe d'un montant à l'autre à l'endroit où est la *poitrine* d'un ouvrier rubanier.

POIVRADE, subst. fém. (*poèvrade*), sauce faite avec du *poivre,* du sel et du vinaigre. — *Manger des artichauts à la poivrade,* les manger tout crus avec du *poivre* et du sel.

POIVRE, subst. mas. (*poèvre*) (en lat. *piper,* fait du grec πεπερι), épice aromatique, qui nous vient des Indes orientales. — *Poivre long,* qui croît au Bengale et qui est extraordinairement fort.—*Poivre de Guinée, poivre* qu'on appelle aussi *poivre rouge.*—Prov. : *cher comme poivre,* fort cher. Ce proverbe ne peut se comprendre que pour signifier, *que le poivre est si peu de chose en lui-même, qu'il vaut toujours trop cher, tant bon marché qu'on le paie.*

POIVRÉ, E, part. pass. de *poivrer,* et adj., où l'on a mis du *poivre* : *sa cuisine est trop poivrée,* sa manière de cuisiner emploie trop de *poivre.*—Pop., attaqué d'une maladie vénérienne. —On dit d'une chose qui a été vendue fort cher, qu'*elle a été bien poivrée.*

POIVRER, v. act. (*poèvré*), mettre du *poivre* dans quelque chose. —En t. de fauconn., laver l'oiseau avec de l'eau et du *poivre,* quand il est couvert de vermine, ou pour l'assurer lorsqu'il est farouche.—Fig. et pop., communiquer une maladie vénérienne.—SE POIVRER, v. pron.

POIVRIER, subst. mas. (*poèvri-é*), t. de bot., arbrisseau qui porte le *poivre.* — Petite boîte dans laquelle on met le *poivre.* On dit plus souvent *poivrière.*

POIVRIÈRE, subst. fém. (*poèvri-ère*), vase à mettre du *poivre.*

POIVRON, subst. mas. (*poèvron*), sorte de piment.

POIX, subst. propre mas. (*poâ*), chef-lieu de canton, arrond. d'Amiens, dép. de la Somme.

POIX, subst. fém. (*poâ*) (en lat. *pix, picis,* fait du grec πισσα), matière gluante et noire, faite de résine brûlée et mêlée avec la suie du bois d'où la résine est tirée, c'est-à-dire du pin ou du sapin.—*Poix-résine*, gomme jaunâtre qui sort des arbres résineux après qu'on les a incisés.—*Cela tient comme poix*, se dit d'une chose qu'on ne peut séparer d'une autre sans faire un grand effort.—*Poix de Bourgogne,* sorte de *poix* d'un blanc jaunâtre, dont on se sert à divers usages, et notamment à faire des emplâtres. — *Poix minérale*, bitume solide, qui a la consistance de la *poix.*—*Poix navale, poix bâtarde,* en t. de mar., mélange de brai sec, de *poix* commune et de goudron.

POIX-RÉSINÉ, E, part. pass. de *poix-résiner.*

POIX-RÉSINER, v. act. (*poârézine*), étendre de la *poix* sur le métal. — SE POIX-RÉSINER, v. pron. Peu en usage.

POL., abréviation du mot *politique* ou *politiquement.*

POL (SAINT-), subst. propre mas. (*ceinpole*), ville de France, chef-lieu d'arrond., dép. du Pas-de-Calais.

POL-DE-LÉON (SAINT-), subst. propre mas. (*ceinpoledélé-on*) , ville de France, chef-lieu de canton, arrond. de Morlaix, dép. du Finistère.

POLACHIE, subst. propre fém. (*polachi*), ancien palatinat de Pologne.

POLACRE ou **POLAQUE** (l'*Académie* donne les deux ; nous préférons *polaque,* à cause du nom propre *Polachie*), subst. mas. (*polakre, lake*), cavalier polonais.—Subst. fém., t. de mar., bâtiment à voiles et à rames sur la Méditerranée.

POLAIRE, adj. des deux genres (*polère*), qui est auprès des *pôles*, qui appartient aux *pôles* du monde.—*Cercles polaires*, deux petits cercles de la sphère, parallèles à l'équateur, éloignés de vingt-trois degrés vingt-huit minutes de chaque *pôle.*—*Cadrans polaires*, ceux dont les plans sont parallèles à quelque grand cercle qui passe par les *pôles* ou à quelqu'un des cercles horaires, en sorte que le *pôle* est dans le plan du cadran.—*Étoile polaire,* la dernière de la queue de la petite Ourse.—*Projection polaire,* une représentation de la terre ou du ciel, projetés sur le plan de l'un des cercles *polaires.*

POLARISATION, subst. fém. (*polarizâcion*), t. de phys., modification de la lumière quand elle est réfléchie latéralement.

POLARISÉ, E, part. pass. de *polariser*.

POLARISER, v. act. (*polarizé*), t. de phys., causer la *polarisation*.—*se* POLARISER, v. pron.

POLARITÉ, subst. fém. (*polarité*), t. de phys., propriété qu'a l'aimant de se tourner vers les *pôles* du monde.

POLASTRE, subst. mas. (*polacetre*), poêle de plombier où l'on met de la braise pour souder des tuyaux.

POLATOUCHE, subst. mas. (*polatouche*), t. d'hist. nat., sorte d'écureuil.

POLBOWNICK, subst. mas. (*polebovenik*), t. de relat., chef ou colonel d'un régiment polonais.

POLDER, subst. mas. (*poledère*), dans les Pays-Bas, plaine protégée par une digue, une levée, etc.

PÔLE, subst. mas. (*pôle*) (en lat. *polus*, fait du grec πολος, lequel dérive de πολειν, tourner), l'une des deux extrémités de l'axe immobile sur lequel tourne un corps sphérique. — Dans une acception plus particulière et plus usitée, extrémité de l'axe sur lequel, suivant le système de *Ptolémée*, le globe entier du monde tourne en vingt-quatre heures : *le pôle arctique*, du côté du nord; *le pôle antarctique*, du côté du sud.— Poét. : *de l'un à l'autre pôle*, par tout le monde.—*Pôles de l'aimant*, deux points qui, dans l'aimant, correspondent aux *pôles* du monde, et dont l'un regarde le nord et l'autre le sud. C'est par ces points que l'aimant attire et repousse le fer.

POLÉCAT, subst. mas. (*poléka*), t. d'hist. nat., petit animal de l'ordre des carnassiers; mouffette.

POLÉMARCHIE, subst. fém. (*polémarchi*), charge, fonctions du *polémarque*.

POLÉMARCHIQUE, adj. des deux genres (*polémarchike*), qui a rapport, qui est relatif à la *polémarchie*.

POLÉMARQUE, subst. mas. (*polémarke*) (en grec πολεμαρχος, fait de πολεμος, guerre, et αρχος, chef, qui vient de αρχη, commandement), t. d'antiq., magistrat d'Athènes qui était le troisième des neuf archontes. Son département était le militaire, surtout pendant la guerre : dans les guerres importantes, on lui donnait aussi le titre d'*archistratège* ou *généralissime*. Dans la suite, le *polémarque* devint un magistrat purement civil.—Chez les Étoliens, celui qui avait la garde des portes de la ville.

POLÉMIQUE, subst. fém., et adj. des deux genres (*polémike*) (du grec πολεμος, guerre), dispute par écrit.—Adj., qui appartient à la *polémique* : *écrit polémique*.

POLÉMOINE, subst. fém. (*polémoène*) (du grec πολεμωνιον), t. de bot., genre de plantes de la famille des polémoniacées.

POLÉMONIACÉE, subst. fém. (*polémoniacé*) (du grec πολεμωνιον), t. de bot., famille de plantes dicotylédones.

POLÉMONIUM, subst. mas. (*polémoni-ome*) (du grec πολεμωνιον), t. de bot., plante des anciens, que l'on croit être la valériane grecque, genre de plantes qui sont toujours vertes.

POLÉMOSCOPE, subst. mas. (*polémocekope*) (du grec πολεμος, guerre, et σκοπεω, je considère), t. d'optique, sorte de lunette à deux réflexions et deux réfractions, au moyen de laquelle l'observateur peut voir les objets situés derrière lui ou de côté. On en fait un fréquent usage à la guerre.

POLÉMOSCOPIQUE, adj. des deux genres (*polémocekopike*), qui tient, qui est relatif au *polémoscope*.

POLENTA, subst. fém. (*poleinta*) (pris de l'italien), bouillie de farine de châtaignes, etc.— Subst. propre fém., village de la Romagne, province des États de l'Église.

POLÉSIE, subst. propre fém. (*polézi*), duché de Lithuanie, en Pologne.

POLÈTE, subst. mas. (*polète*), t. d'antiq., magistrats athéniens, au nombre de dix, chargés de la partie des revenus qui provenaient des biens confisqués.

POLI, subst. mas. (*poli*), lustre, éclat de ce qui a été *poli*. Voy. POLIR. — Pureté, élégance, perfection dans le style.

POLI, E, part. pass. de *polir*, et adj., qui a la superficie unie et luisante.—Fig., doux, civil, honnête, etc. : *homme extrêmement poli*. Voy. HONNÊTE.

POLIACANTHE, subst. fém. Voyez POLYACANTHE.

POLIADE, subst. propre fém. (*poli-ade*), myth., surnom sous lequel Minerve avait, à Tégée, un temple desservi par un seul prêtre.

POLIAS, subst. propre fém. (*poli-âce*), myth., surnom de Minerve.

POLICE, subst. fém. (*police*) (en grec πολιτεια, fait de πολις, ville), ordre établi dans une ville pour tout ce qui regarde la sûreté et la commodité des habitants.—Les Grecs entendaient par *police*, les lois qui tendent au bien général de la société. Leur *police* s'étendait à toutes les formes différentes de gouvernement ; on pouvait même dire en ce sens, *la police du monde*, monarchique ici, aristocratique ailleurs, etc. ; et c'était l'art de procurer aux habitants de la terre une vie commode et tranquille. Le terme de *police* ne se prend guère parmi nous dans ce dernier sens. On entend par *police*, la partie de l'administration à laquelle est confiée l'exécution des lois publiées pour procurer aux habitants d'une ville, de la capitale, par exemple, une vie commode et tranquille, malgré les efforts de l'erreur, et les inquiétudes de l'amour-propre et des passions. La *police*, en France, est confiée à un directeur spécial et supérieur, et à des magistrats ou commissaires de *police* distribués dans chaque ville. Les soins de la *police* comprennent la religion, la discipline des mœurs, la salubrité, la santé, les vivres, la sûreté et la tranquillité publiques, la voirie, les sciences et les arts libéraux, le commerce, les manufactures et les arts mécaniques, les domestiques, les manouvriers et les pauvres ; *bonne police ; mauvaise police ; établir la police ; règlement de police*.—Juridiction établie pour la *police*.—Ordre établi dans une assemblée quelconque.— Contrat d'un négociant pour garantir des marchandises : *police d'assurance*. On dit aussi en t. de comm. : *police de chargement*, pour *connaissement*.—En t. d'imprim., état qui règle le nombre de chaque caractère dont une fonte est composée.— *Police correctionnelle*, partie de la *police* judiciaire, exercée relativement aux délits sujets à la peine correctionnelle.—*Tribunal de simple police*, qui connaît des légères infractions aux règlements de *police*.—T. milit. : *salle de police*, salle où l'on enferme les soldats pour des fautes légères. — *Bonnet de police*, bonnet de drap que les militaires mettent la nuit, ou même le jour, en tenue négligée.

POLICÉ, E, part. pass. de *policer*, et adj., bien réglé, où il y a une bonne *police*.—L'opposé de *barbare*, de *sauvage*, en parlant d'un peuple, d'une nation : *pays policé*.—POLI, POLICÉ. (*Syn.*) Ces deux termes, également relatifs aux devoirs réciproques des individus dans la société, sont synonymes par cette idée commune; mais les idées accessoires mettent entre eux une grande différence.—*Poli* ne suppose que des signes extérieurs de bienveillance, signes toujours équivoques, et par malheur souvent contradictoires avec les actions; *policé* suppose des lois qui constatent les devoirs réciproques de bienveillance commune, et une puissance autorisée à maintenir l'exécution des lois.—Les peuples *policés* valent mieux que les peuples *polis*.

POLICER, v. act. (*policé*), mettre, établir la *police* dans un pays.—Soumettre à des lois sages et raisonnables des peuples sauvages qui n'en ont aucune, et qui ne sont gouvernés que par des lois absurdes, cruelles, etc.; civiliser.—Former à la politesse.—*se* POLICER, v. pron.

POLICHINEL ou **POLICHINELLE**, écrivent quelques lexicographes. Nous n'avons pas trouvé d'étymologie raisonnable à ce mot, qui pût nous guider sur son orthographe; mais l'*Académie* écrit *polichinelle*, sans donner aucun motif. Nous pensons, nous, qu'il vaut mieux écrire *polichinel*, puisque le mot est mas. d'après tous les dictionnaires et celui de l'*Académie* elle-même. *Polichinelle* semblerait, par sa terminaison, annoncer un fém. plutôt qu'un mas. ; écrivons donc

POLICHINEL, subst. mas. (*polichinèle*), acteur de farce, bossu par-devant et par-derrière, qui, du théâtre italien, a passé à celui des marionnettes.—Fig. et fam., méchant et ridicule bouffon de société. — *Secret de polichinel*, que tout le monde sait.

POLICHINELLE, subst. fém. (*polichinèle*), sorte de danse : *danser la polichinelle*. On l'appelle aussi *sabotière*.

POLICIEN, subst. mas. (*policiein*), feutre pour polir des peignes.—Quelques-uns donnent ce nom aux personnes qui sont employées dans les bureaux de la préfecture de *police*.

POLIÇON, *barbarisme*. Voy. POLISSON.

POLIDONTE, subst. mas. Voy. POLYDONTE.

POLIDIPSIE, subst. fém. Voy. POLYDIPSIE.

POLIÉES, subst. fém. plur. (*poli-é*) (du grec πολιευς, protecteur de ville), myth., fêtes de Thèbes qu'on célébrait en l'honneur d'Apollon-*Polius*.

POLIÈRES, subst. fém. plur. (*poli-ère*), chez les selliers, courroies qui joignent la fauchère au bât.

POLIERGIE, subst. fém. Voy. POLYERGIE.

POLIERSCHIÉFER, subst. mas. (*polièrechi-éfère*), sorte de tripoli ; schiste à polir.

POLIEN, subst. propre mas. (*poli-ein*) (en grec πολιευς, protecteur de la ville), myth., surnom de Jupiter.

POLIFOLIA, subst. fém. (*polifoli-a*), t. de bot., sorte de plantes du genre des andromèdes.

POLIGLOTTE, subst. mas. Voy. POLYGLOTTE.

POLIGNAC, subst. propre mas. (*poligniake*), bourg de France, situé dans l'ancienne province du Velai.

POLIGNY, subst. propre mas. (*poligni*), ville de France, chef-lieu d'arrond., dép. du Jura.

POLIMENT, adv. (*poliman*), d'une manière *polie*.

POLIMENT, subst. mas. (*poliman*), action de *polir*. — Lustre, éclat qu'on donne aux pierres précieuses, ou que celles-ci ont d'elles-mêmes.

POLIMITE, subst. mas. (*polimite*), t. de comm., sorte de camelot qui se fabrique en Flandre.

POLINICE, subst. mas. (*polinice*), t. d'hist. nat., genre de jolies coquilles, de deux pouces de diamètre.

POLIODORE, subst. mas. (*poli-odore*), t. d'hist. nat., genre de vers à corps allongé.

POLION, subst. mas. (*poli-on*), t. de bot.; on a donné ce nom aux bolets, ne se séparant pas facilement des tubes. — Genre de plantes que *Linnée* a placées parmi les germandrées.

POLIONÈME, subst. mas. (*poli-onème*), t. de bot., famille de plantes du genre des bolets.

POLIORCÈTE, et non **POLYORCÈTE**, comme l'écrit *Raymond*, subst. mas. (*poli-orcète*) (du grec πολιορκητης, formé de πολιορκεω, j'assiège une ville). Ce mot ne signifie pas *preneur de villes*, mais *habile dans l'art d'assiéger les places*. On donna ce surnom à *Démétrius*, fils d'*Antigone*, à cause de son habileté dans l'art des sièges.

POLIOSE, subst. fém. (*pôli-ôze*) (du grec πολιος, blanc), t. de médec., canitie. Voyez ce mot.

POLIR, v. act. (*polir*) (en lat. *polire*), rendre clair et luisant à force de frotter, de limer, etc. — Fig. 1° cultiver, orner l'esprit ; adoucir les mœurs, etc.; 2° rendre le style d'un discours plus exact, plus châtié. — *Polir une langue*, lui donner plus d'élégance et de perfectionnement. — *se* POLIR, v. pron.

POLISARCIE, subst. fém. Voy. POLYSARCIE.

POLISEAUX, subst. mas. plur. (*polizô*), toiles de chanvre fabriquées à Mortagne et dans ses environs.

POLISON, subst. mas. (*polizon*), t. de bot., espèce d'herbe vivace qui croît au Chili.

POLISSAGE, subst. mas. (*poliçaje*), t. de métiers, le même que *polissure*.

POLISSEUR, subst. mas., **POLISSEUSE**, subst. fém. (*policeur, ceuze*), ouvrier, ouvrière qui *polit*.

POLISSEUSE, subst. fém. Voy. POLISSEUR.

POLISSOIR, subst. mas. (*poliçoar*), instrument qui sert à *polir*.

POLISSOIRE, subst. fém. (*poliçoare*), sorte de brosse douce à cirer le cuir.—Chez les couteliers, espèce de meule de bois de noyer que la grande roue fait tourner, et sur laquelle l'ouvrier adoucit et *polit* son ouvrage avec de l'émeri et de la potée.

POLISSON, subst. et adj. mas., au fém. **POLISSONNE** (*poliçon, çone*), petit garçon ou petite fille, malpropre et libertin, qui s'amuse à jouer dans les rues. — Garnement, mauvais drôle. — Homme qui a l'habitude de faire ou de dire des plaisanteries basses. — Homme méprisable : *cet homme n'est qu'un polisson*.—Adj., libre, libertin : *chanson polissonne ; air polisson*.

POLISSONNE, subst. et adj. fém. Voy. POLISSON.

POLISSONNÉ, part. pass. de *polissonner*.

POLISSONNER, v. neut. (*poliçoné*), dire ou faire des *polissonneries*.

POLISSONNERIE, subst. fém. (*poliçoneri*), action, paroles de *polisson*. — Bouffonnerie, plaisanterie basse.

POLISSURE, subst. fém. (*poliçure*), action de *polir*, ou effet de cette action : *faire de la polissure*.

POLISTE, subst. mas. (*policte*), t. d'hist. nat., sorte de guêpe ; genre d'insectes hyménoptères.

POLITESSE, subst. fém. (*politèce*), civilité, certaine manière de vivre, d'agir, de parler civile, honnête et polie. Politesse dit plus que civilité. La politesse suppose la civilité, mais elle y ajoute. — Qualité d'un peuple policé.

POLITICOMANIE, subst. fém. (*politikomani*), manie de parler politique, de tout rapporter à la politique, de s'en occuper à tout propos.

POLITIE, subst. fém. (*polici*), état d'un peuple policé ; civilisation ; ses effets. Inusité.

POLITIQUE, subst. fém. (*politike*) (du grec πολιτική, sous-entendu τέχνη, dérivé de πόλις, ville), l'art de gouverner les villes et les états. — Système particulier à un gouvernement. — Par extension, manière adroite dont on se conduit dans les affaires.

POLITIQUE, adj. des deux genres (*politike*) (du grec πολιτικός), qui concerne le gouvernement des états. — Qui est selon les règles de la politique. — Droit politique, se dit des lois qui règlent les formes du gouvernement. — Droits politiques, ceux qui donnent droit à un citoyen de s'immiscer dans les affaires, de participer même en quelque sorte aux actes du gouvernement ; par la qualité d'électeur, ou exerce des droits politiques. — Domicile politique, celui dans lequel on exerce ses droits politiques. — Economie politique, science ayant pour objet de rechercher les moyens de rendre la société heureuse et florissante. — Par extension, fin, adroit. Réservé pour pur intérêt, en parlant des personnes. — Dissimulé.

POLITIQUE, subst. mas. (*politike*), qui est savant dans l'art de gouverner les états. — Par extension, qui se gouverne d'une manière fine et adroite dans les affaires, etc. — T. d'hist. moderne, nom d'un parti qui se forma en France en 1574, pendant les troubles de la Ligue. C'étaient les catholiques mécontents qui, sans motif religieux, protestaient qu'ils ne prenaient les armes que pour le bien public, etc.

POLITIQUEMENT, adv. (*politikeman*), selon l'esprit de la politique. — D'une manière fine et adroite.

POLITIQUÉ, part. pass. de politiquer.

POLITIQUER, v. neut. (*politikié*), raisonner sur la politique, sur les affaires publiques. Il est familier.

POLITIQUERIE, subst. fém. (*politikeri*), mauvaise politique ; verbiage confus des gens qui font de la politique sans y rien entendre.

POLITIQUEUR, subst. mas. (*politikieur*), politique de café, homme sans instruction qui se mêle de politique.

POLITRIC, subst. mas. Voy. POLYTRIC.

POLIUM, subst. mas. (*poli-ome*), t. de bot., sorte de plante vulnéraire de la famille des labiées. Voy. POLION.

POLIUCHOS, adj. propre (*poli-ukoce*) (du grec πολιούχος, gardien de la ville, fait de πόλις, ville, et ἔχω, je garde), myth., surnom de Minerve et de Jupiter. T. d'antiq.

POLIUS, subst. propre mas. (*poli-uce*) (en grec Πολιεύς), myth., surnom donné à Apollon, auquel les Thébains sacrifiaient un taureau.

POLIZANS, subst. mas. plur. (*polizan*), espèce de toile de Normandie.

POLK, subst. mas. (*poleke*), nom d'un régiment polonais.

POLKAN, subst. propre mas. (*polekan*), le centaure des Slavons, auquel on attribuait une force et une vitesse extraordinaires.

POLLAK, subst. mas. (*polelak*), t. d'hist. nat., espèce de poisson du genre des gades.

POLL, subst. mas. (*pole*), liste d'élections ; concours de votes, de suffrages ; assemblée tumultueuse du peuple pour choisir un mandataire. Mot emprunté de l'anglais.

POLLAGE, subst. mas. (*polaje*), redevance en poules. Hors d'usage.

POLLÉAN, subst. mas. (*polelé-ar*), myth., une des plus grandes fêtes des Hindous, en l'honneur de Shiva, comme président au mariage.

POLLEN, subst. mas. (*polelène*) (du latin pollen, qui signifie fleur de farine), t. de bot., poudre fine, colorée, de nature résineuse, contenue dans les anthères, et qui sert à la fécondation des plantes. On l'appelle aussi poussière séminale.

POLLÉNILE, subst. fém. (*polelnile*), t. de bot., partie principale du pollen des plantes.

POLLÉNINE, subst. fém. (*polelenine*), t. de chim., principe immédiat découvert dans le pollen des fleurs.

POLLENTIA, subst. propre fém. (*polelèincia*), myth., déesse de la puissance, que l'on adorait chez les Romains.

POLLETTE, subst. fém. (*polelète*), t. d'hist. nat., espèce de poisson marin, qu'on mangeait autrefois à Paris.

POLLICATA, subst. mas. (*polelikata*), t. d'hist. nat., espèce d'animal quadrupède qui appartient au genre aye-aye.

POLLICHE, subst. fém. (*poleliche*), t. de bot., plante bisannuelle qui croît au cap de Bonne-Espérance.

POLLICIPE, subst. mas. (*polelicipe*), t. d'hist. nat., genre de poissons de la famille des cirripèdes.

POLLICIPÉDITE, subst. fém. (*polelicipédite*), t. de bot., conque analifère, la balanite, le pousse-pied, etc.

POLLICITATION, subst. fém. (*polelicitácion*) (du latin pollicitatio, employé dans le même sens, et qui signifie proprement promesse, offre), t. de droit, engagement contracté pour quelqu'un, sans qu'il soit accepté par un autre ; en quoi il diffère du pacte, qui est une convention entre deux personnes.

POLLIE, subst. fém. (*poleli*), t. de bot., sorte de plante vivace du Japon, de la famille des asparagoïdes.

POLLINATION, subst. fém. (*polelinácion*), t. de bot., émission du pollen. — Fructification des plantes.

POLLINCTEUR, subst. mas. (*polelèinkteur*), t. d'antiq., nom qu'on donnait à ceux qui embaumaient les cadavres avant de les placer sur le bûcher.

POLLINCTURE, subst. fém. (*polelèinkture*) (du latin pollincio, j'embaume), t. d'antiq., action d'embaumer les corps.

POLLINIE, subst. fém. (*polelini*), t. de bot., sorte de plante à plusieurs pollens, qui croît en Afrique.

POLLINIQUE, adj. des deux genres (*polelinike*), t. de bot., qui a rapport au pollen des fleurs ; grandes polliniques.

POLLIXÈNE, subst. mas. (*polelikcéne*), t. d'hist. nat., famille de millepiedes.

POLLONTHE, subst. mas. (*polelonte*), t. d'hist. nat., espèce de coquille qui ne se trouve que dans la Méditerranée.

POLLUCTUM, subst. mas. (*poleluktome*), t. d'antiq., festin que l'on faisait au peuple à l'occasion des dîmes consacrées à Mercure, chez les Romains.

POLLU, E, adj. (*polelu*), pollué. L'Académie ne donne que pollué, e ; ce dernier est en effet seul généralement usité.

POLLUÉ, E, part. pass. de polluer, et adj., souillé.

POLLUER, v. act. (*polelu-é*) (en latin polluere), profaner, souiller, en parlant des temples. — se POLLUER, v. pron., commettre sur soi-même le péché d'impureté.

POLLUTION, subst. fém. (*polelucion*) (en latin pollutio), profanation d'un temple. — Pêche d'impureté sur soi-même ; masturbation.

POLLUX, subst. mas. (*polelukee*), en astron., 1° la partie postérieure de la constellation des Gémeaux, appelés anciennement Castor et Pollux ; 2° étoile de seconde ou troisième grandeur dans la même constellation. Elle est placée dans la tête de Pollux. — Subst. propre mas., myth. Voy. CASTOR.

POLOCHION, subst. mas. (*polochion*), t. d'hist. nat., genre d'oiseaux silvains.

POLOCHRE, subst. mas. (*polokre*), t. d'hist. nat., genre d'insectes de l'ordre des hyménoptères.

POLOGNE, subst. propre fém. (*pologne*), royaume qui fait partie de l'empire de Russie. Varsovie en est la capitale.

POLOGRAPHE, subst. mas. (*pologurafe*) (du grec πόλος, pôle, et γράφειν, décrire), celui qui s'occupe particulièrement à décrire le ciel, les pôles, etc.

POLOGRAPHIE, subst. fém. (*pologuerafi*), description des pôles, etc., ou description astronomique du ciel, etc.

POLOGRAPHIQUE, adj. des deux genres (*pologuerafike*), qui a rapport, qui est relatif à la pologuerafie.

POLOMAT, subst. mas. (*poloma*), t. de bot., sorte de jaquier de la Chine, plante.

POLONAIS, E, subst. et adj. (*polonè*, *nèze*), de Pologne. — Subst. mas., sorte de pigeon.

POLONAISE, subst. fém. (*polonèze*), danse qui vient de Pologne. — Air de cette danse. — Robe à la polonaise. — Espèce de redingote. — Subst. et adj. Voy. POLONAIS.

POLOSSE, subst. mas. (*poloce*), t. de fondeur, alliage de cuivre et d'étain.

POLTINICK, subst. mas. (*poletinike*), monnaie d'argent de Russie, valant 1 fr. 96 cent. de France.

POLTRON, subst. et adj. mas., au fém. POLTRONNE (*poletron*, *trone*), (suivant Saumaise et le plus grand nombre des étymologistes, contraction des deux mots latins police truncus, qui s'est coupé le pouce ; parce que c'est par cette mutilation que, chez les Romains, celui qui ne voulait point aller à la guerre cherchait le moyen de s'en dispenser. Il était noté d'infamie et quelquefois réduit en esclavage), lâche, qui n'a point de cœur, qui manque de courage. — En fauconn., oiseau poltron, celui auquel on a coupé les ongles des doigts de derrière. — En t. de pêche, crabe prêt à quitter sa rube, et qu'on préfère, dans cet état, pour faire des appâts. — POLTRON, LÂCHE, (Syn.) On est lâche par caractère, par vice de constitution, par un excès de faiblesse ; on est poltron par attachement à la vie, par la crainte du mal et de la douleur. Le lâche est tellement abattu à la vue du danger, qu'il ne conçoit pas même l'idée de la résistance, qu'il n'ose ni s'avouer ni se servir de ses armes ; le poltron est tellement inquiet sur les suites du danger, qu'il est continuellement aux aguets, soit pour le prévoir, soit pour trouver les moyens de s'y soustraire. Le lâche ne se bat jamais, il se laisse battre, et n'a recours qu'à la soumission et aux prières ; le poltron ne se bat qu'à la dernière extrémité, et quelquefois il se bat bien. On rit quelquefois d'une poltronnerie, on ne rit jamais d'une lâcheté ; celle-ci est un vice, l'autre n'est qu'un défaut.

POLTRONESQUE, adj. des deux genres (*poletronèceke*), qui offre les caractères de la pusillanimité. (Boiste.) Peu usité.

POLTRONESQUEMENT, adv. (*poletronècekeman*), d'une manière lâche. Peu usité.

POLTRONISÉ, part. pass. de poltroniser.

POLTRONISER, v. neut. (*poletronizé*), se conduire en poltron. Inusité.

POLTRONNE, subst. fém. Voy. POLTRON.

POLTRONNERIE, subst. fém. (*poletroneri*), lâcheté, manque de courage du poltron. — Il se dit des actions qui dénotent de la lâcheté.

POLTURA, subst. mas. (*poletura*), monnaie de Hongrie qui vaut la quarantième partie du florin d'empire, et qui répond à un kreutzer et demi.

POLTURAC, subst. mas. (*poleturake*), monnaie de billon de Pologne, qui vaut à peu près 5 centimes de France.

POLU-POLTINICK, subst. mas. (*polupoletinike*), monnaie d'argent de Russie valant 1 fr. 15 cent. de France, ou 25 copecks.

POLYACANTHE, adj. des deux genres (*poli-a-kante*) (du grec πολύς, plusieurs, et ἄκανθα, épine), t. de bot., qui a plusieurs épines ou aiguillons. — Subst. fém., espèce de plante de la famille des chardons.

POLYACANTHÉ, E, adj. (*poli-akanté*), t. de bot., qui est garni de beaucoup d'épines.

POLYACOUSTIQUE, adj. des deux genres (*poli-akoucetike*) (du grec πολύς, plusieurs, et ἀκούω, j'entends), propre à multiplier les sons, ainsi que les verres à facettes multiplient les objets. — Subst. mas., sorte d'instrument qui multiplie les sons.

POLYACTIS, subst. mas. (*poli-aktice*), t. de bot., genre de plantes de la classe des anandres.

POLYADELPHE, subst. mas. et adj. des deux genres (*poli-adèlefe*), t. de bot., genre de plantes qui tire son nom de la polyadelphie.

POLYADELPHIE, subst. fém. (*poli-adèlefi*) (du grec πολύς, plusieurs, et ἀδελφός, frère), t. de bot., nom de la dix-huitième classe du système sexuel de Linnée, laquelle renferme les plantes dont les fleurs hermaphrodites ont leurs étamines réunies en plusieurs corps.

POLYADELPHIQUE, adj. des deux genres (*poli-adelefike*), qui fait partie de la polyadelphie ; qui est relatif, qui appartient à la polyadelphie.

POLYAMATYPE, adj. des deux genres (*poli-amatipe*) (du grec πολύς, plusieurs, ἅμα, ensemble, et τύπος, caractère), t. de fondeur, dont les lettres ont été fondues plusieurs ensemble.

POLYAMATIPÉ, E, part. pass. de *polyamatyper.*

POLYAMATYPER, v. act. *(poli-amatipé)*, t. de fondeur, fondre des caractères polyamatypes. — *se* POLYAMATYPER, v. pron.

POLYAMATYPIE, subst. fém. *(poli-amatipi)* (du grec πολύς, plusieurs, αμα, ensemble, et τυπος, caractère), art de fondre plusieurs caractères ensemble.

POLYANDRIE, subst. fém. *(poli-andri)* (du grec πολύς, plusieurs, et ανηρ, ανδρος, homme), t. de bot., genre de plantes dont les fleurs hermaphrodites ont un grand nombre d'étamines.

POLYANDRIQUE, adj. des deux genres *(poliandrike)*, t. de bot., de la polyandrie.

POLYANGIE, subst. fém. *(poli-anji)* (du grec πολύς, plusieurs, et αγγειον, vase), t. de bot., famille de plantes dont les semences sont renfermées dans plusieurs loges.

POLYANTHÉ, E, adj. *(poli-anté)* (du grec πολύς, plusieurs, et ανθος, fleur), t. de bot., qui a plusieurs fleurs.

POLYANTHÉA, subst. mas. *(poli-anté-a)* (même étymologie que celle du mot précéd.), amas de fleurs, recueil alphabétique de lieux communs où vont puiser certains auteurs. Hors d'usage.

POLYARCHIE, subst. fém. *(poli-archi)* (du grec πολύς, plusieurs, et αρχη, pouvoir), gouvernement de plusieurs.

POLYARCHIQUE, adj. des deux genres *(poliarchike)*, qui tient, qui a rapport à la polyarchie.

POLYARQUE, subst. mas. *(poli-arke)*, membre d'une polyarchie, qui fait partie d'un gouvernement polyarchique.

POLYBE, subst. propre mas. *(polibe)*, myth., roi de Corinthe. Ayant consulté l'oracle, il apprit que ses deux filles seraient emportées par un lion et par un sanglier. Dans la suite, Polynice, couvert d'une peau de lion, vint lui demander du secours contre Etéocle son frère; et Tydée, sous la peau d'un sanglier, vint se réfugier chez lui, après la fratricide qu'il avait commis sur la personne de Ménalippe. Polybe donna ses deux filles en mariage à ces deux princes, dont l'habillement lui rappelait l'oracle. Il leur demanda pourquoi ils s'habillaient de la sorte : ils lui répondirent que, descendant, l'un d'Hercule, vainqueur des lions, et l'autre de Méléagre, vainqueur du sanglier de Calydon, ils portaient sur eux les marques des glorieuses actions de leurs ancêtres.

POLYBÉE, subst. propre fém. *(polibé)*, myth., déesse qu'on croit être la même que Cérès.

POLYBLENNIE, subst. fém. *(polibléni)* (du grec πολύς, beaucoup, et βλεννα, mucus), t. de médec., surabondance de mucosités.

POLYBOTÈS, subst. propre mas. *(polibotèce)*, myth., un des géants qui voulurent escalader le ciel. Neptune, le voyant fuir au travers des flots de la mer, l'écrasa sous la moitié d'une île qu'il jeta sur lui.

POLYBOTRYE, subst. fém. *(polibotri)*, t. de bot., genre de plantes de la famille des fougères.

POLYBRANCHE, subst. mas. et adj. des deux genres *(polibranche)*, t. d'hist. nat., ordre de mollusques, nommé autrefois nudibranches.

POLYCAMÉRATIQUE, adj. des deux genres *(polikamératike)* (du grec πολύς, plusieurs, et καμαρα, voûte), se dit d'une horloge dont les ressorts font marcher les aiguilles de plusieurs cadrants, au dehors et au dedans d'une maison.

POLYCARPE, subst. mas. *(polikarpe)* (du grec πολύς, beaucoup, et καρπος, fruit), t. de bot., petite plante annuelle de la famille des caryophyllées. — Recueil d'ordonnances ecclésiastiques. Hors d'usage dans la dernière acception.

POLYCARPÉE, subst. fém. *(polikarpé)*, t. de bot., plante de Ténériffe, voisine du genre *polycarpe.*

POLYCÉPHALE, adj. des deux genres *(policéfale)* (du grec πολύς, plusieurs, et κεφαλη, tête), qui a plusieurs têtes : *statue polycéphale.* t. d'hist. nat., genre de vers intestinas que l'on nomme aussi *vésicaires.*

POLYCÈRE, subst. mas. *(policère)*, t. d'hist. nat., genre de polypiers qui se rapproche de celui des lions.

POLYCHOLIE, subst. fém. *(polikoli)* (du grec πολύς, beaucoup, et χολη, bile), t. de médec., surabondance de la bile. — Épanchement ou vomissement de bile.

POLYCHRÉE, subst. fém. *(polikré)*, t. de bot., plante de la Chine, à tige rampante, qui se rapproche des amarantes.

POLYCHRESTE, adj. des deux genres *(polikrècete)* (du grec πολύς, beaucoup, et χρηστος, utile), t. de pharm., servant à plusieurs usages. Il se disait anciennement de certains médicaments qu'on regardait comme efficaces dans beaucoup de maladies. En ce sens, il est aussi substantif. — *Sel polychreste de Glaser de la Rochelle,* sulfate de soude.

POLYCHROÏTE, subst. fém. *(polikro-ite)* (du grec πολύς, beaucoup, et χροιζω, je colore), t. de chim., substance colorante qu'on a trouvée dans le péricarpe du safran.

POLYCHROME, adj. des deux genres *(polikrôme)* (du grec πολύς, plusieurs, et χρωμα, couleur), de diverses couleurs : *peinture polychrôme.*

POLYCHRONE, adj. des deux genres *(polikrone)* (du grec πολύς, beaucoup, et χρονος, temps), qui dure long-temps.

POLYCHYLE, adj. des deux genres *(polichile)* (du grec πολύς, nombreux, et χυλος, chyle), t. de médec., aliment qui fournit beaucoup d'humeur muqueuse.

POLYCHYLIE, subst. fém. *(polichili)*, t. de médec., trop grande quantité, surabondance de chyle. Voy. POLYCHYLE.

POLYCLINON, subst. mas. *(poliklinon)*, t. de bot., genre d'oiseaux de la famille des alcyons.

POLYCNÈME, subst. mas. *(polikněme)* (du grec πολύς, beaucoup, et κνημη, jambe), t. d'hist. nat., genre de plantes de la famille des chénopodées.

POLYCOME, subst. mas. *(polikome)* (du grec πολύς, beaucoup, et κομη, chevelure, feuillage), t. de bot., genre de plantes de la famille des algues.

POLYCOPRIE, subst. fém. *(polikopri)* (du grec πολύς, beaucoup, et κοπρια, fumier, fiente), t. de médec., déjections alvines excessives ou surabondantes.

POLYCOTYLÉDONE, E, adj. *(polikotilédoné)* (du grec πολύς, plusieurs, et κοτυληδων, cavité), qui a plusieurs feuilles séminales ou cotylédons. — C'est à tort que quelques personnes écrivent *polycotylédon.*

POLYCRATIE, subst. fém. *(polikraci)* (du grec πολύς, plusieurs, et κρατος, pouvoir), gouvernement des gens riches.

POLYCRATIQUE, adj. des deux genres *(polikratike)*, de la polycratie.

POLYCYCLE, subst. mas. *(policikle)* (du grec πολύς, plusieurs, et κυκλος, cercle), t. d'hist. nat., sorte d'animal de la mer Adriatique qui se tient comme fixé sur les pierres, sur les coquilles abandonnées, etc.

POLYDACRIE, subst. fém. *(polidakri)* (du grec πολύς, beaucoup, et δακρυον, larmes), t. de médec., excrétion trop abondante de larmes.

POLYDACTYLE, subst. mas. et adj. des deux genres *(polidaktile)* (du grec πολύς, plusieurs, et δακτυλος, doigt); il se dit des individus qui ont des doigts surnuméraires. — Au plur., t. d'hist. nat., genre de poissons dont les nageoires pectorales offrent des rayons libres et isolés.

POLYDAMAS, subst. propre mas. *(polidamace)*, myth., fameux athlète qui étrangla un lion sur le mont Olympe. Il souleva avec sa main le taureau le plus furieux, et arrêtait à la course un char tiré par les plus forts chevaux ; mais en se fiant trop sur sa force, il fut écrasé sous un rocher qu'il s'était vanté de pouvoir soutenir. — Il y eut encore un Troyen de ce nom, qu'on soupçonne d'avoir livré Troie aux Grecs.

POLYDE, subst. propre mas. *(polide)*, myth., fameux devin, selon les uns, et médecin, selon les autres : il ressuscita Glaucus, fils de Minos. Il ne faut pas s'étonner de ce que plusieurs le confondent avec Esculape; car dès qu'un médecin se distinguait dans son art, on le comparait à Esculape, et souvent ce nom lui restait.

POLYDÈME, subst. mas. *(polidéme)*, t. d'hist. nat., genre d'insectes de l'ordre des myriapodes.

POLYDIPSIE, subst. fém. *(polidipeci)* (du grec πολύς, beaucoup, et διψα, soif), t. de médec., soif excessive, désir inextinguible de boire. — Quatrième genre des gastroses de la *Nosologie d'Alibert.*

POLYDONTE, subst. mas. *(polidonte)*, t. d'hist. nat., genre de coquille de la classe des hélices.

POLYDORA, subst. propre fém. *(polidora)*, myth., nymphe, fille de l'Océan et de Thétys. — Ce fut aussi le nom d'une Amazone et celui d'une fille de Pélée.

POLYDORE, subst. propre mas. *(polidore)*, myth., fils de Priam et d'Hécube. Il fut confié à Polymnestor, qui le massacra après la prise de Troie, pour s'emparer de ses richesses. Priam avait un autre fils nommé aussi Polydore, qui fut tué par Achille. Il y eut encore un prince de ce nom ; un fils de Cadmus, et l'autre, fils d'Hippomédon.

POLYDORE, subst. mas. *(polidore)*, t. d'hist. nat., genre de vers aquatiques, voisin de celui des néréides.

POLYÈDRE, subst. mas. *(poli-édre)* (du grec πολύς, plusieurs, et εδρα, siège, base), t. de géom., corps solide à plusieurs faces ou plans rectilignes. — Adj.: *angle polyèdre,* portion indéfinie de l'espace comprise entre plusieurs plans qui se coupent.

POLYÉDRIQUE, adj. des deux genres *(poli-édrike)*, qui tient du polyèdre : *figure polyédrique.*

POLYERGUE, subst. mas. *(poli-ergue)*, t. d'hist. nat., genre d'insectes de l'ordre des hyménoptères, famille des hétérogynes, tribu des formicaires.

POLYGALA, subst. mas. *(poligala)* (du grec πολύς, beaucoup, et γαλα, lait), t. de bot., herbe de Virginie, plante vivace de l'Amérique du Nord.

POLYGALÉE, subst. fém. *(poligalé)*, t. de bot., famille de plantes qui tient le milieu entre les légumineuses et les personnées.

POLYGALIE, subst. fém. *(poligali)* (du grec πολύς, beaucoup, et γαλα, lait), t. de médec., surabondance du lait chez les femmes qui nourrissent.

POLYGAME, subst. mas. et fém. *(poligame)* (du grec πολύς, plusieurs, γαμος, noce), celui qui est marié à plusieurs femmes; celle qui est mariée à plusieurs hommes en même temps — Se dit, en bot., des végétaux qui portent sur le même individu des fleurs hermaphrodites et des fleurs unisexuelles, soit mâles, soit femelles.

POLYGAMIE, subst. fém. *(poligami)* (en grec πολυγαμια), état d'un polygame : *la polygamie est permise chez les mahométans.* — On distingue deux sortes de polygamie ; l'une simultanée, et l'autre successive. *La polygamie simultanée* est celle d'un homme qui a en même temps plusieurs femmes : elle est défendue dans le christianisme; *la polygamie successive* est celle d'un homme qui épouse plusieurs femmes l'une après l'autre, après la mort de la première, de la seconde, etc., et qui convole à de secondes, troisièmes, quatrièmes noces; cette polygamie est permise. — En bot., nom de la vingt-troisième classe du système sexuel ; elle renferme des fleurs mâles et femelles mêlées à des hermaphrodites.

POLYGAMIQUE, adj. des deux genres *(poliguamike)*, qui appartient, qui est relatif à la polygamie.

POLYGAMISTE, subst. com. *(poligamicete)*, t. d'hist. eccl., nom d'hérétiques qui approuvaient la polygamie. On dit mieux *polygamite.* Ces sectaires eurent pour fondateur Bernard Okin, qui croyait faire de nombreux disciples par l'appât des voluptés ; mais les sectateurs d'Okin n'ayant pu mettre en pratique les doctrines de leur maître, la secte ne tarda pas à se dissiper.

POLYGÉNIQUE, adj. des 2 g. *(poligénike)*, t. de minér., se dit des masses rocheuses produites par la réunion de fragments de roches distinctes.

POLYGÈNE, adj. des deux genres *(polijène)* (du grec πολύς, beaucoup, et γεννω, je produis), qui produit beaucoup, qui est trop abondant.

POLYGLOTTE, adj. des deux genres *(polyglote)* (du grec πολύς, plusieurs, et γλωσσα, langue), qui est écrit en plusieurs langues : *Dictionnaire polyglotte.* — On appelle *Bibles polyglottes* celles qui sont imprimées en diverses langues. La première est celle du cardinal Ximenès, imprimée l'an 1515. — On dit aussi subst.: *la polyglotte de Paris,* etc. — On entend par *polyglotte,* un homme qui connaît beaucoup de langues.

POLYGNATHE, subst. mas. *(polignenate)* (du grec πολύς, beaucoup, et γναθος, joue), t. d'hist. nat., famille d'insectes à qui on a donné aussi le nom de *quadricornes.*

POLYGONATE, subst. mas. *(poliguonate)*, t. de bot., genre de plantes établi pour placer quelques muguets. — Au plur., t. d'hist. nat., famille d'insectes à plusieurs mâchoires au-dessus de la lèvre.

POLYGONE, subst. mas. (*poliguone*), t. de géom., figure à plusieurs angles, et à plusieurs côtés.—Endroit destiné aux exercices de l'école pratique d'artillerie.

POLYGONE, adj. des deux genres (*poliguone*) (du grec πολυς, plusieurs, γωνια, angle), t. de géom. : 1° en général, qui a plusieurs angles et plusieurs côtés; 2° plus particulièrement, qui a plus de quatre côtés et de quatre angles : *figure polygone*. — *Ligne de polygones*, ligne sur le compas de proportion qui contient les côtés des neuf premiers *polygones* réguliers inscrits au même cercle, c'est-à-dire, depuis le triangle équilatéral jusqu'au dodécagone. — *Nombres polygones*. Voy. au mot NOMBRE.

POLYGONÉES, subst. fém. plur. (*poliguoné*), t. de bot., famille de plantes.

POLYGONELLE, subst. fém. (*poliguonèle*), t. de bot., sorte de plante fruticuleuse.

POLYGONOÏDE, subst. fém. (*poliguono-ide*) (du grec πολυς, plusieurs, γωνια, angle, et ειδος, forme), t. de bot., sorte de plante.

POLYGONON, subst. mas. (*poliguonon*) (du grec πολυς, plusieurs, et γονυ, genou), t. de bot., nom qu'on donne à la renouée commune, plante garnie de nœuds.

POLYGONOPE, subst. mas. (*poliguonope*), t. d'hist. nat., insecte marin, espèce d'acarus.

POLYGRAMME, subst. mas. (*poliguerame*) (du grec πολυς, plusieurs, et γραμμα, figure, lettre), figure à plusieurs côtés.

POLYGRAMMOS, subst. mas. (*poliguerame-môce*), t. d'hist. nat., sorte de jaspe taché de blanc.

POLYGRAPHE, subst. mas. (*poliguerafe*) (du grec πολυς, plusieurs, γραφω, j'écris), auteur qui a écrit sur plusieurs matières.—Machine qui fait mouvoir en même temps plusieurs plumes à écrire.

POLYGRAPHIE, subst. fém. (*poliguerafi*) (même étymologie que celle du mot précéd.), art d'écrire de plusieurs manières secrètes, qui, pour être lues, supposent une clef, ou la connaissance du chiffre. — Art de déchiffrer cette sorte d'écriture.

POLYGRAPHIQUE, adj. des deux genres (*poliguerafike*), qui concerne le *polygraphe* et la *polygraphie*.

POLYGURIE, subst. fém. (*poliguri*) (du grec πολυς, beaucoup, et ουρεω, j'urine), t. de médec., excrétion d'une quantité excessive d'urine ; le diabétès.

POLYGYNE ou **POLYGYNIQUE**, adj. des deux genres (*polijine*, *jinike*) (du grec πολυς, plusieurs, et γυνη, femme), t. de bot.; il se dit, dans la méthode de *Jussieu*, de la fleur qui a plusieurs ovaires, et dans celle de *Linnée*, de celle qui a plusieurs styles.

POLYGYNIE, subst. fém. (*polijini*), ordre de plantes qui comprend celles dont chaque fleur a plusieurs styles ou stigmates sessiles.

POLYGYNIQUE, adj. des deux genres (*polijinike*), t. de bot., se dit d'une fleur qui contient un nombre indéterminé de pistils.— Qui a rapport à la *polygynie*.

POLYGYRE, subst. fém. (*polijire*), t. d'hist. nat., genre de coquilles que l'on trouve sur les côtes de la Floride, à l'embouchure des rivières.

POLYLÉPIS, subst. mas. (*polilépi*), t. de bot., espèce d'arbre du Pérou, de la famille des rosacées.

POLYLOGIE, subst. fém. (*poliloji*) (du grec πολυς, plusieurs, et λογος, discours), talent de parler sur beaucoup de sujets divers.

POLYLOGIQUE, adj. des deux genres (*polilojike*), qui tient, qui a rapport à la *polylogie*.

POLYLYMPHIE, subst. fém. (*polileinfi*) (du grec πολυς, beaucoup, et du lat. *lympha*, la lymphe), t. de médec., surabondance de la *lymphe*. Voyez ANASARQUE.

POLYMATHE, subst. des deux genres (*polimate*) (du grec πολυς, plusieurs, et μανθανω, j'apprends), qui possède un grand nombre de connaissances différentes.

POLYMATHIE, subst. fém. (*polimati*), science étendue, variée. Voy. POLYMATHE.

POLYMATHIQUE, adj. des deux genres (*polimatike*), qui concerne la *polymathie*.

POLYMÉRIE, subst. fém. (*poliméri*), t. de bot., genre de plantes de la famille des convolvulacées.

POLYMÉRIS, subst. mas. (*polimérice*), t. de bot., groupe de solanums qui comprend plusieurs espèces.

POLYMÉRISME, subst. mas. (*polimériceme*) (du grec πολυς, plusieurs, et μερις, partie), t. de médec., sorte de monstruosité qui consiste dans un nombre de parties excédant le nombre ordinaire, comme six doigts au lieu de cinq, etc.

POLYMNASTIE, subst. fém. (*polimenaceti*), t. de mus. anc., nome pour les flûtes.

POLYMNE, subst. mas. (*polimene*), t. d'hist. nat., espèce de poisson du genre des lutjans.

POLYMNESTOR, subst. propre mas. (*polimenècetor*), myth., roi de Thrace, le plus avare et le plus cruel de tous les hommes. Hécube lui fit crever les yeux pour avoir tué Polydore.

POLYMNIASTRE, subst. mas. (*polimeni-acetre*), t. de bot., genre de plantes qui diffèrent peu des *polymnies*.

POLYMNIE, subst. fém. (*polimeni*) (du grec πολυς, beaucoup, et μνεια, mémoire), t. de bot., genre de plantes de la famille des corymbifères. — Subst. propre fém., myth., l'une des muses, celle qui présidait à la rhétorique.

POLYMNITE, subst. fém. (*polimenite*), t. d'hist. nat., sorte de pierres marquées de lignes noires, disposées de façon à représenter des rivières et surtout des mares d'eau.

POLYMORPHE, subst. fém. (*polimorfe*) (du grec πολυς, beaucoup, et μορφη, forme, figure, beauté), t. de bot., genre de varecs.—Au plur., t. d'hist. nat., coquilles fossiles.

POLYMYCE, subst. mas. (*polimice*), t. de bot., sorte de champignons feuilletés.

POLYNÈME, subst. mas. (*polinème*), t. d'hist. nat., genre de poissons de la division des abdominaux.

POLYNÉSIE, subst. propre fém. (*polinézi*) (du grec πολυς, plusieurs, et νησος, île), multitude d'îles qui font partie de l'Océanie.

POLYNOÉ, subst. mas. (*polino-é*), t. d'hist. nat., genre de vers établi aux dépens des aphrodites.

POLYNÔME, subst. mas. (*polinôme*) (du grec πολυς, plusieurs, et νομη, part. division) quantité algébrique composée de plusieurs termes distingués par les signes + (*plus*) et — (*moins*.)

POLYNICE, subst. propre mas. (*polinice*), myth. Voy. ÉTÉOCLE.

POLYODON, subst. mas. (*poli-odon*), t. d'hist. nat., genre de poissons de la division des chondroptérygiens. — T. de bot., plante vivace que l'on trouve au Pérou.

POLYODONTE, subst. mas. (*poli-odonte*), t. d'hist. nat., ordre de poissons établi parmi les cartilagineux.

POLYOMMATE, subst. mas. (*poli-omemate*) (du grec πολυς, plusieurs, et ομμα, œil), t. d'hist. nat., genre d'insectes de l'ordre des lépidoptères, famille de diurnes, tribu des papillonides.

POLYONÈME, subst. mas. (*poli-onème*), t. d'hist. nat., espèce de poisson. Voy. POLYNÈME.

POLYONYME, adj. des deux genres (*poli-onime*) (du grec πολυς, plusieurs, et ονυμα, nom), qui a plusieurs noms.

POLYOPIE, subst. fém. Voy. POLYOPSIE.

POLYOPSIE, subst. fém. (*poli-opeci*) (du grec πολυς, beaucoup, et οψις, la vue), maladie des yeux, qui voient les objets doubles, triples, etc.

POLYOPTRE, subst. mas. et adj. des deux genres (*poli-opetre*) (du grec πολυς, plusieurs, οπτομαι, je vois), t. d'opt., verre au travers duquel les objets paraissent multipliés, mais plus petits.

POLYORCHIS, subst. mas. (*poli-orekice*) (du grec πολυς, beaucoup, et ορχις, testicule), t. de bot., genre de plantes de la famille des orchidées ; elléborine.

POLYOREXIE, subst. fém. (*poli-orèkci*) (du grec πολυς, beaucoup, et ορεξις, appétit), t. de médec., faim excessive, suivie de douleurs d'estomac et d'un état de langueur après avoir mangé. — Premier genre des gastroses de la *Nosologie d'Alibert*.

POLYOSE, subst. mas. (*poli-ôze*), t. de bot., genre de plantes de la famille des rubiacées.

POLYPARE, subst. fém. (*polipare*), t. de bot., genre de plantes qui se rapproche de celui des houttuynes.

POLYPE, subst. mas. (*polipe*) (en grec πολυπους, formé de πολυς, plusieurs, et πους, pied), t. d'hist. nat., sorte de ver aquatique, dont le corps membraneux et en tuyaux est terminé par plusieurs filaments qui lui servent et de pieds et de bras pour saisir sa proie. — *Polype d'eau douce*, petit animal qui a plusieurs pieds ou bras en forme de cornes, et qui, étant coupé en plusieurs parties, se reproduit tout entier en chacune.—En t. de chir., excroissance de chair ou espèce de loupe qui se forme en certaine partie du corps et plus ordinairement dans les narines, où elle est attachée par une multitude de fibres qui sont comme autant de pieds.— Sang coagulé dans les gros vaisseaux.

POLYPÉTALE, adj. des deux genres (*polipétale*) (du grec πολυς, plusieurs, et πεταλον, feuille, pétale), t. de bot. : *fleur polypétale*, dont la corolle est composée de plusieurs *pétales*.—Subst. fém. : *une polypétale*.

POLYPEUSE, adj. fém. Voy. POLYPEUX.

POLYPEUX, adj. mas., au fém. POLYPEUSE (*polipeu*, *peuze*), t. de chir., de la nature du *polype*.

POLYPHAGE, subst. et adj. des deux genres (*polifaje*) (du grec πολυς, beaucoup, ou plusieurs, et φαγειν, manger), qui mange beaucoup, qui mange indifféremment toutes sortes de substances ; vorace.—Myth., surnom donné à Hercule, à cause de son extrême voracité.

POLYPHAGIE, subst. fém. (*polifaji*) (même étymologie que celle du mot précédent), voracité, avidité.—T. de médec., faculté de digérer beaucoup d'espèces d'aliments.

POLYPHAGIQUE, adj. des deux genres (*polifajike*), qui concerne la *polyphagie*.

POLYPHARMACIE, subst. fém. (*polifarmaci*) (du grec πολυς, plusieurs, et φαρμακον, remède), abus de remèdes ou assemblage sans ordre et sans méthode de drogues médicinales.

POLYPHARMAQUE, subst. mas. et adj. des deux genres (*polifarmake*), qui administre beaucoup de remèdes. Voy. POLYPHARMACIE.

POLYPHÉMA, subst. mas. (*poliféma*), t. de bot., genre de plantes établi aux dépens des jacquiers.

POLYPHÈME, subst. propre mas. (*poliféme*) (du grec πολυφημος, qui signifie proprement très-renommé, très-célèbre, fait de πολυ, beaucoup, et φημη, renommée), myth., fils de Neptune et de Thoosa, cyclope d'une grandeur démesurée, qui n'avait qu'un œil au milieu du front. Ulysse ayant été jeté par la tempête sur les côtes de Sicile, où habitaient les cyclopes, *Polyphème* le força, lui et les Grecs qui l'accompagnaient, d'entrer dans l'antre où étaient ses moutons, et s'y enferma avec eux pour les dévorer : mais Ulysse le fit tant boire en l'amusant par le récit du siége de Troie, qu'il l'enivra : ensuite, aidé de ceux de sa suite, il lui creva l'œil avec un pieu. Le cyclope, se sentant blessé, poussa des hurlements effroyables : tous ses voisins accoururent pour savoir ce qui lui était arrivé ; et lorsqu'ils lui demandèrent le nom de celui qui l'avait blessé, il leur répondit que c'était Personne (car Ulysse lui avait dit qu'il s'appelait ainsi) : alors ils s'en retournèrent, croyant qu'il avait perdu l'esprit. Cependant Ulysse ordonna à tous ses soldats de s'attacher sous les moutons, pour n'être point arrêtés par le géant lorsqu'il ferait sortir son troupeau. Ce qu'il prédit arriva ; car *Polyphème*, ayant ôté une pierre que cent hommes n'auraient pu ébranler, et qui fermait l'entrée de la caverne, il se plaça de façon que les moutons ne pouvaient passer qu'un à un entre ses jambes; et lorsqu'il entendit Ulysse et tous les autres dehors, il les poursuivit, et leur jeta à tout hasard un rocher d'une grosseur énorme ; mais ils l'évitèrent aisément, s'embarquèrent, et ne perdirent que quatre d'entre eux, que le géant avait mangés. *Polyphème* aima Galatée, et écrasa Acis, que cette nymphe lui avait préféré.—T. d'hist. nat., genre de crustacés qui, avec une tête distincte, ont un seul œil très-grand, et deux bras allongés.

POLYPHILIE, subst. fém. (*polifili*) (du grec πολυς, plusieurs, et φιλειν, aimer), affection, amitié partagée entre plusieurs personnes. (*Boiste*.) Inusité.

POLYPHONE, adj. des deux genres (*polifone*) (du grec πολυς, plusieurs, et φωνη, son), *écho polyphone*, qui répète plusieurs fois.

POLYPHORE, subst. mas. (*polifore*) (du grec πολυς, plusieurs, et φερω, je porte), t. de bot., support, tige de plusieurs fruits réunis. — T. d'hist. nat., espèce de coquille.

POLYPHTHONGUE, subst. fém. et adj. des deux genres (*polifetongue*) (du grec πολυς, plusieurs, et φθογγος, son, fait de φθεγγομαι, rendre un son), flûte égyptienne inventée par Osiris, et faite d'un tuyau d'orge.

POLYPHYLLE, adj. des deux genres *(polifile)* (du grec πολυς, plusieurs, et φυλλον, feuille), t. de bot., se dit du calice de plusieurs pièces ou folioles distinctes.

POLYPHYLLÉ, E, adj. *(polifilé)*, à plusieurs folioles.

POLYPHYSE, subst. mas. *(polifize)*, t. d'hist. nat., sorte de polypier, qui ressemble beaucoup à une acétabulaire.

POLYPHYSIE, subst. fém. *(polifizi)* (du grec πολυς, beaucoup, et φυσις, fait de φυσαω, je gonfle), t. de médec., état d'une constitution sujette à beaucoup de flatuosités.

POLYPHIDÉE, subst. propre fém. *(polifidé)*, myth., fameux devin, fils de Mantius. Apollon le rendit le plus éclairé des devins, après la mort d'Amphiaraüs. C'était à Hypérésie, ville d'Argos, qu'on venait le consulter.

POLYPHONTE, subst. propre mas. *(polifonte)*, tyran de la Messénie, fut tué par Téléphon, fils de Cresphonte et de Mérope, qui avait échappé à sa fureur, lorsqu'en usurpant le trône, il massacra tous les princes de la famille royale.

POLYPIAIRE, subst. mas. *(polipi-ère)*, t. d'hist. nat., classe de polypes qui, quoique réunis, ne sont pas pourvus d'une vie commune.

POLYPIER, subst. mas. *(polipié)*, demeure, habitation des *polypes*, qui y vivent réunis et fixés comme à un tronc commun.

POLYPILE, adj. des deux genres *(polipile)* (du grec πολυς, beaucoup, et du lat. *pilus*, poil) : *mouche polypile*, qui a l'extrémité du ventre garnie de poil.

POLYPITE, subst. mas. (*polipite*), t. d'hist. nat., nom qu'on a donné aux *polypiers* devenus fossiles.

POLYPLECTRON, subst. mas. (*poliplèktron*) (du grec πολυς, plusieurs, et πληκτρον, archet), t. d'antiq., nom d'un instrument de musique.

POLYPODE, subst. mas. et adj. des deux genres (*polipode*) (du grec πολυποδιον, formé de πολυς, plusieurs, et de πους, ποδος, pied), t. de bot., plante vivace; sorte de fougère; elle est hépatique, et s'emploie contre la toux avec succès. — En t. d'hist. nat., genre d'insectes aptères à plusieurs pieds, qu'on appelle plus communément *myriapodes* ou *mille-pieds*.

POLYPODIACÉES, subst. fém. plur. (*polipodi-acé*), t. de bot., nom nouvellement donné à une tribu de fougères.

POLYPODOME, subst. mas. *(polipodome)*, t. de chir., pince porte-nœuds pour la ligature des *polypes*.

POLYPOGON, subst. mas. *(polipoguon)*, t. de bot., genre de plantes de la famille des graminées.

POLYPORE, subst. mas. (*polipore*), t. de bot., bolet vivace, dont la chair se sépare facilement du tube.

POLYPOSIE, subst. fém. *(polipôzi)* (du grec πολυς, beaucoup, et ποσις, boisson), t. de médec., synonyme de *polydipsie*. Voy. ce mot.

POLYPRÊME, subst. mas. *(poliprême)*, t. de bot., sorte de petite plante annuelle, qui croît à la Caroline; scrofulaire.

POLYPRÉMON, subst. mas. (*poliprémon*), t. de bot., plante des anciens, que l'on a rapportée à notre mâche.

POLYPRION, subst. mas. (*polipri-on*), t. d'hist. nat., grand poisson des mers d'Amérique; ou l'*amphiprion*.

POLYPTÈRE, subst. mas. et adj. des deux genres *(polipetère)* (du grec πολυς, plusieurs, et πτερον, aile, nageoire), t. d'hist. nat., genre de poissons osseux, holobranches, abdominaux, de la famille des siagonotes, qui ont presque seize ou dix-huit nageoires dorsales. — T. de bot., plante vivace qui croît en Amérique.

POLYPTYQUE, adj. des deux genres *(polipetike)* : *livre polyptyque*, composé de plusieurs feuilles.—Subst. mas., livre de cens, rentes et corvées. Hors d'usage comme subst.

POLYPYRÈNE, subst. mas. *(polipirène)* (du grec πολυς, plusieurs, et πυρην, noyau), t. de bot., fruit à plusieurs noyaux.

POLYSAC, subst. mas. *(polizak)*, t. de bot., genre de plantes de la famille des champignons.

POLYSARCIE, subst. fém. *(polizarci)* (du grec πολυς, plusieurs, et σαρξ, chair), t. de médec., excès de chair et d'embonpoint.

POLYSCOPE, subst. mas. et adj. des deux genres *(policekope)* (du grec πολυς, plusieurs, et σκοπεω, je vois), t. d'opt., verre à facettes, qui multiplie les objets. Voy. POLYÈDRE.

POLYSIALIE, subst. fém. (*polizi-ali*) (du grec πολυς, beaucoup, et σιαλον, salive), t. de médec., excrétion excessive ou surabondante de salive.

POLYSOMATIE, subst. fém. *(polizomati)* (du grec πολυς, beaucoup, et σωμα, corps), t. de médec., corpulence excessive.

POLYSPASTE ou **CORBEAU D'ARCHIMÈDE**, subst. mas. *(policepacete)* (du grec πολυς, beaucoup, et σπαω, je tire), t. de mécan., espèce de levier énorme, armé à son extrémité de grappins ou pattes d'ancre suspendues à des chaînes, au moyen duquel on pouvait, du haut des murs d'une ville assiégée, enlever des vaisseaux ennemis, qu'on laissait ensuite retomber dans la mer.—Machine à plusieurs poulies pour élever des fardeaux. En ce sens, on dit plus communément *mouffle*.

POLYSPERMATIQUE, adj. des deux genres *(policepèrematike)*; le même que POLYSPERME. Voy. ce mot.

POLYSPERME, subst. mas. et adj. des deux genres *(policepèreme)* (du grec πολυς, plusieurs, et σπερμα, semence), t. de bot., se dit des fruits, des baies, des péricarpes, à plusieurs semences graines.

POLYSPERMIE, subst. fém. *(policepèremi)* (même étymologie que celle du mot précédent), t. de bot. et de médec., abondance du *sperme* et des graines.

POLYSTIGMA, subst. mas. (*policetiguema*) (du grec πολυς, beaucoup, et στιγμα, marque), t. de bot., genre de plantes de la famille des hypoxylons.

POLYSTOME, subst. mas. *(policetome)*, t. d'anat., genre de vers intestins qu'on a nommés aussi *linguatules*.

POLYSTYLE, adj. des deux genres *(policetile)* (du grec πολυς, plusieurs, et στυλος, style), t. d'archit., qui a plusieurs styles : *temple polystyle*. On dit subst. au mas., mais rarement : *un polystyle*.—T. de bot.: *ovaire polystyle*, surmonté de plusieurs styles, comme dans le mille-pertuis.

POLYSYLLABE, adj. des deux genres *(policilelabe)* (du grec πολυς, plusieurs, et συλλαβη, syllabe), qui est de plusieurs syllabes. — Subst. mas., *un polysyllabe*.

POLYSYLLABIQUE, adj. mas. *(policilelabike)*, à plusieurs *syllabes*.

POLYSYNODIE, subst. fém. *(policinodi)* (du grec πολυς, beaucoup, et συνοδος, conseil), multiplicité de conseils : *autrefois les républiques se gouvernaient par la polysynodie*.

POLYSYNTHÈTON, subst. mas. *(policeintéton)* (du grec πολυς, beaucoup, et συνθετος, conjonction), t. de rhétorique, discours où les conjonctions sont très-fréquentes.

POLYTECHNIQUE, adj. des deux genres *(politèknike)* (du grec πολυς, plusieurs, et τεχνη, art), qui concerne ou qui embrasse plusieurs arts ou sciences.—*École polytechnique*, école établie à Paris pour former des élèves destinés aux services de l'artillerie, du génie militaire, des ponts-et-chaussées, de la marine, etc.

POLYTHALAME, subst. mas. *(politalame)* (du grec πολυς, beaucoup, et θαλαμος, lit, maison, coffre), t. d'hist. nat., genre de coquilles de la division des univalves.

POLYTHÉISME, subst. mas. *(polité-iceme)* (du grec πολυς, plusieurs, et θεος, dieu), système de religion qui admet la pluralité des dieux.

POLYTHÉISTE, subst. des deux genres *(polité-icete)*, celui, celle qui professe le *polythéisme*.

POLYTHME, subst. mas. (*politeme*), t. d'hist. nat., espèce de colibri dont la tête est noire.

POLYTHRIX, subst. mas. *(politrikce)* (du grec πολυς, beaucoup, et θριξ, cheveu), t. d'hist. nat., sorte d'agate herborisée, dont le dessin imite les cheveux.

POLYTONE, adj. des deux genres *(politone)* (du grec πολυς, plusieurs, et τονος, ton), t. de mus., qui est sur plusieurs *tons*.

POLYTRIC, subst. mas. (*politrike*) (du grec πολυς, beaucoup, et θριξ, cheveu, parce qu'elle pousse plusieurs tiges menues comme des cheveux), t. de bot., plante vivace qui croît sur les vieux murs.

POLYTRICHE, subst. mas. *(politriche)*, t. d'hist. nat., genre de mousses.—Sorte de pierre précieuse fort rare.

POLYTROPHIE, subst. fém. *(politrofi)* (du grec πολυς, beaucoup, et τρεφω, je nourris), t. de médec., abondance de nourriture.

POLYTROPHIQUE, adj. des deux genres *(politrofike)*, qui est relatif, qui appartient à la *polytrophie*.

POLYTYPAGE, subst. mas. *(politipaje)*, action de *polytyper*, art du *polytype*. Voy. POLYTYPER.

POLYTYPE, subst. mas. *(politipe)*, qui *polytype*.—Adj. des deux genres, du *polytypage*, qui y a rapport, qui en vient.

POLYTYPÉ, E, part. pass. de *polytyper*.

POLYTYPER, v. act. *(politipé)* (du grec πολυς, plusieurs, et τυπος, empreinte), tirer avec du spath d'Allemagne l'empreinte d'une vignette, etc., gravée pour en former une matrice dans laquelle on coule de la matière qui répète et multiplie la même empreinte. — *se* POLYTYPER, v. pron.

POLYURIE, subst. fém. *(poli-uri)* (du grec πολυς, beaucoup, et ουρον, urine), t. de médec., écoulement très-abondant d'urine. — Premier genre des névroses.

POLYURIQUE, adj. des deux genres *(poli-urike)*, t. de médec., qui tient, qui a rapport à la *polyurie*, qui est causé par l'abondance de l'urine dans la vessie : *ischurie, paralysie polyurique*, celle qui est causée par une grande quantité d'urine amassée dans la vessie.

POLYVALVE, adj. des deux genres *(polivalve)*. Voy. MULTIVALVE, qui est seul usité.

POLYXÈNE, subst. fém. *(polikcène)*, t. d'hist. nat., genre de coquilles. — Genre d'insectes de l'ordre des myriapodes. — Subst. propre fém., myth., fille de Priam et d'Hécube. Achille l'ayant vue pendant une trêve, en devint amoureux, et la fit demander en mariage à son frère Hector. Le prince troyen y consentit, à condition que les Grecs lèveraient le siége, et quitteraient le pays. Achille refusa de souscrire à cette proposition honteuse; mais quelque temps après, ayant renouvelé sa demande à Priam, il consentit à épouser secrètement sa fille, en présence de sa famille, dans un temple d'Apollon situé entre la ville de Troie et le camp des Grecs. Lorsqu'on était assemblé dans le temple pour la cérémonie de son mariage avec Achille, Pâris tua ce prince. Après la ruine de Troie, Pyrrhus immola cette princesse sur le tombeau de son père. D'autres prétendent que *Polyxène*, désespérée de la mort d'un prince qu'elle aimait, se retira au camp grec, où elle fût reçue avec honneur par Agamemnon; mais s'étant dérobée, la nuit, aux personnes qu'on lui avait données pour la servir, elle se rendit auprès du tombeau de son époux, et s'y perça le sein. — Une fille de Danaüs se nommait aussi *Polyxène*.

POLYXO, subst. propre fém. *(polikçô)*, myth., prêtresse d'Apollon. Elle excita les femmes de Lemnos à massacrer leurs maris, parce qu'ils avaient amené avec eux des femmes de la Thrace.

POLYXONOS, subst. mas. *(polikçonôce)*, t. d'hist. nat., sorte de pierre précieuse.

POM, subst. mas. *(pome)*, myth., figure d'homme, faite grossièrement avec quelques bottes de paille, ou des herbes sèches, etc., qui est chez les habitants du Kamtschatka l'objet d'un culte et de cérémonies bizarres.

POMACANTHE, subst. mas. *(pomakante)* (du grec πωμα, opercule, et ακανθα, épine), t. d'hist. nat., genre de poissons de la division des thoraciques.

POMACENTRE, subst. mas. *(pomaçantre)* (du grec πωμα, opercule, et κεντρον, aiguillon), t. d'hist. nat., genre de poissons de la division des thoraciques.

POMACIE, subst. fém. *(pomaci)*, t. d'hist. nat., espèce d'escargot des jardins.

POMADASYS, subst. mas. *(pomadazice)* (du grec πωμα, opercule, et δασυς, hérissé), t. d'hist. nat., genre de poissons de la division des thoraciques.

POMADÈRE, subst. mas. *(pomadère)*, t. de bot., genre de plantes de la famille des rhamnoïdes.

POMARD, subst. propre mas. *(pomar)*, bourg de France, département de la Côte-d'Or.

POMARD, subst. mas. *(pomar)*, vin fort estimé que produit *Pomard*.

POMARE, subst. fém. *(pomare)*, t. de bot., sorte d'arbrisseau de la famille des légumineuses.

POMATIQUE, subst. mas. *(pomatike)*, t. d'hist. nat., espèce de colimaçon, genre d'hélices.

POMATOME, subst. mas. *(pomatome)* (du grec πωμα, opercule, et τομη, division), t. d'hist. nat., sorte de poissons de la division des thoraciques.

POMBALIE, subst. fém. *(ponbali)*, t. de bot., genre de plantes établi aux dépens des violettes.

POMÉRANIE, subst. propre fém. (*poméranî*), province des états prussiens, dont le chef-lieu est Stettin.

POMÉRION, subst. mas. (*poméri-on*) (en latin *pomarium*), t. d'antiq., espace au-dedans de la ville de Rome, entre le mur et les maisons, où il était défendu de bâtir; il y en avait un autre, en dehors, où il n'était pas permis de labourer.

POMIFÈRE, adj. des deux genres (*pomifère*) (du lat. *poma*, pomme, et *ferre*, porter), qui porte des *pommes*.

POMMADE, subst. fém. (*pomade*), composition molle, onctueuse, ordinairement odoriférente, et faite avec de la chair de *pomme*, ou de la cire, ou de la graisse de quelques animaux, et de divers autres ingrédients. —*Bâton de pommade*, petit rouleau de *pommade*, réduit en matière dure et consistante. — *Pommade mercurielle*, onguent mercuriel.—T. de man., tour de main sur le *pommeau* d'une selle de cheval.

POMMADÉ, E, part. pass. de *pommader*.

POMMADER, v. act. (*pomadé*), mettre de la *pommade* aux cheveux, à une perruque. — *se* POMMADER, v. pron.

POMMAILLE, subst. fém. (*pomâ-ie*), se dit de certaines *pommes* mauvaises ou de qualité inférieure. Presque inusité.

POMME, subst. fém. (*pome*) (du latin *pomum*, fruit quelconque bon à manger), sorte de fruit à pepins, de forme ronde, bon à manger.—*Pomme à cidre*, qui n'est pas bonne à manger et dont on fait du cidre. — *Pomme cuite*, au fig., personne molle, faible et sans courage. — Ornement de bois ou de métal, fait en forme de *pomme*. — Le cœur du chou, de la laitue lorsqu'il est serré. — *Pomme de pin*, noix que produit le pin. — *Pomme de chêne*, petite excroissance qui vient en forme de boule sur les feuilles du chêne. — *Pomme d'églantier*, autre excroissance plus grosse qui vient aux branches du rosier sauvage. — *Pomme dorée* ou *pomme d'amour*, plante qui produit un fruit gros comme une petite *pomme*, d'un jaune rougeâtre; c'est la *tomata* des Espagnols. Voy. TOMATE. — *Pomme épineuse*, *herbe aux sorciers*, *herbe des magiciens*, *au diable*, plante annuelle, originaire d'Amérique. Ses feuilles sont puantes et narcotiques; la plante est vénéneuse. — *Pomme de merveille*, *balsamine mâle* ou *rampante*; plante annuelle du genre des cucurbitacées, originaire des Indes, cultivée dans nos jardins, et dont les fruits infusés dans l'huile d'olive donnent un baume très-estimé. — *Pomme-de-terre*. Voy. TOPINAMBOUR. *Pomme d'Adam*, grosseur au nœud de la gorge. — *Pomme de la joue*, en anat., partie de la joue qui est au bas de l'orbite.—*Pomme de mer*, t. d'hist. nat., espèce d'oursin. — Fig., *pomme de discorde*. Voy. DISCORDE. — Prov. : 1° *emporter la pomme*, gagner le prix; 2° *donner la pomme à une dame*, lui donner le prix de la beauté.

POMMÉ, subst. mas. (*pomé*), cidre fait avec des *pommes*.

POMMÉ, E, part. pass. du v. *pommer* et adj. (*pomé*), qui est formé en manière de *pomme* : *choux pommé*, *laitue pommée*. — Fig. et fam., *un fou pommé*, un très-grand fou.—*Une sottise pommée*, complète.

POMMEAU, subst. mas. (*pomô*), espèce de petite boule en forme de *pomme*, qui est au bout de la poignée d'une épée, au haut et sur le milieu d'une selle de cheval.—En anat. : 1° le gras de la jambe; 2° la partie supérieure de la joue. Dans ce dernier sens, on dit plus souvent *pommette*. — En t. de man., éminence au milieu de l'arçon d'une selle.

POMMELÉ, E, part. pass. de *se pommeler*, et adj. : *ciel pommelé*, *cheval pommelé*.

se **POMMELER**, v. pron. (*cepomelé*), en parlant du ciel, se former en petits nuages ronds (en petites *pommes*), de couleur blanche ou grisâtre. — En parlant des chevaux, se marquer de gris et de blanc par petites rouelles. Dans l'une et l'autre acception, il s'emploie surtout au participe.

POMMELETTE, subst. fém. (*pomelète*), petite *pomme*.

POMMELIÈRE, subst. fém. (*pomelière*), t. de médec. vétér., phthisie pulmonaire des chevaux, à son premier degré.

POMMELLE, subst. fém. (*pomèle*), table de plomb battu en rond et pleine de petits trous qu'on met à l'embouchure d'un tuyau pour empêcher les ordures d'y pénétrer.

POMMER, v. neut. (*pomé*), se former en *pomme*, en parlant des choux et de certaines laitues. —*se* POMMER, v. pron.

POMMERAIE, subst. fém. (*pomeré*), lieu planté de *pommiers*.

POMMEREULLE, subst. fém. (*pomereule*), t. de bot., genre de plantes de la famille de graminées.

POMMETÉ, E, adj. (*pometé*), t. de blas., se dit des pièces qui ont à leurs extrémités de petits boutons arrondis en forme de *pommes*. — Part. pass. de *pommeter*.

POMMETER, v. neut. (*pometé*), t. de pêche, pêcher à la foule. Voy. FOULE, t. de pêche.

POMMETTE, subst. fém. (*pomète*), ornement de bois ou de métal, en forme de petite *pomme* ou boule. — En anat., os qui forme la partie la plus éminente de la joue, au-dessus de l'œil. — En bot., nom donné aux fruits charnus qui contiennent des pepins dans les loges placées à leur centre. — Au plur., petits nœuds de fil fait à des poignets de chemises et à d'autres ouvrages de linge.

POMMIER, subst. mas. (*pomié*) (du lat. *pomus*, nom générique de tous les arbres fruitiers), arbre dont la grandeur varie suivant la culture et les espèces, et qui est cultivé dans toute l'Europe. Il a les caractères du poirier, mais ses fleurs sont plus grandes et souvent colorées de rose; les fruits, plus ronds, concaves à leurs bases, sont nommés *pommes*. On en retire par la trituration et la fermentation un vin nommé *cidre* ou *pommé*. — Ustensile propre à faire cuire des *pommes*.

POMŒRIUM, subst. mas. Voy. POMÉRION.

POMONALE, subst. mas. (*pomonale*), myth., prêtre de *Pomone*. Ses fonctions consistaient à lui offrir des sacrifices pour la conservation des fruits de la terre.

POMONE, subst. fém. (*pomone*), description des fruits d'une contrée. (*Boiste*.) Substantif propre féminin, mythologie, déesse des fruits, ou divinité qui préside aux fruits et aux jardins. C'était une nymphe remarquable par sa beauté, autant que par son adresse à cultiver les jardins et les arbres fruitiers. Tous les dieux champêtres se disputaient sa conquête; mais Vertumne, particulièrement, chercha tous les moyens de lui plaire, et y réussit après avoir emprunté plusieurs figures. Un jour qu'il s'était métamorphosé en femme âgée, il trouva l'occasion favorable pour lier conversation avec *Pomone*. Il vanta d'abord ses charmes, ses talents, il applaudit à son goût pour la vie champêtre, et lui raconta tant d'aventures funestes arrivées à celles qui refusaient de sacrifier à l'hymen, qu'il finit par l'émouvoir, et qu'elle consentit à l'épouser. *Pomone* avait à Rome un temple et des autels. On la représente assise sur un grand panier rempli de fleurs et de fruits, ayant dans la main gauche quelques pommes, et dans la droite un rameau.

POMOYÉ, E, part. pass. de *pomoyer*.

POMOYER, v. act. (*pomoé-ié*), passer un cordeau dans ses mains pour l'examiner. — *se* POMOYER, v. pron. Presque inusité.

POMPADOUR, subst. mas. (*ponpadour*), t. d'hist. nat., espèce d'oiseau. — Mauvais goût dans l'art, dans les toilettes. Expression burlesque et triviale : *c'est pompadour*, c'est rococo.

POMPE, subst. fém. (*ponpe*) (en grec πομπη, dérivé de πεμπειν, faire porter, conduire), appareil superbe et magnifique. — *Pompes funèbres*, établissement à Paris qui se charge de la fourniture des enterrements. — Fig., manière de s'exprimer en termes recherchés, magnifiques et qui sonnent bien. — *Renoncer au monde et à ses pompes*, à ses vanités.—Machine pour élever l'eau, dans laquelle la pression de l'atmosphère est un des principaux agents. — En musique, sorte d'allonge adaptée au cor, à l'aide de laquelle on le monte ou on le descend d'un demi-ton avec beaucoup de facilité. Il y a de semblables *pompes* pour les flûtes, etc.— On appelle *pompe aspirante*, une *pompe* composée de deux tuyaux réunis ensemble au moyen de brides et d'écrous. Le diamètre du second tuyau est beaucoup plus grand que celui du premier. Le tuyau qui trempe dans l'eau s'appelle *tuyau d'inspiration*; l'autre tuyau, dans lequel se fait le jeu du piston, s'appelle *corps de pompe*. — *Pompe foulante*, *pompe* dans laquelle le corps de *pompe* trempe dans l'eau qu'on veut élever. Il est uni à un tuyau montant qui reçoit l'eau pour la conduire à l'endroit où on veut l'élever. — *Pompe foulante et aspirante*, *pompe* composée d'un corps de *pompe*, et d'un tuyau montant qui est fait de trois pièces, avec une soupape en forme de clapet, qui se ferme quand la soupape qui est au fond du corps de *pompe* s'ouvre, et qui s'ouvre lorsque celle-ci se ferme. Le piston de cette *pompe* a la forme de deux cônes tronqués égaux et semblables qu'on aurait réunis par leur base. Chacun de ces cônes est garni d'une bande de cuir évasée d'un sens contraire. Cette *pompe* a quelquefois deux pistons, dont l'un aspire l'eau, tandis que l'autre la foule pour la faire monter. — *Pompe élévatoire*, *pompe* dans laquelle l'eau pénètre dans le corps de *pompe* par une ouverture, et recouvre le piston qui élève cette masse d'eau lorsqu'on le tire par en haut.— *Pompe aspirante et élévatoire*, *pompe* qui réunit la *pompe* aspirante et la *pompe* élévatoire. — *Pompe de Ctésibius*, *pompe* qui élève l'eau très-haut, et qui est une véritable machine à chapelet. — *Pompe à incendie*, *pompe* qui sert à éteindre les incendies. — *Pompe domestique*, *pompe* pour élever l'eau d'un puits ou d'une citerne. — *Pompe pour les épuisements*, *pompe* composée de quatre planches bien jointes, qui forment le corps de la *pompe*, et d'une soupape qui repose sur un châssis fixe, auquel elle est attachée avec deux pentures. L'effet de cette soupape dépend d'un puisard ou piston, qui n'est autre chose qu'un petit coffre sans fond, garni de cuir, ayant un couvercle qui tient lieu d'une seconde soupape. Ce coffre est attaché à deux bandes de fer, à travers lesquelles passe une barre de bois qui facilite, aux manœuvres, le moyen de lever et de baisser le piston, dont le jeu est de seize pouces. — Les savonniers ont une *pompe portative* qui est surtout en usage dans les manufactures de Flandre.— On appelle *pompe de celliers*, un tube de métal fermé à son extrémité inférieure par une plaque percée de trous, et ouvert à son extrémité supérieure. On le plonge dans un tonneau plein de vin par l'ouverture du bondon. On ferme avec le doigt l'extrémité supérieure, et on le retire plein de vin. Le vin ne coule que lorsqu'on a levé le doigt qui bouchait l'orifice supérieur. — Les chirurgiens appellent *pompe à sein*, un petit bocal de verre ouvert, terminé par un tube aussi de verre et recourbé. Le bocal s'adapte au sein des femmes nourrices; et, en aspirant l'air avec la bouche par le tube, on parvient à former le bout des seins et à les dégorger en tirant la surabondance du lait. — Les physiciens appellent *pompe pneumatique*, *pompe à air*, *pompe de Boyle*, une *pompe* composée d'un cylindre de cuivre creux, qui est proprement le corps de *pompe*, d'un piston qui monte et descend dans ce cylindre, et qui est formé de plusieurs tranches de liège et de cuirs gras, interposées entre les rondelles de liège. Il est terminé par une tige portant un étrier pour faire mouvoir le piston avec le pied. A cette tige est soudée, vers la partie inférieure, une espèce de poignée qui sert à faire monter le piston avec la main, tandis qu'on le dirige avec le pied. Au bout du corps de *pompe* est un robinet, ou clef percée de manière à établir et intercepter à volonté la communication entre le corps de pompe et le récipient, ou la cloche de verre posée sur la platine qui est percée au milieu pour recevoir l'ajutage du robinet. On fait aussi des *pompes pneumatiques à deux corps de pompe*. L'usage de la *pompe pneumatique* est de faire le vide, ou de pomper l'air contenu sous le récipient; on s'en sert beaucoup en physique, et pour les opérations de la chimie moderne. — On appelle *pompe à feu*, une machine fort en usage dans les mines, et dont on se sert à Paris pour fournir de l'eau à une grande partie de la ville. On emploie la vapeur de l'eau comme moteur pour faire jouer ces *pompes*, ou pour faire mouvoir d'autres machines. — On appelle *pompe à feu électrique*, une *pompe* dont l'usage consiste à soutirer le fluide électrique du corps, pour l'électriser négativement ou par raréfaction. — Dans les brasseries, on appelle *pompe à cabaret*, la *pompe* à chapelet destinée à enlever ce qui sort de la cuve-matière. — *Couteau à pompe*, dont le ressort est fendu pour loger une bascule.— *Canif à pompe*, dont la lame rentre dans le manche.

POMPÉ, E, part. pass. de *pomper*.

POMPÉENS, subst. propre mas. plur. (*ponpé-ein*), myth., dieux qu'on invoquait pour être préservé des maux futurs.

POMPÉION, subst. propre mas. (*ponpé-ion*), t. d'antiquité, célèbre bâtiment d'Athènes où l'on conservait les ustensiles sacrés dont on faisait usage dans les cérémonies.

POMPER, v. act. (*ponpé*), épuiser avec une *pompe* : *pomper l'eau d'un vaisseau*. — *Pomper l'humidité*, se dit de certains corps qui attirent à eux l'humidité. — Le peuple dit quelquefois trivialement *pomper*, pour *boire*; comme il appelle souvent *pompler* un franc buveur; il dit aussi dans le même sens : *pomper les huiles.*—Neut., faire agir la *pompe.* — *se* POMPER, v. pron.

POMPERIE, subst. fém. (*ponperi*), art, science du *pompier.* — Action de *pomper.*— Manœuvre des *pompes.*

POMPEUSE, adj. fém. Voy. POMPEUX.

POMPEUSEMENT, adv. (*ponpeuzeman*), avec *pompe : marcher pompeusement.* — Fig. : *s'exprimer pompeusement*, en termes nobles, et aussi en termes ampoulés.

POMPEUX, adj. mas., au fém. **POMPEUSE** (*ponpeu, peuze*), qui a de la *pompe;* qui est magnifique : *appareil pompeux, entrée pompeuse.* —Fig. : *style pompeux.* — *De pompeux éloges*, de très-grands éloges. — *Solécisme pompeux*, locution qui paraît brillante et qui est incorrecte.—On dit quelquefois subst. au mas. : *voilà du pompeux.*

POMPHOLIX, subst. mas. (*ponfolikce*) (du grec πομφολυξ, bulle sur l'eau), t. de chim., ancien nom du protoxyde de zinc. Voy. NIHIL-ALBUM.

POMPIER, subst. mas. (*ponpié*), celui qui fait des *pompes*, celui qui les fait aller. — Celui qui fait partie du *corps des pompiers*, militaires chargés de porter des secours dans les incendies. —Pop.: *c'est un fameux pompier*, un grand, un franc buveur.

POMPILE, subst. mas. (*ponpile*), t. d'hist. nat., genre d'insectes de l'ordre des hyménoptères.—Sorte de poisson.

POMPILIEN, subst. mas. (*ponpiliein*), t. d'hist. nat., tribu d'insectes de la famille des fouisseurs.

POMPON, subst. mas. (*ponpon*) (dimin. de *pompe*), ornement de peu de valeur que les femmes ajoutent à leurs coiffures.—Ornement de laine que les soldats portent à leur coiffure. —Dans le style figuré, familier et critique, on l'a dit, mais on ne le dirait plus, du discours et des ouvrages d'esprit : *il y a des pompons dans son style.* — Pop. : *à lui le pompon*, à lui la gloire.

POMPONA, subst. fém. (*ponpona*), nom que les Espagnols donnent à la vanille.

POMPONNÉ, E, part. pass. de *pomponner.*

POMPONNER, v. act. (*ponponé*), orner de *pompons : pomponner une coiffure.* — Fig. : *pomponner son style*, le parer.—*se* POMPONNER, v. pron.

POMPTINE, subst. fém. (*pontine*), marais pontins. (*Boiste.*) Inusité.

PONANDÉ, subst. mas. (*ponandé*), en t. de compte, apostille.

PONANT, subst. mas. (*ponan*), occident, la partie du monde qui est au couchant du soleil. C'est un terme de mar., usité surtout dans la Méditerranée. Peu en usage aujourd'hui.

PONANTIN, ou **PONANTAIS**, adj. mas. (*ponantein, tè*), t. de mar., qui concerne le *ponant.*

PONÇAGE, subst. mas. (*ponçaje*), action de passer la pierre *ponce* sur quelque chose pour le polir, le lisser.

• **PONCE**, subst. fém. (*ponce*), pierre sèche, poreuse et légère. — Sorte de petit sachet de toile ou de serge, contenant du charbon broyé pour *poncer* un dessin.—*Ponce de chaux*, préparation des couleurs, chaux éteinte à l'air, et passée dans un linge qu'on met dans un cornet. —Adj. des deux genres : *pierre ponce.*

PONCÉ, subst. mas. (*poncé*), encre composée d'huile et de noir de fumée,qui sert à marquer les pièces de toile.

PONCÉ, E, part. pass. de *poncer.*

PONCEAU, subst. mas. (*ponçô*) (du lat. *puniceus*, d'un rouge éclatant, fait de *punicum*, sous-entendu *malum*, grenade), pavot sauvage, d'un rouge très-vif, appelé autrement *coquelicot.* — Rouge très-vif et très-foncé.—On dit adj., en ce dernier sens : *un ruban ponceau.* — *Petit pont* d'une arche, pour passer un ruisseau. (Du lat. *ponticellus*, dim. de *pons, pontis*, pont.)

• **PONCEL**, subst. mas. (*poncèle*), petit pont. (*Boiste.*) — *Ponceau* est plus usité.

PONCELETTIE, subst. fém. (*poncelèteti*), t. de bot., sorte d'arbuste de la famille des épacris, qui croît dans la Nouvelle-Hollande.

PONCER, v. act. (*poncé*), rendre la vaisselle mate avec la pierre *ponce.* — Piquer un dessin et passer par-dessus du charbon en poudre pour en avoir l'empreinte. — Régler le papier avec le *poncis.* — *Poncer une toile*, la marquer avec le *poncé.* — *Poncer un chapeau, un cuir, un parchemin*, en enlever avec la pierre *ponce* les ordures ou les inégalités.—*se* PONCER, v. pron.

• **PONCETTE**, subst. fém. (*poncète*), petit sac de toile, dans lequel est renfermée la poussière dont on se sert pour *poncer* le dessin qu'on doit broder.

PONCEUSE, adj. fém. Voy. PONCEUX.

PONCEUX, adj. mas., au fém. **PONCEUSE** (*ponceu, ceuze*), qui ressemble à la *pierre ponce*, qui tient de la nature de la *pierre ponce.* —Qui est mêlé avec de la *pierre ponce* : *tuf ponceux.*

PONCHE, subst. mas. Voy. PUNCH.

PONCIRADE, subst. fém. (*poncirade*), t. de bot., nom qu'on donne à la mélisse cultivée.

PONCIRE, subst. mas. (*poncire*) (en lat. barbare *poncira*, *quasi pomum cereum*, dit *Ménage* d'après *Saumaise*), sorte de citron, gros et très-odorant, dont on fait cette confiture qu'on appelle *écorce de citron.*

• **PONCIS**, subst. mas. (*ponci*), dessin qui a été piqué et sur lequel on passe du charbon en poudre.—Papier coupé avec le canif et la règle, qu'on met sur le papier sur lequel on veut écrire, pour aller droit.

PONCTION, subst. fém. (*ponkcion*) (en lat. *punctio*), t. de chir., opération qui a pour but d'évacuer les eaux épanchées dans une cavité naturelle ou accidentelle du corps humain, en y faisant une ouverture avec la lame d'un bistouri, ou instrument appelé trois-quart.

PONCTUALITÉ, subst. fém. (*ponktu-alité*), grande exactitude. Voy. PONCTUEL.

PONCTUATEUR, subst. mas. (*ponktu-ateur*), qui met des *points;* qui note avec des *points*, les noms des absents. Presque inusité; on dit *pointeur.*

PONCTUATION, subst. fém. (*ponktu-âcion*) (du lat. *punctum*, point), art ou action de *ponctuer.*—Signes qu'on emploie pour *ponctuer.* — En parlant de la langue hébraïque et de quelques autres langues orientales, les *points* qui suppléent les voyelles.—En t. de fondeur en caractères ou d'imprimeur, on entend par *ponctuation* non seulement les signes ordinaires de la *ponctuation*, (, ; : . ! ?), mais encore tous les autres signes usités dans l'impression et qui ne sont pas des lettres, tels que le trait d'union, le guillemet, l'apostrophe, la parenthèse, etc. (-» ' ( ) —)

PONCTUÉ, subst. mas. (*ponktu-é*), t. d'hist. nat., sorte de lézard, de serpent et de poisson.

PONCTUÉ, E, part. pass. de *ponctuer*, et adj. —Se dit, en bot., des feuilles dont la surface est parsemée de petits *points* nombreux, creux et transparents, ou de vésicules comme dans les myrtes, les mille-pertuis, etc.

PONCTUEL, adj. mas., au fém. **PONCTUELLE** (*ponktu-èle*) (du latin *punctum*, instant, moment, temps précis), exact, régulier, qui fait à *point* nommé ce qu'il doit faire.

PONCTUELLE, adj. fém. Voy. PONCTUEL.

PONCTUELLEMENT, adv. (*ponktu-èleman*), avec *ponctualité.*

PONCTUER, v. act. (*ponktu-é*), mettre les *points* et les virgules dans un discours écrit, pour en distinguer les périodes, etc. — Dans la musique, 1° marquer, en composant, les repos plus ou moins parfaits des membres de la période; 2° conserver à des paroles qu'on met en chant toute la valeur de leur première *ponctuation.*— *se* PONCTUER, v. pron.

PONDAG, subst. mas. (*pondague*), t. de minér., inclinaison de la veine du charbon minéral.

PONDAGE, subst. mas. (*pondaje*), droit que les rois d'Angleterre font lever sur chaque tonneau de marchandises.

PONDÉRABLE, adj. des deux genres (*pondérable*), dont on peut déterminer le *poids*, qu'on peut *peser* : *l'air est pondérable.*

PONDÉRANT, E, adj. (*pondéran, rante*), lourd, pesant, qui a du poids : *style, éloquence pondérante.*

PONDÉRATION, subst. fém. (*pondérâcion*) (en latin *ponderatio*, qui vient de *ponderare*, peser), t. de peinture, science qui détermine l'équilibre des corps et leurs justes mouvements, conformément aux lois de la physique.—Égalité du poids des parties balancées et reposées sur un centre qui les soutient, soit dans une action de mouvement, soit dans une attitude de repos. — Ordonnance tellement ménagée, que, si quelque corps s'élève dans un endroit, il y en ait quelque autre qui le balance, de sorte que la composition présente, dans ses différentes parties, une *juste pondération.* Ce mot est synonyme d'*équilibre.*

PONDÉRÉ, E, part. pass. de *pondérer.*

PONDÉRER, v. act. (*pondéré*) (en latin *ponderare*), donner le poids, balancer, équilibrer : *pondérer les pouvoirs de l'état.* — *se* PONDÉRER, v. pron.

PONDEUR, subst. mas., **PONDEUSE**, subst. fém. (*pondeur, deuze*), celui, celle qui *pond.* Le mas. n'a été employé que par *La Fontaine* :

> La femme du *pondeur* s'en retourne chez elle...

— Femelle d'oiseau qui *pond*, qui donne des œufs. — Fig. et pop., femme féconde, qui accouche souvent : *elle est bonne pondeuse.* — Adj. fém. : *poule pondeuse*, qui donne beaucoup d'œufs.

PONDICHÉRY, subst. propre mas. (*pondichéri*), capitale des établissements français dans l'Indoustan, dans le Karnatic, résidence des gouverneurs français.

PONDRE, v. act. et neut. (*pondre*) (du latin *ponere*, sous-entendu *ova*, mettre bas les œufs), faire les œufs, en parlant d'un oiseau, de la tortue ou de tout autre animal ovipare. — *Pondre sur ses œufs*, jouir tranquillement de son bien. — *se* PONDRE, v. pron.

PONDU, E, part. pass. de *pondre.*

PONÈRE, subst. mas. (*ponère*), t. d'hist. nat., genre d'insectes de l'ordre des hyménoptères.

PONGAM, subst. mas. (*ponguame*), t. de bot., espèce d'arbre de la famille des légumineuses.

PONGÉ, E, part. pass. de *ponger.*

PONGER, v. act. (*ponjé*), t. de corroyeur, se dit du cuir qui se pénètre d'eau. — *se* PONGER, v. pron.

• **PONGITIF**, adj. mas., au fém. **PONGITIVE** (*ponjitif, tive*) (du lat. *pungere*, piquer), t. de médec., se dit d'une douleur aiguë, quand la partie qu'elle affecte semble percée par une pointe, ou comme par une pointe.

PONGO, subst. mas. (*ponguô*), t. d'hist. nat., c'est le même singe que le jocko.

PONGOL, subst. mas. (*ponguole*), fête que célèbrent les Indiens, le premier de leur dixième mois, qu'ils appellent *tai.* Elle dure deux jours, et son objet est de saluer le retour du soleil dans le nord.

PONNE, subst. mas. (*pone*), petite monnaie du Bengale et du Mogol, valant environ huit centimes de France.

PONNU, E, adj. (*ponu*) (du lat. *ponere*, déposer), pondu. (*Boiste.*) Pop. et mal dit.

PONS, subst. propre mas. (*pon*), ville de France, chef-lieu de canton, arrond. de Saintes, dép. de la Charente-Inférieure.

PONS-DE-THOMMIÈRES (SAINT-), subst. propre mas. (*ceinpondetomière*), ville de France, chef-lieu de canton et d'arrond., dép. de l'Hérault.

PONSIF, subst. mas. (*poncif*), sac plein de charbon pilé pour saupoudrer les modèles. Voy. PONCIS.

PONT, subst. mas. (*pon*) (du lat. *pons*, gén. *pontis*), ouvrage en pierre, en fer ou en bois, élevé au-dessus d'une rivière, d'un ruisseau, d'un fossé, etc., pour en faciliter le passage.—*Pont-levis*, petit *pont* qui se lève et s'abaisse sur un fossé, etc.—En t. de manége, on dit d'un cheval qui en se cabrant se dresse si haut sur les jambes de derrière, qu'il court risque de se renverser et de renverser son cavalier, qu'*il fait des ponts-levis.* — En t. de marine, le tillac et les différents étages d'un vaisseau. Les plus grands vaisseaux de guerre n'ont que trois *ponts*, à cinq pieds de hauteur l'un sur l'autre. On appelle *premier pont* ou *franc tillac*, celui qui est le plus près de l'eau; *second pont*, celui qui est au-dessus du premier; *troisième pont*, le *pont* le plus haut du vaisseau, lorsqu'il est à trois *ponts; faux-pont*, espèce de *pont* fait à fond de cale pour la commodité et pour la conservation de la charge du vaisseau, ou pour loger les soldats; *pont de cordes*, entrelacement de cordages dont on couvre tout le haut du vaisseau, en forme de *pont.* Il n'y a guère que les vaisseaux marchands qui portent cette sorte de *pont.* Il sert à se défendre contre les ennemis qui viennent à l'abordage, parce que, de dessous ce *pont*, on perce aisément, à coups d'épée ou d'esponton, ceux qui ont sauté dessus; *pont coupé*, celui qui n'a que l'acastillage de l'avant et de l'arrière, sans régner entièrement de proue à poupe.—*Équipage de pont*, t. de guerre, tout le matériel qui sert à établir des *ponts* pour le passage d'une armée.—*Pont dormant*, qui est fixe et ne se hausse point.—*Pont suspendu*, celui qui est posé sur deux montagnes pour communiquer de l'une à l'autre. — *Pont de cordes*, tissu de cordes entrelacées qui sert quelquefois à traverser les rivières, etc. — *Pont de* *joncs*, fait avec du jonc. — *Pont* et non pas *pont-levis*, t. de tailleur, partie du devant de la culotte ou du pantalon, que l'on boutonne et que l'on déboutonne à volonté : *grand pont, petit pont*. — *Pont de bateaux*, *pont* fait de bateaux attachés ensemble et recouverts de grosses planches. — *Pont à coulisse*, celui qui se glisse en roulant sur des poulies. — *Pont tournant*, *pont* que l'on peut retirer à l'un des bords en le tournant. — *Pont volant*, composé de deux petits *ponts* placés l'un sur l'autre.— Plusieurs bateaux liés ensemble. — *Pont* d'un petit bâtiment marchand, qui s'enlève par panneaux. — *Pont* de vaisseau qui est si léger, qu'on ne saurait y poser des canons. — *Pont aux ânes*, 1° réponses triviales dont les plus ignorants ont coutume de se servir dans les questions qu'on leur propose ; 2° ce que tout le monde sait et qu'il est honteux d'ignorer. — *Pont de la cloche*, une des anses qui n'est point recourbée, qui sort du milieu du cerveau de la cloche, et à laquelle les autres anses viennent se réunir par le haut. — Prov. : *laisser passer l'eau sous le pont*, ne pas se mettre en peine de ce qui ne nous regarde pas. — *Il passera bien de l'eau sous le pont d'ici à ce que cela arrive*, cela n'arrivera pas de si tôt. — *Faire un pont d'or à son ennemi*, lui céder beaucoup pour se débarrasser d'une fâcheuse affaire. — *Faire un pont d'or à quelqu'un*, lui offrir de grands avantages. — *Faire un pont*, *faire le pont*, au jeu de cartes, les courber. — *La foire n'est pas sur le pont*, il est inutile de tant se presser. — *Ponts-et-chaussées*, tout ce qui regarde les grands chemins et les voiries : *administration*, *génie*, *école des ponts-et-chaussées*.

le **PONT**, subst. mas. (*lepon*) (en grec πoντoς, en latin *pontus*), nom qu'*Hesiode*, et, après lui, les écrivains anciens, donnent à la mer Noire.

PONT-À-MARCQ, subst. propre mas. (*pontamarke*), bourg de France, chef-lieu de canton, arrond. de Lille, dép. du Nord.

PONT-À-MOUSSON, subst. propre mas. (*pontamouçon*), ville de France, chef-lieu de canton, arrond. de Nancy, dép. de la Meurthe.

PONT-AUDEMER, subst. propre mas. (*pontôdemère*), ville de France, chef-lieu d'arrond. et de canton, dép. de l'Eure.

PONT-CHÂTEAU, subst. propre mas. (*ponchâtô*), ville de France, chef-lieu de canton, arrond de Savenay, dép. de la Loire-Inférieure.

PONT-CROIX, subst. propre mas. (*ponkroé*), bourg de France, chef-lieu de canton, arrond. de Quimper, dép. du Finistère.

PONT-D'AIN, subst. propre mas. (*pondein*), ville de France, chef-lieu de canton, arrond. de Bourg-en-Bresse, dép. de l'Ain.

PONT-DE-BEAUVOISIN, subst. propre mas. (*pondebôvoézein*), ville de France, chef-lieu de canton, arrond. de la Tour-du-Pin, dép. de l'Isère.

PONT-DE-CAMARÈS, subst. propre mas. (*pondekamarèce*), ville de France, chef-lieu de canton, arrond. de Sainte-Affrique, dép. de l'Aveyron.

PONT-DE-L'ARCHE (**LE**), subst. propre mas. (*lepondelarche*), ville de France, chef-lieu de canton, arrond. de Louviers, dép. de l'Eure.

PONT-DE-MONTVERT, subst. propre mas. (*pondemonvère*), ville de France, chef-lieu de canton, arrond. de Florac, dép. de la Lozère.

PONT-DE-RAIDE (subst. propre mas. (*pon-derède*), village de France, chef-lieu de canton, arrond. de Montbéliard, dép. du Doubs.

PONT-DE-SALARS, subst. propre mas. (*pondeçalar*), ville de France, chef-lieu de canton, arrond. de Rodez, dép. de l'Aveyron.

PONT-DE-VAUX, subst. propre mas. (*pondevô*), ville de France, chef-lieu de canton, arrond. de Bourg-en-Bresse, dép. de l'Ain.

PONT-DE-VEYLE, subst. propre mas. (*pondevèle*), ville de France, chef-lieu de canton, arrond. de Bourg-en-Bresse, dép. de l'Ain.

PONT-DU-CHÂTEAU, subst. propre mas. (*ponduchâtô*), ville de France, chef-lieu de canton, arrond. de Clermont-Ferrand, dép. du Puy-de-Dôme.

PONT-DU-GARD (**LE**), subst. propre mas. (*leponduguare*), ancien aqueduc construit par les Romains, pour amener les eaux de la fontaine d'Eure à Nîmes. C'est un des plus beaux morceaux de l'antiquité. Il est bâti sur la rivière du Gard, dont il a pris le nom, et se trouve à cinq lieues de Nîmes. Il a trois rangs d'arcades à plein cintre, élevées les unes sur les autres, et formant trois ponts.

PONT-EN-ROYANS, subst. propre mas. (*pon tanroé-ian*), bourg de France, chef-lieu de canton, arrond. de Saint-Marcellin, dép. de l'Isère.

PONT-GIBAUD, subst. propre mas. (*ponjibô*), bourg de France, chef-lieu de canton, arrond. de Clermont-Ferrand, dép. du Puy-de-Dôme.

PONT-L'ABBÉ, subst. propre mas. (*ponlabé*), ville maritime, chef-lieu de canton, arrond. de Quimper, dép. du Finistère.

PONT-L'ÉVÊQUE, subst. propre mas. (*ponlévêke*), ville de France, chef-lieu de canton et d'arrond., dép. du Calvados.

PONT-SAINT-ESPRIT (**LE**), subst. propre mas. (*leponceintécepri*), ville de France, chef-lieu de canton, arrond. d'Uzès, dép. du Gard.

PONT-SAINTE-MAXENCE, subst. propre mas. (*ponceintemakçance*), ville de France, chef-lieu de canton, arrond. de Senlis, dép. de l'Oise.

PONT-SUR-YONNE, subst. propre mas. (*ponçuri-one*), ville de France, chef-lieu de canton, arrond. de Sens, dép. de l'Yonne.

PONT-VALLAIN, subst. propre mas. (*ponvalein*), bourg de France, chef-lieu de canton, arrond. de la Flèche, dép. de la Sarthe.

PONTACQ, subst. propre mas. (*pontake*), ville de France, chef-lieu de canton, arrond. de Pau, dép. des Basses-Pyrénées.

PONTAILLIER, subst. propre mas. (*pontâ-ié*), ville de France, chef-lieu de canton, arrond. de Dijon, dép. de la Côte-d'Or.

PONTAGE, subst. mas. (*pontaje*). Voy. PONTONAGE.

PONTAIN, subst. mas. (*pontein*), t. d'antiq., nom de mendiants qui se tenaient sur le *pont* Sulpicius, à Rome, pour demander l'aumône.

PONTAL, subst. mas. (*pontal*), t. de mar., la hauteur ou le creux d'un vaisseau.

PONTARLIER, subst. propre mas. (*pontarlié*), ville de France, chef-lieu de canton et d'arrond., dép. du Doubs.

PONT-D'ADAM, subst. propre mas. (*pondadan*), suite de bancs de sables qui s'étendent presque en ligne directe entre l'île de Manaar et celle de Ceylan.

PONTAUMUR, subst. propre mas. (*pontômur*), village de France, chef-lieu de canton, arrond. de Riom, dép. du Puy-de-Dôme.

PONTAVEN, subst. propre mas. (*pontavène*), ville de France, chef-lieu de canton, arrond. de Quimperlé, dép. du Finistère.

PONTCIRQ, subst. propre mas. (*poncirke*), ville de France, chef-lieu de canton, arrond. de Nantua, dép. de l'Ain.

PONT-DE-VAROLE, subst. mas. (*pondevarole*), t. d'anat., protubérance annulaire ou moyenne de la moelle allongée.

PONTE, subst. fém. (*ponte*), action de *pondre* des œufs. — Temps où les oiseaux *pondent*.— Dans les mines de France, il se dit de la roche qui sert de couverture, et de celle qui sert d'appui à un filon. Celle qui est au-dessus se nomme *ponte courante*, et celle qui est au-dessous *ponte couchante*. Quelquefois on appelle la première le *toit de la mine*, et la seconde le *sol* ou le *plancher*.

PONTE, subst. mas. (*ponte*), t. de jeu, au jeu de l'hombre, l'as rouge quand on joue en cœur ou en carreau.—A la bassette, au pharaon, etc., celui qui met de l'argent sur des cartes contre le banquier.

PONTÉ, subst. mas. (*ponté*), ce qui défend la main à la poignée d'une épée.

PONTÉ, E, adj. (*ponté*) : *vaisseau ponté*, qui a un *pont*.

PONTEAU, subst. mas. (*pontô*), dans le métier à fabriquer les étoffes de soie, pièce de bois ronde, avec une coche ou entaille à chaque bout, qui sert à le fixer et à l'affermir solidement.

PONTÉE, subst. fém. (*ponté*), ensemble des supports d'un *pont* militaire.

PONTEDÈRE, subst. fém. (*pontedère*), t. de bot., genre de plantes de la famille des narcissoïdes.

PONTÉDÉRÉE, subst. fém. (*pontédéré*), t. de bot., famille de plantes qui se rapprochent des commelines.

PONTELÉ, E, part. pass. de *ponteler*.

PONTELER, v. act. (*pontelé*), poser les *ponteaux* pour monter la charpente du métier en soie. —*se* PONTELER, v. pron.

PONTER, v. neut. (*ponté*), jouer contre le banquier, à la bassette, au pharaon, au trente et quarante.

PONTES, subst. fém. plur. (*ponte*), t. de minér., lisières d'un filon ; c'est ce qu'on nomme aussi *épontes*.

PONTET, subst. mas. (*ponté*), t. d'arquebusier, partie de la sous-garde qui est relevée et arrondie, pour couvrir la détente.—T. de sellier, partie d'une selle qui a la forme d'un *pont*, qui est en arcade.

PONTHOU, subst. propre mas. (*pontou*), village de France, chef-lieu de canton, arrond. de Morlaix, dép. du Finistère.

PONTHIÈVRE, subst. fém. (*ponti-èvre*), t. de bot., genre de plantes dont la corolle est irrégulière ; ce sont des plantes glanduleuses de la famille des orchidées.

PONTIANE, subst. fém. (*ponciane*), nom que l'on donnait autrefois au tabac. Peu usité.

PONTIA, subst. propre fém. (*poncia*), myth., surnom de Vénus, qui avait un temple à Corinthe.

PONTIFE, subst. mas. (*pontife*) (en lat. *pontifex*), ministre des choses sacrées. — Chez les juifs on ne le disait que du grand-prêtre. — Chez les anciens Romains, il y avait un collége de *pontifes*, dont le chef s'appelait *grand-pontife*. — Chez les chrétiens : 1° le pape : *le souverain pontife* ; 2° évêque. Il ne se dit en ce dernier sens que dans l'office de l'Église et dans le style soutenu. — PONTIFE, PRÉLAT, ÉVÊQUE. (*Syn.*) Vous êtes *pontife* par la puissance et par la hauteur des fonctions que vous exercez dans l'Église ; vous êtes *prélat* par la dignité et par le rang que vous occupez dans la hiérarchie ecclésiastique ; vous êtes *évêque* par la consécration et par le gouvernement spirituel que vous avez dans un diocèse. — Le *pontificat* est une domination ; la *prélature*, une distinction ; l'*épiscopat*, une charge. La domination du *pontife* lui donne le droit de commander et de présider ; la distinction du *prélat* lui attribue la préséance et des prérogatives honorifiques ; la charge d'*évêque* impose le devoir de veiller et de pourvoir aux besoins spirituels d'un troupeau.

PONTIFICAL, subst. mas. (*pontifikale*) (en lat. *pontificalis*, sous-entendu *liber*), livre qui contient les cérémonies qui regardent le ministère de l'évêque. — Au plur. mas., des *pontificaux*.

PONTIFICAL, E, adj. (*pontifikale*) (en latin *pontificalis*), qui appartient à la dignité de *pontife*, d'évêque : *habits, ornements pontificaux*. — Qui appartient à la dignité de souverain *pontife* : *parvenir à la dignité pontificale*.— *Collége pontifical*, chez les anciens Romains, collége composé de ceux qui avaient la principale direction des affaires de la religion, qui en réglaient le culte, etc. Il avait été institué par *Numa*. — Au plur., *pontificaux*.

PONTIFICALEMENT, adv. (*pontifikaleman*), d'une manière *pontificale* ; avec les habits *pontificaux*.

PONTIFICAT, subst. mas. (*pontifika*) (en latin *pontificatus*), chez les anciens Romains, dignité de *grand-pontife*. — Le temps que durait cette dignité.—Chez les chrétiens, la dignité du pape, et le temps que dure son règne.

PONTIFICAUX, subst. et adj. mas. plur. Voy. PONTIFICAL.

PONTIL, subst. mas. (*pontile*), t. de verrerie, baguette de fer au bout de laquelle on forme un bouton de verre, qu'on applique contre la base des divers vases de verrerie, lesquels y demeurent collés lorsqu'on les sépare de la canne. — Glace sur laquelle on étend l'émeri.

PONTILLAGE, subst. mas. (*ponti-iaje*), action d'enlever avec des pinces les ordures du drap.

PONTILLES, ou **ÉPONTILLES**, subst. fém. pl. (*ponti-ie, éponti-ie*), t. de mar., pieux de bois placés sur le plat-bord d'un vaisseau.

PONTILLÉ, E, part. pass. de *pontiller*.

PONTILLER, v. act. et n. (*ponti-ié*), attacher le *pontil* à une pièce de verre.

PONTINS, adj. mas. plur. (*pontein*), usité seulement avec le mot *marais*, et au plur. : *marais pontins*, marais immenses près de Rome, produits par la rupture des aqueducs.

PONTIVY, subst. propre mas. (*pontivi*), ville de France, chef-lieu de canton et d'arrondissement, dép. du Morbihan.

PONT-NEUF, subst. mas. (*ponneufe*), nom propre d'un *pont* à Paris.— Chanson triviale et populaire sur un air qui ne l'était pas moins.— Au plur., des *pont-neuf* : *composer des pont-neuf*, et non pas des *ponts-neufs*, car on ne bâtit pas des *ponts-neufs*, mais on fait encore des chansons de la façon de celles qui se chantaient sur le *pont Neuf*.

PONTOBDELLE, subst. fém. (*pontobedèle*), t. d'hist. nat., genre de vers qui se rapprochent de celui des sangsues.

PONTOISE, subst. propre mas. (*pontoèze*), ville de France, chef-lieu de canton et d'arrondissement, dép. de Seine-et-Oise.

PONTOMÉDON, subst. propre mas. (*pontomédon*) (en grec ποντομεδων, fait de ποντος, la mer, et μεδω, je commande), myth., surnom de Neptune, comme souverain de la mer.

PONTON, subst. mas. (*ponton*), *pont* flottant, composé de deux bateaux joints par des poutres et recouverts de planches.—T. milit., petits bateaux de cuivre pour le passage des rivières. — En t. de marine, barque plate qui sert au radoub des vaisseaux, à élever de l'artillerie, à nettoyer des ports. — On appelle aussi *pontons* des vaisseaux rasés, qui ne peuvent plus servir; on y enferme des prisonniers.

PONTONAGE, subst. mas. (*pontonaje*), droit payé par ceux qui traversent une rivière, soit sur un *pont*, soit dans un bac.

PONTONIER (nous ferons remarquer que l'*Académie*, qui écrit *pontonage* par un *n*, ce qui serait conforme à notre méthode d'orthographe, écrit *pontonnier* par deux *n*), subst. mas. (*pontonié*), celui qui perçoit le droit de *pontonage*. — Soldat d'artillerie chargé du service des *pontons*.

PONTOPHILE, subst. mas. (*pontofile*) (du grec ποντος, la mer, et φιλος, ami), t. d'hist. nat., genre de crustacés de l'ordre des décapodes.

PONTORSON, subst. propre mas. (*pontorçon*), ville de France, chef-lieu de canton, arrond. d'Avranches, département de la Manche.

PONTRIEUX, subst. propre mas. (*pontri-eu*), bourg de France, chef-lieu de canton, arrond. de Guingamp, dép. des Côtes-du-Nord.

PONTS-DE-CÉ (SAINT-AUBIN-DES-), subst. propre mas. (*ceintôbeindépondecé*), ville de France, chef-lieu de canton, arrond. d'Angers, dép. de Maine-et-Loire.

PONTS-ET-CHAUSSÉES, subst. mas. plur. Voy. PONT.

PONTUSEAU, subst. mas. (*pontuzô*), t. de papetier, verge de métal qui traverse les vergeures dans les formes sur lesquelles se fabrique le papier. — Raie que ces verges laissent empreintes sur chaque feuille.

PONTY, subst. mas. (*ponti*), dans les verreries, pièce faite sans que l'ouvrier, pour former l'ouverture, ait attaché sa canne au fond de cette pièce : cette manœuvre y laisse plus ou moins de matière, et toujours une cassure nécessaire pour séparer la pièce. Voy. PONTIL.

POOLITE, subst. mas. (*po-olite*) (du grec πωλητης), t. d'antiq., inspecteur du trésor à Athènes.

POP., abréviation du mot *populaire* ou *populairement*.

POPE, subst. mas. (*pope*) (du grec παππας, père), chez les anciens, ministre inférieur des sacrifices qui, couronné de laurier et à demi nu, conduisait les victimes à l'autel, les frappait et les égorgeait. Les *popes* (en lat. *popæ*) étaient proprement les valets des prêtres qui vendaient chez eux la portion des victimes réservée pour les dieux; et de là le nom de *popinæ* donné d'abord à leurs maisons, et ensuite, par extension, aux tavernes et aux cabarets. — Aujourd'hui, et principalement chez les Russes, prêtre grec qu'on appelle aussi *papa*.

POPÉ, subst. mas. (*popé*), t. d'hist. nat., espèce de jaguar, d'une grosseur considérable.

POPELINE, subst. fém. (*popeline*), étoffe légère de luxe, laine fine. On devrait dire *papeline*. Voy. ce dernier mot.

POPINE, subst fém. (*popine*) (en lat. *popina*), maison où le *pope* vendait la chair des victimes, et en même temps du vin. — Plus tard, cabaret, taverne.

POPINÉ, E, part. pass. de *popiner*.

se POPINER, v. pron. (*cepopiné*), se parer, s'ajuster. (*Boiste*.)

POPLITAIRE, adj. des deux genres, ou **POPLITÉ, E**, adj. (*poplitère, té*) (du lat. *poples*, *plitis*, le jarret), t. d'anat., qui a rapport au jarret : *le muscle poplité, la veine poplitaire*.

POPLITÉ, E. Voyez POPLITAIRE.

POPLITIQUE, adj. des deux genres (*poplitike*), t. d'anat., du jarret; qui tient, qui a rapport au jarret : *veine poplitique*, placée dans le milieu de la cuisse.

POPPYSME, subst. mas. (*popepiceme*) (du grec ποππυζω, je siffle), petit bruit qu'on fait avec les lèvres pour baiser. Hors d'usage.

POPULACE, subst. fém. (*populace*), le bas, le menu *peuple*.

POPULACERIE, subst. fém. (*populaceri*), mœurs de la *populace*, du *populacier*.

POPULACIER, subst. et adj. mas., **POPULACIÈRE**, subst. et adj. fém. (*populacié, cière*), partisan de la *populace*, qui l'adule, qui s'en fait aimer.

POPULACIÈRE, subst. fém. Voy. POPULACIER.

POPULAGE, subst. mas. (*populaje*), t. de bot., plante vivace du genre des renonculacées.

POPULAIRE, adj. des deux genres (*populère*) (en lat. *popularis*), qui est du *peuple*, qui concerne le *peuple*.—En parlant des personnes, qui se fait aimer du *peuple*, affable, etc.—*Gouvernement* ou *état populaire*, où l'autorité est entre les mains du *peuple*, ou qui prend les intérêts du *peuple*. — *Vérité devenue populaire*, répandue dans le *peuple*.—*Éloquence populaire*, propre à faire impression sur le *peuple*. — *Maladies populaires*, qui courent parmi le *peuple*.—On a dit quelquefois fam. au subst.: *il y a un populaire effrayant*, c'est-à-dire, une foule extraordinaire. Cette locution est vicieuse.

POPULAIREMENT, adv. (*populèreman*), d'une manière *populaire*; à la manière du *peuple*.

POPULARISÉ, E, part. pass. de *populariser*.

POPULARISER, v. act. (*popularizé*) (du latin *popularis*, qui est du peuple), propager parmi le *peuple* : *populariser une opinion*.—*se* POPULARISER, v. pron., se concilier l'affection du *peuple*; se familiariser avec lui.

POPULARISME, subst. mas. (*populariceme*), gouvernement *populaire*.—Cour basse et servile faite au *peuple*, pour gagner son affection.

POPULARITÉ, subst. fém. (*popularité*) (en lat. *popularitas*), caractère d'un homme *populaire*; affabilité.—Affection, faveur du *peuple*.

POPULATION, subst. fém. (*populâcion*), nombre d'hommes dont un pays est *peuplé*; quantité d'habitants qu'il renferme.— *Favoriser la population*, aider, par toutes sortes de moyens, à augmenter le nombre des habitants d'un pays.

POPULÉUM, subst. mas. (*populé-ome*) (du lat. *populus*, peuplier), t. de pharm., sorte d'onguent fait de bourgeons de peuplier.—Adj. : *onguent populéum*.

POPULEUSE, adj. fém. Voy. POPULEUX.

POPULEUX, adj. mas., au fém. **POPULEUSE** (*populeu, leuze*), très-*peuplé*; où il y a beaucoup d'habitants, beaucoup de monde.

POPULICIDE, subst. mas. (*populicide*) (du lat. *populus*, peuple, et *occidere*, tuer), assassin du *peuple*.—Son crime.—Adj. au fig. : *loi, décret populicide*, contraire aux intérêts du *peuple*, attentatoire à ses droits, à sa liberté, à sa sûreté. Néolog. Inus.

POPULIFUGIES, subst. fém. plur. (*populifuji*), myth., fêtes que les Romains célébraient au mois de juin, en l'honneur de la fuite des rois, ou de la déesse *Fugia*.

POPULINE, subst. fém. (*populine*) (du lat. *populus*, peuplier), t. de chim., principe immédiat découvert récemment dans une substance extraite des peupliers.

POPULO, subst. mas. (*populô*), petit enfant gras et potelé. Hors d'usage.

POPULO (CORAM) (*koramepopulô*), loc. lat. admise proverbialement en français, pour dire : *sans se cacher*; à la vue de tout le monde : *il l'a dit, il l'a fait coràm populo*, en présence de tout le monde.

POPULONIE, subst. propre fém. (*populoni*), myth., déesse qu'on adorait à Rome pour être préservé des ravages des ennemis. — Sous ce nom, on adorait aussi Junon, comme déesse de la fécondité.

POQUE, subst. mas. (*poke*), sorte de jeu de cartes. C'est un petit cassetin qu'on range sur la table, où chacun des joueurs met un ou plusieurs jetons, selon la convention faite : *le poque de l'as, le poque du roi*, etc. Vieux et même hors d'usage.

POQUÉ, E, part. pass. de *poquer*.

POQUER, v. act. (*pokié*), jouer à la boule en l'élevant, pour la faire tomber justement où l'on veut qu'elle demeure sans rouler. (*Trévoux*.) — Au jeu du *poque*, faire une vade : *je poque de tant*. Vieux et même hors d'usage.

PORACÉ, E, adj. Voy. PORRACÉ.

PORANE, subst. fém. (*porane*), t. de bot., plante volubile de l'Inde, de la famille des liserons.

PORANTHÈRE, subst. fém. (*porantère*), t. de bot., genre de plantes de la pentandrie trigynie.

PORAQUÈBE, subst. mas. (*porakièbe*), t. de bot., arbre de la Guyane, de la famille des vinettiers.

PORC, subst. mas. (*por* devant une consonne, et *porke* devant une voyelle et à la fin des phrases) (en lat. *porcus*), cochon, pourceau. Voyez COCHON.— Chair de cochon. — *Porc frais*, la chair du cochon qui n'est pas salée. — On appelle *soie de porc*, le grand poil qui vient aux porcs sur le haut du cou et sur le dos.

PORC-ÉPIC, subst. mas. (*porképike*) (du lat. *porcus spicatus*, de *spica*, épi de blé), t. d'hist. nat., animal couvert de piquants. C'est un mammifère de la famille des rongeurs. — Au plur., des *porcs-épics*.

PORCELAINE, subst. fém. (*porcelène*), sorte de terre cuite très-fine, travaillée d'abord à la Chine et au Japon, et imitée avec succès en Europe.— Vases faits de *porcelaine* : *il a chez lui plusieurs belles porcelaines*.—T. d'hist. nat., genre de mollusques gastéropodes. (Suivant la plupart des étymologistes, c'est de *porcellana*, nom latin de ce mollusque, que dérive celui de *porcelaine*, poterie; parce qu'elle est aussi lisse, aussi polie que ce même coquillage.) On dit aussi : *porcellane*, dans ce dernier sens. —*Porcelaine fossile*, pierre argileuse qui durcit au feu, et à laquelle on donne la forme que l'on veut.—En t. de médec., maladie de la peau qui consiste en de petites pustules écailleuses. — Adj. des deux genres : *cheval porcelaine*, dont la robe est grise et tachetée de poils bleuâtres et couleur d'ardoise.

PORCELANISÉ, E, adj. (*porcelanizé*), converti en *porcelaine*. Peu usité.

PORCELANITE, subst. fem. (*porcelanite*), t. d'hist. nat., sorte de *porcelaine* fossile.

PORCELET, subst. mas. (*porcelé*), sorte de cloporte.

PORCÉLIE, subst. fém. (*porcéli*), t. de bot., espèce de bel arbre qui croît au Pérou.

PORCELLANE, subst. fém. (*porcèlelane*), t. d'hist. nat., crustacé décapode. Voy. PORCELAINE.

PORCELLION, subst. mas. (*porcèlelion*), t. d'hist. nat., genre de crustacés de l'ordre des isopodes.

PORCHAIRE (SAINT-), subst. propre mas. (*ceinporchère*), village de France, chef-lieu de canton, arrond. de Saintes, dép. de la Charente-Inférieure.

PORCHAISON, subst. fém. (*porchèzon*) (du latin *porcus*, porc, sanglier), t. de chasse, temps où le sanglier est le plus gras et le meilleur à manger.

PORCHE, subst. mas. (*porche*) (corruption du lat. *porticus*, qui a la même signification), lieu couvert à l'entrée d'une église, portique. Il est familier et se dit d'un portique simple et sans ornement. — Cage de menuiserie pratiquée en dedans d'une église, etc., pour former une double porte. On dit aussi et plus souvent *tambour*.

PORCHER, subst. mas., **PORCHÈRE**, subst. fém. (*porché, chère*), celui, celle qui garde les pourceaux.—Fig. et fam., homme grossier, malpropre et malappris : *c'est un vrai porcher*.

PORCHÈRE, subst. fém. Voy. PORCHER.

PORCHERIE, subst. fém. (*porcheri*), toit à *porcs*.

PORC-MARIN, subst. mas. (*poremarein*), t. d'hist. nat., sorte de marsouin ou dauphin.—Au plur., des *porcs-marins*.

PORC-SANGLIER, subst. mas. (*poreçanguelié*), *porc* sauvage qu'on appelle ordinairement *sanglier*.

PORE, subst. mas. (*pore*) (en lat. *porus*, pris du grec πορος, qui vient de πειρω, je passe), petite ouverture presque imperceptible dans la peau de l'animal, par où sortent le poil et les sueurs. Il ne se dit guère qu'au plur. : *la chaleur ouvre les pores, le froid les resserre*.—On donne ce nom aux petits intervalles qui se trouvent entre les parties de la matière dont les corps sont composés.—Il se dit par extension de toute sorte de corps : *les pores du verre, du bois, des métaux, des plantes*.—T. d'hist. nat., genre de polypiers.

PORÉE ou mieux **PORRÉE**, subst. fém. (*pôré*). Voy. POIREAU et PORREAU.

POREUSE, adj. fém. Voy. POREUX.

POREUX, adj. mas., au fém. **POREUSE** (*poreu, reuze*), qui a des *pores*.

PORGY, subst. mas. (*porji*), t. d'hist. nat., poisson du genre du spare.

PORIE, subst. fém. *(pori)*, t. de bot., genre de plantes de la famille des champignons.

PORINE, subst. fém. *(porine)*, t. de bot., genre de plantes de la famille des lichens.

PORISME, subst. mas. *(poriceme)* (du grec πορισμα, fait de πορος, passage), chez les anciens géomètres, problème très-facile; c'est ordinairement un *lemme* qui convient toujours à une proposition plus importante. Inus.

PORISTIQUE, adj. fém. *(poricetike)*, t. de mathématique : *méthode poristique*, manière de déterminer par quels moyens et de combien de différentes façons un problème peut être résolu. —Plus proprement, manière de procéder par *porismes* ou par *lemmes*, dans une démonstration.

PORITE, subst. mas. *(porite)*, t. d'hist. nat., genre de madrépores établi aux dépens de ceux de *Linnée*.—Au plur., corps polypiers fossiles.

PORLIÉRIE, subst. fém. *(porli-éri)*, t. de bot., arbre du Pérou, de la famille des rutacées.

PORNIC, subst. propre mas. *(pornike)*, bourg maritime de France, chef-lieu de canton, arrond. de Paimbœuf, dép. de la Loire-Inférieure.

PORNOGRAPHE, subst. mas. *(pornoguerafe)*, celui qui fait ou a fait un ouvrage sur la prostitution. Voy. PORNOGRAPHIE. Inusité.

PORNOGRAPHIE, subst. fém. *(pornoguerafi)* (du grec πορνη, prostituée, et γραφω, je décris), traité sur la prostitution. Inusité.

PORNOGRAPHIQUE, adj. des deux genres *(pornoguerafike)*, qui tient, qui a rapport à la *pornographie*.

POROCÈLE, subst. fém. *(porocèle)* (du grec πωρος, calus, durillon, et κηλη, tumeur), t. de chir., espèce de hernie calleuse.

POROCÉPHALE, subst. mas. *(porocéfale)* (du grec πωρος, calus, et κεφαλη, tête), t. d'hist. nat., genre de vers intestins qui ont été trouvés dans un serpent à sonnettes. Le canal alimentaire de ces vers a plus de douze fois la longueur du corps.

POROCOCA ou **POROROCA**, subst. mas. *(porokoka)*, flux violent de la mer, qui ne dure que deux minutes, entre Macapa et le cap Nord.

PORODRAGUE, subst. mas. *(porodrague)*, t. t. d'hist. nat., genre de coquilles fossiles des environs du Cap.

POROMPHALE, subst. fém. *(poronfale)* (du grec πωρος, calus, et ομφαλος, nombril), t. de chir., hernie ombilicale qui est compliquée de callosités, ou dont le sac a subi une transformation cartilagineuse.

POROPHYLLUM, subst. mas. *(porofilelome)*, t. de bot., plante annuelle qui croît en Amérique; ses feuilles sont marquées de petits points brillants.

POROPTÉRIDE, subst. fém. *(poropetéride)*, t. de bot., famille de plantes qui se rapprochent des fougères.

POROSITÉ, subst. fém. *(porôzité)*, qualité d'un corps *poreux* : *la porosité du verre*. — On ne dit pas *porosité*, en parlant des animaux.

POROTIQUE, adj. des deux genres *(porotike)* (du grec πωροω, j'endurcis, dérivé de πωρος, calus, durillon), se dit, en chirurgie, des remèdes qui contribuent à la formation du calus.

PORPHYRE, subst. mas. *(porfire)* (du grec πορφυρα, pourpre), t. d'hist. nat., sorte de marbre très-dur, d'un rouge pourpré, tacheté de blanc.—En peint., marbre à broyer les couleurs.

PORPHYRION, subst. mas. *(porfiri-on)*, t. d'hist. nat., oiseau pourpré; poule sultane.

PORPHYRISATION, subst. fém. *(porfirizâcion)*, action de *porphyriser*. — État de ce qui est *porphyrisé*.

PORPHYRISÉ, E, part. pass. de *porphyriser*.— *Papier porphyrisé*, dont on a rendu la surface très-unie et luisante en le glaçant avec de la poudre de sandaraque.

PORPHYRISER, v. act. *(porfirizé)*, en chim. et en peint., broyer une substance sur le *porphyre* pour la réduire en une poudre très-fine : *couleurs porphyrisées*. — *se* PORPHYRISER, v. pron.

PORPHYRITE, subst. fém. *(porfirite)*, t. d'hist. nat., poudingue qui approche du *porphyre*. — Figue couleur de *porphyre*.

PORPHYROGÉNÈTE, adj. des deux genres *(porfirojenète)* (du grec πορφυρα, pourpre, γεινομαι, je nais), titre donné à quelques enfants des empereurs d'Orient, parce que l'appartement où accouchaient les impératrices était pavé de *porphyre* ou tendu de pourpre. Ou, mieux encore, parce qu'ils étaient nés pendant le règne de leur père, lorsqu'il était revêtu de la pourpre.

PORPHYROÏDE, adj. des deux genres *(porfiro-ide)* (du grec πορφυρα, pourpre, et ειδος, forme), t. de minér., se dit d'une roche qui prend l'apparence du *porphyre*.

PORPITE, subst. fém. *(porpite)*, t. d'hist. nat., genre de vers radiaires dont le corps est circulaire et très-plat.

PORQUÉ, E, part. pass. de *porquer*.

PORQUER, v. act. *(porkié)*, mettre des *porques*; fortifier par des *porques*. — *se* PORQUER, v. pron.

PORQUES, subst. fém. plur. *(porke)*, t. de mar., pièces de bois posées sur la carlingue, et parallèles aux varangues, servant à lier les pièces qui forment le fond du vaisseau.

PORRA, subst. fém. *(porera)*, t. de bot., espèce de plante de la famille des varecs.

PORRACÉ, E, adj. (*L'Académie* permet aussi d'écrire PORACÉ.) *(poracé)* (en lat. *porraceus*, fait de *porrum*, porreau), t. de médec., qui a la couleur verdâtre du *porreau*, ou *poireau* : *crachats porracés*.

PORREAU, subst. mas. *(pôrô.)* Voy. POIREAU. Tel est du moins le renvoi de l'*Académie*. Voy. notre observation sur ce mot.

PORRECTION, subst. fém. *(porerèkcion)* (du latin *porrigere*, présenter, qui a fait *porrectio*), action de tendre une chose, de la mettre entre les mains. — Manière dont se confèrent les ordres mineurs, en mettant en main les choses relatives aux fonctions respectives de ces ordres.

PORRIGINEUSE, adj. fém. Voy. PORRIGINEUX.

PORRIGINEUX, adj. mas., au fém. **PORRIGINEUSE** *(porerijineu. neuze)*, t. de médec., se dit de la teigne furfuracée.

PORRIGO, subst. mas. *(poreriguô)* (mot tout latin qui signifie crasse de la tête), t. de médec., desquamation furfuracée du cuir chevelu.

PORSES, subst. fem. plur. *(porce)*, t. de chapelier, morceaux de papier que l'on place entre les feutres.

PORT, subst. mas. (*por; t* ne se fait jamais sentir) (en lat. *portus*), lieu propre à recevoir des vaisseaux, et les tenir à l'abri des tempêtes. — *Fermer un port*, empêcher qu'il n'en sorte aucun bâtiment.—*Prendre port*, aborder.— *Port de toute marée*, dans lequel les bâtiments peuvent entrer en tout temps.—*Port de barre*, dont l'entrée est fermée ; les bâtiments ne peuvent y entrer qu'avec la marée. — *Port franc*, port où il est libre aux marchands de toute nation de décharger et recharger leurs marchandises, sans payer aucun droit. — Exemption de tout droit dont jouissent les marchands dans les *ports* francs.—*Port permis*, ce qu'un capitaine de navire ou un passager peut embarquer pour son propre compte. — Lieu où abordent certaines marchandises : *le port de Marseille*. — Ville ou endroit bâti près d'un *port* : *j'ai habité longtemps un port de mer*. —Fig., asyle, lieu de repos, de tranquillité, d'assurance : *il est dans le port*. — *Port de salut*, lieu dans lequel on est à l'abri de la tempête. — Ce qu'un vaisseau peut porter de marchandises : *vaisseau du port de trois cents tonneaux*. — Ce qu'on paie pour une lettre qu'on reçoit de la poste, pour le transport des hardes ou des marchandises. — A certains jeux de cartes, celles qu'on réserve pour les joindre à celles qu'on doit tirer du talon. Peu usité en ce sens. — Maintien, manière de porter sa tête et tout son corps quand on est debout ou qu'on marche : *elle a le port d'une reine*.—*Port d'une plante*, en bot., physionomie propre d'une plante; l'ensemble des caractères qui constituent sa forme habituelle. — Fig. et fam. : 1° *conduire ou arriver à bon port*, achever heureusement ce qu'on a entrepris; 2° *faire naufrage au port*, échouer dans une affaire au moment où on la croyait achevée.

PORTABLE, adj. des deux genres *(portable)*, t. de coutume, qui doit être *porté* : *cens, rente portable*. — Qui peut être *porté* : *cet habit n'est plus portable*.

PORTAGE, subst. mas. *(portaje)*, action de *porter*. — Droit qu'a un officier et un matelot même d'*emporter* tant pesant pour sa propre nécessité. On dit plus souvent aujourd'hui, dans ce sens, *port permis*.—Dans certains fleuves de l'Amérique, les endroits où, à cause des chutes d'eau, il faut *porter* le canot jusqu'à ce qu'on trouve la rivière navigable.

PORTAIL, subst. mas. *(porta-le)*, principale *porte* d'une église ou d'un temple.—Façade entière d'une église. — Au plur., des *portails*.

PORTANT, subst. mas. *(portan)*, en phys., morceau de fer que l'on met sous l'armure d'un aimant, et auquel on suspend le poids que l'aimant doit soulever. — En termes de ceinturier, on appelle *portant* la partie du baudrier et du ceinturon qui pend depuis la fin d'un des côtés de la bande jusqu'aux pendants, et qui sert à raccourcir ou à allonger soit le baudrier, soit le ceinturon. — Les porteurs de chaise appellent *portant* un fer courbé et attaché aux côtés des chaises, où l'on met les bâtons pour les *porter*. — Les layetiers donnent ce nom à un fer en forme d'anse, attaché aux côtés des coffres, des malles et des cassettes, dont on se sert pour les soulever et les *porter* où l'on veut.

PORTANT, E, adj. *(portan, tante)*, qui *porte* : *il a été tué d'un coup de pistolet à bout portant*; tiré de fort près.—Fig. et fam. : *dire des choses fâcheuses à bout portant*, en face. — *Etre bien portant*, en parlant d'un homme ; *être mal portante*, en parlant d'une femme, être en bonne, en mauvaise santé. — *L'un portant l'autre*, en faisant compensation de l'un avec l'autre.

PORTATIF, adj. mas., au fém. **PORTATIVE** *(portatif, tive)*, qu'on peut *porter* aisément : *les petits livres sont portatifs*. — *Dictionnaire portatif*, abrégé d'un plus grand. — Fam. : *cet homme n'est pas portatif*, il a peine à marcher, il est fort pesant.

PORTATIVE, adj. fém. Voy. PORTATIF.

PORT-D'ARMES, subst. mas. *(pordarme)*, action, droit, permission de *porter* les armes.— Attitude du soldat portant les armes en signe d'honneur.—Au plur., des *ports-d'armes*.

PORT-DE-VOIX, subst. mas. *(pordevoé)*, t. de mus., passage insensible de la voix à un ton supérieur.—Au plur., des *ports-de-voix*.

PORTE, subst. fém. *(porte)* (en lat. *porta*), ouverture pratiquée dans un mur pour entrer dans un lieu clos, et pour en sortir. On appelle proprement *porte* l'assemblage de menuiserie ou de charpenterie qui ferme cette ouverture. — *Porte à pans*, qui a sa fermeture en trois parties, dont l'une est de niveau, et dont les deux autres sont rampantes; *porte antique* ou *atticurge*, dont le seuil est plus long que le linteau, ses pieds-droits n'étant pas parallèles ; *porte avec ordre*, qui est ornée de colonnes ou de pilastres ; *porte bâtarde*, qui sert d'entrée à une maison, et qui a cinq ou six pieds de large ; *porte biaise*, dont les tableaux ne sont pas d'équerre avec le mur ; *porte bombée*, dont la fermeture est en portion de cercle ; *porte bourgeoise*, qui a ordinairement quatre pieds de largeur ; *porte charretière*, qui sert pour le passage des charrettes ; *porte crénelée*, porte d'un vieux château qui a des créneaux comme dans la continuité de son mur ; *porte-croisée*, fenêtre sans appui qui sert de passage pour aller sur un balcon ou sur une terrasse; *porte dans l'angle*, *porte* qui est un pan coupé dans l'angle rentrant d'un bâtiment; *porte de clôture*, moyenne *porte* dans un mur de clôture; *porte de croisée*, la *porte* qui est à droite ou à gauche de la croisée d'une grande église ; *porte de dégagement*, petite *porte* qui sert pour sortir des appartements sans passer par les principales pièces ; *porte d'enfilade*, on donne ce nom à toutes les *portes* qui se rencontrent d'alignement dans les appartements ; *porte de faubourg*, ou *fausse-porte*, *porte* qui est à l'entrée d'un faubourg ; *porte de ville*, *porte* publique à l'entrée d'une ville ou à l'entrée d'une grande rue ; *porte triomphale*, *porte* bâtie par magnificence plutôt que par nécessité, en mémoire de quelque expédition militaire : telles sont, à Paris, les *portes* de Saint-Denis et de Saint-Martin; *porte ébrasée*, dont les tableaux sont à pans coupés en dehors : telles sont les *portes* de la plupart des églises gothiques; *porte en niche*, qui est faite en manière de niche; *porte en tour ronde*, qui est percée dans un mur circulaire, et qui est vue par dehors, à la différence de la *porte* en tour creuse, qui est l'effet contraire; *porte flamande*, composée de deux jambages avec un couronnement et une fermeture de grille de fer; *porte rampante*, dont le cintre ou la plate-bande est rampante; *porte rustique*, dont les parements de pierre sont en bossages rustiques; *porte secrète*, petite *porte* pratiquée dans le bas d'une maison pour y entrer et en sortir secrètement; *porte surbaissée*, dont la fermeture est en anse de panier; *porte sur le coin*, *porte* qui, ayant une trompe au-dessus, est en pan coupé sous l'encoignure d'un bâtiment : *porte* *mobile*, se dit de toute fermeture de bois ou de bronze qui remplit la baie d'une *porte*; *porte à deux vantaux*, qui est en deux parties appelées *vantaux* ou *battants*; *porte à jour* ou *porte à claire-voie*, *porte* faite de grilles de fer ou de barreaux de bois; *porte à placard*, *porte* d'assemblage de menuiserie avec cadres, chambranle, corniche, et quelquefois un fronton; *porte arrasée*, *porte* de menuiserie dont l'assemblage n'a point de saillie et est tout uni; *porte brisée*, *porte* dont la moitié se brise sur l'autre. On nomme aussi *porte brisée* une *porte* à deux vantaux; *porte-cochère*, grand assemblage de menuiserie qui sert à fermer la baie d'une *porte* où peuvent passer des carrosses, et qui est composée de deux vantaux faits au moins chacun de deux battants ou montants, et de trois traverses qui en forment le bâti, et renferment des cadres et des panneaux, avec un guichet dans l'un de ces vantaux; *porte bâtarde*, *porte* à l'usage des personnes à pied, mais trop étroite pour les voitures; *porte coupée*, *porte* à deux ou quatre vantaux attachés à un ou à deux pieds-droits de la baie. Ces vantaux sont ou coupés à hauteur d'appui, comme aux boutiques, ou à hauteur de passage, comme aux *portes*-croisées, dont quelquefois la partie supérieure reste dormante. — *Porte d'assemblage*, se dit de tout vantail de *porte* dont le bâti renferme des cadres et des panneaux à un ou à deux parements; *porte de bronze*, *porte* qui est jetée en bronze, et dont les parties qui imitent les compartiments d'une *porte* de menuiserie sont attachées et rivées sur un bâti de forte menuiserie, et enrichies d'ornements postiches de sculpture; *porte de fer*, *porte* composée d'un châssis de fer qui retient des barreaux et des traverses, ou des panneaux avec des enroulements plats et de tôle ciselée. On appelle aussi *porte de fer* une *porte* dont les châssis et les barreaux sont recouverts de plaques de tôle, et qui sert aux lieux qui renferment des choses précieuses, et où l'on craint le feu : telles sont les *portes* des trésors et des archives; *porte double*, *porte* opposée à une autre, dans une même baie, soit pour la sûreté ou le secret du lieu, soit pour y conserver la chaleur; *porte en décharge*, *porte* composée d'un bâti de grosses membrures, dont les unes sont de niveau, et les autres inclinées en décharge, toutes assemblées par entailles de leur demi-épaisseur, et chevillées, en sorte qu'elles forment une grille recouverte par dehors de gros ais en rainures et languettes, cloués dessus avec ornement de bronze ou de fer fondu; *porte feinte*, décoration de pierre ou de marbre, ou placard de menuiserie avec des vantaux dormants, opposé ou parallèle à une vraie *porte*, pour la symétrie; *porte traversée*, *porte* qui, étant sans emboîtures, est faite d'ais debout croisés carrément par d'autres ais retenus par des clous disposés en compartiments losangés; *porte vitrée*, *porte* qui est partagée en tout ou à moitié avec des croisillons de petit bois, dont les vides sont remplis de carreaux de verre ou de glace. Il se dit par opposition à *porte pleine*. — *Porte de secours*, *porte* secrète par laquelle on introduit quelqu'un au besoin. — *Portes busquées*, *portes* d'écluses dont les vantaux s'arc-boutent réciproquement, l'un d'amont ou d'en haut, et l'autre d'aval ou d'en bas. — Dans le style de l'Écriture, *les portes de l'enfer*, les puissances de l'enfer : *les portes de l'enfer ne prévaudront point contre l'Église*. — Au fig., moyen d'arriver, de parvenir à quelque chose. — Accès, moyen d'arriver : *c'est la porte de tous les crimes*. — On appelle, aussi fig., *porte de derrière*, un faux-fuyant, une défaite, une échappatoire. — Fig. : *dès ce moment, il perdit une occasion qui ne reviendra peut-être jamais, de s'emparer des portes et des sources de toutes les richesses du Nouveau-Monde*. — *Refuser la porte à un homme*, ne vouloir pas le laisser entrer en un endroit : *il se présenta pour aller au bal, et on lui refusa la porte*. — *Faire refuser la porte à quelqu'un chez soi*, ne vouloir pas recevoir sa visite. — *Faire défendre sa porte*, défendre de laisser entrer personne chez soi : *la porte était défendue*; et *donner la porte à quelqu'un*, le faire passer devant soi par honneur. — On dit qu'*on est logé à la porte de quelqu'un*, qu'*on est logé porte à porte*, pour dire qu'on a une maison tout auprès de la sienne; et on dit qu'*on a une maison à la porte d'une ville*, quand on a une maison qui en est fort près. — Fig. : *mettre quelqu'un à la porte*, le chasser. — Fig. et fam. : *prendre la porte*, se retirer, s'échapper, s'évader à propos d'un lieu où l'on est et où l'on a quelque chose à craindre : *il fit bien de prendre la porte, sans quoi il aurait été maltraité*. On dit à peu près dans le même sens : *passez-moi la porte*. — Fig. et fam. : *mettre la clef sous la porte*, déménager furtivement. — *De porte en porte*, de maison en maison : *aller de porte en porte, solliciter de porte en porte*. — On dit fig., qu'*un homme heurte à toutes les portes*, pour signifier qu'il s'adresse à toutes sortes de personnes et cherche toutes sortes de moyens pour réussir dans une affaire — Fig. : *cet homme s'est morfondu à la porte du ministre*, lui a fait long-temps sa cour sans en pouvoir rien obtenir. On dit en termes de civilité, lorsqu'on a été pour rendre visite à quelqu'un, *qu'on a été, qu'on s'est présenté à sa porte*. — *Se faire écrire à la porte de quelqu'un*, se faire écrire sur la liste du portier, afin que le maître sache qu'on a été chez lui. — *Trouver porte close*, ne trouver personne dans une maison où l'on va. — *Toutes les portes lui sont ouvertes*, il est bien reçu partout, à cause de la considération dont il jouit. — *Il faut qu'une porte soit ouverte ou fermée*, il faut, lorsqu'il n'y a que deux partis à prendre, se déterminer pour l'un ou pour l'autre. — *Être aux portes de la mort*, être sur le point d'expirer. — Fam. : *écouter aux portes*, être aux aguets pour surprendre le secret de quelqu'un; et fam. : *cela vous apprendra à écouter aux portes*, en parlant à quelqu'un qui est puni d'une curiosité indiscrète ou d'une démarche inconsidérée. — On dit de quelqu'un qui paraît avoir deviné un secret, qu'*il a écouté aux portes*. — *A porte ouvrante, à porte fermante*, phrases dont on se sert en parlant des places de guerre et autres villes où l'on ouvre et où l'on ferme les *portes* à certaines heures précises du soir et du matin : *j'en suis sorti à porte ouvrante; j'y suis rentré à porte fermante*. — *A porte close*, phrase adverbiale, en secret, sans témoins : *cela s'est fait à porte close*. — *Porte d'une agrafe*, petite ouverture dans laquelle on passe le crochet d'une agrafe. — *Porte*, dans une acception particulière, cour de l'empereur des Turcs; et c'est dans ce sens qu'on dit : *Porte ottomane; ambassadeur à la Porte*. — Adj. fém. : *veine porte*, t. d'anat., veine considérable du foie.

PORTÉ, E, part. pass. de *porter*. — *Vous voilà tout porté*, vous n'avez pas à vous déplacer. — *Être porté à*... avoir une inclination, une disposition à... — En t. de peinture, on appelle *ombre portée*, une *ombre* qu'un corps projette sur une surface.

PORTE-AFFICHE, subst. mas. (*portafiche*), sorte de grand tableau destiné à recevoir une ou plusieurs *affiches*. — Homme qui se promène dans les rues avec des *affiches* sur le dos. — Au plur., des *porte-affiches*.

PORTE-AIGUILLE, subst. mas. (*portègu-i-ie*), instrument dont les chirurgiens se servent pour donner plus de longueur aux aiguilles et pour les tenir d'une manière plus stable. — Au plur., des *porte-aiguilles*. (L'*Académie* dit cependant que ce mot ne prend point le signe du pluriel. Mais on peut fort bien confectionner un *porte-aiguille* armé de plusieurs *aiguilles*. Il en est de même de *porte-arquebuse*, de *porte-baguette*, etc. Voyez la règle grammaticale dans notre *grammaire*, et dans toutes les *grammaires*.)

PORTE-AIGUILLON, subst. mas. (*portègu-i-ion*), t. d'hist. nat., genre d'insectes de l'ordre des hyménoptères. — Au plur., des *porte-aiguillons*.

PORTE-ALLUME, subst. mas. (*portalume*), petit réchaud de boulanger qui contient les flambarts, et qui sert à éclairer le four. — Au plur., des *porte-allume*.

PORTE-ARQUEBUSE, subst. mas. (*portarkebuze*), officier qui portait le fusil du roi, à la chasse. — Son office. — Au plur., des *porte-arquebuses*.

PORTE-ASSIETTE, subst. mas. (*portaciète*), se dit d'un cercle de métal, d'argent, d'étain, etc., qu'on met sur la table et sur lequel on met des plats, des assiettes d'entrée et d'entremets. — Au plur., des *porte-assiettes*.

PORTE-ATTELLES, subst. mas. (*portatèle*), t. de chir., morceau de toile qui sert à rouler les *attelles* dans les fractures, etc. — Au plur., des *porte-attelles*.

PORTE-AUGE, subst. mas. (*portôje*), aide-maçon que l'on prend au besoin. — Au plur., des *porte-auges*.

PORTE-AUNE, subst. mas. (*portône*), morceau de bois ou de fer, ordinairement creux, placé perpendiculairement, fixé au plafond par son extrémité supérieure, dans lequel un autre morceau de bois ou de fer, auquel est attachée l'aune, se meut, monte ou descend à volonté. — Au plur., des *porte-aunes*.

PORTE-BAGUETTE, subst. mas. (*portebaguiète*), anneau placé le long du fût d'un fusil, d'un pistolet, pour recevoir et porter la baguette. — Au plur., des *porte-baguettes*.

PORTE-BALANCE, subst. mas. (*portebalance*), morceau de fer avec un crochet au bout et monté sur un pied qui sert à suspendre le trébuchet ou la balance d'essai. — Au plur., des *porte-balances*.

PORTE-BALLE, (pourquoi l'*Académie*, qui écrit avec un trait d'union *porte-baguette*, écrit-elle *porteballe* sans trait d'union ?) subst. mas. (*portebale*), petit mercier qui porte une *balle* où sont ses marchandises. — Au plur., des *porte-balles*.

PORTE-BANDEAU, subst. mas. (*portebandô*), t. de bot., nom qu'on a donné à l'étulie nodiflore. — Au plur., des *porte-bandeaux*.

PORTE-BARRES, subst. mas. plur. (*portebâre*), anneaux de corde passés dans l'anneau du licou et qui supportent les *barres* des chevaux qu'on mène accouplés. — Au plur., des *porte-barres*.

PORTE-BATTANT, subst. mas. (*portebatan*), barre de suspension du *battant* d'un métier à étoffe. — Au plur., des *porte-battant*.

PORTE-BEC, subst. mas. (*portebèk*), t. d'hist. nat., famille d'insectes de l'ordre des coléoptères. — Au plur., des *porte-bec*.

PORTE-BOSSOIR, subst. mas. (*porteboçoar*), t. de mar., appui sous le *bossoir*. — Au plur., des *porte-bossoir*.

PORTE-BOUCHOIR, subst. mas. (*portebouchoar*), devant du four, tablette, ou autel du four. — Au plur., des *porte-bouchoir*.

PORTE-BOUGIE, subst. mas. (*porte-bouji*), lancette ou instrument à la faveur duquel on dirige et l'on conduit des *bougies* dans l'urèthre, à l'effet de le dilater. — Au plur., des *porte-bougies*. Voyez notre observation au mot *porte-aiguille*.

PORTE-BROCHE, subst. mas. (*portebroche*), outil dont se servent les arquebusiers pour emmancher les différentes *broches* à leur usage. — Au plur., des *porte-broches*.

PORTE-CARABINE, subst. mas. (*portekarabine*). Voyez *porte-mousqueton*; tel est du moins le renvoi de l'*Académie*. — Au plur., des *porte-carabines*.

PORTE-CARREAU, subst. mas. (*portekârô*), carré de menuiserie qui porte un *carreau* ou coussin. — Au plur., des *porte-carreaux*.

PORTE-CAUSTIQUE, subst. mas. (*portekôcetike*), t. de chir., instrument de forme ronde, qu'on employait pour introduire le *caustique* dans l'urèthre, dans les rétentions d'urine. — Au plur., des *porte-caustique*.

PORTE-CHANDELIER, subst. mas. (*portechandelié*), guéridon. — Au plur., des *porte-chandeliers*.

PORTE-CHAPE, subst. mas. (*portechape*), chapier, celui qui porte ordinairement la chape dans une église. — Au plur., des *porte-chape*.

PORTE-CHARNIÈRE, subst. mas. (*portecharnière*), t. d'orfèvre, carrés appliqués à la cuvette. — Au plur., des *porte-charnières*.

PORTE-CHARRETIÈRE, subst. fém. (*portechâretière*). — Au plur., des *portes-charretières*.

PORTE-CHOUX, subst. mas. (*portechou*), petit cheval convenable à un jardinier pour porter les légumes au marché. — Au plur., des *porte-choux*.

PORTE-CLAPET, subst. mas. (*porteklapè*), pièce circulaire en cuivre que l'on met sur la bride d'un corps de pompe. — Au plur., des *porte-clapet*.

PORTE-CLEFS, subst. mas. (*porteklé*), guichetier qui porte les *clefs*. — Au plur., des *porte-clefs*.

PORTE-COCHÈRE, subst. fém. (*portekochère*) *porte* principale d'une maison, d'un hôtel, etc., qui s'ouvre à deux vantaux et où toutes les voitures peuvent passer. — Au plur., des *portes-cochères*.

PORTE-COFFRE, subst. mas. (*portekofre*), officier de la chancellerie de France, qui portait le *coffre* où l'on mettait les lettres après qu'elles avaient été scellées. — Au plur., des *porte-coffre*.

PORTE-COLLET, subst. mas. (*portekolé*), pièce de carton ou de baleine couverte d'étoffe, sur laquelle on met *le collet* ou le rabat.—Au plur., des *porte-collet*. Ici l'*Académie* nous dit que *porte-collet*, qu'elle ne joint pas du reste par un trait d'union, prend le pluriel. Nous croyons qu'elle se trompe; dans le mot *porte-collet*, il n'est question que *d'un seul collet*; ce mot ne saurait donc s'écrire au plur., *porte-collets*.

PORTE-COTON, subst. mas. (*portekoton*), valet de garde-robe.—Fig., vil complaisant.—Au plur., des *porte-coton*.

PORTE-COUTEAU, subst. mas. (*portekoutô*), instrument qui sert à couper le fil de fer dont on fait les hameçons.—Au plur., des *porte-couteaux*.

PORTE-CRAYON, subst. mas. (*portekré-ion*), petit instrument d'or, d'argent ou de cuivre, etc., dans lequel on met un *crayon*. — Au plur., des *porte-crayons*. L'*Académie* dit que ce mot s'écrit au plur., *porte-crayons*; nous sommes de son avis, mais elle devrait écrire au sing., *porte-crayon*, et au plur., *porte-crayons*, avec le trait d'union.

PORTE-CRÊTE, subst. mas. (*portekrète*), t. d'hist. nat., nom d'une espèce de lézard.—Au plur., des *porte-crêtes*.

PORTE-CROISÉE, subst. fém. (*portekroèzé*). Voy. PORTE.—Au plur., des *portes-croisées*.

PORTE-CROIX, subst. mas. (*portekroè*), celui qui porte la *croix* à la procession.— Ordre religieux établi en 1160 par *Alexandre III* et aboli en 1650 par *Alexandre VIII*. — Au plur., des *porte-croix*.

PORTE-CROSSE, subst. mas. (*portekroce*), celui qui porte la *crosse* devant un évêque.—Petit fourreau de cuir attaché aux selles de cavalerie.—Au plur., des *porte-crosse*.

PORTE-CULOTTE, subst. mas. (*portekulote*), fam., femme maîtresse à la maison; femme impérieuse et arrogante, qui maîtrise son mari.— Au plur., des *porte-culottes*.

PORTE-DE-MOUILLE, subst. fém. (*portede-mou-ie*), t. d'hydraul., *porte* inférieure d'une écluse.—Au plur., des *portes-de-mouille*.

PORTE-DE-TÊTE, subst. fém. (*portedetète*), t. d'hydraul., porte supérieure d'une écluse.—Au plur., des *portes-de-tête*.

PORTE-DIEU, subs. mas. (*portedieu*), nom qu'on donne au prêtre chargé, dans une paroisse, de porter le *viatique* aux malades.— Au plur., des *porte-dieu*.

PORTE-DRAPEAU, subst. mas. (*portedrapô*) celui qui porte le drapeau.— Au plur., des *porte-drapeau*.

PORTÉE, subst. fém. (*porté*), ventrée; tous les petits que les femelles des animaux *portent* ou mettent bas en une fois : *ces chiens sont de la même portée*. — Distance à laquelle peuvent *porter* les armes à feu et les armes de tir : *cela est à une portée*.—Celle où peuvent s'étendre la main, la voix, la vue.—*Une portée de fusil*, une distance peu considérable. — *Être à portée de quelque chose*, dans une situation convenable pour faire quelque chose.—*Être à la portée de la main*, être assez près pour qu'on puisse y atteindre avec la main.—Ce que peut faire, concevoir ou produire l'esprit d'une personne : *la portée d'un raisonnement*.— Ce que peut faire une personne, relativement à son état, à sa fortune, etc.—Etendue d'une pièce de bois mise en place : *cette poutre a trop de portée*. — En musique, les cinq lignes sur lesquelles on pose les notes. — Dans les fabriques d'étoffes, etc., certaine quantité de fils de laine ou de soie, qui font partie de la chaîne. — Dans l'arpentage, longueur de la chaîne de l'arpenteur, qui est *portée* d'un piquet à l'autre. — Au plur., t. de vén., traces que laisse le bois du cerf qui passe dans un taillis élevé au moins de six pieds.

PORTÉE, adj. fém. (*porté*); en t. de blas., *croix portée*, croix qui n'est pas debout, mais couchée en travers sur l'écusson.

PORTE-ÉCUELLE, subst. mas. (*portékuèle*), t. d'hist. nat., genre de poissons de l'ordre des abdominaux.—Au plur., des *porte-écuelle*.

PORTE-ENSEIGNE, subst. mas. (*portancègnie*), autrefois, celui qui portait l'*enseigne* dans une compagnie d'infanterie. Aujourd'hui, on dit simplement *enseigne*, subst. mas.—Au plur., des *porte-enseigne*.

PORTE-ÉPÉE, subst. mas. (*portépé*), pièce de cuir ou d'étoffe que l'on met à la ceinture de la culotte pour porter l'*épée*.—Au plur., des *porte-épée*.

PORTE-ÉPERON, subst. mas. (*portéperon*), morceau de cuir qui soutient l'*éperon* du cavalier.—Au plur., des *porte-éperons*.

PORTE-ÉPINE, subst. mas. (*portépine*). Voy. PORC-ÉPIC.

PORTE-ÉPONGE, subst. mas. (*portéponje*), outil de tourneur, pince pour porter une *éponge*. —Au plur., des *porte-éponge*.

PORTE-ÉTENDARD, subst. mas. (*portétandar*) cavalier qui, dans les marches, porte l'*étendard* que le cornette doit porter les jours d'action. — Pièce de cuir attachée à la selle pour appuyer l'*étendard*.—Au plur., des *porte-étendard*.

PORTE-ÉTRIERS, et non pas **PORTE-ÉTRIER** (on ne porte pas un seul *étrier*, mais une paire d'*étriers*.) subst. mas. (*portétri-é*), sangle attachée sur le derrière des panneaux de la selle, qui sert à lever les *étriers*.—Au plur., des *porte-étriers*.

PORTE-ÉTRIVIÈRES, subst. mas. plur. (*portétrivière*), anneaux de fer carrés placés aux deux côtés de la selle. — Au plur., des *porte-étrivières*.

PORTE-FAIX, subst. mas. (*portefé*), crocheteur. Voy. PORTEUR. — Au plur., des *porte-faix*.

PORTE-FER, subst. mas. (*portefère*), sorte d'étui qui contient des *fers* de cheval préparés.— Au plur., des *porte-fers*. L'*Académie* dit que ce mot ne prend pas la marque du plur. Voyez notre *grammaire*.

PORTE-FEU, subst. mas. (*portefeu*), chez les artificiers, le conduit où l'on met l'amorce pour faire jouer successivement des fusées dans les *feux* d'artifice.—Dans l'artillerie, bois d'une fusée à bombe ou à grenade. — Au plur., des *porte-feu*.

PORTE-FEUILLES et non pas **PORTE-FEUILLE** (car il contient plusieurs *feuilles*), subst. mas. (*portefeu-ie*), carton plié en deux, couvert de peau ou d'étoffe, où l'on met des papiers, des valeurs, des dessins, des estampes, etc.—On appelle *ministre à porte-feuilles*, celui qui a le soin d'un département, et *ministre sans porte-feuilles*, celui qui n'a pas de département. — *Avoir toute sa fortune en porte-feuilles*, ne pas posséder de biens-fonds, avoir toute sa fortune en billets de banque ou en effets de commerce.—*Tel auteur a encore tous ses ouvrages en porte-feuilles*; il ne les a pas encore publiés.—Autrefois on appelait *porte-feuilles*, la collection de dessins, de gravures, etc., d'un artiste; on disait : *le porte-feuilles d'un peintre*; aujourd'hui on dirait *le carton*, ou mieux encore l'*album d'un peintre, de tel artiste*. —En bot., sorte de plante annuelle qui croît dans les champs, etc.—Au plur., des *porte-feuilles*.

PORTE-FLAMBEAU, subst. mas. (*porteflanbô*), celui qui porte un *flambeau*.—Au plur., des *porte-flambeaux*.

PORTE-FORET, subst. mas. (*porteforè*), outil de metteur en œuvre.—Petit étau d'orfèvres, de bijoutiers, etc., qui sert à fixer le foret.—Au plur., des *porte-foret*.

PORTE-GARGOUSSE, subst. mas. (*portegarguouce*), t. de mar. et d'artill., cylindre creux, en bois léger, pour mettre les *gargousses*.—Au plur., des *porte-gargousses*.

PORTE-GRÈVE, subst. mas. (*porteguerève*), premier magistrat d'un port de mer ou d'une ville maritime. — Au plur., des *porte-grève*.

PORTE-HACHE, subst. mas. (*porte-ache*), étui d'une hache de sapeur. — Au plur., des *porte-hache*.

PORTE-HAUBANS, subst. mas. plur. (*porte-ôban*), t. de mar., longues pièces de bois mises en rebord et en saillie, qui sont clouées et chevillées de côté à l'arrière de chaque mât, sur les côtés des hauts du vaisseau, pour soutenir les *haubans* et les empêcher de porter contre les bordages.—Au plur., des *porte-haubans*.

PORTE-HUILE, subst. mas. (*portuile*), petit outil qui sert aux horlogers à *porter* de l'*huile* aux pivots et aux rouages des montres et des pendules.—Au plur., des *porte-huile*.

PORTE-IRIS, subst. mas. (*portirice*), t. d'hist. nat., espèce de méduse, entourée d'un cercle dont les couleurs ressemblent à celles de l'arc-en-ciel.—Au plur., des *porte-iris*.

PORTE-JUPE, subst. mas. ou adj. (*portejupe*), une femme. Fam. — Au plur., des *porte-jupe*. Presque inusité.

PORTE-LAMBEAUX, subst. mas. (*portelanbô*), t. d'hist. nat., sorte d'oiseau qui fait partie du genre marin. — Au plur., des *porte-lambeaux*.

PORTE-LAME, subst. mas. (*portelame*), t. de mét., pièce qui fait hausser et baisser les *lames* du métier de tisserand. — Au plur., des *porte-lames*.

PORTE-LANCETTE, subst. mas. (*portelancète*), t. d'hist. nat., sorte de poisson. — Au plur., des *porte-lancettes*.

PORTE-LANTERNE, subst. mas. (*portelantérene*), t. d'hist. nat., sorte d'insecte lumineux de l'Amérique.—Au plur., des *porte-lanternes*.

PORTE-LENTILLE, subst. mas. (*portelanti-ie*), t. de bot., sorte de plante du genre des nidulaires. — Au plur., des *porte-lentilles*.

PORTELETTE, subst. mas. (*portelète*), petite *porte*. Vieux et même hors d'usage. *Boiste*.

PORTE-LETTRES, subst. mas. (*portelètre*), sorte d'étui ou de petit porte-feuilles, dans lequel on met des *lettres* et des papiers, et que l'on *porte* dans sa poche. — Au plur., des *porte-lettres*.

PORTE-LOTS, subst. mas. plur. (*portelô*), t. de mar., pièces de bois qui se joignent au dessous des plats-bords, autour d'un bateau foncet. —Au plur., des *porte-lots*.

PORTE-LUMIÈRE, subst. mas. (*portelumière*), t. de phys., instrument pour introduire une direction convenable, un jet de *lumière* dans un lieu obscur, pour faire des expériences sur la *lumière*. —Voy. HESPER.—Au plur., des *porte-lumière*.

PORTE-LYRE, subst. mas. (*portelire*), t. d'hist. nat., famille d'oiseaux de l'ordre des silvains. —Au plur., des *porte-lyres*.

PORTE-MALHEUR, subst. mas. (*portemaleur*) homme dont la compagnie est funeste, dont la rencontre est d'un mauvais présage. — Présage de revers, d'un mauvais succès, d'un accident : *sa présence a été pour moi un porte-malheur*. — Style fam. et badin.—Au plur., des *porte-malheur*.

PORTE-MALLE, subst. mas. (*portemale*), officier qui portait le linge du roi. (Boiste.)—Au plur., des *porte-malle*.

PORTE-MANCHON, subst. mas. (*portemanchon*) ruban passé dans un grand anneau d'argent, pour soutenir un *manchon*. — L'anneau même. —Au plur., des *porte-manchon*.

PORTE-MANGER, subst. mas. (*portemanjé*), nom que l'on donne, en quelques endroits, à une espèce de caisse dans laquelle on met des provisions de nourriture, pour la porter à des personnes qui travaillent loin des habitations. — Au plur., des *porte-manger*.

PORTE-MANTEAU (nous ne savons pas pourquoi l'*Académie* écrit *porte-manteau* sans trait d'union), subst. mas. (*portemantô*), ouvrage de menuiserie, destiné à y attacher des habits.— Sorte de valise ordinairement d'étoffe. Autrefois, officier chargé de porter le *manteau* du roi lorsqu'il sortait. — Au plur., des *porte-manteaux*.

PORTE-MASSE, subst. mas. (*portemace*), qui porte une *masse*. — Au plur., des *porte-masse*.

PORTE-MASSUE, subst. mas. (*portemaçu*), t. de bot., genre de plantes de la famille des graminées.—Au plur., des *porte-massue*.

PORTE-MÈCHE, subst. mas. (*portemèche*), t. de chir., instrument dont les chirurgiens se servent pour *porter* des *mèches* à une certaine profondeur dans des ouvertures fistuleuses. — Au plur., des *porte-mèches*.

PORTEMENT, subst. mas. (*porteman*), t. d'art., action de *porter*. — Peinture ou gravure qui représente Jésus-Christ portant sa croix.

PORTE-MIROIR, subst. mas. (*portemiroar*), t. d'hist. nat., beau papillon de Surinam, rouge et or, rayé de blanc, avec deux larges taches rondes, transparentes, encadrées de deux cercles en miroir.—Au plur., des *porte-miroir*.

PORTE-MISSEL, subst. mas. (*portemicèle*), petit pupitre d'église.—Au plur., des *porte-missel*.

PORTE-MITRE-D'OR, subst. mas. (*portemitredor*), t. d'hist. nat., nom donné au chardonneret, à cause du jaune de ses ailes.—Au plur., des *porte-mitre-d'or*.

PORTE-MONTRE, subst. mas. (*portemontre*), coussinet qu'on suspend au manteau d'une cheminée, etc., et sur lequel on pose une montre

— Petit meuble qui a ordinairement la forme d'une pendule à cadran vide, et dans laquelle on dépose sa montre. — Petite armoire vitrée dans laquelle on dépose des *montres*. — Au plur., des *porte-montre*.

PORTE-MORS, subst. mas. (*portemor*), cuirs qui soutiennent le mors et la bride. — Au plur., des *porte-mors*.

PORTE-MORTS, subst. mas. (*portemor*), t. d'hist. nat., genre d'insectes de la famille des nécrophores. — Au plur., des *porte-morts*.

PORTE-MOUCHETTES, subst. mas. (*portemouchète*), instrument en métal destiné à mettre les mouchettes lorsqu'on ne s'en sert pas. — Au plur., des *porte-mouchettes*.

PORTE-MOUSQUETON, subst. mas. (*portemouceketon*), crochet ou agrafe qui se trouve au bas de la bandoulière d'un cavalier, et qui l'aide à porter son *mousqueton*. — Agrafe des chaînes et des cordons de montre. — Au plur., des *porte-mousquetons*.

PORTE-MOXA, subst. mas. (*portemokeça*), t. de chir., petit trépied à long manche servant à maintenir le *moxa* qu'on a appliqué sur la peau. — Au plur., des *porte-moxa*.

PORTE-MUSC, subst. mas. (*portemuceke*), t. d'hist. nat., espèce d'animal ruminant du genre des chevrotins. — Au plur., des *porte-musc*.

PORTE-NOIX, subst. mas. (*portenoa*), t. de bot., espèce de grand arbre qui croît à la Guyane. — Au plur., des *porte-noix*.

PORTENTEUSE, adj. fém. Voy. PORTENTEUX.

PORTENTEUX, adj. mas., au fém. **PORTENTEUSE** (*poretanteu*, *teuze*) (en lat. *portentosus*), qui est contraire aux lois générales de la nature, extraordinaire, monstrueux, surprenant ou horrible à voir. Vieux.

PORTE-OBJET, subst. mas. (*portobejé*), morceau de fil de laiton adapté à la boule d'un microscope, et sur la pointe duquel on met l'*objet* qu'on veut examiner. — Au plur., des *porte-objets*.

PORTE-OR, subst. mas. Voy. PORTOR.

PORTE-ORIFLAMME subst. mas. (*portoriflame*), celui qui portait l'étendard ou oriflamme devant les anciens rois de France, lorsqu'ils allaient à la guerre. — Au plur., des *porte-oriflamme*.

PORTE-PAGE, subst. mas. (*portepaje*), t. d'imprimerie, morceau de papier fort ou plié en plusieurs doubles, sur lequel le compositeur pose les *pages* d'une moyenne ou petite forme, après les avoir liées d'une ficelle, pour les imposer ensuite. — Au plur., des *porte-pages*.

PORTE-PANIER, subst. mas. (*portepanié*), crochet destiné à accrocher les *paniers* ou autres objets. — Au plur., des *porte-paniers*.

PORTE-PIÈCE, subst. mas. (*portepièce*), outil dont le cordonnier se sert pour rapiécer ses souliers. — Au plur., des *porte-pièces*.

PORTE-PIERRE, subst. mas. (*portepière*), sorte de *porte-crayon* qui sert à porter la *pierre* infernale. — Au plur., des *porte-pierres*.

PORTE-PLUME, subst. mas. (*porteplume*), t. d'hist. nat., espèce d'insecte. — T. de bot., la ptérone camphrée. — Au plur., des *porte-plumes*.

PORTE-PLUMET, subst. mas. (*porteplumé*), t. de bot., nom qu'on a donné à la nérite fluviatile. — Au plur., des *porte-plumets*.

PORTE-PRESSE, subst. mas. (*porteprèce*), t. de relieur, bâti qui supporte la presse. — Au plur., des *porte-presse*.

PORTE-QUEUE, subst. mas. (*portekieu*), t. d'hist. nat., sorte de papillon à queue, de la division des chevaliers. — Au plur., des *porte-queues*.

PORTER, v. act. (*porté*) (en lat. *portare*, fait, dans le même sens, du grec φορτηγεῖν, lequel dérive de φορτός, fardeau), avoir sur soi quelque sorte de charge ou fardeau. — Fig., assister de son crédit : *il a des personnes puissantes qui le portent*. — Transporter d'un lieu dans un autre. — Avoir sur soi : *il ne porte jamais d'argent sur lui*. — Avoir sur soi, comme servant à l'habillement : *porter des habits brodés*, etc.; *porter le deuil*, *la perruque*, etc. — Tenir : *porter la tête haute*, *les pieds en dehors*, *le bras en écharpe*. — Pousser, étendre : *arbre qui porte sa tête dans les nues*; *porter ses armes jusqu'aux confins de l'Europe*. — On a dit fig. en ce sens : *porter son ambition*, *ses espérances*, *ses désirs jusqu'à...*; *porter la confusion*, *la terreur partout*. — Au fig., avec des noms sans article, être cause : *porter bonheur*, *malheur*, *guignon à...* — Adresser : *porter un coup d'épée*, *une botte*. *Voltaire* a dit (*Mariamne*) :

Pour adoucir les traits par vous-même *portés*.

C'est une expression impropre : on *porte des coups*; mais on ne *porte* pas des traits, on les *lance*. — On dit dans le même sens : *porter ses regards*, *sa vue en quelque endroit*, et fig. : *porter ses vues* (ses prétentions) *bien haut*, *bien loin*. — Être étendu en longueur : *cette poutre porte trente pieds*; *ce drap porte tant de mètres de long sur tant de large*. — Produire : *terres qui portent du froment*; *argent qui porte intérêt*. — Il se dit des femelles des animaux lorsqu'elles sont pleines : *cette chienne porte six*, *sept petits chaque fois*, et neutralement : *les chiens*, *les lapins*, etc., *portent plusieurs fois l'année*. — Faire avancer : *porter son cheval de côté et d'autre*. — Souffrir, endurer : *il porte impatiemment sa disgrace*; *il en portera la peine*. — Induire, exciter à... *ils l'ont porté à la vengeance* ou *à se venger*, etc. — Déclarer : *le jugement porte condamnation*. — Assurer : *les lettres d'aujourd'hui portent que..* — En t. de teneur de livres, écrire, coucher : *porter sur le grand-livre*, *sur le journal*, *sur un compte*. — *Porter amitié*, *affection*, *honneur*, *respect à ..*, aimer, honorer, respecter. — *Porter envie*, envier. — *Porter la parole*; *porter parole de...* Voy. PAROLE. — *Porter témoignage*, témoigner, attester pour ou contre. — *Porter la voile*, en t. de mar., avoir le côté fort et pouvoir soutenir l'effort du vent sous beaucoup de voiles, quand le vaisseau présente le côté à la direction du vent. — Neut., poser; être soutenu : *tout l'édifice porte sur ces colonnes*; *poutre qui porte à faux*, et fig. : *ce raisonnement porte à faux*. — Atteindre : *le canon ne saurait porter si loin*; *tous les coups tirés dans une action ne portent pas*. — En t. de mar., 1° prendre sur le large en changeant de route lorsqu'on est au plus près; 2° aller : *porter au sud* ou *au sud-ouest*, gouverner sur une de ces routes. — SE PORTER, v. pron., se rendre en un lieu. — *Se porter bien*, être en bonne santé. — *Se porter mal*, être malade. — Avoir de l'inclination, de la pente à une chose. — S'appliquer, s'employer à... : *il se porte avec ardeur à ce qu'il fait*, *à servir ses amis*, etc. — Se servir : *il s'y est porté en homme de cœur*, ou *lâchement*, etc. — T. de guerre, *se porter sur* ou *contre*, s'avancer. — T. de prat., *se porter garant*, se présenter à titre de garant. — *Se porter partie*, intervenir dans un procès. — PORTER, APPORTER, TRANSPORTER, EMPORTER. (*Syn.*) *Porter* n'a précisément rapport qu'à la charge du fardeau. *Apporter* renferme l'idée du fardeau et celle du lieu où l'on porte. *Transporter* a rapport non-seulement au fardeau et au lieu où on doit porter, mais encore à l'endroit d'où on le prend. *Emporter* enchérit sur toutes ces idées, en y ajoutant une attribution de propriété à l'égard de la chose dont on se charge. — Nous faisons *porter* ce que, par faiblesse ou par bienséance, nous ne pouvons porter nous-mêmes. Nous ordonnons qu'on nous *apporte* ce que nous souhaitons avoir. Nous faisons *transporter* ce que nous voulons changer de place. Nous permettons d'*emporter* ce que nous laissons aux autres, ou ce que nous leur donnons. — Les crocheteurs *portent* les fardeaux dont on les charge. Les domestiques *apportent* ce que leurs maîtres les envoient chercher. Les voituriers *transportent* les marchandises que les commerçants envoient d'une ville dans une autre. Les voleurs *emportent* ce qu'ils ont pris.

PORTER, subst. mas. (*portère*), (mot tiré de l'anglais), espèce de bière forte, ainsi nommée en Angleterre de *porter*, porteur, porte-faix, parce que ces sortes de gens en boivent beaucoup.

PORTE-RAMES, subst. mas. (*porterame*), t. de manuf., planche qui supporte les ficelles. — Anneau de cordes dans lequel passe la rame d'un bateau. — Au plur., des *porte-rames*.

PORTEREAU, subst. mas. (*porterô*), construction en bois pour retenir l'eau. — Bois pour porter à bras une pièce de charpente.

PORTE-RESPECT, subst. mas. (*porterèecepèke*), mousqueton ou carabine à large calibre, qui force au *respect* l'ennemi qu'on en menace. — Fig., dans une assemblée de jeunes gens, personnage grave dont la présence et l'autorité empêchent qu'on ne s'émancipe. — Marque d'honneur qui oblige à porter *respect* à la personne qui en est revêtue. — Au plur., des *porte-respect*.

PORTERIE, subst. fém. (*porteri*), loge d'un portier. Inusité.

PORTÉRIEN, subst. mas. (*portérieïn*), possesseur de terres, mais qui n'est pas domicilié. Peu usité.

PORTE-SCIE, subst. mas. (*porteci*), t. d'hist. nat., famille d'insectes de l'ordre des hyménoptères. — Au plur., des *porte-scie*.

PORTES-D'ENFER, subst. fém. plur., (*portedanfère*), selon Virgile, les deux portes du palais du Sommeil, celle de corne, par où passent les songes véritables, l'autre d'ivoire, par où passent les vaines illusions et les songes trompeurs.

PORTE-SEL, subst. mas. (*portecèle*), sorte de panier dont on se sert pour porter le *sel*. — Au plur., des *porte-sel*.

PORTÉSIE, subst. fém. (*portézi*), t. de bot., genre de plantes de la famille des rubiacées.

PORTE-SOIE, subst. mas. (*porteçoâ*), t. d'hist. nat., le coq à duvet. — On a aussi donné ce nom à une pinne-marine. — Au plur., des *porte-soies*.

PORTE-SONDE, subst. mas. (*porteçonde*), t. de chir., espèce de *porte-crayon* qui sert à fixer la *sonde*, et à en rendre l'introduction plus facile, dans le cathétérisme du canal nasal par le procédé du docteur Laforêt. — Au plur., des *porte-sonde*.

PORTE-SOUDURE, subst. mas. (*porteçoudure*), étoffe pliée ou que l'on plie, qui sert à relever la *soudure*. — Au plur., des *porte-soudure*.

PORTE-TAPISSERIE, subst. mas. (*porte-tapiceri*), châssis de bois au haut d'une porte, sur lequel on tend de la *tapisserie*. — Au plur., des *porte-tapisserie*.

PORTE-TARAUD, subst. mas. (*portetârô*). Voy. PORTE-BROCHE.

PORTE-TARIÈRE, subst. mas. (*portetarière*), outil d'arquebusier pour emmancher les *tarières*. — Au plur., des *porte-tarières*.

PORTE-TRAIT, subst. mas. (*portetrè*), petit morceau de cuir plié en deux, qui soutient le trait des chevaux de carrosse. — Au plur., des *porte-trait*.

PORTE-TUBE, subst. mas. (*portetube*), t. d'hist. nat., sorte de coquille fossile. — Au plur., des *porte-tubes*.

PORTE-TUYAUX, subst. mas. plur. (*portetui-iô*), t. d'hist. nat., section d'insectes de l'ordre des hyménoptères. — Au plur., des *porte-tuyaux*.

PORTE-TRÉMION, subst. mas. (*portetrémion*), t. d'hist. nat., support des *trémions* dans les moulins. — Au plur., des *porte-trémions*.

PORTEUR, subst. mas., **PORTEUSE**, subst. fém. (*porteur*, *teuze*), celui, celle dont le métier ordinaire est de porter quelque fardeau. Il diffère de *porte-faix* ou *crocheteur*, en ce que ces derniers mots se disent de celui qui *porte* de grands fardeaux, et *porteur*, de celui qui en *porte* de moindres. — On nomme *porteurs de chaise*, les hommes qui portent ce qu'on appelle une *chaise à porteurs*. — *Porteur d'eau*, *porteuse d'eau*, celui ou celle qui porte dans les maisons l'eau dont on a besoin pour l'usage du ménage. — *Porteur de lettres*, celui qui *porte* à leur adresse les lettres qui arrivent par la poste. En ce sens on dit plus ordinairement *facteur*; mais on dit bien *porteur* s'il est question d'un homme qui n'est point employé de la poste : *le porteur de ma lettre vous dira de vive voix*.... — *Porteur d'argent* se dit, chez les banquiers et les gros négociants, d'une espèce de serviteur, uniquement employé à porter de l'argent sur ses épaules. Ce sont ordinairement ces *porteurs d'argent* qui vont faire accepter les lettres de change, qui les reçoivent à leurs échéances, et qui ont soin de faire des protêts, faute de paiement ou d'acceptation; à la Banque on les appelle *garçons de caisse*, ou *de recettes*. — On appelle *billet au porteur*, un billet qui n'est rempli du nom de personne en particulier, mais par lequel on promet de payer à celui qui en sera le porteur; *porteur d'ordre*, celui au profit duquel on a passé l'ordre d'un billet payable à ordre. — *Porteur d'un billet*, *d'une lettre de change*, celui en faveur ou au profit de qui un billet, une lettre de change, a été souscrit ou endossé; c'est quelquefois aussi celui qui a mission d'en recevoir l'argent. — En termes de jurisprudence, on appelle *porteur de pièces*, un huissier entre les mains duquel on a remis une sentence, une obligation, ou autres pièces, pour pouvoir exercer des contraintes contre quelqu'un. —*Porteur de contraintes*, l'huissier qui notifie les contraintes.—*Porteur de nouvelles*, celui qui annonce des nouvelles —*Porteur de paroles*, celui qui se présente comme étant chargé de faire des propositions. — *Porteur*, le cheval sur lequel est monté le postillon d'une voiture de poste.— Les rouliers appellent aussi *porteur*, le cheval de leur attelage sur lequel ils s'asséyent quand ils sont fatigués. C'est ordinairement le second dans un attelage de trois chevaux.

PORTEUSE, subst. fém. Voy. PORTEUR.

PORTE-VALISE, subst. mas. (*portevalize*), officier du pape, qui, dans les cavalcades, marche devant les écuyers de sa sainteté. — Au plur., des *porte-valises*.

PORTE-VENT, subst. mas. (*portevan*), la partie de la musette par où l'on fait entrer le *vent* avec un soufflet. — Dans les orgues, canal de bois fermé qui transmet le *vent* depuis les soufflets jusqu'au sommier. — Au plur., des *porte-vent*.

PORTE-VERGE, subst. mas. (*portevèreje*), bedeau qui porte une baguette ou *verge* dans l'église. — Au plur., des *porte-verge*.

PORTE-VERGUES, subst. mas. plur. (*portevèregue*), t. de mar., pièces arquées de l'éperon du navire. — Au plur., des *porte-vergues*.

PORTE-VIS, subst. mas. (*portevice*), t. d'arquebusier), pièce d'ornement placée du côté gauche d'un fusil, vis-à-vis de la platine, dont les deux bouts sont percés pour recevoir les deux grandes *vis* de la platine, et leur servir d'écrou. — Au plur., des *porte-vis*.

PORTE-VITRE, subst. mas. (*portevitre*), ce qui soutient les *vitres*. Peu usité.—Au plur., des *porte-vitres*.

PORTE-VOIX, subst. mas. (*portevoè*), instrument en forme de trompette, pour *porter* la *voix* au loin.—Au plur., des *porte-voix*.

PORT-FRANC, subst. mas. (*porfran*), exemption du droit de port de lettres, de transport. Voy. PORT. — Au plur., des *ports-francs*.

PORTIA, subst. fém. (*porcia*), myth., surnom de Vénus, présidant aux ports de mer, peut-être parce qu'il y règne plus de licence qu'ailleurs. Ce nom répond, chez les Latins, au *Limenia* des Grecs.

PORTIER, subst. et adj. mas., au fém. **PORTIÈRE** (*portié, tière*), celui, celle qui est chargé d'ouvrir une *porte*. — Dans l'état ecclésiastique, l'ordre de *portier* est le premier des quatre ordres mineurs. — Adj.: *le frère portier, la sœur portière*, le religieux, la religieuse qui sont chargés de la garde de la porte d'un couvent.

PORTIÈRE, subst. fém. (*portière*), femme d'un *portier*. — Ouverture d'une voiture par où l'on monte et l'on descend. — Ce qui sert à fermer cette ouverture : *être assis à la portière*, *contre la portière* d'une voiture.— Espèce de rideau qu'on met devant une *porte* pour éviter le vent. — En t. d'artillerie, on appelle *portières*, deux morceaux ou vantaux de bois qui se placent quelquefois dans l'embrasure d'une batterie, afin d'ôter visière à l'ennemi. — Adj. fém.: *brebis, vache portière*, celle qui est en âge de *porter* des petits, ou qui a déjà *porté*.

PORTION, subst. fém. (*porcion*) (en lat. *portio*), en général, partie d'un tout. Voy. PARTIE. — Dans une acception moins étendue, quantité de pain, de viande, etc., qu'on donne dans les couvents et communautés à chacun en particulier.—*Portion congrue*, ou simplement *la congrue*, somme que les gros décimateurs étaient anciennement obligés de fournir aux curés pour leur subsistance. On dit aussi d'un employé dont le traitement, la pension, ou la rente est mince, *qu'il est à la portion congrue*. — En t. de jurisprudence, on appelle *portion virile*, une *portion* dans une succession, égale à celle des autres héritiers. On entend aussi quelquefois, par cette expression, la *portion* que les pères et les mères prennent en propriété dans la succession d'un de leurs enfants auquel ils succèdent avec les autres enfants. — Il y a encore une autre *portion virile*, que l'on nomme simplement *virile* pour la distinguer des autres : c'est celle que le conjoint vivant gagne en propriété dans les gains nuptiaux, quand il demeure en viduité. — En t. d'hydraulique, on appelle *portion de couronne*, de petites lignes courbes, placées d'espace en espace, et servant de sortie sur la platine d'une gerbe d'eau.

PORTIONCULE, subst. fém. (*porci-onkule*), petite *portion* : *les divisant en deux portioncules*... Fam. et peu usité.

PORTIONNAIRE, adj. des deux genres (*porcionère*), qui a part dans la totalité d'un héritage, etc. Peu usité.

PORTIQUE, subst. mas. (*portike*) (en lat. *porticus*), galerie ouverte, dont le comble est soutenu par des colonnes ou par des arcades.—On appelle *portique d'appui*, des espèces de petites arcades en tiers-point qui servent de balustres et qui garnissent les appuis évidés des bâtiments gothiques.—Dans les jardins, il y a des *portiques d'arbres*, c'est-à-dire des *portiques* artificiels qu'on fait avec des arbres dont on assujétit les branches pour leur faire prendre les contours nécessaires; et des *portiques de treillage*, qui sont une décoration d'architecture et de pilastres, montants, frontons, etc., faits de barres de fer et d'échalas de chênes maillés, et qui sert pour l'entrée d'un berceau dans un jardin.— *Le Portique, la doctrine du Portique*, la secte, la doctrine de *Zénon*.

PORTITOR, subst. propre mas. (*portitor*), myth., mot tout latin par lequel on désigne Caron, le nautonier des enfers.

PORTLANDE, subst. fém. (*porlande*), t. de bot., genre de plantes de la famille des rubiacées.

PORT-LOUIS, subst. propre mas. (*porloui*), ville et port de France, chef-lieu de canton, arrond. de Lorient, dép. du Morbihan.

PORTO, subst. propre mas. (*portô*), ville de Portugal, d'où l'empereur don Pedro a daté la charte qu'il a donnée aux Portugais.

PORTOR, subst. mas. (*portor*), sorte de marbre noir à grandes veines jaunes qui imitent l'or.

PORT-PERMIS, subst. mas. (*porpèremi*), ce qu'un officier marin peut charger pour son propre compte. Voy. PORTAGE.

PORTRAIRE, v. act. (*portrère*), tirer la ressemblance d'une personne, au burin, au pinceau, au crayon, etc.— *se* PORTRAIRE, v. pron. Mot suranné.

PORTRAIT, subst. mas. (*portrè*) (du lat. *protractus*, employé, dans le même sens, par *Quintilien*, et fait de *protrahere*, tirer de... On écrivait et on prononçait autrefois *portraict*, comme on le voit dans *Rabelais*), représentation d'une personne au naturel, faite avec le pinceau, le crayon, etc. Voy. EFFIGIE.—*Portrait en pied*, qui représente quelqu'un debout, dans son entier.—*Portrait flatté*, qui diminue les défauts du visage.—*Portrait chargé*, qui les augmente. — *Portrait parlant*, si ressemblant, qu'on croit qu'il va parler. — Ressemblance : *ce fils est le portrait de son père*. — Description qui a pour objet la figure extérieure, et le caractère intérieur de la personne réelle ou feinte, que l'on se propose de faire connaître : *La Bruyère est rempli d'excellents portraits*. —Description de toute sorte d'objets : *tracer le portrait des mœurs*.

PORTRAIT, **E**, part. pass. de *portraire*.

PORTRAITURE, subst. fém. (*portrèture*), *portrait*.—Art de faire des *portraits*. Il est vieux dans les deux sens.— *Livre de portraiture*, qui enseigne à dessiner toutes les parties du corps humain.

PORTUGADE, subst. fém. (*portuguade*), titre que *le Camoëns* aurait dû préférer, selon certains auteurs, à celui de son poëme intitulé *la Lusiade*.

PORTUGAL, subst. propre mas. (*portugual*), royaume à l'extrémité occidentale de l'Europe. Lisbonne en est la capitale.

PORTUGAIS, subst. mas. (*portuguiè*), la langue *portugaise* : *il sait très-bien le portugais*.

PORTUGAIS, **E**, subst. et adj. (*portuguiè, guièze*), du *Portugal*.

PORTUGAISE, subst. fém. (*portuguièze*), monnaie d'or de Hambourg, pesant dix ducats, et valant 114 fr. 37 c. de France. — T. de mar., manière d'amarrer les têtes des bigues d'un vaisseau.

PORTUGALAISE, subst. fém. (*portugualèze*), ancienne monnaie qui avait cours en *Portugal*.

PORTULA, subst. fém. (*portula*), t. de bot., espèce de plante de la famille des *portulacées*.

PORTULACAIRE, subst. fém. (*portulakière*), t. de bot., espèce d'arbrisseau qui croît en Afrique.

PORTULACÉE, subst. fém. (*portulacé*) (du lat. *portulaca*, pourpier), t. de bot., famille de plantes dicotylédonées.

PORTULAN, subst. mas. (*portulan*) (du latin *portus*, port), livre qui contient la description des ports de mer, des côtes et de ce qui y est relatif. Vieux et même hors d'usage. On disait autrefois *le portulan de la Manche*, *de la Méditerranée*.

PORTUMNALES, subst. fém. plur. (*porteumenale*), myth., fêtes qu'on célébrait, à Rome, en l'honneur du dieu *Portumne*, comme présidant aux *ports*.

PORTUMNE ou **PORTUNUS**, subst. propre mas. (*porteumene, portunuce*), myth., fils d'Ino et dieu de la mer. Il présidait aux *ports*. On le représente sous la figure d'un vieillard appuyé sur un dauphin, avec une clef à la main. Les Grecs adoraient la même divinité sous le nom de *Palémon*. C'était particulièrement en son honneur que se célébraient les jeux isthmiques, qui, pour cette raison, étaient aussi nommés *portunalia*.

PORTUNE, subst. mas. (*portune*), t. d'hist. nat., genre de crustacés de l'ordre des décapodes.

PORUS, subst. propre mas. (*pôruce*), myth., dieu de l'Abondance.—Nom d'un roi des Indes qui fut vaincu par Alexandre-le-Grand, roi de Macédoine.

PORYDROSTÈRE, subst. mas. (*poridrocetère*) (du grec πορω, je fournis, ὑδωρ, eau, et στερεος, solide), instrument qui sert à indiquer la pesanteur d'un fluide congelé.

PORZANE, subst. fém. (*porzane*), t. d'hist. nat., grande poule d'eau.

POSAGE, subst. mas. (*pôzaje*), travail et dépense de la *pose* des pierres. — En peint., attitude dans laquelle l'artiste *pose* le modèle vivant pour en faire l'étude.

POSE, subst. fém. (*pôze*), en t. d'archit., travail pour *poser* les pierres. — *Pose d'une première pierre*, cérémonie d'inauguration d'un monument, dans laquelle un personnage marquant est invité à *poser la première pierre*. —En peint., attitude dans laquelle l'artiste *pose* le modèle vivant pour en faire l'étude.—En t. de guerre se dit des sentinelles qu'on *pose* après la retraite battue : *caporal de pose*, chargé de *poser* et de relever les sentinelles.

POSÉ, **E**, part. pass. de *poser*, et adj., mis, placé, etc. — *Cela posé, il s'ensuit que*... cela étant établi, supposé...—*Écriture posée*, écriture soignée, et faite à main *posée*, lentement et avec beaucoup de soin.—Modeste, rassis, grave : *cette jeune fille a la démarche posée*.—*Posé* se dit, dans le blason, d'un animal arrêté sur ses quatre pattes.

POSÉIDON ou **POSIDÉON**, subst. mas. (*pozé-idon, pozide-on*) (en grec ποσειδεων), nom d'un mois consacré à Neptune, d'où ce dieu a été lui-même appelé *Poseidon*.

POSÉIDONIES, subst. fém. plur. (*pozé-idoni*), myth., fêtes célébrées, dans Athènes, en l'honneur de Neptune.

POSÉMENT, adv. (*pôzéman*), lentement, sans se presser; d'une manière *posée*, grave.

POSER, v. act. (*pôzé*) (du lat. *ponere*, placer), mettre, placer. Voyez METTRE.—En t. d'archit., mettre, fixer : *poser une pierre*, etc.—*Poser une sonnette*, l'attacher à un mur, et établir comme conducteur le fil d'archal qui doit la faire sonner. —En matière de doctrine, établir pour véritable, pour constant : *poser un principe* ou *pour principe*.—*Poser une question*, la préciser. — Fam. : *poser en fait que*... — En matière de dispute, supposer : *posons que cela soit*; et fam. : *posons le cas que cela soit*. — En arithm., mettre des chiffres au-dessous des nombres sur lesquels on opère. — En t. de peinture : *poser le modèle*, placer de la manière convenable la personne d'après laquelle on veut dessiner.—T. d'arts, demeurer pendant un certain temps dans la même attitude, en parlant d'un modèle que l'on copie. — Fig., on dit d'une personne qu'*elle pose*, qu'*elle pose toujours*, qu'elle se croit toujours obligée de conserver une attitude soit affectée, soit naturelle, de manière à produire de l'effet, ou à ne pas donner prise contre elle.— Neut., être *posé*, *poser sur*.. : *la poutre ne pose pas bien sur le mur*.— *Poser à cru*, sans fondations.—*Poser sec*, sans mortier.—En t. de mus., attaquer le son : *poser sa voix*.—En t. de guerre : 1° *poser* (placer) *un corps-de garde*, *des sentinelles*, etc.; 2° *poser les armes*, mettre les armes bas; et fig., faire la paix ou une trêve.— En t. d'imprimerie : *poser une forme*, la dresser.

— **se poser**, v. pron., se mettre dans..., ou sur... etc.

POSEUR, subst. mas. (*pôzeur*), celui qui *pose* ou dirige la *pose* des pierres. — *Poseur de sonnettes*, celui qui *pose* des sonnettes.

POSIDÉON, subst. mas. Voy. POSÉIDON.

POSIDONIE, subst. fém. (*pozidoni*), t. de bot., genre de plantes que l'on nomme aussi *kernère*.

POSIT., abréviation du mot *positif*.

POSITIF, adj. mas., au fém. **POSITIVE** (*pôzitife, tive*) (en lat. *positivus*), certain, constant, assuré : *j'ai des preuves positives de ce que j'avance*. — *Un esprit positif* est celui qui aime l'exactitude, qui recherche la justesse en toutes choses.—*Un homme positif* est un homme qui a des opinions, des idées arrêtées, dont on ne saurait le faire départir.—Il se dit par opposition, 1° à relatif : *il n'y a de grandeur positive qu'en Dieu*; 2° à arbitraire : *il y a des beautés positives dans ce tableau*; 3° à négatif : *commandements positifs*, qui ordonnent; *négatifs*, qui défendent de faire; 4° à naturel : *droit positif*, ce que Dieu a ordonné ou ce qui est établi par les lois des hommes. — En théol., *une chose est de droit positif*, quand elle est fondée sur la discipline constante de l'Église. — On entend par *théologie positive*, cette partie qui comprend l'Écriture sainte, la doctrine des saints Pères, la décision des conciles et les dogmes et les pratiques de l'Église catholique.—*Quantités positives*, en algèbre, celles qui sont précédées du signe de l'addition.

POSITIF, subst. mas. (*pôzitife*), t. de gramm., le premier degré dans les adjectifs et dans les adverbes qui admettent comparaison. Le *positif* exprime simplement la qualité, comme : *il est doux, posé, affable*. — Les grammairiens font encore usage de ce mot dans un autre sens, qui diffère du précédent, en ce qu'il exclut l'idée de comparaison, d'augmentation et de diminution actuelle. Dans cette dernière acception, le mot *positif* est opposé à ceux de *comparatif* et de *superlatif*. On dit, en grammaire, de certains adjectifs et de certains adverbes, qu'ils sont susceptibles de différents degrés de comparaison, et ces degrés sont : le *positif*, le *comparatif* et le *superlatif*. Le *degré positif*, que d'ordinaire on nomme simplement le *positif*, est la signification primitive et fondamentale de l'adjectif ou de l'adverbe, sans aucun rapport au plus ni au moins dont elle est susceptible. — Fig. : *c'est du positif*, c'est une chose certaine.—Petit buffet d'orgue qui est au-devant du grand orgue, et qui en est séparé.

POSITION, subst. fém. (*pôzicion*) (en lat. *positio*), situation, point où une chose est placée. —Manière dont elle est placée. Voy. SITUATION. — Terrein choisi pour y placer un corps de troupes.— Attitude dans les exercices du corps. —État heureux ou malheureux, circonstance, conjoncture : *telle est la position*, la situation des choses. — T. de peint., attitude des figures d'un tableau.—Point de doctrine dans une thèse : *cette thèse contenait tant de positions*, tant de points de doctrine. *Position* dans cette acception a bien vieilli. — T. d'arithm. : *règle de fausse position*, celle dans laquelle on opère sur des nombres faux et supposés arbitrairement, pour trouver ensuite, d'après les différences qui s'y rencontrent, le vrai nombre inconnu qu'on cherchait.—T. d'astron. : *angle de position*, celui que forment au centre d'un astre le cercle de déclinaison et le cercle de latitude, ou le parallèle à l'équateur avec le parallèle à l'écliptique. —En t. de versification, une syllabe est longue par *position*, lorsqu'elle se trouve longue parce que la dernière lettre de cette syllabe est une consonne, et que la première lettre du mot suivant est aussi une consonne; elle serait brève, si cette première lettre était une voyelle.—En t. de man., manière dont le cavalier est placé à cheval. —Dans la mesure, le temps qui se marque en frappant.— Dans les instruments, la manière dont la main est placée sur le manche, etc. —En t. de danse, les différentes manières de poser les pieds l'un par rapport à l'autre : *première, deuxième, troisième position*.

POSITIONNAIRE, subst. mas. (*pôzicionère*), poinçon qui sert à frapper les *positions* de lieux sur les cartes topographiques.

POSITIVE, adj. fém. Voy. POSITIF.

POSITIVEMENT, adv. (*pôzitiveman*), d'une manière *positive*, certaine : *je ne le sais pas positivement*.—Précisément, expressément.

POSITIVISTE, subst. mas. (*pôzitivicete*), prétendu philosophe qui se targue de n'admettre que les choses *positivement* démontrées.

POSITIVISME, subst. mas. (*pôzitiviceme*), doctrine, habitude, manie du *positiviste*.

POSOLE, subst. fém. (*pôzole*), boisson que l'on fait dans les Indes avec du blé bouilli.

POSOLOGIE, subst. fém. (*pôzoloji*) (du grec ποσος, combien, et λογος, discours), t. de médec., indication des doses des médicaments.

POSOLOGIQUE, adj. des deux genres (*pôzolojike*), qui tient, qui a rapport à la *posologie*.

POSOPAPA, subst. mas. (*pozopapa*), t. de bot., espèce de papayer qui croît en Amérique.

POSPOLITE, subst. fém. (*pocepolite*), noblesse de Pologne, assemblée en corps d'armée.

POSS., abréviation du mot *possessif*.

POSSÉDABLE, adj. des deux genres (*pocédable*), qui peut être *possédé*. Peu usité.

***POSSÉDÉ, E**, part. pass. de *posséder*, et adj. —Tourmenté du démon.— En ce dernier sens, on dit subst. : *c'est un possédé; exorciser les possédés*; et prov. : *se démener comme un possédé*, comme un énergumène.

POSSÉDER, v. act. (*pocédé*) (du lat. *possidere*, formé de *pos*, *potis*, qui peut, et de *sedere*, s'asseoir, se fixer), avoir à soi, en son pouvoir, en sa possession : *posséder de grands biens, une maison, une charge*, etc.; *posséder un emploi*; et neut. : *posséder justement ou injustement*, etc. Voyez AVOIR.—En parlant du démon, s'être emparé de... : *le démon le possède*; *il est possédé du démon*.—Fig. : *le diable le possède*, il n'entend raison sur rien.—*Posséder son bien en paix*, jouir d'une tranquillité d'esprit parfaite.— Dans le langage mystique : *posséder la gloire éternelle; posséder Dieu*; jouir de la gloire du ciel, de la vue de Dieu.—*Posséder quelqu'un*, l'avoir chez soi, jouir de sa présence.—En parlant d'une femme, avoir avec elle un commerce charnel.— *Posséder l'esprit de quelqu'un*, en être le maître; on dit d'une femme maîtresse dans son ménage, qu'*elle possède l'esprit de son mari*.—*Posséder les bonnes graces de quelqu'un*, en être aimé, favorisé.—Fig. : *posséder les sciences, Horace, Homère*, etc., en avoir une parfaite connaissance.—*Posséder bien son sujet*, le connaître à fond, savoir bien le manier.—*L'ambition, la colère, l'avarice*, etc., *le possèdent*, il est actuellement agité de ces passions, ou il y est sujet.—**se posséder**, v. pron., être maître de soi et de ses passions, surtout de la colère, de la vivacité naturelle. — *Il ne se possède pas de joie*, il est transporté de joie.

POSSESSEUR, subst. mas. (*pocéceur*) (en lat. *possessor*), celui qui possède quelque bien-fonds, quelque héritage. En parlant de maisons, on dit plutôt *propriétaire*, du moins dans le langage commun.

POSSESSIF, adj. mas., au fém. **POSSESSIVE** (*pocècif, cive*) (en lat. *possessivus*), t. de gramm., qui marque quelque *possession* : *pronom, adjectif possessif*, etc.

POSSESSION, subst. fém. (*pocècion*) (en lat. *possessio*), action de *posséder*, la jouissance qu'on a d'une chose. — En t. de jurispr. : *possession d'état*, notoriété qui résulte d'une suite d'actes faits par une même personne.—Installation dans un bénéfice : *mettre en possession*. — Biens-fonds, héritage qu'on *possède* : *il a de belles possessions*. —*Être en possession de faire une chose*, en avoir la liberté, le pouvoir. — *Être en possession de l'estime publique*, se l'être acquise. — État d'un homme possédé par le démon : *la possession diffère de l'obsession*, en ce que dans la *possession* le diable agit au dedans, et que dans l'*obsession* il agit au dehors. (*Académie*.)

POSSESSIVE, adj. fém. Voy. POSSESSIF.

POSSESSOIRE, subst. mas. (*pocèçoare*), t. de palais, droit de *posséder* : *contester, plaider, juger, gagner le possessoire*. — Il est aussi adj. des deux genres; *action possessoire*, celle par laquelle on prétend être maintenu dans la *possession*. En matière de bénéfice, on disait anciennement *récréance*.

POSSESSOIREMENT, adv. (*pocèçoareman*), d'une manière *possessoire*. (Trévoux.)

POSSET, subst. mas. (*pocé*), liqueur d'Angleterre, qui se fait avec du lait et de la bière, ou du vin et de l'eau.

POSSIBILITÉ, subst. fém. (*pocibilité*), qualité de ce qui est *possible*.

POSSIBLE, adj. des deux genres (*pocible*) (en lat. *possibilis*), ce qui peut être ou peut arriver.—Ce que l'on peut faire.—On dit subst. et fam. au mas. : *je ferai tout mon possible*, tous mes efforts. — *Le possible*, tout ce qu'on peut.

POSSIBLE, adv. (*pocible*), peut-être : *possible ira-t-il*. Il est vieux et même inusité.

POSSIRE, subst. mas. (*pocire*), t. de bot., arbre de la Guyane, nommé *bois-dard* ou *bois-flèche* à Cayenne.— Genre de plantes de la famille des légumineuses.

POST, subst. mas. (*pocete*), t. d'hist. nat., espèce de poisson du genre des holocentres.

POSTAL, E, adj. (*pocetale*), qui est de la *poste*, qui concerne la poste : *route postale*. — Au plur. mas., *postaux*.

POST-COMMUNION, subst. fém. (*pocete-komunion*) (du latin *post* communionem, après la communion), oraison que le prêtre dit à la messe après la *communion*.

POSTCRIT, subst. mas. (*pocetecri*), ce mot n'est plus en usage; il s'est dit dans le temps, car nous le lisons dans le *Dictionnaire de Trévoux*. Voy. POTSCRIPTUM.

POSTDAM ou **POTSDAM**, subst. pr. m. (*pocetedame, potecedame*), ville du Brandebourg.

POST-DATE, subst. fém. (*pocetedate*) (du lat. *post*, après, et du mot français *date*), *date* postérieure à la vraie *date* d'un acte, d'un écrit.

POST-DATÉ, E, part. pass. de *post-dater*, et adj. : *lettre post-datée*.

POST-DATER, v. act. (*pocetedaté*), *dater* une lettre, etc., d'un temps postérieur à celui où elle est écrite.—**se post-dater**, v. pron.

POSTE, subst. mas. (*pocete*) (du lat. *positus*, et par contraction, *postus*, posé, placé), en t. de guerre, lieu où un soldat, un officier est placé par son commandant; 2° lieu où l'on a placé des troupes ou qui est propre à en recevoir. —Corps-de-garde : *le poste de la mairie*.— *Poste d'honneur*, celui qui est établi à la porte d'un personnage auguste ou éminent, pour lui rendre *honneur*. — *Poste d'honneur*, en t. de guerre, le *poste* le plus périlleux.—*Poste jaloux*, *poste* fort exposé, et où des troupes peuvent être facilement enlevées. — *Être à poste fixe*, être fixé, être sédentaire dans un lieu.—*Être à son poste*, où le devoir appelle.— Charge, emploi, place dans l'administration des affaires civiles : *occuper un poste élevé dans l'administration, ou ailleurs*.—En archit., ornement de sculpture de peu de relief, en forme d'enroulement répété, qu'on décore quelquefois de feuilles, de fleurons, de rosettes.

POSTE, subst. fém. (*pocete*), relais établis pour servir diligemment des courses et des voyages.— *Courir la poste*, voyager avec des chevaux de *poste*. — Fig. et fam. : *faire tout en poste* ou *en courant la poste*, à la hâte.—Maison où sont ces relais.—Distance qu'il y a d'une de ces maisons à l'autre. — *Poste royale*, celle qui se paie double à l'entrée et à la sortie des villes où la cour a des résidences. — Exercice qu'on fait en courant la *poste* à cheval.—*Courrier de la poste*, celui qui porte les lettres.— Bureau où on les envoie et où elles sont distribuées. — *Grande poste*, celle qui reçoit les dépêches pour les départements et l'étranger. — *Petite poste*, petit bureau particulier, et dépendant de la *grande-poste*, qui ne dessert que la ville et la banlieue. —*Poste restante*, bureau auquel une lettre est adressée, et où elle doit rester jusqu'à ce que la personne désignée sur l'adresse vienne la réclamer elle-même, ou par fondé de pouvoir.— *Malle-poste*, voy. MALLE. — *Postes*, t. d'archit. Voy. ce mot. — Petite balle de plomb dont on charge un fusil, un pistolet.—*A poste*, loc. adv., à certains termes différents : *acheter, prendre un bijou à poste*. — *A sa poste*, à sa disposition : *mettre, avoir des gens à sa poste*. Nous n'insérons ces deux dernières locutions que parce que nous les lisons dans le *Dictionnaire de l'Académie*; bien certainement elles ne sont plus en usage.

POSTÉ, E, part. pass. de *poster*, et adj.—*Être bien posté*, avoir un bon emploi, une place durable. — *Le voilà bien posté*... dans un fâcheux embarras.

POSTELS, subst. mas. plur. (*pocetèle*), dans les fabriques de draps, chardons les plus forts après ceux qui n'ont pas encore servi.

POSTER, v. act. (*poceté*), placer dans un *poste* : *poster des troupes*. On *poste*, dit *Girard*, pour observer ou pour défendre; on *aposte* pour faire un mauvais coup : *la troupe est postée*;

l'assassin est aposté.—Fam. : 1° placer en quelque endroit ; 2° mettre dans un emploi. — **SE POSTER**, v. pron.

POSTÈRE, subst. mas. (*pocetère*), t. badin qui signifiait *le derrière : il étalait son postère*. On dit même encore : le *postérieur*. Nous lisons dans Scarron :

Et lors, la crainte d'être pris
Lui faisant montrer les *postères*,
Il s'enfuit suivi de ses frères.
Typhon, ch. V, édit. 1654.

POSTÉRIEUR, subst. mas. (*pocetéri-eur*), le derrière ; les fesses. Voy. POSTÈRE.

POSTÉRIEUR, E, adj. (*pocetéri-eure*) (en lat. *posterior*), qui est après, dans l'ordre des temps. — Qui est derrière : *la partie postérieure de la tête*.

POSTÉRIEUREMENT, adv. de temps (*pocetéri-eureman*), après.

à **POSTERIORI**, adv. (*âpocetéri-ôri*) (du lat. *posterior*, postérieur), d'après la conséquence, les suites : *raisonnement à posteriori*. Voy. A PRIORI.

POSTÉRIORITÉ, subst. fém. (*pocetéri-orité*) (en lat. *posterioritas*), état, rang, ordre d'une chose *postérieure* à une autre : *postériorité de date, de temps, d'hypothèque*.

POSTÉRITÉ, subst. fém. (*pocetérité*) (en lat. *posteritas*), en parlant des particuliers, suite de ceux qui viennent d'une même origine ; descendants : *la postérité d'Adam, d'Abraham*. — En parlant en général, tous ceux qui viendront après ceux qui vivent : *transmettre son nom à la postérité*.

POSTÉROMANE, subst. et adj. (*pocetéromane*), celui ou celle qui a la manie de transmettre son nom à la postérité. Inusité.

POSTÉROMANIE, subst. fém. (*pocetéromani*), manie de transmettre son nom à la postérité. Inusité.

POSTES, subst. fém. plur. (*pocete*), t. d'archit., ornements qui consistent dans des enroulements qui courent sur des plinthes.

POST-FACE (l'*Académie* écrit *postface* sans trait d'union), subst. fém. (*poceteface*) (du lat. *post*, après, et *facies*, face), avertissement qui se met à la fin d'un livre.—Épilogue.—Au plur., des *post-faces* ; comme on écrit au plur. avec un *s* des *préfaces*.

POSTHITE, subst. fém. (*pocetite*) (du grec πόσθη, prépuce), t. de médec., inflammation du prépuce ; elle est quelquefois fort douloureuse.

POSTHUME, adj. des deux genres (*pocetume*) (en lat. *posthumus*, de *post*, après, et *humus*, terre), qui est né après la mort de son père : *enfant posthume*. — On dit aussi subst. : *un, une posthume*. — Fig., qui a paru après la mort de l'auteur : *ouvrage posthume*.

POSTICHE, adj. des deux genres (*poceticlie*) (en lat. *posticus*, fait de *post*, après), qui est fait et ajouté après coup : *les ornements de ce portrait sont postiches*.—Par extension, qui est ajouté et ne convient point : *cet épisode est postiche*. — Faux : *cheveux postiches ; dents postiches*.—Qui tient la place d'un autre : *caporal postiche*, celui qui n'est pas *caporal*, et qui en exerce momentanément les fonctions.

POSTILLE, subst. fém. (*poceti-ie*) (en latin *postilla*, ou mieux *postillata*), vieux mot, hors d'usage, qui s'est dit des notes marginales ; c'est de là qu'a été formé notre mot plus moderne *apostille*.

POSTILLON, subst. mas. (*poceti-ion*), homme qui fait le service de la *poste*, qui conduit ceux qui courent la *poste*.—Par extension, valet qui monte sur un des chevaux de devant d'un attelage à six chevaux.— Celui qui mène une chaise de *poste*. —Celui qui porte en *poste* les lettres d'un particulier.—Au trictrac, au piquet, points que le joueur fait au-delà de la moitié du nombre convenu pour gagner la partie : *avoir un, deux postillons*.

POSTIQUERIE, subst. fém. (*pocetikeri*), malice d'enfant. (*Boiste*.) Hors d'usage.

POSTLIMINIE, subst. fém. (*pocetelimini*) (en lat. *postliminium*, formé des mots *post* et *limen*, par delà les *limites*), rétablissement de la situation dans laquelle on se trouvait avant la guerre. (*Boiste*.) Inusité.

POSTPOSÉ, E, part. pass. de *postposer*.

POSTPOSER, v. act. (*pocetepôzé*) (du lat. *post*, après, et *ponere*, poser), mettre après, placer à la suite.—**SE POSTPOSER**, v. pron. Presque inusité.

POSTPOSITIF, adj. mas., au fém. **POSTPOSITIVE** (*pocetepôzitife, tive*), qui sert à être mis après un mot, ou à la fin d'un mot.

POSTPOSITION, subst. fém. (*pocetepôzicion*) (du lat. *post*, après, et *positio*, position), se dit, en médec., lorsque le paroxysme d'une fièvre intermittente revient plus tard qu'on ne l'attendait : *postposition du paroxysme*. Il est opposé à *anticipation*. — Évolution militaire des anciens Grecs, qui renvoyait l'infanterie légère à la queue de la phalange.

POSTRÈME, adj. des deux genres (*pocetrême*) (en lat. *postremus*), le dernier. (*Boiste*.) Inusité.

POSTRIDIANIEN ou **POSTRIDUANIEN**, adj. et subst. mas. (*pocetridi-anien*, *pocetriduanien*), t. d'antiq., qui s'est dit des lendemains des calendes, des ides et des nones de chaque mois.

POSTSCENIUM (et non pas **POSTCÉNIUM**, ce mot étant purement latin), subst. mas. (*pocetecéniome*) (du lat. *post*, après, derrière, et *scena*, la scène), la partie la plus retirée du théâtre des anciens où l'on faisait ce qui décemment ne pouvait se faire devant les spectateurs. —Au plur., des *postscenium*.

POST-SCRIPTUM, sub. mas. (*pocetecekripetome*) (des deux mots latins *post*, après, et *scriptum*, écrit), il se dit de ce qu'on ajoute à une lettre après la signature, à un mémoire après l'avoir écrit. — On écrit aussi en abrégé *P. S.* — Au plur., des *post-scriptum*.

POSTULANT, E, subst. mas. (*pocetulan, lante*) (en lat. *postulans*, part. prés. de *postulare*, demander), celui qui demande, qui recherche avec instance. En ce sens il ne se dit guère qu'au plur. : *il y avait bien des postulants pour cette charge*.— Anciennement on appelait *postulant*, *postulante*, celui, celle qui demandait à entrer au couvent.

POSTULANT, E, adj. (*pocetulan, lante*), qui *postule* ; qui sollicite quelque chose. — On appelait *avocat postulant*, celui qui avait la faculté d'exercer, autrefois, les fonctions de *procureur*.

POSTULAT, subst. mas. (*pocetula*), action de *postuler*.—Demande, réquisitoire.—Demande pour une canonisation.— Demande que fait un géomètre, d'un premier principe, après l'admission duquel il établit une démonstration, etc.

POSTULATEUR, subst. mas. (*pocetulateur*) (en lat. *postulator*), anciennement, celui qui était chargé de poursuivre le procès d'une canonisation.

POSTULATION, subst. fém. (*pocetulâcion*) (en lat. *postulatio*), action de *postuler* au palais, action d'occuper pour une partie le tribunal.— Dans les chapitres d'Allemagne, élection d'un sujet déjà pourvu d'un bénéfice incompatible, et en faveur duquel on supplie le pape de lever cet empêchement.

POSTULÉ, E, part. pass. de *postuler*.

POSTULER, v. act. (*pocetulé*) (en lat. *postulare*), demander avec instance : *postuler un emploi, une place dans une maison religieuse*, etc. —Au palais, occuper pour une partie ; faire toutes les procédures dans une affaire. En ce sens, il est neutre : *cet avoué postule pour un tel*. — **SE POSTULER**, v. pron.

POSTURE, subst. fém. (*poceture*) (en latin *positura*, position, situation), situation, état dans lequel se tient le corps ; manière avec laquelle il se pose : *posture commode, indécente, respectueuse*, etc.—Fig., état dans lequel est quelqu'un par rapport à sa fortune : *être en bonne, en mauvaise posture auprès du ministre*, etc.—Fam. : *se mettre en posture* (en disposition) *de faire une chose*. — *Danse de postures*, dans laquelle les danseurs affectent certaines *postures* étranges.—POSTURE, ATTITUDE. (*Syn*.) La *posture* est une manière de poser le corps, plus ou moins éloignée de son habitude ordinaire ; l'*attitude* est une manière de tenir le corps, plus ou moins convenable à la circonstance présente. La *posture* même la plus commode n'est jamais sans gêne, et on en change ; l'*attitude* même la moins ordinaire est dans la *nature* ou la *convenance* des choses, et l'on s'y maintient, sinon l'*attitude* devient *posture*. La *posture* de suppliant est une *attitude* fort contrainte. La *posture* marque la position, et la position est mobile ; l'*attitude* marque la contenance, et la contenance est ferme. Une personne souffrante ne fait que changer de *posture* ; l'homme constant gardera long-temps la même *attitude*. — On prend des *postures* et des *attitudes* ; on fait des *postures* et non des *attitudes*. Il y a de la recherche et du mouvement dans les *postures* ; les *attitudes* sont des manières d'être données. — La *posture* est singulière ; elle a toujours quelque chose qui, sortant de la nature ou de l'état ordinaire du corps, se fait remarquer. L'*attitude* est pittoresque ; elle est l'expression naturelle du caractère, de la passion, de l'état actuel de l'âme.— Les positions forcées, bizarres, celles de la caricature ou de la charge, s'appelleront des *postures* ; les formes nobles, agréables du maintien et de la contenance, s'appelleront des *attitudes*. — Les *postures* sont au corps ce que les grimaces sont au visage ; les *attitudes* sont au corps ce que l'air est à la figure. — Les baladins font des *postures* ridicules, pour exciter le rire ; les acteurs prennent des *attitudes*, pour représenter leurs personnages.—Celui qui, pour marcher, prend l'*attitude* d'un danseur, se met dans une *posture* ridicule ; l'*attitude* naturelle, convenable et belle dans la danse, n'est, hors de là, qu'une *posture* affectée, outrée et risible. — Les grotesques de *Callot* s'appellent *postures*, comme les indécences de l'*Arétin* ; les figures naturelles ont, dans les tableaux, les *attitudes* convenables à l'action représentée. — *Posture* est le terme vulgaire ; *attitude* est un terme d'art, employé par le peintre, le sculpteur, le danseur, etc. — La *posture* embrasse le corps entier ; l'*attitude* n'est quelquefois que de certaine partie, telle que la tête.

POSTVERTA, subst. propre fém. (*pocetevérta*), myth., divinité qui présidait aux accouchements laborieux.

POSTVOTA, subst. propre fém. (*pocetevôta*), myth., divinité ancienne qui présidait aux événements futurs.

POSYDON, subst. mas. (*pozidon*), t. d'hist. nat., genre de crustacés de l'ordre des décapodes.

POT, subst. mas. (*pô*) (suivant *Du Cange*, du latin *potus*, employé, dans la basse latinité, avec la même acception, et qui signifie boisson. C'est une métonymie, par laquelle on a pris le contenant pour le contenu), sorte de vase de terre ou de métal, destiné à contenir quelque liqueur, etc. — Mesure des liquides qui contient deux pintes. — La liqueur qui y est contenue : *un pot de vin, de cidre, de bière*. — Pris absolument, le vase où l'on met bouillir la viande : *mettre le pot au feu*, la viande même à mettre en *pot au feu*. — *La fortune du pot*, l'ordinaire de la famille.—*Croûte au pot*, que l'on fait tremper dans le *pot*.—*Pot à fleurs*, propre à mettre des fleurs.—*Pot de fleurs*, où il y a des fleurs.— Il y a la même différence entre *pot à confitures* et *pot de confitures*.— *Pot à l'eau* (et non pas *pot d'eau*), *pot* destiné à mettre de l'eau.—*Pot d'eau*, 1° ce que contient un *pot à l'eau* ; 2° mesure d'un *pot d'eau*. — *Pot de chambre*, ustensile de garderobe pour le besoin d'uriner ; sorte de cabriolet public des environs de Paris. — *Pot de vin*, ce qui se donne par manière de présent au-delà du prix arrêté pour un marché. — *Sœur du pot*, qui sert les malades. — Avance que les propriétaires des bâtiments qui vont à la pêche de la morue font à l'équipage, pour lui servir de salaire pendant le voyage.— *Pot-à-feu*, *pot* de fer rempli d'artifices dont on se sert à la guerre. — Pièce de feu d'artifice en forme de *pot*. — *Pot-pourri*, diverses sortes de viandes, légumes, fleurs et herbes odoriférantes, mêlées ensemble avec du clou de girofle, du sel et du vinaigre. — Fig. et fam., ouvrage d'esprit composé de plusieurs choses assemblées sans ordre et sans choix : *faire un pot-pourri*, confondre tellement les choses et les circonstances qu'on n'y comprenne rien. — Récit ou chanson sur une suite d'airs différents. — Discours rempli de confusion. — Sachet ou vase plein de fleurs et d'herbes aromatiques. — Prov. : *découvrir le pot aux roses*, les sottises ou les intrigues secrètes. — *Être ensemble à pot et à rôt*, vivre ensemble très-familièrement.— *C'est le pot de terre contre le pot de fer*, on ne pourra jamais lutter contre, l'un est trop puissant et l'autre trop faible.— *On fait de bonne soupe dans un vieux pot*, les vieilles choses ne sont pas toujours mauvaises. — *Sourd comme un pot*, très-sourd ou fort bête. —*Donner dans le pot au noir*, dans le piège. — *Tourner autour du pot*, user de circonlocutions. — *Il en paiera les pots cassés*, les frais, le dommage, etc. ; il aura à s'en repentir.

POT, adj. mas. (*po*), se dit de divers papiers de la petite sorte.

POTABLE, adj. des deux genres (*potable*) (en latin *potabilis*, fait de *potare*, boire), qu'on peut boire. — *Or potable*, or rendu liquide et qu'on pourrait boire ; c'est une des chimères de l'alchimie.

POTAGE, subst. mas. (*potaje*) (fait de *potare* boire), bouillon dans lequel on trempe des tranches de pain. — Fig. et pop. : *pour tout potage*, pour toute chose.

POTAGER, subst. mas. (*potajé*), sorte de fourneau pratiqué dans une cuisine pour y dresser les *potages*, y faire les ragoûts, etc. — Pot de terre ou d'étain, dans lequel on porte à certains ouvriers le *potage*, en quoi consiste principalement leur dîné. — Jardin où l'on cultive toute sorte d'herbages, de légumes et de fruits.

POTAGER, adj. mas., au fém. **POTAGÈRE** (*potajé, jère*) : *jardin potager; herbes potagères*, dont on se sert pour le *potage*, et généralement toutes celles que l'on cultive pour l'usage de la cuisine.

POTAGÈRE, adj. fém. Voy. POTAGER.

POTALIE, subst. fém. (*potali*), t. de bot., plante à tige ligneuse, de la famille des gentianées.

POTAMANTE, subst. fém. (*potamante*), t. de bot., sorte de plante.

POTAMÉJE, subst. mas. (*potaméje*), t. de bot., arbuste voisin des lauriers.

POTAMIDE, subst. fém. (*potamide*), t. d'hist. nat., genre de coquilles. — Au plur., myth., nymphes des fleuves et des fontaines.

POTAMOGÉTON, subst. mas. (*potamojéton*) (du grec ποταμος, fleuve, et γειτων, voisin), t. de bot., plante aquatique.

POTAMOGRAPHE, subst. mas. (*potamoguerafe*), celui qui décrit les fleuves ; qui fait des discours, des ouvrages sur les fleuves et les rivières. Voy. POTAMOGRAPHIE.

POTAMOGRAPHIE, subst. fém. (*potamoguerafi*) (du grec ποταμος, fleuve, et γραφειν, décrire), description, histoire naturelle des fleuves et des rivières.

POTAMOGRAPHIQUE, adj. des deux genres (*potamoguerafike*), qui tient, qui a rapport à la *potamographie*.

POTAMOGRAPHIQUEMENT, adv. (*potamoguerafikeman*), d'une manière *potamographique*; par la *potamographie*; en *potamographie* : *décrire potamographiquement*.

POTAMOLOGIE, subst. fém. (*potamoloji*). Voy. POTAMOGRAPHIE.

POTAMOLOGIQUE, adj. des deux genres (*potamolojike*). Voy. POTAMOGRAPHIQUE.

POTAMOPHILE, adj. des deux genres (*potamofile*) (du grec ποταμος, fleuve, et φιλος, ami), t. d'hist. nat., genre d'insectes de l'ordre des coléoptères. — T. de bot., genre de bois de plantes de la famille des graminées.

POTAMOT, subst. mas. (*potamò*), t. de bot., plante, genre de fluviales.

POTASSANE, subst. fém. (*potaçane*), dans la nouvelle chimie, muriate de *potasse*.

POTASSE, subst. fém. (*potace*) (de l'allemand *potasche*, cendre de pot ; parce qu'on a longtemps fait brûler dans un pot la plante dont on tire le sel), sel alcali plus ou moins fixe, tiré des cendres produites par la combustion de différents végétaux brûlés en tas et à l'air libre.

POTASSÉ, E, adj. (*potacé*), où il entre de la *potasse*.

POTASSIUM, subst. mas (*potaciome*), t. de chim., substance qui est la base de la *potasse*.

POT-AU-FEU, subst. mas. (*potòfeu*). Voy. POT. — Au plur., des *pots-au-feu*.

POT-DE-CHAMBRE, subst. mas. (*podechanbre*.) Voy. POT. — Au plur., des *pots-de-chambre*.

POT-DE-VIN, subst. mas. (*podevein*). Voy. POT. — Au plur., des *pots-de-vin*.

POTATION, subst. fém. (*potâcion*) (en latin *potatio*), action de boire. (*Boiste*.) Vieux.

POTE, adj. fém. (*pote*) : *main pote*, main grosse et enflée. Fam. — Subst. fém., dans certains départements, *pot* de terre à anse, et qui sert aux femmes pour se chauffer.

POTÉ, subst. mas. (*poté*), titre d'honneur qu'on accordait autrefois au possesseur d'une terre. Tout-à-fait hors d'usage.

POTEAU, subst. mas. (*potô*) (du latin *postis*, poteau, jambage de porte, dont on a fait dans la basse latinité *postellum*), pièce de bois dont on fait des cloisons et autres pareils ouvrages. — Pièce de bois posée en terre pour divers usages : *poteau pour marquer les chemins* : *attacher un criminel à un poteau*. — *Poteau cornier, poteau de décharge*. — Au plur., de grosses jambes.

POTEAU-D'HUISSERIE, subst. mas. (*potôduiceri*), t. de charpentier, *poteau* qui forme le côté d'une porte ou d'une fenêtre, pour soutenir le linteau.

POTÉE, subst. fém. (*poté*), ce qui est contenu dans un *pot* : *une potée d'eau*, etc. — Il se dit de diverses préparations dont se servent les chimistes, les fondeurs, ceux qui polissent les glaces, etc. : *potée d'émeri*, etc. — *Potée d'étain*, oxyde d'étain fondu avec du verre, et devenu très-dur par ce mélange. — Composition d'argile qui sert à former le moule des fondeurs : *moule de potée*. — Prov. : *éveillé comme une potée de souris*, se dit d'un enfant fort gai et remuant.

POTELÉ, E, adj. (*potelé*), gras et plein : *enfant gras et potelé*.

POTELET, subst. mas. (*potelè*), petit *poteau* qui soutient l'appui d'un escalier.

POTELEUR, subst. mas. (*poteleur*), t. de finance qui se disait autrefois des marchands qui vendaient les boissons dans des *pots* ou *pintes*, sans tenir positivement un cabaret.

POTELOT, subst. mas. (*potelô*), t. d'hist. nat., mine de plomb ; molybdène. — Sorte de pierre minérale.

POTENCE, subst. fém. (*potance*), trois pièces de charpente en forme de triangle qui servent à supporter. — Gibet. Voy. ce mot. — Ce supplice même. — Béquille, bâton d'appui. (Suivant *Ménage*, du lat. *potentia*, puissance, pouvoir, employé par les écrivains de la basse latinité dans la signification de *potence* ou béquille ; parce que celle-ci donne aux *impotents* le pouvoir de marcher.) — Instrument pour déterminer la hauteur des chevaux. Il est formé de deux règles, dont une coule en équerre le long de l'autre. — T. de jeu de bague : la pièce de bois qui reçoit la bague : *brider la potence*, manquer son coup, toucher le bois, au lieu d'entrer sa bague. — Étai ou poteau qu'on met sous une poutre pour soutenir un plancher. — Dans l'imprimerie, partie de la presse qui soutient le berceau. — Dans la trompette, chacun des deux endroits par où la trompette se recourbe pour lier les branches. — *Table en potence*, longue, et vers le bout de laquelle il y en a une autre qui la traverse. — *Armée rangée en potence*, dont les ailes forment un angle.

POTENCÉ, E, adj. (*potancé*), t. de blason : *croix potencée*, qui a une traverse à chaque bout.

POTENCEAUX, subst. mas. plur. (*potançô*), partie du métier des passementiers qui sert à porter les ensubles sur lesquelles sont roulées les soies de la chaîne.

POTENTAT, subst. mas. (*potanta*), celui qui a la puissance souveraine dans un grand état. Style soutenu. — *Trancher du potentat* se dit de celui qui affecte un air d'importance qui ne saurait lui convenir.

POTENTIEL, adj. mas., au fém. **POTENTIELLE** (*potanciéle*) (du latin *potentia*, puissance ; *qui a la puissance d'agir*), t. de médec., *cautère potentiel*, celui qui, sans agir actuellement par une qualité manifeste, produit son effet par une vertu caustique.

POTENTIELLE, adj. fém. Voy. POTENTIEL.

POTENTIELLEMENT, adv. (*potanciéleman*), d'une manière *potentielle*.

POTENTILLE, subst. fém. (*potenti-ie*), t. de bot., plante appelée ainsi à cause de ses grandes et puissantes vertus.

POTERAL, subst. mas. (*poterale*), hameçon sans appât que l'on a attaché à un leurre de plomb.

POTERIE, subst. fém. (*poteri*), marchandise de *pots* et de vaisselle de terre, de grès. — Lieu où l'on fait les *pots* de terre. — Art du *potier*.

POTERNE, subst. fém. (*potérene*) (suivant *Du Cange*, du latin barbare *posterna*, employé avec la même signification dans la basse latinité, fait de *post*, dans le sens de derrière ; *porte de derrière*), porte secrète et cachée dans une fortification.

POTESTAS, subst. propre fém. (*potécetâce*), myth., la Puissance, divinité des anciens ; on la fait fille du Styx et de Pallas.

POTESTATIF, adj. mas., au fém. **POTESTATIVE** (*potécetatif, tive*) : *condition potestative*, qui dépend des parties contractantes.

POTESTATIVE, adj. fém. Voy. POTESTATIF.

POTHOS, subst. mas. (*potôce*), t. de bot., genre de plantes de la famille des aroïdes. — Subst. propre mas. (du grec ποθος, désir), myth., nom d'une divinité que les Samothraces adoraient.

POTIER, subst. mas., **POTIÈRE**, subst. fém. (*potié, tière*), marchand qui vend et fait de la *poterie* de terre. — *Potier d'étain*, qui vend et fait de la *poterie*, des ouvrages d'étain.

POTILLES, subst. fém. plur. (*poti-ie*), t. de forges, morceaux de bois sur lesquels glissent les vannes.

POTIN, subst. mas. (*potein*), métal factice composé de l'excrément du cuivre jaune, et de quelque mélange de plomb, d'étain et de calamine.

POTINA, subst. propre fém. (*potina*), myth., divinité tutélaire des enfants.

POTINE, subst. fém. (*potine*), dans quelques départements, la même chose que *pote*. Voyez ce mot.

POTINÉE, subst. fém. (*potiné*), nom qu'on donne à une petite sardine de Provence.

POTINS, subst. mas. plur. (*potein*), t. de distillateur, marmites ou cucurbites en fer dont on se sert pour la distillation des eaux-fortes.

POTINIÈRES, subst. fém. plur. (*potinière*), t. de pêche, manches qui servent à prendre de petites sardines dans la Provence. — Mailles serrées de ces manches.

POTION, subst. fém. (*pôcion*) (en latin *potio*, fait de *potare*, boire), tout remède liquide qu'on prend par la bouche.

POTIRAMON, subst. mas. (*potiramon*), t. de bot., variété de courge, qui ne diffère du potiron que par sa forme longue.

POTIRON, subst. mas. (*potiron*), sorte de citrouille toute ronde. Voy. COURGE. — Champignon très-gros. — Prov., on dit d'un enfant qui profite bien, qu'*il vient comme un potiron* ; qu'*il est gros et gras comme un potiron*.

POTITIENS, subst. propre mas. plur. (*policiein*), t. d'antiq., prêtres d'Hercule, descendants de *Potitius*, qui avaient seuls le droit de manger les entrailles des victimes que l'on immolait.

POTNIADE, subst. fém. (*poteni-ade*) (ce nom vient sans doute de *Potnia*, ville de Béotie, en Grèce, près de laquelle était une fontaine dont l'*eau mettait les chevaux en fureur*, dès qu'ils en avaient bu), myth., surnom des bacchantes. — Déesses qui passaient pour exciter à la fureur. — T. d'antiq., cavales qui mirent en pièces le roi Glaucus.

POTOGRAPHIE, subst. fém. (*poteguerafi*). Voy. POTOLOGIE.

POTOGRAPHIQUE, adj. des deux genres (*potoguerafike*). Voy. POTOLOGIQUE.

POTOLOGIE, subst. fém. (*pototoji*) (du grec ποτος, boisson, et λογος, discours), traité sur les boissons ; connaissance des boissons, des liquides, des breuvages, etc.

POTOLOGIQUE, adj. des deux genres (*potolojike*), qui a rapport, qui est relatif à la *potologie*.

POTOROO, subst. mas. (*potoro-ô*), t. d'hist. nat., genre de mammifères peu commun.

POTOSE, subst. propre mas. (*potoze*), montagne d'Amérique qui a des mines d'or. — Fig., richesses abondantes.

POT-POURRI, subst. mas. (*pôpouri*). Voyez POT. — Au plur., des *pots-pourris*.

POTOYÉ, E, part. pass. de *potoyer*.

POTOYER, v. act. (*potoè-ié*), chez les potiers d'étain, c'est appliquer sur les moules, avec un pinceau, de la ponce en poudre délayée dans du blanc d'œuf. On dit bien souvent POTÉYER. — *se* POTOYER, v. pron.

POTREAU, subst. mas. (*potrô*), petite poutre sur les grands vides des tours.

POTRON-MINET, subst. mas. (*potron-miné*), t. pop. qui n'est guère usité que dans la locution : *dès potron-minet*, qui signifie, dès le point du jour, de très-bonne heure. Beaucoup de personnes disent même *pétro-minet* ; mais comme nous n'avons trouvé nulle part l'étymologie de cette locution, nous ne l'insérons que d'après l'autorité de l'*Académie*, qui dit même encore *potron-jaquet*.

POTTIE, subst. fém. (*poteti*), t. de bot., genre de plantes de la famille des mousses.

POTURON, subst. mas. (*poturon*). Pop. Voyez POTIRON, qui seul se dit.

POU, subst. mas. (*pou*) (en latin *pediculus*), sorte de vermine, d'insecte ovipare, qui s'attache ordinairement aux cheveux et à la tête des enfants et des gens malpropres. C'est un aptère de la famille des *parasites*. Fig. : *pou affamé*, gueux avide de gain. — *Laid comme un pou*, fort laid. — Prov. : *il écorcherait un pou pour en avoir la peau*, il est extrêmement ladre et avare. — *Chercher des poux à quelqu'un*, lui chercher querelle. — *Poux de bois*, genre d'insectes névroptères, qui détruisent les vieux meubles, les papiers d'osier, etc. — *Pou de mer*, espèce de coquille univalve, du genre des porcelaines. — *Pou-de-soie*, étoffe de soie forte et bien garnie, dont le grain tient le milieu entre celui du gros-de-Naples et celui du gros-de-Tours. — Au plur. des *poux*.

POUACRE, adj. et subst. des deux genres (*pou-âkre*), salope, vilain. — T. d'hist. nat., subst. mas., butor tacheté, espèce de héron.

POUACRERIE, subst. fém. (*pou-âkreri*), vilenie, lésinerie. Pop. et peu usité.

POUAH ! (*pouâ*), interjection qui exprime le dégoût.

POUANCÉ, subst. propre mas. (*pou-ancé*), ville de France, chef-lieu de canton, arrond. de Segré, dép. de Maine-et-Loire.

POUC, subst. mas. (*pouke*), t. d'hist. nat., espèce de rat du Nord.

POUCE, subst. mas. (*pouce*) (en lat. *pollex*, de *pollere*, pouvoir beaucoup, parce que le *pouce* a le plus de force des cinq doigts de la main), le plus gros des doigts de la main. Pour le pied, on dit orteil. — Mesure qui est de douze lignes, et la douzième partie d'un pied. — T. d'hydraul. : *pouce d'eau*, la quantité d'eau qui sort en une minute de temps, horizontalement et d'une vitesse égale, par une ouverture circulaire d'un *pouce* de diamètre. — Prov. : *serrer les pouces à quelqu'un*, lui faire quelque violence pour lui faire avouer ce qu'on veut savoir. — *Mettre les pouces*, céder. — *Il s'en mordra les pouces*, il s'en repentira. — *Jouer du pouce*, compter de l'argent. — *Y mettre les quatre doigts et le pouce*, manger malproprement; faire une chose sans délicatesse, sans ménagement. — *Aimer mieux baiser son pouce que de faire une chose*, aimer mieux rien du tout que ce qu'on vous offre. — *Donnez-lui un pouce, il en prendra long comme le bras*, il abusera de la liberté qu'on lui donne. — *Manger sur le pouce*, sans s'asseoir à table et couvert mis. — *N'avoir pas un pouce de terre*, aucune propriété en bien-fonds.

POUCE-DE-ROI, subst. mas. (*poucederoé*), sorte de blonde dont le grand toilé représente un éventail ouvert, et est fendu par le milieu à sa base. — Au plur., des *pouces-de-roi*.

POUCE-PIED, subst. mas. (*poucepié*), t. d'hist. nat., genre de coquilles de la classe des anatifes. Voy. POUSSE-PIEDS.

POUCETTES, subst. fém. plur. (*poucète*), corde ou ferrement qui lie les pouces. — Chaînette qui ferme à clef.

POUCHE, subst. fém. (*pouche*), t. de pêche, filet dont la forme est triangulaire, pour les morues.

POUCHO, subst. mas. (*pouchô*), sorte de manteau léger que les Chiliens mettent sur leurs épaules en manière de scapulaire.

POUCIER, subst. mas. (*poucié*), ce qui couvre le *pouce* de quelques ouvriers lorsqu'ils travaillent. — Petit morceau de fer plat ou cylindrique, sur lequel on met le *pouce* quand on veut ouvrir un loquet.

POUD, subst. mas. (*poude*), poids russe qui équivaut à peu près à seize de nos kilogrammes.

POUDARIS, subst. propre fém. plur. (*poudari*), myth., divinités indiennes que l'on croit protéger les villes.

POU-DE-SOIE, subst. mas. (*poudeçoâ*). Voy. POU. L'*Académie* écrit aussi POUT-DE-SOIE.

POUDING, subst. mas. (*poudingue*), ragoût anglais, composé de mie de pain, de moelle de bœuf, de raisin de Corinthe, etc. Les Anglais écrivent *pudding*.

POUDINGUE, subst. mas. (*poudeingue*), t. de minér., mélange de petits cailloux arrondis de différentes couleurs, et réunis ensemble par un gluten souvent aussi dur que les cailloux mêmes. — T. d'hist. nat., sorte de coquille du genre des cônes. — Nom d'une espèce de spare.

POUDRE, subst. fém. (*poudre*) (en lat. *pulvis*, g. *pulveris*), poussière. En ce sens, il est plus usité en vers et dans le haut style que dans le style ordinaire. — Composition médicinale desséchée et broyée. — Ce qu'on met sur l'écriture pour la sécher. — Amydon pulvérisé pour dégraisser les cheveux. — *Un œil de poudre*, une teinte légère de poudre sur les cheveux. — Composition de soufre et de salpêtre mêlés avec du charbon, dont on charge les armes à feu. — *Poudre à giboyer*, à gibier. — *Poudre à tirer*, dont on se sert pour la chasse et le tir. — *Poudre de mine*, *poudre* commune dont on se sert pour charger les mines. — *Poudre de plomb*, petit plomb de forme ronde. — *Poudre d'or*, mica de couleur jaune, mêlé avec le sable. Lorsqu'il est de couleur blanche, on l'appelle *poudre d'argent*. — *Poudre fulminante*, composition de salpêtre, de sel de tartre et de soufre, dont une petite quantité, mise dans une cuiller de fer sur un feu médiocre, fait une détonnation violente. — *Poudre impalpable*, *poudre* extrêmement fine. — *Poudre de diamants*, de diamants broyés. On le dit même, par extension, de diamants si petits qu'à peine on peut les mettre en œuvre. — *Poudre de perlinpinpin*, *poudre* que vendent les charlatans, avec laquelle ils prétendent guérir tous les maux. — *Poudre de projection*, les alchimistes prétendaient convertir tout en or en l'employant. — *Poudre anti-charbonneuse et végétative*, sorte d'engrais qui augmente la récolte d'un quart, et la préserve du *charbon*, de l'ergot, etc. — Fig. : *jeter de la poudre aux yeux*, imposer, éblouir par ses discours et par ses manières. — *Mettre, réduire en poudre une ville, un château*, les ruiner, les abattre, les détruire. — Fig. : *mettre en poudre un raisonnement*, le réfuter de manière à n'en rien laisser subsister. — *Prendre la poudre d'escampette*, s'enfuir, s'évader. — *Le feu prend aux poudres*, se dit fig. d'une personne qui s'échauffe, qui s'enflamme, ou qui se met tout-à-coup en colère. — *Mettre le feu aux poudres*, exciter la haine; semer la dissension. — *Vif comme la poudre*, excessivement vif. — Fig. et poét. : *faire mordre la poudre à ses ennemis*, les tuer dans un combat. — Prov. : *tirer sa poudre aux moineaux*, prendre beaucoup de peine pour une chose qui ne le mérite pas. — *Il n'a pas inventé la poudre*, il n'a pas grand mérite. — POUDRE, POUSSIÈRE. (*Syn.*) La *poudre* est la terre desséchée, divisée et réduite en petites molécules; la *poussière* est la *poudre* la plus fine, que le moindre vent enlève, qui s'envole, se dissipe, s'attache aux corps qu'elle rencontre. Lorsque la terre est si desséchée qu'elle se met en *poudre*, il s'élève dans les chemins beaucoup de *poussière*, et les voyageurs en sont couverts. Si vous réduisez un corps en *poudre*, il s'en élève une *poussière* incommode et souvent dangereuse. — On appelle *poudre* différentes sortes de compositions ou de substances broyées, pulvérisées, réduites en petits grains, en petites parcelles, et semblables à la *poudre*. Ainsi l'on dit : *poudres de senteurs*, *poudres officinales*, *poudre à canon*, *poudre à poudrer*, etc. On appelle *poussière*, tout ce qu'il y a de subtil et de plus fin, comme cette matière qui s'élève sur les étamines des fleurs pour les féconder, ces atomes que nous ne voyons voler dans l'air qu'à travers les rayons du soleil. — Au fig., on dit : *jeter de la poudre* et *jeter de la poussière aux yeux*. On jette de la *poudre* aux yeux, lorsqu'il s'agit d'éblouir, d'imposer, de donner le change; on jette de la *poussière* aux yeux, lorsqu'il s'agit d'aveugler, d'abuser, d'ôter la faculté de voir. La *poudre* offusque les yeux; la *poussière* y pénètre. Le faste jette de la *poudre* aux yeux du peuple, le prestige y jette de la *poussière*.

POUDRÉ, E, part. pass. de *poudrer*. — *Poudré à blanc*, tout *poudré*.

POUDRER, v. act. (*poudré*), couvrir les cheveux de *poudre*. — Neut., se dit des étoffes teintes en noir, desquelles il s'élève une *poudre* très-fine, lorsqu'elles n'ont pas été suffisamment lavées. — En t. de chasse, *un lièvre poudre*, lorsqu'en fuyant il fait voler la poussière, ce qui recouvre ses voies ou en diminue le sentiment. — *se* POUDRER, v. pron.

POUDRERIE, subst. fém. (*poudreri*), art de fabriquer la *poudre* à tirer. — Lieu, établissement dans lequel se fabrique la *poudre* à tirer. Voyez POUDRIÈRE.

POUDRETTE, subst. fém. (*poudrète*), engrais d'excréments desséchés et réduits en *poudre*.

POUDREUSE, adj. fém. Voy. POUDREUX.

POUDREUX, adj. mas., au fém. **POUDREUSE** (*poudreu, dreuze*), plein de poudre, de *poussière*. — *Pied poudreux*, vagabond, soldat qui déserte. C'est le dictionnaire de l'*Acad.* qui donne ces deux acceptions, qui ne sont rien moins qu'usitées.

POUDRIER, subst. mas. (*poudri-é*), petite boîte dans laquelle on met de la *poudre* pour sécher l'écriture. — Celui qui fait de la *poudre* à canon. — En t. de marine, horloge de sable. — Espèce de crible.

POUDRIÈRE, subst. fém. (*poudri-ère*), lieu où l'on fait, où l'on fabrique la *poudre* à canon. — Boîte à *poudre*, soit à tirer, soit à écrire.

POUDRIN, subst. mas. (*poudrein*), t. de mar., eau salée réduite en une poussière subtile que les vagues lancent en se brisant.

POUF, interj. (*poufe*), mot qui exprime le bruit sourd que fait un corps en tombant. — Subst. mas., sorte de coiffure de femme. — Mot dont se servent les nègres pour désigner le bruit des armes à feu. — *Faire un pouf*, ne pas payer ce qu'on a acheté, ou pris en consommation, à crédit, chez quelque marchand. Pop. et trivial.

POUF, adj. mas., au fém. **POUFFE** (nous ferons remarquer que l'*Académie* écrit seulement *pouf* pour les deux genres) (*poufe*), en sculpture, *marbre pouf*, qui se réduit en poudre en le taillant. Il y a souvent dans le même bloc des parties *pouffes* et des parties *fières*, qui opposent de la résistance à l'outil. — Dans la fonte des cloches, *noyau pouf*, qui a le juste degré de résistance qu'exige la fonte, une résistance assez forte pour ne pas céder au métal en fusion, et assez faible pour céder au métal qui travaille en se refroidissant dans le moule.

POUFFÉ, part. pass. de *pouffer*.

POUFFER, v. neut. (*poufé*) : *pouffer de rire*, éclater de rire involontairement. Il est fam.

POUGEOISE, subst. fém. (*poujoaze*), sorte d'obole, quart de denier, qui avait cours sous saint Louis.

POUGÉ, part. pass. de *pouger*.

POUGER, v. neut. (*poujé*), t. de mar., faire vent arrière. Peu en usage.

POUILLE, subst. propre fém. (*pou-ie*), nom d'une ancienne province du royaume de Naples. Ce mot vient du lat. *Apulia*, l'*Apulie*; et l'on a dit *la Pouille*, comme on a dit *la Natolie*, pour l'*Anatolie*.

POUILLÉ, subst. mas. (*pou-ié*), catalogue, registre ou inventaire de tous les bénéfices d'une province, d'un diocèse. Hors d'usage.

POUILLÉ, E, part. pass. de *pouiller*.

POUILLER, v. act. (*pou-ié*), vêtir un habit. Pop. — Dire des *pouilles*, dire des injures grossières. Pop. — *se* POUILLER, v. pron., chercher ses poux et les tuer. Pop. et peu usité.

POUILLERIE, subst. fém. (*pou-ieri*), lieu d'un hôpital où l'on met les habits des pauvres.

POUILLES, subst. fém. plur. (*pou-ie*) (du mot *pouilleux*), injures grossières : *il lui a dit mille pouilles*... Il est fam. — *Chanter pouilles à quelqu'un*, l'appeler *pouilleux*.

POUILLEUSE, subst. et adj. fém. Voy. POUILLEUX.

POUILLEUX, subst. et adj. mas., au fém. **POUILLEUSE** (*pou-ieu, ieuze*), qui a des *poux*. — Gueux, misérable : *c'est un pouilleux*. — *Bois pouilleux*, bois échauffé, marqué de taches rouges et noires qui annoncent qu'il se corrompt.

POUILLIER ou **POUILLIS**, subst. mas. (*pou-ié*, *poui-e-i*), t. de mépris, méchante hôtellerie où il n'y a que des *poux* à prendre.

POUILLON, subst. propre mas. (*pou-ion*), ville de France, chef-lieu de canton, arrond. de Dax, dép. des Landes.

POUILLOT ou **CHANTEUR**, subst. mas. (*pou-iô*), t. d'hist. nat., sorte de petit oiseau.

POUILLOUSE, subst. fém. (*pou-iouze*), t. de mar., sorte de voile.

POUILLY, subst. mas. (*poui-e-i*), vin renommé de *Pouilly*, ville de France. (Nièvre.)

POUILLY-EN-MONTAGNE, subst. propre mas. (*pou-ei-i-anmontagnie*), ville de France, chef-lieu de canton, arrond. de Beaune, dép. de la Côte-d'Or.

POUILLY-SUR-LOIRE, subst. propre mas. (*poui-e-içurloare*), village de France, chef-lieu de canton, arrond. de Cosne, dép. de la Nièvre.

POULAILLE, subst. fém. (*poulâ-ie*), volaille. (*J.-B. Rousseau*.)

POULAILLER, subst. mas. (*poulâ-ié*), lieu où couchent les *poules*. — Pop., les dernières places, et les plus élevées, dans un théâtre. — Celui qui vend de la volaille. En ce sens on dit aussi adj. : *marchand poulailler*. — Petite messagerie conduite par les coquetiers ou marchands d'œufs : *le poulailler de Pontoise*. — Fam. et par dérision, mauvaise et vieille voiture.

POULAIN (et mieux **POULIN**, car on écrit *pouliner* et *poulinière*, et non pas *poulainer* et *poulainière*), subst. mas. (*poulein*) (du lat. *pullus*, qui dans *Virgile* a la même signification), cheval nouveau-né. — Par extension, jeune cheval jusqu'à l'âge de trois ans. — En t. de charpentier, 1° espèce de traîneau sans roues, sur lequel on voiture de gros fardeaux; 2° assemblage de deux jumelles jointes par quelques traverses pour descendre les tonneaux dans les caves.—En chir., tumeur maligne qui vient aux aines, et qui procède d'une cause vénérienne.

POULAIN, subst. mas. (*poulein*), nom dérisoire qu'on donnait aux croisés qui étaient énervés par le luxe et l'intempérance.

POULAINE, subst. fém. (*poulène*), t. de mar., plate-forme, en grillage ou caillebottis soutenu sur les écharpes de l'avant du vaisseau.—*A la poulaine*, loc. adv.; on appelait, *souliers à la poulaine*, une espèce de souliers qui finissaient en pointe, au bout de laquelle on mettait des grelots, et dont la mode existait sous le règne de Philippe-le-Bel.

POULAN, subst. mas. (*poulan*), ce que met de plus que les autres celui qui donne les cartes aux jeux de l'hombre, de quadrille, de tri, etc.—Tours où l'on paie double.

POULANGIS, subst. mas. (*poulanji*), sorte de tiretaine de laine et fil, qui se fabrique en Picardie.

POULARDE, subst. fém. (*poularde*), *poule* jeune et grasse à laquelle on a enlevé les ovaires.

POULE, subst. fém. (*poule*) (en latin *pulla*), oiseau domestique, la femelle du coq. C'est un gallinacé de la famille des alectrides.—*Poule d'eau*, genre d'oiseaux échassiers.—*Poule d'Inde*, la femelle du coq d'Inde.—*Poule faisane*, la femelle du faisan.—*Cuir de poule*, fort délié et de très-mauvais service.—*Chair* ou *peau de poule*, peau qui n'est pas lisse et qui a des élevures, pareilles à celles qui paraissent sur la peau d'une *poule* plumée.—Fig. et fam.: *cela fait venir la chair* ou *la peau de poule*, fait frissonner.—Fam.: *être frisé comme une poule mouillée*, avoir les cheveux fort plats.—Fig. et fam.: *c'est une poule mouillée*, un homme mou et efféminé.—*Être empêché comme une poule qui n'a qu'un poussin*, être fort embarrassé de peu de chose.—*Ce n'est pas à la poule de chanter devant le coq*, une femme doit toujours être dans l'infériorité, à l'égard de son mari.—Prov.: 1° *c'est le fils de la poule blanche*, il est très-heureux; 2° *faire le cul de poule*, avancer les lèvres; 3° *plumer la poule sans la faire crier*, voler, escroquer sans que, pour ainsi dire, on s'en aperçoive. Voy. PLUMER.—*Tuer la poule pour avoir l'œuf*, se priver des ressources à venir pour l'intérêt présent.—A certains jeux de cartes, au billard, etc., quantité d'argent ou de jetons dont chacun des joueurs contribue à son tour, et qui demeure à celui qui gagne le coup.—Au trictrac, au billard, et à quelques autres jeux: *faire une poule*, *jouer une poule*, faire une partie où tous les joueurs mettent une certaine somme chaque fois qu'ils entrent au jeu, et qui demeure en entier à celui qui a gagné tous les autres de suite.

POULET, subst. mas. (*poulè*) (du lat. *pullus*), le petit de la *poule*.—*Poulet de grain*, nourri avec du grain.—Billet de galanterie.—Petit papier coupé et doré, propre à écrire des *poulets*.—*Mon poulet*, *ma poulette*, t. de caresse, en parlant à des enfants, à des personnes chères.—*Poulets sacrés*, myth.; chez les Romains, lorsqu'il s'agissait de prendre quelque délibération importante, on consultait des *poulets*, qu'on nommait sacrés. C'était de la manière dont ils prenaient la nourriture qui leur était présentée qu'on tirait des présages heureux ou malheureux.

POULETIER, subst. mas. (*pouletié*), celui qui avait en garde les *poulets sacrés*.

POULETTE, subst. fém. (*poulète*), jeune *poule*.—Jeune fille, t. de tendresse.—Fig. et fam.: *cette femme est une maîtresse poulette*, est habile, impérieuse.—*Ma poulette*. Voy. POULET.

POULEVRIN, subst. mas. (*poulevrein*) (du lat. *pulvis*, *veris*, poussière), t. d'artillerie, poudre fine pour amorcer le canon.—La poire qui contient cette poudre.—L'*Académie* ajoute qu'on dit aussi *pulverin*, mot plus latin que français, et elle renvoie à ce mot.

POULIAT, subst. mas. (*pouli-a*), nom qu'on donne à la dernière caste, chez les Malabares.

POULICHE, subst. fém. (*pouliche*), cavale de trois ans; autrefois, ajoute l'*Académie*, on disait *poulaine* et *pouline*.

POULICHON, subst. mas. (*poulichon*), jeune poulain. Peu usité.

POULIE, subst. fém. (*pouli*) (en anglais *pulley*, fait du v. *to pull*, tirer), roue de bois ou de métal, dont la circonférence est creusée en demi-cercle et sur laquelle passe une corde, pour élever ou pour descendre des fardeaux. C'est une des cinq principales machines dont traite la statique.

POULIÉ, E, part. pass. de *poulier*.

POULIER, v. act. (*pouli-é*), élever par le moyen d'une *poulie*.—se POULIER, v. pron.

POULIERIE, subst. fém. (*poulieri*), art de faire des *poulies*.—Atelier où on les fabrique.—Profession de celui qui vend et fait des *poulies*. (Boiste.) Presque inusité.

POULIEUR, subst. mas. (*pouli-eur*), t. de mar., ouvrier qui fait des *poulies*. Peu usité.

POULIN, E, subst. Voy. POULAIN et POULICHE.

POULINÉ, part. pass. de *pouliner*.

POULINER, v. neut. (*pouliné*), mettre bas, en parlant de la cavale.

POULINIÈRE, subst. et adj. fém. (*poulinière*): *jument poulinière*, particulièrement destinée à produire des *poulains*.—Le peuple dit quelquefois trivialement d'une femme qui fait beaucoup d'enfants, que *c'est une bonne poulinière*.

POULIOT, subst. mas. (*pouli-ô*), t. de bot., espèce de menthe vivace, très-âcre et très-amère.—Au plur., dans certaines manufactures, morceaux de bois qui portent les *poulies*.

POULNÉE, subst. fém. (*poulené*), fiente de poules, de pigeons.

POULOMANCIE, subst. fém. (*poulomanci*) (du grec πωλος, petit d'un animal, et μαντεια, divination), divination qui se faisait par le moyen des poulets, et d'après la manière dont ils mangeaient.

POULOMANCIEN, subst. et adj. mas., au fém. **POULOMANCIENNE**, (*poulomancien*, *ciène*), qui appartient à la *poulomancie*.—Celui, celle qui se livrait à cet art.

POULOT, subst. mas., au fém. **POULOTTE** (*poulô*, *lote*), fam., petit enfant.

POULOTTE, subst. fém. Voy. POULOT.

POULPE, subst. fém. (*poulepe*) (du lat. *pulpa*), ce qu'il y a de plus solide dans les parties charnues de l'animal.—Chair de certains fruits.—T. d'hist. nat., subst. mas., genre de mollusques de la famille des céphalopodes.

POULS, subst. mas. (*pou*) en lat. *pulsus*, de *pulsare*, battre), le battement des artères, principalement aux poignets.—Fig.: *le pouls lui bat*, il a peur.—*Tâter le pouls à quelqu'un*, le pressentir, le sonder sur quelque affaire.—*Se tâter le pouls*, consulter ses forces avant de rien entreprendre.

POUMON, subst. mas. (*poumon*) (en lat. *pulmo*, du grec πλευμων, en attique, pour πνευμων, dérivé de πνεω, je respire), viscère spongieux et mou, qui est dans l'animal le principal organe de la respiration.—*Avoir de bons poumons*, la voix forte.—*User ses poumons*, *s'user les poumons*, à force de crier.

POUMON-MARIN, subst. mas. (*poumon-marein*), t. d'hist. nat., espèce de zoophyte marin, couvert d'un cuir dur, et qui ressemble à peu près au *poumon* des animaux.

POUMONIQUE, subst. des deux genres (*poumonike*), t. pop. Voy. PULMONIQUE.

POUND, subst. mas. (*pounede*), la livre sterling.—Monnaie de compte dans les Etats-Unis, en Amérique, dont la valeur varie selon les endroits.

POUPARD, subst. mas. (*poupar*), enfant au maillot.—Fam., grosse *poupée*.

POUPART, subst. mas. (*poupar*), t. d'hist. nat., poisson crustacé.

POUPARTIE, subst. fém. (*pouparti*), t. de bot., genre de plantes de la famille des térébinthacées.

POUPE, subst. fém. (*poupe*) (nous ne savons pas pourquoi on n'écrit pas POUPPE, ce mot finissant par un *e* muet et ayant pour étymologie le mot *puppis* des Latins), t. de mar., l'arrière d'un vaisseau.—*Avoir le vent en poupe*, l'avoir favorable; et au fig., être en faveur, en prospérité.

POUPÉE, subst. fém. (*poupé*) (du lat. *pupa*, employé dans ce sens par *Varron*; et par *Martial*, etc., dans celui de *petite fille*. *Trévoux* dérive *poupée* de l'impératrice *Poppée*, femme de Néron, qui eut un soin particulier de son ajustement), petite figure humaine, qui sert de jouet aux enfants.—Fig. et fam., petite personne fort parée, fort ajustée: *c'est une vraie poupée*.—*Visage de poupée*, mignon et coloré.—Tête, de carton ordinairement, sur laquelle on monte les bonnets, etc.—Fam.: *faire sa poupée d'une petite maison*, *d'un cabinet*, etc., prendre plaisir à l'orner, s'y amuser beaucoup.—Figure qui sert de but au tir au pistolet ou au fusil: *abattre la poupée*.—Le peuple appelle *poupée*, une fille ou femme publique.—En t. de fileuse, paquet d'étoupes ou de filasse dont on garnit le fuseau.—Pièce de bois d'égale grosseur et proportionnée aux jumelles du tour des sculpteurs.—En t. d'agriculture, certaine manière d'enter différente de celle d'enter en écusson: *enter en poupée*.

POUPELIN, subst. mas. (*poupelein*) (du latin *popanum*, espèce de galette dont parle *Juvénal*), sorte de pâtisserie.

POUPELINIER, subst. mas. (*poupelinié*), vase pour faire les *poupelins*, ou pour les tremper.

POUPETIER, subst. mas. (*poupetié*), marchand, fabricant de *poupées*. (Boiste.) Inusité.

POUPETON, subst. mas. (*poupeton*), espèce de hachis, soit gras, soit maigre.

POUPETONIÈRE, subst. fém. (*poupetonière*), marmite de cuivre étamé dont le couvercle est à rebords, pour recevoir du feu dessus.

POUPIETTES, subst. fém. plur. (*poupi-ète*), t. de cuisinier, tranches de veau farcies, que l'on fait rôtir après les avoir roulées et ficelées; on les pane ensuite, et on y ajoute une sauce piquante. Peu usité.

POUPIN, E, adj. (*poupein*, *pine*) (corruption de *poupon*), qui est d'une propreté affectée.—On dit aussi subst., *faire le poupin*, *la poupine*. Fam. et presque hors d'usage.

POUPON, subst. mas., **POUPONNE**, subst. fém. (*poupon*, *pone*) (en lat. *pupus*, *pupa*, petit garçon, petite fille), petit garçon, petite fille dont le visage est plein, potelé.—*Ma pouponne*, t. de caresse, ma mignonne.

POUPONNE, subst. fém. Voy. POUPON.

POUR, prép. et conj. (*pour*), à cause.—A la considération de....—En faveur de....—En échange de...—Au lieu de...—Par rapport à....,—Subst. mas.: *soutenir le pour et le contre*.—Le *pour* est une distinction ancienne que le roi accorde à ceux qui ont le rang de prince en France. Elle consiste en ce que le maréchal-des-logis de la maison du roi, lorsqu'il voyage, faisant marquer à la craie les logis de ceux qui suivent la cour, fait écrire sur les appartements où doivent loger les princes: *pour Mr*.... tandis que sur les appartements destinés aux autres officiers de la couronne, qui n'ont pas le rang de prince, on écrit seulement: *M. le duc*...: *accorder*, *donner le pour*, *avoir le pour*.—*Pour peu que*, conj., si peu que...—*Pour lors*, locution adv., alors...—POUR, QUANT À. (*Syn.*) Ces deux mots sont très-synonymes. *Pour* paraît cependant avoir meilleure grace dans le discours, lorsqu'il s'agit de la personne ou de la chose qui régit le verbe suivant; *quant à* paraît y mieux figurer, lorsqu'il s'agit de ce qui est régi par le verbe. Ainsi l'on dirait, *pour* moi, je ne me mêle d'aucune affaire étrangère; *quant à* moi, tout m'est indifférent.—POUR, AFIN. (*Syn.*) Ces deux mots sont synonymes dans le sens où ils signifient qu'on fait une chose en vue d'une autre; mais *pour* marque une vue plus présente, *afin* en marque une plus éloignée.—On se présente devant le prince, *pour* lui faire sa cour; on lui fait sa cour, *afin* d'en obtenir des graces.—Le premier convient mieux, lorsque la chose qu'on fait en vue de l'autre en est une cause plus infaillible; le second est plus à sa place, lorsque la chose qu'on a en vue en faisant l'autre en est une suite moins nécessaire.—On tire le canon sur une place assiégée, *pour* y faire une brèche, et *afin* de pouvoir la prendre par assaut, ou de l'obliger à se rendre.—*Pour* regarde plus particulièrement un effet qui doit être produit. *Afin* regarde proprement un but où l'on veut parvenir.—Les filles d'un certain âge font tout ce qu'elles peuvent *pour* plaire, *afin* de se procurer un mari.

POUR-BOIRE (l'*Académie* écrit **POURBOIRE** sans trait de division; nous pensons qu'elle écrirait des *pourboires* avec un *s*, comme elle écrit des *pourparlers*, ce qui serait mal, selon nous), subst. mas. (*pourboire*), petite récompense au-delà du prix convenu.—Au plur., des *pourboire*.

POURÇAIN, subst. propre mas. (*pourcein*), ville de France, chef-lieu de canton, arrond. de Gannat, dép. de l'Allier.

POURCEAU, subst. mas. (*pourçô*) (du lat. *porcellus*, dimin. de *porcus*, porc), porc, cochon.—Fig.: *c'est un pourceau*, c'est un homme qui ne pense qu'à lui, ou qu'à boire et à manger.—*Une étable à pourceaux*, une maison malpropre.—*Pourceau d'Épicure*, un libertin, un voluptueux.—Prov.: *jeter des marguerites devant les pourceaux*. V. MARGUERITE. Voy. COCHON. *Semer des perles devant les pourceaux*, donner, montrer à quelqu'un des choses dont il ne sent pas le prix ; lui dire quelque chose dont il ne sent pas la délicatesse.

POURCEAU-DE-MER, subst. mas. (pourcôdemére), t. d'hist. nat., sorte de poisson marin, qu'on nomme ordinairement marsouin.

POURCHAS, subst. mas. (pourchâ), travail, bénéfice. (Boiste.) Vieux et même hors d'usage.

POURCHASSÉ, E, part. pass. de pourchasser.

POURCHASSER, v. act. (pourchacé), poursuivre, tâcher d'avoir. Il est vieux.—En t. de chasse, suivre le gibier avec opiniâtreté, jusqu'à ce qu'il soit pris.—se POURCHASSER, v. pron.

POURETTE, subst. fém. (pourète); on donne ce nom à une jeune plante de mûrier blanc.

POURFENDEUR, subst. mas. (pourfandeur), celui qui pourfend : grand pourfendeur de géants, faux brave. Il est fam.

POURFENDRE, v. act. (pourfandre), fendre un homme de haut en bas d'un coup de sabre. Il est vieux. — se POURFENDRE, v. pron.

POURFENDU, E, part. pass. de pourfendre.

POURFILÉ, E, part. pass. de pourfiler.

POURFILER, v. act. (pourfilé), entremêler de tissures différentes. — se POURFILER, v. pron.

POURIR, v. neut. et act. Fausse orthographe du mot POURRIR.

POURISSAGE, subst. mas. (Même observation pour ce mot que pour le mot précédent.) Voyez POURISSAGE.

POURISSOIR, subst. mas. Fausse orthographe du mot POURRISSOIR.

POURITURE, subst. fém. Fausse orthographe du mot POURRITURE.

POURMENÉ, E, part. pass. de se pourmener.

se POURMENER, v. pers. (sepourmené), se promener. (Boiste.) Vieux et même hors d'usage.

POUROUMIER, subst. mas. (pouromié), t. de bot., espèce d'arbre qui croît à la Guyane.

POUR-PARLER (et non pas pourparler, sans trait de division), subst. mas. (pourparlé), conférence sur une affaire, abouchement entre deux ou plusieurs personnes : en venir aux pour-parler; pour-parler, au plur.,sans s, comme on écrit des pour-boire.

POURPIER, subst. mas. (pourpié), t. de bot., plante potagère, dont on distingue plusieurs espèces.—Pourpier de cave, celui qui se mange en salade. — Pourpier sauvage, pourpier qui a des vertus médicinales.

POURPIER-DE-MER, subst. mas. (pourpiédemére), t. de bot., espèce d'arbrisseau qui croît sur le bord de la mer ; arroche en arbrisseau.

POURPOINT, subst. mas. (pourpoein) (du latin perpunctum, formé de la prépos. per, par, à travers, et punctum, point ; parce que le pourpoint était dans l'origine une espèce de cotte d'armes faite de laine ou de coton, qu'on piquait entre deux étoffes), ancien habillement français, qui ne couvrait le corps que depuis le cou jusqu'à la ceinture. Tirer un coup à brûle-pourpoint, à bout portant. — Fig. : faire à quelqu'un un reproche à brûle-pourpoint, en face.—Prov. : 1° le moule du pourpoint, le corps ; 2° il a bien rempli son pourpoint, il a fait un bon repas. — Pop. : donner à quelqu'un un pourpoint de pierre de taille, le mettre en prison.

POURPOINTERIE, subst. fém. (pourpoeinteri), métier , art de celui qui faisait des pourpoints. Vieux.

POURPOINTIER, subst. mas. (pourpoeintié), tailleur d'habits qui ne faisait autrefois que des pourpoints. Vieux.

POURPOIS, subst. mas. (pourpo-é), t. d'hist. nat., sorte de poisson de mer, fort estimé autrefois à Paris.

POURPRE, subst. mas. (pourpre) (en lat. purpura), poisson à coquille, d'où l'on tirait une teinture très-précieuse. — Sorte de couleur qui est un rouge foncé tirant sur le violet : œillets tachetés de pourpre. — En t. de blason, couleur qui se masque dans la gravure de ces traits diagonaux, allant de l'angle gauche du chef à l'angle droit de la base. — En médec., maladie maligne qui se manifeste au-dehors par de petites rougeurs sur la peau. — Pourpre de Cassius, t. de chim. anc., or précipité de sa dissolution par l'étain.

POURPRE, subst. fém. (pourpre) , teinture précieuse tirée du pourpre. — Étoffe teinte de cette couleur, qui était en usage parmi les anciens. —Au fig., il se dit des rois : des cardinaux, etc., l'éclat de la pourpre.

POURPRÉ, E, adj. (pourpré) : fièvre pourprée, accompagnée du pourpre, où il paraît du pourpre. — Rouge pourpré, de couleur de pourpre. — Subst. mas. Voy. POURPRIX.

POURPRENDRE, v. a. (pourprandre), prendre, entreprendre, saisir. (Boiste.) Vieux et presque hors d'usage.

POURPRIER, subst. mas. (pourpri-é), t. d'hist. nat., animal des pourpres.

POURPRIN, ou POURPRÉ, subst. mas. (pourprein, pourpré), couleur de pourpre sur les fleurs.

POURPRIS, subst. mas. (pourpri), enceinte , habitation. — Poét. : les célestes pourpris, les cieux. Vieux mot presque inusité.

POURPRIS, E, part. pass. de pourprendre.

POURPRURE, subst. fém. (pourprure), rouge foncé tirant sur le violet. Peu en usage.

POURQUOI, conj. causative (pourkoé) (de l'italien perché. Suivant Sylvius, du latin pro quo), à cause de quoi, pour laquelle raison. — C'est pourquoi, marque le motif, le but : c'est pourquoi je viens.Voy. le subst. suivant.

POURQUOI, subst. mas. (pourkoé) , cause , motif, raison : il veut savoir le pourquoi. Fam. —Ses pourquoi ne finiront pas, se dit d'une personne qui demande les raisons, les motifs de tout.—Vous ferez telle chose ou vous direz pourquoi, vous ferez telle chose ou l'on saura bien vous y contraindre. — Demandez-lui pourquoi, pour quelle raison. — Pourquoi peut être aussi prépos. : pourquoi cela ?

DU VERBE IRRÉGULIER POUVOIR :

Pourra, 3° pers. sing. fut. indic.

Pourrai, 1re pers. sing. fut. indic.

Pourraient, 3° pers. plur. prés. cond.

Pourrais, précédé de je, 1re pers. sing. prés. cond.

Pourrais, précédé de tu, 2° pers. sing. prés. cond.

Pourrait, 3° pers. sing. prés. cond.

Pourras, 2° pers. sing. fut. indic.

Pourrez, 2° pers. plur. fut. indic.

POURRÉTIE, subst. fém. (pourréci), t. de bot., genre de plantes de la famille des broméliacées.

POURRI, subst. mas. (pourrî), chose pourrie : cela sent le pourri : Ôter le pourri d'un fruit.

POURRI, E, part. pass. de pourrir, et adj., altéré, corrompu. — Fig. : membre pourri de l'état, mauvais citoyen ; cœur pourri, homme bas et corrompu. — Planche pourrie, personne sur laquelle on ne peut compter. — Viande pourrie de cuire, trop cuite. — Temps pourri, humide et malsain.

DU VERBE IRRÉGULIER POUVOIR :

Pourriez, 2° pers. plur. prés. cond.

Pourrions, 1re pers. plur. prés. cond.

Pourrons, 1re pers. plur. fut. indic.

Pourront, 3° pers. plur. fut. indic.

POURRIR, v. act. (pourri), altérer, corrompre, gâter : l'eau pourrit le bois. — Neut., demeurer, croupir : pourrir en prison. — Fig. et familier. : 1° pourrir dans l'ordure, dans la misère , y croupir ; 2° pourrir dans le vice, y persister ; 3° il ne pourrira pas dans cet emploi, il n'y demeurera pas long-temps.—Le jus de réglisse fait pourrir le rhume, le mûrit, fait qu'on en guérit plus aisément. — Faire pourrir un homme en prison, l'y tenir long-temps, ou pour ne l'en laisser jamais sortir. — Faire pourrir la viande de cuire, la faire cuire excessivement. — se POURRIR, v. pron., se gâter, se corrompre.

POURRISSAGE, subst. mas. (pouricaje), pourriture des chiffons à papier.

POURRISSOIR, subst. mas. (pourîçoar), chez les papetiers et cartonniers, atelier où l'on met fermenter les chiffons et les rognures de papier ou de carton, avant de les porter dans les auges à rompre.

POURRITURE, subst. fém. (pouriture), corruption, état de ce qui est pourri : sa jambe tombe en pourriture. — Les médecins appellent pourriture d'hôpital, une sorte de gangrène. — En t. de bot., altération qui attaque le bois du tronc des arbres, et qui le corrompt en se propageant insensiblement jusqu'aux racines.

POURSILE, subst. fém. (pourci-le), t. d'hist. nat., variété brune de marsouins.

DU VERBE IRRÉGULIER POURSUIVRE :

Poursuis, 1re pers. sing. impér.

Poursuis, précédé de je, 1re pers. sing. prés. indic.

Poursuis, précédé de tu, 2° pers. sing. prés. indic.

Poursuit, 3° pers. sing. prés. indic.

POURSUITE, subst. fém. (pourçuite), action de poursuivre : se mettre à la poursuite des ennemis. — Soin qu'on prend pour faire réussir une affaire, etc. : s'acharner à la poursuite d'une affaire.—Au plur., les procédures d'un procès : poursuite civile, criminelle.

POURSUIVABLE, adj. des deux genres (pourçuivable), qui peut être poursuivi. (Boiste.) Peu en usage.

DU VERBE IRRÉGULIER POURSUIVRE :

Poursuivaient, 3° pers. plur. imparf. indic.

Poursuivais, précédé de je, 1re pers. sing. imparf. indic.

Poursuivais, précédé de tu, 2° pers. sing. imparf. indic.

Poursuivait, 3° pers. sing. imparf. indic.

Poursuivant, part. prés.

POURSUIVANT, E, subst. (pourçuivan, vante), celui, celle qui poursuit un emploi, un mariage.— Au palais, qui poursuit un ordre, une distribution de deniers.—Aussi celui qui exerce des poursuites contre quelqu'un. — Anciennement, celui qui recherchait une femme par amour ou pour le mariage : les poursuivants de Pénélope. — Poursuivant d'armes, autrefois, gentilhomme qui s'attachait aux hérauts d'armes, et aspirait à leur charge. On les baptisait, dans les fêtes solennelles, après le souper, de quelque nom gaillard, comme Jolicœur, Verluisant, Sansmétier, Gaillardet, Beausemblant, Haut-lepied, etc. Leurs cottes-d'armes étaient différentes de celles des hérauts, et ils avaient des bâtons sans ornement. Le détail des fonctions de leur ministère est amplement expliqué dans un manuscrit composé par René d'Anjou, roi de Sicile, et qui se trouve dans la Bibliothèque du roi.

DU VERBE IRRÉGULIER POURSUIVRE :

Poursuive, précédé de que je, 1re pers. sing. prés. subj.

Poursuive, précédé de qu'il ou qu'elle, 3° pers. sing. prés. subj.

Poursuivent, précédé de ils ou elles, 3° plur. prés. indic.

Poursuivent, précédé de qu'ils ou qu'elles, 3° pers. plur. prés. subj.

Poursuives, 2° pers. plur. prés. subj.

Poursuives, 2° pers. plur. impér.

Poursuivez, précédé de vous, 2° pers. plur. prés. indic.

Poursuivi, e, part. pass.

Poursuiviez, précédé de vous, 2° pers. plur. imparf. indic.

Poursuivies, précédé de que vous, 2° pers. plur. prés. subj.

Poursuivîmes, 1re pers. plur. prét. déf.

Poursuivions, précédé de nous, 1re pers. plur. imparf. indic.

Poursuivions, précédé de que nous, 1re pers. plur. prés. subj.

Poursuivirent, 3° pers. plur. prét. déf.

Poursuivis, précédé de je, 1re pers. sing. prét. déf.

Poursuivis, précédé de tu, 2° pers. sing. prét. déf.

Poursuivisse, 1re pers. sing. imparf. subj.

Poursuivissent, 3° pers. plur. imparf. subj.

Poursuivissez, 2° pers. plur. imparf. subj.

Poursuivissions, 1re pers. plur. imparf. subj.

Poursuivissiez, 2° pers. plur. imparf. subj.

Poursuivit, précédé de il ou elle, 3° pers. sing. prét. déf.

Poursuivît, précédé de qu'il ou qu'elle, 3° pers. sing. imparf. indic.

Poursuivîtes, 2° pers. plur. prét. déf.

Poursuivons, 1re pers. plur. impér.

Poursuivons, précédé de nous, 1re pers. plur. prés. indic.

Poursuivra, 3° pers. sing. fut. indic.

Poursuivrai, 1re pers. sing. fut. indic.

Poursuivrais, précédé de je, 1re pers. sing. prés. cond.

Poursuivrais, précédé de tu, 2° pers. sing. prés. cond.

Poursuivrait, 3° pers. sing. prés. cond.

Poursuivras, 2° pers. sing. fut. indic.

POURSUIVRE, v. act. (pourçuivre) (du latin persequi), courir après pour atteindre. — Racine a dit (Bajazet) :

Poursuives, s'il le faut, un courroux légitime.

On dit, observe avec raison La Harpe, suivre le courroux, parce qu'on se laisse mener par lui, et poursuivre la vengeance, parce qu'on court après pour la trouver. : Briguer, rechercher, tâcher d'obtenir : poursuivre une charge, *une fille en mariage*, etc. — Continuer ce qu'on a commencé. Voy. CONTINUER.— *Poursuivre une affaire, une créance*, faire tout ce qu'il faut pour amener une chose à fin; agir contre un débiteur par les voies de la justice. — *se* POURSUIVRE, v. pron.

DU VERBE IRRÉGULIER POURSUIVRE :

Poursuivrez, 2e pers. plur. fut. indic.
Poursuivriez, 2e pers. plur. prés. cond.
Poursuivrions, 1re pers. plur. prés. cond.
Poursuivrons, 1re pers. plur. fut. indic.
Poursuivront, 3e pers. plur. fut. indic.

POURTALONE, subst. fém. (*pourtalone*), variété de la châtaigne.

POURTANT, adv. (*pourtan*) (du latin *pro tanto*), cependant, toutefois, néanmoins, avec cette différence que *pourtant* a plus de force et d'énergie; il assure avec fermeté, malgré tout ce qui pourrait être opposé; *cependant* est moins absolu et moins ferme : il affirme seulement contre les apparences contraires; *néanmoins* distingue deux choses qui paraissent opposées, et il en soutient une sans détruire l'autre : *toutefois* dit proprement une chose par exception : il fait entendre qu'elle n'est arrivée que dans l'occasion dont on parle. Que toute la terre s'arme contre la vérité, on n'empêchera *pourtant* pas qu'elle ne triomphe. Quelques docteurs se piquent d'une morale sévère, ils recherchent *cependant* tout ce qui peut flatter la sensualité. Corneille n'est pas toujours égal à lui-même, *néanmoins* Corneille est un excellent auteur. Que ne haïssait pas Néron? *toutefois* il aimait Poppée. (*Girard*.)

POURTOUR, subst. mas. (*pourtour*), t. d'archit., étendue du contour d'un espace. — Le *tour*, le circuit d'un corps : *cette colonne a tant de pourtour*. — Bas d'entresol circulaire dans les salles de spectacles.

POURVOI, subst. mas. (*pourvoé*), action de *se pourvoir* en justice devant un tribunal supérieur.—Acte qui l'opère.

DU VERBE IRRÉGULIER POURVOIR :

Pourvoie, précédé de *que je*, 1re pers. sing. prés. subj.
Pourvoie, précédé de *qu'il* ou *qu'elle*, 3e pers. sing. prés. subj.
Pourvoient, précédé de *ils* ou *elles*, 3e pers. plur. prés. indic.
Pourvoies, 2e pers. sing. prés. subj.

POURVOIR, v. neut. (*pourvoar*) (du latin *providere*); il se conjugue sur *voir*, excepté qu'au pass. déf. il fait *je pourvus*; au fut., *je pourvoirai*; imparf. du subj., *que je pourvusse*, etc. Donner ordre à quelque chose : avoir soin. — *Pourvoir à un bénéfice, à un office*, le conférer. —Act., munir, garnir : *pourvoir d'une charge, d'un bénéfice*. — Fig., établir par un mariage ou par une charge : *pourvoir ses enfants*. — *se* POURVOIR, v. pron., se fournir de quelque chose. —Au palais, intenter de nouveau l'action devant un juge. — Recourir à un autre tribunal, après avoir été déjà jugé : *se pourvoir en justice contre un tel juge, se pourvoir contre*, etc.

DU VERBE IRRÉGULIER POURVOIR :

Pourvoira, 3e pers. sing. fut. indic.
Pourvoirai, 1re pers. sing. fut. indic.
Pourvoiraient, 3e pers. plur. prés. cond.
Pourvoirais, précédé de *je*, 1re pers. sing. prés. cond.
Pourvoirais, précédé de *tu*, 2e pers. sing. prés. cond.
Pourvoirait, 3e pers. sing. prés. cond.
Pourvoiras, 2e pers. sing. fut. indic.
Pourvoirez, 2e pers. plur. fut. indic.

POURVOIRIE, subst. fém. (*pourvoèri*), lieu où se trouvent les provisions que les *pourvoyeurs* sont chargés de fournir. — Le corps des *pourvoyeurs* : *cela regarde la pourvoirie*.

DU VERBE IRRÉGULIER POURVOIR :

Pourvoiriez, 2e pers. plur. prés. cond.
Pourvoirions, 1re pers. plur. prés. cond.
Pourvoirons, 1re pers. plur. fut. indic.
Pourvoiront, 3e pers. plur. fut. indic.
Pourvois, 2e pers. sing. impér.
Pourvois, précédé de *je*, 1re pers. sing. prés. indic.
Pourvois, précédé de *tu*, 2e pers. sing. prés. indic.
Pourvoit, 3e pers. sing. prés. indic.
Pourvoyant, part. prés.
Pourvoyaient, 3e pers. plur. imparf. indic.
Pourvoyais, précédé de *je*, 1re pers. sing. imparf. indic.
Pourvoyais, précédé de *tu*, 2e pers. sing. imparf. indic.
Pourvoyait, 3e pers. sing. imparf. indic.

POURVOYEUR, subst. mas., au fém. POURVOYEUSE (*pourvoé-ieur, ieuze*), celui, celle qui *pourvoit*, qui fournit les viandes, etc. L'*Académie* a tort de refuser un fém. à ce mot.

POURVOYEUSE, subst. fém. Voyez POURVOYEUR.

DU VERBE IRRÉGULIER POURVOIR :

Pourvoyez, 2e pers. plur. impér.
Pourvoyez, précédé de *vous*, 2e pers. plur. prés. indic.
Pourvoyiez, 2e pers. plur. imparf. indic.
Pourvoyiez, précédé de *que vous*, 2e pers. plur. prés. subj.
Pourvoyions, 1re pers. plur. imparf. indic.
Pourvoyions, précédé de *que nous*, 1re pers. plur. prés. subj.
Pourvoyons, précédé de *nous*, 1re pers. plur. prés. indic.
Pourvoyons, 1re pers. plur. impér.

POURVU, E, part. pass. de *pourvoir*, et adj., muni.—Qui possède une charge, etc.

POURVU QUE, loc. conj. (*pourvu-ke*), en cas que; à condition que... Elle régit le subj. : *pourvu qu'il vienne*.

DU VERBE IRRÉGULIER POURVOIR :

Pourvûmes, 1re pers. plur. prét. déf.
Pourvurent, 3e pers. plur. prét. déf.
Pourvus, précédé de *je*, 1re pers. sing. prét. déf.
Pourvus, précédé de *tu*, 2e pers. sing. prét. déf.
Pourvusse, 1re pers. sing. imparf. subj.
Pourvussent, 3e pers. plur. imparf. subj.
Pourvusses, 2e pers. sing. imparf. subj.
Pourvussiez, 2e pers. plur. imparf. subj.
Pourvussions, 1re pers. plur. imparf. subj.
Pourvut, précédé de *il* ou *elle*, 3e pers. sing. prét. déf.
Pourvût, précédé de *qu'il* ou *qu'elle*, 3e pers. sing. imparf. subj.
Pourvûtes, 2e pers. plur. prét. déf.

POUSAL, subst. mas. (*pouzal*), t. de pêche, filet qui fait partie du boulier.

POUSSA, subst. propre mas. (*pouceça*), myth., dieu de la porcelaine, chez les Chinois.

POUSSE, subst. fém. (*pouce*), les jets, les petites branches que les arbres *poussent* au printemps et au mois d'août.—Maladie des chevaux qui les fait souffler extraordinairement et battre du flanc.—Exhalaisons suffocantes dans les souterreins des mines. — Anciennement, le corps des archers employés ordinairement à mettre à exécution les contraintes par corps : *la pousse l'arrêta*. Hors d'usage dans ce dernier sens; on dit aujourd'hui *recors*. L'*Académie* devrait nous en avertir.

POUSSÉ, E, part. pass. de *pousser*, et adj. : *cheval poussé de nourriture*, qu'on a trop laissé manger.—*Vin poussé*, qui se gâte par une chaleur qui le fait fermenter hors de saison.

POUSSE-BALLE, subst. mas. (*poucebale*), instrument de fer avec lequel on commence à enfoncer une *balle* dans une carabine. — Au plur., des *pousse-balles*.

POUSSE-BROCHE, subst. mas. (*poucebroche*), espèce de ciseau plat et émoussé pour les épingliers.—Au plur., des *pousse-broches*.

POUSSE-CAMBRURE, subst. mas. (*poucekanbrure*), outil dont se sert le cordonnier pour plier le cuir des semelles.—Au plur., des *pousse-cambrures*.

POUSSE-CUL, subst. mas. (*pouceku*), anciennement, nom que donnait le peuple aux archers de la *pousse*.— Aujourd'hui, celui qui reste en arrière, ou qui est le dernier. — Au plur., des *pousse-cul*.

POUSSÉE, subst. fém. (*poucé*), action de *pousser*; effet de ce qui *pousse*.— Presse d'ouvrage. Fam.—T. d'archit. : *la poussée d'une voûte, d'une arche*, l'effort qu'elle fait par son poids contre les murs sur lesquels elle est bâtie.—Pop.: *donner la poussée à quelqu'un*, le poursuivre vivement, le traîner, le tirailler.—Iron. : *vous avez fait là une belle poussée!* vous n'avez fait, en agissant ainsi, qu'une chose ridicule.

POUSSE-FICHE, subst. mas. (*poucefiche*), morceau de fer qui sert à faire ressortir les *fiches* ou chevilles des châssis de bois. — Au plur., des *pousse-fiches*.

POUSSE-PIEDS, subst. mas. (*poucepié*), t. d'hist. nat., espèce de coquillage.—Espèce de bateau qu'on nomme aussi *accon*.—Au plur., des *pousse-pieds*.

POUSSE-POINTE, subst. mas. (*poucepo-einte*), outil dont plusieurs artisans se servent pour enfoncer les *pointes*. — Au plur., des *pousse-pointes*.

POUSSER, v. act. (*poucé*) (en latin *pulsare*), faire effort contre, pour ôter de place, pour faire avancer : *ne me poussez pas*.— Imprimer quelque mouvement à un corps, soit en le jetant, soit en le frappant : *pousser une balle de paume, une boule de mail; il a bien poussé ce coup-là*.—Faire entrer quelque chose à force : *pousser un clou dans une muraille*, etc.—Porter, étendre : *pousser une allée, un parterre, une tranchée*.—*Pousser un mur de clôture plus loin*, le rebâtir plus loin.—*Pousser des moulures, des filets*, etc., former ces sortes d'ornements sur le bois, le cuir, etc.—On dit au fig., *pousser la raillerie trop loin; pousser l'impudence, la fourberie, la patience, jusqu'au bout*.—Fig., jeter : *pousser des cris, des soupirs*.—Avancer, favoriser : *c'est un tel qui l'a poussé à l'armée, dans l'Église*, etc.—Attaquer, offenser : *si vous me poussez davantage, je me défendrai*. — Conseiller, exciter : *on l'a poussé à cette démarche*. — *Pousser un écolier*, hâter ses progrès. — *Pousser les ennemis*, les faire reculer.—En t. de mar. : *pousser sa bordée*, la continuer.—*Pousser la barre du gouvernail*, la porter d'un bord ou de l'autre, pour faire évoluer le vaisseau.—Fig. : *pousser quelqu'un à bout*, 1° le choquer, le fatiguer au dernier point. On dit, dans le même sens : *pousser la patience à bout*; 2° réduire à ne pouvoir répondre.—Prov. et fig. : *pousser le temps avec l'épaule*, temporiser, tâcher de gagner du temps. —*Pousser la porte au nez de quelqu'un*, l'attaquer de paroles et le *pousser* vivement.—*Pousser loin ses conquêtes*, les étendre bien loin.— Fig. et fam. : *pousser les beaux sentiments*, faire le passionné auprès des femmes. — Neut., se dit, en parlant des arbres et des plantes, du mouvement qui s'y fait au renouveau : *les arbres commencent à pousser; les blés ont déjà poussé*. —En parlant des chevaux, battre des flancs par l'effet d'une respiration difficile. — En parlant d'un mur, se jeter en dehors, faire ventre.—En parlant des personnes, aller, se porter vers... : *la cavalerie poussa aux ennemis*. — Fig.: *ne poussons pas plus loin*, n'allons pas plus loin sur cette matière.—On dit en t. de peint., qu'*un tableau pousse au noir*, lorsque le temps en noircit les couleurs; qu'*il faut pousser à la vigueur, à l'effet*, donner un ton plus vigoureux, chercher à produire plus d'effet.—Fig. et fam. : *pousser à la roue*, aider.—*se* POUSSER, v. pron., s'avancer dans le monde.—Être *poussé*.

POUSSET, subst. mas. (*poucè*), sel noir, inférieur, ou plein d'ordures.

POUSSETTE, subst. fém. (*poucète*), jeu d'enfant. — *Jouer à la poussette*, à faire que deux choses se touchent en les *poussant* l'une contre l'autre. Ne confondez pas ce mot avec *poucettes*.

POUSSEUR, subst. mas., au fém. POUSSEUSE (*pouceur, ceuze*), celui, celle qui *pousse*. Il est fam.

POUSSEUSE, subst. fém. Voy. POUSSEUR.

POUSSIER, subst. mas. (*poucié*), la *poussière* du charbon qui demeure au fond du bateau, d'un sac, etc.— La poussière de la poudre à canon. — En t. de maçonnerie, les recoupes de pierre.

POUSSIÈRE, subst. fém. (*poucière*), terre réduite en *poudre* fort menue. — Corps réduit en petites parties fort déliées.—En t. de bot., *poudre* contenue dans le sommet des étamines. — *Poussière fécondante, prolifique* ou *séminale*. Voyez POLLEN.—*Cette ville a été réduite en poussière*, détruite, saccagée. — Poët. : *faire mordre la poussière à quelqu'un*, lui ôter la vie. — *Tirer quelqu'un de la poussière*, d'un état misérable. — Fig. : *la poussière de l'école, des bancs*, l'école, les bancs de l'école, du collège.

POUSSIÉREUSE, adj. fém. Voy. POUSSIÉREUX.

POUSSIÉREUX, adj. mas., au fém. POUSSIÉREUSE (*poucièreu, reuze*), plein de *poussière*.

POUSSIF, subst. et adj. mas., au fém. POUSSIVE (*poucife, cive*), qui a la maladie de la *pousse*; se dit, au propre, des chevaux, et, par extension, d'une personne qui a peine à respirer.

POUSSIN, subst. mas. (*poucein*) (suivant *Du Cange*, du diminutif *pulcinus*, ou *pullicenus*, fait, dans la basse latinité, de *pullus*, poulet), le petit d'une poule.

POUSSINESQUE, adj. des deux genres (*poucinèceke*); il se dit d'un *tableau*, d'une figure qui a le faire du *Poussin*. Hors d'usage.

POUSSINIÈRE, subst. fém. (*poucinière*), les Pléiades, constellation dans le signe du Taureau, rassemblées les unes près des autres comme des *poussins* autour de la poule.

POUSSIVE, adj. fém. Voy. POUSSIF.

POUSSOIR, subst. mas. (*pouçoar*), instrument de dentiste. C'est un fer à trois pointes, qui sert à *pousser* la dent qu'on a déchaussée.— Pendant ou bouton d'une montre à répétition.

• **POUSSOLANE, POUZZOLANE, POZZOLANE**, subst. fém. (*pouceçolane, poudezolane, potzolane*), terre volcanique des environs de *Pouzzol*, ou *Pozzol*, et qui, mêlée avec de la chaux, fait un excellent mortier hydraulique. — Par extension, tout gravier volcanique du même genre.

POUT-DE-SOIE, double orthographe de l'*Académie*, subst. mas. (*pou de çoa*). Voy. *pou-de-soie*, au mot POU.

POUTIE, subst. fém. (*pouti*), petite ordure qui se trouve sur les habits de drap. (*Boiste*.) Inusité.

POUTIS, subst. mas. (*pouti*), t. d'archit., petite porte dans une grande. (*Boiste*.) Inusité.

POUTRE, subst. fém. (*poutre*), grosse pièce de bois carrée, qui sert à soutenir les solives ou les planches d'un plancher. — Prov. : *voir une paille dans l'œil de son prochain, et ne pas voir la poutre qui est dans le sien*, critiquer jusqu'aux moindres défauts d'autrui, et ne pas voir les siens propres, quelque considérables qu'ils soient.

• **POUTRELLE**, subst. fém. (*poutrèle*), petite *poutre*.

POUTROYE (LA), subst. propre fém. (*lapoutroé*), village de France, chef-lieu de canton, arrond. de Colmar, dép. du Haut-Rhin.

POUTURE, subst. fém. (*pouture*), manière d'engraisser les bestiaux au sec dans les étables. **Il n'est usité que dans peu d'endroits.**

DU VERBE IRRÉGULIER POUVOIR :

Pouvaient, 3ᵉ pers. plur. imparf. indic.
Pouvais, précédé de *je*, 1ʳᵉ pers. sing. imparf. indic.
Pouvais, précédé de *tu*, 2ᵉ pers. sing. imparf. indic.
Pouvait, 3ᵉ pers. sing. imparf. indic.
Pouvant, part. prés.
Pouvez, 2ᵉ pers. plur. prés. indic.
Pouviez, 2ᵉ pers. plur. imparf. indic.
Pouvions, 1ʳᵉ pers. plur. imparf. indic.

POUVOIR, v. neut. (*pouvoar*) (en lat. *posse*), *pouvant*; *pu*; *je puis* ou *je peux, tu peux, il peut, nous pouvons, vous pouvez, ils peuvent*; *je pouvais*; *je pus, nous pûmes*, etc.; *je pourrai*; *que je puisse*. Il n'a point d'impér. Le reste est formé de ces temps. Avoir la puissance, le crédit, être en état de... : *je puis le faire*.. — On s'en sert pour marquer la possibilité : *cela peut réussir*. En ce sens, il s'emploie souvent unipers. : *il peut se faire*; *il peut arriver que...* — Act., avoir l'autorité, le moyen, la faculté : *il peut tout sur son esprit*; *il peut bien des choses, mais il ne peut pas celle-là*. — Fam. : *n'en pouvoir plus*, être extrêmement las, être dans un grand accablement.—Fam. : *ne pouvoir mais de quelque chose, n'en pouvoir mais*, n'y avoir point contribué, n'en être pas la cause.— *Puisse le ciel!* loc. par laquelle on exprime le souhait. —*Sauve qui peut!* loc. qui signifie : *se sauve qui pourra*.—Prov. : *si jeunesse savait, et si vieillesse pouvait*, si la jeunesse avait de l'expérience, et si la vieillesse avait de la force, beaucoup de choses se feraient qui ne se font pas, et qui ne se feront jamais. — *se* POUVOIR, v. pron., être *possible*.

POUVOIR, subst. mas. (*pouvoar*) (en lat. *potestas*), autorité, crédit, faculté de faire : *pouvoir absolu, indépendant*, etc. En ce sens, il ne se dit qu'au singulier.—Droit, faculté d'agir pour un autre en vertu du mandement qu'on a reçu. — Acte écrit, par lequel on donne *pouvoir* d'agir.—Puissance, gouvernement. — *Pouvoir législatif*, de faire des lois.— *Pouvoir exécutif*, de les faire exécuter. La constitution de 1791 déclara que le *pouvoir exécutif* résidait dans la main du roi; celle de 1793 en chargea un *conseil exécutif*, composé de vingt-quatre membres choisis par le corps-législatif; celle de 1795 le délégua à un *directoire* de cinq membres, celle de l'an VIII, à *trois consuls*; le sénatus-consulte du 28 floréal an XII, à un *empereur*. Aujourd'hui il appartient au roi.—*Pouvoir judiciaire*, de juger et punir l'infraction des lois. — Au plur., étendue de la commission ou de l'autorité donnée à des envoyés, à des médiateurs, à des arbitres : *pleins-pouvoirs*, *des pleins-pouvoirs*, et non pas *de pleins-pouvoirs*. — *Ce prêtre a des pouvoirs*, il a le *pouvoir* de confesser. — *Avoir quelque chose en son pouvoir*, 1° l'avoir en sa disposition; 2° en avoir la possession, la posséder.— POUVOIR, PUISSANCE, FACULTÉ. (*Syn.*) Ces mots, pris dans le sens physique et littéral, signifient tous une disposition dans le sujet, par le moyen de laquelle il est capable d'agir ou de produire un effet; mais le *pouvoir* vient des secours ou de la liberté d'agir; la *puissance* vient des forces, la *faculté* vient des propriétés naturelles. — Les théologiens disent que l'homme, sans la grace, n'a pas le *pouvoir* de faire le bien. La jeunesse manque de sagesse pour délibérer, et la vieillesse manque de *puissance* pour exécuter. L'âme humaine a la *faculté* de raisonner, et en même temps la facilité de mal raisonner. — Faut-il regarder le *pouvoir* de mal faire comme un défaut dans l'être raisonnable, et serait-il mieux que toute sa *puissance* se bornât au bien? La *faculté* de désirer sert à rendre l'homme habile et laborieux; mais elle contribue aussi à le rendre malheureux.— Le *pouvoir* diminue, la *puissance* s'affaiblit, la *faculté* se perd. — L'habitude diminue beaucoup le *pouvoir* de la liberté. L'âge n'affaiblit que la *puissance*, et non le désir de satisfaire ses passions. L'âme ne perd de ses *facultés* que par les accidents qui arrivent dans les organes du corps. Voy. AUTORITÉ.

POUZZOL, ou **POZZOL**, subst. propre mas. (*poudezole, potzole*), ville des environs de Naples.

POUZZOLANE, subst. fém. Voyez POUSSOLANE.

POX, subst. mas. (*pokce*), nom qu'on donne, en Amérique, à ce que nous appelons, en Europe, *maladie vénérienne*.

POY, subst. mas. (*poé*), t. d'hist. nat., oiseau d'Afrique.

POZOA, subst. fém. (*pozo-a*), t. de bot., genre de plantes de la famille des ombellifères.

PRACTEUR, subst. mas. (*prakteur*), t. d'antiq., magistrat d'Athènes qui était chargé de la levée des impôts et de la recette des amendes.

PRADES, subst. propre mas. (*prade*), ville de France, chef-lieu de canton et d'arrond., dép. des Pyrénées-Orientales.

PRADELLES, subst. propre mas. (*pradèle*), petite ville de France, chef-lieu de canton, arrond. du Puy, dép. de la Haute-Loire.

PRAGMATIQUE, adj. des deux genres (*praguematike*) (du latin *pragmatica*, dérivé du grec πραγματικος, qui signifie proprement actif, qui concerne les affaires. Racine, πρασσω, je fais), *pragmatique sanction*, règlement en matière de religion. On attribue communément, et peut-être sans trop de fondement, une ancienne *pragmatique sanction* à saint Louis, en 1268, par laquelle il ordonna que les élections auraient cours par tout le royaume. Le même usage fut établi par la fameuse *pragmatique sanction* dressée sous Charles VII, en 1438, dans une assemblée de l'Eglise gallicane tenue à Bourges, qui contient un règlement de la discipline ecclésiastique, en conformité des canons du concile de Bâle. C'était une barrière que l'Eglise gallicane voulait opposer aux entreprises de la cour de Rome.

PRAGMATIQUE, subst. fém. (*praguematike*), ordonnance de Charles VII, en 1438, pour recevoir ou modifier quelques décrets du concile de Bâle. Le concordat fait à Bologne en 1516, entre le pape Léon X et le roi François Iᵉʳ, révoqua *la pragmatique*.—Dans quelques pays, actes qui contiennent la disposition du souverain, concernant ses états et sa famille.

PRAGUE, subst. propre mas. (*prague*), ville capitale de la Bohême. Elle a été prise par les Français en 1742.

PRAIRIAL, subst. mas. (*prèri-ale*), troisième mois de printemps de l'année républicaine, du 20 mai au 19 juin.— Sans plur.

PRAIRIAL, E, adj. (*prèri-ale*), t. de bot., qui croît dans les *prairies*. — Au plur. mas., *prairiaux*.

PRAIRIE, subst. fém. (*prèri*) (du mot *pré*, dont *prairie* semble être un augmentatif), étendue de terre où l'on recueille du foin. — *Prairies artificielles*, terres labourables dans lesquelles on sème différents genres d'herbes propres à la nourriture des animaux, comme trèfle, sainfoin, luzerne, etc. — Poét. : *l'émail des prairies*, les diverses fleurs qui y croissent.

PRALINE, subst. fém. (*praline*), amande rissolée dans du sucre.

PRALINÉ, E, part. pass. de *praliner*.

PRALINER, v. act. (*praliné*), griller avec du sucre. —*se* PRALINER, v. pron.

PRAME, subst. fém. (*prame*), t. de mar., vaisseau à fond plat et d'un petit tirant d'eau, propre à naviguer dans les rivières et le long des côtes.

PRAMNION, subst. mas. (*prameni-on*), t. d'hist. nat., espèce de crystal de roche dont la couleur est noire.—Sorte de pierre précieuse.—T. d'antiq., vin de Smyrne, ainsi appelé parce qu'il est d'un rouge noir.

PRANISE, subst. fém. (*pranize*) (du grec πρασον, poireau, et par extension, couleur verte), t. d'hist. nat., terre verte, cendre verte, sorte de couleur qui sert aux peintres.

PRASION, subst. mas. (*prâzion*), t. de bot., genre de plantes de la famille des labiées.

PRASOCURE, subst. mas. (*prâzokure*), t. d'hist. nat., genre d'insectes de l'ordre des coléoptères.

PRASOCURIDE, subst. mas. (*prazokuride*), t. d'hist. nat., tribu d'insectes de l'ordre des coléoptères.

PRASOÏDE, subst. fém. (*prâzo-ide*) (du grec πρασον, poireau, et ειδος, forme), t. d'hist. nat., pierre précieuse de couleur vert de poireau.

PRASOPHYLLE, subst. mas. (*prâzofile*) (du grec πρασον, poireau, et φυλλον, feuille), t. de bot., genre de plantes de la famille des orchidées.

PRASUS, subst. mas. (*prâzuce*) (du grec πρασον, poireau), t. d'hist. nat., pierre des anciens dont la couleur tirait sur le vert poireau.

PRAT., abréviation du mot *pratique*.

PRATELLE, subst. fém. (*pratèle*), t. de bot., genre de plantes de la famille des champignons.

• **PRATENSE**, adj. des deux genres (*pratance*) (en lat. *pratensis*, fait de *pratum*, pré), des prés : *herbe, plante pratense*. (Boiste.) Inusité.

PRATICABLE, adj. des deux genres (*praticable*), qui peut se *pratiquer*, qui peut être mis en usage et en *pratique*; dont on peut se servir : *fenêtre, porte praticable*.—Il ne s'emploie guère qu'avec la négative : *cela n'est pas praticable*. —*Les chemins ne sont pas praticables*, ils sont très-mauvais, on n'y passe qu'avec peine.—On ne dit guère d'un homme, dans le sens moral et figuré, qu'*il n'est pas praticable*, pour dire qu'il n'est pas *facile de vivre avec lui*. Cette expression a pu se dire autrefois, mais elle semble plus que surannée aujourd'hui. Cependant l'*Académie* la donne encore.

PRATICIEN, subst. mas. (*praticiein*), celui qui entend bien l'ordre et la manière de procéder en justice. — Médecin qui a beaucoup d'expérience dans son art. — Dans la sculpture, celui qui prépare le marbre.

PRATICIEN, adj. mas., au fém. **PRATICIENNE** (*praticiein, ciène*), il se dit du *praticien* : *médecin praticien*; *théorie praticienne*. Pourquoi ne se servirait-on pas du mot *praticienne*, au fém.?

PRATIQUE, subst. fém. (*pratike*) (du grec πρακτικη, fait de πρασσω, j'agis, je pratique; nous écrivions autrefois *practique*), ce qui se réduit en acte dans un art, dans une science. Il est opposé à *théorie*. — Exécution : *mettre des préceptes en pratique*. — Action de *pratiquer*. — Usage, coutume. — Facilité habituelle d'opérer, qui s'acquiert par un long usage.— En peinture, on dit en bonne part : *avoir une belle, une grande pratique du dessin, du pinceau, de la couleur*; et en mauvaise part : *peindre de pratique*, d'après une habitude contractée et sans consulter la nature. — Expérience des choses du monde : *avoir la pratique des affaires*. — *La pratique du théâtre*, connaissance des règles de la scène. — Chaland : *ce marchand, ce tailleur a beaucoup de pratiques*. — *Bonne, mauvaise pratique*, personne avec qui il y a beaucoup ou peu à gagner, qui paie bien ou mal. Voy. CHALAND. — La procédure et le style des actes qui se font dans la poursuite d'un procès : *il entend bien la pratique*; *termes de pratique*. — Tous les papiers de l'étude d'un avoué ou d'un notaire. — Instrument formé de deux pièces de fer-blanc, de laiton, etc., entre lesquelles est une languette de ruban de fil : les joueurs de marionnettes s'en servent pour changer le son de leur voix. — Au plur., menées, intrigues, intelligences secrètes avec des personnes d'un parti contraire.

PRATIQUE, adj. des deux genres (*pratike*), qui ne s'arrête pas à la simple spéculation; qui tient, qui conduit à l'action : *morale pratique*. — On appelle en t. de mar., *pilote, marin pratique*, ou simplement *un pratique*, faisant de ce dernier mot un subst. mas., un pilote, un marin, qui a navigué plusieurs fois dans les parages où il passe.

PRATIQUÉ, E, part. pass. de *pratiquer*. L'*Académie* cite ici l'exemple suivant : *cet homme était pratiqué d'avance*, pour signifier qu'*il était aposté, instruit, suborné par quelqu'un*. Nous ne croyons pas que personne comprit cette locution aujourd'hui.

PRATIQUEMENT, adv. (*pratikeman*), en *pratique*, en suivant la *pratique*. Peu usité.

PRATIQUER, v. act. (*pratiké*), mettre en *pratique* : *il pratique tous les devoirs de son état*.— Exercer : *pratiquer la médecine, la chirurgie* ; et neutralement : *la théorie ne suffit pas, il faut pratiquer*. — Ménager une place : *j'ai pratiqué un cabinet dans ma chambre*. — Fréquenter : *pratiquer les honnêtes gens ; ces lieux ne sont pratiqués que des bêtes féroces*. — Suborner : *il pratiqua quelques scélérats pour*... Cet emploi du v. *pratiquer* est plus que suranné.—*Pratiquer des intelligences*, se les ménager. — *se* PRATIQUER, v. pron., être en usage, en *pratique*, se faire souvent.

PRAXIDICE, subst. propre fém. (*prakcidice*), myth., déesse qui présidait au bon succès des discours et des entreprises. Le simulacre de cette divinité avait cela de particulier que ce n'était qu'une tête de femme qu'on mettait dans les lieux qui lui étaient consacrés.

PRÉ (*pré*) (en lat. *præ*) ; cette syllabe, placée au commencement des mots, marque supériorité ou antériorité.

PRÉ, subst. mas. (*pré*) (du lat. *pratum*), pièce de terre qui ne se laboure point, où il vient de l'herbe qu'on fauche en certains temps, et où l'on fait paître les chevaux, les bœufs, etc. — *Se trouver, se porter sur le pré*, au lieu assigné pour un combat singulier. Vieille expression.

PRÉACHAT, subst. mas. (*pré-acha*), paiement que l'on faisait d'une marchandise avant que de l'avoir reçue. Hors d'usage. On ne s'en est servi anciennement que par rapport à ces souscriptions qu'on peut faire pour des ouvrages ou des livres qui ne sont point encore achevés, qui ne sont encore que sous presse.

PRÉACHETÉ, E, part. pass. de *préacheter*.

PRÉACHETER, v. act. (*pré-acheté*), acheter à l'avance, avant la mise en vente légale. — *se* PRÉACHETER, v. pron. Peu usité.

PRÉADAMITE, subst. mas. (*pré-adamite*), t. d'hist. eccl., nom de sectaires qui prétendaient que les hommes existaient avant *Adam*.

PRÉAGE, subst. mas. (*pré-aje*), pâturage. Vieux. — Ancien droit de pacage qu'on levait sur les *prés*. Presque hors d'usage.

PRÉALABLE, adj. des deux genres (*pré-alable*) (de la préposition latine *præ*, qui dans la composition marque en français antériorité ou supériorité, et du verbe *aller*), qui doit être dit, fait, examiné avant de passer outre. — Il est aussi subst. mas. : *un préalable avant de terminer est de savoir si les parties sont arrivées*.—*La question préalable*, dans le langage des délibérations publiques, est une formule exclusive de la délibération : *invoquer la question préalable*. — *Au préalable*, loc. adv., auparavant, avant toute chose.

PRÉALABLEMENT, adv. (*pré-alableman*), au *préalable*.

PRÉALLÉGUÉ, E, adj. (*pré-aleléguié*), qui a été déjà cité ou *allégué*. (Boiste.) Peu usité.

PRÉAMBULAIRE, adj. des deux genres (*pré-anbulère*), qui sert de *préambule* ; préliminaire. (Boiste.) Presque inusité.

PRÉAMBULE, subst. mas. (*pré-anbule*) (du lat. *præ*, devant, et *ambulare*, marcher), discours qu'on fait avant d'entrer en matière.— Espèce d'exorde, d'avant-propos. — Discours superflu : *allons ! point tant de préambules*.

PRÉAMBULÉ, E, part. pass. de *préambuler*.

PRÉAMBULER, v. neut. (*pré-anbulé*), faire un *préambule*. (Boiste.) Peu usité.

PRÉAU, subst. mas. (*pré-ô*), autrefois, petit pré. — Aujourd'hui, 1° cour d'une prison ; 2° espace découvert qui est au milieu du cloître de certaines maisons religieuses. — Au plur., des *préaux*.

PRÉAVIS, subst. mas. (*pré-avi*), note, avertissement qui précède l'avis. (*Boiste*.) Inusité.

PRÉBENDE, subst. fém. (*prébande*) (en lat. *præbenda*, employé par les écrivains ecclésiastiques de *præbere*, fournir), revenu attaché à une chanoinie.—Le canonicat même ; les bénéfices du bas-chœur, dans certaines églises.

PRÉBENDÉ, E, adj. (*prébandé*), qui jouit d'une *prébende* : *chanoine prébendé*.

PRÉBENDIER, subst. mas., **PRÉBENDIÈRE**, subst. fém. (*prébandié, dière*), dans certains chapitres, bénéficier inférieur aux chanoines.— Pauvres que certaines communautés nourrissent.

PRÉCAIRE, adj. des deux genres (*prékière*) (en lat. *precarius*), qui ne s'exerce que par tolérance, par permission, par emprunt ; qui peut cesser : *pouvoir, autorité, possession précaire*. — Subst. mas., t. de prat. : *posséder, jouir par précaire*, posséder non comme propriétaire, mais seulement comme usufruitier, à condition de restituer ou de payer la rente.

PRÉCAIREMENT, adv. (*prékièreman*), par grace, par tolérance ; d'une manière *précaire*.

PRÉCARITÉ, subst. fém. (*prékarité*), état de ce qui est *précaire*.

PRÉCAUTION, subst. fém. (*prékôcion*) (du lat. *præcautio*, fait de *præcavere*, lequel est formé de *præ*, devant, et de *cavere*, être sur ses gardes, prendre des mesures.), ce qu'on fait par prévoyance pour éviter quelque mal, quelque inconvenient : *prendre ses précautions*. — Circonspection, ménagement.—Prov. : *trop de précaution nuit*, il ne faut prendre de *précautions* qu'autant qu'il en faut pour être sûr de réussir. — *Précautions oratoires*, certains ménagements que l'orateur doit prendre pour ne point blesser la délicatesse de ceux devant qui ou de qui il parle, etc.

PRÉCAUTIONNÉ, E, part. pass. de *précautionner*, et adj., prudent, avisé : *c'est une femme précautionnée*.

PRÉCAUTIONNEL, adj. mas., au fém. **PRÉCAUTIONNELLE** (*prékôcionèle*), de *précaution*. Assez usité.

PRÉCAUTIONNER, v. act. (*prékôcioné*), prémunir contre ; donner les moyens de se garantir de... — *se* PRÉCAUTIONNER, v. pron., prendre ses *précautions* contre...

PRÉCAUTIONNEUSE, adj. fém. Voy. PRÉCAUTIONNEUX.

PRÉCAUTIONNEUX, adj. mas., au fém. **PRÉCAUTIONNEUSE** (*prékôcioneu, neuze*), qui agit avec *précaution*. Fam. et peu usité.

PRÉCÉDÉ, E, part. pass. de *précéder*.

PRÉCÉDEMMENT, adv. (*précédaman*), auparavant, ci-devant : *comme nous avons dit précédemment*.

PRÉCÉDENT, E, adj. (*précédan, dante*), qui *précède* ; qui est immédiatement auparavant. — Subst. mas., usage déjà établi ; fait *précédent* : *voilà un précédent*.

PRÉCÉDER, v. act. (*précédé*) (du lat. *præcedere*, formé de *præ*, devant, et *cedere*, aller), aller, marcher devant. — Être auparavant, par rapport au temps, à la date : *la musique précéda le souper*. — Tenir le premier rang, avoir le pas sur un autre : *précéder en dignité, en honneur*. — Il se dit aussi de l'ordre : *voyez le chapitre qui précède*. — *se* PRÉCÉDER, v. pron.

PRÉCEINTE, subst. fém. (L'*Académie* le fait à tort du mas.)(*préceinte*) (du lat. *præcingere*, environner, *præcincta*, sous-ent. *tabula*), t. de mar., ceinture d'un vaisseau. Voy. LISSE.

PRÉCELLENCE, subst. fém. (*précèlelance*), supériorité. (*Boiste*.) Presque hors d'usage.

PRÉCELLÉ, E, part. pass. de *préceller*.

PRÉCELLER, v. act. (*précèlelé*) (en lat. *præcellere*), surpasser, exceller par-dessus.—*se* PRÉCELLER, v. pron. Presque inusité.

PRÉCENTEUR, subst. mas. (*préçanteur*) (du lat. *præcentor*, formé, dans la même signification, de *præ*, qui marque supériorité, et *cantor*, chantre), autrefois, dans plusieurs églises cathédrales, la même charge ou fonction que celle de *grand-chantre*. On a dit aussi *préchantre*.

PRÉCEPTE, subst. mas. (*précèpete*) (en lat. *præceptum*, fait de *præcipere*, instruire), règle, enseignement : *les préceptes de l'art, de la rhétorique ; donner des préceptes*. — Commandement. En ce sens, il ne se dit guère que des commandements de Dieu et de l'Église.

PRÉCEPTORAL, E, adj. (*précèpetorale*), qui appartient au *précepteur* : *ton préceptoral ; gravité préceptorale*. — Au plur. mas., *préceptoraux*.

PRÉCEPTEUR, subst. mas. (*précèpeteur*) (en lat. *præceptor*), celui qui est chargé de l'éducation d'un enfant. — Il peut se dire, par extension, de tous ceux qui enseignent les autres : *les hommes vertueux sont les précepteurs du genre humain*.

PRÉCEPTIF, adj. mas., au fém. **PRÉCEPTIVE** (*précèpetif, tive*), qui contient, qui renferme des *préceptes*. (Boiste.) Inusité.

PRÉCEPTIVE, adj. fém. Voy. PRÉCEPTIF.

PRÉCEPTORAL, E, adj. (*précèpetorale*), qui appartient à un *précepteur*.—Au plur. mas., *préceptoraux*.

PRÉCEPTORAT, subst. mas. (*précèpetora*), qualité, fonctions de *précepteur*.

PRÉCEPTORAUX, adj. mas. plur. Voy. PRÉCEPTORAL.

PRÉCEPTORIAL, E, adj. (*précèpetori-ale*) : *prébende préceptoriale*, anciennement, prébende affectée à un maître de grammaire qui devait enseigner les jeunes clercs.—On a dit aussi subst., au fém. : *on lui a donné la préceptoriale de telle église*. — Au plur. mas., *préceptoriaux*.

PRÉCEPTORIAUX, adj. mas. plur. Voy. PRÉCEPTORIAL.

PRÉCEPTORISÉ, E, part. pass. de *préceptoriser*.

PRÉCEPTORISER, v. act. (*précèpetorizé*), offrir des *préceptes*. (Boiste.) Tout-à-fait inusité.

PRÉCESSION, subst. fém. (*précècion*) (du lat. *præcedere*, précéder), t. d'astron., mouvement rétrograde : *précession des équinoxes*, mouvement insensible, continuel et rétrograde des points équinoxiaux.

PRÉCHANTRE, subst. mas. (*préchantre*). Voy. PRÉCENTEUR.

PRÉCHANTRERIE, subst. fém. (*préchantreri*), dignité du *préchantre*.

PRÊCHE, subst. mas. (*prèche*), sermon ou plutôt *prédication* dans la religion réformée. — Il se disait autrefois de toute sorte de sermons. — Lieu où les protestants s'assemblent pour la prédication ; leur temple. — *Aller* ou *se rendre au prêche*, aller au temple.— *Quitter le prêche*, quitter la religion protestante. — Nous ne pensons pas que jamais *aller au prêche* ait signifié *embrasser la religion protestante*. Cela veut dire seulement *être de cette religion*.

PRÊCHÉ, E, part. pass. de *prêcher*.

PRÊCHER, v. act. (*préché*) (du lat. *prædicare*, proclamer, annoncer), annoncer en chaire la parole de Dieu : *prêcher l'Évangile*. — *Prêcher l'avent, le carême*, faire les prédications pendant un avent, un carême. — *Prêcher les fidèles*, les personnes qui ont foi à la religion. — Et neut. : *il prêche bien, il prêche mal*.—*Prêcher dans le désert*, n'avoir point d'auditeurs, n'être point écouté. — *Prêcher d'exemple*, pratiquer le premier ce que l'on conseille aux autres de faire.—*Prêcher la vertu, la morale*, la recommander, la répandre. — *Prêcher toujours les mêmes choses*, répéter mille fois les mêmes propos, donner sans cesse les mêmes raisons. — Fig. et fam., 1° louer, vanter quelque action, quelque chose : *il ne fait que prêcher la grandeur de ses ancêtres* ; 2° faire une remontrance à... : *on le prêche inutilement là-dessus ; il ne fait que prêcher*, il fait des remontrances à tout propos. — *Il ne fait que prêcher malheur, misère*, il annonce toujours quelque chose de fâcheux. — Prov. : *prêcher famine sur un tas de blé*, se plaindre de la disette au milieu de l'abondance. — *Prêcher un converti*, vouloir persuader quelqu'un déjà convaincu. — Fig. : *prêcher pour son saint*, réclamer pour son intérêt personnel. — *A beau prêcher qui vient de loin*, on n'écoute guère l'opinion, on ne suit guère les conseils de ceux qu'on ne connaît pas ; et encore : les gens qu'on ne connaît pas peuvent dire tout ce qu'ils veulent en leur faveur, on ne peut guère leur prouver le contraire. — *On a beau prêcher qui n'a cure de bien faire*, est un proverbe tellement vieux, que l'*Académie*, qui le cite, ne sait pas même si l'on doit employer le mot *cure* ou *cœur*. Nous convenons que l'un et l'autre de ces deux mots ont bien pu donner un sens exact à ce proverbe ; en prenant *cure*, dans le sens du mot lat. *cura*, qui signifierait *soin* ; et *cœur*, dans son acception figurée, qui est *courage* ; mais l'*Académie* aurait pu trancher la question, puisqu'elle a donné ce proverbe. — *se* PRÊCHER, v. pron.

PRÊCHERESSE, subst. fém. (*prècherèce*), religieuse dominicaine. Presque inusité.

PRÊCHEUR, subst. et adj. mas., au fém. **PRÊCHEUSE** (*prêcheur, cheuze*) (en lat. *prædicator*) ; il ne se dit sérieusement qu'en parlant de l'ordre des *prêcheurs* ou des *frères prêcheurs*, appelés plus communément les dominicains ou les jacobins.—Par mépris : *un pauvre prêcheur*, un mauvais prédicateur. — Fam. : *un prêcheur éternel*, celui qui fait des réprimandes, des remontrances sur les moindres choses.

PRÊCHEUSE, subst. fém. (*prêcheuze*). Voy. PRÊCHEUR.

PRÉCIEUSE, subst. fém. (*préci-euze*), femme affectée dans son langage, dans ses manières.

PRÉCIEUSE, adj. fém. Voyez PRÉCIEUX.

PRÉCIEUSEMENT, adv. (*préci-euzeman*) (en lat. *pretiosè*), avec grand soin, comme quelque chose du plus grand prix : *conserver précieusement.*

PRÉCIEUX, adj. mas., au fém. **PRÉCIEUSE** (*préci-eu, euze*) (en lat. *pretiosus*, de *pretium*, valeur), qui est de grand prix : *meubles précieux; pierre précieuse.* — *Les moments sont précieux*, il n'y a pas de temps à perdre. — Qui nous est extrêmement cher : *gage précieux de l'amitié*, etc. — Qui est extrêmement bien fait: *ce tableau est d'un fini précieux.* — En mauvaise part, affecté : *air, langage, style précieux.* — Subst. mas. : *le précieux de son style.*

PRÉCIOSITÉ, subst. fem. (*préci-ôzité*), défaut ridicule d'une *précieuse*. Presque inusité.

PRÉCIPICE, subst. mas. (*précipice*) (en latin *præcipitium*), gouffre vide, escarpé de toute part, d'où il est presque impossible de se retirer quand on y est tombé.—Fig., grand malheur, grande disgrace : *les mauvais conseils l'ont entraîné dans le précipice.* — *Nous l'avons tiré du précipice*, d'une affaire fort dangereuse.— *Il marche sur les bords du précipice*, il tient une conduite capable de le perdre; ou bien encore : il est près de succomber, près de sa ruine. — PRÉCIPICE, GOUFFRE, ABYME. (*Syn.*) On tombe dans le *précipice*, on est englouti par le *gouffre*, on se perd dans l'*abyme*. Le premier emporte avec lui l'idée d'un vide escarpé de toutes parts, d'où il est presque impossible de se retirer quand on y est. Le second renferme une idée particulière de voracité insatiable, qui entraîne, fait disparaître, et consume tout ce qui en approche. Le troisième emporte l'idée d'une profondeur immense, jusqu'où l'on ne saurait parvenir, et où l'on perd également de vue le point d'où l'on est parti, et celui où l'on voulait aller. — Le *précipice* a des bords glissants et dangereux pour ceux qui marchent sans précaution, et inaccessibles pour ceux qui sont dedans; la chute y est rude. Le *gouffre* a des tours et des circuits dont on ne peut se dégager dès qu'on y a fait un pas; et l'on y est emporté malgré soi. L'*abyme* ne présente que des routes obscures et incertaines, qu'aucun but ne termine : on s'y jette quelquefois tête baissée, dans l'espérance de trouver une issue; mais le courage rebuté y abandonne l'homme, et le laisse dans un chaos de doutes et d'inquiétudes accablantes.—L'avarice est le *précipice* de l'équité; Paris est le *gouffre* des départements; l'infini est l'*abyme* du raisonnement.

PRÉCIPITAMMENT, adv. (*précipitaman*), avec *précipitation* : *il ne faut rien faire précipitamment.*

PRÉCIPITANT, subst. mas. (*précipitan*), t. de chim., ce qui opère la *précipitation*.

PRÉCIPITATION, subst. fém. (*précipitâcion*) (en lat. *præcipitatio*), extrême vitesse, trop grande hâte. — Fig., trop grande vivacité, soit dans la formation ou dans l'exécution d'un dessein, soit dans les discours ou dans les actions. —En t. de chimie, chute des parties les plus grossières d'une liqueur, d'un métal, etc., au fond d'un vase.

PRÉCIPITÉ, subst. mas. (*précipité*), t. de chim., matière dissoute et tombée au fond d'un vase. Voy. PRÉCIPITATION, t. de chim.

PRÉCIPITÉ, E, part. pass. de *précipiter*, et adj., accéléré, hâté : *mort précipitée.*

PRÉCIPITER, v. act. (*précipité*) (en lat. *præcipitare*), jeter dans un *précipice*.—Jeter dans un lieu profond.—Hâter trop : *il précipite toutes les affaires.*—Avec *pas* et *cours*, il se prend en bonne part : *il précipite ses pas*, il marche fort vite; *rivière qui précipite son cours*, qui coule avec rapidité. —En t. de chim., faire tomber au fond du vase les parties les plus grossières d'un métal dissous : *le fer précipite le cuivre.* — *se* PRÉCIPITER, v. pron., se jeter d'un lieu élevé dans un lieu fort bas : *Sapho se précipita dans la mer.* — Fig. : *se précipiter dans le danger*, s'y exposer avec chaleur, témérairement. — *Se précipiter dans les bras de quelqu'un*, l'embrasser avec transport.

PRÉCIPUITÉ, subst. fém. (*précipu-ité*), préciput, avantage, profit. (Boiste.) Inusité.

PRÉCIPUT, subst. mas. (*précipu*) (en lat. *præcipuum*, sous-entendu *jus*, ou *præcipua*, sous-entendu *pars*), t. de droit, présent que les mariés se font mutuellement et donnent à celui des deux qui survivra.—Ce que le mari ou la femme prend sur la communauté hors part et avant le partage. — Ce que l'aîné avait autrefois pour son droit d'aînesse dans une terre seigneuriale. — Ce que l'on prélève sur un tout et par préférence aux intéressés.

PRÉCIS, subst. mas. (*préci*), sommaire, abrégé de ce qu'il y a de principal, de plus essentiel, de plus important dans une affaire, dans une science, dans un livre, etc.

PRÉCIS, E, adj. (*préci, cize*) (en lat. *præcisus*, employé dans la même acception, et qui signifie proprement coupé, retranché, part. pass. de *præcidere*), fixe, déterminé, arrêté : *venir au jour précis, à l'heure précise.* — *Faire des demandes précises*, expresses et formelles.—*Prendre des mesures précises*, prendre des mesures justes.—En parlant de style et de discours, net, exact, concis. — PRÉCIS, SUCCINCT, CONCIS. (*Syn.*) *Précis* et *succinct* regardent ce qu'on dit; et *concis*, la manière dont on le dit. Les deux premiers ont la chose pour objet, et vont au fait; le troisième a pour but l'expression qu'il abrége. — Le discours *précis* ne s'écarte pas du sujet, rejette les idées étrangères, et méprise tout ce qui est hors de propos. Le discours *succinct* se débarrasse des idées inutiles, et ne choisit que celles qui sont absolument essentielles. Le discours *concis* explique et énonce en très-peu de mots, bannissant tout ce qui est surabondant. L'opposé de *précis* est prolixe; celui de *concis* est *diffus*.

PRÉCISÉ, E, part. pass. de *préciser*.

PRÉCISÉMENT, adv. (*précizéman*) (en latin *præcisè*), justement, exactement, dans le temps qu'il faut; dans le terme juste. — Fam., oui; tout juste; vous l'avez deviné; *vous voulez telle chose? Précisément.*

PRÉCISER, v. act. (*précizé*), fixer, déterminer, — Présenter d'une manière *précise*. — *se* PRÉCISER, v. pron.

PRÉCISIEN, adj. mas., au fém. **PRÉCISIENNE** (*précizieìn, ène*); il s'est dit d'une secte calviniste et de ceux qui y étaient attachés.—Subst.: *les précisiens.*

PRÉCISION, subst. fém. (*précizion*) (en latin *præcisio*), exactitude dans le discours, telle qu'on n'y dit rien de superflu. —Exactitude dans l'action. — Abstraction d'une chose d'avec une autre. — PRÉCISION, ABSTRACTION. (*Syn.*) La *précision* sépare les choses véritablement distinctes, pour empêcher la confusion qui naît du mélange des idées. L'*abstraction* sépare les choses réellement inséparables, pour les considérer à part, indépendamment les unes des autres. La première est un effet de la justesse et de la netteté de l'entendement, qui fait qu'on n'ajoute rien d'inutile et hors d'œuvre au sujet qu'on traite, en le prenant néanmoins dans sa juste totalité. La seconde est l'effort d'un esprit métaphysique, qui écarte du point de vue tout ce qu'on veut détacher du sujet qu'on traite. — La *précision* semble avoir plus de rapport aux choses qu'on peut non-seulement considérer à part, mais qu'on peut aussi concevoir être l'une sans l'autre; tels que sont, par exemple, l'aumône et l'esprit de charité.— L'*abstraction* semble regarder particulièrement les choses qu'on peut, à la vérité, considérer à part, mais qu'on ne saurait concevoir être l'une sans l'autre; tels que sont, par exemple, le corps et l'étendue. Ainsi le but de la *précision* est de ne point sortir du sujet, en éloignant pour cet effet tout ce qui lui est étranger; et celui de l'*abstraction* est de ne pas entrer dans toute l'étendue du sujet, en n'en prenant qu'une partie, sans aucun égard à l'autre. Il n'y a point de science plus certaine ni plus claire que la géométrie, parce qu'elle fait des *précisions* exactes; on y a cependant mêlé certaines *abstractions* métaphysiques, qui font que les géomètres tombent dans l'erreur comme les autres, non pas, à la vérité, quand il est question de grandeur et de mesure, mais quand il est question de physique. — On ne saurait se faire des idées trop *précises*; mais il est quelquefois dangereux d'en avoir de trop *abstraites*. Les premières sont la voie la plus sûre pour aller au vrai dans les sciences, et au but dans les affaires; au lieu que les secondes souvent nous en éloignent.

PRÉCISTE, subst. mas. (*précicete*) (du latin *prex, precis*, prière), celui qui, en Allemagne, était nommé à un bénéfice par le souverain en vertu du droit des premières prières.

PRÉCITÉ, E, adj. (*précité*), déjà cité : *loi, article précité.*

PRÉCLÔTURE, subst. fém. (*préklôture*), enclos. — Préciput, droit d'aîné sur le cadet. Vieux et même hors d'usage.

PRÉCOCE, adj. des deux genres (*prékoce*) (du latin *præ*, avant, et *coquere*, mûrir, dont on a fait *præcox, cocis*), mûr avant le temps : *ces pommes sont précoces; un esprit précoce.*— *Enfant précoce*, plus avancé au physique et au moral que son âge ne le comporte. — *Ce que vous dites là est précoce*, il n'est pas encore temps d'en parler. — Subst. fém., cerise hâtive.

PRÉCOCITÉ, subst. fém. (*prékocité*), qualité d'un fruit *précoce*, qui mûrit avant les autres.

PRÉCOCTÉ, E, adj. (*prékoketé*) (du lat. *præ*, avant, et *coctus*, cuit), prémédité, fait avec beaucoup de réflexion. (*Boiste.*) Vieux et même hors d'usage.

PRÉCOMPTE, subst. mas. (*prékonte*), t. de finance, *compte* fait avec déduction par avance. Peu usité.

PRÉCOMPTÉ, E, part. pass. de *précompter*

PRÉCOMPTER, v. act. (*prékonté*) (de *pré*, qui, dans la composition, signifie antériorité, et de *compter*), *compter* auparavant, et déduire d'abord certaines sommes. Presque inusité. — *se* PRÉCOMPTER, v. pron.

PRÉCONCEPTION, subst.fém.(*prékoncèpecion*), première *conception*, première entente.

PRÉCONCEVOIR, v. act. (*prékoncevoar*), *concevoir* antérieurement, d'abord, sans examen. Peu en usage. — *se* PRÉCONCEVOIR, v. pron.

PRÉCONÇU, E, part. pass. de *préconcevoir*.

PRÉCONISATION, subst. fém. (*prékonizâcion*) (du latin *præconium*, proclamation, publication, publicité, louange, éloge), déclaration, au conclave, qu'un bénéficier, un évêque nommé, a les qualités requises.

PRÉCONISÉ, E, part. pass. de *préconiser*.

PRÉCONISER, v. act. (*prékonizé*), déclarer en plein consistoire qu'un évêque a les qualités requises. Voy. PRÉCONISATION. — Fig., louer excessivement. — *Préconiser un remède*, en vanter l'efficacité. — *se* PRÉCONISER, v. pron.

PRÉCONISEUR, subst. mas., **PRÉCONISEUSE**, subst. fém. (*prékonizeur, zeuze*), qui *préconise*.

PRÉCONISEUSE, subst. fém. Voy. PRÉCONISEUR.

PRÉCONNAISSANCE, subst. fém. (*prékonéçance*), *connaissance* anticipée. Peu usité.

PRÉCONNAÎTRE, v. act. (*prékonètre*), connaître antérieurement. Fort peu en usage.

PRÉCONNU, E, part. pass. de *préconnaître*.

PRÉCORDIAL, E, adj. (*prékordi-al*) (du latin *præcordia, orum*), t. d'anat., qui a rapport au diaphragme. — Au plur. mas., *précordiaux*.

PRÉCORDIAUX, adj. mas. plur. Voy. PRÉCORDIAL.

PRÉCURSEUR, subst. mas. (*prékurceur*) (du latin *præcursor*, fait de *præ*, devant, et *currere*, courir, dont on a aussi fait *præcursorius*), qui est venu devant : *saint Jean précurseur de Jésus-Christ.* — Ce qui s'annonce par tels ou tels évènements : *ces mouvements populaires sont le plus souvent les précurseurs des révolutions.* — Adj. mas. et fig. : *signes précurseurs*, choses qui ont coutume d'en précéder d'autres.

PRÉCY-SOUS-THIL, subst. propre mas. (*préciçoutile*), village de France, chef-lieu de canton, arrond. de Sémur, dép. de la Côte-d'Or.

PRÉDATEUR, subst. mas., **PRÉDATRICE**, subst. fém. (*prédateur, trice*) (en latin. *prædator*, de *præda*, proie), qui enlève une *proie*.

PRÉDATRICE, subst. fém. Voy. PRÉDATEUR.

PRÉDÉCÉDÉ, E, part. pass. de *prédécéder*. — Il se prend aussi subst. : *le prédécédé.*

PRÉDÉCÉDER, v. neut. (*prédécédé*), style de palais et de notaire; mourir, *décéder* avant un autre.

PRÉDÉCÈS, subst. mas. (*prédécè*), *décès*, mort d'une personne avant celle d'une autre.

PRÉDÉCESSEUR, subst. mas. (*prédécèceur*) celui qui en a *précédé* un autre dans quelque place, quelque lieu, quelque office.— Au plur., ceux qui ont vécu avant nous dans le même pays, dans la même société que nous, etc.

PRÉDESTINATEUR, subst. mas. (*prédècetinateur*), qui croit à la *prédestinée*. (Bayle.)

PRÉDESTINATIANISME, subst. mas. (*prédècetinâci-aniceme*), hérésie de ceux qui, entre autres erreurs, prétendaient que de toute éternité les uns sont *destinés* à la mort et les autres à la vie; en sorte que la prescience de Dieu étant aux hommes toute liberté, ceux qui sont damnés le sont par la volonté de Dieu.

PRÉDESTINATIEN, subst. mas. (*prédecetinaciein*), nom de sectaires partisans de la *prédestination*. (Raynal.)

PRÉDESTINATION, subst. fém. (*prédecetinacion*) (en latin *prædestinatio*), décret de Dieu par lequel les élus sont *prédestinés* à la gloire éternelle. — Arrangement immuable des évènements que l'on suppose arriver nécessairement; fatalisme : *les Turcs croient à la prédestination*.

PRÉDESTINÉ, E, part. passé. de *prédestiner*, et adj. *âme prédestinée*. — On dit aussi subst.: *c'est un prédestiné*; *être du nombre des prédestinés*. — Fam. et par abus de termes : *cet homme était prédestiné à se noyer*, etc. — Fam. *avoir un visage, une face de prédestiné*, avoir un visage plein, vermeil et serein.

PRÉDESTINÉE, subst. fém. (*prédèceltné*), arrangement immuable des évènements. (Bayle.) Inusité.

PRÉDESTINER, v. act. (*prédeceltné*) (en latin *prædestinare*, de *præ*, d'avance, et *destinare*, destiner); il ne se dit guère qu'en parlant de Dieu et en matière de religion. — *Destiner de toute éternité au salut, à faire de grandes choses*: *Dieu a prédestiné les élus*. — *Moïse fut prédestiné pour être le conducteur de son peuple*, *Dieu avait fait choix de Moïse*, etc. — *Être prédestiné au malheur*, *ne pouvoir éviter le malheur*, empêcher qu'il n'arrive. — *se* **PRÉDESTINER**, v. pron.

PRÉDÉTERMINANT, E, adj. (*prédétèreminan, nante*), qui *prédétermine*. — Il se dit aussi subst. en parlant de ceux qui veulent que Dieu *prédétermine* les actions des créatures.

PRÉDÉTERMINATION, subst. fém. (*prédétèrminacion*) (en lat. *prædeterminatio*), t. de théol. et de métaphysique, action par laquelle Dieu meut et détermine la volonté humaine.

PRÉDÉTERMINÉ, E, part. pass. de *prédéterminer*.

PRÉDÉTERMINER, v. act. (*prédétèrminé*) (en latin *prædeterminare*), mouvoir et *déterminer* la volonté humaine, en parlant de Dieu. — *se* **PRÉDÉTERMINER**, v. pron.

PRÉDIAL, E, adj. (*prédi-ale*) (du lat. *prædium*, fonds de terre, domaine), qui concerne les fonds de terre, de rentes, les héritages : *rentes prédiales*. — Au plur. mas., *prédiaux*.

PRÉDIAUX, adj. mas. plur. Voy. **PRÉDIAL**.

PRÉDICABLE, adj. des deux genres (*prédikable*) (en lat. *prædicabilis*), t. de logique; il se dit d'une qualité qu'on donne à un sujet : *le terme animal est prédicable aussi bien pour l'homme que pour la bête*. Presque hors d'usage.

PRÉDICAMENT, subst. mas. (*prédikaman*) (en latin *prædicamentum*), t. de la vieille école, une des dix catégories auxquelles Aristote a voulu rapporter tous les objets de nos pensées.—Fig. et fam., réputation, renommée : *être en bon prédicament*. Cette locution est plus que surannée; nous ne la donnons que parce que nous la lisons dans l'*Académie*.

PRÉDICANT, subst. mas. (*prédikan*) (en lat. *prædicans*), ministre protestant dont la fonction est de prêcher.

PRÉDICATEUR, subst. mas. (*prédikateur*) (en latin *prædicator*), celui qui annonce en chaire la parole de Dieu. Il ne se dit guère que des prêtres de la religion catholique. — Par extension, celui qui publie ou qui proclame certaines doctrines : *les prédicateurs de la morale*.

PRÉDICATION, subst. fém. (*prédikâcion*) (en latin *prædicatio*), action de prêcher. — *Sermon*; avec cette différence qu'on nomme proprement *prédications* les discours faits aux fidèles pour leur annoncer l'Évangile; on le dit le plus souvent des protestants; et *sermons*, ceux faits aux chrétiens pour nourrir leur piété. On ne le dit guère que des catholiques.

PRÉDICTION, subst. fém. (*prédikcion*) (en lat. *prædictio*), action de *prédire* : *faire une prédiction*.—Chose prédite : *sa prédiction est accomplie*.

PRÉDILECTION, subst. fém. (*prédilèkcion*) (du latin *præ*, qui marque supériorité, préférence, et *diligere*, aimer), préférence d'amitié, de tendresse, d'affection.

DU VERBE IRRÉGULIER PRÉDIRE :

Prédîmes, 1re pers. plur. prét. déf.
Prédira, 3e pers. sing. fut. indic.
Prédirai, 1re pers. sing. fut. indic.

Prédiraient, 3e pers. plur. prés. cond.
Prédirais, précédé de *je*, 1re pers. sing. prés. cond.
Prédirais, précédé de *tu*, 2e pers. sing. prés. cond
Prédirait, 3e pers. sing. prés. cond.
Prédiras, 2e pers. sing. fut. indic.

PRÉDIRE, v. act. (*prédire*) (du lat. *prædicere*, formé de *præ*, d'avance, et *dicere*, dire) (il se conjugue comme *dire*, excepté que l'on dit *vous predisez*, et non pas *vous prédites*), annoncer ce qui doit arriver, 1° par inspiration divine : *les prophètes ont prédit la venue de Jésus-Christ*; 2° par des règles certaines : *prédire une éclipse*; 3° par une prétendue divination : *ce fourbe se mêle de prédire l'avenir*; 4° par conjecture : *je lui avais prédit cette disgrace*. — *se* **PRÉDIRE**, v. pron.

DU VERBE IRRÉGULIER PRÉDIRE :

Prédirent, 3e pers. plur. prét. déf.
Prédirez, 2e pers. plur. fut. indic.
Prédiriez, 2e pers. plur. prés. cond.
Prédirions, 1re pers. plur. prés. cond.
Prédiront, 3e pers. plur. fut. indic.
Prédis, 2e pers. sing. impér.
Prédis, précédé de *je*, 1re pers. sing. prés. indic.
Prédis, précédé de *tu*, 2e pers. sing. prés. indic.
Prédis, précédé de *je*, 1re pers. sing. prét. déf.
Prédis, précédé de *tu*, 2e pers. sing. prét. déf.
Prédisaient, 3e pers. plur. imparf. indic.
Prédisais, précédé de *je*, 1re pers. sing. imparf. indic.
Prédisais, précédé de *tu*, 2e pers. sing. imparf. indic.
Prédisait, 3e pers. sing. imparf. indic.
Prédisant, part. prés.
Prédise, précédé de *que je*, 1re pers. sing. prés. subj.
Prédise, précédé de *qu'il* ou *qu'elle*, 3e pers. sing. prés. subj.
Prédisent, précédé de *ils* ou *elles*, 3e pers. plur. prés. indic.
Prédisent, précédé de *qu'ils* ou *qu'elles*, 3e pers. pers. prés. subj.
Prédises, 2e pers. sing. prés. subj.
Prédisez, 2e pers. plur. impér.
Prédisez, précédé de *vous*, 2e pers. plur. indic.
Prédisiez, précédé de *vous*, 2e pers. plur. imparf. indic.
Prédisiez, précédé de *que vous*, 2e pers. plur. prés. subj.
Prédisions, précédé de *nous*, 1re pers. plur. im parf. indic.
Prédisions, précédé de *que nous*, 1re pers. plur. prés. subj.
Prédisons, 1re pers. plur. impér.
Prédisons, précédé de *nous*, 1re pers. plur. prés. indic.

PRÉDISPOSANT, E, adj. (*prédicpôzan, zante*) t. de médec., il se dit de toute cause qui *dispose* aux maladies. On peut aussi l'employer dans un sens moral : *causes prédisposantes*.

PRÉDISPOSÉ, E, part. pass. de *prédisposer*.

PRÉDISPOSER, v. act. (*prédicpôzé*), (du lat. *præ*, avant, et du français *disposer*), *disposer* d'avance, amener une disposition : *nous sommes tous prédisposés à l'erreur par le désir*. — L'Académie n'emploie ce mot comme t. de médec., il se dit de toute chose *qui dispose par degrés à telle ou telle maladie* : *le chaud et le froid prédisposent à la fièvre*. Il est sûr pourtant qu'on se sert de *prédisposer* dans le sens moral. — *se* **PRÉDISPOSER**, v. pron.

PRÉDISPOSITION, subst. fém. (*prédicpôzicion*), disposition préalable. — Aptitude du corps à contracter certaines maladies.

DU VERBE IRRÉGULIER PRÉDIRE :

Prédisse, 1re pers. sing. imparf. subj.
Prédissent, 3e pers. plur. imparf. subj.
Prédisses, 2e pers. sing. imparf. subj.
Prédissiez, 2e pers. plur. imparf. subj.
Prédissions, 1re pers. plur. imparf. subj.
Prédit, précédé de *il* ou *elle*, 3e pers. sing. prés. indic.
Prédit, précédé de *il* ou *elle*, 3e pers. sing. prét. déf.
Prédît, précédé de *qu'il* ou *qu'elle*, 3e pers. sing. imparf. subj.
Prédit, e, part. pass.
Prédites, 2e pers. plur. prét. déf.

PRÉDOMINANCE, subst. fém. (*prédominance*), t. de médec., action de ce qui *prédomine*.

PRÉDOMINANT, E, adj (*prédominan, nante*), qui *prédomine*.

PRÉDOMINATION, subst. fém. (*prédominâcion*), action de *prédominer*.

PRÉDOMINÉ, part. pass. du verbe *prédominer*.

PRÉDOMINER, v. neut. (*prédominé*), dominer particulièrement, se prévaloir, éclater par dessus, se faire le plus sentir. — Act., *dominer*, mais avec plus d'énergie que n'en indique ce mot : *c'est l'intérêt qui le prédomine*.

PRÉDORSAL, E, adj. (*prédorçal*), t. d'anat. ; il se dit de ce qui est situé au-devant du dos. — Au plur. mas., *prédorsaux*.

PRÉDORSO-ATLOÏDIEN, subst. et adj. mas. (*prédorçô-atelô-idiein*), t. d'anat., nom qu'on a donné au muscle long du cou : *le muscle prédorso-atloïdien*.

PRÉDORSO-CERVICAL, subst. et adj. mas. (*prédorçôcèrvikal*), t. d'anat.; il se dit du muscle long du cou : *le muscle predorso-cervical*.

PRÉÉMINENCE, subst. fém. (*pré-éminance*) (en latin *præeminentia*), avantage, prérogative en ce qui regarde la dignité et le rang. Il se dit des personnes et des choses : *avoir la prééminence sur quelqu'un*; *la prééminence d'une espèce sur une autre*.

PRÉÉMINENT, E, adj. (*pré-éminan, nante*) (en lat. *præeminens*, de *præeminere*, surpasser, être au-dessus), qui excelle au-dessus : *la charité est la vertu prééminente*.— *Dignité prééminente*, au-dessus des autres.

PRÉEMPTION, subst. fém. (*pré-anpecion*), droit que se réserve le fisc de prendre à son compte les marchandises dont la valeur est déclarée inexactement.

PRÉÉTABLI, E, part. pass. de *préétablir*, et adj.— *Harmonie préétablie*, système de Leibnitz, d'après lequel il prétend expliquer la correspondance entre les mouvements du corps et les perceptions de l'âme.

PRÉÉTABLIR, v. act. (*pré-établir*), t. didactique, *établir* d'abord : *vous n'avez pas préétabli la question*. — *se* **PRÉÉTABLIR**, v. pron. Fort peu usité.

PRÉEXCELLENCE, subst. fém. (*pré-èkcèlance*), grande supériorité prononcée, reconnue, *excellence* au plus haut degré : *la preexcellence messied à un homme d'honneur en choses frivoles*. (Montaigne.)

PRÉEXISTANT, E, adj. (*pré-ègzicetan, tante*), qui *existe* avant un autre.

PRÉEXISTÉ, part. pass. de *préexister*.

PRÉEXISTENCE, subst. fém. (*pré-ègzicetance*), *existence* d'un être antérieure à celle d'un autre.

PRÉEXISTER, v. neut. (*pré-ègziceté*) (en latin *præ*, avant, et *existere*, exister), *exister* avant un autre.

PRÉFACE, subst. fém. (*préface*) (du lat. *præfatio*, action de dire avant tout, formé de *præ*, avant, et de *fari*, parler), discours préliminaire, avertissement qu'on met à la tête d'un livre. — Fam., préambule : *laissons la toutes ces préfaces ; point de préface, venons au fait*. — Partie de la messe qu'on dit ou qu'on chante immédiatement avant le canon : *la preface du jour de Noël*.

PRÉFECTORAL, E, adj. (*préfèktural*), qui a rapport à une *préfecture*; qui émane du *préfet*. — Au plur. mas., *préfectoraux*.

PRÉFECTURE, subst. fém. (*préfèkture*) (en lat. *præfectura*), nom de plusieurs charges dans l'empire romain.—Administration tant à aujourd'hui chaque dépt. de la France : *la prefecture de la Seine*.—Dignité de préfet.—Territoire confié aux soins, à l'administration d'un préfet. — Durée des fonctions d'un préfet : *pendant la préfecture de M. tel*. — L'hôtel où il demeure. — Ses bureaux. — *Préfecture maritime*, arrondissement maritime administré par un officier général de la marine. — *Préfecture de police*, administration de la police de la ville de Paris. — *Sous-préfecture*, arrondissement communal, de l'administration duquel est chargé un *sous-préfet*.

PRÉFÉRABLE, adj. des deux genres (*préférable*), qui doit être *préféré* : *la mort est préférable à l'infamie*.

PRÉFÉRABLEMENT, adv. (*préférableman*), par *préférence*.

PRÉFÉRÉ, E, part. pass. de *préférer*.

PRÉFÉRENCE, subst. fém. (*préferance*), choix qu'on fait d'une personne ou d'une chose plutôt que d'une autre : *demander, avoir la préférence*.—*Droit d'être préféré*. — Au plur., marques particulières d'affection ou d'honneur : *être accoutumé aux préférences*.

PRÉFÉRER, v. act. (*préféré*) (du lat. *præferre*, employé dans la même acception, et qui signifie proprement *porter devant, ferre præ*), donner l'avantage à...., au-dessus de..., estimer davantage : *l'amour préfère et ne choisit pas.*—Aimer mieux. — *se* PRÉFÉRER, v. pron.

PRÉFET, subst. mas. (*préfé*) (en lat. *præfectus*, fait de *præficere*, commettre, préposer, confier le commandement), t. d'antiq., celui qui possédait une *préfecture* dans l'empire romain.—Aujourd'hui, magistrat qui, en France, est chargé en chef de l'administration d'un département. — *Sous-préfet*, magistrat chargé de l'administration d'un arrondissement communal. — *Préfet maritime*, celui qui est chargé de l'administration d'un arrondissement maritime. — *Préfet de police*, le magistrat chargé de la police.—Dans les colléges, seconde classe de l'Université, celui qui a une inspection particulière sur les études des écoliers et sur le bon ordre. C'est ce que dans les colléges royaux on nomme *censeur des études*.

PRÉFET, subst. mas. (*préfé*), nom donné par les marchands à une coquille du genre cône.

PRÉFICES, subst. fém. plur. (*préfice*) (en lat. *præficæ*), pleureuses; femmes qui suivaient les funérailles en pleurant et en chantant les louanges du mort. Inusité; on ne dit plus que *pleureuses*.

PRÉFIGURÉ, E, part. pass. de *préfigurer*.

se **PRÉFIGURER**, v. pron. (*cepréfiguré*), se figurer, s'imaginer d'avance. (*Boiste.*) Hors d'usage.

PRÉFINI, E, part. pass. de *préfinir*.

PRÉFINIR, v. act. (*préfinir*) (en lat. *præfinire*), t. de palais, fixer un terme, un délai dans lequel une chose doit être faite : *la loi préfinit ordinairement les délais.* — *se* PRÉFINIR, v. pron.

PRÉFIX, E, adj. (*préfikce*) (en lat. *præfixus*, part. pass. de *præfigere*, arrêter devant, ficher, planter), déterminé, conclu, arrêté.— *Douaire préfix*, celui qui consiste en une somme marquée et déterminée par les conventions matrimoniales. — *Lettre de change à jour préfix*, payable au jour indiqué, sans jours de grace ou de faveur.

PRÉFIXION, subst. fém. (*préfikcion*), t. de palais, détermination : *préfixion de délai.*

PRÉFLEURAISON, subst. fém. (*préfleurèzon*), t. de bot., état des parties d'une fleur avant son épanouissement.

PRÉFORMATION, subs. fém. (*préformâcion*), état d'un œuf qui a le germe développé avant la ponte.

PRÉGADI, subst. mas. (*préguadi*), sénat vénitien; en lui résidait toute l'autorité de la république. Hors d'usage.

PRÉGATON, subst. mas. (*préguaton*), chez les tireurs d'or, la filière dans laquelle l'avanceur passe le fil d'or, pour la première fois, en sortant des mains de celui qui dégrosse.

PRÉGNANT, E, adj. (*préguenan, nante*), t. de médec., violent, pressant : *douleur prégnante, maux aigus et prégnants.* Il n'est guère d'usage que dans ces phrases.

PRÉGNATION, subst. fém. (*préguenâcion*) (du lat. *prægnatio*, grossesse de femme, portée de bête), la même chose que *gestation*.

PRÉGON, adj. (*préguon*), profond. (*Boiste.*) Vieux et même hors d'usage.

PRÉHÉMATOSIQUE, adj. des deux genres (*pré-ématôzike*), t. de méd., se dit, selon M. *Récamier*, des fluides que l'absorption introduit dans le torrent circulatoire. Peu connu.

PRÉHENSION, subst. fém. (*pré-ancion*), action par laquelle le gouvernement met une chose à sa disposition.—T. de médec., *préhension des aliments*, action de porter à sa bouche les substances alimentaires.

PRÉHNITE, subst. fém. (*prénite*), t. de minér. moderne; chrysolithe du Cap. Ce nom est emprunté de celui du colonel *Prehn*.

PRÉJUDICE, subst. mas. (*préjudice*) (du lat. *præjudicium*, et qui signifie proprement jugement provisoire), tort, dommage. — *Porter préjudice*, nuire. — *Au préjudice de sa parole, de son honneur, de la vérité*, contre sa parole, contre, etc. — Sans faire tort à... : *sans préjudice de mon droit.*

PRÉJUDICIABLE, adj. des deux genres (*préjudiciable*), qui porte *préjudice*; qui est nuisible.

PRÉJUDICIAUX, adj. mas. plur. (*préjudició*) (en lat. *præjudicialis*, formé de *præ*, et *judicium*, jugement), il n'est usité qu'en t. de palais : *frais préjudiciaux*, frais des défauts, qu'on doit rembourser avant d'être reçu à se pourvoir contre un jugement.

PRÉJUDICIÉ, part. pass. de *préjudicier*.

PRÉJUDICIEL, adj. mas., au fém. **PRÉJUDICIELLE** (*préjudiciéle*) (en lat. *præjudicialis*), il n'est usité qu'en t. de palais : *question préjudicielle*, qui doit être jugée avant la question principale.—*Moyens préjudiciels*, par lesquels on soutient une question sans entrer dans le fond.

PRÉJUDICIELLE, adj. fém. Voy. PRÉJUDICIEL.

PRÉJUDICIER, v. neut. (*préjudicié*) (du lat. *præjudicare*, employé dans le même sens par *Ulpien*, et qui signifie proprement préjuger ou juger d'avance, *judicare præ*), porter *préjudice*; nuire, faire tort : *la débauche préjudicie à la santé.*

PRÉJUGÉ, subst. mas. (*préjujé*) (en lat. *præjudicium*), ce qu'on a *jugé* d'une affaire sans juger le fond. — Ce qui a été *jugé* auparavant dans un cas semblable : *tel arrêt est un préjugé pour notre cause.* — Marque, signe de ce qui arrivera : *ce qu'on vous dit est un préjugé pour le succès de votre entreprise.*—Prévention, préoccupation : *il faut se défaire de ses préjugés.* En ce sens, employé seul, il se prend toujours en mauvaise part. Ce n'est qu'au moyen d'une épithète que ce mot reçoit une autre signification : *préjugé favorable*, etc. — Opinion adoptée sans un mûr examen : *fouler aux pieds les préjugés.*

PRÉJUGÉ, E, part. pass. de *préjuger*.

PRÉJUGER, v. act. (*préjujé*) (en lat. *præjudicare*), rendre un jugement interlocutoire qui tire à conséquence pour la décision d'une question qui se juge après : *on a préjugé cela lorsqu'on a ordonné que...; préjuger une question.* — Prévoir par conjecture : *autant qu'on peut le préjuger.* — *se* PRÉJUGER, v. pron.

PRÉLART, subst. mas. (*prélare*), t. de mar., grosse toile goudronnée pour couvrir les endroits ouverts d'un vaisseau, et pour garantir de la pluie les objets d'artillerie. Peu connu.

se **PRÉLASSER**, v. pron. (*ceprélâcé*), se carrer, affecter l'air grave, la dignité d'un *prélat* : *l'âne se prélassant.* (La Fontaine.)

PRÉLAT, subst. mas. (*préla*) (du lat. *prælatus*, porté au-dessus des autres), celui qui a une dignité considérable dans l'Eglise, avec une juridiction ecclésiastique, comme les évêques, etc. — A la cour du pape, à Rome, tous les ecclésiastiques qui portent la couleur violette sont désignés par la qualification de *prélat*.

PRÉLATION, subst. fém. (*prélâcion*) (du lat. *prælatio*, préférence), droit par lequel les enfants sont maintenus par préférence dans les charges que leurs pères ont possédées.

PRÉLATURE, subst. fém. (*prélature*), qualité, dignité, ou état de *prélat*.

PRÊLE, subst. fém. (*prêle*), t. de bot., plante vivace et marécageuse qui sert à polir.

PRÊLÉ, E, part. pass. de *prêler*.

PRÉLECTURE, subst. fém. (*prélèkture*), *lecture* avant l'impression; c'est la première épreuve. (*Diderot.*)

PRÉLEGS, subst. mas. (*prélègue*) (du lat. *prælegatum*), legs qui doit être délivré avant le partage d'une succession. Voy. la remarque du mot LEGS.

PRÉLÉGUÉ, E, part. pass. de *préléguer*.

PRÉLÉGUER, v. act. (*préléguié*) (du lat. *prælegare*), faire un ou plusieurs *prélegs*. — *se* PRÉLÉGUER, v. pron.

PRÊLER, v. act. (*prêlé*), t. de tourneur, polir, frotter avec de la *prêle*. — *se* PRÊLER, v. pron. Peu en usage, même comme actif.

PRÉLEVÉ, E, part. pass. de *prélever*.

PRÉLÈVEMENT, subst. mas. (*prélèveman*), action de *prélever*.

PRÉLEVER, v. act. (*prelevé*), *lever* quelque somme avant le partage d'une succession, sur la masse d'une société. — *se* PRÉLEVER, v. pron.

PRÉLIBATION, subst. fém. (*prélibâcion*), t. de féodalité; droit seigneurial que s'arrogeaient les seigneurs féodaux la première nuit des noces. Voy. CUISSAGE.

PRÉLIMINAIRE, adj. des deux genres (*préliminère*) (du lat. *præ*, devant, et *limen*, seuil, qui précède la matière principale qu'on traite, et qui sert à l'éclaircir : *discours préliminaire.*— Qui doit être réglé avant la discussion des autres articles : *articles préliminaires.* — On dit subst. au mas., dans cette dernière acception : *les préliminaires de la paix.*—*C'est là un préliminaire de conciliation*, un essai de conciliation.

PRÉLIMINAIREMENT, adv. (*préliminèreman*), au préalable. Voy. PRÉLIMINAIRE.

PRÉLIRE, v. act. (*prélire*) : *prélire une épreuve*, la lire et la corriger avant de l'envoyer à l'auteur. Peu usité même dans l'imprimerie. — *se* PRÉLIRE, v. pron.

PRÉLOMBAIRE, adj. des deux genres (*prélonbère*), t. d'anat.; il se dit de ce qui est situé au-devant des *lombes*.

PRÉLOMBO-PUBIEN, subst. et adj. mas. (*prélonbôpubiein*), t. d'anat., nom qu'on a donné au muscle petit psoas : *le muscle prélombo-pubien* ; *substance prélombo-pubienne.*

PRÉLOMBO-SUS-PUBIEN, adj. et subst. mas. (*prélonbôcucepubiein*), t. d'anat.; il se dit du muscle qui va des *lombes* au *pubis*.

PRÉLOMBO-THORACIQUE, adj. des deux genres (*prélonbô-toracike*), t. d'anat.; nom que l'on a donné à une veine. — Subst. fém.: *la prélombo-thoracique.*

PRÉLOMBO-TROCHANTIN, subst. et adj. mas. (*prélonbotrokantein*), t. d'anat., quelques auteurs donnent ce nom au grand psoas.

PRÉLOMBO-TROCHANTINIEN, subst. et adj. mas. (*prélonbôtrokantiniein*), t. d'anat.; il se dit du muscle grand psoas, qui s'étend jusqu'au petit *trochanter*.

PRÉLONGE, subst. fém. (*prélonje*), mot admis abusivement par plusieurs lexicographes. Voy. PROLONGE, qui est le véritable terme.

PRÉLU, E, part. pass. de *prélire*.

PRÉLUDE, subst. mas. (*prélude*) (en lat. *præludium*), ce qu'on chante ou ce qu'on joue sur un instrument, ou pour se mettre au ton dans lequel on veut chanter ou jouer, ou pour essayer la portée de sa voix, ou pour juger si l'instrument est d'accord. — Pièce de musique composée dans le goût des *préludes* qui se font sur-le-champ. — Fig., ce qui annonce, ce qui prépare à... : *les fréquents bâillements sont pour l'ordinaire les préludes de la fièvre.*

PRÉLUDÉ, part. pass. de *préluder*.

PRÉLUDER, v. neut. (*préludé*) (en lat. *præludere*), jouer des *préludes*, faire des *préludes* sur un instrument. — Essayer sa voix par une suite de tons différents, avant de chanter un air, une chanson, etc.—Donner une idée de ce qu'on pourra faire par la suite. — Faire une chose peu importante, pour en venir à une autre de très-grande conséquence : *il préludait aux batailles par des escarmouches.*

PRÉMATURÉ, E, adj. (*prématuré*) (en latin *præmaturus*, mûr avant le temps), qui vient ou qui se fait avant le temps : *fruits prématurés.* —*Mort prématurée*, qui vient plus tôt qu'on n'aurait dû l'attendre. — Fig. : 1° *esprit prématuré*, plus formé, plus avancé qu'on ne l'a ordinairement à l'âge où est la personne dont on parle; 2° *cette affaire est prématurée*, il n'est pas encore temps de l'entreprendre.

PRÉMATURÉMENT, adv. (*prématuréman*) (en lat. *præmaturé*), d'une manière *prématurée*.

PRÉMATURITÉ, subst. fém. (*prématurité*) (en lat. *præmaturitas*), *maturité avant* le temps ordinaire. On ne l'emploie qu'au fig. : *prématurité d'esprit, de jugement.*

PRÈME, subst. mas. (*prème*), le plus proche parent. (*Boiste*). Inusité.

PRÉMÉDITATION, subst. fém. (*préméditâcion*) (en lat. *præmeditatio*), action de méditer.

PRÉMÉDITÉ, E, part. pass. de *préméditer*, et adj.

PRÉMÉDITER, v. act. (*prémédité*) (en latin *præmeditari*), méditer sur une chose avant de l'exécuter : *préméditer une démarche.* — *se* PRÉMÉDITER, v. pron.

PRÉMERY, subst. propre mas. (*prémeri*), bourg de France, chef-lieu de canton, arrond. de Cosne, dép. de la Nièvre.

PRÉMICES, subst. fém. plur. (*prémice*) (en lat. *primitiæ, arum*, fait de *primus*, premier), les premiers fruits que porte tous les ans la terre. —On dit aussi *les prémices du bétail.*—Au fig., les premières productions de l'esprit, de l'art, etc. — Les commencements d'un règne, d'un gouvernement : *qui n'a vu les prémices de ce beau règne!* — Delille (traduction du *Paradis perdu*) a dit au singulier :

Cette tendre lueur, *prémice* de l'aurore;

cet emploi est inusité.—Premières faveurs d'une jeune fille ; ses premières affections, son premier amour : *il vous faut les prémices d'une âme, et la mienne ne serait pas digne de vous.* (*J.-J. Rousseau.*) — Premiers fruits de la terre qu'on offrait aux dieux. Ne confondez pas *prémisses* avec *prémices*. Voy. PRÉMISSES.

PREMIER, subst. et adj. mas., au fém. **PREMIÈRE** (*premié, mière*) (en lat. *primus*, dérivé de πρὶν, en grec, avant, auparavant), nombre ordinal. Qui précède par rapport au temps, à l'ordre, au lieu, à la dignité, à la situation, etc. — Qui est ou qui va devant, en avant : *marcher le premier ; être le premier.* — Le plus excellent : *Cicéron était le premier orateur de son temps.* — Qui avait été auparavant : *il a recouvré sa première santé.* — Qui est nécessaire avant tout : *les premières nécessités de la vie.* — *Premier* se dit aussi du commencement, de l'esquisse de certaines choses : *ce n'est là que la première ébauche.* — Titre d'honneur attaché à certaines dignités : *premier ministre, premier président.* — *Figures premières*, en géom., celles qui ne peuvent être divisées en d'autres figures plus simples qu'elles, comme le triangle parmi les figures planes, et la pyramide parmi les solides. — *Nombres premiers* ou *simples* (arithm.), ceux qui n'ont point d'autres diviseurs qu'eux-mêmes, ou que l'unité, tels que 3, 5, etc. — *Cause première*, Dieu.—*Matière première*, t. de phys., la matière en général, faisant abstraction de la forme et des autres accidents. — Prov. : *étourdi comme le premier coup de matines*, fort étourdi. — *Le premier venu*, celui qui arrive avant les autres.— *Il a pris le premier venu*, la première personne qu'il a rencontrée. —*Confier ses secrets au premier venu*, n'avoir rien de secret pour personne. — Prov. : *il vaut mieux être le premier que le dernier de sa race*, il vaut mieux avoir mérité soi-même ses titres et sa fortune, que de les devoir seulement à ses ancêtres. — PREMIER, PRIMITIF. (*Syn.*) *Premier* se dit en parlant de plusieurs êtres réels et abstraits, entièrement distingués les uns des autres, mais que l'on envisage seulement comme appartenant à la même suite. *Primitif* se dit en parlant des différents états successifs d'un même être.— La langue que parlaient Adam et Eve est la *première* de toutes les langues ; et si les différents idiomes qui distinguent les nations ne sont que les différentes formes de cette langue, elle est aussi la langue *primitive* du genre humain.

PREMIÈRE, subst. et adj. fém. Voy. PREMIER.— Subst. fém., t. d'imprimerie, la *première* épreuve d'une feuille à corriger. On l'appelle aussi *première typographique*, pour la distinguer de la *première d'auteur*.—On dit en ce sens : *lire une feuille en première, en seconde, en troisième.* — *Côté de première*, la forme ou le côté d'une feuille où se trouve la premiere page ; la forme qui contient la seconde page se nomme *côté de deux*. —Au plur., nom qu'on donne au *premier* rang de loges d'un théâtre : *premières de côté, premières découvertes*, etc.

PREMIÈREMENT, adv. (*premièreman*), en *premier* lieu.

PREMIER-NÉ, subst. mas. (*premiéné*). Voy. au mot NÉ.—Au plur., des *premiers-nés*.—On ne dit pas la *première-née*, en parlant d'une fille.

PREMIER-PRIS, subst. mas. (*premiépri*). Presque inusité. Voy. PRIS, part. pass. du v. *prendre*.

PRÉMISSES, subst. fém. plur. (*prémice*) (du lat. *præmissæ*, sous-entendu *propositiones*, fait de *præ*, devant, et de *missus*, envoyé ; *propositions envoyées* ou *mises*, *placées avant la conséquence*), t. de logique. Les deux premières propositions d'un syllogisme. — Voy. PRÉMICES.

PRÉMONTRÉ, subst. mas. (*prémontré*), ordre religieux, sous la règle de saint Augustin, ainsi nommé de l'abbaye de *Prémontré*, où il a commencé.

PRÉMOTION, subst. fém. (*prémôcion*) (en latin *præmotio*, fait de *præmovere*, mouvoir fortement, lequel est formé de *præ*, augment., et de *movere*, mouvoir), t. de théol., action de Dieu déterminant la créature à agir et agissant avec elle.

PRÉMUNI, E, part. pass. de *prémunir*.

PRÉMUNIR, v. act. (*prémunir*) (en lat. *præmunire*), *munir* par précaution ; précautionner contre... — *se* PRÉMUNIR, v. pron., se précautionner, se pourvoir de bonne heure contre...

PRÉMUNISSEMENT, subst. mas. (*prémuniceman*), action de *prémunir*. Peu usité.

PRENABLE, adj. des deux genres (*prenable*), qui peut être *pris*. Il se dit des villes et des places fortifiées, et ordinairement avec la négative : *cette place n'est prenable que par cet endroit, que par la faim.*—En parlant des personnes, qui peut être séduit, gagné : *il n'est prenable ni par or ni par argent.*

DU VERBE IRRÉGULIER PRENDRE :

Prenaient, 3e pers. plur. imparf. indic.
Prenais, précédé de *je*, 1re pers. sing. imparf. indic.
Prenais, précédé de *tu*, 2e pers. sing. imparf. indic.
Prenait, 3e pers. sing. imparf. indic.
Prenant, part. prés.

PRENANT, E, adj. (*prenan, nante*), qui *prend* : *partie prenante*, celle qui reçoit les deniers. — *Carême prenant*, le mardi gras. Voy. CARÊME.— En t. d'hist. nat., *queue prenante*, la queue de certains animaux qui s'en servent pour se suspendre.

PRENANTHE, subst. fém. (*prenante*), t. de bot., genre de plantes de la famille des chicoracées.

DU VERBE IRRÉGULIER PRENDRE :

Prend, 3e pers. sing. prés. indic.
Prendra, 3e pers. sing. fut. indic.
Prendrai, 1re pers. sing. fut. indic.
Prendraient, 3e pers. plur. prés. cond.
Prendrais, précédé de *je*, 1re pers. sing. prés. cond.
Prendrais, précédé de *tu*, 2e pers. sing. prés. cond.
Prendrait, 3e pers. sing. prés. cond.
Prendras, 2e pers. sing. fut. indic.

PRENDRE, v. act. (*prandre*) (en lat. *prehendere*), littéralement, saisir avec la main : *prendre un livre, une épée*, etc. — Mettre sur soi : *prendre sa chemise, son habit.* — Dérober, emporter en cachette : *on m'a pris ma bourse.*—Empoigner une chose ou une personne par force : *prendre au collet, à la gorge.* — Arrêter quelqu'un pour le conduire en prison : *on a pris les voleurs.* — Se rendre maître de... : *prendre une place assiégée.* On dit dans le même sens : *prendre des oiseaux à la pipée, des poissons à la ligne*, etc. — Fig., comprendre, concevoir : *prendre le sens d'un auteur ; prendre les choses de travers, en bonne ou en mauvaise part*, etc. — Recevoir, accepter : *prenez ce petit présent.* — Avaler, humer : *prendre un bouillon, un verre de vin, une médecine.* — Gagner, en parlant d'une maladie : *il a pris la fièvre d'un tel.*—*Prendre pour...*, réputer, regarder comme.. *me prenez-vous pour un fripon ?* — *Prendre les armes*, s'armer. — *Prendre perruque*, commencer à la porter. — *Prendre le deuil*, s'habiller de noir à l'occasion de la mort d'un parent, etc. — *Prendre l'habit de religieux*, ou simplement *prendre l'habit*, embrasser la vie religieuse.— *Prendre le bonnet*, être reçu docteur. — *Prendre parti*, s'enrôler dans les troupes.—*Prendre parti avec quelqu'un*, s'attacher à son service. — *Prendre son parti*, se résoudre, se décider. — *Prendre le parti de quelqu'un*, embrasser sa défense.— *Prendre les intérêts de quelqu'un*, le soutenir.— *Prendre quelqu'un sous sa protection*, le protéger.—Prov. : *prendre d'un sac deux moutures*, tirer double profit d'une même affaire. — Fig. : *prendre l'occasion aux cheveux*, la saisir, en profiter. —*Prendre le parti de l'épée*, embrasser la profession des armes. — *Prendre les ennemis en flanc*, les attaquer en flanc, etc. — On dit, en t. de vènerie, *prendre le vent*, quand un chien va lancer le cerf au vent. — En t. de marine, *prendre chasse*, fuir.— *Prendre fond*, trouver le fond avec la sonde. — *Prendre hauteur*, observer la hauteur du soleil sur l'horizon avec l'octant, etc., pour déterminer la latitude. — *Prendre la mer*, sortir du port pour aller en mer faire un voyage ou une course. — *Prendre le fond avec l'ancre*, mouiller. — *Prendre le large*, aller au large ; quitter la terre de vue. — *Prendre les amures à tribord ou à bas-bord*, amurer les voiles du côté nomme, pour serrer le vent du même bord.— *Prendre terre*, voir la terre et s'en approcher pour la reconnaître ou pour y mouiller. — *Prendre vent devant*, venir au vent lorsqu'on est au plus près, jusqu'à prendre le vent sur toutes les voiles. — Neut. : *prendre racine*, en parlant des plantes : *il y a des plantes qui prennent en tout pays.* — Fig., réussir, être accueilli, en parlant d'un ouvrage d'esprit, d'une nouvelle. — Faire impression à la gorge ou au nez, en parlant d'un ragoût trop épicé, d'une odeur trop forte. — Se geler : *la rivière a pris.* — Se cailler, en parlant du lait. — *La fièvre lui a pris* (il a été attaqué de la fièvre) *à une heure*, etc. — *Prendre sur soi*, 1° se modérer, se surmonter ; 2° agir sans ordre : *il a pris sur lui de proposer ses conditions.*— *Prendre sur...*, changer : *ce goût naissant ne prit rien sur ses habitudes.* — *Se laisser prendre à...*, se laisser gagner, tromper par... — Unipers. : *il vous en prendra mal de... ; bien vous en a pris ; il lui prit une envie de rire*, etc. — *A tout prendre*, loc. adv., en considérant le bien et le mal, les avantages et les inconvénients. — *Au fait et au prendre*, loc. adv., au moment d'agir, de parler, etc., (loc. plus que surannée.)—*se* PRENDRE, v. pron., s'attacher à... : *un homme qui se noie se prend à tout ce qu'il peut.* — S'accrocher à... : *son habit s'est pris à un clou.*—Commencer à... : *elle se prit à pleurer.* — Se figer : *l'huile d'olive se prend aisément.* — *Se prendre de vin*, s'enivrer. — *Se prendre d'amitié pour quelqu'un*, concevoir de l'amitié pour lui. — *Se prendre de paroles*, se quereller.— *S'en prendre à quelqu'un*, lui attribuer quelque faute, etc.— *S'y prendre*, prendre les moyens de...—NOTA. Le verbe *prendre* entre encore dans une foule de locutions qu'il nous est impossible de donner toutes ici, mais qu'on trouvera en cherchant à leur ordre alphabétique les substantifs aux mots auxquels il est joint.

PRENDRE, subst. mas. (*prandre*), action de *prendre* : *le prendre et le laisser.*—*Au fait et au prendre*, lorsqu'il faut agir, se décider.

DU VERBE IRRÉGULIER PRENDRE :

Prendrez, 2e pers. plur. fut. indic.
Prendriez, 2e pers. plur. prés. cond.
Prendrions, 1re pers. plur. prés. cond.
Prendrons, 1re pers. plur. fut. indic.
Prendront, 3e pers. plur. fut. indic.
Prends, 2e pers. sing. impér.
Prends, précédé de *je*, 1re pers. sing. prés. indic.
Prends, précédé de *tu*, 2e pers. sing. prés. indic.

PRÉNESTE, subst. propre mas. (*prénècete*), ancienne ville d'Italie. Aujourd'hui, *Palestrine*.

PRÉNESTINES, adj. fém. plur. (*prénècetine*), t. d'antiq. ; chez les anciens, ce mot se disait des feuilles d'or battu qui étaient plus épaisses que les questoriales. Ce nom leur vient d'une statue de la Fortune, placée à *Préneste*, qui était entièrement couverte de ces feuilles d'or.

PRENEUR, subst. mas. ; **PRENEUSE**, subst. fém. (*preneur, neuze*), celui, celle qui *prend* : *preneur d'oiseaux, preneur de tabac, de café.* Il est fam. —Au palais, celui qui reçoit quelque chose d'un autre ; qui *prend* à loyer. — En t. de commerce, celui qui *prend* des lettres de change : *le papier sur la Hollande est rare ; les preneurs abondent.*—Adj. mas., en t. de marine, *bâtiment preneur*, celui qui fait une *prise*. — T. d'hist. nat., *preneur d'écrevisses*, espèce d'oiseau de la Nouvelle-Guinée ; c'est un crabier. —*Preneur de mouches*, oiseau du genre des gobe-mouches.

PRENEUSE, subst. et adj. fém. Voy. PRENEUR.

DU VERBE IRRÉGULIER PRENDRE :

Prenez, 2e pers. plur. impér.
Prenez, précédé de *vous*, 2e pers. plur. prés. indic.
Preniez, précédé de *vous*, 2e pers. plur. imparf. indic.
Preniez, précédé de *que vous*, 2e pers. plur. prés. subj.
Prenions, précédé de *nous*, 1re pers. plur. imparf. indic.
Prenions, précédé de *que nous*, 1re pers. plur. prés. subj.
Prenne, précédé de *que je*, 1re pers. sing. prés. subj.
Prenne, précédé de *qu'il* ou *qu'elle*, 3e pers. sing. prés. subj.
Prennent, précédé de *ils* ou *elles*, 3e pers. plur. prés. indic.
Prennent, précédé de *qu'ils* ou *qu'elles*, 3e pers. plur. prés. subj.
Prennes, 2e pers sing. prés. subj.

PRÉNOM, subst. mas. (*prénon*) (en lat. *prænomen*), *nom* qui *précède* le *nom* de famille : *le prénom de Cicéron était Marcus.* — Chez nous, le nom de baptême : *quel est votre prénom ? Alexandre.* — On dit fig. : le *prénom*, le *nom* et le *surnom*. (Voy. notre *Grammaire générale*, à l'art. des *noms*.)

DU VERBE IRRÉGULIER PRENDRE :

Prenons, 1re pers. plur. impér.

Prenons, précédé de *nous*, 1re pers. plur. prés. indic.

PRÉNOTION, subst. fém. (*prénôcion*) (en lat. *prœnotio, notion* antérieure, anticipée), t. didactique, connaissance obscure qu'on a d'une chose avant de l'avoir examinée.

PRÉOCCUPATION, subst. fém. (*pré-okupâcion*) (en lat. *prœoccupatio*), état d'un esprit trop *occupé* d'un objet pour faire attention à un autre, prévention d'esprit.—PRÉOCCUPATION, PRÉVENTION, PRÉJUGÉ. (*Syn.*) La *préoccupation* est l'état d'un esprit si plein, si possédé de certaines idées, qu'il ne peut plus en entendre ou en concevoir de contraires. La *prévention* est une disposition de l'âme telle, qu'elle la fait pencher à juger plus ou moins favorablement ou défavorablement d'un objet. Le *préjugé* est un jugement anticipé, ou une croyance établie sans un examen suffisant ou une connaissance convenable de la chose.—*La préoccupation* ôte la liberté de l'esprit ; elle l'absorbe. *La prévention* ôte l'impartialité du jugement ; elle suborne. Le *préjugé* ôte le doute raisonnable, il tranche. — *La préoccupation* rend sourd et intraitable ; la *prévention* rend partial, et même aveugle ; le *préjugé* rend indocile et opiniâtre. —*La préoccupation* naît de quelque impression vive et profonde qui remplit de son objet la capacité de l'esprit, et captive la pensée ; la *prévention* naît de certains rapports qui, en nous intéressant à l'égard d'un objet, ne permettent pas à l'âme de conserver son équilibre et son indifférence ; les *préjugés* naissent surtout de la faiblesse et de la paresse de l'esprit, qui aime mieux juger et croire, que douter et apprendre.

PRÉOCCUPÉ, E, part. pass. de *préoccuper*, et adj. : *avoir l'esprit préoccupé*, extrêmement occupé.

PRÉOCCUPER, v. act. (*pré-okupé*) (en latin *prœoccupare*, s'emparer d'avance de...), *occuper* fortement l'esprit, l'absorber presque tout entier : *cette affaire le préoccupe tellement, qu'il en perd le boire et le manger.*—Prévenir l'esprit de quelqu'un : *on doit toujours craindre qu'un juge ne se laisse préoccuper.* — *se* PRÉOCCUPER, v. pron.

PRÉOLIER, subst. mas. (*pré-olié*), nom que les maîtres jardiniers prenaient autrefois dans leurs statuts. Hors d'usage.

PRÉOPINANT, E, subst. (*pré-opinan, nante*), celui, celle qui a *opiné* avant un autre.

PRÉOPINATION, subst. fém. (*pré-opinâcion*), t. de médec., incertitude d'un médecin touchant le pronostic d'une maladie.

PRÉOPINÉ, part. pass. de *préopiner.*

PRÉOPINER, v. neut. (*pré-opiné*), *opiner* avant un autre.

PRÉORDONNANCE, subst. fém. (*pré-ordonance*), préordination.—Ordre préalablement établi. Peu usité.

PRÉORDONNÉ, E, part. pass. de *préordonner.*

PRÉORDONNER, v. act. (*pré-ordoné*), *ordonner*, disposer à l'avance.—*se* PRÉORDONNER, v. pron.

PRÉP., abréviation du mot *préposition.*

PRÉPARAGE, subst. mas. (*préparaje*), préparation pour un ouvrage.

PRÉPARANT, E, adj. (*préparan, rante*), t. d'anat. : *les vaisseaux préparants*, qui servent à la *préparation* de la semence.

PRÉPARATE, subst. fém. (*préparate*), t. d'anat., une des veines du front.

PRÉPARATIF, subst. mas. (*préparatife*), apprêt. Il ne s'emploie guère qu'au plur. Ainsi, l'on ne dit guère *un préparatif*, mais *des préparatifs*. Voy. APPAREIL.

PRÉPARATION, subst. fém. (*préparâcion*), action de *préparer* ou de se *préparer* : *parler sans préparation.* — En math., partie préliminaire d'une démonstration. — *Préparation chimique*, mélange de plusieurs substances *préparées* pour une opération chimique. — *Préparation anatomique*, anatomie propre à faire des démonstrations.—Composition de médicaments : *la préparation d'un remède* ; *les médicaments préparés* : *des préparations pharmaceutiques.*

PRÉPARATOIRE, adj. des deux genres (*préparatoare*), qui *prépare* ; il se dit d'un jugement, d'une sentence qu'on donne avant le jugement définitif : *procédure préparatoire*, qui sert à *préparer* le procès. — *Jugement préparatoire*, qui règle la procédure sans rien préjuger au fond. — *Question préparatoire*, supplice de la question que subissaient autrefois certains accusés. — En géom. , *proposition préparatoire*, celles qu'on ne démontre que pour arriver à la démonstration principale.— Subst. mas. : *un préparatoire ; c'est là un préparatoire indispensable.*

PRÉPARÉ, E, part. pass. de *préparer.*

PRÉPARER, v. act. (*préparé*) (en lat. *prœparare*), apprêter, disposer, mettre en état de... : *préparer une maison, un dîné, une médecine, une harangue*, etc.—En parlant des personnes, mettre dans la disposition nécessaire.—*Préparer les voies à quelqu'un*, lui ouvrir des facilités qui l'aident dans ce qu'il a entrepris, dans le but auquel il tend.—*Préparer les voies du Seigneur*, s'est dit de saint Jean-Baptiste qui annonçait la venue prochaine de Jésus-Christ.—*se* PRÉPARER, v. pron., s'apprêter, se disposer. — *Se préparer des chagrins*, agir de manière à en éprouver plus tard.

PRÉPATOUT, subst. mas. (*prépatou*), amas, recueil, collection, plants de vigne de tout pays. (*Boiste.*) C'est *pris-partout* qu'on a effectivement dit anciennement ; mais s'il fallait, pour composer la langue, forger de pareils mots, nous ne prévoyons guère où s'arrêterait un aussi funeste progrès. Considérons donc ce mot comme un vrai *barbarisme.*

PRÉPÈTES, subst. mas. plur. (*prépète*), t. d'antiq., certains oiseaux dont les Romains ne consultaient que le vol.

PRÉPONDÉRANCE, subst. fém. (*prépondérance*), supériorité d'autorité, de crédit, de considération : *ce magistrat a une grande prépondérance.*

PRÉPONDÉRANT, E, adj. (*prépondéran, rante*) (du lat. *prœponderans*, part. prés. de *prœponderare*, fait de *prœ*, qui marque supériorité, et de *ponderare*, peser), se dit, en mécan., d'un poids qui, étant mis dans un bassin de balance, l'emporte sur le poids opposé.—Fig. : *la voix du chef est prépondérante*, l'emporte en cas de partage.—*Raison prépondérante*, celle qui doit l'emporter sur toutes les autres, qui doit agir puissamment sur les esprits.

PRÉPOSÉ, E, part. pass. de *préposer*, et adj., qui est commis à quelque chose, qui en a la garde, le soin. — Subst. : *c'est un des préposés.*

PRÉPOSER, v. act. (*prépôzé*) (en lat. *prœponere*), commettre, établir quelqu'un avec pouvoir de faire quelque chose ou d'en prendre soin : *on l'a préposé à la direction des travaux publics.*—*se* PRÉPOSER, v. pron.

PRÉPOSITIF, adj. mas., au fém. **PRÉPOSITIVE**, (*prépôzitif, tive*) (en lat. *prœpositivus*), t. de gramm., qui se met avant un mot ou à la tête d'un mot.—On appelle *particules prépositives* ou *prépositions inséparables*, des parties élémentaires qui entrent dans la composition des mots, comme *ad* dans *adjoint*, *in* dans *infini*, etc. — On appelle *adjectifs prépositifs*, ou substantivement *prépositifs*, certains petits mots qui ne signifient rien de physique, qui sont identifiés avec ceux devant lesquels on les place, et les font prendre dans une acception particulière ; tels sont : *le, la, les ; ce, cet, cette, ces ; certain ; quelque ; tout ; chaque ; nul ; aucun : mon, ma, mes.*—On appelle *prépositif défini* : *le, la, les*, soit qu'il soit simple, soit joint aux prépositions *à* ou *de*. Ainsi, *du, au, des, aux*, sont des *prépositifs définis*, parce que, ainsi que *le, la, les*, ils ne se mettent que devant un nom pris dans un sens précis, circonscrit et déterminé. — *Locutions prépositives*, façons de parler composées de plusieurs mots, faisant fonction de prépositions : *vis-à-vis de... à l'égard de.*

PRÉPOSITION, subst. fém. (*prépôzicion*) (en lat. *prœpositio*), t. de gramm., mot indéclinable qui se met devant le nom qu'il régit. Il exprime un rapport générique qui est déterminé par ce nom. Toute *préposition* qui fait partie d'une phrase a un antécédent, c'est-à-dire un terme dont elle restreint le sens général, par l'idée nécessaire du rapport dont elle est le signe ; et un conséquent, c'est-à-dire un terme qui achève d'individualiser le rapport indiqué d'une manière indéfinie dans la *préposition* : *le terme antécédent, le terme conséquent d'une préposition. Le terme conséquent d'une préposition* servant à compléter l'idée totale du rapport individuel que l'on se propose d'énoncer, s'appelle aussi *complément de la préposition.* Dans cette phrase, *la nécessité de mourir, la nécessité* est le terme antécédent, *de* est la *préposition*, et *mourir* est le terme conséquent, ou le complément de la *préposition.*—On appelle *prépositions simples*, celles qui s'expriment par un seul mot, comme *à, de, en, pour, sans*, etc. ; *prépositions composées*, celles qui s'expriment en plusieurs mots, comme *vis-à-vis, à l'égard de, à côté de*, etc.—On appelle *préposition inséparable*, celle qu'on ne peut séparer du mot avec lequel elle fait un tout, sans changer la signification de ce mot : *avant-bras, avant-cour ; arrière-corps.* Dans ces mots, *avant, arrière*, sont des *prépositions inséparables.*

PRÉPOSITIONNEL, adj. mas., au fém. **PRÉPOSITIONNELLE** (*prépôzicionèle*), de la *préposition.*

PRÉPOSITIONNELLE, adj. fém. Voy. PRÉPOSITIONNEL.

PRÉPOSITIVE, adj. fém. Voy. PRÉPOSITIF.

PRÉPUCE, subst. mas. (*prépuce*) (du latin *prœputium*, fait du grec προποσθιον, formé de προ, en lat. *prœ*, devant, et ποσθιον, membre viril), peau qui couvre l'extrémité des parties naturelles de l'homme. — *Prépuce de mer*, t. d'hist. nat., espèce de pennatule dont l'extrémité postérieure a une légère membrane.

PRÉPUCINE, subst. fém. (*prépucine*), t. de chir., matière onctueuse qui enduit la surface interne des paupières. Peu connu.

PRÉROGATIVE, subst. fém. (*préroguative*) (du lat. *prœrogativa*, qui signifie proprement *droit de donner son suffrage le premier*, fait de *prœrogare*, demander le suffrage de quelqu'un avant tous les autres ; lequel est fait de *prœ*, avant, et de *rogare*, demander), avantage attaché à certaines dignités : *prérogative royale*, celle qui n'appartient qu'au roi.—Privilège : *c'est une de ses prérogatives.*—Avantage dont certains êtres jouissent exclusivement : *les plus nobles prérogatives de l'homme sont la raison et la parole.* — PRÉROGATIVE, PRIVILÈGE. (*Syn.*) La *prérogative* regarde les honneurs et les préférences personnelles ; elle vient principalement de la subordination ou des relations que les personnes ont entre elles. Le *privilège* regarde quelque avantage d'intérêt ou de fonction ; il vient de la concession du prince, ou des statuts de la société.— La naissance donne les *prérogatives* ; les charges donnent les *privilèges.*

PRÉS., abréviation du mot *présent.*

PRÈS, prép. (*prè*) (du lat. *pressum*, qu'on a dit pour *proximè*. Ménage.), il marque proximité : 1° de temps : *il est près de midi* ; 2° de lieu : *près de l'église.* Voy. PROCHE.— Presque, environ : *il y a près de vingt ans que...* — *Etre près de...* sur le point de... Il diffère de *être prêt à..* qui signifie être préparé à.. Voyez PRÊT.—Prov. : *avoir la tête près du bonnet*, être prompt, se fâcher aisément.—*Etre près de ses pièces*, n'avoir plus guère d'argent.—*Cette affaire me touche de près*, j'y ai un grand intérêt.—Racine a dit (*Esther*) :

Que sont-ils près de vous?

pour *auprès, au prix, en comparaison. Près* ne s'emploie plus en ce sens. La même faute se trouve dans *Athalie* :

Près de leurs passions, rien ne leur fut sacré.

—*Près et plein*, en t. de mar., c'est tenir le plus près du vent, en faisant porter quelques degrés sous le vent du plus *près*, de manière que les voiles ne fasient point.—*Près du vent*, tenir le vent le plus qu'il est possible.— *A peu près*, loc. adv., presque.—Subst. au mas. : *se contenter de l'à peu près.*—*A cela près*, excepté cela, hormis. —*Il n'est pas à cela près*, il n'est pas encore réduit à ne pas avoir ce que vous lui demandez, cela ne le ruinera pas. — *A peu de chose près*, presque, peu s'en faut. — *A beaucoup près*, il s'en faut beaucoup. — *De près*, loc. adv., tout contre. On dit, dans le même sens, *près à près.* —Fig. et fam. : *ni près ni loin*, loc. adv., point du tout.—PRÈS, PROCHE. (*Syn.*) *Proche* ne s'emploie qu'au propre et dans le langage ordinaire, pour exprimer une proximité de lieu ou de temps, et il est beaucoup moins usité que son synonyme. *Près* est très-usité dans tous les genres de style, et il s'emploie selon diverses acceptions et dans une foule d'expressions figurées.

PRÉSAGE, subst. mas. (*prézaje*) (en lat. *prœsagium*), signe par lequel on juge de l'avenir. — Conjecture ; auguro bon ou mauvais qu'on tire de ce signe. — Les anciens regardaient comme des *présages*, les paroles fortuites, les tressaillements de quelques parties du corps, les tintements d'oreille, les éternuments, les chutes imprévues, la rencontre de certaines personnes ou de certains animaux, etc.—PRÉSAGE, AUGURE. (*Syn.*) L'*augure* est une conjecture futile, légère, hasardée; le *présage*, une conjecture légitime, raisonnée. Le *présage* est certain ou incertain; l'*augure*, bon ou mauvais. Nous *augurons*; les choses *présagent*, et nous *présageons*. On tire l'*augure*; on voit certains *présages*. — Les *augures* s'entendaient des signes recherchés et interprétés selon les règles de l'art *augural*; les *présages* qui s'offraient par cas fortuit étaient interprétés par chaque individu d'une manière plus vague et plus arbitraire.

PRÉSAGÉ, E, part. pass. de *présager*.

PRÉSAGER, v. act. (*prézajé*) (en lat. *præsagire*), en parlant des choses, indiquer, annoncer par des signes une chose future. — En parlant des personnes, conjecturer ce qui doit arriver.—*se* PRÉSAGER, v. pron.

PRÉSANCTIFIÉ, subst. mas. (*préçanketifié*), t. de liturg., les élus.—Anciennement on donnait ce nom à des hosties consacrées les jours précédents. La *messe des présanctifiés*, messe sans consécration, mais dans laquelle on communie avec des hosties consacrées quelques jours auparavant. Le concile de Carthage en 692, can. 52, ordonne qu'en carême on célébrera tous les jours la messe des *présanctifiés*, excepté les samedis, les dimanches et le jour de l'Annonciation. On ne dit plus depuis long-temps de *messe des présanctifiés* que le vendredi-saint. Ce mot est composé de *sanctifier*, qui se dit pour *consacrer*, et de la prép. lat. *præ*, qui signifie *auparavant*.

PRÉSANCTIFIÉ, E, adj. (*préçanketifié*), consacré la veille.

PRESBYOPIE, subst. fém. (*prècebi-opi*) (du grec πρεσβυς, vieillard, et οψ, œil), vue longue.

PRESBYTE, subst. et adj. des deux genres (*prècebite*) (du grec πρεσβυς, vieillard, et οψ, œil), celui ou celle qui ne voit que de loin : *un presbyte*.—Adj. : *avoir la vue presbyte*.

PRESBYTÉRAL, E, adj. (*prècebitérale*) (du lat. *presbyter*, prêtre), qui appartient à l'ordre de prêtrise : *bénéfice presbytéral*, qui doit être possédé par un prêtre.—Qui appartient au *presbytère* : *maison presbytérale*. — Au plur. mas., *presbytéraux*.

PRESBYTÉRANISME. Voy. PRESBYTÉRIANISME.

PRESBYTÉRAUX, adj. mas. plur. Voyez PRESBYTÉRAL.

PRESBYTÈRE, subst. mas. (*prècebitère*) (du lat. *presbyterium*), la maison destinée pour le logement du curé dans une paroisse.—Autrefois, l'assemblée, le conseil des prêtres dont l'évêque devait s'assister : *l'évêque doit souvent consulter son presbytère*.

PRESBYTÉRIANISME (l'*Académie* dit aussi *presbytéranisme*; beaucoup de personnes préfèrent le dernier parce qu'il est plus coulant), subst. mas. (*prècebitéri-aniceme*), système ou secte des *presbytériens*.

PRESBYTÉRIAT, subst. mas. (*prècebytéri a*), qualité d'*ancien* parmi les *presbytériens*.

PRESBYTÉRIEN, subst. et adj. mas., au fém. **PRESBYTÉRIENNE** (*prècebitérein*, *riène*) (du grec πρεσβυτερος, ancien, vieillard, prêtre), protestant d'Angleterre, qui ne reconnaît point l'autorité épiscopale, et prétend que l'Eglise doit être gouvernée par tous les prêtres indistinctement, et par quelques anciens laïques. — Adj. : *église presbytérienne*.

PRESBYTÉRIENNE, subst. et adj. fém. Voyez PRESBYTÉRIEN.

PRESBYTIE, subst. fém. (*prècebici*), défaut de vue des *presbytes*.

PRESBYTISME, subst. mas. (*prècebiticeme*), état du *presbyte*. Voy. PRESBYOPIE.

PRESCIENCE, subst. fém. (*préciance*) (du lat. *præscientia*), t. dogm., connaissance de ce qui doit arriver; il ne se dit que de Dieu.

PRESCIENT, subst. mas. (*prècian*), qui a la *prescience*. (*Boiste*.) Presque hors d'usage.

PRESCINDÉ, E, part. pass. de *prescinder*.

PRESCINDER, v. act. (*prèceceindé*), t. de scholastique, faire abstraction de... Ce mot est, du reste, plus latin que français.

PRESCRIPTIBLE, adj. des deux genres (*prècekripetible*, qui peut se *prescrire*.

PRESCRIPTION, subst. fém. (*prècekripecion*) (en lat. *præscriptio*), manière d'acquérir la propriété d'une chose, quand on l'a possédée sans interruption pendant un temps déterminé par la loi.—Effet qui libère d'une dette ou d'une condamnation, ou même d'une prévention, quand le créancier, la condamnation, ou la prévention, a outre-passé un certain temps fixé par la loi : *prescription centenaire*.—Ordonnance, préceptes : *les prescriptions de la nature*, ce qu'elle *prescrit*, ce qu'elle conseille.—*Prescriptions médicales*, les ordonnances des médecins.

DU VERBE IRRÉGULIER PRESCRIRE :

Prescrira, 3e pers. sing. fut. indic.
Prescrirai, 1re pers. sing. fut. indic.
Prescriraient, 3e pers. plur. prés. cond.
Prescrirais, précédé de *je*, 1re pers. sing. prés. cond.
Prescrirais, précédé de *tu*, 2e pers. sing. prés. cond.
Prescrirait, 3e pers. sing. prés. cond.
Prescriras, 2e pers. sing. fut. indic.

PRESCRIRE, v. act. (*prècekrire*) (du lat. *præscribere*, employé dans ses diverses acceptions, et qui signifie proprement mettre un titre, une inscription, intituler, fait de *præ*, devant, et de *scribere*, écrire), ordonner, marquer ce qu'on veut qui soit fait : *prescrire des lois*, *un régime*, etc.—Assigner avec autorité : *prescrire des bornes*.— En t. de droit, acquérir par une longue possession : *prescrire un héritage*, *une dette*, et neut : *on ne prescrit pas contre les mineurs*. — *se* PRESCRIRE, v. pron., s'imposer quelque obligation.—Se perdre par *prescription* : *les droits des mineurs ne se prescrivent point*.

DU VERBE IRRÉGULIER PRESCRIRE :

Prescrirez, 2e pers. plur. fut. indic.
Prescririez, 2e pers. plur. prés. cond.
Prescrirons, 1re pers. plur. fut. indic.
Prescririons, 1re pers. plur. prés. cond.
Prescriront, 3e pers. plur. fut. indic.
Prescris, précédé de *je*, 1re pers. sing. prés. indic.
Prescris, précédé de *tu*, 2e pers. sing. prés. indic.
Prescrit, précédé de *il* ou *elle*, 3e pers. sing. prés. indic.
Prescrit, *e*, part. pass.
Prescrivaient, 3e pers. plur. imparf. indic.
Prescrivais, précédé de *je*, 1re pers. sing. imparf. indic.
Prescrivais, précédé de *tu*, 2e pers. sing. imparf. indic.
Prescrivait, 3e pers. sing. imparf. indic.
Prescrivant, part. prés.
Prescrive, précédé de *que je*, 1re pers. sing. prés. subj.
Prescrive, précédé de *qu'il* ou *qu'elle*, 3e pers. sing. prés. subj.
Prescrivent, précédé de *ils* ou *elles*, 3e pers. plur. prés. indic.
Prescrivent, précédé de *qu'ils* ou *qu'elles*, 3e pers. plur. prés. subj.
Prescrives, 2e pers. sing. prés. subj.
Prescrivez, 2e pers. plur. impér.
Prescrivez, précédé de *vous*, 2e pers. plur. prés. indic.
Prescriviez, précédé de *vous*, 2e pers. plur. imparf. indic.
Prescriviez, précédé de *que vous*, 2e pers. plur. prés. subj.
Prescrivîmes, 1re pers. plur. prét. déf.
Prescrivions, précédé de *nous*, 1re pers. plur. imparf. indic.
Prescrivions, précédé de *que nous*, 1re pers. plur. prés. subj.
Prescrivirent, 3e pers. plur. prét. déf.
Prescrivis, précédé de *je*, 1re pers. sing. prét. déf.
Prescrivis, précédé de *tu*, 2e pers. sing. prét. déf.
Prescrivisse, 1re pers. sing. imparf. subj.
Prescrivissent, 3e pers. plur. imparf. subj.
Prescrivisses, 2e pers. sing. imparf. subj.
Prescrivissiez, 2e pers. plur. imparf. subj.
Prescrivissions, 1re pers. plur. imparf. subj.
Prescrivit. précédé de *il* ou *elle*, 3e pers. sing. prét. déf.
Prescrivît, précédé de *qu'il* ou *qu'elle*, 3e pers. sing. imparf. subj.
Prescrivîtes, 2e pers. plur. prét. déf.
Prescrivons, 1re pers. plur. impér.
Prescrivons, précédé de *nous*, 1re pers. plur. prés. indic.

PRÉSÉANCE, subst. fém. (*précé-ance*) (du latin *præ*, au-dessus, et *sedere*, s'asseoir), droit de prendre place au-dessus de quelqu'un et de le précéder.

PRÉSENCE, subst. fém. (*prézance*) (en lat. *præsentia*), existence d'une personne dans un lieu.—Existence d'une personne au lieu de son domicile; résidence habituelle dans le ressort d'une cour royale. — *Sa présence*, *votre présence* est, dans l'Inde, un titre qui répond à celui de *majesté*, qu'on donne ailleurs aux rois. —On dit, en parlant du sacrement de l'eucharistie : *la présence réelle du corps et du sang de Notre-Seigneur*. — *Droit de présence*, rétribution qu'on donne à certaines personnes, etc, pour leur assistance. — Fig. : *avoir de la présence d'esprit*, *une grande présence d'esprit*, dire et faire sur-le-champ ce qui convient le mieux, ce qu'il y a de plus à propos. — *En présence*, loc. adv., en face; en vue l'un de l'autre.—*Etre en présence de quelqu'un*; *les armées sont en présence*, à la vue l'une de l'autre; et dans le style ascétique, *se mettre en la présence de Dieu*.

PRÉSENT, subst. mas. (*prézan*), tout ce qu'on donne par pure libéralité; *don* : avec cette différence que *présent* suppose quelque chose de moins considérable ou qui se consume par l'usage. Un mari fait *présent* à sa femme d'une belle montre; l'un et l'autre se font un *don* mutuel de tous leurs biens.—*Présents de noces*, ce qu'on se donne réciproquement à l'occasion d'un mariage. — Fig., *présent du ciel*, ce qui contribue au bonheur de celui qui l'obtient.

PRÉSENT, E, adj. (*prézan*, *zante*) (du latin *præsens*, formé de *præ*, qui, dans la composition, indique supériorité, et d'*ens*, être; *être supérieur* ou qui *vaut mieux*, par comparaison à *absent*), en parlant des choses, qui est dans le temps où nous sommes. Il se dit alors sans régime : *le temps*, *le siècle présent*.—En parlant des personnes, qui se rencontre au lieu dont on parle. Il est opposé à *absent*, et régit le datif ou *dans*.—*Avoir la mémoire présente*, se souvenir à propos et sans peine de ce qu'on a vu ou lu.—*Un remède*, *un poison présent*, qui opère son effet sur-le-champ. — Subst. mas., le temps *présent* : *le passé, le présent et l'avenir*.—En t. de gramm., le premier temps de quelque mode d'un verbe qui marque le temps *présent*.—Au plur., les personnes *présentes* : *les présents délibérèrent pour les absents*. Il ne se dit guère que dans cette phrase. — *A tous présents et à venir, salut*, formule de chancellerie. — *A présent*, loc. adv., présentement, à cette heure, maintenant. Les notaires, etc., disent *de présent* : *de présent résidant en tel lieu*. Ces locutions sont plus que surannées.—*Pour le présent*, loc. adv., *à présent*, maintenant.

PRÉSENTABLE, adj. des deux genres (*prézantable*), qu'on peut *présenter*; qui peut se *présenter*.

PRÉSENTATEUR, subst. mas., **PRÉSENTATRICE**, subst. fém. (*prézantateur*, *trice*), celui, celle qui a le droit de *présenter* à un bénéfice.

PRÉSENTATION, subst. fém. (*prézantâzion*), action de *présenter*.—*Présentation à la cour*, la cérémonie qui a lieu lorsqu'on est présenté à l'audience du roi; action de *présenter* à un bénéfice. — Acte pris par un avoué qui se *présente* pour sa partie.—*Présentation de la Vierge*, fête commémorative de la *présentation* au temple.—Tableau qui représente ce sujet.

PRÉSENTATRICE, subst. fém. Voy. PRÉSENTATEUR.

PRÉSENTÉ, E, part. pass. de *présenter*.

PRÉSENTEMENT, adv. (*prézanteman*), *à présent*, maintenant.

PRÉSENTER, v. act. (*prézanté*) (du lat. *præsentare*, fait par contraction de *præsens*, présent, et de *dare*, donner; *donner, offrir une chose présente*.) offrir, *présenter un bouquet*, *un fauteuil*, etc. Voy. DONNER. — Introduire en la *présence* de... : *on l'a présenté au ministre*.—En t. de menuiserie, etc., poser une pièce dans l'endroit auquel elle est destinée, pour voir si elle est juste, etc.—*Présenter un placet*, *une requête*, demander par un placet, etc. — *Présenter une lettre de change*, en demander l'acceptation ou le paiement à celui sur qui elle est tirée. — En t. de guerre, *présenter le mousquet*, *les armes*, se mettre en état, en posture de s'en servir.—En t. de marine, *présenter le bout à la lame*, aller directement contre le cours de la lame.—Neut. : *présenter à un bénéfice*, désigner celui à qui le bénéfice doit être donné.—T. de marine, *présenter au vent*, tenir le vent au plus près, en dérivant peu et marchant vite. — *se* PRÉSENTER, v. pron., venir à la *présence* de quelqu'un; se faire voir, se rendre visible.—Se mettre sur les rangs, s'offrir pour... —*Se présenter bien*, de bonne grace et sans paraître embarrassé. —*Se présenter de bonne grace au combat*, y aller de bon cœur, avec une contenance assurée.—*Ce palais, ce jardin se présente bien*, fait plaisir à voir.—*Cette pensée s'est présentée à mon esprit*, m'est venue à l'esprit.—*Le nom de l'auteur ne se présente pas maintenant à ma mémoire*, je ne m'en souviens pas actuellement. On dit unipers. : *il se présente beaucoup d'occasions, d'affaires*, etc., il survient beaucoup, etc.

PRÉSENTINE, subst. fém. (*prézantine*), nom qu'on donne aux filles d'une communauté de la *présentation*, à Marseille.

PRÉSÈPE, subst. mas. (*prézèpe*), t. d'astron., nom que les astronomes donnent à une étoile nébuleuse.

PRÉSERVATEUR, subst. mas., **PRÉSERVATRICE**, subst. fém. (*prézèrevateur, trice*), fourneau qui garantit les doreurs de la vapeur du mercure. — Qui garantit. En ce sens il est aussi adj.

PRÉSERVATIF, adj. mas., au fém. **PRÉSERVATIVE** (*prézèrevatif, tive*), qui a la vertu de *préserver* : *remède préservatif*. On dit aussi subst., au mas. : *c'est un préservatif*.

PRÉSERVATION, subst. fém. (*prézèrevâcion*), action de *préserver*. Il est peu usité. Voyez CONSERVATION.

PRÉSERVATIVE, adj. fém. Voyez PRÉSERVATIF.

PRÉSERVATRICE, subst. fém. Voyez PRÉSERVATEUR.

PRÉSERVÉ, E, part. pass. de *préserver*.

PRÉSERVER, v. act. (*prézèrevé*) (du lat. *præ*, par avance, et *servare*, conserver), garantir de quelque mal; empêcher qu'il n'arrive aucun mal. — SE PRÉSERVER, v. pron., se garantir de...

PRÉSIDE, subst. fém. (*prézide*), espèce de galère qui est fort en usage à Malaga. Voyez PRÉSIDES.

PRÉSIDÉ, E, part. pass. de *présider*.

PRÉSIDENCE, subst. fém. (*prézidance*), action, droit ou fonction de *présider*.

PRÉSIDENT, E, subst. (*prézidan, dante*) (en lat. *præsidens* ou *præses*), celui, celle qui préside à une assemblée.—Le chef ou l'un des chefs d'une compagnie de juges, de magistrats.—Au fém., la femme d'un *président* : *madame la présidente*.

PRÉSIDENTAL, E, adj. (*prézidantale*), qui concerne le *président*.—Au plur., *présidentaux*. Presque inusité, même au sing.

PRÉSIDENTAUX, adj. mas. plur. Voyez PRÉSIDENTAL.

PRÉSIDENTE, subst. fém. Voyez PRÉSIDENT.

PRÉSIDER, v. act. et neut. (*prézidé*) (en lat. *præsidere*, s'asseoir au-dessus), occuper la première place dans une assemblée, avec le droit d'en recueillir les voix et d'en prononcer la décision.—Avoir le soin, la direction : *il préside à la conduite de tout l'ouvrage*.— Act. : *celui qui présidait l'assemblée répondit...* — SE PRÉSIDER, v. pron.

PRÉSIDES, subst. fém. plur. (*prézide*). Il se dit des lieux où le gouvernement espagnol envoie ceux qui sont condamnés aux galères.

PRÉSIDIAL, subst. et adj. mas. (*prézidi-ale*), sorte de juridiction qui jugeait en dernier ressort dans certains cas pour certaines sommes.—On a dit : *les présidiaux, et les juges présidiaux*.—Lieu où s'exerçait cette justice. — Au plur., *présidiaux*.

PRÉSIDIAL, E, adj. (*prézidi-ale*), *juges présidiaux*, d'un *présidial*.—*Sentence présidiale*, émanée d'un *présidial* et sans appel.—Au plur. mas., *présidiaux*.

PRÉSIDIALEMENT, adv. (*prézidi-aleman*), vieux t. de prat., qui était du ressort du *présidial* : *juger présidialement*, sans appel.

PRÉSIDIAUX, adj. et subst. mas. plur. Voy. PRÉSIDIAL, adj.

PRÉSIDIO, subst. mas. (*prézidi-ô*), en Espagne, garnison d'une place forte; fort, en Afrique, en Amérique, situé dans les pays soumis à l'idolâtrie, au mahométisme. Voy. PRÉSIDES.

PRESLE, subst. propre mas. (*prèle*), village de France, des environs de Soissons, département de l'Aisne.

PRESLE, subst. fém. (*prèle*), t. de bot. Voy. PRÊLE.

PRESLÉE, subst. fém. (*prèlée*), t. de bot., nom d'une plante originaire du Brésil.

PRESME-D'ÉMERAUDE, subst. fém. (*prèmedémerôde*), t. d'hist. nat., pierre précieuse, mère des *émeraudes*.

PRÉSOMPTIF, adj. mas., au fém. **PRÉSOMPTIVE** (*prézonpetif, tive*) (*præsumptivus*), *héritier présomptif*, celui qu'on *présume* devoir *hériter* de quelqu'un, s'il n'est empêché par une disposition contraire du testateur.—C'est ordinairement le plus proche parent, soit en ligne directe, soit en ligne collatérale. — On appelle *héritier présomptif de la couronne*, le prince destiné à régner par ordre de naissance.

PRÉSOMPTION, subst. fém. (*prézonpecion*) (en lat. *præsumptio*), conjecture, jugement fondé sur des apparences, des indices.—En t. de palais, ce qu'on suppose être vrai, tant que le contraire n'a pas été prouvé. *La présomption de non-culpabilité est pour l'accusé, tant qu'il n'est pas jugé*.—Opinion trop avantageuse de soi-même : *ce jeune homme a trop de présomption*.—PRÉSOMPTION, CONJECTURE. (*Syn.*) La *présomption* est une opinion fondée sur des motifs de crédibilité; la *conjecture*, une opinion établie sur de simples apparences. La première forme un préjugé légitime; la seconde n'est qu'un simple pronostic. — La *présomption* est réelle, c'est-à-dire, fondée sur des faits certains, des vérités connues, des commencements de preuves; la *conjecture* est idéale, c'est-à-dire, tirée par des raisonnements, des interprétations, des suppositions. La *présomption* est donnée par des choses; la *conjecture* est trouvée par l'imagination.—Les motifs intrinsèques, tels que les circonstances de temps, de lieux et de personnes, des titres valides mais indirects, les preuves des faits qui tiennent à la chose, enfin les probabilités qui établissent une forte vraisemblance, sans prouver directement la vérité, forment des *présomptions*; des rapports vagues, des inductions éloignées, des analogies imparfaites, des raisonnements qui n'arrivent qu'à la vraisemblance, ne produisent que des *conjectures*.—La *présomption* attend la certitude, la *conjecture* tend à la découverte. La *présomption* a lieu surtout à l'égard des faits positifs, dans les affaires civiles, pour des actions morales à juger : elle est familière au jurisconsulte et à l'orateur; la *conjecture* s'exerce principalement sur des choses cachées, des vérités inconnues, des principes éloignés qu'il s'agit de découvrir : elle est familière au philosophe et au savant. Il ne suffit pas de *présumer*, il faut prouver; il ne suffit pas de *conjecturer*, il faut trouver. La *présomption* doit se changer en conviction; la *conjecture* en réalité.—La *présomption* est un poids qui fait pencher la balance, mais qui ne la fait pas tomber; la *conjecture* n'est qu'une voie ouverte pour chercher la vérité. — Le danger de la *présomption*, c'est d'inspirer des préventions et des partialités qui corrompent le jugement; et la *présomption* qui prend un air de certitude, n'est qu'une sotte et dangereuse arrogance. Le danger des *conjectures*, c'est de produire des préoccupations et des préjugés systématiques qui abusent l'esprit; la *conjecture* reçue comme une réalité, est un miroir magique où l'on ne voit que des fantômes.

PRÉSOMPTIVE, adj. fém. Voy. PRÉSOMPTIF.

PRÉSOMPTIVEMENT, adv. (*prézonpetiveman*), par simple *présomption*. (*Boiste*.) Vieux, mais utile.

PRÉSOMPTUEUSE, subst. et adj. fém. Voy. PRÉSOMPTUEUX.

PRÉSOMPTUEUSEMENT, adv. (*prézonpetueuzeman*), avec *présomption*, d'une manière *présomptueuse*.

PRÉSOMPTUEUX, subst. et adj. mas., au fém. **PRÉSOMPTUEUSE** (*prézonpetu-eu, euze*) (du lat. *præsumptuosus*), qui marque de la *présomption*, qui *présume* trop de soi, qui en a une trop grande opinion : *des projets présomptueux; une femme présomptueuse*; subst., *un présomptueux*.

PRESPINAL, E, adj. (*prècepinal*), t. d'anat., se dit de ce qui est situé devant l'épine du dos. Peu en usage.

PRESPIRATION, subst. fém. (*prècepirâcion*), t. de phys., pénétration de l'eau dans les terres.

PRESQUE, adv. (*prèceke*) (de l'italien *pressoché*, qui a la même signification. *Presso* a été fait du latin *pressum*, qu'on a dit pour *proximè*. Ménage.) A peu près, peu s'en faut. Voy. QUASI.

PRESQU'ILE ou **PÉNINSULE**, subst. fém. (*prècekile*), langue de terre environnée d'eau de tous côtés, excepté par une gorge étroite par laquelle elle est contiguë à la terre ferme d'un continent.—Partie de terre qui s'avance dans la mer, et qui est jointe au continent par une très-vaste étendue de terres : *l'Espagne est une presqu'île*.

PRESQU'OMBRE, subst. fém. (*prècekonbre*). Voy. PÉNOMBRE.

PRESSAGE, subst. mas. (*prèçaje*), emploi de la *presse*.

PRESSAMMENT, adv. (*prèçaman*), instamment, d'une manière *pressante*. Il est peu usité.

PRESSANT, E, adj. (*prèçan, çante*), qui *presse*, qui insiste sans relâche, en parlant des personnes : *cet homme est pressant*. — Urgent, qui ne souffre point de délai : *affaire pressante*. —Aigu et violent : *douleur pressante*.

PRESSE, subst. fém. (*prèce*), foule, multitude de personnes qui se *pressent* les unes les autres. — Fam. : *la presse est à cette étoffe*, elle se débite bien, on en achette beaucoup.—*Ce prédicateur a la presse*, est extrêmement suivi. — *Se tirer de la presse*, d'un embarras, d'un mauvais pas.—Enrôlement en Angleterre des matelots marchands ou pêcheurs, pour les contraindre de passer dans la marine militaire.—En mécan., machine de bois, de fer, etc., qui sert à *presser*, à serrer étroitement quelque chose.— Dans une acception plus particulière, machine par le moyen de laquelle on imprime des livres, des estampes. L'imprimerie, en général.—*Faire gémir la presse*, faire imprimer un ouvrage. — *Liberté de la presse*, le pouvoir de faire imprimer tout ce que l'on veut, sans le soumettre à une censure préalable.—On nomme *presse périodique*, les journaux.—Dans le métier à bas, sorte de lame en couteau qui s'applique sur les becs des aiguilles, pour en faire entrer l'extrémité dans les châsses.—Machine propre à *presser* et catir les étoffes pour leur donner du lustre.—Sorte de petite pêche qui ne quitte point le noyau. (Dans cette dernière acception, du lat. *persica*, ou plutôt *persicum*, sous-entendu *malum*.)

PRESSÉ, E, part. pass. de *presser*, et adj. (*prècé*), qui ne souffre pas de délai : *affaire pressée*.—*Cette lettre est pressée*, il faudrait qu'elle fût remise immédiatement.—*Être pressé de finir une chose*, être désireux de la voir terminée.—*Pressé par la faim, par le besoin, par la nécessité*, qui a une faim extrême.—*Être pressé d'argent*, en manquer.—*Je suis pressé*, j'ai hâte. —Concis :

Soyez *pressé* dans vos narrations.
BOILEAU.

PRESSE-ARTÈRE, subst. mas. (*prècartère*), t. de chir., plaque garnie d'une tige et d'un cordon à l'aide desquels on comprime les *artères* ouvertes.—Au plur., des *presse-artères*.

PRESSÉE, subst. fém. (*prècé*), pile de feuilles de carton établie sur le plateau de la *presse*.

PRESSEMENT, subst. mas. (*prèceman*), action de ce qui *presse*. On ne se sert guère de ce mot qu'en physique, en parlant *du pressement de l'air*. On dit mieux *pression*.

PRESSÉMENT, adv. (*prèceman*), en hâte. Peu usité.

PRESSENTI, E, part. pass. de *pressentir*.

PRESSENTIMENT, subst. mas. (*prèçantiman*) (du lat. *præsensio*, fait de *præsentire*, pressentir), sentiment secret de ce qui doit arriver : *avoir des pressentiments, y croire*.—*Pressentiment de fièvre*, de goutte, espèce d'émotion qui fait appréhender la fièvre, la goutte.

PRESSENTIR, v. act. (*prèçantir*) (en lat. *præsentire*), il se conjugue comme *sentir*. Prévoir confusément quelque chose par un mouvement intérieur dont on ne connaît pas soi-même la raison : *je pressentais ce malheur depuis long-temps*. — Sonder les dispositions de quelqu'un : *pressentir quelqu'un; pressentir les intentions de quelqu'un*. — SE PRESSENTIR, v. pron.

PRESSER, v. act. (*prècé*) (du lat. *premere*), étreindre avec force : *presser un citron, une grappe de raisin*, etc. — Mettre en *presse*, serrer une chose entre deux autres.—Approcher une chose ou une personne contre une autre : *presser les lignes, l'écriture; il n'aime pas à être pressé*.—Poursuivre sans relâche.—*Le besoin, la faim le presse*, il est dans le besoin; il n'a pas mangé, ou n'a pas de quoi manger. — Fig., 1° pousser vivement dans une dispute; 2° prier, solliciter avec instance, avec force. —En t. de mus., *presser la mesure*, accélérer le mouvement. — Hâter, obliger à se diligenter. Voy. HÂTER.—*Presser une étoffe*, la catir, la calendrer, avec cette différence qu'on *presse* à chaud, qu'on catit à froid, et que la calandre roule le grain sans l'écraser, comme fait la *presse*. — En t. de tailleur, passer le carreau sur les coutures.— Fig. : *il ne faut pas trop presser ces comparaisons, ces bons mots*, les approfondir, les examiner de trop près.—Neut. : *la douleur presse*, est fort vive et aiguë.—*La maladie presse*, demande prompt secours. — *L'occasion, l'affaire presse*, il faut agir promptement pour y mettre ordre.—*se* PRESSER, v. pron.

PRESSETTE, subst. fém. (*prècète*), t. de papetterie, petite *presse*.

PRESSEUR, subst. mas., **PRESSEUSE**, subst. fém. (*prèceur, ceuze*), celui, celle dont l'emploi est de *presser* les étoffes.

PRESSEUSE, subst. fém. Voy. PRESSEUR.

PRESSE-URÈTHRE, subst. mas. (*prèçurètre*), t. de chir., pince garnie de buffle, destinée à comprimer la verge, afin d'oblitérer l'urine.

PRESSIER, subst. mas. (*prècié*), celui qui, dans une imprimerie, travaille à la *presse*.

PRESSIGNY-LE-GRAND, subst. propre mas. (*prècignilegueran*), bourg de France, chef-lieu de canton, arrond. de Loches, dép. d'Indre-et-Loire.

PRESSION, subst. fém. (*prècion*) (en lat. *pressio*), action de *presser*.—En mécan., force qui agit sur une autre ou sur un obstacle quelconque sans choc.

PRESSIROSTRE, subst. mas. et adj. des deux genres (*prècirocetre*) (du lat. *pressus*, pressé, et *rostrum*, bec), t. d'hist. nat., famille d'oiseaux échassiers, dont le bec est court et comme comprimé.

PRESSIS, subst. mas. (*prèci*), suc ou jus *exprimé* de quelques viandes ou herbes. Vieux.

PRESSOIR, subst. mas. (*prèçoar*), lieu où l'on *presse*, où l'on *pressure* du raisin, des pommes. —Machine qui sert à *pressurer*.—Pelotte de linge fin rempli de coton, qui sert aux éventaillistes à appliquer l'or ou l'argent en feuilles sur leur papier.—T. de féod., *pressoir* où les vassaux étaient obligés autrefois d'aller faire *pressurer* leurs vendanges.

PRESSORIER, subst. mas. (*prèçorié*), gardien d'un *pressoir* seigneurial.

PRESSURA, subst. mas. (*prèçura*), t. de méd., panaris qui a son siége dans la racine de l'ongle.

PRESSURAGE, subst. mas. (*prèçuraje*), action de *pressurer*. — Vin qui vient à force de *pressurer*. — Droit dû au maître d'un *pressoir* banal.

PRESSURE, subst. fém. (*prèçure*), action d'empointer.—T. d'épinglier, suivant *Boiste*.

PRESSURÉ, E, part. pass. de *pressurer*.

PRESSURER, v. act. (*prèçuré*), *presser* des raisins, etc., et en tirer la liqueur par le moyen du *pressoir*.—Tirer la lie du vin à force de *presser*.—Par extension, étreindre des fruits fortement avec la main pour en faire sortir le jus.— Fig. et fam., épuiser par des impôts, par des taxes.—Tirer d'une personne par force ou par adresse tout ce qu'on peut en tirer : *il ne songe qu'à le pressurer*.—*se* PRESSURER, v. pron.

PRESSUREUR, subst. mas. **PRESSUREUSE**, subst. fém. (*prèçureur, reuze*), celui, celle qui a la conduite du *pressoir*.

PRESSUREUSE, subst. fém. Voyez PRESSUREUR.

PRESTAIRE, subst. mas. (*prècetère*), engagement d'une terre fait par une église ou monastère à un particulier, sous certaines charges.

PRESTANCE, subst. fém. (*prècetance*) (du lat. *præstantia*), bonne mine d'une personne qui a une belle taille, accompagnée de gravité et de majesté.— Maintien qui impose : *avoir une belle prestance*.

PRESTANT, subst. mas. (*prècetan*) (du lat. *præstans*, qui l'emporte sur..), un des principaux jeux de l'orgue, qui donne le ton aux voix d'hommes, et sur lequel tous les autres jeux s'accordent.

PRESTATION, subst. fém. (*prècetàcion*), t. de palais : *prestation de serment*, action de *prêter* serment.—*Prestation de foi et hommage*, action d'un vassal qui rend foi et hommage à son seigneur suzerain.—*Prestation en nature*, ce que l'on fournit aux soldats en campagne.—*Prestation* a aussi signifié : redevance en argent.

PRESTE, adj. des deux genres (*prècete*) (de l'italien *presto*), prompt, adroit, agile : *il est preste; elle a la main preste* ; et fig. : *réponse preste*. — Il est aussi adv. : *allons ! preste*, vivement.

PRESTEMENT, adv. (*prèceteman*), habilement, brusquement, à la hâte, d'une manière vive et *preste*.

PRESTER, subst. mas. (*prècetère*), météore inflammable.—Trombe de terre.—T. d'hist. nat., Sorte de serpent dont la morsure cause une grande soif.

PRESTESSE, subst. fém. (*prècetèce*) (de l'italien *prestezza*), agilité, subtilité : *la prestesse du coup*; et fig. : *la prestesse de l'esprit; la prestesse de ses réponses*.— En peinture, facilité et promptitude dans l'exécution.

PRESTIDIGITATEUR, subst. mas. (*prècetidijitateur*) (de l'italien *presto*, preste, vif, prompt, et du latin *digitus*, doigt), escamoteur qui fait des tours subtils avec ses doigts.—Ce mot, fort usité, manque dans l'*Académie*.

PRESTIDIGITATION, subst. fém. (*prècetidijitàcion*), art du *prestidigitateur*.—Ce mot, quoique fort usité, manque dans l'*Académie*.

PRESTIDIGITATOIRE, adj. des deux genres (*prècetidijitatoare*), se dit d'un art magique et ancien, dont le principal moyen résidait dans les mouvements des doigts : *art prestidigitatoire*.

PRESTIGE, subst. mas. (*prècetije*) (du latin *præstigia, æ*), illusion par sortilége, fascination. — Fig. : illusion opérée par la nature, par l'art : *les prestiges de l'art, de l'éloquence, du théâtre*.—*Les prestiges de l'imagination*, les illusions qui agissent sur elle.

PRESTIGIATEUR, subst. mas. (*prècetiji-ateur*), imposteur, sorcier qui opère des *prestiges* et des illusions. Inusité.

PRESTIGIEUSE, adj. fém. Voy. PRESTIGIEUX.

PRESTIGIEUX, adj. mas., au fém. **PRESTIGIEUSE** (*prècetiji-eu, ji-euze*), qui tient du *prestige* ; qui opère des *prestiges* : *art prestigieux*.

PRESTIMONIE, subst. fém. (*prècetimoni*) (en latin *præstimonia*), anciennement, fonds affecté à l'entretien d'un prêtre, sans titre de bénéfice.

PRESTISSIMO adv. (*prèceticimô*) (mot emprunté de l'italien ; superlatif de *presto*), t. de musique, très-vite.

PRESTO, adv. (*prècetô*) (mot emprunté de l'italien), t. de musique, vite, promptement.

PRESTOLET, subst. mas. (*prècetolé*), t. de mépris ou plutôt de dénigrement ; ecclésiastique.

PRESTONIE, subst. fém. (*prècetoni*), t. de bot., genre de plantes de la famille des apocynées.

PRESTRE, subst. mas. (*prècetre*), t. d'hist. nat., sorte de petit poisson du genre des clupées et des cyprins.

PRÉSUCCESSION, subst. fém. (*préçukcèci-on*), droit d'anticipation sur un héritage.

PRÉSUMABLE, adj. des deux genres (*prézumable*), qui doit être *présumé*, à *présumer* : *le crime n'est pas présumable*.

PRÉSUMÉ, E, part. pass. de *présumer*.—Adj., censé, réputé : *tel accusé est présumé innocent*.

PRÉSUMER, v. act. (*prézumé*) (en latin *præsumere*), conjecturer, avoir opinion que... : *je ne présume rien de bon de tout cela*. — Employé neut., il a le sens de l'actif : *il est à présumer qu'il n'en demeurera pas là*. — *Il présume trop* (il a trop bonne opinion) *de son crédit*. — *se* PRÉSUMER, v. pron.

PRÉSUPPOSÉ, E, part. pass. de *présupposer* : *ceci présupposé*, étant *présupposé*.

PRÉSUPPOSER, v. act. (*préçupôzé*) (du latin *præ*, par avance, et *supponere*, supposer), poser pour vrai, *supposer* préalablement. — *se* PRÉSUPPOSER, v. pron.

PRÉSUPPOSITION, subst. fém. (*préçupôzicion*), jugement qu'on croit être vrai ; *supposition* préalable.

PRÉSURE, subst. fém. (*prézure*) (du lat. *pressura*, action de *presser*, parce qu'elle *presse*, épaissit et caille le lait. On devrait écrire *pressure*; car *présure* n'est, à n'en pas douter, que la corruption de *pressure*.), ce qui sert à faire cailler le lait, comme la fleur d'artichaut, et la liqueur acide qui provient du ventricule des veaux, agneaux, ou chevreaux.

PRÉT., abréviation du mot *prétérit*.

PRÊT, subst. mas. (*prè*), action de *prêter* quelque chose que ce soit, et particulièrement de l'argent : *ce n'est pas une vente que je vous fais, c'est un véritable prêt*. — *Maison de prêt*, où l'on *prête* de l'argent sur nantissement ; ces maisons sont du ressort du grand Mont-de-Piété. — La chose *prêtée* : *prêt gratuit, prêt usuraire*. — Ce qui est payé aux soldats pour la solde ordinaire : *faire le prêt*.

PRÊT, E, adj. (*prè, prète*) (du latin *presto esse*, être présent), qui est en état de..., qui est disposé, préparé à... : *cette femme n'est jamais prête*, est toujours en retard, n'a jamais fini ses préparatifs. On dit *être prêt* (préparé) *à partir*, et *être près* (sur le point) *de partir*. Racine a dit dans le premier sens (*Bajazet*) : *sont prêts de vous conduire* ; (*Phèdre*) : *je suis prêt de l'entendre* ; et (*Athalie*) :

Je me sens *prêt*, s'il veut, de lui donner ma vie.

Ce sont autant de fautes. *Boileau* en a fait une semblable dans son épître XII :

Vient souvent de la grâce en nous *prête* d'entrer.

Et *La Bruyère* (chap. III) : *est encore prêt d'être trompé par d'autres*. — Préparé, fait d'avance : *le dîné est prêt*.

PRÉTANTAINE, subst. fém. (*pretantène*). Il n'est guère d'usage que dans cette phrase familière : *courir la pretantaine*, aller, venir, courir çà et là sans sujet. — On dit d'une femme qu'*elle court la pretantaine*, qu'elle fait des promenades, des voyages contre la bienséance ou dans un esprit de libertinage.

PRÊTÉ, E, part. pass. de *prêter*.—Subst. mas. : *c'est un prêté rendu*, c'est une juste représaille.

PRÉTENDANT, E, subst. et adj. (*prétandan, dante*), celui, celle qui *prétend* à quelque chose. — Prince qui *prétend* avoir des droits sur une couronne. — Celui qui aspire à la main d'une femme ; on ne dirait pas *prétendante* en parlant d'une femme qui aspirerait à la main d'un homme. — Myth. ; on a appelé ainsi les princes qui *prétendirent* à la main d'Hélène, d'Hippodamie et de Pénélope.

PRÉTENDRE, v. act. (*prétandre*) (du latin *prætendere*, qui signifie proprement tendre devant, mettre devant (*tendere præ*), comme font les chasseurs qui tendent leurs filets pour prendre le gibier), demander avec assurance comme une chose qui est due : *il prétend une moitié, un dixième dans cette société* ; *il prétend le pas sur un tel*. — Neut., il s'emploie dans le sens de l'actif : *il prétend marcher avant lui* ; *il prétend donner la loi partout*. — Avoir intention, dessein : *j'ai prétendu plaisanter en parlant ainsi*. — Aspirer à... : *il prétend à cette charge*. Voy. ASPIRER. — Soutenir que... : *il prétend que cela n'est pas vrai*. — Vouloir : *je prétends qu'on fasse son devoir*. — *se* PRÉTENDRE, v. pron.

PRÉTENDU, E, part. pass. de *prétendre*, et adj., faux, supposé : *prétendu bel esprit*. — Les catholiques appellent : *religion prétendue réformée*, le calvinisme. — Subst., celui, celle qui doivent s'épouser. Fam.

PRÉTENDUEMENT, adv. (*prétanduman*), en supposant, par supposition, d'une manière *prétendue*. (*Boiste*.) Inusité.

PRÊTE-NOM, subst. mas. (*prètenon*), celui qui *prête* son *nom* à quelqu'un pour un bail, une affaire de commerce. —Au plur., des *prête-noms*.

PRETENTAINE. Voy. PRETANTAINE ; telle est encore la double *orthographe* de l'*Académie* pour un même mot, et un mot peu important.

PRÉTENTIEUSE, adj. fém. Voy. PRÉTENTIEUX.

PRÉTENTIEUSEMENT, adv. (*prétanciеuzeman*), d'une manière *prétentieuse*.

PRÉTENTIEUX, adj. mas., au fém. **PRÉTENTIEUSE** (*prétanci-eu, ci-euze*), qui a ou qui annonce des *prétentions* : *style prétentieux*. — On dit quelquefois subst. : *c'est un prétentieux*.

PRÉTENTION, subst. fém. (*prétancion*), droit que l'on a ou que l'on croit avoir de *prétendre*, d'aspirer à... — Espérance : *avoir du succès dans ses prétentions*, les voir se réaliser. — *Avoir des prétentions*, faire valoir ses talents ; faire parade de sa naissance. — *Cette femme a encore des prétentions*, elle se croit encore jeune et jolie ; elle veut plaire par des qualités qu'elle n'a plus. — On l'emploie souvent absolument : *c'est un homme sans prétentions, une femme à prétentions*.

PRÊTER, v. act. (*prèté*) (du latin *præstare*,

employé par divers auteurs, et notamment par *Martial*, dans la même signification), donner à condition qu'on rendra : *prêter de l'argent*, et absolument : *prêter à intérêt, à usure, sur gages*. — *Prêter à la petite semaine*, pour un temps fort court et à gros intérêts. — Prov. : *on ne prête qu'aux riches*, on prête à ceux qu'on suppose avoir de quoi rendre. — *Prêter secours*, *aide*, *faveur*; secourir, aider, favoriser. — *Prêter main-forte*, aider à l'exécution des ordres de la justice. — *Prêter l'oreille*, écouter. — *Prêter silence*, faire silence. — *Prêter la main* ou *l'épaule*, aider. — *Prêter sa voix, son ministère à quelqu'un*; parler, s'employer pour lui. — *Prêter le collet à quelqu'un*, être prêt à lui résister, à combattre contre lui. — *Prêter serment*, faire serment. — Fig. et fam. : *prêter le flanc*, donner prise sur soi. — *Prêter le flanc à l'ennemi*, se poser ou marcher de façon que l'ennemi puisse vous prendre en flanc. — En t. de marine, *prêter le côté à un vaisseau*, le combattre bord à bord et être assez fort pour ne pas le craindre. — Neut. : *ce cuir, ce bas, cette étoffe prêtent*, s'étendent quand on les tire. — *Voilà un sujet qui prête*, qui facilite beaucoup l'extension des idées. — SE PRÊTER, v. pron. — *Se prêter à quelque chose*, y consentir par complaisance. — *Il faut savoir se prêter*, il faut, dans certaines occasions, user de complaisance. — *Se prêter au plaisir*, en prendre un peu.

PRÊTER, subst. mas. (*prété*), usité dans ces phrases proverbiales : *ami au prêter, ennemi au rendre*. — *Un prêter à ne jamais rendre, prêt* fait à un homme insolvable. — Nous ne sommes pas tout-à-fait ici de l'avis de l'*Académie*. On dit bien *un pour-boire*, mais on ne dit pas *un boire*; on ne peut donc pas dire *un prêter*; et on peut d'autant moins le dire, que l'*Académie* admet comme nous le subst. *prêté*. Il fallait donc dire : *un prêté*, c'est-à-dire, *une chose prêtée à ne jamais rendre*.

PRÉTÉRIT, subst. mas. (*prétérite*) (en latin *præteritum*), t. de gramm., inflexion du verbe par laquelle on marque le temps passé : *prétérit défini*, j'aimai; *prétérit indéfini*, j'ai aimé; *prétérit antérieur*, j'eus aimé. (Voy. notre *Grammaire générale*, pour les difficultés que présente l'emploi de ces temps.)

PRÉTÉRITION, subst. fém. (*prétéricion*) (en latin *præteritio*), t. de droit rom., omission d'un héritier nécessaire dans un testament : *la prétérition annulait un testament*. — En rhétorique, figure par laquelle on fait semblant de ne pas vouloir parler d'une chose dont on parle : *je ne vous dirai point qu'il était aussi brave que modeste*, etc.

PRÉTERMISSION, subst. fém. (*prètèremicion*) (en latin *prætermissio*), figure de rhétorique; la même que la *prétérition*.

PRÉTEUR, subst. mas. (*préteur*) (en lat. *prætor*), chez les anciens Romains, magistrat qui rendait la justice dans Rome et qui allait gouverner certaines provinces. — Magistrat de quelques villes d'Allemagne.

PRÊTEUR, subst. et adj. mas., au fém. **PRÊTEUSE** (*prêteur, teuze*), celui ou celle qui prête de l'argent : *être* ou *n'être pas prêteur*, aimer ou ne pas aimer à *prêter*; *prêteur sur gages*. — Prov. : *la fourmi n'est pas prêteuse*, se dit d'une personne avare et qui n'aime pas à *prêter*.

PRÊTEUSE, subst. et adj. fém. Voyez PRÊTEUR.

PRÉTEXTE, subst. mas. (*prétèkcete*) (en lat. *prætextum* ou *prætextus*), cause simulée et supposée dont on se sert pour cacher le véritable motif d'un dessein, d'une action : *sur le prétexte* ou *sous prétexte d'aller aux eaux; sous prétexte qu'il est mon ami*. — *Il n'y a aucun prétexte à cela*, vous n'avez pas de bonnes raisons apparentes à donner pour soutenir votre refus. — SOUS LE PRÉTEXTE, SUR LE PRÉTEXTE, loc. adv. (*Syn.*) On fonde, on appuie ses desseins, ses actions *sur un prétexte*; on cache ses desseins, ses motifs, *sous un prétexte*. Le *prétexte* est une raison fausse, feinte, apparente et mauvaise. Quand on fait une chose sans raison, on la fait *sur un prétexte*; quand on la fait pour des raisons qu'on dissimule, on la fait *sous prétexte*. Dans le premier cas, on veut s'autoriser, se disculper; dans le second, se déguiser, en imposer. On cherche *un prétexte*, *sur* quoi l'on s'appuie, pour s'autoriser à faire la sottise ou le mal qu'on a envie de faire. On imagine *un prétexte sous* lequel on fait passer une action ou une entreprise pour tout autre chose que ce qu'elle est. Le premier *prétexte* a pour objet de tromper par une fausseté; le second, de séduire par une imposture. On prend une résolution *sur un prétexte* plausible; on déguise ses vrais motifs *sous un prétexte* spécieux.

PRÉTEXTE, subst. fém. (*prétèkcete*) (du lat. *prætexta*, fait de *prætexere* (*texere præ*), faire un tissu par-devant; à cause de la bande de pourpre dont la *prétexte* était bordée), sorte de robe longue bordée de pourpre que portaient les enfants de qualité à Rome, jusqu'à l'âge de dix-sept ans, et dont les prêtres, les magistrats et les sénateurs romains étaient revêtus lorsqu'ils assistaient aux jeux publics. — Adj. fém., la *robe prétexte*.

PRÉTEXTÉ, E, part. pass. de *prétexter*.

PRÉTEXTER, v. act. (*prétèkcecté*), couvrir d'un *prétexte* : *ce magistrat prétexte ses violences de l'amour du bien public*. — Prendre pour *prétexte* : *prétexter une maladie, un voyage*. — SE PRÉTEXTER, v. pron.

PRÉTIBIAL, E, adj. des deux genres (*prétibiale*), t. d'anat.; il se dit de ce qui est situé à la face antérieure du *tibia*.

PRÉTIBIO-DIGITAL, E, adj. des deux genres (*prétibi-ôdijitale*), t. d'anat., qui appartient à la partie antérieure de la jambe et aux orteils ou doigts du pied : *le nerf prétibio-digital*.

PRÉTIBIO-SUS-PHALANGÉTAIRE, adj. des deux genres (*prétibi-ôçucefalanjétère*), t. d'anat., qui appartient à la région *prétibiale* de la jambe et à la partie supérieure des *phalangettes* des orteils.

PRÉTIDES ou **PROÉTIDES**, subst. propre fém. plur. (*prétide*, *pro-étide*), myth., filles de *Prœtus*, qui prétendaient être plus belles que Junon; mais cette déesse leur inspira une telle frénésie, qu'elles errèrent dans la campagne, s'imaginant être des vaches.

PRETINTAILLE, subst. fém. (*preteintâ-ie*), ornement en découpure qui se met sur les robes des dames. — Fig. et fam. : *les pretintailles d'une chose*, ses légers accessoires : *il a gagné son procès avec les pretintailles*. Bien vieilli.

PRETINTAILLÉ, E, part. pass. de *pretintailler*, et adj., garni de *pretintailles*. — Fig. : *discours, style pretintaillé*, chargés de petits ornements affectés.

PRETINTAILLER, v. act. (*preteintâ-ié*), mettre des *pretintailles*. — SE PRETINTAILLER, v. pron. Hors d'usage.

PRÉTOIRE, subst. mas. (*prétoare*) (en latin *prætorium*), lieu où le *préteur* et quelques autres magistrats rendaient la justice. — A Rome, la maison du *préteur*. — A l'armée, son logement. — En certaines villes, on appelle encore *prétoire* le lieu où se rend la justice. — *Préfet du prétoire*, chez les Romains, commandant de la garde de l'empereur. — Dans le Bas-Empire, le premier magistrat de l'un des quatre grands départements de l'empire : *le préfet du prétoire d'Orient, des Gaules*, etc.

PRÉTORIEN, subst. et adj. mas., au fém. **PRÉTORIENNE** (*prétoriein, ène*) (en lat. *prætorianus*), appartenant à la troupe commandée par le *préteur* ou par le préfet du *prétoire* : *soldat prétorien; cohorte, garde prétorienne*. — *Porte prétorienne*, la première des quatre portes d'un camp romain. Elle était ordinairement en face de l'ennemi. — *Provinces prétoriennes*, celles dont les gouverneurs avaient le titre de *préteur*. — Subst. mas. : *les prétoriens*.

PRÉTORIENNE, adj. fém. Voy. PRÉTORIEN.

PRÉTORA ou **PRÊTRA**, subst. mas. (*prétora*, *prêtra*), t. d'hist. nat., éperlan bâtard.

PRÉTORIOLE, subst. mas. (*prétoriole*), s'est dit autrefois de la chambre du capitaine de vaisseau, sur la Méditerranée seulement.

PRÊTRAGE, subst. mas. (*prêtraje*), sacerdoce; les *prêtres*. Trivial et peu usité.

PRÊTRAILLE, subst. fém. (*prêtrâ-ie*), t. injurieux, appliqué aux *prêtres* par quelques-uns de leurs ennemis.

PRÊTRE, subst. mas. (*prêtre*) (du lat. *presbyter*, fait du grec πρεσβύτερος, ancien, dérivé de πρέσβυς, vieillard), celui qui a reçu l'ordre de *prêtrise*. — *Se faire prêtre*, entrer dans les ordres. — *Prêtre habitué*, au service particulier d'une paroisse. — A Rome, on appelle *cardinal-prêtre*, le cardinal qui a reçu les ordres de la prêtrise; car il y a des *cardinaux diacres*, et même des *cardinaux laïcs*. — Prov. : *il faut que le prêtre vive de l'autel*, il faut que chacun trouve moyen de subsister de sa profession. — En t. de fortification, on appelle *bonnet de prêtre*, un ouvrage avancé et extérieur qui est à redans du côté de la campagne, et qui va en se rétrécissant du côté de la place. — Ministre consacré au service du tabernacle ou du temple chez les juifs, au service des faux dieux chez les païens. — *Prêtres grecs*, les princes, chez les Grecs, faisaient pour la plupart les fonctions des sacrifices. — *Prêtres des Romains*, les *prêtres* à Rome n'étaient pas d'un ordre différent des citoyens. On les choisissait indifféremment pour administrer les affaires civiles et celles de la religion. Les *prêtres* des dieux, même d'un ordre inférieur, étaient choisis parmi les citoyens les plus distingués par leurs emplois et leurs dignités, et quelquefois parmi les jeunes gens de famille, dès qu'ils avaient pris la robe virile.

PRÊTRE-JEAN, subst. mas. (*prêtre-jan*), l'empereur des Abyssins. Voy. NÉGUS.

PRÊTRESSE, subst. fém. (*prêtrèce*), chez les païens, femme attachée au service d'une fausse divinité.

PRÊTRISE, subst. fém. (*prêtrize*), ordre sacré par lequel un homme est fait *prêtre*. — PRÊTRISE, SACERDOCE. (*Syn.*) La *prêtrise* et le *sacerdoce* désignent, dans les idées de la religion, l'ordre et le caractère indélébile en vertu duquel, parmi les catholiques, on a le pouvoir d'offrir le saint sacrifice et d'administrer les sacrements; mais le *sacerdoce* renferme plus de pouvoirs et de droits que la simple *prêtrise*. — *Sacerdoce* est aussi un mot générique qui s'applique également à tous les genres de *prêtres* chrétiens, juifs et païens; au lieu que la *prêtrise* n'est d'usage qu'à l'égard des *prêtres* de la religion catholique, quoique nous disions les prêtres païens ou juifs. Enfin *prêtrise* est le mot vulgaire; *sacerdoce* est le mot noble.

PRÉTURE, subst. fém. (*préture*) (en lat. *prætura*), t. d'antiq., dignité du *préteur*. — Durée de ses fonctions.

PREUILLY, subst. propre mas. (*preu-ie-i*), petite ville de France, qui fait partie de l'ancienne Touraine.

PREUVE, subst. fém. (*preuve*) (en lat. *probatio* ou *proba*), ce qui établit la vérité d'une proposition, d'un fait. — En t. de jurispr., *preuve muette*, qui n'est ni écrite ni affirmée par témoignage, mais qui résulte de faits qui établissent la culpabilité de l'accusé. — *Demi-preuve*, commencement de *preuve*, sans indices positifs. — Marque, témoignage : *donner des preuves de sa capacité*, etc. — En arithmétique et en algèbre, opération par laquelle on vérifie un calcul et l'on s'assure de sa justesse. — Au plur., titres, extraits, etc., qu'on met à la fin d'une histoire, etc., en *preuve* des faits qui y sont avancés. Vieux dans cette dernière acception. — Fig. : *il a fait ses preuves*, il s'est fait connaître pour un homme de cœur, pour honnête homme, pour savant, etc. — *Faire preuve de noblesse*, justifier par ses titres ou même par de nobles actions, qu'on est vraiment de noble extraction. — *En venir à la preuve*, vérifier.

PREUVE *que*, loc. conj. (*preuve ke*), *c'est une preuve que*...; ou au commencement de la phrase : *une preuve que..., c'est*...

PREUVÉ, E, part. pass. de *preuver*.

PREUVER, v. act. (*preuvé*), *prouver*. — SE PREUVER, v. pron. Très-vieux et hors d'usage.

PREUX, adj. et subst. mas. (*preu*) (en lat. *probus*, homme d'honneur, de probité. *Borel*, *Ménage*.), vieux mot qui signifiait, brave, vaillant : *preux chevaliers*; *les neuf preux*. On le dit encore en plaisantant et dans le style marotique.

PRÉVALOIR, v. neut. (*prévaloar*) (du lat. *prævalere*) (il se conjugue comme *valoir*; cependant, au prés. du subj., on dit : *que je prévale*, *qu'ils prévalent*, et non pas : *que je prévaille*, *qu'ils prévaillent*), avoir, obtenir, remporter l'avantage sur... : *l'adversaire a prévalu*. — SE PRÉVALOIR, v. pron., tirer avantage : *se prévaloir de sa naissance, de sa fortune*.

PRÉVALU, part. pass. de *prévaloir*.

PRÉVARICATEUR, subst. et adj. mas., au fém. **PRÉVARICATRICE** (*prévarikateur, trice*) (en lat. *prævaricator*), celui, celle qui trahit son devoir, qui manque à son devoir. — Adj. : *un juge prévaricateur*.

PRÉVARICATION, subst. fém. (*prévarikâcion*) (en lat. *prævaricatio*), action de *prévariquer*.

PRÉVARICATRICE, subst. fém. Voy. PRÉVARICATEUR.

PRÉVARIQUÉ, part. pass. de *prévariquer*.

PRÉVARIQUER, v. neut. (*prévarikié*) (du lat. *prævaricari*, dérivé dans le même sens de *varicus*, qui a de grandes jambes, qui les allonge, qui les écarte; comme si l'on disait au fig. : *enjamber, usurper*, ou *passer par-dessus toute considération d'honneur et de devoir*), agir contre le devoir de sa charge, contre les obligations de son ministère; trahir la cause, l'intérêt des personnes qu'on est obligé de défendre et de soutenir. — *se* PRÉVARIQUER, v. pron.

PRÉVAT, subst. mas. (*préva*), t. de bot., l'agaric poivré.—Sorte de champignons, du genre des agarics, voisins des girolles.

PRÉVENANCE, subst. fém. (*prévenance*), manière obligeante de *prévenir*, d'aller au-devant de ce qui peut plaire.

PRÉVENANT, E, adj. (*prévenan, nante*), qui *prévient* : *une grace prévenante*. — Agréable, qui dispose en sa faveur : *air prévenant ; mine, physionomie prévenante*.—Gracieux, qui va au-devant de tout ce qui peut faire plaisir : *c'est un homme fort prévenant*.

PRÉVENIR, v. act. (*prévenir*) (en lat. *prævenire*) (il se conjugue comme *venir*), arriver devant, venir le premier : *ces nouvelles vous ont prévenu*. — Être le premier à faire ce qu'un autre voulait faire : *je savais qu'elle devait venir me voir, je me suis empressé de la prévenir*. — Rendre de bons offices sans en être prié : *il faut autant qu'on le peut prévenir tout le monde par de bons offices*.—T. d'anc. droit, conférer ou juger avant un autre collateur, un autre juge. — En parlant du temps, anticiper : *la jeunesse prévient l'âge*.—En parlant des maux, des dangers, les détourner par ses précautions : *prévenir tous les besoins*.— Répondre par avance à une objection : *prévenir tous les arguments*. — Préoccuper l'esprit de quelqu'un. — *se* PRÉVENIR, v. pron., se préoccuper : *un juge ne doit pas se laisser prévenir*.

PRÉVENTIF, adj. mas., au fém. PRÉVENTIVE (*prévantif, tive*), qui *prévient*; qui tient de la *prévention* : *jugement préventif*.

PRÉVENTION, subst. fém. (*prévancion*) (en lat. *præventio*), préoccupation de l'esprit en faveur ou contre.... : *on ne saurait se défaire de ses préventions*.—T. d'anc. droit, action de *prévenir*; action par laquelle on devance l'exercice des droits d'un autre; le droit qu'un juge particulier a de connaître d'une affaire, avant tout autre.—État d'un homme *prévenu* d'une peine, d'un délit : *être mis en prévention*. — En cour de Rome, on entend par *prévention*, une action par laquelle on obtenait anciennement un bénéfice avant la nomination du collateur : *obtenir un bénéfice par prévention*.

PRÉVENTIVE, adj. fém. Voy. PRÉVENTIF.

PRÉVENTIVEMENT, adv. (*prévantiveman*), d'une manière *préventive*.

PRÉVENU, E, part. pass. de *prévenir*, et adj. — *La Bruyère* a dit (chap. 6) : *médiocrement prévenu des ministres*, pour : *en faveur des ministres*. Ce régime n'est point usité. — En t. de palais : *prévenu d'un crime*, accusé d'un crime. En ce sens, il est subst. : *le prévenu*, *la prévenue*.

DU VERBE IRRÉGULIER PRÉVOIR :

Prévîmes, 1re pers. plur. prét. déf.
Prévirent, 3e pers. plur. prét. déf.
Prévis, précédé de *je*, 1re pers. sing. prét. déf.
Prévis, précédé de *tu*, 2e pers. sing. prét. déf.

PRÉVISION, subst. fém. (*prévizion*) (en latin *prævisio*), vue des choses futures : *il n'y a que Dieu qui soit doué de la prévision*. — Conjecture : *les événements dépassent toutes nos prévisions*.

DU VERBE IRRÉGULIER PRÉVOIR :

Prévisse, 1re pers. sing. imparf. subj.
Prévissent, 3e pers. plur. imparf. subj.
Prévisses, 2e pers. sing. imparf. subj.
Prévissiez, 2e pers. plur. imparf. subj.
Prévissions, 1re pers. plur. imparf. subj.
Prévit, précédé de *il* ou *elle*, 3e pers. sing. prét. déf.
Prévît, précédé de *qu'il* ou *qu'elle*, 3e pers. sing. imparf. subj.
Prévîtes, 2e pers. plur. prét. déf.
Prévoie, précédé de *que je*, 1re pers. sing. prés. subj.
Prévoie, précédé de *qu'il* ou *qu'elle*, 3e pers. sing. prés. subj.
Prévoient, précédé de *ils* ou *elles*, 3e pers. plur. prés. indic.
Prévoient, précédé de *qu'ils* ou *qu'elles*, 3e pers. plur. prés. subj.
Prévoies, 2e pers. sing. prés. subj.

PRÉVOIR, v. act. (*prévoar*) (du lat. *providere*, *voir* les choses futures), juger par avance qu'une chose doit arriver. — *se* PRÉVOIR, v. pron.

DU VERBE IRRÉGULIER PRÉVOIR :

Prévoira, 3e pers. sing. fut. indic.
Prévoirai, 1re pers. sing. fut. indic.
Prévoiraient, 3e pers. plur. prés. cond.
Prévoirais, précédé de *je*, 1re pers. sing. prés. cond.
Prévoirais, précédé de *tu*, 2e pers. sing. prés. cond.
Prévoirait, 3e pers. sing. prés. cond.
Prévoiras, 2e pers. sing. fut. indic.
Prévoiriez, 2e pers. plur. prés. cond.
Prévoirions, 1re pers. plur. prés. cond.
Prévoirons, 1re pers. plur. fut. indic.
Prévoiront, 3e pers. plur. fut. indic.
Prévois, précédé de *je*, 1re pers. sing. prés. indic.
Prévois, précédé de *tu*, 2e pers. sing. prés. indic.
Prévois, 2e pers. sing. impér.
Prévoit, 3e pers. sing. prés. indic.

PRÉVÔT, subst. mas. (*prévô*) (en lat. *præpositus*), titre de divers officiers préposés pour avoir soin, autorité ou direction, etc. — Chef dans certaines églises cathédrales et collégiales. — *Prévôt-général*, anciennement, supérieur-général de certains ordres religieux. — *Grand-prévôt de France* ou *prévôt de l'hôtel du roi*, autrefois, officier d'épée, juge de toutes les personnes qui étaient à la suite de la cour. — *Prévôt de la connétablie*, officier qui commandait les gardes de la *connétablie*. — *Prévôt des maréchaux* ou *prévôt de la maréchaussée*, officier qui était préposé pour veiller à la sûreté des grands chemins, etc. Ses jugements étaient sans appel.—*Prévôt de l'armée*, officier préposé pour connaître des délits qui se commettaient dans l'armée par les soldats. Il avait aussi le titre de *grand-prévôt*.—*Prévôt de la marine*, anciennement, officier supérieur de la marine, chargé de juger les gens de mer. —*Prévôt de salle*, celui qui est sous un maître en fait d'armes, et qui donne leçon à ses écoliers — *Prévôt des marchands*, à Paris, à Lyon et dans quelques autres villes, celui qui était le chef de l'hôtel-de-ville. —*Prévôt royal*, anciennement, premier juge dont les appels ressortissaient aux bailliages ou aux sénéchaussées. — *Prévôt des monnaies*, officier chargé de la surveillance contre les faux-monnayeurs.

PRÉVÔTAL, E, adj., (*prévôtale*) : *cas prévôtal*, crime, affaire de la compétence du *prévôt* des maréchaux. — *Jugement prévôtal*, rendu par le *prévôt*.—*Cour prévôtale*, tribunal criminel établi temporairement et jugeant sans appel. — Au plur. mas., *prévôtaux*.

PRÉVÔTALEMENT, adv. (*prévôtaleman*), d'une manière *prévôtale*, sans appel.

PRÉVÔTAUX, adj. mas. plur. de *prévôtal*.

PRÉVÔTÉ, subst. fém. (*prévôté*), dignité de *prévôt* dans un chapitre. — Fonction et juridiction des *prévôts* de robe et d'épée. — Territoire où s'exerçait cette sorte de juridiction.

DU VERBE IRRÉGULIER PRÉVOIR :

Prévoyaient, 3e pers. plur. imparf. indic.
Prévoyais, précédé de *je*, 1re pers. sing. imparf. indic.
Prévoyais, précédé de *tu*, 2e pers. sing. imparf. indic.
Prévoyait, 3e pers. sing. imparf. indic.

PRÉVOYANCE, subst. fém. (*prévoé-iance*), faculté ou action de *prévoir*, de prendre des précautions dans l'avenir.

PRÉVOYANT, E, adj. (*prévoè-ian, iante*), qui *prévoit* ; qui a de la *prévoyance*.

DU VERBE IRRÉGULIER PRÉVOIR :

Prévoyant, part. prés.
Prévoyez, 2e pers. plur. impér.
Prévoyez, précédé de *vous*, 2e pers. plur. prés. indic.
Prévoyiez, précédé de *vous*, 2e pers. plur. imparf. indic.
Prévoyiez, précédé de *que vous*, 2e pers. plur. prés. subj.
Prévoyions, précédé de *nous*, 1re pers. plur. imparf. indic.
Prévoyions, précédé de *que nous*, 1re pers. plur. prés. subj.
Prévoyons, 1re pers. plur. impér.
Prévoyons, précédé de *nous*, 1re pers. plur. prés. indic.
Prévu, E, part. pass.

PREYER, subst. mas. (*prè-ié*). Voy. PROYER.

PREZ-EN-PAIL, subst. propre mas. (*prézan-pa-te*), bourg de France, chef-lieu de canton, arrond. de Mayenne, dép. de la Mayenne.

PRIACANTHE, subst. mas. (*pri-akante*), t. d'hist. nat., genre de poissons qui se rapproche de celui des acanthes.

PRIAM, subst. propre mas. (*pri-ame*), myth., roi de Troie, fils de Laomédon ; son véritable nom était Podarès. Il fut emmené en Grèce avec sa sœur Hésione, lorsqu'Hercule se fut rendu maître de Troie ; mais il se racheta, et vint relever les murs de cette ville. Il épousa Hécube, dont il eut plusieurs enfants, et rendit son empire florissant. Pâris, l'un de ses fils, ayant enlevé Hélène, les Grecs vinrent assiéger Troie, et la saccagèrent après dix ans de siége. Pyrrhus massacra *Priam* au pied d'un autel qu'il tenait embrassé. Ce malheureux père périt avec toute sa famille pour avoir trop aimé ses enfants, et pour les avoir écoutés trop aveuglément.

PRIAMITES, subst. propre mas. plur. (*pri-amite*), descendants de *Priam*.

PRIAPE, subst. propre mas. (*pri-ape*), myth., dieu des jardins, fils de Bacchus et de Vénus. Il naquit avec une difformité étrange, dont Junon l'affligea pour se venger de Vénus qu'elle haïssait mortellement. Les habitants de Lampsaque, ville proche de l'Hellespont, où il demeurait, peu contents de sa conduite envers leurs femmes, le chassèrent, et pour se venger, il les rendit furieux et extravagants dans leurs plaisirs. Ce dieu présidait à toutes les débauches. On le représentait toujours avec une barbe et une chevelure fort négligées, tenant une faucille à la main.

PRIAPE-DE-MER, subst. mas. (*pri-apedemère*), t. d'hist. nat., espèce de zoophyte.

PRIAPÉE, subst. fém. (*pri-apé*), poésie ou peinture obscène. — Au plur., fêtes qu'on célébrait, chez les anciens, en l'honneur de *Priape*. — Pièces obscènes que l'on composait en l'honneur de ce dieu, et que l'on suspendait à ses statues.

PRIAPISME, subst. mas. (*pri-apiceme*), t. de médec., érection continuelle et douloureuse de la verge.

PRIAPOLITHE, subst. fém. (*pri-apolite*) (du grec Πρίαπος, Priape, et λίθος, pierre), t. d'hist. nat., pétrification du priape-de-mer, sorte de mollusque.

PRIAPULE, subst. fém. (*pri-apule*), t. d'hist. nat., nom qu'on a donné à l'holothurie *priape*.

PRIÉ, E, part. pass. de *prier* et subst. mas., qui est invité à un festin. Il ne se dit qu'au pluriel : *il est du nombre des priés*, excepté peut-être dans cette phrase : *il est né prié*, qui signifie, il n'a pas besoin d'être invité ; il est censé l'être toujours.

PRIE-DIEU, subst. mas. (*pridieu*), sorte de pupitre avec marche-pied, où l'on s'agenouille pour *prier Dieu*. — Au plur., des *prie-Dieu*.

PRIER, v. act. (*pri-é*) (en lat. *precari*), s'adresser à Dieu pour lui demander des graces, ou à la sainte Vierge, aux saints, pour les obtenir par leur intercession. En ce sens, on dit aussi neut. : *prier pour ses ennemis*, *pour les morts*. — Demander par grace : *prier quelqu'un d'un service ; je vous prie de me faire ce plaisir*. — Avec *que* et le subjonctif, il exprime un ordre ou une menace : *je vous prie que cela n'arrive plus*. — Inviter, convier : *prier de la noce*. — *se* PRIER, v. pron. — PRIER, SUPPLIER. (*Syn.*) *Prier*, demander avec une sorte de respect et d'instance ; *supplier*, prier avec révérence et humilité, avec beaucoup d'empressement et d'ardeur. On *prie* ceux dont on veut obtenir quelque chose ; on *supplie* ceux qu'on veut particulièrement intéresser et honorer. La *supplication* ajoute à la *prière* les signes qui supposent ou une assez grande distance entre celui qui prie et celui qu'il prie, ou des besoins et des désirs urgents dans celui qui *supplie*.—PRIER DE DÎNER, PRIER A DÎNER, INVITER A DÎNER. (*Syn.*) *Prier*, en général, suppose moins d'appareil qu'*inviter*, et *prier de dîner* en suppose moins que *prier à dîner*.— *Prier* marque plus de familiarité ; *inviter*, plus de considération. *Prier de dîner* est un terme de rencontre ou d'occasion ; *prier à dîner* marque un dessein prémédité. — Si quelqu'un, avec qui je puis prendre un ton familier, se trouve chez moi à l'heure du dîner, et que je lui propose d'y rester pour faire ce repas avec moi, tel qu'il a été préparé pour moi, je le *prie de dîner*: si je vais exprès, ou si j'envoie chez lui, pour l'engager de venir dîner chez moi, alors je le prie à dîner, et je dois ajouter quelque chose à l'ordinaire. Mais si je fais la même démarche à l'égard de quelqu'un à qui je dois plus de considération, je l'*invite à dîner*, et ma table doit avoir une augmentation marquée. — Quand on *prie de dîner*, c'est sans apprêt; quand on *prie à dîner*, l'apprêt ne doit être qu'un meilleur ordinaire; mais quand on *invite à dîner*, l'apprêt doit sentir la cérémonie.

PRIÈRE, subst. fém. (*pri-ère*) (en latin *prex*, *precis*; plus usité au plur. *preces*), acte de religion par lequel on s'adresse à Dieu ou aux saints. — Demande à titre de grace ou de soumission : *humble*, *instante prière*.

PRIEUR, subst. mas. (*pri-eur*) (en latin *prior*), celui qui a la supériorité dans certains monastères de religieux. — Celui qui jouit des fruits d'un *prieuré*, et qui en porte le titre, sans avoir aucune autorité sur les religieux : *prieur commendataire*. — Dans quelques abbayes célèbres, on appelait *grand-prieur*, le religieux qui avait la première dignité après l'abbé. — *Sous-prieur*, celui qui vient après le *prieur*. — Titre de dignité dans certaines sociétés. On disait *prieur de Sorbonne*, etc. — Autrefois, président du consulat des marchands dans quelques villes de France, comme à Toulouse, Montpellier, Rouen, etc. — *Prieur-curé*, possesseur d'un prieuré-cure. — *Grand-prieur*, chevalier de Malte, revêtu d'une dignité appelée *grand-prieuré* : *grand-prieur de France*, *d'Auvergne*, *de Provence*.

PRIEURAL, E, adj. (*pri-eurale*), qui concerne le *prieur*. — Au plur. mas., *prieuraux*.

PRIEURE, subst. fém. (*pri-eure*) (en lat. *priorissa*), religieuse supérieure d'un monastère de filles. — *Sous-prieure*, celle qui vient après la *prieure*, et qui la remplace en cas d'absence. — *Grande-prieure*, la religieuse qui était immédiatement après l'abbesse.

PRIEURÉ, subst. mas. (*pri-euré*) (en lat. *prioratus*), communauté religieuse d'hommes sous la conduite d'un *prieur*, et de filles sous la conduite d'une *prieure*. — Maison ou église de cette communauté. — Maison du *prieur*. — *Prieuré-cure*, annexé à une cure. — *Prieuré simple*, dans lequel il n'y avait pas de religieux. — *Prieuré commendataire*, qu'un séculier tenait en commande.

PRIMAGE, subst. mas. (*primaje*), t. de mar., dans le commerce, bonification de tant pour cent faite au capitaine, sur le fret de son navire.

PRIMAIRE, adj. des deux genres (*primère*), qui est au *premier* ou du *premier* degré en commençant : *école primaire*, école pour les premiers degrés de l'instruction dans laquelle on apprend à lire, à écrire et à compter : *instruction*, *enseignement primaire*. — *Assemblée primaire*, celle qui forme le premier degré du système d'élection politique et dans laquelle tous les citoyens sont convoqués.

PRIMAT, subst. mas. (*prima*) (en lat. *primas*, *matis*), prélat dont la juridiction est au-dessus de celle des archevêques. — Dans la Grèce, les principaux d'une province, d'une ville.

PRIMATIAL, E, adj. (*primaci-ale*), qui a pour chef *un primat* : *église primatiale*. Il s'emploie, mais plus rarement, au mas. : *siège primatial*. — Au plur. mas., *primatiaux*.

PRIMATIAUX, adj. mas. plur. Voy. PRIMATIAL.

PRIMATIE, subst. fém. (*primaci*) (du lat. *primatus*), dignité du *primat*. — Etendue de sa juridiction : *la primatie de Lyon*.

PRIMAUTÉ, subst. fém. (*primôté*) (du latin *primatus*), prééminence, premier rang : *la primauté du pape sur tout le catholicisme*. — Aux jeux de cartes et de dés, avantage d'être le premier à jouer. — Fig., *gagner quelqu'un de primauté*, le devancer dans ce qu'il devait faire, ou dans ce qu'il attendait.

PRIME, subst. fém. (*prime*) (du latin *prima*), la première des sept heures *canoniales*. — Dixième partie de l'unité. — En parlant des poids, la vingt-quatrième partie d'un grain. — En géom., la soixantième partie d'un degré. — Sorte de jeu de cartes où l'on ne donne que quatre cartes : *avoir prime*, avoir ses quatre cartes de couleur différente. — La laine d'Espagne la plus fine et la plus estimée. — Chez les maîtres d'armes, la première et la principale des gardes. — En t. de commerce, ce que l'assuré paie à l'assureur pour le prix de l'assurance : *prime d'assurance*. — Somme promise ou donnée par forme d'encouragement dans certains cas : *faites cela*, *on vous accordera une prime*. — En t. de bourse, on appelle *marché à prime*, la négociation à terme d'effets publics; en donnant *une prime* à l'acquéreur, celui-ci est libre de négocier ou de ne pas négocier, suivant les termes convenus et arrêtés à l'avance. — En t. d'escrime, on appelle *prime*, la première position : *faire estocade de prime*. — Dans les loteries, sorte de bénéfice accordé à certains billets gagnants, indépendamment des lots. — En t. de joaillier, pierre demi-transparente, qui sert de base ou de matrice aux cristaux. — *Prime d'émeraude*, chaux fluatée verte des modernes. — *Prime d'améthyste*, quartz-hialin violet. — *Prime de rubis*, quart-hialin rose. — *De prime-abord*, loc. adv., du ou au premier *abord*.

PRIMÉ, E, part. pass. de *primer*.

PRIMEDI, subst. mas. Inusité. Voy. PRIMIDI.

PRIMER, v. neut. (*primé*), tenir la *première* place. Il ne se dit au propre que lorsqu'il est question du jeu de la paume. — Fig., surpasser, avoir de l'avantage sur les autres. — *Il aime à primer*, à paraître plus que tous les autres. — Act., devancer, surpasser : *ce courrier a primé celui qui était parti avant lui*. — *Primer quelqu'un en hypothèque*, avoir une hypothèque antérieure à la sienne.

PRIMERAIN, E, adj. (*primerein*, *rène*), premier; vieux et même hors d'usage.

PRIME-SAUT (DE), loc. adv. (*de primeçô*), subitement, tout d'un coup. Il vieillit. — *Les passions*, dit Montaigne, *ne nous saultent point tousjours au collet d'un primesault*. — Ce mot s'écrivait alors sans trait d'union.

PRIME-SAUTIER, adj. mas., au fém. PRIME-SAUTIÈRE (*primeçôtié*, *tière*), qui saisit promptement et rend ses idées avec exactitude, et sans idées intermédiaires : *esprit prime-sautier*; *intelligence prime-sautière*. Vieux et peu usité. — Au plur., des *prime-sautier*.

PRIMEUR, subst. fém. (*primeur*), première saison de certains fruits, des fleurs, des légumes, etc. — On le dit même du vin : *ces vins ne sont bons que pour la primeur*. — Au plur., fruits et légumes précoces.

PRIMEVÈRE, subst. fém. (*primevère*), t. de bot., plante vivace qui croît presque partout, dont la fleur, à corolle jaune, paraît dès le premier printemps (en lat. *primum ver*), et dont les espèces sont très-multipliées.

PRIMEVERT (l'*Académie* dit PRIMEVÈRE, et ce mot, alors, ne doit pas être mas.), subst. mas. (*primevère*), commencement du printemps. — Première teinte de verdure. — Inusité.

PRIMICÉRIAT, subst. mas. (*primicér-ia*), qualité, dignité, office du *primicier*.

PRIMICIER, subst. mas. (*primicié*) (en latin *primicerius*, fait de *primus*, premier, et de *κηρος*, cire), celui qui a la première dignité dans certains chapitres. — Recteur dans certaines universités. — L'*Académie* prétend qu'on dit aussi *princier*; bien certainement ce dernier mot est moins usité que *primicier*, qui selon nous, doit seul se dire, *princier* ayant une tout autre signification.

PRIMIDI, subst. mas. (*primidi*) (formé des mots latins *primus* ou *prima dies*, premier jour), le premier jour de la décade, dans le calendrier de la république française.

PRIMIGÉNIE, subst. propre fém. (*primijéni*), myth., nom que les anciens Romains avaient donné à la Fortune, à laquelle ils attribuaient l'origine de leur empire. — Proserpine, honorée sous ce nom chez les Athéniens.

PRIMINE, subst. fém. (*primine*), t. de bot., enveloppe première de l'ovule de certaines plantes.

PRIMIPARE, subst. et adj. fém. (*primipare*), t. de médec., il se dit d'une femme qui accouche pour la première fois.

PRIMIPARITÉ, subst. fém. (*primiparité*), t. de médec., état, situation naturelle d'une femme qui accouche pour la première fois.

PRIMIPILAIRE, subst. mas. (*primipilère*) (du latin *primus*, premier, et *pilum*, javelot), soldat faisant partie d'une des dix centuries de lanceurs de javelots d'une légion. — Ancien capitaine ou centurion de la première des dix compagnies.

PRIMIPILE, subst. mas. (*primipile*), chez les anciens Romains, le 1er centurion, celui qui commandait les *primipilaires*. — On a souvent confondu *primipile* avec *primipilaire*. Le 1er était capitaine actuel; le 2e ne l'était plus, mais il jouissait du titre.

PRIMI-STERNAL, subst. et adj. mas. (*primicesternal*), t. d'anat.; se dit de la première pièce du sternum qui occupe la partie supérieure de cet os et le premier espace de l'intercostal. — Au plur., *primi-sternaux*.

PRIMITIF, adj. mas., au fém. PRIMITIVE (*primitif*, *tive*) (en lat. *primitivus*), ancien, naissant : *la primitive Eglise*. — Qui est le premier, le plus ancien : *langue primitive*. — Dans la hiérarchie ecclésiastique, on appelait anciennement *curé primitif*, celui qui était le *curé ordinaire*, et qui avait sous lui un autre *curé* qui lui servait comme de vicaire. — En gramm., mots dont d'autres sont formés, ou dans la même langue ou dans d'autres langues : *juste est le mot primitif* de *justement*, *justice*, *justicier*, etc. Ces derniers s'appellent *dérivés*. — Dans ce cas on dit au subst. mas. *un primitif* : *le primitif de tel mot*, *de tel verbe*. — *Le monde primitif* se dit des plus anciens temps du monde. — *L'innocence primitive*, l'état de l'âme, antérieur au péché. — *Couleurs primitives*, en phys., les sept couleurs principales dont la réunion compose la lumière, savoir : le rouge, l'orangé, le jaune, le vert, le bleu, l'indigo et le violet. — En peint., le rouge, le jaune et le bleu.

PRIMITIVE, adj. fém. Voy. PRIMITIF.

PRIMITIVEMENT, adv. (*primitiveman*), originairement, d'une manière *primitive*.

PRIMNOA, subst. mas. (*primeno-a*), t. d'hist. nat., espèce de polypier du genre des dendroïdes; genre de gorgones.

PRIMO, adv. (*primô*) (mot emprunté du lat.), premièrement.

PRIMOGÉNITURE, subst. fém. (*primojéniture*) (du latin *primogenitus*, premier né), droit d'aînesse, ou plutôt aînesse, tout simplement.

PRIMORDIAL, E, adj. (*primordi-ale*) (du latin *primordium*, commencement, origine), premier et original; qui est le plus ancien : *titre primordial*. — T. de bot. : *feuilles primordiales*, très-petites feuilles qui commencent à pousser sur la graine même; c'est positivement ce qu'on appelle *plumules*. — Au plur. mas., *primordiaux*.

PRIMORDIALEMENT, adv. (*primordi-aleman*), primitivement, originairement.

PRIMORDIAUX, adj. mas. plur. (*primordi-ô*). Voy. PRIMORDIAL.

PRIMULACÉE, subst. fém. (*primulacé*), t. de bot., famille de plantes à corolle monopétale, qu'on nomme aussi *lysimachies*.

PRIN, subst. mas. (*prein*), filage le plus fin des feuilles de tabac sans cordes.

PRINÇAULT, subst. mas. (*preinçô*), premier coup. Vieux — On écrivait souvent *primsault*.

PRINCE, subst. mas., PRINCESSE, subst. fém. (*preince*, *preincèce*) (du lat. *princeps*, fait dans la même signification de *primus*, premier, et de *caput*, tête, chef), celui qui possède une souveraineté en titre ou qui est d'une maison souveraine. — Celui qui possède une terre avec titre de principauté. — *Princesse*. Voy. ce mot. — *Le prince*, ordinairement le souverain dont on parle. — *Prince du sang*, qui est issu d'une maison royale. — Premier : *le prince des philosophes*, *des orateurs*; *le prince de l'éloquence romaine*. — Prov. : *vivre en prince*, splendidement. — *Être vêtu en prince*, magnifiquement — *Être*, *se montrer bon prince*, avoir le caractère et les manières faciles. — *Les princes des apôtres*, saint Pierre et saint Paul. — *Les princes de l'Église*, les cardinaux, les archevêques et les évêques. — *Le prince des ténèbres*, le diable. — *Prince de la jeunesse*, t. d'antiquité, nom de celui des chevaliers romains que le censeur nommait le premier dans la revue qu'il faisait des citoyens dont cet ordre était composé. — On donnait ce nom, du temps des empereurs, aux héritiers de l'empire. — *Prince du sénat*, titre qui, à Rome, sans conférer aucun pouvoir effectif, rehaussait beaucoup la considération que donnaient les magistratures, parce qu'il supposait la prééminence du mérite et de la vertu.

PRINCEPS, adj. fém. (*preincèpece*) (mot tout latin) : *édition princeps*. La première de toutes. Voyez au mot ÉDITION, et pour l'étym. le mot PRINCE.

PRINCERIE, subst. fém. (*preinceri*), dignité de *princier* ou de *primicier*; primicériat. Voy. PRIMICIER.

PRINCESSE, subst. fém. (*preincèce*), celle qui est née d'un roi ou qui descend d'une famille royale. — Celle qui a quelque état dont elle est souveraine, ou qui a épousé un *prince*. — Fam., celle qui affecte de grands airs : *faire la princesse*, se donner des tons de femme fière et exigeante. — T. de mépris dont on se servait autrefois en parlant des filles ou des femmes de mauvaise vie. — Adj. fém. : *amandes princesses*, dont le bois est tendre à briser.

PRINCIER, adj. mas., au fém. **PRINCIÈRE** (*preincié, cière*), de *prince*, de *princesse*.— *Maison princière*, qui fait de l'étalage comme il ne convient qu'aux *princes*. — *Maison, famille princière*, famille d'Allemagne qui a le titre et les droits de *prince*. — *Droits princiers*, qui appartiennent à un *prince*. — *Princier*, subst. Voyez notre remarque au mot PRIMICIER. — *Terre, abbaye princière*.

PRINCIÈRE, adj. fém. Voy. PRINCIER.

PRINCILLON, subst. mas. (*preinci-ion*), petit *prince*.

PRINCIPAL, subst. mas. (*preincipal*) (du latin *principium*, commencement), ce qu'il y a de plus important, de plus essentiel, de plus considérable : *le principal de l'affaire, c'est que...* ; *le principal doit aller avant l'accessoire*. — Fonds capital dont on retire des intérêts. — Au palais, la première demande, le fond d'une affaire, d'une contestation.— Celui qui est préposé dans un collège, dans une pension, pour en avoir la direction. — Le plur. est presque inusité; si l'on avait à s'en servir, il faudrait dire *principaux*.

PRINCIPAL, E, adj. (*preincipale*) (du latin *principalis*), qui est le plus considérable, le plus remarquable en son genre.— En t. de gramm., on appelle *proposition principale*, une proposition complexe, comparée dans la totalité avec une autre proposition qu'elle renferme comme partie complétive de son sujet ou de son attribut, et qui prend alors le nom de *proposition incidente*. — On dit aussi *idée principale* par opposition à idée accessoire. — Au plur., des *principaux*.

PRINCIPALAT, subst. mas. (*principala*), dignité, fonctions d'un *principal* de collège.

PRINCIPALEMENT, adv. (*preincipaleman*), surtout; *particulièrement*.

PRINCIPALITÉ, subst. fém. (*preincipalité*), charge de *principal* de collège; *principalat*.

PRINCIPAT, subst. mas. (*preincipa*), dignité de prince du sénat dans l'ancienne Rome.

PRINCIPAUTÉ, subst. fém. (*preincipôté*) (du latin *principatus*), dignité de *prince*. — Terre qui donne la qualité de *prince* à celui qui en est seigneur : *la principauté de Neuchâtel*, etc.—Au plur., le troisième ordre de la hiérarchie céleste.

PRINCIPAUX, adj. mas. plur. Voy. PRINCIPAL, adj.

PRINCIPE, subst. mas. (*preincipe*) (en lat. *principium*), source, origine, première cause : *Dieu est le principe de tout bien*.— En phys. : 1° ce qui entre dans la composition des corps mixtes; ce qui leur donne l'être, ce qui en constitue l'essence; élément; 2° cause naturelle de l'action, du mouvement : *les animaux ont le principe du mouvement en eux-mêmes*. — Maxime, motif, etc., *principe de conscience, d'honneur*. — On dit absol. : *avoir des principes*, avoir des *principes* de morale, de religion ou de raisonnement : *il a des principes; il n'a point de principes*.—Au plur., premiers préceptes, premières règles d'une science, d'un art.—*Principes actifs*, t. de chim., corps qui agissent sur les autres, comme le mercure, le sel, le soufre.—*Principes passifs*, ceux sur lesquels ces corps agissent, comme le flegme et la terre. — PRINCIPE, ÉLÉMENT. (*Syn.*) Le *principe* est aux *éléments* ce que la cause est à l'effet. La physique et la chimie ont nommé *principes* les corps simples qui entrent dans la composition des mixtes. Ces sciences, raisonnant sur la nature des corps, ont dû donner ce nom à tout ce qui les constituait tels, car le *principe* de la matière n'existe pas hors de la matière. La métaphysique, raisonnant sur des choses abstraites, n'admet pour *principe* que la cause première : elle a donné, comme la physique, le nom d'*élément* à la partie inhérente au tout. Dieu est *principe*, la bonté est un de ses *éléments*. On n'est pas encore d'accord sur le nombre d'*éléments* qui composent la matière. La chaleur est le *principe* de la vie; l'air est notre *élément*. — Les *éléments* des sciences et des arts sont les premières règles qui dérivent des *principes*, c'est-à-dire de l'objet. — Connaissons le *principe*; nourrissons-nous des *éléments*.

PRINCIPES, subst. mas. plur. (*preincipèce*) (mot tout latin), t. d'antiquité; dans les armées romaines, les jeunes soldats qui d'ordinaire commençaient le combat.

PRINCIPESQUE, adj. des deux genres (*preincipèceke*), du *prince*, qui appartient au *prince*, (Boiste.) Inusité.

PRINCIPICULE, subst. mas. (*preincipikule*), petit *prince*; jeune prince. (*Boiste.*) Peu usité.

PRINCIPIÉ, part. pass. de *principier*.

PRINCIPIER, v. act. (*preincipié*), commencer à donner des *principes* à quelqu'un. (*Boiste.*) — SE PRINCIPIER, v. pron. Vieux et même hors d'usage.

PRINCIPION, subst. mas. (*preincipi-on*), t. de mépris; petit *prince*.

PRINCIPIUM, subst. mas. (*preincipi-ome*) (mot latin), t. d'antiq., nom de la curie qui s'avançait la première pour donner son suffrage, lorsqu'on assemblait les comices.

PRINTANIER, adj. mas., au fém. **PRINTANIÈRE** (*preintanié, nière*), qui est du *printemps*. — *Étoffes printanières*, légères et qu'on revêt au *printemps*. — On dit aussi subst. : *des printanières*.

PRINTANIÈRE, subst. et adj. fém. Voy. PRINTANIER.

PRINTEMPS, subst. mas. (*preintan*) (du latin *primum tempus*, premier temps, première saison; parce qu'en comptant les saisons, on commence ordinairement par le printemps), la saison de l'année qui suit immédiatement l'hiver, et qui commence le 21 mars. — *A sa mort, elle ne comptait encore que seize printemps*, elle n'avait que seize ans.— Fig., la jeunesse : *dans le printemps de sa vie, de son âge, de ses jours*.—Poét.: *un printemps éternel règne dans le pays*, l'air y est fort tempéré.

PRIOCÈRE, subst. mas. (*pri-ocère*), t. d'hist. nat., famille d'insectes de l'ordre des coléoptères.

PRION, subst. mas. (*pri-on*), t. d'hist. nat., nom générique d'oiseaux du genre des pétrels.

PRIONE, subst. fém. (*pri-one*) (du grec πριων, scie), t. d'hist. nat., insecte coléoptère.

PRIONIEN, subst. mas. (*pri-onïein*), t. d'hist. nat., famille d'insectes longicornes de l'ordre des coléoptères.

PRIONITE, subst. fém. (*pri-onite*) (du grec πριων, scie), t. d'hist. nat., sorte de pétrification.

PRIONITIS, subst. mas. (*pri-onitice*), t. de bot., espèce de plante que l'on nomme aussi *barrelière*, à feuilles découpées.

PRIONODE, adj. des deux genres (*pri-onode*) (du grec πριων, scie, et ειδος, forme), t. d'anat., en forme de scie, épithète donnée à quelques sutures des os de la tête.

PRIONODERME, subst. mas. (*pri-onodèreme*) (du grec πριων, scie, et δερμα, cuir, peau), t. d'hist. nat., ver qui vit dans les intestins des silures.

PRIONOTE, subst. mas. (*pri-onote*), t. d'hist. nat., genre de poissons; les trigles. --T. de bot., espèce de plante qu'on trouve au cap de Van-Diémen. — Subst. mas. plur., famille d'oiseaux de l'ordre des silvains, appelés aussi *momot* et *calao*.

PRIORAT, subst. mas. (*pri-ora*), dignité de *prieur*.

à **PRIORI**, loc. adv. (*âpri-ôri*), qui a rapport à ce qui précède ; qui tient de l'antécédent, d'un principe, d'une proposition admise : *argument, conclusion à priori*.

PRIORITÉ, subst. fém. (*pri-orité*) (du latin *prior, oris*, premier), antériorité, primauté en ordre de temps ou de rang. — Avantage qu'obtient un discours, un avis, etc., d'être entendu ou discuté avant un autre.

PRIS, E, part. pass. de *prendre*, et adj., saisi, etc. Voy. PRENDRE.—*Homme pris de vin*, à demi ivre.—*Pris*, attrapé, dupé.—*Bien pris dans sa taille*, bien fait. — *Cheval bien pris*, qui a le corsage bien fait.—*Avoir l'air d'un premier-pris*, loc. plus que surannée que nous donne l'*Académie*, qui lui fait signifier : avoir la contenance triste et embarrassée.

DU VERBE IRRÉGULIER PRENDRE :

Pris, précédé de *je*, 1re pers. sing. prét. déf.
Pris, précédé de *tu*, 2e pers. sing. prét. déf.

PRISABLE, adj. des deux genres (*prizable*), digne de *prix*. Voy. APPRÉCIABLE.

PRISCILLIANISTE, subst. mas. (*priceciteli-anicete*), noms des sectaires de *Priscillianus*, qui croyaient l'âme d'une substance divine.

PRISE, subst. fém. (*prize*), action de *prendre*. — La chose qui a été *prise* : *c'est une bonne prise*.—Capture : 1° d'une personne arrêtée par l'ordre de la justice; 2° d'un prisonnier fait à la guerre; de tout ce qui s'y *prend* par la voie des armes. — *Prise d'armes*, action de prendre les armes. — On appelle aussi *prise d'armes*, l'acte de rébellion de la part de citoyens qui prennent les armes contre un gouvernement. — *Prise de corps* : 1° action par laquelle on saisit un homme au corps en vertu d'un acte de juge; 2° sentence qui ordonne la *prise de corps*.—*Prise à partie*, acte par lequel un plaideur intente action contre son juge, dans le cas décidé par les lois.—*Prise d'eau*, action de détourner de l'eau d'une rivière, d'un étang, etc. — Endroit par où l'on *prend* certaines choses : *ce vase n'a point de prise*. — Dose qu'on *prend* en une seule fois : *prise de thériaque*, etc.; *une prise de tabac*.—Querelle : *ils ont eu prise, ou une prise, ou quelque prise ensemble*. — En t. de marine, vaisseau *pris* sur les ennemis. — Dans les fabriques de soierie, nombre de cordes réunies qui composent une partie de fleurs ou de feuilles du dessin. — *Prise de possession*, l'action de prendre possession d'un bénéfice ou d'autre chose.—*Prise d'habit*, cérémonies qui s'observent lorsqu'on donne l'habit de religieux ou de religieuse. —*Donner prise sur soi*, donner occasion d'être blâmé, repris, puni.—*Une chose est en prise*, est exposée à être *prise*.—*Elle est hors de prise*, on ne saurait la prendre, y atteindre.—*Trouver prise*, avoir ou trouver moyen de *prendre*.—*En venir aux prises*, se battre, disputer, quereller.—*Être aux prises*, se disputer, et même se battre.—*Être aux prises avec la mort*, près d'expirer. — *Être aux prises avec l'adversité*, être dans le malheur.— *Ce navire est de bonne prise*, peut être pris ou a été pris justement. — *Lâcher prise*, abandonner ce qu'on a pris; et au fig., céder.

PRISÉ, E, part. pass. du verbe *priser*, et adj. : *telle chose est fort prisée*.

PRISÉE, subst. fém. (*prizé*), prix qu'on met dans les inventaires aux choses qui doivent être vendues à l'enchère.

PRISER, v. act. (*prizé*), mettre le *prix* à...— Faire l'estimation de...—Fig., estimer; faire cas... — *Priser trop sa marchandise*, l'estimer plus qu'elle ne vaut; et fig., vouloir trop se faire valoir. — Neut., prendre du tabac par le nez. Cette dernière acception manque dans l'*Académie*. — SE PRISER, v. pron.

PRISEUR, subst. mas., **PRISEUSE**, subst. fém. (*prizeur, zeuze*), qui prend du tabac. Cette acception ne se lit point dans l'*Académie*.— Adj. *commissaire-priseur*, officier qui met le *prix* aux choses qu'on vend par autorité de justice.

PRISEUSE, subst. fém. Voy. PRISEUR.

PRISMATIQUE, adj. des deux genres (*pricematike*), qui a la figure d'un *prisme* : *corps prismatique*.—*Couleurs prismatiques*, celles qu'on aperçoit au travers d'un *prisme*.

PRISMATOCARPE, subst. mas. (*pricematokarpe*), t. de bot., genre de plantes de la famille des campanulacées.

PRISME, subst. mas. (*priceme*) (en grec πρισμα, fait de πριζειν, scier, couper), corps solide dont les deux bases opposées sont des polygones égaux et parallèles, et dont les faces latérales sont des parallélogrammes : *prisme pentagone, hexagone, triangulaire*, etc.— Absolument, il se dit, en physique, d'*un prisme triangulaire* : *prisme de verre pour décomposer les couleurs*. — Fig. : *voir, regarder à travers un prisme*, voir les choses autrement qu'elles ne sont.

PRISMOÏDE, adj. des deux genres (*pricemoïde*) (du grec πρισμα, prisme, et ειδος, forme), en forme de *prisme*.—Subst. mas., t. de géométrie, solide terminé par divers plans à bases parallélogrammes rectangles, parallèles et situées de même.

PRISON, subst. fém. (*prizon*) (suivant *Du Cange*, du latin barbare *prisio*, que, dans la basse latinité, on a fait par corruption de *prehensio*, action de prendre, et qu'on a ensuite par extension employé dans le sens de *prison*), lieu où l'on enferme les criminels, les accusés, les débiteurs. —Emprisonnement : *être condamné à deux jours de prison*. On dit élégamment au fig. : *le corps est la prison de l'âme*, etc.— Prov. et pop., 1° *homme gracieux comme une porte de prison*, rude et grossier; 2° *être dans la prison de saint Crépin*, avoir des souliers trop étroits.

PRISONNIER, subst. mas., **PRISONNIÈRE**, subst. fém. (*prizonié, nière*), celui, celle qui est arrêté pour être mis en *prison*, ou qui est détenu.— *Prisonnier d'État*, celui qui a été mis en *prison* pour quelque acte contraire à la sûreté de l'État. —En parlant des *prisonniers* pris en guerre, on dit ordinairement : *faire prisonnier, faire des prisonniers*.—*Pain des prisonniers*, celui qu'on délivre gratuitement aux détenus sans ressources. — Au plur., anciennes étoffes de soie, transparentes et légères, qui imitaient la gaze, et que l'on ne fabrique plus aujourd'hui.

DU VERBE IRRÉGULIER PRENDRE :

Prisse 1re pers. sing. imparf. subj.

Prissent, 3e pers. plur. imparf. subj.
Prisses, 2e pers. sing. imparf. subj.
Prissiez, 2e pers. plur. imparf. subj.
Prissions, 1re pers. plur. imparf. subj.

PRISTIDE, subst. fém. (*pricetide*), t. d'hist. nat., grand poisson de mer qui est garni de dents des deux côtés, comme un peigne. On le nomme aussi *scie*.

PRISTIGASTER, subst. mas. (*pricetiguacetère*), t. d'hist. nat., espèce de poisson du genre des clupées.

PRISTIPHORE, subst. mas. (*pricetifore*) (du grec πριστις, scie, et φερω, je porte), t. d'hist. nat., genre d'insectes de l'ordre des hyménoptères.

PRISTIPOME, subst. mas. (*pricetipome*), t. d'hist. nat., genre de poissons établi aux dépens de celui des lutjans.

PRISTOBATE, subst. mas. (*pricetobate*), t. d'hist. nat., espèce de poisson du genre des raies.

DU VERBE IRRÉGULIER PRENDRE :

Prit, précédé de *il* ou *elle*, 3e pers. sing. prét. déf.
Prît, précédé de *qu'il* ou *qu'elle*, 3e pers. sing. imparf. subj.
Prîtes, 2e pers. plur. prét. déf.

PRITHI, subst. propre fém. (*priti*), myth. ind., divinité des Indiens, sur laquelle ils font le conte le plus bizarre : ils croient qu'elle battit la terre assez fortement pour l'obliger à se rendre, sous la forme d'une vache, sur le sommet d'une haute montagne.

PRIV., abréviation du mot *privatif*.

PRIVA, subst. mas. (*priva*), t. de bot., genre de plantes qui avait été confondu avec celui des verveines.

PRIVABLE, adj. des deux genres (*privablé*), que l'on peut *priver*, qui mérite d'être *privé*. Peu usité.

PRIVANCE, subst. fém. (*privance*), familiarité. (*Boiste.*) Vieux et même hors d'usage.

PRIVAS, subst. propre mas. (*privâce*), ville de France, chef-lieu du dép. de l'Ardèche.

PRIVATIF, adj. mas., au fém. **PRIVATIVE** (*privatife, tive*) (en lat. *privativus*), t. de gramm.; il se dit des particules qui, étant mises devant quelque mot, lui font signifier le contraire, et marquer la *privation* de la chose énoncée par le mot : *in* est particule privative dans *inconnu*, *incorrigible*, *inattendu*. — *Quantité privative*, en algèbre, la même chose que quantité négative. Elle est opposée à la quantité positive ou affirmative, et désignée par le signe —. — Subs. m., *traité des privatifs*.

PRIVATION, subst. fém. (*privâci-on*) (en lat. *privatio*), perte d'un bien, d'un avantage qu'on avait ou qu'on devait avoir : *privation de la vue, de biens*, etc. — Abandon volontaire qu'on en fait : *s'imposer des privations*. — Manque des choses nécessaires : *être dans la privation de toutes les choses*.—*Vivre de privations*, manquer ou se priver du nécessaire.—Absence d'une chose, d'une forme, en langage de philosophie.

PRIVATIVE, adj. fém. Voy. PRIVATIF.

PRIVATIVEMENT, adv. (*privativeman*), exclusivement, à l'exclusion. Il n'est guère d'usage qu'en cette phrase : *privativement à tout autre*.

PRIVAUTÉ, subst. fém. (*privôté*) (de *privé*), grandes familiarités. — *Prendre des privautés*, prendre de grandes libertés, surtout avec les femmes.

PRIVÉ, subst. mas. (*privé*), lieu d'une maison où l'on va faire ses nécessités. On dit aujourd'hui; *lieux* ou *cabinet d'aisance*.

PRIVÉ, E, part. pass. de *priver*, et adj., qui a perdu, à qui l'on a ôté, à qui il manque quelque chose : *privé de ses biens, de la liberté, de la vue*.—Qui est simple, particulier, qui n'a point d'emploi public : *vivre en homme privé, en personne privée; vie privée*. — Vie particulière d'un personnage public. — *Faire quelque chose de son autorité privée*, de sa propre autorité.—*Autorité privée* se dit par opposition à autorité *publique*.—*Prison privée* s'est dit anciennement dans le sens de *chartre privée*, qui ne se dit même que par opposition à *prison publique*. — *En son propre et privé nom*, 1° pour lui-même, pour son compte; 2° de son chef; sans en avoir reçu la charge, la commission.—*Acte sous seing privé*, qui n'est point revêtu de la signature d'un homme de loi; qui a été fait sans le ministère d'un officier public. — *Conseil privé*, qui s'est aussi appelé *conseil d'état privé*, conseil que préside le chancelier et où se jugent les affaires qui n'ont pas besoin d'être soumises au roi.—Fam., il ne se dit guère que pour marquer trop de familiarité : *ce domestique se rend un peu trop privé avec ses maîtres*. Style fam.—En parlant des animaux, apprivoisé : *oiseau, moineau, canard privé*.— Fig., *c'est un oiseau, un canard privé*, un homme dont on se sert pour en faire tomber un autre dans un piége.—PRIVÉ, APPRIVOISÉ. (*Syn.*) Les animaux *privés*, dit l'abbé *Girard*, le sont naturellement, et les *apprivoisés* le sont par l'art et par l'industrie des hommes. A quoi *Roubaud* ajoute que l'animal *apprivoisé* devient *privé*, c'est-à-dire familier. Le chien est naturellement *privé*; un moineau, un serin, une tourterelle ne sont *privés* que parce qu'on les a *apprivoisés*.

PRIVÉMENT, adv. (*privéman*), familièrement, d'une manière *privée*, libre et familière : *ils ont toujours vécu privément, fort privément ensemble*. Il commence à vieillir.

PRIVER, v. act. (*privé*) (en latin *privare*), ôter à quelqu'un ce qu'il possède ou doit posséder; l'en dépouiller ou l'empêcher d'en jouir.—*Apprivoiser*, en parlant des animaux sauvages.—SE PRIVER, v. pron., s'abstenir : *se priver du plaisir de la comédie, de la chasse, de la promenade*. *S'abstenir*, dit M. *Guizot*, n'exprime qu'une action; *se priver* exprime aussi le sentiment qui l'accompagne. On peut *s'abstenir* d'une chose indifférente, on ne se *prive* que d'une jouissance. — S'apprivoiser, en parlant des animaux sauvages.

PRIVILÈGE, et non pas **PRIVILÉGE**, subst. mas. (*privilèje*) (en latin *privilegium*, formé, dans le même sens, de *privati lex*, loi en faveur d'un particulier), faculté accordée à quelqu'un ou à quelque établissement de jouir de quelque avantage, à l'exclusion des autres.—Acte qui contient cette concession. — Droit, prérogative. Voy. PRÉROGATIVE.— Hypothèque préférable : *le bailleur de fonds a un privilège sur l'héritage*.—Don naturel : *la raison, ce beau privilège qui distingue l'homme de la brute*. — Liberté qu'on a ou qu'on se donne de faire des choses que les autres n'oseraient faire : *la beauté donne de grands privilèges*.

PRIVILÉGIÉ, E, adj. (*privilèjié*), qui a quelque *privilège*, qui jouit de quelque grace particulière : *toutes les personnes privilégiées*. — Avoir certaines prérogatives dans une société : *il est privilégié*.—Qui a reçu quelque don particulier de la nature : *c'est une créature privilégiée*.—*Créancier privilégié*, qui doit être payé préférablement aux autres.—*Cas privilégié*, dans lequel le juge séculier juge des crimes d'un ecclésiastique, conjointement avec le juge d'église, malgré le *privilège* clérical. — *Autel privilégié*, où l'on peut dire la messe des morts les jours qu'on ne peut pas la dire à d'autres autels. — *Lieu privilégié*, celui qui, anciennement, n'était pas soumis à la police générale du royaume. — *Jour privilégié*, celui pendant lequel on ne peut arrêter pour dette.

PRIVILÉGIÉ, E, subst. (*privilèjié*), celui ou celle qui jouit de quelque *privilège*.

PRIVING, subst. mas. (*priveingue*) (du latin *privignus*), beau-fils qui convole en secondes noces avec un veuf ou une veuve. Il est vieux et même hors d'usage.

PRIX, subst. mas. (*pri*) (en lat. *pretium*), valeur, estimation de ce qu'une chose vaut : *chaque chose a son prix*. Voy. VALEUR. — Ce qu'une chose se vend : *bas prix, haut prix, prix moyen; vendre à vil prix, au prix coûtant, au prix courant*.—Mérite d'une personne ou excellence d'une chose : *c'est un homme dont on ne connaît pas le prix*. — *Hors de prix*, excessivement cher.—*Prix fixe*, maison de commerce où l'on vend les marchandises à un *prix* déterminé, qui est écrit au-dessus : *j'ai acheté dans un prix fixe*. — *Juste prix*, convenable et conforme à la valeur de la chose mise en vente. *Prix fait*, convenu, arrêté. On entend encore par *prix fait*, ce qu'on appelle *marché à forfait*. — *Vendre à non-prix*, vendre moins cher que la chose ne coûte. — *Vendre à tout prix*, au *prix* qu'on en offre. — *Acheter à bon prix*, à bon marché.—*C'est une chose sans prix*, dont le *prix* n'est pas réglé, qui est d'une très-grande valeur. — Ce qui est proposé pour être donné à celui qui réussira le mieux dans quelque exercice du corps ou de l'esprit. En ce sens, on dit : *remporter le prix*, obtenir tel *prix*, la récompense, la couronne qui avait été mise au concours; à la différence d'*emporter le prix*, qui signifie obtenir une récompense, un avantage, un honneur quelconque qu'on ambitionnait. Cette seconde expression a quelque chose de vague, et la première, un objet précis. (*Roubaud.*) —Fig. : *remporter le prix*, surpasser les autres en quelque chose. (Du lat. *præmium*.)—Récompense : *est-ce là le prix de mes services?*—Châtiment, expiation : *il recevra le prix de ses crimes*.—*Mettre la tête d'un homme à prix*, promettre une somme à celui qui le tuera. — *Chacun vaut son prix*, il n'est personne qui n'ait un beau côté qui lui soit avantageux. — *Telle chose vaut toujours son prix*, se dit d'une chose dont la valeur ne peut pas baisser.—*Prix pour prix*, loc. adv., pour ce que cela a coûté : *prix pour prix, mon manteau est plus cher que votre redingote*. —Fig., en parlant de deux hommes : *prix pour prix, l'un vaut l'autre*.—*Au prix de..*, loc. prép., en comparaison de... : *ce bienfai n'est rien au prix de tout ce qu'il a fait pour moi* —*A quelque prix que ce soit*, quelque argent quelque peine qu'il en coûte.—PRIX, RÉCOMPENSE. (*Syn.*) Dans le sens naturel et rigoureux, le *prix* est la valeur vénale d'une chose; la *récompense* est le retour dû au mérite. Le *prix* est ce que la chose vaut; la *récompense* est ce que la chose mérite. Vous payez le *prix* de la chose que vous achetez; vous donnez une *récompense* pour le service qu'on vous a rendu. Le *prix* est l'avantage naturel qu'on retire de sa chose, selon la qualité de la chose; la *récompense* est un avantage quelconque que l'on tient des personnes, et selon la reconnaissance des personnes. Les *prix* sont estimés, réglés, convenus : c'est affaire de justice; les *récompenses* sont plus ou moins arbitraires, volontaires, variables : c'est affaire d'équité. La concurrence détermine les *prix*; les convenances déterminent les *récompenses*.—Le salaire d'un ouvrier est le *prix* de son travail; une gratification sera la *récompense* de son assiduité. Les gages sont le *prix* des services d'un domestique; un legs ou une pension de retraite sera la *récompense* de ses longs et agréables services. Vous le *payez* parce qu'il vous sert; vous le *récompenserez* parce qu'il vous aura bien servi. Vous aviez perdu un effet de grand *prix*, vous donnez une *récompense* honnête à celui qui vous le rapporte.—On gagne, on remporte un *prix*, on obtient, on reçoit une *récompense*.

PROAGORE, subst. mas. (*pro-aguore*) (du grec προαγορευω, parler au nom de...), t. d'antiq., orateur d'une députation. — Premier magistrat à Catane et à Tyndare, villes de Sicile.

PROAROSIES, subst. fém. plur. (*pro-arôzi*) (du grec προ, avant, αροσις, labourage), myth., sacrifices à Cérès, avant d'ensemencer les terres.

PROAO, subst. propre mas. (*pro-a-o*), myth., dieu des anciens Germains, qui présidait à la justice et aux marchés.

PROBABILIORISTE, subst. mas. (*probabilioricete*), qui enseigne un *probabilisme* outré, l'éclectisme en fait de probabilités.

PROBABILISME, subst. mas. (*probabiliceme*), doctrine de la *probabilité*, qui admet les opinions *probables*.

PROBABILISTE, subst. mas. (*probabilicete*), partisan du *probabilisme*.

PROBABILITÉ, subst. fém. (*probabilité*) (du lat. *probabilitas*), apparence de vérité; vraisemblance : *ce que vous dites a bien quelque probabilité*, quelque chose de *probable*.—En théol.: *opinion, doctrine de la probabilité*, qui enseigne qu'on peut, en morale, suivre une opinion *probable*, quoiqu'il y en ait d'autres encore plus *probables*. — En mathém. : *calcul des probabilités*, règle d'après laquelle on peut calculer les chances *probables*, ou qui peuvent arriver.

PROBABLE, adj. des deux genres (*probable*) (en lat. *probabilis*), qui a une apparence de vérité; qui paraît fondé en raison : *cela peut ne pas être absolument vrai, mais cela est probable; on admet les chances probables*. — En théol., *doctrine probable*, celle qui est fondée sur la raison.—On dit quelquefois subst. au mas. : *le probable*.

PROBABLEMENT, adv. (*probableman*), avec *probabilité*.

PROBANTE, adj. fém. (*probante*) (en latin *probans*, prouvant), qui *prouve*.—*En forme probante*, en forme authentique.—*Raison probante*, convaincante. — *Pièce probante*, qui sert de preuve.

PROBATIF, adj. mas., au fém. **PROBATIVE** (*probatife, tive*), qui *prouve*.

PROBATION, subst. fém. (*probâcion*) (du lat. *probatio*), temps du noviciat; épreuve : *faire un* *an, deux ans de probation.* —Le temps du noviciat qui précède cette épreuve.

PROBATIQUE, adj. fém. (*probatike*) (du grec προβατον, brebis). Ce mot ne se trouve guère que dans l'Évangile : *la piscine probatique*, celle près de laquelle Jésus-Christ guérit le paralytique, et où d'ordinaire on lavait les animaux destinés aux sacrifices.

PROBATIVE, adj. fém. Voy. PROBATIF.

PROBATOIRE, adj. des deux genres (*probatoare*) (du latin *probatorius*), qui prouve : *acte probatoire*, propre à constater la capacité des étudiants.

PROBE, adj. des deux genres (*probe*) (en lat. *probus*), qui a de la *probité* : *homme probe*, honnête, droit, juste.

PROBITÉ, subst. fém. (*probité*) (en lat. *probitas*), droiture d'esprit et de cœur qui se manifeste par les actions et par la conduite. — PROBITÉ, INTÉGRITÉ, HONNÊTETÉ. (*Syn.*) La *probité* est la qualité de l'homme ferme et constant à respecter les droits d'autrui, et à rendre à chacun ce qui lui appartient, selon les règles essentielles du juste. L'*intégrité* est la qualité de l'homme constant à remplir ce qu'il doit, sans que sa fidélité soit jamais altérée. L'*honnêteté* est la qualité de l'homme ferme et constant à pratiquer le bien que la morale prescrit, d'après les règles imprimées par la nature dans le cœur humain. — La *probité* est d'un cœur droit; son principe est l'amour de l'ordre ; c'est une vertu de caractère. L'*intégrité* est d'un cœur pur; son principe est l'amour de ses devoirs ; c'est la vertu d'une conscience timorée. L'*honnêteté* est d'un cœur bon ; son principe est l'amour du bien ; c'est la vertu des belles âmes. — La *probité* exclut toute injustice ; l'*intégrité*, la corruption ; l'*honnêteté*, le mal, et même les mauvaises manières de faire le bien.

PROBLÉMATIQUE, adj. des deux genres (*problématike*), qui tient du *problème*, qui peut se soutenir, se défendre dans l'affirmative et dans la négative : *cette proposition est problématique.* —Douteux, dont on peut douter : *c'est là une nouvelle fort problématique.* — *Conduite problématique*, on ne peut plus équivoque. — PROBLÉMATIQUE, DOUTEUX, INCERTAIN. (*Syn.*) Il n'y a point encore de raison de prononcer dans les choses *problématiques*; il n'y a pas de raisons suffisantes pour se décider dans les choses *douteuses* ; il n'y a pas de raison de croire dans les choses *incertaines*. Dans le premier cas, l'esprit est indifférent pour et contre; dans le second, il est embarrassé entre le pour et le contre. A l'égard des propositions *problématiques*, l'opinion est libre ; dans les cas *douteux*, le choix est difficile; sur les objets *incertains*, on n'a aucune opinion. — Vous cherchez la solution de ce qui est *problématique;* la vérification de ce qui est *douteux* ; la confirmation de ce qui est *incertain*. — Il faut acquérir des idées claires de la chose *problématique*, dont vous ne savez que penser ; des raisons solides à l'égard de la chose *douteuse*, dont vous n'avez que des idées précaires; des preuves constantes à l'égard de la chose *incertaine*, à laquelle vous n'osez ajouter foi.—Une vérité, pour ainsi dire, aventurée, est *problématique;* une vérité fortement combattue paraît *douteuse;* une vérité purement croyable est encore *incertaine*.—Sur des points *problématiques* commencez par douter, puisque vous ignorez. Dans le cas *douteux* en morale, prenez le parti le plus sûr, si le doute ne peut être levé. A l'égard des bruits *incertains*, ne comptez que sur la fausseté, sur la malice et sur la crédulité des hommes.

PROBLÉMATIQUEMENT, adv. (*problématikeman*), d'une manière *problématique*.

PROBLÈME, subst. mas. (*problème*) (du grec προβλημα, proposition, dérivé de προβαλλω, je propose, et qui a pour racine βαλλω, je jette), en math., 1° question qu'on propose à résoudre pour parvenir à la connaissance de quelque chose qu'on ignore ; 2° proposition par laquelle il est demandé qu'on fasse une certaine opération suivant les règles des mathématiques, et qu'on démontre qu'elle a été faite. — En logique, proposition dont le pour et le contre peuvent également se soutenir. — En philosophie, proposition par laquelle on demande la raison d'une chose qui n'est pas connue.—*Problème de physique*, qui concerne les connaissances de la nature. — *Problème de métaphysique*, qui a rapport aux choses spirituelles.—Fig., homme dont la conduite est difficile à expliquer : *cet homme est un problème.—Cette affaire est un problème*, est fort embrouillée.

PROBOSCIDE, subst. fém. (*probocecide*) (en grec προβοσκις), se dit, en t. d'hist. nat. et de blason, de la trompe d'un éléphant, d'un insecte, etc.

PROBOSCIDES, subst. mas. pl. (*probocecide*), t. d'hist. nat., ordre d'insectes qui correspond aux hémiptères.

PROBOSCIDIEN, subst. mas. (*probocecidiein*) (du grec προβοσκις, trompe), t. d'hist. nat., famille d'animaux renfermant l'éléphant et le mastodonte.

PROCATAAL, subst. et adj. mas. (*prokata-al*), t. d'hist. nat., nom donné par *M. Geoffroy St-Hilaire* à l'os qui est situé à la quatrième pièce inférieure au delà du cycléal, dans les animaux qui ont les pièces vertébrales disposées en une seule série.

PROCATARCTIQUE, adj. des deux genres (*prokatarktike*) (du grec προ, devant, κατα, du haut de, et αρχομαι, je commence; ou, selon d'autres auteurs, de προ, devant, et καθαιρω, je purifie), t. de méd., se dit des causes des maladies, de celles qui agissent les premières, et mettent les autres en mouvement.—Il ne faut pas confondre ce mot avec *procathartique*, qui signifie *purgatif de précaution*.

PROCÉDÉ, subst. mas. (*procédé*), conduite que tient une personne à l'égard d'une autre. — *Avoir des procédés*, des égards. — *Avoir de bons procédés*, agir comme il convient.—Il se prend quelquefois en mauvaise part, pour, démêlé, querelle, etc. : *il a des procédés avec tous ses voisins*. — Dans les arts, méthode qu'il faut suivre pour faire quelque opération : *il a inventé un procédé nouveau*.

PROCÉDER, v. neut. (*procédé*) (du latin *procedere*, s'avancer, aller au-delà, passer outre, marcher, fait de *pro*, devant, et *cedere*, s'en aller), provenir de... : *son mal procède de chagrin*.—On dit, en parlant des personnes divines, que le Fils est engendré du Père, et que le Saint-Esprit *procède* du Père et du Fils. Ce sont des termes consacrés. — Agir en quelque affaire : *il faut y procéder avec ordre*. — Au palais, agir en justice : *procéder à l'inventaire des papiers, à la vente des meubles*. — *Procéder criminellement*, poursuivre au criminel. — *Procéder militairement*, ne pas observer les formes ordinaires de la justice, et agir contre un simple citoyen comme on agit contre un militaire. — *Tant fut procédé, tant il a été procédé, que...*, locutions de notre vieux langage, que l'on employait parfois encore dans le 18e siècle, mais qui sont aujourd'hui plus que surannées. Suivant l'*Acad.*, qui les rapporte, elles signifient : *on fit si bien, on se donna tant de peine, que...; les choses en vinrent à un tel point, que....* — Dans l'usage du monde, se comporter, en agir bien ou mal : *procéder bien ou mal, en honnête homme, en homme d'honneur*, etc.—*Ce discours, ce poëme procède bien*, le dessein, l'ordre et le tissu en sont bons. —*Ce prédicateur procède par périodes*, toutes ses phrases sont remplies de périodes nombreuses.— En parlant d'un poëte : *procéder par distiques*, faire marcher ses vers deux à deux.—PROCÉDER, PROVENIR, ÉMANER, DÉCOULER, DÉRIVER. (*Syn.*) *Procéder* indique particulièrement le principe, et un certain ordre dans les choses; *provenir*, la cause et les moyens ou la manière de produire l'effet ; *émaner*, la source et l'action de répandre avec force ; *découler*, la source, la voie et l'écoulement successif ; *dériver*, la source ou la racine, l'action d'en tirer la chose, les modifications. — Le mal *procède* d'un vice ; l'ordre *procède* d'un bon arrangement; on *procède* avec ordre dans les affaires. — Une éclipse *provient* de l'interposition d'un corps opaque, qui intercepte la lumière d'un astre ; la licence *provient* de l'impunité ; la stérilité *provient* de la sécheresse, qui refuse l'aliment et la vie aux plantes ; la facilité des grandes fortunes *provient* d'un désordre qui renverse beaucoup d'autres fortunes, petites et grandes. — La lumière *émane* du sein du soleil; d'un grand principe, il *émane* des vérités innombrables; des particules subtiles *émanent* en abondance et sans cesse des corps ; les actes *émanent* de la puissance. — L'eau *découle* d'une fontaine par un tuyau; la sueur *découle* du corps par les pores de la peau; la conséquence *découle* des prémisses dans un raisonnement; une douce éloquence *découle* des lèvres d'un orateur. — L'eau d'un canal *dérive* ou est *dérivée* d'un ruisseau; le revenu public *dérive* du revenu territorial ; un mal local *dérive* quelquefois d'un désordre éloigné; divers mots *dérivent* d'une racine commune. — *Procéder* et *provenir* ont bien plus de rapports ensemble qu'avec les autres verbes. *Provenir* est plus du discours ordinaire, *procéder*, du style philosophique ou savant. On cherche d'où *proviennent* les effets sensibles, communs, physiques ou moraux ; on cherche d'où *procèdent* les choses métaphysiques, les objets intellectuels. Ces mots ne se disent qu'au figuré, tandis que les autres s'emploient et dans un sens figuré et dans le sens propre. — *Découler* s'applique proprement aux liquides dont l'écoulement est perceptible et successif, tels que l'eau; mais *émaner* concerne plutôt les émissions abondantes des fluides subtils, tels que la lumière.

PROCÉDURE, subst. fém. (*procédure*), manière de *procéder*, de conduire un procès selon les formes de la justice. — Instruction judiciaire qui prépare les pièces d'un procès : *il faudra recommencer la procédure*, recommencer à l'instruire. — Tous les actes de justice faits pour l'instruction de quelque procès. — On appelle *procédure civile* celle qui ne tend qu'à faire régler quelque objet civil, comme le paiement d'un billet, le partage d'une succession, à la différence de la *procédure criminelle*, qui a pour objet la réparation de quelque délit.

PROCÉDURIER, subst. et adj. mas., au fém. **PROCÉDURIÈRE** (*procédurié, rière*), qui entend la *procédure*, qui allonge les *procédures*. Peu usité.

PROCÉDURIÈRE, subst. et adj. fém. Voy. PROCÉDURIER.

PROCÉLEUSMATIQUE, subst. mas. (*procéleucematike*) (en grec προκελευσματικος), t. de littér. ancienne, vers composé de trois pieds procéleusmatiques, et d'un tribraque ou anapeste. — Pied de vers latin ou grec, composé de quatre brèves, nommé ainsi à cause de sa rapidité. On l'appelle aussi *dipyrrique*.

PROCELLAIRE, subst. mas. (*procèlelère*) (du lat. *procella*, tempête), t. d'hist. nat., sorte de goëland grisard, oiseau qui annonce la tempête.

PROCELLO, subst. mas. (*procèlelô*), outil de fer aigu et à ressort, qui est en usage dans les glaceries.

PROCÉRITÉ, subst. fém. (*procérité*) (en lat. *proceritas*), hauteur, élévation. (*Boiste.*) Inusité.

PROCÈS, subst. mas. (*procè*) (en lat. *processus*), instance devant un juge sur un différend entre deux ou plusieurs personnes : *procès civil, criminel*. — Toutes les pièces produites de part et d'autre dans un procès : *mettre un procès au greffe*. — *Distribuer un procès*, commettre un juge pour en examiner les pièces. — *Procès-verbal*, écrit dans lequel un officier de justice ou autre ayant droit rend témoignage de ce qu'il a vu ou entendu. — *Faire le procès à quelqu'un*, le poursuivre comme criminel. — Fig. et fam., l'accuser, le condamner sur quelque chose. — *Faire le procès à quelqu'un*, signifie aussi : le critiquer. — *Pendre un procès au croc*, cesser de le poursuivre. — Prov. : *faire un procès sur la pointe d'une aiguille*, quereller sur un sujet fort léger. — Fig. et fam. : *gagner* ou *perdre son procès*, réussir ou ne pas réussir. — *Sans autre forme de procès*, sans autre façon. — En anat., apophyse ou éminence d'un os, et en général toute partie saillante qui avance. — En chim., opération pour produire une chose nouvelle.

PROCESSIF, adj. mas., au fém. **PROCESSIVE** (*procécife, cive*), qui aime les *procès*, qui en fait légèrement.

PROCESSION, subst. fém. (*procécion*) (du lat. *processio*, fait, dans les deux sens, de *procedere*, sortir, s'avancer, aller en avant), en t. de théologie, action de *procéder*, la production éternelle du Saint-Esprit, qui *procède* du Père et du Fils. — Cérémonie religieuse dans laquelle le clergé et le peuple marchent en ordre, en chantant des prières, etc.—*Procession*, en ce sens, se dit aussi des cérémonies de ce genre usitées chez les anciens. — Fig. et fam., multitude de peuple qui marche dans une rue ou dans un chemin : *c'est une procession continuelle*. — *Aller, marcher en procession*, comme on va, comme on marche dans une *procession*.

PROCESSIONNAIRE, subst. fém. et adj. des deux genres (*procécionère*) : *chenilles processionnaires*, qui marchent à la suite les unes des autres.

PROCESSIONNAL, subst. mas. (*procécionale*), livre où sont écrites les prières que l'on chante aux *processions*.—On lit, dans l'*Académie*, qu'on peut dire aussi *un processionnel*.— Au plur., des *processionnaux*.

PROCESSIONNELLEMENT, adv. (*procècionèleman*), en *procession*, ou à la manière des *processions*.

PROCESSIONNEUR, subst. mas. (*procècioneur*), qui va à la *procession*.

PROCESSIVE, adj. fém. Voy. PROCESSIF.

PROCESSUS, subst. mas. (*procèceçuce*) (mot tout latin), t. d'anat., prolongement. (*Briste*.)

PROCÈS-VERBAL, subst. mas. (*procèvèrebale*), rapport par écrit qu'un officier de justice fait de ce qu'il a vu, de ce qui a été dit et fait entre les parties. — Au plur., des *procès-verbaux*.

PROCHAIN, subst. mas. (*prochein*) (en latin *proximus*), chaque homme en particulier ou tous les hommes en général : *aimer le prochain comme soi-même*. Il ne se dit qu'au singulier.

PROCHAIN, E, adj. (*prochein, chène*) (du latin *proximus*), qui est *proche*. Il se dit des lieux et du temps, des choses qui sont près d'arriver : *dans le prochain village, l'année prochaine*. En parlant du lieu, *voisin* est préférable. — Qui paraîtra bientôt, en parlant d'un ouvrage d'esprit : *dans notre prochaine édition*. — *Les occasions prochaines du péché*, celles qui portent facilement au péché.

PROCHAINEMENT, adv. (*prochèneman*), bientôt : *cela se fera prochainement*.

PROCHARISTÉRIES, subst. fém. plur. (*prokariceteri*), myth., sacrifices solennels que les magistrats d'Athènes offraient à Minerve au commencement du printemps.

PROCHE, prép. (*proche*) (en latin *propè*), près, auprès de : *il est proche de la ville*.

PROCHE, adj. des deux genres (*proche*) (en lat. *proximus*), voisin, qui est près de...Il se dit du lieu et du temps.—En parlant de parenté, il est adj. des deux genres et subst. mas. : *c'est mon proche parent ; c'est un de mes proches ; ce fut l'avis de tous ses proches*. Comme subst., il ne se dit qu'au plur. — PROCHE, PROCHAIN, VOISIN. (*Syn.*) *Proche* annonce une proximité quelconque de lieu, de temps, etc.; *prochain*, une grande proximité de temps ou de lieu, une proximité très-grande ou relativement grande; *voisin*, une grande proximité locale. Saint-Denis est *proche* de Paris; une saison est *proche* de sa fin. Quand vous partez de Calais, Douvres est le port d'Angleterre *prochain*, le plus *prochain*; l'été *prochain* est le premier été qui arrivera. L'Espagne est *voisine* de la France, mais une saison n'est pas *voisine* d'une autre.— *Proche* n'indique pas toujours une proximité absolue, une chose *voisine* ou vraiment *prochaine*. Si je dis que la ville la plus *proche* est à quinze lieues, je n'entends pas dire qu'elle soit *prochaine* ou *voisine*; je dis seulement que c'est la ville la moins éloignée.

PROCHE, adv. (*proche*), tout contre, à peu de distance, auprès : *il demeure ici proche*. — *De proche en proche*, loc. adv., qui se dit de plusieurs lieux voisins auxquels on va de l'un à l'autre, etc. *Proche*, comparé à *près*, est une espèce de superlatif qui exprime une grande proximité, un étroit voisinage. Nous disons qu'un homme a *approché fort près*, *très-près* du but, ou qu'il en a été *proche* ou *très-proche*. (Roubaud.)

PROCHRONISME, subst. mas. (*prokroniceme*) (du grec προχρονος, antérieur, plus ancien, formé de προ, avant, et χρονος, temps), erreur de chronologie, qui consiste à éloigner un fait plus loin de notre temps qu'il ne faut. Le *prochronisme* est opposé au *parachronisme* ou *métachronisme*.

PROCIDENCE, subst. fém. (*procidance*) (du lat. *procidere*, tomber), t. de médec., chute d'une partie.

PROCIGALE, subst. fém. (*prociguale*), t. d'hist. nat., faux genre de *cigales*, de la famille des cicadaires; on les appelle aussi : mouches veilleuses ou porte-lanternes.

PROCILLON, subst. mas. (*proci-ion*), petit *procès*.

PROCLAMATEUR, subst. mas.; **PROCLAMATRICE**, subst. fém. (*proklamateur, trice*), qui *proclame*.

PROCLAMATION, subst. fém. (*proklamâcion*), action de *proclamer*; publication solennelle; écrit par lequel on *proclame* : *proclamation de l'autorité; faire des proclamations; lire une proclamation*.

PROCLAMATRICE, subst. fém. Voy. PROCLAMATEUR.

PROCLAME, subst. fém. (*proklâme*), nom que quelques religieux donnaient à la confession qu'ils faisaient de leurs fautes après prime. Hors d'usage.

PROCLAMÉ, E, part. pass. de *proclamer*.

PROCLAMER, v. act. (*proklâmé*) (en lat. *proclamare*), publier à haute voix et avec une certaine solennité : *proclamer un roi*, l'élever à la dignité de roi.—Divulguer : *proclamer la honte de quelqu'un*. — *se* PROCLAMER, v. pron.

PROCLITIQUE, subst. mas. (*proklitike*) (du grec προ, avant, κλινω, j'incline), terme de gramm. grecque, mot qui donne son accent au mot suivant.

PROCOMBANT, E, adj. (*prokonban, bante*), qui tombe à terre : *tige procombante*, qui touche presque la terre.

PROCOMIUM, subst. mas. (*prokomi-ome*) (mot latin), myth., hymne que l'on chantait en l'honneur de Comus.

PROCOMMISSAIRE, subst. mas. (*prokomicère*), celui qui tient la place d'un *commissaire*, qui remplit les fonctions d'un *commissaire*.

PROCONSUL, subst. mas. (*prokonçule*) (en lat. *proconsul*), chez les anciens Romains, celui qui, dans certaines provinces, gouvernait avec l'autorité de *consul*.

PROCONSULAIRE, adj. des deux genres (*prokonçulère*) ; *province proconsulaire*, gouvernée par un *proconsul*.—*Empire proconsulaire*, celui d'un prince associé à l'empire, lorsque l'empereur lui donnait un pouvoir égal au sien dans toutes les provinces.

PROCONSULAT, subst. mas. (*prokonçula*), charge et dignité de *proconsul*.—Durée des fonctions d'un *proconsul*.

PROCRASTINATION, subst. fém. (*prokracetinâcion*), t. de diplomatie, ajournement.

PROCRÉATION, subst. fém. (*prokré-âci-on*) (en lat. *procreatio*), génération.

PROCRÉÉ, E, part. pass. de *procréer*.

PROCRÉER, v. act. (*prokré-é*) (en lat. *procreare*), engendrer.—*se* PROCRÉER, v. pron.

PROCRIS, subst. mas. (*prokrice*), t. d'hist. nat., très-joli papillon de jour. — Subst. propre fém., myth., nom de l'épouse de Céphale. Aurore, frappée de la beauté de Céphale, l'enleva, mais inutilement; ou, selon d'autres, en eut Phaéton, et le laissa retourner auprès de *Procris*, en lui accordant la faculté de changer de forme pour éprouver la fidélité de cette épouse qu'il aimait passionnément. Il se métamorphosa donc en négociant, chercha long-temps les moyens de s'introduire auprès d'elle; et il y réussit. Il lui offrit de si grands présents, qu'elle était sur le point de se rendre à ses sollicitations, lorsque, reprenant ses traits, il se fit connaître, et lui reprocha sa faiblesse. *Procris*, confuse, quitta son mari, et se retira dans les bois. Son absence ralluma l'amour de Céphale, qui l'alla chercher, se réconcilia avec elle, et en reçut deux présents qui devaient être funestes à tous les deux : c'était un chien que Minos lui avait donné, et un javelot qui ne manquait jamais son coup. Ces dons ne firent qu'augmenter sa passion pour la chasse. *Procris*, inquiète sur ses absences, et tourmentée par la jalousie, s'avisa de le suivre secrètement, et s'embusqua sous un feuillage épais. Son époux, excédé de fatigues et de chaleur, étant venu par hasard sous un arbre voisin, où il invoquait, selon sa coutume, l'haleine bienfaisante du zéphyr pour le rafraîchir, sa femme, qui l'entendit, s'imaginant qu'il parlait à une rivale, fit un mouvement qui agita le feuillage. Céphale, croyant que c'était une bête fauve, lança le dard qu'il avait reçu de *Procris*, et la tua. Mais, ayant reconnu son erreur, il se perça de désespoir avec le même javelot. Jupiter, touché du malheur des deux époux, les changea en astres.

PROCTAGRE, subst. fém. (*proktaguere*) (du grec πρωκτος, l'anus, et αγρα, prise), t. de médec., goutte à l'anus.

PROCTALGIE, subst. fém. (*proktaleji*) (du grec πρωκτος, le fondement, et αλγος, douleur), t. de médec., douleur de l'anus.

PROCTALGIQUE, adj. des deux genres (*proktalejike*), qui appartient, qui est relatif à la *proctalgie*.

PROCTITE ou **PROCTITIS**, subst. fém. (*proktite, titice*) (du grec πρωκτος, l'anus), t. de médec., inflammation de l'anus.

PROCTOCÈLE, subst. fém. (*proktocèle*) (du grec πρωκτος, l'anus, et κηλη, tumeur), t. de chir., hernie ou chute du rectum.

PROCTOLE, subst. mas. (*proktole*), t. d'hist. nat., famille de mollusques établis parmi les radiaires.

PROCTONCIE, subst. fém. (*proktonci*) (du grec πρωκτος, l'anus, et ογκος, tumeur), t. de médec., tuméfaction de l'anus.

PROCTOPTOSE, subst. fém. (*proktopetôze*) (du grec πρωκτος, l'anus, et οπτος, visible), t. de chir., synonyme de *proctocèle*. Voyez ce mot.

PROCTORRHAGIE, subst. fém. (*proktoraji*) (du grec πρωκτος, l'anus, et ρεω, je coule), t. de médec., écoulement de sang qui a lieu par l'anus.

PROCTORRHAGIQUE, adj. des deux genres (*proktorajike*), qui concerne la *proctorrhagie*.

PROCTORRHÉE, subst. fém. (*proktoré*) (du grec πρωκτος, l'anus, et de ρεω, je coule), t. de médec., écoulement muqueux qui se fait par l'anus.

PROCTORRHÉIQUE, adj. des deux genres (*proktoré-ike*), qui concerne la *proctorrhée*.

PROCTOTRUPE, subst. mas. (*proktotrupe*), t. d'hist. nat., genre d'insectes de l'ordre des coléoptères.

PROCTOTRUPIENS, sub. m. pl. (*proktotrupiein*), t. d'hist. nat., famille d'insectes coléoptères.

PROCURATEUR, subst. mas., **PROCURATRICE**, subst. fém. (*prokurateur, trice*) (du latin *procurator*, procureur, agent), t. d'antiq., ministre des empereurs, dont les fonctions étaient à peu près les mêmes que celles des intendants de provinces en France.—Dans les temps modernes, magistrat vénitien ou génois qui avait l'administration du bien des orphelins, et de ceux qui mouraient sans tester et sans laisser d'enfant.—*Grands procurateurs de la nation*, les deux membres du corps législatif chargés de faire au nom de la nation, auprès de la haute cour nationale, la poursuite d'une accusation formée par lui. (Constitution de 1791.)

PROCURATION, subst. fém. (*prokurâcion*) (en latin *procuratio*), pouvoir donné à quelqu'un d'agir en notre nom, comme nous pourrions le faire nous-mêmes.—Acte qui contient ce pouvoir : *agir en vertu d'une procuration* : *être chargé, muni de procuration*.

PROCURATRICE, subst. fém., celle qui est chargée d'une *procuration*. Voyez PROCURATEUR.

PROCURE, subst. fém. (*prokure*), office du *procureur* dans une maison religieuse.—Le logement particulier où le *procureur* fait les affaires de la communauté.—Le peuple dit souvent *procure* pour *procuration*; c'est un solécisme.

PROCURÉ, E, part. pass. de *procurer*.

PROCURER, v. act. (*prokuré*), faire obtenir : *je lui ai procuré cet emploi*. — En parlant du mal, causer : *son imprudence lui a procuré la mort*.—*se* PROCURER, v. pron.

PROCUREUR, subst. mas. (plusieurs écrivains, et même l'*Académie*, indiquent le mot *procuratrice* pour fém. de *procureur*; l'*Académie* admet aussi *procureuse*. Nous ne répudierons ni l'un ni l'autre ; mais nous pensons que *procuratrice* est le fém. de *procurateur*, et *procureuse*, le fém. de *procureur*.) (*prokureur*) (en latin *procurator*), celui qui appuie en justice les intérêts de ses parties; aujourd'hui, il n'y a plus de *procureurs* au palais, on les nomme *avoués*.—En général, celui qui est chargé de la *procuration* d'un autre pour agir en son nom.—Celui qui sollicite les affaires d'une maison religieuse, d'une communauté, etc. — *Procureur-fiscal*, officier d'un seigneur haut-justicier, chargé de l'intérêt public et de celui du seigneur. — *Procureur du roi*, celui qui représente les intérêts du roi en chaque juridiction. Sa femme s'appelle *procureuse du roi*.—*Procureur général*, magistrat des anciens parlements et autres compagnies supérieures, qui devait intervenir et conclure dans toutes les affaires auxquelles le roi, l'Église ou les mineurs avaient intérêt. Sa femme avait le titre de *procureuse générale*.—Il y a aujourd'hui, dans les cours royales, un magistrat supérieur du même nom, et dont les fonctions sont à peu près les mêmes, et sous lui, dans chaque tribunal de première instance, un *procureur du roi*. — Dans les ordres religieux, les *procureurs généraux* sont des religieux chargés des intérêts de tout l'ordre.—Pendant la révolution, on avait établi pour représenter les localités, dans chaque département, un *procureur général syndic*; dans chaque district, un *procureur syndic*; dans chaque municipalité, un *procureur de la commune*. (Constitution de 1791.)

PROCUREUSE, subst. fém. (*prokureuze*), femme d'un *procureur*.— *Procureuse générale*, la femme d'un *procureur général*. Nous ne pensons pas que cette qualification soit admise aujourd'hui dans le monde, quoique l'*Académie* nous fasse mention. — Il en est de même de *procureuse du roi ;* c'est tout au plus si l'on ose dire aujourd'hui *procureuse* en parlant de la femme d'un ancien *procureur* retiré.— Fam., entremetteuse de mauvais lieux.

PROCUSTE, subst. propre mas. (*prôkucete*), myth., brigand tué par Thésée ; il faisait étendre ses hôtes sur un lit de fer, leur coupait les extrémités des jambes lorsqu'elles dépassaient le lit, ou les faisait tirailler avec des cordages jusqu'à ce qu'elles en atteignissent la longueur. — Fig. : *mettre sur le lit de Procuste*, mutiler ou étendre forcément.

PROCYON, subst. mas. (*procion*), t. d'astron., constellation du petit chien.

PRODICTATEUR, subst. mas. (*prôdiktateur*) (en latin *prodictator*), t. d'antiq., magistrat suprême chez les Romains, qui, lorsque les circonstances empêchaient de nommer un *dictateur*, était créé à sa place et avec le même pouvoir.

PRODICTATURE, subst. fém. (*prodiktature*), dignité, fonctions du *prodictateur.*

PRODIGALEMENT, adv. (*prodigualeman*), avec *prodigalité.*

PRODIGALITÉ, subst. fém. (*prodigualité*) (en latin *prodigalitas*), profusion, dépense excessive en choses vaines, et qui ne convient point à celui qui la fait : *donner avec trop de prodigalité.* — Caractère du *prodigue : se ruiner en prodigalités.*

PRODIGE, subst. mas. (*prodije*) (du lat. *prodigium*, fait, dans le même sens, de *prodicere*, dénoncer, assigner, marquer, parce que les *prodiges* étaient regardés comme les signes de quelque grand événement), effet surprenant qui arrive contre le cours de la nature : *pour les superstitieux, rien n'arrive dans ce monde que par prodiges.*—Par exagération, personne ou chose qui excelle en son genre : *cet homme est un prodige de science; cette statue est un prodige de l'art.* — On dit aussi en mauvaise part : *prodige de cruauté*, etc. — PRODIGE, MIRACLE, MERVEILLE. (*Syn.*) Ces trois termes indiquent quelque chose de surprenant et d'extraordinaire ; mais le *prodige* est un phénomène éclatant qui sort du cours ordinaire des choses ; le *miracle*, un étrange événement qui arrive contre l'ordre ordinaire des choses ; la *merveille*, une œuvre admirable qui efface tout un genre de choses. — Le *prodige* surpasse les idées communes ; *le miracle*, toute notre intelligence ; la *merveille*, notre attente et notre imagination. — Le *prodige* annonce un nouvel ordre de choses, et les grandes influences d'une cause secrète ; le *miracle*, un ordre surnaturel des choses, et les forces irrésistibles d'une puissance supérieure ; la *merveille*, le plus bel ordre de choses, et les curieux artifices d'une industrie éminente. Ainsi, une cause cachée fait les *prodiges;* une puissance extraordinaire, les *miracles;* une industrie rare, les *merveilles.* — Les singularités sont des *prodiges* pour celui qui n'a rien observé et qui s'étonne aisément ; les effets extraordinaires sont des *miracles* pour celui qui n'a aucune idée des possibles, et qui juge selon sa faiblesse ; un ouvrage curieux est une *merveille* pour celui qui n'a rien vu et qui ne sait rien apprécier.

PRODIGIALIS, subst. propre mas. (*prodiji-âlice*) (mot tout latin), myth.; on nommait ainsi Jupiter, quand on lui faisait des sacrifices pour détourner les malheurs dont on se croyait menacé par des *prodiges* qui étaient regardés comme des marques de la colère des dieux.

PRODIGIEUSE, adj. fém. Voy. PRODIGIEUX.

PRODIGIEUSEMENT, adv. (*prodiji-euzeman*), d'une manière *prodigieuse*, étonnante, excessive.

PRODIGIEUX, adj. mas., au fém. **PRODIGIEUSE** (*prodiji-eu, euze*) (en lat. *prodigiosus*), qui tient du *prodige* en bien ou en mal. Il ne se dit que des choses : *mémoire, dépense prodigieuse; excès prodigieux de débauche.*

PRODIGUE, subst. et adj. des deux genres (*prodigue*) (en lat. *prodigus*), qui dépense son bien en folles et excessives dépenses ; dissipateur : *ce jeune homme est par trop prodigue.*— Subst. : *c'est un, une prodigue.* — Fig. : *être prodigue de son bien, de son sang, de sa vie*, ne les ménager pas assez. — *Il est prodigue de paroles, de promesses*, il promet beaucoup, mais il exécute peu. — *Il n'est pas prodigue de louanges*, il ne loue pas volontiers. — *Enfant prodigue*, fils de famille qui rentre en grace avec son père après avoir parcouru toutes les phases de l'indocilité et de l'inconduite. — PRODIGUE, DISSIPATEUR (*Syn.*) Le *prodigue* pousse la dépense à l'excès, au-delà des bornes ; le *dissipateur* ne garde dans la sienne ni règle, ni mesure, ni bienséance. Le premier s'écarte des règles de l'économie; le second donne dans l'extrémité opposée à l'avarice. — Les dépenses du *prodigue* peuvent être en elles-mêmes brillantes et bonnes ; mais il y a excès : l'homme trop libéral est *prodigue.* Les dépenses du *dissipateur* sont folles et extravagantes : le *prodigue* devient *dissipateur.* — Toute dépense inutile, toute profusion peut être regardée comme *prodigalité ;* toute dépense destructive est *dissipation.* La *prodigalité* commence la ruine ; la *dissipation* la consomme. — C'est ordinairement la vanité qui fait le *prodigue;* le dérèglement fait le *dissipateur.* — *Dissipateur* ne se dit qu'en mauvaise part; *prodigue*, suivant l'application qu'on en fait, ne prend pas ce caractère. On dit, en forme de louange, *prodigue* de ses soins, de ses services, de son sang, de sa vie, etc., etc. — Le *prodigue* ne fait pas toujours des dépenses inutiles, mais il y met de la profusion. L'avare, en certaines occasions, est *prodigue*, mais il n'est jamais *dissipateur.* On est *prodigue* toutes les fois que la dépense est nécessaire, mais qu'elle est poussée trop loin. On dit d'un général qu'il est *prodigue* du sang de ses soldats, en opposition avec celui qui en est avare. Le caractère de ce dernier est de ne pas faire assez; celui du premier est de faire trop.— Le *dissipateur* est celui qui, sans raison, sans motifs et sans utilité, répand çà et là. Il pourra dilapider sa fortune en dépenses étroites, mesquines et malentendues, sans être pour cela *prodigue.* Celui-ci fait trop bien ce qu'il fait; celui-là fait trop de petites choses ou de choses inutiles. Le premier sera plutôt grand et libéral; le second, futile et inconsidéré. L'un dépense, l'autre gaspille.

PRODIGUÉ, E, part. pass. de *prodiguer.*

PRODIGUER, v. act. (*prodiguié*) (en lat. *prodigure*), dépenser avec excès; répandre, donner avec profusion : *prodiguer ses biens, ses trésors, sa vie, ses faveurs.* — SE PRODIGUER, v. pron.

PRODITEUR, subst. mas. (*proditeur*) (en lat. *proditor*), traître. (*Boiste.*) Vieux et même hors d'usage.

PRODITION, subst. fém. (*prodicion*) (en lat. *proditio*), trahison. (*Boiste.*) Vieux ; plus latin que français.

PRODITOIREMENT, adv. (*proditoareman*) (du lat. *proditor*, traître), t. de palais, en trahison.

PRODOMÉEN, subst. mas. (*prodomé-ein*), t. d'antiq., chez les anciens, dieux qui présidaient à la construction des édifices. On les appelait aussi *Prodomées.*

PRODOMIE, subst. fém. (*prodomi*), myth., surnom de Junon, qui avait, dans le territoire de Rome, un temple dont on attribuait la fondation à Phalcès, fils de Téménus.

PRODROME, subst. mas. (*prodrôme*) (du grec πρόδρομος, qui signifie proprement qui court devant, de προ, devant, et δρομος, course), préface, titre d'ouvrages, qui servent d'introduction à quelque grande étude. — T. de médec. employé dans le sens de précurseur, d'avant-coureur ; état d'indisposition, de malaise qui annonce la maladie.

PRODUCTE, subst. mas. (*produkte*), t. d'hist. nat., genre de coquilles fossiles qui se rapproche de celui des anomies.

PRODUCTEUR, subst. et adj. mas., au fém. **PRODUCTRICE** (*produkteur, trice*), qui *produit*, qui est cause de la *production* : *les producteurs et les consommateurs sont tous deux indispensables ; le soldat vit aux dépens du producteur.* — Adj. : *génie producteur; industrie productrice.*

PRODUCTIF, adj. mas., au fém. **PRODUCTIVE** (*produktif, tive*), qui *produit*, qui rapporte, qui est d'un bon *produit* : *terre productive.*

PRODUCTION, subst. fém. (*produkci-on*) (en lat. *productio*), action de *produire.* — Plus communément, ce qui est *produit*, ouvrage : *production de la nature, de l'art, de l'esprit.* — Ce que *produit* le sol et l'industrie du pays : *la production excède ordinairement la consommation.* — Au palais, titres et écritures qu'on *produit* dans un procès. — Action de les *produire : la production des pièces d'un procès.* — En t. d'anat., allongement, prolongation : *les productions ligamenteuses du genou.*—PRODUCTION, OUVRAGE. (*Syn.*) La *production* est l'ouvrage de la fécondité; l'*ouvrage* est le résultat du travail. La *production* sort du sein de la cause *productive;* l'*ouvrage* sort des mains de l'ouvrier industrieux. La *production* reçoit l'être ; l'*ouvrage* reçoit la forme.—L'arbre est une *production* de la terre; la charpente est un *ouvrage* formé de cette *production* par la façon qu'on lui a donnée. La terre, avec un germe, produit un arbre par sa fécondité propre ; le charpentier ne fait que façonner le bois que la terre a produit. — L'univers est la *production* d'une puissance infinie qui a donné à la matière ces formes merveilleuses et cette ordonnance si dignes d'admiration. — En mettant en œuvre les pensées d'autrui, on peut faire un *ouvrage ;* mais il faut créer pour donner ses *productions.*

PRODUCTIVE, adj. fém. Voy. PRODUCTIF.

PRODUCTRICE, subst. fém. Voy. PRODUCTEUR.

PRODUIRE, v. act. (*produire*) (en lat. *producere*), engendrer, donner naissance.— *La France a produit beaucoup de grands hommes, les* a vus naître dans son sein. — Faire naître, en parlant des fruits de la terre : *ces arbres produisent de beaux fruits, ce pays produit de l'or*, etc. — Donner, procurer de l'avantage, du revenu : *emploi qui produit tant par an.* — Faire créer en quelque sorte, en parlant des ouvrages de l'esprit et de l'art : *on n'a jamais produit rien de plus beau.* — En parlant du commerce, de l'agriculture et de l'industrie : *son commerce produit beaucoup*, rapporte beaucoup ; *telle manufacture produit beaucoup*, livre beaucoup à la consommation. — Être cause de... : *la guerre produit de grands maux.*—Exposer à la vue, à l'examen : *produire des titres, des pièces, des témoins.* En ce sens, il ne se dit guère qu'au palais — *Produire au greffe*, déposer au greffe les pièces du procès. — *Produire son autorité, des raisons*, énoncer une autorité, un texte, en preuve de ce qu'on dit ou de ce qu'on avance ; appuyer les raisons. — Introduire, faire connaître : *produire un homme dans le monde*, etc. — SE PRODUIRE, v. pron., s'avancer, se faire connaître d'une manière honorable.

PRODUIT, E, part. pass. de *produire.*

PRODUIT, subst. mas. (*produi*), ce que *produit* ou rapporte une terre, une ferme, une charge, etc. — *Produit net*, ce que rapporte un bien, une charge, tous frais faits. — En arithmétique, le résultat de deux nombres qu'on multiplie l'un par l'autre. — En chim., ce qui résulte d'une opération.

PROECTHÈSE, subst. fém. (*pro-éktèze*) (du grec πρo, devant, ἐx, de, et θεσις, thèse), figure de rhétorique qui consiste à marquer l'exposition d'une question.

PROÈDRE, subst. mas. (*pro-èdre*) (du grec πρoεδρος, président), t. d'antiq., chez les Athéniens, magistrat qui présidait le sénat.

PROÉMINÉ, part. pass. de *proéminer.*

PROÉMINENCE, subst. fém. (*pro-éminance*) (du latin *prominentia*), état de ce qui est *proéminent ;* saillie.

PROÉMINENT, E, adj. (*pro-éminan, nante*) (en latin *prominens*), qui est plus en relief que ce qui l'environne.

PROÉMINER, v. neut. Voy. PROMINER.

PRO-EMPTOSE, subst. fém. (*pro-anpetôze*) (du grec πρo, devant, ἐμπιπτω, je surviens), t. d'astron., équation lunaire pour empêcher que les nouvelles lunes ne soient annoncées trop tôt.

PRO-ÉPÉAL, subst. et adj. mas. (*pro-épé-al*) nom que M. *Geoffroy-Saint-Hilaire* donne à l'os *épéal*, situé à la quatrième pièce supérieure au delà du cycléal, dans les animaux chez lesquels les pièces vertébrales sont disposées en une seule série.

PROÉPIPLEXE, subst. fém. (*pro-épiplèkce*), figure de rhétorique qui désigne l'action de se reprendre soi-même.

PROÉPIZEUXE, subst. fém. (*pro-épizeukce*), t. de gramm., position d'un nom entre deux verbes.

PROÈPTES, subst. mas. pl. (*pro-èpete*) (du latin *præ*, devant, et *peto*, je marche), t. d'antiq., oiseaux dont les anciens consultaient le vol ou l'appétit.

PROETUS ou **PRÉTUS**, subst. propre mas. (*prétuce*), myth., fils d'Abas, roi d'Argos. Il fut presque toujours en guerre avec son frère Acrise, et ils se haïssaient mortellement dès le ventre de leur mère. Il eut plusieurs filles appelées *Prétides*, et fut pétrifié à l'aspect de la tête de Méduse, que Persée lui montra.

PROFANATEUR, subst. mas., au fém. **PROFANATRICE** (*profanateur, trice*) (du latin *profanator*), celui, celle qui *profane* quelque chose qu'il doit respecter, comme les choses saintes.

PROFANATION, subst. fém. (*profanâcion*) (en latin *profanatio*), action de *profaner*. — Abus des choses rares et précieuses.

PROFANATRICE, subst. fém. Voy. PROFANATEUR.

PROFANE, subst. et adj. des deux genres (*profâne*) (en lat. *profanus*, loin du temple), qui est contre la révérence due aux choses saintes : *discours, action profane.* — Il se dit des choses purement séculières par rapport à celles de la religion : *auteurs profanes, histoire profane*; et subst. mas. : *mêler le sacré avec le profane.* — Subst. des deux genres, celui qui n'est pas initié aux choses saintes. — Par extension, celui qui n'a point de respect pour les choses de la religion : *il parle des choses les plus saintes comme un profane.* — On dit en plaisantant : *c'est un profane*, il ne connaît rien aux matières que nous traitons, ou il n'est pas de notre société, nous n'en voulons point.

PROFANÉ, E, part. pass. de *profaner*.

PROFANÉMENT, adv. (*profanéman*), d'une manière *profane*.

PROFANER, v. act. (*profané*) (en lat. *profanare*), abuser des choses de la religion, les traiter avec irrévérence, les employer à des usages *profanes.* — Remettre à un usage *profane* : *le premier coup de marteau profane un calice.* — Faire un mauvais usage d'une chose rare et précieuse : *c'est profaner son talent que d'écrire de pareilles ordures.* — *se* PROFANER, v. pron.

PROFECTIF, adj. mas., au fém. PROFECTIVE (*proféktif, tive*) (en lat. *profectitius*), t. de palais, *bien profectif*, qui vient de nos parents ascendants.

PROFECTION, subst. fém. (*profékcion*), t. d'astrol., sorte de calcul. (*Boiste.*) Hors d'usage.

PROFECTIVE, adj. fém. Voy. PROFECTIF.

PROFÉRÉ, E, part. pass. de *proférer*.

PROFÉRER, v. act. (*proféré*) (en lat. *proferre*), dire, prononcer quelques mots; articuler : *telles furent les dernières paroles qu'il proféra*, qu'il prononça. — *se* PROFÉRER, v. pron.—PROFÉRER, ARTICULER, PRONONCER. (*Syn.*) *Proférer*, c'est prononcer des paroles à haute et intelligible voix. *Articuler*, c'est prononcer distinctement, ou marquer les syllabes en les liant ensemble. *Prononcer*, c'est exprimer ou faire entendre par le moyen de la voix.— L'homme seul *profère* des paroles, car seul il parle pour exprimer ses pensées. Quelques oiseaux *articulent* parfaitement des syllabes, des mots, et plusieurs de suite. La différence des climats et des habitudes fait que les habitants d'une région ne peuvent pas *prononcer* ce que d'autres prononcent avec une grande facilité. — En grammaire, *articuler* ne se prend que dans un sens physique, pour exprimer l'action de l'instrument vocal. *Proférer* n'a d'autre idée physique distincte, que celle de parler de manière à être entendu et compris, mais avec une idée morale d'intention et d'attention. *Prononcer* s'emploie en différents sens et avec des rapports divers, soit physiques, soit moraux. — Il y a des *articulations* fortes, et des *articulations* faibles; il y en a de labiales, de linguales, etc. Il ne suffit pas d'*articuler* distinctement; il faut bien *prononcer*, c'est-à-dire, faire sonner les mots, comme le font les gens les plus polis et les plus instruits. — On ne *profère* que tout haut; on *prononce* haut, bas, etc. — On dit *proférer* des formules, des blasphèmes, pour marquer le poids ou l'efficacité qu'on veut donner aux paroles. On dit *prononcer* un discours, *prononcer* un jugement, pour marquer la solennité de l'acte, l'autorité de la personne.

PROFÈS, subst. et adj. mas., au fém. PROFESSE (*profè, fèce*) (du lat. *professus, a*, qui a promis solennellement), religieux, religieuse qui a fait ses vœux.

PROFESSE, subst. et adj. fém. Voy. PROFÈS.

PROFESSÉ, E, part. pass. de *professer*.

PROFESSER, v. act. (*profécé*) (du lat. *profiteri*), avouer, faire *profession* de quelque art ou science : *professer la médecine.* — Enseigner quelque art ou science publiquement : *il professe les mathématiques*; on dit même absol. : *professer dans tel collége*; *il professe bien.*— *Professer une religion*, la pratiquer, l'avouer hautement.—*se* PROFESSER, v. pron.

PROFESSEUR, subst. mas. (*profécceur*) (du lat. *professor*), celui qui enseigne publiquement ou particulièrement quelque art ou science : *professeur de latin, de mathématiques.*—Prédicateur en parlant d'une doctrine particulière : *c'est un professeur d'impiété.*—Celui qui exerce un art dont il fait sa *profession* : *ce n'est pas un simple amateur, c'est bien un professeur de piano.* —Nous ne comprenons pas qu'on n'ait point encore osé créer le mot *professeuse* pour les femmes. Il est ridicule en parlant d'une femme de dire : *j'attends mon professeur*, car la personne à qui s'adresse cette phrase comprendra, sans aucun doute, qu'on entend parler d'un homme. Nous ne faisons ici que regretter de ne pas voir un fém. à *professeur*, et ne conseillons pas absolument de s'en servir; il faudrait pour cela s'armer d'un certain courage; et qui sait? le mot prendrait peut-être racine!

PROFESSION, subst. fém. (*profécion*) (du lat. *professio*), déclaration publique : *faire sa profession de foi.*—Etat, condition, métier : *embrasser, choisir une profession.*—Acte solennel par lequel un religieux ou une religieuse fait les vœux de religion.—Etat de *professeur*. C'est en ce sens que *Rollin* a dit (épître dédicatoire du *Traité des études*) : *après m'avoir fait passer par les différents degrés de la profession publique.* Cette acception ne paraît pas avoir été adoptée par l'usage.—*Faire profession d'impiété*, etc., se donner publiquement pour impie.—*Dévot de profession*, qui affecte de passer pour tel. — *Joueur, ivrogne de profession*, d'habitude.

ex **PROFESSO**, loc. adv. et toute latine (*èkceprofécéço*), qui signifie à fond, d'une manière complète : *traiter un sujet ex-professo.*

PROFESSOIRE, subst. mas. (*profécoare*), t. claustral, un an de *profession*. (Boiste.)

PROFESSOIREMENT, adv. (*profécoareman*), par état, avec utilité. (*Boiste.*)

PROFESSORAL, E, adj. (*profécoral*) qui appartient, qui a rapport à la qualité de *professeur* : *famille professorale*, dans laquelle il y a eu successivement *plusieurs professeurs.* — Au plur. mas., *professoraux*.

PROFESSORAT, subst. mas. (*profécora*), emploi, état, condition de *professeur*. — Durée de cette charge.

PROFIL, subst. mas. (*profile*) (nous ne pouvons nous empêcher de relever encore ici une trivialité, que nous lisons dans l'*Académie*, relativement à la prononciation de ce mot. « On prononce L, dit son *dictionnaire*; mais *elle n'est pas mouillée.* Pourquoi donc vouloir qu'on dise *péri-ie*, au lieu de *péril*, comme on dit *profil* et *fil?*) (du lat. *filum*, qui a été employé dans la même signification par *Lucrèce* et divers autres auteurs. *Ménage.*), trait, délinéation du visage d'une personne vue par un de ses côtés, soit en effet, soit en peinture : *tête, visage de profil; le profil de cet homme a un grand caractère.* Il est opposé à *face.* — Aspect ou représentation d'une ville ou de quelque autre objet, vu d'un de ses côtés seulement.—En archit., délinéation d'un bâtiment ou de quelqu'une de ses parties, représentés dans leur élévation comme coupés perpendiculairement.

PROFILÉ, E, part. pass. de *profiler*.

PROFILER, v. act. (*profilé*), représenter en *profil*. Il ne se dit guère que dans ce dernier sens : *profiler un entablement, une corniche.* En peinture on dit plus ordinairement *faire le profil de...*—*se* PROFILER, v. pron.

PROFIT, subst. mas. (*profi*) (en lat. *profectus*) gain, utilité, avantage qu'on tire de quelque chose.—On dit fam. : *c'est un profit tout clair.* Voy. UTILITÉ.—Progrès dans les sciences, dans la vertu.—*Profits et pertes*, dans la tenue des livres en partie double, compte au débit duquel on porte les charges du commerce, et dont le crédit contient les bénéfices éventuels de l'année. —*Habit*, etc., *fait à profit*, de manière à durer long-temps.

PROFITABLE, adj. des deux genres (*profitable*), utile, avantageux.

PROFITABLEMENT, adv. (*profitableman*), d'une manière *profitable*. (Boiste.)

PROFITÉ, part. pass. de *profiter*.

PROFITER, v. neut. (*profité*) (en lat. *proficere*), faire un gain, tirer un émolument : *il a beaucoup profité dans ce commerce, sur ces marchandises.* — Tirer avantage de... *profiter du temps, de l'occasion.* — Etre utile, servir : *les biens mal acquis ne profitent point.*—Faire du progrès : *profiter en vertu, en science.* — Croître, se fortifier : *cet enfant, cet arbre profite à vue d'œil.* — *Profiter de la dépouille de quelqu'un*, avoir sa dépouille. — *Faire profiter son argent*, le faire valoir, en tirer intérêt.

PROFITEROLE, subst. fém. (*profiterole*), pâte cuite sous la cendre.—On appelait *potage de profiterole*, un potage fait avec de petits pains sans mie, mitonnés et garnis de béatilles. Vieux et même hors d'usage.

PROFLUVION, subst. fém. (*profluvion*), sortie par écoulement. (*Boiste.*) Peu usité.

PROFOND, E, adj. (*profon, fonde*) (en lat. *profundus*), très-creux, dont le fond est éloigné de la superficie : *puits, abîme profond; rivière profonde.* — Fig. : 1° dont la connaissance est très-difficile : *cette science est trop profonde pour lui*; 2° en parlant des personnes, qui est d'une grande pénétration, d'une grande habileté : *homme, esprit, savoir profond.*—Grand, extrême en son genre, soit dans le physique, soit dans le moral : *profond silence, sommeil, respect; profonde mélancolie*, etc. — Fam. : *profonde révérence, profonde inclination*, faite en se courbant extrêmement bas.—Subst. mas., fond : *du profond des enfers.* Peu usité.

PROFONDÉMENT, adv. (*profondéman*), bien avant; d'une manière *profonde*.—Fam. : *saluer, s'incliner profondément*, très-bas.

PROFONDEUR, subst. fém. (*profondeur*) (du lat. *profunditas*), étendue d'une chose considérée depuis la superficie jusqu'au fond : *profondeur d'un précipice.*—En géom., dimension d'un corps considéré de haut en bas. On l'appelle autrement *hauteur.*—Fig : 1° impénétrabilité des jugements de Dieu; incompréhensibilité des mystères; 2° grandeur du savoir d'un homme; 3° étendue de son esprit; pénétration dans les sciences, etc. — Etendue en long : *cette cour a tant de profondeur.*

PROFONTIÉ, adj. mas. (*profoncié*), t. de mar., profond : *navire profontié*, qui tire beaucoup d'eau, à qui il en faut beaucoup pour qu'il flotte. Vieux.

PROFUS, E, adj. (*profu, fuze*), qui dépense avec *profusion*. (Boiste.) Inus.

PROFUSÉMENT, adv. (*profuzéman*) (du latin *profusè*), avec *profusion*.

PROFUSION, subst. fém. (*profuzion*) (du lat. *profusio*), excès de libéralité, de dépense : *donner avec profusion.* — *Donner des louanges à profusion*, les prodiguer, en donner plus qu'il ne convient.

PROGÉNIE, subst. fém. (*projéni*), race, lignée. Vieux et même hors d'usage.

PROGÉNITURE, subst. fém. (*projéniture*), les enfants. Vieux mot, qui ne se dit guère qu'en plaisantant.

PROGNÉ, subst. fém. (*proguené*) (en grec προγνη), hirondelle. — Subst. propre fém. Voy. PHILOMÈLE.

PROGNOSTIC. Voyez PRONOSTIC.

PROGNOSTICATION. Voyez PRONOSTICATION.

PROGNOSTIQUE. Voyez PRONOSTIQUE.

PROGNOSTIQUER. Voyez PRONOSTIQUER.

PROGRAMME, subst. mas. (*progueramе*) (du grec πρόγραμμα), placard qu'on affiche ou qu'on distribue pour inviter à quelque action publique. —*Programme des spectacles*, qui contient le nom des pièces que l'on donne dans différents théâtres, et la distribution des rôles.

PROGRÈS, subst. mas. (*prógueré*) (en lat. *progressus*), littéralement, avancement, mouvement en avant : *le progrès du soleil dans l'écliptique.* — Fig. : 1° suite d'avantages remportés à la guerre : *arrêter les progrès des ennemis*; 2° accroissement, augmentation en bien ou en mal : *les progrès d'une maladie ; faire des progrès dans les sciences*, etc.

PROGRESSEUR, subst. et adj. mas. (*progueréceur*), qui fait des *progrès*, qui se porte vers le mieux : *mouvement progresseur.*

PROGRESSIBILITÉ, subst. fém. (*proguerécibilité*), état d'un individu, d'une espèce, d'un peuple qui a de l'aptitude à se perfectionner.

PROGRESSIBLE, adj. des deux genres (*proguerécible*), qui a les qualités propres à devenir *progresseur*, qui est capable de *progrès*. Ces trois derniers mots sont nouveaux.

PROGRESSIF, adj. mas., au fém. PROGRESSIVE (*proguerécif, cive*), qui avance : *mouvement progressif.*—Qui fait des progrès : *la marche progressive des idées.*

PROGRESSION, subst. fém. (*proguerécion*) (en lat. *progressio*), mouvement qui porte en avant : *le mouvement de progression est surtout particulier aux animaux.*—Suite non interrompue des causes, des effets : *la progression de l'esprit humain.* — T. de rhét., accroissement de force et de grandeur dans le développement des idées.—T. de mathém., suite de termes en proportion continue, c'est-à-dire dont chacun est moyen entre celui qui le précède et celui qui le suit : *progression* proprement dite, *arithmé-*

tique, celle dans laquelle la différence de chaque terme est constante.—*Progression géométrique*, celle dans laquelle le rapport de chaque terme est constant. — *Progression indéfinie*, celle qui est essentiellement continuée.

PROGRESSIVE, adj. fém. Voy. PROGRESSIF.

PROGRESSIVEMENT, adv. (*proguerèciveman*), d'une manière *progressive*.

PROHERBE, subst. fém. (*pro-èrbe*), t. de bot., espèce de blé d'Abyssinie, qui donne une belle farine.

PROHIBÉ, E, part. pass. de *prohiber* et adj., qui est défendu : *armes prohibées*. — *Marchandise prohibée*, celle qu'il n'est pas permis de vendre. Voy. DÉFENDU. — *Degré prohibé*, degré de parenté auquel la loi défend de se marier.

PROHIBER, v. act. (*pro-ibé*) (en lat. *prohibere*), défendre, interdire, en style de chancellerie ou de palais. Voy. DÉFENDRE.—*se* PROHIBER, v. pron.

PROHIBITIF, adj. mas., au fém. **PROHIBITIVE** (*pro-ibitife*, *tive*), qui *prohibe*, qui défend, qui interdit : *loi prohibitive*.

PROHIBITION, subst. fém. (*pro-ibicion*) (en lat. *prohibitio*), défense. Voy. ce mot.

PROHIBITIVE, adj. fém. Voy. PROHIBITIF.

PROHIBITIVEMENT, adv. (*pro-ibitiveman*), d'une manière *prohibitive*.

PROIE, subst. fém. (*proé*) (en lat. *prœda*), ce que les animaux carnassiers ravissent pour manger. — *Oiseau de proie*, se dit des *oiseaux* qui chassent le gibier et qui s'en nourrissent.—Fig., butin fait à la guerre, etc.—Fig. : *être en proie à la médisance*, être déchiré par elle.—*Être en proie à ses passions*, y être livré. — PROIE, BUTIN. (*Syn.*) Le mot *proie* sert proprement à désigner ce que les animaux carnassiers ravissent et mangent, leur chasse. Le mot *butin* est proprement affecté à désigner ce qu'on a pris à la guerre ou sur l'ennemi, des dépouilles ; mais l'un et l'autre sont plus souvent employés dans des sens plus vagues : le premier, avec son idée distinctive de destruction ; le second, avec son idée caractéristique de pillage. — L'appétit féroce cherche une *proie* ; l'avide cupidité cherche du *butin*. L'animal carnassier court à sa *proie*, pour la déchirer et en faire sa pâture ; l'abeille diligente vole au *butin*, pour l'enlever et l'emporter dans sa ruche. Le chasseur poursuit sa *proie* ; le maraudeur fait du *butin*. Un édifice est en *proie* aux flammes qui le consument, le glanage est un *butin* que l'on ravit au propriétaire d'un champ, s'il ne le donne lui-même. — *Proie* se prend toujours dans un sens odieux ; il n'en est pas de même de *butin*.

PROJECTILE, subst. mas. et adj. des deux genres (*projèktile*) (du lat. *projicere*, jeter en avant ou loin, lancer), t. de mécan., corps pesant, jeté en l'air et abandonné à l'action de la pesanteur. — *Angle d'élévation du projectile*, l'angle qui fait la ligne de projection avec l'horizon.—En t. de guerre : balles, boulets, bombes, obus, etc. : *on lança contre la ville force projectiles*. —Adj. : *force, mouvement projectile*, de *projection*.

PROJECTION, subst. fém. (*projèkcion*) (du lat. *projectio*), en mécan., action d'imprimer du mouvement à un *projectile*, de jeter, de lancer un corps pesant. — En chimie, action de jeter à différentes reprises par cuillerée, dans un creuset posé sur un feu violent, certaines poudres qu'on veut calciner. Les alchimistes appellent *poudre de projection*, celle avec laquelle ils prétendent changer les métaux en or.—*Mouvement de projection*. — *Projection d'un point, d'une ligne, d'une surface*, le point, la ligne, etc., où le plan du tableau est coupé par le rayon visuel qui va du point, de la ligne, à l'œil. — *Projection de la sphère*, représentation des différents points de la surface de la sphère et des cercles qui y sont décrits. — Jet d'un métal en sable, en cire, etc. — En perspective, représentation ou apparence d'un objet sur le plan perspectif ou le tableau.

PROJECTURE, subst. fém. (*projèkture*) (du lat. *projectura*), t. d'archit., saillie, avance horizontale. Voy. SAILLIE.

PROJET, subst. mas. (*projé*) (en lat. *projectum*, sous-entendu *concilium*, dessein jeté en avant, conçu, formé), entreprise, dessein. — Première pensée de quelque chose par écrit : *j'ai lu le projet de son ouvrage*.— PROJET, DESSEIN. (*Syn.*) Le *projet* est un arrangement des moyens pour l'exécution d'un *dessein* ; le *dessein* est ce qu'on veut exécuter. — Le mot *projet* se prend aussi pour la chose même qu'on veut exécuter, ainsi que le mot *dessein* ; alors ces mots sont encore mieux synonymes. Toute la différence qu'il y a entre eux, c'est que *projet* regarde alors quelque chose de plus éloigné ; et *dessein*, quelque chose de plus près. On fait des *projets* pour l'avenir ; on forme des *desseins* pour le temps présent. Le premier est plus vague ; l'autre est plus déterminé. Le *projet* d'un avare est de s'enrichir ; son *dessein* est d'amasser.

PROJETÉ, E, part. pass. de *projeter*.

PROJETER, v. act. (*projeté*) (du lat. *projicere*, jeter en avant), former le *projet*, le dessein de.. : *projeter un voyage*, et neut. : *projeter de partir*, etc.—En t. de chim., faire la *projection* de quelque matière.— Tracer un corps sur une surface suivant certaines règles : *projeter des cercles sur la sphère*.—Jeter en avant : *l'ombre projette sur le gazon*. En ce sens, on se sert mieux du v. pron.—*se* PROJETER, v. pron., paraître en avant : *cette figure se projette dans le tableau*.

PROJETEUR, subst. mas., **PROJETEUSE**, subst. fém. (*projeteur*, *teuze*), qui forme des projets. —Ironiquement : *les projeteurs en tous genres tracent de beaux plans, démolissent, posent quelques fondements, et laissent tout là*.

PROJETEUSE, subst. fém. Voy. PROJETEUR.

PROLABI, subst. mas. (*prolabi-a*), le devant des lèvres. Peu en usage.

PROLAPSUS, subst. mas. (*prolapeçuce*) (mot latin), t. de médec., relâchement, chute d'une partie.

PROLATION, subst. fém. (*prolâcion*) (en latin *prolatio*), t. d'anc. mus., manière de déterminer la valeur des notes en partant de la brève.

PROLECTATION, subst. fém. (*prolèktâcion*), t. de médec., action de séparer les parties les plus fines d'un corps de celles qui sont plus grossières. Peu en usage.

PROLECTION, subst. fém. (*prolèkcion*), provocation agréable. (*Boiste*.) Inusité.

PROLÉGOMÈNES, subst. mas. plur. (*prolèguomène*) (du grec προλεγομενα, fait de προλεγω, je dis auparavant), longue et ample préface, qui contient les notions les plus nécessaires à l'intelligence des matières traitées dans un ouvrage. Il n'a guère d'usage qu'en parlant de la *Bible*, des traités de philosophie, etc.

PROLEPSE, subst. fém. (*prolèpece*) (du grec προληψις, anticipation), figure de rhét., par laquelle on prévient et l'on réfute d'avance les objections qu'on pourrait essuyer.

PROLEPTIQUE, adj. des deux genres(*prolèptike*) (du grec προληπτικος, qui anticipe) : *fièvre proleptique*, dont chaque accès revient un peu plus tôt que l'accès précédent. — *Année proleptique*, supposée au-delà des limites ordinaires de la chronologie.

PROLEPTIQUEMENT, adv. (*prolèpetikeman*), par *prolepse*, en prévenant les objections.

PROLÉTAIRE, subst. mas. (*prolétère*) (mot tiré du lat. *proletarius*, lequel, employé subst., désignait les citoyens pauvres de Rome qui ne fournissaient à la république que des enfants (*proles*) pour la guerre : eux seuls n'y allaient point) ; nom qu'on donne à la basse classe du peuple, c'est-à-dire à ceux qui n'ont ni fortune établie, ni profession fort lucrative. Cependant, on dit bien ironiquement : *prolétaire*, par opposition à *noble* et *riche* ; et alors, c'est de la classe du petit peuple en général qu'il est question.

PROLIFÈRE, adj. des deux genres (*prolifère*) (en lat. *proles*, race, lignée, et *fero*, je porte), t. de bot. ; se dit de la fleur du centre de laquelle s'élève un pédoncule qui porte une autre fleur.

PROLIFIQUE, adj. des deux genres (*prolifike*) (du lat. *proles*, et *facio*, je fais), qui est propre à la génération, qui accroît les forces génératrices : *remède prolifique* ; *semence*, *liqueur prolifique* ; *vertu prolifique*.

PROLIXE, adj. des deux genres (*prolikce*) (en lat. *prolixus*, formé de *laxus*, large, ample), qui a beaucoup d'étendue), diffus, trop long : *discours*, *auteur prolixe*.

PROLIXEMENT, adv. (*prolikceman*) (en latin *prolixè*), avec *prolixité*.

PROLIXITÉ, subst. fém. (*prolikcité*) (en latin *prolixitas*), longueur, diffusion du discours.

PROLOCUTEUR, subst. mas. (*prolokuteur*) (du latin *proloqui*, parler le premier). On appelle ainsi, en Angleterre, l'orateur ou président de chacune des deux chambres de la convocation, c.-à-d. des 2 chambres du clergé, haute et basse.

PROLOGIES, subst. fém. plur. (*proloji*) (du grec προ, avant, et λεγω, je cueille), myth., fêtes qu'on célébrait en Grèce avant de cueillir les fruits.

PROLOGUE, subst. mas. (*prologue*) (en grec προλογος, formé de προ, avant, et λεγω, le lis), préface de certains livres anciens.—Aujourd'hui, petit ouvrage en vers ou en prose qui sert de prélude à une pièce de théâtre. — Chez les anciens, acteur qui récitait le *prologue*.

PROLONGATION, subst. fém. (*prolonguâcion*), action de *prolonger*. —Temps ajouté à la durée fixe de quelque chose.

PROLONGE, subst. fém. (*prolonje*), cordage qui sert à tirer le canon dans une retraite ou quand une pièce est embourbée. On appelle même *prolonge*, un charriot à munition d'artillerie.

PROLONGÉ, E, part. pass. de *prolonger*.

PROLONGEMENT, subst. mas. (*prolonjeman*), extension, continuation de quelque portion d'étendue : *le prolongement d'une plaine*, *d'une ligne*.

PROLONGER, v. act. (*prolonjé*) (en lat. *prolongare*, dérivé de *longus*, long), faire durer plus long-temps, rendre de plus *longue* durée : *prolonger la vie*. — *Prolonger une ligne*, *une avenue*, les étendre, les continuer. — En t. de mar. : *prolonger un vaisseau*, le faire avancer contre un autre, le mettre flanc à flanc, vergue à vergue.—*se* PROLONGER, v. pron.

PROLUSION, subst. fém. (*proluzion*) (en latin *prolusio*, fait de *pro*, pour *prœ*, avant, et *ludere*, jouer), essai, prélude.—Annonce. (*Boiste*.) Vieux et même hors d'usage.

PROMACHIES, subst. fém. plur. (*promachi*), t. d'antiq., fêtes dans lesquelles les Lacédémoniens se couronnaient de roseaux.

PROMALACTÉRION, subst. mas. (*promalaktéri-on*) (en grec προμαλακτηριον, fait de προ, avant, et μαλακτηριον, dérivé de μαλασσω, j'amollis), t. d'antiq., sorte d'étuve qui précédait les bains chez les anciens, et où l'on se préparait le corps par des frictions, des parfums, etc., avant de se baigner.

PROMÉCOPSIDE, subst. mas. (*promèkopecide*), t. d'histoire nat., genre d'insectes de l'ordre des hémiptères.

PROME-CONDE, subst. mas. (*promekonde*), dépensier. (*Boiste*.) Vieux et entièrement hors d'usage.

PROMENADE, subst. fém. (*promenade*), action de se *promener* : *aller à la promenade*, *en promenade*. — Lieu où l'on se *promène* : *les promenades des environs de tel endroit sont charmantes*. — *Ce n'est qu'une promenade*, se dit lorsqu'il est question d'un lieu peu éloigné, d'un voyage fort court.

PROMENÉ, E, part. pass. de *promener*.

PROMENER, v. act. (*promené*) (en lat. *prominare*, employé par *Apulée* dans le sens de conduire, mener), mener çà et là pour cause d'agrément ou d'exercice : *promener un enfant*. — *Promener un cheval*, le faire marcher doucement, soit en le menant par la bride, soit même en le montant. — Au fig. : *promener ses esprits*, *ses regards sur*, etc., porter ses pensées, sa vue sur, etc. — *Promener quelqu'un*, lui faire des promesses qu'on ne tient jamais ou qu'on n'a pas l'intention de tenir.—*se* PROMENER, v. neut., faire quelque *promenade*, aller à pied ou en voiture, pour se divertir ou pour prendre de l'exercice. — On dit fig. qu'*un ruisseau se promène dans la plaine*, c'est-à-dire qu'il y coule, qu'il s'étend à travers la plaine. — *Allez-vous promener*, vous m'ennuyez ; retirez-vous.

PROMENEUR, subst. mas., **PROMENEUSE**, subst. fém. (*promeneur*, *neuze*), qui *promène* quelqu'un ; qui se *promène* ; qui aime à *se promener*.

PROMENEUSE, subst. fém. Voy. PROMENEUR.

PROMENOIR, subst. mas. (*promenoar*), lieu disposé pour qu'on *s'y promène*. Peu usité.

PROMÉROPS, subst. mas. (*promèropece*), t. d'hist. nat., oiseau de proie du Brésil.

PROMÉRUPE, subst. mas. (*promèrupe*), t. d'hist. nat., *promérops* huppé des Indes.

PROMESSE, subst. fém. (*promèce*) (en lat *promissio* ou *promissum*), assurance qu'on donne, engagement qu'on prend de faire ou de dire quelque chose.—*Se ruiner en promesses*, faire beaucoup de *promesses* qu'on n'a pas l'intention de tenir. — Billet sous seing privé, par lequel on *promet* de payer quelque somme d'argent. La *promesse* diffère du *billet* proprement dit, en ce que ce dernier est à l'ordre de celui auquel il est fait, et que la *promesse* n'est payable qu'à la personne en faveur de qui elle est souscrite.— *Promesse de mariage*, écrit par lequel on *promet* d'épouser une personne.

PROMÉTHÉE, subst. fém. (*promété*), plante fabuleuse des anciens.—Nom d'une constellation.
—Subst. propre mas., myth., fils de Japet et de Clymène. Suivant la fable, ce fut lui qui façonna le premier homme de terre et d'eau; il monta au ciel avec le secours de Pallas, et y déroba du feu pour les animer. Jupiter, irrité de ce vol, commanda à Mercure de l'attacher sur le mont Caucase, où un aigle et non un vautour mangeait son foie à mesure qu'il renaissait. Ce supplice dura jusqu'à ce qu'Hercule vînt l'en délivrer.

DU VERBE IRRÉGULIER PROMETTRE :
Promet, 3° pers. sing. prés. indic.
Promets, 2° pers. sing. impér.
Promets, précédé de *je*, 1re pers. sing. prés. indic.
Promets, précédé de *tu*, 2° pers. sing. prés. indic.
Promettaient, 3° pers. plur. imparf. indic.
Promettais, précédé de *je*, 1re pers. sing. imparf. indic.
Promettais, précédé de *tu*, 2° pers. sing. imparf. indic.
Promettait, 3° pers. sing. imparf. indic.
Promettant, part. prés.
Promette, précédé de *que je*, 1re pers. sing. prés. subj.
Promette, précédé de *qu'il* ou *qu'elle*, 3° pers. sing. prés. subj.
Promettent, précédé de *ils* ou *elles*, 3° pers. plur. prés. indic.
Promettent, précédé de *qu'ils* ou *qu'elles*, 3° pers. plur. prés. subj.
Promettes, 2° pers. sing. prés. subj.

PROMETTEUR, subst. mas., **PROMETTEUSE**, subst. fém. (*prométeur, méteuze*), qui promet beaucoup, trop légèrement, et qui n'a pas l'intention de tenir sa *promesse*.

PROMETTEUSE, subst. fém. Voy. PROMETTEUR.

DU VERBE IRRÉGULIER PROMETTRE :
Promettez, 2° pers. plur. impér.
Promettez, précédé de *vous*, 2° pers. plur. prés. indic.
Promettiez, précédé de *vous*, 2° pers. plur. imparf. indic.
Promettiez, précédé de *que vous*, 2° pers. plur. prés. subj.
Promettions, précédé de *nous*, 1re pers. plur. imparf. indic.
Promettions, précédé de *que nous*, 1re pers. plur. prés. subj.
Promettons, 1re pers. plur. impér.
Promettons, précédé de *nous*, 1re pers. plur. prés. indic.
Promettra, 3° pers. sing. fut. indic.
Promettrai, 1re pers. sing. fut. indic.
Promettraient, 3° pers. plur. prés. cond.
Promettrais, précédé de *je*, 1re pers. sing. prés. cond.
Promettrais, précédé de *tu*, 2° pers. sing. prés. cond.
Promettrait, 3° pers. sing. prés. cond.
Promettras, 2° pers. sing. fut. indic.

PROMETTRE, v. act. (*prométre*) (en lat. *promittere*, dérivé de *pro*, en avant, et *mittere*, envoyer), donner parole de vive voix ou par écrit, de faire, de dire : *il m'a promis de l'argent*; et non : *il m'a promis de venir*, etc. — Quelques-uns le disent pour assurer, mais ce dernier verbe se dit de tous les temps, et *promettre* ne regarde que le futur.—*Promettre beaucoup*, donner de soi de grandes espérances. — *Le temps promet de la pluie*, fait croire, annonce qu'il pleuvra. — *L'almanach promet du froid*, annonce, prédit qu'il fera froid.—Prov. : 1° il *promet monts et merveilles*, toute sorte de choses avantageuses; 2° *promettre plus de beurre que de pain*, plus qu'on ne veut ou qu'on ne peut tenir ; 3° *promettre et tenir sont deux*, il y a des gens qui *promettent*, mais qui ne tiennent pas ce qu'ils ont *promis*.—*Se ruiner à promettre, et s'enrichir à ne rien tenir*, faire beaucoup de *promesses* et ne pas les tenir.—*se* PROMETTRE, v. pron., espérer : *il se promet cela de votre bonté*.—Prendre une résolution : *se promettre de profiter des bons conseils*.

DU VERBE IRRÉGULIER PROMETTRE :
Promettre, 2° pers. plur. fut. indic.
Promettriez, 2° pers. plur. prés. cond.
Promettrions, 1re pers. plur. prés. cond.
Promettrons, 1re pers. plur. fut. indic.
Promettront, 3° pers. plur. fut. indic.
Prominues, 1re pers. plur. prét. déf.

PROMINÉ, part. pass. de *prominer*.

PROMINENCE, subst. fém. (*prominance*) (en lat. *prominentia*), avancement : *la prominence de la lèvre*. Vieux.

PROMINENT, E, adj. (*prominan, nante*) (en lat. *prominens*), qui s'élève au-dessus de ce qui l'environne : *montagne prominente*. Vieux.

PROMINENTE, subst. fém. (*prominente*), t. d'anat., dernière vertèbre cervicale.

PROMINER, v. neut. (*prominé*) (en lat. *prominere*), s'élever au-dessus de... : *ce rocher promine sur les autres*.

Promirent, 3° pers. plur. prét. déf. du v. irrég. PROMETTRE.

PROMIS, E, part. pass. de *promettre*, et adj. : *la terre promise*, celle de Chanaan *promise* par Dieu au peuple hébreu.—On appelle fig. : *terre promise*, un pays riche et agréable. — Prov. : *chose promise, chose due*, on doit faire ce qu'on a *promis*, il y a obligation rigoureuse. Voyez PROMISSION.

DU VERBE IRRÉGULIER PROMETTRE :
Promis, précédé de *je*, 1re pers. sing. prét. déf.
Promis, précédé de *tu*, 2° pers. sing. prét. déf.

PROMISCU, E, adj. (*promisceku*) (en lat. *promiscuus*), mêlé, confus. (Boiste.) Presque inusité.

PROMISCUEMENT, adv. (*promicekuman*), t. didactique, confusément, d'une manière confuse. Presque inusité.

PROMISCUITÉ, subst. fém. (*promiceku-ité*) (en lat. *promiscuitas*), mélange, confusion.

DU VERBE IRRÉGULIER PROMETTRE :
Promisse, précédé de *je*, 1re pers. sing. imparf. subj.
Promissent, 3° pers. plur. imparf. subj.
Promisses, 2° pers. plur. imparf. subj.
Promissiez, 3° pers. plur. imparf. subj.

PROMISSEUR, subst. mas. (*promiceur*), t. d'astrol., astre, point du ciel qu'on observe. (Boiste.) Hors d'usage.

PROMISSION, subst. fém. (*promicion*) ; il ne se dit qu'avec terre dans cette phrase, *la terre de promission* ou *la terre promise*, la terre de Chanaan que Dieu avait *promise* au peuple hébreu. —Fig. et fam. : *ce pays est une terre de promission*, il est très-fertile et très-abondant.

DU VERBE IRRÉGULIER PROMETTRE :
Promissions, 1re pers. plur. imparf. subj.
Promit, précédé de *il* ou *elle*, 3° pers. sing. prét. déf.
Promit, précédé de *qu'il* ou *qu'elle*, 3° pers. sing. imparf. subj.
Promîtes, 2° pers. plur. prét. déf.

PROMITOR, subst. propre mas. (*promitor*), myth., dieu des Romains, qui présidait aux dépenses.

PROMONTOIRE, subst. mas. (*promontoare*) (en lat. *promontorium*), t. de géogr. anc.; dans la moderne, on dit : *cap*, terre qui avance dans la mer : *doubler un promontoire*. Voy. CAP.

PROMOTEUR, subst. mas., **PROMOTRICE**, subst. fém. (*promoteur, trice*) (en lat. *promotor*), celui, celle qui prend le soin principal d'une affaire : *il est promoteur de cet établissement*. — Celui qui donne la première impulsion à quelque chose : *il a été le promoteur de toute cette querelle*.—Celui qui fait fonction de procureur d'office dans une juridiction ecclésiastique : *promoteur de l'officialité*, etc.

PROMOTION, subst. fém. (*promocion*) (en latin *promotio*), élévation aux charges, aux dignités ; action par laquelle on élève ou on est élevé à une dignité : *le pape a fait une promotion de six cardinaux* ; *depuis sa promotion à la pairie*.

PROMOTRICE, subst. fém. Voy. PROMOTEUR.

PROMOUVOIR, v. act. (*promouvoar*) (du latin *promovere*, employé, dans le même sens, par Pline, etc., et qui signifie proprement *pousser en avant, faire avancer* ; *racines*, *pro*, en *movere*, mouvoir), élever à quelque dignité : *il a été promu à la pairie*. Il se dit principalement d'un ordre, d'une dignité ecclésiastique : *il fut promu à la dignité de cardinal*. Ce verbe n'est guère usité qu'à l'infinitif et aux temps composés.

PROMPT, E, adj. (*pron, pronte*) (du latin *promptus*, part. pass. de *promere*, tirer, mettre au-dehors), qui ne perd pas de temps, soudain, qui ne tarde pas long-temps : *prompt retour, prompte réponse*. — En parlant des personnes, 1° actif, diligent ; *il est prompt en tout ce qu'il fait* ; prompt à servir ses amis. Voy. DILIGENT ; 2° colère : *il est prompt* ; *il a l'humeur prompte*. — Avoir la main prompte, être toujours prêt à frapper.— Avoir l'esprit prompt, la conception vive et prompte, avoir un esprit qui conçoit et comprend aisément.—*Vin prompt à boire*, vin qui se boit dans la primeur.

PROMPTEMENT, adv. (*pronteman*) (du latin *prompté*), avec promptitude, diligence.

PROMPTITUDE, subst. fém. (*prontitude*) (du lat. *promptus, prompti*), célérité, vitesse, diligence : *servir, agir avec promptitude*.—*Promptitude d'esprit*, facilité d'esprit à concevoir.—Colère, emportement : *sa promptitude ne dure pas*. Peu usité dans cette acception.—Au plur., actes de brusquerie. Il est bien peu usité en ce sens; on ne dit guère : *ses promptitudes sont insupportables*, mais bien : *sa promptitude est insupportable*. — PROMPTITUDE, CÉLÉRITÉ, VITESSE, DILIGENCE. (Syn.) La *promptitude* fait commencer aussitôt ; la *célérité* fait agir de suite ; la *vitesse* emploie tous les moments avec activité ; la *diligence* choisit les voies les plus courtes et les moyens les plus efficaces. — La *promptitude* exclut les délais ; la *célérité* ne souffre point d'interruption ; la *vitesse* est ennemie de la lenteur ; la *diligence* met tout à profit et fuit les longueurs.—Il faut obliger avec *promptitude*, faire ses affaires avec *célérité*, courir avec *vitesse* au secours des malheureux, et travailler avec *diligence* à sa propre perfection.

PROMPTUAIRE, subst. mas. (*pronpetuère*), texte abrégé du droit : un *promptuaire de droit*.

PROMPTU (*in*), subst. mas. Voy. IMPROMPTU.

PROMU, E, part. pass. de *promouvoir*.

PROMULGATION, subst. fém. (*promulegudcion*) (en lat. *promulgatio*), publication de lois faite avec les formalités requises.

PROMULGUÉ, E, part. pass. de *promulguer*.

PROMULGUER, v. act. (*promulgué*) (en latin *promulgare*, mettre devant le peuple), publier une loi avec les formalités requises, et qui doivent la rendre exécutoire. — *se* PROMULGUER, v. pron.

PROMULSIS, subst. mas. (*promulecice*) (mot latin), t. d'antiq., nom qu'on donnait quelquefois chez les Romains au premier service de leurs repas, parce qu'on y buvait du vin miellé (en lat. *mulsum*).

PROMYLÉES, subst. fém. plur. (*promilé*), myth., divinités placées au-devant des môles des ports, auxquelles on adressait ses vœux pour un heureux retour.

PRON., abréviation des mots *pronom* ou *pronominal*.

PRONAIA, subst. propre fém. (*prona-i-a*), myth., statue de Minerve, que l'on plaçait au-devant des temples.

PRONAOS, subst. mas. (*prona-òce*), mot grec qui signifiait vestibule, ou portique d'un temple. Hors d'usage.

PRONATEUR, subst. et adj. mas. (*prônateur*) (du latin *pronare*, pencher, incliner), t. d'anat. : *muscles pronateurs*, ceux qui font que la paume de la main se tourne vers la terre.

PRONATION, subst. fém. (*prônacion*) (du lat. *pronare*, pencher), t. d'anatomie : *mouvement de pronation*, celui par lequel on tourne la main, de manière que la paume soit tournée vers la terre. Fort peu usité.

PRONAÜS, subst. propre mas. (*pronà-uce*), myth., surnom de Mercure dont la statue était placée à l'entrée du temple d'Apollon. Voyez PRONAIA.

PRÔNE, subst. mas. (*prône*) (suivant Saumaise, Nicot, Ménage, etc., du lat. *praeconium*, proclamation, publication, et aussi louange, éloge), instruction qu'un curé ou celui qu'il commet à sa place, fait aux fidèles à la messe de paroisse, chaque dimanche. — *Recommander quelqu'un au prône*, faire des prières pour lui, après ou avant le *prône*; engager les fidèles à faire des prières pour quelqu'un.—Fig. et fam., remontrance importune : *il lui a fait un beau prône*. Peu usité dans cette dernière acception.

PRÔNÉ, E, part. pass. de *prôner*.

PRÔNÉE, subst. fém. (*prôné*), t. d'hist. nat., genre d'insectes de l'ordre des hyménoptères.

PRÔNER, v. act. (*prôné*), vanter, louer avec exagération. — Faire de longs discours, d'ennuyeux récits : *que nous prônes-vous là?* et prôner *le long du jour*. — L'Académie nous dit que *prôner* signifie *faire le prône*. Il est vrai que *prôner* a été jadis employé dans ce sens; mais depuis bien long-temps on ne le dit plus. — *se* PRÔNER, se vanter, v. pron.

PRONERVATION, subst. fém. (*pronèrevâcion*), t. d'anat., expansion tendineuse; un tendon. Peu usité.

PRÔNEUR, subst. mas., **PRÔNEUSE**, subst. fém. (*prôneur, neuze*), celui, celle qui loue avec excès. — Grand parleur, grande parleuse, qui aime à faire des remontrances : *c'est un prôneur éternel.* — *Prôneur* ne se dit plus de celui qui fait un *prône*; ainsi, on ne dit pas d'un curé que *c'est un excellent prôneur.* Voyez notre observation au mot PRÔNER.

PRÔNEUSE, subst. fém. Voy. PRÔNEUR.

PRONOÉ, subst. mas. (*prôno-é*), t. d'hist. nat., genre de papillons de la famille des diurnes. — Subst. propre fém., myth., nymphe, fille de Nérée et de Doris.

PRONOM, subst. mas. (*pronon*) (en lat. *pronomen*, fait de *pro nomine*, avant le nom), t. de gramm., mot ou expression abrégée qui tient la place d'un nom qu'on ne saurait répéter continuellement. Il y a plusieurs sortes de *pronoms*. Voy. notre *Grammaire générale*.

PRONOMINAL, E, adj. (*pronominale*), qui appartient au *pronom*. — *Verbe pronominal*, qui se conjugue avec deux *pronoms* de la même personne, *je me promène, tu te promènes.* — On dit quelquefois subst. au mas. : *un pronominal*, pour, *un mot, un verbe pronominal.*—Au plur. mas., *pronominaux.*

PRONOMINALEMENT, adv. (*pronominaleman*), en *pronom*; d'une manière *pronominale*, ou encore, comme *verbe* ou *mot pronominal.*

PRONOMINAUX, adj. mas. plur. Voy. PRONOMINAL.

PRONONCÉ, E, (*prononcé*), part. pass. de *prononcer*, et adj.—En peinture, *muscles bien prononcés, trop prononcés*; muscles bien ou trop marqués, représentés. — *Traits prononcés*, bien décidés, bien marqués. — On le dit au fig. du caractère dans les ouvrages d'esprit, des opinions: *il a un caractère prononcé qui lui nuit souvent.* — Subst. mas., t. de palais : *le prononcé d'un jugement*, ce qui a été *prononcé* par jugement ou arrêt.

PRONONCER, v. act. (*prononcé*) (en lat. *pronuntiare*), articuler les lettres, les syllabes dans les mots : *prononcer distinctement*, etc. — Réciter : *prononcer un discours ; tel orateur prononce bien*, il a de la dignité dans sa diction, dans son débit. — Déclarer avec autorité juridique : *prononcer un jugement.* — Fig. : *cet homme a prononcé sa sentence, sa condamnation*, il s'est condamné par ses propres paroles. — Par extension et entre particuliers, déclarer ses sentiments, décider, ordonner. En ce sens il est neutre : *vous n'avez qu'à prononcer.* — En peinture, marquer plus ou moins fortement les muscles, etc. : *ce peintre prononce trop les muscles de ses figures.*—*se* PRONONCER, v. pron., manifester son sentiment; énoncer énergiquement ses intentions.

PRONONCIATION, subst. fém. (*prononci-âcion*) (en lat. *pronunciatio*), articulation des lettres, des syllabes dans les mots. — Manière de réciter, de *prononcer* : *la prononciation est une des principales parties de l'orateur.* — Action de *prononcer* un jugement : *après la prononciation de la sentence*, etc.

PRONOPIOGRAPHE, subst. mas. (*pronopi-oguerafe*) (du grec προνωπιον, ce qui se présente à la vue, et γραφω, je décris), instrument dont on se sert pour dessiner ce que l'on a devant soi. Presque inusité.

PRONOPIOGRAPHIE, subst. fém. (*pronopi-oguerafi*) (même étym. que celle du mot précéd.), art, action de dessiner ce que l'on a devant soi. Presque inusité.

PRONOPIOGRAPHIQUE, adj. des deux genres (*pronopi-oguerafike*), qui appartient, qui est relatif à la *pronopiographie.*

PRONOSTIC, subst. mas., que l'on devrait peut-être écrire **PROGNOSTIC**, à cause de l'étymologie (*pronocetike*) (en grec προγνωστικον, formé de προ, auparavant, et γινωσκω, je juge, je connais), jugement et conjecture sur ce qui doit suivre un événement, par les signes qui l'ont précédé ou qui l'accompagnent.— En physique, sorte d'instrument météorologique propre à indiquer le temps qu'il fera. — Signes et marques d'après lesquels on conjecture ce qui doit arriver : *ce malheur fut le pronostic de sa chute.* Jugement que les astrologues tiraient de l'inspection des signes célestes : *les astrologues du temps firent de grands pronostics à ce sujet.*

PRONOSTICATION, subst. fém. (*pronocetikâcion*), action de *pronostiquer.* Peu en usage.

PRONOSTIQUE, adj. des deux genres (*pronocetike*), t. de médec., se dit des signes d'après lesquels on prévoit ce qui arrivera d'heureux ou de fâcheux dans le cours d'une maladie et quelle en sera l'issue. Peu en usage.

PRONOSTIQUÉ, E, part. pass. de *pronostiquer.*

PRONOSTIQUER, v. act. (*pronocetikié*), faire un *pronostic*, prédire. — *se* PRONOSTIQUER, v. pron.

PRONOSTIQUEUR, subst. mas., **PRONOSTIQUEUSE**, subst. fém.(*pronocetikieur, kieuze*), qui *pronostique.*

PRONOSTIQUEUSE, subst. fém. Voy. PRONOSTIQUEUR.

PRONUBA, subst. propre fém. (*prônubâ*), myth., surnom donné à Junon comme déesse tutélaire des mariages.— T. d'antiq., nom que l'on donnait, chez les anciens Romains, à une femme qui, dans les cérémonies nuptiales, prenait un soin particulier de la nouvelle mariée. Voy. PRONUBIENNES.

PRONUBIENNES, adj. fém. plur. Voy. PRONUBIENS.

PRONUBIENS, adj. mas. plur., au fém. **PRONUBIENNES** (*prônubiein , biène*); s'est dit d'hommes et de femmes qui, chez les anciens, conduisaient la nouvelle mariée au domicile de son mari.

PROODIQUE, subst. et adj. mas. (*prô-odike*), t. de littérature, se dit des grands vers, lorsqu'un plus petit les suit, et termine la strophe ou le couplet. Vieux; on ne pourrait s'en servir aujourd'hui sans l'expliquer.

PROPAGANDE, subst. fém. (*propaguande*), congrégation établie à Rome pour la *propagation* de la foi. On la nommait en lat. *congregatio de propagandâ fide.* — Espèce d'association ayant pour but de *propager* les principes et les mouvements révolutionnaires. On appelle ses membres *propagandistes.*

PROPAGANDISME, subst. mas. (*propaguandiceme*), système, doctrine de la *propagande*; principes des *propagandistes.*

PROPAGANDISTE, subst. mas. (*propaguandicete*), membre d'une *propagande.*

PROPAGATEUR, subst. mas., **PROPAGATRICE**, subst. fém. (*propaguateur, trice*) (en lat. *propagator*), qui opère la *propagation de...*; qui *propage...*

PROPAGATION, subst. fém. (*propaguâcion*) (en lat. *propagatio*), multiplication par le moyen de la génération, ou la reproduction : *propagation du genre humain ; la propagation de l'espèce.* — Extension, accroissement, progrès : *la propagation de la foi.* — On dit, en physique, dans le même sens : *la propagation de la lumière , du son*, c'est la manière dont la lumière et le son se produisent.

PROPAGATRICE, subst. fém. Voyez PROPAGATEUR.

PROPAGÉ, E, part. pass. de *propager.*

PROPAGER, v. act. (*propajé*) (en lat. *propagare*, employé dans la même acception, et qui signifie proprement provigner, faire des provins, dérivé de *pangere*, ficher, enfoncer, planter), étendre, augmenter, répandre, faire croître : *propager la foi , l'erreur, la vérité, les lumières*, etc. — *se* PROPAGER, v. pron., t. de phys., se répandre : *la lumière se propage en ligne droite, et le son en tous sens.*

PROPAGINE, subst. fém. (*propajine*), t. de bot., corpuscule séminal des mousses.—Au plur., corpuscules par lesquels les cryptogames se reproduisent.

PROPAGULE, subst. fém. (*propagule*), t. de bot., *propagine.*

PROPATHIE, subst. fém. (*propati*) (du grec προ, avant, et παθος, maladie), t. de médec., symptômes qui précèdent, qui annoncent une maladie.—Maladie primitive.— Incubation morbide. Peu usité.

PROPATHIQUE, adj. des deux genres (*propatike*), qui a rapport, qui appartient à la *propathie.*

PROPATRIA, subst. mas. (*prôpatriâ*), sorte de papier que l'on fabrique en Hollande.

PROPÉDEUMATES, subst. mas. plur. (*propédeumate*), rudiments des sciences ou premières notions qu'il faut acquérir dans les sciences. Hors d'usage.

PROPEMPTIQUE, adj. des deux genres (*propanpetike*) (du grec προ, avant, et πεμπω, j'envoie), s'est dit d'une pièce de vers en l'honneur d'une personne qui s'éloigne. Peu usité.

PROPENSION, subst. fém. (*propancion*) (du lat. *propensio*, fait de *propendere, pendere pro*, pencher sur le devant, et au figuré, pencher, incliner pour...), pente naturelle des corps pesants vers le centre de la terre. Il est peu usité au propre.—Fig., inclination, penchant : *il a de la propension au bien , au mal.*

PROPHÈTE, subst. mas., **PROPHÉTESSE**, subst. fém. (*profète, fétèce*) (du grec προφητης), chez les anciens, ministre chargé d'interpréter, et surtout de rédiger par écrit les oracles des dieux : *les faux prophètes.*—Dans une acception plus usitée, celui, celle qui *prophétise*, qui prédit l'avenir. Il s'est dit de certains devins adonnés au culte des faux dieux, parmi les gentils : *le prophète Balaam.* Voy. DEVIN. — En style de l'Ecriture-Sainte, celui qui, par inspiration de Dieu, prédisait les vérités cachées aux hommes : *les prophètes ont annoncé Jésus-Christ.* — On a appelé *grands prophètes*, les *prophètes* Isaïe, Jérémie, Daniel et Ézéchiel; et *petits prophètes*, les autres *prophètes* de l'ancien Testament, qui sont au nombre de douze. — *Le prophète*, titre que les musulmans donnent à Mahomet. — Le *prophète-roi*, David. — Fam. : 1° *faux prophète*, celui qui se trompe dans ses prédictions; 2° *prophète de malheur*, celui qui n'annonce que des choses désagréables.—*Vous avez été bon prophète*, vous aviez prédit, par conjecture, par hasard, juste ce qui est arrivé.—Prov. : *nul n'est prophète en son pays*, on est ordinairement moins considéré dans son pays qu'ailleurs. — *Voici la loi et les prophètes*, ce que je vous dis, les preuves que je vous offre, les écrits dont il est question font autorité dans les circonstances dont il s'agit.

PROPHÉTESSE, subst. fém. (*profétèce*), celle qui prédit l'avenir par inspiration divine, ou par charlatanisme, comme les prétendus devins.— Voy. PROPHÈTE.

PROPHÉTIE, subst. fém. (*proféci*) (en grec προφητεια, formé de προ, auparavant, et φημι, dire), prédiction des choses futures par inspiration divine. — Chose *prophétisée* : *ma prophétie s'est accomplie.* — Prédictions de prétendus savants qui abusent les ignorants : *les prophéties de Nostradamus.* — *Prophéties d'Isaïe, d'Ézéchiel*, recueil des *prophéties* faites par ces *prophètes.*

PROPHÉTIQUE, adj. des deux genres (*profétike*), qui est d'un *prophète*; qui tient du *prophète* : *discours prophétique.*

PROPHÉTIQUEMENT, adv. (*profétikeman*), d'une manière *prophétique*, en *prophète.*

PROPHÉTISÉ, E, part. pass. de *prophétiser.*

PROPHÉTISER, v. act. (*profétizé*) (du grec προφητευω, προφητευειν), prédire l'avenir par inspiration divine. — Fam., prévoir et prédire quelque chose. — *se* PROPHÉTISER, v. pron.

PROPHÉTISME, subst. mas. (*proféticeme*), état, qualité, fonctions, opinions, système d'un *prophète.*

PROPHTASIE, subst. fém. (*profetazi*), t. d'antiq., sorte de fête que les habitants de Cumes célébraient tous les ans.

PROPHYLACTICE, subst. fém. (*profilaktice*) (du grec προ, devant, et φυλασσω, je garde), antidote, contre-poison. (*Boiste*, qui le donne du reste comme inusité.) Voy. le mot suivant.

PROPHYLACTIQUE, subst. fém. et adj. des deux genres (*profilaktike*) (en grec προφυλακτικη), t. de médec., art de conserver la santé; la même chose qu'*hygiène.*—Adj.: *remède prophylactique*, qui entretient la santé.

PROPHYLAXIE, subst. fém. (*profilakci*) (en grec προφυλαξ), t. de médec., médecine préservative; synonyme de *prophylactique.* Voy. ce mot.

PROPICE, adj. des deux genres (*propice*) (du lat. *propitius*), favorable. Il se dit de la divinité, et sous le rapport de l'humanité, de toute autorité, de toute puissance qui peut faire notre bonheur ou notre malheur : *ô Dieu ! soyez-nous propice; les inculpés doivent toujours tendre à se rendre leurs juges propices; la vertu des grands rois consiste surtout à se montrer propices envers tous les malheureux.* — *Propice* se dit encore des choses naturelles, ou des circonstances qui sont dépendantes de la nature : *avoir un temps propice; tout lui a été propice; nous entrâmes dans le port par un temps propice.*

PROPINATION, subst. fém. (*propinâtion*) (du grec προπίνω, je bois avant), le premier coup que l'on buvait dans les repas, chez les anciens ; c'était ordinairement d'une liqueur composée de miel écumé et de vin.—Débauche bachique. Peu usité.

PROPINE, subst. fém. (*propine*), t. de chancellerie à Rome, droit payé au cardinal protecteur, pour les bénéfices conférés.

PROPITIATION, subst. fém. (*propici-âcion*) (en lat. *propitiatio*); il ne se dit guère que dans la locution : *sacrifice de propitiation*, qui s'offre pour l'expiation des péchés. On dit cependant aussi fort bien : *victime de propitiation*.

PROPITIATOIRE, adj. des deux genres (*propici-atoare*) (du lat. *propitiatorius*), qui sert à rendre *propice* : *sacrifice propitiatoire*.—Subst. mas., table d'or qui était posée au-dessus de l'arche.

PROPLASTIQUE, adj. des deux genres (*proplacetike*) (du grec πρό, avant, et πλαστικός, qui concerne les ouvrages d'argile); *art proplastique*, art de faire des moules pour des statues.

PROPOLIS, subst. fém. (*propolice*) (du grec πρό, devant, et πόλις, la ville), cire rouge que les abeilles emploient pour boucher les fentes de leurs ruches. Peu en usage.

PROPORTION, subst. fém. (*proporcion*) (en lat. *proportio*), convenance et rapport des parties entre elles et avec leur tout : *il faut qu'il y ait de la proportion entre toutes les parties qui composent un tableau.* — *Cette statue n'est pas en proportion avec l'édifice*, ne répond pas par sa grandeur à la dimension de l'édifice.—Dimension : *réduire quelque chose à de petites proportions.* — En math., comparaison de deux rapports égaux entre eux : *proportion arithmétique* ou *par différence; proportion géométrique*, ou *par quotient*, etc. — On appelle *proportion continue*, celle dans laquelle le moyen terme est conséquent du premier rapport, et antécédent du second ; *proportion harmonique*, le rapport de trois nombres, etc., tels que le premier soit au troisième comme la différence du premier et du second est à la différence du second et du troisième. On l'appelle aussi *règle de trois*.—*Compas de proportion*, instrument composé de deux règles plates qui s'ouvrent et se ferment comme un compas, lequel sert à diverses opérations de géométrie. — Convenance que toute sorte de choses ont les unes avec les autres : *il n'y a nulle proportion de sa dépense avec son revenu.* — *A proportion, en proportion, par proportion*, loc. adv., par rapport à... ; selon : *on le paiera à proportion de ce qu'il aura fait.*—Employé sans régime, selon les forces de chacun, selon le besoin ou les qualités des choses, etc. : *cent pièces d'artillerie, et de la poudre à proportion.*—*Proportion gardée*, loc. adv., en tenant compte de la différence relative des personnes ou des choses.

PROPORTIONNALITÉ, subst. fém. (*proporcionalité*), rapport des qualités qui sont en *proportion*.

PROPORTIONNÉ, E, part. pass. de *proportionner*. — *Une figure bien proportionnée* est celle dont toutes les parties ont entre elles les rapports qu'elles doivent avoir.

PROPORTIONNEL, adj. mas., au fém. **PROPORTIONNELLE** (*proporcionèle*), qui a rapport à une *proportion* : *parties proportionnelles*, *échelle proportionnelle.* — *Lignes proportionnelles*, qui sont en *proportion* entre elles. — *Quantités proportionnelles*, quantités soit linéaires, soit numériques, qui ont entre elles le même rapport. — Subst. fém. : *une proportionnelle*, une grandeur de *proportion*; *les deux proportionnelles*.

PROPORTIONNELLE, subst. et adj. fém. Voy. PROPORTIONNEL.

PROPORTIONNELLEMENT, adv. (*proporcionèleman*), d'une manière *proportionnelle.* — avec *proportion* : *réduire un plan proportionnellement.*—L'*Académie* semble vouloir réserver *proportionnellement* au terme de mathématiques; il faut ici se conformer à sa décision.

PROPORTIONNÉMENT, adv. (*proporcionéman*), avec *proportion*, par rapport à : *proportionnément à son mérite.*

PROPORTIONNER, v. act. (*proporcioné*), observer la *proportion* convenable, faire qu'il y ait de la *proportion* entre les choses. — **SE PROPORTIONNER**, v. pron.

PROPOS, subst. mas. (*propô*) (du lat. *propositum*, chose proposée), discours, entretien : *propos de table, de simple conversation.*—Vains discours : *ce sont là des propos.* Paroles malignes : *il lui tient de mauvais propos.*—Proposition : *jeter des propos d'accommodement.* Ce terme est vieux dans cette acception.—Résolution : *faire un ferme propos de s'amender.*—*Propos interrompus*, conversation sans suite.—*De propos délibéré*, locution adv., à dessein. —*A propos*, loc. adv., 1° dans l'occasion, le moment et le temps favorable; 2° d'une manière juste et convenable : *on n'a pas jugé qu'il fût à propos*, qu'il fût juste, convenable. — On dit quelquefois subst., au mas. : *l'à-propos* : *le grand mérite de ce qu'il dit tient à l'à-propos* : *l'à-propos fait le mérite de tout, donne du prix à tout*, les choses ont d'autant plus de mérite, d'autant plus de prix, qu'elles sont mieux placées. — Fam. : *à propos*, sorte de transition qui se met à la tête de la phrase, et qui sert à passer d'un sujet à un autre avec lequel il a quelque rapport.— *A propos* est aussi une manière de parler dont on se sert dans le discours familier, lorsqu'on vient à parler de quelque chose dont on se souvient subitement.—*A propos, j'oubliai de vous dire l'autre jour...*—*A propos de rien*, et prov. : *à propos de botte*, sans aucun rapport à ce qui a précédé ; sans sujet.—*Hors de propos, mal à propos*, à contre-temps.—*A tort et mal à propos*, formule judiciaire dont on se sert en matière d'amende honorable ou de réparation d'honneur : *il reconnut que c'était à tort et mal à propos qu'il avait parlé de la sorte.*—*A tout propos*, en toute occasion.

PROPOSABLE, adj. des deux genres (*propôzable*), qui peut être *proposé* : *un arrangement proposable.*

PROPOSANT, subst. mas. (*propôzan*), jeune théologien de la religion réformée, qui étudie pour être pasteur. — Adj. mas., qui *propose*; il ne se dit guère que dans cette locution : *cardinal proposant*, cardinal établi pour recevoir la profession de ceux qui sont nommés à des évêchés en pays d'obédience, et pour les *proposer* aux autres cardinaux.

PROPOSÉ, E, part. pass. de *proposer*.

PROPOSER, v. act. (*propôzé*) (en lat. *proponere*), mettre quelque chose en avant pour l'examiner ou pour en délibérer. — *Proposer un sujet*, le donner à traiter. — Offrir, promettre : *proposer un prix, une récompense.* — *Proposer quelqu'un pour une charge, pour un emploi*, etc., le nommer comme capable de remplir une charge, un emploi, etc. — *Proposer pour modèle, pour exemple*, le donner pour modèle, etc. — Prov. : *l'homme propose et Dieu dispose*, nos entreprises ne réussissent pas toujours ; elles ne réussissent qu'autant qu'il plaît à Dieu. — **SE PROPOSER** *de*, v. pron., avoir dessein de... : *il se propose de partir demain.*— *Se proposer une fin, un but*, avoir en vue une fin, un but.

PROPOSITION, subst. fém. (*propôzicion*) (en lat. *propositio*), discours qui affirme ou qui nie. — Chose *proposée* afin qu'on en délibère : *examiner à fond une proposition.* — Tout ce qu'on dit ou qu'on a ordre de dire à quelqu'un pour l'engager à une chose : *proposition de paix, de conciliation.* — En théol., on appelle *propositions malsonnantes*, celles qui sont contraires à la bonne doctrine.—Conditions : *proposition d'accommodement.* — Vérité qu'on prouve par démonstration, etc. — T. de grammaire, énonciation d'un jugement : *le sujet, le verbe, l'attribut de la proposition.* (Voy. notre *Grammaire*.) — *Proposition*, se dit, en littérature, de la première partie d'un poëme qui en est comme l'exorde, et où l'auteur *propose* brièvement, et en général, ce qu'il doit dire dans le corps de son ouvrage. On l'appelle autrement, *début*. — En musique, c'est la première phrase d'une fugue. — En math., discours par lequel on énonce une vérité à démontrer ou une question à résoudre ; dans le premier cas, on l'appelle *théorème*; et *problème*, dans le second.—*Pains de proposition*, dans l'ancienne loi, ceux que l'on mettait toutes les semaines sur la table, dans le sanctuaire.

PROPRE, adj. des deux genres (*propre*) (en lat. *proprius*), qui appartient à quelqu'un, à l'exclusion de tout autre : *écrire de sa propre main, donner en main propre.*—*Amour-propre*, l'amour excessif et aveugle que l'on a pour soi-même : *il faut cacher son amour-propre.* — Même : *ce furent ses propres paroles*; *il me l'a dit en propres termes.* — En gramm., qui appartient et qui convient particulièrement à chaque mot : *le nom, le mot, le terme propre.* — *Prendre un mot dans le sens propre*, ou substantivement, *au propre*, le prendre dans le sens littéral, par opposition au sens figuré ou métaphorique. — *Nom propre*, nom particulier à une personne, qui la distingue d'une autre. — En t. de géog. anc., on entendait par *Grèce propre*, cette partie de la Grèce que les anciens Romains appelaient *Achaïe*. — Convenable ; qui peut servir à...; qui est d'usage pour... : *cela est propre à toutes sortes de gens...*; *ce bois est propre à bâtir.*—Qui a de la disposition, de l'aptitude à... On dit qu'*un homme est propre à tout*, *qu'il n'est propre à rien*; et proverbialement, *qui est propre à tout n'est propre à rien.* — Net, qui n'est pas sale ; qui a de la *propreté*. — Bienséant, bien arrangé, etc. — *Se rendre propre*, s'approprier une chose. — En math. : *fraction propre* ou *proprement dite*, celle dans laquelle le numérateur est moindre que le dénominateur.—**PROPRE A, PROPRE POUR.** (*Syn.*) *Propre à* désigne des dispositions plus ou moins éloignées, une aptitude ou une capacité nécessaire, mais peut-être insuffisante, une vocation ou une destination immédiate. — L'homme *propre à* une chose a des talents relatifs à la chose ; l'homme *propre pour* la chose a le talent même de la chose. Un savant en état de donner de bonnes leçons est *propre aux* sciences. Le premier a toutes les qualités requises pour instruire actuellement ; le second a les qualités et les conditions nécessaires pour s'instruire ou être instruit avec le temps. On est tout formé à l'égard de la chose *pour laquelle* on est *propre*; il faudra se former à l'égard de la chose *à laquelle* on est *propre*. *Propre aux* armes, vous serez, vous deviendrez guerrier ; *propre pour* les armes, vous êtes guerrier ou prêt à l'être. Le fer est *propre à* divers usages, c'est-à-dire qu'il peut recevoir différentes formes, d'une utilité différente; un couteau est *propre pour* couper. Un homme *propre à* tout n'est pas également *propre pour* tout. Un objet est *propre pour* faire, et *propre à* devenir. Les simples sont *propres pour* guérir ; les fruits sont *propres à* confire.

PROPRE, subst. mas. (*propre*) (en latin *proprium*), attribut qui appartient à l'essence d'une chose : *le propre des oiseaux est de voler.*— En jurispr. : 1° biens immeubles qui appartiennent à une personne par succession : *vous ne pouvez disposer de vos propres*; 2° biens du mari ou de la femme qui n'entrent point en communauté. On appelle *propres anciens*, les biens immeubles qui étaient déjà des *propres* dans la main de celui à qui on succède ; et *propre naissant*, un bien immeuble qui provient des acquêts de celui dont on hérite. — *Les religieux n'ont rien en propre*, ne possèdent rien en particulier. — En t. de liturgie, on appelle *propre du temps*, *propre des saints*, ce qui ne se dit que dans certains temps, à la fête de certains saints. — *Le propre d'une église*, les offices qui lui sont particuliers ; le livre qui les contient.

PROPRE (LA), subst. fém. (*lapropre*), nom que l'on donne, dans les raffineries, à la chaudière dans laquelle on verse le vesou après un premier épurement.

PROPRÉFET, subst. mas. (*prôpréfé*), lieutenant du *préfet*. — Chez les Romains, officiers que le *préfet* du prétoire nommait pour le remplacer.

PROPREMENT, adv. (*propreman*), précisément, exactement. — En gramm., dans le sens *propre* : *ce mot signifie proprement telle chose.* — Particulièrement, *la grace proprement dite.* Nettement, avec *propreté* : *manger proprement.* —Avec adresse ou d'une manière agréable : *chanter, danser, travailler proprement* ; *être habillé, mis, meublé proprement.*—*A proprement parler, proprement parlant*, loc. adv., pour *parler* en termes précis, exacts.

PROPRET, subst. et adj. mas., au fém. **PROPRETTE** (*propré, préte*), celui, celle qui a une *propreté* affectée, étudiée : *c'est une fille proprette.* — Subst. : *c'est un propret.* Il est fam.

PROPRETÉ, subst. fém. (*propreté*), netteté; qualité de ce qui est exempt de saletés et d'ordures. Voy. ce mot. — Soin qu'on a de la netteté et de la bienséance, en ce qui regarde les meubles et les habits : *cet homme est d'une grande propreté.*

PROPRÉTEUR, subst. mas. (*prôpréteur*) (en lat. *proprætor*), chez les Romains, celui qui avait été préteur.—Celui qui commandait dans les provinces avec la dignité de préteur.

PROPRETTE, subst. adj. fém. Voy. PROPRET.

PROPRIÉTAIRE, subst. des deux genres (propri-étère) (en lat. proprietarius), celui ou celle qui possède quelque chose en propre. — Celui, celle à qui appartient une *propriété*, maison ou domaine.

PROPRIÉTAIREMENT, adv. (propri-étèreman). Mot inusité que l'on trouve dans un dictionnaire, et dans lequel on lui fait signifier : *en propriétaire, en propriété*. (Laveaux.)

PROPRIÉTÉ, subst. fém. (propri-été) (en lat. proprietas), droit par lequel une chose appartient en propre à quelqu'un. — *Nue propriété*, propriété d'un fonds dont un autre a la jouissance de l'usufruit.—Domaine, héritage, etc. : *il a une fort belle propriété à Versailles*.—Qualité, vertu particulière des plantes, des minéraux, etc. : *la propriété naturelle des plantes*. — Ce qui appartient essentiellement à une chose.—En gramm., propre signification, sens propre : *il entend bien la propriété des mots*. — T. de litt.; on appelle *propriété des termes*, l'assortiment du style aux idées ; *propriété du ton*, l'assortiment du style au genre ; *propriété du tour*, l'assortiment du style au sujet ; *propriété du coloris*, l'assortiment du style à la chose particulière que l'on doit peindre ; *propriété des sons*, l'assortiment du style au mouvement de l'action qu'on décrit ; *propriété des traits*, l'assortiment du style à la passion qu'on exprime; *propriété de la manière*, l'assortiment du style au génie de l'auteur. De toutes ces *propriétés* naît la *propriété du style*.

PROPTÔME, subst. mas. (propetôme) (du grec προπιπτω, je tombe), t. de médec. ; il se dit du prolongement morbifique d'une partie quelconque du corps, comme de la luette, des grandes et petites lèvres, etc. Peu en usage.

PROPTOSE, subst. fém. (propetôze) (du grec προπτωσις, chute en avant, dérivé de l'inusité προπτοω), t. de médec., déplacement d'une partie, surtout de celles qui forment le globe de l'œil.

PROPUGNATOR, subst. propre mas. (propugnendtor) (mot plus latin que français), myth., surnom de Mars.

PROPYLÉE, subst. mas. (propilé) (du grec προπυλαιa, formé de προ, devant, et πυλη, porte), vestibule d'un temple.—Au plur., superbes portiques qui, chez les anciens, précédaient le temple proprement dit.

PROPYLIEN, adj. propre mas. (propilé-cin), myth., surnom de Mercure, honoré à Athènes, où sa statue était placée à l'entrée de la citadelle.

PROQUESTEUR, subst. mas. (prôkuèceteur) (en lat. proquæstor), t. d'hist. anc., officier que nommait le préteur d'une province romaine, pour y exercer l'emploi d'un *quæsteur* nouvellement décédé, en attendant la nomination de Rome.

PROQUESTURE, subst. fém. (prôkuèceture), dignité, fonctions de proquesteur.

PROQUIER, subst. mas. (prokié), t. de bot., genre de plantes monogynes de la famille des rosacées.

au **PRORATA**, loc. adv. (proratâ) (des mots latins pro et rata , sous-entendu *parte* : *pour la portion arrêtée, déterminée*), à proportion. C'est en ce sens qu'on dit, des héritiers donataires et légataires universels, *qu'ils contribuent entre eux aux dettes , chacun au prorata de l'émolument*.

PROROGATIF, adj. mas., au fém. **PROROGATIVE** (prorogatif, tive), qui proroge : *acte prorogatif*.

PROROGATION, subst. fém. (prorogâcion) (en lat. prorogatio), délai ; prolongation de temps : *accorder une prorogation de tant de jours*.—Prorogation des chambres, interruption de ses séances par laquelle on les recommencer qu'à un certain jour. — En t. de jurispr., *prorogation de juridiction*, action de se soumettre à la juridiction d'un tribunal dont on ne serait pas justiciable.

PROROGATIVE, adj. fém. Voy. PROROGATIF.

PROROGÉ, E, part. pass. de *proroger*.

PROROGER, v. act. (proroje) (en lat. prorogare), donner du temps par delà le terme préfixe: *on a proroge la forclusion qu'on lui avait donnée; proroger une dispense*.—Proroger les chambres, en remettre la tenue, les séances à un certain temps.—se PROROGER, v. pron.

PROS,, abréviation du mot *prosodie*.

PROS ou **PRAUX**, subst. mas. (prô), t. de mar., large embarcation à rames et à voile, dont se servent les Malais.

PROSAÏQUE, adj. des deux genres (prôza-ike), qui tient trop de la prose : *le style prosaïque est insupportable en poésie*.—On a dit , mais rarement, en employant la forme du subst. mas. : *ces vers sont d'un prosaïque désespérant*.

PROSAÏSÉ, part. pass. de *prosaïser*.

PROSAÏSER, v. neut. (prôza-ize), écrire en prose. (J.-J. Rousseau.) Peu usité.

PROSAÏSME, subst. mas. (prôza-icme), défaut de poésie dans les vers.

PROSATEUR, subst. mas. , **PROSATRICE**, subst. fém.(prôzateur, trice) (de l'italien *prosatore*), écrivain en prose. (Ménage.) L'*Académie* ne donne pas le fém. de ce mot.

PROSATRICE, subst. fém. Voy. PROSATEUR.

PROSAYÉ, part. pass. de *prosayer*.

PROSAYER, v. neut. (prôzé-ie), écrire mal en prose. Entièrement inusité.

PROSCARABÉ, subst. mas. (procekarabé), t. d'hist. nat., sorte d'insecte de la famille des scarabéoïdes.

PROSCENIUM, subst. mas. (prôcecéni-ome) (du grec προσκηνιον, fait de προ, avant, et σκηνη, la scène), chez les anciens, la partie de leurs théâtres où les acteurs venaient jouer la pièce. C'est ce que nous nommons aujourd'hui *avant-scène*. —Endroit où étaient les décorations. —Voy. POSTSCENIUM.

PROSCHERETERIES, subst. fém. plur. (procekéréteri) (du grec προς, pour, et χαιρω, je me réjouis), t. d'antiq., fête chez les anciens Grecs ; on les célébrait le jour que la nouvelle épouse allait habiter avec son mari.

PROSCOLLE, subst. fém. (procekole), t. de bot., sorte de glande qui sort du sommet du stigmate, dans les orchidées.

PROSCRIPTEUR, subst. mas. (procekripteur) (en lat. proscriptor), t. d'antiq. , magistrat de Rome.—Auteur de *proscriptions*, celui qui proscrit.

PROSCRIPTION, subst. fém. (procekripcion) (en lat. proscriptio), action de proscrire. Abolition : *proscription d'un usage*. — Condamnation à mort sans forme judiciaire : *c'est à Sylla qu'on est redevable de l'invention des proscriptions*.

DU VERBE IRRÉGULIER PROSCRIRE :

Proscrira, 3ᵉ pers. sing. fut. indic.
Proscrirai, 1ʳᵉ pers. sing. fut. indic.
Proscriraient, 3ᵉ pers. plur. prés. cond.
Proscrirais, précédé de *je*, 1ʳᵉ pers. sing. prés. cond.
Proscrirais, précédé de *tu*, 2ᵉ pers. sing. prés. cond.
Proscrirait, 3ᵉ pers. sing. prés. cond.
Proscriras, 2ᵉ pers. sing. fut indic.

PROSCRIRE, v. act. (procekrire) (en lat. proscribere, qui signifie proprement mettre une affiche, un écriteau ; *scribere pro*, écrire au-devant, parce qu'anciennement le décret de proscription était écrit sur des tables qu'on affichait) , condamner à mort par autorité , soit légitime , soit usurpée, mais sans forme judiciaire, et en publiant une simple liste portant les noms des condamnés : *Sylla proscrivit plusieurs milliers de citoyens*. — Éloigner, chasser : *cet homme est dangereux , il faut le proscrire de nos assemblées*. — On le dit fig. des termes d'une langue : *ces mots ont été proscrits depuis long-temps*.— se PROSCRIRE, v. pron.

DU VERBE IRRÉGULIER PROSCRIRE :

Proscrirez, 2ᵉ pers. plur. fut. indic.
Proscririez, 2ᵉ pers. plur. prés. cond.
Proscririons, 1ʳᵉ pers. plur. prés. cond.
Proscrirons, 1ʳᵉ pers. plur. fut. indic.
Proscriront, 3ᵉ pers. plur. fut. indic.
Proscris, 2ᵉ pers. sing. impér.
Proscris, précédé de *je*, 1ʳᵉ pers. sing. prés. indic.
Proscris, précédé de *tu*, 2ᵉ pers. sing. prés. indic.
Proscrit, 3ᵉ pers. sing. prés. indic.

PROSCRIT, subst. mas. (procekri), celui qui a été proscrit. — Celui qui ne peut, ou qui ne peut retourner en son pays à cause de quelque mauvaise affaire : *ce sont de malheureux proscrits*.

PROSCRIT, E, part. pass. de *proscrire*, et adj.

DU VERBE IRRÉGULIER PROSCRIRE :

Proscrivaient, 3ᵉ pers. plur. imparf. indic.
Proscrivais, précédé de *je*, 1ʳᵉ pers. sing. imparf. indic.

Proscrivais, précédé de *tu*, 2ᵉ pers. sing. imparf. indic.
Proscrivait, 3ᵉ pers. sing. imparf. indic.
Proscrivant, part. pres.—Adj. et subst., *proscripteur*. (Boiste.)
Proscrive, précédé de *que je*, 1ʳᵉ pers. sing. prés. subj.
Proscrive, précédé de *qu'il* ou *qu'elle*, 3ᵉ pers. sing. prés. subj.
Proscrivent, précédé de *ils* ou *elles*, 3ᵉ pers. plur. prés. indic.
Proscrivent, précédé de *qu'ils* ou *qu'elles*, 3ᵉ pers. plur. prés. subj.
Proscrives, 2ᵉ pers. sing. prés. subj.
Proscrivez, 2ᵉ pers. plur. impér.
Proscrivez, précédé de *vous*, 2ᵉ pers. plur. prés. indic.
Proscriviez, précédé de *vous*, 2ᵉ pers. plur. in parf. indic.
Proscriviez, précédé de *que vous*, 2ᵉ pers. plur. prés. subj.
Proscrivions, précédé de *nous*, 1ʳᵉ pers. plur. imparf. indic.
Proscrivions, précédé de *que nous*, 1ʳᵉ pers. plur. prés. subj.
Proscrivirent, 3ᵉ pers. plur. prét. déf.
Proscrivis, précédé de *je*, 1ʳᵉ pers. sing. prét. déf.
Proscrivis, précédé de *tu*, 2ᵉ pers. sing. prét. déf.
Proscrivisse, 1ʳᵉ pers. sing. imparf. subj.
Proscrivisses, 2ᵉ pers. sing. imparf. subj.
Proscrivissiez, 2ᵉ pers. plur. imparf. subj.
Proscrivissions, 1ʳᵉ pers. plur. imparf. subj.
Proscrivit, précédé de *il* ou *elle*, 3ᵉ pers. sing. prét. déf.
Proscrivît, précédé de *qu'il* ou *qu'elle*, 3ᵉ pers. sing. imparf. subj.
Proscrivites, 2ᵉ pers. plur. prét. déf.
Proscrivons, 1ʳᵉ pers. plur. impér.
Proscrivons, précédé de *nous*, 1ʳᵉ pers. plur. prés. indic.

PROSE, subst. fém. (prôze) (en latin prosa), discours qui n'est pas assujéti à une certaine mesure ni à la rime, par opposition à vers, à poésie, pour laquelle la rime et la mesure sont de rigueur : *prose française*; le *Télémaque* est un véritable *poème écrit en prose*.—Faire de la prose sans le savoir, réussir par hasard et sans dessein.—Nom qu'on a donné, dans les derniers siècles, à certaines hymnes latines composées de vers sans mesure, mais de certain nombre de syllabes avec des rimes. La prose ne se chante seulement dans les grandes solennités de le graduel : *la prose du saint-sacrement ; la prose des morts*.

PROSECTEUR, subst. mas. (procèkteur) (du latin secare, couper), celui qui dissèque pour un professeur d'anatomie.

PROSÉLYTE, subst. des deux genres (prozélite) (du grec προσηλυτος), celui , celle qui passait du paganisme à la religion judaïque. — Celui, celle qui a été nouvellement converti ou converti à la foi catholique.—Par extension, partisan qu'on gagne à une secte, à une opinion.

PROSÉLYTISME, subst. mas. (prozéliticeme) zèle de faire des *prosélytes* : *il a la manie du prosélytisme*.

PROSENNÉAEDRE, adj. des deux genres (prosénené-a-èdre) (du grec προς, auprès, εννεα, neuf, et εδρα, base); se dit des cristaux qui ont neuf faces sur des parties adjacentes : *tourmaline prosennéaèdre*.

PROSÉ, E, part. pass. de *proser*.

PROSER, v. neut. (prôzé), écrire en prose. (Boiste.) Inusité.

PROSERPINE, subst. propre fém. (prozèrepine), myth., fille de Jupiter et de Cérès. Elle cueillait des fleurs dans les campagnes de la Sicile lorsque Pluton l'enleva, malgré la vive opposition de Cyané. Cérès, sa mère, alla la chercher par tout le monde. Elle descendit aux enfers, et l'y trouva; mais comme *Proserpine* s'était déjà fort attachée à son époux, elle ne voulut pas s'en séparer. On la représente ordinairement à côté de Pluton, sur un char traîné par des chevaux noirs.

PROSEUQUE, subst. fém. (prozeuke), lieu où s'assemblaient les Juifs pour faire leurs prières, dans les campagnes et dans les villes.

PROSIGNANIEN, subst. mas. (prosignianiein), t. d'antiq., nom de soldats romains qui combattaient en deuxième ligne.

PROSODIE, subst. fém. (prozodi) (en grec

προσωδια, formé de προς, à ou selon, et de ωδη, chant), prononciation conforme à l'accent, ou espèce de chant ajouté à la voix.—C'est la partie de la grammaire ou plutôt de la versification et de la poésie qui enseigne l'art de prononcer chaque syllabe d'un mot régulièrement, c'est-à-dire suivant ce qu'exige chaque syllabe prise à part, et considérée dans ses trois propriétés, qui sont l'accent, l'aspiration, et la quantité : *traité de la prosodie ; observer la prosodie.*—Au pluriel, t. d'antiq., sorte d'hymnes ou de cantiques en l'honneur des dieux, en usage chez les Grecs.

PROSODIER, v. neut. (*prozodié*), observer les règles de la *prosodie* dans la composition et l'exécution de la musique vocale. Ce verbe pourrait aussi s'employer en parlant de la prononciation.

PROSODIQUE, adj. des deux genres (*prozodike*), qui appartient à la *prosodie*, qui concerne la *prosodie : accent prosodique ; caractères prosodiques.* C'est par cette épithète que l'on distingue l'espèce d'accent qui est du ressort de la *prosodie*, des autres modulations que l'on nomme aussi accents. Ainsi, l'on dit *l'accent prosodique, l'accent oratoire, l'accent musical*, etc. *L'accent prosodique* est une espèce de modulation qui rend le son grave ou aigu. (Voy. notre *Grammaire.*) — *Langue prosodique*, celle dont la prononciation est bien marquée.

PROSOGRAPHE, subst. mas. (*prozoguerafe*), celui qui décrit les traits extérieurs du corps humain. Voy. PROSOGRAPHIE.

PROSOGRAPHIE, subst. fém. (*prozoguerafi*) (du grec προσωπον, face, et γραφω, je décris), espèce de description qui a pour objet les traits extérieurs du corps humain.

PROSOGRAPHIQUE, adj. des deux genres (*prozoguerafike*), qui a rapport à la *prosographie.*

PROSONOMASIE, subst. fém. (*prozonômazi*), ressemblance de sons entre les différents mots d'une phrase ; ex. : *âme pleine d'erreurs, de terreurs, de fureurs*, etc. — On l'évite, si ce n'est dans certaines pièces burlesques ou libres, où, au contraire, cette réunion de désinences forme un effet pittoresque et comique.

PROSOPALGIE, subst. fém. (*prozopaleji*) (du grec προσωπον, face, et αλγος, douleur), t. de médec., tic douloureux de la face.

PROSOPALGIQUE, adj. des deux genres (*prozopalejike*), qui a rapport, qui appartient à la *prosopalgie.*

PROSOPE, subst. mas. (*prozope*), t. d'hist. nat., genre d'insectes.

PROSOPIS, subst. mas. (*prozopi*), t. de bot., espèce d'arbre épineux qui croît aux Indes.

PROSOPOGNOSE, subst. fém. (*prozopoguenôze*) (du grec προσωπον, face, et γινωσκω, je connais), connaissance, inspection de la face.

PROSOPOGRAPHE, subst. mas. (*prozopoguerafe*), celui qui pratique la *prosopographie.*

PROSOPOGRAPHIE, subst. fém. (*prozopoguerafi*) (du grec προσωπον, face extérieure, physionomie, et γραφειν, décrire), description de la physionomie ; portrait.— T. de rhét., image, portrait, description, peinture. Par cette figure, on peint les vertus, les vices, etc.

PROSOPOGRAPHIQUE, adj. des deux genres (*prozopoguerafike*), qui tient, qui a rapport à la *prosopographie.*

PROSOPOPÉE, subst. fém. (*prozopopé*) (du grec προσωποποιια, formé de προσωπον, personne, et ποιεω, je fais), figure de rhét. qui consiste à introduire dans le discours une personne absente ou morte, ou un objet inanimé qu'on fait parler ou agir : *prosopopée directe ; une belle prosopopée.*

PROSPECTUS, subst. mas. (*procepèktuce*) (du lat. *prospectus*, vue, perspective), programme qui se publie avant qu'un ouvrage paraisse, et dans lequel on donne une idée de l'ouvrage, on indique le format, le caractère, la quantité de volumes, le prix, etc.

PROSPÈRE, adj. des deux genres (*procepère*) (du lat. *prosper*, ou *prosperus*), favorable, heureux, propice ; il se dit surtout en poésie : *que le ciel nous soit prospère !*

PROSPÉRÉ, part. pass. de *prospérer.*

PROSPÉRER, v. neut. (*procepéré*) (du latin *prosperari*), en parlant des personnes, avoir la fortune favorable : *c'est malheureusement une grande vérité, mais trop souvent les méchants prospèrent.*— En parlant des choses, réussir, avoir un heureux succès : *il fait prospérer les sciences et les arts.*

PROSPÉRITÉ, subst. fém. (*procepérité*) (en lat. *prosperitas*), bonheur ; heureux état des affaires, soit générales, soit particulières : *grande, longue prospérité.—Avoir une mine de prospérité*, avoir l'air heureux. — Au plur., évènements heureux : *les plus tristes revers ont succédé aux prospérités les plus rapides.*

PROSPHYSE, subst. fém. (*procefize*) (du grec προσφυομαι, j'adhère), t. de médec., maladie des paupières qui consiste en une adhérence anormale, soit entre elles, soit avec le globe même de l'œil.

PROSTACINE, subst. fém. (*procetacine*), t. de médec., humeur qui s'engendre dans la *prostate.*

PROSTANTHÈRE, subst. mas. (*procetantère*), t. de bot., genre d'arbustes de la famille des labiées.

PROSTAPHÉRÈZE, subst. fém. (*procetaférèze*) (du grec προσθη, devant, sur, et αφαιρησις, retranchement), t. d'astron., différence entre le lieu moyen d'une planète et son lieu vrai, ou entre son mouvement vrai et son mouvement moyen. — On dit mieux, ***équation du centre.***

PROSTASE, subst. fém. (*procetâze*) (du grec προ, qui, dans la composition, marque antériorité ou supériorité, et ισθημι, j'établis, je me tiens), t. de médec., supériorité d'une humeur sur les autres.

PROSTATALGIE, subst. fém. (*procetataleji*) (du grec προστατα, la prostate, et αλγος, douleur), t. de médec., douleur dont la *prostate* est le siège principal.

PROSTATALGIQUE, adj. des deux genres (*procetatalejike*), qui a rapport, qui appartient à la *prostatalgie.*

PROSTATE, subst. fém. (*procetate*) (du grec προστατης, qui préside, qui est placé devant), t. d'anat., corps glanduleux situé à la racine de la verge. — Subst. mas., t. d'antiq., nom des patrons sous la protection desquels se mettaient ceux qui devaient séjourner quelque temps dans la ville d'Athènes.

PROSTATÉRIEN ou **PROSTATÉRIUS**, subst. propre et adj. mas. (*procetatéri-ein, procetatériuce*) (en grec προστατηριος, protecteur), myth., surnom donné à Apollon, parce qu'il est toujours prêt à secourir ceux qui sont dans l'embarras ou dans le besoin. Il avait un temple à Mégare.

PROSTATIQUE, adj. des deux genres (*procetatike*), qui a rapport aux *prostates.* — On a appelé *muscles prostatiques supérieurs*, les ligaments qui, de la partie supérieure et interne des os pubis, se rendent aux côtés de la *prostate* ; et *muscles prostatiques inférieurs*, les fibres charnues qui, des parties latérales de l'urèthre, près de la partie membraneuse, vont se fixer à l'angle des os pubis.

PROSTATITE, subst. fém. (*procetatite*), t. de médec., inflammation de la *prostate.*

PROSTATOCÈLE, subst. fém. (*procetatocèle*) (du grec προστατα, la prostate, et κηλη, tumeur), t. de médec., engorgement, tuméfaction, hernie de la *prostate.*

PROSTATONCIE, subst. fém. (*procetatonci*), (du grec προστατα, la prostate, et ογκος, tumeur), t. de médec., synonyme de *prostatocèle.* Voyez ce mot.

PROSTERNATION, subst. fém. (*procetèrenâcion*), état de celui qui est *prosterné.* — PROSTERNATION, PROSTRATION. (*Syn.*) La *prosternation* est proprement l'acte par lequel on se prosterne ; et la *prostration*, l'action par laquelle on est prosterné. *Prosternation* n'indique qu'un acte de respect ; *prostration* marque un état ou une posture plus ou moins durable de respect. Dans la *prosternation* simple, on s'incline profondément et on se relève ; dans la *prostration*, on reste profondément incliné. — *Prostration* marque une sorte de culte ; *prosternation* n'annonce qu'une humble révérence. Le premier se prend plutôt dans un sens religieux que le second. On salue avec *prosternation* ; on adore avec *prostration.* — Les Chinois font plusieurs *prosternations* quand ils se présentent devant l'empereur ; et plusieurs *prostrations* quand ils honorent l'image de Confucius.

PROSTERNÉ, E, part. pass. de *prosterner.*

PROSTERNEMENT, subst. mas. (*procetèrenеman*), action de *se prosterner.*

se PROSTERNER, v. pron. (*ceprocetèrené*) (du latin *prosternere*, abattre, renverser), s'abaisser en posture de suppliant, se jeter à genoux aux pieds de quelqu'un, se baisser jusqu'à terre : *on se prosterne devant Dieu.* — Fig. : *se prosterner devant quelqu'un*, reconnaître, avouer la supériorité de quelqu'un sur soi.

PROSTHÈSE, subst. fém. (*procetèze*) (en grec προσθεσις), figure de gramm. qui consiste à ajouter une lettre au commencement d'un mot, sans en changer le sens : *gnatus*, pour *natus*, en latin. — En chir., addition d'une partie artificielle, en remplacement de celle qui manque.— L'*Académie* ajoute qu'on dit aussi *prothèse*, mais seulement dans ce dernier sens. C'est l'usage qui l'a sans doute voulu ainsi ; mais cet usage a-t-il un fondement bien solide ?

PROSTIBULE, subst. mas. (*procetibule*), lieu de débauche. (*Boiste.*)

PROSTITUÉ, E, part. pass. de *prostituer*, et adj. (en lat. *prostibulum*). Fig., dévoué lâchement.— *Prostitué à la faveur*, dévoué aux volontés des favoris.—*Plume vénale et prostituée*, auteur dévoué aux volontés de ceux qui le font écrire.

PROSTITUÉE, subst. fém. (*procetitu-é*) (en lat. *prostituta*), femme, fille adonnée à l'impudicité publique.

PROSTITUER, v. act. (*procetitu-é*) (en latin *prostituere*), livrer à l'impudicité d'autrui : *cette mère a prostitué elle-même sa fille.* — On dit élégamment au figuré : *prostituer son honneur, sa dignité, la justice, la magistrature*, etc., agir d'une manière indigne d'un homme d'honneur ; abuser des lois pour les faire servir à ses intérêts, etc. — *se* PROSTITUER, v. pron., se livrer à la *prostitution*, en parlant d'une femme. — Fig. : *se prostituer* (se dévouer lâchement) *à la faveur, aux passions d'autrui*, etc. — *Ce journaliste se prostitue*, il a vendu et livré sa plume.

PROSTITUTION, subst. fém. (*procetitucion*) (en lat. *prostitutio*), abandonnement à l'impudicité publique. Il ne se dit que des femmes et des filles.—Fig. : *prostitution des lois, de la justice*, mauvais usage qu'en fait un juge en les faisant servir à ses intérêts.

PROSTOMIS, subst. mas. (*procetômice*), t. d'hist. nat., genre d'insectes de l'ordre des coléoptères.

PROSTRATION, subst. fém. (*procetrâcion*), (en latin *prostratio*), t. de médec. : *prostration des forces*, abattement, faiblesse du corps qui ne peut plus se soutenir.

PROSTYLE, subst. et adj. mas. (*procetile*) (du grec προ, devant, et στυλος, colonne), t. d'antiq. : *temple prostyle*, ou simplement *prostyle*, édifice qui n'avait de colonnes qu'à la face antérieure.

PROSTYLITE, subst. mas. (*procetilite*) (même étym. que celle du mot précéd.), t. d'antiq., rangée de colonnes élevées à la façade d'un temple.

PROSTYRIDE, ou mieux, **PROSTHYRIDE**, subst. fém. (*proceliride*) (du grec προς, à, et θυρα, porte), têtes d'arcades en rouleau de feuilles. (*Boiste.*) Peu usité.

PROSULE, subst. fém. (*prôzule*), t. d'église, petite *prose.* (*Boiste.*) Peu connu.

PROTAGONISTE, subst. mas. (*protaguonicete*) (du grec πρωτος, premier, αγωνιστης, combattant), t. d'hist. anc., premier, principal personnage dans une pièce de théâtre.

PROTASE, subst. fém. (*protâze*) (du grec προτασις, proposition), la partie d'un poème dramatique qui contient l'exposition du sujet de la pièce. On dit ordinairement *exposition.*

PROTATIQUE, adj. des deux genres (*protatike*), t. de poésie grecque et latine, personnage qui ne paraissait sur le théâtre qu'au commencement de la pièce, pour la *protase* ou exposition, comme *Sosie* dans l'*Andrienne* de Térence.

PROTE, subst. mas. (*prote*) (en grec πρωτος, le premier), t. d'imprimerie, celui qui, sous les ordres du maître, dirige et conduit les travaux. — On l'a dit aussi de ceux qui corrigent les épreuves, avant l'admission du mot *correcteur*, en ce sens.

PROTÉACÉE, subst. fém. Voy. PROTÉOÏDE.

PROTECTEUR, subst. mas., au fém. **PROTECTRICE** (*protèkteur, trice*) (du lat. *protector*), celui, celle qui protège. — Défenseur. — Patron. — Titre, dignité : *Cromwell a gouverné sous le titre de protecteur.* — A Rome, cardinal chargé des soins consistoriaux. — On dit adj. : *bras protecteur, main protectrice.*

PROTECTION, subst. fém. (*protèkcion*) (du lat. *protectio*), action de *protéger*, de prendre soin de la fortune, des intérêts d'une personne : *la protection des grands ne nuit jamais.* — Appui, secours : *accordez-moi votre protection.*

PROTECTORAT, subst. mas. (*protéktora*), le gouvernement de Cromwell fut appelé ainsi.

PROTECTRICE, subst. fém. Voy. PROTECTEUR.

PROTÉE, subst. propre mas. (*proté*) (du grec πρωτος, premier), myth., fils de l'Océan et de Téthys : c'était le pâtre de Neptune. Il avait reçu en naissant la connaissance de l'avenir, sur lequel il ne s'expliquait que quand on l'y forçait. Il avait aussi le pouvoir de changer de corps, et de prendre toutes les figures qu'il voulait. Il parut en spectre devant Tmolus et Télégone, ses enfants, géants d'une cruauté inouïe, et les épouvanta si fort, qu'ils renoncèrent à leur barbarie.—Homme qui joue toute sorte de personnages : *c'est un protée*. — En hist. nat., genre particulier de reptiles qu'on a observés en Carniole dans les eaux qui semblent provenir des lacs souterreins. — T. de bot., genre de *protéoïdes*.

PROTÉGÉ, E, part. pass. de *protéger*, adj. et subst., personne *protégée* par une autre : *il est le protégé de... elle est la protégée de...*

PROTÉGEMENT, subst. mas. (*protéjeman*), droit, pouvoir, manie, action de *protéger*.

PROTÉGER, v. act. (*protéjé*) (du lat. *protegere*), donner *protection* à... ; prendre la défense de.... — Contribuer à la fortune d'une personne, aux progrès d'une classe.— *se* PROTÉGER, v. pron.

PROTÉIFORME, adj. des deux genres (*protéiforme*) (du grec πρωτευς, protée, et du latin *forma*, forme), t. de médec.; se dit des symptômes irréguliers qui se montrent dans les fièvres intermittentes.

PROTÉINE, subst. fém. (*proté-ine*), t. d'hist. nat., genre d'insectes brachélytres de l'ordre des coléoptères.

PROTÉLIES, subst. fém. plur. (*protéli*) (du grec προ, avant, et τελος, accomplissement), myth., sacrifices qu'on faisait à Diane et à Junon avant la célébration du mariage. On y invoquait aussi Vénus et les Grâces.

PROTÉOÏDES, subst. fém. pl. (*proté-o-ide*) (du grec πρωτευς, protée, et ειδος, forme, ressemblance), t. de bot., famille de plantes apétales, qui tire son nom du *protée*.

PROTERIE, subst. fém. (*proteri*), t. d'imprimerie, cabinet, bureau du *prote*. — Ses fonctions. — Durée de ces fonctions.

PROTERVIA, subst. mas. plur. (*protèrevi-a*) (mot latin), t. d'antiq., restes des grands festins que l'on ramassait et qu'on faisait brûler, comme une sorte de sacrifice.

PROTÉSILAS, subst. propre mas. (*protézilâce*), myth., fils d'Iphiclus, roi d'une partie de l'Épire. Il avait épousé Laodamie, qui l'aima si passionnément, qu'après sa mort elle fit faire sa statue en cire, et la couchait dans son lit. L'oracle lui avait prédit qu'il mourrait à Troie : il y mourut en effet, ayant voulu y aller malgré cette prédiction.

PROTÉSILÉES, sub. fém. pl. (*protézilé*), myth., fêtes instituées par les Grecs en l'honneur de *Protésilas*.

PROTÉSILÉON, subst. mas. (*protézilé-on*), nom d'un monument que les habitants de la Chersonèse élevèrent en l'honneur de *Protésilas*.

PROTESTANT, E, subst. et adj. (*protècetan, tante*), nom qui fut d'abord donné aux luthériens, parce que plusieurs princes d'Allemagne de cette croyance, rassemblés en 1529 dans une diète à Spire, *protestèrent* contre un édit émané d'une autre diète tenue à Worms, qui défendait toute innovation en matière de religion. On l'a ensuite étendu aux calvinistes et à ceux de la religion anglicane. — Adj. : *les états protestants ; l'Église protestante*.

PROTESTANTISME, subst. mas. (*protècetanticeme*), croyance des Églises *protestantes*.

PROTESTATION, subst. fém. (*protècetâcion*) (du latin *protestatio*), témoignage public, déclaration publique de ses dispositions, de sa volonté. —Promesse, assurance positive : *il lui a fait mille protestations d'amitié*, etc. — Déclaration en forme juridique par laquelle on *proteste* contre quelque chose.

PROTESTÉ, E, part. pass. de *protester*.

PROTESTER, v. neut. et act. (*protècecté*) (du latin *protestari*), assurer ou promettre positivement : *je vous proteste que je l'ai fait ; il lui protesta de ne l'abandonner jamais*.— Il est actif dans cette phrase : *je vous le proteste*.—On dit quelquefois act. encore : *protester ou faire protester un billet, une lettre de change*, en faire faire le *protêt*.—Faire une déclaration en forme juridique contre... : *protester contre une délibération*, etc.—Au palais on dit : *protester de violence, de nullité, d'incompétence*, etc. —*se* PROTESTER, v. pron.

PROTÊT, subst. mas. (*protê*), t. de banque, acte par lequel, faute d'acceptation ou de paiement d'une lettre de change, ou d'un simple billet, on déclare (on *proteste*) que celui sur qui elle est tirée et son correspondant seront tenus de tous les dommages, etc.

PROTÉVANGILE ou **PROTÉVANGÉLION**, subst. mas. (*protévanjile, jéli-on*) (du grec πρωτος, premier, et ευαγγελιον, évangile), nom d'un livre attribué à saint Jacques, et dans lequel il est parlé de la naissance de la Vierge et de Jésus-Christ.

PROTHÈSE, subst. fém. Voy. PROSTHÈSE.

PROTHYMATE, subst. mas. (*protimate*) (du grec πρωτος, premier, et θυματα, fait de θυμα, dérivé de θυω, je sacrifie), myth., sorte de gâteaux en usage dans les sacrifices offerts à Esculape.

PROTIUM, subst. mas. (*prociome*), t. de bot., sorte de plante du genre des balsamiers.

PROTMÈSE, subst. mas. (*protmèze*), t. d'anat., le nombril d'un enfant qui vient de naître.

PROTOCANONIQUE, adj. des deux genres (*protôkanonike*) (du grec πρωτος, premier, et κανονικος, canonique); il se dit des livres sacrés qui étaient reconnus pour *canoniques*, avant même qu'on eût fait des *canons*.

PROTOCHRÔME, adj. des deux genres (*protokrôme*) (du grec πρωτος, premier, et χρωμα, couleur), t. de méd., au 1er degré de coloration.

PROTOCHROMÈME, subst. mas. (*protokromème*), t. de médec., sang *protochrôme*. — Sang veineux.

PROTOCOLE, subst. mas. (*protokole*) (du grec πρωτος, premier, et κωλον, peau, parchemin, la première feuille d'un livre), procès-verbal d'une conférence diplomatique : *le protocole de telle époque*. — Livre qui contient tous les actes des notaires : *le protocole des notaires*, etc. — Formule pour dresser des actes publics. — Formulaire contenant la manière d'écrire aux différentes personnes, suivant leur rang, etc.

PROTOCTISTE, subst. mas. (*protokticete*) (du grec πρωτος, premier, et κτιστης, créateur), nom de sectaires chrétiens qui croient que les âmes ont été créées avant les corps.

PROTOGALE, subst. mas. (*protoguale*) (du grec πρωτος, premier, et γαλα, lait), t. de médec., le premier lait qui s'écoule après l'accouchement.

PROTOGÉNIE, subst. propre fém. (*protojéni*), fille de Deucalion et de Pyrrha : d'autres disent sœur de Pandore. Jupiter eut d'elle Ethlius, qu'il plaça dans le ciel, d'où ce demi-dieu, ayant manqué de respect à Junon, fut précipité dans les enfers.

PROTOGYNE, subst. fém. (*protojine*), t. d'hist. nat., espèce de roche granitique commune dans les Alpes.

PROTOMARTYR, subst. mas. (*protômartire*) (du grec πρωτος, premier, μαρτυρ, martyr), t. d'histoire ecclésiastique, le premier martyr, surnom de saint Étienne.

PROTO-MÉDECIN, subst. mas. (*protomédecein*), premier médecin.

PROTO-MÉDICAT, subst. mas. (*protomédika*), charge de premier médecin, terme fort en honneur en Espagne et en Italie.

PROTOMUQUEUSE, adj. fém. Voy. PROTOMUQUEUX.

PROTOMUQUEUX, adj. mas., au fém. PROTOMUQUEUSE (*protomukieu, kieuze*), t. de médec.; se dit du tissu cellulaire intermédiaire aux organes, et sur lequel se forme d'abord le mucus.

PROTON, subst. mas. (*proton*), t. d'hist. nat., genre de crustacés de l'ordre des décapodes.

PROTONOTAIRE, subst. mas. (*protônotère*) (du grec πρωτος, premier, et du latin *notarius*, notaire), officier de la cour de Rome qui reçoit les actes des consistoires publics, et les expédie en forme quand il en est requis. C'est le premier des *notaires* apostoliques.

PROTOPAPE, subst. mas. (*protôpape*), évêque moscovite grec.

PROTOPASCHITES, subst. mas. pl. (*protopacechite*) (du grec πρωτος, premier, et πασχα, pâque), t. d'hist. eccl., hérétiques des premiers siècles de l'Église chrétienne, qui ne faisaient la Pâque qu'avec du pain azyme.

PROTOPATHIE, subst. fém. (*protopati*) (du grec πρωτος, premier, et παθος, maladie), t. de médec., maladie, affection primitive.—C'est l'opposé de *deutéropathie*.

PROTOPATHIQUE, adj. des deux genres (*protopatike*), t. de médec.; se dit d'une maladie première, qui n'est produite, ni précédée par aucune autre : *affection protopathique*.

PROTOSARCEUSE, adj. fém. Voy. PROTOSARCEUX.

PROTOSARCEUX, adj. mas., au fém. PROTOSARCEUSE (*protoçarceu, ceuze*) (du grec πρωτος, premier, et σαρξ, gén. σαρκος, chair), t. de médec., cartilagineux.

PROTOSPATHAIRE, subst. mas. (*protoce pa tère*), chef des gardes des empereurs grecs, à Constantinople.

PROTOPLASTE, subst. mas. (*protoplacete*) (du grec πρωτος, premier, et πλασσω, je forme), premier créé.

PROTOSYNCELLE, subst. mas. (*protoceincèle*), (du grec πρωτος, premier, et συγκελλος, camarade de chambre), vicaire d'un patriarche ou d'un évêque de l'Église grecque.

PROTOTHRÔNE, subst. mas. (*prototrône*) (du grec πρωτος, premier, et θρονος, siège), premier évêque grec d'une province; premier suffragant d'un patriarche.

PROTOTYPE, subst. mas. (*protôtipe*) (en grec πρωτοτυπος), original, modèle. Il se dit particulièrement des choses qui se moulent ou se gravent : *cette médaille est le prototype des autres*, est celle sur laquelle on a moulé toutes les autres. Hors de là il n'a guère d'usage qu'au figuré et par plaisanterie : *prototype de sagesse, d'éloquence*.

PROTOVESTIAIRE, subst. mas. (*protovècetière*), t. d'antiq., chef des *vestiaires*.

PROTOXYDE, subst. mas. (*protokcide*), t. de chim., *oxyde* qui tient le moins d'oxygène.

PROTOZEUGME, subst. mas. (*protozeugueme*) (du grec πρωτος, premier, et ζευγμα, jonction, conjonction, fait de ζευγνυω, j'attache), t. de grammaire et de rhétorique. Voy. ZEUGME.

PROTRYGÉE, subst. fém. (*protrijé*) (du grec προ, avant, et τρυγαω, je vendange), myth., fêtes qu'on célébrait en l'honneur de Bacchus et de Neptune, avant de faire les vendanges.

PROTUBÉRANCE, subst. fém. (*protubérance*) (du latin *protuberare*, s'élever), t. d'anat., avance, éminence : *les protubérances du cerveau*.

PROTUTEUR, subst. mas., **PROTUTRICE**, subst. fém. (*prôtuteur, trice*) (du lat. *protutor*), celui, celle qui, sans avoir été nommé *tuteur*, gère et administre les affaires d'un mineur. — Subrogé *tuteur*.

PROTUTRICE, subst. fém. Voy. PROTUTEUR.

PROTYPOGRAPHIQUE, adj. des deux genres (*protipoguerafike*), qui est antérieur à la *typographie* : *bibliothèque protypographique*. (Boiste.)

PROU, adv. (*prou*), assez, beaucoup : *peu* ou *prou*; *ni peu ni prou*. Il est vieux, et n'a plus d'usage que dans le style badin et comique.

PROUE, subst. fém. (*prou*) (du lat. *prora*), t. de mar., partie du vaisseau qui s'avance la première en mer : *la proue d'un vaisseau*.

PROUESSE, subst. fém. (*prou-èce*), autrefois, action de *preux*, action de valeur. On ne le dit plus qu'en plaisantant : *voilà une belle prouesse !* se dit d'un acte ridicule et souvent blâmable. — Fig. et fam., excès de débauche : *vanter ses prouesses*.

PROUFASSE, adv. (*prouface*), que cela soit, que cela vous profite. (*Boiste*.) Vieux et hors d'usage, à cause même de sa bizarrerie.

PROUSTIE, subst. fém. (*prouceti*), t. de bot., arbrisseau du Chili, de la famille des composées bilabiées.

PROUVABLE, adj. des deux genres (*prouvable*), qui peut se démontrer.

PROUVÉ, E, part. pass. de *prouver*.

PROUVER, v. act. (*prouvé*) (en lat. *probare*), faire connaître la vérité d'une chose par des raisonnements ou par des témoignages, des autorités : *prouver une proposition; prouver à quelqu'un qu'il a tort*.—Prov. : *qui prouve trop ne prouve rien*, souvent en employant des preuves qui iraient trop loin, on rend la chose moins croyable.—*se* PROUVER, v. pron.

PROV., abréviation de *proverbe, proverbial* et *proverbialement*.

PROVÉDITEUR, subst. mas. (*provéditeur*) (en lat. *proveditor*), autrefois, magistrat de la république de Venise.—*Provéditeur de la douane*, à Livourne, intendant général des droits d'entrée et de sortie.

DU VERBE IRRÉGULIER PROVENIR :
Provenaient, 3ᵉ pers. plur. imparf. indic.
Provenais, précédé de *je*, 1ʳᵉ pers. sing. imparf. indic.
Provenais, précédé de *tu*, 2ᵉ pers. sing. imparf. indic.
Provenait, 3ᵉ pers. sing. imparf. indic.

PROVENANCE, subst. fém. (provenance), tout ce qui provient d'un pays étranger : *des marchandises de provenance*.
Provenant, part. prés. du verbe irrégulier PROVENIR.

PROVENANT, E, adj. (*provenan*, *nante*), qui provient ; qui dérive : *deniers provenants de la vente*.

PROVENÇAL, E, subst. et adj. (*provançale*), de *Provence*. —Au plur., *Provençaux*.

PROVENÇAUX, subst. et adj. mas. plur. Voyez PROVENÇAL.

PROVENCE, subst. propre fém. (*provance*), ancienne province de France, comprise aujourd'hui dans les départements des Hautes-Alpes, des Bouches-du-Rhône, des Basses-Alpes et du Var.

PROVENDE, subst. fém. (*provande*) (selon quelques-uns, du lat. *præbenda*, *orum* , fourniture de ce qui était nécessaire aux magistrats romains qui partaient pour leurs provinces, fait de *prœbere*, fournir), mélange de pois, d'avoine, de vesce, etc., qu'on donne aux brebis et aux moutons. — Provision de vivres : *aller à la provende*. Il est vieux.

DU VERBE IRRÉGULIER PROVENIR :
Provenez, 2ᵉ pers. plur. impér.
Provenez, précédé de *vous*, 2ᵉ pers. plur. prés. indic.
Proveniez, précédé de *vous*, 2ᵉ pers. plur. imparf. indic.
Proveniez, précédé de *que vous*, 2ᵉ pers. plur. prés. subj.
Provenions, précédé de *nous*, 1ʳᵉ pers. plur. imparf. indic.
Provenions, précédé de *que nous*, 1ʳᵉ pers. plur. prés. subj.

PROVENIR, v. neut. (*provenir*) (du lat. *provenire*) ; il se conjugue avec *être*. Procéder, dériver, émaner de.. : *sa maladie provient d'un amas d'humeurs*.

DU VERBE IRRÉGULIER PROVENIR :
Provenons, 1ʳᵉ pers. plur. impér.
Provenons, précédé de *nous*, 1ʳᵉ pers. plur. prés. indic.
Provenu, *e*, part. pass.

PROVENU, subst. mas. (*provenu*), projet qui provient d'une affaire. Peu usité.

PROVERBE, subst. mas. (*provèrebe*) (en latin *proverbium*), sorte de sentence exprimée en peu de mots, et devenue commune et vulgaire ; adage : *avec cette différence que le proverbe est une sentence populaire ou un mot familier et plein de sens* ; et que *l'adage est un proverbe piquant et plein de sel. Le proverbe annonce une vérité naïve tirée de l'observation* ; *l'adage donne à cette vérité une pointe pour la rendre plus piquante*. (Roubaud.) — *Proverbes de Salomon*, maximes contenues dans le livre des *Proverbes de Salomon*.—Sorte de petite comédie sur un proverbe : *jouer un proverbe*.

PROVERBIAL, E, adj. (*provèrebi-ale*), qui tient du *proverbe*.—Au plur. mas., *proverbiaux*.

PROVERBIALEMENT , adv. (*provèrebi-aleman*), d'une manière proverbiale.

PROVERBIAUX, adj. mas. plur. Voyez PROVERBIAL.

PROVICAIRE, subst. mas. (*provikière*), qui tient la place d'un *vicaire*.

PROVIDENCE, subst. fém. (*providance*) (en lat. *providentia*), la suprême sagesse par laquelle Dieu conduit toutes choses : *Dieu est notre providence éternelle*.—*Être la providence de quelqu'un*, contribuer à son bonheur, à sa fortune. —Myth., divinité païenne. Elle avait un temple dans l'île de Délos. On la représente sous la figure d'une femme âgée et vénérable, tenant une corne d'abondance d'une main, et les yeux fixés sur un globe vers lequel elle étend une baguette qu'elle tient de l'autre main. Les Romains en avaient aussi fait une divinité à laquelle ils donnaient pour compagnes les déesses Antevorta et Postvorta.

PROVIDENT, E, adj. (*providan*, *dante*), qui prévoit et pourvoit. Vieux et presque inusité.

PROVIDENTIEL, adj. mas., au fém. PROVIDENTIELLE (*providanci-èle*) : *main providentielle*, de la *Providence*.

PROVIDENTIELLE, adj. fém. Voy. PROVIDENTIEL.

DU VERBE IRRÉGULIER PROVENIR :
Proviendra, 3ᵉ pers. sing. fut. indic.
Proviendrai, 1ʳᵉ pers. sing. fut. indic.
Proviendraient, 3ᵉ pers. plur. prés. cond.
Proviendrais, précédé de *je*, 1ʳᵉ pers. sing. prés. cond.
Proviendrais, précédé de *tu*, 2ᵉ pers. sing. prés. cond.
Proviendrait, 3ᵉ pers. sing. prés. cond.
Proviendras, 2ᵉ pers. sing. fut. indic.
Proviendrez, 2ᵉ pers. plur. fut. indic.
Proviendriez, 2ᵉ pers. plur. prés. cond.
Proviendrions, 1ʳᵉ pers. plur. prés. cond.
Proviendrons, 1ʳᵉ pers. plur. fut. indic.
Proviendront, 3ᵉ pers. plur. fut. indic.
Provienne, précédé de *que je*, 1ʳᵉ pers. sing. prés. subj.
Provienne, précédé de *qu'il* ou *qu'elle*, 3ᵉ pers. sing. prés. subj.
Proviennent, précédé de *ils* ou *elles*, 3ᵉ pers. plur. prés. indic.
Proviennent, précédé de *qu'ils* ou *qu'elles*, 3ᵉ pers. plur. prés. du subj.
Proviennes, 2ᵉ pers. sing. prés. subj.
Proviens, 2ᵉ pers. sing. impér.
Proviens, précédé de *je*, 1ʳᵉ pers. sing. prés. indic.
Proviens, précédé de *tu*, 2ᵉ pers. sing. prés. indic.
Provient, 3ᵉ pers. sing. prés. indic.

PROVIGNEMENT, subst. mas. (*provigniemanⁿ*), action de provigner.

PROVIGNÉ, E, part. pass. de provigner.

PROVIGNER, v. act. (*provignié*), coucher en terre les brins d'un cep de vigne, afin qu'ils prennent racine : *provigner une vigne*.—On le dit, par extension, des arbres et des arbustes qu'on multiplie en couchant dans la terre leurs branches, sans les séparer du tronc.— Neut., multiplier : *ce plant a bien provigné*; et fig. et fam. : *cette famille a bien provigné*, etc. Mais il a vieilli dans ce dernier sens. — *se* PROVIGNER, v. pron.

PROVIN, subst. mas. (*provein*), rejeton d'un cep de vigne qui a *provigné*.—En bot., branches d'arbre ou d'arbrisseau qu'on a couchées en terre.

PROVINCE, subst. fém. (*proveince*) (du latin *provincia*, formé , par contraction, de *procul vincere*, vaincre au loin ; parce que *provincia*, chez les anciens Romains, signifiait un pays éloigné soumis par leurs armes), étendue considérable de pays qui fait partie d'un grand état : *les provinces romaines*.—Étendue de la juridiction d'une métropole : *province ecclésiastique*. — Parmi les religieux , plusieurs monastères réunis sous la direction d'un même supérieur appelé provincial. — Il se dit quelquefois indifféremment par opposition à la capitale : *la province, en province*; *il a encore un air de province* ; *langage, accent, mot de province*. — *Les Provinces-Unies*, les sept provinces qui composaient la république de Hollande.

PROVINCIAL, E, subst. et adj. (*proveinci-ale*), qui est de *province* : *assemblée provinciale*.—On dit par mépris : *air*, *langage*, *style provincial* ; *manières provinciales* ; et subst. : *c'est un provincial*, *une provinciale*, qui a des manières, un accent de province, etc.— *Père provincial*, religieux qui gouverne une *province* de son ordre ; ou subst. : *le provincial*. — Au plur. mas. , *provinciaux*.

PROVINCIALAT, subst. mas., (*provinci-ala*), charge de provincial chez les religieux.—Temps qu'on l'exerce : *ce religieux a long-temps joui du provincialat*.

PROVINCIALISME, subst. mas. (*proveinci-alicème*), terme, locution, accent de province.

PROVINCIAUX, adj. mas. plur. Voy. PROVINCIAL.

DU VERBE IRRÉGULIER PROVENIR :
Provînmes, 1ʳᵉ pers. plur. prét. déf.
Provinrent, 3ᵉ pers. plur. prét. déf.

PROVINS, subst. propre mas. (*provein*), ville de France, chef-lieu de canton et d'arrond., dép. de Seine-et-Marne.

DU VERBE IRRÉGULIER PROVENIR :
Provins, précédé de *je*, 1ʳᵉ pers. sing. prét. déf.

Provins, précédé de *tu*, 2ᵉ pers. sing. prét. déf.
Provinsse, 1ʳᵉ pers. sing. imparf. subj.
Provinssent, 3ᵉ pers. plur. imparf. subj.
Provinsses, 2ᵉ pers. sing. imparf. subj.
Provinssiez, 2ᵉ pers. plur. imparf. subj.
Provinssions, 1ʳᵉ pers. plur. imparf. subj.
Provint, précédé de *il* ou *elle* , 3ᵉ pers. sing. prét. déf.
Provînt, précédé de *qu'il* ou *qu'elle*, 3ᵉ pers. sing. imparf. subj.
Provîntes, 2ᵉ pers. plur. prét. déf.

PROVISEUR, subst. mas. (*provizeur*) (en lat. *provisor*, fait de *providere*, veiller à...), autrefois, dans certaines sociétés ou collèges, celui qui y possédait la première charge, à laquelle les autres étaient subordonnées : *proviseur de Sorbonne*, *proviseur du collège d'Harcourt*. — Aujourd'hui, chef d'un collège royal.

PROVISION, subst. fém. (*provizion*) (du lat. *provisio*), amas et fourniture des choses nécessaires et utiles : *provision de vin, d'hommes*.— *Faire ses provisions de la semaine* , tout ce dont on a besoin pendant une semaine. — *Provisions de carême*, ce qu'on mange en carême, parmi les catholiques. — En matière ecclésiastique, droit de pourvoir.—Acte du supérieur qui confère le titre d'un bénéfice : *la provision est nulle*. — En t. de palais , ce qui est adjugé préalablement à une partie, en attendant un jugement définitif.—Au plur., lettres par lesquelles quelqu'un est pourvu d'une charge , etc. : *recevoir ses lettres de provisions*. — En t. de banque, 1ᵒ les fonds que le tireur d'une lettre de change doit faire au correspondant sur lequel il l'a tirée, 2ᵒ droit d'un tiers ou de demi pour cent que les banquiers se paient entre eux , pour les affaires qu'ils font réciproquement les uns pour les autres. — *Par provision*, loc. adv., préalablement et en attendant.

PROVISIONNEL, adj. mas., au fém. PROVISIONNELLE (*provizionèle*), qui se fait par *provision* : *traité provisionnel*.

PROVISIONNELLE, adj. fém. Voy. PROVISIONNEL.

PROVISIONNELLEMENT, adv. (*provizionèleman*), par provision.

PROVISOIRE, adj. des deux genres (*provizoare*), t. de palais : *jugement, sentence provisoire*, rendu par *provision*.—*Matière provisoire*, ce qui requiert célérité.—*Temporaire* : *gouvernement provisoire*. — Qui se fait en attendant autre chose : *arrangement provisoire*. — Subst. mas., ce qui est provisoire : *introduire un provisoire*.

PROVISOIREMENT, adv. (*provizoareman*), *par provision*.—En attendant.

PROVISORAT, subst. mas. (*provizôra*), dignité d'un proviseur. — La durée de ses fonctions.

PROVISORERIE, subst. fém. (*provizoreri*), office, emploi de proviseur. — L'Académie dit qu'en parlant des *proviseurs* actuels, on dit *provisorat* ; cela est très-vrai, mais le mot *provisorerie* signifierait être plutôt bureau, ou logement d'un proviseur, qu'il ne signifie *provisorat*.

PROVOCATEUR, subst. et adj. mas. , au fém. PROVOCATRICE (*provokateur, trice*), qui provoque : *agent provocateur* ; *il a été le provocateur de cette scène*.

PROVOCATION, subst. fém. (*provokâcion*) (en lat. *provocatio*), action par laquelle on *provoque*. — Ce qui provoque : *provocation à la révolte*.

PROVOCATRICE, subst. et adj. fém. Voy. PROVOCATEUR.

PROVOIRE, subst. mas. (*provoare*), oraison oratoire. (Boiste.) Vieux et même tout-à-fait hors d'usage.

PROVOQUÉ, E, part. pass. de provoquer.

PROVOQUER, v. act. et neut. (*provokié*) (en lat. *provocarc*), inciter, exciter à.. : *provoquer quelqu'un*, l'exciter à se battre ou à entrer en dispute ; *provoquer le sommeil* ou *au sommeil*, causer le sommeil.—*Provoquer le vomissement*, *au vomissement*, à vomir, exciter à vomir.—*se* PROVOQUER, v. pron.

PROVOQUEURS, subst. mas. plur. (*provokieur*), t. d'antiq., sorte d'adversaires dans les jeux.

PROXÈNE, subst. mas. (*prokséne*), d'antiq., magistrat d'Athènes , qui était chargé par le roi de recevoir les étrangers, pourvoir à leurs besoins, veiller sur leur conduite, etc.

PROXÉNÈTE, subst. mas. (*prokcénète*) (du grec προξενητής, courtier), entremetteur , celui qui négocie un marché, ou plutôt une affaire. Il ne s'emploie qu'en mauvaise part et pour des marchés honteux ; c'est un terme honnête qu'on substitue à un mot qui ne l'est pas.

PROXIMITÉ, subst. fém. (*prokcimité*) (en lat. *proximitas*), voisinage d'une chose qui est proche : *la proximité des lieux*. — Parenté entre deux personnes : *la proximité du sang*.

PROYER, subst. mas. (*proé-ié*), t. d'hist. nat., sorte d'oiseau de passage, qu'on nomme aussi *preyer* ou *pruyer*.

PRUANT, E, adj. (*pru-an*), qui démange. (*Boiste*.) Vieux et même hors d'usage.

PRUCHES, subst. fém. plur. (*pruche*), en certains endroits, ce mot se dit des terres légères et exposées à la gelée.

PRUDE, adj. des deux genres (*prude*) (du lat. *prudens*, prudent), qui affecte un air sage, réglé, circonspect, etc. : *ce jeune homme a un air prude; cette femme a toujours passé pour prude*.— Subst. fém. seulement : *c'est une prude*, une femme coquette qui se donne des airs de sagesse.

PRUDEMMENT, adv. (*prudaman*) (du lat. *prudenter*), avec *prudence*.

PRUDENCE, subst. fém. (*prudance*) (en lat. *prudentia*), discernement de ce qu'il faut faire et ne pas faire pour se bien conduire : *agir, se conduire avec prudence*. Voy. SAGESSE.—En style de l'Écriture-Sainte : *avoir la prudence du serpent*, posséder sa science et sa sagacité.

PRUDENT, E, adj. (*prudan, dante*) (en lat. *prudens*, qui a de la *prudence*. Voy. AVISÉ.— Qui est conforme aux règles de la *prudence* : *tenir une conduite prudente*.

PRUDERIE, subst. fém. (*pruderi*), affection à la sagesse ; circonspection excessive et même outrée qui sert souvent à donner le change contre les bienséances. Il ne se dit guère qu'en parlant des femmes : *elle affecte véritablement une pruderie ridicule*.

PRUD'HOMIE. (Nous ferons remarquer que l'*Académie*, qui écrit PRUD'HOMME, écrit PRUD'HOMIE, quoique ces deux mots soient formés de la même étymologie, qui est *prude* et *homme*. Cette manière d'orthographier est du reste conforme à nos principes ; mais pourquoi l'*Académie* s'y range-t-elle pour tel mot, et ne s'y range-t-elle pas pour tel autre ? Quand elle écrit *pirouetter*, par exemple, à l'infinitif, elle ne met sans aucun doute deux *t*, devant une syllabe retentissante, que parce qu'elle tient à faire ressortir dans cet infinitif son étymologie, qui est *pirouette*. Pour revenir au mot qui fait le sujet de cette note, ne devrait-elle pas écrire *prud'hommie* et *prud'homme* ? Toute cette discussion ne doit tendre dans l'esprit de nos lecteurs qu'à relever des irrégularités ; et ce sont ces irrégularités, ces bizarreries, ces contradictions inutiles que nous tenons à faire apercevoir.), subst. fém. (*prudomi*), probité, sagesse dans la conduite : *j'ai une grande opinion de sa prud'homie*. Vieux mot.

PRUD'HOMME, subst. mas. (*prudome*) (du lat. *prudens*, expérimenté, et *homo*, homme), autrefois, vaillant homme, homme d'honneur et de probité.—Aujourd'hui, en t. de pratique, expert versé dans la connaissance de certaines choses.—A Lyon et dans quelques villes de commerce, syndic des fabricants de soie, de chapeaux, etc.—Sous la constitution de 1792, assesseur du juge de paix. — Dans les ports et les villes de la Méditerranée, maître-pêcheur, élu par les gens de sa profession, et qui connaît des contraventions et des délits de pêche maritime.

PRUDOTERIE, subst. fém (*prudoteri*), hypocrisie, pruderie. (*La Fontaine*.) Peu usité.

PRUNE, subst. fém. (*prune*) (en lat. *prunum*), fruit à noyau dont la chair est couverte d'une peau lisse et fleurie.—Prov. : *ce n'est pas pour des prunes*, pour rien ou pour peu de chose.

PRUNEAU, subst. mas. (*prunó*), *prune* qu'on a fait sécher.—Nous ne connaissons pas l'expression fig. et fam. que nous donne l'*Académie*, qui, selon nous, aurait dû la qualifier d'expression triviale et même ne signifiant rien de plaisant ; suivant elle : *c'est un petit pruneau*, *c'est un pruneau relavé*, se dit, par plaisanterie, *d'une fille* ou *d'une femme qui a le teint extrêmement brun*. — Les *pruneaux* de Tours, d'Agen, etc., sont recherchés pour leur grosseur et leur bonne qualité.

PRUNELAIE, subst. fém. (*prunelé*), lieu planté de *pruniers*.

PRUNELÉE, subst. fém. (*prunelé*), confiture grossière de *prunes*.

PRUNELET, subst. mas. (*prunelè*), cidre fait de *prunelles* séchées au four.

PRUNELLE, subst. fém. (*prunèle*), *prune* sauvage qui vient parmi les ronces et les haies. — *Jus de prunelle*, vin fort aigre et même mauvais.—En anat., ouverture qui paraît ronde et noire comme une *prunelle* dans le milieu de l'œil, et par où les rayons passent pour se peindre sur la rétine. — Prov. : *jouer de la prunelle*, jeter des œillades, faire quelque signe des yeux.—*Conserver quelque chose comme la prunelle de l'œil*, soigneusement, précieusement. — Petite étoffe rase en laine, à laquelle on mêle quelquefois de la soie : *porter un pantalon de prunelle*.

PRUNELLIER (orthographe de l'*Académie*; mieux PRUNELIER), subst. mas. (*prunèlié*), arbrisseau qui porte des *prunelles*.

PRUNETTE, subst. fém. (*prunète*), nom générique des fruits à noyau proprement dits. — Petite *prune*.

PRUNIER, subst. mas. (*prunié*) (en lat. *prunus*), arbre qui porte les *prunes*.

PRURIGINEUSE, adj. fém. Voyez PRURIGINEUX.

PRURIGINEUX, adj. mas., au fém. PRURIGINEUSE (*prurijineu, neuze*) (du lat. *prurigo*), qui cause de la démangeaison : *douleurs prurigineuses*.

PRURIGO, subst. mas. (*pruriguô*) (mot tout latin), t. de médec., éruption de petits boutons semblables à ceux de la gale, mais non contagieux. Voyez PRURIT.

PRURIT, subst. mas. (*prurite*) (en lat. *prurigo*), t. de médec., démangeaison vive : *la gale cause le prurit*. — Il se dit aussi, parfois, d'une démangeaison, d'un chatouillement agréable.

PRUSE, subst. pr. fém. (*pruze*), anc. ville de Bithynie, auj. *Brousse*.—Avant la prise de Constantinople, cette ville était la résidence des sultans.

PRUSSE, subst. propre fém. (*pruce*), royaume de l'Europe, dont la capitale est Berlin.—*Bleu de Prusse*, t. de chim., bleu qui se tire du sang de bœuf calciné avec du nitre et du tartre.

PRUSSEUX, adj. mas. (*pruceu*), t. de chim., acide sulfuré. Presque inusité.

PRUSSIATE, subst. mas. (*pruci-ate*), t. de chimie moderne, sel formé par la combinaison de l'acide *prussique* avec une base.

PRUSSIEN, subst. et adj. mas., au fém. PRUSSIENNE (*pruciein, ciène*), habitant de la *Prusse*.

PRUSSIENNE, subst. et adj. fém. Voyez PRUSSIEN. — Subst. fém., *cheminée à la prussienne*, petite cheminée en tôle, portative et à soupape.

PRUSSINE, subst. fém. (*prucine*), t. de chimie, combinaison gazeuse de carbone et d'azote, base de l'acide *prussique* ou cyanique.

PRUSSIQUE, adj. des deux genres (*prucike*), t. de chimie mod. : *acide prussique*, acide qui, tiré des substances animales par la distillation, précipite le fer en cette espèce de bleu qu'on nomme *bleu de Prusse*.

PRUSSITE, subst. mas. (*prucite*), dans l'ancienne chimie, la même chose que *prussiate* dans la moderne : *prussite calcaire, prussite de chaux*.

PRUYER, subst. mas. Voy. PROYER.

PRYLIDE, subst. fém. (*prilide*), t. d'antiq., danse guerrière des Lacédémoniens.

PRYTANAT, subst. mas. (*pritana*), t. d'antiq., dignité du *prytane*. — Temps que durait cette dignité.

PRYTANE, subst. mas. (*pritane*) (du grec πρυτανις, chef, administrateur), t. d'antiq., nom des cinquante sénateurs pris dans le sein de chacune des dix tribus d'Athènes pour former le conseil des cinq cents.

PRYTANÉE, subst. mas. (*pritané*) (en grec πρυτανειον), t. d'antiq., vaste édifice d'Athènes et d'autres villes de la Grèce, destiné aux assemblées des *prytanes*, aux repas publics et à d'autres usages. — On a donné le même nom, en France, à une maison d'éducation publique établie à Paris, au collège de Louis-le-Grand, où étaient élevés, aux frais du gouvernement, les fils de ceux qui avaient bien mérité de la patrie. Les *prytanées* ont été remplacés par les *lycées*.

PRYTANIDE, subst. fém. (*pritanide*), t. d'antiquité, prêtresse de Vesta, chez les Grecs.

PSALLACANTHE, subst. propre fém. (*peçalelakante*), myth., nymphe qui se tua de désespoir qu'elle eut de se voir méprisée de Bacchus.

PSALLETTE, subst. fém. (*peçalelète*) (du latin *psallere*, chanter), lieu où on élève les enfants de chœur. Vieux ; on dit aujourd'hui *maîtrise*. Voy. ce mot.

PSALLIDIUM, subst. mas. (*peçalelidi-ome*), t. d'hist. nat., genre d'insectes qui a beaucoup de rapport avec les charançons.

PSALMISTE, subst. mas. (*peçalemicete*) (du latin *psalmista*), nom qu'on donne particulièrement à *David*, comme auteur des *psaumes*.

PSALMISTIQUE, adj. des deux genres (*peçalemicetike*), des *psaumes* ; du *psalmiste*.

PSALMODIATION, subst. fém. (*peçalemodi-âcion*), chant en *psalmodiant*.

PSALMODIE, subst. fém. (*peçalemodi*) (en grec ψαλμωδια), manière de réciter, de chanter les *psaumes* à l'église. — Manière monotone de déclamer, de lire : *sa lecture n'est qu'une ennuyeuse psalmodie*.

PSALMODIÉ, E, part. pass. de *psalmodier*.

PSALMODIER, v. neut. (*peçalemodi-é*), réciter, chanter des *psaumes* et autres parties de l'office divin. — Parler, lire, chanter d'une manière monotone. Dans ce dernier sens, il se prend aussi activement ; *Béranger* a dit :

> L'un veut guider le corbillard,
> Et l'autre, d'un ton nasillard,
> Me *psalmodie* une prière.

— *se* PSALMODIER, v. pron.

PSALMOGRAPHE, subst. mas. et adj. (*peçalemoguerafe*) (du grec ψαλμος, psaume, et γραφειν, écrire), t. de littér., celui qui écrit ou qui a écrit des *psaumes*.

PSALMOGRAPHIE, subst. fém. (*peçalemoguerafi*) (même étym. que celle du mot précéd.), composition, collection de *psaumes*. — Traité, ouvrage sur les *psaumes*.

PSALMOGRAPHIQUE, adj. des deux genres (*peçalemoguerafike*), qui a rapport, qui est relatif à la *psalmographie*.

PSALTÉRION, subst. mas. (*peçaletéri-on*) (mot grec dérivé de ψαλλειν, jouer des instruments), sorte d'instrument de musique très-ancien, à plusieurs cordes et que l'on touchait avec une petite barre d'acier.

PSAMATOLE, subst. mas. (*peçamatole*), t. d'hist. nat., vermiculaire, insecte. (*Boiste*.)

PSAMATOTE, subst. mas. (*peçamatote*), t. d'hist. nat., espèce de fossile.

PSAPHON, subst. propre mas. (*peçafon*), myth., Libyen qui, voulant se faire reconnaître comme dieu, réunit un grand nombre d'oiseaux, à qui il apprit à répéter ces mots : *Psaphon est un grand dieu*. Quand il les crut assez instruits, il les lâcha sur des montagnes, qu'ils firent retentir de ces mêmes mots ; ce qui ayant frappé les habitants de la Libye, ils regardèrent *Psaphon* comme un dieu, et lui décernèrent des honneurs divins.

PSAMME, subst. fém. (*peçame*), t. de bot., genre de plantes.

PSAMMITE, subst. fém. (*peçamemite*), t. d'hist. nat., substance de roche ; sorte de grès qu'on tire des houillères.

PSAMMOBIE, subst. fém. (*peçamemobi*), t. d'hist. nat., genre de coquilles de la division des bivalves.

PSAMMOSTÉUM, subst. mas. (*peçamemoceté-ome*), t. d'hist. nat., synonyme d'*ostéocolle*. On applique spécialement ce nom aux agglutinations de sable qui représentent la forme des os.

PSAMMOTÉE, subst. fém. (*peçamemoté*), t. d'hist. nat., genre de coquilles de la division des bivalves.

PSAR, subst. masculin (*peçâre*), t. d'hist. nat., l'étourneau des anciens.

PSARE, subst. mas. (*peçare*), t. d'hist. nat., genre d'insectes de l'ordre des diptères.

PSARES, subst. mas. pl. (*peçare*), t. d'hist. nat., famille d'oiseaux contenant l'étourneau.

PSARONION, subst. mas. (*peçaronion*), t. d'hist. nat., sorte de granit auquel les Grecs donnaient ce nom, parce que les taches semées sur cette pierre ressemblent au plumage de l'étourneau, qu'ils appelaient *psar*.

PSATHURE, subst. mas. (*peçature*), t. de bot., espèce d'arbrisseau qu'à l'île Bourbon on nomme *bois cassant*.

PSAUME, subst. mas. (*peçôme*), cantique sacré qui contient quelques prières à Dieu, qui parle de ses ouvrages, de ses merveilles, de sa loi, etc. Il ne se dit que de ceux qui ont été composés par *David* ou qui lui sont attribués. — *Les sept psaumes de la pénitence*, ceux que l'Église a consacrés aux temps de *pénitence*, ou que doivent réciter les *pénitents*.

PSAUTIER, subst. mas. (*peçôtié*), recueil des psaumes de David ou qui lui sont communément attribués.

PSÉCAS ou **PSÉCADE**, subst. fém. (*pecékâce , kade*) (du grec ψεκαζειν, mouiller); c'était, chez les Romains, une espèce de femme de chambre ou de coiffeuse qui parfumait la tête de sa maîtresse.

PSÉLAPHE, subst. mas. (*pecélafe*), t. d'hist. nat., genre d'insectes de l'ordre des coléoptères.

PSÉLAPHIDES, subst. m. pl.(*pecélafide*), t. d'hist. nat., famille d'insectes de l'ordre des coléoptères.

PSÉLAPHIE, subst. fém. (*pecélafi*) (du grec ψηλαφια, dérivé de ψηλαφαω, je palpe), t. de médec., friction avec la main sur les parties malades.

PSÉLAPHIEN, subst. mas. (*pecélafiein*), t. d'hist. nat., tribu d'insectes de l'ordre des coléoptères.

PSÉLION, subst. mas. (*pecélion*), t. de bot., arbrisseau grimpant de la Cochinchine.

PSELLION, subst. mas. (*pecélion*) (en grec ψελλιον), t. d'antiq., espèce d'anneau ou de talisman qu'on portait pendu au cou. — C'était aussi une espèce de gourmette.

PSELLISME, subst. mas. (*pecéliceme*) (du grec ψελλισμος, bègue), t. de médec., bégaiement. Inusité.

PSEN, subst. mas. (*pecène*), t. d'hist. nat., genre d'insectes de l'ordre des hyménoptères.

PSÉPHITE, subst. fém. (*pecéfite*) (du grec ψηφις, petite pierre), t. d'hist. nat., espèce de roche.

PSÉPHOBOLE, subst. mas. (*pecéfobole*) (du grec ψηφος, petite pierre, et βολη, action de jeter), t. d'antiq., cornet de jeu de dés, usité chez les Grecs et les Romains.

PSÉPHOBOLIE, subst. fém. (*pecéfoboli*), d'antiq., jeu de dés.

PSÉPHOPHORIE, subst. fém. (*pecéfofori*) (du grec ψηφος, petite pierre, et φερω, je porte), t. d'hist. anc., art ou action de calculer ou de voter avec de petites pierres plates, polies et arrondies.

PSÉPHOS, subst. mas. (*pecéfoce*) (du grec ψηφος, caillou), divination dans laquelle on faisait usage de petits cailloux.

PSETTE, subst. fém. (*pecète*), t. d'hist. nat., sorte de poisson de mer.

PSEUDALÈJE, subst. mas. (*peceudaléje*), t. de bot., nom qu'on a donné au genre olax de Linnée.

PSEUDALOÏDE, subst. mas. (*peceuda-ide*), t. de bot., genre de plantes dont le fruit n'est pas connu.

PSEUDAMANTE, subst. fém. (*peceudamante*) (du grec ψευδης, faux, et αδαμας , diamant), pierre fausse qui a l'apparence d'une pierre naturelle.

PSEUDO (*peceudô*), mot grec (ψευδης) qui entre dans la composition de beaucoup de mots, et dans lesquels il signifie *faux;* ainsi : *pseudo-prophète, pseudo-acacia*, etc., signifient : *faux prophète , faux acacia*, etc.

PSEUDARCHUSE, subst. fém. (*peceudarkuze*), t. de bot., nom qu'on a donné à l'orcanette bâtarde.

PSEUDARTHROSE, subst.fém. (*peceudartroze*), (du grec ψευδης, faux, et αρθρον, articulation), t. de médec. et d'anat., fausse articulation.—Articulation accidentelle.

PSEUDISODOME, adj. des deux genres (*peceudizodome*), t. d'archit.; se dit des assises dont la structure n'est pas égale.

PSEUDO-ACACIA, subst. mas. (*peceudô-akacia*), t. de bot., nom qu'on a donné au faux acacia. — Au plur., des *pseudo-acacias*.

PSEUDO ACMELLE, subst. fém. (*peceudô-akmèle*), t. de bot., plante annuelle et du genre spilanthe , qui a de la ressemblance avec la plante nommée *acmelle*. — Au plur., des *pseudo-acmelles*.

PSEUDO-ACONIT, subst. mas. (*peceudo-akonite*), t. de bot., genre de plantes de la famille des renonculacées. — Au plur., des *pseudo-aconits*.

PSEUDO-ACORUS, subst. mas. (*peceudô-akoruce*), t. de bot., espèce d'iris à fleurs bleues. —Au plur., des *pseudo-acorus*.

PSEUDO-AGATE, subst. mas. (*peceudo-aguate*), t. d'hist. nat., nom ancien ou variété du jaspe-agate. — Au plur., des *pseudo-agates*.

PSEUDO-AGNUS, subst. mas. (*peceudô-aqnuce*), t. de bot., le merisier à grappes , qu'on nomme aussi *pseudo-ligustrum*.—Au plur., des *pseudo-agnus*.

PSEUDO-ALBÂTRE, subst. mas. *' peceudô-albâtre*), t. d'hist. nat., faux *albâtre ;* espèce de chaux sulfatée. — Au plur., des *pseudo-albâtres*.

PSEUDO-AMBROISIE, subst. fém. (*pceudô-ambroëzi*), t. de bot., le cochléaria coronopus. —Au plur., des *pseudo-ambroisies*.

PSEUDO-AMÉTHYSTE, subst. fém. (*peceudô-améticete*), t. d'hist. nat., nom qu'on donne à la chaux fluatée violette. — Au plur., des *pseudo-amethystes*.

PSEUDO-APIOS, subst. mas. (*peceudô-apiôce*), t. de bot., nom donné à la gesse tubéreuse. — Au plur., des *pseudo-apios*.

PSEUDO-APOCYN, subst. mas. (*peceudô-apocein*), t. de bot., nom qu'on a donné à deux espèces de bignones. — Au plur., des *pseudo-apocyns*.

PSEUDO-ASBESTE, subst. mas. (*peceudo-acebécete*), t. d'hist. nat., l'asbeste ligniforme et l'asbeste dur. — Au plur., des *pseudo-asbestes*.

PSEUDO-ASPHODÈLE, subst. fém. (*peceudo-acefodèle*), t. de bot., nom donné à quelques plantes , entre autres à l'anthéric ossifrage et à l'anthéric caliculé.—Au plur., des *pseudo-asphodèles*.

PSEUDO-ASTHME, subst. mas. (*peceudô-aceme*), t. de médec.; on a donné ce nom à la difficulté de respirer, appelée autrement *dyspnée*. —Au plur., des *pseudo-asthmes*.

PSEUDO-BASALTE, subst. mas. (*peceudôbazalte*), t. d'hist. nat., roche argileuse.—Au plur., des *pseudo-basaltes*.

PSEUDO-BÉRYL, subst. mas. (*peceudôbérile*), t. d'hist. nat., sorte de crystal de roche, de couleur verdâtre.— Au plur., des *pseudo-béryls*.

PSEUDO-BLEPSIE, subst. fém. (*peceudôblêpeci*) (du grec ψευδης, faux, et βλεπω, je vois), t. de médec., vision mensongère , telle que la berlue, la diplopie, etc.—Au plur., des *pseudo-blepsies*.

PSEUDO-BOA, subst. mas. (*peceudôbo-a*), t. d'hist. nat., serpent du genre bongare.—Au plur., des *pseudo-boas*.

PSEUDO-BUNION, subst. mas.(*peceudôbuni-on*), t. de bot., plante des anciens. — Au plur., des *pseudo-bunions*.

PSEUDO-BUXUS, subst. mas. (*peceudôbukçuce*), t. de bot., nom qu'on a donné au fragon épineux et au galé.—Au plur., des *pseudo-buxus*.

PSEUDO-CATHOLIQUE, subst. mas. (*peceudo-katolike*), faux *catholique*.—Au plur., des *pseudo-catholiques*. Peu usité.

PSEUDO-CHRYSOLITHE, subst. fém. (*peceudo-krizolite*), t. d'hist. nat., nom de diverses substances. — Au plur., des *pseudo-chrysolithes*.

PSEUDO-COBALT, subst. mas. (*peceudôkobalete*), t. d'hist. nat., nom ancien du nikel arsenical, qu'on appelait aussi faux cuivre. — Au plur., des *pseudo-cobalts*.

PSEUDO-COÏE, subst. fém. (*peceudokô-i*) (du grec ψευδης, faux, et ακοη, ouïe), t. de médec., audition de bruits qui ont lieu dans l'oreille même ou dans les parties environnantes , ou qui sont tout-à-fait imaginaires.

PSEUDO-CYÉSIE, subst. fém. (*peceudôci-ezi*) (du grec ψευδης, faux, et de κυησις, grossesse), t. de médec., fausse grossesse. — Au plur., des *pseudo-cyésies*.

PSEUDO-CYTISE, subst. mas. (*peceudôcitize*), t. de bot., nom donné à diverses plantes de la famille des légumineuses.—Au plur., des *pseudo-cytises*.

PSEUDO-DIAMANT, subst. mas. (*peceudôdiaman*), t. d'hist. nat., sorte de pierre qui a l'éclat du *diamant*.—Au plur., des *pseudo-diamants*.

PSEUDO-DIPTÈRE, subst. mas (*peceudôdiptère*) (du grec ψευδης, faux, δις , deux fois , et πτερον, aile), t. d'archit. anc., temple entouré de portiques d'un seul rang de colonnes , quoiqu'ils semblent en avoir deux.—Au plur., des *pseudo-diptères*.

PSEUDO-ÉBÈNE, subst. mas. (*peceudô-ébène*), t. de bot., nom donné à un arbrisseau de l'Amérique méridionale. — Au plur., des *pseudo-ébènes*.

PSEUDO-ÉMERAUDE, subst. fém. (*peceudô-émerôde*), t. d'hist. nat., nom 1° du quartz hyalin vert; 2° de la prehnite entrelacée du cap de Bonne-Espérance ; 3° d'une variété d'aiguemarine.—Au plur., des *pseudo-émeraudes*.

PSEUDO-ÉTOILE, subst. fém. (*peceudô-etoè-*le), t. d'astron., étoile fausse, météore lumineux qui ressemble à une étoile. — Au plur., des *pseudo-étoiles*.

PSEUDO-GALÈNE, subst. fém. (*peceudôgalène*) (du grec ψευδης, faux, et γαληνη, galène), t. d'hist. nat. ; on donnait anciennement ce nom au zinc sulfuré,de quelque couleur qu'il fût.—Au plur., des *pseudo-galènes* .

PSEUDOGRAPHE , subst. mas. (*peceudôguerafe*) (du grec ψευδης, faux, et γραφω, j'écris), nom qu'on donne à un homme qui fait un faux calcul. — Adj. des deux genres : un *calculateur pseudo-graphe*.

PSEUDOGRAPHIE, subst. fém. (*peceudôgurafi*), faux calcul, contrefaçon d'écritures; l'art des faussaires. Voy. PSEUDO-GRAPHE.

PSEUDOGRAPHIQUE, adj. des deux genres (*peceudôguerafike*), qui tient, qui a rapport à la *pseudo-graphie*.

PSEUDO-GRENAT, subst. mas. ou PSEUDO-HYACINTHE, subst. fém. (*peceudôguereina, i-aceinte*), t. d'hist. nat., faux *grenat*. — Au plur., des *pseudo-grenat*.

PSEUDO-HYDROPISIE, subst. fém. (*peceudôidropizi*), t. de médec., fausse *hydropisie*.—Au plur., des *pseudo-hydropisies*.

PSEUDO-IRIS, subst. mas. (*peceudô-irice*), t. de bot., nom qu'on a donné au glaïeul jaune ou faux-acore. — Au plur., des *pseudo-iris*.

PSEUDO-LIEN, subst. mas. (*peceudôliein*), t. d'anat., se dit des glandes situées aux environs de la rate.—Au plur., des *pseudo-liens*.

PSEUDO-LOGIE, subst. fém. (*peceudôloji*) (du grec ψευδης, faux, et λογος, discours), langage du menteur ; fausseté, mensonge.

PSEUDO-LOGIQUE, adj. des deux genres (*peceudôlojike*), qui tient de la *pseudologie : langage pseudo-logique,* mensonger.

PSEUDO-LOTUS, subst. mas. (*peceudôlôtuce*), t. de bot., le plaqueminier d'Europe.— Au plur., des *pseudo-lotus*.

PSEUDO-LYSIMACHIE, subst. fém., (*peceudôlizimachi*) (du grec ψευδης, faux , λυσιμαχιον, lysimachie), t. de bot.; on a donné ce nom à plusieurs espèces d'épilobes et à la salicaire.— Au plur., des *pseudo-lysimachies*.

PSEUDO-MALACHITE, subst. fém. (*peceudômalachite*), t. d'hist. nat., nom du cuivre phosphaté.—Au plur., des *pseudo-malachites*.

PSEUDO-MÉDECIN, subst. mas. (*peceudômédecein*), nom qu'on a donné quelquefois aux charlatans.— Au plur., des *pseudo-medecins*.

PSEUDO-MÉLILOT, subst. mas. (*peceudômélilô*), t. de bot., nom qu'on donne au lotier corniculé. — Au plur., des *pseudo-mélilots*.

PSEUDO-MÉLISSE, subst. fém. (*peceudômélice*), t. de bot., nom donné à la moldavique. — Au plur., des *pseudo-mélisses*.

PSEUDO-MEMBRANE, subst. fém. (*peceudômanbrane*), t. d'anat., fausse membrane qui se forme à la suite de certaines maladies.—Au plur., des *pseudo-membranes*.

PSEUDO-MORPHE, subst. mas. (*peceudômorfe*) (du grec ψευδης, faux, et μορφη, forme) , t. d'hist. nat. ; nom qu'on donne , en général , à toutes les substances minérales qui se présentent sous des formes qui sont étrangères à celles qui leur sont propres, et qui tiennent à leur nature. — Au plur., des *pseudo-morphes*.

PSEUDO-MORPHIQUE , adj. des deux genres (*peceudomorphke*), qui tient , qui a rapport au *pseudo-morphe*.

PSEUDO-MORPHITE , subst. fém. (*peceudômorfite*) , t. d'hist. nat., sorte de pierre ou de concrétion dans laquelle l'on croirait être un minéral, au premier aspect. — Au plur., des *pseudo-morphites*.

PSEUDO-MYRTE, subst. mas. (*peceudômirte*), t. de bout., faux *myrte*. C'est le *myrtille*. — Au plur., des *pseudo-myrtes*.

PSEUDO-NARCISSUS, subst. mas. (*peceudônarcicecuce*), t. de bot., nom qu'on donne au faux narcisse. — Au plur., des *pseudo-narcisses*.

PSEUDO-NARDUS, subst. mas. (*pceudonarduce*), t. de bot., nom sauv. de la lavande.

PSEUDO-NYME. (L'Académie écrit ce mot ainsi, sans trait de division ; et cependant, elle met un trait de division aux mots *pseudo-prophète , pseudo-acacia , pseudo-diptère* , qu'elle cite comme exemples à l'article *pseudo*, mais qu'elle ne répète pas au rang alphabétique que ces mots devraient occuper. Pour nous, qui mettons le trait de division à tous les mots formés de *pseudo* et d'un autre mot, nous écrivons *pseudo-nyme* pour ne pas établir d'irrégularité.), subst. et adj. des deux genres (*peceudônime*) (du grec ψευδής, faux, et ονυμα, nom), qui a pris un nom faux et supposé. Il se dit 1° des auteurs qui publient des ouvrages sous un autre nom que le leur; 2° des ouvrages ainsi publiés : *les pseudonymes de Port-Royal.* — Adj. : *écrit pseudonyme.*

PSEUDO-PÉRIPTÈRE, subst. mas. (*peceudôpériptère*) (du grec ψευδής, faux, περι, autour, et πτερον, aile), t. d'archit. anc., temple où les colonnes des côtés étaient engagées dans le mur. — Au plur., des *pseudo-périptères.*

PSEUDO-PÉRIPNEUMONIE, subst. fém. (*peceudôperipeunumoni*), t. de médec., fausse péripneumonie. — Au plur., des *pseudo-péripneumonies.*

PSEUDO-PÉTALON, subst. mas. (*peceudôpétalon*), t. de bot., sorte d'arbre de la famille des térébinthacées. — Au plur., des *pseudo-pétalons.*

PSEUDO-PHTHISIE, subst. fém. (*peceudôfetisi*), t. de médec., fausse phthisie. — Au plur., des *pseudo-phthisies.*

PSEUDO-PHTHISIQUE, adj. des deux genres (*peceudôfetixike*), qui appartient à la *pseudophthisie*.—Subst., qui en est atteint.

PSEUDOPIE, subst. fém. (*peceudôpi*) (du grec ψευδής, faux, et οψις, vue), t. de médec., hallucination du sens de la vue.

PSEUDO-PITHÈQUE, subst. mas. (*pceudôpitèke*), t. d'hist. nat. , nom proposé pour désigner les quadrumanes de la famille des makis.— Au plur., des *pseudo-pithèques.*

PSEUDO-PLATANUS, subst. mas. (*pceudôplatanuce*), t. de bot. , faux platane; espèce d'érable. — Au plur., des *pseudo-platanus.*

PSEUDO-PLEURÉSIE , subst. fém. (*peceudôpleurési*), t. de médec., fausse pleurésie; c'est la même chose que la *pleurodynie*. Voy. ce mot. — Au plur. , des *pseudo-pleuresies.*

PSEUDO-PNEUMONIE, subst. fém. (*peceudôpenumoni*), t. de médec. , fausse pneumonie.— Au plur. des *pseudo-pneumonies.*

PSEUDO-PODES , sub. m. pl. (*peceudôpode*), t. d'hist. nat. , famille de crustacés de l'ordre des décapodes.

SEUDO-POLYPE, subst. mas. (*pceeudôpolipe*), t. de médec., concrétion polypiforme, qu'on trouve après la mort dans le cœur ou dans les gros vaisseaux. — Au plur. , des *pseudo-polypes.*

PSEUDO-PRASE, subst. mas. , fém. (*peceudôprâze*), t. d'hist. nat., pierre verte demi-transparente, qui ressemble à la prase.—Au plur., des *pseudo-prases.*

PSEUDO-PROPHÈTE , subst. mas. , au fém. l'**SEUDO-PROPHÉTESSE** (*peceudôprofète, peceudôprofétèce*) (du grec ψευδής, faux, et προφητης, prophète), faux prophète.—Au plur., des *pseudo-prophètes.*

PSEUDO-PROPHÉTESSE , subst. fém. Voy. **PSEUDO-PROPHÈTE**. — Au plur., des *pseudo-prophétesses.*

PSEUDORASIE, subst. fém. (*peceudôrazi*) (du grec ψευδής, faux, et ορασις, vue), t. de médec., hallucination de la vue; synonyme de *pseudopie*. Voy. ce mot.

PSEUDOREXIE, subst. fém. (*peceudôrèkci*) (du grec ψευδής, faux, et ορεξις, faim), t. de médec., faux appétit.

PSEUDO-RHUBARBE, subst. fém. (*peceudôrubarbe*) , t. de bot., nom qu'on donne au pigamon jaune. — Au plur. , des *pseudo-rhubarbes.*

PSEUDO-RUBIS, subst. mas. (*pceudôrubi*), t. d'hist. nat., le quartz rose pur. — *Pseudo-rubisaméthyste* , l'améthyste. — *Pseudo-rubis-hyacinthe*, le quartz avec une teinte roussâtre.—Au plur., des *pseudo-rubis.*

PSEUDO-SANTAL, subst. mas. (*peceudôçantal*), t. de bot., nom de quelques espèces de brésillets. — Au plur., des *pseudo-santals.*

PSEUDO-SAPHIR, subst. mas. (*peceudôçafir*), t. d'hist. nat. , le quartz bleu. — Au plur., des *pseudo-saphirs.*

PSEUDO-SAURIEN, subst. mas. (*peceudôçorien*), t. d'hist. nat. , nom qu'on a donné au genre salamandre. —Au plur. mas., des *pseudo-sauriens.*

PSEUDO-SOMMITE , subst. mas. (*peceudôçomemité*), t. d'hist. nat., crystal, substance que forment les volcans. — Au plur. , des *pseudo-sommites.*

PSEUDO-SPATH, subst. mas. (*peceudôcepate*), t. d'hist. nat., nom qu'on donne à la chaux fluatée, ou spath fluor. — Au plur. , des *pseudo-spaths.*

PSEUDO-TOPAZE, subst. fém.(*peceudôtopaze*), t. d'hist. nat., quartz d'un jaune plus ou moins enfumé ou doré.—Au plur., des *pseudo-topazes.*

PSEUDO-VALÉRIANE, subst. fém. (*peceudôvaléri-ane*), t. de bot., fausse valériane, espèce de mâche. — Au plur. des, *pseudo-valérianes.*

PSI, subst. mas. (*peci*), t. d'hist. nat., phalène de la chenille singulière qui porte sur ses ailes un psi. — La 23e lettre de l'alphabet grec (ψ).

PSIADIE, subst. fém. (*peci-adi*), t. de bot., nom qu'on a donné à la conyse glutineuse.

PSIDION ou **PSIDIUM**, subst. mas. (*pecidi-on, di-ome*), t. de bot., nom grec du grenadier.—Le goyavier.

PSILA, subst. propre mas. (*pecila*) (du grec ψιλον, en dorien, pour πτιλον, aile, parce que le vin rend agiles ceux qui en boivent modérément), myth., surnom de Bacchus.

PSILOTHRE, subst. mas. (*pecilotre*) (en grec ψιλωθρον, fait de ψιλοω, je dépouille, et θριξ, cheveu), t. de médec., médicament propre à faire tomber les cheveux, le poil ; dépilatoire.

PSILOTHRÉE, subst. fém. (*pecilotré*), t. d'hist. nat., nom qu'on a donné à la couleuvre blanche.

PSILOTON, subst. mas. (*peciloton*), t. de bot., genre de plantes de la famille des mousses.

PSITHYRE, subst. fém. (*pecitire*), t. d'antiq., instrument de forme triangulaire , inventé par les Troglodytes.

PSITTACINS, sub.m.pl. (*pecitacein*), t. d'hist. nat., famille d'oiseaux de l'ordre des silvains.

PSITT , sorte d'exclamation (*pecite*) (en grec ψιττ), sifflement pour appeler.

PSITTE, subst. mas. (*pecite*), t. d'hist. nat. , sorte de poisson de mer.

PSITTOPODE, subst.mas. (*pecitetopode*), peuple imaginaire dont parle Lucien.

PSOA, subst. mas. (*peço-a*), t. d'hist. nat., genre d'insectes de l'ordre des coléoptères.

PSOAS, subst. mas. plur. (*peço-â*) (du grec ψοα, lombe), t. d'anat., deux muscles des lombes, aussi appelés *muscles lombaires.*

PSOPHIA , subst. fém. (*peçofi-a*), t. de bot., nom générique de *Linnée* pour désigner l'agaric.

PSOÏTE, subst. fém. (*peço-ite*), t. de médec., inflammation du muscle psoas ou du tissu cellulaire qui l'environne.

PSOQUE, subst. mas. (*peçoke*) (du grec ψωχω, je ronge), t. d'hist. nat., genre d'insectes névroptères vulgairement appelés pour de bois.

PSORA (l'*Académie* dit aussi *psore*, en francisant le mot ; pourquoi alors dire *psora*?) L'un des deux devrait suffire..), subst. mas. (*peçora*)(en grec ψωρα), t. de médec., gale. — T. de bot., genre de plantes établi aux dépens des lichens de Linnée.

PSORALÉE, subst. fém. (*peçoralé*) (du grec ψωραλεος, fait de ψωρα, gale), t. de bot., espèce de plantes du genre des *psoraliers*, dont les fleurs sont bonnes dans le traitement des maladies cutanées.

PSORALIER, subst. mas. (*peçoralié*), t. de bot., plante légumineuse.

PSORIASE, subst. fém. (*peçori-âze*) (du grec ψωρα, gale), t. de médec., inflammation squammeuse de la peau.

PSORICE, subst. fém. (*peçorice*) , t. de bot., espèce de plantes du genre des scabieuses.

PSORIDE, subst. fém. (*peçoride*) (du grec ψωρα, gale), maladie de la peau avec prurit ou démangeaison continuelle.

PSORIFORME, adj. des deux genres (*peçoriforme*) (du grec ψωρα, gale, et du lat. *forma*, forme), t. de médec.; se dit de ce qui est de la nature de la gale.

PSORIQUE, adj. des deux genres (*peçorike*), qui est de la nature de la gale : *pustules psoriques*.—Subst. mas., remède contre la gale : *un bon psorique.*

PSOROPHTALMIE, subst. fém. (*peçorofetalemi*) (du grec ψωρα, gale, et οφθαλμος, œil), t. de médec., ophthalmie accompagnée de démangeaisons et de petites pustules semblables à celles de la gale.

PSOROPHTALMIQUE, adj. des deux genres (*peçorofetalemike*), qui a rapport, qui concerne la *psorophthalmie*.

PSYCHAGOGUE, subst. mas. (*pecikaguoje*), magicien qui faisait profession d'évoquer les âmes des morts. — Prêtre grec qui était consacré au culte des âmes, chez les anciens. Voyez **PSYCHAGOGIE.**

PSYCHAGOGIE, subst. fém. (*pecikaguoji*) (du grec ψυχη, âme, αγειν, évoquer), évocation des morts.

PSYCHAGOGIQUE, adj. des deux genres (*pecikaguojike*), qui tient , qui a rapport à la *psychagogie*, à l'art du *psychagogue*.—En t. de médec., il se dit des remèdes propres à ranimer l'action vitale dans les syncopes, l'apoplexie, etc.

PSYCHAGOGUE , adj. des deux genres (*pecikaguogue*) (Voyez **PSYCHAGOGIE** pour l'étym.), épithète que la fable donne à Mercure, comme conducteur des âmes, et à Pitho, comme déesse do la persuasion.

PSYCHÉ, subst. propre fém. (*peciche*) (du grec ψυχη, âme) , myth., princesse d'une rare beauté. Elle fut aimée de l'Amour, qui la fit transporter par Zéphyre dans un lieu de délices, où elle vécut quelque temps sans le connaître. Vénus , jalouse de l'empire qu'elle supposait à *Psyché* sur l'esprit de son fils , la persécuta cruellement, et la fit mourir. Mais Jupiter la ressucita, et même, à la prière de l'Amour, lui accorda l'immortalité. On la représente avec des ailes de papillon aux épaules.— Meuble d'invention moderne; grande glace qui se meut sur un axe horizontal , fixé par ses extrémités à deux colonnes verticales, posées sur un pied garni de tous les degrés d'inclination, en sorte qu'on peut s'y voir tout entier et dans toutes les altitudes.—T. d'hist. nat. , genre d'insectes lépidoptères.

PSYCHINE, subst. fém. (*pecichine*), t. de bot., plante de la famille des crucifères.

PSYCHIQUE, adj. des deux genres (*pecichike*); se dit du fluide supposé le plus subtil de tous et formant l'âme.

PSYCHISME, subst. mas. (*pecichiceme*), système qui suppose l'âme formée de fluide *psychique*.

PSYCHISTE, subst. mas. (*pecichicete*), partisan du *psychisme*.

PSYCHODE, subst. mas. (*pecikode*), t. d'hist. nat., genre d'insectes de l'ordre des diptères.

PSYCHOGONIE, subst. fém. (*pecikoguoni*) (du grec ψυχη, âme, et γονη, génération), génération progressive de l'âme. (Boiste.)

PSYCHOLOGIE, subst. fém. (*pecikoloji*) (du grec ψυχη, âme, et λογος, discours), traité sur les facultés de l'âme.

PSYCHOLOGIQUE, adj. des deux genres (*pecikolojike*), qui traite des facultés de l'âme.

PSYCHOLOGISTE, subst. mas. (*pecikolojicete*), Voy. **PSYCHOLOGUE**, qui est le même. L'*Académie* d'ailleurs donne les deux.

PSYCHOLOGUE, subst. mas.(*pecikologune*), celui qui écrit, qui a fait un ouvrage, un traité sur l'âme.

PSYCHOMANCIE,subst. fém. (*pecikomanci*) (du grec ψυχη, âme, et μαντεια, divination), art d'évoquer les morts.

PSYCHOMANCIEN, subst. et adj. mas., au fém. **PSYCHOMANCIENNE** (*pecikomanciein, cièune*), qui concerne la *psychomancie*.—Celui, celle qui l'exerce.

PSYCHOMANCIENNE, subst. et adj. fém. Voy. **PSYCHOMANCIEN.**

PSYCHOMANCION, subst. mas. (*pecikomancion*), chez les anciens Grecs, lieu où l'on évoquait les mânes des morts.

PSYCHOSTASIE, subst. fém. (*pecikocetazi*) (du grec ψυχη, âme, esprit, et στασις, immobilité, équilibre, poids), myth., pesée des âmes que l'on supposait faite par Mercure.

PSYCHOTRE, subst. mas. (*pecikôtre*) , t. de bot., famille de rubiacées.

PSYCHOTROPHE, subst. fém. (*pecikotrofe*), t. de bot., nom qu'on donne à la bétoine.

PSYCHROMÈTRE , subst. mas. (*pecikromètre*) (du grec ψυχρος, froid, et μετρον, mesure), instrument qui sert à mesurer les degrés de froid, appelé plus communément *thermomètre*. Voy. ce mot.

PSYCHROMÉTRIQUE, adj. des deux genres (*pecikromètrike*), qui tient, qui a rapport au *psychromètre*.

PSYCHTIQUE, subst. mas. et adj. des deux genres (*peciktike*) (du grec ψυχω, je rafraîchis), t. de médec., rafraîchissant.

PSYDRACIE, subst. fém. (*pecidraci*), t. de médec., éruption psoriforme peu différente de la gale.

PSYDRACION, subst. mas. (*pecidracion*) (du grec ψυδρακιον, pustule), t. de médec., pustules sur le devant de l'œil.

PSYDRAX, subst. mas. (*pecidrakce*), t. de bot., genre de plantes à cinq dents et à baie biloculaire.

PSYLE, subst. mas. (*pecile*), t. d'hist. nat., genre d'insectes hyménoptères.

PSYLLE, subst. fém. (pscile) (du grec ψυλλα, puce), t. d'hist. nat., insecte qui vit sur différentes plantes et a les pattes de derrière conformées pour sauter, comme celles de la puce.

PSYLLE, subst. mas. (pscue), t. d'hist. nat., serpent d'Afrique. — T. d'antiq., nom de charlatans qui prétendaient apprivoiser les serpents. Ils se dévouaient aussi pour sucer le sang des plaies empoisonnées.—Ancien peuple de la Libye, qui savait manier impunément les serpents.

PSYLLIDE, subst. fém. (pscilelide), t. d'hist. nat., tribu d'insectes hémiptères.

PSYLLION, subst. mas. (pecilelion), t. de bot., genre de plantes de la famille des plantains.

PSYLLIUM, subst. mas. (pecileli-ome), t. de bot., herbe aux puces.

PSYLLOPHORE, subst. fém. (pecilelofore) (du gr. ψυλλα, puce, et φερω, je porte), t. de bot., la taiche pulicaire, dont les graines, petites et brunes, ressemblent à des puces.

PSYTHIE, subst. fém. (psciti), t. de bot., espèce de vigne dont le raisin est très-estimé.

PSYTHION, subst. mas. (pecitii.on), vin cuit, fait avec le raisin que produit la psythie.— Jongleur indien qui joue avec des serpents.

PTARMIQUE, subst. fém. (petarmike), t. de bot., genre de plantes de la famille des achillées.

PTARMIQUE, adj. des deux genres (petarmike) (du grec πταρμος, éternument), t. de médec., qui provoque l'éternument.—Il s'emploie aussi subst. au mas. : un ptarmique.

PTÉLÉE, subst. fém. (petelé), t. de bot., arbrisseau de la famille des térébinthacées.

PTÉLIDIE, subst. fém. (petelidi), t. de bot., arbre de Madagascar.

PTÈNE, subst. mas. (peténe) (du grec πτηνος, volatil), métal uni au platine.

PTÉRACLIDE, subst. mas. (peteraklide), t. d'hist. nat., genre de poissons.

PTÉRANTHE, subst. mas. (peterante), t. de bot., plante d'Arabie.

PTÉRÉAL, subst. mas. (peteré-al), t. d'anat., nom donné à un os du squelette des poissons qui correspond à l'apophyse ptérygoïde interne de l'homme.—Au pl. mas., ptéréaux.

PTÉRÉLAS, subst. propre mas. (peterélâce), myth., fils de Taphius. — Ptérelas ailé, nom d'un chien d'Actéon.

PTÉRIDE, subst. fém. (peteride) (du grec πτερις, πτεριδος, dérivé de πτερον, aile), t. de bot., fougère femelle ou impériale, dont les feuilles s'étendent en forme d'ailes.

PTÉRIDION, subst. mas. (ptéridi-on), t. d'hist. nat., genre de poissons que l'on a nommé aussi oligopodes.

PTÉRIGIE, subst. fém. (peteriji), t. de bot., genre de plantes dont le fruit ressemble à un volant.

PTÉRIGYNANDRE, subst. mas. (peterijinandre), t. de bot., genre de plantes de la famille des mousses.

PTÉRION, subst. mas. (peteri-on), t. de bot., genre de plantes de la famille des graminées.

PTÉROCARPE, subst. mas. et adj. des deux genres (peterokarpe) (du grec πτερον, aile, et καρπος, fruit), t. de bot., genre de plantes légumineuses.

PTÉROCÉPHALUS, subst. mas. (peterocéfaluce) (du grec πτερον, aile, et κεφαλη, tête), t. de bot., sorte de plantes du genre des scabieuses.

PTÉROCÈRE, subst. mas. (peteroceres), t. d'hist. nat., mollusque céphalé.

PTÉROCHILE, subst. mas. (peterochile), t. d'hist. nat., genre d'insectes de l'ordre des hyménoptères.

PTÉROCHISTE, subst. mas. (peterochicete), t. d'hist. nat., genre d'insectes de l'ordre des coléoptères.

PTÉRODACTYLE, subst. mas. et adj. des deux genres (peterodaktile) (du grec πτερον, aile, et δακτυλος, doigt), t. d'hist. nat., animal vertébré fossile, qui paraît être de la classe des reptiles.

PTÉRODIBRANCHE, subst. mas. et adj. des deux genres (peterodibranche), t. d'hist. nat., famille de mollusques, appelés aussi ptéropodes.

PTÉRODICÈRE, subst. mas. et adj. des deux genres (peterodicére) (du grec πτερον, aile, δις, deux fois, et κερας, corne), t. d'hist. nat., sous-classe d'insectes qui subissent des métamorphoses.

PTÉRODIPLE, subst. mas. (peterodiple), t. d'hist. nat., famille d'insectes de l'ordre des hyménoptères, la même qu'on nomme aussi diploptères.

PTÉROGLOSSE, subst. mas. (peteroguelôce), t. d'hist. nat., famille d'oiseaux de l'ordre des silvains; les toucans.

PTÉROGONE, subst. fém. (peteroguone), t. de bot., genre de plantes établi aux dépens des hypnes.

PTÉROGYNANDRE, subst. fém. Voyez PTÉRIGYNANDRE.

PTÉROME, subst. mas. (peterome), t. d'antiq., aile d'un temple.

PTÉRONE, subst. mas. (peterone), t. de bot., genre de plantes de la famille des cynarocéphales.

PTÉROPE, subst. mas. (peterope), t. d'hist. nat., mot qui désigne le genre des roussettes, mammifères carnassiers.

PTÉROPHORE, subst. mas. et adj. des deux genres (peterofore) (en grec πτεροφορος, fait de πτερον, aile, et φερω, je porte), t. d'hist. nat., genre d'insectes hémiptères. — T. d'antiq., courrier armé d'une pique ailée.

PTÉROPHORIEN, subst. mas. (peteroforicin), t. d'hist. nat., genre d'insectes de l'ordre des lépidoptères.

PTÉROPHYTE, subst. mas. (peterofite), t. de bot., genre de plantes qui contient les coréopes.

PTÉROPODE, subst. mas. et adj. des deux genres (peteropode) (du grec πτερον, membrane, et πους, ποδος, pied), t. d'hist. nat., mollusques à tête distincte et dont le corps est couvert de membranes qui leur servent de rames.

PTÉROPTÈRE, subst. mas. et adj. des deux genres (peteropetére), t. d'hist. nat., famille de poissons de la division des apodes.

PTÉROSPERME, subst. mas. (peterocepèreme), t. de bot., genre de plantes de la famille des malvacées.

PTÉROSPORE, subst. mas. (peterocepore), t. de bot., genre de plantes du Canada.

PTÉROSTYLE, subst. mas. (peterocetile), t. de bot., plante vivace de la Nouvelle-Hollande, de la famille des orchidées.

PTÉROTE, subst. fém. (peterote), t. de bot., grand arbrisseau grimpant de la Cochinchine.

PTÉROTHÈQUE, subst. fém. (peterotèke), t. de bot., genre de plantes des environs de Nîmes, qui contient les andryales.

PTÉRYGIBRANCHE, subst. mas. et adj. des deux genres (peterigibranche), t. d'hist. nat., famille de crustacés de l'ordre des isopodes.

PTÉRYGION, subst. mas. (peteriji-on) (du grec πτερυγιον, petite aile), t. de chir., excroissance membraneuse qui s'étend du coin de l'œil jusque sur la cornée. — Excroissance charnue qui vient aux ongles des pieds et des mains.

PTÉRYGO-ANGULI-MAXILLAIRE, subst. et adj. mas. (petérigoô-angulimakcilétére), t. d'anat., le grand ptérygoïdien.

PTÉRYGO-COLLI-MAXILLAIRE, subst. et adj. mas. (peteriguôkolelimukcilétére), t. d'anat., le petit ptérygoïdien.

PTÉRYGODION , subst. mas. (peteérigodion), t. de bot., genre de plantes du cap de Bonne-Espérance.

PTÉRYGOÏDE, adj. des deux genres (peterigunoide) (du grec πτερυγος, gén. de πτερυξ, aile, et ειδος, forme), t. d'anat.; il se dit de deux apophyses de l'os sphénoïde, faites comme des ailes de chauves-souris.

PTÉRYGOÏDIEN, subst. et adj. mas., au fém. PTÉRYGOÏDIENNE (peteriguo-idien , dienne), t. d'anat , qui a rapport à l'apophyse ptérygoïde.

PTÉRIGOÏDIENNE , subst. et adj. fém. Voy. PTÉRYGOÏDIEN.

PTÉRYGO-MAXILLAIRE (GRAND), subst. et adj. mas. (gueranpeterigunôinakcilétére),t. d'anat., le muscle ptérygoïdien interne.

PTÉRYGO-MAXILLAIRE (PETIT), subst. et adj. mas. (petipeterigunômakcilétére), t. d'anat., le muscle ptérigoïdien externe.

PTÉRYGOME, subst. mas. (peterigonome), t. de médec., gonflement de la vulve qui rend le coït difficile ou impossible.

PTÉRYGO-PALATIN, subst. et adj. mas. (peteriguopalatein), t. d'anat., qui a rapport à l'apophyse ptérigoïde et à l'os palatin.

PTÉRYGO-PHARYNGIEN, subst. et adj. mas., au fém., PTÉRYGO - PHARYNGIENNE (peteriguofarehiiein , fiène), t. d'anat., muscle de la pharynx, qui a rapport à l'apophyse ptérygoïde et au pharynx.

PTÉRYGO-PHARYNGIENNE, adj. fém. Voy. PTÉRYGO-PHARYNGIEN.

PTÉRYGOPHORES , sub. m. pl. (peterigunofore), t.

(du grec πτερυξ, gén. πτερυγος, aile, et φερω, je porte), t. d'hist. nat., genre d'insectes hyménoptères.

PTÉRYGO-SALPINGOÏDIEN, subst. et adj. mas. ; au fém., PTÉRYGO-SALPINGOÏDIENNE (peteriguôcalpeinguô-idien, diène) (du grec πτερυξ, gén. πτερυγος, aile, σαλπιγξ, trompe, et ειδος, forme), t. d'anat., qui a rapport à l'apophyse ptérygoïde et à la trompe d'Eustache.

PTÉRYGO-SALPINGOÏDIENNE, adj. fém. Voy PTÉRYGO-SALPINGOÏDIEN.

PTÉRYGO-STAPHYLIN, subst. et adj. mas. (peteriguôcetafil.in), t. d'anat., nom d'un muscle qui appartient à la luette, nommée en grec σταφυλη.

PTÉRYGO-TEMPORAL, E, adj. (peteriguôtauporal), épithète donnée par quelques anatomistes à la grande aile du sphénoïde.

PTOCHOTROPHIE, subst. fém. (petokotrofi) (en grec πτωχος, pauvre, et τρεφω, nourrir), nourriture des pauvres ; action de les nourrir.

PTOCHOTROPHIQUE, adj. des deux genres (petokotrofike), qui est relatif à la ptochotrophie.

PTOCHOTROPHITE, subst. mas. (petokotrofite), celui qui gouvernait une maison de pauvres, un hôpital, qui en était l'économe.

PTILIN, subst. mas. (petilein), t. d'hist. nat., genre d'insectes de l'ordre des coléoptères.

PTILODACTYLE, subst. mas. et adj. des deux genres (petilodaktile), t. d'hist. nat., genre d'insectes de l'ordre des coléoptères.

PTILOPTÈRE, subst. mas. et adj. des deux genres (petilopetére), t. d'hist. nat., tribu d'oiseaux de l'ordre des pageurs, qui contient la famille des manchois.

* PTILOSE, subst. fém. (petilôze) (du grec πτιλωσις, formé dans la même signification de πτιλος, qui manque de cils), t. de médec., chute des cils.

PTILOSTÉMON, subst. mas. (petilocetemon), t. de bot., genre de plantes qui contient la sarrete fausse-queue, dont les aigrettes sont plumeuses.

PTILOTE , subst. fém. (petilote), t. de bot., genre de plantes de la famille des algues. — On donne aussi ce nom à un genre de plantes de la famille des amarantes.

PTINE, subst. mas. (petine), t. d'hist. nat., genre d'insectes coléoptères.

PTINIORE, subst. mas. (petini-ore), t. d'hist. nat., genre d'insectes coléoptères.

PTIROPHAGE, subst. mas. Voy. PHTIROPHAGE.

PTISANE, subst. fém. Voy. TISANE.

PTOSE ou PTOSIS, subst. fém. (petôse, zice) (du grec πτωσις, chute), t. de chir., chute de la paupière supérieure.

PTYALAGOGIE, subst. fém. (peti-alaguoji), (du grec πτυαλον, salive, et αγειν, chasser), t. de médec., traité sur la salivation, sur les moyens de la provoquer. Peu usité.

PTYALAGOGIQUE, adj. des deux genres (petialaguojike), qui est relatif, qui a rapport à la ptyalagogie. Peu usité.

PTYALAGOGUE, adj. des deux genres (peti-alaguogue) (du grec πτυαλον, salive, et de αγειν, chasser), t. de médec., qui provoque la salivation.

PTYALISME , subst. mas. (peti-alicème) (du grec πτυαλον, salive, fait de πτυω, je crache), t. de médec., salivation abondante et presque continuelle.

PTYAS, subst. mas. ou PTYADE, subst. fém. (petiàce, peti-ade), t. d'hist. nat., sorte d'aspic qui, dit-on, jette son venin en crachant et sans faire de morsure.

PTYCHODE, subst. mas. (petikode), t. de bot., genre de plantes de la famille des mousses.

PTYCHOPTÈRE, subst. mas. (petikopetére), t. d'hist. nat., genre d'insectes diptères.

PTYCHOSPERME, subst. mas. (petikocepèreme) t. de bot., genre de palmiers très-hauts et fort minces, découverts dans l'île de la Nouvelle Irlande.

PTYOCÈRE, subst. mas. (peti-ocère), t. d'hist. nat., geure d'insectes coléoptères.

PTYNX, subst. mas. (peteinkce), t. d'hist. nat., sorte d'oiseau de nuit.

PU, part. pass. du v. irrég. POUVOIR.

PÛ, part. pass. du v. irrég. PAÎTRE.

* PUAMMENT, adv. (pu-aman), avec puanteur. — Mentir puamment, que nous lisons dans l'Académie, comme signifiant : mentir grossièrement et impudemment, est très-peu usité.

PUANT, E, adj. (pu-an, ante), qui pue , qui sent mauvais, qui exhale une mauvaise odeur : chair puante , huleine puante. — Il est aussi subst. : *c'est un puant*, un homme qui s'écoute trop, qui se plaint trop aisément. — *Mensonge puant*, et *puant menteur*, ne se disent pas; ces deux expressions sont par trop grossières et par trop dégoûtantes; la bonne société en a fait justice.—*Bêtes puantes*, en t. de chasse, les renards, les blaireaux, etc.

PUANTEUR, subst. fém. (*pu-anteur*) (en lat. *putor*), mauvaise odeur : *on ne saurait habiter ici à cause de la puanteur.*

PUBÈRE, subst. et adj. des deux genres (*pubère*) (du lat. *puber* ou *pubes*, *puberis*), t. de jurisprudence, qui atteint l'âge de *puberté*. Ce mot est fort employé comme subst.

PUBERTÉ, subst. fém. (*puberetć*) (en lat. *pubertas*), état des garçons ou des filles qui ont passé l'âge de l'enfance et qui sont nubiles. C'est quatorze ans pour les garçons et douze ans pour les filles. — On appelle aussi *âge de puberté*, celui auquel la loi permet de se marier.

PUBESCENCE, subst. fém. (*pubèceçance*), existence du poil.—T. de bot., duvet des végétaux. Ce mot, quoique fort usité et fort utile, manque dans l'*Académie*.

PUBESCENT, E, adj. (*pubèceçan*, *çante*) (en lat. *pubescens*); se dit, en bot., des plantes dont la superficie est couverte de poils mous, faibles et courts.

PUBIEN, adj. mas., au fém. **PUBIENNE** (*pubiein*, *biène*), t. d'anat., qui a rapport au *pubis*. —On appelle *articulation* ou *symphyse pubienne*, l'articulation de deux os *pubis* entre eux; *arcade pubienne*, l'échancrure que présente la portion antérieure de la circonférence inférieure du bassin, et qui a pour limite, de chaque côté, la lame oblongue et oblique qui borde en devant le trou *pubien*; *région pubienne*; la partie moyenne de la région hypogastrique ou sous-ombilicale; *ligaments pubiens*, deux faisceaux ligamenteux qui s'attachent aux branches de l'arcade *pubienne*; l'un est appelé *ligament pubien antérieur*, l'autre *ligament sous-pubien*.

PUBIENNE, adj. fém. Voy. PUBIEN.

PUBIO-COCCYGIEN-ANNULAIRE, subst. et adj. mas. (*pubi-ôkokcijiein-anenulère*), t. d'anat., le releveur de l'anus, et l'ischio-coccygien, considérés comme ne formant qu'un seul muscle.

PUBIO-FÉMORAL, subst. et adj. mas. (*pubi-ôfémorale*), t. d'anat., le muscle premier abducteur de la cuisse.

PUBIO-OMBILICAL, subst. et adj. mas. (*pubi-o-onbilikale*), t. d'anat., le muscle pyramidal du bas-ventre.

PUBIO-SOUS-OMBILICAL, subst. et adj. mas. (*pubi-oçouzonbilikale*), t. d'anat., le muscle qui s'étend de la partie supérieure du *pubis* à la portion *sous-ombilicale* de la ligne médiane de l'abdomen.

PUBIS, subst. et adj. mas. (*pubice*), t. d'anat. : *l'os pubis*, l'un des trois os innominés; il est situé à la partie antérieure du bassin. — Subst., partie moyenne de la région hypogastrique.

PUBLIC, adj. mas., au fém. **PUBLIQUE** (*publike*) (en lat. *publicus*), qui concerne tout un peuple : *l'intérêt, le bien public; la voix publique; cela est contre le droit public; il est du bien public.* — Manifeste, connu de tout le monde : *bruit public; nouvelle qui est publique; notoriété publique.* — Ce qui est commun à tous, à l'usage de tous : *la voie publique, la place publique.* — *Personnes publiques*, revêtues de l'autorité *publique*, sous l'autorité du prince. — *Ministère public*, en t. de palais, magistrature établie près de chaque tribunal, pour surveiller les *intérêts publics*. — *Partie publique*, magistrat qui, dans les causes civiles ou criminelles, parle au nom de la société : c'est ce qu'on appelle procureur du roi, ou avocat du roi. — *Officier public*, celui qui exerce quelque charge *publique*.—*Droit public*, la science qui fait connaître des droits et des intérêts *publics* et politiques. — *Audience publique*, celle à laquelle tout le monde peut assister.—*Charges publiques*, imposition que tout le monde paie pour subvenir aux besoins de l'état.—*Femme, fille publique*, fille, femme qui se prostitue.—*Lieux publics*, où tout le monde a le droit d'aller, comme les églises, les marchés, les promenades.—*Edifices publics*, employés par le gouvernement aux services *publics*.

PUBLIC, subst. mas. (*publike*), le peuple en général : *travailler pour le public, servir le public; l'intérêt du public doit être préféré à celui des particuliers*, etc. — Nombre plus ou moins considérable de personnes : *le public des théâtres; avoir les suffrages du public éclairé.* — *En public*, loc. adv., en présence de tout le monde, à la vue de tout le monde : *paraître en public; parler en public.*

PUBLICAIN, subst. mas. (*publikiein*), chez les anciens Romains, fermier des deniers *publics*. Ils étaient odieux parmi les Juifs d'autrefois. — Abusivement, aujourd'hui, fam. et en mauvaise part, *les publicains*, les traitants et les gens d'affaires : *d'avides publicains*.—PUBLICAIN, FINANCIER, TRAITANT. (*Syn.*) Le *publicain* est littéralement le percepteur des revenus publics; il ne s'applique qu'à la finance de l'antiquité. Le *financier*, intéressé dans les finances de l'état, lève l'impôt en argent fin, et non en nature; il est ou fermier, ou régisseur, ou entrepreneur. Les *traitants* étaient ceux qui *traitaient* pour une certaine somme, pour la rentrée d'un recouvrement particulier.

PUBLICATION, subst. fém. (*publikâcion*), action de *publier*, de rendre une chose publique, notoire.—*La publication d'un livre*, l'action de le faire paraître et mettre en vente.

PUBLICISME, subst. mas. (*publiciceme*), science du *publiciste*.—Enseignement sur le droit *public*.

PUBLICISTE, subst. mas. (*publiciccte*), celui qui écrit ou fait des leçons sur le droit *public*.

PUBLICITÉ, subst. fém. (*publicité*), état de ce qui est à la connaissance du *public*, de tout le monde; notoriété : *la publicité du crime; la publicité des débats.*

PUBLIÉ, E, part. pass. de *publier*.

PUBLIER, v. act. (*publi-é*) (en lat. *publicare*), rendre *public*, dire clairement, hautement et *publiquement* : *publier la paix; publier des bans.* —*Publier un journal*, le faire paraître.— *Publier quelque chose sur les toits*, *par-dessus les toits*, divulguer la chose, la répandre à grand bruit.—*se* PUBLIER, v. pron.

PUBLIQUE, adj. fém. Voy. PUBLIC, adj.

PUBLIQUEMENT, adv. (*publikeman*), d'une manière *publique*, avec publicité : *il l'a souffleté publiquement.*

PUCCARARA, subst. mas. (*pukekarara*), t. d'hist. nat., nom d'un quadrupède de la Guyane, qui paraît être l'apéréa.

PUCCINIE, subst. fém. (*pukcini*), t. de bot., genre de plantes cryptogames de la famille des champignons.

PUCE, subst. fém. (*puce*) (en lat. *pulex*, *pulicis*), t. d'hist. nat., insecte qui s'attache principalement à la peau des hommes et des chiens. —Prov. : *avoir la puce à l'oreille*, être inquiet sur le succès de quelque affaire.—*Mettre la puce à l'oreille de quelqu'un*, lui inspirer des inquiétudes. — Adj. des deux genres : *couleur puce*, d'un brun semblable à celui de la *puce*.

PUCEAU, subst. mas. (*puçô*) (en lat. *pudicellus*, dimin. de *pudicus*, pudibond, chaste), garçon qui n'a jamais connu de femmes.—Il est aussi adj. mas. selon l'*Académie*. Il est certainement bien peu usité comme adj. On ne dit guère : *un garçon puceau*.—Au plur., des *puceaux*.

PUCE-DE-TERRE, subst. fém. (*pucedetère*), t. d'hist. nat., nom qu'on donne aux mordelles. —Insecte du cap de Bonne-Espérance.

PUCELAGE, subst. mas. (*pucelaje*), virginité; état d'une fille qui n'a point connu d'hommes, d'un homme qui n'a point connu de femmes. Il est fam. et libre.—T. d'hist. nat., sorte de coquillage univalve, du genre des porcelaines.

PUCELLE, subst. fém. (*pucèle*) (suivant les uns, du lat. *pudicella*, dimin. de *pudica*, chaste, suivant les autres, de *puella*, jeune fille), vierge, fille qui a sa virginité. — *La Pucelle d'Orléans*, Jeanne d'Arc, qui, sous Charles VII, délivra la ville d'Orléans, assiégée par les Anglais. —L'*Acad.* nous dit que, dans la poésie badine, on appelle les *Muses* les *doctes pucelles*. On sait pourtant qu'elles méritaient peu ce titre, car plusieurs d'entre elles ont eu des enfants. On veut les faire jouir des priviléges de la *chaste* Diane, qui ne fut rien moins que chaste. —T. d'hist. nat., poisson qui ressemble à l'alose.—Sorte de petite coquille.

PUCERON, subst. mas. (*puceron*), t. d'hist. nat., genre d'insectes hémiptères, vivant en société sur les plantes.

PUCHÉ, E, part. pass. de *pucher*.

PUCHER, v. act. (*puché*), t. de raffinerie, prendre avec le *pucheux*. — Il se dit aussi neut. —*se* PUCHER, v. pron. Peu usité.

PUCHET, subst. mas. (*puchè*), petit *pucheux*.

PUCHETTE, subst. fém. (*puchète*), t. de pêche, espèce de filet qui ressemble à la drague.

PUCHEUX ou **PUCHET**, subst. mas. (*pucheu*), t. de raffineur, grande cuiller pour puiser le sucre.

PUCHOIR, subst. mas. (*puchoar*), t. de saline, petit baril emmanché, dont on se sert pour puiser la saumure.

PUDENDAGRE, subst. fém. (*pudandaguère*) (du lat. *pudenda*, parties génitales des deux sexes, et de *œger*, malade, ou selon d'autres du grec ἄγρα, capture), t. de médec., douleur aux parties génitales.—La siphilis.

PUDENDUM, subst. mas. (*pudeindome*), (mot tout latin), parties génitales des deux sexes.— Sans plur.; car il faudrait dire au plur. *pudenda*, plur. du latin.

PUDEUR, subst. fém. (*pudeur*) (en lat. *pudor*), chasteté, virginité : *attenter à la pudeur, pudeur virginale; rougir de pudeur.* La *pudeur* annonce la *pudicité*, la défend et la conserve.— Honte honnête et louable que donne la vertu, et qui empêche de rien dire et rien faire qui puisse blesser l'honnêteté et la chasteté. — Modestie, retenue, discrétion : *ménagez sa pudeur.* —*Un homme, une femme sans pudeur*, qui ne sauraient rougir de rien, soit en actes, soit en paroles. — Myth., divinité allégorique des anciens Romains.

PUDIBOND, E, adj. (*pudibon*, *bonde*) (du latin *pudibundus*), qui est modeste, qui a de la *pudeur*, et qui rougit aisément.—*Rougeur pudibonde*, rougeur du visage que la timidité de la *pudeur* produit.

PUDICITÉ, subst. fém. (*pudicité*) (en lat. *pudicitia*), chasteté, synonymie qui se trouve au mot *pureté* : *la pudicité est la vertu naturelle et forcée des femmes.* Voy. PURETÉ.— Myth., divinité allégorique des anciens Romains.

PUDIQUE, adj. des deux genres (*pudike*) (en latin *pudicus*), chaste, pur, honnête : *le pudique Joseph : cette femme a des mœurs pudiques.* — *Un discours pudique*, qui est selon les règles de la plus scrupuleuse bienséance. — *Un amour pudique*, dans lequel toutes les règles de l'honnêteté et de la décence sont observées.

PUDIQUEMENT, adv. (*pudikeman*) (en latin *pudicé*), d'une manière *pudique* : *on doit vivre pudiquement; des détails, même impudiques, doivent être racontés pudiquement.*

PUDU, subst. mas. (*pudu*), t. d'hist. nat., espèce d'animal ruminant; sorte d'antilope.

PUÉ, subst. mas. (*pu-é*), t. de fabrique, arrangement et disposition des fils de diverses matières dans la chaîne des étoffes. — Part. pass. de *puer*.

PUEIL, subst. mas. (*pu-è-ie*), t. d'administr. forest., taillis de moins de trois ans.

PUER, v. neut. (*pu-é*) (en lat. *putere*, fait du grec πύθειν, pourrir); on disait autrefois au *présent de l'indicatif* : *je pus, tu pus, il put.* On dit aujourd'hui : *je pue, tu pues, il pue.* Il n'a point de *prétérit* ni de *participe passif*, ni par conséquent de *temps composés*. Il n'est usité qu'*au présent*, à l'*imparfait*, au *futur* et au *conditionnel*. Sentir mauvais; infecter : *si vous gardiez cette viande plus long-temps, elle puerait.* — On dit qu'*une chose pue le musc*, pour dire qu'elle a une odeur de musc excessive et incommode. On le dit également de toutes les bonnes odeurs lorsqu'elles sont trop violentes. — *Puer comme un rat mort*, sentir fort mauvais. — *La viande, le vin, la comédie, la danse lui pue*, il est dégoûté de viande, de vin, de la comédie, de la danse. — Prov. : *les paroles ne puent pas*, si ce qu'on dit est dégoûtant, du moins on ne l'a pas sous les yeux, ni sous le nez. — *Tout lui pue au nez*, il est dégoûté de tout. — Act.: *puer le vin, l'ail*, sentir le vin, l'ail.

PUÉRIL, E, adj. (*pu-érile*) (en lat. *puerilis*), qui appartient à l'âge qui suit l'enfance : *âge puéril*.—Qui est frivole : *discours, raisonnement, amusement puéril; manières, excuses puériles.* — *Civilité puérile*, titre d'un vieux livre destiné à apprendre aux enfants les devoirs de la civilité.

PUÉRILEMENT, adv. (*pu-érileman*) (du lat. *pueriliter*), d'une manière *puérile*.

PUÉRILISÉ, E, part. pass. de *puériliser*.

PUÉRILISER, v. act. (*pu-érilizé*), rendre *puéril*, rendre enfant. (*Boiste*.) — *se* PUÉRILISER, v. pron.

PUÉRILITÉ, subst. fém. (*pu-érilité*) (en latin *puerilitas*), action d'enfant. — Discours, action *puérile*, en parlant d'une personne : *il y a de la puérilité dans votre raisonnement ; ne dire que des puérilités.*

PUERPÉRALE, adj. fém. (*pu-èrepérale*), t. de médec., se dit d'une fièvre de couches : *elle a la fièvre puerpérale, on ne peut la visiter.*

PUFFEIN, subst. mas. (*pufefein*), t. d'hist. nat., famille particulière d'oiseaux aquatiques du genre des pétrels.

PUGILAT, subst. mas. (*pujila*) (en lat. *pugilatus*), t. d'antiq., combat à coups de poing. C'était un des exercices gymnastiques des anciens.

PUGILE, subst. mas. (*pujile*), t. d'antiq., athlète qui combattait à coups de poing. — *Pugile du lustre*, claqueurs dans nos théâtres. Fam.

PUGILISTE, subst. mas. (*pujilicete*), t. d'antiq., celui qui se battait à coups de poing. Voyez BOXEUR, qui est plus usité aujourd'hui.

PUGIONION, subst. mas. (*puji-oni-on*), t. de bot., sorte de plante qui croît en Sibérie et en Perse.

PUGNACITÉ, subst. fém. (*puguenacité*), propension, ardeur à combattre : *la bosse de la pugnacité.* (Le docteur Gall.) Peu usité.

PUIFIANT, E, adj. (*pu-ifian, fiante*), t. de médec., qui fait le *pus*, qui favorise sa formation. Inusité.

PUINE, subst. fém. (*puine*), t. de bot., nom vulgaire du cornouiller sanguin.

PUINE, subst. mas. (*puine*), t. d'eaux et forêts, mort-bois. Presque hors d'usage.

PUÎNÉ, E, adj. et subst. (*puiné*) (des deux mots français *puis*, ensuite, après, et *né*), celui, celle qui est né *ou* née depuis un de ses frères *ou* une de ses sœurs : *c'est mon frère puîné, ma sœur puînée. C'est mon puîné* ; dans la conversation ordinaire, on dit plus souvent *c'est mon cadet.*—Quand on parle absolument, *puîné* se dit relativement à celui qui est plus âgé, et *cadet* du plus jeune de tous : *l'aîné, le puîné, et le cadet.*

PUIS, adv. de temps (*pui*), ensuite, après : *j'irai à Orléans, puis à Blois.* — *Et puis?* se dit fam. et par interrogation : *et puis qu'en arrivera-t-il?* — *Et puis*, signifie encore, d'ailleurs, au reste. — *L'Académie* prétend que *puis* est quelquefois adv. de lieu ; et pour le prouver, elle cite cet exemple : *derrière lui étaît assis un tel, puis un tel* ; jamais *puis*, dans cette locution, n'a pu désigner un lieu ; *puis*, signifie ici, *à la suite, après lui.*

Puis, 1re pers. sing. prés. indic. du v. irrég. POUVOIR.

PUISAGE, subst. mas. (*puizaje*), action de *puiser* : *avoir un droit de puisage.*

PUISARD, subst. mas. (*puizar*), espèce de *puits* qu'on ménage dans le corps d'un mur pour recevoir les eaux des combles. — Parties séparées d'une fosse de tannerie, pour que le jus y coule, et qu'on puisse l'en retirer.—On donne aussi ce nom à un *puits* bâti à pierres sèches au milieu d'une cour, et recouvert d'une pierre ronde et trouée, dans lequel se rendent les eaux pluviales qui se perdent dans la terre. — On appelle *puisards d'aqueducs*, dans les aquéducs qui portent des conduits de fer ou de plomb, certains trous qui servent à vider l'eau qui peut s'échapper des tuyaux dans le canal. — *Puisards de source*, certains puits qu'on fait d'espace en espace pour la recherche des sources, et qui se communiquent par des pierres qui portent toutes leurs eaux dans un regard ou réceptacle, d'où elles entrent dans un aqueduc. — T. de minér. ; on appelle *puisards*, dans les mines, des espèces de réservoirs où vont se rendre les eaux que l'on rencontre dans les souterreins, d'où elles sont épuisées par le moyen des pompes qui les élèvent jusqu'à la surface de la terre.

UISÉ, E, part. pass. de *puiser*.

PUISEAUX, subst. propre mas. (*puizô*), petite ville de France, chef-lieu de canton, arrond. de Pithiviers, dép. du Loiret.

PUISELLE, subst. fém. (*puizèle*), t. de bouchers ou de chandeliers, espèce d'écuelle ou de cuiller au bout d'un long manche, dont on se sert pour puiser ou verser le suif fondu.

PUISER, v. act. (*puizé*) (racine *puits*), prendre de l'eau avec un vase ou ustensile qu'on plonge dans un amas d'eau, et plus particulièrement dans un *puits* : *puiser de l'eau à la rivière, à la fontaine, dans un puits.*—Neut., il a le même sens que l'actif: *puiser à la source, au bassin*, etc. ; plonger dans un liquide quelconque : *puiser du vin dans une cuve.*—Prov. : *il n'est rien de tel que de puiser à la source*, en remontant à l'origine des choses ; en consultant avant tout les autorités sur lesquelles on s'appuie, on est sûr de ne pas se tromper.—*Puiser aux sources*, parlant littérairement, consulter les auteurs originaux : *puiser dans les anciens ; puiser partout.*—*Puiser dans la bourse de quelqu'un*, lui emprunter de l'argent ; ne pas s'en gêner quand on en a besoin. —*se* PUISER, v. pron.

PUISEUR, subst. mas. (*puizeur*), ouvrier qui *puise* l'eau des endroits d'où l'on tire la tourbe.

PUISOIR, subst. mas. (*puizoare*), vase de cuivre pour retirer le salpêtre de la chaudière. —Espèce de petite citerne.—Ce mot manque dans l'*Académie*, il est vrai qu'on dit plus souvent *puisard*.

PUISQUE, conj. (*puiceke*) (*e* s'élide devant une voyelle : *puisqu'on, puisqu'elle*, etc.), sert à marquer la cause, le motif pour lequel on agit. Parce que, à cause que. — *L'Académie* termine cet article en disant que quelquefois on sépare *que de puis* ; et elle cite pour exemple : *puis donc que vous le voulez.* Nous confesserons avec elle que cela se fait et se dit ; mais que cette façon de s'exprimer est un peu surannée.

PUISSAMMENT, adv. (*puiçaman*), d'une manière *puissante*, avec force, etc.—Beaucoup, extrêmement : *il est puissamment riche.* — *C'est puissamment raisonner*, que nous donne l'*Académie*, comme se disant, en parlant par ironie, d'un raisonnement ridicule, nous semble pouvoir se dire dans un sens contraire ; et certes, *c'est puissamment raisonner*, peut signifier aussi très-sérieusement : *c'est parfaitement raisonner.*

PUISSANCE, subst. fém. (*puiçance*) (en lat. *potentia*), pouvoir, autorité. *Puissance souveraine, puissance absolue.*—Domination, empire. —*Toute-puissance*, la *puissance* qui n'appartient qu'à Dieu.—*Avoir quelqu'un, quelque chose en sa puissance*, en être le maître, en pouvoir disposer.—*Être en puissance de père et de mère*, être sous leur tutelle immédiate, ne pouvoir rien faire sans leur consentement.—*Être en puissance de mari*, ne pouvoir rien contracter, ne pouvoir disposer de rien sans l'autorisation du mari.—*Devenir, se croire une puissance*, acquérir du crédit et du pouvoir, s'imaginer en avoir. —État souverain : *les puissances de l'Europe.* —Fam., ceux qui possèdent les premières dignités de l'état : *avoir du crédit auprès des puissances.*—Faculté de l'âme : *telle est la puissance de la vertu.* Voy. POUVOIR. — *Puissance* se dit de certains remèdes, de certaines substances : *l'aimant a la puissance d'attirer le fer.* On parlerait beaucoup mieux en se servant du mot *propriété.*—En phys., force qu'ont les corps d'en mouvoir d'autres par leur poids, par quelque effort, etc. — En math., les différents degrés auxquels on élève une grandeur, en la multipliant toujours par elle-même. — *Puissance du glaive*, le pouvoir de condamner à mort.—*La puissance des clefs*, le pouvoir de remettre ou de retenir les péchés, que Jésus-Christ a accordé à son église, en la personne de saint Pierre et des apôtres et de leurs successeurs.—Anciennement, on appelait *puissance du fief*, les droits qu'un seigneur pouvait exercer sur ses vassaux.—Au plur., un des chœurs des anges. — *Hautes puissances*, titre que prenaient les états-généraux des Provinces-Unies formant la république de Hollande. Chacune de ces provinces prenait celui de *noble puissance.*—*Traiter de puissance à puissance*, de pouvoir égal à pouvoir égal, de souverain à souverain.—*De notre pleine puissance*, ancienne formule dont les rois se servaient autrefois dans les lettres patentes : *de notre autorité et pleine puissance, nous accordons...* — Au jeu de trictrac, *prendre son coin par puissance*, c'est diminuer un point sur chacun des dés amenés, et prendre ainsi son coin. Cette expression a bien vieilli.

PUISSANT, E, adj. (*puiçan, çante*) (en latin *potens*), qui a beaucoup de pouvoir : *avoir des amis puissants.*—*Tout-puissant, toute-puissante*, qui peuvent tout.—Subst. au mas., *le Tout-Puissant*, Dieu. — *Haut et puissant seigneur, très-haute et très-puissante dame*, titres donnés dans les contrats et les actes qui doivent être déposés dans les archives publiques, aux personnes d'un rang auguste.— Extrêmement riche : *être puissant en fonds de terre ; un puissant terrien.* Peu usité. — Robuste et de taille élevée, avantageuse.—Qui est capable de produire un grand effet : *puissant remède*, au propre et au fig. ; *il a allégué de puissantes raisons.*—*Puissant calculateur*, habile et profond.— Qui a pris trop d'embonpoint ; gros et gras. — Subst. mas. plur. : *les puissants du siècle*, les grands du siècle.

DU VERBE IRRÉGULIER POUVOIR :

Puisse, précédé de *que je*, 1re pers. sing. prés. subj.

Puisse, précédé de *qu'il* ou *qu'elle*, 3e pers. sing. prés. subj.

Puisses, 2e pers. sing. prés. subj.

Puissent, 3e pers. plur. prés. subj.

Puissiez, 2e pers. plur. prés. subj.

Puissions, 1re pers. plur. prés. subj.

PUITS, subst. mas. (*pui*) (en lat. *puteus*, fait du grec βυθός), trou profond, creusé de main d'homme et fait exprès pour en tirer de l'eau : *puits à roue, puits à poulie, puits à bras, puits creusé dans le roc.*—Par similitude et en t. de guerre, 1° creux qu'un mineur fait dans les terres pour chercher les fourneaux des ennemis et les éventer ; 2° trous recouverts de branchages et de terre pour y faire tomber la cavalerie ennemie.—*Puits artésien*, ou *puits foré*, formé par un trou de sonde fait à travers le sol jusqu'à la rencontre d'une nappe d'eau, qui, soumise à la pression d'autres nappes d'eau supérieures, est forcée de monter jusqu'à la surface du sol. Ces *puits* sont nommés *artésiens*, parce que les habitants de l'*Artois* en ont les premiers fait usage.—Ouverture par laquelle on descend dans une mine, dans une carrière.—*Puits-perdu*, puits dont le fond est de sable et où les eaux se perdent. — *La vérité est au fond du puits*, on a beaucoup de peine à découvrir la vérité. — *Ce qu'on lui dit tombe dans un puits*, il est fort secret.—*Il faut puiser tandis que la corde est au puits*, il faut profiter des occasions lorsqu'elles se présentent. — *Cela ne tombera pas dans le puits*, on s'en souviendra quand il sera nécessaire.—*C'est un puits de science*, c'est un homme fort savant. — *C'est un puits d'or*, un homme extrêmement riche.

PUJOLS, subst. propre mas. (*pujole*), bourg de France, chef-lieu de canton, arrond. de Libourne, dép. de la Gironde.

PULE, subst. fém. (*pule*), t. de bot., genre de plantes.

PULEJATE, subst. mas. (*pulejate*), sorte de vin qui se fait avec une infusion de pouliot. Peu connu.

PULICAIRE, subst. fém. (*pulikière*), t. de bot., genre de plantes de la famille des plantains.

PULICAIRE, adj. des deux genres (*pulikière*) (du latin *pulex*, gén. *pulicis*, puce), t. de médec., qui est accompagné de taches semblables à des piqûres de puces : *fièvre, éruption pulicaire.*

PULLAIRE, subst. mas. (*pulelère*) (du latin *pullus*, pouls), t. d'hist. anc., gardien des poulets sacrés.

PULLULATION, subst. fém. (*pulelulâcion*), multiplication abondante et rapide. — Ce mot, quoique fort usité, manque dans l'*Académie.*

PULLULÉ, part. pass. de *pulluler*.

PULLULER, v. neut. (*pulelulé*) (du lat. *pullulare*), multiplier en abondance et en peu de temps: *le chiendent pullule beaucoup.* Il se dit également des plantes et des insectes.—Fig., se répandre au loin et avec rapidité, en parlant des erreurs, des opinions dangereuses et pernicieuses, etc. : *les méchants contes pullulent cette année.*—Nous ferons observer que l'*Académie*, qui écrit *appeler*, et *il appelle*, écrit *pulluler*, et *il pullule.* La règle est cependant bien positive, et elle consacre les principes qu'elle a elle-même établis.

PULMENT, subst. mas. (*puleman*), potage de riz, de fèves, etc., autrefois en usage.

PULMO-AORTIQUE, subst. et adj. des deux genres (*pulemô-a-ortike*), t. d'anat., nom que quelques écrivains donnent au canal artériel.

PULMOBRANCHE, subst. mas. (*pulemobranche*), t. d'hist. nat., genre de mollusques.

PULMONAIRE, subst. fém. (*pulemonère*), t. de bot., plante vivace contre les affections du *poumon.*—Espèce de mousse qui pousse sur le tronc des chênes et des hêtres.

PULMONAIRE, adj. des deux genres (*pulemonère*) (du latin *pulmonarius*), qui appartient au *poumon* : *veine pulmonaire.* — *Phthisie pulmonaire*, maladie appelée aussi consomption ; elle consiste dans un amaigrissement causé par un vice organique des *poumons.*

PULMONAL, E, adj. *(pulemonale)*, t. de médec., qui vient du *poumon*. — Au plur. mas., *pulmonaux*.

PULMONELLE, subst. fém. *(pulemonèle)*, t. d'hist. nat., genre d'animaux établi pour placer l'alcyon figue.

PULMONE, subst. mas. *(pulemone)*, t. d'hist. nat., genre de mollusques de l'ordre des gastéropodes.

PULMONIE, subst. fém. *(pulemoni)* (du latin *pulmo, pulmonis*, le poumon), maladie du *poumon*.

PULMONIQUE, subst. et adj. des deux genres *(pulemonike)* (en latin *pulmonarius*), qui est malade du *poumon*; qui a les *poumons* affectés de *pulmonie*.—Subst. : *un, une pulmonique*.—(L'*Académie* ajoute qu'on dit aussi *poumonique*. Sans doute le peuple dit *poumonique*, il dit même *pomonique*; mais il est certain que ni l'un ni l'autre de ces deux mots ne serait accepté de messieurs les médecins. *Pulmonique* est le vrai terme scientifique. Mais l'*Académie*, qui a incontestablement le droit de fixer les règles du langage, le sens, la valeur et la forme des mots, ne pourrait-elle point proscrire le mot *pulmonique*, puisqu'elle n'admet que *poumon*? Iet, ridicule de dire en français *poumon* pour le subst., et *pulmonique* pour l'adj. On ne pouvait se montrer conséquent qu'en disant *pulmon* et *pulmonique*, ou *poumon* et *poumonique*. Que de bizarreries de ce genre, qui ne sont que ridicules, si elles étaient sagement relevées, disparaîtraient dans l'intérêt de la langue!

PULONOSI, subst. mas. *(pulonozi)*, t. d'hist. nat., espèce de canard qui arrive vers le printemps au Kamtschatka.

PULPAL, subst. mas. *(pulepale)*, t. de bot., synonyme de *pulpe*.

PULPATION, subst. fém. *(pulepâcion)*, t. de pharm., action de réduire en *pulpe* certaines substances végétales.

PULPE, subst. fém. *(pulepe)* (en latin *pulpa*), t. de bot., substance médullaire ou charnue des fruits et des légumes. — Moelle des plantes ligneuses. — En pharm., la *pulpe* des végétaux réduite en pâte ou en bouillie. — Dans les animaux, la partie la plus charnue et la plus délicate, la chair la meilleure à manger.—T. d'anat.: *la pulpe cérébrale*, la partie molle du cerveau.

PULPÉ, E, part. pass. de *pulper*.

PULPER, v. act. *(pulepé)*, t. de pharm., réduire en *pulpe*. — *se* PULPER, v. pron.

PULPÉSIE, subst. fém. *(pulepézi)*, t. de médec., nom que quelques auteurs ont donné à l'apoplexie. Voy. ce mot.

PULPEUSE, adj. fém. Voy. PULPEUX.

PULPEUX, adj. mas., au fém. **PULPEUSE** *(pulepeu, peuze)* (en lat. *pulposus*), t. de bot., qui est composé de *pulpe*. Il se dit des feuilles d'une consistance molle et succulente. — Fort charnu.

PULPO, subst. mas. *(pulepô)*, t. d'hist. nat., espèce de sèche.

PULPOIRE, subst. fém. *(pulepoare)*, t. de pharm., spatule en bois avec laquelle les pharmaciens écrasent leurs substances.

PULQUE, subst. fém. *(puleke)*, t. de bot., suc fermenté de l'agave d'Amérique; il sert de boisson au Mexique.

PULS, subst. mas. *(pulce)*, sorte de mets ancien; espèce de bouillie.

PULSARE, subst. mas. *(puleçare)*, nom d'une sorte de raisin qui croît dans le Languedoc.

PULSATIF, adj. mas., au fém. **PULSATIVE** *(puleçatife, tive)* (du latin *pulsare*, battre), qui *bat*, qui émeut douloureusement. Il ne se dit qu'en t. de médec. : *douleur pulsative*, battement douloureux.

PULSATILLE, subst. fém. *(puleçati-ie)*, t. de bot., plante, espèce d'anémone.

PULSATION, subst. fém. *(puleçâcion)* (en lat. *pulsatio*), t. de médec., battement, principalement en parlant du pouls : *son pouls donne tant de pulsations par seconde*. — Celui qui se fait sentir dans une partie malade quelconque : *la pulsation des artères*. — En phys., vibration des corps qui ont de l'élasticité : *la pulsation du son*.

PULSATIVE, adj. fém. Voy. PULSATIF.

PULSILOGE, subst. mas. *(pulecilojé)* (du latin *pulsus*, pouls, et du grec λεγω, je dis), instrument propre à mesurer la vitesse du *pouls*. Voyez PULSIMÈTRE, qui nous semble préférable.

PULSIMANCIE, subst. fém. *(pulecimanci)* (du lat. *pulsus*, pouls, et du grec μαντεια, divination), t. de médec., pronostic tiré des différentes modifications du pouls. Hors d'usage.

PULSIMANCIEN, subst. et adj. mas., au fém. **PULSIMANCIENNE** *(pulecimancien, ciène)*, qui concerne la *pulsimancie*. Celui, celle qui pratique la *pulsimancie*. Hors d'usage.

PULSIMÈTRE, subst. mas. *(pulecimètre)* (du lat. *pulsus*, pouls, et du grec μετρον, mesure), instrument propre à mesurer la vitesse du pouls.

PULSIMÉTRIE, subst. fém. *(pulecimétri)*, l'art d'employer le *pulsimètre*, de mesurer la vitesse du pouls avec cet instrument.

PULSIMÉTRIQUE, adj. des deux genres *(pulecimétrike)*, qui tient, qui a rapport au *pulsimètre*.

PULSION, subst. fém. *(pulecion)* (du lat. *pulsio*, action de pousser), t. de physique dont Newton s'est servi pour désigner la propagation du mouvement dans un milieu fluide et élastique comme l'air.

PULTACÉ, E, adj. *(puletacé)*, t. de médec.; il se dit de ce qui ressemble à de la bouillie ou à de la purée, et qui en prend la consistance.

PULTENÉE, subst. fém. *(puletené)*, t. de bot., genre de plantes de la famille des légumineuses.

PULVÉRAGE, subst. mas. *(pulevéraje)*, t. de féodalité, espèce de péage que les seigneurs percevaient autrefois sur les troupeaux de moutons qui passaient sur leurs terres.

PULVÉRAIRE, subst. mas. *(pulevérère)* (du lat. *pulvis*), t. de bot., genre de lichens.

PULVÉRATEUR, subst. mas. *(pulevérateur)* (du lat. *pulvis*, poussière), t. d'hist. nat., nom donné aux oiseaux qui ont l'habitude de se rouler dans la poussière.

PULVÉRIN, subst. mas. *(pulevérein)* (en latin *pulvis, pulveris*, poudre), poudre à canon très-fine pour amorcer les armes à feu. On dit aussi souvent *poussière*. — Espèce de poire dans laquelle on met cette poudre. Vieux en ce sens et presque même hors d'usage. — Dans les cascades, dans les jets d'eau, etc., gouttes d'eau fort menues qui s'écartent et forment une sorte de poussière humide. Voy. POUSSIÈRE.

PULVÉRISATION, subst. fém. *(pulevérizâcion)*, action de *pulvériser* ou effet de cette action.

PULVÉRISÉ, E, part. pass. de *pulvériser*.

PULVÉRISER, v. act. *(pulevérizé)* (du lat. *pulvis, pulveris*, poudre), réduire en poudre. — Fig., détruire entièrement : *il a pulvérisé cet écrit; cette opinion a été pulvérisée*.—*se* PULVÉRISER, v. pron.

PULVÉRULENT, E, adj. *(pulvérulan, lante)* (en latin *pulverulens*), poudreux, chargé de poussière.—En bot., on appelle *plante pulvérulente*, celle qui est couverte d'un léger duvet si fin et si bien fourni cependant qu'il ressemble en quelque sorte à de la poussière.—Qui se réduit facilement en poudre : *la propriété de la craie est d'être pulvérulente*.

PULVINAIRE, subst. mas. *(pulevinère)* (en lat. *pulvinarius*), t. d'antiq., petit lit pour les images des dieux, dans le lectisterne et au cirque.

PULVINÉ, E, adj. *(pulevinè)*, t. de bot., qui a la forme d'un coussin.

PULVISCULAIRE, adj. des deux genres *(pulevicekulère)*, t. de géol.; il se dit des pierres, des minéraux, des métaux dont le grain est très-fin : *grès, acier pulvisculaire*.

PUMA, subst. mas. *(puma)*, t. d'hist. nat., lion du Chili, animal carnassier qui tient du lion et du tigre.

Pûmes, 1re pers. plur. prét. déf. du verbe irrégulier POUVOIR.

PUMICIN, subst. mas. *(pumicein)*, huile de palme appelée autrement *huile de Sénégal*.

PUNAIS, E, adj. *(puné, nèze)* (suivant *Vergy*, des deux mots français *pue* et *nez*; *qui pue par le nez*), qui rend par le nez une odeur infecte, et qui est presque privé du sentiment de l'odorat par un défaut de l'organe : *il ne sent point les odeurs, il faut qu'il soit punais*.—On dit bien subst. au mas., en parlant d'un homme : *c'est un punais*, mais on ne dirait pas, en parlant d'une femme : *c'est une punaise*, à cause de la ressemblance de cet adj. au fém. avec le subst. fém. *punaise*.

PUNAISE, subst. fém. *(punèze)* (suivant *Ménage*, du lat. *putere*, puer), insecte de forme plate fort connu, qui s'engendre ordinairement dans les bois de lit, et qui sent très-mauvais. — Il y a aussi des *punaises* de bois; elles sont plus larges, plus plates et plus noires que les *punaises* d'appartements. — *Punaise de mer*, genre de testacés. —Prov. et pop. : *avoir le ventre plat comme une punaise*, avoir le ventre vide; avoir été long-temps sans manger.

PUNAISIE, subst. fém. *(punèzi)*, maladie de *punais*. Voy. ce mot.

PUNCH et non pas **PONCHE**, le mot n'étant nullement français; subst. mas. *(ponche)*, boisson anglaise, composée principalement d'eau-de-vie ou de rhum, avec du jus de citron et du sucre : *on peut faire du punch avec toutes les liqueurs fortes spiritueuses*.

PUNCTUM SALIENS (locution latine qui signifie *point saillant*) *(ponketomeçali-eince)*, expression adoptée en français par les médecins et les physiciens, pour désigner le premier point qui paraît, après la fécondation du germe, dans l'espèce de mucosité qui remplit l'amnios. C'est le cœur de l'embryon, reconnaissable, dit-on, à ses battements.

PUNGAMIE, subst. fém. *(ponguami)*, t. de bot., genre de plantes très-rapproché du ptérocarpe.

PUNGITIF, adj. mas., au fém. **PUNGITIVE** *(ponjitife, tive)*, t. de bot., qui pointe, pousse : *plante pungitive*.

PUNGITIVE, adj. fém. Voy. PUNGITIF.

PUNI, E, part. pass. de *punir*. — *Etre puni par où l'on a péché*, éprouver des dommages par suite des choses mêmes au moyen desquelles on croyait trouver quelque avantage. — *Le voilà puni!* il est mortifié, vexé de ce qui lui arrive.

PUNIQUE, adj. des deux genres *(punike)* (en latin *punicus*), qui concerne les Carthaginois. — On a appelé, dans l'histoire romaine, *guerres puniques*, les guerres des Romains contre les Carthaginois. — *Foi punique*, mauvaise foi, duplicité, par allusion à la perfidie des Carthaginois envers les Romains.

PUNIR, v. act. *(punir)* (en latin *punire*), faire souffrir une peine pour une faute; châtier. — *Il sera puni de sa folle tendresse*, il aura lieu de s'en repentir. — *se* PUNIR, v. pron.

PUNISSABLE, adj. des deux genres *(puniçable)*, qui mérite *punition*, qui mérite d'être *puni* : *cette action est très-punissable*.

PUNISSEUR, subst. et adj. mas., au fém. **PUNISSEUSE** *(puniceur, ceuze)*, qui *punit*, qui châtie. On a dit autrefois : *le foudre punisseur*. Presque hors d'usage.

PUNISSEUSE, subst. fém. Voy. PUNISSEUR.

PUNITION, subst. fém. *(punicion)* (en lat. *punitio*), action de *punir*; peine par laquelle on *punit*; châtiment : *la punition des délits, des crimes; la punition doit être proportionnée à la faute*. — On dit d'un malheur arrivé à quelqu'un : *c'est une punition de Dieu*, c'est Dieu qui lui a envoyé cette disgrâce pour le châtier.

PUOGÉNIE, subst. fém. *(pu-ojéni)*. Voy. PYOGÉNIE.

PUOGÉNIQUE, adj. des deux genres *(pu-ojénike)*. Voyez PYOGÉNIQUE.

PUONÇU, subst. propre mas. *(pu-onçu)*, nom du premier homme, selon quelques lettrés chinois.

PUPILLAIRE, adj. des deux genres *(pupilelère)* (en lat. *pupillaris*), qui appartient au *pupille*: *deniers pupillaires*. — En t. de droit romain, on entend par *substitution pupillaire*, celle qui dans un testament est faite d'une personne à un *pupille*, dans le cas où le *pupille* décéderait. — T. d'anat. : *membrane pupillaire*, celle qui ferme la *pupille* dans le fœtus.

PUPILLARITÉ, subst. fém. *(pupilelarité)*, t. de jurisp., le temps qu'un enfant est *pupille* et sous la conduite d'un tuteur.

PUPILLE, subst. des deux genres *(pupile)* (en lat. *pupillus*), enfant en bas âge ou personne mineure qui a perdu son père et sa mère ou l'un des deux, et qui est sous la direction et la conduite d'un tuteur : *il faut qu'un tuteur ait soin de la personne et des biens de son pupille*. — Fig., autrefois, jeune enfant, par relation à son gouverneur, à son instituteur.

PUPILLE, subst. fém. *(pupile)* (en lat. *pupilla*), t. d'anat., prunelle de l'œil. — L'ouverture de l'iris de l'œil. — *Pupille artificielle*, celle qui est établie par l'art dans le cas d'oblitération de la pupille naturelle.

PUPILLÉ, part. pass. de *pupiller*.

PUPILLER, v. neut. *(pupilelé)*, crier comme le paon. (*Boiste*.) Peu connu.

PUPIPARE, subst. mas. *(pupipare)*, t. d'hist. nat., famille d'insectes diptères.

PUPITRE, subst. mas. *(pupitre)* (en lat. *pupitum*), meuble dont on se sert pour soutenir un livre, pour écrire, et particulièrement pour poser ouverts des cahiers de musique, etc. : *pu-*

pitre de table, de bibliothèque; pupitre d'église, pupitre tournant. — Chez les anciens, lieu où l'on faisait des déclamations, des représentations théâtrales ; endroit du théâtre où les acteurs venaient réciter leur rôle.

PUPIVORE, subst. mas. (*pupivore*), t. d'hist. nat., famille d'insectes de l'ordre des hyménoptères.

PUPUE, subst. fém. (*pupu*). Inusité. Voyez HUPPE.

PUPULE, subst. fém. (*pupule*), t. d'anat.; quelques auteurs ont donné ce nom à l'extrémité des doigts. Inusité.

PUPULÉ, part. pass. de *pupuler*.

PUPULER, v. neut. (*pupulé*), se dit du cri de la huppe. Peu connu.

PUPUT, subst. mas. (*pupute*). Inusité. Voyez HUPPE.

PUR, E, adj. (*pure*) (du lat. *purus*), qui est sans mélange : *de l'or pur, de l'eau pure; boire du vin pur.*—Qui n'est point altéré, corrompu : *on respire à la campagne un air autrement pur que celui des villes.—Lumière pure*, dont rien n'obscurcit la clarté, la netteté. — En t. de droit : *obligation, promesse pure et simple*, sans condition, sans restriction ni réserve. — Il exprime la vraie nature des êtres : *les anges sont de purs esprits.*—Les théologiens appellent *état de pure nature*, l'état dans lequel était Adam avant le péché. C'est, proprement parlant, l'état de l'homme antérieur à la civilisation.—*Être, se montrer en état de pure nature*, tout nu, sans aucune espèce de vêtement.—On appelle, en métaphys., *esprit pur*, l'esprit considéré abstractivement, sans égard à son union à la matière. — Il s'emploie souvent pour donner plus d'énergie, etc.: *c'est la pure vérité; c'est un pur entêtement*, etc.—*Tout pur*, essentiellement *pur*. — Dans les choses morales, qui est sans mélange de vice, de défaut : *vertu, intention pure.*— Chaste : *vierge pure.*—Sans tache, sans souillure : *victime pure; son âme est pure de toute souillure.* — En parlant de style, exact, correct : *un langage pur; cet écrivain est très-pur.*—En peinture et sculpture, qui joint à la correction l'élégance et la beauté : *l'antique est pur.*— *Mathématiques pures*, la partie des mathématiques qui considère en général les propriétés de la grandeur, sans application à la physique, etc.; telles sont : l'arithmétique, l'algèbre, l'analyse et la géométrie. En t. de blason : *porter d'argent pur*, n'avoir dans ses armes que le simple émail du champ de l'écu. On dit, dans le même sens : *porter d'argent plein.*—*Cette terre lui a été accordée en pur don*, sans qu'il soit engagé à quoi que ce soit. —*En pure perte*, inutilement, vainement, qui n'est compensé par rien : *c'est en pure perte que vous l'exhortez.*—*A pur et à plein*, loc. adv. tout-à-fait tombée en désuétude ; elle signifiait, sans réserve, entièrement ; on disait : *être absous à pur et à plein*, entièrement.

PURÉ, E, part. pass. de *purer*.

PUREAU, subst. mas. (*purô*), ce qui paraît à découvert d'une ardoise ou d'une tuile mise en œuvre; c'est proprement la partie qui n'est pas recouverte par la tuile ou par l'ardoise supérieure : *la tuile a ordinairement trois à quatre pouces de pureau.*

PURÉE, subst. fém. (*puré*), fécule qu'on tire des pois, des fèves, des lentilles et autres légumes de cette espèce cuits dans l'eau.—On appelle aussi *purée*, un potage à la *purée*. — On nomme *purée de gibier*, du gibier presque réduit à l'état de bouillie.

PUREMENT, adv. (*pureman*), d'une manière *pure*, innocente : *vivre purement.*—*Écrire purement*, avec une grande *pureté* de style.—*Dessiner purement*, d'une manière correcte.— *Faire une chose purement et simplement pour s'amuser*, dans la seule intention de se divertir. — *Faire une chose purement et simplement*, sans réserve et sans condition.

Purent, 3e pers. plur. prét. déf. du verbe irrégulier POUVOIR.

PURER, v. act. (*puré*), t. de brasserie : *purer le baquet*, retirer du baquet la liqueur qui provient de l'écume ou de la fonte des mousses. — SE PURER, v. pron.

PURETÉ, subst. fém. (*pureté*), qualité par laquelle une chose est *pure* et sans mélange : *la pureté de l'air, de l'eau, des métaux.*—Correction et exactitude dans le style, le langage : *tel auteur écrit avec une grande pureté.*—En peinture, sculpture, etc., correction, élégance et beauté : *la pureté des formes, des contours.*— *La pureté du goût*, en t. de littérature et d'arts, la délicatesse, la justesse d'esprit, d'exécution. — Innocence, droiture, intégrité : *pureté de mœurs, pureté d'intention*, etc.—Chasteté : *une pureté angélique.*—PURETÉ, CHASTETÉ, PUDICITÉ, CONTINENCE. (*Syn.*) La *pureté* est l'état de l'âme qui conserve la fleur de l'innocence, sans que le souffle de la corruption en ait ni altéré l'intégrité, ni terni la couleur propre. La *chasteté* est une vertu forte et sévère qui dompte le corps, l'épure, et tient constamment ses appétits ou ses jouissances dans un respect sacré de la loi. La *pudicité* est une qualité délicate et vertueuse qui met toujours la pudeur devant les désirs et les plaisirs, pour se sauver de l'immodestie. La *continence* est le mérite sublime de résister invinciblement à la soif des plaisirs, et de frustrer la nature elle-même de ses droits, par le sacrifice continuel de ses appétits, et un empire sans cesse combattu, mais toujours conservé sur ses sens. —La *pureté* est moins une vertu particulière que l'excellence, la persévérance, l'honneur et le lustre de la *chasteté*. La *chasteté* est une grande règle de mœurs, et la gloire propre du sexe. La *pudicité* est la fidélité à un sentiment naturel exprimé et réglé par la pudeur, dont elle ne passe pas les bornes. La *continence* est l'observation constante d'une loi que la religion ou la sagesse impose.

PURETTE, subst. fém. (*purète*), poudre magnétique, noire et brillante, qui se met sur l'écriture.

PURGATIF, adj. mas., au fém. **PURGATIVE** (*purguatif, tive*) (en lat. *purgativus*), qui *purge* : *boisson purgative.*—On appelle subst. au mas. : *un purgatif*, un remède qui *purge*.

PURGATION, subst. fém. (*purguácion*) (en lat. *purgatio*), évacuation procurée par un remède qui *purge* : *il faut user sobrement des purgations.*—Remède qu'on prend pour se *purger* : *on lui a donné une purgation fort douce.* — Au plur., évacuation de sang que les femmes ont tous les mois. On dit plus souvent : *purgations menstruelles*, en ce sens, que *purgations* tout seul.—*Purgation canonique*, action par laquelle un accusé se justifiait devant le juge ecclésiastique, selon les formes prescrites par les canons.— On appelait *purgation vulgaire*, celle qui se faisait au moyen des épreuves du combat, du feu, de l'eau, etc.

PURGATIVE, adj. fém. Voy. PURGATIF.

PURGATOIRE, subst. mas. (*purguatoare*) (en lat. *purgatorium*), lieu où les âmes des élus du Seigneur, selon la doctrine des catholiques, expient les fautes légères qui n'ont pas été purifiées durant leur vie. — Fig. et fam. : *faire son purgatoire en ce monde*, y beaucoup souffrir.

PURGE, subst. fém. (*purje*), action de purifier les marchandises infectées de la peste. — T. de prat., action ou acte, formalité par laquelle on fait faire la radiation des hypothèques qui grevaient un immeuble : *purge des hypothèques, purge légale.*

PURGÉ, E, part. pass. de *purger*.

PURGEMENT, subst. mas. (*purjeman*), t. de médec., action de *purger*; effet de cette action. Peu usité. Voy. PURGATION.

PURGEOIR, subst. mas. (*purjoar*), bassin en tête d'un aqueduc. — Au plur., bassins de sable dans lesquels les eaux de source se purifient.

PURGER, v. act. (*purjé*) (en lat. *purgare*), ôter ce qu'il y a d'impur, de malfaisant dans le corps par des remèdes ordinairement pris par la bouche : *cette drogue purge* (chasse) *la bile.* — *Le médecin purge un malade*, lui fait prendre une *purgation*.—Fig. : *purger le cerveau*, le dégager. — Fig., délivrer, nettoyer : *purger l'État de voleurs, de vagabonds*, etc. — On dit, dans le même style : *purger sa conscience*, n'y rien souffrir qu'on puisse se reprocher.—*Purger son esprit d'erreurs, de préjugés*, s'en défaire. — *Purger les passions*, les diriger, les modérer, les détruire.—Rendre pur, purifier, épurer. — *Purger les métaux, le sucre*, les dégager de tout ce qu'ils ont d'impur et d'étranger.—*Purger une langue*, la rendre correcte autant qu'il est possible, et en retrancher les incorrections et les mots barbares.—Au palais : *purger son bien de dettes*, les acquitter.— *Purger ses hypothèques*, cesser d'être grevé d'hypothèques. — *Purger la mémoire d'un mort*, le déclarer juridiquement innocent du crime pour lequel il avait été condamné, ou dont il avait été inculpé. — *Purger sa contumace*, se constituer prisonnier après avoir été condamné par contumace.—SE PURGER, v. pron., prendre médecine.—Au fig., se justifier de ce dont on est accusé : *se purger d'un crime.* — T. de palais : *se purger par serment*, se justifier devant les juges en jurant qu'on est innocent. — PURGER, PURIFIER, ÉPURER. (*Syn.*) L'action de *purger* rend la chose nette, claire, saine, libre de ce qui lui ôtait sa pureté apparente ou l'offusquait. L'action de *purifier* rend en effet à la chose sa pureté, son intégrité, sa vertu essentielle qu'elle avait perdue par altération, mélange ou corruption ; elle lui donne même la pureté qu'elle n'avait jamais eue. L'action d'*épurer* suppose déjà une sorte de pureté: mais elle l'augmente par des dépurations, des raffinements, des réformations, des purifications, des perfectionnements successifs. — Un métal dégagé d'un grossier alliage paraît *purgé*. *Purgé* par le feu de tout ce qu'il avait en lui-même d'impur, quoique insensible, réduit à sa propre substance, il est *purifié*. Plus on le *purifie*, plus il est *épuré*. — Il y a des gens qui jugent que les mœurs *s'épurent* à mesure que les manières se polissent, à peu près comme les Orientaux croient que l'âme est *purifiée* quand ils se sont lavé le corps.

PURGERIE, subst. fém. (*purjeri*), lieu où l'on dépose les formes de sucre pour les blanchir.

PURIFICATION, subst. fém. (*purifikácion*) (en lat. *purificatio*), action de *purifier*, ce qui est ou peut être impur, le sang, les métaux, etc.— Action du prêtre qui, après avoir bu le précieux sang de Jésus-Christ, prend du vin dans le calice. — Fête en l'honneur de la sainte Vierge, appelée vulgairement la Chandeleur.— *Purifications légales*, cérémonies par lesquelles on se *purifiait* dans la loi de Moïse.

PURIFICATOIRE, subst. mas. (*purifikatoare*) (en lat. *purificatorium*), linge avec lequel le prêtre essuie le calice et ses doigts, après l'ablution.

PURIFIÉ, E, part. pass. de *purifier*.

PURIFIER, v. act. (*purifié*) (en lat. *purificare*), rendre pur ; ôter ce qu'il y a d'impur, de grossier, etc. : *purifier l'air, les métaux.* — Fig. : *purifier le cœur, les intentions*, en ôter tout ce qu'il peut y avoir de contraire à l'innocence, à la droiture. — *Purifier les mœurs*, les rendre honnêtes et convenables. — *Purifier la langue, le style*, en ôter les défauts, en corriger les vices. Voy. PURGER. — SE PURIFIER, v. pron., se rendre ou devenir pur : *l'air s'est purifié pendant la nuit.*—En parlant de la loi judaïque, faire ce qui était ordonné pour les *purifications* légales.

PURIFORME, adj. des deux genres (*puriforme*) (du lat. *pus*, gén. *puris*, pus, et *forma*, forme), t. de médec., qui ressemble à du *pus* : *crachats puriformes.*

PURISME, subst. mas. (*puriceme*), défaut de celui qui affecte trop la *pureté* du langage : *cet auteur donne un peu dans le purisme.*

PURISTE, subst. des deux genres (*puricete*), qui affecte la *pureté* du langage et qui s'y attache trop.—(*L'Académie* ne dit pas que ce mot soit des deux genres. On dirait cependant parfaitement bien : *une puriste*, en parlant d'une femme.

PURITAIN, subst. et adj. mas., au fém. **PURITAINE** (*puritein, tène*), qui suit la religion presbytérienne d'Angleterre, d'Écosse et des États-Unis : *ministre puritain, secte puritaine; les puritains poussent à l'excès le rigorisme.*

PURITAINE, subst. et adj. fém. Voy. PURITAIN.

PURITANISME, subst. mas. (*puritaniceme*) doctrine des *puritains*.

PURON, subst. mas. (*puron*), le petit-lait dégagé de toutes ses parties butyreuses et caséeuses.

PURPURACÉ, E, adj. (*purpuracé*), qui est légèrement *pourpré*, qui approche de la couleur de *pourpre*.

PURPURATE, subst. mas. (*purpurate*), t. de chim., sel formé de l'acide pulpurique avec une base salifiable.

PURPURIN, E, adj. (*purpurein, rine*) (en lat. *purpureus*), qui approche de la couleur de *pourpre* : *fleurs purpurines.*

PURPURINE, subst. fém. (*purpurine*), bronze moulu qui s'applique à l'huile, au vernis.

PURPURIQUE, adj. des deux genres (*purpurike*), t. de chim.; se dit d'un sel d'un beau *pourpre*, extrait de l'acide urique par l'acide nitrique.

PURPURITE, subst. fém. (*purpurite*), t. d'hist. nat., coquille du pourpre fossile.

PURULENCE, subst. fém. (*purulance*), qualité de ce qui est *purulent*. — Suppuration.

PURULENT, E, adj. (*purulan, lante*), mêlé de pus : *crachat purulent*. — En chirur. : *foyer purulent*, l'endroit où se forme le pus dans les abcès.

PUS, subst. mas. (*pu*) (en lat. *pus, puris*, fait du grec πυον), sang ou matière corrompue dans les parties où il y a inflammation, plaie, etc. : *le pus commence à se former. — Le pus est louable*, lorsqu'il est blanc ou de couleur uniforme et qu'il ne sent pas mauvais.

DU VERBE IRRÉGULIER POUVOIR :
Pus, précédé de *je*, 1re pers. sing. prét. déf.
Pus, précédé de *tu*, 2e pers. sing. prét. déf.

PUSILLANIME, adj. des deux genres (*puzilanime*) (en lat. *pusillanimis*), trop timide, qui est sans courage, qui n'ose pas entreprendre : *un homme pusillanime*. — Il s'emploie aussi subst. : *un pusillanime ne peut être véritablement vertueux*.

PUSILLANIMEMENT, adv. (*puzilanimeman*) (en lat. *pusillanimiter*), avec *pusillanimité*.

PUSILLANIMITÉ, subst. fém. (*puzilanimité*) (en latin *pusillanimitas*), manque de cœur, timidité excessive. Ce mot n'est pas synonyme de *lâcheté*, comme nous le dit l'*Académie*, on peut être sans courage, on peut ne pas oser entreprendre, sans être un *lâche*.

PUSION, subst. mas. (*puzion*), nom d'un raisin noir qui croît dans le département de l'Aube.

DU VERBE IRRÉGULIER POUVOIR :
Pusse, 1re pers. sing. imparf. subj.
Pussent, 3e pers. plur. imparf. subj.
Pusses, 2e pers. sing. imparf. subj.
Pussiez, 2e pers. plur. imparf. subj.
Pussions, 1re pers. plur. imparf. subj.

PUSTER, subst. propre mas. (*pucetére*), myth., idole en bronze des anciens Germains.

PUSTULE, subst. fém. (*pucetule*) (du lat. *pustula*), t. de médec., petite tumeur, élevure produite sur la peau par des humeurs âcres et qui finit par la suppuration : *avoir des pustules sur le corps*.

PUSTULEUSE, adj. fém. Voy. PUSTULEUX.

PUSTULEUX, adj. mas., au fém. PUSTULEUSE (*pucetuleu, leuze*), qui a la forme d'une pustule; qui est accompagné de *pustules* : *dartres pustuleuses*.

DU VERBE IRRÉGULIER POUVOIR :
Put, précédé de *il* ou *elle*, 3e pers. sing. prét. déf.
Pût, précédé de *qu'il* ou *qu'elle*, 3e pers. sing. imparf. subj.

PUTA, subst. propre fém. (*puta*), myth., divinité romaine qu'invoquaient ceux qui émondaient les arbres.

PUTAGE, subst. mas. (*putaje*), commerce de *putain*. (Boiste.) Inusité.

PUTAIN, subst. fém. (*putein*) (de l'italien *puta*, qui, dans le dialecte vénitien, a conservé l'acception de *fille*, et dont on a fait ensuite le diminutif *putana*. Les Italiens donnent aujourd'hui à *puta* et *putana* la même signification que nous donnons à *putain*.), fille ou femme débauchée. — C'est plus positivement encore la prostituée. Bas et déshonnête.—On voit, d'après l'étymologie de ce mot, qu'il a subi, quant à son sens primitif, le sort de notre mot *fille*, qui se dit en bonne et en mauvaise part, comme dans le temps *puta* chez les Italiens.

PUTANGE, subst. propre mas. (*putanje*), village de France, chef-lieu de canton, arrond. d'Argentan, dép. de l'Orne.

PUTANER, part. pass. de *putaniser*.

PUTANISER, v. neut. (*putanize*), courir les *putains*. (Boiste.) Peu usité.

PUTANISME, subst. mas. (*putaniceme*), désordre des femmes prostituées. — Commerce qu'on a avec elles : *donner, vivre dans le putanisme*.

PUTASSÉ, v. neut. (*putacé*); se dit des femmes ou filles qui se prostituent. — Il se dit aussi des hommes qui ne se plaisent que parmi les *putains*. Bas et malhonnête.

PUTASSERIE, subst. fém. (*putaceri*), fréquentation habituelle des *putains*. — La vie de débauche même à laquelle se livrent les *putains*.

PUTASSIER, subst. et adj. mas., au fém. **PUTASSIÈRE** (*putacié, cière*), adonné aux *putains*. — Au fém., femme qui vit avec elles. On se sert rarement de ce mot comme adjectif.

PUTASSIÈRE, subst. et adj. fém. Voy. PUTASSIER.

PUTATIF, adj. mas., au fém. **PUTATIVE** (*putatif, tive*) (du lat. *putativus*), qui passe pour être ce qu'il n'est peut-être pas. — *Père putatif*, celui qu'on croit ou qui croit être le père d'un enfant, quoiqu'il ne le soit pas en effet.

PUTATIVE, adj. fém. Voy. PUTATIF.

PUTATIVEMENT, adv. (*putativeman*), d'une manière *putative*.

PUTE, subst. fém. (*pute*), fille. — Putain. (Boiste.) Hors d'usage.

PUTÉAL, subst. mas. (*puté-al*) (du lat. *puteus, puits*), t. d'hist. anc., couvercle d'un *puits* sacré creusé dans un lieu frappé de la foudre.

PUTÉAL, E, adj. (*puté-ale*), de *puits* : *eau putéale*, eau de puits. Peu usité.

PUTÉORITE, subst. mas. (*puté-orite*) (du lat. *puteus*, puits), nom de sectaires qui rendaient les honneurs aux *puits* et aux fontaines.

PUTH ! interjection de mépris (*pute*), mimologisme du bruit que fait un homme qui crache. (Boiste.) Inusité.

PUTICAL. Voy. PUTÉAL.

PUTIDE, adj. des deux genres (*putide*) (en lat. *putidus*), t. de médec., infect, malsain. (Boiste.)

PUTINE, subst. fém. (*putine*), petite putain. (Boiste.) Inusité.

PUTIER, subst. mas. (*putié*), t. de bot., espèce d'arbre du genre des cerisiers. Peu connu.

PUTERIE, subst. fém. (*puteri*), métier de *putain*. (Boiste.) Inusité.

PUTÉSIE, subst. fém. (*putézi*), prostitution. (Boiste.) Inusité.

Pûtes, 2e pers. plur. prét. déf. du v. irrégulier POUVOIR.

PUTOIS, subst. mas. (*putoa*), t. d'hist. nat., mammifère digitigrade, qui a la fourrure noire. —*Putois d'Amérique*, mammifères carnassier du genre des mouffettes.—La fourrure elle-même : *un manchon de putois; un putois*. — Pinceau fait du poil de putois.

PUTORIE, subst. fém. (*putori*), t. de bot., genre de plantes fétides.

PUTPUT, subst. mas. (*putepute*), huppe, oiseau.

PUTRÉFACTIF, adj. mas., au fém. **PUTRÉFACTIVE** (*putréfaktif, tive*), qui *putréfie*.

PUTRÉFACTION, subst. fém. (*putréfakcion*), action par laquelle un corps se pourrit. — État de ce qui est *putréfié* : *la putréfaction d'un cadavre*.

PUTRÉFACTIVE, adj. fém. Voy. PUTRÉFACTIF.

PUTRÉFAIT, E, adj. (*putréfé, fète*) (en latin *putrefactus*), corrompu, infect, puant. On dit plus fréquemment *putréfié*.

PUTRÉFIÉ, E, part. pass. de *putréfier*.

PUTRÉFIER, v. act. (*putréfié*) (en latin *putrefacere*), corrompre, faire pourrir : *la gangrène putréfie*. — SE PUTRÉFIER, v. pron.

PUTRIDE, adj. des deux genres (*putride*) (en lat. *putridus*), t. de médec., pourri, corrompu et fétide : *humeurs putrides*. — *Fièvre putride*, causée par la corruption des humeurs.

PUTRIDITÉ, subst. fém. (*putridité*) (en latin *putredo*), t. de médec., corruption, état de ce qui est *putride*.

PUTRILAGE, subst. mas. (*putrilaje*), t. de médec., produit liquide qui suinte de certaines affections gangréneuses.

PUTRILAGINEUSE, adj. fém. Voy. PUTRILAGINEUX.

PUTRILAGINEUX, adj. mas., au fém. **PUTRILAGINEUSE** (*putrilajineu, neuze*), t. de médec., se dit d'un liquide qui suinte de certaines plaies gangréneuses : *sécrétion putrilagineuse*.

PUTZEN, subst. mas. (*putezène*), t. d'hist. nat., nom donné à des masses de minerai mal fondues, et qui restent attachées aux parois des fourneaux.

PUTZA, subst. propre fém. (*puteza*), myth., déesse des Chinois.

PUY, subst. mas. (*pui*) (en lat. *Podium*), lieu élevé, montagne. (Boiste.) Vieux et même hors d'usage.

PUY (LE), subst. propre mas. (*lepui*), ville de France, chef-lieu du département de la Haute-Loire.

PUY-LAURENS, subst. propre mas. (*puiloran*) ville de France, chef-lieu de canton, arrond. de Lavaur, dép. du Tarn.

PUY-L'ÉVÊQUE, subst. propre mas. (*puilevèke*), ville de France, chef-lieu de canton, arrond. de Cahors, dép. du Lot.

PUY-DE-DÔME, subst. propre mas. (*puidedôme*), grande montagne de France qui a donné son nom à un département dont le chef-lieu est Clermont.

PUYMIROL, subst. propre mas. (*puimirol*), petite ville de France, chef-lieu de canton, arrond. d'Agen, dép. de Lot-et-Garonne.

PYANEPSIES, subst. fém. plur. (*pi-anèpeci*) (en grec πυανεψια, fait de πυανον, fève, et εψειν, cuire), t. d'antiq., fêtes que les Athéniens célébraient en l'honneur d'*Apollon*, le septième jour du mois de *pyanepsion*, qui était le cinquième de l'année athénienne. On y mangeait des fèves cuites.

PYANEPSION, subst. mas. (*pi-anèpcion*) (en grec πυανεψιων), mois athénien qui répondait à peu près à notre mois d'octobre.

PYCNITE, subst. fém. (*pikenite*) (du grec πυκνος, dense, compacte), t. de minér., espèce de pierre dense et compacte.

PYCNOCOMON, subst. mas. (*piknokomon*), t. de bot., sorte de plante.

PYCNOGONIDE, subst. fém. (*piknogonide*), t. d'hist. nat., famille d'arachnides trachéennes.

PYCNOGONON, subst. mas. (*piknogonon*), t. d'hist. nat., genre d'arachnides de l'ordre des pycnogonides.

PYCNOSTYLE, subst. mas. (*piknocetile*) (du grec πυκνος, épais, serré, et στυλος, colonne), t. d'architecture ancienne; se disait d'un édifice dont les colonnes étaient fort rapprochées les unes des autres.

PYCNOTIQUE, adj. des deux genres (*piknotike*) (du grec πυκνοω, j'épaissis, t. de médec., propre à condenser et à rafraîchir les humeurs.

PYCRÉE, subst. mas. (*pikré*), t. de bot., genre de plante qui contient le souchet fasciculé.

PYÉZOMÈTRE, subst. mas. (*pi-ézomètre*), mesure de compression pour les liquides.

PYÉZOMÉTRIQUE, adj. des deux genres (*pi-ézomètrike*), qui a rapport, qui appartient au *pyézomètre*.

PYGA, subst. fém. (*pigua*), t. d'antiq., trou de l'urne par où l'on faisait entrer les marques du scrutin.

PYGARGUE, subst. mas. (*piguargue*) (du grec πυγη, derrière, et αργος, blanc), t. d'hist. nat., sorte d'oiseau de proie à queue blanche. C'est une espèce d'aigle.

PYGMALION, subst. propre mas. Voy. PIGMALION.

PYGME, subst. fém. (*pigneme*) (du grec πυγμη, coudée), t. d'antiq., sorte de mesure grecque qui paraît tenir le milieu entre la coudée et le pied, ou qui est égale à l'intervalle qui existe entre le poing et le coude.

PYGMÉE, subst. mas. (*pigneme*) (du grec πυγμαιος, dérivé de πυγμη, coudée), nain, homme fort petit : *c'est un pygmée*. Fam.—Fig., homme sans talent ou sans mérite, et qui emploierait son fait acquérir de l'importance : *les pygmées littéraires sont, en fait d'hommes de ce genre, ce qu'il y a le plus à craindre*. — Au plur., myth., peuples de Libye. Ils n'avaient qu'une coudée de hauteur; leur vie était de huit ans : les femmes engendraient à cinq, et cachaient leurs enfants dans des trous, de peur que les grues, avec lesquelles cette nation était toujours en guerre, ne vinssent les enlever. Ils osèrent attaquer Hercule, qui avait tué leur roi, appelé Antée. Un jour, l'ayant trouvé endormi dans un grand chemin, ils sortirent des sables de Libye, et le couvrirent comme une fourmilière, jusqu'à ce que, s'étant éveillé, il les enferma dans sa peau de lion et les porta à Eurysthée.

PYGOLAMPE, subst. mas. (*piguolanpe*), t. d'hist. nat., sorte de ver luisant.

PYGON, subst. mas. (*piguon*), t. d'antiq., mesure égyptienne qui formait une coudée.

PYLAGORE, subst. mas. (*pilaguore*) (du grec πυλαι, portes, et αγορα, assemblée), t. d'hist. anc., nom des députés que les villes grecques envoyaient à l'assemblée des amphictyons, pour y traiter de leurs intérêts politiques respectifs.

PYLÉE, subst. fém. (*pilé*) (du grec πυλη, porte), assemblée des amphictyons aux Thermopyles.

PYLÉONS, sub. mas. pl. (*pilé-on*), t. d'antiq., couronnes et guirlandes dont les Lacédémoniens ornaient la tête de Junon.

PYLÉSIE, subst. fém. (*pilezi*), t. de bot., genre de mousses, rapproché des ptérogonions et des fabronies.

PYLÉTE, subst. fém. (*pilète*), t. de médec., engorgement, inflammation du *pylore*. (Raym.)

PYLIUS, subst. propre mas. (*pili-uce*), myth., surnom de Nestor, parce qu'il était roi d'une contrée dont *Pyle* était la capitale.

PYLÔNE, subst. mas. (*pilône*), grand portail; ensemble des constructions placées à l'entrée des édifices égyptiens.

PYLORE, subst. mas. (*pilore*) (du grec πυλη, porte, et ωρεω, je garde), t. d'anat., orifice inférieur de l'estomac, par lequel les aliments digérés entrent dans les intestins : *maladie du pylore*.

PYLORIDE, subst. mas. (*piloride*), t. d'hist. nat., genre de coquilles de l'ordre des bivalves, dont les battants ne se ferment pas exactement.

PYLORIQUE, adj. des deux genres (*pilorike*), qui a rapport au *pylore* : *veines, artères pyloriques*.

PYLOTIS, subst. propre fém. (*pilotice*), myth., surnom de Minerve.

PYOCÉLIE, subst. fém. (*pi-océli*) (du grec πυον, pus, et κοιλια, bas-ventre), t. de médec., ormation de pus dans la cavité abdominale.

PYOCHÉZIE, subst. fém. (*piochézi*) (du grec πυον, pus, et χεζω, je vais à la selle), t. de médec., diarrhée purulente.

PYOCYSTE, subst. mas. (*pi-ocicete*) (du grec πυον, pus, et κυστις, sac), t. de médec., tumeur purulente.

PYOÉMÈSE, subst. fém. (*pi-o-émèze*), (en grec πυον, pus, et εμεσια, fait de εμεω, je vomis), t. de médec., vomissement de pus occasionné par un abcès crevé de l'estomac.

PYOGÉNIE, subst. fém. (*pi-ojéni*) (du grec πυον, pus, et γενεσις, génération), t. de médec., formation du pus; abcès, apostème.

PYOGÉNIQUE, adj. des deux genres (*pi-ojénike*), t. de médec. : *tissu pyogénique*, membrane qui forme la paroi intérieure d'un abcès, d'une plaie qui suppure, d'un ulcère fistuleux, etc.

PYOMÈTRE, subst. mas. (*pi-omètre*) (du grec πυον, pus, et μητρα, matrice), t. de médec., collection, abondance de pus dans la matrice.

PYOMÉTRIQUE, adj. des deux genres (*pi-ométrike*), qui appartient, qui a rapport au *pyomètre*.

PYOPHTHALMIE, subst. fém. (*pi-ofetalemi*) (du grec πυον, pus, et οφθαλμος, œil), t. de médec., pus amassé dans l'œil; hypopyon.

PYOPHTALMIQUE, adj. des deux genres (*pi-ofetalemike*), qui est relatif à la *pyophthalmie*.

PYOPTYSIE, subst. fém. (*pi-opetizi*) (du grec πυον, pus, et πτυσις, crachement), t. de médec., crachement de pus.

PYORRHAGIE, subst. fém. (*pi-ôraji*) (du grec πυον, pus, et ρεω, je coule), t. de médec., écoulement de pus.

PYORRHAGIQUE, adj. des deux genres (*pi-ôrajike*), qui a rapport à la *pyorrhagie*.

PYORRHÉE, subst. fém. (*pi-ôré*). Voy. PYORRHAGIE.

PYORRHÉIQUE, adj. des deux genres (*pi-ôréike*). Voyez PYORRHAGIQUE.

PYOSE, subst. fém. (*pi-ôze*), t. de médec., maladie de l'œil, qui consiste dans une suppuration continuelle.

PYOTHORAX, subst. mas. (*pi-otorakce*) (du grec πυον, pus, et θωραξ, poitrine), t. de médec., abcès dans la poitrine.

PYOULQUE, subst. mas. (*pi-oulke*). Voy. PYULQUE.

PYRA, subst. mas. (*pira*), pile de bois sur laquelle on brûlait les corps des morts. — Bûcher.

PYRACANTHE, subst. fém. (*pirakante*) (du grec πυρ, feu, et ακανθα, épine), t. de bot., plante qu'on nomme aussi *buisson ardent*, et dont les fruits sont d'un beau rouge écarlate, et le font paraître tout en feu.

PYRACMON, subst. propre mas. (*pirakmon*), myth., cyclope, l'un des forgerons de Vulcain.

PYRALE, subst. fém. (*pirale*) (en lat. *pyralis*, du grec πυρ, feu), t. d'hist. nat., insecte lépidoptère séticorne, qui est sujet à se brûler à la flamme de la chandelle.

PYRALIDES, sub. mas. pl. (*piralide*), t. d'hist. nat., famille d'insectes de l'ordre des coléoptères. —Espèce de phalènes qui se brûlent à la chandelle.

PYRAME, subst. mas. (*pirame*), race de petits chiens. — Subst. propre mas., myth., jeune Assyrien, célèbre par sa passion pour Thisbé. Comme ses parents et ceux de Thisbé les gênaient dans leurs amours, ils se donnèrent un rendez-vous pour partir ensemble, et se retirer dans un pays éloigné. Thisbé arriva la première au rendez-vous, et ayant aperçu une lionne qui avait la gueule tout ensanglantée, elle se sauva, et laissa tomber son voile, que la lionne déchira et teignit de son sang. *Pyrame*, étant arrivé, ramassa le voile, et, croyant que Thisbé était dévorée, il se perça de son épée. Thisbé revint un moment après, trouva *Pyrame* expirant; et reconnaissant l'erreur, elle se perça aussi avec la même épée. Les fruits du mûrier, teints du sang des deux amants, devinrent noirs, de blancs qu'ils étaient.

PYRAMIDAL, E, adj. (*piramidale*), qui est en forme de *pyramide* : *figure pyramidale*. — En anat., *éminences pyramidales; os pyramidal*; ou subst. : *le pyramidal*.— Au plur. mas., *pyramidaux* : *nombres pyramidaux*. Voy. NOMBRE.

PYRAMIDALE, subst. fém. (*piramidale*), t. de bot., plante qui s'élève très-haut et va en s'étrécissant comme une *pyramide*.

PYRAMIDAUX, adj. mas. plur. (*piramidô*), Voy. PYRAMIDAL.

PYRAMIDE, subst. fém. (*piramide*) (en grec πυραμις, de πυρ, feu; parce que les *pyramides* se terminent en pointe comme la flamme), t. de géométrie, corps solide dont les faces sont des triangles qui ont un même plan pour base, et se réunissent par leurs sommets en un même point. — T. d'anat., petite éminence irrégulière située dans le fond de la caisse du tympan de l'oreille. —*Pyramide de fruits*, quantité de fruits rangés sur une assiette à dessert en forme de *pyramide*. —*En pyramide*, loc. adv., en forme de *pyramide*.

PYRAMIDELLE, subst. fém. (*piramidèle*), t. d'hist. nat., genre de coquilles de la classe des univalves.

PYRAMIDÉ, part. pass. de *pyramider*.

PYRAMIDER, v. neut. (*piramidé*), t. de peinture et d'arts; être disposé, groupé en forme de *pyramide* : *ce groupe pyramide bien*.

PYRAMIDOÏDE, subst. mas. (*piramido-ide*) (du grec πυραμις, pyramide, et ειδος, forme), t. de géométrie, solide formé par la révolution d'une parabole autour de ses ordonnées.

PYRANGA, subst. mas. (*pirangua*), t. d'hist. nat., genre d'oiseaux silvains, de la famille des péricalles.

PYRANISTE, subst. mas. (*piranicete*), myth., l'une des quatre espèces d'êtres que les anciens imaginaient entre l'homme et la brute. C'est ce qu'on nomme aujourd'hui *feux follets*.

PYRAGILITHE, subst. mas. (*pirajilite*), t. de minér., nouvelle espèce de minéral qu'on croit incrusté d'*argile*.

PYRASTER, subst. mas. (*piracetère*), sorte de poirier sauvage.

PYRATE, subst. mas. (*pirate*), t. de chim., extrait d'acide pyroligneux ferrugineux.

PYRAUSTE, subst. mas. (*pirôcete*) (du grec πυραυστης, formé de πυρ, feu, et αυω, je brûle), t. d'hist., papillon qui, même en plein jour, se brûle à la flamme d'une chandelle.

PYRÉE, subst. mas. (*piré*) (du grec πυρ, πυρος, feu), t. d'antiq., lieu où les anciens Perses enfermaient le feu sacré. — Subst. propre mas., nom d'un port de l'ancienne Athènes, qu'on écrivait aussi *Pirée*.

PYREN, subst. mas. (*pirène*), t. d'hist. nat., pierre précieuse qui a toute la forme d'un noyau d'olive.

PYRÉNACÉE, subst. fém. (*pirénacé*) (du grec πυρην, noyau), t. de bot., dans la méthode de *Jussieu*, famille de plantes dont le fruit contient des noyaux au milieu d'un péricarpe charnu.

PYRÉNAIRE, subst. mas. (*pirénère*), t. de bot., sorte de fruit qui se rapproche du nuculaire.

PYRÈNE, subst. fém. (*pirène*) (en grec πυρην, noyau), t. de bot., noix d'un péricarpe charnu, qui en contient plusieurs.—Le pépin de la nèfle. —Subst. propre fém., myth., fille de *Pyrène*, roi de Thrace.

PYRÉNÉE, subst. propre mas. (*piréné*), myth., roi de Thrace. Ayant un jour enfermé chez lui les Muses qui s'y étaient arrêtées en retournant au Parnasse, et n'ayant pas voulu les laisser sortir, elles s'attachèrent des ailes et s'envolèrent. *Pyrénée* monta sur une haute tour, d'où il se jeta en l'air pour voler après elles; mais il tomba et se cassa la tête.—*Pyrénée* était aussi un surnom de Vénus adorée dans les Gaules.

PYRÉNÉES, subst. propre fém. plur. (*piréné*), grande chaîne de montagnes au sud de la France, qui la séparent de l'Espagne, et qui donne son nom à trois départements, savoir, celui des *Pyrénées-Orientales*, chef-lieu Perpignan; celui des *Hautes-Pyrénées*, chef-lieu Tarbes; et celui des *Basses-Pyrénées*, chef-lieu Pau.

PYRÉNÉITE, subst. fém. (*piréné-ite*), t. d'hist. nat.; on a donné ce nom au grenat noir des *Pyrénées*.

PYRÉNION, subst. mas. (*piréni-on*), t. de bot., genre de plantes de la famille des champignons.

PYRÉNOÏDE, adj. des deux genres (*piréno-ide*) (du grec πυρην, noyau, et ειδος, forme), qui ressemble à un noyau.

PYRÉNULE, subst. fém. (*pirénule*), t. de bot., la verrucaire, espèce de plante de la famille des lichens.

PYRÉOLOPHORE, subst. mas. (*piré-olofore*) (du grec πυρ, feu, Αιολος, vent, φερω, je porte), espèce d'éolipyle pour faire remonter les bateaux. — Machine mue par la dilatation de l'air. — Voy. ÉOLIPYLE.

PYRÈTHRE, subst. mas. (*pirètre*), t. de bot., espèce de camomille.

PYRÉTIQUE, adj. des deux genres (*pirétike*) (du grec πυρετος, fièvre); se dit, en médec., des remèdes bons contre la fièvre.

PYRÉTOLOGIE, subst. fém. (*pirétolòji*) (du grec πυρετος, fièvre, et λογος, discours), t. de médec., traité sur les fièvres.

PYRÉTOLOGIQUE, adj. des deux genres (*pirétolojike*), qui concerne la *pyrétologie*.

PYRÉTOLOGISTE, subst. mas. (*pirétolojicete*), médecin qui s'occupe exclusivement des fièvres, qui les étudie, les traite, ou en écrit spécialement; auteur d'une *pyrétologie*.

PYREXIE, subst. fém. (*pirèkci*) (du grec πυρεσσω, j'ai la fièvre), t. de médec., fièvre symptomatique.

PYRGIEN, subst. propre mas. (*pirjiein*), ancien peuple qui habitait les côtes de la Toscane.

PYRGOME, subst. mas. (*pirguome*), t. d'hist. nat., variété de pyroxène. — Espèce de mollusque originaire de la mer Rouge.

PYRGOPOLET, subst. mas. (*pirguopolé*), t. d'hist. nat., genre de coquilles fossiles.

PYRGUE, subst. mas. (*pirgue*), t. de bot., arbrisseau des Indes.

PYRIDION, subst. mas. (*piridion*), t. de bot., sorte de fruit qui appartient à la famille des rosacées.

PYRIFORME, adj. des deux genres (*piriforme*). Voy. PIRIFORME.

PYRIGÈNE, adj. des deux genres (*pirijène*) (du grec πυρ, πυρος, feu, et γενναω, j'engendre), de la nature du feu, qui a du rapport au feu. — Myth., surnom de Bacchus, parce que Jupiter vint voir sa mère armé de sa foudre, qui la consuma.

PYRILAMPE, subst. mas. (*pirilanpe*), t. d'hist. nat., espèce de ver luisant.

* **PYRIQUE**, adj. des deux genres (*pirike*) (du grec πυρ, πυρος, feu), qui concerne le feu, se dit par pléonasme de certains feux d'artifice qu'on fait jouer dans un lieu couvert : *expériences, jeux pyriques*.

PYRITE, subst. fém. (*pirite*) (du grec πυριτης, formé de πυρ, πυρος, feu), t. de minér., combinaison du soufre avec un métal quelconque : *pyrite de cuivre*.

PYRITEUSE, adj. fém. Voy. PYRITEUX.

PYRITEUX, adj. mas., au fém. PYRITEUSE (*piriteu, teuze*), de la nature de la *pyrite*, qui en contient.

PYRITOLOGIE, subst. fém. (*piritoloji*) (du grec πυριτης, pyrite, fait de πυρ, feu, et λογος, traité), traité, discours sur les *pyrites*.

PYRITOLOGIQUE, adj. des deux genres (*piritolojike*), qui est relatif, qui a rapport à la *pyritologie*.

PYROBALLISTIQUE, adj. des deux genres (*pirobalicetike*) (du grec πυρ, πυρος, feu, et βαλλω, je jette), qui est mû par le feu : *machine pyroballistique*.

PYROBOLAIRE, subst. mas. (*pirobolère*), t. d'antiq., soldat romain qui lançait des traits enflammés.

PYROBOLE, subst. mas. (*pirobole*) (du grec πυρ, feu, et βαλλω, je jette), machine militaire des anciens qui lançait des traits enflammés.

PYROBOLISTE, subst. mas. (*pirobolicete*), faiseur de feux d'artifice, soit pour la guerre, soit pour les divertissements.

PYROBOLOGIE, subst. fém. (*piroboloji*). Voy. PYROLOGIE.

PYROBOLOGIQUE, adj. des deux genres (*pirobolojike*). Voy. PYROLOGIQUE.

PYROCHRE, subst. mas. (*pirokre*), t. d'hist. nat., genre d'insectes de l'ordre des coléoptères.

PYROCHROÏDES, sub. mas. pl. (*pirokro-ide*), t. d'hist. nat., tribu d'insectes hétéromères de l'ordre des coléoptères.

PYROCORAX, subst. mas. (*pirokorakce*), t. d'hist. nat., espèce de corbeau à bec rouge.

PYROCRIBLE, subst. mas. (*pirokrible*), t. de ferbl., nom que les lampistes donnent à un conduit ou canal de sûreté.

PYRODE, subst. mas. (*pirode*), t. de bot., nom de la pyrite-magnésie.

PYROGÉNÉSIQUE, adj. des deux genres (*pirojénézike*), t. de médec.; se dit du sens vital commun qui produit la chaleur et l'électricité organiques vitales, et la combustion spontanée.

PYROÏS, subst. propre mas. (*piro-ice*), myth., l'un des chevaux du Soleil.—Étoile de Mars.

PYROLÂTRE, subst. et adj. des deux genres (*pirolâtre*), qui adore le feu.

PYROLÂTRIE, subst. fém. (*pirolâtri*) (du grec πυρ, feu, et λατρεια, culte), myth., culte du feu, propre aux disciples de Zoroastre.

PYROLÂTRIQUE, adj. des deux genres (*pirolâtrike*), qui a rapport à la *pyrolâtrie*.

PYROLE, subst. fém. (*pirole*), t. de bot., plante qu'on emploie comme vulnéraire.

PYROLIGNEUSE, adj. fém. Voy. PYROLIGNEUX.

PYROLIGNEUX, adj. mas., au fém. **PYROLIGNEUSE** (*piroligueneu*, *gueneuze*) (du grec πυρ, πυρος, feu, et du latin *lignum*, bois), t. de chimie; se dit d'un acide tiré des substances végétales par la distillation à feu nu.

PYROLIGNITE, subst. mas. (*piroliguenite*), dans la chimie moderne, sel formé par la combinaison de l'acide *pyroligneux* avec une base.

PYROLOGIE, subst. fém. (*piroloji*) (du grec πυρ, πυρος, feu, et λογος, traité), art de faire des feux d'artifice. — Traité, discours sur les feux d'artifice.

PYROLOGIQUE, adj. des deux genres (*pirolojike*), qui a rapport, qui appartient à la *pyrologie*.

PYROMALATE, subst. mas. (*piromalate*), t. de chimie, sel formé par la combinaison de l'acide *pyromalique* avec diverses bases salifiables.

PYROMALIQUE, adj. des deux genres (*piromalike*), t. de chimie; se dit d'un acide obtenu par la distillation de l'acide *malique*, sous forme de *crystaux blancs*, *solubles dans l'eau*.

PYROMANCE ou **PYROMANCIE**, subst. fém. (*piromance, manci*) (du grec πυρ, πυρος, feu, et μαντεια, divination), divination qui se faisait par le feu.

PYROMANCIEN, subst. et adj. mas., au fém. **PYROMANCIENNE** (*piromanciein, ciène*), qui a rapport à la *pyromancie*.—Subst., celui, celle qui la pratiquait.

PYROMAQUE, adj. des deux genres (*piromake*) (du grec πυρ, feu, et μαχη, combat), qui fait feu sous le briquet : *la pierre à fusil est pyromaque*.

PYROMÉRIDE, subst. fém. (*piroméride*), t. d'hist. nat., espèce de roche composée de feldspath et de quartz.

PYROMÈTRE, subst. mas. (*piromètre*) (du grec πυρ, πυρος, feu, et μετρον, mesure), instrument pour mesurer les divers degrés du feu.

PYROMÉTRIQUE, adj. des deux genres (*pirométrike*), qui a rapport, qui est relatif au *pyromètre*; qui concerne la *pyrométrie*.

PYROMÉTRIQUE, subst. fém. (*pirométrike*), art, science de mesurer les divers degrés de dilatation et de contraction des corps, et notamment des métaux.

PYROMUCATE, subst. mas. (*piromukate*), t. de chimie, sel formé par la combinaison de l'acide *pyromucique* avec une base salifiable.

PYROMUCIQUE, adj. des deux genres (*piromucike*). Voy. PYROMUQUEUX.

PYROMUCITE, subst. mas. (*piromucite*), t. de chim., sel formé par l'union de l'acide *pyromuqueux* avec une base.

PYROMUQUEUSE, adj. fém. Voy. PYROMUQUEUX.

PYROMUQUEUX, adj. mas., au fém. **PYROMUQUEUSE** (*piromukieu, kieuze*), t. de chim., se dit d'un acide que l'on obtient en distillant de l'acide *mucique*.

PYRONOMIE, subst. fém. (*pironomi*) (du grec πυρ, πυρος, feu, et νομος, règle), science qui enseigne à régler le feu dans les opérations de chimie.

PYRONOMIQUE, adj. des deux genres (*pironomike*), qui concerne la *pyronomie*.

PYROPE, subst. mas. (*pirope*), t. d'hist. nat., escarboucle, grenat de Bohême.

PYROPHAGE, subst. mas. (*pirofaje*) (du grec πυρ, feu, et φαγω, je mange), synonyme de *ignivore*; il se dit de celui qui avale ou semble avaler du feu.

PYROPHANE, adj. des deux genres (*pirofane*) (du grec πυρ, πυρος, feu, φαινω, je brille), se dit d'une pierre qui change de couleur et devient transparente dès qu'on l'approche du feu.

PYROPHLÉGÉTON, subst. propre mas. (*piroflejéton*), myth., le même que le *Phlégéton*, l'un des fleuves de l'enfer des anciens.

PYROPHLYCTIDE, subst. fém. (*pirofliktide*); t. de médec., sorte de pustule maligne.

PYROPHORE, subst. mas. (*pirofore*) (du grec πυρ, πυρος, feu, et φερω, je porte), mélange de carbone avec du sulfate acide d'alumine et de potasse, ou de sulfate acide d'alumine et d'ammoniaque avec des matières végétales, telles que la farine, le sucre, le miel, qui, calciné et réduit en poudre, s'enflamme à l'air. — Au plur., soldats grecs qui marchaient à la tête de l'armée et portaient des vases pleins de feu.

PYRORTHITE, subst. mas. (*pirortite*), t. d'hist. nat., espèce de substance minérale qui a de l'analogie avec de l'*orthite*.

PYROSCAPHE, subst. mas. (*pirocekafe*), t. de mar., sorte de bâtiment à vapeur, sans cheminée, en usage dans les ports de la Russie.

PYROSCOPE, subst. mas. (*pirocekope*) (du grec πυρ, feu, et σκοπεω, je considère), t. de phys., instrument propre à mesurer le calorique rayonnant.

PYROSCOPIE, subst. fém. (*pirocekopi*). Voyez PYROMANCIE.

PYROSCRAPHE, subst. mas. (*pirocekrafe*), sorte d'instrument propre à remorquer deux bâtiments.

PYROSE, subst. fém. (*pirôze*). Voy. PYROSIS.

PYROSÉBACIQUE, adj. des deux genres (*pirocébacike*) (du grec πυρ, feu, et du lat. *sebum*, graisse, suif), t. de chim. : *acide pyrosébacique*, acide produit par l'action de l'acide nitrique sur la graisse. Il est fondant comme le suif. Voyez PYROSÉBATE.

PYROSÉBATE, subst. mas. (*pirocébate*), t. de chim., sel formé par la combinaison de l'acide *pyrosébacique* avec une base salifiable.

PYROSIS, subst. fém. (*pirôzice*), t. de médec., vulgairement, *fer chaud*; douleur brûlante de l'épigastre, avec éructation d'une grande quantité d'humeur aqueuse communément insipide, quelquefois âcre.

PYROSMARAGDE, subst. mas. (*pirocemaraguede*), t. d'hist. nat., variété phosphorescente de la chaux fluatée.

PYROSOME, subst. mas. (*pirozôme*), t. d'hist. nat., genre de mollusques.

PYROSOPHIE, subst. fém. (*pirozofi*) (du grec πυρ, feu, et σοφια, science), science du feu. — Discours, traité sur le feu.

PYROSOPHIQUE, adj. des deux genres (*pirozofike*), qui a rapport, qui appartient à la *pyrosophie*.

PYROSORBIQUE, adj. mas. (*piroçorbike*). Voy. PYROMALIQUE.

PYROSTATIQUE, subst. fém. (*pirocetatike*) (du grec πυρ, πυρος, feu, et du lat. *status*, part. pass. de *stare*), science qui consiste à régulariser le feu. — Il est aussi adj. des deux genres : *marmite pyrostatique*.

PYROSTOME, subst. mas. (*pirocetome*), t. de bot., espèce d'arbre.

PYROSTRE, subst. mas. (*pirocetre*), t. de bot., sorte d'arbre qui croît à l'Ile-de-France. — Genre de plantes de la famille des rubiacées.

PYROTARTREUX, adj. mas. (*pirotartreu*), t. de chim., se dit d'un acide de *tartre* distillé à feu nu.

PYROTARTRIQUE, adjec. des deux genres (*pirotartarike*), t. de chim.; se dit d'un acide solide, crystallisable et très-soluble dans l'eau, qu'on obtient en distillant de la crème de *tartre*.

PYROTARTRATE, subst. mas. (*pirotartrate*), t. de chim., sel formé par la combinaison de l'acide *pyrotartarique* avec une base salifiable.

PYROTARTRITE, subst. mas. (*pirotartrite*), t. de chim., sel composé par la combinaison de l'acide *pyro-tartareux* avec une base.

PYROTECHNIE, subst. fém. (*pirotèkni*) (du grec πυρ, feu, et τεχνη, art), art qui enseigne l'usage du feu, son application et la manière de le diriger. Il se dit particulièrement en parlant des feux d'artifice : *entendre bien la pyrotechnie*. — La chimie. — *Pyrotechnie chirurgicale*, l'art d'appliquer le feu dans diverses maladies.

PYROTECHNIQUE, adj. des deux genres (*pirotèknike*), qui tient à la *pyrotechnie*.

PYROTHONIDE, subst. mas. (*pirotonide*) (du grec πυρ, feu, οθονη, linge, et ειδος, forme), substance qu'on obtient par *la combustion à l'air* libre des tissus de chanvre, de lin ou de coton.

PYROTIQUE, adj. des deux genres (*pirotike*) (du grec πυρωτικος, fait de πυροω, je brûle), t. de médec., qui cautérise.

PYRO-URATE, subst. mas. (*piro-urate*), t. de chim., sel formé par la combinaison de l'acide *pyro-urique* avec une base salifiable.

PYRO-URIQUE, adj. des deux genres (*piro-urike*), t. de chim., se dit d'un acide produit pendant la distillation de l'acide *urique*.

PYROXÈNE, subst. mas. (*pirokcène*) (du grec πυρ, feu, et ξενος, étranger), t. de minéralogie, substance qui ne se rencontre qu'accidentellement parmi les productions des volcans.

PYROZOONIQUE, adj. des deux genres (*pirozo-onike*) (du grec πυρ, et ζωον, animal); se dit d'une huile qu'on retire d'une substance animale.

PYRRHA, subst. propre fém. (*pirera*), myth. Voy. DEUCALION.—Ce fut sous le nom de Pyrrha qu'Achille, déguisé en fille, fut caché dans la cour de Lycomède, pour ne pas aller au siège de Troie. Voy. ACHILLE.

PYRRHICHIEN, adj. mas. (*pirerichiein*), t. de litt. anc., nom d'un vers grec ou latin composé de deux syllabes brèves. On dit aussi *pyrrhique*, qui est plus usité.

PYRRHIDE, subst. propre mas. (*pireride*), myth., descendant de Néoptolème.

PYRRHIQUE, subst. fém. (*pirerike*) (en grec πυρριχη), chez les anciens, danse militaire, dans laquelle les danseurs étaient armés de toutes pièces; inventée selon les uns par *Pyrrhus*, fils d'Achille; selon les autres, par *Pyrrhique*, le Cydonien. On dit aussi adj. *la danse pyrrhique*. — Subst. et adj. des deux genres, t. de litt. anc., pied de vers grec ou latin composé de deux syllabes brèves, ainsi nommé, suivant *Hésychius*, de la danse appelée *pyrrhique*, dans laquelle il dominait.

PYRRHONIEN, subst. et adj. mas., au fém. **PYRRHONIENNE** (*pireroniein, niène*), chez les anciens Grecs, secte de philosophes qui doutaient ou affectaient de douter de tout, conformément à la doctrine de *Pyrrhon*, leur chef. — Aujourd'hui, ceux qui affectent de douter des choses que les autres regardent comme les plus certaines : *c'est un franc pyrrhonien*.—Adj., qui appartient au *pyrrhonisme*.

PYRRHONIENNE, subst. et adj. fém. Voy. PYRRHONIEN.

PYRRHONISÉ, part. pass. de *pyrrhoniser*.

PYRRHONISER, v. neut. (*pireronizé*), douter. (*Boiste*.) Presque inusité.

PYRRHONISME, subst. mas. (*pireroniceme*), la doctrine de *Pyrrhon*, et, par extension, affectation, habitude de douter de tout : *pyrrhonisme historique*.

PYRRHOPOECILLOS, subst. mas. (*pirerôpécilelôce*), t. d'hist. nat., le marbre syénite, dont se servaient les anciens rois d'Egypte pour tailler des obélisques.

PYRRHOSIDÉRITE, subst. mas. (*pirerôcidérite*), fer couleur de pourpre; variété de fer oligiste micacé.

PYRRHULA, subst. mas. (*pirerula*), t. d'hist. nat., nom qu'on a donné au bouvreuil.

PYRRHUS, subst. propre mas. (*pireruce*), myth., fils d'Achille et de Déidamie. Ce prince se distingua fort au siège de Troie par sa valeur et par ses cruautés. Il immola Polyxène sur le tombeau d'Achille, massacra Priam au pied d'un autel, et emmena Andromaque avec Astyanax en Épire. Quelques-uns disent qu'il fit précipiter Astyanax du haut d'une tour, et qu'étant arrivé en Epire, il épousa Andromaque. Hermione, sa femme, transportée de jalousie, promit à Oreste, dont elle était aimée, de l'épouser s'il voulait assassiner *Pyrrhus*. Oreste commit le crime dans le temple même, pendant une cérémonie.

PYRROSIE, subst. fém. (*pirerôzi*), t. de bot., genre de plantes de la famille des fougères.

PYRSÉPHORE, subst. mas. (*pircéfore*) (du grec πυρσος, flambeau, et φερω, je porte), t. d'antiq., lampadophore.

PYRULAIRE, subst. fém. (*pirulère*), t. de bot., arbrisseau de la Caroline.

PYRULE, subst. fém. (*pirule*), t. d'hist. nat., genre de coquilles univalves.

PYTHAGORE, subst. propre mas. (*pitaguore*) philosophe, auteur du système de la métempsychose. Pour l'accréditer, il assurait qu'il avait été au siége de Troie, sous le nom d'Euphorbe;

qu'auparavant il avait été Ethalide, fils de Mars; et que depuis le siège de Troie il avait été successivement Hermotine, Délius, etc.

PYTHAGORÉE, subst. fém. (*pitaguore*), t. de bot., petit arbre qui croît aux Indes et à la Cochinchine.

PYTHAGORICIEN, subst. et adj., au fém. PYTHAGORICIENNE (*pitaguoriciein, ciène*), secte d'anciens philosophes qui suivaient la doctrine de Pythagore de Samos, auteur du système de la métempsychose; et en astronomie, d'un système qui est le même que celui de Copernic. — T. d'arith. : *table de Pythagore*, ou *pythagorique* ou *pythagoricienne*, table pour la multiplication des nombres simples.

PYTHAGORICIENNE, subst. et adj. fém. Voy. PYTHAGORICIEN.

PYTHAGORIQUE, adj. des deux genres (*pitaguorike*), de Pythagore. Voy. PYTHAGORICIEN.

PYTHAGORISME, subst. mas. (*pitaguoriceme*), doctrine de *Pythagore*.

PYTHAULE, subst. mas. (*pitôle*), t. d'antiq., musicien dans les jeux pythiques.

PYTHE, subst. mas. (*pite*), t. d'hist. nat., insecte coléoptère de l'ordre des hélopiens.

PYTHIADE, subst. fém. (*piti-ade*), t. de chron. anc., espace de quatre ans révolus, depuis la célébration d'une époque des *jeux pythiques* jusqu'à la suivante.

PYTHIANTHE, subst. fém. (*piti-ante*), t. de bot., l'oxyanthe des anciens.

PYTHICON, subst. mas. (*pitikon*), t. d'antiq., hymne qu'on chantait en l'honneur d'Apollon *Pythien*.

PYTHIE, subst. fém. (*piti*) (du grec πυθία ou πυθιας, dérivé, selon l'opinion commune, du serpent *Python*, tué par *Apollon*, ou du grec πυνθανομαι, interroger), myth., prêtresse qui rendait des oracles à Delphes dans le temple d'Apollon.

PYTHIEN, adj. mas. (*piti-ein*), myth., surnom d'Apollon, selon quelques-uns, parce qu'il avait tué le serpent *Python*, selon d'autres, à cause du culte particulier qu'on lui rendait à Delphes (en grec πυθω, ους). — *Nôme pythien*, t. de musique anc. : nôme exécuté aux jeux *pythiques* par les joueurs de flûte, et sans chant. — *Jeux pythiens*. Voy. *jeux pythiques*, au mot PYTHIQUE.

PYTHIOCAMPE, subst. mas. (*piti-okanpe*), t. d'hist. nat., genre de chenilles velues, qui irritent la peau par leurs poils.

PYTHION, subst. mas. (*piti-on*), t. d'antiq., sorte d'autel consacré, chez les anciens Grecs, à Apollon *Pythien*.

PYTHIONICE, subst. propre fém. (*piti-onice*), myth., surnom donné à Vénus.

PYTHIQUE, adj. des deux genres (l'*Académie* veut que cet adj. ne puisse être employé que comme adj. plur. des deux genres) (*pitike*). (Voy. PYTHIEN pour l'étym.) : *jeux pythiques* ou *jeux pythiens*, jeux qui se célébraient à Delphes tous les quatre ans, la troisième année de chaque olympiade, en l'honneur d'Apollon surnommé *Pythien*. — *Flûte, air pythique*, qui accompagnait le nôme *pythien*.

PYTHIUS, subst. propre mas. (*piti-uce*), myth., surnom d'Apollon. Voy. PYTHIEN.

PYTHOMANCIE, subst. fém. (*pitomanci*) (du grec πυθων, démon, ou Apollon *Pythien*, et μαντεια, divination), oracle d'Apollon. — Divination par une sorte d'invocation qu'on faisait à Apollon.

PYTHOMANCIEN, subst. et adj. mas., au fém. PYTHOMANCIENNE (*pitomanciein, ciène*), ce qui concerne la *pythomancie*. — Subst., celui, celle qui exerçait la *pythomancie*.

PYTHOMATE, subst. mas. et fém. (*pitomate*), myth., prêtre ou prêtresse d'Apollon *Pythien*.

PYTHON, subst. propre mas. (*piton*), myth., serpent d'une grosseur prodigieuse, que la terre engendra de son limon après le déluge de Deucalion. Junon l'envoya contre Latone, l'une des maîtresses de Jupiter. Celle-ci, pour l'éviter, fut contrainte de se jeter dans la mer, où Neptune fit paraître l'île de Délos, qui servit de retraite à cette fugitive. Dans la suite, Apollon tua ce serpent à coups de flèches, et en mémoire de sa victoire institua les jeux *Pythiens*. Il mit la peau de ce monstre sur le trépied où lui, ses prêtres et ses prêtresses, s'asseyaient pour rendre ses oracles. On appelait *Pythons* ou *Pythones*, des génies qu'on croyait entrer dans les corps des hommes, et surtout des femmes, et qui avaient la puissance de leur découvrir l'avenir.

PYTHONISSE, subst. fém. (*pitonice*) (du grec πυθων, devin), chez les anciens, proprement la même que la *Pythie*. C'était la prêtresse qui rendait des oracles à Delphes, dans le temple d'Apollon. Elle se plaçait sur un trépied couvert de la peau du serpent *Python*. Lorsqu'elle voulait prédire l'avenir, elle entrait en fureur, parlait d'une voix grêle, basse et inarticulée, entrait dans des agitations horribles, et évoquait quand elle voulait les mânes des morts. — Par extension, toute devineresse ou sorcière en général : *Saül consulta la pythonisse*.

PYTTO, subst. mas. (*pitetô*), sorte de bière de maïs en usage au Brésil.

PYULQUE, subst. mas. (*pi-uleke*) (du grec πυον, pus et ελκω, je tire), t. de médec., instrument pour tirer le pus d'une plaie profonde.

PYURIE, substantif féminin (*pi-uri*) (du grec πυον, pus, et ουρεω, j'urine), t. de médec. pissement de pus.

PYXACANTHA, subst. mas. (*pikçakaneta*) (du grec πυξος, buis, et ακανθα, épine), t. de bot., arbrisseau épineux qu'on nomme aussi *lycium*.

PYXIDANTHÈRE, subst. mas. (*pikcidantère*), t. de bot., sorte de petite plante de la famille des bicornes.

PYXIDE, PIXIDIE, subst. fém., PYXIDION, subst. mas. (*pikcide, pikcidi, pikcidi-on*), t. de bot., sorte de fruit.

PYXIDULE, subst. fém. (*pikcidule*) (en latin *pyxidula*, dimin. de *pyxis, xidis*, boîte), en bot., petite capsule des mousses. — Anthère, selon le système de Linnée.

PYXINUM, subst. mas. (*pikcinome*), nom donné en pharm. à une sorte de collyre.

Q, subst. mas. (prononcez *ke* et non pas *ku*, qui ne rendrait pas le son naturel de cette lettre), la dix-septième lettre et la treizième consonne de l'alphabet français : *un grand Q : un petit q*.— Q, chez les Romains, valait 500 ; surmonté d'un tiret, 500,000. — Q, dans les ordonnances de médecine, signifie *quantité*. — Q initial ou dans le cours d'un mot conserve toujours le son *que*, qui lui est propre ; mais avec cette différence que dans *qua*, *quo*, *que*, il a un son très-dur, comme dans *qualité*, *quolibet*, *quenouille*, au lieu que dans *qué*, *qui*, *qu*, il l'a moins dur : *acquérir*, *quitter*, *piqûre*.—Q final sonne dans *coq* et *cinq* avec le son dur, excepté dans le cas où le premier est suivi immédiatement, et sans aucun repos, d'un mot qui commence par une consonne, comme dans *coq-d'Inde*, qu'on prononce *ko-deinde*; *cinq jeunes gens*, qu'on prononce *cein jeune jan*. Mais on le fait sentir dans *coq de bruyère*, *coq-à-l'âne*, et dans tous les autres cas : *cinq hommes* ; *ils étaient cinq*, *cinq et demi*.—Q n'est jamais redoublé.— Il y a quelques mots où l'u et la voyelle suivante font une diphthongue ; alors l'*u* a trois sons particuliers. *Qu* a le son de *kou* dans *aquatique*, *équateur*, *équation*, *in-quarto*, *quadragénaire*, *quadragésime*, *quadruple*, *quadrupède*, *quadrige*, *quaker*, etc., que l'on prononce *akouatique*, *ékouatoir*, *kouadrije*, etc.—*Qu* a le son propre de *ku* dans *équestre*, *à quia*, *liquefaction*, *quintuple*, *quinquennium*, *quirinal*, *ubiquiste*, *questure*, etc.,

qui se prononcent *éku-ècetre*, *aku-ia*, *likuéfakcion*, et dans *quinquagésime*, qui se prononce *kuiñkouagésime*, etc. — *Qu* a le son du *k* dans *quidam*, *qui-vive*, *quiconque*, *quinquina*, *quatrain*, *quadrille*, *quotient*, *quartaut*, qui se prononcent *kidam*, *kivive*, *kikonke*, *keinkina*, *katrein*, etc. La prononciation de cette lettre est si bizarre, que nous renvoyons à la nomenclature du *Dictionnaire*.

QQ, subst. mas., double lettre dont on se servait autrefois pour marquer la trente-neuvième feuille d'un ouvrage.

QUACHI, subst. mas. (*kouachi*), t. d'hist. nat., petit quadrupède qui approche du renard.

QUADERNES, subst. mas. plur. (*kadèrne*) (du lat. *quaterni*, quatre à quatre), qui se dit lorsque, au jeu de trictrac, du même coup de dés, on amène deux quatre : *il lui fallait ternes ou quines*, *et il a amené quadernes*. On dit plus ordinairement , *carmes*.

QUADERSANSTEIN, subst. mas. (*kouadèreçoncetein*), t. d'hist. nat., nom allemand d'une stratification.

QUADRAGÉNAIRE, subst. et adj. des deux genres (*kouadrajènère*) (en lat. *quadragenarius*), t. de mathém., qui contient quarante unités : *nombre quadragénaire*. *Quadragénaire* ne saurait cependant être employé, en ce sens, comme subst., quand on dit : *un quadragénaire*, c'est toujours d'un *homme quadragénaire* qu'il s'agit. — Agé de quarante ans : *un homme quadragé-

naire*. — Subst. : *c'est un quadragénaire*. L'Académie fait observer que, comme subst. , ce mot est très-peu usité ; il est toutefois d'un usage assez fréquent.

QUADRAGÉSIMAL , E , adj. (*kouadrajézimale*) (en latin *quadragesima*, carême), appartenant au carême : *jeûne quadragésimal*.—Au plur., *quadragésimaux*.

QUADRAGÉSIMAUX, adj. mas. plur. Voyez QUADRAGÉSIMAL.

QUADRAGÉSIME, subst. fém. (*kouadrajézime*) (en lat. *quadragesima*), le premier dimanche de carême : *le dimanche de la quadragésime*.

QUADRAIN, subst. mas., fausse orthographe. Voy. QUATRAIN.

QUADRAN, subst. mas., fausse orthographe Voy. CADRAN.

QUADRANGLE, subst. mas. (*kouadrangute*) (du lat. *quadrangulus*, formé de *quatuor*, quatre, et *angulus*, angle), figure qui a *quatre angles* et *quatre côtés*.—Ce mot manque dans l'*Académie*.

QUADRANGULAIRE , adj. des deux genres (*kouadrangulère*) (en lat. *quadrangularis*), qui a *quatre angles* : *figure quadrangulaire*.

QUADRANGULÉ, E, adj. (*kouadrangulé*) (en lat. *quadrangulatus*), à quatre angles.—Ce mot manque dans l'*Académie*.

QUADRANTAL, subst. mas. (*kouadrantale*), grande mesure ancienne pour les liquides , qui contenait quarante-huit setiers.—Au plur., *quadrantaux*

QUADRAT, subst. mas. (*kadra*) (du lat. *quadratum*, carré), t. d'impr. Voy. CADRAT. Tel est le renvoi de l'*Académie*. Nous ne pouvons ici que la questionner sur les motifs qui l'ont déterminée à préférer *cadrat* à *quadrat* pour le t. d'impr., et à écrire *quadrat* pour le t. d'astron. On croira peut-être nous avoir répondu, quand on nous aura fait remarquer que *quadrat*, t. d'astron., se prononce *kouadra*. Ce serait une réponse en effet, si le sens et l'étymologie de beaucoup de ces mots se trouvaient d'accord avec leur véritable orthographe; et dans ce cas, il eût été plus simple, de la part de l'*Académie*, de ne point rappeler le t. d'impr. par *quadrat*, et de conserver cette orthographe pour le t. d'astron. Elle serait ainsi demeurée d'accord, sinon avec les principes, du moins avec elle-même; car, de bonne foi, comment tolérer qu'on doive prononcer *kadra* le t. d'impr. écrit *quadrat*, comme le t. d'astron.; et qu'on ne doive aussi prononcer ce dernier terme que *kouadra*? Il y a ici essentiellement ou abus ou confusion.

QUADRAT, E, adj. (*kouadra, drate*), t. d'astrol. : *aspect quadrat*, aspect de deux planètes éloignées l'une de l'autre de la *quatrième* partie du zodiaque, ou quatre-vingt-dix degrés. On le nomme aussi *quadrature*.— *Opposition quadrate*, un des aspects des planètes, dans lequel deux planètes sont distantes l'une de l'autre de la *quatrième* partie du zodiaque, ou de trois signes qui valent 90 degrés. On dit aussi *opposition semi-quadrate*.

QUADRATE, adj. fém. Voy. QUADRAT, adj.

QUADRATEUR, subst. mas. (*kouadrateur*) : *quadrateur du cercle*, t. ironique qu'on applique à un géomètre qui en cherche ou qui prétend en avoir trouvé la *quadrature*.

QUADRATIN, subst. mas. (*kadratein*), t. d'imp., petit morceau de fonte un peu plus bas que la lettre, parfaitement carré, c'est-à-dire ayant sur ses quatre faces la même force que le caractère auquel il appartient, et qui se place, dans la composition, au commencement des *alinea*.— *Demi-quadratin*, la moitié juste du *quadratin*. Voy. CADRATIN, et notre observation sur le renvoi de l'*Académie*, au mot QUADRAT.

QUADRATIQUE, adj. des deux genres (*kouadratike*), t. d'algèbre : *équation quadratique*, équation du second degré (ainsi nommée parce que l'inconnue y est élevée au *carré*, en lat. *quadratum*).

QUADRATORISTE, subst. mas. (*kouadratoricete*), peintre d'ornements à fresque. Inusité.

QUADRATRICE, subst. fém. (*kouadratrice*), t. de géom., courbe inventée pour approcher de la *quadrature* du cercle.

QUADRATULE, subst. fém. (*kouadratule*), t. d'hist. nat., moule de coquille bivalve qui paraît avoir appartenu à une bucarde ou à un cœur.

QUADRATURE, subst. fém. (*kouadrature*) (en lat. *quadratura*), réduction géométrique de quelque figure curviligne à un *carré* : *la quadrature des courbes*.— *Quadrature du cercle*, description d'un *carré* dont la superficie serait précisément égale à la superficie d'un cercle. — En Italie, la peinture à fresque, celle de l'architecture et des ornements, que les Italiens appellent *quadratura*.— En astron., aspect de deux astres de 90 degrés et éloignés l'un de l'autre d'un quart de cercle : *la lune se trouve en quadrature avec le soleil, au premier et au troisième quartier*. — *Quadrature de la lune*, situation de la lune lorsqu'elle est éloignée du soleil de quatre-vingt-dix degrés, c'est-à-dire dans le premier et le dernier quartier. — T. d'horlog. L'*Académie* dit encore à ce mot qu'on prononce *kouadrature* le t. de géom. et d'astron., et *kadrature* le t. d'horlogerie. Mais nous nous permettrons de lui faire observer qu'on ne doit nullement écrire *quadrature* en t. d'horlog., parce que ce mot vient de *cadran*, et que nous ne trouvons nulle part, pas même dans l'*Académie*, le mot *cadran* écrit *quadran*. Voy. donc CADRATURE.

QUADRATURIER, subst. mas. Voy. CADRATURIER.

QUADRE, subst. mas. Voy. CADRE.

QUADRER, v. neut. Voy. CADRER.

QUADRICAPSULAIRE, adj. des deux genres (*kouadrikapeçulère*), t. de bot., se dit d'un fruit composé de *quatre capsules* distinctes.

QUADRICOLORE, subst. mas. et adj. des deux genres (*kouadrikolore*), t. d'hist. nat., espèce de gros-bec de Java.—Subst. fém., t. de bot., anémone à *quatre* couleurs.

QUADRICORNE, subst. mas. et adj. des deux genres (*kouadrikorne*), t. d'hist. nat., espèce de ruminant à *quatre cornes* qu'on croit appartenir au genre des antilopes.

QUADRIDENTÉ, E, adj. (*kouadridanté*), t. de bot., à *quatre dents*.

QUADRIE, subst. fém. (*kadri*), t. de bot., plante du Chili.

QUADRIENNAL, adj. Voy. QUATRIENNAL, qui seul se dit.

QUADRIFIDE, adj. des deux genres (*kouadrifide*) (en lat. *quadrifidus*), t. de bot., divisé en *quatre* : *calice quadrifide*.

QUADRIFLORE, adj. des deux genres (*kouadriflore*) (du lat. *quatuor*, quatre, et *flos*, g. *floris*, fleur), t. de bot., à *quatre* fleurs, à fleurs disposées *quatre à quatre*.

QUADRIFOLIUM, subst. mas. (*kouadrifoli-ome*) (du lat. *quatuor*, quatre, et *folium*, feuille), t. de bot., sorte de plante qui porte *quatre feuilles* sur une même queue.

QUADRIGA, subst. mas. (*kouadrigua*) Voy. QUADRIGE.

QUADRIGAIRE, subst. mas. (*kouadriguière*), t. d'antiq., celui qui conduisait un *quadrige*.

QUADRIGE, subst. mas. (*kouadrije*) (du latin *quadriga, gæ*), chez les anciens, char monté sur deux roues et attelé de *quatre* chevaux de front. — Bandage de chirurgie.

QUADRIJUGUÉ, E, adj. (*kouadrijuguié*) (du lat. *quadrijugus*, formé de *quatuor*, quatre, et *jugum*, joug), t. de bot.; se dit des feuilles composées qui portent sur un pétiole commun *quatre* paires de folioles opposées.

QUADRIJUMEAUX, adj. mas. plur. (*kouadrijumô*), t. d'anat. : *muscles quadrijumeaux*, les muscles de la cuisse.

QUADRILATÈRE, adj. des deux genres (*kouadrilatère*) (en lat. *quadrilaterus*, formé de *quadrinus*, de quatre, et de *latus*, côté), t. de géom., qui a *quatre* côtés : *une figure quadrilatère*. — Subst. au mas., *un quadrilatère*.

QUADRILLE, subst. mas. (*kadri-ie*), sorte de jeu de cartes qu'on joue à quatre personnes. — Groupe de quatre danseurs et de quatre danseuses. Dans cette acception, dit l'*Académie*, on fait ordinairement *quadrille* du mas. On pourrait donc aussi le faire du fém.? Pourquoi à chaque pas nous jeter dans l'incertitude et dans le doute? Il y a même ici quelque chose à ajouter; c'est que l'*Académie* semble préférer le fém.; et il est cependant bien certain qu'on dit plus souvent *un quadrille* qu'*une quadrille*, en parlant des t. de jeu et de danse.—Subst. fém. (de l'italien *quadriglia*, dérivé de *squadra*, qui signifie proprement *une compagnie de soldats rangés en carré*), troupe de chevaliers d'un même parti, dans un carrousel.

QUADRILLION, subst. mas. (*kouadri-ion*), t. d'arithm., mille fois mille trillions.

QUADRILOBÉ, E, adj. (*kouadrilobé*), t. de bot., plante dont les graines renferment quatre lobes.

QUADRILOCULAIRE, adj. des deux genres (*kouadrilokulère*) (du lat. (*quadrinus*, de quatre, et *loculus*, logette), t. de bot.; se dit des fruits divisés intérieurement en *quatre* loges.

QUADRIMANE, subst. mas. et adj. des deux genres (*kouadrimane*) (du lat. *quadrinus*, quatre, et *manus*, main), qui a *quatre* mains.

QUADRIN, subst. mas. (*kouadrein*), denier, chez les Romains modernes.

QUADRINOME (nous ne savons pourquoi l'*Académie* écrit QUADRINÔME), subst. mas. (*kouadrinome*) (en lat. *quadrinus*, de quatre, et du grec νομη, part, division), t. d'algèbre, grandeur composée de *quatre* termes.

QUADRIPARTI, E, adj. (*kouadriparti*) (en lat. *quadripartitus*), t. de bot., divisé en *quatre*.

QUADRIPARTITION, subst. fém. (*kouadripartition*) (en lat. *quadripartitio*), partage d'une chose en *quatre*. Peu usité.

QUADRIPHYLLE, adj. des deux genres (*kouadrifile*) (du lat. *quadrinus*, de quatre, et du grec φυλλον, feuille), t. de bot. : *calice quadriphylle*, formé de *quatre* folioles distinctes.

QUADRIRÈME, subst. fém. (*kouadrirème*) (en lat. *quadriremis*, formé de *quatuor*, quatre, et de *remus*, rame), t. d'antiq., galère à *quatre* rangs de *rames*.

QUADRISULCE, subst. mas. et adj. des deux genres (*kouadrizulece*) (du lat. *quadrinus*, de quatre, et de *sulcus*, sillon), t. d'hist. nat., quadrupède dont le pied est divisé en *quatre* doigts.

QUADRISYLLABE, subst. mas. (*kouadricilelabe*) (du lat. *quadrinus*, de quatre, et du grec συλλαβη, syllabe), mot composé de *quatre syllabes*.

QUADRISYLLABIQUE, adj. des deux genres (*kouadricilelabike*), qui a rapport aux *quadrisyllabes*.

QUADRIVALVE, adj. des deux genres (*kouadrivalve*) (du lat. *quadrinus*, de quatre, et *valvæ, arum*, valves), t. de bot., composé de *quatre valves*, en parlant d'une capsule. — On dit aussi *quadrivalvé*.

QUADRIVALVÉ, E, adj. (*kouadrivalvé*). Voy. QUADRIVALVE.

QUADRIVIEN, adj. mas. (*kouadrivìein*), t. d'antiq.; il se disait des dieux qui présidaient aux carrefours.

QUADRUGÉE, subst. fém. (*kouadrujé*), ce que *quatre* chevaux peuvent labourer en un jour. Peu usité.

QUADRUMANE, subst. mas. et adj. des deux genres (*kouadrumane*) (du lat. *quadrinus*, de quatre, et *manus*, main), t. d'hist. nat., sous-ordre de mammifères, dont les pouces sont séparés aux pieds de derrière comme à ceux de devant, et qui ont par conséquent les pieds comme des mains d'hommes : *un quadrumane; des animaux quadrumanes*.

QUADRUMVIRS, subst. mas. plur. (*kouadromevire*) (du lat. *quatuor*, quatre, et *viri*, hommes, magistrats), t. d'antiq., chez les Romains, magistrats inférieurs au nombre de *quatre*, chargés de différentes fonctions.

QUADRUPÈDE, subst. mas. et adj. des deux genres (*kouadrupède*) (en lat. *quadrupes, pedis*, fait de *quadrinus*, de quatre, et *pes, pedis*, pied), qui a *quatre* pieds : *un quadrupède*. — Adj. : *animal quadrupède*.

QUADRUPÉDOLOGIE, subst. fém. (*kouadrupédoloji*) (du lat. *quadrupes*, et du grec λογος, discours, traité), traité sur les *quadrupèdes*; histoire, description des animaux *quadrupèdes*.

QUADRUPÉDOLOGIQUE, adj. des deux genres (*kouadrupédolojike*), qui concerne la *quadrupédologie*.

QUADRUPLE, adj. des deux genres (*kouadruple*) (du lat. *quadruplex* ou *quadruplus*), qui est *quatre* fois aussi grand : *vingt est quadruple de cinq*.—En t. de mus., *quadruple croche*, note qui vaut la moitié d'une double croche, et le quart seulement d'une croche.

QUADRUPLE, subst. mas. (*kouadruple*) (du lat. *quadruplum*), *quatre* fois autant : *le quadruple de cinq est vingt*.—*Son amende a été portée au quadruple; a été quadruplée*.—Monnaie d'or d'Espagne, qui a cours pour trois cent vingt réaux (quatre-vingt-un fr. cinquante-un cent.) depuis 1785. Auparavant elle a valu jusqu'à 85 fr. et plus. On lui a donné le nom de *quadruple* parce qu'elle vaut 4 pistoles simples de 20 fr. 37 cent.

QUADRUPLÉ, E, part. pass. de *quadrupler*.

QUADRUPLER, v. act. (*kouadruplé*) (en lat. *quadruplicare*), prendre quatre fois le même nombre : *quadrupler une somme*.—Neut., être augmenté au *quadruple* : *son bien a quadruplé depuis vingt ans*.—*se* QUADRUPLER, v. pron.

QUADRUPLIQUE, subst. fém. (*kouadruplike*), t. de prat., réponse aux *tripliques* : *il y eut une quadruplique*. Presque hors d'usage.

QUAI, subst. mas. (*kié*) (suivant *Scaliger*, de l'ancien verbe latin *caiare*, arrêter, retenir), levée faite entre la rivière ou l'eau et les maisons, pour empêcher le débordement : *demeurer sur le quai*.—Rivage d'un port de mer pour la charge et la décharge des marchandises : *un maître de quai est chargé de la police des ports*.

QUAIAGE, fausse orthographe de *Quayage*. Voy. QUAYAGE.

QUAICHE, subst. fém. (*kièche*), t. de mar., petite embarcation à un pont : *on ne voit guère de quaiches que dans la mer du Nord*.

QUAKER ou **QUACRE**, subst. mas., au fém. **QUAKERESSE** (*kouakre, krèce*) (de l'anglais *quaker*, trembleur, parce que ces sectaires, qui vivent dans une frayeur continuelle des jugements de Dieu, tremblent de tout leur corps en faisant leurs prières), secte fondée en Angleterre par *George Fox*, cordonnier, vers 1650.—L'*Académie* donne *quakre* et *quacre*, en francisant le mot. Mais pourquoi n'écrit-elle pas aussi au fém. *quacresse*? En n'écrivant que *quakeresse* au fém., c'est autoriser à écrire de préférence *quaker* au mas., et c'est du reste la seule bonne orthographe; car le mot *quacre* n'a pas plus la physionomie française, que *quaker*; et c'est seulement, sans doute, pour rapprocher le mot anglais de sa prononciation naturelle, que l'*Académie* écrit aussi *quacre*. D'après cela, si la prononciation doit régler l'orthographe (et ce serait un grand bienfait, mais un bienfait qu'il est inutile d'attendre et de souhaiter), le moyen le plus raisonnable, le seul moyen possible d'arriver à un résultat satisfaisant ne réside et ne peut résider que dans l'observation scrupuleuse et rigoureuse de l'orthographe étymologique, à laquelle on devrait conformer la prononciation. Pour l'accomplissement de ce vœu, il est de toute impossibilité de rien faire sans le concours de l'autorité *académique*.

QUAKERESSE, subst. fém. Voy. QUAKER.

QUAKÉRISME, subst. mas. (*kouakiériceme*), religion, doctrine des *quakers*.

QUAKITE, subst. fém. (*kouakite*), t. de bot., genre de plantes.

QUAL, subst. mas. (*kouale*), t. d'hist. nat., nom qu'on donne sur les côtes de Hollande au frai des astéries; ce frai est un poison pour les hommes et pour les animaux; et c'est ce qui rend les moules dangereuses pendant l'été.

QUALIER, subst. mas. (*koualié*), t. de bot., genre de plantes de la Guyane, qui répandent une odeur très-suave.

QUALIFICATEUR, subst. mas. (*kalifikateur*), titre de certains théologiens de Rome et d'Espagne, qui *qualifient* les propositions ecclésiastiques qui leur sont déférées : ils sont en outre chargés de l'examen des livres qui peuvent être mis à l'*index*. Ce sont en Espagne des membres du saint-office.

QUALIFICATIF, adj. mas., au fém. **QUALIFICATIVE** (*kalifikatif, tive*), qui *qualifie* : *c'est un nom qualificatif*.—On dit aussi subst., au mas.: *un qualificatif*, surtout en t. de gramm.

QUALIFICATION, subst. fém. (*kalifikâcion*), attribution d'une *qualité*, d'un titre : *qualification de baron; qualification de faussaire*, etc.

QUALIFICATIVE, adj. fém. Voy. QUALIFICATIF.

QUALIFIÉ, E, part. pass. de *qualifier*, et adj., qui a quelque titre, qui a quelque *qualité* honorable, glorieuse : *c'est une personne qualifiée*.— *Il est qualifié*, de grande qualité, de haute naissance.—*Les personnes qualifiées de la ville*, les plus considérables.— En t. de palais : *un crime qualifié*, considérable.

QUALIFIER, v. act. (*kalifié*), marquer la *qualité* d'une chose, d'une proposition, d'une personne : *qualifier un duel de rencontre, une proposition d'erronée, un homme d'imposteur*, etc. — Donner un titre. En ce sens, on retranche la proposition *de* : *qualifier docteur*, etc. Cependant on dit bien, dans la conversation : *qualifier de duc, de docteur*. — SE QUALIFIER, v. pron., prendre quelque titre; prendre quelque *qualité*; s'attribuer quelque titre ou quelque honneur : *il se qualifie médecin, comte*, etc.

QUALITÉ, subst. fém. (*kalité*) (du lat. *qualitas*), ce qui fait qu'une chose est telle, bonne ou mauvaise, etc. : *c'est, non pas la qualité des viandes qui nuit, mais la quantité; la bonne qualité des aliments ; du vin de mauvaise qualité*. On dit : *un vin a de la qualité*, une sève qui le distingue des vins communs.— *Qualité occulte*, en t. de philosophie ancienne, cause inconnue de la propriété des corps.—Disposition, talent, inclination, etc. : *les qualités du corps, de l'esprit, du cœur*.—Absolument : *il a des qualités*, de bonnes intentions, un bon naturel.—Noblesse distinguée, dans les états où cette distinction est admise : *homme, femme de qualité, de grande qualité*. Cette expression de *qualité* enchérit sur celle de *condition*, avec laquelle elle se confond. On n'est de *qualité* que par la naissance ; on est de *condition* par l'état qu'on remplit, par l'emploi dont on est chargé : un homme né dans la robe se dit de *condition*; celui qui n'exerce qu'une profession lucrative est *roturier*. — Titre qu'on prend : *il prend la qualité de prince*, etc. — En t. de jurispr., titre qui rend habile à exercer quelque droit : *la qualité d'héritier sous bénéfice d'inventaire*.—*Avoir qualité pour faire une chose*, être autorisé à agir pour soi-même ou pour quelque autre.—Au palais : *les qualités d'un arrêt*, tout ce qui précède le dispositif.— *En qualité de*..., loc. prépos., comme étant... : *en qualité de tuteur*. — QUALITÉ, TALENT. (*Syn.*) Les *qualités* forment le caractère de la personne ; les *talents* en font l'ornement. Les premières rendent bon ou mauvais, et influent fortement sur l'habitude des mœurs; les seconds rendent utile et amusant, et ont grande part au cas qu'on fait des gens.—On peut se servir du mot *qualité* en bien ou en mal, mais on ne prend qu'en bonne part celui de *talent*. — L'homme est un mélange de bonnes et de mauvaises *qualités*, quelquefois bizarre jusqu'à rassembler en lui les extrêmes. Il y a des gens à *talents* sujets à se faire valoir, et dont il faut souffrir pour jouir.— Les *qualités* du cœur sont les plus essentielles ; celles de l'esprit sont les plus brillantes. Les *talents* qui servent aux besoins sont les plus nécessaires ; ceux qui servent aux plaisirs sont les mieux récompensés. — On se fait aimer ou haïr par ses *qualités* ; on se fait rechercher par ses *talents*. Des *qualités* excellentes, jointes à de rares *talents*, sont le parfait mérite.

QUALITOR, subst. mas. (*koualitor*), sorte de raisin noir. Peu connu.

QUAMOCLITE, subst. fém. (*kouamoklite*), t. de bot., genre de plantes de la famille des convolvulacées.

QUAMQUAM, subst. mas. Voy. QUANQUAM.

QUANCE, subst. fém. (*kance*), dissimulation. Vieux et même hors d'usage.

QUAND, adv. et conj. (*kan*; *d* ne se prononce pas devant les consonnes, et prend le son du *t* devant les voyelles) (en lat. *quandò*), lorsque, dans le temps que ; dans quel temps ? *Quand viendrez-vous me voir ? quand je le pourrai*. *Quand* diffère de *lorsque*, en ce que le premier marque la circonstance du temps, et le second celle de l'occasion : *il faut travailler quand on est jeune, et être docile lorsqu'on nous reprend à propos*.—*Quand*, conj., encore que, quoique, bien que, si : *quand vous me haïriez*.— *Quand et quand*, loc. prép., avec, en même temps : *il partit quand et quand nous*. Il est populaire et même suranné.

QUANDOS, subst. mas. (*kouandôce*), pierre qu'on dit exister dans la tête du vautour. Peu connu.

QUANDROS, subst. mas. (*kouandrôce*), t. d'hist. nat., sorte de pierre précieuse. C'est probablement le même que *quandos*; les lexicographes en auront fait deux mots pour un seul.

QUANIE, subst. fém. (*kouani*), déshabillé, chemise. (*Boiste*.) Absolument hors d'usage.

QUANQUAM, subst. mas. (*kouankouame*) (mot latin signifiant *quoique*), harangue latine que prononçait un écolier à l'ouverture d'une thèse. Ce terme est aujourd'hui hors d'usage.

QUANQUAN. Voy. CANCAN.

QUANQUANER. (Manque dans l'*Académie*.) Voy. CANCANER.

QUANQUANIER. (Manque dans l'*Académie*.) Voy. CANCANIER.

QUANQUANIÈRE. (Manque dans l'*Académie*.) Voy. CANCANIER.

QUANT À, adv., ou plutôt sorte de prép. (*kanta*) (du lat. *quantum*), pour ce qui est de... *Quant à moi, j'y consens*. *Quant à* diffère de *pour* par une nuance très-délicate. *Pour*, dit *Girard*, convient mieux lorsqu'il s'agit de la personne qui régit le verbe, et *quant à* lorsqu'il s'agit de ce qui est régi par le verbe : *pour moi, je ne me mêle d'aucune affaire étrangère; quant à moi, tout m'est indifférent*. — Fam. : *il se met sur son quant-à-soi*, il fait le suffisant.

QUANTAL, subst. mas. Fausse orthographe. Voy. CANTAL.

QUANTES, adj. fém. plur. (*kante*) (du latin *quantus*), mot qui ne s'emploie qu'avec le mot *fois*, et dans les deux locutions suivantes : *toutes et quantes fois, toutes fois et quantes*, toutes les fois que, autant de fois que... Fam.

QUANTIÈME, adj. des deux genres (*kanti-ème*) (du lat. *quotus*), il désigne le rang, l'ordre numérique : *le quantième êtes-vous dans la compagnie? je suis le dixième*. Ce terme a bien vieilli; on dirait plutôt aujourd'hui : *le combien êtes-vous ?* et encore cette locution est-elle très-vicieuse.—Subst. mas., le *quatrième* jour *quel est le quantième de la lune ?* combien compte-t-on de jours de la lune?—La date du jour.—*Montre à quantièmes*, qui marque le *quantième*, les jours du mois.

QUANTITÉ, subst. fém. (*kantité*) (en lat. *quantitas*), ce qui peut être mesuré ou nombré; tout ce qui est susceptible d'augmentation ou de diminution : *comparer des quantités*. — En t. de math. : *quantité continue*, étendue d'un corps dans ses trois dimensions : longueur, largeur et profondeur ; c'est l'objet de la géométrie. — *Quantité discrète*, assemblage de choses séparées, distinctes, comme les nombres ; c'est l'objet de l'arithmétique.—*Quantités algébriques*, nombres indéterminés, ou que l'on rapporte à l'unité en général. — *Quantités positives*, celles qui sont ou qu'on suppose précédées du signe de l'addition +.—*Quantités négatives*, celles qui sont affectées du signe de la soustraction —. — Multitude, abondance : *il y avait une grande quantité de spectateurs; il a récolté une grande quantité de vin*. En ce sens, il s'emploie souvent comme adverbe, mais il ne régit que des noms de choses qui peuvent se compter : *quantité* (beaucoup) *de personnes, de meubles, de pierreries*, etc. — En t. de grammaire et de prosodie, mesure des syllabes longues et brèves qu'il faut observer dans la prononciation. — On se sert aussi de ce mot, mais rarement, comme terme de musique; il signifie alors la même chose que *temps* ; c'est proprement la durée que les notes ou les syllabes doivent avoir : *la quantité, c'est le rhythme*.

QUAPACTOLT, subst. mas. (*kouapaketolete*), t. d'hist. nat., coucou du Mexique. Peu connu.

QUAPALIER, subst. mas. (*kouapalié*), t. de bot., banistère à corymbes.

QUAPOYER, subst. mas. (*kouapoé-ié*), t. de bot., genre de plantes de la famille des guttifères.

QUAQUESCENDRE, subst. mas. (*kouakièceçandre*), t. de médec. vétér., flux de sang et de ventre, sorte de maladie des chiens.

QUARANTAIN, subst. mas. (*karantein*), t. de fabriq., drap de 400 fils en chaîne.—T. de bot., giroflier.

QUARANTAINE, subst. fém. (*karantène*), nombre de *quarante* ou environ : *une quarantaine d'écus*. — Fam., âge de *quarante* ans : *approcher de la quarantaine*. — *Jeûner la quarantaine*, *quarante* jours. —*Jeûner la sainte quarantaine*, pendant tout le carême de l'Église catholique. — Séjour que les personnes et les marchandises qui viennent d'un pays suspect, sous le rapport de la salubrité, sont obligées de faire dans un lieu destiné à cet effet, et distant du lieu de débarquement ; quoiqu'on appelle cette station forcée *quarantaine*, il est rare qu'on y reste *quarante* jours; il y a des *quarantaines* de dix jours et plus, suivant le besoin ou l'occurrence : *faire quarantaine*.

QUARANTE, adj. num. des deux genres (*karante*) (en lat. *quadraginta*), quatre fois dix : *quarante francs ; le nombre quarante*. — *Les quarante heures*, prières qu'on fait pendant trois jours de suite dans l'église avec exposition du saint-sacrement, pour implorer le ciel contre des calamités publiques, ou pour attirer ses bénédictions sur l'état ou sur le chef de l'état : *on faisait autrefois des prières de quarante heures à l'occasion de l'ouverture des chambres et des parlements*. *Quarante* se prend aussi subst. au mas. : *quarante est le numéro de sa maison*; c'est comme si l'on disait le *quarante* pour *le numéro quarante*. — *Le trente et quarante*, t. de jeu de hasard, qui se jouait avec un sixain de cartes complet. — *Tribunal des quarante*, à Venise. Voy. QUARANTIE. — *Les quarante, les membres de l'Académie Française*, qui sont au nombre de *quarante*.

QUARANTENIER, subst. mas. (*karantenié*), t. de mar. et de pêche, petit cordage de trois torons, fait depuis neuf fils jusqu'à dix-huit.

QUARANTIE, subst. fém. (*karanci*), tribunal des *quarante*, à Venise, composé de *quarante* membres ou juges.

QUARANTIÈME, adj. et subst. des deux genres (*karantième*) (en lat. *quadragesimus*), nombre ordinal; partie aliquote de *quarante* : *le quarantième jour ; il est le quarantième ; elle est la quarantième*. —*Un quarantième*, la *quarantième* partie d'un tout.

QUARARIBÉ, subst. mas. (*kouararibé*), t. de bot., genre de plantes de la famille des malvacées.

QUARDERONNÉ, E, part. pass. de *quarderonner*.

QUARDERONNER, v. act. (*karderoné*), t. de charp., abattre les arêtes d'une poutre, d'une solive, etc., en y faisant un *quart de rond*. Peu usité.

QUARÉOGRAPHE, subst. mas. (*karé-oguerafe*), instrument nouveau au moyen duquel on peut dessiner la perspective avec la plus grande précision.

QUARRE, subst. fém. Voy. CARRE.

QUARRÉ, subst. et adj. Voy. CARRÉ.

QUARREAU, subst. mas. Voy. CARREAU.

QUARRÉ-LES-TOMBES, subst. propre mas. (*karèlétonbe*), village de France, dép. de l'Yonne, chef-lieu de canton, arrond. d'Avallon.

QUARRÉMENT, adv. Voy. CARRÉMENT.

se **QUARRER**, v. pron. Voy. CARRER.

QUARRURE, subst. fém. Voy. CARRURE.

QUART, subst. mas. (kar) (du latin quarta, sous-entendu pars), la quatrième partie d'un tout : un quart de lieue ; une aune trois quarts ; avoir un quart dans une affaire, etc. — Quart-d'heure. V. ce mot. — Portrait de trois-quarts, dont un des côtés de la figure est vu de face, et l'autre en raccourci. — Levraut de trois-quarts, et non point : levraut trois-quarts, levraut presque aussi fort que le lièvre, etc. — En t. de mar., le temps pendant lequel une partie de l'équipage d'un vaisseau veille pour faire le service : faire le quart. — Quart de vent ou quart de rumb, aire de vent séparée d'une autre aire par un arc de douze degrés et quinze minutes. — Quart de cercle, instrument de mathématiques, qui est la quatrième partie d'un cercle, divisé par degrés, minutes et secondes. — Quart de cercle mural, instrument d'astron.; c'est un grand cercle ordinairement en cuivre qu'on fixe contre un mur dans le plan d'un méridien, et qui porte une lunette autour de son centre. — Quart de rond, sorte de membre d'architecture; moulure qui a le quart d'un rond. — Quart du méridien, arc du méridien terrestre compris entre le pôle boréal et l'équateur, dont la longueur (cinq millions cent trente-deux mille quatre cent trente toises), a servi de base à la nouvelle division des poids et mesures. — En t. d'évolution militaire, on nomme quart de conversion, un mouvement par lequel on fait décrire à la troupe un quart de cercle. — Quart de soupir, en musiq., signe d'un silence qui est, pour sa durée, l'équivalent d'une double croche, le soupir ayant la durée d'une noire. — Pièce des quarts, t. d'horlog., dans une montre ou une pendule à répétition, la pièce qui sert à faire sonner les quarts. — En t. de man., on appelle quart en quart, une sorte de volte. — Le tiers et le quart, toutes sortes de personnes sans distinction et sans choix. — Prov. et fam. : conter ses affaires au tiers et au quart, les raconter à toute sorte de personne. — Médire du tiers et du quart, médire de tout le monde. — Demi-quart, la moitié d'un quart : une aune demi-quart, une aune, plus la moitié d'un quart. — On appelait autrefois quart-d'écu, une ancienne monnaie d'une quinzaine de sous ; il en fallait quatre pour faire l'écu de trois livres. — N'avoir pas un quart d'écu, n'avoir pas d'argent, pas le sou.

QUART, E, adj. (kar, karte), quatrième. — Quart denier, ancien t. de finances, droit qui se payait aux parties, pour la résignation des offices. — Fièvre quarte, celle dont les accès prennent tous les quatre jours inclusivement, en sorte qu'elle laisse au malade deux jours d'intervalle. — Fièvre double quarte, celle dont les accès reviennent deux fois en trois jours.

QUARTADÉCIMANIEN, subst. mas. (kartadécimaniein), t. d'antiq., soldat romain de la quatorzième légion.

QUARTAINE, adj. fém. (kartène) : fièvre quartaine, fièvre quarte. — Il n'est usité que dans cette loc. pop. : que la fièvre quartaine le serre ! c'est une sorte d'imprécation.

QUARTAL, subst. mas. (kartal), sorte de mesure pour les grains.

QUARTAN, subst. mas. (kartan); en t. de chasse, on appelle quart-an, et même quartan, selon l'Académie, un sanglier de quatre ans. Voy. QUARTANIER, qui est bien plus usité.

QUARTANIEN, subst. mas. (kartaniein), t. d'antiq., soldat romain de la quatrième légion.

QUARTANIER, subst. mas. (kartanié), t. de chasse, sanglier de quatre ans.

QUARTAS, subst. mas. (kouartace), sorte de monnaie espagnole, qui n'est plus en usage.

QUARTATION, subst. fém. (kartacion), opération de métallurgie, alliage d'un quart d'or avec trois quarts d'argent. On dit aussi inquart.

QUARTAUT, subst. mas. (kartô), vaisseau contenant le quart d'un muid : un quartaut de cidre.

QUART-D'HEURE, subst. mas. (kardeure), quatrième partie d'une heure. — Un court espace de temps. — Passer un mauvais quart-d'heure, éprouver quelque chose de fâcheux. — Le quart-d'heure de Rabelais, le moment où il faut payer ; et, par extension, tout autre moment désagréable. — Au plur., des quarts-d'heure.

QUARTE, subst. fém. (karte), ancienne mesure de deux pintes : une quarte de cidre. — En géométrie, la soixantième partie d'une tierce, ou la deux cent seize millième partie d'une minute, soit de degré, soit de temps. — En t. d'escrime, coup d'épée qu'on porte à son adversaire dans et sur les armes. — En t. de musique, intervalle de deux tons et demi en montant ou en descendant. — Au jeu de piquet, quatre cartes de même couleur et qui se suivent. — En t. de vétérinaire, fente qui se forme au sabot du cheval. On dit plus souvent seime quarte, en faisant venir quarte de l'adj.

QUARTE-FALCIDIE, subst. fém. (kartefalcidi), t. de jurispr.; c'était la retenue que l'héritier, grevé de legs qui absorbaient toute la succession, pouvait faire sur tous les legs, du quart de leur montant.

QUARTEL, subst. mas. (kartèle), carreau. (Boiste.) Presque inusité, parce qu'on pourrait le confondre avec cartel.

QUARTELAGE, subst. mas. (kartelaje), droit seigneurial. (Boiste.) Hors d'usage.

QUARTELETTE, subst. fém. (kartelète), ardoise. (Boiste.)

QUARTENIER, subst. mas. Voy. QUARTINIER, que l'Académie semble préférer, et avec raison, puisque ce mot est formé de quartier; toutefois on peut dire aussi quartenier.

QUARTÉ, part. pass. de quarter.

QUARTER, v. neut. (karté), aller entre deux ornières et les éviter. — T. d'escrime, porter son corps hors de la ligne. — Procéder par quartes. C'est aussi en ce dernier sens un t. de musique.

QUARTERON, subst. mas. (karteron), poids, la quatrième partie d'une livre : il a ajouté un quarteron dans la balance. — La quatrième partie d'un cent dans les choses qui se vendent au poids : un quarteron de beurre. — La quatrième partie d'un cent dans celles qui se vendent en les comptant : un quarteron de pommes. — En t. de batteur d'or, petit livret composé de vingt-cinq feuilles d'or ou d'argent battu. — Demi-quarteron, la moitié d'un quarteron, ou la moitié du poids d'un quarteron.

QUARTERON, subst. mas., **QUARTERONNE**, subst. fém. (karteron, rone), celui ou celle qui provient d'un blanc et d'une mulâtre, ou d'un mulâtre et d'une blanche.

QUARTERONNE, subst. fém. Voy. QUARTERON.

QUARTIDI, subst. mas. (kartidi), quatrième jour de la décade dans le calendrier républicain français.

QUARTIER, subst. mas. (karti-é), la quatrième partie de certaines choses : quartier de poire. — Un quartier de terre, le quart d'un arpent. — Partie d'un tout, quoiqu'elle ne soit pas le quart de ce tout : un quartier de pain. — Il a été mis en quartiers, on a déchiré et dispersé ses membres. On mettait autrefois en quartiers les condamnés à mort ; on appelait cela écarteler. — Prov. et fig. : se mettre en quatre quartiers pour quelqu'un, faire tout ce qu'on peut pour le servir. — La quatrième partie d'une aune : un quartier d'étoffe. — Gros morceau : quartier de lard. — Bois de quartier, bois fendu en quatre, pour être brûlé. — Quartiers de pierre, morceaux de pierre, assez forts cependant pour faire à trois ou quatre la charge d'une charrette. — En archit., on appelle quartier tournant, les marches de l'angle d'un escalier, et qui vont en tournant. — Dans un soulier, les deux pièces de cuir qui environnent le talon : il a éculé les quartiers de ses souliers. — On appelle quartiers d'une selle, les parties sur lesquelles portent les cuisses. — On nomme aussi quartiers, les parois latérales du sabot d'un cheval ; on dit qu'un cheval fait quartier neuf, quand un de ses quartiers tombe, et qu'il en repousse un autre à sa place. — Certaine étendue, division par parties d'une ville : habiter un quartier tranquille. — Par extension, voisinage : faire les visites du quartier. — Tous ceux qui demeurent dans le même quartier : tout le quartier répète la catastrophe. — Nouvelles du quartier, tout ce qui s'y débite, vrai ou faux. — Être la gazette du quartier, être excessivement bavard, et même médisant. — Être le bouffon, et non pas, comme le dit l'Académie, le plaisant de son quartier, celui dont tout le monde s'amuse. — Au plur., dans le même sens, pays, voisinage, en parlant de la campagne, etc. : mandez-nous ce qui se passe dans vos quartiers. — Espace de trois mois, qui fait la quatrième partie de l'année : servir par quartier. — Ce qui se paie de trois mois en trois mois pour les loyers, pensions, etc. Dans plusieurs autres occasions, et quand il s'agit de paiement, on dit aussi quartier pour la demi-année. — Officier de quartier, celui qui ne sert que par quartiers ; la durée d'un quartier est de trois mois. — T. de guerre : quartier d'hiver, intervalle de temps entre deux campagnes : le quartier d'hiver sera long. Il se dit aussi du lieu où on loge les troupes pendant l'hiver. — Traitement favorable qu'on fait à des troupes vaincues : demander, donner quartier ; ne point faire de quartier. — Campement de troupes : le quartier a été enlevé. — Bâtiment d'une ville, d'une place forte, dans lequel on caserne la troupe : quartier d'infanterie, de cavalerie. — On le dit même d'une ville non fermée, mais où il y a garnison : ce n'est pas une place de guerre, ce n'est qu'un fort quartier. — Quartier des vivres, lieu où on loge l'équipage des vivres. — Quartier-général, lieu choisi au centre du camp, ou des quartiers d'une armée, et où se tient le général et son état-major. — Ses bureaux. — Quartier d'assemblée, lieu de rassemblement des troupes, pour se mettre en marche ensemble ou pour prendre les armes. — Porter l'alarme au quartier, donner l'éveil aux troupes qui le composent, afin de les tenir toujours sur leurs gardes ; et fig., y apporter quelque nouvelle qui inspire de l'inquiétude. — Fig. encore : l'alarme est au quartier, on est fort embarrassé, fort inquiet, fort tourmenté. — On se sert aussi du mot quartier dans les colléges, pour désigner les différentes salles d'étude ou les classes. — Maître de quartier, et plus ordinairement maître d'études, le maître ou répétiteur qui est chargé de surveiller le travail des élèves et leur conduite, et de leur faire réciter les leçons. — En t. de généalogie, chaque degré d'ordre et de succession des descendants dans une même ligne ou famille. — Dans les blasons, écu d'une famille noble qui, dans un arbre généalogique, sert de preuve. — Quatrième partie d'un écu, lorsqu'il est écartelé. — On appelle quartier de la lune, la quatrième partie du cours de la lune : nous sommes au premier, au dernier quartier de la lune. — Quartier anglais, ou quart de nonante, t. de mar., instrument dont les marins se servent pour observer la hauteur du soleil, etc. On le nomme aussi quartier de réflexion, octant anglais, instrument de Hadley. — Quartier de réduction, instrument de pilotage qui sert à résoudre plusieurs problèmes relatifs à cet art. — Quartier sphérique, instrument au moyen duquel on a cru résoudre les questions d'astronomie qui importent au navigateur. Il est presque oublié. — À quartier, loc. adv., à part, à l'écart : tirer un homme à quartier ; mettre de l'argent à quartier.

QUARTIER-MAÎTRE, subst. mas. (kartièmètre), t. de mar., aide du maître ou du contre-maître sur un navire. — Dans les troupes, caissier du régiment. — Au plur., des quartiers-maîtres, c'est comme si l'on disait des maîtres de quartiers.

QUARTIER-MESTRE, subst. mas. (kartiémècetre), premier maréchal-des-logis d'un régiment de cavalerie étrangère. — Au plur., des quartiers-mestres, c'est comme si l'on disait des mestres de quartiers.

QUARTIÈRE, subst. fém. (kartière), mesure de grains anglaise.

QUARTILE, adj. mas. (kouartile) : quartile aspect, en astron., aspect de deux planètes éloignées l'une de l'autre de la quatrième partie du zodiaque. Voy. QUADRATURE.

QUARTIN, subst. mas. (kartin), monnaie d'or à Rome.

QUARTINIER, subst. mas. (kartinié), officier de ville chargé du soin d'un quartier. On dit aussi, mais moins bien, quartenier.

QUARTINHO, subst. mas. (kartinehô), sorte de monnaie d'argent, en Portugal.

QUARTI-STERNAL, E, subst. et adj. (kouarticetérenal), t. d'anat., se dit de la quatrième pièce osseuse du sternum, qui correspond au quatrième espace intercostal.

QUARTO, subst. mas. (kouartô), monnaie de cuivre d'Espagne.

in-QUARTO, subst. mas. et adj. (ein-kouartô), livre dont les feuilles sont pliées en quatre. — Au plur., des in-quarto.

QUARTON, subst. mas. (karton), fausse orthographe. Voy. CARTON.

QUARTONAT, subst. mas. (kartona), mesure d'arpentage.

QUARTUAIRE, subst. mas. (kartu-ère), nom de cavaliers chargés de défendre les frontières de Pologne contre les Tartares. Vieux.

QUARTUMVIRS, subst. mas. plur. (*kouartomevire*), chez les anciens Romains, ceux qui étaient préposés pour la police des rues.

QUARTZ, subst. mas. (*kouarteze*), emprunté de l'allemand.—Pierre très-dure, fort pesante, ne se dissolvant point par les acides, et donnant beaucoup d'étincelles avec le briquet.

QUARTZEUSE, adj. fém. Voy. QUARTZEUX.

QUARTZEUX, adj. mas., au fém. QUARTZEUSE (*kouarteseu, zeuze*), de la nature du *quartz*.

QUARTZ-MAGNÉSIEN, subst. mas. (*kouarteze-magniézien*), t. d'hist. nat., variété de *magnésie* carbonatée silicifère, qu'on trouve en Silésie.

QUASI, subst. mas. (*kazi*), morceau de cuisse de veau.

QUASI, adv. (*kazi*) (mot tout-à-fait latin), fam., presque. — QUASI, PRESQUE. (*Syn.*) *Quasi* marque la ressemblance; il suppose peu de différence entre un objet et un autre. *Presque* marque l'approximation; il suppose peu de distance entre un objet et un autre. *Quasi* est un terme de similitude; *presque* est un terme de mesure. Dites hardiment à une mère coquette qu'elle est *quasi* jeune comme sa fille, elle vous croira. Elle voudra vous faire accroire qu'elle est *presque* aussi grande que sa fille qui a quatre pouces de plus qu'elle, et vous n'oserez pas la démentir.

QUASI-CONTRAT, subst. mas. (*kazikontra*), t. de palais, fait par lequel plusieurs personnes sont obligées les unes envers les autres sans qu'il y ait eu ni convention ni consentement.— Au plur., des *quasi-contrats*.

QUASI-DÉLIT, subst. mas. (*kazidéli*), t. de palais, dommage causé sans intention. — Au plur., des *quasi-délits*.

QUASIMODO, subst. fém. (*kazimodô*) (réunion de deux mots latins; ce sont les premiers de l'introït de la messe du jour), nom qu'on a donné au premier dimanche après Pâques : *le dimanche de Quasimodo, de la Quasimodo*.

QUASI-PUPILLAIRE, adj. des deux genres (*kazipupilelère*), t. de jurispr., il se dit de ce qui approche de la nature des choses relatives à un pupille; ainsi on appelait *substitution quasi-pupillaire* ou *exemplaire*, celle qui était faite par les parents à leurs enfants imbécilles et dépourvus de jugement.

QUASS, subst. mas. (*kouâce*), liqueur fermentée que l'on fait en versant de l'eau chaude sur de la farine de seigle ou d'orge. C'est la boisson ordinaire des paysans russes.

QUASSIE, subst. fém. (*kouâci*), t. de bot., genre de plantes de la famille des orchidées.

QUASSINE, subst. fém. (*kouâcine*), principe amer de la *quassie*.

QUATÈLE, subst. fém. (*kouatèle*), t. de bot., genre de plantes de la famille des myrtoïdes.

QUATERNAIRE, adj. des deux genres (*katerenère*) (en latin *quaternarius*), de quatre unités : *nombre quaternaire*.

QUATERNE, subst. mas. (*katèrene*, telle est du moins la prononciation générale; l'*Académie*, qui nous dit au mot *quaternaire* qu'il faut prononcer *kouatérenère*, reste muette au mot *quaterne*. Ce qu'il y a de certain, c'est que tout le monde dit *un katèrene* et non pas *un kouatèrene*.), t. de loterie, quatre numéros, sortis ensemble de la roue de fortune, et désignés pour la même combinaison sur un billet.—Au loto, quatre numéros, gagnant ensemble sur la même ligne horizontale.

QUATERNÉ, E (*katerné*), adj., t. de minér., se dit des corps qui offrent des faces disposées quatre à quatre, ou qui se composent de quatre prismes réunis.

QUATERNÉ, E, adj. (*katèrene*), t. de bot., disposé quatre ensemble.

QUATORZAINE, subst. fém. (*katorzène*), t. de palais, espace de *quatorze* jours entre les criées.

QUATORZE, subst. mas. et adj. des deux genres (*katorze*) (en latin *quatuordecim*), dix et *quatre*. — Au jeu de piquet, quatre cartes de différentes couleurs, mais de même valeur, dans chaque couleur, depuis l'*as* jusques et y compris le dix : *quatorze d'as*, etc., et subst. : *j'ai écarté mon quatorze*. — *Avoir quinte et quatorze*, être certain de gagner au piquet. — Fig., être sûr de réussir dans une affaire. — Adj., *quatorzième* : *le quatorze de ce mois; Louis quatorze*.—Prov.: *chercher midi à quatorze heures*; chercher des difficultés où il n'y en a pas. Voy. MIDI.— *Faire en quatorze jours quinze lieues*, proverbe peu connu, mais expressif, que donne l'*Académie*, et qui signifie : marcher, voyager fort lentement; et fig. : être fort lent à tout ce qu'on fait.

QUATORZIÈME, adj. des deux genres (*katorzi-ème*) (en lat. *quatuordecimus*), nom de nombre ordinal : *le quatorzième jour; le quatorzième du mois*. — Subst., la *quatorzième* partie d'un tout.—*Il a un quatorzième dans cette affaire*, une *quatorzième* part, un *quatorzième* denier.

QUATORZIÈMEMENT, adv. (*katorzièmeman*), en *quatorzième* lieu. En chiffre, on écrit 14e dans une énumération d'objets, et on prononce *decimo-quarto*.

QUATOTZLI, subst. mas. (*kou-atotezeli*), t. d'hist. nat., sorte d'oiseau qui se rencontre au Brésil.

QUATRACA, subst. mas. (*kouatraka*), faisan du Mexique.

QUATRAIN, subst. mas. (*katrein*), stance de *quatre* vers. — *Quatre* vers qui font partie d'un sonnet : *le sonnet est composé de deux quatrains et de deux tercets*.

QUATRE, adj. num. des deux genres (*katre*) (en lat. *quatuor*), deux fois deux, trois et un : *quatre hommes*. — Quatrième : *le quatre du mois*; le quatrième jour du mois; *Henri Quatre*. — Fig. et fam. : *se mettre en quatre*, s'employer de tout son pouvoir pour rendre service. — *Clair comme deux et deux font quatre*, fort clair, on ne peut plus *clair*.—Prov.: 1° *faire le diable à quatre*, faire beaucoup de bruit, de désordre, s'emporter à l'excès; 2° *elle est toujours tirée à quatre épingles*, elle est toujours fort ajustée. — *Il faut le tenir à quatre*, en parlant d'un fou, d'un furieux, il faut plusieurs personnes pour le tenir. — *Se tenir à quatre*, faire de grands efforts sur soi-même pour ne pas éclater. — *Tirer un homme à quatre chevaux*, supplice aboli, qui consistait à écarteler un homme. — *Comme quatre*, excessivement : *manger comme quatre*. — *Marcher à quatre pattes*, sur les mains et sur les pieds. — *Courir les quatre coins de la ville*, faire beaucoup de chemin; autant qu'il est possible d'en faire. — *Entre quatre yeux*, en tête à tête. (Nous ne savons pourquoi certaines personnes prétendent que par euphonie on doit prononcer *entre quatre-z-yeux*? Mais si l'on doit prononcer ainsi, ajoutez le z à la locution *quatre-yeux*, et écrivez *quatre-z-yeux* : et encore, dans ce cas, ce n'est pas un z qu'il faudrait, mais bien un *s*, seule lettre euphonique reconnue par l'usage, avec le *t*.) — Subst. mas., le caractère 4, qui marque en chiffre le nombre *quatre*. — Aux jeux de cartes ou de dés, la carte ou la face du dé marqué de *quatre* points. — *Quatre-de-chiffre*, petite machine dont on se sert pour prendre des rats et des souris.

QUATRE-AILES, subst. mas. (*katrèle*), dans le Bourbonnais, nom d'une race de canards qu'on croyait avoir quatre ailes. — Au plur., des *quatre-ailes*.

QUATRE-À-LA-LIVRE, subst. mas. (*katralalivre*), variété de cerisier.—Au plur., des *quatre-à-la-livre*.

QUATRE-CORNES, subst. mas. plur. (*katrekorne*), t. d'hist. nat., poisson du genre des cottes. — Au plur., des *quatre-cornes*.

QUATRE-DENTS, subst. mas. plur. (*katredan*), t. d'hist. nat., traduction bizarre du mot *tétraodon*, que *Linnée* a employé pour désigner un genre de poissons.

QUATRE-OEILS, subst. mas. plur. (*katreu-ie*), t. d'hist. nat., nom d'une espèce de didelphe.

QUATRE-ÉPICES, subst. fém. plur. (*katrépice*). Voy. ÉPICES.

QUATRE-FEUILLES, subst. fém. plur. (*katrefeu-ie*), t. de blas., fleur divisée en *quatre feuilles* ou fleurons.

QUATRE-FLEURS, subst. fém. plur. (*katrefleure*), t. de médec., réunion, mélange de *quatre* sortes de *fleurs*, qui sont excellentes contre les indispositions légères.

QUATRE-QUINZE, subst. mas. (*katrekieinze*), t. de jeu de paume, *quatre* coups de raquette pour lesquels on compte soixante. — Au plur., des *quatre-quinze*.

QUATRE-SEMENCES, subst. fém. plur. (*katrecemance*), nom collectif pharmaceutique que l'on a donné à certaines *semences* qui ont les mêmes vertus, et qui sont considérées *quatre* à *quatre* sous ce rapport. Ainsi, l'on distingue *les quatre grandes semences chaudes*, qui sont le fenouil, le cumin, l'anis et le carvi; *les quatre petites semences chaudes*, qui sont l'ache, l'ammi, l'amome, et la carotte vulgaire; *les quatre grandes semences froides*, qui sont, le melon, la citrouille, le concombre et la courge; *les quatre petites semences froides*, qui sont, la chicorée, l'endive, la laitue, et le pourpier.

QUATRE-TEMPS, subst. mas. plur. (*katretan*), les trois jours de jeûne dans chaque saison que l'Église catholique ordonne d'observer.

QUATRE-VINGTIÈME, adj. de nombre ordinal des deux genres (*katrevcintième*), qui est après le soixante-et-dix-neuvième. — Subst. mas., la *quatre-vingtième* partie d'un tout. —Subst. des deux genres, personne, chose qui occupe le *quatre-vingtième* rang.

QUATRE-VINGTS et non pas **QUATRE-VINGT**, adj. num. (*katrevein*), *quatre* fois *vingt*. On disait autrefois *octante*. Il prend *s* lorsqu'il précède immédiatement un substantif : *quatre-vingts chevaux*; il n'en prend point devant les noms de nombre : *quatre-vingt-deux*, etc. —Subst. mas., race de chiens qu'on nomme aussi *chiens d'Artois*.

QUATRE-VOLEURS (VINAIGRE DES), subst. mas. plur. (*vinègueredékatrevoleur*), t. de parfum., vinaigre fortement aromatisé.

QUATRE-YEUX, subst. mas. (*katri-eu*), t. d'hist. nat., espèce de sarigue à longs poils.

QUATRIÈME, adj. des deux genres (*katri-ème*) (en latin *quartus*), nom de nombre ordinal : *le quatrième jour du mois*. — Subst. mas. : *nous sommes logés au quatrième*, au *quatrième* étage; *nous allons jouer au quadrille, voulez-vous faire le quatrième?* — *Il est pour un quatrième dans cette affaire*, pour une *quatrième* partie. Nous ferons remarquer qu'on ne doit pas dire, quoique l'*Académie* le permette : *être d'un quatrième dans une affaire*, mais *être pour un quatrième*.—On dit d'un écolier qui étudie dans la *quatrième* classe : *c'est un quatrième*.— *Être en quatrième*, dans la *quatrième* classe.— En vieux t. de palais, on appelait anciennement *quatrième des enquêtes*, la *quatrième* chambre des enquêtes du parlement.— Subst. des deux genres : *être le quatrième, la quatrième*. — Subst. fém., au jeu de piquet, *quatre* cartes qui se suivent dans la couleur.

QUATRIÈMEMENT, adv. (*katri-èmeman*), en *quatrième* lieu.

QUATRIENNAL, E, adj. (*katri-ènenale*) (du lat. *quadriennis*, formé de *quadrinus*, de quatre, et *annus*, an), qui dure *quatre* ans : *charges, fonctions quatriennales*. — Qui exerce pendant *quatre ans* : *officier quatriennal*. — Subst. au mas. : *on a supprimé les quatriennaux*. — Au plur. mas., *quatriennaux*.

QUATRIENNAUX, adj. mas. plur. Voy. QUATRIENNAL.

QUATRIN, subst. mas. (*katrein*), petite monnaie d'Italie.

QUATRO, subst. mas. (*kouatrô*), t. d'hist. nat., espèce de singe d'Amérique.

QUATROUILLÉ, adj. mas. (*katrou-ié*), t. de vén.; se dit du poil qui est mêlé à la couleur dominante du chien.

QUATUOR, subst. mas. (*kouâtu-or*) (mot lat.), morceau de musique à quatre parties. — Au plur., des *quatuor*.

QUATUORVIR, subst. mas. (*kouâtu-orvire*), t. d'antiq., officier de police urbaine, à Rome. Voyez QUARTUMVIRS.

QUAUHTOTLI, subst. mas. (*kôtoteli*), t. d'hist. nat., oiseau de proie du Mexique, que l'on croit être le *sacre*.

QUAUHTOTOPOTLI, subst. mas. (*kôtotopoteli*), t. d'hist. nat., oiseau du Mexique, si familier qu'il vit dans les maisons.

QUAXOXOCTOTOTLI, subst. mas. (*kouakçokoctototeli*), t. d'hist. nat., bel oiseau du Mexique, de la grosseur d'un pigeon.

QUAYAGE, subst. mas. (*kè-iaje*), droit qu'on paie pour avoir la liberté de déposer, de vendre sur un *quai*.

☛ **QUAZERETTE** ou mieux **CASERETTE**, subst. fém. (*kazerète*), panier d'osier. Presque inusité, surtout le premier.

QUE (*ke*), pronom relatif ou absolu des deux genres et des deux nombres. Il est indéclinable, et se met pour *lequel, laquelle, lesquels, lesquelles*. Il sert ordinairement de régime direct au verbe qui le suit : *Dieu que j'adore*.—*Que*, se prend souvent pour *quelle chose? qu'est-ce? que dites-vous là? voilà ce que c'est*. — *Que* est aussi une conjonction d'un grand usage en français, et qui se présente à chaque instant; elle lie une période à une autre : *il faut qu'un juge soit instruit et ait de bonnes mœurs; il est certain que l'habitude du travail est une grande* *richesse.*—La conjonction *que* est la comparaison soit de similitude, soit de supériorité ou d'infériorité : *son cœur le porte à penser plus aux intérêts des autres qu'aux siens propres.* — Le moyen de distinguer le *que* conjonctif du *que* pronom relatif ou absolu, c'est d'examiner si l'on peut, dans une phrase où il y a un *que*, placer un régime direct. Si l'on peut en placer un, le *que* n'est point régime, par la raison qu'un verbe ne peut avoir deux régimes de cette espèce. Un second moyen est celui de voir si l'on peut tourner le *que* par *lequel*, *laquelle* ou *quelle chose*. Si on le peut, le *que* est pronom relatif ; si au contraire on ne le peut pas, le *que* est conjonctif.—L'usage le plus commun de la conjonction *que* est de se trouver à la suite des verbes qui expriment des actions ou des opérations de l'esprit ; et alors elle sert comme de passage à un autre verbe ou à une autre proposition qui explique ou développe l'objet de ces opérations ; comme dans ces phrases : *je doute qu'on puisse être heureux lorsqu'on a quelque faute à se reprocher.*—La conjonction *que* sert à lier les deux termes d'une comparaison : *l'empire de la Chine est beaucoup plus peuplé que l'Europe entière.*— *Que*, sert à marquer un souhait, un commandement, une imprécation, et alors il y a un verbe sous-entendu : *qu'il fasse ce qu'il voudra, je ne m'intéresse plus à lui ;* c'est-à-dire, *je consens qu'il fasse*, etc. : *qu'il sorte ;* je veux, *j'ordonne qu'il sorte.* — Après l'infinitif, *que* se met pour *afin que* : *venez, que je vous montre ce dessin*, c'est-à-dire, *afin que je vous montre ce dessin.*— *Que*, se met pour, *à moins que, avant que, dès que, aussitôt que, quoique, soit que, sans que, de ce que, si* : *je ne me marierai point que je n'aie un état ; je ne me retirerai point à la campagne que l'éducation de mes enfants ne soit achevée ; que ne travaillez-vous? ce serait le moyen de ne pas vous ennuyer ; qu'il fasse le moindre excès, il est malade.* — *Que*, après *il y a*, signifie : *depuis que* : *il n'y a qu'un moment que je l'ai vu.* —*Que* se met pour, *combien*, et est particule d'admiration, d'ironie, d'indignation : *qu'il est malaisé de garder long-temps les apparences de la vertu! qu'il est vertueux!* — *Que* s'emploie par énergie, et pour donner plus de force à ce qu'on dit : *c'est une qualité nécessaire dans une femme que la douceur.*— *Que* s'emploie pour, *comme, lorsque, parce que, puisque, quand, quoique, si*, etc., lorsqu'à des propositions qui commencent par ces mots, on en joint d'autres sous le même régime, par le moyen de la conjonction *et* : *comme tout était prêt pour monter à l'assaut, et qu'on n'attendait plus que l'ordre du général, on battit la chamade ; lorsqu'on a des dispositions, et qu'on veut étudier, on fait des progrès rapides ; un honnête homme ne doit jamais rien faire d'indigne de lui, quand il ne serait pas exposé aux reproches du monde, et qu'il n'aurait que lui-même pour témoin de ses actions ; si les hommes étaient sages, et qu'ils suivissent les lumières de la raison, ils s'épargneraient bien des peines.* — *Que*, se joint avec plusieurs prépositions, conjonctions, adverbes, après lesquels il se met, comme dans *afin que, après que, bien que, dès que, depuis que, encore que, loin que, plus que, puisque, sans que*, etc. — *Que* s'emploie aussi quelquefois par redondance. Ainsi, on dit : *que s'il m'allègue, que si vous m'objectez*, pour dire simplement, *s'il m'allègue, si vous m'objectez.*

QUÉ, subst. mas. (*kié*), t. de bot., nom d'un cannelier qui croît au Tonquin.

QUÉBEC, subst. propre mas. (*kiébèke*), ville forte, et capitale du Bas-Canada.

QUÉBITE, subst. fém. (*kiébite*), t. de bot., plante de la Guyane.

QUÉBRANTO, subst. mas. (*kièbrantô*), mal qui, suivant quelques Portugais superstitieux, se communique par les regards.

QUÉDEC, subst. mas. (*kiedèke*), t. de bot., sorte de plante vénéneuse de Saint-Domingue.

QUÉDIL, subst. mas. (*kiédile*), fête indienne.

QUEIRA, subst. prop. mas. (*kiéra*), village et château fort de France, dép. des Hautes-Alpes.

QUEL, adj. pron. mas., au fém. **QUELLE** (*kièle*) (en lat. *qualis*), il exprime la qualité des choses dont on parle : *je ne sais quel homme vous êtes.* — On s'en sert dans les interrogations : *quelle personne soupçonnez-vous?* — On l'emploie en signe d'admiration : *quelle disgrace! quelle bonté! quelle taille! quel air!*—On dit : *quel que soit, quelle que soit*, pour exprimer de quelque sorte, de quelque espèce que ce soit : *quel que soit l'engagement que vous avez, quelle que soit votre intention.* — *Quel*, se met quelquefois après *tel* : *tel quel ;* et c'est une façon de parler dont on se sert, pour marquer qu'une chose est médiocre dans son espèce, et plutôt mauvaise que bonne : *c'est un avocat, un prédicateur tel quel ; on leur donne du vin tel quel ; des étoffes telles quelles.* Il n'est que du style familier.

QUELCONQUE, adj. pron. des deux genres (*kièlekonke*) (en lat. *qualiscumque*), nul, aucun, quel que ce soit, quel qu'il soit. Les grammairiens l'appellent pronom indéfini, quoiqu'il ne soit proprement qu'un adjectif inséparable d'un substantif. Il est à peu près synonyme de nul, aucun. Il n'a point de pluriel. Il ne se dit que précédé de la négation *ne*, et il a cela de particulier, qu'il se met toujours à la suite d'un substantif, soit en parlant des personnes, soit en parlant des choses : *c'est un homme qui n'a chose quelconque ;* *cet homme n'entend rien quelconque.* Son emploi le plus fréquent est en style de jurisprudence : *nonobstant opposition ou appellation quelconque.* — *D'une manière quelconque*, de quelque manière que ce soit.—Dans le style didactique, il s'emploie sans la négative : *une ligne quelconque, deux points quelconques.*

QUELÉLE, subst. fém. (*kelèle*), t. de bot., espèce de saule qui croît sur les bords du Sénégal, et dont les nègres du pays emploient le bois pour se nettoyer les dents.

QUELLE, adj. pron. fém. Voy. **QUEL**.

QUELLEMENT, adv. (*kièleman*) ; il ne se dit que dans cette locution adv. et familière : *tellement quellement*, ni bien, ni mal ; mais plutôt mal que bien : *il se porte tellement quellement.*

QUELLY, subst. mas. (*kièleli*), t. d'hist. nat., espèce de léopard de Guinée.

QUELMEISEL, subst. mas. (*kièlemèzèle*), nom que les chirurgiens allemands donnent à un appareil qu'ils introduisent dans les fistules et les ulcères, pour les dilater.

QUELQUE, adj. des deux genres (*kièleke*) (suivant *Nicot*, du lat. *quisquam ;* suivant *Vaugelas*, de *qualiscumque ;* et suivant *Ménage*, de *qualisque* dit pour *qualiscumque*), un ou une entre plusieurs : *quelque auteur a parlé.*—On dit au mas. : *il y a dans ce livre quelque chose qui mérite d'être lu*, et non pas *lue ; cet homme a dans le caractère quelque chose de bon*, et non pas *bonne ;* et bien que *Vaugelas* ait pensé que, dans les phrases de ce genre, on pouvait, sans autre règle que le jugement de l'oreille, mettre, tantôt au masculin, tantôt au féminin, l'adjectif qui suit *quelque chose*, il est toujours plus conforme au bon usage et plus élégant de n'employer que le masculin. *Quelque chose*, dit *Féraud*, est ici une espèce de neutre.— Il signifie aussi un peu : *cela me fait quelque peine.* — *Quelque peu* signifie un peu : *quelque peu d'argent ; quelque peu d'amitié.*—*Quelque*, quel que soit le..., quelle que soit la... : *quelque raison qu'on lui apporte ; quelque remède qu'on lui donne.*

QUELQUE, adv. (*kièleke*), environ, à peu près : *il y a quelque trente ans que je demeure à Paris.* Il est fam.—A quelque point que, à quelque degré que... : *quelque préoccupé qu'il soit, quelque riche qu'il puisse être.* Alors *quelque* se joint toujours à un adjectif. Voy. les *Grammaires.*

QUELQUEFOIS, adv. (*kièlekefoè*), de fois à autre : *quelquefois on trouve des hommes si entêtés que...*

QUELQU'UN E, subst. mas. et fém. (*kièlchieun, kune*), un entre plusieurs, une personne : *quelqu'un m'a dit..., il viendra quelqu'un ; j'attends quelqu'un ; quelqu'un a-t-il jamais douté de l'existence d'un Dieu?* En ce sens, il ne se dit que des personnes, et ne prend le féminin et le pluriel que quand il est sujet. — *Quelqu'un*, employé relativement, se dit des personnes et des choses. Il s'emploie pour signifier une partie indéterminée d'un nombre, et alors il se joint avec un nom ou un pronom précédé de la préposition *en* ou de la préposition *de*, et est usité dans tous les genres et dans tous les nombres : *connaissez-vous quelqu'un de ces messieurs, quelqu'une de ces dames?* — Au plur., *quelques-uns, quelques-unes*, plusieurs dans un plus grand nombre.

QUELTIE, subst. fém. (*kièleci*), t. de bot., genre de plantes établi pour placer le narcisse odorant, etc.

QUELUSIE, subst. fém. (*keluzi*), t. de bot., genre de plantes qui fait partie des fuchsies.

QUÉMADÉRO, subst. mas. (*kiémadéró*), bûcher de l'inquisition. (*Boiste.*)

QUÉMAND, subst. mas. (*kiéman*), mendiant, fainéant.

QUÉMANDER, v. neut. (*kiémander*), mendier, gueuser par fainéantise.

QUÉMANDEUR, subst. mas., au fém. **QUÉMANDEUSE** (*kiémandeur, deuze*), qui quémande.

QUÉMANDEUSE, subst. fém. Voy. **QUÉMANDEUR**.

QUÉNAVADI, subst. propre mas. (*kiénavadi*), myth., dieu adoré dans l'Indostan.

QU'EN DIRA-T-ON, sorte de subst. mas., mais c'est plutôt une locution substantive (*kandiraton*), propos que pourra tenir le public.—*Se moquer du qu'en dira-t-on*, n'en tenir compte. — Au plur., des *qu'en dira-t-on.*

QUÉNELLE, subst. fém. (*kiénèle*), ragoût de viande, de pâte et de pommes ; espèce de boulette de viande hachée. (*Boiste.*)

QUÉNIA, subst. mas. (*kéni-a*), t. d'hist. nat., espèce de hérisson d'Afrique.

QUENKAS, ou **QUEMKAS**, subst. mas. (*kankâce*), satin plus soyeux que le cancanias.

QUENOTTE, subst. fém. (*kenote*), fam., dent de petit enfant : *il a mal à ses pauvres petites quenottes.*

QUENOTTE-SAIGNANTE, subst. fém. (*kenotecègniante*), t. d'hist. nat., coquille du genre nérite.

QUENOUILLE, subst. fém. (*kenou-ie*) (de l'allemand *kunkel*, qui signifie la même chose), petite canne ou bâton que l'on entoure vers le haut de soie, de chanvre, de lin, etc., pour filer : *coiffer, charger une quenouille.* — Ce dont une *quenouille* est chargée : *filer sa quenouille.* — On dit proverbialement à une femme qui se veut mêler des choses qui passent sa capacité : *allez filer votre quenouille.* — Fig. : *royaume, état tombé en quenouille*, où les filles sont appelées à la succession ; *maison tombée en quenouille*, dont une fille est devenue héritière.— Fig. et fam. : *l'esprit est tombé en quenouille dans sa famille*, les filles ont plus d'esprit que les garçons. — *Quenouille du lit*, les colonnes, les piliers d'un lit. — En t. de cordier, perche de sept à huit pieds de longueur, au bout de laquelle les fileurs attachent une queue de chanvre, en l'ajustant sur leur côté à peu près comme les femmes font de leurs *quenouilles.* — Bateau pêcheur des côtes de la Normandie. — Myth., attribut des Parques. — En bot., plante vivace, dont la fleur est flosculeuse, dont la tige s'élève à trois ou quatre pieds.

QUENOUILLÉE, subst. fém. (*kenou-ié*), quantité de laine nécessaire pour entourer la *quenouille*

QUENOUILLETTE, subst. fém. (*kenou-ièle*), petite *quenouille.* — Outil de fondeur. — T. de mar., montant de poupe qui sépare les croisées d'un vaisseau.—T. de bot., plante à fleurs composées.

QUENOUILLON, subst. mas. (*kenou-ion*), t. de mar., cordons d'étoupe qui servent à calfater les coutures d'un bâtiment.

QUENUE, subst. fém. (*kenu*), cruche. (*Boiste.*) Hors d'usage.

QUENTIN (**SAINT-**) subst. propre mas. (*ceinkantein*), ville de France, chef-lieu de canton et d'arrond., dép. de l'Aisne.—Nom d'un beau canal qui réunit l'Oise, la Somme et l'Escaut.

QUER, subst. mas. (*kière*), filament qui couvre le fruit du cocotier.

QUÉRAÏBA, subst. mas. (*kiéra-iba*), t. de bot., sorte de liane du Brésil.

QUÉRABLE, adj. des deux genres (*kiérable*). L'*Académie*, qui donne ce mot, n'avertit pas qu'il est suranné et n'est plus en usage, excepté quelquefois encore en jurisprudence et en style de palais, où l'on dit *rente quéable, redevance quéable*, pour désigner la *rente* ou la *redevance* que le créancier doit aller lui-même *quérir* (chercher).

QUÉRAT, subst. mas. (*kiéra*), t. de mar., la partie du bordage comprise entre la quille et la première préceinte. Peu usité.

QUERCERELLE, subst. fém. Voy. **CRÉCERELLE**, qui est seul usité, quoique *Boiste* écrive encore *cercrelle* et *cresserelle.*

QUERCITRON, subst. mas. (*kièrecitron*) (du latin *quercus*, chêne, et *citrum*, citronnier), écorce d'un chêne d'Amérique dont la couleur approche de celle du *citron.*

QUÉRÉIVA, subst. mas. (*kiéré-iva*), t. d'hist. nat., bel oiseau qu'on rencontre à la Chine.

QUERELLE, subst. fém. (*kerèle*) (du lat. *querela*, plainte), contestation, démêlé, dispute avec aigreur et animosité. Voy. DIFFÉREND. — *Entrer dans une querelle*, y prendre parti.—*Embrasser, épouser la querelle de quelqu'un*, prendre le parti de quelqu'un contre ceux avec qui il a querelle. — Prov. : *querelle d'Allemand*, faite légèrement et sans sujet.

QUERELLÉ, E, part. pass. de *quereller*.

QUERELLER, v. act. (*kerèlé*), faire querelle à..., dire des paroles aigres et fâcheuses, réprimander, gronder : avec cette différence, suivant M. *Guizot*, que *gronder* suppose une sorte d'autorité, de supériorité, ou du moins de droit; il faut que celui qu'on *gronde* soit au moins censé avoir tort; pour *quereller*, il suffit d'avoir de l'humeur; on *gronde* ses amis, ses enfants, ses gens; on *querelle* son égal, et même son supérieur. « On *querelle* les malheureux, dit *Vauvenargues*, pour se dispenser de les plaindre.» — *se* QUERELLER, v. pron., se disputer aigrement avec quelqu'un; se dire des injures, des choses désobligeantes.

QUERELLEUR, subst. et adj. mas., au fém. **QUERELLEUSE** (*kerèleur, leuze*), qui aime à *quereller*; hargneux.

QUERELLEUSE, subst. et adj. fém. Voyez QUERELLEUR.

QUÉRIE, subst. fém. (*kiéri*), t. de bot., genre de plantes de la famille des caryophyllées.

QUÉRIMONIE, subst. fém. (*kuérimoni*) (du lat. *querimonia*), t. de droit canon, requête pour la publication d'un monitoire.

QUÉRIR (l'*Académie* écrit *querir* sans accent aigu; nous ne savons pas pourquoi),v. act. (*kiérir*) (en lat. *quærere*),chercher avec charge d'amener la personne, ou d'apporter la chose dont il est question. Il ne s'emploie qu'à l'infinitif avec *aller*, *venir*, *envoyer* : *allez quérir notre ami, mon livre.* — On dit prov. de quelqu'un qui est lent à tout ce qu'il fait, *qu'il serait bon à aller quérir la mort.*

QUERQUÈRE, adj. des deux genres (*kuèrekuère*) (du grec *καρκαίρω*, je tremble), t. de médec., se dit des fièvres qui ont lieu avec tremblement.

QUERQUÉTULANES, subst. propre fém. plur. *kuèrekuétulane*) (du lat. *quercus*, chêne), myth., nymphes qui présidaient à la conservation des chênes. On les appelait aussi *dryades* et *hamadryades*.

QUÉSITEUR, subst. mas. (*kuésiteur*), commissaire de police. Vieux. — Commissaire du peuple romain chargé de faire les informations. — Juge d'instruction. Voy. QUESTEUR.

QUESNELLISME, subst. mas. (*kiècenèleliceme*), doctrine, système, principes de *Quesnel*. Peu usité.

QUESNELLISTE, subst. mas. (*kiècenèlelicete*), partisan des opinions de *Quesnel*. Voy. JANSÉNISTE.

QUESNOY (LE), subst. propre mas. (*lekiènoé*), ville forte de France, chef-lieu de canton, arrond. d'Avesnes, dép. du Nord.

QUESNOY-SUR-DEULE, subst. propre mas. (*kiénoécuredeule*), village de France, chef-lieu de canton, arrond. de Lille, dép. du Nord.

QUESSONO, subst. propre mas. (*kuèceçono*), idole de certains peuples d'Afrique.

QUESTABLE OU QUESTAL, subst. et adj. (*kuècetable, tale*), t. de cout.; se disait autrefois d'un serf, d'un esclave.

QUESTALITÉ, subst. fém. (*kuècetalité*), esclavage. Vieux et même hors d'usage.

QUESTEMBERT, subst. propre mas. (*kuècetanbère*), ville de France, chef-lieu de canton, arrond. de Vannes, dép. du Morbihan.

QUESTEUR, subst. mas. (*kuèceteur*) (en lat. *quæstor*), t. d'hist. anc., magistrat chez les Romains : *les questeurs gardaient le trésor public, recevaient les ambassadeurs*, etc. — Officier de l'ancienne université de Paris qui était chargé de recevoir les deniers communs, etc.—Aujourd'hui, membre de la chambre des députés qui en surveille les recettes et les dépenses, etc.

QUESTION, subst. fém. (*kiècetion*) (en latin *quæstio*), demande qu'on fait à une personne.— Point de quelque matière de science ou d'art sur lequel on peut disputer.—Chose dont il s'agit. On dit *qu'il est question, qu'il n'est pas question de...*, pour dire qu'il s'agit ou qu'il ne s'agit pas de... *Il n'est pas question de ce que vous avez dit, mais de ce que vous avez fait; de quoi est-il question ?* — Doute, difficulté qu'on traite pour en éclaircir la vérité. — *Question préalable*, celle par laquelle on peut savoir si une autre question déjà proposée sera débattue. — *Invoquer la question préalable*, demander qu'on examine si cette *question* sera discutée ou non. — En jurispr., point sur lequel on n'est pas d'accord, et qui est soumis à la décision du juge. — On nomme *question agitée*, celle qui est discutée par les auteurs et par les parties; *question controversée*, celle sur laquelle on est partagé; *question partagée*, sur laquelle on a pris parti à la pluralité des voix; *question de droit*, qui roule sur un point de droit, pour expliquer le sens d'une loi dont on fait l'application à la cause, ou pour déterminer les droits des parties dans telle ou telle circonstance; *question de droit public*, celle où le public est intéressé, et qui doit se décider par les principes de droit public; *question d'état*, celle qui concerne la liberté, les droits de naissance, etc., d'une personne; *question étrangère*, qui ne fait pas partie de la contestation; *question de fait*, celle qui est soumise à la discussion des faits; *question indécise*, celle qui est pendante et qui reste soumise à la décision du juge; *question majeure*, qui intéresse beaucoup de personnes; *question mixte*, qui naît de la contrariété des lois, des coutumes, etc., de divers pays; *question mue*, celle qui est déjà élevée; *question de pratique*, celle qui ne roule que sur les points de la pratique judiciaire; *question problématique*, celle sur laquelle il y a des raisons et des autorités pour et contre, tellement qu'on est embarrassé de la décider; *question de procédure*, celle qui ne touche que l'instruction et la procédure; *question triviale*, celle qui est déjà rebattue, et dont la décision est notoire et connue de tout le monde. — Traité qu'on fait sur des matières dogmatiques. — Thèse. — Torture, gêne qu'on donne aux criminels pour leur faire confesser la vérité et déclarer leurs complices : *subir la question ordinaire et extraordinaire.*— Fig. : *mettre à la question*, tourmenter, inquiéter, chagriner, impatienter : *votre patience va être mise à une étrange question.* — *Il ne faut pas lui donner la question pour lui faire dire tout ce qu'il sait*, se dit d'une personne qui parle beaucoup plus qu'elle ne devrait.

QUESTIONNAIRE, subst. mas. (*kiècetionère*) (du lat. *quæstionarius*), celui qui donnait la *question* aux criminels condamnés à cette peine. — Livre ou recueil contenant des *questions* sur des matières traitées dans des cours d'études.

QUESTIONNÉ, E, part. pass. de *questionner*.

QUESTIONNER, v. act. (*kiècetioné*), faire des *questions* : interroger, demander : avec cette différence que *questionner* semble marquer un esprit de curiosité; *qu'interroger* suppose de l'autorité, et que *demander* a quelque chose de plus civil et de plus respectueux : l'espion *questionne* les gens; le juge *interroge* les criminels; le soldat *demande* l'ordre au général.—Demander avec importunité; faire *questions* sur *questions*. — *se* QUESTIONNER, v. pron.

QUESTIONNEUR, subst. mas., au fém. **QUESTIONNEUSE** (*kiècetioneur, neuze*), celui, celle qui fait sans cesse des *questions* : *c'est un rude questionneur.* — Adj., *femme questionneuse.*

QUESTIONNEUSE, subst. fém. Voy. QUESTIONNEUR.

QUESTORIALES, adj. fém. plur. (*kiècetoriale*), t. de batt. d'or, se dit de feuilles d'or ou d'argent battu, moins épaisses que les prénestines. Voy. ce mot.

QUESTORIENS, adj. mas. plur. (*kuècetoriein*), t. d'antiq., se disait des jeux donnés ou établis par les *questeurs* romains.

QUESTUAIRE, adj. des deux genres (*kuècetuère*) (du lat. *quæstus*, gain), mercenaire.

QUESTURE, subst. fém. (*kuèceture*) (en latin *quæstura*), charge de *questeur*. — Durée de cette fonction. — Bureau, administration, logement des *questeurs*.

QUÊTE, subst. fém. (*kiète*) (du lat. *quæsitus*, part. pass. de *quærere*, chercher; dont on a fait par contraction *quæstus*, gain, profit, et qui ne s'est dit primitivement que du gain fait par ceux qui recueillaient de diverses personnes les fruits de leurs travaux), action de chercher. Il se dit surtout avec la prép. *en* : *être en quête de..., se mettre en quête.* — T. de vén., action de chercher le gibier. — Collecte pour les pauvres ou pour les œuvres pieuses : *faire la quête dans l'église, dans les maisons*, etc.; et en parlant des religieux, *aller à la quête.*—T. de mar., saillie de l'étrave et de l'étambord.

QUÊTÉ, E, part. pass. de *quêter*.

QUÊTER, v. act. (*kiété*), en t. de chasse, chercher : *quêter un cerf.*—Fig. : *quêter des louanges*, chercher adroitement à s'en faire donner. —Neut., il se dit dans le premier sens de l'actif : *un chien qui quête bien; nous avons quêté tout le matin sans rien trouver.*—Demander, recueillir des aumônes. — *se* QUÊTER, v. pron.

QUÊTEUR, adj. et subst. mas., au fém. **QUÊTEUSE** (*kiéteur, teuze*), celui, celle qui fait une *quête* : *la quêteuse était très-parée.*— Adj., *frère quêteur.*

QUÊTEUSE, adj. et subst. fém. Voy. QUÊTEUR.

QUÉTIF, adj. mas., au fém. **QUÉTIVE** (*kiétife, tive*), vil. (*Boiste*.) Vieux et même hors d'usage.

QUÉTIVE, adj. fém. Voy. QUÉTIF.

QUETTEHOU, sub. propre m. (*kéte-ou*), village de France, chef-lieu de canton, arrond. de Valognes, dép. de la Manche.

QUEU, subst. mas. (*kieu*), vieux mot qui signifiait cuisinier.—*Grand queu de France*, autrefois sur-intendant des cuisines et offices. Voy. QUEUX.

QUEUE, subst. fém. (*kieu*) (du lat. *cauda*, qui a la même signification), la partie qui termine le corps de certains animaux, par derrière.—Chez les quadrupèdes, c'est la partie qui est au bas de l'épine du dos, et qui est ordinairement couverte de poil. *La queue d'un chien, d'un chat; le bout de la queue.*—En parlant des oiseaux, on appelle *queue*, les plumes qui sortent du croupion : *la queue d'un paon, d'une hirondelle.*— En parlant des poissons, des serpents, et de quelques insectes, on appelle *queue* la partie qui s'étend du ventre jusqu'à l'extrémité opposée à la tête : *une queue de morue; la queue d'une carpe.* — En parlant des feuilles, des fleurs, des fruits, on appelle *queue*, la partie par laquelle ils tiennent aux arbres, aux plantes : *la queue d'un œillet, la queue d'un melon.* Voy. PÉTIOLE et PÉDONCULE. — *Queue*, se dit, par analogie, de plusieurs choses qui ont quelque rapport avec la *queue* des animaux. C'est ainsi qu'on appelle *la queue d'un* p, *d'un* q, *d'un* g, etc., la partie qui excède par en bas le corps de ces lettres; *la queue d'une comète*, une longue traînée de lumière qui suit le corps d'une comète.—*Queue du dragon*, t. d'astron., nœud descendant de la lune.—*Queue de la grande ourse*, étoile qui est à la *queue* de la grande ourse. — *Queue de la petite ourse*, étoile qu'on nomme autrement *étoile polaire.* — *La queue d'une poêle*, la longue pièce de fer qui sert à tenir une poêle.—*La queue du moulin*, cette grande pièce de bois qui sert à faire tourner un moulin à vent sur son pivot. —*La queue de l'hiver*, la fin de l'hiver.—*La queue d'un manteau, d'une robe*, son extrémité traînante.—*La queue d'une armée, d'un régiment; la queue d'une procession*, la dernière partie, les derniers rangs.—*La queue d'une affaire*, la suite, la fin d'une affaire.— Au jeu de billard, on appelle *queue*, un instrument dont on se sert le plus communément à ce jeu, pour pousser les billes : *jouer de queue.*—A certains jeux de cartes, *queue* se dit d'une certaine somme qu'on paie à celui qui gagne le plus.—En t. de chancellerie, on appelle *lettres scellées sur simple queue*, celles dont le sceau est sur cette partie de parchemin qu'on coupe en forme de *queue*, pour y attacher le sceau; et *lettres scellées sur double queue*, celles dont le sceau est sur une bande de parchemin qui passe au travers des lettres. — En t. d'archit., *queue*, se dit des extrémités des pièces de bois qui servent comme de clef au haut des voûtes des dômes et de quelques autres lieux où elles sont suspendues en forme de roses. — On appelle *queue*, dans une marche tournante d'un escalier à noyau ou à vis, la partie la plus large du giron.— En t. de menuisiers, on nomme *queue d'aronde*, certain tenon d'une pièce de liaison, taillée en *queue* d'hirondelle.—Lime ronde piquée à grains d'orge, et tortillée comme une colonne torse. — Outil de tourneur, large par le bout, et qui va en se rétrécissant jusqu'au manche. — Sorte de pierre à aiguiser.—En t. de comm., on appelle *queue*, le dernier bout d'une étoffe. Le premier bout se nomme *chef*.—En t. d'imp., partie d'une page qui n'est et qui ne doit pas être remplie. — Les relieurs appellent *queue*, la partie du livre du côté de la fin des pages. La partie opposée se nomme *tête* : *rogner un livre par la tête et par la queue.*— *Queue du paon*, assemblage ou compartiments circulaires de bois, qui imitent la *queue* du paon, lorsqu'il l'ouvre.—On appelle aussi *queue*, la partie de la table de certains instruments où les cordes sont attachées : *la queue d'un violon.*—En mus., on distingue, dans les notes, la tête et la *queue*. La tête est le corps même de la note, la *queue* est ce trait qui tient à la tête, et qui, indifféremment, monte ou descend perpendiculairement à travers la portée. Dans le plain-chant, la plupart des notes n'ont pas de *queue*, et dans la musique, il n'y a que la ronde qui n'en ait point. — *Queue* se dit encore des cheveux de derrière attachés avec un cordon, qui pendent sur le dos et qui sont noués avec un ruban roulé tout autour : *faire la queue à quelqu'un; faire sa queue.*—Les gaziers appellent *queues de rames*, les ficelles qui passent sur les poulies du cassin et qui tiennent les fourches, dans les métiers à fabriquer la gaze figurée ou brochée. — *Queue d'oison*, t. de mar., bateau en gondole pour pêcher le hareng et le maquereau.—*Queues de rat*, des cordages qui sont plus gros par le bout où ils sont attachés, et qui vont toujours en diminuant jusqu'à l'autre bout.—Les arquebusiers et autres ouvriers donnent le nom de *queue de rat* à une lime ronde dont ils se servent pour agrandir et limer des trous.—On appelle aussi *queue* ou *soie d'un couteau à gaîne*, cette partie déliée qui termine la lame et qui entre dans le manche du couteau.—Dans le métier à bas, on appelle *queue des ondes*, l'extrémité postérieure des ondes, laquelle joue dans les petits ressorts et grilles.—Au piquet à écrire, la *queue* se dit des jetons que les joueurs déposent à chaque coup qu'ils ont marqué, pour compter le nombre de tours que l'on est convenu de jouer. A la fin du jeu, la *queue* appartient à celui qui gagne le plus.—En t. de corderie, on appelle *queue de chanvre*, un paquet de filasse brute, dont les brins sont arrangés de façon que toutes les pattes ou racines sont du même côté.—On appelle *queue de cochon*, une tarière terminée en vrille, qui sert dans les différents arts, et particulièrement aux bourreliers; *queue de renard*, un outil qui a deux biseaux ou chanfreins par le bout, et dont on se sert pour percer.— Les doreurs appellent *queue de renard à étouper*, la *queue* de cet animal dont ils se servent pour appliquer les feuilles d'or ou d'argent. —*Queue* se dit d'une sorte de futaille contenant un muid et demi. — *Demi-queue*, futaille qui contient la moitié d'une *queue*.—On appelle, chez les Turcs, *visir à trois queues*, *bacha* ou *pacha à trois queues*, un visir, un bacha qui a le droit de faire porter devant lui trois *queues* de cheval, ce qui est une marque d'honneur. — En t. de blason, *queue* se dit principalement de la *queue* d'un cerf, quand l'animal n'est pas dénommé.— *Queue de cheval*, t. d'anat., faisceau des nerfs lombaires et sacrés, qui termine la moelle épinière. —Prov. et fig. : *brider son cheval par la queue*, commencer une affaire par où on devrait la finir. —*Tirer le diable par la queue*, avoir beaucoup de peine à se procurer de quoi vivre.— *Prendre une affaire par la tête et par la queue*, la tourner et l'examiner de toutes les manières. — *Écorcher l'anguille par la queue*, commencer par le plus difficile, et par où l'on devrait finir. —*Il n'y a rien de plus difficile à écorcher que la queue*, la fin d'une affaire est ordinairement ce qu'il y a de plus difficile.—*Prendre le roman par la queue*, se dit de deux jeunes gens qui, avant de se marier, commencent par vivre ensemble comme mari et femme.—*Quand on parle du loup, on en voit la queue*, se dit d'une personne qui arrive dans une compagnie, au moment où l'on parle d'elle.—On dit : *à la queue est le venin, le venin est à la queue*, en parlant d'une affaire qui paraît aisée au commencement, mais dont on craint que la suite ne soit fâcheuse. —*Il n'y en a point de si empêché que celui qui tient la queue de la poêle*, c'est-à-dire que celui qui a la principale conduite d'une affaire est le plus embarrassé.—*Ne point laisser, ne point faire de queue dans un paiement*, c'est payer en entier la somme que l'on doit.—*Aller à la queue, tenir la queue, se mettre à la queue*, se mettre en file, rester en file. — *Il y a queue à la porte de ce spectacle*, c'est-à-dire qu'il y a un grand nombre de personnes rangées les unes derrière les autres, qui attendent leur tour pour prendre des billets ou pour entrer.—*Ils étaient à la queue* (à la suite) *des travailleurs; le bagage suivait en queue, était à la queue.*—*A la queue, en queue*, signifie aussi à la poursuite : *nous avions les ennemis en queue.*—*Queue à queue*, loc. adv., à la file, immédiatement l'un après l'autre : *ces chiens se suivaient queue à queue; attacher des chevaux queue à queue; ces bateaux étaient queue à queue.*—Il y a un jeu d'enfants qu'on appelle *la queue leu leu*, parce qu'ils marchent à la suite les uns des autres, comme marchent les loups, qu'on appelait autrefois *leux*; et l'on dit, *ils sont venus à la queue leu leu*, pour dire, ils sont venus à la suite les uns des autres.—En bot., on appelle *queue d'aronde*, la fléchière; *queue de biche*, un genre de plantes de la famille des graminées; *queue de lézard*, la lézardelle; *queue de lion*, une plante à fleurs labiées qui croît en Afrique et en Amérique; *queue de lièvre*, la lagure ovale; *queue de pourceau*, espèce de plante dont la racine fournit un suc incisif et résolutif; *queue de souris*, la renoncule mineure ou ratuncule.—En hist. nat., *queue aiguë*, genre d'oiseaux établi parmi les fauvettes; *queue blanche*, espèce de gros oiseau de proie de la famille des aigles; *queue bleue*, sorte de lézard; *queue de crabe*, coquillage fossile; *queue d'hermine*, sorte de coquille du genre des cônes; *queue fourchue*, nom spécifique d'une espèce de bombyx; *queue jaune*, un léiostome et un scombre, deux poissons de la Caroline; *queue lancéolée*, sorte de reptile de la famille des serpents; *queue noire*, poisson du genre des perches; *queue plate*, espèce de serpent; *queue rouge*, oiseau de la famille des mésanges; *queue verte*, espèce de poisson du genre des spares.

QUEURSE, subst. fém. (*kieurce*), pierre à aiguiser, dont les tanneurs se servent.

QUEURSÉ, E, part. pass. de *queurser*.

QUEURSER, v. act. (*kieurcé*); les maroquiniers disent : *queurser les pots de fleurs*, pour dire : les ratisser avec une espèce d'ardoise emmanchée. — SE QUEURSER, v. pron. Presque inusité.

QUEUSSI-QUEUMI, loc. adv. (*kieucikieumi*), de même, pareillement. Il a signifié aussi : *entre deux, ni bien ni mal*. Ce mot n'est plus usité.

QUEUTER, v. neut. (*kieuté*), t. de billard, pousser d'un coup les deux billes avec sa *queue*.

QUEUX, subst. mas. (*kieu*) (du lat. *cos, cotis*), sorte de pierre dont les faucheurs et les couteliers se servent pour aiguiser leurs instruments. —Il se disait autrefois pour cuisinier : *maître-queux de chez le roi*. (Du lat. *coquus*.)

QUEVAISE, subst. fém. (*kevèze*), t. de féod., espèce de tenure mainmortable. Vieux.

QUEY, subst. mas. (*kiè*), nom que les Chinois donnent aux mauvais génies.

QUI (*ki*) (en lat. *qui, quæ, quod*), pronom relatif des deux genres, qui se met pour *lequel*; on l'emploie aussi pour *quiconque*; il sert encore pour interroger, etc. Pronom absolu; il ne se rapporte ni à un nom, ni à un pronom, et signifie celui qui, celle qui, quelle personne, qui est-ce qui, quel, quelle, quels : *qui pense ainsi doit agir de même; qui peut dire tous les soirs, J'ai fait un bon usage de ce jour-ci, est seul heureux; qui a dit cela? Elle ne put découvrir qui était cet homme vénérable dont Télémaque était accompagné.* (Fenel.)—Ce pronom n'offre à l'esprit qu'une idée vague et indéterminée; aussi est-il ordinairement masculin singulier : *qui vit content de peu est indépendant.* Néanmoins, dans la signification de *quel, quelle, quels, quelles*, il peut se rapporter aux deux genres et aux deux nombres : *qui d'eux ou de mon frère obtiendra la victoire : qui choisissez-vous pour compagne?* —*Qui* absolu ne s'emploie qu'en parlant des personnes ou des animaux : *qui doute que le jeune homme qui cultive la vertu ne goûte un bonheur plus solide que celui qui passe sa vie dans la dissipation et dans le plaisir?* Il ne se dit point des choses inanimées, et l'on parlerait mal en disant : *il court d'étranges bruits, qui sont-ils? J'ai plusieurs raisons à alléguer contre ce que vous dites, qui sont-elles?* Il faut dire *quels sont-ils? quelles sont-elles?* ou prendre un autre tour.—Le pronom *qui* absolu forme des gallicismes dans plusieurs phrases : *c'est à qui l'aura; c'est à qui mieux mieux.*—*Qui*, pronom relat. des deux genres et des deux nombres. Il signifie, lequel, laquelle, lesquels, lesquelles. Il se dit des personnes et des choses. Lorsqu'il est sujet de la proposition incidente, il doit être préféré à *lequel, laquelle*, soit qu'on parle des choses, soit qu'on parle des personnes : *les écrivains qui savent penser, savent écrire; les talents qui font le philosophe et ceux qui font l'homme social, ne sont pas toujours les mêmes; la philosophie qui cabale, qui déclame et qui crie, est un fanatisme qui veut paraître ce qu'il n'est point.*—Lorsque le pronom relatif *qui* est le terme d'un rapport, ou, ce qui est la même chose, lorsqu'il est précédé d'une proposition, il ne se dit que des personnes ou des choses personnifiées. On dira donc : *ce sont les qualités du cœur et de l'esprit que l'on doit préférer dans une femme à qui l'on veut unir son sort; la vertu à qui je rends hommage; l'homme de qui, contre qui je parle.* Mais, en parlant des choses, on se sert de *lequel, laquelle, lesquels, lesquelles : les charmes et les talents agréables qu'une femme possède sont des avantages passagers auxquels on ne doit pas sacrifier le reste de ses jours; la raison sur laquelle je me fonde; une chose de laquelle je m'étonne.*—Le pronom *qui* n'a point de personne par lui-même, et il adopte celle du substantif qu'il exprime; on dira donc : *moi qui ai parlé, toi qui as parlé, lui ou elle qui a parlé, nous qui avons parlé, vous qui avez parlé, eux* ou *elles qui ont parlé*; *qui* est au masculin et à la première personne, dans *moi qui ai parlé, nous qui avons parlé*, parce que les pronoms *moi* et *nous* sont du masculin et de la première personne; il est à la seconde personne dans *toi qui as parlé, vous qui avez parlé*, parce que les pronoms *toi* et *vous* sont de la seconde personne; enfin *qui* est à la troisième personne dans *lui* et *eux qui ont parlé*, parce que les pronoms *lui* et *eux* sont de la troisième personne. Par le même principe, on dira : *si c'était moi qui eusse, si c'était moi qui proposasse*, et non pas ; *si c'était moi qui eût, si c'était moi qui proposât*; et s'il arrive que l'oreille soit blessée par la prononciation de *eusse, proposasse*, il faut prendre un autre tour.—On dira; *vous êtes, grande reine, un génie tutélaire qui est venu consoler la paix*, et non pas *qui êtes venue; vous parlez en homme qui entend la langue*, et non pas *qui entendez la langue; vous vous conduisez en homme qui n'a pas de religion*, et non pas, *qui n'avez pas de religion*; parce que le pronom *qui* exprime *un génie tutélaire* dans la première phrase; *homme*, dans la seconde, et *homme* dans la troisième, tous trois substantifs de la troisième personne.— Quand le pronom *qui* est sujet, il ne saurait être séparé du substantif auquel il se rapporte. Mais, lorsqu'il est régime indirect et accompagné d'une préposition, il peut en être séparé : *la personne qui m'a parlé; la personne à qui je m'intéresse.* A l'égard des phrases où *qui* forme une répétition, par exemple : *un auteur qui est sensé, qui sait bien sa langue, qui médite son sujet, qui travaille à loisir, qui consulte ses amis, est presque toujours sûr du succès*; tous ces *qui*, par le moyen du premier, touchent immédiatement leur substantif.—Bien des phrases dans lesquelles le relatif *qui* est le sujet d'une proposition incidente, paraissent quelquefois obscures : cela vient de ce qu'on n'examine pas si *qui* est le sujet d'une proposition explicative ou déterminative. Dans ce dernier cas, il est quelquefois nécessaire de placer les pronoms *ceux, celles*, avant l'antécédent *qui*. C'est ce qui est indispensable dans l'exemple suivant : *il récompensa ceux de ses serviteurs qui ne l'avaient point abandonné dans sa fuite.* Le pronom *ceux* écarte toute obscurité; au lieu qu'il y en aurait, si l'on disait : *il récompensa ses serviteurs qui*, etc., parce qu'il ne serait pas si aisé de savoir si l'on veut parler de tous les serviteurs, ou seulement d'une partie. — *Qui* relatif doit toujours se rapporter à un nom pris dans un sens défini, ou, ce qui est la même chose, tout substantif employé sans article ou sans quelque équivalent de l'article ne peut avoir après soi le pronom *qui*, se rapportant à ce substantif. Ainsi, l'on ne doit pas dire : *l'homme est animal qui raisonne; il m'a reçu avec politesse qui me charme*; mais bien : *l'homme est un animal qui raisonne; il m'a reçu avec une politesse qui me charme*; parce que *animal* qui *raisonne*, et *avec politesse*, employés dans les deux premières phrases sans article, ou sans quelque équivalent de l'article, ne sont que de purs qualificatifs; ils expriment seulement des modes, une manière d'être; et alors le *qui* ne peut s'y rapporter. — Par une conséquence de cette règle, on ne doit pas faire rapporter le pronom *qui* à un verbe ou à tout un membre de phrase, et l'on ne peut pas dire : *la perfection chrétienne consiste à s'humilier, qui est la chose la plus difficile à l'homme.* Il faut dire : *la perfection chrétienne consiste à s'humilier, et c'est la chose la plus difficile à l'homme.* (Laveaux.)—*Vous trouverez à qui parler*, vous trouverez un homme capable de vous résister. —*C'est un je ne sais qui*, une personne de néant. —*Voilà qui est beau*, voilà une chose qui est belle.—*Qui plus est, qui pis est*, ce qui est encore plus, ce qui est pis. — *Ils étaient dispersés qui* *ca, qui là*, les uns d'un côté, les autres de l'autre. Cette locution n'est plus en usage.

à QUIA (*aku-ia*, et non pas *akui-ia*), loc. adv. empruntée du lat. : *mettre à quia*, mettre hors d'état de répondre.—*Être à quia*, ne savoir plus que répondre, ne savoir plus que faire. Il est fam.—Allusion aux jeunes étudiants en philosophie, etc., qui, ne sachant point assigner la cause d'un effet ou développer les preuves d'une proposition, etc., se bornent dans leur embarras, lorsqu'on les pousse de questions, à répondre *quia*, parce que.

QUIAY, subst. mas. (*kiè*), t. de relat., nom générique des idoles chez les habitants de la presqu'île ultérieure de l'Inde.

QUAY-PORA, subst. propre mas. (*kièpora*), idole qu'on promène tous les ans en procession dans le royaume d'Aracan, aux Indes.

QUIBERON, subst. propre mas. (*kiberon*), bourg et port de France, chef-lieu de canton, arrond. de Lorient, dép. du Morbihan.

QUIBUS, subst. mas. (*kuibuce*), mot lat. qui signifie pop. : de l'argent : *avoir du quibus*.

QUICHENA, subst. propre mas. (*kichena*), myth., neuvième incarnation de Wisthnou en berger. Voy. KRISHNA.

QUICONQUE, pron. indéfini mas. sing., sans plur. (*kikonke*) (en lat. *quicumque*), ne se dit que des personnes, et signifie *tout homme qui*... *Quiconque veut trouver quelques bons mots, n'a qu'à dire beaucoup de sottises.* — Ce pronom a cela de particulier, qu'il renferme le relatif qui est son antécédent; de sorte qu'il peut en même temps servir de sujet à deux verbes, ou être régime d'un verbe et sujet de l'autre; par exemple, quand on dit : *les flatteurs vivent aux dépens de quiconque veut les écouter; quiconque a médité les ouvrages de Cicéron doit savoir en quoi consiste la véritable éloquence : quiconque*, dans ces phrases, sert à deux termes de relation et à deux cas.—Lorsque *quiconque* a un rapport bien précis à une femme, on peut le faire suivre d'un adjectif féminin ; on dirait donc à des dames : *quiconque de vous serait assez forte, assez hardie, etc.*

QUIDAM, subst. mas. ; au fém. QUIDANE, dit l'*Académie* : elle ajoute qu'on se sert du mot *quidam* dans la conversation ; pour *quidane*, il n'est en usage qu'au palais. Parlant régulièrement, ne devrait-on pas écrire au fém. *quidame* plutôt que *quidane*? Ce fém. d'ailleurs est fort peu important ; mais si l'on s'en sert, il faut que la raison le présente sous une forme régulière; nous proposerions donc, sans cependant oser l'imposer, *quidame* pour fém. de *quidam*. (*kidan, dane*), mot lat. qui signifie *quelque, quelqu'un*, et qu'on emploie dans les monitoires, procès-verbaux, etc.—Personne dont on ignore ou dont on ne veut pas exprimer le nom.—On se sert de *quidam* dans la conversation, mais le féminin n'est en usage que dans les procédures. Il peut s'employer au pluriel : *on a appris de certains quidams que*...

QUIDIAT, subst. mas. (*kuidia*), t. de pêche, nom qu'on donne, en quelques endroits, aux guideaux à hautes étalières.

QUIDDITÉ, subst. fém. (*kuiddedité*), t. scholast., essence; ce qu'est la chose en elle-même.

QUIDIÉ, E, part. pass. de *quidier*.

QUIDIER, v. act. (*kuidié*), croire, penser, estimer, juger. Vieux et même hors d'usage. Voy. CUIDER.—SE QUIDIER, v. pron.

QUIES, subst. propre fém. (*kuièce*), myth., déesse du repos et de la tranquillité. Les prêtres chargés du soin de son culte étaient appelés *silencieux*.

QUIESCENT, E, adj. (*kuièceçan, çante*) (du lat. *quiescens*, part. prés. de *quiescere*, être en repos), t. de chim., qui ne supporte aucun mouvement, aucune fermentation : *affinité quiescente*. — En t. de gramm. hébraïque, *quiescent* se dit de lettres qui ne se prononcent point.

QUIET, adj. mas., au fém. QUIETE (*kui-è, kui-ète*) (du lat. *quietus*, fait, dans le même sens, de *quies*, repos), tranquille, calme. Vieux mot presque inusité.

QUIÈTEMENT, adv. (*kui-èteman*), paisiblement. (*Boiste*.)

QUIÉTALIS, adj. mas. (*kui-étalice*), myth.; on appelait ainsi Pluton, du mot latin *quies*, qui signifie *repos*, parce qu'il régnait sur les morts.

QUIÉTISME, subst. mas. (*kui-éticeme*), fausse spiritualité.—Sentiment des *quiétistes*, en matière de religion.

QUIÉTISTE, subst. et adj. des deux genres (*kui-éticete*) (du latin *quietus*, fait de *quies*, repos), celui qui, par une fausse spiritualité, fait consister toute la perfection chrétienne dans le *repos* ou l'inaction de l'âme, et néglige entière-ment les œuvres extérieures.—Pendant la révolution française, on donna le nom de *quiétistes* à ceux qui ne voulaient prendre aucune part aux événements, et de *quiétisme* à leur état de repos.

QUIÉTORIUM, subst. mas. (*kui-étori-ome*) (mot latin qui signifie *reposoir*), t. d'antiq., urne où reposaient les cendres des morts.

QUIÉTUDE, subst. fém. (*kui-étude*) (du latin *quies*), t. emprunté du langage mystique. Tranquillité, repos.

QUIGNET, subst. mas. (*kignié*), coin. (*Boiste*.) Vieux et même hors d'usage.

QUIGNETTE ou QUINETTE, subst. fém. (*kigniète, kinète*), sorte de camelot.

QUIGNON, subst. mas. (*kignion*), gros morceau de pain. Il est pop.

QUIINIER, subst. mas. (*ki-inié*), t. de bot., espèce d'arbre qui croît à la Guyane.

QUILBOQUET, subst. mas. (*kilebokiè*), instrument de menuisier, fait de deux petits morceaux de bois, dont l'un traverse l'autre à angles égaux. Il sert à sonder le fond des mortaises, et à voir si elles sont taillées carrément.

QUILINÉJA, subst. mas. (*kilinéja*), t. de bot., arbuste qui ressemble au genêt d'Espagne. Les insulaires de Chiloé en font des cordes.

QUILLA, subst. propre fém. (*kilela*), myth., nom que les Péruviens donnent à la lune.

QUILLAGE, subst. mas. (*ki-iaje*), t. de mar. : *droit de quillage*, droit de première entrée d'un vaisseau dans les ports d'un état.

QUILLAI, subst. mas. (*kilclé*), t. de bot., arbre du Chili; son bois est très-dur, et son écorce, réduite en poussière, sert aux mêmes usages que le savon.

QUILLAN, subst. propre mas. (*ki-ian*), village de France, chef-lieu de canton, arrond. de Limoux, dép. de l'Aude.

QUILLE, subst. mas. (*ki-ié*), t. d'agric., maladie de la vigne, dont les feuilles se couvrent de grandes taches jaunes ou rouges.

QUILLE, subst. fém. (*ki-ie*) (par corruption pour *esquilles* ; parce que ce sont des éclats, des *esquilles* de bois), morceau de bois arrondi et plus menu par le haut que par le bas, servant à un jeu fort connu. — Longue pièce de bois qui va de la poupe à la proue d'un vaisseau, et qui lui sert comme de fondement. (Dans cette acception, du grec κοιλος, creux, cave, profond ; d'où κοιλη, espèce de creux renfermé par les flancs du vaisseau.) — En t. de charpentier, 1° grosse pièce de bois formant le derrière d'un foncet ; 2° *quille d'un pont*, grosse pièce de bois qui soutient le pont. — Prov. et pop. : *être reçu comme un chien dans un jeu de quilles*, fort mal. — *Être planté comme une quille*, être debout sans remuer.— *Donner à quelqu'un son sac et ses quilles*, le renvoyer.

QUILLÉ, part. pass. de *quiller*.

QUILLEBŒUF, subst. propre mas. (*ki-iebeufe*), ville maritime de France, chef-lieu de canton, arrond. de Pont-Audemer, dép. de l'Eure.

QUILLER, v. neut. (*ki-ié*), jeter chacun une *quille* pour voir ceux qui seront ensemble. — Relever les *quilles* abattues. Peu usité. — Act. et pop., jeter des pierres, des *quilles*, ou des bâtons dans les jambes de quelqu'un, ou simplement, viser un objet et chercher à l'atteindre avec quelque projectile que ce soit. — SE QUILLER, v. pron.

QUILLETÉ, part. pass. de *quilleter*.

QUILLETER, v. neut. (*ki-ieté*), se tenir debout. (*Boiste*.) Vieux.

QUILLETTE, subst. fém. (*ki-iète*), brin d'osier que l'on plante.

QUILLIER, subst. mas. (*ki-ié*), espace dans lequel on range les neuf *quilles* ensemble.

QUILLOIR, subst. mas. (*ki-ioar*), espèce de bâton dont on se sert dans les corderies de la marine.

QUILLON, subst. mas. (*ki-ion*), branche de la garde de l'épée.

QUILLOT, subst. mas. (*ki-iô*), t. de relat., mesure de grains dont on se sert à Constantinople.

QUIMBRABA, subst. fém. (*kieinbrara*), t. d'antiq., danse religieuse des habitants du Congo.

QUIMOS, subst. mas. (*kimôce*), variété de l'espèce humaine qu'on prétend avoir été découverte dans l'île de Madagascar.

QUIMPER, subst. propre mas. (*kieinpère*), ville maritime de France, chef-lieu du département du Finistère.

QUIMPERLÉ, subst. propre mas. (*kieinpèrelé*), ville de France, chef-lieu de canton et d'arrond., dép. du Finistère.

QUIN, subst. mas. (*kiein*), bassin de salines qui se remplit à chaque marée.

QUINA, subst. mas. (*kina*). Voy. QUINQUINA.

QUINAIRE, subst. mas. et adj. des deux genres (*kinère*) (du lat. *quinarius*, de cinq, et d'*as*, *assis, as*), nom que quelques antiquaires donnent aux médailles du plus petit module, de quelque métal qu'elles soient.

QUINATE, subst. mas. (*kinate*), t. de bot., arbre du genre nissole.— T. de chim., sel formé par la combinaison de l'acide *quinique* et d'une base salifiable.

QUINAUD, E, adj. (*kinô, nôde*), confus, honteux de n'avoir pas réussi. Il est vieux et même ne s'emploie plus.

QUINAVICENNAIRE, adj. des deux genres (*kinavicènenère*) (du latin *quinque*, cinq, *viginti*, vingt, et *annus*, an, année), chez les anciens Romains, se disait d'une loi qui défendait de contracter ou de s'engager par écrit avant vingt-cinq ans accomplis.

*QUINCAILLE, subst. fém. (*kieinkâ-ie*), toute sorte d'ustensiles, d'instruments de fer ou de cuivre, comme couteaux, ciseaux, chandeliers, mouchettes, etc. — Par mépris, monnaie de cuivre.

QUINCAILLERIE, subst. fém. (*kieinkâ-ieri*), commerce, marchandise de *quincaille*.

QUINCAILLIER, subst. mas., QUINCAILLIÈRE, subst. fém. (*keinkâ-ié, iere*), marchand vendeur de *quincaille*.

QUINCAJOU, subst. mas. (*kieinkajou*), t. d'hist. nat., quadrupède carnassier d'Amérique.

QUINCAMBO, subst. mas. (*kieinkanbô*), t. de bot., la ketmie esculente.

QUINCHAMALI, subst. mas. (*kieinchamali*), t. de bot., sorte de plante qui croît au Chili.

QUINÇON, subst. mas. (*kieinçon*), pinson. (*Boiste*.)

QUINCONCE, subst. mas. (*kieinkonce*) (du latin *quincunx, uncis*), disposition de plants d'arbres en échiquier. — Lieu planté de cette manière : *le quinconce des Invalides, à Paris*.

QUINCTILIENS, subst. mas. plur. (*kueintilien*). Voy. LUPERCES et QUINTILIENS.

QUINCUNCE, adj. mas. (*kieinkonce*) (du latin *quincunx*, cinq douzièmes, formé de *quinque*, cinq, et *uncia*, once, douzième partie de l'*as* romain), t. d'astron. : *aspect quincunce*, aspect de deux planètes distantes l'une de l'autre de cent cinquante degrés ou de cinq douzièmes de la circonférence.

QUINCUNX, subst. mas. (*kieinkonkce*) (du latin *quinque*, cinq, et *uncia*, once), division de la livre romaine et de l'*as*, qui en faisait les cinq douzièmes.—Mesure pour les liquides qui tenait cinq douzièmes du *sextarius*.

QUINDÉCAGONE, subst. mas. (*kueindékaguone*) (du latin *quinque*, cinq, et du grec δεκα, dix, et γωνια, angle), t. de géom., figure de quinze angles et de quinze côtés. — On dit aussi *pentédécagone*.

QUINDÉCEMVIRS, subst. mas. plur. (*kueindécèmevir*) (du lat. *quindecim*, quinze, et *vir*, homme), t. d'hist. anc., officiers préposés à la garde des livres sibyllins, et chargés de la célébration des jeux séculaires; ils étaient au nombre de quinze.

QUINDENTÉ, E, adj. (*kuindanté*) (du latin *quinque*, cinq, et *dens, dentis*, dent), t. de bot., il se dit des parties de plantes qui ont cinq *dents*. On dit aussi *quinquedenté*.

QUINE, subst. mas. (*kine*), t. de jeu, au trictrac, au loto, etc., deux cinq, et généralement cinq numéros pris et sortis à la fois d'une loterie.

QUINÉ, E, adj. (*kiné*) (du latin *quinque*, cinq), t. de bot., disposé par cinq ensemble.

QUINETTE, subst. fém. (*kinète*), camelot de laine qu'on fabrique en Picardie.

QUINGEY, subst. propre mas. (*kieinjé*), ville de France, chef-lieu de canton, arrond. de Besançon, dép. du Doubs.

QUININE, subst. fém. (*kinine*), t. de chim., substance extraite du *quinquina* jaune.

QUINIQUE, adj. des deux genres (*kinike*), t. de chim., se dit d'un acide découvert dans l'extrait de *quinquina*.

QUINOA, subst. fém. (kino-a), t. de bot., nom d'une espèce de plante qui croît au Chili.

QUINOBAUME, subst. mas. (kinobôme), t. de chim., combinaison de baume ou résine de copahu avec la *quinine*.

QUINOGRAPHIE, subst. fém. (kinogueraft). Voyez QUINOLOGIE.

QUINOLA, subst. mas. (kinola), valet de cœur au reversi.

QUINOLOGIE, subst. fém. (kinoloji) (du mot *quinquina* et du grec λόγος, traité), discours, traité sur le *quinquina*, description de ses propriétés.

QUINOLOGIQUE, adj. des deux genres (*kinolojike*), qui est relatif, qui appartient à la *quinologie*.

QUINQUAGÉNAIRE, subst. et adj. des deux genres (*kueinkouajénère*) (du latin *quinquagenarius*), qui est âgé de cinquante ans.—Subst. : *un, une quinquagénaire*.

QUINQUAGÉSIME, subst. fém. (*kueinkouajézime*) (du latin *quinquagesima*), le dimanche qui précède immédiatement le mercredi des Cendres, et que le peuple appelle communément le *dimanche gras*. Il est ainsi nommé, parce qu'il arrive environ cinquante jours avant Pâques.—Autrefois on appelait aussi *quinquagésime*, le dimanche de la Pentecôte, ou le cinquantième jour après Pâques; mais pour distinguer cette *quinquagésime* de celle qui arrive avant le carême, on l'appelait *quinquagésime pascale*.

QUINQUANGULÉ, E, adj. (*kueinkouangulé*), t. de bot., à *cinq angles*.

QUINQUATRIES, subst. fém. plur. (*kueinkouatri*), myth., jeux que l'empereur Domitien institua en l'honneur de Minerve; ils se célébraient sur la montagne d'Albe et se renouvelaient chaque année.

QUINQUE ou KINK, subst. mas. (*keinke*), t. d'hist. nat., espèce d'oiseau qui a quelque rapport avec le merle.

QUINQUE, subst. mas. (*kueinkué*) (mot latin), t. de musique, morceau d'ensemble à cinq voix.

QUINQUEDENTÉ, E, adj. (*kuinkuédanté*), t. de bot. Voy. QUINDENTÉ.

QUINQUENELLE, subst. fém. (*kueinkenèle*), trêve de cinq ans accordée à un débiteur.

QUINQUENNAL, E, adj. (*kueinkuènenale*) (du latin *quinquennalis*, fait dans les mêmes significations de *quinque*, cinq, et *annus*, an, année), qui dure *cinq* ans, qui se fait de cinq ans en cinq ans.—Au plur. mas., *quinquennaux*.

QUINQUENNALES, subst. fém. plur. (*kueinkuènenale*), t. d'antiq., fêtes qui se célébraient à Rome tous les cinq ans.

QUINQUENNALITÉ, subst. fém. (*kueinkuènenalité*), espace de cinq ans.—Fonction qu'on remplit pendant cinq ans.

QUINQUENNAUX, adj. mas. plur. Voy. QUINQUENNAL.

QUINQUENNIUM, subst. mas. (*kueinkuèneniome*), mot latin qui signifie cinq ans, cours d'étude de cinq ans, espace de cinq ans.

QUINQUENOVE, subst. mas. (*kueinkenôve*), sorte de jeu de dés à cinq et neuf points.

QUINQUEPORTE, subst. fém. (*kueinkuéporte*) (du lat. *quinque*, cinq, et *porta*, porte), t. de pêche, verveux de forme cubique, qui a cinq entrées correspondantes à cinq des faces du cube.

QUINQUERCE, subst. mas. (*kueinkuèrece*) (du latin *quinquertium*), t. d'antiq., prix disputé dans un même jour par le même athlète à cinq sortes de combats différents.

QUINQUÉRÈME, subst. fém. (*kueinkuèrème*) (du latin *quinque*, cinq, et *remus*, rame), t. d'antiq., galère à cinq rangs de rames.

QUINQUERTION, subst. mas. (*kueinkuèrecion*), t. d'antiq.; c'était, chez les Romains, ce que les Grecs nommaient *pentathle*. Voyez ce mot.

QUINQUET, subst. mas. (*keinkiè*), sorte de lampe à un ou plusieurs becs, ainsi nommée du nom de son inventeur.

QUINQUÉVIR, subst. mas. (*kueinkuévir*), t. d'antiq., l'un des cinq magistrats qui exerçaient les fonctions inférieures dans l'ancienne Rome.—Au plur., collège de prêtres, au nombre de cinq, qui faisaient des sacrifices pour les âmes des morts.

QUINQUILLE, subst. fém. (*kueinki-ie*). Voy. QUINTILLE.

QUINQUINA, subst. mas. (*kieinkina*), écorce amère et fébrifuge du Pérou, spécifique célèbre et précieux contre les fièvres intermittentes. — L'arbre même qui la produit.

QUINQUINATE, subst. mas. (*kieinkinate*), t. de chim., sel de *quinquina*. Voy. QUINATE, qui est plus usité.

QUINQUINATISÉ, E, part. pass. de *quinquinatiser*.

QUINQUINATISER, v. act. (*kieinkinatizé*), faire prendre une dose de *quinquina*. (*Boiste*.) Inusité. —SE QUINQUINATISER, v. pron.

QUINT, adj. et subst. mas. (*kein*) (du lat. *quintus*), cinquième. Adj., il ne se dit que dans ces trois occasions : *Charles-Quint, Sixte-Quint, Philippe-Quint*. En France, en Angleterre, etc., on dit *Charles Cinq, Henri Cinq*, etc.—Subst. mas., la *cinquième* partie : *avoir le quint, entrer dans une affaire pour le quint*.— Hors du palais, on dit plutôt le *cinquième, un cinquième*.—Droit dû au seigneur féodal, quand le fief était vendu ou aliéné à prix d'argent.

QUINTADINÉ, part. pass. de *quintadiner*.

QUINTADINER, v. neut. (*kieintadiné*), t. d'organiste, mal résonner; résonner en *quinte*; avoir un son nasillard, obscur.

QUINTAINE, subst. fém. (*kieintène*), poteau fiché en terre, contre lequel on s'exerçait autrefois à courir avec la lance, à jeter des dards : *courir la quintaine*.

QUINTAL, subst. mas. (*kieintal*) (corruption du lat. *centum*, cent. *Ménage*.), le poids de cent livres.—Grosse cruche de grès. — T. de mar. : *charger au quintal*, prendre des marchandises de plusieurs négociants pour compléter le chargement d'un navire. C'est une expression usitée sur la Méditerranée; sur l'Océan, on dit : *charger à cueillette*.—Au plur., des *quintaux*.

QUINTALAGE, subst. mas. (*kieintalaje*), t. de féod., espèce de droit de minage qui se levait, au profit des seigneurs, sur les denrées et marchandises qu'on vendait dans leurs seigneuries.

QUINTAN, subst. mas. (*kieintan*), t. de man., sorte de mannequin mécanique, qu'on nomme aussi *faquin*, Voy. *quintaine*.

QUINTANE, adj. fém. (*kieintane*), t. de médec.; se dit d'une fièvre intermittente dans laquelle les accès se reproduisent de quatre jours en quatre jours, après trois jours entiers d'apyrexie : *fièvre quintaine*. On dit aussi *fièvre quinte*.

QUINTAU, subst. mas. (*kieintô*), quantité de gerbes, de fagots assemblés dans un champ, pour la commodité de la charge ou du compte.

QUINTAUX, subst. mas. plur. Voyez QUINTAL.

QUINT-D'ÉCU, subst. mas. (*kieindéku*), monnaie d'argent de Bologne, que l'on nomme aussi *piastre*. Il vaut 1 fr. 25 c. de France.

QUINTE, subst. fém. (*kieinte*) (du lat. *quinta*, sous-entendu *nota*, cinquième note), en musique, intervalle dont les sons extrêmes sont éloignés de cinq degrés, et qui est composé de trois tons et demi : *quinte superflue, quinte* augmentée d'un demi-ton; *fausse quinte, quinte* diminuée d'un demi-ton.—Instrument de musique à cordes et à archet, qu'on nomme aussi *quinte de violon* et *alto*, et sur lequel on joue la partie de musique nommée *quinte*. — Toux violente qui prend par redoublement. — Caprice, bizarrerie, mauvaise humeur : *cet homme est sujet à des quintes*.—*Quinte couverte*, l'un des jeux de l'orgue.—En t. d'escrime, la cinquième garde.—Au piquet, suite de cinq cartes de la même couleur. —Adj. fém., t. de médec. : *fièvre quinte*. Voyez QUINTANE.

QUINTE-FEUILLE, subst. fém. (*kieintefeu-ie*), t. de bot., plante vivace, à cinq *feuilles* sur la même queue, en forme de main ouverte. — Au plur., des *quintes-feuilles*.

QUINTÉ, E, part. pass. de *quinter*.

QUINTELAGE, subst. mas. (*kieinteiaje*), sac, bagage de matelot.—Lest.

QUINTER, v. act. (*kieinté*), *quinter de l'or, de l'argent*, le marquer après l'avoir essayé, pesé, et en avoir fait payer le droit de *quint* dû au roi.— Neut., t. de musique, procéder par *quinte*. —SE QUINTER, v. pron.

QUINTESSENCE, subst. fém. (*kieintéceçance*) (du lat. *quinta essentia*, littéralement, la cinquième essence), principe le plus subtil et le plus exquis des corps.—En t. de pharm., alcohol chargé de quelque principe médicamenteux. — Fig., 1° toute la vertu d'une chose; tout ce qu'elle renferme de plus essentiel, de plus excellent; 2° ce qu'il y a de principal, de plus fin, de plus caché dans une affaire, dans un discours; 3° tout le profit qu'on peut tirer d'une affaire d'intérêt, d'une terre à ferme, etc.

QUINTESSENCIÉ, E, part. pass. de *quintessencier*.

QUINTESSENCIER, v. act. (*kieintéceçancié*), au fig., tirer la *quintessence* d'une chose; raffiner, subtiliser : *il ne faut pas tant quintessencier les choses; raisonnement quintessencié*. — SE QUINTESSENCIER, v. pron.

QUINTETTE ou QUINTETTO, subst. mas. (*kueintète, tétetô*), t. employé dans la musique, pour désigner un morceau à cinq parties. — Au plur., des *quintetti*.

QUINTEUSE, adj. fém. Voy. QUINTEUX.

QUINTEUX, adj. mas., au fém. QUINTEUSE (*kieinteu, teuze*), fantasque, bizarre, capricieux, bourru.—*Cheval quinteux*, rétif, qui a des fantaisies.—*Oiseau quinteux*, t. de faucon., qui s'écarte trop.

QUINTICLAVE, subst. mas. (*kueintiklave*), t. de musique, partie mouvante des branches d'un cor, qui sert à en varier les sons.

QUINTIDI, subst. mas. (*kueintidi*), le cinquième jour de la décade républicaine.

QUINTIL, E, adj. (*kueintile*) (du lat. *quintilis*, fait de *quintus*, cinquième), t. d'astr.; il n'a d'usage que dans cette phrase : *quintil aspect*, la position de deux planètes éloignées l'une de l'autre de soixante-douze degrés, ou de la *cinquième* partie du zodiaque.

QUINTILIENS, subst. mas. plur. (*kueintilicin*), t. d'antiq., ceux qui composaient l'un des trois collèges des luperces. Ce collège tirait son nom de *Quintilius*, qui en fut le premier chef. Voy. LUPERCES.

QUINTIMÈTRE, subst. mas. (*kueintimètre*), la cinquième partie du *mètre*.

QUINTILLE, subst. mas. (*kueintile*), jeu de l'hombre à cinq joueurs.

QUINTIN, subst. mas. (*kieintein*), toile fine et claire qui se fait à *Quintin* en Bretagne.

QUINTIN, subst. propre mas. (*kieintein*), ville de France, chef-lieu de canton, arrond. de Saint-Brieuc, dép. des Côtes-du-Nord.

QUINTISTERNAL, E, subst. et adj. (*kueinticetérenal*), t. d'anat.; se dit d'un os ou de la cinquième pièce osseuse qui correspond au cinquième et au sixième espace intercostal. — Au plur., *quintisternaux*.

QUINTISTERNAUX, subst. et adj. mas. plur. Voy. QUINTISTERNAL.

QUINTUPLE, adj. des deux genres (*kueintuple*) (du lat. *quintuplex*), cinq fois autant : *vingt est quintuple de quatre*.—On dit subst. au mas. : *rendre le quintuple*.

QUINTUPLÉ, E, part. pass. de *quintupler*.

QUINTUPLER, v. act. (*kueintuplé*), répéter cinq fois; multiplier cinq fois.—SE QUINTUPLER, v. pron.

QUINUA ou QUINOA, subst. mas. (*kinu-a, kino-a*), t. de bot., plante annuelle de la famille des arroches; on la trouve au Pérou.

QUINZAIN, adj. mas. (*kieinzein*), au jeu de paume : *les joueurs sont quinzain*, ont chacun *quinze*.

QUINZAIN-D'OR, subst. mas. (*kieinzeindor*), nom d'une ancienne monnaie d'or qui valait *quinze* livres.

QUINZAINE, subst. fém. (*kieinzène*), *quinze* unités. Absolument et sans régime, *quinze* jours : *renvoyer à quinzaine*.—*La quinzaine de Pâques*, les *quinze* jours qui s'écoulent du dimanche des Rameaux au dimanche de la Quasimodo.

QUINZE, adj. de nombre indéclinable et des deux genres (*kieinze*) (en lat. *quindecim*), trois fois cinq, dix et cinq : *quinze jours*, etc.—*Quinzième : Louis Quinze*.—On dit subst. : *le quinze du mois; il est au quinze de sa maladie*. — Au jeu de paume, donner *quinze*, donner l'avantage de *quinze* à chaque jeu de la partie. — Fig. et fam. : *avoir quinze sur la partie*, avoir quelque avantage dans une affaire qu'on traite, etc.—Fam. : *celui-là en vaut quinze*, cela est *quinze* fois plaisant.—*Les Quinze-Vingts*, hôpital fondé par saint Louis pour *quinze-vingts* ou trois cents aveugles. — *Un quinze-vingts*, un homme de cet hôpital.

QUINZE-ÉPINES, subst. mas. (*kieinzépine*), t. d'hist. nat., espèce de poisson de la division des thoraciques, le gastré.

QUINZIÈME, adj. des deux genres (*kieinzième*) (du lat. *quindecimus*), nom de nombre ordinal.— On dit aussi, subst. mas. seulement : *le quinzième d'un tel mois*. — *Il a un quinzième dans cette affaire*, une *quinzième* portion.—Subst. fém. seulement, t. de mus., intervalle qui est le même que la double octave.—Subst. des deux genres, personne, chose qui occupe le *quinzième* rang.

QUINZIÈMEMENT, adv. (*kieinzièmeman*), en *quinzième* lieu.

QUIO, subst. mas. (*ki-o*), t. de bot., le piment à fruits longs.

QUIOCCOS, subst. propre mas. (*ki-okekoce*), nom d'une idole des habitants de la Virginie.

QUIOQUIO ou THIOTHIO, subst. mas. (*ki-o-ki-o, ti-oti-o*); on donne ce nom à une sorte de beurre qu'on retire de l'amande contenue dans le fruit de l'avoira ou aouara de Guinée, espèce de palmier.

QUIOSSAGE, subst. mas. (*ki-oçaje*), action de passer les cuirs par la *quiosse*.

QUIOSSE, subst. fém. (*ki-oce*) (du lat. *cotis*, gén. de *cos*, pierre à aiguiser), sorte de pierre à aiguiser avec laquelle on *quiosse* le cuir.

QUIOSSÉ, E, part. pass. de *quiosser*.

QUIOSSER, v. act. (*ki-océ*), frotter les cuirs et les peaux à force de bras, sur le chevalet, avec la *quiosse*, pour faire sortir toute la chaux et les ordures qui peuvent être restées du côté de la fleur, c'est-à-dire du côté où était le poil ou la laine.—*se* QUIOSSER, v. pron.

QUIOULETTE, subst. fém. (*ki-oulète*), t. de pêche, manche de filet qui termine la *pantane* ou *paradière*.

QUIPOCAMAÏS, subst. mas. (*kipokama-ice*), t. de relat., le dépositaire des lois, ou gardien du livre auguste chez les Incas.

QUIPOS, subst. mas. (*kipô*) (du mot péruvien *quipu*, nouer ou nœud), t. de relat., cordes que les Péruviens nouaient et tressaient de manière à rappeler une longue suite d'événements avec autant de précision et de clarté que nos livres.

QUIPROQUO, subst. mas. (*kiprokô*) (emprunté du lat. *qui pro quo*, le nominatif *qui*, au lieu de l'ablatif *quo*), méprise; c'est proprement la méprise d'une personne qui a donné, pris, fait ou dit une chose pour une autre: *il a fait un quiproquo, un étrange quiproquo*. Il est fam.—On appelait autrefois *quiproquo d'apothicaire* ou *de médecin*, la méprise d'un apothicaire ou d'un médecin qui délivrait à une personne un remède préparé pour une autre, ou qui, dans la composition d'un médicament, employait une drogue pour une autre.—Au plur., *des quiproquo*, sans *s* : *les quiproquo sont quelquefois dangereux*.

QUI QUE CE SOIT, loc. indéf. (*kikeceçoè*), *quiconque*, sans négation; avec une négation, *personne*.

QUIQUERON, subst. mas. (*kikeron*), vidangeur, gadouard. Inusité.

QUIQUI, subst. mas. (*kiki*), t. d'hist. nat., sorte d'animal du genre des martres.

QUIRIME, subst. mas. (*kuirime*), pierre à laquelle on prêtait des vertus merveilleuses; celle, par exemple, de faire dire à un homme ce qu'il a dans l'esprit.

QUIRINAL, subst. propre mas. (*kuirinal*), petit mont dans l'enceinte de Rome, pris de Romulus *Quirinus*, qui y avait un temple.

QUIRINALES, subst. fém. plur. (*kuirinale*), t. d'antiq., fêtes célébrées à Rome, en l'honneur de Romulus *Quirinus*.

QUIRINUS, subst. propre mas. (*kuirinuce*), myth., dieu des anciens Sabins. — Surnom de Jupiter et de Mars.

QUIRIS ou QUIRITA, subst. propre fém. (*kuirice, kuirita*), myth., nom sous lequel les dames romaines invoquaient Junon.

QUIRITES, subst. propre mas. plur. (*kuirite*), surnom des Romains.

QUIRIVEL, subst. mas. (*kirivèle*), t. de bot., sorte d'arbrisseau de Ceylan.

QUIRIZAO, subst. mas. (*ku-iriza-o*), t. d'hist. nat., le hocco noir de la Jamaïque.

QUIRLANDO, subst. mas. (*kirlando*), t. de relat., instrument dont les nègres se servent; sorte de basse. Peu connu.

QUIRRITÉ, part. pass. de *quirriter*.

QUIRRITER, v. neut. (*kirrité*) (en lat. *quirritare*, fait ou dérivé du grec χοῖρος, porc), crier ou grogner comme les porcs. (*Boiste.*) Inusité.

QUIS ou QUISSE, subst. mas. (*kice*), sorte de pyrite dont on tire du soufre et du vitriol. On l'a nommé aussi : *pierre vitriolique*.

QUISANGO, subst. propre mas. (*kizanguô*), nom d'une idole qu'adorent les Jagos, peuples d'Afrique.

QUISCALE, subst. mas. (*kicekale*), t. d'hist. nat., oiseau du genre mainate.

QUISGUALE, subst. fém. (*kuicegouale*), t. d'hist. nat., genre d'oiseaux de l'ordre des silvains. — T. de bot., plante de l'Inde, de la famille des thymélées.

QUISQUILIE, subst. fém. (*kuicekuili*), t. de bot., nom de l'arbrisseau qui porte la graine de l'écarlate.

QUISSAC, subst. propre mas. (*kuiçak*), ville de France, chef-lieu de canton, arrond. du Vigan, dép. du Gard.

QUITO, subst. propre mas. (*kitô*), ville de Colombie, chef-lieu de la prov. de Pichincha.

QUITTANCE, subst. fém. (*kitance*), acte par lequel le créancier confesse avoir reçu, et reconnaît que son débiteur est *quitte* envers lui.

QUITTANCÉ, E, part. pass. de *quittancer*.

QUITTANCER, v. act. (*kitancé*), donner *quittance* au dos, en marge d'une obligation, d'un acte, d'un billet, etc.—*se* QUITTANCER, v. pron.

QUITTE, adj. des deux genres (*kite*) (du latin *quietus*, tranquille), qui a fait ce qu'il devait faire; qui a payé; qui est exempt et libéré : *je vous devais deux cents francs, je vous les paie, je suis quitte avec vous; le créancier, en recevant son dû, tient le débiteur quitte*.—Dans les contrats de vente, le vendeur déclare ordinairement *l'héritage franc et quitte de toutes dettes et hypothèques*. — *Quitte* signifie aussi, qui est délivré, débarrassé de quelque chose : *me voilà quitte de cette démarche, de cette visite*. — On dit ironiquement de quelqu'un dont les services sont à charge ou suspects : *je l'en tiens quitte*, je l'en dispense. — *Quitte* se prend adverbialement dans la phrase suivante : *jouer à quitte ou double; jouons quitte ou double*, ou absolument, *quitte ou double*.—Fig. : *jouer à quitte ou double*, risquer, hasarder tout pour se tirer d'une mauvaise affaire.—*Quitte* s'emploie absolument dans le style familier : *quitte à être grondé*, il ne m'en arrivera que d'être grondé. — *Quitte à quitte*, loc. adv. — On dit, dans le jeu, dans les affaires, dans les comptes que l'on se rend les uns aux autres, qu'*on est quitte à quitte*, pour dire qu'on ne se doit plus rien de part ni d'autre : *nous voilà quitte à quitte*.—Fam. : *faisons quitte à quitte*, ou absolument, *quitte à quitte*, et quelquefois proverbialement : *quitte à quitte et bons amis*.—Lorsqu'on a reçu quelque déplaisir de quelqu'un, et qu'on lui a rendu la pareille, on dit : *nous voilà quitte à quitte*.

QUITTÉ, E, part. pass. de *quitter*.

se QUITTELER, v. pers. (*cekitelé*), s'arrêter. (*Boiste.*) Entièrement hors d'usage.

QUITTEMENT, adv. (*kiteman*), t. de pratique: *franchement et quittement*, exempt de toute dette, de toute hypothèque.

QUITTER, v. act. (*kité*) (du lat. *quietare*, *quietum facere*, rendre ou laisser tranquille), se séparer de quelqu'un ou se retirer de quelque lieu : *quitter le grand chemin*, s'en écarter, s'en détourner : *j'ai quitté un tel à vingt pas d'ici*.—*Quitter sa femme*, s'en séparer pour n'avoir plus de communication avec elle. — Se dépouiller, se défaire de... : *quitter ses habits, son épée*, etc. — Fig., renoncer à... : *quitter la robe, une charge*, etc.; *quitter ses mauvaises habitudes, le vin, le jeu*, etc. — Lâcher, laisser aller. En ce sens, on dit *faire quitter prise*. — Fig. : *le moindre obstacle lui fait quitter prise*, abandonner son dessein. — Se désister, abandonner : *quitter une entreprise*. —On dit d'un homme qui suit obstinément ce qu'il a commencé, qui n'y renonce jamais : *c'est un homme qui ne quitte pas aisément, qui ne quitte jamais*. — *Quitter la partie*, convenir que celui contre qui on joue a gagné : *qui quitte la partie la perd*, celui qui *quitte* le jeu avant que la partie soit achevée perd; et proverbialement, *qui quitte la partie la perd*, quand on cesse de suivre une affaire et de s'y appliquer, on ne réussit jamais.—On dit que *les choses nous quittent*, pour dire qu'elles s'éloignent de nous, qu'elles nous échappent : *les plaisirs me quittent; ce souvenir ne me quitte jamais*. — On dit d'un arbre qu'*il quitte ses feuilles*, pour dire qu'il se dépouille de ses feuilles; et de quelques fruits, qu'*ils quittent le noyau*, pour dire que le noyau s'en détache facilement. — *se* QUITTER, v. pron.

QUITUS, subst. mas. (*kituce*), arrêté ou jugement d'un compte définitif, par lequel, après correction ou réprimande, le comptable est réputé *quitte* : *il a le quitus de son compte*.

QUI VA-LÀ? QUI-VIVE? sorte d'exclamation (*kivalà, kivive*), cris de la sentinelle lorsqu'elle entend du bruit. —Fig. et fam. : *être sur le qui-vive*, être très-attentif à ce qui se passe.—*Il est toujours sur le qui-vive*, inquiet et craintif.

QUIVÉRASI, subst. mas. (*kiv́érazi*), t. de relat., jeûne solennel que les Indiens pratiquent au mois de février.

QUI-VIVE, subst. mas. Voy. QUI-VA-LÀ.

QUIVISIE, subst. fém. (*kivizi*), t. de bot., genre de plantes de la famille des azédarachs.

QUOAILLÉ, part. pass. de *quoailler*.

QUOAILLER, v. neut. (*ko-â-ié*); se dit du cheval qui remue toujours la *queue*.

QUOCOLOS, subst. mas. (*kokolôce*), t. d'hist. nat., sorte de lave vitreuse.

QUODLIBÉTAIRE ou QUODLIBÉTIQUE, subst. fém. (*kodelibétère, tike*), vieux t. de scholast., thèse sur toutes les parties d'une science.

QUOGELO, subst. mas. (*kojelô*), t. d'hist. nat., sorte de lézard d'Afrique.

QUOI, pron. relatif qui, quelquefois, est aussi absolu (*koé*) (du lat. *quid*). Il ne se dit que des choses et se rapporte toujours à un nom sous-entendu : *quoi de plus satisfaisant pour des parents que des enfants vertueux?* c'est-à-dire : *quelle chose est plus satisfaisante*, etc. En ce sens, il est sujet et régit la préposition *de*. — Comme pronom relatif, *quoi* tient lieu du pronom *lequel, laquelle*.—Précédé d'une préposition, il est des deux nombres et des deux genres; quelquefois il est régime direct, presque toujours régime indirect, et jamais sujet : *à quoi sert le mérite sans protection et sans bonheur? la chose à quoi l'avare songe le moins, c'est à secourir les pauvres*. — Le pronom *quoi* a une signification déterminée : *les maladies de l'âme sont les plus dangereuses; nous devrions travailler à les guérir, et c'est à quoi nous ne pensons guère; voilà de quoi je voulais vous parler; il n'y a rien sur quoi on ait plus écrit*. — *De quoi* a un usage étendu, et on s'en sert pour signifier moyen, faculté, matière, enfin tout ce qui est nécessaire ou convenable pour la chose dont il s'agit. Dans ce sens, on l'emploie sans aucune relation, quand on dit : *donnez-moi de quoi écrire; il y a de quoi être content; nous avons de quoi nous amuser*. — On dit : *cet homme a de quoi*, pour dire : c'est un homme riche. — Lorsque le pronom *quoi* se trouve suivi de *que*, il ne signifie plus quelle chose, mais quelque chose que; et en ce sens, *quoi* et *que* doivent être séparés : *quoi que vous disiez, l'homme juste et constant dans ses principes vit en paix avec lui-même*, c'est-à-dire, quelque chose que vous disiez, etc. — On dit substantivement : *je ne sais quoi, un je ne sais quoi*, pour signifier une chose que l'on sent, mais qu'on ne saurait définir : *je trouve je ne sais quoi d'aimable et d'attrayant dans cette sagesse qui me désole*. (J.-J. Rouss.) ; *il y a dans tous les arts un je ne sais quoi qu'il est bien difficile d'attraper*. (Volt.) : *il y a je ne sais quoi de noble dans cette honnête simplicité; et, moins il est superbe, plus il devient vénérable*. (Fléch.) — En t. de pal., on dit : *quoi faisant, en quoi faisant*, pour dire, en faisant laquelle chose : *l'arrêt l'a condamné à payer et à vider ses mains; quoi faisant, il en sera valablement déchargé*. — *Quoi* est aussi quelquefois particule admirative, et sert à marquer l'étonnement, l'indignation, etc. : *quoi! vous avez fait telle chose! quoi donc! vous m'osez résister en face!* On y ajoute quelquefois l'interjection *hé* : *hé quoi, vous n'êtes pas encore parti*.

QUOIQUE, conj. (*koèke*). *Quoique* régit le subjonctif et signifie encore que, bien que : *quoiqu'il soit pauvre, il est honnête homme*.

QUOI QUE CE SOIT, loc. indéf. (*koèkeceçoè*); sans négation, elle signifie, *quelque chose que*; et, avec une négation, *rien*.

QUOLIBET, subst. mas. (*kolibè*) (du lat. *quod libet*, ce qu'il vous plaira, d'où l'on avait fait dans la théologie scholastique l'adjectif *quodlibétique*, par lequel on désignait des questions sur toute sorte de sujets, tellement vides de sens et de raison, qu'on a retenu le mot *quolibet*, pour signifier quelque chose de sot et de ridicule), mauvais jeu de mots, mauvaise pointe. — Au plur., des *quolibets*.

QUOLIBETIER, subst. mas. (*kolibetié*), diseur de *quolibets*. Inusité.

QUOLIBÉTIQUE, adj. des deux genres (*kolibétike*), fécond en *quolibets*. Inusité.

QUOLIBÉTISTE, subst. mas. (*kolibéticete*), qui aime les *quolibets*, qui aime à en faire.

QUOQUARD, subst. mas. (*kokar*), glorieux sans sujet. Hors d'usage.

QUOQUELU, subst. mas. (*kokelu*), avide de gloire. Vieux et même hors d'usage.

QUOQUIUM, subst. propre mas. (*kokui-ome*), divinité japonaise.

QUOTE, adj. fém. (*kote*) (en lat. *quota*, combien). Cet adject. ne s'emploie guère qu'avec le mot *part*, et ils forment ensemble un substantif composé. Voy. QUOTE-PART.

QUOTE-PART, subst. fém. (*kotepar*) (du latin *quotus, a, um*, combien? quoi? *quota pars*, quelle part? la part que chacun doit payer ou recevoir dans la répartition d'une somme. — Au plur. des *quote-parts*.

QUOTIDIEN, adj. mas., au fém. QUOTIDIENNE (*quotidiein, diene*) (en latin *quotidianus*), journalier, de chaque jour. — *Fièvre quotidienne*, dont les accès reviennent tous les jours. — QUOTIDIEN,

JOURNALIER, DIURNE. (SYN.) *Quotidien* diffère de *journalier* en ce que le premier revient chaque jour sans en occuper toute la durée. Ce qui est *journalier* se répète comme les jours et varie de même; il peut en occuper ou ne pas en occuper toute la durée. Ce qui est *diurne* revient chaque jour et en occupe toute la durée. — prov. : *c'est son pain quotidien*, c'est une chose qui lui est ordinaire.

QUOTIDIENNE, adj. fém. Voyez QUOTIDIEN.

QUOTIDIENNEMENT, adv. (*kotidièneman*), chaque jour.

QUOTIDIENNETÉ, subst. fém. (*kotidièneté*), reproduction journalière d'un acte, d'une habitude, d'un usage. — Ce mot, qui est fort en usage, manque dans l'*Académie*.

QUOTIENT, subst. mas. (*koci-an*) (du latin *quoties*), t. d'arith., le résultat de la division et le nombre qui marque combien de fois le diviseur est contenu dans le nombre divisé : le quotient de douze, divisé par trois, est quatre.

QUOTITÉ, subst. fém. (*kotité*) (du latin *quoties*), somme fixe à laquelle monte chaque quote-part : *payer sa quotité*. — *Impôt de quotité*, celui qui détermine positivement ce que chacun doit payer. — *La quotité du cens*, la somme à laquelle monte le cens. — *Légataire d'une quotité*, d'une partie, comme d'un tiers, d'un quart, etc.

QUOTTEMENT, subst. mas. (*koteman*), t. d'horlog., action de *quotter* la dent d'engrenage. — Effet de cette action. Peu en usage.

QUOTTÉ, part. pass. de *quotter*.

QUOTTER, v. neut. (*koteté*), t. d'horlog., se dit de la dent qui porte sur l'engrenage. Peu en usage.

QUOUE, subst. fém. (*kou*), queue. (*Boiste*.) Vieux et même hors d'usage.

QUOUIYA, subst. mas. (*koui-a*), t. d'hist. nat., espèce d'agouti d'Amérique.

R, subst. mas. (re, et non plus ère, qui ne rend nullement le son naturel de cette lettre), la dix-huitième lettre et la quatorzième consonne de l'alphabet français. — C'était autrefois une lettre numérale valant quatre-vingts, et surmontée d'un trait horizontal, quatre-vingt mille. Le p des Grecs valait cent. — Dans le commerce, r s'emploie comme abréviation avec plusieurs significations différentes. R, reçu; R°, recto. — C'était le caractère dont on distinguait la monnaie fabriquée à Villeneuve-lès-Avignon; et la marque de celle d'Orléans. — Dans les ordonnances de médecin, r signifie recipe, prenez. — R barré ainsi : ℞, est aussi l'abréviation du mot repons. — Le son propre de cette lettre est re, comme dans ragoût, règle, rivage, Rome, rude, rouge. — R, au commencement ou au milieu d'un mot, se prononce toujours sans variation de son dans le discours soutenu, comme dans notre, votre; mais, dans la conversation, il est très-adouci, comme dans les mots précédents, et dans mercredi, que l'on prononçait autrefois abusivement mékredi. — R final sonne, 1° dans les monosyllabes fer, mer, cher, mur, or, sieur; 2° dans la terminaison er, immédiatement précédée de f, m, ou v; comme dans enfer, mer, hiver; 4° dans magister, cancer, cuiller, belveder, frater, et dans les noms propres Jupiter, Esther, Munster, le Niger, Alger; voir ce dernier mot; 4° dans les mots en ir, plaisir, loisir, repentir. Mais r ne sonne pas à la fin des noms polysyllabes en ier, que l'on prononce ié, comme officier, sommeiller, teinturier, etc. Il en est de même des adjectifs polysyllabes en er, comme entier, altier, particulier, singulier, etc. — Il est muet à la fin des noms polysyllabes en er, comme danger, berger. Il est aussi muet dans la conversation, à la fin des infinitifs en er, à moins qu'ils ne soient suivis d'une voyelle ou d'un h muet : elle veut danser, dites comme s'il y avait elle veut dancé; aimer à courir, emèrakourir. A la fin des infinitifs des autres conjugaisons, r se fait toujours entendre : finir, recevoir; prononcez finire, recevoare. Lorsque la lettre r est redoublée, on n'en prononce ordinairement qu'une, comme dans perruque, carrosse, marron, barre; seulement ces deux rr rendent la voyelle précédente plus longue; et si c'est la voyelle e, on la prononce plus ouverte, comme dans guerre, tonnerre. Exceptions : les deux rr se prononcent dans errata, errer, erroné, abhorrer, arrhes; dans la plupart des mots qui commencent par ir, comme irrégulier, irrévocable, irréfragable, irruption, etc.; dans les futurs et les conditionnels des verbes mourir, courir, acquérir, je mourrai, je mourrais; je courrai, je courrais; j'acquerrai, j'acquerrais. — Rh n'a point d'autre articulation que celle du r simple : rhéteur, rhume, rhythme, etc.

RAB, subst. mas. (rabe), tympanon hébreu.

RABAB, subst. mas. (rababe), instrument arabe en forme de tortue, à manche et à trois cordes de crin. On en joue avec un archet.

RABÂCHAGE, subst. mas. (rabâchaje), défaut du discours de celui qui rabâche : être sujet au rabâchage; tout ce qu'il dit n'est que du rabâchage. Il est fam.

RABÂCHÉ, E, part. pass. de rabâcher.

RABÂCHER, v. act. et neut. (rabâché), revenir souvent et inutilement sur ce qu'on a dit : il rabâche toujours; rabâcher cinquante fois la même chose. Il est fam. — SE RABÂCHER, v. pron.

RABÂCHERIE, subst. fém. (rabâcheri), répétition fatigante, inutile : ce ne sont que des rabâcheries continuelles. (J.-J. Rousseau).

RABÂCHEUR, subst. mas., RABÂCHEUSE, subst. fém. (rabâcheur, cheuze), celui ou celle qui rabâche.

RABÂCHEUSE, subst. fém. Voyez RABÂCHEUR.

RABAIS, subst. mas. (rabé), diminution que le vendeur accorde à l'acheteur sur le prix convenu : vendre des marchandises au rabais. — Diminution de valeur, de prix : il y a du rabais. — Rabais des monnaies, diminution sur la valeur des monnaies ; le gouvernement a seul le droit de l'imposer. — Mode d'adjudication publique dans les travaux à exécuter pour le compte du gouvernement : entreprise, adjudication au rabais. — Donner ou mettre un ouvrage au rabais, faire publier qu'on le donnera à celui qui l'entreprendra au meilleur marché. — Fig., met-

tre quelqu'un trop au rabais, en parler trop désavantageusement.
RABAISSÉ, E, part. pass. de rabaisser.
RABAISSEMENT, subst. mas. (rabéceman), action de rabaisser; diminution : le rabaissement des monnaies, des tailles.
RABAISSER, v. act. (rabéce), mettre plus bas : rabaisser un tableau, une corniche. — Rabaisser sa voix, parler plus bas. — Diminuer : rabaisser le taux des denrées, les tailles, les monnaies. — Rabaisser une marchandise, la déprécier. — En t. de man. : rabaisser les hanches du cheval, asseoir un cheval. — Rabaisser son vol, en parlant d'un oiseau, voler plus bas que la hauteur à laquelle il s'était d'abord élevé. — Prov. et fig. : rabaisser son vol, retrancher de sa dépense, vivre dans un moindre éclat ; modérer ses prétentions.—Rabaisser l'orgueil, le caquet de quelqu'un, réprimer son orgueil, sa vanité, son aplomb. — SE RABAISSER, v. pron., s'abaisser, s'humilier.
RABAN, subst. mas. (raban), t. de pêche, corde qu'on attache par une extrémité à la tête d'un filet dormant, et par l'autre à une pierre qu'on enfouit dans le sable. — T. de marine, bout de cordages de différentes espèces, propre à amarrer certaines choses : raban de ferlages, de pointures, etc.
RABANÉ, E, part. pass. de rabaner.
RABANER, v. act. (rabané), t. de mar., passer ou placer les rabans sur les lisières des voiles des vaisseaux lorsqu'on se dispose à les enverguer. — SE RABANER, v. pron.
RABANTÉ, É, part. pass. de rabanter.
RABANTER, v. act. (rabanté), enverguer. — SE RABANTER, v. pron.
RABASTÉ, E, part. pass. de rabaster.
RABASTER, v. act. (rabacété), faire un tapage épouvantable. (Boiste.) Vieux et même hors d'usage. — SE RABASTER, v. pron.
RABAT, subst. mas. (raba) (rac. rabattre), ornement de toile que les hommes de certaines professions, et particulièrement les ecclésiastiques, portent autour du cou, et qui se rabat, des deux côtés, sur la poitrine. Il se compose de deux morceaux d'étoffe noire bordée de blanc, ou de deux morceaux d'étoffe blanche et plissée : petit rabat, grand rabat. — Au jeu de quilles, coup que le joueur joue de l'endroit où la boule s'est arrêtée : jouer de rabat.—Au jeu de paume, bout du toit qui sert à rejeter la balle : tenir le rabat. — En t. de chasse, action de rabattre le gibier.
Rabat, 3e pers. sing. prés. indic. du v. irrég. RABATTRE.
RABAT-EAU, et non pas RABATEAU, subst. mas. (rabato), t. de rémouleur, morceau de semelle ou de vieux chapeau appliqué contre une meule au-dessus de l'auge pleine d'eau, afin d'arrêter l'eau qui la suivrait dans son mouvement circulaire, et qui serait portée au visage de celui qui est couché sur la planche.
RABATENS, subst. propre mas. (rabateince), ville de France, chef-lieu de canton, arrond. de Tarbes, dép. des Hautes-Pyrénées. — Autre, chef-lieu de canton, arrond. de Gaillac, dép. du Tarn.
RABAT-JOIE, subst. mas. (rabajoa), ce qui trouble la joie; homme triste, ennemi de la joie. — On le dit souvent des personnes que de la chose. — Au plur., des rabat-joie.
DU VERBE IRRÉGULIER RABATTRE :
Rabats, 2e pers. sing. impér.
Rabats, précédé de je, 1re pers. sing. prés. indic.
Rabats, précédé de tu, 2e pers. sing. prés. indic.
RABATTAGE, subst. mas. (rabataje), t. de comm., tare, déduction, diminution. — En t. de peignage de laine, action de décharger la barre de laine des nœuds qu'elle peut avoir.
DU VERBE IRRÉGULIER RABATTRE :
Rabattaient, 3e pers. plur. imparf. indic.
Rabattais, 1re pers. sing. imparf. indic.
Rabattais, 2e pers. sing. imparf. indic.
Rabattait, 3e pers. sing. imparf. indic.
Rabattant, part. prés.
Rabatte, précédé de que je, 1re pers. sing. prés. subj.
Rabatte, précédé de qu'il ou qu'elle, 3e pers. sing. prés. subj.
RABATTEMENT, subst. mas. (rabateman), t. de jurispr. anc., diminution sur le prix de vente de certaines propriétés.
DU VERBE IRRÉGULIER RABATTRE :
Rabattent, précédé de ils ou elles, 3e pers. plur. prés. indic.

Rabattent, précédé de qu'ils ou qu'elles, 3e pers. plur. prés. subj.
Rabattes, 2e pers. sing. prés. subj.
Rabattez, 2e pers. plur. impér.
Rabattez, précédé de vous, 2e pers. plur. prés. indic.
Rabattiez, précédé de vous, 2e pers. plur. imparf. indic.
Rabattiez, précédé de que vous, 2e pers. plur. prés. subj.
Rabattîmes, 1re pers. plur. prét. déf.
Rabattions, précédé de nous, 1re pers. plur. imparf. indic.
Rabattions, précédé de que nous, 1re pers. plur. du subj.
Rabattirent, 3e pers. plur. prét. déf.
Rabattis, précédé de je, 1re pers. sing. prét. déf.
Rabattis, précédé de tu, 2e pers. sing. prét. déf.
Rabattisse, 1re pers. sing. imparf. subj.
Rabattissent, 3e pers. plur. imparf. subj.
Rabattisses, 2e pers. sing. imparf. subj.
Rabattissiez, 2e pers. plur. imparf. subj.
Rabattissions, 1re pers. plur. imparf. subj.
Rabattit, précédé de il ou elle, 3e pers. sing. prét. déf.
Rabattît, précédé de qu'il ou qu'elle, 3e pers. sing. imparf. subj.
Rabattîtes, 2e pers. plur. prét. déf.
RABATTOIR, subst. mas. (rabatoare), t. de couvreur, outil de fer propre à rabattre les bords d'une pièce de cuivre, de fer-blanc, etc., etc.
DU VERBE IRRÉGULIER RABATTRE :
Rabattons, 1re pers. plur. impér.
Rabattons, précédé de nous, 1re pers. plur. prés. indic.
Rabattra, 3e pers. sing. fut. indic.
Rabattrai, 1re pers. sing. fut. indic.
Rabattraient, 3e pers. plur. prés. cond.
Rabattrais, précédé de je, 1re pers. sing. prés. cond.
Rabattrais, précédé de tu, 2e pers. sing. prés. cond.
Rabattrait, 3e pers. sing. prés. cond.
Rabattras, 2e pers. sing. fut. indic.
RABATTRE, v. act. (rabatre), rabaisser, faire descendre : le vent rabat la fumée. — Diminuer du prix : je n'en rabattrai pas un sou; et fig. : il ne veut rien rabattre de ses prétentions. — En rabattre beaucoup, ne plus être aussi fier, aussi vaniteux ; et encore, estimer moins une personne qu'on ne l'estimait auparavant.—Rabattre les plis d'une couture, les aplatir.—Fig., rabaisser : rabattre l'orgueil, la fierté de quelqu'un.—Rabattre de l'estime qu'on avait pour quelqu'un, ne plus en penser autant de bien qu'on en pensait.—Fam. : il a bien rabattu son caquet. — Rabattre un coup, t. d'escrime, le détourner, le rompre en le parant. — Fig. : rabattre les coups, adoucir, apaiser des gens aigris les uns contre les autres. — En t. de palais, rabattre un défaut, révoquer le défaut prononcé contre l'une des parties qui n'aurait pas comparu. — En t. de man., rabattre les courbettes, forcer un cheval de poser à terre, l'empêcher de faire des courbettes. — Rabattre le gibier, faire la campagne pour le réunir dans l'endroit où sont les chasseurs. — Rabattre les avoines, en t. d'agriculture, faire passer un rouleau sur les avoines. —Rabattre les sillons, les aplanir. — Rabattre un arbre, le détourner de tout ce qu'il a d'exubérant ; on dit dans le même sens : rabattre une branche. — Neut., quitter un chemin et se détourner tout d'un autre : quand vous serez en tel lieu, vous rabattrez par tel endroit, etc. — SE RABATTRE, v. pron., il a à peu près le même sens que le v. act. et le v. neut. : les perdrix se sont rabattues dans le blé, s'y sont remises. L'armée se rabattit sur cette place, quitta la route qu'elle tenait et parut devant cette place. — Changer tout-à-coup de propos : il se rabattit sur la politique.
DU VERBE IRRÉGULIER RABATTRE :
Rabattrez, 2e pers. plur. fut. indic.
Rabattriez, 2e pers. plur. prés. cond.
Rabattrions, 1re pers. plur. prés. cond.
Rabattrons, 1re pers. plur. fut. indic.
Rabattront, 3e pers. plur. fut. indic.
RABATTU, E, part. pass. de rabattre, et adj., rabaissé, etc.: Épée rabattue, qui n'a ni pointe, ni tranchant. — Dames rabattues, sorte de jeu qu'on joue sur le tablier du trictrac avec des dés et des dames. — Prov. : tout compté, tout rabattu, tout bien examiné.

RABATTUE, subst. fém. (rabatu), t. de mar., endroit où les lissés d'accastillage des gaillards et de la dunette sont coupées, et qui marque les hauteurs des lissages et vibords au-dessus des tillacs, des gaillards, etc.
RABBANI, subst. mas. (rabani), nom de docteurs juifs ou musulmans qui passent pour dévots et savants.
RABBANISTE. Voy. RABBINISTE, dit l'Académie. Nous regardons rabbaniste comme un barbarisme; car puisqu'on ne dit que rabbin, on ne doit pas dire rabbaniste, mais rabbiniste.
RABBANITE, subst. mas. (rabanite), nom de sectaires juifs.
RABBIN, subst. mas. (rabein) (mot hébreu qui signifie maître), docteur de la loi judaïque. — Grand rabbin, le chef d'une synagogue. — Fig. et en plaisantant : un vieux rabbin, un vieux savant. — On dit rabbi au vocatif, et quand il est suivi sans article du nom d'un docteur : Rabbi Maïmonides, que dites-vous, Rabbi, de telle interprétation?
RABBINAGE, subst. mas. (rabinaje), étude des livres des rabbins.
RABBINIQUE, adj. des deux genres (rabinike), qui est particulier aux rabbins : interprétation rabbinique.
RABBINISME, subst. mas. (rabiniceme), doctrine des rabbins.
RABBINISTE, subst. mas. et fém. (rabinicete), qui étudie, qui suit la doctrine des rabbins. — Voy. l'observation que nous avons faite au mot rabbaniste.
RABBOTH, subst. mas. (rabebote), commentaire allégorique sur les cinq livres de Moïse.
RABDOCHLOÉ, subst. fém. (rabedoklo-é), t. de bot., genre de plantes qui se rapproche de celui des cretelles.
RABDOÏDE, adj. (rabedo-ide) (du grec ραβδός, baguette, et εἶδος, forme, ressemblance), qui ressemble à une verge ou baguette. Se dit en anatomie de la seconde suture du crâne, qu'on appelle aussi suture sagittale.
RABDOLOGIE, subst. fém. (rabedoloji) (du grec ραβδός, baguette, et λογος, discours), espèce d'arithmétique dans laquelle on fait des calculs à l'aide de certaines baguettes sur lesquelles on écrit des nombres.
RABDOLOGIQUE, adj. des deux genres (rabedolojike), qui concerne la rabdologie.
RABDOMANCE, ou RABDOMANCIE, subst. fém. (rabedomance, manci) (du grec ραβδός, baguette, et μαντεια, divination), prétendue divination par des lignes tracées avec une baguette.
RABDOMANCIEN, subst. et adj., au fém. RABDOMANCIENNE (rabedomanciein, ciène), qui exerce la rabdomancie ; qui concerne la rabdomancie.
RABDOMANCIENNE, subst. et adj. fém. Voy. RABDOMANCIEN.
RABDOPHORE, subst. mas. (rabedofore) (du grec ραβδός, baguette, et φερω, je porte), t. d'antiq., officier chargé de maintenir le bon ordre dans les Jeux publics, chez les Grecs. Il portait une baguette pour marque distinctive.
RABDOPHORIE, subst. fém. (rabedofori), charge du rabdophore.—Durée de cette charge.
RABDOUALEPSIE, subst. fém. (rabedou-alepeci), fête annuelle qu'on célébrait dans l'île de Cos.
RABELAISIEN, subst. et adj. mas., au fém. RABELAISIENNE (rabeléziein, ziène), qui est partisan de la philosophie de Rabelais, de sa doctrine, de sa manière : un rabelaisien. — Qui est dans le goût, d'après la manière de Rabelais: style rabelaisien.
RABELAISIENNE, subst. et adj. fém. Voy. RABELAISIEN.
RABÊTI, E, part. pass. de rabêtir.
RABÊTIR, v. act. (rabétir), rendre bête et stupide. Il est populaire. — Neut., devenir bête : il rabêtit tous les jours. — SE RABÊTIR, v. pron.
RABETTE, subst. fém. (rabete), huile de navette.—Il se dit quelquefois pour la navette elle-même.
RABIE, subst. mas. (rabi), nom de deux mois arabes qui répondent à nos mois de novembre et décembre.
RABIAU, subst. mas. (rabi-ô), t. de mar., ce qui reste de vin, de bière ou d'eau-de-vie dans le bidon après que le partage en a été fait aux hommes de l'équipage.
RABIAUTÉ, part. pass. de rabiauter.
RABIAUTER, v. neut. (rabi-ôté) (du latin rebibere, boire de nouveau, ou rebitare, revenir à une chose qu'on a quittée), boire de rabiau.

RABIÉIQUE, adj. des deux genres (*rabi-é-ike*). Voy. RABIQUE.

RABINE, subst. fém. (*rabine*), sorte de poire.

RABIOLE, subst. fém. (*rabi-ole*), sorte de rave.

RABIQUE, adj. des deux genres (*rabike*) (du latin *rabies*, rage), qui tient de la rage; qui en est la cause ou l'effet.

RÂBLE, subst. mas. (*râble*) (du latin *rapum*, qui a signifié *la queue*), partie du lièvre ou du lapin qui s'étend depuis les côtes jusqu'aux cuisses. — En chimie, barre de fer en crochet pour remuer les substances que l'on calcine. — Les plombiers appellent *râble*, un outil de bois proportionné à la largeur du moule, dont ils se servent pour faire couler et étendre le plomb sur les moules, et donner à la table de plomb la même épaisseur dans toute sa longueur. — Les boulangers appellent *râble* un outil qui sert à remuer les tisons dans le four. C'est ce qu'on nomme ordinairement *fourgon*.—Les pâtissiers, verriers et plusieurs autres artisans, donnent aussi le nom de *râble* à un outil dont ils se servent pour remuer facilement les tisons et la braise. — Les chaufourniers appellent *râble*, une espèce de râteau de fer sans dents, qui sert à retirer la braise ou la cendre des fours à chaux. — *Râble*, en termes de glacerie, se dit de divers instruments, tels que le *râble à fritte*, le *râble des tiseurs*, etc. — Les facteurs d'orgues appellent *râble*, une boîte sans fond dans laquelle on coule les tables de plomb et d'étain, pour en fabriquer des tuyaux d'orgue.— Fam. : *avoir le râble épais*, être fort et robuste. — Au plur., pièces de charpente.

RABLÉ, E, part. pass. de *râbler*, et adj., passé au *râble* : *plâtre râblé*, nettoyé du charbon qui s'y trouvait mêlé.

RÂBLER, v. act. (*râblé*), dans les manufactures de glaces, attiser le feu, l'arranger avec le *râble*. — Nettoyer le plâtre, lui ôter le charbon. — *se* RÂBLER, v. pron.

RÂBLOT, subst. mas. (*râblô*), outil semblable au *râble*, mais plus petit, dont les boulangers se servent pour remuer les tisons dans le four.

RÂBLU, E, adj. (*râblu*), qui est bien fourni de *râble*, en parlant d'un lièvre, etc. L'*Académie* prétend qu'on dit aussi *râblé, e*; nous ne le pensons pas. — On dit en plaisantant : *c'est un gros garçon bien râblu*, fort, vigoureux.

RÂBLURE, subst. fém. (*râblure*), t. de marine, entaille sur la quille d'un vaisseau.

RABOBELINÉ, E, part. pass. de *rabobeliner*.

RABOBELINER, v. act. (*rabobeliné*), plâtrer, rapetasser. Fig. et fam. — *se* RABOBELINER, v. pron. Peu usité.

RABOLANE, subst. fém. (*rabolane*), t. d'hist. nat., perdrix blanche, gélinotte blanche, poule de neige.

RABONNI, E, part. pass. de *rabonnir*.

RABONNIR, v. act. (*rabonir*), rendre meilleur : *les bonnes caves rabonnissent le vin*. — Il est aussi neut. : *ce vin rabonnit*.—*se* RABONNIR, v. pron.

RABORDÉ, E, part. pass. de *raborder*.

RABORDER, v. act. (*rabordé*), t. de marine : *raborder un vaisseau*, aller de nouveau à *l'abordage* après avoir été repoussé, ou l'avoir manqué faute de manœuvre. — *se* RABORDER, v. pron.

RABOT, subst. mas. (*rabô*), outil de menuisier pour aplanir et polir le bois. — Outil de maçon pour remuer et détremper la chaux. — Espèce de pierre de liais propre à paver, etc. — Fig. et fam. : *passer le rabot sur un ouvrage*, le perfectionner. — Les serruriers ont aussi un *rabot* qui sert à planer le fer et à y pousser des filets et des moulures. — Les arquebusiers appellent *rabot à baguette*, un rabot long et plat, dont la face de dessous est faite en moulure creuse, et sert pour polir et tourner en rond les baguettes de fusil; *rabot à canon*, un rabot long d'un pied, plat et épais de deux pouces, dont la face de dessous est arrondie, et sert à former la moulure de dessus le bois de fusil pour y placer le canon du fusil; *rabot plat*, un outil fait comme la demi-varlope des menuisiers, qui sert pour diminuer d'épaisseur les bois de fusil avant de les sculpter. — On appelle *rasoir à rabot*, une espèce de rasoir propre à apprendre à se raser soi-même sans se couper. — Les fondeurs de caractères d'imprimerie appellent *rabot*, un fer tranchant qui fait partie du coupoir, et qui sert à enlever les parties des caractères qu'on veut couper, et à les égaliser.—Les ciriers appellent *rabot*, une sorte de râteau fait avec un chanteau de futaille fixé à un long manche. — En termes de glacerie, on appelle ainsi une planche emmanchée à un fer très-long, qui lui-même est joint à un autre manche de bois. Ce *rabot* sert à nettoyer le pavé du fourneau de fusion.— En termes de marbriers, c'est un morceau de bois dur avec lequel ils frottent le marbre. — En termes de miroitiers, un diamant monté sur un manche, qui sert à équarrir les glaces. — Dans les fabriques de poudre à canon, on appelle *rabot*, un râteau à dents qui sert à étendre la poudre sur un drap au sortir du grainoir. — Les terrassiers et jardiniers appellent *rabot* une planchette attachée à un long manche, et qui sert à étendre également le sable dans les allées.

RABOTÉ, E, part. pass. de *raboter*.

RABOTER, v. act. (*raboté*), rendre uni et poli avec le *rabot*. — Fig. et fam. : *raboter un ouvrage*, y réformer, y retrancher. — *se* RABOTER, v. pron.

RABOTEUR, subst. mas. (*raboteur*), celui qui *rabotte*.

RABOTEUSE, adj. fém. Voy. RABOTEUX. — Subst. fém., t. d'hist. nat., nom spécifique d'une espèce de tortue.

RABOTEUX, subst. mas. (*raboteu*), t. d'hist. nat., espèce de poisson du genre des cottes.

RABOTEUX, adj. mas., au fém. RABOTEUSE (*raboteu*, *teuze*), proprement, en parlant du bois, noueux, inégal, qui a besoin d'être uni avec le *rabot* : *ces planches sont raboteuses*.—Il se dit par extension de tout ce qui n'est point uni, qui est inégal, qui n'est point poli, particulièrement des chemins : *pays raboteux*. — Fig., grossier, mal poli, en parlant du style, des ouvrages, soit en vers, soit en prose : *style, vers raboteux*.

RABOTIER, subst. mas. (*rabotié*), table cannelée de sillons, dans lesquels les monnayeurs arrangent ou disposent leurs carreaux l'un contre l'autre.

RABOUGRI, E, part. pass. de *rabougrir* et adj.: *arbre rabougri*, qui n'est pas parvenu à sa perfection ni à sa juste grandeur.—Fig. et fam. : *petit homme rabougri*, *petite femme toute rabougrie*, de petite taille, ou de mauvaise mine.

RABOUGRIR, v. neut. (*rabouguerir*) : *les gelées font rabougrir le jeune bois*, l'empêchent de profiter.—*se* RABOUGRIR, v. pron., devenir *rabougri*.

RABOUILLÈRE, subst. fém. (*rabou-ière*), trou dans lequel les lapins font leurs petits.

RABOUQUIN, subst. mas. (*raboukiein*), instrument de musique des Hottentots, espèce de guitare à trois cordes.

RABOUTI, E, part. pass. de *raboutir*.

RABOUTIR, v. act. (*raboutir*), mettre bout à bout quelques morceaux d'étoffe : *raboutir des morceaux de drap*.—*se* RABOUTIR, v. pron.

RABROUÉ, E, part. pass. de *rabrouer*.

RABROUER, v. act. (*rabrou-é*), rebuter avec rudesse, avec mépris; c'est, proprement, rejeter, comme insolites, des propositions qu'il est impossible de ne pas désapprouver : *rabrouer tout le monde*, se fâcher contre tout le monde. — *se* RABROUER, v. pron.

RABROUEUR, subst. mas., **RABROUEUSE**, subst. fém. (*rabrou-eur*, *euze*), celui, celle qui réprimande avec rudesse, avec mépris.

RABROUEUSE, subst. fém. Voy. RABROUEUR.

RABUTINADE, subst. fém. (*rabutinade*), trait d'esprit de *Rabutin*. (Boiste.) Hors d'usage.

RABUTINAGE, subst. mas. (*rabutinaje*), famille des *Rabutins*. (Boiste.) Inusité.

RAC., abréviation du mot *racine*.

RACA, subst. mas. (*raka*), t. d'indignation, employé dans la Bible pour signifier, fou, imbécile, etc.

RACAGES, subst. fém. plur. (*rakaje*), t. de mar., boules de bois enfilées qu'on met sur les mâts pour faciliter le mouvement des vergues. —Au sing., collier dont on entoure le mât.

RACAHOUT, subst. mas. (*raka-ou*) (mot emprunté de l'arabe), certaine préparation de fécule, composé nourrissant, et analeptique.

RACAILLE, subst. fém. (*raka ie*) (diminutif de *race*, *mauvaise race*, *mauvaise engeance*), la lie du peuple; il est plus fort et plus méprisant que *canaille*. — Chose de rebut : *tout le reste n'est que de la racaille*.

RACAMBEAU, subst. mas. (*rakanbô*), t. de mar., anneau de fer qui fixe au mât la vergue d'une chaloupe.

RACANETTE, subst. fém. (*rakanète*), t. de chasse; on donne ce nom aux sarcelles.

RACASSE, subst. fém. (*rakace*), t. d'hist. nat., espèce de poisson.

RACATES, subst. mas. plur. (*rakate*), anciens peuples qui habitaient entre le Danube et la Moravie.

RACAVIER, subst. mas. (*rakavié*), t. de bot., espèce d'arbrisseau de la Guyane, dont les fruits ressemblent à des glands.

RACCOISÉ, E, part. pass. de *raccoiser*.

RACCOISER, v. act. (*rakoèzé*), rendre calme. (*Boiste*.)—*se* RACCOISER, v. pron. Inusité.

RACCOMMODAGE, subst. mas. (*rakomodaje*), travail ou salaire de celui qui *raccommode*. — Chose *raccommodée*.

RACCOMMODÉ, E, part. pass. de *raccommoder*.

RACCOMMODEMENT, subst. mas. (*rakomodeman*), réconciliation, renouvellement d'amitié : *travailler à un raccommodement*.

RACCOMMODER, v. act. (*rakomodé*), refaire, remettre en bon état : *raccommoder une montre*.—Rajuster : *raccommodez votre coiffure*.— Réformer, corriger : *il y a beaucoup à raccommoder à cette harangue*, peu usité dans cette acception; mais on dit bien : *raccommoder une affaire*. — Réparer : *chercher à raccommoder une sottise*.—Mettre d'accord des personnes qui se sont brouillées.—*se* RACCOMMODER, v. pron.— Se réconcilier, se remettre bien avec quelqu'un.

RACCOMMODEUR, subst. mas., **RACCOMMODEUSE**, subst. fém. (*rakomodeur*, *deuze*), celui, celle qui *raccommode*.

RACCOMMODEUSE, subst. fém. Voy. RACCOMMODEUR.

RACCORD, subst. mas. (*rakore*), t. d'arts, *accord*, liaison qu'on établit entre deux choses contiguës : *faire des raccords*, fondre ensemble deux inégalités.—On le dit aussi en parlant des ouvrages d'esprit.

RACCORDÉ, E, part. pass. de *raccorder*.

RACCORDEMENT, subst. mas. (*rakordeman*), t. d'architecture, réunion de deux corps, de deux superficies à un même niveau, d'un ouvrage vieux à un neuf. — On s'est servi de ce mot avant l'emploi de *raccord*. Voy. ce mot.

RACCORDER, v. act. (*rakordé*), en archit., faire un *raccordement*, un *raccord*.—En peinture, retoucher un tableau pour mettre l'*accord* convenable contre les tons, les couleurs, etc. — Il se dit même des ouvrages d'esprit : *après de nombreuses coupures, il faut raccorder l'ensemble*. — En musique, *accorder* de nouveau un instrument.— Fig. : *raccommoder* deux personnes brouillées. *Raccommoder* est plus usité. —*se* RACCORDER, v. pron.

RACCOUPLÉ, E, part. pass. de *raccoupler*.

RACCOUPLEMENT, subst. mas. (*rakouplеman*), action de *raccoupler*.— Ce mot manque dans l'*Académie*.

RACCOUPLER, v. act. (*rakouplé*), remettre ensemble ce qui avait été *accouplé*. — *se* RACCOUPLER, v. pron. Ce mot manque dans l'*Académie*.

RACCOURCI, subst. mas. (*rakourci*), abrégé de ce qui est ailleurs en grand.—En peint., effet de la perspective, par lequel les objets vus de face paraissent plus courts qu'ils ne sont en effet : *ce peintre entend bien les raccourcis*.—*En raccourci*, loc. adv., en petit : *il peint en raccourci*. — En abrégé : *raconter un fait en raccourci*.

RACCOURCI, E, part. pass. de *raccourcir* et adj. — Se dit dans le blason, des pièces honorables qui ne touchent point les bords de l'écu. — *A bras raccourcis*, de toute sa force.

RACCOURCIR, v. act. (*rakourcir*), *accourcir*, rendre plus *court* : *raccourcir une corde*.—*Raccourcir ses pas*, aller moins vite; en dansant, étendre peu les pas.—En t. de man. : *raccourcir un cheval*, ralentir son allure, et le ramener, pour ainsi dire, sous le cavalier.—*Raccourcir des étriers*, en relever les étrivières.—Au fig., abréger; faire moins durer; diminuer.— *Raccourcir le bras*, le plier en-dedans, le retirer. — Neut., devenir plus *court* : *les jours raccourcissent*. — *se* RACCOURCIR, v. pron., devenir plus *court* : *cette toile s'est raccourcie au blanchissage*.—Se replier sur soi-même, en parlant d'un cheval, d'un combattant.

RACCOURCISSEMENT, subst. mas. (*rakourcisseman*), action de *raccourcir*. — Effet de cette action.

RACCOURIR, v. neut. (*rakourir*), revenir en *courant*. (*Boiste*.) Vieux, mais encore en usage.

RACCOURS, subst. mas. (*rakour*), *raccourcissement* d'une étoffe mal fabriquée. Presque inusité.

RACCOURCI, part. pass. de *raccourcir*.

RACCOUTRÉ, E, part. pass. de *raccoutrer*.

RACCOUTREMENT, subst. mas. (*rakoutreman*), action de *raccoutrer*, ou effet de cette action. Vieux.

RACCOUTRER, v. act. (*rakoutré*), raccommoder; recoudre : *donner un vieil habit à raccoutrer*. Vieux. — *se* RACCOUTRER, v. pron.

RACCOUTREUR, subst. mas., **RACCOUTREUSE**, subst. fém. (*rakoutreur, treuze*), celui, celle qui *raccoutre*. Vieux et presque hors d'usage.

RACCOUTREUSE, subst. fém. Voy. RACCOUTREUR.

RACCOUTUMÉ, E, part. pass. de *se raccoutumer*.

se **RACCOUTUMER**, v. pron. (*cerakoutumé*), reprendre une habitude : *il se raccoutume à notre société*.

RACCROC, subst. mas. (*rakrô*), t. de jeu, coup inattendu, où il y a plus de bonheur que d'adresse. On dit souvent aussi : *coup de raccroc*. — *Par raccroc*, sans le vouloir, par hasard.

RACCROCHÉ, E, part. pass. de *raccrocher*.

RACCROCHER, v. act. (*rakroché*), accrocher de nouveau : *raccrochez donc ce tableau*. — Arrêter les passants, en parlant des femmes de mauvaise vie. — *se* RACCROCHER, v. pron., regagner les avantages perdus; s'aider d'une chose pour se sauver d'un pas difficile, d'un inconvénient, etc. — *Se raccrocher aux branches*, se sauver d'un pas périlleux. — *Se raccrocher au service*, y rentrer.

RACCROCHEUSE, subst. fém. (*rakrocheuze*), fille publique, qui arrête les passants, qui les *raccroche*.

RACE, subst. fém. (*race*), lignée, tous ceux qui viennent d'une même famille : *être d'une bonne race*. Poét. : *la race future; les races futures; les races à venir*, la postérité. — Par injure et par mépris : *race maudite; méchante race*. On le dit aussi des enfants : *c'est une méchante race*, une *race*, une lignée. — *La race mortelle*, les hommes en général. — *Race de vipères*, expression tirée de l'Écriture, et qu'on applique aux gens maudits de Dieu, et par extension à de mauvaises gens. — RACE, LIGNÉE, FAMILLE, MAISON. (*Syn.*) *Race*, dit *Roubaud*, a trait particulièrement à une souche commune : *lignée*, à la filiation, à la descendance commune; *famille*, à une extraction commune; *maison*, à un berceau, à des titres communs. La *race* rappelle son auteur, son fondateur; la *lignée*, les enfants, les descendants; la *famille*, les chefs et les membres; la *maison*, l'origine et les ancêtres. — Par extension, on le dit des animaux domestiques : *cheval*, *chien de bonne race*; et en parlant des chevaux seulement : *cheval de race*. — Prov. : *les bons chiens chassent de race*, les enfants tiennent des mœurs et des inclinations de leurs pères. — *Chasser de race*, se dit des hommes en bonne ou en mauvaise part; mais il ne se prend qu'en mauvaise part quand on parle des femmes.

RACENFORT, subst. mas. (*raçanfor*), oriflamme des anciens Danois.

RACÉ, part. pass. de *racer*.

RACER, v. neut. (*racé*), t. d'oiseleur, produire un petit semblable à soi. Tout-à-fait hors d'usage.

RACHALANDAGE, subst. mas. (*rachalandaje*), action de ramener les *chalands* à sa boutique. — Effet de cette action.

RACHALANDÉ, E, part. pass. de *rachalander*.

RACHALANDER, v. act. (*rachalandé*) : *rachalander une boutique*, y faire revenir les *chalands*. — *se* RACHALANDER, v. pron.

RACHAT, subst. mas. (*racha*), recouvrement d'une chose qu'on a vendue, en payant le prix qu'elle a coûté; nouvel *achat*. — Délivrance en payant quelque rançon : *le rachat des captifs*. — *Jésus-Christ a versé son sang pour le rachat du genre humain*. — En t. de vieille féod., somme du revenu d'un fief pendant une année; c'était le droit de *relief*. — *Rachat de marchandises*, somme payée pour obtenir la remise de marchandises capturées. — *Rachat d'une rente, d'une pension*, paiement d'une certaine somme pour l'amortissement ou l'extinction d'une rente, d'une pension.

RACHE, subst. fém. (*rache*), t. de salines, mesure qui contient quatorze livres de sel. — On appelle *rache de goudron*, la lie du mauvais goudron. — Trait fait à la pointe du compas sur une pièce de bois. — Nom qu'on donne, dans quelques pays méridionaux, à une maladie commune aux enfants. — Maladie noueuse des arbres.

RACHÉ, E, part. pass. de *racher*.

RACHER, v. act. (*raché*), t. de brodeurs, assurer et finir une broderie tracée par de petits points disposés symétriquement. — T. de charpentiers, faire un trait avec la pointe du compas sur une pièce de bois. — *se* RACHER, v. pron. Peu connu.

RACHETABLE, adj. des deux genres (*rachetable*), qui se peut, qu'on a le droit de *racheter* : *marchandise rachetable*.

RACHETÉ, E, part. pass. de *racheter*.

RACHETER, v. act. (*racheté*), *acheter* ce qu'on a vendu : *je lui ai racheté le cheval que je lui avais vendu*. — *Acheter* une chose en la place d'une autre de la même espèce : *il avait vendu ses chevaux, il en a racheté d'autres*. — *Racheter une rente*, se décharger d'une rente au moyen d'une somme une fois payée. — Dédommager, compenser, *il rachette ses défauts par ses agréments*. — En archit., retrouver, regagner, joindre. — En maçonnerie, corriger un biais, etc., par une figure régulière. — Payer une somme pour s'exempter ou exempter un autre de quelque obligation pénible, etc. — Délivrer à prix d'argent un captif, un prisonnier, un forçat, etc. : *racheter les captifs*. — *Jésus-Christ a racheté le genre humain*. — *Vouloir racheter une chose de son sang*, vouloir qu'il pût se faire, au prix du sang, que ce qui est arrivé ne le fût pas. — *Je voudrais l'avoir rachetée de beaucoup*, que nous lisons dans l'*Académie*, en parlant d'une chose dont on regrette la perte, est peu correct; on dirait très-bien : *je voudrais pour beaucoup l'avoir rachetée*; mais *je voudrais l'avoir rachetée de beaucoup*, ne saurait se dire. — *Racheter ses péchés par l'aumône*, en obtenir la rémission par ce moyen. — *se* RACHETER, v. pron.

RACHEUSE, subst. et adj. fém. Voy. RACHEUX.

RACHEUX, subst. et adj. mas., au fém. RACHEUSE (*racheu, cheuze*), se dit d'un bois noueux, filandreux. — Enfant dont la tête est couverte de pustules noueuses et purulentes.

RACHEVÉ, E, part. pass. de *rachever*.

RACHÈVEMENT, subst. mas. (*rachèveman*), t. de chand., dernière couche donnée aux chandelles communes que l'on trempe dans le suif fondu. — Action d'*achever* une chose commencée.

RACHEVER, v. act. (*racheve*), t. de chand., donner la dernière couche aux chandelles. — Finir une chose commencée. — *se* RACHEVER, v. pron.

RACHEVEUR, subst. mas., **RACHEVEUSE**, subst. fém. (*racheveur, veuze*), ouvrier, ouvrière qui termine des ouvrages dans les ateliers de fonderie et autres.

RACHEVEUSE, subst. fém. Voy. RACHEVEUR.

RACHIALGIE, subst. fém. (*rachi-aleji*) (du grec ῥαχις, épine du dos, et ἀλγος, douleur), t. de médec., douleur vertébrale. — Espèce de colique plus connue sous le nom de *colique des peintres*.

RACHIALGIQUE, adj. des deux genres (*rachialejike*), qui est relatif, qui a rapport à la *rachialgie*.

RACHIALGITE, subst. fém. (*rachi-alcjite*) (du grec ῥαχις, l'épine du dos), t. de médec., inflammation de la moelle épinière.

RACHIDIEN, adj. mas., au fém. **RACHIDIENNE** (*rachidiein, diène*) t. de médec., qui concerne le *rachis* : *canal rachidien, artères rachidiennes*, etc. — *Boiste*, qui dit au mot *rachidien* : du *rachis*, ne donne pas le mot *rachis*. *Raymond*, lui, dit que *rachidien* est ce qui concerne le *rachitis*, et *Laveaux* ne donne pas *rachidien*.

RACHIDIENNE, adj. fém. Voy. RACHIDIEN.

RACHIS, subst. mas. (*rachice*) (en grec ῥαχις, épine du dos), t. d'anat.; on a donné ce nom à la colonne vertébrale. Il est formé par les vingt-quatre vertèbres placées les unes au-dessus des autres, et divisé en régions cervicale, dorsale et lombaire. — Extrémité du chaume des graminées, qui supporte les fleurs, et qui se manifeste en zigzag dans beaucoup d'espèces, comme, par exemple, dans le froment.

RACHISAGRE, subst. mas. (*rachizaguere*) (du grec ῥαχις, l'épine du dos, et ἀγρα, prise), t. de médec., maladie, douleur rhumatismale qui attaque l'épine dorsale.

RACHITIQUE, subst. et adj. des deux genres (*rachitike*), affecté de *rachitis* : *enfant rachitique; c'est un, une rachitique*.

RACHITIS, subst. mas. (*rachitice*) (du grec ῥαχις, épine du dos), courbure de l'épine du dos et de la plupart des os longs. On dit tout aussi souvent *rachitisme*.

RACHITISME, subst. mas. (*rachiticeme*), t. de médec. Voy. RACHITIS. — Maladie du blé dans laquelle la tige devient basse et nouée.

RACHITOME, subst. mas. (*rachitome*) (du grec ῥαχις, rachis, et τομη, fait de τεμνω, je coupe), t. de chir., sorte de couteau dont on se sert pour couper le *rachis*.

RACHOSIS, subst. mas. (*rakôzice*) (dérive du grec ῥαχοω, je fends), t. de médec., relâchement de la peau du scrotum ou des bourses.

RACINAGE, subst. mas. (*racinaje*), décoction d'écorce, de feuilles de noyer, de coques de noix, propre pour la teinture.

RACINAL, subst. mas. (*racinal*), t. de charpenterie, grosse pièce de bois qui sert au soutien et à l'affermissement des autres. — Au plur., *racinaux*.

RACINAUX, subst. mas. plur. Voy. RACINAL.

RACINE, subst. fém. (*racine*) (du lat. *radicula*, diminutif de *radix*), partie rameuse et chevelue par laquelle les arbres et les plantes tiennent à la terre et en tirent la plus grande partie de leur nourriture : *racine des arbres, des plantes*. — Plus particulièrement, on le dit de certaines plantes dans lesquelles ce qu'il y a de bon à manger est ce qui tient en terre, comme les raves, les carottes, etc. : *vivre de racines*. — En t. de jurisp., on appelle *fruits pendants par les racines*, des fruits qui n'ont été ni coupés ni cueillis. — On le dit aussi spécialement de la *racine* de certains arbres dont on fait des meubles : *ce meuble est en racine de buis, d'orme*, etc. — Il se dit encore des ongles, des dents, des cheveux; et par extension, des cancers, polypes, loupes, cors, etc. : *extirper un cor, un cancer jusqu'à la racine*. — Fig., principe : *aller à la racine*, ou *couper la racine du mal*, ou *couper racine au mal*. — En grammaire, mot dont un autre est formé, soit par dérivation ou par composition, soit dans la même langue ou dans une autre : *mal*, en français, est la racine de *malheur, malheureux, malheureusement*, etc. — On appelle *Jardin des racines grecques*, un recueil des étymologies qui servent à former les mots grecs. — En t. d'astron., époque ou instant d'où on commence à compter les mouvements des planètes. — En t. d'arithm. *la racine* est un nombre qui, multiplié par lui-même, produit un autre nombre dont il est la *racine*. Si ce produit est un carré, la *racine* s'appelle carrée. Si c'est un nombre cube, la *racine* s'appelle cubique : 3 est racine carrée de 9, et *racine* cubique de 27. — Terme d'algèbre, *racine d'une équation*, valeur de la quantité inconnue de l'équation. La *racine* est *vraie*, si cette valeur est positive; *fausse*, si elle est négative; *imaginaire*, si c'est la *racine* carrée d'une quantité négative. — Prov. : *prendre racine dans un endroit*, y demeurer trop long-temps. — *Racine d'émeraude*, t. d'hist. nat., sorte d'émeraude verdâtre demi-transparente. — *Racine d'Arménie*, *racine* dont on se sert au Mogol pour teindre les toiles en rouge. — *Racine de Colombo*, *racine* jaune des Indes qu'on appelle aussi *columbé*. — *Racine de disette*. Voy. BETTERAVE. — *Racine de peste*, *racine* du tussilage, qu'on croyait bonne contre la peste. — *Racine de Saint-Charles*, *racine* très-estimée contre l'épilepsie. — *Racine de Sainte-Hélène*, nom qu'on donne au souchet. — *Racine d'or*, *racine* amère d'une espèce de thalcitrum. — *Racine salivaire*, nom qu'on donne à certaines *racines* de camomille, parce qu'elles sont propres à exciter la salivation. — *Racine à odeur de rose*, t. de bot., plante qui croît sur les rochers aux lieux ombragés. — *Racine vierge*, plante vivace qui croît dans les bois; on la croit utile pour combattre l'hydropisie.

RACINÉ, E, part. pass. de *raciner*.

RACINEAUX, subst. mas. plur. (*racinô*), petits pieux qu'on enfonce en terre auprès des *racines* des plantes.

RACINER, v. neut. (*raciné*), pousser des *racines*. — A l'actif, teindre avec des *racines*, avec un *racinage*. — *se* RACINER, v. pron.

RACINIEN, adj. mas., au fém. **RACINIENNE**, (*racinien, niène*), du poète *Racine* : *style racinien, élégance racinienne*.

RACINIENNE, adj. fém. Voy. RACINIEN.

RACK, subst. mas. (*rake*), t. de bot., grand arbre des pays chauds. — Liqueur alcoolique des îles dont les Anglais font un excellent punch; on l'appelle *tafia* en Amérique. Voy. ARACK. Tel est du moins le renvoi de l'*Académie*; mais on dit plus souvent *rack* que *arack*.

RÂCLE, subst. fém. (*râkle*), t. de mar., sorte d'instrument de fer tranchant dont on se sert pour gratter les vaisseaux, afin de les tenir propres. — Les briquetiers appellent *râcle* un petit outil de bois avec lequel le mouleur de tuiles aplanit la planche de terre. — T. de bot., genre de plantes de la famille des graminées.

RÂCLE-FOURNEAU, subst. mas. (*râklefournô*), on appelle ainsi, dans le Lyonnais, les ramoneurs.—Au plur., des *râcle-fourneaux*.

RÂCLE-BOYAU, subst. mas. (*râkleboé-iô*), mauvais joueur de violon. Fam. — Au plur., des *râcle-boyau*.

RÂCLÉ, E, part. pass. de *râcler*.

RÂCLÉE, adj. fém. (*râklé*) : *nageoire râclée*, garnie d'épines. — Subst. fém., décharge de coups : *donner ou recevoir une râclée*. Pop.

RÂCLER, v. act. (nous ne savons pas pourquoi l'*Académie* écrit *racler* sans accent circonflexe, lorsque tout le monde prononce *râcler*) (*râklé*) (du latin *radiculare*, dim. de *radere*), emporter un peu de la superficie d'une chose : *râcler des peaux, du parchemin, de l'ivoire*, etc., *râcler des allées*.—En t. de mesureur, passer la râcloire sur la mesure de grain.—Prov., on dit d'un breuvage médicinal, d'un vin trop fort, qu'*il râcle les boyaux;* et d'un méchant joueur de violon qu'*il râcle le boyau*.—*Râcler un air*, le mal jouer.—*se* RÂCLER, v. pron.

RÂCLERIE, subst. fém. (*râkleri*), action de *râcler*.

RÂCLEUR, subst. mas. (*râkleur*), mauvais joueur de violon.

RÂCLOIR, subst. mas. (*raklodr*), instrument avec lequel on *râcle*.

RÂCLOIRE, subst. fém. (*râkloare*), planchette ou rouleau qui sert à *râcler* le dessus d'une mesure de grains. — Dans l'horlogerie, lame tranchante des deux côtés, portée par un manche.

RÂCLURE, subst. fém. (*râklure*), petites parties qu'on enlève en *râclant*.

RACOLAGE, subst. mas. (*rakolaje*), métier de *racoleur*.

RACOLÉ, E, part. pass. de *racoler*.

RACOLER, v. act. (*rakolé*), engager, soit de gré, soit par finesse, des hommes pour le service militaire.— Fig. : *racoler des partisans, des admirateurs*.—*se* RACOLER, v. pron.

RACOLEUR, subst. mas., **RACOLEUSE**, subst. fém. (*rakoleur, leuze*), celui, celle qui fait métier de *racoler*.

RACOLEUSE, subst. fém. Voy. RACOLEUR.

RACONTÉ, E, part. pass. de *raconter*.

RACONTER, v. act. (*rakonté*), *conter*, narrer une chose, soit vraie, soit fausse : *il raconte ses voyages, ses combats*. Voy. NARRER. — En *raconter, raconter* beaucoup.—se RACONTER, v. pron.

RACONTEUR, subst. mas., **RACONTEUSE**, subst. fém. (*rakonteur, teuze*), celui, celle qui a la manie de *raconter* : *un ennuyeux raconteur*.

RACONTEUSE, subst. fém. Voyez RACONTEUR.

RACOPILON, subst. mas. (*rakopilon*), t. de bot., genre de plantes de la famille des mousses.

RACORNI, E, part. pass. de *racornir*. — Au fig. : *avoir l'air racorni*, l'air de ne pouvoir s'étendre, se développer.

RACORNIR, v. act. (*rakornir*), faire qu'une chose se retire et prenne la consistance de la *corne*.—Rendre dur et coriace : *le feu racornit le cuir*. —*se* RACORNIR, v. pron., se retirer, se replier, se durcir.

RACORNISSEMENT, subst. mas. (*rakornicemau*), état de ce qui est *racorni* : *le racornissement du cuir*.

RACQUIT, subst. mas. (*raki*), action de se *racquitter*, de regagner ce qu'on a perdu.

se **RACQUITTER**, v. pron. (*cerakité*), t. de jeu, regagner ce qu'on avait perdu. Voy. ACQUITTER.—Act.: *j'ai pris son jeu et je l'ai racquitté*; et fig. : *une seconde affaire l'a racquitté* (dédommagé) *de ce qu'il avait perdu à la première*.

RACSCHE, subst. propre mas. (*rakche*), myth., cheval terrible qui servait de monture à une des divinités des Persans.

RACTAS, subst. mas. (*raktâce*), t. de relat., c'est, chez les Perses, ce que nous nommons douanier, en France.

RADARISTE, subst. mas. (*radaricete*), t. de relat., sectateur turc; membre d'une secte turque. Peu connu.

RADE, subst. fém. (*rade*) (suivant quelques-uns, de l'allemand *rand*, rivage, bord. Suivant d'autres, de *radis*, qui, disent-ils, est un ancien terme gaulois, lequel a également signifié *rade*.), espace de mer à quelque distance de la côte, où les grands vaisseaux peuvent jeter l'ancre et demeurer à l'abri de certains vents, quand ils ne veulent point entrer dans le port : *nous voici dans une bonne rade*. — *Rade foraine*, mal fermée, et où les bâtiments sont peu en sûreté. — *Être en grande rade*, être dans la *rade* la plus éloignée du port. — *Mettre en rade*, sortir du port.

RADEAU, subst. mas. (*radô*) (du lat. *rate*, ablatif de *ratis*, dont la signification est la même), assemblage de plusieurs pièces de bois liées ensemble, et qui forment une espèce de plancher sur l'eau.— Train de bois à brûler qui descend à flot sur les rivières.

RADÉ, E, part. pass. de *rader*.

RADER, v. act. (*radé*), t. de mar., mettre en *rade* : *rader un vaisseau*. — Passer la *radoire* par-dessus la mesure de sel. — *se* RADER, v. pron.

RADERIE, subst. fém. (*raderi*), frais que l'on paie en Perse pour l'entretien et la solde de ceux qui gardent les chemins.

RADEUR, subst. mas. (*radeur*), mesureur de sel. Peu usité.

RADIAIRES, subst. mas. pl. (*radi-ère*) (du lat. *radius*, rayon, à cause des épines dont leur peau est herissée), t. d'hist. nat., famille de zoophytes.

RADIAL, E, adj. (*radi-al*) (du lat. *radius*, rayon), où il y a des rayons.—*Couronne radiale, os radial* ou *du rayon*, t. d'anat., l'un des deux os de l'articulation du coude. Voyez RADIUS. — *Courbes radiales*, t. de géom., courbes dont les ordonnées vont toutes se terminer en un point, et sont comme autant de rayons partant d'un même centre. —Au plur., *radiaux*.

RADIALE OU RADIÉE, adj. fém. (*radi-ale, dié*), *couronne radiale*, nom que l'on donnait à une couronne réservée pour les princes que la reconnaissance des peuples mettait au rang des dieux.

RADIAMÈTRE. Voy. RADIOMÈTRE.

RADIAMÉTRIQUE. Voy. RADIOMÉTRIQUE.

RADIANT, E, adj. (*radi-an, ante*), t. d'optiq., qui envoie des rayons de lumière à l'œil. — RADIANT, RADIEUX. (*Syn.*) Le sens de ces deux mots, considérés comme termes de physique, diffère en ce que *radiant* se dit des corps qui ne tirent pas la lumière d'eux-mêmes. Une glace, un miroir est un corps *radiant*. Le soleil, une chandelle, sont des corps *radieux*. Voyez RADIEUX.

RADIATION, subst. fém. (*radi-âcion*) (du lat. *radiatio*, dans le même sens que *radiare*, rayonner), t. de phys., émission des rayons qui partent d'un corps lumineux comme centre : *les radiations du soleil*.—Action de *rayer*.—Rature ordonnée par autorité de justice (dans cette acception, du lat. *radere*, rayer, effacer) : *sa radiation a été prononcée*, on l'a *rayé* sur les contrôles.

RADIATULE, subst. fém. (*radi-atule*), t. d'hist. nat., sorte de polypier fossile.

RADIAUX, adj. mas. plur. Voy. RADIAL.

RADICAL, E, adj. (*radikal*) (du lat. *radix, radicis*, racine), t. de bot., qui appartient à la *racine*, qui part de la *racine*.—Qui est comme la *racine*, la base, le principe de quelque chose : *humide radical*, humeur regardée comme le principe de la vie dans le corps humain.—En algèbre, *signe radical*, qu'on met devant les quantités dont on veut extraire la *racine*. — *Quantité radicale*, celle qui est affectée de ce signe.—En grammaire, *lettres radicales*, celles qui sont dans le mot primitif et se conservent dans les dérivés.—*Vice radical*, naturel à quelqu'un ou enraciné par une longue habitude. — *Nullité radicale*, qui vicie un acte de manière qu'il n'est plus valide. — Au plur., *radicaux*.

RADICAL, subst. mas. (*radikal*), nom générique donné par les chimistes modernes aux bases acidifiables des acides. — Au plur., nom donné aux membres de l'opposition en Angleterre. —Au plur., *radicaux*.

RADICALEMENT, adv. (*radikaleman*) : *guérir radicalement une maladie*, la guérir jusque dans ses principes.

RADICALISME, subst. mas. (*radikaliceme*), système des *radicaux* anglais.

RADICANT, E, adj. (*radikan, kante*) (du lat. *radicans*, part. prés. de *radicari*, prendre racine), qui jette des *racines*; qui leur appartient : *tige radicante*, qui pousse des *racines* latérales.

RADICATION, subst. fém. (*radikâcion*) (du lat. *radicari*, prendre racine), action par laquelle les plantes poussent des *racines*.

RADICAUX, subst. et adj. mas. plur. Voyez RADICAL, subst. et adj.

RADICIVORE, adj. des deux genres (*radicivore*) (du lat. *radix, radicis*, racine, et *vorare*, manger); se dit de certains animaux qui ne vivent que de *racines*.

RADICULE, subst. fém. (*radikule*) (en latin *radicula*), petite racine. — Partie de l'embryon qui constitue le rudiment de la racine.

RADIÉ, E, part. pass. de *radier*, et adj. t. de bot. : *fleur radiée*, dont les fleurons occupent le centre, et les demi-fleurons la circonférence en forme de *rayons*, comme dans le tournesol. — T. de blas. et de menuisier : *couronne radiée*, qui a beaucoup de *rayons*. — Subst. fém., t. de bot., famille de plantes.

RADIER, v. act. (*radi-é*) (du lat. *radiare*, rayonner), rayer : *radier une inscription hypothécaire*. — *se* RADIER, v. pron.

RADIER, subst. mas. (*radi-é*), t. de mar., deux madriers qui joignent la proue à la poupe. — Parc de pilotis rempli de maçonnerie, pour élever et rendre solide une plate-forme. — Plancher garni de madriers et de planches, pour y établir un moulin, etc. — Ouverture et espace entre les piles d'un pont. — Grille propre à porter les planchers sur lesquels on commence dans l'eau les fondations des écluses, des bâtardeaux.

RADIEUSE, adj. fém. Voy. RADIEUX.

RADIEUX, adj. mas., au fém. **RADIEUSE** (*radi-eu, euze*), rayonnant, brillant, qui répand des rayons. — *Point radieux*, d'où partent des rayons de lumière. — On dit fam., d'un homme qui a un air de bonne santé et de contentement, qu'*il est radieux*.—RADIEUX, RAYONNANT. (*Syn.*) L'effusion abondante de la lumière rend le corps *radieux*; et l'émission de plusieurs traits de lumière le rend *rayonnant*. Vous distinguez les rayons du corps *rayonnant*; dans le corps *radieux*, ils sont tous confondus. — Le soleil est *radieux* à son midi; à son coucher, il est encore *rayonnant*. L'aurore *rayonnante* commence à jeter ses feux ; l'aurore *radieuse* est dans tout son éclat. — L'objet *rayonnant* n'a pas besoin d'être serein; mais l'objet *radieux* doit l'être; et cette sérénité, signe de la satisfaction et de la joie, est précisément ce qui éclate dans l'air, dans le visage, sur le front *radieux*. — Le soleil est *radieux* avec un ciel pur; à travers des nuées transparentes, il n'est que *rayonnant*. A proprement parler, les rayons émanent du corps *radieux*, et ils environnent un corps *rayonnant*. —En optique, le point *radieux* jette de son sein une infinité de rayons; le crystal frappé d'une vive lumière est tout *rayonnant*. — Une femme couverte de diamants est *rayonnante* ; mais elle n'en est pas plus *radieuse*. Une paysanne parée de sa seule joie, d'une joie pure, est *radieuse* sans être *rayonnante*. — Nous disons fam., d'un homme qui a un air de bonne santé, de contentement, de jubilation, qu'il est *radieux*; nous disons de quelqu'un qui vient de remporter un avantage honorable, un grand prix, une victoire, qu'il est tout *rayonnant* de gloire. Le premier est plein de satisfaction et de joie ; les hommages, les honneurs environnent le second. — *Radieux* marque la propriété, la qualité de la chose; *rayonnant*, une circonstance de la chose, le fait présent. — Un corps lumineux par lui-même est plus ou moins *radieux* ; et, quand il répand sa lumière, il est plus ou moins *rayonnant*. Voy. RADIANT.

RADINE, subst. fém. (*radine*), t. de bot., racine napacée des Indes.

RADIO-CARPIEN, subst. et adj. mas., au fém. **RADIO-CARPIENNE** (*radi-okarpiein, piène*), t. d'anat., qui a rapport au *radius* et au *carpe*.

RADIO-CARPIENNE, subst. et adj. fém. Voy. RADIO-CARPIEN.

RADIO-CUBITAL, E, subst. et adj. (*radi-okubital*), t. d'anat., qui a rapport au *radius* et au *cubitus*.

RADIOLE, subst. fém. (*radi-ole*), t. de bot., espèce de plantes du genre des lins. — Petite olive longue.

RADIOLITHE, subst. fém. (*radi-olite*), t. d'hist. nat., testacés fossiles ; astracites. — Baguette d'oursins fossiles.

RADIOMÈTRE, subst. mas. (*radi-omètre*) (du lat. *radius*, rayon, et du grec μετρον, mesure ; *mesure des rayons*), instrument propre à observer sur mer les hauteurs des astres. On l'appelle aussi *rayon astronomique* et *arbalète*.

RADIOMÉTRIQUE, adj. des deux genres (*radi-ométrike*), qui est relatif au *radiomètre*.

RADIO-MUSCULAIRE, adj. des deux genres (*radi-omuceekulère*), t. d'anat., se dit des rameaux que l'artère *radiale* fournit aux muscles, dans la première portion de son trajet ; ainsi que les filets *nerveux* que le nerf *radial* distribue à ses muscles.

RADIO-PALMAIRE, subst. et adj. des deux genres (*radi-opalemère*), t. d'anat. ; se dit de l'artère superficielle externe de la paume de la main.

RADIO-PHALANGETTIEN *du pouce*, subst. et adj. mas. (*radi-ofalanjètetieindupouce*), t. d'anat., le muscle long fléchisseur du *pouce*.

RADIO-SUS-PALMAIRE, subst. et adj. des deux genres (*radi-oçucepalemère*), t. d'anat. On a donné ce nom à la portion de l'artère radiale qui, de la partie inférieure du *radius*, se porte en bas, en dehors et en arrière, vers l'extrémité supérieure de l'intervalle qui sépare les deux premiers os métacarpiens.

RADIS, subst. mas. (*radi*) (du lat. *radix*, racine), espèce de *raifort*, que plusieurs appellent aussi *petite rave, rave des Parisiens*.—T. d'hist. nat., sorte de coquillage univalve.

RADIUS, subst. mas. (*radi-uce*) (mot purement latin, lequel est dérivé du grec ῥάβδος, baguette), t. d'anat., l'un des os de l'avant-bras.

RADIXQUIMBAYA, subst. fém. (*radikcekieinbaia*), t. de bot., racine qui naît parmi les arbres en Amérique.

RADJPOOTS, subst. mas. plur. (*radjepote*), peuple de l'Inde, presque anéanti aujourd'hui.

RADOIRE, subst. fém. (*radoare*), instrument avec lequel les mesureurs de sel rasent les mesures.

RADOTAGE, subst. mas. (*radotaje*), discours *sans suite* et *dénué de sens*. Il est fam.

RADOTER, v. neut. (*radoté*) (de l'anglais *to dote*, qui a à peu près la même signification), tenir des discours sans suite et dénués de sens, par un affaiblissement d'esprit causé par l'âge.

RADOTERIE, subst. fém. (d'après notre système orthographique, on devrait écrire RADOTTERIE) (*radoteri*), extravagance qu'on dit en *radotant*. Il est fam.

RADOTEUR, subst. mas., **RADOTEUSE**, subst. fém. (*radoteur, teuze*), celui, celle qui *radotte*. Quelques-uns disent au mas. *radoteux*. Ce dernier mot est un barbarisme.

RADOTEUSE, subst. fém. Voy. RADOTEUR.

RADOUB, subst. mas. (*radoube*), t. de mar., travail qu'on fait pour réparer le dommage ou l'avarie d'un navire.— On dit même *radoub* en parlant de la réparation à faire aux voiles : *notre bâtiment a besoin d'un radoub complet*.

RADOUBÉ, E, part. pass. de *radouber*.

RADOUBER, v. act. (*radoubé*), donner le *radoub* à un navire ; faire des réparations à un bâtiment de mer, ou même à ses voiles. — Fig., réparer un désastre, revenir à la santé. Dans ce sens, on ne l'emploie guère qu'au pronominal.— *se* RADOUBER, v. pron.

RADOUBEUR, subst. mas. (*radoubeur*), qui donne le *radoub* à un vaisseau.

RADOUCI, E, part. pass. de *radoucir*.

RADOUCIR, v. act. (*radoucir*), rendre *plus doux*.—Il se dit principalement du froid : *la pluie a radouci le temps*. — Au fig., apaiser : *radoucir quelqu'un, lui radoucir l'esprit*.—*se* RADOUCIR, v. pron.; il se dit dans les deux sens de l'actif : *le temps s'est fort radouci ; il n'est plus si fort en colère, il commence à se radoucir*.

RADOUCISSEMENT, subst. mas. (*radoucicemun*), diminution de la violence du froid ou du chaud par rapport à l'air : *un radoucissement est survenu dans la saison*. — Diminution dans le mal : *la fièvre a subi un heureux radoucissement ; ses affaires sont en train de radoucissement*. *Adoucissement* est plus en usage.

RADRESSE, subst. fém. (*radrèce*), petit chemin de traverse. (*Boiste*.) Inusité.

RADSUME, subst. mas. (*radeçume*), t. de bot., sorte de dolic qui croît au Japon. Peu connu.

RADULAIRE, subst. mas. (*radulère*), t. d'hist. nat., sorte de corps marin qu'on dit très-voisin des astroïtes.

RADULIER, subst. mas. (*radulié*), t. de bot., espèce d'arbre qui croît dans les Indes.

RADZYGÉ ou **RADZYGIN**, subst. mas. (*radezijé, jein*), t. de médec., variété de la siphilis, en Norwège.

RAF, subst. mas. (*rafe*), t. de mar., forte marée.

RAFAIL ou **RAFRAID**, subst. mas. (*rafa-ie, frè*), selon les musulmans, ange qui gouverne le septième ciel.

RAFALE, subst. fém. (*rafale*) (de l'italien *refolo*), t. de mar., augmentation subite du vent, qui souffle avec force pendant quelques minutes, en sorte qu'avant et après la *rafale* le vent est modéré : *nous avons subi de bien fortes rafales*.

† **RAFALÉ**, E, subst. et adj. mas. (*rafalé*), t. pop. et trivial, mais non sans énergie, qui s'applique à un individu dont l'extérieur annonce la misère la plus complète : *il est un peu rafalé*, il est misérable, ou bien il en a l'air.

RAFFAISSÉ, E, part. pass. de *se raffaisser*.

se **RAFFAISSER**, v. pron. (*cerafècé*), *s'affaisser* de nouveau : *le plancher se raffaisse*.

RAFFE, subst. fém. (*rafe*), t. de bot., plante bonne contre la morsure des serpents. — T. de pêche, verveux à plusieurs entrées. — T. d'oiseleur, filet contre-maillé pour prendre les petits oiseaux.—Nom que les vinaigriers donnent à une grappe de raisin dont on a ôté la graine. — Voy. RAFLE.

† **RAFFES**, subst. fém. plur. (*rafe*), rognures des peaux préparées chez les tanneurs et les mégissiers. On en fait de la colle.

RAFFERMI, E, part. pass. de *raffermir*.

RAFFERMIR, v. act. (*rafèremir*), rendre plus *ferme*, au propre et au fig. — Remettre dans un meilleur état : *l'opiat a la propriété de raffermir les gencives ; son discours produisit le plus grand effet ; il raffermit le courage abattu de nos soldats*. — *se* RAFFERMIR, v. pron., devenir plus *ferme* : *les chairs commencent à se raffermir*.

RAFFERMISSEMENT, subst. mas. (*rafèremiceman*), *affermissement* qui remet une chose dans l'état de *fermeté*, de sûreté où elle était : *le raffermissement de la santé, de l'autorité*.

RAFFETIÉ, E, part. pass. de *raffetier*.

RAFFETIER, v. act. (*rafetié*), maquignonner, raccommoder. (*Boiste*.)—*se* RAFFETIER, v. pron.

RAFFILÉ, E, part. pass. de *raffiler*.

RAFFILER, v. act. (*rafilé*), t. de gantier, rogner la peau, donner aux doigts des gants la forme convenable.—*se* RAFFILER, v. pron.

RAFFINAGE, subst. mas. (*rafinaje*), l'action de *raffiner* le sucre. — La manière de *raffiner* particulière à quelque endroit.— Opération de métallurgie : *raffinage de cuivre ; pains de raffinage*.

RAFFINÉ, E, part. pass. de *raffiner*, et adj. Au fig. : 1° subtil, fin, délicat ; 2° adroit, fin, rusé, qui est entendu en quelque chose. Dans cette acception, il s'employait aussi comme subst.; il est peu usité aujourd'hui.—On appelait autrefois *raffiné d'honneur*, ou simplement *raffiné*, un homme excessivement délicat *sur* le point d'honneur, et qui se battait pour le moindre sujet. Cette signification, introduite sous le règne d'Henri IV, fut conservée jusqu'au-delà de 1660.

RAFFINEMENT, subst. mas. (*rafineman*); il ne se dit guère qu'au figuré; trop grande subtilité : *raffinement de politique, de spiritualité ; c'est un trop grand raffinement*.—Excès de recherches dans les actions, dans les habitudes, dans la mise : *raffinement de cruauté, de sensualité, de luxe*.

RAFFINER, v. act. (*rafiné*), rendre plus *fin*, plus pur : *raffiner le sucre, le salpêtre*. — Dans les verreries, réchauffer le four avec force, lorsque le verre se gâte pendant le travail. — Neut. et fig., faire des recherches, des découvertes nouvelles : *il a bien raffiné sur cette science*.— Subtiliser : *raffiner sur la langue, sur le point d'honneur*, etc.—*se* RAFFINER, v. pron., devenir plus fin : *le sucre se raffine*, et fig. : *le monde se raffine tous les jours*.

RAFFINERIE, subst. fém. (*rafineri*), lieu où on *raffine* le sucre : *exploiter une raffinerie*.

RAFFINEUR, subst. mas., **RAFFINEUSE**, subst. fém. (*rafineur, neuze*), celui, celle qui *raffine* : *raffineur de sucre, de salpêtre*.—(*L'Académie* ne donne pas le fém. de ce mot; la veuve d'un *raffineur* peut cependant très-bien continuer la profession de son mari défunt ; et c'est alors *une raffineuse*.

RAFFINEUSE, subst. fém. Voy. RAFFINEUR.

RAFFINODE, subst. fém. (*rafinode*), nom qu'on donne dans certains endroits à du sucre fin et très-blanc, au-dessus de la première qualité.

RAFFOLÉ, part. pass. de *raffoler*.

RAFFOLER, v. neut. (*rafolé*), se passionner *follement* pour quelqu'un ou pour quelque chose : *raffoler de quelqu'un, de quelque chose*. (Ne confondez pas *raffoler* avec *raffolir*.)

RAFFOLI, part. pass. de *raffolir*.

RAFFOLIR, v. neut. (*rafolir*), devenir fou : *vous le ferez raffolir*. Voy. RAFFOLER.

† **RAFFUTAGE**, subst. mas. (*rafutaje*), façon entière que l'on donne à un chapeau, à des outils.

RAFFUTÉ, E, part. pass. de *raffuter*.

† **RAFFUTER**, v. act. (*rafuté*), t. de chapelier, raccommoder un chapeau dans son entier. Quand on ne lui donne que le lustre, on dit : *rebouiser*.—*se* RAFFUTER, v. pron.

RAFIAU, subst. mas. (*rafi-ô*), t. de mar., petite embarcation à rames, connue et usitée particulièrement sur la Méditerranée.

RÂFLE, (*l'Académie* a tort, selon nous, d'écrire RAFLE sans accent circonflexe, parce que tout le monde prononce *â* long dans ce mot. Elle aurait pu écrire *raffle*, mais elle ne le fait pas.), subst. fém. (*râfle*), grappe de raisin qui n'a plus de grains. Quelques-uns disent : *râpe*. —Au jeu de dés, coup où les trois dés marquent le même point : *râfle d'as, râfle de six*.—Prov. et fig. : *faire râfle*, enlever tout, ne rien laisser.

RÂFLÉ, E, part. pass. de *râfler*.

RÂFLER, v. act. (*l'Académie* écrit à tort RAFLER. Voy. notre observation au mot RÂFLE.), (*râflé*) (suivant *Le Duchat*, du lat. barbare *rapulare*, fait de *rapare*, pour *rapere*, prendre, enlever), prendre, ravir. Fam.— *se* RÂFLER, v. pron.

† **RÂFLEUX**, subst. mas. (*râfleu*), t. de raffinerie : *sucre râfleux*, raboteux.

RAFLOUÉ, E, part. pass. de *raflouer*.

RAFLOUER, v. act. (*raflou-é*), t. de mar., remettre à flot un bâtiment quelconque.—*se* RAFLOUER, v. pron.

RAFNIE, subst. fém. (*rafeni*), t. de bot., genre de plantes de la famille des crotulaires.

RAFRAÎCHI, E, part. pass. de *rafraîchir*.

RAFRAÎCHIR, v. act. (*rafrèchir*), rendre *frais* : *rafraîchir le vin, l'eau*.— Réparer, remettre en meilleur état : *rafraîchir un tableau, une tapisserie*.—En parlant de certaines choses, rogner : *rafraîchir les cheveux, le bord d'un chapeau*, etc. — Renouveler : *rafraîchir une place d'hommes et de munitions ; rafraîchir à quelqu'un la mémoire d'une chose*.—*Rafraîchir le sang*, le rendre plus calme par des remèdes, etc.— Fig. et fam. : *cette bonne nouvelle m'a bien rafraîchi le sang*, m'a fait grand plaisir, a bien calmé mes inquiétudes. — *Rafraîchir des troupes*, rétablir leurs forces épuisées en les mettant dans de bons quartiers.—*Rafraîchir une couleur, un vernis*, leur rendre leur premier éclat, etc., au moyen d'une eau de lessive, faite avec de la potasse et des cendres gravelées.—T. d'imprimerie : *rafraîchir le tympan*, placer sur le tympan, lorsqu'il s'est humecté dans le cours de l'impression, ou que celle-ci a été interrompue, trois ou quatre feuilles de papier gris qu'on tire, pour absorber l'eau trop abondante dont il est abreuvé.—Neut., devenir *frais* : *le vent rafraîchit*. — *se* RAFRAÎCHIR, v. pron., devenir plus *frais* : *le temps, l'air se rafraîchit*.—User d'un régime, faire des remèdes propres à *rafraîchir*.—Boire un coup, faire collation.

RAFRAÎCHISSANT, E, adj. (*rafrèchiçan, çante*), qui a la vertu de *rafraîchir*, qui calme l'agitation des humeurs.— Il est aussi substant. mas., *il me faut user de rafraîchissants*.

RAFRAÎCHISSEMENT, subst. mas. (*rafrechiceman*), ce qui *rafraîchit*. — Effet de ce qui *rafraîchit* : *le trop de rafraîchissement est nuisible*. — Fig., recouvrement des forces par le repos et les bons traitements : *l'armée avait besoin de rafraîchissement*. — *Quartier de rafraîchissement*, lieu où l'on envoie les troupes fatiguées pour *se rafraîchir*.—En t. de marine, toute sorte d'aliments *frais*, par opposition à ceux qui sont secs et salés.—Au plur., liqueurs, fruits, etc., dont on régale quelqu'un à son passage.— Munitions dont on *rafraîchit* une place, une armée, un vaisseau.

RAFRAÎCHISSEUR, subst. mas. (*rafrèchiceur*), grand vaisseau de bois qu'on remplit d'eau pour *rafraîchir* le serpentin de l'alambic à distiller l'eau-de-vie. — Grand vase en cuivre dont se servent les raffineurs.

RAFRAÎCHISSOIR, subst. mas. (*rafrèchiçoar*) t. de raffinerie, vaisseau dans lequel on met *rafraîchir* les sirops qu'on a travaillés au sucre blanc.

RAGADIOLE, subst. fém. (*raguadi-ole*), t. de bot., genre de plantes de la famille des chicoracées.

RAGADIOLOÏDE, subst. fém. (*raguadi-olo-ide*), t. de bot., genre de plantes.

RAGAILLARDI, E, part. pass. de *ragaillardir*.

RAGAILLARDIR, v. act. (*ragua-iardir*), redonner de la gaieté, rendre *gaillard*. Il est fam. — *se* RAGAILLARDIR, v. pron.

RAGAS, subst. mas. plur. (*raguâce*), systèmes de modes musicaux que les Indous croient être des génies.

RAGASSE, subst. fém. Voy. RAJACE.

RAGATS, subst. mas. plur. (*ragua*), pierres dures dans la chaux; recuits.

RAGE, subst. fém. (*raje*) (du latin *rabies*, dont les Italiens ont fait *rabbia*), délire furieux, accompagné d'horreur pour l'eau et pour toute boisson : *le chien et le loup sont sujets à la rage*. — En t. de science, on se sert du mot *hydrophobie*. — *Rage blanche*, la *rage* ordinaire; c'est proprement celle du chien enragé qui écume en mordant, et donne la *rage*. — *Rage mue*, celle dans laquelle l'animal écume, mais ne mord point. — Fig., violent et furieux transport de dépit, de colère. — Cruauté excessive : *exercer sa rage contre quelqu'un*. — Douleur violente et insupportable : *le mal de dents est une rage*. Ce mot ne s'emploie aujourd'hui qu'au singulier, quoique Boileau ait dit (*Ode sur la prise de Namur*) :

Déployez toutes vos *rages*....

— Fig. : *il a la rage des estampes*, les estampes sont sa grande passion. On dit de même : *il a la rage de parler, d'écrire*, *de faire des vers*, *de jouer* ou *du jeu*. Il est fam. — Prov. et fig. : *quand on veut noyer son chien, on dit qu'il a la rage*, lorsqu'on veut perdre quelqu'un, on dit pis que pendre de lui. — *Aimer quelqu'un jusqu'à la rage*, excessivement. — *Faire rage*, causer beaucoup de désordre. — *Dire rage de quelqu'un*, expression peu usitée que nous lisons dans l'*Académie*, et à laquelle elle fait signifier : en dire tout le mal possible.

RAGIBOURAIL, subst. propre mas. (*rajibourate*), nom particulier d'un ange du premier ordre dans la théogonie madécasse.

RAGINIS, subst. fém. plur. (*rajinice*), nymphes indiennes qui président à la musique.

RAGNAROKUR, subst. propre mas. (*raguiarokure*), le crépuscule des dieux, d'après les Scandinaves.

RAGONNÉ, part. pass. de *ragonner*.

RAGONNER, v. neut. (*raguoné*), murmurer sourdement, gronder entre les dents. (*Boiste*, qui le dit pop. et très-usité.)

RAGOT, subst. mas. (*raguô*), en t. de charretier, crampon de fer attaché au timon. — En t. de man., cheval ramassé, qui a le cou court : *c'est là un bon ragot*. — En t. de chasse, sanglier de deux ans. — En t. de bot., grosse rave noire. — Au plur., *faire des ragots*, des bavardages insignifiants, des médisances. — L'*Académie* ne fait pas mention de cette acception, qui au fond n'est guère usitée.

RAGOT, E, adj. et subst. (*raguô, guote*), court, petit : *c'est un ragot, une ragotte*. — *Cheval ragot*, qui a les jambes courtes, la taille renforcée et large du côté de la croupe. — *Ragote*, au fém., est l'orthographe de l'*Académie*, on devrait écrire *ragotte*.

RAGOTÉ, part. pass. de *ragoter*.

RAGOTER, v. neut. (*raguoté*), faire des *ragots*. — Murmurer auprès de quelqu'un : *il ragotte toujours*. Il est populaire et il vieillit; il manque dans l'*Académie*.

RAGOTIN, subst. mas. (*raguotein*) (du nom d'un personnage comique de Scarron), homme contrefait, ridicule, qui prête à rire; enfant rabougri, grotesque, de mauvaise mine. (*Boiste*.) Burlesque; mais très-connu.

RAGOU et **GUÉDON**, subst. mas. (*raguou, guiédon*), t. d'astron., la tête du dragon, composée de deux étoiles. Peu en usage.

RAGOUDE, subst. mas. (*raguoude*), nom vulgaire de l'agaric.

RAGOUISTE, subst. mas. (*ragouicete*), qui fait de bons *ragoûts*. (*Boiste*.) Inusité. Voy. RAGOUTISTE.

RAGOUMINIER, subst. mas. (*raguouminié*); t. de bot., espèce de cerisier nain à feuilles de saule.

RAGOUT, subst. mas. (*raguou*), mets apprêté pour irriter le *goût*, pour exciter l'appétit : *les ragoûts usent le palais*. — Fig., ce qui excite le désir. Peu usité dans cette acception figurée; on ne dirait pas bien, quoique l'*Académie* cite cet exemple : *il y a un ragoût dans la nouveauté!* — Les peintres disent dans cette dernière acception : *il y a du ragoût de couleur dans ce tableau*, il y a un agrément qui pique, qui réveille l'attention, et plaît à la vue.

RAGOÛTANT, E, adj. (*raguoutan, tante*), qui donne de l'appétit, qui *ragoûte*. — Fig. et fam., qui flatte, qui intéresse : *parure*, *physionomie ragoûtante*. — *Cela est peu ragoûtant*, est désagréable, au propre comme au figuré. — En peinture : *pinceau*, *crayon ragoûtant*, qui a de l'agrément, une sorte de mollesse qui plaît.

RAGOÛTÉ, E, part. pass. de *ragoûter*.

RAGOÛTER, v. act. (*raguouté*), redonner du *goût*; remettre en appétit : *ragoûter un malade*. — Fig. et fam., exciter le désir. — *se* RAGOÛTER, v. pron.

RAGOÛTISTE, subst. mas. (*raguouticete*), qui fait, qui apprête de bons *ragoûts*. Peu usité.

RAGRAFÉ, E, part. pass. de *ragrafer*.

RAGRAFER, v. act. (*raguerafé*), *agrafer* de nouveau. — *se* RAGRAFER, v. pron.

RAGRANDI, E, part. pass. de *ragrandir*.

RAGRANDIR, v. act. (*raguerandir*), *agrandir* de nouveau. — Rendre *plus grand* qu'auparavant. — *se* RAGRANDIR, v. pron.

RAGRÉÉ, E, part. pass. de *ragréer*.

RAGRÉER, v. act. (*raguéré-é*), mettre la dernière main à une construction : *ragréer une maison*. — Couper avec la serpette la superficie de la partie des branches des arbres qui a été sciée : *ragréer une branche d'arbre*. — Repasser le marteau et le fer sur les parements d'un mur pour les rendre plus unis : *ragréer une maison*. — *Ragréer un ouvrage de menuiserie, de serrurerie*, y mettre la dernière main. — Rajuster, réparer : *ce meuble se disloquait, il a fallu le ragréer*. — En peinture, mettre une couleur d'accord avec une autre. — Suppléer à ce qui manque : *on a ragréé un morceau d'étoffe à cette robe*. — En t. de marine, *se ragréer*, se réparer, se pourvoir de ce qui manque. — *se* RAGRÉER, v. pron.

* **RAGRÉMENT**, subst. mas. (*raguereman*), action de *ragréer* ou effet de cette action : *il y a dix ans qu'on n'a fait le ragrément du château*.

RAGUÉ, E, part. pass. de *se raguer*, et adj. : *un câble ragué*, altéré, écorché, et coupé en partie.

* *se* **RAGUER**, v. pron. (*ceraguié*), s'écorcher, en parlant des cordes.

RAGUET, subst. mas. (*raguiè*), t. d'hist. nat., petite morue verte.

RAGUETTE, subst. fém. (*raguiète*), t. de bot., espèce d'oseille.

RAGUSE, subst. propre mas. (*raguze*), ville de la Dalmatie, province appartenant aujourd'hui à l'Autriche.

RAHA, subst. mas. (*ra-a*), t. de bot., espèce d'arbre de Madagascar, nommé aussi faux muscadier.

RAÏA. Voy. RAJAH, qui se dit plus souvent.

RAIDE. Voy. ROIDE.

RAIDEUR. Voy. ROIDEUR.

RAIDILLON. Voy. ROIDILLON.

RAIDI, E. Voy. ROIDI, E.

RAIDIR. Voy. ROIDIR.

RAIE, subst. fém. (*ré*) (suivant *Wachter*, de l'allemand *reihe*, qui a la même signification. Suivant *Ménage*, de *radia*, employé en ce sens dans la basse latinité, et fait de *radius*, baguette), trait tiré de long avec une plume, un crayon, etc. : *tirez ici une raie*. — Ligne plus longue que large qui se trouve naturellement sur certaines matières ou qu'on fait sur des étoffes : *avoir une raie noire sur le dos*. — Entre deux sillons : *la raie d'un champ*. — Il se dit d'une séparation des cheveux qu'on renvoie de chaque côté de la tête, au moyen du peigne : *sa raie est bien*, *n'est pas marquée*. — Genre de poisson plat et cartilagineux. — *Raie bouclée*, variété de la *raie* ordinaire, à peau hérissée de piquants. — *Raie de turbot*, nom qu'on donne à une grosse *raie*.

RAIETON, subst. mas. (*rèton*), petite *raie* bouclée.

RAIFORT, subst. mas. (*réfor*) (du lat. *raphanus*, fait du grec ῥαφανος), rave sauvage et très-piquante.

RAIGUISER pour **AIGUISER**, v. act., est un barbarisme.

RAIIS, subst. m. plur. (*rè-ice*), t. d'hist. nat., sous-genre de poissons établi aux dépens de celui des salmones.

RAIL, subst. mas. (*ra-ie*) (mot anglais), ornière, soit en creux, soit en relief, qui forme la voie d'un chemin de fer. — Au plur., des *rails*.

RAILÉ, E, adj. (*rélé*), t. de vén. ; il se dit des chiens lorsqu'ils sont tous de la même taille.

RAILLARD, subst. mas. (*râ-iar*), plaisant, railleur. Peu usité.

RAILLE, subst. fém. (*râ-ie*), t. de salines. Instrument qui sert à remuer les braises du fourneau. C'est une longue perche au bout de laquelle est un morceau de planche en usage parmi les sauniers. On l'appelle *râble* et *rabot* dans d'autres arts.

RAILLÉ, E, part. pass. de *railler*.

RAILLER, v. act. et neut. (*râ-ié*) (suivant *Ménage*, du lat. barbare *ridiculare*, fait de *ridiculum*, raillerie, plaisanterie), plaisanter quelqu'un; le tourner en ridicule : *railler ses meilleurs amis*; *il raille tout le monde*. — Au neut., badiner, ne pas parler sérieusement. — *se* RAILLER, v. pron., se rire de quelque chose ou de quelque personne. — S'en moquer; ne pas s'en soucier.

RAILLERIE, subst. fém. (*râ-ieri*), plaisanterie, action de *railler*. Voy. MOQUERIE. — *Cela passe la raillerie* : 1° ce que l'on dit est trop fort, trop piquant; 2° la chose dont il s'agit est sérieuse et considérable. — *Cette raillerie passe le jeu*, elle est trop forte. — *Il entend la raillerie*, *il entend bien la raillerie*, il ne s'offense pas quand on le *raille*. — *C'est un homme qui n'entend pas raillerie*, qui ne pardonne pas les plus légers manquements. — *Il n'entend pas raillerie sur cet article*, il ne veut pas qu'on badine sur cet article. — *La raillerie en est-elle?* est-il permis de *railler?* — *Raillerie à part*, sans *raillerie*, sérieusement; tout de bon.

RAILLEUR, subst. et adj. mas., au fém. **RAILLEUSE** (*râ-ieur, ieuze*), celui, celle qui aime la *raillerie*, qui se plaît à *railler* : *vous êtes un railleur*. — Prov. : *souvent les railleurs sont raillés*, on se moque souvent de ceux qui se moquent des autres. — Adj., porté à la *raillerie* : *un esprit railleur*; *un discours railleur*, plein de *raillerie*. — *Paroles railleuses*, dites pour *railler*.

RAILLEUSE, subst. et adj. fém. Voy. RAILLEUR.

RAIL-ROUTE, subst. mas. (*ra-ieroute*), route faite avec des *rails*. — Au plur., des *rails-routes*.

RAILURE, subst. fém. (*rélure*), petite partie évidée de l'aiguille, aux deux côtés du trou, et dans sa direction. On dit aussi *rainure*, qui est presque seul usité.

RAIMÉ, E, part. pass. de *raimer*.

RAIMER, v. act. (*rémé*), *aimer* de nouveau. — *se* RAIMER, v. pron. Peu usité.

RAIN, subst. mas. (*rein*) (du lat. *ramus*), ce mot devrait s'écrire *raim*, pour deux raisons : l'une, à cause de son étymologie *ramus*; l'autre, pour éviter qu'on ne le confonde avec *rein* dont la prononciation est absolument la même : *rain de bois* ou *de forêt*, lisière d'un bois ou d'une forêt.

RAINCEAU, subst. mas. (*reinçô*). Voy. RINCEAU, qui seul se dit. C'est l'*Académie* qui nous donne cette double orthographe.

RAINE, **RAINETTE**, subst. fém. (*rène, nète*) (du lat. *rana*, grenouille), t. d'hist. nat., espèce de grenouille dite *la verte*.

* **RAINÉ, E**, part. pass. de *rainer*, et adj., entaillé, marqué de *rainures* : *planche rainée*.

RAINEAU, subst. mas. (*rènô*), pièces de charpente qui tiennent en liaison des pilotis dans une digue ou dans les fondations d'un édifice.

* **RAINER**, v. act. (*rèné*), t. de menuisier, faire une *rainure*, une entaille en long dans une pièce de bois. — *se* RAINER, v. pron.

RAINETTE, subst. fém. (*rènète*), dans la fonte des caractères d'impr., petit couteau tranchant par la partie pliée, pour créner sur le composteur des parties de lettres qui excèdent le corps. — En hist. nat. Voy. RAINE. — Sorte de pomme très-estimée, ainsi nommée de petites taches rouges ou grises dont elle est marquetée comme la *raine*. (Nous ne savons pourquoi tout le monde écrit *reinette*, l'étymologie étant *rana*, grenouille. Nous ajouterons, cependant, que l'*Académie* préfère *reinette* à *rainette*. On pourrait peut-être dire que *reinette* vient de *reine*, mais la pomme en question n'est point la *reine* des pommes; il y en a des espèces meilleures et plus belles; et c'est seulement à cause de sa couleur qui ressemble à celle de la *raine* (grenouille) qu'on lui a donné le nom de *rainette*. On devrait donc, selon nous, préférer cette dernière orthographe.)

RAINOIRE, subst. fém. (*rènoare*), espèce de rabot avec lequel on fait des feuillures dans le bois.

RAINURE, subst. fém. (*rènure*), entaillure en long dans un morceau de bois pour y assembler une autre pièce ou pour servir à une coulisse : *faire une rainure*.—T. d'anat., cavité légère, mais prononcée, d'un os.

RAIPONCE, subst. fém. (*rèponce*) (du lat. *rapuntium*, fait de *rapum*, rave), t. de bot., plante bisannuelle dont on mange la racine : *une salade de raiponces*.

RAIRE ou **RÉER**, v. neut. (*rère, ré-é*), t. de vèn., crier. Il se dit du cerf en rut.

RAIRE, v. act. (*rère*), raser, couper le poil de fort près.—Tirer à la filière et rouler après. Peu usité dans les deux acceptions, que, du reste, l'*Académie* ne donne pas

RAIS, subst. mas. (*rè*) (du lat. *radius*, rayon), morceau de bois rond et plané qui est attaché au moyeu et aux jantes des roues de carrosses, de charrettes, etc. : *cette roue a un rais rompu*. — Au plur. : *les rais de la lune*, ses rayons, sa lumière. Peu usité, même en poésie, dans cette acception. — En t. de blas., *rais* se dit des pointes qui ressemblent à des rayons : *étoile à cinq, six et huit rais*

RAIS, E, part. pass. de *raire*, et adj., rasé.—Presque inusité.—Subst. au mas. et prov. : *il ne se soucie ni des rais ni des tondus*, il ne se soucie de personne.

RAIS-DE-CŒUR, subst. mas. (*rèdekieur*), t. de sculpt., ornements de fleurons et de feuilles d'eau, en forme de *cœurs* évidés, qui se taillent sur quelques moulures.—Au plur., des *rais-de-cœur*.

RAISIN, subst. mas. (*rèzein*) (du lat. *racemus*), fruit de la vigne, qui vient en grappe et qui est bon à manger et propre à faire du vin. — *Raisin d'Arcq, raisin* sec qu'on tire d'Espagne. — *Raisin de Corinthe*, variété de *raisin* à petits grains, qu'on fait sécher pour le livrer au commerce; il s'emploie pour la pâtisserie et la cuisine.—Il y en a une espèce qui n'a point de pépins et qu'on cultive dans nos jardins.—*Raisins picardins, raisins* secs de Provence, d'une espèce plus petite.— On nomme, en t. de bot. : *raisin d'Afrique*, ou *barbarou*, une sorte de *raisin* dont les grains inégaux sont en cœur et forment de groses grappes; *raisin d'Amérique*, une plante vivace originaire de Virginie, qu'on cultive dans les jardins; *raisin de bois*, l'airelle; *raisin de loup*, la morelle noire; *raisin de mer*, un arbrisseau qui se trouve en Espagne et dans le Languedoc; *raisin d'ours*, la busserolle, arbrisseau qui croît aussi dans les Pyrénées; *raisin de renard*, la parisette. — En hist. nat., *raisin impérial*, espèce de varec; *raisin de mer*, insecte marin; *raisin de sèches*, œufs de *sèches*, parce qu'ils forment ordinairement des grappes; *raisin des tropiques*, espèce de varec qui se trouve en pleine mer. — On appelle encore *raisin* une sorte de papier : *du grand-raisin*.— Prov. et fig.: *moitié figue et moitié raisin*, 1° moitié de gré et moitié de force; 2° en partie bien et en partie mal. — Le *raisin* est le symbole de la joie, de l'abondance et de la fertilité.

RAISINÉ et non pas **RAISINET**, subst. mas. (*rèziné*), confiture de *raisins* et de poires.

RAISINIER, subst. mas. (*rèzinié*), t. de bot., genre de polygonées.—*Raisinier-de-coudre*, sorte d'arbre de Saint-Domingue.

RAISON, subst. fém. (*rèzon*) (du lat. *ratio*), faculté que possède l'âme de poser des principes et de tirer des conséquences : *la raison distingue l'homme de la brute*.—Le bon sens, le droit usage de la raison : *sa conduite, ses discours sont pleins de raison*. C'est proprement la faculté naturelle, intellectuelle par laquelle l'homme peut diriger les opérations de son âme et de son esprit : *la raison distingue donc l'homme de toutes les autres espèces d'animaux*. — La faculté de diriger les opérations de l'âme, considérée relativement à ses divers degrés d'accroissement ou de déclin, de force ou de faiblesse : *la raison ne vient aux enfants que par degrés*. —Discours, raisonnement pour appuyer, pour justifier, pour défendre quelqu'un ou quelque chose : *je vous avoue que j'ai été fort ébranlé de toutes ces raisons que le roi mon maître m'a déduites fort au long*. — On dit fam. : *point tant de raisons*, cessez de vous excuser par de vaines *raisons*. — Ce qui résulte de toutes les opérations de l'âme bien réglées, ou qualité de l'âme qui la rend sage et modérée, qui la retient dans les bornes de la règle, et l'éloigne de toute sorte d'extravagance. En ce sens, *la raison* est l'opposé de *la folie* : *telle chose est mal aux yeux de l'avarice, qui ne l'est pas yeux de la raison*. — Mesure de réflexion que nous avons pour les choses qui sont hors du cercle de nos habitudes : *il faut que la raison examine avant que la volonté agisse*. — En métaphysique, on appelle *être de raison*, ce qui est impossible, ce qui implique contradiction : *un cercle carré est un être de raison*.—Il se dit aussi de ce qui n'est point réel, de ce qui n'existe que dans l'imagination : *une montagne d'or, un palais de diamant, sont des êtres de raison*.—*Raison*, se dit en général des lumières que produisent les principes incontestables de vérité et de justice qui peuvent seuls donner aux pensées et aux actions des hommes une direction juste, sage et légitime : *la raison fait des progrès chez un peuple*, lorsque ces principes s'y propagent et s'y développent de plus en plus; elle rétrogade lorsqu'ils sont de jour en jour moins connus, moins appréciés, moins goûtés : *j'ai vu fuir le règne de la raison et du goût*.—Une vérité qui renferme des idées qui n'ont pu être l'objet de quelques opérations de l'âme, parce qu'elles n'ont pu entrer par les sens ni être tirées des sensations, *est au-dessus de la raison*. *Une vérité* qui ne renferme que des idées sur lesquelles notre esprit peut opérer, *est selon la raison*. Enfin, *une proposition*, qui en contredit une qui résulte des opérations de l'âme bien conduite, *est contre la raison*. (*Condill.*)—On appelle *raison publique*, les principes de justice et d'équité publiquement reconnus par la majorité ou la saine partie du peuple : *la liberté que se figuraient les Grecs était une liberté soumise à la loi, c'est-à-dire à la raison même, reconnue par tout le peuple*. (Bossuet.)—On appelle *raison d'état, raison de famille*, des considérations d'intérêt par lesquelles on fait, dans un état, dans une famille, des choses qui ne sont pas conformes à la justice : *autrefois on forçait, par raison de famille, une fille à se faire religieuse; ce prince s'est emparé de cette province par raison d'état*. — *Raison* se dit aussi en général pour justice, équité, droit, devoir : *se rendre à la raison; se mettre à la raison; réduire quelqu'un à la raison*, le ranger, l'amener à la *raison*.—*Perdre la raison*, tomber en démence. — *Mariage de raison*, dans lequel les convenances sont scrupuleusement observées. —*Avoir raison*, être fondé dans ce qu'on avance, dans ce qu'on dit, dans ce qu'on fait : *il y a des gens contre qui il n'est pas même permis d'avoir raison*. — *Entendre raison, commencer à entendre raison*, acquiescer à ce qui est juste et *raisonnable*, ou commencer à faire quelque proposition juste et *raisonnable*.—On dit prov.: *comme de raison*, pour dire, comme il est juste qu'on fasse; et l'on dit aussi prov. et dans le même sens : *selon Dieu et raison*. — En style de pratique : *pour valoir ce que de raison; pour être ordonné ce que de raison*, pour valoir ou pour être ordonné selon la justice et l'équité.—L'art de *raisonner* : *la raison, ou plutôt l'art de raisonner, a eu son enfance, ainsi que les autres arts*. — On appelle *évidence de fait*, celle qui est fondée sur les faits; et *évidence de raison*, celle qu'on se procure par le *raisonnement* : *c'est une évidence de fait, qu'il y a sur la terre des révolutions diurnes et annuelles; et c'est une évidence de raison que ces révolutions peuvent être produites par le mouvement de la terre, par celui du soleil ou par tous les deux*. (Condillac.) —Ce qui résulte de la juste application de l'art de *raisonner* : *il y a beaucoup de bon sens et de raison dans cet ouvrage*.—On dit prov. et fig., d'un *raisonnement*, d'un discours, d'un ouvrage d'esprit, où l'on a mal observé les règles de l'art, qu'*il n'a ni rime ni raison*.—Sujet, cause, motif. Dans tous les sens que nous venons d'exposer, le mot *raison* n'a point de pluriel; il en a un dans celui-ci : *quelle raison vous a porté à en agir ainsi?* — *A plus forte raison*, avec d'autant plus de sujet, par un motif d'autant plus fort : *si l'on est obligé de secourir les étrangers, à plus forte raison doit-on secourir ses parents*.—*Pour raison à moi connue*, pour un sujet, pour un motif que je ne veux pas faire connaître.—*Pour raison à vous connue*, pour un motif, pour un sujet, que vous connaissez bien, et que je n'ai pas besoin de vous dire. —Fig. et fam. : *conter ses raisons à quelqu'un*, l'entretenir de ses affaires, de ses intérêts, du sujet qu'on a eu d'en user comme on a fait.—Satisfaction : *demander raison d'une injure; vouloir en avoir raison*. —Compte : *j'ai à vous demander raison de votre conduite, qui me paraît équivoque*.— *Rendre raison d'une chose*, c'est en expliquer les causes, les motifs.— T. d'arithmétique et de géométrie, on appelle ainsi le résultat de la comparaison que l'on fait entre deux grandeurs homogènes, soit en déterminant l'excès de l'une sur l'autre, ou combien de fois l'une contient l'autre ou y est contenue.—Les choses homogènes ainsi comparées s'appellent les *termes de la raison* ou *du rapport*. La chose que l'on compare se nomme l'*antécédent*, et celle à laquelle on la compare, le *conséquent*. Il y a deux manières de comparer les grandeurs entre elles; on trouve par la première de combien elles diffèrent entre elles, c'est-à-dire de combien d'unités l'antécédent est plus grand que le conséquent. Cette différence s'appelle *raison arithmétique de deux nombres*. Ainsi, en comparant 5 et 7, on trouve que *leur raison arithmétique est* 2.— On trouve, en employant la seconde méthode de comparer, combien de fois l'antécédent contient le conséquent, ou est contenu dans le conséquent, c'est-à-dire quelle partie de la plus grande est égale à la plus petite. Cette raison s'appelle, pour l'ordinaire, *raison géométrique*, ou simplement *raison*. — *Raison rationnelle, raison* de nombre à nombre; *irrationnelle*, celle qu'on ne peut exprimer par aucun nombre rationnel; *multiple*, celle de plus grande inégalité entre deux termes dont le plus petit est une partie aliquote du plus grand; *inverse*, celle des deux termes, dont l'un augmente lorsque l'autre diminue, et dans la même proportion. — On dit que deux choses *sont en raison inverse des deux autres*, lorsque la première est à la seconde comme la quatrième est à la troisième. — T. de commerce; on appelle *livre de raison*, un gros registre sur lequel on forme tous les comptes en débit et en crédit, dont on trouve les sujets, c'est-à-dire les articles, sur le livre journal. On l'appelle *livre de raison*, parce qu'il sert à un marchand à se rendre *raison* à soi-même et à ses associés de l'état de son commerce. — *Raison* signifie aussi la part d'un associé dans le fonds d'une société : *sa raison est d'un quart, d'un sixième*, etc.—On appelle *la raison d'une société de commerce*, les noms des associés rangés et énoncés de la manière que la société signe les lettres missives, les billets et lettres de change. Ainsi on dit : *la raison de la société sera, Jacques Laffitte et compagnie*. — En t. de charpentiers, *mettre des pièces de bois en leur raison*, c'est quand on dispose les pièces qui doivent servir à un bâtiment, mettre chaque pièce à sa place. — *Parler raison*, façon de parler dans laquelle *raison* est employé adverbialement, et qui a divers usages; car tantôt elle signifie se mettre à la *raison*, comme : *ce que vous dites là est parler raison*; tantôt elle signifie, parler sagement, *raisonnablement*, comme : *c'est un homme qui parle toujours raison; il faut, autant qu'on peut, parler raison aux enfants*.— *A raison*, façon de parler adverbiale, à proportion, sur le pied : *on paya cet ouvrier à raison de l'ouvrage qu'il avait fait; vous m'en tiendrez compte à raison du profit que vous en tirerez; je vous paierai cette étoffe à raison de dix francs l'aune*. — On dit dans le même sens, *en raison de* : *il doit être payé en raison du temps qu'il y a mis*.—Vu, en considération de : *en raison des circonstances*.— *A telle fin que de raison*, façon de parler adverbiale, dont on se sert en style d'affaires, pour exprimer qu'on fait une chose dans la pensée qu'elle pourra être utile, sans dire précisément à quoi : *il fit faire un procès-verbal de l'état des lieux, à telle fin que de raison*. — On se sert aussi de la même phrase dans le style familier, pour signifier à tout évènement : *nous ne savons pas si nous trouverons à manger où nous allons; il sera bon de porter quelques provisions, à telle fin que de raison*. — Fam. : *comme de raison, autant que de raison, plus que de raison*, comme autant, plus qu'il n'est convenable. — *Avoir de la raison*, être *raisonnable*.— *Avoir raison*, n'avoir pas tort. —Fam. : *faire raison à...*, répondre aux santés qu'on nous porte à table.

RAISONIE, subst. fém. (*rèzoni*), t. de bot., sorte de plante qui croît en Afrique.

RAISONNABLE, adj. des deux genres (*rèzonable*), qui est doué de la *raison*, qui a la faculté de *raisonner* : *l'homme est l'être raisonnable par excellence*. — Qui se gouverne selon la *raison* et l'équité : *il est enfin devenu raison-*

nable. — Qui est conforme à la *raison : son langage est raisonnable.* — Résigné : *je l'ai trouvé ce soir, dans sa profonde affliction, plus raisonnable que ce matin.* — Convenable, suffisant : *on paie pour lui une pension raisonnable.* — Au-dessus du médiocre : *jouir d'un revenu raisonnable.*—*Parler comme une personne raisonnable*, en parlant d'un enfant, c'est faire entendre qu'il a une intelligence et une *raison* au-dessus de son âge.

RAISONNABLEMENT, adv. (*rèzonableman*), conformément à la *raison* : *parler raisonnablement.* — Convenablement, passablement : *il a de la fortune raisonnablement.*—On dit en plaisantant : *il est raisonnablement bête ; elle est raisonnablement laide*, fort bête, fort laide.

RAISONNÉ, E, part. pass. de *raisonner*, et adj. (*rèzoné*), appuyé de *raisons* et de preuves : *projet raisonné : enquête raisonnée et motivée.* — Qui rend *raison* des règles : *arithmétique, grammaire raisonnée.* — *Analyse raisonnée*, accompagnée de toutes les explications, de toutes les réflexions du détail le plus ample.

RAISONNEMENT, subst. mas. (*rèzoneman*), faculté ou action de *raisonner : avoir le raisonnement bon, raisonner* juste et sainement. — Arguments, *raisons*, dont on se sert dans une question, dans une affaire, fam. : *faire des raisonnements à perte de vue*, vagues et non concluants. — *Point tant de raisonnements*, ne répliquez pas, vous en avez assez dit.

RAISONNER, v. neut. (*rèzoné*) (du lat. *ratiocinari*), se servir de sa *raison* pour connaître, pour juger : *raisonner en homme de sens.* — Apporter, alléguer des *raisons* pour s'excuser, etc. : *il faut obéir sans raisonner.* — Chercher et alléguer des *raisons : raisonner sur une affaire.* — *Ne raisonnez pas*, fam., taisez-vous ; vous avez tort, et cela nous suffit. — *Raisonner comme ma pantoufle*, trivialement, *raisonner* de travers, manquer complètement de bon sens.— V. act., se rendre compte de ce qu'on fait : *cet homme raisonne bien ce qu'il fait.* — Appliquer le *raisonnement* à une chose : *cet acteur est intelligent, il raisonne bien ses rôles.* — En t. de mar., montrer ses passeports et rendre compte de sa route : *on fait raisonner les bâtiments à leur entrée dans chaque port.*— SE RAISONNER, v. pron., se rendre à soi-même compte de ce qu'on fait.

RAISONNEUR, subst. et adj. mas., au fém. **RAISONNEUSE** (*rèzoneur, neuze*), celui, celle qui réplique trop à ceux qu'il ou qu'elle devrait écouter ; qui a toujours pour s'excuser des *raisons* bonnes ou mauvaises, etc. : *c'est un raisonneur perpétuel.* — Celui, celle qui fatigue par trop de *raisonnements : faire le raisonneur, la raisonneuse*, répliquer, alléguer des *raisons* bonnes ou mauvaises, et le plus souvent mauvaises. — Nous lisons encore un autre emploi de ce subst. dans l'*Académie ;* elle dit qu'on se sert toujours du mot *raisonneur* pour désigner *certains personnages de comédie, dont le langage est ordinairement celui de la morale et du raisonnement;* nous ne connaissons point de *raisonneurs* au théâtre, et bien certainement un acteur qui, devant cent personnes, se dirait *engagé pour jouer les raisonneurs* (exemple de l'*Académie*), ne serait compris d'aucune. — Adjectif : *valet raisonneur.*

RAISONNEUSE, subst. et adj. fém. Voy. RAISONNEUR.

RAISS, subst. mas. (*rèce*), patron de navire ou capitaine de vaisseau en Égypte.

RAIS, RÈS, ou RÉÈS, subst. mas. (*rèce*), la plus petite monnaie de compte en Portugal.

RAIZ-PLETA, subst. fém. (*rèzepléta*), t. de bot., sorte de plante exotique de la famille des rubiacées.

RAJA, subst. mas. Voy. RAJAH.

RAJACE, subst. fém. (*rajace*), t. d'hist. nat., sorte de pierre très-blanche, très-nette et d'un beau grain, dont les anciens se servaient pour faire des figures; on dit aussi *rajasse*, et *ragasse.*

RAJAH (l'*Académie* écrit aussi *raja*, et encore *rata;* trois espèces d'orthographe pour un même mot.), subst. mas. (*raja*), nom qu'on donne dans l'Indoustan à certains princes souverains, vassaux de l'empereur du Mogol.

RAJAMBÉ, E, part. pass. de *rajamber.*

RAJAMBER, v. act. (*rajanbé*), *enjamber* une seconde fois. — SE RAJAMBER, v. pron. Inus.

RAJANE, subst. fém. (*rajane*), t. de bot., genre de plantes de la famille des smilacées.

RAJASSE, subst. fém. Voy. RAJACE.

RAJEUNI, E, part. pass. de *rajeunir.*

RAJEUNIR, v. act. (*rajeunir*), faire redevenir *jeune*, redonner l'air et la vigueur de la *jeunesse. Médée, selon la fable, rajeunit Éson.* — *Sa perruque le rajeunit.*—Peindre, noircir les cheveux lorsqu'ils sont blancs. On le dit de la barbe dans le même sens : *ici l'on rajeunit*, se lit souvent sur les enseignes de barbiers. — Renouveler les arbres en en coupant quelques branches : *on rajeunit un arbre en le taillant.* — Neut. : redevenir *jeune ;* reprendre l'air, la vigueur de la *jeunesse : au printemps tout rajeunit.*—SE RAJEUNIR, v. pron. — Se faire plus jeune qu'on ne l'est en effet. — Se donner l'air *jeune.*

RAJEUNISSANT, E, adj. (*rajeuniçan, çante*), qui *rajeunit : époque rajeunissante ; souvenir rajeunissant.*

RAJEUNISSEMENT, subst. mas. (*rajeuniceman*), action de *rajeunir : c'est un rajeunissement artificiel.*

RAJOLIN, subst. mas. (*rajolein*), nom qu'on donne, en Bourgogne, à une sorte de raisin noir.

RAJUSTÉ, E, part. pass. de *rajuster.*

RAJUSTEMENT, subst. mas. (*rajuceteman*), action de *rajuster ;* effet de cette action.

RAJUSTER, v. act. (*rajuceté*), raccommoder, *ajuster* de nouveau, remettre en bon état : *rajuster une montre, une serrure*, etc.; et fig. : *la prudence rajuste bien des choses.* — On ne dirait plus aujourd'hui, même avec l'*Académie*, en parlant d'un mécontentement qu'on apaise, d'une brouillerie qu'on fait cesser, *ils ont eu une querelle; cela est difficile à rajuster. Rajuster* ne se comprendrait plus guère dans cette acception.—SE RAJUSTER, v. pron., remettre en état son *ajustement*, son habillement qui était en désordre : *rajustez-vous à la hâte.*

RAK, subst. mas. Voy. ARACK.

RAKI, subst. mas. (*raki*), boisson hongroise, espèce de cidre distillé, fait avec des poires et des prunes.

RÂLANTE, adj. fém. (*râlante*), t. de médec. : *respiration râlante*, accompagnée de *râle.*

RÂLÉ, part. pass. de *râler.*

RÂLE, subst. mas. (*râle*) (mot formé par onomatopée, du cri de cet oiseau.), t. d'hist. nat., genre d'oiseaux échassiers, de la famille des pressirostres. —*Râle d'eau*, tacheté de blanc. — Action de *râler*, bruit qu'on fait en *râlant.* En ce dernier sens, on dit aussi *râlement.*

RÂLEMENT, subst. mas. (*râleman*), action de *râler : ce moribond a le râlement.*—Râle. Voy. ce mot.

RALENTI, E, part. pass. de *ralentir.*

RALENTIR, v. act. (*ralantir*), rendre plus *lent : ralentir sa course, le mouvement ;* et fig. : *l'âge ralentira cette vivacité.*—SE RALENTIR, v. pron., devenir plus *lent*, au propre et au fig. : *les mouvements se ralentissent.*

RALENTISSEMENT, subst. mas. (*ralanticeman*), diminution de mouvement, d'activité. Au propre et au figuré : *le ralentissement du mouvement d'une pendule ; le ralentissement du zèle.*

RÂLER, v. neut. (*râlé*) (mot formé par onomatopée), rendre en respirant un son enroué, causé par la difficulté de la respiration. Il se dit proprement des agonisants : *il est très-mal, il commence à râler.*

RALINGUE, subst. fém. (*raleingue*), t. de mar., cordage ; cordes cousues autour des voiles pour en renforcer les bords. — *Tenir en ralingue, mettre en ralingue*, c'est tenir un vaisseau ou le disposer de manière que le vent ne donne point dans les voiles ; c'est aussi coudre autour d'une voile la corde appelée *ralingue.*

RALINGUÉ, E, part. pass. de *ralinguer.*

RALINGUER, v. act. (*raleinguié*), t. de mar., coudre les *ralingues* aux voiles. — V. neut., t. de mar., gouverner, en tenant le vent, de manière que les voiles ne soient ni vent dessus, ni vent dedans.—*L'Académie* nous donne ici pour exemple : *mettre une voile à ralinguer ;* nous ferons observer que cette locution n'est point en usage ; on ne dit point : *mettre une voile à ralinguer*, mais : *mettre une voile en ralingue.* —SE RALINGUER, v. pron.

RALITÉ, E, part. pass. de *se raliter.*

SE RALITER, v. pron. (*ceralité*), retomber malade; se remettre au *lit.*

RALLÉ, part. pass. de *raller.*

RALLER, v. neut. (*rállé*), t. de chasse, crier. —Il se dit des cerfs, surtout quand ils sont en rut. Voilà trois mots que nous trouvons dans les *dictionnaires* pour exprimer la même chose, savoir : *raire* ou *réer*, et *raller. Raller* serait peut-être le seul bon, mais il faudrait écrire *râler.* Ne connaissant pas les raisons qui ont fait varier ainsi les lexicographes, nous n'osons trancher la question; cependant, nous avons le verbe *braire*, qui sert à rendre le cri de l'âne; et tout le monde est d'accord sur l'emploi et la signification de ce verbe. Ne devrait-on pas, eu égard à la forme de *raire*, se ranger du côté de cette orthographe? Nous soumettons cette question à nos lecteurs.

RALLIEMENT, subst. mas. (*raliman*), action de *rallier* ou de *se rallier.*—C'est proprement l'action des troupes qui, après avoir été rompues ou dispersées, se rassemblent : *le ralliement des troupes.* — *Mot de ralliement*, le mot que le général donne aux troupes pour *se rallier*, en cas de déroute ou de séparation.—*Point de ralliement*, endroit marqué aux troupes pour *se rallier.* — On appelle *mot, signe de ralliement*, le mot ou le signe caractéristique auquel chaque secte se reconnaît, ou par lequel on la désigne; et *point de ralliement*, le lieu où les personnes d'une même société, d'un même parti se rassemblent. — Il se dit aussi d'une opinion sur laquelle s'accordent des sectes, des personnes divisées sur d'autres points.

RALLIÉ, E, part. pass. de *rallier.*

RALLIER, v. act. (*rali-é*), rassembler des troupes ou des soldats que l'ennemi a mis en désordre, et les remettre en état de combattre de nouveau : *ils se rallièrent derrière l'infanterie.* — *Rallier un vaisseau dans le vent*, t. de mar., l'approcher en serrant le plus près, et gagner plus au vent que lui. — *Rallier la terre*, en approcher. — SE RALLIER, v. pron.

RALLONGE, subst. fém. (*ralonje*), portion ajoutée à quelque chose que ce soit : *mettre une rallonge à une table.*

RALLONGÉ, E, part. pass. de *rallonger.*

RALLONGEMENT, subst. mas. (*ralonjeman*), action de *rallonger.* — Augmentation en longueur.

RALLONGER, v. act. (*ralonjé*), *allonger : rallonger des étrivières.*—Rendre plus long en ajustant quelque chose. On ne le dit plus guère que des étoffes : *rallonger une pièce de drap.* — *Rallonger une table*, y mettre des *rallonges* ou une autre table à la suite de celle qui s'y trouvait déjà. — SE RALLONGER, v. pron.

RALLUMÉ, E, part. pass. de *rallumer.*

RALLUMER, v. act. (*ralumé*); *allumer* de nouveau, au propre et au fig. : *rallumer les bougies, la colère*, etc. : *le feu, qu'on croyait éteint, s'est rallumé ; la guerre se rallume avec une nouvelle force dans toute l'Europe.* — SE RALLUMER, v. pron.

RAM, subst. propre mas. (*rame*), chez les Indiens, c'est le nom du premier enfant qui naquit après la destruction du second âge.

RAMA, subst. propre mas. (*rama*), chez les Indiens, dieu du premier rang, qui s'est incarné.

RAMADAN, subst. mas. (L'*Académie* dit aussi *ramazan. Ramadan* est, selon nous, beaucoup plus usité.) (*ramadan*), chez les Turcs, carême qui dure un mois et pendant lequel on ne mange point avant le coucher du soleil.

RAMADOUÉ, E, part. pass. de *ramadouer.*

RAMADOUER, v. act. (*ramadou-é*) (rac. *amadouer*), radoucir quelqu'un en le caressant. — SE RAMADOUER, v. pron. — Ce mot manque dans l'*Académie.* Il est vrai qu'on dit aussi *amadouer*, mais *ramadouer* n'est pas moins usité qu'*amadouer.*

RAMADOUX, subst. mas. (*ramadou*), t. d'hist. nat., espèce de rat qu'on trouve dans les grandes Indes.

RAMAGE, subst. mas. (*ramaje*) (du lat. barbare *ramagium*, fait, dans la basse latinité, de *ramus*, rameau, branche d'arbre, à cause des rameaux sur lesquels chantent les oiseaux. *Ménage.*), le chant naturel des oiseaux.—Fig., babil des enfants : *quel ramage !*—Rameau, branchage, et plus ordinairement représentation de branches d'arbre, de fleurs, etc., sur une étoffe : *velours, damas à ramages, à grands ramages*, etc. — Dans les manufactures de draps, action de *ramer* les draps.

RAMAGÉ, part. pass. de *ramager.*

RAMAGER, v. neut. (*ramajé*), chanter, en parlant des oiseaux. Fort peu usité.

RAMAIGRI, E, part. pass. de *ramaigrir.*

RAMAIGRIR, v. act. (*ramèguerir*), rendre

maigre de nouveau : *le travail l'a ramaigri.* — Neut., redevenir maigre : *ramaigrir tous les jours.* — se RAMAIGRIR, v. pron.

RAMAIGRISSEMENT, subst. mas. (*ramèguericeman*), action de *ramaigrir.* — Effet de cette action. — Etat de celui qui est *ramaigri : depuis cet événement, il est tombé dans un ramaigrissement total.*—Ce mot, des plus usités, manque dans l'*Académie.*

RAMAILLAGE, subst. mas. (*ramâ-iaje*), t. de chamoiseur, action de *ramailler.*

RAMAILLÉ, E, part. pass. de *ramailler.*

RAMAILLER, v. act. (*ramâ-ié*), donner aux peaux de bouc, de chèvre et de chevreau, la façon nécessaire pour les passer en chamois. —*se* RAMAILLER, v. pron.

RAMAIRE, adj. des deux genres (*ramère*) (du lat. *ramus*, rameau), t. de bot., attaché ou appartenant aux *rameaux.*

RAMALES, subst. fém. plur. (*ramale*), t. d'antiq., fêtes que les Romains célébraient en l'honneur d'Ariane et de Bacchus.

RAMALINE, subst. fém. (*ramaline*), t. de bot., espèce de plante de la famille des lichens.

RAMANDER, v. act. Voy. RAMENDER, qui seul se dit.

RAMANDOTS, subst. mas. plur. (*ramandô*), paquets de poudre qu'on a liés en pelottes.

RAMARRE, subst. mas. (*ramare*), t. d'hist. nat., animal d'Afrique, ressemblant à notre lézard, mais qui est plus gros et d'un vert plus frappant.

RAMART, subst. mas. (*ramare*), t. d'hist. nat., sorte de gros hareng.

RAMAS, subst. mas. (*ramâ*), assemblage de diverses choses de peu de valeur, ou de peu d'importance. Pour les choses considérables, on dit *amas : un ramas de bouquins; ce livre n'est qu'un ramas de vieilleries rebattues et usées.*— Il se dit des personnes : *un ramas de vagabonds.*

RAMASSE, subst. fém. (*ramâce*), chaise à porteurs, traîneau pour descendre des montagnes où il y a de la neige : *descendre une montagne dans une ramasse.*

RAMASSÉ, E, part. pass. de *ramasser*, et adj.—On dit : *ce ne sont pas des troupes réglées, ce sont des gens ramassés.*—On dit, d'un homme trapu, qu'*il est ramassé*, pour dire qu'il est vigoureux, qu'il a beaucoup de force. —En t. de bot. : *feuilles ramassées, rameaux ramassés, poils ramassés*, etc., feuilles, rameaux, poils, etc., qui sont très-rapprochés les uns des autres.—On dit aussi : *ramassés en faisceau, en tête, par paquets*, etc.

RAMASSER, v. act. (*ramâcé*), faire un assemblage, un *ramas* de plusieurs choses : *il a ramassé tout ce qui lui était dû en plusieurs endroits, et il a fait une grosse somme; il a ramassé tous les passages des anciens sur cette matière.*—*Ramasser des troupes, ramasser toutes ses forces*, les recueillir, les réunir, pour quelque effort extraordinaire. — *Ramasser*, signifie aussi, prendre ce qui est à terre : *ramasser ses gants, son chapeau, des papiers, un livre.*—Prov. et pop. : *cela ne vaut pas le ramasser*, cela ne mérite que l'on y songe. L'*Académie* cite ce prov., et elle ajoute que, dans cette phrase, *ramasser* est pris subst. Notre avis est que vouloir donner ici au v. *ramasser* force de subst., c'est donner au langage beaucoup trop de latitude. Nous ajouterons d'ailleurs que cette locution est plus que surannée; on dirait tout au plus aujourd'hui : *cela ne vaut pas la peine qu'on le ramasse.* Il faut donc rejeter bien loin l'emploi de l'infinitif de ce verbe comme substantif. — *Ramasser une personne*, relever une personne qui est à terre. — *Ramasser*, signifie aussi mettre en prison : *ramasser les vagabonds.* — *Ramasser les cartes*, les rassembler. — L'*Académie* veut encore que *ramasser* signifie pop. et bassement : *maltraiter de coups et de paroles*; nous ne le pensons pas, et nous croyons que l'on comprendrait peu cet exemple qu'elle cite : *s'il le trouve sous sa main, il le ramassera d'une étrange sorte.* — Traîner dans une *ramasse : on le ramassa pendant deux heures; quand il fut sur la montagne, il se fit ramasser.* — En t. d'émailleurs, *ramasser l'émail*, le prendre encore chaud et liquide, dans la cuiller où il a été fondu avec le verre, pour en tirer du canon, c'est-à-dire des bâtons ou filets de grosseurs différentes, dont on se sert pour travailler les ouvrages à la lampe.—*se* RAMASSER, v. pron., se rassembler : *ils s'étaient ramassés en grand nombre dans la place publique.*—Il signifie aussi : *se* replier : *la chenille se ramasse en elle-même quand on la touche.*

RAMASSEUR, subst. mas. (*ramâceur*), celui qui conduit une *ramasse.* — Dans le style plaisant ou critique : celui qui fait des *ramas.*

RAMASSIS, subst. mas. (*ramâci*), menues branches qui ne peuvent servir qu'à faire des bourrées. — Assemblage de choses *ramassées* sans choix.

RAMASSOIR, subst. mas. (*ramâçoar*), outil pour marbrer le papier.

RAMASSOIRE, subst. fém. (*ramâçoare*), planchette pour nettoyer l'eau sur laquelle nagent les couleurs.

RAMAYANA, subst. mas. (*rama-iana*), poëme héroïque de l'Inde.

RAMAZAN, subst. mas. Voy. RAMADAN.

RAMBADE, subst. fém. (*ranbade*), t. de mar., plate-forme pour combattre.—Garde-fou autour des fronteaux des gaillards et des dunettes.

RAMBERGE, subst. fém. (*ranbèreje*), vaisseau long, autrefois en usage chez les Anglais.

RAMBERT (SAINT-), subst. propre mas. (*ceinranbère*), ville de France, chef-lieu de canton, arrond. de Belley, dép. de l'Ain.

RAMBERT-SUR-LOIRE (SAINT-), subst. propre mas. (*ceinranbèreçurloare*), village de France, chef-lieu de canton, arrond. de Montbrison, dép. de la Loire.

RAMBERVILLIERS, subst. propre mas. (*ranbèrvilié*), village de France, chef-lieu de canton, arrond. d'Epinal, dép. des Vosges.

RAMBOUILLET, subst. propre mas. (*ranbou-ié*), ville de France, chef-lieu de canton et d'arrond., dép. de Seine-et-Oise.

RAMBOUR, subst. mas. (*ranboure*), sorte de grosse pomme qui se mange en été.

RAMBOURRAGE; on doit écrire **REMBOURRAGE**. Voy. ce mot.

RAMBOURRER, v. act. Voy. REMBOURRER, qui est la seule bonne orthographe.

RAME, subst. fém. (*rame*) (en lat. *remus*, rame), aviron dont on se sert pour faire voguer un bateau, une chaloupe, une galère, etc. —On appelle sur les galères, *marinier de rame*, ceux qui se louent pour servir sur les galères pendant un certain temps, et qu'on appelle autrement *bonnes voglies.* — Fig. : *être à la rame, tirer à la rame*, travailler beaucoup, être dans un emploi très-pénible.—Petit branchage que le jardinier plante pour *ramer* les pois. (Du lat. *ramus*, rameau, branche d'arbre.)— Vingt mains de papier mises ensemble : *mettre un livre à la rame*, c'est, faute de débit, vendre à la beurrière ou à l'épicier les feuilles dont il est composé.—Les rubaniers et autres ouvriers appellent *rames*, de longues ficelles de moyenne grosseur attachées aux arcades des bâtons de retour, et qui font hausser les lices.—Les faïenciers nomment *rame*, un outil de bois d'environ trois pieds de long, avec lequel ils remuent la terre dans les baquets. — T. de meunier : *farine de rame*, ou simplement *rame*, la farine mêlée avec le son, avant le blutage.

RAMÉ, E, part. pass. de *ramer*, et adj.—En t. de blason, du bois de cerf, lorsqu'il est d'un autre émail que l'animal.—*Balles ramées*, deux balles de plomb jointes ensemble par un fil d'archal tortillé.—*Boulets ramés*, composés de deux demi-globes de fer joints par une barre.— *Pois ramés*, qui ont poussé sur des *rames.*

RAMÉADE, subst. fém. (*ramé-ade*), poste sur une galère pour quinze combattants.

RAMÉAL, E, (*ramé-ale*), t. de bot., se dit de la feuille ou du fruit porté sur un *rameau.* — Au plur. mas., *raméaux.*

RAMEAU, subst. mas. (*ramô*) (du lat. *ramus*, qui a la même signification), t. de bot., division de la tige ou des branches d'un arbre. — Plus communément, petite branche d'arbre.— On dit fig. : *le rameau d'olivier*, pour dire, le *rameau* de la paix : *présenter le rameau d'olivier*, c'est offrir la paix.—Les chrétiens appellent *dimanche des Rameaux, jour des Rameaux*, le dimanche d'avant Pâques, à cause des *rameaux* qu'on porte ce jour-là à la procession, en mémoire de l'entrée de Jésus-Christ dans Jérusalem.—Il se dit fig., 1° des veines, des artères et des nerfs; 2° des mines qui ont différentes branches; 3° en généalogie, des différentes parties d'une même branche d'une famille.—Fig.: *cette secte a bien des rameaux*, des subdivisions.— En astron., petite constellation boréale, entre la lyre et la tête du serpentaire.—*Rameau d'or, rameau* que la sibylle de Cumes fit prendre à Enée pour lui ouvrir la route des Enfers.

RAMÉE, subst. fém. (*ramé*), assemblage de *rameaux*, de branches entrelacées naturellement ou à dessein. — Branches coupées avec leurs feuilles vertes.

RAMELPOT, subst. mas. (*ramèlepô*), tambour des Hottentots fait d'un tronc d'arbre évidé, couvert d'une peau de mouton tannée.

RAMENDABLE, adj. des deux genres (*ramandable*), t. de doreur sur bois et de quelques autres ouvriers; qui peut se *ramender*; qui est susceptible d'être *ramendé.*

RAMENDAGE, subst. mas. (*ramandaje*), t. de doreur sur bois, action de *ramender.*

RAMENDÉ, E, part. pass. de *ramender.*

RAMENDER, v. act. (*ramandé*), baisser, diminuer de prix : *on a ramendé le pain.* Il est pop. et bien vieilli.—En t. de doreur, appliquer de petits morceaux de feuilles d'or dans les endroits où il en manque.— En t. de pêche, radouber, rétablir un filet. — Neut., baisser, diminuer de prix, en parlant surtout des vivres, des denrées : *le vin est bien ramendé.* Il est de peu d'usage.—*se* RAMENDER, v. pron.

RAMENÉ, E, part. pass. de *ramener.*

RAMENER, v. act. (*ramené*), *amener* une seconde fois. — Remettre une personne dans le lieu d'où elle était partie. — Faire revenir avec soi : *il ramena les troupes au combat.* — Amener, en parlant des choses qu'on amène chez soi à son retour d'un voyage : *j'ai vendu mon cheval à la foire et j'en ai ramené un autre.* — Fig., faire revenir : *ramener quelqu'un à la raison, à son devoir.*—A la longue paume, rechasser un coup de volée : *il a bien ramené ce coup-là.*—*Ramener un cheval*, lui faire baisser le nez. — Fig. : *ramener des affaires de bien loin*, rétablir des affaires qui paraissaient désespérées. — *Ramener une vieille mode*, la remettre en vogue. — *se* RAMENER, v. pron. — En t. de man., *ce cheval se ramène bien*, porte bien sa tête.

RAMÉNERET, subst. mas. et adj. (*raméneré*), t. de charpent., trait fait avec le cordeau.

RAMENTEVOIR, v. act. (*ramantevoar*), rappeler, faire souvenir, se souvenir : *ramentevoir une chose à quelqu'un.* — *se* RAMENTEVOIR, v. pron. Vieux et hors d'usage.

RAMEQUIN, subst. mas. (*ramekiein*) (du latin *ramus*, rameau, parce qu'autrefois on se servait de rameaux en guise de gril. *Le Duchat.*), espèce de pâtisserie faite avec du fromage : *on servit des ramequins à l'entremets.* — Appareil de rognons hachés avec du persil, de l'ail et un jaune d'œuf, qu'on étend sur du pain, et qu'on fait rôtir sur le gril.

RAMER, v. act. (*ramé*), soutenir des pois ou autres plantes avec de petites *rames* (de petits *rameaux*) qu'on plante en terre.—Tirer et étendre fortement les draps sur la *rame.* Voy. ce mot.—On dit aussi *arramer.*— Prov. : *s'entendre à une chose comme à ramer des choux*, n'y rien entendre.—Neut : tirer à la *rame* : *ne pas savoir ramer.*—Fig. et fam., prendre bien de la peine : *il aura bien à ramer pour parvenir.* —*se* RAMER, v. pron.

RAMEREAU, subst. mas. (*ramerô*), jeune *ramier.*

RAMERUPT, subst. propre mas. (*ramerupete*), village de France, chef-lieu de canton, arrond. d'Arcis-sur-Aube, dép. de l'Aube.

RAMESCHNÉ, subst. propre mas. (*ramécekené*), bon génie chez les Parsis.

RAMETTE, subst. fém. (*ramète*), t. d'imprim., châssis ordinairement de fer et sans barre au milieu, propre à contenir un placard, une affiche, etc. Voyez CHÂSSIS.

RAMEUR, subst. mas. (*rameur*), celui qui tire à la *rame* : *un rang de rameurs.* — T. d'hist. nat., au plur., tribu d'insectes de l'ordre des hémiptères.—Oiseaux de haut vol ou de leurre.

RAMEUSE, adj. fém. Voy. RAMEUX.

RAMEUTÉ, E, part. pass. de *rameuter.*

RAMEUTER, v. act. (*rameuté*), t. de vén., arrêter les chiens qui tiennent la tête, pour attendre ceux qui suivent de loin. — *se* **RAMEUTER**, v. pron. — Autrefois, on disait *ramenter*, au propre comme au figuré.

RAMEUX, adj. mas., au fém. **RAMEUSE** (*rameu, meuze*) (du latin *ramosus*, fait de *ramus*, rameau, branche), t. de bot., qui se divise en branches : *une plante rameuse, un bois rameux.*

RAMIER, subst. mas. (*ramié*), t. d'hist. nat., oiseau gallinacé, de la famille des péristères ou pigeons. — Pigeon sauvage. — Adj. mas. : *pigeon ramier.*

RAMIFICATION, subst. fém. (*ramifikâcion*) (formé de *ramifier, se ramifier*), t. de bot., disposition des branches ou *rameaux*, considérés en eux-mêmes, et relativement les uns aux autres. — En anat., division, distribution des artères et des nerfs. — Il se dit par extension des filons des mines. — Fig. : ce qui se rattache à une affaire, à un complot : *l'autorité a découvert les ramifications du complot.* — Fig., subdivisions nombreuses d'une science qu'on analyse, qu'on classifie. — Subdivisions, rapports d'union, d'intimité qui existent dans une secte.

RAMIFIÉ, E, part. pass. de *ramifier.*

se RAMIFIER, v. pron. (*ramifié*), se partager, se diviser en plusieurs branches, en plusieurs *rameaux.* — Il se dit fig. des sciences, des sectes, etc. : *cette science se ramifie à mesure que l'on cherche à l'approfondir.*

RAMILLE, subst. fém. (*rami-ie*), t. de bot., division de *rameaux.* — Au plur., menus bois qu'on met en petits fagots ou bourrées. — Nous devons avertir que l'*Académie* n'emploie ce mot qu'au plur.

RAMINAGROBIS, subst. mas. Voy. ROMINAGROBIS.

RAMINGUE, adj. des deux genres (*rameingue*), t. de man. : *cheval ramingue*, qui résiste à l'éperon, et qui refuse de se porter en avant.

RAMIPARE, subst. mas. et adj. des deux genres (*ramipare*), t. d'hist. nat.; on a donné ce nom à une classe de zoophytes qui vivent sur des *rameaux.*

RAMIRET, subst. mas. (*ramiré*), t. d'hist. nat., ordre et genre de pigeons de la grosseur des bisets.

RAMISOL, subst. mas. (*ramiçole*), t. de bot., arbrisseau qui croît au Malabar.

RAMISTE, adj. fém. (*ramicete*); on appelle le *j* et le *v*, *lettres ramistes*, parce qu'elles ont été inventées en 1559 par *Ramus.*

RAMNES, subst. mas. plur. Voyez RHAMNES.

RAMNÉSIENS, subst. mas. plur. (*ramenézieïn*), t. d'antiq., l'une des trois centuries de chevaliers créées par Romulus. Voy. RAMNUSIENS.

RAMNUSIENS, subst. mas. plur. (*ramenuzieïn*), t. d'antiq., nom de l'une des trois premières tribus romaines.

RAMOINDRI, E, part. pass. de *ramoindrir.*

RAMOINDRIR, v. act. (*ramoeindrir*), rendre *moindre.* — *se* RAMOINDRIR, v. pron.

RAMOIR, subst. mas. (*ramoar*), t. de coffretier, outil pour tailler et polir le bois.

RAMOITI, E, part. pass. de *ramoitir.* Voy. RAMOITIR.

RAMOITIR, v. act. (*ramoètir*), rendre *moite* : *le brouillard ramoitit le linge.* — *se* RAMOITIR, v. pron.

RAMOLADE ne se dit pas pour REMOULADE.

RAMOLLI, E, part. pass. de *ramollir.*

RAMOLLIR, v. act. (*ramolir*), rendre plus *mou*, plus souple, moins dur. — Fig., rendre efféminé, moins vigoureux : *ramollir le courage, être ramolli par les plaisirs.* Dans cette acception, on dit mieux *amollir.* — En t. de fauconn., *ramollir un oiseau*, redresser son pennage avec une éponge trempée. — *se* RAMOLLIR, v. pron. — Fig. : *il s'est ramolli*, il n'est plus aussi fâché qu'auparavant.

RAMOLLISSANT, E, adj. (*ramoliçan, çante*), t. de médec., qui *ramollit*, qui résout les duretés contre nature : *la guimauve est ramollissante.* — Subst. mas. : *un ramollissant*, un remède *ramollissant.*

RAMON, subst. mas. (*ramon*), balai. Vieux, et même hors d'usage.

RAMONAGE, subst. mas. (*ramonaje*), action de *ramoner* : *payer le ramonage de ses cheminées.*

RAMONCHAMP, subst. propre mas. (*ramonchan*), bourg de France, chef-lieu de canton, arrond. de Remiremont, dép. des Vosges.

RAMONDE, subst. fém. (*ramonde*), t. de bot., la molène à tige nue, espèce de plante.

RAMONDIE, subst. fém. (*ramondi*), t. de bot., genre de plantes de la famille des fougères.

RAMONÉ, E, part. pass. de *ramoner.*

RAMONER, v. act. (*ramoné*) (de *ramon*, vieux mot français qui signifiait un balai, fait de *rameaux*), pour nettoyer les cours, les rues, etc.), nettoyer le tuyau d'une cheminée; en ôter la suie. — *se* RAMONER, v. pron.

RAMONETTE, subst. fém. (*ramonète*), t. de bot., la raquette, plante.

RAMONEUR, subst. mas. (*ramoneur*), celui qui *ramone* des cheminées.

RAMONTCHI, subst. mas. (*ramontechi*), t. de bot., sorte de prunier, que les Français nomment prunier à Madagascar.

RAM-OULAN, subst. mas. (*ramoulan*), t. de bot., plante des Moluques, ou le litchi des Moluques.

RAMPANT, E, adj. (*ranpan, pante*), qui *rampe* : *animal, insecte rampant; plante rampante.* — Fig. : *style rampant*, bas et plat. — *Ame rampante*, basse, vile et méprisable : *les courtisans sont des gens rampants, et par cela même indignes de pitié quand ils tombent par hasard dans la misère.* — En t. d'archit., on emploie cet adjectif en parlant d'une surface inclinée : *arc rampant; voûte rampante.* — On dit même, subst. au mas. : *le rampant d'un mur de voûte.* — En t. de blason, *lion rampant*, représenté rampant.

RAMPE, subst. fém. (*ranpe*), la suite des marches d'un escalier, depuis un palier jusqu'à l'autre : *la rampe de cet escalier est trop haute.* — Balustrade de fer, de pierre ou de bois le long de l'escalier : *prenez bien la rampe.* — Plan incliné par lequel on monte et l'on descend sans degrés : *les voitures arrivent dans la cour par une douce rampe.* Peu usité dans cette acception. — Rangée de quinquets sur l'avant-scène d'un théâtre : *la rampe fatigue beaucoup l'acteur.*

RAMPÉ, part. pass. de *ramper.*

RAMPEMENT, subst. mas. (*ranpeman*), action de *ramper* : *le rampement de la couleuvre.*

RAMPER, v. neut. (*ranpé*), (du latin *repere*, dérivé par transposition du grec *ερπειν*, dont la signification est la même), se traîner sur le ventre comme font les vers, les serpents, etc. : *le serpent rampe.* — Par extension et similitude, on le dit des plantes qui s'étendent sur terre ou s'attachent aux arbres, comme le lierre, la vigne, etc. : *le lierre rampe contre les murailles.* — Fig. : 1° être dans un état abject et humiliant; 2° s'abaisser excessivement devant les grands : *il est assez vil pour ramper lâchement.* — En parlant de discours et de style, ne dire, n'écrire rien que de commun : *tel auteur rampe*; il manque de style, de goût, ou d'imagination.

RAMPHASTOS, subst. mas. (*ranfaceto*), t. d'hist. nat., nom qu'on donne quelquefois au toucan.

RAMPHE, subst. fém. (*ranfe*), t. d'hist. nat., genre d'insectes de l'ordre des coléoptères.

RAMPHOCÉLUS, subst. mas. (*ranfoceluce*), t. d'hist. nat., nom générique donné à deux oiseaux rangés, jusque-là, parmi les tangaras.

RAMPHOCÈNE, subst. mas. (*ranfocène*), t. d'hist. nat., genre d'oiseaux de l'ordre des silvains.

RAMPIN, adj. mas. (*ranpein*), t. de manège : *cheval rampin*, cheval bouleté des pieds de derrière, et qui ne marche par conséquent que sur la pince. — On dit aussi *pinçard*, suivant l'*Académie.*

RAMPONEAU, subst. mas. (*ranponô*), t. de cout., sorte de couteau dont la lame a quinze à dix-huit lignes de largeur. — Jouet d'enfant.

RAMPONÉ, part. pass. de *ramponer.*

RAMPONER, v. neut. (*ranponé*), (de *Ramponeau*, marchand de vin à la Courtille, en 1760), s'enivrer, boire à outrance. — *se* RAMPONER, v. pron. Inusité.

RAMPONNÉ, E, part. pass. de *ramponner.*

RAMPONNER, v. act. (*ranponé*), se moquer de quelqu'un. — *se* RAMPONNER, v. pron. Vieux et presque hors d'usage.

RAMPONNES, subst. fém. plur. (*ranponne*), railleries. Vieux, et même hors d'usage.

RAMPONNEUR, subst. et adj. mas., au fém. RAMPONNEUSE (*ranponeur, neuze*), fâcheux. (*Boiste.*) Vieux et même hors d'usage.

RAMTRUT, subst. mas. (*rantru*), pagode indienne où l'on adorait une idole ayant la forme d'un singe.

RAMULE, subst. mas. (*ramule*), petite branche, petit *rameau*; *ramille.*

RAMURE, subst. fém. (*ramure*) (du lat. *ramus*, rameau, branche), le bois d'un cerf, d'un daim. — Toutes les branches d'un arbre collectivement prises.

RAMUSCULE, subst. mas. (*ramucekule*), petit *rameau.*

RANA, subst. propre fém. (*rana*), déesse de la mer, chez les Scandinaves.

RANAIL, subst. propre mas. (*rana-ie*), nom d'un ange du premier ordre, chez les Madécasses.

RANATHYTES, subst. mas. plur. (*ranatite*) (du lat. *rana*, grenouille, et du grec *θυτης*, prêtre), secte juive qui rendait un culte aux grenouilles.

RANATRE, subst. mas. (*ranâtre*), t. d'hist. nat., genre d'insectes de l'ordre des hémiptères.

RANCANCA, subst. mas. (*rankanka*), t. d'hist. nat., genre d'oiseaux de l'ordre des accipitres, famille des vautourins.

RANCE, adj. des deux genres (*rance*) (du lat. *rancidus*), qui commence à se corrompre et qui a contracté une mauvaise odeur : *du lard rance, des confitures rances.* — Subst. mas., odeur, goût *rance* : *ce lard sent le rance.*

RANCE, subst. fém. (*rance*), t. de mar., pièce de bois qu'on place sur les côtés d'un vieux bâtiment pour le consolider. (*Laveaux.*)

RANCÉ, E, part. pass. de *rancer.*

RANCER, v. act. (*rancé*), t. de mar., consolider, fortifier un bâtiment en y appliquant des *rances.* — *se* RANCER, v. pron. (*Laveaux.*)

RANCETTE, subst. fém. (*rancète*), tôle commune pour faire des tuyaux de poêle. Voy. RANGETTE.

RANCHE, subst. fém. (*ranche*), cheville d'un *rancher.*

RANCHER, subst. mas. (*ranché*), sorte d'échelle formée par une pièce de bois garnie de chevilles qui servent d'échelons.

RANCHERIE, subst. fém. (*rancheri*), village d'Indiens libres, dans l'Amérique septentrionale.

RANCHIER, subst. mas. (*ranchié*), t. de blas., fer d'une faulx.

RANCI, E, part. pass. de *rancir.*

RANCIDITÉ, subst. fém. (*rancidité*) (du latin *rancor*), qualité de ce qui est *rance*; *rancissure*; l'*Académie* semble même préférer ce dernier mot. — RANCIDITÉ, RANCISSURE. (*Syn.*) Ces termes désignent la corruption des graisses, des huiles, etc., qui ont contracté, soit en vieillissant, soit par la chaleur, un goût fort et âcre, une odeur puante ou désagréable, et ordinairement une couleur jaune, ainsi que cela arrive au lard, à la viande, aux confitures. La *rancidité* est la qualité du corps rance; la *rancissure* est l'effet éprouvé par le corps ranci. La *rancidité* gît dans les principes qui vicient le corps; la *rancissure* est dans les parties qui sont viciées. Il faudrait combattre la *rancidité* comme on combat la putridité, cause du mal; il faut ôter la *rancissure* comme on ôte la pourriture, produit du mal.

RANCIO, adj. mas. (*ranci-ô*), mot pris de l'espagnol, vin d'Espagne qui, de rouge qu'il était, est devenu jaunâtre en vieillissant. — On dit aussi subst. au mas. : *du rancio.*

RANCIR, v. neut. (*rancir*), devenir *rance* : *cette viande commence à rancir.* — *se* RANCIR, v. pron.

RANCISSURE, subst. fém. (*rancіçure*), état d'un corps *ranci*; qualité de ce qui est *rance.* Voy. RANCIDITÉ.

RANCŒUR, subst. mas. (*rankieur*), haine, rancune; ressentiment; dépit mêlé de tendresse. (*Boiste.*) Vieux.

RANCON, subst. mas. (*rankon*), ancienne arme française, dont le fer plat se terminait en pointe, et était garni à sa base de deux crochets recourbés, qui lui donnaient la figure d'une fleur de lis. Hors d'usage.

RANÇON, subst. fém. (*rançon*), prix que l'on donne pour la délivrance d'un captif ou d'un prisonnier de guerre : *payer rançon* ou *sa rançon*, *la rançon de...* — Par extension, somme excessive : *mais, c'est la rançon d'un roi.* — *Rançon* se dit aussi d'une composition en argent, moyennant laquelle un vaisseau de guerre ou un vaisseau corsaire relâche un vaisseau marchand qu'il a pris. Et, en parlant des compositions qu'un armateur a exigées des vaisseaux marchands, on dit qu'*à son retour dans le port, il a amené tant de rançons.*

RANÇONNÉ, E, part. pass. de *rançonner.*

RANÇONNEMENT, subst. mas. (*rançoneman*), action de *rançonner*, d'exiger plus qu'on ne devrait. — Exaction.

RANÇONNER, v. act. (*rançoné*), exiger ce qui

n'est pas dû : *dans cet hôtel on rançonne tout le monde.* — Mettre à *rançon*, se dit d'un vaisseau de guerre ou d'un corsaire qui relâche un bâtiment qu'il a pris, moyennant une certaine somme : *il a rançonné tant de navires.* — *se* RANÇONNER, v. pron.

RANÇONNEUR, subst. mas., **RANÇONNEUSE**, subst. fém. (*rançoneur, neuze*), celui, celle qui fait payer, qui exige plus qu'il ne faut : *l'hôtelier est rançonneur.*

RANÇONNEUSE, subst. fém. Voy. RANÇONNEUR.

RANCUNE, subst. fém. (*rankune*) (du lat. *rancor*), haine invétérée ; souvenir d'une offense. — *Rancune à part, rancune tenante* ou *tenant*, se dit de deux personnes qui, n'étant pas bien ensemble, ont cependant un intérêt commun de se réunir, du moins passagèrement. Nous sommes étonnés de voir tolérer dans l'*Académie* : *rancune tenant ;* c'est un vrai solécisme ; on ne doit dire que *rancune tenante.* — On dit par plaisanterie : *sans rancune*, oublions ce qui s'est passé

RANCUNEUX, subst. et adj. mas., au fém. **RANCUNEUSE** (*rankuneu, neuze.*) Voy. RANCUNIER ; et surtout notre remarque sur les deux mots.

RANCUNIER, subst. et adj. mas., au fém. **RANCUNIÈRE** (*rankunié, nière*), qui a de la *rancune*, qui garde sa *rancune* : *c'est un esprit rancunier, c'est une rancunière.*—*Rancuneux, rancuneuse, rancuneur*, ne sont pas français, disent MM. *Noël* et *Chapsal;* sans nous donner en aucune façon les raisons motivées de leur condamnation. Cependant il n'y a pas plus de motif de se servir de *rancunier* et *rancunière*, que de *rancuneux, rancuneuse* et même *rancuneur.* Ils auraient dû donner pour raison que trois mots deviennent inutiles pour exprimer la même chose, et qu'il ne fallait en choisir qu'un, comme ils l'ont fait. Maintenant copions une note de *Girault-Duvivier*, relative à ces mots : « *rancuneux, rancuneuse*, est un barbarisme. *Boiste*, ajoute-t-il, qui a dit au mot *haineux* que cet adj. s'entend d'un homme *rancuneux, c'est-à-dire naturellement porté à la haine*, est d'autant plus à reprendre en cela, qu'à la lettre *r*, il n'indique que le mot *rancunier.*» Notre avis à nous serait qu'on admit *rancunier, rancunière*, pour le subst., et *rancuneux, rancuneuse*, pour l'adjectif. Il est certain que les puristes ne rejettent *rancuneux* que parce qu'il ne se trouve pas dans le *Dictionnaire de l'Académie;* eh bien! nous soutiendrons en présence d'eux-mêmes, qu'il n'en est pas un seul qui n'ait dit mille fois : *c'est un homme rancuneux, une femme rancuneuse*, au lieu de : *c'est un homme rancunier, une femme rancunière;* c'est qu'en effet *rancuneux* et *rancuneuse* sont dans la bouche de tout le monde ; et, avouons-le même, presque seuls en usage dans la conversation. Nous soumettons notre observation en toute confiance aux gens de bonne foi.

RANCUNIÈRE, subst. et adj. fém. Voy. RANCUNIER.

RANCURÉ, part. pass. de *rancurer.*

RANCURER, v. neut. (*rankuré*), se plaindre. (*Boiste.*) Vieux.

RANDANS, subst. propre mas. (*randan*), ville de France, chef-lieu de canton, arrond. de Riom, dép. du Puy-de-Dôme.

RANDIES, subst. fém. plur. (*randi*), t. de bot., genre de plantes de la famille des rubiacées.

RANDON, subst. mas. (*randon*), sentier couvert dans un bois. (*Boiste.*) Peu connu.

RANDONNÉE, subst. fém. (*randoné*), t. de chasse, circuit qu'une bête lancée fait autour du même lieu avant de l'abandonner.—Fam. et par extension, *faire une grande randonnée*, marcher long-temps sans s'arrêter.

RANG, subst. mas. (*ran* devant une consonne, et devant une voyelle *rank*) (de l'allemand *ring*, qui a la même signification. *Ménage.* Le mot allemand *ring* signifie proprement *anneau, cercle*), en général, ordre, disposition de plusieurs choses ou de plusieurs personnes sur la même ligne : *un rang d'hommes, d'arbres, de colonnes*, etc.; *plusieurs rangs de soldats; combattre aux premiers rangs*, etc.—En particulier l'ordre de la séance ou de la marche, soit dans la même compagnie, soit en divers corps : *rang d'ancienneté, régler les rangs.*—T. d'imprim., espèce d'échafaudage fait avec des planches fixées sur des tréteaux mobiles, et sur lequel les compositeurs placent les casses ou boîtes à compartiments qui contiennent les caractères : *un rang de trois casses; un rang à dos d'âne*, etc. —Dignité, degré d'honneur. — Place qu'une chose ou une personne tient dans l'estimation des hommes : *tenir le premier rang entre les poëtes, les orateurs*, etc. *donner le premier rang au diamant entre les pierres précieuses.*—*Etre, se mettre, paraître sur les rangs*, en t. de tournois, etc., se présenter au combat.—Fig. se mettre ou être parmi les prétendants à une charge, à un poste, etc.—*Mettre au rang de...* au nombre de, parmi... — *Parler à son rang*, selon son rang. — *Vaisseaux du premier rang*, les plus forts vaisseaux; vaisseaux à trois ponts. —Triv. et prov. : *en rang d'ognon* : *se mettre en rang d'ognon*, se ranger côte à côte, les uns près des autres. (Nous lisons OIGNON dans le *Dictionnaire de l'Académie.* Voy. notre observation sur cette orthographe au mot OGNON.) L'*Académie* ajoute que cette locution signifie aussi : prendre place dans une réunion à laquelle on n'est pas invité; dans une assemblée à laquelle on n'a pas le droit d'assister. Nous doutons fort, pour notre compte, que cette dernière acception soit en crédit. Quant à ce que pense l'*Académie*, et quelques-uns avec elle, que cette façon de parler s'emploie par allusion à un maître des cérémonies de France, qui se nommait d'*Oignon*, il est encore permis d'en douter, malgré son affirmation.

RANGE, subst. fém. (*ranje*), rang de pavés égaux.

RANGÉ, E, part. pass. et adj. : *bataille rangée*, bataille entre deux armées *rangées* en ordre, et en face l'une de l'autre.—*Homme rangé*, qui a de l'ordre dans ses affaires ; qui vit d'une manière régulière. Voy. RÉGLÉ.

RANGÉE, subst. fém. (*ranjé*), ordre, *rang* et suite de plusieurs choses rangées les unes après les autres. — En archit., côté d'un ouvrage qui va en droite ligne, sans être coupé par des angles.

RANGER, v. act. (*ranjé*), mettre dans un certain ordre, dans un certain *rang* : *ranger des livres, des papiers, des troupes; ranger une chambre*, etc.—Mettre au nombre, au *rang de...* : *ranger parmi les auteurs, parmi les livres classiques.*—Mettre de côté, pour rendre le passage plus libre : *rangez cette table, cette chaise, cet enfant.*—En t. de mar., passer près : *ranger la côte*, naviguer terre à terre : *ranger à quai*, s'accoster du quai pour s'y amarrer et y décharger ; *ranger un vaisseau*, en passer fort près ; *le ranger à honneur*, le *ranger* à portée de la voix.—*Ranger une ville sous ses lois*, la soumettre.—Nous trouvons dans l'*Académie* : *ranger quelqu'un*, pris dans un sens absolu, il est vrai ; mais dit-on bien réellement : *rangez votre fils, s'il fait le méchant ; je saurai bien le ranger*, pour signifier le soumettre. On dirait peut-être : *ranger quelqu'un à la raison;* mais on ne dit plus : *ranger quelqu'un.*—*se* RANGER, v. pron., se serrer, s'écarter pour faire place ou pour laisser passer. — *Se ranger autour du feu, d'une table*, s'y arranger pour se chauffer, pour manger, pour jouer.—*Se ranger sous les drapeaux, sous l'obéissance d'un prince*, embrasser son parti, se soumettre à sa domination. —*Se ranger du côté, du parti de quelqu'un*, embrasser son parti, son opinion. — *Se ranger à l'avis de quelqu'un*, déclarer qu'on est de son avis.—*Se ranger* signifie, dans un sens absolu, adopter une manière de vivre plus régulière : *ce jeune homme a été libertin, mais aujourd'hui il se range.*—En t. de mar. : *le vent se range au nord, au sud*, etc., commencer à souffler du côté du nord, du sud.

RANGIER et non pas **RANJER**, subst. mas. (*ranjié*), t. de blas., le renne, animal à quatre pieds, qui porte un bois comme le daim.

RANGÉS, subst. mas. plur. (*ranjé*), t. de blas., se dit des animaux posés sur une ligne horizontale.

RANGÈTE, subst. fém. (*ranjète*), t. d'imprim., action de *ranger.* Ce mot est tout-à-fait hors d'usage depuis long-temps.

RANGETTE, subst. fém. (*ranjète*), tôle à tuyaux de poêle.—T. de grosses forges, fer d'environ trente lignes de largeur sur douze d'épaisseur, coupé en morceaux pesant à peu près huit livres.

RANGIFÈRE, subst. mas. et adj. des deux genres (*ranjifère*), t. d'hist. nat., famille d'animaux quadrupèdes qui comprend les rennes et d'autres grands animaux du Nord.

RANGOURIR, v. neut. (*ranguourir*), languir. (*Boiste.*) Vieux et tout-à-fait hors d'usage, s'il a même été usité.

RANGUILLON, subst. mas. (*rangui-ion*), t. d'imprim., petite pointe de fer qui fait partie et qui est l'objet principal de la *pointure ;* c'est, dans la feuille qu'on tire du premier côté, un trou qui sert ensuite, quand on tire l'autre côté, à fixer la feuille de manière que les pages se trouvent imprimées exactement l'une sur l'autre. Voy. POINTURE. On dit plus souvent aujourd'hui *ardillon.* — Petit crochet qui fait partie de l'hameçon.

RANICEPS, subst. mas. (*ranicèpece*), t. d'hist. nat., sous-genre de poissons établi parmi les gades, les blennoïdes.

RANIKAIL, subst. propre mas. (*ranika-ie*), nom d'un ange du premier ordre, chez les Madécasses.

RANIMÉ, E, part. pass. de *ranimer.*

RANIMER, v. act. (*ranimé*), rendre, redonner la vie; animer de nouveau : *Dieu seul peut ranimer les morts.*—Redonner de la vigueur, du mouvement à ce qui paraît n'en plus avoir : *ranimer une main paralysée.*—*Ranimer l'ardeur d'un feu presque éteint*, l'exciter en soufflant, ou en lui donnant un courant d'air.—Réveiller les esprits assoupis; redonner du courage : *il est abattu par la tristesse, tâchons de le ranimer.*—Réveiller, renouveler, exciter de nouveau : *ranimer le courage, l'ardeur, la colère, la fureur, l'amour*, etc.—*se* RANIMER, v. pron. : *le feu se ranime*, il se rallume.

RANINE, subst. fém. (*ranine*), t. d'hist. nat., genre de crustacés qui ressemble à la grenouille.

RANINE, adj. fém. (*ranine*) (du lat. *rana;* grenouille, parce qu'on a cru que l'assemblage de ces deux veines représentait une espèce de *grenouille*), t. d'anat., se dit de deux artères et de deux veines situées sous la langue.

RANNI, E, part. pass. de *rannir.*

RANNIR, v. act. (*ranir*), t. de pot., vernisser l'étain. — *se* RANNIR, v. pron. Tout-à-fait inusité.

RANQUER, orthographe de *Boiste.* Voy. RAUQUER.

RANULAIRE, adj. des deux genres (*ranulère*). Voy. RANINE, qui semble être le même mot.

RANULE, subst. fém. (*ranule*), t. de médec., tumeur œdémateuse sous la langue.—Grenouillette.

RANZ, subst. mas. (*rance*), t. de mus., air que les bouviers suisses jouent sur la cornemuse. On ne se sert guère du mot *ranz* seul; mais on dit *ranz des vaches*, parce que c'est l'air que les bouviers jouent en gardant leur bétail dans les montagnes.

RAON-L'ÉTAPE, subst. propre mas. (*ranlétape*), ville de France, chef-lieu de canton, arrond. de Saint-Dié, dép. des Vosges.

RAPACE, adj. des deux genres (*rapace*) (du lat. *rapax*, dérivé du grec ἅρπαξ, dont la signification est la même), avide, ardent à la proie : *le vautour est rapace.*—Fig., qui est enclin à la rapine : *un homme rapace.* On dit aussi subst. : *c'est un rapace, une rapace.* — En métallurgie, on appelle *rapaces*, les substances qui non-seulement se dissipent elles-mêmes par l'action du feu, mais encore qui contribuent à enlever les autres : *les mines d'arsenic sont rapaces.*— —*Oiseaux rapaces*, et subst. mas. : *les rapaces*, oiseaux de proie dont le bec supérieur, plus long que l'inférieur, est crochu et courbé en dessous.

RAPACÉ, E, adj. (*rapacé*) (du lat. *rapa*, rave, dérivé du grec ῥαπύς ou ῥαφύς, rave, racine), t. de bot., qui tient de la *rave.*

RAPACITÉ, subst. fém. (*rapacité*) (du lat. *rapacitas*), avidité de l'animal qui se jette sur sa proie; inclination à prendre et à ravir.

RAPAISÉ, E, part. pass. de *rapaiser.*

RAPAISER, v. act. (*rapèzé*), calmer, adoucir de nouveau quelqu'un.—*se* RAPAISER, v. pron.

RAPANE, subst. fém. (*rapane*), t. de bot., espèce d'arbrisseau qui croît dans les forêts de la Guyane.

RAPARIÉ, E, part. pass. de *raparier.*

RAPARIER, v. act. (*raparié*), réunir.—*se* RAPARIER, v. pron., se réunir.

RAPARIEMENT, subst. mas. (*rapariman*), action de *raparier.*

RAPAT, subst. mas. (*rapa*), t. de bot., espèce d'arbrisseau d'Amboine dont on ne connaît pas le fruit.

RAPATELLE, subst. fém. (*rapatèle*), toile de crin pour faire des tamis, etc., ainsi nommée parce qu'elle produirait l'effet d'une râpe sur la peau.

RAPATRIAGE, subst. mas. *(rapatriaje)* (l'*Académie* dit aussi *rapatriement*, et elle l'écrit comme nous; notre avis est que *rapatriement* est plus conforme aux règles; mais nous nous permettrons encore une réflexion au sujet de l'orthographe *académique* : nous demanderons pourquoi elle ne tolère pas en outre, ainsi qu'elle le fait d'ordinaire, *rapatrîment?* Nous nous trouvons forcés d'aller plus loin, et de dire que l'*Académie* donne *ingénument* sans accent circonflexe; et pour rentrer dans la discussion première, qu'elle écrit *dénouement*, en tolérant qu'on écrive aussi *dénoûment*; il en est de même de *enjouement*, qu'elle écrit aussi *enjoûment*, etc., etc.), réconciliation : *le rapatriage est fait, et bien fait*. Fam.

RAPATRIÉ, E, part. pass. de *rapatrier*.

RAPATRIEMENT, subst. mas. Voy. RAPATRIAGE, qui est le même mot.

RAPATRIER, v. act. *(rapatri-é)* (rac. *patrie*), réconcilier, raccommoder des personnes brouillées. Il est fam.—*se* RAPATRIER, v. pron. : *ils se sont rapatriés*.

RÂPE, subst. fém. *(râpe)*, ustensile de ménage en métal, percé de plusieurs trous, pour mettre en poudre du sucre, de la muscade, du tabac, etc. : *une râpe de fer-blanc; une râpe à tabac*. —Espèce de lime à l'usage des sculpteurs, des menuisiers, plombiers, etc. — Grappe de raisin dont tous les grains sont ôtés. Voy. RÂFLE ; c'est aussi le renvoi de l'*Académie*.—La *râpe* est proprement, en bot., un réceptacle commun aux graminées, aux fleurs en épi et aux fleurs en grappe. On dit *la râpe d'un épi de seigle, de froment*, etc. — Au plur., crevasses ou fentes au pli du genou d'un cheval, comme des malandres, etc.

RÂPÉ, subst. mas. *(râpé)*, grappes de raisin qu'on met dans un tonneau de vin pour le raccommoder, quand il se gâte.—Vin ainsi raccommodé. — *Râpé de copeaux*, certaine quantité de copeaux qu'on met dans un tonneau pour éclaircir le vin.

RÂPÉ, E, part. pass. de *râper*.—*Habit râpé*, usé, dont on ne voit plus que la corde.—En parlant d'un pauvre diable : *comme il est râpé! comme il a l'air râpé!* comme il est dans la misère! qu'il a l'air misérable!

RAPEN, subst. mas. *(rapène)*, monnaie de cuivre à Lucerne, en Suisse. (A peu près un centime et demi de France.)

RÂPER, v. act. *(râpé)* (de l'allemand *raspeln*, qui a la même signification), mettre en poudre avec la *râpe* : *râper du sucre, du tabac*, etc.— User la surface d'un corps dur avec une *lime* qu'on appelle aussi *râpe*.—*se* RÂPER, v. pron.

RAPETASSÉ, E, part. pass. de *rapetasser*.

RAPETASSER, v. act. *(rapetacé)* (suivant quelques-uns, du grec ῥάπτειν, coudre), raccommoder grossièrement de vieilles hardes; y mettre de vieilles pièces.—*se* RAPETASSER, v. pron.

RAPETASSEUR, subst. mas., **RAPETASSEUSE**, subst. fém. *(rapetaceur, ceuze)*, celui, celle qui *rapetasse*.—Savetier. Peu en usage.

RAPETASSEUSE, subst. fém. Voy. RAPETASSEUR.

RAPETISSÉ, E, part. pass. de *rapetisser*.

RAPETISSER, v. act. *(rapeticé)*, rendre, ou faire paraître plus *petit*. — Neut., devenir plus *petit*. — *se* RAPETISSER, v. pron. : *la toile neuve se rapetisse à l'eau*. — Au fig. : *peu de gens se rapetissent par modestie*.

RAPETTE, subst. fém. *(rapète)*, t. de bot., plante annuelle qui croît dans les champs, et qu'on nomme aussi *porte-feuille*.

RAPHAÉLESQUE, adj. des deux genres *(rafa-élèceke)*, gracieux, élégant, angélique, idéal; du genre du célèbre peintre italien *Raphaël*. (*Boiste*.)

RAPHANÉDON, subst. mas. *(rafanédon)* (du grec ῥαφανηδόν, en forme de rave ou de racine, formé de ῥαφανίς, rave, et εἶδος, forme), t. de chir., fracture transversale d'un os long.

RAPHANIE, subst. fém. *(rafani)* (du grec ῥαφανίς, rave), convulsion violente avec contraction et douleur atroce causée par la rave sauvage, et adoucie par l'huile.

RAPHANIS, subst. mas. *(rafanice)*, t. de bot., genre de plantes qui se rapproche de celui des cochléarias.

RAPHANISTE, subst. mas. *(rafanicete)*, t. d'hist. nat., genre de coquilles de la division des univalves.

RAPHANISTIDE, subst. fém. *(rafanicetide)*, t. de bot., espèce d'iris.

RAPHANISTRE, subst. mas. *(rafanicetre)*, t. de bot., genre de plantes de la famille des crucifères.

RAPHANITE, subst. mas. *(rafanite)*, t. de bot., espèce de glaïeul.

RAPHE, subst. mas. *(rafe)*, t. d'hist. nat., poisson du genre cyprin. — Subst. fém., t. de bot., partie du prostype ou cordon ombilical dans les plantes.

RAPHÉ, subst. mas. *(rafé)* (du grec ῥαφή, couture), en anat., il se dit de certaines lignes saillantes qui ressemblent à une couture. Tel est principalement le *raphé* qui divise le scrotum en deux parties latérales, et s'étend depuis l'anus jusqu'à l'origine de la verge.— On a appelé aussi *raphé* les deux lignes latérales qui s'étendent de la partie antérieure à la partie postérieure de la surface du corps calleux du cerveau. Peu en usage.

RAPHIDES, sub. m. pl. *(rafide)*, t. d'hist. nat., se dit des petits crystaux aiguillés qu'on aperçoit à l'aide du microscope, dans le tissu lâche de certaines plantes herbacées, lesquels crystaux sont le produit de l'oxalate de chaux qui existe dans ces plantes.

RAPHIDIE, subst. fém. *(rafidi)*, t. d'hist. nat., genre d'insectes de l'ordre des névroptères.

RAPHIS, subst. mas. *(rafice)*, t. de bot., genre de palmiers originaires du Japon.—Genre de plantes de la famille des graminées.

RAPIDE, adj. des deux genres *(rapide)* (du lat. *rapidus*, fait dans le même sens de *rapere*, ravir), qui va extrêmement vite : *mouvement rapide*. — Qui se meut avec vitesse : *le cours rapide d'un fleuve, le vol rapide des oiseaux*. — Fig. : *conquêtes rapides*, faites avec une grande célérité.—*Style rapide*, qui entraîne les lecteurs, les auditeurs, par la chaleur des idées vives et spontanées. — *Narration rapide*, qui va droit à son but, sans circonlocutions, sans périphrases. — *Éloquence rapide*, qui a du mouvement, de la chaleur, qui enlève l'auditoire.— L'*Académie* ajoute que *rapide* s'emploie encore comme subst. mas. en t. de mar.; nous doutons fort que tout le monde comprenne de prime-abord qu'un *rapide* signifie, *un courant rapide*.

RAPIDEMENT, adv. *(rapideman)*, d'une manière *rapide*; avec *rapidité*.

RAPIDITÉ, subst. fém. *(rapidité)*, célérité, vitesse : *rapidité du mouvement*, *du vol d'un oiseau*, etc. Voy. VÉLOCITÉ.—Fig. : *la rapidité des conquêtes, du style*. — Qualité du style *rapide*.

RAPIDOLITHE, subst. fém. *(rapidolite)*, t. de minér., sorte de pierre en baguette. On écrit aussi RHABDOLITHE.

RAPIÉCÉ, E, part. pass. de *rapiécer*.

RAPIÈCEMENT, subst. mas. *(rapi-èceman)*, action de *rapiécer*; son effet.

RAPIÉCER, v. act. *(rapi-écé)*, mettre des *pièces*, raccommoder : *rapiécer un habit*. — *se* RAPIÉCER, v. pron. — RAPIÉCER, RAPIÉCETER, RAPETASSER. (*Syn.*) *Rapiécer*, c'est mettre des *pièces* ou remettre une *pièce*, sans modification. *Rapiéceter*, c'est remettre sans cesse de nouvelles *pièces*, ou mettre beaucoup de petites *pièces*. *Rapetasser*, c'est mettre grossièrement de grosses *pièces* et les entasser.

RAPIÈCETAGE, subst. mas. *(rapi-ècetaje)*, action de *rapiéceter*.—Hardes *rapiècetées*.

RAPIÈCETÉ, E, part. pass. de *rapiéceter*.

RAPIÈCETER, v. act. *(rapi-ècelé)*, mettre *pièces sur pièces* : *rapiéceter des meubles*. — *se* RAPIÈCETER, v. pron. Voy. RAPIÉCER.

RAPIÈRE, subst. fém. *(râpière)* (de l'allemand *rappier*, épée, ou plutôt fleuret), vieille et longue épée. — Il se dit quelquefois simplement et par mépris d'une épée, mais avec l'intention de se moquer de celui qui la porte : *traîneur de rapière*. — S'il nous fallait ajouter foi à l'étymologie que nous donnons, et qu'on peut contester, nous devrions écrire *rapière* avec un accent circonflexe.

RAPIÉREUR, subst. mas. *(râpiéreur)*, porte-*rapière*. Vieux et même hors d'usage.

RAPILLO, subst. mas. *(rapilelô)*, à Naples, petites scories lancées du Vésuve avec les sables et les cendres.— En France, on dit : *scorie de cratère*.

RAPIN, subst. mas. *(rapein)*, t. d'atelier, jeune élève dans les arts, et particulièrement élève peintre.

RAPINE, subst. fém. *(rapine)* (en lat. *rapina*), au propre, en parlant des animaux, action de *ravir* par la violence : *animal né pour la rapine*. — Ce qui est *ravi* de la sorte : *oiseau qui vit de rapine*.— Par similitude, en parlant des hommes, pillage, volerie, concussion : *il s'est enrichi à force de rapines*. Trévoux dit aussi *rapinerie*; mais ce terme n'a pas eu de succès.

RAPINÉ, E, part. pass. de *rapiner*.

RAPINER, v. act. *(rapiné)* (du lat. *rapere*), voler avec adresse, avec finesse, en abusant de l'emploi dont on est chargé : *il trouve toujours le moyen de rapiner quelque chose*.—Neut. : *rapiner sur tout*.—*se* RAPINER, v. pron.

RAPINERIE, subst. fém. *(rapineri)*. Inusité. Voy. RAPINE.

RAPINEUR, subst. mas., **RAPINEUSE**, subst. fém. *(rapineur, neuze)* (du lat. *rapinator*), fripon, friponne. — Nous ne trouvons pas ce mot dans l'*Académie*; il est cependant fort en usage.

RAPINEUSE, subst. fém. Voy. RAPINEUR.

RAPINIE, subst. fém. *(rapini)*, t. de bot., sorte de plante de la Cochinchine.

RAPIQUÉ, part. pass. de *rapiquer*.

RAPIQUER, v. neut. *(rapikié)*, t. de mar., venir au vent pour dépasser un vaisseau. Peu usité.

RAPONCE, subst. mas. *(raponce)*, t. de bot., plante appelée *lobélie* par *Linnée*. Peu en usage.

RAPONCULE, subst. fém. *(raponkule)*, t. de bot., genre de plantes de la famille des campanulacées.

RAPONTICOÏDE, subst. fém. *(rapontiko-ide)*, t. de bot., genre de plantes de la famille des cinarocéphales.

RAPPAREILLÉ, E, part. pass. de *rappareiller*.

RAPPAREILLEMENT, subst. mas. *(raparé-ieman)*, action de *rappareiller*, de rajuster.

RAPPAREILLER, v. act. *(raparé-ié)*, remettre en son *pareil*, ou avec son *pareil* : *j'ai trouvé à rappareiller mes chevaux*.—*se* RAPPAREILLER, v. pron.

RAPPARIÉ, E, part. pass. de *rapparier*.

RAPPARIEMENT, subst. mas. *(rapariman)*, action de *rapparier*.— Effet de cette action. — Ce mot, très-utile, manque dans l'*Académie*.

RAPPARIER, v. act. *(raparié)*, apparier de nouveau.—Retrouver de nouveau la *paire* d'une chose : *rapparier des gants; rapparier un attelage de bœufs*.—*se* RAPPARIER, v. pron.

RAPPE, subst. fém. Voy. RAPEN.

RAPPEL, subst. mas. *(rapèle)*, action par laquelle on *rappelle* : *rappel d'un ambassadeur*. —Il se dit surtout de ceux qui ont été disgraciés ou exilés : *obtenir des lettres de rappel*.—*Rappel de ban*, anciennement, *rappel* d'un banni. — Dans les assemblées publiques, on entend par *rappel à l'ordre*, l'action de faire rentrer dans les limites de l'ordre, de la dignité et des bienséances, l'orateur qui s'en est écarté. — *Rappel au règlement*, la réclamation contre une violation du règlement dont on ne doit jamais s'écarter.— En t. de droit, disposition d'un testateur par laquelle il *appelle* à sa succession ceux qui en étaient nécessairement exclus. — *La Bruyère* l'a employé, mais à tort, pour *appel*, recours au juge supérieur. Voy. APPEL. — Cependant, on dit très-bien, en t. de droit : *rappel à succession*, lorsqu'il est question d'une présentation qui *appelle* à succession des parents que l'on en croyait exclus.—En t. militaire, manière de battre le tambour pour faire revenir les soldats au drapeau.—En t. de compte, somme oubliée ou somme redue et sur laquelle on revient; portion d'appointements qu'on réclame, après avoir été tenue en suspens.—En peinture, effet de la lumière, lorsque, des figures principales, elle se porte, comme par réflexion, sur les objets accessoires : *il y a dans les tableaux du Tintoret, de Rubens, de beaux rappels de lumière*.

RAPPELANT, adj. *(rapelan)*: vif, profond : *souvenir rappelant*. (Boiste.) Peu usité.

RAPPELÉ, E, part. pass. de *rappeler*.

RAPPELER, v. act. *(rapelé)*, *appeler* de nouveau : *je l'ai appelé et rappelé cent fois*. — Plus ordinairement, faire revenir, en l'*appelant*, une personne qui s'en va : *je suis revenu, il m'a rappelé*.—Faire revenir quelqu'un d'un lieu où on l'avait envoyé pour y exercer quelque fonction : *rappeler un ambassadeur*.—*Rappeler quelqu'un à la vie*, l'empêcher de mourir; et plus souvent, faire revenir les sens d'une personne qui n'était qu'évanouie ou malade.—*Dieu l'a rappelé à* *lui*, il est mort; le Créateur l'a fait rentrer dans son sein tout-puissant.—*Ce vin généreux rappelle son buveur*, il engage à le boire, à cause de sa supériorité. —*Rappeler à l'ordre*, faire rentrer dans l'ordre, dans les bienséances.—*Rappeler un parent à sa succession*, le mentionner, après l'avoir exclu, comme devant avoir part à sa succession.—Faire revenir ceux qui sont disgraciés ou exilés : *le roi l'a rappelé*. — Se représenter les idées des choses passées : *rappeler le souvenir de...; rappeler dans sa mémoire*, et au pron. : *se rappeler dans sa mémoire*, ou simplement, *se rappeler ce qu'on a fait, ce qu'on a dit*, et non pas, *se rappeler de ce qu'on a fait, de ce qu'on a dit*.—Ne dites pas non plus : *je m'en rappelle*; mais, *je me le rappelle*.— *Rappeler la mémoire de quelqu'un, le souvenir de quelque chose*, faire ressouvenir de quelqu'un, de quelque chose. — *Il cherche à se rappeler*, il tâche de se ressouvenir.—En t. de droit, *appeler* à sa succession. Voy. RAPPEL. — En t. de guerre, battre le tambour d'une certaine manière pour faire revenir le soldat au drapeau, ou pour faire honneur à quelqu'un. En ce sens, il s'emploie ordinairement comme neut.—Fig. : *rappeler un homme à son devoir*, le faire rentrer dans son devoir. —*Rappeler ses sens, ses esprits*, les reprendre. —En t. de peinture, *rappeler la lumière*, la faire rejaillir comme par échos des figures principales sur les objets accessoires. Voy. RAPPEL.—*se* RAPPELER, v. pron., se ressouvenir.

RAPPLIQUÉ, E, part. pass. de *rappliquer*.

RAPPLIQUER, v. act. (*raplikié*), *appliquer* de nouveau.—*se* RAPPLIQUER, v. pron.

RAPPOINTIS, subst. mas. (*rapoeinti*), bout de vieux fer, en forme de gros clous ou chevillettes, servant à retenir et gripper les plâtres dans les revêtissements de charpente et les corniches en plâtre.—Ouvrage léger de serrurerie.

RAPPONÉ, E, adj. (*raponé*), moqué. (*Boiste*.) Vieux et même tout-à-fait hors d'usage.

RAPPORT, subst. mas. (*rapor*), action de *rapporter* et de remettre une chose au lieu d'où on l'avait portée ailleurs : *le rapport des marchandises que ces gens n'ont pas vendues à la foire leur a coûté beaucoup*. — En t. de jurisprudence, il se dit d'une action légale par laquelle celui qui a reçu une somme, un bien, est obligé de les *rapporter* à l'hérédité pour faire compte au partage : *on a ordonné le rapport de cette somme; il avait reçu cent mille francs, il a été obligé au rapport*. — Revenu, produit : *terre, champ*, etc., *d'un grand rapport; être* ou *n'être pas encore en rapport*. On dit qu'*une vigne n'est pas encore en rapport*, pour dire qu'elle est encore trop jeune pour porter du fruit; qu'*elle n'est pas encore en plein rapport*, pour dire qu'elle ne produit pas encore tout ce qu'elle doit produire : *des arbres qui sont en plein rapport*. —Par extension : *cette entreprise de commerce n'est pas encore en plein rapport*. — On dit proverbialement, en parlant des choses dont l'apparence brillante ne répond pas à la réalité, que *c'est belle montre et peu de rapport*. — Récit, témoignage : *faire un rapport*, rendre compte de...—Action de rapporter un article sur le journal ou sur le grand-livre.—Récit de ce que l'on a vu ou entendu : *fidèle rapport; voilà le rapport de ce que j'ai vu*.—Relation faite par indiscrétion ou par malignité de ce qu'on a vu ou entendu : *faire des rapports, de faux rapports*.—T. d'administr. et de jurispr., exposé que fait un juge, un commissaire ou un commis, d'une affaire ou d'un procès par écrit qu'on lui a donné à voir et à examiner. Un *rapport* doit exposer toutes les parties d'une affaire, en distinguer les différentes preuves et en marquer le fort et le faible. — On appelle *rapport d'un délibéré*, l'exposition qu'un juge fait aux autres des faits et moyens d'une chose sur laquelle on a ordonné un délibéré sur les pièces; *rapport d'enquête*, la remise de la minute d'un procès-verbal d'enquête qui est faite au greffe; *rapport d'experts*, le procès-verbal dans lequel des experts font la relation de ce qu'ils ont vu et observé, et où ils donnent leur avis; *rapport de maître écrivain*, un *rapport* ou procès-verbal qui se fait par un maître écrivain nommé par justice, à l'effet de vérifier quelque écriture ou signature.—On appelle *rapport en médecine* ou *en chirurgie*, des actes authentiques et publics que les médecins et les chirurgiens titrés sont obligés de faire en justice quand ils en sont requis par le magistrat, pour certifier, sur leur conscience, de l'état de ceux qu'ils visitent, soit sains, malades, blessés, ou décédés, afin que les juges ou ceux qui ont droit d'y prendre part, en étant bien informés, fassent ou ordonnent ce qui est convenable pour le bien public et celui des particuliers.—Procès-verbal; *le rapport d'un garde-champêtre*. Il se dit aussi du compte qu'on rend à quelqu'un de quelque chose dont on est chargé: *je ne manquerai pas d'en faire rapport à la compagnie*.—En t. de vén., on dit *faire rapport, faire son rapport*, pour dire rendre compte de la quête qu'on a faite et du lieu où est la bête qu'on a détournée : *le lieutenant de la vénerie n'a pas encore fait son rapport; dès que le valet de limier eut fait son rapport*.—En t. de bot., se dit d'une espèce de conformité qu'on aperçoit entre les plantes d'une même famille. — En t. de chimie, il se dit d'une tendance ou disposition à s'unir qu'on observe dans les corps chimiques, par exemple, entre les acides et les alcalis; *on a construit une table des rapports*. — En t. de math., on appelle *rapport*, le résultat de la comparaison de deux quantités, l'une avec l'autre, relativement à leur grandeur. On dit plus communément *raison*, surtout lorsque ce mot est joint à un adjectif, comme *raison directe, raison inverse, raison doublée*, etc. Voy. RAISON. — En t. de musique, on appelle *rapport*, la relation de deux sons; et on se sert, pour le déterminer, des mots *seconde, tierce, quinte*. Ainsi, le *rapport d'ut à sol* s'indique par le mot *quinte*, en disant *sol* est la quinte d'*ut*. — En t. de gramm., on dit qu'*un rapport est vicieux*, quand un mot se rapporte à un autre mot auquel il ne devrait point se rapporter : *il y a un rapport vicieux dans cette phrase : de quoi les juges n'étant pas d'avis, on dépêcha au roi pour savoir le sien*; d'*avis* étant indéfini, *le sien* ne devrait pas s'y rapporter. — *Rapport*, en termes de commerce de mer, signifie une déclaration que le maître d'un vaisseau marchand doit faire à l'amirauté vingt-quatre heures après son arrivée dans le port, par laquelle il énonce le lieu d'où il est parti, le temps de son départ, en quoi consiste le chargement de son navire, etc.—Convenance, conformité, analogie : *le rapport des caractères entre eux; il y a des rapports de convenance, de disconvenance, de similitude, de différence*.—Liaison et relation que certaines choses ou les personnes ont entre elles : *rapports de commerce, d'intérêt; mettre une personne en rapport avec une autre*, lui donner les moyens de conférer avec une autre.—Relation des choses à une fin, à un but : *faire une chose par rapport à telle autre*. — Au plur., sortes de vapeurs qui partent de l'estomac : *cette viande me donne des rapports*.— *Terres de rapport*, qui ont été *rapportées*.—*Pièces de rapport, ouvrage de rapport*, composé de plusieurs pièces unies ensemble avec art. — AVOIR RAPPORT A ou AVEC. (*Syn.*) Une chose a *rapport à* une autre, quand l'une conduit à l'autre, ou parce qu'elle en dépend, ou parce qu'elle en vient, ou parce qu'elle en fait souvenir, ou pour quelque autre raison; ainsi, les sujets ont *rapport* aux princes, les effets aux causes, les copies aux originaux.— Une chose *a rapport avec* une autre chose quand elle lui est proportionnée, conforme, semblable; une copie, en peinture, a *rapport avec* l'original, si elle lui ressemble; mais, quoiqu'elle soit imparfaite, elle ne laisse pas d'*avoir rapport à* l'original. (*Bouhours*.)— *Par rapport à*, loc. prép., quant à... : *par rapport à mon fils, je le trouverai*. — *La terre est petite par rapport au soleil*, par comparaison au soleil. Peu usité dans cette acception.—*Je l'ai fait par rapport à vous*, pour l'amour de vous, dans la vue de vous obliger.

RAPPORTABLE, adj. des deux genres (*rapportable*), qui peut ou doit être *rapporté* à la succession : *somme rapportable*. — On dit aussi : *des terres rapportables*.

RAPPORTÉ, E, part. pass. de *rapporter* et adj. — *Ouvrage de pièces rapportées*, de pièces de *rapport*.

RAPPORTER, v. act. (*raporté*), *apporter* une chose du lieu où elle a été *portée* à celui où elle était auparavant : *rapporter des marchandises; rapporter des choses enlevées*. — *Apporter* au retour d'un voyage : *il a rapporté d'Italie des antiques, des tableaux*. — Remettre à la masse ce qu'on a reçu en trop : *rapporter à la masse*. — Faire le récit, l'exposé d'une affaire au nom d'une commission : *rapporter leur avis*. — Raconter, faire le récit de ce qu'on a vu ou entendu : *il a rapporté fidèlement tout ce qu'il a vu*. — Redire par malice ou par légèreté ce qu'on a entendu dire : *faire des rapports*. —Citer, alléguer : *il a rapporté des passages qui avaient bien trait à la situation*. — Diriger : *il faut tout rapporter à une bonne fin*.—Attribuer, référer : *rapporter un événement à un tel temps, un effet à une telle cause*. — Produire : *cette terre, cette charge, cet emploi rapporte tant par an*. — Au palais, exposer l'état d'un procès par écrit : *rapporter un procès*. En ce sens, il s'emploie aussi comme neutre : *ce juge rapporte bien*. — Ajouter une chose à une autre : *rapporter une bordure à un rideau*. — Dans l'arpentage, tracer sur le papier, au moyen du *rapporteur*, les mesures prises sur le terrein. — En t. de teneur de livres, rédiger d'après le brouillard un article sur le journal et le porter ensuite sur le grand-livre.—En t. de législation et d'administration, annuler, révoquer : *rapporter une loi, un arrêté*. — *Rapporter des terres en un endroit*, aller les prendre dans un lieu afin de les *porter* dans un autre. — Fig. : *il a rapporté beaucoup de gloire de cette journée*, il a acquis beaucoup de gloire; *il n'en a rapporté que de la honte*, il n'en a retiré que, etc. : *cet emploi ne rapporte ni profit, ni honneur*, il n'est ni lucratif, ni honorable. — *Ce chien de chasse rapporte bien*, apporte le gibier qu'on a tué. Dans cette phrase, *rapporter* est neutre. On se sert aussi de cette locution en parlant de toute espèce de chien qu'on a dressé à *rapporter* ce qu'on lui jette. — *se* RAPPORTER, v. pron., convenir, avoir du *rapport* et de la ressemblance : *leurs humeurs se rapportent en tout; la déposition de ce témoin ne se rapporte pas avec celle du précédent*. — En t. de grammaire, avoir relation à.., *on ne doit point séparer le qui relatif du subjonctif auquel il se rapporte*. — En parlant des personnes, renvoyer à... : *je m'en rapporte à ma dernière lettre*.—*Se rapporter* ou *s'en rapporter à...* : prendre quelqu'un pour arbitre, pour témoin de quelque chose dont il s'agit. — *S'en rapporter à ce qui en est*, faire entendre qu'on est persuadé de ce qu'on dit, parce qu'on ne veut pas ouvrir de contestation.

RAPPORTEUR, subst. mas., RAPPORTEUSE, subst. fém. (*raporteur, teuze*), celui, celle qui fait des *rapports* ou faux ou indiscrets. Les écoliers se servent surtout de ce terme, lequel, dans leur esprit, a le même sens que celui de *capon*.— Juge qui fait le *rapport* d'un procès.—Officier qui exerce les fonctions de juge d'instruction, d'accusateur public, dans les conseils de guerre ou de discipline.—Membre d'une commission chargé de rendre compte de son travail; *rapporteur d'une commission*. — Instrument de géométrie pour lever des plans, et au moyen duquel on *rapporte* sur le papier les angles pris sur le terrein avec le graphomètre ou l'équerre d'arpenteur.— *Grand rapporteur au sceau*, autrefois grand-conseiller qui présentait certaines requêtes au sceau.

RAPPORTEUSE, subst. fém. Voy. RAPPORTEUR.

RAPPRENDRE, v. act. (*raprandre*), *apprendre* de nouveau. Il se conjugue sur *prendre* : *rapprendre tout ce qu'on avait oublié*. — *se* RAPPRENDRE, v. pron.

RAPPRIS, E, part. pass. de *rapprendre*.

RAPPRIVOISÉ, E, part. pass. de *rapprivoiser*.

RAPPRIVOISER, v. act. (*raprivoèzé*), rendre *privé* un animal qui a été effarouché, et qui était déjà *apprivoisé*.— *se* RAPPRIVOISER, v. pron.

RAPPROCHÉ, E, part. pass. de *rapprocher*.

RAPPROCHEMENT, subst. mas. (*raprocheman*), action de *rapprocher*. — Effet de cette action : *le rapprochement des lèvres d'une plaie qui se cicatrise*. — Au fig., action de placer des objets intellectuels dans une sorte de voisinage et de reflet qui les éclaire l'un par l'autre : *le rapprochement des circonstances éclaircit beaucoup cette affaire*.—Réconciliation, raccommodement de personnes brouillées : *travailler au rapprochement de deux familles*.

RAPPROCHER, v. act. (*raproché*), *approcher* de nouveau *ou* de plus près : *rapprochez donc la lumière*. — *Ses lunettes rapprochent les objets*, ou absolument, *rapprochent*, les font paraître plus proches. — Fig., réconcilier, disposer un accommodement : *on travaille à les rapprocher*. — *L'amour rapproche les distances*, quand on s'aime réellement, on ne consulte guère les conditions de position ou de fortune.— *L'intérêt divise les hommes, le besoin les rapproche*, le besoin les force à revenir à la confiance et à l'union. — T. de vénerie, *rapprocher un cerf*, faire aller les chiens doucement, pour tenir la voie d'une bête qui a passé deux ou trois heures auparavant. — *se* RAPPROCHER, v. pron., *s'ap-*

procher de nouveau de quelque personne ou de quelque lieu : *il s'est rapproché de notre voisinage.—Ils se sont rapprochés*, réconciliés.—Fig., devenir moins difficile sur quelque chose que l'on contestait.

RAPSODE, subst. mas. (*rapeçode*) (du grec ῥαψῳδός, formé de ῥάπτω, je couds, et ᾠδή, chant), chantre des poëmes d'*Homère*, qui parcourait les villes de la Grèce.

RAPSODÉ, E, part. pass. de *rapsoder*.

RAPSODER, v. act. (*rapeçodé*), raccommoder mal et sans soin. (*Ménage*.) — **SE RAPSODER**, v. pron. Presque inusité.

RAPSODEUR, subst. mas. (*rapeçodeur*), qui *rapsode*. (Boiste.) Presque inutile, puisqu'on dit *un rapsode*.

RAPSODIE, subst. fém. (*rapeçodi*) (du grec ῥαψῳδία), t. d'antiq., morceaux détachés des poésies d'Homère que l'on faisait chanter aux *rapsodes*. — Aujourd'hui, ramas insignifiant de vers ou de prose.

RAPSODISTE, subst. des deux genres (*rapeçodicete*), qui ne fait que des *rapsodies*.

RAPSODOMANCIE, subst. fém. (*rapeçodomanci*) (du grec ῥαψῳδία, rapsodie, et μαντεία, divination), divination qui se faisait en prenant pour une prédiction de ce qu'on voulait savoir les vers d'un poëte, d'*Homère* surtout et de *Virgile*, sur lesquels le sort faisait tomber.

RAPSODOMANCIEN, subst. et adj. mas., au fém. **RAPSODOMANCIENNE** (*rapeçodomanciein, ciène*), qui concerne la *rapsodomancie*.—Celui, celle qui devinait par la *rapsodomancie*.

RAPSODOMANCIENNE, subst. et adj. fém. Voy. **RAPSODOMANCIEN**.

RAPT, subst. mas. (*rapete*) (du lat. *raptus*, fait de *rapere*, enlever), enlèvement d'une fille, d'une femme ou d'un fils de famille à marier, fait par celui qui n'a pas d'autorité légitime. — *Rapt de violence*, celui qui se fait par force. — *Rapt de séduction*, celui dans lequel l'on n'a usé que de subornation.

RÂPURE, subst. fém. (*râpure*), ce qu'on enlève d'un corps quelconque, soit avec la *râpe*, soit en grattant.

RAPUROIR, subst. mas. (*rapuroar*), t. de salpêtrier, vase de cuivre où l'on met le salpêtre de la première cuite.

RAPUTIER, subst. mas. (*raputié*), t. de bot., sorte d'arbrisseau de la Guyane, qui se rapproche des galipées.

RAQUE, subst. mas. (*rake*), t. de mar., boule de bois percée qu'on enfile dans un cordage et qui sert à former les *racages* autour d'un mât, pour faciliter le mouvement des vergues.

RAQUET, subst. mas. (*rakié*), t. de pêche, rebut de la pêche des morues.

RAQUETIER (l'*Académie* écrit à tort, du moins d'après nos principes, **RAQUETTIER**), subst. mas. (*raketié*), celui qui fait et vend des balles et des *raquettes*.

RAQUETON, subst. mas. (*raketon*), sorte de large *raquette*. Presque inusité.

RAQUETTE, subst. fém. (*rakiète*) (par corruption, du lat. *reticulum*, employé par les anciens dans la même signification, et qui est un diminutif de *rete*, rets, réseau. *Caseneuve*, etc.), instrument dont on se sert pour jouer à la paume, au volant, etc.—*Monter une raquette*, la garnir de cordes. — On ne se sert guère du proverbe suivant que nous lisons dans l'*Académie* : *grand casseur de raquettes*, pour désigner *un homme fort et vigoureux*. Notre avis est que *grand casseur de raquettes* a fort bien pu se dire autrefois, mais dans la signification de *fier-à-bras*, de *fanfaron*. — Machine qu'on attache à ses pieds pour marcher plus commodément sur la neige.—T. de bot., sorte de plante qu'on appelle plus souvent *opuntia*.—Espèce de scie dont les scieurs de long se servent pour refendre les pièces cintrées. —Les oiseleurs appellent *raquette*, un piége à détente avec lequel ils prennent les oiseaux par les pattes.

RAR., abréviation du mot *rarement*.

RARE, adj. des deux genres (*râre*) (en latin *rarus*), qui arrive peu souvent ; qui ne se trouve pas ordinairement ; difficile à avoir, parce qu'il y en a peu : *c'est une chose rare*. — Excellent, précieux, singulier, extraordinaire : *une médaille rare*. — *Un homme rare*, qui a un mérite extraordinaire. On le dit aussi par plaisanterie dans le sens de bizarre.—*Devenir rare*, fréquenter moins souvent une maison, une société. — En t. de phys., il se dit de ce qui, n'ayant que peu de matière, occupe une grande étendue : *l'air est un milieu plus rare que l'eau*. Il est opposé à *dense*. — Clair-semé : *avoir la barbe rare*. — En médec. : *pouls rare*, dont les battements se font de loin à loin ; son opposé est *fréquent*.

RARÉFACTIF, adj. mas., au fém. **RARÉFACTIVE** (*râréfaktif, tive*), qui a la propriété de *raréfier*.

RARÉFACTION, subst. fém. (*râréfakci-on*), action de *raréfier*, ou effet de cette action. — Dilatation.

RARÉFACTIVE, adj. fém. Voy. **RARÉFACTIF**.

RARÉFIANT, E, adj. (*râréfian, fiante*), qui *raréfie*, qui dilate.

RARÉFIÉ, E, part. pass. de *raréfier*.

RARÉFIER, v. act. (*râréfié*) (du lat. *rarus*, rare, et *facere*, faire, *faire plus rare*), t. de phys., dilater, augmenter le volume : *la chaleur raréfie l'air*. C'est proprement, en parlant d'un corps qui a la même quantité de matière, paraître sous une plus grande étendue, et occuper un plus grand espace.—*se* **RARÉFIER**, v. pron. : *le gaz se raréfie*.

RAREMENT, adv. (*râreman*) (du lat. *raro*), peu souvent, peu fréquemment : *cela se rencontre rarement ; il vient rarement nous voir*.

RARESCENCE, subst. fém. (*râréceçance*), t. de médec., qualité de ce qui est *raréfié* : *la rarescence du sang*, son peu de volume.

RARESCIBILITÉ, subst. fém. (*râréceçibilité*), épuration de l'eau.

RARESCIBLE, adj. des deux genres (*rârécible*), qui peut se *raréfier*, qui est susceptible de se dilater.

RARETÉ, subst. fém. (*râreté*) (du lat. *raritas*), disette : *cette étoffe est chère à cause de sa rareté*.—Singularité : *c'est une rareté que de vous voir*.—On dit fam. : *pour la rareté du fait*, pour la singularité de la chose. — En phys., qualité d'un corps *rare* ou *raréfié* ; il est opposé à *densité*.—Au plur., curiosités, choses *rares* : *voilà des raretés*.

RARIFEUILLÉ, E, adj. (*rârifeu-ié*), t. de bot., qui a peu de *feuilles*.

RARISSIME, adj. des deux genres (*raricime*), très-*rare*, qu'on trouve et qui arrive fort peu.

RARITÉ, subst. fém. (*rârité*) (du lat. *raritas*), t. de phys., propriété qu'ont certains corps, et surtout les fluides élastiques, d'être composés de molécules très-distantes les unes des autres, en sorte qu'ils contiennent peu de matière sous un grand volume. Ce mot est plus latin que français. Voy. **RARETÉ**.

RARRIVÉ, E, part. pass. de *rarriver*.

RARRIVÉE, subst. fém. (*rarivé*), t. de mar., action d'*arriver* une seconde fois.

RARRIVER, v. neut. (*rarivé*), t. de mar., *arriver* une seconde fois.

RAS, E, adj. (*râ, râze*), qui a le poil coupé jusqu'à la peau, *rasé* : *avoir le menton ras*, *la tête, la barbe rase*.—En parlant des animaux et des étoffes, qui a le poil fort court : *chien à poil ras*.—*Drap ras de poil*, qui a le poil parfaitement tondu.—*Velours ras*, dont le poil n'a point été coupé.—*Rase campagne*, sans hauteurs, ni bois, ni ravins, etc. — *Table rase*, lame de cuivre, pierre ou planche unie sur laquelle il n'y a rien de gravé. — Fig., qui n'a encore reçu aucune instruction qui ait fait impression sur lui : *son esprit est une table rase*. — *Faire table rase*, au propre, enlever tout ce qui se trouve dans un lieu, sur une *table* ; et au fig., rejeter les opinions douteuses, pour les adopter plus tard, après mûr examen. — *Boisseau ras*, *mesure rase*, plein de grain, mais qui n'excède pas la hauteur de la mesure. Il est opposé à *boisseau comble*, *mesure comble*.—En t. de mar., *bâtiment ras*, qui n'est pas ponté. — *Au ras de...*, *à ras de...*, loc. adv. et prép., qui signifient jusqu'au bord, presque au niveau de... : *verser à ras de bord*, verser tout plein un verre. —*Au ras de l'eau*, au niveau de l'eau.

RAS, subst. mas. (*râ*), étoffe dont le poil ne paraît point : *du ras de St-Lo*. — En t. de mar., plate-forme flottante, sur laquelle travaillent les ouvriers de marine, quand ils radoubent la carène d'un bâtiment : *faire, construire un ras*.

RASADE, subst. fém. (*râzade*), verre *ras*, tout plein de vin ou de quelque autre liqueur : *boire de fréquentes rasades*.

RAS-DE-MARÉE, subst. mas. (*râdemaré*), mouvement de très-forte ondulation des eaux de la mer, sans que le vent paraisse y prendre aucune part dans le lieu où le phénomène se fait sentir : *le ras-de-marée de la mer des Antilles est très-remarquable*. On dit aussi *rat-de-marée*. *Furetière* pense que le nom de *ras-de-marée* vient du flamand *rasch*, qui signifie *vite* ; de façon que par *ras-de-marée*, on entendrait seulement une grande vitesse de la *marée* ; ce qui peut s'appliquer aux *ras-de-marée* de la Manche, mais nullement aux *ras-de-marée* des Antilles et des grandes mers. On trouve d'ailleurs, dans son dictionnaire, dans celui de *Trévoux* et dans ceux de marine et de l'Encyclopédie, *ras* et *rat-de-marée*. Le mot *rat* est employé souvent pour désigner un *caprice*, une *bizarrerie*. Ainsi, l'on dit qu'une machine a un *rat*, pour exprimer qu'une cause inconnue et qui semble tenir du caprice nuit à son mouvement. Le nom de *ras* ou *rat-de-marée* nous paraîtrait donc avoir été donné au phénomène des Antilles, parce qu'on ne pouvait l'expliquer et qu'on le regardait comme un caprice ou une bizarrerie de la mer.— Au plur., *des ras-de-marée*.

RASANT, E, adj. (*râzan, zante*), qui *rase*. — En t. de fortification, *flanc rasant*, *ligne rasante*, endroit de la courtine ou du flanc, d'où les coups que l'on tire *rasent* la face du bastion opposé, et vont le long de cette face.—*Feu rasant*, qu'on tire dans cette direction. — *Vue rasante*, vue qui s'étend à proximité sur un pays uni et varié.

RASAR, subst. mas. (*râzar*), sorte de mauvais raisin. Peu connu.

RASCASSE, subst. fém. (*racekâce*), t. d'hist. nat., espèce de poisson du genre des scorpènes.

RASCATION, subst. fém. (*racekâcion*), t. de médec., râlement causé par le sang qui gêne la respiration. Peu usité.

RASE, subst. fém. (*râze*), poix et brai pour calfater.

RASÉ, E, part. pass. de *raser*.

RASEMENT, subst. mas. (*râzeman*), action de *raser* et de démolir, en parlant d'un édifice, d'une place de guerre. On ne dirait pas *rasement*, en parlant de l'action de se faire, ou de faire faire sa barbe.

RASER, v. act. (*râzé*) (du lat. *rasum*, supin de *radere*, qui a la même signification), tondre, couper le poil tout près de la peau. Il se dit particulièrement de la barbe, surtout quand il est sans régime. On dit au pron. : *se raser*, non seulement pour *se raser soi-même*, mais encore pour *se faire raser* : *il se rase rarement ; quand vous lez-vous vous raser ?* quand voulez-vous que je vous *rase* ? — Prov. et fig., un *barbier rase l'autre*, des gens d'une même profession, d'une même opinion, se soutiennent réciproquement. — En parlant d'un édifice, démolir, abattre jusqu'au niveau de la terre.—*Abattre rez pied, rez terre*, que nous lisons pour l'explication de ce mot dans l'*Académie*, est une locution non seulement surannée, mais mise tout-à-fait de côté. Nous en reparlerons au mot *rez*. — *Raser un vaisseau*, lui ôter ce qu'il a d'œuvres mortes sur ses hauts. — Fig. : passer tout auprès, avec rapidité : *une balle lui rasa le visage*. — *Raser la côte*, naviguer tout auprès.—Neut. : *ce cheval rase*, *commence à raser*, ne marquer presque plus : il n'a plus les coins creux ; ses dents deviennent *rases* et unies. — Act., *ce cheval rase le tapis*, ses pieds touchent de trop près la terre. — En t. de chasse ; *le gibier rase*, ou, au pron., *se rase*, il se tapit contre terre pour se cacher.— *se* **RASER**, v. pron., se faire la barbe.

RASETTE, subst. fém. (*râzète*), petite étoffe sans poil. — En t. d'organiste, fil de fer qui sert à accorder les jeux d'anche.—Ce mot manque dans l'*Académie*.

RASIBUS, sorte d'adv. (*râzibuce*) (mot latin), tout près, tout contre ; *il lui coupa la queue rasibus*. Pop. — L'*Académie* fait de ce mot une préposition, peut-être a-t-elle raison ; mais dans ce cas, nous ne pensons pas qu'on puisse dire avec elle : *le coup lui passa rasibus du nez*, il faut dire : *au rasibus du nez* ; et alors cette locution sera réellement prépositive.

RASIÈRE, subst. fém. (*râzière*), mesure de grains usitée en Flandre.

RASOIR, subst. mas. (*râzoar*), instrument qui a le tranchant très-fin, dont on se sert pour *raser* et faire le poil. — *Pierre à rasoir*, sur laquelle on peut repasser les *rasoirs* ; *cuir à rasoir* à le même sens.— Prov. : *couper comme un rasoir*, couper fort bien.—En général, tout ce qui coupe bien : *ce couteau vaut un bon rasoir*. — Prov. : *il pleut des rasoirs, des hallebardes*, il pleut d'une telle force, et avec une telle abondance, qu'il est impossible de mettre les pieds dehors.—*Quand il pleuvrait des rasoirs*, quelque mauvais temps qu'il fasse.—T. d'hist. nat., sorte de poisson de la Méditerranée.

RASPAILLON, subst. mas. (*racepâ-ion*), t. d'hist. nat.. espèce de poisson du genre des spares.

RASPATION, subst. fém. (*racepâcion*), t. de chimie, action de *râper*. — Son effet. Peu usité.

RASPATOIR, subst. mas. (*racepatoar*), t. de chir., instrument de chirurgie qui sert à râcler un os. On l'appelle aussi *rugine*. Peu usité.

RASSADE, subst. fém. (*râçade*), espèce de verre ou d'émail dont on fait de petits grains, pour des bracelets, des colliers, etc. : *un collier de rassades*.

RASSANGUE, subst. fém. (*raceçangue*), t. d'hist. nat., oie de Madagascar; c'est l'oie bronzée.

RASSASIANT, E, adj. (*raçazian, ziante*), qui *rassasie* : *cette viande est rassasiante rien qu'à la voir*.

RASSASIÉ, E, part. pass. de *rassasier*.

RASSASIEMENT, subst. mas. (*raçaziman*), état d'une personne *rassasiée* : *le rassasiement de certains mets ne provient que du dégoût*. — On dit fig. : *le rassasiement des plaisirs*.

RASSASIER, v. act. (*raçazié*) (du vieux mot lat. *readsatiare*, formé de la particule itérative *re*, et du verbe *satiare*, fait de *satis*, assez, suffisamment), apaiser la faim, satisfaire l'appétit.— Fig., dans les choses morales, accorder tout ce que l'on désire : *rassasier de plaisir, de gloire*, etc.; *on le rassasia d'argent*.—*Rassasier quelqu'un de dégoût*, l'en abreuver. — SE RASSASIER, v. pron., contenter son appétit. — Fig., remplir ses désirs.

RASSE, subst. fém. (*râce*), t. de forges, panier ou van qui sert de mesure pour le charbon qu'on doit jeter dans le fourneau.

RASSÉE, subst. fém. (*racé*), t. de forges, contenu d'une *rasse*; quantité de charbon contenue dans la *rasse*.

RASSEMBLÉ, E, part. pass. de *rassembler*.

RASSEMBLEMENT, subst. mas. (*raçanbleman*), action de *rassembler* ce qui est épars : *faites le rassemblement de toutes les pièces*.—Grand concours d'hommes : *un rassemblement de peuple*.

RASSEMBLER, v. act. (*raçanblé*), mettre ensemble, faire amas de... : *rassembler des matériaux pour un ouvrage, rassembler des troupes*, etc.—Réunir : *le miroir ardent rassemble les rayons du soleil*. — En t. de menuiserie, etc., *assembler* de nouveau des pièces qui ont été démontées : *rassembler une charpente, une boiserie*. — En t. de manége, *rassembler un cheval*, *mettre ensemble un cheval*, tenir le cheval dans la main et dans les jarrets, de façon que ses mouvements soient plus vifs et moins allongés. — SE RASSEMBLER, v. pron., se réunir, s'amasser.

RASSEOIR, v. act. (*raçoar*) (il se conjugue comme *asseoir*). Remettre, attacher ce qui s'est détaché : *rasseoir une pierre, un fer au pied d'un cheval*. — Neut., s'épurer en se reposant ; *il faut laisser rasseoir ce vin*, etc.—On dit au fig. : *laissez rasseoir son esprit* ; et act. : *donnez-lui le temps de rasseoir son esprit* ou *ses esprits*.— SE RASSEOIR, v. pron.

RASSÉRÉNÉ, E, part. pass. de *rasséréner*.

RASSÉRENNEMENT, subst. mas. (*racecérèneman*), action de rendre ou de devenir *serein*.

RASSÉRÉNER, v. act. (*racecéréné*), rendre *serein*.—Fig. : *cette nouvelle lui a rasséréné le visage*. — SE RASSÉRÉNER, v. pron., devenir serein.

RASSIÉGÉ, E, part. pass. de *rassiéger*.

RASSIÉGER, v. act. (*raciéjé*), *assiéger* de nouveau.—SE RASSIÉGER, v. pron.

RASSIS, E, part. pass. de *rasseoir*, et adj.— *Pain rassis*, qui n'est plus tendre.—*Esprit rassis*, posé, réfléchi. — *De sang rassis*, ou *sens rassis*, loc. adv., sans être ému, sans être troublé.

RASSIS, subst. mas. (*raci*), fer de cheval qu'on *rassied*, qu'on rattache avec des clous neufs.

RASSORTI, E, part. passé de *rassortir*.

RASSORTIMENT, subst. mas. (*raçortiman*), action de *rassortir*.—Ce mot manque dans l'*Académie*.

RASSORTIR, v. act. (*raçortir*), *assortir* de nouveau. — SE RASSORTIR, v. pron.— Ce mot manque dans l'*Académie*.

RASSOTÉ, E, adj. , et part. pass. de *rassoter* (*raçoté*), infatué, entêté de... ; *elle est rassotée de son fils*. Fam. et pop.

RASSOTER, v. act. (*raçoté*), faire devenir *sot* : infatuer, entêter ; *on l'a rassoté de cette fille, il veut l'épouser*.—SE RASSOTER, v. pron. Presque inusité.

RASSURANT, E, adj. (*raçuran, rante*), qui rend la confiance ; *voilà une nouvelle rassurante*.

RASSURÉ, E, part. pass. de *rassurer*.

RASSURER, v. act. (*raçuré*), en parlant des choses, affermir, rendre ferme et *sûr* : *il faut rassurer cette muraille*.—En parlant des personnes, redonner de l'*assurance*, rendre la confiance, etc. — Raffermir : *rassurer un homme dans la foi*, etc. — SE RASSURER, v. pron., reprendre l'*assurance*, se remettre de quelque trouble, etc.—*Attendons que le temps se rassure*, se remette au beau.—RASSURER, ASSURER. (*Syn.*) Vous *assurez* celui qui n'est pas ferme ou résolu, qui n'a pas assez de force et de confiance, qui n'est pas dans un état de sécurité ; vous *rassurez* celui qui est abandonné à la crainte ou à la terreur, qui est tout-à-fait hors de l'assiette naturelle, qui ne peut être ramené et tranquillisé qu'avec beaucoup de soins, de secours, de reconfort. Le premier n'a pas, dans l'état où il est, toute l'énergie dont il a besoin; le second a perdu, dans la crise où il se trouve, celle dont il éprouve la nécessité : la différence est du plus ou du moins.—Je suis debout, assez ferme pour ne pas tomber, si on ne me pousse violemment ; je crains l'impulsion, je me roidis, je me mets en défense, je m'*assure*. J'ai reçu le choc, je m'ébranle, mon corps chancelle, mes mains cherchent un soutien ou un appui, je redouble d'efforts, je me *rassure*. La même différence a lieu au figuré.

RASTA, subst. fém. (*raceta*), t. d'antiq., mesure itinéraire usitée chez les anciens Germains.

RASTELLITE, subst. fém. (*racetélite*), nom que quelques auteurs ont donné aux huîtres plissées.

RASULE, subst. fém. (*râzule*), t. de bot., genre de mousse appelée aussi *gymnostome*.

RASURE, subst. fém. (*râzure*), coupe du poil, des cheveux avec un *rasoir*. Presque inusité.

RAT, subst. mas., **RATE**, subst. fém. (*rat, rate*) (de l'allemand *ratze*), genre de mammifères rongeurs, à queue *rase* et écailleuse.— *De la mort-aux-rats*, composition pour faire mourir les *rats*.—Fig. et prov. : *payer en chats et en rats*, en bagatelles, en mauvais effets. — *Nid à rats*, logement mal tenu, malpropre. — *Donner des rats*, marquer avec de la craie blanche les habits des passants. — *A bon chat, bon rat*, bien attaqué, bien défendu.—*Gueux comme un rat, gueux comme un rat d'église*, extrêmement gueux.—*Il pue comme un rat mort*, il sent extrêmement mauvais. — Fig. et fam. ; *avoir des rats, avoir des rats dans la tête*, avoir des caprices, des bizarreries, des fantaisies. — *Votre fusil a pris un rat*, l'amorce n'a point pris. — *Cet homme a pris un rat*, a manqué son dessein, son coup.—*Ils sont ici comme rats en paille*, fort à leur aise.—*Rat-de-cave*, bougie pour descendre à la cave ou pour aller et venir. Le peuple appelle aussi *rats-de-cave*, les commis douaniers qui visitent le vin dans les caves.—T. d'hist. nat.: *rat des Alpes*, marmotte; *rat blanc*, lérot; *rat d'eau*, rat qui nage et qui se retire dans des trous au bord des rivières; *rat d'Egypte*, l'ichneumon; *rat marin*, fausse dénomination appliquée aux œufs de raies, que l'on a pris pour une production marine particulière, et que l'on a même regardés comme une espèce d'animal ; *rat de mer*, genre d'uranoscopes; *rat musqué*, animal amphibie, sorte de castor ; *rat palmiste*, animal du genre de l'écureuil; *rat pennadé*, chauve-souris; *rat sauterelle*, mulot; *rat-volant*, quadrupède du genre polatouche. C'est aussi un chéiroptère.— *Rat de mer*, t. de mar. Voy. RAS-DE-MARÉE.

RATA, subst. mas. (*rata*), terme populaire et trivial pour dire : le ragoût, le dîner, ce qui se mange ; *faire apprêter le rata*. Presque inusité au plur.

RATAFIA, subst. mas. (*ratafi-a*) (mot indien), liqueur faite avec de l'eau-de-vie, des fruits, du sucre, etc.

RATALIE, subst. fém. (*ratali*), t. de bot., genre de plantes peu connu. — T. d'hist. nat., espèce de coquille.

RATATINÉ, E, part. pass. de *ratatiner*, et adj., rapetissé, raccourci par l'âge ou par une maladie ; *vieillard ratatiné*. — Fam. ; *pomme ratatinée*, (peu en usage), flétrie, ridée.

SE **RATATINER**, v. pron. (*ceratatiné*), se raccourcir, se resserrer : *le parchemin se ratatine au feu*. (Allusion aux rats qui, lorsqu'ils sont pris, se ramassent et rentrent, pour ainsi dire, dans eux-mêmes. (*Ménage*.)

RATATOUILLE, subst. fém. (*ratatou-ie*). Pop. mauvais ragoût : *ce traiteur ne donne que de la ratatouille*.

RATAPLAN, subst. mas. (*rataplan*), mot factice, onomatopée inventée pour imiter le bruit du tambour.

RAT-DE-CAVE, subst. mas. (*radekave*). Voy. RAT. — Au plur., des *rats-de-cave*.

RATE, subst. fém. (*rate*), la femelle du *rat*. (*La Fontaine*).—T. d'anat., viscère mou et spongieux, situé dans l'hypochondre gauche, entre l'estomac et les fausses côtes. — Prov. et fig. : *épanouir la rate*, divertir et faire rire.— *S'épanouir la rate*, rire beaucoup, se réjouir. Fam.

RATÉ, E, part. pass. de *rater*, et adj.—*Cannes ratées*, dans les îles de l'Amérique, cannes à sucre qui ont été entamées par les *rats*.

RÂTEAU, subst. mas. (*râtô*) (du latin *rastellum*, dimin. de *ratrum*, qui a la même signification), nom de plusieurs outils d'agriculture et de jardinage. — Instrument avec lequel on ramassait l'argent sur les tapis des maisons de jeux publiques.

RATEL, subst. mas. (*ratèle*), t. d'hist. nat., espèce de mammifère carnassier d'Afrique, qui appartient au genre glouton.

RÂTELÉ, E, part. pass. de *râteler*.

RÂTELÉE, subst. fém. (*râtelé*), ce qu'on peut ramasser en un coup de *râteau*. — *Dire sa râtelée*, dire tout ce qu'on sait, tout ce qu'on pense, est une expression surannée que nous lisons dans l'*Académie*, et qui ne se comprendrait plus aujourd'hui.

RÂTELER, v. act. (*râtelé*), ôter avec le *râteau*, amasser avec le *râteau*. — SE RÂTELER, v. pron.

RÂTELET, subst. mas. (*râtelé*), peigne de canne.

RÂTELEUR, subst. mas., **RÂTELEUSE**, subst. fém. (*râteleur, leuze*), qui *râtelle* du foin, des avoines.

RÂTELEUSE, subst. et adj. fém. Voy. RÂTELEUR *et* RÂTELEUX.

RÂTELEUX, adj. mas., au fém. **RÂTELEUSE** (*râteleu, leuze*), qui est sujet au mal de *rate*. Vieux mot.

RÂTELIER, subst. mas. (*râtelié*) (en latin *rastellum*), deux pièces de bois attachées dans une écurie au-dessus de la mangeoire, et traversées par plusieurs petits barreaux en forme d'échelle couchée, où l'on met le foin, etc. — Pièces de bois attachées droites contre la muraille et garnies de plusieurs chevilles, où l'on pose des fusils, des hallebardes, etc. — Fig. et prov. : *mettre les armes au râtelier*, ne plus porter les armes, ne plus faire la guerre. — Fig. et fam., les deux rangées de dents : *elle a un beau râtelier*. Dans cette acception on devrait dire *dentier*. — Prov. et fig. : 1° *manger à plus d'un râtelier*, tirer du profit de plusieurs emplois différents; 2° *mettre le râtelier bien haut à quelqu'un*, lui rendre une chose fort difficile.

RATER, v. neut. (*raté*), il se dit d'une arme à feu qui manque à tirer, qui prend un *rat* : *son fusil rata*. — Fig. et prov., manquer son coup, ne pas réussir : *cet homme a raté*. — On dit act., dans la première acception : *il a raté son ennemi*; et dans la seconde : *il a raté son emploi*, etc.

RATE-ROUSSE, subst. fém. (*raterouce*), t. d'hist. nat., nom que l'on donne aux animaux de l'espèce de la souris, qui se tiennent ordinairement dans les champs.

RATEPENADE, subst. fém. (*ratepenade*) (du latin *rasus*, à poil ras, et *penna*, plume), chauve-souris. (*Boiste*.) Vieux.

RATHEIM, subst. propre mas. (*ratème*), ville de Prusse où les Français ont remporté une victoire sur les Autrichiens.

RATIER, adj. mas., au fém. **RATIÈRE** (*ratié, tière*), bizarre, capricieux, qui a des *rats* dans la tête. Il est pop.

RATIÈRE, adj. fém. Voy. RATIER. — Subst. fém., machine à prendre les *rats*. — Métier de rubanier pour faire la ganse.

RATIFICATIF, adj. mas., au fém. **RATIFICATIVE** (*ratifikatif, tive*), qui ratifie : *acte ratificatif*.

RATIFICATION, subst. fém. (*ratifikacion*),

action de ratifier. — Acte authentique dans lequel la ratification est contenue

RATIFICATIVE, adj. fém. Voy. RATIFICATIF.

RATIFIÉ, E, part. pass. de ratifier.

RATIFIER, v. act. (ratifié) (du latin ratus, assuré, constant, invariable, et facere, faire)., approuver, confirmer ce qui a été fait ou promis : ratifier une promesse, un contrat. — se RATIFIER, v. pron.

RATILLON, subst. mas. (rati-ion), petit rat.— Petite raie bouclée. On dit aussi railleton et rayon.

RATINAGE, subst. mas. (ratinaje), action de ratiner.

RATINE, subst. fém. (ratine), étoffe de laine croisée : de la ratine de Hollande.

RATINÉ, E, part. pass. de ratiner.

RATINER, v. act. (ratiné), t. de draperie, passer un drap à la frise pour le rendre semblable à la ratine.—se RATINER, v. pron.

RATIOCINATION, subst. fém. (raci-ocinâcion) (en latin ratiocinatio), action par laquelle on acquiert la faculté de raisonner.

RATIOCINÉ, part. pass. de ratiociner.

RATIOCINER, v. neut. (raci-ociné) (du latin ratiocinari), t. de logique, user de son raisonnement. (Trévoux.)

RATION, subst. fém. (râcion) (du latin ratio, dans le sens de règle, mesure, proportion), portion de pain, de vivres, de fourrage, qui se distribue à chaque soldat, cavalier ou matelot.

RATIONAL, subst. mas. (râci-onal) (du latin rationale), morceau d'étoffe carré que le grand-prêtre des Juifs portait sur la poitrine.

RATIONALISME, subst. mas. (râci-onaliceme), métaphysique qui ne considère les objets que par abstraction, ou en tant qu'ils sont possibles. (Kant.)

RATIONALITÉ, subst. fém. (râci-onalité), qualité de ce qui est rationnel ; faculté distinctive de l'homme. (Boiste.)

RATIONNEL, adj. mas., au fém. RATIONNELLE (râci-onèle) (du latin ratio), conforme à la raison ; logique. — En astronomie, horizon rationnel ou vrai, grand cercle qui est censé diviser le monde en deux parties égales. — Nombre entier, rationnel, t. d'arith., celui dont l'unité est une partie aliquote. — Nombre mixte rationnel, composé d'un entier et d'une fraction, ou d'une unité et d'une livre rompue. — Quantité rationnelle, commensurable avec son unité. — Racine rationnelle, quantité commensurable qui est la racine d'un plus grand nombre. — Rapport rationnel, celui dont les termes sont des quantités rationnelles, ou des quantités qui sont entre elles comme nombre à nombre.

RATIONNELLE, adj. fém. Voy. RATIONNEL.

RATIS, subst. fém. (ratice), fougère. — Subst. mas., graisse des boyaux des animaux, et particulièrement des boyaux de bœuf.

RATISBONNE, subst. propre mas. (raticebone), ville de Bavière, où les Français ont plus d'une fois battu les Autrichiens. Napoléon y fut blessé en 1809.

RATISÉ, E, part. pass. de ratiser.

RATISER, v. act. (ratizé), raccommoder le feu. (Boiste.) — se RATISER.

RATISSAGE, subst. mas. (ratiçaje), t. de jardinage, action de ratisser; travail de celui qui ratisse.

RATISSÉ, E, part. pass. de ratisser.

RATISSE-MOULE, subst. mas. (raticemoule), planche pour ramasser le sable du moule, dans les fonderies. —Au plur., des ratisse-moules.

RATISSER, v. act. (raticé), ôter, emporter en raclant la superficie de quelque chose ou l'ordure qui est attachée dessus : ratisser des peaux, du parchemin, des navets, les allées d'un jardin. —Je t'en ratisse ! fam. et pop. qui signifie ; je me moque de toi.—se RATISSER, v. pron.

RATISSETTE, subst. fém. (raticète), instrument en bois avec lequel on nettoie des outils.

RATISSOIR, subst. mas. (raticoar), t. d'org., fil de laiton pour nettoyer les soupapes de l'orgue.

RATISSOIRE, subst. fém. (raticoare), instrument de fer avec lequel on ratisse les allées d'un jardin, des degrés, une cour, etc.

RATISSURE, subst. fém. (raticure), ce qu'on ôte en ratissant. Il se dit communément au plur. : jeter les ratissures.

RATIVORE, subst. mas. (rativore), t. d'hist. nat., boa, qui dévore les rats.

RATON, subst. mas. (raton), petit rat.—Sorte de petit quadrupède du Nouveau-Monde.—Fam. et par caresse, petit enfant.—Pièce de pâtisserie faite avec du fromage mou.

RATONCULE, subst. fém. (ratonkule), t. de bot., petite plante herbacée, qu'on appelle vulgairement queue de souris.

RATONÉ, part. pass. de ratoner.

RATONER, v. neut. (ratoné), grogner, grommeler pas comme les rats. (Boiste.) Hors d'usage.

RATOPOLIS, subst. propre fém. (ratopôlice) (du mot français rat, et du grec πόλις, ville), mot créé par La Fontaine, pour désigner la capitale des rats.

Ratopolis était bloquée,
On lui avait contraint de partir sans argent, etc.
(Le Rat qui s'est retiré du monde.)

RATTACHÉ, E, part. pass. de rattacher.

RATTACHER, v. act. (rataché), attacher de nouveau : il faudrait rattacher ce cheval.—Fig. : se rattacher à l'étude, s'y appliquer de nouveau. —Rattacher une question à une autre.—se RATTACHER, v. pron. : se rattacher à quelqu'un.

RATTAR, subst. mas. (ratar), t. de relat., en Perse, commis des douanes.—Garde qui veille à la sûreté des voyageurs.

RATTEINDRE, v. act. (rateindre) ; atteindre de nouveau quelqu'un qui a gagné les devants.— Rattraper. — se RATTEINDRE, v. pron.

RATTEINT, E, part. pass. de ratteindre.

RATTEL, subst. mas. (ratèle), t. d'hist. nat., sorte de blaireau d'Afrique.

RATTENDRI, E, part. pass. de rattendrir.

RATTENDRIR, v. act. (ratandrir) , attendrir de nouveau, faire redevenir tendre. — se RATTENDRIR, v. pron.

RATTISÉ, E, part. pass. de rattiser.

RATTISER, v. act. (ratizé), ranimer le feu en rapprochant les tisons.

RATTRAPÉ, E, part. pass. de rattraper.

RATTRAPER, v. act. (ratrapé), atteindre quelqu'un en marchant. — Recouvrer ce qu'on avait perdu.—Attraper de nouveau à un piège, etc. — On dit fam. en ce dernier sens : on ne m'y rattrapera plus, ou : bien fin qui m'y rattrapera. — se RATTRAPER, v. pron.

RATULE, subst. fém. (ratule), t. d'hist. nat., genre établi parmi les polypes ciliés, aux dépens des trichodes.

RATURE, subst. fém. (rature) (du lat. ratura, fait de radere, rayer, effacer), effaçure faite en passant des traits de plume sur ce qu'on a écrit.

RATURÉ, E, part. pass. de raturer.

RATURER, v. act. (raturé), effacer ce qui est écrit en passant quelques traits de plume par-dessus.—se RATURER, v. pron.

RATUREUR, subst. fém. (ratureur, reuze), subst. fém. (ratureur, reuze), celui, celle qui enlève la première peau du parchemin.

RATUREUSE, subst. fém. Voy. RATUREUR.

RAUCITÉ, subst. fém. (rôcité) (en lat. raucitas), rudesse, apreté de voix.

RAUCOURT, subst. mas. Voy. ROUCOU.

RAUQUE, adj. des deux genres (rôke) (du latin raucus), rude et comme enroué, en parlant du son et de la voix : voix rauque.

RAUQUÉ, part. pass. de rauquer.

RAUQUER, v. neut. (rôkie) (du lat. raucus, rauque), crier, en parlant du tigre, et non pas rauquer, qui n'est pas français.

RAVAGE, subst. mas. (ravaje) (suivant Ménage, du lat. barbare rapagium, fait de rapax, acis, ravisseur, ravissant, d'où cet étymologiste dérive le verbe non moins barbare rapagiare, ravager), dommage et dégât fait avec violence et rapidité, tels que ceux qui causent les gens de guerre, les bêtes féroces, les orages, les maladies.—Fig., désordre causé par les passions. : Ravage du temps, les marques de la vieillesse. —Fam. : faire du ravage, ou sans article : faire ravage dans une maison, y faire beaucoup de bruit, de tracas, de désordre.

RAVAGÉ, E, part. pass. de ravager.

RAVAGER, v. act. (ravajé), faire du ravage. Il ne se dit guère qu'au propre : on a ravagé toutes nos provinces.—se RAVAGER, v. pron. —
RAVAGER, DÉSOLER, DÉVASTER, SACCAGER. (Syn.) L'idée rigoureuse de ravager est d'enlever, renverser, entraîner les productions et les biens, par une action violente, subite, impétueuse ; celle de désoler est de dissiper, chasser, exterminer, détruire la population, jusqu'à faire d'une contrée une solitude, ou à la réduire en un sol nu, par des attentats ou par des influences malignes, funestes et mortelles; celle de dévaster est de tout moissonner, renverser, écraser, détruire, dans une étendue plus ou moins vaste de pays, de manière à n'y laisser qu'un désert sans habitants et sans traces de culture, avec une fureur sans frein, sans arrêt et sans bornes; celle de saccager est de livrer au carnage, remplir de meurtres, inonder de sang une ville, des lieux peuplés, avec une férocité armée d'instruments de mort, de désolation, de destruction. — Les torrents, les flammes, les tempêtes, ravageront les campagnes. La guerre, la peste, la famine, désoleront un pays. Tous ces moyens terribles dévasteront un empire. Des soldats effrénés, des vainqueurs féroces saccageront une ville prise d'assaut.—Des brigands qui ne cherchent que le butin ravagent; des pirates, qui veulent aussi une proie ou des esclaves, désolent ; des barbares, qui se plaisent à détruire, dévastent; des vainqueurs effrénés, qui n'ambitionnent que de signaler leur vengeance, saccagent. — Rien ne résiste au ravage, il est rapide et terrible ; rien n'arrête la désolation, elle est cruelle et impitoyable ; la dévastation n'épargne rien, elle est féroce et insatiable ; le saccagement ne respecte rien, il est aveugle et sourd.—Le ravage répand l'alarme et la terreur ; la désolation, le deuil et le désespoir ; la dévastation, l'épouvante et l'horreur ; le saccagement, la consternation et l'horreur du jour.

RAVAGEUR, subst. mas., RAVAGEUSE, subst. fém. (ravajeur, jeuze), celui, celle qui ravage : ce fut peu après le déluge que parurent ces ravageurs de provinces, que l'on a nommés conquérants. (Bossuet.)—L'Académie ne donne pas le fém. de ce mot.

RAVAGEUSE, subst. fém. Voy. RAVAGEUR.

RAVALE, subst. fém. (ravale), machine, caisse pour niveler le terrain sur lequel on la promène.

RAVALEMENT, subst. mas. (ravalemen), crépi ou enduit par dehors à un mur.—Dans les pilastres et corps de maçonnerie et de menuiserie, petit renfoncement simple et bordé d'une baguette ou d'un talon.—Piano à ravalement, qui a plus de touches que les clavecins ordinaires.— Fig., abaissement : tomber dans le ravalement. Il est vieux.

RAVALÉ, E, part. pass. de ravaler.

RAVALER, v. act. (ravalé), avaler, retirer en dedans de la gorge ou du gosier : ravaler sa salive. —Fig. et fam., retenir ce qu'on était sur le point de dire. — En maçonnerie, crépir un mur de haut en bas.—Rendre le cuir plus mince. —Rendre un arbre plus court et plus bas en le taillant.—Remettre plus bas : ravaler des bas, la genouillère d'une botte, un capuchon sur les épaules.—Fig., avilir, réprimer. Voy. ABAISSER. (Du mot aval, par en bas, en bas, en descendant. Voy. AVAL.)—Neut., décroître : la rivière était fort grosse; elle ravale tous les jours. — Baisser, diminuer de prix, au propre et au figuré. Dans toutes ses acceptions, il est bas et peu usité.—se RAVALER, v. pron., se rabaisser, s'humilier.—S'avilir.

RAVAUDAGE, subst. mas. (ravôdaje), raccommodage de méchantes hardes, fait à l'aiguille. Voy. RAVAUDER.

RAVAUDÉ, E, part. pass. de ravauder.

RAVAUDER, v. act. (ravôdé) (du lat. barbare readvalidare, formé de la particule itérative re, et de validare, fortifier), raccommoder avec l'aiguille de méchantes hardes.—Fig. et fam., 1° maltraiter de paroles : 2° importuner par des discours hors de propos : il ravaude toujours; 3° tracasser dans une maison, s'occuper à ranger les hardes, des meubles , etc. Dans cette dernière acception il est neutre.—se RAVAUDER, v. pron.

RAVAUDERIE, subst. fém. (ravôderi), discours de niaiseries, de bagatelles. Voy. RAVAUDER.

RAVAUDEUR, subst. mas., RAVAUDEUSE, subst. fém. (ravôdeur, deuze), celui ou celle qui raccommode des bas, de mauvais habits, etc. En ce sens il est surtout usité au fém.—Fig. et fam., importun, importune, qui ne dit que des balivernes.

RAVAUDEUSE, subst. fém. Voy. RAVAUDEUR.

RAVAUX, subst. mas. plur. (ravô), t. de chasse, grandes perches garnies de branches pour abattre les oiseaux.

RAVE, subst. fém. (rave) (du lat. rapa ou rapum), fait, dans la même signification, du grec ῥαφυς ou ῥαπυς), plante annuelle très-connue, de la famille des crucifères.—Sorte de gros navet rond et long.—T. de bot. ; *rave de juif*, variété du raifort cultivé ; *rave de genêt*, la grande orobranche ; *rave des Parisiens*, c'est le raifort; *rave de poisson*. Voyez RÉSURE ; *rave de terre*, ou *pain de pourceau*, le cyclane d'Europe ; *rave sauvage*, la raiponce.

RAVELIN, subst. mas. (*ravelein*), ouvrage de fortification extérieure, composé de deux faces qui font un angle saillant, et qui sert ordinairement à couvrir une courtine, un pont.

RAVENALA, subst. mas. (*ravenala*), t. de bot., arbre fort singulier qui croît à Madagascar.

RAVENDIATS, subst. mas. plur. (*ravandia*), secte d'impies ou d'hérétiques, chez les musulmans.

RAVENELLE, subst. fém. (*ravenèle*), t. de bot., sorte de fleur, giroflier jaune.

RAVENNATE, subst. et adj. propre des deux genres (*ravènenate*), celui, celle qui est né à *Ravenne*, ville d'Italie, ou qui l'habite.

RAVENNE, subst. propre mas. (*ravène*), ville forte des états de l'Église; on y voit le tombeau du Dante.

RAVERDOIR, subst. mas. (*ravèredoar*), cuvette ovale de brasseur.

RAVESTAN, subst. mas. (*ravècetan*), panier dont on se sert dans les verreries pour déposer les ustensiles de verre au sortir du four à cuire, jusqu'à ce qu'on les empaille dans les paniers où on les met pour les transporter.

RAVESTI, E, part. pass. de *ravestir*.

RAVESTIR, v. act. (*ravècetir*), t. de coutume, se donner mutuellement. — *se* RAVESTIR, v. pron. Vieux et hors d'usage.

RAVESTISSEMENT, subst. mas. (*ravèceticeman*) donation mutuelle. Hors d'usage.

RAVET, subst. mas. (*ravè*), t. d'hist. nat., hanneton des Antilles naturalisé en France.

RAVI, E, part. pass. de *ravir*, et adj., transporté : *être ravi de joie, d'admiration, d'étonnement.*— Content, charmé : *je suis ravi que vous ayez gagné votre procès.*

RAVIER, subst. mas. (*ravié*), t. de bot., sorte d'agaric d'Italie, qui a l'odeur et la saveur du raifort.—Sorte de petit plat d'une forme particulière, en faïence ou en porcelaine, qui sert à mettre des *raves* ou tout autre hors-d'œuvre.

RAVIÈRE, subst. fém. (*ravière*), terre semée de *raves*.

RAVIGOTÉ, E, part. pass. de *ravigoter*.

RAVIGOTER, v. act. (*raviguoté*), t. pop., remettre en force un homme, un animal qui semblait faible.—*se* RAVIGOTER, v. pron.

RAVIGOTTE (et non pas **RAVIGOTE** par un seul *t*), subst. fém. (*raviguote*), sauce verte à l'échalotte, etc.

RAVIGOURÉ, E, part. pass. de *ravigourer*.

RAVIGOURER (*se*) ou **REVIGOURER**, v. pers. (*cera, cereviguouré*), reprendre *vigueur*. (*Boiste.*) Inusité.

RAVILI, E, part. pass. de *ravilir*.

RAVILIR, v. act. (*ravilir*), rendre *vil* et méprisable.— *se* RAVILIR, v. pron.

RAVILISSEMENT, subst. mas. (*raviliceman*), action de rendre *vil* et méprisable, son effet.

RAVIN, subst. mas. (*ravein*), fossé, chemin creux,cavé par la chute des eaux. Voy. RAVINE.

RAVINE, subst. fém. (*ravine*) (du lat. barbare *lavina* ou *labina*, employé avec la même signification dans la basse latinité, et fait de *labi*, tomber; parce que la *ravine* est l'effet de la chute des eaux), débordement d'eau de pluie. —Le lieu que le débordement a cavé.

RAVIOLES, ou **RAVIOLI**, subst. mas. plur. (*ravi-ole, vi-oli*), mets italien composé d'œufs, de fromage et d'herbes hachées. (*Boiste.*)

RAVIR, v. act. (*ravir*) (du lat. *rapere*), enlever par force.—On dit fig. : *ravir l'honneur à une fille*; *à un général la gloire d'une action.*— Au fig. : charmer, exciter l'admiration, la joie, etc. Voy. ENCHANTER. — *A ravir*, loc. adv., admirablement bien : *il chante à ravir.* Il est fam. —*se* RAVIR, v. pron.

RAVISÉ, E, part. pass. de *raviser*.

se **RAVISER**, v. pron. (*ceravisé*), changer d'*avis*, de dessein, de pensée.

RAVISSANT, E, adj. (*raviçan*, *çante*), qui *ravit*, qui prend, qui emporte. — Dans le blason, se dit du loup rampant. — Au fig., qui plaît extrêmement : *c'est une personne ravissante.*

RAVISSEMENT, subst. mas. (*raviceman*), enlèvement. Il ne se dit que dans ces phrases : *le ravissement d'Hélène, de Proserpine.* — Fig., état de l'esprit transporté de joie, d'admiration : *éprouver un ravissement de joie.*— *Ravissement de saint Paul*, l'état de saint Paul transporté jusqu'au troisième ciel.

RAVISSEUR, subst. mas., **RAVISSEUSE**, subst. fém. (*raviceur, ceuze*), celui qui *ravit*, qui enlève avec violence. Il se dit surtout de celui qui enlève une femme, une fille.—Qui *ravit* le bien d'autrui ; en ce dernier sens on se sert du fém. *ravisseuse*. — Au plur., t. d'hist. nat., famille d'insectes de l'ordre des hémiptères, famille des hydrocorises.

RAVISSEUSE, subst. fém. Voy. RAVISSEUR.

RAVITAILLÉ, E, part. pass. de *ravitailler*.

RAVITAILLEMENT, subst. mas. (*ravitâ-ieman*), action de *ravitailler*.

RAVITAILLER, v. act. (*ravitâ-ié*) (mot formé de *victuaille*. Voy. ce mot.), remettre des vivres et des munitions dans une place.— *se* RAVITAILLER, v. pron.

RAVIVÉ, E, part. pass. de *raviver*.

RAVIVER, v. act. (*ravivé*), rendre plus *vif*. On le dit du feu, des esprits, d'un tableau, des couleurs, de la dorure, d'une plaie. — Fig., faire revivre : *raviver d'anciennes calomnies.* — *se* RAVIVER, v. pron.

RAVOIR, v. act. (*ravoar*), avoir de nouveau, recouvrer. — Retirer des mains de quelqu'un : *il plaide pour ravoir son bien.* (Ce verbe n'est bien usité qu'à l'infinitif.)—*se* RAVOIR, v. pron. reprendre ses forces. Fam.

RAVOIR, subst. mas. (*ravoar*), t. de pêche, parc de filets sur la grève; filets en travers du courant.

RAVOIRÉ, E, part. pass. de *ravoirer*.

RAVOIRER, v. act. (*ravoaré*), t. de cout. ou de féod., saisir un fief.—*se* RAVOIRER, v. pron. (*Boiste.*) Hors d'usage.

RAVONAILLES, subst. fém. plur. (*ravonâ-ie*), t. de bol., plantes crucifères, voisines de la *rave*, et qui se cultivent pour nourrir les bestiaux.

RAVOYÉ, E, part. pass. de *ravoyer*.

RAVOYER, v. act. (*ravoé-ié*), remettre dans le bon chemin. —*se* RAVOYER, v. pron. (*Boiste.*) Hors d'usage.

RAY, subst. mas. (*rè*), t. de pêche, engin ou filet en forme d'entonnoir et à mailles fort étroites. — Au plur., dans le peignage des laines), portion de laine du poids de trente à quarante livres.

RAYAS, subst. mas. plur. (*ra-ia*), tous les sujets de l'empire turc, chrétiens ou juifs, qui paient la capitation.

RAYAUX, subst. mas. plur. (*rè-iô*), moules où l'on jetait l'or et l'argent dans les monnaies, pour en faire des lingots propres à être taillés en carreaux. On ne s'en sert plus maintenant.

RAYÉ, subst. mas.(*rè-ié*), t. d'hist. nat., lézard. — Poisson du genre du quatre-dents, du chétodon. — Serpent.

RAYÉ, E, part. pass. de *rayer*, et adj., qui a des *raies* : *étoffe rayée.* — *Arquebuse rayée*, dont le canon a de petites *rayures* en dedans.

RAYÉE, subst. fém. (*rè-ié*), t. d'hist. nat., poisson du genre du persègue.

RAYEMENT, subst. mas. (*rèman*), action de *rayer*. — Effet de cette action.

RAYER, v. act. (*rè-ié*), faire des *raies* sur quelque chose : *rayer une arquebuse, un fusil.* — Effacer par des *ratures*. —Voy. RATURE. — *Rayer une chose de ses tablettes*, cesser de compter dessus. — *se* RAYER, v. pron.

RAYMET, subst. mas. (*rèmè*), t. de bot., nom d'une des variétés de l'olivier.

RAYMONDIS, subst. mas. (*rèmondi*), pièce de monnaie d'argent qui avait cours autrefois en Provence.

RAYON, subst. mas. (*rè-ion*) (du lat. *radius*, qui signifiait ordinairement une baguette ou verge dont les géomètres se servaient pour tracer ou mesurer ; fait du grec ῥάβδος, baguette), en optique, suite de globules de lumière, à la file les uns des autres, qui, suivant *Newton*, partent d'un corps lumineux ou éclairé, ou qui, selon *Descartes*, sont mis en mouvement par ce corps. On le dit surtout du soleil : *le soleil darde ses rayons.*—Fig., lueur : *il y a dans l'homme un rayon de la Divinité.* — En anat., un des os de l'avant-bras, situé à côté et le long de l'os du coude, ainsi nommé de sa ressemblance avec un *rayon* de roue. — Rais qui vont, en forme de *rayon*, du moyeu de la roue jusqu'aux jantes.— Sillon qu'on trace en labourant.— Fosse où l'on couche du plant de vigne. — Tablettes de bibliothèque. — Chez les marchands, séparations qui sont dans une armoire pour les différentes espèces de marchandises. — Dans les poissons, petits cylindres qui contiennent les membranes, qu'on appelle *nageoires*. — En géométrie, demi-diamètre d'un cercle. Le *rayon* s'appelle en trigonométrie, *sinus total*.— *Rayon visuel*, ligne droite suivant laquelle l'œil se dirige sur un objet quelconque, en visant au travers des pinnules d'une alidade. — Alignement horizontal que détermine un niveau, ou la ligne de mire qui touche la surface de la liqueur colorée contenue dans les trois fioles.—T. de bot., *rayons médullaires*, dans les plantes ligneuses, prolongements d'un tissu cellulaire plus serré, qui s'étendent en tout sens, de la moelle à l'écorce, au travers du corps ligneux. — *Rayon de miel*, morceau de gâteau de cire, divisé par petites cellules, dans lesquelles les abeilles mettent leur miel en réserve.

RAYONNANT, E, adj. (*rè-ionan, nante*), qui *rayonne* : *soleil rayonnant*. Voy. RADIEUX.— Dans le blason, se dit des astres qui ont entre leurs rais de petites lignes en *rayons*, pour les rendre plus lumineux.—Au fig., brillant, éclatant : *rayonnant de joie, de gloire.*

RAYONNANTE, subst. fém. (*rè-ionante*), t. d'hist. nat., nom donné au strahlstein, c'est-à-dire à l'amphibole translucide vert plus ou moins foncé : *rayonnante grenue, rayonnante vitreuse.*

RAYONNÉ, E, part. pass. de *rayonner*, et adj., disposé en forme de rayons : *trousseaux rayonnés*, qui unissent entre eux les os du carpe.

RAYONNEMENT, subst. mas. (*rè-ioneman*), action de *rayonner*. Il est peu usité.—Mouvement des esprits animaux qui se répandent du cerveau dans toutes les autres parties du corps.

RAYONNER, v. neut. (*rè-ioné*), répandre, jeter des *rayons*. — Fig., briller : *rayonner de gloire, de joie*, etc. — Se répandre du cerveau dans le corps.

RAYS, subst. mas. plur. (*rè*), portion de laine dans le peignage, du poids de trente à quarante livres.

RAYURE, subst. fém. (*rè-iure*), *raie* en forme de vis dans le canon d'une arme à feu. — Manière dont une étoffe est *rayée*, *la rayure de cette étoffe est fort agréable.*—En t. de charpentier, assemblage de pièces de bois qui se fait dans un comble, au droit des croupes ou des noues.

RAZ, subst. mas. (*rà*), petite étoffe commune et drapée, autre que le *ras*.

RAZE, subst. fém. (*raze*), mesure de grains dont on se sert en Bretagne; espèce de large boisseau.

RAZETTE, subst. fém. (*razète*), t. de potier, ratissoire de fer.

RE ou **RÉ**, particule qui sert à la composition de plusieurs mots, et qui est ordinairement réduplicative : *regagner, refaire, réimprimer*, etc.

RÉ, subst. mas. (*ré*), t. de musique, note qui marque le second ton de la gamme.

RÉACTEUR, adj. et subst. mas. (*ré-akteur*), qui cause, opère la *réaction*.

RÉACTIF, adj. mas., au fém. **RÉACTIVE** (*ré-aktif, tive*), t. de chim., qui *réagit*.—Il est employé plus souvent comme subst. mas., et signifie une substance dont on se sert pour reconnaître dans un composé les divers corps qui le constituent : *employer des réactifs.*

RÉACTION, subst. fém. (*ré-akcion*), en phys., action de *réagir*, résistance du corps frappé à l'action du corps qui le frappe : *la réaction est toujours égale à l'action.* — Vengeance d'un parti qui fut opprimé et qui abuse de sa victoire.

RÉACTIONNAIRE, adj. (*ré-akcionère*), *force, pouvoir, mouvement réactionnaire*, qui *réagit*, qui renverse ce qui le comprimait.

RÉACTIVE, adj. fém. Voy. RÉACTIF.

RÉADMETTRE, v. act. (*ré-ademètre*), *admettre* de nouveau.—*se* RÉADMETTRE, v. pron.

RÉADMIS, E, part. pass. de *readmettre*.

RÉADMISSION, subst. fém. (*ré-ademicion*), action d'*admettre* de nouveau.

RÉADOPTÉ, E, part. pass. de *réadopter*.

RÉADOPTER, v. act. (*ré-adopeté*), *adopter* de nouveau.—*se* RÉADOPTER, v. pron.

RÉA

RÉADOPTION, subst. fém. (ré-adopcion), action d'*adopter* une seconde fois.

RÉAGGRAVE, subst. mas. (ré-aguerave), t. de droit canonique, dernier monitoire qu'on publie après trois monitions et après l'*aggrave*.

RÉAGGRAVÉ, E, part. pass. de *reaggraver*.

RÉAGGRAVER, v. act. (ré-aguerave), déclarer que quelqu'un a encouru les censures portées par un *réaggrave* : on a *réaggravé les auteurs de ce vol*.—*se* RÉAGGRAVER, v. pron.

RÉAGI, part. pass. de *réagir*.

RÉAGIR, v. neutr. (ré-ajir), en physique, *agir sur un corps dont on a éprouvé l'action*; et proprement, résister à l'action du corps frappant, en parlant du corps frappé.—Abuser de sa force par réciprocité.

RÉAJOURNÉ, E, part. pass. de *réajourner*.

RÉAJOURNEMENT, subst. mas. (ré-ajournemain), t. de prat., nouvel *ajournement*.

RÉAJOURNER, v. act. (ré-ajourné), t. de pratique, *ajourner* de nouveau. — *se* RÉAJOURNER, v. pron.

RÉAL, subst. mas. (ré-ale), monnaie d'argent, en Espagne. — Le *réal* ou piécette vaut 1 franc 8 centimes, le *demi-réal*, 54 centimes, et la piécette de veillon, 27 centimes de France. — Au plur. mas., *reaux*.

RÉAL, E, adj. (ré-ale): *galère réale*, la principale des galères de France. On dit aussi, *pavillon, patron, médecin réal*, etc., pavillon, patron, médecin de cette galère. (Corruption de *royal*.) —On dit, subst. au fém., *la reale*, pour dire la *galère réale*.—Au plur. mas., *reaux*.

RÉALGAR, subst. mas. (ré-ulegnare), t. de chimie, chaux ou oxyde d'arsenic sulfuré rouge.

RÉALGÉRA, subst. fem. (ré-alejera), t. de bot., sorte de plante des Canaries, du genre des morelles.

RÉALISABLE, adj. des deux genres (ré-alizable), qui peut se *réaliser* : projet *réalisable*.—Ce mot manque dans l'Académie.

RÉALISATION, subst. fém. (ré-alizácion), action de *réaliser*.

RÉALISÉ, E, part. pass. de *réaliser*.

RÉALISER, v. act. (ré-alize), rendre *réel* et effectif. — RÉALISER, EFFECTUER, EXÉCUTER. (*Syn.*) *Réaliser*, c'est accomplir ce que des apparences ont donné lieu d'espérer ; *effectuer*, c'est accomplir ce que des promesses formelles ont donné droit d'attendre ; *exécuter*, c'est accomplir une chose conformément au plan que l'on s'en est formé auparavant. — En t. de pratique, *réaliser des offres*, les faire à deniers découverts. — *se* RÉALISER, v. pron.

RÉALISME, subst. mas. (ré-aliceme), système qui consiste à ne considérer les objets que comme *réellement existants*. (*Kant.*) — Matérialisme.

RÉALISTE, subst. mas. (ré-aliceete), secte de philosophes qui regardaient les êtres abstraits comme *réels*, par opposition aux *nominaux*. Voy. ce mot.

RÉALITÉ, subst. fém. (ré-alité), existence réelle et effective : *la réalité d'un paiement*. — Il se dit par opposition à *fiction* : *ce n'est pas une fiction, c'est une réalité*. — Au plur., choses réelles. — En *réalité*, loc. adv., *réellement*, effectivement.

RÉALITO ou mieux **RÉALILLO**, subst. mas. (ré-alitó, ré-alilelo), (mot emprunté de l'espagnol, où il est un diminutif de *real*, monnaie d'argent d'Espagne dont il y a deux espèces : le *realillo columnario*, qui ne se fabrique qu'aux Indes, qui est le quart de la piécette et vaut six sous trois deniers tournois ; il est nommé ainsi de deux colonnes dont il porte l'empreinte ; et le *realillo ordinario*, qui ne se fabrique qu'en Europe, et qui a cours pour un *real de Plata*, environ vingt-quatre centimes de notre monnaie.

RÉALMONT, subst. propre mas. (ré-alemon), petite ville de France, chef-lieu de canton, arrond. d'Albi, dép. du Tarn.

RÉAPPARITION, subst. fém. (ré-aparicion), action de *reparaître*, d'*apparaître* de nouveau : *la réapparition d'une lièvre* ; en t. d'astron., *la réapparition d'une comète*.

RÉAPPEL, subst. mas. (ré-apèle), *appel* renouvelé.

RÉAPPELANT, E, adj. (ré-apelan, lante), qui *réappelle*.

RÉAPPELÉ, E, part. pass. de *réappeler*.

RÉAPPELER, v. act. (ré-apèle), *appeler* une seconde fois. — *se* RÉAPPELER, v. pron.

RÉAPPOSÉ, part. pass. de *réapposer*.

REB

RÉAPPOSER, v. act. (ré-apôze), *apposer* de nouveau. — *se* RÉAPPOSER, v. pron.

RÉAPPOSITION, subst. fém. (ré-apôzicion), action de *réapposer* : *réapposition des scellés, d'une affiche*, etc.

RÉAPPRÉCIATION, subst. fém. (ré-aprécia-cion), nouvelle *appréciation* d'une chose.

RÉAPPRÉCIÉ, E, part. pass. de *réapprécier*.

RÉAPPRÉCIER, v. act. (ré-aprécié), *apprécier* de nouveau une chose. — *se* RÉAPPRÉCIER, v. pron.

RÉARMÉ, E, part. pass. de *réarmer*.

RÉARMER, v. act. (ré-armé), *armer* de nouveau. — *se* RÉARMER, v. pron.

RÉARPENTAGE, subst. mas. (ré-arpantaje), nouvel *arpentage*.

RÉARPENTÉ, E, part. pass. de *réarpenter*.

RÉARPENTER, v. act. (ré-arpanté), *arpenter* de nouveau. — *se* RÉARPENTER, v. pron.

RÉASSEMBLAGE, subst. mas. (ré-açanblaje), second *assemblage*.

RÉASSEMBLÉ, E, part. pass. de *réassembler*.

RÉASSEMBLER, v. act. (ré-açanblé), *assembler* de nouveau. — *se* RÉASSEMBLER, v. pron.

RÉASSERVI, E, part. pass. de *réasservir*.

RÉASSERVIR, v. act. (ré-acérvir), *asservir* de nouveau : *il faut étouffer des générations pour asservir un peuple qui a joui de la vraie liberté*. — *se* RÉASSERVIR, v. pron.

RÉASSERVISSEMENT, subst. mas. (ré-acérviceman), action de *réasservir*; effet de cette action.

RÉASSIGNATION, subst. fém. (ré-acignácion), nouvelle *assignation*. — Assignation sur un autre fonds.

RÉASSIGNÉ, E, part. pass. de *réassigner*.

RÉASSIGNER, v. act. (ré-acigné), *assigner* de nouveau. — *Assigner* sur un autre fonds. — *se* RÉASSIGNER, v. pron.

RÉASSURANCE, subst. fém. (ré-açurance), action de faire *réassurer* par un autre les objets qu'on a déjà fait *assurer*.

RÉASSURÉ, E, part. pass. de *réassurer*.

RÉASSURER, v. act. (ré-açuré), *assurer* de nouveau. — *se* RÉASSURER, v. pron.

RÉATTELAGE, subst. mas. (ré-atelaje), nouvel *attelage*, action de *réatteler*.

RÉATTELÉ, E, part. pass. de *réatteler*.

RÉATTELER, v. act. (ré-atelé), *atteler* de nouveau.—*se* RÉATTELER, v. pron.

RÉATTIRÉ, E, part. pass. de *réattirer*.

RÉATTIRER, v. act. (ré-atire), t. de phys., *attirer* de nouveau un corps, par l'action du fluide électrique.—*se* RÉATTIRER, v. pron.

RÉATTRACTION, subst. fém. (ré-atrakcion), t. de phys., action d'un corps qui en attire un autre, après l'avoir attiré et repoussé.

in **REATU**, loc. adv. (inéré-atu) (mot proprement latin, ablatif de *reatus*, condition d'un accusé, fait de *reus*, coupable) : *être in reatu*, être accusé et prévenu d'un crime.

RÉAUMURE, subst. fém. (ré-ômure), t. de bot., genre de plantes de la famille des ficoïdes.

RÉAUX, subst. et adj. mas. plur. Voy. RÉAL, subst. et adj.

RÉAVIGNÉ, E, part. pass. de *réavigner*.

RÉAVIGNER, v. act. (ré-avigné), *proviguer*, tailler une *vigne*. — *se* RÉAVIGNER, v. pron. (Boiste.) Vieux et inusité.

RÉAVIS, subst. mas. (ré-avi), second *avis*, autre *avis* donné après un premier. Peu usité.

REBÂILLÉ, E, part. pass. de *rebâiller*.

REBÂILLEMENT, subst. mas. (rebâ-ieman), action de *bâiller* de nouveau.

REBÂILLER, v. neutr. (rebâ-ié), *bâiller* de nouveau.

REBAIS, subst. propre mas. (rebè), ville de France, chef-lieu de canton, arrond. de Coulommiers, dép. de Seine-et-Marne.

REBAISÉ, E, part. pass. de *rebaiser*.

REBAISER, v. act. (rebèzé), *baiser* de nouveau. — En t. de monnaie, rajuster les carreaux pour les rendre à leur juste poids. — *se* REBAISER, v. pron.

REBAISSÉ, E, part. pass. de *rebaisser*.

REBAISSER, v. act. (rebèce), *baisser* de nouveau.—*se* REBAISSER, v. pron.

REBANDÉ, E, part. pass. de *rebander*.

REBANDER, v. act. (rebandé), *bander* de nou-

REB

veau.—En t. de mar., remettre à un autre bord, retourner à un autre côté. — *se* REBANDER, v. pron.

REBAPTISANT, E, subst. (rebatizan, zante), hérétiques des premiers siècles qui *rebaptisaient* ceux qui avaient déjà été baptisés.

REBAPTISATION, subst. fém. (rebatizácion), action de *rebaptiser*.

REBAPTISÉ, E, part. pass. de *rebaptiser*.

REBAPTISER, v. act. (rebatizé), *baptiser* de nouveau.—*se* REBAPTISER, v. pron.

RÉBARBATIF, adj. mas., au fém. **RÉBARBATIVE** (rébarbatif, tive), rude, peu civil. Il est fam.

RÉBARBATIVE, adj. fém. Voy. RÉBARBATIF.

RÉBARBATIVEMENT, adv. (rébarbativeman), d'une manière rude, rébarbative.

REBARBE, subst. fém. (rebarbe), petite inégalité que le burin ou la pointe du graveur laisse sur les bords de la taille, en coupant le cuivre.

REBARDÉ, E, part. pass. de *rebarder*.

REBARDEMENT, subst. mas. (rebardeman), t. de jard., action de *rebarder*.—Effet de cette action.

REBARDER, v. act. (rebarde), t. de jardinier : *rebarder une planche*, en retirer un peu de terre autour de sa longueur et de sa largeur.— *se* REBARDER, v. pron.

REBAT, subst. mas. (reba), action de *rebattre* les tonneaux. — En t. de fauconn. : *lâcher de rebat*, lâcher l'autour après sa première secousse.

REBÂTÉ, E, part. pass. de *rebâter*.

REBÂTER, v. act. (rebâté), remettre le *bât* sur le dos d'un âne, d'un mulet. — Leur faire faire des *bâts* neufs.—*se* REBÂTER, v. pron.

REBÂTI, E, part. pass. de *rebâtir*.

REBÂTIR, v. act. (rebâtir), *bâtir* de nouveau. —*se* REBÂTIR, v. pron.

REBATOIR, subst. mas. (rebatoar), outil d'ardoisier.

REBATTEMENT, subst. mas. (rebateman), t. de blas., figure de fantaisie.

REBATTRE, v. act. (rebatre), *battre* de nouveau et en réitérant : *on l'a battu et rebattu*. Il est peu usité.—*Rebattre*, refaire un matelas.—Au fig., répéter inutilement et d'une manière ennuyeuse : *il rebat sans cesse les mêmes choses* ; et neutralement : *il ne fait que rebattre*. — *se* REBATTRE, v. pron.

REBATTRET, subst. mas. (rebatré), t. d'ardoisier, outil pour tailler l'ardoise.

REBATTU, E, part. pass. de *rebattre* et adj., qui a été répété bien souvent : *des histoires rebattues*.—*Avoir les oreilles rebattues d'une chose*, être las d'en entendre parler.

REBAUDI, E, part. pass. de *rebaudir*, et adj., gai.

REBAUDIR, v. act. (rebôdir), en t. de chasse, caresser les chiens.—On dit neut. que *les chiens rebaudissent*, lorsqu'ils ont la queue droite, et qu'ils sentent quelque chose d'extraordinaire. Voy. BAUDIR.

REBEC, subst. propre mas. (rebèke), ville du royaume lombardo-vénitien, où Bayard fut tué, en 1524.

REBEC, subst. mas. (rebèke), sorte de violon à trois cordes. Presque hors d'usage.

REBELLE, subst. et adj. des deux genres (rebèle) (du latin *rebellis*), celui, celle qui refuse d'obéir à son souverain, à son supérieur. — Il est aussi adj. : *un homme rebelle, un camp rebelle, une femme rebelle*.—En t. de métallurgie : *substances rebelles*, celles qui ne se fondent pas aisément.—En médec. : *fièvre, humeur, maladie rebelle* (qui ne cède pas) *aux remèdes*. —

REBELLE, INSURGENT. (*Syn.*) L'*insurgent* fait une action légitime et légale ; le *rebelle*, une action perverse et criminelle. Le premier use de son droit ou de sa liberté pour s'opposer à une résolution, ou s'élever contre une entreprise ; le second abuse de sa liberté et de ses moyens pour s'opposer à l'exécution des lois, et s'élever contre l'autorité légitime. Il ne faudra pas des réclamations authentiques et fermes qui arrêtent les desseins contraires, pour être appelé *insurgent* ; il faut des voies de fait violentes qui arrêtent le cours de la justice, pour être déclaré *rebelle*. Si l'*insurgent* s'arme, c'est contre l'oppression et pour la défense de la patrie ; le *rebelle* s'arme pour ses propres desseins, et contre la république elle-même : celui-là résiste contre la puissance ennemie ; celui-ci va même attaquer la puissance tutélaire.—Le peuple romain.

si souvent soulevé contre le sénat, était *insurgent* aux yeux des uns, et *rebelle* aux yeux des autres; mais ses succès décidèrent toujours la question en sa faveur.

se **REBELLER**, v. pron. (*cerebèlelé*) (du lat. *rebellare*), se révolter contre...

RÉBELLION, subst. fém. (*rébèlion*) (du latin *rebellio*), révolte, soulèvement. — On dit fig. : *la rébellion des sens contre la raison.*—RÉBELLION, RÉVOLTE. (*Syn.*) *Rébellion* marque la désobéissance et le soulèvement; *révolte*, la défection et la perfidie. Le *rebelle* s'élève contre l'autorité qui le presse; le *révolté* s'est tourné contre la société à laquelle il était voué. La *rébellion* a un motif apparent, la contrainte exercée par l'autorité; il n'y a point de motif apparent dans la *révolte*, elle est l'effet d'une inconstance effrénée. L'objet du *rebelle* est de se soustraire ou d'échapper à la puissance; l'objet du *révolté* est de renverser et détruire la puissance et les lois qu'il a reconnues. La *rébellion* fait résistance; la *révolte* fait une révolution. La *rébellion* secoue le joug; la *révolte* le brise. — *Rébellion* marque l'action des personnes; *révolte* marque l'état des choses. Un acte de résistance ferme fait *rébellion*; une *rebellion* ouverte et soutenue par des actes éclatants et multipliés de violence fait *révolte*. La *rébellion* est la levée de boucliers; la *révolte* est la guerre déclarée : la *rébellion* passe à la *révolte*. Ce que la *rébellion* commence, la *révolte* le consomme. Il faut étouffer la *rébellion* à sa naissance, pour qu'elle ne dégénère pas en *révolte*. — La *rebellion* est quelquefois soutenue comme la *révolte*; on persiste, on persévère dans sa *rébellion*, par une résistance inflexible, par une résolution ferme, par un attachement opiniâtre à ses desseins; mais les actes hostiles, les attentats, les désordres publics se succèdent, se multiplient, s'étendent sans cesse dans la *révolte*, qui constitue un état de guerre. — La *révolte* a toujours quelque chose de grand, de violent, de terrible et de funeste; tandis que la *rébellion* n'est quelquefois qu'une désobéissance, une opposition, une résistance, sans de grands troubles et de grands dangers.

REBÉNI, E, part. pass. de *rebénir*.

REBÉNIR, v. act. (*rebénir*), *bénir* de nouveau.

REBECQUÉ, E, part. pass. de *rebecquer*.

se **REBECQUER**, et non *rebéquer*, v. pron. (*cerebèkié*) (rac. *bec*), répondre avec fierté à son supérieur. Il est familier.

REBERCÉ, E, part. pass. de *rebercer*.

REBERCER, v. act. (*rebèrecé*), *bercer* de nouveau, remettre au *berceau*, au prop. et au fig. : *se rebercer dans des songes de gloire*, etc. — *se* REBERCER, v. pron.

REBIFFÉ, E, part. pass. de *rebiffer*.

REBIFFER, v. act. (*rebifé*), élever, dresser; relever, redresser; regimber. — *se* REBIFFER, v. pron., *se regimber*.

REBINÉ, E, part. pass. de *rebiner*.

REBINER, v. neut. (*rebiné*), *biner* de nouveau. Voy. BINER. — *se* REBINER, v. pron. Presque inusité.

REBLANCHI, E, part. pass. de *reblanchir*.

REBLANCHIR, v. act. (*reblanchir*), *blanchir* de nouveau. — *se* REBLANCHIR, v. pron.

REBLANDI, E, part. pass. de *reblandir*.

REBLANDIR, v. act. (*reblandir*), t. de féod., réclamer contre une saisie; en demander les causes. — *se* REBLANDIR, v. pron. Vieux, et même hors d'usage.

REBLANDISSEMENT, subst. mas. (*reblandiceman*), réclamation d'un vassal contre une saisie ou un séquestre. Vieux, et même hors d'usage.

RÈBLE, ou **RIÈBLE**, subst. mas. (*rèble, rièble*), t. de bot., gratteron, sorte de plante.

REBOIRE, v. act. (*reboare*), *boire* de nouveau. — *Reboire son eau*, se dit, en t. de brasseur, du grain qu'on fait humecter dans le germoir. — *se* REBOIRE, v. pron.

REBONDI, E, adj., arrondi par embonpoint : *des joues rebondies. Comme cette femme est rebondie!* Il est fam.

REBONDIR, v. neut. (*rébondir*), faire un ou plusieurs *bonds* : *le ballon a rebondi trois fois.*

REBONDISSANT, E, adj. (*rebondiçan, çante*), qui *rebondit*.

REBONDISSEMENT, subst. mas. (*rebondiceman*), action, mouvement d'un corps qui *rebondit*.

REBORD, subst. mas. (*rebor*), *bord* élevé et ajouté : *le rebord d'une table.* — *Bord* replié : *le rebord d'un manteau.* — *Bord* en saillie : *le rebord d'une cheminée.*

REBORDÉ, E, part. pass. de *reborder*.

REBORDER, v. act. (*rebordé*), *border* une seconde fois, mettre un nouveau *bord* : *reborder une étoffe, une robe.* — *se* REBORDER, v. pron.

REBOTTÉ, E, part. pass. de *rebotter*.

REBOTTER, v. act. (*reboté*), *botter* de nouveau. — *se* REBOTTER, v. pron.

REBOUCHAGE, subst. mas. (*rebouchaje*), t. de vitrier-peintre, action de *reboucher* les crevasses et les trous des murs, ou de toute espèce de boiseries, avant de les peindre.

REBOUCHÉ, E, part. pass. de *reboucher*.

REBOUCHEMENT, subst. mas. (*reboucheman*), action par laquelle une chose se *rebouche*.

REBOUCHER, v. act. (*rebouché*), *boucher* de nouveau quelque chose : *reboucher un trou.* — *se* REBOUCHER, v. pron., se remplir de soi-même, en parlant d'un trou, etc. — Fig., se fausser : *l'épée se reboucha contre sa cuirasse.*

REBOUILLI, part. pass. de *rebouillir*.

REBOUILLIR, v. neut. (*rebouie-ir*), *bouillir* de nouveau : *faire rebouillir un potage.*

REBOUISAGE, subst. mas. (*rebouizaje*), action de *rebouiser* un chapeau.

REBOUISÉ, E, part. pass. de *rebouiser*.

REBOUISER, v. act. (*rebouizé*), t. de chapelier, nettoyer, lustrer à l'eau simple : *rebouiser un chapeau.* — Fig. et fam., filouter. — Déniaiser. — Réprimander. — *se* REBOUISER, v. pron. Presque hors d'usage.

REBOURGEONNÉ, E, part. pass. de *rebourgeonner*, et adj.

REBOURGEONNER, v. neut. (*rebourjoné*), pousser de nouveaux jets, de nouveaux *bourgeons*.

REBOURCI, E, adj. (*rebourci*), recourbé. Vieux et même inusité.

REBOURS, subst. mas. (*rebour*) (du lat. barbare *reburrus*, velu, parce que les étoffes de laine sont plus velues, étant tournées au *rebours*, et surtout à l'envers. *Reburrus* a été fait de *burrus*, roux, pris du grec πυρρός, qui a la même signification, et d'où dérive *burra* en lat., grosse étoffe velue. *Caseneuve.*), le contre-poil. *Prendre le rebours d'une étoffe pour la nettoyer.* — Fig. et fam., le contre-pied, le contraire de.... : *il faut prendre le rebours de ce qu'il dit.* — *Le rebours d'une voiture*, le côté opposé au fond, et où l'on tourne le dos aux chevaux. — *A rebours, au rebours*, loc. adv., à contre-poil. — Fig. : *à rebours*, à contre-pied, à contresens, tout au contraire de ce qu'il faut.

REBOURS, E, adj. (*rebour, bource*), revêche, peu traitable. Il est fam. au mas., et presque hors d'usage au fém. — T. de draperie : *fils rebours*, fils tors l'un sur l'autre en sens contraire.

REBOURSOIR, subst. mas. (*rebourçoar*). Inusité. Voy. REBROUSSOIR.

REBOUSSE, subst. fém. (*rebouce*), outil de fer pour repousser les chevilles. Peu en usage.

REBOUTÉ, E, part. pass. de *rebouter*.

REBOUTEMENT, subst. mas. (*rebouteman*), action d'introduire par le bout les dents d'une carde dans le cuir où elles doivent être placées. — Effets de cette action. Peu en usage.

REBOUTER, v. act. (*rebouté*), introduire ou passer par le bout les dents d'une carde dans le cuir. — Remettre les os cassés. Pop. — *se* REBOUTER, v. pron. Peu en usage.

REBOUTEUR, subst. mas. (*rebouteur*), celui qui remet les os cassés, les luxations. Pop. — L'*Académie* renvoie à *renoueur*.

REBOUTONNÉ, E, part. pass. de *reboutonner*.

REBOUTONNER, v. act. (*reboutoné*), *boutonner* une seconde fois : *reboutonner sa veste.* — *se* REBOUTONNER, v. pron.

REBRAS, subst. mas. (*rebrâ*), t. de ganterie, partie du gant qui recouvre le *bras*. — Autrefois, rebord, replis d'un habit : *le rebras d'un manteau.*

REBRASÉ, E, part. pass. de *rebraser*.

REBRASEMENT, subst. mas. (*rebrâzeman*), action de *rebraser* des pièces de fer. — Effet de cette action.

REBRASER, v. act. (*rebrâzé*), t. d'armurier, *braser* de nouveau deux morceaux de fer qui avaient été mal joints. — *se* REBRASER, v. pron. Peu en usage.

REBRASSÉ, E, part. pass. de *rebrasser*, et adj. — T. de blas., bordé : *les bonnets des princes étaient rebrassés d'hermine.*

REBRASSER, v. act. (*rebrâcé*), retrousser : *rebrasser les manches de sa chemise.* Il est vieux. — *se* REBRASSER, v. pron., rehausser et retrousser ses manches. Il est vieux.

REBRÉCHÉ, E, part. pass. de *rebrécher*.

REBRÉCHER, v. act. (*rebréché*), reprendre, attraper de nouveau. — *se* REBRÉCHER, v. pron. Presque hors d'usage.

REBRIDÉ, E, part. pass. de *rebrider*.

REBRIDER, v. act. (*rebridé*), *brider* de nouveau : *rebrider un cheval.* — *se* REBRIDER, v. pron.

REBROCHÉ, E, part. pass. de *rebrocher*.

REBROCHER, v. act. (*rebroché*), *brocher* de nouveau : *rebrocher un volume mal broché.* — *se* REBROCHER, v. pron.

REBRODÉ, E, part. pass. de *rebroder*.

REBRODER, v. act. (*rebrodé*), *broder* sur ce qui est déjà *brodé* : *rebroder du point d'Angleterre.* — Refaire une *broderie* : *rebrodez-moi ce col, il est trop mal fait.*—*se* REBRODER, v. pron.

REBROUILLÉ, E, part. pass. de *rebrouiller*.

REBROUILLER, v. act. (*rebrou-ié*), *brouiller* de nouveau.—*se* REBROUILLER, v. pron. : *ils ont fini par se rebrouiller*, ils s'étaient réunis amis, ils sont redevenus ennemis.

REBROIEMENT, subst. mas. (*rebroèman*), action de *rebroyer*.—Effet de cette action.

REBROUILLONNÉ, E, part. pass. de *rebrouillonner*.

REBROUILLONNEMENT, subst. mas. (*rebrou-ioneman*), action de *brouillonner* de nouveau.— Son effet. Hors d'usage.

REBROUILLONNER, v. act. (*rebrou-ioné*), *brouillonner* de nouveau.—*se* REBROUILLONNER, v. pron. Hors d'usage.

REBROUSSE, subst. fém. (*rebrouce*), instrument qui sert à *rebrousser* le poil du drap.

REBROUSSÉ, E, part. pass. de *rebrousser*.

à **REBROUSSE-POIL**, loc. adv. (*arebroucepoèle*), à contre-poil : *brosser un drap à rebrousse-poil.*—Fig. et fam., *prendre une affaire à rebrousse-poil*, à contre-sens.

REBROUSSEMENT, subst. mas. (*rebrouceman*) en géom., inflexion d'une courbe qui retourne en arrière, en devenant convexe, de concave qu'elle était : *point de rebroussement*, point où se fait cette inflexion.

REBROUSSER, v. act. (*rebroucé*) (du mot *rebours*, contre-poil. On disait autrefois *rebourser* comme on le voit dans *Fauchet*, etc.), relever dans un sens contraire, en parlant des cheveux ou du poil : *rebrousser la moustache.*—Fig. : retourner subitement en arrière : *rebrousser chemin.* En ce sens il est souvent employé comme neutre : *cette nouvelle le fit rebrousser.* — *Les rivières rebrousseront* (remonteront) *contre leur source avant que...*—*se* REBROUSSER, v. pron.

REBROUSSETTE, subst. fém. (*rebroucète*), t. de manuf., peigne avec lequel on relève dans un drap les poils qui n'ont pas été travaillés à la frise, à cause d'un pli accidentel; défaut qu'on appelle *queue de rat*.

REBROUSSOIR, subst. mas. (*rebrouçoar*), outil pour relever à *rebours* le poil du drap. Voy. REBROUSSER.

REBROYÉ, E, part. pass. de *rebroyer*.

REBROYER, v. act. (*rebroè-ié*), *broyer* de nouveau.—*se* REBROYER, v. pron.—Ce mot manque dans l'*Académie*.

REBRUNI, E, part. pass. de *rebrunir*.

REBRUNIR, v. act. (*rebrunir*), *brunir* une seconde fois. — *se* REBRUNIR, v. pron.

REBUE, E, part. pass. de *reboire*.

REBUFFADE, subst. fém. (*rebufade*) (de la particule itérative *re*, et du vieux mot français *buffe*, soufflet. *Ménage, Borel*, etc.), mauvais accueil, refus accompagné de paroles dures et d'actions de mépris.—Fam. : *souffrir des rebuffades.*

RÉBUS, subst. mas. (*rébuce*) (ce mot est purement latin. On a dit d'abord : écrire *in rebus*; *rebus* est l'abl. plur. de *res*, mot lat. qui signifie : chose; parce qu'on représentait les *choses* par images ou peintures, et c'est encore là le caractère du *rébus* proprement dit), jeu d'esprit qui consiste à expliquer quelque chose par des mots et des figures pris en un autre sens que celui qui leur est naturel : *faire des rébus.*—Par extension, mauvais jeux de mots, mauvaises plaisanteries, calembourgs : *il est très-difficile de réussir parfaitement dans le rebus.* — L'*Académie*, qui a tranché, sans la raisonner, la question des mots de langue étrangère et celle de l'étymologie, conserve encore aujourd'hui la locution plus que surannée : *écriture in rebus*, qui est celle dans laquelle on exprime par des figures les choses qu'on veut dire; et elle ajoute que dans cette locution on prononce *in, ine*, et qu'on écrit *rebus* sans accent. Quant à l'accent sur l'*e*, qu'elle voudrait qu'on mît sur ce mot, à l'exception de l'emploi de *rébus* dans la locution citée, nous avons posé nos principes, et notre règle est bien motivée, dans notre *Grammaire générale*: nous ne mettons l'accent aigu dans aucun des cas de l'emploi de ce mot; nous demanderons seulement ici à l'*Académie*, pourquoi elle nous donne deux poids et deux mesures pour un seul et même mot; c'est, selon nous, venir consacrer le grand principe d'après lequel nous avons décrété que les mots étrangers ne doivent point prendre l'orthographe française. Nous conclurons enfin en avertissant nos lecteurs qu'on ne dit plus nulle part : *une écriture in rebus*, ni : *écrire in rebus*; mais bien : *une écriture en rebus; écrire en rebus*.

REBUT, subst. mas. (*rebu*), action par laquelle on *rebute* : *essuyer des rebuts*.—Ce qui a été *rebuté* : *ce marchand n'a que du rebut; marchandise, chose de rebut*.—*Mettre une lettre au rebut*, la mettre à l'écart, en attendant qu'on vienne la réclamer. — Fig. : *c'est le rebut du genre humain*, c'est un homme vil et méprisable.

REBUTANT, E, adj. (*rebutan, tante*), qui *rebute*, qui décourage, qui dégoûte : *c'est un travail rebutant*. — Choquant, déplaisant : *cet homme a un air rebutant*.

REBUTE, subst. fém. (*rebute*), petit instrument de musique, trompe, guimbarde. Hors d'usage.

REBUTÉ, E, part. pass. de *rebuter*.

REBUTER, v. act. (*rebuté*), rejeter avec dureté, avec rudesse : *rebuter quelqu'un*.—Refuser : *rebuter de la monnaie comme n'étant pas de bon aloi*. — Décourager, dégoûter : *trop de travail rebute*, ou *l'a rebuté*.—Choquer, déplaire : *sa mine rebute tout le monde*. — SE REBUTER, v. pron., se dégoûter, perdre courage : *il ne faut jamais se rebuter quand on a la conscience de ce qu'on fait*.

RÉCABITE, ou **RÉCHABITE**, subst. mas. (*rékabite*), sorte de prophète; sectaires juifs, abstèmes.

RECACHÉ, E, part. pass. de *recacher*.

RECACHER, v. act. (*rekaché*), *cacher* une seconde fois.—SE RECACHER, v. pron.—Ce mot manque dans l'*Académie*.

RECACHETÉ, E, part. pass. de *recacheter*.

RECACHETER, v. act. (*rekacheté*), *cacheter* une seconde fois après avoir décacheté : *recacheter une lettre*. — SE RECACHETER, v. pron.

RÉCALCITRANT, E, subst. et adj. (*rékalecitran, trante*), qui résiste avec opiniâtreté, obstiné : *il y a des récalcitrants, cette femme est récalcitrante*.—Part. de *récalcitrer*. Voy. ce mot.

RÉCALCITRER, v. neut. (*rékalecitré*) (du latin *recalcitrare*, formé de la particule itérative *re*, et de *calcitrare*, ruer, regimber, dérivé de *calx, calcis*, talon, pied), résister avec humeur et opiniâtreté. Il n'a guère d'usage qu'au participe : *il est récalcitrant à tout ce qu'on lui dit ; il a l'humeur récalcitrante*.

RECALÉ, E, part. pass. de *recaler*.

RECALER, v. act. (*rekalé*), *caler* de nouveau, unir et polir le bois avec la varlope, après qu'il a été ébauché et dégrossi. — SE RECALER, v. pron. Pop., revenir à sa première position : *il était bien bas percé, il se recale*.

RECALOIR, subst. mas. (*rekaloar*), outil de menuisier à unir et polir le bois.—Outil pour *recaler*. Peu en usage.

RECAMÉ, E, part. pass. de *recamer*.

RECAMER, v. act. (*rekamé*) (de l'espagnol *recamar*, broder en relief, en ronde bosse), enrichir un brocard d'or ou d'argent d'une nouvelle broderie. — SE RECAMER, v. pron.

RÉCAMPIR, v. act., barbarisme. Voy. RÉCHAMPIR.

RÉCAPITULATEUR, subst. mas., **RÉCAPITULATRICE**, subst. fém. (*rékapitulateur, trice*), celui qui *récapitule*, qui fait une *récapitulation*. Peu usité.

RÉCAPITULATION, subst. fém. (*rékapitulâcion*), répétition sommaire de ce qui a été dit ou écrit : *faire la récapitulation d'un compte*.

RÉCAPITULATRICE, subst. fém. Voy. RÉCAPITULATEUR.

RÉCAPITULÉ, E, part. pass. de *récapituler*.

RÉCAPITULER, v. act. (*rékapitulé*) (du latin *recapitulare*, formé de la particule *re* et de *capitulum*, chapitre, reprendre par chapitres), résumer, redire sommairement ce qu'on a déjà dit: *récapituler les principaux points*.—SE RÉCAPITULER, v. pron.

RECARDÉ, E, part. pass. de *recarder*.

RECARDER, v. act. (*rekardé*), *carder* de nouveau. — SE RECARDER, v. pron.

RECARRELÉ, E, part. pass. de *recarreler*.

RECARRELER, v. act. (*rekârelé*), *carreler* de nouveau. — SE RECARRELER, v. pron.—Ce mot manque dans l'*Académie*.

RECASSÉ, E, part. pass. de *recasser*.

RECASSER, v. act. (*rekâcé*), *casser* de nouveau. — T. d'agriculture, donner le premier labour à une terre après qu'elle a porté du blé. — SE RECASSER, v. pron.

RECASSIS, subst. mas. (*rekâci*), terre qu'on a *recassée*, après que le blé en a été moissonné.

REC-BOCK, subst. mas. (*rékeboke*), t. d'hist. nat., animal ruminant du cap de Bonne-Espérance.

RECÉDÉ, E, part. pass. de *recéder*.

RECÉDER, v. act. (*recédé*), *céder* à quelqu'un ce qu'il avait déjà *cédé*.—*Céder* une chose achetée : *recédez-moi vos marchandises*. — SE RECÉDER, v. pron.

RECEL, subst. mas. (*recèle*). Ce mot, très-usité en jurispr., manque dans l'*Académie*. Voy. RECELLEMENT.

RECELÉ, E, part. pass. de *receler*. — On dit aussi subst., au mas. : *un recelé*, un *recellement* d'effets.

RECELÉE, subst. fém. (*recelé*), cachette. (Boiste.) Vieux.

RECELLEMENT (et non pas, avec l'*Académie*, **RECÈLEMENT**; elle-même ayant reconnu le principe de doubler *l*, *n* et *t* dans les mots où ces lettres sont suivies d'une voyelle muette : *j'appelle, nous appelons*, écrit-elle avec nous), subst. mas. (*recèleman*), action par laquelle on *recèle*.

RECELER (et non pas **RECÉLER**, ce verbe étant formé de *celer*. Nous ne savons pourquoi l'*Académie* écrit *celer* et *recéler?*), v. act. (*recelé*) (de la particule itérative *re* et du verbe *celer*, en latin *celare*), garder et cacher le vol de quelqu'un : *receler des objets volés*. — Donner retraite chez soi aux coupables : *receler un coupable*. — *Receler un corps mort*, ne pas faire la déclaration de la mort de quelqu'un, pour en tirer avantage ou pour cacher un crime. — Détourner, cacher les effets d'une succession. — Fig., renfermer : *la terre recelle en ses entrailles une infinité de trésors*. — En t. de vénerie, et neut. : *un cerf recelle*, reste deux ou trois jours dans son enceinte sans en sortir. — SE RECELER, v. pron.

RECELEUR, subst. mas., **RECELEUSE**, subst. fém. (et non pas **RECÉLEUR, RECÉLEUSE**, orthographe de l'*Académie*, qui écrit cependant *celer*) (*recéleur, leuze*), celui, celle qui *recelle* une chose volée.

RECELEUSE, subst. fém. Voy. RECELEUR.

RÉCEMMENT, adv. (*réçaman*) (du lat. *recens*), nouvellement, depuis peu : *il est récemment arrivé*.

RÉCENSE, subst. fém. (*réçance*), second contrôle fait sur les métaux précieux. Presque inusité.

RECENSÉ, E, part. pass. de *recenser*.

RECENSEMENT, subst. mas. (*reçanceman*) (du latin *recensio*), dénombrement d'effets, de suffrages, d'individus : *on fait tous les ans le recensement de la population*.—Nouvelle vérification de marchandises : *le recensement des papiers*, etc.

RECENSER, v. act. (*reçancé*) (du latin *recensere*, formé de la particule itérative *re* et de *censere*), faire l'état, le dénombrement de... ; faire un *recensement*. — Vérifier, examiner des comptes, des marchandises. — SE RECENSER, v. pron.

RECENSION, subst. fém. (*reçancion*), produit d'un *recensement*. Presque inusité. Voy. RECENSEMENT.

RÉCENT, E, adj. (*réçan, çante*) (en latin *recens*), nouveau, nouvellement fait ou arrivé : *c'est un événement tout récent*. — *Avoir la mémoire récente d'une chose*, s'en ressouvenir comme d'une chose nouvellement arrivée : *la mémoire en est toute récente*, le fait ou les choses viennent d'avoir lieu, d'arriver.

RECEPAGE, subst. mas. (*recepaje*), action de *receper*, ou effet de cette action.

RECÉPÉ, E, part. pass. de *receper*.

RECEPÉE, subst. fém. (*recepé*), la partie d'un bois qu'on a *recepée*. Fort peu en usage.

RECEPER, v. act. (*recepé*), tailler une vigne jusqu'au pied en coupant tous les sarments : *on recèpe les vignes*. — Couper entièrement la tête des arbres pour les greffer ou leur faire pousser de nouvelles branches. — Couper la tête d'un pieu, d'un pilot, pour le mettre de niveau avec les autres.

RECEPISSE (et non pas **RÉCÉPISSÉ**, le mot étant purement latin), subst. mas. (*récépicecé*) (du verbe latin *recipere*, recevoir, qui fait au parfait de l'infinitif *recepisse*, avoir reçu), écrit par lequel on reconnaît avoir reçu des papiers, des pièces, etc. : *donnez-moi un recepisse*. — Au plur., des *recepisse*, et non pas, avec l'*Académie*, des *récépissés*; cependant, si l'on admet qu'il faut écrire *récépissé* au sing. avec des accents aigus, il faudrait écrire au plur., des *récépissés*.

RÉCEPTACLE, subst. mas. (*récèpetakle*) (en lat. *receptaculum*), lieu où se rassemblent plusieurs choses ou personnes. Il se prend en mauvaise part : *c'est le réceptacle de toutes les immondices, des gueux, des filous, des voleurs*.— En archit., bassin destiné à recevoir les eaux.— En bot., la partie sur laquelle repose immédiatement le fruit : *le réceptacle des semences s'appelle le plus souvent placenta*.

RÉCEPTIBILITÉ, subst. fém. (*récèpetibilité*), faculté de notre sensibilité de recevoir des impressions. Presque inusité.

RÉCEPTIF, adj. mas., au fém. **RÉCEPTIVE** (*récèpetif, tive*), t. de médec.; se dit des organes qui sont susceptibles de recevoir par le sens l'impression des objets. Peu en usage.

RÉCEPTION, subst. fém. (*récèpecion*) (du lat. *receptio*), action par laquelle on *reçoit* des lettres, des papiers, des ballots, etc. : *accuser la réception d'un paquet*. On dit même, sans l'article : *accuser réception d'une chose*.—En t. de palais, *réception de caution*, acte d'après lequel on est admis comme *caution*. — Accueil, manière de *recevoir* les personnes : *faire une bonne, une mauvaise réception à quelqu'un*. — Action par laquelle on est *reçu* dans une charge, etc. — Cérémonie par laquelle on installe quelqu'un dans une charge, etc. — Action de *recevoir* solennellement beaucoup de monde à la fois : *il y a eu réception chez la reine*.

RÉCEPTIVE, adj. fém. Voy. RÉCEPTIF.

RÉCEPTIVITÉ, subst. fém. (*récèpetivité*), faculté de recevoir une impression. Presque inusité.

RECERCLÉ, E, part. pass. de *recercler*, et adj. — Se dit, en t. de blas., 1° des croix ancrées dont les huit pointes circulaires ont chacune deux circonvolutions en forme de *cerceaux*; 2° des queues de cochons et de lévriers.

RECERCLER, v. act. (*recèrcklé*), mettre de nouveaux *cercles* : *recercler un tonneau*. — SE RECERCLER, v. pron.

RECETTE, subst. fém. (*recète*) (du lat. *recepta*, sous-entendu *formula*; formule reçue du médecin), ce qui est *reçu* en argent ou autrement : *la dépense, la mise excède la recette*.— Action de recouvrer ce qui est dû : *faire la recette des impositions*. — *Forcer en recette* est une vieille locution qu'on n'emploie plus guère et qui signifiait, augmenter, à la charge des comptables, les *recettes* qu'ils accusaient. — Lieu et bureau où l'on *reçoit* les deniers.—Composition de certaines drogues pour guérir un mal. — Écrit qui enseigne cette composition : *donnez-moi la recette de ce remède*. — On appelle aussi *recette*, un moyen, souvent secret, un certain procédé, dont on se sert pour faire telle ou telle chose : *recette pour faire des confitures*. — Méthode pour se conduire en affaires, dans le monde : *indiquez-moi donc votre recette*.

RECEVABLE, adj. des deux genres (*recevable*), qui peut être admis, qui doit être *reçu*.— Au palais, *être déclaré non-recevable en sa demande*, être débouté de sa demande.

RECEVEUR, subst. mas., **RECEVEUSE**, subst. fém. (*receveur, veuze*), celui, celle qui est chargé d'une *recette*, soit en deniers, soit en denrées : *receveur des contributions*, etc.

RECEVEUSE, subst. fém. Voy. RECEVEUR.

RECEVOIR, v. act. (*recevoar*) (du latin *recipere*, formé de la particule *re*, et de *capere*, prendre), accepter, prendre ce qui est donné, présenté ou offert sans qu'il soit dû : *recevoir des présents, un don ou quelque chose en don*; et neut., *aimer à recevoir* ; *il vaut mieux donner que recevoir*. Nous *recevons*, dit Girard, ce qu'on nous donne ou ce qu'on nous envoie; nous *acceptons* ce qu'on nous offre. On *reçoit* des graces, on *accepte* des services. *Recevoir* exclut simplement le refus; *accepter* semble marquer un consentement, ou une approbation plus expresse. — Être payé de ce qui est dû : *recevoir de l'argent, une rente, un paiement, un remboursement.* — Il se dit de ce qu'on nous envoie et qui nous est remis entre les mains : *recevoir des lettres, un paquet, une requête.* — Commencer d'avoir, de ressentir : *recevoir des graces, des bienfaits; recevoir un coup, une blessure, du chagrin* ou *du plaisir.* — Il se dit des graces de Dieu : *recevoir la foi, le don de la persévérance.* — En parlant des personnes, accueillir : *recevoir bien ou mal; on alla le recevoir au bas de l'escalier.* — Installer dans une charge, dans une dignité : *recevoir quelqu'un chevalier.* — En parlant des choses, accepter, agréer : *recevoir les offres, les propositions, les excuses.* — Donner retraite : *recevoir un proscrit.* — Admettre : *recevoir dans un corps, dans un régiment; recevoir de nouvelles lois*, etc. Voy. ADMETTRE. — *Recevoir le bâton de maréchal*, être promu à la dignité de maréchal de France. — Être susceptible de : *la cire reçoit toutes les figures*, etc.; *ce passage peut recevoir divers sens, diverses interprétations.* — Se soumettre : *recevoir avec respect un bon avis.* — *Recevoir les ordres de quelqu'un*, être soumis à sa volonté. — *Aller recevoir les ordres de quelqu'un*, aller savoir de lui ce qu'on peut ou ce qu'on doit faire pour son service ou pour lui être agréable. — *Le malade a reçu tous ses sacrements*, on lui a administré les sacrements de la pénitence, de l'eucharistie et de l'extrême-onction. — *Il m'a jeté une pomme, je l'ai reçue dans la main*, je l'ai retenue. — *Les ennemis ont été reçus à grands coups de canon*, on a fait sur eux un très-grand feu. —*Recevoir une chose en brave, en homme de cœur*, savoir bien soutenir un malheur; riposter comme le doit faire tout homme de cœur. — *Recevoir quelqu'un comme un chien dans un jeu de quilles*, lui faire un très-mauvais accueil.— Absol., *recevoir*, ouvrir son salon à ses amis et connaissances. — *Recevoir visite*, ou mieux, *recevoir la visite de quelqu'un*, être visité par quelqu'un. — *Recevoir des visites*, avoir beaucoup de visiteurs. — *Fin de non recevoir* en t. de palais, exception préalable qui consiste à soutenir que la partie adverse n'est pas *recevable* dans sa demande.— *se* RECEVOIR, v. pron.

RECEVOIR, subst. mas. (*recevoar*), dans les salpêtrières, vase dans lequel on met de l'eau de la cuite au sortir des chaudières.

RECEY-SUR-OURCE, subst. propre mas. (*recéyurource*), bourg de France, chef-lieu de canton, arrond. de Chatillon-sur-Seine, dép. de la Côte-d'Or.

RECEZ, subst. mas. (*recé*) (du lat. *recessus imperii*, fait de *recedere*, se retirer; parce que c'est au moment de la séparation des membres de la diète que se rédigeait *le recez*), cahier des délibérations d'une diète de l'empire. Vieux.

RÉCHABITE, subst. mas. Voy. RÉCABITE.

RÉCHAFAUDER, v. neut. (*réchafôdé*), faire de nouveaux *échafauds*.

RECHAITÉ, E, part. pass. de *rechaiter*.

RECHAITER, v. act. (*rechèté*), cacher, recéler, t. d'anc. coût. Ce mot, qu'on lit dans une vieille traduction des *Institutes*, est inus. auj.

RÉCHAMPI, E, part. pass. de *réchampir*.

RÉCHAMPIR, v. act. (*réchanpir*), t. de peinture, peindre d'une couleur le fond ou le *champ* qui se trouve d'un côté d'un ornement, d'une moulure, tandis que le fond, qui est de l'autre côté, est peint d'une autre couleur. — Donner plusieurs couches de couleur sur l'endroit où la couleur a empiété. — *se* RÉCHAMPIR, v. pron.

RÉCHAMPIS, ou RÉCHAMPISSAGE, subst. mas. (*réchanpi, piçaje*), action de *réchampir*. — Ouvrage *réchampi*.

RECHANGE, subst. mas. (*rechanje*), en t. de banque, droit d'un nouveau *change* qu'on fait payer par celui qui tire une lettre de *change*, lorsqu'elle a été protestée. — *Armes, cordages de rechange*, qu'on a en réserve pour s'en servir au besoin. — *Corps de rechange*, pièce qu'on *change* dans quelques instruments à vent, tels que cors, clarinettes, etc., pour en hausser ou baisser le ton.

RECHANGÉ, E, part. pass. de *rechanger*.

RECHANGER, v. act. (*rechanjé*), *changer* une fois, plusieurs fois : il change et rechange d'avis à tout moment; il *n'a pas une chemise, un habit à rechanger*.—*se* RECHANGER, v. pron.—Ce mot manque dans l'*Académie*.

RECHANTÉ, E, part. pass. de *rechanter*.

RECHANTER, v. act. (*rechanté*), répéter la même chanson; *chanter* de nouveau. — Fig. et fam. : répéter la même chose par manière d'avis ou d'instruction.—*se* RECHANTER, v. pron.—Ce mot manque dans l'*Académie*.

RÉCHAPPÉ, E, part. pass. de *réchapper* : *une marchandise réchappée*; on dit aussi subst., *un réchappé des galères*.

RÉCHAPPER, v. neut. (*réchapé*), se tirer d'une maladie. — Sortir de prison. — Se tirer d'un péril. En ce dernier sens on dit mieux *échapper d'un danger*, etc. Voy. ÉCHAPPER.

RECHARGÉ, E, part. pass. de *recharger*.

RECHARGE, subst. fém. (*recharje*), il ne s'emploie guère qu'adv. : *venir à la recharge, en recharge*. Le premier se dit des personnes : *il est revenu à la recharge* ou *il est venu à la charge*, il a fait de nouvelles instances, etc. Le second se dit des choses : *cette nouvelle affaire survient en recharge de la première*, vient fortifier les impressions que celle-ci avait déjà faites, etc.

RECHARGEMENT, subst. mas. (*recharjeman*), action de *recharger* : *faire un rechargement de marchandises*.

RECHARGER, v. act. (*recharjé*), imposer de nouveau quelque *charge*, quelque fardeau. — *Charger* de nouveau une arme à feu.—Faire une nouvelle *charge* ou attaque : *recharger les ennemis*.—Donner un ordre encore plus pressant : *je vous charge et recharge de...*—*Recharger un essieu*, grossir les bras d'un essieu usé et affaibli par le frottement. — *se* RECHARGER, v. pron.

RECHASSÉ, E, part. pass. de *rechasser*.

RECHASSER, v. act. (*rechacé*), *chasser* de nouveau, repousser d'un lieu en un autre. — Faire entrer dans les forêts les bêtes qui en sont sorties.—*se* RECHASSER, v. pron.

RECHASSEUR, subst. mas. (*rechaceur*), celui qui est chargé de faire rentrer dans les forêts les bêtes qui en sont sorties. Presque hors d'usage.

RÉCHAUD, subst. mas. (*réchô*), instrument dans lequel on met du feu pour faire cuire, *réchauffer* ou tenir *chaud* quelque chose.

RÉCHAUF, subst. mas. (*réchôfe*), t. de jardin., fumier *chaud* autour d'une couche.

RÉCHAUFFAGE, subst. mas. (*réchôfaje*), vieux t. de litt., plagiat donné pour du neuf.

RÉCHAUFFÉ, E, part. pass. de *réchauffer*, et adj. — Fig. et fam. : *chose réchauffée*, celle qui a été faite plusieurs fois.

RECHAUFFÉ, E, part. pass. de *rechauffer*.

RÉCHAUFFÉ, subst. mas. (*réchôfé*), se dit au propre et au fig. : *ce dîné n'est pas du réchauffé; cet ouvrage n'est qu'un réchauffé; du réchauffé*. Fam.

RECHAUFFEMENT, subst. mas. (*rechôfeman*), action de *chauffer* de nouveau.

RÉCHAUFFEMENT, subst. mas. (*réchôfeman*), fumier neuf dont on se sert pour faire pousser des plantes malgré le froid de l'hiver.

RECHAUFFER, v. act. (*rechôfé*), *chauffer* une seconde fois : *il faut faire rechauffer ce fer*.

RÉCHAUFFER, v. act. (*réchôfé*), *chauffer* ce qui était refroidi : *réchauffer un potage*.—Prov. : *réchauffer un serpent dans son sein*, n'avoir près de soi que des ingrats; en avoir un seul. —*Réchauffer une couche*, en t. de jardin., y mettre du fumier neuf.—Fig., exciter de nouveau, ranimer.—*se* RÉCHAUFFER, v. pron.., *s'échauffer*, après s'être refroidi : *le temps se réchauffe*. — Fig., se ranimer : *son zèle s'est réchauffé*.

RÉCHAUFFOIR, subst. mas. (*réchôfoar*), fourneau qui sert à *échauffer* les plats qu'on apporte d'une cuisine éloignée.

RECHAUSSÉ, E, part. pass. de *rechausser*.

RECHAUSSEMENT, subst. mas. (*rechôceman*), action de *rechausser* un arbre. — Effet de cette action. Peu en usage.

RECHAUSSER, v. act. (*rechôcé*), *chausser* de nouveau : *cet enfant se chausse et se rechausse sans cesse*.—En parlant des arbres, remettre de la terre ou du fumier au pied. — Rabattre une pièce de métal pour la rendre moins volumineuse. —*Rechausser un mur*, le fortifier par des pierres nouvelles. — *se* RECHAUSSER, v. pron., *se chausser* de nouveau, après s'être *déchaussé*.

RECHAUSSOIR, subst. mas. (*rechôçoar*), instrument d'art pour *rechausser* le métal.

RÊCHE, adj. des deux genres (*rèche*), rude : *esprit, humeur, personne, ton rêche*.

RECHERCHABLE, adj. des deux genres (*recherchable*), digne d'être *recherché*. (*J.-J. Rousseau*.)

RECHERCHE, subst. fém. (*rechèreche*), action de *rechercher* ; perquisition : *recherche exacte, la recherche de la vérité*. Il se dit plus au figuré qu'au propre. — Chose curieusement *recherchée* : *ce livre est plein de recherches*.— Examen, perquisition de la vie et des actions de quelqu'un : *faire la recherche de la vie de quelqu'un; la recherche des financiers*, etc. — Poursuite que l'on fait pour avoir une fille en mariage : *faire la recherche d'une veuve, d'une fille riche*.—Soin avec lequel un artiste finit son ouvrage : *il y a de la recherche dans tout ce qu'il fait*. — Action de remettre des tuiles, des ardoises ou pavés neufs aux endroits où il en manque. — En t. d'eaux et forêts, action de s'assurer des arbres qui manquent pour les remplacer.

RECHERCHÉ, E, part. pass. de *rechercher*, et adj., en peinture et en sculpture : *figure bien recherchée*, bien travaillée, bien finie.—Par extension, en parlant des ouvrages d'esprit : *il y a dans ce livre des choses bien recherchées, des passages bien recherchés*, des questions affectées, maniérées.—*C'est un homme recherché*, dont le commerce est agréable, et de bonne société.—*Parure recherchée*, riche et souvent trop affectée.

RECHERCHER, v. act. (*rechèreché*), *chercher* de nouveau.—*Chercher* avec soin.— Tâcher d'avoir, d'obtenir : *rechercher la faveur, l'amitié de...*—Tâcher de gagner une personne.—Faire enquête de la vie et des actions de...: *on recherche la vie; ne faites pas cela, vous seriez recherché*.—En parlant des ouvrages de peinture, gravure, sculpture, en réparer avec soin les moindres défauts; polir, perfectionner : *rechercher une figure de stuc, de bronze*.—*Recherchez mieux votre trait*, rendez-le plus fin, plus pur. Un peu vieilli dans ces deux dernières acceptions. —En t. de man., *rechercher un cheval*, l'animer. —*se* RECHERCHER, v. pron.

RECHERCHEUR, subst. mas. (*rechèrecheur*), chez les briquetiers, ouvrier qui voiture au fourneau tout ce qui entre dans la construction. Peu usité.

RECHICOURT-LE-CHÂTEAU, subst. propre mas. (*rechikourlechâtô*), bourg de France, chef-lieu de canton, arrond. de Sarrebourg, dép. de la Meurthe.

RECHIGNÉ, E, adj. (*rechignié*), qui *rechigne*, qui gronde, qui est de mauvaise humeur.

RECHIGNEMENT, subst. mas. (*rechignieman*), action de *rechigner*.

RECHIGNER, v. neut. (*rechignié*) (suivant *Huet*, du bas-breton *rech*, chagrin. Suivant *Borel*, de la particule latine *re*, et de *canis*, chien, faire comme un chien qui se fâche. Autrefois, ajoute cet étymologiste, on écrivait *rechiner*), gronder, être de mauvaise humeur.—RECHIGNER, REFROGNER. (*Syn.*) *Rechigner*, marquer de la répugnance, du dégoût, du mécontentement, par un air rude et des grimaces repoussantes. *Refrogner* ou *renfrogner*, contracter ou plisser son front de manière à marquer de la rêverie, de l'humeur, de la tristesse. — Le *rechignement* et le *refrognement* marquent de la mauvaise humeur; mais le *rechignement* est fait pour la témoigner, et le *refrognement* la décèle en la concentrant. Lorsqu'on fait une chose à contre-cœur, on *rechigne* pour manifester sa répugnance; lors même qu'on veut cacher la peine qu'on éprouve, on se *refrogne*.

RECHIN, E, adj. (*rechein, chine*), chagrin, mélancolique. (*Boiste*.) Inusité.

RECHINSÉ, E, part. pass. de *rechinser*.

RECHINSER, v. act. (*recheincé*), t. de manuf. : *rechinser la laine*, la laver dans l'eau claire pour la bien dégraisser. Presque hors d'usage.—*se* RECHINSER, v. pron.

RECHOIR, v. neut. (*rechoar*), *choir* de nouveau, retomber.—Fig., retomber dans une même maladie, dans une même faute. Il est vieux au propre et au figuré.

RECHU, E, part. pass. de *rechoir*.

RECHUTE, subst. fém. (*rechute*), nouvelle *chute*. Il ne se dit guère qu'au fig., en parlant des fautes ou d'une maladie dans laquelle on retombe : *les rechutes sont dangereuses*.

RÉCIDIVE, subst. fém. (*récidive*), rechute dans une faute. — Action de commettre de nouveau un délit, un crime : *la récidive est une circonstance aggravante*. — *Prendre garde à la récidive, être condamné pour vol par récidive*. — RECHUTE, RÉCIDIVE. (*Syn.*) L'idée de *tomber* est essentielle et rigoureuse dans la *rechute*, et non dans la *récidive*. On dit se relever d'une chute; après qu'on s'en est relevé, on retombe par la *rechute*. Mais on dit, se mettre dans un mauvais cas; et, après qu'on s'en est retiré, on s'y remet après la *récidive*. l'opiniâtreté ou l'imprudence. — C'est parce qu'on n'est pas assez ferme ou assez constant qu'on fait une *rechute;* c'est parce qu'on ne veut pas se corriger ou s'observer, qu'on passe à la *récidive.* Guéri ou rétabli jusqu'à un certain point dans son premier état, on *retombe;* puni ou pardonné vainement, on *récidive,* on recommence. Il y a donc, en général, plus de malice dans la *récidive* que dans la *rechute,* et plus de malheur dans la *rechute* que dans la *récidive.* — *Rechute* est un terme de médecine et de morale : un malade ou un pécheur fait une *rechute; recidive* est un terme de jurisprudence et de lois pénales : un coupable, un délinquant fait une *récidive.* La *rechute* est une maladie funeste ou du corps ou de l'âme; la *récidive* est un délit ou une faute punissable selon la loi. La *rechute* est plus dangereuse que la première maladie; la *récidive* est plus sévèrement punie que le délit. Leur synonymie consiste donc à désigner le retour dans la même faute ou dans le même mal.

RÉCIDIVÉ, part. pass. de *récidiver.*

RÉCIDIVER, v. neut. (*récidivé*) (du latin *recidere,* retomber, formé de la particule *re,* et de *cadere,* tomber), retomber dans la même faute. — Commettre de nouveau un délit, un crime : *il a récidivé.*

RECIEF, subst. mas. (*reciéfe*), à Amsterdam, *recepisse* que le pilote d'un vaisseau marchand donne des marchandises qu'il reçoit à bord.

RÉCIF, subst. mas. (L'*Académie* dit aussi RESCIF et RESSIF ; il nous semble que pour un seul mot trois orthographes sont inutiles. Ajoutons que *ressif,* et même *récif,* sont contraires à l'étymologie, qui demande *rescif.* Et, en effet, d'où vient ce mot ? De *rescindere,* briser, ou de *rescire,* savoir, être averti. Dans le premier cas, *rescif* peut très-bien signifier : chaîne de rochers qui se trouvent à fleur d'eau et contre lesquels un navire peut se briser; et dans le second, *rescif* pourrait signifier : chaîne de rochers à fleur d'eau, que l'on doit connaître ou découvrir pour ne pas venir s'y briser. Résumons-nous : *ressif* doit être banni de la langue, et *rescif* préféré à *récif,* quoiqu'on ne puisse pas dire positivement que ce dernier soit un *barbarisme,* l'accent aigu indiquant assez qu'il y a suppression de lettre dans l'orthographe de *récif.* Voyez RESCIF.)

RÉCILLE, subst. mas. Voy. RÉSILLE.

RÉCINIES, subst. fém. plur. (*récini*), t. d'antiq., fêtes que l'on célébrait à Rome, tous les ans, en mémoire de l'expulsion des Tarquins. (*Boiste.*) Ce lexicographe a tort peut-être de qualifier ce mot d'*absurde;* certainement, il n'est pas très-usité, mais il en vaut un autre. On pourrait même tirer un *sens assez curieux* de l'*étymologie* de ce mot, qui vient du latin *recinere,* chanter de nouveau; et, par extension, *chanter la palinodie. Récinies,* pris dans cette acception, ne serait donc déjà pas si *absurde !*

RECIPE, subst. mas. (*récipé*) (Même observation pour ce mot que celle que nous avons faite au mot RECEPISSE.) (mot purement latin qui signifie *prenez*), sorte de caractère de médecine qu'on met à la tête d'une ordonnance. — L'ordonnance elle-même : *il est enjoint aux pharmaciens de garder le recipe des médecins.* — Toutes sortes de *recettes* de remèdes : *donnez-moi, indiquez-moi votre recipe.* — Au plur., des *recipe,* (ce mot étant tout latin) et non pas des *récipés.*

RÉCIPIANGLE, subst. mas. (*récipi-anguele*) (du latin *recipere,* prendre, et *angulus,* angle), instrument de mathématiques qui sert à mesurer les angles saillants et rentrants des corps.

RÉCIPIENDAIRE, subst. mas. et fém. (*récipi-andère*) (du latin *recipiendus,* devant être reçu, fait du verbe *recipere,* recevoir), celui, celle qui se présente pour être reçu solennellement dans une compagnie, etc. — L'*Académie* ne dit pas que ce mot peut s'employer aussi comme fém.

RÉCIPIENT, subst. mas. (*récipi-an*) (du latin *recipiens,* part. prés. de *recipere,* recevoir), vase dont les chimistes se servent pour *recevoir* les substances produites par la distillation. — Cloche de verre qui sert dans la machine pneumatique à renfermer les corps que l'on veut mettre dans le vide : *pomper l'air du récipient.*

RÉCIPR., abréviation du mot *réciproque* et *réciproquement.*

RÉCIPROCATION, subst. fém. (*réciprokâcion*), action par laquelle on reçoit le *réciproque,* la pareille. Il n'est pas du bon style. — T. de phys., *réciprocation du pendule* : mouvement qu'on a cru observer dans la direction du fil à plomb à différentes heures du jour, et qu'on attribue au déplacement continuel du centre de gravité de la terre.

RÉCIPROCITÉ, subst. fém. (*réciprocité*), état et caractère de ce qui est *réciproque : une réciprocité de sentiments.*

RÉCIPROQUE, adj. des deux genres (*réciproke*) (du latin *reciprocus,* employé dans la même acception, et qui signifie proprement, qui va et vient; qui retourne d'où il est venu), manuel. Voy. ce mot. — On dit subst. au mas. : *je vous rendrai le réciproque,* la pareille. Quelques-uns disent à tort *la réciproque.* — *Verbe réciproque,* t. de gramm. qui exprime l'action de plusieurs sujets qui agissent les uns sur les autres : *ils se blessèrent mutuellement.* Quelquefois le sens *réciproque* est suffisamment indiqué par le pronom personnel et par les autres circonstances; mais, pour le déterminer clairement, il est souvent nécessaire d'ajouter les mots *l'un l'autre,* ou l'un des deux adverbes *réciproquement, mutuellement,* ou de mettre la particule *entre* à la tête du verbe. Ainsi il faut dire : *ces deux hommes s'aident réciproquement* ou *mutuellement. Ils s'aident l'un l'autre. Ils se donnent des secours mutuels, des secours réciproques. Ils s'entr'aident.* — En logique, *deux propositions sont réciproques,* quand le sujet de la première devient l'attribution de la seconde, et *réciproquement.* Ces deux propositions, *l'homme est un animal raisonnable, l'animal raisonnable est un homme,* sont *réciproques.* — En mathématiques, *raison réciproque* signifie la même chose que *raison inverse.* Voy. INVERSE.

RÉCIPROQUÉ, E, part. pass. de *réciproquer.*

RÉCIPROQUEMENT, adv. (*réciprokeman*), mutuellement, d'une manière *réciproque : s'avertir réciproquement.*

RÉCIPROQUER, act. et n (*réciprokié*) (du latin *reciprocare*), rendre la pareille. Il n'est ni du bon style, ni d'un grand usage.

RECIRÉ, E, part. pass. de *recirer.*

RECIRER, v. act. (*reciré*), repasser de la cire sur une chose déjà *cirée.* — *se* RECIRER, v. pron. Ce mot manque dans l'*Académie.*

RECISE, subst. fém. (*recize*), t. de bot., benoîte; sorte de plante.

RÉCIT, subst. mas. (*réci*); espèce de narration d'une chose qui s'est passée : *un long récit; un récit historique.* — *Faire un grand récit* ou *de grands récits de quelqu'un,* en parler fort avantageusement. — En t. d'art dramatique ou de littérature, on appelle *récit de l'apologue,* l'exposé d'une action allégorique attribuée ordinairement à des animaux; *récit historique,* l'exposé fidèle d'un fait, dans le style le plus naturel et le plus uni; *récit oratoire,* la partie de l'oraison qui vient ordinairement après la division ou l'exorde, et qui contient le germe à demi éclos des preuves qu'on a dessein d'employer; *récit poétique,* l'exposé de fictions fait en langage artificiel, c'est-à-dire avec tout l'appareil de l'art et de la séduction; *récit dramatique,* un récit qui termine ordinairement nos tragédies, et qui est la description d'un évènement funeste, destiné à mettre le comble aux passions tragiques, c'est-à-dire, à porter à leur plus haut point la terreur et la pitié; *récit épique,* l'exposition d'une action héroïque, intéressante, merveilleuse. — En musique, ce qui est chanté par une voix seule : *récit de haute-contre.* Il s'applique aussi aux instruments; *récit de violon,* etc. — On appelle aussi *récit,* la partie qui, dans une symphonie, exécute le sujet principal.

RÉCITANT, E, adj. (*récitan, tante*), t. de musique. On dit quelquefois *partie récitante,* pour: *partie concertante.* Voy. CONCERTANT.

RÉCITATEUR, subst. mas. (*récitateur*), celui qui *récite* ce qu'il a appris par cœur.

RÉCITATIF, subst. mas. (*récitatif*), sorte de chant qui n'est point rigoureusement assujéti à la mesure, et qui doit être plutôt débité que chanté : *il y a un beau récitatif dans cet opera.* — On appelle *récitatif accompagné,* celui auquel, outre la basse continue, on ajoute un accompagnement de violons; *récitatif mesuré,* un récitatif qui se change tout d'un coup en chant, et prend de la mesure et de la mélodie; *récitatif obligé,* celui qui, entremêlé de ritournelles et de traits de symphonie, oblige, pour ainsi dire, le récitant et l'orchestre l'un envers l'autre, en sorte qu'ils doivent être attentifs et s'entendre mutuellement.

RÉCITATION, subst. fém. (*récitâcion*) (du latin *recitatio*), action de *réciter,* de prononcer par cœur. La *récitation* proprement dite est une *déclamation simple,* qui n'est point accompagnée des mouvements du corps, et qui donne aux choses récitées plus de force ou de grace qu'elles n'en auraient à la seule lecture. — On se sert peu en musique du mot *récitation.* — Action de citer une seconde fois le passage d'un auteur, d'un ouvrage, etc.

RÉCITÉ, E, part. pass. de *réciter.*

RÉCITER, v. act. (*récité*) (du latin *recitare*), prononcer quelque discours qu'on sait par cœur : *réciter une leçon, des vers, un sermon;* et neut. : *cet acteur récite bien.* — Raconter, faire un *récit : réciter,* ou mieux, *narrer une histoire.* — En mus., exécuter un *récit;* jouer ou chanter seul. — *se* RÉCITER, v. pron.

RÉCITEUR, subst. mas. (*réciteur*), faiseur de *récits.* Iron. et pop. Il est presque inusité.

RÉCLAMANT, E, subst. mas. et fém. (*réklaman, mante*), t. de jurispr., celui, celle qui *réclame.* — Ce mot manque dans l'*Académie.*

RÉCLAMATEUR, subst. mas. (*réklamateur*), dans les amirautés, celui qui *réclame* un bâtiment ou des marchandises comme n'étant pas de bonne prise.

RÉCLAMATION, subst. fém. (*réklamâcion*) (en lat. *reclamatio*), action 1° de *réclamer* contre une injustice, etc.; 2° de *réclamer,* de revendiquer : *être en réclamation,* avoir *réclamé* et en attendre les résultats. — *Réclamation d'état,* faite en justice pour faire statuer sur une *réclamation* extraordinaire.

RÉCLAME, subst. mas. (*réklâme*), vieux t. de faucon., cri ou signe pour faire revenir l'oiseau au leurre ou sur le poing.

RÉCLAME, subst. fém. (*réklâme*), mot ou demi-mot mis au-dessous de la dernière ligne d'une feuille d'impression pour marquer le commencement de la suivante. On ne se sert plus de la réclame sur les imprimés, mais il en est toujours question du correcteur au compositeur, sur la copie et sur les feuilles avant le tirage. — *Vérifier la réclame,* s'assurer que le texte se suit bien du bas d'une feuille à la tête de la suivante. — On le dit aussi des mots qui, dans une pièce de théâtre, terminent chaque couplet et avertissent l'interlocuteur que c'est à lui à parler. — En t. de journaliste, annonce en quelques lignes d'un ouvrage de littérature. Cette définition est exacte, mais elle est du bon vieux temps. On appelle aujourd'hui *réclame,* dans un journal, les quelques mots de bienveillance, gratuits ou même payés, que les gérants de journaux consentent à insérer dans leurs feuilles en faveur de l'ouvrage pour lequel on a déjà fait l'annonce : *il a eu une chaude réclame pour son livre; son succès n'en reste pas moins douteux.* — Dans le plain-chant, la partie du répons que l'on reprend après le verset.

RÉCLAMÉ, E, part. pass. de *réclamer.*

RÉCLAMER, v. act. (*réklamé*) (du lat. *reclamare,* composé de *re,* particule itérative, et de *clamare,* crier, appeler, invoquer), implorer : *réclamer le secours, l'autorité, la protection, le témoignage de...* — Revendiquer : *réclamer son domestique, son cheval, des meubles loués, des pierreries prêtées.* — On *réclame,* dit Roubaud, à quelque titre que ce soit; on *réclame* l'indulgence, l'amitié, la bienfaisance et les secours, de même que la justice et ses propres droits. On *revendique,* à titre de propriété, en *réclamant* la justice et la force. Dans un cas litigieux, on *réclame* ce qu'on *revendiquerait* avec un droit certain et reconnu. — En fauconn., appeler un oiseau pour le faire revenir au leurre, etc. : *réclamer un oiseau.* — S'élever contre : *réclamer contre l'oppression est un droit qu'on tient de la nature.* — Revenir contre quelque acte: *réclamer contre ses vœux.* Dans ces deux dernières acceptions, *réclamer* est neutre. — *se* RÉCLAMER, v. pron. : *se réclamer de quelqu'un,* déclarer qu'on lui appartient par quelque endroit, qu'on en est particulièrement connu, etc.

RÉCLAMEUR, subst. mas. (*réklameur*), nom d'un merle qu'on rencontre dans l'intérieur de l'Afrique.

RÉCLAMPÉ, E, part. pass. de *réclamper.*

RÉCLAMPER, v. act. (*réklanpé*) (de la particule réduplicative *re,* et du grec κλαμβός, mutilé), t. de mar., raccommoder un mât rompu, une vergue brisée. — *se* RÉCLAMPER, v. pron.

RECLARE, subst. mas. (*réklare*), t. de pêche, filet fait en nappe simple, à mailles serrées, lesté et flotté. Peu connu.

RECLIN, subst. mas. *(reklein)*, nom qu'on donne dans quelques endroits à une espèce d'appeau ou de chanterelle dont on se sert pour attirer les cailles.

RÉCLINAISON, subst. fém. *(réklinézon)*, t. de gnomon., nombre de degrés dont le plan d'un cadran est *incliné* ou s'éloigne d'un plan exactement vertical, c'est-à-dire du zénith : *la réclinaison est le complément de l'inclinaison.* — Ce mot manque dans l'*Académie.*

RÉCLINANT, adj. mas. *(réklinan)* (du lat. *reclinans*, part. prés. de *reclinare*), t. de gnomon. : *cadran réclinant*, cadran dont le plan s'éloigne de la ligne verticale ou du zénith. — Ce mot manque dans l'*Académie.*

RÉCLINÉ, E, adj. *(rékliné)* (du latin *reclinatus*); se dit, en bot., d'une feuille qui se recourbe, et dont l'extrémité supérieure devient plus basse que le point d'insertion.—Ce mot manque dans l'*Académie.*

RECLINER, v. neut. *(rékliné)* (du lat. *reclinare*, pencher en arrière, formé de *re*, pour *retrò*, en arrière, et de *clinare*, pencher, en grec κλίνειν), t. de gnomon., pencher, s'éloigner de la perpendiculaire, en parlant des cadrans. — Ce mot manque dans l'*Académie.*

RECLOUÉ, E, part. pass. de *reclouer.*

RECLOUER, v. act. *(reklou-é)*, *clouer* une seconde fois. — *se* RECLOUER, v. pron.

RECLURE, v. act. *(reklure)* (du latin *recludere*, employé par *Justinien* dans le sens de *renfermer*, et qui, dans *Virgile* et les meilleurs auteurs latins, signifie au contraire *ouvrir. Recludere*, dans la première acception, est formé de la part. rédupl. *re*, et de *claudere*, fermer; *fermer doublement*), usité seulement à l'infinitif et aux temps composés. Renfermer dans une clôture étroite et rigoureuse, pour que l'on n'ait aucune communication avec les hommes.

RECLUS, E, part. pass. de *reclure*, et adj., renfermé. — *Il est reclus dans sa maison*, il ne sort point et ne voit personne.—Subst., celui ou celle qui garde une grande retraite, ou qui s'est engagé à une retraite perpétuelle.

RECLUSAGE, subst. mas. *(rekluzaje)*, prison. *(Boiste.)* Vieux.

RECLUSERIE, subst. fém. *(rekluzeri)*, cellule d'un *reclus*, d'une *recluse*. Vieux.

RECLUSION (l'*Académie* ajoute que quelques-uns écrivent et prononcent *réclusion*, et cela est vrai. Vingt éditions du Code pénal portent *réclusion*, et plusieurs dictionnaires ont adopté cette orthographe, quoique ce mot vienne de *reclure*, et qu'on dise *reclus* sans accent), subs. fém. *(reklusion)*, demeure, cellule d'un *reclus*.—Action de *reclure*. - Détention dans une maison de force, de travail : *on a ordonné la reclusion de...*

RECLUSIONNAIRE, adj. des deux genres *(rekluzi-onère)*, se dit de ceux qui ont encouru la peine de la *reclusion*.—*Raymond* se trompe encore ici en disant qu'un *reclusionnaire* est celui qui mérite la *reclusion.*

RECOCHÉ, E, part. pass. de *recocher.*

RECOCHER, v. act. *(rekoché)* : *recocher la pâte*, la rabattre du plat de la main. Peu usité.

RECOGNÉ, E, part. pass. de *recogner.*

RECOGNER, v. act. *(rekognié)*, *cogner* de nouveau.—Repousser fortement un ennemi. Pop. et peu en usage dans cette dernière acception. —*se* RECOGNER, v. pron.

RÉCOGNITIF, adj. mas., au fém. **RÉCOGNITIVE** *(rékoguenitif, tive)*, qui contient la confirmation d'un titre; qui ratifie un acte : *acte récognitif.*

RÉCOGNITION, subst. fém. *(rékoguenicion)* (du lat. *recognitio*, fait de *recognoscere*, passer en revue, reconnaître), t. de didactique, examen de quelque chose.

RÉCOGNITIVE, adj. fém. Voy. RÉCOGNITIF.

RECOIFFÉ, E, part. pass. de *recoiffer.*

RECOIFFER, v. act. *(rekoèfé)*, *coiffer* de nouveau.—*se* RECOIFFER, v. pron.

RECOIN, et non pas **RACOIN**, subst. mas. *(rekouein)*, petit *coin*, *coin* plus caché ou moins en vue. — Fig. : *les recoins du cœur*, ses replis, ce qu'il y a de plus caché dans le cœur. *Replis* est plus noble.

RECOITÉ, E, part. pass. de *recoiter.*

RECOITER, v. act. *(rekoèté)*, cacher, couvrir. —*se* RECOITER, v. pron. *(Boiste.)* Vieux et même hors d'usage.

RÉCOLÉ, E, part. pass. de *récoler.*

RÉCOLEMENT, et non pas, avec l'*Académie*, **RÉCOLLEMENT**, ni **RECOLLEMENT**, sans accent), subst. mas. *(rékoleman)*, lecture qu'on fait à un témoin de sa déposition, pour savoir de lui s'il y persiste, s'il n'a rien à y ajouter ou à en retrancher.—Visite ou procès-verbal des officiers des eaux-et forêts, pour vérifier si une coupe de bois a été faite conformément aux ordonnances. Voy. RÉCOLER. — *Faire le récolement d'un inventaire*, en vérifier les effets, les papiers.

RÉCOLER, v. act. *(rékolé)* (du lat. *recolere*, repasser dans son esprit, rappeler à sa mémoire, examiner, considérer, et qui signifie proprement *cultiver une seconde fois*, de la particule itérative *re*, et de *colere*, cultiver), lire aux témoins leurs dépositions pour savoir s'ils y persistent. — *Récoler un inventaire*, en vérifier les effets, les papiers.—*se* RÉCOLER, v. pron.

RÉCOLLECTEUR, subst. et adj. mas. *(rékolelékteur)*, qui *recueille* des lois, des faits, etc.

RÉCOLLECTION, subst. fém. *(rékolelékcion)*, *recueillement* d'esprit; style de dévotion.

RECOLLÉ, E, part. pass. de *recoller.*

RECOLLER, v. act. *(rekolé)*, *coller* une seconde fois.—*se* RECOLLER, v. pron.

RÉCOLLET, subst. mas. *(rékolè)*, t. d'hist. nat., le jaseur, sorte d'oiseau.

RÉCOLLET, subst. mas. *(rékolè)*, religieux réformé de l'ordre de Saint-François.

RÉCOLLETTE, subst. fém. *(rékolète)*, ordre de religieuses qui suivaient la règle de Saint-François.

RÉCOLLIGÉ, E, part. pass. de *récolliger.*

se **RÉCOLLIGER**, v. pron. *(cerékolelijé)*, t. de dévot. ascét., se recueillir en soi-même. Vieilli et peu usité.

RÉCOLTANT, E, adj. *(rékoletan, tante)*, celui, celle qui *récolte*. Peu usité.

RÉCOLTE, subst. fém. *(rékolete)* (du lat. *recollecta*, sous-entendu *messis* ou *poma*, etc., moisson, fruits recueillis), dépouille des biens de la terre, les fruits qu'on recueille : *la récolte a été bonne.*—Action de recueillir dans le temps de la *récolte.*

RÉCOLTÉ, E, part. pass. de *récolter.*

RÉCOLTER, v. act. *(rékoleté)* (en latin *recolligere*, recueillir), faire la récolte de...—*se* RÉCOLTER, v. pron.—RÉCOLTER, RECUEILLIR. *(Syn.)* *Récolter* désigne une manière particulière de *recueillir*, c'est *recueillir*, suivant les procédés de l'économie rurale, toute une sorte de grains et d'autres productions cultivées qui sont sur pied, dans la saison de leur maturité, pour les serrer ou les arranger de manière à les conserver. — On *récolte* des grains, des fruits; on *recueille* des raretés, des suffrages, des nouvelles, des débris, etc. Le décimateur *recueille* et ne *récolte* pas. Celui qui glane après la moisson ne *récolte* pas, mais il *recueille* ou ramasse des épis. On *récolte* à proprement parler ce qui se coupe, comme les grains, les foins, les raisins; on *recueille* ce qui s'arrache, comme les fruits, les légumes, les racines, etc. On ne *récolte*, entre les productions de la terre, que celles de la culture; on ne fait proprement que *recueillir* les autres. On *récolte* du blé; on *recueille* du sel. L'un *récolte* des grains, l'autre *récolte* des vins; celui ci *recueille* des laines, celui-là *recueille* des soies.—Vous direz qu'un pays *recueille* du blé, des vins, des fourrages, pour marquer la nature de ses productions; vous direz qu'on y a *récolté* cette année peu de fourrages, beaucoup de vin, assez de blé, pour marquer la quantité de sa *récolte.*

RECOMMANDABLE, adj. des deux genres *(rekomandable)*, louable, estimable, digne de *recommandation.*

RECOMMANDARESSE, subst. fém. *(rekomandarèce)*; on nommait ainsi autrefois, à Paris, des femmes qui tenaient des bureaux où l'on procurait des nourrices pour les enfants. On dit aussi *recommanderesse*, qui est plus selon l'analogie de notre langue.

RECOMMANDATAIRE, subst. mas. *(rekomandatère)*, créancier d'un débiteur emprisonné et *recommandé.*

RECOMMANDATION, subst. fém. *(rekomandacion)*, action de *recommander* : *il a eu de fortes recommandations auprès de ses juges.* — En style de pratique, opposition qu'on fait à la sortie d'un prisonnier arrêté à la requête de quelqu'un.—Estime, considération : *avoir en recommandation, en grande recommandation.*

RECOMMANDATOIRE, adj. des deux genres *(rekomandatoare)*, qui contient une *recommandation*. Peu usité.

RECOMMANDÉ, E, part. pass. de *recommander.*

RECOMMANDER, v. act. *(rekomandé)* (de la particule *re*, et du verbe *commandare*), charger de faire, en ordonnant : *j'ai ordonné à mes gens de vous obéir.*—Exhorter : *on lui a recommandé d'être sage.*—*Recommander le secret*, ordonner ou prier de le garder. — Prier d'être favorable à..., de prendre soin de : *je vous recommande telle personne.* — Rendre *recommandable* : *son mérite le recommande.*—Rechanger un prisonnier par un nouvel écrou : *il allait sortir, deux nouveaux créanciers sont venus le recommander.* —L'*Académie* donne encore le mot *recommander* dans le sens de *retenir*. Il n'a plus cette acception aujourd'hui; ainsi, même en parlant des avis que les orfèvres et les bijoutiers sont exposés à recevoir de la part de la police, pour qu'ils aient à faire main basse sur des objets volés qui pourraient leur être présentés, on ne comprendrait guère aujourd'hui l'exemple suivant de l'*Académie* : *cet orfèvre a retenu ces flambeaux d'argent, parce qu'ils lui avaient été recommandés.* On dirait plutôt aujourd'hui, tout simplement, *qu'il les a gardés, parce qu'il avait reçu l'avis de les retenir.* — *Recommander quelqu'un aux prières des fidèles*, exhorter à prier Dieu pour lui.—*Il a été recommandé au prône*, se dit aussi dans le même sens; et fig., cela signifie qu'on a dit beaucoup de choses contre quelqu'un, devant qui de droit.—*Recommander son âme à Dieu*, réclamer son secours, sa pitié. — *se* RECOMMANDER, v. pron., prier d'avoir soin, d'avoir pitié, de se souvenir, etc.—*Se recommander à quelqu'un*, implorer son aide, sa protection. — *Se recommander de soi-même*, avoir assez de mérite, être assez honorablement connu pour n'avoir pas besoin de *recommandation.*—Pop. : *se recommander à tous les saints et saintes du paradis*, implorer la protection de tout le monde.

RECOMMANDERESSE, subst. fém. Voy. RECOMMANDARESSE que donne l'*Académie.*

RECOMMENCÉ, E, part. pass. de *recommencer.*

RECOMMENCEMENT, subst. mas. *(rekomanceman)*, action de *recommencer.*

RECOMMENCER, v. act. et neut. *(rekomancé)*, *commencer* de nouveau : *recommencer la guerre*; et absolument : *la pluie recommence.* —En t. de man. : *recommencer un cheval*, c'est le remettre aux premières leçons : *il y a des chevaux qui oublient ce qu'on leur a appris, et qu'il faut recommencer.*—*Recommencer un élève; cet enfant avait été mal montré, il a fallu le recommencer*, c'est-à-dire, il avait eu de mauvais principes, il a fallu le remettre aux premières leçons.—On dit, dans le style familier et dans le sens neutre : *recommencer de plus belle, recommencer sur de nouveaux frais*, pour dire, *commencer* de nouveau, avec plus de zèle que la première fois, *commencer* de nouveau après s'être reposé, après avoir pris de nouvelles forces.—On dit aussi : *c'est toujours à recommencer*, en parlant d'un ouvrage où il y a toujours quelque chose à refaire; ou d'une chose qu'on répéterait inutilement, pour dire, c'est comme s'il n'y avait rien de fait ou de dit.— *Allons! il va recommencer*, il va nous redire ce qu'il nous a déjà répété dix fois.—*se* RECOMMENCER, v. pron.

RECOMMENCEUR, subst. et adj. mas., au fém. **RECOMMENCEUSE** (*rekomanceur, ceuse*), qui *recommence* ; qui répète toujours la même chose.

RECOMMENCEUSE, subst. et adj. fém. Voy. RECOMMENCEUR.

RÉCOMPENSE, subst. fém. (*rékonpance*), prix, salaire. Voy. PRIX : *il a obtenu la récompense de ses bons offices.* — Compensation, dédommagement : *pour récompense, il touche une pension.*—Châtiment, punition : *il obtiendra un jour avec usure la récompense de tous ses crimes.* Selon nous, *récompense* ne devrait pas s'employer en mauvaise part; c'est la force de l'étymologie seule qui autorise cet usage. — *En récompense*, loc. adv., en revanche, en retour.

RÉCOMPENSÉ, E, part. pass. de *récompenser.*

RÉCOMPENSER, v. act. *(rékonpancé)* (de la particule latine *re*, et de *compensare*, compenser, récompenser), reconnaître une bonne action, un service rendu, par des distinctions, de l'argent, des bienfaits, etc. — Compenser, dédommager.—Châtier, punir. — *Récompenser le temps perdu*, réparer la perte du temps. — *se* RÉCOMPENSER, v. pron., se dédommager.

RECOMPOSÉ, E, part. pass. de *recomposer*, et adj.; se dit, en bot., des feuilles deux fois *composées*.

RECOMPOSER, v. act. (*rekonpôzé*), *composer* de nouveau.—Refaire : *recomposer une feuille d'impression*.—En t. de chimie, réunir les parties d'un corps qui avaient été séparées par quelque opération.—*se* RECOMPOSER, v. pron.

RECOMPOSITION, subst. fém. (*rekonpôzicion*), action de *recomposer* un corps, ou l'effet qui résulte de cette action.

RECOMPTÉ, E, part. pass. de *recompter*.

RECOMPTER, v. act. (*rekonté*), *compter* de nouveau ; *compter* une seconde fois : *l'argent se recompte très-bien*.—*se* RECOMPTER, v. pron.

RÉCONCILIABLE, adj. des deux genres (*rékonciliable*), qui peut être *réconcilié*. Il ne s'emploie guère qu'avec la négative : *ces deux personnes, ces deux familles ne sont pas réconciliables*.

RÉCONCILIATEUR, subst. et adj. mas., au fém. **RÉCONCILIATRICE** (*rékonciliateur, trice*), celui, celle qui *réconcilie*, qui remet en bonne intelligence des personnes brouillées.— Qui sert à remettre la bonne intelligence : *une lettre réconciliatrice*.

RÉCONCILIATION, subst. fém. (*rékonciliâcion*) (en lat. *reconciliatio*), accommodement de deux personnes qui étaient mal ensemble.— Acte solennel par lequel un hérétique est réuni à l'Eglise.—Cérémonie qui a lieu pour rebénir une église *profanée*.

RÉCONCILIATRICE, subst. et adj. fém. Voyez RÉCONCILIATEUR.

RÉCONCILIÉ, E, part. pass. de *réconcilier*.

RÉCONCILIER, v. act. (*rékoncilié*) (du latin *reconciliare*, formé de la particule *re*, et de *conciliare*, concilier), remettre en bonne intelligence des personnes brouillées l'une avec l'autre. — *Réconcilier un hérétique avec l'Église*, lui donner l'absolution après qu'il a abjuré. — *Réconcilier une église*, la rebénir quand elle a été profanée. — *se* RÉCONCILIER, v. pron., se mettre bien avec quelqu'un. — *Se réconcilier avec soi-même*, avec sa conscience. — Se confesser des péchés oubliés dans la confession. *Se réconcilier avec Dieu*, demander pardon de ses péchés; approcher du sacrement de pénitence.

RÉCONDUCTION, subst. fém. (*rékondukcion*) (de la particule latine *re*, et de *conductio*, louage, ferme) : *tacite réconduction*, jouissance d'une ferme, d'une maison après le bail expiré, au même prix et aux mêmes conditions du précédent bail.

RECONDUIRE, v. act. (*rekonduire*). Il se conjugue comme *conduire*. Accompagner par civilité jusqu'à la porte, etc., quelqu'un dont on a reçu visite. *Reconduire* se dit en parlant d'une visite, et *conduire* dans les autres occasions : *reconduire quelqu'un jusqu'à sa voiture*.— Ramener une personne au lieu d'où elle était partie : *reconduire une dame chez elle*. — Faire sortir quelqu'un de chez soi en le maltraitant : *reconduire quelqu'un à coups de canne*. — *se* RECONDUIRE, v. pron.

RECONDUIT, E, part. pass. de *reconduire*.

RECONDUITE, subst. fém. (*rekonduite*), action de *reconduire* quelqu'un. Il s'emploie surtout ironiquement : *la reconduite qu'on lui fit ne fut pas agréable*.

RECONFESSÉ, E, part. pass. de *reconfesser*.

RECONFESSER, v. act. (*rekonfécé*), *confesser* une seconde fois. — *se* RECONFESSER, v. pron.

RECONFIRMÉ, E, part. pass. de *reconfirmer*.

RECONFIRMER, v. act. (*rekonfirmé*), *confirmer*, assurer de nouveau. — *se* RECONFIRMER, v. pron.

RÉCONFORT, subst. mas. (*rékonfor*), consolation; secours contre l'affliction. Il vieillit.

RÉCONFORTATION, subst. fém. (*rékonfortâcion*), action de *réconforter*.

RÉCONFORTÉ, E, part. pass. de *réconforter*.

RÉCONFORTER, v. act. (*rékonforté*) (de la particule latine *re*, et du verbe *confortare*, conforter, animer), consoler. Il vieillit.—Fortifier, rendre des forces : *ce doigt de vin l'a un peu réconforté*. — *se* RÉCONFORTER, v. pron.

RECONFRONTATION, subst. fém. (*rekonfrontâci-on*), action de *reconfronter*, seconde *confrontation*.

RECONFRONTÉ, E, part. pass. de *reconfronter*.

RECONFRONTER, v. act. (*rekonfronté*), *confronter* de nouveau : *on a reconfronté les témoins avec les accusés*. — *se* RECONFRONTER, v. pron.

RECONNAISSABLE, adj. des deux genres (*rekonèçable*), qu'on peut *reconnaître*; facile à *reconnaître*.

RECONNAISSANCE, subst. fém. (*rekonèçance*), action par laquelle, en se remettant l'idée de quelque personne ou de quelque chose, on la *reconnaît* pour ce qu'elle est. —*Reconnaissance d'enfant*, acte par lequel des parents *reconnaissent* une personne pour leur enfant naturel. — *Reconnaissance d'officier*, action de le *reconnaître*. — Moment où les personnages dramatiques se *reconnaissent*. — Ressentiment des bienfaits qu'on a reçus ; gratitude : *comptez sur ma reconnaissance*. —Récompense qu'on donne pour *reconnaître* un bon office, un service. — Aveu, confession d'une faute : *heureusement pour lui qu'il a eu une prompte reconnaissance de sa faute*. — Examen détaillé : *faire la reconnaissance des lieux*. — A la guerre, *aller faire une reconnaissance*, aller examiner la position des lieux, la nature du terrain, la disposition des ennemis. — En t. de diplomatie, action de reconnaître comme légitime un gouvernement étranger : *la reconnaissance de l'Angleterre*. — Acte par lequel on *reconnaît* avoir reçu quelque chose, être obligé à quelque devoir, etc. : *reconnaissance du Mont-de-Piété*. — RECONNAISSANCE, GRATITUDE, (*Syn.*) La *reconnaissance* est le souvenir, l'aveu d'un service, d'un bienfait reçu; la *gratitude* est le sentiment, le retour inspiré par un bienfait, par un service. La *reconnaissance* garde la mémoire des choses, la *gratitude* la garde dans le cœur. Publier un bienfait est un acte de *reconnaissance*; chérir son bienfaiteur est l'acte propre de la *gratitude*. — La *reconnaissance* est le commencement de la *gratitude*; la *gratitude* est le complément de la *reconnaissance*. — La *reconnaissance* rend ce qu'elle doit, elle s'acquitte; la *gratitude* ne compte pas ce qu'elle rend, elle doit toujours. La *reconnaissance* est la soumission à un devoir, on le remplit; la *gratitude* est l'amour de ce devoir, on n'en a jamais assez fait. — La *reconnaissance* est due au bienfait; la *gratitude* l'est à la bienfaisance. Service pour service, c'est la *reconnaissance*; sentiment pour sentiment, c'est la *gratitude*. — Je ne dois que la *reconnaissance* pour un service intéressé; le service a toujours son prix, on me le rend, je paie et je suis quitte; la *gratitude* est pour le don vraiment gratuit; la grace pure n'est point à prix, mais, pour le cœur qui me donne, j'ai un cœur à donner.

RECONNAISSANT, E, adj. (*rekonèçan, çante*), qui a de la *gratitude*, de la *reconnaissance*.

RECONNAÎTRE, v. act. (*rekonètre*) (du latin *recognoscere*, formé, dans la même signification, de la particule itérative *re* et de *cognoscere*, connaître.) Il se conjugue comme *connaître*. Se remettre dans l'esprit l'idée d'une chose, d'une personne quand on vient à la revoir : *depuis si long-temps, je l'ai à peine reconnu*.—Distinguer à quelques signes : *je l'ai reconnu au portrait que vous m'en aviez fait*.—*On le reconnaît à sa manière d'agir*, selon qu'il agit bien ou mal.— Découvrir : *on a reconnu son innocence*.— Observer : *reconnaître les dispositions de...*; *reconnaître une place, les ennemis, reconnaître le terrein*, au propre et au figuré. On dit, dans le même sens, en t. de mar. : *reconnaître une terre, un navire*, etc. — Admettre une chose comme incontestable : *reconnaître les vérités de l'Evangile*. — *Reconnaître sa signature*, avancer qu'on a réellement écrit l'acte qui porte cette signature.—*Reconnaître un gouvernement*, le considérer d'une manière expresse ou tacite comme légitimement établi.— *Faire reconnaître un officier*, le proclamer officier en présence de la troupe qu'il doit commander. — Avouer : *il a reconnu sa faute; reconnaître son seing, une écriture, sa promesse*. — Avouer pour : *il l'a reconnu pour son parent*.— Avoir de la gratitude : *reconnaître les bienfaits qu'on a reçus*. — *Ne plus reconnaître*, oublier, négliger quelqu'un, quelque chose. — Récompenser : *reconnaître les services*. —*se* RECONNAÎTRE, v. pron., s'avouer : *il se reconnaît coupable*. — Rentrer en soi-même, se repentir. — Reprendre ses sens : *quand il vint à se reconnaître, il fut surpris*. — Faire réflexion à ce qu'on doit faire : *donnez-lui le loisir de se reconnaître*. — *Se reconnaître en quelque endroit*, se remettre l'idée d'un lieu, d'un pays.— *Se faire reconnaître*, donner les indications nécessaires pour ne plus passer comme suspect. — *Se reconnaître dans une personne, dans un fils*, y retrouver son image, son caractère ou ses mœurs.—*Ne plus se reconnaître à une chose*, avoir l'esprit troublé par des embarras ou des difficultés qu'on n'avait pas prévus.

RECONNU, E, part. pass. de *reconnaître*, et adj.—Avoué pour : *liens reconnus nécessaires par toutes les nations*.—Récompensé : *services reconnus*.

RECONQUÉRIR, v. act. (*rekonkiérir*). Il se conjugue comme *conquérir*. *Conquérir* de nouveau. On dit surtout au part. pass. : *pays reconquis*.—Au fig. : *reconquérir l'estime publique*, recouvrer cette estime. — *se* RECONQUÉRIR, v. pron.

RECONQUÊTE, subst. fém. (*rekonkiète*), action de *conquérir* une seconde fois.—La chose *reconquise*.—Presque inusité.

RECONQUIS, E, part. pass. de *reconquérir*.

RECONSTITUTION, subst. fém. (*rekoncetitucion*), substitution d'une rente à une autre. — *Constitution* de rente à prix d'argent, lors de laquelle l'emprunteur emploie la somme à lui prêtée au remboursement d'une autre rente qu'il devait, au moyen de quoi le prêteur nouveau est subrogé aux hypothèques et privilèges de l'ancien.

RECONSTRUCTION, subst. fém. (*rekoncetrukcion*), action de *reconstruire*, effet de cette action.

RECONSTRUIRE, v. act. (*rekoncetruire*) (il se conjugue comme *construire*), réédifier, *construire* de nouveau.—*se* RECONSTRUIRE, v. pron.

RECONSTRUIT, E, part. pass. de *reconstruire*.

RECONSULTÉ, E, part. pass. de *reconsulter*.

RECONSULTER, v. act. (*rekonçuleté*), *consulter* de nouveau.—*se* RECONSULTER, v. pron.

RECONTÉ, E, part. pass. de *reconter*.

RECONTER, v. act. (*rekonté*), *conter* de nouveau un fait, une histoire. — *se* RECONTER, v. pron.

RECONTINUÉ, E, part. pass. de *recontinuer*.

RECONTINUATION, subst. fém. (*rekontinuâcion*), action de *recontinuer*.—Son effet.

RECONTINUER, v. act. (*rekontinué*), *continuer* une chose qui avait été interrompue. — *se* RECONTINUER, v. pron.

RECONTRACTÉ, E, part. pass. de *recontracter*.

RECONTRACTER, v. act. (*rekontrakté*), *contracter* de nouveau.—*se* RECONTRACTER, v. pron.

RECONVENU, E, part. pass. de *reconvenir*.

RECONVENIR, v. neut. (*rekonvenir*), t. de palais, demander en justice à celui qui demandait.

RECONVENTION, subst. fém. (*rekonvancion*) (du lat. *reconventio*, employé par les auteurs de droit avec la même acception, et qui signifie proprement *convention mutuelle*; de la particule réduplic. *re*, et de *conventio*, convention), t. de palais, action, demande que l'on forme contre celui qui en a lui-même déjà formé une le premier, et devant le même juge.

RECONVENTIONNEL, adj. mas., au fém. **RECONVENTIONNELLE** (*rekonvancionèle*), qui est de la nature d'une *reconvention* : *action, demande reconventionnelle*.—T. de palais, action, demande opposée à l'action judiciaire principale, qui tend à faire tomber la première.

RECONVENTIONNELLE, adj. fém. Voy. RECONVENTIONNEL.

RECONVENTIONNELLEMENT, adv. (*rekonvancionèleman*), d'une manière *reconventionnelle*.

RECONVOCATION, subst. fém. (*rekonvokâcion*), action de *convoquer* une seconde fois. — Son effet.

RECONVOQUÉ, E, part. pass. de *reconvoquer*.

RECONVOQUER, v. act. (*rekonvoké*), *convoquer* de nouveau, rassembler une seconde fois. — *se* RECONVOQUER, v. pron.

RECOPIÉ, E, part. pass. de *recopier*.

RECOPIER, v. act. (*rekopié*), transcrire de nouveau, *copier* une seconde fois. —*se* RECOPIER, v. pron.

RECOQUÉ, E, part. pass. de *recoquer* et adj.; se dit de la ponte d'une perdrix qui a lieu une seconde fois, lorsque la première n'a pas réussi.

RECOQUER, v. act. (*rekokié*), se dit de l'accouplement du mâle et de la femelle une seconde fois, en parlant des perdrix. —*se* RECOQUER, v. pron.

RECOQUILLÉ, E, part. pass. de *recoquiller*.

RECOQUILLEMENT, subst. mas. (*rekoki-ie-man*), état de ce qui est *recoquillé*.

RECOQUILLER, v. act. (*rekoki-ié*), retrousser en forme de *coquille*: *recoquiller les feuilles d'un livre*. — *se* RECOQUILLER, v. pron., se tourner en façon de *coquille*, en parlant des feuillets d'un livre, et quelquefois d'un chapeau. — Se friser, se mettre par boucles.—Prov. : *il n'y a point de si petit ver qui ne se recoquille*, tout homme a le droit de se défendre ou se défend, quand on vient l'attaquer.

RECORD, subst. mas. (*rekor*), t. de palais, attestation. Presque hors d'usage.

RECORDATION, subst. fém. (*rekordâcion*), souvenir. (*Boiste*.)

RECORDÉ, E, part. pass. du v. *recorder*, et adj.—T. de palais : *exploit recordé*, où l'huissier doit être assisté de deux témoins.

RECORDER, v. act. (*rekordé*) (en lat. *recordari*, formé de *rem cordi dare*, remettre quelque chose dans son esprit), répéter, se souvenir, se rappeler quelque chose : *recorder son rôle*. Fam. Peu en usage. — Faire signer un exploit par des témoins. En ce sens il s'emploie plus ordinairement au part. : *exploits recordés*. — *se* RECORDER, v. pron., se rappeler ce qu'on a à faire ou à dire. — *Se recorder avec quelqu'un*, se concerter avec lui.

RECORDEUR, subst. mas. (*rekordeur*), témoin oculaire. Inusité.

RÉCORPORATIF, adj. mas., au fém. RÉCORPORATIVE (*rékorporatif, tive*), t. de médec., synonyme de *métasyncritique*. Peu en usage.

RECORRIGÉ, E, part. pass. de *recorriger*.

RECORRIGER, v. act. (*rekorijé*), *corriger* de nouveau : *corriger et recorriger sans cesse*. — *se* RECORRIGER, v. pron.

RECORS, subst. mas. (*rekor*), celui qu'un huissier mène avec lui pour servir de témoin dans les exploits d'exécution, et pour lui prêter main-forte en cas de besoin. Voy. RECORDER, dans sa seconde acception.

RECORVELÉ, E, adj. (*rekorvelé*), recourbé. (*Boiste*.) Entièrement inusité.

RECOUCHÉ, E, part. pass. de *recoucher*.

RECOUCHER, v. act. (*rekouché*), remettre au lit, *coucher* de nouveau.—*Recoucher son ennemi à terre*, le terrasser une seconde fois. — *se* RECOUCHER, v. pron., se remettre au lit peu de temps après l'avoir quitté.

RECOUDRE, v. act. (*rekoudre*). Il se conjugue comme *coudre*. *Coudre* ce qui est décousu ou déchiré. — *se* RECOUDRE, v. pron.

RECOULÉ, E, part. pass. de *recouler*.

RECOULEMENT, subst. mas. (*rekouleman*), action de *recouler*, de passer les cartes en revue.

RECOULER, v. act. (*rekoulé*), *couler* de nouveau. — En t. de cartier, passer en revue les cartes, en les faisant *couler* contre le jour. — *se* RECOULER, v. pron.

RECOULEUSE, subst. fém. (*rekouleuze*), nom que les tonneliers donnent, en Champagne, à certaines bouteilles dont le vin a fui à travers les bouchons.

RECOUPAGE, subst. mas. (*rekoupaje*), dans les manufactures de glaces, action de croiser les traces du polissoir sur la surface d'une glace. —Ce mot manque dans l'*Académie*.

RECOUPE, subst. fém. (*rekoupe*), ce qui s'emporte des pierres en les taillant, et dont on se sert quelquefois pour garnir et pour affermir les allées des jardins. — Ce qui sort du son lorsqu'on le repasse. — Seconde coupe de trèfle, de foin, etc., pour les bestiaux.

RECOUPÉ, E, part. pass. de *recouper*, et adj. —T. de blason : *écu recoupé*, écu mi-coupé, et *recoupé* un peu plus bas.

RECOUPEMENT, subst. mas. (*rekoupeman*), t. d'archit., retraites faites à chaque assise de pierre pour donner plus d'empattement et de solidité à un bâtiment.

RECOUPER, v. act. (*rekoupé*), *couper* de nouveau : *il faut recouper cet habit*. — *Recouper* ou *retailler un four*, t. de manufactures de glaces), en emporter les bavures avec une gouge. — *se* RECOUPER, v. pron.

RECOUPETTE, subst. fém. (*rekoupète*), troisième farine qu'on tire du son de la *recoupe* même.

RECOURBÉ, E, part. pass. de *recourber*, adj., courbé, plié d'une manière courbe.—Se dit, en bot., des feuilles et des rameaux qui, étant dans une direction droite, s'en éloignent en se courbant en arc.

RECOURBER, v. act. (*rekourbe*), *courber* en rond par le bout : *recourber un morceau de fer*.—*se* RECOURBER, v. pron.

RECOURIR, v. neut. (*rekourir*) (en lat. *recurrere*). Il se conjugue comme *courir*. *Courir* de nouveau : *j'ai couru et recouru*.—Demander du secours, s'adresser à quelqu'un pour en obtenir quelque chose : *recourir à Dieu, au médecin, au confesseur*.—En parlant des choses, y avoir *recours* : *recourir à la clémence, à la bonté, à la miséricorde de...; recourir à un manuscrit*, etc.—En t. de palais, *recourir en cassation*, se pourvoir en cassation.

RECOURRE, v. act. (*rekoure*), reprendre, retirer un prisonnier d'entre les mains de ceux qui l'emmenaient ; une chose d'entre les mains de ceux qui l'emportaient. Il est vieux et n'a jamais été usité qu'à l'infinitif. Le participe était, suivant les uns, *recous*, *recousse*; suivant les autres, *recouru, e*; ce qui est certain, c'est qu'il n'est plus en usage.

RECOURS, subst. mas. (*rekour*), action par laquelle on recherche de l'assistance, du secours : *avoir recours à*... recourir. — Refuge : *Dieu seul est mon recours*.—T. de jurispr., droit de reprise, action en dédommagement contre quelqu'un : *sauf son recours sur un tel*. — *Recours en cassation*, le pourvoi en cassation. — *Recours en grace*, demande par laquelle on cherche à obtenir remise ou commutation d'une peine à laquelle on a été condamné.

RECOURU, E, part. pass. de *recourir*.— Ce part. manque dans l'*Académie*, et cependant elle donne pour exemple, au mot *recourir* : *j'ai couru et recouru*.

RECOUSSE, subst. fém. (*rekouce*), délivrance, reprise d'une personne ou d'une chose enlevée par force. Presque hors d'usage.—On disait anciennement, par exclamation, et c'était un cri de guerre et de haro : *à la rescousse!* et sans aucun doute *recousse* et *rescousse* ne font qu'un même mot.

RECOUSU, E, part. pass. de *recoudre*, et adj., *cousu* de nouveau.

RECOUVERT, E, part. pass. de *recouvrir*, et adj. — En t. de menuiserie, *panneaux recouverts*, plus épais que les pièces d'assemblage. —*Pans à bois recouverts*, t. de charp., ceux dont les bois sont lattés et enduits de plâtre par dessus.—Il ne faut pas confondre *recouvert* avec *recouvré* : *elle a recouvert la marmite*, elle l'a *couverte* de nouveau ; *il a recouvré ses biens*, il les a retrouvés.

RECOUVRABLE, adj. des deux genres (*rekouvrable*), qui peut se *recouvrer* : *denier, impôt recouvrable*.

RECOUVRANCE, subst. fém. (*rekouvrance*), action de *recouvrer*, *recouvrement*. Vieux mot qui ne se dit plus que dans la locution *Notre-Dame-de-Recouvrance*, Notre-Dame-de-Bon-Secours.

RECOUVRÉ, E, part. pass. de *recouvrer*. — L'*Académie* ajoute ce prov. : *pour un perdu, deux recouvrés*. Il est possible que ce prov. ait été en vogue anciennement, mais on ne dit plus aujourd'hui que : *un perdu, deux retrouvés*; et l'on joue sur les deux mots *perdre* et *retrouver*.

RECOUVREMENT, subst. mas. (*rekouvreman*), action de *recouvrer* ce qui était perdu. — Rétablissement de la santé. — Recette des deniers à prendre sur les particuliers : *faire ses recouvrements*.—Sorte de rebord qui *recouvre* : *montre à recouvrement*.—En t. d'archit., ce qui sert à *couvrir* : *un recouvrement en ardoises*.

RECOUVRER, v. act. (*rekouvré*) (du lat. *recuperare*), retrouver; rentrer en possession de...; acquérir de nouveau ce qu'on avait perdu : *recouvrer son bien, sa santé, ses forces*.—Faire la levée, la perception des deniers imposés.—En t. de marine, tirer une manœuvre dans le bâtiment. — Dites : *il a recouvré la vue*, et non pas *recouvert*. Voy. ce dernier part. pass. Ne confondez pas *recouvrer* et *recouvrir*.— *se* RECOUVRER, v. pron.

RECOUVRIR, v. act. (*rekouvrir*). Il se conjugue comme *couvrir*. *Couvrir* de nouveau ce qui est *découvert* : *recouvrir une maison que l'ouragan a dévastée*.—Cacher sous des apparences louables : *recouvrir une mauvaise action de beaux prétextes*. — *se* RECOUVRIR, v. pron. : *le temps commence à se recouvrir*, à se charger de nouveau de nuages.

à **RECOY**, loc. adv. (*arkoé*), d'une manière douce, tranquille, paisible ; *il vit à recoy à la campagne; cette maison est à recoy*, on n'y entend point de bruit. (*Furetière*.) Vieux et même hors d'usage.

RECRACHÉ, E, part. pass. de *recracher*.

RECRACHER, v. act. (*rekraché*), *cracher* de nouveau.—Rejeter ce qu'on a pris dans la bouche.—*se* RECRACHER, v. pron.

RÉCRÉANCE, subst. fém. (*rékré-ance*) (du lat. barbare *recredentia*, qui signifiait une remise en possession, et formé dans la basse latinité de la particule itérative *re*, et de *credere*, confier, mettre en dépôt, etc.), t. de droit., jouissance provisionnelle des fruits d'un bénéfice en litige, en attendant le jugement du fond.— *Lettres de récréance*, qu'un prince envoie à son ambassadeur pour les présenter au prince d'auprès duquel il le rappelle ; ou lettres que ce prince donne à l'ambassadeur qui quitte sa cour, afin qu'à son retour il les rende au prince qui le rappelle.

RÉCRÉANCÉ, E, part. pass. de *récréancer*.

RÉCRÉANCER, v. act. (*rékré-ancé*), t. de prat., assurer la *récréance*. *se* RÉCRÉANCER, v. pron. (*Boiste*.) Presque inusité.

RÉCRÉANDIE, subst. fém. (*rékré-andi*), récréation. (*Boiste*.) Vieux et même hors d'usage.

RÉCRÉATIF, adj. mas., au fém. RÉCRÉATIVE (*rékré-atif, tive*), qui *récrée*, qui divertit, qui donne du plaisir : *voilà une lecture fort récréative*.

RECRÉATION, subst. fém. (*rekré-âcion*), action de redonner une existence, de reformer un corps.—Subst. propre fém., nom d'une île qui fut découverte, en 1722, à 30 lieues d'O-Taïti.

RÉCRÉATION, subst. fém. (*rékré-âcion*), action de se *récréer* ; passe-temps, divertissement pour se délasser de quelque travail : *la récréation bien entendue redonne de nouvelles forces pour le travail*. — Temps du repos, ou d'un travail moins sérieux que celui qui occupait auparavant : *c'est une véritable récréation*.—Le lieu même où l'on passe le temps : *viens avec moi à la récréation; les élèves sont maintenant à la récréation*.

RÉCRÉATIVE, adj. fém. Voy. RÉCRÉATIF.

RÉCRÉDENTIAIRE, subst. mas. et fém. (*rékrédancière*), celui, celle qui a obtenu la jouissance provisionnelle d'un bénéfice litigieux. Peu usité. Voy. RÉCRÉANCE.

RECRÉÉ, E, part. pass. de *recréer*.

RÉCRÉÉ, E, part. pass. de *récréer*.

RECRÉER, v. act. (*rekré-é*) (du lat. *recreare*) ; *créer* de nouveau : *on a recréé cette charge qui avait dans le temps été supprimée*.—Remettre sur pied; donner une nouvelle existence.

RÉCRÉER, v. act. (*rékré-é*), divertir, *réjouir*, *ranimer* : *il faut à la jeunesse des jeux qui récréent l'esprit; ce tableau récrée l'esprit et la vue; ce vin est généreux, il récrée bien l'esprit*.—*se* RÉCRÉER, v. pron.

RÉCRÉMENT, subst. mas. (*rékréman*) (du lat. *recrementum*, qui, dans son acception propre, signifie les ordures qui sortent du blé qu'on nettoie, et qui est fait de *cernere*, bluter, sasser, cribler, etc.)—T. de médec., humeurs qui se séparent de la masse du sang, comme la salive, la bile, etc.

RÉCRÉMENTEUSE, et **RÉCRÉMENTIELLE**, adj. fém. Voy. RÉCRÉMENTEUX, RÉCRÉMENTIEL. L'*Académie* dit *recrémentitiel*; et beaucoup de médecins le préfèrent.

RECRÉMENTEUR, subst. mas. (*rekrémanteur*) t. de médec. Voy. RÉCRÉMENT, qui est le même mot.

RÉCRÉMENTEUX, adj. mas., au fém. RÉCRÉMENTEUSE (*rékrémanteu, teuze*), t. de médec., se dit de certaines humeurs du corps, comme la salive, la bile, etc. Voy. RÉCRÉMENT.

RÉCRÉMENTIEL, adj. mas., au fém. RÉCRÉMENTIELLE, et **RÉCRÉMENTITIEL**, adj. mas., au fém. RÉCRÉMENTITIELLE. Voyez RÉCRÉMENTEUX, et RÉCRÉMENT.

RÉCRÉMENTO-EXCRÉMENTITIEL, adj. mas., au fém. RÉCRÉMENTO - EXCRÉMENTITIELLE (*rékrémantô-ékcekrémanticièle*), t. de médec. ; se dit d'une humeur qui est en partie absorbée et en partie rejetée au dehors.

RÉCRÉMENTO - EXCRÉMENTITIELLE, adj. fém. Voy. RÉCRÉMENTO-EXCRÉMENTITIEL.

RECRÉPI, E, part. pass. de *recrépir*.

RECRÉPIMENT, subst. mas. (*rekrépiman*), action de *recrépir*.

RECRÉPIR, v. act. (*rekrépir*), *crépir* de nouveau : *recrépir un vieux mur*. — *Recrépir son visage*, mettre beaucoup de fard.—*Recrépir un conte, une histoire*, les raconter en les accommodant à sa guise. — *Recrépir un livre, un ouvrage littéraire*, lui laisser le fond, mais le reproduire sous une forme nouvelle.—*se* RECRÉPIR, v. pron. — Dans le style plaisant, *cette vieille se recrépit le visage*, met du rouge.

RECREUSÉ, E, part. pass. de *recreuser*.

RECREUSER, v. act. (*rekreuzé*), *creuser* de nouveau ou plus avant. — *se* RECREUSER, v. pron. —Ce mot manque dans l'*Académie*.

RECRIBLÉ, E, part. pass. de *recribler*.

RECRIBLER, v. act. (*rekriblé*), *cribler* plusieurs fois.—*se* RECRIBLER, v. pron. — Ce mot manque dans l'*Académie;* ce n'est peut-être pas un grand malheur.

se **RÉCRIER**, v. pron. (*cerékri-é*), faire un *cri*, une exclamation sur quelque chose qui surprend ou qui choque : *on se récria aux plus beaux endroits de ce discours ; tout le monde s'est récrié contre cette audacieuse assertion*.— En vieux t. de vèn., on disait : *les chiens se récrient*, lorsqu'ils redoublaient de voix.

RECRIÉ, E, part. pass. de *recrier*.

RÉCRIÉ, E, part. pass. de *se récrier*.

RECRIER, v. act. (*rekri-é*), *crier* de nouveau, *crier* une seconde fois. — Ce mot manque dans l'*Académie*.

RÉCRIMINATION, subst. fém. (*rékriminâcion*) action de *récriminer*.

RÉCRIMINATOIRE, adj. des deux genres (*rékriminatoare*), t. de palais, qui tend à *récriminer* : *plainte récriminatoire*.

RÉCRIMINÉ, E, part. pass. de *récriminer*.

RÉCRIMINER, v. neut. (*rékriminé*) (du lat. *re*, pour *rursus*, et *criminari*, accuser), répondre à des accusations par d'autres accusations.—*se* RÉCRIMINER, v. pron.

RÉCRIRE, v. act. (*rékrire*), *écrire* de nouveau : *je lui ai récrit, il n'a pas plus répondu à la seconde lettre qu'à la première*.— Écrire plusieurs fois une même chose : *à force d'écrire et de récrire la même chose, il finira par l'apprendre*. — Répondre à une lettre : *je lui ai récrit*.En ce dernier sens, il n'est plus du bel usage. — En t. de littérature : *récrire un passage d'un livre*, le changer en le recomposant, et en le rédigeant mieux sous le rapport de la pensée, ou du style. — *se* RÉCRIRE, v. pron.

RÉCRIT, E, part. pass. de *récrire*.

RECROIRE, v. act. (*rekroare*), t. de couture ; se dégager, se délasser.— Recommencer à avoir de la foi pour une chose à laquelle on avait cessé de *croire*. — *se* RECROIRE, v. pron. Hors d'usage.

RECROISETTÉ, E, adj. (*rekroèzèté*), t. de blas.; se dit des *croix* dont chaque branche est terminée par d'autres *croix*.

RECROÎTRE, v. neut. (*rekroètre*) (il se conjugue comme *croître*), *croître* de nouveau : *les feuilles recroissent dans tout le bois*.

RECROQUEVILLÉ, E, part. pass. de *se recroqueviller*.

se **RECROQUEVILLER**, v. pron. (*rekrokevi-ié*); il se dit des feuilles des plantes et des arbres trop desséchées par le soleil; du parchemin qui se replie quand on l'approche trop près du feu : *le carton, le parchemin, le papier se recroquevillent à la chaleur*.

RECROTTÉ, E, part. pass. de *recrotter*.

RECROTTER, v. act. (*rekrote*), *crotter* de nouveau.

RÉCROUÉ, E, part. pass. de *récrouer*.

RÉCROUER, v. act. (*rékrou-é*), *écrouer* de nouveau. (*Boiste*.)—*se* RÉCROUER, v. pron.

RÉCROUI, E, part. pass. de *récrouir*, et adj.

RÉCROUIR, v. neut. (*rekrou-ir*), se dit du lin, du chanvre, etc., qui trempe et se pourrit dans l'eau, avant d'être employé. — C'est aussi un terme dont les bijoutiers, etc., font usage en parlant du fer ou des autres métaux qu'ils ont fait recuire d'une certaine manière. — *se* RÉCROUIR, v. pron.

RECROYANCE, subst. fém.(*rekroè-iance*), t. d'anc. cout., élargissement provisoire d'un détenu accusé de délit, moyennant bail de caution suffisante.

RECRU, E, adj. (*rekru*), las, fatigué, harassé. Il est presque hors d'usage, ou du moins il commence à vieillir. Toutefois les exemples suivants se trouvent dans l'*Acad.* : *il est si recru qu'il n'en peut plus; un cheval las et recru ; voilà une jument si recrue qu'elle ne peut plus marcher*.

RECRU, subst. mas. (*rekru*), bois qui a *crû* après avoir été coupé.

RECRÛ, E, part. pass. de *recroître*.

RECRU, E, part. pass. de *recroire*.

RECRUDESCENCE, subst. fém. (*rekrudècecance*), t. de médec., augmentation dans l'intensité d'une maladie, après une amélioration quelconque.—Ce mot manque dans l'*Académie*.

RECRUE, subst. fém. (*rekru*), levée de soldats pour fortifier les troupes qui sont sur pied : *faire des recrues;* action de lever des hommes, de les *recruter* : *la recrue presse*. Voy. RECRUTER.—Fig. et fam. : gens qui surviennent dans une compagnie : *il nous arrive une forte recrue*.

RECRUTÉ, E, part. pass. de *recruter*.

RECRUTEMENT, subst. mas. (*rekruteman*), action de *recruter*. — Levée d'hommes forcée ou volontaire, pour augmenter un corps d'armée ou pour le tenir au complet.

RECRUTER, v. act. (*rekruté*) (suivant *Le Duchat*, de *recroître*, parce qu'en *recrutant* une armée, on la fait *recroître* au moyen des hommes par lesquels on remplace ceux dont elle est *décrue* par quelque défaite, etc.), faire des *recrues* : *recruter tout un régiment*.— Fig., chercher des associés, des partisans. — *se* RECRUTER, v. pron. : *ce régiment s'est recruté en Italie*, y a fait ses *recrues*. —Fig. : *sa compagnie s'est recrutée de deux nouveaux associés*.

RECRUTEUR, subst. mas., **RECRUTEUSE**, subst. fém. (*rekruteur, teuze*), celui qui fait les *recrues*. — Adj. : *capitaine recruteur*. On dit aussi *capitaine de recrutement*.

RECRUTEUSE, subst. fém. Voy. RECRUTEUR.

RECTA, adv. tiré du lat. (*rékta*), en droiture, directement, ponctuellement : *il est venu recta à l'heure indiquée*. Fam.

RECTALE, adj. des deux genres (*rèktale*), t. d'anat. : *veine rectale*, veine hémorrhoïdale, interne.

RECTANGLE, adj. des deux genres (*rèktanguele*) (du lat. *rectus*, droit, et *angulus*, angle), t. de géom., qui a un *angle* droit : *triangle rectangle*.—Qui a tous les *angles* droits : *parallélogramme rectangle*.—Subst. mas. : *un rectangle*, un parallélogramme *rectangle*. On l'appelle aussi *carré long* ou *oblong*.

RECTANGULAIRE, adj. des deux genres (*rèktangulère*), *figure rectangulaire*, qui a des *angles* droits. Voy. RECTANGLE.

RECTEUR, subst. mas. (*rèkteur*) (du lat. *rector*, fait de *regere*, gouverner, administrer), autrefois, en France, titre du chef d'une université ; d'un curé en Bretagne, etc. ; d'un supérieur de collége dans quelques communautés, etc. — Aujourd'hui, chef d'une des académies qui font partie de l'Université royale.—Adj. mas. : *esprit recteur*, t. de chimie anc., la partie aromatique d'une plante : *esprit recteur de lavande*.

RECTIFICATEUR, subst. mas. (*rèktifikateur*), t. de distill., appareil pour *rectifier* des liqueurs déjà distillées, pour les distiller une seconde fois.

RECTIFICATIF, adj. mas., au fém. **RECTIFICATIVE** (*rèktifikatif, tive*), qui *rectifie* : *acte, compte, contrat rectificatif*.

RECTIFICATIVE, adj. fém. Voy. RECTIFICATIF.

RECTIFICATION, subst. fém. (*rèktifikâcion*), action de *rectifier* : *la rectification d'un compte*. —Opération par laquelle on rend plus pures les liqueurs ; seconde distillation : *la rectification de l'esprit-de-vin*. — En géom. : *rectification d'une courbe*, opération par laquelle on trouve une ligne droite égale à une courbe.

RECTIFIÉ, E, part. pass. de *rectifier*.

RECTIFIER, v. act. (*rèktifié*) (du lat. *rectus*, droit, et *facere*, faire), redresser ; remettre dans l'ordre et en bon état : *rectifier un discours, une procédure, ses intentions, sa conduite*.—En chim., distiller une seconde fois : *rectifier une liqueur*. —En géom., *rectifier une courbe*, trouver une ligne droite qui l'égale en longueur.— *se* RECTIFIER, v. pron. : *tout se rectifie par la réflexion ou l'expérience*.

RECTIFORME, adj. des deux genres (*rèktiforme*) (du lat. *rectus*, droit, et *forma*, forme), qui a une *forme* droite.

RECTILIGNE, adj. des deux genres (*rèktiligne*) (du lat. *rectus*, droit, et *linea*, ligne), t. de géom., se dit des figures terminées par des *lignes* droites : *des triangles rectilignes*.

RECTITE, subst. fém. (*rèktite*), t. de médec., inflammation de l'intestin *rectum*. Peu connu ou du moins peu en usage.

RECTITUDE, subst. fém. (*rèktitude*) (en latin *rectitudo*, de *rectus*, droit), en géom., qualité, état d'une ligne droite.—Fig., équité, justice, droiture.—RECTITUDE, DROITURE. (*Syn.*) La *rectitude* est une qualité intellectuelle, et se dit proprement de l'esprit ; la *droiture* est une qualité morale qui se dit proprement du cœur : la *rectitude* est d'un bon esprit, et la *droiture* est d'un cœur honnête. La *droiture* montre le but et la voie; la *rectitude* conduit au but en suivant constamment la voie. La *rectitude* applique jusqu'à la fin ce que la *droiture* enseigne ; l'une dirige, l'autre exécute. Il ne suffit pas de la *droiture*, il faut la *rectitude;* car il ne suffit pas d'indiquer la règle, il faut que l'action ou la conduite s'y conforme parfaitement. La *droiture* est donc plutôt dans l'intention, dans le dessein, dans le conseil ; la *rectitude* est dans l'action, dans la conduite, dans l'application constante de la règle.

RECTIUSCULE, adj. des deux genres (*rèkti-ucekule*), t. de bot., presque droit.

RECTO, subst. mas. (*rèktô*) (du lat. *recto*, datif de *rectus*, droit, en sous-entendant *folio*, feuillet; *au feuillet droit*), la première page d'un feuillet, qui, lorsqu'on ouvre un livre, se trouve à droite ; le côté opposé se nomme *verso* pour *folio verso*, au feuillet tourné.—Au plur., des *recto*.

RECTOGRADE, adj. des deux genres (*rèktoguerade*), qui marche sur une ligne droite.

RECTORAL, E, adj. (*rèktorale*), de *recteur* ; qui appartient au *recteur* : *autorité rectorale*. —Au plur. mas., *rectoraux*.

RECTORAT, subst. mas. (*rèktora*), charge, office, dignité de *recteur* : *avoir l'espérance d'arriver au rectorat*.—Temps durant lequel on est *recteur* : *dans l'espace de son rectorat*.

RECTORAUX, adj. mas. plur. (*rèktorô*). Voy. RECTORAL.

RECTORERIE, subst. fém. (*rèktoreri*), dans certaines provinces de France, cure, direction d'une paroisse. Vieux et peu usité.

RECTORIÉ, E, part. pass. de *rectorier*.

RECTORIER, v. act. (*rèktorié*), autrefois, payer au *recteur* de l'Université de Paris certains droits, le droit du parchemin. — *se* RECTORIER, v. pron. Entièrement hors d'usage.

RECTO-URÉTHRAL, E, (*rèktô-urétrale*), t. de médec. et d'anat., qui appartient au *rectum* et à l'*urèthre*.— Subst. mas. : *le recto-uréthral*.— Au plur. mas., *recto-uréthraux*.

RECTO-VAGINAL, E, adj. (*rèktôvajinal*), t. de médec. et d'anat., qui tient, qui a rapport au *rectum* et au *vagin*. — Subst., le *recto-vaginal*. —Au plur. mas., *recto-vaginaux*.

RECTO-VÉSICAL, E, adj. (*rèktôvézikale*), t. de médec. et d'anat., qui concerne le *rectum* et la *vessie*. — Il y a une manière de faire l'opération de la taille qu'on appelle : *méthode recto-vésicale*.— Subst. mas., le *recto-vésical*. — Au plur. mas., *recto-vésicaux*.

RECTRICES, subst. fém. plur. (*rèktrice*), longues plumes de la queue qui servent à diriger le vol des oiseaux.

RECTUM, subst. mas. (*rèktome*) (mot tout lat. qui signifie *droit*), t. d'anat., le dernier des trois gros intestins, qui, vu de front, paraît descendre tout droit, et qui aboutit à l'anus.

REÇU, subst. mas. (*reçu*), quittance sous seing privé, par laquelle on reconnaît avoir *reçu* : *donnez-moi un reçu de ce que je vous remets*.

REÇU, E, part. pass. de *recevoir*.—*Être reçu chez quelqu'un*, admis dans sa société. — On appelle *usages reçus*, les usages établis, admis, consacrés.

RECUEIL, subst. mas. (*rekieu-ie*) (du verbe *recueillir*), amas, réunion de divers actes, écrits, etc. : *recueil de poésies, de pièces d'éloquence, de musique, d'estampes*, etc. — RECUEIL, COLLECTION. (*Syn.*) *Recueil* signifie rigoureusement l'amas des choses recueillies ; *collection* exprime proprement l'action de rassembler plusieurs choses. C'est par la *collection* que vous formez le *recueil*, comme par le travail vous faites l'ouvrage. *Recueil* ne marque pas l'action de recueillir ; l'usage emploie le mot *collection*, pour désigner les choses rassemblées. *Recueil* exprime l'idée redoublée de recueillir ou de réunir ensemble ; *collection* n'exprime que l'idée simple de cueillir et mettre ensemble. Ainsi le *recueil* n'est pas une simple *collection*. Les choses que la *collection* met ensemble, le *recueil* les unit, les lie, les resserre plus étroitement. La *collection* forme un amas, un assemblage; le *recueil* forme un corps ou un tout. Il y a du moins plus de liaison, de dépendance et de rapport entre les parties d'un *recueil* qu'entre celles d'une *collection*. — D'un *recueil* de pensées vous faites un livre; avec une *collection* de livres vous composez une bibliothèque. Ce *recueil* est un ouvrage particulier; cette *collection* n'est qu'un assemblage de choses. — On dit, un *recueil de poésies, d'anecdotes, de chansons*; une *collection de plantes, de coquilles, de médailles*. — On appelle plutôt *recueil* une petite *collection*; et *collection* un grand *recueil*. On donne un *recueil* de pièces fugitives, de pensées choisies; on donne la *collection* des conciles, des historiens, de tous les ouvrages d'un auteur fécond, de divers auteurs qui ont travaillé dans le même genre. — Vous faites un *recueil* de choses d'élite que vous croyez dignes d'être conservées; vous faites une *collection* de tout ce qui se présente sur un sujet traité par divers auteurs, ou sur divers sujets traités par le même. Le *recueil* doit être choisi; la *collection* doit être complète. Il faut du goût, des lumières, de la critique, pour faire un bon *recueil*; il faut du savoir, de la patience, des bibliothèques, pour faire de belles *collections*.

RECUEILLEMENT, subst. mas. (*rekieu-ieman*), action de l'esprit qui se *recueille* lui-même. — État d'une personne qui se *recueille* : *le recueillement des sens; penser dans un profond recueillement*.

RECUEILLEUR, subst. mas. (*rekieu-ieur*), auteur de *recueils*. (Boiste.) Inusité.

RECUEILLI, E, part. pass. de *recueillir*.

RECUEILLIR, v. act. (*rekieu-ie-ir*) (en latin *recolligere*). Il se conjugue comme *cueillir*. Faire la dépouille des fruits d'une terre : *on recueillera beaucoup de blé*. — Fig. : *recueillir du fruit de quelque chose*, en tirer de l'utilité, du profit. — Recevoir par héritage : *recueillir une succession*. — Ramasser plusieurs choses dispersées : *recueillir des débris d'un naufrage*, etc. — Compiler, réunir en un corps des choses éparses çà et là dans les livres : *recueillir tout ce qu'il y a de bon dans un ouvrage*. — Recevoir ce qui tombe, ce qui dégoutte : *recueillir de la gomme*. — Prendre, rassembler : *recueillir les voix, les suffrages*. — *Recueillir ses esprits, se recueillir*, rappeler son attention pour s'appliquer à quelque considération. — *Recueillir ses forces*, les rassembler pour les porter sur un seul point. — Recevoir humainement, charitablement chez soi les passants, les pèlerins, etc. : *recueillir chez soi ceux qui ont faim et froid*. — Inférer, tirer quelque induction de.. : *je n'ai recueilli que cela de notre entretien*. — En archit., raccorder, dans une reprise par sous-œuvre, les parties construites à neuf d'un mur de face, etc., avec ce qui reste de vieux mur au-dessus. — *se* RECUEILLIR, v. pron., *recueillir* ses esprits. — En t. de dévotion, se livrer à la méditation religieuse.

RECUEILLOIR, subst. mas. (*rekieu-ioar*), t. de cordier, morceau de bois pour tortiller la ficelle. Peu connu.

RECUIRE, v. act. (*rekuire*). Il se conjugue comme *cuire*. *Cuire* une seconde fois : *recuire de la poterie mal cuite*. — Remettre au feu : *recuire de l'acier*. — *se* RECUIRE, v. pron.

RECUISSON, subst. fém. (*rekuiçon*), t. de manuf. de glaces, action de chauffer quelque temps au plus grand feu possible. — Refroidissement gradué et insensible des glaces. — Ce mot manque dans l'*Académie*.

RECUIT, E, part. pass. de *recuire*, et adj. : *cette viande est cuite et recuite*, extrêmement *cuite*. — On dit en médec. ; *des humeurs, des matières recuites, de la bile recuite*, trop cuite. — Subst. mas., opération de *recuire* quelque ouvrage : *le fer forgé se convertit en acier par un recuit*. Voy. RECUITE, subst. fém.

RECUITE, subst. fém. (*rekuite*), action par laquelle on remet au feu les métaux. — La qualité qu'acquiert la pièce *recuite* par l'action de la *recuite*. — Au plur., parties caséeuses et butyreuses qu'on dégage du petit-lait, par le moyen de l'ébullition et d'un acide, après qu'on a retiré le premier fromage.

RECUITEUR, subst. mas. (*rekuiteur*), dans la fabrication des monnaies, ouvrier qui, pendant son apprentissage, est chargé de *recuire* les flans et les lames.

RECUL, subst. mas. (*rekule*), action de *reculer*; c'est proprement le mouvement en arrière que fait le canon lorsqu'on le décharge. — T. d'horlogerie; *échappement à recul*, celui qui fait *reculer* la roue de rencontre.

RECULADE, subst. fém. (*rekulade*), action d'une ou de plusieurs voitures qui *reculent*. — Il se dit au propre et au figuré de ceux qui, s'étant trop avancés, sont obligés de faire des pas en arrière : *c'est une honteuse reculade*. Fam. — Fig. et fam., ce qui éloigne la conclusion d'une affaire.

RECULÉ, E, part. pass. de *reculer*, et adj., éloigné, lointain : *il loge dans un quartier fort reculé*. — Fig. : *être bien reculé*, fort en arrière en connaissances, en civilisation.

RECULÉE, subst. fém. (*rekulé*) : *feu de reculée*, qui oblige à *se reculer*. Fam. et peu en usage.

RECULEMENT, subst. mas. (*rekuleman*), action de *reculer*. — Partie du harnais d'un cheval de charrette ou de carrosse qui sert à le soutenir quand il *recule*.

RECULER, v. act. (*rekulé*) (de la particule *re*, pour *retrò*, en arrière, et *culus*, cul, derrière), pousser ou retirer en arrière : *reculez-vous un peu; reculez la table*. — Fig., éloigner, retarder : *cet événement a reculé le jugement de son procès*. — *Reculer une muraille, un fossé*, les porter, les refaire plus loin. — Fig. : *reculer les frontières, les bornes d'un état*, les étendre, les porter plus loin. Racine a dit (*Bajazet*) ;

J'ai *reculé* vos pleurs autant que je l'ai pu.

Si c'est une ellipse, observe *La Harpe*, pour dire *j'ai reculé le moment de faire couler vos pleurs*, elle est trop forte. Si c'est une métaphore, elle est fausse; on ne peut ni avancer, ni reculer des pleurs. — Neut., aller en arrière; *reculer d'un pas*. — *Ne reculer jamais*, se montrer toujours brave, ou toujours généreux. — Il se dit fig., soit des affaires : *votre procès recule au lieu d'avancer*; soit des personnes : *il est trop avancé pour reculer*, pour se dédire, pour abandonner son entreprise. — Au fig., différer, éviter de faire quelque chose qu'on exige ou qu'on désire de nous ; *il ne recule à rien*, ou mieux, *devant rien*, il fait en matière de travail tout ce qu'on veut; il dépense autant qu'on le désire; il n'a peur de rien. — Prov. : *reculer pour mieux sauter*, céder, temporiser pour mieux prendre ses avantages. — *se* RECULER, v. pron. — RECULER, RÉTROGRADER. (*Syn.*) *Reculer*, suppose uniquement une direction contraire à la direction ordinaire et naturelle de la marche ; au lieu que *rétrograder* suppose qu'après avoir avancé, on fait un mouvement contraire. — Le canon, au moment de son explosion, *recule* et ne *rétrograde* pas. Des troupes qui, s'avançant vers une ville, ont rencontré une forte armée ennemie qui leur en rend l'approche impossible, sont obligées de *rétrograder*.

RECULER, subst. mas. (*rekulé*), sorte de lime d'horloger. (*Boiste*.) Inusité.

à **RECULONS**, loc. adv. (*a rekulon*), en *reculant*, en allant en arrière. — Fig. : *travailler à reculons*, faire de la besogne qui n'avance à rien. — Fig. et fam., en empirant : *les affaires vont à reculons*.

RÉCUPÉRABLE, adj. des deux genres (*rékupérable*), que l'on peut *récupérer*.

RÉCUPÉRATEUR, subst. mas. (*rékupérateur*), qui embellit, qui orne, qui recouvre quelque chose. (*Boiste*.) Hors d'usage. — T. d'antiq., nom donné à certains juges, chez les Romains, qui connaissaient par commission des causes dans lesquelles il s'agissait du *recouvrement* et de la restitution des deniers et des effets des particuliers.

RÉCUPÉRATION, subst. fém. (*rékupérâcion*) (du lat. *recuperatio*), ancien t. d'astronomie, recouvrement de la lumière que fait un astre après avoir été éclipsé. — Ce mot manque dans l'*Académie*; quelques personnes s'en servent pour *recouvrement*.

RÉCUPÉRÉ, E, part. pass. de *récupérer*.

RÉCUPÉRER, v. act. (*rékupéré*) (en lat. *recuperare*), remettre en sa possession. — Recouvrer: *on doit être bien content, lorsque dans une affaire mal lancée, on récupère ses avances*. — *se* RÉCUPÉRER, v. pron., se dédommager de quelque perte. Fam. : *il s'est récupéré de toutes ses pertes*. On dit même absol. : *se récupérer*.

RÉCURAGE, subst. mas. (*rékuraje*), action de *récurer*. — Chambre où l'on *récure* les feuilles de fer à blanchir.

RÉCURÉ, E, part. pass. de *récurer*.

RÉCURER, v. act. (*rékuré*) (de la particule itérative *re*, et de *curare*, soigner), nettoyer les métaux avec du grès, ou tout autre mordant. — Donner un troisième labour à une vigne.

RÉCURRENCE, subst. fém. (*rékurerance*), t. didact., qualité, caractère de ce qui est *récurrent*, c'est-à-dire qui revient en arrière, après avoir marché en avant.

RÉCURRENT, E, adj. (*rékureran, rante*) (du lat. *recurrens*, formé de *re*, pour *retro*, en arrière, et *currere*, courir; *qui court en arrière*), en anat. : *nerf récurrent*, celui qui jette plusieurs petits rameaux dans les muscles du larynx. — En poésie : *vers récurrents*, ceux qui se lisent à rebours. — Ce mot manque dans l'*Académie*.

RÉCUSABLE, adj. des deux genres (*rékuzable*), qui de droit peut être *récusé* : *juré récusable*. — Par extension, à qui, à quoi l'on ne peut ajouter foi : *témoignage récusable*.

RÉCUSATION, subst. fém. (*rékuzâcion*), action par laquelle on *récuse* : *il y a des cas de récusation forcée*.

RÉCUSÉ, E, part. pass. de *récuser*.

RÉCUSER, v. act. (*rékuzé*) (du lat. *recusare*, qui signifie *refuser de recevoir, ne pas vouloir accepter, alléguer des raisons de refus*), refuser de se soumettre à être jugé par un juge, par des raisons qu'on allègue. On dit aussi : *récuser des témoins*. — Il se dit pareillement en parlant de toutes les personnes dont on prétend que le témoignage est suspect en quelque chose : *je récuse cet homme, il est trop partial*. — *Récuser l'autorité de quelqu'un*, ne pas l'accepter, la rejeter. — *se* RÉCUSER, v. pron.

RÉCUSSENCE, subst. fém. (*rékuceçance*) (en lat. *recussus*), secousse, agitation. (*Boiste*.) Vieux et même hors d'usage.

RÉDACTEUR, subst. mas., **RÉDACTRICE**, subst. fém. (*rédakteur, trice*), celui, celle qui *rédige*. — Il est aussi adj. : *le gérant rédacteur*. — L'*Académie* n'a pas accordé de fém. à ce mot; nous avons cependant des *rédactrices de journaux*, surtout pour les modes et la littérature.

RÉDACTION, subst. fém. (*rédakcion*), action par laquelle on *rédige*; effet de cette action : *la rédaction des journaux est en général confiée à d'habiles mains*. — *Sa rédaction est bonne*, il écrit bien, son style est bon.

RÉDACTRICE, subst. fém. Voy. RÉDACTEUR.

REDAN, subst. mas. (*redan*), t. d'archit. militaire, pièce de fortification à angles saillants et rentrants, dont les faces se flanquent réciproquement. — En t. d'ardoisiers, bancs de pierre posés les uns sur les autres, et qui forment comme les marches d'un escalier. Voy. REDENT.

REDANSÉ, E, part. pass. de *redanser*.

REDANSER, v. act. et neut. (*redancé*), *danser* de nouveau : *il s'est mis à redanser; redanser un pas*. — *se* REDANSER, v. pron. — Ce mot manque dans l'*Académie*.

RÉDARGUÉ, E, part. pass. de *rédarguer*.

RÉDARGUER (l'*Académie* écrit **RÉDARGUER**; on ne prononce cependant pas *redarguë*, puisque d'après elle-même on doit faire sentir l'*u*), v. act. (*rédargu-é*) (en lat. *redarguere*), blâmer, réprimander, reprendre. — *se* RÉDARGUER, v. pron. Mot plus latin que français et bien vieilli.

RÉDARGUTION, subst. fém. (*rédargucion*), réplique dans une contestation. — Réponse à une lettre. (*Boiste*.) Vieux et même hors d'usage.

REDDE, subst. fém. (*rède*), t. d'anc. jurispr., élargissement des prisonniers détenus pour cause légère, et remise de la peine ; sorte d'amnistie accordée à l'occasion d'un événement heureux.

REDDITION, subst. fém. (*rèdedicion*) (en latin *redditio*), action de *rendre* à l'ennemi une place assiégée. — *Reddition de compte*, action de *rendre* un compte, de le présenter pour être vérifié et accepté. Il se dit ordinairement de l'examen de la conduite d'un tuteur touchant l'administration qu'il a eue des biens de son pupille.

REDDITIONNAIRE, subst. et adj. des deux genres (*rèdedicionère*), chargé, obligé de rendre compte. Peu usité.

REDÉBATTRE, v. act. (*redébatre*). Il se conjugue sur *battre*. *Débattre* de nouveau. — *se* REDÉBATTRE, v. pron.

REDÉBATTU, E, part. pass. de *redébattre*.

REDÉCLARÉ, E, part. pass. de *redéclarer*.

REDÉCLARER, v. act. (*redéklaré*), *déclarer* de nouveau. — *se* REDÉCLARER, v. pron.

REDÉDIÉ, E, part. pass. de *redédier*.

REDÉDIER, v. act. (*redédié*), *dédier* de nouveau. — *se* REDÉDIER, v. pron.

REDÉFAIRE, v. act. (*redéfère*), *défaire* de nouveau. — *se* REDÉFAIRE, v. pron.

REDÉFAIT, E, part. pass. de *redéfaire*.

RED RED RED 511

REDÉJEUNER, v. neut. (*redéjeuné*), *déjeuner* de nouveau

REDÉLIBÉRÉ, E, part. pass. de *redélibérer*.

REDÉLIBÉRER, v. act. (*redélibéré*), remettre une chose en *délibération*.—*se* REDÉLIBÉRER, v. pron.

REDÉLIVRÉ, E, part. pass. de *redélivrer*.

REDÉLIVRER, v. act. (*redélivré*), *délivrer* de nouveau.—*se* REDÉLIVRER, v. pron.

REDEMANDÉ, E, part. pass. de *redemander*.

REDEMANDER, v. act. (*redemandé*), *demander* de nouveau; vouloir reprendre ce qu'on a donné ou prêté.—*se* REDEMANDER, v. pron.

REDEMEURÉ, part. pass. de *redemeurer*.

REDEMEURER, v. neut. (*redemeuré*), *demeurer* de nouveau.

REDÉMOLI, E, part. pass. de *redémolir*.

REDÉMOLIR, v. act. (*redémolir*), *démolir* de nouveau.—*se* REDÉMOLIR, v. pron.

RÉDEMPTEUR, subst. mas. (*rédanpeteur*) (en lat. *redemptor*), celui qui rachette. Il se dit particulièrement de Notre-Seigneur Jésus-Christ.

RÉDEMPTION, subst. fém. (*rédanpecion*) (en lat. *redemptio*), rachat du genre humain par Jésus-Christ. On dit aussi : *la rédemption des captifs*.

REDEMPTORES, subst. mas. plur. (*rédeinpetorèce*) (mot latin), t. d'antiq., fermiers de la république romaine. Voy. PUBLICAIN.—Nom qu'on donnait aussi aux entrepreneurs avec lesquels on traitait pour la construction ou la réparation des ouvrages publics. C'est un terme d'antiquité dont on a rarement occasion de se servir.

RÉDEMPTORISTE, subst. mas. (*rédanpetoricete*), jésuite déguisé. (*Boiste*.) Hors d'usage.

REDENT, subst. mas. (*redan*), entaille dans certaines pièces d'un vaisseau. Voy. REDAN. *L'Académie* en effet ne nous donne que ce mot. Nous ferons observer que *redan* n'a nullement la forme orthographique d'un mot français; nous préférerions *redent*, à cause surtout de l'analogie de la définition du mot avec le mot lui-même.

REDÉPÊCHÉ, E, part. pass. de *redépêcher*.

REDÉPÊCHER, v. act. (*redépêché*), renvoyer exprès et en diligence : *redépêcher un courrier*.—*Dépêcher* de nouveau. — *se* REDÉPÊCHER, v. pron.

REDESCENDRE, v. act. et neut. (*redèçandre*), *descendre* de nouveau. Comme actif, il prend pour auxiliaire *avoir : j'ai redescendu le bois;* comme neut., il prend *être : je suis redescendu à six heures*.—*se* REDESCENDRE, v. pron.

REDESCENDU, E, part. pass. de *redescendre*.

REDESSINÉ, E, part. pass. de *redessiner*.

REDESSINER, v. act. (*redèciné*), *dessiner* de nouveau, une seconde fois.—*se* REDESSINER, v. pron.

REDEVABLE, subst. et adj. des deux genres (*redevable*), qui est reliquataire et débiteur, après un compte rendu : *se trouver encore redevable de telle somme*.—Fig., qui a quelque obligation à quelqu'un : *il lui est redevable de la vie, de sa fortune*.—Subst. : *je suis votre redevable*.

REDÉVALÉ, E, part. pass. de *redévaler*.

REDÉVALER, v. neut. (*redévalé*), *dévaler* encore plus; redescendre encore, ou une seconde fois. (*Boiste*.) Peu usité.

REDEVANCE, subst. fém. (*redevance*), dette ou rente ou autre charge que l'on doit annuellement : *redevance en blé, redevance en argent*.

REDEVANCIER, subst. mas., **REDEVANCIÈRE**, subst. fém. (*redevancié, cière*), celui, celle qui est obligé à des *redevances*.

REDEVANCIÈRE, subst. fém. Voy. REDEVANCIER.

REDEVENIR, v. neut. (*redevenir*). Il se conjugue comme *devenir*. *Devenir* de nouveau, recommencer à être ce qu'on était auparavant.

REDEVENU, E, part. pass. de *redevenir*.

REDÉVIDÉ, E, part. pass. de *redévider*.

REDÉVIDER, v. act. (*redévidé*), *dévider* de nouveau.—*se* REDÉVIDER, v. pron.

REDEVOIR, v. act. (*redevoar*) (du lat. *re*, pour *retrò*, en arrière, et *debere*, devoir). Il se conjugue comme *devoir*. Être en reste, *devoir* après un compte fait : *il lui redoit tant*.—*se* REDEVOIR, v. pron.

RÉDHIBITION, subst. fém. (*rédibicion*) (en lat. *redhibitio*), action qui est attribuée à l'acheteur d'une chose mobilière défectueuse pour faire casser la vente.

RÉDHIBITOIRE, adj. des deux genres (*rédibitoare*) (du lat. *redhibitorius*), *cas rédhibitoire*, cas dans lequel la *rédhibition* a lieu : *vice rédhibitoire*.

REDICTÉ, E, part. pass. de *redicter*.

REDICTER, v. act. (*redikté*), *dicter* de nouveau, une seconde fois.—*se* REDICTER, v. pron.

RÉDIGÉ, E, part. pass. de *rédiger*.

RÉDIGER, v. act. (*rédijé*) (en lat. *redigere*, réduire), mettre en ordre et par écrit ce qui a été délibéré, résolu ou prononcé dans un discours : *rédiger une décision ; rédiger un mémoire*.—Réduire en peu de paroles un discours trop ou fort étendu : *rédiger en une page ce qui a été dit en dix*. — Réunir, vérifier, mettre en ordre les diverses parties d'un journal : *il rédige parfaitement sa feuille*.—*se* RÉDIGER, v. pron.

RÉDIMÉ, E, part. pass. de *rédimer*.

se **RÉDIMER**, v. pron. (*cerédimé*) (en latin *redimere*), se racheter, se délivrer. Il se dit principalement en parlant des poursuites judiciaires et des vexations qu'on fait à quelqu'un. — *se rédimer des poursuites*.

RÉDIMIBILITÉ, subst. fém. (*rédimibilité*), t. de prat., qualité de ce qui est rachetable. (*Boiste*.) Presque inusité.

REDIMICULUM, subst. mas. (*rédimikulome*), (mot lat.), t. d'antiq., ceinture à plusieurs tours que portaient les dames romaines. Hors d'usage.

REDINGOTE, subst. fém. (*redeinguote*) (de l'anglais *riding-coat*, formé dans le même sens de *to ride*, aller à cheval, et *coat*, habit), mot qui primitivement désignait une espèce de casaque plus ample et plus longue que l'habit ordinaire, et dont on ne se servait que dans le temps de pluie, de gelée, etc., ou pour monter à cheval.—Aujourd'hui, vêtement qui a presque remplacé l'habit, et qui se porte surtout à la ville; il est plus long que l'habit et entoure le corps en couvrant une partie des jambes; tandis que l'habit ne ceint que le buste.—Robe de femme, ouverte sur le devant dans toute sa hauteur.

REDIRE, v. act. (*redire*). (Il se conjugue comme *dire*.) Répéter, *dire* de nouveau : *il peut lui redire cent fois la même chose*.—*Redire* ce qu'un autre a *dit : les perroquets redisent tout ce qu'on leur apprend*. — Révéler ce qu'on nous *dit* en confidence : *on ne doit jamais redire ce qu'on nous a révélé en secret*.— Blâmer, censurer : *il n'y a rien à redire à cet homme-là, à cet ouvrage* ou *dans cet ouvrage*. — *se* REDIRE, v. pron.

REDISEUR, subst. mas., **REDISEUSE**, subst. fém. (*redizeur, zeuze*), qui *redit*, qui répète ce qu'il a *dit* ou ouï *dire*. Style fam.

REDISEUSE, subst. fém. Voy. REDISEUR.

REDISSOUDRE, v. act. (*rediçoudre*), *dissoudre* de nouveau.—*se* REDISSOUDRE, v. pron.

REDISSOUS, **REDISSOUTE**, part. pass. de *redissoudre*.

REDISTRIBUÉ, E, part. pass. de *redistribuer*.

REDISTRIBUER, v. act. (*redicetribu-é*), *distribuer* de nouveau.—*se* REDISTRIBUER, v. pron.

REDISTRIBUTION, subst. fém. (*redicetribucion*), nouvelle *distribution* : *la distribution d'un procès*.

REDIT, E, part. pass. de *redire*.

REDITE, subst. fém. (*redite*), répétition fréquente d'une chose qu'on a *dite : tomber dans des redites ennuyeuses*.

REDIVISÉ, E, part. pass. de *rediviser*.

REDIVISER, v. act. (*redivizé*), *diviser* de nouveau, une deuxième fois. — *se* REDIVISER, v. pron.

REDIVIVE, adj. des deux genres (*redivive*) (du lat. *redire*, revenir, *vivus*, vivant), qui renaît. Inusité.

REDOMPTÉ, E, part. pass. de *redompter*.

REDOMPTER, v. act. (*redonté*), *dompter* de nouveau. Voy. les remarques du mot DOMPTER. —*se* REDOMPTER, v. pron.

REDON, subst. propre mas. (*redon*), ville de France, chef-lieu d'arrond. et de canton, dép. d'Ille-et-Vilaine.

RÉDONDANCE, subst. fém. (*rédondance*); on lit dans le dictionnaire de l'*Académie* que, dans ce mot et dans ses dérivés, bien des personnes écrivent et prononcent *re* (en latin *redundantia*, de *redundare*, déborder); abondance de paroles superflues dans un discours. Il nous semble qu'on doit toujours prononcer *rédonder*, parce que ce mot n'est que la traduction littérale d'un mot, et que la syllabe *re* n'est pas ici duplicative.

RÉDONDANT, E, adj. (*rédondan, dante*) (en lat. *redundans*), superflu, qui est de trop dans un discours. — T. de géom. : *hyperboles rédondantes*, courbes du troisième ordre qui ont trois asymptotes droites.

RÉDONDÉ, E, part. pass. de *rédonder*.

RÉDONDER, v. neut. (*rédondé*) (en lat. *redundare*, déborder, être trop plein, fait de *re*, pour *retro*, en arrière, et *undare*, inonder), être superflu, surabonder dans le discours : *cette épithète rédonde*, est de trop; on dirait mieux : *cette épithète est une rédondance*.— *Ce livre rédonde de passages connus*, il y en a trop.

RÉDONDILLE, subst. fém. (*rédondi-ie*), pièce de vers à refrains qui ramènent les mêmes rimes à la fin de toutes les stances; espèce de virelai. Hors d'usage.

REDONNÉ, E, part. pass. de *redonner*.

REDONNER, v. act. (*redoné*), *donner* une seconde fois la même chose : *on me l'avait pris, on me l'a redonné*. — Rendre : *sa présence redonne le courage aux troupes*.—Par exagération : *ce remède m'a redonné la vie*. — Neut., revenir à la charge, en parlant d'un corps de troupes.—Fam. : *la pluie redonne de plus belle*, redouble, augmente.—*se* REDONNER, v. pron., se livrer, s'abandonner de nouveau à... : *se redonner aux affaires*. Il ne s'emploie guère dans le style relevé.

REDORÉ, E, part. pass. de *redorer* et adj.

REDORER, v. act. (*redoré*), *dorer* une seconde fois ce qui est *doré : il faudrait faire redorer ces flambeaux*.—Poét., éclairer de nouveau, en parlant du soleil : *le soleil commence à redorer nos montagnes*. — *se* REDORER, v. pron.

REDORMI, part. pass. de *redormir*.

REDORMIR, v. neut. (*redormir*), *dormir* de nouveau. — Ce mot manque dans l'*Académie*.

REDORTE, subst. fém. (*redorte*), t. de blas., branche d'arbre retortillée en anneaux les uns dans les autres.

REDOS, subst. mas. (*redô*), t. d'imp., première page d'un feuillet. Tout-à-fait inusité. On dit aujourd'hui *recto*.

REDOTATION, subst. fém. (*redotâcion*), nouvelle *dot*. Vieux t. de prat. hors d'usage.

REDOTÉ, E, part. pass. de *redoter*.

REDOTER, v. act. (*redoté*), *doter* de nouveau. —*se* REDOTER, v. pron.

REDOUBLÉ, E, part. pass. de *redoubler*, et adj. — En t. milit., *pas redoublé*, qui est une fois plus vite que le *pas* ordinaire. — En poésie : *rimes redoublées*, rimes semblables qui se suivent. — T. de mus. : *intervalle redoublé*, tout intervalle simple porté à son octave.

REDOUBLEMENT, subst. mas. (*redoubleman*), accroissement, augmentation : *redoublement de chagrin, d'ennui ; redoublement de fièvre*. — En t. de gramm. grecque, répétition de la consonne initiale d'un radical devant l'augment, dans le parfait des verbes : : *l'augment et le redoublement*.

REDOUBLER, v. act. (*redoublé*) (du lat. *reduplicare*, fait de la particule itérative *re*, et *duplex*, double), réitérer avec quelque sorte d'augmentation : *redoubler ses prières, ses instances, ses efforts*, etc. — Augmenter, accroître : *cette nouvelle a redoublé son affliction*. — Remettre une *doublure : redoubler une robe*.—Neut., augmenter : *le froid a redoublé; redoubler de soins*. —Pop. : *voulez-vous redoubler?* voulez-vous que nous recommencions à boire?— Fam. : *redoubler de jambes*, marcher plus vite.—*se* REDOUBLER, v. pron.

REDOUL, subst. mas. (*redoule*), herbe aux tanneurs, arbrisseau du midi de la France.—Genre de plantes à tiges quadrangulaires. — Espèce de sumac qui fournit un tan beaucoup plus fort que celui de l'écorce du chêne vert.

REDOUNAN, subst. mas. (*redounan*), t. de bot., variété cultivée de l'olivier.

REDOUTABLE, adj. des deux genres (*redoutable*), qui est fort à craindre, à *redouter*.

REDOUTE, subst. fém. (*redoute*) (de l'italien *ridotto*, réduit), pièce de fortification détachée : *enlever une redoute*. — A Venise, lieu public où l'on s'assemble pour jouer aux jeux de hasard, et surtout au pharaon. On n'y entre que masqué.—Dans quelques endroits, bal public; son local : *allons au bal de la Redoute*.

REDOUTÉ, E, part. pass. de *redouter*.

REDOUTÉE, subst. fém. (*redouté*), t. de bot., genre de plantes de la famille des malvacées,

REDOUTER, v. act. (*redouté*), craindre fort : *redouter quelqu'un*. Voy. CRAINDRE.—*se* REDOUTER, v. pron.

RÈDRE, subst. mas. (*rèdre*), t. de pêche, sorte de grand filet qui sert à prendre du hareng.

REDRESSE, subst. fém. (*redrèce*), t. de mar., câble ou grelin qui sert à *redresser* les vaisseaux en carène.

REDRESSÉ, E, part. pass. de *redresser*, et adj.—En bot., il se dit des rameaux et des feuilles qui forment une courbure en naissant, et se *redressent* ensuite.

REDRESSEMENT, subst. mas. (*redrèceman*), action de *redresser* ou effet de cette action : *redressement d'un plancher.* — Fig. : *le redressement d'un tort*, la réparation d'un tort.

REDRESSER, v. act. (*redrécé*), rendre *droit* : *redresser une planche, un bâton.* — *Redressez-vous donc*, tenez-vous *droit*.—Remettre dans le *droit* chemin. Peu en usage au propre : on ne dirait plus aujourd'hui : *j'ai rencontré sur ma route un paysan qui m'a redressé.* L'*Académie* donne cependant encore cet exemple ; mais on dit quelquefois au fig.: *il allait se perdre, de bons avis l'ont redressé.*—Châtier, reprendre vivement : *on l'a redressé* ; peu en usage encore dans ce sens. —Quant à l'acception de *tromper, attraper*, que l'*Académie* nous donne encore avec cet exemple: *un fripon l'a redressé au jeu*, cet emploi est tout-à-fait hors d'usage. — *Redresser le jugement*, rendre l'esprit plus juste.—*Redresser les griefs*, réparer les injustices. — *Redresser les torts*, dans les anciens romans de chevalerie, secourir les opprimés.—*Dresser* de nouveau : *redresser une statue*, la relever, l'ériger de nouveau. — *Redresser les peaux*, t. de mégiss., les étendre sur une table ou les placer sur le palisson, ou les étirer pour la dernière fois.—*se* REDRESSER, v. pron., se relever quand on est baissé. —Se tenir *droit*.—Fam. : *cette demoiselle commence à se redresser*, à avoir plus de soin de son ajustement qu'à l'ordinaire.—Se corriger.

REDRESSEUR, subst. mas. ; **REDRESSEUSE**, subst. fém. (*redrèceur, ceuze*), qui cherche à attraper les autres. Presque inusité.—*Redresseur de torts*, chevalier errant. Voy. REDRESSER.

REDRESSEUSE, subst. fém. Voy. REDRESSEUR.

REDRESSOIR, subst. mas. (*redrèçoar*), instrument pour *redresser* la vaisselle d'étain bossuée.

REDRUGÉ, E, part. pass. de *redruger*.

REDRUGER, v. act. (*redrujé*), ôter les drageons, c'est-à-dire, les pousses surabondantes des bois ; et principalement enlever les nouveaux bourgeons que pousse la vigne, après qu'elle a été arrêtée.

REDÛ, E, part. pass. de *redevoir*, subst. mas., ce qui reste *dû* après un compte fait : *le redû monte à tant.* Presque inusité, mais utile.

RÉDUCTIBLE, adj. des deux genres (*réduktible*), qui peut être *réduit*.

RÉDUCTIF, adj. mas., au fém. RÉDUCTIVE (*réduktif, tive*), qui *réduit* : *la chimie a des sels réductifs.*

RÉDUCTION, subst. fém. (*rédukcion*), action de *réduire* une ville, un pays à l'obéissance. — Action de diminuer ou de *se réduire* : *réduction de fortune, de traitement.* — *Réduction d'une rente*, diminution de la rente à un denier plus bas.—Opération au moyen de laquelle on trouve les rapports que les nombres, les poids, les monnaies, ont ou peuvent avoir entre eux : *réduction des fractions en entiers ; réduction des poids étrangers ; réduction de francs en centimes.* — En t. de mar., on appelle *quartier de réduction*, un instrument qui sert à résoudre les problèmes du pilotage. — *Réduction à l'impossible, à l'absurde*, anciens t. de logique peu en usage aujourd'hui ; c'était proprement l'argument par lequel on démontre une proposition, en faisant voir que le contraire serait impossible ou absurde.—État fâcheux de celui qui est dans l'indigence, surtout après avoir joui d'une meilleure fortune : *il a subi bien des réductions.* — En t. de jurispr., *la réduction d'un legs*, la diminution que la loi autorise. — En t. d'arts, l'action de *réduire* un plan, un dessin à de plus petites proportions.—En chimie, opération par laquelle on fait reprendre sa forme à un métal qui l'avait perdue.—En chir., opération par laquelle on *réduit*, on remet les os en leur place. — En mus., ou plutôt dans le plain-chant, suite de notes descendant diatoniquement.—Transposition d'un ton où il se rencontrait des bémols et des dièses, en un autre où il ne s'en trouve plus. — T. de géom.; *échelle de réduction* ou *d'arpenteur*, morceau de bois large et mince sur lequel sont marquées différentes lignes ou échelles de parties égales, servant à transformer les longueurs mesurées en parties plus petites.

RÉDUCTIVE, adj fém. Voy. RÉDUCTIF.

RÉDUIRE, v. act. (*réduire*) (du lat. *reducere*, qui signifie proprement ramener, reconduire, formé de la particule itérative *re*, et de *ducere*, conduire), obliger, nécessiter, contraindre. — Soumettre, subjuguer : *réduire sous ses lois, sous son obéissance.* — Dompter un cheval, etc. —Résoudre une chose en une autre : *réduire le blé en farine.*—*Réduire une ville en poudre*, la détruire entièrement.—Fig. : *réduire un ouvrage en poudre*, le réfuter victorieusement.—Évaluer, les unes par rapport aux autres, les espèces de monnaie, les différentes mesures, etc. : *réduire les livres en sous, les espèces de France en espèces d'Allemagne*, etc. — Transporter un tableau, un dessin, une estampe, etc., de leur proportion dans une autre proportion plus forte ou plus faible. Il est plus usité dans ce dernier sens. — T. de chir. : *réduire une luxation*, remettre des os fracturés. — En t. de chim., séparer l'oxyde d'un métal.—T. de géom. : *réduire une figure*, la changer en une autre semblable, mais plus petite. — Changer d'un état en un autre : *réduire un royaume en république.* — Restreindre, borner : *à quoi réduisez-vous vos demandes? tout se réduit à dire que...* — Diminuer : *réduire sa dépense, son train.* — *Réduire l'acier*, le ramener à la condition du simple fer. — *Réduire son avis*, le donner en peu de mots. — Prov. : *réduire quelqu'un au petit pied*, le rendre pauvre et misérable. — *Réduire quelqu'un au silence*, le forcer à se taire. — *se* RÉDUIRE, v. pron., se borner, se renfermer dans de certaines bornes. — Se consumer et venir à une certaine quantité.— Se ranger à son devoir.

RÉDUIT, subst. mas. (*rédui*), de l'italien *ridotto*, lieu où l'on se retire), misérable galetas. —Sorte de petit retranchement qu'on se fait dans un appartement. — En t. de fortification, petite demi-lune ménagée dans une grande.

RÉDUIT, E, part. pass. de *réduire*, et adj., diminué par l'évaporation.—Soumis.—*Le voilà bien réduit*, sa fortune est bien diminuée. — *Carte réduite*, où les degrés de latitude augmentent ou diminuent en raison de leur distance du pôle.

RÉDUPLICATIF, adj. mas., au fém. RÉDUPLICATIVE (*réduplikatif, tive*), t. de gramm., qui sert à *redoubler*, à marquer le *redoublement* ou la réitération. — Il est aussi subst. mas. ; *redemander est le réduplicatif de demander.*

RÉDUPLICATION, subst. fém. (*réduplikâcion*) t. de grammaire, répétition d'une syllabe ou d'une lettre.

RÉDUPLICATIVE, adj. fém. Voy. RÉDUPLICATIF.

RÉDUVE, subst. fém (*réduve*), t. d'hist. nat., genre d'insectes de l'ordre des hémiptères, famille des géocorises.

RÉÉDIFICATION, subst. fém. (*ré-édifikâcion*), action de rebâtir, reconstruction.

RÉÉDIFIÉ, part. pass. de *réédifier*.

RÉÉDIFIER, v. act. (*ré-édifié*) (du lat. *reædificare*, formé, dans la même signification, de la particule itérative *re*, et du verbe *ædificare*, bâtir), rebâtir, reconstruire. —*se* RÉÉDIFIER, v. pron.

RÉÉDITEUR, subst. mas. (*ré-éditeur*), qui donne, qui fait imprimer une seconde *édition*. (*Boiste*.) Inusité.

RÉÉDITION, subst. fém. (*ré-édicion*), seconde *édition*. — Ce mot manque dans l'*Académie*.

RÉEL, adj. mas., au fém. RÉELLE (*ré-èle*) (du lat. *realis*, dérivé de *res*, chose), qui est vraiment et *réellement*. — En parlant des personnes, c'est un *homme réel et effectif*, il tient fidèlement ce qu'il a promis. — En t. de droit, *actions réelles*, celles qui s'exercent sur les biens. — *Saisies réelles*, celles qu'on fait par justice, d'un fonds, d'une maison ou d'autres immeubles.—*Offres réelles*, celles qui se font à deniers découverts. — *Taille réelle*, celle qui s'imposait sur les héritages et non sur les personnes. — T. d'algèbre : *quantités réelles*, quantités qui ne contiennent point de racines, paires de quantités négatives : elles sont opposées aux *quantités imaginaires*. — Subst. mas.: *distinguer le réel du chimérique.*

RÉÉLECTION, subst. fém. (*ré-élèkcion*), action de *réélire*.

RÉÉLIGIBLE, adj. des deux genres (*ré-élijible*) qui peut être *réélu*.

RÉÉLIRE, v. act. (*ré-élire*) Il se conjugue comme *élire*), *élire* de nouveau.—*se* RÉÉLIRE, v. pron.

RÉELLE, adj. fém. Voy. RÉEL.

RÉELLEMENT, adv. (*ré-èleman*) (en lat. *realiter*), effectivement, véritablement : *on le lui a réellement dit.* — *Saisir réellement*, saisir un immeuble pour le faire vendre par autorité de justice.

RÉÉLU, E, part. pass. de *réélire*.

RÉEMBRÉ, E, part. pass. de *réembrer*.

RÉEMBRER, v. act. (*ré-anbré*), racheter.— *se* RÉEMBRER, v. pron. (*Boiste*.) Vieux et même hors d'usage.

RÉENGENDRÉ, E, part. pass. de *réengendrer*.

RÉENGENDRER, v. act. (*ré-anjandré*), *engendrer* de nouveau. — *se* RÉENGENDRER, v. pron.

RÉER, v. neut. Voy. RAIRE.

RÉEXAMINÉ, E, part. pass. de *réexaminer*

RÉEXAMINER, v. act. (*ré-éguezaminé*), *examiner* de nouveau.—*se* RÉEXAMINER, v. pron.

RÉEXPORTATION, subst. fém. (*ré-ékceportâcion*), t. de commerce, action d'*exporter*.

RÉEXPORTÉ, E, part. pass. de *réexporter*.

RÉEXPORTER, v. act. (*ré-ékceporté*), t. de commerce, *exporter* ce qui a été importé. — *se* RÉEXPORTER, v. pron.

RÉEXPOSÉ, part. pass. de *réexposer*.

RÉEXPOSER, v. act. (*ré-ékcepôzé*), *exposer* de nouveau.—*se* RÉEXPOSER, v. pron.

RÉEXPOSITION, subst. fém. (*ré-ékcepôzicion*), nouvelle *exposition* d'une chose.

REFÂCHÉ, E, part. pass. de *refâcher*.

REFÂCHER, v. act. (*refâché*), *fâcher* de nouveau.—*se* REFÂCHER, v. pron.

REFAÇONNÉ, E, part. pass. de *refaçonner*.

REFAÇONNER, v. act. (*refaçoné*), *façonner* une seconde fois.—*se* REFAÇONNER, v. pron.

RÉFACTION, subst. fém. (*réfakcion*), t. de commerce, remise de l'excédant de poids des marchandises qui ont été mouillées.—Diminution sur le prix des marchandises vendues, lorsqu'elles ne se trouvent pas de la qualité convenue, ou que les pièces n'ont pas la longueur et la largeur stipulée dans la vente. Peu en usage.

REFAILLI, E, part. pass. de *refaillir*.

REFAILLIR, v. neut. (*refa-ie-ir*), manquer de nouveau, *faillir* une seconde fois.

REFAIRE, v. act. (*refère*), *faire une seconde fois* ce qu'on a déjà fait.—Réparer, raccommoder ce qui est ruiné ou gâté : *refaire une muraille, un habit*; et neut., *il y a toujours à refaire à cette montre, à cette machine.* — *Refaire de la viande*, la faire revenir sur la braise ou dans l'eau bouillante. — Tromper, duper. Pop. —Au jeu, redonner des cartes.—Recommencer : *si c'était à refaire, je le ferais encore.*—Remettre en vigueur, en bon état : *le bon air refait bien un malade.* — *se* REFAIRE, v. pron., commencer à reprendre ses forces, à se mieux porter, à se remettre dans un meilleur état.

REFAISABLE, adj. des deux genres (*refezable*), qui est susceptible d'être *refait* plusieurs fois.

REFAISAGE, subst. mas. (*refèzaje*), t. de tanneur, action de mettre les peaux dans une cuve où on a doublé le tan.

REFAIT, E, part. pass. de *refaire*, et adj. — *Cheval refait*, ruiné, qu'on a trop engraissé. — *Bois refait*, bois bien équarri, et dressé sur toutes les faces.

REFAIT, subst. mas. (*refè*), t. de jeu, coup ou partie à *refaire*, à recommencer : *c'est un refait.* — Le nouveau bois du cerf : *le cerf a du refait.*

REFAUCHÉ, E, part. pass. de *refaucher*.

REFAUCHER, v. act. (*refôché*), *faucher* une seconde fois. — *se* REFAUCHER, v. pron.

RÉFECTION, subst. fém. (*réfèkcion*) (en lat. *refectio*), repas : *prendre sa réfection.* Il ne se dit guère que dans les communautés religieuses. —Réparation, rétablissement d'un édifice. Vieux dans la dernière acception.

RÉFECTIONNÉ, part. pass. de *réfectionner*.

RÉFECTIONNER, v. neut. (*réfèkcioné*), manger. — *se* RÉFECTIONNER, v. pron. Peu usité.

RÉFECTOIRE, subst. mas. (*réfèktoare*) (du lat. *reficere*, restaurer, fortifier), lieu d'un couvent ou d'un pensionnat où l'on s'assemble pour le repas.

RÉFECTORAL, E, adj. (*réfèktorale*), qui concerne un *réfectoire* : *administration réfectorale.*

RÉFECTORIER, subst. mas., **RÉFECTORIÈRE**, subst. fém. (*réfèktorié, rière*), celui, celle qui, dans une communauté religieuse, avait soin du *réfectoire*.

RÉFECTORIÈRE, subst fém. Voy. RÉFECTORIER.

RÉFECTURE, subst. fém. (*réfékture*), droit de prendre dans une forêt le bois nécessaire pour réparer un édifice. Vieux.

REFEND, subst. mas. (*refan*); il se dit des murs qui font des séparations dans la longueur d'un bâtiment, qui les *refendent* en quelque sorte.—Pierres de taille qui font les encognures des gros murs : *mur à refends*. — *Bois de refend*, bois qui ont été sciés de long, par opposition aux *bois de brin*.

REFENDOIR, subst. mas. (*refandoar*), outil pour espacer également les dents d'une carde.

REFENDRE, v. act. (*refandre*), *fendre* du bois en long. — *Fendre* de nouveau. — *se* REFENDRE, v. pron.

REFENDRET, subst. mas. (*refandrè*), t. d'ardoisier, coin de fer.

REFENDU, E, part. pass. de *refendre*.

RÉFÉRÉ, subst. mas. (*référé*), rapport que fait un juge sur quelque incident d'un procès entamé ou à entamer qui demande à être promptement décidé.—Le recours même auprès de ce juge.

RÉFÉRÉ, E, part. pass. de *référer*.

RÉFÉRENDAIRE, subst. mas. (*référandère*) (en lat. *referendarius*, fait de *referre*, rapporter), officier de la chancellerie qui faisait le rapport des lettres de justice, de rescision et autres. —Aujourd'hui, rapporteur à la cour des comptes. — En Pologne, officier qui est au-dessous du *grand-référendaire*, du chancelier et du garde-des-sceaux. Pendant la première race de nos rois, le *grand-référendaire* était ce qu'ont été depuis le chancelier et le garde-des-sceaux.— En style d'anc. prat., *tiers-référendaire*, celui qui est appelé en tiers pour la taxe des dépens.—A Rome, *référendaire de l'une et de l'autre signature*, prélats qui rapportaient les causes soit de justice, soit de grace.

RÉFÉRER, v. act. (*référé*), rapporter : *référer ses actions à Dieu ; à quoi référez-vous cet article ?*—*Référer le choix à quelqu'un*, lui donner le choix. Il vieillit. — En t. de pratique, *référer le serment à quelqu'un*, se rapporter au serment de quelqu'un qui voulait s'en rapporter au nôtre. — Neut., t. de palais, faire rapport : *il faut en référer au tribunal; il en sera référé.* — *se* RÉFÉRER, v. pron., s'en rapporter : *je m'en réfère à vous.*

REFERMÉ, E, part. pass. de *refermer*.

REFERMER, v. act. (*referème*), *fermer* de nouveau. — Reprendre et unir de telle sorte la chair qu'il n'y ait plus d'ouverture. — *se* REFERMER, v. pron.

REFERRÉ, E, part. pass. de *referrer*.

REFERRER, v. act. (*referé*), *ferrer* de nouveau. — *se* REFERRER, v. pron.

EFÊTÉ, E, part. pass. de *refêter*.

REFÊTER, v. act. (*refêté*), *fêter* de nouveau. — *se* REFÊTER, v. pron.

REFEUILLÉ, E, part. pass. de *refeuiller*. ✠

REFEUILLER, v. act. (*refeu-ié*), t. de menuiserie, faire deux *feuillures* en recouvrement, soit pour recevoir les volets d'une croisée, soit pour loger un dormant. — *se* REFEUILLER, v. pron.

REFEUILLETÉ, E, part. pass. de *refeuilleter*.

REFEUILLETER, v. act. (*refeu-ieté*), *feuilleter* de nouveau. — *se* REFEUILLETER, v. pron.

REFEUILLURE, subst. fém. (*refeu-iure*), t. de menuis., action de faire deux *feuillures* en recouvrement.

REFIAT, subst. mas. (*refia*), nom d'une espèce de raisin qui croît dans les Pyrénées.

REFICHÉ, E, part. pass. de *reficher*.

REFICHER, v. act. (*refiché*), *ficher* de nouveau.—Remaçonner les joints d'une vieille muraille. — *se* REFICHER, v. pron.

REFIGÉ, E, part. pass. de *se refiger*.

se **REFIGER**, v. pron., se *figer* de nouveau.

REFIN, subst. mas. (*refein*), laine très-fine.

REFIXÉ, E, part. pass. de *refixer*.

REFIXER, v. act. (*refikcé*), *fixer* une seconde fois.—*se* REFIXER, v. pron.

RÉFL., abréviation du mot *réfléchi*.

REFLAMBÉ, E, part. pass. de *reflamber*.

REFLAMBER, v. act. (*reflanbé*), *flamber* de nouveau.—*se* REFLAMBER, v. pron. Peu usité.

REFLATTÉ, E, part. pass. de *reflatter*.

REFLATTER, v. act. (*reflaté*), *flatter* de nouveau.—*se* REFLATTER, v. pron. Presque inusité.

RÉFLÉCHI, E, part. pass. de *réfléchir*, et adj., en parlant des choses, qui est fait avec *réflexion*. —En parlant des personnes, qui *réfléchit*, qui a l'habitude de *réfléchir*. Dans cette seconde acception, il se dit pour *réfléchissant*.—En gramm., *verbe réfléchi*, qui exprime l'action d'un sujet qui agit sur lui-même. — En bot., *rameaux réfléchis*, qui pendent perpendiculairement.—*Feuilles réfléchies*, qui se renversent sur la tige, sans aucune courbure.

RÉFLÉCHIR, v. act. (*réfléchir*) (du lat. *reflectere*, formé de la particule *re*, pour *retrò*, en arrière, et de *flectere*, fléchir, courber), repousser, renvoyer, en parlant d'un corps frappé par un autre : *réfléchir la lumière ; l'écho réfléchit la voix.* — Rejaillir, être renvoyé : *la lumière qui réfléchit de la muraille sur cet objet.* — Neut., penser mûrement et plus d'une fois à une chose.—*se* RÉFLÉCHIR, v. pron.

RÉFLÉCHISSANT, E, adj. (*réfléchiçan, çante*), qui est cause d'une *réflexion*; qui fait rejaillir un corps.—Qui *réfléchit*, qui fait des *réflexions*.

RÉFLÉCHISSEMENT, subst. mas. (*réfléchiceman*), action par laquelle un rayon de lumière ou un autre corps se *réfléchit*.—Rejaillissement.

RÉFLECTEUR, subst. mas. (*réflékteur*), qui *réfléchit* la lumière. — Il est aussi adj. : *un miroir réflecteur.*

RÉFLECTIVE, adj. fém. (*réfléktive*) ; il se dit de la conception qui résulte de la *réflexion* : *résolution réflective.*

REFLET, subst. mas. (*reflé*), t. de peint., *réflexion* de la lumière ou de la couleur d'un corps sur un autre : *les reflets de ce tableau sont bien entendus.* On dit aussi : *les reflets de l'eau.*

REFLÉTÉ, E, part. pass. de *refléter*.

REFLÉTER, v. act. (*reflété*), t. de peint., *réfléchir*, renvoyer la lumière et la couleur sur l'objet et le corps voisins. — *se* RÉFLÉTER, v. pron.

REFLEURET, subst. mas. (*refleuré*), seconde laine d'Espagne.

REFLEURI, E, part. pass. de *refleurir*.

REFLEURIR, v. neut. (*refleurir*), *fleurir* de nouveau; reprendre de l'éclat, au propre et au fig. : *les orangers refleurissent en automne; les lettres, les beaux-arts commencent à refleurir.* Voy. FLEURIR, dont *refleurir* suit les variations pour l'imparf. indic. et le part. prés., lorsqu'ils sont employés au figuré.

RÉFLEXE, adj. des deux genres (*réflèkce*), qui se fait par la *réflexion* : *vision réflexe.*

RÉFLEXIBILITÉ, subst. fém. (*réflèkcibilité*), propriété d'un corps susceptible de *réflexion*.

RÉFLEXIBLE, adj. des deux genres (*réflèkcible*), t. d'optique et de physique, qui est propre à être *réfléchi*.

RÉFLEXIF, adj. mas., au fém. **RÉFLEXIVE** (*réflèkcif, cive*), qui *réfléchit*.

RÉFLEXION, subst. fém. (*reflèkcion*) (en lat. *reflexio*), en mécan., retour ou mouvement rétrograde d'un mobile, occasioné par la résistance d'un corps qui l'empêche de suivre sa première direction.— En catoptrique, retour d'un rayon de lumière de la surface polie d'un miroir, etc., d'où il est repoussé : *la réflexion des rayons.*—Action de l'esprit qui *réfléchit*, méditation. — Pensées qui résultent de cette action de l'esprit : *c'est un homme de mûre réflexion.* — *Réflexion de la lune*, t. d'astron., troisième inégalité de la lune, qu'on appelle plus communément *variation*. Voy. ce mot.

RÉFLEXIVE, adj. fém. Voy. RÉFLEXIF.

REFLUÉ, part. pass. de *refluer*.

REFLUER, v. neut. (*reflu-é*) (du lat. *refluere*, formé de *re*, pour *retrò*, en arrière, et de *fluere*, couler), en parlant des eaux, retourner vers le lieu d'où elles ont coulé. — On le dit en médec., des humeurs : *la bile a reflué dans le sang.*

REFLUX, subst. mas. (*reflu*) (du lat. *refluxus*), mouvement de la mer qui se retire après le *flux*. —Vicissitudes des choses humaines : *la fortune a son flux et reflux.*

REFOCILLÉ, E, part. pass. de *refociller*.

REFOCILLER, v. act. (*refoci-ié*) (du lat. *focus*, foyer), réchauffer. — *se* REFOCILLER, v. pron. (*Boiste.*) Vieux et même hors d'usage.

REFOILLI, part. pass. de *refoillir*.

REFOILLIR, v. neut. (*refoai-ir*), pousser des feuilles nouvelles, se couvrir d'un nouveau feuillage. Vieux et inusité.

REFONDÉ, E, part. pass. de *refonder*.

REFONDER, v. act. (*refondé*), t. d'anc. prat., *refonder les dépens de contumace*, rembourser les frais d'un défaut, faute de comparoir, afin d'y être reçu opposant.—*se* REFONDER, v. pron.

REFONDRE, v. act. (*refondre*), mettre à la *fonte* une seconde fois : *refondre un canon, une cloche.*— Fig.: *refondre* (refaire) *un poème*, et fam. : *il faudrait refondre cet homme pour le corriger.*—*se* REFONDRE, v. pron.—Fig. et fam. : *on ne peut pas se refondre.*

REFONDU, E, part. pass. de *refondre*.

REFONTE, subst. fém. (*refonte*), action de *refondre*.—Changement qu'on fait aux monnaies en les remettant à la *fonte* pour en faire de nouvelles espèces.

REFORGÉ, E, part. pass. de *reforger*.

REFORGEMENT, subst. mas. (*reforjeman*), action de *forger* une seconde fois, de remettre à la *forge* une pièce mal *forgée*. — Effet de cette action. (*Raymond.*)

REFORGER, v. act. (*reforjé*), *forger* une seconde fois. — *se* REFORGER, v. pron.

RÉFORMABLE, adj. des deux genres (*réformable*), qui peut ou qui doit être *réformé*.

RÉFORMATEUR, subst. mas., **RÉFORMATRICE**, subst. fém. (*reformateur, trice*), celui, celle qui *réforme*, qui corrige les abus, qui établit l'ordre, la discipline. — Chef de la religion *réformée*. — Censeur : *s'ériger en réformateur.*

RÉFORMATION, subst. fém. (*réformacion*) (en lat. *reformatio*), action de *réformer*, de corriger : *la réformation des abus, des désordres.*— *Réformation des monnaies*, changement de leurs empreintes sans faire de refonte. — *Réformation grégorienne*, correction faite dans le calendrier en 1582, par le pape *Grégoire XIII*.

RÉFORMATRICE, subst. fém. Voy. RÉFORMATEUR.

RÉFORME, subst. fém. (*réforme*), rétablissement dans l'ordre, dans l'ancienne *forme*. — Retranchement des abus qui se sont introduits. — En parlant d'un ordre religieux, rétablissement de l'ancienne discipline.—Régularité des mœurs, surtout après avoir vécu dans une grande dissipation : *il s'est mis dans la réforme; il vit dans une grande réforme.* — En parlant de gens de guerre, licenciement ou réduction à un moindre nombre. — *Congé de réforme*, celui qui est donné à des hommes qui ne sont plus propres au service.—*La réforme*, changement que les protestants ont fait au seizième siècle dans le culte et dans les dogmes de l'Église. — *Il a fait une grande réforme dans sa maison*, il a diminué sa table, son train, renvoyé une partie de ses domestiques, etc. — Réduction des employés d'une administration, ou des agents d'un gouvernement.—RÉFORMATION, RÉFORME. (*Syn.*) La *réformation* est l'action de réformer; la *réforme* en est l'effet. — Dans le temps de la *réformation*, on travaille à mettre en règle, et l'on cherche les moyens de remédier aux abus; dans le temps de la *réforme*, on est réglé, et les abus sont corrigés. Il arrive quelquefois que la *réforme* dure moins que le temps qu'on a mis à la *réformation*.

REFORMÉ, E, part. pass. de *reformer*.

RÉFORMÉ, subst. mas. (*réformé*), religieux qui suit la *réforme* établie dans son ordre.— *Les réformés*, les protestants.

RÉFORMÉ, E, part. pass. de *réformer* et adj. — *Officier réformé*, qui, ayant été renvoyé après une *réforme*, touche la demi-paie, ou qui a une commission à la suite de quelque régiment. — *La religion réformée*, le protestantisme.

RÉFORMER, v. act. (*réformé*) (du latin *reformare*), rétablir dans l'ancienne *forme* ou donner une *forme* nouvelle et meilleure. — Retrancher ce qui est nuisible ou superflu : *réformer les abus, le luxe.* — *Réformer les troupes*, les réduire à un moindre nombre. — *Réformer les monnaies*, en changer l'empreinte sans les refondre. — *se* RÉFORMER, v. pron., changer en bien, en mieux.

REFORMER, v. act. (*reformé*), *former* de nouveau. — *se* REFORMER, v. pron., se réunir en corps, en parlant des troupes dispersées.

RÉFORMISTE, subst. mas. (*réformicete*), partisan de la *réforme* du parlement, et par suite de tous les abus politiques, en Angleterre.

REFORTIFIÉ, E, part. pass. de *refortifier*.

REFORTIFIER, v. act. (*refortifié*), *fortifier* de nouveau. — *se* REFORTIFIER, v. pron.

REFOUETTÉ, E, part. pass. de *refouetter*.

REFOUETTER, v. act. (*refouèté*), *fouetter* de nouveau. — *se* REFOUETTER, v. pron.

REFOUILLÉ, E, part. pass. de *refouiller*.

REFOUILLEMENT, subst. mas. (*refou-ieman*), évidement que l'on pratique dans une pierre en conservant ses quatre côtés, comme une auge, une pierre d'évier, etc. — Action de *refouiller*. — Son effet.

REFOUILLER, v. act. (*refou-ié*), *fouiller* une seconde fois. — *se* REFOUILLER, v. pron.

REFOUI, E, part. pass. de *refouir*.

REFOUIR, v. act. (*refouir*), *fouir* de nouveau; *refouir une fosse*. — *se* REFOUIR, v. pron.

REFOULÉ, E, part. pass. de *refouler*.

REFOULEMENT, subst. mas. (*refouleman*), action de *refouler*. — *Refoulement de la fumée*, action de la fumée qui redescend étant pressée et comme *refoulée* par quelque obstacle qui s'oppose à son passage.

REFOULER, v. act. (*refoulé*), *fouler* de nouveau : *refouler une étoffe*. — En t. d'artillerie, bourrer une pièce de canon avec le *refouloir*.— En t. de marine, *refouler la marée*, aller contre le cours de la marée; et neutralement : *la marée refoule*, elle descend. — *se* REFOULER, v. pron.

REFOULOIR, subst. mas. (*refouloar*), bâton garni à l'une de ses extrémités d'un gros bouton aplati qui sert à *refouler*, à bourrer les pièces de canon.

REFOURBI, E, part. pass. de *refourbir*.

REFOURBIR, v. act. (*refourbir*), *fourbir* de nouveau. — *se* REFOURBIR, v. pron.

REFOURNI, E, part. pass. de *refournir*.

REFOURNIR, v. act. (*refournir*), *fournir* de nouveau. — *se* REFOURNIR, v. pron.

RÉFRACTAIRE, adj. des deux genres (*réfraktère*) (en lat. *refractarius*), rebelle, désobéissant aux ordres d'un supérieur. — En t. de chimie, qui ne se fond que très-difficilement. — Subst. mas., conscrit qui ne se rend pas sous les drapeaux. — Nom donné indistinctement à tous les prêtres fonctionnaires publics qui avaient refusé ou négligé de prêter le serment relatif à la constitution civile du clergé, serment que la loi n'exigeait que de ceux-là seuls qui voulaient continuer à exercer ces mêmes fonctions publiques. On les a depuis appelés avec plus de justesse *prêtres insermentés*.

RÉFRACTÉ, E, part. pass. de *réfracter* et adj.: *rayon réfracté*, qui a souffert une ou plusieurs *réfractions*.

RÉFRACTER, v. act. (*réfrakté*) (du lat. *refringere*, briser, rompre), t. de physique, produire la *réfraction* : *le prisme réfracte diversement les différents rayons*.—*se* RÉFRACTER, v. pron.

RÉFRACTIF, adj. mas., au fém. **RÉFRACTIVE** (*réfraktif, tive*), t. de dioptrique, qui cause la *réfraction* : *pouvoir réfractif*.

RÉFRACTION, subst. fém. (*réfrakcion*) (en lat. *refractio*), changement de direction qu'éprouve un mobile, lorsqu'il tombe obliquement d'un milieu dans un autre plus ou moins dense que le premier. La *réfraction* de la lumière se fait en sens contraire de celle des autres corps. — *Réfraction astronomique* ou *réfraction des astres*, changement de direction qu'éprouvent les rayons lumineux en passant dans notre atmosphère, et qui fait paraître les astres plus élevés au-dessus de l'horizon qu'ils ne le sont en effet. — *Table de réfraction*. Voy. *tables anaclastiques*, au mot ANACLASTIQUE.

RÉFRACTIVE, adj. fém. (*réfraktive*). Voy. RÉFRACTIF.

RÉFRACTOIRE, subst. fém. (*réfraktoare*), t. de géom., sorte de courbe.

REFRAIN, subst. mas. (*refrein*) (suivant *Ménage*, de l'espagnol *refran*, proverbe que *Guyet* dérive du latin *referre*, rapporter, parce que les proverbes se rapportent en quelque façon à toutes les circonstances), un ou plusieurs mots en vers qui se répètent à chaque couplet d'une chanson, d'une ballade, d'un rondeau, etc. Par extension, chose qu'une personne ramène sans cesse dans le discours : *c'est toujours le même refrain*. — En t. de marine, le retour des vagues qui viennent se briser contre les rochers.

REFRANCHI, E, part. pass. de *refranchir* et adj.

REFRANCHIR, v. act. (*refranchir*), *franchir* de nouveau, une seconde fois.—*se* REFRANCHIR, v. pron., t. de marine; il se dit de la diminution d'eau que les vagues de la mer avaient fait entrer dans un bâtiment : *le vaisseau se refranchit*.

REFRANGÉ, E, part. pass. de *refranger*.

REFRANGER, v. act. (*refranjé*), *franger* de nouveau.— T. de phys., renvoyer par réflexion. — *se* REFRANGER, v. pron.

RÉFRANGIBILITÉ, subst. fém. (*réfranjibilité*), t. de phys., propriété des rayons de la lumière, en tant qu'ils sont *réfrangibles*.

RÉFRANGIBLE, adj. des deux genres (*réfranjible*), t. de phys., susceptible de réfraction.

REFRAPPÉ, E, part. pass. de *refrapper*.

REFRAPPER, v. act. (*refrapé*), *frapper* de nouveau. On *refrappe* les monnaies quand elles ne sont pas bien venues d'abord. — *se* REFRAPPER, v. pron.

REFRAYÉ, E, part. pass. de *refrayer*.

REFRAYER, v. act. (*refré-ié*), rendre avec le doigt la vaisselle de terre plus unie.—*se* REFRAYER, v. pron.

REFRÉNÉ, E, part. pass. de *refréner*.

REFRÉNER, v. act. (*refréné*) (du lat. *refrenare*, fait de *frenum*, frein), réprimer, tenir en bride : *refréner ses passions*.—*se* REFRÉNER, v. pron.

RÉFRIGÉRANT, E, adj. (*réfrigéran, rante*) (du lat. *refrigerans*, part. prés. de *refrigerare*, rafraîchir, dérivé de *frigus*, froid), qui rafraîchit.—Subst. mas. : *un réfrigérant*.—T. de chimie, vaisseau dans lequel on met la partie supérieure de l'alambic pour la rafraîchir.

RÉFRIGÉRATIF, adj. mas., au fém. **RÉFRIGÉRATIVE** (*réfrijératif, tive*), qui rafraîchit. — Il s'emploie aussi substantivement pour les deux genres.

RÉFRIGÉRATION, subst. fém. (*réfrijérâcion*) (en lat. *refrigeratio*, fait de *refrigerare*, refroidir), t. de médec., action de rafraîchir, de refroidir.

RÉFRIGÉRATIVE, subst. et adj. fém. Voy. RÉFRIGÉRATIF.

RÉFRIGÉRATOIRE, adj. des deux genres (*réfrijératoare*), *réfrigératif*. (*Boiste*.)

RÉFRINGENT, E, adj. (*réfreinjan, jante*) (en lat. *refringens*, part. prés. de *refringere*, briser, rompre), t. de physique, qui cause une réfraction.

REFRIRE, v. act. (*refrire*). Il se conjugue comme *frire*. *Frire* de nouveau. — *se* REFRIRE, v. pron.

REFRISÉ, E, part. pass. de *refriser*.

REFRISER, v. act. (*refrizé*), *friser* de nouveau.—*se* REFRISER, v. pron.

REFRIT, E, part. pass. de *refrire*.

REFROGNÉ, E, ou **RENFROGNÉ, E,** part. pass. de *refrogner*, et adj., qui *se refrogne* : *air et visage refrognés*.

REFROGNEMENT ou **RENFROGNEMENT** (l'*Académie* donne les deux), subst. mas. (*refrognieman*), action de *se refrogner*, effet de cette action.

se **REFROGNER** ou *se* **RENFROGNER** (l'*Académie* donne les deux), v. pron. (*refrognié, ranfrognié*), se faire des plis au *front* en signe de chagrin, de mécontentement.

REFROID, subst. mas. (*refroè*), t. de corroyeur, *mettre des cuirs au refroid*, les étendre sur des perches au sortir de l'étuve.

REFROIDI, E, part. pass. de *refroidir*, et adj., qui est devenu *froid*.

REFROIDIR, v. act. (*refroèdir*), rendre *froid*, *la pluie a refroidi l'air*. — Fig., ralentir : *les difficultés, les obstacles l'ont refroidi*. — Neut., devenir *froid* : *cela refroidira trop*.—*se* REFROIDIR, v. pron., devenir *froid*.

REFROIDISSEMENT, subst. mas. (*refroèdiceman*), diminution de chaleur, *froid* subit.—Fig., diminution d'amitié, d'amour, de zèle.—Maladie du cheval.

REFROISSIS, subst. mas. (*refroèci*), récolte sur les jachères. (*Boiste*.) Peu connu.

REFROTTÉ, E, part. pass. de *refrotter*.

REFROTTER, v. act. (*refroté*), frotter, battre de nouveau.—*se* REFROTTER, v. pron.

REFUGE, subst. mas. (*refuje*) (du lat. *refugium*, fait de *refugere*. Voy. *se* RÉFUGIER.—Asyle, lieu où l'on met en sûreté. Voy. ASYLE.—Il se dit au fig. des personnes : *vous êtes mon refuge; Dieu est mon seul refuge*.—Fig. et fam., excuse, prétexte qu'on prend pour s'excuser.

RÉFUGIÉ, E, part. pass. de *réfugier*, et adj., qui s'est *réfugié* dans un autre pays que le sien. —On dit subst. : *c'est un réfugié, un pauvre réfugié*.— *Les réfugiés*, les calvinistes sortis de France, lors de la révocation de l'édit de Nantes.

se **RÉFUGIER,** v. pron. (*cerefujié*) (du lat. *refugere*, employé dans la même acception, et qui signifie proprement s'enfuir, reculer, formé de *re*, pour *retrò*, en arrière, et de *fugere*, fuir), se retirer en lieu de sûreté.

REFUI, subst. mas. (*refui*), t. de chasse, abri, asyle. (*Boiste*.) Inusité.

REFUI, part. pass. de *refuir*.

REFUIR, v. neut. (*refuir*) (du lat. *refugere*), t. de vén.; il se dit du gibier qui, dans sa fuite, ruse et revient sur ses pas, pour dérouter les piqueurs.

REFUITE, subst. fém. (*refuite*), t. de vén., l'endroit où une bête a coutume de passer lorsqu'on la chasse. —Ruse d'un cerf qu'on chasse. Voy. REFUIR.—Fig., retardements affectés d'un homme qui ne veut pas conclure une affaire.— En t. de menuiserie, le trop de profondeur d'une mortaise, etc.

*** RÉFULGENT, E,** adj. (*réfulejan, jante*), brillant. (*Boiste*.)

REFUS, subst. mas. (*refu*), action de *refuser* : *s'exposer à un refus*.—La chose *refusée* : *je ne veux point le refus d'un autre*.—*Une chose n'est pas au refus de quelqu'un*, on ne la lui offre pas.—*Avoir ou faire une chose au refus d'un autre*, l'avoir ou la faire après qu'un autre a refusé de l'avoir ou de la faire.—Fam. : *cela n'est pas de refus*, j'accepte volontiers vos offres.— *Un cerf de refus*, de trois ans.

REFUSABLE, adj. des deux genres (*refuzable*), qui peut *se refuser*. (Boiste.)

REFUSÉ, E, part. pass. de *refuser*.

REFUSER, v. act. (*refuzé*) (du lat. *refutare*), ne pas accorder ce qu'on nous demande : *refuser une grace*; et neut. : *refuser de faire, d'aller*, etc.—Ne pas recevoir ce qu'on nous offre. — Prov. : *qui refuse muse*, on se repent d'avoir *refusé* quelque chose. — En t. de mar., *le vent refuse*, il est contraire. — *se* REFUSER, v. pron.: *se refuser quelque chose*, s'en priver; *cet avare se refuse le nécessaire; son parent ne se refuse rien*. — *Se refuser aux plaisirs, à la joie*, les fuir. — *On ne peut se refuser à l'évidence de ses preuves, à la force de ses raisons*, on ne peut y résister.

REFUSEUR, subst. mas., **REFUSEUSE,** subst. fém. (*refuzeur, zeuze*), celui, celle qui *refuse*.

RÉFUSION, subst. fém. (*réfuzion*) (du lat. *refusio*, fait de *refundere*), t. de prat., remboursement des frais préjudiciaires, des dépens, des défauts et contumaces. Voy. REFONDER.

RÉFUTABLE, adj. des deux genres (*réfutable*), qui peut être *réfuté* : *toute proposition est bien ou mal réfutable*.

RÉFUTATION, subst. fém. (*réfutâcion*) (en lat. *refutatio*), discours par lequel on *réfute*. — En t. de rhét., la partie du discours qui répond aux objections de la partie adverse, qui détruit les preuves qu'elle a alléguées.

RÉFUTÉ, E, part. pass. de *réfuter*.

RÉFUTER, v. act. (*réfuté*) (en lat. *refutare*), détruire par des raisons solides ce qu'un autre a avancé : *réfuter un argument, une question*. — *se* RÉFUTER, v. pron.

RÉG., abréviation du mot *régime*.

RÉGA, subst. mas. (*réga*), petit roi dépendant d'un autre roi, dans les Gaules.

REGAGNÉ, E, part. pass. de *regagner*.

REGAGNER, v. act. (*regagnié*), *gagner* ce qu'on avait perdu : *regagner son argent, ce qu'on a perdu au jeu*.—En t. de guerre, reprendre sur l'ennemi les ouvrages, le terrein qu'on avait perdu.— *Regagner le dessus*, reprendre le dessus.—*Regagner l'avantage*, recouvrer l'avantage qu'on avait perdu.—*Regagner le camp, le logis*, y retourner.—*Regagner le chemin*, reprendre le chemin qu'on avait quitté.—*Regagner l'amitié, les bonnes graces de quelqu'un*, se rétablir dans son amitié, ses bonnes graces. — *Regagner quelqu'un*, se remettre bien avec lui, le remettre dans nos intérêts, dans notre parti. — *Regagner le dessus du vent, regagner le vent*, t. de mar., reprendre l'avantage du vent. — Fig., rétablir ses affaires, sa fortune, son crédit.—*se* REGAGNER, v. pron.

REGAILLARDI, E, part. pass. de *regaillardir*.

REGAILLARDIR, v. act. (*regua-iardir*), mettre en bonne humeur. (*Molière*.)—*se* REGAILLARDIR, v. pron.

REGAIN, subst. mas. (*reguein*) (suivant *Sylvius, Nicot*, etc., de la particule itérative *re*, et du subst. *gain*; *second gain*), second foin; herbe qui revient dans les prés après qu'ils ont été fauchés.—Fig. : *un regain de jeunesse*.

REGAIRES, subst. fém. plur. (*reguière*), juridiction temporelle des évêques en Bretagne. (*Boiste*.) Vieux.

RÉGAL, subst. mas. (*régual*) (de l'espagnol *regalo*, qui a la même signification. (*Ménage*.) Suivant d'autres, du lat. *regalis*, sous-entendu *cœna*; *cœna regalis*, festin royal, somptueux, magnifique), festin, grand repas qu'on donne à quelqu'un. — La demi-tasse et le petit verre d'eau-de-vie, pris dans un lieu public.—Fig. et fam. : *c'est un régal pour moi de vous voir*, c'est un grand plaisir.—Au plur., des *régals*.

RÉGALADE, subst. fém. (*regualade*), action de *régaler*.—*Boire à la régalade*, la tête renversée et en versant la boisson dans la bouche.

RÉGALANT, E, subst. et adj. (*regualan, lante*), qui *régale*, réjouit, amuse : *cela n'est pas régalant*.

RÉGALE, subst. mas. et fém. (*réguale*), subst. mas., un des jeux les plus considérables de l'orgue, qu'on appelle aussi *voix humaine*.— Subst. fém., droit qu'avait le roi de conférer certains bénéfices pendant la vacance d'un siége épiscopal ; de percevoir le revenu des évêchés et archevêchés pendant le siége vacant, jusqu'à ce que le nommé eût prêté serment de fidélité, et que ce serment fût enregistré à la chambre des comptes.—On disait qu'un *bénéfice vaquait en régale*, pendant la vacance de l'évêché ou de l'abbaye dont il dépendait. — Adj. fém. : *eau régale*, liqueur composée d'esprit de nitre et d'esprit de sel, dont les chimistes se servent pour dissoudre l'or.

RÉGALÉ, E, part. pass. de *régaler*.

RÉGALEC, subst. mas. (*régualèke*), t. d'hist. nat., genre de poisson de la division des apodes.

RÉGALEMENT, subst. mas. (*régualeman*), répartition d'une taxe faite avec *égalité* ou avec proportion sur plusieurs contribuables.— En t. d'archit., travail pour mettre un terrein de niveau, pour le rendre uni et *égal*.

RÉGALER, v. act. (*réguale*) (de l'espagnol *regular*), faire ou donner un *régal à... : il régale bien ses amis*. Voy. RÉGAL. — Réjouir, divertir : *il nous régale d'un joli concert*. — Pop. et par ironie : *on le régala de vingt coups de bâton*. —Répartir avec *égalité* ou proportion une somme imposée. — En archit., mettre un terrein de niveau, le rendre *égal* et uni dans toute sa surface. — SE RÉGALER, v. pron., manger des choses qui plaisent ; faire un repas. — *Se régaler de...*, se donner une chose dont on avait envie.

RÉGALEUR, subst. mas. (*régualeur*), celui qui étend la terre avec une pelle à mesure qu'on la décharge, ou qui la foule avec des battes, pour en rendre la surface *égale* et unie.

RÉGALIEN, adj. mas. (*régualiein*) (du latin *regalus*, royal), qui a rapport à la souveraineté : *droit régalien*. Il n'est en usage que dans cette phrase.

RÉGALIS, subst. mas. plur. (*réguali*), t. de vén., place où le chevreuil a gratté.

RÉGALISTE, subst. mas. (*regualicete*), celui qui était pourvu par la loi d'un bénéfice vacant en *régale*.

RÉGALTE, subst. mas. (*régualete*), nom que les anciens chimistes donnaient aux sels formés avec l'eau *régale*, et que la nouvelle chimie appelle aujourd'hui *nitro-muriate*.

REGARD, subst. mas. (*reguar*), action par laquelle on *regarde*. Voy. OEILLADE. — Manière dont on se *regarde* habituellement : *regard effaré*. —Attention de l'esprit : *s'attirer tous les regards*. —Endroit pratiqué pour visiter un aqueduc, un conduit, pour voir s'il n'y a rien à refaire aux tuyaux, etc.—Au plur., et en t. de peint., deux portraits ou tableaux à peu près de même grandeur, et dont les figures paraissent se *regarder* l'une l'autre.—*En regard*, loc. adv., vis-à-vis.—*Au regard*, autre loc. adv. que nous donne encore l'*Académie*, n'est plus en usage.

REGARDANT, subst. mas. (*reguardan*), celui qui *regarde*, spectateur. Il ne se dit qu'au plur. : *voilà bien des regardants*. Fam. et presque hors d'usage.

REGARDANT, E, adj. (*reguardan, dante*), qui *regarde* de trop près, trop exact, trop ménager. Fam. : *il est par trop regardant*.

REGARDÉ, E, part. pass. de *regarder*.

REGARDER, v. act. (*reguardé*) (de l'italien *riguardare*, formé de la particule *re*, qui, dans la composition, a souvent un sens augmentatif, et du verbe *guardare*, garder, *regarder*, prendre garde ; dérivé de l'allemand *warten*, garder, observer), jeter la vue sur quelque chose : *regarder le ciel, quelqu'un en face* ; et neut. : *regarder au cadran quelle heure il est ; regarder dans ses papiers*, etc.— Considérer, prendre garde ; *il faut regarder le mérite de la personne*. En ce sens, on dit aussi neut. ; *regardez à ce que vous allez dire ; il n'y regarde pas de si près*.— En parlant des choses, être vis-à vis, à l'opposite : *cette maison regarde l'orient*.—Concerner : *cela me regarde, cette affaire ne vous regarde pas*.—*Regarder comme*, estimer tel : *on le regarde comme un de nos meilleurs écrivains*. — Fig. : *regarder quelqu'un de haut en bas, de travers, de côté, de mauvais œil*, le *regarder* avec mépris, avec dédain, lui témoigner du mépris. —*Regarder favorablement, de bon œil*, lui témoigner de la bienveillance.—*Regarder en pitié*, avec des sentiments de compassion ou avec mépris. — *Sa succession, sa charge me regarde*, doit me revenir. — REGARDER, CONCERNER, TOUCHER. (*Syn.*) Quoique nous ne prenions qu'une légère part à la chose, nous pouvons dire qu'elle nous *regarde* ; mais il en faut prendre davantage pour dire qu'elle nous *concerne* ; et lorsqu'elle nous est plus sensible et personnelle, nous disons qu'elle nous *touche*.—On se sert plus communément du mot de *regarder*, lorsqu'il est question de choses sur lesquelles on a des prétentions ou des démêlés d'intérêt ; on emploie avec plus de grace celui de *concerner*, lorsqu'il s'agit de choses commises au soin et à la conduite ; et celui de *toucher* se trouve mieux placé dans les affaires de cœur, d'honneur, de fortune. — Beaucoup de gens s'inquiètent mal à propos de ce qui ne les *regarde* pas, se mêlent de ce qui ne les *concerne* point, et négligent ce qui les *touche* de près.—SE REGARDER, v. pron., s'examiner dans un miroir.—*Se regarder comme...*, s'imaginer ressembler à...

REGARDURE, subst. fém. (*reguardure*), aspect. (*Boiste*.) Vieux et même hors d'usage.

REGARNI, E, part. pass. de *regarnir*.

REGARNIR, v. act. (*reguarnir*), *garnir* de nouveau : *garnir des bas*. — *Regarnir une étoffe de laine*, en tirer une seconde fois le poil avec un chardon.—SE REGARNIR, v. pron.

RÉGATES, subst. fém. plur. (*réguate*), courses de barques en forme de carrousel, à Venise.

REGAYÉ, E, part. pass. de *regayer*.

REGAYER, v. act. (*reguié-ié*), passer du chanvre par le *regayoir*. — SE REGAYER, v. pron.

REGAYOIR, subst. mas. (*regui-é-ioar*), espèce de séran, qui sert à passer le chanvre, pour le purger de ses ordures.

REGAYURE, subst. fém. (*reguié-iure*), ce qui reste dans le *regayoir* quand on *regaie* le chanvre.

REGEB, subst. mas. (*rejèbe*), myth. pers., septième mois du calendrier des Persans.

REGEL, subst. mas. (*rejèle*), nouvelle *gelée*.

REGELÉ, E, part. pass. de *regeler*.

REGELER, v. act. et neut. (*rejelé*), *geler* de nouveau.—SE REGELER, v. pron.

RÈGEMENT, subst. mas. (*réjeman*), régime. (*Boiste*.) Vieux et même hors d'usage.

RÉGENCE, subst. fém. (*réjance*) (du lat. *regere*, gouverner.), dignité qui donne pouvoir et autorité de gouverner un état pendant la minorité, la maladie ou l'absence du roi, etc.—Temps que la *régence* dure. — Dans quelques états de l'Europe, personnes qui en composent le gouvernement : *la régence de Suède*.—Conseil préposé au gouvernement de certaines villes : *la régence d'Amsterdam*.— Temps pendant lequel un homme enseigne publiquement dans un collége. Voy. RÉGENT.

RÉGÉNÉRATEUR, subst. et adj. mas., au fém. RÉGÉNÉRATRICE (*réjénérateur, trice*), celui, celle qui *régénère*.

RÉGÉNÉRATION, subst. fém. (*réjénérâcion*) (en lat. *regeneratio*), reproduction : *la régénération des chairs* ; en chimie, *la régénération des métaux*.— Fig., et en parlant du baptême, renaissance : *le sacrement de la régénération*.

RÉGÉNÉRATRICE, subst. et adj. fém. Voyez RÉGÉNÉRATEUR.

RÉGÉNÉRÉ, E, part. pass. de *régénérer*.

RÉGÉNÉRER, v. act. (*réjénéré*) (du lat. *regenerare*, fait de la particule itérative *re*, et de *generare*, engendrer), faire renaître en Jésus-Christ, en parlant du baptême. — Réformer, améliorer.—SE RÉGÉNÉRER, v. pron., se reproduire : *les chairs se régénèrent*.

RÉGENT, subst. mas. (*réjan*) (en lat. *regens*, part. prés. de *regere*, régir, gouverner), anciennement, celui qui professait dans un collége. On disait plus ordinairement *régent* de ceux qui enseignaient dans les basses classes, et *professeur* de ceux qui enseignaient la rhétorique et la philosophie, etc.—Aujourd'hui, l'on appelle *régent de la banque de France*, chacun de ceux qui composent son conseil général. —On a dit aussi adj. : *docteur régent en médecine*, etc. Voy. le mot qui suit.

RÉGENT, E, subst. et adj. (*réjan, jante*), subst., celui, celle qui *régit*, qui gouverne un royaume, etc., pendant la minorité, la maladie ou l'absence du roi. — Adj. : *la reine régente*.

RÉGENTÉ, E, part. pass. de *régenter*.

RÉGENTER, v. neut. et act. (*réjanté*), anciennement, professer, enseigner publiquement dans un collége. Ce sens est presque hors d'usage. Voyez RÉGENT. — Fig., aimer à dominer, à faire prévaloir son avis : *il veut régenter partout*.—Act., il a les deux sens du neutre : *régenter la sixième, la troisième ; cet homme régente tous ses confrères*, les gouverne comme des écoliers. — SE RÉGENTER, v. pron.

REGERMÉ, E, part. pass. de *regermer*.

REGERMER, v. neut. (*rejèremé*), *germer* de nouveau.

REGGIO, subst. propre mas. (*rèdji-o*), ville d'Italie, chef-lieu du district et du duché de même nom. Patrie de l'Arioste. — Prise par les Français, 1702 ; par le prince Eugène, 1703 ; par le roi de Sardaigne, 1742 ; par les Autrichiens, 1831.

REGHAT, subst. mas. (*reguа*), t. de bot., nom arabe d'une épiaire, sorte de plante du genre des orties.

REGIBBEUR, subst. mas. (*rejibebeur*), celui qui *regimbe*. (*Boiste*.) Vieux, et tout-à-fait hors d'usage.

RÉGICIDE, subst. mas. (*réjicide*) (du lat. *rex, regis*, roi, et *cædere*, tuer), meurtre d'un roi. —Celui qui le tue. Dans ce dernier sens il peut être adj. des deux genres : *doctrine régicide*.

RÉGI, E, part. pass. de *régir*.

RÉGIE, subst. fém. (*réji*) (du lat. *regere*, régir, gérer, administrer), administration de biens, etc., à la charge d'en rendre compte : *mettre une succession en régie*.—Administration chargée de la perception des impôts indirects ; ses bureaux ; ses agents : *la régie des tabacs ; la régie de l'enregistrement et des domaines, la régie des contributions indirectes*, etc. — On dit également : *mettre des travaux publics en régie*, c'est-à-dire les faire exécuter au compte de l'état, et sous la surveillance d'un de ses agents. — La *régie intéressée* est celle en vertu de laquelle un propriétaire confie à quelqu'un la perception de ses revenus, sous la condition qu'il lui en reviendra chaque année une somme fixe, et que le *régisseur* partagera avec lui l'excédant de cette somme, dans une proportion convenue. Ce mode de perception est employé par l'administration et par les villes, pour la recette de certains impôts et des taxes d'octroi. — RÉGIE, DIRECTION, ADMINISTRATION, CONDUITE, GOUVERNEMENT. (*Syn.*) La *régie* a trait uniquement aux biens temporels confiés aux soins de quelqu'un, pour les faire valoir au profit d'un autre à qui ils appartiennent, et desquels on doit rendre compte de clerc à maître. La *direction* est pour certaines affaires où il y a distribution, soit de finances, soit d'occupations, et auxquelles on est commis pour y maintenir l'ordre convenable. L'*administration* a des objets d'une plus grande conséquence, tels que la justice ou les finances d'un état ; elle suppose une prééminence d'emploi qui donne du pouvoir, du crédit, et une sorte de liberté dans le département dont on est chargé. La *conduite* désigne quelque sagesse et quelque habileté à l'égard des choses, et une subordination à l'égard des personnes. Le *gouvernement* résulte de l'autorité et de la dépendance. Il indique une supériorité de place sur des inférieurs, et a un rapport particulier à la politique.

REGIMBEMENT, subst. mas. (*rejeinbeman*.) action de *regimber*.

REGIMBER, v. neut. (*rejeinbé*) (suivant *Ménage*, de la particule itérative *re*, et de l'italien *gamba*, jambe ; *remuer fréquemment les jambes*), en parlant des bêtes de monture, ruer des pieds de derrière quand on les touche de l'éperon ou du fouet. — Fig. et fam., résister, refuser d'obéir : *il regimbe* ; et prov. : *il regimbe contre l'éperon*.— SE REGIMBER, v. pron.

RÉGIME, subst. mas. (*réjime*) (en lat. *regimen*, de *regere*, régir), règle qu'on observe dans la manière de vivre, par rapport à la santé : *suivre un bon, un mauvais régime*.—Au palais, administration.—*Régime dotal*, celui sous l'empire duquel la femme conserve la propriété de ses biens de toute sorte, qui deviennent dès-lors inaliénables. Toutefois, le mari, chef naturel de la société conjugale, a droit à la jouissance de tout ou partie des biens de la femme, pour l'aider à supporter les charges du mariage. Ce *régime* diffère de celui de la communauté, en ce qu'il n'y a entre les époux aucune association, soit légale, soit conventionnelle.—Dans quelques maisons religieuses, gouvernement, supériorité :

régime annuel, triennal, perpétuel. — En t. de gram., mot qui restreint et détermine la signification d'un autre mot en complétant le sens; c'est le *régime indirect.*—On entend par *régime direct,* celui qui ne complète la signification d'un mot qu'à l'aide de certaines prépositions intermédiaires. Voy. la *grammaire.* — Il se dit aussi des rameaux de palmier, de figuier, etc., qui sont chargés de fruits : *un régime de dattes, de figues.*

RÉGIMENT, subst. mas. (*réjiman*) (du latin barbare *regimentum*, qui dérive de *regimen*, gouvernement, administration), corps de gens de guerre, composé de plusieurs compagnies.— Fig. et fam., grande multitude : *il est assailli journellement par un régiment de créanciers.*

RÉGIMENTAIRE, adj. des deux genres (*réjimantère*), du *régiment : école régimentaire,* établie dans un *régiment.*

RÉGINE, subst. fém. (*réjine*), t. d'hist. nat., genre de serpents du troisième ordre.

RÉGINGLETTE, subst. fém. (*réjeinguelète*), t. d'oiselier, piége pour attraper des oiseaux.

REGINGOT, subst. mas. (*rejeinguô*), t. de menuisier, sorte de rainure que l'on pratique sous l'appui et le jet d'eau d'une croisée pour empêcher l'eau de la pluie de pénétrer dans un appartement. Voy. LARMIER.

RÉGION, subst. fém. (*réjion*) (en lat. *regio*), grande étendue, soit sur la terre, soit dans l'air, soit dans le ciel. Il se dit plus ordinairement dans le premier sens, pour une grande étendue de pays : *toutes les régions de la terre, les régions de l'Asie,* etc. — En anat., certaine portion du corps humain : *la région du foie, de la rate; région ombilicale, épigastrique,* etc.

é **REGIONE** (*é réji-oné*), expression empruntée du latin : vis-à-vis. Se dit, dans l'imprimerie, d'un ouvrage en deux ou plusieurs colonnes correspondantes.

RÉGIPEAU, subst. mas. (*réjipô*), dans un train de bois, perche qu'on lie aux branches de rive, et qui unit ensemble deux coupons.

RÉGIR, v. act. (*réjir*) (en lat. *regere*), gouverner : *régir un état, un diocèse.* En ce sens il n'est que du style soutenu. — Au palais, administrer. — En grammaire, exiger un certain *régime*, gouverner un certain cas, un certain mode : *ce verbe régit l'accusatif.* — *se* RÉGIR, v. pron.

RÉGISSEUR, subst. mas., **RÉGISSEUSE**, subst. fém. (*réjiceur, ceuze*), celui, celle qui *régit* par commission et à la charge de rendre compte.

RÉGISSEUSE, subst. fém. Voy. RÉGISSEUR.

REGISTRAIRE, subst. mas. (*rejicetrère*), gardien des *registres.* Hors d'usage.

REGISTRATA, subst. mas. (*réjicetrata*) (mot tout latin), t. de palais, extrait d'un arrêt d'enregistrement. Vieux.

REGISTRATEUR, subst. mas. (*rejicetrateur*), officier de la chancellerie romaine qui *enregistrait* les bulles et les suppliques. Vieux.

REGISTRATION, subst. fém. (*rejicetrâcion*), droit de *registre.* — Action d'écrire sur un *registre.*

REGISTRE, et non plus **REGÎTRE**, subst. mas. (*rejicetre*) (en lat. *registrum*), livre dans lequel on écrit les actes et les affaires de chaque jour pour y avoir recours : *registres des baptêmes, des mariages; registre mortuaire; tenir registre.* — On dit : *charger un registre,* écrire sur le *registre; décharger un registre*, donner une décharge et l'écrire sur le *registre.* — T. d'organ., règle de bois qu'on tire ou pousse pour ouvrir ou fermer les jeux de l'orgue. — T. d'impr., rencontre des lignes et des pages placées et rangées également les unes sur les autres. *Faire son registre,* prendre les mesures nécessaires pour que les pages imprimées en papier blanc tombent exactement sur celles qui leur répondent dans la retiration. —En chimie, plaque de fer mobile avec laquelle on bouche ou l'on débouche les fourneaux, suivant le degré de chaleur qu'on veut donner. — Prov. : *tenir registre de tout*, remarquer, retenir tout ce qu'on entend. — *Cet homme est sur mes registres*, je me souviendrai du déplaisir qu'il m'a fait. On dit plus ordinairement *sur mes tablettes.*

REGISTRÉ, E, part. pass. de *registrer,* et non plus *regîtré.*

REGISTRER, v. act., et non plus **REGÎTRER** (*rejicetré*) (du lat. *registrare*), insérer dans le *registre*; on dit même *enregistrer.* — *se* REGISTRER, v. pron.

REGÎTRE, vieille orthographe hors d'usage, que donne encore l'*Académie* pour REGISTRE.

REGÎTRER, même observation pour ce mot que pour le mot précédent. On de dit plus que *registrer.*

RÉGLAGE, subst. mas. (*réguelaje*), action de *régler* le papier de musique et autres.

RÈGLE, subst. fém. (*règuele*) (du lat. *regula*, fait de *regere*, régir), instrument long, droit et plat, de bois ou de métal, qui sert à tirer des lignes droites. — Fig., principe, maxime, foi, enseignement : *règle de foi, de conduite, de morale.* — Bon ordre : *on vit sans règle,* ou *il n'y a point de règle dans cette maison.*—Exemple, modèle. — Loi particulière, règlement : *procéder dans les règles, selon les règles; les règles de la politesse.* — Préceptes, principes, méthodes des arts et des sciences. Il s'emploie ordinairement au plur. : *l'étude, la connaissance des règles*, etc. — Instituts, statuts d'un ordre religieux : *la règle de saint François, de saint Benoît*, etc. — En arithm., opération que l'on fait sur des nombres donnés pour en trouver ou la somme, ou la différence, ou le produit, ou le quotient : *les quatre règles,* l'addition, la soustraction, la multiplication et la division : *règle de trois, règle de proportion.* — T. de médec., au plur., purgations menstruelles des femmes. — RÈGLE, MODÈLE. (*Syn.*) La *règle* prescrit ce qu'il faut faire ; le *modèle* le montre tout fait. On doit suivre l'une, et imiter l'autre. — La *règle* parle à l'esprit, elle l'éclaire, elle lui fait connaître ce qui doit se faire ; mais elle est froide et sans force. Le *modèle* échauffe l'âme, la met en mouvement, fait disparaître toutes les difficultés, anéantit tous les prétextes. — RÈGLE, RÈGLEMENT. (*Syn.*) La *règle* regarde proprement les choses qu'on doit faire; et le *règlement*, la manière dont on les doit faire. Il entre dans l'idée de l'une quelque chose qui tient plus du droit naturel ; et dans l'idée de l'autre, quelque chose qui tient plus du droit positif. — L'équité et l'humanité doivent être les deux grandes *règles* de la conduite des hommes ; elles sont même en droit de déroger à tous les *règlements* particuliers. On se soumet à la *règle ;* on se conforme au *règlement.* Voy. ORDRE.

RÉGLÉ, E, part. pass. de *régler,* et adj. : *mouvement réglé, montre bien réglée,* etc. Voy. RÉGLER.—Sur quoi on a tiré des lignes : *papier réglé.*—Prov. : *homme réglé comme un papier de musique,* qui observe avec ponctualité une certaine manière de vivre.—Décidé, déterminé : *il est réglé que...* — Jugé, arrêté, conclu : *cela est réglé.*—Assujéti à une *règle* quelconque, uniforme ou variable, bonne ou mauvaise. En ce sens, il diffère de *régulier,* qui signifie conforme à une *règle,* uniforme et louable : *une vie réglée n'est pas toujours une vie régulière.* — En parlant des personnes, sage, rangé. — *Femme qui est réglée,* qui a ses menstrues *régulièrement.*— *Fièvre réglée,* dont les accès sont *réguliers.* — *Troupes réglées*, entretenues sur pied, pour les distinguer des milices. — RÉGLÉ, RANGÉ. (*Syn.*) On est *réglé* par ses mœurs et par sa conduite ; on est *rangé* dans ses affaires et dans ses occupations. L'homme *réglé* ménage sa réputation et sa personne ; il a de la modération, et il ne fait point d'excès. L'homme *rangé* ménage son temps et son bien ; il a de l'ordre et ne fait point de dissipation.—A l'égard de la dépense à laquelle on applique ces deux épithètes, elle est *réglée* par les bornes qu'on y met, et *rangée* par la manière dont on la fait. Il faut la *régler* sur ses moyens, et la *ranger* selon le goût de la société où l'on vit, de façon néanmoins que les commodités domestiques ne souffrent point de l'envie de briller.— RÉGLÉ, RÉGULIER. (*Syn.*) Le mouvement de la lune est *réglé*, puisqu'il est soumis à des retours périodiques égaux ; mais il n'est pas *régulier,* parce qu'il n'est pas uniforme dans la même période.—En parlant de la vie, de la conduite, des mœurs, *réglé* dit autre chose que *régulier.* Une vie *réglée* peut s'entendre au physique et au moral : au physique, c'est une vie assujétie à une règle suggérée par des vues de santé ou d'économie ; au moral, c'est une vie extérieurement conforme aux *règles* de morale que le monde même exige ; mais une vie *régulière* est une vie conforme aux principes de la morale et aux maximes de la religion. C'est à peu près la même chose en parlant de la conduite et des mœurs.— On dit d'une femme qu'elle est *réglée,* dans un sens purement physique, pour dire que le retour périodique des menstrues est exact. C'est pourquoi dans le sens moral, on dit qu'elle est *régulière,* pour dire qu'elle garde toutes les bienséances qu'exige la vertu.—Hors de la morale, ce qui est *réglé* était originairement libre, et n'est soumis à une *règle* que par un choix libre ou par convention ; c'est ainsi qu'il faut l'entendre d'une dispute *réglée,* d'un ordinaire *réglé,* d'un commerce *réglé*, d'un temps *réglé,* etc.; ou bien il s'agit d'une *règle* établie par le fait, et dont il est difficile ou impossible de rendre raison, comme quand on parle d'une fièvre *réglée.* Mais tout ce qui est *régulier* doit tendre à la *règle,* et tend au vicieux dès qu'il s'y soustrait ; tels sont un bâtiment, un discours, un poème, une construction, une procédure, etc.

RÉGLÉE, subst. fém. (*reguelé*), t. de cartonniers, pile de cartons équarris.

RÈGLEMENT, subst. mas. (*règueleman*), ordonnance, statut qui doit servir de *règle,* qui prescrit ce que l'on doit faire : *règlement de police.* — *Plaider en règlement de juges*, plaider afin de faire décider à quel tribunal une affaire doit être portée.

RÉGLÉMENT, adv. (*réguelémen*), avec *règle*, d'une manière *réglée.*—RÉGLÉMENT, RÉGULIÈREMENT. (*Syn.*) Quand on ne veut marquer que la persévérance à faire toujours de la même manière, ces deux adverbes sont synonymes, et se prennent indifféremment l'un pour l'autre : ainsi, l'on peut dire d'un homme de cabinet, qu'il étudie *réglément* ou *régulièrement* huit heures par jour, que tous les jours il se lève *réglément* ou *régulièrement* à cinq heures, etc. Mais il y a des circonstances où l'on ne doit pas prendre l'un pour l'autre. *Réglément* veut dire alors, d'une manière égale, que l'on peut regarder comme *règle*, et qui semble soumise à une *règle ; régulièrement* veut dire, d'une manière conforme à une *règle* réelle, ou aux *règles* en général. —*Réglément* indique de la précision, et suppose de la sagesse et de l'ordre; *régulièrement* désigne de l'attention, et suppose toujours de la soumission et de l'obéissance. — Vivre *réglément* est un moyen assuré de ménager tout-à-fait sa bourse et sa santé ; vivre *régulièrement*, est le moyen efficace d'assurer son bonheur

RÉGLÉMENTAIRE, subst. et adj. des deux genres (*reguelémantère*), qui appartient au *règlement*; qui concerne le *règlement : lois réglémentaires*; et en mauvaise part : *administration, régime réglémentaire*, qui multiplie les *règlements* à l'excès. — Subst. : *un réglémentaire.*

RÉGLÉMENTER, v. neut. (*réguelémanté*), faire des *règlements*, organiser : *aimer à réglémenter.*—*se* RÉGLÉMENTER, v. pron.

RÉGLER, v. act. (*réguelé*) (du lat. *regulare*), tirer des lignes sur du papier pour servir de *règle* ou d'ornement.—Conduire, diriger suivant la *règle : régler sa vie, ses actions, ses mœurs, ses désirs ; régler sa maison*, etc.—Déterminer : *régler les séances, l'ordre, la marche*, etc. — *Régler ses affaires*, les mettre dans un bon ordre.—*Régler sa dépense, sa table*, y mettre un certain ordre, quelquefois la diminuer.—*Régler une affaire, un différend*, les terminer.—*Régler le mémoire d'un ouvrier,* en mettre les articles à leur juste valeur. — *Régler une pendule, une montre,* la mettre en état d'aller juste et bien.— T. d'imp., *régler le coup*, marquer avec de la craie, sur le tympan, l'endroit où doit poser la platine, afin de donner à propos le coup de barreau.—*se* RÉGLER, v. pron., devenir *réglé,* régulier.—*Se régler sur quelqu'un*, le prendre pour modèle.—*Se régler sur quelque chose,* se conformer à ce qui a été décidé ou pratiqué.

RÉGLET, subst. mas. (*réguelè*), t. d'imprim., espèce de lame en fonte d'une longueur déterminée, qui sert à faire la division des chapitres etc. On l'appelle plus ordinairement *filet.* — La ligne marquée par cette *règle* dans l'imprimé. Peu usité.—En archit., bandelette.

RÉGLETTE, subst. fém. (*réguelète*), petite *règle* de bois dont on se sert dans l'imprimerie pour former les garnitures.

RÉGLEUR, subst. mas., **RÉGLEUSE**, subst. fém. (*régueleur, leuze*), ouvrier ou ouvrière qui *règle* le papier.

RÉGLEUSE, subst. fém. Voy. RÉGLEUR.

RÉGLISSE, subst. fém. (*réguelice*) (en latin *glycyrrhisa*, fait du grec γλυκυρριζα, formé de ριζα, racine, et de γλυκυς, doux, racine douce), plante vivace, originaire des pays chauds, à fleur papilionacée, dont la racine est connue par la douceur de son mucilage. — Morceau de cette plante ou plutôt de sa racine. — *Jus de réglisse,* sucre noir préparé avec le suc de la *réglisse*.— *Réglisse de montagne*, t. de bot., le trèfle des Alpes, dont les racines sont sucrées. — *Réglisse sauvage*, nom donné à l'astragale commun.

RÉGLISSIER, subst. mas. Voy. ASTRAGALE.

RÉGLOIR, subst. mas. (*règueloar*), outil pour *régler* le papier. — Instrument de bois ou d'os à l'usage des cordonniers.

RÉGLURE, subst. fém. (*règuelure*), ouvrage de *régleur*.

REGMALARD, subst. propre mas. (*règuemalare*), bourg de France, chef-lieu de canton, arrond. de Mortagne, dép. de l'Orne.

RÉGNANT, **E**, adj. (*règnian*, *gniante*), qui *règne*: *duc, prince régnant*.—Fig., qui domine: *le goût régnant*. — *Maladie régnante*, qui existe en ce moment.

RÈGNE, subst. mas. (*règnie*)(du lat. *regnum*), gouvernement, administration d'un royaume. — Il se dit du roi, et non pas du royaume : *sous le règne de Louis XIV*, etc. — Couronne suspendue sur le maître-autel d'une église; la tiare du pape. — Fig., pouvoir, empire : *le règne de la grace; le règne du péché*.—En t. d'hist. nat., *le règne animal, végétal, minéral*, les animaux, les végétaux, les minéraux. Dans la même division de l'hist. nat., il n'y a que deux sections générales, *le règne organique* et *le règne inorganique*.— Fig.: *être en règne*, être en vogue.— Fam. : *du règne de...*, du temps de, en parlant d'un particulier.

RÉGNÉ, part. pass. de *régner*.

RÉGNER, v. neut. (*règnié*) (en lat. *regnare*), régir, gouverner un état.—Fig., dominer : *le sage règne sur ses passions ; l'ambition règne dans son âme*. — En parlant des choses, être en vogue : *cette mode a régné long-temps*. On dit aussi *le vent qui règne*, *la maladie qui règne*, qui dure depuis long-temps. — *L'hyperbole, l'antithèse, règnent dans ce discours*, elles y sont fréquentes. — En t. d'archit., s'étendre le long de.. : *cette corniche, ce balcon règnent tout le long de la façade*.

RÉGNICOLE, subst. et adj. des deux genres (*règuenikole*) (du lat. *regnicola*, formé de *regnum*, royaume, et de *colere*, habiter), habitant naturel d'un royaume, et par extension d'un état souverain quelconque.— Etranger qui jouit par concession des mêmes privilèges que les *régnicoles : les Suisses sont réputés regnicoles*.

REGNIES, subst. fém. plur. (*régni*), sorte de toile qu'on fabrique dans le Beaujolais.

REGONFLÉ, **E**, part. pass. de *regonfler*.

REGONFLEMENT, subst. mas. (*reguonfleman*), élévation des eaux dont le cours est arrêté par quelque obstacle.

REGONFLER, v. neut. (*reguonflé*), s'enlever et se soulever, en parlant des eaux dont quelque obstacle arrête le cours. — Act., *gonfler* une seconde fois. Voy. GONFLER. — *se* REGONFLER, v. pron.

REGORGÉ, **E**, part. pass. de *regorger*.

REGORGEMENT, subst. mas. (*reguorjeman*), action de *regorger*, de ce qui *regorge* : *regorgement de la rivière, de la bile, des humeurs*.

REGORGER, v. neut. (*reguorjé*) (du mot *gorge*, proprement *sortir de la gorge*), s'épancher hors de ses bornes, déborder. Il ne se dit que des eaux, du sang, des humeurs.—Fig., avoir en grande abondance : *il regorge de biens*, et fam. : *il regorge de santé*; il a trop de santé.— Fig. et fam. : *faire regorger*, obliger de rendre : *on lui fera regorger l'argent qu'il a volé*. Dans cette phrase, il est actif.

REGOULÉ, **E**, part. pass. de *regouler*.

REGOULER, v. act. (*reguoulé*), t. pop., rabrouer quelqu'un, lui dire des paroles piquantes. — *se* REGOULER, v. pron. Vieux et peu en usage.

REGOURMÉ, **E**, part. pass. de *regourmer*.

REGOURMER, v. act. (*reguourmé*), donner une seconde fois des coups de poing. — *se* REGOURMER, v. pron.

REGOÛTÉ, **E**, part. pass. de *regoûter*.

REGOÛTER, v. act. (*reguouté*), *goûter* de nouveau. — *se* REGOÛTER, v. pron.

REGRACIÉ, **E**, part. pass. de *regracier*.

REGRACIER, v. act. (*regueracié*), *gracier* de nouveau. — *se* REGRACIER, v. pron.

REGRADILLÉ, **E**, part. pass. de *regradiller*.

REGRADILLER, v. act. (*regueradi-ié*), friser les cheveux avec un fer chaud.—*se* REGRADILLER, v. pron. Presque inusité.

REGRAT, subst. mas. (*reguera*), marchandise de peu de valeur qu'on achette pour la revendre. — Vente de sel à petite mesure. — Lieu où il se vend ainsi.

REGRATTÉ, **E**, part. pass. de *regratter*.

REGRATTER, v. act. (*regueraté*), *gratter* de nouveau. — Nettoyer un vieux bâtiment avec des ripes et autres outils. — Retoucher une planche avec le burin.—Neut., vendre du sel à petites mesures. — Fig. et fam. : *c'est un homme qui regratte sur tout*, qui fait dans un compte des réductions sur les plus petits objets.—*se* REGRATTER, v. pron.

REGRATTERIE, subst. fém. (*reguerateri*), marchandise de *regrat*.

REGRATTIER, subst. mas., **REGRATTIÈRE**, subst. fém. (*regueratié, tière*), celui, celle qui vend du sel à petite mesure. — Par extension, petit marchand qui vend de la seconde main. — Fig. et fam., personne qui, dans un compte considérable, fait des réductions sur les plus petits objets.—Ecrivassier, compilateur.

REGRATTIÈRE, subst. fém. Voy. REGRATTIER.

REGREFFÉ, **E**, part. pass. de *regreffer*.

REGREFFER, v. act. (*reguerèfé*), *greffer*, enter de nouveau. — *se* REGREFFER, v. pron.

REGRÉLAGE, subst. mas. (*reguerélaje*), seconde opération pour blanchir la cire. Voy. REGRÉLER.

REGRÉLÉ, **E**, part. pass. de *regréler*.

REGRÉLER, v. act. (*reguerélé*), t. de cirier, faire, après la seconde fonte, passer de nouveau la cire dans la *gréloire*, pour la blanchir. — *se* REGRÉLER, v. pron.

RÉGRÉ, **E**, part. pass. de *régrer*.

RÉGRER, v. act. (*régueré*), récréer. (*Boiste*.) Vieux et même hors d'usage. — *se* RÉGRER, v. pron.

REGRÈS, subst. mas. (*reguerè*) (du lat. *regressus*, qui signifie proprement retour, action de retourner, de revenir, formé de *re*, pour *retrò*, en arrière, et de *gressus*, pas, marche), action qu'on a pour rentrer dans un bénéfice résigné ou permuté. Autrefois, la faculté qui appartenait au propriétaire d'un office de révoquer la cession qu'il en avait faite ; cette révocation avait pour effet de conserver le titulaire dans tous ses droits, et pouvait avoir lieu jusqu'au moment de l'installation du cessionnaire. Le *regrès* n'est plus admis par nos lois, et à moins d'une clause formelle de *réméré*, les ventes d'offices de notaires, d'avoués ou de greffiers par exemple, ne seraient pas plus susceptibles que toute autre vente d'être révoquées par la seule volonté d'une des parties. Le consentement réciproque serait indispensable.

RÉGRESSION, subst. fém. (*réguerècion*) (en lat. *regressio*), figure de rhétorique qui fait revenir les mots sur eux-mêmes avec un sens différent : *nous ne vivons pas pour boire et pour manger, mais nous buvons et nous mangeons pour vivre*.

REGRET, subst. mas. (*reguerè*) (du lat. *regressus*, retour en arrière, parce que le *regret* reporte les pensées et les sentiments sur le passé. *Le Duchat*.), déplaisir d'avoir perdu ce qu'on possédait, ou d'avoir manqué ce qu'on aurait pu acquérir : *avoir du regret, des regrets*. — Il se dit par extension d'un déplaisir léger : *j'ai regret que vous n'ayez pas vu cette pièce*.—Repentir : *avoir regret de ses péchés*. — Au plur., plaintes, doléances.—*A regret*, loc. adv., avec répugnance.

REGRETTABLE, adj. des deux genres (*reguerètable*), digne d'être *regretté*.

REGRETTABLEMENT, adv. (*reguerètableman*), d'une manière *regrettable*. (Boiste.)

REGRETTÉ, **E**, part. pass. de *regretter*.

REGRETTER, v. act. (*reguerèté*), avoir du *regret*, être fâché, affligé d'une perte qu'on a faite ; d'avoir manqué ce qu'on pouvait acquérir; de n'avoir pas fait quelque chose, etc. — *se* REGRETTER, v. pron.

RÉGRIGNÉ, **E**, part. pass. de *régrigner*.

se **RÉGRIGNER**, v. pron. (*réguerignié*), se retirer, se crisper. Vieux.

REGROS, subst. mas. (*reguerô*), grosse écorce pour le tan.

REGROSSI, **E**, part. pass. de *regrossir*.

REGROSSIR, v. act. (*reguerocir*), t. de gravure, élargir des tailles et des hachures, soit avec le burin, soit avec l'échoppe.—*se* REGROSSIR, v. pron.

REGUINDÉ, **E**, part. pass. de *reguinder*.

REGUINDER, v. act. (*reguieindé*), *guinder* une seconde fois. — En t. de fauconn., *l'oiseau se reguinde*, fait une nouvelle pointe au-dessus des nues.—*se* REGUINDER, v. pron.

RÉGUL., abréviation de *régulier*.

RÉGULARISATION, subst. fém. (*régularizâcion*), action de *régulariser*.—Son effet.

RÉGULARISÉ, **E**, part. pass. de *régulariser*.

RÉGULARISER, v. act. (*régularizé*), rendre *régulier*, donner de la *régularité* à...— *se* RÉGULARISER, v. pron.

RÉGULARITÉ, subst. fém. (*régularité*), en général, conformité aux *règles*. — En physique, ordre invariable de la nature.—En morale, observation exacte des devoirs et des bienséances. — En matière de religion, observation des *règles*, des préceptes, des commandements de Dieu et de l'Église.—Dans les arts, observation des *règles* qui leur sont propres. — En parlant des ordres religieux, exacte observation des *règles* de chaque ordre.—Il se dit aussi de l'état religieux par opposition à l'état séculier.—*La régularité des traits du visage*, leur juste proportion. —En géom. : *la régularité d'une figure*, l'égalité de ses côtés et de ses angles.

RÉGULATEUR, subst. mas. (*régulateur*), en t. d'horlogerie, le balancier ou le spiral dans les montres, la verge et la lentille dans les pendules. — En t. de plombier, armure du laminoir qui *règle* et dirige la pression des tables qu'on lamine.—Celui qui *règle*, qui dirige. En ce sens, on dit au fém. *régulatrice*.

RÉGULATEUR, adj. mas., au fém. **RÉGULATRICE** (*régulateur, trice*), qui *règle*, qui *régit* : *pouvoir régulateur, force régulatrice*.

RÉGULATION, subst. fém. (*régulâcion*), action de ce qui *règle*. Inusité.

RÉGULATRICE, adj. fém. Voy. RÉGULATEUR.

RÉGULE, subst. mas. (*régule*), dans l'anc. chim., la partie métallique pure d'un demi-métal : *régule d'arsenic, d'antimoine*, etc. (T. des alchimistes, qui, croyant toujours trouver de l'or dans les culots métalliques qu'ils retiraient de leurs fontes, les appelaient *régules*, en latin *regulus*, petit roi, comme contenant ce *roi* des métaux.)

RÉGULIER, adj. mas., au fém. **RÉGULIÈRE** (*régulié, lière*) (du lat. *regularis*, fait de *regula*, règle), conforme aux *règles*, à l'ordre de la nature, aux lois de la religion et de la morale, aux préceptes des arts, etc. Voy. RÈGLÉ.— Exact, ponctuel : *il est régulier dans les moindres choses*.—*Bâtiment régulier*, *place régulière*, où règne une certaine *régularité*, une certaine symétrie. — *Traits réguliers*, traits du visage qui sont dans une juste proportion entre eux.—En mathématiques : *figure régulière*, dont tous les côtés et tous les angles sont égaux entre eux. — *Corps réguliers*, les cinq polyèdres qui ont pour surface des polygones réguliers, égaux entre eux, et dont tous les angles solides sont égaux.—En chron. : *nombres réguliers*, ou substantivement : *les réguliers*, nombres qui, ajoutés aux concurrents, servaient à trouver quel jour de la semaine tombait le premier mois.— En grammaire, *verbes réguliers*, ceux qui suivent, dans la formation de leurs temps, les *règles* générales des conjugaisons.—*Clergé régulier*, composé des ordres religieux. — *Bénéfice régulier*, qui ne peut être tenu que par un religieux. — *Observance régulière*, pratiquée par le religieux. — Subst. mas. : *bénéfice possédé par un régulier*, par un religieux.

RÉGULIÈRE, adj. fém. Voy. RÉGULIER.

RÉGULIÈREMENT, adv. (*régulièreman*), selon les *règles*; avec *régularité*.

RÉGULINE, adj. fém. (*réguline*), t. de chim. : *partie réguline*, la partie purement métallique d'un demi-métal. Voy. RÉGULE.

RÉGULO, subst. mas. (*régulô*), t. de relat., titre qu'on donne au fils de l'empereur de la Chine.

RÉGULUS, subst. mas. (*réguluce*), t. d'astron., étoile qui fait partie de la constellation du lion.

RÉGURGITATION, subst. fém. (*régurjitâcion*), t. de médec., action d'avaler de nouveau les aliments après les avoir dégorgés et broyés une seconde fois, mode de digestion propre aux animaux ruminants.

RÉHAB, subst. mas. (*ré-abe*), instrument persan qui a quelque ressemblance avec le violon.

RÉHABILITATION, subst. fém. (*ré-abilitâcion*), action de *réhabiliter* : *lettres de réhabilitation*.

RÉHABILITÉ, **E**, part. pass. de *réhabiliter*.

RÉHABILITER, v. act. (*ré-abilité*) (de la particule latine itérative *re*, et de l'adj. *habilis*, habile, propre à... : *rendre de nouveau habile à...*), rétablir, remettre en état, dans le premier état.— *Réhabiliter un mariage*, réparer le vice d'un mariage par une nouvelle célébration. — *se* RÉHABILITER, v. pron.

RÉHABITUÉ, **E**, part. pass. de *réhabituer*.

RÉHABITUER, v. act. (*ré-abitu-é*), *habituer* de nouveau.—*se* RÉHABITUER, v. pron.

REHACHÉ, E, part. pass. de *rehacher*.

REHACHER, v. act. (*re-aché*), *hacher* de nouveau.—*se* REHACHER, v. pron.

REHANTÉ, E, part. pass. de *rehanter*.

REHANTER, v. act. (*re-anté*), *hanter* de nouveau.—*se* REHANTER, v. pron.

REHASARDÉ, E, part. pass. de *rehasarder*.

REHASARDER, v. act. (*re-azardé*), *hasarder* de nouveau.—*se* REHASARDER, v. pron.

REHAUSSÉ, E, part. pass. de *rehausser*.

REHAUSSEMENT, subst. mas. (*re-ôceman*), action par laquelle on rend plus *haut* : *le rehaussement d'un mur*. — *Le rehaussement des monnaies*, l'augmentation de leur valeur numéraire.—*Le rehaussement des tailles*, l'augmentation de l'imposition des tailles.

REHAUSSER, v. act. (*re-ôcé*), *hausser* davantage, relever : *rehausser une tapisserie, un plancher, une muraille*. — Fig. : *rehausser le courage, le prix d'une marchandise*. — Faire paraître davantage : *les ombres dans un tableau rehaussent l'éclat des couleurs ; rehausser le mérite d'une action*. — En peint., frapper, sur des parties lumineuses, des touches plus lumineuses encore. — *Rehausser d'or*, peindre en couleur d'or sur une toile, soit à l'huile, soit en détrempe, des morceaux de sculpture, des bas-reliefs, etc. On dit à peu près dans le même sens : *une broderie, un habit*, etc., *rehaussé d'or ou d'argent*. — *se* REHAUSSER, v. pron.

REHAUTS, subst. mas. plur (*re-ô*), t. de peint., endroits les plus éclairés d'un tableau, où sont les couleurs les plus vives.

REHEURTÉ, E, part. pass. de *reheurter*.

REHEURTER, v. act. (*re-eurté*), *heurter* de nouveau.—*se* REHEURTER, v. pron.

REICHSTADT, subst. propre mas. (*rékechetate*) ville de Bohême, illustrée par le titre de duc qu'elle donna au fils de Napoléon.

REICHY, subst. mas. (*réchi*), t. de relat., nom de sectaires de Cachemire qui adorent un seul Dieu, et ne demandent rien à personne.

REICHSTALE, subst. fém. (*rékecetale*), monnaie qui a cours en Allemagne, en Hongrie, en Pologne, en Suisse, etc. On dit aussi à peu près dans le même sens, *reichsthaler*. Ce dernier mot signifie en allemand *écu d'empire*, formé de *reich*, empire, et *thaler*, écu. Voyez RIXDALE.

REILLÈRE, subst. fém. (*ré-ière*), conduit qui amène l'eau sur la roue d'un moulin.

REILLANNE, subst. propre fém. (*ré-iane*), petite ville de France, chef-lieu de canton, arrond. de Forcalquier, dép. des Basses-Alpes.

REIMARIE, subst. fém. (*rémari*), t. de bot., genre de plantes de la famille des graminées.

RÉIMPORTÉ, E, part. pass. du v. *réimporter*.

RÉIMPORTER, v. act. (*ré-einporté*), *importer* de nouveau.—*se* RÉIMPORTER, v. pron.

RÉIMPOSÉ, E, part. pass. de *réimposer*.

RÉIMPOSER, v. act. (*ré-einpozé*), faire une nouvelle *imposition* pour achever le paiement d'une taxe qui n'a pu être entièrement acquittée.—En t. d'imprim., signifie, *imposer* une seconde fois, soit parce que les pages de la feuille ou de la forme étaient mal placées, soit pour changer les bois des garnitures, afin d'obtenir des marges plus grandes ou plus régulières. *Il faut réimposer cette feuille, dont les pages sont transposées. Réimposez votre feuille pour tirer le grand papier*.—*se* RÉIMPOSER, v. pron.

RÉIMPOSITION, subst. fém.(*ré-einpôzicion*), action de *réimposer*, *imposition* nouvelle.

RÉIMPRESSION, subst. fém. (*ré-einprécion*), nouvelle *impression* d'un ouvrage.

RÉIMPRIMÉ, E, part. pass. de *réimprimer*.

RÉIMPRIMER, v. act. (*ré-einprimé*), *imprimer* de nouveau.—*se* RÉIMPRIMER, v. pron.

REIMS, subst. propre mas. (*reince*), ville de France, chef-lieu du dép. de la Marne. Son archevêque avait le privilége exclusif de sacrer les rois de France.

REIN, subst. mas. (*rein*) (du lat. *renes*), rognon, viscère de l'animal où se fait la séparation de l'urine pour s'écouler de là dans la vessie. Il se dit proprement de l'homme.—Le bord d'un bois. — Au plur., le bas de l'épine du dos et la région voisine. — L'épine du dos relativement à la force, à la souplesse : *il a les reins forts* ou *faibles, les reins souples, les reins rompus*.— En style de l'Ecriture sainte, l'intérieur de l'homme, sa pensée : *Dieu est le scrutateur des cœurs et des reins*.—En archit. : *les reins d'une voûte*, la partie vide ou pleine qui est entre la moitié de l'extrados d'un arc et le prolongement du pied droit, jusqu'au sommet de la voûte. —Fig. et fam. : *avoir les reins forts*, être riche et puissant, en état de soutenir les frais d'une entreprise; être en état de réussir dans une affaire, dans un ouvrage. — *Il a eu* ou *on lui a donné un tour de reins*, on lui a rendu un mauvais office qui lui nuira beaucoup. — *Poursuivre l'épée dans les reins*, de fort près.

REINAIRE, adj. des deux genres (*rènère*), t. de bot., qui ressemble à un *rein*.

REINAL. Inusité. Voy. RÉNAL.

REINE, subst. fém. (*rène*) (en lat. *regina*), femme de roi.—Celle qui de son chef gouverne un royaume. — On dit fig. : *Rome, la reine des cités* ; et en style poétique : *la rose est la reine des fleurs*.—*Reine du bal*, celle à qui on donne le bal.—*Reine de la fève*, celle qui avait la fève dans sa part du gâteau.

REINE-CLAUDE, subst. fém. (*rèneklôde*, et non pas *rène guelôde*), sorte de prune verte ou violette d'un goût exquis.—Au plur., des *reine-claude* sans *s*; et non pas des *reines-claudes*, avec un *s*, ainsi qu'écrivent presque toutes les *grammaires*. Ces sortes de prunes ne sont pas du tout des *reines*, mais un bel et bon fruit qu'affectionnait la *reine Claude*.

REINE-DES-BOIS, subst. fém. (*rènedéboa*), t. de bot., nom qu'on donne à la dianelle, sorte de plante.

REINE-DES-CARPES, subst. fém. (*rènedékarpe*), t. d'hist. nat., poisson différent de la carpe ordinaire par quelques rangées de grandes écailles et par la nudité du reste du corps.

REINE-DES-PRÉS, subst. fém. (*rènedépré*), sorte de plante vivace de la famille des rosacées.

REINE-DES-SERPENTS, subst. fém. (*rènedécèrepan*), t. d'hist. nat., nom qu'on donne au boa géant ou boa devin.

REINE-MARGUERITE, subst. fém. (*rènemarguerite*), t. de bot., espèce d'aster de la Chine, que l'on cultive dans les jardins.

REINE-D'OR, subst. fém. (*rènedor*), nom d'une monnaie qui fut frappée sous Blanche de Castille, reine de France, et mère de saint Louis.

REINETTE, subst. fém. Voy. RAINETTE.

RÉINCORPORÉ, E, part. pass. de *réincorporer*.

RÉINCORPORER, v. act. (*ré-einkorporé*), *incorporer* de nouveau.—*se* RÉINCORPORER, v. pron.

RÉINCRUDÉ, part. pass. de *réincruder*.

RÉINCRUDER, v. act. (*ré-einkrudé*), t. de phil. hermétique, faire redevenir *cru*. — *se* RÉINCRUDER, v. pron. (Boiste.) Inusité.

RÉINFECTÉ, E, part. pass. de *réinfecter*.

RÉINFECTER, v. act. (*ré-einfèkté*), infecter de nouveau. — *se* RÉINFECTER, v. pron.

RÉINSTALLATION, subst. fém. (*ré-eincetalâcion*), action d'*installer* de nouveau.

RÉINSTALLÉ, E, part. pass. de *réinstaller*.

RÉINSTALLER, v. act. (*ré-eincetalé*), *installer* de nouveau. — *se* RÉINSTALLER, v. pron.

REINTÉ, E, adj. (*reinté*), *chien reinté*, qui a les *reins* larges et élevés en arcs.

RÉINTÉGRANDE, subst. fém. (*ré-eintéguerande*), t. de droit, rétablissement dans la puissance d'un bien dont on avait été dépossédé.

RÉINTÉGRATION, subst. fém. (*ré-eintéguerâcion*), t. de jurisp., action de *réintégrer*.

RÉINTÉGRÉ, E, part. pass. de *réintégrer*, et adj., rétabli.

RÉINTÉGRER, v. act. (*ré-eintéguéré*) (de la particule latine itérative *re*, et du verbe *integrare*, rétablir, réparer, dérivé d'*integer*, entier ; *remettre en son entier*), rétablir quelqu'un dans la possession d'une chose dont il avait été dépouillé. — *Faire réintégrer des meubles*, les faire remettre dans les lieux d'où ils avaient été enlevés. — *Réintégrer dans les prisons*, remettre en prison. — *se* RÉINTÉGRER, v. pron.

RÉINTERROGATION, subst. fém. (*ré-eintérogudcion*), action de *réinterroger*.

RÉINTERROGÉ, E, part. pass. de *réinterroger*.

RÉINTERROGER, v. act. (*ré-eintérojé*), *interroger* de nouveau. — *se* RÉINTERROGER, v. pron.

RÉINVITÉ, E, part. pass. de *réinviter*.

RÉINVITER, v. act. (*ré-einvité*), *inviter* de nouveau. — *se* RÉINVITER, v. pron.

REIP., abréviation du mot latin *reipublicæ*, gén. de *respublica*, la république.

REIS, subst. mas. (*rèce*) monnaie de compte au Brésil, valant 6 dixièmes de centime.

REIS-EFFENDI, subst. mas. (*rèce-éfeindi*), t. de relat., chancelier de l'empire turc.

REISPOUTE, subst. mas. (*récepoute*), cipaye. Voy. ce mot.

REISSOLE, subst. fém. Barbarisme. Voy. RISSOLE.

RÉITÉRATIF, adj. mas., au fém. RÉITÉRATIVE (*ré-itératif, tive*), réitéré, qui réitère.

RÉITÉRATION, subst. fém. (*ré-itérâcion*), action de *réitérer*.

RÉITÉRATIVE, adj. fém. Voy. RÉITÉRATIF.

RÉITÉRATIVEMENT, adv. (*ré-itérativeman*), pour *réitérer*, d'une manière *réitérative*.

RÉITÉRÉ, E, part. pass. de *réitérer*.

RÉITÉRER, v. act. (*ré-itéré*) (du lat. *reiterare*), faire de nouveau ce qu'on a déjà fait : *réitérer une médecine*. — *se* RÉITÉRER, v. pron.

REÎTRE, subst. mas. (*rètre*) (de l'allemand *reuter* ou *reiter*, cavalier), dans le seizième siècle, cavalier allemand. — Espèce de capote, ainsi nommée, parce que, dans l'origine, elle était particulièrement à l'usage des *reitres* ou cavaliers allemands.—Aujourd'hui, prov.: *vieux reître*, homme qui a vu beaucoup de pays, qui s'est mêlé de beaucoup d'affaires, etc.

REIVAS, subst. mas. (*révâce*), myth., arbre d'où sont nés les auteurs du genre humain, selon les Perses.

REJAILLI, part. pass. de *rejaillir*.

REJAILLIR, v. neut. (*reja-ie-ir*), en parlant des choses liquides, sortir avec impétuosité, *jaillir* : *son sang rejaillit jusqu'au pied du lit*. — En parlant des corps solides, être repoussé et réfléchi : *la balle a rejailli jusqu'ici*. — Il se dit aussi de la lumière : *la lumière qui rejaillit du soleil*. — Fig., retomber sur : *la gloire et la honte des enfants rejaillissent sur leurs pères*.

REJAILLISSEMENT, subst. mas. (*reja-ie-iceman*), mouvement de ce qui *rejaillit*.

REJAUNI, E, part. pass. de *rejaunir*.

REJAUNIR, v. act. (*rejônir*), rendre jaune de nouveau. — *se* REJAUNIR, v. pron.

REJECTION, subst. fém. (*rejèkcion*), action de *rejeter*. — Son effet. (*Boiste*.)

REJET, subst. mas. (*rejè*), action d'exclure, de *rejeter*.—Nouveau jet, nouvelle pousse d'une plante, d'un arbre. — En t. de pratique, *faire le rejet, ordonner le rejet d'une pièce*, la *rejeter* d'un procès. — Renvoi qu'on fait d'un article de quelque compte à un autre endroit de ce compte. —T. de finances, réimposition.

REJETABLE, adj. des deux genres (*rejetable*), qui doit être *rejeté* : *proposition, preuve, pièce rejetable*.

REJETEAU, subst. mas. (*rejetô*), t. d'archit., espèce de moulure, en forme de bord.

REJETÉ, E, part. pass. de *rejeter*.

REJETER, v. act. (*rejeté*), *jeter* une seconde fois. — Repousser : *rejeter une balle avec vigueur*. — *Jeter* une chose dans l'endroit d'où on l'avait tirée. — Jeter dehors : *ce que la mer rejette sur le rivage*.— En parlant des arbres, repousser après avoir été coupé : *cet arbre a rejeté de nouvelles branches* ; et neutralement : *il rejette par le pied*. — Dans un compte, renvoyer à un autre article, etc. : *il faut rejeter cette somme sur le compte de l'année prochaine*. — Fig. : rebuter, n'agréer pas, ne vouloir pas accepter ou recevoir : *rejeter des offres, des propositions*, etc. — Ne pas admettre : *rejeter un projet de loi, un amendement*.—Fig.: *rejeter une imposition, une taxe sur une ville*, etc., réimposer cette ville pour compléter le paiement d'une taxe, etc. Voy. REJET. — *Rejeter la faute sur un autre*, l'accuser pour se disculper soi-même. — *se* REJETER, v. pron

REJETON, subst. mas. (*rejeton*), nouveau *jet* que pousse un arbre par le pied ou par le tronc. —Il se dit aussi en parlant des plantes. — Fig., et dans le style soutenu, descendant : *illustres rejetons*.—Dans les manufactures de tabac, celui qui est fabriqué avec les feuilles que la plante pousse après avoir été coupée une première fois.

REJETONNÉ, E, part. pass. de *rejetonner*.

REJETONNER, v. act. (*rejetoné*), arracher les *rejetons*, les feuilles du tabac, etc. — Neut., pousser des *rejetons*. — *se* REJETONNER, v. pron. Peu en usage.

REJOINDRE, v. act. (*rejoeindre*) (de la particule latine itérative *re*, et du verbe *jungere*, joindre : *joindre de nouveau*) (il se conjugue comme *joindre*), réunir des parties qui avaient été séparées : rejoindre les deux lèvres d'une plaie. —Ratteindre, retrouver des personnes dont on s'était séparé. — se REJOINDRE, v. pron., se rassembler, se joindre de nouveau.

REJOINT, E, part. pass. de rejoindre.

REJOINTOIEMENT, subst. mas. (rejoeintoèman), action de remplir et de refaire les joints des maçonneries en mauvais état.—Effet de cette action.

REJOINTOYÉ, E, part. pass. de rejointoyer.

REJOINTOYER, v. act. (rejoeintoè-ié), t. d'archit., remplir et ragréer les joints empierrés d'un bâtiment.—se REJOINTOYER, v. pron.

REJOUÉ, E, part. pass. de rejouer.

REJOUER, v. act. (rejoué), jouer de nouveau : nous rejouons la même partie.—Neut. : il s'est mis à rejouer.—se REJOUER, v. pron. : le boston était tombé en désuétude, mais depuis quelque temps il se rejoue beaucoup.

RÉJOUI, E, part. pass. de réjouir, et adj., gai.—On dit subst. et fam. : un gros réjoui, une grosse réjouie, une personne de bonne humeur.

RÉJOUIR, v. act. (réjouir), donner de la joie : cette nouvelle réjouit tout le monde.—Donner du plaisir : couleur qui réjouit la vue.— Donner du divertissement : que ferons-nous pour réjouir la compagnie? En ce sens on dit fam. : réjouir la compagnie aux dépens de quelqu'un, se moquer de quelqu'un pour divertir les autres.—se RÉJOUIR, v. pron., se divertir.—Se féliciter : je me réjouis avec vous de votre heureux rétablissement.— Se réjouir aux dépens de quelqu'un, s'en moquer.

RÉJOUISSANCE, subst. fém. (réjouiçance), démonstration de joie : réjouissance publique ; on a fait de grandes réjouissances à cette occasion.—Au jeu du lansquenet, carte que celui qui donne tire après la sienne, et sur laquelle les coupeurs et autres peuvent mettre de l'argent. —Dans les boucheries, certaine portion de basse viande que l'acheteur est obligé de prendre avec la bonne et au même prix.

RÉJOUISSANT, E, adj. (réjouiçan, çante), qui réjouit.

REJOÛTÉ, part. pass. de rejoûter.

REJOÛTER, v. neut. (rejoûté) joûter de nouveau. Peu en usage.

REJOUVENU, E, part. pass. de rejouvenir.

REJOUVENIR, v. neut. (rejouvenir), redevenir enfant. (Boiste.) Vieux et même entièrement hors d'usage.

REKIBT, sub. mas. (rekiète), t. de relat., saint religieux des Turcs, en se tournant vers l'orient.

RELÂCHANT, E, adj. (relâchan, chante), qui relâche, amollit : subst. au mas., un relâchant ; un remède qui relâche.

RELÂCHE, subst. mas. (relâche) (du lat. relaxatio), interruption, discontinuation de quelque travail, de quelque étude, de quelque exercice. —Repos, intermission dans quelque état douloureux.—Subst. fém., t. de mar., action de relâcher : nous fîmes une relâche de quinze jours au Brésil.—Lieu propre pour y relâcher : ce port est une bonne relâche.—RELÂCHE, RELÂCHEMENT. (Syn.) Le relâche est une cessation de travail : on en prend quand on est las : il sert à réparer les forces. Le relâchement est une cessation d'austérité ou de zèle : on y tombe quand la ferveur diminue ; il peut mener à un dérèglement ou à une inattention coupable.—L'homme infatigable travaille sans relâche ; l'homme exact remplit son devoir sans relâchement.—Relâche se prend toujours en bonne part ; c'est la discontinuation de quelque exercice public, soit pour le corps, soit pour l'esprit. Relâchement, employé seul, se prend souvent en mauvaise part ; c'est la diminution de l'activité dans le travail, ou dans quelque exercice, ou dans la régularité dans ce qui concerne les mœurs ou la piété. — Il est nécessaire que, par intervalles, l'esprit et le corps prennent du relâche ; il sert à ranimer les forces. En fait de mœurs et de discipline, le moindre relâchement est dangereux ; il fait mieux sentir le poids de la règle, et ne manque guère de la rendre odieuse. Le relâche est un soulagement qui prépare à de nouveaux travaux ; le relâchement dans ce qui concerne la piété, la discipline ou les mœurs, est une infraction qui en amène d'autres et conduit au désordre ; mais, par rapport au travail, le relâchement ne tire pas toujours à si grande conséquence ; et l'on peut se le permettre quelquefois jusqu'à un certain point, quand on n'a pas le loisir de se donner entièrement relâche.

RELÂCHÉ, E, part. pass. de relâcher, et adj., qui n'est plus si fort tendu. — En matière de religion et de morale, qui est dans le relâchement ou qui annonce le relâchement : homme relâché, morale, discipline relâchée.—Qui n'est plus si ferme dans son dessein, dans son entreprise.

RELÂCHEMENT, subst. mas. (relâcheman) (en lat. relaxatio), diminution de tension : relâchement des nerfs, des cordes d'un instrument. — Disposition du temps à s'adoucir. — Fig. : ralentissement d'ardeur dans le travail, dans les exercices de piété, ou de régularité dans la conduite, dans les mœurs. — Délassement : après une grande contention d'esprit, il faut un peu de relâchement.

RELÂCHER, v. act. (relâché) (en lat. relaxare), faire qu'une chose soit moins tendue.—Remettre un prisonnier en liberté.—Céder de ses droits : je lui ai relâché la moitié de la dette.— Neut., en t. de marine, discontinuer sa route et se retirer à l'abri pour céder à la tempête, ou pour se radouber, ou pour renouveler ses provisions, etc.—Diminuer de sa première ardeur, de sa première ferveur.—se RELÂCHER, v. pron., n'être plus si ferme, si constant dans ce qu'on avait projeté, entrepris. — N'avoir plus tant de régularité, tant de courage, tant de vigueur. — Céder de ses prétentions, etc. — En parlant du mal, n'être plus si violent, si douloureux. — Se relâcher l'esprit, se reposer, se délasser l'esprit.

RELAI, subst. mas. (relé), t. de sauniers, la deuxième eau des salines.

RELAIS, subst. mas. (relé) (du latin relictus, part. pass. de relinquere, laisser ; canes, equi relicti, chiens, chevaux laissés, mis en certains lieux pour s'en servir au besoin), en t. de chasse, chiens de chasse qu'on tient en certains lieux dans la refuite des bêtes qu'on court, pour les lâcher quand la bête passe.—Donner le relais, lâcher les chiens placés en relais.—Chevaux qu'on poste en quelque endroit pour s'en servir à la place de ceux qu'on quitte.—Lieu où l'on met les relais : au second relais. — En t. de fortification, chemin de trois pieds de large au pied du rempart, entre le rempart et le fossé. — Fig. et fam. : être de relais, être de loisir, n'être pas employé. — Meubles de relais, en sus de ceux qui servent ordinairement. — En t. de manufacture de tapisseries, les ouvertures que l'ouvrier laisse dans une tapisserie, en changeant de figure et de couleur.

RELAISSÉ, part. pass. de relaisser et adj. mas. (relècé), t. de chasse : lièvre relaissé, que la lassitude contraint de s'arrêter.

RELAISSER, v. neut. (relècé), t. de chasse, se coucher, en parlant du lièvre, lorsqu'il est accablé de lassitude.

RELAN, subst. mas. (relan), action de relancer. (Saint-Simon.) Inusité.

RELANCÉ, E, part. pass. de relancer.

RELANCER, v. act. (relancé), en t. de chasse, lancer de nouveau : on relança le cerf jusqu'à trois fois.—Repousser : relancer l'ennemi dans son fort. — Fig. et fam. : relancer quelqu'un, aller trouver quelqu'un où il est pour l'engager à quelque chose. — Par extension de métaphore, répondre à quelqu'un d'un ton fier et haut, marquer qu'on reçoit très-mal les choses qu'il dit. — se RELANCER, v. pron.

RELANQUIS, E, part. pass. de relanquir.

RELANQUIR, v. act. (relankir) (du lat. relinquere), délaisser. — se RELANQUIR, v. pron. (Boiste.) Vieux et même hors d'usage.

RELAPS, E, subst. et adj. (relapece) (du latin relapsus, part. pass. de relabi, retomber, formé de re, itératif, et labi, tomber), qui est retombé dans l'hérésie après l'avoir abjurée : une femme relapse ; c'est un relaps.

RÉLARGI, E, part. pass. de rélargir, et adj.

RÉLARGIR, v. act. (rélarjir), élargir de nouveau. — Élargir ce qui est trop étroit.—se RÉLARGIR, v. pron., devenir trop large.

RÉLARGISSEMENT, subst. mas. (rélarjiceman), action d'élargir de nouveau.

RELAT., abréviation du mot relatif, relative ou relation.

RELATÉ, E, part. pass. de relater.

RELATER, v. act. (relaté) (du latin relatum, supin de referre, rapporter, raconter), raconter, mentionner. — se RELATER, v. pron.

RELATEUR, subst. mas., RELATRICE, subst. fém. (relateur, trice), celui, celle qui relate, raconte.—Auteur de relations. Peu usité mais utile.

RELATIF, adj. mas., au fém. RELATIVE (relatif, tive) (en latin relativus), qui a quelque relation, quelque rapport à... — Subst. mas., t. de gramm., mot qui a rapport à un autre. Voyez PRONOM.

RELATION, subst. fém. (relâcion) (en lat. relatio), rapport d'une chose à une autre.—Commerce, liaison, correspondance. — Récit, narration.

RELATIONNAIRE, subst. mas. (relacionère), faiseur de relations. Voy. RELATEUR. (Boiste.)

RELATIVE, adj. fém. Voy. RELATIF.

RELATIVEMENT, adv. (relativeman), par rapport..., d'une manière relative.

RELATIVITÉ, subst. fém. (relativité), t. de logique, qualité qui paraît résider dans l'objet. Peu usité.

RELATRICE, subst. fém. Voy. RELATEUR.

RELATTÉ, E, part. pass. de relatter, et adj.

RELATTER, v. act. (relaté), garnir un comble de lattes neuves, après en avoir levé la tuile ou l'ardoise, et avoir détruit le vieux lattis. — se RELATTER, v. pron.

RELAVÉ, E, part. pass. de relaver, et adj.

RELAVER, v. act. (relavé), laver de nouveau. — se RELAVER, v. pron.

RELAXATION, subst. fém. (relakçâcion) (du latin relaxatio), en t. de médec., relâchement : relaxation des nerfs. — En t. de droit-canon, diminution ou entière rémission de peines canoniques. — On dit aussi au palais : relaxation (élargissement) d'un prisonnier.

RELAXE, subst. fém. (relakce), renvoi par un tribunal des conclusions prises contre soi.

RELAXÉ, E, part. pass. de relaxer, et adj. Il ne se dit qu'en chirurgie : nerf relaxé, qui n'a pas sa tension, sa situation ordinaire.

RELAXER, v. act. (relakcé) (du lat. relaxare, relâcher, détendre, parce qu'on relâche les liens d'un prisonnier, en le mettant en liberté), t. de prat., remettre en liberté un prisonnier.—se RELAXER, v. pron.

RELAYÉ, E, part. pass. de relayer.

RELAYER, v. act. (relé-ié) (rac. relais), occuper des ouvriers les uns après les autres, en sorte qu'ils travaillent et se reposent alternativement. — Neut., prendre des relais, des chevaux frais : nous relayâmes en tel endroit. — se RELAYER, v. pron.

RELBUN, subst. mas. (relebeun), t. de bot., sorte de plante du Chili, de la famille des rubiacées.

RÊLÉ, E, part. pass. de se rêler.

RELÉCHÉ, E, part. pass. de relécher.

RELÉCHER, v. act. (reléché), t. pop., lécher de nouveau, souvent.—se RELÉCHER, v. pron.

RELECTURE, subst. fém. (relèkture), seconde lecture. Inusité.

RELÉGATION, subst. fém. (relégacion) (en lat. relegatio), t. de jurispr., exil, bannissement dans un certain lieu.

RELÉGUÉ, E, part. pass. de reléguer.

RELÉGUER, v. act. (relégué) (en lat. relegare), exiler dans un lieu déterminé. — On dit fig. et au passif : l'innocence bannie des villes est reléguée au village, etc.—se RELÉGUER, v. pron., se retirer : il s'est relégué à la campagne.

RELENT, subst. mas. (relan), mauvais goût que contracte une viande, etc., renfermée dans un lieu humide.

se RÊLER, v. pers. (cerêlé), se fendre en vis, de haut en bas, en parlant du suif. — Se fendre à la tête, en parlant d'un pain de sucre.

RELEVAILLES, subst. fém. plur. (relevâ-ie), cérémonie qui se fait à l'église la première fois qu'une femme y vient en relevant de couches.

RELEVAISON, subst. fém. (relevèzon), ancien droit féodal. Hors d'usage.

RELEVÉ, subst. mas. (relevé), l'ouvrage que fait un maréchal en levant un fer et en le rattachant.—Relevé d'une bête fauve, en t. de chasse, le temps où elle sort de son gîte pour aller repaître.—Relevé de compte, extrait des articles d'un compte qui regarde le même objet.—Relevé de potage, mets qui, dans le service de table, suit immédiatement le potage.

RELEVÉ, E, part. pass. de relever, et adj., qui s'est levé de terre après une chute. — Haut. — Fig. : mine relevée, noble et haute.—Sentiments relevés, nobles.—Pensée relevée, noble et sublime.—Matière relevée, qui n'est pas à la portée du commun des hommes.—On dit d'une femme qu'elle est relevée, lorsqu'elle est sortie après ses couches.—RELEVÉ, SUBLIME. (Syn.) On ne prend ici ces deux mots que dans le sens où ils s'appliquent au discours. Alors il semble que relevé a plus de rapport à la science et à la nature des choses qu'on traite ; et que sublime en a davantage à l'esprit et à la manière dont on traite les choses.— *L'Entendement humain* de *Locke* est un ouvrage très-*relevé* : on trouve du *sublime* dans les narrations de *La Fontaine*. — Un discours *relevé* est quelquefois guindé, et fait sentir la peine qu'il a coûtée à l'auteur ; mais un discours *sublime*, quoique travaillé avec beaucoup d'art, paraît toujours naturel. Des mots recherchés, connus seulement des doctes, joints à des raisonnements profonds et métaphysiques, forment le style *relevé*. Des expressions également justes et brillantes, jointes à des pensées vraies, finement et noblement tournées, font le style *sublime*.—Tous les différents ouvrages de l'esprit ne peuvent pas être *relevés*; mais ils peuvent être *sublimes* : il est cependant plus rare d'en trouver de *sublimes* que de *relevés*.

RELEVÉE, subst. fém. (*relevé*), après midi : *à telle heure de relevée*, à telle heure après midi.

RELÈVE-GRAVURE, subst. mas. (*rclèvegueravure*), couteau de cordonnier.—Au plur., des *relève-gravure*.

RELÈVEMENT, subst. mas. (*relèveman*), action de *relever*.—Énumération exacte : *le relèvement de la dépense*. — T. de mar. : *relèvement du pont*, la quantité dont un pont de vaisseau est plus haut vers ses extrémités qu'au milieu.

RELÈVE-MOUSTACHE, subst. mas. (*relèvemoucetache*), pince d'émailleur.—Au plur., des *relève-moustache*.

RELÈVE-QUARTIER, subst. mas. (*relèvekartié*), chausse-pieds très-court pour les escarpins.—Au plur., des *relève-quartier*.

RELEVER, v. act. (*relevé*), *lever* de terre ce qui était tombé. — Remettre debout : *relever une chaise, une statue, une colonne renversée*. —Rétablir ce qui était tombé en ruine : *relever des murailles, des fortifications*; et fig. : *relever une maison, une famille, sa fortune*. — On dit aussi au fig. : *relever le courage, les espérances*, les ranimer, les faire revivre. — Hausser : *relever un terrein, un plancher trop bas*. — Au fig., faire valoir, donner plus d'éclat, etc. : *la parure relève la bonne mine*, etc. Les peintres disent, à peu près dans le même sens : *relever les jours, les lumières d'un tableau*, rendre les parties lumineuses encore plus brillantes.—*Un dessin relevé de blanc*. —En t. de cuisiniers, donner à un mets une pointe agréable au goût et propre à réveiller l'appétit. — *Le vinaigre, le jus de citron*, etc., *relèvent une sauce*, la rendent plus piquante. — Garnir les dessins d'une broderie d'une matière qui leur donne du relief. — Dans la maçonnerie, tailler les bords du parement d'une pierre pour le dresser.—Critiquer : *relever ce que quelqu'un a dit*.—En t. de guerre, mettre un nouveau corps de troupes, ou même un seul soldat, à la place d'un autre : *relever la garde, relever une sentinelle*, etc. — Au palais, remettre en pouvoir de faire quelque chose, nonobstant tout ce qu'on aurait fait au contraire : *relever un mineur des actes passés en minorité*. —*Il s'est fait relever de ses vœux*, il a fait déclarer ses vœux nuls.—*Relever un appel*, prendre des lettres pour poursuivre un appel.—En t. de mar., *relever un vaisseau*, le remettre à flot.—*Relever l'ancre*, la changer de place, la mettre dans une autre situation.—Au jeu : *relever les mains qu'on a faites*, ramasser les cartes qui ont été jouées et les mettre devant soi.—*Relever les fautes d'un auteur*, les remarquer, les faire connaître.—Fig. et prov. : *relever quelqu'un de sentinelle*, le réprimander, et lui faire voir qu'il s'est mal conduit.—En t. de vèn., *relever un défaut*, retrouver la voie qu'on avait perdue.—Neut., en t. de droit, ressortir, dépendre de...—*Relever d'une maladie*, commencer à se porter mieux : *il est bien malade, il n'en relèvera pas*. — *Relever de couches*, ou absolument *relever*, commencer à sortir depuis les couches.—*se* RELEVER, v. pron., *se lever* de terre après être tombé. — Sortir de nouveau du lit.—Fig., se remettre de quelque perte, se rétablir après quelque disgrace, etc.

RELEVEUR, subst. et adj. mas. (*releveur*), t. d'anat., qui *relève*. Nom donné et appliqué à différents muscles.

RELIAGE, subst. mas. (*reli-aje*), action de *relier* des tonneaux.

RELICHER ou mieux **RELÉCHER**. Voy. ce mot.

RELIÉ, E, part. pass. de *relier*, et adj., *livre bien ou mal relié*.

RELIEF, subst. mas. (*relièfe*) (de l'italien *rilievo*, qui a la même signification), ouvrage de sculpture plus ou moins *relevé* en bosse : *haut-relief, demi-relief, bas-relief*. — On le dit dans le même sens, des ouvrages en broderie. — Fig., éclat qui *relève : ces couleurs se donnent mutuellement du relief*. — Ordre qu'obtient un officier qui a été absent pour une cause légitime, afin de toucher ses appointements échus durant son absence. — Droit payé par le vassal au seigneur à certaines mutations. — *Lettres de relief*, lettres de réhabilitation de noblesse. — *Relief d'appel*, lettres du sceau pour *relever* un appel Cette anc. forme n'existe plur.—Au plur., restes des viandes qu'on a servies. Il est vieux et ne se dit plus qu'en plaisantant en ce sens.

RELIEN, subst. mas. (*relièin*), poudre grossièrement écrasée sans être tamisée.

RELIER, v. act. (*relié*), *lier de nouveau : relier une gerbe*, etc. — Coudre ensemble les feuillets d'un livre et y mettre une couverture: *relier en maroquin, en veau*. — Mettre des cercles à un tonneau, etc. — *se* RELIER, v. pron.

RELIEUR, subst. mas., **RELIEUSE**, subst. fém. (*relieur, euze*), celui, celle dont le métier est de *relier* des livres. — *L'Académie* ne donne pas le fém. de ce mot.

RELIEUSE, subst. fém. Voy. RELIEUR.

RELIGIEUSE, subst. et adj. fém. Voyez RELIGIEUX.

RELIGIEUSEMENT, adv. (*relijieuzeman*), d'une manière *religieuse*. — Exactement; ponctuellement.

RELIGIEUX, adj. et subst. mas., au fém. RELIGIEUSE (*relijieu, euze*) (du lat. *religiosus*), en parlant des choses, qui a rapport à la *religion*. — En parlant des personnes, qui a de la *religion*. — Exact, fidèle : *religieux observateur des lois*. — Subst., celui, celle qui s'est engagé dans quelque ordre par la profession *religieuse*. — Subst. fém., t. d'hist. nat., sorte d'hirondelle.

RELIGION, subst. fém. (*relijion*) (en lat. *religio*, dérivé du verbe *ligare*, lier ; parce que la religion est un lien qui attache la créature au créateur), culte rendu à la Divinité. — Piété, dévotion. — État ou ordre religieux. — Pris absolument, l'ordre de Malte : *les galères de la religion*. — *Religion réformée*, la croyance des calvinistes. — *Mettre une fille en religion*, la faire religieuse. — *Il a trente ans de religion*, il y a trente ans qu'il est religieux. — *Se faire une religion d'une chose*, s'en faire une obligation indispensable. — *Violer la religion du serment*, manquer à son serment. — *Surprendre la religion des juges*, etc., les tromper par de faux exposés. — RELIGION, DÉVOTION, PIÉTÉ. (*Syn.*) Le mot de *religion* n'est pas pris ici dans un sens objectif, qui signifie le culte que nous devons à la Divinité, et le tribut de dépendance que nous lui rendons ; mais dans un sens formel, qui marque une qualité de l'âme et une disposition de cœur à l'égard de Dieu. Ce n'est que dans ce seul sens qu'il est synonyme avec les deux autres; et cette disposition fait simplement qu'on ne manque point à ce qu'on doit à l'Être suprême. La *piété* fait qu'on s'en acquitte avec plus de respect et plus de zèle. La *dévotion* ajoute un extérieur plus composé. — C'est assez pour une personne du monde d'avoir de la *religion*; la *piété* convient aux personnes qui se piquent de vertu; et la *dévotion* est le partage des gens entièrement retirés. — La *religion* est plus dans le cœur qu'elle ne paraît au dehors; la *piété* est dans le cœur et paraît au dehors; la *dévotion* paraît quelquefois au dehors sans être dans le cœur. — Où il n'y a point de probité, il n'y a point de *religion*. Qui manque de respect pour les temples, manque de *piété*. Point de *dévotion* sans attachement au culte des autels.

RELIGIONNAIRE, subst. des deux genres (*relijionère*), celui, celle qui suit la *religion réformée*.

RELIGIONNÉ, E, part. pass. de *religionner*.

RELIGIONNER, v. act. (*relijioné*), soumettre à la *religion*.—*se* RELIGIONNER, v. pron. (*Boiste*.) Inusité.

RELIGIOSITÉ, subst. fém. (*reliji-ozité*), sentiment, notion de la nécessité d'une *religion* quelconque. (*Boiste*.)

RELIMÉ, E, part. pass. de *relimer*.

RELIMER, v. act. (*relimé*), *limer* de nouveau. — Fig., retoucher, polir. — *se* RELIMER, v. pron.

RELINGUÉ, E, part. pass. de *relinguer*.

RELINGUER, v. act. (*releinguié*), t. de mar., présenter les *relingues* au vent.—*se* RELINGUER, v. pron. On dit aussi *ralinguer*.

RELINGUES, subst. fém. plur. (*releingue*), t. de mar., cordages au moyen desquels on borde les voiles. On dit aussi *ralingue*.

RELIQUAIRE, subst. mas. (*relikière*), boîte ou coffre dans lequel on enchâsse des *reliques*.

RELIQUAT, subst. mas. (*relika*) (du latin *reliquiæ*, reste, restant), t. de pratique et de négoce, reste de compte. — Suite d'une maladie mal guérie. Il se dit principalement des maladies secrètes. — Au plur., les restes d'un dîné, etc.

RELIQUATAIRE, subst. et adj. des deux genres (*relikatère*) (en lat. *reliquator*), celui ou celle qui est débiteur ou débitrice d'un *reliquat* de compte, qui doit encore quelque reste de compte.

RELIQUE, subst. fém. (*relike*) (en lat. *reliquiæ*, reste, restant), ce qui *reste* d'un saint après sa mort, soit le corps entier, soit une partie du corps, soit même simplement quelque chose qui lui a appartenu.—Ce qui nous reste des instruments de la passion du Sauveur et des martyrs — Au plur. et dans le style sublime, les restes de quelque chose de grand : *les tristes reliques de sa fortune*. Il vieillit. — Prov. : *garder une chose comme une relique, vouloir en faire une relique, des reliques*, la garder curieusement, soigneusement. — Prov. et fam. : *on n'a pas grande foi à ses reliques; on ne prendra pas de ses reliques*, se dit de quelqu'un en qui l'on a fort peu de confiance.

RELIQUÉ, E, part. pass. de *reliquer*.

RELIQUER, v. act. (*relikié*), retarder.—*se* RELIQUER, v. pron. (*Boiste*.) Inusité.

RELIRE, v. act. (*relire*). Il se conjugue comme *lire*. *Lire* de nouveau.—*se* RELIRE, v. pron.

RELIURE, subst. fém. (*reliure*), manière et façon dont un livre est *relié*.—L'ouvrage d'un relieur.

RELOCATION, subst. fém. (*relokâcion*), t. de jurispr., en général, l'acte par lequel on *reloue* une chose à quelqu'un. — Il se dit plus ordinairement en matière de contrats pignoratifs mêlés de vente, dont la *relocation* ou reconduction est le principal caractère.

RELODS, subst. mas. plur. (*rélô*), droits pour la vente d'un héritage.

RELOGÉ, E, part. pass. de *reloger*.

RELOGER, v. act. et neut. (*relojé*), *loger* de nouveau quelqu'un.—*Loger* où l'on avait déjà *logé*.—*se* RELOGER, v. pron.

RELOUAGE, subst. mas. (*relouaje*), temps pendant lequel le poisson fraie.

RELOUÉ, E, part. pass. de *relouer*.

RELOUER, v. act. (*relou-é*) (du lat. *relocare*), *louer* de nouveau. — *Louer* à quelqu'un ce qu'on *loue* d'un autre : *relouer une maison*. On dit plus souvent et mieux *sous-louer*. — *se* RELOUER, v. pron.

RELU, E, part. pass. de *relire*.

RELUCTÉ, part. pass. de *relucter*.

RELUCTER, v. neut. (*relukté*) (en lat. *reluctari*), résister, se débattre, s'opposer avec force. Presque hors d'usage.

RELUI, part. pass. de *reluire*.

RELUIRE, v. neut. (*reluire*). Il se conjugue comme *luire*. *Luire* par la réflexion : *les diamants reluisent*. — Fig., briller, paraître avec éclat : *la vertu reluit davantage dans l'adversité*. — Prov. et fig. : *tout ce qui reluit n'est pas or*, les apparences sont trompeuses; ce qui a le plus d'éclat n'est pas toujours le plus solide.

RELUISANT, E, adj. (*reluizan, zante*), qui brille, qui *luit* beaucoup.

RELUQUÉ, E, part. pass. de *reluquer*.

RELUQUER, v. act. (*relukié*), regarder d'une manière affectée, du coin de l'œil. Il est fam. *reluquer une femme, un héritage*.—*se* RELUQUER, v. pron.

RELUQUEUR, subst. mas., **RELUQUEUSE**, subst. fém. (*relukieur, kieuze*), qui *reluque*.

RELUQUEUSE, subst. fém. Voy. RELUQUEUR.

RELUSTRÉ, E, part. pass. de *relustrer*.

RELUSTRER, v. act. (*relucetré*), redonner du *lustre*; *lustrer* de nouveau. — *se* RELUSTRER, v. pron.

RELUTE, subst. fém. Barbarisme de *Boiste*. Voy. RELECTURE.

REM (AD), locution adverbiale latine adoptée en français, dans le langage familier, pour dire qu'une réponse est parfaitement convenable à la question : *il a répondu ad rem*. — On dit aussi *répondre ad hoc*.

REMÂCHÉ, E, part. pass. de *remâcher*.

REMÂCHER, v. act. (*remâché*), *mâcher* de nouveau.—Fig. et fam., repasser plusieurs fois dans son esprit.—*se* REMÂCHER, v. pron.

REMAÇONNÉ, E, part. pass. de remaçonner.
REMAÇONNER, v. act. (remaçoné), réparer par le moyen d'un maçon.—se REMAÇONNER, v. pron.
REMAILLAGE, subst. mas. (remâ-iaje), t. de chamoiseurs, enlèvement de l'épiderme.
REMAILLÉ, E, part. pass. de remailler.
REMAILLER, v. act. (remâ-ie), enlever l'épiderme des peaux. — se REMAILLER, v. pron.
RÉMAILLÉ, E, part. pass. de rémailler.
RÉMAILLER, v. act. (remâ-ie), émailler de nouveau.—se RÉMAILLER, v. pron.
REMANDÉ, E, part. pass. de remander.
REMANDER, v. act. (remandé), mander de nouveau; envoyer dire une autre fois. — Faire revenir.—se REMANDER, v. pron.
REMANDURE, subst. fém. (remandure), seize cuites consécutives du sel.
REMANANTS, subst. mas. plur. (remanan), t. d'eaux et forêts, copeaux et branchages qui restent des arbres coupés et façonnés pour le service du roi.
REMANGÉ, E, part. pass. de remanger.
REMANGER, v. act. (remanjé), manger de nouveau.—se REMANGER, v. pron.
REMANIÉ, E, part. pass. de remanier.
REMANIEMENT ou REMANIMENT, subst. mas. (remaniman), action de remanier. — Effet de cette action. — Dans l'imprimerie, changement de pages composées d'un petit format en un grand, ou d'un grand en un petit.—Travail du compositeur, qui consiste, d'après les changements que l'auteur a faits sur une épreuve, à retoucher plusieurs lignes d'une page, d'une forme, etc. — Travail de l'imprimeur lorsqu'il remue par huit ou dix feuilles de papier trempé pour être imprimé, afin qu'il soit humide partout également.—T. d'archit. : remaniement à bout, ouvrage du couvreur sur un toit qu'il recouvre entièrement, soit avec les mêmes matériaux, soit avec des matériaux neufs. On dit aussi le remanié.
REMANIER, v. act. (remanié), manier de nouveau.—Refaire, raccommoder, en parlant de certains ouvrages : remanier un moyen, une toiture.— On le dit dans le même sens des ouvrages d'esprit. —En t. d'imprim., remanier de la composition, c'est, lorsqu'on est obligé d'ajouter ou de retrancher des mots ou des lignes entières à une page, arranger les autres mots ou les autres lignes, de manière à ce que tout se suive dans l'ordre convenable : remanier une feuille, un alinea.—Remanier signifie aussi, changer des pages composées de petit format en grand, ou de grand en petit.
—Remanier le papier, c'est, dix ou douze heures après qu'il a été trempé, le remuer de huit en huit feuilles plus ou moins, suivant la force du papier, en le renversant en tout sens, afin qu'il se trouve humide partout également. — se REMANIER, v. pron.
REMANOIR, v. neut. (remanoar) (du lat. remanere), rester. (Boiste.)
REMARCHANDÉ, E, part. pass. de remarchander.
REMARCHANDER, v. act. (remarchandé), marchander de nouveau.— se REMARCHANDER, v. pr.
REMARCHÉ, part. pass. de remarcher.
REMARCHER, v. neut. (remarché), marcher de nouveau : sa maladie lui avait ôté l'usage des jambes; il commence à remarcher. — Aller dans un lieu où l'on est envoyé, après avoir déjà fait plusieurs marches.
REMARIAGE, subst. mas.(remari-aje), action de se remarier; second mariage. (Boiste.)
REMARIÉ, E, part. pass. de remarier.
REMARIER, v. act. (remari-é), refaire un mariage; marier de nouveau.— se REMARIER, v. pron., passer à un second mariage, à de secondes noces.
REMARQUABLE, adj. des deux genres (remarkable), qui se fait remarquer, qui est digne d'être remarqué.
REMARQUABLEMENT, adv. (remarkableman), d'une manière remarquable.
REMARQUE, subst. fém. (remarke), action de remarquer; note, observation.
REMARQUÉ, E, part. pass. de remarquer.
REMARQUER, v. act.(remarkié), marquer une seconde fois. — Faire attention à...; observer.
— se REMARQUER, v. pron. — REMARQUER, OBSERVER. (Syn.) On remarque les choses par attention, pour s'en ressouvenir; on les observe par examen, pour en juger. Le voyageur remarque ce qui le frappe le plus; l'espion observe les démarches qu'il croit de conséquence. Le général doit remarquer ceux qui se distinguent dans ses troupes, et observer les mouvements de l'ennemi. On peut observer pour remarquer; mais l'usage ne permet pas de retourner la phrase. Ceux qui observent la conduite des autres pour en remarquer les fautes, le font ordinairement pour avoir le plaisir de censurer, plutôt que pour apprendre à rectifier leur propre conduite.—Lorsqu'on parle de soi, on s'observe et l'on se fait remarquer.

REMARQUEUR, subst. mas., REMARQUEUSE, subst. fém. (remarkieur, kieuze), celui qui, à la chasse, remarque les perdrix.— Par mépris, faiseur de remarques. Presque inusité dans les deux sens.

REMARQUEUSE, subst. fém. Voy. REMARQUEUR.

REMASQUÉ, E, part. pass. de remasquer.
REMASQUER, v. act. (remacekie), remettre un masque.—se REMASQUER, v. pron.
REMASTICAGE, subst. mas. (remacetikaje), action de remastiquer.—Ses effets.—Ce qui est remastiqué.
REMASTIQUÉ, E, part. pass. de remastiquer.
REMASTIQUER, v. act. (remacetikié), garnir de nouveau de mastic.—se REMASTIQUER, v. pron.
REMBALLAGE, subst. mas. (ranbalaje), action de remballer.
REMBALLÉ, E, part. pass. de remballer.
REMBALLER, v. act. (ranbalé), emballer de nouveau.—se REMBALLER, v. pron.
REMBARQUÉ, E, part. pass. de rembarquer.
REMBARQUEMENT, subst. mas. (ranbarkeman), action de rembarquer, de se rembarquer.
REMBARQUER, v. act. (ranbarkié), embarquer de nouveau. — se REMBARQUER, v. pron., s'embarquer de nouveau.—Se remettre de nouveau sur mer. — Fig. et fam. : se rembarquer dans une affaire, s'y engager de nouveau.
REMBARRÉ, E, part. pass. de rembarrer.
REMBARRER, v. act. (ranbaré), repousser vigoureusement, soit en combattant en opposant une barre, une barrière. Il est peu usité au propre.
— Fig. et fam. : rembarrer quelqu'un, rejeter avec fermeté, avec indignation les discours qu'il tient, les propositions qu'il fait.—se REMBARRER, v. pron.
REMBHA, subst. propre mas. (ranba), myth. ind., déesse des plaisirs chez les Indiens, la même que la Vénus des Grecs.
REMBLAI, subst. mas. (ranblé), action de remblayer; travail de terres rapportées et battues, soit pour faire une levée, soit pour exhausser un terrein.
REMBLAVÉ, E, part. pass. de remblaver.
REMBLAVER, v. act. (ranblavé), ressemer du blé en terre.—se REMBLAVER, v. pron.
REMBLAVURE, subst. fém. (ranblavure), terre deux fois ensemencée de blé.
REMBLAYÉ, E, part. pass. de remblayer.
REMBLAYER, v. act. (ranblé-ie), apporter des terres pour combler un creux : remblayer un fossé. C'est le contraire de déblayer. — se REMBLAYER, v. pron.
REMBOÎTÉ, E, part. pass. de remboîter.
REMBOÎTEMENT, subst. mas. (ranboéteman), action de remboîter; effet de cette action.
REMBOÎTER, v. act. (ranboété), remettre en sa place ce qui était désemboîté : remboîter un os, des pièces de menuiserie, etc.—se REMBOÎTER, v. pron.
REMBOUGÉ, E, part. pass. de rembouger.
REMBOUGER, v. act. (ranbougé), remettre de la liqueur dans un vase. — se REMBOUGER, v. pron. Presque inusité.
REMBOURRAGE, subst. mas. (ranbouraje), apprêt donné aux laines teintes.
REMBOURRÉ, E, part. pass. de rembourrer.
REMBOURREMENT, subst. mas. (ranboureman), action de rembourrer; effet de cette action.
REMBOURRER, v. act. (ranbouré), garnir de bourre, de laine, de crin, etc.—Fig. et pop. : il a bien rembourré son pourpoint, il a extrêmement mangé.—Fig. et fam. : rembourrer quelqu'un, le rembarrer, le repousser : il a été un peu rembourré, on lui a parlé avec rudesse.—se REMBOURRER, v. pron.
REMBOURROIR, subst. mas. (ranbouroar), outil pour enfoncer la bourre.
REMBOURRURE, subst. fém. (ranbourure), t. de sellier, bourre ou crin que l'on met dans les panneaux des selles.
REMBOURSABLE, adj. des deux genres (ranbourçable), qui doit être remboursé.
REMBOURSÉ, E, part. pass. de rembourser.

REMBOURSEMENT, subst. mas. (ranbourçeman), action de rembourser. — Paiement que l'on fait pour rendre une somme que l'on doit; faire ou recevoir un remboursement.
REMBOURSER, v. act. (ranbourçé), rendre à quelqu'un l'argent qu'il a déboursé: rembourser une somme, une obligation; rembourser quelqu'un de ses frais, etc. — Rembourser une rente, la racheter, en payer le principal et les arrérages.
— Fig. et fam. : rembourser un soufflet, un coup d'épée, les recevoir. — se REMBOURSER, v. pron.
REMBRASÉ, E, part. pass. de rembraser.
REMBRASER, v. act. (ranbrâzé), embraser de nouveau. — se REMBRASER, v. pron.
REMBRASSÉ, E, part. pass. de rembrasser.
REMBRASSER, v. act. (ranbracé), embrasser de nouveau. — se REMBRASSER, v. pron.
REMBROCHÉ, E, part. pass. de rembrocher.
REMBROCHER, v. act. (ranbroché), embrocher mieux ou de nouveau. — se REMBROCHER, v. pron.
REMBRUNI, E, part. pass. de rembrunir et adj. — Fig. et fam. : air rembruni, sombre et triste.
REMBRUNIR, v. act. (ranbrunir), rendre brun ou plus brun. — Fig. : rembrunir l'imagination, attrister, etc. — se REMBRUNIR, v. pron.
REMBRUNISSEMENT, subst. mas. (ranbrunceman), état ou qualité de ce qui est rembruni.
REMBÛCHÉ, E, part. pass. de rembûcher.
REMBÛCHEMENT, subst. mas. (ranbûcheman), t. de vén., rentrée d'un cerf dans son fort. — Faux rembûchement, ruse d'un cerf qui entre dans un fort et revient tout court pour se rembûcher ailleurs.
* se REMBÛCHER, v. pron. (ceranbuché), t. de vén. : la bête s'est rembûchée, est rentrée dans le bois. Voy. S'EMBÛCHER.
REMÈDE, subst. mas. (remède) (en latin remedium), en général, tout ce qui sert à guérir, à conserver la santé, ou qu'on emploie à ce dessein.—Plus particulièrement, un lavement.—Fig., ce qui sert à guérir les maux de l'âme. — Ce qui sert à prévenir ou à faire cesser quelque malheur. — Remède de droit, toutes les manières de se pourvoir contre des actes par lesquels on est lésé. — En t. de monnaie, quantité de grains d'alliage que les monnayeurs peuvent employer dans la fabrication des espèces d'or et d'argent au-delà de ce que la loi a réglé : remède de loi. — Quantité de grains de poids dont les monnayeurs peuvent faire les espèces plus légères que la loi ne l'a prescrit : remède de poids.
REMÈDE, MÉDICAMENT. (Syn.) Le remède est ce qui guérit, ce qui rend la santé, ce qui remet en bon état; le médicament, tout ce qui est préparé et administré, ce qui est employé comme remède, ce qui est pris ou appliqué pour guérir. Le remède guérit le mal ; le médicament est un traitement fait au malade. C'est comme cause : le médicament guérit. Contre un mal sans remède, on emploie encore des médicaments. — Tout ce qui contribue à guérir est remède ; toute matière, toute mixtion préparée pour servir de remède est médicament. La diète, l'exercice, l'eau, la saignée, etc., sont des remèdes et non des médicaments. Tous les médicaments sont des espèces de remèdes ou employés comme tels. Voy. CLYSTÈRE.
REMÉDIABLE, adj. des deux genres (remédiable), se dit des choses auxquelles on peut appliquer des remèdes. Ce mot manque dans l'Académie.
REMÉDIÉ, part. pass. de remédier.
REMÉDIER, v. neut. (remédi-é), apporter remède, au propre et au figuré.
REMEIL, subst. mas. (remé-ie), t. de chasse, courant d'eau, mare où se retirent les bécasses. Peu connu.
REMÊLÉ, E, part. pass. de remêler.
REMÊLER, v. act. (remêlé), mêler de nouveau, remêler des cartes. — se REMÊLER, v. pron.
REMEMBRANCE, subst. fém. (remanbrance), souvenir. Vieux. Nous sommes étonnés de le lire encore dans l'Académie, qui toutefois le lui donne que comme un mot vieilli.
REMEMBRÉ, E, part. pass. de remembrer.
se REMEMBRER, v. pers. (ceremanbré), se ressouvenir. Vieux et même inusité.
REMÉMORATIF, adj., au fém. REMÉMORATIVE (remémoratif, tive), qui fait ressouvenir.
REMÉMORATION, subst. fém. (remémoraciou), action de se rappeler.
REMÉMORATIVE, adj. fém. Voy. REMÉMORATIF.

REMÉMORÉ, E, part. pass. de *remémorer*.

REMÉMORER, v. act. (*rememoré*) (du latin *rememorare*, formé de la particule itérative *re*, et de *memoria*, mémoire; *rappeler à la mémoire*.) faire ressouvenir. — *se* REMÉMORER, v. pron., se rappeler, remettre en sa mémoire. Il est vieux.

REMENANT, subst. mas. (*remenan*), le reste. (*Boiste*.) Vieux et même hors d'usage.

REMENÉ, E, part. pass. de *remener*.

REMENÉE, subst. fém. (*remené*) (de l'italien *remenato*, dont la signification est la même), t. d'archit., arrière-voussure ou petite voûte au-dessus des portes et des fenêtres.

REMENER, v. act. (*remené*), *mener*, conduire une personne, un animal, au lieu où il était auparavant. — Revoiturer des choses dans le lieu où elles étaient auparavant. — *se* REMENER, v. pron.

REMERCIÉ, E, part. pass. de *remercier*.

REMERCIER, v. act. (*remèrecié*) (rac., *merci*), rendre grace. — S'excuser de recevoir, d'accepter ce qu'on nous offre. — Renvoyer, destituer. — *se* REMERCIER, v. pron.

REMERCIEMENT ou **REMERCÎMENT** (*l'Académie* donne les deux), subst. mas. (*remèrecîman*), action de graces, paroles pour *remercier*.

RÉMÉRÉ, subst. mas. (*rémeré*) (contraction de la particule itérative latine *re*, et d'*emere*, acheter; acheter de nouveau), t. de palais, faculté de rentrer dans un héritage qu'on vend, en remboursant le prix et les frais légitimes. — *Faculté de réméré*, la faculté de pouvoir racheter dans un délai fixé une chose vendue. — *Action de réméré*, celle qui tend à exercer le droit de *réméré*. — *Vente à réméré*, faite sous la condition de pouvoir racheter dans un délai convenu. — *Pacte de réméré*, conventions écrites d'après lesquelles on peut racheter. — *En vertu de réméré*, en exerçant la faculté, son droit de rachat.

RÉMÉRÉ, E, part. pass. de *réméré*r.

RÉMÉRER, v. act. (*rémeré*), t. de coutume, racheter. — *se* RÉMÉRER, v. pron. (*Boiste*.) Presque inusité.

REMESURAGE, subst. mas. (*remezuraje*), second *mesurage*. — Action de *mesurer* une seconde fois. Peu usité.

REMESURÉ, E, part. pass. de *remesurer*.

REMESURER, v. act. (*remezuré*), *mesurer* de nouveau. — *se* REMESURER, v. pron. — Ce mot manque dans l'*Académie*.

REMETTAGE, subst. mas. (*remètaje*), action de *remettre*.

REMETTRE, v. act. (*remètre*) (en lat. *remittere*). Il se conjugue comme *mettre*. *Mettre* une chose au même endroit où elle était auparavant : *remettez ce livre à sa place*. — *Mettre* de nouveau : *remettre une armure sur pied*. — Rétablir dans le premier état : *on l'a remis dans tous ses biens*. — Raccommoder ce qui est démis : *on lui a remis le bras*. — Rétablir la santé : *l'usage du lait l'a entièrement remis*. — Faire revenir du trouble, de la frayeur où l'on était. — Rendre une chose à celui à qui elle appartient ou à qui elle est adressée : *remettre entre les mains, en mains propres*. Voy. RENDRE. — Différer, renvoyer à un autre temps : *remettons à demain la partie*. — Faire grâce. — *De mille écus qu'il devait, on lui en a remis cinq cents*. — Pardonner : *remettre les péchés, une offense*. — *Mettre* en dépôt, confier : *je lui ai remis tout l'argent que j'avais*, etc. — Confier au soin, à la prudence de quelqu'un : *il lui a remis la conduite de cette affaire, tous ses intérêts*, etc. *Remettre une affaire au jugement, à la décision de…* — Reconnaître : *me reconnaissez-vous ? oui, je vous remets*. — Fig. : *remettre bien ensemble*, raccommoder, réconcilier des personnes qui étaient brouillées. — *Remettre un bénéfice, une charge*, s'en dessaisir entre les mains de celui à qui il appartient d'y pourvoir. — *Remettre un criminel entre les mains de la justice*, le livrer aux juges. — En t. de banque; *remettre une somme d'argent; remettre des fonds*, compter de l'argent, donner des fonds à quelqu'un. — *Remettre des lettres de change*, envoyer à un correspondant des lettres de change, soit pour qu'il en fasse le retour, soit parce qu'on lui en doit la valeur. — Dans la fabrication des étoffes de soie, passer les fils d'une chaîne dans les lices. — *se* REMETTRE, v. pron., se replacer, se placer comme on était : *se remettre à table*, etc. — S'appliquer de nouveau à… : *se remettre à écrire*. — Se rétablir après avoir été malade : *il a eu bien de la peine à se remettre*. — Revenir du trouble, de la frayeur : *remettez-vous*, calmez-vous. — Se délasser : *il ne s'est pas encore remis de ses fatigues*. — Se rapporter : *se remettre d'une chose à quelqu'un*, et plus communément, *s'en remettre à quelqu'un*, s'en rapporter à lui, à ce qu'il dira, à ce qu'il fera. — *Se remettre entre les mains de quelqu'un*, avoir recours à lui en telle sorte qu'on se *mette* à sa disposition. — *Se remettre entre les mains de la Providence*, se résigner à tout ce qu'elle ordonnera. — *Se remettre de quelque chose*, s'en rappeler le souvenir. — En t. de chasse, *une perdrix se remet*, lorsqu'après avoir fait son vol, elle s'abat.

REMEUBLÉ, E, part. pass. de *remeubler*, et adj.

REMEUBLER, v. act. (*remeublé*), regarnir un appartement dont on avait ôté les *meubles*, le *meubler* de nouveau. — *se* REMEUBLER, v. pron.

RÉMIGES, subst. fém. plur. (*rémije*) (du lat. *remigium*), plumes fortes de l'aile des oiseaux.

RÉMINISCENCE, subst. fém. (*réminiceçance*) (en lat. *reminiscentia*), ressouvenir faible et léger, renouvellement d'une idée presque effacée : *j'ai quelque réminiscence de ce que vous dites*. — Idée, expression prise dans quelque ouvrage : *son livre est plein de réminiscences*, de choses qu'on a déjà lues partout. — RÉMINISCENCE, RESSOUVENIR, MÉMOIRE. (*Syn.*) La *réminiscence* est le plus léger et le plus faible des *souvenirs*, ou plutôt c'est un *ressouvenir* si faible et si léger, qu'on nous rappelant une chose, nous ne nous rappelons pas, ou nous ne nous rappelons qu'à peine en avoir eu peut-être quelque idée. Le *ressouvenir* est le *souvenir* renouvelé d'une chose plus ou moins éloignée, du moins de notre esprit, oubliée autant de fois que rappelée, et difficile soit à retrouver, soit à reconnaître. Le *souvenir* est l'idée d'une chose qui, plutôt détournée de notre attention qu'absente de notre esprit, nous redevient présente par la *mémoire* et rappelle notre attention. La *mémoire* est un acte quelconque de cette faculté qui nous rappelle nos idées. Voy. MÉMOIRE.

RÉMIPÈDE, subst. mas. et adj. des deux genres (*rémipède*) (du latin *remipes*, à qui les pieds servent de rames, formé de *remus*, rame, et de *pes*, pied), famille d'insectes coléoptères, aquatiques, qu'on nomme aussi *nectopodes*.

REMIRE, subst. fém. (*remire*), t. de bot., espèce de plantes à racine rampante, de la famille des graminées.

REMIREMONT, subst. propre mas. (*remiremon*), ville de France, chef-lieu d'arrond. et de canton, dép. des Vosges.

REMIS, E, part. pass. de *remettre*, et adj., replacé en son lieu. — Renvoyé, différé : *la partie est remise*. — Rétabli d'une maladie. — Déféré au jugement de… — Pardonné. — On le disait autrefois pour calme, tranquille.

REMISE, subst. fém. (*remize*), lieu pratiqué dans une maison pour y *mettre* une voiture à couvert. — Taillis près d'une campagne qui sert de retraite aux lièvres, aux perdrix. — Délai, retardement : *user de remise*. — En t. de comm. et de banque, argent qu'un négociant fait *remettre* à son correspondant : *faire des remises de place en place*. — Plus proprement, lettre de change ou autre effet qu'on *remet* à quelqu'un. Si celui qui *remet* la lettre en est lui-même le tireur, il fait *remise* de sa traite; s'il *remet* une lettre de change qui lui a été cédée, il n'est plus le tireur; il ne peut être que l'endosseur de sa *remise*. — Grace qu'on fait à un débiteur, en lui *remettant* une partie de ce qu'il doit. — Somme qu'on abandonne à celui qui est chargé d'une recette, d'un recouvrement. — Sorte d'amende qu'on *met* au panier, à certains jeux de cartes, quand on ne fait pas les levées qu'on a demandées. — *Voiture de remise*, qui se loue par jour ou par mois. Quelques-uns disent absolument et au mas. : *un remise*. — Au plur., t. de fabriq., lisses de devant du métier, qui saisissent les fils de chaîne.

REMISÉ, E, part. pass. de *remiser*, et adj.

REMISER, v. act. (*remisé*), mettre sous la *remise*. — *se* REMISER, v. pron.

REMISSE, adj. des deux genres (*remice*), t. de musique; s'est dit des sons qui ont peu de force. Vieux et même hors d'usage.

RÉMISSIBLE, adj. des deux genres (*rémicecible*) (du lat. *remissibilis*, fait de *remittere*, remettre, pardonner), pardonnable, qui mérite grace, pardon : *sa faute est rémissible*.

RÉMISSION, subst. fém. (*rémicecion*) (en lat. *remissio*), pardon : *obtenir de Dieu la rémission de ses péchés*. — Grace accordée à un criminel : *lettres de rémission*. Voy. ABSOLUTION. — Par extension, en parlant des particuliers, indulgence : *n'attendez point de rémission de lui*. — *C'est un homme sans rémission*, implacable et qui ne pardonne point, ou qui exige à la rigueur ce qui lui est dû. — En médec., et en parlant de la fièvre, diminution, relâchement. — RÉMISSION, ABOLITION, ABSOLUTION, PARDON, GRACE. (*Syn.*) La *rémission* produit l'effet de décharger le coupable de la peine qu'il avait encourue; l'*abolition* produit l'effet de soustraire le coupable à la justice, et de le faire jouir des droits de l'innocence; l'*absolution* produit l'effet de rétablir le pénitent dans son innocence, et dans la jouissance de toute sa liberté et de tous ses droits; le *pardon* produit l'effet d'ôter la division entre l'offenseur et l'offensé, ou de ramener l'inférieur dans les bras du supérieur; la *grace* produit l'effet de remettre le coupable en grace. — La *rémission* des péchés fait que le pécheur n'en rendra plus compte; l'*absolution* des péchés fait que le pécheur est délié dans le ciel comme sur la terre; le *pardon* des péchés fait qu'il n'en sera point tiré de vengeance; la *grace* fait que le pécheur rentre en grace auprès de Dieu. Voy. PARDON, ABSOLUTION.

RÉMISSIONNAIRE, subst. des deux genres (*rémicecionère*), celui, celle qui a obtenu des *lettres de rémission*. — On l'a dit aussi de celui qui en était porteur.

RÉMISSORIAL, E, adj. (*rémiceçorial*) (du lat. *remittere*, renvoyer) : *lettre rémissoriale*, qui renvoie devant un juge. — Au plur. mas., *rémissoriaux*.

RÉMISSORIAUX, adj. mas. plur. Voy. RÉMISSORIAL.

RÉMITARSE, subst. mas. et adj. des deux genres (*rémitarce*) (du lat. *remus*, rame, et du grec ταρσός, tarse, pris ici pour *jambe* ou *patte*), t. d'hist. nat., subdivision de la première section des insectes hémiptères.

RÉMITTENT, E, adj. (*rémitetan, tante*), t. de médec., qui présente des *rémissions*.

RÉMIZ, subst. mas. (*rémize*), t. d'hist. nat., sorte de mésange.

REMMAILLÉ, E, part. pass. de *remmailler*.

REMMAILLEMENT, subst. mas. (*ranmâ-ieman*), action de *remmailler*.

REMMAILLAGE, subst. mas. (*ranma-iaje*), action de *remmailler*.

REMMAILLER, v. act. (*ranmâ-ié*), *emmailler* de nouveau. — *se* REMMAILLER, v. pron.

REMMAILLOTÉ, E, part. pass. de *remmailloter*.

REMMAILLOTER, v. act. (*ranmâ-ioté*), remettre un enfant dans son *maillot*. — *se* REMMAILLOTER, v. pron.

REMMANCHÉ, E, part. pass. de *remmancher*.

REMMANCHER, v. act. (*ranmanché*), remettre un nouveau *manche* à quelque outil. — *se* REMMANCHER, v. pron.

REMMENÉ, part. pass. de *remmener*.

REMMENER, v. act. (*ranmené*), *emmener* ce qu'on avait *amené*. — *se* REMMENER, v. pron.

REMODELÉ, E, part. pass. de *remodeler*.

REMODELER, v. act. (*remodelé*), *modeler* de nouveau. — *se* REMODELER, v. pron. Peu usité.

RÉMOLADE ou **RÉMOULADE**, subst. fém. (*rémolade*), remède pour les foulures des chevaux. — Sorte de sauce piquante. En ce sens, l'*Académie* et *Trévoux* écrivent *rémoulade*, qui seul se dit en effet.

REMOLARD, subst. mas. (*remolar*) (du lat. *remus*, rame), officier qui avait la charge des rames d'une galère.

RÉMOLE, subst. fém. (*rémole*), tournant d'eau dangereux. L'*Académie* renvoie ici à *remous*.

RÉMOLLIATIF, adj. mas., au fém. RÉMOLLIATIVE (*rémoli-atif, tive*), qui adoucit, qui *amollit*.

RÉMOLLIATIVE, adj. fém. Voy. RÉMOLLIATIF.

RÉMOLLIENT, E, adj. (*rémoli-an, ante*), t. de médec., qui adoucit et résout les humeurs. On dit mieux *émollient*.

RÉMOLLITIF, adj. mas., au fém. RÉMOLLITIVE (*rémollitif, tive*), t. de médec. : *remède, topique rémollitif*, qui a la vertu *émolliente*. Peu usité.

RÉMOLLITIVE, adj. fém. Voy. RÉMOLLITIF.

RÉMONDAGE, subst. mas. (*rémondaje*), t. de fabrique d'étoffes de soie, travail qui consiste à couper les bouts de soie qui sont aux chaînes, à mesure de la fabrication.

RÉMONDÉ, E, part. pass. de *rémonder*.

RÉMONDER, v. act. (*rémondé*), t. de fabrique d'étoffes de soie, nettoyer une chaîne tendue, en ôter les petites bourres et inégalités qui nuiraient à la perfection du tissu. On dit aussi *éplucher*. — *se* RÉMONDER, v. pron.

REMONTADOIRE, subst. mas. (*remontadoare*), sorte d'ustensile de papetiers, fait en forme d'écuelle.

REMONTAGE, subst. mas. (*remontaje*), t. de bottier, action de *remonter* des bottes, de les raccommoder en y mettant des semelles et des avant-pieds neufs.—L'effet de cette action : *un bon remontage.*

REMONTANT, subst. mas. (*remontan*), extrémité de la bande d'un baudrier.

REMONTANT, E, adj. (*remontan, tante*), qui *remonte*, qui *monte* une seconde fois. Peu usité.

REMONTE, subst. fém. (*remonte*), chevaux que l'on donne à des cavaliers pour les *remonter*.—L'action d'acheter ces chevaux : *aller en remonte.* —Saillie de l'étalon sur la jument après la première : *cette jument a deux, trois remontes.*

REMONTÉ, E, part. pass. de *remonter*, et adj. —*Goutte remontée*, qui est *remontée*, qui quitte les extrémités et s'arrête en dedans.

REMONTER, v. neut. (*remonté*), *monter* une seconde fois : *je remonterai dans l'instant.*—Retourner d'où l'on est descendu : *la rivière remontera vers sa source avant que...*—On dit fig., qu'*une maison remonte jusqu'à un tel homme, à un tel siècle.*—Fig. : *pour entendre cette vérité, il faut remonter plus haut*, il faut reprendre les choses de plus loin. — *Il remonte au déluge*, il reprend les choses de trop loin.—*Remonter à la source d'un démêlé*, le considérer dans son principe.—T. d'anc. jurispr., *les propres ne remontent point*, les ascendants ne succèdent point.—*La goutte remonte*, s'arrête dans l'intérieur du corps. —V. act., *monter* de nouveau : *remonter l'escalier.*—Reporter, remettre en haut ce qu'on avait descendu. — Fig. : *remonter la tête de quelqu'un*, le rappeler à la raison.— Donner de nouveaux chevaux : *remonter un cavalier, une compagnie de cavalerie.* — Raccommoder certaines choses en y mettant quelque chose de neuf. —*Monter*, assembler de nouveau un ouvrage de menuiserie qui a été *démonté.* — *Remonter une rivière*, la côtoyer en *remontant* vers sa source; naviguer contre le cours de la rivière.—*Remonter un laboureur*, l'équiper de nouveau. — *Remonter une ferme*, y remettre ce qui est nécessaire pour la faire valoir.—*Remonter une montre, une pendule, un tournebroche*, etc., en retendre le ressort. — *Remonter un fusil*, y mettre un bois neuf. — *Remonter un luth, une guitare*, les garnir de cordes neuves.—*Remonter l'oiseau*, t. de faucon., le lâcher du haut d'un coteau. — L'engraisser.—*se* REMONTER, v. pron.

REMONTOIR, subst. mas. (*remontoar*), terme d'horlogerie ; en général, tout assemblage de roues ou de pièces servant à *remonter* une pendule ou une montre.—Plus particulièrement, l'assemblage des pièces par lesquelles, dans certaines pendules, la sonnerie *remonte* le mouvement.

REMONTRANCE, subst. fém. (*remontrance*), discours par lequel on *remontre*, on représente les inconvénients d'une chose : *remontrance honnête, judicieuse, respectueuse.* — Avertissement donné par un supérieur à son inférieur pour l'obliger à se corriger : *remontrance paternelle; sévère remontrance.*—Anciennement et au plur., discours adressés aux rois par divers parlements, et dans lesquels ils exposaient les inconvénients, les griefs d'un édit.

REMONTRANT, subst. mas. (*remontran*), nom donné en Hollande aux arminiens, à cause des *remontrances* qu'ils firent, en 1610, contre le synode de Dordrecht, par lequel ils furent condamnés.

REMONTRÉ, E, part. pass. de *remontrer.*

REMONTRER, v. act. (*remontré*), *montrer*, représenter à quelqu'un les inconvénients d'une chose qu'il a faite ou qu'il est sur le point de faire. — Donner à quelqu'un des avertissements relatifs à son devoir, à une faute commise par lui, etc. Voy. REPRÉSENTER. — En t. de vénerie, donner connaissance de la bête qui est passée.—Prov. : *c'est Gros-Jean qui remontre à son curé*, c'est un homme ignorant qui veut donner des leçons à un habile homme.— *se* REMONTRER, v. pron., se *montrer*, se présenter une seconde fois : *ne vous remontrez jamais devant moi.* —Au fig., *Boileau* a dit, en parlant des règles du sonnet, qu'Apollon

> Défendit qu'un vers faible y pût jamais entrer,
> Ou qu'un mot déjà mis osât s'y *remontrer.*
>
> BOILEAU, *Art poétique.*

REMONTURE, subst. fém. (*remonture*), épaulette d'un vêtement de femme.

RÉMORA, subst. mas. (*rémora*) (du lat. *remora*, employé dans les mêmes significations, et qui vient de *remorari*, retarder, retenir, dérivé de *mora*, retardement, délai), obstacle, retardement. Inusité en ce sens.—Petit poisson auquel les anciens attribuaient la force d'arrêter les vaisseaux. Quelques-uns disent *rémore*, et avec cette terminaison il est fém.; telle est du moins la décision de *l'Académie.*

RÉMORATRI, subst. mas. (*rémoratri*), t. de bot., sorte de plante dont les racines résistent au choc de la charrue.

REMORDRE, v. act. (*remordre*), *mordre* de nouveau. — Neut. : *mordre*, attaquer de nouveau : *ce dogue n'a pas voulu remordre.*—Fig. : *ne plus vouloir remordre à une chose*, être rebuté, ne plus vouloir se livrer à un travail, continuer une entreprise. — *se* REMORDRE, v. pron.

REMORDS, subst. mas. (*remor*) (du lat. *remordere*, bourreler, causer des remords), reproche violent et senti que fait la conscience : *les premières fautes donnent des remords, les dernières les font perdre.*

REMORDU, E, part. pass. de *remordre.*

RÉMORE, subst. fém. (*rémore*), t. d'hist. nat., petit poisson auquel on attribuait la propriété de faciliter la délivrance des femmes en couches. Voy. RÉMORA.

REMORQUE, subst. fém. (*remorke*), action de *remorquer* : *conduire un bateau à la remorque.*—*Se mettre à la remorque*, se faire *remorquer.*— En t. de mar., on appelle *câble de remorque*, le câble qui attache un bâtiment à celui qui le *remorque.*—Fig. : *je l'ai toujours à ma remorque*, se dit de quelqu'un qui suit toutes nos démarches, qui ne nous quitte pas.

REMORQUÉ, E, part. pass. de *remorquer.*

REMORQUER, v. act. (*remorkié*) (du lat. *remulcare*, fait dans la même signification du grec *ρυμουλκειν*, formé de *ρυμα*, corde, et de *ελκω*, je tire), tirer après soi.— En parlant d'un bâtiment ou même d'un gros bateau, c'est le tirer par le moyen de cordes attachées à un ou plusieurs bâtiments.—*se* REMORQUER, v. pron.

REMORQUEUR, subst. et adj. mas. (*remorkieur*), qui *remorque* : *bateau remorqueur*, ou *remorqueur*, bateau qui en *remorque* un autre.

REMORS ou **MORS-DU-DIABLE**, subst. mas. (*remor*), t. de bot., sorte de plante ainsi nommée, parce que sa racine est comme *mordue* et rongée tout autour. C'est une espèce de *scabieuse.*

RÉMOTION, subst. fém. (*rémôcion*), t. de médec., éloignement de la cause d'une maladie. Peu usité.

à **REMOTIS**, expression latine (*a rémôtice*), à l'écart : *il a mis son habit à remotis.* Fam. et fort peu usité.

REMOUCHÉ, E, part. pass. de *remoucher.*

REMOUCHER, v. act. (*remouché*), *moucher* de nouveau.—*se* REMOUCHER, v. pron.

REMOUDRE, v. act. (*remoudre*). Il se conjugue comme *moudre. Moudre* de nouveau.— *se* REMOUDRE, v. pron.

RÉMOUDRE, v. act. (*rémoudre*), *émoudre* de nouveau.—*se* RÉMOUDRE, v. pron.

REMOUILLÉ, E, part. pass. de *remouiller.*

REMOUILLER, v. act. (*remou-ié*), *mouiller* de nouveau.—En t. de mar., laisser retomber l'ancre aussitôt qu'elle est levée : *à peine notre ancre fut-elle levée, que nous fûmes obligés de remouiller.*—*se* REMOUILLER, v. pron.

REMOUILLURE, subst. fém. (*remou-iure*), nom que les boulangers donnent au renouvellement des levains.

RÉMOULADE, subst. fém. (*rémoulade*) (rac., *moudre*), sauce piquante dans laquelle il entre de la moutarde. Voy. RÉMOLADE.

REMOULAGE, subst. mas. (*remoulaje*), son qu'on tire du gruau.

REMOULAT, subst. mas. (*remoula*), celui qui a soin des rames d'une galère et qui les tient en état.

RÉMOULEUR, subst. mas. (*rémouleur*), celui qui repasse les couteaux, les ciseaux, etc. Voy. GAGNE-PETIT.

REMOULINS, subst. propre mas. (*remoulein*), bourg de France, chef-lieu de canton, arrond. d'Uzès, dép. du Gard.

REMOULU, E, part. pass. de *remoudre.*

RÉMOULU, E, part. pass. de *rémoudre.*

REMOURIR, v. neut. (*remourir*), *mourir* après une résurrection. Mot inventé par *Voltaire.*

REMOUS, subst. mas. (*remou*), t. de mar., tournoiement d'eau occasioné par la rencontre des filets d'eau qui, venant à s'échapper des deux bords du vaisseau, pour remplir le vide qu'il laisse derrière lui lorsqu'il cingle avec vitesse, s'entre-choquent et tourbillonnent les uns sur les autres.—Contre-courant ou tournoiement occasioné par une cause quelconque dans l'eau d'une rivière.

REMP., abréviation du mot *rempublicam*, accusatif latin de *respublica*, la *république.*

REMPAILLAGE, subst. mas. (*ranpâ-iaje*), ouvrage de *rempailleur des chaises.*

REMPAILLÉ, E, part. pass. de *rempailler.*

REMPAILLER, v. act. (*ranpâ-ié*), regarnir de *paille.*—*se* REMPAILLER, v. pron.

REMPAILLEUR, subst. mas., **REMPAILLEUSE**, subst. fém. (*ranpâ-ieur, ieuze*), celui, celle qui fait le métier de *rempailler.*

REMPAILLEUSE, subst. fém. Voy. REMPAILLEUR.

REMPAQUÉ, E, part. pass. de *rempaquer.*

REMPAQUEMENT, subst. mas. (*ranpakeman*), action de *rempaquer.*

REMPAQUER, v. act. (*ranpakié*), arranger des harengs par lits.—*se* REMPAQUER, v. pron.

REMPAQUETÉ, E, part. pass. de *rempaqueter.*

REMPAQUETER, v. act. (*ranpaketé*), *empaqueter* de nouveau.—*se* REMPAQUETER, v. pron.

REMPARÉ, E, part. pass. de *remparer.*

REMPAREMENT, subst. mas. (*ranpareman*), t. de guerre, *rempart*, terrasse.

REMPARER, v. act. (*ranparé*), fortifier une place de *remparts.*—*se* REMPARER, v. pron., se fortifier par un *rempart* ou par quelque autre défense : *les ennemis se sont bien remparés.*—Fig. : *il s'est remparé de l'autorité de....; se remparer contre le froid*, etc.

REMPART, subst. mas. (*ranpar*) (de l'espagnol *amparo*, protection, défense), levée de terre qui environne et défend une place. Voy. BOULEVART. — Fig., ce qui sert de défense : *il lui fit un rempart de son corps.*— *Coureuse de rempart*, femme qui se prostitue à tout venant.

REMPHAM, subst. propre mas. (*ranfame*), myth., l'Hercule, ou, selon d'autres, la Vénus des Syriens.

REMPLAÇANT, E, subst. (*ranplaçan, çante*), celui, celle qui *remplace.*

REMPLACÉ, E, part. pass. de *remplacer.*

REMPLACEMENT, subst. mas. (*ranplaceman*), action de *remplacer.*—Substitution d'un *remplaçant*, ou conscrit qu'il *remplace.*—Emploi utile des deniers qui proviennent d'un domaine vendu, d'une rente rachetée, et qu'on est obligé de *placer* ailleurs.

REMPLACER, v. act. (*ranplacé*), faire un emploi utile des deniers provenant d'une vente, etc.—Mettre quelque chose en la *place* de ce qu'on a perdu.—Remplir la *place* de... : *il sera difficile de remplacer un sujet de ce mérite.* — Tenir lieu de... : *j'ai perdu beaucoup d'amis, mais vous les remplacez tous auprès de moi.* — Faire un *remplacement.* — *se* REMPLACER, v. pron., se succéder.

REMPLAGE, subst. mas. (*ranplaje*), action de *remplir* une pièce de vin qui n'est pas tout-à-fait pleine.—Vin dont on l'a *remplie.* — *Remplage de muraille*, blocage ou petites pierres dont on *remplit* une muraille. — En t. de commerce de bois, dédommagement pour le vide qui s'est trouvé dans les coupes. — *Pièces de remplage*, pièces de charpente qui entrent dans la composition des combles.

REMPLI, subst. mas. (*ranpli*), *pli* qu'on fait à du linge, à une étoffe, pour les étrécir ou les raccourcir.

REMPLI, E, part. pass. de *remplir*, et adj., empli, plein, comblé. Voy. PLEIN. — Il se dit, dans le blason, d'une pièce de l'écu dont le milieu dans toute sa longueur est d'un autre émail que la pièce.

REMPLIÉ, E, part. pass. de *remplier*, et adj.

REMPLIER, v. act. (*ranpli-é*), faire un *rempli.*—*se* REMPLIER, v. pron.

REMPLIR, v. act. (*ranplir*), *emplir* de nouveau.—Quelquefois simplement, *emplir* : *remplir sa cave de vin, ses greniers de blé*, etc. — Dans les dentelles et les points, faire le fond des fleurs et des ornements qui n'étaient que tracés. —Refaire le point de la dentelle qui est rompu. —Dans la broderie, travailler en points.—Composer : *remplir un corps, une société de bons ou de mauvais sujets.*—Occuper : *remplir une place, un poste. Remplir* dit plus qu'*occuper* : *beaucoup de places sont occupées sans être remplies.* — S'acquitter de...., accomplir : *remplir son devoir, ses obligations.* — Satisfaire : *remplir l'at-*

tente, les espérances de...—Employer : *il remplit bien son temps.* — Compléter un nombre fixe —*Remplir une quittance*, écrire ce qui manquait à l'endroit laissé en blanc.—*Remplir quelqu'un de ses frais*, le rembourser. — *Remplir des bouts-rimés*, faire des vers sur des rimes données.—*Remplir une idée*, répondre pleinement à l'idée qu'on s'est formée d'une chose.—*Remplir son sort*, *sa destinée*, se dit d'un homme dont les actions et la vie ont répondu à l'idée qu'on avait de lui. — *Ces vers, ces périodes remplissent bien l'oreille*, la frappent agréablement.—Fig. : *remplir toute la terre du bruit de son nom; remplir tout le monde d'admiration*, etc.—Fig. : *être rempli de soi-même*, s'estimer beaucoup.—*se* REMPLIR, v. pron., devenir *plein*.
—Se gorger.
REMPLISSAGE, subst. mas. (*rampliçaje*), action de *remplir*. En matière de vin et de maçonnerie, la même chose que *remplage*.—Ouvrage que fait une ouvrière en *remplissant* du point, de la dentelle. — En t. de mus., parties autres que le dessus et la basse.—Par extension parties d'un discours, scènes d'une pièce de théâtre qui ne sont pas nécessaires au plan, qui ne servent qu'à allonger, etc.
REMPLISSEUSE, subst. fém. (*rampliceuze*), ouvrière qui raccommode du point, des dentelles.—Celle qui ne fait que *remplir*.
REMPLOI, subst. mas. (*ramploé*), remplacement, nouvel emploi de deniers.
REMPLOYÉ, E, part. pass. de *remployer*.
REMPLOYER, v. act. (*ramploé-ié*), employer de nouveau.—*se* REMPLOYER, v. pron.
REMPLUMÉ, E, part. pass. de *remplumer*.
REMPLUMER, v. act. (*ramplume*), regarnir de plumes.—*se* REMPLUMER, v. pron., reprendre de nouvelles *plumes*, en parlant des oiseaux.—Fig. et fam., rétablir ses affaires; reprendre de l'embonpoint. — Au jeu, regagner ce qu'on avait perdu.
REMPOCHÉ, E, part. pass. de *rempocher*.
REMPOCHER, v. act. (*rampoché*), remettre dans la *poche*.—*se* REMPOCHER, v. pron.
REMPOISONNÉ, E, part. pass. de *rempoisonner*.
REMPOISONNEMENT, subst. mas. (*rampoézonemañ*), second empoisonnement.
REMPOISONNER, v. act. (*rampoézoné*), empoisonner de nouveau. — *se* REMPOISONNER, v. pron.
REMPOISSONNÉ, E, part. pass. de *rempoissonner*.
REMPOISSONNEMENT, subst. mas. (*rampoéçonemañ*), poisson qu'on met dans un étang après la pêche pour le repeupler.
REMPOISSONNER, v. act. (*rampoéçoné*), repeupler de *poissons* un étang, un vivier. — *se* REMPOISSONNER, v. pron.
REMPONANT, subst. mas. (*ramponan*), rapporteur d'une chose. (Boiste.) Vieux et hors d'usage.
REMPORT, subst. mas. (*rampor*), t. d'anc. jur. dette prise sur les meubles ou sur d'autres effets mobiliers.
REMPORTÉ, E, part. pass. de *remporter*.
REMPORTER, v. act. (*rampôrté*), reprendre et rapporter de quelque lieu ce qu'on y avait apporté. — Simplement, emporter : *on le remporta fort blessé*.—Gagner, obtenir : *remporter un grand avantage, la victoire, le prix*, etc.—*se* REMPORTER, v. pron.
REMPORTEUR, subst. mas. (*ramporteur*), celui qui remporte. (Boiste.) Inusité.
REMPOTAGE, subst. mas. (*rampotaje*), t. de jard., action de *rempoter*.
REMPOTÉ, E, part. pass. de *rempoter*.
REMPOTER, v. act. (*rampoté*), remettre en pot; changer de pot une plante, etc. — *se* REMPOTER, v. pron.
REMPRISONNÉ, E, part. pass. de *remprisonner*.
REMPRISONNEMENT, subst. mas. (*rampriznonemañ*), remise en prison de celui qui avait été mis en liberté.
REMPRISONNER, v. act. (*ramprizoné*), remettre en *prison*.—*se* REMPRISONNER, v. pron.
REMPRUNTÉ, E, part. pass. de *remprunter*.
REMPRUNTER, v. act. (*ramprunté*), emprunter de nouveau.—*se* REMPRUNTER, v. pron.
REMUABLE, adj. des deux genres (*remu-able*), que l'on peut *émouvoir*.
REMUAGE, subst. mas. (*remu-aje*), action de *remuer*. Il ne se dit que du blé et du vin; pour la terre et les humeurs, on dit *remûment*.
REMUANT, E, adj. (*remu-añ, añte*) : *enfant*

vif et remuant, qui se remue à tout moment, qui est sans cesse en mouvement.—Fig. : *esprit remuant*, inquiet et brouillon, propre à exciter des troubles.
REMUÉ, E, part. pass. de *remuer*.
REMUE-MÉNAGE, subst. mas. (*remuménaje*) dérangement des meubles et d'autres choses qu'on transporte d'un lieu à un autre.—Fig. et fam., trouble, désordre dans les familles, dans une ville, dans un état. — Au plur., des *remue-ménage*.
REMUEMENT ou REMÛMENT, (l'Académie donne les deux), subst. mas. (*remumañ*), action de ce qui *remue* : *remuement des humeurs*. — Plus ordinairement, au figuré, mouvement, trouble, brouillerie dans un état, etc. —*Remuement des terres*, transport de beaucoup de terres d'un lieu à un autre.
REMUER, v. act. (*remu-é*) (du latin *removere*, ôter d'un lieu, déranger), mouvoir, changer une chose de place, agiter, etc. — Fig., émouvoir : *cet orateur remue l'âme, le cœur*. — *Remuer la terre*, la transporter d'un lieu à un autre. — *Remuer la terre*, en t. de fortification, fouir et porter de la terre pour faire des retranchements, etc. — Fig. et fam. : *remuer ciel et terre*, employer toute sorte de moyens.— Fig. : *remuer une affaire*, poursuivre une affaire interrompue. — Fig. : *ne remuez pas la cendre des morts*, ne recherchez pas leurs actions pour les blâmer. — *Remuer un enfant*, le nettoyer, lui changer de langes. (Dans cette acception, du lat. *remutare*, formé de *re*, itératif, et *mutare*, changer.) – Prov. : *ne remuer ni pied*, *ni patte*, demeurer immobile ou comme immobile. — Neut., faire quelque mouvement, changer soi-même de place. — Fig., tenter d'agir : *si vous remuez, vous êtes perdu*. — Par extension, exciter des troubles dans un état, etc. — *se* REMUER, v. pron., se mouvoir. — Fig., se donner du mouvement pour réussir. — *L'argent se remue*, roule fort dans le commerce; il se fait beaucoup de paiements, etc.
REMUEUR, subst. mas., REMUEUSE, subst. fém. (*remu-eur, euze*), celui, celle qui *remue*.—Au mas., celui qui remue le blé.—Au fém., celle qui remue un enfant; qui est chargée de le changer, de le nettoyer. Hors d'usage dans ce dernier sens.
REMUEUSE, subst. fém. Voy. REMUEUR.
REMUGLE, subst. mas. (*remuglele*), odeur qu'exhale ce qui a été long-temps enfermé, ou dans un mauvais air. Boiste propose *remucle*, qu'il fait de *mucor*, moisissure. Les deux mots sont sans usage.
RÉMUNÉRATEUR, subst. mas. Voy. au fém.
RÉMUNÉRATRICE (*rémunérateur, trice*) (en lat. *remuneratori*), celui, celle qui récompense.
RÉMUNÉRATIF, adj. mas., au fém. RÉMUNÉRATIVE (*rémunératif, tive*), qui récompense.
RÉMUNÉRATION, subst. fém. (*rémunéracion*) (en latin *remuneratio*), récompense.
RÉMUNÉRATIVE, adj. fém. Voy. RÉMUNÉRATIF.
RÉMUNÉRATOIRE, adj. des deux genres (*rémunératoare*), qui tient de la récompense.
RÉMUNÉRATRICE, subst. et adj. fém. Voyez RÉMUNÉRATEUR.
RÉMUNÉRÉ, E, part. pass. de *rémunérer*.
RÉMUNÉRER, v. act. (*rémunéré*) (en latin *remunerari*), récompenser. — *se* RÉMUNÉRER, v. pron.
RÉMURIES, subst. fém. plur. (*rémuri*), t. d'antiq., fêtes instituées à Rome, en l'honneur de *Rémus*, par Romulus, son frère, dans le dessein d'apaiser ses mânes.
REMUSAT, subst. propre mas. (*remuza*), village de France, chef-lieu de canton, arrond. de Nyons, dép. de la Drôme.
REMUSELÉ, E, part. pass. de *remuseler*.
REMUSELER, v. act. (*remuzelé*), remettre la muselière, la bride, le licou. — *se* REMUSELER, v. pron.
REMUSSÉ, E, part. pass. de *remusser*.
REMUSSER ou REMUCIER, v. act. (*remucé, cié*), cacher, recacher. — *se* REMUSSER, v. pron. (Boiste.) Vieux et même hors d'usage.
REMY (SAINT-), subst. propre mas. (*ceinremi*) ville de France, chef-lieu de canton, arrond. d'Arles, dép. des Bouches-du-Rhône, patrie de *Nostradamus*.
REMY (SAINT-), subst. propre mas. (*ceinremi*), ville de France, chef-lieu de canton, arrond. de Thiers, dép. du Puy-de-Dôme.

REMY-EN-BOUZEMONT (SAINT-), subst. propre mas. (*ceinremi-añbouzemoñ*), ville de France, chef-lieu de canton, arrond. de Vitry-le-Français, dép. de la Marne.
RENÂCLÉ, part. pass. de *renâcler*.
RENÂCLER, v. neut. (*renâkle*), faire certain bruit en retirant vite son haleine par le nez, quand on est en colère. — Fig. et fam., hésiter, refuser de faire. Voy. RENIFLER.
RENAGE, part. pass. de *renager*.
RENAGER, v. neut. (*renajé*), nager de nouveau.
RENAISSANCE, subst. fém. (*renéçance*), nouvelle *naissance*, renouvellement. Il ne se dit qu'au figuré : *la renaissance des hommes dans le baptême ; la renaissance des lettres, des beaux-arts*.—RENAISSANCE, RÉGÉNÉRATION.(*Syn.*) *Renaissance* ne s'emploie qu'au figuré, et se dit du renouvellement d'une chose, comme si, après avoir cessé, elle naissait une seconde fois. *Régénération* s'emploie au propre et au figuré : au propre, il se dit dans les traités de chirurgie, pour la reproduction de la substance perdue ; au figuré, c'est un terme consacré à la religion, où il marque une nouvelle vie.
RENAISSANT, E, adj. (*renéçañ, çañte*), qui *renaît*.
RENAÎTRE, v. neut. (*renêtre*). Il se conjugue comme *naître*. Naître de nouveau. Il ne se dit au propre que du phénix, qui, selon les poètes, *renaît* de ses cendres. — Fig. : *les prés semblent renaître dans leurs enfants; au printemps tout renaît dans la nature*. — *Renaître à la vie*, au bonheur, recouvrer la santé; redevenir heureux. *Renaître* (être régénéré en Jésus-Christ), par le baptême, la grace.
RÉNAL, E, adj. (*rénale*) (du lat. *renalis*, fait de *renes*, les reins), t. d'anat., qui est voisin des reins : *les glandes rénales*. — Au plur. mas., *rénaux*.
RENANTHÈRE, subst. mas. (*renantère*), t. de bot., sorte de plante parasite de la famille des orchidées.
RENARD, subst. mas. (*renar*) (suivant Huet, de *Renald*, nom propre, dont nous avons fait *Renaud*, et qui a été donné au *renard*, comme celui de *Martin* à l'âne, de *Bertrand* au singe, etc. Suivant Wachter, de l'allemand *rein*, fin, rusé), bête puante, maligne et rusée, qui vit de rapine. C'est un mammifère du genre du chien. — Fig. et fam., homme fin et rusé.—En astron., constellation boréale.—En maçonnerie, 1° petit moellon pendant au bout des lignes qui servent à marquer l'épaisseur des murs ; 2° mur orbe, décoré, seulement pour la symétrie, des mêmes pièces, membres, ornements d'architecture que le mur opposé. — Dans un bassin ou réservoir, petits pertuis par où l'eau se perd, et qu'on a de la peine à découvrir. — Fig., familièrement : *le vomissement d'un homme ivre; faire un renard.* Pop.—Fig.-*faire la guerre ou agir en renard*, finement, avec ruse.— Prov.: *coudre la peau du renard avec celle du lion*. Voy. COUDRE. — *Se confesser au renard*, découvrir son secret à quelqu'un qui a intérêt à empêcher l'affaire. — *Le renard prêche aux poules*, se dit lorsqu'un imposteur signalé de-nuise se tromper, prompte de même chose pour une autre. — *Queue-de-renard*, t. de bot., plante qui vient dans les lieux humides.—*Renard marin*, t. d'hist. nat. , sorte de gros poisson du genre des cétacés. — *Amas de racines qui se forment dans les tuyaux des fontaines.* — Mythologie, Alcmène, ayant promis d'épouser celui qui tuerait un *renard* qui désolait les environs de Thèbes, Amphitryon entreprit de le faire, et, pour y réussir, il emprunta de Céphale un chien nommé *Lélaps*, qui n'avait jamais manqué sa proie. Ce chien poursuivait le *renard*, Jupiter les pétrifia l'un et l'autre. On les apporta à Thèbes en cet état, où ils furent présentées à Alcmène, qui tint parole à Amphitryon, et l'épousa.
RENARDE, subst. fém. (*renarde*), la femelle du *renard*.
RENARDÉ, E, part. pass. de *renarder* et adj., éventé : *de l'ambre renardé*. Peu en usage.
RENARDEAU, subst. mas. (*renardô*), petit *renard*.
RENARDER, v. neut. (*renardé*), employer les ruses, les tours, les subtilités du *renard*. — Activem., éventer : *voilà de l'ambre renardé*. — *se* RENARDER, v. pron.
RENARDERIE, subst. fém. (*renarderi*), astuce, finesse. Peu en usage.
RENARDIER, subst. mas. (*renardié*), qui prend, qui tue des *renards*. Peu en usage.

RENARDIÈRE, subst. fém. (*renardière*), tanière de *renards*.

RENARDISÉ, part. pass. de *renardiser*.

RENARDISER, v. neut. (*renardizé*), employer les ruses du *renard*. (Boiste.) Presque inusité.

RÉNAUX, adj. mas. plur. Voy. RÉNAL.

RENCAISSAGE, subst. mas. (*rankièçaje*), action de *rencaisser*.

RENCAISSÉ, E, part. pass. de *rencaisser*.

RENCAISSEMENT, subst. mas. (*rankièceman*), action de remettre dans une *caisse*. L'*Académie* ne donne que *rencaissage*.

RENCAISSER, v. act. (*rankiècé*), remettre dans une *caisse*. — *se* RENCAISSER, v. pron.

RENCEINT, subst. mas., **RENCEINTE**, subst. fém. (*rancein, ceinte*), t. de vén., retour en cercle.

RENCHAÎNÉ, E, part. pass. de *renchaîner*.

RENCHAÎNEMENT, subst. mas. (*ranchèneman*), action de *renchaîner*. — Effet de cette action.

RENCHAÎNER, v. act. (*ranchèné*), remettre à la *chaîne*. — *se* RENCHAÎNER, v. pron.

RENCHEN, subst. propre mas. (*ranchène*), ville du grand-duché de Bade, théâtre d'une bataille où le général Moreau défit les Autrichiens en 1796.

RENCHÉRI, E, part. pass. de *renchérir* et adj., qui est devenu plus *cher*. — Au fig., qui fait le précieux, qui s'estime plus qu'il ne doit. —Prov. et subst. : *il fait le renchéri, elle fait la renchérie*, le ou la difficile.

RENCHÉRIR, v. act. (*ranchérir*), faire devenir plus *cher* et à plus haut prix. — Neut. : devenir plus *cher*, augmenter de prix. — Fig. : surpasser, faire ou dire plus qu'un autre : *renchérir sur quelqu'un*. — *se* RENCHÉRIR, v. pron.

RENCHÉRISSEMENT, subst. mas. (*ranchériceman*), augmentation de prix.

RENCHIER, subst. mas. (*ranchié*), t. de blas., meuble de l'écu qui représente un cerf de la plus haute taille. — Espèce de cerf à cornes plates.

RENCLOÎTRÉ, E, part. pass. de *rencloîtrer*.

RENCLOÎTRER, v. act. (*rankloètré*), remettre dans le *cloître*. (Voltaire.) — *se* RENCLOÎTRER, v. pron.

RENCLOUÉ, E, part. pass. de *renclouer*.

RENCLOUER, v. act. (*ranklou-é*), *enclouer* de nouveau. — *se* RENCLOUER, v. pron.

RENCOGNÉ, E, part. pass. de *rencogner*.

RENCOGNEMENT, subst. mas. (*rankognieman*), action de *rencogner*. — Son effet. Fam.

RENCOGNER, v. act. (*rankognié*), pousser, serrer dans un coin. — *se* RENCOGNER, v. pron.

RENCONTRE, subst. fém. (*rankontre*), aventure par laquelle on trouve fortuitement une personne ou une chose : *heureuse rencontre, une rencontre de...* — Conjonction des corps qui se fait par nature ou par artifice : *la rencontre des atômes, des planètes, des astres; roue de rencontre dans une horloge*, etc. — En t. de grammaire : *la rencontre des voyelles*. — Trait d'esprit, bon mot : *il a d'heureuses rencontres*. —Choc de deux corps de troupes lorsqu'il se fait par le hasard. — Combat singulier qui n'est pas prémédité : *ce n'est pas un duel, c'est une rencontre*.—Occasion ; conjoncture. — Il paraît que ce mot était autrefois du genre mas. : *dans ce rencontre, la Garonne*, etc. (Voyage de *Chapelle* et *Bachaumont*.) — *Marchandise de rencontre*, qu'on trouve à acheter par hasard. — *Aller* ou *venir à la rencontre de quelqu'un*, au-devant de lui. — Subst. mas., t. de blas., il se dit d'un animal qui se présente de front : *il porte de sable au rencontre de bélier d'or*. — Se dit, en t. de teneur de livres, 1° du folio du grand-livre qu'on met en marge du journal, à côté d'un article, et qui indique les pages du grand-livre où se trouvent les comptes du débiteur et du créditeur portés sur le journal; 2° du folio du compte du débiteur placé au compte du créditeur, ou du folio du compte du créditeur qu'on place de même à celui du débiteur.

RENCONTRÉ, E, part. pass. de *rencontrer*, et adj. — *Phrases, expressions, termes rencontrés*. Voy. TROUVER.

RENCONTRER, v. act. (*rankontré*) (du latin *contrà*, contre; *se trouver contre*), trouver une personne ou une chose, soit qu'on la cherche, soit qu'on ne la cherche pas. Voy. TROUVER. — V. neut., dire un bon mot et qui soit à propos: *rencontrer bien, rencontrer heureusement; voilà qui est bien rencontré*. On dit aussi *rencontrer bien*, pour, réussir dans ses conjectures, deviner. — En t. de chasse, commencer à trouver la piste du gibier : *ce chien rencontre*. — *se* RENCONTRER, v. pron., se trouver quelque part avec quelqu'un. — Fig. : avoir les mêmes pensées qu'un autre sur un même sujet. —RENCONTRER, TROUVER. (*Syn.*) Vous *rencontrez* une chose dans votre chemin, chemin faisant, et vous la trouvez à sa place, où elle est. — La personne que vous allez voir chez elle, vous ne l'y *rencontrez* pas, vous l'y *trouvez*; vous la *rencontreriez* dans les rues. Vous allez à la promenade dans l'espérance d'y *rencontrer* votre ami ; vous indiquez à celui qui cherche quelqu'un le lieu où il le *trouvera*. Un torrent entraîne tout ce qu'il *rencontre* sur son passage; des voleurs emportent tout ce qu'ils *trouvent* dans une maison. — Le moyen de *rencontrer*, c'est d'aller au-devant; le moyen de *trouver*, c'est de chercher. Mais vous *trouvez* aussi ce que vous ne cherchiez pas ; vous *rencontrez* aussi ce que vous cherchiez. — Les gens qu'on *rencontre* partout, on ne les *trouve* nulle part.

RENCORSÉ, E, part. pass. de *rencorser*.

RENCORSER, v. act. (*rankorcé*), mettre un *corsage* neuf à une robe. — *se* RENCORSER, v. pron. Peu usité.

RENCOURAGÉ, E, part. pass. de *rencourager*.

RENCOURAGEMENT, subst. mas. (*rankourajeman*), action de *rencourager*. — Son effet.

RENCOURAGER, v. act. (*rankourajé*), *encourager* de nouveau. — *se* RENCOURAGER, v. pron.

RENDAGE, subst. mas. (*randaje*), chez les chaufourniers, le produit journalier que *rend* un four toujours allumé.

RENDANT, E, subst. (*randan, dante*), celui, celle qui *rend* un compte.

RENDEMENT, subst. mas. (*randeman*), t. de raffinerie, produit de l'opération du raffinage : *le rendement du sucre*.

RENDETTÉ, E, part. pass. de *rendetter*.

RENDETTER, v. act. (*randèté*), *endetter* de nouveau. — *se* RENDETTER, v. pron.

RENDEUR, subst. mas., au fém. **RENDEUSE** (*randeur, deuze*), qui *rend*.

RENDEUSE, subst. fém. Voy. RENDEUR.

RENDEZ-VOUS, subst. mas. (*randévou*), assignation que deux ou plusieurs personnes se donnent pour se *rendre*, se trouver à certaine heure en un lieu dont elles conviennent. — Lieu où l'on doit se *rendre*. — Au plur., des *rendez-vous*.

RENDONNÉE, subst. fém. (*randoné*), t. de vén. Voy. RANDONNÉE.

RENDORMI, E, part. pass. de *rendormir*.

RENDORMIR, v. act. (*randormir*) (il se conjugue comme *dormir*), faire *dormir* de nouveau. — *se* RENDORMIR, v. pron.

RENDORMISSEMENT, subst. mas. (*randormiceman*), action de se *rendormir*. Presque inusité.

RENDOUBLÉ, E, part. pass. de *rendoubler*.

RENDOUBLEMENT, subst. mas. (*randoubleman*), action de *rendoubler*. — Son effet.

RENDOUBLER, v. act. (*randoublé*), mettre en *double* le bord d'une étoffe, la remplir pour la raccourcir, etc. — *se* RENDOUBLER, v. pron.

RENDRE, v. act. (*randre*) (en lat. *reddere*), remettre ; restituer : avec cette différence qu'à proprement parler, nous *rendons* ce qu'on nous avait prêté ou donné; nous *remettons* ce que nous avions en gage ou en dépôt; nous *restituons* ce que nous avons pris ou volé. *Girard*.— Remettre un paquet, une lettre à son adresse, etc. — En parlant des marchandises, les faire porter, voiturer dans l'endroit dont on est convenu. En ce sens, il régit aussi les personnes: *dans deux heures je me rendrai en tel endroit*. — Jeter par les conduits naturels : *rendre du sang par la bouche*. — S'acquitter de certains devoirs : *rendre gloire, grace à Dieu; rendre honneur, hommage, obéissance, réponse, compte à....; rendre ses devoirs, ses respects à quelqu'un*. — Dans le sens moral, faire aux autres ce qu'ils nous ont fait, soit en bien, soit en mal : *rendre la pareille*. — Faire recouvrer : *rendre la santé, la vue, les forces, la liberté*. — Faire devenir : *rendre agréable, odieux, nécessaire*, etc. En ce sens il ne se joint qu'à un adjectif et jamais à un participe, et c'est peut-être à tort que *Racine* a dit (*la Thébaïde*) :

. . . . . Pour les *rendre* assurés.

— Produire, rapporter : *cet arpent a rendu cent gerbes; cette orange, cette viande rend beaucoup de jus*, il en sort beaucoup de jus. — On dit dans un sens approchant : *cette fleur rend une odeur agréable; cet instrument rend un son harmonieux*.—Livrer : *rendre une place, rendre les armes*. — Traduire : *rendre un passage mot à mot*.—Répéter : *écho qui rend fidèlement les sons*. — Exprimer, représenter : *quelle langue pourrait rendre ce spectacle! cette glace rend bien les objets*. — *Rendre visite à...*, aller visiter. — *Rendre sa visite à...*, ou absolument : *rendre les visites*, aller visiter celui ou ceux qui nous ont visités les premiers.— *Rendre la justice*, l'administrer. — *Rendre justice à...*, reconnaître le mérite de quelqu'un.—*Rendre de bons* ou *de mauvais offices à quelqu'un*, le servir *ou* le desservir par ses paroles, par ses actions. — *Rendre l'esprit, l'âme, les derniers soupirs*, mourir, expirer.— *Rendre raison*, expliquer pourquoi, etc. : *rendez-moi raison de cet usage*. — *Rendre témoignage*, témoigner.— *Rendre à quelqu'un sa parole*, le dégager de sa promesse. — Neut., aboutir : *ce chemin rend à un tel village*. — *se* RENDRE, v. pron., il a le sens du neutre : *les fleuves se rendent à la mer*. — Se transporter, aller : *je me rendis à ma chambre, dans cette ville*, etc. On dit en ce sens : *se rendre à son devoir, à sa charge*, au lieu où ils nous demandent. — Céder : *je me rends à vos raisons*. — S'avouer vaincu. — Devenir : *se rendre agréable*, etc. — N'en pouvoir plus : *je ne puis plus marcher, je me rends*.

RENDU, E, part. pass. de *rendre*, et adj. : *le vin de Bourgogne coûte tant rendu* (transporté) *à Paris*.—*Cheval qui est rendu*, las, fatigué, outré. — *Nous voilà rendus*, arrivés. — Subst. mas., soldat d'une armée ennemie qui se *rend* à l'autre. Il se dit ordinairement au plur. : *on a su par les rendus que...* —Fam. : *c'est un rendu*, se dit d'un tour qu'on joue à quelqu'un et qui vaut bien celui qu'il nous avait fait auparavant.

RENDUIRE, v. act. (*randuire*). Il se conjugue comme *enduire*. *Enduire* de nouveau.— *se* RENDUIRE, v. pron.

RENDUIT, E, part. pass. de *renduire*.

RENDURCI, E, part. pass. de *rendurcir*.

RENDURCIR, v. act. (*randurcir*), rendre plus *dur* ce qui l'était déjà : *la trempe rendurcit le fer*.—*se* RENDURCIR, v. pron.

RENDURCISSEMENT, subst. mas. (*randurciceman*), action de *rendurcir*, effet de se *rendurcir*.

RÊNE, subst. fém. (*rène*) (par contraction du lat. *retinaculum*, employé par *Virgile* dans la même signification, et dérivé de *retinere*, retenir, arrêter. Les Italiens en ont fait *redina* dans le même sens), courroie de la bride d'un cheval. Il se dit au propre plus au pluriel qu'au singulier, et au figuré, toujours au plur.—Fig., style soutenu, gouvernement, administration : *les rênes de l'état*, etc.

RENÉALMIE, subst. fém. (*rené-alemi*), t. de bot., sorte de plante de Surinam, de la famille des balisiers.

RENÉGAT, E, subst. (*renégua, guate*) (de l'espagnol *renegado* ou *renegador*, fait dans le même sens du latin *negare* ou *pernegare*, nier, désavouer pleinement), celui, celle qui a *renié* la religion chrétienne.

RENÉGATION, subst. fém. (*renéguâcion*), renonciation à une chose. (*Boiste*.) Inus.

RENEIGÉ, part. pass. de *reneiger*.

RENEIGER, v. neut. (*renéjé*), *neiger* de nouveau.

RÉNETTE, subst. fém. (*rénète*), instrument pour couper l'ongle du cheval par sillons.—Outil de bourrelier pour faire des trous sur le cuir.—Instrument de fer qui sert aux coffretiers à tracer des raies bien droites sur des bandes de cuir.

RÉNETTÉ, E, part. pass. de *rénetter*.

RÉNETTER (orthographe de l'*Académie*; mieux RÉNETER), v. act. (*renété*), couper le sabot d'un cheval par sillons et y pratiquer des raies avec la *rénette*.—*se* RÉNETTER, v. pron.

RENETTOIEMENT, subst. mas. (*renètoèman*), action de *renettoyer*.—Son effet.

RENETTOYÉ, E, part. pass. de *renettoyer*.

RENETTOYER, v. act. (*renètoè-ié*), *nettoyer* de nouveau.—*se* RENETTOYER, v. pron.

RENFAÎTAGE, subst. mas. (*ranfètaje*). Voyez RENFAÎTEMENT.

RENFAÎTÉ, E, part. pass. de *renfaîter*.

RENFAÎTEMENT, subst. mas. (*ranfèteman*), nouvel *enfaîtement*.—Action de *renfaîter* un toit.

RENFAÎTER, v. act. (*ranfèté*), raccommoder le *faîte* d'une maison.—*se* RENFAÎTER, v. pron.

RENFERMÉ, subst. mas. (*ranfèrmé*), ce qui a été *renfermé*.—*Sentir le renfermé*, sentir mauvais, avoir un goût de moisi.

RENFERMÉ, E, part. pass. de *renfermer*.

RENFERMER, v. act. (*ranfèrmé*), *enfermer* une seconde fois. — Resserrer plus étroitement.

— Comprendre, contenir. — Fig., restreindre, réduire dans certaines bornes. — Fig. : *se renfermer dans soi-même*, se recueillir. — *se* RENFERMER, v. pron., se tenir *enfermé*.

RENFILÉ, E, part. pass. de *renfiler*.

RENFILER, v. act. (*ranfilé*), *enfiler* de nouveau. — *se* RENFILER, v. pron.

RENFLAMMÉ, E, part. pass. de *renflammer*.

RENFLAMMER, v. act. (*ranflâmé*), *enflammer* de nouveau. — *se* RENFLAMMER, v. pron.

RENFLÉ, E, part. pass. de *renfler*.

RENFLEMENT, subst. mas. (*ranfleman*), augmentation de volume. — Augmentation insensible du diamètre du fût d'une colonne depuis sa base jusqu'au tiers de sa hauteur, après quoi il va toujours en diminuant.

RENFLER, v. neut. (*ranflé*), *enfler* de nouveau. — Augmenter de volume, grossir en cuisant. Il se dit des pois, des haricots. — *se* RENFLER, v. pron.

RENFONCÉ, E, part. pass. de *renfoncer*.

RENFONCEMENT, subst. mas. (*ranfonceman*), en t. de perspective, profondeur; ce qui fait paraître une chose enfoncée et éloignée. — En t. d'archit., parement au-dedans du nu d'un mur.

RENFONCER, v. act. (*ranfoncé*), *enfoncer* de nouveau. — Mettre un *fond* à un tonneau. — Repousser vers le *fond*. — *se* RENFONCER, v. pron.

RENFORCÉ, E, part. pass. de *renforcer*, et adj. : *étoffe renforcée*, plus forte qu'à l'ordinaire. — *Bidet renforcé*, double bidet. — Fig. et fam. : *bourgeois renforcé*, bourgeois riche qui veut faire l'homme de qualité, etc.

RENFORCEMENT, subst. mas. (*ranforceman*), action de *renforcer* ou effet de cette action. Il ne se dit que des choses matérielles.

RENFORCER, v. act. (*ranforcé*), rendre plus *fort*. — Dans la musique, passer graduellement du doux au *fort*, ou du *fort* au *très-fort*. C'est le *rinforzando* des Italiens. — *se* RENFORCER, v. pron., reprendre *ses forces*, se fortifier.

RENFORMÉ, E, part. pass. de *renformer*.

RENFORMER, v. act. (*ranformé*), en t. de gantier, élargir les gants sur le *renformoir*, pour leur donner une meilleure *forme*. — *se* RENFORMER, v. pron.

RENFORMI, E, part. pass. de *renformir*.

RENFORMIR, v. act. (*ranformir*), réparer un vieux mur en remettant des pierres où il en manque, et en y faisant un enduit ou *crépi*; lui rendre sa première forme. — *se* RENFORMIR, v. pron.

RENFORMIS, subst. mas. (*ranformi*), t. de maçonn., crépi épais.

RENFORMOIR, subst. mas. (*ranformoar*), instrument de bois en forme de pyramide, sur lequel les gantiers élargissent les gants.

RENFORT, subst. mas. (*ranfor*), augmentation de *force*. Il se dit surtout des troupes : *on a envoyé à l'armée un renfort considérable*. — Dans les pièces de canon, partie composée ordinairement de trois grosseurs ou circonférences.

se **RENFROGNER**, v. pron. Voy. *se* REFROGNER.

RENGAGÉ, E, part. pass. de *rengager*.

RENGAGEMENT, subst. mas. (*ranguajeman*), action de se *rengager*.

RENGAGER, v. act. (*ranguajé*), *engager* de nouveau. Il se dit, comme *engager*, tant au propre qu'au fig. — *se* RENGAGER, v. pron.

RENGAÎNE, subst. fém. (*ranguiène*), t. pop., action de repousser. Vieux et hors d'usage.

RENGAÎNÉ, E, part. pass. de *rengaîner*.

RENGAÎNER, v. act. (*ranguiéné*), remettre dans le fourreau, dans la *gaîne* : *rengaîner une épée*. — Fam. et fig. : *rengaîner un compliment*, supprimer ce qu'on avait envie de dire. (Expression créée par *Molière*, dans *le Mariage forcé*, où *Lycidas*, venant offrir à *Sganarelle* le choix de deux épées, et lui faire, dit-il, un *petit compliment*, c'est-à-dire lui proposer civilement de se couper la gorge ensemble; *Sganarelle*, après avoir trouvé le compliment fort mal tourné, finit par s'écrier : *eh! monsieur, rengaînez votre compliment, je vous prie.*) — *se* RENGAÎNER, v. pron.

RENGENDRÉ, E, part. pass. de *rengendrer*.

RENGENDRER, v. act. (*ranjandré*), *engendrer* de nouveau. — *se* RENGENDRER, v. pron.

RENGIO, subst. mas. (*ranguejo*), t. de bot., sorte d'arbrisseau qui croît au Japon; il est du genre lilas.

RENGORGÉ, E, part. pass. de *se rengorger*.

RENGORGEMENT, subst. mas. (*ranguorjeman*), action de *se regorger*.

se **RENGORGER**, v. pron. (*ceranguorjé*), avancer la *gorge* et retirer la tête un peu en arrière. Il ne se dit en ce sens que des femmes — Affecter un air de beauté et de fierté. — Fig., faire l'important.

RENGORGEUR, subst. mas. (*ranguorjeur*), t. d'anat., muscle du cou.

RENGOUFFRÉ, E, part. pass. de *se rengouffrer*.

se **RENGOUFFRER**, v. pron. (*ceranguoufré*), rentrer dans le *gouffre*.

RENGRAINÉ, E, part. pass. de *rengrainer*.

RENGRAINEMENT, subst. mas. (*ranguerèneman*), action de *rengrainer*, de séparer le son du gruau.

RENGRAINER, v. act. (*ranguerèné*), moudre le gruau pour en séparer le son. — *se* RENGRAINER, v. pron.

RENGRAISSÉ, E, part. pass. de *rengraisser*.

RENGRAISSER, v. act. (*ranguerècé*), faire redevenir *gras*. — Neut., redevenir *gras*. — *se* RENGRAISSER, v. pron. — Fig., rétablir ses affaires.

RENGRÉGÉ, E, part. pass. de *rengréger*.

RENGRÉGEMENT, subst. mas. (*ranguerèjeman*), augmentation, accroissement du mal.

RENGRÉGER, v. act. (*ranguerèjé*), augmenter le mal, le rendre plus grave, plus grief. — *se* RENGRÉGER, v. pron.

RENGRÉNÉ, E, part. pass. de *rengréner*.

RENGRÈNEMENT, subst. mas. (*ranguerèneman*), t. de monnaie, action de *rengréner*.

RENGRÉNER, v. act. (*ranguerèné*), remettre du *grain* dans la trémie d'un moulin. — En t. de monnaie, remettre sous le balancier les monnaies, les médailles qui n'ont pas bien reçu l'empreinte. — Il se dit dans le même sens de tout ce qui a reçu une empreinte, et qui rentre juste dans le creux de la matrice. — *se* RENGRÉNER, v. pron.

RENGUI, subst. mas. (*rangui*), monnaie de plomb qui a cours dans le royaume de Siam.

RENHARDI, E, part. pass. de *renhardir*.

RENHARDIR, v. act. (*ran-ardir*), rendre plus *hardi*. — *se* RENHARDIR, v. pron.

RENIABLE, adj. des deux genres (*reni-able*), usité seulement dans cette phrase proverbiale : *tout vilain cas est reniable*; on nie presque toujours ses fautes, ses crimes.

RENIÉ, E, part. pass. de *renier*, avec la signification active; qui a *renié* : *moine, chrétien renié*, apostat.

RENIEMENT ou **RENÎMENT** (l'*Académie* donne les deux), subst. mas. (*reniman*), action de *renier* : *le reniement de saint Pierre*.

RENIER, v. act. (*reni-é*) (du lat. *renegare*), déclarer, contre la vérité, qu'on ne connaît point une personne, une chose. — Désavouer : *renier sa patrie*, *ses parents*. — Renoncer à... : *renier sa religion, sa foi*. — *Renier Dieu*, blasphémer. Voy. RENONCER. — *se* RENIER, v. pron.

RENIEUR, subst. mas., **RENIEUSE**, subst. fém. (*reni-eur, nieuze*), qui *renie*, qui blasphème.

RENIEUSE, subst. fém. Voy. RENIEUR.

RENIFLARD, subst. mas. (*reniflar*), robinet fixé au réfrigérant d'une machine à vapeur, et par lequel sort l'air qu'elle renferme avant de la mettre en mouvement.

RENIFLÉ, E, part. pass. de *renifler*.

RENIFLEMENT, subst. mas. (*renifleman*), action de *renifler*.

RENIFLER, v. neut. (*reniflé*), retirer en respirant l'humeur qui remplit les narines. — *Ce cheval renifle sur l'avoine*, répugne à en manger. — Fig. et fam. : *notre ami renifle là-dessus*, marque de la répugnance. — *se* RENIFLER, v. pron.

RENIFLERIE, subst. fém. (*renifleri*), *reniflement*.

RENIFLEUR, subst. mas., **RENIFLEUSE**, subst. fém. (*renifleur, fleuze*), celui, celle qui *renifle*.

RENIFLEUSE, subst. fém. Voy. RENIFLEUR.

RÉNIFORME, adj. des deux genres (*réniforme*) (du lat. *ren*, *renis*, rein, et *forma*, forme), t. de bot., qui est en forme de *rein*; il se dit des feuilles arrondies qui ont un sinus à leur base.

RENILLE, subst. fém. (*reni-ie*), t. d'hist. nat., genre de zoophytes établi pour placer le pennatule *réniforme*.

RENIQUEUR, subst. mas. (*renikieur*), fouleur de draps, d'étoffes, avec ses pieds.

RÉNITENCE, subst. fém. (*rénitance*) (du lat. *reniti*, faire effort contre), t. de phil., se dit de la force des corps solides qui résistent à d'autres corps.

RÉNITENT, E, adj. (*rénitan, tante*), qui *résiste*; réfractaire.

RENIVELÉ, E, part. pass. de *reniveler*.

RENIVELER, v. neut. (*renivelé*), examiner si l'on a bien *nivelé*; *niveler* de nouveau. — *se* RENIVELER, v. pron.

RENIVELLEMENT, subst. mas. (*renivèleman*), action de *reniveler*, de *niveler* une seconde fois. — Son effet.

RENIXIGRADE, adj. des deux genres (*renikciguerade*), t. de chir.; se dit d'une espèce de bandage dont on suppose que l'action peut être graduée à volonté.

RENMAILLÉ, E, part. pass. de *renmailler*.

RENMAILLER, v. act. (*ranmâ-ié*). Voy. REMMAILLER, qui seul se dit.

RENNE, subst. mas. (*rène*) (de l'allemand *rennen*, courir), mammifère ruminant, du genre des cerfs. Plusieurs écrivent *rhenne*.

RENNES, subst. propre mas. (*rène*), ville de France, capitale de la ci-devant province de Bretagne, aujourd'hui chef-lieu du dép. d'Ille-et-Vilaine.

RENOIRCI, E, part. pass. de *renoircir*.

RENOIRCIR, v. act. (*renoarcir*), *noircir* de nouveau. — *se* RENOIRCIR, v. pron.

RENOM, subst. mas. (*renon*) (de la particule augmentative *re*, et de *nom*, dérivé du grec *ὄνομα*, qui a le même sens), réputation : *bon* ou *mauvais renom*. Quand *renom* est sans adj., il se prend ordinairement en bonne part. Voyez NOM.

RENOMMÉ, E, part. pass. de *renommer*, et adj., célèbre, illustre; qui a du *renom*, qui a de la réputation.

RENOMMÉE, subst. fém. (*renomé*) (de nos anciens tournois où mille cris perçants faisaient retentir à plusieurs reprises le *nom* du vainqueur, qui par là se trouvait *renommé*, c'est-à-dire *nommé plusieurs fois*. (Sainte-Palaye.), réputation, célébrité. Il est plus noble que *renom*. Voy. NOM. — Le bruit public. — Chez les poètes, la *renommée* est un personnage allégorique : *la renommée publie ses victoires*. — Subst. propre fém., mythologie, messagère de Jupiter. On dit qu'elle allait nuit et jour, qu'elle se plaçait sur les plus hauts lieux pour publier toutes sortes de nouvelles, et qu'elle ne pouvait se taire. Les poètes la représentent sous la figure d'un monstre ailé d'une taille gigantesque et horrible, ayant autant d'yeux, d'oreilles, de bouches et de langues, que de plumes sur tout son corps.

RENOMMER, v. act. (*renomé*), donner du *renom*. Il ne s'emploie qu'avec le verbe *faire* : *ses grandes actions l'ont fait renommer par toute la terre*. — *se* RENOMMER, v. pron. — *Se renommer de quelqu'un*, se servir du *nom* de quelqu'un auprès d'un autre.

RENONCE, subst. fém. (*renonce*), t. de jeu de cartes, on s'en sert pour exprimer qu'on n'a pas d'une certaine couleur.

RENONCÉ, E, part. pass. de *renoncer*.

RENONCEMENT, subst. mas. (*renonceman*), action de *renoncer* : *renoncer aux plaisirs*, *aux honneurs*.

RENONCER, v. neut. (*renoncé*), se désister, se déporter de quelque chose : *renoncer à une succession*, *à une entreprise*, etc. — Abandonner la possession, la prétention, le désir, l'affection de... : *renoncer aux dignités*, *au monde*, *aux plaisirs*, etc. — Au jeu, manquer de quelque couleur. — Mettre une carte d'une autre couleur que celle que l'on joue, quoiqu'on ait de cette dernière. — Act., renier, désavouer : *s'il fait cela, je le renonce*, etc. — RENONCER, RENIER, ABJURER. (*Syn.*) On *renonce* à des maximes, à des usages qu'on ne veut plus suivre, ou à des prétentions dont on se désiste. On *renie* le maître qu'on sert, ou la religion qu'on avait embrassée. On *abjure* l'erreur dans laquelle on s'était engagé, et dont on faisait profession publique. — Philippe V a *renoncé* à la couronne de France; saint Pierre a *renié* Jésus-Christ; Henri IV a fait *abjuration* du calvinisme. — *Abjurer* se dit toujours en bonne part; c'est l'amour de la vérité et l'aversion du faux, ou du moins de ce que nous regardons comme tel, qui nous engage à faire *abjuration*. *Renier* s'emploie toujours en mauvaise part; un libertinage outré, ou un intérêt criminel, fait les renégats. *Renoncer* est d'usage de l'une et de l'autre façon, tantôt en bien, tantôt en mal. Le choix du bon nous fait quelquefois *renoncer* à nos anciennes habitudes, pour en prendre de meilleures; mais il arrive encore plus souvent que le caprice et le goût dépravé nous font *renoncer* à ce qui est bon, pour nous livrer à ce qui est mauvais.

RENONCIATAIRE, subst. des deux genres (*renonci-atère*), celui, celle en faveur de qui l'on *renonce*.

RENONCIATEUR, subst. mas., RENONCIATRICE, subst. fém. (renonci-ateur, trice), celui, celle qui renonce.

RENONCIATION, subst. fém. (renonci-âcion), acte par lequel on renonce à...—RENONCIATION, RENONCEMENT. (Syn.) Renonciation est un terme d'affaires et de jurisprudence; c'est l'abandon volontaire des droits que l'on avait ou que l'on prétendait avoir sur quelque chose. Renoncement est un terme de spiritualité et de morale chrétienne; c'est le détachement des choses de ce monde et de l'amour-propre. — La renonciation est un acte extérieur, qui ne suppose pas toujours le détachement intérieur. Le renoncement, au contraire, est une disposition intérieure qui n'exige pas l'abandon extérieur des choses dont on se détache. — La profession religieuse exige dans l'intérieur un renoncement entier de soi-même et de toutes les choses de ce monde, et emporte, par le fait, la renonciation à tous les droits de propriété que l'on pouvait avoir avant la prononciation des vœux.

RENONCIATRICE, subst. fém. Voy. RENONCIATEUR.

RENONCULACÉE, subst. et adj. fém. (renonkulacé), t. de bot., dans la méthode naturelle de Jussieu, famille de plantes, ainsi nommée de la renoncule, une des principales de celles qui y sont comprises.

RENONCULE, subst. fém. (renonkule) (du lat. ranunculus, fait de rana, grenouille; parce que cette plante croît ordinairement dans les lieux marécageux), t. de bot., plante à fleur rosacée, vivace, qui croît dans les prés, et qui est excessivement âcre. — T. d'hist. nat., espèce de coquille.

RENONCULIER, subst. mas. (renonkulié), t. de bot., le merisier à fleurs doubles.—T. d'hist. nat., animal des renoncules.

RENOPÉ, E, part. pass. de renoper.

RENOPER, v. act. (renopé), nettoyer le drap, enlever les ordures qui s'y trouvent. — SE RENOPER, v. pron. Presque inusité.

RENOUÉE, subst. fém. (renou-é), t. de bot., plante annuelle, à fleur à étamines, qui croît presque partout, et dont les tiges sont noueuses.

RENOUÉ, E, part. pass. de renouer.

RENOUEMENT ou RENOÛMENT (l'Académie donne les deux), subst. mas. (renoûman), renouvellement ; il ne s'emploie qu'au fig. : renouement d'amitié.

RENOUER, v. act. (renou-é), nouer une seconde fois une chose qui s'est dénouée.—Simplement, nouer : ses cheveux étaient renoués de rubans, de fleurs. — Au fig., renouveler : renouer un traité. — Fig. : renouer amitié, ou absolument et neut. : renouer, se réconcilier. — Renouer une partie, refaire une partie rompue. — Renouer la conversation, reprendre une conversation interrompue. — SE RENOUER, v. pron., être repris, recommencé, en parlant de négociations.

RENOUEUR, subst. mas., RENOUEUSE, subst. fém. (renou-eur, euze) (rac. renouer), celui, celle dont la profession est de remettre les membres disloqués.

RENOUEUSE, subst. fém. Voy. RENOUEUR.

RENOUVEAU, subst. mas. (renouvô), le printemps, la saison nouvelle. Fam., et peu usité.

RENOUVELÉ, E, part. pass. de renouveler.

RENOUVELABLE, adj. des deux genres (renouvelable), susceptible d'être renouvelé.

RENOUVELER, v. act. (renouvelé), rendre nouveau, en substituant une chose à la place d'une autre de même espèce : renouveler une vigne, un troupeau. — Remettre en vigueur, publier de nouveau : renouveler les anciennes ordonnances.—Faire revivre, faire reparaître : renouveler amitié, connaissance avec....—Faire sentir de nouveau : renouveler le mal, la douleur. — Le retour du printemps renouvelle toute la nature, lui donne une face nouvelle. — Renouveler un traité, un bail, une alliance, les faire de nouveau avec les mêmes personnes et à peu près aux mêmes conditions.—Renouveler le souvenir d'une chose, en rappeler le souvenir. — Renouveler son attention, avoir une nouvelle, une plus grande attention. — Cela est renouvelé des Grecs, ce que vous donnez pour nouveau était connu anciennement. — SE RENOUVELER, v. pron.

RENOUVELLEMENT, subst. mas. (renouvèleman), action de renouveler un bail, un billet, etc. — Rétablissement d'une chose dans un nouvel état ou dans un meilleur : le renouvellement de l'année, de la saison, des traités, etc. — Réitération : renouvellement d'offres, d'assurances de services.

RÉNOVATEUR, subst. fém. (rénovateur, trice) (en lat. renovator), t. de féodalité, celui qui faisait de nouveaux papiers terriers. — Celui, celle qui renouvelle ce qui avait été détruit, changé.

RÉNOVATION, subst. fém. (rénovâcion) (du lat. renovatio), renouvellement : rénovation des vœux. Il ne se dit guère que dans cette phrase. — En chimie, réduction d'un corps minéral, d'un état imparfait où il était, dans un état parfait.

RÉNOVATRICE, subst. fém.Voy. RÉNOVATEUR.

RENOYÉ, E, part. pass. de renoyer.

RENOYER, v. act. (renoé-ié), noyer de nouveau. — SE RENOYER, v. pron.

RENSEIGNÉ, E, part. pass. de renseigner.

RENSEIGNEMENT, subst. mas. (rancègnieman), indice qui sert à faire connaître une chose.

RENSEIGNER, v. act. (rancègnié), enseigner de nouveau, avec un nouveau soin. — SE RENSEIGNER, v. pron.

RENSEMENCÉ, E, part. pass. de rensemencer.

RENSEMENCEMENT, subst. mas. (rancèmanceman), ensemencement nouveau.

RENSEMENCER, v. act. (rancemancé), ensemencer de nouveau,—SE RENSEMENCER, v. pron.

RENTAMÉ, E,•part. pass. de rentamer.

RENTAMER, v. act. (rantamé), entamer de nouveau. — Au fig., reprendre un discours qui avait été interrompu. — SE RENTAMER, v. pron.

RENTASSÉ, E, part. pass. de rentasser, et adj., trapu, engoncé : c'est un petit homme rentassé.

RENTASSEMENT, subst. mas. (rantâceman), action de rentasser.

RENTASSER, v. act. (rantâcé), entasser de nouveau, presser.— SE RENTASSER, v. pron.

RENTE, subst. fém. (rante) (du lat. redditus, fait de redaere, rendre), en général, revenu annuel : il vit de ses rentes; il a dix mille livres de rente. La rente est proprement ce que l'on vous rend, ce qu'on vous paie annuellement, comme prix ou intérêt d'un fonds ou d'un capital aliéné ou cédé. Le revenu est ce qui revient, ce qui est annuellement reproduit à votre profit, comme fruit de votre propriété et de vos avances productives. — La rente constituée par l'État : la rente est à trois, à cinq.—En particulier, 1° ce qui est dû tous les ans à cause d'un fonds aliéné : rente en grains, en vin, etc.; 2° ce qui est dû annuellement pour une somme d'argent placée à constitution, etc.

RENTÉ, E, part. pass. de renter, et adj., qui a des rentes : communauté bien rentée. — Qui a du bien : il est bien renté, il est riche.

RENTER, v. act. (ranté), assigner des rentes, un certain revenu à....—SE RENTER, v. pron.

RENTERRÉ, E, part. pass. de renterrer.

RENTERREMENT, subst. mas. (rantèreman), action d'enterrer une seconde fois. — Son effet.

RENTERRER, v. act. (rantèré), remettre en terre.—SE RENTERRER, v. pron.

RENTEUX, subst. mas., RENTEUSE, subst. fém. (ranteu, teuze), celui, celle qui est chargé de payer une redevance annuelle. (Boiste.) Vieux et même hors d'usage.

RENTEUSE, subst. fém. Voy. RENTEUX.

RENTIER, subst. mas., RENTIÈRE, subst. fém. (rantié, tière), celui, celle qui a des rentes, qui vit de son revenu. — On le disait aussi de celui qui devait des rentes seigneuriales.

RENTIÈRE, subst. fém. Voy. RENTIER.

RENTOILAGE, subst. mas. (rantoélage), nouvel entoilage mis à une dentelle, etc.

RENTOILÉ, E, part. pass. de rentoiler.

RENTOILER, v. act. (rantoélé), regarnir de toile : rentoiler une toilette, des manchettes. — Regarnir une dentelle d'un entoilage ou d'une mousseline qui en tienne lieu. — En peinture, coller un vieux tableau sur une toile neuve.—SE RENTOILER, v. pron.

RENTON, subst. mas. (ranton), jointure de deux pièces de bois.

RENTONNÉ, E, part. pass. de rentonner.

RENTONNEMENT, subst. mas. (rantoneman), action de rentonner, de remettre dans un tonneau une liqueur qu'on en a tirée, ou qu'on a tirée d'un autre tonneau.

RENTONNER, v. act. (rantoné), remettre dans un tonneau ; entonner de nouveau.—SE RENTONNER, v. pron.

RENTORTILLÉ, E, part. pass. de rentortiller.

RENTORTILLEMENT, subst. mas. (rantortil-leman), entortillement nouveau.

RENTORTILLER, v. act. (rantorti-ié), entortiller de nouveau. — SE RENTORTILLER, v. pron.

RENTRAÎNÉ, E, part. pass. de rentraîner.

RENTRAÎNEMENT, subst. mas. (rantrèneman), entraînement nouveau.

RENTRAÎNER, v. act. (rantréné), entraîner de nouveau.—SE RENTRAÎNER, v. pron.

RENTRAIRE, v. act. (rantrère) (de la particule itérative re, de la préposition in, dans, et du verbe trahere, tirer ; retirer, faire rentrer dans, parce que les deux morceaux rentrent en quelque sorte l'un dans l'autre. (Il se conjugue comme traire. Coudre, rejoindre deux morceaux de drap, en sorte que la couture ne paraisse pas : ce tailleur sait bien rentraire. Il ne s'emploie qu'au présent, au futur de l'indicatif, et dans les temps composés.—SE RENTRAIRE, v. pron.

RENTRAIT, E, part. pass. de rentraire.

RENTRAITURE, subst. fém. (rantrèture), couture de ce qui est rentrait.

RENTRANT, E, subst. et adj. (rantran, trante) qui rentre, qui s'enfonce en dedans : un angle rentrant, celui dont l'ouverture est en dehors. Il est opposé à angle saillant.—Subst., joueur qui prend la place d'un autre.

RENTRAYEUR, subst. mas., RENTRAYEUSE, subst. fém. (rantrè-ieur, ieuze), celui, celle qui sait rentraire.—Dans les manufactures de draps, on nomme rentrayeur, l'ouvrier chargé de rentraire.

RENTRAYEUSE, subst. fém. Voyez RENTRAYEUR.

RENTRÉ, E, part. pass. de rentrer.

RENTRÉE, subst. fém. (rantré), action de rentrer, de recommencer ses fonctions, ses travaux : rentrée des tribunaux ; rentrée des classes. — En t. de chasse, retour des animaux dans le bois au point du jour. — En musique, retour du sujet dans une fugue, etc. — Arrivée de fonds attendue.—A certains jeux, les cartes qu'on prend au quine, à la place de celles qu'on a écartées.—Au plur., dans l'imprimerie en couleur, les différentes planches préparées pour l'impression.

RENTRER, v. neut. (rantré). Il prend l'auxiliaire être. Rentrer de nouveau.— Employé absolument, rentrer dans la maison : il n'est rentré qu'à minuit. Arriver, revenir : ce revenu a de la peine à rentrer, arrive difficilement. — Cet avance rentrera peu à peu, c'est de l'argent qui reviendra. — En t. de graveur, repasser le burin dans les tailles déjà faites. — T. de jeu : jouer de nouveau à la place d'un perdant. — T. de comm., être perçu en parlant d'argent.—T. de médec., l'humeur est rentrée, a cessé de se porter en dehors. — Act. : rentrer quelque chose; entrer dans l'intérieur ce qui était en dehors. — Fig. : rentrer dans les bonnes grâces, obtenir de nouveau les bonnes grâces, l'amitié de....— Rentrer dans son devoir, se remettre dans son devoir.—Rentrer dans son bon sens, revenir en son bon sens.— Rentrer en soi-même, faire réflexion sur soi-même. — Rentrer en charge, dans le service, etc., reprendre une charge, le service après l'avoir quitté. — SE RENTRER, v. pron.

RENTRURE, subst. fém. (rantrure), dans les manufactures de toiles peintes, endroit où les parties d'un dessin doivent se rencontrer.

RENURE, barbarisme. Voy. RAINCRE.

RENURIE, subst. fém. (renuri), t. de bot., espèce de plante qui croît dans certaines provinces de la Pologne.

RENVAHI, E, part. pass. de renvahir.

RENVAHISSEMENT, subst. mas. (ranvâ-iceman), nouvel envahissement.

RENVAHIR, v. act. (ranva-ir), envahir de nouveau.—SE RENVAHIR, v. pron.

RENVELOPPÉ, E, part. pass. de renvelopper.

RENVELOPPEMENT, subst. mas. (ranvelopeman), action de renvelopper. — Effet de cette action.

RENVELOPPER, v. act. (ranvelopé), envelopper de nouveau. — SE RENVELOPPER, v. pron.

RENVENIMÉ, E, part. pass. de renvenimer.

RENVENIMER, v. act. (ranvenimé), envenimer de nouveau : la plaie se guérissait, mais il y a appliqué un emplâtre qui l'a renvenimée. — SE RENVENIMER, v. pron., s'envenimer toujours davantage.

RENVERDIE, subst. fém. (ranvèrdi), vers pour célébrer le retour du printemps. (Boiste. Vieux et même hors d'usage.

RENVERGÉ, E, part. pass. de *renverger*.

RENVERGER, v. act. (*ranvèrejé*), t. de vannier, border l'ouvrage. — *se* RENVERGER, v. pron.

RENVERGEURE, subst. fém. (*ranvèrejure*), t. de vannier, ce qui forme le bord des ouvrages de vannerie.

RENVERS, subst. mas. (*ranvère*), t. de couvreur, manière de faire les cercles en ardoise.

à la **RENVERSE**, loc. adv. (*alaranvèrece*), sur le dos, le visage en haut. Voy. RENVERSER.

RENVERSÉ, E, part. pass. de *renverser*, et adj., qui est à la *renverse*. — Fig., mis en désordre, détruit, ruiné, etc.—Qui est contre l'ordre, l'usage.—Se dit en mus., des intervalles, par opposition à *direct* : *la sixte est renversée de la tierce.* — Des accords, par opposition à *fondamental.* — En bot., *feuille renversée*, dont la surface inférieure est tournée vers le ciel. *Corolle renversée*, dont la lèvre supérieure regarde la terre.—Fig. et fam. : *la marmite est renversée dans cette maison*, il n'y a plus d'ordinaire. — Prov. : *c'est le monde renversé*, c'est une chose contre l'ordre.—*Avoir la figure renversée*, avoir le visage pâle, défait et hagard.

RENVERSEMENT, subst. mas. (*renvèreceman*), action de *renverser*, ou état de ce qui est *renversé*.—Au fig., désordre, bouleversement, ruine, destruction.—Dérangement : *le renversement de ma bibliothèque, de mes papiers.* — *Renversement de la tête*, désordre des idées.— *Renversement de l'esprit*, folie entière.— En t. de mar., transport de la charge d'un vaisseau dans un autre. — En t. d'arithm., *le renversement d'une fraction*, la transposition du dénominateur à la place du numérateur, et *vice versa.* — En t. de mus., accord où l'on met le dessus à la place de la basse.

RENVERSER, v. act. (*ranvèrecé*) (du lat. *re*, pour *retrò*, en arrière, et *vertere*, tourner, retourner), jeter par terre ; faire tomber de manière que la situation ne soit plus comme elle doit être.— Mettre à la *renverse*, jeter, coucher sur le dos. — En mus., changer l'ordre des intervalles d'un accord, et lui faire subir un *renversement.* — Transposer, *renverser* une fraction. Voyez RENVERSEMENT. — Fig. : 1° mettre en déroute : *renverser un bataillon, un escadron* ; 2° détruire : *la mort renversera ses grands desseins* ; troubler l'ordre, mettre sens dessus dessous : *il a renversé tous mes papiers, tous mes livres* ; 4° mettre le désordre dans...—Fig. : *renverser l'esprit*, inspirer de mauvais principes.—En t. de mar., *renverser la charge d'un vaisseau*, la transporter dans un autre.—*se* RENVERSER, v. pron., se confondre, se mêler.—En t. de guerre, rompre ses rangs. —Mettre son corps à la *renverse*.

RENVERSEUR, subst. mas. (*ranvèreceur*), celui qui *renverse*. *Colletet* a dit des faiseurs d'anagrammes, qu'ils étaient des *renverseurs de noms*. Peu usité, et seulement dans le style familier.

RENVI, subst. mas. (*ranvi*), à certains jeux, ce qu'on met par-dessus la vade.

RENVIDÉ, E, part. pass. de *renvider*.

RENVIDER, v. act. (*ranvidé*), t. de filature, tourner le fil sur la broche en le rapprochant du rouet.— *se* RENVIDER, v. pron.

RENVIÉ, part. pass. de *renvier*.

RENVIER, v. neut. (*ranvié*), au jeu de brelan, mettre par-dessus la vade.

RENVOI, subst. mas. (*ranvoè*), *envoi* d'une chose déjà *envoyée* à la même personne ou au même lieu. — Action de faire retourner : *chevaux, voiture de renvoi* ; quelques-uns disent *de retour* ; *renvoi* vaut mieux. — Congé donné à un domestique, etc.—Réflexion, rejaillissement d'un corps *renvoyé* par un autre. — Dans un livre, marque ou avertissement qui *renvoie* à un autre endroit du même livre. — Signe au-dessus d'une portée de musique, qui indique qu'il faut retourner de la seconde partie d'un air, etc., à la première.—Dans un acte, marque qui *renvoie* à une addition qui est à la marge ou au bas de la page.— En t. de palais, jugement par lequel les parties sont *renvoyées* devant les juges qui doivent connaître de leur différend.

RENVOYÉ, E, part. pass. de *renvoyer*.

RENVOYER, v. act. (*ranvoè-ié*). Il se conjugue comme *envoyer*. *Envoyer* de nouveau.—Refuser : *on lui avait envoyé un présent, il l'a renvoyé.*— Faire reporter chez quelqu'un ce qu'il avait perdu ou prêté, ou laissé par oubli.—En parlant des personnes, faire retourner : *renvoyer une escorte*. On dit, dans le même sens : *renvoyer des chevaux*, etc.—Donner son congé à... ; *renvoyer un domestique.* — Adresser à quelqu'un pour avoir des éclaircissements. — Remettre à un autre temps : *il m'a renvoyé à Noël, à Pâques.* — En parlant de certaines choses, repousser, répercuter : *renvoyer la balle ; la lune renvoie la lumière du soleil ; l'écho renvoie les sons*, etc. — Au palais, ordonner qu'une partie se pourvoira devant un autre juge.— *se* RENVOYER, v. pron., s'*envoyer* de nouveau l'un à l'autre.

RENWEZ, subst. propre mas. (*ranvèze*), bourg de France, chef-lieu de canton, arrond. de Mézières, dép. des Ardennes.

RÉOCCUPÉ, E, part. pass. de *réoccuper*.

RÉOCCUPER, v. act. (*ré-okupé*), *occuper* de nouveau.—*se* RÉOCCUPER, v. pron.

RÉOLE (LA), subst. propre fém. (*laré-ole*), ville de France, chef-lieu de canton et d'arrond., dép. de la Gironde.

RÉOPHAGE, subst. mas. et adj. des deux genres (*ré-ofaje*), t. d'hist. nat., genre de coquilles d'une demi-ligne, de la classe des univalves, qu'on trouve dans la mer Adriatique.

RÉOPINÉ, E, part. pass. de *réopiner*.

RÉOPINER, v. neut. (*ré-opiné*), *opiner* de nouveau.

RÉORDINATION, subst. fém. (*ré-ordinâcion*), action de conférer les ordres sacrés une seconde fois.

RÉORDONNANT, subst. mas. (*ré-ordonan*), qui *réordonne*.

RÉORDONNÉ, E, part. pass. de *réordonner*.

RÉORDONNER, v. act. (*ré-ordoné*), *ordonner* une seconde fois.—Conférer de nouveau les ordres sacrés à celui dont une première ordination a été nulle.—*se* RÉORDONNER, v. pron.

RÉORGANISATION, subst. fém. (*ré-organizâcion*), action d'*organiser* de nouveau ; ses effets.

RÉORGANISÉ, E, part. pass. de *réorganiser*.

RÉORGANISER, v. act. (*ré-organizé*), *organiser* de nouveau. Mot nouveau. — *se* RÉORGANISER, v. pron.

RÉOUVERTURE, subst. fém. (*ré-ouvèreture*), action de *rouvrir* ; nouvelle *ouverture*.

RÉOXYDATION, subst. fém. (*ré-okcidâcion*), t. de chim., seconde réduction à l'état d'*oxyde*.

RÉOXYDÉ, E, part. pass. de *réoxyder*.

RÉOXYDER, v. act. (*ré-okcidé*), t. de chim., réduire une seconde fois à l'état d'*oxyde*. — *se* RÉOXYDER, v. pron.

REP., abréviation du mot *republicâ*, ablatif latin de *respublica*, la *république*.

REPAIRE, subst. mas. (*repère*) (suivant *Le Duchat*, du lat. barbare *repatria* ; parce que, dit-il, c'est comme la patrie de ces animaux), lieu où se retirent certaines bêtes féroces ou malfaisantes.—Fig., retraite de voleurs, de brigands, etc. —En t. de chasse, fiente des loups, des lièvres et de quelques animaux sauvages ; ainsi nommée, dit *Ménage*, parce qu'on la trouve dans les lieux où ces animaux *repairent*.—Il ne faut pas confondre *repère*, t. d'arts et mét., avec *repaire*.

REPAIRÉ, part. pass. de *repairer*.

† **REPAIRER**, v. neut. (*repéré*), t. de chasse, être couché, être à l'abri. Vieux et même hors d'usage.

RÉPAISSI, E, part. pass. de *répaissir*.

RÉPAISSIR, v. act. (*répècir*), rendre ou devenir plus *épais*.—*se* RÉPAISSIR, v. pron.

RÉPAISSISSEMENT, subst. mas. (*répèciceman*), action de *répaissir*.— État de ce qui est devenu plus *épais*.

REPAÎTRE, v. neut. (*repêtre*) (de la particule intensive *re*, et du verbe *paître*). Il se conjugue comme *paître*. Manger, prendre sa réfection : *il a fait dix lieues sans repaître ; les chevaux n'ont point repu d'aujourd'hui.* — Act., nourrir. Il ne se dit qu'au fig. : *repaître quelqu'un* ou *repaître son esprit de chimères, de fumée, de vaines espérances.*—*se* REPAÎTRE, v. pron., se nourrir de... ; et fig. : *homme cruel, qui se repaît de sang et de carnage ; se repaître de vaines espérances.*

REPAMÉ, E, part. pass. de *repamer*.

REPÂMÉ, E, part. pass. de *se repâmer*.

REPAMER, v. act. (*repamé*), battre les toiles dans une eau courante.—*se* REPAMER, v. pron.

se **REPÂMER**, v. neut. (*cerépâmé*), se *pâmer* de nouveau ; perdre une seconde fois ses esprits.

RÉPANDRE, v. act. (*répandre*) (de la particule lat. extensive et augmentative *re*, et de *pandere*), verser ; avec cette différence qu'on *verse* une liqueur en l'épanchant à dessein dans un vase, et qu'on la *répand* en la laissant tomber sans le vouloir : *je vous ai versé du vin, prenez garde de le répandre.* On dit cependant également : *répandre* ou *verser des larmes, son sang.*—Distribuer, départir : *répandre de l'argent, des grâces, des bienfaits.* — Dispenser, étendre au loin : *le soleil répand sa lumière ; ces fleurs répandent une odeur agréable.* — Fig. : *répandre le venin de l'erreur*, etc.—*se* RÉPANDRE, v. pron. ; se disperser, se propager, s'étendre au loin : *cette nouvelle s'est répandue partout.* — *Se répandre en longs discours, en invectives*, faire de longs discours, dire beaucoup d'injures.

RÉPANDU, E, part. pass. de *répandre*, et adj. : *homme fort répandu dans le monde*, ou simplement *fort répandu*, qui voit beaucoup de monde.

RÉPARABLE, adj. des deux genres (*réparable*), qu'on peut *réparer*.

RÉPARAGE, subst. mas. (*réparaje*), seconde tonte de drap.

REPARAÎTRE, v. neut (*reparètre*). Il se conjugue comme *paraître*. *Paraître*, se montrer de nouveau : *le soleil reparaît après l'orage.*

RÉPARATEUR, subst. et adj. mas., au fém. **RÉPARATRICE** (*réparateur, trice*) (en latin *reparator*), qui *répare* : *Jésus-Christ est le réparateur du genre humain.* — Fam. et iron., *réparateur des torts*, celui qui se mêle de faire réparer des injures ou de corriger des abus qui ne le regardent pas. — Adj. : *sommeil réparateur*.

RÉPARATION, subst. fém. (*répardcion*), ouvrage qu'on fait ou qu'il faut faire pour *réparer*. Il s'emploie souvent au pluriel : *grosses* ou *menues réparations ; réparations locatives*, etc. — Fig., satisfaction exigée ou donnée.—Expiation ; peine expiatoire. — RÉPARATION, RESTAURATION, RÉTABLISSEMENT. (*Syn.*) Par le *rétablissement*, les choses sont mises sur pied et en état ; par la *restauration*, elles sont mises comme à neuf et dans leur intégrité ; par la *réparation*, elles sont mises comme elles étaient, dans les parties qui avaient souffert de l'altération. Voy. RACCOMMODER.

RÉPARATOIRE, adj. des deux genres (*réparatoare*) : *droit réparatoire*, propre à *réparer*, qui a rapport aux *réparations*.

RÉPARATRICE, subst. et adj. fém. Voy. RÉPARATEUR.

REPARE, subst. fém. (*repare*), rigole, marque pour reconnaître un endroit. (*Boiste.*) Voyez REPÈRE.

RÉPARÉ, E, part. pass. de *réparer*.

REPARÉ, E, part. pass. de *reparer*.

RÉPARÉE, subst. fém. (*réparé*), t. de bot., nom qu'on donne à la bette poirée.

RÉPARER, v. act. (*réparé*) (en lat. *reparare*), remettre en son premier état ce qui a reçu quelque dommage. Voy. RÉTABLIR. — Polir, nettoyer certaines choses. — Dans la peint., raccommoder un tableau gâté, soit en le rentoilant, soit en le décrassant, etc. — Fig., effacer : *réparer ses fautes, ses torts.* — Faire des satisfactions : *réparer une offense, une injure ; réparer l'honneur, la réputation, le dommage*, etc. — Rétablir : *réparer ses forces.* — Fig., *réparer ses pertes*, se dédommager de ses pertes.—*Réparer le temps perdu, la perte du temps*, profiter mieux du temps qu'on ne l'a fait par le passé.— *Réparer une médaille*, la retoucher pour faire paraître nettes et lisibles des lettres effacées. — *Réparer une figure en plâtre*, la retoucher au sortir du moule, après en avoir assemblé les parties de manière à en faire disparaître les défauts. — *Réparer une étoffe de laine*, y faire venir le poil par le moyen du chardon. — *se* RÉPARER, v. pron.

REPARER, v. act. (*reparé*), *parer* de nouveau, orner, décorer une seconde fois. — *se* REPARER, v. pron.

RÉPAREUR, subst. mas. (*répareur*), celui qui *répare*. — T. de métier ; celui qui a soin des formes, des moules.

RÉPARITION, subst. fém. (*réparicion*), t. d'astronomie, opposé à *occultation*, vue d'un astre lorsque après une éclipse il commence à reparaître.—L'*Académie* renvoie à *réapparition*.

REPARLÉ, E, part. pass. de *reparler* : *la langue latine sera peut-être reparlée un jour.*

REPARLER, v. neut. (*reparlé*), parler de nouveau.—Il peut aussi s'employer act. : *depuis que j'avais quitté l'Italie, j'en avais oublié la langue, mais je commence à la reparler.*— *se* REPARLER, v. pron. — *Se reparler avec quelqu'un*, renouer connaissance, redevenir amis.

REPARON, subst. mas. (*reparon*), t. de manuf., seconde qualité du lin peigné ; la première se nomme brin.

REPART, subst. mas. (*repar*), repartie. (*Boiste.*)

REPARTAGE, subst. mas. (*repartaje*), second *partage*.

REPARTAGÉ, E, part. pass. de repartager.
REPARTAGER, v. act. (repartajé), partager de nouveau. — se REPARTAGER, v. pron.
REPARTI, E, part. pass. de repartir.
RÉPARTI, E, part. pass. de répartir.
REPARTIE, subst. fém. (reparti), réponse, réplique. Voy. RÉPONSE.
RÉPARTIMENT, subst. mas. (repartiman), manière de répartir les impôts.
REPARTIR, v. neut. (repartir). Il se conjugue comme partir. Partir de nouveau.—Retourner : il est reparti pour l'Amérique. — Répliquer : il ne lui a reparti que par des injures. En ce sens on dit aussi act. : repartir des impertinences, etc.
RÉPARTIR, v. act. (répartir) (de la particule latine extensive re, et de partiri, partager), diviser en plusieurs parts ; partager, distribuer. — se RÉPARTIR, v. pron.
RÉPARTITEUR, subst. et adj. mas. (répartiteur), qui fait une répartition.—Adj. : commissaire répartiteur.
RÉPARTITION, subst. fém. (réparticion) (du latin partitio), division, partage, distribution.
REPARTON, subst. mas. (reparton), globe d'ardoise divisé suivant les dimensions convenables.
REPARU, partic. pass. de reparaître.
REPAS, subst. mas. (repâ) (de la particule latine intensive re, et de pastus, nourriture, fait de pascere, nourrir, repaître), réfection, nourriture qu'on prend à des heures réglées. On le dit surtout du dîné et du soupé. — Repas prié, qui se donne à un certain nombre de personnes invitées. — Repas funéraire, chez les anciens, cérémonie religieuse qui se faisait chez les parents du mort ou sur son tombeau, pour honorer sa mémoire.
REPASSAGE, subst. mas. (repâçaje), action de repasser, de remoudre. Cardage fait avec les repassettes.
REPASSE, subst. fém. (repâce), t. de meûnier, grosse farine qui contient du son.—Seconde distillation.
REPASSÉ, E, part. pass. de repasser.
REPASSER, v. neut. (repâcé), passer une autre ou plusieurs fois : il ne fait que passer et repasser devant cette maison.—V. act., passer, traverser de nouveau : l'armée repassa les monts, la rivière. — Repasser des étoffes par la teinture, les remettre dans la teinture. — Repasser des cuirs, leur donner un nouvel apprêt. — Repasser des couteaux, des rasoirs, des ciseaux, etc., sur la meule, sur la pierre, les aiguiser. — Repasser du linge, des rubans, etc., les rendre plus unis, plus propres, au moyen d'un fer chaud que l'on passe dessus. — Repasser un vieux chapeau, le remettre à la teinture et lui donner un nouvel apprêt. — Repasser la lime sur... polir de nouveau. Il se dit au propre, du fer, et au figuré, des ouvrages d'esprit.—Repasser dans son esprit, dans sa mémoire, se remettre, se rappeler. — Repasser un sermon, un discours, le répéter après l'avoir appris, afin d'être plus sûr de sa mémoire. — Repasser quelqu'un, le critiquer, le battre. —se REPASSER, v. pron.
REPASSERESSE, subst. fém. Voy. REPASSETTE.
REPASSETTE, subst. fém. (repâcéte), carde très-fine qui donne la dernière préparation à la laine avant la filature.
REPASSEUR, subst. mas., REPASSEUSE, subst. fém. (repâceur, ceuze), t. d'épinglier, ouvrier qui repasse sur la meule la pointe des épingles.
REPASSEUSE, subst. fém. (repâceuze), ouvrière qui repasse le linge après qu'il a été blanchi. Voy. BLANCHISSEUSE.
REPAUMÉ, E, part. pass. de repaumer.
REPAUMER, v. act. (repômé), retondre un drap. —Battre, laver un drap dans l'eau. — se REPAUMER, v. pron.
REPAVÉ, E, part. pass. de repaver.
REPAVEMENT, subst. mas. (repaveman), nouveau pavement.
REPAVER, v. act. (repavé), paver de nouveau. —se REPAVER, v. pron.
REPAYEMENT, REPAIEMENT ou REPAÎMENT, subst. mas. (repèman), second paiement d'une même redevance.
REPAYÉ, E, part. pass. de repayer.
REPAYER, v. act. (repè-ié), payer de nouveau. —se REPAYER, v. pron.
REPÊCHÉ, E, part. pass. de repêcher.
REPÊCHER, v. act. (repêché), retirer de l'eau ce qui y était tombé.—se REPÊCHER, v. pron.
REPEIGNÉ, E, part. pass. de repeigner.
REPEIGNER, v. act. (repêgné), peigner de nouveau.—se REPEIGNER, v. pron.

REPEINDRE, v. act. (repeindre). Il se conjugue comme peindre. Peindre de nouveau : il a fait repeindre sa galerie. — Appliquer de nouvelles couleurs sur les endroits défectueux d'un tableau que l'on veut réparer. — se REPEINDRE, v. pron.
REPEINT, subst. mas. (repein), endroit d'un tableau qui a été repeint, sur lequel on a appliqué de nouvelles couleurs : ce tableau est d'un grand maître, mais il y a beaucoup de repeints.
REPEINT, E, part. pass. de repeindre.
REPELÉ, E, part. pass. de repeler.
REPELER, v. act. (repelé), en t. de mégisserie, peler une seconde fois. — se REPELER, v. pron.
REPELOTÉ, E, part. pass. de repeloter.
REPELOTER, v. act. (repeloté), remettre en pelotte.—se REPELOTER, v. pron.
REPENDRE, v. act. (repandre), pendre de nouveau ce qui était tombé ou détaché. — se REPENDRE, v. pron.
REPENDU, E, part. pass. de rependre.
REPENELLE, subst. fém. (repenêle), t. d'oiseleur, espèce de piège à ressort dont on se sert pour prendre des oisillons.
REPENSÉ, E, part. pass. de repenser.
REPENSER, v. neut. (repancé), penser de nouveau ; méditer avec plus d'attention : il repense que... Peu usité.
REPENTAILLES, subst. fém. plur. (repantâie), repentir, pénitence. (Boiste.) Vieux.
^ REPENTANCE, subst. fém. (repantance), repentir, regret. Il n'est guère d'usage que dans le langage de la piété.
REPENTANT, E, adj. (repantan, tante), qui se repent : il est repentant de ses fautes.
REPENTI, E, part. pass. de repentir, et adj. Il a la signification active ; qui est repentant, qui se repent : bien confessé, bien repenti. — Subst. fém. plur., congrégation de femmes : les Filles repenties, ou simplement : les Repenties.
REPENTIN, subst. mas. (repantein), pénitent. (Boiste.) Vieux et burlesque.
SE REPENTIR, v. pron. (cerepantir) (par corruption, du latin pœnitere), fait, dans la même signification, de pœna, peine), avoir un véritable regret, une véritable douleur d'avoir commis une faute, etc.
REPÉPION, subst. mas. (repépion), poinçon d'épinglier.
REPERCÉ, E, part. pass. de repercer.
REPERCER, v. act. (repèrcé), percer de nouveau.—se REPERCER, v. pron.
REPERCEUR, subst. fém. (repèrceuze), t. de bijoutier, ouvrière qui reperce les ouvrages qui doivent être à jour.
RÉPERCUSSIF, E, adj. mas., à t. de médec. RÉPERCUSSIVE (répèrkuceciv, cive), t. de médec., qui répercute, qui fait rentrer les humeurs en dedans : topique répercussif.—Subst. mas. : les répercussifs sont dangereux.
RÉPERCUSSION, subst. fém. (répèrekuçecion) (du lat. repercussio), en médec. répercussion des humeurs, action par laquelle les humeurs, étant en mouvement pour sortir, sont repoussées au-dedans. — En physique, répercussion (réflexion) de la lumière, du son. — Répétition fréquente des mêmes sons.
RÉPERCUSSIVE, adj. fém. Voy. RÉPERCUSSIF.
RÉPERCUTÉ, E, part. pass. de répercuter.
RÉPERCUTER, v. act. (répèrkuté) (du latin repercutere, formé de re, pour rétro, en arrière, et percutere, frapper), en parlant des humeurs, les faire rentrer en dedans. — En parlant de la lumière, de la chaleur, des sons, les réfléchir. — se RÉPERCUTER, v. pron.
REPERDRE, v. act. (repêrdre), perdre de nouveau.—Perdre ce qu'on avait gagné.—SE REPERDRE, v. pron.
REPERDU, E, part. pass. de reperdre.
REPÈRE, subst. mas. (repère), t. commun à beaucoup d'arts et métiers, trait ou marque que l'on fait à différentes pièces d'assemblage pour les reconnaître. Telles sont les marques du tuyau d'une lunette. — Marque sur un mur pour tirer un alignement.
REPÉRÉ, E, part. pass. de repérer.
REPÉRER, v. act. (repéré), marquer, former des repères ; mettre dans les repères. — se REPÉRER, v. pron.

RÉPERTOIRE, subst. mas. (répértoare) (en latin repertorium, fait de reperire, trouver, retrouver), table, recueil où les choses sont rangées dans un certain ordre qui fait qu'on les retrouve aisément. — Liste des pièces restées au théâtre. — Liste des pièces qui doivent être jouées chaque semaine : cette pièce est sur le répertoire.—Fig. et fam., personne qui se souvient de beaucoup de choses et qui est toujours prête à en instruire les autres.
REPESÉ, E, part. pass. de repeser.
REPESER, v. act. (repezé), peser de nouveau —se REPESER, v. pron.
RÉPÉTAILLÉ, E, part. pass. de répétaillér.
RÉPÉTAILLER, v. act. (répéta-ié), répéter la même chose jusqu'à l'ennui. — se RÉPÉTAILLER, v. pron.
RÉPÉTÉ, E, part. pass. de répéter.
RÉPÉTER, v. act. (répété) (du latin repetere employé dans la même signification, et qui signifie redemander, de re, particule itérative, et petere, demander), redire, dire une seconde fois ou plusieurs fois ce qu'on a déjà dit. — Repasser, en parlant d'un sermon, d'un rôle. — Expliquer plus amplement à des écoliers ce que le professeur a dit en classe : il répète plusieurs écoliers; et neut. : sa profession est de répéter. — Redemander : répéter un prisonnier ; le bien qu'on nous a pris. — Répéter une expérience, la faire de nouveau, la recommencer. — Représenter, doubler : ces glaces répètent les objets. — En t. de mar., répéter les signaux, faire les mêmes signaux que le commandant, afin que les vaisseaux les plus éloignés puissent les voir et les entendre. — Répéter des témoins, entendre en déposition des témoins qui sont venus à révélation sur la publication d'un monitoire. — Répéter des frais, en réclamer le remboursement. — se RÉPÉTER, v. pron., redire ce qu'on a déjà dit.—Tomber dans des redites.
RÉPÉTITEUR, subst. mas. (répétiteur), maître qui va en ville répéter des écoliers. — Au plur., répétiteurs, t. de mar., dans les armées navales, escadres, vaisseaux et frégates chargés de répéter les signaux. — Adj. : cercle répétiteur, instrument qui sert à mesurer les angles avec une grande précision.
RÉPÉTITION, subst. fém. (répéticion) (en lat. repetitio), redite. — Leçons qu'on fait à des écoliers en leur expliquant plus amplement celles qu'ils ont reçues en classe. — Figure de grammaire et de rhétorique que consiste à répéter certains mots avec grace dans une période. — Essai qui se fait en particulier d'une pièce qu'on doit jouer en public. On dit aussi, dans le même sens : repetition d'un ballet, etc. — Au palais, action par laquelle on répète quelque chose sur quelqu'un. — Montre, pendule à répétition, montre ou pendule qui sonne l'heure qu'il est.
RÉPÉTRI, E, part. pass. de repétrir.
RÉPÉTRIR, v. act. (repétrir), pétrir de nouveau. — se REPÉTRIR, v. pron.
REPEUPLÉ, E, part. pass. de repeupler.
REPEUPLEMENT, subst. mas. (repeupleman), action de repeupler un pays, un étang. — En bot., action de semer du gland ou de planter de nouveaux plants dans les lieux où les bois ont été exploités.
REPEUPLER, v. act. (repeuplé), peupler de nouveau un pays qui avait été dépeuplé. — Repeupler un étang, une mare, etc., y remettre du poisson, du gibier. — se REPEUPLER, v. pron.
RÉPHAIMS, subst. mas. plur. (refeum), anciens géants. (Boiste.) Hors d'usage.
REPIC, subst. mas. (repik), coup au jeu de piquet qui arrive lorsque, avant de jouer aucune carte, un des joueurs compte jusqu'à trente, sans que l'autre ait pu rien compter ; alors il compte quatre-vingt-dix : il a fait un beau repic.—Fig. et fam. : faire quelqu'un repic, remporter sur lui un avantage considérable.
REPILÉ, E, part. pass. de repiler.
REPILER, v. act. (repilé), piler de nouveau.— se REPILER, v. pron.
REPIQUÉ, E, part. pass. de repiquer.
REPIQUER, v. act. (repikié), piquer une seconde fois. — se REPIQUER, v. pron.
RÉPIT, subst. mas. (répi) (suivant Ménage, du latin respectus, égard, considération. Suivant Du Cange, de respirare, respirer ; parce que le débiteur respire lorsqu'on lui accorde un répit), t. de palais, délai, surséance, temps qu'on accorde pour payer, pour régler ses affaires. — Lettres de répit, lettres du sceau qui accordent aux débiteurs de bonne foi un délai pour payer ce qu'ils doivent.

RÉPITÉ, E, adj. (*répité*), sauvé. (*Boiste.*)

REPLACÉ, E, part. pass. de *replacer*.

REPLACEMENT, subst. mas. (*replaceman*), second *placement*, nouvelle mise en *place* de ce qu'on avait *déplacé* ou de ce qui n'avait pas été *placé* convenablement.

REPLACER, v. act. (*replacé*), remettre une chose dans la place d'où on l'avait ôtée. — *se* REPLACER, v. pron.

REPLAIDÉ, E, part. pass. de *replaider*.

REPLAIDER, v. act. et neut. (*replèdé*), *plaider* de nouveau. — *se* REPLAIDER, v. pron.

REPLAIN, subst. mas. (*replein*), partie aplatie et cultivée sur une montagne.

REPLANCHÉIÉ, E, part. pass. de *replanchéier*.

REPLANCHÉIER, v. act. (*replanché-ié*), *planchéier* de nouveau. — *se* REPLANCHÉIER, v. pron.

REPLANI, E, part. pass. de *replanir*.

REPLANIR, v. act. (*replanir*), finir au rabot, au racloir. — *se* REPLANIR, v. pron.

REPLANISSEMENT, subst. mas. (*replanicemant*), action de *replanir*, de *repolir*. — Effet de cette action.

REPLANTATION, subst. fém. (*replantâcion*), action de *replanter*.

REPLANTÉ, E, part. pass. de *replanter*.

REPLANTER, v. act. (*replanté*), *planter* de nouveau. — *se* REPLANTER, v. pron.

REPLÂTRAGE, subst. mas. (*replâtraje*), réparation mauvaise et superficielle faite avec du *plâtre*.—Fig. et fam., mauvais moyen qu'on emploie pour couvrir une faute, une sottise.

REPLÂTRÉ, E, part. pass. de *replâtrer*.

REPLÂTRER, v. act. (*replâtré*), renduire en plâtre. — Fig. et fam., chercher à couvrir, à réparer une faute, une sottise.—*se* REPLÂTRER, v. pron.

REPLÂTREUR, subst. mas. (*replâtreur*), homme qui trouve une excuse à tout; qui voile les vices, les torts, etc. Fam. (*Boiste.*)

REPLÉ, adj. mas. (*replé*), t. de bot.; se dit d'un péricarpe qui a les valves réunies par autant de filets.

REPLÉNI, E, adj. (*repléni*), *replet*. (Boiste.) Vieux et même hors d'usage.

REPLET, adj. mas., au fém. **REPLÈTE** (*replè, plète*) (du lat. *repletus*), gros, gras, qui a beaucoup d'embonpoint. Il ne se dit point des animaux.

REPLÈTE, adj. fém. Voy. REPLET.

RÉPLÉTION, subst. fém. (*réplécion*) (du lat. *repletio*), plénitude, trop grande abondance d'humeurs.—On le disait, en matière bénéficiale, de l'état gradué ou d'un indultaire, dont le droit avait été rempli par un bénéfice.

REPLEURÉ, E, part. pass. de *repleurer*.

REPLEURER, v. act. et neut. (*repleuré*), *pleurer* de nouveau. — *se* REPLEURER, v. pron.

REPLEUVOIR, v. neut. (*repleuvoar*), *pleuvoir* de nouveau.

REPLI, subst. mas. (*repli*), *pli* redoublé. — *Pli* qu'on faisait au bas des lettres-patentes et sur le revers duquel on écrivait. — Au plur., manière dont les reptiles se meuvent : *serpent qui se traîne à longs replis.* — Fig., ce qu'il y a de plus caché dans l'âme : *les plis et les replis du cœur humain.*

REPLIÉ, E, part. pass. de *replier*.

REPLIEMENT, subst. mas. (*repliman*), état de ce qui est *replié*. — action de *replier*.

REPLIER, v. act. (*repli-é*), *plier* de nouveau une chose qui avait été dépliée. — *se* REPLIER, v. pron., faire plusieurs *plis* et *replis* en parlant d'un serpent. — En parlant d'un corps de troupes, faire certains mouvements pour se rapprocher en bon ordre d'un autre corps. — Fig. et fam., prendre de nouveaux biais pour faire réussir un projet.—Abandonner certaines preuves pour recourir à d'autres. — *Se replier sur soi-même*, se recueillir.

RÉPLIQUE, subst. fém. (*réplike*) (du lat. *replicatio*, qui signifie proprement *repli autour*, dérivé de *replicare*, déplier, développer; parce que la réplique a pour objet de développer une réponse), au palais, réponse à ce qui a déjà été répondu. — Réponse à ce qui a été écrit.— En t. de musique, répétition des octaves, doublement, triplement, etc., d'un intervalle. — Au théâtre, les mots par lesquels finit le couplet d'un acteur, et qui annoncent à celui qui est en scène avec lui que c'est à son tour à prendre la parole.

RÉPLIQUÉ, E, part. pass. de *répliquer*.

RÉPLIQUER, v. act. (*réplikié*) (du lat. *replicare*), faire une *réplique* : *voilà ce que j'ai à répliquer.* — On dit aussi neut. : *il a répliqué fortement.* — *se* RÉPLIQUER, v. pron.

REPLISSÉ, E, part. pass. de *replisser*.

REPLISSER, v. act. (*replicé*), *plisser* de nouveau. — *se* REPLISSER, v. pron.

REPLONGÉ, E, part. pass. de *replonger*.

REPLONGER, v. act. (*replonjé*), *plonger* de nouveau, au propre et au fig.—Il s'emploie aussi neut. — *se* REPLONGER, v. pron.

REPOLI, E, part. pass. de *repolir*.

REPOLIR, v. act. (*repolir*), *polir* de nouveau. — *se* REPOLIR, v. pron.

REPLU, part. pass. du v. *repleuvoir*.

REPOLISSAGE, subst. mas. (*repoliçaje*), action de polir de nouveau une pièce d'orfèvrerie.

REPOLON, subst. mas. (*repolon*), t. de man., volte en cinq temps.

REPOMPÉ, E, part. pass. de *repomper*.

REPOMPER, v. act. (*reponpé*), *pomper* de nouveau. — *se* REPOMPER, v. pron.

RÉPONDANT, E, subst. (*répondan, dante*), qui subit un examen, qui soutient une thèse, etc. — Celui qui *répond* à la messe.—Caution, qui *répond* pour un autre.

REPONDRE, v. act. (*repondre*), *pondre* de nouveau.—*se* REPONDRE, v. pron.—Ce mot manque dans l'*Académie*.

RÉPONDRE, v. act. (*répondre*) (en lat. *respondere*), repartir à quelqu'un sur ce qu'il a dit ou demandé : *il ne m'a répondu que deux mots.* — *Répondre la messe*, prononcer à haute voix les paroles de la messe, en *réponse* à celles du prêtre.—On dit au palais : *répondre une requête, un placet*, pour *répondre à une requête*, etc. — Neut., il a le sens de l'actif : *répondre à propos, sur-le-champ, pertinemment, précisément*, etc. —Répliquer : *je ne veux point d'un valet qui répond.*—Répéter : *l'écho répond.*— Ecrire à quelqu'un de qui l'on a reçu une lettre. — Parler à ceux qui appellent ou qui frappent à la porte.— Réfuter : *répondre à un plaidoyer, à un mémoire, à une objection.* — Soutenir des thèses : *ce récipiendaire a bien répondu.*—Avoir rapport, proportion, conformité : *l'aile droite de ce bâtiment ne répond point à l'autre aile.* — Avoir communication : *il s'est blessé au coude, et la douleur lui répond au poignet.*—Aboutir : *ces allées répondent à une étoile.*—Faire réciproquement de son côté ce qu'on doit : *répondre aux politesses, aux amitiés qu'on nous fait ; répondre aux espérances, à l'attente publique*, etc. En ce sens, il se dit des choses mêmes : *tout répond à nos vœux, à nos désirs.* — Etre caution d'une chose ou pour quelqu'un.—Assurer : *je vous en réponds.*—*se* RÉPONDRE, v. pron., *répondre* à soi-même ; *répondre* l'un à l'autre. — Etre en symétrie, en conformité.

REPONDU, E, part. pass. de *repondre*.

RÉPONDU, E, part. pass. de *répondre*, et adj. Il ne se dit qu'au palais : *placet répondu; requête répondue.*

RÉPONS, subst. mas. (*répon*) (du lat. *responsorium*), espèce d'antienne qui, dans l'Eglise romaine, se chante ordinairement après les leçons ou après les chapitres, et qui finit par une reprise appelée *réclame*.—En t. d'impr., signe qui l'indique et qui consiste dans cette figure ℟.

RÉPONSE, subst. fém. (*réponce*) (en lat. *responsum*), ce qu'on *répond*; réplique, repartie. —Réfutation.—Lettre qu'on écrit pour *répondre* à une autre lettre. — RÉPONSE, RÉPLIQUE, REPARTIE. (*Syn.*) La *réponse* se fait à une demande ou une question ; la *réplique* se fait à une *réponse* ou à une remontrance ; la *repartie* se fait à une raillerie ou à un discours offensant. Les scholastiques enseignent à proposer de mauvaises difficultés, et à y donner encore plus de mauvaises *réponses*. Il est plus grand d'écouter une sage remontrance et d'en profiter, que d'y *répliquer*.—On ne se défend jamais mieux contre des paroles piquantes, que par des *reparties* fines et honnêtes.—Le mot de *réponse* a, dans sa signification, plus d'étendue que les deux autres : on *répond* aux questions des personnes qui s'informent; aux demandes de celles qui attendent des grâces ou des services; aux interrogations des maîtres et des juges; aux arguments de ceux qui nous exercent dans les écoles; aux lettres qu'on nous écrit, et aux difficultés qu'on nous propose touchant la conduite, les affaires et les sentiments. Le mot de *réplique* a un sens plus restreint : il suppose une dispute commencée à l'occasion de diverses opinions qu'on suit ou des différents sentiments dans lesquels on est, ou des parts et des intérêts opposés qu'on a embrassés. Le mot de *repartie* a une énergie propre et particulière pour faire naître l'idée d'une apostrophe personnelle contre laquelle on se défend, soit sur le même ton, en apostrophant aussi de son côté, soit sur un ton plus honnête, en émoussant seulement les traits qu'on nous lance. — La *réponse* doit être claire et juste; il faut que ce soit le bon sens et la raison qui la dictent. La *réplique* doit être forte et convaincante; il faut que la vérité y paraisse ornée et fortifiée de toutes ses preuves. La *repartie* doit être vive et prompte; il faut que le sel de l'esprit y domine et la fasse briller.

REPONTE, subst. fém. (*reponte*), nouvelle *ponte*. — Ce mot manque dans l'*Académie*.

REPOPULARISÉ, E, part. pass. de *repopulariser*.

REPOPULARISER, v. act. (*repopularizé*), rendre de nouveau *populaire*. —*se* REPOPULARISER, v. pron.

REPORT, subst. mas. (*repore*), t. de commerce et de comptabilité, action de *reporter* la somme, le total d'un compte établi dans une page, à la page qui doit suivre.—Cette somme, ce total même *reporté*. Dans ce cas, on met en bas de la page remplie, avant la somme, ces mots : *d'une part* ; et au haut de la page suivante : *d'autre part*.

REPORTAGE, subst. mas. (*reportaje*), redevance de la moitié de la dîme.

REPORTÉ, E, part. pass. de *reporter*.

REPORTER, v. act. (*reporté*) *porter* une chose où elle était avant de l'avoir *apportée* : *on le reporta chez lui malade.*— Transporter : *reportez cette somme à l'autre feuillet.*—Redire ce qu'on a vu ou entendu ailleurs : *reportez-vous donc au bon vieux temps.* — *se* REPORTER, v. pron. : *se reporter dans un endroit*, s'y transporter de nouveau.—Plus ordinairement, se transporter en esprit : *il faut se reporter au temps où...*

REPOS, subst. mas. (*repô*) (du lat. *pausa*), cessation ou privation de mouvement : *la matière est indifférente au mouvement et au repos.* —Cessation de travail : *se donner* ou *prendre du repos.* — Tranquillité, exemption de peine d'esprit : *soyez en repos de ce côté-là; le repos public.*—*Le repos éternel*, l'éternité, le ciel.—*Troubler le repos des morts*, violer leur sépulture, ou attaquer leur mémoire.—*Le champ du repos*, un cimetière. — Sommeil : *prendre son repos; lit de repos*, lit sur lequel on peut se *reposer* pendant le jour.—En parlant d'armes à feu, l'état où elles sont lorsque le chien n'est ni abattu ni bandé : *mettre un fusil au repos* —En poésie, césure. Dans les vers français, c'est le milieu des vers de douze syllabes, et la quatrième syllabe des vers de dix, quand cette syllabe est masculine, etc.—Dans la lecture et dans la déclamation, pause qu'on doit faire.—En musique, la terminaison de la phrase, sur laquelle le chant se *repose*.—En t. de peinture, ce qui fait que la vue se *repose*, comme sont les ombres, etc. — En t. d'archit., palier d'escalier. — Nous lisons dans l'*Académie* que *repos* se dit quelquefois, en général, d'un lieu propre à se *reposer*; et elle donne pour exemple : *on a distribué dans ce jardin différents repos*; il est plus que probable que cela s'est dit, il y a fort longtemps; mais cette expression est tombée en désuétude.

REPOSÉ, E, part. pass. de *reposer*, et adj. : *à tête reposée*, loc. adv., avec examen et attention.

* **REPOSÉE**, subst. fém. (*repôzé*), t. de chasse, lieu où une bête *se repose*; on l'appelle aussi *lit* ou *chambre*.

REPOSER, v. act. (*repôzé*) (du lat. barbare *repausare*, réduplicatif de *pausare*, cesser, s'arrêter, lequel est formé de *pausa*, pause, interruption dans une action. Ces mots latins sont dérivés du grec παυσις, pause, qui a pour racine παυομαι, je cesse, je me repose. C'est de la même source que viennent le *riposare* des Italiens, et le *reposar* des Espagnols), mettre dans une situation tranquille : *reposer sa jambe sur un tabouret, sa tête sur un oreiller.*—*Ce remède repose les humeurs*, les calme, les tranquillise.—Neut., dormir : *il n'a pas reposé de toute la nuit.* — *N'avoir pas où reposer sa tête*, être dans la misère, sans logement. — Être dans un état de *repos* : *il ne dort pas, il repose.* — Être placé : *c'est dans ce lieu que le Saint-Sacrement repose, que reposent les reliques de ce saint, que le corps de ce héros repose*; et fig. : *c'est en vous seul que mon espoir repose.*—En parlant des liqueurs, se rasseoir : *on laisse reposer du vin trouble.*— *Reposer sa vue sur un objet*, y attacher les yeux.—*Cela repose la vue*, se dit lorsque des parties d'objets bien concordants ne forcent pas autant l'attention de l'esprit ou l'activité des yeux. — *Le sommeil repose le teint*, pour signifier qu'*il le rend frais*, expression du langage familier, mais qui est très-usitée. On dit, dans le même sens : *le sommeil repose le corps*. Dans ces deux cas, le verbe *reposer* est actif. —*Laisser reposer une terre*, ne pas l'ensemencer.—*Laisser reposer un ouvrage*, le garder sans le montrer, sans le relire, afin de le revoir ensuite à loisir.—*se* REPOSER, v. pron., prendre du *repos*.—Se rasseoir, se dit des liqueurs troubles ; et fig., des passions.—Se confier à...—Confier la garde, le soin, l'exécution : *je me repose sur lui pour cette affaire.— Se reposer sur ses lauriers*, rester inactif après un succès. — Être en jachère, en parlant d'une terre.

REPOSOIR, subst. mas. (*repôzoar*), autel qu'on élève dans les lieux où doit passer la procession de la Fête-Dieu, pour y faire *reposer* le Saint-Sacrement.

REPOSSÉDÉ, E, part. pass. de *reposséder*.

REPOSSÉDER, v. act. (*repocédé*), *posséder* encore une fois, de nouveau. — *se* REPOSSÉDER, v. pron.

REPOSTAILLE, subst. fém. (*repocetd-ie*), réponse. (*Boiste*.) Vieux et même hors d'usage.

RÉPOSTEMENT, adv. (*répoceteman*) (du latin *repostus*, écarté), en cachette. (*Boiste*.) Vieux et même hors d'usage.

RÉPOTIE, subst. fém. (*répôci*) (en lat. *repotia*, nom. plur. de *repotium*), t. d'antiq., repas du lendemain des noces. (*Boiste*.) Entièrement hors d'usage.

REPOUS, subst. mas. (*repou*), t. de maçonn., mortier fait avec de la chaux et de la brique, ou de la vieille maçonnerie pulvérisée.

RÉPOUSÉ, E, part. pass. de *répouser*.

RÉPOUSER, v. act. (*répouzé*), *épouser* une seconde fois. — *se* RÉPOUSER, v. pron.

REPOUSSABLE, adj. des deux genres (*repouçable*), qui doit être *repoussé*.—Ce mot manque dans l'*Académie*.

REPOUSSANT, E, adj. (*repouçan, çante*), qui *repousse*, qui inspire de l'aversion, du dégoût : *laideur repoussante, manières repoussantes*.

REPOUSSÉ, E, part. pass. de *repousser*.

REPOUSSEMENT, subst. mas. (*repouceman*), action de *repousser*.

REPOUSSER, v. act. (*repoucé*), rejeter, renvoyer : *repousser la balle*.— *Pousser* et faire reculer : *repousser les ennemis*. — On dit à peu près dans le même sens : *repousser la force par la force*, etc. — Réfuter une objection, etc. — Fig. : *repousser une injure*, s'en venger. — *Repousser la calomnie*, la réfuter hautement.—*Repousser la raillerie*, faire taire le railleur.— *Repousser une tentation*, la rejeter.—V. neut. : *ce ressort repousse*, ou *ne repousse pas assez*, a trop ou trop peu de force. — *Votre fusil repousse trop*, donne rudement contre l'épaule, quand on le tire. — *Pousser* de nouveau, en parlant des plantes, des cheveux.— Avoir une figure *repoussante*, qui ne prévient pas en faveur de l'individu.—T. d'imp., imprimer à la main une lettre ou un signe qui manque dans une feuille tirée. —*se* REPOUSSER, v. pron.

REPOUSSOIR, subst. mas. (*repouçoar*), instrument qui sert à *repousser*.— Au plur. et en t. de peint., effets vigoureux de couleurs ou très-ombrés, qu'on place sur le devant d'un tableau pour faire paraître les autres objets plus éloignés.

REPOUSTAGE, subst. mas. (*repoucetaje*), action de *repouster*.

REPOUSTÉ, E, part. pass. de *repouster*.

RÉPOUSSETÉ, E, part. pass. de *répousseter*.

REPOUSTER, v. act. (*repouceté*), ballotter la poudre pour en ôter les pelotons.—*se* REPOUSTER, v. pron.

RÉPOUSSETER, v. act. (*répoucelé*), *épousseter* de nouveau. —*se* RÉPOUSSETER, v. pron.

REPRÉCIPITÉ, E, part. pass. de *reprécipiter*.

REPRÉCIPITER, v. act. (*reprécipité*), *précipiter* de nouveau. — *se* REPRÉCIPITER, v. pron.

RÉPRÉHENSIBLE, adj. des deux genres (*répréancible*) (du lat. *reprehensibilis*), qui mérite *répréhension*.

RÉPRÉHENSIF, adj. mas., au fém. RÉPRÉHENSIVE (*répré-ancif, cive*), qui *réprimande*. (Boiste.)

RÉPRÉHENSION, subst. fém. (*répré-ancion*) (du latin *reprehensio*), réprimande, blâme.

RÉPRÉHENSIVE, adj. fém. Voy. RÉPRÉHENSIF.

REPRENDRE, v. act. (*reprandre*) (du latin *reprehendere*). Il se conjugue comme *prendre*. *Prendre* de nouveau : *reprendre une place ; reprendre un domestique à son service ; il a repris sa place*, etc.— Saisir de nouveau : *reprendre un prisonnier qui s'était sauvé*.— Continuer ce qui avait été interrompu : *reprendre le discours*. — Rétablir, ranimer : *reprendre ses forces; reprendre courage*. Réprimander, blâmer. Voy. CORRIGER. —*Reprendre ses esprits*, revenir d'un état de trouble ou de faiblesse.—*Reprendre haleine*, se reposer.—*Reprendre un mur sous œuvre*, en rétablir les fondements. — *Reprendre une toile, un bas, une étoffe*, etc., les raccommoder, les rejoindre.—Au palais : *reprendre une instance*, continuer avec une nouvelle partie un procès commencé avec une autre, et qui avait été interrompu par mort, etc.—*Il a été repris de justice*, il a été puni ou réprimandé par la justice.—Neut., attaquer, saisir de nouveau, en parlant de la fièvre : *la fièvre lui a repris*. — En parlant des arbres transplantés, *prendre* de nouveau racine : *ce poirier, ce pommier a bien repris*.—Critiquer, trouver à redire ; *il trouve à reprendre aux meilleurs ouvrages, dans les auteurs les plus estimés*.—*se* REPRENDRE, v. pron. — Se refermer, se rejoindre, en parlant des chairs qui ont été coupées, etc. : *la plaie se reprend, les chairs se reprennent*. —Se corriger soi-même après avoir mal dit.

REPRENEUR, subst. mas., **REPRENEUSE**, subst. fém. (*repreneur, neuze*), celui, celle qui trouve à redire à tout. Fam.

REPRENEUSE, subst. fém. Voy. REPRENEUR.

REPRÉSAILLE, subst. fém. (*reprézâ-ie*) (de l'italien *ripresaglia*, fait dans le même sens de *ripresa*, reprise, répétition), prise, butin qu'on fait sur des ennemis, et sur quelquefois sur des étrangers avec qui l'on n'est pas en guerre, pour s'indemniser de ce qu'ils ont pris sur nous, du dommage qu'ils nous ont causé. —Vengeance qu'on tire des ennemis qui ont violé le droit de la guerre, en agissant de la même manière. Son plus grand usage est au plur.—Fig. : *user de représailles*, repousser une injure, une raillerie par une autre.

REPRÉSAILLÉ, part. pass. de *représailler*.

REPRÉSAILLER, v. neut. (*reprézâ-ié*), user de *représailles* envers les prisonniers.

REPRÉSENTANT, E, subst. (*reprézantan, tante*), qui en *représente* un autre, qui tient sa place, qui a reçu de lui les pouvoirs pour agir en son nom. — En t. de jurispr., qui est appelé à une succession, du chef d'une personne prédécédée dont il exerce les droits. — Qui a le droit des héritiers pour vente, échange, etc. – Député.

REPRÉSENTATIF, adj. mas.; au fém. REPRÉSENTATIVE (*reprézantatif, tive*), qui *représente* : *figure représentative*.—*Caractère représentatif*, celui des ambassadeurs — *Gouvernement représentatif*, dans lequel l'autorité souveraine est exercée au nom du peuple par des *représentants* ou délégués qui font les lois.

REPRÉSENTATION, subst. fém. (*reprézantâcion*) (du lat. *repræsentatio*), exhibition, exposition devant les yeux : *représentation des titres en original*. — Remplacement de la nation par ses députés investis de ses pouvoirs : *la représentation nationale a été garantie aux Français par la Charte de Louis XVIII*. — Le corps des représentants.—Fig., image d'une chose *représentée*, soit par la peinture, la gravure, la sculpture, soit par le discours. — Action par laquelle les comédiens *représentent* des pièces de théâtre. —Remontrance respectueuse. — En jurisprudence, droit à une succession, du chef d'une personne prédécédée et qu'on *représente*. — Forme de cercueil sur laquelle on étend un drap mortuaire.—*Homme d'une belle représentation*, grand, bien fait, qui a bonne mine.

REPRÉSENTATIVE, adj. fém. Voy. REPRÉSENTATIF.

REPRÉSENTÉ, E, part. pass. de *représenter*.

REPRÉSENTER, v. act. (*reprézanté*) (du latin *repræsentare*, fait de *præsens*, présent, être présent), exposer devant les yeux : *représenter un contrat en original ; se faire représenter les registres*.—Rappeler l'idée de...—Se figurer.— Être le type, la figure de...—Exprimer, figurer par le pinceau, le ciseau ou le burin. — Par extension, exprimer par le récit, par le discours. — Jouer en public une pièce de théâtre : *les comédiens ont représenté Andromaque ; celui qui représentait Pyrrhus*, etc. — Tenir la place de quelqu'un, agir en son nom, en exercer les droits, etc. — Remontrer : *je lui ai représenté son devoir*. — En parlant d'un homme en place : 1° paraître en public avec dignité; 2° faire bien les honneurs de sa place, par une grande dépense, etc.—En parlant d'un simple particulier, avoir un grand train, ou faire une grande dépense.— *se* REPRÉSENTER, v. pron., se remettre en la *présence* de quelqu'un. — Se figurer, se mettre dans l'esprit, dans l'idée.—En parlant de théâtre, etc., se jouer. — REPRÉSENTER, REMONTRER. (*Syn.*) *Représenter*, exposer, mettre sous les yeux de quelqu'un, avec douceur ou modestie, des motifs ou des raisons pour l'engager à changer d'opinion, de dessein, de conduite. *Remontrer*, exposer, retracer aux yeux de quelqu'un, avec plus ou moins de force, ses devoirs et ses obligations, pour le détourner ou le ramener d'une faute, d'une erreur, de ses écarts. Vous me *représentez* ce que je semble oublier ; vous me *remontrez* ce que je dois respecter. La *représentation* porte instruction, avis, conseil ; la *remontrance* porte instruction, avertissement, censure ou répréhension honnête. C'est surtout à m'éclairer que votre *représentation* tend; c'est proprement à me corriger que tend votre *remontrance*. La *remontrance* suppose un tort, une action mauvaise, un acte répréhensible : la *représentation* n'exige absolument qu'un danger, un inconvénient, un mal à craindre. — On *représente* également à ses inférieurs, à ses égaux, à ses supérieurs ; on *remontre* surtout à ses inférieurs, à ses égaux aussi, et même à ses supérieurs, mais avec les égards et les respects d'une humble supplication. — Si l'on ne *représente* souvent aux hommes leurs devoirs, on sera souvent obligé de leur *remontrer* leurs fautes. Écoutons, encourageons les *représentations*; c'est le moyen d'éviter, de prévenir les *remontrances*.

RÉPRESSIF, adj. mas., au fém. RÉPRESSIVE (*réprècecif, cive*), qui *réprime*.

RÉPRESSION, subst. fém. (*réprèceción*), action de *réprimer*.

RÉPRESSIVE, adj. fém. Voy. RÉPRESSIF.

REPRÊTÉ, E, part. pass. de *reprêter*.

REPRÊTER, v. act. (*reprété*), *prêter* de nouveau.—*se* REPRÊTER, v. pron.

REPRIÉ, E, part. pass. de *reprier*.

REPRIER, v. act. (*repri-é*), *prier* une seconde fois, ou *prier* à son tour pour ceux par qui l'on a été *prié*.—*se* REPRIER, v. pron.

RÉPRIMABLE, adj. des deux genres (*réprimable*), qui doit ou qui peut être *réprimé*.

RÉPRIMANDABLE, adj. des deux genres (*réprimandable*), qui doit ou qui peut être *réprimandé*. Ce mot ne se trouve nulle part.

RÉPRIMANDE, subst. fém. (*réprimande*), répréhension, correction, reproche fait avec autorité.

RÉPRIMANDÉ, E, part. pass. de *réprimander*.

RÉPRIMANDER, v. act. (*réprimandé*), reprendre quelqu'un avec autorité, lui reprocher sa faute.—*se* RÉPRIMANDER, v. pron.

RÉPRIMANT, E, adj. (*répriman, mante*), qui *réprime* : *force réprimante*.

RÉPRIMÉ, E, part. pass. de *réprimer*.

RÉPRIMER, v. act. (*réprimé*) (du lat. *reprimere*), empêcher que quelque chose qui tend au désordre ne prenne cours; arrêter les progrès, contenir.—*se* RÉPRIMER, v. pron.

REPRIS, E, part. pass. de *reprendre*. — *Vous y voilà repris*, vous retombez dans la même faute. —*Homme repris de justice*, qui a déjà subi des condamnations. — On dit quelquefois subst. et surtout au mas. : *un repris de justice*.

REPRISE, subst. fém. (*reprize*), action de *reprendre*, de continuer une chose interrompue : *cet ouvrage a été fait à plusieurs reprises; la reprise d'un procès*. — Ce qu'un comptable a droit de reprendre sur la recette. — Retouche d'un tableau.—A certains jeux, partie : *une reprise d'hombre*.—Seconde partie d'un air, d'une chanson. — Réparation d'un mur repris sous œuvre. — Raccommodage d'une dentelle, d'une étoffe.— Au palais, ce que les veuves, les enfants doivent avant toute chose *reprendre* sur une succession. — Remise d'une pièce au théâtre. — Vaisseau qui a été *repris* par la nation sur laquelle il avait été *pris*. — Sorte de plante détersive. — Au plur., gruaux et sons, qui restent après la première farine. — L'*Académie* dit encore qu'on entend par *reprise*, en t. de manége, *la leçon donnée au cavalier ou au cheval, et après laquelle ils se reposent*; elle dit également qu'on entend encore par ce mot : *un nombre de cavaliers qui travaillent en même temps et ensemble*. Bien des gens voudraient voir l'*Acad.* rejeter une foule de locutions qu'on ne comprend pas. Ces personnes-là ne réfléchissent pas qu'il s'agit ici de mots techniques, que chaque art a les siens; et que supprimer ces mots, ce serait appauvrir sans profit la langue des arts et métiers.

REPRISE, E, part. pass. de repriser.

REPRISER, v. act. (reprizé), faire une seconde prisée. —Faire une reprise.—Ce mot, des plus usités, manque dans l'Académie. — se repriser, v. pron.

RÉPROBATEUR, adj. mas., au fém. RÉPROBATRICE (réprobateur, trice), qui annonce, qui exprime la réprobation : voix réprobatrice, ton réprobateur.

RÉPROBATION, subst. fém. (réprobation) (en lat. reprobatio), action de réprouver, de rejeter. Il ne se dit guère qu'en parlant de ceux qui ont été réprouvés de Dieu. — Blâme, vindicte publique : attirer sur soi la réprobation générale.

REPROCHABLE, adj. des deux genres (reprochable), digne de reproche, d'être reproché : action reprochable. — Au palais, en parlant de témoins : ce témoin, ce témoignage est reprochable.

REPROCHE, subst. mas. (reproche), ce qu'on objecte à une personne, ce qu'on lui remet devant les yeux pour lui faire honte. Voy. REPROCHER. — Au plur., raisons qu'on produit pour récuser des témoins. — Sans reproche, sans prétendre faire des reproches : sans reproche, je lui ai rendu service. — Homme, vie sans reproche, à qui l'on ne peut rien reprocher.

REPROCHÉ, E, part. pass. de reprocher.

REPROCHER, v. act. (reproché) (corruption du lat. reprobare, improuver, désapprouver, selon Le Duchat, qui observe qu'on disait anciennement reprover), objecter à quelqu'un une chose qu'on croit devoir lui faire honte : il lui a reproché ses défauts, ses fautes.—Reprocher un bienfait, un plaisir à quelqu'un, les lui rappeler, comme l'accusant de les avoir oubliés. Fam. : reprocher les morceaux à quelqu'un, lui faire sentir qu'il mange trop et en paraître fâché. — En t. de palais : reprocher des témoins, montrer qu'on ne doit pas ajouter foi à leur témoignage. — Se refuser : l'avare se reproche tout. — se reprocher, v. pron., se faire des reproches, se repentir d'avoir fait ou dit telle chose.

REPROCHEUR, subst. mas., REPROCHEUSE, subst. fém. (reprocheur, cheuze), qui reproche.

REPROCHEUSE, subst. fém. Voy. REPROCHEUR.

REPRODUCTEUR, subst. et adj. mas., au fém. REPRODUCTRICE (reprodukteur, duktrice), qui reproduit : les organes reproducteurs ; la science reproductrice.

REPRODUCTIBILITÉ, subst. fém. (reproduktibilite), t. de physique, faculté d'être reproduit.

REPRODUCTIBLE, adj. des deux genres (reproduktible), susceptible d'être reproduit.

REPRODUCTIF, adj. mas., au fém. REPRODUCTIVE (reproduktif, tive), qui reproduit.

REPRODUCTION, subst. fém. (reprodukcion), action par laquelle une chose est produite de nouveau : la reproduction des animaux vivants.

REPRODUCTIVE, adj. Voy. REPRODUCTIF.

REPRODUIRE, v. act. (reproduire), produire de nouveau. — Présenter, montrer de nouveau. — se reproduire, v. pron.

REPRODUIT, E, part. pass. de reproduire.

REPROMETTRE, v. act. (reprométre). Il se conjugue comme promettre. Promettre de nouveau. — se repromettre, v. pron.

REPROMIS, E, part. pass. de repromettre.

RÉPROMISSION, subst. fém. (répromicion), t. d'Écriture sainte, les choses promises par Dieu à son peuple.

RÉPROUVABLE, adj. des deux genres (réprouvable), digne d'être réprouvé. (Boiste.)

RÉPROUVÉ, E, subst. et adj. (réprouvé) (du lat. reprobatus), celui qui n'est pas élu ; damné. — Fam. : avoir un visage de réprouvé, quelque chose de funeste dans la physionomie. — On dit dans le même style, d'un méchant homme, que c'est un réprouvé, qu'il vit en réprouvé.—Adj. : sens réprouvé, erreur dans laquelle on s'obstine.

RÉPROUVÉ, E, part. pass. de réprouver.

RÉPROUVER, v. act. (réprouvé), prouver de nouveau. — se réprouver, v. pron.

RÉPROUVER, v. act. (réprouvé) (en lat. reprobare), condamner aux peines éternelles. — Rejeter, désavouer, condamner : doctrine que la foi, que la raison réprouve. Voy. DÉSAPPROUVER. — se réprouver, v. pron.

REPS, subst. mas. (répece), sorte d'étoffe de soie très-forte.

REPTATION, subst. fém. (répetacion) (en lat. reptatio), marche des reptiles ; action de ramper. Peu usité ; on se sert plus souvent du mot rampement.

REPTILE, subst. mas. (réptile) (du lat. repetilis, fait de repere, ramper), animal qui rampe, qui se traîne sur le ventre, comme les vers et les serpents. — Par extension, animal qui a les pieds si courts, qu'il semble se traîner plutôt que marcher. — Adj. des deux genres : animal, insecte reptile.

REPU, part. pass. de repaître.

RÉPUBLICAIN, E, subst. et adj. (républikein, kéne), qui appartient à la république : gouvernement républicain.—Subst., celui, celle qui est partisan de cette forme de gouvernement : c'est un zélé républicain, une vraie républicaine.

RÉPUBLICANISÉ, E, part. pass. de républicaniser.

RÉPUBLICANISER, v. act. (républikanizé), donner les principes, le régime de la république. — se républicaniser, v. pron.

RÉPUBLICANISME, subst. mas. (républikanicme), qualité, opinion du républicain.

RÉPUBLICOLE, subst. des deux genres (républikole) (du lat. republica, ablat. de respublica, fait de res publica, et colere, habiter), qui habite le territoire d'une république. Nouveau.

RÉPUBLIQUE, subst. fém. (républike) (du lat. respublica, formé de res, chose, et publica, publique), tout état libre gouverné par plusieurs, ou plutôt tout état où l'on n'est soumis qu'aux lois, quelle que soit la forme du gouvernement : la république romaine, la république d'Athènes. — Toute sorte de gouvernement : le mépris des lois est la peste des républiques. — Fig. : la république des lettres, gens de lettres considérés, en général, comme s'ils faisaient un corps. — On dit fam. : c'est une petite république, d'une maison, d'une famille nombreuse.

REPUCE, subst. fém. (repuce), collet pour prendre de petits oiseaux.

RÉPUDIATION, subst. fém. (répudi-ácion) (en latin repudiatio), action de répudier.

RÉPUDIÉ, E, part. pass. de répudier.

RÉPUDIER, v. act. (répudi-e) (en latin repudiare), renvoyer sa femme, lui déclarer qu'on fait divorce avec elle. — En t. de droit, répudier une succession, y renoncer.— se répudier, v. pron.

RÉPUGNANCE, subst. fém. (répugnance) (en latin repugnantia), sorte d'aversion pour une chose qui est à faire. — Opposition à ce qu'on voudrait qu'on fît.

RÉPUGNANT, E, adj. (répugnian, gniante) (du lat. repugnans), qui est contraire, opposé à...

RÉPUGNER, v. neut. (répugné) (du lat. repugnare, dérivé de pugnare, combattre), être en quelque façon contraire à..., ne s'accorder pas avec... : cette proposition répugne à la première, ou absolument : cela répugne, cela se contredit.—Avoir de la répugnance : cela me répugne, je répugne à cette démarche, etc.

RÉPULLULÉ, part. pass. de répulluler.

RÉPULLULER, v. neut. (répulule?) (du latin repullulare), renaître en quantité. — se répulluler, v. pron.

RÉPULSIF, adj. mas., au fém. RÉPULSIVE (répulcif, cive), t. de physique, qui repousse : vertu répulsive.

RÉPULSION, subst. fém. (répulcion) (en latin repulsio), t. de physique, action de ce qui pousse.— État de ce qui est repoussé : répulsion de l'aimant.

RÉPULSIVE, adj. fém. Voy. RÉPULSIF.

RÉPUPIAIRE, subst. mas. (répupière), vieillard amoureux qui extravague. (Boiste.) Vieux et absolument hors d'usage.

RÉPURGATIF, adj. mas., au fém. RÉPURGATIVE (répurgatif, tive), qui repurge. —Subst. mas. : un répurgatif.

RÉPURGATION, subst. fém. (répurgacion), nouvelle purgation.

RÉPURGATIVE, adj. fém. Voy. RÉPURGATIF.

RÉPURGÉ, E, part. pass. de repurger.

RÉPURGER, v. act. (repurjé), purger de nouveau. — se répurger, v. pron.

RÉPUTATION, subst. fém. (réputacion) de réputer. Voy. ce mot), renom, estime, opinion publique : être en bonne ou en mauvaise réputation, en réputation d'homme savant, de bel esprit. — Employé sans épithète, il se prend toujours en bonne part : être en réputation, avoir de la réputation ; hasarder sa réputation.

— RÉPUTATION, CÉLÉBRITÉ, RENOMMÉE, CONSIDÉRATION. (Syn.) Le désir d'occuper une place dans l'opinion des hommes a donné naissance à la réputation, à la célébrité, à la renommée, ressorts puissants de la société, qui partent du même principe, mais dont les moyens et les effets ne sont pas totalement les mêmes.—Plusieurs moyens servent également à la réputation et à la renommée, et ne diffèrent que par les degrés ; d'autres sont exclusivement propres à l'une ou à l'autre. Une réputation honnête est à la portée du commun des hommes ; on l'obtient par les vertus sociales et la pratique constante de ses devoirs. L'esprit, les talents, le génie, procurent la célébrité ; c'est le premier pas vers la renommée, qui n'en diffère que par plus d'étendue. Deux sortes d'hommes sont faits pour la renommée : les premiers, qui se rendent illustres par eux-mêmes, y ont droit ; les autres, qui sont les princes, y sont assujétis ; ils ne peuvent échapper à la renommée. La considération est différente de la célébrité ; la renommée même ne la donne pas toujours, et l'on peut en avoir sans imposer par un grand éclat. La considération est un sentiment d'estime mêlé d'une sorte de respect personnel qu'un homme inspire en sa faveur ; on en peut jouir également parmi ses inférieurs, ses égaux et ses supérieurs en rang et en naissance. On l'observe par la réunion du mérite, de la décence, du respect pour soi-même ; par le pouvoir connu d'obliger et de nuire, et par l'usage éclairé qu'on fait du premier en s'abstenant de l'autre. Réputation se dit des personnes et des choses, à la différence de renommée, qui ne s'applique qu'aux personnes. Voyez CONSIDÉRATION.

RÉPUTÉ, E, part. pass. de réputer, et adj., censé, regardé comme...

RÉPUTER, v. act. (repute) (du lat. reputare, considérer, formé de la particule augmentative re, et de putare, penser, considérer, juger), estimer, croire, regarder comme... : il est réputé fort riche.—se RÉPUTER, v. pron.

REQUART, subst. mas. (rekar), c'est le quart du quatrième denier de l'estimation d'une vente. — T. de jurispr., donation, aliénation d'un héritage. Vieux et inusité.

REQUÉRABLE, adj. des deux genres (rekiérable), qui peut être requis, demandé.

REQUÉRANT, E, subst. et adj. (rekiéran, rante), qui requiert, qui demande. — Subst., en t. de palais : le requérant, la requérante.

REQUÉRIR, v. act. (rekiérir) (en lat. requirere). Il se conjugue comme acquérir. Prier de quelque chose : c'est lui qui m'en a requis. — Au palais, demander quelque chose en justice. — Dans une acception plus moderne, demander avec autorité ; sommer au nom du gouvernement, etc. : on a requis tant d'hommes pour cette expédition. — Envoyer quérir une seconde fois. En ce sens, il n'est usité qu'à l'infinitif. — Fam. : cela requiert (demande, exige) célérité, diligence.— se REQUÉRIR, v. pron.

REQUÊTE, subst. fém. (rekiéte) (en lat. requisitio), demande par écrit présentée aux tribunaux, etc.—Fam., demande verbale ou de vive voix, et quelquefois simple prière. — Maître des requêtes, magistrat qui rapporte les requêtes des parties, qui prépare le travail du conseil-d'état. — En t. de vén., nouvelle quête, nouvelle chasse qu'on fait d'un cerf, etc., quand on est en défaut.

REQUÊTÉ, subst. mas. (rekiéte), t. de chasse ; air de chasse pour rappeler les chiens.

REQUÊTÉ, E, part. pass. de requêter.

REQUÊTER, v. act. (rekiéte), t. de chasse, quêter de nouveau.—se REQUÊTER, v. pron.

REQUEURTE, subst. fém. (rekieurte), t. de bot., arbrisseau du Pérou qui forme un genre dans la tétrandrie tétragyne.

REQUIEM, subst. mas. (rekui-ème) (mot latin, accusatif de requies, repos par lequel commence la prière pour les morts : requiem æternam dona eis, Domine, etc.), prière pour les morts, chant mortuaire : messe de requiem ; chanter un requiem. — Au plur., des requiem.

REQUIN OU CHIEN-DE-MER, subst. mas. (re-kiein), t. d'hist. nat., poisson cartilagineux, de l'ordre des trématopnées et de la famille des squales.

REQUINQUÉ, E, part. pass. de requinquer et adj.

REQUINQUÉE, subst. fém. (rekiéinkée), vieille qui se pare. Vieux et familier.

se **REQUINQUER**, v. pron. (*cerekieinkié*), se parer plus qu'il ne convient : *c'est une vieille qui se requinque.* Fam.

REQUINQUETTE, subst. fém. (*rekicinkiète*), t. de pêche, nom des deux tours du milieu de la bourdigue.

REQUINT, subst. mas. (*rekiein*), t. de féod., le *quint* du cinquième denier du prix ou de l'estimation de la vente, donation ou autre aliénation d'un héritage.

RÉQUIPÉ, E, part. pass. de *réquiper.*

RÉQUIPER, v. act. (*rékipé*), équiper de nouveau. —*se* RÉQUIPER, v. pron.

REQUIS, E, part. pass. de *requérir* et adj. (*reki, kize*) (du latin *requisitus*), demandé, etc. — Convenable, nécessaire : *âge requis, qualités requises.*

REQUISE, subst. fém. (*rekize*) : *une chose sera de requise*, rare, on en aura besoin. — On dit aussi et plus souvent, dans la même acception : *être de requête.*

RÉQUISITION, subst. fém. (*rékizicion*) (en latin *requisitio*), action de *requérir*, soit les choses, soit les personnes. — *Denrées, marchandises mises en réquisition, requises* par l'autorité publique au prix du maximum. — Demande faite par autorité publique qui met une chose à la disposition de l'état.—En 1790, levée d'hommes et de chevaux. — *Jeunes gens de la réquisition, requis* pour servir à l'armée.

RÉQUISITIONNAIRE, subst. mas. (*rékizicionère*), jeune Français sujet à la *réquisition*, soumis par son âge, etc., aux lois de la *réquisition* militaire.

RÉQUISITOIRE, subst. mas. (*rékizitoare*), acte de *réquisition* qui se fait par écrit, surtout par les procureurs-généraux dans les cours royales, ou par les procureurs du roi dans les tribunaux inférieurs.

RÉQUISITORIAL, E, adj. (*rékizitori-al*), qui se fait par *réquisitoire.*

RÉQUISTA, subst. propre mas. (*réku-iceta*), ville de France, chef-lieu de canton, arrond. de Rodez, dép. de l'Aveyron.

RÈRE, barbarisme. Voy. RAIRE.

RESACRÉ, E, part. pass. de *resacrer.*

RESACRER, v. act. (*reçakré*), *sacrer* de nouveau. —*se* RESACRER, v. pron.

RESAIGNÉ, E, part. pass. de *resaigner.*

RESAIGNER, v. act. (*recègnié*), tirer du sang une seconde fois.—Neut., répandre de nouveau son sang. — *se* RESAIGNER, v. pron.

RESALUÉ, E, part. pass. de *resaluer.*

RESALUER, v. act. (*reçalu-é*), rendre le salut ou saluer plusieurs fois. — *se* RESALUER, v. pron.

RESARCELÉ, E, adj. (*reçarcelé*), t. de blason; il se dit des croix qui en renferment une autre.

RESARCI, E, part. pass. de *resarcir.*

RESARCIR, v. act. (*reçarcir*) (de *re*, de nouveau, et *sarcire*, réparer), raccommoder une étoffe en refaisant le tissu avec l'aiguille. — *se* RESARCIR, v. pron. (*Boiste.*) Vieux et presque hors d'usage, quoique tres-utile.

RESARCISSURE, subst. fém. (*reçarciçure*), reprise, couture, raccommodage. Hors d'usage.

RESAUCÉ, E, part. pass. de *resaucer.*

RESAUCER, v. act. (*reçôcé*), *saucer* une seconde fois. — *se* RESAUCER, v. pron.

RESCAMPI, E, part. pass. de *rescampir.*

RESCAMPIR, v. act. (*récekanpir*), t. de doreur, blanchir avec la céruse. Voy. RÉCHAMPIR.

RESCELLÉ, E, part. pass. de *resceller.*

RESCELLEMENT, subst. mas. (*recèleman*), action de *resceller.* — Son effet : *ce rescellement n'est pas bon.*

RESCELLER, v. act. (*recèlé*), *sceller* de nouveau. — *se* RESCELLER, v. pron.

RESCIF, subst. mas. (*récife*) (voyez au mot RÉCIF notre observation sur la double étymologie présumable de ce mot), chaîne de rochers à fleur d'eau : *cette plage est pleine de rescifs.*— *Ressif* est un barbarisme. Voy. RÉCIF.

RESCINDANT, subst. mas. (*rèceceindan*) (en latin *rescendens*), t. de palais, qui casse un acte.

RESCINDÉ, E, part. pass. de *rescinder.*

RESCINDER, v. act. (*rèceceindé*), t. de palais, casser, annuler un acte. — *se* RESCINDER, v. pron.

RESCISION, subst. fém. (*rèceciziön*) (en lat. *rescisio*), action par laquelle un acte est cassé : *lettres de rescision.*

RESCISOIRE, subst. mas. (*rècecizoare*), l'objet pour lequel on s'est pourvu par lettres et qui reste à juger quand l'acte, etc., a été *rescindé* ou annulé.

RESCOUSSE, subst. fém. (*rècekouce*), résistance, délivrance d'un prisonnier. Vieux.

RESCOUSSÉ, E, part. pass. de *rescousser.*

RESCOUSSER, v. act. (*rècekoucé*), secourir.— *se* RESCOUSSER, v. pron. (*Boiste.*) Vieux et même hors d'usage.

RESCRIPTION, subst. fém. (*rècekripecion*), billet d'état substitué, en 1795, à ceux nommés assignats, et dont l'hypothèque était également établie sur les domaines nationaux.

RESCRIT, subst. mas. (*rècekri*) (du latin *rescriptum*, fait de *rescribere*, récrire, répondre à une lettre, à une demande, etc.), réponse des anciens empereurs sur des questions de gouvernement, de droit, etc.—Réponse des papes sur quelque question de théologie, pour servir de décision ou de loi. Ce *rescrit* s'appelle aussi *bulle* ou *monitoire.*

RÉSEAU, subst. mas. (*rézô*) (en latin *rete, retis*), petits *rets.* — Plus ordinairement, sorte de tissu léger, à mailles ouvertes, plus ou moins fines, en fil, en soie, en or ou en argent. — Fond de la dentelle dite *valenciennes*, etc.— En bot., tissu formé par des fibres entrelacées.—En anat., entrelacement de vaisseaux sanguins. — Dans le blason, ornement divisé par des lignes diagonales.—En géodésie, *réseau trigonométrique*, chaîne de triangles.—T. de bot. : *réseau blanc*, nom donné à la vénus tigrine de *Linnée.* Voy. VÉNUS, coquille.

RESECTE, subst. fém. (*recèkte*), t. de géom., portion de l'axe d'une courbe entre son sommet et une tangente.

RESECTION, subst. fém. (*recèkcion*), t. de chir.; se dit de certaines opérations dans lesquelles on retranche avec la scie, soit les extrémités cariées des os longs, soit les bouts non consolidés des fractures, lorsqu'il s'est formé des articulations anormales.

RÉSÉDA, subst. mas.(*rézéda*), t. de bot., plante annuelle, à fleur anomale. — *Réséda jaunissant*, plante appelée vulgairement *herbe à jaunir.*—T. d'hist. nat., *réséda marin*, espèce de polypier qui croît dans la mer.

RÉSÉDACÉE, subst. et adj. fém. (*rézédacé*), t. de bot., famille de plantes établie pour placer les *résédas.*

RESELLER, v. act. Voy. RESSELLER.

RESEMELER, v. act. Voy. RESSEMELER.

RESEMER, v. act. Voy. RESSEMER.

RESEQUÉ, E, part. pass. de *resequer.*

RESEQUER, v. act. (*recekié*), t. de chir., faire une resection. — Expulser, rayer. Vieux.

RESERCELÉ, E, adj. (*recèrcelé*), t. de blason. Voy. RESARCELÉ.

RÉSERVATION, subst. fém. (*rézèrevâcion*), action par laquelle on *réserve.* Il ne se dit guère qu'au palais et en t. de droit canonique, des bénéfices dont le pape se *réserve* la nomination dans les pays d'obédience, et des droits qu'on s'est *réservés* dans un acte.

RÉSERVE, subst. fém. (*rézèreve*), action de *réserver* : *dans ce contrat, il a fait plusieurs réserves.* — Choses *réservées* : *les réserves de ce domaine montent plus haut que ce qui est affermé.*—En t. de guerre, troupes que le général *réserve* un jour de bataille pour les faire combattre quand il le jugera à propos. On dit aujourd'hui plus communément : *corps de réserve.*—En t. de marine, certain nombre de vaisseaux destinés à secourir ceux qui en ont besoin. — Discrétion, circonspection, retenue.— *Réserves coutumières*, t. de jurispr., les biens dont les coutumes défendent de disposer par testament. — *N'avoir point de réserve* ou *aucune réserve pour quelqu'un*, avoir en lui une confiance aveugle.—*Se tenir sur la réserve*, être *réservé*, sur ses gardes. — *A la réserve de...*, loc. adv., à l'exception.— *Sans réserve*, loc. adv., sans exception.—*En réserve*, loc. adv., à part, à quartier.

RÉSERVÉ, E, part. pass. de *réserver*, et adj., mis en *réserve.*—Retenu, sage, circonspect. En ce sens, on dit aussi subst. : *il fait le réservé, elle fait la réservée.* — *Cas réservé*, celui dont il n'y a que l'évêque ou le pape qui puissent absoudre.

RÉSERVER, v. act. (*rézèrevé*) (du lat. *reservare*, fait de *servare*, garder), conserver, retenir quelque chose d'un total. — Garder pour un autre temps, pour un autre usage : *réserver de l'argent pour des besoins imprévus.* — *se* RÉSERVER, v. pron., se retenir ou se conserver quelque chose. —Attendre à dire ou à faire quelque chose. — *Se réserver la réplique*, au palais, déclarer qu'on veut répliquer.

RÉSERVOIR, subst. mas. (*rézèrevoar*), lieu où l'on amasse et où l'on conserve de l'eau. — En anat., *le réservoir de la bile*, la vésicule du fiel. —*Réservoir de Pecquet*, *réservoir* dans lequel le chyle est conduit par les veines lactées (ainsi nommé de *Pecquet*, médecin de Dieppe, par qui il a été découvert, et qui en donna la première description en 1651).

RÉSEUIL, subst. mas. (*rézeu-ie*), t. de pêche, sorte de filet dont on se sert en quelques endroits. Peu connu.

RÉSIDANT, E, adj. (*rézidan, dante*), qui *réside.*—*L'Académie* écrit aussi *résident.*

RÉSIDÉ, part. pass. de *résider.*

RÉSIDENCE, subst. fém. (*rézidance*) (du latin *residere*, résider), demeure habituelle et fixe en quelque lieu, à la différence de *demeure*, qui est l'endroit où on loge actuellement, et de *domicile*, qui est la demeure légale. (*Roubaud.*) — Séjour actuel et continuel d'un officier dans le lieu de sa charge. — Emploi d'un *résident* auprès d'un prince, etc.—En t. de chimie, dépôt au fond d'un vase.

RÉSIDENT, E, subst. (*rézidan, dante*), qui est envoyé pour *résider* auprès d'un gouvernement étranger, qui est moins qu'un ambassadeur et plus qu'un envoyé. La femme du *résident* s'appelle *madame la résidente.*

RÉSIDER, v. neut. (*rézidé*) (du latin *residere*, qui signifie proprement *s'asseoir*, être assis, fait de *sedere*, lequel dérive de *sedes*, siège), faire sa demeure en quelque endroit. — Sans régime, il se dit d'un évêque, d'un curé qui *réside* dans le lieu de son bénéfice, ou d'un fonctionnaire.—Fig.: *toute l'autorité réside en sa personne*, il a toute l'autorité.—*Voilà où réside la question*, la question consiste en ce point.

RÉSIDU, subst. mas. (*rézidu*) (en lat. *residuum*), t. de comm., le restant : *résidu du compte.* —En chim., ce qui reste d'une substance qui a passé par quelque opération. *L'Académie* ajoute qu'on dit le *résidu* en t. d'arithm. On dit aussi vulgairement, le *reste* : *le reste de cette division est huit.*

RESIFFLÉ, E, part. pass. de *resiffler.*

RESIFFLER, v. act. (*reciflé*), *siffler* de nouveau. —*se* RESIFFLER, v. pron.

RÉSIGAL, subst. mas. Voy. RÉALGAR.

RÉSIGNANT, E, subst. (*rézignian, gniante*), celui, celle qui *résigne* un office, un bénéfice à un autre.

RÉSIGNATAIRE, subst. des deux genres (*rézigniatère*), celui à qui l'on a *résigné.*— On dit aussi adj. des deux genres : *héritier résignataire.*

RÉSIGNATION, subst. fém. (*rézigniâcion*), démission d'un bénéfice, d'un office, d'une charge en faveur d'un autre. — Abandon en faveur de quelqu'un.—Abandonnement à la volonté de Dieu. — Soumission à son malheur.

RESIGNÉ, E, part. pass. de *resigner.*

RÉSIGNÉ, E, part. pass. de *résigner.*

RESIGNER, v. act. (*recignié*), *signer* de nouveau.—*se* RESIGNER, v. pron.

RÉSIGNER, v. act. (*rézignié*) (du lat. *resignare*), se démettre d'un office, d'un bénéfice en faveur de quelqu'un. — *Résigner son âme à Dieu*, remettre son âme entre les mains de Dieu. — *se* RÉSIGNER, v. pron.— *Se résigner à la volonté de Dieu*, s'abandonner, se soumettre à la volonté divine.

RÉSILIATION, subst. fém. (*rézili-âcion*), résolution d'un acte : *la résiliation d'un bail, d'un contrat.*

RÉSILIÉ, E, part. pass. de *résilier.*

RÉSILIEMENT ou **RÉSILIMENT**, subst. mas. (*réziliman*), cassation d'un acte.—*L'Académie* ne semble pas approuver la forme de ces deux mots, car elle renvoie à *résiliation*; et l'usage en effet, du moins au palais, paraît déclaré pour le dernier mot.

RÉSILIER, v. act. (*rézilié*) (du lat. *resilire*, se dédire, se rétracter), casser, annuler un acte. —Neut., t. de prat., revenir contre un contrat, une promesse. Vieux.—*se* RÉSILIER, v. pron.

RÉSILI, E, part. pass. de *résilir.*

RÉSILIR, v. neut. (*rézilir*), revenir sur un contrat; ne plus vouloir remplir une promesse. — (Nous ne citons ce terme d'ancienne pratique, qui n'est plus en usage aujourd'hui, que parce qu'il se trouve encore dans des dictionnaires modernes.)

RÉSILLE, subst. fém. (*rezi-le*), espèce de filet fort long dont les Espagnols se servent comme de coiffure.

RÉSINE, subst. fém. (*rézine*) (en lat. *resina*, fait, dans le même sens, du grec ῥητίνη, qui vient de ῥέω, je coule), matière inflammable, grasse et onctueuse, qui coule de certains arbres, tels que le pin, le sapin, le lentisque, etc. — —*Résine élastique*, improprement, *gomme élastique*, résine singulière, en ce qu'elle n'est point dissoluble dans l'esprit de vin, qu'elle est expansible comme le cuir, et qu'elle est douée d'une très-grande élasticité. On la nomme aussi *caoutchouc*; *résine animée*, celle qui vient d'Orient, et qui ressemble à la myrrhe; *résine copal*, substance dure, luisante, de couleur citrine, qui se retire du ganirre copallifère, et qui entrait dans les parfums que les Américains brûlaient sur les autels; *résine copal fossile*, substance *résineuse* insoluble dans la potasse, qui répand au feu une odeur aromatique, et qui brûle à la simple flamme d'une bougie; *résine de cèdre*, substance friable, transparente, inflammable, d'une couleur jaunâtre, d'une odeur aromatique, produite par.le cèdre: *résine de côte*, sorte de térébenthine qui découle naturellement à plusieurs incisions; *résine de Tyr*, celle qui découle du pin; *résine de vernis*, la sandaraque; *résine elemi*, celle qui se vend dans les boutiques; il y en a de deux sortes : l'une vient d'Égypte, et l'autre d'Amérique; *résine liquide de la Nouvelle-Espagne*, nom qu'on donne quelquefois au baume de copahu ou à l'ombre liquide.

RÉSINEUSE, adj. fém. Voy. RÉSINEUX.

RÉSINEUX, adj. mas., au fém. RÉSINEUSE (*rézineu, neuze*), qui produit la résine : *arbre résineux.*—Qui a quelque qualité de la résine : *goût résineux.*—*Fluide électrique résineux.* Voy. ÉLECTRICITÉ.

RÉSINGLE ou RÉSINGUE, subst. fém. (*rézeinguele*), t. d'horlogerie, outil pour redresser les boîtes bossuées.

RÉSINIER, subst. mas. (*rézinié*), t. de bot., le goinart, arbre à résine, qui croît en Amérique.—Nom qu'on donne, dans les landes de Bordeaux, à ceux qui tirent le suc *résineux* des pins.

RÉSINIFÈRE, adj. des deux genres (*rézinifère*) (du lat. *resina*, résine, et *ferre*, porter), t. de bot.; se dit des plantes qui produisent de la *résine.*

RÉSINIFIÉ, E, part. pass. de *résinifier*.

SE RÉSINIFIER, v. pers. (*cerésinifié*), se former en résine. Peu en usage.

RÉSINIFORME, adj. des deux genres (*réziniforme*) (du lat. *resina*, résine, et *forma*, forme), en *forme* de *résine*, qui ressemble à la *résine.*

RÉSINO-EXTRACTIF, adj. mas., au fém. RÉSINO-EXTRACTIVE (*rézinô-ékcetraktif, tive*), qui est de la nature de la *résine* et de l'*extractif*.

RÉSINO-EXTRACTIVE, adj. fém. Voy. RÉSINO-EXTRACTIF.

RÉSINO-GOMMEUSE, adj. fém. Voy. RÉSINO-GOMMEUX.

RÉSINO-GOMMEUX, adj. mas., au fém. RÉSINO-GOMMEUSE (*rézinôguomeu, meuze*), qui tient de la nature de la *résine* et de la *gomme*.

RÉSIPISCENCE, subst. fém. (*rézipicéçance*) (en lat. *resipicentia*), reconnaissance de sa faute avec amendement : *venir à résipiscence*.

RÉSISTABILITÉ, subst. fém. (*rézicetabilité*), propriété de *résister*, inhérente et particulière aux corps vivants.—Ce mot de *Raymond*, proscrit par l'usage, peut être rangé parmi les barbarismes.

RÉSISTANCE, subst. fém. (*rézicetance*) (du lat. *resistentia*, fait de *résister*.) Voy. RÉSISTER. Qualité par laquelle un corps, une chose *résiste* et ne saurait être pénétrée que difficilement, — *Pièce de résistance*, où il y a beaucoup à manger.—*Chose de résistance*, qui dure long-temps.— En mécanique, force ou puissance qui agit contre une autre, de manière à en détruire ou diminuer l'effet.—Défense que font les hommes, les animaux contre ceux qui les attaquent.—Opposition aux desseins, aux volontés, aux sentiments d'un autre.

RÉSISTÉ, part. pass. de *résister*.

RÉSISTER, v. neut. (*rézicté*) (du lat. *resistere*, formé dans le même sens de la particule intensive *re*, et de *sistere*, arrêter, retenir), ne céder pas au choc, à l'impression. — Faire effort contre... : *résister aux ennemis*. S'opposer..., *résister à quelqu'un*, *résister à l'adversité*.—Supporter facilement la peine, le travail : *il résiste à toutes les fatigues*.— En parlant de quelque incommodité, comme fumée, mauvaise odeur, etc., on dit qu'on *ne peut plus y résister*, l'endurer.

RÉSISTIBILITÉ, subst. fém. (*rézicetibilité*). Voyez RÉSISTABILITÉ. Ni l'un ni l'autre n'est usité. — Voyez aussi l'observation que nous avons faite sur ce dernier mot.

RÉSISTIBLE, adj. des deux genres (*rézicetible*), auquel on peut *résister*.

RÉSIXIÈME, ou RESIXIÈMEMENT, subst. mas. (*récizième, meman*), sixième du droit de lods et ventes. (Boiste.) — Le premier de ces mots est un barbarisme. L'autre n'est plus en usage.

RESLÉ, ou RÊLÉ, adj. (*rèle*) : *pain de sucre reslé*, rompu, taché. (Boiste.) Peu en usage.

RÉSOLU, E, part. pass. de *résoudre*, dans le sens de déterminer, décidé, arrêté. — Il est adj., en parlant des personnes, et il signifie, déterminé, hardi. En ce sens, on dit subst. et fam. : *il fait le résolu*.

RÉSOLUBLE, adj. des deux genres (*rézoluble*), qui peut être *résolu* : *ce problème est résoluble*.

RÉSOLUMENT, adv., et mieux RÉSOLÛMENT, (*rézoluman*), avec une *résolution* fixe et déterminée. — Hardiment, avec courage, intrépidité : *il marcha résolument à la mort*.

DU VERBE IRRÉGULIER RÉSOUDRE :

Résolûmes, 1ʳᵉ pers. plur. prét. déf.
Résolurent, 3ᵉ pers. plur. prét. déf.
Résolus, précédé de *je*, 1ʳᵉ pers. sing. prét. déf.
Résolus, précédé de *tu*, 2ᵉ pers. sing. prét. déf.
Résolusse, 1ʳᵉ pers. sing. imparf. subj.
Résolussent, 3ᵉ pers. plur. imparf. subj.
Résolussiez, 2ᵉ pers. plur. imparf. subj.
Résolussions, 1ʳᵉ pers. plur. imparf. subj.
Résolut, précédé de *il* ou *elle*, 3ᵉ pers. sing. prét. déf.
Résolût, précédé de *qu'il* ou *qu'elle*, 3ᵉ pers. sing. imparf. subj.
Résolûtes, 2ᵉ pers. plur. prét. déf.

RÉSOLUTIF, adj. mas., au fém. RÉSOLUTIVE (*rézolutif, tive*), t. de pharmacie, qui peut *résoudre* une humeur peccante : *onguent résolutif*. — On dit aussi subst. au mas. : *un résolutif*.

RÉSOLUTION, subst. fém. (*rézolucion*) (en lat. *resolutio*), décision d'une question, d'une difficulté. Voy. DÉCISION. — En phys., cessation totale de consistance. — Dessein que l'on forme. — Fermeté; courage : *il est homme ou c'est un homme de résolution*.—En chim., réduction d'un corps en ses premiers principes. — Au palais, *résolution* (cassation) *d'un bail, d'un contrat.* — En médec. : *résolution d'une tumeur, d'un cancer*, action par laquelle ils se *résolvent.* — En mathém., l'exposé et le développement des procédés qu'on emploie pour obtenir ce qu'on demande dans un problème. On dit plus ordinairement *solution.* — Pendant la révolution, proposition adoptée par le conseil des cinq-cents.

RÉSOLUTIVE, adj. fém. Voy. RÉSOLUTIF.

RÉSOLUTOIRE, adj. des deux genres (*rézolutoare*), qui emporte la *résolution* d'un acte, d'un contrat.—On dit aussi subst. au mas. : *un résolutoire.*

DU VERBE IRRÉGULIER RÉSOUDRE :

Résolvaient, 3ᵉ pers. plur. imparf. indic.
Résolvais, précédé de *je*, 1ʳᵉ pers. sing. imparf. indic.
Résolvais, précédé de *tu*, 2ᵉ pers. sing. imparf. indic.
Résolvait, 3ᵉ pers. plur. imparf. indic.
Résolvant, part. prés.

RÉSOLVANT, E, adj. (*rézolevan, vante*) (du lat. *résolvens*, part. prés. de *résolvere*), qui *résout* : *je l'ai trouvé résolvant un problème.* — Subst. mas., en méd.; c'est un *résolvant.*

DU VERBE IRRÉGULIER RÉSOUDRE :

Résolve, précédé de *que je*, 1ʳᵉ pers. sing. prés. subj.
Résolve, précédé de *qu'il* ou *qu'elle*, 3ᵉ pers. sing. prés. subj.
Résolvent, précédé de *ils* ou *elles*, 3ᵉ pers. plur. prés. indic.
Résolvent, précédé de *qu'ils* ou *qu'elles*, 3ᵉ pers. plur. prés. subj.
Résolve, 3ᵉ pers. sing. prés. subj.
Résolvez, 2ᵉ pers. plur. impér.
Résolvez, précédé de *vous*, 2ᵉ pers. plur. prés. indic.
Résolviez, précédé de *vous*, 2ᵉ pers. plur. imparf. indic.
Résolviez, précédé de *que vous*, 2ᵉ pers. plur. prés. subj.
Résolvions, précédé de *nous*, 1ʳᵉ pers. plur. imparf. indic.
Résolvions, précédé de *nous*, 1ʳᵉ pers. plur. prés. subj.
Résolvons, 1ʳᵉ pers. plur. impér.
Résolvons, précédé de *nous*, 1ʳᵉ pers. plur. prés. indic.

RÉSONNANCE, subst. fém. (*rézonance*) (en lat. *resonantia*); se dit, en musique, de l'intensité, du prolongement ou de la réflexion du son.—On devrait écrire *résonance*, eu égard à l'étym.

RÉSONNANT, E, adj. (*rézonan, nante*), qui *résonne*, qui retentit, qui renvoie le *son*.

RÉSONNÉ, part. pass. de *résonner*.

RÉSONNEMENT, subst. mas. (*rézoneman*), action de *résonner.* — Retentissement. Voyez RÉSONNER.

RÉSONNER, v. neut. (*rézoné*) (du lat. *resonare*, formé de *re*, pour *rétrò*, en arrière, et de *sonare*, rendre un son), retentir, renvoyer le son : *cette voûte résonne bien*; *tout résonnait du bruit des instruments*, et figurément : *tout résonnait du bruit de ses louanges.*—Rendre un grand son, beaucoup de son : *sa voix résonnait comme un tonnerre.*

RÉSORDEMENT, subst. mas. (*rézordeman*) résurrection. (Boiste.) Vieux; il s'est dit en parlant de la mort et de la *résur*. (*rézordement*) de J.-C.

RÉSORPTION, subst. fém. (*rézorpecion*), t. de chim. et de chir., action d'*absorber* une seconde fois.

DU VERBE IRRÉGULIER RÉSOUDRE :

Résoudra, 3ᵉ pers. sing. fut. indic.
Résoudrai, 1ʳᵉ pers. sing. fut. indic.
Résoudraient, 3ᵉ pers. plur. cond.
Résoudrais, précédé de *je*, 1ʳᵉ pers. sing. prés. cond.
Résoudrais, précédé de *tu*, 2ᵉ pers. sing. prés. cond.
Résoudrait, 3ᵉ pers. sing. prés. cond.
Résoudre, v. act. (*rézoudre*) (du latin *resolvere*) (il fait au part. pass. *résolu*, dans le sens de déterminé, décidé, et *résous*, dans le sens de réduit, changé en autre chose; *résolvant; je résous, nous résolvons, vous résolvez, ils résolvent, je résolus, je résoudrai*; le reste est formé de ces temps-là), en parlant des personnes, faire prendre une *résolution*, déterminer... — En parlant des choses, déterminer, décider, arrêter : *on a résolu la paix, la guerre.*—Décider une difficulté, une question.—Réduire, changer en.... : *le feu résout le bois en cendre, en fumée.* — Au palais, casser, annuler un bail, etc. — En t. de médec., amollir, dissiper une tumeur, etc.—En t. de mathém., donner la solution d'un problème.—Neut., déterminé de faire : *il a résolu de partir demain.* —SE RÉSOUDRE, V. pron., se déterminer à... : *à quoi vous résolvez-vous ?* Voltaire a dit dans un sens absolu :

Qui ne peut se résoudre, aux conseils s'abandonne.
(*Mérope*.)

Se *résoudre* ne s'emploie qu'avec un complément: *se résoudre à quelque chose.* — Être dissous, réduit, changé en.... — S'amollir.

DU VERBE IRRÉGULIER RÉSOUDRE :

Résoudrez, 2ᵉ pers. plur. fut. indic.
Résoudriez, 2ᵉ pers. plur. cond.
Résoudrions, 1ʳᵉ pers. plur. prés. cond.
Résoudrons, 1ʳᵉ pers. plur. fut. indic.
Résoudront, 3ᵉ pers. plur. fut. indic.
Résous, 2ᵉ pers. sing. impér.
Résous, précédé de *je*, 1ʳᵉ pers. sing. prés. indic.
Résous, précédé de *tu*, 2ᵉ pers. sing. prés. indic.

★RÉSOUS, part. pass. de *résoudre*, dans le sens de réduire, changer en.... : *brouillard résous en pluie.* Il ne se dit point au fém. — L'Académie donne ainsi à ce même verbe un double participe, et elle donne pour exemple : *brouillard resous en pluie.* Nous préférerions *résolu*.

Résout, précédé de *il* ou *elle*, 3ᵉ pers. sing. prés. indic. du v. irrégulier RÉSOUDRE.

RESPECT, subst. mas. (*récepék*; le *t* ne se fait jamais sentir) (du latin *respectus*, fait de *respicare*, regarder, avoir égard à...), vénération, déférence, etc., qu'on a à cause de l'excellence d'une chose, ou de la qualité, du caractère d'une personne. — *Respect humain*, égard qu'on a pour les jugements des hommes. — *Cette place tient les ennemis en respect*, empêche leurs courses. — *Tenir quelqu'un en respect*, lui imposer. — *Au respect*, loc. adv., à proportion, à l'égard d'une autre chose. Il est vieux. — RESPECT, ÉGARDS, CONSIDÉRATION, DÉFÉRENCE, (Syn.) Ces mots désignent, en général, l'attention et la retenue dont qu'un. — On a du *respect* pour l'autorité, des *égards* pour la faiblesse, de la *considération* pour la supériorité, de la *déférence* pour un avis.— On doit du *respect* à soi-même, des *égards* à ses égaux, de la *considération* à ses supérieurs, de la *déférence* à ses amis. Le malheur mérite du *respect*; le repentir, des *égards*; les grandes places, de la *considération*; les prières, de la *déférence*. —On dit : j'ai du *respect*, des *égards*, de la *déférence* pour cette personne : et on dit passivement, cette personne a beaucoup de *considération* pour moi.

RESPECTABLE, adj. des deux genres (*rècepèktable*), digne de *respect*, qui mérite du *respect*, qu'on doit *respecter*.

RESPECTABLEMENT, adv. (*rècepèktableman*), d'une manière *respectable*, de façon à se faire *respecter*.—Ce mot manque dans l'*Académie*.

RESPECTÉ, E, part. pass. de *respecter*.

RESPECTER, v. act. (*rècepèkte*), honorer, révérer, porter *respect*.—Fig., épargner, ménager : *le temps a respecté ces monuments*.—*se* RESPECTER, v. pron., garder avec soin la décence et la bienséance convenables à son sexe, à son état, à son âge.—*Se faire respecter*, se rendre *respectable*.

RESPECTIF, adj. mas., au fém. **RESPECTIVE** (*rècepèktif, tive*), réciproque, relatif, qui a rapport, qui concerne de part et d'autre : *droits respectifs; demandes, prétentions respectives*.

RESPECTIVE, adj. fém. Voy. RESPECTIF.

RESPECTIVEMENT, adv. (*rècepèktiveman*), d'une manière *respective*.

RESPECTUEUSE, adj. fém. Voy. RESPECTUEUX.

RESPECTUEUSEMENT, adv. (*rècepèktu-euzeman*), d'une manière *respectueuse*.

RESPECTUEUX, adj. mas., au fém. **RESPECTUEUSE** (*rècepèktu-eu, euze*), plein de *respect*, soumis avec *respect*.—En parlant des choses, qui marque du *respect* : *terme respectueux*.

RESPIRABILITÉ, subst. fém. (*rècepirabilité*), qualité de ce qui est *respirable*, d'un gaz qui peut servir à la *respiration*. Peu en usage.

RESPIRABLE, adj. des deux genres (*rècepirable*), qu'on peut *respirer* : *cet air est respirable*.

RESPIRANT, E, adj. (*rècepiran, rante*), qui *respire*.

RESPIRATEUR, subst. et adj. mas. (*rècepirateur*), t. d'anat., nom donné aux organes qui servent à la *respiration*. Peu en usage.

RESPIRATION, subst. fém. (*rècepirâcion*) (du lat. *respiratio*), action de *respirer* : *avoir la respiration libre*, etc.

RESPIRATOIRE, adj. des deux genres (*rècepiratoare*), propre à la *respiration* : *organe respiratoire*.

RESPIRÉ, E, part. pass. de *respirer*.

RESPIRER, v. neut. (*rècepiré*) (du lat. *respirare*), attirer l'air dans sa poitrine et le pousser dehors par le mouvement des poumons : *tout ce qui respire*, tout ce qui vit.—Fig., prendre quelque relâche après de grandes peines, après un travail fatigant : *laissez-moi respirer un moment; il n'a pas le loisir de respirer*.—Act., il se dit au propre dans le sens du neut. : *respirer un bon air, un air corrompu*, etc.—*Respirer l'air natal*, être dans son pays. — Fig., 1° marquer, témoigner : *tout respire ici la piété, la joie*; 2° désirer ardemment : *il ne respire que la guerre, la vengeance*, etc.—SOUPIRER, RESPIRER. (*Syn.*) *Soupirer après* est beaucoup plus d'usage ; avec ces différences cependant, 1° que *respirer* annonce un désir plus ardent et plus touchant ; 2° que *respirer après* n'exprime proprement que le désir d'un bien qu'on voudrait posséder, tandis que *soupirer après* exprime fréquemment le regret d'un bien qu'on a eu le malheur de perdre. (*Roubaud.*) — *se* RESPIRER, v. pron.

RESPLENDIR, v. neut. (*rèceplandir*) (du latin *resplendere*), briller avec grand éclat. Il n'est que du style soutenu.

RESPLENDISSANT, E, adj. (*rèceplandiçan, çante*), qui *resplendit*, qui est éclatant.

RESPLENDISSEMENT, subst. mas. (*rèceplandiceman*), grand éclat formé par le rejaillissement de la lumière.

RESPONSABILITÉ, subst. fém. (*rèceponçabilité*), obligation légale de *répondre* de ses actions, d'être garant de quelque chose : *la responsabilité des ministres, des magistrats*.

RESPONSABLE, adj. des deux genres (*rèceponçable*), qui doit *répondre* et être garant de...

RESPONSIF, adj. mas., au fém. **RESPONSIVE** (*rèceponcif, cive*), t. de palais, qui contient une *réponse*; *mémoire responsif*. Peu usité.

RESPONSIVE, adj. fém. Voy. RESPONSIF.

RESPONSION, subst. fém. (*rèceponcion*), pension ou charge que les chevaliers d'un ordre militaire ou leurs commanderies payaient à l'ordre. Hors d'usage.

RESSAC, subst. mas. (*rèçak*), t. de mar., retour de la lame du côté du large, lorsqu'elle a frappé contre quelques rochers.

RESSAIGNER, v. act. Voyez RESAIGNER.

RESSAIGUE, subst. fém. (*recègue*), t. de pêche, grande tressure de tramail, fort en usage dans la Méditerranée. Peu en usage.

RESSAIGUÉ, E, part. pass. de *ressaiguer*.

RESSAIGUER, v. act. *rècèguié*), t. de pêche, jeter des pierres dans le filet pour y faire entrer le poisson.—*se* RESSAIGUER, v. pron. Peu connu.

RESSAISI, E, part. pass. de *ressaisir*.

RESSAISIR, v. act. (*recèzir*), *saisir* de nouveau.—*se* RESSAISIR, v. pron.—*Se ressaisir de...*, se remettre en possession de quelque chose.

RESSASSÉ, E, part. pass. de *ressasser*.

RESSASSER, v. act. (*reçacé*), *sasser* de nouveau de la farine qui n'a pas été bien blutée.—Fig., discuter, examiner de nouveau : *ressasser une affaire, la conduite de quelqu'un*. — Fig. et fam. : 1° *ressasser un ouvrage*, l'examiner dans un esprit de critique pour en découvrir jusqu'aux moindres défauts ; 2° *ressasser les gens d'affaires*, faire des recherches contre eux. — *se* RESSASSER, v. pron.

RESSASSEUR, subst. mas., **RESSASSEUSE**, subst. fém. (*reçaceur, ceuze*), qui *ressasse*.

RESSASSEUSE, subst. fém. Voy. RESSASSEUR.

RESSAUT, subst. mas. (*reçô*), t. d'archit., avance ou saillie d'une corniche ou d'une autre partie qui sort de la ligne directe.

RESSAUTÉ, E, part. pass. de *ressauter*.

RESSAUTER, v. act. (*reçôté*), *sauter* de nouveau ou plusieurs fois.—*se* RESSAUTER, v. pron.

RESSÉANT, E, adj. (*rècecé-an, ante*), qui réside dans un lieu. (*Boiste.*) Hors d'usage.

RESSÉANTISE, subst. fém. (*rèceeé-antize*), domicile, résidence. (*Boiste.*) Hors d'usage.

RESSÉCHÉ, E, part. pass. de *ressécher*.

RESSÉCHER, v. act. (*recéché*), *sécher* de nouveau.—*se* RESSÉCHER, v. pron.

RESSÈGUE, subst. fém. Voy. RESSAIGUE.

RESSÉGUER, v. act. Voy. RESSAIGUER.

RESSEL, subst. mas. (*rèceçèle*), *sel* qui reste dans les navires après qu'on a fait leur déchargement.

RESSELLÉ, E, part. pass. de *resseller*.

RESSELLEMENT, subst. mas. (*recèleman*), action de *resseller* des chevaux.—Son effet.

RESSELLÉ, E, part. pass. de *resseller*.

RESSELLER, v. act. (*recèlé*), remettre la *selle* à un cheval.—*se* RESSELLER, v. pron.

RESSEMBLANCE, subst. fém. (*reçanblance*), rapport, conformité entre des personnes, entre des choses.—*Le fils est la vraie ressemblance du père, c'est sa ressemblance*, il y a beaucoup de *ressemblance* entre eux. — RESSEMBLANCE, CONFORMITÉ. (*Syn.*) *Ressemblance* se dit des objets intellectuels et des sujets corporels ; au lieu que *conformité* ne s'applique qu'aux objets intellectuels, et même plus souvent aux puissances qu'aux actes. Il semble qu'il ne faille que la présence d'une seule et même qualité dans deux sujets, pour faire de la *ressemblance*; au lieu qu'il faut la présence de plusieurs qualités pour faire la *conformité*. Ainsi *ressemblance* peut s'employer presque partout où l'on peut se servir de *conformité*, mais il n'en est pas de même de celui-ci.—Plus il y a de *ressemblance* entre deux objets, plus ils approchent de la *conformité*. Ainsi la *conformité* est une *ressemblance* parfaite. — La *ressemblance* est donc susceptible de plus et de moins ; et ce mot peut, en conséquence, servir de complément à tous ceux qui expriment la quantité : peu ou beaucoup de *ressemblance*, assez ou trop de *ressemblance*, plus ou moins ou autant de *ressemblance*. Mais la *conformité* étant une *ressemblance* parfaite, ce mot se construit moins souvent de la même manière. Si l'on veut marquer qu'il manque peu de traits, ou qu'il ne manque aucun trait à la plénitude de la *conformité*, on l'indique plutôt par quelque adjectif d'une signification ampliative : une grande ou très-grande *conformité*, une parfaite ou une entière *conformité*.

RESSEMBLANT, E, adj. (*reçanblan, blante*), qui est conforme et semblable. — Qui *ressemble*. — Part. prés. de *ressembler*. — RESSEMBLANT, SEMBLABLE. (*Syn.*) *Ressemblant* indique le fait, il marque qu'un objet ressemble à un autre ; *semblable* indique la propriété qu'à l'objet de pouvoir être comparé à un autre. Deux objets *ressemblants* ont la même apparence, la même force, la même figure, les mêmes rapports sensibles ; deux objets *semblables* sont seulement propres à être comparés, digne d'être assimilés, faits pour aller ensemble ou de pair, à cause des rapports communs qu'ils ont également. Un portrait est en lui-même *ressemblant*; et, quand vous comparez deux choses ensemble, vous les trouvez *semblables*.— *Ressemblant* dit plus que *semblable*. Le premier s'applique à des objets qui semblent faits sur le même modèle, jetés dans le même moule, formés sur le même dessein, copiés l'un sur l'autre ; le second indique seulement certaines apparences, quelques traits marqués, divers rapports sensibles. Un portrait est *ressemblant*, qui rend bien la figure ; deux jumeaux sont *ressemblants*, dont on reconnaît l'un quand on connaît l'autre ; deux étoffes sont *ressemblantes*, que l'on prendrait l'une pour l'autre. Mais un homme, quoique *semblable* à un autre, ne lui est pas toujours *ressemblant*. Achille n'est pas *ressemblant* à un lion, quoiqu'on dise qu'il lui est *semblable*. Nos *semblables* non-seulement ne nous sont pas *ressemblants*, mais il y a de très-grandes différences entre eux et nous.— *Ressemblant* indique plutôt une *ressemblance* physique, de figure, de forme, d'ordonnance, d'ensemble qui frappe les yeux de la même manière : *semblable* sert également à désigner des rapports métaphysiques, moraux, géométriques, l'espèce, le nombre, la qualité, la valeur, la propriété uniforme ou commune de tout genre. Une somme n'est pas *ressemblante* à une autre, elle lui est *semblable*; deux raisonnements sont *semblables*, sans qu'on puisse les appeler *ressemblants*.

RESSEMBLÉ, part. pass. de *ressembler*.

RESSEMBLER, v. neut. (*reçanblé*), avoir de la *ressemblance*.—*se* RESSEMBLER, v. pron., être *ressemblant*. On dit d'un musicien, d'un peintre, etc., qu'*il se ressemble*, qu'il se copie lui-même, qu'il ne met pas assez de variété dans ses ouvrages. — Prov. : *les jours se suivent et ne se ressemblent pas*, il y a du bien et du mal dans la vie. — *Se ressembler comme deux gouttes d'eau*, parfaitement.— *Qui se ressemble s'assemble*, les mêmes caractères se recherchent.—*Cela ne ressemble à rien*; cela est mauvais, ou ne dit rien à l'esprit.—*Cela ressemble à tout*, est commun.

RESSEMELAGE, subst. mas. (*recemelaje*), action de *ressemeler*.—Le résultat de cette action : *un ressemelage de bottes*.

RESSEMELÉ, E, part. pass. de *ressemeler*.

RESSEMELER, v. act. (*recemelé*), mettre de nouvelles *semelles* à une vieille chaussure. — *se* RESSEMELER, v. pron.

RESSEMÉ, E, part. pass. de *ressemer*.

RESSEMER, v. act. (*recemé*), *semer* de nouveau.—*se* RESSEMER, v. pron.

RESSENTI, E, part. pass. de *ressentir*; et adj., en t. d'archit., de peinture et de sculpture, *des membres, des muscles, des nerfs bien* ou *trop ressentis*, bien ou trop marqués.

RESSENTIMENT, subst. mas. (*reçantiman*), faible renouvellement d'un mal, d'une douleur : *ressentiment de fièvre, de goutte*, etc. — Souvenir des injures et désir de vengeance : *son ressentiment a éclaté*.

RESSENTIR, v. act. (*reçantir*), *sentir*; avec cette différence que *ressentir* a un sens plus fort : *ressentir vivement la perte d'un ami, une injure, les obligations qu'on a*, etc.—*se* RESSENTIR, v. pron., *sentir* quelque reste d'un mal qu'on a eu.—Avoir part à quelque chose de bien ou de mal : *les voisins se sont ressentis de cet incendie; mes amis se ressentiront de ma fortune*.—*Se ressentir d'une injure*, avoir le désir de s'en venger : *je me ressens du tour qu'il m'a fait, il s'en repentira*.—*Il se ressent de la mauvaise éducation qu'il a reçue*, sa mauvaise conduite est un suite de sa mauvaise éducation.

RESSÉPAGE, subst. mas. (Mot forgé.) Voyez RECEPAGE, qui seul se dit.

RESSÉPER, v. act. (Mot forgé.) Voyez RECEPER, qui seul se dit.

RESSERRANT, E, adj. (*recèran, rante*), t. de médec., *qui resserre* : *médicaments, remèdes resserrants*.—Part. prés. de *resserrer*.

RESSERRÉ, E, part. pass., et adj. Voy. RESSERRER.—En t. de médec., qui n'a pas le ventre libre ; constipé.

RESSERREMENT, subst. mas. (*recèreman*), action par laquelle une chose est *resserrée*.— *Resserrement de cœur*, certaine tristesse qui accable le cœur et le ferme à la joie.—*Le resserrement d'argent*, le défaut de cours de l'argent.

RESSERRER, v. act. (*recéré*), *serrer* davantage : *serrer un cordon, une jarretière*; fig., *resserrer les nœuds, les liens d'amitié*, etc. — Au fig., abréger : *resserrer la matière, son sujet, un* *discours.* — Renfermer : *resserrez ces papiers, cette vaisselle,* etc.—Rendre le ventre moins libre : *certains fruits resserrent le ventre,* ou absolument, *resserrent.*—Rendre moins ouvert : *le froid resserre les pores.* — *Resserrer un prisonnier,* l'enfermer dans un lieu où il ait moins de communication au dehors, le garder plus exactement. — *Resserrer une place,* l'entourer de manière que rien ne puisse y entrer ni sortir.—En musique, *resserrer l'harmonie*, en rapprocher les parties les unes des autres dans les moindres intervalles possibles. — *se* RESSERRER, v. pron., devenir moins étendu, en parlant d'un terrein, d'un pays. — Fam., retrancher de sa dépense.—*Le ventre se resserre,* devient moins libre.

RESSIF, *barbarisme.* Voy. RÉCIF.

RESSINÉ, part. pass. de *ressiner.*

RESSINER, v. neut. (*récinė*), faire collation. (*Boiste.*) Entièrement hors d'usage.

RESSONS, subst. propre mas. (*réçon*), village de France, chef-lieu de canton, arrond. de Compiègne, dép. de l'Oise.

RESSORT, subst. mas. (*reçor*) (du lat. *resurgere,* se relever, se rétablir, se remettre en son premier état, formé de *re,* itératif, et de *surgere,* se lever), propriété naturelle qu'ont certains corps de se rétablir en l'état d'où on les a tirés par quelque effort : *le ressort de l'air.* —*Faire ressort*, se remettre au premier état en cessant d'être contraint.—Morceau de métal fait et posé de façon qu'il se remet dans sa première situation quand il cesse d'être contraint : *le ressort d'un fusil, d'une montre,* etc. — On dit fig. en t. de peinture : *cette composition a du ressort,* elle a de l'action ; *elle manque de ressort,* elle est froide et sans vie. — Fig., moyen dont on se sert pour faire réussir un dessein, etc. : *faire jouer tous ses ressorts*, employer tout son pouvoir, tous les moyens que l'on a.—Étendue de juridiction.—Droit de connaître des causes d'appel.— Fig. et fam. : *ne se remuer que par ressort*, avoir des mouvements étudiés et composés.—*N'agir que par ressort,* n'agir que par l'impulsion d'autrui.—*Cela n'est pas de mon ressort*, il ne m'appartient pas d'en juger. — *Cette question est du ressort de la théologie*, c'est à la théologie à en traiter, à en décider.— *Juger en dernier ressort*, souverainement et sans appel. On ne dit pas : *juger en premier ressort*, mais *en première instance.*

RESSORTANT, E (*reçortan, tante*), adj., qui ressort. Peu ou même point usité.— Voy. RESSORTISSANT.

RESSORTI, E, part. pass. de *ressortir.*

RESSORTIR, v. act. et neut. (*reçortir*). On conjugue : *je ressortis, tu ressortis, il ressortit, nous ressortissons, vous ressortissez, ils ressortissent ; je ressortissais,* etc.). Être du ressort, de la dépendance d'une juridiction : *ce canton ressortit à tel tribunal.* — Neut., *sortir* de nouveau ; *sortir* après être rentré : *je ressors dans l'instant.* On conjugue : *je ressors, tu ressors, il ressort, nous ressortons, vous ressortez, ils ressortent. Je ressortais,* etc.

RESSORTISSANT, E, adjectif (*reçortiçan, çante*), qui *ressortit* à un tribunal, ou à une cour. Voy. RESSORTANT, qui n'est pas le même adjectif.

RESSOUDÉ, E, part. pass. de *ressouder.*

RESSOUDER, v. act. (*reçoudé*), remettre de la *soudure* aux endroits où il en manque. — *se* RESSOUDER, v. pron.

RESSOUDURE, subst. fém. (*reçoudure*), seconde *soudure.*

RESSOURCE, subst. fém. (*reçource*), ce à quoi on a *recours* pour se tirer de quelque affaire, pour vaincre quelque difficulté ; expédient: avec cette différence, que l'*expédient* est un moyen de se tirer d'embarras ou de lever une difficulté, et que la *ressource* est un moyen de se relever d'une chute ou de sortir d'une grande détresse : la *ressource* suppose un mal à réparer ; l'*expédient* ne suppose qu'un obstacle à vaincre. (*Roubaud.*)—*Homme de ressource, plein de ressources, qui a des ressources dans l'esprit,* fertile en expédients.—Fam. : *faire ressource,* raccommoder, rétablir ses affaires.

RESSOUVENANCE, subst. fém. (*reçouvenance*), souvenir. Ce mot a vieilli.

RESSOUVENIR, subst. mas. (*reçouvenir*), sentiment, mémoire qu'on a d'une chose.

se RESSOUVENIR, v. pron. (*cereçouvenir*). Il se conjugue comme *venir.* Se rappeler, se *souvenir* ; avec cette différence que *se ressouvenir* est plus propre quand on parle de choses éloignées, et *se souvenir,* quand il s'agit de choses arrivées depuis peu.—Songer, considérer, faire réflexion. —Il est aussi impersonnel : *il m'en ressouvient ; vous en ressouvient-il ?*

RESSOUVENU, E, part. pass. de *se ressouvenir.*

RESSUAGE, subst. mas. (*réceçu-aje*), état, action d'un corps qui *ressue.* — Opération pour séparer l'argent contenu dans le cuivre : *fourneau de ressuage,* fourneau destiné à cette opération.

RESSUÉ, part. pass. de *ressuer.*

RESSUER, v. neut. (*réceçué*), rendre l'humidité intérieure : *les murs neufs ressuent pendant quelque temps ; on fait ressuer des marrons bouillis.—Faire ressuer le chocolat,* le faire ramollir sans eau, sur un feu doux.

RESSUI, subst. mas. (*réceçui*), t. de vén., endroit où les bêtes fauves et le gibier se retirent pour se laisser *sécher* après la pluie ou la rosée du matin.

RESSUSCITÉ, E, part. pass. de *ressusciter.*

RESSUSCITER, v. act. (*réceçucité*) (du latin *resuscitare,* formé de la particule itérative *re,* et de *suscitare,* animer, susciter), ramener de la mort à la vie.—Par extension et par exagération, en parlant d'un remède, guérir promptement d'une maladie qui paraissait désespérée ; en parlant d'une bonne nouvelle, tirer quelqu'un du chagrin mortel où il était. — Fig., renouveler, faire revivre : *ressusciter un vieux procès, un ancien usage,* etc.—Neut., retourner de la mort à la vie —Par extension, revenir d'une maladie très-dangereuse.—*se* RESSUSCITER, v. pron.

RESSUYÉ, E, part. pass. de *ressuyer.*

RESSUYER, v. act. (*réceçui-ié*), sécher, *essuyer* de nouveau.—*se* RESSUYER, v. pron.

RESTAGNATION, subst. fém. (*rècetaguenâcion*), t. de médec., débordement. Ce mot est inusité.

RESTANT, E, adj. (*rècetan, tante*), qui *reste* : *le nombre restant, la somme restante ; c'est le seul héritier restant.*—Subst. mas., ce qui *reste* d'une grande somme, d'une plus grande quantité.

RESTAUR, subst. mas. (*rècetôre*), t. de commerce maritime, recours que les assureurs ont les uns contre les autres, suivant la date de leurs assurances, ou contre le maître du vaisseau, si l'avarie provient de son fait.

RESTAURAGE, subst. mas. (*rècetôraje*), action de raccommoder à l'aiguille les trous d'une toile. Peu usité.

RESTAURANT, E, subst. (*rècetôran*), subst. mas., aliment ou remède qui a la vertu de *restaurer*, de réparer les forces. — Consommé fort succulent. — Établissement de *restaurateur.*— Adj., qui *restaure.* On n'emploie guère *restaurante* au fém. comme adj., et encore moins comme subst. : cependant, il ne faudrait pas hésiter à s'en servir dans ces deux cas, s'il en était besoin. Nous ajouterons un commentaire à cette dissertation ; et nous demanderons à l'*Académie* pourquoi elle ne nous force pas à conserver uniquement *restaurant, e*, pour l'adj., et *restaurateur, restauratrice,* pour le subst.? Voilà des réformes qu'elle aurait dû imposer ; il est certain qu'on dit très-bien : *allons dîner chez un tel ; c'est un bon restaurateur ;* et : *allons dîner au restaurant.* On emploie bien peu le fém. *restaurante* comme subst. ; et l'on s'en sert élégamment comme adj. fém. ; ainsi l'on dit : *une potion restaurante* ; mais presque jamais : *je vais chez la restaurante* ; peut-être que la forme adjective du mot en a ravalé l'usage. On dit au contraire : *je vais dîner chez la restauratrice qui demeure à côté,* lorsque c'est une femme qui tient l'établissement. Qu'il serait donc facile de simplifier la langue, et de la débarrasser de tous ces mots, qui ne font que l'encombrer de difficultés ! Mais l'autorité seule peut, et devrait vouloir ; ce n'est pas à nous qu'il appartient de lui rien imposer.

RESTAURATEUR, subst. mas., RESTAURATRICE, subst. fém. (*rècetôrateur, trice*) (du lat. *restaurator*), qui *restaure*, qui rétablit, répare : *restaurateur d'une ville ruinée, des lois, du commerce,* etc. — Sorte de traiteur qui donne à manger à toutes les heures du jour et par plats détachés. Voy. RESTAURANT.

RESTAURATIF, adj. mas., au fém. RESTAURATIVE, (*rècetôratif, tive*), qui *restaure.*

RESTAURATION, subst. fém. (*rècetôrâcion*) (du lat. *restauratio*), action de *restaurer* ; rétablissement, réparation. — Rétablissement de la dynastie des Bourbons sur le trône de France, en 1814.

RESTAURATIVE, adj. fém. Voy. RESTAURATIF.

RESTAURATRICE, subst. fém. Voy. RESTAURATEUR.

RESTAURÉ, E, part. pass. de *restaurer.*

RESTAURER, v. act. (*rècetôré*) (du latin *restaurare*), réparer, rétablir : *ce remède est bon pour restaurer l'estomac, les forces, la santé ; il m'a tout restauré.* Voy. RÉTABLIR. — Fig., dans le style soutenu : *restaurer l'état, les arts, le commerce, la discipline.*—En t. de sculpture, de peinture et d'architecture : *restaurer une statue, un bas-relief, un tableau, une colonne.* — *se* RESTAURER, v. pron., être *restauré.*

RESTE, subst. mas. (*rècete*), tout ce qui demeure et qui *reste* de quelque chose. — Ce que quelqu'un a abandonné ou refusé : *il n'a eu que mon reste* ou *mes restes.* — En math., différence qu'on trouve entre deux grandeurs, après avoir ôté la plus petite de la plus grande. — *Les restes d'un héros*, ses cendres. Style soutenu ou poétique. — *Le reste des hommes*, les autres hommes : *la politique ne se conduit pas comme le reste des hommes.* — Prov. et fig. : *jouer de son reste*, hasarder ce qu'on a de *reste*, employer ses dernières ressources. —*Le reste de nos écus,* la personne que nous attendions. — *On l'a mal reçu, il n'a pas demandé son reste*, il s'est retiré promptement sans dire mot.—Fam. : *être en reste,* devoir encore à quelqu'un. — *Il a encore un reste de pudeur*, quelque pudeur. —*Et le reste,* c'est l'explication de la loc. lat. *et cætera.*— *De reste,* loc. adv., plus qu'il ne faut : *il a du crédit, de l'argent de reste.*—*Au reste, du reste,* loc. adv., au surplus, d'ailleurs, cependant.

RESTÉ, E, part. pass. de *rester.*

RESTER, v. neut. (*rècete*) (du lat. *restare,* formé de *re,* pour, *retrò*, en arrière, et *stare*, être debout, demeurer, s'arrêter) (il prend l'auxiliaire *être*), être de *reste* : *c'est là tout ce qui reste de son bien, tout ce qui lui reste* ; et impersonnellement, *il ne lui reste que l'espérance, il me reste mille pages à transcrire*, etc. — Demeurer après que les autres sont partis : *il est resté tout seul à la maison ; il resta deux bataillons pour garder le défilé.* — Demeurer dans un lieu au-delà du temps qu'on s'était proposé : *il resta trois mois de plus à Paris.* — Demeurer dans un état de contrainte : *son bras est resté paralytique.* — Quelques-uns le disent pour demeurer, loger : *il reste à telle rue.* — *Rester sur le champ de bataille*, être tué sur le champ de bataille.

RESTIACÉE, subst. fém. (*rècetiacé*), t. de bot., nom nouveau donné par quelques naturalistes à une famille de plantes monocotylédones.

RESTIAIRE, subst. mas. (*rècetière*), t. de bot., grand arbrisseau grimpant de la Cochinchine.

RESTIO, subst. mas. (*rècetio*), t. de bot., genre de plantes vivaces de la famille des joncs.

RESTIOLE, subst. fém. (*rècetiole*), t. de bot., genre de plantes du Cap, de la famille des joncs.

RESTIPULATION, subst. fém. (*rècetipulâcion*), *stipulation* réciproque. Presque inusité.

RESTIPULÉ, E, part. pass. de *restipuler.*

RESTIPULER, v. act. (*rècetipulé*), *stipuler* réciproquement l'un pour l'autre. — *se* RESTIPULER, v. pron. Presque inusité.

RESTITUABLE, adj. des deux genres (*rècetitu-able*), qui peut être *restitué*, remis en son premier état. Il ne se dit guère qu'au palais.

RESTITUÉ, E, part. pass., et adj. Voy. RESTITUER. — *Médailles restituées*, médailles soit consulaires, soit impériales, sur lesquelles, outre la légende et le type qu'elles ont eus dans leur première fabrication, on voit le nom de l'empereur qui les a fait fabriquer une seconde fois, suivi du mot abrégé REST.

RESTITUER, v. act. (*rècetitu-é*) (du latin *restituere,* formé de *re,* itératif, et de *statuere,* rétablir, etc.), rendre ce qui avait été pris ou possédé indûment, injustement. Voy. RENDRE.—Réparer : *restituer l'honneur de...*—Rétablir : *restituer un texte, un passage, un endroit d'un auteur.* — Au palais, remettre quelqu'un dans l'état où il était auparavant : *restituer en son entier, se faire restituer contre une obligation, contre sa promesse.* — *se* RESTITUER, v. pron.

RESTITUTEUR, subst. mas. (*rècetituteur*), celui qui *restitue*, qui rétablit un texte, un passage d'un auteur. — Celui qui renouvelle d'anciennes opinions. Presque inusité.

RESTITUTION, subst. fém. (*récetitucion*), action de *restituer* ce qu'on a pris ou possédé injustement.—Action de *restituer*, de rétablir un texte, un passage, etc. — L'*Académie* ajoute qu'on dit en t. d'archit. : *la restitution d'un édifice, d'un monument*, pour, la représentation d'un édifice d'un monument entièrement détruit. Nous doutons que cette acception soit aujourd'hui en usage, même parmi les architectes. — En astron., retour d'une planète à son apside. On dit plus communément : *révolution anomalistique*. — La période censée ramener tous les événements dans le même ordre. C'est la *grande année* des anciens astronomes. — *Médailles de restitution*, celles dont les types représentent des monuments restaurés. — Nom que donnent les antiquaires aux médailles elles-mêmes *restituées*. —En t. de phys., *mouvement de restitution*, action par laquelle un corps élastique se rétablit dans son premier état.

RESTORNE, subst. mas. (*récetorne*), t. de comm., c'est la même chose que *contre-position*, erreur dans la tenue des livres de commerce. Vieux et même hors d'usage.

RESTORNÉ, E, part. pass. de *restorner*.

RESTORNER, v. act. (*récetorné*), t. de commerce, transporter un article de compte. — *se* RESTORNER, v. pron. (*Boiste*.) Hors d'usage.

RESTREINDRE, v. act. (*récetreindre*) (du latin *restringere*, employé dans la même acception, et qui signifie proprement *lier*, *serrer étroitement*, formé de la particule intensive *re* et de *stringere*, lier, serrer), resserrer : *médicament, eau qui restreint*. Il est peu usité au propre. — Fig., diminuer, réduire, limiter : *restreindre une proposition, une prétention, un droit*. — *se* RESTREINDRE, v. pron., se borner à..., se renfermer dans : *se restreindre à des propositions raisonnables*.

RESTREINT, E, part. pass. de *restreindre*.

RESTREINTE, subst. fém. (*récetreinte*), effet de la *restriction*.

RESTRAINTIF, adj. mas., au fem. **RESTRAINTIVE** (*recetreintif, tive*), t. de médec., qui resserre le ventre. Vieux et suranné.

RESTRAINTIVE, adj. fém. Voyez RESTRAINTIF.

RESTRICTIF, adj. mas., au fém. **RESTRICTIVE** (*récetriktif, tive*), qui *restreint*, qui limite.

RESTRICTION, subst. fém. (*récetrikcion*) (du latin *restrictio*), condition qui *restreint*, modification. — *Restriction mentale*. Voy. MENTAL.

RESTRICTIVE, adj. fém. Voy. RESTRICTIF.

RESTRINGENT, E, adj. (*récetreinjan, jante*), t. de médec., qui a la vertu de *restreindre* et de resserrer le ventre. On dit aussi subst. au mas. : *un restringent*.

RÉSULTANT, E, adj. (*rézuletan, tante*), qui *résulte* : *cas résultant du procès*.—*Force résultante*. Voy. FORCE.

RÉSULTANTE, subst. fém. (*rézuletante*), en statique, direction qui *résulte* de plusieurs forces agissant dans des directions différentes.

RÉSULTAT, subst. mas. (*rézuleta*), ce qui *résulte*. Il ne se dit guère que d'une délibération, d'une assemblée, d'une conférence, d'un calcul : *le résultat d'une consultation ; obtenir des résultats avantageux*.

RÉSULTÉ, E, part. pass. de *résulter*.

RÉSULTER, v. neut. (*rézuleté*), s'ensuivre : *il en résultera de grands événements; les faits qui résultent des informations*, etc.—Il prend l'auxiliaire *avoir* : *il a résulté de là que*... et l'auxiliaire être : *de nos troubles sont résultées de mauvaises lois*. Il ne s'emploie guère qu'à l'infinitif, au part. pass. et aux troisièmes personnes de tous les temps.

RÉSUMÉ, subst. mas. (*rézumé*), précis d'un discours, abrégé : *faire le résumé d'un discours*. — *Au résumé, en résumé*, loc. adv., en *résumant*, en récapitulant.

RÉSUMÉ, E, part. pass. de *résumer*.

RÉSUMER, v. act. (*rézumé*) (du lat. *resumere*, fait de *re*, itératif, et de *sumere*, prendre), reprendre en peu de paroles ce qu'on a dit plus au long; en tirer un résultat : *je finis en me résumant*, etc.... *résumer les avis*.— *se* RÉSUMER, v. pron.

RÉSUMPTE, subst. fém. (*rézonpete*) (du latin *resumpta*, fait de *resumere*, résumer, parce que cette thèse avait pour objet tout ce qui concerne l'Ecriture Sainte, dont elle était comme un *résumé*), acte que soutenait à Paris un nouveau docteur en théologie, pour avoir suffrage aux assemblées de la faculté et jouir des droits de docteur. Vieux.

RÉSUMPTÉ, adj. mas. (*rézonpeté*), *docteur résumpté*, qui a soutenu sa *résumpte*. Vieux.

RÉSUMPTIF, adj. mas. (*rézonpetif*), t. d'anc. pharm., médicament pour restaurer un corps faible.

RÉSUMPTION, subst. fém. (*rézonpecion*), action de *résumer*, récapitulation. Peu en usage.

RÉSUPINATION, subst. fém. (*rézupinâcion*), t. de bot., état d'une fleur dont la corolle ou le pétale supérieur devient inférieur.

RÉSUPINÉ, E, adj. (*rézupiné*), qui est en état de *résupination*.

RÉSURE, subst. fém. (*rézure*); les pêcheurs appellent ainsi une espèce de caviar, c'est-à-dire, une préparation d'œufs de poissons que l'on fait dans le Nord et qui sert à amorcer les sardines et les maquereaux, ou plutôt à les faire rester plus long-temps sur nos côtes. — Nom qu'on donne, en Bretagne, à des filets pour prendre des sardines. On dit aussi : *roque, rave, rabe, rête, rêve*, etc., selon les lieux.

RÉSURRECTION, subst. fém. (*rézurèkcion*) (du latin *resurrectio*, fait de *resurgere*. Voy. RESSUSCITER), retour de la mort à la vie. — Par extension, guérison surprenante et inopinée : *c'est une véritable resurrection*. — Tableau ou estampe qui représente la résurrection de Jésus-Christ.

RÉSURRECTEUR, adj. et subst. mas., au fém. **RÉSURRECTRICE** (*rézurèkteur, trice*), qui rend la vie : *remède résurrecteur*. (Boiste.)

RÉSURRECTIF, adj. mas.; au fém. **RÉSURRECTIVE** (*rézurèktif, tive*), qui *ressuscite*, qui fait *ressusciter*. (Boiste.)

RÉSURRECTIVE, adj. fém. Voy. RÉSURRECTIF.

RÉSURRECTIONNEL, adj. mas., au fém. (**RÉSURRECTIONNELLE** (*rézurèkcionèle*), qui est propre à *ressusciter*, qui est appelé à l'état de *résurrection*. (Boiste.) Presque inusité.

RÉSURRECTIONNELLE, adj. fém. Voy. RÉSURRECTIONNEL.

RÉSURRECTIONNISTE, subst. des deux genres (*rézurèkcionicete*), nom par lequel on désigne, en Angleterre, ceux qui font métier de vendre des cadavres pour les disséquer. (*Boiste*.)

RÉSURRECTRICE, adj. fém. Voy. RÉSURRECTEUR.

RÉSURREXI, subst. mas. (*rézurerèkci*) (mot tout latin), *résurrection*. (Boiste.) Vieux.

RETABLE, subst. mas. (*retable*), ornement d'architecture qui forme la décoration d'un autel.

RÉTABLI, E, part. pass. de *rétablir*.

RÉTABLIR, v. act. (*rétablir*) (du lat. *restibilire*, formé dans le même sens de la particule *re*, et de *stabilire*, établir. Voy. ce mot), remettre au premier état, en bon ou en meilleur état : *rétablir sa santé ; ce remède l'a bien rétabli ; rétablir un édifice, le commerce, la discipline militaire*, etc. — Remettre en possession de quelques biens, honneurs, dignités. — *Rétablir un texte, un passage*, le restituer. — *se* RÉTABLIR, v. pron. — RÉTABLIR, RESTAURER, RÉPARER. (*Syn*.) *Rétablir* signifie proprement, mettre de nouveau sur pied, remettre une chose en état, en bon état, dans son premier état; *restaurer*, remettre à neuf, restituer une chose dans son intégrité, dans sa force, dans son éclat; *réparer*, raccommoder, redonner à une chose sa forme, sa première apparence, son ancien aspect.—Le travail de *rétablir* est relativement plus grand que celui de *restaurer*; et le travail de *restaurer*, plus grand que celui de *réparer*. On *rétablit* ce qui est ruiné, renversé, détruit; on *restaure* ce qui est dégradé, défiguré, déchu; on *répare* ce qui est gâté, détérioré, endommagé.—On *rétablit* un édifice ruiné, des fortifications détruites, un article oublié dans un compte; on *restaure* un bâtiment qui dépérit, de vieux tableaux, une statue mutilée ; on *répare* une maison négligée, une brèche faite à un mur, les ouvrages de l'art qu'on repolit. — Par le *rétablissement*, les choses sont remises sur pied et en état; par la *restauration*, elles sont remises comme à neuf et dans leur intégrité; par la *réparation*, elles sont mises comme elles étaient dans les parties qui avaient souffert de l'altération.—On dit, *rétablir, restaurer, réparer ses forces*.—On *rétablit* ses forces qu'on avait perdues, en les recouvrant avec le temps; on *restaure* ses forces qui étaient affaiblies, en les ranimant par un moyen efficace; on *répare* ses forces diminuées, en les reprenant petit à petit. —Au figuré, on *rétablit* une loi qui avait été abolie; un usage qui avait été abandonné ou interrompu, un droit qui avait été supprimé; un citoyen qui avait été dépouillé de son état; en un mot, ce qui avait perdu son existence, son influence, son action. On *restaure* une province épuisée, un commerce languissant, les lettres tombées en décadence, les mœurs déchues de leur pureté, tout ce qui, susceptible de variations, a beaucoup perdu de sa force, de sa vigueur, de son activité, de son éclat. On *répare* ses fautes, les torts qu'on a faits, les dommages qu'on a causés, les préjudices qu'on a portés, tout ce qui a donné atteinte à l'état naturel des choses, à leur perfection, à l'ordre établi.

RÉTABLISSEMENT, subst. mas. (*rétabliceman*) action de *rétablir*. — État d'une personne *rétablie*.

† **RETAILLE**, subst. fém. (*retâ-ie*), partie, morceau qu'on *taille*, qu'on retranche d'une chose en la façonnant.

RETAILLÉ, E, part. pass. de *retailler*.

RETAILLEMENT, subst. mas. (*retâ-ieman*), action par laquelle on *taille* une seconde fois.

RETAILLER, v. act. (*retâ-ié*), *tailler* de nouveau.—*se* RETAILLER, v. pron.

RETALÉ, E, part. pass. de *retaler*.

RÉTALÉ, E, part. pass. de *rétaler*.

RETALER, v. act. (*retalé*), chez les chamoiseurs, réparer et assouplir une peau avec un couteau qui ne coupe pas.—Chez les fourreurs, ôter la malpropreté d'une peau en frottant fortement la laine avec un couteau à écharner, pour la nettoyer.—*se* RETALER, v. pron.

RÉTALER, v. act. (*rétalé*), recommencer à *étaler*; refaire un *étalage*. — *se* RÉTALER, v. pron.

RETAPÉ, E, part. pass. de *retaper*.

RETAPER, v. act. (*retapé*), retrousser les bords d'un chapeau contre la forme. — Remettre un chapeau à neuf.—*Retaper les cheveux*, les peigner et les faire renfler. — *se* RETAPER, v. pron.

RETARD, subst. mas. (*retar*; *d* ne se prononce jamais), délai, *retardement* : *mon débiteur est en retard*.—Action de *retarder* : *le retard d'une pendule*.

RETARDATAIRE, subst. et adj. des deux genres (*retardatère*), qui est en *retard* : *un retardataire; conscrit retardataire*.

RETARDATEUR, adj. mas. (*retardateur*). Voy. RETARDATRICE.

RETARDATIF, adj. mas., au fém. **RETARDATIVE** (*retardatif, tive*), en *retard*, lent.

RETARDATION, subst. fém. (*retardâcion*) (du lat. *retardatio*), t. de prat., délai, *retardement*. —En phys., ralentissement d'un corps, produit par une cause ou force *retardatrice*. Ce mot est peu usité.

RETARDATIVE, adj. fém. Voy. RETARDATIF.

RETARDATRICE, adj. fém. (*retardatrice*) : *force retardatrice*, qui *retarde* le mouvement d'un corps, telle que la pesanteur dans un corps jeté de bas en haut, etc.—Pourquoi ne dirait-on pas aussi au mas. : *mouvement retardateur ?*

RETARDÉ, E, part. pass. de *retarder*

RETARDEMENT, subst. mas. (*retardeman*), délai, remise, *retard*; action de *retarder*, effet de cette action.

RETARDER, v. act. (*retardé*) (du lat. *retardare*, fait de *tardus*, lent, tardif), différer : *retarder le jugement d'un procès, un paiement que l'on doit faire*, etc.—Empêcher d'aller, d'avancer : *on a retardé le courrier, l'horloge*.—Faire qu'une chose soit différée : *cet accident retarda son mariage, son départ*. —Aller, venir plus lentement ou plus *tard* : *l'horloge retarde; la lune, la marée, la fièvre retarde*.—*se* RETARDER, v. pron.

RETÂTÉ, E, part. pass. de *retâter*.

RETÂTEMENT, subst. mas. (*retâteman*), action de *tâter* de nouveau, au propre et au fig.

RETÂTER, v. act. (*retâté*), *tâter* de nouveau —Manier plusieurs fois.—Goûter de nouveau.— *se* RETÂTER, v. pron.

RETAXÉ, E, part. pass. de *retaxer*.

RETAXER, v. act. (*retakcé*), *taxer* de nouveau.—*se* RETAXER, v. pron.

RETEINDRE, v. act. (*reteindre*), remettre en couleur, *teindre* de nouveau.—*se* RETEINDRE, v. pron.

RÉTEINDRE, v. act. (*réteindre*), *éteindre* de nouveau.—*se* RÉTEINDRE, v. pron.

RETEINT, E, part. pass. de *reteindre*, et adj. : *étoffe reteinte*.

RÉTEINT, E, part. pass. de *réteindre*.

RETENABLE, adj. des deux genres (*retenable*), susceptible d'être *retenu*.

RÉTENDEUR, subst. mas. (*rétandeur*), ouvrier qui étend et dresse les étoffes au sortir du foulon ou de la teinturerie.

RÉTENDOIR, subst. mas. (*rétandoar*), outil de fer plat, à l'usage des facteurs d'orgues.

RETENDRE, v. act. (*retandre*), *tendre* de nouveau.—*se* RETENDRE, v. pron.

RÉTENDRE, v. act. (*rétandre*), *étendre* de nouveau.—*se* RÉTENDRE, v. pron.

RETENDU, E, part. pass. de *retendre*.

RÉTENDU, E, part. pass. de *rétendre*.

RETENIR, v. act. (*retenir*) (du lat. *retinere*, formé de la particule itérative *re*, ou de *retrò*, en arrière, et de *tenere*, tenir; *tenir encore une fois*, *garder par devers soi*, etc.). Il se conjugue comme *tenir*. Ravoir, *tenir* encore une fois : *je voudrais bien retenir l'argent que je lui ai prêté*; fam. : *je voudrais bien retenir ce que j'ai dit*, ne l'avoir pas dit.—Garder par devers soi ce qui est à un autre. Voy. GARDER.—Conserver ce qu'on a, ne point s'en défaire. Dans ce sens, on dit en t. de droit : *donner et retenir ne vaut*.—Simplement, conserver : *retenir l'accent de son pays*, *ses vieilles habitudes*.—Réserver : *en affermant cette terre, il s'est retenu les bois et les vignes*.—En parlant des juges : *retenir une cause*, s'en réserver la connaissance. — S'assurer par précaution de...: *retenir une place*, *un carrosse*, *une place à la comédie*.—Faire séjourner ou demeurer, ne pas laisser aller : *on m'a retenu plus long-temps que je ne voulais*; *retenir prisonnier* ou *en prison*, *retenir son haleine*, etc. Voy. ARRÊTER.—Empêcher : *il serait tombé, il allait tuer cet homme, si je ne l'eusse retenu*.— Réprimer, modérer : *retenir sa colère*; *je ne sais ce qui me retient que je ne*...—Mettre ou garder dans sa mémoire : *retenir sa leçon*; *retenez bien ce que je vous dis*.—*Retenir un chiffre*, en arith., le réserver pour le joindre aux chiffres de la colonne suivante. Ainsi on dit : *douze et treize font vingt-cinq*, *je pose cinq et je retiens deux*. — Neut., en parlant des chevaux de carrosse ou de charroi, empêcher le carrosse ou la charrette d'aller trop vite à une descente : *ce cheval a les reins forts*, *il retient bien*.—En parlant de la génération des bêtes, concevoir : *cette jument a retenu*. —*se* RETENIR, v. pron., il a le premier sens du neutre : *ce cheval se retient fort bien*.—S'empêcher de faire ou de dire quelque chose.

RETENTÉ, E, part. pass. de *retenter*.

RETENTER, v. act. (*retanté*), faire une seconde *tentative*.—*se* RETENTER, v. pron.

RETENTI, part. pass. de *retentir*.

RETENTIF, adj. mas., au fém. RETENTIVE (*retentif*, *tive*), t. d'anat., qui *retient*.

RÉTENTION, subst. fém. (*rétancion*), du palais, réserve, réservation : *clause de rétention sur des biens cédés* ou *vendus*; *rétention des fruits d'une pension*, etc.—En médec. : *rétention d'urine* ou simplement *rétention*, maladie par laquelle l'urine est *retenue*.—T. de palais : *rétention d'une cause*, l'action de retenir une cause, de la part des juges, pour la connaître.

RÉTENTIONNAIRE, subst. des deux genres (*rétancionère*), t. de palais, qui *retient*, qui a entre les mains ce qui appartient aux autres.

RETENTIR, v. neut. (*retantir*) (du lat. *retinnire* ou *retinnitare*, formé de la particule intensive *re*, et de *tinnire* ou *tinnitare*, rendre un son aigu comme celui des métaux qu'on fait sonner), rendre, renvoyer un son éclatant; résonner.—Fig. : *toute l'Europe retentit de ses louanges*, on le loue dans toute l'Europe.

RETENTISSANT, E, adj. (*retantiçan*, *çante*), qui *retentit*.

RETENTISSEMENT, subst. mas. (*retanticeman*), bruit, son rendu, renvoyé avec éclat.

RETENTIVE, adj. fém. Voy. RETENTIF.

RETENTUM, subst. mas. (*reteintome*) (emprunté du lat., où il signifie *chose retenue*, de *retentus*, part. pass. de *retinere*, retenir), t. de prat., article que les juges n'expriment pas dans une sentence, mais qui ne laisse pas d'en faire partie et d'avoir son exécution. — Ce qu'on *retient*, qu'on réserve en soi-même par duplicité, lorsqu'on traite d'affaires avec quelqu'un.—Au plur., des *retentum*.

RETENU, E, part. pass. de *retenir*, et adj., destiné et arrêté pour quelque emploi.— Posé, sage, modéré, circonspect. — RETENU, MODESTE. (*Syn.*) L'avantage de ces deux qualités se borne au sujet qui les possède; elles contribuent à sa perfection, et ne sont pour les autres qu'un objet de spéculation qui mérite leur applaudissement, mais qui nuit quelquefois à leur satisfaction.—On est *retenu* dans ses paroles et dans ses actions; le trop de liberté qu'on s'y donne est le défaut contraire; quand il est poussé à l'excès, et qu'on n'a nulle *retenue*, il devient impudence. On est *modeste* dans ses désirs, dans ses airs, dans ses postures, et dans son habillement; ce qui fait trois genres de *modestie*, par rapport au cœur, à l'esprit et au corps; les vices opposés ne sont pas tous exprimés par le mot d'*immodestie*, qui ne désigne que celui qui regarde le corps, provenant de l'indécence des postures et des habits. La vanité est, par l'essor et la hauteur des airs qu'on se donne mal à propos, le vice opposé au genre de *modestie* qui concerne l'esprit. Celui qui est contraire à la *modestie* du cœur est une ambition démesurée qui fait désirer au-delà de ce qui convient, et de ce qu'on peut obtenir.—La *retenue* est bonne partout, mais elle est absolument nécessaire en public et avec les grands; quelque liberté qu'ils semblent accorder, on est dupe si on s'y livre trop; car ils se réservent toujours un certain droit de respect dont ils imputent le manquement comme un crime irrémissible. La *modestie* est un ornement pour les personnes qui peuvent prétendre aux plus hauts rangs, pour celles qui ont un mérite connu et distingué, et pour celles à qui leur mérite permet tout sans conséquence; mais elle est pour toutes les autres personnes une vertu indispensable et d'état, sans laquelle elles ne sauraient paraître décemment, ni éviter le ridicule.

RETENUE, subst. fém. (*retenu*), modération, discrétion, modestie : *sa retenue a été admirable*.—Ce qu'on *retient* sur une rente, sur des appointements : *cette pension*, *il la touche sans aucune retenue*.—*Brevet de retenue*, qui assurait au titulaire d'une charge non héréditaire ou à ses héritiers, une certaine somme payable par celui qui posséderait la charge après lui.—En t. de collége, *être en retenue*, ne pouvoir sortir, ou être privé de récréation ou de promenade comme châtiment de quelque faute ou de quelque manquement.

RÉTÉPORE, subst. fém. (*rétépore*) (du latin *rete*, rets, réseau, et *porus*, pore), t. d'hist. nat., production de polypes marins mince, poreuse ou marquée de petits points comme un ouvrage à réseau. C'est une espèce de lithophyte.

RÉTÉPORITE, subst. fém. (*rétéporite*), t. d'hist. nat., *rétépore* fossile; production polypeuse qui ressemble à un réseau. Voy. RÉTIPORE.

RETERSAGE, subst. mas. (*retèreçaje*), action de *reterser*.

RETERSÉ, E, part. pass. de *reterser*.

RETERSER, v. act. (*retèrecé*), t. d'agric., donner un second labour à la vigne.—*se* RETERSER, v. pron.

RETHEL, subst. propre mas. (*retèle*), ville de France, chef-lieu de canton et d'arrondissement, département des Ardennes.

RÉTIAIRE, subst. mas. (*récière*) (du latin *rete*, filet, dont on a formé *retarii*), nom de gladiateurs qui combattaient armés d'un trident et d'un filet.

RÉTICENCE, subst. fém. (*réticançe*) (du latin *reticentia*, fait de *reticere*, celer, taire), figure de rhétorique par laquelle l'orateur interrompt brusquement une phrase commencée, comme entraîné par quelque passion ou arrêté par quelque réflexion subite, de manière cependant à faire entendre ce qu'il ne dit pas.— Suppression volontaire d'une chose qu'on devrait dire ou mentionner dans un acte.

RÉTICULAIRE, adj. des deux genres (*rétikulère*) (du lat. *rete*, filet, réseau), qui ressemble à un réseau : *tissu réticulaire*.—Subst. fém., t. de bot., genre de champignons.

RÉTICULE, subst. mas. (*réticule*) (du lat. *reticulum*, réseau, à cause de la disposition de ses fils), t. d'astron., instrument composé de plusieurs fils, qui se place au foyer d'une lunette, pour mesurer le diamètre des astres ou pour observer les différences de leurs passages. —Constellation australe. On l'appelle aussi *réticule rhomboïde*.

RÉTICULÉ, E, adj. (*rétikulé*) (du lat. *reticulatus*, fait de *reticulum*, réseau), t. de bot., marqué de nervures en forme de réseau.

RÉTICULITÈLE, subst. fém. (*rétikulitèle*), t. d'hist. nat., tribu d'aranéides qui ne comprend que le genre scytode.

RETIERS, subst. propre mas. (*retié*), village de France, chef-lieu de canton, arrond. de Vitré, dép. d'Ille-et-Vilaine.

RÉTIF, adj. mas. au fém. RÉTIVE (*rétif*, *tive*), (du latin barbare *retivus*, fait de *restare*, rester, s'arrêter), en parlant des chevaux, ânes, etc., qui recule au lieu d'avancer. — Fig., en parlant des hommes, qui résiste et ne veut pas faire ce qu'on désire de lui.—Subst. : *faire le rétif*, *la rétive*. Le fém. est moins fréquemment employé que le mas. —RÉTIF, REBOURS, REVÊCHE, RÉCALCITRANT. (*Syn.*) Le *rétif* refuse d'obéir ou de céder, même à l'aiguillon, il se roidit et se cabre; le *rebours*, hérissé contre vous, ne donne aucune prise; le *revêche* vous rebute et vous repousse : si vous le pressez, il se révolte ou se soulève; le *récalcitrant* se débat et se défend.—Le *rétif* est fantasque, indocile, têtu; le *rebours* est farouche, morose, intraitable; le *revêche* est aigre, difficile, entier; le *récalcitrant* est volontaire, colère, indisciplinable.—L'enfant gâté, accoutumé à faire sa volonté, est *rétif*, l'homme bourru, accoutumé à se livrer à son humeur sans contrariété, sera *rebours*; une personne haute, accoutumée à l'empire et aux déférences, pourra bien être *revêche*; un jeune homme ardent, accoutumé à l'indiscipline et à l'impunité, se trouvera *récalcitrant*.—Il faudra lasser le *rétif*, heurter le *rebours*, mâter le *revêche*, dompter le *récalcitrant*.—*Rétif* est du bon style; *rebours* est peu usité, et seulement dans la conversation familière; *revêche* n'est point déplacé dans le style modéré; *récalcitrant* n'est bon que dans le discours familier et plaisant.

RETIERS ou **RETIERCEMENT**, subst. mas. (*retié*, *retièrecemant*), t. de vieille cout., tiers du troisième denier dans les lods et ventes.

RÉTIFORME, adj. des deux genres (*rétiforme*) (du lat. *rete*, rets, et *forma*, forme), t. d'anat., qui a la forme d'un rets.

RÉTINACULE, subst. fém. (*rétinakule*), t. de bot., glande qui se trouve à la base du pédicule de certaines plantes.

RETINACULUM, subst. mas. (*rétinakulome*) (mot latin qui signifie, *ce qui peut retenir*), t. de chir., instrument dont on se servait dans les opérations de la hernie et de la castration, pour empêcher les intestins de sortir du ventre.

RÉTINAIRE, subst. fém. (*rétinère*), t. de bot., genre de plantes qui diffère peu de celui des gouanes.

RÉTINASPHALTE, subst. mas. (*rétinacefalte*), substance bitumino-résineuse, très-inflammable, et cependant d'une odeur agréable.

RÉTINE, subst. fém. (*rétine*) (du latin *ratina*, fait de *rete*, rets, réseau, lacis), t. d'anat., sorte de *lacis*, formé dans le fond de l'œil par les filets du nerf optique, et sur lequel se peint l'image des objets.

RÉTINITE, subst. fém. (*rétinite*), minéral dont la silice est la base.

RÉTINOÏDE, subst. mas. (*rétino-ide*), t. de pharm., emplâtre, onguent résineux, avec excipient composé.

RÉTINOL, subst. mas. (*rétinole*), *rétine*. Hors d'usage.

RÉTINOLÉ, subst. mas. (*rétinolé*), t. de pharm., substance résineuse unie à d'autres médicaments. Peu usité.

RÉTINOPHYLLE, subst. mas. (*rétinofile*), t. de bot., espèce d'arbre d'Amérique dont le bois est blanc.

RÉTIPÈDE, subst. mas. (*rétipède*) (de *rete*, *retis*, filet, et *pes*, *pedis*, pied), t. d'hist. nat., genre d'oiseaux qui ont les tarses couverts d'écailles en réseaux.

RÉTIPORE, subst. fém. (*retipore*), t. de bot., sorte de plante pierreuse qui imite un réseau. Voy. RÉTÉPORE.

RETIRADE, subst. fém. (*retirade*), t. de fortification, retranchement fait derrière un ouvrage, et dans lequel les assiégés se retirent quand les assiégeants ont emporté l'ouvrage.

RETIRATION, subst. fém. (*retiràcion*), t. d'imprim., action d'imprimer le côté d'une feuille opposé à celui par lequel on avait commencé.— La forme même qui doit servir à cette opération : *une presse tirera en blanc et une autre prendra la retiration*.

RETIRÉ, E, part. pass. de *retirer* et adj. : *lieux retirés*, solitaires, peu fréquentés.—*Homme retiré*, *qui mène une vie retirée*, qui vit dans une grande retraite.—*Il est retiré*, il vit de ses rentes, hors du commerce des affaires.

RETIREMENT, subst. mas. (*retireman*), t. de chirurgie, contraction, raccourcissement : *retirement de nerfs*.

RETIRER, v. act. (*retiré*), *tirer* une seconde fois : *retirer une loterie qui a été mal tirée*. — Faire une seconde décharge d'armes à feu.—En t. d'imprim., imprimer une feuille en *retiration*, c'est-à-dire du côté opposé à celui qui a été imprimé en papier blanc. — *Tirer* à soi une chose qu'on avait poussée dehors : *retirer son haleine*, etc. — *Tirer* une chose d'un lieu où elle avait été mise. — *Tirer en arrière*, écarter, reculer, éloigner. On dit à peu près, dans ce sens : *il fit retirer* (sortir) *tous les spectateurs*.—Reprendre ce qui était en gage, en dépôt.—Rentrer en possession de ce qui était aliéné. — Percevoir, recueillir : *il retire tant de sa charge, de cette maison*.—Fig. : *retirer de la gloire, de la honte, du mépris*, etc.— *Retirer sa parole*, se dégager de la parole qu'on avait donnée. — Fig. et prov. : *retirer son épingle du jeu*, se dégager d'une affaire dangereuse.—*Retirer son compliment*, rétracter ce qu'on a dit ou fait. — *se* RETIRER, v. pron., sortir d'un lieu, s'en éloigner. — Embrasser le parti de la retraite. — Se reculer. — Rentrer chez soi.—En parlant des gens de guerre, faire retraite. — En parlant des choses, se raccourcir : *le parchemin se retire au feu ; les nerfs se retirent*.—Rentrer dans son lit, en parlant d'une rivière débordée.—*Se retirer du service, du désordre, du jeu*, etc., les quitter.—*Se retirer à... dans, sur*, etc., aller en quelque lieu, s'y établir, y fixer sa demeure : *il s'est retiré à la campagne, dans ses terres, en province*, etc. — *Se retirer dans, sur, sous*, etc., se réfugier : *les voleurs se retirent dans les bois*. — *Se retirer par-devant un juge*, etc., s'adresser à lui pour avoir justice.

RETIRONS, subst. mas. plur. (*retiron*), peignage des laines; ce qui reste dans le peigne après le premier peignage de la laine.

RETIROTE, subst. fém. (*retirote*), retraite forcée d'une armée; ironique. (*Boiste.*)

RETIRURE, subst. fém. (*retirure*), t. de fondeurs, creux qui se forme dans une pièce coulée.

RETITÈLE, subst. fém. (*rétitèle*), t. d'hist. nat., genre d'arachnides dont les espèces fabriquent des toiles à réseaux formés par des fils peu serrés et tendus en tous sens irrégulièrement.

RÉTIVE, adj. fém. Voy. RÉTIF.

RÉTOIR, subst. mas. (*rétoar*), t. de vétér., médicament qui agit sur la peau en la rongeant. — On l'appelle aussi *feu mort*.

RETOISÉ, E, part. pass. de *retoiser*.

RETOISER, v. act. (*retoèzé*), remesurer avec la toise. — *se* RETOISER, v. pron.

RETOLLI, E, part. pass. de *retollir*.

RETOLLIR, v. act. (*retolelir*) (du lat. *tollere*, enlever, et de la particule *re*, qui marque redoublement), reprendre ; enlever de nouveau. (*Boiste.*) Vieux et même entièrement hors d'usage.

RETOMBÉ, E, part. pass. de *retomber*.

RETOMBÉE, subst. fém. (*retonbé*), en archit., chaque assise de pierre qu'on établit sur le coussinet d'une voûte ou d'une arcade, et qui par sa pose peut subsister sans cintre.

RETOMBER, v. neut. (*retonbé*) (il prend *être* pour auxiliaire), *tomber* une seconde fois ou plusieurs fois : *il s'était relevé, il est retombé*.—Fig. : *il retombe toujours dans les mêmes fautes*. — Au fig., être attaqué de nouveau d'une maladie dont on croyait être guéri : *s'il retombe, il en mourra*. — *Tomber*, en parlant des choses qui avaient été élevées : *les vapeurs retombent souvent en pluie*. — Fig. : *la perte, le blâme*, etc., *retombera sur lui*, il en sera chargé, il en portera la peine.

RETONDEUR, subst. mas., RETONDEUSE, subst. fém. (*retondeur, deuze*), celui, celle qui *retond*.

RETONDEUSE, subst. fém. Voy. RETONDEUR.

RETONDRE, v. act. (*retondre*), *tondre* de nouveau.— En t. d'archit. : retrancher des choses, des ornements inutiles, ou de mauvais goût. —*se* RETONDRE, v. pron.

RETONDU, E, part. pass. de *retondre*.

RETORDAGE, subst. mas. (*retordaje*), dans certaines manufactures, action de *retordre*.

RETORDEMENT, subst. mas. (*retordeman*), action de *retordre* la soie.

RETORDEUR, subst. mas., RETORDEUSE, subst. fém. (*retordeur, deuze*), qui *retord* des fils avec des moulins à bras.

RETORDEUSE, subst. fém. Voy. RETORDEUR.

RETORDOIR, subst. mas. (*retordoar*), moulin à *retordre*.

RETORDRE, v. act. (*retordre*), *tordre* de nouveau.—*Tordre* des fils ou des ficelles ensemble. —Prov. : *donner du fil à retordre à quelqu'un*, lui causer de la peine, lui susciter de l'embarras. —*se* RETORDRE, v. pron.

RETORDU, E, part. pass. de *retordre*.

RÉTORQUÉ, E, part. pass. de *rétorquer*.

RÉTORQUER, v. act. (*rétorkié*) (en lat. *retorquere*), tourner contre son adversaire les arguments, les preuves dont il s'est servi.—*se* RÉTORQUER, v. pron.

RETORS, E, part. pass. de *retordre*, et adj., (*retor, torce*) (du lat. *retortus*, part. pass. de *retorquere*), qui a été *tordu* : *fils retors*.—Au fig., rusé et artificieux : *c'est un homme retors*. — Subst. : *c'est un retors*. On ne le dit guère au fém.

RÉTORSIF, adj. mas., au fém. RÉTORSIVE (*rétorcif, cive*), fait en *rétorquant*. (*Boiste.*) Inusité.

RÉTORSION, subst. fém. (*rétorcion*), t. de dialectique, action de *rétorquer* contre son adversaire les raisons, les preuves dont il s'est servi.

RÉTORSIVE, adj. fém. Voy. RÉTORSIF.

RETORSOIR, subst. mas. (*retorçoar*), t. de cord., instrument dont les cordiers se servent pour faire de la ficelle.

RETORTE, subst. fém. (*retorte*), vaisseau de chim., qui a un bec recourbé pour se joindre au récipient.

RETORTUM, subst. mas. (*rétortome*), t. de bot., espèce d'acacia à tire-bouchon ; arbrisseau à gousse en spirale.

RETOUCHE, subst. fém. (*retouche*), endroits *retouchés* ou qu'on *retouche* d'un tableau, d'une gravure.—Soin que se donne un peintre, en travaillant à ses ouvrages, ou en corrigeant ceux de ses élèves.

RETOUCHÉ, E, part. pass. de *retoucher*, et adj.; en peinture : *tableau retouché*, raccommodé. — En gravure : *épreuve retouchée*, épreuve d'une planche non terminée, et qu'au moyen du crayon ou du lavis, on a conduite à l'effet que doit produire la planche finie.—*Planche retouchée*, planche usée dont on a réveillé les travaux.

RETOUCHER, v. neut. et act. (*retouché*), *toucher* de nouveau : *ne retouchez pas à cela*. —Revoir, corriger, perfectionner : *retoucher un ouvrage, un tableau*, ou bien *à un tableau, à un ouvrage*.—*se* RETOUCHER, v. pron.

RETOUPÉ, E, part. pass. de *retouper*.

RETOUPER, v. act. (*retoupé*), t. de potier de terre, refaire un ouvrage qui a été manqué. — *se* RETOUPER, v. pron.

RETOUR, subst. mas. (*retour*), action de *retourner*, de revenir : *être de retour* ; et fig. : *le retour du printemps, d'un accès de fièvre*.—Arrivée au lieu d'où l'on est parti : *au retour de la campagne, de la chasse*.—Changement, vicissitude : *la fortune a ses retours; sans espérance de retour, sans retour*.—En t. de comm. et de banque, marchandises qu'on reçoit de l'étranger, en *retour* de celles qu'on y avait envoyées. — Renvoi de fonds que fait un correspondant à qui l'on a envoyé des remises à recevoir.—Traite que fait le porteur d'une lettre protestée, sur le tireur ou sur quelqu'un des endosseurs. On appelle *compte de retour*, l'état des frais qu'il occasionne.—Reconnaissance effective d'un bienfait; espèce d'équivalent de ce qu'on a reçu : *l'amitié demande du retour*.—Ce qu'on ajoute à la chose qu'on troque pour rendre le troc égal : *quel retour me donnerez-vous* ou *que me donnerez-vous de retour ?* — *Retour de chasse*, repas qu'on fait après la chasse, avant l'heure ordinaire du souper.—En t. de mar., *retour de marée*, jusant ou flot qui doit revenir, et que l'on attend.—*Retour de courant*, changement du cours de l'eau qui est détournée par une pointe ou par le confluent d'une autre rivière.—*Retour d'une manœuvre*, courant qui passe dans une poulie à portée de la main, afin qu'on puisse travailler dessus avec aisance. — En jurispr., *retour de partage*, ce qu'on ajoute au lot d'un des cohéritiers, pour suppléer à ce qui lui appartient de droit.—*Retour conventionnel*, reversion sur le donateur lui-même en cas de prédécès du donataire.—*Douaire sans retour*, préfix et stipulé comme appartenant à la femme, en toute propriété.—En t. d'archit., angle en saillie dans une construction : *aile en retour*.—*Retour d'équerre, retour* à angle droit.—*Être sur le retour*, commencer à vieillir, à décliner, à perdre de sa vigueur, de son éclat.—*Le retour d'une âme à Dieu*, sa conversion.—*Faire un retour vers Dieu*, se convertir.—*Faire un retour sur soi-même*, réfléchir sérieusement sur sa conduite. —Fig. : *avoir de fâcheux retours*, être bizarre, capricieux.—*Il n'y a point de retour avec lui*, il est vindicatif, on ne peut se réconcilier avec lui. —*De retour*, arriver d'un voyage. — *Être de retour*, revenu. — Au plur., *tours* contraires ou presque contraires, *tours* multipliés : *les tours et les retours d'une rivière, d'un labyrinthe*.

RETOURNE, subst. fém. (*retourne*), t. de jeu de cartes, la carte qu'on *retourne*.

RETOURNÉ, E, part. pass. de *retourner*.

RETOURNEMENT, subst. mas. (*retourneman*), t. d'astron. et de math., opération par laquelle on vérifie un quart de cercle ou un secteur, en observant une étoile près du zénith, le limbe *tourné* vers l'orient et vers l'occident alternativement.

RETOURNER, v. act. (*retourné*), *tourner* d'un autre sens : *retourner un habit*. — *Tourner* une carte de manière qu'on en voie les points ou la figure. — *Retourner la terre*, labourer tout de nouveau pour semer une plante. — *Retourner quelqu'un*, lui faire changer d'avis. — Fig. et fam. : *tourner et retourner un homme de tous sens*, prendre différents biais, lui tenir différents discours pour le faire parler, etc.— Neut., aller une autre fois au lieu où l'on est déjà allé. — Recommencer à faire les mêmes choses : *retourner au travail, au combat*, etc.—On dit au jeu : *qu'est-ce qui retourne ? il retourne cœur, pique*, etc., la carte qu'on a *retournée*, après avoir distribué aux joueurs toutes celles qu'ils doivent avoir, est de cœur, pique, etc.—Fig. : *retourner en arrière*, abandonner une entreprise.—*Retourner à Dieu*, se convertir.—*Retourner à son vomissement* (phrase consacrée), retomber dans son péché. — *se* RETOURNER, v. pron., regarder derrière soi. — Se *tourner* dans un autre sens : *se retourner dans son lit*. — Fig., prendre d'autres biais, d'autres mesures. — *S'en retourner*, s'en aller.

RETOURNURE, subst. fém. (*retournure*), t. de chand., seconde prolongée des mèches dans le suif.

RETRACÉ, E, part. pass. de *retracer*.

RETRACER, v. act. (*retracé*), *tracer* de nouveau, peu usité au propre. — Fig., décrire les choses passées, en renouveler la mémoire. — *se* RETRACER, v. pron.

RÉTRACTABLE, adj. des deux genres (*rétraktable*), que l'on peut *rétracter*.

RÉTRACTATION, subst. fém. (*rétraktâcion*) (en lat. *retractatio*), action de se *rétracter*.—Les *rétractations de saint Augustin*, livre où il a revu et corrigé plusieurs endroits de ses ouvrages.

RÉTRACTÉ, E, part. pass. de *rétracter*.

RÉTRACTER, v. act. (*rétrakté*) (en latin *retractare*, qui signifie proprement *retoucher, remanier*, de la particule itérative *re*, et de *tractare*, manier, toucher), déclarer qu'on n'a plus l'opinion qu'on avait avancée, y renoncer : *rétracter une erreur, une proposition*.—*se* RÉTRACTER, v. pron., se dédire de ce qu'on a dit ; et plus proprement, détruire ce qu'on avait avancé.

RÉTRACTILE, adj. des deux genres (*rétraktile*), qui s'allonge, se retire : *membrane rétractile*.

RÉTRACTILITÉ, subst. fém. (*rétraktilité*), faculté des membranes, des tentacules, des corps *rétractiles*.

RÉTRACTION, subst. fém. (*rétrakcion*) (en latin *retractio*), t. de médec., raccourcissement, contraction d'une partie.

RETRAINDRE, v. act. (*retreindre*), t. d'orfèvre ; battre un lingot d'argent sur l'enclume ; faire rentrer le métal sur lui-même.—*se* RETRAINDRE, v. pron.

RETRAINT, E, part. pass. de *retraindre*.

RETRAIRE, v. act. (*retrère*) (du lat. *retrahere*). Il se conjugue comme *traire*. T. de droit, retirer, par droit de parenté ou de seigneurie, un héritage qui a été vendu.—*se* RETRAIRE, v. pron.

RETRAIT, subst. mas. (*retrè*), action de *retirer* : le *retrait des ordonnances, d'un projet de loi*. — T. de droit, action par laquelle on *retire* un héritage aliéné : *retrait féodal*, droit qu'avait un seigneur, en vertu de son *fief*, de retirer un héritage vendu par son vassal. On distingue aussi le *retrait de lignage*, le *retrait ecclésiastique* etc.—Diminution de volume de la terre, du mortier, etc. : *la terre glaise a un douzième de retrait*. — On disait anciennement *retrait* pour *lieux, cabinet d'aisances*.

RETRAIT, E, part. pass. de *retraire*, et adj. se dit des blés qui mûrissent sans se remplir : *blé retrait, avoine retraite*.

RETRAITE, subst. fém. (*retrète*), action de se *retirer*.—Signe donné pour avertir de se *retirer* *la cloche a sonné, le tambour a battu la retraite* —Marche que font des troupes pour se *retirer* *faire une belle retraite; battre en retraite*. — État de celui qui s'est *retiré* du monde, des affaires ; *songer à la retraite, vivre dans une grande retraite*.—Lieu où l'on se retire : *douce*, *paisible, agréable retraite.* — Lieu de *retraite* : *donner retraite; il n'a point de retraite.*—Exercices spirituels pendant quelques jours : *être en retraite.* — En archit., diminution d'épaisseur d'un mur qui se fait d'étage en étage, soit par le parement extérieur, soit par le parement intérieur, sur les assises de pierres dures qui forment son empattement. — En t. de banque, de commerce, lettre de change qu'un banquier, etc., tire sur un autre banquier qui en avait précédemment tiré une sur lui, et au moyen de laquelle il se rembourse non seulement de ce qu'il a déboursé, mais encore de sa provision, du courtage, des ports de lettres, etc. — Pointe de clou restée dans l'ongle du cheval. — Longe de cuir restée à la bride du cheval de devant, et liée à un cordeau, dont le charretier se sert pour mener le cheval. — Au plur., en t. de marine, cordes qui servent à retrousser le hunier.—Pension, place tranquille, récompense que l'on accorde à quelqu'un qui se retire d'un emploi, d'un service.

RETRAITÉ, E, part. pass. de *retraiter*, adj. et subst. mas. : *un retraité; un officier retraité.*

RETRAITER, v. act. (*retrété*), accorder une pension ou une place de *retraite* à quelqu'un.—*se* RETRAITER, v. pron.—Ce mot manque dans l'*Académie.*

RETRANCHÉ, E, part. pass. de *retrancher.*

RETRANCHEMENT, subst. mas. (*retrancheman*), suppression, diminution de quelque chose. — Espace séparé d'un plus grand; réduit qu'on pratique dans une chambre, etc.—Travaux, ouvrages qu'on fait à la guerre pour se mettre à couvert des attaques des ennemis.—Fig.: *forcer quelqu'un dans ses derniers retranchements*, détruire ses dernières, ses plus fortes raisons.

RETRANCHER, v. act. (*retranché*) (de *trancher*, couper), séparer une partie du tout, ôter quelque chose d'un tout.—*Les médecins lui ont retranché* (interdit) *le vin.* — *Retrancher de la communion des fidèles*, excommunier. — Diminuer : *retrancher sa dépense, son train.* — T. de grammaire, suppression de certains mots. —Oter entièrement, supprimer : *retrancher les abus.* — Fortifier un camp, en faisant des lignes ou devant ou à l'entour. — *se* RETRANCHER, v. pron., se fortifier de quelque retranchement contre l'ennemi.—Diminuer sa dépense : *il vaut mieux se retrancher que s'endetter.*—*Se retrancher à...*, se restreindre à..., se réduire à...; *il s'est retranché à deux ou trois amis.*

RETRAVAILLÉ, E, part. pass. de *retravailler.*

RETRAVAILLER, v. act. (*retrava-ié*), *travailler* de nouveau; se remettre au *travail.* — Il s'emploie aussi neut.—*se* RETRAVAILLER, v. pron.

RETRAYANT, E, subst. et adj. (*retré-ian, iante*), t. de droit, celui, celle qui exerce l'action de *retrait.*

RÊTRE, subst. mas. Voy. REITRE, seul bon.

RÉTRÉCI, E, part. pass. de *rétrécir*, et adj. : *esprit rétréci*, borné.

RÉTRÉCIR, v. act. (*rétrécir*), rendre plus *étroit*, moins large : *rétrécir un chemin, un vêtement.*—Fig. : *la servitude rétrécit l'esprit*, etc. — T. de manége : *rétrécir un cheval*, le faire travailler sur un chemin plus étroit que d'habitude.—Neut., devenir plus étroit : *cette étoffe a rétréci.* — *se* RÉTRÉCIR, v. pron., devenir plus *étroit.*

RÉTRÉCISSEMENT, subst. mas. (*rétrécicemon*), action par laquelle une chose est *rétrécie. Le rétrécissement d'une pièce de drap.*—Fig. : *le rétrécissement de l'esprit, des idées.*

RÉTRÉCISSEUSE, subst. fém. (*rétréciceuze*), celle qui *rétrécit* quelque ouvrage. Presque inusité.

RÉTREINDRE, v. act. (*rétreindre*). Il se conjugue comme *étreindre.* T. de chaudronnier, élever une pièce de cuivre amboutée, et la modeler en quelque sorte au marteau. — *se* RÉTREINDRE, v. pron.

RÉTREINT, E, part. pass. de *rétreindre.*

RÉTREINTE, subst. fém. (*rétreinte*), t. de fondeur et d'orfèvre, action de *rétreindre*, d'élever ou de resserrer.

RETREMPE, subst. fém. (*retranpe*), la *retrempe d'un ministère.*

RETREMPÉ, E, part. pass. de *retremper.*

RETREMPER, v. act. (*retranpé*), *tremper* de nouveau. — Fig. : *retremper le ministère*, etc., en ranimer l'activité et l'énergie. — *se* RETREMPER, v. pron.

RETRESSÉ, E, part. pass. de *retresser.*

RETRESSER, v. act. (*retrécé*), *tresser* de nouveau.— *se* RETRESSER, v. pron.

RÉTRIBUÉ, E, part. pass. de *rétribuer*, adj. et subst., qui reçoit des *rétributions.*

RÉTRIBUER, v. act. (*rétribué*), donner un salaire, une récompense, pour un service rendu, pour un ouvrage fait. (Comment concevoir que *Boiste*, qui donne *rétribué*, adj., et *rétribution*, ait omis *rétribuer?* Il est vrai qu'il n'est pas le seul : *Laveaux* et *Gattel*, qui ont mis *rétribution*, ne font pas non plus mention de *rétribuer*. Quant à *Raymond*, nous ne sommes nullement étonnés de ne pas trouver ce mot chez lui; il a copié, et ordinairement fort mal copié, tous ses devanciers; il n'a pas su faire autre chose. Peut-être ignore-t-il même que *Furetière*, le vieux *Furetière*, qui a fort bien inséré *rétribuer*, existait avant lui! Voyez RÉTRIBUTION.) — *se* RÉTRIBUER, v. pron.

RÉTRIBUTION, subst. fém. (*rétribucion*) (du latin *retributio*), salaire, récompense. En ce sens il n'est guère usité qu'en vers. — Honoraire des ecclésiastiques pour leur droit de présence aux offices, etc.

RETRIÉ, subst. mas. (*retri-é*), *gros retrié*, t. de papetier, 5ᵉ lot du triage du papier.

RÉTRILLÉ, E, part. pass. de *rétriller.*

RÉTRILLER, v. act. (*rétri-ié*), *étriller* de nouveau. — *se* RÉTRILLER, v. pron.

RÉTROACTIF, adj. mas., au fém. RÉTROACTIVE (*rétro-aktif, tive*), qui agit sur le passé. Il ne se dit guère qu'avec le mot *effet* : *effet rétroactif*, qui *rétroagit.*

RÉTROACTION, subst. fém. (*rétro-akcion*), effet de ce qui est *rétroactif.*

RÉTROACTIVE, adj. fém. Voy. RÉTROACTIF.

RÉTROACTIVITÉ, subst. fém. (*rétro-aktivité*), qualité de ce qui est *rétroactif.*—Voilà, certes, un mot des plus modernes, un mot excellent que nous ne lisons que dans l'*Académie*; cela nous fait concevoir de bonnes espérances pour l'avenir trop éloigné peut-être de son *Dictionnaire*; et nous ne nous ressouvenons qu'avec peine, après avoir lu chez elle *rétroactivité*, de n'y avoir pas rencontré le mot *activer*, mot français, né du progrès, nous en convenons; mais qui est fort usité maintenant.

RÉTROAGIR, v. neut. (*rétro-ajir*) (du latin *retroagere*, formé de *retrò*, en arrière, et *agere*, agir), avoir un effet *rétroactif.*

RÉTROCÉDÉ, E, part. pass. de *rétrocéder.*

RÉTROCÉDER, v. act. (*rétrocédé*) (en latin *retrocedere*), t. de pratique, rendre, remettre à quelqu'un le droit, etc., qu'il avait cédé auparavant.—En t. de commerce, *céder* une lettre de change ou un billet à ordre à un négociant qui l'avait lui-même déjà *cédé* à la même personne. — *se* RÉTROCÉDER, v. pron.

RÉTROCESSION, subst. fém. (*rétrocècecion*), t. de pratique, acte par lequel on *rétrocède.*

RÉTROCESSIONNAIRE, subst. des deux genres (*rétrocècecionère*), t. de droit, celui ou celle à qui on fait une *rétrocession.*

RÉTROFLÉCHI, E, adj. (*rétrofléchi*) (du latin *retrò*, en arrière, et *flexus*, courbé), *réfléchi* en arrière; mieux, *rétroflexe.* (*Boiste.*)

RÉTROFRACTÉ, E, adj. Voy. RÉFRACTÉ.

RÉTROGRADATION, subst. fém. (*rétrogueradâcion*) (en latin *retrogradatio*), action de *rétrograder.* — En astronomie, mouvement apparent des planètes, par lequel elles semblent aller contre l'ordre des signes.

RÉTROGRADE, adj. des deux genres (*rétroguerade*) (du latin *retrogradus*), qui va en arrière : *le mouvement des écrevisses est rétrograde.* —Que l'on compte à rebours : *ordre rétrograde*, comme 4, 3, 2, 1. — En astron. : *mouvement rétrograde*, mouvement par lequel les planètes paraissent aller contre l'ordre des signes célestes. — *Vers rétrogradé*, dans lequel on trouve les mêmes mots en le lisant à rebours, comme :

Roma tibi subitò motibus ibit amor.

RÉTROGRADÉ, E, part. pass. de *rétrograder.*

RÉTROGRADER, v. neut. (*rétrogueradé*) (du latin *retrò*, en arrière, et *gradi*, marcher), t. d'astronomie, retourner en arrière : *Mercure commence à rétrograder.* On le dit au fig. des personnes : *au lieu d'avancer, il rétrograde.*

RÉTROGRADISTE, subst. des deux genres (*rétrogueradicete*), partisan d'un système de *rétrogradation*, de retour à l'ancien régime. Hors d'usage, ce mot n'ayant pas fait fortune.

RÉTROGRESSIF, adj. mas., au fém. RÉTROGRESSIVE (*rétroguerècecif, cive*), *rétrograde.* (Boiste.)

RÉTROGRESSION, subst. fém. (*rétroguerèce-cion*), action de *rétrograder.* Peu en usage; mais utile.

RÉTROGRESSIVE, adj. fém. Voy. RÉTROGRESSIF.

RÉTRO-PÉRITONÉAL, E, adj. (*rétropéritonéale*), t. de médec.; se dit de certaines tumeurs qui se développent dans le tissu cellulaire situé derrière le *péritoine.*

RÉTROPULSION, subst. fém. (*rétropulecion*), rétroversion. Voy. ce mot.

RÉTROUANGE, subst. fém. (*retrou-anje*), ballade à rimes. (*Boiste.*) Vieux.

RÉTROSTATION, subst. fém. (*rétrocetâcion*) (du latin *retrò*, en arrière, et *stare*, se tenir), t. de chir. dent., croissance des dents en dedans.

RETROUSSE, subst. fém. (*retrouce*), seconde serre qu'on donne au pressoir, pour faire sortir des raisins entassés le vin qu'ils contiennent.

RETROUSSÉ, E, part. pass. de *retrousser*, et adj. — Replié, relevé. — *Avoir le bras retroussé jusqu'au coude*, nu jusqu'au coude. — *Nez retroussé*, nez dont le bout est un peu relevé. — *Flancs retroussés*, flancs creux, en parlant d'un cheval.

RETROUSSÉE, subst. fém. (*retroucé*), t. de bot., famille de plantes qui se rapprochent des agarics.

RETROUSSEMENT, subst. mas. (*retrouceman*), action de *retrousser.*

RETROUSSER, v. act. (*retroucé*), *trousser* de nouveau; replier, relever en haut ce qu'on avait *détroussé* : *retrousser sa robe; retroussez-vous.* —On dit aussi : *retrousser ses cheveux.*— *se* RETROUSSER, v. pron.

***RETROUSSIS**, subst. mas. (*retrouci*), partie du bord d'un chapeau, d'un habit, des feuilles, etc., qui est *retroussée.*—T. de bottier, revers de bottes qui se rabattent : *des bottes à retroussis.*

RETROUVÉ, E, part. pass. de *retrouver.*

RETROUVER, v. act. (*retrouvé*), *trouver* une seconde fois.—*Trouver* ce qu'on avait perdu. — Aller chez quelqu'un : *j'irai vous retrouver.*— *se* RETROUVER, v. pron., revenir dans un endroit.— Se reconnaître soi-même.

RÉTROVERSION, subst. fém. (*rétrovèrecion*), t. de médec., rétraction : *rétroversion de la matrice.*

RETRUDÉ, E, part. pass. de *retruder.*

RETRUDER, v. act. (*retrudé*) (du lat. *retrudere*, repousser), remettre en prison.—*se* RETRUDER, v. pron. (*Boiste.*) Inusité.

RETS, subst. mas. (*ré*) (du lat. *rete, retis*), filet pour prendre des oiseaux, des poissons, etc. —Fig.: *prendre quelqu'un dans les rets*, le faire tomber dans les piéges qu'on lui avait tendus. —*Rets* ou *ret*, deux longs morceaux de bois qui servent à diriger la charrue.— *Rets des Philippines*, t. d'hist. nat., sorte d'éponge.

RÉTUDIÉ, E, part. pass. de *rétudier.*

RÉTUDIER, v. act. (*rétudié*), *étudier* de nouveau.—*se* RÉTUDIER, v. pron.

RETUÉ, E, part. pass. de *retuer.*

RETUER, v. act. (*retué*), *tuer* de nouveau, continuer de *tuer.*—*se* RETUER, v. pron.

RÉTUS, E, adj. (*rétu, tuze*), t. de bot., très-obtus, avec sinus ou dépression plus ou moins sensible.

RÉTUVÉ, E, part. pass. de *rétuver.*

RÉTUVER, v. act. (*rétuvé*), *étuver* de nouveau. —*se* RÉTUVER, v. pron.

RETZIE, subst. fém. (*rétezi*), t. de bot., espèce de plante frutescente qui croît au cap de Bonne-Espérance.

RETZ-MARIN, subst. mas. (*rèmarein*), t. d'hist. nat., coquillage.

REUMAMÈTRE, subst. mas. (*reumamètre*) (du grec ῥεῦμα, courant, et μέτρον, mesure), instrument qui sert à mesurer la rapidité d'un courant.

REUMAMÉTRIQUE, adj. des deux genres (*reumamétrike*), qui concerne le *reumamètre.*

REUN, ou **RUM**, subst. mas. (*reun*), t. de mar., espace pratiqué dans la cale d'un bâtiment.

RÉUNI, E, part. pass. de *réunir.*

RÉUNION, subst. fém. (*ré-union*), action de *réunir* et l'effet de cette action : *la réunion des parties.*—Action de rassembler ce qui est épars : *la réunion des rayons du soleil.*—Assemblée de personnes : *nous formons entre nous des réunions fort agréables.*—Fig., réconciliation : *réunion des cœurs, des esprits.* — Action de *réunir* des choses démembrées : *la réunion de la Bourgogne à la Normandie.*

RÉUNIR, v. act. (*ré-unir*) (de la particule itérative *re*, et *unire*, unir), rassembler, *unir*, joindre ce qui était épars, désuni, séparé.—Fig. : *réunir les esprits, les partis*, les ramener à un même sentiment, etc.—*se* RÉUNIR, v. pron., se rassembler, se rejoindre.—Fig., se réconcilier, embrasser la même opinion, le même parti.

RÉUSSI, part. pass. de *réussir*.

RÉUSSIR, v. neut. (*ré-ucir*) (de la particule intensive *re*, et de *succedere*, avoir une issue, un succès; *avoir tout le succès attendu*), avoir un heureux succès; il se dit des personnes et des choses.—Venir bien, en parlant d'un arbre, etc.

RÉUSSITE, subst. fém. (*ré-ucite*), bon succès, en parlant des choses seulement: *la réussite d'une affaire*. Voy. RÉUSSIR.—Quelquefois simplement, *succès : il faut en attendre la réussite*. — RÉUSSITE, SUCCÈS, ISSUE. (*Syn.*) La *réussite* est le *succès* final et une *issue* prospère. Il y a divers *succès*, divers évènements *successifs* jusqu'à la *réussite*, qui est le dernier évènement et le *succès* décisif. Il y a de bonnes et de mauvaises *issues*, comme de bons et de mauvais *succès*; mais la *réussite* est heureuse, c'est un *succès* réel, le vrai *succès*. — *Issue* ne désigne en aucune manière la nature du dénouement; *réussite* la désigne par lui-même, et tant qu'une modification forcée et contraire à l'esprit de la chose n'en altère pas l'idée propre. *Succès*, dans un sens absolu, désigne aussi quelquefois bonne *issue*, mais précairement et non par sa propre vertu, comme le fait la *réussite*.—*L'issue* est la fin propre de la chose : l'entreprise a une *issue*, mais la personne n'en a pas. Le *succès* est ou le moyen, ou la fin des personnes et de leurs actions. Les personnes, leurs efforts, leurs entreprises ont également du *succès*, des *succès*, un bon ou un mauvais *succès*. La *réussite* est la fin des choses et le but des personnes. L'objet de la personne est la *réussite* de l'affaire.—*L'issue* est le terme relatif et opposé à l'entrée ou au commencement. Le *succès* roule sur les oppositions et les résistances à vaincre jusqu'à la fin, et un *succès* est contraire à un autre. La *réussite* est un résultat de travail, elle est naturellement opposée à la disgrace d'échouer. Il ne faut pas s'engager dans une affaire sans en prévoir l'*issue*; il n'y a proprement point de *succès* là où il n'y a point d'obstacle à surmonter; on travaille de toutes ses forces pour la *réussite* et à la *réussite*. L'homme borné ne voit d'*issue* à rien, il craint la fin, il n'entreprend point; le pusillanime voit toujours devant lui des montagnes ou des abîmes, il désespère du *succès*, il recule; le présomptueux ne veut pas voir à ses pieds, il ne doutait pas de la *réussite*, il a échoué. —*Réussite* est un terme simple et modeste : il se dit à l'égard des affaires, des entreprises, des évènements et des *succès* communs, ordinaires. *Succès* s'applique à toutes sortes d'objets et de choses. *Issue*, au figuré, sied bien dans le style noble; mais il ne désigne que le *succès* bon ou mauvais, et il s'emploie à l'égard des affaires difficiles, compliquées, embarrassées, périlleuses, dont il est au moins très-malaisé de sortir, de se tirer. La vie est mille fois plus douce et plus heureuse par des *réussites* ordinaires, que par des *succès* brillants. Si vous prenez la vogue pour le *succès*, les plus grands *succès* sont réservés aujourd'hui pour les plus petites choses. A force de chercher des *succès*, on se jette dans de grands embarras, trop heureux à la fin de trouver quelque *issue* pour en sortir.—La prudence domestique ne cherche que la *réussite*, et s'y tient; les armes procurent des *succès* glorieux, et l'on s'en enivre; dans un labyrinthe d'affaires on ne trouve point d'*issue*, et on s'y perd.

REVALIDATION, subst. fém. (*revalidâcion*), *validation* nouvelle, action de rendre à un acte la *validité*; ses effets.

REVALIDÉ, E, part. pass. de *revalider*.

REVALIDER, v. act. (*revalidé*), rendre la *validité*.—*se* REVALIDER, v. pron.

REVALOIR, v. act. (*revaloar*) (rac. *valoir*). Il se conjugue comme *valoir*. Rendre la pareille, soit en bien, soit en mal, mais plus communément en mal : *je le lui revaudrai, je le lui ai revalu*.—*se* REVALOIR, v. pron.

REVALU, partic. pass. de *revaloir*.

REVANCHE, subst. fém. (*revanche*), action par laquelle on se *revanche* du mal qu'on a reçu. — Fam., il se dit en bonne part : *vous m'avez rendu ce bon office, je tâcherai d'en avoir ma revanche*.—Au jeu, seconde partie que joue le perdant pour se racquitter de ce qu'il a perdu.—*En revanche*, loc. adv., en récompense; pour rendre la pareille...

REVANCHÉ, E, part. pass. de *revancher*.

REVANCHER, v. act. (*revanché*) (de la particule itérative *re*, et de *vindicare*, venger), défendre quelqu'un qui est attaqué. — *se* REVANCHER, v. pron., se défendre lorsqu'on est attaqué. — Rendre la pareille, soit en bien, soit en mal. Dans ce dernier sens il est presque inusité.

REVANCHEUR, subst. mas. (*revancheur*), qui *revanche* : *il a trouvé en vous un bon revancheur*. (*Boiste*.) Inusité. Peut-être devrait-il être en usage, et même le fém. *revancheuse*.

REVARI, subst. mas. Voy. VARI.

RÊVASSÉ, part. pass. de *rêvasser*.

RÊVASSER, v. neut. (*rêvacé*) (rac. *rêve*), avoir des *rêveries* fréquentes et diverses pendant un sommeil interrompu. Fam.—Parler vaguement de certaines choses.

RÊVASSERIE, subst. fém. (*rêvaceri*), *rêve sans* suite, pendant un sommeil agité.—Fig., chimères qui passent par la tête.

RÊVASSEUR, subst. mas., **RÊVASSEUSE**, subst. fém. (*rêvaceur, ceuze*), celui celle qui *rêvasse*. —*L'Académie* refuse un fém. à ce mot.

RÊVASSEUSE, subst. fém. Voy. RÊVASSEUR.

RÊVE, subst. mas. (*rève*) (du grec ῥεμβη), songe qu'on fait en dormant. Dans un sens plus étendu, idée creuse, imagination folle à laquelle on se laisse aller dans l'état de veille, chimère, etc. — *Faire un beau rêve*, jouir d'un bonheur chimérique. — RÊVE, RÊVERIE. (*Syn.*) La *rêverie* est un genre de *rêve*; et ce genre est celui des *rêves* qui obsèdent l'esprit, et qui n'en sont que plus dépourvus de raison. Les *rêves* extravagants et continuels du délire sont des *rêveries*. — Le *rêve* est d'un homme *rêvant*; la *rêverie* est d'un *rêveur*.—La *rêverie* est le résultat ou la suite du *rêve*. Le *rêve* est l'imagination qu'on a; la *rêverie* est le *rêve* dont on se repaît.—Le *rêve* vous fait voir un objet comme présent; la *rêverie* vous ferait croire qu'il est réel. — Un bon esprit fait quelquefois des *rêves* comme un autre; mais, au rebours d'un esprit faible, il ne les prend que pour des *rêveries*. On est distrait par des *rêves*; à force de *rêveries*, on devient fou.—Il faut bien des *rêves* avant de découvrir une vérité; combien de *rêveries* on vous débite avant de dire une chose sensée! — RÊVE, SONGE. (*Syn.*) Les *rêves* plus vagues, plus étranges, plus incohérents, plus désordonnés, n'ont aucune apparence de raison, et ne laissent guère de trace, parce qu'ils n'ont guère de suite; les *songes*, plus frappés, plus sentis, plus liés, plus séduisants, semblent avoir une apparence de raison et laissent dans le cerveau des traces plus profondes. Avec le sommeil, le *rêve* passe; le *songe* reste après le sommeil. Vous direz un mot de vos *rêves*, trop décousus et trop extravagants pour être retenus; vous raconterez vos *songes*, assez présents et assez remarquables pour être rapportés. Il semble que le *songe* soit plutôt d'un esprit préoccupé, et le *rêve* d'une imagination exaltée. Le *songe* est donc plus spécieux, plus imposant que le *rêve*. Aussi le *songe* formera-t-il le nœud d'une tragédie, et le *rêve* fournit à peine à la comédie un incident : il est bizarre et extravagant.—Dans un sens figuré, nous disons, d'une chose ridicule et invraisemblable, que c'est un *rêve*, une fable, une chimère; nous disons, d'une chose fugitive, vaine, illusoire, d'une chose qui n'a ni solidité, ni durée, quoique réelle, que c'est un *songe*. Souvent nos projets sont des *rêves*, et la vie est un *songe*.

RÊVÉ, E, part. pass. de *rêver*.

REVÊCHE, adj. des deux genres (*revèche*) (du grec ῥηχώδης, âpre, raboteux), rude, âpre au goût : *poire, vin revêche*. — Au fig., rude, peu traitable, *esprit revêche*.

REVÊCHE, subst. fém. (*revèche*), étoffe de laine frisée, qui se fabriquait autrefois.

REVÉCU, part. pass. de *revivre*.

RÉVEIL, subst. mas. (*révè-ie*), cessation de sommeil, moment où l'on cesse de dormir, où on commence à *veiller*. Voy. RÉVEILLE-MATIN.

RÉVEILLÉ, E, part. pass. de *réveiller*.

RÉVEILLÉE, subst. fém. (*révè-ié*), t. de manuf. de glaces, travail d'un jour, au fourneau, sans interruption.

RÉVEILLE-MATIN, subst. mas. (*rèvè-iematein*), sorte d'horloge faite pour *réveiller* à une certaine heure. On dit aussi dans ce sens *réveil*. — Fig. et fam. : *fâcheux, agréable réveille-matin*, bonne ou mauvaise nouvelle qu'on apprend en s'éveillant. — Au plur., des *réveille-matin*.

RÉVEILLER, v. act. (*révè-ié*), tirer du sommeil. Voy. ÉVEILLER. — Tirer d'un assoupissement, d'une léthargie. — Fig., renouveler, ranimer, exciter de nouveau. — Prov. : *il ne faut pas réveiller le chat qui dort*, il ne faut pas renouveler une méchante affaire, une querelle assoupie.—*se* RÉVEILLER, v. pron., cesser de dormir. — Fig., se ranimer.

RÉVEILLEUR, subst. mas., **RÉVEILLEUSE**, subst. fém. (*révè-ieur, ieuze*), celui, celle qui prend soin de *réveiller* les autres.

RÉVEILLEUSE, subst. fém. Voy. RÉVEILLEUR.

RÉVEILLON, subst. mas. (*révè-ion*), repas qu'on fait au milieu de la nuit, après avoir veillé. — En peinture, moyen qu'on emploie pour appeler le regard et le ramener dans l'endroit du tableau où l'intérêt de l'artiste demande qu'il se fixe davantage : *réveillon de lumières, de couleurs, de touche*.

REVEL, subst. propre mas. (*revèle*), ville de France, chef-lieu de canton, arrond. de Villefranche-de-Lauraguais, dép. de la Haute-Garonne.

RÉVÉLATEUR, subst. et adj. mas., **RÉVÉLATRICE**, subst. fém. (*révélateur, trice*), qui *révèle*; qui fait une *révélation*.

RÉVÉLATION, subst. fém. (*révélâcion*), action de *révéler* : *révélation d'un secret*; *venir à révélation*.—Inspiration par laquelle Dieu fait connaître ses mystères, sa volonté, etc. — Chose *révélée* : *les révélations de saint Jean*.

RÉVÉLATRICE, subst. fém. Voy. RÉVÉLATEUR.

RÉVÉLÉ, E, part. pass. de *révéler* et adj., découvert par *révélation* : *la religion révélée*.

RÉVÈLEMENT, subst. mas. (*révèleman*), action de *révéler*. (Boiste.) Inusité; ce serait au moins *révellement* qu'il faudrait écrire. Voy. RÉVÉLATION.

RÉVÉLER, v. act. (*révélé*) (du latin *revelare*, dévoiler, découvrir), découvrir, déclarer ce qui était inconnu et secret : *Dieu a révélé ses vérités à son Église; révéler le secret de l'état, le secret de son ami*, et, en parlant des personnes : *révéler ses complices, l'auteur d'une conjuration*.—*se* RÉVÉLER, v. pron.

REVENANT, subst. mas. (*revenan*), esprit que le peuple croit revenir de l'autre monde. On ne dit guère au fém. : *une revenante*.

REVENANT, E, adj. (*revenan, nante*), qui plaît, qui revient : *air revenant; physionomie revenante*. On dit plus souvent *avenant, e*.

REVENANT-BON, subst. mas. (*revenanbon*), les deniers qui restent entre les mains d'un comptable : *de dix mille livres, j'en ai employé six, c'est quatre de revenant-bon*. — Profit, émolument : *le revenant-bon de cette affaire est considérable*. — Fig. et par extension, toute sorte de profits et d'avantages qui viennent par une espèce de hasard. — Au plur., des *revenants-bons*. Peu usité au plur.

REVENDAGE, subst. mas. (*revandaje*), meubles à vendre au profit d'un créancier.

REVENDEUR, subst. mas., **REVENDEUSE**, subst. fém. (*revandeur, deuze*), celui, celle qui *revend* des marchandises.—*Revendeuse à la toilette*, celle qui porte dans les maisons des hardes, des bijoux qu'elle est chargée de vendre.

REVENDEUSE, subst. fém. Voy. REVENDEUR.

REVENDICATION, subst. fém. (*revandikâcion*), t. de pratique, action de *revendiquer*, de redemander et de réclamer ce qui nous appartient.

REVENDIQUÉ, E, part. pass. de *revendiquer*.

REVENDIQUER, v. act. (*revandikié*) (en latin *revindicare*), réclamer et redemander une chose qui nous a été prise, ou qui a été égarée, ou qui nous appartient. Voy. RÉCLAMER. — *se* REVENDIQUER, v. pron.

REVENDRE, v. act. (*revandre*), *vendre* de nouveau. — Vendre ce qu'on avait acheté. — Fig. et fam. : *avoir d'une chose à revendre*, en avoir en abondance. — *Il vous en revendrait*, il est plus fin que vous. — *se* REVENDRE, v. pron.

REVENDU, E, part. pass. de *revendre*.

REVENIR, v. neut. (*revenir*). Il se conjugue comme *venir*. *Venir* de nouveau, une autre fois : *il est revenu vous chercher*. — Il se dit par extension du soleil, de la fièvre, des bois qui ont été coupés, des ongles, des cheveux, du temps, de la beauté, etc. — Retourner au lieu d'où l'on était parti. Il diffère de *retourner* en ce que *revenir* se dit du lieu où est celui qui parle, et *retourner*, du lieu où il n'est pas : *je reviendrai ici, je retournerai là*.—En parlant des aliments, causer des rapports, des vapeurs qui en portent le goût, l'odeur. — Recommencer à dire, à faire : *revenir sur une matière; j'en reviens toujours là*. — Se rétablir : *revenir en santé, en son bon sens*. — *Revenir à soi*, ou simplement *revenir*, reprendre ses esprits après un évanouissement. — Abandonner une opinion pour se ranger à l'avis d'un autre : *je reviens à l'avis de*,

On dit, dans un sens approchant, *revenir de ses erreurs, des égarements de sa jeunesse*, etc. — En parlant des choses, procurer du profit : *il ne m'en revient rien.* — Coûter : *cette étoffe me revient à tant l'aune.* — Plaire : *son humeur me revient.* — Être rapporté : *il me revient* (j'apprends, on m'informe) *de toute part que...; cela me revient de tout côté.* — *Revenir à la charge*, en parlant de gens de guerre, revenir au combat après avoir été repoussé.—Fig., réitérer ses raisons, ses instances, ses reproches. —*Revenir à son sujet*, et prov., *à ses moutons*, reprendre son sujet après une digression. Voy. MOUTON.—*Ce nom ne me revient pas*, je ne m'en ressouviens pas à présent; *il me reviendra*, je me le rappellerai.—Fig. et fam. : *revenir sur l'eau*, se trouver dans son premier état de fortune, de crédit, etc. — *Ne pas revenir de...*, être surpris, étonné : *je n'en reviens pas.* - *Revenir à soi*, prendre de meilleurs sentiments. *Faire revenir de la viande*, lui faire légèrement subir l'activité du feu.— Au palais, *revenir sur quelqu'un*, exercer contre lui une action en garantie.—*Revenir contre...*, se pourvoir contre une sentence, etc.—*s'en* REVENIR, v. pron.

REVENOIR, subst. mas. (*revenoar*), outil pour donner différents recuits, ou faire prendre la couleur bleue à l'acier. Peu connu.

REVENTE, subst. fém. (*revante*), seconde vente : *chose de revente.*

REVENTÉ, E, part. pass. de *reventer.*

REVENTER, v. act. (*revanté*), t. de mar., remettre le *vent* dans les voiles qui étaient en ralingue.—*se* REVENTER, v. pron.

REVENTIER, subst. mas. (*revantié*), commis qui vend le sel à petite mesure.

REVENTONS, subst. mas. plur. (*revanton*), t. de cout., droit pour l'achat d'un héritage à cens.

REVENU, subst. mas. (*revenu*), rente, profit annuel, qui *revient* de quelque chose. Voyez RENTE. — *Revenus casuels*, profits qui ne sont pas compris dans les *revenus* ordinaires.—*Revenus de l'état*, ce que l'état retire des impositions et contributions. — En vênerie, bois qui renaît à la tête du cerf, du daim et du chevreuil.

REVENU, E, part. pass. de *revenir*, et adj., *retourné*, etc.—*Cerf revenu de tête*, dont la tête nouvelle (le bois) est toute *revenue.*

REVENUE, subst. fém. (*revenu*), se dit du jeune bois qui *revient* sur une coupe de taillis.

RÊVER, v. neut. et act. (*rêvé*) (du grec ῥεμβεῖν, avoir l'esprit égaré), faire quelque *rêve* en dormant ; *il est sujet à rêver toutes les nuits; rêver des combats, des naufrages*, etc.; *j'ai rêvé cette nuit telle chose.*—Fig. : *vous avez rêvé cela*, ce que vous dites n'est pas croyable.— Être dans le délire de la fièvre. — Dire des choses extravagantes, déraisonnables. — Être distrait, laisser errer son imagination sur des idées vaines et vagues. — Penser, méditer profondément sur quelque chose : *j'ai rêvé long-temps sur cette affaire, à cette affaire.*

RÉVERBÉRANT, E, adj. (*réverbéran, rante*), qui *réverbère.*

RÉVERBÉRATION, subst. fém. (*réverbéracion*), réfléchissement, réflexion, répercussion de la lumière ou de la chaleur.

RÉVERBÈRE, subst. mas. (*réverbère*), lanterne des rues.—Miroir de métal qu'on adapte à une lampe, à un flambeau pour en augmenter la lumière. — Dans la fonte des cloches, la partie du four faite en voûte surbaissée, où le métal est mis en fusion. — *Feu de réverbère*, feu qui n'ayant point d'issue par en haut, fait replier la flamme sur les matières exposées à son action.— *Chasse au réverbère*, que l'on fait la nuit aux flambeaux.

RÉVERBÉRÉ, E, part. pass. de *reverbérer.*

RÉVERBÉRER, v. act. (*réverbéré*) (en latin *reverberare*), réfléchir, repousser, renvoyer la chaleur, la lumière, etc. — *se* RÉVERBÉRER, v. pron.

REVERCHÉ, E, part. pass. de *revercher.*

REVERCHER, v. act. (*revèreché*), t. de potier d'étain, boucher les trous ou réparer les soufflures, etc., qui viennent aux pièces jetées dans le moule.

REVERDI, E, part. pass. de *reverdir.*

REVERDIE, subst. fém. (*reverèdi*), t. de marine, le rapport de la mer après les mortes eaux. Il se dit principalement des grandes marées des équinoxes : *il faudra attendre la reverdie*, le temps où la marée rapportera.

REVERDIR, v. act. (*reverèdir*), peindre en *vert* une autre fois : *il faut reverdir ces volets.* Peu en usage comme actif.—V. neut., redevenir *vert*.—Fig., recommencer à paraître : *ces dartres, ces gales commencent à reverdir.* — *Ce vieillard reverdit*, il semble rajeunir. — Prov. : *planter là quelqu'un pour reverdir*, le laisser en quelque endroit sans venir le reprendre, comme on l'avait promis.—*se* REVERDIR, v. pron.

REVERDISSEMENT, subst. mas. (*reverèdicemun*), action de *reverdir.*

REVERDOIR, subst. mas. (*reverèdoar*), cuvette de brasseur.

RÉVÉRÉ, E, part. pass. de *révérer.*

RÉVÉREMMENT, adv. (*révéraman*), d'une manière respectueuse; avec *révérence.*

RÉVÉRENCE, subst. fém. (*révérance*) (en lat. *reverentia*), respect, vénération. — Hommage rendu anciennement aux souverains. — Titre d'honneur qu'on donne aux religieux qui sont prêtres : *votre révérence.*—Mouvement du corps qu'on fait pour saluer : *faire la révérence.* — *Tirer sa révérence*, s'en aller.

RÉVÉRENCIELLE, adj. fém. (*révérancièle*), t. de palais : *crainte révérencielle*, sentiment mêlé de crainte et de respect que les enfants doivent avoir pour leur père et leur mère.

RÉVÉRENCIEUSE, adj. Voy. RÉVÉRENCIEUX.

RÉVÉRENCIEUSEMENT, adv. (*révérancieuzeman*), avec respect.

RÉVÉRENCIEUX, adj. mas., au fém. **RÉVÉRENCIEUSE** (*révérancieu, cieuze*), qui affecte de faire quantité de *révérences.* Fam.

RÉVÉREND, E, adj. (*révéran, rande*), digne d'être *révéré*, honoré : *le révérend père, la révérende mère.*—Subst. : *mon révérend, la révérende.*

RÉVÉRENDISSIME, adj. des deux genres (*révérandicecime*), titre qu'on donne aux prélats et aux généraux d'ordre.

RÉVÉRENTIA, subst. propre fém. (*révéreinci-a*), myth., divinité romaine, fille de l'Honneur et de la Majesté.

RÉVÉRER, v. act. (*révéré*) (du lat. *revereri*, formé de *re*, augmentatif, et de *vereri*, craindre avec respect), honorer, avoir du respect pour quelqu'un ou pour quelque chose.—*se* RÉVÉRER, v. pron.

RÊVERIE, subst. fém. (*rêveri*), pensée où se laisse aller l'imagination : *il se plaît dans ses rêveries.* — Imaginations extravagantes : *les rêveries des astrologues.*—Délire causé par la maladie : *il entre, il tombe en rêverie.*

REVERNI, E, part. pass. de *revernir.*

REVERNIR, v. act. (*reverènir*), *vernir* de nouveau.—*se* REVERNIR, v. pron.

REVERQUIER, subst. mas. (*reverèkié*) (de l'allemand *verkehren*, renverser), sorte de jeu de trictrac. On dit aussi *revertier.*

REVERS, subst. mas. (*revère*) (du lat. *reversus*), coup d'arrière-main : *il lui abattit la tête d'un revers ; d'un coup de revers.*—Dans les monnaies et les médailles, le côté opposé à celui où est l'empreinte de l'état, du prince, du particulier au nom ou en mémoire de qui elles sont frappées. — Seconde page d'un feuillet. — Disgrace, accident fâcheux, renversement de fortune.—*Revers de fortune; il a éprouvé de grands revers.*—La partie des manches qu'on retrousse. —Portion des devants d'un habit, qui se replie de part et d'autre sur la poitrine et sur l'estomac. — Partie en cuir renversée sur les bottes.—*Revers de pavé*, un des côtés du pavé, depuis le ruisseau du milieu jusqu'aux maisons. — *Le revers de la tranchée*, le côté qui est tourné vers la campagne : *cet ouvrage est battu à revers*, par derrière.—*Prendre à revers* ou *de revers*, en flanc et en dos.—Fig.: *le revers de la médaille*, mauvais côté d'une chose ; mauvaises qualités d'une personne dont on a montré le bon côté, etc.

REVERSAL, E, adj. (*L'Académie* écrit à tort REVERSAL.) (*reverèçale*) (du latin *reverti*, retourner) ; se dit d'un acte d'assurance donné à l'appui d'un engagement précédent. — *Diplôme reversal*, qui se rapporte à un autre diplôme.—*Lettres reversales*, ou subst. fém. : *les reversales*, en Allemagne, lettres que les princes accordent à leurs états provinciaux, touchant la conservation des privilèges du pays ou le maintien du culte qui y est établi.—Celles qui énoncent réciprocité de droits, etc.—Au plur. mas., *reversaux.*

REVERSAUX, adj. mas. plur. Voy. REVERSAL.

REVERSEAU, subst. mas. (*reverèçô*), pièce de bois pour empêcher l'eau d'entrer dans la feuillure du châssis d'une porte-croisée. Quand elle est sur l'appui d'une fenêtre, on la nomme pièce d'appui.

REVERSÉ, E, part. pass. de *reverser.*

REVERSEMENT, subst. mas. (*revèreceman*), t. de mar., transport de cargaison d'un bâtiment dans un autre.

REVERSER, v. act. (*revèrecé*), *verser* une liqueur dans un vase duquel on l'avait tirée. — *Verser* de nouveau. — En t. de mar., faire le reversement de la cargaison d'un bâtiment dans un autre. — *se* REVERSER, v. pron.

REVERSI et plus souvent **REVERSIS**, subst. mas. (*revèreci*) (du lat. *reversus*, pour *retroversus*, sous-entendu *ludus*, parce qu'il se joue en sens inverse de tous les autres jeux de cartes), sorte de jeu où celui qui fait le moins de points et le moins de mains gagne la partie : *faire le reversis*, faire toutes les mains.

REVERSIBILITÉ, subst. fém. (*revèrecibilité*), qualité de ce qui est *reversible* à la couronne, etc.

REVERSIBLE, adj. des deux genres (*revèrecible*) (du lat. *reverti*, retourner), t. de jurisprudence, qui doit retourner au propriétaire, qui en a disposé.

REVERSION, subst. fém. (*revèrecion*) (du lat. *reversio*, retour), t. de jurisprudence féodale, retour, réunion d'un fief mouvant au fief dominant dont il avait été détaché.—Droit de retour.

REVERTIER, subst. mas. (*revèretié*). Voy. REVERQUIER.

REVESTIAIRE, subst. mas. (*revècetière*), lieu où les prêtres se *revêtent.* Inusité.

REVÊTEMENT, subst. mas. (*revèteman*), action de *revêtir* un fossé, un bastion, etc.—Mur que le fossé a du côté de la place, soit qu'il soutienne la fausse braie ou le rempart. — *Revêtement des terres*, appui de maçonnerie qu'on donne à des terres pour les empêcher de s'ébouler.

REVÊTIR, v. act. (*revêtir*) (en lat. *vestire*, qui, précédé de la particule itérative *re*, signifie proprement *redonner les habits à quelqu'un*, et *se revêtir*, reprendre les habits qu'on avait quittés. Il se conjugue comme *vêtir.* Habiller, donner des habits : *revêtir les pauvres.* — Mettre des habits de dignité, de cérémonie.—Couvrir, remparer de pierres, de briques : *revêtir un fossé, un bastion, une terrasse*, etc.— On dit *se revêtir d'un habit*, et *revêtir un habit.*— *Revêtir un caractère*, faire connaître la qualité, l'autorité qu'on possédait sans la montrer. — *Revêtir un personnage*, le représenter. — *Être revêtu d'une belle charge, du pouvoir d'un autre*, etc., avoir une belle charge, le pouvoir d'un autre.—Fig. : *être revêtu de belles qualités*, être orné de, etc. —*se* REVÊTIR, v. pron.

REVÊTISSEMENT, subst. mas. (*revêticeman*), action de *revêtir.*

REVÊTU, E, part. pass. de *revêtir.* — *Gueux revêtu*, homme de rien qui est devenu riche.

REVÊTURE, subst. fém. (*revêture*), investiture.

RÊVEUR, subst. et adj. mas., au fém. **RÊVEUSE** (*rêveur, veuze*), qui *rêve*, qui s'entretient de ses imaginations. Voy. PENSEUR.—Qui dit des choses extravagantes et hors du sens commun.

RÊVEUSE, subst. et adj. fém. Voy. RÊVEUR.

REVIDAGE, subst. mas. (*revidaje*), action de *revider.*

REVIDÉ, E, part. pass. de *revider.*

REVIDER, v. act. (*revidé*), t. de lapidaire, agrandir un trou commencé avec la vrille. — *se* REVIDER, v. pron.

REVIGNY-AUX-VACHES, subst. propre mas. (*revigni-ôvache*), bourg de France, chef-lieu de cant., arrond. de Bar-le-Duc, dép. de la Meuse.

REVIQUÉ, E, part. pass. de *reviquer*, et adj.

REVIQUER, v. act. (*revikié*), t. de manuf. passer à la foule, ou simplement à la rivière, des étoffes déjà teintes, afin de les dégorger. — *se* REVIQUER, v. pron.

REVIQUEUR, subst. mas. (*revikieur*), t. de manuf., celui qui *revique*, ouvrier chargé de *reviquer* les draps dans les manufactures et les fouleries.

REVIRADE, subst. fém. (*revirade*), t. de jeu de trictrac, action d'employer une dame casée.

REVIRÉ, part. pass. de *revirer.*

REVIREMENT, subst. mas. (*revireman*), en t. de marine, action de *revirer* un vaisseau.—En t. de banque, *revirement des parties.* Voy. REVIRER.

REVIRER, v. neut. (*reviré*), en t. de marine, *revirer de bord*, ou simplement *revirer*, tourner un vaisseau par le jeu du gouvernail. — Fig. et fam. : *cet homme a reviré de bord*, a changé de parti.—Au jeu de trictrac, *revirer*, faire la *revirade*, rompre une case pour en faire une plus avancée.

RÉVISÉ, E, part. pass. de *réviser.*

RÉVISER, v. act. (*révisé*) (du latin *revisere*, formé de *re*, itératif, et de *visere*, visiter, voir), revoir, examiner de nouveau. — *se* RÉVISER, v. pron.

RÉVISEUR, subst. mas., **RÉVISEUSE**, subst. fém. (*révizeur, zeuze*), celui, celle qui *révise* quelque acte, quelque ouvrage, etc.

RÉVISEUSE, subst. fém. Voy. RÉVISEUR.

RÉVISION, subst. fém. (*révizion*) (en lat. *revisio*), action par laquelle on *revoit*, on examine de nouveau : *révision de compte*, *la révision d'un procès criminel*. — En t. d'arquebusier, nouvel examen des canons dont on a déjà fait l'épreuve.—*Assemblée de révision*. La constitution de 1791 avait établi des *assemblées de révision de décrets constitutionnels*, qui ne pouvaient avoir lieu que de huit ans en huit ans, et la première fois qu'après douze ans. Celle de 1795 établissait également pour le même objet des *assemblées de révision*, dont la proposition, émanée du conseil des anciens, et ratifiée par celui des cinq-cents, devait, dans un espace de neuf années, avoir été faite à trois époques éloignées l'une de l'autre de trois années au moins. —*Conseil de révision*, tribunal militaire chargé du soin de *réviser* les jugements rendus par les tribunaux militaires.—T. d'impr., épreuve que l'imprimeur, après avoir fait sa mise en train, donne au prote pour qu'il vérifie si les corrections indiquées sur la tierce ont été bien exécutées.

REVISITÉ, E, part. pass. de *revisiter*.

REVISITER, v. act. (*revizité*), *visiter* de nouveau.—*se* REVISITER, v. pron.

REVIVIFICATION, subst. fém. (*revivifikâcion*), t. de chim., opération par laquelle on *revivifie*, on fait reparaître sous sa forme naturelle un métal qui était masqué sous une forme différente.

REVIVIFIÉ, E, part. pass. de *revivifier*.

REVIVIFIER, v. act. (*revivifié*), *vivifier* de nouveau; rendre le sentiment à une partie qui l'avait perdu, y établir la circulation, etc.— On dit fig. : *le pécheur est revivifié par la grace.* — En chim. : *revivifier le mercure*, le séparer des minéraux avec lesquels il avait été mêlé, et le remettre en son état naturel. — *se* REVIVIFIER, v. pron.

REVIVRE, v. neut. (*revivre*). Il se conjugue comme *vivre*. Retourner de la mort à la *vie*. — *Vivre* de nouveau en quelque sorte : *les pères revivent dans leurs enfants.* — Fig. : *revivre à la grace*, de l'état de péché passer à l'état de grace. — Faire *revivre*, rétablir : *on a fait revivre cette charge.* — Remettre en crédit : *faire revivre une hérésie, une opinion.* — Faire valoir de nouveau : *faire revivre de vieilles dettes.*—Faire reparaître : *la noix de galle fait revivre les vieilles écritures.* — Donner un nouvel éclat : *le vernis fait revivre les couleurs.* —Rallumer : *faire revivre l'amour, la haine.*

RÉVOCABILITÉ, subst. fém. (*révokabilité*), état de ce qui est *révocable*. (Boiste.)

RÉVOCABLE, adj. des deux genres (*révokable*), sujet à *révocation*.

RÉVOCATIF, adj. mas., au fém. **RÉVOCATIVE** (*révokatif, tive*), qui *révoque* : *acte révocatif, sentence révocative.*

RÉVOCATION, subst. fém. (*révokâcion*), action de *révoquer*.—Acte par lequel on *révoque*.

RÉVOCATIVE, adj. fém. Voy. RÉVOCATIF.

RÉVOCATOIRE, adj. des deux genres (*révokatoare*), qui *révoque*.

REVOICI et **REVOILÀ**, prép. réduplicatives (*revoéci, revoélà*), *voici* et *voilà* pour la seconde fois.

REVOIR, v. act. (*revoar*). Il se conjugue comme *voir*. *Voir* de nouveau.—Corriger, retoucher: *revoir un ouvrage.* — Examiner de nouveau : *revoir un procès*; et neut. : *il examine les choses avec soin; après lui, il n'y a pas à revoir*, —*se* REVOIR, v. pron.

REVOIR, subst. mas. (*revoar*) : *adieu jusqu'au revoir*, ou simplement *au revoir !* Fam.

REVOIS, E, adj. (*revoè, voèze*), qui a été convaincu de quelque crime. Vieux et inusité.

REVOLÉ, E, part. pass. de *revoler*.

REVOLER, v. neut. (*revolé*), *voler* de nouveau vers... Il se dit surtout au fig.—Act., *voler*, dérober de nouveau.—*se* REVOLER, v. pron.

REVOLIN, subst. mas. (*revolein*), t. de mar., action du vent qui se réfléchit d'une voile sur une autre qui est trop proche, de sorte que celle qui reçoit le choc bat et se dévente.

REVOLTANT, E, adj. (*révoletan, tante*), qui choque à l'excès; *abus révoltant.*— Qui indigne : *procédé revoltant; prétention révoltante.*

RÉVOLTE, subst. fém. (*révolete*), rébellion, soulèvement contre l'autorité légitime. Voyez INSURRECTION.—On dit fig. : *la révolte des sens contre la raison, de la chair contre l'esprit.*

RÉVOLTÉ, E, subst. (*révoleté*), celui, celle qui se *révolte*.

RÉVOLTÉ, E, part. pass. de *révolter*, et adj., qui est en état de *révolte*.

RÉVOLTER, v. act. (*révoleté*) (de l'italien *rivoltarsi*, fait du latin *revolvere*, lequel, en ce sens, se compose de *re*, pour *retrò*, en arrière, et de *volvere*, tourner; *se tourner en arrière* ou *contre*), porter à la *révolte* : *révolter les enfants contre leur père, les inférieurs contre les supérieurs.*—Choquer, indigner : *son procédé me révolte.*—*se* RÉVOLTER, v. pron., se soulever contre une autorité légitime.

RÉVOLU, E, adj. (*révolu*) (du lat. *revolutus*, roulé), achevé, fini : *l'an révolu.*

RÉVOLUTÉ, E, adj. (*révoluté*) (du lat. *revolutus*), t. de bot., roulé, replié en dehors.

RÉVOLUTIF, adj. mas., au fém. **RÉVOLUTIVE** (*révolutif, tive*), qui opère une *révolution*.

RÉVOLUTION, subst. fém. (*révolucion*) (en lat. *revolutio*), retour d'une planète, d'un astre au même point d'où il était parti.—En géom., mouvement d'une figure plane qui tourne autour d'un axe immobile.—On le dit aussi du temps : *la révolution des saisons, des siècles.* — *Révolution d'humeurs*, mouvement extraordinaire dans les humeurs, qui altère la santé.—Fig., changement qui arrive dans les affaires publiques, dans les choses du monde. Il se dit surtout d'un changement subit et violent dans le gouvernement d'un peuple. Quand on emploie simplement le mot *révolution*, on entend par ce mot la *révolution* la plus mémorable par rapport au pays dont il est question. *La révolution française a eu de grandes époques*, 1789, 1804, 1814, 1830.

RÉVOLUTIONNAIRE, subst. des deux genres (*révoluci-onère*), qui est ami des *révolutions*.

RÉVOLUTIONNAIRE, adj. des deux genres (*révoluci-onère*), qui est conforme aux principes de la *révolution*; qui est propre à en accélérer les progrès, etc. : *mesures révolutionnaires.*

RÉVOLUTIONNAIREMENT, adv. (*révolucionèreman*), d'une manière *revolutionnaire*.

RÉVOLUTIONNÉ, E, part. pass. de *révolutionner*.

RÉVOLUTIONNER, v. act. (*révolucioné*), mettre en état de *révolution*; introduire les principes *révolutionnaires* dans... : *révolutionner un état.* — *Révolutionner l'esprit, les sens*, y causer du trouble.—*se* RÉVOLUTIONNER, v. pron.—Ce mot manque dans l'*Académie*; elle n'omet cependant pas *révolutionnaire*.

RÉVOLUTIONNISTE, adj. des deux genres (*révolucionicete*) (anglais), partisan d'une *révolution*. (*Boiste.*) Presque inusité.

RÉVOLUTIVE, adj. fém. Voy. RÉVOLUTIF.

RÉVOLVÉ, E, ou **RÉVOLVIÉ, E**, part. pass. de *révolver* et de *révolvier*.

RÉVOLVER, ou **RÉVOLVIER**, v. act. (*révolevé, vi-é*), repasser un fait dans sa mémoire; se rappeler quelque chose.—*se* RÉVOLVER, *se* RÉVOLVIER, v. pron. (*Boiste.*) Vieux.

REVOMI, E, part. pass. de *revomir*.

REVOMIR, v. act. (*revomir*), *vomir* tout de suite ce qu'on vient d'avaler.—*Vomir* une seconde fois. — *se* REVOMIR, v. pron.

RÉVOQUÉ, E, part. pass. de *révoquer*.

RÉVOQUER, v. act. (*révokié*) (en lat. *revocare*), en parlant des personnes, rappeler, ôter les pouvoirs qu'on avait donnés : *révoquer un ambassadeur, un procureur*, etc.—En parlant des choses, déclarer de nulle valeur à l'avenir : *révoquer un ordre, une procuration, un testament*, etc.— *Révoquer en doute une chose*, ne pas la croire.—*se* RÉVOQUER, v. pron.

REVOULOIR, v. act. (*revouloar*), *vouloir* de nouveau.

REVOULU, E, part. pass. de *revouloir*.

REVOYAGÉ, part. pass. de *revoyager*.

REVOYAGER, v. neut. (*revoé-iajé*), faire un nouveau *voyage*, se remettre en route.

REVU, E, part. pass. de *revoir*, et adj., qui a été *vu* de nouveau. — Qui a été retouché, corrigé.

REVUE, subst. fém. (*revu*), recherche, inspection exacte, examen d'une chose en détail.— On dit fig. : *faire la revue de ses actions, de sa vie passée.*—Examen des troupes qu'on met en bataille, et qu'on fait défiler, pour voir si elles sont complètes et si elles sont en bon ordre.— Fig. : *passer en revue*, examiner pour critiquer. — *Être gens de revue*, avoir souvent l'occasion de se trouver ensemble. Fam. — Titre de certains ouvrages périodiques : *la Revue de Paris.*

RÉVULSIF, adj. mas., au fém. **RÉVULSIVE** (*révulecif, cive*), t. de médec., qui détourne les humeurs vers les parties opposées.—Subst. mas. : *un révulsif.*

RÉVULSION, subst. fém. (*révulecion*) (en latin *revulsio*), t. de médec., retour des humeurs du corps humain, lorsque le cours vient à en être changé.

RÉVULSIVE, adj. fém. Voy. RÉVULSIF.

REY, subst. mas. (*rè*), t. de pêche, nom qu'on donne à Toulon au capitaine de la madrague.

REYNOUTRIE, subst. fém. (*rénoutri*), t. de bot., genre de plantes qui nous vient du Japon.

REZ, prép. (*ré*) (du latin *rasum*, fait de *rasus*, ras, part. pass. de *radere*, raser), tout contre, joignant. Il ne s'emploie plus guère que dans la composition de certains mots : *un rez-de-chaussée.*

REZ-DE-CHAUSSÉE, subst. mas. (*rédechôcé*), lieu situé au niveau du sol.—Au plur., des *rez-de-chaussée.*

REZ-MUR, subst. mas. (*rémur*), t. d'archit., parement d'un *mur* dans œuvre.

REZ-TERRE, subst. mas. (*rétère*), superficie de niveau avec les *terres* de la campagne ou le sol naturel.

RH, prononcez *re*. Voy. à la lettre R.

RHABDOÏDE, adj. des deux genres (*rabedoïde*) (du grec ῥάβδος, verge, et εἶδος, forme), qui ressemble à une verge : *suture rhabdoïde*, sagittale.

RHABDOLOGIE, subst. fém. (*rabedoloji*) (du grec ῥάβδος, verge, et λογος, calcul), calcul à l'aide de baguettes marquées de nombres.

RHABDOLOGIQUE, adj. des deux genres (*rabedolojike*), qui a rapport, qui appartient à la *rhabdologie*.

RHABDOMANCIE, subst. fém. (*rabedomanci*) (du grec ῥάβδος, baguette, et μαντεια, divination), divination par la baguette; elle se faisait en jetant plusieurs petites baguettes dans un vase, d'où ensuite on les retirait; et l'on prétend que, par la vertu de certaines paroles magiques, ces baguettes se trouvaient dans une disposition qui faisait connaître ce qu'on voulait savoir. On en attribue l'invention aux nymphes nourrices d'Apollon.

RHABDOMANCIEN, subst. et adj. mas., au fém. **RHABDOMANCIENNE** (*rabedomancieïn, ciène*), qui a rapport à la *rhabdomancie* : *opération, cérémonie rhabdomancienne.* — Subst., celui, celle qui pratiquait la rhabdomancie.

RHABDOMANCIENNE, subst. et adj. fém. Voy. RHABDOMANCIEN.

RHABDONALAPSIES, subst. fém. plur. (*rabedonalapeci*), fêtes qui se célébraient chaque année dans l'île de Cos.

RHABDOPHORE, subst. mas. (*rabedofore*) (du grec ῥάβδος, baguette, et φερω, je porte), officier porteur d'une baguette, chargé de maintenir l'ordre dans les réunions publiques.

RHABILLAGE, subst. mas. (*rabi-iaje*), travail de celui qui *rhabille*, qui raccommode quelque chose de rompu. — Il se dit fig. d'un ouvrage qu'on corrige, etc. : *ce n'est là qu'un rhabillage.*

RHABILLÉ, E, part. pass. de *rhabiller*.

RHABILLEMENT, subst. mas. (*rabi-ieman*), action de raccommoder un semoir ou autre instrument d'agriculture détraqué.

RHABILLER, v. act. (*rabi-ie*), *habiller* de nouveau.—Fournir de nouveaux habits.—Fig. et fam., raccommoder, rectifier ce qu'il y a eu de défectueux dans une affaire, tâcher de justifier, de diminuer une faute.—*se* RHABILLER, v. pron., reprendre ses *habits*, se remettre en *habits* neufs.

RHABILLEUR, subst. mas., **RHABILLEUSE**, subst. fém. (*rabi-ieur, ieuze*), qui *rhabille*, qui raccommode. Voy. RENOUEUR, tel est du moins le renvoi de l'*Académie*. — Qui tâche de justifier. (*Boiste.*) Complétement inusité dans cette dernière acception.

RHACHIALGIE, subst. fém. Voy. RACHIALGIE.

RHACHIALGIQUE, adj. des deux genres. Voy. RACHIALGIQUE.

RHACHIS, et ses composés. Voy. RACHIS.

RHACINOM, subst. mas. (*racinon*), t. d'hist. nat., espèce de poisson marin qu'on rencontre rarement.

RHACHOME, subst. mas. (*rakome*), t. de bot., espèce d'arbre du genre des myggindes.

RHACOSE ou **RHACOSIS**, subst. fém. (rakôze, rakôzice) (du grec ρακος, lambeau), nom que les anciens donnaient au relâchement du scrotum. Voy. BACHOSIS, qui est la véritable orthographe.

RHADAMANTHE, subst. propre mas. (radamante), myth., roi de Lycie, fils de Jupiter et d'Europe. Il rendit la justice avec tant de sévérité et d'impartialité, qu'après sa mort, il fut nommé juge des enfers, avec Eaque et Minos.

RHÆAS, subst. mas. (ré-ace), t. de bot., sorte de pavot.

RHAGADE, subst. fém. (ragnade) (du grec ραγας, génitif ραγαδος, rupture, fait de ρηγνυμι, je romps), t. de médec., fente aux lèvres. — Ulcère malin à l'anus.

RHAGADIOLE, subst. fém. (ragnadi-ole), t. de bot., plante chicoracée qui guérit les rhagades.

RHAGADIOLOÏDE, adj. des deux genres (ragnadi-olo-ide), remède rhagadiolotde, qui guérit les rhagades.

RHAGIE, subst. fém. (raji), t. d'hist. nat., genre d'insectes de l'ordre des coléoptères.

RHAGION, subst. mas. (raji-on), t. d'hist. nat., genre d'insectes de l'ordre des diptères.

RHAGIUM, subst. mas. (raji-ome), t. d'hist. nat., genre d'insectes. Voy. LEPTURE.

RHAGODIE, subst. fém. (ragnodi), t. de bot., sorte d'arbrisseau qui croît à la Nouvelle-Hollande.

RHAGOÏDE, subst. fém. (ragno-ide) (du grec ραξ, génitif ραγος, grain de raisin, et ειδος, forme, ressemblance), s'est dit, en anatom. d'une membrane de l'œil qu'on nomme autrement uvée, à cause de sa ressemblance avec un grain de raisin (en latin uva), dont on a ôté la petite queue.

RHAGOSTIS, subst. mas. (ragnocetice), t. de bot., genre de plantes qui se rapproche de celui des corispermes.

RHAHAAN, subst. mas. (ra-a-an), nom de prêtres birmans.

RHAMINDIQUE, ou **MÉCHOACAN**, subst. mas. (rameîndike, méko-akan), racine des Indes très-estimée.

RHAMNÉE, subst. fém. (ramene), t. de bot., ronce épineuse de la famille des rhamnoïdes.

RHAMNES, ou **RHAMNÈSES**, subst. mas. plur. (ramene, ramenèze), t. d'hist. anc., nom des habitants de Rome qui faisaient partie d'une des trois tribus primitives de cette ville. La centurie des premiers chevaliers conserva ce nom. On les nommait aussi rhamnusiens.

RHAMNOÏDE, subst. fém. (rameno-ide) (du grec ραμνος, aubépine, et ειδος, forme, ressemblance), t. de bot., genre d'arbrisseau qui ressemble à l'aubépine. — Au plur., nom d'une famille de plantes.

RHAMNUS, subst. propre mas. (ramenuce), ancienne ville de l'Attique.—T. de bot., sorte de plante des anciens.

RHAMNUS, subst. propre fém. (ramenuzi), myth., déesse de l'indignation et de la vengeance; c'est la Fortune, ou plutôt Némésis, parce qu'elle était particulièrement révérée à Rhamnus, bourg de l'Attique.

RHAMNUSIEN, subst. mas. et adj., au fém. **RHAMNUSIENNE** (ramenuzien, ziène), celui, celle qui était de Rhamnus, ville d'Attique.

RHAMPHASTOS, subst. mas. (ranfacetoce), nom que les modernes donnent au toucan.

RHAMPHE, subst. mas. (ranfe), t. d'hist. nat., genre d'insectes de la famille des charançonites.

RHANTÉRIE, subst. fém. (rantéri), t. de bot., sorte de plante corymbifère qui croît dans la Barbarie.

RHANIS, subst. propre fém. (ranice), myth., nymphe, une des compagnes de Diane.

RHAPONTIC, subst. mas. (rapontike) (du grec ρα, rhubarbe, et ποντικος, du Pont), t. de bot., rhubarbe des moines, qui se trouvait principalement dans le Pont.

RHAPONTIQUE, subst. fém. (rapontike), t. de bot., genre de plantes de la famille des cinarocéphales.

RHAPOSTYLE, subst. mas. (rapocetile), t. de bot., sorte d'arbrisseau exotique qui croît en Amérique.

RHAPSODE, subst. mas. Voy. RAPSODE.
RHAPSODIE, subst. fém. Voy. RAPSODIE.
RHAPSODISTE, subst. mas. Voy. RAPSODISTE.
RHAPSODOMANCE, subst. mas. Voy. RAPSODOMANCIE.

RHAPSODOMANCIE, subst. fém. Voy. RAPSODOMANCIE.
RHAPSODOMANCIEN, subst. mas. Voy. RAPSODOMANCIEN.

RHARIA, subst. propre fém. (raria), myth. Cérès fut ainsi surnommée, parce que ce fut dans un champ de Rharus, père de Céléus, qu'elle montra à celui-ci la manière de semer et de recueillir le blé.

RHASUTE, subst. mas. (razute), t. de bot., l'aristoloche d'Alep.

RHAX, subst. mas. (rakce), t. d'hist. nat., genre d'insectes de la famille des arachnides.

RHEA, subst. fém. (ré-a), t. d'hist. nat., au truche de Magellan, qu'on nomme aussi nandu.

RHEA ou **RHÉE**, subst. propre fém. (ré-a, ré), myth., divinité célèbre chez les Grecs et les Romains, fille du Ciel et de la Terre, femme de Saturne, sœur des Titans, et mère de Jupiter. Voy. CYBÈLE. —Une des femmes d'Apollon se nommait aussi Rhée ; il en eut un fils nommé Anius, qui fut roi de Délos.

RHEMBASME, subst. mas. (ranbaceme) (du grec ρεμβαζω, j'erre), t. de médec., noctambulisme.

RHÉNANE, adj. fém. (rénane), du Rhin : confédération, province rhénane.

RHENEN, subst. propre mas. (rénène), ville de Hollande, dans la province d'Utrecht, sur la rive gauche du Rhin. Prise par les Français, en 1672.

RHÉNOMÈTRE, subst. mas. (rénomètre), mesure de la hauteur des eaux du Rhin. (Boiste.)

RHÉON, subst. mas. (ré-on), nom que les anciens donnaient à la rhubarbe.

RHÉSUS, subst. propre mas. (rézuce), myth., roi de Thrace. Il porta de recours à Priam ; mais la première nuit de son arrivée, un Troyen traitre, nommé Dolon, facilita à Ulysse et à Diomède le moyen de le tuer et d'emmener ses chevaux, desquels dépendait une partie des destinées de Troie.—T. d'hist. nat., espèce de singe.

RHÉT., abrév. du mot rhétorique.

RMÉTEUR, subst. mas. (reteur) (en latin rhetor, dérivé du grec ρεω, je parle), chez les Romains, celui qui faisait profession d'enseigner l'éloquence, et qui en a laissé des préceptes; aujourd'hui, orateur dont toute l'éloquence consiste dans une pratique sèche de l'art.—Homme qui fait le pédant et le beau parleur.

RHÉTORICATION, subst. fém. (rétorikâcion), imitation du rhéteur. (Boiste.) Inusité.

RHÉTORICIEN, subst. mas. (rétoriciein), celui qui fait le rhétorique. Il ne se dit plus en ce sens. — Élève de rhétorique. Pourquoi ne diraiton pas au fém., rhétoricienne ? Presque toutes les jeunes filles bien élevées font leur rhétorique française.

RHÉTORICIENNE, subst. et adj. fém. Voyez RHÉTORICIEN.

RHÉTORIQUE, subst. fém. (rétorike) (du grec ρητορικη, sous-entendu τεχνη, art, dérivé de ρεω, je parle), l'art de bien dire : il enseigne la rhétorique.—Classe où l'on enseigne la rhétorique : aller, être en rhétorique.—Traité de rhétorique : la rhétorique d'Aristote.—Rhétorique française, celle qui n'est écrite qu'en français, qu'on ne fait qu'en français. — Figure de rhétorique, façon de parler qu'on emploie pour donner ou de la force ou de la grâce au discours.— Fam. : employer, épuiser toute sa rhétorique, toute son éloquence. — Vous y perdrez votre rhétorique, vous ne le persuaderez point.

RHEXIE, subst. fém. (rékci), t. de bot., plante polypétale, de la famille des mélastomées.

RHEXIS, subst. fém. (rékcice) (du grec ρηξις, rupture, dérivé de ρηγνυμι, je romps), t. de médec., rupture d'une veine.

RHICNOSE, subst. fém. (riknôze) (du grec ρικνος, rugueux), t. de médec., corrugation de la peau avec exténuation.

RHIN, subst. propre mas. (rein), fleuve d'Europe, qui prend sa source au pied du mont Galanda, dans le pays des Grisons, en Suisse, et se jette dans la mer du Nord.

RHIN (BAS-), subst. propre mas. (bârein), dép. de France, dont le chef-lieu est Strasbourg.

RHIN (HAUT-), subst. propre mas. (ôrein), dép. de France, dont le chef lieu est Colmar.

RHINA, subst. fém. (rina), t. d'hist. nat., genre de poissons de la division des cartilagineux.

RHINAIRE, adj. des deux genres (rinère), t. de médec., qui a rapport au nez.

RHINALGIE, subs. fém. (rinalji) (du grec ριν,

et αλγος, douleur), t. de médec., douleur qui a son siège au nez.

RHINALGIQUE, adj. des deux genres (rinaljike), t. de médec., qui a rapport à la rhinalgie.
RHINANTHACÉE, subst. fém. (rinantacé) (du grec ριν, nez, et de ανθος, fleur), t. de bot., genre de plantes nommées aussi pédonculaires.

RHINANTHOIDES, subst. fém. pl. (rinanto-ide) (du grec ριν, nez, ανθος, fleur, et ειδος, forme), t. de bot., famille de plantes qui ont paru avoir quelque ressemblance avec le nez d'un homme.

RHINANTHUS, subst. mas. (rinantuce) (du grec ριν, nez, et ανθος, fleur; fleur en forme de nez), t. de bot., genre de plantes qu'on nomme aussi cocrête.

RHINAPTÈRE ou **PARASITE**, subst. mas. et adj. des deux genres (rinaptère, parazite) (du grec ριν, nez, α privatif, et πτερον, aile), t. d'hist. nat., genre d'insectes, comme les poux, les puces, les tiques, etc., qui n'ont ni mâchoires ni ailes.

RHINCOLITHE, subst. fém. (reinkolite) (du grec ριν, nez, et λιθος, pierre), t. d'hist. nat., pointe d'oursin fossile, trouvée parmi les glossopètres.

RHINCOPS, subst. mas. (reinkopece) (du grec ριν, nez, et οψ, œil), t. d'hist. nat., oiseau.

RHINDACE, subst. fém. (reindace), t. d'hist. nat., le promerops orangé.

RHINE, subst. fém. (rine), t. d'hist. nat., insecte coléoptère.—Poissons à nez court, qui se rapproche des rhinobates.

RHINENCÉPHALE, subst. mas. (rinancéfale) (du grec ριν, nez, εν, dans, et κεφαλη, tête), t. d'hist. nat., nom qu'on donne aux monstres qui ont une trompe.

RHINENCHYSE, subst. fém. (rinanchize) (du grec ριν, nez, et εγχυω, j'injecte), t. de pharm., infusion pour être injectée dans le nez.

RHINENCHYTE, subst. fém. (rinanchite) (même étym. que celle du mot précédent), seringue pour le nez.

RHINÉOLITHE, subst. fém. (riné-olite). (Boiste.) Voyez RHINCOLITHE. Il paraîtrait qu'on s'est servi des deux mots.

RHINGIE, subst. fém. (reinji), t. d'hist. nat., genre d'insectes de l'ordre des diptères syrphies.

RHINGRAVE, subst. mas. (reinguerave) (de l'allemand Rhein, Rhin, et graf, comte), comte du Rhin.—Autrefois, juge, gouverneur des villes situées le long du Rhin. Quelques princes allemands prennent encore ce titre. La femme du rhingrave s'appelle madame la rhingrave. C'était originairement le nom d'une famille illustre, dont les terres étaient situées le long du Rhin, et qui remontait, dit-on, jusque vers l'an 670. (Trévoux.)

RHINGRAVE, subst. fém. (reinguerave), autrefois, espèce de culotte ou haut-de-chausses fort ample. Hors d'usage.

RHINION, subst. mas. (rinion), t. de pharm., sorte de collyre propre à guérir les durillons qui se forment dans le nez.

RHINITE, subst. fém. (rinite), t. de médec., inflammation du nez.

RHINOBATE, subst. mas. (rinobate), t. d'hist. nat., nom spécifique d'une raie. — Sous-genre de poissons marins.

RHINOCÈRES, sub. m. pl. (rinocère), t. d'hist. nat., famille d'insectes ; c'est la même que celle des rostricornes. — Subst. propre fém., mot fabriqué par La Fontaine pour désigner la ville capitale des rhinocéros.

Éléphantide a guerre avecque Rhinocère.
Liv. XII, fab. XXI.

RHINOCÉROS, subst. mas. (rinoceróce) (du grec ριν, nez, gén. ρινος, et κερας, corne), grand quadrupède qui a une corne sur le nez, ce qui l'a fait nommer aussi porte-corne. C'est un mammifère pachyderme, moins élevé sur jambes que l'éléphant, mais presque aussi pesant. On en connaît deux espèces : l'une en Afrique, qui a deux cornes, dont celle de derrière est plus courte ; l'autre d'Asie, qui n'a qu'une seule corne : toutes deux sont sauvages. — Nez de rhinocéros, nez gros et éminent.—Sorte d'oiseau des Indes, le même que le calao. Voyez ce mot. —Sorte d'insecte qui a une corne sur la tête.

RHINOCNESME, subst. mas. (rinoknécème) (du grec ριν, nez, et κνησμα, démangeaison), t. de médec., prurit au nez ; démangeaison dans les parties nasales.

RHINOCOLUSTÈS, subst. propre mas. (*rinokolucetèce*) (du grec ῥιν, gén. ῥινός, nez, et κολούω, je coupe), myth., surnom donné à Hercule, parce qu'il fit couper le nez aux hérauts des Orchoméniens, qui osèrent, en sa présence, demander un tribut aux Thébains.

RHINOCURE, subst. fém. (*rinokure*), t. d'hist. nat., genre de coquilles qui se trouve dans la mer Adriatique.

RHINOLOPHE, subst. mas. (*rinolofe*) (du grec ῥιν, gén. ῥινός, et λόφος, crête, aigrette), t. d'hist. nat., genre de chauve-souris.

RHINOMACER, subst. mas. (*rinomacé*), t. d'hist. nat., genre d'insectes de l'ordre des coléoptères.

RHINOPHONIE, subst. fém. (*rinofoni*) (du grec ῥιν, ῥινός, nez, et φωνή, son), t. de médec., résonnance de la voix dans les fosses nasales.

RHINOPLASTIE, subst. fém. (*rinoplaccti*) (du grec ῥιν, ῥινός, nez, et πλαστεία, fait de πλάσσω, je forme), t. de chir., art de refaire des nez. — Traité sur cet art.

RHINOPOME, subst. mas. (*rinopome*), t. d'hist. nat., genre d'animaux carnassiers de la famille des chéiroptères.

RHINOPTE, adj. des deux genres (*rinopete*), t. de médec., qui est atteint d'une *rhinoptie*.

RHINOPTIE, subst. fém. (*rinopeci*) (du grec ῥιν, nez, et ὀπτομαι, voir), t. de médec., difformité qui permet à la lumière de s'introduire en partie par le nez, pour arriver à l'œil par un canal contre nature, ouvrage de la maladie.

RHINORRHAGIE, subst. fém. (*rinoraji*) (du grec ῥιν, nez, et ῥεω, je coule), t. de médecine, écoulement de sang par le nez.

RHINORRHAGIQUE, adj. des deux genres (*rinorajike*), qui concerne, qui regarde la *rhinorrhagie*.

RHINORRHÉE, subst. fém. (*rinoré*) (Voyez RHINORRHAGIE pour l'étym.), t. de médec., écoulement muqueux et sanguin qui a lieu par le nez.

RHINORRHÉIQUE, adj. des deux genres (*rinoré-ike*), qui a rapport, qui appartient à la *rhinorrhée*.

RHINOSE, subst. fém. (*rinôze*) (du grec ῥικνός, rugueux), t. de médec., corrugation de la peau causée par l'exténuation du corps.

RHINOSIME, subst. mas. (*rinôzime*), t. d'hist. nat., genre d'insectes de l'ordre des coléoptères.

RHINOSTEGNOSE, subst. fém. (*rinocetéguenôze*) (du grec ῥιν, ῥινός, nez, et στεγνωσις, fait de στεγνόω, je resserre), t. de médec., obstruction, engorgement des fosses nasales.

RHINOSTOME, subst. mas. (*rinocetome*), t. d'hist. nat., genre de serpent à bouche terminée par un prolongement en forme de bec.

RHINTONIQUES, subst. et adj. fém. plur. (*reintonike*), t. de litt. antiq.; on donnait ce nom, chez les anciens, à des pièces de théâtre qui étaient des espèces d'atellanes inventées par un certain *Rhinton*, de Tarente.

RHIPHÉES, subst. propre fém. plur. (*rifé*), montagnes de la Scythie.—Adj. : *les monts Rhiphées.*

RHIPICÈRE, subst. mas. (*ripicère*), t. d'hist. nat., genre d'insectes coléoptères.

RHIPIDODENDRON, subst. mas. (*ripidodeindron*), t. de bot., genre de plantes qui contient l'aloès plissé et le dichotome.

RHIPIPTÈRE, subst. mas. (*ripipetère*), t. d'hist. nat., ordre d'insectes.

RHIPSALE, subst. fém. (*ripeçale*), t. de bot., espèce de plante qui se rapproche beaucoup des cactiers.

RHISAGRE, subst. mas. (*rizaguere*) (du grec ῥιζάγρα, formé de ῥίζα, racine, et ἄγρα, prise, capture), t. de chir. dentiste, instrument pour extraire les racines ou chicots des dents.

RHIZE, subst. fém. (*rize*), t. de bot., sorte de plante qui ne produit point de fleurs.

RHIZÉLITHE, subst. fém. (*rizélite*) (du grec ῥίζα, racine, et λίθος, pierre), t. d'hist. nat., racine pétrifiée.—Racine empreinte dans le marbre. On dit aussi *rhizolithe*.

RHIZIN, subst. mas. (*rizein*), t. de bot., nouveau genre de plantes de la famille des champignons.

RHIZOBOLE, subst. mas. (*rizobole*), t. de bot., genre de plantes.

RHIZOCARPE, subst. mas. (*rizokarpe*), t. de bot., espèce de plantes du genre des lichens.

RHIZOCTONE, subst. mas. (*rizoktone*), t. de bot., genre de plantes de la famille des champignons.

RHIZOLITHE, subst. fém. (*rizolite*). Voy. RHIZÉLITHE.

RHIZOMORPHE, subst. mas. (*rizomorfe*) (du grec ῥίζα, racine, et μορφή, forme), t. de bot., genre de plantes cryptogames de la famille des champignons.

RHIZOPHAGE, adj. des deux genres (*rizofaje*) (du grec ῥίζα, racine, et φαγεῖν, manger), qui mange des racines, qui vit de racines.

RHIZOPHORE, subst. mas. (*rizofore*) (du grec ῥίζα, racine, et φέρω, je porte), t. de bot., le manglier; sorte de plante de la famille des caprifoliacées.

RHIZOPHYSE, subst. fém. (*rizofize*), t. d'hist. nat., sorte de ver marin qui vit dans la Méditerranée.

RHIZORE, subst. mas. (*rizore*), t. d'hist. nat., genre de coquilles qui se rapproche de celui des bulles.

RHIZOSPERMES, sub. fém. pl. (*rizocepèreme*), t. de bot., famille de plantes aussi appelées *marsiléacées* et *pilulariacées*.

RHIZOSTOME, subst. mas. (*rizocetome*) (du grec ῥίζα, racine, et στόμα, bouche), t. d'hist. nat., espèce de zoophytes qui ont un très-grand nombre de bouches, par lesquelles ils pompent leurs aliments.

RHIZOTOME, subst. mas. (*rizotome*) (du grec ῥίζα, racine, et τέμνω, je coupe), celui qui ramassait et préparait des racines médicinales. Vieux et même hors d'usage.

RHO, subst. mas. (*rô*), dix-septième lettre de l'alphabet grec. (ρ, P.)

RHODES, subst. fém. (*rode*) (du grec ῥόδον), bois dont il y a plusieurs espèces; il est de couleur de feuille-morte, mêlé de jaune et d'un rouge violet. On l'appelle aussi *bois de rose*.

RHODES, subst. propre fém. (*rode*), grande et ancienne ville de la Turquie d'Asie, capitale de l'île du même nom, dans la Méditerranée; célèbre par le fameux colosse de bronze qui, dit-on, défendait l'entrée du port, et par le culte qu'on y rendait à Minerve et aux dieux Telchines. Les chevaliers de Saint-Jean de Jérusalem en avaient fait leur principale forteresse.

RHODEZ ou **RODEZ**, subst. propre mas. (*rodèze*), ville de France, chef-lieu du dép. de l'Aveyron.

RHODIA, subst. fém. (*rodia*), t. de bot., espèce de plante dont les racines exhalent une odeur de rose.

RHODIE, subst. propre fém. (*rodi*), myth., l'une des nymphes océanitides.

RHODIEN, subst. et adj. mas., au fém. **RHODIENNE** (*rodiein, diène*), originaire de *Rhodes*, qui habite *Rhodes*.—Qui a rapport à *Rhodes*.—*Droit rhodien*, t. de jurispr. ancienne, code des lois de l'île de *Rhodes*, sur les naufrages et les autres évènements fortuits de la navigation.

RHODIENNE, subst. et adj. fém. Voyez RHODIEN.

RHODIOLE, subst. fém. (*rodiole*), t. de bot., genre de plantes vivaces et herbacées; sorte d'orpin.

RHODIOLITHE, subst. fém. (*rodiolite*), t. d'hist. nat., *rhodiole* ou partie de *rhodiole* pétrifiée.

RHODIOT, E, subst. et adj. (*rodiô, diote*), de *Rhodes*. (Boiste.)

RHODITE, subst. fém. (*rodite*), t. d'hist. nat., pierre précieuse de couleur rose; madrépore.—Pierre qui imite la rose.— Subst. mas., grand astroïte fossile.

RHODITIS, subst. fém. (*roditice*), t. d'hist. nat., pierre gemme de la couleur de la rose.—Quartz hyalin rose.

RHODIUM, subst. mas. (*rodiome*), métal uni au platine.

RHODODENDRON, subst. mas. (*rododeindron*) (du grec ῥόδον, rose, et δένδρον, arbre), t. de bot., laurier-rose.

RHODOLÈNE, subst. fém. (*rodolène*), t. de bot., genre de plantes de la famille des chélénacées; elles croissent à Madagascar.

RHODOMEL, subst. mas. (*rodomèl*) (du grec ῥόδον, rose, et μέλι, miel), miel rosat.

RHODORACÉES, subst. fém. plur. (*rodoracé*), t. de bot., famille de plantes ainsi appelées de l'une d'entre elles, dont le nom *rhodora* est formé du gr. ῥόδον, rose, et du lat. *odor*, odeur.

RHODORE, subst. mas. (*rodore*), t. de bot., sorte d'arbrisseau originaire du Canada.

RHOEAS, subst. mas. (*ré-ace*), t. de médec., maladie qui consiste dans une atrophie ou dans l'absence complète de la caroncule lacrymale.

RHOGMÉ, subst. fém. (*roguemé*) (du grec ῥωγμή, fente, fêlure), t. de chir., espèce de fracture du crâne, consistant en une fente superficielle, étroite et longue.

RHOÏTE, subst. mas. (*ro-ite*), t. de médec. et de pharm., espèce de rob dont le suc de grenade forme la base.

RHOMBA, subst. mas. (*ronba*), espèce de baume que l'on tire de Madagascar.

RHOMBE, subst. mas. (*ronbe*) (du grec ῥόμβος), t. de géom., losange. Voy. ce mot.—*Rhombe solide*, deux cônes égaux et droits, joints ensemble par leurs bases. — En t. d'archéol., instrument des magiciens grecs. C'était une espèce de toupie de bois ou de métal, entourée de bandelettes, que ces sorciers faisaient tourner; ils prétendaient que son mouvement avait la vertu de donner à une personne toutes les passions qu'ils voulaient lui inspirer. — T. d'hist. nat., sorte de poisson. — Coquillage univalve.

RHOMBIFÈRE, adj. des deux genres (*ronbifère*); qui porte un *rhombe*.

RHOMBILLE, subst. mas. (*ronbi-ie*), t. d'hist. nat., crustacée fossile.

RHOMBISCUS, subst. mas. (*ronbicekuce*), t. d'hist. nat., dent *rhomboïdale* ou irrégulière de poisson pétrifiée.

RHOMBITE, subst. fém. (*ronbite*), t. d'hist. nat., empreinte de turbot pétrifié.—Famille de coquilles coniques.

RHOMBOÏDAL, subst. mas. (*ronbo-idal*), t. d'hist. nat., poisson de mer de l'Amérique septentrionale.—Au plur., *rhomboïdaux*.

RHOMBOÏDAL, E, adj. (*ronbo-idal*), qui a la figure du *rhombe* ou *rhomboïde*. — Au plur., mas., *rhomboïdaux*.

RHOMBOÏDALE, subst. fém. (*ronbo-idale*), t. d'hist. nat., couleuvre qu'on trouve dans les Indes.

RHOMBOÏDE, subst. et adj. mas. (*ronbo-ide*) (du grec ῥόμβος, rhombe, et εἶδος, forme), figure de géom., qui a deux angles aigus et deux obtus, et quatre côtés, dont il n'y a que ceux qui sont parallèles qui soient égaux. On l'appelle aussi *parallélogramme oblique*.— En anat., le *muscle rhomboïde* est celui qui fait mouvoir l'épaule en arrière.

RHOMBUS, subst. mas. (*ronbuce*), instrument des magiciens grecs. Voy. RHOMBE.

RHOMPHAL, subst. mas. (*ronfale*), t. de bot., sorte de plantes du genre des gouets.

RHOMPHÉE, subst. fém. (*ronfé*), t. d'antiquité, espèce d'épée dont les Thraces se servaient. — T. de bot., plante qui croît aux Indes.

RHÔNE, subst. propre mas. (*rône*), fleuve de France, qui descend des glaciers du mont Furca, dans les Alpes, et se jette dans la Méditerranée au golfe de Lyon. — Nom d'un dép. de France, dont le chef-lieu est Lyon.

RHOPALIQUE, adj. des deux genres (*ropalike*) (du grec ῥόπαλον, massue), t. de littér. anc., espèce de vers grec ou latin, dont tous les mots ont chacun une syllabe de plus que le mot précédent; de sorte qu'écrits les uns sous les autres, le vers a la forme d'une tête de massue.

RHORIE, subst. fém. (*rori*), t. de bot., genre de plantes établi aux dépens des gortères.

RHUBARBE, subst. fém. (*rubarbe*) (du latin *rhabarbarum*, formé du grec ῥα, qui, chez les médecins grecs, désigne une racine, et de βάρβαρος, étranger, *racine étrangère*), t. de bot., plante vivace originaire de la Chine et de la Moscovie, qui se cultive aisément dans nos jardins, et dont la racine, d'un grand usage en médecine, est stomachique, tonique et purgative.— Prov. : *passez-moi la rhubarbe, je vous passerai le séné*; faites-moi des concessions, je vous en ferai.

RHUM, subst. mas. (*rome*), eau-de-vie de canne à sucre. — *L'Académie* ajoute que quelques personnes écrivent *rum*: nous avertissons que cette dernière orthographe doit être réputée comme un barbarisme.—Chevaux qui tirent un bateau.

RHUMAPYRE, subst. fém. (*rumapire*) (du grec ῥεῦμα, fluxion, et πῦρ, feu), t. de médec., nom donné à la fièvre *rhumatismale*.

RHUMATALGIE, subst. fém. (*rumatalaji*) (du grec ῥεῦμα, fluxion, et ἄλγος, douleur), t. de médec., douleur *rhumatismale*.

RHUMATALGIQUE, adj. des deux genres (*rumatalejike*), qui est relatif, qui appartient à la *rhumatalgie*.

RHUMATIQUE, adj. des deux genres (*rumatike*), de ou du *rhume*. Peu usité.

RHUMATISANT, E, adj. (rumatizan, zante), t. de médec., qui est affecté d'un rhumatisme. — Il est aussi substantif mas. : un rhumatisant.

RHUMATISMAL, E, adj. (rumaticemal), qui tient du rhumatisme : douleurs rhumatismales. — Au plur. mas., rhumatismaux.

RHUMATISMAUX, adj. mas. plur. Voy. RHUMATISMAL.

RHUMATISME, subst. mas. (rumaticeme) (du grec ρευμα, fluxion, dérivé de ρυω, je me répands, parce que les rhumatismes se répandent par tout le corps), t. de médec., douleurs dans les muscles, les membranes, accompagnée de difficulté dans les mouvements volontaires.

RHUMATOÏDE, adj. des deux genres (rumatoïde), t. de médec., compliqué de rhumatisme, qui provient du rhumatisme.

RHUMATOPYRE, subst. mas. (rumatopire), t. de médec., syn. de rhumapyre. Voyez ce mot.

RHUMB, subst. mas. Voy. RUMB.

RHUME, subst. mas. (rume) (du grec ρευμα, fluxion), fluxion causée par une douleur âcre, qui ordinairement excite la toux, et rend la voix enrouée : rhume de cerveau, rhume de poitrine.

RHUMMERIE, subst. fém. (romeri), atelier où l'on fait fermenter la mélasse.

RHUNES, subst. mas. plur. (rune).Voy. RUNES.

RHUS, subst. mas. (ruce), t. de bot., arbrisseau ; sumac.

RHYAS, subst. mas. (ri-âce) (du grec ρυω, je coule), écoulement des yeux.

RHYNCHÉE, subst. fém. (reinche), t. d'hist. nat., division d'oiseaux de la famille des longirostres.

RHYNCHÈNE, subst. mas. (reinchène), t. d'hist. nat., genre d'insectes de l'ordre des coléoptères charançonites.

RHYNCHITE, subst. fém. (reinchite), t. d'hist. nat., sous-genre d'insectes établi dans le genre attelabe.

RHYNCHOBDELLE, subst. fém. (reinkobedèle), t. d'hist. nat., genre de poissons établi parmi les macrognathes.

RHYNCHOLITHE, subst. fém. (reinkolite), t. d'hist. nat., pointe d'oursin fossile.

RHYNCHONELLE, subst. fém. (reinkonèle), t. d'hist. nat., genre de coquilles fossiles séparées des térébratules.

RHYNCHOPHORE, subst. mas. (reinkofore) (du grec ρυγχος, bec, et φερω, je porte), t. d'hist. nat., genre d'insectes coléoptères, que l'on nomme porte-bec.

RHYNCHOSE, subst. fém. (reinkôze), t. de bot., sorte de plante vivace qui croît en Chine.

RHYNCHOSPORE, sub. mas. (reinkocepore), t. de bot., genre de plantes qui rentre dans celui appelé chœtospore.

RHYNCHOSTÈNE, subst. mas. (reinkocetène) (du grec ρυγχος, bec, et στενος, étroit), t. d'hist. nat., nom donné aux oiseaux dont le bec est étroit.

RHYNCHOTRÈQUE, subst. mas. (reinkotrèke), t. de bot., arbrisseau qui croît au Pérou.

RHYNCOPRION, subst. mas. (reinkopri-on), t. d'hist. nat., nom générique que l'on a donné aux arachnides qui composent le genre argus.

RHYNCOPS, subst. mas. (reinkopèce) (du grec ρυγχος, bec), t. d'hist. nat., nom d'un oiseau plus connu sous celui de bec-en-ciseaux.

RHYNGOTE, subst. mas. (reingnote), t. d'hist. nat., ordre d'insectes qui correspond à celui des hémiptères.

RHYPHE, subst. mas. (rife), t. d'hist. nat., genre d'insectes de l'ordre des diptères.

RHYPODE, subst. mas. (ripode), t. de pharm., sorte d'emplâtre.

RHYPOGRAPHE, subst. mas. (ripografe) (du grec ρυπος, chose basse, et γραφω, je peins), peintre de choses communes, de petits sujets. Aujourd'hui on dit : peintre de caricatures.

RHYPOGRAPHIE, subst. fém. (ripografi) (même étymologie que celle du mot précédent), description, peinture de bagatelles, de pochades.

RHYPOGRAPHIQUE, adj. des deux genres (ripografike), qui regarde, qui concerne la rhypographie.

RHYPTIQUE, subst. et adj. des deux genres (riptike) (du grec ρυπτικος, fait de ρυπτω, je décrasse, je nettoie), t. de médec., synonyme de détersif. Voy. ce mot.

RHYSOPHYLLE, subst. fém. (rizofile), t. de bot., genre de plantes établi aux dépens des jongermanes.

RHYTHELMINTHE, subst. mas. (rîtèlemeinte), t. d'hist. nat., genre de vers intestins. — T. de bot., sorte d'arbrisseau.

RHYTHME, subst. mas. (riteme) (du grec ρυθμος), nombre, cadence, mesure : le rhythme des vers, de la musique.

RHYTHMIQUE, adj. des deux genres (ritemike), qui appartient au rhythme.

RHYTHMOPÉE, subst. fém. (ritemopé) (du grec ρυθμος, rhythme, et ποιεω, je fais), partie de la déclamation théâtrale des anciens, qui avait pour objet la fixation des rhythmes.

RHYTON, subst. mas. (riton), t. d'antiq., vase à boire en forme de corne qu'on rencontre souvent sur les monuments anciens.

RHYZOSPERMUM, subst. mas. (rizocepèremome), t. de bot., genre de plantes qui est le même que la notelée.

DU VERBE IRRÉGULIER RIRE :

Ri, part. pass.
Riaient, 3e pers. plur. imparf. indic.
Riais, précédé de je, 1re pers. sing. imparf. indic.
Riais, précédé de tu, 2e pers. sing. imparf. indic.
Riait, 3e pers. sing. imparf. indic.
Riant, part. prés.

RIADHIAT, subst. mas. (ri-adia), t. de relat., exercice fort pratiqué chez les musulmans des Indes, par les fanatiques.

RIAILLE, subst. propre mas. (ri-â-ie), village de France, chef-lieu de canton, arrond. d'Ancenis, dép. de la Loire-Inférieure.

RIAILLERIE, subst. fém. (ri-â-leri), ris vif et fréquent ; ris bachique. Pop. et peu usité.

RIANE, subst. fém. (ri-ane), t. de bot., espèce d'arbrisseau de la Guyane, de la famille des vinettiers. Il a été appelé patrisie.

RIANT, E, adj. (ri-an, ante) (en lat. ridens, part. act. de ridere, rire), qui marque de la gaîté, de la joie : air, visage riant. —Agréable à la vue : jardin riant, maison riante.

RIAULE, subst. mas. (rió-le), outil de mineur.

RIBADOQUIN, subst. mas. (ribadokicin), ancienne pièce de canon que l'on tirait avec un poids égal de poudre et de boulet.

RIBAMBELLE, subst. fém. (ribanbèle),kyrielle, longue suite : ribambelle d'enfants ; il ne se dit que fam., et en mauvaise part.

RIBAUD, E, adj. et subst. (ribô, bôde) (suivant Le Duchat, du lat. barbare ripalis, fait de ripa, rivage ; parce que, dit-il, les impudiques dans leur conduite font sans cesse de faux pas, comme ceux qui marchent sur le rivage glissant des rivières), t. bas et malhonnête. Luxurieux, impudique. —Autrefois, portefaix qui chargeait ou déchargeait les marchandises embarquées ou débarquées à la grève, sur le rivage de la Seine. Sous Philippe-Auguste, soldats d'élite rangés sous des capitaines à la suite du roi pour sa garde. Le premier de ces capitaines, selon Pasquier, s'appelait roi, chef, commandant des ribauds; dénomination qui fut ensuite tellement avilie, que vers la fin du quinzième siècle on la donna à l'exécuteur de la haute-justice, ou du moins à l'exécuteur des sentences rendues par le prévôt des maréchaux.

RIBAUDAILLE, subst. fém. (ribôdâ-ie), t. injurieux dont on se servait autrefois pour désigner un soldat lâche et poltron.

RIBAUDÉQUER, RIBAUDÉQUIER, RIBAUDEQUIN ou RIBADOQUIN, subst. mas. (On voit assez, d'après les quatre orthographes de ce mot, qu'il s'est corrompu et même perdu. Nous n'en faisons mention dans notre Dictionnaire que parce que nous le trouvons dans Boiste, que Raymond à tout simplement copié.) (ribodekié, ribôdekiein, ribadokéin), nom d'une ancienne pièce d'artillerie. —Arc de 15 pieds de long, qui se plaçait sur les murs des forteresses ; espèce de grande arbalète que quinze hommes mettaient en mouvement.

RIBAUDERIE, subst. fém. (ribôderi), action de ribaud. — Divertissement licencieux. T. de mépris et de blâme, mais non grossier comme ribaud. Peu usité.

RIBAUDURE, subst. fém. (ribôdure), faux pli ou bourrelet qui se forme aux draps que l'on foule.

RIBE, subst. fém. (ribe), machine à broyer le lin. —Au plur., groseilles rouges. (Boiste.)

RIBEAUVILLE, subst. propre mas. (ribóvile), ville de France, chef-lieu de canton, arrondissement de Colmar, département du Haut-Rhin.

RIBECOURT, subst. propre mas. (ribekour), village de France, chef-lieu de canton, arrondissement de Compiègne, département de l'Oise.

RIBELIER, subst. mas. (ribelié), t. de bot., espèce de poudre de Ceylan.

RIBEMONT, subst. propre mas. (ribemon), ville de France, chef-lieu de canton, arrondissement de Saint-Quentin, département de l'Aisne.

RIBERAC, subst. propre mas. (riberak), ville de France, chef-lieu de canton et d'arrondissement, département de la Dordogne.

RIBERENC, subst. mas. (riberanke), nom d'un raisin noir qui croît dans le département du Cher.

RIBES, subst. fém. plur. Voy. RIBE.

RIBÉSIRE, subst. fém. Voyez RIBÉSOÏDE.

RIBÉSOÏDE, subst. mas. (ribezo-ide), t. de bot., nom que donnent les botanistes à un genre de plantes de la famille des groseilliers. On dit aussi ribesire.

RIBETTE, subst. fém. (ribète), t. de bot.; on a donné ce nom au groseillier rouge.

RIBIERS, subst. propre mas. (ribié), bourg de France, chef-lieu de canton, arrond. de Gap, département des Hautes-Alpes.

RIBLAGE, subst. mas. (riblaje), opération qui a pour objet de monter les meules neuves d'un moulin, et de les faire frotter l'une contre l'autre pour en user les plus grandes aspérités.

RIBLÉ, E, part. pass. de ribler.

RIBLER, v. act. (rible), voler de nuit. —SE RIBLER, v. pron. (Boiste.) Vieux et hors d'usage.

RIBLETTE, subst. fém. (riblète) (du lat. ripuleta, dimin. de ripula, lequel est lui-même un dimin. de ripa, côte), tranche de viande mince qu'on fait rôtir sur le gril, et qu'on assaisonne de sel et de poivre. —Omelette au lard.

RIBLEUR, subst. mas., RIBLEUSE, subst. fém. (ribleur, bleuze) (du lat. ripula, bord, ruelle), filou, voleur ; coureur de nuit, libertin. Vieux et populaire.

RIBLEUSE, subst. fém. Voy. RIBLEUR.

RIBLONS, subst. mas. plur. (riblon), petits morceaux de fer à refondre, hors de service.

*RIBON-RIBAINE, loc. adv. (ribon, bène), à tout prix, coûte que coûte. (Boiste.) Vieux t. pop., sans aucun doute ; mais qui est aujourd'hui entièrement hors d'usage.

RIBORD, subst. mas. (ribor), t. de marine, le bordage d'un vaisseau qui est le plus proche de la quille.

RIBORDAGE, subst. mas. (ribordaje), t. de mar., dommage qu'éprouvent les vaisseaux marchands en s'abordant. — Indemnité pour la perte occasionnée par le ribordage.

RIBOT, subst. mas. (ribo), pilon pour battre le beurre.

RIBOTE. Voy. RIBOTTE.

RIBOTÉ, part. pass. de riboter.

RIBOTER, v. neut. (ribote), boire, manger et se divertir à la façon du peuple.

RIBOTEUR, subst. mas., RIBOTEUSE, subst. fém. (riboteur, teuze), qui aime à faire ribotte.

RIBOTEUSE, subst. fém. Voy. RIBOTEUR.

RIBOTTE et non pas RIBOTE, subst. fém. (ribote), l'action de boire et de manger avec excès. — Réjouissance populaire.

RICANÉ, part. pass. de ricaner.

RICANEMENT, subst. mas. (rikaneman), rire moqueur. —Action de ricaner.

RICANER, v. neut. (rikane) (suiv. Vergy, contraction des deux mots latins ridere et cachinnari ; ridere cum cachinno, rire aux éclats), rire à demi, le plus souvent pour se moquer et quelquefois par sottise.

RICANERIE, subst. fém. (On devrait écrire RICANNERIE.) (rikaneri), ris malin, moqueur et souvent injurieux.

RICANEUR, subst. mas., RICANEUSE, subst. fém. (rikaneur, neuze), qui ricane.

RICANEUSE, subst. fém. Voy. RICANEUR.

RIC-A-RIC, loc. adv. et fam. (rikarike) (suivant Ménage, corruption du lat. rigide, à la rigueur), à la rigueur, sans faire de grâce : compter ric-à-ric. Il est fam.

RICATI, subst. mas. (rikati), t. de géom., équation différentielle du premier ordre.

RICCIE, subst. fém. (riksi), t. de bot., genre de plantes cryptogames de la famille des hépatiques.

RICEYS, subst. propre mas. (ricé), ville de

France, chef-lieu de canton, arrond. de Bar-sur-Seine, dép. de l'Aube.

RICH, subst. mas. (*rik*), t. d'hist. nat., espèce de loup cervier, dont la fourrure est très-fine.

RICHARD, E, subst. (Nous ne savons pas pourquoi l'*Académie* refuse un fém. à ce mot.) (*richar, charde*; au mas. le *d* ne se prononce jamais), homme, femme très-*riche*, qui a beaucoup de bien : *c'est un richard, un gros richard.* Il est fam. — T. d'hist. nat., subst. mas., genre d'insectes de l'ordre des coléoptères. On les nomme aussi *buprestes*.

RICHARDIE, subst. fém. (*richardi*), t. de bot., sorte de plante du Mexique, de la famille des rubiacées.

RICHE, subst. et adj. des deux genres (*riche*) (du l'all. *reich*, employé, selon *Wachter*, dans la même acception, et qui signifie proprement *empire, royaume, état*. Suivant *Ménage*, du gaulois *rich* ou *rix*, fort, puissant), qui a beaucoup de bien; qui possède de grands biens : *homme fort riche, extrêmement riche*; et prov. : *riche comme Crésus* ou *comme un Crésus*; *riche comme un juif*, *comme un puits*; *riche à millions.*—On dit fig. : *riche en mérite, en vertu*; *riche des biens de l'esprit.*—En parlant des choses, abondant, fertile : *riche moisson; mine fort riche*; *pays riche en blé, en vin*, etc.—Bien travaillé, chargé d'ornement : *un riche ajustement.* — Fam. : *faire un riche mariage*, épouser une femme fort *riche*. — *C'est un riche parti*, se dit d'un jeune homme, d'une jeune demoiselle à marier très-riche.—*Riche taille*, taille au-dessus de la médiocre et bien proportionnée.—*Des meubles, des étoffes riches*, de grand prix, magnifiques.—*Une langue riche*, abondante en mots et en tours. — *Être riche en ridicules*, en avoir beaucoup. — *Des rimes riches*, qui vont au-delà de l'exactitude exigée.— Subst. mas. : *on doit rendre également justice au riche et au pauvre.*—*Un riche malaisé*, qui a beaucoup de dettes.—*Le mauvais riche*, celui de l'Évangile. — *Un mauvais riche*, celui qui refuse de faire du bien aux pauvres.

RICHE-DÉPOUILLE, subst. fém. (*richedépou-ie*), t. de bot., variété d'oranger qui ne diffère de la bigarade que par la quantité de fleurs qu'elle produit.

RICHÉE, subst. fém. (*riché*), t. de bot., plante vivace de la famille des cinarocéphales, qui croît dans la terre de Van Diémen.—Autre, de la famille des épacrides, qui croît dans la Nouvelle-Hollande.

RICHÉIE, subst. fém. (*riché-i*), t. de bot., arbrisseau de Madagascar, qui forme un genre dans la polyandrie monogynie.

RICHELIEU, subst. propre mas. (*richelieu*), ville de France, chef-lieu de canton, arrond. de Chinon, dép. d'Indre-et-Loire.

RICHEMENT, adv. (*richeman*), magnifiquement : *richement vêtu, meublé.* — *Rimer richement*, n'employer ordinairement que des rimes riches.—*Marier une fille richement*, la marier à un homme fort riche.—*Pourvoir richement ses enfants*, leur donner des établissements considérables. —En style plaisant, *femme richement laide*, extrêmement laide.

RICHEOME, mieux **RICHOME**, subst. mas. (*richome*), t. de féod., nom que l'on donnait à une classe d'anciens seigneurs. Hors d'usage.

RICHE-PRIEUR, subst. mas. (*richepri-eur*), t. d'hist. nat., nom qu'on donne au pinson dans quelques pays.

RICHERIE, subst. fém. (*richeri*), t. de bot., espèce d'arbre qui forme un genre dans la polygamie monœcie.

RICHESSE, subst. fém. (*richèce*), abondance de biens : *c'est l'agriculture et le commerce qui font la richesse des états.* — Prov. : *contentement passe richesse*, mieux vaut être pauvre et content que riche et malheureux. — Éclat, magnificence : *la richesse d'une étoffe, d'un habit.* — Au pluriel, biens, possessions, revenus : *posséder de grandes richesses.*— *Richesse d'une mine*, l'abondance du métal. — *Richesse des rimes*, leur exactitude poussée au-delà des règles prescrites. — *Richesse d'une langue*, son abondance en mots et en tours.—Subst. propre fém., myth., divinité poétique, fille du Travail et de l'Épargne. On la représente sous la figure d'une femme superbement habillée, toute couverte de pierreries, tenant en sa main une corne d'abondance.

RICHISSIME, adj. des deux genres (*richicime*), fort riche. — RICHISSIME, TRÈS-RICHE, (*Syn.*) Quand nous disons *richissime*, *grandissime*, etc., nous voulons dire plus que *très-riche*, *très-grand*, ou le dire avec plus d'énergie. Vous dites avec plus ou moins de simplicité, qu'un homme est *très-riche*; en disant qu'il est *richissime*, vous appuyez avec plus ou moins de force. Une *grandissime* fortune vous paraît plus que *très-grande*, elle vous paraît infiniment grande.

RICHYS, subst. mas. plur. (*rikice*), nom que les Indiens donnent, en la personnifiant, à la constellation que nous appelons la *grande ourse*, à 4,400,000 lieues au-delà de Saturne.

RICIN, subst. mas. (*ricein*), t. d'hist. nat., genre d'insectes.—T. de bot., genre de plantes dicotylédones de la famille des euphorbiacées. — *Huile de ricin*, huile fournie par les graines de la plante du même nom.

RICINELLE, subst. fém. (*ricinèle*), t. de bot., genre de plantes de la famille des tithymaloïdes.

RICINAIRE, adj. mas. (*ricinère*), myth., surnom de Jupiter, couvert du voile nommé *ricinium*.

RICINIER, subst. mas. (*ricinié*). Voy. RICIN.

RICINIUM, subst. mas. (*ricini-ome*), t. d'antiq., espèce de voile dont on couvrait la statue de Jupiter.

RICINOCARPE, ou **RICINOCARPOS**, subst. mas. (*ricinokarpe, karpoce*), t. de bot., genre de plantes dispersées parmi les genres acalyphe, tragie et hydrocotyle.

RICINOÏDE, subst. mas. (*ricino ide*), t. de bot., noix des Barbades. Violent purgatif et vomitif.

RICINUS, subst. mas. (*ricinuce*), t. de bot., plante des anciens.—En hist. nat., dent de poisson fossile, faite en forme de cosse de haricot.

RICKET, subst. mas. (*rikiète*), t. de médec., affecté du rachitisme. Inusité. (*Boiste.*)

RICOCHÉ, part. pass. de *ricocher*.

RICOCHER, v. neut. (*rikoché*), faire des *ricochets*.

RICOCHET, subst. mas. (*rikoché*), bond que fait une pierre plate, jetée obliquement sur la surface de l'eau.—Vieux nom d'un petit oiseau qui répète continuellement son ramage.—On dit prov. : *c'est la chanson du ricochet*, c'est toujours la même chanson, le même discours. — *Batterie à ricochet*, t. d'artill., batterie qui joue de manière que les boulets, après être tombés, roulent, se relèvent et font des bonds ou des *ricochets*, comme une pierre plate sur la surface de l'eau. On dit dans le même sens : *charger, tirer à ricochet.* —Fig. : *par ricochet*, par circuits, non pas directement et de la première main : *cette nouvelle nous est venue par ricochet.* — Prov. : *avoir de quoi faire des ricochets*, avoir plus de revenu qu'il n'en faut pour vivre suivant sa condition; avoir de quoi contenter ses fantaisies.

RICOCHON, subst. mas. (*rikochon*), apprenti monnayeur.

RICOTIE, subst. fém (*rikoci*), t. de bot., espèce de plante annuelle de la famille des crucifères.

*RICTUS, subst. mas. (*riktuce*) (mot latin), large ouverture de la bouche : *Voltaire avait un rictus horrible.* (Boiste.)

RIDAINS, ou **RIDEAUX**, subst. mas. plur. (*ridein, dô*), t. de pêche, élévations en forme de *ride* dans le fond de la mer. — On dit aussi *ridelles*, au fém.

RIDE, subst. fém. (*ride*) (du grec ῥυτίς, ῥυτίδος, qui a la même signification), au propre, les plis qui se font sur le front, sur le visage et sur les mains, et qui sont l'effet ordinaire de l'âge.—Par extension, il se dit de l'eau, lorsque sa surface cesse d'être unie. — En t. de mar., cordage qui sert à en roidir un autre plus gros.

RIDÉ, E, part. pass. de *rider*, et adj. — En t. de bot., voy. RUGUEUX.

RIDEAU, subst. mas. (*ridô*) (de *ride*, à cause des plis en forme de *rides* que font les rideaux), morceau d'étoffe ou de toile auquel sont attachés des anneaux qui coulent sur une tringle, et qu'on tire pour cacher, couvrir, entourer, conserver quelque chose.—Toile de théâtre qu'on lève et qu'on baisse à volonté.—Fig., 1° tout ce qui empêche une chose d'être vue; 2° petite élévation de terre derrière laquelle on peut se cacher.—Fig. : *tirer le rideau sur une chose*, n'en plus parler, ne plus s'en occuper l'esprit. — *Se tenir derrière le rideau*, ne pas se laisser apercevoir dans une affaire que l'on conduit.— *Tirez le rideau, la farce est jouée*, tout est fini.

RIDÉES, subst. fém. plur. (*ridé*), fientes et fumées des vieux cerfs.

RIDELLE, subst. fém. (*ridèle*), chacun des deux côtés d'une charrette, fait en forme de râtelier. — Au plur., voy. RIDAINS.

RIDENNE, subst. fém. (*ridène*). Voy. CHIPEAU.

RIDER, v. act. (*ridé*), faire, causer des *rides* : *le chagrin ride le front; l'âge, les maladies l'ont tout ridé.* — Par extension, et surtout en poésie, il se dit de l'eau : *les vents rident la face, la surface de l'eau.*— Faire roidir une corde, une couture, etc.—En t. de mar., accourcir une voile avec des ris.—SE RIDER, v. pron., se faire des *rides*, prendre des *rides*.

RIDICULE, adj. des deux genres (*ridikule*) (du lat. *ridiculus*, fait de *ridere*, rire), qui est digne de *risée* : *manière, discours, conduite ridicule.*—Subst., homme *ridicule*. On dit aussi au fém., *c'est une petite ridicule.*—Ce qu'il y a de *ridicule* dans une personne, dans une chose : *il saisit le ridicule de chaque chose*; *donner un ridicule à quelqu'un.*—*Tomber dans le ridicule, dans un grand ridicule*, devenir *ridicule*.—*Se donner un ridicule*, se rendre *ridicule* par ses manières, sa conduite.—*Tourner* ou *traduire en ridicule*, *ridiculiser*, se moquer de... — Sac à ouvrage de femme. On a dit d'abord *réticule*, c'est-à-dire formé de *rets*.—RIDICULE, RISIBLE. (*Syn.*) *Ridicule*, qui doit exciter la *risée*, qui l'excite. *Risible*, qui est propre à exciter le *rire*, qui l'excite. La *risée* est un *rire* éclatant, long, méprisant, moqueur. On *rit* de ce qui est *risible*; on se *rit* de ce qui est *ridicule*. *Risible* se prend en bonne et en mauvaise part; *ridicule* ne se prend qu'en mauvaise part. Il y a des choses qui font *rire*, parce qu'elles sont déplacées, désordonnées, immodérées; et celles-là sont *risibles* et *ridicules*. Il y a des choses qui doivent faire *rire*, pour remplir leur destination, leur objet ou leur fin; celles-là sont *risibles* et non *ridicules*.—Un objet est *ridicule* par un contraste frappant entre la manière dont il est et celle dont il doit être, selon le modèle donné, la règle, les bienséances, les convenances. Un objet est *risible* par quelque chose de plaisant et de piquant, qui vous cause une surprise et une joie assez vives pour se manifester par des signes extérieurs et indélibérés. —Un travers d'esprit vous rendrait *ridicule*; ce travers est au moins un commencement de folie. Une singularité comique vous rendra *risible*; cette singularité peut être fort raisonnable.—Un homme sage, c'est souvent celui que les fous à la mode trouvent fort *ridicule*. Un discours sensé, ce sera très-souvent celui que les sots trouveront fort *risible*. — *Risible*, pris en mauvaise part, dit beaucoup moins que *ridicule*. La chose *risible* peut faire *rire*; la chose *ridicule* fait *rire*.

RIDICULEMENT, adv. (*ridikuleman*), d'une manière *ridicule*.

RIDICULISÉ, E, part. pass. de *ridiculiser*.

RIDICULISER, v. act. (*ridikulizé*), rendre *ridicule*, tourner en *ridicule*. —SE RIDICULISER, v. pron., se rendre *ridicule*.

RIDICULISSIME, adj. des deux genres (*ridikulicecime*), très-*ridicule*.

* **RIDICULITÉ**, subst. fém. (*ridikulité*), qualité de ce qui est *ridicule* : *la ridiculité de ce propos, de ce procédé est sensible.*—Action ou parole *ridicule* : *c'est une ridiculité*. Fam.

DU VERBE IRRÉGULIER **RIRE** :

Rie, précédé de *qu'il* ou *qu'elle*, 3e pers. sing. prés. subj.

Rie, précédé de *que je*, 1re pers. sing. prés. subj.

RIÈBLE, subst. mas. (*ri-èble*), t. de bot., nom vulgaire du gaillet accrochant. Voy. GRATERON.

RIEDLÉE, subst. fém. (*ri-édelé*), t. de bot., espèce de plante vivace de la famille des hermanniées.

RIEN, subst. mas. (*riein*) (du lat. *rem*, accusatif de *res*, chose. *Non habeo rem*, je n'ai rien; *non agit rem*, il ne fait rien; et de là vient qu'en français *rien* se construit ordinairement avec une négation. Nos anciens auteurs disaient *rien* dans le sens de *chose* : *ils n'ayderoient de nuls riens.* Froissart. *Craignant Dieu en tout son pouvoir sur tout rien.* Joinville), nulle chose, néant : *Dieu a créé le monde de rien*; *dans l'ordre de la nature, rien ne se fait de rien.* — Par exagération, peu de chose : *il a eu cette maison pour rien.* — Quelque chose : *y a-t-il rien de si beau que... qui vous reproche rien?* —Au plur., bagatelles, chose de peu d'importance : *ces difficultés sont des riens*; *discur de* *riens*, etc. — Ne rien faire, demeurer entièrement oisif. Boileau a dit (*Satire* 11) :

.... Passer
La nuit à bien dormir et le jour à rien faire.

Par la suppression de la particule négative *ne*, au jugement de l'Académie française, *rien faire* devenait une espèce d'occupation, et le contraste était plus marqué. Racine (*les Plaideurs*) a redoublé au contraire la négation, en disant :

On ne veut *pas* rien faire ici qui vous déplaise.

Pas est ici de trop, et c'est une faute.—Fam. : *il ne sait rien de rien, rien du tout.—On ne fait rien pour rien*, il entre toujours quelque vue d'intérêt personnel dans ce qu'on fait. — *Cette viande s'est réduite à rien*, a fort diminué. — *Cette affaire s'est réduite à rien*, n'a eu aucun succès. — *Il ne m'est de rien*, je n'y prends aucun intérêt. — *Cette affaire ne tient à rien, rien n'empêche qu'elle ne se fasse.—Il ne tint à rien qu'il ne se tuât*, peu s'en fallut qu'il ne se tuât. —*Il n'y a rien que nous l'avons vu*, il y a peu de temps.—*Il ne pense à rien moins qu'à vous supplanter*, il n'y pense pas du tout, il n'y a rien à quoi il pense moins.—*Il ne pense à rien de moins qu'à vous supplanter*, il pense à vous supplanter; ses pensées ne sont pas au-dessus de ce dessein. — *Comme si de rien n'était*, loc. fort en usage, et qui signifie : comme si la chose dont il est question n'était pas arrivée. — *En moins de rien*, loc. adv., promptement, en peu de temps.

RIENCURTIE, subst. fém. (*rienkurci*), t. de bot., genre de plantes de la famille des synanthérées.

RIÉNISTE, subst. des deux genres (*riéniceté*), partisan du néant après la mort.

DU VERBE IRRÉGULIER RIRE :

Rient, précédé de *ils* ou *elles*, 3ᵉ pers. plur. prés. indic.

Rient, précédé de *qu'ils* ou *qu'elles*, 3ᵉ pers. plur. prés. subj.

Ries, 2ᵉ pers. sing. prés. subj.

RIEREFIEF, subst. mas. (*riérefiéfe*), t. de féod., arrière-fief. Vieux et inusité.

RIESLING, subst. mas. (*riéceleingne*), nom d'un raisin blanc qui croît dans le dép. du Bas-Rhin.

RIETI, subst. propre mas. (*riéti*), ville des états de l'Église, où les Napolitains furent battus par les Français en 1798.

RIEULE, subst. fém. (*ri-eule*), règle. (Boiste.) Vieux et même hors d'usage.

RIEULÉ, E, adj. (*rieulé*), régulier. (Boiste.) Vieux et même hors d'usage.

RIEUR, subst. et adj. mas., au fém. RIEUSE (*rieur, euze*), celui, celle qui *rit* : faites faire ces rieurs, ces rieuses. — Qui aime à rire : c'est un grand rieur, une grande rieuse.—Railleur, moqueur : *cette jeune fille est rieuse; il y a rieur et rieur.—Avoir les rieurs de son côté*, l'approbation du plus grand nombre de ceux qui ont le plus de crédit et d'autorité.

RIEUSE, subst. fém. Voy. RIEUR.

RIEUX, subst. mas. plur. (*rieu*), t. de pêche, filets du genre des folles, appelés autrement *cibaudières*. Il y a aussi des *demi-rieux*.

RIEUX, subst. propre mas. (*rieu*), ville de France, chef-lieu de canton, arrond. de Muret, dép. de la Haute-Garonne.

RIEZ, subst. propre mas. (*rié*), ville de France, chef-lieu de canton, arrond. de Digne, dép. des Basses-Alpes.

DU VERBE IRRÉGULIER RIRE :

Riez, 2ᵉ pers. plur. impér.

Riez, précédé de *vous*, 2ᵉ pers. plur. prés. indic.

RIFFÉ, E, part. pass. de *riffer*.

RIFFER, v. act. (*rifé*), arracher. — SE RIFFER, v. pron (Boiste.) Vieux.

RIFFET, subst. mas. (*rifé*), t. d'hist. nat., sorte de petite coquille du genre des *toupies*.

RIFLARD, subst. mas. (*riflar*), gros rabot pour dégrossir le bois.—Ciseau dentelé pour travailler en pierre.—Grand parapluie de forme ancienne.

RIFLEAU, subst. mas. (*riflô*), t. d'ardoisier, veine de matières étrangères dans un banc d'ardoise.

RIFLÉ, subst. mas. (*riflé*), pain blanc, pain de seconde issue. (Boiste.) Ce mot est usité en province.

RIFLÉ, E, part. pass. de *rifler*, et adj. : *pierre riflée*, qui a passé au *riflard*.

RIFLER, v. act. (*riflé*), en t. de coutelier, limer au moyen du *rifloir* dans des ciselures et cannelures courbes.—En t. de doreur, adoucir au *rifloir* une pièce qu'on veut blanchir.—SE RIFLER, v. pron.

RIFLOIR, subst. mas. (*rifloar*), lime un peu recourbée par le bout.

RIGA, subst. propre fém. (*rigua*), ville forte de la Russie d'Europe, chef-lieu du gouvernement de la Livonie.

RIGAUDON. Voy. RIGODON, tel est du moins le renvoi de *l'Académie*.

RIGAUX ou RIGAUDS, subst. mas. plur. (*rigô*), t. de géol., espèces de noyaux formés dans les pierres à chaux mal calcinées.

RIGIDE, adj. des deux genres (*rijide*) (du latin *rigidus*), sévère extrêmement et quelquefois trop exact : *censeur rigide; morale rigide; observateur rigide des lois.*—*Calviniste, cartésien rigide*, scrupuleusement attaché à toutes les opinions de *Calvin*, de *Descartes*. — Des écrivains distingués ont employé ce mot dans le sens de *dur, roide, hérissé* : une plaine *rigide* de glaces dures et compactes. (M. de Lacépède, *Poétique de la musique*.) C'est un latinisme.

RIGIDEMENT, adv. (*rijideman*), d'une manière *rigide* et austère.

RIGIDITÉ, subst. fém. (*rijidité*) (en lat. *rigiditas*), sévérité, manière d'agir *rigide* et austère. —En t. de médec., constriction, roideur.

RIGNAC, subst. propre mas. (*riguiak*), ville de France, chef-lieu de canton, arrond. de Rodez, dép. de l'Aveyron.

RIGODON, subst. mas. (*rigoudon*), sorte de danse, dont l'air se bat à deux temps, d'un mouvement gai, et se divise ordinairement en deux reprises, ainsi nommée de son inventeur *Rigaud*. Plusieurs écrivent *rigaudon*, qui est plus conforme à cette étymologie. — *Pas de rigodon, pas* qui se fait à la première place sans s'avancer ni reculer, ni aller de côté, quoique les jambes fassent plusieurs mouvements différents.

RIGOLE, subst. fém. (*riguole*) (du lat. *rivulus*, petit ruisseau, dimin. de *rivus*, dont *Ménage* a fait, dans le même sens, le mot barbare *rivola*), petite tranchée creusée dans la terre ou dans des pierres de taille, pour faire couler les eaux.—Petite tranchée qu'on fait pour planter des bordures ou des palissades.

RIGOLAGE, subst. mas. (*riguolaje*), raillerie, plaisanterie. (Boiste.) Inusité.

RIGOLÉ, E, part. pass. de *rigoler*.

RIGOLER, v. act. (*riguolé*), t. de jard., faire des *rigoles*. — SE RIGOLER, v. pron., s'amuser, se réjouir; bien boire et bien manger. Fam. et pop.

RIGOR, subst. mas. (*riguor*), mot lat. adopté en pathologie pour signifier *frisson*.

RIGORISME, subst. mas. (*rigoriceme*), morale trop *rigoureuse* et trop sévère.

RIGORISTE, subst. et adj. des deux genres (*rigoricete*), qui pousse trop loin la *rigueur*, la sévérité dans la morale ou dans certains principes : *c'est un rigoriste en matière de religion.* —Adj. : *personne, secte rigoriste*.

RIGOTEAUX, subst. mas. plur. (*riguotô*), tuiles fendues en travers.

RIGOUREUSE, adj. fém. Voy. RIGOUREUX.

RIGOUREUSE, subst. fém. Voyez STAGE. (Boiste.)

RIGOUREUSEMENT, adv. (*riguoureuzeman*), avec *rigueur*, d'une manière dure et sévère. — *Cela est rigoureusement vrai*, cela est incontestable.

RIGOUREUX, adj. mas., au fém. RIGOUREUSE (*riguoureu, reuze*), qui a beaucoup de *rigueur* et de sévérité : *juge, magistrat, créancier rigoureux*, qui ne pardonne rien ou qui ne relâche rien de ses droits. — *Sentence rigoureuse, extrêmement sévère.—Hiver rigoureux, saison rigoureuse*, hiver rude, âpre; saison rude, fâcheuse, insupportable. — *Diète rigoureuse*, abstinence entière. — *Démonstration rigoureuse*, sans réplique.

RIGUEUR, subst. fém. (*riguieur*) (du lat. *rigor*, qui a les mêmes significations, et qui est dérivé du grec ῥιγός, froid excessif, etc.), âpreté du froid, de l'hiver, de la saison.—Sévérité, dureté, austérité : *traiter avec rigueur; la rigueur de la règle*, et t. fig. : *la rigueur du sort, les rigueurs d'une belle, de sa maîtresse*. Voy. SÉVÉRITÉ. — Grande exactitude, sévérité dans la justice : *juger suivant la rigueur des lois.—Loi de rigueur*, la loi de Moïse. — *Juges de rigueur*, justice réglée, juges subalternes. — *Jouer de rigueur*, suivre toutes les règles. — *Une chose de rigueur*, indispensable. — *A la rigueur*, loc. adv. : 1° trop à la lettre, sans modification : *expliquer une loi à la rigueur;* 2° absolument parlant : *à la rigueur, cela peut être ainsi.—En rigueur, à toute rigueur*, avec une extrême exactitude et sévérité.

DU VERBE IRRÉGULIER RIRE :

Riiez, précédé de *vous*, 2ᵉ pers. plur. imparf. indic.

Riiez, précédé de *que vous*, 2ᵉ pers. plur. prés. subj.

Riions, précédé de *nous*, 1ʳᵉ pers. plur. imparf. indic.

Riions, précédé de *que nous*, 1ʳᵉ pers. plur. prés. subj.

RIKOUR, subst. mas. (*rikour*), singe sans barbe, dont parlent quelques voyageurs, mais sans désigner son espèce.

RILEK, subst. mas. (*riléke*), espèce de vielle russe.

RIMA, subst. mas. (*rima*), t. de bot., arbre à pain. (Boiste.)

RIMAILLE, subst. fém. (*rimâ-ie*), mauvais vers; mauvaise poésie.

RIMAILLÉ, part. pass. de *rimailler*.

RIMAILLER, v. neut. (*rimâ-ié*) (rac. *rime*), faire de mauvais vers. On dit aussi *rimasser*. —Act., mettre quelque chose en vers, mais avec négligence, sans soin : *attendez, je vais vous rimailler cela*.—SE RIMAILLER, v. pron.

RIMAILLEUR, subst. mas., RIMAILLEUSE, subst. fém., (*rimâ-ieur, ieuze*), qui *rimaille*, méchant poëte.

RIMAILLEUSE, subst. fém. Voyez RIMAILLEUR.

RIMASSÉ, part. pass. de *rimasser*.

RIMASSER, v. neut. (*rimacé*) (rac. *rime*), faire de mauvais vers. — SE RIMASSER, v. pron.

RIMBERGE, subst. fém. (*reinbérje*), l'un des noms vulgaires de la mercuriale de France.

RIMBOT, subst. mas. (*reinbô*), t. de bot., espèce d'arbuste de la famille des liliacées.

RIME, subst. fém. (*rime*) (du grec ῥυθμός, cadence, accord). On écrivait autrefois *ryme*.— Uniformité de son dans la terminaison de deux mots, surtout en poésie : *rime masculine, comme lieu; rime, malheureux, généreux*, etc. ; *rime féminine*, terminée par un e muet, comme *flatterie, raillerie, touche, bouche.—Rimes croisées*, rimes masculines et féminines qui sont mêlées et entrelacées les unes avec les autres. — *Rimes plates*, celles qui ne sont pas croisées.

RIMÉ, E, part. pass. de *rimer*. — *Bout-rimé*. Voy. ce mot.

RIMER, v. neut. (*rimé*), se terminer par le même son : *ce mot ne rime pas avec celui-là; ces deux mots riment bien*. Voy. RIME. — Fig., dans le style badin, s'accorder : *ces deux choses ne riment pas ensemble*, elles n'ont aucun rapport entre elles.— Employer des rimes bonnes ou mauvaises : *il rime bien, il rime mal.*— Faire des vers : *il ne s'emploie tout son temps à rimer*. On le dit par mépris. — Fig. et fam. : *cela ne rime à rien*, ne signifie rien. — Act., faire rimer : *on ne peut faire rimer ami avec ennui*. — Plus ordinairement, mettre en vers : *rimer un conte*.—SE RIMER, v. pron.

Rîmes, 1ʳᵉ pers. plur. prét. déf. du v. irrégulier *rire*.

RIMEUR, subst. mas. (*rimeur*), sans épithète, mauvais poëte. —Avec une épithète, il peut être pris dans un sens favorable; *c'est un excellent rimeur*, il emploie des *rimes* très-riches, etc.

RIMEUSE, adj. fém. Voy. RIMEUX.

RIMEUX, adj. mas., au fém. RIMEUSE (*rimeu, meuze*) (du latin *rima*, fente), crevassé, fendillé, ridé sans ordre ; il se dit des surfaces molles, non résistantes. (Boiste.)

RIMOYÉ, E, part. pass. de *rimoyer*.

RIMOYER, v. neut. (*rimoé-ié*), rimailler. — SE RIMOYER, v. pron. (Boiste.) Vieux.

RIMMON, subst. propre mas. (*rimenon*), myth., idole de Damas, en Syrie, supposée la déesse des amours.

RIMULE, subst. fém. (*rimule*), petite fente ou fissure que l'on aperçoit dans certaines coquilles.

RINCÉ, E, part. pass. de *rincer*.

RINCEAU, subst. mas. (*reinçô*), t. d'archit., feuillage qui sert d'ornement. — En t. de blas., branches chargées de feuilles.

RINCÉE, subst. fém. (*reincé*), correction, coups. Pop. (Ce mot manque dans l'*Académie*.)

RINCER, v. act. (*reincé*) (de l'allemand *reinigen*, purifier, nettoyer), nettoyer en lavant et en frottant. Il ne se dit que des verres, tasses, cruches et autres vases semblables, et de la bouche qu'on lave : *rincer sa bouche*, ou mieux, *se rincer la bouche*. — On dit pop. au part., qu'*un homme a été bien rincé*, qu'il a été bien mouillé. Quelques-uns le disent même de celui qui a essuyé une verte réprimande. — *se* RINCER, v. pron.

RINÇOIR, subst. mas. (*reinçoar*), t. de papeteries, grand vase dont on se sert pour *rincer*.

RINCONTRE, subst. mas. (*reinkontre*), contrôleur des galères du pape. (*Boiste*.) Peu connu.

RINÇURE, subst. fém. (*reinçure*), l'eau avec laquelle on a *rincé* un verre, une bouteille, etc.

RINDA, subst. propre fém. (*reinda*), myth., déesse des Scandinaves, dont Odin eut le dieu Vali.

RINFAX et SKYNFAX, subst. propre mas. (*reinfakce, cekieinfakce*), myth., nom des chevaux du Jour et de la Nuit.

RINGARD, subst. mas. (*reinguare*), barre de fer pour manier de grosses pièces à forger.

RINGEAU ou **RINGEOT**, subst. mas. (*reinjò*), t. de mar., pièce de bois, extrémité de la quille d'un vaisseau, où commence l'étrave. On dit aussi *brion*.

RINGRAVE, subst. mas. et fém. Voyez RHINGRAVE.

RINORE, subst. mas. (*rinore*), t. de bot., espèce de petit arbre qui croît dans l'île de Cayenne.

RINSTRUIRE, v. act. (*reincetruire*), *instruire* de nouveau. — *se* RINSTRUIRE, v. pron. Peu en usage.

RINSTRUIT, E, part. pass. de *rinstruire*.

RIOBUS, subst. mas. (*ri-obuce*), nom qu'on donne, au Japon, à une secte de sintoïstes mitigés. Voyez SINTOÏSTE.

RIO-DE-JANEIRO, subst. propre mas. (*ri-odejanèro*), ville capitale du Brésil, dans l'Amérique méridionale.

RIOL, subst. propre mas. (*ri-ole*), bourg de France, chef-lieu de canton, arrond. de Vesoul, dép. de la Haute-Saône.

RIOLANISTE, subst. mas. (*ri-olanicete*), t. d'anat., muscle fléchisseur de la cuisse.

* **RIOLE**, subst. fém. (*ri-ole*), partie de plaisir, divertissement, fête : *être en riole*, se divertir. Fam. et pop.

RIOLÉ, E, adj. (*ri-olé*), rayé, marqueté. (*Boiste*.)

RIOLER, v. neut. (*ri-olé*), s'amuser, se divertir. Hors d'usage.

RIOM, subst. propre mas. (*ri-ome*), ville de France, chef-lieu de canton et d'arrond., dép. du Puy-de-Dôme.

RIOM-LES-MONTAGNES, subst. propre mas. (*ri-omelémontagnie*), bourg de France, chef-lieu de canton, arrond. de Mauriac, dép. du Cantal.

DU VERBE IRRÉGULIER RIRE :

Rions, 1re pers. plur. impér.
Rions, précédé de *nous*, 1re pers. plur. prés. indic.

RIORTE, subst. fém. (*ri-orte*), t. de bot., l'un des noms français que l'on donne à la viorne, plante.

RIOTÉ, part. pass. de *rioter*.

RIOTER, v. neut. (*ri-oté*), *rire* à demi. Pop.

RIOTEUR, subst. mas., **RIOTEUSE**, subst. fém. (*ri-oteur, teuze*), celui, celle qui ne fait que *rioter*. Pop.

RIOTEUSE, subst. fém. Voy. RIOTEUR.

RIPAILLE, subst. fém. (*ripâ-ie*) : *faire ripaille*, faire grande chère ; faire la débauche à table. Il est pop. (De *Ripaille*, bourg de Savoie, dans le Chablais, sur le bord du lac de Genève, où *Amédée* de Savoie, qui fut depuis le pape ou plutôt l'antipape *Félix V*, se retira pour y mener, dit-on, une vie délicieuse.)

RIPAILLEUR, subst. mas., **RIPAILLEUSE**, subst. fém. (*ripâ-ieur, ieuze*), celui, celle qui fait *ripaille*. Pop. — Homme glouton, malpropre. — Ce mot a vieilli.

RIPAILLEUSE, subst. fém. Voy. RIPAILLEUR.

RIPARIENS, subst. mas. plur. (*ripari ein*), t. d'antiq., soldats romains qui gardaient les côtes et les frontières.

RIPAROGRAPHE, subst. mas. Voy. RHYPOGRAPHE

RIPE, subst. fém. (*ripe*), outil de maçon ou de sculpteur, acéré et denté, pour gratter une muraille ou une figure.

RIPÉ, E, part. pass. de *riper* et adj.

* **RIPER**, v. act. (*ripé*), ratisser ou gratter avec la *ripe*. — Neut., t. de mar., glisser. — *se* RIPER, v. pron.

RIPHÉE, subst. propre mas. (*rifé*), myth., nom par lequel Virgile désigne le vent Eurus.

RIPIPHORE, subst. mas. (*ripifore*), t. d'hist. nat., genre d'insectes de l'ordre des coléoptères.

RIPOGONE, subst. mas. (*ripoguone*), t. de bot., genre de plantes de la famille des asparagoïdes.

RIPOGRAPHE, subst. mas. ; **RIPOGRAPHIE**, subst. fém. Voy. RHYPOGRAPHE, RHYPOGRAPHIE.

RIPOIRE, subst. mas. (*ripoare*), t. de mar., bout de corde composé de chanvre et de crin.

RIPOPÉE, subst. fém. (*ripopé*) (de la particule latine réduplicative *re*, par corruption *ri*, et de *vapatum*, sous-entendu *vinum*, fait de *vappa*, vin poussé, éventé. *Le Duchat*.), mélange que font les cabaretiers de différents restes de vins. Il est populaire. — Par extension, mélange de différentes liqueurs, de diverses sauces. — Fig. et fam., discours mêlé de différentes choses qui ne font qu'un méchant composé.

RIPOSTE, subst. fém. (*ripocete*), réponse vive, faite sur-le-champ ; repartie prompte pour repousser quelque raillerie. — En t. d'escrime, botte portée en parant. — En t. de manége, action du cheval qui rue quand il sent l'éperon.

RIPOSTÉ, E, part. pass. de *riposter*.

RIPOSTER, v. neut. (*ripoceté*), répondre, repartir vivement : *il riposta fort à propos*. On dit aussi activement : *riposter quelque chose de désagréable*. — Fam. et par extension, repousser une injure : *riposter à un démenti par un soufflet; il lui riposta d'un coup d'épée au travers du corps*. — En t. d'escrime, parer et porter la botte du même mouvement. — *se* RIPOSTER, v. pron.

RIPUAIRE, adj. des deux genres (*ripu-ère*) (de *ripuarii*, nom donné à ces peuples dans le moyen-âge, et fait de *ripa*, rive, rivage, bord) : *les lois ripuaires*, les lois des peuples qui habitaient les bords du Rhin et de la Meuse. — On a dit aussi subst. au mas. : les *ripuaires*.

RIQUE-RAC, adv. (*rikerak*), *ric-à-ric*. Inusité.

RIQUERAQUE, subst. fém. (*rikerake*), nom d'une ancienne chanson de table. Hors d'usage.

DU VERBE IRRÉGULIER RIRE :

Rira, 3e pers. sing. fut. indic.
Rirai, 1re pers. sing. fut. indic.
Riraient, 3e pers. plur. prés. cond.
Rirais, précédé de *je*, 1re pers. sing. prés. cond.
Rirais, précédé de *tu*, 2e pers. sing. prés. cond.
Rirait, 3e pers. sing. prés. cond.
Riras, 2e pers. sing. fut. indic.

RIRE, v. neut. (*rire*) (contraction du latin *ridere*), faire certain mouvement de la bouche, causé par l'impression qu'excite en nous quelque chose de plaisant. — Fig., plaire aux yeux, être agréable : *tout rit dans cette maison de campagne ; cela rit à l'imagination*. — Fam., se divertir, se réjouir : *c'est un bon garçon qui aime à rire*. — Railler, badiner, ne parler pas tout de bon, n'agir pas sérieusement. — Ne point se soucier, se moquer de... : *il rit de toutes les remontrances qu'on lui fait ; rire de quelqu'un*, s'en moquer. — *Il n'y a pas le mot pour rire dans cet ouvrage*, il n'y a rien de plaisant, quoiqu'il soit pour réjouir. — Fam. : *pincer sans rire*, se moquer de quelqu'un sans faire semblant d'en avoir le dessein. — Prov. et fig. : *ne rire que du bout des dents*, ne pas *rire* de bon cœur. — Prov. : *rire aux anges*, 1° être tellement transporté de joie qu'on en paraisse comme extasié; 2° *rire* seul, niaisement et sans sujet connu. — *Rire sous cape, rire dans sa barbe*, être bien aise de quelque chose et n'en rien témoigner. — Fig. : *la fortune lui rit, tout lui rit, tout rit à ses désirs*, il est heureux, tout lui réussit. — *Tel qui rit vendredi, samedi pleurera*, souvent la tristesse succède à la joie. — *Rira bien qui rira le dernier*, celui qui l'emportera aura seul le droit de *rire* de l'autre. — *Vous voulez rire*, c'est une plaisanterie que vous faites. — *se* RIRE, v. pron., se moquer de...

RIRE, subst. mas. (*rire*), action de *rire*. Contre l'ordinaire des infinitifs-substantifs, il s'emploie au pluriel, et s'unit à des adjectifs : *des rires innocents, des rires forcés*.

DU VERBE IRRÉGULIER RIRE :

Rirent, 3e pers. plur. prét. déf.
Rirez, 2e pers. plur. fut. indic.

RI-RI-CAT, subst. mas. (*ririka*) t. de bot., sorte d'arbrisseau qui croît dans les marais de la Cochinchine.

Ririez, 2e pers. plur. prés. cond.
Ririons, 1re pers. plur. prés. cond.
Rirons, 1re pers. plur. fut. indic.
Riront, 3e pers. plur. fut. indic.
Ris, 2e pers. sing. impér.
Ris, précédé de *je*, 1re pers. sing. prét. déf. ou prés. indic.
Ris, précédé de *tu*, 2e pers. sing. prét. déf. ou prés. indic.

RIS, subst. mas. (*ri*, et devant une voyelle *rize*) (du lat. *risus*.) Voy. RIRE, subst. — *Ris* ou *rire sardonique* ou *sardonien*, espèce de *ris* convulsif, causé par une contraction dans les muscles du visage. (Du lat. *sardonicus* ou *sardonius*, fait de *sardoa*, sous-entendu *herba*, plante vénéneuse de Sardaigne, douce au goût, et qui cause cette espèce de *rire*.) — Fig. : *avoir un ris sardonique*, *rire* à contre-cœur et par grimace. — *Ris*, au plur., dans le style poét. seulement : *les amours, les ris et les jeux; les graces et les ris la suivent partout*.

RIS, subst. mas. (*ri*, et devant une voyelle *rize*) (suivant *Ménage*, de *ride*, parce que les *ris* de veau sont *ridés*), glandule sous la gorge du veau, qui est un manger délicat. On dit aussi : *ris-de-veau*. — En t. de mar., et au plur., bande de toile à œillets garnis de garcettes, qui traversent les huniers d'un bord à l'autre. Les *ris* servent à appetisser les voiles, lorsqu'il vente grand frais. — *Prendre un ris, des ris*, raccourcir la voile au moyen des *ris*.

RISADE, subst. fém. (*rizade*), t. de mar., action d'assembler les voiles.

RISAGAL, subst. mas. Voy. RÉALGAR.

RISAGON, subst. mas. (*rizaguon*), racine jaunâtre de l'Inde.

RISAVE, subst. fém. (*rizave*), t. de bot., nom qu'on donne, en certains endroits, à la zizanie des marais.

RISBAN, subst. mas. (*riceban*), t. de fortific., terre-plein garni de canons pour la défense d'un fort.

RISBERME, subst. fém. (*ricebèreme*), espace réservé au pied de la jetée d'un port pour préserver les fondations des affouillements des eaux. — Fortification de grillages et de fascines.

RISDALE, subst. fém. Voy. RIXDALE, seul bon.

RIS-DE-VEAU, subst. mas. (*ridevô*). Voy. RIS. — Au plur., des *ris-de-veau*.

RIS-DU-CANADA, subst. mas. (*ridukanada*), nom de la graine produite par une variété de zizanie.

RIS-DU-PÉROU, subst. mas. (*ridupérou*), graine d'une espèce d'ansérine que l'on mange au Pérou.

RISÉE, subst. fém. (*rizé*) (du lat. *risus* ou *risio*), grand éclat de *rire* de plusieurs personnes : *il s'éleva de grandes risées dans l'assemblée*. — Moquerie : *s'exposer à la risée ; être l'objet de la risée*. — Objet dont on se *rit*, dont on se moque : *il est la risée de toute la ville*.

RISIBILITÉ, subst. fém. (*rizibilité*), faculté de *rire*. Fort peu usité, quoique nous le lisions dans l'*Académie*.

RISIBLE, adj. des deux genres (*rizible*), en style didactique, qui a la faculté de *rire* : *l'homme est un animal risible*. — En parlant des choses, qui est propre à faire *rire*. — En parlant des choses et des personnes, qui est digne de moquerie. — On dit quelquefois subst. au mas. : *le risible de la chose, c'est que*, etc.

RISIBLEMENT, adv. (*rizibleman*,) d'une manière *risible*. — Ce mot manque dans l'*Académie* et dans *Boiste*.

RISIGALLUM, subst. mas. (*riziguallelome*), le mercure sulfuré rouge.

RISORIUS, subst. et adj. mas. (*rizori-uce*) (mot tout latin), t. d'anat.; il se dit du muscle canin, qui se contracte quand on *rit*.

RISQUABLE, adj. des deux genres (*ricekable*), où il y a du *risque* ; périlleux, hasardeux. — Qu'on peut *risquer*, hasarder. Dans l'une et l'autre acception, il est peu usité.

RISQUE, subst. mas. (*riceke*), péril, hasard, danger. — Prov. : *entreprendre à ses risques, périls et fortune*, courir le hasard de tout ce qui peut en arriver. — A tout *risque*, à tout hasard. L'*Académie* voulait anciennement qu'on dit *à toute risque*, et elle ajoutait que dans cette phrase *risque* est fém. C'était une de ces exceptions qui, n'étant fondées sur rien, ne saurait être admises. Aussi n'en fait-elle pas mention dans sa dernière édition.

RISQUÉ, E, part. pass. de *risquer*.

RISQUER, v. act. (*ricekié*), hasarder, mettre en danger : *risquer sa vie, son honneur, son argent*; et neutralement, *il risque de beaucoup perdre*. Voy. HASARDER. — *Risquer le tout pour le tout*, s'exposer à tout perdre ou à tout gagner. —*Risquer le paquet*, tenter la fortune; essayer de demander ce qu'on est presque sûr de ne pas obtenir.—*se* RISQUER, v. pron.

RISSEAU, RISSAUT, ou **RESSEAU**, subst. mas. Voyez RESSAUT.

RISSÉ, E, part. pass. de *risser*.

DU VERBE IRRÉGULIER **RIRE** :

Risse, précédé de *que je*, 1re pers. sing. imparf. subj.

Rissent, 3e pers. plur. imparf. subj.

RISSER, v. act. (*ricé*), t. de mar. Voy. ARRISSER qui s'emploie plus souvent.

DU VERBE IRRÉGULIER **RIRE** :

Risses, 2e pers. sing. imparf. subj.

Rissiez, 2e pers. plur. imparf. subj.

Rissions, 1re pers. plur. imparf. subj.

RISSIR, v. neut. (*ricecir*), se retirer de quelque lieu. Vieux et même hors d'usage.

RISSOA, subst. mas. (*riceçoa*), t. d'hist. nat., genre de coquilles univalves, qu'on trouve dans le golfe de Gênes. Il y a aussi des *rissous* fossiles.

RISSOLE, subst. fém. (*riçole*), sorte de pâtisserie faite de pâte et de viande hachée frite dans du saindoux ou du beurre.

RISSOLÉ, subst. mas. (*riçolé*), viande qui est *rissolée* : *du rissolé*.

RISSOLÉ, E, part. pass. de *rissoler* et adj. — Prov. : *visage rissolé*, fort hâlé.

RISSOLER, v. act. (*riçolé*), frire ou rôtir de telle sorte, que ce qu'on frit ou rôtit tire sur le *roux*. — *se* RISSOLER, v. pron.

RISSOLETTES, subst. fém. plur. (*riçolète*), petites rôties de pain, garnies d'une farce de viande, qu'on a panées ensuite et qu'on passe au four ou sous un couvercle de tourtière pour leur faire prendre couleur.

RISSON, subst. mas. (*riçon*), t. de mar., ancre à quatre bras.

RISTE-PERLE, subst. fém. (*ricetepèrele*), t. de bot., nom qu'on a donné à la dauphinelle des bois.

RISTÉ, E, part. pass. de *rister*.

RISTER, v. act. (*riceté*), presser.—*se* RISTER, v. pron. Vieux et même inusité.

RISTORNE, subst. fém. Voy. RISTOURNE, que ne paraît cependant pas préférer l'*Académie*.

RISTOURNE, subst. fém. (*ricetourne*), t. de comm., action de reporter un article, une somme, d'un compte à un autre.

RISTOURNÉ, E, part. pass. de *ristourner*.

RISTOURNER, v. act. (*ricetourné*), t. de comm., contre-passer; reporter un article, une somme d'un compte à un autre. — *se* RISTOURNER, v. pron. (*Boiste*.) Vieux.

RISUS, subst. propre mas. (*rizuce*) (mot tout latin), myth., dieu des *ris* et de la gaieté, honoré chez les anciens Lacédémoniens, et auquel Lycurgue avait élevé une statue.

RIT ou **RITE**, (l'*Académie* donne les deux), subst. mas. (*rite*, dans les deux cas) (du lat. *ritus*), ordre prescrit des cérémonies qui se pratiquent dans une religion, et surtout dans la religion chrétienne. — Au plur., on dit toujours des *rites*, et jamais des *rits*.

DU VERBE IRRÉGULIER **RIRE** :

Rit, 3e pers. sing. prés. indic.

Rit, 3e pers. sing. prét. déf.

Rît, précédé de *qu'il* ou *qu'elle*, 3e pers. sing. imparf. subj.

Rîtes, 2e pers. plur. prét. déf.

RITBOK, subst. mas. (*riteboke*), t. d'hist. nat., espèce de bouc, de la classe des ruminants, et du genre des antilopes; il se tient dans les marais d'Afrique.

RITER, v. neut. (*rité*), t. de constructeur, glisser. (*Boiste*.) Inusité.

RITOURNELLE, subst. fém. (*ritournèle*) (de l'italien *ritornello*, employé dans la même acception, et qui signifie proprement petit retour, de *ritorno*, retour), phrase musicale qui précède un chant et qui quelquefois le suit. — Retour fréquent des mêmes idées.

RITRO, ou **RUTRO**, subst. mas. (*ritrô*), t. de bot., plante des anciens qu'on rapporte à une espèce d'échinope.

RITTERE, subst. fém. (*ritetère*), t. de bot. genre de plantes qui diffère peu de celui des possires.

RITUALISME, subst. mas. (*ritu-aliceme*), description, traité, système des *rites* de l'Église.

RITUALISTE, subst. mas. (*ritu-alicete*), celui qui a traité des divers *rites* de l'Église.

RITUEL, subst. mas. (*ritu-èl*), livre contenant les *rites*, les cérémonies, les prières, les instructions qui concernent l'administration des sacrements et les autres fonctions curiales.

RIV., abréviation du mot *rivière*.

RIVAGE, subst. mas. (*rivaje*) (du lat. *ripa*), les bords de la mer. — Poétiquement, le bord des rivières; pour celles-ci on dit *rive*, dans le discours ordinaire. — Oiseaux de *rivage*. Voyez ÉCHASSIERS.

RIVAL, E, subst. et adj. (*rivale*) (du lat. *rivalis*); au propre, concurrent, concurrente en amour.—Par extension, celui, celle qui aspire à la même chose qu'un autre : *ils sont rivaux de gloire; Carthage était la rivale de Rome*.— Il se dit fig., des choses : *l'honneur et l'amour, deux puissants rivaux, se disputent son cœur*. —Adj.: *deux peuples rivaux, deux nations rivales*.—Au plur. mas., *rivaux*.

RIVALISÉ, E, part. pass. de *rivaliser*.

RIVALISER, v. act. et neut. (*rivalizé*), être le *rival* de... : *dans cet ouvrage, l'art rivalise la nature* ou *rivalise avec la nature*.—L'*Académie* ne fait de ce verbe qu'un v. neut.—*se* RIVALISER, v. pron.

RIVALITÉ, subst. fém. (*rivalité*) (en lat. *rivalitas*), concurrence entre deux personnes qui poursuivent le même objet. Voy. ÉMULATION.

RIVAUX, adj. mas. plur. Voy. RIVAL.

RIVE, subst. fém. (*rive*) (en lat. *ripa*), le bord d'une rivière, d'un ruisseau. — Dans les fabriques d'étoffes de soie, le bord de la chaîne. — Prov.: *on ne voit ni fond ni rive dans cette affaire*, elle est embrouillée.

RIVÉ, E, part. pass. de *river*.

RIVE-DE-GIER, subst. propre mas. (*rivedejière*), chef-lieu de canton, arrond. de Saint-Étienne, dép. de la Loire.

RIVER, v. act. (*rivé*), rabattre la pointe d'un clou et l'aplatir de manière qu'il forme comme une nouvelle tête.—Prov. et fig.: *river le clou à quelqu'un*, lui répondre fortement, et de sorte qu'il n'ait rien à répliquer.—*se* RIVER, v. pron.

RIVERAGE, subst. mas. (*riveraje*), ancien droit seigneurial, imposé sur les différentes *rives* des propriétés où se trouvaient des rivières, des étangs, etc.

RIVERAIN, E, subst. et adj. (*riverein, rène*) (du lat. *riparius*), qui habite le long d'une rivière : *les riverains de la Seine; mes propriétés sont riveraines de la Loire*. — Qui possède un héritage le long d'une forêt. — T. de bot., qui croît sur le bord d'une rivière : *plante riveraine*.

RIVES, subst. propre mas. (*rive*), bourg de France, chef-lieu de canton, arrond. de Saint-Marcellin, dép. de l'Isère.

RIVESALTES, subst. propre mas. (*rivezalte*) (en lat. *ripa alta*, rive élevée), ville de France, chef-lieu de canton, arrond. de Perpignan, dép. des Pyrénées-Orientales, renommée pour son vin muscat.—Ce vin lui-même : *donnez-moi un verre de rivesaltes*.

RIVET, subst. mas. (*rivè*), pointe *rivée* du clou broché dans le pied du cheval.—En général, clou *rivé* ou petit morceau de fer rond dont on *rive* les deux extrémités pour arrêter une pièce avec une autre.

RIVETIER, subst. mas. (*rivetié*), outil de cordonnier.

RIVIÈRE, subst. fém. (*rivière*) (suivant *Du Cange*, du lat. barbare *riparia*, fait de *ripa*, rive, rivage; selon d'autres, du mot non moins barbare *rivaria*, fait de *rivus*, ruisseau, dont il serait un augmentatif), assemblage d'eau qui coule dans un lit d'une étendue considérable, mais moindre que le lit du fleuve. Voy. FLEUVE. —On appelle *rivière de diamants*, un collier richement enchâssé de diamants. — *Oiseaux de rivière*, les canards sauvages, etc. — Prov. et fig.: *porter de l'eau à la rivière*, porter en quelque lieu des choses qui s'y trouvent en abondance. — Prov.: *les petits ruisseaux font les grandes rivières*, en amassant peu à peu, on devient riche.

RIVIÉREUX, subst. et adj. mas. (*rivièreu*), t. de vieille fauconn., se dit d'un faucon qui est propre à voler sur les *rivières*.

RIVINE, subst. fém. (*rivine*), t. de bot., sorte de plante de la famille des chénopodées.

RIVOIR, subst. mas. (*rivoar*), chez les boisseliers, outil tranchant d'acier trempé, pour couper et *river* les pointes et clous.

RIVOIS, subst. mas. (*rivoa*), marteau pour *river*.

RIVOLI, subst. propre mas. (*rivoli*), ville du royaume Lombard-Vénitien. Bonaparte y remporta une victoire mémorable sur les Autrichiens, en 1797.

RIVULAIRE, adj. des deux genres (*rivulère*), t. de bot., qui croît dans les *ruisseaux*.

RIVURE, subst. fém. (*rivure*), broche de fer qui entre dans les charnières des fiches pour en joindre les deux ailes.

RIXDALE, subst. fém. (*rikcedale*), monnaie d'argent d'Allemagne de 2 fr. 50 cent.

RIXE, subst. fém. (*rikce*) (du lat. *rixa*, dérivé de *ringi*, rechigner, froncer le nez en signe de dépit, etc.), querelle accompagnée d'injures, de menaces et quelquefois de coups. Usité surtout au palais.—Débat, querelle.

RIXÉ, E, part. pass. de *rixer*.

RIXER, v. act. (*rikcé*), quereller.—*se* RIXER, v. pron.

RIX-MARC, subst. mas. (*rikcemare*), monnaie allemande valant 1 fr. 12 cent.

RIX-ORT, subst. mas. (*rikçor*), monnaie allemande valant 1 fr. 35 cent. de France.— Il y a en Danemarck une monnaie de billon qui s'appelle *rix-ort*.

RIZ, subst. mas. (*ri*) (du lat. *oryza*, fait, dans la même signification, du grec ὄρυζα), plante graminée des pays chauds; elle produit une graine nutritive, qui porte le nom de la plante.—*Faire du riz*, en faire cuire.

RIZE, subst. mas. (*rize*), monnaie de compte dans les états du grand-seigneur. Le *rize* est de quinze cents ducats.

RIZIÈRE, subst. fém. (*rizière*), terre semée de *riz*.

RIZOA, subst. mas. (*rizo-a*), t. de bot., espèce de plantes ou genre de plantes des îles de Chiloé.

ROANNE, subst. propre mas. (*ro-ane*), ville de France, chef-lieu de canton et d'arrond., dép. de la Loire.

ROABLE, subst. mas. (*ro-able*), sorte d'instrument qui sert à tirer la braise du four. — T. de forges, espèce de ratissoire recourbée par le bout qui sert à attiser le feu.

ROATEUR, subst. mas. (*ro-ateur*), qui intercède pour quelqu'un. (*Boiste*.) Vieux et même hors d'usage.

ROB ou **ROBRE**, subst. mas. (*robe*; *robre*), suc dépuré de fruits cuits en consistance de miel. — T. du jeu de whist, qui signifie partie double.

ROBA, subst. fém. (*roba*), t. de relat.; il se dit, dans le Levant, de toutes sortes de marchandises.

ROBE, subst. fém. (*robe*)(du lat. barbare *raupa* ou *rauba*, qui a la même signification, et qui paraît avoir été fait de l'allemand *raub*, employé, selon *Wachter*, dans la même acception, et qui signifie proprement *vol, proie, dépouille*), sorte de vêtement long, différent, suivant les personnes qui le portent. — Autrefois, profession des gens de judicature.— Avec le pronom possessif, état des ecclésiastiques séculiers ou réguliers : *un homme de sa robe devrait être plus circonspect*.—Enveloppe de certains légumes.—*Robe de chambre*, *robe* que les hommes portent dans la chambre.—*Robe de laine*, quantité de laine qu'on lève de dessus un mouton, en le tondant avec des forces, à commencer par les quatre pieds et remontant jusqu'à la tête.—*Chevaux de même robe*, de même poil.—*Ce chien, ce chat a une belle robe*, un beau poil. — Au plur., grandes feuilles de tabac qui servent d'enveloppe.

ROBÉ, E, part. pass. de *rober*, et adj.: *garance robée*, à laquelle on a laissé son écorce.

ROBELAGE, subst. mas. (*robelaje*), action de *rober*.

ROBER, v. act. (*robé*), t. de chapelier, enlever le poil d'un chapeau avec la peau de chien de mer.—*Rober la garance*, enlever l'épiderme qui recouvre les racines.—*se* ROBER, v. pron.

ROBERIE, subst. fém. (*roberi*), dans les couvents, salle où on serre les *robes* des religieuses.

ROBERT, subst. mas. (*robère*), mari qui se laisse mener par sa femme. Hors d'usage.

ROBERT, sorte d'adj. (*robère*), qui ne s'emploie qu'avec le mot *sauce* : *sauce robert*, sauce faite avec du vinaigre, de l'ognon, etc. Inventée sans doute par un nommé *Robert*.

ROBERTIE, subst. fém. (*robèreci*), t. de bot., genre de plantes établi aux dépens des sérioles; ellébore d'hiver.

ROBERTIN, subst. mas. (*robèretein*), thèse de bachelier. On l'a appelée aussi *robertine*. Vieux.

ROBERT-LE-DIABLE, subst. mas. (*robèrledi-able*), t. d'hist. nat., sorte de papillon.

ROBERVAL (BALANCE DE), subst. mas. (*balan-cederobèrevale*), espèce de levier où des poids égaux sont en équilibre, quoique paraissant placés au bout de leviers inégaux.

ROBERVALIENNES, adj. fém. plur. (*robère-valiène*), t. de géom., lignes courbes servant à transformer les figures. Elles contiennent des espaces infinis en longueur, et néanmoins égaux à d'autres espaces fermés de tous côtés.

ROBET, subst. mas. (*robé*), t. d'hist. nat., sorte de coquille du genre des pétoncles.

ROBETTE, subst. fém. (*robète*), petite *robe* de laine. Peu usité.

ROBIÈRE, subst. fém. (*robière*), armoire où l'on met les *robes*. (Boiste.) Inusité.

ROBIGALES ou **ROBIGALIES**, subst. fém. plur. (*robiguale, guali*), myth., fêtes célébrées à Rome, en l'honneur de la déesse *Robigo*.

ROBIGO ou **RUBIGO**, subst. propre fém. (*robiguô, rubiguô*), myth., déesse qu'on invoquait pour détourner la rouille des blés.—D'autres en font un dieu qu'ils appellent *Robigus* ou *Rubigus*.

ROBILLARD, subst. mas. (*robi-iar*), sorte de tabac.

ROBILLARÉS, subst. mas. plur. (*robi-iaré*), réjouissances. (*Boiste.*) Vieux et même inusité.

ROBIN, subst. mas. (*robein*), t. de mépris, homme de *robe*, de palais.—*C'est un plaisant robin*, c'est un homme dont on fait peu de cas. Hors d'usage.

ROBINE, subst. fém. (*robine*), t. de jard., nom d'une variété de poire.—T. d'hist. nat., espèce de coquille.

ROBINERIE, subst. fém. (*robineri*), raillerie, plaisanterie.

ROBINET, subst. mas. (*robiné*), pièce de tuyau de fontaine qui sert à donner de l'eau ou à la retenir, suivant qu'on en tourne la clef à droite ou à gauche.—Clef du *robinet* : *tourner le robinet*.

ROBINIE, subst. fém. (*robini*), t. de bot., sorte d'arbuste de la famille des légumineuses.

ROBINIER, subst. mas. (*robinié*), t. de bot., sorte de plante de la famille des légumineuses. Il y en a quinze espèces, dont nos jardiniers connaissent celles qu'ils désignent par le nom de *faux acacia*; *le robinier amer*, qui croît en Chine; *le robinier-chanvre*, aux Indes; ses fibres corticales servent à faire des cordes et des filets de pêche.

ROBINOCRATIQUE, adj. des deux genres (*robinokratike*) : *orgueil robinocratique*, des hommes de *robe*, des magistrats. (*Boiste.*) Inusité.

ROBLOT, subst. mas. (*roblô*), t. de pêche; on donne ce nom aux petits des scombres maquereaux, et aux palis qui servent à les prendre.

ROBORANT, E, adj. Voy. CORROBORANT.

ROBORATIF, adj. mas., au fém. **ROBORATIVE** (*roboratif, tive*) (du lat. *roborare*, fortifier), t. de médec., qui fortifie : *un remède roboratif*.

ROBORATIVE, adj. fém. Voy. ROBORATIF.

ROBRE, subst. mas. (*robre*). Voy. ROUVRE et ROB.

ROBULE, subst. mas. (*robule*), t. d'hist. nat., genre de coquilles de la classe des univalves, large d'une ligne.

ROBURE, subst. propre mas. (*robure*), myth., dieu de la force, fils de Pallas et du Styx.

ROBUS, subst. mas. (*robu*), t. d'agric., nom qu'on donne, en quelques lieux, à une espèce de froment.

ROBUSTAIRES, subst. mas. plur. (*robucetère*), t. d'antiq., ouvriers qui travaillaient dans les bois de chêne.

ROBUSTE, adj. des deux genres (*robucete*) (en lat. *robustus*, fait de *robur*, force), fort, vigoureux. Voy. VIGOUREUX. — Fig. : *avoir une foi robuste*, avoir beaucoup de foi; avoir beaucoup de crédulité.

ROBUSTEMENT, adv. (*robuceteman*), d'une manière *robuste*.

ROBUSTICITÉ, subst. fém. (*robuceticité*), état de l'être *robuste*.

ROC, subst. mas. (*rok*) (du grec ῥωξ, qui signifie fente et rocher escarpé, dérivé de ῥησσω, je romps, comme le latin *rupes* vient de *rumpo*, parce que le *roc* ou le *rocher* est proprement une masse rompue et escarpée. *Morin*.), masse de pierre très-dure qui a sa racine en terre. — ROC, ROCHE, ROCHER. (*Syn.*) Le *roc* est une masse de pierre très-dure, enracinée dans la terre, et ordinairement élevée au-dessus de sa surface. Ce mot simple est le genre à l'égard de la *roche* et du *rocher*. La *roche* est un *roc* isolé, d'une grosseur et d'une grandeur considérables; comme aussi un bloc ou un fragment détaché du *rocher*. Le *rocher* est un *roc* très-élevé, très-haut, très-escarpé, scabreux, roide, hérissé de pointes et terminé en pointe. On monte sur une *roche*, on grimpe sur un *rocher*. La *roche* est quelquefois plate, le *rocher* est pointu. On bâtit une ville sur une *roche*, une forteresse sur un *rocher*. — *Roc* désigne la nature de la pierre, la qualité de la matière dont il est formé : cette pierre est très-dure, il est difficile de tailler dans le *roc* vif. Aussi le *roc* est-il ferme et inébranlable; on est ferme comme un *roc*. *Roche* exprime souvent de grandes masses de pierres de différentes qualités, ou même de matières très-différentes. Il y a des *roches* molles, comme des *roches* dures. Les *roches* sont aussi regardées comme des sources, des réservoirs, des mines, des laboratoires dans lesquels la nature forme différentes sortes de productions utiles et curieuses. *Eau de roche*, *crystal de roche*, etc. L'idée de force est particulièrement dominante dans le *rocher*. On se brise contre un *rocher*. Le *rocher* est inébranlable; un cœur de *rocher* est insensible. Le *rocher* se prend aussi pour un asyle, une défense, un rempart. On s'y retire, on s'y retranche, on s'y fortifie.—*Roc* est rarement employé au pluriel; il perdrait alors son isolement, et les *rochers* prendraient sa place. On dit, toucher au *roc*, lorsqu'on fouille; mais c'est une expression particulière qui annonce la présence d'un corps dur, parce que la dureté est son essence.—*Rocher* est en quelque sorte le pluriel de *roc* : ce sont des masses entassées, immenses, ardues, dont l'œil ne saisit pas l'ensemble : elles présentent de grands tableaux. Nous disons, les *rochers* des Pyrénées et des Alpes. *Roc* ne peindrait pas l'élévation, l'immensité; il ne désignerait qu'une portion isolée. On dit, un banc de *roche*, un banc de *rocher*, pour exprimer la continuité, l'étendue des écueils; mais on ne dit pas, un banc de *roc*. S'il est isolé, il a son expression particulière, c'est un *rescif*.— On s'adosse au *rocher*, au *roc*; mais, dans ce cas, on cherche moins à désigner ces masses, que la position que l'on prend pour bâtir ou s'établir.

ROCAILLE, subst. fém. (*roká-ie*) (c'est un diminutif de *roc*), cailloux ou coquillages qui servent à orner une grotte.— Petits grains dont le vitrier se sert pour mettre les vitres en couleur.

ROCAILLEUR, subst. mas. (*roká-ieur*), celui qui travaille en *rocaille*.

ROCAILLEUSE, adj. fém. Voy. ROCAILLEUX.

ROCAILLEUX, adj. mas., au fém. **ROCAILLEUSE** (*roká-ieu, ieuze*) : *chemin rocailleux*, plein de cailloux.— Fig. : *style rocailleux*, dur.

ROCAMBOLE, subst. fém. (*rokanbole*) (suivant *Le Duchat*, de l'allemand *rockenbollen*), sorte d'ail qu'on appelle aussi *échalotte d'Espagne*.—Fig. et fam., ce qu'il y a de plus piquant, en quelque genre que ce soit.

ROCAME, subst. fém. (*rokame*), t. de bot., genre de plantes qui se rapproche de celui des trianthèmes.

ROCANTIN, subst. mas. (*rokantein*), chanson composée de plusieurs vieilles chansons.—Vieillard. Pop.

ROCAR, subst. mas. (*rokar*), t. d'hist. nat., sorte de merle qui se tient sur les rochers.

ROCCELLA, subst. mas. (*rokcéléla*), t. de bot., genre de plantes de la famille des groseilliers.

ROCCELLE, subst. fém. (*rokcèle*), t. de bot., genre de plantes qui se rapproche de celui des lichens.

ROCFORT, subst. mas. (*rokfor*). Voy. ROQUEFORT.

ROCHE, subst. fém. (*roche*,) roc isolé. Voy. ROC. — *Roche cornéenne*, pierre de corne des anciens minéralogistes.—*Roche vive*, celle qui a ses racines fort profondes, qui n'est point mêlée de terre, etc.—*Cœur de roche*, difficile à émouvoir. — Fig. et prov. : *il y a quelque anguille sous roche*, il y a quelque chose de caché dans cette affaire.—On dit prov. : *vieille roche*, se dit des mœurs antiques : *homme, ami de la vieille roche*.

ROCHE-BERNARD (LA), subst. propre fém. (*larochebèrenar*), ville de France, chef-lieu de canton, arrond. de Vannes, dép. du Morbihan.

ROCHE-CANILLAC (LA), subst. propre fém. (*larochekani-iak*), village de France, chef-lieu de canton, arrond. de Tulle, dép. de la Corrèze.

ROCHECOUART, subst. propre mas. (*rochekour*), ville de France, chef-lieu d'arrond., dép. de la Haute-Vienne.

ROCHE-DERRIENS (LA), subst. propre fém. (*larochedérian*), bourg de France, chef-lieu de canton, arrond. de Lannion, dép. des Côtes-du-Nord.

ROCHEFORT, subst. propre mas. (*rochefor*), ville forte maritime de France, chef-lieu de canton et d'arrond., dép. de la Charente-Inférieure.

ROCHEFORT, subst. propre mas. (*rochefor*), bourg de France, chef-lieu de canton, arrond. de Dôle, dép. du Jura.

ROCHEFORT, subst. propre mas. (*rochefor*), ville de France, chef-lieu de canton, arrond. de Clermont-Ferrand, dép. du Puy-de-Dôme.

ROCHEFORT-EN-TERRE, subst. propre mas. (*rochefortantère*), ville de France, chef-lieu de canton, arrond. de Vannes, dép. du Morbihan.

ROCHEFOUCAULD (LA), subst. propre mas. (*larochefoukô*), ville de France, chef-lieu de canton, arrond. d'Angoulême, dép. de la Charente.

ROCHELLE (LA), subst. propre fém. (*larochèle*), ville forte et port de France, chef-lieu du dép. de la Charente-Inférieure.

ROCHELAIS, E, subst. et adj. mas. et fém. (*rochelé, lèze*), de *la Rochelle*.

ROCHEMAURE, subst. propre mas. (*rochemôre*), bourg de France, arrond. de Tournon, dép. de l'Ardèche.

ROCHER, subst. mas. (*roché*), roc. Voy. ROC. — Fig. : *parler aux rochers*, à des gens insensibles. — *Cœur de rocher*, dur, insensible.

ROCHES, sub. fém. pl. (*roche*), t. de briquetiers, tuiles qui, exposées à un feu violent, se vitrifient, se déforment et se collent les unes aux autres.

ROCHE-SERVIÈRE, subst. propre fém. (*rochecèrevière*), ville de France, chef-lieu de canton, arrond. de Bourbon-Vendée, dép. de la Vendée.

ROCHET, subst. mas. (*roché*) (du latin barbare *rocus*, *rocchus* ou *rochus*, tunique de dessus, à manches, fendue par le haut, appelée par les Grecs modernes *rouchos*, parce que le rochet est ouvert par devant comme cette tunique), espèce de surplis de toile fine et à manches fort étroites. — Grosse bobine sur laquelle on dévide de la soie.

ROCHETIN, subst. mas. (*rochetain*), ancien chanoine de Saint-Jean-de-Latran.

ROCHETTE, subst. fém. (*rochète*), espèce de soude qui vient du Levant.

ROCHEUSE, adj. fém. Voy. ROCHEUX.

ROCHEUX, adj. mas., au fém. **ROCHEUSE** (*rocheu, cheuze*), couvert de *rochers* : *île, côte rocheuse*. Mot nouveau, employé surtout dans les relations de voyages.

ROCHIER, subst. mas. (*rochié*), t. d'hist. nat., espèce de poisson du genre des squales.—Faucon qui, dit-on, fait son nid dans les *rochers*.

ROCHOIR, subst. mas. (*rochoar*), petite boîte où les ouvriers en métal mettent le *borax* nécessaire pour faire couler et pour appliquer leur soudure.

ROCK, subst. mas. Voy. ROUCK.

ROCINÈLE, subst. fém. (*rocinèle*), t. d'hist. nat., genre de crustacés de la famille des cymothoadées.

ROC-NOIR, subst. mas., ou **ROCHE-NOIRE**, subst. fém. (*roknoar*, *rochenoare*), t. d'hist. nat., nom par lequel on désigne quelquefois les basaltes, les trapps et les *roches* de serpentine.

ROCOCO, subst. mas. (*rokoko*), genre vieilli, mauvais goût dans les arts. Il est aussi adj.

ROC-TORDU, subst. mas. (*roktordu*), t. d'hist. nat.; on donne ce nom à certaines *roches* fissiles et schisteuses qui présentent dans leurs replis des nœuds contournés, comme on pourrait les obtenir en pliant et contournant des corps mous feuilletés.

ROCROI, subst. propre mas. (*rokroé*), ville forte de France, chef-lieu de canton et d'arrond., dép. des Ardennes.

RÔDAGE, subst. mas. (*rôdaje*), action de *rôder*.

RODATION, subst. fém. (*rodácion*), t. de médec.; on a donné ce nom au raccourcissement des poils. Peu usité.

RODE, subst. fém. (*rode*), t. de mar. : dans une galère, on nomme *rode de prvue*, *rode de* *poupe*, ce qui s'appelle l'étambord et l'étrave dans un vaisseau.—T. d'hist. nat., genre de poissons de l'ordre des thoraciques.*

RÔDÉ, part pass. de *rôder*.

RODENTES, subst. m. pl. *(rodante)*, t. d'hist. nat., famille de mammifères de l'ordre des rongeurs.

RÔDER, v. neut. *(rôdé)* (du latin *rotare*, rouler, faire rouler, dérivé de *rota*, roue), courir, errer çà et là, tourner tout autour. Il se dit plutôt en mauvaise part qu'en bonne.—Act., tourner dans un calibre double la noix de la platine d'une arme à feu.—*se* RÔDER, v. pron.

RODET, subst. mas. *(rodè)*, roue d'un moulin à eau.

RÔDEUR, subst. mas., **RÔDEUSE**, subst. fém. *(rôdeur, deuze)*, qui *rôde*, qui court çà et là.

RÔDEUSE, subst. fém. Voy. RÔDEUR.

RODIGASTE, subst. propre mas. *(rodiguacete)*, myth., divinité des anciens Germains.

RODOIR, subst. mas. *(rodoar)*, outil qui sert à *rôder*.—Cuve de tanneur, à laquelle on donne aussi le nom de *coudret*.

RODOLPHINES, adj. fém. plur. *(rodolfine)*, t. d'astron., se dit des tables du mouvement des planètes que *Képler* a dédiées à l'empereur *Rodolphe*.

RODOME, subst. fém. *(rodome)*, bouteille d'eau-de-vie. (*Boiste*.) Inusité. Voy. ROGOMME.

RODOMONT, subst. mas. *(rodomon)* (de l'italien *rodomonte*, nom d'un des personnages de l'*Arioste*), fanfaron, faux brave.

RODOMONTADE, subst. fém. *(rodomontade)*, (rac. *rodomont*) fanfaronnade; fausse bravoure.

RODRIGUÈS, ou **RODRIGUÈZE**, subst. fém. *(rodriguièce, guièze)*, t. de bot., genre de plantes de la famille des orchidées.

ROELLANE, subst. fém. *(ro-èlelane)*, t. de bot., genre de plantes qui rentre dans celui des érytroxylons.

ROELLE, subst. fém. *(ro-èle)*, t. de bot., genre de plantes de la famille des campanulacées.

ROÉMALS, subst. mas. plur. *(ro-émalce)*, mouchoirs de coton qui se fabriquent dans les Indes orientales.

ROÉMÉRIA, subst. fém. *(ro-émèria)*, t. de bot., genre de plantes de la famille des amarantoïdes.

ROÉMÉRIE, subst. fém. *(ro-émèri)*, t. de bot., nouveau genre de plante dont la famille est encore indéterminée.

ROÉTAGE, subst. mas. *(ro-étaje)*, t. de ponts et chaussées, mesure cube de l'écorcement des pierres, déblais, etc.

ROGALIES, subst. fém. plur. *(rogali)*, t. d'antiq., jours pendant lesquels on faisait des aumônes publiques; jours de paie.

ROGATEURS, subst. mas. plur. *(roguateur)*, t. d'antiquité, officiers qui recevaient les tablettes des suffrages.

ROGATIONS, subst. fém. plur. *(roguâcion)* (du latin *rogationes*, plur. de *rogatio*, prière), prières publiques, accompagnées de processions, que l'Église fait pour les biens de la terre pendant les trois jours qui précèdent l'Ascension.

ROGATOIRE, adj. des deux genres *(roguatoare)* (du latin *rogare*, prier): *commission rogatoire*, commission d'un juge à un autre juge son égal, pour faire une enquête ou un *interrogatoire*.

ROGATON, subst. mas. *(roguâton)* (du latin *rogatum*, supplique, de *rogare*, prier, demander), papier ou écrit de nulle importance.—Au plur., mets communs ou réchauffés.—Restes de viandes ramassées. — Il se dit fig. des ouvrages d'esprit.

ROGER-BON-TEMPS, subst. mas. *(rojébontan)* (d'un homme qui s'appelait *Roger*, et qui prenait le *temps* comme il venait), homme sans souci, qui ne cherche qu'à se divertir—Au plur., des *Roger-bon-temps*.

ROGNE, subst. fém. *(rognie)* (du bas-breton *roug*, gale. *Trévoux*. Suivant *Ménage*, du latin *rubigine*, ablatif de *rubigo*, qui signifie proprement rouille et nielle), gale invétérée. — La mousse qui vient sur le bois, et qui le gâte.

ROGNÉ, E, part. pass. de *rogner*.

ROGNE-CUL, subst. mas. *(rognieku)*. Voyez ROGNOIR.—Au plur., des *rogne-cul*. Presque inus.

ROGNEMENT, subst. mas. *(rognieman)*, t. de relieur, action de *rogner* un livre.—Effet de cette action.

ROGNE-PIED, subst. mas. *(rogniepié)*, outil avec lequel un maréchal coupe la corne du cheval.—Au plur., des *rogne-pied*, sans *s*.

ROGNER, v. act. *(rognié)* (suivant *Ménage*, du lat. *rodere*, ronger), retrancher quelque chose des extrémités : *rogner un manteau*, *les bords d'un chapeau*, etc. — Fig. et fam. : *rogner les ongles à quelqu'un*, lui ôter une partie de ce qui lui appartient.—Nous lisons dans *Boiste* que *rogner* signifie, *retrancher des profits*. Nous n'en doutons nullement; cependant on ne dirait pas *retrancher quelqu'un*, mais *retrancher quelque chose à quelqu'un*; ce qui se trouve mieux rendu par la seconde définition du même lexicographe : *retrancher à quelqu'un quelque chose qui lui appartienne*. — *se* ROGNER, v. pron. : *se rogner les ongles*, et non pas *rogner ses ongles*.

ROGNEUR, subst. mas., **ROGNEUSE**, subst. fém. *(rognieur, gnieuze)*, t. de métiers, qui *rogne*.

ROGNEUSE, subst. fém. Voy. ROGNEUR. Adj. fém. Voy. ROGNEUX.

***ROGNEUX**, adj. mas., au fém. **ROGNEUSE** *(rognieu, gnieuze)*, qui a la *rogne*.

ROGNOIR, subst. mas. *(rognioar)*, chez les chandeliers, platine de cuivre sur laquelle on met le cul des chandelles à baguettes. On l'appelle aussi *rogne-cul*.

ROGNON, subst. mas. *(rognion)* (du lat. barbare *renio*, forgé de *renis*, génitif de *ren*, rein. *Ménage*.), rein d'un animal. Il ne se dit que des animaux dont les reins sont bons à manger : *rognon de veau*, *de bœuf*, *de mouton*.—Testicule de certains animaux : *aimer les rognons de coq*. —T. de minér.; on appelle *mine en rognons*, celle qu'on trouve par masses détachées, c'est-à-dire dont on n'aperçoit ni les filons ni les couches.

ROGNON-DE-COQ, subst. mas. *(rogniondekok)*, nom d'une sorte de prune et d'une sorte de raisin.—Au plur., des *rognons-de-coqs*.

ROGLIANO, ou **CAP CORSE**, subst. propre mas. *(roliano, kapekorce)*, ville de France, chef-lieu de canton, arrond. de Bastia, dép. de la Corse.

ROGNONNÉ, part. pass. de *rognonner*.

ROGNONNER, v. neut. *(rognioné)*, gronder, murmurer entre ses dents. Pop.

ROGNURE, subst. fém. *(rogniure)*, ce qu'on a ôté et *rogné* de quelque chose. — Au plur., restes : *manger des rognures de pain-à-chanter*.

ROGOMME, subst. mas. *(roguôme)*, t. pop., liqueur forte, et en particulier, eau-de-vie. — *Voix de rogomme*, enrouée par l'abus des liqueurs.

ROGUE, adj. des 2 genres *(rogue)* (du bas-breton *roc*, qui signifie la même chose), fier, arrogant : *des airs rogues; mine, humeur rogue*. Style fam. et critique.—ROGUE, ARROGANT, FIER, DÉDAIGNEUX. (*Syn.*) Vous reconnaissez l'homme *rogue* à sa hauteur, à sa roideur, à sa morgue; l'*arrogant*, à sa morgue, à ses manières hautaines, à ses prétentions hardies; le *fier*, à sa hauteur, à sa confiance dans ses forces, au cas qu'il fait de lui; le *dédaigneux*, à sa hauteur, à son affectation de dignité, au grand mépris qu'il témoigne pour les autres. — Le *rogue* affecte dans son air la supériorité; l'*arrogant* affecte dans ses manières et ses entreprises la domination; le *fier* affecte dans ses habitudes une orgueilleuse indépendance; le *dédaigneux* affecte dans toute sa personne une opinion injurieuse des autres.—Le *rogue* laisse tomber sur vous ses regards; l'*arrogant* lance sur vous des regards impérieux; le *fier* ne daigne pas tourner vers vous ses regards; le *dédaigneux* promène tout autour de lui ses regards insolents. — Une mine *rogue* fait rire; des airs *arrogants* font hausser les épaules; une contenance *fière* fait fuir tout le monde; un air *dédaigneux* fait pitié.

ROHAN, subst. propre mas. *(ro-an)*, ville de France, chef-lieu de canton, arrond. de Ploërmel, dép. du Morbihan.

ROHLENDER, subst. mas. *(rôlandère)*, nom d'un raisin blanc qui croît dans le dép. du Bas-Rhin. Peu connu.

ROHMERIE, subst. fém. *(rômeri)*, t. de bot., genre de plantes.

ROHR, subst. propre mas. *(rore)*, bourg du royaume de Bavière, où les Autrichiens furent battus en 1807.

ROHRIE, subst. fém. *(rôri)*, t. de bot., genre de plantes. Peu connu.

ROI, subst. mas. *(roè)* (du lat. *rex*, *regis*, fait de *regere*, régir, gouverner), celui qui dans un royaume exerce la puissance souveraine. — On appelle *roi très-chrétien*, le *roi* des Français; *roi catholique*, le roi d'Espagne; *roi très-fidèle*, le *roi* de Portugal.—Chef de certaines compagnies. — La principale pièce du jeu des échecs. — La première figure d'un jeu de cartes. — *Le roi des rois*, Dieu.—*Roi des Romains*, titre de celui qui était désigné par les électeurs d'Allemagne pour succéder à l'empire.—*Roi d'armes*, autrefois, en France, officier fort considérable dans les armées et dans les cérémonies. Il commandait aux hérauts, présidait à leur chapitre et avait juridiction sur les armoiries.—*Le roi des animaux*, le lion.—*Le roi des oiseaux*, l'aigle.— *Roi des sacrifices*, t. d'antiq.; dans la république romaine, c'était un citoyen à qui on donnait ce titre pour offrir des sacrifices qui ne pouvaient être faits que par un *roi*; on donnait aussi ce titre, à Athènes, au second magistrat ou archonte. — *Du temps du roi Guillemot*, dans le bon vieux temps. —*Le feu roi*, le prédécesseur mort d'un *roi* actuel.—*Servir le roi*, faire partie de la troupe.— *Noble comme le roi*, comme il n'est pas possible de l'être davantage.—Prov. : *qui n'aura de beaux chevaux, si ce n'est le roi?* La richesse et la puissance donnent la jouissance de tout ce qu'il y a de plus beau, de plus magnifique. — *Marcher*, *être sur le pavé du roi*, marcher, se trouver dans la rue.—*Manger le pain du roi*, servir dans la troupe. *Manger le pain du roi* a même signifié anciennement, ainsi que *manger dans la maison du roi*, être en prison. Depuis l'abolition des lettres de cachet, ces locutions n'ont plus d'emploi.—Prov. : *aller où le roi va à pied*, *où le roi ne saurait aller qu'en personne*, aller à la garde-robe. — *En France, le roi ne meurt point*, à la mort du *roi*, son héritier prend la couronne, sans interruption ni *interim*.— *De par le roi*, loc. de palais, qui signifie de la part, au nom du *roi*. — *Vive le roi!* exclamation pour la prospérité et la vie du *roi*.—*Maison du roi*, tout son domestique, et même les grands officiers qui sont attachés par honneur à sa personne.—*La bouche du roi*, les gens dont l'office est de préparer le manger du *roi*. — *Commissaire du roi*, celui qui a une commission royale, auprès des théâtres royaux, par exemple.—*Procureur du roi*, fonctionnaire qui défend la justice au nom du *roi* et de la loi auprès des tribunaux. On dit aussi : *avocat du roi*.—On disait anciennement : *lieutenant de roi de telle place*, et c'était en désignant celui qui en avait le commandement en l'absence du gouverneur. Cette locution est plus que surannée; l'*Académie* devrait nous en avertir. — *Main du roi*, l'un des attributs de la puissance; on dit plus souvent : *main de justice*.—*L'ordre du roi*, avant la révolution de 1830, l'ordre de Saint-Michel; *les ordres du roi*, les ordres réunis du Saint-Esprit et de Saint-Michel.— *Côté du roi*, au théâtre, le côté où se trouve sa loge.— *Coin du roi*, celui qui sert à marquer la monnaie. — *Poids de roi*, le poids des grosses marchandises; le lieu même où on les pèse. — *Deniers du roi*, les produits des contributions et impositions. — *Coffres du roi*, ses finances, sa liste civile. — *Pied de roi*, mesure de douze pouces de longueur. —En t. biblique, on appelle *livres des Rois*, les quatre livres qui contiennent dans l'ancien Testament l'histoire des Hébreux, depuis Samuel jusqu'à la captivité de Babylone.— *Le jour des Rois*, l'Épiphanie, jour dans lequel on tire le gâteau des *rois*.— *Faire les rois*, manger splendidement et en famille à l'occasion de la fête des *Rois*.— *Roi de la fève*, celui à qui la fève qu'on insère et qu'on cache dans le gâteau des *rois* échoit en partage.— *Chandelle des rois*, grosse chandelle armée de rubans, etc., et que dans certaines provinces on brûle le jour des *Rois*.— Fig. : *le roi de la fête*, *le roi du bal*, celui en l'honneur de qui une fête, un bal a été donné; celui qui y a brillé le plus. — Anciennement on appelait *roi de la basoche*, parmi les clercs du palais, celui qui était leur président en juridiction. — *Le roi de l'oiseau*, celui qui tirait le mieux, et qui avait abattu l'oiseau au tir de l'arbalète.—*Le roi des pèlerins*, celui qui apercevait le premier le clocher du lieu où l'on se rendait en pèlerinage. — Fig. : *vivre en roi*, vivre comme vit un *roi*, magnifiquement. — *Un manger, un morceau de roi*, tout ce qu'il y a de plus beau et de plus cher.—*Plaisir de roi*, tout ce qu'il y a de plus vif, de plus réel en fait de plaisir. — *La cour du roi Pétaud*, maison sans subordination, dans laquelle tout le monde veut commander. — *C'est un roi de cartes*; *ce n'est qu'un roi de cartes*, *un roi de théâtre*, *un roi de carreau*, c'est un *roi*, ou même un particulier faible et pusillanime, qui n'a ni pouvoir ni caractère.—*Jouer au roi dépouillé*, ruiner quelqu'un. — *Dans le royaume des aveugles, les borgnes sont rois*, on brille un peu quand il ne se rencontre personne qui puisse briller plus que vous.

ROIDE ou **RAIDE**, adj. des deux genres (*rède*, dans la conversation, et *roède*, dans le discours soutenu) (du lat. *rigidus*, fait de *rigere*, être *roide*), qui est fort tendu et qu'on a de la peine à plier : *être roide de froid, avoir le bras roide, les jambes roides*.— Fig., en parlant des personnes, inflexible, opiniâtre : *homme, esprit roide*. On dit prov. : *roide comme une barre de fer*. — En parlant d'une montagne, difficile à monter. — *Tomber, être tué roide mort*, d'un seul coup.—ROIDE, RIGIDE, RIGOUREUX. (*Syn.*) Une personne *roide* ne plie pas; elle résiste sans faiblir, elle est d'une sévérité inflexible. Une personne *rigide* ne se prête pas, elle ne sait point mollir, elle est d'une sévérité intraitable. Une personne *rigoureuse* ne se relâche pas, elle est d'une sévérité impitoyable.— On a le caractère, l'esprit *roide*; on a des principes, des mœurs *rigides*; on a la conduite *rigoureuse*, l'empire *rigoureux*.—Une censure *roide* choque les esprits; une vertu *rigide* les étonne; une justice *rigoureuse* les effraie.—Une discipline trop *roide* contient ou n'obtient rien; une morale trop *rigide* effarouche ou désespère; des lois trop *rigoureuses* soulèvent ou abrutissent. Voy. ROIDEUR.

ROIDE ou **RAIDE**, adv. (*rède* ou *roède*) vite : *la flèche va fort roide ; on a mené cette affaire, les ennemis bien roide*, fort vivement.

ROIDEUR ou **RAIDEUR**, subst. fém. (*rèdeur*, dans la conversation, et dans le discours soutenu *roèdeur*) (du lat. *rigor*, fait dans la même signification, du grec *ρῖγος*), qualité de ce qui est *roide* : *la roideur du bras*, etc. — Impétuosité de mouvement : *balle poussée avec roideur*. — Fig., inflexible fermeté ou sévérité : *avoir de la roideur dans l'esprit, dans l'humeur*. — *Roideur d'une montagne, d'un escalier*, la difficulté à monter, à descendre. — ROIDEUR, RIGIDITÉ, RIGUEUR. (*Syn.*) La *roideur* est une sorte de défaut qui fait qu'on n'a ni jointure, ni liant, ni ménagements, ni égards qu'on ne sait ni rien céder, ni revenir sur ses pas; qu'on choque, qu'on heurte, qu'on éloigne les autres. La *rigidité* est une vertu ou une rectitude d'âme, qui, invariablement attachée aux règles les plus sévères, ne nous paraît quelquefois un défaut qu'à raison de notre faiblesse, de nos imperfections, de notre impuissance, qu'elle condamne sans adoucissement et sans retour à subir toute la dureté de la loi la plus dure. La *rigueur* est une *roideur* de jugement et de volonté, qui fait qu'on pousse le droit ou le pouvoir aussi loin qu'il peut aller; qu'on prend toujours dans la loi, sans aucun égard, le sens le plus strict et les peines les plus rudes; qu'on ne donne aucun accès à la pitié, à la clémence, à l'indulgence dans l'exercice de la justice. — L'indiscipline oblige à la *roideur*; le relâchement, à la *rigidité*; le débordement, à la *rigueur*.

ROIDI, E, part. pass. de *roidir*.

ROIDILLON ou **RAIDILLON**, subst. mas. (*rèdi-ion*), pente *roide* à monter dans un chemin.

ROIDIR ou **RAIDIR**, v. act. (*rèdir*, dans la conversation ; dans le style soutenu, *roèdir*), rendre *roide*.—Neut., devenir *roide*.—*se* ROIDIR ou *se* RAIDIR, v. pron., devenir *roide*.—En parlant des personnes, résister, tenir ferme, ne vouloir pas se relâcher : *se roidir contre l'adversité, contre l'injustice*.

ROINES, subst. fém. plur. (*roène*), dans les métiers de basse-lice, fortes pièces de bois qui forment les deux côtés du châssis et qui portent les combles.

ROIOC ou **ROYOC**, subst. mas. (*roé-iok*), t. de bot., fausse rhubarbe, espèce de morinde.

ROISEL, subst. propre mas. (*roèzèle*), bourg de France, chef-lieu de canton, arrond. de Péronne, dép. de la Somme.

ROITELET, subst. mas. (*roètelè*), oiseau très-petit et qui est toujours en mouvement.—Style fam. et méprisant, petit *roi*.

ROIS, subst. fém. (*roè*), vieux t. de jeu, presque hors d'usage; il signifiait : raie, ligne, trait dont on se sert pour marquer les parties; il était surtout en usage au piquet à écrire que l'on joue encore en un nombre déterminé de *roies* et non de *rois*, comme on le dit communément et à tort.

ROKAI, subst. mas. (*rokiè*), caractère d'écriture courante que les Arabes et les Turcs emploient dans leurs comptes, livres, rapports, lettres, etc.

ROKE, subst. mas. (*roke*), t. d'hist. nat., l'écureuil macroure.

ROKEJÈKE ou **ROKEJÈQUE**, subst. fém. (*rokejèke*), t. de bot., genre de plantes de la famille des portulacées.

ROLANDRE, subst. fém. (*rolandre*), t. de bot., genre de plantes établi aux dépens des échinopes.

RÔLE, subst. mas. (*rôle*) (du bas latin *rotulus* ou *rotulum*, rouleau, fait de *rotare*, rouler; parce que autrefois on roulait ces *rôles* comme toutes les expéditions de justice, lesquelles étaient écrites sur des parchemins ou papiers cousus ou collés ensemble), état ou liste des causes qui doivent se plaider. — En parlant de taxes ou droits à recouvrer, état de ce que doit payer chaque contribuable suivant la répartition qui a été faite.—Liste, catalogue : *faire, dresser un rôle*.—Ce que doit réciter un acteur dans une pièce de théâtre : *apprendre, savoir son rôle*.—Personnage représenté par l'acteur ou l'actrice : *le rôle de Pyrrhus, d'Andromaque*. Voy. PERSONNAGE. En ce sens, on dit fig. et fam. que *le monde est une comédie où chacun joue son rôle*. — En t. de pratique, deux pages d'écriture : *cette copie est payée tant le rôle*.— *Rôles de tabac*, pelottes où les boudins de tabac sont roulés plusieurs fois sur eux-mêmes. — *A tour de rôle*, chacun à son tour.

RÔLÉ, part. pass. de *rôler*.

RÔLER, v. neut. (*rôlé*), faire des *rôles* d'écriture. Presque hors d'usage.

RÔLET, subst. mas. (*rôlè*), petit *rôle*. Il n'est d'usage qu'au figuré et dans ces deux locutions prov. : *jouer bien son rôlet*, son personnage; *être au bout de son rôlet*, ne savoir plus que dire, que faire.

ROLETTE, subst. fém. (*rolète*), sorte de toile de lin qui se fabriquait en Flandre et dans les Pays-Bas.

RÔLEUR, subst. mas. (*rôleur*), ouvrier qui forme les *rôles* de tabac, ou qui roule le tabac sur lui-même.

ROLLE, subst. fém. (*role*), t. de forges, sorte de fourgon dont les chaufourniers se servent comme d'un râble.—Sorte d'étoffe de laine qui ressemble au molleton. — T. d'hist. nat., genre d'oiseaux de la famille des *rolliers*.

ROLLIER, subst. mas. (*rôlié*), t. d'hist. nat., genre d'oiseaux passereaux de la famille des plénirostres, qui ne diffèrent des geais que parce que leurs narines sont à découvert.

ROLOWAI, subst. mas. (*rolouè*), t. d'hist. nat., espèce de mammifère de la famille des singes.

ROM, subst. mas. (*rome*), t. d'hist. nat., nom qu'on donne au carrelet, poisson du genre pleuronecte.

ROMA, subst. propre fém. (*roma*), myth., Troyenne, venue en Italie avec Enée, et qui épousa Latinus. Elle en eut deux enfants, Rémus et Romulus, qui bâtirent une ville qu'ils appelèrent *Rome*, du nom de leur mère. On raconte autrement la naissance de Rémus et de Romulus. Voy. ROMULUS.

ROMAIN, E, subst. et adj. (*romein, mène*) (du lat. *romanus*), qui est de *Rome* : *les Romains, le peuple romain; bréviaire, rituel, calendrier, rit romain*.—*Eglise romaine*, l'Eglise catholique. —*Beauté romaine*, femme qui a de grands traits, un air, un port majestueux.—*C'est un Romain, un vrai Romain*, se dit d'un homme d'une grande probité. — *C'est le dernier des Romains*, la vertu de cet homme n'est plus du temps. — *Chiffre romain*, composé de lettres numérales. — *Laitue romaine*, espèce de laitue longue qu'on fait blanchir en la liant. — *Gros-romain, petit-romain*, noms de caractères d'imprimerie. Le premier est entre le petit-parangon et le gros-texte, le second entre la philosophie et la gaillarde. Dans chaque corps de caractère, on distingue encore le *romain*, dont les traits sont perpendiculaires, et l'*italique*, dont les traits sont inclinés. — Subst. mas., en t. de coulisses, claqueur.

ROMAIN-DE-COLBOSCQ, subst. propre mas. (*romeindekolebocke*), bourg de France, chef-lieu de canton, arrond. du Havre, dép. de la Seine-Inférieure.

ROMAINE, subst. fém. (*romène*), femme de *Rome*.—Laitue *romaine*.—Instrument pour peser avec un seul poids. — Sorte de petit papier in-folio.—En t. de cirier, les cerceaux qui servent à suspendre les mèches au-dessus de la poêle où est la cire fondue.

ROMAINEMENT, adv. (*romèneman*), à la *romaine*. (Boiste.) Vieux.

ROMAÏQUE, subst. mas. (*roma-ike*), langage actuel des Grecs.—Grec vulg. du moyen âge.

ROMALLES, subst. mas. plur. (*romale*), mouchoirs des Indes, de soie et de coton mêlés.

ROMAINVILLE, subst. propre mas. (*romeinvile*), village de France, aux environs de Paris, connu pour ses promenades.

ROMAN, subst. mas. (*roman*) (de la langue *romane*; parce que c'est en cette langue que nos premiers *romans* furent écrits), récit fictif de diverses aventures merveilleuses ou vraisemblables de la vie humaine, et qui traite ordinairement de galanterie, d'amour. Voy. CONTE.—Langue *romane*.—*Roman historique*, dont les principaux faits appartiennent à l'histoire.—*Aventure de roman*, qui paraît surprenante. — *Héros de roman*, celui qui affecte d'agir et de parler comme les héros de *roman*.—Prov.: *prendre le roman par la queue*, parler d'abord de mariage.

ROMAN, E, adj. (*roman, mane*), se dit d'un ancien idiome français composé de lat. et de celtique, et en usage sous les deux premières races : *langage roman; langue romane*.—On a dit aussi subst. au mas. : *ouvrage écrit en roman*, pour : *en langue romane*.

ROMANCE, subst. fém. (*romance*) (emprunté de l'espagnol), vieille historiette écrite en vers simples, faciles, naturels, et destinés à être chantés.—Par extension, chanson tendre qui exprime les malheurs ou les plaintes de l'amour. — Dans la musique instrumentale, morceau de chant court, naïf et gracieux.—*Romance* est aussi adj. fém. : *la langue romance*; on dirait mieux : *la langue romane*.

ROMANCIE, subst. fém. (*romanci*), art de faire des *romans*. Inusité.

ROMANCIER, subst. mas., **ROMANCIÈRE**, subst. fém. (*romancié, cière*), auteur des anciens *romans*, et par moquerie, auteur des *romans* modernes.—On donnait le même nom aux poètes du dixième siècle.

ROMANCIÈRE, subst. fém. Voy. ROMANCIER.

ROMANCINE, subst. fém. (*romancine*), petite *romance*.

ROMANÉE, subst. propre fém. (*romané*), village de France, en Bourgogne, près de Nuits, célèbre par les vins qu'on y récolte.

ROMANESQUE, subst. et adj. des deux genres (*romanèceke*), qui tient du *roman*; fabuleux. —Subst. mas. : *le romanesque*, le genre *romanesque*.

ROMANESQUEMENT, adv. (*romanècekeman*), d'une manière *romanesque*.

ROMANIER, subst. mas. (*romanié*), t. milit., celui qui pèse la viande avec la *romaine*.

ROMANIN, subst. mas. (*romanein*), ancienne monnaie de France, qui avait cours à Avignon.

ROMANISÉ, E, part. pass. de *romaniser*.

ROMANISER, v. neut. (*romanizé*), faire des *romans*.—Act., donner à une histoire la tournure, l'air d'un *roman*.—*se* ROMANISER, v. pron. presque inusité.

ROMANISTE, subst. des deux genres (*romanicete*), faiseur, faiseuse de *romans*. Presque inusité; on ne se sert que de *romancier, romancière*.

ROMANO, subst. propre mas. (*romanô*), bourg des états sardes, où les Autrichiens furent défaits par Napoléon en 1800.

ROMANS, subst. propre mas. (*roman*), ville de France, chef-lieu de canton, arrond. de Valence, dép. de la Drôme.

ROMANTIQUE, adj. et subst. des deux genres (*romantike*) (mot tiré de l'anglais *romantick*, romanesque, et qui ne se dit guère que des lieux, des paysages, etc.), qui sent le *roman*; qui appelle à l'imagination les descriptions des poèmes et des *romans* : *site, aspect romantique*. Il diffère dans notre langue de *romanesque*, qui signifie proprement ce qui appartient en effet au roman : *un sujet romanesque n'est pas toujours traité d'une manière romantique*. — En littérature, on dit depuis quelque temps : *genre, style romantique*; et même subst. au mas.: *le romantique*. En ce sens il est opposé à *classique*.

ROMANTISME, subst. mas. (*romanticeme*), le genre *romantique* opposé au *classique*.

ROMARIN, subst. mas. (*romarein*), t. de bot. arbrisseau de nos départements méridionaux.

ROMATIÈRE, subst. fém. (*romatière*), t. de pêche, pêche aux turbots, qui se fait avec une entremaillade, en Provence.

ROMBAILLET, subst. mas. (*ronba-iè*), t. de mar., petite pièce de bordage d'une galère ajoutée à une des rombalières.

ROMBALIÈRE, subst. fém. (*ronbalière*), t. de mar., planches de bordage qui font le revêtement du plancher d'une galère.

ROMBE, subst. fém. (*ronbe*), t. d'hist. nat., sorte de coquillage.

ROME, subst. propre fém. (*rome*), ville d'Italie, capitale des États de l'Église, métropole du culte catholique, résidence du pape. Autrefois cette ville était la plus puissante du monde. Elle fut révérée dans tout l'empire romain sous le nom de la déesse *Roma*, à qui on bâtit des temples où on lui rendait les plus grands honneurs. On la nommait Rome éternelle, la Reine des villes, la Déesse des nations, la Souveraine de l'univers, etc. On la représentait avec les mêmes attributs que Minerve, considérée comme déesse de la guerre. Voy. ROMA, ROMULUS.

ROMÉCA, subst. fém. (*roméka*), nom d'une danse fort usitée chez les villageois turcs.

ROMÉES, subst. fém. plur. (*romé*), t. d'antiq., fêtes à *Rome*, en mémoire de sa fondation.

ROMÉLIE, subst. prop. fém. (*roméli*), l'une des cinq grandes divisions de la Turquie d'Europe.

ROMÉLIOTE, subst. propre et adj. des deux genres (*roméli-ote*), celui, celle qui est de la Romélie. — Qui appartient, qui a rapport à la Romélie.

ROMES, subst. fém. plur. (*rome*), les deux principales pièces du métier de basse-lisse.

ROMESCOT, subst. mas. (*romècekô*), chez les Anglais, le denier de saint Pierre.

ROMESTEC, subst. mas. (*romèceteke*), sorte de jeu de cartes.—Nom d'une espèce de liqueur qu'on sert, en Angleterre, à la fin d'un repas.

ROMILIE ou **ROMILIENNE**, adj. fém. (*romili, liène*), t. d'antiq.; il se dit d'une loi romaine qui défendait à d'autres qu'aux sénateurs et magistrats de se mêler des sacrifices.

ROMILIENNE, adj. fém. (*romiliène*), t. d'antiq., nom d'une tribu de la campagne de *Rome*.

ROMILLY-SUR-SEINE, subst. propre mas. (*romie-içurcène*), bourg de France, chef-lieu de canton, arrond. de Nogent-sur-Seine, dép. de l'Aube.

ROMINAGROBIS, subst. mas. (*rominâguerôbice*) (suivant *Borel*, c'est une corruption du lat. *domine grobis*. Ce dernier mot, dit-il, signifiait autrefois *seigneur*. Selon d'autres, *raminagrobis*, composé de *Raoul*, nom d'homme, d'*hermine*, et de *grobis*, signifie proprement *un chat qui fait le gros monsieur sous sa robe d'hermine*.), gros chat, chat qui fait le gros dos. Voyez au mot DOS.

ROMIPÈTES, subst. mas. plur. (*romipète*) (du latin *Roma*, Rome, et *petere*, aller; *qui vont à Rome*), t. d'antiq., sectateurs qui, par vœu, faisaient des pèlerinages à *Rome*.

ROMORANTIN, subst. propre mas. (*romorantein*), chef-lieu de canton et d'arrond., dép. de Loir-et-Cher.

ROMPEMENT, subst. mas. (*ronpeman*), fig.: *rompement de tête*, fatigue que cause un grand bruit, un discours importun, une forte application, etc.

ROMPRE, v. act. (*ronpre*) (en lat. *rumpere*). Il se conjugue sur *rendre*. Mettre une chose en pièces en la brisant et la cassant. Voy. CASSER.— Faire souffrir à un criminel le supplice de la roue.— Arrêter, détourner le mouvement droit d'une chose: *rompre le vent*, *le fil* ou *le cours de l'eau*. — En t. de guerre, enfoncer, mettre en désordre: *rompre un bataillon, un escadron*.—Fig., détruire; faire cesser, *rompre l'amitié, l'alliance, un traité, un marché*. — On dit dans le même sens ou dans un sens approchant: *rompre un mariage un voyage*. — Fig., manquer à....: *rompre son serment, sa règle, son jeûne*, etc. — Fig., dresser, styler, exercer: *rompre un homme aux affaires, le rompre aux écritures*. — *Rompre son ban*, sortir des lieux où l'on était relégué.—Fig.: *rompre ses chaînes, ses liens*, se mettre en liberté; et plus fig. encore, s'affranchir du joug des passions. — *Rompre le cou à quelqu'un*, lui faire perdre sa fortune.—Fig.: *rompre le pain de la parole aux fidèles*, prêcher la parole de Dieu.— T. de peinture: *rompre les couleurs*, les mélanger, en les prenant sur la palette, de manière qu'elles offrent sur le tableau les teintes de la nature. — T. de fondeur en caractères: *rompre le jet*, séparer du corps d'une lettre nouvellement fondue la portion de matière qui a rempli cette espèce de petit entonnoir qui, du dedans du moule, porte la fonte jusque sur la matrice du caractère. — *Rompre une lance*, dans les joutes et les tournois, briser une lance en courant ou en combattant contre quelqu'un. — Fig.: *rompre une lance pour quelqu'un*, prendre son parti dans une conversation. — *Rompre l'eau à un cheval*, l'obliger à boire à différentes reprises.—Prov. et fig.: *rompre la glace*, faire les premiers pas dans une affaire, surmonter les premières difficultés. — Fig.: *rompre la tête à quelqu'un*, faire trop de bruit, importuner par des discours inutiles, etc. — *Rompre les chemins, les passages*, etc., les gâter, les rendre impraticables.—Fig.: *rompre le fil de son discours*, en quitter la suite et entamer une autre matière.—*Rompre les chiens*, 1° les empêcher de continuer la chasse; 2° prov. et fig., empêcher de continuer un discours qui pourrait avoir quelque mauvaise suite. — Fig.: *rompre les desseins, les mesures de quelqu'un*, empêcher qu'il ne réussisse. — Fig.: *rompre la volonté, l'humeur d'un enfant*, l'accoutumer à n'avoir point de volonté.—V. neut., *se rompre*, se briser pour être trop chargé, trop faible, etc.: *cet arbre rompt sous ses fruits; cette poutre rompra; son épée rompit à la poignée*. — Cesser d'être ami, d'avoir des liaisons: *ils ont rompu ensemble*, ou simplement: *ils ont rompu*. — En t. de commerce de vins, se dit du vin qui, laissé à l'air, change de couleur.—*Rompre en visière à quelqu'un*, lui dire en face quelque chose de fâcheux, de désobligeant. — Prov. et fig.: *il vaut mieux plier que rompre*, il vaut mieux céder que de se perdre. — *A tout rompre*, loc. adv., tout au plus, au pis aller: *à tout rompre, cette maison ne rend pas mille écus de rente*. Il est fam. — SE ROMPRE, v. pron., se briser, se casser, se mettre en pièces.

ROMPT-PIERRE, subst. mas. (*ronpière*), t. de bot., sorte de plante qui croît sur la pierre. Voy. SAXIFRAGE.

ROMPTURE, subst. fém. (*ronpeture*), banqueroute. (*Raymond*.) Vieux.

ROMPU, E, part. pass. de *rompre*, et adj., cassé, brisé.—Lassé de quelque exercice violent. —Exercé dans quelque chose.—*Nombre rompu*, fraction. — *Bataillons rompus*, enfoncés, mis en désordre. — *Bâtons rompus*, certaines pièces de compartiment dans des vitres, etc.; sorte de tapisserie où l'on représente plusieurs bâtons rompus et entremêlés les uns dans les autres.— *A bâtons rompus*, loc. adv., avec de fréquentes interruptions, à diverses reprises.

ROMPURE, subst. fém. (*ronpure*), t. de fondeur en caractères, l'endroit où le jet a été séparé de la lettre.

ROMULA, subst. propre fém. (*romula*), myth., nom donné par quelques historiens au figuier sous lequel furent trouvés *Romulus* et Rémus. Voy. RUMINAL.

ROMULÉE, subst. fém. (*romulé*), t. de bot., genre de plantes établi sur celui des ixies.

ROMULIDES, subst. mas. plur. (*romulide*), nom qu'on donne aux Romains, comme descendant de *Romulus*.

ROMULUS, subst. propre mas. (*romuluce*), myth., fils de Mars et de Rhéa-Sylvia. Ayant été exposé aussitôt après sa naissance avec son frère Rémus, ils furent tous deux allaités par une louve. Lorsqu'ils furent grands, Romulus se défit de son frère, et s'empara de tout le pays qui environne le mont Aventin, où il fonda la ville de Rome. Il rassembla quelques aventuriers, et se rendit bientôt formidable. Comme il manquait de femmes pour ses sujets, et que ses voisins ne voulaient point lui en donner, il annonça des jeux auxquels il invita les Sabins et les Sabines, qui s'y trouvèrent en grand nombre avec d'autres peuples voisins. Lorsqu'on fut assemblé, Romulus donna un signal, et aussitôt ses soldats enlevèrent toutes les filles qui assistaient à ces jeux. Voy. HERSILIE.

RONCE, subst. fém. (*ronce*) (du lat. *runcare*, arracher les mauvaises herbes, les ronces, d'où les Italiens ont fait également *ronca*. Du Cange, Saumaise, etc.), t. de bot., arbrisseau rampant, à tiges armées d'aiguillons crochus. — Au plur., et au fig., difficultés, choses qui embarrassent: *je ne trouve partout que ronces et épines*.

RONCERAIE, subst. fém. (*ronceré*), endroit rempli de *ronces*.

RONCIN, subst. mas. (*roncein*), rosse, mauvais cheval. Vieux.

RONCINELLE, subst. fém. (*roncinèle*), t. de bot., genre de plantes que *Linnée* a réuni à celui des *ronces*.

RONCINIÈRE, subst. fém. (*roncinière*), écurie de rosses, de mauvais chevaux, de *roncins*. Vieux.

ROND, E, adj. (*ron, ronde*) (en lat. *rotundus*), qui est de telle figure, que toutes les lignes tirées du centre à la circonférence soient égales.—Fig. et fam., en parlant des personnes, franc, sincère, qui agit sans façon et sans détour: *il est rond et franc; c'est un homme tout rond*. — *Compte rond*, sans fraction. — Fig., 1° *période ronde*, bien cadencée. On dit mieux *période arrondie*; 2° *voix ronde*, pleine, égale et unie. — *Écriture ronde*, celle dans laquelle les pleins sont au premier degré d'obliquité sur la ligne perpendiculaire.—T. d'imprimerie, *lettres rondes*, les caractères romains qui approchent de la forme *ronde*.—Fam.: *être bien rond*, avoir le ventre bien plein, avoir bien mangé et bien bu. — *Chevaliers de la table ronde*, chevaliers, au nombre de douze, qui étaient compagnons d'Artus, fameux roi des anciens Bretons.

ROND, subst. mas. (*ron*), figure circulaire, cercle.— Mouvement de l'eau qui se forme en *rond*.—*Rond-d'eau*, sorte de bassin.—*En rond*, loc. adv., circulairement, en forme de cercle.

RONDACHE, subst. fém. (*rondache*), bouclier *rond* et fort. — T. de bot.: *feuille en rondache*, feuille peltée.

ROND-D'EAU, subst. mas. (*rondô*). Voy. ROND. —Au plur., des *ronds-d'eau*.

RONDE, subst. fém. (*ronde*), visite qui se fait la nuit autour d'une place de guerre, ou dedans, ou dans un camp, etc. — La troupe qui fait la *ronde*. — Sorte d'écriture. — Note de musique, la plus longue de toutes les notes; elle se marque ainsi (○).—Sorte de danse en *rond*. —Air, chanson propre à cette danse. — Fig.: *faire la ronde*, tourner autour d'un jardin, d'une maison, etc., pour observer, pour épier, etc. — *Faire sa ronde*, boire à la santé de tous les convives l'un après l'autre. — *A la ronde*, loc. adv., à l'entour. — *Boire à la ronde*, boire tour à tour, les uns après les autres.

RONDEAU, subst. mas. (*rondô*), petit poème particulier aux Français, composé de treize vers sur deux rimes, avec un repos au cinquième vers et au huitième, et dont le premier mot ou les premiers mots se *répètent* après le huitième vers ou après le dernier, sans faire partie des vers eux-mêmes. — Pièce de musique dont le premier couplet se *répète* après chacun des autres couplets. — Pelle de boulanger de forme *ronde*, et qui sert pour les plus grands pains.

RONDELET, adj. mas., au fém. **RONDELETTE** (*rondelè, delète*), qui a un peu trop d'embonpoint. Fam.

RONDELETTE, adj. fém. Voy. RONDELET.

RONDELETTE, subst. fém. (*rondelète*), toile à voile qui se fabrique en quelques endroits de la Bretagne.—Espèce de bourre de soie.

RONDELÉTIES, sub. fém. pl. (*rondeléci*), t. de bot., famille de plantes qui croissent dans l'Amérique méridionale.

RONDELIER, subst. mas. (*rondelié*), t. de bot., genre de plantes de la famille des rubiacées.

RONDELIN, subst. mas. (*rondelein*), homme gros et court. Fam. et peu usité.

RONDELLE, subst. fém. (*rondèle*), petit bouclier *rond*, autrefois en usage.—Pièce de métal forgée en rond, et plate.

RONDELLIER, subst. mas. (*rondèlié*), autrefois, soldat armé d'une *rondelle*.

RONDE-MAJOR, subst. fém. (*rondemajor*), les rondes que fait le *major*.—Au plur., des *rondes-major*; des *rondes* faites par le *major*.

RONDEMENT, adv. (*rondeman*), uniment, également: *ce cocher mène rondement*.—Fig.: sans façon, sans artifices: *il va rondement en besogne*.

RONDETTE, subst. fém. (*rondète*), nom qu'on donne à une espèce de lierre terrestre. — Au plur., toiles à voiles.

RONDEUR, subst. fém. (*rondeur*), qualité de ce qui est *rond*, forme *ronde*: *la rondeur d'une boule*. — Au fig.: *avoir de la rondeur*, de l'aisance, de la facilité, du laissé-aller, du boute-en-train: *cet acteur a de la rondeur*.—*Ce style a de la rondeur*, les périodes en sont correctes et bien remplies. — Au fig., RONDEUR, ROTONDITÉ. (*Syn.*) *Rondeur* exprime l'idée abstraite d'une figure ronde; la *rotondité* est la *rondeur* propre à tel ou tel corps, la figure de ce corps rond. Tandis que *rondeur* ne désigne que la figure, *rotondité* sert encore à désigner la grosseur, l'ampleur, la capacité de tel corps rond. Une roue et une boule sont rondes, mais elles diffèrent dans leur *rondeur*. La roue est plate, la boule est ronde en tous sens; et c'est ce qui sera fort bien distingué par le mot *rotondité*. — On dit, la *rondeur* et la *rotondité* de la terre : la *rondeur*, pour désigner sa figure; la *rotondité*, pour désigner sa capacité, ou l'espace renfermé dans sa *rondeur* en différents sens.

RONDI, E, part. pass. de *rondir*.

RONDIER, subst. mas. (*rondié*), t. de bot., genre de plantes de la famille des palmiers.

RONDINS, subst. fém. plur. (*rondi*), t. de plomb, cylindres dont les plombiers se servent pour *arrondir* les tables de plomb propres à faire des tuyaux. On dit aussi *rondin*.

RONDIN, subst. mas. (*rondein*), morceau de bois *rond* et propre à *brûler*. — Cylindre de bois sur lequel les plombiers arrondissent les tables de plomb dont ils veulent faire des tuyaux. — Gros bâton.

RONDINÉ, E, part. pass. de *rondiner*.

RONDINER, v. act. (*rondiné*), battre avec un *rondin*. — *se* RONDINER, v. pron.

RONDIR, v. act. (*rondir*), tailler l'ardoise et lui donner la forme et les dimensions convenables. — *se* RONDIR, v. pron.

RONDIRE, mieux **RONDINE**, subst. fém. (*rondire, dine*), t. d'hist. nat., espèce de poisson.

RONDON, subst. mas. (*rondon*), t. de fauconn., *cet oiseau fond en rondon*, avec impétuosité.

ROND-POINT, subst. mas. (*ronpoein*), partie circulaire au centre d'un grand espace : *rond-point des Champs-Élysées*. — *Le rond-point d'une église*, l'extrémité opposée au grand portail. — Au plur., des *ronds-points*.

RONFLANT, E, part. prés. de *ronfler*, et adj., qui *ronfle*. — Sonore, bruyant. — Fig. : *style ronflant, mots ronflants*, et plus fig., *promesses ronflantes*, spécieuses, sonores mais vaines. — Subst. mas., en parlant du style : *c'est du ronflant*.

RONFLÉ, part. pass. de *ronfler*.

RONFLEMENT, subst. mas. (*ronfleman*), bruit qu'on fait en *ronflant*.

RONFLER, v. neut. (*ronflé*) (du latin barbare *ronculare*, dimin. de *roncare*, pour *ronchare*, fait de *ronchus*, qui vient du grec ῥόγχος, ronflement, lequel est dérivé de ῥέγχειν, ronfler. *Morin*, d'après *Ménage*), faire un certain bruit de la gorge et des narines en respirant pendant le sommeil. — Fig. et fam. : *les violons ou d'autres instruments ronflent*, jouent avec grand bruit. — *Le canon ronfle*, on tire force coups de canon.

RONFLEUR, subst. mas., **RONFLEUSE**, subst. fém. (*ronfleur, fleuze*), celui ou celle qui *ronfle* en dormant : *c'est un ronfleur insupportable*.

RONFLEUSE, subst. fém. Voy. RONFLEUR.

RONGE, subst. mas. (*ronje*), vieux t. de vén. : *le cerf fait le ronge*, il rumine. On dit dans le même sens, et mieux : *le cerf ronge*.

RONGÉ, E, part. pass. de *ronger* et adj. — En t. de bot., se dit des feuilles qui présentent, sur les bords, des sinus de grandeur et de forme différentes.

RONGEMENT, subst. mas. (*ronjeman*), action et effet de ce qui *ronge*.

RONGER, v. act. (*ronjé*) (suivant *Ménage*, du lat. *rodere*, qui signifie la même chose, et que *M. Morin* conjecture venir par aphérèse du grec τρώγειν, dont la signification est également la même), couper avec les dents à plusieurs et fréquentes reprises. — Fig., agiter, tourmenter, en parlant des soucis, des remords. — Fig. et fam. : *ronger quelqu'un*, lui faire consumer son bien. — Fig. ; *se ronger le cœur*, s'inquiéter, se chagriner avec excès. — *Ce cheval ronge son frein*, le mâche. — Fig. : *ronger son frein*, retenir son dépit sans le faire paraître. — Prov. : *donner un os à ronger à quelqu'un*, lui donner un emploi qui puisse le faire vivre, ou lui susciter une affaire embarrassante. — *se* RONGER, v. pron.

RONGEUR, adj. mas., au fém. **RONGEUSE** (*ronjeur, jeuze*), qui *ronge* : *plaie rongeuse*. — Fig. : *le ver rongeur*, le remords qui tourmente le coupable; *les soucis rongeurs*.

RONGEUR, subst. et adj. mas. (*ronjeur*), t. d'hist. nat., famille de mammifères caractérisés en général par deux dents incisives tranchantes, sur le devant de chaque mâchoire. C'est à cette famille qu'appartiennent les lièvres, les castors, les écureuils, etc.

RONGEUSE, adj. fém. Voy. RONGEUR.

RONGNONNÉ, E, part. pass. de *rongnonner*.

RONGNONNER, v. neut. (*rongnioné*) (en latin *raucare*), gronder en frouant entre ses dents comme les tigres. Voy. ROGNONNER, qui seul se dit.

RONSARDISÉ, E, part. pass. de *ronsardiser*.

RONSARDISER, v. neut. (*ronçardizé*), parler grec et latin en français; imiter le style de *Ronsard*.

ROOSI, subst. propre mas. (*ro ozi*), chef de secte, au Japon, qu'on a considéré comme une divinité.

ROPALIQUE, adj. des deux genres (*ropalike*): *vers ropalique*, dont les mots vont toujours en augmentant. Voy. RHOPALIQUE.

ROPALOCÈRE, subst. mas. (*ropalocère*), t. d'hist. nat., famille d'insectes globulicornes de l'ordre des lépidoptères.

ROPAN, subst. mas. (*ropan*), t. d'hist. nat., espèce de coquille du genre des pholades.

ROPHITE, subst. mas. (*rofite*), t. d'hist. nat., genre d'insectes aptères de l'ordre des hyménoptères.

ROPOGRAPHE, subst. et adj. mas. (*ropoguerafe*) (du grec ῥῶπος, jouet, et γράφειν, écrire, peindre), peintre de petits sujets, d'animaux, de fleurs, etc. — Ceux qui taillaient les ifs, les buis, dans les jardins, et leur donnaient des figures d'hommes et d'animaux. On dit aussi *rhypographe*.

ROPOGRAPHIE, subst. fém. (*ropoguerafi*), autrefois, l'art du *ropographe*. Voy. RHYPOGRAPHIE.

ROPOGRAPHIQUE, adj. des deux genres (*ropoguerafike*), qui regarde, qui concerne la *ropographie*.

ROPOURIER, subst. mas. (*ropourié*), t. de bot., sorte d'arbrisseau qui croît à la Guyane, où l'on s'en sert pour faire des lattes.

ROQUAMBOLE, subst. fém. Voy. ROCAMBOLE.

ROQUE, subst. fém. Voy. RÉSURE.

ROQUE-BRUSSANE, subst. propre mas. (*rokebruçane*), bourg de France, chef-lieu de canton, arrond. de Brignolles, dép. du Var.

ROQUEBROU (LA), subst. propre fém. (*larokebrou*), bourg de France, chef-lieu de canton, arrond. d'Aurillac, dép. du Cantal.

ROQUEFORT, subst. propre mas. (*rokefor*), village de France, canton et arrond. de Sainte-Affrique. — Subst. mas., fromage très-estimé dont il se fait un commerce considérable.

ROQUEFORT, subst. propre mas. (*rokefor*), ville de France, chef-lieu de canton, arrond. de Mont-de-Marsan, dép. des Landes.

ROQUEFORT-DE-SAULT, subst. propre mas. (*rokefordeçô*), ville de France, chef-lieu de canton, arrond. de Limoux, dép. de l'Aude.

ROQUELAURE, subst. mas. (*rokelôre*), sorte de manteau ou de redingote à boutonnières du haut en bas, dont l'usage fut introduit par le duc de *Roquelaure*, sous Louis XIV.

ROQUEMAURE, subst. propre mas. (*rokemôre*), bourg de France, chef-lieu de canton, arrond. d'Uzès, dép. du Gard.

ROQUÉ, E, part. pass. de *roquer*.

ROQUENTIN, subst. mas. (*rokantein*), vieux mot qui se dit par dénigrement d'un vieillard qui se donne des airs : *c'est un vieux roquentin*.

ROQUER, v. neut. (*rokié*), t. de jeu d'échecs, approcher le *roc* ou la tour auprès du roi, et passer le roi de l'autre côté.

ROQUET, subst. mas. (*rokiè*), autrefois, espèce de manteau. — Aujourd'hui, petit chien qui a les oreilles droites et le poil court. — Fig. et fam. : *c'est un roquet qui aboie*, se dit d'un petit homme méprisable qui nous injurie.

ROQUE-TIMBAUT, subst. propre mas. (*roketeinbô*), bourg de France, chef-lieu de canton, arrond. d'Agen, dép. de Lot-et-Garonne.

ROQUETIN, subst. mas. (*roketein*), petite bobine au milieu de laquelle est une moulure à deux bords, pour recevoir ce qu'on veut y dévider. — *Roquetin de lames*, t. de tireur d'or, petite bobine sur laquelle s'enroule le trait d'or ou d'argent écaché.

ROQUETTE, subst. fém. (*rokiète*), t. de bot., plante annuelle de la famille des crucifères.

ROQUEVAIRE, subst. propre mas. (*rokevère*), bourg de France, chef-lieu de canton, arrond. de Marseille, dép. des Bouches-du-Rhône.

ROQUILLE, subst. fém. (*roki-ie*), la plus petite mesure de vin contenant le quart d'un setier. — Au plur., sorte de confiture d'écorce d'orange.

RORAGE, subst. mas. (*roraje*), rouissage. (*Boiste*.) Inusité.

RORARIEN, subst. mas. (*roraricin*), t. d'antiq., nom d'archers armés à la légère, qui commençaient ordinairement le combat par une grêle de flèches.

RORBACH, subst. propre mas. (*rorbak*), ville de France, chef-lieu de canton, arrond. de Sarreguemines, dép. de la Moselle.

RORBAS, subst. propre mas. (*rorbâce*), village de Suisse, où les Russes furent défaits par les Français, en 1799.

ROREL, subst. mas. (*rorèle*), t. de bot., sorte de plante de la famille des rosacées; la rosée-du-soleil.

RORELLE, subst. fém. (*rorèle*), t. de bot., genre de plantes de la famille des rossolis.

RORIDULA, subst. fém. (*roridula*), t. de bot., sorte de sous-arbrisseau qui croît en Égypte.

RORIDULE, subst. fém. (*roridule*), t. de bot., sorte d'arbrisseau à glu qui croît particulièrement au Cap. C'est probablement la même que la *roridula*.

RORIFÈRE, adj. des deux genres (*rorifère*) (en latin *rorifer*, qui *porte* la *rosée*), t. d'anat., épithète donnée par quelques auteurs aux vaisseaux lactés et lymphatiques.

RORIPA, subst. mas. (*roripa*), t. de bot., genre de plantes établi aux dépens des sisymbres.

RORQUAL, subst. mas. (*rorkal*), espèce de baleine qui se trouve dans le Groënland.

ROS, ou **ROT**, subst. mas. (*rô*), peigne de bois ou de *roseau*, qui reçoit entre ses dents les fils de chaîne des toiles ou étoffes quelconques, lors de leur fabrication.

ROSACE, subst. fém. (*rôzace*), ornement d'architecture, en forme de *rose*.

ROSACÉE, adj. et subst. fém. (*rôzacé*) (du latin *rosaceus*, fait de *rosa*, rose), t. de bot., se dit des fleurs simples, régulières, composées de plusieurs pétales, disposées en *rose*. Les *rosacées* forment la sixième classe de la méthode de *Tournefort*, les arbres ou arbustes à fleurs *rosacées* en composent la vingt-unième.

ROSACIQUE, adj. des deux genres (*rôzacike*), t. de chim.; se dit d'un acide que l'on extrait des *roses* par une opération chimique. Voyez ROSAT.

ROSAGE, subst. mas., **ROSAGINE**, subst. fém. (*rôzaje, rôzajine*), t. de bot., sorte de plante. Voy. OLÉANDRE.

ROSAIRE, subst. mas. (*rôzaire*) (de l'italien ou de l'espagnol *rosario*, qui signifie proprement *un chapeau de roses*, *une guirlande de roses*, et, par extension, *un chapelet*, à cause de sa ressemblance avec un chapeau de roses. *Ménage*.), chapelet composé de quinze dizaines.

ROSALIE, subst. fém. (*rôzali*), t. d'hist. nat., bel insecte capricorne, lamie alpine, le plus beau des coléoptères indigènes. — T. d'anc. mus., répétition d'un passage à la quinte plus bas ou plus haut. — Au plur., t. d'antiq., cérémonies religieuses qui consistaient à jeter des *roses* sur le tombeau d'une personne chère, etc.

ROSA-MALLAS, subst. mas. (*rôzamalelâce*), t. de bot., sorte d'arbre qui produit l'encens dont les juifs se servent.

ROSANS, subst. propre mas. (*rôzan*), bourg de France, chef-lieu de canton, arrond. de Gap, dép. des Hautes-Alpes.

ROSAT, adj. des deux genres (*rôza*), où il entre des *roses*; qui a quelque chose de l'odeur des *roses* : *vinaigre rosat*.

ROSÂTRE, adj. des deux genres (*rôzâtre*), teinté de *rose*. Peu usité.

ROSAY, subst. propre mas. (*rôzé*), ville de France, chef-lieu de canton, arrond. de Coulommiers, dép. de Seine-et-Marne.

ROSBIF, subst. mas. (*rocebife*) (corruption de l'anglais *roast-beef*, qui a la même signification), bœuf rôti. — Par extension, la partie de derrière d'un agneau, d'un mouton, d'un chevreuil, qu'on sert rôtie : *un rosbif d'agneau*.

ROSC-HAZAMA, subst. mas. (*rocekazama*), fête que les juifs célèbrent au renouvellement de leur année.

ROSCOÉ, subst. mas. (*roceko-é*), t. de bot., genre de plantes de la famille des scitaminées.

ROSCONNES, subst. fém. plur. (*rocekone*), toiles blanches de lin qui se fabriquent en Bretagne.

ROSE, subst. fém. (*rôze*) (du latin *rosa*, que *Varron* dérive du grec ῥόδον, dont la signification est la même), nom d'une fleur odoriférante qui croît sur un arbrisseau épineux. — *Rose de Jéricho*, qui croît dans l'Arabie déserte, de la famille des cruciformes. — *Rose trémière*, espèce de mauve. — Fenêtre ronde garnie de vitres. — Poisson de rivière, plus petit et moins large que la rosière.—La molette de l'éperon.—Rose d'or, rose artificielle avec des feuilles d'or, que le pape bénit et qu'il envoie en certaines occasions, à des princes ou des princesses.—Rose des vents, morceau de corne ou de carton coupé circulairement, divisé en trente-deux parties, pour représenter les trente-deux aires ou rumbs de vent, et dont la circonférence est divisée en trois cent soixante degrés : c'est une partie de la boussole.—Roses de souliers, roses de jarretières, rubans qu'on portait autrefois sur les souliers; touffes de rubans qui étaient attachées aux jarretières.—Eau-rose, eau qu'on tire des roses par l'alambic.—Teint de lis et de roses, blanc et vermeil.—Prov. et fig. : il n'est point de roses sans épines, il n'est point de plaisir sans peine, point de joie sans quelque mélange de chagrin. — Découvrir le pot aux roses, le secret de quelque galanterie, de quelque friponnerie. Il est fam.— C'est la plus belle rose de son chapeau, ce qui lui est le plus honorable, le plus avantageux. — Diamant en rose ou à rosette, taillé en facettes par dessus et dont le dessous est plat.—Au plur., petites étoffes de soie, laine et fil, dont le dessin représente de petites roses.

ROSE, subst. mas. et adj. des deux genres (rôze), couleur de rose, nuance de la couleur rouge.— Prov. : voir tout couleur de rose, voir, prendre tout en beau.—Adj., qui est de la couleur de la rose : étoffe, ruban rose.

ROSÉ, E, part. pass. de roser et adj. : vin rosé, d'une couleur rouge et vermeille.—Beaumarchais, dans le Barbier de Séville, a dit au fém. : bouche rosée, vermeille.

ROSEAU, subst. mas. (rôzô) (de l'ancien allemand rans), plante vivace qui croît dans les lieux humides.—Au plur., t. de sculpture, ornements en forme de bâtons ou de cannes.—Prov. : 1° être comme un roseau; plier à tout vent comme un roseau, n'avoir point de résolution, de fermeté de caractère, etc.; 2° s'appuyer sur un roseau, mettre sa confiance en quelqu'un qui n'a pas la force ou l'autorité de nous soutenir.

ROSE-CROIX, subst. mas. (rôzekroé), nom d'une secte d'empiriques, qui prétendaient posséder la pierre philosophale, rendre les hommes immortels, etc.; ainsi nommés de Christian Roseucreux, gentilhomme allemand, leur fondateur vers la fin du quatorzième siècle. — Grade supérieur dans la franc-maçonnerie. — Au plur., des rose-croix.

ROSÉE, subst. fém. (rôze) (du latin ros, roris, que quelques-uns dérivent du grec δρόσος, dont la signification est la même), vapeur aqueuse qui s'élève le matin et retombe en gouttes très-déliées; le soir on l'appelle serein. — Humeur qui se montre sur la sole du cheval, quand le pied a été paré à une certaine profondeur. — Espace compris entre les broches du peigne. — Rosée céleste, nom que les anciens donnaient à la manne, dont ils ignoraient l'origine.—Fig. et fam.: tendre comme rosée, extrêmement tendre.

ROSELÉ, E, adj. (rôzelé) : feuilles roselées, en rosette.

ROSELET, subst. mas. (rôzelé) hermine à poil jaunâtre.—Martre.

ROSELIÈRE, subst. fém. (rôzelière), terrain qui produit des roseaux.

ROSELLE, subst. fém. (rôzéle), t. d'hist. nat., sorte de grive rouge, dans quelques endroits.

ROSENIE, subst. fém. (rozeni), t. de bot., espèce d'arbuste rameux de la famille des corymbifères.

ROSE-NOBLE, subst. fém. (rôzenoble), ancienne monnaie d'or d'Angleterre, valant 24 fr. 70 cent. de France.

ROSE-NOIRE, subst. fém. (rôzenoare), t. de bot., variété de figue.

ROSÉOLE, subst. fém. (rôzé-ole), t. de médec., rougeole légère.

ROSE-QUEUE, subst. fém. (rôzekeu), t. d'hist. nat., espèce de reptile saurien du genre agame, d'une couleur grise, avec la queue rose.— Sorte de petit oiseau à queue rose qu'on trouve dans le midi de la France.

ROSER, v. act. (rôzé), donner un œil cramoisi au rouge.—se ROSER, v. pron.

ROSERAIE, subst. fém. (rôzeré), lieu planté de rosiers.

ROSEREAUX, subst. mas. plur. (rôzerô), t. de comm., sorte de fourrures qui nous viennent de la Russie.

ROSETIER, subst. mas. (rôzetié), ouvrier qui fait des ros ou peignes.

ROSE-TRÉMIÈRE, subst. fém. (rôz-trémière), Voy. : ROSE.—Au plur. des roses-trémières.

ROSETTE, subst. fém. (rôzéte), ruban noué en forme de rose.—Petits ornements faits en forme de roses, qu'on emploie dans la broderie, dans la sculpture, etc.—Dans les globes et sphères, petit cercle divisé en vingt-quatre heures, qui est fixé sur le méridien.—Dans les montres, petit cadran numéroté, dont l'aiguille fait avancer ou retarder par degré le mouvement de la montre.—Espèce de linge ouvré.—Sorte d'encre rouge. — Cuivre rouge, pur et dégagé de toute substance étrangère. — Craie teinte en rouge qui sert à peindre.—Diamant à rosette. Voy. diamant en rose, au mot ROSE.

ROSETTE, subst. propre fém. (rôzéte), ville de la Basse-Égypte, capitale de la prov. du même nom. Prise par les Français, en 1798.

ROSETTIER, subst. mas. (rôzétié), espèce de poinçon en forme d'emporte-pièce, avec quoi les couteliers font de petites rosettes de cuivre.

ROSHEIM, subst. propre mas. (rozème), village de France, chef-lieu de canton, arrond. de Schelestadt, dép. du Bas-Rhin.

ROSI, E, part. pass. de rosir.

ROSIER, subst. mas. (rôzié), arbrisseau épineux, qui s'élève en buisson, et qui porte la rose. On distingue parmi ses nombreuses espèces : les rosiers de tous les mois, la rose à cent feuilles, celle de Hollande, le petit rosier nain de Bourgogne appelé pompon, les roses jaunes, la rose blanche, celle de Provins, celle de Bengale, etc., etc.—Rosier du Japon, arbrisseau du Japon et de la Chine, toujours vert, et qui a beaucoup de rapports avec l'arbrisseau à thé.

ROSIÈRE, subst. fém. (rôzière), poisson le rivière qui, pour la forme du corps, ressemble à la brème. — Jeune fille que l'on couronne d'un chapeau de roses en récompense de sa vertu, etc.

ROSIÈRE-EN-SANTERRE, subst. propre fém. (rôzièrançantère), ville de France, chef-lieu de canton, arrond. de Montdidier, dép. de la Somme.

ROSIFORME, adj. des deux genres (rôziforme) (du lat. rosa, rose, et forma, forme), en forme de roses, qui a l'apparence d'une rose. Peu usité.

ROSINAIRE, subst. fém. (rôzinère) , t. de bot., genre de plantes de la famille des graminées.

ROSINE, subst. fém. (rôzine), pièce d'or de Toscane, valant 21 fr. 54 cent. Il y a des demi-rosines de 10 fr. 77 cent.

ROSIR, v. act. (rôsire), rendre rose.—Neut., devenir rose. — se ROSIR, v. pron. (Boiste.) Presque inusité.

ROSMARE, subst. mas. (rocemare), t. d'hist. nat., espèce de poisson du genre des amphibies. Vache marine.

ROSMARIENS, subst. mas. plur. (rocemariein), t. d'hist. nat., genre d'animaux amphibies qui renferme le morse et le dugong.

ROSNY, subst. mas. (rôni), arbre communal que Sully, ministre d'Henri IV, avait donné ordre de planter dans chaque village, et qui a gardé son nom.

ROSNY-SUR-SEINE, subst. propre mas. (rônicurcène), village de France, canton et arrond. de Mantes; château et parc magnifiques.

ROSOIR, subst. mas. (rôzoar), outil de facteur de clavecins pour percer dans les tables de clavecins, d'épinettes, etc., les trous où l'on met la rose.

ROSOLIO, subst. mas. (rôzolio) (mot italien), sorte de liqueur douce dont le principe est extrait des roses.

ROSON, subst. mas. (rôzon). Voy. ROSACE.

ROSORE, subst. mas. (rôzore), t. d'hist. nat., nom sous lequel on a désigné l'ordre des mammifères rongeurs.

ROSOYANT, E, adj. (rôzoé-ian, iante), qui tombe en rosée. (Boiste.)

ROSPORDEN, subst. propre mas. (rocepordène), petite ville de France, chef-lieu de canton, arrond. de Quimper, dép. du Finistère.

ROSSANE, subst. fém. (roçane), t. de jard., variété de pêche. Voy. PAVIE.

ROSSANIE, subst. fém. (roçani), t. de médec., synonyme de scarlatine et de rougeole.

ROSSBACH, subst. propre mas. (rocebake), village de Prusse, célèbre par la victoire du grand Frédéric en 1757.

ROSSE, subst. fém. (roce) (de l'allemand ross, cheval), cheval sans force, sans vigueur : vieille rosse, méchante rosse. — Prov. : il n'est si bon cheval qui ne devienne rosse, tout dépérit par l'âge ou par le temps.

ROSSÉ, E, part. pass. de rosser.

ROSSÉE, subst. fém. (roce), coups. Pop.

ROSSER, v. act. (roce) (de rosse, mauvais cheval qu'il faut frapper sans cesse pour le faire marcher), battre bien quelqu'un. Pop.—Rosser quelqu'un, le traiter de rosse. — se ROSSER , v. pron., se battre.

ROSSICLER ou ROSICLER , subst. mas. (rocikière ou rosiklère) (de l'espagnol rosicler, incarnat, formé de roso, rouge, et de claro, clair; rouge clair), mine d'argent du Pérou qui doit être la même que notre mine d'argent rouge.

ROSSIGNOL, subst. mas. (rocigniole) (du lat. lusciniola, diminutif de lusciniis, que Plaute a employé par métaphore pour luscinia, nom que les Romains donnaient à cet oiseau, et lequel est formé de lux, lucis, lumière, jour, ou de lucus, luci, bois, et de canere, chanter, qui canit sub lucem ou in lucis, qui chante au point du jour ou dans les bois,), oiseau de passage qui tient le premier rang entre les oiseaux chanteurs. — Instrument de serrurier pour ouvrir toute sorte de serrures. — En t. d'imprim., espèce de foulure au poignet qui survient à ceux qui commencent à travailler à la presse. — Personne qui a une belle voix. — Chanter comme un rossignol, avoir une voix, un gosier de rossignol, avoir des rossignols dans la gorge, avoir la voix douce et les cadences agréables. —Iron. et pop.: rossignol d'Arcadie, un âne.

ROSSIGNOLÉ, part. pass. de rossignoler.

ROSSIGNOLEMENT, subst. mas. (roceigniolemani), chant du rossignol. Peu usité.

ROSSIGNOLER, v. neut. (rocigniolé), imiter le chant du rossignol.—Chanter agréablement. Peu en usage.

ROSSIGNOLET, subst. mas. (roceigniolé), petit rossignol.

ROSSIGNOLETTE, subst. fém. (roceigniolète), nom qu'on a donné à la femelle du rossignol.

ROSSIGNOLS, subst. mas. plur. (roceigniole), t. de carriers, arcs-boutants des fourches qui soutiennent la grande roue d'une carrière.

ROSSINANTE, subst. fém. (rocinante) (de l'espagnol rocinante, nom du cheval de Don Quichotte, formé, suivant l'étymologie qu'en donne Cervantes lui-même, de rocin, rosse, haridelle, et d'anté, avant, auparavant; qui n'était qu'une rosse avant de devenir la monture d'un illustre chevalier), mauvais cheval, rosse. Il est fam.

ROSSINIEN, adj. mas.. au fém. ROSSINIENNE (rociniein, niène), qui appartient au genre du célèbre compositeur Rossini; qui rappelle sa manière ; qui dépend de son école.

ROSSINIENNE, adj. fém. Voy. ROSSINIEN.

ROSSINISME, subst. mas. (rochinicene), adhésion au genre de Rossini; doctrine musicale de ses admirateurs.

ROSSINISTE, subst. des deux genres. (rocecinicete), partisan, admirateur de Rossini.

ROSSO-ANTICO, subst. mas. (rocepo-qutikô), beau marbre que les anciens tiraient d'Égypte.

ROSSOLIS, subst. mas. (rocepoli) (contraction de l'ital. rosso liquore, liqueur rouge. On écrivait autrefois rossoli, sans s à la fin. Du latin ros solis, rosée du soleil , parce que de certains poils fistuleux dont cette plante est garnie, il sort continuellement comme des gouttes de rosée même au soleil le plus ardent. Vergy.), sorte de liqueur douce et agréable. — En bot., plante annuelle à fleur rosée, qui croît dans les lieux humides.

ROSTACISME, subst. mas. Voy. ROTACISME.

ROSTANE, subst. fém. (rocetane), manière d'apprêter les lapins.

ROSTEIN, subst. mas. (rocetein), grosse bobine ou rochet évidé dans sa longueur, et qui porte la grosse soie dont on fait la lisière de l'étoffe.

ROSTELLAIRE, subst. fém. (rocetélelère), t. d'hist. nat., genre de mollusques fusiformes.— Testacé de la classe des univalves.

ROSTELLE, subst. fém. (rocetéle), t. de bot., éminence à la partie supérieure des stigmates dans les fleurs des orchidées.

ROSTÉ, E, part. pass. de roster.

ROSTER, v. act. (rocete), t. de mar., surlier. se ROSTER, v. pron. (Boiste.)

ROSTRAGO,subst. mas., ou PLECTORITE,subst. fém. (rocetragô, plektorite), nom que l'on donne aux dents de poissons pétrifiées.

ROSTRALE, adj. fém. (rocetrale) (en latin rostralis, fait de rosteum, bec, éperon de navire), t. d'hist. anc., *couronne rostrale*, ornée de proues de navire. Elle était décernée à celui qui, dans une bataille navale, avait le premier accroché un vaisseau ennemi, ou était sauté dedans.—Nous nous étonnons de ne rencontrer dans aucun *Dictionnaire* le mas. sing. *rostral* et le mas. plur. *rostraux* de cet adj. Il est vrai qu'on ne s'en est guère servi qu'avec les mots *colonne* et *couronne*, qui sont tous deux du fém.; mais par rapport aux *rostres*, t. d'architecture et de sculpture signifiant *des ornements ayant la forme de becs ou d'éperons de navires antiques*, ne pourrait-on pas dire : *des ornements rostraux?* Nous soumettrons aux savants l'importance de notre observation, n'osant pas nous permettre de trancher ici la question.

ROSTRE, subst. mas. (*rocetre*), t. d'hist. nat., bec, partie d'une coquille univalve qui forme un bec allongé.—Au plur., t. d'hist. ancienne, lieu célèbre à Rome dans la place publique. C'était une espèce d'échafaud en forme de base de colonne, d'où l'on haranguait le peuple, et qui était orné de becs ou d'éperons de navires qui avaient été pris par les Romains sur les Antiates.—T. d'architecture et de sculpture, ornements en forme d'éperons de navires antiques.

ROSTRENEN, subst. propre mas. (*rocetrenène*), village de France, chef-lieu de canton, arrond. de Guingamp, dép. des Côtes-du-Nord.

RÔT, subst. mas. (*rô*), viande rôtie à la broche. On dit aussi, et mieux, *rôti*.— RÔT, RÔTI. (*Syn.*) Le *rôt* est proprement le service des mets *rôtis*. Le *rôti* est la viande *rôtie*. Les viandes de boucherie, la volaille, le gibier, etc., cuits à la broche, sont du *rôti* : les différents plats de cette espèce composent le *rôt*; les grosses pièces, le gros *rôt*, et les petites, le menu rôt. On sert le *rôt*, et vous mangez du *rôti*. Le *rôt* est servi après les entrées; le *rôti* est autrement préparé que le bouilli. Il y a un *rôt* en maigre comme en gras; mais la viande *rôtie* est seule du *rôti*.

ROT, subst. mas. (*ro*) (en lat. *ructus*), sortie impétueuse des vents de l'estomac par la bouche. Voy. ROS, eu égard à une autre signification.

ROTACÉ, E, adj. (*rotacé*), t. de bot., étalé en rond, sans tube, sur un même plan.

ROTACISME, subst. mas. (*rotaciceme*) (en grec ρωτακισμός, fait de ρωτακίζω, je répète la lettre *r*), grasseyement de la lettre *r*.

ROTAGE, subst. mas. (*rotaje*), garniture de points de soie, d'or ou d'argent, qui embrasse un bouton dans toute sa hauteur. — Redevance en général. Vieux (*Boiste*.)

ROTALE, subst. fém. (*rotale*), t. de bot., sorte de plante annuelle de la famille des caryophyllées.

ROTALITHE, subst. fém. (*rotalite*), espèce de coquille fossile; hélicite rayonnée.

ROTANG, subst. mas. (*rotan*), t. de bot., famille de palmiers.

ROTATEUR, subst. et adj. mas. (*rotateur*) (en lat. *rotator*, qui fait tourner ou mouvoir en rond, formé de *rotare*, rouler, qui vient de *rota*, roue), t. d'anat., qui se dit des muscles obliques de l'œil. Voy. ROTIFÈRE.

ROTATION, subst. fém. (*rotâcion*) (du lat. *rotatio*, fait de *rotare*, tourner), mouvement circulaire d'un corps qui tourne sur lui-même. — Mouvement en rond des muscles de l'œil, appelés *rotateurs*.

ROTE, subst. fém. (*rote*) (de l'italien et du latin *rota*, roue; soit parce que ces auditeurs servaient tour à tour, soit parce que toutes les affaires étaient successivement portées devant eux, et *roulaient* en quelque sorte), juridiction de la cour de Rome, composée de douze membres appelés *auditeurs de rote*.

ROTÉ, E, part. pass. de *roter*.

ROTER, v. neut. (*roté*) (en lat. *ructare*, fait du grec ροχθεῖν, faire du bruit), faire des *rots*.

ROTEUR, subst. mas., **ROTEUSE**, subst. fém. (*roteur, teuze*), qui *rote*.

ROTEUSE, subst. fém. Voy. ROTEUR.

ROTH, subst. propre mas. (*rote*), myth., divinité adorée autrefois dans la partie des Gaules appelée depuis Normandie. On en fait dériver *Rouen*, fait de *Rothomagum*, temple de *Roth*.

ROTHE, subst. fém. (*rote*), t. de bot., sorte de plante à tige anguleuse, de la famille des corymbifères.

ROTHMANNIE, subst. fém. (*rotemani*), t. de bot., genre de plantes monogynes de la famille des rubiacées.

ROTHOFFITE, subst. mas. (*rotofite*), t. d'hist. nat., variété de grenat qu'on trouve en Suède.

RÔTI, subst. mas. (*rôti*), *rôt*, viande *rôtie* : *on va manger le rôti*. Voy. RÔT.

RÔTI, E, part. pass. de *rôtir*.

RÔTIE, subst. fém. (*rôti*), morceau de pain séché devant le feu sur le gril, qu'on trempe ensuite dans du vin ou autre liqueur.

ROTIER, subst. mas. (*rotié*), ouvrier qui fait des *ros* ou peignes pour les métiers. Voyez ROSETTIER et ROS.

ROTIFÈRE, subst. mas. et adj. des deux genres (*rotifère*) (du lat. *rota*, roue, et *fero*, je porte, qui porte une roue), t. d'hist. nat., espèce de zoophytes qui se trouvent dans les eaux croupissantes. Ils ont des poils disposés en cercle qu'ils font mouvoir comme les rayons d'une *roue*.

ROTIN, subst. mas. (*rotein*), t. de bot., roseau qui croît sur les côtes du détroit de Malaca. On dit aussi, mais moins souvent, *rotang*.

RÔTIR, v. act. (*rôtir*) (de l'allemand *rösten*, qui signifie proprement *faire cuire sur un gril; faire griller*, de *rost*, gril. Nous écrivions autrefois *rostir*), faire cuire de la viande à la broche : *rôtir une perdrix, un chapon*.—On le dit de l'effet que cause la trop grande ardeur du soleil : *le soleil a rôti tous les bourgeons des vignes*.—*Faire rôtir*, faire griller : *faire rôtir de la viande, du poisson, du pain sur le gril*. — Faire cuire à la braise : *faire rôtir des marrons*. —Neut., se cuire à la broche : *on a mis des poulets rôtir*.— Se brûler, s'échauffer trop au soleil.—SE RÔTIR, v. pron., il a les mêmes sens que le neutre.

ROTIS, subst. mas. (*roti*), nouveau labour. Peu usité.

ROTISSÉ, E, part. pass. de *rotisser*.

ROTISSER, v. act. (*roticecé*), défricher. — *se* ROTISSER, v. pron. Peu en usage.

RÔTISSERIE, subst. fém. (*rôticeri*), lieu où l'on débite de la viande *rôtie* ou prête à *rôtir*.

RÔTISSEUR, subst. mas., au fém. **RÔTISSEUSE** (*rôticeur, ceuze*), celui, celle qui fait *rôtir* de la viande et qui la vend ainsi en détail.—*Rôtisseur en blanc*, rôtisseur qui vend et fournit les viandes prêtes à *rôtir*, mais qui ne les vend point toutes *rôties*.

RÔTISSEUSE, subst. fém. Voy. RÔTISSEUR.

RÔTISSOIRE, subst. fém. (*rôtiçoare*), ustensile de tôle ou de plaques de fer battu pour faire *rôtir*.

ROT-JE, subst. mas. (*roteje*), t. d'hist. nat., nom que les Hollandais ont donné au pétrel, hirondelle de mer.

ROTL, subst. mas. (*rotele*), poids des États barbaresques. Il y en a de plusieurs sortes. Il équivaut généralement à 16 onces ou un demi-kilogr.

ROTONDE, subst. fém. (*rotonde*) (du lat. *rotundus*, rond, le temple de Vesta à Rome, de forme ronde, était appelé *rotundia*), bâtiment *rond* par dedans et par dehors.—Sorte de collet *arrondi*.

ROTONDITÉ, subst. fém. (*rotondité*) (du lat. *rotunditas*), rondeur, grosseur, ne se dit que fam. et qu'en parlant de la taille. Voy. RONDEUR.

ROTOQUAJE, subst. mas. (*rotokaje*), rétablissement de la marque des futailes coupées.

ROTOQUÉ, E, part. pass. de *rotoquer*.

ROTOQUER, v. act. (*rotokié*), faire le *rotoquaje* : *rotoquer une futaie*. — SE ROTOQUER, v. pron. Peu en usage.

ROTRUHENGE, subst. mas. (*rotru-anje*), refrain de chanson. (*Boiste*.) Vieux.

ROTTACISME, subst. mas. Voy. ROTACISME.

ROTTBOEL, subst. mas. (*rotebo-él*), t. de bot., genre de plantes de la famille des graminées.

ROTTERDAM, subst. propre mas. (*roterédame*), ville commerçante du royaume de Hollande, patrie d'*Erasme*.

ROTTLÈRE, subst. fém. (*rotelère*), t. de bot., genre de plantes qui croissent dans les Indes. Il y en a une espèce dont les fruits pulvérisés servent à faire de la teinture.

ROTULE, subst. fém. (*rotule*) (du lat. *rotula*, diminutif de *rota*, roue, petite roue, parce que cet os ressemble à une petite roue), t. d'anat., petit os rond et plat, situé à la partie antérieure de l'articulation du genou.

ROTULIEN, adj. mas., au fém. **ROTULIENNE** (*rotuliein, liène*), t. d'anat., qui tient, qui appartient à la *rotule*.

ROTULIENNE, adj. fém. Voy. ROTULIEN.

ROTURE, subst. fém. (*roture*) (du lat. *ruptura*, action de *rompre*, employé par les auteurs de la basse latinité dans le sens de *culture de la terre*. On dit encore aujourd'hui, dans quelques endroits, *rompre la terre*, pour *la défricher, la mettre en culture*. Anciennement, l'état de laboureur, de cultivateur, était proprement celui de *roturier*. Ménage cite beaucoup d'autorités à l'appui de son opinion sur ce point.), état d'une personne ou d'un héritage qui n'est pas noble.—Il se prend aussi pour les *roturiers*.

ROTURÉ, E, adj. (*roturé*), devenu *roturier*. (Boiste.) Vieux et même hors d'usage.

ROTURIER, subst. mas., **ROTURIÈRE**, subst. fém. (*roturié, rière*), celui, celle qui n'est pas noble, qui est plébéien.— Voy. ROTURE.— On dit aussi adj. : *une famille, une mine roturière*.

ROTURIÈRE, subst. et adj. fém. Voy. ROTURIER.

ROTURIÈREMENT, adv. (*roturièreman*), venu en *roture*; d'une manière *roturière*.

ROUABLE, subst. mas. (*rou-able*), ratissoire. Voy. ROABLE. Peu connu.

ROUAGE, subst. mas. (*rou-aje*), t. de mécan. machine composée de plusieurs *roues* destinées à produire par leur combinaison un effet quelconque. — Toutes les *roues* d'une machine — *Bois de rouage*, celui qu'on emploie à faire les *roues* des voitures.

ROUAN, subst. et adj. mas. (*rou-an*) : *cheval rouan*, dont le poil est mêlé de blanc, de gris et de bai.— *Rouan vineux*, bai mélangé, lorsqu'au lieu de poils bais, le mélange est formé de poils alezans.

ROUANNE, subst. fém. (*rou-ane*), outil pour marquer les bois. C'est une espèce de compas. —Instrument pour marquer les tonneaux dans les caves.

ROUANNÉ, E, part. pass. de *rouanner*.

ROUANNER, v. act. (*rou-ané*), marquer avec la *rouanne*. — *Rouanner une pompe*, t. de mar., agrandir le trou de la pompe ou le rendre égal lorsqu'il est chambré.—*se* ROUANNER, v. pron.

ROUANNETTE, subst. fém. (*rou-anète*), la même chose que *rouanne*, surtout dans la première acception.

ROUANT, adj. mas. (*rou-an*), t. de blas.; il se dit du paon lorsqu'il étend sa queue en *roue*.

ROUBAIX, subst. propre mas. (*roubé*), ville de France, chef-lieu de canton, arrond. de Lille, dép. du Nord.

ROUBB, subst. mas. (*roube*), t. de relat., monnaie d'argent turque, valant 10 paras, 83 cent. de France.

ROUBBIÉ, subst. mas. (*roubebié*), t. de relat., monnaie d'argent turque, qui a cours pour une piastre, 3 fr. 62 cent.

ROUBINE, subst. fém. (*roubine*), t. de pêche, canal qui communique des étangs salés à la mer.

ROUBLE, subst. mas. (*rouble*), monnaie d'argent en Russie, valant à peu près 3 fr. 45 c.

ROUBSCHITE, subst. fém. (*roubechite*), t. d'hist. nat., magnésie carbonatée silicifère, qui se tire d'une province de la Moravie.

ROUCK ou **ROCK**, subst. mas. (*rouk* ou *rok*), oiseau d'une force et d'une grandeur prodigieuse cité souvent dans les contes arabes. On a pensé que c'était le *condor*.

ROUCHE, subst. fém. (*rouche*), carcasse d'un vaisseau sur le chantier. — T. de bot., espèce de plante.

ROUCHEROLLE, subst. fém. Voyez ROUSSEROLE.

ROUCHI, subst. mas. (*rouchi*), nom du patois d'une grande partie du Nord de la France. (*Boiste*.)

ROUCOU, subst. mas. (*roukou*), préparation des semences du *roucouyer*, dont on retire par la trituration une fécule rouge, employée dans la teinture. *pâte de roucou*. — Suivant l'*Académie*, on entend quelquefois par *roucou* le *roucouyer* qui le produit.

ROUCOUÉ, E, part. pass. de *roucouer*.

ROUCOUER, v. act. (*roukou-é*), peindre en rouge avec le *roucou*. Il s'emploie plus souvent comme verbe pron. : *les sauvages aiment à se roucouer*.—*se* ROUCOUER, v. pron.

ROUCOULÉ, E, part. pass. de *roucouler*.

ROUCOULEMENT, subst. mas. (*roukouleman*), bruit fait en *roucoulant*.

ROUCOULER, v. neut. (*roukoulé*) (onomatopée); il se dit du bruit que fait le pigeon avec son gosier. —Faire l'amour auprès d'une femme.—Act., chanter en *roucoulant* : *roucouler la romance*.—*se* ROUCOULER, v. pron.

ROUCOUYER, subst. mas. (*roukou-ié*), arbre

cultivé dans toutes les îles de l'Amérique, à gousses renfermant des semences, dont on retire par trituration la pâte du rocou.
ROUDOU ou ROUDOUL, Voy. REDOUL.
ROUDRA, subst. propre fem. (roudra), divinité indienne, le Feu.
ROUE, subst. fém. (rou) (en lat. rota), machine simple consistant en une pièce de bois, etc., ronde et plate, qui tourne autour d'un essieu ou axe : roue de charrette, de carrosse ; roue d'une horloge, d'une poulie.—Supplice qui consistait à attacher le criminel sur une roue posée sur un poteau, après lui avoir rompu les bras, les jambes et les reins.—Être sur la roue, fig., souffrir de grandes douleurs.—Roue de fortune, dans le tirage des loteries, tambour en forme de roue, où l'on enferme les billets pour les tirer au sort.—Fig. et fém. : la roue de la fortune, les révolutions et les vicissitudes des choses humaines.—T. de mar., roue de câble, câble plié en rond.—Fig. et fém. : être au haut de la roue, au plus haut point de prospérité.—Pousser à la roue, aider à faire réussir quelqu'un dans une affaire.—Le paon fait la roue, déploie sa queue en rond.—Faire la roue, en parlant des enfants et des faiseurs de tours, c'est culbuter sur les mains, la tête en bas et les pieds en l'air.—Cinquième roue à un carrosse, chose complètement inutile. — Roue astronomique , instrument propre à observer les éclipses de lune. — Roue à vapeur, appareil qui remplit le même but que les machines à vapeur.

ROUÉ , E , part. pass. de rouer, et adj. — Fam. : être roué de fatigue, ou simplement être roué , être tellement fatigué qu'on a peine à se remuer.

ROUÉ , E , subst. (roué), criminel qui a été roué. — Scélérat qui mérite la roue. En ce dernier sens et dans le jargon à la mode, il se dit d'un homme du grand monde, etc., sans principes et sans mœurs, qui n'est arrêté par aucun scrupule, etc. — Au fém., femme de débauche ; femme plus habile qu'il ne convient de l'être. — Au fém. plur., t. de vén., têtes du cerf, lorsqu'elles sont serrées et peu ouvertes. — Il se prend aussi adj. : têtes rouées.

ROUELLE, subst. fém. (rouèle) (du latin rota, roue, dont on a forgé le diminutif rotella, petite roue), tranche coupée en rond : rouelle de citron, de veau.

ROUEN, subst. propre mas. (rouan), ville de France, capitale de l'ancienne province de Normandie, aujourd'hui chef-lieu du dép. de la Seine-Inférieure. Patrie du grand Corneille.

ROUENNAIS, E, subst. et adj. (rouané, nèze), de Rouen.

ROUENNERIE, subst. fém. (rouaneri), t. de comm., toiles et autres marchandises qu'on tire de Rouen et des environs.

ROUER, v. act. (roué) (du latin rotare, faire tourner sur une roue), punir du supplice de la roue.—Fig. et fam. : rouer de coups ou de coups de bâton, battre excessivement. — Par exagération , se faire rouer, s'exposer à être écrasé par les roues des voitures. — En t. de marine , rouer un câble , le plier en rond, en cercle. — SE ROUER, v. pron.

ROUERGAT, subst. mas. (rouèrega), t. de bot., espèce de plante de la famille des champignons.

ROUERGUE, subst. propre mas. (rouèrgue), ancienne province de France.

ROUERIE, subst. fém. (rou-ri), action de roué, dans la dernière acception de ce mot : c'est une rouerie, une vraie rouerie.

ROUET, subst. mas. (roué), machine à roue qui sert à filer. — Roue qui tourne et qui est au bout de l'arbre du moulin. — Petite roue de fer de certaines armes à feu. — Cercle de bois au fond d'un puits, sur lequel s'élève la maçonnerie.

ROUETTE, subst. fém. (rouète), longue et menue branche de bois pliant qu'on fait tremper pour la rendre plus flexible et plus souple.

ROUFIA, subst. mas. (roufia), t. de bot., espèce d'arbre du genre des palmiers, qui croît à Madagascar.

ROUGA, ou FOUTIR, subst. mas. (rougua, foutir), t. d'antiq., espèce de galette sans levain qu'on faisait en Egypte.

ROUGÉ, subst. propre mas. (roujé), village de France, chef-lieu de canton, arrond. de Châteaubriant, dép. de la Loire-Inférieure.

ROUGE, adj. des deux genres (rouje) (du lat. rubeus, qui a la même signification), qui est d'une couleur semblable à celle du feu, du sang, etc. — Qui a un certain rouge vif et naturel, vermeil.—Fer rouge, boulet rouge , devenu rouge au feu. — Tirer sur quelqu'un à boulets rouges, l'accabler de reproches, ou en médire en son absence. — Méchant comme un âne rouge, fort méchant. — Prov. :

Rouge le soir, blanc au matin,
C'est la journée du pèlerin;

ce sont les signes du beau temps. — Subst. mas., couleur rouge. — Lorsque la honte ou la colère fait monter le sang à la face, on dit que le rouge monte au visage. — On dit aussi se fâcher tout rouge ; dans cette phrase, rouge est adv. — Espèce de fard à l'usage des femmes. — Sorte d'oiseau de rivière. — Sorte de poisson. — Modifié par un autre adj., rouge est invariable parce qu'il devient alors subst. : des draps rouge foncé, comme si l'on disait d'un rouge foncé. — Rouge à polir, terre ocreuse rouge; sorte de tripoli mis en poudre. — Rouge d'Andrinople , rouge végétal qui sert à teindre certaines étoffes. — Rouge d'Angleterre. Voy. COLCOTAR.—Rouge de montagne, t. d'hist. nat., variété de fer hyperoxydé, rouge terreux et argilo-calcaire. — Rouge de Portugal , rouge végétal dont on se sert pour la teinture. — Rouge de Prusse , oxyde rouge de fer, obtenu par la calcination de l'ocre jaune ou du fer hydraté terreux. — Rouge d'Espagne, oxyde argileux de fer, d'un rouge peu foncé. — Rouge du polisseur, dans les glaceries, dépôt que l'eau des polissoirs laisse dans les cases où est la potée.

ROUGE-AILE , subst. mas. (roujèla), nom qu'on donne, en certains endroits, à la grive mauvis.

ROUGEÂTRE, adj. des deux genres (roujàtre), qui tire sur le rouge.

ROUGEAUD, E , subst. et adj. (roujô, jôde), qui a les joues rouges et le visage haut en couleur. Il est fam.

ROUGE-BORD, subst. mas. (roujebor), rasade: boire un rouge-bord, un verre plein de vin jusqu'au bord.—Au plur, des rouges-bords.

ROUGE-BOURSE , subst. mas. (rôujebource), t. d'hist. nat., nom qu'on donne quelquefois au rouge-gorge. — Au plur., des rouge-bourse.

ROUGE-GORGE, subst. mas. (roujeguorje), t. d'hist. nat., petit oiseau qui a la gorge rouge. — Au plur., des rouge-gorge. — Il ne faut pas dire rouges-gorges ; car ce ne sont pas des gorges rouges , mais des oiseaux qui ont la gorge rouge.

ROUGE-HERBE, subst. fém. (roujèrebe), t. de bot., nom que l'on donne quelquefois au sarrasin.

ROUGE-INDIEN, subst. mas. (roujèindièin), t. d'hist. nat., variété de fer hyperoxydé terreux, qu'on emploie pour la peinture.

ROUGELLE, subst. fém. Voy. ROUGETTE.

ROUGEMONT, subst. propre mas. (roujemon), bourg de France, chef-lieu de canton, arrond. de Baume-les-Dames, dép. du Doubs.

ROUGE-NOIR, subst. mas. (roujenoar), t. d'hist. nat., espèce d'oiseau noir et rouge, de la famille des gros-becs.

ROUGEOLE, subst. fém. (roujole), maladie qui couvre de petites pustules rouges ceux qui en sont attaqués.

ROUGEON, subst. mas. (roujon), t. d'hist. nat., espèce de poisson du genre des spares.

ROUGEOTTE, subst. fém. (roujote), t. d'hist. nat., sorte de ver marin qui sert de nourriture aux morues.

ROUGE-QUEUE, subst. mas. (roujekieue), t. d'hist. nat., oiseau de passage, du genre du rossignol. — Au plur., des rouge-queue, et non pas des rouges-queues ; car il ne s'agit pas de queues rouges , mais d'oiseaux qui ont la queue rouge.

ROUGET, subst. mas. (roujé), t. d'hist. nat., sorte de poisson de mer, qui a la tête et les nageoires rouges.

ROUGET-BARBET, subst. mas. (roujèbarbé), t. d'hist. nat., espèce de poisson du genre des trigles. Voy. TRIGLES.

ROUGE-TROGNE, subst. fém. (roujetrogne), visage, rouge-trogne d'un ivrogne.—Au plur., des rouge-trogne , et non pas des rouges-trognes ; car il n'est pas question de trognes rouges, mais d'hommes qui ont la trogne rouge.

ROUGETTE, subst. fém. (roujète), t. d'hist. nat., sorte de chauve-souris monstrueuse.

ROUGEUR, subst. fém. (roujeur), qualité de ce qui est rouge; couleur rouge. — Rouge qui vient tout à coup au visage de certaines personnes.—Tache rouge qui vient au visage. Il ne prend de plur. qu'en ce dernier sens.

ROUGI, E, part. pass. de rougir et adj. — De l'eau rougie, où il n'y a que fort peu de vin.

ROUGIR , v. act. (roujir), rendre rouge. — Ne faire que rougir son eau, la mélanger d'un peu de vin rouge.—Rougir ses mains de sang , assassiner; exercer des proscriptions. — Neut. : devenir rouge : les cerises commencent à rougir. — Devenir rouge de honte , de pudeur , de colère. — Fig., avoir honte, confusion, quoiqu'on ne rougisse pas.—Faire rougir quelqu'un, lui donner de la honte, de la confusion.—SE ROUGIR, v. pron.

ROUGISSURE, subst. fém. (roujiçure), couleur de cuivre rouge.

ROUGO, subst. mas. (rougô), t. de bot., nom d'un arbre qui croît à Madagascar et, qu'on appelle aussi starungane.

ROUGUES, ou RAVES, subst. m. pl. (rougue , rave), t. de relat., nom qu'on donne, en certains endroits d'Islande, à des mets préparés avec des œufs de morue.

ROUHAMON, subst. mas. (rou-amon) , t. de bot., espèce d'arbrisseau de la famille des apocynées.

ROUI, E, part. pass. de rouir et adj. — Qui a un mauvais goût.—Subst. mas. : cette viande sent le roui, a un mauvais goût qui vient de la malpropreté du vase où elle a été cuite.

ROUILLAC, subst. propre mas. (rou-iak), village de France, chef-lieu de canton, arrond. d'Angoulême, dép. de la Charente.

ROUILLE, subst. fém. (rou-ie) (du latin barbare rubigilla, diminutif de rubigo) , espèce de crasse rougeâtre, qui se forme sur le fer exposé à l'air. C'est ce que les chimistes modernes appellent carbonate de fer. Ils nomment oxyde de cuivre, la rouille de cuivre. — En bot., maladie qui attaque les tiges et les feuilles de plusieurs plantes. Elle se manifeste par une poussière jaune répandue sur les feuilles.—Fig., ignorance grossière : la rouille des vieux préjugés empêche les bons de produire.

ROUILLÉ, E, part. pass. de rouiller, et adj., devenu inhabile faute de pratique.—T. de bot., se dit d'une plante attaquée de la rouille : de l'avoine rouillée.

ROUILLER, v. act. (rou-ié), faire venir de la rouille.—SE ROUILLER, v. pron., amasser, contracter de la rouille. — Fig., perdre sa vivacité, son talent : l'oisiveté rouille l'esprit ; l'esprit se rouille dans l'oisiveté.

ROUILLEUSE, adj. fém. Voy. ROUILLEUX.

* ROUILLEUX, adj. mas., au fém. ROUILLEUSE (rou-ieu, ieuze), couleur de rouille : feuille rouilleuse.

* ROUILLURE, subst. fém. (rou-iure), effet de la rouille.

ROUIR , v. act. (rouir) (du vieux mot français ru, ruisseau, pour lequel on a dit rou), mettre le chanvre dans l'eau et l'y laisser quelques jours, afin de le rendre plus propre à être brisé.—Neut. : faire rouir le chanvre ; le chanvre ne rouit pas bien dans l'eau courante.—SE ROUIR, v. pron.

ROUISSAGE, subst. mas. (rouiçaje), action de rouir.

ROUISSOIR, ou ROUITOIR, subst. mas. Voy. ROUTOIR.

ROUJAN, subst. propre mas. (roujan), bourg de France, chef-lieu de canton, arrond. de Béziers, dép. de l'Hérault.

ROUJOT, subst. mas. (roujô), t. d'hist. nat., espèce d'écureuil peu connu, qui se trouve aux Indes orientales ; il a le dessous du corps rouge et le dessus jaunâtre.

ROUKOM, subst. mas. (roukome), t. de bot., espèce de plante du genre des arbousiers.

ROULADE, subst. fém. (roulade) (rac. rouler), action de rouler de haut en bas. Il est fam. — En musique, trait de plusieurs notes sur une même syllabe, assez prolongé et assez rapide pour rappeler l'idée d'un roulement.

ROULAGE, subst. mas. (roulaje), facilité de rouler. — Action de rouler des tonneaux sur les ports des villes commerçantes.—Transport des marchandises par roulier : le commerce du roulage. — Lieu où est situé le roulage.

ROULAISON, subst. fém. (roulezon), t. de raffin., travail pour faire le sucre.—Cuisson des cannes à sucre.

ROULANS-L'ÉGLISE, subst. mas. (roulanléguelise), village de France, chef-lieu de canton, arrond. de Baume-les-Dames, département du Doubs.

ROULANT, E, adj. (roulan, lante), qui roule.

— *Carrosse bien roulant*, bien entretenu. — *Chemin roulant*, commode pour le charroi.— *Chaise roulante*, voiture à deux roues traînée par un cheval de campagne.—En t. d'imprimerie, on nomme *presse roulante*, une presse qui est en activité : *il y a dix presses roulantes dans cet établissement*, c'est-à-dire qui sont occupées.—En t. de chir., *vaisseau roulant*, *veine roulante*, qui change de place en mettant le doigt dessus.—Fig. : *un feu roulant de saillies*, beaucoup de saillies, d'épigrammes, etc.

ROULÉ, E, part. pass. de *rouler*, et adj.—Se dit en bot., des parties des végétaux *roulées* à leur sommet.

ROULEAU, subst. mas. (*roulô*), paquet de ce qui est *roulé* : *rouleau de papier*, *de ruban*, *de tabac*. — Gros bâton rond servant à divers usages : *rouleau de pâtissier*, *de corroyeur*, *de lingère*. — Dans l'imprimerie, 1° morceau de bois rond, garni d'une étoffe de laine à plusieurs doubles, dont on se sert pour les épreuves qu'on ne peut faire sous presse; 2° cylindre en bois, disposé en forme de fuseau avec une manivelle, sur lequel se *roulent* et se *déroulent* en sens opposés deux cordes, qui servent à faire avancer et reculer alternativement le train qui porte la forme; 3° espèce de gélatine composée de colle-forte et de mélasse, rendue solide et disposée en forme de cylindre plus ou moins long, selon le format, qui se meut autour d'un axe horizontal, et au moyen duquel on étend l'encre sur les formes. Cette dernière invention a remplacé presque universellement les balles dont on se servait autrefois. Les imprimeurs en taille-douce et en lithographie se servent aussi d'un *rouleau* à peu près semblable.—*Corde à rouleau*, la corde qui sert à faire avancer et reculer le train d'une presse d'imprimerie. — T. d'hist. nat., nom donné à certaines coquilles. — Genre de reptiles.—Orvet des Indes. — Fiole longue qui contient du sirop, etc. : *un rouleau d'orgeat*.—*Être au bout de son rouleau*, fig., avoir tout épuisé, moyens ou argent.—Tabac en feuilles, cordé au moulin, et *roulé* à plusieurs rangs autour d'un bâton— Au plur., pièces de bois rondes, sur lesquelles on fait *rouler* des fardeaux.—Pierres en forme de cylindre, dont les jardiniers se servent pour aplanir les allées.

ROULÉE, subst. fém. (*roulé*), nappe de filets. —Pop., raclée de coups de poing, de pied, etc. — Ce mot manque dans l'Académie.

ROULEMENT, subst. mas. (*rouleman*), mouvement de ce qui *roule*.—En musique, la même chose que *roulade*. — Batterie militaire de tambour, qui équivaut au rappel. Le *ban* se termine aussi par un *roulement*, qui en est comme la clôture.—*Roulement d'yeux*, mouvement par lequel on les tourne de côté et d'autre.

ROULER, v. act. (*roulé*) (du lat. barbare *rotulare*, fait de *rotula*, diminutif de *rota*, roue. *Ménage*. Suivant *Wachter*, de l'allemand *rollen*, dont la signification est la même), faire avancer en faisant tourner : *rouler un tonneau*. — Plier un rouleau : *rouler un tableau*, *une pièce d'étoffe*, *un papier*. — *Rouler carrosse*, avoir un carrosse à soi. — Fig. : *rouler de grands desseins dans sa tête*, méditer de grands desseins. — Fig. et fam., *rouler sa vie*, passer sa vie : *il roule doucement sa vie* ; *il roule sa vie comme il peut*.—Neut., avancer en tournant.—Suivi de la prép. *sur*, être l'objet, le sujet de.... : *la conversation*, *le discours*, *le livre roule sur cette matière; tout roule là-dessus*. — Servir alternativement : *il roule avec un tel*.—*Ces régiments roulent entre eux*, ils ont le même rang et se priment alternativement. — En t. de mar., être agité par les vagues, et pencher tantôt d'un côté, tantôt de l'autre. Voy. ROULIS. — En t. d'imprimerie, *rouler* et *dérouler*, désignent le mouvement de va et vient que l'imprimeur communique au train de la presse en tournant et détournant la manivelle adaptée au *rouleau*. Voy. ROULEAU. On dit aussi act. : *rouler et dérouler la forme* ; et neut., en parlant à l'imprimeur, quand la tierce est corrigée et la mise en train faite : *vous pouvez rouler*. — Fig. et fam., trouver moyen de subsister : *sans biens, il roule toujours; c'est lui qui fait rouler toute la famille*. — Errer sans s'arrêter en aucun lieu : *il y a long-temps qu'il roule par le monde*.—*Faire rouler la presse*, faire imprimer quelque ouvrage. — Fam. : *cet homme roule sur l'or et sur l'argent*, il est très-riche.— *L'argent roule dans cette maison*, il y est en abondance. — *Cette affaire roule sur vous*, est abandonnée à vos soins.— Fig. : *mille pensées différentes lui roulent dans l'esprit*, lui passent et repassent dans l'esprit, sans qu'il s'arrête à aucune. — *se* ROULER, v. pron. : *se rouler sur l'herbe*, *sur un lit*.

ROULET, subst. mas. (*roulè*), fuseau de bois dur pour *fouler*.

ROULETTE, subst. fém. (*roulète*), sorte de petite *roue*.—Petite boule de bois, de fer, de cuivre, qu'on attache aux pieds d'un fauteuil ou d'un lit pour les faire *rouler*. — Machine *roulante* où les petits enfants se tiennent debout, sans pouvoir tomber. — Petite chaise à deux *roues*, dans laquelle on se fait tirer par un homme.—Chez les relieurs, instrument de fer en forme de petite *roue*, pour pousser des filets ou faire le bord des livres. — Jeu de hasard, aujourd'hui aboli en France.—En géom., courbe appelée autrement *cycloïde*. — Fig. : *cela va comme sur des roulettes*, cela marche facilement et sans obstacle.

ROULEUR, subst. mas. (*rouleur*), charançon de la vigne.—En t. de mar., bâtiment qui *roule* plus que les autres.

ROULEUSE, adj. fém. Voy. ROULEUX.—Subst. fém., chenille qui *roule* des feuilles dans lesquelles elle subit sa métamorphose.

ROULEUX, adj. mas., au fém. ROULEUSE (*rouleu*, *leuze*), t. de mar. : *petit vaisseau rouleux*, sujet au *roulis*.

ROULIER, subst. mas. (*roulié*, et non pas *rou-ié*), charretier public, qui voiture par charroi des marchandises, des ballots, etc. — En parlant de la femme d'un *roulier*, il ne faudrait pas hésiter à dire *roulière* au fem.

ROULIER, adj. mas., au fém. ROULIÈRE (*roulié*, *lière*), se dit d'une route qui n'est en quelque sorte pratiquée que par les *rouliers*.

ROULIÈRE, subst. fém. (*roulière*), blouse de *roulier*. Voy. ce mot.

ROULIS, subst. mas. (*rouli*) (rac. *rouler*), agitation d'un vaisseau qui penche beaucoup d'un côté, puis aussitôt de l'autre. Le *roulis* est le mouvement de *rotation* du vaisseau autour de l'axe longitudinal, et le *tangage* est son mouvement de *rotation* autour de l'axe latitudinal.

ROULOIR, subst. mas. (*rouloar*) (rac. *rouler*), t. de cirier, outil qui sert à *rouler* les bougies et les cierges sur une table. — Sorte de cylindre ou de calandre pour effacer les plis des étoffes.

ROULON, subst. mas. (*roulon*), bâton d'un échelon; balustre, ridelle.

ROULOUL, subst. mas. (*rouloule*), t. d'hist. nat., genre d'oiseaux gallinacés de la famille des nudipèdes.

ROULURE, subst. fém. (*roulure*), t. de bot., maladie des arbres caractérisée par un vide ou une séparation qui s'établit entre les couches ligneuses.

ROUMANET, subst. mas. (*roumané*), t. de bot., nom d'une espèce de plante du genre des agarics.

ROUMARE, subst. mas. (*roumare*), t. d'hist. nat., sorte de poisson de mer.

ROUN, subst. mas. (*roune*), nom qu'on donne au turbot sur quelques côtes de la Méditerranée.

ROUNOIR, subst. mas. (*rounoare*), t. d'hist. nat., écureuil que l'on trouve à la baie d'Hudson.

ROUPALE, subst. fém. (*roupale*), t. de bot., genre de plantes de la famille des protéoïdes.

ROUP, subst. mas. Voy. ROUBLE.

ROUPEAU, subst. mas. (*roupô*), t. d'hist. nat., espèce d'oiseau du genre des hérons.

ROUPIE, subst. fém. (*roupi*) (suivant *Le Duchat*, du lat. *rubia*, fém. de l'adj. *rubius*, dit pour *rubeus*, rouge; parce que les *roupies* rendent le bout du nez rouge), petite goutte d'eau qui vient du cerveau, descend et pend au bout du nez.—Monnaie des Indes d'or et d'argent. La roupie d'argent vaut communément 2 fr. 40 cent.

ROUPIÈRE, subst. fém. (*roupière*), t. de bot., sorte d'épine.

ROUPIEUSE, subst. et adj. fém. Voy. ROUPIEUX.

ROUPIEUX, subst. et adj. mas., au fém. ROUPIEUSE (*roupieu*, *pieuze*), qui a souvent la *roupie* au nez : *vieillard roupieux*, *nez roupieux*.— Malade, triste : *pigeon roupieux*. Fam.

ROUPILLE, subst. fém. (*roupi-ie*), petit casque de cavalier. Vieux et peu usité.

ROUPILLÉ, part. pass. de *roupiller*.

ROUPILLER, v. neut. (*roupi-ié*) (rac. *roupie*), sommeiller à demi. — Avoir la *roupie* au nez. Fam.

ROUPILLEUR, subst. mas., ROUPILLEUSE, subst. fém. (*roupi-ieur*, *pi-ieuze*), celui, celle qui *roupille* toujours.

ROUPILLEUSE, subst. et adj. fém. Voy. ROUPILLEUR.

ROUPT, E, adj (*roupete*) (du lat. *ruptus*), rompu. (*Boiste*.) Vieux et même hors d'usage.

ROUQUET, subst. mas. (*roukiè*), t. de vén., mâle du lièvre.

ROURE-DES-CORROYEURS, subst. mas. (*rouredèkoroé-ieur*), nom que les corroyeurs donnent au sumac. Voy. ROUVRE.

ROURELLE, subst. fém. (*rourèle*), t. de bot., arbre de la Guyane, de la famille des térébinthacées.

ROUSRET, subst. mas. (*roucerè*), t. de pêche, à Calais, folle ou bouteux qui sert à prendre des chevrettes.

ROUSSABLE, subst. mas. (*rouçable*), t. de pêche; endroit préparé pour faire saurer les harengs. Presque inusité; ce mot est d'ailleurs mal fait.

ROUSSAILLE, subst. fém. (*rouceçâ-ie*), t. de pêche, se dit des petits poissons blancs bons seulement à servir d'appât.

ROUSSALKYS, subst. fém. plur. (*rouçalekice*), myth., nymphes que les Slavons regardaient comme les déesses des eaux et des bois.

ROUSSARD, subst. mas. (*rouçar*), t. de géol., banc de grès roussâtre qui accompagne les formations crayeuses.

ROUSSARDE, subst. fém. (*rouçarde*), t. d'hist. nat., espèce de cyprin nilotique.

ROUSSÂTRE, adj. des deux genres (*rouçâtre*), qui tire sur le *roux*.

ROUSSE, adj. fém. Voy. ROUX.

ROUSSEAU, subst. et adj. mas. (*rouçô*), celui qui a le poil *roux* ou *rougeâtre* : *il est rousseau; avoir le poil rousseau*, tirant sur le *roux*.— T. d'hist. nat., nom vulgaire du motteux ou rouge-queue, espèce d'oiseau. — Nom vulgaire d'une grande espèce de crabe.—T. de bot., sorte d'arbrisseau grimpant de la famille des campanulacées.

ROUSSELET, subst. mas. (*roucelè*), poire à peau *roussâtre*.—T. d'hist. nat., nom d'un petit oiseau qui ressemble au rouge-queue.—*Rousselet marron*, t. de bot., agaric des bois des environs de Paris. — *Rousselet noir*, autre sorte d'agaric qui se trouve aussi aux environs de Paris, dans les vergers.

ROUSSELINE, subst. fém. (*rouceline*), t. de jardinier, variété de poire.

ROUSSEROLE, subst. fém. (*roucerole*), t. d'hist. nat., oiseau du genre de la grive.

ROUSSET, subst. mas. (*roucé*), t. d'hist. nat., didelphe à queue courte. — T. de pêche, filet de pêche du genre des folles.

ROUSSETTE, subst. fém. (*roucète*), t. d'hist. nat., espèce de chien de mer.—Genre de chauves-souris. — Fauvette des bois, ainsi nommée parce que la plus grande partie de son plumage est *roux*. — *Roussette d'Anjou*, t. de jard., espèce de poire.

ROUSSEUR, subst. fém. (*rouceur*), qualité de ce qui est *roux* : *la rousseur du poil*.—Tache *rousse* au visage ou aux mains : *avoir des rousseurs*, *des taches de rousseur*.

ROUSSI, subst. mas. (*rouci*), cuir teint en rouge qui vient de Russie, et qui a une odeur forte. — Certaine odeur d'étoffe qui brûle ou qui vient d'être brûlée.

ROUSSI, E, part. pass. de *roussir*, et adj

ROUSSIER, subst. mas. (*roucié*), mine de fer, terreuse, sablonneuse, limoneuse.

ROUSSILLÉ, E, part. pass. de *roussiller*.

ROUSSILLER, v. act. (*rouci-ié*), brûler légèrement; rendre *roux*. — *se* ROUSSILLER, v. pron.

ROUSSILLON, subst. propre mas. (*rouci-ion*), ancienne province de France, comprise aujourd'hui dans le dép. des Pyrénées-Orientales.

ROUSSILLON, subst. propre mas. (*rouci-ion*), bourg de France, chef-lieu de canton, arrond. de Vienne, dép. de l'Isère.

ROUSSIN, subst. mas. (*roucein*) (de l'allemand *ross*, cheval), cheval épais et entier, propre au voyage et à la guerre.—*Roussin d'Arcadie*, âne.

ROUSSIR, v. act. (*roucir*), rendre *roux*. — Neut., devenir *roux*.—*Faire roussir du beurre*, le faire fondre jusqu'à ce qu'il devienne *roux*. — *se* ROUSSIR, v. pron.

ROUSTÉ, E, part. pass. de *rouster*.

ROUSTER, v. act. (*roucelé*), t. de mar., faire des *roustures* : *rouster une pièce de bois*. — *se* ROUSTER, v. pron.

ROUSTURE, subst. fém. (*rouceture*), t. de mar., liure faite pour tenir une pièce de bois contre une autre.

ROÛT, ou RAOUT, subst. mas. (*route*) (mot anglais), assemblée nombreuse, multitude réunie pour le plaisir, pour la danse, la musique, le jeu, etc.; c'est ce qu'on nomme *cercle* à Paris, mode empruntée à l'Angleterre.

ROUTAILLÉ, E, part. pass. de *routailler*.

ROUTAILLER, v. act. (*routâ-ié*) (rac. *route*), t. de vén., suivre une bête avec le limier.

ROUTE, subst. fém. (*route*) (du latin *rota*, roue), grand chemin qui mène en un lieu. — Endroit par où l'on doit aller. Il se dit par rapport aux commodités ou aux incommodités qu'on trouve sur une route : *la route d'un tel lieu à tel autre est très-bonne, très-mauvaise, dangereuse, peu sûre.* — Chemin et logement qu'on marque aux gens de guerre qu'on fait marcher par étape. — Expédition qui marque les logements des troupes et le chemin qu'elles doivent tenir. — Sur mer, le cours du vaisseau : *faire route vers...; faire fausse route*, s'écarter de son droit chemin.—*Chef de route*, vaisseau marchand qui commande les bâtiments qui marchent de conserve avec lui. — Grande allée percée exprès dans une forêt.— Par analogie, espace que parcourent les astres, les eaux, etc. : *la route du soleil.* — Au fig., conduite qu'on tient, moyen qu'on prend : *la route des dignités, de la gloire; la route de la vertu; prendre la bonne route pour parvenir; suivre la route* (l'exemple) *des anciens.* — *A vau de route*, vieille loc. adv., qui signifie : précipitamment et en désordre. — ROUTE, VOIE, CHEMIN, (*Syn.*) Le mot *route* enferme dans son idée quelque chose d'ordinaire et de fréquenté; c'est pourquoi l'on dit : la *route* de Lyon, la *route* d'Allemagne. *Voie* marque une conduite certaine vers le lieu dont il est question. Ainsi l'on dit que les souffrances sont la *voie* du ciel. *Chemin* signifie précisément le terrein qu'on suit et dans lequel on marche; et en ce sens on dit que les *chemins* coupés sont quelquefois les plus courts, mais que le grand *chemin* est toujours le plus sûr.— Les *routes* diffèrent proprement entre elles par la diversité des places et des pays par où l'on veut passer. On va de Paris à Lyon par la *route* de Bourgogne, ou par la *route* du Nivernais. La différence qu'il y a entre les *voies* semble venir de la diversité des manières dont on peut voyager. On va à Rome par la *voie* de l'eau, ou par la *voie* de terre. Les *chemins* paraissent différer entre eux par la diversité de leur situation et de leurs contours. On suit le *chemin* pavé, ou le *chemin* des terres. Si vous allez à Auxerre par la *voie* de terre, votre *route* ne sera pas longue, et vous aurez un beau *chemin*. — On dit d'une *route*, qu'elle est belle ou ennuyeuse, à raison des agréments qu'elle présente aux voyageurs; d'une *voie*, qu'elle est commode ou incommode, à raison des avantages qu'elle leur offre; et d'un *chemin*, qu'il est bon ou mauvais, à raison du plus ou du moins de facilité dont il est pour la marche. — Dans le sens figuré, la bonne *route* conduit sûrement au but; la bonne *voie* y mène avec honneur; le bon *chemin* y mène facilement. — On se sert aussi des mots de *route* et de *chemin* pour désigner la marche. Mais il y a alors cette différence, que le premier, ne regardant que la marche en elle-même, s'emploie dans un sens absolu et général, sans admettre aucune idée de mesure ou de quantité : ainsi l'on dit simplement, être en *route*, faire *route*; au lieu que le second, ayant non-seulement rapport à la marche, mais encore à l'arrivée qui en est le but, s'emploie dans un sens relatif à une idée de quantité marquée par un terme exprès, ou indiquée par la valeur de ce qui lui est joint : de sorte qu'on dit, faire peu ou beaucoup de *chemin*, avancer *chemin*. Quant au mot *voie*, il n'est en aucune façon d'usage pour désigner la marche; il l'est en revanche pour désigner la voiture ou la façon dont on fait cette marche. Ainsi l'on dit d'un voyageur, qu'il va par la *voie* de la poste, par la *voie* du coche, par la *voie* du messager; mais cette idée est tout-à-fait étrangère aux deux autres, et tire par conséquent celui-ci hors du rang de leurs synonymes à cet égard.

ROUTÉ, E, part. pass. de *router*.

ROUTER, v. act. (*routé*), habituer quelqu'un à une chose, l'y exercer. Il n'est guère usité qu'au participe.—*se* ROUTER, v. pron.; il s'emploie dans cette phrase : *les cartes se routent*, pour dire, on a beau les mêler, les mêmes suites de cartes reviennent souvent.

ROUTIER, subst. mas. (*routié*) (rac. *route*), livre qui enseigne les *routes* de mer, les caps, les mouillages, etc. — En Hollande, conducteur d'une voiture publique. — Fig. et fam., homme qui a beaucoup d'expérience et de pratique. Il ne se dit qu'avec *vieux* : *c'est un vieux routier*.

ROUTIER, adj. mas., au fém. **ROUTIÈRE** (*routié, tière*), qui marque la *route* : *plan routier, carte routière*.

ROUTIÈRE, adj. fém. Voy. ROUTIER.

ROUTINE, subst. fém. (*routine*) (de *route*, dont *routine* est un diminutif. *Huet*.), capacité, faculté acquise plutôt par l'habitude et l'expérience que par l'étude, etc. : *faire une chose par routine*, uniquement par habitude et sans y réfléchir.

ROUTINÉ, E, part. pass. de *routiner*, et adj., habitué à faire une chose.

ROUTINEMENT, adv. (*routineman*), par *routine*. (*Boiste*.) Presque inusité.

ROUTINER, v. act. (*routiné*) (rac. *route*), faire, apprendre par *routine*. Il se dit des personnes : *routiner quelqu'un à coudre*, etc. Son plus grand usage est au participe : *il est routiné à ce travail*, il y est habitué.—L'*Académie* disait (avant-dernière édition) *router*, dans le même sens, qu'on ne comprendrait plus aujourd'hui. — *se* ROUTINER, v. pron., se former, s'habituer à... par des actes réitérés.

ROUTINIER, subst. et adj. mas., au fém. **ROUTINIÈRE** (*routinié, nière*), qui n'agit que par *routine* : *c'est un routinier, un esprit routinier*.

ROUTINIÈRE, subst. fém. Voy. ROUTINIER.

ROUTOIR, subst. mas. (*routoar*), fosse pleine d'eau, dans laquelle on fait rouir le chanvre.

ROUTOT, subst. propre mas. (*routô*), bourg de France, chef-lieu de canton, arrond. de Pont-Audemer, dép. de l'Eure.

ROUVERIN, adj. mas. (*rouverein*) : *du fer rouverin*, rempli de gerçures, difficile à forger et cassant.

ROUVERT, E, part. pass. de *rouvrir*.

ROUVERDIN, subst. mas. (*rouvèredein*), t. d'hist. nat., tangara vert du Pérou.

ROUVET, subst. mas. (*rouvè*), t. de bot., genre de plantes de la famille des éléagnoïdes.

ROUVIEUX, ou mieux ROUX-VIEUX, subst. et adj. mas. (*rouvieu*), t. de vétér., espèce de gale qui vient au crin du cheval.—Adj. : *votre cheval est rouvieux*. On le dit aussi des animaux qui ont du poil : *ce chien est rouvieux*.

ROUVRE ou ROBRE, subst. mas. (*rouvre, robre*) (du latin *robur*, chêne), chêne gros et tortu, moins haut que le chêne ordinaire.

ROUVRIR, v. act. (*rouvrir*), *ouvrir* de nouveau.—*Rouvrir la plaie de quelqu'un*, renouveler son chagrin.—*se* ROUVRIR, v. pron., *s'ouvrir* après avoir été fermé.

ROUX, adj. mas., au fém. **ROUSSE** (*rou, rouce*) (en lat. *russus*), qui est de couleur entre le jaune et le rouge : *il est roux; il a le poil roux, la barbe rousse.*—*Vents roux*, en t. de jardinier, les vents d'avril froids et secs qui nuisent aux arbres fruitiers, et de là sans doute le nom de *lune rousse* donné à la lune d'avril.

ROUX, subst. mas. (*rou*), la couleur *rousse* : *il est d'un roux ardent.* — Sauce faite avec du beurre ou de la graisse qu'on a fait *roussir*. — *Roux de Vincennes*, t. de bot., sorte d'agaric qui croît en automne dans le bois de Vincennes. —*Roux glaireux*, agaric dont la surface est glaireuse, et qui croît autour de Paris. — *Roux plat en feuillage très-large*, bolet qui croît sur le chêne, et qu'on trouve abondamment dans les forêts du nord de la France.—*Roux plat en toit*, espèce de bolet que l'on a placé parmi les agarics amadous.

ROUX-VIEUX, subst. et adj. mas. Voy. ROUVIEUX.

ROXBRUGE, subst. fém. (*rokcebruje*), t. de bot., sorte de plante qui tient le milieu entre les liliacées et les asclépiadées, et qui croît dans l'Inde.

ROY., abréviation du mot *royaume*.

ROYAL, subst. mas. (*roè-iale*), monnaie d'or frappée sous Philippe-le-Bel, et qui fut nommée ainsi, parce qu'il y était représenté en habits *royaux*. — Au plur., *royaux*. — On fabriqua aussi des *royaux* sous les règnes suivants jusqu'à celui de Charles VII. Le *royal* simple valait 6 livres; le double en valait 12.

ROYAL, E, adj. (*roè-iale*) (du lat. *regalis*, fait de *rex, regis*, roi), qui compose la famille du *roi*. — Qui appartient au *roi*; qui regarde le *roi*; qui convient au *roi* : *château royal*; *marine royale; vaisseau royal; c'est une abbaye de fondation royale.*—Grand, magnifique, etc.—*Maison royale*, tous les princes et princesses du sang royal.—*Famille royale*, enfants et petits-enfants du roi régnant, en ligne masculine; les enfants et petits-enfants d'un roi défunt, nés avant sa mort.—*Prince royal*, l'héritier présomptif de la couronne.—*Altesse royale*, titre qui se donne en France et ailleurs à certains princes et à certaines princesses : *son altesse royale le duc d'Orléans; son altesse royale la sœur du roi.* — *Almanach royal*, l'almanach des gens de cour, qui contient les noms de la famille *royale*, des maisons souveraines, etc.—*Banquet royal*, banquet que le roi fait en certaines cérémonies, où tous les grands officiers font les fonctions de leurs charges.—On appelait autrefois *armée royale* une armée nombreuse qui marchait avec un train d'artillerie. — *Bastion royal*, grand bastion. — *Chemin royal*, qui mène à une grande ville. — *Chant royal*, ancienne espèce de poésie française; air et chant pour le roi.— *Royal* signifiait aussi, juste, généreux, libéral, honnête; et c'est à peu près dans ce sens que, dans le style familier, on disait d'un homme : *c'est un royal homme*; et d'une femme, *c'est une royale femme*; on se sert maintenant dans ces phrases de l'adj. *loyal*. — *Lettres royales*, émanées de l'autorité *royale*. —Par une bizarrerie des plus ridicules, on disait autrefois : *lettres, ordonnances royaux*. Voy. ces expressions aux mots LETTRE et ORDONNANCE. — *Cour royale*, tribunal suprême devant lequel sont portés les appels des jugements rendus par les tribunaux de première instance de son ressort. — Au plur. mas., *royaux*.

ROYALE, subst. fém. (*roè-iale*), sorte de toile légère et blanchie, qui s'emploie en doublures. — Drap fin et léger en demi-largeur. — Variété de prune, de poire, de pêche et de laitue.—Nom donné à une belle rose de jardin.—On nommait *royale*, en France, une moustache qu'on portait il y a deux siècles; on l'a aussi appelée *impériale* et *mouche*. — En termes de fondeurs de petit plomb, on appelle *grosse royale* une espèce de plomb d'un degré plus gros que la bâtarde, et de deux degrés plus gros que la *petite royale*, qui est l'espèce de plomb la plus petite que l'on fasse de cette manière.

ROYALEMENT, adv. (*roè-ialeman*), d'une manière superbe, magnifique et *royale*.

ROYALISME, subst. mas. (*roè-ialiceme*), parti du *roi*. — Amour pour un *roi* ou pour le parti d'un *roi*; esprit monarchique.

ROYALISTE, subst. et adj. des deux genres (*roè-ialicete*), partisan de la *royauté* ou d'un *roi*.

ROYAN, subst. mas. (*roè-ian*), nom donné, en quelques endroits, à la sardine.

ROYAUME, subst. mas. (*roè-iôme*), état gouverné par un *roi*. — Fig., domaine, empire.— *Royaume de Dieu*, se prend, dans l'Écriture sainte, pour le souverain empire de Dieu sur les créatures.— *Royaume des cieux* est une expression commune dans le Nouveau-Testament, pour signifier *le royaume de Jésus-Christ*, c'est-à-dire la vocation des peuples à la foi, et la prédication de l'Évangile. Il se dit aussi de l'état des bienheureux après cette vie : *heureux sont les pauvres d'esprit, car le royaume des cieux leur appartient; les pécheurs impénitents n'entreront point dans le royaume des cieux.*—Prov. et fig., *au royaume des aveugles les borgnes sont rois.* Voy. AVEUGLE.

ROYAUTÉ, subst. fém. (*roè-iôté*), dignité d'un *roi*.—*Payer sa royauté*, en parlant d'un *roi de la fève*, régaler ceux qui lui ont fait honneur.

ROYAUX, adj. mas. plur. Voy. ROYAL.

ROYBON, subst. propre mas. (*roèbon*), bourg de France, chef-lieu de canton, arrond. de Saint-Marcellin, dép. de l'Isère.

ROYE, subst. propre fém. (*roè*), ville de France, chef-lieu de canton, arrond. de Montdidier, dép. de la Somme.

ROYEN, subst. mas (*roè-iein*), t. de bot., genre de plantes de la famille des ébénacées.

ROYER, subst. mas. (*roè-ié*), faiseur de *roues*. Inusité.—Adj., voisin, contigu.

ROYES, subst. fém. plur. (*roè*), t. de pêche, pièces de filets qui, jointes les unes aux autres, forment une tessure de manets pour le hareng et le maquereau. On s'en sert surtout à Calais.

ROYÈRE, subst. propre fém. (*roè-ière*), village de France, chef-lieu de canton, arrond. de Bourganeuf, dép. de la Creuse.

ROYOC, subst. mas. (*roè-iok*), t. de bot.,

plante exotique dont la racine fournit une teinture jaune.

ROZANE, subst. fém. (rozane), t. de jard., variété de pêche.

ROZOY-EN-BRIE, subst. propre mas. (rozoéanbri), ville de France, chef-lieu de canton, arrond. de Coulommiers, dép. de Seine-et-Marne.

R. P., abréviation de révérend père.

RU, subst. mas. (ru) (du grec ῥύαξ, fait de ῥέω, je coule. Les Latins disaient dans le même sens, rivus, qui paraît avoir la même origine grecque, et dont ru pourrait bien n'être qu'une corruption.), canal d'un petit ruisseau.

RUADE, subst. fém. (ruade), action d'un cheval, âne ou mulet qui rue.—Fig. et fam., brutalité inattendue d'une personne grossière et violente.

RUANA, subst. propre fém. (ru-ana), myth., divinité romaine que les moissonneurs invoquaient.

RUB, subst. mas. (rube), poids usité dans le Piémont pour la soierie, et équivalant, environ, à 12 kil. de France.

RUBACE, ou RUBACELLE, subst. fém. (rubace, céle), rubis d'une couleur claire.

RUBAN, subst. mas. (ruban) (suivant Ménage, du lat. rubeus, rouge, parce que, dit-il, les plus beaux rubans sont couleur de feu); tissu de soie, de fil, du laine, etc., qui est plat et mince, et qui n'a guère ordinairement que trois ou quatre doigts de large. — Ornement d'archit. en forme de ruban. — Ce qui a la forme d'un ruban. — Rubans vocaux, nom que quelques anatomistes ont donné aux cordes vocales. —Ruban de mer, t. d'hist. nat., genre de poissons osseux, thoraciques, de la famille des pétalosomes. — Ruban de Nassau, nom donné à une coquille du genre sabot.—Ruban d'eau, t. de bot., plante qui croît dans les ruisseaux.

RUBANÉ, E, part. pass. de rubaner et adj., t. de bot.; il se dit de la réunion de plusieurs tiges eu une, qui paraissent rubanées.

RUBANÉE, subst. fém. (rubané), t. d'hist. nat., espèce de couleuvre dont le corps est marqué de bandelettes.

RUBANER, v. act. (rubané), garnir de rubans le dedans du couvercle d'une malle, etc.— En t. de cirier, partager la cire en petites bandelettes, en la faisant passer par un gréloir, au sortir de la cuve.—SE RUBANER, v. pron.

RUBANERIE (on devrait écrire RUBANNERIE), subst. fém. (rubaneri), commerce, marchandise de rubans.

RUBANIER, subst. mas., RUBANIÈRE, subst. fém. (rubanié, nière), ouvrier, ouvrière qui fait et vend toute sorte de rubans.

RUBANISTE, subst. fém. Voy. RUBANIER.

RUBANTÉ, E, adj. (rubante), garni de rubans. Fam.

RUBARBE, fausse orthographe. Voy. RHUBARBE.

RUBASSE, subst. fém. (rubace), t. d'hist. nat., nom donné à plusieurs sortes de quartz. Voy. RUBACE.

RUBÉA, subst. fém. Voy. RUBIA.

RUBEBE, subst. fém. (rubebe), espèce de violon. Voy. REBEC.

RUBECTE, adj. des deux genres (rubekte), fort, vigoureux. (Boiste.) Vieux et même hors d'usage.

RUBÉFACTION, subst. fém. (rubéfaksion), t. de médec., inflammation légère de la surface cutanée.—Rougeur sur la peau.

RUBÉFIANT, E, adj. (rubéfian, fiante) (du lat. rubefaciens), t. de médec., qui rubéfie. — Subst. mas. : un rubéfiant, un topique qui excite une rougeur sur la peau.

RUBÉFIÉ, E, part. pass. de rubéfier, et adj. : un visage rubéfié.

RUBÉFIER, v. act. (rubéfié) (du lat. rubefacere, rougir, rendre rouge, formé de rubeus, rouge, et facere, faire), rendre rouge; il se dit, en t. de médec., des topiques qui excitent une rougeur sur la peau.—SE RUBÉFIER, v. pron.

RUBELINE, subst. fém. Voy. ROUGE-GORGE.

RUBELLE, subst. fém. (rubèle), t. d'agric., sorte de vigne dont les feuilles sont rouges et le raisin noir.

RUBELLION, subst. mas. (rubélion), t. d'hist. nat., sorte de poisson rouge. — Nom d'un insecte rouge du genre scarabé.

RUBELLITE, subst. fém. (rubèlite), t. d'hist. nat., nom qu'on a donné à la tourmaline rouge de Sibérie.

RUBÉOLE, subst. fém. (rubé-ole) (en lat. rubeola), t. de bot., plante qui croît sur les montagnes et dans les lieux exposés au soleil : elle est détersive, dessicative et résolutive.

RUBÉOLIQUE, adj. des deux genres (rubé-olike), t. de médec., qui est rougeâtre; se dit des taches que la rougeole occasionne sur la peau.

RUBÉTRA, subst. mas. (rubétra), t. d'hist. nat., sorte d'oiseau peu connu.

RUBETTE, subst. fém. (rubéte), poison tiré du suc d'une espèce de grenouille venimeuse.
—Cette grenouille elle-même.

RUBIA, subst. fém. (rubi-a), t. de bot., on pense généralement que c'est le nom ancien de ce que nous appelons garance.—La même plante que la rubéole.

RUBIACÉ, E, adj. (rubi-acé) (du latin rubia, la garance, qui est de couleur rouge), de couleur rouge.—Subst. fém., t. de bot., famille de plantes qui fournissent pour la plupart une teinture rougeâtre, telles que la garance et le caille-lait.

RUBICAN, adj. mas. (rubikan) (du lat. rubeus, rouge, ou tirant sur le rouge, roux, et canus, blanc), cheval rubican, celui qui, étant noir, bai ou alezan, a sur les flancs des poils blancs ou gris, semés çà et là. — Subst. mas. : le rubican n'est point une sorte de poil, mais un accident.

RUBICELLE, subst. fém. (rubicèle). Voy. RUBACE; c'est le même mot que rubacelle.

RUBICOND, E, adj. (rubikon, konde) (en lat. rubicundus), rouge, en parlant du visage : visage rubicond, face rubiconde. Style familier et plaisant.

RUBIFICATION, subst. fém. (rubifikacion), action de rendre rouge; effet de cette action.
—Syn. de rubefaction.

RUBIGALES, subst. fém. plur. Voy. ROBIGALES.

RUBIGINEUSE, adj. fém. Voy. RUBIGINEUX.

RUBIGINEUX, adj. mas., au fém. RUBIGINEUSE (rubijineu, neuze), rouillé, sujet à la rouille.

RUBIN, subst. mas. (rubein), t. d'hist. nat., gobe-mouches huppé d'Amérique.

RUBINE, subst. fém. (rubine), mine d'argent rouge. — Rubine d'antimoine, t. de chim., sulfure d'antimoine rouge demi-vitreux blanc. — Rubine d'arsenic, arsenic sulfuré rouge, crystalisé, et ressemblant au rubis.—Rubine de soufre, soufre rouge, ou arsenic sulfuré.

RUBIS, subst. mas. (rubi) (du lat. rubeus, pour rubeus, rouge, à cause de sa couleur. Ménage.), sorte de pierre précieuse transparente d'un rouge plus ou moins vif.—Dans l'ancienne chimie, sorte de préparation rouge : rubis de soufre.—Rubis d'arsenic, arsenic sulfuré rouge ou réalgar. — Rubis balais, Voyez SPINELLE. — On appelle rubis blanc, une variété blanche du corindon vitreux, qu'en nomme aussi saphir blanc; rubis de Bohême, le grenat d'un beau rouge de feu ou pyrope qu'on trouve en Bohême; et le quartz hyalin rose laiteux, lorsqu'il est d'une couleur foncée; rubis du Brésil, la topaze du Brésil, de couleur rouge, soit que cette couleur lui soit naturelle, soit qu'elle lui ait été communiquée en la chauffant; rubis cabochon, un véritable rubis légèrement poli ou décroûté; rubis de Hongrie, une variété de grenat rouge, violacé, qu'on tire des monts Krapacks; rubis oriental ou rubis d'Orient, le corindon vitreux, rose ou cramoisi; rubis occidental ou rubis d'Occident, le quartz hyalin rose ou violet. On appelle rubis de Sibérie, les belles tourmalines rouges de Sibérie, qu'on confond souvent avec le rubis spinelle. La spinelle a la réfraction simple, et la tourmaline l'a double. Les tourmalines rouges de Sibérie ont d'abord été connues sous les noms de rubis et de spinelle de Sibérie. —On nomme rubis topaze, le corindon vitreux qui est à la fois jaune et rouge; et le rubis saphir, celui qui est bleu et rouge.—Fig. et pop., boutons et élevures rouges qui viennent au visage, sur le nez. Presque hors d'usage ou du moins comme expression trop poétique pour appartenir au peuple.—Fam. : payer rubis sur l'ongle, exactement et avec la dernière rigueur. — Prov. : faire rubis sur l'ongle, vider tout à fait, à une petite goutte près que l'on verse sur l'ongle sans qu'elle s'épanche. — T. d'hist. nat., espèce de colibri.

RUBORD, subst. mas. (rubore), premier rang de bordage d'un bateau foncet, qui se joint à la sole ou semelle. On dit aussi rebord.

RUBRICAIRE, subst. mas. (rubrikère), qui sait bien les rubriques.—Fam., qui est attaché aux rubriques; qui tient aux formalités. — Livre de rubriques.

RUBRIQUE, subst. fém. (rubrike) (du lat. rubrica, fait dans la même signification de ruber, rouge), espèce de terre et de craie rouge. — Au plur., titres qui sont dans les livres de droit — Règles contenues dans le bréviaire et le missel, sur la manière dont il faut dire ou faire l'office divin.—Indication fausse du lieu de la publication d'un livre.—T. d'impr., encre rouge, parce qu'autrefois les titres de livres ou de chapitres s'imprimaient en rouge.— Fig. de journaliste, lieu d'où vient une nouvelle.— Fig. et fam., ruse, détour, adresse, finesse : il sait toutes les vieilles rubriques.

RUBRIQUÉ, part. pass. de rubriquer.

RUBRIQUER, v. neut. (rubrikié), savoir faire des nouvelles. (Boiste.) Presque inusité.

RUCK ou ROUCK, subst. mas. Voy. ROUCK.

RUCHE, subst. fém. (ruche) (selon Du Cange, du lat. barbare rusca), panier en osier ou d'écorche, où l'on met des abeilles.—Châtrer une ruche, enlever avec un couteau de la cire et le miel d'une ruche.—Le panier et les abeilles d'une ruche.—Fig. : fâcher une ruche, s'attirer une foule de petits ennemis.—En t. d'anat., cavité auprès du conduit de l'oreille.—Ornement de collerette, de bonnet de femme.

RUCHÉ, E, part. pass. de rucher, et adj. : bonnet ruché, collerette ruchée, bonnet, collerette ornés d'une ruche.

RUCHÉE, subst. fém. (ruché), contenu de la ruche.—Le produit d'un essaim d'abeilles. (Boiste.) Inusité.

RUCHER, subst. mas. (ruché), lieu où il y a beaucoup de ruches.—Le lieu où ceux qui élèvent des abeilles placent les ruches.

RUCHER, v. act. (ruché), t. de lingère, monter une ruche; garnir d'une ruche un bonnet, etc.—SE RUCHER, v. pron.

RUDANIER, E, adj. et subst. mas., au fém. RUDANIÈRE (rudanié, nière) (de rude et d'anier), pop., qui parle rudement.Presque inusité, quoique nous trouvions ce mot dans l'Académie.

RUDBECK, subst. fém. (rudebèke), t. de bot., genre de plantes de la famille des corymbifères.

RUDE, adj. des deux genres (rude) (du lat. rudis, brut, raboteux, qui n'est pas poli), âpre au toucher : peau rude. — Apre au goût : ce vin est rude. — Difficile, pénible : travail, métier bien rude.—Qui fatigue : voiture rude, cheval de galop rude. — Qui choque les yeux ou les oreilles : avoir le visage, l'air, le regard rude, les yeux, les manières rudes; la voix, la prononciation rude, le style rude. — Violent, impétueux : rude choc, secousse, tempête, etc. — Fig. et fam. : rude joueur, homme à qui il ne fait pas bon se jouer.—Redoutable : un rude adversaire. — Difficile à supporter : temps, saison, froid rude. — Fig. : les temps sont rudes, on a beaucoup à souffrir, on a peine à vivre. — En parlant des personnes, fâcheux : humeur, esprit rude ; il est rude aux pauvres gens. — Austère, sévère : la règle de ces religieux est très-rude. — On dit d'un peintre qui n'a pas un pinceau gracieux, qu'il a le pinceau rude. — D'un barbier qui ne rase pas légèrement, ou d'un cavalier qui mène durement son cheval, qu'il a la main rude, la main bien rude.

RUDE, subst. fém. (rude), t. d'hist. nat., nom d'une espèce de couleuvre qui couvre d'aspérités.

RUDEMENT, adv. (rudeman), avec rudesse, d'une manière rude. — Prov. et fig. : aller rudement en besogne, travailler vigoureusement et sans relâche. — Fam. : manger, boire rudement, beaucoup.

RUDENTÉ, E, adj. et part. pass. de rudenter (rudanté) (du lat. rudens, dentis, câble), t. d'archit. qui se dit des colonnes dont les cannelures sont remplies par le bas jusqu'au tiers d'une espèce de bâton ou plutôt de câble.

RUDENTER, v. act. (rudanté), t. d'archit., tailler dans les cannelures de colonnes des ornements en forme de bâtons ou de câbles. — SE RUDENTER, v. pron.

RUDENTURE, subst. fém. (rudanture) (du lat. rudens, cordage), t. d'archit., câble ou bâton qui remplit le bas des cannelures de colonnes.

RUDÉRAL, E, adj. (ruderale) (du lat. rudera, um, décombres, démolitions) ; plantes rudérales, qui croissent dans les masures, sur les decombres.
— Au plur. mas., rudéraux.

RUDÉRATION, subst. fém. (ruderacion) (lat. ruderatio); t. d'archit., maçonnerie grossière faite avec des platras. Peu usité.

RUDÉRAUX, adj. mas. plur. Voy. RUDÉRAL.
RUDESSE, subst. fém. (*rudéce*), qualité de ce qui est *rude* : *rudesse du poil, de la barbe, de la peau; rudesse de la voix, du style,* etc. — On dit également dans le moral : *la rudesse de l'esprit, des manières; traiter quelqu'un avec rudesse,* etc. — Au plur., actions, paroles dont la *rudesse* est le principe.
RUDGÉE, subst. fém. (*rudjé*) , t. de bot., genre de plantes de la famille des rubiacées.
RUDIAIRE, subst. mas. (*rudière*) (du lat. *rudis*, baguette non polie), t. d'antiq., gladiateur qui, ayant donné de preuves multipliées de son courage, de sa force, de son adresse, recevait une épée ou baguette d'honneur, et redevenait citoyen.
RUDI, E, part. pass. de *rudir*.
RUDIMENT, subst. mas. (*rudiman*) (du latin *rudimenta, torum,* fait de *rudis,* brut, neuf, ignorant) , principes d'une science ou d'un art quelconque. — Livre contenant les principes de la langue latine. — Au plur., les principes des sciences, des arts. On dit plutôt *élements*. — Premiers linéaments des organes.—Fig. et fam.: *il est encore au rudiment*, il est encore novice dans sa profession.
RUDIOLA, subst. mas. (*rudi-ola*), t. de bot., espèce de petit lin.
RUDOIEMENT, subst. mas. (*rudoëman*), action de *rudoyer*. (Boiste.)
RUDOLPHE, subst. mas. (*rudolefe*), t. de bot., genre de plantes établi aux dépens des erythrynes.
RUDOLPHINES, adj. fém. plur. Voy. RODOLPHINES.
RUDOYÉ, E, part. pass. de *rudoyer*.
RUDOYER, v. act. (*rudoé-ie*), traiter rudement en paroles. Il est fam. — Mener rudement de l'éperon, de la houssine : *rudoyer un cheval*. — *se* RUDOYER, v. pron.
RUE, subst. fém. (*rué*), amas de litière sèche, de chaume, de bruyère, etc., qu'on fait pourrir dans une basse-cour, dans un chemin , dans une rue, afin de les mêler ensuite avec du fumier.
RUÉ, E, part. pass. de *ruer*.
RUE (LA), subst. propre fém. (*laru*), ville de France, chef-lieu de canton, arrond. d'Abbeville, dép. de la Somme.
RUEIL, subst. propre mas. (*rué-ie*), village de France, canton de Marly-le-Roi, arrond. de Versailles. Beau château. L'église renferme le tombeau de l'impératrice Joséphine.
RUELLE, subst. fém. (*ru-éle*), petite *rue*. — Espace laissé entre un côtés du lit et de la muraille. — La partie du lit qui est du côté de la muraille. — Fig. : *il passé sa vie dans les ruelles, il va de ruelle en ruelle,* il est souvent chez les dames, il se plaît dans leur entretien. On appelait autrefois *ruelles* , les alcôves , et en général les lieux parés, où les dames , soit au lit, soit debout, recevaient leurs visites familières.
RUELLÉ, E, part. pass. de *rueller*.
RUELLÉE, subst. fém. (*ru-élé*), t. de couvreur, bordure ou solin de plâtre ou de mortier que l'on forme au bout d'un comble isolé.
RUELLER, v. act. (*ru-élé*) (rac. *ruelle*) : *rueller la vigne* , enlever avec la pioche la terre du milieu d'une perchée de vigne, et la relever de côté et d'autre contre les ceps , de manière à former dans le milieu une rigole, une espèce de *ruelle*. — *se* RUELLER, v. pron.
RUELLETTE, subst. fém. (*ru-élète*), petite *ruelle*. Inusité.
RUER, v. act. (*ru-é*) (du lat. *ruere*, entraîner avec force, avec impétuosité, formé du grec *ῥυμὴ*, force, impétuosité, violence, lequel vient par métaphore de *ῥέω* ou *ῥυέω*, couler, en parlant des rivières, des torrents et qu' , dans Homère, est appliqué également aux dards, aux pierres et même aux paroles prononcées avec rapidité. *Caseneuve*.), jeter avec impétuosité : *ruer des pierres*. — Ruer de grands coups à tort et à travers, frapper de grands coups de tout côté dans une foule. — Neut., jeter les pieds de derrière en l'air avec force , en parlant des chevaux, des ânes et des mulets. — *se* RUER, v. pron., se jeter sur quelqu'un ou sur quelque chose.
RUEUR, subst. et adj. mas., au fém. **RUEUSE**, (*ru-eur, rû-euze*), qui *rue*.
RUEUSE, subst. fém. Voy. RUEUR.
RUFALBIN, subst. mas. (*rufalebein*), t. d'hist. nat., espèce de coucou du Sénégal.
RUFFEC, subst. propre mas. (*rufeke*), ville de France, chef-lieu de canton et d'arrond., dép. de la Charente.
RUFFIA, subst. fém. (*rufi-a*), t. de bot., genre de palmier.
RUFIAN, subst. mas. (*rufian*), paillard, adonné aux femmes. (L'Academie écrit *rufien*). Hors d'usage.
RUFIANISME, subst. mas. (*rufianiceme*), paillardise. Hors d'usage.
RUFULIENS, subst. mas. plur. (*rufuli-ein*), t. d'hist. anc., tribuns ou capitaines de soldats romains qui étaient nommés par les consuls.
RUGI, part. pass. de *rugir*.
RUGIÉWITH, subst. propre mas. (*ruji-évite*), myth., nom d'une divinité qu'adoraient les Vandales.
RUGINE, subst. fém. (*rujine*) (du lat. *runcina*, qui signifie proprement , un rabot), instrument de chirurgien-dentiste, grattoir ou ratissoire. — En général, instrument pour râcler les os.
RUGINÉ, E, part. pass. de *ruginer*.
RUGINER, v. act. (*rujiné*), ôter avec une *rugine* la carie d'une dent, etc. — *se* RUGINER, v. pron.
RUGIR, v. neut. (*rujir*) (du lat. *rugire*), se dit du cri naturel du lion.—Au fig., montrer beaucoup de colère, d'emportement, faire un grand bruit : *rugir comme un lion*.
RUGISSANT, E , adj. (*rujiçan, çante*), qui *rugit*.
RUGISSEMENT, subst. mas. (*rujiceman*) (en lat. *rugitus*), cri du lion.— Fig., cris de fureur.
RUGLES, subst. propre mas. (*rugnele*), bourg de France, chef-lieu de canton, arrond. d'Évreux, dép. de l'Eure.
RUGOSITÉ, subst. fém. (*rugôzité*) (du latin *rugositas*, fait de *ruga*, ride), espèce de *rides* qu'on voit sur une surface raboteuse.
RUGUEUSE, adj. fém. Voy. RUGUEUX.
RUGUEUX, adj. mas., au fém. **RUGUEUSE** (*rugueu, gueuze*) (du lat. *rugosus*, pein de rides); se dit, en bot., d'une feuille dont les nervures , en se ramifiant, forment des *rides* sur la surface. — Les botanistes disent aussi : *feuille ridée*.
RUGUSCIENS, subst. propre mas. plur. (*ruguecciein*), anciens peuples de l'Helvétie, voisins du Rhin.
RUILE, subst. fém. (*ruile*), règle. (Boiste.) Vieux et même hors d'usage.
RUILÉ, E, part. pass. de *ruiler*.
RUILÉE, subst. fém. (*ruile*), enduit de mortier ou de plâtre mis sur des tuiles ou ardoises, pour les raccorder avec des murs ou des jouées de lucarnes.
RUILER, v. act. (*ruilé*), faire des repères pour dresser des plans et des surfaces. — Remplir une tranchée avec de plâtre que l'on façonne d'un mur à l'autre. — *se* RUILER, v. pron.
RUINE, subst. fém. (*ruine*) (du lat. *ruina*, fait de *ruere*, crouler, s'écrouler), dépérissement, destruction d'un bâtiment. — Fig., perte de biens : *cette affaire a causé sa ruine*. — Ce qui est la cause de la *ruine* : *il est la ruine de sa famille; cette aventure a été la ruine de sa réputation*. —Au plur., débris d'un bâtiment abattu , d'une ville détruite.—*battre en ruine*, battre une place à coups de canon. — Fig., attaquer un homme dans une dispute, de manière à ne lui laisser aucun moyen de se défendre.—Fig. : *s'élever sur les ruines de...*, faire sa fortune sur les ruines d'autrui.
RUINÉ, E, part. pass. de *ruiner*.
RUINER, v. act. (*ruiné*) (du lat. *ruere*, qui a la même signification), abattre, démolir,détruire. — Ravager les biens de la terre, en parlant de la tempête, etc. — Fig., causer la perte du bien, de la fortune, de l'honneur, du crédit, etc. — Se dit des chevaux et des incommodités que certaines choses leur causent : *le pavé ruine les pieds des chevaux; la chasse a ruiné ce cheval; cheval ruiné, qui a les jambes ruinées*. — *se* RUINER, v. pron.
RUINES , subst. propre mas. (*ruine*), bourg de France, chef-lieu de canton, arrond. de St.-Flour, dép. du Cantal.
RUINEUSE, adj. fém. Voy. RUINEUX.
RUINEUX, adj. mas., au fém. **RUINEUSE** (*ruineu, neuze*), qui menace *ruine*. — Fig., qui cause quelque grande perte, quelque dommage considérable.
RUINIFORME, adj. des deux genres (*ruiniforme*), qui représente des *ruines*. (Boiste.) Inusité.
RUINURE, subst. fém. (*ruinure*), entaille faite avec la cognée aux côtés des poteaux ou des solives, pour retenir les panneaux de maçonnerie dans un pan de bois ou de cloison.
RUISCHS, subst. mas. plur. (*ruiceke*), t. de bot., genre de plantes.
RUISSEAU, subst. mas. (*ruiçô*) (du lat. *rivicellus* pour *rivulus*, dimin. de *rivus*, qui signifie la même chose, *Ménage*.), courant d'eau : *le doux murmure d'un ruisseau*. — Canal par où passe le courant d'eau : *le ruisseau est à sec*.— Eau qui coule au milieu des rues. En ce sens on dit fig. et prov., qu'une chose *est traînée, traîne dans le ruisseau,* qu'elle est triviale, qu'elle ne mérite pas d'être dite; qu'une *nouvelle est ramassée dans le ruisseau*, qu'elle a été prise dans les rues. — Endroit par où l'eau coule dans les rues : *on n'a pas donné assez de pente au ruisseau*. — Fig., ce qui coule en abondance : *des ruisseaux de vin, de sang, de larmes*.
RUISSELANT, E, adj. (*ruicelan, lante*), qui *ruisselle* : *des eaux ruisselantes*.
RUISSELÉ, part. pass. de *ruisseler*.
RUISSELER, v. neut. (*ruicele*), couler en manière de *ruisseau* : *l'eau ruisselle par divers endroits; le sang ruisselait de ses plaies*.
RUISSELET, subst. mas. (*ruicele*), petit *ruisseau*. (Boiste.) Vieux.
RUISTE, subst. mas. (*ruicete*), rude. (Boiste.) Vieux et même hors d'usage.
RUIZ, subst. mas. (*ruize*), t. de bot., genre de plantes de la famille des malvacées.— Nom d'un arbre qui croît au Pérou.
RULINGIE, subst. fém. (*ruleinji*), t. de bot., genre de plantes qu'on nomme aussi *talin*.
RUM, subst. mas. Voy. RHUM, qui est la seule orthographe; l'Académie lui donne toutes deux.
RUMANZOFFITE, subst. fém. (*rumanzofite*), t. d'hist. nat., variété d'idiocrase, découverte en Finlande.
RUMB, subst. mas. (*ronbe*) (du grec ῥυμός, timon, t. de mar., aire de vent, une des trente-deux parties de la boussole, de l'horizon desquelles part un des trente-deux vents : *rumb de vent*. — Ligne de *rumb*, courbe que décrit un vaisseau en faisant toujours un même angle avec le méridien.
RUMÉE, subst. fém. (*rumé*), t. de bot., arbre de Saint-Domingue, de la famille des nerprums.
RUMEN, subst. mas. (*rumène*), t. d'anat., le haut des ventricules ou premier estomac des animaux qui *ruminent*.
RUMEUR, subst. fém. (*rumeur*) (en lat. *rumor*), bruit tendant à émotion, à querelle : *toute la ville était en rumeur*.—Bruit qui s'élève tout-à-coup, à la suite d'un accident, d'un événement imprévu : *la rumeur publique l'accusait de ce meurtre*.
RUMFORD, subst. fém. (*ronfor*), soupe de légumes, pour les pauvres : *soupe à la rumford*. — *Cheminée à la rumford*, dont le centre et le foyer sont construits de manière à rayonner dans la chambre le plus de calorique possible.
RUMIA, subst. fém. (*rumi-a*), t. de bot., genre de plantes de la famille des ombellifères.
RUMILIA, subst. propre fém. (*rumili-a*), myth., déesse des Grecs et des Romains, qui présidait à la nourriture des petits enfants.
RUMILIES, subst. fém. plur. (*rumili*), myth., fêtes grecques et romaines en l'honneur de *Rumilia*.
RUMILLY, subst. propre. mas. (*rumi-i*), bourg de France, chef-lieu de canton, arrond. de Rocroi, dép. des Ardennes.
RUMINAL, adj. mas. (*raminal*) : *figuier ruminal*, de Rémus et Romulus, sous lequel la louve les allaita.—Au plur., *ruminaux*. Presque inusité au plur.
RUMINANT, E, adj. (*ruminan, nante*), qui *rumine*. — Subst. mas. plur., ordre de mammifères qui n'ont que deux doigts à chaque pied, et jamais de dents incisives à la mâchoire supérieure. Ils jouissent de la faculté de faire revenir

leurs aliments à la bouche après les avoir avalés une première fois.

RUMINATION, subst. fém. *(ruminácion)*, action de *ruminer*.

RUMINÉ, E, part. pass. de *ruminer*, et adj.— T. de botanique; il se dit des feuilles en lanières recourbées.

RUMINER, v. act. et neut. *(ruminé)* (du lat. *ruminare*). remâcher ce qu'on a mangé, en parlant des bœufs, etc. Voy. RUMINANT. — Fig., penser et repenser à... : *il y a long-temps qu'il ruminait ce dessein; après avoir bien ruminé, il prit son parti.* — *se* RUMINER, v. pron. : *une affaire se rumine.*

RUMINUS, subst. propre mas. *(ruminuce)*, myth., surnom donné à Jupiter comme père nourricier de l'univers.

RUMMEL, subst. mas. *(rumemé)*, t. de bot., sorte de roseau avec lequel les Arabes font le bois de leurs lances.

RUMPFORT, subst. mas. Voy. RUMFORT.

RUMPHE, subst. mas. *(ronfe)*, t. de bot., grand arbre de l'Inde, de la famille des térébinthacées.

RUNCAIRE, subst. mas. *(ronkère)*, nom d'hérétiques qui se réunissaient dans les bois, les broussailles, et soutenaient que tous les actes de la partie inférieure du corps étaient innocents.

RUNCINA, subst. propre fém. *(roncina)*, myth., déesse des Romains, qu'ils invoquaient au commencement de la moisson.

RUNCINÉ, E, adj. *(roncine)* t. de bot., crochu en arrière : *feuille runcinée*, cette qui a le sommet des lobes pointu, et recourbé du côté de la base, comme dans la chicorée sauvage.

RUNCINIENS, »-). et subst. mas. plur. *(ronciniens)*, t. d'antiq., jeux ou fêtes que les Romains célébraient en l'honneur de la déesse *Runcina* : *les jeux runciniens.*

RUNCINIES, subst. fém. plur. *(roncini)*, la même chose que *runciniens* : *les runcinies.*

RUNDSTYKE, subst. mas. *(rondecetike)*, sorte de monnaie de cuivre qui a cours en Suède.

RUNES ou **RHUNES**, subst. fém. plur. *(rune)*, caractères stéganographiques employés dans le Nord, avant l'invention des lettres grecques, et dont l'usage s'est perdu vers le 15e siècle. Voy. ci-après *lettres runiques*, au mot RUNIQUE.

RUNG, subst. mas. *(rongue)*, graine noire de l'Inde, qui est bonne à manger cuite ou crue.

RUNIQUE, adj. des deux genres *(runike)* (de *rune* ou *runor*, qui, dans l'ancienne langue gothique, signifie *couper, tailler*, parce que ces caractères se gravaient sur des rochers, sur des pierres, etc. *Mallet.*): *lettres* ou *caractères runiques*, caractères hiéroglyphiques dont parle *Odin*, premier législateur des Scandinaves, dans les livres qui lui sont attribués, et où il leur suppose de grandes vertus. — On dit aussi des *caractères runes*, ou subst. au fém.: *des runes*.—*Bâtons runiques*, court almanach tracé sur des espèces de tablettes ou sur des bâtons aplanis, contenant le cours du soleil, etc.—*Poésies runiques*, poésies conservées dans l'*Edda*, et dont le style est aussi figuré que celui des Orientaux.

RUNOGRAPHE, subst. mas. *(runoguerafe)*, celui qui écrivait en lettres ou caractères *runiques*.—Auteur, savant qui travaille à la recherche des caractères *runiques.*

RUNOGRAPHIE, subst. fém. *(runoguerafi)*, art de l'écriture runique.—Traité sur les caractères runiques.

RUNOGRAPHIQUE, adj. des deux genres *(runoguerafike)*, qui appartient, qui a rapport à la *runographie*.

RUPELAIRE, subst. fém. *(rupelelère)*, t. 'hist. nat., genre de coquilles de la classe des bivalves.

RUPESTRAL, E, adj. *(rupèctrale)* (du lat. *rupes, is*, roche, rocher), qui croît sur les rochers.—Au plur. mas., *rupestraux.*

RUPESTRAUX, adj. mas. plur. Voy. RUPESTRAL.

RUPIA, subst. fém. *(rupi-a)*, t. de médec., inflammation bulleuse de la peau, suivie d'ulcération atonique.

RUPICOLE, subst. mas. *(rupikole)* (du latin *rupes, rupis*, rocher, et *colere*, habiter), t. d'hist. nat., genre d'oiseaux de l'ordre des sylvains. — Genre de coquilles qui se tiennent ordinairement sur les rochers.

RUPINIE, subst. fém. *(rupini)*, t. de bot., genre de plantes cryptogames voisin de celui des hépatiques.

RUPPIE, subst. fém. *(rupepi)*, t. de bot., sorte de plantes à tiges filiformes, de la famille des naïades.

RUPTILE, adj. des deux genres *(rupetile)*, t. de bot., qui s'ouvre par une *rupture* spontanée, et non par une *rupture* déterminée.

RUPTION, subst. fém. *(rupecion)*, solution de continuité; interruption.

RUPTOIRE, subst. mas. *(rupetoare)* (en latin *ruptorium*), t. de médec., cautère potentiel pour remédier aux morsures des bêtes venimeuses.—Adj. des deux genres : *médicament ruptoire.*

RUPTURE, subst. fém. *(rupeture)*, action par laquelle une chose est *rompue* : *la rupture d'une porte, d'un coffre*, etc.; *rupture d'une veine, d'une artère.* — Endroit d'une étoffe où elle est déchirée. — Cassation d'un acte public ou particulier. — Hernie, descente de boyau.— Fig., division entre des personnes unies autrefois par traité, par amitié, etc. — En t. de peinture, le mélange des teintes.

RURAL, E, adj. *(rurale)* (du lat. *ruralis*, fait de *rus, ruris*, la campagne), qui est situé à la campagne. Il ne se dit que des fonds de terre.— Qui concerne les champs. — *Doyen rural*, curé commis par l'évêque pour avoir l'inspection sur les curés d'un certain district.—Au plur. mas., *ruraux.*

RURAUX, adj. plur. mas. Voy. RURAL.

RURINA, subst. propre fém. *(rurina)* (de *rus, ruris*, les champs, la campagne), myth., déesse qui présidait aux campagnes.

RURINIES, subst. fém. plur. *(rurini)*, myth., fêtes qu'on célébrait en l'honneur de la déesse *Rurina.*

RUROGRAPHE, subst. mas. *(ruroguerafe)* (du lat. *rus, ruris*, les champs, et du grec γραφειν, écrire), celui qui écrit sur les champs, la campagne, la culture, etc. Voy. AGRONOME, qui est plus usité aujourd'hui.

RUROGRAPHIE, subst. fém. *(ruroguerafi)*, description, étude de ce qui concerne les champs. Voy. RUROGRAPHE.

RUROGRAPHIQUE, adj. des deux genres *(ruroguerafike)*, qui est relatif, qui a rapport à la *rurographie.*

RUSAMALE, subst. fém. *(rusamale)*, t. de bot., genre de plantes de la famille des conifères.

RUSE, subst. fém. *(ruze)* (du latin *usus*, pratique, expérience, *Nicot. Ménage* y joint la particule intensive et augmentative *re; reusus*, expérience consommée), finesse, moyen dont on se sert pour tromper. Voy. FINESSE. — Détour du lièvre, du cerf, du renard, quand on les chasse. — *Ruses innocentes*, certaines petites finesses dont on use à bon dessein. — *Contre-ruse, ruse* opposée à une autre ruse.

RUSÉ, E, part. pass. de *ruser*, et adj., qui a de la *ruse*, qui est plein de *ruses.—Un rusé compère*, est un homme encore plus fin qu'adroit et habile. — On dit aussi substantivement : *un petit rusé, une fine rusée.*

RUSER, v. neut. *(ruzé)*, user de *ruses*. — En parlant des cerfs, des renards, etc., prendre toutes sortes de détours pour se dérober aux chiens.

RUSEUR, subst. et adj. mas., au fém. **RUSEUSE** *(ruzeur, zeuze)*, qui emploie la *ruse.*

RUSEUSE, subst. et adj. fém. Voy. RUSEUR.

RUSME, subst. mas. *(ruceme)*, t. de minér., minéral du Levant qui contient du sulfate d'arsenic, et qui ressemble au mâchefer.

RUSON, subst. propre mas. *(ruzone)*, divinité romaine qui présidait aux champs.

RUSPONE, subst. mas. *(rucepone)*, monnaie de Florence qui vaut vingt-quatre livres du pays.

RUSSE, adj. et subst. *(ruce)*, qui est de *Russie* : *les Russes, la langue russe.* On disait autrefois *les Russiens, la langue russienne.*

RUSSEL, subst. mas. *(rucecele)*, t. de bot., arbrisseau grimpant de Cuba, de la famille des rhinantoïdes.

RUSSEY (LE), subst. mas. propre mas. *(lerucé)*, bourg de France, chef-lieu de canton, arrond. de Montbéliard, dép. du Doubs.

RUSSIE, subst. propre fém. *(ruci)*, grand empire qui s'étend sur l'Europe, l'Asie et l'Amérique. Il a soixante-un millions cinq cent mille habitants, qui sont répandus sur une superficie de un million dix-sept mille lieues carrées. La capitale est Saint-Pétersbourg.

RUSSIEN, subst. et adj. mas., au fém. **RUSSIENNE** *(ruciein, ciène)*, mot usité autrefois, mais remplacé aujourd'hui par *Russe*. Voyez ce mot.

RUSSIENNE, subst. et adj. fém. Voy. RUSSIEN.

RUSSIOTE, subst. mas. *(ruciote)*, langue *russe*. Inusité.

RUSSULE, subst. fém. *(ruçule)*, t. de bot., groupe de champignons roussâtres assez généralement malfaisants.

RUST, E, adj. *(rucete)*, t. de blas.; il se dit d'une losange percée en rond. — Il est aussi subst. mas. Voy. CHAPERON.

RUSTAUD, E, subst. et adj. *(rucetó, tòde)* (en lat. *rusticus*, fait de *rus*, campagne), grossier, paysan : *avoir l'air rustaud ; c'est un rustaud.*

RUSTAUDEMENT, adv. *(rucetòdeman)*, en *rustaud*, d'une manière grossière, impolie. Fam.

RUSTAUDERIE, subst. fém. *(rucetòderi)*, grossièreté, rudesse, action de *rustaud.*

RUSTICITÉ, subst. fém. *(ruceticité)* (du latin *rusticitas*), grossièreté, rudesse, en parlant des personnes : *rusticité dans les manières, dans le langage.*

RUSTINE, subst. fém. *(rucetine)*, pierre maçonnée au fond d'un fourneau de forge.

RUSTIQUE, adj. des deux genres *(rucetike)* (du latin *rusticus*), champêtre : *vie, air, danse rustique.* — Incutte, sans art ; *promenades rustiques et solitaires.* En ce sens, on dit aussi subst. : *il y a dans ce pays un certain rustique qui plaît*; *le rustique*, la représentation naïve d'un paysage.—Grossier, rude, peu poli. Voy. IMPOLI. — En t. d'archit. : *ouvrage rustique*, composé de pierres brutes ou taillées à l'imitation des pierres brutes. — *Ordre rustique*, le plus simple et le plus dénué d'ornement. — Subst. au mas. : *le rustique*, le genre rustique. — *Dieux rustiques*, myth., dieux de la campagne, et qui présidaient à l'agriculture. On les distinguait en grands et petits dieux.

RUSTIQUÉ, E, part. pass. de *rustiquer.*

RUSTIQUEMENT, adv. *(rucetikeman)*, d'une manière *rustique.*

RUSTIQUER, v. act. *(rucetiké)*, t. d'archit., crépir une muraille en façon d'ordre *rustique.*—*se* RUSTIQUER, v. pron.

RUSTRE, adj. des deux genres *(rucetre)*, fort rustique, très-grossier : *il a l'air rustre, la mine rustre.*—Il est aussi subst.: *c'est un vrai rustre, un gros rustre.*

RUT, subst. mas. *(rute)* (du latin *rugitus*, à cause des cris de certains cerfs lorsqu'ils sont en *rut*, *Ménage. Rugitus* est proprement le rugissement ou cri du lion.), le temps où les bêtes fauves et quelques autres sont en chaleur. — État d'un animal en ardeur amoureuse. — Par extension, on dit d'un homme qui a des passions brutales et emportées : *il est toujours en rut.*

RUTABAGA, subst. mas. *(rutabagua)*, t. de bot., variété de rave originaire de Suède.

RUTACÉE, adj. fém. *(rutacé)* (en lat. *ruta*), t. de bot., famille de plantes, ainsi nommée de la plante appelée *rue.*

RUTÈLE, subst. fém. *(rutèle)*, t. d'hist. nat., genre d'insectes de l'ordre des coléoptères,tribu des scarabés.

RUTIDÉ, subst. mas. *(rutidé)*, t. de bot., arbuste de la Sierra-Leone, famille des rubiacées.

RUTILANT, E, adj. *(rutilan, lante)* (en latin *rutilans*, part. act. de *rutilare*, avoir l'éclat de l'or, briller comme l'or), t. de chimie; se dit de l'acide nitreux fumant, et de ses vapeurs, à cause de leur couleur rouge.

RUTOIR. Voy. ROUTOIR.

RUTREM, subst. propre mas. *(rutrème)*, myth., l'un des dieux que révèrent certains peuples indiens.

RUTULES, subst. propre mas. plur. *(rutule)*, nom d'un ancien peuple du Latium.

RUYSCHE, subst. fém. *(ruiche)*, t. de bot., genre de plantes qui croissent à la Guyane et à la Martinique.

RUYSCHIENNE, adj. fém. *(ruichi-ène)*, t. d'anat., nom donné à la choroïde : *membrane ruyschienne.*

RYANIE, subst. fém. *(ri-ani)*, t. de bot., bel arbre de l'Île de la Trinité. Il forme seul un genre dans la famille des liliacées, on l'appelait aussi *patrisie.*

RYDER, subst. mas. *(ridère)*, monnaie d'or de Hollande, qui vaut 31 francs 65 centimes.

RYE, subst. fém. (*ri*), t. de géographie qui signifiait, dans son origine, le rivage de la mer.

RYES ou RIES, subst. propre mas. (*ri*), village de France, chef-lieu de canton, arrond. de Bayeux, dép. du Calvados.

RYGGIE, subst. fém. (*rigueji*), t. d'hist. nat., genre d'insectes de l'ordre des hyménoptères. — Tribu des guépiaires.

RYKSDALE, subst. fém. Voy. RIXDALE.

RYPTIQUE ou mieux RHYPTIQUE, adj. des deux genres (*ripetike*) (du grec ρυπτω, je nettoie), t. de médec., détersif propre à nettoyer; se dit des médicaments qui détergent et entraînent les humeurs visqueuses et corrompues.

RYTEH, subst. mas. (*rité*), nom qu'on donne en Égypte à une espèce de fruit dont la décoction sert à laver les laines précieuses.

RYTHME, fausse orthographe de l'*Académia*. Voy. RHYTHME.

RYTINE, subst. mas. (*ritine*), t. d'hist. nat., sorte de cétacé herbivore.

RYTYPHLÉE, subst. fém. (*ritiflé*), t. de bot., genre de plantes de la famille des algues.

RYZOPHAGE, subst. mas. et adj. des deux genres (*zizofaje*), t. d'hist. nat., genre d'insectes coléoptères.

S, subst. mas. (prononcez *ce* et non pas *èce*, qui ne rend pas le son naturel de cette lettre), dix-neuvième lettre de l'alphabet et la quinzième des consonnes.—C'était anciennement un caractère numéral qui signifiait *sept*.—Ce qui a la forme du *S*.—*S*, employé seul et par abréviation dans le commerce, signifie *son* : S|C veut dire *son compte*.—Dans les livres de marine ou de géographie, S. signifie *sud*; S.-O., *sud-ouest*; S.-S.-O., *sud-sud-ouest*; O.S.-O., *ouest-sud-ouest*; S.-E., *sud-est*; S.-S.-E., *sud-sud-est*; E.-S.-E., *est-sud-est*.—S est le caractère dont on distinguait la monnaie fabriquée à Reims.—S, SS, après un caractère qui marque la quantité, signifie, dans les ordonnances de médecins, *semis*, moitié.— On prononce le S avec un sifflement dur, quand il est au commencement du mot, comme dans *savant, sermon, sinon, soleil, supérieur*, etc.; quand il est au milieu d'un mot, précédé ou suivi d'une autre consonne, comme dans *absolu, conserver, conseil*, etc., *bastonnade, espace, disque, offusqué*, etc.; et quand il est redoublé au milieu d'un mot, comme dans *passer, essai, missel, bossu, mousse*, etc. — Cette lettre doit toujours sonner à la fin de quelques mots qui nous viennent du latin, tels que ceux-ci : *as, anus, aloès, chorus, oremus, bibus, gratis, sinus, iris, vis, lapis, laps*, etc. Voir la prononciation de chaque mot à son rang alphabétique. — On prononce S quand il est seul entre deux voyelles, comme z : *rasé, hésiter, misanthrope, rose, exclusion*; et quand, à la fin d'un mot,

il faut le faire entendre à cause de la voyelle qui commence le mot suivant, comme dans *mes opérations, vous y penserez, de bons avis*. — S se retranche abusivement en poésie : *je di* pour *je dis*; *je vai* pour *je vais*. Aucun poète moderne, à quelque école qu'il appartienne, classique ou romantique, ne se permettrait une aussi ridicule licence. — Dans les mots *parasol, présupposer, monosyllabe*, et quelques autres, la lettre S a le sifflement fort, quoique placée entre deux voyelles; et dans les mots *transiger, transaction, transition, transitoire*, elle a le sifflement doux du z, quoique précédée d'une consonne.—S marque la sinuosité de la foudre. On dit de même d'un homme qui étant ivre va de côté et d'autre, qu'*il fait des S*.

S', abréviation de *se*, ou de *si*, dans les mots *s'il, s'ils*.

SA, adj. possessif fém. (*ça*), au mas. *son*. Voy. ce mot. *Sa femme, sa mère*.

SAALES, subst. propre mas. (*ça-ale*), village de France, chef-lieu de canton, arrond. de Saint-Dié, dép. des Vosges.

SAAR-UNION, subst. propre mas. (*ça-arunion*), village de France, chef-lieu de canton, arrond. de Saverne, dép. du Bas-Rhin.

SABADILLA, subst. fém. (*çabadilela*), t. de bot., sorte de plante du genre des varaires. On la cultive en Chine.

SABADIUS, ou SABASIUS, subst. propre mas. (*çabadi-uce, zi-uce*), myth., un des dieux des anciens Thraces.

SABAH, subst. mas. (*çaba*), t. de relat., point du jour chez les Turcs : *l'heure du sabah*.

SABAHA, subst. mas. (*çaba-a*), nom que porte le chef de la religion dans l'île de Madagascar.

SABAILLON, subst. mas. (*çabd-iou*), boisson en usage en Italie; elle est composée de vin blanc et de sucre.

SABAÏSME, subst. mas. Voy. SABÉISME.

SABAL, ou SABEL, subst. mas. (*çabale, çabèle*), t. de bot., sorte de plante de la famille des palmiers.

SABANPUTE, subst. mas. (*çabanpute*), t. de bot., sorte de poivre blanc plus petite que les autres espèces, qui croît dans les îles de la Sonde.

SABAOTH, subst. propre mas. (*çaba-ote*), dieu des gnostiques, des premiers siècles de l'Église. Ils le représentaient sous la figure d'un âne.— Chez les anciens Hébreux, dieu des armées.

SABASIES, subst. fém. plur. (*çabazi*), myth., fêtes anciennes qu'on célébrait en l'honneur de *Sabasius*.

SABASIUS ou SABADIUS, subst. propre mas. (*çabazi-uce, di-uce*), myth., surnom de Bacchus, en l'honneur de qui on avait institué des fêtes nommées *sabasies*, qu'on célébrait par des danses, des courses, et avec des transports de fureur. Quelques-uns croient que *Sabasius* fut un fils de Jupiter et de Proserpine, plus ancien que Bacchus. C'était aussi un surnom de Jupiter, du Soleil et de Neptune.

SABATELLE, subst. fém. (*çabatèle*), t. de bot., espèce de plante de la famille des champignons, bonne à manger, et qu'on trouve dans le Languedoc. On dit aussi *sabatélo*.

SABATH, subst. mas. (*çaba*), onzième mois du calendrier hébreu, qui correspond à novembre du calendrier grégorien.

SABATTE, subst. fém. (*çabate*), t. de mar., semelle d'ancre ou sole. Voy. ces deux mots.

SABAYE, subst. fém. (*çabé*), t. de mar., cordage qui sert à amarrer à terre un bateau.

SABBA, subst. propre fém. (*çabeba*), myth., devineresse qu'on a mise au nombre des sibylles. On croit que c'était celle de Cumes.

SABBAT, subst. mas. (*çaba*), chez les juifs, le dernier jour de la semaine. — Prétendue assemblée nocturne de sorciers, qui cessait le matin sitôt que le coq chantait.—Fig. et fam., bruit, tumulte : *cet ivrogne fait un terrible sabbat ; faire le sabbat, faire un horrible sabbat*.—Fam., criailleries, reproches : *cet individu nous a fait un sabbat épouvantable*.

SABBATAIRE, subst. et adj. des deux genres (*çabatère*), qui suit, qui observe les jours de *sabbat*.—Subst. mas., sectaire juif.

SABBATIE, subst. fém. (*çabati*), t. de bot., espèce de plante qui croît dans l'Amérique septentrionale.

SABBATINE, subst. fém. (*çabatine*) (en lat. *sabbatum*), thèse de philosophie sur une partie de la logique et de la morale, qui se soutenait le samedi chez les écoliers de philosophie, au milieu de la première année de leur cours.—Repas du samedi soir, qui consiste dans les communautés à servir le restant des mets de la semaine.

SABBATIQUE, adj. des deux genres (*çabatike*) (en lat. *sabbaticus*, fait de *sabbatum*, sabbat), *année sabbatique*, chaque septième année chez les juifs, pendant laquelle ils étaient obligés de donner la liberté à leurs esclaves et de laisser reposer la terre.

SABBATISÉ, part. pass. de *sabbatiser*.

SABBATISER, v. neut. (*çabatizé*), faire le *sabbat* ; célébrer, observer le jour du *sabbat*. Peu usité.

SABBATISME, subst. mas. (*çabaticeme*), manière d'observer le jour du *sabbat* ; observation du *sabbat*.

SABDAREFFA, subst. fém. (*çabedarèfefa*), t. de bot., sorte de plante d'Amérique du genre des ketmies.

SABE, subst. mas. (*çabe*), mois du calendrier des anciens Syriens, qui correspond à février du calendrier grégorien.

SABECH, subst. mas. (*çabèk*), oiseau de proie, autour d'une des cinq espèces principales.

SABÉEN, subst. et adj. mas., au fém. **SABÉENNE** (*çabé-ein, ène*), qui professe le *sabéisme*, qui appartient au *sabéisme*.

SABÉISME, **SABAÏSME** ou **SABISME**, subst. mas. (*çabé-iceme, ba-iceme, biceme*) (mot hébreu qui signifie ordre, milice), culte des anciens Perses, etc., qui avait pour objet l'adoration du feu, du soleil, des astres. — Prières et sacrifices que faisaient à quelques planètes les anciens habitants de la Libye. C'était la religion des anciens mages, et c'est aujourd'hui celle des Guèbres.

SABEL, subst. mas. (*çabèle*), t. de bot., sorte de palmier dont on a formé un genre particulier.

SABELLAIRE, subst. mas. (*çabèlelère*), t. d'hist. nat., genre de vers marins de la famille des annélides.

SABELLE, subst. fém. (*çabèle*), t. d'hist. nat., genre de vers marins dont la coquille contient un animal voisin des néréides ; on le nomme aussi *chrysodon*.—Subst. mas. plur., t. d'antiq., colonie de Sabins, qui furent envoyés dans le pays des Samnites.

SABELLIANISME, subst. mas. (*çabèleli-aniceme*) (de *Sabellius*, son auteur), système de croyance en un seul dieu, qui se révèle sous trois noms.

SABERDACHE ou **SABRETACHE**, subst. fém. (*çaberedache, çabretache*) (de l'allemand *sabel*, épée recourbée, et *tasche*, poche), poche suspendue au ceinturon du sabre des hussards. — Espèce de grand baudrier.

SABICE, subst. fém. (*çabice*), t. de bot., genre de plantes de la famille des rubiacées.

SABIM, subst. propre mas. (*çabime*), l'une des divinités ou idoles des anciens Arabes. On la nomme aussi *Sabis*.

SABINE, sub. fém., ou **SAVINIER**, s. m. (*çabine, çavinié*), t. de bot., arbuste toujours vert, d'une odeur forte et pénétrante, à fleurs amentacées, mâles et femelles, sur des pieds différents.—On en distingue deux espèces.

SABIN, subst. et adj. mas., au fém. **SABINE** (*çabein, bine*), ancien peuple d'Italie. Les *Sabins* ayant été invités à des jeux que Romulus célébrait, leurs filles furent enlevées par les Romains. Voy. ROMULUS, SABUS.—Nom que l'on donne en Turquie à des astrologues et à des naturalistes qui sont persuadés, à cause de la grande influence du soleil et de la lune sur les choses d'ici-bas, qu'il y a une divinité dans ces deux luminaires du monde.

SABINITE, subst. fém. (*çabinite*), t. d'hist. nat., sorte de pierre qui offre l'empreinte des feuilles de la *sabine*.

SABIS, subst. mas. (*çabice*), nom d'une secte arabe.—Idole des Arabes.

SABISME. Voy. SABÉISME.

SABLE, subst. mas. (*çâble*) (en lat. *sabulum*), sorte de terre légère, menue, formée de petits grains de gravier.—*Sable vitreux*, t. de manufact. de glaces, *sable* qui contient un grand nombre de petits crystaux qui le rendent remarquable par leur brillant. — Gravier qui s'engendre dans les reins et qui forme la gravelle. — Horloge de verre composée de deux folioles, où le *sable*, tombant de l'une dans l'autre, mesure un certain espace de temps.—En t. de fondeur, composition faite avec du *sable* ou autre poussière où l'on jette en moule des monnaies, des médailles, etc. —En t. de blason, le noir dans la gravure ; le *sable* se marque par des traits croisés. — En chim. : *distiller au bain de sable*, entourer de *sable* le vase qui contient la substance à distiller. — Fig. : *bâtir sur le sable*, fonder des projets, des entreprises sur quelque chose de peu solide. — On dit aussi fig. de quelqu'un que le sommeil gagne : *qu'il a du sable dans les yeux*.

SABLÉ, E, part. pass. de *sabler*, et adj. — Jeté en *sable*.—*Fontaine sablée*, vaisseau dans lequel on fait filtrer l'eau à travers le *sable* pour l'épurer.

SABLÉ, subst. propre mas. (*çâblé*), village de France, arrond. de la Flèche, chef-lieu de canton, dép. de la Sarthe.

SABLER, v. act. (*çâblé*), couvrir de *sable*. — Fam. : *sabler un verre de vin*, l'avaler tout d'un trait.—En t. de coutelier : *sabler l'acier*, jeter du *sable* sur l'acier pendant qu'il est dans le feu. — Fig., t. de relieur : *sabler l'ouvrage*, battre mal, coudre grossièrement les livres.—SE SABLER, v. pron.

SABLES-D'OLONNE (LES), subst. propre mas. plur. (*lèçâbledolone*), ville maritime de France, chef-lieu d'arrond. et de canton, dép. de la Vendée.

SABLEUR, subst. mas. (*çâbleur*), ouvrier qui fait les moules en *sable*. — Il se dit aussi d'un bon buveur.

SABLEUSE, adj. fém. Voy. SABLEUX.

SABLEUX, adj. mas., au fém. **SABLEUSE** (*çâbleu, bleuze*) : *farine sableuse*, où il y a du *sable* mêlé. On dit aussi : *un fond sableux*, en parlant d'un terrein dont l'intérieur est de *sable*. —Dans certaines étoffes, un fond *sableux* est celui dont le tissu présente des points comme de petits grains de *sable*.

SABLIER, subst. mas. (*çâbli-é*), sorte d'horloge. On dit aussi, mais plus rarement, *sable*. Voy. ce mot. — Vase qui contient du *sable* que l'on met sur l'écriture.—Celui qui vend du *sable*.—T. de bot., petit arbre des contrées chaudes de l'Amérique.

SABLIÈRE, subst. fém. (*çâbli-ère*), lieu d'où l'on tire le *sable*.—Longue pièce de bois entaillée d'espace en espace pour y mettre des soliveaux.

SABLINE, subst. fém. (*çâbline*), t. de bot., plante qui croît dans les *sables*, de la famille des caryophyllées.

SABLON, subst. mas. (*çâblon*), *sable* fort délié.—T. d'hist. nat., sorte de coquille du genre des sabots.

SABLONNÉ, E, part. pass. de *sablonner*.

SABLONNER, v. act. (*çâbloné*), nettoyer, écurer avec du *sablon*. — SE SABLONNER, v. pron.

SABLONNETTE, subst. fém. (*çâblonète*), dans les manufactures de glaces, appartement bien propre et bien pavé, au-dessus du four à fritte, pour y déposer le *sable* lavé.

SABLONNEUSE, adj. fém. Voy. SABLONNEUX.

SABLONNEUX, adj. mas., au fém. **SABLONNEUSE** (*çâbloneu, neuze*), où il y a beaucoup de *sable*.

SABLONNIER, subst. mas. (*çâblonié*), celui qui vend du *sablon*.

SABLONNIÈRE, subst. fém. (*çâblonière*), lieu abondant en *sablon*, d'où l'on tire du *sablon*.—Marchande de *sablon*.—T. de fondeurs, grand coffre de bois à quatre pieds, dans lequel ils conservent le *sable* dont ils font leurs moules.

SABLURE, subst. fém. (*çâblure*), t. de mar., partie de l'agrès d'un vaisseau. — Empreinte du *sable*.

SABORD, subst. mas. (*çabor*), t. de mar., embrasure faite dans le côté d'un vaisseau pour y placer le canon en batterie.—*Faux sabord*, figure qui imite un vrai *sabord*.

SABORDER, v. neut. (*çaborder*) t. de mar., pratiquer de grands trous dans la cale d'un bâtiment pour le faire couler à fond.

SABOT, subst. mas. (*çabô*) (suivant *Ménage*, du latin barbare *saputus*, diminutif de *sapus*, qu'on a dit par métaplasme pour *sapa*, lame de bois, d'où vient également le mot *savate*), chaussure de bois d'une seule pièce. — Au plur., pantoufles ou mules auxquelles on ajoute des quartiers. — Corne du pied du cheval, etc., ainsi nommée de sa dureté, semblable à celle d'un *sabot*.—Jouet d'enfant qu'on fait pirouetter avec un fouet : *fouetter, faire tourner un sabot ; le sabot dort*, il tourne si vite qu'il paraît immobile. — Prov. et pop. : *dormir comme un sabot*, profondément.—Au plur., ornements de cuivre qu'on met au bas des pieds de bureaux, des commodes, etc.—Demi-baignoire faite en forme de *sabot*. — Outil de cordier pour câbler les cordages.—T. de passementier, espèce de navette.—Morceau de bois dans lequel le maçon emboîte un calibre, qui sert à le diriger le long de la règle pour pousser des moulures. — Armature de fer qui garnit les pilotis par le bout, pour qu'ils s'enfoncent dans le sol plus aisément. —Petite niche placée dans une cage et disposée pour faire nicher les oiseaux. — Sorte de cage grossière qui sert à transporter, dans un long voyage, les perroquets, etc.—Outil à fût dont le menuisier se sert pour faire des moulures.—Ornement en vélin, recouvert de cannetille, découpé par le bas en demi-cercle, et s'écartant par le haut en forme de deux oreillettes de cœur. — Petite manche de taffetas ou de gaze, couverte de garnitures en blondes ou dentelles à plusieurs rangs.— Moule de chandelier. — En t. d'imprim., boîte ou vieux *sabot*, dont les compositeurs se servent pour mettre les vieux caractères bons à fondre. —T. de bot., genre de plantes de la famille des orchidées. — T. d'hist. nat., genre de testacés de la classe des univalves, dont l'écaille est très-dure. — Fig. : *il est venu à Paris en sabots*, il était fort pauvre, et il est devenu riche. — *Il a du foin dans ses sabots*, il est riche.—*Elle a cassé son sabot*, se dit d'une fille qui a perdu ou compromis son honneur.

SABOTÉ, E, part. pass. de *saboter*.

SABOTER, v. neut. (*çaboté*), faire du bruit en marchant avec des *sabots*. — *Jouer au sabot*, faire aller un *sabot*. Peu usité dans ces deux acceptions. — Act., fouler les draps avec des *sabots*.

SABOTEUR, subst. mas. (*çaboteur*), qui *sabote*, qui fait des *sabots*.

SABOTIER, subst. mas. (*çabotié*), ouvrier qui fait des *sabots*.— Celui qui porte des *sabots*. — Animal qui existe dans la coquille que l'on nomme *sabot*.

SABOTIÈRE, subst. fém. (*çabotière*), sorte de danse qu'on exécute avec des *sabots*.—Marchande de *sabots*.

SABOULÉ, E, part. pass. de *sabouler*.

SABOULER, v. act. (*çaboulé*), tourmenter, tirailler, renverser, houspiller quelqu'un de côté et d'autre plusieurs fois. Pop., réprimander : *sabouler quelqu'un*.— SE SABOULER, v. pron.

SABRADE, subst. fém. (*çâbrade*), action de *sabrer*. (Boiste.)

SABRE, subst. mas. (*çâbre*) (de l'allemand *sabel* ou *sæbel*, tiré du hongrois ou slavon *sabla*, coutelas), espèce de coutelas recourbé qui ne tranche que d'un côté. — *Feuilles en sabre*, t. de bot. Voy. ACINACIFORME. — T. d'hist. nat., sorte de poisson que l'on trouve dans la Méditerranée, qui constitue seul un genre voisin des gymnètres.

SABRÉ, E, part. pass. de *sabrer*.

SABRENAS, subst. mas. (*çabrenâ*), t. pop., artisan qui travaille malproprement, grossièrement. Peu usité.

SABRENASSÉ, E, part. pass. de *sabrenasser*.

SABRENASSER, v. act. (*çabrenacé*). Voy. SABRENAUDER.

SABRENAUDÉ, E, part. pass. de *sabrenauder*, et adj., mal fait : *ouvrage sabrenaudé*, grossièrement fait.

SABRENAUDER, v. act. (*çabrenôdé*), travailler mal un ouvrage. Pop. et peu usité.

SABRER, v. act. (*çâbré*), frapper à coups de *sabre*.—Fig. et fam. : *sabrer une affaire*, la juger précipitamment sans se donner la peine de l'examiner.—*se* SABRER, v. pron.

SABRETACHE, subst. fém. Voy. SABERDACHE.

SABRES, subst. propre mas. plur. (*çabre*), village de France, chef-lieu de canton, arrond. de Mont-de-Marsan, dép. des Landes.

SABREUR, subst. mas., au fém. **SABREUSE** (*çâbreur, breuze*), qui aime à *sabrer*.—Fig., qui agit trop précipitamment.

SABREUSE, subst. fém. Voy. SABREUR.

SABRIÉ, E, part. pass. de *sabrier*.

SABRIER, v. act. (*çabrié*), récompenser.—*se* SABRIER, v. pron. (*Boiste.*) Vieux et même hors d'usage.

SABULEUSE, adj. fém. Voy. SABULEUX.

* **SABULEUX**, adj. mas., au fém. **SABULEUSE** (*çâbuleu, leuze*) (en lat. *sabulosus*, dérivé de *sabulum*, sable), qui roule du *sable* : *ruisseau sabuleux*; *rivière sabuleuse*.—*Urine sabuleuse*, chargée de gravier, et qui indique la pierre. — SABULEUX, SABLONNEUX. (*Syn.*) *Sabuleux* diffère de *sablonneux*, en ce que ce dernier ne se dit que du sol, et indique que sa superficie est de la nature du *sable*, du *sablon*, tandis que le premier désigne un liquide quelconque qui coule chargé de *sable*, de gravier.

SABURON, subst. mas. (*çaburon*), t. d'hist. nat., espèce de coquille du genre des casques.

SABURRAL, E, adj. (*çaburerale*), t. de médec., qui appartient à la *saburre*, qui est causé par la *saburre*.—Au plur. mas., *saburraux*.

SABURRE, subst. fém. (*çabure*) (en latin *saburra*), t. de mar., gravier pour lester.— T. de médec., embarras, ordures dans les premières voies.

SABURRÉ, E, part. pass. de *saburrer*.

SABURRER, v. act. (*çabureré*), t. de mar., lester.—*se* SABURRER, v. pron. (*Boiste.*) Peu en usage.

SABUS, subst. propre mas. (*çabuce*), myth., nom d'un ancien roi d'Italie, qui, ayant appris à ses sujets à planter et cultiver la vigne, fut mis par eux au rang des dieux.—Dieu des *Sabins*. C'est le même que *Sabinus*.

SAC, subst. mas. (*çak*) (du lat. *saccus*, pris du grec σακκός), poche faite d'une pièce de toile, etc., cousue par le bas et par les côtés, n'ayant que le haut ouvert. — On dit *sac à blé*, *sac à charbon*, *sac à avoine*, pour dire, *sac à* mettre du blé, du charbon, de l'avoine. Et on dit *sac de blé*, *de charbon*, *d'avoine*, *de plâtre*, *de farine*, *de noix*, *de pommes*, etc., pour dire, *sac* plein de blé, de charbon, d'avoine, de plâtre, de farine, de noix, de pommes, etc. Dans le même sens, on dit : *un sac d'argent*, *un sac d'écus*, *un sac de sous*, *un sac de mille francs*.— On dit également : *sac à poudre*, pour un *sac* à mettre de la poudre, un *sac* plein de poudre. Les artificiers appellent *sac à poudre*, l'enveloppe de papier qui contient la chasse des pots à feu ou à aigrette.—*Sac à noir*, petite chambre bien calfeutrée où l'on brûle la poix-résine dont on veut faire le noir de fumée. — *Sac à ouvrage*, espèce de grande bourse, diversement ornée, dont les femmes se servent pour renfermer l'ouvrage dont elles s'occupent, ou qu'elles portent au bras en guise de parure, et dans lequel elles mettent leur mouchoir, leur bourse, etc. Le dernier se nomme aussi simplement *sac*. — *Sac de nuit*, *sac* où l'on met des hardes de nuit, et que l'on prend avec soi en voyage. — En t. d'art militaire, on appelle *sac à terre*, un *sac* de moyenne grandeur qu'on remplit de terre, et dont les soldats bordent une tranchée ou les parapets des ouvrages ; et *sac à laine*, un *sac* qui ne diffère du *sac à terre* que parce qu'il est plus grand et qu'il est rempli de laine. On s'en sert pour les batteries et les logements, dans les endroits où il y a peu de terre.—*Sac de soldat*, le havresac dans lequel chaque fantassin renferme tous les objets à son usage. — T. de comm., certaine mesure dont on se sert pour mesurer les grains, graines, légumes, etc. : *acheter dix sacs de farine*. — *Sac d'église*, *sac* dans lequel les personnes dévotes mettent leurs livres de prières, leur chapelet, etc.—*Sac de papier*, papier roulé en forme de *sac*, ou dont le bas et les côtés sont collés, et dans lequel on peut mettre des bonbons, des épiceries, etc. — *Sac à papier!* sorte de jurement plaisant et familier.— Les vignerons appellent *sac*, une certaine quantité de marc qui reste après le pressurage, et qui est ordinairement la quantité de pressurage que porte un pressoir : *couper un sac*, *lever un sac*.—On appelle *sac de procès*, et absolument *sac*, un *sac* où l'on met les pièces d'un procès : *mettre le sac au greffe* ; *porter le sac au greffe*, *chez le rapporteur*.—*Garde-sacs*, *greffier garde-sacs*, celui qui est chargé de garder les *sacs* d'un procès : *donner communication de son sac*, communiquer les pièces du procès qui sont dans le *sac*. — Pillage entier d'une ville par l'ennemi qui la prend : *le sac de Troie*, *de Rome*. — En t. de pêche, on appelle *sac*, un filet en manche qui fait le fond de certains filets. — En t. d'anat., on appelle *sac lacrymal*, une petite cavité, en partie osseuse et en partie membraneuse, placée en-dedans et au côté interne de l'orbite de l'œil, dans un enfoncement formé par l'os unguis et l'apophyse montante du maxillaire. C'est le réservoir des larmes qui y sont apportées par les conduits lacrymaux, et qu'il verse dans le canal nasal.—Habit de pénitent, d'affliction et d'humiliation : *se couvrir de sac et de cendres* ; *porter le sac et le cilice*. — *Sac*, se dit aussi des grandes robes dont se couvraient les pénitents dans leurs cérémonies et dans leurs processions : *tous les pénitents étaient revêtus de sacs noirs*.—En t. de chir., dépôt d'humeur, de matière qui se forme en quelque partie du corps : *il s'est formé un sac à côté de sa plaie*.— On appelle *cul-de-sac*, une petite rue qui n'a point d'issue : *il demeure dans un cul-de-sac*; et fig., une place dans laquelle on n'a aucun avancement à espérer : *cette place est un cul-de-sac*.—*Être enfourné dans un cul-de-sac*, être engagé dans une mauvaise affaire.— Prov. et fam.: *prendre d'un sac deux moutures*, prendre deux fois la récompense, le droit qu'il n'est permis de prendre qu'une fois. — *Prendre son sac et ses quilles*, prendre ses hardes et s'en aller. — *Il a été pris la main dans le sac*, il a été pris sur le fait. — On dit d'un scélérat, d'un filou, d'un homme capable de toutes sortes de crimes, que *c'est un homme de sac et de corde*.—On appelle *sac à vin*, un ivrogne.—On dit d'un habit trop large, trop long, mal taillé, que *c'est un sac*, qu'*il ressemble à un sac*, qu'*on est dedans comme dans un sac*.—Fam.: *affaire qui est dans le sac*, qui est en bon train, qui réussira probablement. —Fig. et fam.: *avoir la tête dans un sac*, ignorer ce qui se passe.— On dit, en parlant d'un homme qui sollicite quelque grâce, qui entreprend quelque affaire, qu'*une chose est la meilleure pièce de son sac*, pour dire, que c'est la chose la plus avantageuse pour lui, celle qui doit le plus concourir à lui procurer le succès qu'il désire. — *Voir le fond du sac*, c'est pénétrer dans ce qu'une affaire a de plus secret, de plus caché.—*Juger sur l'étiquette du sac*, c'est juger une affaire qui ne présente aucune difficulté ; ou bien prononcer sur une question difficile, sur les premières apparences, et sans se donner la peine d'en prendre une connaissance approfondie. — *Mettre quelqu'un au sac*, le convaincre, le mettre hors d'état de répondre.—Prov. : *autant pèche celui qui tient le sac que celui qui met dedans*, le receleur est aussi coupable que le voleur. —*Il ne saurait sortir d'un sac que ce qui y est*, le méchant ne peut faire que de méchantes actions.—*Remplir son sac*, manger beaucoup, ou même simplement : manger. — *Vider son sac*, se purger, et fig. dire tout ce qu'on a sur la conscience contre quelqu'un.

SACAH, subst. mas. (*çaka*), t. de relat., aumône prescrite par la loi de Mahomet.

SAC-A-RÉSEAU, subst. mas. (*çakarézô*), t. de pêche, sorte de panier dans lequel les plongeurs mettent les huîtres qui donnent des perles.

SACARAS, subst. mas. plur. (*çakarâ*), myth., anges du sixième ordre, chez les Madécasses.

SACARD, subst. mas. (*çakar*), celui qui ensevelit les individus morts de la peste. Peu usité.

SACAS, subst. mas. plur. (*çakâ*), t. de relat., en Turquie, porteurs d'eau qui servent à l'armée.

SACCADE, subst. fém. (*çakade*) (du lat. *succussus*, secousse. *Ménage.*), prompte et rude secousse qu'on donne à un cheval en lui tirant la bride.—Fig., secousse violente qu'on donne à quelqu'un en le tirant. — Par extension de métaphore, rude réprimande.—Inégalité dans l'humeur, dans le style. — T. de mar.; il se dit du mouvement d'un navire qui n'est pas soutenu dans le roulis par la force du vent dans les voiles.—Il se dit, en t. de maître d'écriture, des inégalités de traits, en général, des accidents causés par une plume qui n'est pas bien réglée dans ses mouvements.—*Aller*, *marcher par saccades*, brusquement, sans aucune régularité.

SACCADÉ, E, part. pass. de *saccader*, et adj.: *mesure saccadée*, *vers saccadés*, qui vont par *saccades*.

SACCADER, v. act. (*çakadé*), donner des *saccades* à un cheval.—*se* SACCADER, v. pron.

SACCAGE, subst. mas. (*çakaje*), bouleversement, confusion : *le saccage d'un jardin*. Amas confus : *on a fait un vrai saccage de son mobilier*. Pop. Voy. SACQUAGE.

SACCAGÉ, E, part. pass. de *saccager*.

SACCAGEMENT, subst. mas. (*çakajeman*), *sac*, pillage d'une ville, etc.

SACCAGER, v. act. (*çakajé*), mettre à *sac*, au pillage.—Fam. et par exagération, bouleverser, mettre tout en désordre.—*se* SACCAGER, v. pron.

SACCAGEUR, subst. mas., **SACCAGEUSE**, subst. fém. (*çakajeur, jeuze*), qui *saccage*. (Voltaire.)

SACCAGEUSE, subst. fém. Voy. SACCAGEUR.

SACCATIER, subst. mas. Voy. SACQUATIER.

SACCELION, subst. mas. (*çakcelion*), t. de bot., espèce d'arbre qui croît dans les montagnes du Pérou.

SACCELLATION, subst. fém. (*çakcèlelâcion*), t. de chir., application, sur un membre malade, de sachets qu'on a remplis de matières chaudes.

SACCHARATE, subst. mas. (*çakekarate*) (de *saccharum*, sucre), t. de chim., combinaison du sucre avec une base salifiable.

SACCHAREUSE, adj. fém. Voy. SACCHAREUX.

SACCHAREUX, adj. mas., au fém. **SACCHAREUSE** (*çakekareu, reuze*) (du lat. *saccharum*, fait de σακχαρ, sucre), de la nature du sucre, qui a l'aspect du sucre, qui en contient les principes.

SACCHARIFÈRE, adj. des deux genres (*çakekarifère*), qui donne du sucre : *plante saccharifère*.

SACCHARIFICATION, subst. fém. (*çakekarifikâcion*) (du lat. *saccharum*, sucre, et *facere*, faire, ou *fieri*, devenir), t. de chim.; se dit du principe essentiel d'une substance qui devient sucrée par la fermentation.

SACCHARIFIÉ, E, part. pass. de *saccharifier*.

* **SACCHARIFIER**, v. act. (*çakekarifié*), rendre sucré : *la chaleur saccharifie le raisin*.—*se* SACCHARIFIER, v. pron., devenir sucré : *cette substance se saccharifie par la fermentation*.

SACCHARIN, adj. mas. (*çakekarein*) (du lat. *saccharum*, sucre) : *acide saccharin*, acide tiré du sucre.

SACCHARITE, subst. mas. (*çakekarite*), espèce de vin fait avec du sucre et de la cannelle.—Hypocras.

SACCHAROÏDE, adj. des deux genres (*çakekaroïde*) (du grec σακχαρ, sucre, et εἶδος, ressemblance), qui ressemble à du sucre.

SACCHAROL, subst. mas. (*çakekarole*), nom que quelques chimistes et médecins donnent au sucre.

SACCHAROLÉ, subst. mas. (*çakekarolé*), t. de pharm., poudre médicamenteuse à base de sucre.

SACCHARUM, subst. mas. (*çakekarome*); les botanistes donnent ce nom au genre de graminées qui comprend les cannes à sucre.

SACCHARURE, subst. fém. (*çakekarure*), t. de parm., sucre rendu médicamenteux par son mélange avec des substances dissoutes dans l'alcool.

SACCHLACTATE, subst. mas. Voyez SACCHOLACTE.

SACCHLACTIQUE, adj. des deux genres. Voy. SACCHOLACTIQUE.

SACCHOLACTE, subst. mas. (*çakekolakte*), t. de chim., sel formé par la combinaison de l'acide *saccholactique* avec une base. On dit aujourd'hui *mucate*.

SACCHOLACTIQUE, adj. des deux genres (*çakekolaktike*) (du lat. *saccharum*, sucre, et *lac*, lait), t. de chim. : *acide saccholactique*, acide tiré du sucre de lait. Aujourd'hui, *mucique*.

SACCIFORME, adj. des deux genres (*çakeciforme*) (du lat. *saccus*, sac, et *forma*, forme), t. de médec., qui a la forme d'un *sac* : *anévrysme sacciforme*.

SACCILAIRE, subst. mas. (*çakecllère*), sorcier qui paraissait se servir de magie et de maléfices, pour s'approprier l'argent d'autrui.

SACCOGOMMITE, subst. fém. (*çakekoguomite*), t. de chim., matière sucrée contenue dans la racine de réglisse.

SACCOMUSE, subst. fém. (*çakekomuze*), sorte de cornemuse faite en forme de *sac*. Vieux.

SACCOPHORE, subst. mas. (*çakekofore*) (du grec σακκος, sac, et φερω, je porte), t. de bot., genre de plante voisin de celui du buxbaum.— Nom de sectaires chrétiens qui se couvraient d'un sac en signe de pénitence.

SACCOLAIRE, subst. mas. (*çakekolère*), escamoteur, sorcier. Voy. SACCILAIRE.

SACCOPTÉRIX, subst. mas. (*çakekopetérikce*), t. d'hist. nat., genre de mammifères de la famille des chauves-souris.

SACCULINE, subst. fém. (*çakekuline*), t. de bot., genre de polypier, que l'on nomme aussi *tiliane*.

SACCULUS, subst. mas. (*çakekuluce*), t. d'hist. nat.; on a donné ce nom à une térébratule fossile.

SACÉENNES ou **SACÉES**, subst. fém. plur. (*çacé-ène*, *çacé*), myth., fêtes persanes et indiennes en l'honneur d'Anaïtis. Elles ressemblaient beaucoup aux saturnales. — Adj. : *les fêtes sacées* ou *sacéennes*.

SACÉES, subst. fém. plur. Voy. SACÉENNES.

SACELLAIRE, subst. mas. (*çacèlelère*) (du lat. *sacellus*, diminutif de *saccus*, sac), en Grèce, officier chargé du soin de la bourse de l'empereur. —Officier de l'Église grecque à Constantinople.

SACELLUM, subst. mas. (*çacèlelome*), t. d'antiq., petite chapelle romaine, fermée de murailles et sans toit.

SACÈNE, subst. fém. (*çacène*), t. d'antiq., espèce de hache ou de couperet dont on se servait dans les sacrifices.

SACERDOCE, subst. mas. (*çacèredoce*) (en lat. *sacerdotium*, fait de *sacer*, sacré), caractère des prêtres de l'ancienne loi et de ceux de la nouvelle. —Prêtrise, état de prêtre.—Dignité *sacerdotale*. — Ministère de ceux qui immolaient des victimes à Dieu, dans l'Ancien Testament.—Corps ecclésiastique : *les querelles du sacerdoce et de l'empire*.

SACERDOCRATE, subst. mas. (*çacèredokrate*), partisan de la *sacerdocratie;* membre d'un gouvernement *sacerdocratique*. Inusité.

SACERDOCRATIE, subst. fém. (*çacèredokraci*), gouvernement du *sacerdoce*, ou des prêtres d'un pays. Inusité.

SACERDOCRATIQUE, adj. des deux genres (*çacèredokratike*), qui concerne la *sacerdocratie*. Inusité.

SACERDOCRATIQUEMENT, adv. (*çacèredokratikeman*), d'une manière *sacerdocratique*. Inusité.

SACERDOCRATISÉ, E, part. pass. de *sacerdocratiser*.

SACERDOCRATISER, v. act. (*çacèredokratize*), professer la *sacerdocratie*. — *se* SACERDOCRATISER, v. pron. Inusité.

SACERDOTAGE, subst. mas. (*çacèredotaje*), intrigues, sommérages, influence des prêtres. Inusité, et quelquefois nécessaire.

SACERDOTAL, E, adj. (*çacèredotal*), qui appartient au *sacerdoce* ou qui en vient. — Au plur. mas., *sacerdotaux*.

SACERDOTAUX, adj. mas. plur. Voy. SACERDOTAL.—Chez les anciens, cet adj. s'appliquait aux jeux que les prêtres donnaient au peuple dans les provinces.

SACERDOTE, subst. mas. (*cacèredote*), prêtre hébreu. (*Boiste*.) Inusité.

SACES, subst. propre mas. plur. (*çace*), ancien peuple qui avait désolé souvent la Perse par ses incursions; les mêmes que les Scythes des Grecs.

DU VERBE IRRÉGULIER SAVOIR :

Sachant, part. prés.
Sache, précédé de *qu'il* ou *qu'elle*, 3e pers. sing. prés. subj.
Sache, 2e pers. sing. impér.
Sache, précédé de *que je*, 1re pers. sing. prés. subj.

SACHÉ, E, part. pass. de *sacher*.

SACHÉE, subst. fém. (*çaché*), plein un sac : *une bonne sachée de pois*.

SACHELET, subst. mas. (*çachelé*), petit *sac*. Vieux.

SACHEM, subst. mas. (*çachème*), vieillard expérimenté auquel les Indiens du nord de l'Amérique vont demander des conseils.

DU VERBE IRRÉGULIER SAVOIR :

Sachent, 3e pers. plur. prés. subj.
Saches, 2e pers. sing. prés. subj.

SACHER, v. act. (*çaché*), mettre en *sac*. Mieux, *ensacher*. — *se* SACHER, v. pron.

SACHET, subst. mas. (*çaché*), petit *sac*. — Petit coussin dans lequel on met des senteurs pour parfumer quelque chose.—Remède topique que l'on applique sur quelque membre douloureux. —T. d'artillerie, *sac* de serge servant à conserver la charge des bouches à feu, en campagne.

SACHET, ÈTE, subst. (*çaché, chète*), religieux pénitent. (*Boiste*.)

DU VERBE IRRÉGULIER SAVOIR :

Sachez, 2e pers. plur. impér.
Sachiez, précédé de *que vous*, 2e pers. plur. subj.
Sachions, précédé de *que nous*, 1re pers. plur. prés. subj.
Sachons, 1re pers. plur. impér.

SACKI, ou **SACQUI**, subst. mas. Voy. SAKKI.

SACMENTÉ, E, part. pass. de *sacmenter*.

SACMENTER, v. act. (*çakmanté*), saccager, massacrer. (*Boiste*.) — *se* SACMENTER, v. pron. Entièrement inusité.

SACOCHE, subst. fém. (*çakoche*), deux petits *sacs* ou bourses de cuir joints ensemble et fendus par le milieu, qu'on porte à l'arçon de la selle. — Grand sac de toile dont les garçons de caisse se servent pour aller en recette. — Ce qu'il contient.

SACODIOS, subst. mas. (*çakodiôce*), t. d'hist. nat., sorte de pierre précieuse de couleur hyacinthe.

SACOLÈVE, subst. fém. (*çakolève*), nom qu'on donne, dans l'Archipel, à une barque pontée.

SACOME, subst. mas. (*çakome*) (de l'italien *sacoma*), t. d'archit., profil exact de tout membre ou moulure d'architecture. — La moulure même en saillie.

SACOPÈNE, subst. mas. (*çakopène*), t. de bot., sorte de plante qui a l'odeur et le suc du pin.

SACOPÉ, E, part. pass. de *sacoper*.

SACOPER, v. act. (*çakopé*), envelopper, enfermer quelque part sans le vouloir. (*Boiste*.) — *se* SACOPER, v. pron. Entièrement inusité.

SACQUAGE, subst. mas. (*çakaje*), droit ancien sur les *sacs* de sel, de grains, etc., portés au marché.

SACQUATIER, subst. mas. (*çakatié*), dans les forges, voiturier de charbon en *sacs*.—Commis chargé de lever les droits sur les *sacs* de grains, de sel, etc., que l'on portait dans les marchés.

SACQUIER, subst. mas. (*çakié*), t. de mar., officier subalterne des ports qui fait charger et décharger les *sacs* de sel, etc.

SACRAIRE, subst. mas. (*çakrère*), espèce de chapelle de famille, chez les anciens, qui était consacrée à une divinité particulière.

SACRAMANTON, subst. mas. (*çakramanton*), t. de bot., sorte d'herbe potagère qui croît en Amérique.

SACRAMENTAIRE, subst. mas. (*çakramantère*), nom de certains hérétiques qui ont publié des erreurs touchant le *sacrement* de l'eucharistie. — Nom d'un livre d'église qui renferme les cérémonies de la liturgie et de l'administration des *sacrements*.

SACRAMENTAL, E; SACRAMENTEL, TELLE, adj. (*çakramantal, tèle*), qui appartient à un *sacrement : absolution sacramentelle* ou *sacramentale*. — Au plur. mas., *sacramentaux*. — Fam.: *des mots sacramentaux*, des mots essentiels pour la conclusion d'une affaire, d'un traité.

SACRAMENTALEMENT, **SACRAMENTELLEMENT**, adv. (*çakramantaleman, tèleman*), d'une manière *sacramentale* ou *sacramentelle : le corps de Jésus-Christ est réellement et sacramentalement dans l'eucharistie*.

SACRAMENTAUX, adj. mas. plur. Voy. SACRAMENTAL.

SACRAMENTUM, subst. mas. (*çakrameintome*), (mot tout latin), t. de jurispr. ancienne, nom que les Romains donnaient à une somme d'argent que dans les affaires litigieuses on déposait pour caution.

SACRANIENS, subst. propre mas. plur. (*çakraniein*), ancien peuple du Latium, qui descendait des Pélages.

SACRARIUM, subst. mas. (*çakrári-ome*) (mot tout latin), t. d'antiq., lieu, chez les anciens, où l'on déposait les choses sacrées.

SACRE, subst. mas. (*çakre*), action par laquelle on *sacre* un roi, un évêque.—La cérémonie elle-même.—Dans quelques endroits, la procession solennelle qui se fait le jour de la Fête-Dieu. — Sorte de faucon (ainsi nommé, suivant *Bochart*, de l'arabe *ssaqr*, qu'on prononce *ssaqrou*, oiseau de proie en général, et en particulier, sorte d'épervier). — Autrefois, pièce de canon qui portait un boulet de 5 livres.

SACRÉ, E, part. pass. de *sacrer*, et adj., qui a reçu l'onction sainte.—Saint, qui mérite une vénération particulière, qui concerne la religion : *les lieux, les vases sacrés*.— *Les livres sacrés*, l'Ancien et le Nouveau Testament. — *Les lettres sacrées*, l'étude et la connaissance des choses de la religion.— *L'histoire sacrée*, celle du peuple de Dieu.— Il se dit par opposition à *profane*. En ce sens, on dit subst. au mas. : *mêler le sacré et le profane*.—Respectable, inviolable : *un dépôt, un secret sont des choses sacrées*.—Quelquefois, par antiphrase, détestable, digne d'exécration : *sacré vilain*, détestable avare. Cette épithète est non-seulement injurieuse, mais encore blasphématoire. — On appelait à peu près dans la même acception, en médecine, *feu sacré*, une espèce d'érysipèle; *mal sacré*, l'épilepsie. — Fig. : *avoir le feu sacré*, avoir du génie. — T. d'anat., on se sert de ce mot quand il est question de ce qui a rapport à l'*os sacrum*.— *Ordres sacrés*, la prêtrise, le diaconat et le sous-diaconat, par opposition aux ordres mineurs. — *Le sacré collége*, le collége des cardinaux.—*Sacré* se dit de quelque chose que l'on met à part, en réserve, pour n'y toucher que dans certaines occasions : *voilà mes épargnes, c'est une chose sacrée, je n'y toucherai pas de si tôt*.— *Sacré* se dit aussi des personnes : *la personne du roi est inviolable et sacrée*. — On donne à l'empereur d'Autriche le titre de *sacrée majesté* en lui parlant.

SACREMENT, subst. mas. (*çakreman*) (du latin *sacramentum*, employé avec la même signification dans les livres saints, et qui signifie proprement *serment*), signe visible d'une grace invisible, institué de Dieu pour la sanctification des hommes.—Particulièrement, les sept sacrements de la loi nouvelle instituée par *Jésus-Christ*. — *S'approcher des sacrements*, se confesser et communier. — *Fréquenter les sacrements*, se confesser et communier souvent.—*Le saint-sacrement de l'autel; le saint-sacrement*, l'eucharistie. — Fam. : *il n'aime pas le sacrement*, il n'a pas de goût pour le mariage. — En général, signe d'une chose sainte ou sacrée. — Selon les protestants, les *sacrements* ne sont que de simples cérémonies instituées de Dieu pour confirmer ses promesses de la grace, pour soutenir notre foi, et pour nous exciter à la piété.

SACRER, v. act. (*çakré*) (du latin *sacrare*, de *sacer*, saint, *sacré*), conférer un caractère de sainteté par le moyen de certaines cérémonies de religion : *sacrer un roi, un évêque*.—Neut., jurer, blasphémer.—*se* SACRER, v. pron.

SACRET, subst. mas. (*çakré*), t. de fauconn., le mâle du *sacre*. — Nom d'une ancienne pièce de canon.

SACRIFIABLE, adj. des deux genres (*çakrifiable*), qui doit être immolé en *sacrifice*. — Qui doit être *sacrifié : tout, excepté la religion et la vertu, est sacrifiable à la patrie*.

SACRIFICATEUR, subst. mas., **SACRIFICATRICE**, subst. fém. (*çakrifikateur, trice*), celui, celle qui *sacrifie*, qui offre un *sacrifice*. Il ne se dit guère qu'en parlant des juifs et des païens.

SACRIFICATOIRE, adj. des deux genres (*çakrifikatoare*), du *sacrifice*.

SACRIFICATRICE, subst. fém. Voy. SACRIFICATEUR.

SACRIFICATURE, subst. fém. (*çakrifikature*), dignité du *sacrificateur*, et le droit de *sacrifier* en parlant des juifs et des gentils.

SACRIFICE, subst. mas. (*çakrifice*) (en latin *sacrificium*), action par laquelle on offre quelque chose à la Divinité avec certaines cérémonies, pour rendre hommage à sa souveraineté. On offrait aussi des *sacrifices* aux dieux des païens. —On dit : *le sacrifice de la messe, le saint sacrifice*, et en ce sens il s'emploie toujours au singulier.—Fig., et par exagération, renoncement à quelque chose de considérable pour l'amour de quelqu'un : *je vous fais un sacrifice de ma volonté, de mes intérêts; je vous fais le sacrifice de mon ressentiment*, etc. — Prov., *obéissance vaut mieux que sacrifice*, rien ne plaît tant que la soumission.

SACRIFIÉ, E, part. pass. de *sacrifier*.

SACRIFIER, v. act. (*çakrifié*) (du lat. *sacrifica-*

re, formé de *sacrum*, accusatif de *sacer*, sacre, et de *facere*, faire), offrir en *sacrifice*, immoler : *sacrifier des victimes, un agneau*, etc.— Neutral.: *sacrifier à Dieu, aux idoles.*—Fig., se priver de quelque chose pour l'amour de quelqu'un, y renoncer en sa considération : *il a sacrifié ses intérêts à son ami.*—Acquérir ou conserver une chose par la perte d'une autre : *sacrifier sa fortune à son honneur, à son devoir; sacrifier* (faire céder) *tout à ses intérêts.*—On dit absolument *sacrifier quelqu'un*, le rendre victime de quelque vue ou de quelque intérêt soit privé soit politique.—Employer : *sacrifier son temps, son loisir à un ouvrage, à une affaire.* — *Il n'a pas sacrifié aux Graces*, il fait tout gauchement, de mauvais air, il est dépourvu d'agréments, etc. Style fam. et badin.—*se* SACRIFIER, v. pron., se dévouer entièrement, etc. : *se sacrifier pour quelqu'un*....., faire ou souffrir tout pour son service.—SACRIFIER, IMMOLER.(*Syn.*) Dans le sens religieux, on *sacrifie* toutes sortes d'objets ; on n'*immole* que des victimes, des êtres animés. L'objet *sacrifié* est voué à la Divinité ; l'objet *immolé* est détruit à l'honneur de la Divinité. Le *sacrifice* a généralement pour but d'honorer; l'*immolation* a pour objet particulier d'apaiser. Les persécuteurs du christianisme naissant obligeaient les chrétiens à *sacrifier* aux faux dieux, non en leur faisant *immoler* des animaux, mais seulement en exigeant d'eux un acte de culte, comme de brûler de l'encens, de goûter des viandes consacrées. — Dans le sens profane, ces deux mots conservent cette différence. Vous *sacrifiez* tous les genres d'objets ou de choses auxquels vous renoncez volontairement, dont vous vous dépouillez, que vous abandonnez pour quelque autre intérêt ou pour l'intérêt d'un autre ; vous *immolez* pour votre satisfaction ou pour la satisfaction d'autrui des objets animés ou des êtres personnifiés, que vous traitez comme des victimes, que vous dépouillez de ce qu'ils ont de plus précieux, que vous vouez à la mort, à l'anathème, etc. — L'idée de *sacrifier* est plus vague et plus étendue; celle d'*immoler* plus forte et plus restreinte. Aristide se *sacrifie* pour sa patrie en la servant, même contre lui, tout ingrate qu'elle est. Codrus s'immole pour elle en achetant la victoire sur les ennemis par une mort obscure et ignoble. Celui qui ne sait rien *sacrifier* ne sait pas conserver ; celui qui n'est pas prêt à s'*immoler* ne peut rien de grand. — Le poids du *sacrifice* tombe quelquefois tout entier sur celui qui le fait; mais l'action d'*immoler* pèse toujours sur la victime qu'on *immole*. Quand vous *sacrifiez* vos droits, vos prétentions, votre fortune, vous seul en souffrez; si vous *immolez* votre ennemi à votre vengeance, le mal est pour votre victime. — *Sacrifier* n'exprime qu'un renoncement de votre part, *immoler* exprime la destruction ou la dégradation de l'objet.

SACRILÈGE, subst. mas. (*çakrilèje*) (du latin *sacrilegium*, employé dans la même acception, et qui signifie proprement *vol, larcin des choses sacrées*, formé de *sacra*, choses sacrées, et de *legere*, voler, dérober), profanation des choses saintes.—Celui qui commet un *sacrilège*.— Adj. des deux genres, souillé d'un *sacrilège : homme, pensée, action, main, bouche sacrilège.*— Oubli du respect que l'on doit à quelqu'un : *c'est un sacrilège que d'insulter le malheur.* — Fig. et fam. : *ce serait un sacrilège que de retoucher à ce tableau*, ou d'*abattre ce bel arbre.* — Myth., figure allégorique sous les traits d'un homme furieux, les cheveux hérissés, qui foule aux pieds l'encensoir et les vases sacrés. Près de lui est un porc qui foule aux pieds des roses.

SACRILÈGEMENT, adv. (*cakrilèjeman*), d'une manière *sacrilège*.

SACRIPANT, subst. mas. (*çakripan*), faux brave; mauvais sujet : *c'est un vrai sacripant.*

SACRISTAIN, subst. mas. (*çakricetein*), celui qui a soin de la *sacristie* d'une église. — Ecclésiastique pourvu d'un bénéfice avec le titre de *sacristain*.—Pourquoi au lieu du fém. *sacristine*, qui est irrég., ne dirait-on pas *sacristaine?*

SACRISTAIRE, subst. mas. (*çakricetère*), trésorerie d'une église, d'une *sacristie.* — Office de *sacristain*.

SACRISTE, subst. mas. (*çakricete*), dans certains monastères, nom qu'on donnait à un ecclésiastique pourvu d'un bénéfice avec le titre de *sacriste*.

SACRISTIE, subst. fém. (*çakriceti*), lieu destiné pour serrer les vases *sacrés*, les ornements d'église, et où les prêtres et ceux qui servent à l'autel vont s'habiller pour le service divin. — Ce qui est contenu dans la *sacristie.* —Le personnel d'une *sacristie*.

SACRISTINE, subst. fém. (*çakricetine*), celle qui, dans une communauté de filles, a soin de la *sacristie*. Voy. SACRISTAIN.

SACRO (*çâkro*), t. d'anatomie qui se joint à d'autres mots pour faire signifier qu'ils ont rapport à l'os *sacrum* : *sacro-coccygien; sacro-épineux*, etc. Voy. ces mots.

SACRO-COCCYGIEN, subst. et adj. mas. (*çakrokokcijiein*) (du latin *sacrum*, l'os sacrum, et du grec κοκκυξ, le coccyx), t. d'anat. ; se dit d'un muscle qui appartient à l'os *sacrum* et au *coccyx*.—Il est aussi subst. : *le sacro-coccygien.*

SACRO-COXALGIE, subst. fém. (*çakro-kokçalji*), t. de médec., inflammation chronique des symphyses *sacro*-iliaques.

SACRO-ÉPINEUX, subst. et adj. mas. (*çakro-épineu*), t. d'anat. ; il se dit des ligaments qui s'étendent des *épines*, postérieure, supérieure et inférieure, aux parties latérales et postérieures du *sacrum : ligament sacro-épineux.* — Il est aussi subst. : *le sacro-épineux.*

SACRO-FÉMORAL, subt. et adj. mas. (*çakro-fémoral*), t. d'anat. ; il se dit du muscle grand fessier, dont une portion des fibres s'étend du *sacrum* au grand trochanter. — Il est aussi subst.; *le sacro-fémoral.*

SACRO-ILIAQUE, subst. et adj. mas. (*çakro-ili-ake*), t. d'anat., se dit de l'articulation de chaque face latérale du *sacrum*, avec l'os *iliaque* qui lui correspond.—Il est aussi subst. : *le sacro-iliaque.*

SACRO-ILIO-TROCHANTÈRIEN, subst. et adj. mas. (*çakro-ili-o-trochanterieìn*), t. d'anat.; se dit du muscle pyramidal de la cuisse. — Il est aussi subst. : *le sacro-ilio-trochantérien.*

SACRO-ISCHIATIQUE, subst. et adj. mas. (*çakro-iceki-atike*), t. d'anat., il se dit d'un ligament qui s'attache à l'os *sacrum* et à l'*ischion.* —Il est aussi subst. : *le sacro-ischiatique.*

SACRO-LOMBAIRE, subst. et adj. mas. (*çakrolonbère*), t. d'anat., qui a rapport à l'os *sacrum* et aux *lombes.*—Se dit d'un muscle placé entre l'épine du dos et la partie postérieure de la région lombaire, jusqu'à l'os sacrum.—Subst.: *le sacro-lombaire.*

SACRO-VERTÉBRAL, adj. mas. (*çakro-vèrtébrale*), t. d'anat., se dit d'un vaisseau ligamenteux qui suit la colonne vertébrale.

SACRO-SAINT, E, adj. (*çakrocein, ceinte*), *très-saint.*

SACRO-SCIATIQUE, subst. et adj. mas. (*çakro-ci-atike*), t. d'anat., se dit des ligaments de l'apophyse du scrotum.—Subst.: *le sacro-sciatique antérieur.*

SACRUM, OS SACRUM, subst. mas. (*çakrome*), t. d'anat., la dernière des vertèbres, l'os qui termine l'épine du dos. (Ainsi nommé, suivant quelques-uns, parce que les anciens l'offraient en sacrifice aux dieux. *Sacrum* s'employait, en effet, pour désigner tout ce qui était consacré aux dieux.)

SADACAH, subst. mas. (*çadaka*), t. de relat., aumône volontaire, en Turquie.

SADAH, ou **SÉDEH**, subst. mas. (*çada, cédè*), myth., nom que l'on donne, chez les Persans, à la seizième nuit du mois bayaman, laquelle est solennisée par des feux que l'on allume dans les villes et les campagnes.

SADAROUBAY, subst. propre fém. (*çadaroubè*), myth., première femme créée par Brahma pour propager le genre humain.

SADE, adj. des deux genres (*çade*), suave. (*Boiste.*) Vieux et même hors d'usage.

SADÉ, subst. mas. (*çadé*), se dit, chez les Parses, de chacun des ouvrages qui composent le *Védidah-Sadé*. Il se dit aussi de tout livre zend non traduit en pehlvi. On app. *Sadder* le livre sacré des Guèbres.

SADINET, adj. mas., au fém. **SADINETTE** (*çadiné, nète*), diminutif de *sade.* (Boiste.) Vieux et même hors d'usage.

SADINETTE, subst. fém. (*çadinète*), fille gentille, propre, blanche. (*Boiste.*) Vieux et même hors d'usage.

SADISME, subst. mas. (*çadiceme*) (du nom de son auteur *de Sade*), aberration épouvantable de la débauche ; système monstrueux et anti-social qui révolte la nature. (*Boiste.*)

SADOT, subst. mas. (*çado*), t. d'hist. nat., espèce de coquille du genre des pourpres.

SADOUR, subst. mas. (*çadour*), t. de pêche, espèce de filet en tramail ou à trois rangs de mailles.

SADRE, subst. mas. (*çadre*), t. de relat., officier persan.

SADRÉE, subst. fém. (*çaderé*), t. de bot., sarriette.

SADUCÉENS, subst. mas. plur. (*caducé-ein*), anciens hérétiques juifs, qui niaient la résurrection des corps, la Providence, l'immortalité de l'âme, etc.

SADUCÉISME, subst. mas. (*çaducé-iceme*), doctrine des *saducéens.*

SAENS (SAINT-), subst. propre mas. (*ceinça-an*), bourg de France, chef-lieu de canton, arrond. de Neufchâtel-en-Bray, dép. de la Seine-Inférieure.

SAETTE, subst. fém. Voy. SAGETTE.

SAFRAN, subst. mas. (*çafran*), plante vivace, dont le pistil fournit une couleur jaune pour la teinture.—Dans l'ancienne chimie, préparation brune, jaune ou rouge, faite avec du fer. — *Safran de mars; safran* de métaux. — T. de mar., *safran de l'étrave*, pièce de bois qui sert à faire venir le vaisseau au vent, lorsque, par défaut de construction, il y vient difficilement; *safran du gouvernail*, la pièce le plus en dehors du gouvernail, ou planche qui est à l'extrémité du gouvernail d'un bateau foncet.— *Être jaune comme du safran*, avoir une espèce de jaunisse.

SAFRANDE, subst. fém. (*çafrande*), couleur de *safran*. Presque inusité.

SAFRANÉ, E, part. pass. de *safraner*, et adj., où il y a du *safran.* — Jaune comme du *safran : teint, visage safrané*. Fam.

SAFRANER, v. act. (*çafrané*), apprêter ou jaunir avec du *safran.* — *se* SAFRANER, v. pron.

SAFRANIER, subst. mas., **SAFRANIÈRE**, subst. fém. (*çafranié, nière*); se dit d'une personne misérable, ruinée. Pop. et vieux.

SAFRANIÈRE, subst. fém. (*çafranière*), lieu planté de *safran.* — Partie d'un bâtiment où l'on serre le *safran.* Voy. SAFRANIER.

SAFRE, subst. mas. (*çafre*), minéral bleuâtre avec lequel on fait le bleu d'émail et le bleu d'empois. — Subst. fém., en t. de blason, aiglette de mer.

SAFRE, adj. des deux genres (*çafre*), goulu, glouton, surtout en parlant des enfants. Il est pop.

SAFREMENT, adv. (*çafreman*), avec pétulance, goulument. Il est pop.

SAGA, subst. propre fém. (*çagua*), myth., principale déesse des anciens peuples du nord ; la déesse de l'histoire. — Livre historique de ces mêmes peuples.

SAGACE, adj. des deux genres (*çaguace*) (du latin *sagax, sagacis*), doué d'une pénétration d'esprit propre aux affaires et aux sciences.

SAGACITÉ, subst. fém. (*çaguacité*) (en latin *sagacitas*), pénétration et discernement d'un esprit qui recherche et découvre ce qu'il y a de plus caché dans les choses. — SAGAGITÉ, PERSPICACITÉ. (*Syn.*) La *sagacité* est rigoureusement la finesse, l'excellence d'un discernement si subtil, si clairvoyant, si sûr, qu'il distingue sans peine, démêle et voit nettement ce qu'il y a de plus confus et de plus obscur. La *perspicacité* est, à la rigueur, la pénétration, la profondeur d'un esprit si subtil, si perçant, si rapide, qu'il découvre tout d'un coup, approfondit à l'instant, et acquiert la connaissance la plus parfaite de ce qu'il y a de plus caché et de plus impénétrable. — Le grand discernement fait la *sagacité*; la grande pénétration, la *perspicacité.* — La *sagacité* est pénétrante, parce qu'elle est clairvoyante; la *perspicacité* est clairvoyante, parce qu'elle est pénétrante. La *sagacité* discerne si bien les objets, qu'elle ne permet plus de les confondre l'un avec l'autre; la *perspicacité* manifeste si bien les objets, qu'elle n'y laisse plus rien à découvrir. La *sagacité* voit de loin, et sa connaissance est distincte ; la *perspicacité* voit à fond, et sa connaissance est plénière. La *sagacité* voit bien la chose, malgré tous les obstacles ; la *perspicacité* voit parfaitement dans la chose, malgré sa résistance. La *sagacité* conjecture, devine, prévoit ; la *perspicacité* tire au clair, démontre, met en évidence. La *sagacité* agit proprement sur les choses obscures et embrouillées ; la *perspicacité*, sur les choses difficiles ou rebelles par elles-mêmes. Il faut surtout de la *sagacité* dans les affaires, et de la *perspicacité* dans les sciences. La prudence veut de la *sagacité* ; l'instruction veut de la *perspicacité*. La *perspicacité* est tout intelligence; la *sagacité* sera quelquefois un goût ou tact très-fin. — Avec de la *sagacité*, on démêle le fil d'une affaire, d'une intrigue embrouillée; avec de la *perspicacité*, on perce à travers les obstacles. Voy. FINESSE.

SAGAIE, subst. fém. (*çaguiè*), dard ou javelot des nègres.

SAGAMITE, subst. fém. (*çaguamite*), pâte faite avec du blé d'Inde, dont se nourrissent les Canadiens.

SAGAN, subst. mas. (*çaguan*), vicaire ou lieutenant du souverain pontife chez les anciens Hébreux.

SAGANE, subst. fém. (*çaguane*), espèce de gomme. —Vieille sorcière. Inus.

SAGAPÉNUM, subst. mas. (*çaguapénome*), gomme-résine de Perse.

SAGARIDE, subst. fém. (*çaguaride*), autrefois, hache d'armes que portaient les Amazones.

SAGATEMER, subst. mas. (*çaguatemère*), sorte de fruit dont les Virginiens retirent une huile douce.

SAGATIS, subst. m. pl. (*çaguati*), espèce d'étoffe lustrée.

SAGDA, subst. fém. (*çagueda*), t. d'anc. min., espèce de pierre d'un vert de poireau, qui attire le bois comme l'aimant attire le fer. — Sorte de zoophyte coralligène.

SAGE, adj. des deux genres (*çaje*) (du latin *sagire*, qui signifie proprement avoir de la sagacité, du discernement), prudent, circonspect, judicieux, qui a l'habitude d'agir et de parler à propos, en suivant les lumières de la raison : *il est très-sage; les adversités l'ont rendu sage; il est plus heureux que sage.* — *C'est un homme sage*, c'est un homme qui se conduit *sagement* dans ses affaires. — Modéré, retenu, qui est maître de ses passions, réglé dans ses mœurs : *il ne s'est point emporté, il a été sage dans cette occasion; il est devenu sage à ses dépens.* — Posé, qui n'est pas turbulent : *cet enfant est bien sage.*—Modeste, chaste, pudique : *cette fille, cette femme a toujours été sage.* — Se dit des actions, des paroles, etc. : *une confiance universelle a été le fruit de ses sages combinaisons; un air sage; un esprit sage; une réponse sage; un style sage.*— T. de peint. : *cette composition est sage*, il y règne une noble simplicité, sans affectation ni ornements recherchés.—*Sage* est quelquefois opposé à *fou, extravagant : un homme n'est-il pas fou, qui croit être sage en ne s'amusant de rien?—Se montrer le plus sage*, le plus raisonnable. — *Être sage comme une fille, comme une image*, se montrer fort doux, être fort tranquille. — Se dit des animaux : *un cheval est sage*, est doux et n'a pas trop d'ardeur.—*Ce chien est sage*, est obéissant, il ne s'emporte point à la chasse.—On dit, par manière de correction ou d'avertissement, à une personne qui a commis quelque faute : *soyez sage; soyez donc plus sage à l'avenir.* — Fig. : *une balance est sage*, ne se meut que du côté où se trouve le plus fort.

SAGE, subst. mas. (*çaje*), nom qu'on donne à ceux qui se sont distingués pour leur morale ou leur vertu : *les sept sages de la Grèce; le sage est maître de ses passions; le sage ne s'enorgueillit point dans la prospérité; le sage des stoïciens.*—Salomon est appelé *le Sage*, pour marquer qu'il a mérité le nom de *sage* par excellence : *le Sage dit dans ses Proverbes*, etc. Voy. SAGES.

SAGEDIE, subst. fém. (*çajedi*), t. de bot., genre de plantes de la famille des lichens.

SAGE-FEMME, subst. fém. (*sajefame*), celle dont le métier, la profession, est d'accoucher les *femmes.*—Au plur., des *sages-femmes.*

SAGEMENT, adv. (*çajeman*), d'une manière *sage*, prudente.

SAGÈNE, subst. fém. (*çajène*), mesure de longueur, égale à la toise, dont on se sert en Russie. —T. de pêche, sorte de filet pour prendre du poisson.

SAGÉNITE, subst. fém. (*çajénite*), t. de métall., substance métallique qu'on nomme titane oxydé réticulaire.

SAGE-ROTHEM, subst. mas. (*çajerotème*), t. de bot., sorte d'euphorbe dont le suc sert à empoisonner les armes dans le royaume de Sennar.

SAGES, subst. mas. plur. (*çaje*), nom qu'on donne dans certains états d'Italie, notamment à Venise, à des magistrats chargés d'examiner les affaires et de les porter au sénat.

SAGESSE, subst. fém. (*çajèce*) (du lat. *sagire*. Voy. SAGE.), circonspection, prudence, modération. — En parlant des femmes et des filles, modestie, pudeur, chasteté; des enfants, docilité, bonne conduite : *cet enfant a de la sagesse.*—*Prix de sagesse*, celui qu'on donne à l'élève le plus docile et le plus vertueux.—La philosophie : *l'étude de la sagesse.*—*La Sagesse éternelle*, le Verbe ou la seconde personne de la Trinité.—*La Sagesse incarnée*, le Verbe en tant qu'il s'est revêtu de notre humanité.—*Sagesse divine*, figure caractérisée par le soleil qui lui sert de diadème, ou peinte dans le ciel assise sur un trône. — *Sagesse évangélique*, représentée dans les églises sous les traits d'une vierge ailée, regardant le ciel.—Attribut du livre de Salomon qu'on appelle la *Sagesse : le livre de la Sagesse.*—Myth., figure allégorique, sous les traits de Minerve avec un rameau d'olivier à la main, emblème de la paix intérieure et extérieure. Représentée encore sous les traits d'une femme presque nue, un soleil sur la poitrine qui reçoit un rayon du ciel, vers lequel elle tend les bras.— SAGESSE, PRUDENCE. (*Syn.*) La *sagesse* a pour objet la vérité; la *prudence*, le bonheur. La *sagesse* s'occupe des choses; la *prudence*, de nos intérêts. La *sagesse* médite pour découvrir : la *prudence* travaille sur l'homme pour le régler. La *sagesse* est la raison perfectionnée par la science; la *prudence* est la droite raison appliquée à la conduite de la vie. La *sagesse* vous donnera l'instruction bien ordonnée; la *prudence*, le grand art de vivre. La *sagesse* est proprement en théorie; la *prudence* est essentiellement en pratique. — La *sagesse* n'est une vertu proprement dite, qu'autant qu'elle influe sur les mœurs; la *prudence*, uniquement attachée aux mœurs, est non-seulement une vertu, mais la première des vertus, la source et la règle de toutes les autres, en un mot l'habitude de la vertu. La *sagesse* morale, distinguée de la *prudence*, montre les voies générales et le but; la *prudence* mène au but par des routes souvent inconnues à la *sagesse*. La *sagesse* propose ce qui est juste; la *prudence* détermine le choix des moyens. La *sagesse*, éclairée par la science, dicte des préceptes certains; la *prudence*, aidée de l'expérience, donne des règles approuvées par la raison. La *sagesse* voit bien, et en grand; la *prudence* voit jusque dans les plus petits détails, et prevoit : l'une pense bien; l'autre agit bien.—SAGESSE, VERTU. (*Syn.*) La *sagesse* suppose dans l'esprit des lumières naturelles ou acquises; son objet est de diriger l'homme par les meilleures voies. La *vertu* suppose dans le cœur, par tempérament ou par réflexion, du penchant pour le bien moral, et de l'éloignement pour le mal; son objet est de soumettre les passions aux lois. — La *sagesse* est comme un fanal qui montre la meilleure voie dès qu'on lui propose un but; mais par elle-même elle n'en a point, et les méchants ont leur *sagesse* comme les bons. La *vertu* a un but marqué par les lois, et elle y tend invariablement, par quelque voie qu'elle soit forcée d'y aller. — La *sagesse* consiste à se rendre attentif à ses véritables et solides intérêts, à les démêler d'avec ce qui n'en a que l'apparence, à choisir bien, et à se soutenir dans des choix éclairés. La *vertu* va plus loin; elle a à cœur le bien de la société; elle lui sacrifie dans le besoin ses propres avantages; elle sent la beauté et le prix de ce sacrifice, et par là ne balance point de le faire quand il le faut.

SAGETTE ou **FLÈCHE-D'EAU**, subst. fém. (*çajète*) (du lat. *sagitta*), t. de bot., sorte de plante aquatique. —Autrefois on donnait ce nom à une *flèche* :

> En disant ces mots, il se jette
> Sur l'arc qui se détend, et fait de la *sagette*
> Un nouveau mort.
>
> LA FONTAINE, *Fables*.

On a même dit *saette*; mais ce dernier mot semble être un barbarisme.

SAGINE, subst. fém. (*çajine*), t. de bot., genre de plantes monogynes de la famille des caryophyllées.

SAGITTA, subst. fém. (*çajiteta*), t. d'astron., constellation composée de cinq étoiles.

SAGITTAIRE, subst. mas. (*çajitetère*) (en lat. *sagittarius*, fait de *sagitta*, flèche), t. d'astron., archer; l'un des douze signes du zodiaque, composé de soixante-cinq étoiles, suivant le *Catalogue britannique.*—T. d'hist. nat., sorte d'oiseau de proie.—Subst. fém. *Sagittaire aquatique*, t. de bot., plante aquatique, rangée par *Tournefort* parmi les renoncules.

SAGITTAL, E, adj. (*çajitetale*) (du lat. *sagitta*, flèche); se dit, en anatomie, d'une des sutures du crâne, qui est droite comme une flèche, et qu'on nomme aussi *rabdoïde*, et du sinus longitudinal supérieur, qu'on nomme aussi *sinus sagittal*.

SAGITTARIA, subst. fém. (*çajitetari-a*), t. de bot., sorte de plante aquatique du genre des fléchières de *Linnée*.

SAGITTÉ, E, adj. (*çajiteté*) (du lat. *sagitta*, flèche), t. de bot. : *feuille sagittée* ou *en fer de flèche*, feuille triangulaire échancrée à sa base.

SAGITTIFÈRE, adj. des deux genres (*çajitetifère*) du lat. *sagitta*, flèche, et *fero*, je porte), qui porte des flèches : *guerrier sagittifère*. Vieux.

SAGITTULE, subst. fém. (*çajitetule*), t. d'hist. nat., genre de ver intestinal.

SAGOCHLAMYDE, subst. fém. (*çaguoklamide*), espèce de vêtement qui tenait de la *chlamyde* des anciens Grecs, et de la casaque romaine.

SAGOIN, subst. mas. Barbarisme; c'est SAGOUIN qu'il faut dire et écrire. Voy. ce mot.

SAGON, subst. mas. (*çaguon*), t. d'hist. nat., petit singe. Voy. SAGOUIN, qui seul se dit.

SAGONTE, subst. propre mas. (*çaguonte*), ville de la Tarraconaise, près de la mer. Annibal s'en rendit maître l'an 219 av. J.-C. — Aujourd'hui *Murviedro*, à une journée de Valence.

SAGONTIN, subst. propre et adj. mas., au fém. SAGONTINE (*çaguontein*, *tine*), habitant de *Sagonte*, né à *Sagonte*, qui appartient, qui a rapport à la ville de *Sagonte*.

SAGONTINE, subst. propre et adj. fém. Voy. SAGONTIN.

SAGOU, subst. mas. (*çaguou*), espèce de pâte végétale, alimenteuse, faite en petits grains, qu'on nous apporte des îles Moluques.

SAGOUETTE, subst. fém. (*çaguou ète*), t. de bot., espèce de palmier de la division des monoïques.

SAGOUIN, subst. mas. (*çagouein*), t. d'hist. nat., sorte de petit singe. — Fig. et fam., personne malpropre. En ce sens, on peut dire aussi au féminin : *c'est une sagouine.*

SAGOUINE, subst. fém. (*çagouine*) Voy. SAGOUIN.

SAGOUTIER, subst. mas. (*çaguoutié*), t. de bot., arbre qui produit le *sagou.* — Genre de plantes monoïques de la famille des palmiers.

SAGRE, subst. mas. (*çaguere*), t. d'hist. nat., genre d'insectes tétramères et ailés, de l'ordre des coléoptères.—Nom d'une espèce de chien de mer.

SAGRIDE, subst. fém. (*çagueride*), t. d'hist. nat., insecte coléoptère de la famille des cupodes; on en a fait une tribu particulière.

SAGUES, subst. propre mas. plur. (*çague*), nom que les Perses donnaient aux anciens Scythes, qui furent chassés de la Cappadoce.

SAGUETTÉ, E, part. pass. de *saguetter*.

SAGUETTER, v. act. (*çaguiété*), battre avec des *sachets* pleins de sable; empoisonner avec de petits *sachets* dont on touche le visage. (*Boiste.*) Vieux et même hors d'usage. — *se* SAGUETTER, v. pron.

SAGUM, subst. mas. (*çaguome*) (mot pris du lat.), ancien vêtement militaire, à l'usage des Romains, des Gaulois, etc., qui couvrait les cuisses et soutenait l'épée. Voy. SAIE.

SAGURUS, subst. mas. (*çaguruce*), t. de bot., genre de plantes de la famille des palmiers.

SAHABIS, ou **SAHABAS**, subst. mas. plur. (*ça-abi*, *ça-abà*), les disciples ou compagnons de Mahomet.

SAHARA, subst. propre mas. (*ça-ara*), grand désert situé dans le nord de l'Afrique; il a onze cents lieues de longueur de l'E. à l'O., et environ trois cents du S. au N.

SAHLITE, subst. fém. (*çalite*), t. d'hist. nat., substance minérale, nommée d'abord *mélacolithe*, puis réunie au pyroxène.

S. A. I., abréviation de *son altesse impériale*.

SAI, subst. mas. (*ça-i*), t. d'hist. nat., sapajou qui se sert de sa queue comme de la main.

SAÏD, subst. mas. (*ça-ide*), sorte de papier d'Egypte.

SAIE, subst. fém. (*cè*) (du lat. *sagum*, fait du grec σαγος, qui a la même signification), petite étoffe ou serge de laine.—Sorte de petite brosse forte dont l'orfèvre se sert pour nettoyer ses ouvrages.—Sorte de vêtement militaire antique, attaché à la ceinture et couvrant les cuisses. Voy. SAGUM.

SAÏÉTÉ, E, ou **SAYETÉ, E**, part. pass. de *saïéter*.

SAÏÉTER, ou **SAYETER**, v. act. (*ça-ieté*), nettoyer une pièce d'orfévrerie avec la *saie*.—*se* SAÏÉTER, v. pron.

SAÏÉTEUR, subst. mas. (*ça-iéteur*), faiseur de *saies*. (Boiste.)

SAÏETTE, subst. fém. (*ça-iète*), ratine de Flandre ou d'Angleterre, qu'on appelle aussi *revêche*.

SAÏFF, subst. mas. (*ça-if*), t. d'hist. nat., nom qu'en certains endroits on donne au cyprin vandoise.

SAIGA, subst. mas. (*cègua*), t. d'hist. nat., espèce de quadrupède ruminant du genre des antilopes.

SAIGNANT, E, adj. (*cègnian*, *gniante*), qui dégoutte de *sang* : *nez saignant ; bouche toute saignante.— Cette viande est encore toute saignante*, n'est pas assez rôtie.—Prov., en ce sens, on dit *bœuf saignant*, *mouton bêlant*, pour signifier que le bœuf et le mouton rôtis ne doivent se manger que peu cuits.— Fig. : *plaie encore toute saignante*, injure encore récente, douleur, affliction encore toute nouvelle.

SAIGNÉ, E, part. pass. de *saigner*.

SAIGNÉE, subst. fém. (*cegnie*), ouverture de la veine pour tirer du *sang*.—*Sang* qu'on tire par l'ouverture de la veine.—Endroit de l'avant-bras où l'on ouvre ordinairement la veine. — Fig., style simple, petit fossé ou rigole pour tirer de l'eau de quelque endroit.—T. de mines : *saignée de saucisson*, coupure que l'on fait au saucisson pour mettre le feu à la mine.

SAIGNEMENT, subst. mas. (*cègnieman*), épanchement de *sang*, principalement par le nez.

SAIGNER, v. act. (*cègnié*), tirer du *sang* à quelqu'un en lui ouvrant la veine.—Faire écouler par des rigoles les eaux d'un fossé, d'un marais.—Détourner le cours d'une partie des eaux d'une rivière : *saigner un fossé*.—Fig., tirer de l'argent de.., par taxe ou par contribution. — Neut., on le dit dans le premier sens : *ce chirurgien saigne bien*.—Jeter du *sang* ou naturellement, ou par une blessure : *saigner à la tête, au nez*.—*Saigner la viande*, la purger du sang grossier.—Tuer, égorger : *saigner un porc*. —Fam. et fig. : *saigner comme un bœuf*, comme *saignerait* un bœuf.—Fig. : *la plaie saigne encore*, se dit d'une offense, d'un malheur dont on conserve encore ou dont on conservera longtemps le souvenir. — *Le cœur me saigne quand je le vois souffrir*, je suis sensiblement touché quand, etc. — *Saigner du nez*, perdre du *sang* par le nez ; et fig., manquer de résolution, de courage dans l'exécution.—*se* SAIGNER, v. pron., s'ouvrir soi-même la veine.— Fig. et fam. : *se saigner*, donner de l'argent jusqu'à se mettre à l'étroit : *il s'est saigné pour sa fille*, etc.

SAIGNETTE, subst. mas. (*cègniète*) : *sel de saignette*, sel polychreste, tartrate de soude, cathartique et désobstruant. Vieux.

SAIGNEUR, subst. mas. (*cègnieur*), médecin qui ordonne souvent la *saignée*. — Chirurgien qui la fait. Fam.—On ne dit guère au fém. *saigneuse*, nous ne voyons cependant pas de raison qui empêche de se servir de ce fém.

SAIGNEUSE, subst. et adj. fém. Voy. SAIGNEUR et SAIGNEUX.

SAIGNEUX, adj. mas., au fém. **SAIGNEUSE** (*cègnieu*, *gnieuze*), sanglant, taché de *sang*.— *Bout saigneux*, cou d'un veau ou d'un mouton, tel qu'on le vend à la boucherie.

SAIGNOTÉ, E, part. pass. de *saignoter*.

SAIGNOTER, v. act. (*cègnioté*) (dimin. de *saigner*), *saigner* un peu. (*Boiste*.) Peu usité.

SAIHOBI, subst. mas. (*cè-obi*), t. d'hist. nat., espèce de bel oiseau bleu du Paraguay, qui se trouve sur la rivière de la Plata.

SAILLAGOUSE, subst. propre fém. (*ça-taguouze*), village de France, chef-lieu de canton, arrond. de Prades, dép. des Pyrénées-Orientales.

SAILLANT, E, adj. (*ça-ian*, *iante*), qui avance, qui sort en dehors : *les parties saillantes d'un bâtiment*.—T. de fortif. : *angle saillant*, dont le sommet est du côté de la campagne, et l'ouverture du côté de la place : il est opposé à *angle rentrant*.—Fig. : *ce livre est bien écrit*, *mais il n'a rien de saillant*, rien de vif, ni de brillant. —T. de blas., se dit du chevreuil, de la licorne, du bouc, de la chèvre, qui paraissent debout ou rampants.—Part. prés. de *sailler*, t. de marine, et de *saillir*, t. d'hydraulique.

SAILLANS, subst. propre mas. (*ça-ian*), bourg de France, chef-lieu de canton, arrond. de Die, dép. de la Drôme.

SAILLÉ, E, part. pass. de *sailler*.

SAILLER, v. act. (*ça-ié*), t. de mar., tirer ou pousser avec force et vitesse pour hisser une manœuvre, etc. : *sailler de l'avant*, pousser de l'avant ; *sailler de l'arrière*, pousser vers l'arrière.—*se* SAILLER, v. pron. (*Raymond*.) Presque inusité.

SAILLI, E, part. pass. de *saillir*.

SAILLIE, subst. fém. (*ça-ie-i*), sortie qui se fait avec impétuosité, mais avec interruption : *jet d'eau qui ne vient que par saillies*.—Fig., emportement, boutade : *dans sa colère, il a de fâcheuses saillies*.—Trait d'esprit brillant et surprenant : *vive, heureuse saillie*. — En archit., avance d'une pièce hors du corps du bâtiment. — Éminence, bosse qui se montrent à la surface de certains objets : cet *os a une saillie qu'il faudra couper*.

SAILLIR, v. act. (*ça-ie-ir*) (du lat. *salire*). Il se conjugue comme *finir* : *je saillis*, etc.; *saillissant*. Couvrir la femelle, en parlant du taureau, du cheval, etc.—*se* SAILLIR, v. pron. —V. neut., sortir avec impétuosité et par secousses, en parlant des eaux, des liqueurs. En ce sens, sa conjugaison est la même que celle de l'actif : *il saillit de ce rocher une source d'eau vive; le sang saillissait avec impétuosité*.—S'avancer en dehors. Dans cette acception, on dit : *saillant; il saille; il a sailli; il saillira*, etc. Il n'a que les troisièmes personnes : *ce balcon saille trop; cette corniche ne saillait pas assez*.

SAÏMIRI, subst. mas. (*ça-imiri*), t. d'hist. nat., nom d'une espèce de petit singe de la famille des sapajous.

SAIN, E, adj. (*cein*, *cène*) (en lat. *sanus*), qui n'est pas sujet à être malade : *corps bien sain*.—Qui se porte bien : *sain et gaillard*. —Il se dit des parties du corps : *on lui a trouvé les parties nobles fort saines*.— On dit aussi des fruits, des plantes et autres choses inanimées, qu'*ils sont sains*, qu'*elles sont saines*.—Fig.: *jugement sain*, droit et sûr ; *esprit sain*, bon et judicieux ; *la saine raison*, la droite raison ; *opinion saine*, vraie et raisonnable ; *saine doctrine*, doctrine orthodoxe.—Salubre, qui sert à la santé : *air sain ; l'exercice est sain*. — *Revenir sain et sauf*, réchapper de quelque péril. — *Ces marchandises sont arrivées saines et sauves*, sans avoir éprouvé d'avarie. — T. de mar., *côte saine*, côte nette de tous dangers, dont on peut approcher sans craindre de mauvais fonds ni d'écueils sous l'eau ; *une île saine*, qui n'est pas bordée de brisants ni de rochers sous l'eau ; *rocher sain*, qui est tout seul, autour duquel on peut mouiller et dont on peut approcher de fort près ; *port sain*, dont l'entrée est facile et sûre. —SAIN, SALUBRE, SALUTAIRE. (*Syn.*) Ces trois mots ne peuvent être considérés comme synonymes, qu'autant qu'on les applique aux choses qui intéressent la santé, à moins que, par figure, on ne les transporte à d'autres objets considérés sous un point de vue analogue ; mais *salubre* ne se dit que dans le sens propre.—Les choses *saines* ne nuisent point, les choses *salubres* font du bien ; les choses *salutaires* sauvent de quelque danger, de quelque mal, de quelque dommage. Il est de l'intérêt du gouvernement que les lieux destinés à l'éducation publique soient dans une situation *saine ;* que les aliments de la jeunesse soient plutôt *salubres* que délicats ; et qu'on n'épargne rien pour administrer aux enfants, dans leurs maladies, les remèdes les plus *salutaires*.

SAINBOIS, subst. mas (*ceinboa*), t. de bot., espèce d'arbre dont l'écorce sert à faire des vésicatoires; le bois de garou.

SAINDOUX, subst. mas. (*ceindou*), graisse de porc fondue qu'on emploie dans la cuisine.

SAINEMENT, adv. (*cèneman*). d'une manière *saine*. — Fig., judicieusement : *juger sainement d'une chose; cela est sainement* (sagement) *jugé*.

SAINETÉ, subst. fém. (*cèneté* (en lat. *sanitas*) qualité de ce qui est *sain*. — Fig. : *la saineté du jugement*, etc.

SAINETTE, subst. fém. (*cènète*) (diminutif de *saine*), t. de pêche, petit filet en forme de nappe.

SAINFOIN, subst. mas. (*ceinfoein*) (du lat. *sanum fœnum*, foin salubre), t. de bot., plante qui fournit un excellent fourrage, et dont les espèces sont assez multipliées.

SAINS, subst. propre mas. (*cein*), village de France, chef-lieu de canton, arrond. de Vervins, dép. de l'Aisne.— Autre village de France chef-lieu de canton, arrond. d'Amiens, dép. de la Somme.

SAINT, E, adj. (*cein*, *ceinte*) (du lat. *sanctus*, fait de *sancire*, rendre respectable, consacrer par une loi, par un sacrifice), qui a la perfection essentielle, infinie. En ce sens il ne se dit que de Dieu. Les chrétiens disent : *la sainte Trinité*, *le Saint-Esprit*. — Ils le disent aussi des créatures qu'ils regardent comme les plus parfaites, et qui participent, quoique très-imparfaitement, à la *sainteté* de Dieu : *la sainte Vierge, les saints anges, les saints patriarches, les saints apôtres, les saints docteurs, les saints pères*, *saint Pierre*, *saint Paul*, *sainte Madeleine*, etc. — Et encore des hommes qui vivent selon la loi de l'Évangile : *un saint homme*, *un saint personnage*, *une âme sainte*.—Les catholiques nomment le sacrement de l'eucharistie *le saint-sacrement*, *le très-saint-sacrement*, *le saint-sacrement de l'autel*, *le très-saint-sacrement de l'autel*. — Ils appellent le pape *saint père*, *notre saint père le pape*, et en lui parlant ou en lui écrivant : *très-saint père*. On dit du siége de Rome : *le saint-siége ; pendant la vacance du saint-siége; les décisions du saint-siége*. — Les fanatiques et les malheureux qui gémissent sous la tyrannie sacerdotale appellent *saint-office* le tribunal de l'inquisition : *il a été jugé par le saint-office*. — Les chrétiens appellent la Palestine *la terre sainte*, et *lieux saints*, les lieux où se sont opérés les principaux mystères de la rédemption. — Ils nomment aussi *terre sainte* une terre qui a été bénite pour enterrer les fidèles. — *Le saint-sépulcre*, le sépulcre dans lequel fut déposé Jésus-Christ après sa mort. — La *semaine sainte* est celle qui précède le jour de Pâques, et l'épithète de *saint* se donne à tous les jours de cette semaine : *le lundi saint, le mardi saint*, etc. — *Semaine sainte* se dit aussi d'un livre qui contient l'office de la quinzaine de Pâques.—On appelle, chez les catholiques, *l'année sainte*, l'année du grand jubilé, qui est la dernière année de chaque siècle, et même l'année de chaque jubilé, qui arrive de vingt-cinq en vingt-cinq ans. — *Le saint-empire*, l'ancien empire d'Allemagne. — En parlant des choses, conforme à la loi de Dieu : *une sainte action; mener une vie fort sainte*. — Consacré à Dieu ; qui sert à quelque usage sacré : *un lieu saint*, *les saints mystères*. — *Sainte famille*, la famille de Jésus-Christ ; le tableau qui la représente. — *Saint* se dit par extension d'une chose très-respectable : *en serait-il de même si je violais les saints engagements qui nous unirent?* — *La sainte-barbe*, le lieu dans un vaisseau où est la poudre, etc.—En t. d'imprim., on appelle *saint-augustin*, un caractère qui est entre le gros-texte et le cicéro. — Prov. et fig. : *employer toutes les herbes de la Saint-Jean pour réussir*, faire tout ce qui est possible.—*Saint, e*, est aussi subst. : *c'est un grand saint*, *une grande sainte*. —*La communion des saints*, la société des fidèles. — Les chrétiens ont particulièrement affecté ce nom aux chrétiens qui sont morts, et que l'on a reconnus devoir jouir de la gloire éternelle. Les Grecs l'ont donné aux martyrs, à leurs patriarches, à leurs évêques morts dans la confession de l'Église catholique, et aux personnes qui avaient vécu et qui étaient mortes *saintement*. Dans l'Église latine, ce nom a été donné autrefois aux martyrs, et à tous ceux dont la *sainteté* était notoire. Depuis le douzième siècle, on l'a réservé à ceux qui ont été canonisés par les papes après les informations et les cérémonies accoutumées : *les catholiques adressent aux saints des vœux et des prières pour obtenir leur intercession auprès de Dieu*. — Chez les Juifs, on appelait le *saint des saints* la partie la plus intérieure et la plus sacrée du temple, où était l'arche d'alliance, et où personne n'entrait jamais, sinon le grand-prêtre, une fois l'année, au jour de l'expiation solennelle : *l'arche que l'homme de Dieu avait construite fut posée dans le saint des saints*. — On dit : *la Saint-Jean*, *la Saint-Martin*, etc., pour dire le jour où l'on célèbre la fête de saint Jean, de saint Martin, etc. — On dit aussi : *l'église Saint-Jean*, *l'église Saint-Martin*, etc., pour dire l'église consacrée à Dieu, sous l'invocation de *saint* Jean, de *saint* Martin, etc. — Fam. : *c'est un pauvre saint*, un homme qui n'a ni mérite, ni crédit. — *Le saint du jour*, personne à la mode ou en crédit, depuis peu de temps. — Prov. et fig., *il ne sait à quel saint se vouer*, il n'a plus de ressource, il ne sait plus à qui avoir recours. — *Il vaut mieux s'adresser à Dieu qu'à ses saints*, à un homme puissant qu'à ses subalternes. — *A chaque saint sa chandelle*, il faut se rendre favorables ceux dont on a besoin. — *Comme on connaît les saints, on les honore*, se rendre les gens propices, ou faire ce qu'ils pensent, comme ils veulent. — *Découvrir saint Pierre pour couvrir saint Paul*, remédier à un inconvénient par un autre. — *Prêcher pour son saint*, louer, vanter ceux qui nous plaisent ou qu'on a intérêt à louer, à vanter.—*Être dans la prison de saint Crépin*, avoir une chaussure trop étroite.—*Saint Roch et son chien*, deux personnes qui sont toujours ensemble, qui ont les mêmes goûts, les mêmes habitudes. On appelle vulgairement, mal *St.-Jean, mal de saint*, le haut mal, le mal caduc, ou l'épilepsie.

SAINT-AUBINET, subst. mas. (*ceintôbinè*), t. de mar., pont de cordes que l'on fait sur les vaisseaux.

SAINT-AUGUSTIN, subst. mas. (*ceintôguccetein*), t. d'imprimerie, caractère dont le corps correspond à un petit-texte et à une nonpareille.—Sans plur.

SAINTE-BARBE, subst. fém. (*ceinte-barbe*). Voy. SAINT.—Au plur., des *saintes-barbes*.

SAINTEMENT, adv. (*ceinteman*), d'une manière *sainte*.

SAINTE-NITOUCHE, subst. fém. (*ceintenitouche*). Voy. NITOUCHE.

SAINTERON, subst. mas. (*ceinteron*), petit *saint*, qui vit comme un *saint*. Fam. et peu usité.

SAINTES, subst. propre fém. (*ceinte*), ville de France, chef-lieu d'arrond. et de canton, dép. de la Charente-Inférieure.

SAINTETÉ, subst. fém. (*ceinteté*), qualité de ce qui est *saint*.—Titre du pape.—Myth., *sainteté*, figure allégorique, représentée sous les traits d'une belle femme, vêtue d'une draperie violette, et d'un manteau de toile d'argent; elle s'élève sur ses pieds, étend les bras, et regarde le ciel dans une espèce d'extase.

SAINT-GERMAIN, subst. mas. (*ceinjèremein*), sorte de poire.—Au plur., des *saint-germain*, comme s'il y avait : des poires de *saint-germain*.

SAINT-ÉTIENNE, subst. mas. (*ceintétiène*), t. d'agric., nom d'une variété de froment connue à *Saint-Étienne*.

SAINTONGE, subst. propre fém. (*ceintonje*), ancienne province de France, comprise aujourd'hui dans le département de la Charente-Inférieure.

SAINTONGEOIS, E, subst. et adj. (*ceintonjoa, joaze*), qui est de la *Saintonge*.—Qui appartient à la *Saintonge*.

SAINT-PIERRE, subst. mas. (*ceinpière*), t. d'hist. nat., nom vulgaire du zée forgeron.

SAINTRE, subst. mas. (*ceintre*), t. de féod., ancien droit qui se prélevait sur les pâturages ou la pâture.

SAINT-SIMONIEN, subst. mas., au fém. **SAINT-SIMONIENNE** (*ceincimoniein, niène*), qui suit et pratique la doctrine de *St.-Simon*, dont la base est l'égalité. — Adj., qui a rapport à *St.-Simon*.

SAINT-SIMONISME, subst. mas. (*ceincimoniceme*), doctrine de *Saint-Simon*.

SAINT-SIMONISTE, subst. des deux genres (*ceincimonicete*), partisan du *saint-simonisme*.

SAINTURIER, subst. mas. (*ceinturié*), qui expose les reliques des *saints*. (Boiste.) Inusité.

SAÏQUE, subst. fém. (*ça-ike*), sorte de vaisseau de charge dont on se sert dans le Levant et surtout sur les côtes d'Égypte.

SAÏR, subst. propre mas. (*ça-ir*), enfer des musulmans.

SAÏS, et **SAÏTÈS**, adj. mas. (*ça-ice, ça-itèce*), myth., surnom de Minerve adorée à *Saïs*, ville d'Égypte.

DU VERBE IRRÉGULIER SAVOIR :

Sais, précédé de *je*, 1re pers. sing. prés. indic. *Sais*, précédé de *tu*, 2e pers. sing. prés. indic.

SAISI, E, subst. (*cèzi*), le débiteur, la débitrice dont on a *saisi* un héritage. — *Tiers saisi*, celui entre les mains duquel on a fait une *saisie*.

SAISI, E, part. pass. de *saisir* et adj. (*cèzi*), dont on s'est emparé.—Arrêté, séquestré : *biens saisis*. — Muni, nanti : *saisi de...* — Frappé subitement, pénétré d'une sensation vive. — Surpris par un grand feu : *une volaille saisie est à moitié cuite*. — Comprimé, affligé, attristé : *j'en ai le cœur tout saisi, l'âme toute saisie*.

SAISIE, subst. fém. (*cèzi*), arrêt qu'on fait par ordre de justice sur les biens d'une personne : *opérer une saisie*. — *Saisie-arrêt*, dite *opposition*, est un acte par lequel un créancier arrête entre les mains d'un tiers les sommes ou effets appartenant à son débiteur, pour faire ordonner que les deniers ou prix des effets lui seront remis en déduction de la créance. Elle a pour objet d'empêcher que le *tiers-saisi* ne se dessaisisse de sa chose ou de la chose qu'il doit, au préjudice du *saisissant*, qui lui-même ne peut en disposer au préjudice d'autres créanciers qui arrêteraient à leur tour. — *Saisie-brandon*, c'est une voie d'exécution forcée, par laquelle un créancier *saisit* les fruits pendants par racine, appartenant à son débiteur, pour les faire vendre, et, sur le prix en provenant, être payé de ce qui lui est dû. On l'appelle *saisie-brandon* par suite de l'usage où l'on était en quelques pays de placer sur le champ des faisceaux de paille appelés *brandons*, suspendus à des pieux fichés en terre. Le Code de procédure n'a pas maintenu l'usage de ces signes, mais il a conservé l'expression qu'ils avaient amenée, en indiquant qu'elle est synonyme de *saisie de fruits pendants par racine*. — *Saisie-conservatoire*, celle qu'un créancier fait pratiquer, en vertu de l'autorisation du président du tribunal de commerce, quoique la réclamation qu'il élève contre son débiteur ne soit point encore sanctionnée par une décision judiciaire. — *Saisie pour contravention*, celle qui a lieu en matière de douanes, de contributions indirectes. Elle a lieu encore dans plusieurs cas. — *Saisie en matière de contributions directes*, celle qui est exercée à la requête d'un percepteur, sur les biens des redevables. Elle a pour objet de faire vendre les biens saisis, ou de mettre les deniers qui appartiennent au contribuable sous la main de l'autorité publique pour que le percepteur soit payé de ce qui lui est dû d'après son rôle. — *Saisie-exécution*, celle qu'exerce le créancier, porteur d'un titre exécutoire, pour parvenir à faire vendre les meubles corporels de son débiteur, et être payé, sur le prix en provenant, de ce qui lui est dû. — *Saisie des fruits pendants par racine*. Voy. SAISIE-BRANDON. — *Saisie-gagerie*, celle qui est faite par un propriétaire sur les meubles, effets et fruits appartenant à son locataire ou fermier. Cette *saisie* est appelée *gagerie* parce que les choses ne pouvant plus être déplacées ni enlevées, deviennent un gage réel et assuré de la créance du *saisissant*. — *Saisie-immobilière*, qui est pour les immeubles ce que la *saisie-exécution* est pour les meubles. Le but de l'une et de l'autre est de mettre les biens du débiteur entre les mains de la justice, pour les faire vendre et payer les créanciers sur le prix. De nombreuses formalités sont prescrites pour arriver à l'expropriation forcée d'un immeuble et à la distribution du prix entre les créanciers. —*Saisie mobilière*, on donne ce nom plus particulièrement à la *saisie-exécution*. Sont comprises également sous cette expression générique, la *saisie-arrêt*, la *saisie-brandon*, la *saisie-gagerie*, la *saisie-revendication* et la *saisie pour contributions directes*. Voy. ces mots. — *Saisie réelle*, on nommait ainsi anciennement la *saisie immobilière*. — *Saisie des rentes constituées sur particuliers*, voie d'exécution forcée par laquelle le créancier met sous la main de la justice la rente appartenant à son débiteur pour la faire vendre, et, sur le prix en provenant, être payé de ce qui lui est dû. — *Saisie-revendication*, réclamation d'un effet mobilier sur lequel on prétend avoir le droit de propriété, ou celui d'un gage privilégié.

SAISIN, subst. mas. (*cèzein*), drap de Languedoc qu'on envoie dans le Levant.

SAISINE, subst. fém. (*cèzine*), vieux t. de prat. et de féod., prise de possession d'un fonds, d'un héritage, en vertu d'un acte qui en était donné par le seigneur dont l'héritage relevait.—L'acte même par lequel le seigneur mettait en possession. — *Droit de saisine*, celui qui était dû au seigneur, pour la prise de possession d'un héritage qui relevait de lui. — Aujourd'hui, possession actuelle d'un héritage en laquelle l'acheteur met le vendeur.—T. de mar., petite corde qui sert à en saisir une autre.—On appelle *saisine de beaupré*, ou *liure*, plusieurs tours de corde qui tiennent l'aiguille de l'éperon avec le mât de beaupré.

SAISIR, v. act. (*cèzir*) (du lat. barbare *sacire*, employé avec la même signification dans la basse latinité), prendre tout d'un coup et avec effort : *saisir quelqu'un au collet, par le bras*. — Fig., comprendre aisément : *il saisit tout d'un coup ce qu'on lui dit, ce qu'on veut lui apprendre*. — Attaquer, en parlant des maux du corps ou de l'âme : *le froid, la colique, le désespoir l'a saisi*.—*Saisir le moment, l'occasion favorable*, en profiter. — Au palais, arrêter juridiquement les biens d'un débiteur pour sûreté de paiement. — T. de jurispr., arrêter, retenir quelque chose comme marchandises, meubles ou bestiaux, soit par autorité de justice, soit en vertu des ordres du gouvernement : *on a saisi à la barrière des marchandises de contrebande*. — *Le mort saisit le vif*, à l'instant de la mort de quelqu'un, son héritier entre en possession de ses biens.—*se* SAISIR, v. pron., prendre subitement : *il se saisit de son épée*. — *Se saisir de quelqu'un*, l'arrêter. — On dit : *être saisi de joie, d'étonnement*. Buffon a dit : *effrayé de leurs rugissements, saisi du silence même de ces profondes solitudes*, pour, *frappé, étonné*.

SAISISSABILITÉ, subst. fém. (*cèziçabilité*), t. de prat., qualité de ce qui est *saisissable*. (*Boiste.*) Inusité.

SAISISSABLE, adj. des deux genres (*cèziçable*), t. de palais, qui peut être *saisi* : *des meubles saisissables*.

SAISISSANT, E, adj. et part. prés. de *saisir* (*cèziçan, çante*), qui *saisit* : *froid saisissant*, qui surprend tout d'un coup.—Au palais, et subst. : *le saisissant, la saisissante*, celui, celle à la requête de qui on a fait une *saisie*.

SAISISSEMENT, subst. mas. (*cèziceman*), impression subite et violente que cause le froid, un grand déplaisir, etc.

SAISON, subst. fém. (*cèzon*) (du lat. *statio*, position, situation. *Ménage*. Suivant *Le Duchat*, de *sectio*, section, division.), l'une des quatre parties de l'année, divisée relativement à la position de la terre par rapport au soleil; chaque *saison* contient trois mois.—Temps dans lequel on a l'habitude de semer, de recueillir, etc.—Fig.: le temps propre à chaque chose : *cette chose est de saison*, il est temps ou convenable de la faire. — *Ce que vous dites est hors de saison*, n'est pas à propos. — *La belle saison*, le printemps et l'été, qui sont ordinairement beaux. — *La mauvaise saison*, l'hiver. — *Nouvelle saison*, le printemps. — *L'arrière-saison*, l'automne. — *La saison est bien avancée*, les fruits de la *saison* sont plus avancés, plus mûrs qu'ils ne le sont ordinairement en pareil temps. — *La saison des perdreaux, des cailles*, etc., temps où il y a une grande quantité de ces oiseaux, et où ils sont bons à manger. — Temps propre pour faire quelque chose : *en temps et saison; faire ses provisions dans la saison*. — Par extension, *saison* se dit des âges de la vie : *la première saison de la vie*, la jeunesse : *la dernière saison de la vie*, la vieillesse. — Subst. fém. plur., myth., figures allégoriques représentées chez les Grecs par des femmes; mais elles sont plus ordinairement symbolisées par des enfants ailés qui ont des attributs particuliers à chaque *saison*. Le Printemps est couronné de fleurs; l'Été, couronné d'épis de blé; l'Automne porte un panier de fruits sur la tête et des grappes de raisin à la main; l'Hiver, bien vêtu et la tête couverte, est auprès d'un arbre dépouillé de verdure; il tient d'une main des fruits secs et de l'autre des oiseaux aquatiques.

Sait, 3e pers. prés. indic. du verbe irrég. SAVOIR.

SAISSAC, subst. propre mas. (*cèceçak*), ville de France, chef-lieu de canton, arrond. de Carcassonne, dép. de l'Aude.

SAJOU, subst. mas. (*çajou*), t. d'hist. nat., espèce de sapajou dont la face est couleur de chair.

SAKÉA, subst. fém., ou **SAKÉES**, subst. fém. plur. (*çakie-a, çakié*), fêtes instituées et célébrées en Cappadoce, en mémoire de l'expulsion des Scythes.

SAKEM, subst. mas (*çakième*), t. d'hist. nat., nom d'une coquille du genre des pourpres.

SAKGAME, subst. fém. (*çakguame*), titre de celle qui exerce la souveraine puissance chez les Hurons.

SAKGAMIE, subst. fém. (*çakguami*), gouvernement, pouvoir de la *sakgame*. — Temps de son autorité. — La circonscription des états soumis au pouvoir de la *sakgame*.

SAKHAR, subst propre mas. (*çakar*), génie infernal qui, selon le Talmud, s'empara du trône de Salomon.

SAKHRAT, subst. propre mas. (*çakra*), mosquée que les Musulmans bâtirent sur les ruines du temple de Salomon. — Pierre qu'ils supposent placée au centre de la terre, et à laquelle ils attribuent des propriétés merveilleuses.

SAKI, subst. mas. (*çaki*), t. d'hist. nat., espèce de singe.

SAKIAH, subst. propre mas. (*çaki-a*), myth., divinité des Adites, tribu arabe.

SAKKI, subst. mas. (*çaki*), sorte de boisson pareille ou analogue à la bière, que l'on fait avec du riz, au Japon.

SAKOO, subst. mas. (*çako-o*), t. de bot., nom d'un arbre qui croît dans les forêts de Madagascar.

SAKUTI, subst. propre mas. (çakuti), myth., divinité à laquelle les Japonais attribuent le pouvoir de guérir les maladies.

SAL, subst. mas. (çale), insensé, imbécille. Vieux et même entièrement hors d'usage.

SALA, subst. mas. (çala), prière que les Turcs récitent le vendredi à neuf heures du matin.

SALABRE, subst. mas. (çalabre), t. de pêche, espèce de truble à manche pour prendre le poisson dans les trous des bourdigues.—T. de mar., *salabre de fond*, dans certains ports, espèce de drague soutenue par des cordes sur le fond de la mer.

SALACE, adj. des deux genres (çalace), qui est naturellement *salé*. — Fig., fin, délicat, rusé. Peu usité.

SALACIA, subst. propre fém. (çalacia), myth., déesse de l'eau et femme de Neptune. On croit que c'est la même qu'Amphitrite.

SALACIE, subst. fém. (çalaci), t. de bot., production de l'ordre des polypiers. — Arbrisseau qui croît en Chine.

SALACISME, subst. mas. (çalaciceme), t. de médec., désir immodéré des plaisirs vénériens. Inusité.

SALACITÉ, subst. fém. (çalacité), qualité de ce qui est *salé*. Il n'est guère usité qu'en médecine.

SALACZAC, subst. mas. (çalakzake), t. d'hist. nat., sorte de petit oiseau qu'on trouve aux îles Philippines. — Sorte de martin-pêcheur.

SALADE, subst. fém. (çalade) (du lat. *sal, salis*, sel), mélange de certaines herbes assaisonnées avec de l'huile, du vinaigre et du sel : *retourner, fatiguer la salade*. — Ces mêmes herbes avant qu'elles soient assaisonnées : *cueillir, éplucher une salade*. — On dit aussi *salade d'anchois, de câpres, de viandes froides*.— *Salade d'oranges*, oranges coupées et assaisonnées avec du sucre et de la liqueur. — Pain et vin qu'on donne aux chevaux qui l'on veut faire faire une longue traite. — Fam. : *donner une salade à quelqu'un*, le tancer, lui faire une réprimande, une correction.—En t. de bot., *salade ou laitue de chouette*, véronique beccabunga; *salade de chanoine*, la valériane; *salade de grenouille*, la renoncule des marais; *salade des matelots*, plante du Sénégal dont les feuilles ont le goût du pourpier, et que les colons français de ce pays mangent en *salade*; *salade de porc*, la porcelle à longues racines; *salade de taupe*, le pissenlit.

SALADE, subst. fém. (çalade), sorte de casque antique. Telle est, du moins, la définition qu'en donne l'*Académie*.

SALADIER, subst. mas. (çaladié), plat ou jatte où l'on met la *salade*. — Sorte de panier d'osier ou en fil de fer pour secouer la *salade*.

SALADIN, subst. mas. (çaladein), ancienne cotte d'armes que les chrétiens portaient lors de la conquête de Palestine, à l'instar des Turcs commandés par *Saladin*.

SALADINE, subst. et adj. fém. (çaladine): dîme *saladine*, imposée pour la guerre contre Saladin et les Maures.

SALAGE, subst. mas. (çalaje), l'action de *saler* et la quantité de *sel* qu'on y emploie.—Droit qui se percevait à Nantes sur chaque bateau de *sel*.

SALAGRAMAN, subst. mas. (çalayueraman), t. d'hist. nat., coquille pétrifiée du genre des cornes d'Ammon; pierre sacrée chez les Indous.

SALAIRE, subst. mas. (çalère), paiement pour travail ou pour service : *toute peine mérite salaire*. — Au fig. : récompense ou châtiment. — *Salaire* est peu usité au pluriel.

SALAISON, subst. fém. (çalèzon), action de *saler*; saison dans laquelle on a coutume de *saler*. — Plus ordinairement, viande *salée*, poisson *salé* : *l'usage des salaisons donne le scorbut*.

SALAM, subst. mas. (çalame), t. d'hist. nat., pierre précieuse, rubis oriental qui se rapproche du corindon. — Sorte de salutation turque nommée aussi *salem*.

SALAMALEC, subst. mas. (çalamalek) (tiré de l'arabe *salam à leika*, que la paix soit sur toi ou avec toi) : *faire un grand salamalec*, une révérence profonde. Fam.

SALAMANDRE, subst. fém. (çalamandre) (du latin *salamandra*), t. d'hist. nat., genre de reptiles batraciens. Une sorte de liqueur laiteuse contenue sous la peau de ces animaux, et qui, en s'échappant par une infinité de trous, semble pour quelques instants les défendre contre les atteintes du feu, a fait croire faussement qu'ils pouvaient vivre dans cet élément, mais aujourd'hui on sait qu'ils y périssent comme les autres. Il y a la *salamandre terrestre* et la *salamandre aquatique*. On lui donne aussi le nom de *sourd*. —Au plur. mas., chez les cabalistes, les prétendus esprits du feu. — *Salamandre pierreuse*, t. d'hist. nat., nom ancien de l'amiante flexible, qui est incombustible.

SALAMANIE, subst. fém. (çalamani), flûte turque faite de roseau, avec un anneau de plomb par le haut ou tout entière dans un seul morceau de bois, ouverte par le haut, sans anche.

SALAMBIENNES, subst. et adj. fém. plur. (çalanbiène), myth., fêtes que l'on célébrait autrefois en l'honneur de Vénus-Salambo.

SALAMBO, subst. propre fém. (çalanba), myth., nom sous lequel les Syriens adoraient Vénus, dont ils célébraient les fêtes avec de grandes marques de deuil.

SALAMANQUE, subst. propre fém. (çalamanke), ville d'Espagne, chef-lieu de la province du même nom, célèbre par son université, qui, depuis long-temps, est la gloire de l'Espagne.

SALAMINIENNES, subst. et adj. fém. plur. (çalaminiène), fêtes qu'on célébrait autrefois en l'honneur de Jupiter-*Salaminus*.

SALAMINUS, adj. mas. (çalaminuce) (mot tout latin), myth., surnom de Jupiter, pris du culte qu'on lui rendait à *Salamine*.

SALAMSTEIN, subst. mas. (çalamecetein), t. d'hist. nat., sorte de pierre précieuse que quelques-uns nomment aussi *salam*.

SALANGANE, subst. fém. (çalanguane), t. d'hist. nat., nom que certains naturalistes donnent à une espèce d'hirondelle de mer.

SALANT, adj. mas. (çalan), qui *sale* : *marais, puits salant*, d'où l'on tire le *sel*.

SALANX, subst. mas. (çalanksce), t. d'hist. nat., sous-genre de poisson établi parmi les ésoces.

SALAR, subst. mas. (çalar), t. de bot., nom que quelques botanistes donnent au cône tulipe.

SALARIAS, subst. mas. (çalaria), t. d'hist. nat., sous-genre de blennies; sorte de poisson de la mer des Indes.

SALARIÉ, E, adj. et subst. (çalarié), qui reçoit un salaire pour son travail.—Subst., homme salarié; *les salariés de l'État*.

SALARIÉ, E, part. pass. de *salarier*.

SALARIEMENT, subst. mas. (çalariman), action de salarier. (Boiste.) Inusité, mais utile.

SALARIER, v. act. (çalarié), donner un *salaire* à...; récompenser. — sE SALARIER, v. pron.

SALASSIENS, subst. propre mas. plur. (çalacien), anciens peuples qui habitaient la Gaule Transpadane.

SALASSIES ou SALASSIENNES, subst. fém. plur. (çalaci, ciène), fêtes célébrées par les anciens *Salassiens*.

SALAUD, E, subst. et adj. (çalô, lôde), diminutif de *sale*); sale et malpropre : *un salaud*, expression pop., qui se dit en parlant malpropre et *sale*.—Fig., il se dit pour ordurier : *faire des contes un peu salauds*.—On ne se sert du fém. que fort rarement.

SALAVAT, subst. mas. (çalava), myth., profession de foi prescrite aux Turcs par le Coran.

SALAXIS, subst. mas. (çalaksi), t. de bot., genre de plantes de la famille des bicorhes, découvertes à l'île Bourbon.

SALBANDE, subst. fém. (çalebande), t. de minér. ou de géol., éponte.—Pierre qu'on rencontre entre le filon et la roche dure.

SALBRIS, subst. propre mas. (çalebri), bourg de France, chef-lieu de canton, arrond. de Romorantin, dép. de Loir-et-Cher.

SALDE, subst. fém. (çalede), t. d'hist. nat., genre d'insectes de l'ordre des hémiptères, famille des géocorises.

SALDORIJA, subst. fém. (çaledorija), t. de bot., espèce de sarriette, qui croît dans les provinces méridionales d'Espagne. — Dans les environs de Valence, elle se nomme *herbe aux olives*, parce qu'on en assaisonne les olives qu'on destine à être mangées.

SALE, adj. des deux genres (çale) (de l'allemand *sal*, ordure, saleté. *Wachter*.), malpropre.—Il se dit des personnes et des choses.—Fig., déshonnête, obscène : *tenir des propos sales*.—T. de mar., *vaisseau sale*, qui est lorsqu'il est chargé de coquillages, de mousses d'herbes qui s'attachent au fond extérieur. — *Cette côte est sale*, à beaucoup de roches ou d'écueils cachés sous la mer. — *Un gris sale*, terne, qui n'a pas l'œil du gris ordinaire.— T. de peinture : *teintes, couleurs sales*, teintes qui ne sont point nettes, couleurs brouillées.—*Un sale intérêt*, un intérêt sordide. — Prov. : *son cas est sale*, il a commis une action qui mérite l'animadversion de la justice. — *C'est une affaire sale*, une affaire presque déshonorante. — Vil, bas, honteux : *il fait là un sale métier*. — Subst. : *vous êtes un sale*.

SALÉ, subst. mas. (çale), chair salée.—*Petit salé*, chair d'un jeune cochon nouvellement salée. Ce mot manque dans l'*Académie*.

SALÉ, E, part. pass. de *saler*, et adj. : *eaux, sources salées*, dont on tire le *sel*.—Fig. : *raillerie, épigramme salée*, où il y a du *sel*, ingénieuse et piquante.—Autrefois, poét. : *les campagnes salées*, la plaine salée, la mer.—Fig. et pop., très-cher : *c'est salé, c'est bien cher*.

SALÈGRE, subst. mas. (çalègueure), pâte salée composée de millet, de chènevis et d'alpiste, pour rendre l'appétit aux serins. — T. d'hist. nat., dans certains pays, matière pierreuse pénétrée de soude muriatée que l'on met dans les étables pour que les moutons la lèchent, et dans les colombiers pour y fixer les pigeons.

SALEM, subst. mas. (çalème). Voy. SALAM.

SALEMAH, subst. propre mas. (çalema), myth., idole qu'une tribu arabe implorait pour recouvrer la santé.

SALEMENT, adv. (çaleman), d'une manière *sale*, malproprement.

SALEMPOULIS, subst. mas. (çalanpouli), sorte de toile qu'on fabrique sur la côte de Coromandel.

SALEP, subst. mas. (çalèpe), bulbe d'une espèce d'orchis, que les Orientaux ont l'art de préparer et de dessécher. — *Salep des Indes occidentales*, fécule retirée du galang à feuilles de balisier.

SALER, v. act. (çalé), assaisonner avec du *sel* : *saler le pot au feu*. — Mettre une certaine quantité de sel sur les viandes, etc., pour les conserver long-temps : *saler des harengs*. — Fig. et pop., vendre trop cher. — Fam., frapper, pincer, piquer.— SE SALER, v. pron.

SALERAN, subst. mas. Voy. SALLERANT.

SALERNES, subst. propre fém. (çalérene), village de France, chef-lieu de canton, arrond. de Draguignan, dép. du Var.

SALERON, subst. mas. (çaleron), la partie supérieure d'une *salière*, celle où l'on met le *sel*.

SALERS, subst. propre mas. (çalère), village de France, chef-lieu de canton, arrond. de Mauriac, dép. du Cantal.

SALÉSIENNES, subst. fém. plur. (çalèzième), nom qu'on a donné à des religieuses de l'ordre des visitandines.

SALETÉ, subst. fém. (çalete), qualité de ce qui est *sale*, malpropre.—Chose *sale*.—Fig., obscénité, parole obscène.

SALEUR, subst. mas., SALEUSE, subst. fém. (çaleur, leuze), celui, celle qui sale : *saleur de morue, de hareugs*.

SALEUSE, subst. fém. Voy. SALEUR.

SALGANÉES, subst. fém. plur. (çalguané), myth., fêtes qu'on célébrait, en Béotie, en l'honneur d'Apollon *Salyaneus*.

SALGANEUS, subst. propre mas. (çalguanéuce), myth., surnom d'Apollon adoré à *Salganéum*, en Béotie.

SALIHIEH, subst. propre mas. (çalié), ville forte de la Basse-Égypte, à 25 lieues du Caire. Les Arabes et les mamelucks y furent défaits par Bonaparte en 1798, et le général Kléber la prit en 1800.

SALI, E, part. pass. de *salir* et adj. : *un habit sali*.

SALIANÉ, subst. mas. (çali-ané), t. de relat., certaine taxe que l'on impose pendant la guerre en Turquie.

SALICAIRE, subst. fém. (çalikière) (du lat. *salix, salicis*, saule), t. de bot., plante vivace, à fleur rosacée, qui croît dans les lieux humides, et parmi les saules. On la nomme aussi *lysimachie rouge*.

SALICETTO, subst. propre mas. (çalicéteto), bourg de France, chef-lieu de canton, arrond. de Saint-Gaudens, dép. de la Haute-Garonne. — Village de France, chef-lieu de canton, arrond. d'Orthez, dép. des Basses-Pyrénées.

SALICIANAT, subst. mas. (çalici-ana), nom d'une espèce d'orgue qui a huit pieds de long.

SALICINE, subst. fém. (çalicine), principe alcaloïde tiré de l'écorce de saule, que l'on emploie comme fébrifuge.

SALICÉNÉE, subst. fém. (*çalicéné*), t. de bot., famille de plantes qu'on a établie aux dépens des amentacées.

SALICITE, subst. fém. (*çalicite*) (du lat. *salix*, *salicis*, saule), pierre figurée imitant la feuille du saule.

SALICOQUE, subst. fém. (*çalikoke*), t. d'hist. nat., espèce de crevettes du genre des palémons et de la famille des macroures, ordre des décapodes.

SALICOR, subst. mas. (*çalikor*), la meilleure espèce de soude herbacée du Languedoc. On dit aussi *salicorne*.

SALICORNE, subst. fém. (*çalikorne*), t. de bot., genre de plantes de la famille des chénopodées. Ses feuilles brûlées et réduites en cendres entrent dans la composition du verre et du savon. — Espèce d'arbrisseau qu'on nomme aussi *salicornia*.

SALICOT, subst. mas. (*çalikô*), chiste marin. Voy. SALICOQUE.

SALIE, subst. fém. (*çali*), t. d'hist. nat., genre d'insectes fouisseurs de l'ordre des hyménoptères.

SALIEN, subst. mas. (*çaliein*) (de *saliens*, part. act. de *salire*, sauter, parce que ces prêtres sautaient toujours dans leurs cérémonies), t. d'antiq., prêtre de Mars chez les Romains. — Adj. mas. plur. : *poèmes saliens*, poèmes en l'honneur de Mars.—Au fém., *vierges saliennes*, celles qui servaient le pontife à l'autel avec les *saliens*.

SALIÈRE, subst. fém. (*çalière*), pièce de vaisselle pour mettre le *sel* qu'on sert sur table. — Ustensile de ménage où l'on met le *sel*, et qu'on pend à la cheminée pour le tenir sèchement. — Outil de lapidaire en forme de *salière* pour tenir la coquille sur laquelle on veut monter le diamant en soudure. — Au plur., creux qui paraissent au-dessous des yeux des chevaux quand ils sont vieux. — Creux que les femmes ont quelquefois au haut de la poitrine. — Prov. : *il ouvre des yeux grands comme des salières*, il ouvre les yeux plus qu'à l'ordinaire.

SALIETTE, subst. fém. (*çaliète*), t. de bot., la conyse émoussée, à feuilles en coin.

SALIFIABLE, adj. des deux genres (*çalifiable*), qui peut être facilement converti en *sel*.

SALIFICATION, subst. fém. (*çalifikâcion*), formation du *sel*.

SALIFIÉ, E, part. pass. de *salifier*.

SALIFIER, v. act. (*çalifié*), t. de chim., convertir certaines substances en *sels*, en les soumettant à une combinaison avec certains acides. — *se* SALIFIER, v. pron.

SALIGARIA, subst. mas. (*çaliguari-a*), t. d'hist. nat., sorte de petit oiseau dont le pennage est brun, jaune, roux et blanc.

SALIGAUD, E, subst. et adj. (*çaliguô, guôde*), personne sale, malpropre.—Pop., *c'est un saligaud, c'est une saligaude*.

SALIGNAC, subst. propre mas. (*çaligniak*), bourg de France, chef-lieu de canton, arrond. de Sarlat, dép. de la Dordogne.

SALIGNON, subst. mas. (*çalignion*), pain de *sel*, fait d'eau de fontaine salée en la faisant évaporer sur le feu.

SALIGOT, subst. mas. (*çaliguo*), t. de bot., tribule terrestre et aquatique.

SALIGRES, subst. mas. plur. (*çaliguere*), pierres *sales* qui se trouvent dans les mines de sel gemme.

SALIM, subst. propre mas. (*çalime*), nom d'une tribu païenne qui existait dans l'ancienne Arabie.

SALIN, subst. mas. (*çalein*), potasse mêlée à d'autres *sels*.—Poisson du genre spare.—Baquet où l'on met du *sel* pour le vendre publiquement. —Alcali fixe végétal : il signifie quelquefois la même chose que *saline*.—T. de pêche, sorte de filet qu'on nomme aussi *folle*.

SALIN, E, adj. (*çalein, line*), qui contient des parties de *sel*.

SALINAGE, subst. mas. (*çalinaje*), dans les *salines*, le temps employé à faire réduire l'eau *salée*.

SALINATEUR, subst. mas. (*çalinateur*), nom qu'on donne, dans les *salines*, à celui qui fait le *sel*.

SALINE, subst. fém. (*çaline*), *salaison* ; chair *salée*, poisson *salé*; *marchand de saline*. — Le commerce qui s'en fait. — Lieu où se fabrique le *sel* : *les salines de Lorraine, de Franche-Comté*. — Rocher ou mine d'où l'on tire le *sel*. — Commerce qui se fait des *sels*.

SALINIER, subst. mas. (*çalinié*), dans les glaceries, celui qui est chargé d'extraire l'alcali fixe des soudes.

SALINS, subst. mas. plur. (*çalein*), t. de pêche, sorte de pêcherie formée par une enceinte de filets.

SALINS, subst. propre mas. (*çalein*), ville de France, chef-lieu de canton, arrond. de Besançon, dép. du Jura. Elle fut incendiée presque entièrement en 1825.

SALIQUE, adj. des deux genres (*çalike*), *loi salique*, établie depuis l'origine de la monarchie, celle qui exclut les femmes de la couronne de France. Édouard, roi d'Angleterre, appelait Philippe de Valois, roi de France, *l'auteur de la loi salique*, parce que ce prince était monté sur le trône en vertu de cette loi, qu'Édouard voulait interpréter en sa faveur, parce qu'il avait mis le premier un impôt sur le *sel*, en établissant la gabelle. (*Anquetil*, Hist. de France.)—*Terres saliques*, terres qui furent distribuées aux guerriers francs après la conquête de la Gaule.

SALIR, v. act. (*çalir*), rendre *sale*. — *Salir l'imagination*, y faire naître des idées obscènes. —*Salir la réputation de quelqu'un*, y porter atteinte.—*se* SALIR, v. pron., devenir *sale*.—Perdre son éclat, sa fraîcheur, en parlant des couleurs.—S'avilir, se déshonorer par quelque chose de honteux, d'ignominieux : *cet homme ne s'est pas absolument déshonoré, mais il s'est bien sali*.

SALISATEURS, subst. mas. plur. (*çalizateur*), anciens devins qui tiraient leurs prédictions du mouvement du premier membre de leur corps qui venait à se mouvoir.

SALISATION, subst. fém. (*çalizâcion*), espèce de divination usitée chez les anciens. Voyez SALISATEURS.

SALISBURY, subst. mas. (*çaliceburi*), t. de bot., sorte d'arbre du Japon qui produit une amande bonne à manger quand on la fait cuire sur des charbons.

SALISSANT, E, adj. (*çaliçan, çante*), qui *salit*: *le noir est salissant quand il est neuf*.—Qui se *salit* aisément : *le blanc est salissant*.—*Salissant* est aussi part. prés. de *salir*.

SALISSON, subst. fém. (*çaliçon*), t. pop., petite fille malpropre. Peu usité.

SALISSURE, subst. fém. (*çaliçure*), ordure qui demeure sur une chose *salie*. Peu en usage.

SALISUBSULES, subst. mas. plur. (*çaliçubeçule*), t. d'antiq., nom donné à ceux qui dansaient et chantaient au son de la flûte pendant les sacrifices que l'on offrait à Hercule. — Danseurs qui figuraient dans les jeux sacrés.

SALIVAIRE, adj. des deux genres (*çalivère*), et quelquefois **SALIVAL, E**, adj. (*çalivale*), qui est destiné pour la *salive*, qui regarde la *salive* : *glandes salivaires, conduits salivaires*. *Salivaire* est le plus usité.

SALIVANT, E, adj. (*çalivan, vante*), qui fait *saliver*, qui provoque ou facilite la *salivation*. — Part. prés. de *saliver*.

SALIVATION, subst. fém. (*çalivâcion*), écoulement de la *salive*, provoqué par quelque remède.

SALIVE, subst. fém. (*çalive*) (du lat. *saliva*, fait de *sal*, sel, parce qu'elle a un goût *salé*), humeur aqueuse plus ou moins visqueuse, qui coule dans la bouche et qui est sécrétée par les glandes *salivaires*.

SALIVÉ, part. pass. de *saliver*.

SALIVER, v. neut. (*çalivé*), rendre beaucoup de *salive*.

SALKEN, subst. mas. (*çalekène*), t. de bot., sorte d'arbre de la famille des légumineuses, voisin du Pongam. Il croît dans le Malabar.

SALLE (LA), subst. propre fém. (*laçale*), bourg de France, chef-lieu de canton, arrond. du Vigan, dép. du Gard.

SALLE, subst. fém. (*çale*) (de l'allemand *saal*, qui a la même signification. *Ménage*.), principale pièce d'un appartement, ordinairement plus grande que les autres, où l'on reçoit les visites, etc.—*Salle à manger*, où l'on prend ses repas.—Chez les maîtres de danse, lieu où ils donnent publiquement leurs leçons.—On appelle *salle d'armes* le lieu où l'on montre publiquement à faire des armes; et *prévôt de salle*, celui qui montre aux écoliers sous le maître.—Grand lieu couvert, destiné ou pour l'usage ou pour le plaisir du public : *la salle du Palais, de l'Opéra*. — Dans les hôpitaux, grande galerie où sont les lits des malades. — Lieu planté d'arbres qui forment une espèce de *salle* dans un jardin.—*Salle d'audience*, celle où les princes, ministres, etc., donnent leurs audiences. — *Salle du commun*, lieu où les domestiques mangent chez les grands seigneurs. — *Salle des noces* ou *des festins*, celle que les traiteurs réservent pour des noces ou de grands repas. — Lieu public ou particulier dans lequel on a placé un billard : *salle de billard*. — Chez le roi, *salle des gardes*, lieu où se tenaient les gardes du corps : *l'ambassadeur a été reçu à l'entrée de la salle des gardes*. — *Un garde est de salle*, est de garde à la *salle*.

SALLERANT, subst. mas. (*çaleran*), t. de papet., inspecteur qui préside aux travaux de la *salle*.

SALLES, subst. propre mas. (*çale*), bourg de France, chef-lieu de canton, arrond. de Castelnaudary, dép. de l'Aude.

SALLES-CURAN, subst. propre mas. (*çalekuran*), bourg de France, chef-lieu de canton, arrond. de Milhau, dép. de l'Aveyron.

SALLETTE, subst. fém. (*çalète*), petit pot, petite *salle*. Presque inusité.

SALMARINE, subst. fém. (*çalemarine*), t. d'hist. nat., espèce de poisson du genre des salmones.

SALME, subst. fém. (*çaleme*), mesure sicilienne qui équivaut à deux setiers quatre boisseaux de France.

SALMÉE, subst. fém. (*çalemé*), t. de bot., genre de plantes de la famille des bidentées.

SALMÉRA, subst. fém. (*çaleméra*), t. de bot., espèce de plante que l'on croit venir d'Afrique.

SALMERIN, subst. mas. Voy. SALMARINE.

SALMI, *barbarisme*. Voy. SALMIS.

SALMIAC, subst. mas. (*çalemi-ak*), t. de chim., sorte de muriate d'ammoniaque, l'hydrochlorate d'ammoniaque.

SALMIE, subst. fém. (*çalemi*), t. de bot., genre de plantes de la famille des liliacées.

SALMIGONDIS, subst. mas. (*çalemiguondi*) (contraction des deux mots latins *salmagu condita*; les anciens appelaient *salgama*, *arum*, toute sorte de légumes, de fruits, etc., que l'on mettait dans un pot avec du *sel*, etc., pour les conserver), ragoût de plusieurs sortes de viandes réchauffées. — Discours, ouvrage composé de choses sans rapport entre elles.—*Salmigondis* équivaut à *pot-pourri*.

SALMIS, subst. mas. (*çalemi*), ragoût de certaines pièces de gibier déjà cuites à la broche : *salmis de perdrix, salmis d'alouettes, salmis de bécasses*.

SALMONE, subst. mas. (*çalemone*) (du lat. *salmo*, *salmonis*), genre de poissons osseux, holobranches, abdominaux. C'est proprement le poisson que nous nommons *saumon*.

SALOIR, subst. mas. (*çaloar*), tout vase dans lequel on *sale* quelque chose, ou dans lequel on conserve le *sel* ou des viandes et du poisson en *salaison*.

SALON, subst. mas. (*çalon*), pièce dans un appartement plus vaste que les autres, ordinairement cintrée et enrichie d'ornements.—Petite *salle*. — On dit les *salons* au plur., pour signifier les réunions du beau monde : *on ne se conduit pas ainsi dans les salons*.—La galerie du Louvre, à Paris, au moment de l'exposition des ouvrages des artistes vivants : *le salon est fort riche en tableaux cette année*. — Cette exposition même : *le salon de telle époque*.

SALON, subst. propre mas. (*çalon*), ville de France, chef-lieu de canton, arrond. d'Aix, dép. des Bouches-du-Rhône. Tombeau de Nostradamus.

SALOP, subst. mas. Voy. SALEP.

SALOPE, adj. fém. (l'*Académie* prétend que cet adj. a les deux genres.) (*çalope*), *sale*, malpropre : *cette fille est bien salope*.— On dit fam. et subst. au fém. : *une salope*, une femme de mauvaise vie. — *Marie-salope*, petit bâtiment léger destiné à transporter la vase et les sables qu'on retire des ports.

SALOPEMENT, adv. (*çalopeman*), d'une manière *salope* : *il mange salopement*.

SALOPERIE, subst. fém. (*çaloperi*), chose vilaine et malpropre. — Fam., discours ordurier : *dire des saloperies*.

SALOPÈTE, subst. fém. (*çalopète*), espèce de tablier de toile qui s'adapte sur la poitrine des enfants, au-dessous du menton, et qui leur enveloppe tout le buste, afin qu'ils ne salissent point leurs habits.

SALORGE, subst. mas. (*çalorje*), amas de *sel*.

SALPE, ou **SAUPE**, subst. fém. (*çalepe, çôpe*), t. d'hist. nat., sorte de poisson de mer, à nageoires épineuses.

SALPÊTRE, subst. mas. (*çalepêtre*), du lat. *sal petræ*, sel de pierre), sorte de *sel* qui se tire des plâtras de vieilles murailles, des étables, des écuries, etc. C'est le nitrate de potasse des chimistes modernes.— Fam. : *cet homme est tout pétri de salpêtre, c'est du salpêtre*, il est extrêmement vif.

SALPÊTRÉ, E, adj. et part. pass. de *salpêtrer* (*çalepêtré*), couvert de *salpêtre*.

SALPÊTRER, v. act. (*çalepêtré*), mêler du *salpêtre* dans une terre.—Revêtir une terrasse, une cave, d'une ou plusieurs couches de terre *salpêtreuse*, afin de la rendre imperméable à l'eau. —**SE SALPÊTRER**, v. pron., se former en *salpêtre*, ou devenir *salpêtre*.

SALPÊTRERIE, subst. fém. (*çalepêtrerî*), lieu, atelier où se fait le *salpêtre*. — Art, manière, action de faire le *salpêtre*.

SALPÊTREUSE, adj. fém. Voy. **SALPÊTREUX**.

SALPÊTREUX, adj. mas., au fém. **SALPÊTREUSE** (*çalepêtreu, treuze*), où le *salpêtre* se forme.

SALPÊTRIER, subst. mas. (*çalepêtri-é*), qui travaille à faire du *salpêtre*.

SALPÊTRIÈRE, subst. fém. (*çalepêtri-ère*), lieu où l'on fait le *salpêtre* ; on dit mieux *salpêtrerie*. — Subst. propre fém., hôpital de femmes à Paris.

SALPIANTHE, subst. mas. (*çalepi-ante*), t. de bot., arbrisseau grimpant du Mexique, de la famille des nyctaginées.

SALPICON, subst. mas. (*çalepikon*) (corruption des mots *sel* et *piquant*), sorte de ragoût composé de concombres, de jambon, de truffes, de ris de veau, de *sel*, de poivre et de vinaigre, dont on se sert pour assaisonner de grandes pièces de bœuf, etc., en faisant un trou à la viande et y mettant ce ragoût à la place de la viande qu'on en retire.

SALPIGLOSSE, subst. fém. (*çalepiguelôce*), t. de bot., espèce de plante herbacée qui croît au Pérou et au Mexique.

SALPINGE, subst. mas. (*çalepeinje*), t. d'hist. nat., genre d'insectes de l'ordre des coléoptères.

SALPINGO-MALLÉEN, subst. et adj. mas. (*çalepeinguomalelé-ein*), t. d'anat., se dit du muscle qui tient à la trompe d'Eustache et au marteau. —Il est aussi subst. : *le salpingo-malléen*.

SALPINGO-PHARYNGIEN, subst. et adj. mas. (*çalepeinguofareinjiein*), t. d'anat.; se dit du muscle qui tient au pharynx et à la trompe d'Eustache.— Il est aussi subst. : *le salpingo-pharyngien*.

SALPINGO-STAPHYLIN, subst. et adj. mas. (*çalepeinguoçetafilein*), t. d'anat. ; se dit du muscle qui tient à la luette et à la trompe d'Eustache.— Il est aussi subst. : *le salpingo-staphylin*.

SALPLICAT, subst. mas. (*çaleplika*), vernis du Japon, mêlé d'or en poudre, ou d'une matière de couleur rouge.

SALPYGE, subst. fém. (*çalepije*), t. d'hist. nat., sorte de fourmi vénéneuse. — Serpent qui vit dans les fondrières.

SALSE, subst. fém. (*çalece*), petit volcan qui vomit de l'air inflammable ou gaz hydrogène, des pierres et du limon.

SALSEPAREILLE, subst. fém. (*çalecepa-ré-ie*), t. de bot., racine de la famille des smilacées, qui vient du Pérou, employée avec succès contre les maladies vénériennes.

SALSIFIS, subst. mas. (*çalecifi*), t. de bot., sorte de plante de la famille des chicoracées, dont la racine est bonne à manger.

SALSUGINEUSE, adj. fém. Voy. **SALSUGINEUX**.

SALSUGINEUX, adj. mas., au fém. **SALSUGINEUSE** (*çaleçujineu, neuze*) (du lat. *salsugo*), t. de médec., qui a rapport à une liqueur salée, à la saumure.

SALTA ou **SANTA**, subst. fém. (*çaleta, çanta*), nom qu'on donne, à Batavia, à la valeur de vingt caches.

SALTAIRE, subst. mas., et mieux **SALTUAIRE** (*çaletère*) (de *saltus*, bois), t. d'antiq., officier, chez les Romains, chargé du soin des maisons de campagne, des bois, des terres, fruits, etc.— Commandant des frontières, chez les anciens Lombards. — Adj. des deux genres, qui saute, passe d'un rang, d'un degré à un autre. Presque hors d'usage en ce sens.

SALTATEUR, subst. mas. (*çaletateur*), espèce de mime chez les Romains.

SALTATION, subst. fém. (*çaletâcion*) (en lat. *saltatio*), art fort en vogue chez les Romains, qui consistait dans l'imitation de tous les gestes et de tous les mouvements que les hommes peuvent faire.—Exercice du saut, de la danse.

SALTIGRADE, subst. fém. et adj. des deux genres (*çaletiguerade*), t. d'hist. nat., tribu d'arachnides.

SALTIMBANQUE, subst. mas. (*çaleteinbanke*) (de l'italien *saltimbanca* ou *saltimbanco*, formé, dans la même signification, de *saltare in banco*, sauter sur un banc ; *monter sur des tréteaux*), bateleur, charlatan qui vend des drogues sur des tréteaux.—Fig. et fam., orateur qui débite avec des gestes outrés.—Celui qui fait le bouffon dans une compagnie.

SALTIQUE, subst. mas. (*çaletike*), t. d'hist. nat., genre d'arachnides de la famille des aranéides, tribu des *saltigrades*.

SALUADE, subst. fém. (*çalu-ade*), action de *saluer* en faisant la révérence. Vieux.

SALUBRE, adj. des deux genres (*çalubre*) (du lat. *saluber* ou *salubris*), sain, qui contribue à la santé, soit en prévenant la maladie, soit en la guérissant. — Dans l'Université, la faculté de médecine s'intitulait anciennement : *la très-salubre faculté*.

SALUBRITÉ, subst. fém. (*çalubrité*) (en lat. *salubritas*), qualité de ce qui est *salubre*. — Soins que prend une administration spéciale de la santé publique : *le conseil de salubrité*.

SALUÉ, E, part. pass. de *saluer*.

SALUER, v. act. (*çalué*) (en lat. *salutare*), donner quelque marque de civilité, de respect et de déférence, en s'abordant ou en quelques autres occasions : *depuis long-temps il ne me salue plus* ; et neut. : *il salue de bonne ou de mauvaise grace*. — Fam. : *nous nous saluons, mais nous ne nous parlons pas*, nous sommes froidement ensemble. — Faire ses compliments par lettres : *saluez-le de ma part*. — *Aller saluer quelqu'un*, aller lui rendre ses devoirs. — Proclamer : *Vespasien fut salué empereur par toute l'armée*. — *Saluer de l'épée*, en baissant l'épée.—*La mer salue la terre*, les vaisseaux qui mouillent devant une forteresse doivent la *saluer* en tirant le canon. On dit, dans le même sens : *saluer un vaisseau, un fort*.— *Saluer de la voix, saluer de la mousqueterie*, tirer deux ou trois salves d'artillerie, à l'occasion d'une fête, ou d'une cérémonie, avant le *salut* du canon.—**SE SALUER**, v. pron.

SALURE, subst. fém. (*çalure*), qualité que le sel communique à diverses substances ; la *salure de la mer, d'une viande*, etc.

SALUT, subst. mas. (*çalu*) (du latin *salus, lutis*), conservation dans le bien ou préservation du mal. — Félicité éternelle : *le salut des âmes ; il faut songer à son salut*. — Action de *saluer* : *rendre, refuser le salut*. En ce sens, *salut* est l'équivalent du *salve* ou *vale* des Latins, et le signe du souhait : *portez-vous bien*, renfermé dans l'étymologie latine de *salut* (*salus*, santé.)—*Saluts de mer*, coups de canon que tire un vaisseau pour rendre honneur à un autre vaisseau, à une flotte, à une place, ou pour reconnaître la supériorité : *les ordonnances de marine règlent les saluts de mer*.—Salut s'emploie dans les lettres patentes du roi, dans les bulles des papes, etc., envers ceux auxquels on les adresse : *à tous ceux qui ces présentes verront, salut. Pie VI, à tous les fidèles, salut et bénédiction*.—Aujourd'hui, s'emploie dans les formules de civilité dont on se sert pour finir les lettres : *salut et amitié; salut et respect ; salut et considération*, etc. — Prières solennelles qu'on fait à certaines heures et en certains jours dans les églises. — Prov. : *à bon entendeur, salut*, se dit quand on veut faire entendre quelque chose à quelqu'un, en ne s'expliquant qu'à demi. Voy. **SALUTATION**.

SALUTADORES, subst. mas. (*çalutadorèce*), espèce de charlatans.

SALUTAIRE, adj. des deux genres (*çalutère*) (du latin *salutaris*, fait de *salus*, santé), utile, avantageux pour la conservation de la vie, de la santé, de l'honneur, pour le *salut* de l'âme. Voyez **SAIN**.

SALUTAIREMENT, adv. (*çalutèreman*), utilement, avantageusement pour la conservation de la vie, des biens; d'une manière *salutaire*.

SALUTATION, subst. fém. (*çalutâcion*) (en lat. *salutatio*), action de *saluer*.—Salut : *recevez mes très-humbles salutations*. Il est fam.—*La salutation angélique*, l'*ave Maria*.—**SALUT, SALUTATION, RÉVÉRENCE**. (*Syn.*) Le *salut* est une démonstration extérieure de civilité, d'amitié, de respect, faite aux personnes qu'on rencontre, qu'on visite. La *salutation* est le *salut* particulier tel qu'on le fait dans telle occasion, surtout avec des marques très-apparentes de respect ou d'empressement. La *révérence* est un salut de respect et d'honneur par lequel on incline le corps, ou on ploie les genoux, pour rendre, par cet abaissement, un hommage particulier aux personnes.—Il y a le *salut* de protection, dont on se moque quelquefois par des *salutations* affectées. Il y a des *salutations* empressées et répétées, avec lesquelles on semble dire de loin beaucoup de choses aux personnes auxquelles on n'est pas à portée de parler. Il y a l'homme aux *révérences*, qui semble manquer de respect, à force de respects.

SALUT-D'OR, subst. mas. (*çaludor*), monnaie d'or qui avait cours, en 1621, sous Charles VI.

SALVADORE, subst. fém. (*çalevadore*), t. de bot., genre de plantes de la famille des chénopodées.

SALVAGE, subst. mas. (*çalevaje*) (du latin *salvare*, sauver), *droit de salvage*, droit qui se perçoit sur ce qu'on a sauvé d'un vaisseau naufragé. On dit plus souvent aujourd'hui : *droit de sauvetage*.

SALVAGNAC, subst. propre mas. (*çalevagniak*), village de France, chef-lieu de canton, arrond. de Gaillac, dép. du Tarn.

SALVATELLE, subst. fém. (*çalevatèle*) (du lat. *servare*, sauver), t. d'anat., veine sur le dos de la main, entre le doigt auriculaire et le doigt du milieu.

SALVA-NOS, et non pas **SALVANOS** sans trait de division, subst. mas. (*çalevanoce*) (mot composé des deux mots latins *salva* et *nos*, sauve-nous), t. de mar., espèce de bouée, dite de *sauvetage*, que l'on jette aux hommes qui tombent à la mer.

SALVATIONS, subst. fém. plur. (*çalevâcion*), t. de pratique, écritures qui se font en justice pour appuyer les contredits.

SALVE, subst. fém. (*çaleve*) (du latin *salve*, signe du salut chez les Romains, et qui signifie proprement, en bonne santé), décharge d'un grand nombre de canons ou de mousquets, soit pour *saluer* quelqu'un, soit dans les occasions de réjouissance.—Décharge qu'on fait dans l'exercice ou dans le combat. Le canon *tire en salve*, quand plusieurs pièces de canon tirent en même temps. Sur les vaisseaux, on dit *bordée*. — *Salve d'applaudissements*, applaudissements de tout un public dans une assemblée. Espèce de soucoupe de forme ovale.

SALVE, subst. mas. (*çalevé*) (mot tout lat. qui signifie ; salut), prière à la sainte Vierge qu'on chantait autrefois au moment de l'exécution des criminels.—On dit aussi d'une affaire désespérée qu'*il faut chanter le salve*.

SALVELINE, subst. fém. (*çaleveline*), t. d'hist. nat., espèce de poisson du genre des saumons.

SALVETAT-D'ANGLES (LA), subst. propre fém. (*laçalevetadanguele*), ville de France, chef-lieu de canton, arrond. de Thomières, dép. de l'Hérault.

SALVETAT-PEYRALES, subst. propre mas. (*çalveta-pérale*), village de France, chef-lieu de canton, arrond. de Rodez, dép. de l'Aveyron.

SALVIA, subst. fém. (*çalevi-a*), t. de bot., nom latin adopté par les botanistes pour désigner les sauges.

SALVIAC, subst. propre mas. (*çalevi-ak*), bourg de France, chef-lieu de canton, arrond. de Gourdon, dép. du Lot.

SALVIATI, subst. mas. (*çalevi-ati*), t. de jard., espèce de poire.

SALVIENS, subst. propre mas. plur. (*çalevieìn*), anciens peuples qui habitaient une partie du territoire d'Aix, en Provence.

SALVIE, subst. fém. (*çalevi*), t. de bot., espèce de petite plante herbacée de la famille des fougères.

SALVINNER, subst. mas. (*çalevinè*), t. d'agric., sorte de raisin qui croît dans le département du Bas-Rhin.

SALYENS, subst. propre mas. plur. (*çali-ein*), anciens peuples de la Gaule narbonnaise.

SALZBOURG, subst. propre mas. (*çalecebour*), ville de la Haute-Autriche, chef-lieu du cercle du même nom. Elle fut prise par les Français en 1800.

SAMABED, subst. mas. (*çamabède*), l'un des quatre volumes que les Indiens regardent comme sacrés.

SAMALIE, subst. fém. (*çamalî*), t. d'hist. nat., genre d'oiseaux de l'ordre des silvains, famille des manucodiates.

SAMANDURE, subst. mas. (*çamandure*), t. de

bot., genre de plantes appelé aussi *héritière*.

SAMANÉEN, subst. mas. (*çamané-ein*), prêtre du Kamschatka.—Secte de philosophes indiens.

SAMANIDES, subst. mas. plur. (*çamanide*), nom d'une ancienne race de sultans.

SAMARA, subst. mas. (*çamara*), sorte de vêtement funèbre que l'on faisait prendre aux accusés par l'inquisition condamnant au feu.

SAMARATHS, subst. mas. plur. (*çamara*), la deuxième des quatre principales sectes chez les Banians.

SAMARCANDE, subst. propre fém. (*çamarkande*), ville de la Tartarie indépendante, dans la Boukharie. Tombeau de Tamerlan.

SAMARE, subst. fém. (*çamare*), t. de bot., espèce de capsule coriace, membraneuse, comprimée, munie d'ailes sur ses côtés, ou terminée par une languette.

SAMARITAIN, E, adj. et subst. (*çamaritcin, téne*), de Samarie. — *Caractères samaritains*, vieux caractères hébraïques avec lesquels les *Samaritains* écrivaient autrefois le Pentateuque.

SAMARMAR, subst. mas. (*çamarmar*), t. d'hist. nat., genre d'oiseaux de l'ordre des silvains.

SAMBAC, subst. mas. (*çanbak*), t. de bot., jasmin d'Arabie, le nyctanthe *sambac* de Linnée.

SIMBIA-PONGO, subst. propre mas. (*çanbiapongue*), roi ou souverain des habitants de Loango, que ses sujets regardent comme un dieu.

SAMBIQUIN, subst. mas. (*çambikiein*), sorte de bâtiment turc en usage dans les Dardanelles.

SAMBLEU, sorte d'exclamation (*çanbleu*), jurement de paysan.

SAMBOUC, subst. mas. (*çanbouk*), bois odoriférant que les marchands d'Europe portent en Guinée pour en faire présent aux rois de ce pays.

SAMBOYER, subst. mas. (*çanboé-ié*), sorte de bois aromatique qui croît aux Indes.

SAMBUQUE, subst. fém. (*çanbuke*), instrument à quatre cordes. — Sorte d'échelle énorme qui servait autrefois à escalader les murailles et à attaquer par mer des villes maritimes.

SAMBUCE-LYNCÉE, subst. fém. (*çanbucelênce*), instrument à cordes. Hors d'usage.

SAME, subst. mas. (*çame*), t. d'hist. nat., nom donné à un mugil ou muge, sorte de poisson.

SAMEDI, subst. mas. (*çamedi*) (contraction et corruption des deux mots latins *saturni dies*, parce que ce jour était chez les Romains dédié à Saturne), le dernier jour de la semaine. — *Le samedi saint*, celui qui précède le jour de Pâques.

SAMEQUIN, subst. mas. (*çamekiein*), espèce de vaisseau turc destiné à naviguer terre à terre.

SAMER, subst. propre mas. (*çamère*), bourg de France, chef-lieu de canton, arrond. de Boulogne-sur-Mer, dép. du Pas-de-Calais.

SAMERA, subst. fém. (*çamera*), t. de bot., semence et graine de l'orme.

SAMERAIRE, subst. fém. (*çamerari*), t. de bot., genre de plantes établi pour placer le pastel d'Arménie.

SAMESTRE, subst. mas. (*çamêcetre*), corail rouge que l'on envoie d'Europe à Smyrne et dans tout l'Orient.

SAMHAIL, subst. propre mas. (*çamâ-le*), myth., nom de l'ange qui gouverne le sixième ciel.

SAMIEL, ou SAMIETH, subst. mas. (*çamiéle, miéte*), nom qu'on donne à un vent mortifère d'Afrique.

SAMIEN, adj. mas. (*çamiein*), myth., épithète donnée à Neptune, qu'on adorait à *Samos*.

SAMIEN, subst. et adj. mas., au fém. **SAMIENNE** (*çamiein, miéne*), celui, celle qui est de *Samos*, ou qui habite *Samos*.—Qui a rapport à *Samos*.

SAMIENNE, adj. fém. (*çamiéne*), se dit d'une terre blanche de *Samos*, qui est bonne contre les vomissements.—Myth., surnom de Junon adorée à *Samos*.

SAMIENNE, subst. et adj. fém. Voy. **SAMIEN**.

SAMIER, subst. mas. (*çami-é*), t. d'hist. nat., espèce de coquille du Sénégal, du genre des rochers.

SAMIS ou **SAMIT**, subst. mas. (*çami*), étoffe à lame d'or et d'argent qui se fabriquait à Venise.

SAMMONOCODON, subst. propre mas. (*çamemonokodon*), myth., premier principe, dieu créateur des anciens Siamois.

SAMMOXO RUTHAM, subst. propre mas. (*çamemonorutan*), myth. indienne, le dieu des Péguans.

SAMNITES, ou SAMNIENS, subst. propre mas. plur. (*çamenite, niein*), nom d'anciens peuples d'Italie qui furent vaincus par les Romains.

SAMOGITIENS, subst. propre mas. plur. (*çamojiciein*), peuples de la *Samogitie*, nouvelle province de Russie.

SAMOÏÈDES, subst. mas. plur. (*çamoé-iéde*), peuples qui habitent la Russie d'Asie et la Russie d'Europe, près de la mer Glaciale.

SAMOLE, subst. mas. (*çamole*), t. de bot., sorte de plante à tige herbacée, annuelle.

SAMOLI, subst. mas. (*çamoli*), t. de bot., mouron d'eau, plante antiscorbutique.

SAMOLOÏDE, subst. fém. (*çamolo-ide*), t. de bot., sorte de véronique dont la fleur s'emploie en guise de thé.

SAMOLUS, subst. mas. (*çamoluce*), t. de bot., plante à laquelle les anciens Gaulois attribuaient superstitieusement de grandes vertus.

SAMONEUX, subst. mas. (*çamoreu*), t. de mar., bâtiment plat qui n'a qu'un mât très-long, formé de deux pièces et tenu par des cordages à l'arrière et aux côtés; on s'en sert pour naviguer sur le Rhin et sur les canaux de la Hollande.

SAMORIN, subst. mas. (*çamorein*), t. de relat., titre ou dignité d'un prince en Asie.

SAMOSTHANIENS, subst. mas. plur. (*çamocetanicin*), sectaires chrétiens qui niaient que le Fils et le Saint-Esprit fussent des substances réelles. On les appelle aussi *samostéens* et *samosaténiens*.

SAMOTHÉIS, subst. mas. plur. (*çamoté-ice*), classe de druides.

SAMOUR, subst. mas. (*çamour*), t. d'hist. nat., la marire zibeline dans quelques endroits.

SAMPA, subst. mas. (*çanpa*), t. de bot., espèce de palmier de la Guyane, qui croît dans l'eau, et dont le tronc creux dans l'intérieur fournit pour la conduite des eaux des tuyaux qui se conservent très-bien dans les terreins humides.

SAMPCÉANS, ou SCHAMCÉENS subst. mas. plur. (*çanpecé-an, chancé-ein*), sectaires orientaux.

SAMPITE, subst. mas. (*çanpite*), sorte d'arme dont se servent les habitants des îles Bornéo, tantôt comme d'un arc pour tirer des flèches empoisonnées, tantôt comme d'une baïonnette qu'ils mettent au bout de leurs fusils.

SAMPOGNE, subst. fém. (*çanpogne*), sourdeline d'Italie, espèce de musette en usage dans les villages d'Italie.

SAMPSYQUE, subst. mas. (*çanpecike*), t. de bot., espèce de plante du genre des marjolaines.

SAMSAI, subst. propre mas. (*çamecé*), nom d'une divinité qu'on révère dans le royaume de Siam.

SAMSCRIT, E, ou SANSCRIT, E, adj. (*çancekri, krite*), se dit de l'ancienne langue des Indous, habitants de l'Indoustan, qui est devenue aujourd'hui la langue de leur religion, et qui n'est entendue que par les brames ou brachmanes les plus instruits. — Subst. mas. : *le samscrit*, la langue *sumscrite*.

SAM-SON, subst. mas. (*çameçon*), liqueur alcoolique extraite du riz ou du sorgaso, en Chine.

SAMSOUDJI, subst. mas. (*çameçoudeji*), t. de relat., à Constantinople, gardien des grues.

SAMYDE, subst. fém. (*çamide*), t. de bot., sorte de plantes à feuilles alternes.

SAMYDÉE, subst. fém. (*çamidé*), t. de bot., famille de plantes où l'on a placé la *samyde*.

SANAS, subst. mas. (*çand*), sorte de toile de coton qu'on fabrique dans les Indes.

SANATES, subst. propre mas. plur. (*çanate*) (du lat. *sanus*, sain), anciens peuples voisins de Rome.

SAN-BENITO, subst. mas. (*çanbénito*) (de l'espagnol *saco*, sac, *benito*, béni), vêtement mortuaire, de toile jaune, qu'on met aux condamnés de l'inquisition en Espagne et en Portugal.

SANCHEZ, subst. fém. (*panchèze*), t. de bot., espèce de plante herbacée du Mexique.

SANBLEU, interj. (*çanbleu*). Voy. **SAMBLEU**.

SANCHITE, ou QUAKITE, subst. fém. (*çanchite, kouakite*), t. de bot., genre de plante voisin des bladies.

SANCIR, v. neut. (*çancir*), t. de mar. : *le vaisseau a sanci sous les amarres*, a coulé bas étant à l'ancre.

SANCRAT, subst. mas. (*çankra*), religieux du premier degré, à Siam, dans la hiérarchie monastique.

SANCRATIE, subst. fém. (*çankraci*), fonction, emploi du *sancrat*. — Temps, durée de ces fonctions. — Habitation, logement, du *sancrat*.

SANCTIFIANT, E, adj. (*çanktifian, fiante*), qui sanctifie.

SANCTIFICATEUR, subst. mas., **SANCTIFICATRICE**, subst. fém. (*çanktifikateur, trice*) (en lat. *sanctificator*), qui travaille à *sanctifier* : *l'esprit sanctificateur de nos âmes*. — Ce mot manque dans l'*Académie*.

SANCTIFICATION, subst. fém. (*çanktifikâcion*) (en lat. *sanctificatio*), l'action ou plutôt l'effet de la grace qui *sanctifie* : *la sanctification des fêtes*, leur célébration suivant la loi de l'Église.

SANCTIFICATRICE, subst. fém. Voy. **SANCTIFICATEUR**.

SANCTIFIÉ, E, part. pass. de *sanctifier*.

SANCTIFIER, v. act. (*çanktifié*) (en lat. *sanctificare*), rendre *saint* : *la grace nous sanctifie*. — Célébrer, fêter suivant la loi et le précepte de l'Église : *sanctifier le jour du dimanche*. — Dans l'*Oraison dominicale* : *que votre nom soit sanctifié*, signifie que votre nom soit loué, soit honoré dignement. — *Se* **SANCTIFIER**, v. pron.

SANCTIMONIALE, subst. fém. (*çanktimoni-ale*), religieuse. (*Boiste*.) Inusité.

SANCTIMONIE, subst. fém. (*çanktimonie*), sainteté. (*Boiste*.) Inusité.

SANCTION, subst. fém. (*çankcion*) (en latin *sanctio*, fait de *sancire*, ordonner), constitution, ordonnance sur les matières ecclésiastiques. Il ne se dit guère qu'avec *pragmatique*. — Force, autorité donnée à une loi, à un règlement : *la sanction consiste surtout dans les peines dont on menace les infracteurs de la loi*. — Confirmation donnée par une des autorités légales à un acte émané d'une autre autorité, laquelle convertit cet acte en loi et le rend obligatoire. — Par extension, se dit du public et de l'usage : *ce mot n'a pas encore reçu la sanction du public*.

SANCTIONNÉ, E, part. pass. de **SANCTIONNER**.

SANCTIONNER, v. act. (*çankcione*), donner la *sanction* d..., confirmer. — *Se* **SANCTIONNER**, v. pron.

SANCTUAIRE, subst. mas. (*çanktu-ère*) (en lat. *sanctuarium*), chez les juifs, le lieu le plus saint du temple où reposait l'arche. — Chez les chrétiens, l'endroit de l'église où est le maître-autel. — Lieu spécialement consacré aux arts, aux sciences, aux plaisirs, etc. — Fig., l'Église, le sacerdoce. — Par anal., en parlant des rois : *il ne faut pas pénétrer dans ce sanctuaire*, pénétrer dans le secret des princes. — En parlant d'un tribunal, on dit : *c'est le sanctuaire de la justice*.—*Peser une chose au poids du sanctuaire*, l'examiner avec tout le soin possible ; l'apprécier en conscience.

SANCUS, subst. propre mas. (*çankuce*), myth., le même que *Medius Fidius*, dieu des anciens Sabins.

SANDAL, mieux **SANTAL**, subst. mas. (*çandal*). Voy. ce mot.

SANDALAIRE, subst. fém. (*çandalére*), lieu public où l'on vendait des *sandales*, à Rome. — Adj. fém., myth., surnom d'Apollon.

SANDALE, subst. fém. (*çandale*) (du grec σανδάλιον, en lat. *sandalium*), sorte de chaussure de femme (chez les anciens), chaussure qui ne couvre qu'en partie le dessus du pied.—Semelle de bois, mobile sur le devant au moyen d'une charnière, et fixe vers le talon, avec laquelle on fait aller le soufflet d'un petit jeu d'orgue en même temps qu'on en joue. — Sorte de bâtiment du Levant qui sert d'allége pour les gros navires. —T. d'hist. nat., sorte de coquille du genre des carinaires. — T. de bot., espèce de blé français.

SANDALES, subst. fém. pl. (*çandale*), t. d'hist. nat., famille d'insectes coléoptères.

SANDALIDE, subst. fém. (*çandalide*), t. de bot., espèce de plante de la famille des palmiers.

SANDALIE, subst. fém. (*çandali*), t. de jard., nom d'une espèce de pêche.

SANDALIÉ, subst. mas. (*çandallé*), celui qui fait et qui vend des *sandales*. — T. d'hist. nat., animal qui habite la coquille appelée *sandale*. — T. de jard., nom du pêcher qui produit la *sandalie*.

SANDALIN, subst. mas. Voy. **SANTALIN**.

SANDALINE, subst. fém. (*çandaline*), petite étoffe qui se fabrique à Venise. Voy. **SANTALINE**.

SANDALIOLITHE, subst. fém. (*çanduli-olite*), t. d'hist. nat., sorte de madrépore fossile infundibuliforme.

SANDALIS, subst. fém. Voy. SANDALIDE.

SANDALOTHÈQUE, subst. fém. (*çandalotèke*), lieu, chez les anciens Romains, où l'on serrait les *sandales*.

SANDAPILE, subst. fém. (*çandapile*), t. d'antiq., cercueil de bois, civière couverte pour les enterrements des esclaves et des pauvres.

SANDARACÉ, E, adj. (*çandaracé*), qui a rapport à la *sandaraque*. — Couleur de *sandaraque*.

SANDARAQUE, subst. fém. (*çandarake*) (du grec σανδαρακη), suc résineux, d'une odeur pénétrante et suave, qui découle par incision du grand genévrier.—Substance qui tient le milieu entre le miel et la cire; c'est la nourriture des abeilles *lorsqu'elles travaillent*. Réduite en poudre, on s'en sert pour frotter le papier qu'on a gratté, parce qu'alors il ne boit pas l'encre. — T. de bot., l'orpiment rouge. — Espèce de joubarbe.

SANDARÈSE, subst. fém. (*çandarèze*), t. d'hist. nat., pierre précieuse couleur de feu et semée de taches d'or.

SANDAROUS, subst. mas. (*çandarou*), espèce de résine transparente et d'un beau jaune.

SANDASTRE, subst. mas. (*çandacetre*), t. d'hist. nat., espèce de pierre précieuse tachetée de jaune.

SANDAT, subst. mas. (*çanda*), t. d'hist. nat., espèce de poisson du genre des perches. Voy. SANDRE.

SANDEMANIAN, subst. mas. (*çandémanian*), nom d'une secte des États-Unis, qui se tient au sens naturel de l'Evangile.

SANDERLING, subst. mas. (*çandèreleingue*), t. d'hist. nat., genre d'oiseaux de l'ordre des échassiers.

SANCERGUES, subst. propre mas. (*çancèregue*), bourg de France, *chef*-lieu de canton, arrond. de Sancerre, dép. du Cher.

SANCERRE, subst. propre mas. (*çancère*), ville de France, chef-lieu de canton et d'arrond., dép. du Cher.

SANCOINS, subst. propre mas. (*çankoein*), ville de France, chef-lieu de canton, arrond. de Saint-Amant-Mont-Rond, dép. du Cher.

SANDERZ, subst. mas. (*çandèreze*), t. d'hist. nat., roche sableuse, qui contient certaines sortes de minerais disséminés.

SANDGIAK, subst. mas. Voy. SANGIAC.

SANDGIAKAT, subst. mas. Voy. SANGIACAT.

SANDGIN, subst. mas. Voy. SANGIN.

SANDI, subst. mas. (*çandi*), nom d'une confrérie chez les habitants de la côte de Malaguette.

SANDINAVÉ, subst. mas. (*çandinavé*), cérémonie que les brachmes font chaque jour pour leurs dieux.

SANDIS, interj. (*çan-dice*) (contraction de *sang Dieu*), jurement gascon usité dans les anciennes comédies.

SANDIX ou **SANDYX**, subst. fém. (*çandikce*) (du grec σανδιξ), céruse calcinée.—*Subst. mas.*, espèce de minium.

SANDRE, subst. mas. (*çandre*), t. d'hist. nat., sous-genre de poissons établi parmi les centropomes. Voy. SANDAT.

SANDSTEIN, subst. mas. (*çandecetein*), variété de succin qui sert en Prusse à faire l'huile de succin.

SANDYX. Voyez SANDIX.

SANE, adj. des deux genres (*çane*) (du lat. *sanus*), sain, guéri. (*Boiste.*) Inusité.

SANÉ, E, part. *pass.* de *saner*.

SANER, v. act. (*çané*) (du lat. *sanare*, fait de *sanus*, sain), guérir. (*Boiste.*)—*se* SANER, v. pron. Vieux et même inusité.

SANE-KADSURA, subst. mas. (*çanekadeçura*), t. de bot., arbrisseau du Japon, dont les feuilles en décoction fournissent un mucilage propre au collage du papier.

SANES, barbarisme. Voy. SONNEZ.

SAN-FIORENZ, subst. propre mas. (*çanfi-oreinze*), chef-lieu de canton, arrond. de Bastia, *bras maritime de Corse*.

SANG, subst. mas. (*çan*; devant les voyelles *çanke*) (du latin *sanguis*), liqueur rouge qui coule dans les veines et dans les artères de l'homme et de l'animal : *la circulation du sang*.—On dit, en t. de médec., que *des remèdes purifient le sang*, qu'*ils rafraîchissent le sang*, pour dire qu'ils contribuent au bon état de la santé.—Liqueur qui en tient lieu dans certains animaux. —Par extension, qualité du tempérament : *sang bouillant, tranquille*, etc. — *Baptême de sang*, le martyre souffert sans avoir reçu le baptême. —*Se battre au premier sang*, jusqu'à ce que l'un des deux combattants soit blessé. — *Mettre un pays à feu et à sang*, le ravager, y commettre toutes sortes de cruautés. — *Mettre quelqu'un en sang*, le blesser de manière à ce qu'il soit tout couvert de sang. — Meurtre, carnage : *rien ne peut l'apaiser, il est altéré de sang*. — *C'est un buveur de sang, c'est un homme de sang*, il ne respire que le carnage, le meurtre.—*S'engraisser du sang du peuple*, *sucer le sang du peuple*, s'enrichir aux dépens du peuple, opprimer, piller le peuple.—*Il y a eu beaucoup de sang répandu*, on s'est battu avec un grand acharnement. — *Faire couler le sang*, être tyran; susciter des proscriptions; avoir été la cause d'une guerre.—*Épargner le sang*, la vie des hommes.—Absol. : *le sang a coulé*, il y a eu des personnes blessées dans telle bagarre.—*Inonder un pays de sang*, y exciter les plus sanglants désastres. — *Se faire la guerre à feu et à sang*, se nuire par toutes sortes de voies.—*Fouetter jusqu'au sang*, jusqu'à ce que le *sang* sorte.—*Le sang de tel individu crie vengeance*, il faut que sa mort soit vengée. — *Payer une chose de son sang*, être mis à mort pour avoir fait ou dit telle chose.—*Laver une injure dans le sang*, se venger par la mort de celui qui nous a insultés. — *Être capable de signer une chose de son sang*, avancer qu'on donnerait sa vie pour assurer la véracité d'une chose. — *Cela fait bouillir, cela allume, cela glace le sang*, se dit de ce qui cause de l'impatience, de l'irritation, de l'effroi.—*Le sang lui bout dans les veines, lui monte à la tête*, il est ardent et colère; il est près de se fâcher. — On dit, par affection pour une chose ou une personne, *qu'on répandrait son sang, qu'on donnerait de son sang, jusqu'à la dernière goutte de son sang, pour cette personne* ou *cette chose*.—En parlant de ce qui arrive d'agréable, on dit : *cela rafraîchit le sang* ; et de ce qui survient de fâcheux : *cela fait faire du mauvais sang*.—On dit, pour assurer la vérité d'une chose, qu'*on la signerait de son sang*.—En t. de l'Écriture sainte, *chair* et *sang* se disent de la nature corrompue; et c'est dans cette acception que Jésus-Christ dit à saint Pierre : *Ce n'est point la chair et le sang qui vous l'ont révélé*.—Dans la même acception : *les affections de la chair et du sang*, les sentiments naturels. — *Des pigeons, des lièvres au sang*, cuits dans leur *sang*.—Descendance, lignée : *le sang des Condés*.—*Les princes du sang*, les princes qui sont de la maison royale. — Origine, extraction : *si les droits du sang avaient été consultés*.—*Droit du sang*, le droit que la naissance donne.—*La force du sang*, les sentiments secrets qu'on croit que la nature donne quelquefois pour une personne de même *sang*, quoiqu'on ne la connaisse pas. — *Les vertus des pères ne passent pas toujours avec le sang dans leurs enfants*, les enfants n'ont pas toujours les bonnes qualités de leurs pères. — Prov. : *bon sang ne peut mentir*, on reconnaît toujours d'où l'on sort, de quelle famille on est issu. — *Cela est dans le sang*, cette mauvaise qualité vient de famille, ou est dans son tempérament.—On appelle *animaux à sang blanc*, les mollusques, les insectes et les animaux des ordres inférieurs, dont le sang est blanc, pour les distinguer des animaux dits *à sang rouge*, les mammifères, les oiseaux, les reptiles et les poissons. —En parlant des enfants relativement aux pères, on dit fig. : *c'est mon sang, votre sang* ; c'est mon fils, votre fils. *Voltaire* a dit (*Mort de César*) :

Et toi, vengeur des lois, toi, mon *sang*, toi, Brutus.

On ne dit point *mon sang* nominativement, en parlant de ses aïeux ; on ne le dit qu'en parlant de sa postérité.—Race, en parlant des chevaux : *un cheval pur sang*.—Prov. : *suer sang et eau*, faire de grands efforts, souffrir beaucoup. — *Le sang est beau dans ce pays*, les habitants y sont beaux et bien faits. — *C'est un beau sang*, tout le monde est beau dans cette famille.— Prov. : *avoir du sang aux ongles*, avoir du courage et savoir se défendre. — *Avoir le sang chaud*, être prompt et colère. — *Ne pas avoir de sang dans les veines*, n'avoir ni énergie ni courage.

SANG ou **JOUR-DE-SANG**, subst. mas. (*çan*, *jourdeçan*); on appelait ainsi certaines fêtes de Cybèle et de Bellone, *dans* lesquelles *leurs* prêtres, transportés de fureur, se couvraient de sang en se faisant des incisions par tout le corps.

SANGA, subst. mas. (*çangua*), t. de bot., sorte d'arbre d'Amboine. — Pèlerinage que les Sintos font dans la province d'Isje, au Japon.

SANGAK, subst. mas. (*çanguake*), t. de relat., celui qui conduit la caravane d'Égypte, tous les ans, pour porter au grand-seigneur le tribut des oiseaux de proie.

SANGAPITE, subst. fém. (*çanguapite*), sorte de liqueur rougeâtre.

SANGAY, subst. propre mas. (*çangué*), volcan des Andes, dans la Colombie : il a deux mille six cent quatre-vingt-sept toises d'élévation; ses explosions se font entendre à plusieurs lieues de distance.

SANGBLEU, interj. (*çanbleu*). Voy. SAMBLEU, seule orthographe reçue, laquelle cependant n'est pas la meilleure.

SANG-DE-DRAGON, subst. mas. (*çandedraguon*), t. de bot., sorte de plante du genre des patiences, qui coule comme la résine, comme du *sang*.—Au plur., des *sangs-de-dragon*.

SANG-DES-MARAIS, subst. mas. (*çandèmarè*), t. de bot., espèce de plante du genre des agarics.

SANG-FROID, subst. mas. (*çanfroé*), présence d'esprit, tranquillité d'esprit dans des circonstances fâcheuses ou périlleuses.—Il ne s'emploie pas au pluriel.—*De sang-froid*, loc. adv., sans emportement, posément, sans chaleur.

SANGIAC, subst. mas. (*çanji-ak*), t. de relat., gouverneur turc.—Etendard.

SANGIACAT, subst. mas. (*çanji-aka*), fonction, dignité du *sangiac* en Turquie.—Durée de cette fonction.—La demeure du *sangiac*.

SANGIN, subst. mas. (*çanjein*), t. de relat., sorte de soldats d'élite, en Turquie, chargés de garder les bagages.

SANGLADE, subst. fém. (*çanguelade*), grand coup de fouet, de *sangle*.

SANGLANT, E, adj. (*çanguelan, lante*), *ensanglanté*, taché de *sang*, souillé de *sang*. — *Mort sanglante*, mort violente accompagnée d'effusion de *sang*.—On dit d'une viande qui est rouge parce qu'elle n'est pas assez cuite, qu'*elle est toute sanglante*.—Les catholiques appellent *sacrifice non sanglant*, le sacrifice de la messe. — *Combat sanglant*, où il y a eu beaucoup de *sang* répandu.—Fig. : *injure, satire sanglante* ; *reproche sanglant*, outrageux, offensant, etc. — Fig. : *la plaie est encore toute sanglante*, la douleur, l'affliction est toute récente.

SANGLARCAN, subst. mas. (*çanguelarkan*), drogue médicinale dont les Chinois se servent pour arrêter le *sang*.

SANGLE, subst. fém. (*çanguele*) (du lat. *cingulum*, fait de *cingere*, ceindre), bande plate et large, faite de cuir, de tissu de chanvre, etc., qui sert à ceindre, à serrer, et à divers autres usages : *on se serre le corps avec une sangle lorsqu'on veut courir la poste plus commodément* ; *les sangles d'un bois de lit, d'une selle de cheval*; *sangles de porteur d'eau*. — Chez les orfèvres, bande de cuir ou de petite corde nattée, avec un anneau de fer pour recevoir le crochet des tenailles.—Chez les *passementiers*, se dit des bandes de corde qui soutiennent les épaules de l'ouvrier, assis sur le siége, qui appuie sur les marches du métier pour travailler le tissu. — T. de mar., se dit des entrelacements de menues cordes à deux fils, placés en différents endroits du vaisseau pour empêcher que les manœuvres se coupent. — T. de pêche, pièce d'appelet de moyenne grandeur, destinée à prendre des soles.

SANGLÉ, E, part. pass. de *sangler* et adj.— Dans le blason, se dit des animaux qui ont au milieu du corps une espèce de ceinture d'un autre émail.—Serré avec une *sangle* : *ce cheval est bien mal sanglé*. — *Fond sanglé*, cadre de bois garni de *sangles* dans le milieu pour soutenir les matelas d'un lit.

SANGLER, v. act. (*çanguelé*), ceindre, serrer avec des *sangles*. — Attacher la *sangle* sur un bois de chaise, etc. — On dit pop. : *sangler* (appliquer, donner) *un coup de poing, un coup de fouet, un soufflet*, etc.—Fig., *avoir été sanglé*, avoir essuyé de mauvais traitements. — *se* SANGLER, v. pron. : *cette femme se sangle trop*, elle se serre trop dans son corsage.

SANGLES-BLANCS, subst. mas. plur. (*çanguebleblan*), t. de fabrique, fils de Hollande propres à faire les picots de dentelles. — *Sangles-bleus*, fils qu'on teint en bleu, à Troyes, et qui servent à faire les liteaux du linge de table.

SANGLIER, *subst. mas.* (*çangueli-é*) (suivant *Caseneuve*, du latin *singularis*, seul, solitaire, parce que cet animal vit seul, excepté les deux premières années), porc sauvage. — Poisson de mer dont le museau ressemble à celui du cochon.

SANGLONS, subst. mas. plur. (*çanguelon*), fausses côtes qui fortifient les bateaux; fourcats.

SANGLOT, subst. mas. (*çanguelô*) (du latin *singultus*), soupir redoublé, poussé avec une voix entrecoupée, ne se dit guère qu'au plur. Le *sanglot* diffère du *soupir*, avec lequel il est si souvent entremêlé dans la douleur, en ce que le soupir est volontaire et se fait lentement. — T. de médec., contraction spasmodique du diaphragme, accompagnée de bruit, de larmes, d'oppression, et qui exprime une douleur profonde. — Petite courroie.

SANGLOTÉ, part. pass. de *sangloter*.

SANGLOTER, v. neut. (*çanguelotè*), pousser des *sanglots*.

SANGSUE, subst. fém. (*çançu*) (en lat. *sanguisuga*), animal aquatique, qui *suce le sang* des parties du corps auxquelles on l'applique.—Fig., exacteur avide et injuste : *de telles gens sont les sangsues du peuple.* — Se dit aussi de ceux qui, dans leur profession, exigent plus qu'il ne leur revient légitimement : *cet avoué est une sangsue pour ses clients.*

SANGUENITE, subst. fém. (*çanguenite*), nom que l'on donne, en certains endroits, à l'absinthe maritime.

SANGSUEL, adj. mas., au fém. **SANGSUELLE** (*çançuèle*), t. de médec., qui concerne les *sangsues*. Peu en usage.

SANGSUELLE, adj. fém. Voy. SANGSUEL.

SANGUIFICATIF, adj. mas., au fém. **SANGUIFICATIVE** (*çangu-ifikatif, tive*), qui convertit en *sang*, qui forme le *sang*.

SANGUIFICATION, subst. fém. (*çangu-ifikâcion*), t. de médec., transformation du chyle en *sang*.

SANGUIFICATIVE, adj. fém. Voy. SANGUIFICATIF.

SANGUIFIÉ, E, part. pass. de *sanguifier*.

SANGUIFIER, v. act. (*çangu-ifié*), t. de médec., former en *sang*, convertir en *sang*. — **SE SANGUIFIER**, v. pron., se changer, se transformer en *sang*.

SANGUIFIQUE, adj. des deux genres (*çangu-ifike*), t. de médec., qui se forme en *sang*, qui est de nature à se tourner en *sang*.

SANGUIN, subst. mas. (*çanguiein*), myth.; l'une des quatre complexions; figure allégorique, sous les traits d'un jeune homme aux cheveux blonds, au visage plein, à l'air riant, au teint clair et vermeil.

SANGUIN, E, adj. (*çanguiein, guine*), qui abonde en *sang*, en qui le *sang* domine : *tempérament sanguin.*—Qui est de couleur de *sang*: *rouge sanguin*, *jaspe sanguin*, marqueté de rouge.

SANGUINAIRE, adj. des deux genres (*çanguinère*), cruel, inhumain, qui aime à répandre du *sang*.—Par analogie, il se dit d'une secte, d'une doctrine : *dogmes sanguinaires*, *loi sanguinaire.*

SANGUINAIRE, subst. fém. (*çanguinère*), t. de bot., genre de plantes de la famille des papavéracées.

SANGUINE, subst. fém. (*çanguine*), espèce d'ocre de fer précipitée dans une terre argileuse. La *sanguine* dont on fait les crayons est artificielle. — Pierre précieuse de couleur de *sang*. — Nom d'une pierre brune qui sert aux arquebusiers à brunir les canons de fusils de chasse. — Nom d'une espèce de poire d'Italie qui est couleur de *sang*.—Adj. fém. Voy. SANGUIN.

SANGUINELLE, subst. fém. (*çanguinèle*), t. de bot., cornouiller *sanguin*.

SANGUINOLAIRE, subst. mas. (*çanguinolère*), t. d'hist. nat., sorte de mollusque acéphale de l'ordre des bivalves.

SANGUINOLE, subst. fém. (*çanguinole*), t. de jard., espèce de pêche qui se distingue par de belles couleurs rouges. C'est aussi le nom d'une espèce de poire.

SANGUINOLENT, subst. mas. (*çanguinolan*), t. d'hist. nat., espèce de poisson de mer, rouge, du genre des spares.

SANGUINOLENT, E, adj. (*çanguinolan, lante*), teint de *sang* : *crachats sanguinolents*.

SANGUISORBE, subst. fém. (*çangu-içorbe*), t. de bot., genre de pimprenelles.

SANGUISUGE, subst. mas. et adj. des deux genres (*çangu-içuje*) (du lat. *sanguisuga*, qui signifie proprement *sangsue*, formé de *sanguis*, sang, et de *sugere*, sucer), t. d'hist. nat., famille d'insectes hémiptères qui se nourrissent du *sang* des animaux, tels que les punaises.

SANHÉDRIN, subst. mas. (*çanédrein*) (mot purement hébreu, qui est une corruption du grec συνέδριον, conseil, assemblée), principal tribunal chez les juifs où se décidaient les affaires de l'état et de la religion.

SANHON, subst. mas. (*çanon*), t. de bot., espèce de plante de la Cochinchine, du genre des amomes.

SANI, subst. propre mas. (*çani*), myth., Saturne, la plus malfaisante de toutes les planètes, selon la mythologie.

SANIASSIS, subst. mas. plur. (*çaniaceci*), secte de religieux indiens, qui sont l'objet d'une grande vénération.

SANICLE, subst. fém. (*çanikle*), t. de bot., plante dont la racine est purgative.

SANIDIN, subst. mas. (*çanidein*), t. d'hist. nat., sorte de feld-spath, à tissu plus vitreux que le spath ordinaire.

SANIDODE, subst. fém. (*çanidode*) (du grec σανίς, planche, et εἶδος, forme), t. de médec., étroitesse de l'estomac ou de la poitrine.

SANIE, subst. fém. (*çani*) (du latin *sanies*), t. de médec., pus séreux qui sort des ulcères.

SANIEUSE, adj. fém. Voy. SANIEUX.

SANIEUX, adj. mas., au fém. **SANIEUSE** (*çani-eu, ni-euze*), t. de médec., chargé de *sanie* : *cancer sanieux*.

SANITAIRE, adj. des deux genres (*çanitère*) (du latin *sanitas*, santé), qui a rapport à la santé : *lois sanitaires* ; *police sanitaire.* — *Cordon sanitaire*, ligne de barrage formée par des troupes dont la consigne est d'empêcher toute communication avec les personnes ou les marchandises qui sont en dehors de cette ligne.

SANITÉ, subst. fém. (*çanité*), qualité d'une chose pure, état de ce qui est *sain*.

SANKIVA, subst. mas. (*çankiva*), t. de bot., sorte de plante du Japon ; on croit que c'est la salsepareille.

SANNEQUIN, subst. mas. Voy. SAMEQUIN.

SANNES ou **SANNE**, voy. SONNEZ.

SANNIONITE, subst. fém. (*çanionite*), genre de coquilles chambrées.

SAN-PAU, subst. propre mas. (*çanpô*), myth., petite idole de terre cuite ou d'autre matière que les Kalmouks et les Mongols vont chercher au Thibet, et qu'ils portent suspendue au cou.

SANS, prép. exclusive (*çan*, et devant une voyelle *çanze*) (du latin *sine*) : *sans argent*, *sans honneur*, et non pas *sans point d'argent* ; *sans point d'honneur*, ce qui est un solécisme grossier.—*Sans que*, sorte de conjonction : *sans qu'on m'en parle; sans que cela paraisse.* — Marque la négation, la restriction, l'absence, etc. — *Sans* entre encore dans plusieurs manières de parler adverbiales : *sans doute; sans faute; sans réserve; sans façon ; sans cesse; sans délai*, *sans miséricorde; sans souci*, etc. Voy. la *Grammaire*.

SANSAL, subst. mas. (*çançale*), t. de relat., nom qu'on donne, en Turquie, à certains agents du grand-visir.

SANSAPORAN, subst. mas. (*çançaporan*), myth., fête ou cérémonie annuelle que célèbrent les habitants du royaume d'Aracan, en l'honneur d'une idole qu'on promène dans un chariot, suivi de quatre-vingt-dix prêtres vêtus de satin jaune.

SANS-CŒUR, subst. mas. et fém. (*çankieur*), qui n'a pas de *cœur*, de sentiment d'honneur, de pudeur, fainéant. Pop. — Au plur., des *sans-cœur*.

SANSCRIT. Voy. SAMSCRIT.

SANS-CULOTTE, subst. mas. (*çankulote*), nom donné d'abord à la classe la plus indigente du peuple, et dont on a voulu faire ensuite un titre honorable qu'affectionnaient surtout les terroristes. — Républicain extrême de la lie du peuple; celui qui en vante et en admire les doctrines. — Au plur., des *sans-culotte*.

SANS-CULOTTERIE, subst. fém. (*çankuloteri*), classe des *sans-culotte*.

SANS-CULOTTIDES, subst. fém. plur. (*çankulotide*), nom des cinq jours complémentaires ajoutés aux douze mois formant l'année républicaine, en France.

SANS-CULOTTISME, subst. mas. (*çankulotticeme*), règne, système des *sans-culotte*.

SANS-DENTS, et non pas **SANS-DENT**, subst. fém. (*çandan*), vieille femme qui n'a plus de *dents*, qui les a perdues par son grand âge : *une vieille sans-dents*.

SANSEVIÈRE, subst. fém. (*çancevière*), t. de bot., genre de plantes que l'on croit faire partie des aloès.

SANS-FLEUR, subst. fém. (*çanfleur*), sorte de pomme, pomme-figue.—Subst. mas., pommier qui la produit.—Au plur., des *sans-fleurs*.

SANSONNET, subst. mas. (*çançonè*), oiseau qui apprend facilement à parler. Voy. ÉTOURNEAU. — T. d'hist. nat., poisson de mer, espèce de petit maquereau.

SANS-PEAU, subst. fém. (*çanpô*), t. de jard., poire d'été. — Subst. mas., poirier qui la porte. — Au plur., des *sans-peau*.

SANS-PRENDRE, subst. mas. (*çanprandre*), coup du jeu de l'hombre, etc., où l'on joue sans écarter.—Au plur., des *sans-prendre*.

SANS-SOUCI, subst. propre mas. (*çançouci*), château royal de Prusse, célèbre par les souvenirs qu'y a laissés le grand Frédéric, qui y est mort en 1786.

SANS-TACHE, subst. mas. (*çantache*), t. d'hist. nat., nom d'un serpent tout blanc.—Poisson du genre des salmones.—Au plur., des *sans-tache*.

SANTA, subst. fém. (*çanta*), monnaie de compte de l'île de Java, valant cinq centimes de France.

SANTAL, subst. mas. (*çantal*), bois des Indes. —Sorte d'étoffe de soie. — L'*Académie* semble préférer *sandal*, mot auquel elle renvoie. Nous croyons que *santal* vaut mieux, parce qu'on ne peut le confondre dans la prononciation avec le mot *sandale*.

SANTAL-FAUX, subst. mas. (*çantalfô*), t. de bot., plante à grappes, des Indes.

SANTALIN, subst. mas. (*çantalein*), t. de bot., grand arbre qui croît aux Indes.

SANTALINE, subst. fém. (*çantaline*), petite étoffe qu'on fabrique à Venise. — Matière colorante du *santal* rouge.

SANTANDER, subst. propre mas. (*çantandère*) ville et port d'Espagne, chef-lieu de province, prise par les Français en 1808.

SANTE, subst. fém. (*çante*), t. de bot., genre de plantes établi aux dépens des vulpins.

SANTÉ, subst. fém. (*çanté*) (du lat. *sanitas*), état de celui qui est sain, qui se porte bien : *être en santé*, *en bonne*, *en parfaite santé*. Plusieurs disent en mal : *avoir une mauvaise santé*, il vaut mieux dire : *ne se porter pas bien*, ou *n'avoir pas une bonne santé*, *n'avoir pas de santé*.—Exercice permanent, libre et facile de toutes les fonctions de l'économie animale : *bonne santé*, *santé délicate*.—Fam. : *une santé imperturbable*, celle que rien n'altère. — Prov., dans le même sens, on dit : *une santé de crocheteur*.—*Air de santé*, *figure de santé*, l'air sain, l'apparence d'une bonne *santé*. — On dit aussi : *l'éclat de la santé*, *une santé brillante*, un visage resplendissant de *santé*.—On appelle, *officiers de santé*, *service de santé*, les médecins, chirurgiens et pharmaciens attachés aux hôpitaux militaires.—On appelle aussi, *officiers de santé*, les jeunes médecins et chirurgiens qui ont le droit d'exercer particulièrement, sans avoir le diplôme de la Faculté de médecine. — *Maison de santé*, maison où l'on porte les pestiférés et ceux qui viennent des lieux soupçonnés de peste; et plus particulièrement, maison où l'on reçoit les malades pour les guérir.— —*Billet de santé*, attestation que les officiers ou magistrats des lieux donnent en temps de peste, pour certifier qu'un voyageur ne vient pas d'un lieu suspect.—On nomme aussi, *billet de santé*, l'attestation que donne le médecin ou le chirurgien-major d'un hôpital militaire, au malade qui a entièrement recouvré la *santé*.—*Chocolat de santé*, bon pour la *santé*, pour l'estomac. — *Canot* ou *bateau de santé*, bateau qui porte un médecin, pour visiter l'équipage d'un vaisseau avant qu'il n'entre dans le port. — Fig., bonne disposition, tranquillité, calme intellectuel : *la santé de l'esprit*, *la santé de l'âme*.—*A la santé*, *à votre santé*, expr. adv., salutation qu'on se fait en buvant. — On dit aussi : *boire à la santé de quelqu'un*, et non pas *boire la santé de quelqu'un*; mais on dit bien : *porter la santé de quelqu'un*; *nous avons bu tant de santés*.—Subst. propre fém., myth., divinité païenne, la même que *Salus*. Elle avait plusieurs temples à Rome. On l'adorait aussi sous le nom d'Hygiée ou d'Hygie, qu'on représentait couronnée d'herbes médicinales, et tenant un serpent dans sa main droite. Voyez SALUS.

SANTIAGO ou vulgairement **SAINT-JACQUES-DE-COMPOSTELLE**, subst. propre mas. (*çanti-*

ague), ville d'Espagne, capitale de la Galice, prise par les Français en 1809.

SANTIER, subst. mas. (*santié*), valet de ville. Vieux et même hors d'usage.

SANTOK, subst. mas. (*santok*), t. de relat., gouverneur d'une ville ou d'une province chinoise.

SANTOLINE, subst. fém. (*santoline*), t. de bot., plante vivace, stomachique et vermifuge.

SANTON, subst. mas. (*santon*), sorte de moine turc, mahométan.

SANTONA, subst. propre mas. (*santona*), ville et port d'Espagne, dans le royaume de Burgos, prise par les Français en 1809 et 1823.

SANTOR, subst. mas. (*santor*), t. de bot., sorte d'arbre des Philippines, dont les habitants mangent le fruit.

SANVE, subst. fém. (*sanve*), t. de bot., plante, espèce de moutarde.

SANVITALIE, subst. fém. (*sanvitali*), t. de bot., espèce de plante d'Amérique, de la famille des corymbifères.

SAO, subst. propre fém. (*ça-o*), myth., une des Néréides.

SAÔNE, subst. propre fém. (*çône*), rivière de France, qui prend sa source dans le dép. des Vosges, se jette dans le Rhône, un peu au-dessous de Lyon, et donne son nom à deux dép., celui de la *Saône*, et celui de *Saône-et-Loire*.

SAÔNE (HAUTE-), subst. propre fém. (*ôteçône*), dép. de France, qui tire son nom de sa position vers la source de la *Saône*, qui le parcourt. Le chef-lieu est Vesoul.

SAÔNE-ET-LOIRE, subst. propre fém. (*çônéloare*), dép. de France, qui tire son nom de la *Saône* et de la *Loire*, qui le traversent. Le chef-lieu est Mâcon.

SAORRE, sub. fém. (*ça-ore*), t. de mar., lest.

SAOT-CHAON ou SAOT-CHAOU, subst. mas. (*ça-otecha-on, cha-ou*), sorte de thé qui croît en Chine.

SAOTES, adj. mas. (*ça-otèce*), myth., surnom donné à Bacchus et à Jupiter. Il sign. *Sauveur*.

SIOUARI, subst. mas. (*ça-ou-ari*), t. de bot., espèce d'arbre de la Guyane, dont le fruit est gros comme un œuf.

SAOUL, SAOULER. Voy. SOÛL, SOÛLER.

SAP, subst. mas. (*çape*), t. de mar., s'est dit pour *sapin*.

SAPA, subst. mas. (*çapa*), moût, suc de raisins cuits; raisiné.

SAPAJOU, subst. mas. (*çapajou*), t. d'hist. nat., petit singe à queue prenante, à museau court et à tête plate. — Fig. en parlant d'un homme petit et laid, on dit : *c'est un vrai sapajou*, un vrai singe.

SAPAN, subst. mas. (*çapan*), bois propre à la teinture. — T. d'hist. nat., espèce de quadrupède rongeur de l'ordre des polatouches.

SAPANTIN, subst. mas. (*çapantin*), espèce de barque légère, à rames, en usage sur la Gironde.

SAPE, subst. fém. (*çape*), action de *saper*. — L'ouvrage fait en *sapant*.

SAPÉ, E, part. pass. de *saper*.

SAPÉENS, subst. propre mas. plur. (*çapé-ein*), anciens peuples qui habitaient un côté du Pont-Euxin.

SAPER, v. act. (*çape*), fouir dans les fondements d'un édifice, d'un bastion, etc., pour le démolir. — Fig., en parlant de morale et de politique, détruire, renverser : *saper les fondements de*…— *se* SAPER, v. pron.

SAPERDA, subst. mas. (*çapéreda*), t. d'hist. nat., sorte de poisson de mer de l'ordre des thoraciques.

SAPERDE, subst. mas. (*çapérede*), t. d'hist. nat., genre d'insectes de l'ordre des coléoptères.

SAPEUR, subst. mas. (*çapeur*), celui qui est employé au travail de la *sape*. —Soldat des troupes du génie, spécialement employé aux travaux de siège des places fortes. — *Sapeurs-pompiers*, compagnie de gens organisés et payés pour porter des secours dans les incendies. —On donne aussi le nom de *sapeurs* aux soldats d'infanterie armés d'une hache, et qui portent devant la ceinture un tablier de peau, et marchent en tête d'un régiment : *il y a, à Paris, des sapeurs dans chaque légion de la garde nationale*.

SAPHÈNE, subst. fém. (*çafène*) (du grec σαφηνής), t. d'anat., veine qu'on ouvre, quand on saigne au pied. Elle s'étend depuis les glandules de l'aine jusqu'au-dessus du pied.

SAPHI, subst. mas. (*çafi*), amulette que les nègres mahométans portent sur eux.

SAPHIQUE, subst. mas. et adj. des deux genres (*çafike*); il se dit, dans la poésie grecque et latine, d'un vers de onze syllabes formant cinq pieds, dont on croit que Sapho fut l'inventrice : *cette strophe est du saphique, en vers saphiques*.

SAPHIR, subst. mas. (*çafir*)(du grec σαπφειρος, dérivé, ainsi que le latin *sapphirus*, qui en a été pris, de l'hébreu ou du chaldéen *sappir*, qui a la même signification), pierre précieuse, ordinairement de couleur bleue. Les anciens employaient ce mot pour désigner des pierres bleues et pourpres. Les modernes le donnent à des gemmes de couleur bleue et transparentes qui appartiennent à diverses espèces; mais *le vrai saphir*, celui qui est nommé particulièrement *saphir d'Orient*, est une variété de l'espèce corindon, dont la couleur est bleu de ciel plus ou moins foncé. — On appelle *saphir asterie*, le corindon vitreux, de couleur bleue; *saphir blanc*, le *saphir oriental*; *saphir du Brésil*, la topaze bleu-verdâtre du Brésil, et la tourmaline bleue du Brésil; *saphir électrique*, une variété bleue de la topaze et de la tourmaline; *saphir emeraude* ou *saphir topaze*, des variétés vertes, bleu-verdâtre, jaunes, etc., du corindon vitreux : *saphir faux*, le quartz hyalin bleu et cordiérite et le disthène bleu transparent; *saphir femelle*, le corindon vitreux d'un beau bleu d'azur, et *saphir mâle*, la variété d'un bleu indigo ; *saphir fluss*, la chaux sulfatée bleue et le quartz hyalin bleu ; *saphir œil de chat* , le corindon vitreux chatoyant ; *saphir rubis* , *saphir topaze*, *rubis topaze*, etc., des variétés de corindon vitreux , imparti bleu et rouge, bleu et jaune , rouge et jaune, etc.—On appelait autrefois *saphir occidental*, le cordiérite ou *saphir d'eau*. — *Saphir* se dit encore des boutons rouges de la couperose.

SAPHIRIN, subst. mas. (*çafirein*), t. d'hist. nat., sorte de production volcanique que l'on nomme aussi *haüyne*.

SAPHIRINE, subst. fém. (*çafirine*), variété de chalcédoine d'un bleu de *saphir*, sur laquelle on grave, et que l'on emploie à des objets d'ornement.

SAPHO, subst. propre fém. (*çafô*), myth., Lesbienne célèbre par son génie poétique, sa beauté, et pour sa passion pour *Phaon*.

SAPIDE, adj. des deux genres (*çapide*), qui a du goût, de la saveur; l'opposé d'*insipide*. Peu usité.

SAPIDITÉ, subst. fém. (*çapidité*), goût, saveur propre aux substances alimentaires ; le contraire d'*insipidité*. Peu usité.

SAPIENCE , subst. fém. (*çapi-ance*) (en latin *sapientia*, sagesse), vieux.—*Le pays de sapience*, la Normandie.

SAPIENTIAUX, adj. mas. plur. (*çapi-einci-ô*); se dit de quelques livres de l'Écriture sainte : *les Proverbes, les Psaumes, la Sagesse*, sont des livres *sapientiaux*.

SAPIN, subst. mas. (*çapin*), très-grand arbre de nos forêts, de bois blanc, résineux.—Prov. : *il sent le sapin*, il paraît devoir mourir bientôt; allusion aux bières faites de bois de *sapin*.—Pop. et fam., voiture, fiacre : *prendre un sapin pour monter à la barrière*.

SAPINDACÉE , subst. fém. (*çapéindacé*), t. de bot., famille de plantes qui renferme les *sapins*.

SAPINDUS, subst. mas. (*çapéinduce*), nom latin donné par quelques botanistes au genre des savonniers ou bois de savonnette.

SAPINE, subst. fém. (*çapine*), t. d'archit., solive de bois de *sapin*. — Grand bateau de transport fait de bois de *sapin*.

SAPINETTE, subst. fém. (*çapinéte*) (de *sapin*, parce que ce bois entre pour beaucoup dans la construction des vaisseaux) , petite coquille qu'on trouve sous un vaisseau qui a été longtemps en mer.

SAPINIÈRE, subst. fém. (*çapinière*), lieu planté de *sapins*. —Nom qu'on donne à un bateau fait en *sapin*.

SAPINOS, subst. mas. (*çapinô*), t. d'hist. nat., sorte de pierre précieuse qui tient de l'améthyste.

SAPI-OUTAN , subst. mas. (*çapi-outan*), vache des bois qui se trouve dans l'île des Larrons de la mer du Sud.

SAPOCOU, subst. mas. (*çapokou*), monnaie de compte de Java, valant vingt-cinq centimes de France.

SAPONACÉ, E, adj. (*çaponacé*) (du lat. *sapo*, *saponis*, savon), t. de médec., qui est de la nature du savon.

SAPONACÉE, subst. fém. (*çaponacé*), t. de bot., famille de plantes polypétales, à étamines.

SAPONAIRE, subst. fém. (*çaponère*) (du latin *sapo, saponis*, savon), t. de bot., plante vivace dont le mucilage contient un vrai *savon* végétal. On la nomme aussi *savonnaire* et *savonnière*.

SAPONDOMAD, subst. propre mas. (*çapondomade*), myth., génie que les Persans croient être le protecteur de la terre.

SAPONÉ, subst. mas. (*çaponé*), t. de pharm., savon chargé de principes médicamenteux.

SAPONIFICATION, subst. fém. (*çaponifikacion*), t. de chimie, art, ou plutôt action de *saponifier*.

SAPONIFIÉ, part. pass. de *saponifier*.

SAPONIFIER, v. act. (*çaponifié*) (du lat. *sapo*, savon, et *facere*, faire), t. de chim., transformer en savon.—*se* SAPONIFIER, v. pron.

SAPONINE, subst. fém. (*çaponine*), t. de chim., substance d'un brun clair contenue dans la *saponaire*.

SAPONURE , subst. fém. (*çaponure*), t. de pharm.; pâte formée de savon en poudre et de résine liquide.

SAPORATION, subst. fém. (*çaporâcion*), action de goûter. Peu usité.

SAPORIFIQUE, adj. des deux genres (*çaporifike*) (en lat. *saporificus*), t. de médec., qui produit la saveur.

SAPO-TARTAREUX, subst. mas. (*çapotartareu*), t. de chimie, substance formée d'huile essentielle et d'huile de tartre.

SAPOTE ou SAPOTILLE, subst. fém. (*çapote, poti-ie*), fruit du *sapotier* ou *sapotillier*.

SAPOTÉE, subst. fém. (*çapoté*) , t. de bot., famille de plantes, la même que les *sapotilliers*.

SAPOTIER, subst. mas. (*çapotié*). Voy. SAPOTILLIER.

SAPOTILLIER, subst. mas. (*çapotillié*), grand arbre de Saint-Domingue. Son fruit est un aliment agréable et rafraîchissant.

SAPPADILLE, subst. fém. (*çapadi-ie*), t. de bot., espèce d'arbre originaire d'Amérique.

SAPPAL , subst. mas. (*çapale*), t. de bot., sorte d'arbre des Indes, dont l'écorce est odoriférante.

SAPPAN, subst. mas. (*çapan*), t. de bot., nom qu'on donne, aux Indes orientales , à une espèce de brésillet.

SAPPARE , subst. mas. (*çapare*), t. d'hist. nat., schorl bleu, ou disthène.

SAPPARITE, subst. 'mas. (*çaparite*), t. d'hist. nat., sorte de minéral des Indes d'un bleu d'azur pâle.

SAPPIE, subst. fém. (*çapi*), t. d'hist. nat., espèce de pin qui produit de la poix. — T. d'hist. nat., sorte de petite coquille.

SAPROPHAGE, subst. mas. (*çaprofaje*) (du grec σαπρος, putride, et φαγω, je mange), t. d'hist. nat., insecte pentamère de l'ordre des coléoptères.

SAPROPYRE, subst. fém. (*çapropire*) (du grec σαπρος, putride, et πυρ, feu), t. de médec., la fièvre putride, ou synochus des Grecs.

SAPYGE, subst. fém. (*çapije*), t. d'hist. nat., genre d'insectes de l'ordre des hyménoptères.

SAPYGITES, subst m. pl. (*çapijite*), t. d'hist. nat., tribu d'insectes de la famille des fouisseurs.

SAQUEBUTE, subst. fém. (*çakebute*), ancien instrument de musique, remis en usage sous le nom de *trombone*. Voy. ce mot.

SAQUÉ, E, part. pass. de *saquer*.

SAQUER, v. act. (*çaké*), t. de mar., mouvoir, pousser avec effort.— *se* SAQUER , v. pron. Hors d'usage.

SAQUES, subst. propre mas. plur. (*çake*), anciens peuples qui habitaient les confins de la Scythie.

S. A. R., abrév. de *son altesse royale*.

SARABAÏTE, subst. mas. (*çaraba-ite*), sorte de moines vagabonds en Orient.

SARABANDE, subst. fém. (*çarabande*) (de l'espagnol *zarabanda*), sorte de danse grave, venue d'Espagne, et qui se dansait avec des castagnettes.—Air qui lui est propre. Il est à trois temps.

SARAFE , subst. mas. (*çarafe*), t. de relat., en Arménie, nom qu'on donne aux banquiers.

SARAGOSSE, subst. propre fém. (*çaragoce*), ville d'Espagne, capitale du royaume d'Aragon, et chef-lieu de la province de *Saragosse*. Elle soutint un siége héroïque contre les Français, en 1808 et 1809.

SARAÏS, subst. mas. (*çara-ice*), au Mogol, espèce d'entrepôt pour les marchands.

SARANE, subst. fém. (*çarane*), t. de bot., espèce de fleur de lis, au Kamschatka, dont l'ognon se mange. — Genre de plantes de la famille des liliacées.

SARAGOUSTI, subst. mas. (*saragouceti*), sorte de mastic dont les Indiens se servent pour couvrir les contures des embarcations.

SARAPHANE, subst. fém. (*çarafane*), vêtement gracieux et pittoresque des paysannes russes.

SARAPOUS, subst. mas. plur. (*çarapou*) (du grec σαρκπους); on a donné ce nom aux hommes qui ont les pieds trop larges, ou dont les doigts du pied sont trop écartés les uns des autres.

SARAQUE, subst. mas. (*çarake*), t. de bot., espèce d'arbre qui croît aux Indes.

SARASCOUTA, subst. mas. (*çaracekould*), caste d'Indiens.

SARASINOIS, subst. mas. (*çarazinoa*), sorte de tapis dont on se sert en Turquie.

SARASOUADI, subst. propre fém. (*çaraçonadi*), myth., la femme de Brahma, déesse des sciences et de l'harmonie.

SARBACANE, subst. fém. (*çarbakane*) (de l'espagnol *cerbatana*), long tuyau de verre ou de bois, etc., percé dans toute sa longueur, dont on se sert pour lancer certaines choses ou pour conduire la voix. — Fig. : *parler par sarbacane*, par des personnes interposées. Cette locution est plus que surannée.

SARBOTIÈRE, subst. fém. (*çarbotière*), vase en fer-blanc ou en étain, dont se servent les limonadiers pour faire les glaces.

SARCANDA, subst. mas. (*çarkanda*), t. de bot.; on a donné ce nom vulgairement au santal rouge.

SARCANTHÈME, subst. mas. (*çarkantème*), t. de bot., sorte de plante, la conyse corne de cerf.

SARCASME, subst. mas. (*çarkaceme*) (du grec σαρκασμος, dérivé de σαρκαζειν), raillerie amère et insultante.

SARCASTIQUE, adj. des deux genres (*çarkacetike*), du *sarcasme* : *voy. sarcastique*.

SARCELLE, subst. fém. (*çarcèle*), oiseau aquatique, qui ressemble au canard, mais qui est plus petit. Voy. CERCELLE.

SARCEUSE, adj. fém. Voy. SARCEUX.

SARCEUX, adj. mas., au fém. SARCEUSE (*çarceu, ceuse*), t. de médec.; se dit d'un tissu élastique à contractilité remarquable.

SARCHE, subst. fém. (*çarche*), t. de boiss., cercle haut et large auquel on attache une peau percée ou une étoffe pour faire un tamis, etc.

SARCINULE, subst. fém. (*çarcinule*), t. de bot., genre de polypiers de la famille des lamellifères.

SARCITE, subst. fém. (*çarcite*) (du grec σαρξ, σαρκος, chair), pierre figurée qui imite la chair du bœuf.

SARCLAGE, subst. mas. (*çarklaje*), action de *sarcler*; résultat de cette action : *faire le sarclage d'un jardin*.

SARCLÉ, E, part. pass. de *sarcler*.

SARCLER, v. act. (*çarklé*) (du lat. *sarculare*), arracher les mauvaises herbes.—SE SARCLER, v. pron.

SARCLEUR, subst.mas., **SARCLEUSE**, subst. fém. (*çarkleur, kleuse*), celui, celle qui *sarcle*.— L'Académie a tort de refuser un fém. à ce mot.

SARCLEUSE, subst. fém. Voy. SARCLEUR.

SARCLOIR, subst. mas. (*çarkloar*), instrument pour *sarcler*.

SARCLURE, subst. fém. (*çarklure*), ce qu'on arrache en *sarclant*.

SARCOCARPE, subst. mas. (*çarkokarpe*), t. de bot., partie du fruit; quand elle est très-charnue, en dit *chair*. — Au plur., ordre de champignons qui comprend plusieurs espèces.

SARCOCÈLE, subst. mas. (*çarkocèle*) (du grec σαρκος, génitif de σαρξ, chair, et κηλη, tumeur), t. de chir., tumeur charnue sur les testicules et sur les vaisseaux spermatiques, ou sur la membrane interne du sternum.

SARCOCHILE, sub. fém. (*çarkochi*) t. de bot., sorte de plantes exotiques de la famille des orchidées.

SARCOCOLLE, subst. fém. (*çarkokole*) (du lat. *sarcocola*, fait du grec σαρξ, chair, et κολλα, colle), sorte de gomme-résine, ainsi appelée parce que les anciens lui attribuaient la vertu de consolider les plaies. On la nomme aussi *colle-chair*.

SARCOCOLLIER, subst. mas. (*çarkokolié*), t. de bot., genre de plantes d'Éthiopie, qui produisent la *sarcocolle*.

SARCOCOLLINE, subst. fém. (*çarkokoline*), t. de chim., principe extrait du *sarcocollier*, et qui donne la *sarcocolle*.

SARCODACTYLIS, subst. fém. (*çarkodaktilice*), baie charnue, rouge, d'une plante inconnue.

SARCODE, subst. mas. (*çarkode*), t. de bot., arbrisseau grimpant de la famille des légumineuses.

SARCODERME, subst. mas. (*çarkodérme*), t. de bot., nom donné au parenchyme de la graine.

SARCODIDYME, subst. mas. (*çarkodidime*). (du grec σαρκος, gén. de σαρξ, chair, et διδυμος, testicule), t. de chir., squirrhe du testicule. —Syn. de *sarcocèle*. Voy. ce mot.

SARCO-ÉPIPLOCÈLE, subst. fém. (*çarko-épiplocèle*), t. de chir., hernie complète, causée par la chute de l'*épiploon* dans le scrotum, accompagnée d'excroissance charnue.

SARCO-ÉPIPLOMPHALE, subst. mas. (*çarkoépiplonfale*), t. de chir., hernie complète produite par l'issue de l'*épiploon* au nombril, avec excroissance charnue.

SARCOGRAPHE, subst. mas. (*çarkognerafe*), celui qui s'occupe à décrire les membres, les parties charnues.

SARCOGRAPHIE, subst. fém. (*çarkognerafi*) (du grec σαρξ, σαρκος, chair, et γραφω, je décris), description des membres. — Ouvrage, traité sur les parties charnues.

SARCOGRAPHIQUE, adj. des deux genres (*çarkognerafike*), qui concerne la *sarcographie*.

SARCO-HYDROCÈLE, subst. fém. (*çarko-idrocèle*), t. de chir., *sarcocèle* accompagné d'*hydrocèle*.

SARCOLINE, subst. fém. (*çarkoline*), t. de bot., genre de plantes de la famille des chlénacées.

SARCOLITHE, subst. fém. (*çarkolite*) (du grec σαρκος, gén. de σαρξ, chair, et λιθος, pierre), t. d'hist. nat., substance vitreuse d'un rouge de chair découverte au Vésuve.

SARCOLOBE, subst. mas. (*çarcolobe*), t. de bot., genre de plantes de la famille des apocinées.

SARCOLOGIE, subst. fém. (*çarkoloji*) (du grec σαρκος, génitif de σαρξ, chair, et λογος, discours), traité sur les chairs et les parties molles du corps humain.

SARCOLOGIQUE, adj. des deux genres (*çarkolojike*), qui est relatif, qui appartient à la *sarcologie*.

SARCOLOGUE, subst. mas. (*çarkologue*), celui qui écrit sur la *sarcologie*.

SARCOMATEUSE, adj. fém. Voy. SARCOMATEUX.

SARCOMATEUX, adj. mas., au fém. SARCOMATEUSE (*çarkomateu, teuze*), du *sarcome*; de sa nature.

SARCOME, subst. mas. (*çarkome*) (du grec σαρκωμα, fait de σαρξ, chair), t. de chir., tumeur indolente qui se forme en diverses parties du corps. On dit aussi *sarcose*. Elle survient quelquefois au bas des narines, aux parties naturelles de la femme, au fondement, etc.

SARCOMPHALE, subst. mas. (*çarkonfale*) (du grec σαρκος, gén. de σαρξ, chair, et ομφαλος, nombril), t. de chir., excroissance de chair au nombril.

SARCOMPHALUS, subst. mas. (*çarkonfaluce*), t. de bot., genre de plantes de la famille des nerpruns. C'est un arbre très-élevé, à la Jamaïque, et qui est très-estimé pour la charpente.

SARCOPHAGE, subst. mas. (*çarkofaje*) (du grec σαρκος, gén. de σαρξ, chair, et φαγω, je mange), tombeau dans lequel les anciens mettaient les corps qu'ils ne voulaient pas brûler.— Aujourd'hui, cercueil ou sa représentation dans les grandes cérémonies funèbres.

SARCOPHAGE, adj. des deux genres (*çarkofaje*) (même étym. que celle du mot précédent), qui mange de la chair.—En t. de médec. : *remèdes sarcophages*; ou subst. : *un sarcophage*.

SARCOPHYLLE, subst. mas. (*çarkofile*), t. de bot., genre de plantes de la famille des légumineuses.

SARCOPTE, subst. mas. (*çarkopete*), t. d'hist. nat., genre d'insectes de l'ordre des aptères, les mites de la gale. Voy. SARCOPTES.

SARCOPTÈRE, subst. mas. (*çarkopetère*), t. d'hist. nat., genre de mollusques de la famille des acères.

SARCOPTES, subst. mas. plur. (*çarkopte*) (du grec σαρξ, σαρκος, chair, et κοπτω, couper), t. d'antiq., titre du second livre d'*Apicius*, qui traitait de la manière de couper les viandes.

SARCORAMPHE, subst. mas. (*çarkoranfe*) (du grec σαρκος, gén. de σαρξ, chair, et ραμφη, couteau, glaive; *qui dépèce la chair comme un couteau*), t. d'hist. nat., genre d'oiseaux rapaces qui ont à peu près les mêmes caractères que le vautour.

SARCOSTEMME, subst. mas. (*çarkocetème*), t. de bot., genre de plantes qui se rapprochent des osiers.

SARCOSE, subst. fém. (*çarkôze*), t. de chir., synonyme de *sarcome*. — Maladie des bestiaux, qui les fait enfler et souffler après avoir bu.

SARCOSTOMES, subst. mas. pl. (*çarkocetome*) (du grec σαρξ, gén. σαρκος, chair, et στομα, bouche), t. d'hist. nat., famille extrêmement nombreuse d'insectes diptères, qui ont la bouche charnue et se nourrissent des liquides qu'ils trouvent à la surface du corps.

SARCOSTOSE, subst. fém. (*çarkocetôze*), t. de chir., nom qu'on donne quelquefois à l'*ostéo-sarcose*.

SARCOTIQUE, adj. des deux genres (*çarkotike*) (du grec σαρκοω, je rends charnu), t. de médec., qui accélère la régénération des chairs.— Subst. mas. : *un sarcotique*. Voy. INCARNATIF.

SARDACHATE, subst. fém. (*çardakate*), t. d'hist. nat., pierre précieuse, espèce d'agate.

SARDAIGNE, subst. propre fem. (*çardegnie*), royaume d'Europe.

SARDANAPALE, subst. propre mas. (*çardanapale*), roi adonné aux plaisirs. De nos jours d'un prince mède renommé par ses volupiés : *c'est un vrai Sardanapale*.

SARDAR, subst. mas. (*çardar*), gouverneur et général d'armée chez les anciens Persans. — Chef de troupes. — Prince persan, gouverneur d'une province de Perse.

SARDE, subst. mas. (*çarde*), t. d'hist. nat., sorte de cornaline jaune, brune ou olivâtre. — Espèce de poisson du genre des clupéés.

SARDE, subst. et adj. des deux genres (*çarde*), habitant de la *Sardaigne*. — Qui concerne la *Sardaigne*.

SARDE-AGATE, subst. fém. (*çardagate*) (en latin *sardachates*), pierre précieuse qui, par ses couleurs, tient de la cornaline et de l'agate.

SARDINAL, subst. mas. (*çardinal*), t. de pêche, espèce de filet pour prendre des *sardines*.

SARDINE, subst. fém. (*çardine*), sorte de petit poisson de mer, ainsi nommé, parce qu'on en pêche beaucoup sur les côtes de *Sardaigne*, et qui ressemble beaucoup au hareng.

SARDINIÈRE, subst. fém. (*çardinière*), filet à pêcher des *sardines*.

SARDINIEN, adj. mas., au fém. SARDINIENNE (*çardiniein, niène*), des *sardiniens* : *les jeux sardiniens*.

SARDINIES, subst. fém. plur. (*çardini*), myth., fêtes qu'on célébrait à *Sardes*, en l'honneur de Proserpine et d'autres divinités.

SARDIS, subst. mas. (*çardi*), sorte d'étoffe de laine grossière qu'on fabrique en Bourgogne.

SARDOA, subst. fém. (*çardo-a*), t. de bot., sorte de plante vénéneuse qui croît en *Sardaigne*; elle est douce au goût, mais elle fait faire des grimaces et des contorsions à ceux qui en ont mangé, comme s'ils riaient. De là cette locution proverbiale : *rire sardonien*. Voy. ce mot.

SARDOINE, subst. fém. (*çardoène*), espèce de pierre précieuse, demi-transparente (ainsi nommée du grec Σαρδοις, la ville de *Sardes* dans la Lycie, et ονυξ, ongle; parce qu'elle fut dans l'origine trouvée à *Sardes*, et que sa couleur approche de celle de l'ongle).

SARDON, subst. mas. (*çardon*), lisière de fil ou de ficelle qu'on emploie pour fortifier les filets déliés.

SARDONIEN, adj. mas., au fém. SARDONIENNE, ou SARDONIQUE, adj. des deux genres (*çardoniein, niène, ou nike*), *rire sardonien*, ris forcé, convulsif. Voy. au mot RIRE.

SARDONIENNE, subst. fém. Voy. SARDONIEN.

SARDONIQUE, adj. des deux genres (*çardonike*). Voy. SARDONIEN.

SARDONYX, subst. fém. (*çardonikce*), t. d'hist. nat., espèce d'agate à plusieurs lits de *sardoine* et d'agate onix.

SARE, subst. mas. (*çare*), espace de trois mille six cents ans, dans la chronologie des anciens Chaldéens.— Mois babylonien, période de trente jours.

SARFAR, subst. mas. (*çarfar*), selon les Turcs, le vent froid et glacial de la mort.

SARGA, subst. fém. (*çargua*), t. de bot.,

espèce de lentille de mer dont le fruit est vésiculaire.

SARGASSE, subst. fém. (*çarguace*), t. de bot., sorte de plante aquatique, du genre des varecs.

SARGE, subst. mas. (*çarje*), t. d'hist. nat., espèce de poisson du genre des muges.

SARGET, subst. mas. (*çarjé*). Voy. SPARE.

SARGIE, subst. fém. (*çarji*), t. d'hist. nat., genre d'insectes diptères, de la famille des notacanthes.

SARGON, subst. mas. (*çarguon*), t. d'hist. nat., petit canard de la famille des plongeons.

SARGUE, ou **SARGE**, subst. mas. (*çargue*, *çarje*), t. d'hist. nat., espèce de poisson du genre des spares.

SARI, subst. mas. (*çari*), t. d'hist. nat., très-petite coquille du genre des sabots. — T. de bot., sorte d'arbrisseau qui croît sur les bords du Nil.

SARIAFING, subst. propre mas. (*çari-afeinguè*), myth., l'une des divinités adorées dans l'île de Formose.

SARIBUS, subst. mas. (*çaribuce*), t. de bot., sorte de palmiers; il y a le grand et le petit *saribus*.

SARICOVIENNE, subst. fém. (*çarikoviène*), t. d'hist. nat., loutre de mer, loutre du Brésil.

SARIGUE, subst. mas. (*çarigue*), t. d'hist. nat., espèce de mammifère pédimane, à queue prenante, et à poche sous le ventre, qu'on nomme aussi *didelphe*. Voy. ce mot.

SARI-HABRAMA, subst. propre mas. (*çari-abrama*), nom d'une divinité indienne.

SARILLE, subst. fém. (*çari-ie*), sciure de bois d'orme avec du storax.

SARION, subst. mas. (*çari-on*), natte pour emballage.

SARIONE, subst. mas. (*çari-one*), t. de pêche, jeune saumon.

SARISSE, subst. fém. (*çarice*) (en grec σαρισσα), t. d'antiq., longue lance des Macédoniens. — T. de bot., espèce de plante; on croit que c'est l'hydrophylax.

SARISSOPHORE, subst. mas. (*çariceçofore*) (du grec σαρισσα, et φερω), t. d'antiq., soldat macédonien qui combattait armé d'une *sarisse*.

SARKIS, subst. mas. (*çarki*), nom d'une espèce de rouge dans lequel il n'entre aucun acide, qui embellit la peau, et la conserve.

SARLAT, subst. propre mas. (*çarla*), ville de France, chef-lieu d'arrond. et de canton, dép. de la Dordogne.

SARMANE, subst. mas. (*çarmane*), ordre de prêtres ou de philosophes indiens.

SARMATE, subst. et adj. des deux genres (*çarmate*), qui habitait la *Sarmatie*; qui concerne la *Sarmatie*.

SARMATIE, subst. fém. (*çarmaci*), ancienne contrée d'Europe et d'Asie.

SARMENIUS-LAPIS, subst. mas. (*çarméni-uce-lapice*) (mots latins), t. d'antiq., sorte de pierre à laquelle les anciens attribuaient la vertu de prévenir les avortements.

SARMENT, subst. mas. (*çarman*), bois que pousse la vigne.

SARMENTACÉE, subst. fém. (*çarmantacé*) (du lat. *sarmentum*, sarment, bois de la vigne), t. de bot., dans la méthode de *Jussieu*, famille de plantes ou plutôt d'arbrisseaux grimpants qu'il appelle aussi *vinifères*, comme la vigne.

SARMENTÉ, E, part. pass. de *sarmenter*.

SARMENTER, v. act. (*çarmanté*), ramasser les *sarments* après la taille des vignes. (*Raymond*.) Tout-à-fait inusité.

SARMENTEUSE, adj. fém. Voy. SARMENTEUX.

SARMENTEUX, adj. mas., au fém. **SARMENTEUSE** (*çarmanteu*, *teuze*); se dit, en bot., des plantes qui poussent de chaque nœud des *sarments* ou rameaux.

SARMIENTE, subst. fém. (*çarmi-ante*), t. de bot., espèce de plante parasite grimpante des montagnes du Pérou.

SARONIDE, subst. mas. (*çaronide*) (du grec σαρωνις, g. ιδος, fait dans la même signification de σαρωνιδαι, chênes creux de vétusté; parce que les *saronides* ou *druides* habitaient dans le creux des vieux chênes), chez les anciens Gaulois, classe de prêtres ou de druides, qui étaient aussi appelés bardes.

SARONIES, subst. fém. (*çaroni*), fêtes qu'on célébrait, à Trézène, en l'honneur de Diane.

SAROPODE, subst. mas. (*çaropode*), t. d'hist. nat., genre d'insectes hyménoptères.

SAROS, subst. mas. (*çaroce*), t. d'astron., période nommée aussi *période chaldaïque*, environ dix-huit ans onze jours.

SAROTHRE, subst. fém. (*çarotre*), t. de bot., sorte de plante annuelle de la famille des gentianées.

SAROUBÉ, subst. mas. (*çaroubé*), t. d'hist. nat., espèce de reptile de Madagascar.

SARPÉDON, subst. propre mas. (*çarpédon*), myth., roi de Lycie, fils de Jupiter et de Laodamie, fille de Bellérophon. Il se distingua au siége de Troie, où il porta du secours à Priam, et fut tué par Patrocle. Les Troyens, après avoir brûlé son corps par l'ordre de Jupiter, en gardèrent précieusement la cendre. — Il y a eu un autre *Sarpédon*, roi de Thrace, et un autre encore, fils de Neptune.

SARPÉDONIEN, adj. mas. (*çarpédoniein*), myth., surnom d'Apollon, pris du promontoire de *Sarpédon*, en Cilicie.

SARPÉDONIENNE, adj. fém. (*çarpédoniène*), myth., surnom de Diane.

SARPÉ, E, part. pass. de *sarper*.

SARPER, v. act. (*çarpé*), t. de mar., lever le grappin ou l'ancre. — SE SARPER, v. pron. Peu usité.

SARRACÈNE, subst. fém. (*çaracène*), t. de bot., genre de plantes vivaces de l'Amérique septentrionale.

SARRACÉNIQUE, adj. des deux genres (*çaracénike*), t. de pharm.; se dit d'un certain remède narcotique qui fut introduit par les *Sarrasins*.

SARRANE, subst. fém. (*çarane*), sorte de flûte des anciens.

SARRASIN, subst. propre mas., au fém. **SARRASINE** (*çarazein*, *zine*), nom d'un ancien peuple qui descendit de l'Arabie dans l'Europe, et qui y fit de grands ravages.

SARRASIN, subst. mas. (*çarazein*), sorte de blé originaire d'Afrique, ainsi nommée des *Sarrasins*.—Il est aussi adj. mas. : *le blé sarrasin*.

SARRASINE, subst. fém. (*çarazine*), t. de fortification, espèce de grille ou treillis, à grosses pointes de bois ou de fer, entre le pont-levis et la porte d'une ville, et qui se lève et s'abat au besoin.—Subst. propre, femme d'un *Sarrasin*.

SARRASINOIS, subst. mas. (*çarazinoa*), vieux mot hors d'usage qui signifiait tapissier.

SARRATES, subst. mas. pl. (*çarate*), anciens habitants de la Campanie, en Italie.

SARRAU, subst. mas. (*çarô*), souquenille que portent les paysans, les rouliers, les soldats.

SARREALBE, subst. propre mas. (*çaralbe*), village de France, chef-lieu de canton, arrond. de Sarreguemines, dép. de la Moselle.

SARREBOURG, subst. propre mas. (*çarebour*), ville de France, chef-lieu d'arrond. et de canton, dép. de la Meurthe.

SARREGUEMINES, subst. propre mas. (*çareguemine*), ville de France, chef-lieu d'arrond. et de canton, dép. de la Moselle.

SARRETTE ou **SERRETTE**, subst. fém. (*çarète*, *cérète*), t. de bot., genre de plantes de la famille des cinarocéphales.

SARRIASTES, subst. propre mas. plur. (*çariacete*), peuples de l'ancienne Campanie.

SARRE-UNION, subst. propre fém. (*çarunion*), village de France, chef-lieu de canton, arrond. de Saverne, dép. du Bas-Rhin.

SARRIETTE, subst. fém. (*çari-ète*), t. de bot., plante annuelle à fleur labiée, originaire d'Italie et de Provence, d'une odeur aromatique et pénétrante. La *sarriette vraie* et celle de Crète sont des arbustes.

SARRITOR, subst. propre mas. (*çareritor*), myth., l'un des dieux de l'agriculture, chez les Romains.

SARROLA, subst. propre mas. (*çarola*), village de France, chef-lieu de canton, arrond. d'Ajaccio, dép. de la Corse.

SARROT, subst. masc. (*çaró*), ancien nom du rochet, pièce du vêtement ecclésiastique.

SARROTIRUM, subst. mas. (*çarerotirome*), t. d'hist. nat., les hispes, genre d'insectes coléoptères.

SARROTRIUS, subst. mas. (*çarerotri-uce*), t. d'hist. nat., genre d'insectes orthocères.

SARROUBE, subst. mas. (*çaroube*), t. d'hist. nat., lézard de Madagascar.

SART, subst. mas. (*çare*), t. d'hist. nat., nom du goëmon ou varec, que l'on trouve sur quelques côtes de France.

SARTÈNE, subst. propre mas. (*çartène*), ville de France, chef-lieu d'arrond. et de canton, dép. de la Corse.

SARTHE, subst. propre fém. (*çarte*), rivière de France, qui prend sa source dans le dép. de l'Orne et donne son nom à un département.

SARTHE, subst. propre fém. (*çarte*), dép. de France, qui tire son nom de la rivière de *Sarthe*. Le chef-lieu est le Mans.

SARTIE, subst. fém. (*çarti*), t. de mar., manœuvre qui tient lieu de haubans sur les galères.

SARTILLY, subst. propre mas. (*çarti-ie-i*), bourg de France, chef-lieu de canton, arrond. d'Avranches, dép. de la Manche.

SARTIS, subst. fém. plur. (*çarti*), t. de mar., cordes d'ajuste qui servent à haler les filets de pêche.

SARVE, subst. fém. (*çarve*), nom qu'on a donné, en quelques endroits, à une espèce de cyprin.

SARZEAU, subst. propre mas. (*çarzô*), village de France, chef-lieu de canton, arrond. de Vannes, dép. du Morbihan.

S. A. S., abréviation de *son altesse sérénissime*.

SAS, subst. mas. (*çâ*) (du lat. *seta*, gros poil des animaux, soie, crin, dont on a fait *setatium*, qui a la même signification), tissu de crin attaché à un cercle, et qui sert à passer de la farine, etc. — *Du plâtre au sas*, passé au *sas* ou au tamis, avant que d'être employé. — Bassin pratiqué dans la longueur d'un canal ou d'une rivière, bordé de murs, de quais, et fermé à ses extrémités par une écluse, pour y conserver l'eau d'une chute, etc. (De l'italien *sass*, fait du lat. *saxum*, pierre, à cause des constructions qu'on y fait.)—Prov.: *ces choses ont été passées au gros sas*, examinées avec peu de soin.—*Faire tourner le sas*, prétendre découvrir l'auteur d'un larcin en faisant une espèce de sortilége avec le *sas*.

SASA, subst. mas. (*çaza*), t. d'hist. nat., genre d'oiseaux de l'ordre des silvains.

SASIN, subst. mas. (*çazein*), t. d'hist. nat., petit oiseau de la famille des oiseaux-mouches.

SASSA, subst. mas. (*çaceça*), t. de bot., sorte d'acacia de Nubie, qui fournit une gomme presque semblable à la gomme arabique.

SASSAFRAS, subst. mas. (*çaçafra*), t. de bot., espèce de laurier d'Amérique.

SASSANIDES, sub. prop. m. pl. (*çaceçanide*), t. d'hist. anc., descendants de *Sassan*, aïeul d'Artaxercès.

SASSATA, subst. mas. (*çaceçata*), nom qu'on donne à l'indigo qui est retiré de la troisième pousse.

SASSE, subst. fém. (*çace*), t. de mar., sorte de pelle creuse dont on se sert pour retirer l'eau d'un navire.

SASSÉ, E, part. pass. de *sasser*.

SASSEBÉ, subst. mas. (*çacebé*), t. d'hist. nat., nom d'une espèce de perroquet.

SASSENAGE, subst. mas. (*çacenaje*), fromage de *Sassenage*, en Dauphiné.—Petite pierre de la grosseur et de la forme d'une lentille, propre à faire sortir des yeux les ordures qui ont pu s'y introduire.

SASSENAGE, subst. propre mas. (*çacenaje*), bourg de France, chef-lieu de canton, arrond. de Grenoble, dép. de l'Isère.

SASSER, v. act. (*çacé*), passer au *sas*.—Fig., *sasser et ressasser*, examiner, rechercher, éplucher : *ce procès*, *cette question ont été sassés et ressassés*. — SE SASSER, v. pron.

SASSET, subst. mas. (*çacé*), petit *sas*.—Sorte de petit crible, de petit bassin.

SASSIE, subst. fém. (*çaci*), t. de bot., plante du Chili.

SASSOIRE, subst. fém. (*çâçoare*), pièce du train de devant d'un carrosse, qui soutient la flèche, et sert à faire braquer le carrosse. — T. de mar., quart de rond.

SASSOLIN, subst. mas. (*çaçolein*), espèce de sel qu'on tire de la source chaude de *Sasso*, près de Sienne.

SASTAWE, subst. mas. (*çacetave*), t. de relat., marché, établissement public en Russie.

SATA, subst. mas. (*çata*), ancienne mesure de farine qui équivalait à deux boisseaux et demi.

SATAJO, subst. mas. (*çatajo*), t. de bot., sorte de plante parasite qui croît à Madagascar.

SATAL, subst. mas. (*çatale*), t. d'hist. nat., espèce de coquille qui se rapproche du spondyle garderon.

SATAN, subst. mas. (*çatan*) (mot originairement hébreu, chaldéen et syriaque, qui signifie proprement adversaire, ennemi), nom donné au démon dans l'Écriture : *renoncer à Satan*, *à ses pompes*. — *Le royaume de Satan*, l'enfer, et par exagération, le monde. — *Avoir, posséder l'orgueil de Satan*, être d'un orgueil extrême.— T. d'hist. nat., nom d'un singe d'Amérique qui appartient au genre saki.

SATANÉ, E, adj. (*çatané*), de *Satan*.—Pop. : *satané drôle*, drôle qui tient de *Satan*.

SATANIQUE, adj. des deux genres (*çatanike*), de *Satan*; diabolique, mais en ajoutant plus de force à ce dernier mot : *esprit satanique, méchanceté satanique*.

SATELLITE, subst. mas. (*çatèlelite*) (en latin *satelles, litis*), homme armé et qui est aux gages d'un autre pour être ministre de ses violences. — En astronomie, petite planète qui tourne autour d'une plus grande : *la lune est le satellite de la terre*.— Adj. des deux genres, t. d'anat. : *veines satellites*, qui avoisinent les artères.

SATIALOGAM, subst. propre mas. (*çati-alo-guame*), myth., le paradis de Brahma.

SATIBANA, subst. propre fém. (*çatibana*), myth., nom d'une déesse, en Chine.

SATIÉTÉ, subst. fém. (*çaci-été*) (en lat. *satietas*), réplétion d'aliments, qui va jusqu'au dégoût.—On dit également, au fig. : *la satiété des plaisirs, des honneurs*, etc.

SATILLIEU, subst. propre mas. (*çatilieu*), bourg de France, chef-lieu de canton, arrond. de Tournon, dép. de l'Ardèche.

SATIN, subst. mas. (*çatein*) (du lat. *seta*, soie. *Ménage*.), étoffe de soie, dans laquelle la trame ne paraît point à l'endroit, ce qui lui donne le brillant et l'éclat qui lui sont propres.—*Peau douce comme un satin*, douce et unie.

SATINADE, subst. fém. (*çatinade*), étoffe très-mince qui imite le *satin*.

SATINAGE, subst. mas. (*çatinaje*), action de *satiner*; résultat de cette action.

SATINAIRE, subst. mas. (*çatinère*), celui qui fabrique le *satin*. Peu usité; c'est *satinier* qu'on devrait dire.

SATINE, subst. fém. (*çatine*), t. de bot.; on donne quelquefois ce nom à la lunaire, sorte de plante.

SATINÉ, E, part. pass. de *satiner*, et adj., fait à la manière du *satin*.—Qui tire sur le *satin*. — Lustré comme du *satin*. — *Peau satinée*, douce comme le *satin*. — *Papier satiné*, qui a été mis entre des cartons pour l'adoucir et en abattre les aspérités au moyen d'une presse.— T. de fleuriste, *tulipe satinée*, d'un blanc de *satin*.

SATINER, v. act. (*çatiné*), donner à une étoffe, à un ruban, l'œil du *satin*. — En librairie, donner au papier d'impression la douceur du *satin*, en passant chaque feuille dans des cartons que l'on serre fortement entre des plateaux, sous une presse à vis : *satiner un ouvrage*. — Neut., t. de fleuriste : *telle tulipe satine*, approche du satin.—*se* SATINER, v. pron.

SATINIER, subst. mas. (*çatinié*). Voy. SATINAIRE.

SATIN-PÂLE, subst. mas. (*çateinpâle*), t. de bot., espèce de plante qui croît aux environs de Paris. C'est un agaric dont le chapeau est mamelonné au centre, et comme *satiné* en dessus.

SATIRE, subst. fém. (*çatire*) (du lat. *satyra*, fait de *satyri*, en grec σατυροι, les *satyres*, compagnons de Bacchus, qui attaquaient, par des railleries et des paroles piquantes, tous ceux qu'ils rencontraient), en général, peinture du vice et du ridicule en discours ou en actions, en vers ou en prose. — Plus particulièrement, 1° poème moral qui a pour but de censurer les vices, de tourner les sottises en ridicule, etc.; 2° tout discours piquant, médisant contre les personnes. — Fig. : *sa conduite est la satire de la vôtre*, la régularité de sa conduite fait remarquer davantage l'irrégularité de la vôtre. *Trévoux* écrit ce mot et ses dérivés avec un *y*.

SATIRIQUE, adj. des deux genres (*çatirike*), qui appartient à la *satire* : *ouvrage satirique*.— Enclin, porté à la médisance : *homme, esprit satirique*. — Qui écrit des *satires* : *auteur satirique*. En ce dernier sens, on dit subst., mais rarement : *c'est un satirique*.

SATIRIQUEMENT, adv. (*çatirikeman*), d'une manière *satirique*.

SATIRISÉ, E, part. pass. de *satiriser*.

SATIRISER, v. act. (*çatirizé*), railler, critiquer d'une manière piquante et *satirique*. — *se* SATIRISER, v. pron.

SATIRISTE, subst. mas. et fém. (*çatiricete*), auteur de *satires*. Mauvais plaisant.

SATISFACTION, subst. fém. (*çaticefakcion*) (en lat. *satisfactio*), plaisir, joie, contentement.—Action par laquelle on *satisfait* quelqu'un en réparant l'offense qu'on lui a faite. — En t. dogmatique, ce qu'il faut faire pour réparer les péchés qu'on a commis : *la satisfaction fait partie du sacrement de pénitence*. — SATISFACTION, CONTENTEMENT. (*Syn.*) Le *contentement* tient plus au cœur; c'est un sentiment agréable. La *satisfaction* tient plus aux passions; elle regarde les désirs. La *satisfaction* suppose nécessairement le désir ; le *contentement* n'exprime que le plaisir de posséder. Vous êtes *satisfait* d'obtenir ce que vous souhaitiez, ce que vous poursuiviez; vous êtes *content* d'avoir ce que vous avez, soit que la chose ait rempli, soit qu'elle ait prévenu vos désirs et vos recherches.—Votre *satisfaction* est d'obtenir ou d'avoir obtenu ; votre *contentement* est de jouir, et de jouir en paix.—La *satisfaction* mène au *contentement*, mais il faut que l'objet le procure. Vous êtes *satisfait* quand on vous donne ce que vous voulez; vous êtes *content* quand l'objet vous donne le plaisir que vous vous promettiez.—Le *contentement* ajoute à la *satisfaction* des désirs une *satisfaction* douce de la possession. Voy. CONTENTEMENT.

SATISFACTOIRE, adj. des deux genres (*çaticefaktoure*) (en lat. *satisfactorius*), t. dogmatique, qui est propre à réparer, à expier les fautes commises.

SATISFAIRE, v. act. (*çaticefère*) (en latin *satisfacere*, en faire assez). Il se conjugue comme *faire*. Contenter, donner sujet de contentement à... *il est malaisé de satisfaire tout le monde*; *satisfaire sa passion, sa colère, sa curiosité*, etc. — *Satisfaire des créanciers, des ouvriers*, les payer.—*Cela satisfait l'esprit, les sens, le goût, l'oreille*, etc., plaît à l'esprit, etc. — *Satisfaire l'attente de quelqu'un*, la remplir. — *Satisfaire un besoin*, faire ce qu'un besoin exige.—Neut.: *satisfaire à...* faire ce qu'on doit à l'égard de quelque chose : *satisfaire à son devoir, au précepte, à un paiement*, etc.— *se* SATISFAIRE, v. pron., contenter son désir — *Se satisfaire soi-même*, tirer soi-même raison d'une offense, d'une injure ; et encore, voir de ses propres yeux avant de s'avouer convaincu.

SATISFAISANT, E, adj. (*çaticefèzan, zante*), qui contente, qui *satisfait*.

SATISFAIT, E, part. pass. de *satisfaire*, et adj., content. — SATISFAIT, CONTENT. (*Syn.*) On est *satisfait* quand on a obtenu ce que l'on souhaitait; on est *content* lorsqu'on ne souhaite plus.— Il arrive souvent qu'après être *satisfait* on n'en est pas plus *content*. — La possession doit toujours nous rendre *satisfaits*; mais il n'y a que le goût de ce que nous possédons qui puisse nous rendre *contents*. Voy. CONTENT.

SATIVET, subst. mas. (*çativé*), t. de bot., espèce de laitue.

SATON, subst. mas. (*çaton*), t. d'antiq., mesure des Hébreux, qui était la dixième partie de l'éphah.

SATOR, subst. propre mas. et adj. (*çâtor*), myth., un des dieux des laboureurs. On l'invoquait dans le temps des semailles.—Jupiter était aussi appelé *sator hominum et deorum*, c'est-à-dire, *père des dieux et des hommes*.

SATRAPE, subst. mas. (*çatrape*) (du grec σατραπης, d'où l'on a fait en latin *satrapes*), gouverneur de province chez les anciens Perses. —Fig., grand seigneur riche et voluptueux.

SATRAPIE, subst. fém. (*çatrapi*), gouvernement de *satrape*; le bâtiment où il réside.

SATRES, subst. propre mas. plur. (*çatre*), peuples de l'ancienne Thrace.

SATRICANIENS, subst. propre mas. plur. (*çatrikaniein*), nom des anciens peuples qui habitaient le Latium.

SATRON, subst. mas. (*çatron*), petit poisson qui sert d'appât.

SATTEAU, subst. mas. (*çatetô*), barque ou grosse chaloupe dont on se sert pour la pêche du corail.

SATURABLE, adj. des deux genres (*çaturable*), t. de chim., se dit de ce qui peut s'imbiber, se dissoudre ou se mélanger avec une autre matière. — Ce mot manque dans l'*Académie*.

SATURATION, subst. fém. (*çaturâcion*), t. de chim., état d'un liquide qui est *saturé*. — Union complète de deux matières sans que l'une domine sur l'autre.—Chez les tanneurs état d'une peau imbibée d'eau.

SATURÉ, E, part. pass. de *saturer*. — *Eau de chaux saturée*, eau dans laquelle on a mis assez de chaux pour que cette eau n'en puisse pas dissoudre davantage. — Fig. : *le monde est saturé de plaisirs*, il n'en veut plus prendre.

SATURER, v. act. (*çaturé*) (en latin *saturare*), t. de chimie, mettre dans une liqueur une substance qui s'y dissolve en assez grande quantité pour qu'il ne s'y dissolve plus rien.—*Saturer un acide avec un alcali*, mettre dans l'acide autant d'alcali qu'il peut en dissoudre.—*se* SATURER, v. pron.

SATURIER, subst. mas. (*çaturié*), t. de bot., espèce d'arbrisseau qui croît à l'île Bourbon.

SATURNALES, subst. fém. plur. (*çaturnale*), fêtes en l'honneur de *Saturne*, qui se célébraient à Rome, au mois de décembre. Il était défendu de traiter d'aucune affaire pendant ces fêtes, et d'exercer aucun art excepté celui de la cuisine. Toutes les distinctions de rang cessaient alors; les esclaves même pouvaient impunément dire à leurs maîtres tout ce qu'ils voulaient, et railler leurs défauts en leur présence. — Par extension, fêtes bruyantes et licencieuses : *voilà de vraies saturnales*.

SATURNE, subst. mas. (*çaturne*), l'une des planètes les plus éloignées de la terre, et qui prend son nom d'une des divinités du paganisme : *la planète de Saturne ; les satellites de Saturne; le ciel de Saturne*.—Nom que les chimistes donnent au plomb.—*Sel de saturne*, combinaison d'acide de vinaigre avec le plomb, quand cette matière est solide. — *Extrait de saturne*, cette même combinaison quand elle a la consistance de sirop. — *Vinaigre de saturne*, cette même combinaison lorsqu'elle est liquide. — Subst. propre mas., myth., fils de Cœlus, autrement appelé le Temps. Ne voulant plus souffrir d'autres héritiers que lui et Titan, son frère, il porta à son père un coup de faulx ; et le sang qui coula dans la mer, s'étant mêlé avec l'écume, donna la naissance à Vénus. L'envie qu'il eut de régner lui fit accepter la couronne de Titan, son frère aîné, à condition qu'il n'élèverait point d'enfants mâles, et qu'il les dévorerait aussitôt après leur naissance. Cependant Rhée trouva moyen de soustraire à sa cruauté Jupiter, Neptune et Pluton. Voyez JUPITER. Titan ayant su que son frère, malgré son serment, avait des enfants mâles, arma contre lui et le fit prisonnier. Jupiter étant devenu grand délivra son père et le rétablit sur le trône. Mais bientôt après *Saturne* lui tendit des pièges, craignant qu'il ne le détrônât un jour, ce que Jupiter fit en effet pour se venger. *Saturne* se sauva en Italie, où Janus, roi de cette contrée, le reçut humainement. Ce fut là qu'il enseigna l'agriculture aux hommes ; et le temps de son règne fut si heureux qu'on l'appela l'âge d'or. S'étant attaché à Phylire, il se métamorphosa en cheval pour éviter les reproches de Rhée, sa femme, qui le surprit avec cette nymphe, de laquelle il eut Chiron. On le représente sous la figure d'un vieillard tenant une faulx, pour marquer qu'il préside au temps, qui détruit tout, ou à l'agriculture; auprès de lui est un serpent qui se mord la queue, pour montrer le cercle perpétuel et la révolution des temps : quelquefois aussi on lui donne un sablier ou aviron, pour exprimer la rapidité de cette même révolution.

SATURNIA, subst. propre fém. (*çaturni-a*), myth., surnom de Junon, fille de *Saturne*.

SATURNIEN, adj. mas., au fém. SATURNIENNE (*çaturni-ein, ni-ène*), qui concerne *Saturne*. — Par exagération, et fig., sombre, taciturne, mélancolique, par opposition à *jovial*. Hors d'usage aujourd'hui en ce sens. — Se disait autrefois d'un vers irrégulier ou qui a une syllabe de plus qu'à l'ordinaire.

SATURNIENNE, adj. fém. Voy. SATURNIEN.

SATURNILABE, subst. mas. (*çaturnilabe*), t. d'astron., instrument dont on se sert pour trouver les configurations ou les positions respectives des satellites de *Saturne*.

SATURNIN, E, adj. Voy. SATURNIEN. — Subst. mas., serpent des Indes, cendré, et pâle.

SATURNINE, subst. fém. (*çaturnine*), t. d'hist. nat., espèce de couleuvre.

SATURNITE, subst. fém. (*çaturnite*), plomb sulfuré épigène. — Pierre de *saturne*.

SATYR., abréviation du mot *satyrique*.

SATYRE, subst. mas. (*çatire*) (du lat. *satyrus*, pris du grec σατυρος), myth., demi-dieu moitié homme, moitié bouc, qui habitait les bois.

— Fig. et fam., on appelle *vieux satyre*, un vieillard adonné aux femmes. — Papillon de jour. — Au fém., poèmes mordants, chez les Grecs, dont les *satyres* étaient les principaux personnages. Ne confondez pas *satyre* avec *satire*.

SATYRIASIS, subst. mas., SATYRIASE, subst. fém. (*çatiri-azice, ri-âzé*) (des *satyres*, qui, selon la fable, étaient fort lubriques), t. de médec., érection continuelle de la verge, fureur vénérienne.

SATYRIASME, subst. mas. (*çatiri-aceme*), mal de reins provenant de lubricité.

SATYRION, subst. mas. (*çatiri-on*), t. de bot., plante de la famille des orchidées.

SATYRIQUE, adj. des deux genres (*çatirike*), de *satyre*, qui appartient aux *satyres*. — *Danses satyriques*, lubriques comme celles des *satyres*. — *Jeux satyriques*, farces qu'on jouait à Rome avant les grandes pièces.

SAUCANELLE, subst. fém. (*çôkanèle*), t. d'hist. nat., nom qu'on donne aux jeunes spares dorades.

SAUCE, subst. fém. (*çôce*) (du lat. *salsa*, sous-entendu *condimenta*, assaisonnements salés) assaisonnement liquide où il entre du *sel* et d'autres ingrédients pour y donner du goût. — *Sauce courte*, pas assez abondante. — *Cette sauce n'est pas faite, pas assez faite*, n'est pas assez liée, n'a pas assez bouilli.—Fig., *faire la sauce à quelqu'un*, le réprimander. — On appelle *sauce verte* une *sauce* faite avec du blé vert, avec du jus d'herbes crues. — *Sauce douce*, une *sauce* faite avec du sucre et du vinaigre ou du vin. — *Sauce à Robert* ou *sauce-Robert*, une *sauce* faite avec de la moutarde, de l'ognon et du vinaigre ; et *sauce à pauvre homme*, une *sauce* froide, faite avec de l'eau, du sel et de la ciboule. — On dit prov. : *il n'est sauce que d'appétit*, pour dire que, quand on a faim, on trouve bon tout ce qu'on mange.—On dit prov. et fig. : *la sauce vaut mieux que le poisson*, pour dire que l'accessoire vaut mieux que le principal, que les accompagnements valent mieux que la chose même ; et aussi, à peu près dans le même sens, que *la sauce fait manger le poisson*. — *Mettre une chose à toutes les sauces* ou *à toute sauce*, la répéter de cent façons différentes. — On dit prov. et fig., d'un homme qu'on ne sait à quoi employer, qu'il n'est propre à rien, qu'*on ne sait à quelle sauce le mettre*. — On appelle *sauce du tabac*, de l'eau salée dans laquelle on a mis quelques autres ingrédients, et ont on se sert pour la préparation du tabac.

SAUCÉ, E, part. pass. de *saucer* et adj. : *médailles saucées*, médailles battues sur le seul cuivre et argentées ensuite.

SAUCER, v. act. (*çôcé*), tremper dans la *sauce*. — Fig. et pop. : *il a été saucé dans la boue, dans le ruisseau*, etc., il est tombé dans la boue, on l'a traîné dans le ruisseau. — *Il a été bien saucé*, inondé d'eau. — Fig. : *on l'a saucé*, on l'a grondé, réprimandé fortement.—*se* SAUCER, v. pron.

SAUCIER, subst. mas. (*çôcié*), t. de mar., taquet ou massif de bois creusé pour recevoir le bout de la mèche d'un cabestan qui tourne dedans.

SAUCIÈRE, subst. fém. (*çôcière*), petit vase creux dans lequel on met des *sauces* sur la table.

SAUCISSE, subst. fém. (*çôcice*), boyau de porc ou d'autre animal rempli de viande crue, hachée et assaisonnée. — Longue charge de poudre mise en rouleau dans de la toile, à laquelle on attache une fusée, et qui sert d'amorce pour faire jouer une mine.

SAUCISSIER, subst. mas., SAUCISSIÈRE, subst. fém. (*çocicié, cière*), celui, celle qui fait, qui vend des *saucisses*. Peu en usage.

SAUCISSEUR, subst. mas. (*çôciceur*), charcutier. Vieux et même hors d'usage.

SAUCISSIÈRE, subst. fém. Voyez SAUCISSIER.

SAUCISSON, subst. mas. (*çôciçon*), sorte de *saucisse* fort grosse et de très-haut goût. — Trainée de poudre renfermée dans un tuyau de toile, etc., cousu et goudronné, qui communique d'une chambre de mine jusqu'à l'ouverture de la galerie. — Grand fagot de branches d'arbres pour former des retranchements et des batteries, pour réparer des brèches, etc. — Espèce de grosse fusée.

SAUERKRAUT, subst. mas., mot allemand qui signifie *choucroûte*.

SAUF, adj. mas., au fém. SAUVE (*çôfe, côve*) (du latin *salvus*), qui n'est point endommagé, qui est hors de péril. Il se dit ordinairement avec *sain : Il en est revenu sain et sauf*. — *Les assiégés sont sortis vies et bagues sauves.* Voy. BAGUE.

SAUF, prép. (*çôfe*; et devant une voyelle *çôve*), sans blesser, sans donner atteinte : *sauf votre honneur; sauf votre respect, je vous dirai que...— Sans préjudice : sauf son recours contre..., sauf à recommencer.*—Hormis, excepté : *il lui a cédé tout son bien, sauf une terre*, etc.—En t. de comm. : *sauf erreur de calcul*, sans préjudice du droit de revenir à compter, s'il y a erreur dans le calcul. — *Sauf* s'emploie avec *à* et un infinitif : *sauf à changer, à déduire, à revenir sur notre première décision*.

SAUF-CONDUIT, subst. mas. (*çôfekondui*), sorte de passe-port donné par l'autorité publique. — Par extension, écrit que des créanciers donnent à leur débiteur pour la sûreté de sa personne pendant un certain temps.—Privilège accordé à un ennemi en temps de guerre, par lequel il lui est permis d'aller et de venir en toute sûreté.— Au plur., des *saufs-conduits*.

SAUGE, subst. fém. (*çôje*), t. debot., plante de la famille des labiées.

SAUGRENÉE, subst. fém. (*çôguerené*), t. d'art culinaire, assaisonnement de pois avec du beurre, herbes fines, eau et sel.

SAUGRENU, E, adj. (*çôguerenu*), impertinent, absurde, ridicule : *raisonnement saugrenu ; réponse saugrenue*. Il est fam.

SAUGUE, subst. fém. (*çôgue*), bateau de pêcheur qui est généralement en usage dans la Provence.

SAUGUES, subst. propre mas. (*çôgue*), ville de France, chef-lieu de canton, arrond. du Puy, dép. de la Haute-Loire.

SAUGUZÉES, subst. fém. plur. (*çôguzé*), sorte de toiles de coton qu'on fabrique dans les Indes.

SAUJON, subst. propre mas. (*çôjon*), bourg de France, chef-lieu de canton, arrond. de Saintes, dép. de la Charente-Inférieure.

SAULAIE, subst. fém. (*çôlé*), champ planté de *saules*.

SAULAR, subst. mas. (*çôlar*), t. d'hist. nat., espèce de pie-grièche qu'on trouve au Bengale.

SAULE, subst. mas. (*çôle*) (du lat. *salix, icis*), arbre qui croît dans les lieux humides, et dont les espèces sont très-nombreuses. On disait anciennement *saulx*. — *Saule pleureur*, *saule* dont les branches sont très-longues et si flexibles qu'elles penchent vers la terre.

SAULET, subst. mas. (*çôlè*), t. d'hist. nat., espèce de petit moineau friquet qui fréquente les *saules*.

SAULGE (SAINT-), subst. propre mas. (*cinçôje*), ville de France, chef-lieu de canton, arrond. de Nevers, dép. de la Nièvre.

SAULIEU, subst. propre mas. (*çôlieu*), bourg de France, chef-lieu de canton, arrond. de Semur, dép. de la Côte-d'Or.

SAULINS, subst. propre mas. (*çôlein*), ville de France, chef-lieu de canton, arrond. de Semur, dép. de la Côte-d'Or.

SAULT, subst. propre mas. (*çô*), ville de France, chef-lieu de canton, arrond. de Carpentras, dép. de Vaucluse.

SAULX, subst. propre mas. (*çô*), village de France, chef-lieu de canton, arrond. de Lure, dép. de la Haute-Saône.

SAULXURES, subst. propre mas. (*çôkeçure*), village de France, chef-lieu de canton, arrond. de Remiremont, dép. des Vosges.

SAUMÂTRE, adj. des deux genres (*çômâtre*), un peu *salé*. Il ne se dit que dans ces phrases : *eau saumâtre*, pour dire de l'eau qui a un goût approchant de celui de l'eau de mer; *goût saumâtre*, saveur qui ressemble au goût de l'eau de mer.

SAUMÉE, subst. fém. (*çômé*), sorte de mesure de terre d'environ un arpent.

SAUMÉRIO, subst. mas. (*çôméri-ô*), t. de bot., espèce d'arbre du Pérou ; son écorce est odoriférante. — Sorte de coton qu'on tire de Quito, au Pérou.

SAUMIER, subst. mas. (*çômié*), sorte de grappin ou harpon dont on se sert dans la Dordogne pour prendre les gros *saumons*.

SAUMIÈRE, subst. fém. (*çômière*), t. de mar., trou percé dans la voûte d'un bâtiment, par lequel on passe la tête du gouvernail.

SAUMOIREAU, subst. mas. (*çômoèrô*), t. d'agric., espèce de raisin noir qui croît aux environs de Paris.

SAUMON, subst. mas. (*çômon*) (en lat. *salmo*), t. d'hist. nat., genre de poissons qui, de l'Océan où ils vivent en société, remontent les rivières, et dont la chair est rouge. — Masse de plomb ou d'étain, telle qu'elle est sortie de la fonte.—Chez les ciriers, vase oblong dont ils se servent pour faire fondre la cire des bougies.

SAUMONÉ, E, adj. (*çômoné*), *truite saumonée*, dont la chair est rouge comme celle du *saumon*.

SAUMONEAU, subst. mas. (*çômonô*), petit *saumon*.

SAUMONELLE, subst. fém. (*çômonèle*), t. de pêche, sur certains ports, se dit des petits poissons qui servent d'appât.

SAUMUR, subst. propre mas. (*çômure*), ville de France, chef-lieu de canton et d'arrond., dép. de Maine-et-Loire. Célèbre par sa belle école de cavalerie.

SAUMURAGE, subst. mas. (*çômurage*), action de mettre dans la *saumure*.

SAUMURE, subst. fém. (*çômure*), liqueur qui se forme du *sel* fondu et du suc de la chose *salée : une saumure d'anchois*. — *Saumure de la terre*, eau marine ou *salée* qui coule dans les souterrains.

SAUMURÉ, E, adj. (*çômuré*), salé : *sang saumuré*. (Voltaire.)

SAUNAGE, subst. mas. (*çônaje*), débit, trafic de *sel*. — *Faux saunage*, trafic de *sel* en fraude des droits.

SAUNER, v. neut. (*çôné*), faire du *sel*.

SAUNERIE, subst. fém. (*çôneri*), magasin de *sel*. — Le lieu où se trouve tout ce qu'il faut pour fabriquer le *sel*.

SAUNERON, subst. mas. (*çôneron*), nom qu'on donne, dans les salines, à un mal qui vient aux pieds des *sauniers*.

SAUNIER, subst. mas. (*çônié*), celui qui fait et vend le *sel*. — Se faire payer comme un *saunier*, avec rigueur. — *Faux saunier*, celui qui débite du *sel* en fraude. — En t. de pêche, celui qui ramasse et emploie le *sel* pour la préparation des harengs.

SAUNIÈRE, subst. fém. (*çônière*), vase dans lequel on conserve le *sel*.

SAUPE, subst. fém. (*çôpe*), t. d'hist. nat., sorte de poisson du genre des spares.

SAUPIQUET, subst. mas. (*çôpikié*) (des deux mots *sel* et *piquer*), sorte de *sauce* qui *pique*, qui excite l'appétit : *un saupiquet de bœuf*.

SAUPOUDRÉ, E, part. pass. de *saupoudrer*.

SAUPOUDRER, v. act. (*çôpoudré*), poudrer de *sel*. — Par extension, poudrer d'autre matière, comme farine, poivre, etc. —En t. de jardiniers, couvrir légèrement de fumier sec des chicorées, des laitues.—Fig., donner une légère apparence : *cet écrit est saupoudré d'érudition*. — *se* SAUPOUDRER, v. pron.

SAUQUÈNE, subst. fém. (*çôkène*), t. d'hist. nat., nom qu'on donne, en quelques endroits, au spare dorade.

SAUR, adj. mas. (*çôre*): *hareng saur*, hareng fumé et salé. On dit aussi *hareng sauret*. *Saur* est une contraction de *saure*. Voy. ce mot.—Nous devons dire que l'*Académie* semble préférer *saure*. Pourquoi ne pas former un adj. régulier de ce mot et dire *saur* pour le mas., et *saure* pour le fém.? L'occasion d'employer le fém. de ce mot ne peut-elle donc se rencontrer?

Saura, 3ᵉ pers. sing. fut. indic. du verbe irrég. SAVOIR.

SAURAGE, subst. mas. (*çôraje*), t. de fauconn., première penne d'un oiseau avant qu'il ait mué.

DU VERBE IRRÉGULIER SAVOIR :

Saurai, 1ʳᵉ pers. sing. fut. indic.

Sauraient, 3ᵉ pers. plur. prés. cond.

Saurais, précédé de *je*, 1ʳᵉ pers. sing. prés. cond.

Saurais, précédé de *tu*, 2ᵉ pers. sing. prés. cond.

Saurait, 3ᵉ pers. sing. prés. cond.

SAURAJE, subst. mas. (*çôraje*), t. de bot., arbre de la famille des liliacées, qui croît en Amérique.

Sauras, 2ᵉ pers. sing. fut. indic. du verbe irrégulier SAVOIR.

SAURE, adj. des deux genres(*çôre*) (de *saur*, qui, en vieille langue gothique, signifie couleur rousse et enfumée): *cheval saure*, de couleur jaune qui tire sur le brun.—*Hareng saure.* Voyez SAUR. — Prov. : *elle est maigre comme un hareng saure*, elle est très-maigre. — T. de fauconn. : *oiseau saure*, oiseau qui, pendant sa première année, porte encore son premier pennage, qui est roux. — T. de mar., c'est sur les galères la même chose que *lest* sur les vaisseaux. — T. d'hist. nat., sous-genre de poissons introduit parmi les salmones.

SAURÉ, E, part. pass. de *saurer*.

SAURER, v. act. (*çôré*), faire sécher à la fumée. — *se* SAURER, v. pron.

SAURET, adj. mas. (*çôré*) : *hareng sauret.* Voy. SAUR et SAURE.

Saurez, 2ᵉ pers. plur. fut. indic. du verbe irrégulier SAVOIR.

SAURIEN, subst. et adj. mas. (*çôriein*) (du grec σαυρος, lézard), t. d'hist. nat., ordre de reptiles qui ont le corps écailleux et allongé, des pattes munies d'ongles, une queue souvent fort longue, et des mâchoires garnies de dents enchâssées, tels que les lézards.

Sauriez, 2ᵉ pers. plur. prés. cond. du verbe irrégulier SAVOIR.

SAURIN, subst. et adj. mas. (*çôrein*), *hareng saurin*, laité et nouveau.

SAURION, subst. mas. (*çôrion*), t. de bot., espèce de moutarde.

Saurions, 1ʳᵉ pers. plur. prés. cond. du verbe irrégulier SAVOIR.

SAURISSAGE, subst. mas. (*çôriçaje*), action de *saurer* les harengs.

SAURISSERIE, subst. fém. (*çôriceri*), en t. de pêche, endroit où l'on fume et *saure* les harengs.

SAURISSEUR, subst. mas. (*çôriceur*), celui qui *saure* les harengs.

SAURITE, subst. fém. (*çôrite*), t. d'hist. nat., nom d'une espèce de couleuvre.

SAURITIS, subst. fém. (*çôritice*), t. d'hist. nat., l'anagallis des anciens. — Pierre précieuse qu'on trouve dans le ventre d'une espèce de lézard vert.

SAURIX, subst. mas. (*çôrikce*), myth., sorte d'oiseau de nuit qui était consacré à Saturne.

SAUROCTONE, subst. propre mas. (*çôroktone*) (du grec σαυρος, lézard, et κτεινω, je tue), myth., surnom d'Apollon qui tue un lézard.

DU VERBE IRRÉGULIER SAVOIR :

Saurons, 1ʳᵉ pers. plur. fut. indic.
Sauront, 3ᵉ pers. plur. fut. indic.

SAURURÉE, subst. fém. (*çôruré*), t. de bot., nouvelle famille de plantes monocotylédones de *Jussieu*.

SAURUS, subst. propre mas. (*çôruce*), myth., brigand qui ravageait une partie de l'Élide, et qui fut tué par Hercule.

SAUSARAI, subst. mas. (*çôzarè*), t. d'hist. nat., sorte d'oiseaux palmipèdes, les canards, les sarcelles, etc. Mot de *Laveaux*, qui ne l'a point mis à son rang alphabétique ; et *Raymond* qui l'a copié ne s'en est pas même aperçu.

SAUSSAIE, subst. fém. (*çôcè*), lieu planté de *saules* ; quelques-uns disent *saulaie*, ce qui est plus conforme à l'analogie. Voy. ce mot.

SAUSSE, subst. fém. (*çôce*), liqueur chaude qui a la propriété de rehausser la couleur de l'or.

SAUSSURÉE, subst. fém. (*çôçuré*), t. de bot., genre de plantes dans lequel était comprise la *saussurée* amère, qui constitue aujourd'hui le genre théodorée.

SAUSSURIE, subst. fém. (*çôçuri*), t. de bot., genre de plantes qui est voisin du genre chataire.

SAUSSURITE, subst. fém. (*çôçurite*), t. d'hist. nat., nom donné au jade tenace.

SAUTAGE, subst. mas. (*çôtaje*), action de ceux qui foulent (qui sautent sur) le hareng à mesure qu'on l'encaque.

SAUT, subst. mas. (*çô*) (en lat. *saltus*), action de *sauter*; mouvement par lequel on *saute*, on s'enlève de terre : *grand saut*, *petit saut* ; *ce cheval ne va que par sauts et par bonds.* — Chute : *tomber d'un quatrième étage, c'est un terrible saut.* — Chute d'eau qui se rencontre dans le courant d'une rivière : *le saut du Niagara.* — En ce sens, on appelle *saut de moulin*, la chute d'eau qui fait aller un moulin. — Fig., se dit d'un homme qui parle avec une vivacité déréglée, sans garder aucun ordre, aucune mesure, aucune liaison dans ses discours : *il ne va que par sauts et par bonds.* — Fig. : *un homme a fait un grand saut*, est allé s'établir dans un endroit fort éloigné de celui où il était. — Il se dit d'un homme qui, d'un petit ou médiocre emploi, parvient tout d'un coup à quelque dignité : *cet homme a fait un grand saut* ; et d'un homme qui a été élevé à une haute dignité sans passer par les degrés inférieurs : *de simple soldat, il est devenu capitaine d'un saut, d'un plein saut.* — *Ne faire qu'un saut d'un endroit à un autre*, se rendre en un lieu et en revenir avec la plus grande promptitude. — Fig. : *un homme a fait le saut*, s'est enfin déterminé à prendre un parti, une résolution qui présentait des difficultés ou du danger. — *Faire faire le saut à quelqu'un*, lui faire perdre son emploi, le ruiner. — *Saut de mouton*, se dit de certains *sauts* capricieux d'un cheval qui veut se dérober à l'écuyer, et qui ressemblent à la manière de *sauter* du mouton. — *Sauts de carpe*, certains *sauts* que les baladins exécutent à plat ventre, en s'élevant horizontalement. — *Saut périlleux*, *saut* que font les danseurs de corde quand le corps fait un tour entier dans l'air.—*Sauts de Trivelin*, *sauts* bouffons à la manière des baladins. — Fam. : *saut de Breton*, le *saut*, la chute d'un homme qu'on fait tomber par un certain tour de lutte. — *Saut*, t. de mus., passage d'un ton à un autre par degrés disjoints.— *Saut régulier*, celui qui se fait sur un intervalle consonnant ; et *saut irrégulier*, celui qui se fait sur un intervalle dissonnant. — *Saut de l'étalon*, moment où il couvre la jument.—Le *saut* était un combat agonistique chez les anciens, qui consistait à *sauter* par dessus un espace plus ou moins large. — *De plein saut*, *tout d'un saut*, loc. adv., et fig., tout de suite, sans façon.

SAUTANT, E, adj. (*çôtan, tante*), t. de blas. qui se dit d'une chèvre ou d'un bouc représenté dans l'attitude des lions rampants.

SAUT-DE-LEUCADE, subst. propre mas. (*çôdeleukade*), myth. *Leucade* est une île de la mer Ionienne, en face de l'isthme qui sépare l'Achaïe du Péloponèse. Un promontoire formé de rochers très-escarpés, et qui avance beaucoup sur la mer, termine cette île du côté du midi, et de la cime la plus élevée de ces rochers on se jetait, dit-on, dans la mer, pour se guérir de la passion de l'amour. C'est de là que la célèbre Sapho se précipita pour éteindre l'amour que Phaon lui avait inspiré.

SAUT-DE-LOUP, subst. mas. (*çôdelou*), fossé fait au bout d'une allée, pour en défendre l'entrée sans ôter la vue.— Au plur., des *sauts-de-loup*.

SAUTE, subst. fém. (*çôte*), t. de mar.; on appelle *saute de vent*, un changement subit de vent qui se fait tout d'un coup de plusieurs points.

SAUTÉ, E, part. pass. de *sauter*, et adj. — Subst. mas., ragoût qui se lie dans la casserolle, en le faisant *sauter* par un mouvement de la main : *un sauté de chevreuil* ; *des rognons sautés.*

SAUTÉE, subst. fém. (*côté*), t. de mar., changement subit du vent qui *saute* d'un point à l'autre.

SAUTELÉ, participe pass. de *sauteler*.

SAUTELANT, E, adj. (*çôtelan, lante*), qui *sautelle*.

SAUTELER, v. neut. (*çôtelé*), aller en *sautant* tant soit peu. Vieux et presque hors d'usage.

SAUTELLE, subst. fém. (*çôtèle*), t. d'agric., sarment qu'on transplante avec sa racine.

SAUTER, v. act. (*çôté*) (du lat. *salire*), franchir : *sauter un fossé*, *les murailles*, *la barrière*, *les degrés*, etc.—Fig. et fam., omettre : *il a sauté deux lignes*, *deux feuillets.*—Neut., s'élever de terre avec effort, ou s'élancer d'un lieu à un autre : *sauter par-dessus une muraille*, *sauter à pieds joints*, *sauter de joie*, etc. (Du lat. *saltare*, saillir.) T. de haras, *cet étalon a sauté tant de juments.*—Fig. et fam., parvenir d'une place inférieure à une place supérieure, sans passer par celle du milieu.—Fig.: *sauter de branche en branche*, d'*une matière à une autre*, passer brusquement et sans liaison d'un sujet à un autre.— En t. de mar., *le vent a sauté* (a passé) *subitement du nord à l'est.* — Fig., *sauter au collet*, *à la gorge*, *aux yeux de quelqu'un*, le prendre au collet, à la gorge, vouloir lui arracher les yeux.—*La chose saute aux yeux*, est évidente, on la voit d'abord.—*Sauter aux nues*, s'impatienter ou se mettre en colère. — *Faire sauter un bastion*, le renverser par une mine.—*Faire sauter son vaisseau*, mettre le feu aux poudres de son vaisseau.—*Faire sauter la cervelle à quelqu'un*, lui casser la tête d'un coup de pistolet.— *Faire sauter la tête*, la trancher.—Fam.: *on lui a fait sauter sa terre*, *sa charge*, etc., on l'a obligé à la vendre, à s'en défaire.—*Faire sauter un mauvais lieu*, *un brelan*, etc., chasser du quartier ceux qui le tiennent. — *Faire sauter la coupe*, en t. de jeux, tricher. — *Faire sauter la banque*, gagner tout l'argent dont elle se compose. —Au jeu de billard ; *faire sauter une bille*, la faire sortir de la table du billard.—Prov.: *reculer pour mieux sauter*, prendre quelques détours pour parvenir plus vite à ses fins.—*Faire sauter le bâton à quelqu'un*, l'obliger à faire ce qu'il ne voulait pas faire.—*se* SAUTER, v. pron.

SAUTEREAU, subst. mas. (*çôterô*), petite pièce de bois, garnie d'une plume dans une languette, qui, en *sautant* par le mouvement de la touche, fait sonner la corde d'un clavecin, d'une épinette.—Pièce d'artillerie qui n'est pas renforcée sur la culasse.

SAUTERELLE, subst. fém. (*çôterèle*), sorte d'insecte qui ne s'avance qu'en *sautant.* — Instrument de mathématique qui sert à tracer et à former des angles, etc. — Instrument dont se servent les tailleurs de pierre et les charpentiers. Il se compose de deux pièces de bois mobiles assemblées par un bout comme la tête d'un compas, et propres à prendre l'ouverture de toutes sortes d'angles rectilignes.

SAUTEROLLE, subst. fém. (*çôterole*), t. d'oisel., espèce de reginglette; piége pour les petits oiseaux.

SAUTEUR, subst. mas., **SAUTEUSE**, subst. fém. (*çôteur, teuze*), celui, celle qui fait des *sauts*, qui aime à *sauter.*—On dit fig. et par ironie, d'un homme qui se vante de faire plus qu'il ne peut, que *c'est un habile sauteur.*—Cheval de manége qui fait des *sauts* avec ordre. — T. d'hist. nat., coléoptère herbivore nommé aussi *altise.*—Nom qu'on donne à plusieurs poissons, tels que le spare *sauteur*, le cyprin gonobinche. —Groupe d'animaux rongeurs à longs pieds, qui correspond au genre des gerboises.

SAUTEUR-À-LA-POITRINE, subst. mas. (*çôteuralapoètrine*), t. d'hist. nat., espèce de gecko à tête plate, de Madagascar, qui saute à la poitrine de ceux qui l'approchent, et qui s'y attache avec tant de force qu'on ne peut l'en arracher qu'avec un instrument tranchant.

SAUTEUR-DE-MER, subst. mas. (*çôteurdemère*), t. d'hist. nat., espèce de langouste de l'ordre des crustacés.

SAUTEUR-DES-ROCHERS, subst. mas. (*çôteurderoché*), t. d'hist. nat., espèce d'antilope qui grimpe et court très-agilement sur les rochers.

SAUTEUSE, subst. fém. (*çôteuze*). Voy. SAUTEUR.—T. d'hist. nat., poisson de mer du genre du persègue. — Sorte de walse. — Adj. fém. : *chenille sauteuse* ; fausse chenille de l'orme.

SAUTILLANT, E, adj. (*çôti-ian, iante*), qui *sautille* : *enfant*, *animal sautillant.* — Fig. : *esprit sautillant.*

SAUTILLEMENT, subst. mas. (*çoti-ieman*), action de *sautiller*.

SAUTILLÉ, part. pass. de *sautiller*.

SAUTILLER, v. neut. (*çôti-ié*), marcher en faisant de petits *sauts*. — Fig. et fam. : changer brusquement de matière dans ses discours, dans ses écrits : *il ne fait que sautiller.*

SAUTOIR, subst. mas. (*çôtoar*), pièce d'armoiries qui ressemble à une croix de *Saint-André*. Il figure, dit *Du Cange*, l'étrier pour monter et *sauter* sur le cheval. — Petit fichu qui se croise sur la poitrine.—En parlant des ordres de chevalerie, on dit que *tel ordre se porte en sautoir*, c'est-à-dire, en forme de collier tombant en pointe sur la poitrine, et soutenant la marque de l'ordre : *l'ordre de la Toison-d'Or se porte en sautoir.* — Espèce de chiquet qui sert à retirer l'étoile d'une répétition.

SAUTRIAUX, subst. mas. plur. (*çôtri-ô*), petits bâtons qui servent pour attacher les lames des basse-liciers.

SAUVAGAGE, subst. mas. (*çôvaguaje*), toile blanche de coton qui vient particulièrement de Surate.

SAUVAGE, subst. mas. (*çôvaje*), action de *sauver* des marchandises naufragées ou de recouvrer celles qu'on avait jetées. — Paiement ou part, qu'on donne à ceux qui sauvent des marchandises. Voy. aussi SAUVETAGE.

SAUVAGE, subst. et adj. des deux genres (*çôvaje*) (du lat. *silvaticus*, pour lequel on a dit *salvaticus*, et qui dérive de *silva*, bois, forêt), subst.; homme ou femme qui vit ordinairement dans les bois, sans lois, sans habitation fixe, etc. — Adj., il a le même sens que le subst. : *les peuples sauvages*. — Qui aime à vivre seul, qui évite la fréquentation du monde : *il est fort sauvage ; humeur, air, regard sauvage; manières sauvages*. —Féroce, farouche : *animaux sauvages et carnassiers*. Voy. FAROUCHE. — Qui n'est pas apprivoisé : *canard, oie, chat sauvage*. — Désert, inculte : *pays sauvage*. — En parlant des plantes et des fruits, qui vient naturellement, sans qu'on prenne soin de sa culture : *olivier, figuier, pommier sauvage; laitue, chicorée sauvage; ces fruits ont un goût sauvage*, âpre et désagréable. —Fig., en grammaire, qui a quelque chose de rude, d'extraordinaire, qui choque l'usage : *phrase, construction sauvage*. — *Feu sauvage*, sorte de gale qui vient au visage des enfants.

SAUVAGEON, subst. mas. (*çôvajon*), jeune arbre venu de pepin et sans culture. — Arbre qui n'a point été greffé.

SAUVAGERIE, subst. fém. (*çôvajeri*), dégoût, éloignement de la société.

SAUVAGÈSE, subst. fém. (*çôvajèze*), t. de bot., genre de plantes monogynes, de la famille des violettes.

SAUVAGES-NIVELEURS, subst. mas. plur. (*çôvajeniveleur*), t. de bot., famille de champignons placés parmi les agarics de *Linnée*.

SAUVAGESSE, subst. fém. (*çôvajèce*), femme *sauvage*. — Peu usité.

SAUVAGETÉ, subst. fém. (*çôvajeté*), qualité de ce qui est *sauvage*. — État *sauvage*. Vieux et inusité.

SAUVAGIN, E, subst. et adj. (*çôvajein, jine*); se dit d'un certain goût, d'une certaine odeur qu'ont quelques oiseaux de mer, d'étang, de marais. — On dit plus souvent au substantif : *cela sent le sauvagin, la sauvagine*.

SAUVAGINE, subst. fém. (*çôvajine*), oiseau qui a un goût *sauvagin* : *il y a beaucoup de sauvagines dans ce pays*. — Pelleterie commune et non apprêtée, provenant des animaux *sauvages* qui se trouvent en France.

SAUVE, adj. fém. Voy. SAUF.

SAUVE, subst. propre mas. (*çôve*), ville de France, chef-lieu de canton, arrond. du Vigan, dép. du Gard.

SAUVÉ, E, part. pass. de *sauver*.

SAUVEGARDE, subst. fém. (*çôveguarde*), protection accordée par celui qui en a droit : *être ou mettre en la protection et sauvegarde de...* — Garde ou soldat qu'un général envoie dans un endroit pour le garantir d'insulte, de pillage. — Ce qui sert de garantie, de défense. — T. de mar., espèce de cordage qui passe au travers de la mèche du gouvernail, à fleur d'eau, pour le sauver au cas qu'il soit démonté. — T. d'hist. nat., sous-genre de reptiles établi dans la famille des sauriens. — Au plur., des *sauvegardes*.

SAUVEGARDÉ, E, part. pass. de *sauvegarder*.

SAUVEGARDER, v. act. (*çôveguardé*), protéger, défendre, mettre sous sa protection. — *se* SAUVEGARDER, v. pron. Peu en usage.

SAUVEMENT, subst. mas. (*çôveman*), t. de marine, action de *sauver*, de retirer de la mer les marchandises perdues par un naufrage. On dit aussi *sauvetage*. — T. de mus., action de *sauver* une dissonance. — Droit ancien que les seigneurs levaient pour l'entretien des murs d'une ville ou d'un château où leurs vassaux étaient censés trouver leur sûreté contre l'attaque des soldats ennemis.

SAUVE QUI PEUT, sorte d'interj. Voy. au mot SAUVER.

SAUVER, v. act. (*çôvé*) (du latin *salvare*), garantir, tirer du péril. — Procurer le salut éternel. — Excuser, justifier : *ne pouvant sauver sa conduite, j'excusais ses intentions*. — Garder, observer : *sauver les dehors, les apparences*. — Épargner : *son éducation lui sauve bien des ridicules*. — Préserver de... — *Sauve qui peut*, sorte d'interjection, de cri au moment d'une déroute, d'un péril. — T. de musique : *sauver une dissonance*, la résoudre selon les règles, sur une consonnance de l'accord suivant. — Prov. et fig.: *vouloir sauver la chèvre et le chou*, vouloir ménager en même temps des intérêts opposés. — Éviter, parer ; *il faut tâcher de sauver le coup*. — *Sauver les dehors*, les apparences. — *se* SAUVER, v. pron., fuir, s'échapper. — Se tirer de quelque péril. — Se retirer en un lieu comme dans un asyle. — Ne rien perdre, se dédommager. — Parvenir au salut éternel, faire son salut. — Fig., s'excuser : *quand cette femme n'a pas autant d'esprit qu'à l'ordinaire, elle se sauve sur les vapeurs*.

SAUVE-RABAN, subst. mas. (*çôveraban*), t. de mar., anneau de corde pour empêcher que les *rabans* ne soient coupés par les écoutes des hunes.

SAUVETAGE, subst. mas. (*çôvetaje*), t. de mar., recouvrement d'effets ou de vaisseaux naufragés, ou jetés sur le bord de la mer, après un naufrage. — État hors de péril.

SAUVETÉ, subst. fém. (*çôveté*), assurance, état d'une personne ou d'une chose mise hors de péril. Vieux.

SAUVETERRE, subst. fém. (*çôvetère*), t. d'hist. nat., espèce de marbre à taches jaunes et blanches sur un fond noir, qui se tire de *Sauveterre*, près des Pyrénées.

SAUVETERRE, subst. propre mas. (*çôvetère*), ville de France, chef-lieu de canton, arrond. de Rodez, dép. de l'Aveyron. — Village de France, chef-lieu de canton, arrond. de la Réole, dép. de la Gironde. — Village de France, chef-lieu de canton, arrondissement d'Orthez, dép. des Basses-Pyrénées.

SAUVETERRE-EN-PUISAYE, subst. propre mas. (*çôvetèranpuizé*), ville de France, chef-lieu de canton, arrond. d'Auxerre, dép. de l'Yonne.

SAUVETERRE-LE-VICOMTE ou **SUR-DOUVE** (SAINT-), subst. propre mas. (*celnçôvetèrelevikonte, çuredouve*), village de France, chef-lieu de canton, arrond. de Valogne, dép. de la Manche.

SAUVETERRE-LENDELIN, subst. propre mas. (*çôvetèrelandelein*), village de France, arrond. de Coutances, dép. de la Manche.

SAUVEUR, subst. mas. (*çôveur*), celui qui *sauve* : *Jésus-Christ est le sauveur du monde*. — Il s'emploie aussi adj. : *un Dieu sauveur*. — En t. de marine, celui qui travaille à *sauver* les effets naufragés. — T. de médec.; se dit d'un médecin, d'un remède.

SAUVE-VIE ou **RUE-DES-MURAILLES**, subst. fém. (*çôvevi, rudèmurâ-ie*), t. de bot., sorte de plante du genre des doradilles.

SAUVIGNON, subst. mas. (*çôvignion*), t. d'agric., sorte de raisin blanc qui croît dans le dép. du Cher.

SAUXILLANGES, subst. propre mas. (*çôkcilelanje*), ville de France, chef-lieu de canton, arrond. d'Issoire, dép. du Puy-de-Dôme.

SAUZE-VAUSSAIS, subst. propre mas. (*çôzevôçé*), bourg de France, chef-lieu de canton, arrond. de Melle, dép. des Deux-Sèvres.

SAVACOU, subst. mas. (*çavakou*), t. d'hist. nat., espèce d'oiseau d'Amérique, de la famille des échassiers.

SAVAGUIN, subst. mas. (*çavaguiein*), t. d'agric., raisin blanc qui croît dans le Jura; il produit un vin très-spiritueux.

DU VERBE IRRÉGULIER **SAVOIR** :

Savaient, 3e pers. plur. imparf. indic.

Savais, précédé de *je*, 1re pers. sing. imparf. indic.

Savais, précédé de *tu*, 2e pers. sing. imparf. indic.

Savait, 3e pers. sing. imparf. indic.

SAVAMMENT, adv. (*çavaman*), d'une manière *savante* : *il écrit, il parle savamment de toutes choses*. — Comme un homme instruit et bien informé : *j'en parle savamment*.

SAVANE, subst. fém. (*çavane*) (emprunté de l'espagnol *savana*), se dit des plaines incultes, en Amérique, où paissent les animaux.

SAVANT, E, adj. et subst. (*çavan, vante*), qui sait beaucoup, qui a beaucoup de *science* et d'érudition : *c'est un homme fort savant*; subst. : *c'est un savant; elle fait la savante*. Voy. ÉRUDIT et HABILE. — Qui est bien instruit, bien informé : *j'en parle comme savant*. — En parlant des livres, qui est rempli d'érudition. — *Cette fille est trop savante*, elle sait des choses qu'elle devrait ignorer. — *Il est savant* (habile) *en l'art de feindre*.

SAVANTASSE, subst. mas. (*çavantace*), t. de mépris, celui qui affecte de paraître *savant*, mais qui n'a qu'un savoir confus.

SAVANTISSIME, subst. mas. (*çavanticime*), très-*savant*.

SAVART, subst. mas. (*çavare*), terrein non cultivé, friche. — Vieux et presque hors d'usage.

SAVASTINE, subst. fém. (*çavacetine*), t. de bot., genre de plantes établi dans la famille des graminées.

SAVATE, subst. fém. (*çavate*) (du latin barbare *sapata*, dimin. de *sapa*, lame, parce que les souliers étant plats ressemblent à une lame; l'espagnol *zapato*, soulier, a la même origine. *Ménage*.), vieux soulier fort usé. — Messager qui va à pied d'une ville à une autre porter les lettres dans les lieux écartés. — *Traîner la savate*, être dans l'indigence. — Fig. : maladroit de son métier : *c'est une vraie savate*.

SAVATERIE, subst. fém. (*çavateri*), lieu où l'on vend des *savates*, de vieux souliers.

SAVENAY, subst. propre mas. (*çavené*), ville de France, chef-lieu d'arrond. et de canton, dép. de la Loire-Inférieure.

SAVENEAU, SAVONEAU, SAVONCEAU, subst. mas., **SAVENELLE**, subst. fém. (*çavenô, çavonô, çavonçô, çavenèle*), t. de pêche, filet monté sur deux bâtons. Voy. CAUDRETTE.

Savent, 3e pers. plur. prés. indic. du v. irrég. SAVOIR.

SAVERDUN, subst. propre mas. (*çaverdeun*), ville de France, chef-lieu de canton, arrond. de Pamiers, dép. de l'Ariège.

SAVERNE, subst. propre fém. (*çavèrene*), ville de France, chef-lieu d'arrond. et de canton, dép. du Bas-Rhin.

SAVETÉ, E, part. pass. de *saveter*.

SAVETER, v. act. (*çaveté*), gâter un ouvrage en le faisant ou en le raccommodant malproprement. Il est pop. — *se* SAVETER, v. pron.

SAVETERIE, subst. fém. (*çaveteri*), de vieux souliers. — État de *savetier*.

SAVETIER, subst. mas. (*çavetié*), ouvrier dont le métier est de raccommoder de vieux souliers. — Fig. : *c'est un savetier, ce n'est qu'un savetier*, c'est un mauvais ouvrier.

SAVETTE, subst. fém. (*çavète*), nom qu'on donne dans le Vivarais et ses environs à un mal qui affecte les mâchoires.

SAVEUR, subst. fém. (*çaveur*) (du latin *sapor*), qualité par laquelle un aliment, etc., affecte le goût; il ne se dit guère qu'en bien : *bonne, agréable saveur*. — Fig.; *il n'y a dans cet ouvrage, dans cette pièce, ni goût, ni saveur*; rien d'agréable, de piquant.

DU VERBE IRRÉGULIER **SAVOIR** :

Savez, 2e pers. plur. prés. indic.

Saviez, 2e pers. plur. imparf. indic.

Savions, 1re pers. plur. imparf. indic.

SAVIE, subst. fém. (*çavi*), t. de bot., espèce d'arbuste de la famille des tithymaloïdes.

SAVIGNAC-LES-ÉGLISES, subst. propre mas. (*çavigniaklèzèguelize*), bourg de France, chef-lieu de canton, arrond. de Périgueux, dép. de la Dordogne.

SAVIGNY, subst. propre mas. (*çavigni*), bourg de France, chef-lieu de canton, arrond. de Vendôme, dép. de Loir-et-Cher.

SAVIN (SAINT-), subst. propre mas. (*ceinçavein*), bourg de France, chef-lieu de canton, arrond. de Blaye, dép. de la Gironde. — Ville de France, chef-lieu de canton, arrond. de Montmorillon, dép. de la Vienne.

SAVINES, subst. propre mas. (*çavine*), village de France, chef-lieu de canton, arrond. d'Embrun, dép. des Hautes-Alpes.

SAVINIEN (SAINT-), subst. propre mas. (*celnçavinien*), bourg de France, chef-lieu de canton, arrond. de Saint-Jean-d'Angély, dép. de la Charente-Inférieure.

SAVINIER, subst. mas. Voy. SABINE.

SAVINTE, subst. mas. (*çaveinte*), nom d'une sorte de fruit qu'on recueille aux Indes orientales.

SAVOIR, v. act. (*çavoar*) (du lat. *sapere*, employé dans la même acception, et qui signifie, proprement, sentir, avoir le sentiment du goût. Caseneuve, Ménage, etc.), *sachant, su; je sais*, etc.; *nous savons*, etc.; *je sus, je saurai; sache, sachez; que je sache*. — Connaître : *il sait le chemin, son devoir*. — Être savant dans quelque science : *il sait la grammaire, les mathématiques*, etc. — Avoir dans la mémoire : *savoir sa leçon, son rôle*, etc. — Avoir le pouvoir, l'adresse, le moyen de... Il a les verbes pour régime : *je saurai bien le réduire; il n'a su en venir à bout*. On dit au conditionnel *je ne saurais* pour *je ne puis*; mais seulement en parlant des êtres intelligents : on ne dira pas : *cela ne saurait se faire*, mais *cela ne peut se faire*. — Apprendre, être informé : *je savais cette nouvelle*, et neut.: *je veux bien que vous sachiez*, ou *il faut savoir*, ou *vous saurez que...* — *Je ne sais quoi*, sorte de subst. mas., qui signifie grace naturelle, charme invincible qu'on ne peut définir — *Je ne sache* (je ne connais) *personne de plus agréable.* — *Faire savoir*, instruire, informer. Dans les proclamations, on dit : *faire à savoir*, et en style de chancellerie : *faisons savoir*.—Neut., voir l'esprit orné et rempli de bonnes connaissances : *cet homme-là sait; c'est un homme qui sait.*—*Savoir gré, savoir bon gré, savoir mauvais gré*, être satisfait, être mécontent de la conduite d'une personne, de ses procédés. — —*se* SAVOIR, v. pron.

SAVOIR, *à* **SAVOIR** (*çavoar*), conjonctions qui servent à spécifier ou simplement à marquer les choses dont il s'agit. — *C'est à savoir*, loc. conjonctive, qui exprime un doute.

SAVOIR, subst. mas. (*çavoar*), érudition, science.—Connaissance acquise par l'étude, par l'expérience.

SAVOIR-FAIRE, subst. mas. (*çavoarfère*), habileté, industrie pour faire réussir ce qu'on entreprend. Voy. INDUSTRIE.— Sans plur.

SAVOIR-VIVRE, subst. mas. (*çavoarvivre*), connaissance des usages du monde et des égards qu'on se doit mutuellement en société. — Sans plur.

SAVOISIEN, subst. et adj. mas., au fém. **SAVOISIENNE** (*çavoèziein , ziène*) , qui est de la *Savoie*, qui concerne la *Savoie*. Il diffère de *Savoyard*, qui ne se dit guère que des gens venus de ce pays.

SAVOISIENNE, subst. et adj. fém. Voy. SAVOISIEN.

SAVON, subst. mas. (*çavon*) (du lat. *sapo, saponis*), composition faite avec de l'huile ou une autre matière grasse, et un sel alcali, qui sert à nettoyer, à dégraisser, blanchir le linge, etc. — Fig., forte réprimande : *donner un savon à quelqu'un*. Pop.

SAVONAIRE, subst. fém. Voy. SAPONAIRE.

SAVONATE, subst. mas. (*çavonate*), combinaison des huiles volatiles avec différentes bases.

SAVON-DE-MONTAGNE, subst. mas. (*çavondemontagnie*), matière argileuse intermédiaire entre la lithomarge et la terre à foulon.

SAVON-DES-VERRERIES, subst. mas.(*çavondèvèreri*), t. de chim.; se dit quelquefois de l'oxyde de manganèse qu'on mêle dans la matière du verre, pour faire disparaître les couleurs susceptibles d'en altérer la transparence.

SAVON-NATUREL, subst. mas. (*çavonnaturèle*), t. d'hist. nat., argile d'une finesse extrême qui se trouve dans la manganèse oxydée. Elle se délaie aisément dans l'eau, et mousse jusqu'à un certain point. C'est ce qui lui a fait donner dans le pays, près de la ville de Mâcon, le nom de *savon*.

SAVONE, subst. propre mas. (*çavone*), ville des états sardes, capitale de la province du même nom. Elle fut prise par les Français en 1809. Le pape Pie VII y fut relégué en 1810, et il ne sortit de captivité qu'en 1814, époque où la puissance de Napoléon finit.

SAVONEAU, SAVONCEAU. Voy. SAVENEAU.

SAVONNAGE, subst. mas. (*çavonaje*), action de *savonner*.—L'eau et le *savon* dont on trempe le linge qu'on veut *savonner*.

SAVONNÉ, E, part. pass. de *savonner*.

SAVONNER, v. act. (*çavoné*), nettoyer, blanchir avec du *savon*. — Fig. et fam., faire une verte réprimande.—*se* SAVONNER, v. pron.

SAVONNERIE, subst. fém. (*çavoneri*), lieu où l'on fabrique le *savon*. — Manufacture établie à Paris sous Louis XIII, et renommée pour les beaux tapis, façon de Perse, qui s'y fabriquent.

SAVONNETTE, subst. fém. (*çavonète*), boule de *savon* préparé dont on se sert pour rendre la barbe plus tendre au rasoir.—T. de bot., sorte d'arbrisseau épineux qui croît dans l'île de Madagascar.

SAVONNETTE-DE-MER, subst. fém. (*çavonètedemèr*), t. de bot., assemblage de petites vessies de la grosseur d'un pois, rondes, formant des boules pourvues d'un pédicule que l'on trouve à la surface de la mer Atlantique, et dont les matelots se servent pour se laver les mains. — Se dit aussi de certaines masses rondes d'œufs de poissons, de coquillages, que la mer rejette sur ses bords, dans les endroits écartés, et qui moussent comme du *savon*.

SAVONNEUR, subst. mas. (*çavoneur*), t. de cart., assemblage de morceaux de chapeaux, cousus les uns sur les autres de l'épaisseur de deux pouces et de la largeur d'une feuille, dont le lisseur se sert pour frotter la carte au chauffoir, et ensuite faire couler dessus la pierre de la lissoire.

SAVONNEUSE, adj. fém. Voy. SAVONNEUX.

SAVONNEUX, adj. mas., au fém. **SAVONNEUSE** (*çavoneu, neuze*), qui tient à la qualité du *savon*.

SAVONNIER, subst. mas. (*çavonié*), t. de bot., arbre de médiocre grandeur, dont le fruit a quelques-unes des propriétés du *savon*.—Nom d'une plante de la famille des saponacées. — On appelle aussi *savonnier* celui qui fait le *savon*.

SAVONNIÈRE, subst. fém. Voy. SAPONAIRE.

SAVONNOIR, subst. mas. (*çavonoar*), sorte de feutre avec lequel les cartiers mettent un peu de *savon* sur les cartons destinés à la lisse.

Savons, 1re pers. plur. prés. indic. du v. irr. SAVOIR.

SAVONULE, subst. fém. (*çavonule*), t. de chim., combinaison des huiles volatiles avec différentes bases. Voy. SAVONATE. — *Savonule de potasse*, combinaison de l'huile volatile avec la potasse.

SAVORÉE, subst. fém. Voy. SARRIETTE.

SAVOURÉ, E, part. pass. de *savourer*.

SAVOUREMENT, subst. mas. (*çavoureman*), action de *savourer*. Il est peu usité; il serait utile.

SAVOURER, v. act. (*çavouré*), juger, par l'organe du goût, de la *saveur* des corps; goûter avec attention et avec plaisir : *savourez ce vin*. — Fig. : *savourer les honneurs, les plaisirs, la flatterie*, en jouir avec délices.— *se* SAVOURER, v. pron.

SAVOURET, subst. mas. (*çavouré*), gros os de trumeau de bœuf qu'on met au pot, surtout parmi les gens peu aisés, pour donner du goût, de la saveur au bouillon.

SAVOUREUSE, adj. fém. Voy. SAVOUREUX.

SAVOUREUSEMENT, adv. (*çavoureuzeman*), en *savourant*.

SAVOUREUX, adj. mas., au fém. **SAVOUREUSE** (*çavoureu, reuze*), qui a beaucoup de saveur, un très-bon goût, suave, délicieux. — SAVOUREUX, SUCCULENT. (*Syn.*) *Savoureux*, qui a beaucoup de saveur, un très-bon goût. *Succulent*, qui est plein de suc et très-nourrissant. Le premier exprime la propriété du corps relative au sens du goût ; le second, la nature de l'aliment et sa propriété nutritive. Un mets *succulent* est *savoureux*; mais il y a beaucoup de mets *savoureux* qui ne sont nullement *succulents*. — Un bon rôti sera tout à la fois *succulent* et *savoureux*; les champignons sont *savoureux* sans être *succulents*. — *Insipide* est le contraire de *savoureux*; ce qui est *sec*, ou plutôt *desséché*, est opposé à ce qui est *succulent*.

SAVOYARD, E, adj. et subst. (*çavoè-iar, iarde*), qui concerne la *Savoie*, qui a rapport à la *Savoie*. — Il est aussi subst., celui, celle qui est originaire de *Savoie*.—Par mépris, homme sale, grossier et brutal.

SAVRE, ou **SAVREAU**, subst. mas. (*çavre, çavrô*), t. de pêche, espèce de filet semblable au bouteux.

SAXANE, adj. mas. (*çakçane*), myth., surnom d'Hercule.

SAXATILE, adj. des deux genres (*çakçatile*) (du lat. *saxatilis*, fait de *saxum*, pierre), qui croît, qui se trouve parmi les pierres : *plante saxatile*. —Nom d'un poisson de mer qui est une espèce de goujon, et qui se tient ordinairement dans les pierres et sous les rochers.

SAXE, subst. propre fém. (*çakce*), royaume de la confédération germanique, dont la capitale est Dresde.— *Saxe*, dont la capitale est Magdebourg. — *Saxe-Altembourg*, dont la capitale est Altembourg. — *Saxe-Cobourg-Gotha* , capitale Cobourg.—*Saxe-Meiningen*, capitale Meiningen. —*Saxe-Veimar*, capitale Veimar.

SAXIBONZE, subst. mas. (*çakcibonze*), espèce de *bonze* du Japon qui garde les maisons de campagne des grands.

SAXICAVE, subst. mas. (*çakcikave*), t. d'hist. nat., genre de coquillage qu'on trouve aux environs de La Rochelle.

SAXICOLE, subst. et adj. des deux genres (*çakcikole*) (du lat. *saxus*, caillou, pierre, rocher, et *colere, colo*, j'habite), qui habite les rochers. —T. d'hist. nat., petit poisson qui se tient dans les rochers.

SAXIFRAGE, subst. fém. (*çakcifraje*), t. de bot., plante propre à dissoudre la pierre de la vessie.

SAXIFRAGE, adj. des deux genres (*çakcifraje*) (du lat. *saxum*, pierre, et *frangere*, briser), qui brise la pierre des reins. Voy. LITHONTRIPTIQUE.

SAXIFRAGÉE, subst. fém. (*çakcifrajé*), t. de bot., famille de plantes.

SAXIGÈNE, adj. des deux genres (*çakcijène*) (du lat. *saxum*, gén. *saxi*, caillou, et *genus*, genre, nature, ou du grec γίνομαι, je produis), qui est de la nature des cailloux ; qui ne produit que des cailloux.—Subst. mas. et adj. des deux genres, t. d'hist. nat., nom que quelques naturalistes ont donné aux animaux qui construisent les lithophytes ou polypiers pierreux, parce que, dans les mers du Sud où ils sont très-communs, ils forment par leur accumulation même des rochers souvent très-dangereux pour les vaisseaux. Voy. LITHOGÈNE.

SAXIN, subst. mas. (*çakcein*), t. d'hist. nat., petit animal rongeur du genre des campagnols, en Sibérie.

SAXINELLE, subst. fém. (*çakcinèle*), t. de bot., petite plante qui pousse dans les pierres et les rochers.

SAXITÉ, subst. fém. (*çakcité*), nature pierreuse. Peu usité.

SAXON, E, adj. et subst. (*çakçon, çone*), de *Saxe*; qui appartient à la *Saxe*.

SAYA, subst. fém. (*çé-ia*), nom d'une étoffe de soie qu'on fabrique en Chine.

SAYE, subst. fém. (*çé*), sorte de serge ; étoffe croisée qui ressemble à la serge, et que l'on fabrique à Caen en Normandie, et aux environs.

SAYETTE, subst. fém. (*çé-iète*), petite étoffe de laine.

SAYETTERIE, subst. fém. (*çé-iètri*), manufacture d'étoffe de laine, ou de laine et de soie, établie à Amiens.—Étoffes qui sortent de cette fabrique.

SAYETTEUR, subst. mas. (*çé-ièteur*) , nom générique des fabricants d'Amiens. Voy. SAYETTERIE.

SAYNÈTE, subst. fém. (*cénète*), en Espagne, petite pièce de théâtre, tenant de la farce.

SAYON, subst. mas. (*çé-ion*). Voy. SAIE.

SAYRÉ, E, part. pass. de *sayrer*.

SAYRER, v. act. (*céré*), irriter. —*se* SAYRER, v. pron. (*Boiste*.) Vieux et même hors d'usage.

SAZE, subst. mas. (*çâze*), nom de docteurs ou prêtres d'un ordre inférieur, dans le royaume de Camboge.

SBIRE, subst. mas. (*cebire*) (de l'italien *sbirro*), en divers pays, et surtout à Rome, archer, gendarme, sergent.

SC, au commencement d'un mot, conserve le son de *s* propre, celui de *ce*.

SCABELLES ou **SCABILLES**, subst. fém. plur. (*cekabèle, bi-ie*) , chez les anciens, espèce de sandales de bois avec lesquelles on battait la mesure.

SCABELLON, subst. mas. (*cekabèlelon*) (du latin *scabellum*, marche-pied), piédestal sur lequel on met des bustes, des girandoles, etc.

SCABIE, subst. fém. (*cekabi*), t. de médec., sorte d'affection cutanée.

SCABIEUSE, subst. fém. (*cekabi-euze*) (du lat. *scabiosa*), t. de bot. plante vivace, amère, à fleur composée, flosculeuse, qui croît dans les prés, etc. Parmi ces différentes espèces, on distingue celle des bois, nommée aussi *mors du diable*.

SCABIEUSE, adj. fém. Voy. SCABIEUX.

SCABIEUX, adj. mas., au fém. **SCABIEUSE** (*cekabi-eu, bi-euze*) (du latin *scabiosus*, fait de *scabies*, gale), qui ressemble à la gale : *éruptions scabieuses*.

SCABIN, subst. mas. (*cekabein*), espèce de client d'un noble aux assemblées nationales françaises. Vieux. (*Boiste*.)

* **SCABRE**, adj. des deux genres (*cekâbre*) (du latin *scaber*, âpre au toucher); se dit en bot. des parties d'un végétal parsemées de tubercules, qui en rendent la surface rude au toucher.

SCABREUSE, adj. fém. Voy. SCABREUX.

SCABREUX, adj. mas., au fém. **SCABREUSE** (*cekâbreu, breuze*) (du latin *scabrosus*), rude, raboteux : *chemin scabreux*. — Fig., dangereux, difficile : *sujet scabreux, matière scabreuse, emploi scabreux*. Il est plus usité au figuré qu'au propre.

SCACAIRE, subst. mas. (*cekakière*), tribunal des anciens.

SCADICALLI, subst. mas. (*cekadikaleli*), t. de bot., arbrisseau du Malabar qu'on croit être l'euphorbier des anciens.

SCAER, subst. propre mas. (*ceka-ère*), bourg de France, chef-lieu de canton, arrond. de Quimperlé, dép. du Finistère.

SCALA, subst. fém. (*cekala*), t. d'hist. nat. rampe du limaçon.

SCALAIRE, subst. fem. (*cekalère*), t. d'hist. nat., genre de coquilles testacées de la classe des univalves.

SCALATA, subst. fém. (*çekalata*), t. d'hist.

nat., espèce de coquille voisine du genre des sabots.

SCALATIER, subst. mas. *(cekalatié)*, t. d'hist. nat., animal de la coquille appelée *scalaire*.

SCALDE, subst. mas. *(cekalde)*, nom de ministres de la religion, chez les Celtes. On peut les regarder comme les bardes des Scandinaves.

SCALÈGRE, subst. fém. *(cekalèguere)*, pierre qu'on trouve dans le sel gemme.

SCALÈNE, adj. des deux genres *(cekalène)* (du grec σκαληνος, oblique, inégal); en géom., *triangle scalène*, dont les trois côtés sont inégaux.— En anat., on nomme *muscles scalènes*, deux muscles qui servent au mouvement du cou.

SCALIE, subst. fém. *(cekali)*, t. de bot., genre de plantes vivaces qui croissent dans la Nouvelle-Hollande.

SCALME, subst. mas. *(cekaleme)* (du grec σκαλμος, qui signifie proprement le trou par où passe la rame, fait de σκαλλω, je creuse), t. de mar., endroit de la côte d'un navire, sur lequel on appuie les rames pour le mouvoir. — On dit aussi *échome* et *tolet*.

SCALMILLE, subst. fém. *(cekalemi-ie)*, t. d'archit., espèce de piédestal qui ressemble à un escabeau. — Tringle attachée avec des queues d'aronde dans la catapulte.

SCALOPE, subst. mas. *(cekalope)*, t. d'hist. nat., espèce de rat sauvage d'Amérique.—Mammifère carnassier de la famille des insectivores.

SCALPEL, subst. mas. *(cekalepèle)* (du lat. *scalpellum* ou *scalpellus*), instrument de chirurgie pour disséquer. — T. d'hist. nat., sorte de glossopètre, dent d'animal marin pétrifiée.

SCALPELLE, subst. fém. *(cekalepèle)*, t. d'hist. nat., genre de poissons établi dans la classe des cirrhipèdes.

SCALPÉ, E, part. pass. de *scalper*.

SCALPER, v. act. *(cekalepé)*, enlever la peau de la tête avec la chevelure, opération que les sauvages du nord de l'Amérique pratiquent sur les ennemis qu'ils ont tués. — SE SCALPER, v. pron.

SCALVINE, subst. fém. *(cekalevine)*, nom qu'on donne à une espèce de gourde ou de calebasse.

SCAMANDRE, subst. propre mas. *(cekamandre)*, myth., fils de Jupiter et de Doris. Il fut métamorphosé en fleuve pour être immortel, et il promenait *ses eaux autour* de Troie. Jupiter, pour lui marquer son amitié, lui accorda le droit de donner une fête à toutes les jeunes filles lorsqu'elles se marieraient. Elles allaient toutes en conséquence, la veille de leurs noces, se baigner dans le fleuve : *Scamandre* aussitôt sortait d'entre ses roseaux, les prenait par la main, et les conduisait dans son palais.

SCAMASAXE, subst. mas. *(cekamaçakce)*, sorte de poignard qui était en usage chez les anciens.

SCAMATE, subst. mas. *(cekamate)*, t. d'antiq., lieu où s'exerçaient les athlètes.

SCAMITE, ou **SCAMILTE**, subst. fém. *(cekamite, milte)*, sorte de toile de coton qui se fabrique dans les îles de l'Archipel.

SCAMMA, subst. fém. *(cekamema)*, t. d'antiq., nom latin qu'on donnait au stade où combattaient les athlètes.

SCAMMONÉE, subst. fém. *(cekamemoné)* (du lat. *scammonea* ou *scammonia*, pris du grec σκαμμωνια, lequel vient de σκαμμα, creux, fosse, dérivé de σκαπτειν, creuser, parce qu'on creuse la racine de cette plante pour en tirer le suc), t. de bot., plante vivace, dont le suc donne un purgatif. Elle fait partie des liserons.

SCAMMONITE, subst. fém. *(cekamemonite)*, vin préparé avec le suc qu'on tire de la *scammonée*.

SCANDALE, subst. mas. *(cekandale)* (du lat. *scandalum*, pris du grec σκανδαλον, qui signifie proprement *piége, pierre d'achoppement*; racine, σκαζω, je boite), occasion de chute, de péché : *pierre de scandale*, c'est une expression consacrée, qui tire son origine d'une pierre élevée sous le grand portail du Capitole de l'ancienne Rome, sur laquelle allaient s'asseoir à nu ceux qui, ayant fait banqueroute, abandonnaient leurs biens à leurs créanciers. On appelait cette pierre *pierre de scandale*, parce que ceux qui s'y asséyaient pour cause de banqueroute étaient diffamés.—Parole, action qui porte au péché. — Indignation qu'on a des mauvais discours, des mauvaises actions: *il avança cette proposition, au grand scandale de ceux qui l'écoutaient.* — Eclat que fait une chose honteuse à quelqu'un : *cette affaire est d'un grand scandale.*—Nous lisons encore dans la dernière édition de l'*Académie* une vieille locution que nous ne devrions plus, ce nous semble, y rencontrer. En effet, personne ne comprendrait aujourd'hui qu'*un amené sans scandale*, en t. d'ancienne procédure criminelle, signifie : *un ordre du juge pour amener quelqu'un devant lui, sans éclat.*

SCANDALEUSE, adj. fém. Voy. SCANDALEUX.

SCANDALEUSEMENT, adv. *(cekandaleuzeman)*, d'une manière *scandaleuse*.

SCANDALEUX, adj. mas., au fém. **SCANDALEUSE** *(cekandaleu, leuze)*, qui porte *scandale*, qui cause du *scandale*.

SCANDALISÉ, E, part. pass. de *scandaliser*.

SCANDALISER, v. act. *(cekandalizé)*, donner du *scandale* : *sa conduite a scandalisé tout le monde.* — SE SCANDALISER, v. pron., prendre du *scandale* : *il se scandalise de tout*, s'offenser, voir, entendre avec indignation.

SCANDÉ, E, part. pass. de *scander*.

SCANDEBEC, subst. mas. *(cekandebèke)*, t. d'hist. nat., espèce d'huître dont le poisson échauffe la bouche.

SCANDER, v. act. *(cekandé)* (du lat. *scandere*, employé par *Claudien* dans le même sens, et qui, dans son acception primitive, signifie *grimper, gravir*), prononcer un vers de manière à en marquer les pieds, tant en faisant sentir la quantité précise des vers métriques, qu'en indiquant par de petites pauses la fin de chaque pied, soit dans les vers métriques, soit dans les vers rimés.— Dans les langues modernes, c'est proprement mesurer les vers par le nombre de leurs syllabes. — SE SCANDER, v. pron.

SCANDINAVES, subst. mas. plur. *(cekandinave)*, ancien peuple qui se répandit dans la Suède, la Norwège et le Danemarck.

SCANIENS, subst. propre mas. plur. *(cekaniein)*, peuple de la *Scanie*, province de Suède.

SCANDIX, subst. fém. *(cekandikce)* (du grec σκανδιξ), t. de bot., herbe amère et stomachique.— Plante de la famille des ombellifères.

SCANSORIPÈDE, subst. mas. et adj. des deux genres *(cekançoripède)*, t. d'hist. nat., se dit des oiseaux qui ont les pieds propres à grimper. — Famille d'oiseaux grimpeurs.

SCAPE, subst. fém. *(cekape)*, t. de mar., tige de l'ancre ; on la nomme aussi *stangue*.

SCAPHA, subst. mas. *(cekafa)* (du lat. *scapha*, fait du grec σκαφη, barque, vase oblong), t. d'anat.; nom de deux os, l'un du carpe et l'autre du tarse, dont la forme a quelque rapport avec celle d'une barque.—La circonférence extérieure de l'oreille, opposée à l'hélice ou au bord.—Sorte de bandage dont parle *Galien*.

SCAPHANDRE, subst. mas. *(cekafandre)* (du grec σκαφη, bateau, et ανδρος, gén. de ανερ, homme, *bateau de l'homme*), sorte d'habillement complet de liége, au moyen duquel un homme peut sans nager se tenir en équilibre au-dessus de l'eau.—Attirail de vessies remplies d'air qui soutiennent un homme sur l'eau. — T. d'hist. nat., genre de coquilles de l'ordre des bivalves.

SCAPHE, subst. mas. *(cekafe)*, t. de bot., sorte de plante.—Subst. fém., petite barque.

SCAPHÉ, subst. mas. *(cekafé)*, t. d'astron., gnomon qui servait aux anciens pour les observations solaires.

SCAPHÉPHORE, subst. mas. *(cekaféfore)*, t. d'antiq., étranger qui résidait à Athènes, et qui était obligé, aux fêtes panathénées, de porter en procession de petits bateaux.

SCAPHIDIE, subst. fém. *(cekafidi)*, t. d'hist. nat., genre d'insectes coléoptères, dont le corps est fait comme un bateau.

SCAPHISME, subst. mas. *(cekaficeme)*, supplice qui était en usage chez les Perses. Le patient était mis à la renverse dans une auge échancrée de façon que les pieds, les mains et la tête passaient dehors, et étaient recouverts par une autre auge aussi échancrée qu'on clouait sur la première.

SCAPHITE, subst. fém. *(cekafite)*, t. d'hist. nat., genre de coquilles voisines des ammonites et des spirules.

SCAPHOÏDE, subst. mas. et adj. des deux genres *(cekafo-ide)* (du grec σκαφη, barque, et ειδος, ressemblance), qui a la forme d'une barque.—Il se dit, en anatomie, de deux os, l'un du pied et l'autre du carpe. Voy. SCAPHA.— T. d'hist. nat., subst., sorte de buffonite ou dent de poisson pétrifiée qui a la forme d'un bateau.

SCAPHOÏDO-ASTRAGALIEN, subst. et adj. mas., au fém. **SCAPHOÏDO-ASTRAGALIENNE** *(cekafo-ido-acetragualiein, liène)*, t. d'anat.; se dit de l'os *scaphoïde* uni à l'os *astragale*.

SCAPHOÏDO-ASTRAGALIENNE, subst. et adj. fém. Voy. SCAPHOÏDO-ASTRAGALIEN.

SCAPHOÏDO-CUBOÏDIEN, subst. et adj. mas., au fém. **SCAPHOÏDO-CUBOÏDIENNE** *(cekafo-ido-kubo-idiein, diène)*, t. d'anat.; se dit de l'articulation de l'os *scaphoïde* avec l'os *cuboïde*.

SCAPHOÏDO-CUBOÏDIENNE, subst. et adj. fém. Voy. SCAPHOÏDO-CUBOÏDIEN.

SCAPHOÏDO-SUS-PHALANGIEN, subst. et adj. mas., au fém. **SCAPHOÏDO-SUS-PHALANGIENNE** *(cekafo-idoçucefalanjiein, jiène)*, t. d'anat.; se dit du muscle court-abducteur du pouce.

SCAPHOÏDO-SUS-PHALANGIENNE, subst. et adj. fém. Voy. SCAPHOÏDO-SUS-PHALANGIEN.

SCAPIFORME, adj. des deux genres *(cekapiforme)* (du lat. *scapus*, pris du grec σκαπος, tige, rameau, et de *forma*, forme), t. de bot., se dit des tiges en forme de hampe, qui n'ont point de feuilles, et qui portent une fleur.

SCAPIN, subst. mas. *(cekapein)*, t. d'anc. comédie, employé au fig., intrigant.

SCAPOLITHE, subst. fém. *(cekapolite)* (du grec σκαπος, tige, et λιθος, pierre), t. d'hist. nat., pierre en forme de tige.

SCAPULAIRE, subst. mas. *(cekapulère)* (du lat. *scapularium*, fait de *scapulæ, arum*, épaules), pièce d'étoffe qui descend depuis les épaules jusqu'en bas, tant par derrière que par-devant, et qui fait partie de l'habit de divers religieux. —Deux petits morceaux d'étoffe bénite, joints par un ruban pour pouvoir les porter sur le corps.—En chir., bandage large, fendu dans le milieu pour y passer la tête, qui pose sur les deux épaules et dont les deux bouts pendent, l'un par-devant et l'autre par-derrière. — Adj. des deux genres, t. d'anat., qui appartient aux épaules : *les artères scapulaires*.

SCAPULALGIE, subst. fém. *(cekapulaleji)* (du lat. *scapulæ*, épaules, et du grec αλγος, douleur), t. de médec., inflammation qui affecte les omoplates.

SCAPULALGIQUE, adj. des deux genres *(cekapulalejike)*, qui est relatif, qui appartient à la *scapulalgie*.

SCAPULO-CORACO-RADICAL, subst. et adj. mas. *(cekapulokorakoradikal)*, t. d'anat., muscle *scapulo-radical*.

SCAPULO-HUMÉRAL, subst. et adj. mas. *(cekapulo-uméral)*, t. d'anat., le grand muscle rond de l'épaule.

SCAPULO-HUMÉRO-OLÉCRÂNIEN, subst. et adj. mas. *(cekapulo-uméro-olékrâniein)*, t. d'anat., le muscle triceps brachial vers l'*olécrâne*.

SCAPULO-HYOÏDIEN, subst. et adj. mas. *(cekapulo-i-o-idiein)*, t. d'anat., le muscle omoplate-*hyoïdien* vers l'os *hyoïde*.

SCAPULO-RADIAL, subst. et adj. mas. *(cekapuloradi-al)*, t. d'anat., le muscle biceps du bras vers l'extrémité supérieure du *radius*.

SCAPULUM, subst. mas. *(cekapulome)*, t. d'anat., os de l'épaule sur lequel appuie l'os du bras, et qu'on nomme aussi *omoplate*.

SCARABE, subst. mas. *(cekarabe)*, t. d'hist. nat., genre de coquilles brunes à taches blanches pointillées; univalves.

SCARABÉ, et non pas **SCARABÉE**, subst. mas. *(cekarabé)* (du grec σκαραβος, escarbot, un des insectes de cette famille), t. d'hist. nat., nom générique des insectes à ailes membraneuses, renfermées dans des étuis écailleux. — C'est aussi le nom qu'on donne aux empreintes de pierres gravées venant d'Italie, et de forme ovale.—*Scarabé sacré*, t. de myth., escarbot qui était l'objet d'un culte chez les anciens Egyptiens.

SCARAMOUCHE, subst. mas. *(cekaramouche)*, un des acteurs de la comédie italienne. — Rôle qui depuis est devenu celui d'un bouffon.

SCARBILLAT, adj. mas. *(cekarbi-ia)*, vif, alerte, à son aise. *(Boiste.)* Vieux et même hors d'usage.

SCARBOROUGH, subst. mas. *(cekarborou)*, ville d'Angleterre, dans le comté d'York.

SCARCINE, subst. fém. *(cekarcine)*, t. d'hist. nat., genre de poissons apodes de la division des osseux.

SCARDASSES, subst. fém. plur. *(cekardace)*, nom qu'on donne à de grosses cardes, dans quelques manufactures.

SCARE, subst. mas. *(cekare)* (du grec σκαρος,

fait de σκαιρω, je sautille), t. d'hist. nat., genre de poissons thoraciques.

SCARIEUSE, adj. fém. Voy. SCARIEUX.

SCARIEUX, adj. mas., au fém. SCARIEUSE (*ckari-eu, euze*), t. de bot., membraneux, aride, sec et sonore sous les doigts; ordinairement transparent.

SCARIFICATEUR, subst. mas. (*ckarifikateur*) instrument de chirurgie dont on se servait autrefois pour faire en même temps plusieurs *scarifications*.

SCARIFICATION, subst. fém. (*cekarifikâcion*) (du latin *scarificatio*), incisions faites sur la peau. On les nomme mouchetures, lorsqu'elles ne sont que superficielles.

SCARIFIÉ, E, part. pass. de *scarifier*. — *Ventouses scarifiées*, celles qu'on applique sur l'endroit de la peau où l'on a fait des *scarifications*.

SCARIFIER, v. act. (*cekarifié*) (en latin *scarificare*), t. de chir., découper, déchiqueter; faire des incisions sur la peau. — *se* SCARIFIER, v. pron.

SCARIOLE, subst. fém. (*cekari-ole*), t. de bot., l'escarole ou chicorée *escarole*. Voy. ce dernier mot.

SCARITE, subst. fém. (*cekarite*), t. d'hist. nat., genre d'insectes de l'ordre des coléoptères.

SCARLATE, subst. mas. (*cekarlate*), t. d'hist. nat., espèce de tangara qu'on trouve au Mexique et au Pérou.

SCARLATINE, adj. fém. (*cekarlatine*), t. de médec. : *fièvre scarlatine*, fièvre continue, accompagnée de taches rouges comme de l'*écarlate*. — Il est aussi substantif fém., *la scarlatine*.

SCAROLE, subst. fém. (*cekarole*.) Voy. ESCAROLE.

SCATOPHAGE, subst. mas. (*cekatofaje*), t. d'hist. nat., genre d'insectes de l'ordre des diptères.

SCATOPSE, subst. mas. (*cekatopece*) (du grec σκωρ, gén. σκατος, excrément, et οψον, provision), t. d'hist. nat., insecte lépidoptère dont la larve vit dans les excréments.

SCAURE, subst. mas. (*cekôre*), t. d'hist. nat., genre d'insectes de l'ordre des coléoptères.

SCAVISSON, subst. mas. (*cekaviceçon*), écorce d'un jaune roussâtre, qui est une espèce de cannelle mate que l'on enlève du laurier cassie.

SCAZON, et non pas SCASON, orthogr. contraire à l'étymologie, subst. mas. (*cekazon*) (du latin *scazon, ontis*, fait du grec σκαζω, je boite), t. de poésie latine, espèce de vers qui ne diffère de l'ïambe qu'en ce que le cinquième pied est un ïambe et le sixième un spondée. On le nomme aussi *ïambe boiteux*.

SCEAU ou **SCEL**, subst. mas. (*çô, cèle*) (du lat. *sigillum*), grand cachet qui sert à faire des empreintes sur des expéditions pour les rendre authentiques. C'est une lame de métal qui a une face plate, ordinairement de figure ronde ou ovale, dans laquelle sont gravées en creux la figure, les armoiries, la devise d'un roi, d'un état, d'un corps, d'une communauté, etc., et dont on fait des empreintes avec de la cire sur des lettres en papier et en parchemin, pour les rendre authentiques : *grand sceau; petit sceau; le sceau du roi*. — En t. de chancellerie, on dit *scel*. — L'empreinte même faite sur la cire par le *sceau* : *le sceau n'est pas bien, n'est pas assez marqué*. — *Le roi lui a donné les sceaux*, l'a fait garde des *sceaux*; et, dans la même acception du mot *sceau* : *un chancelier a rendu les sceaux*, on lui a ôté les *sceaux*. — *Officiers du sceau*, ceux qui ont quelques fonctions particulières qui concernent le *sceau*. — *Il y aura sceau tel jour*, on scellera ce jour-là. — *S'opposer au sceau*, ne pas vouloir que des lettres soient *scellées*. — En Hollande, papier portant le *sceau* de l'état, sur lequel se passaient les actes entre marchands. — Fig. : *mettre le sceau à une chose*, la consommer. — *Le sceau de la confession*, secret inviolable que doit garder le confesseur : *confier une chose sous le sceau de la confession*. — *Le sceau du génie, de la perfection*, ce qui caractérise le génie, le perfectionnement en quelque chose. — *Sceau réprobateur*, note d'infamie qui fait qu'un homme est repoussé par ses semblables. — *Être marqué du sceau de la colère divine*, être maudit. — En t. de bot., *sceau de Salomon*, sorte de plante agreste et vivace; espèce de muguet. — *Sceau de Notre-Dame*, le taminier commun.

SCEAUX, subst. propre mas. (*çô*), ville de France, chef-lieu de canton et d'arrond., dép. de la Seine.

SCÉCACHUL, subst. mas. (*cékachule*), t. de bot., espèce de plante d'Arabie. — Espèce de panais.

SCÉLARE, subst. fém. (*célare*), t. de bot., espèce de plante qui vient en Arabie.

SCÉLAN, subst. mas. (*célan*), poisson pour appât.

SCEL, subst. mas. (*cèle*). Il n'est usité qu'en t. de chancell. Voy. SCEAU.

SCÉLÉRAT, E, adj. et subst. (*célèra, rate*) (du latin *sceleratus*, fait de *scelus*, crime), méchant, pervers. — On dit subst. : *c'est un scélérat, un vrai, un franc scélérat*. — Il se dit des choses, abominable, atroce, exécrable et détestable : *conduite scélérate, pensée scélérate*.

SCÉLÉRATESSE, subst. fém. (*cèlératèce*), méchanceté noire; *il y a de la scélératesse dans ce procédé*. — Action de *scélérat* : *c'est une scélératesse horrible*.

SCÉLÉRATISME, subst. mas. (*cèlératiceme*), système de *scélératesse*.

SCÉLÉTYRBE, subst. mas. (*cèlétirbe*), t. de médec., impotence des jambes, qui, pouvant encore exécuter quelques mouvements, sont inhabiles à la locomotion.

SCÉLION, subst. mas. (*céli-on*), t. d'hist. nat., genre d'insectes hyménoptères.

SCÉLITHE, et non pas avec *Boiste*, SCÉLITE, qui est un barbarisme, subst. fém. (*célite*) (du grec σκελος, jambe, et λιθος, pierre), pierre figurée qui représente la jambe humaine.

SCELLAGE, subst. mas. (*célaje*), action de *sceller* les petites glaces.

SCELLÉ, subst. mas. (*célé*), sceau qu'on appose à des serrures, à un cabinet, etc., par autorité de justice : *mettre* ou *apposer le scellé*, *lever le scellé*, et non pas *les scellés*; un seul *sceau* ne peut se poser, il est vrai, dans plusieurs endroits; mais ce n'est toujours que l'apposition du *scellé*. — *Bris de scellé*, délit que l'on commet en brisant illégalement le *scellé*.

SCELLÉ, E, part. pass. de *sceller*.

SCELLEMENT, subst. mas. (*célleman*), t. de maçon., action de *sceller*.

SCELLER, v. act. (*célé*) (du lat. *sigillare*), appliquer le *sceau* à une lettre de chancellerie. — Fig., affermir, cimenter, etc. : *sceller un traité de paix par une alliance*. — Attacher une pièce de bois ou de fer dans une muraille, avec du plâtre ou du plomb. — *Sceller un vase, une bouteille*, les fermer, les boucher avec une espèce de mastic. — T. de chim., *sceller hermétiquement*, fermer le col d'un vaisseau de verre, en le faisant fondre de manière que les bords s'unissent tellement l'un contre l'autre, qu'il n'y puisse rien entrer, et qu'il n'en puisse rien sortir. — Fig., confirmer. — *se* SCELLER, v. pron.

SCELLEUR, subst. mas. (*céleur*), officier du sceau, qui *scelle*. — Les maçons appellent *scelleur*, celui qui *scelle* un gond, etc. En ce sens il est du style familier.

SCELLIÈRES, subst. propre mas. (*célière*), bourg de France, chef-lieu de canton, arrond. de Lons-le-Saulnier, dép. du Jura.

SCÉLOTYRBE, subst. fém. (*célotirbe*) (du grec σκελος, jambe, et τυρβη, trouble), t. de médec., danse de St.-Guy; sorte de maladie qui force à remuer les jambes et les bras.

SCÈNE, subst. fém. (*cène*) (du latin *scena*, employé dans la même acception, et qui signifie proprement *une ramée de branches d'arbre, dont on se servait pour se mettre à l'ombre*, pris du grec σκηνη, lequel vient de σκια, ombre), partie du théâtre où les acteurs représentent devant le public : *on applaudit cet acteur dès qu'il paraît sur la scène*. — Tout ce qui sert au théâtre : *la décoration de la scène*. — Il se prend dans un sens plus particulier pour les décorations du théâtre. C'est dans ce sens qu'on dit : *la scène change*, en parlant d'un changement de décorations. — Lieu où s'est passée l'action qu'on représente ou qu'on a représentée sur le théâtre : *la scène se passe à Rome*. — Chaque partie d'un acte du poème dramatique, où l'entretien des acteurs n'est interrompu ni par l'arrivée d'un nouvel acteur, ni par la retraite des acteurs qui sont sur le théâtre : *l'entrée* ou *la sortie d'un acteur fait une nouvelle scène*, ou *fait un changement de scène; acte premier, scène troisième*. — Il se prend ou se dit pour : art dramatique : *Euripide, Eschyle et Sophocle seront toujours placés au rang de ceux qui ont illustré la scène*. — *Ensanglanter la scène*, mettre sous les yeux des spectateurs la mort violente d'un des personnages de la pièce. — *Mettre un personnage sur la scène*, le représenter dans un ouvrage dramatique. — *Être toujours en scène*, ne jamais s'oublier en jouant son rôle; et fig., avoir des manières composées et apprêtées. — *Mettre une pièce de théâtre en scène*, c'est régler la manière dont les acteurs doivent entrer et sortir, les différentes places qu'ils doivent occuper pendant les *scènes*, et tous les accessoires propres à favoriser le jeu des acteurs et à concourir à l'illusion. — Assemblage d'objets étalés à la vue : *ce paysage offre une scène superbe, une scène tout-à-fait agreste*. — Fig., *faire une scène à quelqu'un*, l'attaquer violemment de paroles en face de plusieurs personnes : *pendant que nous étions à table, il entra un homme qui insulta un convive, ce qui occasionna une scène très-désagréable*. — *Il ne faut point donner de scène au public*, il ne faut point faire parler de soi mal à propos. — Fig., on dit d'un homme qui est surpris par quelque action ou quelque suite de propos extraordinaires : *il a donné une scène, une étrange scène*. Il ne se dit guère qu'en mauvaise part. — Dans le même sens, en parlant de quelque événement particulier, on dit : *la scène s'est passée en tel endroit*. — *Scène*, se dit, par analogie, de toute action qui se passe entre plusieurs personnes, et qui offre quelque chose de vif, d'animé, d'intéressant, d'extraordinaire, etc. : *il faut épargner à son cœur sensible les détails de cette scène attendrissante*. — Il se dit aussi par analogie de certains lieux où se passent des événements frappants, intéressants, etc. : *cette partie de l'Allemagne devenait une scène sanglante dans ce vaste théâtre de la guerre qui se formait du Tibre au Danube*. — Fig. : *paraître sur la scène*, être dans un poste qui attire les yeux du monde. — *Ouvrir la scène*, commencer. — *Avant-scène*, partie antérieure du théâtre, et la plus proche des spectateurs. — *Avant-scène*, dans une pièce dramatique, ce qui est raconté dans l'exposition de cette pièce comme s'étant passé avant l'action.

SCÉNIQUE, adj. des deux genres (*cénike*), qui a rapport à la *scène*, au théâtre : *les jeux scéniques*.

SCÉNITE, subst. mas. et fém. (*cénite*) (du grec σκηνη, pavillon), qui habite sous des tentes, comme les Arabes, les Tartares.

SCÉNOGRAPHE, subst. mas. (*cénoguerafe*), t. de math., celui qui se livre à la *scénographie*.

SCÉNOGRAPHIE, subst. fém. (*cénoguerafi*) (du grec σκηνη, scène, et γραφη, description; parce qu'on représente ainsi les *scènes* ou décorations de théâtre), t. de math., représentation sur un plan d'un corps en perspective, avec toutes ses dimensions, et tel qu'il paraît à l'œil. — Perspective. — Art de peindre des *scènes*, des décorations.

SCÉNOGRAPHIQUE, adj. des deux genres (*cénoguerafike*), qui a rapport à la *scénographie*.

SCÉNOGRAPHIQUEMENT, adv. (*cénoguerafikeman*), d'une manière *scénographique*.

SCÉNOPÉGIE, subst. fém. (*cénopéji*) (du grec σκηνη, tente, et πηγνυω, je fixe, j'établis), chez les juifs, la *fête des tabernacles*.

SCÉNOPINE, subst. fém. (*cénopine*), t. d'hist. nat., genre d'insectes de l'ordre des diptères.

SCÉPASTRE, subst. mas. (*cépacetre*), sorte de bandage fait pour couvrir la tête et dont parle *Galien*.

SCEPTICISME, subst. mas. (*cèpeticiceme*, doctrine des *sceptiques*.

SCEPTIQUE, subst. et adj. des deux genres (*cèpetike*) (du grec σκεπτικοι, contemplateur, fait de σκεπτομαι, contempler), qui doute de tout. Il n'est guère usité qu'en parlant des anciens pyrrhoniens et de leur doctrine : *la philosophie sceptique; les sceptiques ne niaient ni n'affirmaient rien*.

SCEPTRATE, subst. mas. (*cèpetrate*), nom d'une ancienne monnaie d'or. — C'était un philippe d'or.

SCEPTRE, subst. mas. (*cèpetre*) (du latin *sceptrum*, pris du grec σκηπτρον, qui signifie proprement *bâton*, dérivé de σκηπτω, je m'appuie; parce que le *sceptre* n'était dans l'origine qu'un bâton sur lequel s'appuyaient les rois et les généraux), bâton de commandement, qui est une marque de la royauté. — Fig. : autorité suprême, royauté, empire. — *Depuis le sceptre jusqu'à la houlette*, depuis les rois jusqu'aux bergers. — Myth., attribut de Jupiter et de Neptune, dieu des eaux, lequel attribut est un trident.

SCÉTIQUE, adj. des deux genres (*cétike*), t. de médec., se dit de certaines maladies qui ne tiennent pas à la constitution de l'individu.

SCÉTIE, voy. SCITIE.

SCÉVOPHYLAX, subst. mas. (*cévofilakce*) (du grec σκευος, vase, et φυλαξ, gardien), un des grands-officiers de l'église de Constantinople, chargé de présenter au patriarche les vases sacrés, les livres, les habits, etc., pour officier.

SCEY-SUR-SAÔNE, subst. propre mas. (*ceçur-çône*), bourg de France, chef-lieu de canton, arrond. de Vesoul, dép. de la Haute-Saône.

SCHABRAQUE, subst. fém. (*chabrake*) (mot emprunté de l'allemand), partie du harnachement d'un cheval de hussard. — C'est une pièce d'étoffe qui couvre le dos du cheval.

SCHACA, subst. propre fém. (*chaka*), myth., déesse des anciens Babyloniens.

SCHACAL, subst. mas. (*chakale*). Voy. CHACAL.

SCHACÈTE, subst. fém. (*chacéte*), t. de bot., espèce de plante.

SCHACHS, ou **SCHACK**, subst. mas. (*chake*), t. d'hist. nat., sorte de pie-grièche qu'on ne trouve qu'en Chine.

SCHADLINES, subst. propre mas. plur. (*chadeline*), peuple de Perse.

SCHADON, subst. mas. (*chadon*), t. d'hist. nat., sorte d'insectes hyménoptères.

SCHAFF, subst. mas. (*chafe*), t. de verr., se dit des étages formés pour mettre les manchons de verre.

SCHAH, subst. mas. (*chā*), titre du souverain de Perse.

SCHAKO, subst. mas. (*chakō*), chapeau de militaire, en feutre.

SCHALL, subst. mas. (*châle*), longue pièce d'étoffe de soie ou de laine, dont les habitants de l'Égypte s'entourent la tête. Le *schall* est adopté depuis long-temps par les dames françaises, qui le portent sur les épaules. — Au plur., des *schalls*. On écrit aussi *châle*.

SCHAKAT, subst. mas. (*chaka*), bonnet de hussard en feutre rouge.

SCHAMANISME, subst. mas. (*chamaniceme*), sorte de religion que suivent les Kalmoucks, etc.

SCHAMANISTE, subst. mas. (*chamaniceste*), partisan du *chamanisme*; celui qui l'a adopté.

SCHAMLACAH, subst. mas. (*chamelaka*), prière mystérieuse chez les mahométans, que l'on récite avec des prestiges et des enchantements par le moyen d'une certaine cendre ou poudre préparée.

SCHAMMAN, subst. mas. (*chaman*), prêtre, sorcier, jongleur, chez les Tartares.

SCHAMMATHA, subst. fém. (*chamemata*), chez les Juifs, excommunication au-dessus de la majeure.

SCHAPSKA, sub. mas. (*chapceka*), shako quadrangulaire des lanciers de la garde nationale à cheval de Paris.

SCHAR, subst. mas. (*char*), mot hollandais qui désigne toutes sortes de petits poissons secs.

SCHARMUT, subst. mas. (*charmu*), t. d'hist. nat., espèce de poisson du genre des silures.

SCHARVOEKAS, subst. mas. plur. (*charvékace*), secte de brahmines, véritables épicuriens, avec des mœurs très-réglées.

SCHASSERY, subst. mas. (*chaceri*), sorte de poire.

SCHASTÈRE, subst. mas. (*chacetère*), nom d'un outil de maréchal.

SCHAW, subst. mas. (*chôve*), t. de bot., espèce d'arbuste qui croît en Égypte, près des sources salées.

SCHÉ, subst. mas. (*ché*), t. de bot., absinthe odoriférante qui sert de parfum et de remède dans le Darfour.

SCHÉDULE, subst. fém. (*chédule*), petit billet. On ne se sert plus de ce mot.

SCHÉDIASME, subst. mas. (*chediaceme*), se disait autrefois d'un poëme fait à la hâte.

SCHEELING, subst. mas. (*ché-éllingue*), le tungstène, sorte de métal très-dur; il est infusible.

SCHEFFIELDE, subst. fém. (*chéfefi-lde*), t. de bot., genre de plantes de la famille des primulacées.

SCHEFFLÉRE, subst. fém. (*chéféflère*), t. de bot., genre de plantes de la famille des araliacées.

SCHÉA, subst. fém. (*ché-a*), t. de bot., l'armoise de Judée, dont les grains sont vermifuges.

SCHEIK, subst. mas. (*chéke*), Voy. CHEIK.

SCHEIKHALESLAM, subst. mas. (*ché-icekulécélame*), le chef de la loi; titre que porte, en Turquie, le muphti.

SCHEIKISTOME, subst. mas. (*ché-ikicetome*), nom qu'on donne au doyen du clergé des Persans.

SCHEITANS, subst. mas. plur. (*ché-itan*), images vénérées par les peuples idolâtres de la Sibérie.

SCHÉKINAH, subst. fém. (*chékina*), la nue qui résidait sur le propitiatoire, et qui, chez les anciens Israélites, était la marque la plus sensible de la présence divine.

SCHÉLAMMERE, subst. fém. (*chélamemère*), t. de bot., genre de plantes de la famille des mélanthacées.

SCHELLAN, subst. mas. (*chélan*), t. d'hist. nat., poisson de mer du genre du silure.

SCHÉLAR, ou **SCHÉLOR**, subst. mas. (*chélar, lor*), ce qui tombe au fond de la chaudière du saunier.

SCHELLING, subst. mas. Voy. SCHILLING.

SCHELOT, subst. mas. (*chélo*), t. de chimie, combinaison de sulfate de chaux et de sulfate de soude.

SCHELEM, subst. mas. (*chéléme*), revers, vole, coup qui consiste à faire toutes les levées dans certains jeux de cartes.

SCHELESTATT, subst. propre mas. (*chéléceta*), ville forte de France, chef-lieu d'arrond. et de canton, dép. du Bas-Rhin.

SCHÉMATISÉ, E, part. pass. de *schématiser*.

SCHÉMATISER, v. act. *cekiématisé*), ne considérer les choses que comme des *schemes* ou des abstractions. — se SCHÉMATISER, v. pron. — Usité dans la philosophie de Kant.

SCHÉMATISME, subst. mas. (*cekiématiceme*), t. de rhét., manière figurée d'écrire, dé parler et de faire des gestes. — T. de géom.; on a donné aussi ce nom aux planches des figures de mathématiques.

SCHÉMATOPÉE, subst. fém. (*cekiématopée*), t. d'antiq., l'art de composer les gestes.

SCHÈME, ou **SCHÉMA**, subst. mas. (*cekième, cekiéma*) (du grec σχῆμα, figure), objet qui, selon Kant, existe dans l'entendement, indépendamment de la matière. — En géom., vieux mot qui signifie la même chose que figure ou plan. — En astron., représentation des planètes, chacune en son lieu, pour un instant donné.

SCHEM-PARITI, subst. mas. (*chémepariti*), t. de bot., belle espèce de kelmie qui croît sur les côtes du Malabar.

SCHÉNANTHE, subst. mas. (*cekiénante*) (du grec σχοινος, jonc, et ανθος, fleur), t. de bot., nom spécifique d'une espèce de bambou qui est très-aromatique, et qu'on emploie dans la thériaque et autres préparations officinales.

SCHÈNE, subst. mas. (*cekiène*) (du grec σχοινος), mesure itinéraire chez les anciens et surtout en Égypte, qui valait environ soixante stades. On écrit aussi *schœne*. — Corde sur laquelle les anciens schénobates dansaient.

SCHÉNISME, subst. mas. (*cekiéniceme*), chez les anciens, sorte de mesure de terre. — Torture qu'on faisait éprouver au patient, en étendant son corps sur des cordes.

SCHÉNOBATE, subst. mas. (*cekiénobate*) (du grec σχοινος, corde, jonc, et βαινω, je marche), danseur de corde.

SCHÉNOBATIE, subst. fém. (*cekiénobaci*), art du *schenobate*; art, action de voltiger sur la corde.

SCHÉNOBATIQUE, adj. des deux genres (*cekiénobatike*), qui concerne les *schenobates*. — Subst. fém., l'art de danser sur la corde.

SCHÉNODORE, subst. mas. (*cekiénodore*), t. de bot., genre de plantes de la famille des graminées.

SCHERBASTI, subst. mas. (*chérebacti*), sorte de belle soie que l'on tire des pays orientaux.

SCHÉRIF, subst. mas. (*cherife*) (pris de l'arabe *scharif*, ou *schérif*), noble, élevé par sa naissance ou sa dignité; titre des descendants de Mahomet.

SCHERLIÉVO, subst. mas. (*chéreli-évo*), t. de médec., nom donné à une espèce de siphilis observée récemment.

SCHESE, subst. fém. (*kièze*), fig. de rhét., par laquelle on marque l'affection, la passion.

SCHET, subst. mas. (*che*), t. d'hist. nat., belle moucherolle à longue queue, de Madagascar.

SCHÉ-TOULOU, subst. mas. (*chétoulou*), espèce de beurre végétal que les nègres retirent d'un arbre qui croît sur la côte de Guinée.

SCHETZI, subst. mas. (*chétezi*), espèce de mets usité en Russie, composé de diverses viandes.

SCHEUCHZÉRIE, subst. fém. (*cheukzéri*), t. de bot., sorte de plante des marais des Alpes. — Genre de plante de la famille des alismoïdes.

SCHEVAL, subst. mas. (*chévale*), t. d'hist. nat., l'un des mois du calendrier turc, qui répond à notre mois de mai.

SCHIAIS, **SCHIAITES**, ou **SCHIITES**, subst. mas. plur. (*cekié, kiéte, ki-ite*), secte de musulmans persans.

SCHIDAKÉDON, subst. mas. (*cekidakédon*), t. de chir., fracture faite selon la longueur d'un os.

SCHIECH, subst. mas. (*cekiek*), t. de bot., sorte de plante d'Arabie, dont on se sert comme d'amadou.

SCHIEFERTON, subst. mas. (*cekiéfereton*), t. d'hist. nat., sorte d'argile chisteuse qui se trouve dans les houillères.

SCHIGRE, subst. mas. (*chigure*), nom d'un fromage des Vosges et de Suisse.

SCHILBÉ, subst. mas. (*chilebé*), t. d'hist. nat., sous-genre de poissons établi aux dépens des silures.

SCHILDE, subst. mas. (*chilede*), t. d'hist. nat., poisson du genre du silure, qu'on trouve dans la Méditerranée.

SCHILLING, **SCHELLING** ou **SOU STERLING**, subst. mas. (*chilein, chelein, çoucetéreleun*), mots anglais), monnaie d'Angleterre qui a cours pour douze pences ou deniers sterling. Vingt schellings font le livre sterling. Voy. STERLING. Le *schilling* évalué en argent de France vaut, suivant le cours du change, de un franc vingt-huit centimes à un franc douze centimes, un franc vingt centimes. — Monnaie des États-Unis d'Amérique, qui est la vingtième partie de la livre pound. Sa valeur, comparée à l'argent de France, varie selon les diverses provinces où elle a cours, de soixante-cinq centimes à un franc douze centimes. — Il y a encore sous le même nom de *schilling* et quelquefois d'*escalin*, en Allemagne, en Suisse, etc., diverses monnaies, presque toutes de billon, dont la valeur diffère selon les lieux.

SCHIN, subst. mas. (*chine*), t. de bot., espèce d'arbre de la famille des térébinthacées.

SCHINAU, subst. mas. (*chinô*), t. de bot., espèce de plante dont on fait du savon.

SCHINDYLÈSE, subst. fém. (*cheindilèse*), t. d'anat., nom donné à une sorte d'articulation synarthrodiale.

SCHIPPUND, subst. mas. (*chipeponde*), poids d'Allemagne équivalant à 280 livres de France.

SCHIRI, ou **CHIRI**, subst. mas. (*chirle*), mine peu riche en étain, et chargée de fer et d'arsenic.

SCHIRMECK, subst. propre mas. (*chirmeke*), village de France, chef-lieu de canton, arrond. de Saint-Dié, dép. des Vosges.

SCHISANDRE, subst. mas. (*chizandre*), t. de bot., espèce d'arbuste grimpant, qui forme un genre dans la famille des ménispermes.

SCHISÉE, subst. fém. (*chizé*), t. de bot., genre de plantes cryptogames de la famille des fougères.

SCHISMATIQUE, subst. et adj. des deux genres (*chic-matike*), qui est dans le *schisme*. — Subst.: un *schismatique*.

SCHISMATISÉ, E, part. pass. de *schismatiser*.

SCHISMATISER, v. act. (*chicematisé*), rendre *schismatique*. — se SCHISMATISER, v. pron. (Boisie.) Peu usité.

SCHISMATOPTÉRIDE, subst. fém. des deux genres (*chicematopetéride*), famille de plantes établie aux dépens des fougères.

SCHISME, subst. mas. (*chiceme*) (du grec σχισμα, division, fait de σχιζειν, diviser), séparation de communion d'une certaine religion: *le schisme des Grecs, le schisme des Arméniens*. Chez les mahométans à l'égard de l'opinion des Turcs, *le schisme d'Ali ou des Persans*. — *Le grand schisme d'Occident*, division dans l'Église catholique au quatorzième et au quinzième siècle, lorsqu'il y avait à la fois plusieurs papes qui se prétendaient légitimes. Ce *schisme* finit au concile de Constance. — T. de pharm., graine noire de la grosseur d'un pois, qui vient d'Égypte et qui est purgative. — T. de bot., nom qu'on a donné à la fétuque calicine.

SCHISTE, subst. mas. (*chicete*) (du grec σχίζειν, diviser), pierre qui se sépare par feuilles, comme l'ardoise.— Nom générique de toutes les pierres qui se divisent en lames très-minces.—Argile desséchée, mêlée de bitume et de mica. — *Schiste primitif*, roche argileuse feuilletée. — *Schiste argileux de Brochant*, *schiste secondaire*, argile schisteuse des lithologistes modernes. — *Schiste à polir*, argile schisteuse propre à polir.

SCHISTEUSE, adj. fém. Voy. SCHISTEUX.

SCHISTEUX, adj. mas., au fém. SCHISTEUSE (*chiceteu, teuze*), feuilletée : *roche schisteuse*. Voy. SCHISTE.

SCHISTIDION, subst. mas. (*chicetidion*), t. de bot., genre de plantes de la famille des mousses.

SCHISTOÏDÉ, E, adj. (*chiceto-idé*), formé de *schiste* ; qui est devenu *schisteux* ; qui a l'apparence *schisteuse*.

SCHISTOSTAGE, subst. mas. (*chicetocetaje*), t. de bot., genre de plantes de la famille des mousses.

SCHISTURE, subst. fém. (*chiceture*), t. d'hist. nat., genre de vers de la classe des intestins.

SCHIZANTHE, subst. fém. (*chizante*), t. de bot., plante herbacée de la famille des rhinantoïdes, indigène du Chili.

SCHIZOLÈNE, subst. mas. (*chizolène*), t. de bot., genre de plantes de la famille des chlénacées.

SCHIZOPODES, subst. mas. pl. (*cekizopode*), t. d'hist. nat., tribu de crustacés de l'ordre des décapodes.

SCHKURRIE, subst. fém. (*cekureri*), t. de bot., espèce de plante, le *pecten pinnata* des anciens.

SCHLAGUE, subst. fém. (*chelague*) (mot emprunté de l'allemand), punition militaire chez les Allemands.

SCHLECHTENDALE, subst. fém. (*chlèktandale*), t. de bot., plante du Pérou, de la famille des corymbifères.

SCHLEICHÈRE, subst. mas. (*chklèchère*), t. de bot., nom d'un arbre de Ceylan, très-voisin des knépiers.

SCHLICH, subst. mas. (*chelik*), minerai écrasé, lavé et préparé pour être mis dans le fourneau de fusion.

SCHLINGEN, subst. propre mas. (*ceklinejène*), bourg du grand-duché de Bade, où les Français remportèrent, en 1796, une victoire mémorable sur les Autrichiens.

SCHLIZER, subst. mas. (*ceklizère*), sorte de raisin gris, qui croît dans le dép. du Haut-Rhin.

SCHLOSSER, subst. mas. (*ceklocecère*), t. d'hist. nat., espèce de poisson qu'on trouve dans les mers du Nord.

SCHLOT, subst. mas. (*ceklote*), t. de bot., stalactite gypseuse.—Matière précipitée au fond de la chaudière du saunier.

SCHLOTHEIMIE, subst. fém. (*ceklotémi*), t. de bot., genre de plantes de la famille des mousses.

SCHMALZIE, subst. fém. (*chmalzi*), t. de bot., genre de plantes aromatiques qu'on nomme aussi *tarpinie*.

SCHMIEDELIE, subst. fém. (*chemideli*), t. de bot., sorte d'arbrisseau des Indes orientales.

SCHNAPAN, subst. mas. (*chenapan*) (de l'all. *schnapphan*), vaurien, mauvais sujet, paysan, voleur, en Angleterre. On écrit aussi *chenapan*, en francisant le mot.

SCHNICK, subst. mas. (*chenik*), eau-de-vie de grains, genièvre. T. soldatesque.

SCHŒFFERE, subst. fém. (*chéfère*), t. de bot., nom de deux arbustes de la Jamaïque.

SCHŒGRAGHA, subst. mas. (*chégueragua*), t. d'hist. nat., nom d'une espèce d'oiseau d'Égypte.

SCHŒ-MADOU, subst. propre mas. (*chémadou*), myth., dieu adoré dans le principal temple de Pégu.

SCHŒNANTHE, subst. mas. Voy. SCHÉNANTHE.

SCHŒNBRUNN, subst. propre mas. (*chènebroune*), village d'Autriche, remarquable par le palais impérial qui sert l'hiver de résidence à la cour. En 1805 et 1809, Napoléon y établit son quartier-général.

SCHŒNE, subst. mas. Voy. SCHÈNE.

SCHŒNION, subst. mas. (*cekiéni-on*), t. d'antiq., nom qu'on donnait, chez les Grecs, à un air de flûte doux et qui inspirait la mollesse.

SCHŒNISME, subst. mas. Voy. SCHÉNISME.

SCHŒNOBATE, subst. mas. Voy. SCHÉNOBATE.

SCHŒNOBATIE, subst. fém. Voy. SCHÉNOBATIE.

SCHŒNODE, subst. mas. (*cekiénode*), t. de bot., sorte de plante vivace de la famille des joncoïdes.

SCHŒNOPRASON, subst. mas. (*cekiénoprazon*), t. de bot., genre de plantes qui se rapproche des aulx de *Linnée*.

SCHŒNOS, subst. mas. (*cekiénoce*), t. de bot., sorte de jonc odorant.

SCHŒPFIE, subst. fém. (*chépefi*), t. de bot., arbuste d'Amérique de la famille des caprifoliacées.

SCHOÏCIEN, subst. et adj. mas. (*ceko-icieïn*); se dit de certains vers qui peuvent se lire en commençant par la droite ou par la gauche, et qui des deux façons donnent les mêmes mots.

Signa te signa, temerè me tangis et angis.
Roma tibi subito motibus ibit amor.

Voy. RÉTROGRADE.

SCHOKARI, subst. mas. (*cekokari*), t. d'hist. nat., nom spécifique d'une espèce de couleuvre.

SCHOLAIRE, et non pas SCOLAIRE, adj. des deux genres (*cekolère*) (du latin *scholaris*), d'école : *année scholaire*.

SCHOLARITÉ, et non pas SCOLARITÉ, subst. fém. (*cekolarité*) (du latin *scholaris*, écolier, fait de *schola*, école) : *droit de scholarité*, droit qu'avaient les écoliers de l'Université de Paris d'en réclamer les priviléges. Ce mot, et tous ceux dérivés de *schola*, doivent s'écrire avec un *h*, par la raison étymologique.

SCHOLARQUE, et non pas SCOLARQUE, subst. mas. (*cekolarke*) (du latin *schola*, école, et du grec αρχη, pouvoir), censeur. (*J.-J. Rousseau*.)

SCHOLASTIQUE, et non pas SCOLASTIQUE, adj. des deux genres (*cekolacetike*) (du latin *scholasticus*), qui est de l'école, qui appartient à l'école : *théologie scholastique*, par opposition à *théologie morale*, ou *positive*, ou *dogmatique*. —Subst. mas., celui qui a traité de la théologie *scholastique*. — Subst. fém. : *la scholastique*, la théologie *scholastique*.

SCHOLASTIQUEMENT, et non pas SCOLASTIQUEMENT, adv. (*cekolacetikeman*) (dérivé du latin *schola*, école), d'une manière *scholastique*.

SCHOLIASTE, et non pas SCOLIASTE, subst. mas. (*cekoli-acete*) (du grec σχολιαστης), celui qui a commenté un auteur grec.

SCHOLIE, et non pas SCOLIE, subst. fém. (*cekoli*) (du grec σχολιον, fait de σχολη, étude), note de grammaire ou de critique, pour servir à l'intelligence des auteurs classiques, et surtout des auteurs grecs.—Chanson à boire chez les anciens Grecs. —Subst. mas., t. de géom., remarque qui a rapport à une proposition précédente. —T. d'hist. nat., genre d'insectes hyménoptères.

SCHOLLÈRE, subst. fém. (*cekolelère*), t. de bot., genre de plantes qui se rapproche de celui des airelles.

SCHONER, subst. mas. (*chonère*), petit bâtiment à deux mâts, servant de bateau-pilote, sur le Gange.

SCHOOUCIAHS, subst. mas. plur. (*cho-ouci-a*), nom d'une secte de musulmans qui prêchent la tolérance.

SCHORL, subst. mas. (*cekorle*), t. de minéralogie, substance pierreuse et quelquefois métallique, à cassure lamelleuse et vitreuse, qui se crystallise ordinairement. Il y en a d'opaques et de transparents.

SCHORLACÉ, E, adj. (*cekorlacé*), qui tient du *schorl*.

SCHORLIFORME, adj. des deux genres (*cekorliforme*), qui tient du *schorl*; qui est en forme de *schorl*.

SCHOTE, subst. mas. (*chote*), t. de bot., arbre du Sénégal qui faisait partie des gaïacs, et qui aujourd'hui forme un genre.

SCHOUKIE, subst. fém. (*chouki*), t. d'hist. nat., espèce de poisson du genre des raies.

SCHOUT, subst. mas. (*choute*), espèce de juge de paix ou de police en Hollande.

SCHRADÈRE, subst. fém. (*cekradère*), t. de bot., genre de plantes de la famille des onagres.

SCHRANKE, subst. fém. (*cekranke*), t. de bot., genre de plantes qui diffère peu de celui des goupis.

SCHRANKIE, subst. fém. (*cekranki*), t. de bot., espèce de plante voisine des camelines et des kakiles.

SCHRÉBÈRE, subst. mas. (*cekrébère*), t. de bot., espèce d'arbres de la famille des mangles.

SCHUBERTIE, subst. fém. (*chuberéti*), t. de bot., genre de plantes qui se rapproche de celui des cyprès.

SCHULTZIA, subst. fém. (*chultezi-a*), t. de bot., plante d'Amérique voisine de l'obolaria.

SCHUSCH, subst. mas. (*chuceke*), t. de bot., plante d'Afrique dont le fruit a une saveur amère, et brûlante.

SCHUSTRÉE, subst. mas. (*chucetré*), nom donné à un officier de police dans l'Indoustan.

SCHUTZER, subst. mas. (*chutezère*), t. d'hist. nat., espèce de poisson qu'on trouve dans les mers d'Allemagne.

SCHWALBÉE, subst. fém. (*choualbé*), t. de bot., espèce de plante vivace qui croît en Amérique.

SCHWENKIE, subst. fém. (*chouanki*), t. de bot., plante d'Amérique de la famille des personnées.

SCHYTE, subst. mas. (*chite*), t. d'hist. nat., nom donné à une sorte de vipère.

SCIACCARELLO, subst. mas. (*chiakarèlelo*), sorte de raisin qui croît en Corse, et qui donne d'excellent vin de liqueur.

SCIACRIDES, subst. fém. plur. (*ci-akride*), matines juives, ou les quatre premières heures qui suivent le lever du soleil, que les juifs modernes donnent à la prière avant de se livrer au travail.

SCIADÉE, subst. mas. (*ci-adé*), t. d'hist. nat., poisson noirâtre qu'on trouve dans les mers d'Afrique.

SCIADÉPHORE, subst. fém. (*ci-adéfore*), t. d'antiq., nom de femmes étrangères qui demeuraient à Athènes et qui étaient obligées, à la fête des Panathénées, de porter des parasols pour garantir les Athéniennes du soleil ou de la pluie.

SCIAGE, subst. mas. (*ci-aje*), action de *scier*. —Travail, ouvrage du *scieur*.—*Bois de sciage*, celui qui est débité avec la *scie*, comme les planches, les solives, etc. — Autrefois on appelait *sciage* un droit de mesurage sur les marchandises et denrées qui se vendaient dans quelques seigneuries.

SCIAGRAPHE, subst. mas. (*ci-aguerafe*), celui qui s'occupe de *sciagraphie*.

SCIAGRAPHIE, subst. fém. (*ci-aguerafi*) (du grec σκιαγραφεω, fait de σκια, ombre, et γραφω, je décris. Dans la seconde acception, ce mot signifie littéralement, *description avec les ombres*), en astron., l'art de trouver l'heure du jour ou de la nuit par l'ombre du soleil ou de la lune. — En archit., la représentation de l'intérieur ou la coupe d'un bâtiment.

SCIAGRAPHIQUE, adj. des deux genres (*ci-aguerafike*), qui a rapport, qui est relatif à la *sciagraphie*.

SCIAMACHIE, subst. fém. (*ci-amachi*) (du grec σκια, ombre, et μαχομαι, je combats), chez les anciens, espèce d'exercice qui consistait à agiter les bras et les jambes, comme quelqu'un qui se bat avec son ombre.

SCIAMANCIE, subst. fém. (*ci-amanci*) (du grec σκια, ombre, et μαντεια, divination), chez les anciens, divination qui consistait à évoquer les ombres des morts pour connaître l'avenir. Voy. PSYCHOMANCIE.

SCIAMANCIEN, subst. et adj. mas., au fém. SCIAMANCIENNE (*ci-amancieïn, ciène*), celui, celle qui exerce la *sciamancie*.—Qui concerne la *sciamancie*.

SCIAMAS, subst. mas. (*ci-amâ*), nom de celui qui, chez les juifs, était chargé du soin de la synagogue.

SCIAPODE, subst. mas. (*ci-apode*), monstre. Subst. propre mas. plur., habitants fabuleux de l'Afrique.

SCIARE, subst. mas. (*ci-are*), t. d'hist. nat., genre d'insectes de l'ordre des diptères.

SCIASSE, subst. fém. (*ci-ace*), cordage garni d'estropes servant aux cordiers pour élonger les fils de caret.

SCIATÈRE, subst. mas. (*ci-atère*), style ou aiguille qui, par son ombre, marque la méridienne.

SCIATÉRIQUE, adj. des deux genres (*ci atérike*) (du grec σκια, ombre, et τηρειν, observer; *cadran sur lequel on observe l'ombre*) : *cadran sciatérique*, qui montre l'heure par le moyen de l'ombre du style.—Subst. fém., art, science de disposer une aiguille pour marquer l'heure par son ombre.—Subst. mas., le cadran même qui marque l'heure par l'ombre du style.

SCIATIQUE, subst. fém. (*ci-atike*) (du grec ισχιον, la hanche, l'os de la cuisse), t. de méd., goutte qui s'attache principalement aux hanches et à l'emboîture des cuisses. — On dit aussi adj. pour les deux genres : *goutte sciatique*.

SCIATIS, adj. fém. (*ci-atice*), myth., surnom donné à Diane, qui avait un temple à Scias

SCIE, subst. fém. (*ci*) (du lat. *sicare*, couper, dont on a fait dans la basse latinité le subst. *sica*,

Ménage.), lame mince de fer longue et étroite, dentelée d'un côté, et destinée à *scier* le bois et la pierre tendre : elle n'a pas ordinairement de dents lorsqu'il s'agit de *scier* la pierre dure ou le marbre : *ce bois est si dur, que la scie a bien de la peine à y entrer*. — *Scie de marbrier*, celle dont la feuille est fort large et assez forte pour scier du marbre, et qui n'a point de dents. — *Trait de scie*, marque que l'on fait sur l'endroit du bois ou de la pierre qu'on veut scier. — *Trait de scie*, se dit aussi de l'aller et le venir de la scie, et de ce que la *scie* emporte du bois ou de la pierre qu'on scie.—Chaque coupe faite dans un morceau de bois, ou de pierre. — *Scie à revider*, scie dont la feuille est fort étroite, et qui peut aisément se contourner.—*Scie à contourner*, celle dont les tabletiers se servent pour contourner les feuilles de bois qu'ils veulent scier. Elle est montée comme la *scie à revider*. —*Scie à pieux*, châssis de fer qui porte une *scie* horizontale, qu'on élève ou qu'on baisse dans la construction des ponts. — On appelle encore *scie*, le fil de fer avec lequel le potier de terre détache son ouvrage de dessus la girelle.—T. de chir., sorte d'instrument qui sert à amputer les membres, etc. — Chez les anciens, ordre de bataille qui consistait à faire dépasser le front de bataille à des manipules séparés par des troupes alignées. — Partie de la mâchoire de certains insectes. — Nom d'une espèce de poisson dont la tête se prolonge en une espèce de saillie fort longue, aplatie, et garnie d'épines ou de dents sur les côtés. Les *scies* se trouvent dans toutes les mers.—Fig. et pop.: peine, contradiction: *c'est une scie d'avoir une telle affaire sur les bras*. On dit même : *cette femme, cet homme est pour moi une vraie scie*, il m'importune, il m'ennuie.

SCIEMMENT, adv. (*ci-aman*) (du lat. *scienter*), le sachant bien; avec connaissance de cause.

SCIENCE, subst. fém. (*ci-ance*) (du lat. *scientia*), en général, la connaissance qu'on a de quelque chose : *cela passe ma science*. — Connaissance fondée sur principes: *acquérir de la science, s'adonner aux sciences.*—Par extension, la connaissance dont on est bien instruit : *la science du monde, du gouvernement.*—Science infuse, qui vient de Dieu par inspiration : *croire avoir la science infuse*, se croire savant sans avoir étudié. — *Science de la guerre*, celle de l'art militaire, de l'artillerie, du génie, etc.

SCIENCÉ, E, adj. (*ci-ance*), savant. Pop.

SCIÈNE, subst. fém. (*ci-ène*), poisson de la division des thoraciques.

SCIENTIFIQUE, adj. des deux genres (*ci-antifike*), qui concerne les *sciences* abstraites et sublimes.

SCIENTIFIQUEMENT, adv. (*ci-antifikeman*), d'une manière *scientifique*.

SCIÉ, E, part. pass. de *scier*.

SCIER, v. act. (*cié*) (du lat. *secare*, couper), couper avec une *scie* soit à dents, soit sans dents : *scier du bois, de la pierre, du marbre*, etc. — T. d'agric., couper du blé, de l'avoine avec la faucille : *c'est le temps de scier les blés; dans la saison qu'on scie les blés*.—T. de mar., ramer à rebours, revenir sur son sillage.—*Mettre à scier* ou *à culer*, mettre le vent sur les voiles, de manière à faire reculer le vaisseau. — *Scier sur le fer*, se dit d'une galère qui rame à rebours, lorsqu'elle est chargée d'un vent traversier, dans une rade où elle est à l'ancre.—On dit, fig. et pop., *scier le dos* : *vous me sciez le dos*, vous me fatiguez, vous m'importunez. — *se SCIER*, v. pron.

SCIERIE, subst. fém. (*ciri*), machine pour mouvoir des *scies*; atelier où l'on *scie* le marbre.

SCIEUR, subst. mas., SCIEUSE, subst. fém. (*cieur, cieuze*), ouvrier dont le métier est de *scier*; *scieur de bois, de pierre, de marbre*. — *Scieurs de long*, ceux qui *scient* le bois en long. — On dit aussi: *scieur de blés*, et c'est dans ce sens que le fém. de ce mot trouve surtout son emploi.

SCIEUSE, subst. fém. Voy. SCIEUR.

SCILLE ou SQUILLE, subst. fém. (*cile, cekile*) (du grec σκίλλα), t. de bot., plante bulbeuse, qui croît en Espagne. Le genre des *scilles* tient le milieu entre les lis et les ognons : on en connaît beaucoup d'espèces. — En t. de tonnelier, vaisseau de bois sans fond par le haut, de la grosseur d'une feuillette.

SCILLITE, subst. fém. (*cilelite*), petite *scille*.

SCILLITINE, subst. fém. (*cillelitine*), t. de chim., principe amer, visqueux, contenu dans la *scille*.

SCILLITIQUE, adj. des deux genres (*cilelitike*) : *vin, vinaigre scillitique*, composé avec de la *scille*, pour les hydropiques.

SCILLOTTE, subst. fém. (*cilelote*), vase pour puiser de l'eau, dans les salines.

SCINCOÏDIENS, subst. m. pl. (*ceinko-idien*), t. d'hist. nat., famille de reptiles de l'ordre des sauriens.

SCINDALEURE ou SCINDALURE, subst. mas. (*ceindaleure, lure*), t. de bot., sorte de plante de la famille des champignons.

SCINDAPSE, subst. mas. (*ceindapece*), instrument de musique des anciens, à quatre cordes, et qui ressemblait à une lyre. — T. de bot., espèce de plante.

SCINDÉ, E, part. pass. de *scinder*.

SCINDER, v. act. (*ceindé*), t. de palais, couper, partager, diviser : *scinder un héritage*. — *se SCINDER*, v. pron.

SCINQUE, subst. mas. (*ceinke*) (du latin *scincus*, fait du grec σκιγχος, ou σκιγχος, crocodile terrestre), t. d'hist. nat., genre de reptiles sauriens. — Petit animal qui a du rapport avec le lézard et le crocodile par la figure.

SCINTHARISME, subst. mas. (*ceintariceme*) (du grec σκυθαρίζω, je donne des chiquenaudes), chez les anciens, jeu de chiquenaudes sur le nez.

SCINTILLANT, E, adj. (*ceintilelan, lante*) (du latin *scintillans*), qui étincelle. — L'auteur du Barbier de Séville a dit au fig. : *quelque chose de beau, de brillant, de scintillant. — Il a une figure scintillante, fraîche, colorée; cet enfant a un esprit scintillant*, plein de vivacité, de saillies.

SCINTILLATION, subst. fém. (*ceintileldcion*) (dérivé du latin *scintilla*, étincelle), t. d'astron., étincellement. Il se dit particulièrement du mouvement de lumière et d'agitation qu'on aperçoit dans les étoiles de la première grandeur.

SCINTILLE, subst. fém. (*ceinti-le*), petite étincelle. Plus latin que français.

SCINTILLÉ, E, part. pass. de *scintiller*.

SCINTILLER, v. neut. (*ceintileté*) (du latin *scintillare*), étinceler, au propre et au fig. Voy. SCINTILLANT.

SCIOGRAPHE, subst. mas. Voy. SCIAGRAPHE.

SCIOGRAPHIE, subst. fém. Voy. SCIAGRAPHIE.

SCIOLDRE, subst. mas. (*ci-oledre*), nom que les Danois donnaient à leurs poètes : c'étaient leurs bardes.

SCIOMACHIE, subst. fém. Voy. SCIAMACHIE.

SCIOMANCIE, subst. fém., SCIOMANCIEN, subst. et adj. Voy. SCIAMANCIE, SCIAMANCIEN.

SCION, subst. mas. (*ci-on*), petit rejeton tendre et flexible d'un arbre, d'un arbrisseau.

SCIONNEUR, adj. fém. Voy. SCIONNEUX.

SCIONNEUX, adj. mas., au fém. SCIONNEUSE (*ci-oneu, neuze*), plein de *scions*.

SCIOPODE, subst. propre mas. (*ci-opode*), nom de peuples fabuleux de l'Éthiopie.

SCIOPTÉRIQUE, adj. des deux genres. Voy. SCIOTÉRIQUE.

SCIOPTIQUE, adj. des deux genres (*ci-opetike*) (du grec σκια, ombre, et οπτομαι, je vois; qui fait voir dans l'ombre) : se dit, en optique, d'une sphère ou d'un globe de bois, avec un trou circulaire garni d'une lentille. On s'en sert dans les expériences de la chambre obscure.

SCIOTE, subst. fém. (*ci-oté*), petite *scie* d'ébéniste.

SCIOTÉRIQUE, adj. des deux genres (*ci-otérike*) (du grec σκια, ombre, et τηρεω, j'observe), t. d'astron., cadran horizontal garni d'un télescope pour observer le temps vrai, et régler les horloges.

SCIPOULE, subst. fém. (*cipoule*), t. de bot., espèce de *scille*.

SCIRE, subst. mas. (*cire*), t. d'hist. nat., genre d'arachnides qu'on nomme aussi *bdelles*.

SCIRAS, subst. propre fém. (*ciràce*), myth., surnom de Minerve.

SCIRIES, subst. fém. plur. (*ciri*) (du grec σκιερος, ombragé), myth., fêtes qu'on célébrait à Athènes en l'honneur de Minerve-*Sciras*. Pendant qu'elles duraient, on faisait de petites cabanes de feuillage; et dans les jeux qui en faisaient partie, les jeunes gens tenaient à la main des ceps de vigne chargés de raisins.

SCIRITES, subst. mas. plur. (*cirite*), corps de réserve des Lacédémoniens, servant de garde au roi.

SCIRON, subst. mas. (*ciron*), vent furieux qu'on invoquait pour être préservé de ses ravages.

SCIROPHORIES, subst. fém. plur. Voyez SCIRIES.

SCIROPHORION, subst. mas. (*cirofori-on*), dernier mois de l'année athénienne, qui répondait à notre mois de mai et au commencement de juin.

SCIRPE, subst. mas. (*cirpe*), t. de bot., plante de la classe des graminées.

SCIRPÉAIRE, subst. fém. (*cirpé-ère*), t. d'hist. nat., genre qu'on a établi pour placer la pennatule admirable.

SCIRPÉE, subst. fém. (*cirpé*), t. de bot., famille de plantes établi parmi les cypéracées.

SCIRPOÏDE, subst. fém. (*cirpo-ide*), t. de bot., groupe de *scirpes* à fleurs réunies en petites têtes rondes.

SCIRRHOSE, subst. fém. (*cireròze*), t. de path., excroissance livide produite par la virulence et par la prolongation d'une inflammation intense.

SCIRTE, subst. mas. (*cirte*), t. d'hist. nat., genre d'insectes coléoptères.

SCISSILE, adj. des deux genres (*cicecile*) (du latin *scissilis*), qui peut être fendu, séparé en lames ou planches.

SCISSION, subst. fém. (*cicecion*) (du latin *scissio*, division), séparation, division dans un état, etc. — Partage des voix dans une compagnie. — Fam., brouillerie entre deux amis.

SCISSIONNAIRE, subst. et adj. des deux genres (*cicecionère*), qui fait *scission*.

SCISSURE, subst. fém. (*cicezure*), fente, déchirure.

SCITAMINÉE, subst. fém. (*citaminé*), t. de bot., famille de plantes; basilier.

SCITIE, subst. fém. (*citi*), petit navire du Levant gréé en voiles latines.

SCIURE, subst. fém. (*ciure*), ce qui tombe du bois quand on le *scie*. — Se dit aussi de la poudre que forme le perforateur du lithotriteur, en brisant la pierre qui est dans la vessie.

SCIURIEN, subst. mas. (*ciuriein*), t. d'hist. nat., famille de petits animaux rongeurs, les écureuils, etc.

SCIZANTHE, subst. mas. (*cizante*), t. de bot., espèce de plante du Chili.

SCLARÉE, subst. fém. (*ceklaré*), t. de bot., espèce de plante de la famille des lichens ou des sauges.

SCLÉRANTHE, subst. mas. (*ceklérante*), t. de bot., on a donné ce nom au fruit des plantes nyctaginées.

SCLÉRANTHÉES, sub. f. pl. (*ceklérante*), t. de bot., famille de plantes voisines des paronychiées.

SCLÉRAPHTHITE, subst. fém. (*ceklérafctite*), espèce de bougie.

SCLÉRÈME, subst. mas. (*cekléreme*) (du grec σκληρος, dur), t. de médec., endurcissement du tissu cellulaire chez les nouveau-nés.

SCLÉREUSE, subst. fém. Voy. SCLÉREUX.

SCLÉREUX, subst. mas., au fém. SCLÉREUSE (*ceklereu, reuze*); se dit des tissus fibreux, cartilagineux et osseux qui sont les plus durs de l'organisme.

SCLÉRIAS ou SCLÉRIASIS, subst. fém. (*cekléri-âce, âsice*) (du grec σκληρος, dur), t. de chir., induration du bord des paupières.

SCLÉRIE, subst. fém. (*cekléri*), t. de bot., genre de plantes de la famille des cypéracées.

SCLERNAX, subst. mas. (*ceklérenace*), t. de bot., genre de plantes voisin des pexispermes.

SCLÉROBASE, subst. fém. (*ceklérobâze*), t. de bot., plante de l'Inde, de la famille des synanthérées.

SCLÉROCARPE, subst. fém. (*ceklérokarpe*), t. de bot., plante d'Afrique, de la famille des corymbifères.

SCLÉROCHLOÉ, subst. fém. (*ceklérokloé*), t. de bot., genre de plantes de la famille des graminées.

SCLÉRODERME, subst. mas. (*ceklérodèrme*), t. d'hist. nat., genre d'insectes de l'ordre des hyménoptères. — Genre de poissons appelés aussi *plectognates*.

SCLÉROGÈNE, subst. fém. (*ceklérojène*) (du grec σκληρος, dur, et γενομαι, je produis), t. de médec., matière nutritive du tissu *scléreux*. — Gélatine, albumine.

SCLÉROLÈNE, subst. fém. (*ceklérolène*), t. de bot., plante de la famille des chénopodées.

SCLÉROLÈPE, subst. fém. (*cekléralèpe*), t. de bot., espèce de plante verticillée.

SCLÉROME ou SCLÉROZIE, subst. fém. Voy. SCLÉRIAS, qui signifie la même chose.

SCLÉRO-MUQUEUSE, adj. fém. Voy. SCLÉRO-MUQUEUX.

SCLÉRO-MUQUEUX, adj. mas., au fém. SCLÉRO-MUQUEUSE (*cekléromukieu, kieuze*), t. de médec., se dit du tissu cellulaire membraneux.

SCLÉROPHTHALMIE, subst. fém. (*cekiérofetalmi*) (du grec σκληρος, dur, et οφθαλμος, œil), t. de médec., ophthalmie avec douleur, rougeur, dureté et difficulté de mouvements dans le globe de l'œil.

SCLÉROPHTHALMIQUE, adj. des deux genres (*cekiérofetalmike*), qui concerne la *sclérophthalmie*.

SCLÉROSARCEUSE, adj. fém. Voy. SCLÉROSARCEUX.

SCLÉROSARCEUX, adj. mas., au fém. SCLÉROSARCEUSE (*cekléroçarceu, ceuze*), t. de médec.; se dit d'un tissu fibreux élastique.

SCLÉROSARCOME, subst. mas. (*cekléroçarkome*) (du grec σκληρος, dur, et σαρκος, gén. de σαρξ, chair), t. de médec., tumeur dure et charnue sur les gencives.

SCLÉROPS, subst. mas. (*cekléropece*), t. d'hist. nat., espèce de crocodile qui se trouve dans les mers des Indes.

SCLÉROSTOME, subst. mas. (*ceklérocetome*) (du grec σκληρος, dur, et στομα, bouche), t. d'hist. nat., famille d'insectes diptères, caractérisée par un suçoir corné, saillant et en forme de trompe.

SCLÉROTE, subst. fém. (*ceklérote*), t. de bot., espèce de plantes de la famille des champignons.

SCLÉROTHAMNE, subst. mas. (*ceklérotamene*), t. de bot., espèce d'arbrisseau qui croît à la Nouvelle-Hollande.

SCLÉROTIQUE ou **SCLÉROTIDE**, subst. fém. (*ceklérotike, tide*) (du grec σκληροω, j'endurcis, dérivé de σκληρος, dur), t. d'anat., membrane dure qui enveloppe l'œil.—On dit aussi adj. pour les deux genres : *la membrane sclérotique.—Un remède sclérotique*, propre à durcir les chairs.

SCLÉROTITE, subst. fém. (*ceklérotite*), t. de médec., enflure, inflammation de la *sclérotique*.

SCLÉROXYLON, subst. mas. (*ceklérokcilon*), t. de bot., genre de plantes de la famille des campanulacées.

SCLÉRYSME, subst. mas. (*ceklériceme*), t. de chir., squirrhe du foie sans engorgement.

SCLIRE, subst. fém. (*ceklire*), t. de chir., la rétine de l'œil.

SCOBIFORME, adj. des deux genres (*cekobiforme*) (du latin *scobs, scobis*, qui signifie proprement *limaille*, et de *forma*, forme), qui ressemble à la sciure de bois, en parlant des graines.

SCOBINE, subst. fém. (*cekobine*), sorte de lime ou de râpe dont se servent plusieurs artisans.

SCOLAIRE, adj. des deux genres. Voy. SCHOLAIRE.

SCOLARQUE, subst. mas. Voy. SCHOLARQUE.

SCOLARITÉ, subst. fém. Voy. SCHOLARITÉ.

SCOLASTIQUE, adj. des deux genres. Voy. SCHOLASTIQUE.

SCOLASTIQUEMENT, adv. Voy. SCHOLASTIQUEMENT.

SCOLÉCIE, subst. fém. (*cekoléci*), t. d'hist. nat., espèce de vermisseau.

SCOLEX, subst. mas. (*cekolèkce*), t. d'hist. nat., genre de vers aplatis de la division des intestinaux.

SCOLIASTE, subst. mas. Voy. SCHOLIASTE.

SCOLIE, subst. fém. Voy. SCHOLIE.

SCOLIE, subst. fém. (*cekoli*), t. d'hist. nat., genre d'insectes de l'ordre des hyménoptères.

SCOLIÈTE, subst. fém. (*cekoli-ète*), t. d'hist. nat., tribu d'insectes de l'ordre des hyménoptères.

SCOLIOSE, subst. fém. (*cekoli-ôze*), t. de médec., rachitisme. Peu usité.

SCOLOPAX, adj. des deux genres (*cekolopakce*) (du grec σκολοπαξ, bécasse), se dit des oiseaux qui ont le bec long et effilé, comme la bécasse. — Genre de poisson de mer.

SCOLOPENDRE, subst. fém. (*cekolopandre*) (du grec σκολοπενδρα), t. d'hist. nat., petit insecte à plusieurs pieds. C'est un aptère, de la famille des myriapodes. — *Scolopendre de mer*, nom donné par quelques naturalistes aux néréides, qui ont des rapports avec les insectes nommés *scolopendres*. — T. de bot., espèce de plante médicinale du genre des doradilles.

SCOLOPENDROÏDE, subst. fém. (*cekolopandro-ide*), t. d'hist. nat., nom d'une étoile de mer.

SCOLOPIE, subst. fém. (*cekolopi*), t. de bot., genre de plantes de la famille des orangers.

SCOLOPOMACHÉRION, subst. mas. (*cekolopomachérion*), t. de chir., scalpel des anciens, qui ressemblait au bec d'une bécasse.

SCOLOPSIS, subst. mas. (*cekolopecice*), t. d'hist. nat., genre de poissons qui se rapproche de celui des lutjans.

SCOLOSANTHE, subst. mas. (*cekolozante*), t. de bot., sorte d'arbrisseau épineux des Antilles.

SCOLYME, subst. mas. (*cekolime*), t. de bot., genre de plantes de la famille des chicoracées.

SCOLYMOCÉPHALE, subst. mas. (*cekolimocéfale*), t. de bot., genre de plantes qui rentre dans celui des leucadendres.

SCOLYTAIRE, subst. mas. (*cekolitère*), t. d'hist. nat., tribu d'insectes de l'ordre des coléoptères.

SCOLYTE, subst. mas. (*cekolite*), t. d'hist. nat., genre d'insectes coléoptères.

SCOMBELÉE, subst. fém. (*cekonbelé*), t. de bot., espèce de plante exotique.

SCOMBÉRIDES, subst. m. pl. (*cekonbéro-ide*), t. d'hist. nat., famille de poissons.

SCOMBEROLE, subst. fém. (*cekonberole*), t. d'hist. nat., sorte de coquilles de la classe des univalves.

SCOMBÉROMORE, subst mas. (*cekonbéromore*), t. d'hist. nat., genre de poissons de la division des thoraciques.

SCOMBRE, subst. mas. (*cekonbre*) (du grec σκομβρος), t. d'hist. nat., genre de poissons thoraciques.

SCOMBRÉSOCE, subst. mas. (*cekonbrézôce*), t. d'hist. nat., genre de poissons de la division des abdominaux.

SCOPAIRE, subst. mas. (*cekopère*), t. de bot., genre de plantes de la famille des scrofulaires.

SCOPAMÈNE, subst. propre mas. (*cekopamène*), bourg de France, chef-lieu de canton, arrond. de Sartène, dép. de la Corse.

SCOPÈLE, subst. fém. (*cekopèle*), t. d'hist. nat., sous-genre de poissons établi parmi les salmones.

SCOPÉLISÉ, E, part. pass. de *scopéliser*.

SCOPÉLISER, v. act. (*cekopélizé*), (du grec σκοπελος, pierre), rendre un champ infertile en le couvrant de pierres enchantées. — *se* SCOPÉLISER, v. pron. Inusité.

SCOPÉLISME, subst. mas. (*cekopéliceme*) (du grec σκοπελος, pierre), espèce de charme pratiqué surtout en Arabie, qui consiste à jeter dans un champ du gravier ou des pierres enchantées pour l'empêcher de produire.

SCOPETIN, subst. mas. (*cekopetein*), cavalier armé d'une *escopette*.

SCOPETTE, subst. fém. Voy. ESCOPETTE.

SCOPEUME, subst. mas. (*cekopeume*), nom qu'on donnait anciennement à une sorte de danse.

SCOPOLIA, subst. fém. (*cekopoli-a*), t. de bot., nom donné à plusieurs espèces de plantes.

SCOPOLIE, subst. fém. (*cekopoli*), t. de bot., arbre de Java, de la famille des jusquiames.

SCOPULA LITTORALIS (mots latins) (*cekopulalitetoralice*) t. d'hist. nat., dents de raies fossiles, très-aplaties.

SCORANZE, subst. mas. (*cekoranze*), t. d'hist. nat., petit poisson qu'on prend en quantité dans le lac de Scutari.

SCORBUT, subst. mas. (*cekorbu*) (mot hollandais, pris des Danois, qui appellent cette maladie *crobuth*, ventre rompu, *Ménage*. G. Fabricius, dans ses *Antiquités de Misnie*, prétend que le *scorbut* en est originaire ; qu'il s'y manifesta dès l'an 1486, et que les mariniers saxons l'appelèrent *scharbock*, qui, dans leur langue, signifie inflammation, parce que c'est ordinairement par là qu'il commençait à se déclarer), maladie contagieuse qui se manifeste par le relâchement, le gonflement, la lividité et le saignement des gencives, la chute des dents. Les matelots sont exposés à ces inconvénients dans de longs voyages.

SCORBUTIQUE, subst. et adj. des deux genres (*cekorbutike*), celui ou celle qui a le *scorbut*. — Il est aussi substantif : *un scorbutique*.

SCORDASSES, subst. fém. plur. (*cekordace*), nom qu'on donne, à Carcassonne, à de grandes cardes qui servent pour les draps de couleurs mélangées. On dit aussi *scardasses*.

SCORDISQUES, subst. propre mas. plur. (*cekordiceke*), anciens peuples barbares qui habitaient la Pannonie.

SCORDITE, subst. fém. (*cekordite*), t. de bot., sorte de plante du genre des chamédrys.

SCORDIUM, subst. mas. (*cekordi-ome*) (du grec σκορδιον), t. de bot., espèce de germandrée aquatique : *scordium vrai*. Voy. GERMANDRÉE.

SCORIE, subst. fém. (*cekori*) (du latin *scoria*, pris du grec σκωρια, qui vient de σκωρ, ordure), substance terreuse ou pierreuse vitrifiée, qui nage sur la surface des métaux fondus. — *Scories volcaniques*, certains produits des volcans.

SCORIFICATION, subst. fém. (*cekorifikâcion*), action de réduire en *scories*. — Dépouillement d'un métal dont les parties métalliques étrangères et destructibles s'en vont au feu ou au marteau.

SCORIFICATOIRE, subst. mas. (*cekorifikatoare*), têt ou écuelle à *scorifier*, dont on se sert dans la coupelle en grand.

SCORIFIÉ, E, part. pass. de *scorifier*.

SCORIFIER, v. act. (*cekorifié*), réduire en *scories*.—*se* SCORIFIER, v. pron.

SCORODITE, subst. fém. (*cekorodite*), sorte de minéral de couleur vert-poireau foncé.

SCORODOPRASON, subst. mas. (*cekorodoprâzon*), t. de bot., sorte de plante d'Italie, dont l'odeur tient de l'ail et du poireau.

SCORPÈNE, subst. fém. (*cekorpène*), t. d'hist. nat., genre de poissons thoraciques.

SCORPIOÏDE, subst. fém. (*cekorpi-o-ide*) (du grec σκωρπιος, scorpion, et ειδος, forme), t. de bot., petite plante herbacée.

SCORPIOJELLE, subst. fém. (*cekorpi-ojèle*) (du grec σκορπιος, scorpion, et ελαιον, huile), huile de *scorpion*.

SCORPION, subst. mas. (*cekorpion*) (du grec σκορπιος), t. d'hist. nat., genre d'insectes aptères, de la famille des acères, qui ont une longue queue terminée par un aiguillon avec lequel ils blessent les petits animaux.—Espèce de coquilles du genre des trombes.—*Scorpion de mer*, sorte de poisson du genre de la *scorpène*.—Monceau de pierres entassées pour servir de bornes. —Espèce de fouet composé de plusieurs cordes garnies d'un fer tranchant ou de morceaux de plomb.—Manière d'ajuster les cheveux en forme de queue de *scorpion*. — L'un des douze signes du zodiaque, composé de trente-cinq étoiles dans le *Catalogue britannique*. — Chez les anciens, espèce de petite catapulte ou d'arbalète qu'on portait à la main, et avec laquelle on lançait des dards.

SCORPIONE, subst. fém. (*cekorpione*), t. de bot., genre de plantes qui a de grands rapports avec celui des myosotes.

SCORPITE, subst. fém. (*cekorpite*), t. d'hist. nat., sorte de pierre précieuse qui offre la forme de la queue du *scorpion*.

SCORPIURE, subst. fém. (*cekorpiure*), t. de bot., genre de plantes établi parmi les varecs de *Linnée*.

SCORRIDOR, subst. mas. (*cekoridor*), sorte de petit bâtiment dont on se sert sur les côtes d'Italie, à un seul mât et une grande voile.

SCORSONÈRE, subst. fém. (*cekorçonère*) (de l'italien *scorza nera*, écorce noire), plante vivace et potagère, de la famille des chicoracées, dont la racine sert d'aliment. On la nomme aussi *salsifis d'Espagne*.

SCORTIME, subst. mas. (*cekortime*), t. d'hist. nat., genre de coquilles de la division des univalves.

SCOTE, subst. fém. (*cekote*), purification de hardes.

SCOTIE, subst. fém. (*cekoti*) (du grec σκοτος, obscurité, ténèbres, à cause de l'ombre qu'elle reçoit dans son creux), en archit., moulure ronde et creuse, qui se place entre les tores de la base d'une colonne. — On la nomme aussi *nacelle*, membre creux trochite. — Myth., surnom sous lequel Hécate avait un temple sur les bords du lac Achéruse, en Égypte. En ce sens, il se prend aussi adj.: au fém., *Hécate Scotie*.

SCOTIOS, subst. propre mas. (*cekotiôce*) (en grec σκοτιος, le ténébreux, fait de σκοτος, ténèbres), myth., nom sous lequel Jupiter avait un temple près de Sparte.

SCOTISME, subst. mas. (*cekoticeme*) (de J. Scott), secte qui admet les formalités ou qualités métaphysiquement. On écrit aussi *scottisme*.

SCOTISTE, subst. mas. (*cekoticete*), partisan de *Scott*. On écrit également *scottiste*.

SCOTITES, subst. mas. plur. (*cekotite*), nom de quelques anciens sectaires qui suivaient le culte de Jupiter-*Scotios*.

SCOTODINE ou **SCOTODINIE**, subst. fém. (*cekotodine, dini*) (du grec σκοτοδινια, formé de σκοτος, obscurité, et de δινος, vertige), t. de médec., vertige, avec obscurcissement de la vue.

SCOTOMIE, subst. fém. (*cekotomi*), t. de médec., maladie des yeux, vertiges avec obscurcissements.

SCOTTIE, subst. fém. (*cekotett*), t. de bot., espèce d'arbuste de la Nouvelle-Hollande, de la famille des légumineuses.

SCOUE, subst. fém. (*cekou*), t. de mar., extrémité d'une varangue courbée pour s'enter avec le genou.

SCOUFFIN, subst. mas. (*cekoufein*), sac de jonc pour mettre la pâte des olives.

SCOULÉRIE, subst. fém. (*cekouléri*), t. de bot., genre de plantes aquatiques de la famille des mousses.

SCOURGEON, subst. mas. Voy. ESCOURGEON.

SCOURSON, subst. mas. Voy. COURSON.

SCRAMASAXE, subst. fém. (*cekramaçakce*), arme ancienne qui était moins longue que l'épée.

SCRAPTIE, subst. fém. (*cekrapeci*), t. d'hist. nat., genre d'insectes coléoptères.

SCRIBE, subst. mas. (*cekribe*) (en lat. *scriba*, fait de *scribere*, écrire), chez les Juifs, docteur qui interprétait la loi. On se sert particulièrement du mot *scribe* dans l'Ecriture sainte. —*Les scribes du roi*, ses secrétaires.—*Les scribes du peuple*, officiers qui rédigeaient les actes civils et particuliers, et qui en tenaient les registres.—*Les scribes de la loi*, ceux qui, par état, faisaient leur étude de la loi, et qui étaient chargés, dans les synagogues, de l'expliquer au peuple. Ils étaient, en quelque façon, plus respectés que les sacrificateurs.—Ecrivain, greffier, secrétaire, praticien. — Ce mot avait la même signification chez les anciens Romains, dans sa primitive acception.—Parmi nous, homme qui gagne sa vie à copier, à écrire.

SCRIBÉE, subst. fém. (*cekribé*), t. de bot., sorte de plantes de la famille des baccifères.

SCRIBÉ, E, part. pass. de *scriber*.

SCRIBER, v. act. (*cekribé*), t. de manuf., faire un premier cardage à la laine. — *se* SCRIBER, v. pron. Peu connu.

SCRIBLITE, subst. fém. (*cekriblite*), sorte de pâtisserie chez les anciens; petit gâteau.

SCRIBOMANE, adj. des deux genres (*cekribomane*), celui, celle qui a la *manie* d'écrire.

SCRIBOMANIE, subst. fém. (*cekribomani*) (du lat. *scribere*, écrire, et *mania*, manie), *manie* ou fureur d'écrire.

SCRIPTEUR, subst. mas. (*cekripeteur*), t. de chancellerie romaine, officier qui écrit les bulles.

SCROBE ou **SCROBICULE**, subst. mas. (*cekrobe, bikule*), t. d'anat., fossette du cœur.—T. d'antiq., fosse pour les libations, en l'honneur du dieu des enfers.—Les sacrifices.

SCROBICULEUSE, adj. fém. Voy. SCROBICULEUX.

SCROBICULEUX, adj. mas., au fém. **SCROBICULEUSE** (*cekrobikuleu, leuze*) (du lat. *scrobiculus*), t. de bot., dont la surface est parsemée de trous concaves, creusés dans la substance même du corps.

SCROFULAIRE, subst. fém. (*cekrofulère*), t. de bot., plante à fleur personnée, bonne contre les *scrofules* et les hémorrhoïdes; son odeur est désagréable. — Famille de plantes, dont la graine est attachée à un placenta pyramidal au centre de la capsule.

SCROFULES, subst. fém. plur. (*cekrofule*) (du lat. *scrofa*, truie, animal sujet à cette affection), t. de médec., genre de maladies qui affectent les glandes lymphatiques; écrouelles.

SCROFULEUSE, subst. et adj. fém. Voyez SCROFULEUX.

SCROFULEUX, subst. et adj. mas., au fém. **SCROFULEUSE** (*cekrofuleu, leuze*), qui cause les écrouelles : *sang scrofuleux, humeur scrofuleuse.*—Subst. : *c'est un scrofuleux, c'est une scrofuleuse.*

SCROTAL, E, adj. (*cekrotale*), t. d'anat., qui concerne le *scrotum*; se dit du tissu qui forme le *scrotum*.

SCROTIFORME, adj. des deux genres (*cekrotiforme*), fait en *forme* de sac, et se composant de deux tubercules très-rapprochés.

SCROTOCÈLE, subst. fém. (*cekrotocèle*) (du lat. *scrotum*, scrotum, et du grec κήλη, tumeur), t. de chir., hernie qui descend jusque dans le *scrotum*.

SCROTUM ou **SCROTON**, subst. mas. (*cekrôtome, ton*) (en lat. *scrotum*), t. d'anat., membrane commune qui contient les testicules, que l'on nomme vulgairement les *bourses*.

SCRUPULE, subst. mas. (*cekrupule*) (du lat. *scrupulus*, employé dans les mêmes acceptions, et qui signifie proprement : une petite pierre), douce inquiétude qui trouble la conscience. — Grande exactitude ou en matière de mœurs, ou en matière d'ouvrages d'esprit, etc.: *cette action peut être bonne, mais je me ferais scrupule de la faire.* — Difficultés qui restent encore dans l'esprit après l'éclaircissement d'une question, d'une affaire : *vous n'avez pas encore instruit votre avocat, il lui reste quelques scrupules dans l'esprit.*—Sorte de répugnance qu'on sent à faire quelque chose : *je voudrais bien m'intéresser dans son entreprise, mais j'éprouve quelque scrupule.*—*Faire un scrupule à quelqu'un de quelque chose*, lui inspirer du *scrupule*.—T. d'antiq., espace de cent pieds en carré. — Petit poids de vingt-quatre grains.—En astron., fort petite partie de la minute. (Dans les deux dernières acceptions, du lat. *scrupulum*.)

SCRUPULEUSE, adj. fém. Voy. SCRUPULEUX.

SCRUPULEUSEMENT, adv. (*cekrupuleuzeman*), avec *scrupule*.

SCRUPULEUX, adj. mas., au fém. **SCRUPULEUSE** (*cekrupuleu, leuze*), qui a des *scrupules*, qui est tourmenté par des *scrupules*.—Fig.: *exactitude scrupuleuse, recherche scrupuleuse*, très-grande exactitude, recherche.—Minutieux, qui craint d'outrepasser les bornes prescrites. — Il est souvent employé comme substantif : *faire le scrupuleux*, l'homme délicat.

SCRUTATEUR, subst. mas., **SCRUTATRICE**, subst. fém. (*cekrutateur, trice*) (du lat. *scrutator*), qui sonde les cœurs : *Dieu est le scrutateur des cœurs.* — Celui qui est appelé à la vérification d'un scrutin.— Il est aussi adj.: *regard scrutateur, analyse scrutatrice.*—Qui visite, qui fouille partout, qui cherche en fouillant.—Par analogie, qui examine la conduite d'une personne et cherche à connaître ses plus secrètes pensées.

SCRUTATRICE, adj. fém. Voy. SCRUTATEUR.

SCRUTÉ, E, part. pass. de *scruter*.

SCRUTER, v. act. (*cekruté*), sonder, examiner à fond, chercher à pénétrer dans les choses cachées : *scruter la nature, la pensée, la conscience.*—Fouiller, fouiller partout.—*se* SCRUTER, v. pron.

SCRUTIN, subst. mas. (*cekrutein*) (en lat. *scrutinium*, fait de *scrutari*, scruter, examiner), élection ou admission par suffrages secrets, ou manière dont les assemblées politiques ou autres donnent leurs suffrages, soit par petits billets pliés ou par de petites boules qu'on nomme *ballottes*, que l'on jette dans une boîte, ou que l'on met, selon l'usage de certaines sociétés, dans un chapeau.—Action de recueillir les voix. Il y a plusieurs formes de scrutins. On nomme *scrutin individuel*, celui que chaque membre de l'assemblée fait pour un seul sujet à élire, en n'inscrivant qu'un seul nom ; *scrutin de liste*, celui que l'on fait en inscrivant plusieurs noms à la fois ; *scrutin de liste double*, celui par lequel on désigne les sujets à élire en formant un nombre double pour les places à remplir : *au premier tour de scrutin on obtint la pluralité relative des suffrages ; mais il faut quelquefois trois tours de scrutin pour obtenir la pluralité absolue.* — Le billet même sur lequel sont inscrits les noms: *avez vous donné votre scrutin?* Peu usité dans ce dernier sens.

SCUBAC, subst. mas. (*cekubak*), liqueur sucrée et safranée, assez commune en France.

SCULPT., abréviation du mot *sculpture*.

SCULPONÉE, subst. fém. (*cekuleponé*), chez les anciens, espèce de ceste garni de plomb.—On donnait aussi ce nom à des souliers grossiers, à des sabots.

SCULPTABLE, adj. des deux genres (*cekulepetable* et non pas *cekuletable*), qui peut être *sculpté*.

SCULPTÉ, E, part. pass. de *sculpter*, et adj., orné de *sculptures*.

SCULPTER, v. act. (*cekulepeté*, et non pas *cekuleté*) (du lat. *sculpere*), tailler au ciseau quelque figure en marbre, en pierre, bois, etc. — *se* SCULPTER, v. pron.

SCULPTEUR, subst. mas. (*cekulepeteur* et non pas *cekuleteur*) (en latin *sculptor*), celui qui travaille en *sculpture*.—Qui en fait profession.

SCULPTURE, subst. fém. (*cekulepeture* et non pas *cekuleture*), art de *sculpter*. — Ouvrage du *sculpteur*.

SCURRILE, adj. des deux genres (*cekurile*), qui est bas, dont l'expression est basse, indécente. Inusité. Voy. SCURRILITÉ.

SCURRILEMENT, adv. (*cekurileman*), bassement, indécemment, d'une manière inconvenante. Inusité. Voy. SCURRILITÉ.

SCURRILITÉ, subst. fém. (*cekurilité*) (en lat. *scurrilitas*, fait de *scurra*, bouffon), bouffonnerie, plaisanterie basse. Plus latin que français.

SCURRULE, subst. mas. (*cekurule*)(du lat. *scurra*, bouffon), petit bouffon. Inusité.

SCUTAGE, subst. mas. (*cekutaje*), ancien impôt que les Anglais percevaient sur les marchandises maritimes.

SCUTE, subst. fém. (*cekute*), t. de mar., sorte de petite barque ou canot pour le service d'un gros vaisseau.

SCUTELLE, subst. fém. (*cekutèle*), t. d'hist. nat., genre de mollusques.—T. de bot., sorte de cupule ou conceptacle dans les lichens.

SCUTELLÈRE, subst. fém. (*cekutèlelère*) t. d'hist. nat., genre d'insectes de l'ordre des hémiptères.

SCUTELLITE, subst. fém. (*cekutèlelite*), t. d'hist. nat., patelle fossile qui se réunit au genre des pavois.

SCUTIFORME, adj. des deux genres (*cekutiforme*) (du lat. *scutum*, bouclier, et *forma*, forme, parce qu'il ressemble à un bouclier carré), t. d'anat.; se dit du premier cartilage du larynx, appelé vulgairement la *pomme d'Adam*.

SCUTIGÈRE, subst. mas. (*cekutijère*), t. d'hist. nat., genre d'insectes myriapodes.

SCUTULE, subst. fém. (*cekutule*), t. de bot., genre d'insectes myrtoïdes.

SCUTUM, subst. mas. (*cekutome*), t. d'antiq., bouclier des soldats romains.

SCYDMÈNE, subst. mas. (*cidemène*), t. d'hist. nat., genre d'insectes coléoptères.

SCYDMÉNIDES, subst. mas. pl. (*cideménide*), t. d'hist. nat., famille d'insectes coléoptères.

SCYLIORHIN, subst. mas. (*cili-orein*), t. d'hist. nat., sous-genre de poissons établi aux dépens du genre des squales.

SCYLLA, subst. mas. (*cilela*), t. de géog., gouffre opposé à celui de Charybde.— T. d'hist. nat., nom d'une espèce de poisson.—Subst. propre fém., myth., fille de Phorcus, que les Grecs nomment Phorcys, laquelle ayant de l'inclination pour Glaucus, dieu marin, pria l'enchanteresse Circé de le rendre sensible; mais celle-ci n'en fit rien ; car elle-même était éprise de Glaucus, et elle empoisonna la fontaine où *Scylla* se baignait ; de sorte que, quand cette nymphe y entra, elle fut transformée en un monstre effroyable, dont la partie inférieure ressemblait à un chien. Elle eut tant d'horreur d'elle-même qu'elle se précipita dans un gouffre de la mer de Sicile. Le bruit des flots qui, dans cet endroit, vont se briser contre des rochers, a donné l'idée aux *poëtes de feindre que* c'étaient les aboiements de ce monstre. Voyez CHARYBDE.— Il est bon d'observer que *Virgile* et *Ovide* confondent les deux *Scylla*, en attribuant à la fille de Nisus ce qui ne convient qu'à celle de Phorcus.

SCYLLARE, subst. mas. (*cilelare*), t. d'hist. nat., genre de crustacés de l'ordre des décapodes.

SCYLLÉE, subst. fém. (*cilelé*), t. d'hist. nat., genre de mollusques à corps gélatineux, à anus latéral.

SCYPHIPHORE, subst. mas. (*cififore*), t. de bot., genre de plantes de la famille des algues.

SCYPHOFILIX, subst. mas. (*cifofilikce*), t. de bot., sorte de plante de Madagascar, de la famille des fougères.

SCYRIADES, subst. fém. plur. (*ciri-ade*), nom qu'on donnait aux femmes de l'île de *Scyros*.

SCYRON, subst. mas. Voy. SCIRON.

SCYTALE, subst. fém. (*citale*) (du grec σκυτάλη, employé dans la même acception, et qui signifie proprement *fouet de cuir*), chiffre dont les Lacédémoniens se servaient pour *écrire secrètement*. C'était une bande de parchemin, sur laquelle étaient tracés des lettres et des mots, dont on ne pouvait entendre le sens qu'en appliquant cette bande autour d'un rouleau.—Livre rouge des anciens où l'on inscrivait le nom des criminels.—En hist. nat., genre de serpents qui ont des crochets à venin.

SCYTALIDES, subst. fém. plur. (*citalide*), nom que quelques auteurs ont donné aux phalanges des doigts.

SCYTHE, subst. et adj. des deux genres (*cite*), de *Scythie*.

SCYTHIQUE, adj. des deux genres (*citike*), des *Scythes*.

SCYTHISME, subst. mas. (*citicsme*), religion des *Scythes*.

SCYTHODE, subst. fém. (*citode*), t. d'hist. nat., genre d'arachnides de l'ordre des pulmonaires.

SCYTHROPS, subst. mas. (*citropece*), t. d'hist. naturelle, genre d'oiseaux de l'ordre des sylvains.

SCYTHONÈME, subst. fém. (*citonème*), t. d'hist. nat., genre de plantes de la famille des algues, espèce de conferve.

SCYVIAS, subst. mas. plur. (*civi-â*), sorte de sectaires brames dans les Grandes-Indes.

S. E., abréviation de *sud-est*.

SE, pron. de la troisième personne (*ce*). *Se* est régime direct : *se rétracter, se perdre*, c'est-à-dire rétracter soi, perdre soi.—Il est aussi régime indirect : *se faire une loi, se prescrire un devoir*, c'est-à-dire faire une loi à soi, prescrire un devoir à soi.—Le pronom *se* précède toujours le verbe dont il est le régime direct ou indirect; mais ce serait une faute de le mettre avant le premier verbe employé à un temps composé, comme de dire : *il s'aurait pu procurer ce plaisir*, au lieu de : *il aurait pu se procurer ce plaisir*. — Ce serait également une faute de mettre le pronom *se* avant un verbe suivi de deux infinitifs joints par les conjonctions *et, ni, ou*, si ce pronom n'avait aucun rapport au second infinitif. Par exemple, on ne doit pas dire; *elle ne se peut décider, ni consentir à...*; mais : *elle ne peut se décider, ni consentir à...*

SÉAFORTHIE, subst. fém. (*cé-aforti*), t. de bot., espèce de plante de la Nouvelle-Hollande, de la famille des palmiers.

SÉAH, subst. mas. (*cé-a*), t. d'antiq., mesure qui était en usage chez les Hébreux.

SÉANCE, subst. fém. (*cé-ance*) (du latin *sessio*, fait de *sedere*, être assis, siéger), le droit qu'on a d'avoir place dans une assemblée, ou de s'asseoir, de prendre place dans une compagnie réglée : *prendre, tenir séance*; mais on ne doit pas dire : *sa charge lui donne séance au conseil d'état*, il faut prendre un autre tour et dire : *sa charge lui donne le droit de siéger au conseil d'État*. — Temps pendant lequel on reste à une assemblée : *la séance a duré quatre heures ; la séance s'est prolongée jusqu'au soir*.—On ne dit plus : *prendre séance dans une assemblée* ou *compagnie*, pour s'y placer dans l'endroit ordinaire qu'on avait adopté primitivement ; ni également : *prendre séance*, en parlant d'une personne que l'on invite à assister aux délibérations d'une société dont les travaux peuvent l'intéresser. — *La séance a été rompue*, ou mieux *interrompue* pendant qu'elle se tenait, un évènement a obligé l'assemblée de se séparer et d'interrompre son travail.— En parlant de toute assemblée, on dit : *elle tient séance ; c'est là qu'elle tient ses séances*, c'est là qu'elle s'assemble et qu'elle délibère.—*Lever la séance*, se dit d'une assemblée qui se sépare après avoir délibéré. C'est au président qu'il appartient de lever la *séance* : ce qui se fait par ces mots qu'il prononce à haute voix : *la séance est levée*. — T. de palais, on appelait anciennement : *séance des prisonniers*, ou tout simplement *séance*, l'audience que le parlement donnait autrefois, avant chacune des quatre grandes fêtes, et qui avait pour objet la liberté de certains prisonniers pour dettes, ou la police des prisons.—On dit quelquefois, lorsqu'on est resté long-temps à table ou au jeu : *nous avons fait une longue séance; six heures à table! voilà une fameuse séance*.—Temps pendant lequel un dessinateur, un peintre travaille d'après une personne pour faire son portrait : *ce peintre fait un portrait en trois séances*.— Fig. et fam., temps passé à une même chose, etc.—*Elle ne se presse pas de lever la séance*, se dit d'une personne dont les visites sont trop longues.

SÉANT, E, part. prés. du verbe *seoir*, et adj. (*cé-an, ante*), qui tient *séance*, qui réside : *du temps que le pape était séant à Avignon ; la cour séant à...* Il est suranné dans ces deux acceptions. — Adj., décent, qui sied bien, qui est convenable ; *cette parure est peu séante à son âge*. — Subst. mas., posture d'un homme *assis* dans son lit : *il se mit sur son séant*.

SÉATER, subst. propre mas. (*cé-atère*), myth., dieu auquel les anciens Saxons rendaient hommage.

SÉATÉRIES, subst. fém. plur. (*cé-ateri*), myth., fêtes et cérémonies que les Saxons célébraient autrefois en l'honneur de *Séater*.

SEAU, subst. mas. (*çô*) (du latin *situlus* ou *situla*, dont la signification est la même), vaisseau propre à tirer, à puiser, à porter de l'eau : *tirer de l'eau avec un seau*. — Ce que contient un *seau* : *un seau d'eau*. — Il se dit de toute espèce d'ustensile, de quelque matière qu'il soit, et propre à contenir de l'eau : *mettre rafraîchir de l'eau dans un seau d'argent, dans un seau de porcelaine*.—*Seaux de ville*, seaux d'osier garnis de cuir en dedans, dont on se sert pour porter de l'eau dans les incendies.—Fam. et hyperb. : *il pleut à seaux*, il pleut très-fort.—Dans quelques coutumes, il se dit d'une mesure déterminée : *le seau tient ordinairement douze pintes*.

SEAUGEOIRE, subst. fém. (*çôjoare*), ustensile pour mettre le sel dans un panier.

SEAUNERON, barbarisme. Voyez SAUNERON.

SÉBACÉ, E, adj. (*cébacé*) (du latin *sebaceus*, fait de *sebum*, suif), de la nature du suif. —*Glandes sébacées*, t. d'anat., petites vésicules qui sécrètent une humeur grasse déposée à la surface du corps, qu'elle lubréfie.

SÉBACIDE, subst. mas. (*cébacide*), t. de chim., nom donné nouvellement à un acide qu'on tire du suif ou de la graisse.

SÉBACINE, subst. fém. (*cébacine*), t. de chim., matière *sébacée*.

SÉBACIQUE, adj. des deux genres (*cébacike*), t. de chim. : *acide sébacique*, retiré de la graisse.

SÉBASTIONIQUE, subst. mas. (*cébacéti-onike*), t. d'antiq., celui qui avait vaincu aux jeux augustaux.

SÉBASTIEN (SAINT-), subst. propre mas. (*ceincébacetiein*), ville forte d'Espagne; elle fut souvent dévastée par les guerres et les siéges qu'elle a soutenus, entre autres, en 1714 et 1808 : et la défense que les Français y firent en 1813 est une des plus glorieuses et des plus belles de l'histoire militaire.

SÉBATE, subst. mas. (*cébate*), t. de chimie mod., sel formé par la combinaison de l'acide *sébacique* avec une base.

SÉBÉE, subst. fém. (*cébé*), t. de bot., sorte de plante exotique qui croît dans la Nouvelle-Hollande.

SÉBESTE, subst. mas. (*cébècete*), fruit d'Égypte, semblable à une petite prune noirâtre.

SÉBESTÉNIER, subst. mas. (*cébèceténié*), t. de bot., famille de plantes.

SÉBESTIER, subst. mas. (*cébèctié*), t. de bot., arbre qui porte le *sébeste*.

SÉBIFÈRE, adj. des deux genres (*cébifère*) (du latin *sebum*, suif, et *ferre*, porter), t. de bot. : *plante sébifère*, qui donne un suif. — Subst. mas., grand arbre de la Chine qui fournit une huile épaisse et blanche.

SÉBIFORME, adj. des deux genres (*cébiforme*) (du latin *sebum*, suif, et *forma*, forme), qui a la même *forme*, la même apparence que le suif.

SÉBILE, subst. fém. (*cébile*), sorte d'écuelle de bois à l'usage de plusieurs métiers.

SÉBIO, subst. mas. (*cébi-o*), t. d'hist. nat., sorte de grosse baleine que l'on pêche quelquefois au Japon.

SÉBUÉEN ou **SÉBUCÉEN**, subst. mas. (*cébu-é-ein, cé-ein*), secte de samaritains, ou docteurs juifs, qui changeaient les temps marqués par la loi pour les principales fêtes de l'année.

SÉBURAÉEN, subst. mas. (*cébura-ein*), docteurs juifs qui ont paru depuis la publication du Talmud.

SÉBUSÉEN ou **SÉBUSIAN**, subst. mas. (*cébuzé-ein, zi-an*), ancien peuple qui s'étendait dans le Forez, le Bugey, la Bresse et le Lyonnais.

SEC, adj. mas., au fém. **SÈCHE** (*cèk, cèche*) (en latin *siccus*), qui n'a point ou peu d'humidité.—Qu'on a fait sécher : *fruits, raisins secs ; confitures sèches*.—Qui n'est pas moite, mouillé : *avoir la peau sèche ; ce linge n'est pas sec ; les rues sont sèches*. — Qui n'est pas gras ni onctueux.—Maigre, décharné.—En parlant des personnes, de ce qui y a rapport ; dur, qui n'est point affable, gracieux : *cet homme est sec*.—En parlant des auteurs et de leurs ouvrage, *style sec*, dépourvu d'ornements. — *Matière sèche*, qui ne fournit pas.—*Drap sec*, qui est trop dur.—*Voir, regarder des pauvres d'un œil sec*, sans s'attendrir.—*Il a une toux sèche*, il tousse sans cracher. —*Ce vin est sec*, n'a point de liqueur. — *Argent sec*, argent comptant. — *Manger son pain sec, du pain sec*, ne manger rien avec son pain. — Subst. mas., une des quatre premières qualités, suivant les anciens philosophes : *le sec et l'humide, le chaud et le froid*.—Fourrage *sec* : *les chevaux sont au sec*.— Fig. : *employer le vert et le sec*, toutes sortes de moyens pour réussir.—Adv., sèchement : *répondre, parler sec*.—*A sec*, loc. adv., *la citerne est à sec*, il n'y a plus d'eau.—Fig. : *le poète est à sec*, il ne sait plus que dire. — Fam. : *ce joueur est à sec*, il n'a plus d'argent. — *Mettre à sec*, épuiser : *ses profusions mirent ses coffres à sec*. —*Tout sec*, loc. adv., uniquement : *il a tout sec vingt mille francs*.—Toute sèche au fém. ne se dit pas; ainsi l'on ne doit pas dire : *cette robe m'a coûté toute sèche quarante écus*; le goût condamne cette locution.

SÉCABLE, adj. des deux genres (*cékable*) (du lat. *secabilis*, fait de *secare*, couper), t. didactique, qui peut être coupé.

SÉCAMONE, subst. fém. (*cékamone*), t. de bot., genre de plantes établi aux dépens des périploques.

SÉCANT, E, adj. (*cékan, kante*), t. de géom., qui coupe : *plan sécant*, celui qui en coupe un autre ou une surface quelconque.— *Surface sécante*, surface qui en rencontre une autre.

SÉCANTE, subst. fém. (*cékante*) (en lat. *secans*), t. de géom., en général toute ligne qui en coupe une autre, qui la divise en deux parties.—Dans une acception plus particulière et très-usitée en trigonométrie, ligne droite tirée du centre du cercle, et qui coupe la circonférence pour aller jusqu'à la tangente.

SÉCATEUR, subst. mas. (*cekateur*), instrument dont se servent les jardiniers pour tailler les arbustes.

SÉCATION, subst. fém. (*cékâcion*), t. de médec. et de chir., action de couper, de trancher, de fendre ou diviser en deux.

SECCATOURE, ou **SECCATURE**, subst. fém. (*cékekatoure, ture*) (de l'italien *seccatura*, dessèchement, ou peut-être de *segatura*, l'action de scier), ennui, importunité, sentiment produit par l'obstination d'un fâcheux. Peu usité.

SÉCESPITE, subst. fém. (*cécècepite*), t. d'antiq., sorte de couteau dont les sacrificateurs se servaient pour égorger les victimes.

SÉCHAGE, subst. mas. (*cêchaje*), action de faire *sécher*.— Ses effets.

SÉCHANAGA, subst. propre mas. (*cêchanagua*), myth., le roi des serpents, le Pluton des Indous.

SÉCHARIE, subst. fém. (*cêchari*), dans les salines, femme qui range les pains de sel pour les faire *sécher*.

SÈCHE, adj. fém. Voy. SEC.

SÈCHE ou **SEICHE**, subst. fém. (*cèche*) (en lat. *sepia*), t. d'hist. nat., genre de mollusques qui distillent autour d'eux une liqueur noire pour se dérober à leurs ennemis.—*Sèche fossile*, os de *sèche* fossile. — *Sèche terrine*, l'un des noms vulgaires de l'engoulevent, sorte d'oiseau.—Genre de vers mollusques nus. — *Sèche officinale*, espèce particulière de ces vers mollusques dont le corps est uni des deux côtés, et d'une seule couleur brune ou jaunâtre.— En t. de mar., banc sur lequel un vaisseau peut rester *à sec* lorsqu'il y échoue. — Mouvement de flux et de reflux qu'éprouve le lac de Genève en certaines occasions. — Myth., chez les anciens Egyptiens, hiéroglyphe de l'homme qui, courant à sa perte, trouve son salut.

SÉCHÉ, E, part. pass. de *sécher*.

SÉCHÉE, subst. fém. (*céché*), espèce de filet semblable aux cibaudières. —*Séchée d'eau*, potée d'eau que l'on répand sur les glaces et que l'on *sèche* avec le polissoir.

SÈCHEMENT, adv. (*cècheman*), en lieu *sec*.— Fig., d'une manière *sèche*, rebutante, rude, incivile.

SÉCHER, v. act. (*céché*) (du lat. *siccare*), rendre *sec* : *le soleil, le vent a séché les chemins*.— Mettre à *sec* : *la chaleur a séché les ruisseaux*. —Fig. : *sécher ses larmes*, cesser de pleurer.— *Sécher les larmes*, consoler.—Neut., devenir *sec*. —*Sécher sur pied*, se dit au propre des arbres, et fig., d'une personne qui se consume d'ennui, de tristesse.—*Sécher d'ennui*, se consumer d'ennui. — *se* SÉCHER, v. pron.

SÈCHERESSE, subst. fém. (*cècherèce*) (du lat. *siccitas*), état, qualité de ce qui est *sec*, au propre et au fig.—Défaut de grace, d'ornement dans le style.—*Sécheresse de cœur*, défaut de sentiments; *sécheresse d'esprit*, disette d'idées.—En matière de piété, état d'une âme qui ne se sent point de consolation dans les exercices de la dévotion.

SÉCHERIE, subst. fém. (*cècheri*), lieu aéré où l'on étend les draps, les toiles, etc., pour les faire *sécher*.

SÈCHERON, subst. mas. (*cècheron*), pré en terre *sèche*, et qui n'est arrosée que par les pluies.

SÉCESSION, subst. fém. (*cécèccion*) (en lat. *secessio*), action de se retirer à part.—T. d'hist. anc., retraite du peuple romain sur le mont Sacré.

SÉCHION, subst. mas. (*cêchion*), t. de bot., genre de plantes établi pour les séparer des sycios.

SÉCHOIR, subst. mas. (*céchoar*), lieu où l'on fait *sécher*.

SECHOT, subst. mas. (*cécho*), t. d'hist. nat., espèce de petit poisson qui, dit-on, ressemble au goujon.

SÉCIVUM ou **SÉVIUM**, subst. mas. (*cécivome*, *cévione*), t. d'antiq., sorte de gâteau que l'on coupait, dans les sacrifices.

SECLIN, subst. propre mas. (*ceklein*), ville de France, chef-lieu de canton, arrond. de Lille, dép. du Nord.

SECOND, E, adj. et subst. ordinal (*cekon, konde*, quoique généralement, mais par abus, on prononce *ceguon, ceguonde*; voyez la lettre C.) (en lat. *secundus*, fait de *sequi*, suivre; *qui suit le premier*), nom de nombre ordinal, qui marque le rang qui suit immédiatement le premier.— Deuxième ; il a cette différence, que le *deuxième* fait songer nécessairement au *troisième*, qu'il éveille l'idée d'une série, et que *le second* éveille l'idée d'ordre sans celle de série. On dira donc d'un ouvrage qui n'a que deux tomes : *voici le second tome*, et non pas *le deuxième*; et de celui qui en a plus de deux : *voici le deuxième tome*, ou, si l'on veut, *voici le second tome*. On dit par la même raison : je demeure au *second*, parce qu'on ne veut pas faire l'énumération des étages de la maison; on veut seulement indiquer qu'on demeure au-dessus du premier. (*Girault-Duvivier*.) —*Eau seconde*, en t. de chimie, sorte d'eau-forte qui a déjà servi à la dissolution de quelques métaux.—On disait autrefois en poésie, *beauté sans seconde*, sans pareille, sans égale; *à nulle autre seconde*, qui tient le premier rang.—Subst. mas., celui qui tient le *second* rang.—Celui qui sert de second, qui soutient un autre dans un duel. — Homme qui sert sous un autre : *il n'est qu'en second*; *capitaine en second*, celui qui doit commander au défaut du capitaine en pied.—*Signer en second*, se dit du collègue d'un notaire qui appose sa signature à un contrat, à un acte. — Fig., celui qui aide à quelqu'un dans une affaire, dans un emploi : *vous avez un bon second*.—Joueur qui ne prime point à la paume.— *Second* étage : *habiter un second*. Voy. SECONDE.

SECONDAIRE, adj. des deux genres (*cekondère*; abusivement, *ceguondère*), accessoire, qui ne vient qu'en *second*.—T. d'astron. : *cercles secondaires*, tous ceux qui coupent à angles droits un des six grands cercles de la sphère — *Planètes secondaires*, qui tournent autour des planètes principales.— Nom qu'on donnait dans plusieurs églises à un vicaire.

SECONDAIREMENT, adv. (*cekondèreman*), d'une manière *secondaire*; accessoirement.

SECONDANIEN, subst. mas. (*cekondaniein*), chez les anciens Romains, soldats de la *seconde* légion.— Les écoliers de *seconde*, dans un collège. Peu usité.—Nom d'anciens habitants de la principauté d'Orange.

SECONDE, subst. fém. (*cekonde*; abusivement *ceguonde*), soixantième partie d'une minute. — Classe d'un collège, celle qui précède la rhétorique. — En t. de distillateur, eau-de-vie faible qu'il faut repasser à la distillation.—Dans l'escrime, *parer en seconde*, détourner du vrai tranchant de son épée celle de l'ennemi, sur un coup qu'il porte dehors et sous les armes.—En musique, intervalle dissonant d'un degré diatonique : *seconde majeure, mineure, diminuée*.— Dans l'imprimerie, épreuve d'une feuille déjà corrigée en première : *lire en seconde*, *corriger la seconde*. — Seconde qualité de laines d'Espagne, appelée aussi *laine ségovienne*, refleuret.

SECONDIGNY-EN-GATINE, subst. propre mas. (*cekondigni-anguatine*), bourg de France, chef-lieu de canton, dép. des Deux-Sèvres, arrond. de Parthenay.

SECONDÉ, E, part. pass. de *seconder*.

SECONDEMENT, adv. (*cekondeman*; abusivement *ceguondeman*), en *second* lieu.

SECONDER, v. act. (*cekondé*; abusivement *ceguondé*) (en latin *secundare*, fait de *secundus*, dans le sens de favorable, avantageux), aider, servir, favoriser. — Servir de *second* dans une partie.—*se* SECONDER, v. pron.

SECOND-FIN, subst. mas. (*cekonfein*), sorte de papier qu'on fabrique en Auvergne et en Limousin.

SECONDICIER, subst. mas. (*cekondicié*), le *second* en dignité dans une église. Vieux.

SECONDINES, subst. fém. plur. (*cekondine*; abusivement *ceguondine*) (du latin *secundinæ*, *arum*, fait de *secundus*, second; parce que ces parties sortent les dernières dans l'accouchement), t. d'anat., le placenta et les membranes qui enveloppent le fœtus dans le ventre de la mère; l'arrière-faix.

SECOUÉ, E, part. pass. de *secouer*.

SECOUEMENT, (*l'Académie* semble à tort préférer SECOÛMENT), subst. mas. (*cekoûman*), action de *secouer*.

SECOUER, v. act. (*cekou-é*) (du latin *succutere*, ou, suivant Ménage, *excutere*), remuer, ébranler : *secouer un arbre*.—Agiter pour faire tomber quelque ordure, pour nettoyer : *secouer un manteau*.—Fig. et fam. : *la maladie l'a bien secoué*, bien tourmenté. — Prov. : *secouer les oreilles*, marquer du mépris ou de la répugnance, ne pas tenir compte de quelque chose, ne pas y être sensible. — *Secouer le joug*, s'affranchir de la domination, se mettre en liberté. — *Secouer le joug des passions*, dompter ses passions. — *se* SECOUER, v. pron., s'agiter, se remuer, pour faire tomber quelque chose qui incommode. — On dit familièrement à quelqu'un, *il faut vous secouer, l'exercice vous est nécessaire*.

SECOUEUR, subst. mas., **SECOUEUSE**, subst. fém. (*cekou-eur, kou-euze*), t. de mét., ouvrier qui *secoue*.—T. de forges, outil pour rompre les moules.

SECOUEUSE, subst. fém. Voyez SECOUEUR.

SECOÛMENT, subst. mas. (*cekouman*), action de *secouer*. Voy. SECOUEMENT.

SECOURABLE, adj. des deux genres (*cekourable*), qui *secourt* volontiers : *il est fort secourable aux pauvres*.—Qui peut être *secouru* : *cette place n'est plus secourable*.

SECOURIR, v. act. (*cekourir*) (du latin *succurrere*, fait de la prép. *sub*, et de *currere*, proprement, courir au-devant de quelqu'un, et, par extension, courir à son secours, le relever, le soutenir, le défendre, etc.). Il se conjugue comme *courir*. Aider, donner du secours, assister dans le besoin.—*se* SECOURIR, v. pron.—SECOURIR, AIDER, ASSISTER. (*Syn.*) *Secourir* suppose un danger imminent; c'est la célérité, le courage qui caractérisent cette action. L'œil, l'esprit et la main agissent; c'est à la mort, au péril, à la douleur, c'est au malheur qu'on vous arrache. *Aider* suppose un partage de forces et de moyens. On *aide* le faible; ce n'est pas la main protectrice du secours, c'est la force agissante qui allège. *Assister* suppose la présence du besoin; ce n'est pas la main active du secours, ce n'est pas le partage de vos maux, c'est la main bienfaisante qu'on vous tend. — On *secourt* dans le danger, on vous en arrache; on *aide* à la faiblesse, on partage les maux et les travaux; on *assiste* dans le besoin, on soulage.

SECOURISTE, subst. des deux genres (*cekouricete*), celui qui porte *secours*; celui qui est préposé pour donner des *secours* aux noyés, etc. — Il est aussi adj. des deux genres : *compagnie secouriste*. Presque inusité; il pourrait être utile.

SECOURS, subst. mas. (*cekour*) (du lat. *succurrere*, venir au-devant, secourir), aide, assistance dans le besoin, dans un danger imminent : *secours humain; secours d'argent, d'hommes, de vivres; dans ce danger pressant, on l'entendit crier au secours ; venez à mon secours*, ou simplement : *à mon secours, au secours!*—*Mourir sans les secours de la religion*, sans avoir reçu le viatique ou les dernières prières des agonisants.—*Secours* se dit des troupes qu'on emploie pour soutenir une armée, pour défendre une place : *le secours de six mille hommes que le général lui envoya décida de la victoire*.—Anciennement on appelait *secours* une église érigée pour desservir une paroisse, à cause du grand nombre des paroissiens, ou de la distance des lieux, ou de la difficulté des chemins : *cette église n'est pas une paroisse, ce n'est qu'un secours*. On ne la nomme plus *secours* aujourd'hui, mais *succursale*.—Au plur., choses qui servent à *secourir*.

SECOURU, E, part. pass. de *secourir*.

SECOUS, OUSSE, adj. (*cekou, ouce*), agité, ébranlé. Vieux et hors d'usage.

SECOUSSE, subst. fém. (*cekouce*) (en lat. *succussus*), agitation, ébranlement de ce qui est *secoué* : *les secousses d'un tremblement de terre*. —Fig. : *la colique, la fièvre lui a donné une rude secousse*. — Explosion que l'air fait en entrant dans un tuyau d'orgue. — Fig., on entend par *secousses*, en matière politique, les agitations, opinions exagérées qui causent des révoltes dans un état, dans un pays où il y a beaucoup de mécontents.— Fig., il se dit encore dans le même sens des violentes attaques qu'une personne reçoit dans sa santé par une maladie, ou dans sa fortune par des pertes et des malheurs.

SECQUE, subst. fém. (*ceke*), t. de mar., terre basse.

SECRET, subst. mas. (*cekrè*, et non pas *ceguerè*) (du lat. *secretum*, fait de *secretus*, part. pass. de *secernere*, séparer, mettre à part), ce qui doit être tenu caché, ce qu'il ne faut dire à personne.—Ce qui n'est su que de peu de personnes.— Dans les sciences et les arts, moyen connu de peu de personnes pour faire certaines choses, pour produire certains effets.—En mécanique, ressort caché.—Cachette pratiquée dans un coffre-fort, etc. — Fig., moyen, invention, adresse pour venir à bout de quelque chose, pour y réussir.—Silence, retraite.—Ombre, obscurité.— Dans la prison, lieu séparé où on laisse le prisonnier sans autre communication que le geôlier.—En t. d'artillerie, la lumière d'un canon.—Dans un brûlot, endroit où doit se mettre le feu. — *Secret de l'orgue*, caisse dans la quelle est reçu le vent du soufflet pour le distribuer par les soupapes.

SECRET, SECRÈTE, adj. (*cekrè, krète*, et non pas *ceguerè, ceguerète*) (en lat. *secretus*, caché), qui n'est connu que de peu de personnes. — En parlant des personnes, qui sait se taire et garder un *secret*.—*En secret*, loc. adv., secrètement. — En confidence.—En cachette.—*Escalier secret*, escalier dérobé. Dans le même sens, on dit : *degré secret; porte secrète*.—Se dit d'un homme qui sollicite contre un autre, soit dans un procès, soit dans une autre affaire où il ne veut pas paraître : *c'est sa partie secrète*; et dans le même sens : *c'est son ennemi secret*.

SECRÉTAGE, subst. mas. (*cekrétaje*), préparation des poils pour le feutre.—Temps employé à cette opération.

SECRÉTAIRE, subst. mas. (*cekrétère*, et non pas *ceguerétère*) (du lat. *secretarius*, fait de *secretum*, secret; *à secretis*, celui qui, écrivant sous la dictée d'un autre, est confident de ses secrets), celui dont l'emploi est de faire des lettres, des dépêches, pour un autre auquel il est attaché: *il m'a fait écrire par son secrétaire ; il donne trois mille francs d'appointements à son secrétaire*.—Dans les maisons du roi, des princes, celui qui écrit, qui envoie les ordres que le roi, les princes donnent : *secrétaire des commandements; secrétaire du cabinet du roi; secrétaire d'un ambassadeur*.—Auprès du pape, *secrétaire des brefs*. — *Secrétaire d'état*, ministre qui reçoit les ordres du roi, et qui expédie les actes émanés de son autorité.—*Secrétaire-général de la préfecture*, celui qui rédige et envoie les actes qui concernent l'état civil dans une préfecture.—Autrefois on appelait *secrétaires du roi*, les officiers qui dressaient les lettres qui s'expédiaient en chancellerie ; *secrétaire du roi au grand sceau, au petit sceau*.—Celui qui rédige par écrit les actes, les délibérations de quelque assemblée notable : *secrétaire de la chambre des pairs; secrétaire de la chambre des députés ; le secrétaire du concile ; le secrétaire d'une académie, d'une compagnie ; le secrétaire perpétuel de l'Académie française*. — On a aussi appelé par politesse, *secrétaires*, les clercs des magistrats.— Bureau sur lequel l'on écrit et dans lequel on renferme des papiers : *j'ai laissé ce papier dans mon secrétaire*.— Nom d'un oiseau. —Jeu de société.

SECRÉTAIRERIE, subst. fém. (*cekrétèreri*, et non pas *ceguerétèreri*), lieu où les *secrétaires* d'un ambassadeur, etc., font et délivrent leurs expéditions et où ils en gardent les minutes.

SECRÉTARIAT, subst. mas. (*cekrétari-a*, et non pas *ceguerétari-a*), emploi, fonction de *secrétaire*.—Durée du temps où l'on exerce cet emploi : *pendant son secrétariat*. — Lieu où le *secrétaire* expédie ce qui est de sa charge, de son emploi : *le secrétariat est au second, à la droite du bâtiment*. — Lieu où sont déposés les actes conservés par le *secrétaire* de quelque administration publique, comme mairie, préfecture, etc.

SECRÈTE, subst. fém. (*cekrète*, et non pas *ceguerète*) (en lat. *secreta*), oraison qui se dit à la messe après l'offertoire, ainsi nommée parce que le prêtre la dit tout bas.

SÉCRÉTÉ, E, part. pass. de *sécréter*.

SECRÈTEMENT, adv. (*cekrèteman*, et non pas *ceguerèteman*), en *secret*, d'une manière *secrète*. — Sans être aperçu : *il se glissa secrètement dans la chambre*. — SECRÈTEMENT, EN SECRET. (*Syn.*) Ce que vous faites *secrètement*, vous le faites à l'insu de tout le monde, de manière que votre action soit absolument ignorée; ce que vous faites *en secret*, vous le faites en particulier, en sorte que la chose se passe sans témoins. —Vous faites *en secret* beaucoup d'actions naturelles et légitimes, que la bienséance ne permet pas de faire devant tout le monde; mais vous ne le faites pas *secrètement*, car vous ne vous en cachez pas, et tout le monde peut savoir ce que vous faites. — Dans votre cabinet, vous traitez *en secret* d'une affaire; mais vous n'en traitez pas *secrètement*, si l'affaire n'est pas un secret. Vous trameriez *secrètement* un complot; vous faites *en secret* une confidence.—Au milieu d'un cercle, vous parlez à une personne en particulier et tout bas : vous ne lui parlez pas *secrètement*, car on voit que vous lui parlez; vous lui parlez *en secret* ou à part, car on n'entend pas ce que vous lui dites. —L'orgueil se glisse *secrètement* ou imperceptiblement dans le cœur; on s'applaudit *en secret* ou en soi-même de ses succès. Vous ne feriez pas *publiquement* ce que vous faites *secrètement*, puisque votre intention est de vous cacher; vous feriez *en public* beaucoup de choses que vous faites *en secret*, sans aucun intérêt à vous cacher.

SÉCRÉTER, v. act. (*cékrété*), t. de chapellerie, préparer le poil pour le feutrage.—Faire une, la, des *sécrétions*.—*se* SÉCRÉTER, v. pron.

SÉCRÉTEUR, subst. mas. Voy. SÉCRÉTOIRE.

SÉCRÉTION, subst. fém. (*cékrécion*) (en latin *secretio*, fait de *secernere*, séparer), t. de médec., filtration et séparation qui se fait des humeurs alimentaires, etc. — Au plur., matières qui sortent du corps.

SÉCRÉTOIRE, adj. des deux genres (*cékrétoare*) (du latin *secernere*, séparer), t. de médec. : *vaisseaux sécrétoires*, qui séparent quelque humeur de la masse du sang.

SECTAIRE, subst. mas. et fém. (*cèktère*), qui est attaché à quelque *secte* d'hérétiques.

SECTATEUR, subst. mas.,**SECTATRICE**, subst. fém. (*cèktateur, trice*) (du latin *sectator*, fait de *sectari*, suivre, accompagner), celui, celle qui soutient les sentiments de quelque philosophe, qui les défend, etc.

SECTATRICE, subst. fém. Voy. SECTATEUR.

SECTE, subst. fém. (*cèkte*) (du lat. *secta*, fait ou de *sectus*, part. de *secare*, couper, retrancher, ou de *sequi*, suivre), t. collectif qui se dit de plusieurs personnes qui suivent les mêmes opinions, qui font profession d'une même doctrine. — En matière de religion, opinion hérétique ou erronée. — *Faire secte à part*, ou simplement, *faire secte*; se distinguer des autres par des opinions singulières.

SECTEUR, subst. mas. (*cèkteur*) (du latin *sector*, fait de *secare*, couper), t. de géom., partie d'un cercle comprise entre deux rayons, et l'arc que comprennent ces rayons. — Nom donné par les Anglais au compas de proportion. — En astron., instrument qui sert à mesurer la distance d'un astre au zénith, ainsi que le quart de cercle, mais qui a moins de degrés et un rayon plus long.—Au plur., nom qu'on donnait, chez les anciens Romains, à ceux qui, dans les ventes publiques, mettaient l'enchère et achetaient différents objets.

SECTILE, adj. des deux genres (*cèktile*) (du lat. *sectilis*, fait de *secare*, couper, scier): *ognons sectiles*, plantés par quartiers.

SECTION, subst. fém. (*cèkcion*) (du lat. *sectio*), division ou subdivision d'un ouvrage : *chapitre 1, article 2, section 4*. —En géom., endroit où des lignes, des plans, etc., s'entrecoupent.—*Point de section*, la ligne ou la surface formée par la rencontre de deux lignes ou de deux surfaces, ou d'une ligne et d'une surface, ou d'une surface et d'un solide, etc.—Arrondissement dans une ville dont les habitants forment une espèce de communauté particulière. Voy. TRIBUNAL. — *Sections coniques*. Voy. CONIQUE. — Moitié d'un peloton. — Partage de butin qu'on fait aux soldats.

SÉCULAIRE, adj. des deux genres (*cékulère*) (du lat. *secularis*, fait de *seculum*, siècle), qui se fait de *siècle en siècle*, de cent ans en cent ans. —*Jeux séculaires*, célébrés dans l'ancienne Rome tous les cent dix ans pour la conservation de l'empire. Vingt-sept jeunes garçons et autant de jeunes filles, ayant tous leur père et leur mère vivants, y chantaient dans le temple d'Apollon un poëme *séculaire*. — *Année séculaire*, qui termine un siècle. — Qui est âgé d'un *siècle* : *un chêne séculaire*.— *Variations séculaires*, dont les périodes embrassent plusieurs siècles.

SÉCULARISATION, subst. fém. (*cékularizâcion*), action de *séculariser* un bénéfice régulier, une communauté régulière.

SÉCULARISÉ, E, part. pass. de *séculariser*.

SÉCULARISER, v. act. (*cékularizé*), faire passer de l'état religieux à celui d'ecclésiastique *séculier*. — Tirer un bénéfice de la règle de quelque ordre particulier de religieux. — *se* SÉCULARISER, v. pron.

SÉCULARITÉ, subst. fém. (*cékularité*), état d'une personne qui vit dans le monde (dans le *siècle*), sans avoir fait des vœux. — Juridiction *séculaire* d'une église pour le temporel qui en dépend.

SÉCULIER, adj. mas., au fém. **SÉCULIÈRE** (*cékulié, lière*) (du latin *secularis*, employé dans le même sens par les écrivains ecclésiastiques), qui vit dans le *siècle*, qui n'est ni ecclésiastique, ni religieux : *état séculier*. — Qui sent l'esprit du siècle, mondain.—*Ecclésiastique séculier*, qui n'est pas religieux. — *Juridiction séculière*, la justice temporelle. — *Bras séculier*, la puissance de cette justice temporelle. — Subst. mas., laïque.

SÉCULIÈRE, adj. fém. Voy. SÉCULIER.

SÉCULIÈREMENT, adv. (*cékulièreman*), d'une manière *séculière* et mondaine.

SÉCURICLAVE, subst. mas. (*cékuriklave*) (du latin *securus*, sûr, assuré, et *clavis*, clef), nom d'une marmite *autoclave* perfectionnée récemment.

SÉCURIDACA, subst. mas. (*cékuridaka*), t. de bot., genre de plantes légumineuses, des Antilles.

SÉCURINÉGA, subst. mas. (*cékurinéga*), t. de bot., genre de plantes monadelphes de la famille des légumineuses.

SÉCURITÉ, subst. fém. (*cékurité*) (en latin *securitas*, fait de *securus*, sûr, assuré), assurance, tranquillité d'esprit dans un temps où il peut y avoir quelque chose à craindre.

SÉCUTEUR, subst. mas. (*cékuteur*), t. d'antiq., nom que portaient les gladiateurs armés d'une épée, qui se battaient contre les rétiaires. On disait aussi *insécuteurs*. — On donnait encore ce nom à des gladiateurs qui prenaient la place de ceux qui étaient tués dans le combat, ou qui combattaient le vainqueur : ce dangereux honneur était tiré au sort.

SEDAN, subst. propre mas. (*cedan*), ville forte de France, chef-lieu d'arrond. et de canton, dép. des Ardennes. Patrie de *Turenne*.

SEDAN, subst. mas. (*cedan*), beau drap français qui se fabrique à *Sedan*.

SEDANOIS, subst. et adj. mas., au fém. **SEDANOISE** (*cedanoa, noaze*), celui, celle qui est de *Sedan*. — Qui a rapport à *Sedan*.

SEDANOISE, subst. fém. (*cedanoaze*), sorte de caractère d'imprim., que quelques-uns nomment *parisienne*. C'est le plus petit de tous ceux qu'on emploie, après la perle. On croit que le premier essai en a été fait à *Sedan*.

* **SÉDATIF**, adj. mas., au fém. **SÉDATIVE** (*cédatif, tive*), t. de médec., qui calme les douleurs. —Il est aussi subst. mas.: *un bon sédatif*.

SÉDER, SÉDAH, SEDOUK, subst. mas. (*cédé, ceda, cedouk*), fêtes persanes.

SÉDÉMATEUSE, adj. fém. Voy. SÉDÉMATEUX.

SÉDÉMATEUX, adj. mas., au fém. **SÉDÉMATEUSE** (*cédémateu, teuze*), t. de médec.; il se dit des dépôts ou sédiments qui se trouvent au fond des urines, et qui indiquent le genre des maladies : *dépôts sédémateux; urine sédémateuse*.

SÉDENTAIRE, adj. des deux genres (*cédantère*) (du latin *sedentarius*, fait de *sedere*, être assis, dérivé de *sedes*, siége), qui demeure ordinairement assis, qui se tient presque toujours chez lui. — Fixe, attaché en un lieu. — *Vie, emploi sédentaire*, qui se passe, qui s'exerce en un même lieu.—*Troupes sédentaires*, celles qui ne changent point de garnison, qui ne se mettent point en campagne. — Subst. mas., t. d'hist. nat., genre d'araignées qui se tiennent immobiles sur leurs toiles.

SÉDENTAIREMENT, adv. (*cédantèreman*), d'une manière *sédentaire*.

* **SÉDENTARITÉ**, subst. fém. (*cédantarité*), état d'une personne *sédentaire*.

SEDER-BANDES, subst. fém. plur. (*cedèrebande*), en ébénisterie, plates-bandes qui accompagnent les pièces d'un compartiment de marqueterie. (*Boiste*.)

SÉDERON, subst. propre mas. (*céderon*), village de France, chef-lieu de canton, arrond. de Nyons, dép. de la Drôme.

SÉDIMENT, subst. mas. (*cédiman*) (en latin *sedimentum*), ce qu'il y a de plus grossier dans une liqueur; ce qui se précipite au fond du vaisseau. — En médec., la partie la plus grossière des humeurs.—*Sol de sédiment*, t. de géol., couches de terre formées par les matières que la mer a laissées en se retirant de certaines parties du globe.

SÉDIOLE, subst. fém. (*cédi-ole*), petite voiture italienne à une seule place.

SÉDITIEUSE, adj. fém. Voy. SÉDITIEUX.

SÉDITIEUSEMENT, adv. (*cédici-euzeman*), d'une manière *séditieuse*.

SÉDITIEUX, subst. et adj. mas., au fém. **SÉDITIEUSE** (*cédici-eu, ci-euze*), qui est du nombre de ceux qui ont part à la *sédition* : *citoyen séditieux*, et subst., *les séditieux*. — Qui est enclin à la *sédition* : *esprit séditieux*.—Qui tend à la *sédition* : *discours, écrit séditieux*. — SÉDITIEUX, TUMULTUEUX, TURBULENT. (*Syn*.) L'action *séditieuse* attaque l'autorité légitime, et trouble la paix intérieure de l'état, de la société. L'action *turbulente* bannit le repos, le calme, la tranquillité, et bouleverse l'ordre, le cours, l'état naturel des choses. L'action *tumultueuse* produit les effets d'une violente et bruyante fermentation, et trouble les esprits, la police, votre sécurité. — Des citoyens puissants et populaires pourront être *séditieux*; une cour sera *turbulente*; une populace est *tumultueuse*. — Il y a des propos *séditieux*, qu'il faut laisser tomber. Il y a une gaieté *turbulente*, qu'il faut laisser aux enfants. Il y a une joie *tumultueuse*, qu'il faut laisser au peuple.

SÉDITION, subst. fém. (*cédici-on*) (du latin *seditio*, formé de *se*, marquant séparation, et d'*itio*, action d'aller), révolte, soulèvement contre la puissance légitime. Voyez INSURRECTION.

SÉDITIONNÉ, E, part. pass. de *séditionner*.

SÉDITIONNER, v. act. (*cédici-oné*), mettre en *sédition*. — *se* SÉDITIONNER, v. pron. (*Boiste*.) Peu usité, quant au pronominal.

SEDLITZ, subst. mas. (*cédelitce*): *sel de Sedlitz*, purgatif, sulfate de magnésie.

SÉDOR, subst. mas. (*cédor*), t. de pêche, filet en tramail dérivant, dont un bout est dans le bateau, et l'autre, qui répond à une bourse, flotte au gré du vent.

SEDOUK, subst. mas. Voy. SÉDER.

SEDRAS, subst. mas. (*cedrâce*), myth., espèce de lotus du paradis, dont les musulmans prétendent qu'étaient faites les tables de la loi qui furent données à Moïse.

SÈDRE, subst. mas. (*cèdre*), docteur de la loi de Mahomet, chez les Persans sectateurs d'Ali.

SÉDRÉTIE, subst. fém. (*cédréci*), fonction, charge, emploi du *sèdre*, chez les Persans. — Juridiction du *sèdre*.

SÉDUCTEUR, subst. et adj. mas., au fém. **SÉDUCTRICE** (*cédukteur, trice*) (du latin *seductor*), celui, celle qui *séduit*.— Corrupteur : *séducteur de jeunes gens; séductrice de femmes, de filles*, etc. —Adj.: *discours, ton séducteur*. — *L'esprit séducteur*, le diable.

SÉDUCTION, subst. fém. (*cédukcion*) (en latin *seductio*), action par laquelle on *séduit* : *la séduction de la jeunesse; séduction de témoins*.— Tromperie artificieuse pour abuser quelqu'un et le faire consentir à quelque marché contraire à son honneur ou à ses intérêts. — En parlant d'un écrivain, on dit ; *il y a de la séduction dans son style, dans son esprit*.— Fam., en parlant des attraits, des charmes et de la beauté : *cette femme par ses regards entraîne à la séduction*.

SÉDUCTRICE, subst. fém. Voy. SÉDUCTEUR.

SÉDUIRE, v. act. (*céduire*) (du latin *seducere*, employé dans la même acception, et qui signifie proprement *mener à l'écart, détourner du vrai chemin*, formé de *se*, qui marque séparation, et de *ducere*, mener, conduire),tromper, principalement dans les choses qui concernent la religion, les mœurs, le devoir. — Faire tomber en faute, corrompre, débaucher: *séduire des témoins, des domestiques; cette fille s'est laissé séduire*. — Toucher, plaire, persuader : *son ton, sa manière de lire, séduisent*. — En bonne ou mauvaise part, charmer, attirer, intéresser, complaire. — *se* SÉDUIRE, v. pron. — SÉDUIRE, SUBORNER, CORROMPRE. (*Syn*.) Conduire ou induire quelqu'un au mal, en lui imposant et en l'abusant par des moyens spécieux, c'est le *séduire*. Engager quelqu'un à une mauvaise action, en l'y intéressant et le gagnant par des manœuvres sourdes, c'est le *suborner*. Inspirer à quelqu'un le goût du vice, en l'infectant de mauvais sentiments, de mauvais principes de quelque manière que ce soit, c'est le *corrompre*. — On *séduit* l'innocence, la droiture la bonne foi la jeunesse, le sexe, les gens simples, qui ne sont point en garde contre l'artifice, et qu'il est facile de prévenir, de tromper, de mener; et on les abuse par des apparences, par des dehors attrayants, par des illusions, des prestiges, des impostures. On *suborne* les lâches, les faibles, des gens sans vertu, des hommes pervertis, des femmes, des témoins, des domestiques, des juges, des gens prévenus de quelque passion, ou disposés à des faiblesses; et on les gagne ou on les capte par des flatteries, par des promesses, par des menaces, mais surtout par l'intérêt. On *corrompt* ce qui est pur, sain, bon, vertueux, mais corruptible, accessible au vice ou capable de changer en mal; et on y parvient par tous les moyens possibles, par la subornation, par la séduction, par toutes sortes de pratiques, d'actions, d'influences, enfin par la force de la contagion. — Celui qui est *séduit* ne songeait pas à l'être : il est la dupe et la victime du séducteur; celui qui est *suborné* a bien voulu l'être : il est le complice ou l'instrument du suborneur; celui qui est *corrompu*, était exposé à l'être : il est la proie ou la conquête du corrupteur. Le premier est tombé dans un piége; le second a cédé à la tentation : le dernier a succombé dans le danger.

SÉDUISANT, E, adj. (*céduizan, zante*), qui est propre à *séduire*, à toucher, à persuader; attrayant, engageant, flatteur, insinuant.

SÉDUIT, E, part. pass. de *séduire*, et adj., qui a été ou qui est trompé.

SÉDUM, subst. mas. (*cédome*), t. de bot., la joubarbe des toits des anciens.—Genre de plantes grasses.

SÉDUNIEN, subst. mas. (*cédunieīn*), nom d'anciens peuples qui habitaient la Gaule Narbonnaise.

SÉDUSIEN, subst. mas. (*céduzieīn*), nom d'anciens peuples d'Allemagne.

SEEK, subst. mas. (*cé-èk*), secte hérétique aux Indes, qui croit qu'il n'y a qu'un Dieu.

SÉÉLONG, subst. mas. (*cé-élon*), dénomination de la plus petite monnaie de cuivre qui a cours en Pologne.

SÉER, v. neut. (*cé-é*), s'asseoir. Vieux. Le part. prés. *séant*, *séante* est seul usité.

SÉEZ, subst. propre mas. (*cé-èze*), ville de France, chef-lieu de canton, arrond. d'Alençon, dép. de l'Orne.

SEFER, subst. mas. (*cefère*), deuxième mois de l'année arabe; il correspond à notre mois de septembre.

SEFER-FORA, subst. mas. (*cefèrefora*), l'un des livres sacrés des juifs, qui se conserve au Caire.

SÉGALAUNIEN, subst. propre mas. (*cégualônieīn*), anciens peuples qui habitaient une partie de la Gaule Viennoise.

SÉGESTRIE, subst. fém. (*céjècetri*), t. d'hist. nat., genre d'arachnides, tribu des tapissières.

* **SÉGÉTAL**, E, adj. (*céjétal*) (du lat. *seges, segetis*, toute sorte de blés sur pied, moisson), qui croît parmi les plantes cultivées pour la moisson.—Au plur. mas., *ségétaux*.

SÉGÉTAUX, adj. mas. plur. Voy. SÉGÉTAL.

SÉGÉTELLA, subst. fém. (*céjétèlela*), t. de bot., nom qu'on a donné à l'alsine *ségétale*.

SÉGÉTIE, subst. propre fém. (*céjéci*), myth., divinité champêtre qui présidait aux moissons.

SÉGÉTIÈRE, subst. fém. (*céjécière*), t. de pêche, filet en tramail, pour pêcher dans les grands fonds.

SÉGÉTINIENS, subst. propre mas. plur. (*céjétinieīn*), habitants de *Ségeste*, ancienne ville de Sicile.

SÉGEVEUSE, subst. fém. (*céjeveuze*), sorte de laine d'Espagne. On dit mieux ségovienne.

SÉGIADAH ou **SÉGIADEH**, subst. mas. (*céji-ada, dé*), petit tapis ou natte de jonc que les musulmans portent partout avec eux pour s'agenouiller et faire les prières ordonnées par leur loi.

SÉGIÉNOU, subst. mas. (*céji-énou*), myth., l'une des fêtes solennelles du royaume de Pégu.

SEGJIN, subst. mas. (*céguejeīn*), la septième partie de l'enfer des mahométans.

SEGMENT, subst. mas. (*cégueman*) (du latin *segmentum*, fait de *secare*, couper), t. de géométrie, portion de cercle comprise entre un arc et sa corde.— *Segment d'une sphère*, portion d'une sphère terminée par une portion de sa surface, et par un plan qui la coupe hors du centre. On dit aussi *section de sphère*.

SEGMOÏDAL, adj. Voy. SIGMOÏDAL, seul usité.

SÉGONTIAQUES, subst. propre mas. plur. (*céguonciake*), anciens peuples qui habitaient la Grande-Bretagne.

SEGONZAC, subst. propre mas. (*ceguonzak*), bourg de France, chef-lieu de canton, arrond. de Cognac, dép. de la Charente.

SÉGOVIE, subst. propre fém. (*céguovi*), ville d'Espagne. — Subst. fém., laine d'Espagne qui vient de *Ségovie*, et dont on distingue trois qualités, sous les noms de *prime*, *seconde* et *tierce*.

SÉGOVIEN, subst. propre mas. et adj., au fém. **SÉGOVIENNE** (*céguovieīn, viène*), habitant de *Ségovie*.—Qui a rapport à la ville de *Ségovie*.

SÉGRAIRIE, subst. fém. (*céguerèri*), bois possédé en commun. Vieux et même hors d'usage.

SÉGRAIS, subst. mas. (*céguerè*), bois séparé des grands bois, et qu'on exploite à part. Vieux.

SÉGRAYER, subst. mas. (*céguerè-ié*), celui qui possède en commun la propriété d'un bois. Vieux.

SÉGRAYEUR, subst. mas. (*céguerè-ieur*), t. des eaux-et-forêts, celui qui a droit à une *ségrairie*.

SÉGRÉAGE, subst. mas. Voy. SÉGRÉYAGE.

SÉGRÉ, subst. propre mas. (*céguere*), petite ville de France, chef-lieu de canton et d'arrond., dép. de Maine-et-Loire.

SÉGRÉGATION, subst. fém. (*céguerèguâcion*), action par laquelle on met à part. — Séparation.

SÉGRÉGATIVEMENT, adv. (*céguerèguativeman*), séparément, l'un après l'autre.

SÉGRÉGÉ, E, part. pass. de *ségréger*.

SÉGRÉGER, v. act. (*céguerèjé*) (de la particule *se*, qui marque séparation, et *grex*, troupeau), séparer, mettre à part. — *se* SÉGRÉGER, v. pron.—T. didact. peu usité.

SÉGRÉYAGE, subst. mas. (*céguerè-iaje*), t. de féod., droit que les anciens seigneurs se faisaient payer sur les bois que leurs vassaux vendaient.

SÉGRÉYER, subst. mas. Voy. SÉGRAYER.

SÉGUÉDILLE, subst. fém. (*céguédi-ie*) (de l'espagnol *seguidilla*), sorte de chanson espagnole.—Air de cette chanson; danse sur cet air.

SÉGUÈIRE, subst. fém. (*céguière*), t. de bot., sorte d'arbre épineux d'Amérique.

SÉGUINE, subst. fém. (*céguine*), t. de bot., gouet de la Martinique, qui passe pour un puissant anti-siphilitique.

SÉGUSIENS, subst. propre mas. plur. (*céguzieīn*), anciens peuples de la Gaule celtique, aujourd'hui les Lyonnais.

SÉHEILAN, subst. mas. (*cé-élan*), t. d'hist. nat., nom d'un poisson du genre des silures.

SÉHÉLAN, subst. propre mas. (*cé-élan*), myth., monarque, roi du Génistan, royaume des fées.

SÉHIME, subst. mas. (*cé-ime*), t. de bot., genre de plantes de la famille des graminées.

SÉÏBA, subst. mas. (*cé-iba*), t. de bot., sorte d'arbre d'Afrique, de la famille des malvacées.

SEICHE, subst. fém. Voy. SÈCHE.

SEICHES, subst. propre mas. (*cèche*), village de France, chef-lieu de canton, arrond. de Baugé, dép. de Maine-et-Loire. — Bourg de France, chef-lieu de canton, arrond. de Marmande, dép. de Lot-et-Garonne.

SÉIDE, subst. mas. (*cé-ide*), assassin fanatique, par allusion au personnage de *Séide* dans *Mahomet*. (Voltaire.)

SÉIDISME, subst. mas. (*cé-idiceme*), fanatisme des *séides*. (Boiste.)

SEIDRE, subst. mas. (*cèdre*). Voy. SÈDRE.

SEIDUR, subst. mas. (*cèdur*), la plus ancienne et la plus terrible magie chez les Irlandais.

SEÏA, **SÉJA** ou **SÉYA**, subst. propre fém. (*cé-ia*), myth., déesse qu'on invoquait pour les champs ensemencés. On l'appelait *Segetia* ou *Segesta*, quand les blés étaient levés.— Il y en a qui croient que *Seïa* est un surnom de la Fortune, dite aussi *Seïana*.

SEIGS, subst. mas. plur. (*cègue*), nom qu'on donne, en Turquie, aux prédicateurs de mosquées.

SEIGLE, subst. mas. (*cèguele*) (du lat. *secale*, fait dans le même sens de *secare*, couper), plante graminée annuelle, qui tient le premier rang entre les blés après le froment. — Sorte de blé plus menu, plus long, plus brun que le froment. —Le *seigle* avec sa paille : *une gerbe de seigle; couper* ou *faire le seigle; battre les seigles*.

SEIGNETTE, subst. fém. (*cègniète*), t. de pharm. et de chim., tartrate de potasse et de soude : *sel de seignette*.

SEIGNELAY, subst. propre mas. (*cègnielè*), ville de France, chef-lieu de canton, arrond. d'Auxerre, dép. de l'Yonne.

SEIGNEUR, subst. mas. (*cègnieur*) (du latin *senior*, plus vieux, plus ancien), dans le pays où règne la féodalité, celui qui est maître et possesseur d'une terre. — Celui de qui relève une terre, un fief qu'on possède. — En t. de religion, Dieu est appelé absolument le *Seigneur*; Jésus-Christ est appelé *Notre-Seigneur*. — Titre d'honneur qui se donne à quelques personnes distinguées par leur dignité ou par leur rang.— *Le Grand-Seigneur*, l'empereur des Turcs. — En Angleterre : *la chambre des seigneurs*, la chambre haute. — *Vivre en seigneur, en grand seigneur*, magnifiquement. — *Vêtu, logé comme un seigneur*, bien vêtu, bien logé.—*Faire le seigneur, le petit seigneur*, prendre, affecter les airs, les manières d'un *seigneur*.— Prov. : *tandis que le vassal dort, le seigneur veille;* le *seigneur* profite des fruits d'un fief mouvant de lui, tandis que le vassal néglige de lui rendre foi et hommage.— Prov.: *à tout seigneur, tout honneur*, il faut rendre des honneurs à ceux qui les méritent.—On appelle *seigneur temporel*, celui qui a la justice temporelle d'un lieu, et *seigneur spirituel*, celui qui a la puissance publique, ecclésiastique dans un district, comme un abbé, un évêque, etc.

SEIGNEURI, part. pass. de *seigneurir*.

SEIGNEURIAGE, subst. mas. (*cègnieuriaje*), droit que lève le prince pour la fabrication de la monnaie.

SEIGNEURIAL, E, adj. (*cègnieuriale*), qui est du *seigneur* : *titre seigneurial*.—Qui appartient au *seigneur* : *maison seigneuriale*. — Qui donne des droits de *seigneur* : *terre seigneuriale*. — Au plur. mas., *seigneuriaux*.

SEIGNEURIALEMENT, adv. (*cègnieurialeman*), en *seigneur*.

SEIGNEURIAUX, adj. mas. plur. Voy. SEIGNEURIAL.

SEIGNEURIE, subst. fém. (*cègnieuri*), droits, puissance, autorité du *seigneur*. — Terre *seigneuriale*.—Domaine, territoire d'un petit état. — Dans l'ancienne république de Venise, l'assemblée de ceux qui avaient la principale part au gouvernement : *le doge accompagné de toute la seigneurie*. — *Seigneurie* est aussi un terme d'honneur et de civilité pris de l'italien, dont les ministres et les secrétaires d'état se sont servis long-temps en France, en parlant ou en écrivant aux nonces du pape; et ils y joignaient celui d'*illustrissime*. Du reste, on ne se sert du terme de *seigneurie* tout seul que par plaisanterie, et avec des gens avec qui on est très-familier : *je baise les mains à votre seigneurie; serviteur à votre seigneurie*.

SEIGNEURIÉ, E, part. pass. de *seigneurier*.

SEIGNEURIER, v. act. et neut. (*cègnieurié*), commander. *Marot*. — *se* SEIGNEURIER, v. pron.

SEIGNEURIR, v. neut. (*cègnieurir*), dominer. (*Boiste*.) Inusité. Ce lexicographe a de plus le tort de faire de ce mot un v. act.

SEILHAC, subst. propre mas. (*cè-iake*), village de France, chef-lieu de canton, arrond. de Tulle, dép. de la Corrèze.

* **SEILLE**, subst. fém. (*cè-ie*), anciennement vase, seau de bois.

SEILLEAU, subst. mas. (*cè-iô*), petit vaisseau de bois qui sert pour la vendange.

SEILLON, subst. mas. (*cè-ion*), mesure d'arpentage usitée en Bretagne; elle vaut six raies. Voy. RAIE.

SEILLURE, subst. fém. (*cè-iure*), t. de mar., sillage.

SEIMANS, subst. mas. plur. (*cèman*), soldats turcs postés dans les bois pour la sûreté des voyageurs.

SEIME, subst. fém. (*cème*), fente ou division de l'ongle du cheval à sa naissance, c'est-à-dire, dès la couronne. Elle peut continuer jusqu'à la pince.—L'espèce de *seime* qui partage le sabot par le milieu s'appelle *soie* ou *pied-de-bœuf*.— La *seime* qui affecte un des quartiers conserve le nom de *seime;* quelques-uns la nomment *seime-quarte*.

SEIN, subst. mas. (*cein*) (du lat. *sinus*, employé dans toutes ses acceptions), en général, la partie qui est depuis le bas du cou jusqu'au creux de l'estomac. — En particulier, les mamelles des femmes : *le sein droit, le sein gauche; elle a mal au sein*.—L'endroit où les femmes conçoivent et où elles portent leur fruit : *le fruit qu'elle porte dans son sein*.—Fig., l'esprit ou le cœur de l'homme : *déposer ses secrets dans le sein d'un ami; cette fâcheuse nouvelle lui a plongé le poignard dans le sein*, l'a extrêmement affligé.—Autrefois, golfe : *le sein Persique*. — Fig. : *le sein d'Abraham*, le lieu de repos où étaient les élus avant la venue du Sauveur. —

Le sein de la gloire, le séjour des bienheureux. —*Le sein de l'Église*, la communion de l'Église catholique.—*Porter la guerre dans le sein d'un état*, dans l'intérieur, au milieu.

SEINCHE, subst. fém. (*ceinche*), sorte de pêche qui se fait dans la Méditerranée, avec de grands filets.

SEINCOS, subst. mas. (*ceinkô*), t. d'hist. nat., espèce de gros poisson du genre des crocodiles.

SEINE, subst. fém. (*cène*) (du lat. *sagena*, fait, dans la même signification, du grec σαγηνη, mot lacédémonien. *Ménage.*), espèce de filet qui se traîne sur les grèves.

SEINE, subst. propre fém. (*cène*), fleuve de France, qui prend sa source dans le dép. de la Côte-d'Or, et se jette dans la Manche, au Havre, après avoir donné son nom à plusieurs départements.

SEINE, subst. propre fém. (*cène*), département de France, dont le chef-lieu est Paris, traversé par la *Seine*.

SEINE-ET-MARNE, subst. propre fém. (*cènémarne*), dép. de France, traversé par la *Seine* et la *Marne*; chef-lieu, Melun.

SEINE-ET-OISE, subst. propre fém. (*cèneoèze*), dép. de France, traversé par la *Seine* et l'*Oise*; chef-lieu, Versailles.

SEINE-INFÉRIEURE, subst. propre fém. (*cèneinférieur*), dép. de France, dans lequel la *Seine* a son embouchure, près du Hâvre; son chef-lieu est Rouen.

SEINE-L'ABBAYE (SAINT-), subst. propre mas. (*ceincènelabé-i*), bourg de France, chef-lieu de canton, arrond. de Dijon, dép. de la Côte-d'Or.

SEINETTE, subst. fém. (*cènète*), petit filet en nappe qui se traîne sur les grèves.

SEING, subst. mas. (*cein*) (du lat. *signum*, signe, marque; parce que, dit *Du Cange*, on apposait anciennement le signe de la croix au bas des actes avec les signatures, comme un symbole du serment qu'on faisait d'en observer le contenu), le nom de quelqu'un, qu'il met au bas d'une lettre, d'une promesse, d'un contrat, etc., pour le certifier et le confirmer. On dit, dans le même sens, *signature*. — *Seing privé*, signature qui n'a point été faite en présence d'un officier public.—*Blanc-seing* ou *blanc-signe*, papier signé pour être rempli à la discrétion de celui à qui on le confie.—*Seing manuel*, *seing* que quelqu'un a écrit de sa main. — SEING, SIGNATURE. (*Syn.*) Le mot *seing* indique plutôt un écrit simple, ordinaire, privé; et celui de *signature*, un acte public, authentique, revêtu de formalités.— Des billets, des promesses, des engagements réciproques entre des particuliers, sans intervention d'une personne publique, se font sous *seing privé*; mais on dit ordinairement *signature*, lorsqu'il s'agit d'un contrat par-devant notaire, d'une ordonnance, etc.

SEIRON, subst. mas. (*cèron*), t. de bot., espèce de pois.

SEISACTHÉIES, subst. fém. plur. (*cèzakté-i*), t. d'antiq., sacrifices institués par Solon, chez les Athéniens.

SEIVIAS, subst. mas. plur. (*cèvi-â*), secte de bramines dévoués au culte d'Iswara.

SEIZAIN, subst. mas. (*cèzein*), drap à chaîne de *seize* cents fils.

SEIZAINE, subst. fém. (*cèzène*), grosse ficelle dont se servent les emballeurs.—Paquet de *seize* cerceaux, de *seize* choses en général. Peu usité.

SEIZE, adj. numéral des deux genres (*cèze*) (du latin *sexdecim*, *sex* et *decem*), nombre contenant dix et six. — *Faire preuve de seize quartiers*, dans les chapitres d'Allemagne, prouver sa noblesse tant du côté des pères que du côté des mères, en remontant jusqu'à la quatrième génération. — On dit subst. au mas.: *le seize du mois*, pour le *seizième* jour du mois.—*Un seize*, la *seizième* partie d'une aune. — *Format in-seize*, ou absolument *un in-seize*, livre dont chaque feuille forme trente-deux pages ou *seize* feuillets.—*Les seize*, faction fameuse dans l'histoire de France, qui se forma à Paris en 1579, pendant les troubles de la Ligue: ainsi nommée des *seize* quartiers de Paris, à la tête desquels furent mis d'abord *seize* des plus factieux de leur corps.

SEIZIÈME, adj. des deux genres, (*cèzi-ème*), qui suit immédiatement le quinzième.—Subst.: *un seizième*, la *seizième* partie d'une chose.

SEIZIÈMEMENT, adv. (*cèzi-èmeman*), en *seizième* lieu.

SÉJAHS, subst. mas. plur. (*céjâ*), espèce de moines grec.

SÉJÉ, subst. mas. (*céjé*), t. de bot., espèce de palmier qui croît sur les bords de l'Orénoque.

SÉJOUR, subst. mas. (*céjour*), temps pendant lequel on demeure en un même lieu: *il a fait un long séjour en ce pays-là*. Voy. SÉJOURNER. —Lieu considéré par rapport à la demeure qu'on y peut faire: *beau*, *agréable séjour*; *séjour délicieux*. — *Le séjour des dieux*, l'Olympe, le ciel. — Poet. *Le noir séjour*, l'enfer; *l'humide séjour*, la mer.

SÉJOURNÉ, E, adj. (*séjourné*), reposé, qui a pris du repos. Vieux et même hors d'usage.

SÉJOURNER, v. neut. (*céjourné*) (suivant *Ménage*, du lat. *subdiurnare*, formé, dans la basse latinité, de *sub*, sous, et de *diurnare*, vivre long-temps; *vivre long-temps sous le même ciel*, ou *sous le même toit*), demeurer, faire son *séjour*: *il a séjourné long-temps à Paris*. On l'emploie souvent sans régime. — Par extension, stagner dans un lieu, se dit d'une eau qui est ou a été stagnante dans un lieu.—Demeurer quelque temps dans un vase, en parlant d'un liquide.

SÉJUGE, subst. mas. (*céjuje*), char attelé de six chevaux de front.

SEKIKA, subst. mas. (*cekika*), t. de bot., genre de plantes de la Chine, de la famille des saxifragées.

SEL, subst. mas. (*cèle*) (du lat. *sal*, *salis*), substance dure, sèche, friable, qui se dissout dans l'eau, et qui picote l'organe du goût. — En chimie, on distingue un grand nombre de sels: *sel acide*, *sel alcali*, *sel essentiel*, *sel fixe*, *sel volatil*, etc.—Dans l'usage ordinaire, le *sel* qui reste après l'évaporation des eaux de la mer, ou qu'on trouve dans certaines terres, et qui sert à assaisonner les viandes, etc. — Ce qu'on croit qui rend la terre fertile.—*Sel de gabelle*, celui qui était débité par les fermiers-généraux ou leurs préposés.—*Sel ammoniac de Born*, muriate d'ammoniaque des chimistes modernes.—*Sel d'Epsom*, *sel de Sedlitz*, *sel d'Angleterre*, sulfate de magnésie.—*Sel d'oseille*, oxolate acidule de potasse. —*Sel de saturne*, acétate de plomb.—*Sel de nitre*, nitrate de potasse.—*Sel de Glauber*, sulfate de potasse.— *Impôt sur le sel*. L'origine de cet impôt paraît remonter à Ancus-Martius, quatrième roi de Rome, qui, par l'entremise des censeurs M. Livius et C. Claudius, s'empara de toutes les salines particulières, et obligea le peuple à acheter le *sel* de ses fermiers; opération qui, selon *Tite-Live* et *Denys d'Halicarnasse*, fit donner à ces magistrats le nom de *salinatores*. — *Manger quelque chose à la croque au sel*, sans aucun autre assaisonnement que le *sel*.—*Sel attique*, Voy. ATTIQUE. — Fig.: *il n'y a point de sel dans cet ouvrage*, il est fade, languissant. —Symbole de l'amitié, parce que le *sel* empêche la corruption et la destruction. — *Sel essentiel des plantes*, substance extraite des plantes en les faisant macérer dans l'eau, et en faisant évaporer les sucs qui les tiennent en dissolution.

SEL (LE), subst. propre mas. (*lecèle*), village de France, chef-lieu de canton, arrond., de Redon, dép. d'Ille-et-Vilaine.

SÉLACIEN, subst. mas. (*célacien*), t. d'hist. nat., famille de poissons semblables aux sélaques.

SÉLAGE, subst. fém. (*célaje*), t. de bot., genre de plantes de la famille des pyrénacées. — Plante que les druides cueillaient avec certaines pratiques superstitieuses.

SÉLAGINE, subst. fém. (*célajine*), t. de bot., nom d'une espèce de plante du genre des lycopodes.

SÉLAGINELLE, subst. fém. (*célajinèle*), t. de bot., la même que la *sélagine*.

SÉLAGO, subst. mas. (*célaguô*), t. de bot., plante des anciens; notre bruyère commune.

SELAM ou **SELAN**, subst. mas. (*cèlame*), bouquet ou arrangement de fleurs, dont on se sert en Turquie et dans l'Orient pour faire connaître sa passion à l'objet aimé, lorsqu'on est gêné par des surveillants. — En Amérique, se dit de certains postes disposés le long des côtes, où les Espagnols mettent des Indiens en sentinelle.

SÉLAMANÈS, adj. mas. (*célamanèce*), myth., surnom de Jupiter.

SÉLANDRE, subst. mas. (*célandre*), t. d'hist. nat., sorte d'insecte du genre *sélandrie*.

SÉLANDRIE, subst. fém. (*célandri*), t. d'hist. nat., genre d'insectes de l'ordre des hyménoptères.

SÉLAQUES, subst. mas. plur. (*célake*), t. d'hist. nat., genre de poissons de l'ordre des cartilagineux.

SÉLASIE, subst. fém. (*célazi*), myth., surnom de Diane, considérée comme la lune.

SÉLASPHORE, subst. fém. (*célacefore*), myth., surnom de Diane, adorée chez les Phlyens.

SÉLECTION, subst. fém. (*célékcion*), choix, triage avec examen. — Action de tirer ou de choisir.

SÉLÈNE, subst. mas. (*célène*), t. d'hist. nat., genre de poissons de la division des thoraciques. — Au plur., gâteaux en façon de demi-lune, et que les anciens offraient dans les sacrifices à la lune.

SÉLÉNIACUM, subst. mas. (*céléni-akome*), sorte d'amulette employée autrefois contre l'épilepsie.

SÉLÉNIAQUE, adj. des deux genres (*céléni-ake*), lunatique. Inusité.

SÉLÉNIATE, subst. mas. (*céléni-ate*), t. de chim., genre de sels formés d'acide *sélénique* et d'une base.

SÉLÉNIDE, subst. mas. (*célénide*), t. de chim., combinaison du *sélénium* avec des corps moins électro-négatifs que lui, des corps sinples.

SÉLÉNIFIQUE, adj. des deux genres (*célénifike*), t. de chim., qui produit la *sélénite*.

SÉLÉNIQUE, adj. des deux genres (*célénike*), de la lune, qui concerne la lune.—Qui concerne les mouvements de la lune. — Il se dit encore d'un acide de *sélénium*.

SÉLÉNISEL, subst. mas. (*célénizèle*), t. de chim., *sel* dont la base est combinée avec du *sélénide*.

SÉLÉNITE, subst. fém. (*célénite*) (du grec σεληνη, la lune, parce que ses lames brillantes réfléchissent facilement l'image de la lune), sel formé par l'union d'une terre calcaire et de l'acide sélénieux. C'est la chaux *sulfatée* ou *sulfate de chaux* des chimistes modernes. — Nom que les marbriers donnent à un marbre transparent.—Chez les anciens, sorte de gomme sur laquelle était peinte une image de la lune qui croissait ou décroissait selon les phases de cette planète. — Sorte de pierre précieuse qui portait la figure de la lune.

SÉLÉNITEUSE, adj. fém. Voy. SÉLÉNITEUX.

SÉLÉNITEUX, adj. mas., au fém. SÉLÉNITEUSE (*céléniteu*, *teuze*), qui a rapport à la *sélénite*. — *Eau séléniteuse*, qui contient du sel *sélénite*.

SÉLÉNITIDES, subst. fém. plur. (*célénitide*), myth., femmes d'Asie qui pondaient des œufs d'où naissaient des géants.

SÉLÉNITION, subst. fém. (*céléniti-on*), t. de bot., plante des anciens, voisine des lierres.

SÉLÉNIUM, subst. mas. (*céléni-ome*), métal acidifiable qui se rapproche du soufre, mais surtout du tellure.

SÉLÉNIURE, subst. mas. (*céléni-ure*), t. de chim., principe du *sélénium* extrait par une opération chimique, avec une base métallique, ou combinaison du *sélénium* avec les métaux électro-positifs, dans laquelle les rapports sont les mêmes que dans les bases.

SÉLÉNOGRAPHE, subst. mas. (*célénoguerafe*), qui fait de la *sélénographie*.

SÉLÉNOGRAPHIE, subst. fém. (*célénoguerafi*) (du grec σεληνη, la lune, et γραφω, je décris), description de la lune et des taches ou points remarquables qu'on y distingue.

SÉLÉNOGRAPHIQUE, adj. des deux genres (*célénoguerafike*), qui a rapport à la *sélénographie*.

SÉLÉNOPS, subst. mas. (*célénopece*), t. d'hist. nat., genre d'arachnides de l'ordre des pulmonaires.

SÉLÉNOSTATE, subst. mas. (*célénocetate*) (du grec σεληνη, la lune, et στατικος, qui a la propriété d'arrêter), t. d'astron., instrument pour faire des observations sur la lune.

SÉLEUCIDES, subst. fém. plur. (*céleucide*), ère qui commence à l'an de Rome 442, douze ans après la mort d'Alexandre, et 311 ans pleins avant l'ère vulgaire. C'est l'époque des premières conquêtes de *Séleucus Nicanor*, dans cette partie de l'Orient qui forma depuis le vaste empire de Syrie.

SÉLEUCIENS, subst. propre mas. plur. (*céleucien*), anciens peuples de la *Séleucie*.

SÉLICTAR, subst. mas. (*céliktar*), t. de relat., sabre du sultan, qui est porté par l'aga dans les cérémonies.

SÉLICTAR-AGA, subst. mas. (*céliktar-agua*), t. de relat., officier turc qui porte le sabre impérial sur l'épaule, dans les cérémonies.

SÉLIN, subst. mas. (*célein*), t. de bot., genre de plantes digynes de la famille des ombellifères.

SELINON, subst. mas. (*célinon*), t. de bot., genre de plantes ombellifères.

SÉLINUSCE, subst. fém. (*célinuce*), t. d'hist. nat. ou de médec., terre médicinale, résolutive et astringente.

SELJOUCIDES, subst. mas. plur. (*cèlejoucide*), descendants de *Seljouk*, l'une des plus anciennes dynasties d'Orient.

SELLA, subst. fém. (*cèlela*), t. d'antiq., chaise de distinction chez les anciens Romains.

SELLE, subst. fém. (*cèle*) (du lat. *sella*, qui a diverses significations), autrefois, siége ou chaise de bois. En ce sens, il ne se dit plus que dans cette phrase prov. : *demeurer entre deux selles, le cul en terre*; n'obtenir aucune des deux choses auxquelles on prétendait, ou ne réussir dans aucun des deux moyens qu'on avait employés.—Sorte de siége qu'on met sur le dos d'un cheval, etc., pour la commodité de celui qui monte dessus : *avoir le cul sur la selle*, être à cheval.—*Être bien en selle*, être bien à cheval. —Évacuation qu'on fait en une fois en allant à la garde-robe, ou chaise percée.—En sculpture, espèce de chevalet pour supporter les modèles, les figures, etc.—*Selle à tous chevaux*, qui peut servir à toute sorte de chevaux.—Remède qu'on applique à toute sorte de maladies. — *Cheval de selle*, propre à être monté. — *La première selle de l'écurie*, le meilleur bidet de l'écurie.—*Selle à tailler*, outil de bois à l'usage des tonneliers. —T. d'hist. nat., sorte de mollusque.

SELLÉ, E, part. pass. de *seller*.

SELLÉE, subst. fém. (*cèlé*), t. de briquetier, rangée de piles de carreaux sur la *selle*.

SELLER, v. act. (*cèlé*), mettre la *selle* sur le dos d'un cheval, d'une mule. — *se* **SELLER**, v. pron.—En t. d'agric., se serrer, s'endurcir.

SELLERIE, subst. fém. (*cèleri*), lieu où l'on serre les *selles* et les harnais des chevaux.—Art, travail du *sellier*.

SELLES-SUR-CHER, subst. propre mas. (*cèleçurchère*), ville de France, chef-lieu de canton, arrond. de Romorantin, dép. de Loir-et-Cher.

SELLETTE, subst. fém. (*cèlète*) (de *selle*, dont *sellette* est un diminutif), petit siége de bois fort bas, sur lequel on oblige un accusé de s'asseoir pour être interrogé par le juge : *il fut bien mortifié quand il se vit sur la sellette*.—Fig. et fam., on dit d'un homme à qui on fait plusieurs questions pour l'obliger à déclarer quelque chose qu'il voulait tenir secret : *on l'a tenu long-temps sur la sellette*. — Partie de la charrue sur laquelle pose le bout de la haie : c'est un morceau de bois carré, long d'un pied et large de quatre doigts, percé presque aux extrémités de deux trous dans lesquels il y a deux chevilles de bois qui le tiennent attaché directement au-dessus de l'essieu de la charrue.—Sorte de boîte où le décrotteur met sa cire et ses brosses. — Morceau de planche qui forme le fond des crochets du crocheteur ou commissionnaire. — Morceau de planche soutenu par quatre bâtons, sur lequel le gagne-petit ou remouleur pose son seau. —Pièce de bois qui, accolant l'arbre d'un engin, sert avec deux liens à en porter le fauconneau. — Chez les charrons, pièce de bois qui reçoit l'essieu des petites roues d'une voiture.—Établi qui sert au vannier à tourner ses paniers.—Petit siége de plombier qui s'accroche à des nœuds de corde qui le soutiennent, pour travailler à la pose ou à la restauration des conduits par où s'écoulent les eaux des pluies sur les clochers ou sur d'autres grands édifices. — Petite tablette semblable qui sert aux ferblantiers et à ceux qui travaillent aux toitures d'ardoises, pour se soutenir en dehors des bâtiments.—T. d'agric., pièce de bois placée pour accoler ou soutenir un arbre qui a de la disposition à se courber ou à se pencher.—T. de mar., petit siége à l'usage des calfats.—Chez les bourreliers, espèce de petite *selle* pour un cheval limonier.

SELLIER, subst. mas. (*cèli-é*), qui fait des *selles*, des harnachements de carrosses.

SELLIÈRE, subst. fém. (*cèli-ère*), femme du *sellier*. — T. de bot., plante vivace de la famille des campanulacées.

SELLIS, subst. mas. (*cèlelice*), myth., prêtres qui, dans le principe, rendaient les oracles à Dodone.

SELLISTERNES, subst. mas. plur. (*cèlelicetèrne*), t. d'antiq., festins que l'on donnait aux déesses.

SELON, prép. (*celon*) (du lat. *secundum*, comme si l'on disait *second*, qu'on trouve en effet dans nos anciens écrivains pour *selon*, qui paraît en être une corruption. *Ménage, Le Duchat.*), suivant, eu égard, conformément à, à proportion de... — *L'Évangile selon saint Jean*, écrit par saint Jean.—Fam. : *c'est selon*, cela dépend de bien des choses incertaines.—**SELON, SUIVANT.** (*Syn.*) *Selon* revient aux mots ou aux différentes manières de parler, ainsi que, comme, à ce que, conformément à ce que, etc. *Suivant* signifie, en suivant, pour suivre, si l'on suit; il exprime l'action de parler ou d'agir après ou d'après une suite, une conséquence. — On dit, *selon* l'hébreu, *selon* la Vulgate, *selon* les Septante, *selon* le texte samaritain, lorsqu'il s'agit de citer un de ces textes; s'il était question de suivre l'un ou l'autre de ces textes, *suivant* serait bien dit. — On dit, *selon* saint Thomas, *selon* Scot, pour citer les auteurs et les autorités; et, *suivant* la doctrine de Scot, parce qu'en effet on dit, *suivre* la doctrine. — On dit, *selon* vous, pour dire, à votre avis; on dirait mieux, *suivant* vous, s'il s'agissait de suivre les conséquences de votre avis. — On dit, l'Évangile *selon* saint Matthieu, et non *suivant* saint Matthieu. L'Évangile *selon* saint Matthieu et proprement l'Évangile tel que l'a écrit, tel que l'a laissé saint Matthieu. Vous ne dites pas, l'Évangile *suivant* saint Matthieu, car il ne s'agit pas de suivre l'Évangile, ou saint Matthieu. Si vous écriviez l'Évangile, vous pourriez dire que vous l'écrivez *suivant* l'Évangile de saint Matthieu, ou en le *suivant*. — On dit prov., *selon le drap, la robe*, pour exprimer que les dépenses ou les entreprises doivent être réglées, mesurées sur les facultés, sur les moyens. On ne dit pas, *suivant le drap, la robe*; parce que les entreprises et les dépenses ne se considèrent pas comme les suites et les conséquences des moyens et des facultés.— *Selon* exprime quelque chose de plus fort, de plus déterminé, de plus positif, de plus absolu que *suivant*; aussi désigne-t-il mieux une autorité, une règle à laquelle il faut obéir, se conformer; tandis que *suivant* laisse plus de liberté et d'incertitude. Le chrétien qui se conduit *selon* les maximes de l'Évangile y obéit; le chrétien qui se conduit *suivant* ces maximes les suit. J'agis *selon* vos ordres quand je les exécute; j'agis *suivant* vos ordres quand je les suis.

SELOMMES, subst. propre mas. (*celome*), village de France, chef-lieu de canton, arrond. de Vendôme, dép. de Loir-et-Cher.

SELONGEY, subst. propre mas. (*celonjé*), ville de France, chef-lieu de canton, arrond. de Dijon, dép. de la Côte-d'Or.

SELOT, subst. mas. (*celó*), t. d'hist. nat., espèce de coquille du genre des nérites.

* **SELVE**, subst. fém. (*cèleve*) (en lat. *silva*), bois, forêt. (*Boiste.*) Vieux.

SELTZ, subst. propre mas. (*cèlece*), ville de France, chef-lieu de canton, arrond. de Wessembourg, dép. du Bas-Rhin; elle possède une source d'eaux minérales gazeuses d'un usage très-répandu.

SÉMACK, subst. mas. (*cémake*), t. d'astron., le bouvier.

SÉMACHIDES, subst. mas. plur. (*cémachide*), myth., les fils de *Sémachus*, dont les filles, pour avoir donné l'hospitalité à Bacchus, valurent à leurs descendants le privilége d'être choisis pour prêtres de ce dieu.

S. EM., abréviation de *son éminence*.

* **SEMAILLE**, subst. fém. (*cemá-ie*), action, temps de *semer*.—Grains semés. —Saison pendant laquelle on ensemence.

SEMAINE, subst. fém. (*cemène*) (du lat. barbare *septimana*, fait de *septem*, sept, et de *mana*, matinée, matin; *suite de sept matins*), suite de sept jours à commencer par le dimanche. —On le dit quelquefois d'un espace de sept jours à compter de quelque jour de la *semaine* que ce soit : *j'ai été une semaine à la campagne, trois semaines en route*.—Travail qu'un homme peut faire dans une *semaine* : *cet ouvrage est la semaine de quatre hommes*. — Paiement de ce travail : *il mange en un jour toute sa semaine*. — La petite somme qu'on donne à un enfant pour les plaisirs de la *semaine*.—Dans les chapitres ou communautés : *être de semaine*, être chargé d'officier ou de quelque autre fonction pendant la *semaine*. — *La semaine des trois jeudis*, celle qui n'arrive jamais. — *Prêter à la petite semaine*, prêter de l'argent pour un terme très-court et en tirer un intérêt exorbitant.—*La semaine sainte*, la dernière *semaine* de carême. — *Une Semaine sainte*, livre qui contient l'office de cette *semaine* et de la suivante.

SEMAINIER, subst. mas., **SEMAINIÈRE**, subst. fém. (*cemènié, nière*), celui, celle qui est de *semaine*, qui est chargé d'un emploi, d'une fonction durant une *semaine*. — Pâté très-garni qui peut durer une *semaine*.

SÉMALE, ou **SÉMAQUE**, subst. fém. (*cémale, make*), t. de mar., embarcation à fond plat, dont on se sert pour charger les grands vaisseaux.

SEMALÉEN, subst. mas. (*cémalé-ein*), myth., surnom de Jupiter, qui envoie des présages.

SÉMANTRON, subst. mas. (*cémantron*), sorte d'instrument que, chez les Grecs de l'Archipel, on frappe pour appeler le peuple à la prière.—Claquette des facteurs de la poste.

SÉMAPHORE, subst. mas. (*cémafore*) (du grec σημα, signe, et φερω, je porte), espèce de télégraphe.

SÉMAPHORIQUE, adj. des deux genres (*cémaforike*), qui a rapport à un *sémaphore*.

SEMARGLE, subst. propre mas. (*cemarguele*) myth., nom d'une divinité qu'on adorait dans le gr.-duché de Kiew.

SEMARILLARE, subst. mas. (*cemari-iar*), t. de bot., genre de plantes qui se rapproche de celui des paulimes.

SEMBELLE, subst. fém. (*çanbèle*), ancienne pièce de monnaie qui valait la moitié de l'as romain.

SEMBLABLE, adj. des deux genres (*çanblable*) (du lat. *similis*), pareil, qui est de la même nature, de même qualité. *Boileau* a dit dans l'*Art poétique*, chant III :

Ce n'est point un portrait, une image *semblable*,

pour *une image ressemblante*. En ce sens il est peu usité.—En géom., il se dit des figures, etc., entre lesquelles il y a similitude. — *Triangles semblables*, ceux dont les angles sont égaux chacun à chacun.—*Figures semblables*, celles qui ont respectivement leurs angles égaux et leurs côtés correspondants proportionnels.—*Sections coniques semblables*, celles dans l'une desquelles les ordonnées à un diamètre sont proportionnelles aux ordonnées correspondantes à un diamètre *semblable* dans l'autre, etc. — *Polyèdres semblables*, composés d'un même nombre de pyramides *semblables* et semblablement disposées. — T. d'algèbre : *quantités semblables*, celles qui contiennent les mêmes lettres, et précisément le même nombre de lettres. — Subst. mas. : *il n'a pas son semblable; nous devons aimer nos semblables*.

SEMBLABLEMENT, adv. (*çanblableman*), aussi; pareillement. Il est vieux.—On dit encore en géométrie : *semblablement placé*, placé d'une manière *semblable*, correspondante.

SEMBLABLETÉ, subst. fém. (*çanblableté*), similitude. (*Boiste.*) Vieux et même hors d'usage.

SEMBLANCE, subst. fém. (*çanblance*), ressemblance.— Semblant, mine, façon. Peu usité.

SEMBLANT, subst. mas. (*çanblan*), apparence. Il ne se prend qu'en mauvaise part, et l'on dit dans le même sens, *beau semblant* et *faux semblant*. Voy. **SEMBLER**.—*Faire semblant*, feindre : *il fait semblant de dormir*; *faites semblant que vous le savez*. — *Ne faire semblant de rien*, avoir attention à ne rien dire, à ne rien faire qui puisse donner à connaître ce que l'on pense.

SEMBLÉ, part. pass. de *sembler*.

SEMBLER, v. neut. (*çanblé*) (du lat. *simulare*, feindre, contrefaire, imiter, fait de *similis*, semblable, et que, dans la basse latinité, on a dit pour *sembler*, *ressembler*, qui en ont été formés. *Ménage, Caseneuve.*), paraître avoir une certaine qualité : *ces étoffes me semblent belles*; *vous me semblez tout triste, tout mélancolique*. *Paraître* est plus usité et plus sûr, principalement aux temps composés et avec le régime de l'infinitif. —Unipers. : *il me semble, il vous semble que...*, je crois, vous croyez que... — *La vigne est, ce me semble, peu avancée*, à ce qu'il me paraît.— *Vous partirez demain, si bon vous semble*, si cela vous plaît, vous est agréable. — *Ce me semble* veut dire, selon moi, à mon avis.—**SEMBLER, PARAÎTRE.** (*Syn.*) *Sembler* signifie *paraître* d'une belle manière. Une chose *paraît* dès qu'elle se montre, mais un objet *semble* beau lorsqu'il *paraît* l'être. *Paraître* n'est synonyme de *sembler* que quand il marque l'apparence d'être tel.—Un objet *semble* et *paraît* beau, bon, agréable. Il *semble* tel par des traits ou des formes, par les apparences, les dehors de l'agrément, de la bonté, de la beauté. La chose vous *semble* telle par la comparaison que vous en faites avec le modèle, le type, l'idée que vous avez du bon, du beau, de l'agréable; elle vous *paraît* telle à l'aspect, selon qu'elle vous affecte, par le genre d'impression qu'elle fait sur vous.—Ce qui vous *semble* bon *ressemble* à ce qui est bon; ce qui vous *paraît* bon a l'air de l'être. La *ressemblance* a rapport à la différence; l'*apparence* à la réalité.—Ce qui vous *semble* pourrait bien n'être pas tel que vous le croyez; ce qui vous *paraît* pourrait bien ne pas être en effet ce que vous croyez. — Un ouvrage vous *semble* bien fait, lorsqu'après quelque examen vous le trouvez conforme aux règles de l'art; il vous *paraissait* bien fait, lorsque vous n'y aviez encore jeté qu'un coup-d'œil. Vous jugiez de l'ouvrage qui vous *paraissait* tel, sur les apparences, et superficiellement; vous en jugez ensuite, pour qu'il vous *semble* tel, par des traits de comparaison et avec quelque réflexion. —Si l'objet qui vous *semble* tel ne l'est pas, vous l'avez mal vu, vous l'avez mal jugé, vous vous êtes trompé. Si l'objet qui vous *paraissait* tel ne l'est pas, vous ne l'aviez pas assez considéré, vous ne l'aviez point approfondi; les apparences vous ont trompé. — Nous disons qu'un homme veut *paraître* et non *sembler* juste, bienfaisant, généreux, parce qu'il ne tient qu'à lui de se revêtir des apparences de la vertu, et qu'il ne dépend pas de lui que les autres croient à ces apparences.—On dit impersonnellement : *il paraît, il me paraît; il semble, il me semble.* La différence est toujours la même. *Il me paraît* ne désigne que les impressions faites par les apparences ou les simples conjectures tirées de ces dehors spécieux; *il me semble* annonce plus de persuasion, et des jugements fondés sur quelques motifs, qui ont au moins une apparence de raison.

SEMBLIDE, subst. mas. (*çanblide*), t. d'hist. nat., genre d'insectes névroptères.

SEMBLIS, subst. mas. (*çanbli*), t. d'hist. nat., genre d'insectes névroptères, tribu des *semblides*.

SEMBRADON, subst. mas. (*çanbradon*), t. d'agric., la herse, le semoir et la charrue réunis.

SÈME, subst. fém. Voy. SEIME.

SEMÉ, E, part. pass. de *semer*, et adj., bien rempli : *ce chemin est semé de fleurs.*—En t. de blason, se dit d'un écu, d'une pièce honorable, chargé de fleurs, etc.—En t. de chasse, un cerf mal *semé*, qui a plus d'andouillers d'un côté que d'un autre.

SEMÉE, subst. fém. (*cemé*), t. de féod., nom d'un ancien droit seigneurial levé sur les *semailles*.

SÉMÉIOLOGIE ou **SÉMÉIOTIQUE**, subst. fém. (*céme-i-oloji*) (du grec σημειον, signe, et λογος, discours), partie de la médecine qui traite des signes et des indices de maladie ou de santé.

SÉMÉIOLOGIQUE, adj. des deux genres (*cémé-i-olojike*), qui concerne la *séméiologie*.

SÉMELINE, subst. fém. (*cèmeline*) (du latin *semen lini*, semence de lin), t. d'hist. nat., sorte de petit crystal observé dans certaines productions volcaniques; il ressemble à une graine de lin.

SEMELLE, subst. fém. (*cemèle*) (du latin *sappa*, dans la signification de *lamina*, lame de bois, etc., dont on a fait, dans la basse latinité, le diminutif *sapella*. Ménage.), pièce de cuir qui fait le dessous du soulier, de la botte, etc. — Le dessous du pied d'un bas.—Morceau de toile, etc., dont on garnit le pied d'un bas de laine, de soie, etc. : *mettre des semelles à des bas.*—Mesure de la longueur du pied : *il saute douze, quinze semelles.* — Pièce de bois soutenue d'une potence, qui aide à supporter des poutres quand le mur n'est pas assez fort, etc. — On donne le même nom à diverses choses qui ont la forme d'une *semelle* de soulier ou de bas.—En t. de boucher, le second morceau du cimier ou de la cuisse du bœuf. — En t. de monnayeur, *poids de semelle*, le poids réel d'essai de métaux d'or ou d'argent. — Au plur., planches du fond d'un bateau.—Prov. : *battre la semelle*, voyager à pied. En t. d'écolier, frapper son pied contre celui d'un autre pour s'échauffer. — T. de mar., assemblage de planches mises l'une contre l'autre, dont on se sert pour aller à la bouline. — Plancher ou sol d'une mine à charbon.

SEMENCE, subst. fém. (*cemance*) (du lat. *semen*, contraction de *sepinen*, fait de *serere*, semer), grain que l'on *sème*. — Par extension, tout ce que l'on *sème*, grains, graines, noyaux, pepins, etc., toute partie enfin qui renferme le principe d'une nouvelle plante de la même espèce que celle dont elle est une production. — Matière dont les animaux sont engendrés.—Fig., cause éloignée qui produit tôt ou tard son effet: *semence de procès, de guerre, de discorde*, etc. —Espèce de petits clous dont la tête est faite avec beaucoup de soin.—*Semences de perles*, très-petites perles dont ordinairement quatre ou cinq ne pèsent qu'un grain.

SEMENCINE, subst. fém. (*cemancine*), t. de bot., espèce de plante de la famille des vermifuges.

SEMEN-CONTRA, subst. mas. (*cémènekontra*), mot tout latin employé dans la pharmaceutique, pour désigner les semences de la santoline.

SÉMÉNOUSKIS, subst. mas. plur. (*cémènou-ceki*), nom d'un régiment de gardes russes sous Pierre Ier.

SÉMENTÉRION, subst. mas. Voy. SÉMANTRON.

SEMENTINES, subst. fém. plur. (*cemantine*), fêtes qu'on célébrait à Rome, pour obtenir de bonnes *semailles*.—Adj.: *les fêtes sementines*.

SEMER, v. act. (*cemé*) (du lat. *seminare*), épandre du grain ou de la graine sur une terre préparée, pour les faire produire et multiplier : *semer du blé, du gland; semer un champ, une terre.*—Fig., répandre : *semer la discorde, des erreurs, de faux bruits, des libelles.*—*Semer en terre ingrate*, instruire des personnes qui n'en profitent pas; faire du bien à des ingrats. — *Semer l'argent*, en répandre.— *Semer de l'argent*, en distribuer pour gagner, corrompre.— *Il faut semer pour recueillir*, on ne doit pas espérer de récompense avant le travail.—*Semer des pièges sur les pas de quelqu'un*, lui tendre des embûches.—*Semer des fleurs sur la tombe de quelqu'un*, louer, honorer sa mémoire. — Prov. : *semer des perles devant des pourceaux*, parler des choses sacrées devant des profanes, ou dire devant des sots et des ignorants des choses au-dessus de leur intelligence. — *se* SEMER, v. pron. —SEMER, ENSEMENCER. (*Syn.*) *Semer* a rapport au grain; c'est le blé qu'on *sème* dans le champ. *Ensemencer* a rapport à la terre; c'est le champ qu'on *ensemence* de blé. Le premier de ces mots a une signification plus étendue et plus vaste; on s'en sert à l'égard de toutes sortes de grains ou de graines, et dans toutes sortes de terreins. Le second a un sens plus particulier et plus restreint; on ne s'en sert qu'à l'égard des grandes pièces de terre préparées par le labourage. Ainsi, l'on *sème* dans ses terres et dans ses jardins; mais on n'*ensemence* que ses terres, et non ses jardins. — On dit, dans le sens figuré, *semer* de l'argent, *semer* la parole. *Ensemencer* n'est jamais employé que dans le sens propre et littéral. L'âge viril ne produit point des fruits de science et de sagesse, si les principes n'en ont été *semés* dans le temps de la jeunesse. C'est en *semant* de l'argent à propos qu'on peut plus aisément venir à bout de ses projets. En vain l'on ensemence son champ, si le ciel n'y répand ses fécondes influences.

SEMESTRAL, E, adj. (*cemècetral*), par *semestre*, du *semestre*.—Au plur. mas., *semestraux*.

SEMESTRAUX, adj. mas. plur. Voy. SEMESTRAL.

SEMESTRE, subst. mas. (*cemècetre*) (du lat. *semestrium*), espace de six mois : *le semestre de janvier, de juillet.*—Le temps pendant lequel les officiers de guerre ont la permission de s'absenter de leur régiment : *il a reçu son semestre*, la permission de s'absenter, etc.

SEMESTRE, adj. des deux genres (*cemècetre*) (du lat. *semestris*, formé de *sex*, six, et de *mensis*, mois), qui dure six mois. Il se dit et des compagnies qui servaient par demi-années, et des officiers qui ne servaient que six mois dans une compagnie.

SEMESTRIEL, adj. mas., au fém. **SEMESTRIELLE** (*cemècetri-èle*), de *semestre* : *rente* ou *pension semestrielle*.

SEMESTRIELLE, adj. fém. Voy. SEMESTRIEL.

SEMESTRIER, subst. mas. (*cemècetri-é*), officier, soldat en *semestre*; qui ne sert que six mois.

SEMEUR, subst. mas., **SEMEUSE**, subst. fem. (*cemeur, meuze*), celui, celle qui *sème* le grain.— Dans les fabriques d'armes, celui qui est chargé de vérifier les canons.—Fig. : *semeur de discorde*, qui se plaît à brouiller. — *Semeur de faux bruits*, qui répand des bruits désavantageux.

SEMEUSE, subst. fém. Voy. SEMEUR.

SEMI (*cemi*), mot emprunté du latin, et qui signifie *demi*. Il ne s'emploie qu'avec certains mots tels que : *semi-ton*, en musique; *semi-double*, t. de liturgie et de bot.; *semi-preuve*, t. de jurispr., etc.

SEMI-ACERBE, adj. des deux genres (*cemi-acèrbe*), un peu acide, qui est à moitié sûr.

SEMI-AGRESTE, adj. des deux genres (*cemi-aguerècete*), demi-rustique, à moitié campagnard.

SEMI-BARBARE, adj. des deux genres (*cemi-barbare*), à demi *barbare*. Peu usité.

SEMI-BRÈVE, subst. fém. (*cemibrève*), t. de musique, moitié d'une *brève*.

SEMICA, subst. fém. (*cemika*), imposition des mains que l'on faisait, chez les anciens Juifs, sur le candidat qui était reçu au nombre des docteurs.

SEMICINCTION, subst. fém. Voy. SEMISINCTION.

SEMI-CIRCULAIRE, adj. (*cemicirkulère*), en *demi-cercle*.

SEMI-CYLINDRIQUE, adj. des deux genres (*cemicileindrike*), *cylindrique* d'un seul côté.

SEMI-CUBIQUE, adj. (*cemikubike*), t. de géom.; *parabole semi-cubique*, courbe du second genre, dans laquelle les cubes des ordonnées sont comme les carrés des abscisses. On la nomme aussi *seconde parabole cubique.* — Au plur., *semi-cubiques*.

SEMI-CUBITAL, E, adj. (*cemikubitale*), haut d'une demi-coudée.

SEMI-DIGITAL, E, adj. (*cemidigitale*), qui n'a qu'un demi-doigt de long.

SEMI-DOCTE, adj. des deux genres (*cemidokte*), demi-savant.

SEMI-DIAPASON, **SEMI-DIAPENTE**, **SEMI-DIATESSARON**, subst. mas. (*cemidi-apâzon, pante, tèceçaron*), termes de l'ancienne musique.

SEMI-DOUBLE, adj. des deux genres (*cemidouble*), t. de bot.; se dit des fleurs dont les pétales se sont multipliés, mais non pas au point qu'on puisse les nommer *doubles*. — T. de liturgie; *fête semi-double*. Voy. au mot DOUBLE. — Au plur., *semi-doubles*.

SEMIFER, subst. propre mas. (*cemifère*), myth., se dit du centaure Chiron, moitié homme et moitié cheval.

SEMI-FLOSCULEUSE, adj. fém. Voy. SEMI-FLOSCULEUX.

SEMI-FLOSCULEUSE, subst. fém. (*cemiflocekuleuze*), t. de bot., genre de plantes réunies dans un calice commun. — Adj. fém. Voyez SEMI-FLOSCULEUX.

SEMI-FLOSCULEUX, adj. mas., au fém. **SEMI-FLOSCULEUSE** (*cemiflocekuleu, leuze*), t. de bot.; se dit des fleurs appelées aussi *demi-fleurons*.

SEMI-FORME, adj. des deux genres (*cemiforme*), à moitié *forme* : *embryon semi-forme*.

SEMILION, subst. mas. (*cémili-on*), sorte de raisin blanc qui croît aux environs de Bergerac, en Périgord.

SÉMILLANT, E, adj. (*cémi-ian, iante*), remuant, éveillé, fort vif. Fam.

SEMI-LUNAIRE, adj. des deux genres (*cemilunère*), en demi-lune.

SEMI-MÉTOPE, subst. fém. (*cemimétope*), t. d'archit., demi-*métope* ou quart de *métope*.

SEMI-MINIME, subst. fém. (*cemiminime*), note de mus. anc., qui valait la demie de la *minime*. C'est ce qu'on appelle aujourd'hui *noire*.

SÉMINAIRE, subst. mas. (*céminère*) (en lat. *seminarium*, qui signifie proprement *pépinière*, fait de *seminare*, semer, lequel est dérivé de *semen*, semence), lieu destiné pour élever, instruire et former des ecclésiastiques.—Tous les ecclésiastiques qui y demeurent. — Temps qu'on doit passer au *séminaire* : *il a fini son séminaire*.

SÉMINAL, E, adj. (*céminal*), t. d'anat., qui a rapport à la *semence* : *les vésicules séminales.*— Au plur. mas., *séminaux*.

SÉMINARISTE, subst. mas. (*céminaricete*), celui qui est élevé dans un *séminaire*.

SÉMINATION, subst. fém. (*cémináción*) (du lat. *seminatio*), t. de bot., dispersion des semences des plantes, telle que la nature l'opère dans toutes les parties qui les composent.

SÉMINAUX, adj. mas. plur. Voy. SÉMINAL.

SÉMINIAL, subst. et adj. mas. (*cémini-ale*), fleur de farine; qui en est composé. Inus.

SÉMINIFÈRE, adj. des deux genres (*céminifère*), t. d'anat. : *vaisseau séminifère*, de la semence. Voy. SPERMATIQUE.

SÉMINISTES, subst. mas. plur. (*céminicete*), secte d'anciens hérétiques; leurs partisans.

SEMIOGRAPHE, subst. des deux genres (*cemioguerafe*), écrivain qui écrit en chiffres aussi vite que la parole.—Adj. des deux genres (formé du latin *semi*, à demi, et du grec γραφειν, écrire; *écrire* à demi, à moitié) : *écrivain semiographe*.

SEMIOGRAPHIE, subst. fém. (*cemi-oguerafi*), l'art, la science d'écrire aussi vite que la parole. —Ouvrage sur cette science —Description de ses principes, de ses éléments.

SÉMIOGRAPHIQUE, adj. des deux genres (*cémi-oguerafike*), qui a rapport, qui est relatif à la *sémiographie*.

SÉMIOTIQUE, subst. fém. Voy. SÉMÉIOLOGIE.

SEMI-PÉLAGIANISME, subst. mas. (*cemipélaji-aniceme*), secte mitigée de *Pélage;* doctrine du moine Cassien.

SEMI-PÉLAGIEN, subst. et adj. mas., au fém. **SEMI-PÉLAGIENNE** (*cemipélajiein*, *jiène*), qui concerne la doctrine mitigée de l'hérétique *Pélage*.—Qui est de cette secte.

SEMI-PITE, subst. fém. (*cemipite*), ancienne monnaie, la plus petite dont on se soit servi en France, la huitième partie d'un denier.

SEMI-PRÉBENDE, subst. fém. (*cemiprébande*) bénéfice dont le revenu était inférieur à celui d'un canonicat. Hors d'usage.

SEMI-PRÉBENDIER, subst. mas. (*cemiprébandié*), qui a la *semi-prébende*. Hors d'usage.

SEMI-PREUVE, subst. fém. (*cemipreuve*), *preuve* imparfaite, qui n'est pas entière.

SEMI-QUADRAT, E, ou **SEMI-QUARTITE**, adj. mas. (*cemikouadra*), t. d'astron., aspect de deux planètes distantes de la huitième partie du zodiaque; *semi-quintile*, distantes de la dixième partie; *semi-sextile*, de la douzième partie.

SEMI-QUINAIRE, adj. des deux genres (*cemikinère*), se dit de la césure d'un vers hexamètre après deux pieds. On dit mieux *demi-quinaire*.

SEMI-QUINTILE, adj. des deux genres. Voy. SEMI-QUADRAT.

SÉMI-RÉAS, subst. propre mas. (*cémiré-âce*), myth., l'un des anges qui furent séduits par la beauté des femmes, selon les rabbins.

SEMIS, subst. mas. (*cemi*), endroit où l'on *sème* des graines d'arbres. — Plants de différents arbrisseaux, fleurs, plantes provenant de graines qui ont été semées.

SEMI-SEXTILE, adj. des deux genres (*cemicèkcetile*). Voyez SEMI-QUADRAT.

SEMISINCTION, subst. fém. (*cemiceinkcion*), t. d'antiq., espèce de tablier que mettaient les ouvriers, tel à peu près que celui que mettent aujourd'hui les nôtres, plus ou moins long, plus ou moins gros, selon la nature des ouvrages.

SEMISSIS, subst. mas. (*cemicice*), la moitié de l'as de la livre romaine.

SÉMIRAMIS, subst. propre fém. (*cémiramice*), myth., femme de Ninus, roi des Assyriens, fameuse par son ambition, par son courage et par ses débauches. On croyait qu'après sa mort, elle avait été changée en colombe, et on lui rendait des honneurs divins.

SEMITE, subst. fém. (*cémite*), sorte de toile de coton qui se fabrique dans l'Archipel.

SEMI-TÉRET, adj. mas. (*cemitéré*), semi-cylindrique sans inégalité. Inusité.

SÉMITIQUE, adj. des deux genres (*cémitike*); se dit des langues qui sont propres aux descendants de *Sem*, et qui sont nommées plus ordinairement *orientales*.

SEMI-TON, subst. mas. (*cemiton*), la moitié d'un ton. Voy. DEMI-TON.

SEMI-TONIQUE, adj. (*cemitonike*), t. de musique: *échelle semi-tonique*, l'échelle chromatique, composée en entier de *semi-tons*.

SEMI-TOPOGRAPHIE, subst. fém. (*cemitopo-guerafi*), gravure qui n'offre que quelques détails d'un pays. Peu en usage.

SEMNÉE, subst. fém. (*cémené*), monastère. (*Boiste*.) Vieux et même hors d'usage.

SEMNES, subst. plur. des deux genres (*cémene*), secte de gymnosophistes des deux sexes. — Myth., subst. fém. plur., nom donné aux Furies.

SEMNIFÈRE, adj. des deux genres (*cémenifère*), t. de physiol.; se dit d'un vaisseau qui fait partie des testicules et qui contient le sperme. On dit mieux *séminifère*, et même aujourd'hui plus souvent, *spermatique*.

SEMNIOS, subst. mas. (*cémeni-ôce*), t. de bot., plante dont les anciens se servaient pour le corps et pour l'esprit.

SEMNOTHÉES, subst. mas. plur. (*cémenoté*), druides gaulois qui tenaient à honneur d'être consacrés au service de Dieu.

SEMOIR, subst. mas. (*cemoar*), espèce de sac que le *semeur* s'attache au cou, et où est le *grain* qu'il *sème*. — Instrument pour *semer*. — *Semoir cylindrique*, machine avec laquelle on laboure, on sème et on couvre tout à la fois.

SEMON, subst. propre mas. (*cemon*), myth., dieu qu'on croit le même que *Flatus* et que *Sancus*. — On donnait aussi ce nom à Mercure et à plusieurs autres. Voy. SEMONES.

SEMONCE, subst. fém. (*cemonce*) (du latin *submonitio*, fait de *submonere*, avertir secrètement, à demi-mot, *Ménage*.), invitation faite dans les formes pour quelque cérémonie. — Avertissement fait par quelqu'un qui a autorité. — Réprimande.

SEMONCÉ, E, part. pass. de *semoncer*.

***SEMONCER**, v. act. (*cemoncé*), faire une *semonce;* donner un avertissement. — En t. de mar., *semoncer* un bâtiment, c'est l'obliger à mettre sa couleur, et même souffrir qu'on le visite. — *se* SEMONCER, v. pron.

SEMONCEUR, subst. mas. (*cemonceur*), celui qui fait une *semonce*, une remontrance.—Celui qui était chargé de porter des billets d'invitation. Vieux.

* **SEMONDRE**, v. act. (*cemondre*), inviter, convier à quelque cérémonie: *semondre à des obsèques*.—*se* SEMONDRE, v. pron. Hors d'usage.

SEMONDU, E, part. pass. de *semondre*.

SEMONES, subst. mas. plur. (*cemone*), myth., dieux inférieurs que l'on distinguait des dieux célestes. Ils tenaient une espèce de milieu entre les dieux et les hommes, et étaient regardés comme des génies tutélaires.

SEMONNÉ, E, part. pass. de *semonner*.

SEMONNER, v. act. (*cemoné*), appeler, prier, inviter.—*se* SEMONNER, v. pron. (*Boiste*.) Inus.

SEMONNEUR, subst. mas. (*cemoneur*), celui dont la fonction était de porter des billets de convocation. Vieux et même hors d'usage.

SEMOTTE, subst. fém. (*cemote*), *motte* nouvelle, pousse nouvelle des choux étêtés.

SEMOULE, subst. fém. (*cemoule*, et non pas *cemou-ie*) (du latin *sumula*, employé par *Juvénal* pour *simila*, fleur de farine de froment), pâte faite avec la farine la plus fine réduite en petits grains. Elle ne diffère du vermicelle que par sa forme; on s'en sert pour faire des potages.

SEMPECTE, subst. mas. (*ceinpèkte*), religieux depuis cinquante ans. (*Boiste*.)

* **SEMPER-VIRENS**, subst. mas. (*ceinpèrevireince*) (mots lat. qui signifient *toujours verdoyant*), espèce de chèvre-feuille qui a toujours des feuilles et des fleurs, qui est toujours verdoyant, été comme hiver.

SEMPITERNE, subst. fém. (*ceinpitèrene*), t. de manuf., étoffe de laine croisée, d'origine anglaise.

SEMPITERNEL, adj. mas., au fém. **SEMPITERNELLE** (*ceinpitèrenèle*) (en latin *sempiternus*), qui dure toujours. Vieux. — On dit encore, subst. et fam.: *une vieille sempiternelle*, une femme très-vieille.

SEMPITERNELLE, adj. fém. Voy. SEMPITERNEL.

SEMPITERNELLE, ou **SEMPITERNILLE**, subst. fém. (*ceinpitèrenele, ni-ie*), serge moins fine que la *sempiterne*.

SEMPITERNELLEMENT, adv. (*ceinpitèrenèlemen*), à jamais, toujours, éternellement.

SEMPITERNEUSE, adj. fém. Voy. SEMPITERNEUX.

SEMPITERNEUX, adj. mas., au fém. **SEMPITERNEUSE** (*ceinpitèreneu, neuze*), qui vit longtemps. Inusité.

* **SEMPITERNITÉ**, subst. fém. (*ceinpitèrenité*), durée sans bornes de la vie. Peu usité.

SEMPLE, subst. mas. (*çanple*), dans les fabriques de soieries, etc., partie de tout métier à la tire. C'est un composé de ficelles destinées à faire lever telle ou telle portion de la chaîne.

SEMUR, subst. propre mas. (*cemure*), ville de France, chef-lieu d'arrond. et de canton, dép. de la Côte-d'Or.

SEMUR-EN-BRIONNAIS, subst. propre mas. (*cemuranbri-oné*), village de France, chef-lieu de canton, arrond. de Charolles, dép. de Saône-et-Loire.

SÉMURIUM, subst. propre mas. (*cémuri-ome*), t. d'antiq., lieu voisin de Rome, où Apollon avait un temple.

SÉNACIE, subst. fém. (*cénaci*), t. de bot., genre de plantes de la pentandrie monogynie.

SÉNAGE, subst. mas. (*cénaje*), droit qu'on percevait autrefois sur le poisson.

SÉNAILLÈRE, subst. fém. Voy. SENET.

SENAIRE, adj. des deux genres (*cenère*), t. de bot., se dit d'un nombre de feuilles disposées six par six.

SENANCUS, subst. pr. mas. (*cenanuce*), myth., divinité gauloise dont le nom se trouve sur une pierre déposée au musée de Paris.

SENANIS, subst. mas. plur. (*cenani*), philosophes gaulois.

SENAPE, subst. mas. (*cenape*), t. de bot., sorte d'arbrisseau grimpant de Cayenne.

SENAPON ou **SINAPON**, subst. mas. (*cenapon, cinapon*), t. de bot., arbre de la Guyane dont la racine enivre le poisson.

SÉNAT, subst. mas. (*céna*) (du lat. *senatus*, fait de *senex*, vieillard), assemblée considérable dans laquelle réside la principale autorité en certains états; *le sénat de l'ancienne Rome*. On disait, dans le même sens: *le sénat de Venise*, *de Gênes*, etc. — En France, sous le régime impérial, premier corps de l'état, composé de membres nommés à vie. On l'appelait *sénat-conservateur*, parce que c'était à lui qu'était confié, par les constitutions de l'empire, le soin de veiller au maintien des lois.—Dans quelques autres pays, cour souveraine de justice.

SÉNATEUR, subst. mas., **SÉNATRICE**, subst. fém. (*cénateur, trice*) (en lat. *senator*), membre d'un *sénat*. — *Pas de sénateur*, pas grave.

SÉNATORERIE, subst. fém. (*cénatoreri*), en France, sous le régime impérial, district plus ou moins étendu dans lequel un *sénateur*, nommé à cet effet par l'empereur, jouissait, sur des biens qui y étaient situés, des revenus affectés à sa dignité, avec une prééminence d'honneur sur les autorités locales. — Résidence du *sénateur*.

SÉNATORIAL, E, adj. (*cénatori-ale*), qui appartient au *sénateur* ou à sa dignité.—Au plur. mas., *sénatoriaux*.

SÉNATORIAUX, adj. mas. plur. Voy. SÉNATORIAL.

SÉNATORIEN, adj. mas., au fém. **SÉNATORIENNE** (*cénatori-ein, ri-ène*), qui est de famille de *sénateur*.

SÉNATORIENNE, adj. fém. Voy. SÉNATORIEN.

SÉNATRICE, subst. fém., (*cénatrice*), femme d'un *sénateur*. Voy. ce mot.

SÉNATULE, subst. mas. (*cénatule*), petit *sénat*.

SÉNATUS-CONSULTE, subst. mas. (*cénatuce-konçulete*) (du latin *senatus-consultum*, formé de *senatûs*, génit. de *senatus*, sénat, et de *consultum*, ordonnance, délibération), décision, décret de l'ancien *sénat* de Rome, et en France, sous le régime impérial, du *sénat-conservateur*. — Au plur., des *sénatus-consultes*.

SÉNATUS-CONSULTE-VELLÉIEN, subst. mas. (*cénatucekonçuletevèleléiein*), décret du *sénat* de Rome qui annulait les obligations que les femmes avaient contractées pour autrui, et refusait à leurs créanciers toute action personnelle.

SENAU, subst. mas. (*cenô*), t. de mar., petit bâtiment de mer pour le commerce.

SENÉ, E, part. pass. de *sener*.

SENÉ, subst. mas. (*cené*), t. de bot., plante à fleur rosacée, dont les valves, connues par leur vertu purgative, sont nommées *follicules de sené*.—*Sené des prés*, nom donné, en quelques endroits, à la gratiole. — *Sené bâtard* ou *sauvage*, arbrisseau dont les vertus sont analogues à celles du véritable *sené*. On l'appelle aussi *émérus*.— *Sené des Provençaux*. Voy. TURBITH BLANC.

SENEBIÈRE, subst. fém. (*cenebi-ère*), t. de bot., genre de plantes de la famille des crucifères.

SÉNÉCHAL, subst. mas. (*cenéchal*) (du latin barbare *seniscalcus*, formé, dans le moyen-âge, du latin *senior*, le plus vieux, le plus ancien, le chef, et de *scalcus*, pris de l'allemand *schalk*, serviteur; *seniscalcus præfectus servorum*, le premier, le chef des serviteurs du prince, *Wachter*, etc.), officier qui, dans certains ressorts, était chef de la justice, et qui était aussi chef de la noblesse lorsqu'elle était convoquée pour l'arrière-ban. — Officier de robe longue qui, en certains endroits, était chef d'une justice subalterne. — On le disait également du principal officier de justice dans quelques seigneuries —Au plur., des *sénéchaux*.

SÉNÉCHALE, subst. fém. (*cénéchale*), femme du *sénéchal*.

SÉNÉCHAUSSÉE, subst. fém. (*cénéchôcé*), juridiction du *sénéchal*, étendue du ressort du *sénéchal*.

SÉNÉCHAUX, subst. mas. plur. Voy. SÉNÉCHAL.

SÉNÉCILLE, subst. fém. (*cénéci-ie*), t. de bot., espèce de plante cinéraire de la Sibérie.

SÉNÉCIOÏDE, subst. fém. (*cénéci-o-ide*), t. de bot., plante annuelle des Indes, qui ressemble au *séneçon*.

SENEÇON, subst. mas. (*ceneçon*) (en lat. *senecio*), t. de bot., plante annuelle à fleur composée, flosculeuse.

SENÉES, subst. fém. plur. (*cené*), t. de bot.,

division de plantes qu'on a proposée dans le genre des casses.

SÉNÉGAL, subst. mas. (*cénéguale*), t. de bot., plante d'Afrique du genre des polygalées.—Subst. propre mas., fleuve et contrée d'Afrique.

SÉNÉGALI, subst. mas. (*cénéguali*), t. d'hist. nat., sorte de petit oiseau du *Sénégal*, du genre des fringilles.

SÉNEGRÉ, subst. mas. (*céneguerė*). Voy. FENU-GREC.

SÉNÉKA, subst. fém. (*cénéka*), t. de bot., espèce de plante de Virginie.

SENELLE, subst. fém. Voy. CENELLE. *L'Académie*, qui fait ce renvoi comme nous, n'a cependant pas inséré CENELLE.

SENER, v. act. (*cené*), châtrer.—*se* SENER, v. pron. (*Boiste*.) Vieux et même hors d'usage.

SÈNES, subst. fém. plur. (*cène*), nom de druidesses et particulièrement de vierges de l'île de Sain.

SÉNESTRE, adj. des deux genres (*cénécetre*) (en lat. *sinistra*), en t. de blason, gauche.

SÉNESTRÉ, E, adj. (*cénécetré*), se dit, en t. de blason, des pièces qui en ont d'autres à leur gauche.

SÉNESTROCHÈRE, subst. mas. (*cénècetrochère*), t. de blason; se dit du bras gauche représenté dans un écu. — L'opposé de *dextrochère*.

SENET, subst. mas. (*cenė*), senaillère; plancher d'étable. Peu connu.

SÈNEVÉ, subst. mas. (*cènevé*) (du latin *sinapi*, en grec σιναπι ou σινηπι), sorte de petite graine dont on fait la moutarde.

SENEZ, subst. propre mas. (*cenèze*), ville de France, chef-lieu de canton, arrond. de Castellane, dép. des Basses-Alpes.

SENGHET, subst. mas. (*çanguiè*), nom que certains peuples de l'Indoustan donnent aux lieux où ils font leurs prières et leurs actes de dévotion.

SÉNIEUR, subst. mas. (*céni-eur*) (en lat. *senior*), le plus ancien dans certaines communautés. Corruption sans doute du mot *senior*.

SÉNIL, E, adj. (*L'Académie* écrit *sénile* pour les deux genres) (*cenile*), qui est dû à un vieillard; de la vieillesse.

SÉNILIS, subst. propre fém. (*cénilice*), myth., fortune des vieillards, figure allégorique représentée avec une grande barbe.

SÉNILITÉ, subst. fém. (*célinité*), vieillesse, débilité. Nouveau.

SÉNILUSIENNE, adj. fém. (*cénilusi-ène*); se dit d'une espèce de terre qui est astringente et résolutive.

SÉNIUS, subst. propre mas. (*céni-uce*), myth., dieu qui, chez les anciens Romains, présidait à la vieillesse.

SENJIAK-SCHÉRIFI, subst. mas. (*çanji-akchérifi*), t. de relat., nom de l'étendard de Mahomet, chez les Turcs.

SENNE, subst. fém. (*cène*). Voy. SEINE.

SENNETTE, subst. fém. (*cenète*). Voyez SEINETTE.

SENRÉE, subst. fém. (*çanré*), t. de bot., espèce de plante d'Arabie, de la famille des malvacées.

SENRI, subst. fém. (*çanri*), t. de médec., colique qui affecte communément les Japonais, qu'ils guérissent par le moyen de l'acupuncture.

SENLIS, subst. propre mas. (*çanlice*), ville de France, chef-lieu de canton et d'arrond., dép. de l'Oise.

SENNECEY-LE-GRAND, subst. propre mas. (*cenecéleguèran*), bourg de France, chef-lieu de canton, arrond. de Châlons-sur-Saône, dép. de Saône-et-Loire.

SENONCHES, subst. propre mas. (*cenonche*), bourg de France, chef-lieu de canton, arrond. de Dreux, dép. d'Eure-et-Loir.

SENONES, subst. propre mas. (*cenone*), bourg de France, chef-lieu de canton, arrond. de Saint-Dié, dép. des Vosges.

SENS, subst. mas. (*çance*) (en lat. *sensus*), faculté de *sentir* : *les cinq sens de nature; avoir l'usage de tous ses sens; cela tombe sous les sens*, est sensible. — Faculté de comprendre : *homme de bon sens, de grand sens, ou de peu de sens, de petit sens.* — Opinion, sentiment : *vous ne donnez pas dans mon sens, selon mon sens, à mon sens; abonder en son sens.*—Côté d'un corps : *cela a tant de pieds en tous sens; couper un jambon du bon sens.* — Signification d'un mot, d'un discours. — *Donner tout à ses sens*, s'abandonner aux plaisirs sensuels.—*Mortifier ses sens*, se priver des plaisirs des *sens*. — Fig.: *mettre, appliquer tous ses sens à quelque chose*; et fam. : *y mettre tous ses cinq sens de nature*, y employer tous ses soins, toute son industrie.—*De sens rassis*. Voy. RASSIS. — *Sens commun*, faculté par laquelle nous jugeons raisonnablement des choses : *cet homme n'a pas le sens commun.* — *Sens déterminé*, signification fixe, action énoncée. — *Sens actif*, principe de l'action énoncée. — *Sens passif*, terme de l'impression produite.—*Sens relatif*, qui a rapport à un autre *sens*.—*Sens collectif*, qui énonce la totalité.—*Sens distributif*, qui fait envisager chaque individu en particulier.—*Sens littéral*, celui que les mots excitent dans l'esprit.—*Sens moral*, interprétation selon laquelle on tire quelque instruction pour les mœurs. — *Sens allégorique*, se dit d'une histoire, d'une pensée qui est l'image d'une autre pensée.—*Le bon sens*, la droite raison.—*Homme de sens*, qui a de la profondeur dans les connaissances et beaucoup d'exactitude dans le jugement.—*Homme de bon sens*, qui a assez de jugement et d'intelligence pour se tirer à son avantage des affaires ordinaires de la société.—Prov.: *grosse tête, peu de sens.*—*Cette chose est sens devant derrière*, on ne reconnaît plus ce qui doit être derrière ni ce qui doit être devant. — *A contre-sens*, loc. adv., d'un *sens* contraire au bon. — *Sens dessus dessous*, loc. adv. : *tout est ici sens dessus dessous*, tout est bouleversé, renversé. Se dit également des affaires et des personnes.

SENS, subst. propre mas. (*çance*), ville de France, chef-lieu de canton et d'arrond., dép. de l'Yonne.

SENSATION, subst. fém. (*çançâcion*) (en latin *sensatio*), impression que l'âme reçoit des objets par les *sens*. Voy. SENTIMENT.—Fig.: *faire sensation*, se dit de ce qui produit une impression marquée, soit momentanée, soit durable, dans le public, dans une assemblée.

SENSÉ, E, adj. (*çancé*) (du lat. *sensatus*), sage, judicieux, prudent, qui est fait conformément à la raison, au bon *sens* : *réponse bien sensée*.

SENSÉMENT, adv. (*çancéman*), avec jugement, sagement, prudemment, d'une manière judicieuse.

SENSIBILISATION, subst. fém. (*çancibilizâcion*) : *sensibilisation de la pensée*, application de l'idée, de la conception à un objet sensible. (*Kant*.)

SENSIBILITÉ, subst. fém. (*çancibilité*), qualité par laquelle on est *sensible* : *il est d'une grande sensibilité à toutes les impressions de l'air, aux reproches, aux avertissements; avoir une grande sensibilité pour la gloire, sur le point d'honneur*, etc.—Ressentiment de quelque bienfait reçu, de quelque injure, etc.—*Sensibilité de cœur*, ou simplement *sensibilité*, compassion. Voy. BONTÉ. — Tendresse de cœur, penchant à l'amour. Voy. TENDRESSE.—Disposition à se chagriner d'après une réprimande.—Sorte de délicatesse d'esprit et de jugement propre aux poètes. — T. de phys., faculté de mouvement : *la sensibilité d'une balance, d'un thermomètre*, etc.

SENSIBLE, adj. des deux genres (*çancible*) (en lat. *sensibilis*), en parlant des personnes et des animaux, qui a du sentiment, qui reçoit aisément l'impression que font les objets.—Fig., qui est aisément et vivement touché : *sensible à l'amitié, aux injures comme aux bienfaits.* — Humain, compatissant, tendre.— En parlant des choses, qui tombe sous les sens, qui se fait *sentir*.— Qui se fait apercevoir : *mouvement, effet sensible*.—*Endroit sensible*, partie la plus délicate.— Dans le moral, chose dont on est le plus vivement touché.—En musique : *note sensible*, la septième majeure du ton, ainsi appelée parce qu'elle fait pressentir la tonique.—SENSIBLE, TENDRE. (*Syn*.) Un cœur est *sensible* par une disposition naturelle à s'affecter de tout ce qui intéresse l'humanité, et à s'y intéresser; un cœur est *tendre* par une qualité particulière qui lui inspire les sentiments les plus affectueux de la nature, et leur imprime ce qu'ils ont de plus touchant.—La *sensibilité*, d'abord passive, attend l'occasion de se développer, il faut l'exciter; la *tendresse*, active par elle-même, cherche les occasions de se développer, elle nous excite. On s'attache un cœur *sensible*; un cœur *tendre* s'attache lui-même. — La *sensibilité* dispose à la *tendresse*; la *tendresse* exalte la *sensibilité*. Un cœur *sensible* aimera; un cœur *tendre* aime; il aime l'humanité. — L'homme *sensible* a surtout le cœur ouvert à la pitié, à la clémence, à la miséricorde, à la reconnaissance, à tous les sentiments qui nous portent à vouloir du bien aux autres et à leur en faire. L'homme *tendre* a surtout dans le cœur le germe des affections les plus actives, les plus vives, les plus généreuses, l'amour, l'amitié, la bienfaisance, toutes les passions qui nous font exister pour les autres et dans les autres.

SENSIBLEMENT, adv. (*çancibleman*), d'une manière *sensible* et perceptible : *on voit croître sensiblement la rivière.*—D'une manière *sensible* et qui affecte le cœur : *il est sensiblement affecté de cette perte*, vivement et profondément.

SENSIBLERIE, subst. fém. (*çancibleri*), affection, exagération de *sensibilité*.

SENSILE, subst. fém. (*çancile*), nom qu'on donne, en certains ports de mer, à une galère ordinaire.

SENSITIF, adj. mas., au fém. **SENSITIVE** (*çancitif, tive*), qui a le pouvoir de *sentir* : *faculté sensitive*, qui appartient aux *sens*, aux *sensations*.

SENSITIVE, subst. et adj. fém. — Adj., voyez SENSITIF.—Subst. fém., sorte de plante qui, dès qu'on la touche, replie ses feuilles.

SENSORIUM, subst. mas. (*ceinçori-ome*), t. didactique emprunté du latin, partie du cerveau qui passe pour être le siège de l'âme, où elle reçoit les impressions des objets sensibles, qui lui sont apportées par les nerfs de chaque organe des *sens*. Suivant Descartes, cette partie est la glande pinéale.

SENSUALISME, subst. mas. (*çançu-aliceme*), système de ceux qui, dédaignant la métaphysique, la pensée, ne reconnaissent que les *sens* et leur empire.

SENSUALISTE, subst. mas. (*çançu-alicete*), partisan du *sensualisme*. — Celui qui adopte la doctrine de ceux qui se font une loi de suivre les plaisirs des sens.

SENSUALITÉ, subst. fém. (*çançu-alité*), attachement aux plaisirs des *sens*.

SENSUEL, adj. et subst. mas., au fém. **SENSUELLE** (*çançu-èle*), qui est trop attaché au plaisir des *sens*.—Subst., personne *sensuelle*. — Voluptueux, qui flatte les *sens* : *mener une vie sensuelle; avoir une religion toute sensuelle.*—Qui prouve de l'attachement, de l'habitude aux plaisirs des sens : *appétits sensuels*.

SENSUELLE, adj. fém. Voy. SENSUEL.

SENSUELLEMENT, adv. (*çançu-èleman*), d'une manière *sensuelle*.

SENTA, subst. propre fém. (*ceinta*), myth., fille de Picus; épousa Faunus, son frère, ce qui la fit surnommer elle-même Fauna. Les Romains en firent une divinité qu'ils appelaient la bonne déesse. Voy. FAUNA.

SENTE, subst. fém. (*çante*). Voy. SENTIER.

SENTELET, subst. mas. (*çantelé*), petit *sentier*. (Boiste.) Vieux.

SENTENCE, subst. fém. (*çantance*) (en latin *sententia*), maxime, pensée courte et qui renferme un grand sens.—Jugement, décision des juges sur quelque affaire dont ils ont le pouvoir de connaître. — Jugement de Dieu contre les pécheurs et les réprouvés.—Pensée morale, vraie ou louable. — *Son discours est plein de sentences*.—Prov., en parlant d'un homme qui affecte de parler gravement : *c'est un homme qui ne parle que par sentences*.—On dit prov., de son juge, *brève sentence*.—On appelait autrefois *sentences*, tous les jugements de la rote.

SENTENCIÉ, E, part. pass. de *sentencier*.

SENTENCIER, v. act. (*çantancié*), condamner par une *sentence* à une peine afflictive. Il ne se dit qu'en matière criminelle, et ordinairement au participe : *un homme sentencié*, ou aux temps qui en sont formés : *il a été sentencié*.—*se* SENTENCIER, v. pron. Presque hors d'usage.

SENTENCIEUSE, adj. fém. Voyez SENTENCIEUX.

SENTENCIEUSEMENT, adv. (*çantancieuseman*), d'une manière *sentencieuse*.

SENTENCIEUX, adj. mas., au fém. **SENTENCIEUSE** (*çantancieu, cieuze*), qui contient des *sentences*, des *maximes*. — Il se dit aussi des personnes : *cet homme est sentencieux*.

SENTÈNE, subst. fém. (*çantène*), l'endroit par où l'on commence à dévider un écheveau. *L'Académie* renvoie de ce mot à *centaine*.

SENTEUR, subst. fém. (*çanteur*), odeur. Voy. ce mot. *Eaux de senteur, poudre, gants, sachets de senteur.* — On dit absolument au pluriel : *aimer, craindre les senteurs; porter sur soi des senteurs*. *Odeurs* s'emploie mieux en ce sens.

SENTI, E, part. pass. de *sentir*, et adj. : *des malheurs sentis*, des chagrins vifs et profonds.

SENTIA, subst. propre fém. (*ceincî-a*), myth., déesse tutélaire de l'enfance. Elle lui inspirait des sentiments estimables.

SENTIENS, subst. propre mas. plur. (*çantiein*), anciens habitants du territoire de Digne, en Provence.

SENTIER, subst. mas. (*çantié*) (du lat. *semita*, formé, suivant *Varron*, de *semi iter*, demi-chemin, et dont on a fait dans la basse latinité *semitarium*. Ménage.), chemin étroit au travers des champs, des bois. On disait autrefois *sente*, subst. fém. — Petit chemin entre les planches d'un jardin.—On dit également au fig. : *suivre les sentiers de la vertu; marcher dans le sentier épineux de la gloire*.

SENTIMENT, subst. mas. (*çantiman*), faculté de *sentir*. — Impression que les objets font sur l'âme; sensation, perception.—Opinion, pensée. —En parlant des chiens, leur odorat : *les chiens de chasse ont le sentiment très-fin, très-subtil*.— *Avoir des sentiments*, avoir de l'honneur, de la générosité, etc. — *Être capable* ou *se piquer de sentiments*, avoir l'âme sensible, délicate; se piquer de sensibilité, de délicatesse d'âme.—*Pousser de beaux sentiments*, affecter de dire des choses recherchées en matière d'amour.— Connaissance de ce qui se passe dans notre âme : *dans cet ouvrage il y a beaucoup de sentiment*.— SENTIMENT, AVIS, OPINION. (*Syn.*) Le *sentiment* est une croyance dont l'esprit est profondément pénétré, la persuasion l'inspire et le maintient. L'*avis* est un jugement sur ce qu'il convient de faire; la prudence le suggère et le dicte. L'*opinion* est une pensée ou une connaissance douteuse qu'on adopte comme par provision; la vraisemblance nous la fait agréer et soutenir jusqu'à de nouvelles lumières.—Le *sentiment* n'est pas en lui-même certain, mais chacun regarde son *sentiment* comme certain; on y croit fermement. L'*avis* n'est pas toujours sage, mais celui qui le donne de bonne foi le croit tel; c'est ce qu'il trouve de plus convenable et de plus praticable. L'*opinion* n'est jamais que probable, mais on s'y attache insensiblement et il faut bien souvent se déterminer par des raisons plausibles.—SENTIMENT, SENSATION, PERCEPTION. (*Syn.*) Le *sentiment* va au cœur; la *sensation* s'arrête aux sens; la *perception* s'adresse à l'esprit. — La vie la plus agréable est sans doute celle qui roule sur des *sentiments* vifs, des *sensations* gracieuses et des *perceptions* claires; c'est aimer, goûter et connaître.—Le *sentiment* étend son ressort jusqu'aux mœurs; il fait que nous sommes également touchés de l'honneur et de la vertu comme des autres avantages. La *sensation* ne va pas au-delà du physique; elle fait uniquement sentir ce que le mouvement des choses matérielles peut occasionner de plaisir ou de douleur par la mécanique des organes. La *perception* renferme dans son district les sciences, et tout ce dont l'âme peut se former une image, mais ses impressions sont plus tranquilles que celles du *sentiment* et de la *sensation*, quoique plus promptes.—Un homme d'esprit et de courage reçoit les honneurs ou souffre les injures avec des *sentiments* bien différents de ceux d'une bête ou d'un poltron. Quand on ne connaît point d'autre félicité que celle de la vie présente, on ne travaille qu'à se procurer des *sensations* gracieuses. Nous ne jugeons de la composition ou de la simplicité des objets que par le nombre des *perceptions* qu'ils produisent en nous.

SENTIMENTAL, E, adj. (*çantimantale*), qui a le *sentiment* pour principe ou pour objet; où il entre beaucoup de *sentiment*. C'est un néologisme fort usité. *Ton*, *air sentimental; expression sentimentale*.—Subst. mas. : *voilà du sentimental*; et iron. : *c'est un sentimental*.—On ne se sert guère du plur. mas., *sentimentaux*.

SENTIMENTALISME, subst. mas. (*çantimantaliceme*), affectation du genre *sentimental*. — Le *sentimental*, le genre *sentimental*.

SENTIMENTALITÉ, subst. mas. (*çantimantalité*), caractère de l'être *sentimental*.

SENTINATEUR, subst. mas. (*çantinateur*), t. de mar., qui a soin de la *sentine*, fond de cale d'un vaisseau

SENTINE, subst. fém. (*çantine*) (du lat. *sentina*, fait, suivant *Vossius*, de *sentire*, sentir, à cause de la mauvaise odeur qu'elle exhale), t. de mar., la partie la plus basse du navire, dans laquelle s'écoulent toutes les ordures : *vider la sentine*.—Bateau dont on se sert sur la Loire pour voiturer le sel. — Fig. : *cette ville est la sentine de tous les vices*, la retraite de toutes sortes de gens.

SENTINELLE, subst. fém. (*çantinèle*) (du lat. barbare *sentinella*, fait, selon *Vossius*, dans la basse latinité, du verbe *sentire*, dans le sens d'entendre le son, le bruit; parce que la fonction des *sentinelles* est de prêter une oreille attentive au moindre bruit), fantassin qui monte la garde et fait le guet à un poste où il est placé. Plusieurs font ce mot masculin, surtout en vers :

Parmi tous nos dangers *sentinelle* assidu.
VOLTAIRE.
L'oreille est du lion le plus sûr *sentinelle*.
DE FONTANES.
. . . . Et prudent *sentinelle*.
DELILLE.

Généralement on fait ce mot fém.—La fonction de la *sentinelle* : *être en sentinelle; faire sentinelle*. — *Sentinelle perdue*, soldat placé dans un poste dangereux.—Prov. : *mettre quelqu'un en sentinelle*, le mettre quelque part pour observer ce qui s'y passe. — *Relever quelqu'un de sentinelle*, le gourmander fort, lui reprocher vivement une faute.

SENTINUS, subst. propre mas. (*ceintinuce*), myth., dieu des *sentiments* et des *sens*.

SENTIR, v. act. (*çantir*) (du lat. *sentire*), ressentir quelque impression par le moyen des sens: *sentir du froid, du plaisir, de la douleur*. — Flairer : *sentir une rose*. — Répandre une certaine odeur : *cette pommade sent le jasmin; ce rôti sent le brûlé*, etc.—Avoir un certain goût, une certaine saveur : *cette eau sent la terre; ce vin sent le fût, le tonneau, la lie*, etc. — Ressentir : *il ne sent point d'incommodités*; et au fig. : *il est vif à sentir les injures et facile à les pardonner*. — Fig., goûter. — Connaître, remarquer.—Apercevoir, juger.—Marquer, désigner.—Ressembler à..., avoir l'air de.... : *toutes ces manières sentent le pédant*. — *Faire sentir*; inculquer : *il fallait faire sentir cela davantage*. —Fig. : *cet homme, cet ouvrage sent le terroir*; il a les défauts qu'on attribue aux gens du pays, aux ouvrages du pays de l'auteur. — Fig. et fam. : *cette action sent le gibet, le bâton*; celui qui l'a commise court risque d'être pendu, bâtonné. — *Cet homme sent le sapin*. Voyez SAPIN. — Prov. : *la caque sent toujours le hareng*. Voyez CAQUE. — Neut., répandre une odeur bonne ou mauvaise : *cela sent trop fort, désagréablement*, etc. — On l'emploie souvent comme unipersonnel : *il sent bon, il sent mauvais; il sent le brûlé*, etc. — Fam. : *sentir de loin*, prévoir de loin. — Éprouver : *je lui ferai sentir le poids de ma colère*. — SE SENTIR, v. pron., connaître, *sentir* en quel état on est. — Fig., connaître ses ressources, ses talents, etc.: *il se sentait bien quand il a entrepris cette affaire*.—Participer à un bien ou à un mal commun à plusieurs. — *Se sentir de quelque mal, de quelque bien*, en avoir quelque reste : *il a fait une chute, il s'en sent encore*.—*Il ne se sent pas de joie*, il est si pénétré de joie qu'elle lui ôte tout autre sentiment. — *Se faire sentir*, se faire connaître.

SENTIS, subst. mas. (*çanti*), t. de bot., buisson épineux, espèce d'arbrisseau sauvage.

SÉO-ASSON, subst. mas. (*cé-o-aceçon*), t. d'hist. nat., espèce de cerf qui habite certaines contrées de l'Amérique.

SEOIR, v. neut. (*çoar*) (du lat. *sedere*, employé dans les deux acceptions), être assis : en ce sens, il n'est plus en usage que dans ses participes *séant* et *sis*. — Être convenable. Il ne s'emploie qu'au gérondif *séant*, et aux troisièmes personnes, *il sied, ils siéent; il seait, ils seaient; il siéra, ils siéront; il siérait, ils siéraient; qu'il siée, qu'ils siéent*. Il n'a point de temps composés : *cette couleur vous séiant si bien, n'en portez point d'autres; cet habit vous sied bien*. — SE SEOIR, v. pron. *s'asseoir*. Il est vieux.— Il est aussi unipersonnel, ironiq. : *il vous sied bien de réformer les autres; il sied mal à un homme en place d'être léger dans ses discours*.

SEP, subst. mas. (*cèpe*), t. d'agric., barre de fer dont la pointe s'enfonce dans la douille du soc d'une charrue.—T. de mar., *sep de drisse*, grosse pièce de bois carrée, posée debout sur le premier pont, d'où elle s'élève au-dessus du troisième.

SÉPALE, subst. fém. (*cépale*), t. de bot., découpure des corolles monopétales. — Division du calice des plantes de la familles des composées. — Partie glanduleuse d'une rose, qui se trouve près du calice.

SÉPARABLE, adj. des deux genres (*céparable*), qui peut être *séparé*, désuni, divisé, partagé.

SÉPARAGE, subst. mas. (*céparaje*), t. de métiers, séparation, tirage.

SÉPARATIF, adj. mas., au fém. SÉPARATIVE (*céparatif, tive*), t. didac., qui fait *séparation*; qui la cause, l'occasionne.

SÉPARATION, subst. fém. (*céparâcion*), action de *séparer* ou de se *séparer*.—Choc qui *sépare* : *il faut ôter cette séparation*.—En archit., cloison qui sépare une chambre d'avec une autre.—Haie, arbre qui sépare deux terreins.— En chim., action de *séparer* des métaux mêlés ensemble.—Fam. : *faire séparation*, se brouiller. — Fig. : *cet intérêt est un mur de séparation dans la famille*.—*Séparation* de corps entre mari et femme. — *Séparation* de biens. — *Séparation* judiciaire. — *Séparation* de patrimoine.

SÉPARATIVE, adj. fém. Voy. SÉPARATIF

SÉPARATOIRE, subst. mas. (*céparatoare*), vaisseau chimique, inventé pour *séparer* les liqueurs.—Instrument de chirurgie pour *séparer* le péricrâne.

SÉPARÉ, E, part. pass. de *séparer*.

SÉPARÉMENT, adv. (*céparéman*), à part l'un de l'autre.

SÉPARER, v. act. (*céparé*) (du latin *separare*), désunir les parties d'un tout. — Distinguer, ranger : *séparer le bon grain du mauvais; séparer des choses qu'on a mises pêle-mêle*. — Faire que deux personnes, deux animaux, deux objets ne soient plus ensemble. — Diviser : *séparer une cour en deux par un mur; séparer les biens*. — Former une séparation : *les Pyrénées séparent la France de l'Espagne*. — T. de vén.: *séparer les quêtes*, distribuer aux valets de limiers différents cantons pour détourner le cerf. — T. de man. : *séparer les rênes*, en tenir une de chaque main. — S'éloigner : *il se sépara de ses élèves, et à son retour il les retrouva tous bien assidus*. — SE SÉPARER, v. pron., se diviser en plusieurs parties. — S'éloigner, se détacher les uns des autres. — Se quitter. — Rompre la communauté de mariage ou de biens.

SÉPÉ, subst. mas. (*cépé*), t. d'armurier, morceau de fer, qui sert à assujétir le canon de fusil dans la coulisse.

SÈPE, ou CÈPE, subst. mas. (*cèpe*), t. de bot., petite espèce de bolet, ou petit *sèpe* agate. — *Sèpe à bras*, bolet à plusieurs pédicules; *sèpe soufré*, bolet jaune des environs de Paris; *sèpe à verrue*, bolet à chapeau roux sale, des environs de Paris. — Au plur., famille de champignons.

SÉPEAU, ou CÉPEAU, subst. mas. (*cépô*), tronc de bois sur lequel on frappe les monnaies.

SÉPÈDE, subst. mas. (*cépède*), t. d'hist. nat., division d'insectes à six pieds, de l'ordre des diptères.

SÉPÉDON, subst. mas. (*cépédon*), t. d'hist nat., genre d'insectes de l'ordre des diptères.

SÉPÉDONION, subst. mas. (*cépédonion*), t. de bot., genre de plantes de la famille des champignons.

SÉPÉE, ou CÉPÉE, subst. fém. (*cépé*), t. de bot., touffe de plusieurs tiges de bois qui sortent d'une même souche.

SÈPES, ou CÈPES, subst. mas. plur. (*cèpe*), t. de bot., famille de bolets.

SÉPHARITES, subst. mas. plur. (*céfarite*), sectaires mahométans qui donnent à Dieu la forme humaine.

SÉPHEN, subst. mas. (*céfène*), t. d'hist. nat., espèce de poisson du genre des raies.

SÉPHIRS, ou mieux SÉPHIROTHS, subst. mas. plur. (*céfir, céfirote*) (de l'hébreu *séphiroth*, splendeur), t. de cabale, signes abstraits tirés des lettres, des nombres, des douze phalanges des quatre doigts, et qui expriment une série d'idées mystiques, fondamentales.

SÉPIA, subst. fém. (*cépi-a*) (mot latin qui signifie *sèche*, et encre à écrire), liqueur noire contenue dans une bourse membraneuse de la *sèche*, et qu'on emploie en peinture. On croit que l'encre de Chine est faite avec une humeur semblable. (ACÉPIA, que quelques-uns emploient pour *sépia*, pourrait bien n'être qu'un *barbarisme*, si l'on s'en rapporte à l'étym. que nous donnons ici.)

SÉPIACÉES, sub. fém. pl. (*cépi-acé*), t. d'hist. nat., famille de mollusques établie aux dépens des sèches de *Linnée*.

SÉPIDIE, subst. fém. (*cépidi*), t. d'hist. nat., genre d'insectes coléoptères.

SÉPIOLE, subst. fém. (*cépi-ole*), t. d'hist. nat., espèce de sèche.

SÉPITHE, subst. fém. (*cépite*), t. d'hist. nat., nom d'un fossile qui ressemble à l'os de la sèche.

SÉPOULE, subst. fém. (*cèpoule*), t. de fabriq., sorte de bobine faite de roseau.

SEPS, subst. mas. (*cèpece*), t. d'hist. nat., genre de reptiles de la famille des lézards.

SEPSIS, subst. fém. (*cèpecice*), dénomination que l'on applique, en médecine, à la putridité.

SEPT, adj. num. des deux genres (devant les voyelles ou à la fin de la phrase, *cète;* devant un mot qui commence par une consonne, *cè*) (du latin *septem*, fait du grec *επτα*), nom de nombre indéclinable, qui exprime un et six, ou trois et quatre, ou deux et cinq. — Il se met aussi pour septième, au mas. : *le sept du mois, Charles sept*. — Subst. mas. : *un sept de chiffre, un sept de cœur*, etc. — Myth., chez les anciens, *sept* était regardé comme sacré, à cause des *sept* planètes.

SEPTAIN, subst. mas. (*cèpetein*), t. de cord., corde à sept torons, à trois brins chacun.

SEPTAINE, subst. fém. (*cèpetène*), t. de coutume, espace de *sept* jours.

SEPTANE, adj. fem. (*cèpetane*), t. de médec., fièvre dont les accès se reproduisent de *sept* en *sept* jours. — Subst. : *la septane*.

SEPTANTE, adj. numéral des deux genres (*cèpetante*) (du latin *septuaginta*), soixante-dix. — Subst. mas. : *la version des Septante*, version grecque de l'Ancien Testament, faite par soixante-dix interprètes.

SEPTANTIÈME, subst. et adj. de nombre des deux genres (*cèpetantième*), soixante-dixième. Vieux.

SEPTAS, subst. mas. (*cèpetâce*), t. de bot., plante vivace du cap de Bonne-Espérance. — Plante de la famille des succulentes, voisine des thunbergies.

SEPTEMBRE, subst. mas. (*cèpetanbre*) (du latin *september*, fait de *septem*, sept), l'un des douze mois de l'année. Il était le *septième* quand l'année commençait au mois de mars; il est le neuvième depuis qu'elle commence au mois de janvier.

SEPTEMBRISADE, subst. fém. (*cèpetanbrizade*), massacre qui eut lieu à Paris principalement dans les prisons de la Force et de l'Abbaye, en septembre 1792.

SEPTEMBRISÉ, E, part. pass. de *septembriser*.

SEPTEMBRISER, v. act. (*cèpetanbrizé*), massacrer. Voy. SEPTEMBRISADE.

SEPTEMBRISEUR, subst. mas. (*cèpetanbrizeur*), nom donné 1° à ceux qui firent à Paris les massacres des 1er et 2 *septembre* 1792; 2° à ceux qu'on soupçonna de les avoir approuvés. Ces derniers furent nommés proprement *septembristes*.

SEPTEMBRISTE, subst. mas. (*cèpetanbricete*), nom donné à ceux qui étaient soupçonnés d'approuver les massacres de *septembre* 1792.

SEPTEMVIR, subst. mas. (*cèpetèmevir*), magistrat romain. — *Septemvir épulon*. Voy. ÉPULONS.

SEPTEMVIRAL, E, adj. (*cèptèmevirale*), qui concerne les *septemvirs*, le *septemvirat*.

SEPTEMVIRAT, subst. mas. (*cèpetèmevira*), dignité de *septemvir*.— Temps que durait cette fonction, cette charge.

SEPTÉNAIRE, subst. mas. et adj. des deux genres (*cèpetènère*) (du lat. *septenarius*), qui est au nombre de *sept*. — Celui qui a professé pendant *sept* ans dans une université. — Espace de *sept* ans de la vie de l'homme : *les hommes changent*, dit-on, *de tempérament à chaque septénaire*. — Adj., il se dit du nombre *sept*.

SEPTENNAL, E, adj. (*cèpetènenale*) (du lat. *septem*, en grec *επτα*, sept, et d'*annus*, en grec *ενος*, année), qui arrive tous les *sept ans*.—Au plur. mas., *septennaux*.

SEPTENNALEMENT, adv. (*cèptènenaleman*), d'une manière *septennale*. Peu en usage.

SEPTENNALITÉ, subst. fém. (*cèpetènenalité*), qualité de ce qui dure *sept ans*; système *septennal*.—Droit de siéger *sept ans*, que s'était arrogé la chambre des députés français de 1823.

SEPTENNAUX, adj. mas. plur. Voy. SEPTENNAL.

SEPTENT., abréviation du mot *septentrion*.

SEPTENTRION, subst. mas. (*cèpetantri-on*) (du lat. *septentrio*, formé de *septem*, sept, et de *triones*, nom donné par les Romains aux étoiles qui composent tant la grande que la petite Ourse; parce qu'ils regardaient l'une et l'autre de ces constellations comme *sept* bœufs attelés à une charrue. *Triones*, contraction de *teriones*, fait de *terere*, broyer, piler, signifie proprement des bœufs de labour), nord, pôle arctique, celui qui dans nos climats est élevé sur l'horizon. — On dit qu'un pays est au *septentrion* d'un autre, lorsqu'il est plus proche du nord : *la Hollande est au septentrion de la France*.—Sobriquet que les anciens donnaient à des danseurs ou mimes. — Myth., le *septentrion* est représenté sous les traits d'un Lapon entouré de neige et de frimas.

SEPTENTRIONAL, E, adj. (*cèpetantri-onale*), austral, boréal, hyperboréen, qui est du côté du *septentrion*.—Au plur. mas., *septentrionaux*. — Subst. mas. : *les Septentrionaux*, les peuples du Nord.

SEPTENTRIONAUX, adj. et subst. mas. plur. Voy. SEPTENTRIONAL. — Ceux qui habitent le Nord ; les peuples du Nord.

* **SEPTÉRÉE**, subst. fém. (*cèpeteré*), nom d'une mesure de terre de *sept* palmes.

SEPTÉRÉE, subst. fém. (*cèpeteré*), myth., fête que les Delphiens célébraient avec pompe, tous les *sept* ans, en l'honneur d'Apollon, vainqueur du serpent Python.

SEPTES, subst. mas. plur. (*cèpete*), nom d'un édifice, à Rome, qui servait pour les grandes assemblées.

SEPTICIDE, adj. des deux genres (*cèpeticide*) (du lat. *septum*, cloison, et de *cædere*, couper), t. de bot. qui se dit du péricarpe qui s'ouvre par des sutures correspondantes aux cloisons.

SEPTICOLOR, subst. mas. (*cèpetikolor*), t. d'hist. nat., tangara du Brésil, bel oiseau dont le plumage a *sept* nuances.

SEPTIDI, subst. mas. (*cèpetidi*), septième jour de la décade dans le calendrier républicain français.

SEPTIÈME, subst. et adj. des deux genres (*cètième*)(du lat. *septimus*), nombre ordinal, qui suit immédiatement le sixième : *cette femme enceinte est dans son septième mois*. — Subst. fém., la *septième* partie d'un tout. — Au jeu de piquet, suite de *sept* cartes d'une même couleur. — En mus., intervalle dissonant, et qui est formé de dix degrés diatoniques.

SEPTIÈMEMENT, adv. (*cèti-èmeman*), en *septième* lieu.

SEPTIER, subst. mas. Voy. SETIER.

SEPTIFÈRE, adj. des deux genres (*cèpetifère*) (du lat. *septum*, cloison, et de *ferre*, porter), qui porte une cloison.—Il se dit des valves, des columelles des plantes.

SEPTIFORME, adj. des deux genres (*cèpetiforme*) (du lat. *septum*, cloison, et de *forma*, forme), t. de bot., qui a la *forme* d'une cloison.

SEPTIMANE, subst. mas. (*cèpetimane*), t. d'antiq., soldat qui faisait partie de la *septième* légion.

SEPTIMANIEN, subst. mas. Voy. SEPTUMANIEN.

SEPTIMÈTRE, subst. mas. (*cèpetimètre*), espace de *sept mètres*.

SEPTIMONTIAL, E, adj. (*cèpetimonci-ale*) (du lat. *septem*, sept, et *mons*, *montis*, montagne), myth., sacrifices que les Romains célébraient chaque année sur les *sept* collines qui entourent la ville de Rome. — Au plur. mas., *septimontiaux*.

SEPTIMONTIE, subst. fém. (*cèpetimonci*), myth., fête qui fut instituée à Rome, lorsqu'une *septième* colline fut comprise dans l'enceinte de cette ville, d'où elle fut surnommée *Septicollis*.

SEPTIQUE, adj. des deux genres (*cèpetike*) (en grec *σηπτικος*, putréfiant), t. de médec., se dit des corrosifs et des médicaments qui favorisent la putréfaction.

SEPTINSULAIRE, adj. des deux genres (*cèpeteinçulère*), des *sept* îles ; *gouvernement septinsulaire*, celui des îles Ioniennes.

SEPTIZONE, subst. mas. (*cèpetizone*), t. d'archit. ant., édifice environné de sept rangs de colonnes.

SEPT-ŒIL, subst. mas. (*cèteu-ie*), t. d'hist. nat., espèce de poisson du genre des anguilles de mer.—Le lamprillon.

SEPTON, subst. mas. (*cèpeton*), t. de chim., nom que quelques chimistes étrangers donnent à l'azote; ce mot rappelle sa propriété principale, celle de déterminer les premiers phénomènes de la putréfaction.

SEPTUAGÉNAIRE, adj. des deux genres (*cèpetu-ajénère*) (du lat. *septuagenarius*, fait par contraction de *septuaginta*, soixante et dix, et d'*annus*, année), âgé de soixante et dix ans. — On dit aussi subst. : *c'est un, une septuagénaire*.

SEPTUAGÉSIME, subst. fém. (*cèpetu-ajézime*) (du lat. *septuagesima*, sous-entendu *dies*, le soixante-dixième jour avant Pâques), le dimanche qui est quinze jours avant le dimanche gras, et *soixante et dix* jours avant Pâques.

SEPTULE, subst. mas. (*cèpetule*), t. de bot., proéminence que l'on remarque dans les anthères des fleurs des orchidées.

SEPTUM, subst. mas. (*cèpetome*), t. d'anat., cloison membraneuse, séparation charnue entre deux cavités.

SEPTUMANIEN, subst. mas. (*cèpetumaniein*), nom d'anciens peuples qui habitaient la Gaule Narbonnaise.

SEPTUNCIAL, E, adj. (*cèpetonci-ale*), qui est de *sept onces*.—Au plur. mas., *septunciaux*.

SEPTUNX, subst. mas. (*cèpetonkce*), t. d'antiq., *sept onces*. — Le *septième* de l'as romain.

SEPTUPLE, subst. mas. et adj. des deux genres (*cèpetuple*) (du lat. *septulus*), *sept* fois autant : *il a du bien au septuple de ce qu'il en avait*.— Subst. mas. : *le septuple*.

SEPTUPLÉ, E, part. pass. de *septupler*.

SEPTUPLER, v. act. (*cèpetuplé*), répéter *sept* fois.—*se* SEPTUPLER, v. pron.

SÉPULCRAL, E, adj. (*cèpulekral*), qui concerne le *sépulcre*.—*Voix sépulcrale*, qui semble sortir du tombeau. — *Inscription sépulcrale, vase sépulcral, cérémonies sépulcrales ; chapelle sépulcrale*, destinée à contenir des tombeaux.—*Statue sépulcrale*, statue destinée à orner un tombeau. —Au plur. mas., *sépulcraux*.

SÉPULCRAUX, adj. mas. plur. Voyez SÉPULCRAL.

SÉPULCRE, subst. mas. (*cèpulekre*) (du latin *sepulcrum*, fait de *sepelire*, ensevelir, enterrer, lequel dérive de *sepes*, haie, parce qu'on enterrait autrefois dans des champs entourés de haies), tombeau, lieu destiné pour y mettre un corps mort. Il ne se dit que dans le discours soutenu ou en parlant des tombeaux des anciens : *sépulcre souterrein; sépulcres de l'Egypte; le sépulcre de notre seigneur Jésus-Christ, nommé le St-Sepulcre*.

SÉPULTURE, subst. fém. (*cèpuleture*) (du lat. *sepultura*, fait de *sepelire*), lieu où l'on enterre un corps mort.—L'inhumation même.—*Le droit de sépulture*, droit qu'on avait d'être enterré en quelque endroit d'une église.—*Il a été privé des honneurs de la sépulture*, on n'a pas fait, à son inhumation, les cérémonies ordinaires.—*Il a été privé de la sépulture ecclésiastique*, il n'a pas été enterré en terre sainte. — *Les droits de sépulture*, ce qui est dû au curé ou à l'église pour l'inhumation d'un mort.

SÉQUANIENS, subst. mas. plur. (*cékouaniein*), nom qu'on donnait autrefois aux habitants de la Franche-Comté.

SÉQUANIQUE, adj. des deux genres (*cékouanike*) (de son nom lat. *Sequana*), de la *Seine*.

SÉQUELLE, subst. fém. (*cékièle*) (du lat. *sequela*, fait de *sequi*, suivre), nombre de gens qui se suivent, qui sont attachés à un même parti. Il se dit fam. et par mépris. — Collect., se dit d'une quantité de questions entrecoupées et ridicules : *il m'a fait une séquelle de questions*. Il ne s'emploie que dans un sens dérisoire et de mépris.

SÉQUENCE, subst. fém. (*cékance*) (du lat. *sequentia*, fait de *sequi*, suivre, et qui signifie proprement conséquence), suite de plusieurs cartes de même couleur. Il en faut au moins trois pour faire une *séquence*.—*Avoir flux et sequence*, arrangement particulier que chaque cartier donne à ses jeux de cartes.—On le disait autrefois, en t. d'église, des proses qui se chantent après le graduel.

SÉQUESTRATION, subst. fém. (*cékiècetrâcion*) (en lat. *sequestratio*), action de *séquestrer*.—Effets de cette action.

SÉQUESTRE, subst. mas. (*cékiècetre*) (du lat. *sequestrum*), état d'une chose litigieuse remise en main tierce par ordre de justice ou par convention des parties, jusqu'à ce qu'il soit jugé à qui elle appartiendra. — T. d'antiq.; on donnait ce nom à des émissaires qui dans les élections avaient charge de gagner les suffrages, et chez lesquels on mettait en dépôt les sommes promises. —Il se dit des personnes : *cette fille a été mise en séquestre dans une telle maison*.—Celui entre les mains de qui les choses sont mises en *séquestre*.—La chose *séquestrée*. (Dans cette acception, du lat. *sequester*.)

SÉQUESTRÉ, E, part. pass. de *séquestrer*, et adj., mis en *séquestre*.— Fig., séparé, détourné.

SÉQUESTRER, v. act. (*cékiècetré*) (du lat. *sequestrare*), mettre en *séquestre*. — Fig., écarter, séparer des personnes d'avec quelques autres.— Détourner une chose, la mettre à part.— se sé-

QUESTRER, v. pron., se mettre à part, se retirer du commerce du monde.

SÉQUEURI, E, part. pass. de séqueurir.

SÉQUEURIR, v. act. (cekieurir) (du lat. succurrere), secourir. — se SÉQUEURIR, v. pron. (Boiste.) Vieux et même tout-à-fait hors d'usage.

SEQUIN, subst. mas. (cekiein), sorte de monnaie d'or qui a cours en Italie et dans le Levant. Sa valeur, en Italie, varie, selon les lieux, de onze à douze francs. — En Turquie, le sequin foundoncli, qu'on nomme autrement sultanin, est de 156 paras (10 fr. 65 c. de France); le sequin zéramabouck vaut 85 paras (6 fr. 75 c. de France).

SÉRA, subst. propre fém. (céra), myth., chez les anciens, l'une des divinités qui présidaient aux semailles.

DU VERBE AUXILIAIRE ÊTRE :
Sera, 3ᵉ pers. sing. fut. indic.
Serai, 1ʳᵉ pers. sing. fut. indic.
Seroient, 3ᵉ pers. plur. prés. cond.

SÉRAABÉ, E, part. pass. de séraaber.

SÉRAABER, v. act. (céra-abé), c'est battre la terre à pipe à petits tas, dans la troisième cuve. —se SÉRAABER, v. pron. Presque inusité.

SÉRAABES, subst. fém. plur. (céra-abe), pipes molles cassées.—Rognures de pipes encore molies. Presque inusité.

SÉRAIL, subst. mas (céra-ie) (du persan sérai ou saraï, palais), palais de l'empereur des Turcs. — Ses femmes et ses concubines ; le grand-seigneur a marché sans son serail.—On le dit par extension des maisons des grands du pays, et surtout de la partie de ces maisons où sont renfermées leurs femmes. Dans ce dernier emploi, le mot propre véritable est harem.— Abusivement, maison où quelqu'un tient des femmes de plaisir : cette maison est un vrai serail; il en fait son sérail.—Au plur., des serails.

DU VERBE AUXILIAIRE ÊTRE :
Serais, précédée de je , 1ʳᵉ pers. sing. prés. cond.
Serais, précédée de tu , 2ᵉ pers. sing. prés. cond.
Serait, 3ᵉ pers. sing. prés. cond.

SÉRAKIS, subst. mas. plur. (céraki), sectaires mahométans.

SÉRAN, subst. mas. (céran), outil propre à préparer le chanvre et le lin ; ce sont des espèces de grandes cardes armées de denis de gros fil de fer. On écrit aussi sérans.

SÉRANCÉ, E, part. pass. de sérancer.

SÉRANCER, v. act. (cérance), passer le chanvre, le lin ou le crin par l'instrument appelé séran.—se SÉRANCER, v. pron. Peu en usage.

SERANCEUR, subst. mas. (céranceur), celui qui prépare le chanvre, le lin avec le séran.

SÉRANCOLIN, subst. mas. (cérankolein) (du nom de l'endroit d'où on le tire), sorte de marbre des Pyrénées, tacheté de rouge.

SÉRAPÉON, subst. mas. (cérapé-on), nom donné aux temples que les Égyptiens avaient consacrés à Sérapis.

SÉRAPHE, subst. mas. (cérafe), t. d'hist. nat., genre de coquilles cylindriques, de la classe des univalves.

SÉRAPHIN, subst. mas. (cérafin) (de l'hébreu saraphim, anges lumineux, éclatants comme des flammes. C'est le pluriel de saraph, qui signifie proprement un serpent de feu, dérivé du verbe sarapha, brûler), esprit céleste, qui est du premier rang des sept chœurs des anges.

SÉRAPHIQUE, adj. des deux genres (cérafike), qui appartient aux séraphins : un zèle séraphique.—L'ordre séraphique, l'ordre de Saint-François d'Assise. — Dans les écoles , on donne le nom de docteur séraphique à saint Bonaventure, à cause de sa ferveur et de sa piété.

SÉRAPHIS, subst. mas. (cerafice), t. d'hist. nat., nom d'une espèce de serpent qui vit dans le Nil.

SÉRAPHISÉ, E, part. pass. de séraphiser.

SÉRAPHISER, v. act. (cerafise), consacrer ; sanctifier; élever au ciel ; mettre au rang des bienheureux.—se SÉRAPHISER, v. pron. (Boiste.) Inusité.

SÉRAPIAS, subst. mas. (cérapi-âce), t. de bot., espèce de petite plante de la famille des orchidées.

SÉRAPIS, subst. propre mas. (céravice), myth., divinité égyptienne qu'on représentait sous une figure humaine, portant un boisseau sur la tête, ou une règle à la main. Chez les Grecs, Sérapis était le même que Pluton.

Seras, 2ᵉ pers. sing. fut. indic. du verbe auxiliaire ÊTRE.

SÉRASQUIER, subst. mas. (céracekié), général turc.

SÉRASSE ou SARASSE, subst. fém. (cérace, çarace), toile de coton des Indes.

SÉRAT, subst. mas. (céra), t. de relat., nom qu'on donne aux agents de change à Larisse, en Turquie.

SERBATONE, subst. mas. (cérebatone), t. de bot., espèce de plante de la Caroline, de la famille des euphorbes.

SERBIENS, subst. propre mas. plur. (cérebiein), anciens peuples qui habitaient près des Palus-Méotides.

SERBOCAL, subst. mas. (cérebokale), chez les tireurs d'or, cylindre de verre sur lequel on passe le fil d'or pour le rendre égal.

SERCHE, subst. fém. (cereche). Voy. SARCHE.

SERCOT ou SECOT, subst. mas. (céreko, ceko), nom qu'on donnait autrefois à une espèce de chemisette.

SERDAH-COULIS, subst. mas. plur. (céredakouli), t. de relat., troupe de soldats turcs qui sert ordinairement sur les frontières.

SER-DAM, subst. mas. (céredume), sorte de milice turque.

SERDEAU, subst. mas. (céredô), office où l'on portait les plats qu'on relevait de devant le roi.— Tous les gens du serdeau.—Officier qui recevait les plats qu'on desservait de la table du roi. — Endroit où se vendait la desserte de la table du roi.

* SEREIN, subst. mas. (cerein) (du lat. serotinus, du soir, sous-entendu aer, air ; air du soir; serein n'est qu'une corruption de soierin), vapeur froide et maligne qui tombe au coucher du soleil.

SEREIN, E , adj. (cerein, rèine) (du lat. serenus, fait dans la signification du grec ξηρός, sec), beau , clair, doux et calme : temps, air serein ; nuit claire et sereine. — Fig. : il a le visage, le front serein; il porte sur son visage, sur son front des marques de tranquillité d'esprit. — Fig. et poét. : jours sereins, jours heureux. — Par extension, se dit d'un pays qui n'est pas trouble par les orages.—Fig., se dit de la situation politique d'un gouvernement. — Se dit de l'esprit quelquefois : il a l'esprit tranquille et serein.—Goutte sereine , privation soudaine de la vue , causée par l'obstruction du nerf optique.

SÉRÉNADE, subst. fém. (cérenade) (du latin serotina, sous-entendu musica, musique du soir, de sero, soir), concert de voix ou d'instruments qu'on donne le soir, la nuit, dans la rue, sous des fenêtres.—Pièce de musique destinée à entrer dans ces concerts.

SÉRÉNADÉ, E, part. pass. de sérénader.

* SÉRÉNADER, v. act. (cérenade), donner des sérénades. — se SÉRÉNADER, v. pron. (Boiste.)

SÉRÉNAGE, subst. mas. (cérenaje), t. de médec., action d'exposer à l'air des effets qu'on soupçonne imprégnés de miasmes contagieux.

SERENDIB, subst. propre fém. (ceraudibe), myth., nom d'une île où les Orientaux placent le paradis terrestre.

SÉRÉNÉ, E , part. pass. de séréner.

SÉRÉNER , v. act. (cereiné), apaiser, rendre calme, tranquille. — se SÉRÉNER , v. pron.

SÉRÉNISSIME, adj. des deux genres (cérenicime) (du latin serenissimus, superl. de serenus, serein), titre d'honneur qu'on donne à quelques princes : votre altesse sérénissime.

SÉRÉNITÉ, subst. fém. (cérenite), état de ce qui est serein : la sérénité de l'air, du temps , du ciel ; et fig. : la sérénité du visage , la sérénité de l'esprit. —Titre d'honneur qu'on donnait au doge de Venise, à des princes d'Allemagne : votre sérénité, votre sérénité électorale. Ce titre a été pris autrefois par les rois de France de la première et de la seconde race, et même par les évêques. — Fig. : rien ne trouble la sérénité de ses jours, le bonheur de sa vie.

SÉRÉQUE, subst. mas. (cerèke), t. de bot., espèce de petite plante de la famille des genêts, qui croît aux Canaries.

SERERES, subst. propre mas. plur. (cerère), nom d'un peuple d'Afrique, dont les mœurs sont douces et paisibles.

SÉREUSINE, subst. fém. (céreuzine), t. de chimie, principe immédiat des huiles volatiles, de roses , d'anis, etc.

SÉREUSE, adj. fém. Voy. SÉREUX.

SÉREUX, adj. mas., au fém. SÉREUSE (céreu, reuse) (du lat. serum), t. de médec., aqueux : humeur séreuse , la partie séreuse du sang.—

Trop chargé de sérosité : sang séreux ; crachats séreux. Voy. SÉROSITÉ.

SÉRÉVASI, subst. mas. (cérevasi), t. d'hist. nat., nom d'une espèce de gros-bec qu'on rencontre en Amérique.

Serez , 2ᵉ pers. plur. fut. indic. du v. auxiliaire ÊTRE.

SERF, subst. et adj. mas., au fém. SERVE (cèrfe, cèrve) (du lat. servus), qui n'est pas libre , qui est dépendant d'un maître : en Pologne, les paysans sont serfs, sont de condition serve. Il ne se dit pas dans l'histoire moderne; en parlant des anciens, on doit toujours dire esclave.

* SERFOUETTE, subst. fém. (cérefouète), outil de jardinier qui sert à remuer la terre autour des plantes.

SERFOUETTÉ , E , part. pass. de serfouetter.

SERFOUETTER, v. act. (cérefouété), serfouir , remuer le terrein avec la serfouette. Voy. SERFOUIR.— se SERFOUETTER, v. pron.

SERFOUI, E , part. pass. de serfouir.

* SERFOUIR, v. act. (cérefouir) (Ménage veut qu'on écrive cerfouir, du latin circum fodere , creuser, fouir autour), remuer la terre autour des plantes avec la serfouette. Quelques-uns disent serfouetter. — se SERFOUIR, v. pron.

SERFOUISSAGE, subst. mas. (cérefouiçaje), action de serfouir.

SERGE, subst. fém. (cérje), sorte d'étoffe croisée, fabriquée à quatre marches , ordinairement en laine, et quelquefois en soie : grosse serge , serge fine, serge à deux envers.

SERGENT, subst. mas. (céreján) (suivant Ménage, de servientis, ablatif de serviens, participe de servire, servir; parce que le sergent était le ministre et comme le serviteur), autrefois officier de justice dont la fonction était de délivrer les assignations; on l'appelle aujourd'hui huissier. C'est de cette première acception qu'a été fait par extension le mot sergent , sous-officier. Le nom de sergent est fort ancien; non-seulement il fut porté par les premiers chevaliers ou hommes d'armes de la garde, mais il était encore par quelques gentilshommes qui se rendaient aux armées sans suite. En 768, on créa des sergents d'armes, cavaliers chargés de la garde du roi; il y eut ensuite des sergents de pied ou soldats des communes, qui prirent ce nom. En 1515 on créa la charge de sergent-major général de l'infanterie, dont les fonctions étaient de régler les gardes, les convois, les partis et les détachements. A la même époque, on nomma des sergents de bataille, qui recevaient les ordres du sergent-major général de l'infanterie. Enfin, vers 1525, on créa dans les régiments des sergents-majors , qui étaient des officiers remplissant les mêmes fonctions que les majors actuels. — Aujourd'hui un sergent est un sous-officier d'une compagnie d'infanterie, qui commande sous l'autorité du lieutenant ou du sous-lieutenant attaché à la section. — Les sergents-majors sont des sous-officiers d'infanterie chargés de tous les détails du service, de la discipline et de la comptabilité, sous les ordres des officiers de la compagnie dont ils font partie; ils ont la supériorité sur tous les autres sous-officiers.—Sergent de ville, agent de police chargé de maintenir l'ordre dans les lieux publics. — On nomme sergent, un outil de menuisier qui sert à tenir et joindre les planches que l'on veut coller ou cheviller ensemble. — En t. d'hist. nat., nom d'un insecte de la grosseur d'un hanneton, et dont le dessus du corps est d'une couleur de cuivre bronzé. Il est de la famille des scarabées. On en trouve beaucoup dans les vignes des parties méridionales de la France.

SERGENTÉ, E, part. pass. de sergenter.

SERGENTER, v. act. (céréjanté), envoyer un sergent à quelqu'un pour le faire payer. Hors d'usage dans cette acception. — Fig. et fam., presser, importuner pour obtenir quelque chose. Presque inusité. — se SERGENTER , v. pron.

SERGENTERIE, subst. fém. (cérejanterii), office de sergent. Peu usité.

SERGER, ou SERGIER, subst. mas. (céreje, jié), ouvrier qui fait et vend de la serge

SERGERIE, subst. fém. (cérejeri), fabrique, commerce de serges. — Ateliers des ouvriers en serge.—L'art de fabriquer les serges. — Bureau du marchand de serges.—On dit aussi SERGETTERIE.

SERGESTE, subst. mas. (cérejeceste), t. d'hist. nat., genre de crustacés de l'ordre des decapodes.

SERGETTE, subst. fém. (*cèrejète*), petite *serge*. — Espèce de droguet croisé et drapé.

SERGETTERIE, subst. fém. (*cèrejèteri*). Voy. SERGERIE.

SERGIE, subst. fém. (*cèreji*), t. d'hist. anc., espèce d'olive.

SERGIENNE, adj. fém. (*cèrejiène*), se disait de l'une des tribus de l'ancienne Rome.

SERGILE, subst. mas. (*cèrejile*), t. de bot., espèce de plante, le caléa à balai, de *Linnée*.

SERGINES, subst. propre fém. (*cèrejine*), bourg de France, chef-lieu de canton, arrond. de Sens, dép. de l'Yonne.

SERGOUIER, subst. mas. (*cèreguou-ié*), myth., nom d'un rocher de Sibérie, que les Iakoutes adorent comme une divinité.

SÉRIA, subst. mas. (*céri-a*), chez les anciens, long vase de terre où l'on mettait du vin, de l'huile, etc.

SÉRIAL, E, adj. (*céri-ale*); se dit de tout ce qui se tient à une *série*, à un enchaînement de choses qui se suivent. — Au plur., *sériaux*.

SÉRIALE, subst. fém. (*céri-ale*), t. d'hist. nat., espèce de polypier qui fait partie du genre *sérialaire*.

SÉRIALAIRE, subst. mas. (*céri-alère*), t. d'hist. nat., genre de polypier établi aux dépens des sertulaires.

SÉRIATOPOSE, subst. mas. (*céri-atopôze*), t. d'hist. nat., genre de polypiers établi aux dépens des madrépores.

SÉRIATOPORITHE, subst. fém. (*céri-atoporite*), t. d'hist. nat., sorte de polype fossile.

SÉRICAIRE, subst. et adj. des deux genres (*cérikière*), ouvrier, ouvrière en soie. Il n'a pas été adopté.

SÉRICOMYE, subst. fém. (*cérikomi*), t. d'hist. nat., genre d'insectes diptères.

SÉRICOSTOME, subst. mas. (*cérikocetome*), t. d'hist. nat., genre d'insectes de l'ordre des névroptères.

SÉRIDIE, subst. fém. (*céridi*), t. de bot., genre de plantes de la famille des cinarocéphales.

SÉRIE, subst. fém. (*céri*) (du latin *series*, suite, dérivé de *serere*, nouer, enchaîner, etc.), t. de math., suite de grandeurs qui croissent ou décroissent, suivant une certaine loi.—Division d'objets classés. — On dit une *série de propositions mathématiques*, une *série de questions*, une *série d'idées*.— Suite, continuité, enchaînement, ordre des choses qui se suivent. — T. de mus. : *série harmonique*, suite de sons harmoniques qu'on observe dans la résonnance des corps sonores. — *Série*, dans les raffineries à sucre, file de pots à sucre.

SÉRIEUSE, adj. fém. Voy. SÉRIEUX.

SÉRIEUSEMENT, adv. (*céri-euzeman*), d'une manière grave et *sérieuse*. — Froidement : *il m'a reçu sérieusement*. — Sans plaisanterie. — Tout de bon, avec ardeur.

SÉRIEUX, adj. mas., au fém. **SÉRIEUSE** (*céri-eu, euze*) (du latin *serius*), qui n'est pas gai, enjoué : *air, maintien, discours sérieux*. — Solide, important : *affaire, proposition, matière sérieuse*. — En parlant d'un combat, *affaire sérieuse*, considérable, hasardeuse.—*Maladie sérieuse*, grave, dangereuse. — Sincère, vrai : *le jeu devient sérieux*, il est prêt à se disputer.— *Pièce plus sérieuse*, plus grave, par opposition à plus gaie.—En t. de pratique, *un contrat sérieux*, vrai, non simulé. On dit de même *une dette sérieuse*. — Subst. mas., gravité dans l'air, dans les manières. — En parlant des acteurs, rôle *sérieux* : *il joue bien dans le sérieux*; *il n'est pas bon pour le sérieux*.—*Prendre son sérieux*, ne badiner plus; se fâcher presque. — *Prendre une chose dans le sérieux*, la prendre comme vraie, quoiqu'elle n'ait été dite qu'en plaisantant. — *Prendre une chose au sérieux*, se formaliser d'une chose qui n'a été dite qu'en badinant.

DU VERBE AUXILIAIRE ÊTRE :

Seriez, 2e pers. plur. prés. cond.

Serions, 1re pers. plur. prés. cond.

SÉRILLES, subst. mas plur. (*céri-ie*), t. de mar., nom qu'on donne, en quelques endroits, à des cordages, etc.

SERIMNER, subst. propre mas. (*cerimenère*), myth., nom d'un sanglier sur lequel les anciens Scandinaves racontaient diverses fables.

SERIN, E, subst. (*cerein, rine*) (suivant *Belon*, *Nicot*, etc., de *sirène*, en grec σειρην, à cause de la mélodie de son chant), petit oiseau dont le chant est fort agréable : *serin commun*, *serin des Canaries*. C'est un oiseau passereau, de la famille des conirostres et du genre des fringiles. — Le peuple appelle, *un serin*, *une serine*, des personnes qui se laissent leurrer et tromper. — *Serine*, sorte de vigne qui se trouve dans les meilleurs crûs des terreins de l'Isère.

SERINÉ, E, part. pass. de *seriner*.

SERINER, v. act. (*ceriné*), instruire avec la *serinette*.—Jouer un air sur la *serinette*.—*se* SERINER, v. pron.

SERINETTE, subst. fém. (*cerinète*), espèce de très-petit orgue à cylindre, avec lequel on apprend aux *serins* à chanter.—Fig. et fém., on dit d'une voix faible que ce n'est qu'une *serinette*.

SERINGAPATAM, subst. propre mas. (*cereinguapatame*), ville de l'Indoustan, où l'on admire le tombeau de Tippo-Saïb, qui y perdit la vie dans un siège mémorable qu'il soutint inutilement contre les Anglais, en 1799.

SERINGAT, mieux **SYRINGA**, subst. mas. (*cereinguа*) (du grec συριγξ, flûte; parce que son bois, vidé de sa moelle, est creux comme le corps d'une flûte), t. de bot., arbrisseau cultivé, composé de quatre pétales blancs, dont l'odeur approche de celle de la fleur d'oranger. — Quelques-uns donnent également le nom de *syringa* au lilas.

SERINGUE, subst. fém. (*cereingue*) (du grec συριγξ, flûte, et qui signifie également tout autre corps cylindrique creux), sorte de petite pompe qui sert à attirer et à repousser l'air ou les liqueurs. On s'en sert à donner des lavements et à d'autres usages. — Pop., personne sotte et niaise.

SERINGUÉ, E, part. pass. de *seringuer*.

SERINGUER, v. act. (*cereinguié*), pousser une liqueur avec une *seringue*.—*Seringuer une plaie*, y jeter avec une *seringue* quelque liqueur pour la nettoyer.—T. de mar. : *seringuer un vaisseau*, l'enfiler à coups de canon de l'arrière à l'avant. —*se* SERINGUER, v. pron.

SÉRIOLE, subst. fém. (*céri-ole*), t. d'hist. nat., espèce de grand poisson de la Méditerranée, qui forme un sous-genre parmi les scombres. —T. de bot., genre de plantes polygames de la famille des chicoracées.

SÉRIOSITÉ, subst. fém. (*céri-ôzité*), air *sérieux*. (Boiste.)

SÉRIPHE, subst. mas., ou **SÉRIPHIE**, subst. fém. (*cérife, rifi*), t. de bot., sorte d'absinthe marine.

SÉRIS, subst. mas. (*céri*), t. de bot., nom que les anciens donnaient à des plantes qui paraissent être nos chicorées et leurs variétés.

SÉRISSE, subst. mas. (*cérice*), t. de bot., espèce d'arbrisseau du Japon, de la famille des rubiacées.

SERJANT, subst. mas. (*cèrejan*), esclave, valet.

SERKIS, subst. mas. (*cèreki*), t. de bot., sorte de plante dont les sultanes se servent pour conserver leur beauté.

SERMANIS, ou **SERMANIENS**, subst. propre mas. plur. (*cèremani, niein*), peuples fabuleux dont parlent les romans orientaux.

SERMENT, subst. mas. (*cèreman*) (du lat. *sacramentum*, qui a la même signification. Nous disions autrefois *sacrement*. Ménage.), affirmation d'une chose, en prenant à témoin ou Dieu, ou ce qu'on regarde comme saint, comme divin.—Jurement : *serment horrible, exécrable*. —*Serment de fidélité*, protestation qu'on fait de s'acquitter fidèlement de l'emploi qu'on va exercer.—*Serment de joueur*, *d'amant*, *d'ivrogne*, sur lequel il ne faut pas compter. — SERMENT, JUREMENT, JURON. (*Syn.*) Le *serment* se fait proprement pour confirmer la sincérité d'une promesse; le *jurement*, pour confirmer la vérité d'un témoignage; le *juron* n'est qu'un style dont le peuple se sert pour donner au discours un air assuré et prévenir la défiance.— *Serment* est plus usité pour exprimer l'action de jurer en public, et d'une manière solennelle. *Jurement* exprime quelquefois de l'emportement entre particuliers. *Juron* tient de l'habitude dans la façon de parler. — Le *serment* du prince ne l'engage point contre les lois, ni contre les intérêts de son état. Les fréquents *jurements* ne rendent pas le menteur plus digne d'être cru. Les *jurons* sont presque toujours du bas style, ou du style très-familier; il y a peu d'occasions sérieuses où ils puissent être placés avec grace. — SERMENT, VOEU. (*Syn.*) Ce sont deux actes religieux qui supposent également une promesse faite sous les yeux de Dieu, et avec invocation de son saint nom. Dans ce sens, tout *serment* se rapporte principalement et directement à quelque homme auquel on le fait. C'est à l'homme qu'on s'engage par là; on prend seulement Dieu à témoin de ce à quoi l'on s'engage, et l'on se soumet aux effets de sa vengeance si l'on vient à violer la promesse qu'on a faite; supposé que l'engagement par lui-même n'ait rien qui le rendît illicite ou nul, s'il eût été contracté sans l'interposition du *serment*. Le *vœu* est un engagement que l'on prend directement envers Dieu; et un engagement volontaire, par lequel on s'impose à soi-même, de son pur mouvement, la nécessité de faire certaines choses, auxquelles sans cela on n'aurait pas été tenu, au moins précisément et déterminément : car, si l'on y était indispensablement obligé, il n'est pas besoin de s'y engager; le *vœu* ne fait alors que rendre l'obligation plus forte, et la violation du devoir plus criminelle; comme le manque de foi accompagné de parjure en devient plus odieux et plus digne de punition, même de la part des hommes. Les Israélites étaient fort religieux à observer leurs *vœux* et leurs *serments*. Pour les *vœux*, l'exemple de Jephté n'est que trop fort; pour les *serments*, Josué garde la promesse qu'il avait faite aux Gabaonites, quoiqu'elle fût fondée sur une tromperie manifeste.

SERMENTAIRE, subst. fém. (*cèremantère*), t. de bot., la livèche, sorte de plante.

SERMENTÉ, E, adj. (*cèremanté*), qui a prêté le *serment* requis : *prêtre sermenté*. Nous ne comprenons pas pourquoi l'*Académie* fait de ce mot le part. du verbe *sermenter*, lequel verbe n'a jamais été usité. Voy. ASSERMENTÉ.

SERMOLOGE, subst. mas. (*cèremoloje*), livre de *sermons*. Presque inusité.

SERMON, subst. mas. (*cèremon*) (du lat. *sermo*, discours), discours chrétien fait pour être prononcé en chaire. Voy. PRÉDICATION. — Fam., remontrance ennuyeuse et importune.

SERMONNAIRE, adj. des deux genres (*cèremonère*), qui convient aux *sermons* : *le genre sermonnaire*.—Subst. mas., auteur, recueil de *sermons*.

SERMONNÉ, E, part. pass. de *sermonner*.

SERMONNER, v. act. (*cèremoné*), faire d'ennuyeuses remontrances, des *sermons*, dans le sens familier.—*se* SERMONNER, v. pron.

SERMONNETTE ou **SERMONETTE**, subst. fém. (*cèremonète*), t. de bot., sorte de plantes de la famille des anémones.

SERMONNEUR, subst. mas., **SERMONNEUSE**, subst. fém. (*cèremoneur, neuze*), celui, celle qui *sermonne*, ou qui aime à *sermonner*.

SERMONNEUSE, subst. fém. Voy. SERMONNEUR.

SERNIN (SAINT-), subst. propre mas. (*ceincèrenein*), ville de France, chef-lieu de canton, arrond. de Saint-Affrique, dép. de l'Aveyron.

SÉRO-DERMEUSE, adj. fém. Voy. SÉRO-DERMEUX.

SÉRO-DERMEUX, adj. mas., au fém. **SÉRO-DERMEUSE** (*cérodèremeu, meuze*), t. d'anat., qui tient à la fois du tissu *séreux* et du tissu *dermeux*.

DU VERBE AUXILIAIRE ÊTRE :

Serons, 1re pers. plur. fut. indic.

Seront, 3e pers. plur. fut. indic.

SÉROPILE, subst. mas. (*céropile*) (du lat. *sericus*, de soie, et *pileus*, bonnet), chapeau en feutre de soie. (*Boiste*.)

SÉROSITÉ, subst. fém. (*cérôzité*) (du lat. *serum*, lait clair, petit lait, partie *séreuse* du lait, etc.), la portion la plus aqueuse, la plus claire et la plus transparente de la masse du sang et du lait.

SÉROTINE, subst. fém. (*cérotine*), t. d'hist. nat., espèce de chauve-souris.

SERPANT ou **SERPOT**, subst. mas. (*cèrepan, pô*), trousseau d'une fille que l'on marie. (*Boiste*.) Vieux et même tout-à-fait hors d'usage.

SERPE, subst. fém. (*cèrepe*) (du lat. *sarpere*, tailler la vigne, dont on a fait, dans la basse latinité, *sarpa*), outil qui sert à couper des branches et de petits arbrisseaux.

SERPÉ, E, part. pass. de *serper*.

SERPÉGÉ, E, part. pass. de *serpéger*.

SERPÉGER, v. act. (*cèrepéjé*), t. de man., conduire un cheval en tournant.—*se* SERPÉGER, v. pron. (*Boiste*.)

SERPENT, subst. mas. (*cèrepan*) (du lat. *serpens*, fait de *serpere*, ramper), reptile. C'est le nom générique des vipères, couleuvres, aspics, etc. — Fig., personne ingrate, perfide, etc.—En astron., constellation boréale.—Instrument de musique à vent, qui a la forme d'un *serpent*. — Celui qui joue de cet instrument.—Prov.: *c'est une langue de serpent, un vrai serpent*, c'est un médisant. —Prov. et fig.: *c'est un serpent que j'ai réchauffé dans mon sein*, c'est un ingrat qui s'est servi de mes bienfaits pour me faire du mal. — Fig.: *le serpent est caché sous les fleurs*, le danger est caché sous une belle apparence. — Le démon sous la forme d'un *serpent*. — *Œil de serpent*, petites pierres dont on fait des bagues.—*Serpent à grace*, t. d'hist. nat., *serpent* de Cayenne, dont les écailles sont faites et disposées comme celles de la raie.—*Serpent ailé*, le dragon volant. —*Serpent à tête de chien*, *serpent* de la Martinique, dont la tête ressemble à celle d'un chien.— *Serpent d'eau*, nom qu'on donne quelquefois à la couleuvre à collier, et à d'autres qui vivent dans l'eau.—*Serpent fétiche*, c'est la couleuvre daboie, à laquelle certains nègres rendent un culte religieux. Voy. DABOIE. — *Serpent géant*, espèce de *serpent* boa qui atteint quelquefois jusqu'à quarante et cinquante pieds de long. — *Serpent à sonnette*, genre ayant à la queue une suite d'anneaux qui font du bruit. — Myth. Voy. PYTHON, MÉDUSE, ARISTÉE, ACHÉLOÜS, etc.

SERPENTAIRE, subst. mas. (*cèrepantère*), t. d'astron., constellation australe de soixante-quatorze étoiles.—Myth. Les poëtes ont feint que c'était le *serpent* ou dragon du jardin des Hespérides, tué par Hercule, et que Junon plaça parmi les astres.

SERPENTAIRE, subst. fém. (*cèrepantère*), t. de bot., c'est le gouet des anciens.— Nom donné à plusieurs autres plantes.

SERPENTE, subst. fém. (*cèrepante*), papier mince et fort transparent, qui porte une figure de *serpent*.—Adj. des deux genres : *papier serpente*.

SERPENTÉ, part. pass. de *serpenter*.

SERPENTEAU, subst. mas. (*cèrepantô*), petit *serpent* nouvellement éclos.—Sorte de fusée volante qui va en *serpentant* dans l'air.—Cercle de fer muni de petites grenades chargées et de pointes aiguës qu'on jette sur une brèche.—T. de mar., nom d'un certain cordage sur un bâtiment de guerre.

SERPENTEMENT, subst. mas. (*cèrepantemen*), t. de géom., partie d'une courbe qui va en *serpentant*.

SERPENTER, v. neut. (*cèrepanté*), avoir un cours tortueux comme les mouvements d'un *serpent*, en parlant d'un ruisseau, d'une rivière. — On dit aussi d'un chemin, qu'*il va en serpentant*.

SERPENTICOLE, adj. des deux genres (*cèrepantikole*), idolâtre, adorateur des *serpents*. — Subst. : *un serpenticole*.

SERPENTIFÈRE, adj. des deux genres (*cèrepantifère*), qui produit ou engendre des *serpents*.

SERPENTIFORME, adj. des deux genres (*cèrepantiforme*), qui est en *forme* de *serpent*.

SERPENTIGÈNE, adj. des deux genres (*cèrepantijène*), qui est engendré d'un *serpent*.

SERPENTIGÈRE, adj. des deux genres (*cèrepantijère*), qui porte un *serpent*. — Myth. : *divinités serpentigères*, qui ont un *serpent* pour attribut.

SERPENTIN, subst. mas. (*cèrepantein*), pièce de la platine d'un mousquet à laquelle on attachait la mèche. — En t. de chimie, tuyau d'étain ou de cuivre étamé qui va en *serpentant* depuis le chapiteau d'un alambic jusqu'au bas. — Ancienne pièce de canon, qui portait un boulet de vingt-quatre livres. — Adj. mas. : *marbre serpentin*, marbre très-dur, dont la couleur est d'un vert brun, mêlé de quelques taches carrées et rondes, et de quelques veines jaunes.

SERPENTIN, subst. mas. (*cèrepantein*), t. de bot., famille de champignons qui ont le pédicule contourné en différents sens.

SERPENTINE, subst. fém. (*cèrepantine*), sorte de pierre fine, tachetée comme la peau d'un *serpent*. — Ancienne pièce de canon sur laquelle était représenté un *serpent*.—En bot., sorte de plante qui rampe sous les autres plantes. — Espèce de tortue dont la tête a quelque ressemblance avec celle d'un *serpent*. — Adj. fém. : *cheval à la langue serpentine*, qui remue sans cesse la langue. — En t. de peinture, *lignes serpentines*, sinueuses et ondoyantes.

SERPENTINEUSE, adj. fém. Voy. SERPENTINEUX.

SERPENTINEUX, adj. mas., au fém. **SERPENTINEUSE** (*cèrepantineu, neuze*), qui *serpente*, qui va en *serpentant* : *roche serpentineuse*.

SERPENTS, subst. mas. plur. (*cèrepan*), t. d'hist. nat., ordre de reptiles de la classe des ophidiens.

SERPENTS (ILE DES), subst. propre mas. (*iledècèrepan*), île de la mer Noire, qui possède, dit-on, le tombeau d'Achille.

SERPER, v. neut. (*cèrepé*), lever l'ancre d'une galère ou d'un bâtiment de bas-bord.

SERPÉRASTRES, subst. mas. plur. (*cèrepéracetre*), t. d'antiq., bandes, liens, ou éclisses, qu'on attachait aux genoux des enfants qui commençaient à marcher, pour leur tenir les jambes droites. — Nom qu'on donnait autrefois à des officiers qui composaient la maison d'un gouverneur, et qui avaient charge de surveillance sur leurs inférieurs.

* **SERPETTE**, subst. fém. (*cèrepète*), petite *serpe* qui sert à tailler la vigne, à émonder les arbres, etc., à couper les raisins en vendange. — Outil dont se sert le bourrelier. — Attribut du dieu Sylvain.

SERPICULE, subst. fém. (*cèrepikule*), t. de bot., genre de plantes monoïques de la famille des épilobiennes.

SERPIENS, subst. propre mas. plur. (*cèrepiein*), anciens peuples voisins des Palus-Méotides.

SERPIGINE, subst. fém. (*cèrepijine*), t. de médec., rudesse de la peau avec fièvre et pustules.

SERPIGINEUSE, adj. fém. Voy. SERPIGINEUX.

SERPIGINEUX, adj. mas., au fém. **SERPIGINEUSE** (*cèrepijineu, neuze*), t. de médec., qui *serpente* : *ulcère serpigineux*.

SERPILLÉ, part. pass. de *serpiller*.

SERPILLER, v. neut. (*cèrepi-ié*), t. de jard., couper, tondre des palissades trop épaisses.

* **SERPILLIÈRE**, subst. fém. (*cèrepiiière*), toile grosse et claire qui sert aux emballages. — Grosse toile que les marchands mettent aux auvents de leurs boutiques, pour se garantir du soleil. — Tablier de garçon épicier.—Sorte d'insecte qui ronge la racine des plantes dans les jardins.

SERPOIS, subst. mas. (*cèrepoa*), sorte de trépan à sonder.

SERPOLET, subst. mas. (*cèrepolè*) (du latin *serpyllum*, fait du grec ἑρπυλλον, lequel est dérivé de ἑρπειν, ramper, en latin *serpere*), t. de chir., plante vivace, qui a les mêmes caractères et les mêmes vertus que le thym.

SERPULE, subst. fém. (*cèrepule*), t. d'hist. nat., genre de vers marins dont le corps est cylindrique.

SERPULÉE, subst. fém. (*cèrepulé*), t. d'hist. nat., famille de vers marins de la classe des annélides.

SERRAGE, subst. mas. (*cèraje*), t. de mar., le placement des *serres*.

SERRAN, subst. mas. (*cèran*), t. d'hist. nat., genre de poissons établi parmi les holocentres. Voy. SÉRAN.

SERRANOS, subst. mas. plur. (*cèranôce*), nom par lequel on désigne, en Espagne, les habitants des montagnes.

SERRARIE, subst. fém. Voy. SERRURIE.

SERRA-DI-SCOPAMÈNE, subst. propre mas. (*cèreradicekopamène*), ville de France, chef-lieu de canton, arrond. de Sartène, dép. de la Corse.

SERRASALME, subst. mas. (*cèrerazalme*), t. d'hist. nat., genre de poissons de la famille des salmones.

SERRATE, subst. fém. (*cèrate*), ancienne pièce de monnaie qui portait la figure d'une scie.

SERRATILE, adj. mas. (*cèratile*); il se dit, en médec., d'un pouls dur et distendu inégalement.

SERRATULE, subst. fém. (*cèratule*), t. de bot., nom donné à la sarriette des teinturiers.

SERRE, subst. propre mas. (*cère*), ville de France, chef-lieu de canton, arrond. de Gap, dép. des Hautes-Alpes.

SERRE, subst. fém. (*cère*), lieu couvert, où pendant l'hiver on *serre* les arbres et les plantes qu'on veut mettre à couvert de la gelée. — *Serre chaude*, dans laquelle on fait du feu pour lui donner la température qui convient aux plantes des pays méridionaux.—Pied des oiseaux de proie : *les serres d'un aigle, d'un milan*. — Action de *serrer*, de presser les raisins et autres fruits qu'on met au pressoir. Comme on les *serre* à diverses reprises, on dit la *première*, la *seconde serre*.— En t. de mar., on nomme *serres*, les ceintures d'un bâtiment par lesquelles les couples sont croisés intérieurement. — Dans les hôtels de monnaies, espèce de petit cadre qui s'enchâsse dans les moules où l'on jette en lames les matières d'or et d'argent. — Sorte de presse à l'usage des metteurs en œuvre, etc., pour *serrer* et presser l'un contre l'autre divers objets.—Fam. : *cet homme a la serre bonne*, la main très-forte. On le dit aussi, mais dans un autre sens, d'un avare, d'un larron, d'un concussionnaire.

SERRÉ, E, part. pass. de *serrer*, et adj., mis en réserve pour être conservé et gardé.—Lié.— Pressé.—Approché, mis les uns auprès des autres.—Menu : *écriture bien serrée*.—Bien battu et bien croisé : *étoffe serrée*.—Avare : *homme serré*. — *Style serré*, style concis, précis : avec cette différence qu'on est *concis* en employant le moins de mots qu'il est possible ; on est *précis*, en employant le mot *propre* ; on est *serré*, en retranchant les propositions intermédiaires, les mots et phrases synonymes. — *Avoir le cœur serré*, saisi de douleur.—Au jeu de trictrac, *un jeu serré*, qui n'est point assez étendu.

SERRÉ, adv. (*cèré*), bien fort : *il a gelé bien serré*.—*Mentir bien serré*, impunément.—*Jouer serré*, ne jouer qu'à beau jeu et ne pas hasarder volontiers.

SERRÉ, SERRULÉ, E, adj. (*cèré, cèrulé*) (du lat. *serra*, scie, et *serrula*, petite scie), t. de bot., dentelé en forme de scie ; se dit des feuilles.

SERRE-BAUQUIÈRE, subst. mas. (*cèrebôkière*), t. de mar., longue pièce qui supporte les baux. — Au plur., des *serre-bauquieres*.

SERRE-BOSSE, subst. mas. (*cèreboce*), t. de mar., corde qui saisit la *bosse* de l'ancre. — Au plur., des *serre-bosse*.

SERRE-CISEAUX, subst. mas. (*cèrecizô*), outil pour contenir les anneaux des *ciseaux*. — Au plur., des *serre-ciseaux*.

SERRE-COU, subst. mas. (*cèrekou*), t. d'art vétér., collier garni d'une pelotte, à l'aide duquel on comprime la veine jugulaire d'un cheval. — Au plur., des *serre-cou*.

SERRÉE, subst. fém. (*cèré*), outil de saunier.

SERRE-FEU, subst. mas. (*cèrefeu*), t. d'orfèv., morceau de fer qui sert à retenir le charbon autour du creuset. — Au plur., des *serre-feu*.

SERRE-FILE, subst. mas. (*cèrefile*), soldat qui est le dernier de sa *file*. — Sous-officiers placés derrière la *file*.—Adj. : *vaisseau serre-file*. —Au plur., des *serre-file*.

SERRE-FINE, subst. fém. (*cèrefine*), t. d'hist. nat., nom de la mésange, en plusieurs endroits.

SERRE-GOUTTIÈRE, subst. mas. (*cèreguoutière*), t. de mar., pièce de bois qui lie le vaisseau dont elle fait le tour. — Au plur., des *serre-gouttière*.

SERREMENT, subst. mas. (*cèreman*), l'action de *serrer*.—*Serrement de cœur*, état dans lequel se trouve le *cœur* quand il est *serré* de douleur.

SERRÉMENT, adv. (*cèréman*), d'une manière *serrée*, trop économe.

SERRE-NOEUD, subst. mas. (*cèreneu*), t. de chir., instrument à l'aide duquel on *serre* la ligature dans les cavités au fond desquelles on est obligé d'en faire. — Au plur., des *serre-nœud*.

SERRE-PAPIERS, subst. mas. (*cèrepapié*), arrière-cabinet où l'on *serre* des *papiers*.—Tablette divisée en compartiments où l'on arrange des *papiers*.—Au plur., des *serre-papiers*.

SERRE-POINTS, subst. mas. (*cèrepoein*), outil de bourrelier pour *serrer* des *points*.—Au plur., des *serre-points*.

SERRER, v. act. (*cèré*) (dans ces deux acceptions, du lat. *serere*, approcher, mettre auprès, dérivé du grec εἴρω, joindre, attacher), étreindre, presser. — Joindre, mettre près à près : *serrer l'écriture, les lignes ; serrer les dents ; se serrer les uns contre les autres*. — Mettre à couvert, enfermer : *serrer les foins, les blés*. (En ce dernier sens, de *serare*, employé par *Columelle* dans la même acception, et d'où vient également *sera*, serrure.) — Fig. : *serrer les pouces à quelqu'un*, l'obliger à force de tourments ou de menaces à avouer la vérité.—Fig. et fam. : *serrer le bouton à quelqu'un*, le presser vivement sur quelque chose. — Fig. : *serrer les nœuds de l'amitié*, rendre l'amitié plus étroite. — *Serrez vos rangs, vos files*, joignez-vous près à près.—En t. de mar., *serrer les voiles*, les ferler.— *Serrer de la voile*, en diminuer, en amenant ou carguant quelques-unes de celles qui sont en dehors. — *Serrer le vent*, tenir le plus près, autant qu'il est possible. — *Serrer la file*, faire approcher les vaisseaux les uns des autres, à distance convenable, lorsqu'ils sont en ligne. —*Serrer quelqu'un de près*, le poursuivre vivement.—*Serrer son style*, retrancher ce qu'il y a de superflu dans les mots ou dans les pensées. — *se* SERRER, v. pron., t. de man.; se dit d'un cheval qui se rétrécit, et ne s'étend pas assez à une main ou à une autre, qui ne prend pas assez de terrein.

SERRE-ROSE, subst. fém. (*cèrerôze*), t. de mar., cordage pour arrêter les ancres. — Au plur., des *serre-rose*.

SERRETÉ, **E**, adj. (*cèreté*), t. de bot., denté en scie : *ces feuilles sont serretées*.

SERRE-TÊTE, subst. mas. (*cèretéte*), coiffure de nuit en toile avec des cordons. — Au plur., des *serre-tête*.

SERRETTE, subst. fém. (*cèrète*). Voy. SARRETTE. — T. d'hist. nat., sorte de dent de poisson pétrifiée ou fossile, qui a les côtes crénelées ou doubles comme une scie.

SERRICAUDE, subst. mas. (*cèrikode*), t. d'hist. nat., tribu d'insectes de l'ordre des hyménoptères.

SERRICORNES, subst. mas. pl. (*cèrikorne*), t. d'hist. nat., famille d'insectes coléoptères.

SERRIÈRE, subst. fém. (*cèrière*), dans les fonderies de canons, pièce de fer qui sert à boucher le trou du fourneau où se trouve le métal en fusion.

SERRIROSTRES, subst. masculin plur. (*cèrerirocetre*) (du latin *serra*, scie, et *rostrum*, bec), t. d'hist. nat., famille d'oiseaux palmipèdes, dont le bec, très-mou, et recouvert souvent d'une simple membrane, a les bords crénelés en forme de scie.—Ce mot est aussi adj. des 2 genr.

SERRON, subst. mas. (*cèron*), boîte dans laquelle on *serre* les drogues qu'on apporte des pays étrangers.

SERROPALPE, subst. mas. (*cèropalpe*), t. d'hist. nat., genre d'insectes coléoptères.

SERRULÉ, **E**. adj., t. de bot. Voy. SERRETÉ.

SERRURE, subst. fém. (*cèrure*) (du lat. *sera*, fait de *serare*, fermer. Voy. SERRER.)—Ouvrage de serrurerie qu'on attache à une porte, à un coffre, etc., et qui sert à les fermer et à les ouvrir par le moyen d'une clef : *serrure à double tour*, *serrure à secret*. — On appelle *serrure à bosse*, celle qui sert pour les portes de caves; *à clanches*, qu'on met aux portes des grandes maisons. — *Serrure à deux fermetures*, qui se ferme par deux endroits dans le bord du palastre.

SERRURERIE, subst. fém. (*cèrureri*), l'art de forge le fer et d'en fabriquer toutes sortes d'ouvrages. — Le travail du *serrurier*. — Atelier, bâtiment où se fait le travail de *serrurerie*.

SERRURIE, subst. fém. (*cèruri*), t. de bot., genre de plantes établi aux dépens des protées.

SERRURIER, subst. mas., **SERRURIÈRE**, subst. fém. (*cèrurié*, *rière*), celui, celle qui fait ou vend des *serrures* et autres ouvrages en fer.

SERRURIÈRE, subst. fém. (*cèruriére*). Voy. SERRURIER.

SERSALISIE, subst. fém. (*cèreçalizi*), t. de bot., genre de plantes établi aux dépens des argans.

SERSIFIS, subst. mas. (*cèrecifi*). Voy. SALSIFIS.

SERTE, subst. fém. (*cèrte*), chez les orfèvres et les metteurs en œuvre, se dit de l'enchâssement des pierres, diamants, etc., dans les pièces où on les retient par le moyen d'une sertissure. — T. d'hist. nat., espèce de poisson du genre cyprin.

SERTI, **E**, part. pass. de *sertir*, et adj., enchâssé.

SERTIR, v. act. (*cèretir*) (du latin *serere*, approcher, unir, enchaîner, dont le supin est *sertum*), monter une pierre précieuse, l'enchâsser, la serrer dans son chaton. — *se* SERTIR, v. pron.

SERTISSURE, subst. fém. (*cèretiçure*), partie du chaton qui entoure la pierre et qui la retient.

SERTULAIRE, subst. fém. (*cèretulère*), t. d'hist. nat., genre de polypiers.

SERTULARIÉE, subst. fém. (*cèretularié*), t. d'hist. nat., ordre de polypiers phytoïdes, qui renferme les *sertulaires* et plusieurs autres genres analogues.

SERTULE, subst. fém. (*cèretule*), t. de bot., assemblage de pédicules uniflores.

SERUM (et non pas **SÉRUM**), subst. mas. (*cèrome*) (mot purement latin, qui signifie *lait clair, petit lait, partie séreuse du lait*), liqueur aqueuse dans le corps humain, qui rend le chyle et le sang plus fluides.

SERVAGE, subst. mas. (*cèrevaje*), état de celui qui est *serf* ou esclave. — En poésie, attachement d'un amant pour sa maîtresse : *amoureux servage*. Il n'est plus d'usage en prose, et il vieillit en poésie.

SERVAL, subst. mas. (*cèreval*), t. d'hist. nat., quadrupède du genre du lynx.

SERVAN (SAINT-), subst. propre mas. (*ceincèrevan*), ville maritime de France, chef-lieu de canton, arrond. de Saint-Malo, dép. d'Ille-et-Vilaine.

SERVANT, subst. et adj. mas. (*cèrevan*); on appelait *gentilhomme servant*, celui qui *servait* à table chez le roi. — *Frère servant* ou *servant d'armes*, membre de l'ordre de Malte, non assujéti aux preuves, d'un rang inférieur aux chevaliers. — *Fief servant*, celui qui relevait d'un autre fief appelé *fief dominant*. — Subst. Voyez SERVEUR.

SERVANTE, subst. fém. (*cèrevante*), fille ou femme qui *sert* de domestique, surtout dans les auberges : *servante de cabaret*. — Les femmes disent par civilité : *je suis votre servante, votre très-humble servante*. — Elles disent aussi fam. et iron. : *je suis votre servante*, je ne suis pas de votre avis, je ne puis faire ce que vous désirez. — Espèce de petite table auprès de la grande, sur laquelle on place des assiettes, des bouteilles, etc., pour suppléer au *service* des domestiques. — Chez les imprimeurs, petite planche sur laquelle repose la frisquette, pendant que l'ouvrier étend sur le tympan la feuille qu'il va imprimer.

SERVANTINE, subst. fém. (*cèrevantine*), variété de figues.—Espèce de poire.

SERRIÈRES, subst. propre mas. (*cèrière*), bourg de France, chef-lieu de canton, arrond. de Tournon, dép. de l'Ardèche.

SERVE, subst. et adj. fém. Voy. SERF.

SERVERETTE, subst. propre fém. (*cèreverète*), bourg de France, chef-lieu de canton, arrond. de Marvejols, dép. de la Lozère.

SERVEUR ou **SERVANT**, subst. mas. (*cèreveur*, *van*), pop., celui qui *sert* la messe.— Au jeu de paume, celui qui lance la balle le premier dans la partie.

SERVI, **E**, part. pass. de *servir*.

SERVIABLE, adj. des deux genres (*cèreviable*), officieux, obligeant. — SERVIABLE, OFFICIEUX, OBLIGEANT. (*Syn.*) L'homme *serviable* est prompt et empressé à vous servir dans l'occasion, comme un serviteur l'est à l'égard de son maître. L'homme *officieux* est affectueux et zélé, comme un client à l'égard de son patron. L'homme *obligeant* est aise et flatté de vous servir dans le besoin; il va au-devant de l'occasion pour obliger. —L'homme *serviable* se fait un plaisir d'être utile tout ce qu'il peut par lui-même, il le fait; mais il est circonspect. L'homme *officieux* se fait un plaisir de concourir à vos desseins, mais il peut être intéressé; c'est moins quelquefois par caractère que par habitude et par combinaison. L'homme *obligeant* ne considère que le plaisir de vous rendre heureux.— Il est très-commode, surtout pour une personne paresseuse et indolente, d'avoir à ses ordres, dans la société, des gens *serviables*; ils plaisent, ils préviennent en leur faveur. Il est fort utile, surtout pour une personne ou inexpérimentée, ou très-occupée, d'avoir à sa disposition, dans les embarras, des gens *officieux*; ils attirent, ils gagnent la confiance. Il est très-heureux, surtout pour l'homme timide et fier, d'avoir pour recours, dans la nécessité, une personne *obligeante*; elle engage, elle captive par ses manières comme par ses actions. — C'est faire plaisir à l'homme *serviable*, que de le mettre à portée de vous faire plaisir à vous-même. C'est entrer dans les vues de l'homme *officieux*, que de réclamer ses bons offices avec confiance. C'est bien mériter de l'homme vraiment *obligeant*, que de le trouver, par préférence, digne de vous obliger.

SERVIABLEMENT, adv. (*cèrevi-ableman*), obligeamment. Peu usité.

SERVIAN, subst. propre mas. (*cèrevi-an*), ville de France, chef-lieu de canton, arrond. de Béziers, dép. de l'Hérault.

SERVICE, subst. mas. (*cèrevice*) (du latin *servitus*), état, fonction d'un domestique.—Usage qu'on tire de certains animaux ou de certaines choses : *ce cheval, cette étoffe est d'un bon service*. En ce sens, on dit fam. : *les jambes, l'estomac refusent le service*, ne font plus leurs fonctions qu'avec peine.—Assistance, bon office: *offrir ses services, rendre des services*. Voyez BIENFAIT.—Temps qu'on a servi dans un emploi : *il a trente ans de service*. — Absolument, le *service* que les gens de guerre rendent à l'état dans les armées : *il est dans le service, il a quitté le service*.—Célébration des offices divins. —Messe haute ou prières publiques qui se disent pour un mort.—Nombre de plats qu'on met à la fois sur une table, et qu'on ôte de même : *repas à trois, à quatre services*.— Tous les plats et assiettes qu'il faut pour *servir* une table : *service de porcelaine*. — Le linge de table : *service damassé*.—Au jeu de paume, côté où est celui à qui l'on sert la balle : *il est du côté du service*.— Action et manière de *servir* la balle : *voilà un méchant service*. — Prov.: *service des grands n'est pas héritage*, on est souvent mal récompensé de *servir* les grands.

SERVIDOU, subst. mas. (*cèrevidou*), chaudière de savonnerie.

SERVIENS, subst. propre mas. plur. (*cèrevi-ein*), peuples de la *Servie*, province de Hongrie.

SERVIÈRES, subst. propre mas. (*cèrevi-ère*), bourg de France, chef-lieu de canton, arrond. de Tulle, dép. de la Corrèze.

SERVIETTE, subst. fém. (*cèrevi-ète*) (suivant *Ménage*, du lat. *servire*, servir, à cause de l'usage qu'on en fait; ou plutôt de *servare*, sauver, conserver, parce que la *serviette* empêche qu'on ne gâte son habit), linge dont on se sert quand on mange, ou à d'autres usages.

SERVILE, adj. des deux genres (*cèrevile*) (du lat. *servilis*), qui appartient à l'état d'esclave : *emploi, condition servile*.—Fig., bas, rampant : *esprit, âme servile; complaisance, flatterie basse et servile*.— *Traducteur, traduction servile*, qui s'attache trop à la lettre, aux termes de son original.—En t. de théol., on dit : *crainte servile*, par opposition à *crainte filiale*.—*Œuvre servile*, ouvrage que l'on fait pour en retirer un prix.

SERVILEMENT, adv. (*cèrevileman*), d'une manière *servile*.

SERVILISME, subst. mas. (*cèrevilicerne*), esprit, système de *servilité*; propension à obéir en esclave.

SERVILISTE, subst. mas. (*cèrevilicete*), partisan du *servilisme*, qui érige en doctrine l'esclavage.

SERVILITÉ, subst. fém. (*cèrevilité*), esprit de *servitude*, bassesse d'âme; exactitude *servile* : *cette traduction a trop de servilité*.

SERVION, subst. mas. (*cèrevion*), sorte d'outil à manche dont les sauniers se servent pour retirer le sel.

SERVIOTE, subst. fém. (*cèrevi-ote*), t. de mar., pièce de sapin qui sert à former l'éperon d'un navire et à le tenir en état.

SERVIR, v. act. (*cèrevir*) (en lat. *servire*), (conjug. : *je sers, tu sers, il sert; nous servons, vous servez, ils servent. Je servais, j'ai servi; je servis, je servirai*, etc., *servant*.) Être à un maître comme son domestique : *personne ne peut servir deux maîtres à la fois*, ou, selon l'Écriture : *nul ne peut servir deux maîtres*. —Aider quelqu'un dans les détails de la vie domestique, exécuter ou prévenir ses ordres dans tous ses détails : *cette jeune fille passe sa vie à servir sa mère qui est infirme*.— On dit en t. de liturgie, que *le diacre et le sous-diacre servent le prêtre à l'autel*, pour dire qu'ils y font les fonctions de diacre et de sous-diacre; qu'un *enfant sert la messe*, qu'il *sert* un prêtre qui dit la messe.—*Servir*, se dit des artisans, des commissionnaires, des hommes de peine, relativement aux personnes auxquelles ils fournissent régulièrement les choses de leur état, ou rendent les services de leur profession : *il n'y a qu'un an que ce perruquier me sert*.—*Servir*, neutralement, être dans l'état de domesticité: *après avoir été riche, il est réduit à servir*. — Absolument : *il est las de servir, il ne peut plus servir*, il s'ennuie au service, il est hors d'état de rester au service.—*Servir à la chambre, à la cuisine*, faire le service de la chambre, de la cuisine.—*Servir son maître à table*, lui donner à boire, lui donner des assiettes, etc.; et simplement, *servir à table*.—*Servir sur table*, et absolument, *servir*, mettre des viandes sur table. — En parlant des mets : *servir une table*, la couvrir de mets; *servir des viandes sur la table, servir un plat*. — On dit absolument qu'*on a servi*, pour dire que tout est *servi* pour le commencement d'un repas, de manière qu'on peut se mettre à table; et, dans le même sens : *vous êtes servis*. — On dit, figurément et familièrement, d'un homme malin ou plaisant qui a fait un tour à quelqu'un, qu'*il lui a servi un plat de son métier*.—*Servir* signifie aussi donner à quelqu'un d'un mets ou d'une boisson, pour qu'il en mange ou qu'il en boive : *servir du potage, servir du bouilli, de la poularde; servir à boire*.— *Servir* signifie encore, distribuer aux convives les mets qu'ils désirent : *c'est la mai-*

SER — SES — SET

tresse de la maison qui sert.—Servir à dîner, à déjeuner, servir de quoi dîner, déjeuner. — Servir quelqu'un à plats couverts, lui rendre en secret de mauvais offices. — En t. de guerre, servir une batterie, faire les manœuvres et les évolutions nécessaires pour tirer le canon, les mortiers, etc.—En parlant de l'artillerie : elle a été bien servie, on a tiré le canon avec beaucoup d'adresse et de diligence; et au contraire, l'artillerie a été mal servie, les choses nécessaires pour le bien servir n'ont pas manqué, ou les artilleurs n'ont pas bien fait leur devoir. — Rendre de bons offices à quelqu'un, l'aider, l'assister : il y a quinze ans qu'il sert.—Servir les pauvres, leur rendre les mêmes services qu'un domestique rend à son maître.—Anciennement, on entendait par la locution : servir une dame, lui rendre des soins assidus, être son amant. Nous nous étonnons de trouver encore dans l'Académie cette expression, qui est plus que surannée.—Servir une pompe, la faire jouer.—Servir une rente, en payer le revenu. — Servir une redevance, l'acquitter.—Servir les passions de quelqu'un, l'aider à trouver les moyens de les satisfaire.—Sa mémoire l'a mal servi, il a manqué de mémoire.—Au jeu de paume, servir la balle, ou abusivement servir, jeter la balle sur le toit à celui contre qui on joue; et, servir sur deux toits, jeter la balle de manière qu'elle aille sur les deux toits avant que de tomber à terre. — Fig. : servir quelqu'un sur les deux toits, lui fournir l'occasion de faire avec facilité ce qu'il désire; et, par extension, lui rendre de grands services.—Servir, au jeu de ballon et au jeu de volant, c'est jeter le ballon, le volant, à celui contre qui l'on joue.—A certains jeux de dés, etc., servir signifie mettre les dés dans le cornet de celui qui doit jouer : c'est à vous à servir.—Servir de... est aussi neutre, il signifie, tenir la place, faire l'office de : servir d'écuyer à une dame, il m'a servi de père.—Servir à..., être utile, propre, bon à quelque chose : cette machine sert à beaucoup de choses. — On dit qu'une chose ne sert à rien, pour dire qu'elle n'est d'aucun usage : à quoi cela sert-il?—On dit quelquefois : que sert-il, pour, à quoi sert-il?—Servir se dit encore pour indiquer l'usage, la destination, l'emploi des choses : un bateau qui sert à passer la rivière. — Être d'usage : ce cheval ne peut plus guère servir.—Faire servir une chose, l'employer, la rendre susceptible de service, d'usage : faire servir un meuble, un habit, etc.—Prov. : cela sert comme un cautère sur une jambe de bois, comme une cinquième roue à un carrosse, etc., cela est tout-à-fait inutile.—Il sert de bon, il est en butte à toutes les railleries.—Servir de plastron, être obligé de tout endurer, de répondre à tout venant, de supporter toutes les railleries et tous les sarcasmes.—Fig., servir de couverture, servir de prétexte. — Se SERVIR, v. pron., se rendre des services à soi-même : je ne veux point de domestique, j'aime mieux me servir moi-même.—En parlant de gens qui sont à table, prendre d'un mets, mettre quelque chose dans son assiette.—Se prévaloir de quelque chose.—S'aider de quelque chose ou de quelqu'un : il se sert toujours chez le même marchand.—Employer : se servir de compas, de la règle.—Tirer profit, tourner à son avantage : il est se servir, pour ses intérêts, des ennemis de sa maison, et même de ses concurrents.—Se faire servir, exiger ou attendre qu'on nous serve.

SERVIS, subst. mas. plur. (cërevi), t. de féod., nom qu'on donnait à d'anciennes rentes seigneuriales.

SERVITE, subst. mas. (cërevite), nom d'anciens religieux qui se tenaient dans les pays orientaux.

SERVITEUR, subst. mas. (cëreviteur), (du lat. servus. Saint Augustin a dit servitor), domestique. En ce sens il n'est absolument qu'un style de pratique et dans les traductions de l'Écriture sainte. Dans le discours ordinaire, on y joint une épithète : bon, fidèle, vieux serviteur. — C'est un grand serviteur de Dieu, c'est un homme de grande piété. — Le pape se qualifie du titre de serviteur des serviteurs de Dieu.—Il est bon serviteur du roi, il est zélé et fidèle dans ce qui regarde le service du roi.—En t. de civilité, fort attaché à..., disposé à rendre service : j'étais fort serviteur de votre famille.—Votre serviteur, votre très-humble serviteur, formules de compliments.— Fam. : je suis votre serviteur, je ne suis pas de votre avis, je ne saurais faire ce que vous me proposez.—Fam. : serviteur d..., il n'est plus question de... : serviteur à la promenade. — On dit pop. à un enfant : faites serviteur, pour, saluez.

SERVITUDE, subst. fem. (cerevitude) (du lat.), esclavage; état de celui qui est serf, qui est esclave : subir le joug de la servitude. — Contrainte, assujétissement imposé sur un fonds, sur une maison; obligation de souffrir le passage, une vue, etc : la maison est belle, mais elle est grevée de servitudes.—Servitude réelle, celle qui concerne les immeubles; servitude personnelle, celle qui regarde les personnes. — SERVITUDE, ESCLAVAGE. (Syn.) L'esclavage se présente sous un aspect plus sévère, plus dur, plus effrayant, plus despotique que la servitude. On traite plutôt de l'esclavage politique et civil, ce genre de tyrannie fait des esclaves, et non des serfs. La servitude impose un joug; l'esclavage un joug de fer. Si la servitude opprime la liberté, l'esclavage la détruit. Dans la servitude, on n'est pas à soi; dans l'esclavage, on est tout à autrui. La servitude vous ravale au-dessous de la condition humaine; l'esclavage, jusqu'à la condition des animaux domestiques. La servitude abrutit. L'esclavage est le plus dure des servitudes. La servitude impose des devoirs, des obligations; une fois remplis, vous êtes libres, l'esclavage vous prive de la propriété de votre existence. La servitude n'exclut pas la liberté politique ni l'entière liberté, l'esclavage produit seul cet effet.

SERVIVI, subst. mas. (cërevivi)(mot latin qui signifie, j'ai servi), certificat de service. Hors d'usage.

SES, adj. poss. plur. des deux genres. (cë; et devant une voyelle ou un h muet,cëz.) Il ajoute au subst. une idée de possession. Voy. SON.

SÉSACH, subst. propre mas. (cëzak), myth., déesse du corps, qu'on adorait à Babylone.

SÉSAME, subst. mas. (cëzame) (du grec σησαμη), t. de bot., plante exotique dont on fait en Égypte de l'huile bonne à brûler. — Blé d'Inde ou de Turquie.

SÉSAMIE, subst. fém. (cëzami), chez les anciens, gâteau qu'on faisait à la pâte de Turquie.

SÉSAMOÏDE, adj. mas. (cëzamo-ide) (du grec σησαμο, sésame, et εἶδος, forme, ressemblance), t. d'anat.; il se dit de certains petits os gros comme la graine de sésame, qui se rencontrent dans quelques articulations, et qui paraissent destinés à favoriser le glissement des tendons : os sésamoïdes. — SÉSAMOÏDE, subst. mas. (cëzamo-ide), t. de bot., genre de plantes que Linnée a réuni au genre du réséda.

SESBAN, subst. mas. (cësëban), t. de bot., genre de plantes voisin des néliottes et des coronilles.

SESBOT, subst. mas. (cësëbo), t. de bot., arbre d'Amérique dont les racines infusées font une boisson vineuse.

SESCUPLE, adj. des deux genres (cësëkuple), qui est d'une fois et demie autant; qui contient une fois et demie autant.

SESCUPLICAIRE, subst. mas. et adj. des deux genres (cësëkuplikëre), t. d'antiq., soldat qui recevait double paie et demie.

SÉSÉLI, subst. mas. (cëzëli) (en grec σεσελι), plante vivace et ombellifère.

SÉSERIN, subst. mas. (cëzerin), t. d'hist. nat., espèce de petit poisson qu'on trouve dans la Méditerranée.

SÉSIE, subst. fém. (cëzi), t. d'hist. nat., genre d'insectes de l'ordre des lépidoptères.

SESLÈRE, subst. fém. (cëcëlëre), t. de bot., genre de plantes dignées de la famille des graminées.

SESQUIALTÈRE, adj. des deux genres (cëcëkui-ulètre) (du lat. sesquialter, formé de sesqui, contraction de semique, une fois et demie, et de alter, autre), t. de math. : raison sesquialtère, raison de deux termes dont l'un contient l'autre une fois et demie.

SESQUI-DOUBLE, adj. des deux genres (cëcëkuidouble),t. d'arithm. et de géom. : raison sesqui-double, dont le plus grand terme contient le plus petit deux fois et demie.

SESQUI-QUADRAT, adj. mas. (cëcëkuikouadra), ; t. d'astron.; il se dit de l'aspect des planètes éloignées l'une de l'autre de quatre signes et demi, ou de cent trente-cinq degrés.

SESQUI-TIERCE, adj. des deux genres (cëcëkuitierce),t. d'arithm. et de géom. : raison sesqui-tierce, raison de la plus grande inégalité entre deux quantités dont l'une contient l'autre une fois et un tiers.

SESSE, subst. fém. (cëce), bande de toile qui entoure le turban des Orientaux. — Sorte de pelle avec laquelle on ôte l'eau des petits bateaux.

SESSÉE, subst. fém. (cëcëe), t. de bot., genre de plantes de la famille des corymbifères.

SESSIES, subst. fém. plur. (cëceci), myth., déesses qu'on invoquait quand on ensemençait les terres.

SESSILE, adj. des deux genres (cëcecile) (en lat. sessilis), se dit en bot. des fleurs et des feuilles qui reposent immédiatement sur la tige ou sur les rameaux. — Laitues sessiles, laitues qui ne s'élèvent pas.

SESSILIFLORE, adj. des deux genres (cëceciliflore), t. de bot., à fleurs sessiles.

SESSILIOCLES,subst. mas. plur. (cëcecili-okle), t. d'hist. nat., crustacées dont les yeux sont sessiles, au contraire des pédicules, dont les yeux sont portés sur un pédicule.

SESSION, subst. fem. (cëcion) (en lat. sessio, fai à de sedere, être assis, siéger), temps pendant lequel un corps délibérant est assemblé. — Séance d'un concile, etc. — L'article qui renferme les décisions publiées dans la séance d'un concile. — Le temps qui s'écoule en France, depuis l'ouverture d'une assemblée des chambres législatives jusqu'à leur clôture; et en Angleterre, depuis la convocation du parlement jusqu'à sa prorogation.

SESSUENS, subst. propre mas. plur. (cëcëçuein), anciens peuples de la Gaule celtique.

SESTERCE, subst. mas. (cëcterce) (du lat. sestertius, contraction de semi stertius, sous-entendu as; deux as et demi), monnaie d'argent chez les Romains, qui faisait originairement le quart d'un denier, et qui valait deux as et demi. — C'est ce qu'on nomme petit sesterce, pour le distinguer du grand sesterce, qui n'était pas une monnaie réelle, mais idéale; une livre sterling chez les anciens Grecs, la livre tournois en France. — Le grand sesterce valait mille petits sesterces.

SESTERAGE, subst. mas. (cëcteraje), t. de féod., droit seigneurial levé sur le produit des terres à blé, et son chaque setier de grain. Hors d'usage.

SESTERTIAIRE, subst. mas. (cëctereciëre), t. d'antiq., celui qui, chez les Romains, distribuait des sesterces dans les réjouissances publiques.

SÉSUVE, subst. mas. (cëzuve), t. de bot., espèce de plante des Antilles, de la famille des ficoides.

SÉTA, subst. fem. (cëta) (mot tout latin), poil long et rude du cochon, du sanglier. — Pinceau de sanglier.

SÉTACÉ, E, adj. (cëtace), t. de bot.; se dit des parties de plantes qui sont menues, roides et anguleuses comme les soies d'un sanglier.

SÉTAIRE, subst. fém. (cëtëre), t. de bot., genre de plantes voisin des panis et des orthopogons.

SÉTANIE, subst. fém. (cëtani), t. de bot., sorte de plante du genre des néliers. — Espèce d'ognon.

SÉTEUSE, adj. fém. Voy. SÉTEUX.

SÉTEUX, adj. mas., sa fém. SÉTEUSE (cëteu, teuze), t. de bot., réceptacle séteux, garni de filaments secs et sétacés. Voy. SÉTACÉ.

SETFARI, subst. mas. (cëtefari), t. de relat., sorte de voile que les femmes, en certains lieux d'Afrique, mettent devant leur figure.

SÉTHIENS, ou SÉTHITES, subst. mas. plur., (cetiein, tite), hérétiques qui adoraient Seth.

SÉTICORNES, subst. m. pl. adj. des deux genres (cëtikorne) (du lat. seta, poil, et cornu, corne), t. d'hist. nat., famille d'insectes lépidoptères, qui ont les antennes en forme de poil.

SÉTICAUDES, subst. m.pl. et adj. des deux genres (cëtikôde) (du latin seta, poil, et cauda, queue), t. d'hist. nat., famille d'insectes à ventre terminé par des soies.

SETIER, subst. mas. (*cetié*) (en lat. *sextarius*), mesure de grains ou de liqueurs, différente selon les lieux. Chez les anciens Romains, le *setier* était la sixième partie du *congé*, et contenait deux hémines ou demi-*setiers*. — *Demi-setier*, la moitié d'une chopine. — *Setier de terre*, portion de terre labourable où l'on peut semer un *setier* de blé ; et dans certains cantons, mesure de terre qui se rapproche plus ou moins d'un arpent.

SÉTIFÈRE, adj. des deux genres (*cétifére*), séteux, sétacé. Voy. ces deux mots.

SÉTINE, subst. fém. (*cétine*), étendue de prés. Vieux et même hors d'usage.

SÉTIPODE, subst. mas. (*cétipode*), t. d'hist. nat., genre de vers qu'on nomme aussi annélide. — Adj., qui a les pieds en forme de soies.

SÉTON, subst. mas. (*céton*) (du lat. *seta*, soie), petit cordon de plusieurs fils de soie ou de coton qu'on passe à travers les chairs en diverses opérations de chirurgie. — L'exutoire même que l'on entretient au moyen du *séton*.

SEUF, subst. mas. (*ceufe*), t. de mar., sorte de petit bâtiment dont on se sert sur les côtes de Flandre.

SEUIL, subst. mas. (*ceu-ie*) (du lat. *solium*, que *Varron* dit avoir été fait, dans la même signification, de *solum*, sol, pavé. *Ménage*.), pièce de bois ou de pierre qui est au bas de l'ouverture d'une porte et qui la traverse. — T. d'archit. hydraul. : *seuil d'écluse*, pièce de bois qui, étant posée de travers entre deux poteaux au fond de l'eau, sert à appuyer par le bas la porte ou les aiguilles d'une écluse ou d'un pertuis. — *Seuil de pont-levis*, grosse pièce de bois avec feuillure, arrêtée au bord de la contre-escarpe d'un fossé pour recevoir le battement d'un pont-levis quand on le baisse.

SEUILLET, subst. mas. (*ceu-ié*), t. de mar., bout de cordage mis dans les sabords d'un bâtiment, qui sert à en couvrir la partie inférieure.

SEUL, E, adj. (*ceule*) (du latin *solus*, fait du grec ὅλος, tout entier, parce que, tant qu'une chose reste entière, elle est unique dans son genre), qui est sans compagnie : *je l'ai trouvé seul*. — On dit : *un seul homme*, lorsqu'il n'y a qu'un homme, et *un homme seul*, lorsque cet homme n'est pas accompagné. — Unique : *c'est le seul qui vive de la sorte*. — *Le seul* veut le verbe qui suit au subj. : *le seul parti que l'on puisse prendre*. Voy. UNIQUE. — Simple : *la seule pensée de cette action est criminelle*. — *Être seul au monde*, n'avoir ni parents, ni amis. — *Vivre seul dans le monde*, ne pas fréquenter la société ; n'avoir pas d'affections. — Prov. : *cela va tout seul*, est facile à faire. — *Voix seule*, ou mieux *solo*, en t. de mus., le récitant dont la voix ne se mêle point à d'autres voix. — Subst. et au mas., on appelle *gouvernement d'un seul*, le pouvoir monarchique et absolu.

SEULEMENT, adv. (*ceuleman*) (du lat. *solum*, *solummodò*), rien de plus, pas davantage : *dites-lui seulement un mot*. — Du moins : *laissez-moi seulement reposer un demi-quart d'heure*. — Même : *il n'a pas été seulement malade*. — *Le courrier est seulement arrivé d'aujourd'hui*, n'est arrivé que d'aujourd'hui. — *Non-seulement, mais encore* : *non-seulement il est le consolateur des infortunés, mais encore le bienfaiteur des pauvres*. Voy. NON.

SEULET, adj. mas., au fém. **SEULETTE** (*ceulè, lete*), c'est un diminutif de *seul*, usité seulement dans le style pastoral : *je n'irai plus au bois seulette*.

SEULETTE, adj. fém. Voy. SEULET.

SEURRE, subst. propre mas. (*ceure*), petite ville de France, chef-lieu de canton, arrond. de Beaune, dép. de la Côte-d'Or.

SÉVARANTON, subst. mas. (*cévaranton*), t. de bot., espèce de plante de l'Inde, du genre des bignonées.

SÉVATES, subst. propre mas. plur. (*cévate*), anciens peuples qui habitaient une partie de la Haute-Autriche.

SÈVE, subst. fém. (*cève*) (du latin *sapa*, employé dans la même acception, et qui signifie proprement du *vin cuit jusqu'à l'évaporation des deux tiers*), l'humeur qui se répand par tout l'arbre, ou par toute la plante, et qui lui fait porter du nouveau bois, des fleurs et des fruits. — *Arbre en sève*, dont la *sève* fermente. — Au fig., vigueur, force de la jeunesse : *ce jeune homme est dans toute sa sève*. — En parlant des ouvrages d'esprit, verve : *il a de la sève dans son style*.

SEVEL-CORONDE, subst. fém. (*cevèlekoronde*), t. de bot., sorte de cannelle mucilagineuse qu'on tire de Ceylan.

SEVER (SAINT-), subst. propre mas. (*ceincevère*), ville de France, chef-lieu de canton et d'arrond., dép. des Landes. — Bourg de France, chef-lieu de canton, arrond. de Vire, dép. du Calvados.

SÉVERAC-LE-CHÂTEAU, subst. propre mas. (*céveraklechâtô*), ville de France, chef-lieu de canton, arrond. de Milhau, dép. de l'Aveyron.

SÉVÈRE (SAINT-), subst. propre mas. (*ceincévère*), ville de France, chef-lieu de canton, arrond. de La Châtre, dép. de l'Indre.

SÉVÈRE, adj. des deux genres (*cévère*) (en lat. *severus*), rigide, qui exige une extrême régularité et qui pardonne peu ou point : *père, juge, censeur sévère*. Voy. AUSTÈRE. — En parlant des choses, rigide, rigoureux : *vertu, loi, punition, ton sévère*. — En parlant d'une figure qui a plus de régularité que d'attraits, on dit que *c'est une beauté sévère, un caractère de beauté sévère*. — Cruel, barbare : *un sévère destin*. — En t. de littér. : *style sévère*, dont on a banni une élégance recherchée. — Dans les arts : *ornements sévères*, d'un caractère noble et régulier. — Subst. mas., ce qui est dans le genre *sévère* : *passer du grave au doux, du plaisant au sévère*.

SÉVÈRE, subst. mas. (*cevère*), t. d'hist nat., espèce de vipère d'un brun roussâtre.

SÉVÈREMENT, adv. (*cévèreman*) (en lat. *severè*), avec *sévérité*. — *Traiter quelqu'un sévèrement*, agir avec peu d'indulgence, ne pas le ménager.

SÉVÉRIANE, subst. fém. (*cévéri-ane*), t. de jard., sorte de poire.

SÉVÉRIENS, subst. mas. plur. (*cévéri-ein*), anciens sectaires qui regardaient la loi de Moïse comme maudite.

SÉVÉRITÉ, subst. fém. (*cévérité*) (en lat. *severitas*), rigidité, rigueur, qualité de ce qui est *sévère* : *la trop grande sévérité est quelquefois une cruauté*. — Austérité, régularité : *la sévérité de son caractère imposé à tout le monde*. — SÉVÉRITÉ, RIGUEUR. (*Syn.*) La *sévérité* se trouve principalement dans la manière de penser et de juger ; elle condamne facilement et n'excuse pas. La *rigueur* se trouve particulièrement dans la manière de punir ; elle n'adoucit pas la peine, et ne pardonne rien. Les faux dévots n'ont de *sévérité* que pour autrui ; prêts à tout blâmer, ils ne cessent de s'applaudir eux-mêmes. La *rigueur* ne peut être bonne que dans les occasions où l'exemple serait de conséquence ; partout ailleurs on doit avoir un peu d'égard à la faiblesse humaine. — L'usage a consacré les mots *rigueur* et *sévérité* à certaines choses particulières : on dit, la *sévérité* des mœurs, la *rigueur* de la saison. La *sévérité* des femmes est un ajustement et un fard qu'elles ajoutent à leur beauté ; dans ce sens, le mot de *rigueurs*, au plur., répond à celui de *sévérité*.

SÉVÉRONDE, subst. fém. (*cévéronde*), saillie d'un toit sur la rue. (*Raymond*.) Aujourd'hui l'on dit *subgronde*.

SÉVEUSE, adj. fém. Voy. SÉVEUX.

SÉVEUX, adj. mas., au fém. **SÉVEUSE** (*céveu, veuze*), qui sert à la circulation de la *sève* : *canal séveux*.

SÉVI, part. pass. de *sévir*.

SÉVICES, subst. mas. plur. (*cévice*) (en latin *sævitiæ*), t. de palais, mauvais traitements qui vont jusqu'aux coups, d'un mari envers sa femme, d'un père ou d'une mère envers ses enfants, d'un maître envers ses apprentis ou ses domestiques : *dans la séparation de corps, on exige qu'il soit fait preuve de sévices*.

SÉVILLANE, subst. fém. (*cévilelane*), piastre qui a cours à *Séville*, en Espagne.

SÉVILLE, subst. propre fém. (*cévile*), ville d'Espagne, chef-lieu de province, dans l'Andalousie, sur le Guadalquivir.

SÉVIR, subst. mas. (*cévir*) (du lat. *sex*, six, et *vir*, homme), t. d'antiq., le commandant de chacune des six décuries des chevaliers romains. — Membre d'un collège composé de six magistrats.

SÉVIR, v. neut. (*cévir*) (du lat. *sævire*), agir avec rigueur. Il se dit des mauvais traitements exercés par le supérieur à l'égard de l'inférieur. Voyez SÉVICES. — Punir sévèrement : *les juges ne sauraient trop sévir contre les voleurs*.

SÉVIRAL, E, adj. (*céviral*), qui concerne le *sévirat*. — Au plur. mas. *séviraux*.

SÉVIRAT, subst. mas. (*cévira*), t. d'antiq., dignité de celui qui commandait l'une des six décuries chez les anciens Romains.

SÉVOLE, subst. fém. (*cévole*), t. de bot., genre de plantes monogynes, de la famille des campanulacées.

SEVRAGE, subst. mas. (*cevraje*), action de *sevrer*. — Temps nécessaire pour habituer un enfant à ne plus téter. — Établissement où l'on met les enfants pour être *sevrés* : *maison de sevrage*.

SEVRÉ, E, part. pass. de *sevrer*.

SEVRER, v. act. (*cevré*) (du lat. *separare*, séparer ; *séparer un enfant de sa nourrice*. *Sevrer*, en vieux langage, signifiait séparer), ôter à un enfant sa nourrice, afin qu'il ne tette plus. — On le dit aussi, 1° des animaux : *sevrer un veau, un chien*, etc. ; 2° de quelques plantes : *sevrer une marcotte*. — Fig., priver, frustrer : *on l'a sevré des avantages de sa place*. — *se* SEVRER, v. pron., se retrancher quelque chose, s'abstenir de... : *se sevrer de plaisirs*.

SÈVRES, subst. propre mas. (*cèvre*), bourg de France, chef-lieu de canton, arrond. de Versailles, dép. de Seine-et-Oise, qui possède une manufacture célèbre de porcelaines.

SÈVRES (DEUX-), subst. propre mas. (*deucèvre*), dép. de France, traversé par deux rivières de ce nom. Chef-lieu, Niort.

SEVREUSE, subst. fém. (*cevreuze*), celle qui est chargée du soin de *sevrer* un enfant.

SEXAGÉNAIRE, subst. et adj. des deux genres (*cèguezajénère*), qui a *soixante* ans. — Subst. : *un sexagénaire*.

SEXAGÈNE, subst. mas. Voy. SEXTANT.

SEXAGÉSIMAL, E, adj. (*cèguezajézimale*), t. de mathém., qui a *soixante* pour dénominateur. — Au plur. mas., *sexagésimaux*.

SEXAGÉSIMAUX, adj. mas. plur. Voy. SEXAGÉSIMAL.

SEXAGÉSIME, subst. fém. (*cèguezajézime*), dimanche avant le dimanche gras.

SEXANGLE, subst. mas. et adj. des deux genres (*cèguezangule*), qui a six *angles*. On dit plus souvent *hexagone*.

SEXANGULAIRE, adj. des deux genres (*cèguezangulère*), qui a *six angles*. — Subst. mas., t. d'hist. nat., poisson du genre du cheval marin.

SEXANGULÉ, E, adj. (*cèguezangulé*), qui est formé de *six angles*. — T. de bot., se dit de certaines parties des plantes qui ont *six angles*. On dit aussi *sexangle*.

SEXCÉNAIRE, adj. des deux genres (*cèkcénère*), qui est au nombre de *six cents*.

SEXCENTÉSIME, adj. des deux genres (*cèkçantézime*), t. d'arith. ; se dit d'un nombre qui compose *six cents*, d'une partie qui se divise en *six cents*. — Subst. : *un sexcentésime*.

SEXDENTÉ, E, adj. (*cèkcedanté*), t. d'hist. nat., qui a *six dents*.

SEXDIGITAIRE, adj. des deux genres (*cèkcedijitère*) (du lat. *sex*, six, et *digitus*, doigt), qui a *six doigts*, qui est né avec *six doigts*. — Subst. : *un, une sexdigitaire*.

SEXDIGITAL, E, adj. (*cèkcedijital*) (même étym. que celle du mot précéd.) ; se dit d'un pied ou d'une main qui a *six doigts*. — Au plur. mas., *sexdigitaux*.

SEXDIGITAUX, adj. mas. plur. Voy. SEXDIGITAL.

SEXE, subst. mas. (*cèkce*), différence physique et constitutive du mâle et de la femelle : *le sexe masculin et le sexe féminin ; la différence des sexes*. — On distingue les hommes en deux classes qu'on appelle : *les deux sexes*. — C'est dans ce sens qu'on dit : *cette femme a un courage au-dessus de son sexe ; cet homme dans sa conduite déshonore son sexe*. — *Le beau sexe*, ou simplement *le sexe*, les femmes : *il aime le sexe*. — On se sert aussi du mot *sexe* en parlant des plantes : *plusieurs plantes réunissent les deux sexes*.

SEXENNAL, E, adj. des deux genres (*cèkcénenale*), qui revient, qui se fait, qui arrive tous les *six ans*. — Au plur. mas., *sexennaux*.

SEXENNALITÉ, subst. fém. (*cèkcénenalité*), qualité de ce qui est *sexennal*.

SEXENNAUX, adj. mas. plur. Voy. SEXENNAL.

SEXTAIRE, ou **SEXTIER**, subst. mas. (*cèkcetère, tié*), mesure romaine, qui correspond à notre chopine de Paris. — Poids de seize onces et demie d'eau.

SEXTANE, adj. fém. (*cèkcetane*), t. de médec., qui revient tous les *six jours* : *fièvre sextane*.

SEXTANIENS, subst. propre mas. plur. (*cèkcetantein*), anciens peuples d'Arles, en Provence.

SEXTANT, subst. mas. (*cèkcetan*) (du lat. *sextans*, sixième partie d'un tout; formé de *sextus*, sixième), en géom., sixième partie d'un cercle, arc de soixante degrés. — En astron., instrument qui contient la *sixième* partie d'un cercle ou soixante degrés. — Constellation méridionale.

SEXTANTAIRE, adj. des deux genres (*cèkcetantère*), t. d'antiq., de deux onces, qui pèse deux onces.

SEXTANTAL, E, adj. (*cèkcetantale*), t. d'antiq., de deux onces, du poids de deux onces. — Qui a deux pouces de dimension. — *As sextantal*, l'as réduit de douze onces à deux, pendant la première guerre punique, à cause des besoins de la république. — Au plur. mas., *sextantaux*.

SEXTARIUS, subst. mas. (*cèkcetari-uce*), mesure romaine pour les liquides. Voy. QUINCUNX.

SEXTE, subst. fém. (*cèkcete*) (en lat. *sexta*, sous-entendu *hora*, sixième heure), une des heures canoniales dans l'Église. — *Les petites heures*, prime, tierce, sexte et none. — Subst. mas., la collection des décrétales faites par Boniface VIII.

SEXTELAGE, subst. mas. (*cèkcetelaje*), t. de féod., certain droit que les seigneurs prélevaient sur ce qui se vendait dans les marchés. Hors d'usage.

SEXTIDI, subst. mas. (*cèkcetidi*), sixième jour de la décade, dans le calendrier républicain français.

SEXTIE, subst. fém. (*cèkceti*), loi romaine qui réglait certaines cérémonies religieuses.

SEXTIER, subst. mas. Voy. SEXTAIRE.

SEXTIL, E, adj. (*cèkcetile*) (du lat. *sextilis*, fait de *sextus*, sixième), t. d'astron.: *aspect sextil*, aspect de deux planètes éloignées entre elles de soixante degrés, c'est-à-dire de la *sixième* partie du zodiaque. — *Année sextile*, de trois cent soixante-six jours, dans laquelle par conséquent il y avait un *sixième* jour complémentaire. C'est l'année grégorienne bissextile.

SEXTULE, subst. fém. (*cèkcetule*) (du latin *sextula*, fait, dans la même signification, de *sextus*, sixième), t. de pharmacie, la *sixième* partie d'une once, ou quatre scrupules. — T. d'antiq., *sixième* partie de l'once romaine.— Mesure d'intervalle de quatre cents pieds romains.

SEXTUMVIR, subst. mas. (*cèkcetomevir*), l'un des prêtres romains attachés au culte d'Auguste déifié. Ils n'étaient que six dans les provinces : c'est de là qu'ils avaient tiré leur nom ; mais à Rome il y en avait jusqu'à vingt-cinq : *sextumvir augustal*.

SEXTUMVIRAT, subst. mas. (*cèkcetomevira*), charge, dignité, fonction des *sextumvirs*. — Durée de ces fonctions.

SEXTUPLE, adj. des deux genres (*cèkcetuple*), six fois autant : *douze est sextuple de deux*. — En musique, on a appelé improprement *mesure sextuple*, la mesure à deux temps composée de six notes égales, dont trois pour chaque temps. — Subst. mas. : *le sextuple de deux est douze*.

SEXTUPLÉ, E, part. pass. de *sextupler*.

SEXTUPLER, v. act. (*cèkcetuplé*), répéter *six* fois. — Rendre six fois plus grand. — *se* SEXTUPLER, v. pron.

SEXUEL, adj. mas., au fém. **SEXUELLE** (*cèkçu-èle*) (du latin *sexus*, sexe), qui caractérise le *sexe : parties sexuelles; qualités sexuelles*. — Qui tient au *sexe : affection sexuelle*.—En bot., *système sexuel*, système de *Linnée*, fondé sur les organes de la génération mâles ou femelles dans les plantes.

SEXUELLE, adj. fém. Voy. SEXUEL.

SEY, subst. mas. (*cé*), t. d'hist. nat., espèce de poisson du genre des gades.

SEYÉ, E, part. pass. de *seyer*.

SEYER, v. act. (*cè-ié*), couper les blés. — *se* SEYER, v. pron. Fort peu en usage.

SEYEUR, subst. mas., **SEYEUSE**, subst. fém. (*cè-ieur, ieuze*), qui coupe, qui *scie* les blés. Peu en usage.

SEYEUSE, subst. fém. Voy. SEYEUR.

SEYMERIE, subst. fém. (*cèmeri*), t. de bot., genre de plantes qui se rapproche beaucoup de celui des gérardes.

SEYMOUNE, subst. mas. (*cèmoune*), vent du désert, impétueux, brûlant.

SEYNE, subst. propre mas. (*cène*), , ville forte de France, chef-lieu de canton, arrond. de Digne, dép. des Basses-Alpes.

SEYSSEL, subst. propre mas. (*cècecèle*), ville de France, chef-lieu de canton, arrond. de Belley, dép. de l'Ain. Mine d'asphalte.

SEYTA, subst. fem. (*cèta*), myth., idole fameuse adorée par les Lapons.

SÉZANNE, subst. propre mas. (*cézane*), ville de France, chef-lieu de canton, arrond. d'Épernay, dép. de la Marne.

SFUMATO, subst. mas. et plus souvent adv. (*cefumato*) (mot italien qui signifie *enfumé*), t. de peint.; il se dit d'une manière de peindre extrêmement moelleuse, qui, de près, laisse quelque incertitude sur la terminaison du contour, sur le détail des formes, etc., mais qui ne laisse aucune indécision lorsqu'on se place à une distance convenable; *peindre sfumato; ce peintre entend bien le sfumato*.

SGRAFITTO, subst. mas. (*ceguerafiteto*) (mot italien qui signifie *égratigné*), t. de peint.; il se dit d'une ancienne manière de peindre; *peindre à sgrafitto*.—*L'Académie* a francisé ce mot; elle écrit *sgraffite*.

S. H., abréviation de *sa Hautesse*.

S. G., abréviation de *sa Grandeur* ou *sa Grace*.

SHAKO, subst. mas. (*chako*), coiffure à l'usage de l'infanterie.

SHALANG, subst. mas. (*chalan*), t. de bot.; espèce de thé qui croît en Chine et en Afrique.

SHALL, subst. mas.; mauvaise orthographe de ce mot. Voy. SCHALL.

SHAMANÉES, subst. mas. plur. (*chamané*), classe de solitaires indiens.

SHACATH, subst. fém. (*chakate*), t. d'astron., nom d'une étoile et d'une constellation.

SHASTA, SHASTAH ou SASTAH, subst. mas. (*chaceta, çaceta*), livre sacré des Indiens; commentaire sur le Védam.

SHAVIE, subst. fém. (*chavi*), t. de bot., genre de plantes de la famille des corymbifères.

SHECTÉENS, subst. mas. plur. (*chékte-ein*), sectaires indiens qui rejettent l'autorité du Védam.

SHELING, orthographe vicieuse de ce mot. Voy. SCHELLING.

SHÉRARDE, subst. fém. (*chérarde*), t. de bot., plante monogyne, de la famille des rubiacées.

SHÉRIF, subst. mas. (*chérife*), officier de justice.—Commissaire de police en Angleterre.

SHEVET, ou **SHEVAN**, subst. mas. (*chevè, chevan*), onzième mois de l'année sacrée des Hébreux.

SHINAC, subst. mas. (*chinak*), t. d'art vétér., sorte de maladie particulière aux vaches d'Irlande.

SHIRE, subst. propre mas. (*chere*), mot anglais qui signifie comté : *Kentshire*, comté de *Kent*.

SHIVA, subst. propre mas. (*chiva*), idole fort accréditée chez les Indiens.—L'une des personnes de la trinité indienne.

SHOEN, subst. mas. (*cho-ène*), prêtre égyptien.

SHORÉE, subst. mas. (*choré*), t. de bot., genre de plante qui produit le camphre.

SHOURIEN, subst. mas. (*chourieìn*), planète du soleil, qui préside au dimanche.—Demi-dieu des Indiens.

SI, conj. cond. (*ci*) (en lat. *si*), en cas que, à moins que : *j'irai vous voir, s'il fait beau temps; il viendra à bout de cette affaire, si rien ne s'y oppose*.—On peut se servir de *si*, au premier et au second membre d'une période; mais souvent on change le *si* du second membre en *que : si nous sommes jamais heureux, et que la fortune se lasse de nous persécuter, nous travaillerons à assurer le sort de ce qui nous est cher*.—Pourvu que : *je vous récompenserai bien, si je suis content de vous*. — Quelque : *si petit qu'il soit*.—Particule affirmative, et s'opposant à *non : je gage que si, je gage que non*. Fam. —On dit aussi fam., dans le même sens : *oh que si! Vous ne ferez donc pas cela? oh que si!*—*Que si*, s'emploie souvent pour *si : que si vous venez me dire*, pour : *si vous venez me dire*.—Quelquefois particule dubitative : *dites-moi si vous irez à Paris; je ne sais si cela est vrai; je ne sais si vous achèverez*.—Fam., néanmoins : *il a beau s'en aller, si faudra-t-il qu'il revienne*. — *Si* devant le pronom *il* perd *i*, mais il ne le perd devant aucun autre mot, par quelque voyelle que ce mot commence, quand même ce serait par un *i : il viendra s'il peut; si elle vient; si Isocrate avait vécu*. En ce dernier sens il signifie : supposé que.—*Si*, précédé de la conjonction *et*, s'emploie dans la conversation, pour dire, cependant, avec cela, néanmoins; et alors il ne perd jamais sa voyelle, pas même devant le pronom : *il est brave et vaillant, et si il est doux et facile; il est très-savant, et si il est modeste, je souffre plus que vous, et si je ne me plains pas*. Cet emploi de *si* est permis aussi en poésie, mais dans le style marotique ou familier. — *Si*, adv., tellement, à tel point. En ce sens, il est ordinairement suivi de *que : il a couru si vite, qu'il en a été malade; les gens riches ne sont pas toujours si heureux qu'on le pense*. — Il se prend aussi absolument : *n'avez-vous pas été effrayé d'une mort si proche et si inévitable?* — Dans un sens comparatif, aussi, autant, et alors il s'emploie avec la négation : *il n'est pas si riche que vous; il ne fait pas de si beaux vers*.— Combien ; *vous savez si je vous aime*.—Fam.: *si tant est que...*, *s'il* est vrai que : *si tant est que la chose soit comme vous le dites, il faudra que...* —*Si fait*, façon de parler adverbiale et familière, et contre le bel usage, dont on se sert pour assurer le contraire de ce qu'un autre dit ou a dit : *je crois qu'il n'a pas été là? si fait, il y a été; si fait vraiment*. — *Si ferai, si ferai-je*, autres façons d'affirmer qui ont vieilli. Nous sommes étonnés de les lire encore dans l'*Académie*, qui se contente d'annoncer qu'on dit plus ordinairement : *je le ferai*. — *Si bien que*, adv., tellement que, de sorte que : *les choses étaient désespérées, si bien qu'il fallut renoncer à toute l'entreprise*.—Prov. : *avec un si on mettrait Paris dans une bouteille*, avec de telles suppositions on rendrait tout possible.—*Si* s'emploie quelquefois substantivement au mas., comme dans ces phrases : *il a toujours un si ou un mais; il ne donne jamais de louange qui ne soit suivie d'un si*, pour dire qu'à la fin il y a toujours quelque chose qui rabat de ce que l'on a dit, ou qui le détruit.

SI, subst. mas. (*ci*), la septième note de musique. — Nom qu'on donne en Normandie à la graisse appelée *suint*.

SIADES, subst. propre fém. plur. (*ci-ade*), nom de sept îles dans la Manche, qui avoisinent les côtes de France.

SIAGONAGRE, subst. fém. (*ci-agonaguere*) (du grec σιαγων, mâchoire, et αγρα, prise), t. de médec., goutte aux mâchoires.

SIAGONE, subst. fém. (*ci-aguone*), t. d'hist. nat., genre d'insectes de l'ordre des coléoptères carnassiers.

SIAGONIE, subst. fém. (*ci-aguoni*), t. d'hist. nat., genre d'insectes coléoptères, famille des brachélytres.

SIAGONITE, subst. mas. (*ci-aguonite*) (du grec σιαγων, mâchoire), t. d'anat., nom des muscles de la mâchoire.—Adj. des deux genres : *les muscles siagonites*.

SIAGONOTES, subst. m. pl. (*ci-aguonote*) (du grec σιαγων, mâchoire, et νοτιος, humide), t. d'hist. nat., famille de poissons de la division des osseux abdominaux.

SIAKA, subst. fém. (*ci-aka*), religion particulière au Japon.

SIAKO, subst. mas. (*ci-ako*), souverain pontife de la religion du *siaka* ou budsdoïsme, au Japon.

SIALAGOGUE, adj. des deux genres (*ci-alaguogue*) (du grec σιαλον, salive, et αγω, je chasse), t. de médec., qui excite l'évacuation de la salive.—Subst. mas. : *un sialagogue*.

SIALIS, subst. mas. (*ci-alice*), t. d'hist. nat., genre d'insectes névroptères, famille des planipennes.

SIALISME, subst. mas. (*ci-aliceme*) (du grec σιαλον, salive), t. de médec., salivation. Voyez PTYALISME.

SIALITE, subst. fém. (*ci-alite*), t. de bot., genre de plantes polygynes de la famille des magnoliers.

SIALOGUE, adj. des deux genres (*ci-alogue*), qui crache, qui a l'habitude de cracher en parlant. Peu usité.

SIALOLOGIE, subst. fém. (*ci-aloloji*) (du grec σιαλον, salive, et λογος, discours), t. de médec., traité de la salive.

SIALOLOGIQUE, adj. des deux genres (*ci-alolojike*), qui est relatif, qui a rapport à la *sialologie*.

SIALOME, subst. mas. (*ci-alome*), t. de blas., rondeur de l'écu.

SIAM, subst. mas. (*ci-ame*), sorte de jeu de quilles.—Subst. propre mas., nom d'un royaume d'Asie, dans les Indes.

SIAMOIS, E, subst. fém. et adj. (*ci-amoè*,

moëze), qui est de *Siam*. — Qui concerne le royaume de *Siam*.

SIAMOISE, subst. et adj. fém. Voy. SIAMOIS.— Subst., sorte d'étoffe de coton, imitée de celles qui se fabriquent à *Siam*.

SIB, subst. propre mas. (*cibe*), un des anciens dieux des brachmanes.

SIBA ou **SIVA**, subst. propre fém. (*ciba, civa*), myth., déesse des Slavons varaignes.

SIBADILLE, subst. fém. (*cibadi-le*), t. de bot., sorte de plante.

SIBAN ou **SIVAN**, subst. mas. (*ciban, civan*), neuvième mois de l'année civile des Hébreux, et le troisième de leur année sacrée.

SIBARE, subst. mas. (*cibare*), t. de médec., inflammation gangréneuse du cerveau.

SIBARITE, **SIBARISME**, subst. Voy. SYBARITE, SYBARISME, seuls conformes à l'étymologie.

SIBBALDIE, subst. fém. (*cibebuledi*), t. de bot., genre de plantes pentagynes de la famille des rosacées.

SIBBENS ou **SIVVIN** subst. mas. (*ciban, civan*), t. de médec., maladie contagieuse des montagnes de l'Écosse; variété de la siphilis.

SIBÉRIE, subst. propre fém. (*cibérî*), province de la Russie, dont le climat est très-rigoureux.

SIBÉRIENS, subst. propre mas. (*cibériein*), peuples qui habitent la Russie asiatique et la Tartarie russienne.

SIBÉRITE, subst. fém. (*cibérite*), t. d'hist. nat., la tourmaline apyre rouge de Sibérie.

SIBILLE, subst. fém. Voy. SEBILLE.

SIBILATION, subst. fém. (*cibilâcion*) (du lat. *sibilare*, siffler), action de siffler, sifflement.

SIBILLOT, subst. mas. (*cibilelo*), qui contrefait les esprits, qui fait rire, qui parle du ventre.

SIBON, subst. mas. (*cibon*), t. d'hist. nat., nom spécifique donné à une couleuvre.

SIBTHORPE, subst. mas. (*cibetorpe*), t. de bot., genre de plantes de la famille des rhinanthoïdes.

SIBYLLE, subst. fém. (*cibile*) (du grec σιϐυλλα, formé, selon quelques-uns, de σιος, pour θεος, dieu, et ϐουλη, conseil), prophétesse; *conseil divin* chez les anciens : *la sibylle de Cumes*.— Fig. et fam. : *vieille sibylle*, fille ou femme âgée, qui fait parade d'esprit et de science. — Myth., femmes ou filles qui prédisaient l'avenir. Une des plus renommées a été celle de Cumes; elle faisait sa demeure ordinaire dans un antre auprès de cette ville, et était fille de Glaucus. On dit qu'Apollon, lui ayant témoigné sa tendresse, ne put la rendre sensible qu'à condition de la faire vivre autant d'années qu'elle pourrait tenir de grains de sable dans sa main. Elle devint si décrépite, qu'il ne lui resta plus que la voix pour rendre des oracles : on l'appelait *Déiphobé*, ou *Démo*, ou *Démophile*, ou *Hiérophile*, ou *Amalthée*. Il y a plusieurs autres *sibylles*. La plus ancienne a été celle de Delphes, que quelques-uns appellent aussi *Daphné*.

SIBYLLIN, adj. mas. (*cibilelein*), de la *sibylle* : *livres sibyllins*; *les vers*, *les oracles sibyllins*, contenaient les prétendues prédictions des *sibylles*. Ces livres avaient une grande autorité chez les Romains, qui ne faisaient rien sans les consulter. Ils furent brûlés avec le Capitole, l'an 670 de Rome.

SIBYLLISÉ, E, part. pass. de *sibylliser*.

SIBYLLISER, v. act. (*cibilizé*), rendre des oracles à la manière des *sibylles*.—*se* SIBYLLISER, v. pron. (Boiste.) Inusité.

SIBYLLISME, subst. mas. (*cibiliceme*), croyance aux livres *sibyllins*. — Raisonnement, opinion sur les *sibylles* ou les livres *sibyllins*. (Boiste.) Inusité.

SIBYLLISTE, subst. mas. (*cibilelicete*), qui a étudié les livres *sibyllins*; partisan du *sibyllisme*. (Boiste.) Inusité.

SICA, subst. mas. (*cika*) (mot latin), nom que les Romains donnaient à une espèce de poignard.

SICACITÉ, subst. fém. (*cikacité*), sécheresse d'un marais, d'un étang. (*Boiste*.) Inusité. On dit *siccité*.

SICAIRE, subst. mas. (*cikière*) (du lat. *sica*, poignard), assassin.—Juif à Jérusalem —Coupe-jarret.

SICAMBRES, subst. propre mas. plur. (*cikanbre*), anciens peuples qui habitaient le territoire de la Westphalie.

SICAMOR, subst. mas. (*cikamor*), t. de blas., berceau. — Cerceau lié comme celui d'un tonneau.

SICCATIF, subst. mas. (*cikekatif*) (du lat. *siccativus*, fait de *siccare*, sécher), t. de peinture, huile grasse qu'on joint à certaines couleurs pour qu'elles *sèchent* plus facilement.

SICCATIF, adj. et subst. mas.; **SICCATIVE**, subst. fém. (*cikekatif, tive*), qui a la propriété de faire sécher : *huile siccative*.

SICCATIVE, adj. fém. Voy. SICCATIF.

SICCHASIE, subst. fém. (*cikekazi*), t. de médec., dégoût pénible pour les aliments.

SICCITÉ, subst. fém. (*cikcité*) (en lat. *siccitas*, fait de *siccus*, sec), qualité de ce qui est *sec*.

SICÉLIDES, subst. propre fém. plur. (*cicélide*), myth., nom que *Virgile* donne aux Muses.

SICHÉMITES, subst. propre mas. plur. (*cichémite*), nom qu'on donne aux fils, aux descendants de *Sichem*.

SICILE, subst. propre fém. (*cicile*), grande île de la Méditerranée, dont la capitale est Palerme; elle fait partie du royaume de Naples.

SICILIEN, subst. et adj. mas., au fém. **SICILIENNE** (*cicilein, liène*), qui est de *Sicile*.—Qui a rapport à la *Sicile*, qui concerne la *Sicile*.

SICILIENNE, subst. et adj. fém. Voy. SICILIEN.—Subst. fém., espèce de danse.—Son air.

SICILIQUE, subst. mas. (*cicilike*) (en lat. *sicilicum*), poids de droguiste qui pèse un sextuple et deux scrupules.

SICINNIS, subst. fém. (*cicinenice*), sorte de danse des anciens.—Son air.

SICINNISTE, subst. mas. (*cicinenicete*), celui qui dansait la *sicinnis*. — Baladin exercé à cette danse.

SICKI, subst. mas. (*ciki*), t. de bot., nom de plusieurs arbres d'Amboine, peu connus des botanistes.

SICKINGIE, subst. fém. (*cikieinji*), t. de bot., sorte d'arbre d'Amérique.

SICKION, subst. mas. (*cikion*), t. de teint., liqueur qui sort du coton quand on le tord.

SICLE, subst. mas. (*cikle*) (du lat. *siclus*), monnaie des Juifs, d'argent pur. Le *sicle d'argent* valait environ trente-deux sous sept deniers (1 fr., 67 cent.); le *sicle d'or*, environ onze livres douze sous (11 fr. 60 c.) de France; et le *sicle poids*, environ quatre vingt-dix grains de notre poids de marc.

SICOMORE, subst. mas. Voy. SYCOMORE.

SICOPHANTE, subst. mas. Voy. SYCOPHANTE.

SICRIN, subst. mas. (*cikrein*), t. d'hist. nat., espèce d'oiseau d'Afrique du genre des choquarts.

SICUÉDON, subst. mas. Voy. RAPHANÉDON.

SICYONIE, subst. fém. (*cici-oni*), t. d'hist. nat., genre de crustacés.

SICYONIENNE, adj. fém. (*cici-oniène*), myth., surnom donné à Pallas qui avait un temple à *Sicyone*, en mémoire de la victoire que remporta Epopéus sur les Thébains.

SICYONIENS, subst. mas. plur. (*cici-onieïn*), peuples de *Sicyone*, le plus ancien royaume de la Grèce.

SICYOS, subst. mas. (*cici-ô*), t. de bot., genre de plantes monoïques de la famille des cucurbitacées.

SIDÉRAL, E, adj. (*cidérale*) (du lat. *sideralis*, et *sidereus*, fait de *sidus, sideris*, astre), qui concerne les astres et les étoiles. Quelques-uns disent aussi *sidéréal, ale*. — *Année sidérale*, le temps de la révolution de la terre, d'un point de son orbite jusqu'à son retour au même point. Elle est plus longue de vingt minutes que l'*année tropique* ou retour des saisons, à cause de la précession des équinoxes. — *Révolution sidérale*, temps employé par les planètes à faire leur révolution autour du soleil. — *Observations sidérales*, observations superstitieuses des astres que les Arabes introduisirent dans la médecine. —*Difficultés sidérales*, difficultés qui se rencontrent dans la science des astres.—Au plur. mas., *sidéraux*.

SIDÉRATION, subst. fém. (*cidérâcion*) (du lat. *sideratio*, fait de *sidus, sideris*, astre), t. de médec., apoplexie et paralysie subite, comme si l'on était frappé tout-à-coup de quelque maligne influence d'un astre.—Maladie des arbres causée par une mauvaise influence.

SIDÉRAUX, adj. mas. plur. Voy. SIDÉRAL.

SIDÉRÉ, E, adj. (*cidéré*), céleste. Poét.

SIDÉRÉAL, E, adj. Voy. SIDÉRAL.

SIDÉRITHE, subst. fém. (*cidérite*), t. d'hist. nat., substance métallique que l'on trouve combinée avec certaines espèces de fer. — Sorte de quartz.—Nom qu'on avait particulièrement donné à l'aimant, mais qu'on a ensuite employé pour désigner le fer hydraté, terreux, limoneux des marais, etc.—Sorte de diamant. Voy. CRAPAUDINE.

SIDÉRITÈS, subst. propre fém. (*cidéritèce*), myth., pierre qu'Apollon donna à Hélénus, et à laquelle Orphée attribue le don de la parole.

SIDÉRITIQUE, adj. des deux genres (*cidéritike*), qui a rapport à la *siderithe*.

SIDÉRITIS, subst. fém. et non pas mas., comme le fait *l'Académie* (*cidéritice*), t. de bot., nom que les anciens ont donné à plusieurs plantes qui possédaient la vertu d'étancher le sang des plaies causées par les armes, et d'opérer leur cicatrisation sans causer d'inflammation. Chez les modernes, ce nom a été appliqué à des plantes de divers genres.—Sorte de pierre globuleuse.

SIDÉRODENDRE, subst. mas. (*cidérodandre*), t. de bot., espèce d'arbre d'Amérique de la famille des rubiacées.

SIDÉROGRAPHE, subst. mas. (*cidéroguerafe*), graveur, celui qui s'occupe de *sidérographie*.

SIDÉROGRAPHIE, subst. fém. (*cidérouguerafi*) (du grec σιδηρος, fer, et γραφειν, graver), art de graver.—Traité, ouvrage sur cet art.

SIDÉROGRAPHIQUE, adj. des deux genres (*cidéroguerafike*), qui a rapport, qui est relatif à la *sidérographie*.

SIDÉROLITHE, subst. fém. (*cidérolite*) (du grec σιδηρος, fer, et λιθος, pierre), t. d'hist. nat., polypier à rayons libres et en étoiles.

SIDÉROMANCIE, subst. fém. (*cidéromanci*) (du grec σιδηρος, fer, et μαντεια, divination), divination par les étincelles d'un fer rouge.

SIDÉROMANCIEN, subst. et adj. mas., au fém. **SIDÉROMANCIENNE** (*cidéromancieïn, ciène*), celui, celle qui exerce la *sidéromancie*. — Qui concerne la *sidéromancie*.

SIDÉROMANCIENNE, subst. et adj. fém. Voy. SIDÉROMANCIEN.

SIDÉROTECHNIE, subst. fém. (*cidérotèkni*) (du grec σιδηρος, fer, et τεχνη, art), art d'extraire le fer du minerai.

SIDÉROTECHNIQUE, adj. des deux genres (*cidérotèknike*), qui tient, qui a rapport à l'art de travailler le fer.

SIDÉROTITE, subst. mas. (*cidérotite*), t. de métallurgie, substance métallique qui est un phosphate de fer.

SIDÉROXYLON, subst. mas. (*cidérokcilon*), t. de bot., arbre, bois de fer, du genre des *sidérodendres*.

SIDJAN, subst. mas. (*cidejan*), t. d'hist. nat., genre de poissons qui vient dans la mer Rouge.

SIDON, subst. propre fém. (*cidon*), ancienne ville de Phénicie.

SIDONIENS, subst. propre mas. plur. (*cidonieïn*), habitants de *Sidon*.

SIDRACH, subst. mas. (*cidrak*), arbrisseau merveilleux que Mahomet a placé dans son paradis.

SIDRE, subst. propre mas. (*cidre*), golfe de la Méditerranée, au N. de Tripoli, et à l'E. de Baréâh. On lui donne aussi le nom de *Syrte*.

SIÈCLE, subst. mas. (*ciékle*) (en lat. *sæclum*, contraction de *sæculum*), espace de cent ans.—Il se dit des quatre différents âges du monde, *le siècle d'or*, *d'argent*, *d'airain*, *de fer*. Le *siècle d'or* désigne l'innocence d'Adam et d'Ève dans le Paradis terrestre, où ils trouvaient sans peine et sans travail tout ce qui leur était nécessaire. Le second, *le siècle d'argent* marque le fruit de leur péché, qui est le travail et les douleurs. Le troisième, *le siècle d'airain*, marque le temps de la corruption des hommes, jusqu'au déluge. Le quatrième, *le siècle de fer*, marque le temps des guerres que les hommes se firent les uns aux autres, et les suites de leur division. — Les anciens avaient aussi leurs quatre *siècles*, qu'ils nommaient *l'âge d'or*, *l'âge d'argent*, *l'âge d'airain*, *l'âge de fer*, et auxquels les poètes donnent aussi le nom de *siècle*. — Espace de temps indéterminé : *aux siècles passés*; *il fait honneur à son siècle*; *les mœurs de notre siècle*. — Temps célèbre par le règne de quelque prince, par les ouvrages de quelque grand homme, etc. : *le siècle d'Alexandre*, *le siècle d'Homère*, *de la belle latinité*, etc.—Il se dit par rapport aux bonnes ou aux mauvaises qualités des hommes qui vivent ou qui ont vécu dans le temps dont on parle : *siècle poli*, *éclairé*; *les siècles d'ignorance*. — Par exagération, temps considérable : *il y a un siècle qu'on ne vous a vu*.—Fam. : *le siècle futur*, la vie future.—*Les siècles futurs*, la postérité.—

Absolument : *le siècle,* l'état des gens du monde, en tant qu'il est opposé à l'état religieux ; ou de la vie mondaine, par opposition à la vie chrétienne : *les maximes du siècle.— Les siècles les plus éloignés, les plus reculés*, les temps qui ont précédé de beaucoup le nôtre ou qui viendront long-temps après.

SIÉCLÉ, part. pass. de *siécler*.

SIÉCLER, v. neut. (*ciéklé*) ; s'est dit des vieillards qui veulent plaire quoiqu'ils n'en aient plus l'âge. — Plaire à son *siècle* par ses talents. — Vivre un *siècle*. (Boiste.) Absolument inusité.

il **SIED**, v. unipers. (*ilecié*), 3ᵉ pers. de *seoir* (du verbe unipersonnel latin *decet*, employé dans la même signification), il convient, il est propre à.., il est honnête, etc.

SIEF, subst. mas. (*ciéfe*), t. de pharm., mot arabe qui signifie collyre.

SIEG, subst. mas. (*ci-ègue*), t. d'hist. nat., espèce de saumon.

SIEGAKI, subst. mas. (*ci-éguaki*), myth., cérémonie religieuse qui se pratique dans tout le Japon pour le repos des âmes des trépassés.

SIÈGE, et non pas **SIÉGE**, subst. mas. (*cièje*) (du lat. *sedes*, en grec ἕδος), meuble fait pour s'asseoir : *siége pliant; donner des siéges; siéges de paille, de jonc, de cannes, de tapisserie ;* dont le fond est garni de paille, de jonc, etc. — Banc de pierre ou de marbre, ou élévation de gazon qu'on pratique dans les jardins. — Endroit où le cocher s'assied sur le devant d'un carrosse. — Partie de la selle sur laquelle est assis le cavalier. — En médec., la partie du corps humain sur laquelle on s'assied, et particulièrement le fondement, l'anus; dans ce sens on dit : *prendre des bains de siége;* mettre la partie postérieure dans un vase d'eau tiède. — Dans les tribunaux, place où le juge s'assied. — Salle où se rend la justice. — Corps des juges. — Leur juridiction : *siège royal ; c'est un siége présidial*. — Évêché et sa juridiction : *siége pontifical, patriarchal, episcopal*, etc. — On appelle le *siége* de Rome, *le siége apostolique, le saint-siége : les décisions du saint-siége*. — Ville capitale d'un état. — On dit dans un sens approchant : *le siége de l'idolâtrie, des sciences, des beaux-arts*. — Fig. : *le cerveau est le siége de la pensée; le siége du mal est dans les foies*. — Etablissement d'une armée autour d'une place pour l'attaquer, la prendre : *mettre le siége devant une place; lever le siége*. — Dans ce dernier sens, on dit, en jouant sur le mot : *lever le siége,* s'en aller, se retirer d'une compagnie. — *État de siége*, état d'une ville, d'une place de guerre, mise sous l'autorité des chefs militaires : *la révolte politique se punit par l'état de siége*. Pendant tout le temps qu'il dure, l'action des lois ordinaires demeure suspendue, et la place est mise sous le régime militaire. — *Siége d'aisance,* la devanture et la lunette des aisances. — *Siége*, chez les potiers, simple planche sur laquelle l'ouvrier est assis en travaillant.

SIÉGÉ, part. pass. de *siéger*.

SIÉGER, v. neut. (*ciéjé*), occuper, tenir quelque *siége*. Il ne se dit guère qu'en parlant des juges et des évêques. — Résider d'habitude : *allez dans cette maison, c'est là qu'il siége tous les matins*. —Fig. : *ce n'est pas là que siége le mal*, ce n'est pas là qu'est le mal. — *Ce n'est pas là que siége la question*, ce n'est pas en cela que consiste la question.

SIEN, adj. possessif et relatif mas., de la 3ᵉ personne, au fém. **SIENNE** (*ciein, ciéne*) (en lat. *suus, sua*) : *mes intérêts sont les siens*. — Subst. mas. : il ne demande que le *sien*. —Prov. : *chacun le sien n'est pas trop.—Mettre du sien dans quelque affaire*, contribuer de son argent, de son travail, etc.—Subst. mas. plur., *les siens,* les parents, les héritiers, les descendants. — Ceux qui sont du parti de quelqu'un ; ceux qu'il favorise, ceux qui lui appartiennent, ceux qu'il commande : *c'est un bon parent, il a soin des siens ; ce général fut abandonné par les siens.—Dieu connaît et protége les siens*, ceux qui se consacrent à lui, ceux qui se dévouent pour lui. — Fam. : *faire des siennes*, faire des folies, des tours, soit de jeunesse, soit de friponnerie.

SIÉNITE, subst. fém. (*ci-énite*), t. d'hist. nat., roche primitive de feld-spath.

SIENNE, adj. possessif et relatif fém. Voy. SIEN.

SIENNE, subst. propre fém. (*ciéne*), ville de Toscane.

SIENNOIS, E, adj. et subst. (*ciénoa, noaze*), de *Sienne*.

SIERCK, subst. propre mas. (*ci-èrke*), ville de France, chef-lieu de canton, arrond. de Thionville, dép. de la Moselle.

SIESME, subst. fém. (*ciéceme*), méridienne, sommeil à l'heure de midi. Inusité. Voy. SIESTE.

SIESTE, subst. fém. (*ciécete*) (de l'espagnol *sestear*, dormir après dîné, que *Ménage* dérive du latin *sexta*, sous-entendu *hora*, la sixième heure du jour, ou midi), méridienne.

SIEULLE, subst. fém. (*cieule*), t. de jard., espèce de poire.

SIEUR, subst. mas. (*cieur*), diminutif de *monsieur ;* titre qui se donnait dans les lettres missives, etc., par un supérieur à un inférieur. — Seigneur : *un tel, sieur d'un tel lieu*. Voy. SEIGNEUR. — Quelquefois le mot *sieur* se prend en mauvaise part et par mépris : *vous direz au sieur un tel; est venu chez moi le sieur tel*.

SIEVERSIE, subst. fém. (*civèrci*), t. de bot., genre de plantes du Kamtschatka, de la famille des caryophyllées.

SIB, subst. propre fém. (*cibe*), chez les anciens Scandinaves, nom d'une sibylle qui descendait de leur dieu Odin, à la deuxième génération.

SIFFLABLE, adj. des deux genres (*ciflable*), que l'on peut ou doit *siffler : pièce, auteur sifflable*.

SIFFLANT, E, adj. (*ciflan, flante*), t. de gramm., qui *siffle : j, ch, s, z, sont des lettres sifflantes*.— T. de médec., se dit de la poitrine dont la respiration fait entendre un son particulier, connu sous le nom de *sifflement :* une *poitrine sifflante*.

SIFFLASSON, subst. mas. (*ciflaçon*), t. d'hist. nat., espèce de bécasseau qu'on rencontre auprès du lac de Genève.

SIFFLÉ, E, part. pass. de *siffler*.

SIFFLEMENT, subst. mas. (*cifleman*), bruit qu'on fait en *sifflant*. — Bruit que quelques animaux font en *sifflant : on entend le sifflement d'un serpent; le sifflement des oies*. — Bruit aigu du vent, d'une flèche, etc. — Certain bruit que font en respirant les animaux malades du poumon.

SIFFLER, v. neut. (*ciflé*) (du lat. *sibilare*, dont la signification est la même, et pour lequel on a dit *siplare*), former un son aigu en serrant les lèvres en rond et poussant son haleine : *siffler pour avertir quelqu'un.—Certains peuples sifflent en parlant*, font entendre grand nombre de lettres *sifflantes* dans leur prononciation. — Fig. : *il n'a qu'à siffler pour être obéi*, il est obéi sitôt qu'il fait connaître sa volonté. — Il se dit par extension du cri de certains animaux, comme les serpents, etc., et du vent d'une flèche, d'une balle de mousquet, etc. — Se dit du bruit que font ceux qui n'ont pas la respiration libre. — V. act., chanter un air en *sifflant : siffler toutes sortes d'air; siffler une gavotte*. — Apprendre à un oiseau à *siffler* des airs : *siffler un serin, une linotte.—Siffler un chien,* c'est l'appeler. —Fam.: *siffler la linotte*, boire plus que de raison, faire la débauche. — Fig. : *siffler quelqu'un,* instruire quelqu'un de ce qu'il aura à dire ou à faire en certaines occasions. — Désapprouver avec dérision : *on a sifflé la pièce; cet auteur a été sifflé*. — *se* SIFFLER, v. pron.

SIFFLERIE, subst. fém. (*cifleri*), léger *sifflement* que l'on fait entendre lorsque quelque chose déplaît dans la conversation. — Il se prend souvent en mauvaise part : *je me mets au-dessus de vos siffleries*.

SIFFLET, subst. mas. (*ciflè*), petit instrument à vent qui sert à *siffler*.—Fam., le conduit de la respiration : *on lui a bien coupé le sifflet*.—Trou qu'un maréchal ignorant fait au-dessus de l'anus d'un cheval poussif, dans l'intention de lui procurer une respiration plus facile. — Fig., se dit d'une improbation ou d'une censure accompagnée de huées, de cris et de mépris : *les spectateurs ont fait entendre des sifflets tout le long de la pièce —On les rassemblerait d'un coup de sifflet*, il est facile de les réunir. — Prov. et fam. : *s'il n'a pas d'autres sifflets, ses chiens sont perdus*, s'il n'a pas d'autre moyen pour faire réussir cette affaire, il y perdra son temps et sa peine.—Fig. et fam. : *couper le sifflet à quelqu'un*, le mettre hors d'état de répondre.

SIFFLEUR, subst. et adj. mas., **SIFFLEUSE**, subst. fém. (*cifleur, fleuze*), qui *siffle : mettez les siffleurs à la porte ; à la porte les siffleurs !*— Adj. : *oiseaux siffleurs.—Cheval siffleur*, qui fait entendre un *sifflement* en respirant. Il ne se dit guère au fém. — En hist. nat., espèce de singe domestique. — Sorte de marmotte du Canada.— Espèce d'oiseau du genre des troupiales. — On donne le nom de *siffleur* à une espèce de canard, et au bouvreuil.

SIFFLEUSE, subst. et adj. fém. Voyez SIFFLEUR.

SIFILET, subst. mas. (*cifilè*), t. d'hist. nat., oiseau de paradis.—Genre d'oiseaux silvains de la famille des manucodiates.

SIFON ou **SIFONE**, subst. mas. (*cifon, fone*), t. d'hist. nat., sorte de spare fossile qu'on trouve à Monte-Bolca.

SIGALÉON ou **SIGALION**, subst. propre mas. (*cigualé-on, li-on*), myth., dieu du silence, chez les anciens Grecs.

SIGALFE, subst. mas. (*cigualefe*), t. d'hist. nat., genre d'insectes de l'ordre des hyménoptères.

SIGARAS, subst. mas. (*ciguarâ*), t. d'hist. nat., sorte d'insecte qui rend un son pareil à celui d'une cigale.

SIGARET, subst. mas. (*ciguarè*), t. d'hist. nat., genre d'insectes nus.

SIGARETIER, subst. mas. (*ciguaretié*), t. d'hist. nat., animal du genre des *sigarets*.

SIGÉAMI, subst. propre mas. (*cijé-ami*), chez les Birmans, esprit qui préside aux éléments.

SIGÉE, subst. propre mas. (*cijé*), fameux promontoire de la mer Egée, où l'on éleva le tombeau d'Achille.

SIGESBECK, subst. mas. (*cijècebèk*), t. de bot., genre de plantes de la famille des corymbifères.

SIGILLAIRE, subst. fém. (*cijilelère*) (du latin *sigillum*, sceau), empreinte d'un cachet.

SIGILLAIRES ou **SIGILLARIES**, subst. fém. plur. (*cijilelère, lari*), myth., fêtes romaines qu'on célébrait après les saturnales, et pendant lesquelles on se faisait réciproquement des présents de petites figures de cire ou d'argile, et d'autres semblables colifichets. Cela donnait lieu à une foire où l'on exposait en vente toutes sortes de choses. *Aulu-Gelle* parle d'un exemplaire du second livre de l'*Énéide,* qui, dans une de ces foires, fut vendu vingt pièces d'or.

SIGILLATEUR, subst. mas. (*cijilelateur*) (du lat. *sigillum*, sceau), t. d'hist. anc., prêtre qui marquait les victimes.

SIGILLATION, subst. fém. (*cijilelâcion*), t. d'antiq., action du prêtre qui marquait les victimes.

SIGILLÉ, E, adj. (*cijilelé*) (en lat. *sigillatus*, fait de *sigillum*, sceau), *terre sigillée,* sorte de terre glaise de l'Archipel, qui est ordinairement marquée d'un sceau.

SIGILLES, subst. fém. plur. (*cijile*), t. d'antiq., statuettes placées dans des niches, et qu'on adorait lorsqu'elles avaient été consacrées.

SIGILLINE, subst. fém. (*cijileline*), t. d'hist. nat., genre de mollusques de la famille des téthyes.

SIGILLUM, subst. mas. (*cijilelome*), t. de bot., nom de plusieurs plantes dont les racines portent une espèce de sceau.

SIGISBÉE, subst. mas. (*cijicebé*) (mot italien signifiant : *ami de la maison*), galant assidu, tenant d'une dame. Vieux.

SIGISBÉISME, subst. mas. (*cijicebé-iceme*), usage, habitude des *sigisbées*. Peu usité.

* **SIGLES**, subst. fém. plur. (*ciguele*) (du grec σιγλαι, chiffre, note abrégée), lettre unique, isolée ou singulière, destinée à exprimer un mot, ou du moins une syllabe, sans le concours des autres éléments, telles que les lettres initiales N. P. *nobilis* ou *nobilissimus puer*, etc. Cette manière d'écrire a été en usage chez les Hébreux, chez les Grecs qui l'avaient prise des Phéniciens, chez les Romains avant les notes de *Tiron*, etc.

SIGMA, subst. mas. (*ciguema*) (en grec σιγμα), dix-huitième lettre de l'alphabet grec : σ, ς, Σ.

SIGMATE, subst. mas. (*ciguemate*), t. d'antiq., sorte de lit sur lequel les anciens prenaient leurs repas.

SIGMATISME, subst. mas. (*ciguematiceme*), multiplicité des lettres sifflantes; exemples : *ciel! si ceci se sait, ses soins sont sans succès*.

SIGMOÏDE, adj. des deux genres (*ciguemo-ide*) (du grec σιγμα, et εἶδος, forme, ressemblance), t. d'anat., qui a la forme de la lettre *sigma* des Grecs : *les cartilages sigmoïdes*.—On dit aussi : *sigmoïdal*.

SIGMOÏDAL, E, adj. (*ciguemo-idale*). Voyez SIGMOÏDE.—Au plur. mas., *sigmoïdaux*.

SIGNAGE, subst. mas. (*cigniaje*), t. de vitrier, dessin d'un compartiment de vitres, tracé sur une table avec de la pierre noire, ou sur le verre même avec du blanc, pour former des panneaux.

SIGNAL, subst. mas. (*cigniale*) (du lat. *signum*, signe), *signe* que l'on donne pour servir d'avertissement : *donner un signal ; il donne le signal du ralliement et du départ.*—Fig.: *donner le signal*, donner l'exemple.—On dit, en parlant d'un homme qui tient des propos séditieux, qu'*il donne le signal de la révolte.*—Ce qui annonce, ce qui provoque une chose : *les émeutes sont souvent le signal d'une révolution.* — Au plur., des *signaux*.

SIGNALÉ, E, part. pass. de *signaler*, et adj., remarquable, insigne : *il m'a rendu un service signalé.*—SIGNALÉ, INSIGNE. (*Syn.*) *Signalé* marque l'éclat, le bruit, l'effet que produit la chose. *Insigne* n'exprime que la qualité, le mérite, le prix de la chose. Ce qui frappe est *signalé*, ce qui excelle est *insigne*. Un *insigne* fripon, un très-grand fripon, n'est un fripon *signalé* qu'autant qu'il a donné des preuves éclatantes de friponnerie. On sent combien un bonheur est *insigne*, on voit combien il est *signalé*. Le bonheur *insigne* est une grande faveur inespérée de la fortune ; et un bonheur *signalé* porte les traits les plus forts et les plus manifestes de cette extrême faveur. Une grace *insigne* n'est *signalée* qu'autant que tout le prix en est manifeste. — Une vertu obscure peut être *insigne*, mais elle n'est pas *signalée*.—On dit, un *insigne* fripon, un *insigne* coquin ; on ne dira guère, un *insigne* héros, un *insigne* orateur ; mais l'orateur et le héros sont *signalés* comme le coquin et le fripon, parce qu'un coquin et un fripon peuvent l'être sans être connus, et que vous ne pouvez savoir et dire que quelqu'un est un héros ou un orateur *insigne*, qu'autant qu'il s'est *signalé* par ses actions ou par ses discours ; et dès lors vous direz plutôt *signalé* qu'*insigne*. — Une chose *signalée* est plus ou moins distinguée ; une chose *insigne* l'est toujours à un très-haut degré. — Ces deux mots désignent toujours des choses *très-remarquables* ou *très-distinguées* par leur éclat ou par leur excellence. Ils disent plus que ces deux derniers. Ils diffèrent essentiellement de *célèbre*, *fameux*, *renommé*, qui ne marquent que la réputation des choses ou le bruit qu'*elles* font. Ils ne valent pas *illustre*, qui ne se prend qu'en bonne part, et qui répand un grand lustre sur les choses.

SIGNALEMENT, subst. mas. (*cignialeman*), description que l'on fait de la figure, de tout l'extérieur de quelqu'un pour le reconnaître : *prendre un signalement.*

SIGNALER, v. act. (*cignialé*), faire par écrit la description de la figure d'un soldat qu'on enrôle, ou de toute autre personne, afin de pouvoir les reconnaître.—Attirer l'attention sur quelqu'un ou sur quelque chose : *il est signalé à l'autorité depuis long-temps.*—*Signaler quelqu'un à la police*, le dénoncer comme suspect. — Rendre remarquable : *signaler son courage.* — En t. de mar., donner avis par des *signaux* qu'on aperçoit un vaisseau, une flotte, etc.—SE SIGNALER, v. pron., se rendre remarquable par quelque belle action. Il se prend quelquefois en mauvaise part ; mais alors on marque la qualité des actions : *il s'est signalé par ses friponneries.*

SIGNALÉTIQUE, adj. des deux genres (*cignialétike*), qui contient les *signalements*. Peu usité.

SIGNAMENT, adv. (*cigniaman*), notamment. (*Boiste.*) Inusité.

SIGNANDAIRE, subst. des deux genres (*cigniandère*), il se dit d'un témoin capable de *signer*. (Boiste.) Tout-à-fait inusité ; c'est même un barbarisme, puisqu'on ne dit que *signataire*.

SIGNATAIRE, subst. des deux genres (*cigniatère*), celui, celle qui *signe*, qui a *signé* un contrat, une pétition, etc.

SIGNATURE, subst. fém. (*cigniature*), le *seing* et le paraphe d'une personne.— *Signature* se dit plus particulièrement du nom de quelqu'un écrit de sa main au bas d'une lettre, d'un billet, etc.— Action de *signer* : *ce ministre emploie tous les jours une demi-heure à la signature.*—Dans les bureaux et dans les administrations : *une lettre, une ordonnance sont à la signature*, sont remis à celui qui doit les *signer*. — *Signature en cour de Rome*, acte par lequel le pape accorde un bénéfice ou quelque autre grace. — On appelle aussi à Rome : *signature de justice*, *signature de grace*, deux tribunaux où l'un décide différentes affaires : *préfet de la signature de justice ; on a tenu aujourd'hui la signature de grace ; référendaire de l'une ou l'autre signature.* — Liaison mystérieuse entre les hommes et les astres.— Rapport des propriétés des plantes avec la nature des maladies.—En t. d'imprim., les lettres ou chiffres que l'on met au bas de chaque feuille imprimée.

SIGNAUX, subst. mas. plur. Voy. SIGNAL.

SIGNE, subst. mas. (*cignie*) (du lat. *signum*), indice, marque de... : *depuis long-temps il n'a donné aucun signe de vie*, il a négligé d'écrire. — Démonstration extérieure qui fait connaître ce que l'on pense ou ce que l'on veut : *se parler par signes ; faire signe de la tête, des yeux, de la main.* — Ce qui sert à représenter une chose : *les mots sont les signes de nos idées.*—Dans le langage de l'Écriture, miracle ou phénomène.—Marques ou taches naturelles qu'on a sur la peau : *il a trois signes sur l'épaule droite.* — En astron., constellation qui forme la douzième partie de l'écliptique ou du zodiaque : *les douze signes du zodiaque.*— *Signes ascendants*, ceux qui indiquent l'hiver et le printemps ; et *signes descendants*, ceux qui indiquent l'été et l'automne. Les *signes* du printemps et de l'été sont aussi *septentrionaux*, et ceux de l'automne et de l'hiver *méridionaux*. — Les astrologues connaissent des *signes* chauds et froids, masculins et féminins, féconds et stériles, etc. ; *les signes de la main sont des signes sur lesquels les astrologues tirent des présages heureux ou malheureux.* — En t. de médec., se dit de tout phénomène apparent, de tout symptôme qui fait connaître les effets les plus cachés aux sens. — *Signes diagnostiques*, ceux qui font connaître l'état actuel du malade ; *commémoratifs*, qui se rapportent au passé, comme les *diagnostiques* au présent ; *pronostiques*, ceux qui font prévoir ce qui arrivera de bon ou de mauvais ; *caractéristiques*, ceux qui sont inséparables de la maladie ; *communs*, ceux qui se rencontrent dans plusieurs maladies.—En algèbre, chacun des caractères + et — (plus et moins) qu'on met au devant des quantités algébriques. — *Signe radical*, le *signe* $\sqrt{}$ qu'on met au devant d'une quantité radicale. —*Signes semblables*, le même *signe* + ou — mis devant deux quantités.— *Signe de croix*, représentation qu'on fait d'une croix en se touchant légèrement avec la main le milieu du front, le bas de l'estomac, l'épaule gauche et puis la droite. —SIGNE, SIGNAL. (*Syn.*) Le *signe* fait connaître, il est quelquefois naturel ; le *signal* avertit, il est toujours arbitraire. — Les mouvements qui paraissent sur le visage sont ordinairement les *signes* de ce qui se passe dans le cœur. Le coup de cloche est le *signal* qui appelle le chanoine à l'église.—On s'explique par *signes* avec les muets ou les sourds ; et l'on convient d'un *signal*, pour se faire entendre des gens éloignés.

SIGNÉ, E, part. pass. de *signer*.

SIGNER, v. act. (*cignié*) (du lat. *signare*, fait de *signum*, signe, empreinte, marque, et employé avec la même acception par les écrivains de la basse latinité), mettre son *seing*, sa *signature* : *signer un contrat, une lettre* ; et neut. : *il a déclaré ne savoir signer ; signer à un contrat*, y mettre sa *signature*, comme témoin ou par honneur.—*Signer son nom*, mettre sa *signature*, *signer*.—On dit fig. : *les martyrs ont signé leur confession de leur sang* ; et fam., pour assurer la sincérité d'une promesse, etc. : *je suis prêt à vous le signer de mon sang.*—Marquer : *signer l'or, l'argent, le verre.* — *Signer des vœux, des promesses* ; chez les anciens, c'était attacher avec de la cire au pied de la divinité le parchemin sur lequel on avait écrit son vœu, sa promesse.—SE SIGNER, v. pron. : *tout écrit autographe se signe.* — Faire le *signe* de la croix.

SIGNET, subst. mas. (*cignié*, abusivement *cinè*) (de *signum*, signe, marque), petit ruban qu'on met dans les livres pour servir de marque et aider à tourner le feuillet : *signet des heures.* — Les aiguilletiers nomment aussi *signet*, une touffe de plusieurs petits rubans montés sur une pelotte, et garnis à l'autre bout de ferrets, pour empêcher la soie de se défiler. —En bot., *sceau-de-Salomon.*

SIGNETTE, subst. fém. (*cigniète*), cavesson creux et dentelé.

SIGNIE, subst. propre fém. (*cigni*), myth., femme de Loke ou du démon, selon les anciens peuples du Nord.

SIGNIFÈRE, subst. mas. (*cignifère*) (du latin *signum*, signe, enseigne, et de *ferre*, porter), t. d'antiq., celui qui portait l'image de l'empereur dans les légions romaines ; porte-étendard. — Adj. des deux genres : *soldat signifère.*— Il se dit aussi du zodiaque, dans lequel sont placés les douze *signes*.

SIGNIFIANCE, subst. fém. (*cignifiance*), témoignage. (*Boiste.*) Hors d'usage.

SIGNIFIANT, E, adj. (*cignifian, fiante*), qui *signifie*, exprime beaucoup.—*Les sacrements sont des signes signifiants de la grace de Dieu, ils signifient.*— *Cela est très-signifiant*, cela veut dire beaucoup ; *cette phrase n'est pas assez signifiante*, n'exprime pas assez ce qu'on veut dire.—*Plaisanterie peu signifiante*, insipide et de mauvais goût.

SIGNIFICATEUR, subst. mas. (*cignifikateur*), t. d'astrol., point de l'écliptique servant d'indice aux astrologues pour prédire l'avenir. — Adj. mas. : *le point significateur.*

SIGNIFICATIF, adj. mas., au fém. **SIGNIFICATIVE** (*cignifikatif, tive*), qui *signifie*, qui exprime bien la pensée, qui contient un grand sens : *il faut toujours se servir de mots bien significatifs.* — *Geste significatif*, qui exprime au-dehors la pensée de celui qui le fait.

SIGNIFICATION, subst. fém. (*cignifikâcion*) (en lat. *significatio*), ce que *signifie* une chose : *donnez-moi la signification de ces hiéroglyphes, de ces symboles.* — Le sens d'un mot : *ce mot a plusieurs significations ; signification active, signification passive.* — En t. de palais, notification, connaissance que l'on donne d'une sentence, d'un acte par voie de justice ; copie qu'on en fait donner par un sergent.

SIGNIFICATIVE, adj. fém. Voy. SIGNIFICATIF.

SIGNIFICATIVEMENT, adv. (*cignifikativeman*), d'une manière *significative*. — Ce mot manque dans l'*Académie*.

SIGNIFIÉ, E, part. pass. de *signifier*.

SIGNIFIER, v. act. (*cignifie*) (en latin *significare*), être le *signe* de.... marquer, dénoter quelque chose : *que signifie ce discours ? il tend à prouver que....* — En grammaire, marquer ce qu'on entend par un mot : *ce mot signifie telle chose.* — En parlant des personnes, déclarer, faire connaître : *je vous ai signifié mes intentions.* — Notifier par procédure de justice, par huissier : *signifier un acte, une sentence.* — *Ce que vous dites ne signifie rien*, ne va point au fait, au sujet que nous traitons, à l'affaire dont il est question. — *Les offres que vous faites ne signifient rien*, sont inutiles, n'aboutissent à rien. — SE SIGNIFIER, v. pron.

SIGNOC, ou **SIGUENOC**, subst. mas. (*cignioke, ciguenoke*), t. d'hist. nat., espèce d'écrevisse de mer.

SIGNOLLE, subst. fém. (*cigniole*), sorte de dévidoir dont on se sert dans quelques fabriques.

SIGUETTE, subst. fém. (*ciguiète*), t. de maréchalerie, sorte d'embouchure : *un mors à la siguette.* C'était un cavesson formé d'un demi-cercle de fer creux et voûté, avec des dents comme celles d'une scie.

SIKHS, subst. mas. plur. (*cik*), caste indienne.

SIKIOU, subst. mas. (*cikiou*), bain dans lequel on place le coton teint de garance, pour en aviver la couleur.

SIJEAN, subst. propre mas. (*cijan*), bourg de France, chef-lieu de canton, arrond. de Narbonne, dép. de l'Aude.

SIL, subst. mas. (*cile*), t. d'hist. nat., terre minérale dont les anciens faisaient des couleurs rouges et jaunes. — Espèce d'ocre plus belle que l'ocre commune.

SILACÉ, E, adj. (*cilacé*), qui a rapport au *sil*, à l'ocre, qui lui ressemble : *terre silacée.*

SILENCE, subst. mas. (*cilance*) (en latin *silentium*), état d'une personne qui se tait, qui s'abstient de parler : *garder, observer le silence.* En chancellerie et en matière criminelle : *le roi impose silence à ses procureurs généraux*, leur défend de poursuivre davantage quelque affaire criminelle pour laquelle il accorde des lettres d'abolition. — On dit quelquefois par forme d'interjection : *silence ! du silence. faites faire silence.*—*Imposer silence à la médisance, au mensonge*, etc., faire que la médisance, le mensonge, etc., soit forcé de se taire. — *Le silence de la loi*, se dit en parlant d'un cas non prévu par le Code.— Fig., cessation du bruit : *le silence de la nuit, des bois, des vents*, etc. ; on dit de même : *le silence des passions*, l'amortissement des passions.—On dit en peinture, qu'*il y a dans un tableau un grand silence, un beau silence*, lorsque par la sagesse de sa composition et par l'effet qu'il produit, il met l'âme du spectateur dans un état de calme dont on se plaît à jouir. — Cessation d'un commerce de lettres : *je ne sais à quoi attribuer votre silence.*— *Passer une chose sous silence*, n'en point parler. — *Faire quelque chose dans le silence*, avec mystère, sans que personne même puisse s'en douter.

— En musique, signe qui correspond en durée aux diverses valeurs des notes, et qui cependant ne marque que des pauses ou silences. — Subst. propre mas., myth., divinité allégorique. On la représentait sous la figure d'un homme tenant un doigt sur sa bouche, ou sous la figure d'une femme qu'on appelait *Muta* chez les Latins, c'est-à-dire, *Muette*. Voy. HARPOCRATE.

SILENCIAIRE, subst. mas. (*cilancière*), t. d'antiq.; esclave préposé pour faire faire *silence* aux autres esclaves à Rome. — Officier grec chargé de maintenir l'ordre et la tranquillité. C'était aussi le nom du secrétaire de l'empereur d'Allemagne. — Nom d'une secte ancienne qui ne parlait presque pas : *les silenciaires*. — Il s'est dit aussi de quelques religieux qui gardent le plus grand *silence* : *on peut appeler silenciaires les trappistes*.

SILENCIEUSE, adj. fém. Voy. SILENCIEUX.

SILENCIEUSEMENT, adv. (*cilancieuzeman*), en *silence*. — Ce mot, des plus usités, manque dans l'*Académie*.

SILENCIEUX, adj. mas., au fém. **SILENCIEUSE** (*cilancieu, ci-euze*), (du latin *silentiosus*), qui ne parle point ou qui parle peu; taciturne : *les hommes graves sont silencieux*. — On dit fig. en poésie : *les bois silencieux*, etc. — SILENCIEUX, TACITURNE. (*Syn.*) Le *silencieux* garde le *silence*; le *taciturne* garde un *silence* opiniâtre. Le premier ne parle pas quand il pourrait parler; le second ne parle pas, même quand il devrait parler. Le *silencieux* n'aime point à discourir; le *taciturne* y répugne. — On est *silencieux* et *taciturne* par caractère et par humeur, ou par accident et par occasion. L'homme naturellement *silencieux* l'est par timidité ou par modestie, par prudence, par paresse, par stupidité. L'homme naturellement *taciturne* l'est par un tempérament mélancolique, par une humeur farouche, ou du moins difficile, par une manière d'exister malheureuse, ou du moins pénible. — La préoccupation, la réflexion, la méditation vous rendent actuellement *silencieux*; la peine, le chagrin, la souffrance, vous rendront *taciturne*. Le *silencieux* a l'air *sérieux*; le *taciturne* a l'air morne. — Le *silencieux* est maître de ses paroles; le *taciturne* n'est pas maître de ses rêveries.

SILÈNE, subst. mas. (*cilène*) (du latin *silenus*, fait du grec σιλλαίνειν, jouer avec impudence), animal quadrupède qui a les oreilles courtes et rondes comme celles des singes; c'est le *paresseux* de Ceylan. — Sorte de papillon diurne. — Au plur., on donnait ce nom, chez les anciens, aux satyres, quand ils étaient vieux. — Génies familiers, tels que celui dont *Socrate* se vantait d'être toujours accompagné. — Subst. propre mas., myth., c'était un vieux satyre qui avait été le nourricier de Bacchus, qu'il aima toujours beaucoup, et qu'il suivit partout, monté sur un âne, dans la conquête des Indes. A son retour, il s'établit dans les campagnes d'Arcadie, où il se faisait fort aimer des jeunes bergers et des jeunes bergères. Il ne passait pas un jour sans s'enivrer; mais il avait le vin agréable.

SILÉNÉE, subs. fém. (*cilénée*), t. de bot., plante caryophyllée.

SILER, subst. mas. (*cilère*), t. de bot., nom donné à plusieurs espèces de plantes. — Espèce d'osier.

SILÉSIE, subst. propre fém. (*cilézi*), province des Etats prussiens, en Allemagne.

SILÉSIE, subst. mas. (*cilézi*), drap léger qu'on fabrique en *Silésie*, contrée d'Allemagne.

SILÉSIEN, adj. mas., au fém. **SILÉSIENNE** (*cilézein, ziène*), de *Silésie*.

SILÉSIENNE, adj. fém. Voy. SILÉSIEN.

SILEX, subst. mas. (*cilèkce*) (mot tout lat.), pierre qui fait feu avec le briquet; caillou.

SILHOUETTE, subst. fém. (*cilou-ète*) : *portrait à la silhouette*, profil tracé autour de l'ombre du visage.

SILICAIRE, subst. mas. (*cilikière*), t. d'hist. nat., genre de testacés de la famille des vermisseaux.

SILICATE, subst. mas. (*cilikate*), t. de chim., composé formé par la *silice* et les corps dits alcalis : *le verre est un silicate de soude*.

SILICE, subst. fém. (*cilice*), l'une des huit terres primitives, principe des corps; terre quartzeuze, vitrifiable.

SILICÉE, adj. fém. (*cilicé*) : *terre silicée*, la *silice*.

SILICERNE, subst. mas. (*cilicèrene*), distribution de viande crue au peuple romain, après les funérailles d'un homme riche.

SILICEUSE, adj. fém. Voy. SILICEUX.

SILICEUX, adj. mas., au fém. **SILICEUSE** (*ciliceu, ceuze*), qui contient de la *silice*.

SILICIE, subst. fém. (*cilici*), t. de bot., genre de plante voisin du *fenu-grec*.

SILICIFÈRE, adj. des deux genres (*cilicifère*), qui porte ou qui produit de la *silice* : *terrein cilicifère*.

SILICIFIÉ, E, adj. (*cilicifié*), qui est devenu *silice*; en forme de *silice* : *terre silicifiée*.

SILICIQUE, adj. des deux genres (*cilicike*), t. de chim., acide qu'on retire de la *silice*. Voy. SILICATE.

SILICIUM, subst. mas. (*cilicіome*), t. de chim., métal qui, combiné avec l'oxygène, forme la *silice*. — Corps simple, non métallique, mais placé dans l'état actuel de la science entre les corps simples non métalliques et les métaux.

SILICIURE, subst. fém. (*cilici-ure*), t. de chim., combinaison de la *silice* avec les métaux électro-négatifs.

SILICULE, subst. fém. (*cilikule*), t. de bot., *silique* d'une largeur égale à sa longueur. — Poisson du genre du baliste.

SILICULEUSE, adj. fém. Voy. SILICULEUX.

SILICULEUX, adj. mas., au fém. **SILICULEUSE** (*cilikuleu, leuze*) : *plante siliculeuse*, dont le fruit est une *silicule*. — Subst. fém., *une siliculeuse*.

SILIGINOSITÉ, subst. fém. (*ciliјinôzité*) (du lat. *siligo*, fleur de farine), qualité de la farine de pur froment. (*Boiste*.)

SILIQUAIRE, subst. mas. (*cilikière*), t. de bot., genre de plantes monogynes d'Arabie.

SILIQUASTRE, subst. mas. (*cilikouacetre*), t. d'hist. nat., dent d'un poisson pétrifiée. — T. de bot., arbre de Judée. — Nom de plusieurs sortes de piments.

SILIQUE, subst. fém. (*cilike*), t. de bot., péricarpe composé de deux valves réunies par une suture longitudinale, entre lesquelles se trouve ordinairement une cloison membraneuse. — On nomme gousse, la *silique* des plantes légumineuses.

SILIQUEUSE, adj. fém. Voy. SILIQUEUX.

SILIQUEUX, adj. mas., au fém. **SILIQUEUSE** (*cilikieu, kieuze*), t. de bot., se dit des plantes dont le fruit est une *silique* allongée. — Subst. fém. : *une siliqueuse*.

SILLAGE, subst. mas. (*ci-iaje*) (du lat. *sulcatio*, action de sillonner), t. de mar., trace que fait le vaisseau en naviguant. — *Faire bon sillage*, naviguer heureusement. — *Faire grand sillage*, naviguer avec rapidité. — On dit qu'*un vaisseau double le sillage d'un autre*, quand il va une fois plus vite. — *Mesurer le sillage d'un vaisseau*, mesurer la vitesse de sa marche. — Dans les mines de charbon, prolongement d'une veine en superficie, ou profondeur. — T. d'anat., prolongement d'une veine.

SILLAGO, subst. mas. (*cilelaguô*), t. d'hist. nat., genre de poissons qui a beaucoup de rapport avec celui des gobies.

SILLE, subst. mas. (*cile*) (du grec σιλλος, raillerie piquante), poème mordant en usage chez les Grecs. Les *silles* étaient des espèces de parodies satiriques. — S. f., grande table de saline, en plan incliné, sur laquelle on dépose les sels en grains au sortir de la poêle, dans l'ouvroir.

SILLÉ, E, adj. (*ci-ié*), se dit d'un cheval qui a des poils blancs sur les sourcils : *cheval sillé*. — Part. pass. de *siller*.

SILLÉE, subst. fém. (*ci-ié*), t. de mar., trace. Peu en usage.

SILLER, v. neut. (*ci-ié*), t. de mar.; il se dit d'un bâtiment qui fend les flots en avançant sur sa route. — V. act., t. de vieille faucon., coudre les paupières d'un oiseau de proie afin qu'il ne se débatte point.

SILLÉ-LE-GUILLAUME, subst. propre mas. (*ci-ielegui-iôme*), bourg de France, chef-lieu de canton, arrond. du Mans, dép. de la Sarthe.

SILLET, subst. mas. (*ci-iè*), morceau d'ivoire en haut du manche d'un instrument de musique, et sur lequel portent les cordes.

SILLIEN, adj. mas., au fém. **SILLIENNE** (*cilelein, liène*), vers satirique en manière de *sille*.

SILLIENNE, adj. fém. Voy. SILLIEN.

SILLOGRAPHE, subst. mas. (*cileloguerafe*), chez les anciens, poète satirique.

SILLOGRAPHIE, subst. fém. (*cileloguerafi*) (du grec σιλλος, raillerie, et γραφειν, écrire), art de faire des *silles* ou des railleries. — Traité sur cet art. Voy. SILLE.

SILLOGRAPHIQUE, adj. des deux genres (*cileloguerafike*), qui a rapport à la *sillographie*.

SILLOMÈTRE, subst. mas. (*ci-iomètre*) (du français *sillon*, trace de la charrue, pris ici pou *sillage*, et du grec μετρον, mesure), instrument propre à mesurer le *sillage* d'un bâtiment.

SILLOMÉTRIQUE, adj. des deux genres (*ci-iométrike*), qui est relatif au *sillomètre*.

SILLON, subst. mas. (*ci-ion*) (du lat. *sulcus*), longue trace que fait le soc de la charrue dans la terre qu'on laboure : *tracer un sillon*. — Fig. : *faire son sillon*, faire ce qu'on est tenu de faire; faire sa besogne. — Prov. et fig. : *c'est un bœuf qui fait bien son sillon*, il n'est pas d'un grand génie, mais c'est un homme laborieux et plein de courage. — Fig., en poésie, trait, trace : *un sillon de lumière*. — Campagnes, champs : *les guerres civiles ont pendant trop long-temps abreuvé nos sillons*. — Traces que certaines choses laissent en passant : *les sillons que l'âge a creusés*. — En t. d'hist. nat., raies, ou stries profondes. — T. d'anat., anfractuosité qui s'observe sur la surface du cerveau et du cervelet. — Au plur., rides qui se trouvent souvent au palais des chevaux. — Lignes creusées en gouttières dans certains plants.

SILLONNÉ, subst. mas. (*ci-ioné*), t. d'hist. nat., petit lézard qui a le dos comme marqué de *sillons*.

SILLONNÉ, E, part. pass. de *sillonner*. — Se dit en bot., des feuilles et des tiges marquées de cannelures, ou de petites excavations longitudinales. — En anat., couverts de *sillons* : *os sillonnés, organes sillonnés*.

SILLONNER, v. act. (*ci-ioné*), faire des *sillons*. — Fig. et poét., rider : *les ans ont sillonné son front; son visage est sillonné de rides*. — On dit aussi dans le même style : *sillonner les mers, la plaine liquide*, etc. — *se* SILLONNER, v. pron.

SILO, subst. mas. (*cilô*), fosse en terre; souterrein pour conserver les plantes.

SILOUETTE, que nous donne l'*Académie* pour **SILHOUETTE**, est une orthographe vicieuse.

SILOXÈRE, subst. mas. (*cilokcère*), t. de bot., plante des Indes, voisine des sphérantes.

SILPHE, subst. mas., au fém. **SILPHIDE** (*cilefe, cilefide*) (du grec σιλφη, sorte d'insecte qui ne vieillit jamais), sorte de génies de l'air. On ne doit donc pas écrire *sylphe* ni *sylphide*.

SILPHIDE, subst. fém. Voy. SILPHE.

SILPHIDÉES, sub. fém. pl. (*cilefidé*), t. d'his. nat., famille d'insectes coléoptères.

SILPHIENS, subst. propre mas. plur. (*cilefiein*), nom d'anciens peuples de la Libye.

SILPHION, subst. mas. (*cilefion*), t. de bot., plantes polygames de la famille des corymbifères.

SILPHIRIE, subst. propre fém. (*cilefiri*), pays des *silphes*.

SILPHIUM, subst. mas. (*cilefi-ome*), t. de pharm., substance médicamenteuse des anciens, qu'on croit être l'opium ou l'assa-fœtida.

SILURE, subst. mas. (*cilure*) (du lat. *silurus*, pris du grec σιλουρος), t. d'hist. nat., genre de poissons osseux, holobranches et abdominaux. — Subst. propre mas., nom d'un ancien peuple qui habitait l'Angleterre.

SILUROÏDES, subst. mas. pl. et adj. des 2 genres (*ciluro-ide*), t. d'hist. nat., famille de poissons voisine des oplophores.

SILUS, subst. mas. (*ciluce*), t. d'hist. nat., coquille du genre des volutes.

SILVAIN, subst. propre mas. C'est contre l'étymologie que l'*Académie* écrit *sylvain*. (*cilvein*) (du lat. *silvanus*, fait de *silva*, forêt), myth., dieu champêtre qui présidait aux forêts. — Terme générique qui comprenait les faunes, les satyres, les silènes, etc. — T. d'hist. nat., ordre d'oiseaux. On dit aussi adj. : *oiseaux silvains*. — Genre d'insectes de l'ordre des coléoptères.

SILVANE, subst. mas. (*cilevane*), t. de min., sorte de métal qui a la couleur de l'étain.

SILVANDRE, subst. mas. (*cilevandre*), t. d'hist. nat., papillon de la famille des diurnes.

SILVATIQUE, adj. des deux genres (*cilevatike*), t. de bot., qui croît dans les forêts.

SILVE, subst. fém. (*cileve*) (du lat. *silva*, employé dans la même acception, et qui signifie proprement forêt, bois), t. d'antiq., spectacle qui consistait en une chasse simulée dans le cirque. — Pièce de poésie composée dans un moment de fougue et sans méditation : *les Silves de Stace*. — Recueil de pièces détachées, et qui n'ont aucun rapport entre elles.

SILVESTRE, adj. des deux genres (*cilevècetre*) (en lat. *silvestris*), champêtre, des bois.— T. de bot., qui vient sans culture.

SILVESTRINE, subst. fém. (*cilevècetrine*), étoffe nouvellement fabriquée avec des parties de bois extraites d'une bûche.

SILVICOLES, sub. m. pl. (*cilevikole*), t. d'hist. nat., famille d'insectes qui vivent dans les forêts.—Adj. des deux genres ; il se dit de plusieurs peuples sauvages.

SILVIE, subst. fém. (*cilevi*), t. de bot., plante silvestre du genre des anémones.

SILYBE, subst. mas. (*cilibe*), t. de bot., genre de plantes dans lequel se trouve le chardon-marie.

SIMABE, subst. mas. (*cimabe*), t. de bot., arbrisseau de la Guyane, famille des térébinthacées.

SIMAGRÉE, subst. fém. (*cimaguerė*), (suivant *Ménage*, du latin *simia*, singe ; *grimace de singe.* Suivant *Trévoux*, de *simulacrum*, simulacre, figure, apparence; *mines contrefaites*), faux-semblant : *faire la simagrée de vouloir* ou *de ne vouloir pas telle chose.*—Au plur., petites grimaces, mines et façons affectées. On dit quelquefois au singulier : *tout cela n'est que simagrée*, etc.

SIMAISE, subst. fém. Voy. CYMAISE, qui seul est bon.

SIMARONA, subst. fém. (*cimarona*), t. de bot., nom donné à une sorte de vanille.

SIMAROUBA, subst. mas. (*cimarouba*), écorce de la racine d'un arbre de la Guyane qui porte le même nom ; elle est employée avec succès dans le flux dyssentérique. — *Simarouba faux*, écorce de la malpighie à larges feuilles, employée en médecine.

SIMAROUBÉE, subst. fém. (*cimaroubé*), t. de bot., famille de plantes.

SIMARRE, subst. fém. (*cimare*) de l'italien *zimarra*, fait, dans la même signification, de l'espagnol *zamarra*, sorte de pelisse à l'usage des bergers, lequel avait été emprunté des Arabes, qui l'avaient pris eux-mêmes aux Persans *Trévoux*. Suivant *Huet*, tous ces termes tirent leur origine d'un mot hébreu qui signifie *habit*, *robe*), sorte de robe longue et traînante que les femmes de grands seigneurs portaient autrefois. — Espèce de soutane de cérémonie que les présidents de parlements ou de chambres portent dans les grandes occasions : *le chancelier seul porte aujourd'hui la simarre.*

SIMBLEAU, subst. mas. (*ceinblô*), t. de charpentier, cordeau servant à tracer de grands cercles.

SIMBLOT, subst. mas. (*ceinblô*), assemblage de petites ficelles au côté droit d'un métier, sur lequel on fait des étoffes à figures.

SIMBULÈTE, subst. fém. (*ceinbulète*), t. de bot., plante monogyne d'Arabie, de la famille des bilabiées.

SIMÉNIENS, subst. propre mas. plur. (*ciméni-ein*), anciens peuples d'Angleterre, les mêmes que les Icéniens.

SIMERI, subst. mas. (*cimeri*), t. d'hist. nat., coquille du genre des mantelets.

SIMILAGO, subst. mas. (*cimilaguo*), fleur de farine de froment.

SIMILAIRE, adj. des deux genres (*cimilère*) (du latin *similaris*), fait de *similis*, semblable), homogène, de même nature. — T. d'arithm. : *nombre similaire*, la même chose que nombre proportionnel. — T. d'optique : *lumière similaire*, selon *Newton*, celle dont les rayons sont également réfrangibles. Il l'appelle aussi *lumière simple* ou *homogène*.—En t. de gramm., il se dit de certaines parties d'une phrase qui sont de même nature ou homogènes : *la vertu combat le vice*; *la générosité est opposée à l'avarice.*—T. d'anat.; les anciens regardaient comme *parties similaires* ou *homogènes*, les os, les cartilages, les ligaments, les tendons, les nerfs, les artères, etc.

SIMILARITÉ, subst. fém. (*cimilarité*), qualité de ce qui est *similaire*.

SIMILITUDE, subst. fém. (*cimilitude*) (du latin *similitudo*), ressemblance, rapport entre deux choses : *il y a similitude entre ces deux objets.* —Fig. de rhétorique, comparaison.— En math., relations qu'ont entre elles deux choses semblables : *la similitude du triangle*, etc. — SIMILITUDE, COMPARAISON. (*Syn.*) La *similitude* n'exige, selon la valeur du mot, que de la ressemblance entre les objets ; la *comparaison* établit, par la même raison, une sorte de parité entre eux. Il ne faut à la *similitude* que des apparences semblables qu'elle rapproche ; il faudrait à la *comparaison* rigoureuse des qualités presque égales qu'elle balancerait. La *similitude*, purement pittoresque, se borne à l'exposition des traits communs aux choses; la *comparaison*, plus philosophique, considère le plus ou le moins, ou les degrés de la chose mise à côté d'une autre. La *similitude* ne fait qu'éclairer un objet par la lumière tirée d'un autre objet connu; la *comparaison* le fera mieux apprécier, par son affinité avec un objet d'un mérite reconnu. — On *assimile* plutôt des objets étrangers l'un à l'autre, on *compare* plutôt des objets du même genre ou de la même qualité. — Vous *assimilerez*, sous certains rapports, un homme à un animal; vous *comparerez* un héros à un autre, selon le degré de leur valeur et le mérite de leurs exploits. Si je dis qu'*Achille est semblable à un lion*, c'est une *similitude* ; je désigne seulement l'espèce de courage et de furie qu'il fait éclater : si je dis qu'*il est tel qu'un lion*, c'est une *comparaison* ; car je lui attribue les mêmes qualités, et au même degré, qu'à un lion. La *similitude* vous dira qu'une chose est blanche comme une autre ; la *comparaison* vous dira qu'elle est aussi blanche que l'autre. Enfin, la *similitude* n'est une *comparaison* rigoureuse, qu'autant qu'elle peut se convertir en métaphore par une hardiesse de style. Si je dis seulement qu'*Achille ressemble à un lion*, je suis loin d'oser dire que *c'est un lion* ; et j'oserais le dire, si je le trouvais tel qu'un lion. — On dit indistinctement *similitude* ou *comparaison*, mais plutôt *comparaison* que *similitude*. La *similitude* est bien une espèce de *comparaison* ; mais elle n'est ni aussi naturelle, ni aussi rigoureuse que la parfaite *comparaison* doit l'être.

SIMILOR, subst. mas. (*cimilor*) (du latin *similis*, semblable, et du français *or*, *semblable à l'or*), mélange de cuivre et de zinc qui ressemble à l'or par le brillant.

SIMILLE, subst. fém. (*cimi-ie*), espèce de froment. (*Boiste.*) Peu usité.

SIMOÏS, subst. propre mas. (*cimo-ice*), myth., fleuve de Phrygie, aux environs de Troie. Il s'opposa avec Scamandre, autre fleuve, par un débordement, à la descente des Grecs qui venaient assiéger cette ville; auj., *Mendéré-Sou.*

SIMOÏSIUS, subst. propre mas. (*cimo-izuce*), myth., jeune Troyen, ainsi nommé parce qu'il était né sur les bords du *Simoïs*. Il fut tué par Ajax, fils de Télamon.

SIMONIAQUE, subst. et adj. des deux genres (*cimoni-ake*), adj., où il y a de la *simonie*. — Subst., qui commet une *simonie*.

SIMONIE, subst. fém. (*cimoni*) (du lat. *simonia*, fait du nom de *Simon le Magicien*, qui, du temps des apôtres, voulut acheter, à prix d'argent, le don de conférer le Saint-Esprit), convention illicite par laquelle on donne ou l'on reçoit une récompense temporelle pour quelque chose de saint et de spirituel, ou crime qu'on commet quand on trafique des choses saintes.

SIMONIEN, adj. mas. (*cimonieïn*). Voy. SAINT-SIMONIEN.

SIMONISME, et **SIMONISTE**, subst. mas. Voy. SAINT-SIMONISME, SAINT-SIMONISTE.

SIMON (SAINT-), subst. propre mas. (*ceincimon*), bourg de France, chef-lieu de canton, arrond. de Saint-Quentin, dép. de l'Aisne.

SIMOUN, subst. mas. (*simoune*), vent brûlant qui souffle dans l'intérieur de l'Afrique.

SIMOUSSES, subst. fém. plur. (*cimouce*), nom que les selliers donnent à des ornements en laine qui s'attachent à la bride des mulets, etc.

SIMPHYSE, subst. fém. Voy. SYMPHYSE.

SIMPLE, adj. des deux genres (*ceinple*) (du lat. *simplex*, formé de *sine*, sans, et de *plica*, dérivé du grec πλέκω, je plie, j'entrelace ; *sans pli*, etc.), qui n'est point composé : *Dieu est un être simple.* — On dit en grammaire, *nom*, *verbe simple*, par opposition à *nom* ou *verbe composé*. *Saison* est un nom *simple*, *arrière-saison* est un nom composé. — Seul, unique : *il n'a qu'une simple couverture sur lui.* — En parlant d'une chose qui est facile à comprendre, on dit qu'*il ne faut pour cela que le simple sens commun.* — *Simple* est quelquefois opposé à *extraordinaire* : *un moyen simple est préférable à un moyen extraordinaire.* — Qui n'est pas difficile, qui n'est pas compliqué : *méthode, procédé simple.*— Se dit de ce qui renferme peu de parties distinctes, et de ce qui exige peu de soins, peu de peine, peu de travail, de dépense.—On dit : *un bâtiment simple*, par opposition à *un bâtiment double*, qui renferme deux rangs de chambres adossés l'un à l'autre. — *Un simple ajustement du matin, un simple coup de peigne*, par opposition à une grande coiffure, à une parure complète. — En liturgie : *fête simple, office simple*, par opposition à *fête ou office double.*—*Simple vigile*, vigile sans jeûne.—*Simple tonsure*, la tonsure cléricale lorsqu'elle n'est pas jointe aux ordres ecclésiastiques. — Sans grade, sans dignité.—*Bénéfice à simple tonsure*, ou *bénéfice simple*, bénéfice qui n'a pas charge d'âmes, qui ne demande point résidence, et qui peut être possédé par un clerc n'ayant que la tonsure. — *Simple clerc*, celui qui n'a que la tonsure cléricale, ou les quatre mineurs. — *Simple prêtre*, qui n'a point de bénéfice. — *Simple religieux*, qui n'a point de charge dans sa communauté.—*Simple gentilhomme*, qui n'est point titré. —*Simple soldat, simple cavalier*, homme qui n'est encore que dans les rangs de soldat ou de cavalier.—*Simple particulier*, homme qui n'exerce aucune fonction publique. — *Donation pure et simple*, qui est sans condition. On dit, dans le même sens : *résignation pure et simple*. — *Le sujet d'une pièce de théâtre est simple*, lorsque l'action y est peu chargée d'incidents et d'épisodes. — On dit : *c'est le sujet d'une simple comédie*, par opposition à la tragédie, qui demande plus de grandeur et de dignité.— Qui est sans ornement : *je ne veux ni galons ni broderies à mon habit, je ne veux qu'un habit tout simple; son discours est simple et sans ornement.* — Qui est sans recherche : *une mise simple et décente.* — *Être simple dans ses habits, dans ses mœurs*, éviter le luxe; se conduire comme tout le monde doit le faire. — *C'est tout simple*, cela est naturel, cela va sans dire.— En parlant des personnes : 1° qui est sans déguisement, sans malice : *simple comme un enfant* ; 2° niais, crédule : *je ne suis pas si simple que de me fier à lui.* —En arithm., *multiplication, division simple*, où il n'entre pas de grandeurs de différente espèce. — En algèbre, *équation simple*, où la quantité inconnue n'a qu'une dimension.—T. de pharm., *médicaments simples*, qui ne contiennent qu'une seule substance, ou qui n'ont encore subi aucune préparation pharmaceutique. — T. de bot., qui ne se ramifie point, ou n'est pas formé de diverses pièces distinctes. — *Calice simple*, qui n'a point extérieurement un second ou un troisième calice. — *Tige simple*, sans ramifications. —*Fleur simple*, dont la corolle n'a que les pétales qu'elle doit naturellement avoir. —Subst., mas., homme sans malice et ignorant. En ce sens il ne se dit guère qu'au pluriel : *Dieu aime les humbles et les simples.* — *Parier le double contre le simple*, ou plus souvent et sans article : *parier double contre simple*, parier deux contre un.—T. de mus.: le chant *simple* d'un air en variations ; *on ne chante guère le double d'un air qu'on n'ait chanté le simple.*—T. de rhét., le *simple* (l'un des trois genres d'éloquence que l'on a distingués, le *simple*, le *sublime* et le *tempéré*), le *simple*, désigne une manière de s'exprimer pure, facile, sans ornement, où l'art ne paraît point.—Nom général des herbes et des plantes médicinales. Il est surtout usité au pluriel : *cueillir des simples.*(Du lat. *simplicia*, *cium*, employé par *Pline* dans cette signification.)

SIMPLE, subst. mas., t. de pharm. et de bot. Voy. l'article précédent.

SIMPLEGADE, subst. mas. (*ceinpleguade*), t. d'hist. nat., coquille de la classe des univalves.

SIMPLEMENT, adv. (*ceinpleman*) (du lat. *simpliciter*), seulement : *il faut simplement s'entendre.* — *Être mis simplement*, sans ornement, sans parure.—Bonnement, de bonne foi, sans finesse : *agir simplement et sans ruse.*— *Purement et simplement*, uniquement, sans condition.

SIMPLESSE, subst. fém. (*ceinplèce*), simplicité. Il est vieux et ne se dit plus que dans cette phrase familière : *il ne demande qu'amour et simplesse* ; il est ingénu, il ne demande qu'à vivre en paix. Voy. SIMPLICITÉ.

SIMPLICICORNE, subst. mas. et adj. des deux genres (*ceinplicikorne*), t. d'hist. nat., tribu d'insectes diptères.

SIMPLICISSIME, adj. des deux genres (*ceinpliciccime*), très-simple.

SIMPLICITÉ, subst. fém. (*ceinplicité*) (du lat. *simplicitas*), qualité de ce qui est *simple*, de ce qui n'est pas composé : *la simplicité des esprits.* En ce sens il n'est usité que dans le didactique. — Qualité de ce qui est *simple*, sans ornement, sans affectation, etc.—En parlant des personnes, candeur, ingénuité : *la simplicité respire dans tous ses discours.*—Niaiserie, trop grande facilité à croire : *il a la simplicité d'un enfant*, etc. — Naïveté, bêtise. Il ne prend de pluriel qu'en ce dernier sens : *il ne dit que des simplicités*. — SIMPLICITÉ, SIMPLESSE. (*Syn.*) *Simplicité* a toutes les acceptions de son adjectif *simple*. *Simplesse* n'a qu'un sens. Il y a la *simplicité* des éléments, la *simplicité* des choses, la *simplicité* des personnes, la *simplicité* des mœurs et des manières, la *simplicité* du discours et du sujet, la *simplicité* des habits et des meubles, la *simplicité* de l'esprit et celle du cœur, etc. La *simplesse* est propre à l'homme et à l'âme. — La *simplicité*, dans le sens moral, est la vérité d'un caractère naturel, innocent et droit, qui ne connaît ni le déguisement, ni le raffinement, ni la malice; la *simplesse* est l'ingénuité d'un caractère bon, doux et facile, qui ne connaît ni la dissimulation, ni la finesse, ni, pour ainsi dire, le mal. La *simplicité*, toute franche, montre le caractère à découvert; la *simplesse*, toute cordiale, s'y abandonne sans réserve. Avec la *simplicité*, on parle du cœur; avec la *simplesse*, on parle de toute l'abondance du cœur. Autant la *simplicité* est naturelle, autant la *simplesse* est naïve. La *simplicité* tient à une innocence pure; la *simplesse*, à une bonhomie charmante. La *simplicité* obéit à des mouvements irréfléchis; la *simplesse* est inspirée par des sentiments innés. La *simplicité* n'a point de fard: la candeur est le fard de la *simplesse*. En un mot, la *simplesse* est la *simplicité* de la colombe.—SIMPLICITÉ, MODESTIE. (*Syn.*) La *simplicité* consiste à montrer ce que l'on est, la *modestie* à le cacher. La *simplicité* tient plus au caractère, la *modestie* à la réflexion. La *simplicité* plaît sans y penser, la *modestie* cherche à plaire. La *simplicité* n'est jamais fausse, la *modestie* peut l'être. Une vanité connue déplaît moins quand elle se montre avec *simplicité*, que quand elle cherche à se couvrir du voile de la *modestie*.

SIMPLIFICATION, subst. fém. (*ceinplifikâcion*), action de *simplifier*; son effet.

SIMPLIFIÉ, E, part. pass. de *simplifier*.

SIMPLIFIER, v. act. (*ceinplifié*), rendre *simple*, moins composé : *simplifier un raisonnement*.—*Simplifier un bénéfice*, faire d'un bénéfice qui demande résidence, un bénéfice *simple*. —*se* SIMPLIFIER, v. pron., devenir *simple*.

SIMPLON, subst. propre mas. (*ceinplon*), montagne des Alpes, où les Français ont percé une route remarquable.

SIMPULATRICES, subst. fém. plur. (*ceinpulatrice*), vieilles femmes qui purifiaient les personnes qui les consultaient sur leurs songes, au moyen de libations pour lesquelles elles se servaient du *simpulon* ou *simpuvion* (de *simpulatrix*, qui a la même signification).

SIMPULONS, subst. mas. plur. (*ceinpulon*), t. d'antiq., nom qu'on donnait aux amis de l'époux, qui le suivaient, dans le festin des noces, partout où il allait.

SIMPUVION, subst. mas. (*ceinpuvion*), t. d'antiq., vase sacré pour les libations et les sacrifices.

SIMSIE, subst. fém. (*cimeci*), t. de bot., plantes monogynes de la famille des protées.

SIMSULIE, subst. fém. (*cimeçuli*), t. de bot., genre de plantes.

SIMULACRE, que l'on devrait écrire SIMULACHRE, subst. mas. (*cimulakre*) (du lat. *simulachrum*, fait de *simulare*, feindre, imiter), représentation d'une fausse divinité : *adorer des simulacres*. — Spectre, fantôme. En ce sens, il s'emploie ordinairement avec l'épithète *vain : de vains simulacres*.—Vaine représentation de... : *les rois faibles ne sont souvent que des simulacres de rois*.—*Faire le simulacre d'un combat de terre, d'une bataille navale*, faire exécuter ces exercices, comme on le fait dans les petites guerres, pour en *simuler* les évolutions.—SIMULACRE, FANTÔME, SPECTRE. (*Syn.*) Le *simulacre* n'a qu'un caractère vague, et il se dit de tous les objets vains, vides ou faux, et des choses comme des personnes. Le *fantôme* est caractérisé par des formes ou des traits bizarres, étranges, et qui ne sont point dans la nature ; il se dit particulièrement des objets qui paraissent vivants. Le *spectre* a cela de caractéristique, qu'il représente des objets défigurés, et faits pour inspirer de l'horreur ou de l'effroi par leurs traits et par tout ce qui les accompagne. Il se dit proprement de ces objets qui semblent évoqués, suscités, envoyés par une puissance supérieure pour avertir, menacer, tourmenter les hommes. Le *simulacre* nous abuse, le *fantôme* nous obsède, le *spectre* nous poursuit. Les vapeurs ou les nuages élevés dans le cerveau y forment toutes sortes de *simulacres*, et ces *simulacres* font illusion. L'imagination forte et exaltée crée des *fantômes*, et ces *fantômes* l'aveuglent. La peur fait des *spectres*, et les *spectres* font peur. Les rêves nous représentent toutes sortes de *simulacres*. Les visionnaires sont sujets à voir des *fantômes* dans la veille comme dans le sommeil. L'histoire rapporte beaucoup d'apparitions de *spectres* vus par des hommes qui n'étaient point faibles d'esprit, mais qui néanmoins ont pu ne pas bien voir.

SIMULATION, subst. fém. (*cimulâcion*) (du lat. *simulatio*), t. de prat., déguisement frauduleux. —Feinte : *ce traité n'est qu'une simulation*. Peu usité.

SIMULÉ, E, part. pass. de *simuler*, et adj., déguisé, feint : *paix, dévotion simulée*.—En t. de comm., *compte simulé*, modèle de facture de quelques marchandises achetées par un commissionnaire, pour le compte de quelqu'un.

SIMULER, v. act. (*cimulé*) (en lat. *simulare*), t. de prat., faire paraître comme réelle une chose qui ne l'est point ; feindre : *simuler une vente, une donation*.—*Simuler* signifie aussi contrefaire, imiter : *il sait bien simuler les écritures ; simuler une bataille*.—*se* SIMULER, v. pron.

SIMULIE, subst. fém. (*cimuli*), t. d'hist. nat., insecte de l'ordre des diptères.

SIMULTANÉ, E, adj. (*cimuletané*) (du lat. *simul*, ensemble, dont on a fait, dans le langage de l'école, *simultaneus*), se dit de deux actions qui se font dans un même instant : *mouvement, effort simultané*. C'est une faute, selon nous, d'écrire *simultanée* au mas., malgré la tolérance de *l'Académie*.

SIMULTANÉITÉ, subst. fém. (*cimuletanéité*), t. didactique, existence de plusieurs choses dans le même instant : *la simultanéité de deux mouvements*.

SIMULTANÉMENT, adv. (*cimuletanéman*), en même temps, au même instant.

SIN, subst. mas. (*cein*), 12e lettre de l'alphabet arabe, et 15e de l'alphabet turc.

SIN, subst. mas. (*cein*), t. de bot., arbre du Japon.

SINA, subst. fém. (*cina*), soie de la Chine.

SINAÏ, subst. propre mas. (*cina-i*), montagne d'Arabie, célèbre dans l'Ancien Testament.

SINAÏTE, subst. fém. (*cina-ite*), t. d'hist. nat., sorte de roche qui constitue le mont *Sinaï*, en Arabie.

SINAÏTE, adj. des deux genres (*cina-ite*), du mont *Sinaï*; qui vient de *Sinaï*.— Subst., celui, celle qui est née au mont *Sinaï*, ou qui habite sur le mont *Sinaï*.

SINAPI, subst. mas. (*cinapi*), t. de bot., plante qui donne la moutarde.

SINAPISÉ, E, part. pass. de *sinapiser* et adj. : *un bain de pieds sinapisé*, dans lequel on a répandu de la farine de graine de moutarde.

SINAPISER, v. act. (*cinapizé*), appliquer des *sinapismes*. — *se* SINAPISER, v. pron.

SINAPISME, subst. mas. (*cinapiceme*) (du grec σιναπι, senevé ou moutarde), t. de médec., médicament tonique dont la graine de moutarde fait la base.

SINAPISTRUM, subst. mas. (*cinapicetrome*), t. de bot., genre de plantes voisin des mozambis de *Linnée*.

SINBONDA, subst. fém. (*ceinbonda*), sorte de racine dont les habitants de Loango, en Afrique, font une liqueur au moyen de laquelle ils éprouvent les personnes accusées de quelque crime.

SINCÈRE, adj. des deux genres (*ceincère*) (du latin *sincerus*, formé de *sine cerâ*, sans cire, qu'on a dit d'abord du miel pur, et ensuite, par extension, de tout ce qui est franc, sans art, etc.), franc, sans artifice, sans déguisement : *il est sincère dans ses discours et dans ses actions*.—*Les actes sincères des martyrs*, les actes authentiques de leurs passions. — T. de littér : *le texte de cet ouvrage est sincère*, est véritable, et non altéré. — Subst. mas. : *le sincère et le véridique*. — SINCÈRE, VÉRIDIQUE. (*Syn.*) Le *sincère* n'a point de voile, point de réticence ; le *véridique*, point de fiction : celui-ci ne dit rien que de vrai ; le premier dit toute la vérité.

SINCÈREMENT, adv. (*ceincèreman*), avec *sincérité* et franchise.

SINCÉRITÉ, subst. fém. (*ceincérité*) (en latin *sinceritas*), franchise, candeur.—SINCÉRITÉ, FRANCHISE, NAÏVETÉ, INGÉNUITÉ. (*Syn.*) La *sincérité* est une *franchise* habituelle et réfléchie ; la *franchise* qui tient au naturel est plus prompte, elle laisse échapper son secret ; et si c'est par étourderie, elle devient *naïveté*, et *ingénuité* lorsque ses aveux peuvent compromettre.

SINCIALO, subst. mas. (*ceinci-alo*), t. d'hist. nat., espèce de perroquet de Saint-Domingue.

SINCIPITAL, E, adj. (*ceincipitale*), t. d'anat., qui a rapport au *sinciput* : *l'artère sincipitale*. — Au plur. mas., *sincipitaux*.

SINCIPITAUX, adj. mas. plur. Voy. SINCIPITAL.

SINCIPUT, subst. mas. (*ceincipu*) (du latin *sinciput*, formé par contraction de *semicaput*, moitié de la tête), t. d'anat., la partie supérieure de la tête, qu'on appelle aussi *le sommet*.

SINDIENS, subst. propre mas. plur. (*ceindiein*), ancien peuple qui habitait une partie de la Scythie européenne.

SINDO, subst. mas. (*ceindô*), l'un des livres de *Confucius*.

SINDOC, subst. mas. (*ceindoke*), t. de bot., espèce d'arbre qui croît dans les îles de la Sonde.

SINDON, subst. mas. (*ceindon*) (du latin *sindon, donis*, fait, dans la même signification, du grec σινδων), en t. de chir., plumasseau de charpie pour le trépan. — Le linceul dans lequel *Jésus-Christ* fut enseveli.

SINÉCURE, subst. fém. (*cinékure*) (du latin *sine curâ*, sans peine, sans soins, sans fonction), charge salariée dont on ne remplit pas les fonctions. — Titre d'une place dont les fonctions sont imaginaires.

* **SINÉCURISTE**, subst. mas. (*cinékuricete*), qui a une charge salariée et n'en remplit pas les fonctions.— Inusité, mais utile.

SINGA, subst. fém. (*ceingua*), myth., c'est le nom sous lequel les Phéniciens adoraient Pallas, dont Cadmus enleva le simulacre, qu'il plaça dans la ville de Thèbes.

SINGANE, subst. fém. (*ceinguane*), t. de bot., arbrisseau grimpant de la famille des guttiers.

SINGE, subst. mas. (*ceinje*) (du latin *simia*, et par corruption *simja*, en changeant *i* en *j*. *Ménage*.), celui de tous les animaux qui, à l'extérieur, ressemble le plus à l'homme. Dans la nouvelle classification de la zoologie, les *singes* forment, parmi les mammifères, une des deux grandes sections de l'ordre des quadrumanes. — On dit prov. : *malin comme un singe*.— On dit d'un homme laid : *il ressemble à un singe*; et d'un homme vif, agile : *il est adroit comme un singe*. — Fig. : personne qui contrefait quelqu'un : *un tel contrefait les gestes et les actions de tous ceux qu'il voit, c'est un vrai singe*. — Celui qui imite avec trop d'affectation le style d'un autre : *il est le singe de cet écrivain, son style est le même*. — En archit., machine composée d'un treuil qui tourne sur deux chevalets faits en croix de Saint-André, propre à élever des fardeaux, à tirer les terres de la fouille d'un puits, etc. — T. de mar., machine composée d'un treuil qui tourne au milieu de deux montants, dont on se sert pour transporter les marchandises qui sont dans les bateaux, sur des vaisseaux. — T. de charp., c'est aussi une machine à peu près semblable, qui sert à enlever des pièces de bois. — Prov. : *payer en monnaie de singe*, en gambades, en bouffonneries (de ce que, d'après une ordonnance de saint Louis, le marchand de *singes* entrant à Paris était quitte du péage en faisant sauter un *singe* devant le péager). — Voy. le mot suivant.

SINGE ou **PANTOGRAPHE**, subst. mas. (*ceinje, pantoguerafe*), instrument qui sert à copier, réduire et amplifier mécaniquement des plans et des dessins, sans aucune connaissance du dessin.

SINGÉ, E, part. pass. de *singer*.

SINGER, v. act. (*ceinjé*), contrefaire, imiter à la manière des *singes*. Il est employé seulement dans le style satirique : *singer les petits maîtres*; *singer la noblesse*, en affecter les manières. — *se* SINGER, v. pron.

* **SINGERESSE**, adj. fém. (*ceinjerèce*), qui tient d'une imitation affectée : *manières singeresses*. —Subst. fém. Voy. SINGEUR.

SINGERIE, subst. fém. (*ceinjerî*), grimaces, gestes, tours de *singe*. — Fig., actions, postures plaisantes et badines. — Imitation servile.

SINGEUR, subst. mas., **SINGERESSE**, subst. fém. (*ceinjeur, jerèce*), imitateur, imitatrice. (*Montaigne.*) Peu usité.

SINGHILLE, subst. mas. (*ceinguile*), prêtre des Jagas, peuples de l'intérieur de l'Afrique.

SINGLÉ, E, part. pass. de *singler*.

SINGLER, v. act. (*ceinguelé*), t. d'archit., mesurer avec le cordeau le cintre d'une voûte, les marches, la coquille d'un escalier, ou toute autre partie qu'on ne peut mesurer avec le pied ou la toise.—*se* SINGLER, v. pron.

SINGULARISÉ, E, part. pass. de *singulariser*.

SINGULARISER, v. act. (*ceingularizé*), rendre *singulier*, extraordinaire : *il faut avoir une conduite qui nous distingue, mais qui ne nous singularise pas.*—*se* SINGULARISER, v. pron., se faire remarquer ou connaître par quelque chose de *singulier*, de particulier : *il est presque toujours dangereux de se singulariser.*

SINGULARITÉ, subst. fém. (*ceingularité*), ce qui rend une chose *singulière* : *la singularité de cet évènement.*—Manière extraordinaire de penser, de parler, d'agir, etc. En ce sens il s'emploie quelquefois au plur. : *ces singularités le rendent ridicule.*

SINGULIER, adj. mas., au fém. **SINGULIÈRE** (*ceingulié, liére*) (du lat. *singularis*), unique, particulier : *cet exemple est singulier; façon singulière.*—Rare, excellent : *il a une piété singulière.* — Extraordinaire : *voilà un fait bien singulier, une aventure bien singulière; sa conduite est tout-à-fait singulière.*—Bizarre, capricieux, affectant de se distinguer : *ce malade est d'une humeur singulière.* — *Combat singulier*, duel, combat d'homme à homme.—En gramm., *nombre singulier*, ou subst. mas. : *le singulier*, nombre qui ne marque qu'une seule personne, qu'une seule chose.—SINGULIER, EXTRAORDINAIRE. (*Syn.*) Le *singulier* ne ressemble pas à ce qu'il est; il est d'un genre particulier. L'*extraordinaire* sort de la sphère à laquelle il appartient; il est particulier dans son genre. Le *singulier* n'est pas de l'ordre commun des choses; il fait, pour ainsi dire, classe à part. L'*extraordinaire* n'est pas dans l'ordre courant des choses, il fait exception à la règle. Il y a quelque chose d'original dans le *singulier*, et quelque chose d'extrême dans l'*extraordinaire*. Des propriétés rares, des qualités exclusives, des traits distincts et uniques, forment le *singulier*; le plus ou le moins, l'excès ou le défaut, la grandeur ou la petitesse en tout sens, au-dessus ou au-dessous d'une mesure établie, caractérisent l'*extraordinaire*. *Singulier* exclut la comparaison; *extraordinaire* la suppose. — Le *singulier* est une sorte de nouveauté; l'*extraordinaire* est une sorte d'extension de choses.—La boussole a une propriété *singulière*; la vapeur de l'eau bouillante a une force *extraordinaire*. — Tout homme qui a un caractère propre a nécessairement quelque chose de *singulier*; tout homme qui a un caractère énergique et fortement prononcé a quelque chose d'*extraordinaire*. Un homme paraît *singulier*, qui vit seul; un homme paraît *extraordinaire* dans le monde, qui ne fait pas comme tout le monde.—Ce qui est contraire à l'usage s'appelle *singulier*; ce qui est peu fréquent dans l'usage s'appelle *extraordinaire*.— Nous appelons *singulier*, ce qui ne cadre point avec nos idées, ou ne s'accorde point avec les types ou modèles que nous avons dans l'esprit. Nous appelons *extraordinaire*, ce qui sort d'une certaine sphère, ou n'est pas conforme aux mesures que nous avons dans l'esprit. Si nous n'avons pas quelque idée qui ait de l'analogie avec ce que nous voyons, l'objet nous paraît *singulier*; l'objet nous paraît *extraordinaire*, s'il surpasse l'idée que nous avons des choses. Selon nos lumières et notre sagacité, une chose est pour nous *singulière* ou non; selon notre portée et nos habitudes, une chose est ou n'est pas pour nous *extraordinaire*. Tout objet nouveau est *singulier* pour l'ignorance; toute action tant soit peu généreuse sera *extraordinaire* pour une âme étroite et sèche. Un philosophe est un être *singulier* pour le peuple; les grands sont des êtres *extraordinaires* pour les petits. Il suffit de ne pas suivre la foule dans le chemin battu, pour être *singulier*; il suffit de voir par-dessus la tête du commun des hommes pour paraître *extraordinaire*.— A mesure qu'on s'accoutume à un objet, tout ce qu'il avait de *singulier* disparaît; à mesure que les choses *extraordinaires* deviennent communes, les choses les plus *extraordinaires* cessent de l'être à nos yeux.

SINGULIÈRE, adj. fém. Voy. SINGULIER.

SINGULIÈREMENT, adv. (*ceinguliêreman*), spécialement, principalement : *ses fils, et singulièrement le cadet, ne jouissent pas d'une bonne santé.*—D'une manière affectée, bizarre, *singulière* : *il s'habille singulièrement.*—*Il s'est conduit singulièrement dans telle affaire*, d'une manière qu'on ne saurait s'expliquer, dont on ne peut se rendre compte.

SINGULTUEUSE, adj. fém. Voyez SINGULTUEUX.

SINGULTUEUX, adj. mas., au fém. **SINGULTUEUSE** (*ceingultu-eu, tu-euze*), t. de médec., qui a la respiration entrecoupée de sanglots.

SINISTE, subst. mas. (*cinicete*), grand-prêtre chez les anciens Burgondes, et qui jouissait du plus grand pouvoir et de la plus haute considération.

SINISTRE, adj. des deux genres (*cinicetre*) (du lat. *sinister*, employé dans les mêmes acceptions et qui signifie proprement *gauche; qui est à la gauche, du côté gauche*), qui cause des malheurs, *accident sinistre*.—Qui en présage : *sinistre augure*.—Fig., les astrologues, en parlant des planètes, disent : *l'aspect sinistre des astres*. —En t. de chiromancie, on appelle *ligne sinistre*, une ligne qui présage des malheurs. — Méchant, pernicieux : *desseins sinistres*.— Fam. : *physionomie, regard sinistre*, qui a quelque chose de funeste et qui est de mauvais augure.

SINISTRE, subst. mas. (*cinicetre*), ce que l'on peut craindre dans les affaires, dans les procès.—En t. d'assureurs, suspicion, crainte d'incendie, de naufrage, etc.—L'incendie, le naufrage lui-même; perte, désastre causé par une catastrophe, un évènement fortuit.

SINISTREMENT, adv. (*cinicetreman*), d'une manière *sinistre*, défavorable : *c'est un homme qui juge sinistrement de l'état de ses affaires.*

SINKOO, subst. mas. (*ceinko-o*), t. de bot., sorte d'arbre odoriférant du Japon.

SINN, subst. propre fém. (*cine*), vallée de l'île Sainte-Hélène, célèbre et consacrée par le tombeau de *Napoléon*.

SINODE, subst. mas. (*cinode*), t. d'hist. nat., poisson du genre de l'ésoce.

SINODENDRON, subst. mas. (*cinodandron*), t. d'hist. nat., insectes coléoptères, famille des lamellicornes.

SINODON, subst. mas. (*cinodon*), t. d'hist. nat., espèce de poisson.

SINODONTIDE, subst. fém. (*cinodontide*), pierre qu'on trouve dans la tête du *sinodon*.

SINON, adv. et conj. (*cinon*); autrement, sans quoi, faute de quoi. — *Sinon que*, si ce n'est que.

SINON, subst. propre mas. (*cinon*), myth., fils de Sisyphe. Il passa pour le plus fourbe et le plus artificieux de tous les hommes. Lorsque les Grecs firent semblant de lever le siége de Troie, *Sinon* se laissa prendre par les Troyens, à qui il en imposa avec tant d'artifice, que non-seulement ils ne lui firent aucun mal, mais que même ils le reçurent parmi eux, lui laissant autant de liberté qu'au plus fidèle Troyen. Dès que le cheval de bois fut entré dans la ville, ce fut lui qui, pendant la nuit, en alla ouvrir les flancs, dans lesquels les Grecs s'étaient enfermés, et qui livra ainsi Troie aux Grecs.

SINOPE, subst. mas. (*cinope*), t. d'hist. nat., sorte de craie verte ou rouge. Voy. SINOPLE.

SINOPE, subst. propre fém. (*cinope*), myth., fille d'Asoppe, fut aimée d'Apollon, de qui elle eut un fils nommé Syrus. D'autres disent qu'elle demeura toujours vierge.—Ce fut aussi le nom d'une Amazone.

SINOPLE, subst. mas. (*cinople*), en t. de blas., le vert. Dans la gravure, il se marque par des traits qui vont de l'angle droit du chef de l'écu à l'angle gauche de la base. — Sorte de craie verte. — T. d'hist. nat.; on donne ce nom en Hongrie à une mine d'or.

SINOPLIE, subst. fém. (*cinopli*), t. de médec., matière plâtreuse, humeur coagulée dans les articulations des membres des personnes affectées de la goutte.

SINTOÏSME, subst. mas. (*ceinto-iceme*), la religion la plus ancienne du Japon.

SINTOÏSTE, subst. mas. (*ceinto-icete*), nom de sectaires du Japon.

SINUÉ, E, adj. (*cinu-é*) (du lat. *sinuatus*, part. pass. de *sinuare*, courber en arc, etc.); se dit en bot. des feuilles dont les bords sont marqués par des échancrures arrondies et très-ouvertes,

SINUEUSE, adj. fém. Voy. SINUEUX.

SINUEUX, adj. mas., au fém. **SINUEUSE** (*cinu-eu, euze*) (du lat. *sinuosus*, fait de *sinus*, pli, repli), qui fait plusieurs plis et replis, qui, dans ses mouvements, ressemble à un S, comme le serpent qui rampe, la rivière qui serpente, la robe qui flotte. — *Ulcère sinueux*, étroit, profond et tortueux.— SINUEUX, TORTUEUX. (*Syn.*) *Sinueux* indique plutôt la marche, le cours des choses; *tortueux*, leur forme, leur coupe. Le cours de la rivière est *sinueux*; la forme de la côte est *tortueuse*. La rivière, en coulant, s'enfonce dans les terres et fait elle-même ses sinuosités; et la côte, enfoncée de toutes parts, devient *tortueuse*. On fait des replis *sinueux*, et on va par des voies *tortueuses*. On dit que les canaux abrégent, avec une grande utilité pour la navigation, le cours *sinueux* des rivières; le son, en frappant des lieux *tortueux*, en devient plus éclatant. — Vous considérez surtout les enfoncements dans la chose *sinueuse*; vous considérez les obliquités dans la chose *tortueuse*. On dit que le Méandre, si doucement *sinueux*, fournit à Dédale le modèle de son *tortueux* labyrinthe.—*Sinueux* n'a point un mauvais sens; *tortueux* se prend surtout en mauvaise part. L'objet *sinueux* est plutôt dans l'ordre naturel ou commun de la chose; l'objet *tortueux* ne devrait pas aller de travers. Aussi ce dernier terme ne s'emploie-t-il au moral que dans un sens de blâme et de censure.

SINUOLÉ, E, adj. (*cinu-olé*), t. de bot. : *feuilles sinuolées*, à bord légèrement *sinueux*.

SINUOSITÉ, subst. fém. (*cinu-ôzité*), qualité d'une chose *sinueuse*. — On dit en chir. : *les sinuosités d'une plaie*, les tours et détours qu'elle fait.

SINUS, subst. mas. (*cinuce*) (du lat. *sinus*), t. de math., ligne droite menée perpendiculairement d'une des extrémités de l'arc au rayon qui passe par l'autre extrémité. — Le *sinus verse* est la partie du rayon comprise entre le *sinus* et l'extrémité de l'arc. — Le *sinus total* est le *sinus* d'un arc ou d'un angle de 90° : *le sinus total est égal au rayon, ou pour mieux dire c'est le rayon lui-même.* — En t. de chir., cavité, espèce de poche, de petit sac qui se fait aux côtés ou au fond d'une plaie, d'un ulcère. — En t. d'anat., parties qui forment une cavité, ou qui se courbent et se recourbent en divers sens. — *Sinus de la veine-porte*, tronc de la veine-porte. — *Sinus laiteux*, la réunion de tous les canaux sécrétoires des glandes que forment les mamelles. — *Sinus frontaux*, deux cavités de l'os frontal, au-dessus du nez et des sourcils. — *Sinus maxillaires*, les cavités des os de la mâchoire. — On nomme encore *sinus* les plis de la membrane : *les sinus de la dure-mère.* — En bot., partie rentrante des bords d'une feuille. La partie saillante se nomme *lobe*. — Chez les anciens Romains, plis de la toge.

SIOUX (LÉ...), subst. mas. plur. (*lèci-ou*), peuples de l'Amérique septentrionale.

SIPANAOU, subst. mas. (*cipana-ou*), t. de bot., espèce d'arbre de la Guyane, dont le tronc sert à faire des canots.

SIPANE, subst. fém. (*cipane*), t. de bot., genre de plantes rubiacées de Cayenne.

SIPARUNE, subst. fém. (*ciparune*), t. de bot., arbrisseau à rameaux noueux, de Cayenne.

SIPÈDE, subst. fém. (*cipède*), t. d'hist. nat., nom spécifique d'une couleuvre. — Adj. : *couleuvre sipède*.

SIPHALE, subst. mas. (*cifale*), t. d'hist. nat., ver oblong, cylindrique, de la mer de Sicile.

SIPHILIS, subst. fém. (*cifilice*) (et non pas SYPHILIS, quoique l'*Académie*, et tout le monde avec elle, semble, à tort, préférer cette seconde orthographe) (mot lat. dérivé, suivant *Castelli*, du grec σιφλός, contraction de σιπαλός, sale, difforme, honteux), t. de médec., maladie vénérienne.

SIPHILITIQUE, adj. des deux genres, et non pas SYPHILITIQUE (*cifilitike*), qui tient de la *siphilis*.

SIPHNOS, subst. propre fém. (*cifenoce*), myth., île de la mer Egée, où il y avait des mines d'or et d'argent qu'Apollon détruisit par un déluge, parce que les habitants avaient négligé d'en consacrer la dîme dans son temple.

SIPHON, subst. mas. (*cifon*) (du lat. *sipho*, fait du grec σίφων, tuyau), tuyau recourbé propre à faire passer une liqueur d'un vase dans un autre. — En t. de mar., tourbillon ou nuage creux, qui descend sur la mer en forme de colonne. On le nomme aussi *typhon* et *trombe*. — *Siphon à double courant d'air*, instrument pour faire le vide dans la vessie, et y injecter les liquides médicamenteux.

SIPHONION, subst. mas. (*cifoni-on*), t. de bot., sorte de plante graminée des Grecs, inconnue aujourd'hui.

SIPHONANTHE, subst. fém. (*cifonante*), t. de bot., plante monogyne de la famille des verbénacées.

SIPHONIE, subst. fém. (*cifoni*), t. de bot., plante connue autrefois sous le nom de *hévé*.

SIPHONOBRANCHE, subst. mas. et adj. des deux genres (*cifonobranche*), t. d'hist. nat., mollusques ou testacés à deux tentacules.

SIPHONOSTOME, subst. mas. (*cifonocetôme*) (du grec σιφων, tuyau, et στομα, bouche), t. d'hist. nat., poisson à museau long.

SIPHORIN, subst. mas. (*ciforein*), t. d'hist. nat., nom d'oiseaux nageurs.

SIPHOSTOME, subst. mas. (*cifocetome*), t. d'hist. nat., genre de poissons.

SIPHYTUS, subst. mas. (*cifituce*), t. de bot., plante marine des côtes de Sicile.

SIPONCLE, subst. mas. (*ciponkle*), t. d'hist. nat., ver cylindrique de la famille des radiaires.

SIPPAGE, subst. mas. (*cipepaje*), manière danoise de tanner les cuirs.

SIQUE, subst. mas. (*cike*), t. d'hist. nat., sorte d'insecte.

SIRAMAHNITO, subst. mas. (*ciramahito*), t. de bot., arbre aromatique de Madagascar.

SIRE, subst. mas. (*cire*) (suivant *Ménage*, de *seniore*, ablatif de *senior*, plus vieux, plus ancien, d'où nous avons fait *seigneur*; suivant **M. Morin**, du grec κυριος, en grec moderne κυρος, seigneur), autrefois, seigneur : *le sire de Couci*, *de Créqui*, etc. On disait même *le sire Dieu*. — Titre qu'on donne ordinairement aux rois et aux empereurs, en leur parlant ou en leur écrivant. — Fam., homme, personnage : *c'est un terrible sire ; oui, beau sire !* — *Pauvre sire*, homme sans mérite, sans considération, sans capacité.

SIREDAOU, subst. mas. (*cireda-ou*), grand-prêtre indien du royaume de Pégu.

SIRÈNE, subst. fém. (*cirène*) (du grec σειρην, fait, dans la même signification, de σειρα, chaîne, à cause de la force de ses charmes), monstre fabuleux. — Subst. fém. plur., mythologie, filles d'Achéloüs et de Calliope, monstres que tous les peintres et les sculpteurs représentent comme moitié femmes et moitié poissons, mais à tort, car les poètes et les auteurs les plus recommandables les dépeignent moitié femmes et moitié oiseaux. *Pline* les place parmi les oiseaux fabuleux, et *Ovide* leur donne des visages de filles, avec des plumes et des pieds d'oiseaux. Ces monstres, dit-on, chantaient avec tant de mélodie, qu'ils attiraient les passants, et ensuite les dévoraient. Ulysse se garantit de leurs pièges en bouchant les oreilles à ses compagnons, et en se faisant attacher au mât de son vaisseau. Les *sirènes* étaient trois, qu'il faudrait représenter comme de belles femmes dans la partie supérieure du corps jusqu'à la ceinture, ayant le reste en forme d'oiseaux, avec des plumes. L'une d'elles tiendrait à la main une espèce de tablette, la seconde deux flûtes, et la troisième une lyre. — Fig., femme qui chante bien, ou qui séduit par ses charmes et ses manières insinuantes.

SIRÉNIEN, adj. mas., au fém. **SIRÉNIENNE** (*cirénien, niène*), qui concerne les *sirènes*, qui charme, qui attire comme elles : *voix sirénienne*.

SIRÉNUSSE, subst. mas. (*cirénuce*), myth., promontoire de la Lucanie, qui était le séjour des *sirènes*. Ce fut de là que, désespérées de n'avoir pu enchanter Ulysse, elles se précipitèrent dans la mer, où elles furent changées en rochers.

SIRERIE, subst. fém. (*cireri*) (rac. *sire*), ancien titre de certaines terres : *la sirerie de Pons*.

SIREX, subst. mas. (*cirèkce*), t. d'hist. nat., insecte à doubles ailes, du genre des mouches.

SIRI, subst. mas. (*ciri*), nom qu'on donne au *bétel* à Java.

SIRIASE, subst. fém. (*ciri-aze*), (du latin *siriasis*, pris du grec σειριασις, lequel vient de σειριαω, je brille, je reluis), t. de medec., inflammation du cerveau et de ses membranes, occasionnée par une violente ardeur du soleil.

SIRINGINE, subst. fém. (*cireinjine*), t. de médec., nom que d'anciens médecins donnaient à la rétention d'urine.

SIRIS, subst. fém. (*cirice*), myth., Osiris, divinité égyptienne.

SIRIUS, subst. mas. (*ciri-uce*) (du grec σειριος, fait de σειροω, vulgairement, je dessèche. Quelques-uns dérivent le nom de *Sirius* d'*Osirius*, divinité égyptienne, ou de *Siris*, nom du Nil, dont le débordement paraissait correspondre au lever de cette étoile), étoile de la constellation du grand chien, que nous nommons aussi *canicule*.

SIRK, ou **SOURK**, subst. mas. (*cirke*, *çourke*), t. de relat., espèce d'enclos formé d'un treillis de bambou, qui sert, chez les nègres voisins de la Gambie, à renfermer les cabanes où habitent les femmes d'un particulier.

SIROC, ou **SIROCO**, (l'*Académie* donne les deux), subst. mas. (*ciroke*) (de l'italien *sirocco*), sur la Méditerranée, vent brûlant du sud-est.

SIRODINE, subst. fém. (*cirodine*), t. d'agric., variété de raisin.

SIRONA ou **SIRONIA**, subst. propre fém. (*cirona, ni-a*), myth., ancienne déesse des Germains.

SIROP, subst. mas. (*cirô*) (de l'arabe *ssarouph*, lait chaud, ou plutôt de *scharab*, *charabet*, boisson préparée, dont nous avons fait également *sorbet*. On a dit dans la basse latinité, *sirupus* et *syrupus*), liqueur composée du suc des fruits des herbes ou des fleurs, avec du sucre et du miel, et qu'on fait cuire : *sirop de groseilles*, *sirop de mûres*, *sirop de roses*.—On appelle, *sirop altérant*, un *sirop* qui, agissant doucement, n'opère aucune évacuation sensible; *sirop antiscorbutique*, préparé avec des feuilles de cochléaria, de beccabunga et de cresson de fontaine, de la racine de raifort sauvage, des oranges amères, de la cannelle et du vin blanc; *sirop béchique*, fait avec du sulfure de potasse, du vin et du sucre; *sirop chalybé*, une solution gommée et sucrée de sulfate de fer; *sirop composé*, celui dans lequel il entre plusieurs drogues, et *sirop simple*, celui dans lequel il n'entre que la partie extractive d'une seule drogue.—On appelle *sirop d'absinthe*, celui dans lequel il entre des sommités de petite et grande absinthe, des roses rouges, de la cannelle, du vin blanc, et du suc dépuré de coings; *sirop d'amande*, voy. plus bas *sirop d'orgeat; sirop d'antimoine diaphorétique*, une solution sucrée de fleurs argentines d'antimoine dans l'eau; *sirop de cuisinier*, composé de salsepareille, de fleurs de roses pâles, de bourrache et de buglosse, anis, séné et sucre; *sirop de guimauve*, préparé avec les raisins de caisse, les racines de guimauve, chiendent, asperge, réglisse, pimprenelle, plantain, capillaire, etc.; *sirop mastic*, préparé avec une infusion de mastic, de noix muscade et d'alcohol; *sirop de myrte composé*, préparé avec des baies de myrte, des nèfles non mûres, du santal citrin, du fruit de l'épine-vinette, des balaustes, des roses de Provins, etc.; *sirop d'opium*, préparé avec l'extrait gommeux de l'opium, de l'eau et du sucre; *sirop d'orgeat* ou *d'amandes*, fait avec des amandes douces et amères, de l'esprit de citron, et de l'eau de fleurs d'oranger; *sirop de pommes*, composé de séné, de fenouil, de gérofle, du suc de pommes de rainette, de bourrache et de buglosse; *sirop de roses*, fait avec des feuilles de séné, de l'agaric, de l'anis, du tartre blanc, du gingembre, et des roses pâles; *sirop de rossolis*, composé de rossolis, de feuilles d'érysimum et de pulmonaire, de cucurma, de réglisse, de raisin de Damas, de safran et de fleurs de tussilage; *sirop des cinq racines apéritives*, préparé avec l'infusion des racines d'ache, du fenouil, du persil, des asperges et du petit houx; *sirop émétique*, du vin blanc que l'on sucre après y avoir fait digérer du verre d'antimoine, *sirop purgatif*, celui qui fait évacuer les humeurs ; *sirop résorptif de tortue*, celui qui est fait avec la chair de tortue terrestre, des écrevisses, de l'orge, des dattes, des raisins de Damas, de la réglisse, des jujubes, du nénuphar, des fleurs de violettes, du sucre rosat, de l'huile volatile de fleurs d'oranger, etc. —Dans les raffineries, on nomme *sirop*, la cinquième chaudière dans laquelle le sucre prend de la consistance.

SIROPÉ, E, part. pass. de *siroper*.

SIROPER, v. act. (*ciropé*), mêler de *sirop*.— *se* **SIROPER**, v. pron. (*Boiste*.) Inusité ; ce mot n'est cependant pas mal formé.

SIROTÉ, E, part. pass. de *siroter*.

SIROTER, v. neut. (*cirolé*) (rac. *sirop*), boire à petits coups, long-temps ou souvent, et avec sensualité.—*Ce vieillard aime à siroter*. A boire.

SIRPE, subst. mas. (*cirpe*), t. de bot., plante qui produit le *laser*.

SIRRAH, subst. fém. (*cira*), vigne qui croît en France; il y a la grosse et la petite *sirrah*.

SIRSACAS, subst. mas. (*cirçaka*), étoffe de coton qui se fabrique dans les Indes orientales.

SIRSUIR, subst. mas. (*cirçuir*), t. d'hist. nat., oiseau palmipède de la famille des sarcelles.

SIRTALE, subst. fém. (*cirtale*), t. d'hist. nat., nom spécifique d'une espèce de couleuvre.

SIRTES, mieux **SYRTES**, subst. fém. plur. (*cirte*) (du lat. *syrtes*, fait du grec συρτις, dérivé de συρειν, attirer, entraîner), t. de mar., écueils, sables mouvants de la mer Méditerranée sur la côte d'Afrique, appelés aujourd'hui *sèches de Barbarie*, parce que les vaisseaux y sont entraînés par les vagues ou les vents, ou parce que les flots agités y entraînent des sables, etc. — Terres désertes et sablonneuses, où les vents poussent les sables, tantôt d'un côté, tantôt d'un autre.

SIRTIQUE, mieux **SYRTIQUE**, adj. des deux genres (*cirtike*), qui concerne les *sirtes*.

SIRTITE, mieux **SYRTITE**, subst. fém. (*cirtite*), t. d'hist. nat., sorte de pierre précieuse. — Production pierreuse qu'on croit être un madrépore.

SIRUPEUSE, adj. mas. Voy. **SIRUPEUX**.

SIRUPEUX, adj. mas., au fém. **SIRUPEUSE** (*cirupeu, cirupeuze*), de la nature du *sirop*, qui produit du *sirop*.—En t. de pharm., dans quoi l'on a mélangé du *sirop* : *médicaments sirupeux* ; *il faut employer des liqueurs sirupeuses*. (Pourquoi ne dirait-on pas *siropeux, siropeuse?*)

SIRVENTE ou **SIRVANTE**, subst. mas. (*cirvante*) (suivant *Borel*, du vieux mot provençal *cervel*, cerveau; *ouvrage éclos du cerveau*), poésie ancienne en langue française ou provençale, ordinairement consacrée à la satire et quelquefois à l'amour et à la louange.—Le *sirvente* était une sorte de poésie lyrique connue des Italiens. On a dit d'abord *servantois* ou *sorvantois*. M. de *Roquefort* (Glossaire de la langue romane) ajoute que *Borel* s'est trompé en avançant que ces poésies étaient des satires.

SIS, E, part. pass. du verbe *seoir*, et adj. (*ci, cize*), t. de pratique, situé : *maison sise rue Saint-Jacques*.

SISAIN ou **SIZAIN**, subst. mas. (*cizein*), t. d'hist. nat., chardonneret qui a six pennes à la queue.—Ancienne monnaie valant six sous. Voy. **SIXAIN**.

SISARAS, subst. mas. (*cizarâ*), t. de bot., espèce de plante du genre des bruyères.

SISARON, subst. mas. (*cizaron*), t. de bot., plante des anciens qu'on croit être notre chervis.

SISICHTON, subst. propre mas. (*cizikton*), myth., surnom de Neptune.

SISOÉ, subst. mas. (*cizo-é*), myth., tresse de cheveux que certains peuples voisins des Hébreux offraient en sacrifice à Saturne. Superstition qui fut défendue aux Juifs par Moïse.

SISON, subst. mas. (*cizon*), t. de bot., plante indigène ombellifère, dont les semences sont aromatiques, et qui croît dans les lieux humides et dans les terres marécageuses.

SISSITE, subst. mas. (*cicecite*), t. d'hist. nat., minerai de fer, limoneux, hydraté.

SISSONE, subst. propre fém. (*ciceçone*), bourg de France, chef-lieu de canton, arrond. de Laon, dép. de l'Aisne.

SISSONE (PAS DE), subst. mas. (*pâdeciceçone*), sorte de pas de danse inventé par le comte de *Sissone*. On l'exécute en avant et en arrière.

SISTÉ, E, part. pass. de *sister*.

SISTER, v. act. (*cicelé*) (en lat. *sistere*), vieux t. de pal., assigner en justice, paraître en cause. —*se* **SISTER**, v. pron. Hors d'usage.

SISTÉRON, subst. propre mas. (*cicetéron*), ville de France, chef-lieu de canton et d'arrond., dép. des Basses-Alpes.

SISTILE, subst. mas. Voy. **SYSTYLE**.

SISTOLE, subst. fém. Voy. **SYSTOLE**.

SISTOTRÈME, subst. mas. (*cicetotrême*), t. de bot., genre de plante de la famille des champignons.

SISTRE, subst. mas. (*cicetre*) (du latin *sistrum*, pris du grec σειστρον, dérivé de σειω, je remue, j'agite); instrument égyptien, fait d'une lame de métal sonore. — Trompette de guerre chez le même peuple. — Aujourd'hui, instrument à cordes qui est une espèce de luth. — T. d'hist. nat., genre de coquilles qui vivent sur les côtes d'Afrique.—T. de bot., sorte de plante siliqueuse, qui préservait des fantômes et des spectres ceux qui la portaient à la main.

SISTREUSE, subst. fém. (*cicetreuze*), ancienne mesure de liquides, qui équivalait à trois de nos chopines.

SISYMBRE, subst. mas. (*cizeinbre*), t. de bot., sorte de plante crucifère.

SISYPHE, subst. propre mas. (*cizife*), myth., fils d'Eole, qui, désolant l'Attique par ses brigandages, fut tué par Thésée. Il fut condamné, dans les enfers, à rouler continuellement une grosse pierre ronde, du bas d'une montagne en haut, d'où elle retombait sur-le-champ.

SISYRE, subst. mas. (*cizire*), t. d'antiq., sorte de vêtement fait de poil de chèvre.

SISYRINCHIE, subst. fém. (*cizireinchi*), t. de bot., nom d'une plante bulbeuse qui croît en Amérique.

SITANION, subst. mas. (*citani-on*), nom que les anciens donnaient au froment que l'on semait en mars.

SITARCHIE, subst. fém. (*citarchi*) (du grec σιτος, blé, et αρχη, commandement), t. d'antiq., emploi d'intendant sur les vivres.

SITARCHIQUE, adj. des deux genres (*citarchike*), qui a rapport, qui est relatif à la *sitarchie*.

SITARCIE, subst. fém. (*citarci*) (du grec σιτος, blé, et αρκεω, je suffis), t. d'antiq., havre-sac de voyageur, qui contenait la provision de blé pour un mois.

SITARQUE, subst. mas. (*citarke*), t. d'antiq., celui qui était préposé pour la police des vivres.

SITE, subst. mas. (*cite*) (du lat. *situs*), t. de peinture, situation, aspect : *le site d'un paysage*. Un *site* est beau, riant, sauvage, etc. — On nomme *sites insipides*, ceux dont le choix est trivial; *extraordinaires*, ceux qui frappent l'imagination par la beauté et la nouveauté de leurs formes.—T. de fortif. : *plan de site*, celui qu'on imagine tangent au terrein, et auquel le plan de défilement doit être parallèle. — T. d'hist. nat., *site aranéeux*, toile d'araignée.

SITELLE, subst fém. (*citèle*), urne dans laquelle on jetait les ballottes qui servaient à marquer les suffrages.

SITENNO, subst. propre mas. (*citènenò*), myth., l'une des divinités des Japonais sintoïstes.

SITHNIDES, subst. fém. plur. (*citenide*), myth., nymphes d'une fontaine dont l'eau était conduite à Athènes par un magnifique aqueduc. —T. d'hist. nat., genre de papillons diurnes.

SITICINE, subst. mas. (*citicine*), t. d'antiq., joueur de flûte dans les pompes funèbres.

SITIOLOGIE, subst. fém. (*citi-oloji*), (du grec σιτιον, aliment, et λογος, traité), partie de la médecine qui traite des aliments.

SITIOLOGIQUE, adj. des deux genres (*citi-olojike*), qui concerne la *sitiologie*.

SITNIC, subst. mas. (*citenike*), t. d'hist. nat., sorte de petit animal rongeur de Sibérie, de la famille des rats.

SITO, subst. propre fém. (*citò*), myth., surnom de Cérès.

SITOCOME, subst. mas. (*citokome*) (du grec σιτος, blé, et χομεω, je prends soin), t. d'antiq., magistrat athénien qui avait les mêmes fonctions que l'édile céréal à Rome.

SITOCOMIE, subst. fém. (*citokomi*), t. d'antiq., fourniture de blé.

SITODIE, subst. fém. (*citodi*), disette de blé. Hors d'usage.

SITODION, subst. mas. (*citodi-on*), t. de bot., genre de plantes voisin des jacquiers.

SITODOSIE, subst. fém. (*citodôzi*), abondance de blé. Hors d'usage.

SITOLÈGUE, et non pas **SITOLOGUE**, subst. mas. (*citologue*) (du grec σιτος, blé, et λεγω, je cueille), qui recueille ou amasse du blé. Hors d'usage.

SITOMÉTRATEUR, subst. mas. (*citométrateur*), t. d'antiq., celui qui faisait la distribution de la mesure de blé par mois.

SITOMÈTRE, subst. mas. (*citomètre*) (du grec σιτος, blé, et μετρον, mesure), mesure de quatre boisseaux qu'on donnait aux esclaves par mois. Peu en usage.

SITOMÉTRIQUE, adj. des deux genres (*citométrike*), qui regarde ou concerne le *sitomètre*. Peu en usage.

SITOPHYLAX, subst. mas. (*citofilakce*) (du grec σιτος, blé, et φυλαξ, gardien), t. d'hist. anc., inspecteur de l'approvisionnement de blé, à Athènes.

SITOPOLE, subst. mas. (*citopole*), t. d'antiq., marchand de blé.

SITOSTASE, subst. mas. (*citocetdze*), t. d'antiq., magistrat athénien qui taxait le blé, et veillait à la vente qui s'en faisait.

SITÔT, adv. (*citô*). Voy. **TÔT**.

SITÔT QUE, conj. (*citô ke*), dès que. Voy. **TÔT**.

SITTELLE, subst. fém. (*citèle*), t. d'hist. nat., oiseau silvain de la famille des grimpereaux. — On l'appelle aussi *torchepot*.

SITTINE, subst. fém. (*citetine*), t. d'hist. nat., oiseau silvain qui a du rapport avec les *sittelles*.

SITUATION, subst. fém. (*citu-âcion*) (du lat. *situs*), assiette, position d'une ville, d'une maison: *situation agréable, avantageuse, commerciale, militaire*, etc.—Position, posture, en parlant des animaux ou des hommes : *il est dans une situation fort incommode*.—Fig., disposition, état de l'âme ou des affaires : *ses affaires sont en bonne situation*.—On appelle, en style administratif, *état de situation*, une description statistique du matériel et du personnel.—*La situation de la caisse est dans un état satisfaisant*, rien ne périclite.—En poésie, moment de l'action épique ou dramatique, où de la seule position des personnages résulte pour le spectateur un saisissement de crainte, de pitié, de joie, etc.—On dit que *tel personnage est en situation*, en parlant d'un acteur qui excite l'attention sur la scène et qui produit un vif effet sur les spectateurs.—En algèb. et en géom., position respective des lignes et des surfaces.—**SITUATION, ASSIETTE**. (*Syn.*) La *situation* embrasse proprement les divers rapports locaux que la chose peut avoir avec les objets qu'elle regarde ou qui la regardent; l'*assiette* est bornée à la place ou à l'objet sur lequel la chose pose et se repose. Une maison de campagne est dans une jolie *situation*, quand les alentours en sont agréables; une place de guerre est forte d'*assiette*, quand sa base est ferme, escarpée, insurmontable. Une ville est dans une *situation*, et non dans une *assiette* favorable pour le commerce; un rempart doit avoir assez d'*assiette* ou de pied, et non de *situation*, pour que rien ne s'éboule. — Votre *situation* est l'état où vous êtes actuellement; votre *assiette* est l'état où vous êtes naturellement. Vous êtes accidentellement dans telle *situation*; vous êtes naturellement dans telle *assiette*.—On est toujours dans quelque *situation*; il s'agit d'avoir une *assiette*. Il n'y a de calme, de tranquillité, de constance, de bien-être dans une *situation*, qu'autant que vous y prenez une *assiette* convenable et fixe. Les gens qui ne sont pas à leur place, quelque *situation* qu'ils prennent, ne se trouvent jamais dans leur *assiette*.—La vertu donne à l'âme un grand courage et une grande force dans les *situations* critiques, parce qu'elle la tient dans une *assiette* ferme et inébranlable.— **SITUATION, POSITION, DISPOSITION**. (*Syn.*) La *situation* est une manière générale d'être en place; la *position* est une manière particulière d'être dans un sens. La *situation* désigne plutôt l'habitude entière du corps ou de l'objet; la *position* désigne particulièrement une attitude ou une posture du corps et de l'objet. La *situation* embrasse les divers rapports de la chose, la *position* n'indique qu'un rapport de direction. La *situation*, qui dépend des circonstances, n'a point de règle fixe; la *position*, qui tend à un but, a sa règle déterminée : elle est juste, exacte, fausse, irrégulière, droite, oblique, etc. La *disposition* marque la *position* combinée de différentes parties ou de divers objets qui doivent concourir au même dessein, et une tendance particulière au but. Vous êtes dans une *situation* quelconque; vous prenez une *position* particulière pour dormir à l'aise; votre corps est, pour cet effet, dans une bonne *disposition*. — Une armée est dans telle ou telle *situation*, selon les circonstances et selon les rapports sous lesquels vous la considérez; elle cherche, elle choisit une *position* pour attaquer ou pour n'être point attaquée; elle est dans la *disposition* de se battre, elle fait pour cela ses *dispositions*.— On est dans une *situation* très-gênée quant à la fortune; on n'est pas dans une *position* à faire du bien aux autres, malgré la *disposition* où l'on est de leur en faire. —Leur maison est dans une *situation*, eu égard à ce qui l'environne; elle est dans telle *position*, eu égard à son *exposition*; elle a une telle *disposition*, eu égard à la distribution des parties qui la composent.— On dit au fig., la *situation*, la *disposition*, plutôt que la *position* des esprits, des affaires, etc. La *situation* ne désigne que l'état actuel des choses où elles sont; la *disposition* désigne leur tournure et leur tendance, le train qu'elles suivent ou qu'elles veulent prendre. Ce mot sert à exprimer la pente que l'on a, le sentiment où l'on est, l'aptitude dont on est doué, l'impulsion qu'on donne. La *situation* fait qu'on est ainsi; la *disposition* fait qu'on va là, ou qu'on veut cela.—**SITUATION, ÉTAT**. (*Syn.*) L'*état* est plus ferme, plus durable que la *situation*; et la *situation* n'embrasse point, comme l'*état*, l'objet entier ou toute sa manière sensible d'être. La *situation* est relative à la base sur laquelle porte l'objet; l'*état* est relatif à tout ce qui constitue la manière d'être générale de l'objet. La *situation* résulte de la position, de l'assiette, de la manière d'être posé, placé, assis; l'*état* résulte des qualités, des modifications, des conditions, des dispositions, des circonstances qui déterminent la manière d'être. En métaphysique, *état* marque un assemblage de qualités accidentelles qui se trouvent dans les différents êtres; et tant que ces modifications ne changent point, le sujet reste dans le même *état*. Ce mot se dit aussi de la constitution présente, des dispositions actuelles, des conditions différentes dans lesquelles les choses ou les personnes peuvent se trouver, au physique, au moral, en tout sens. L'*état* d'innocence, l'*état* de nature, l'*état* de santé. Nous disons l'*état* pour la profession ou la condition des personnes. Un *état* de recette et de dépense contient un compte détaillé article par article. L'*état* de la question est l'exposition ou le développement des rapports à considérer dans le sujet. — Sans argent vous pouvez être dans la *situation* d'un pauvre; mais vous n'êtes pas dans l'*état* de pauvreté, si vous ne manquez de rien, si vous avez des ressources, si vous ne ressentez pas les peines de cet *état*.—L'âme est dans une *situation* tranquille lorsque rien ne l'agite; elle est dans un *état* de tranquillité, lorsqu'elle n'a aucune cause, aucun motif d'irritation. L'exemption actuelle de soins forme sa *situation*, dans le premier cas; les conditions nécessaires pour rester constamment en paix constituent son *état*, dans le second.—En général, il n'y a pas aussi loin d'une *situation* à une autre *situation*, que d'un *état* à un autre *état*; parce que la *situation* n'est pas stable comme l'*état*, que la *situation* n'embrasse pas autant de rapports ou de liens que l'*état*, et que le passage d'une *situation* à une autre n'est qu'un changement, au lieu que le passage d'un *état* à un autre est une révolution. Une *situation* n'est souvent que différente d'une autre; mais un genre d'*état* est opposé à un autre, comme l'*état* de maladie à l'*état* de santé, l'*état* de grandeur à l'*état* d'abjection. — La *situation* des affaires est le point où elles en sont, et où elles ne doivent naturellement pas rester; l'*état* des affaires est la disposition générale, ou l'arrangement dans lequel elles restent ou peuvent rester.

SITUÉ, E, part. pass. de *situer*, et adj. — Placé.

SITUER, v. act. (*citu-é*), placer, poser en certain endroit, par rapport aux environs ou aux parties du ciel. Ce verbe ne s'emploie guère qu'au prés. de l'infinitif et au part. pass.— *se* **SITUER**, v. pron. Voy. **SITUATION**.

SITULE, subst. fém. (*citule*), t. d'hist. nat., espèce de couleuvre.— T. d'antiq., vase dans lequel on mettait les bulletins pour tirer au sort les noms dans les assemblées, etc. Voy. **SITELLE**.

SIUTOS, subst. mas. plur. (*ci-uto*), secte de docteurs ou philosophes japonais.

SIVA OU SHIVA, subst. prop. mas. (*civa*), l'une des trois personnes de la trinité des Indous.

SIVADIÈRE, subst. fém. (*civadière*), ancienne mesure de grains provençale. Voy. **CIVADIER**, qui paraît du reste être la seule bonne orthographe.

SIVAN, subst. mas. (*civan*), neuvième mois de l'année civile des Hébreux, et le troisième de leur année religieuse. Voy. **SIBAN**.

SIX, adj. numéral des deux genres (devant une consonne *ci* : *ci bataillons*; devant une voyelle *ciz* : *cizoiseaux, cizhommes*; à la fin de la phrase *cice* : *ils sont cice*) (du lat. *sex*, fait, dans le même signification, du grec ἕξ), deux fois trois.—Il se dit quelquefois pour *sixième* : *Charles VI*.—Subst. mas. : *le six du mois, un six de chiffre, un six de carreau*, au jeu de cartes.— *Double-six*, au jeu de domino, le dé qui porte deux fois *six* points.

SIXAIN, subst. mas. (*cizein*), stance de *six* vers.—*Six* jeux de cartes en un paquet.—Chez les layetiers, boîte qui en contient cinq autres de diverses grandeurs.—En mercerie, paquet de

SMA

six pièces de rouleaux ou ruban de laine.—Paquel d'épingles composé de *six* milliers. — T. d'art militaire, autrefois, ordre de bataille suivant lequel étaient rangés *six* bataillons sur une ligne. —*Cette femme est dans son six*, pour exprimer qu'elle est dans son sixième mois de grossesse. C'est une locution qui ne se comprendrait plus, quoique nous la lisions encore dans l'Académie.

SIX-BLANCS, subst. mas. plur. *(ciblan)*, petite monnaie dont le terme n'est plus usité que parmi le peuple, et qui valait deux sous deux liards.

SIX-DOIGTS, subst. mas. *(cidoé)*, t. de pêche, filet de l'espèce des folles.—Nom que l'on donne en quelques endroits aux folles et aux cibaudières.

SIX-HUIT, subst. fém. *(cice-uite)*, t. de mus., mesure composée de *six* croches : *mesure à six-huit.*

SIXIÈME, subst. et adj. des deux genres (*cizième*) (du lat. *sextus*), nombre d'ordre correspondant à *six* : le sixième jour, etc. — Subst. mas., la sixième partie d'un tout.—Écolier de la classe appelée sixième.—Subst. fém., au piquet, suite de *six* cartes d'une même couleur. — Dans les collèges, la *sixième* classe.

SIXIÈMEMENT, adv. *(cizièmeman)* (du lat. *sextò*), en sixième lieu.

SIX-QUATRE, subst. fém. *(cicekatre)*, t. de musique, mesure composée de *six* noires ; elle est peu usitée maintenant; on la divise en deux temps de trois noires chacun : *mesure à six-quatre.*

SIX-SEIZE, subst. fém. *(cicezèze)*, t. de mus., mesure composée de *six* doubles croches, formant deux temps.

SIXTE, subst. fém. *(cikcete)*, t. de mus., intervalle de *six* degrés sur la gamme.

SIZE, subst. fém. *(cize)*, instrument de joailler, pour trouver le poids en perles fines et rondes.

SIZAIN, subst. mas. Hors d'usage. Voy. SIXAIN.

SIZERAIN, subst. mas. *(cizerain)*, t. d'hist. nat., oiseau, petite linotte des vignes.

SIZETTE, subst. fém. *(cizète)*, jeu de cartes qui peut se jouer à *six* personnes, et dans lequel chaque joueur prend *six* cartes.

SIZUN, subst. propre mas. *(cizeun)*, bourg de France, chef-lieu de canton, de Morlaix, dép. du Finistère.

SKITES, subst. mas. plur. *(ceki-ite)*, nom injurieux que les Turcs donnent aux Persans.

SKINNERE, subst. fém. *(cekinenère)*, t. de bot., genre de plantes qui rentre dans celui qu'on nomme fuchsie.

SKITALE, subst. mas. *(cekitale)*, bâton de commandement, chez les anciens Lacédémoniens.

SKITOPHYLLE, subst. mas. *(cekitofile)*, t. de bot., genre de plantes.

SKOUNER, subst. mas. *(cekounère)*, t. de mar., petit navire à deux mâts. Voy. SCHONER.

SKULDA, subst. propre fém. *(cekuleda)*, myth., l'une des Parques, chez les Scaudinaves.

SLABBES, subst. fém. plur. *(celabre)*, t. de mar., petites barques qu'employaient autrefois les Hollandais pour la pêche du hareng.

SLANTZA, subst. mas. *(celanteza)*, t. de bot., sorte d'arbrisseau du Kamschatka.

SLATÉ, subst. mas. *(celaté)*, nom des nègres libres qui vendent des esclaves.

SLATERIE, subst. fém. *(celateri)*, t. de bot., c'est le muguet du Japon.

SLAVE, subst. propre mas. *(celave)*, nom d'un ancien peuple qui habitait les confins de l'Allemagne.

SLOOP, subst. mas. (mot anglais qui se prononce *celoupe*), t. de mar., sorte de bâtiment au-dessous de vingt canons, appelé aussi *bateau bermudien* ou *bateau d'Amérique*, fort usité dans les colonies d'Amérique, et surtout parmi les Anglais.—*Sloop de guerre*, grande corvette.

S. M., abréviation de *sa majesté*.

SMAËRTAS, subst. mas. plur. *(cema-èreta)*, secte de brahmines.

SMALT, subst. mas. *(cemalte)*, t. de chimie, verre provenant de la fusion du cobalt et de sable et le sel alcali.

SMARAGDIN, E, adj. *(cemaraguedein, dine)* (du grec σμαραγδος, émeraude), qui est de couleur vive ou de couleur d'émeraude.

SMARAGDITE, subst. fém. *(cemaraguedite)* (du grec σμαραγδος, émeraude), substance ainsi nommée par Saussure, parce que sa couleur est le plus souvent d'un beau vert d'émeraude. Quelques-uns croient que c'est la *prime d'émeraude*, et d'autres la *diallage.*

SMY

SMARAGDOPRASE, subst. fém. *(cemaraguedapràze)* (du grec σμαραγδος, émeraude, et πρασον, poireau), t. d'hist. nat., pierre précieuse verte, émeraude.

SMARDÉ, E, part. pass. de *smarder*.

SMARDER, v. act. *(cemarde)*, dans le Mâconnais, piocher la vigne en mars pour la première fois.—*SE SMARDER*, v. pron.

SMARIDE, subst. fém. *(cemaride)*, t. d'hist. nat., genre d'arachnides, de la famille des holètres.

SMARIS, subst. mas. *(cemari)*, t. d'hist. nat., petit poisson de la mer des Indes.

SMARISE, subst. fém. *(cemarize)*, t. d'hist. nat., insecte du genre des tiques.

S. M. B., abréviation de *sa majesté britannique*, le roi d'Angleterre.

S. M. C., abréviation de *sa majesté catholique*, le roi d'Espagne.

SMECTITE, subst. fém. *(cemèktite)* (du grec σμηκτις, dérivé, avec la même signification, de σμηχω, je nettoie), terre grasse plus ou moins compacte, ou espèce de pierre savonneuse, dont les dégraisseurs de laine font usage sous le nom de *soletard*, et plus communément de *terre à foulon*.

SMEGME, subst. mas. *(cemègueme)* (du grec σμηγμα, savon), t. de pharm., médicament purgatif employé dans le traitement de la gale.

SMEGMÉON, subst. mas. *(cemèguemé-on)*, t. de médec. ; se dit des humeurs des cryptes sébacés.

SMERDIS, subst. mas. *(cemérdi)*, t. d'hist. nat., crustacé de l'ordre des stomapodes.

SMÉRINTHE, subst. mas. *(cemerètine)*, t. d'hist. nat., insecte lépidoptère, de la famille des crépusculaires.

SMIDSTIE, subst. fém. *(cemideceti)*, t. de bot., petite plante voisine des joncs, ou des luzules.

SMIÉDELIE, subst. fém. *(cemi-édeli)*, t. de bot., genre de plante nommée aussi *ornitrope*.

S. M. I., abréviation de *sa majesté impériale*.

SMILACÉE, subst. et adj. fém. *(cemilacé)*, t. de bot., famille de plantes, ainsi nommées du *smilax* qui y est compris.

SMILACINE, subst. fém. *(cemilacine)*, t. de bot., plante du genre des muguets.

SMILAX, subst. propre fém. *(cemilakce)*, myth., nymphe qui eut tant de douleur de se voir méprisée du jeune Crocus, qu'elle fut changée, aussi bien que lui, en un arbrisseau dont les fleurs sont petites, mais d'une excellente odeur. On conte autrement cette métamorphose. Voy. CROCUS.

SMILAX, subst. mas. *(cemilakce)*, (du grec σμιλαξ, employé dans la même signification, et qui, selon la mythologie, avait d'abord été le nom d'une nymphe. Voy. le mot précédent.), t. de bot., plante semblable au lierre, qui est sudorifique et bonne pour les douleurs des jointures.

SMILLE, subst. fém. *(cemi-ie)*, marteau à deux pointes, pour piquer le moellon ou le grès.

SMILLÉ, E, part. pass. de *smiller*.

SMILLER, v. act. *(cemi-ie)*, piquer du grès avec le marteau nommé *smille.—SE SMILLER*, v. pron.

SMINTHÉE, adj. mas. *(cemeinté)*, myth., surnom d'Apollon.

SMINTRION, subst. mas. *(cemeinti-on)*, myth., nom d'un temple chez les Romains.

SMIRRINGUE, subst. fém. *(cemireinigue)*, t. d'hist. nat., sorte de poule d'eau de Pologne.

SMITHIE, subst. fém. *(cemiti)*, t. de bot., plante annuelle qui se rapproche des sainfoins.

SMITTEN, subst. mas. *(cemitetène)*, t. d'hist. nat., grande espèce de singe d'Amérique.

SMOGLUER, subst. mas. *(cemogueluer)* (de l'anglais *smogler*), se dit de ceux qui, au mépris des lois, introduisent ou exportent des marchandises sans payer les droits.—Par extension, sorte de petit navire anglais qui sert à la contrebande.

SMOLENSK, subst. propre mas. *(cemoleinceka)*, ville de la Russie d'Europe, prise par les Français en 1812.

S. M. T. C., abréviation de *sa majesté très-chrétienne*, le roi de France.

S. M. T. F., abréviation de *sa majesté très-fidèle*, le roi de Portugal.

SMYNTHURE, subst. fém. *(cemeinture)*, t. d'hist. nat., insecte thysanoure, famille des podurelles.

SMYRE, subst. mas. *(cemire)*, t. d'hist. nat., poisson, le mâle de la lamproie.

SOC

SMYRNE, subst. propre fém. *(cemirene)*, ville de la Grèce.

SMYRNÉEN, subst. et adj. mas., au fém. SMYRNÉENNE *(cemirené-ein, éne)* , de *Smyrne*, qui habite *Smyrne*. — Qui a rapport à *Smyrne*.

SMYRIDE, subst. fém. *(cemiride)*, t. d'hist. nat., pierre minérale.

SNAGROEL, subst. mas. *(cenaguero-èle)*, t. de bot., plante du genre des aristoloches.

SNETK, subst. mas. *(cenèteke)*, t. d'hist. nat., poisson qu'on trouve dans les lacs de Sibérie.

SNOTRA, subst. propre fém. *(cenotra)*, myth., déesse sage et savante, des anciens peuples du Nord.

S.-O., abréviation de *sud-ouest*.

SOANES, subst. propre mas. plur. *(ço-ane)*, peuple de l'ancienne Taprobane, aujourd'hui l'île de Ceylan.

SOBELLE, subst. fém. *(çobèle)*, t. d'hist. nat., zibeline de Russie.

SOBOLE, subst. fém. *(çobole)*, t. de bot., bulbe qui se développe dans les fleurs et remplace les fruits.

SOBRALE, subst. fém. *(çobrale)*, t. de bot., plantes diandres, de la famille des orchidées.

SOBRE, adj. des deux genres *(çobre)*, du latin *sobrius*, dérivé du vieux mot latin *bria*, coupe), qui a de la *sobriété* : *il a fait un repas fort sobre*, il a peu bu et peu mangé. — SOBRE, FRUGAL, TEMPÉRANT. (Syn.) L'homme *sobre* évite l'excès, content de ce que le besoin exige ; le *frugal* évite l'excès dans la quantité et dans la qualité, content de ce que la nature veut et lui offre ; le *tempérant* évite également les excès, il garde un juste milieu. — *Sobre* se dit proprement du boire, mais on l'étend au manger. *Tempérant* ne se dit guère que des appétits et des plaisirs physiques ; mais *tempérance* embrasse toutes les passions et presque toutes les actions, dans l'usage ordinaire du mot. — La simple raison rendra l'homme *sobre* ; la philosophie rendra l'homme *frugal* ; la vertu le rendra *tempérant*. Le premier conserve sa raison et sa santé, le second trouvera partout l'abondance et des forces ; le dernier amasse des vertus et des jours sereins pour la vieillesse.

SOBREMENT, adv. *(çobreman)* (du lat. *sobrié*), avec *sobriété* : *vivre sobrement*, *user sobrement* de toute chose.

SOBRIÉTÉ, subst. fém. *(çobri-été)* (en lat. *sobrietas*), tempérance dans le boire et dans le manger : *la sobriété est la garantie la plus solide de la santé.*—Fig. et par extension, discrétion, retenue, modération : *être sage avec sobriété.*

SOBRIQUET, subst. mas. *(çobrikiè)* (du latin *rubridiculum*, chose un peu ridicule. Ménage.), sorte de surnom ou d'épithète burlesque qu'on donne à quelqu'un, le plus souvent pour le tourner en ridicule.

SOC, subst. mas. *(çoke)* (en lat. *soccus*), fer large et pointu qui fait partie de la charrue et qui ouvre la terre.

SOCCAGE, subst. mas. *(çokaje)*, temps que le sel met à se former par l'évaporation.

SOCCIA, subst. propre mas. *(çòtechia)*, village de France, chef-lieu de canton, arrond. d'Ajaccio, dép. de la Corse.

SOCCOLANT, subst. mas. *(çokolan)*, religieux de l'ordre de saint François.

SOCCULAS, subst. mas. plur. *(çokula)*, sorte de religieux ou philosophes révérés dans les Indes.

SOCHARIS, subst. propre fém. *(çokarice)*, myth., divinité égyptienne qu'on croit être la même qu'Isis.

SOCHOTHBENOTH, subst. propre mas. *(çokotebenote)*, myth., dieu des Babyloniens.

SOCIABILITÉ, subst. fém. *(çoci-abilité)*, qualité de l'homme *sociable* ; aptitude à vivre en *société*.—Par extension, disposition qui nous porte à faire à nos semblables tout le bien qui peut dépendre de nous.

SOCIABLE, adj. des deux genres *(çoci-able)* (en lat. *sociabilis*), qui est de bonne *société*, qui a des qualités propres au bien de la *société* : *homme, humeur, esprit sociable.*— Qui est fait pour vivre en *société* : *l'homme est un animal sociable.*—SOCIABLE, AIMABLE. (Syn.) L'homme *sociable* a les qualités propres au bien de la *société*, la douceur du caractère, l'humanité, la franchise sans rudesse, la complaisance sans flatterie, et surtout le cœur porté à la bienfaisance ; en un mot, l'homme *sociable* est le vrai citoyen. L'homme *aimable*, du moins celui à qui on donne aujourd'hui ce titre, est indifférent sur le bien public, ardent à plaire à toutes les *sociétés* où son goût et le hasard le jettent, et prêt à en sacrifier chaque particulier. Il n'aime personne, n'est aimé de qui que ce soit, plaît à tous, et souvent est méprisé et recherché par les mêmes gens.— Les liaisons particulières de l'homme *sociable* sont des liens qui l'attachent de plus en plus à l'état; celles de l'homme *aimable* ne sont que de nouvelles dissipations.—L'homme *sociable* inspire le désir de vivre avec lui; l'homme *aimable* en éloigne ou en doit éloigner tout honnête citoyen.

SOCIABLEMENT, adv. (*çoci-ableman*), d'une manière *sociable*.

SOCIAL, E, adj. (*çoci-ale*) (en lat. *socialis*), qui concerne la *société* : *les vertus sociales*, etc.— En parlant des *sociétés* de commerce; on appelle *raison sociale*, la raison de *société* de telle maison, de telle compagnie.—Dans l'histoire romaine, *la guerre sociale*, la guerre des alliés sous Marius et Sylla.—Au plur. mas., *sociaux*.

SOCIALEMENT, adv. (*çoci-aleman*), dans l'ordre *social*.

SOCIALITÉ, subst. fém. (*çoci-alité*), état achevé de l'homme civilisé.—*Ordre de la socialité*, forme gouvernementale du genre humain.

SOCIAUX, adj. mas. plur. Voy. SOCIAL.

SOCIÉ, E, part. pass. de *socier*.

SOCIER, v. act. (*çoci-é*), joindre, unir, faire alliance : *ne pouvoir socier ensemble*, ne pouvoir s'accorder, vivre ensemble. (*Boiste*.) Vieux.—*se* SOCIER, v. pron. Inusité.

SOCIÉTAIRE, subst. et adj. des deux genres (*çoci-étère*), qui fait partie d'une association pour affaire d'intérêt.—Adj. : *artiste sociétaire de la Comédie Française*.

SOCIÉTÉ, subst. fém. (*çoci-été*) (en lat. *societas*), union des hommes entre eux, formée par la nature ou par les lois : *société naturelle* ou *civile; troubler la société*.—Union de plusieurs personnes réunies par quelque intérêt ou pour quelque affaire. — Compagnie de gens qui se réunissent ordinairement pour le jeu ou des parties de plaisir. — Compagnie de savants, de gens de lettres.—*Société littéraire*, qui a pour but la culture des lettres en commun.—*Société savante*, dont le but est de cultiver les sciences. — On le disait aussi de certains religieux : *la société des jésuites*. — T. de comm. : *société en commandite*. Voy. COMMANDITE. — On appelle *société léonine*, une *société* dans laquelle tous les profits sont pour l'un et toutes les charges pour l'autre.—*Société anonyme* ou *momentanée*, dans laquelle les intéressés travaillent chacun de leur côté, sans que le public soit informé de leur association. — *Société en participation*, association de plusieurs marchands qui s'intéressent dans une affaire.—*Société* se dit des habitants d'un pays, d'une ville, relativement à la manière dont ils vivent les uns avec les autres. C'est dans ce sens que l'on dit qu'*il n'y a point de société dans une ville*, pour dire que chacun y vit chez soi, que les habitants ne communiquent point ensemble pour leurs amusements ou leurs plaisirs. —*La haute société*, l'ensemble des personnes d'un pays les plus marquantes par la politesse des mœurs, l'éducation, etc.—*Sociétés populaires*, réunion de citoyens qui s'occupent de questions politiques. Elles ont leur organisation propre, un président, des secrétaires, des conditions d'admission et d'éligibilité, etc. — *vers, chansons de société*, composés pour être chantés dans des réunions particulières.

SOCIGÈNE, adj. fém. (*çocijène*), myth., surnom de Junon, comme mère de la *société*, et comme présidant à l'union conjugale.

SOCINIANISME, subst. mas. (*çocini-aniceme*), secte des *sociniens*, ou partisans de *Socin*, qui nient la divinité de Jésus-Christ, l'existence du Saint-Esprit, le mystère de l'incarnation, du péché originel et de la grace.

SOCINIEN, subst. et adj. mas., au fém. **SOCINIENNE** (*çocini-in, niène*), partisan de *Socin*. Voy. SOCINIANISME.

SOCINIENNE, subst. et adj. fém. Voy. SOCINIEN.

SOCLE, subst. mas. (*çokle*) (du lat. *soccus*, brodequin), t. d'archit., membre carré plus large que haut, qui sert de base à toutes les décorations d'architecture et d'édifices, aux piédestaux des statues, des vases, etc.

SOCLETIÈRE, subst. fém. (*çokletière*), filet de fil fin dont on se sert pour pêcher les sardines.

SOCOLETTE, subst. fém. (*çokolète*), jeune fille, élève du conservatoire de musique à Rome.

SOCQUAGE, subst. mas. Voy. SOCCAGE.

SOCQUE, subst. mas. (*çoke*) (rac. *soc*), chaussure de bois ou de cuir, à semelle brisée, que l'on met par-dessus d'autres chaussures pour se garantir de l'humidité et de la boue.—On s'est servi de ce mot anciennement pour *sandales*.— Chez les anciens, chaussure basse des acteurs qui représentaient des personnages comiques, à la différence du *cothurne*, chaussure élevée qui servait dans les rôles tragiques.—Nous entendons continuellement le peuple dire *socle*. Le peuple pourrait bien avoir raison dans cette question. Le *socque* n'a nullement la forme du *soc*, instrument destiné à fendre la terre; tandis que si l'on écrivait *socle*, on comprendrait fort bien que cette chaussure fût appelée ainsi, parce qu'elle sert en effet comme de base, de soutien aux pieds, qu'elle garantit de l'humidité. Nous soumettons en toute confiance notre doute aux savants.

SOCQUEMENT, subst. mas. (*çokeman*), t. de salines, action de retirer les poêles des fourneaux.

SOCQUEUR, subst. mas. (*çokieur*), ouvrier des salines qui procède au *soccage* des sels.

SOCRATÉION, subst. mas. (*çokraté-ion*), t. d'antiq., temple que les Athéniens élevèrent dans leur ville, en signe de repentir d'avoir fait mourir *Socrate*.

SOCRATIQUE, adj. des deux genres (*çokratike*), de *Socrate* : *amour socratique*, amour pur.

SOCRATISÉ, part. pass. de *socratiser*.

SOCRATISER, v. neut. (*çokratizé*), moraliser, raisonner avec sagesse, comme *Socrate*. (Boiste.)

SOCUS, subst. propre mas. (*çokuce*), myth., jeune Troyen dont Homère vante la taille avantageuse et le courage. Il fut tué par Ulysse.—C'était aussi un surnom de Mercure.

SODA, subst. mas. (*çoda*) (de l'arabe *souad*, qu'on prononce *souadou*, et qui, entre autres acceptions, est employé dans le même sens), t. de médec., céphalalgie, douleur de tête. — Selon *Blancard*, ardeur d'estomac.— Suivant quelques autres, sentiment de chaleur et d'érosion dans la gorge. En bot., plante qui produit la *soude*.

SODALES, subst. mas. plur. (*çodale*), t. d'antiq., ministres ou prêtres d'un même collège. — Il se disait particulièrement des prêtres qui étaient chargés de desservir les autels d'un empereur mis au rang des dieux.

SODALISTE, subst. mas. (*çodalicete*), compagnon d'une même confrérie. Hors d'usage.

SODALITÉ, subst. fém. (*çodalité*), confrérie Hors d'usage.

SODALITHE, subst. fém. (*çodalite*), t. de minér., sorte de minéral qui contient beaucoup de *soude*.

SODÉRANIENS, subst. propre mas. plur. (*çodéranieïn*), ancien peuple qui habitait une partie du Brandebourg.

SODIUM, subst. mas. (*çodi-ome*), t. de chimie, substance métallique qui est la base de la *soude*.

SODOMIE, subst. fém. (*çodomi*) (de la ville de *Sodome*, qui fut brûlée en punition de la *sodomie*), péché contre nature.

SODOMITE, subst. mas. (*çodomite*), homme coupable de *sodomie*.

SŒUR, subst. fém. (*ceur*) (du lat. *soror*), celle née d'un même père et d'une même mère, ou de l'un des deux seulement. — *Sœurs consanguines*, celles qui sont nées du même père seulement. — *Sœurs utérines*, nées de la même mère seulement. — *Sœurs germaines*, celles qui sont nées de même père et de même mère. —*Sœurs jumelles*, nées d'un même accouchement. — *Sœur naturelle* ou *bâtarde*, née du même père ou de la même mère, mais hors du mariage. — *Belle-sœur*, celle qui a épousé notre frère; celle de qui on a épousé le frère ou la *sœur*. —*Sœur de lait*, qui a eu la même nourrice. — On dit fig. : *la poésie et la peinture sont sœurs; toutes les passions sont sœurs*. — Poét. : *les neuf Sœurs*, les neuf Muses.—Titre que les rois de la chrétienté donnent aux reines en leur écrivant : *ma sœur*. — Nom que les religieuses prennent dans les actes publics, et qu'on leur donne en certains couvents dans le discours ordinaire : *sœur de la charité; sœur grise*. — *Sœur écoute*, religieuse qui assiste au parloir. — *Sœurs laies*, ou *sœurs converses*, religieuses qui ne sont point du chœur. — On le donne aussi à des filles qui vivent en communauté sans être religieuses.

SŒURETTE, subst. fém. (*ceurète*), diminutif de *sœur*; petite *sœur*.

SOÈVEMENT, adv. (*çoèveman*), doucement, agréablement. (*Boiste*.) Vieux, et même hors d'usage.

SOFA (on écrit plus souvent **SOPHA**), subst. mas. (*çofa*) (mot emprunté de la langue turque, mais qui vient originairement de l'arabe *ssoffah*, fait à peu près dans la même signification du verbe *saffa*, disposer, arranger, mettre en ordre), espèce d'estrade fort élevée et couverte d'un tapis. — Sorte de lit de repos.

SOFFITE, subst. mas. (*çofefite*) (de l'italien *soffito*), plafond ou lambris de menuiserie, formé de poutres croisées ou de corniches volantes, avec des compartiments et des renfoncements enrichis de peinture et de sculpture.

SOFI, on écrit plus souvent **SOPHI**, subst. mas. (*çofi*), roi de Perse.

SOFIS, subst. mas. plur. (*çofi*), ordre particulier de moines musulmans.

SOFTA, subst. mas. (*çofeta*), professeur d'une école publique, à Constantinople. Nom de derviches turcs, rentés, et dont la fonction est de venir à la fin de chaque prière du jour dire un office des morts auprès du tombeau des sultans qui ont laissé des fonds pour leur entretien.

SOGDIENS ou **SOGDIANIENS**, subst. propre mas. plur. (*çoguedieïn, soguedi-anieïn*), peuple de la *Sogdiane*, contrée d'Asie.

SOGONOS, subst. mas. plur. (*çoguonô*), docteurs d'une secte qui existe en Guinée sous le nom de *belli*.

SOGREDAME, subst. fém. (*çogueredame*), belle-mère. Vieux et même hors d'usage.

SOHAM, subst. mas. (*ço-ame*), animal fabuleux, dont la tête, dit-on, ressemblait à celle d'un cheval, et le corps à celui d'un dragon.

SOHER, subst. mas. (*ço-ère*), t. d'hist. nat., sorte de grand poisson du Gange, dont la chair est excellente.

SOI (*çoé*) (du latin *sui*, fait du grec οἱ, à soi), pron. sing. de la 3ᵉ personne et des deux genres; il marque le rapport d'une personne ou d'une chose à elle-même. — *Soi*, avec les personnes, ne s'emploie que lorsque son antécédent a un sens vague et indéfini : *chacun pense à soi; on ne doit jamais parler de soi*. Ainsi, c'est à tort que *Boileau* a dit (*Satire* V) :

Et de tout son bonheur ne devant rien qu'à *soi*,

en parlant de Louis XIV ; il devait dire à *lui*. — *Racine* a fait la même faute dans *Phèdre*, en parlant d'Hippolyte :

Charmant, jeune, traînant tous les cœurs après *soi*;

au lieu de *après lui*; et dans *Andromaque* :

Mais il se craint, dit-il, *soi-même* plus que tous;

au lieu de *lui-même*. — *Fénelon*, enfin, n'a pas été plus correct, en disant (*Télémaque*, liv. V): *Idoménée revenant à soi*; et (liv. XVIII) : *ce philosophe, comme frappé d'un coup de foudre, ne pouvait se supporter soi-même*. Il fallait *revenant à lui; se supporter lui-même*. — *Soi-même* marque le rapport plus intime de l'être à lui-même. — *Être à soi*, ne dépendre de personne, de rien. — *N'être plus à soi*, cesser d'être son maître; fig., avoir perdu le sens.—*En soi*, dans sa nature. — *Rentrer en soi*, faire de sages réflexions. — *De soi*, de sa nature — *Sur soi*, sur sa personne. — *A part soi*, en son particulier. — *Etre* ou *se montrer soi* ou *soi-même*, garder son propre caractère. — Le seul cas où *soi* est appliqué à une personne particulière ou déterminée, c'est lorsqu'en parlant de quelqu'un on dit, dans le style familier, qu'*il a un chez soi* ou qu'*il n'a pas de chez soi*, pour dire qu'il a un logis à lui, ou qu'il n'en a pas. — *Soi-disant*, t. de palais qu'on emploie quand on ne reconnaît pas la qualité que prend quelqu'un : *un tel, soi-disant héritier, docteur*, etc. — *Soi-disant* est toujours invariable : *de soi-disant docteurs*.—SOI, LUI, SOI-MÊME, LUI-MÊME. (*Syn*.) *Lui* se place dans la proposition particulière, lorsqu'il s'agit d'une seule personne. *Soi* se met dans la proposition générale, lorsqu'il est question d'un certain genre de personnes. *Lui-même* et *soi-même* n'ajoutent à *lui* et à *soi* qu'une force nouvelle de désignation, d'augmentation, d'affirmation. — Un homme fait mille fautes, parce qu'il ne fait point de réflexions sur *lui*; on fait mille fautes, quand on ne fait point de réflexions sur *soi*. Quelqu'un, en particulier, aime mieux dire du mal de *lui* que de n'en point parler; en général, l'égoïste aimera mieux dire du mal de *soi* que de n'en point parler. Un tel a la faiblesse d'être mécontent de *lui*, tel autre a la sottise d'être trop content de *lui*; être trop mécontent de *soi* est une faiblesse, être trop content de *soi* est une sottise. On a souvent besoin d'un plus petit que *soi*; un prince a grand besoin de beaucoup de gens plus petits que *lui*. C'est un bon moyen pour s'élever *soi-même* que d'exalter ses pareils ; et un homme adroit s'élève ainsi *lui-même*. *Soi*, et *soi-même*, se disent quelquefois d'une personne particulière et déterminée, comme *lui* et *lui-même* ; tandis que ces derniers termes ne s'appliquent jamais qu'à une personne nommée ou désignée. On dira également, un héros qui tire tout son lustre de *soi-même* ou de *lui-même* ; un homme qui a bonne opinion de *soi-même* ou de *lui-même*. Mais, dans ce cas, ces deux expressions ne sont pas parfaitement semblables. *Soi* désigne, en général, une généralité. On dira donc plutôt *soi* que *lui*, dans la proposition particulière et à l'égard d'une personne déterminée, lorsque la proposition généralisée serait vraie, et qu'on voudra indiquer que ce qui se dit de telle personne convient à toutes les personnes du même ordre, ou qu'il s'agira d'une propriété, d'une qualité commune à un genre de personnes ou de choses qu'on veut faire remarquer. Ainsi, lorsque vous dites qu'*un héros emprunte de lui son lustre*, vous ne désignez que le fait ou la chose propre à ce héros, à *lui* ; si vous dites qu'*un héros emprunte de soi son lustre*, vous indiquez un fait, une chose commune à tous les héros, au genre. Un homme est épris de l'amour de *lui* ou de *lui-même*, c'est-à-dire qu'il s'aime trop; il est possédé de l'amour de *soi* ou de *soi-même*, c'est-à-dire du défaut, de la passion, du sentiment naturel et commun qu'on appelle *amour de soi*, ou amour-propre. Un homme a bonne opinion de *lui*, c'est le fait ; un autre a bonne opinion de *soi*, c'est une chose fort ordinaire que la bonne opinion de *soi*. — *Soi* est plus propre pour désigner l'essence, la nature et le fond, le caractère, l'action nécessaire, l'efficacité ou la vertu naturelle et commune des choses ; au lieu que *lui*, ordinairement appliqué aux personnes, doit également indiquer des personnes libres, des effets accidentels, des opérations volontaires, ce qui n'est point nécessité par la nature, par le caractère, par les qualités communes de la cause. L'homme fait une chose librement et de *lui-même* ; un agent purement physique produit nécessairement et de *soi-même* un effet.

SOI-DISANT, sorte de prép. (*çoèdizan*). Voy. à l'article SOI.

SOIE, subst. fém. (*çoâ*) (du latin *seta*, qui signifie proprement poil de certains animaux, et qui s'est dit ensuite, par antiphrase, de la matière produite par le ver à soie), matière propre à filer, produite par une espèce de ver qu'on appelle à cause de cela *ver à soie*. — Fig. : *des jours filés d'or et de soie*, une vie remplie de félicité et de plaisirs. — Poil long ou rude de certains animaux, tels que cochons, sangliers, etc. ; on le dit dans le même sens de quelques chiens. — Partie du fer d'une épée ou d'un couteau qui entre dans la poignée, dans le manche : *la soie de ce sabre est bien faible*. — *Soie crue*, celle que l'on tire de la coque sans feu. — *Soie bouillie*, celle qu'on a fait bouillir dans de l'eau, afin qu'on puisse la filer plus aisément. — *Soie torse* ou *retorse*, celle qui, indépendamment du filage et du dévidage, a de plus passé par le moulin et a été torse. — *Soie plate*, celle qui n'est point torse, mais qui est préparée et teinte pour faire de la tapisserie ou d'autres ouvrages à l'aiguille. — *Soie de bourre*, celle dont on fait la filoselle. — *Soie cuite* ou *décreusée*, celle qui a été assouplie entre deux linges dans de l'eau bouillante. — *Soie en bottes*, celle qui a été pliée en paquets carrés et longs. — *Soie montée*, chez les blondiers, un ou deux brins de soie entortillés au rouet sur une soie. — *Soie en moches*, soie naturelle et sans apprêt. — *Noir de soie*, chez les corroyeurs, second noir qu'on donne aux peaux. — Chez les graveurs sur pierres fines, outil dont l'extrémité a la forme d'une tête de clou tranchante. — T. de vétér. ; voy. SEIME. — En t. d'hist. nat., partie du suçoir des insectes hémiptères. — *Soie de mer*, sorte de laine soyeuse qui est produite par une espèce de moule de mer du genre des jambonneaux. Elle se nomme aussi *laine de pinne marine* et *poil de nacre* : on en fait de belles étoffes à Tarente et à Smyrne. — *Soie minérale*, nom qu'on donne quelquefois à la belle amiante de la Tarentaise, qui, par la blancheur, l'éclat et la flexibilité de ses fibres, ressemble assez bien à de la soie. — En t. de bot., filaments rudes des plantes. — Pédoncules des mousses. — Dans les graminées, prolongement d'une nervure dont la base fait partie de la substance de la paillette. — *Soie végétale*, genre de plante de la famille des apocynées. — *Soie d'orient*, sorte de plante qui produit des gousses où il y a une espèce de *soie*.

Soient, 3e pers. plur. prés. subj. du verbe auxiliaire ÊTRE.

SOIERIE, subst. fém. (*çoari*), toute sorte de marchandises de *soie*. — Manière de préparer la *soie*. — Fabrique de *soie*. — Bâtiments où l'on prépare la *soie*.

SOIF, subst. fém. (*çoèfe*), besoin, envie de boire. — Fig., désir immodéré : *la soif des richesses, des honneurs*. — Fig. et prov. : *garder une poire pour la soif*, garder quelque argent, quelques provisions, pour s'en servir au besoin. — *On ne saurait faire boire un âne s'il n'a soif*, on ne saurait obliger une personne à faire ce qu'elle n'a pas envie de faire. — On dit de deux personnes qui se marient sans aucun bien : *c'est la faim qui épouse la soif*.

SOIGNANTAGE, subst. mas. (*coègnîantaje*), concubinage. (*Boiste*). Vieux, et même hors d'usage.

SOIGNÉ, E, part. pass. de *soigner*.

SOIGNER, v. act. (*coègnié*), avoir *soin* : *soigner un malade, des enfants*. — Autrefois, on l'employait neutralement en parlant des choses, et avec le régime indirect dans le sens de veiller à... : *soigner à ses affaires*. — On dit également au fig. : *un écrivain doit soigner son style; tableau soigné*, etc. — Fam., traiter sévèrement : *je vais le soigner à son retour*. — SE SOIGNER, v. pron., avoir bien *soin* de sa personne.

SOIGNEUSE, adj. fém. Voy. SOIGNEUX.

SOIGNEUSEMENT, adv. (*çoègnieuzeman*), avec *soin*. Voy. SOIGNEUX.

SOIGNEUX, adj. mas., au fém. **SOIGNEUSE** (*çoègnieu, gnieuze*), qui agit avec *soin*; qui veille attentivement sur... — Fait avec *soin*. — SOIGNEUX, CURIEUX, SOIGNEUSEMENT, CURIEUSEMENT. (*Syn.*) Ces deux espèces de termes ne sont synonymes que dans certains cas; car *curieux* désigne proprement l'envie de savoir, de découvrir, de posséder; tandis que *soigneux* désigne la manière de traiter les choses. On dit *curieux* et *soigneux* dans sa parure; garder *soigneusement* et *curieusement* quelque chose; conserver *curieusement* et *soigneusement* sa santé. La manière *curieuse* est plus recherchée, plus avide, plus minutieuse, plus difficile que la manière purement *soigneuse*. — L'homme *curieux* de sa parure y met de la recherche, de l'importance, une envie de se faire distinguer ou remarquer ; l'homme *soigneux* de sa parure y met un soin convenable ou qu'on ne saurait blâmer, une attention soutenue, une envie de ne pas s'exposer à la critique ou au blâme. Vous prendrez pour un petit esprit celui qui est *curieux* dans ses ajustements; vous prendrez pour un homme décent ou propre celui qui est *soigneux* dans son habillement. Des *soins* trop *curieux* annoncent un dessein particulier et une faiblesse d'esprit. — On garde *soigneusement* ce qui est utile; on garde plutôt *curieusement* ce qui est rare. On est *soigneux* dans les choses qu'on doit faire; on est *curieux* dans les choses qu'on se plaît à faire. La raison ou l'attachement nous rend *soigneux*; le goût ou la passion nous rend *curieux*. — Soyez plus *soigneux* de votre honneur, et moins *curieux* de votre réputation. La charité sera *soigneuse* de se cacher; l'esprit est *curieux* de se montrer. — Le plus heureux naturel a besoin d'être *soigneusement* cultivé. Les inclinations des enfants doivent être *curieusement* observées. Celui qui est *soigneux* de sa santé, la conserve; celui qui en est *curieux*, la perd.

SOIN, subst. mas. (*çoein*) (suivant *Ménage*, du lat. *senium*, ennui, etc.; suivant *Le Duchat*, de *somnium*, songe, rêve qui occupe l'esprit), attention, application, exactitude : *je l'ai fait avec soin*. — Inquiétude, peine, soucis. — Charge, dans une affaire, etc. : *j'y ai mis tous mes soins*. — Emploi, fonction : *je lui ai laissé le soin de mes affaires*. — *Avoir soin de quelqu'un*, pourvoir à ses besoins. — Au plur., démarches, diligence. — *Les soins du ménage*, les détails du ménage, l'attention qu'ils demandent. — *Rendre des soins à quelqu'un*, le voir avec assiduité et lui faire sa cour. — *Rendre de petits soins à une dame*, lui rendre de petits services qui lui soient agréables. — *Être aux petits soins*, avoir des attentions recherchées. — SOIN, SOUCI, SOLLICITUDE. (*Syn.*) Le *soin* est un embarras et un travail de l'esprit, causé par une situation critique dont il s'agit de sortir ou même de se garantir, ou par une situation pénible qu'il faudrait adoucir du moins par sa vigilance, son activité et ses efforts. Le *souci* est une agitation et une inquiétude d'esprit causées par des accidents qui troublent le calme et la sécurité de l'âme, et la jettent dans une triste rêverie. La *sollicitude* est une agitation vive et continuelle, une espèce de tourment habituel de l'esprit causé par des attaches particulières ou par des intérêts particuliers qui nous sollicitent sans cesse, et nous obligent à des *soins* sans cesse renaissants, ou à une vigilance constante et laborieuse. — Toute affaire, tout embarras nous donne du *soin*; toute crainte, tout désir nous donne du *souci*; toute charge, toute surveillance nous donne de la *sollicitude*. — Le *soin* pousse à l'action ; les *soins* que vous prenez manifestent ceux que vous éprouvez ; le *souci* vous replie sur vous : un air pensif et sombre le décèle. La *sollicitude* vous tient en éveil et en exercice ; des mouvements et des *soins* fréquents et curieux l'annoncent. — Le *soin* ôte la liberté d'esprit; il occupe. Le *souci* ôte la tranquillité; il agite. La *sollicitude* ôte le repos de l'esprit et la liberté des actions; elle possède, si elle n'absorbe.

SOIR, subst. mas. (*çoar*) (du subst. lat. *serum*, qui signifie la même chose, ou de l'adv. *serò*, au soir), la dernière partie du jour. — La première partie de la nuit. — Poét. : *le soir de la vie*, la vieillesse. — *Bonsoir*, t. de civilité. — *A ce soir*, au revoir, jusqu'à ce *soir*.

SOIRÉE, subst. fém. (*çoaré*), espace de temps depuis le déclin du jour jusqu'à ce qu'on se couche. — Réunion de personnes invitées à des jeux ou divertissements pendant la *soirée*.

DU VERBE IRRÉGULIER **ÊTRE** :

Sois, précédé de *que je*, 1re pers. sing. prés. subj.

Sois, précédé de *que tu*, 2e pers. sing. prés. subj.

Sois, 2e pers. sing. impér.

SOISSONNAIS, E, adj. (*çoèçoné, nèze*), de *Soissons*.

SOISSONS, subst. propre mas. (*çoèçon*), ville de France, chef-lieu de canton et d'arrond., dép. de l'Aisne.

Soit, 3e pers. sing. prés. subj. du verbe auxiliaire ÊTRE.

SOIT, conjonction alternative (*çoè*, et devant une voyelle *çoète*), *soit l'un, soit l'autre, soit qu'il parle, soit qu'il demeure*. Ces phrases et toutes celles du même genre sont des ellipses : *que ce soit l'un*, ou *que ce soit l'autre*, etc., et *soit* n'y est qu'un temps du verbe *être*. — Adv. : *soit*, je le veux bien, j'en tombe d'accord. — *Soit que*, loc. conj. qui demande le subj. : *soit que vous parliez*. — *Tant soit peu*, loc. adv., si peu que ce *soit*; fort peu : *il se fâche tant soit peu*. — *Soit*, par une extension assez bizarre, signifie aussi quelquefois, *supposons : soit cinquante mille francs à partager*.

SOIXANTAINE, subst. fém. (*çoèçantène*), environ *soixante* : *une soixantaine de personnes d'années*. — *Avoir la soixantaine : soixante ans*.

SOIXANTE (*çoèçante*) (du lat. *sexaginta*), adj. numéral des deux genres, nom de nombre indéclinable, composé de six dizaines. On dit *soixante-un, soixante-deux, soixante-dix*, etc. — Subst. mas. et adj. des deux genres : *page soixante; soixantième; le produit de soixante*.

SOIXANTÉ, part. pass. de *soixanter*.

SOIXANTER, v. neut. (*çoèçanté*), au piquet, faire un *soixante*; compter *soixante*.

SOIXANTIÈME, adj. et subst. des deux genres (*çoèçantième*) (du lat. *sexagesimus*), nombre ordinal qui correspond à *soixante*. — *Soixantième* partie d'un tout. — *Soixantième* rang.

SOJA, subst. mas. (*çoja*), sorte de liqueur du Japon, faite avec les semences du dolic.

SOL, subst. mas. (*çole*) (du lat. *solum*, qui a la même signification), terrein considéré suivant sa qualité : *sol fertile, pierreux*, etc. — Aire, superficie de la terre sur laquelle on bâtit. — Note de musique, la cinquième de la gamme. — Pièce de monnaie. Voy. SOU, qui est généralement préféré aujourd'hui. — Dans une mine, *sol* ou *muraille*, partie de la roche sur laquelle une mine est appuyée. — *Sol* se dit quelquefois, en t. de blas., du champ de l'écu qui porte les pièces honorables.

SOLA, subst. mas. (*çola*), bois très-léger, de l'Inde, genre inconnu.

SOLACE, subst. mas. (*çolace*) (en lat. *solatium*), soulagement. (*Boiste*.) Vieux et même hors d'usage.

SOLACIÉ, E, part. pass. de *solacier*.

SOLACIER, v. act. (*çolacié*), soulager, consoler. — *se* SOLACIER, v. pron. Vieux, et même hors d'usage, quoique *l'Académie* nous le donne encore.

SOLACIEUSE, adj. fém. Voy. SOLACIEUX.

SOLACIEUX, adj. mas., au fém. **SOLACIEUSE** (*çolacieu, cieuze*), récréatif. (*Boiste.*) Vieux, et même hors d'usage.

SOLAGE, subst. mas. (*çolaje*), terrein ingrat. — Action du soleil. (*Boiste.*) Vieux.

SOLAIRE, adj. des deux genres (*çolère*) (du lat. *solaris*), qui appartient au soleil : *rayons solaires; cadran solaire.* — *Système solaire*, ordre et disposition des différents corps célestes qui font leur révolution autour du soleil. — *Année solaire*, composée de trois cent soixante-cinq jours cinq heures quarante-neuf minutes, par opposition à l'année lunaire, qui n'a que trois cent cinquante-quatre jours. — *Année solaire tropique*, espace de temps dans lequel le soleil revient au même point des équinoxes ou des solstices. —*Année solaire et planétaire*, espace pendant lequel le soleil revient à quelque étoile fixe particulière.—En t. de bot., fleurs qui s'épanouissent et se ferment pendant que le soleil est sur l'horizon. — En chir., *bandage solaire*, bandage pour la saignée de l'artère temporale, ainsi nommé des rayons que les circonvolutious font sur la tête.—*Plexus solaire*, réseau de nerfs qui appartient à la region abdominale.—Subst. mas., t. d'anat., muscle extenseur du pied. — Subst. mas., chez les anciens, lieu exposé au soleil et où l'on mangeait. —Subst. fém., t. d'astron., courbe que décrivent les rayons du soleil, en traversant l'atmosphère. — Subst. propre mas. plur., peuples de la Mésopotamie et des environs, que l'on croit adorer le soleil.

SOLAMIRE, subst. fém. (*çolamire*) (du lat. *sol*, soleil, et *mirari*, regarder; *à travers laquelle on peut regarder le soleil*), t. de boisselier, toile de crin, de soie, etc., dont on garnit les tamis.

SOLANDRE, subst. fém. (*çolandre*), t. de vétérinaire, ulcère qui vient au pli du jarret d'un cheval. — Nom donné à plusieurs espèces de plantes parasites.

SOLANÉE, subst. et adj. fém. (*çolané*), t. de bot., dans la méthode de *Jussieu*, famille de plantes, ainsi nommée du *solanum*, et qui ne comprend que des plantes d'un aspect sombre et d'une odeur désagréable.

SOLANIENS, subst. propre mas. plur. (*çolaniein*), anciens peuples du Limousin, sur les bords de la rivière *Solane*. — Anciens peuples de la Tartarie orientale.

SOLANINE, subst. fém. (*çolanine*), t. de chim., substance extraite du *solanum*.

SOLANIQUE, adj. des deux genres (*çolanike*), t. de chim., qui concerne la *solanine*.

SOLANO, subst. mas. (*çolano*), vent chaud d'Afrique qui se fait sentir quelquefois en Espagne.

SOLANOÏDE, subst. mas. (*çolano-ide*), t. de bot., douce-amère bâtarde.

SOLANUM, subst. mas. (*çolanome*) (du latin *solanum*, qui signifie proprement *morelle*), t. de bot., genre de plantes très-nombreuses, parmi lesquelles on compte la *morelle*, la *pomme d'amour*, etc.

SOLANUS, subst. propre mas. (*çolanuce*), myth., génie qui est un vent d'est.

SOLAT, subst. mas. (*çola*), t. d'hist. nat., sorte de mitre du genre des volutes, ordre des univalves.

SOLBATTU, E, (et non pas **SOLBATU**, orthographe vicieuse), adj. (*çolebatu*) (de *sol* et de *battu*, meurtri), t. de vétér., dont la *sole* est foulée : *cheval solbattu*.

SOLBATTURE (et non pas **SOLBATURE**, orthographe vicieuse), subst. fém. (*çolebature*), t. de vétér., maladie d'un cheval *solbattu*.

SOLDAKS, subst. mas. plur. (*çoledake*), t. de relat., corps de soldats turcs, dont les plumes qui entourent leur turban sont si hautes, qu'elles cachent le sultan à la vue du peuple dans les cérémonies, etc.

SOLDAN, subst. mas. Voy. SOUDAN.

SOLDANELLE, subst. fém. (*çoledanèle*) (en lat. *soledanella*), t. de bot., sorte de plante médicinale, nommée aussi *chou de mer*.—C'est aussi une espèce de *liseron* annuel qui se trouve sur les bords de la mer.

SOLDAT, subst. mas. (*çoleda*), homme de guerre à la *solde* d'un état.—Plus particulièrement, simple *soldat*, à la différence des officiers.—Fantassin, à la différence des cavaliers.—*Soldat* se dit en général de la profession militaire : *la franchise du soldat*.—On dit qu'*un homme est soldat*, pour louer sa bravoure, sa valeur; qu'*il n'est que soldat, qu'il s'est plutôt conduit en soldat qu'en capitaine*, qu'il n'a que de la bravoure.—*Cet homme parle plutôt en soldat qu'en politique*, il ne montre pas les qualités du courtisan et du politique.—Fig. : *cet homme est soldat*, est brave, vaillant, déterminé.—Fam. et iron., femme grande et effrontée : *cette femme a l'air d'un soldat*.—Quelquefois il s'emploie adj. au mas. : *il a l'air soldat*, il a l'air martial. — *Soldat marin*, militaire qui fait le service sur mer. — *Soldat gardien marin*, celui qui est destiné à la garde des ports de mer.—En hist. nat., espèce d'insecte de l'ordre des orthoptères. — Sorte de crustacé.

SOLDATESQUE, subst. fém. (*çoledatèceke*), les simples *soldats*. Il s'emploie le plus souvent en mauvaise part, et il signifie une troupe de *soldats* indisciplinés. — Adj. des deux genres, qui sent le *soldat* : *ton, manières soldatesques*.

SOLDE, subst. fém. (*çolede*) (du lat. *solidum*, fait dans la même signification de *solvere*, payer), paie des gens de guerre. Voy. PAIE. — Subst. mas., le complément d'un paiement : *pour solde, pour solde de tout compte*. — T. de comm. : *solde d'un compte*, la différence entre le débit et le crédit d'un compte arrêté.

SOLDÉ, E, part. pass. de *solder*.

SOLDER, v. act. (*çolede*) (du lat. *solvere*), *solder un compte*, en payer le reliquat. — Donner une *solde* à des troupes. — *se* SOLDER, v. pron., être *soldé*.

SOLDURIÉ, E, part. pass. de *soldurier*.

SOLDURIER, v. act. Inusité. Voy. SOUDOYER.

SOLDURIERS, subst. mas. plur. (*çoledurié*), t. d'antiq., soldats gaulois qui se vouaient à la vie ou à la mort du chef qui les conduisait : s'il périssait, ils périssaient avec lui ou se donnaient la mort aussitôt après la sienne.—Nom qu'on a donné à des espèces de clients, chez les peuples d'Aquitaine, qui, pendant la vie de leur patron, jouissaient des mêmes commodités que lui, et se tuaient après sa mort.

SOLE, subst. fém. (*çole*) (du lat. *solum*, terre, terroir, fonds de terre), certaine étendue de champ sur laquelle on sème successivement des blés, puis de menus grains, et qu'on laisse en jachère la troisième année.—Le dessous du pied d'un cheval, d'un âne, d'un mulet. — Fond du pied de cerf, ou milieu du dessous du pied. — Poisson de mer. (Du lat. *solea*, parce que sa forme plate le fait ressembler à la *sole* du cheval, ou plutôt à la plante du pied.) — T. de maçonn., jetée de plâtre qui sert à former un enduit. — La surface de l'âtre d'un four de boulangerie.—T. de mar., le fond d'un bâtiment qui n'a pas de quille.—Le plafond et le plancher des bouteilles d'un vaisseau. — T. d'hist. nat., nom d'une espèce de coquille du genre des peignes.

SOLÉAIRE, subst. mas. (*colé-ère*), t. d'anat., gros muscle charnu qui a la forme d'une semelle, et qui va du péroné au calcaneum.—Adj. mas.: *le muscle soléaire*.

SOLÉARIA, subst. mas. (*çolé-ari-a*), t. d'hist. nat., genre de fossile.

SOLÉC., abréviation du mot *solécisme*.

SOLÉCISME, subst. mas. (*colécicеme*) (du lat. *solecismus*, fait du grec σολοικισμος, dérivé de σολοικος, habitant de la ville de *Solos*, parce que, dans cette ville, fondée en Phrygie ou en Cilicie, par *Solon*, qui y transplanta une colonie d'Athéniens, la pureté de la langue grecque s'étant altérée avec le temps, fit place aux locutions vicieuses), faute grossière contre la syntaxe : *faire un solécisme*.—Fig. : *un solécisme de conduite*, une faute.—Voy. BARBARISME.

SOLÉE, subst. fém. (*çolé*), t. de bot., genre de plante voisin du jonidion.

SOLEIL, subst. mas. (*çolè-ie*) (du lat. *sol, solis*), astre lumineux qui éclaire le monde, et qui, par sa présence sur l'horizon, constitue le jour.—Dans l'alchimie et l'ancienne chimie, l'or. —Cercle d'or ou d'argent, garni de rayons, dans lequel est enchâssé un double crystal, destiné à renfermer l'hostie consacrée, et qui est posé sur un pied. Voy. OSTENSOIR.—Fleur jaune qu'on appelle aussi *tournesol* ou *héliotrope*. — Pièce d'artifice qui jette autour d'un centre un feu brillant et en rayons.— *Il fait déjà ou encore grand soliel*, il est déjà ou il est encore grand jour. — *Avoir du bien au soleil*, des propriétés en terres ou en maisons.—*Il fait trop de soleil*, le *soleil* est trop ardent. —*Marcher entre deux soleils*, entre le lever et le coucher du *soleil*.—*Cette affaire est claire comme le soleil*, est évidente. — *Coup de soleil*, impression violente et quelquefois mortelle que le *soleil* fait en certaines circonstances sur ceux qui s'y trouvent exposés. — Fig. : *adorer le soleil levant*, faire sa cour à une puissance naissante.—*S'approcher du soleil*, avoir accès auprès du souverain. — Dans le langage de l'Écriture : *le soleil de justice*, le Sauveur. — Poét. : *j'ai vu cinquante soleils*, j'ai passé cinquante années. — Prov. : *le soleil luit pour tout le monde*, les mêmes moyens de gagner sa vie existent pour tout le monde. — *Soleil de Provence*, t. de bot., nom donné à la patate rose.—*Soleil levant*, t. d'hist. nat., espèce de coquille du genre des solens. — *Soleil marin*, astéries qui ont plus de cinq rayons. — Myth., les païens comptaient cinq *Soleils*; l'un, fils de Jupiter; le second, fils d'Hypérion; le troisième, fils de Vulcain, surnommé Opas : le quatrième avait pour mère Acantho; et le cinquième était le père d'Ééta et de Circé.

SOLEMENT, subst. mas. (*çoleman*), t. d'archit., filet de plâtre au pourtour des dormants de croisées, de portes, etc. Voy. SOLIN.

SOLÉMYE, subst. fém. (*çolemi*), t. d'hist. nat., coquille de la famille des mactracées.

SOLEN, subst. mas. (*çolène*) (du grec σωλην, canal, tuyau), t. d'hist. nat., genre de mollusques de la famille des acéphales. — En chir., espèce de boîte ronde pour maintenir un membre fracturé, après la réduction dans sa situation naturelle.

SOLÉNA, subst. fém. (*çoléna*), t. de bot., arbrisseau grimpant des forêts de la Chine.

SOLÉNACÉE, subst. et adj. fém. (*çolénacé*), t. d'hist. nat., famille de coquilles qui renferme les *solens*, etc.

SOLÉNANDRE, subst. fém. (*çolénandre*), t. de bot., genre de plantes voisin des galax de *Linnée*.

SOLÉNARIUM, subst. mas. (*çolénari-ome*), ancien instrument de chirurgie, en forme de canal.

SOLÉNIE, subst. fém. (*çoléni*), t. de bot., plantes cryptogames de la famille des champignons. — Bolets dont la chair se sépare en deux aisément.

SOLÉNIER, subst. mas. (*çolénie*), t. d'hist. nat., animal de la famille des *solens*.

SOLÉNITE, subst. fém. (*çolénite*), t. d'hist. nat., *solen* fossile. Il en existe encore de vivants sur nos côtes.

SOLENNEL, adj. mas., au fém. **SOLENNELLE** (*çolanèle*) (du lat. *solemnis*, formé de *solus*, qui, dans la langue des Osques, signifiait *tout, entier*, et d'*annus*, année; qui se fait ou arrive tous les ans, comme les grandes fêtes, etc.), ce qui est accompagné de cérémonies publiques et extraordinaires de religion. — *Vœu solennel*, celui qui est fait en face de l'Église avec les formalités prescrites par les canons. — Célèbre, pompeux, fait avec cérémonie : *audience solennelle, entrée solennelle*. — Fam., *avoir, prendre le ton solennel*, le ton important et grave.—Authentique, revêtu de toutes les formes requises : *acte, testament, jugement solennel*. En ce sens, l'acte est proprement *solennel* par l'appareil, la publicité ou la notoriété de la chose; et *authentique*, par les formalités légales, les preuves, l'autorité de la chose. La *solennité* constate l'acte; l'*authenticité* en constate la validité. (*Roubaud.*)—Nous copions ici une excellente dissertation que nous trouvons dans la grammaire de *Girault-Duvivier*, et qu'il a lui-même extraite d'*Urbain Domergue*, page 393 de ses *Solutions grammaticales*. Il y a des personnes qui écrivent *solemnel* par *mn*, à cause de *solemnis*; d'autres écrivent *solennel*, avec deux *nn*, à cause de *solennis*. En effet, les Latins ont *solemnis* et *solennis*. Le premier, qui vient de *sol omnis*, tout le soleil, signifie ce que l'on fait tous les jours, ce qu'on a coutume de faire. *Pline* a dit : *hoc solemne habeo facere*, je fais cette chose tous les jours, j'ai l'habitude de faire cette chose tous les jours; *Suétone* a employé ce mot dans le même sens. Le second dérive de *sol annuus*, soleil annuel, qui exprime ce qui se fait tous les ans. Cette seconde signification a seule passé dans notre langue, et *jour solennel*, en français, signifie proprement *jour anniversaire*, jour qui, dans la révolution annuelle du soleil, répond à celui qu'on veut rendre mémorable. Ainsi, parmi les chrétiens Noël,

Pâques, etc., sont des fêtes *solennelles*, des jours distingués tous les ans des jours ordinaires par la cessation du travail et par la pompe des cérémonies de l'Église. Tel est le véritable sens de *solennel, solennité, solenniser*, sens auquel l'usage a donné de l'extension, car *solennel* signifie aussi ce qui est accompagné de cérémonies publiques extraordinaires, ce qui est revêtu de toutes les formes requises, comme cela se pratique dans les fêtes anniversaires. De ces observations, il est aisé de conclure que notre *solennel* et ses dérivés ne venant pas de *solemnis, sol omnis*, mais de *solennis, sol annuus*, on doit adopter le double *n*, et c'est l'orthographe que l'*Académie* a consacrée. Si *solennel* par deux *n*, conforme à l'étymologie, ne l'est pas à la prononciation, *solemnel* par *mn* n'est conforme ni à la prononciation, ni à l'étymologie.

SOLENNELLE, adj. fém. Voy. SOLENNEL.

SOLENNELLEMENT, adv. (*çolanèleman*), d'une manière *solennelle*.

SOLENNISATION, subst. fém. (*çolanizâcion*), action de *solenniser*.

SOLENNISÉ, E, part. pass. de *solenniser*.

SOLENNISER, v. act. (*çolanizé*), célébrer avec *solennité*. — *se* SOLENNISER, v. pron.

SOLENNITÉ, subst. fém. (*çolanité*), célébrité, cérémonies publiques qui rendent une chose *solennelle*. — *Solennité d'un serment*, se dit de celui qui a été prêté devant un tribunal ou devant un officier public. *La solennité d'un testament*, etc. — Au plur., formalités et procédures établies par les lois pour rendre un acte valable et authentique.

SOLÉNOSTOME, subst. mas. (*çolénocctome*), (du grec σωλήν, canal, et στομα, bouche), t. d'hist. nat., espèce de poisson du genre des fistulaires.

SOLE-PÉTONCLE ou **PETITE SOLE**, subst. fém. (*çolepetoncle, petiteçole*), t. d'hist. nat., spondyle.

SOLESME, subst. propre mas. (*çolèceme*), bourg de France, chef-lieu de canton, arrond. de Cambrai, dép. du Nord.

SOLETARD, subst. mas. (*çoletar*), terre savonneuse dont on se sert en Angleterre pour dégraisser les laines.

SOLETTE, subst. fém. (*çolète*), tringle du métier à faire des bas.

SOLFATARE, subst. fém. (*solefatare*), soufrière; ancien cratère.

SOLFÈGE, et non pas **SOLFÉGE**, subst. mas. (*çolefèje*), t. de musique, assemblage de notes. —Livre élémentaire de musique.—Leçon écrite pour apprendre à *solfier*.

SOLFIÉ, E, part. pass. de *solfier*.

SOLFIER, v. act. (*çolefi-é*) (des deux notes *sol* et *fa*), chanter un air en nommant les notes. —*se* SOLFIER, v. pron.

SOLIDAIRE, adj. des deux genres (*çolidère*), (du latin *solidare*, consolider, affermir, fait de *solidus*, solide); il se dit des débiteurs qui sont dans l'obligation de payer en entier une somme, au cas que leurs co-obligés ne paient pas leur portion. Il s'applique et à l'obligation et à la personne qui l'a contractée : *il est solidaire; obligation solidaire; avoir une action solidaire contre.....*

SOLIDAIREMENT, adv. (*çolidèreman*), d'une manière *solidaire*; tous ensemble et un seul pour tous.

SOLIDARITÉ, subst. fém. (*çolidarité*), t. de pratique, qualité qui rend *solidaire*. — Engagement, responsabilité mutuelle, entre plusieurs personnes qui s'obligent l'une pour l'autre : *il y a solidarité entre eux*. — *Solidarité* se dit même de créanciers dont chacun a le droit de réclamer seul la totalité de ce qui leur est dû.

SOLIDE, adj. des deux genres (*çolide*) (du latin *solidus*, fait dans la même signification du vieux mot latin *sollus*, pris du grec ὅλος, tout entier), qui a les trois dimensions, longueur, largeur et profondeur. — En physique, qui n'est pas fluide, dont les parties sont adhérentes, qui a de la consistance : *aimer les aliments solides*. —Qui n'est pas fragile, et qui peut résister au choc des corps et à l'injure du temps. — Fig., qui n'est pas vain, chimérique, frivole; qui est vrai, réel, effectif : *principe, raison, espérance solide*. En ce sens on dit subst. au mas. : *chercher le solide, aller au solide*. Voy. SOLIDITÉ.— Ce qu'il y a de bon, d'utile : *viser au solide*.— Subst. mas., corps ferme et qui a de la consistance : *creuser jusqu'au solide*.—En t. de math., le corps considéré comme ayant les trois dimensions. — T. de géom., *angle solide*, angle composé de trois angles plans ou davantage, qui se rencontrent dans un point.—*Nombre solide*, celui qui résulte de la multiplication d'un nombre plan par un autre nombre quelconque. — T. d'algèbre, *problème solide*, problème où l'équation monte au troisième degré.

SOLIDEMENT, adv. (*çolideman*), d'une manière *solide*.

SOLIDICORNE, subst. mas. et adj. des deux genres (*çolidikorne*) (du lat. *solidus*, solide, et *cornu*, corne ou antenne), t. d'hist. nat., genre de coléoptères pentamères.

SOLIDIFICATION, subst. fém. (*çolidifikâcion*), faculté, action de se *solidifier*.

SOLIDIFIÉ, E, part. pass. de *solidifier*.

SOLIDIFIER, v. act. (*çolidifié*), t. de chim., rendre *solide*, devenir *solide* : *l'oxygène se solidifie avec les substances oxydables*. — *se* SOLIDIFIER, v. pron.

SOLIDIPÈDE, subst. mas. et adj. des deux genres (*çolidipède*), qui a la corne des pieds d'une seule pièce; qui n'a pas le pied fourchu.—Subst., *les solidipèdes*.—*Solipède* est plus usité.

SOLIDISME, subst. mas. (*çolidiceme*), t. de médec., doctrine qui rapporte toutes les maladies aux lésions des parties solides de l'économie animale. Peu usité.

SOLIDISTE, subst. mas. (*çolidicete*), partisan du *solidisme*. Peu usité.

SOLIDITÉ, subst. fém. (*çolidité*) (du latin *solidus*), qualité de ce qui est *solide*. — *Mesures de solidité*, celles qui servent à mesurer les *solides*.—En géom., quantité d'espace qu'un corps occupe en longueur, largeur et profondeur. En ce sens, *solidité* est la même chose que *volume*. —*Solidité* a quelquefois, en jurispr., le même sens que *solidarité*. — SOLIDITÉ, SOLIDE. (*Syn.*) *Solidité* a plus de rapport à la durée; *solide* en a davantage à l'utilité. On donne de la *solidité* à ses ouvrages, et l'on cherche le *solide* dans ses desseins. Il y a dans plusieurs ouvrages de littérature, dans plusieurs bâtiments, plus de grace que de *solidité* : les biens et la santé joints à l'art d'en jouir sont le *solide* de la vie; les honneurs n'en sont que l'ornement.

SOLIFÈRE, adj. des deux genres (*çolifère*) (du lat. *sol*, *solis*, soleil, et de *fero*, je porte), *qui porte le soleil*, épithète qu'on donne au zodiaque.—*La plage solifère*, la zône torride.

SOLIFUGE ou **SOLIPUGE**, subst. mas. (*çolifuje, puje*); t. d'hist. nat., insecte qu'on dit être venimeux.

SOLIGÈNE, adj. des deux genres (*çolijène*), qui est engendré par le soleil.

SOLIGNAC-SUR-LOIRE, subst. propre mas. (*çoligniakçurloare*), ville de France, chef-lieu de canton, arrond. du Puy, dép. de la Haute-Loire.

SOLILOQUE, subst. mas. (*çoliloke*) (du latin *soliloquium*, formé de *solus*, seul, et de *loquor*, je parle), discours d'un homme qui parle seul, qui s'entretient avec lui-même. Il ne s'emploie guère que dans cette phrase : *les Soliloques de saint Augustin*. — SOLILOQUE, MONOLOGUE. (*Syn.*) Le *soliloque* est une conversation que l'on fait avec soi comme avec un second. Le *monologue* est une espèce de dialogue dans lequel le personnage joue tout à la fois son rôle et celui d'un confident.— Le besoin de délibérer et de discuter le pour et le contre entraîne le *soliloque*. L'inconvénient de multiplier les *monologues* a fait imaginer les confidents, personnages postiches et ridicules, si l'on ne sait pas d'ailleurs les rendre nécessaires à l'action.

SOLIMANS, subst. mas. plur. (*çoliman*), t. d'hist. anc., monarques préadamites, c'est-à-dire, existant avant Adam; personnages des romans orientaux.

SOLINS, subst. mas. plur. (*çolein*), t. d'archit., espaces qui sont entre les solives au-dessus des poutres. —Enduits de maçonnerie le long d'un pignon, pour y joindre et retenir les premières tuiles.

SOLINKES, subst. m. pl. (*çoleinke*), caste indienne.

SOLIPÈDE, subst. mas. et adj. des deux genres (*çolipède*) (du lat. *solidipes*, formé de *solidus*, solide, et de *pes*, pied; *qui a le pied solide, d'une seule pièce*); se dit des animaux qui n'ont qu'une corne à chaque pied, tels que le cheval, l'âne, le mulet.

SOLIPSE, subst. mas. (*çolipece*) (du lat. *solus*, seul, et *ipse*, soi-même), qui ne pense qu'à lui-même. (*Boiste*.) Entièrement inusité.

SOLITAIRE, subst. mas. et adj. des deux genres (*çolitère*) (du lat. *solitarius*), qui se plaît dans la *solitude*, qui aime à être *seul* : *humeur solitaire, mener une vie solitaire*.—En parlant des lieux, désert, écarté du bruit, du commerce du monde.— *Ver solitaire*, sorte de ver plat qui s'engendre seul de son espèce dans les intestins. — *Fleur solitaire*, t. de bot., qui reste séparée des autres. — En t. d'archit., *colonne solitaire*, isolée, qui ne fait pas partie d'un ordre.—Subst. mas., celui qui vit dans la *solitude*, dans le désert : *les solitaires de la Thébaïde*.—Sorte de jeu qui se joue avec trente-six chevilles sur une petite table percée de trente-sept trous.—En t. de joaillerie, diamant détaché, monté seul, sans entourage, sans accompagnement d'autres pierres fines. — T. d'hist. nat., oiseau d'Amérique du genre des droutes.—T. d'astron., constellation méridionale introduite entre la balance, le scorpion et l'hydre; elle est composée de vingt-deux étoiles. —Subst. fém., t. de jardinage, variété de poire. —T. d'hist. nat., mouche des larves.—Papillon du genre des coriales.

SOLITAIREMENT, adv. (*çolitèreman*), d'une manière *solitaire*.

SOLITANE, subst. mas. (*çolitane*), t. d'hist. nat., escargot, limaçon d'Afrique.

SOLITAURILIES, subst. fém. plur. (*çolitôrilî*), myth., sacrifices de trois victimes mâles, d'un porc, d'un bélier et d'un taureau. On ne les faisait que de cinq ans en cinq ans.

SOLITUDE, subst. fém. (*çolitude*) (du lat. *solitudo*), état d'un homme qui est *seul*, qui est retiré du monde : *il aime, il supporte sans peine la solitude*.—Désert, lieu éloigné du commerce des hommes : *venez me voir dans ma solitude*.

SOLIVA, subst. mas. (*çoliva*), t. de bot., plante de la syngénésie polygamie, à semences ovales.

SOLIVAGE, subst. mas. (*çolivaje*), t. d'archit., supputation du nombre des *solives* que contient une pièce de bois.

SOLIVAIRE, adj. des deux genres (*çolivère*), t. d'archit., qui concerne les *solives*.

SOLIVE, subst. fém. (*çolive*) (du lat. *solum*, sol), pièce de charpente qui porte sur les murs ou sur des poutres, pour soutenir un plancher. —*Solive de brin*, celle qui est de toute la grosseur d'un arbre équarri.—*Solive de sciage*, celle qui est débitée dans un gros arbre.—*Solive de ferme*, celle sur laquelle les arbalétriers d'une ferme viennent s'assembler. — *Solives d'enchevêtrure*, les deux plus fortes *solives* d'un plancher qui portent le chevêtre, et qui sont ordinairement de brin.

SOLIVEAU, subst. mas. (*çolivô*), petite *solive*. —Au fig., homme nul, sans force.

SOLLES, subst. fém. plur. (*çole*), pièces de bois sur lesquelles sont établies les piles du moulin à papier.

SOLLICITABLE, adj. des deux genres (*çolelicitable*), que l'on peut *solliciter* : *grace sollicitable*. (Mirabeau.) Peu en usage, mais utile.

SOLLICITATION, subst. fém. (*çolelicitâcion*) (du lat. *sollicitatio*), action de *solliciter*.—Instigation, instance.—Soins qu'on prend, diligences qu'on fait dans la poursuite d'une affaire.—Plus ordinairement, recommandation qu'on fait à des juges.

SOLLICITÉ, E, part. pass. de *solliciter*.

SOLLICITER, v. act. (*çolelicité*) (du lat. *sollicitare*), inciter, exciter à... : *solliciter au mal, à la vengeance*.—Demander fortement et avec instance : *solliciter son paiement, son congé, une grace*.—Poursuivre, en parlant des affaires : *solliciter un procès, son congé, son élargissement*.—Recommander une affaire à ceux qui doivent la juger : *solliciter son rapporteur, ses juges*. En ce sens il est aussi neutre : *mes amis ont sollicité pour moi*.—*Solliciter quelqu'un de son déshonneur*, lui proposer quelque chose de déshonorant. Vieux; on disait encore autrefois : *solliciter un malade*, le soigner avec *sollicitude*. —*se* SOLLICITER, v. pron.

SOLLICITEUR, subst. mas., **SOLLICITEUSE**, subst. fém. (*çoleliciteur, teuze*), celui, celle qui *sollicite* une affaire, un procès pour lui ou pour ses amis : *il est ardent solliciteur, c'est une solliciteuse pressante*.

SOLLICITEUSE, subst. fém. Voy. SOLLICITEUR.

SOLLICITUDE, subst. fém. (*çolelicitude*) (du lat. *sollicitudo*), soins, soin inquiet ou affectueux. Saint Paul appelle, *la sollicitude des églises*, le soin qu'il prenait des fidèles dispersés dans les églises différentes.—Dans le langage de l'Écriture, on dit : *les sollicitudes du siècle*, le soin des choses temporelles; autrefois on disait : *on a soigné ce malade avec une vraie* *sollicitude* ; cela se dit aussi d'une affaire.—Myth., figure allégorique, suivante de Vénus.

SOLMISATION, subst. fém. (*çolemizâcion*), t. de mus., action de *solmiser;* effet de cette action. Inus.

SOLMISÉ, E, part. pass. de *solmiser.*

SOLMISER, v. act. (*çolemizé*), t. de mus., la même signification que *solfier.* — *se* SOLMISER, v. pron. Inus.

SOLMISSUS, subst. mas. (*çolmiceçuce*), myth., montagne d'Ionie, où se tinrent les Curètes pendant les couches de Latone. Voy. CURÈTES.

SOLO, subst. mas. (*çôlô*) (du latin *solus*, seul), pièce de musique qui se chante à voix *seule* ou qu'un instrument doit jouer *seul.* — Voiture à une *seule* place. Vieux et même hors d'usage dans cette acception. — Au plur., des *solo.*

SOLOTNICK, subst. mas. (*çolotenike*), division du titre de l'or et de l'argent en Russie.

SOLRE-LE-CHÂTEAU, subst. propre mas. (*çolerelechâtô*), bourg de France, chef-lieu de canton, arrond. d'Avesnes, dép. du Nord.

SOLSÉQUIE, subst. fém. (*çolecéki*), t. de bot., plante de la famille des solanées; espèce de tournesol.

SOLSTICE, subst. mas. (*çolecetice*) (du latin *sol*, soleil, et de *stare*, s'arrêter, parce que le soleil près du *solstice* paraît durant quelques jours rester dans le même parallèle), temps auquel le soleil est dans son plus grand éloignement de l'équateur, et décrit les tropiques. — *Solstice d'été, solstice d'hiver.* Le premier arrive quand le soleil entre dans le premier degré de l'écrevisse; et le second quand il entre dans le premier degré du capricorne. — On nomme *points des solstices*, les points de l'écliptique vers lesquels le soleil monte ou descend en s'éloignant de l'équateur, mais au-delà desquels il ne va point.

SOLSTICIAL, E, adj. (*çolceticiale*), qui regarde le *solstice;* qui y a rapport. — Au plur. mas., *solsticiaux.*

SOLSTICIAUX, adj. mas. plur. Voy. SOLSTICIAL.

SOLTAS, subst. mas. (*çoletâ*), petite pêche qui se fait au tramail, à Alicante.

SOLUBILITÉ, subst. fém. (*çolubilité*), qualité de ce qui est *soluble : solubilité du sel ; solubilité d'un problème.*

SOLUBLE, adj. des deux genres (*çoluble*) (du latin *solubilis*), qui peut être *résolu : ce problème n'est pas soluble.* — Qui peut se *dissoudre : les sels sont solubles dans l'eau.* — T. de bot., composé de plusieurs pièces articulées bout à bout, et susceptibles de se détacher spontanément. Voy. SOLUTION.

SOLUTIF, adj. mas., au fém. **SOLUTIVE** (*çolutif, tive*) (du latin *solvere*, lâcher), se dit en médec. des remèdes propres à lâcher le ventre. Voy. LAXATIF, qui est plus en usage.

SOLUTION, subst. fém. (*çolucion*) (en latin *solutio*), dénouement d'une difficulté : *solution d'un argument, d'un problème.*—En chir., séparation des parties : *solution de continuité.* — En médec., relâchement du ventre.—Au palais, paiement : *jusqu'à parfaite solution et paiement.* — En chimie, action de se joindre à un liquide. Il diffère de *dissolution*, en ce que par la *solution* les corps ne sont pas décomposés, au lieu qu'ils le sont par la *dissolution : un sel est en solution dans l'eau ; un métal est en dissolution dans l'eau-forte.*

SOLUTIVE, adj. fém. Voy. SOLUTIF.

SOLUTUM, subst. mas. (*çolutome*), mot emprunté du latin et adopté par les chimistes pour exprimer le produit d'une *solution* ou *dissolution : un solutum de gaïac dans l'alcohol.* — Au plur., des *solutum.*

SOLVABILITÉ, subst. fém. (*çolevabilité*), état de celui qui est *solvable*, qui a les moyens, la faculté, la possibilité de payer.

SOLVABLE, adj. des deux genres (*çolvable*) (du latin *solvere*, payer), qui a de quoi payer.

SOLYMANS, subst. mas. plur. Voy. SOLIMANS.

SOMACÉTIQUE, subst. fém. (*çomacétike*), t. d'antiq., exercice gymnastique.

SOMACÉTIQUE, adj. des deux genres (*çomacétike*), qui a rapport à la *somacétique.*

SOMÂTRE, *barbarisme.* Voy. SAUMÂTRE.

SOMATOLOGIE, subst. fém. (*çomatoloji*) (du grec σωμα, σωματος, corps, et λογος, discours), traité des parties solides du corps humain.

SOMATOLOGIQUE, adj. des deux genres (*çomatolojike*), qui concerne la *somatologie.*

SOMBRE, adj. des deux genres (*çombre*) (du latin *umbra*, ombre, pour lequel dans la basse latinité on a dit, en ajoutant un *s*, *sumbra*, d'où l'on a fait *sumbrus.* Ménage.), qui est peu éclairé, qui reçoit peu de lumière : *sombre forêt.* — Obscur, ténébreux : *nuit sombre.* Voy. OBSCUR. — Fig., mélancolique, rêveur, taciturne, etc. : *esprit, humeur sombre.* — *Il fait sombre*, le temps est *sombre.* — *Il fait sombre dans cet appartement*, il est peu éclairé. — *Une lumière sombre*, faible et qui éclaire mal. — *Couleurs sombres*, moins éclatantes que les autres. — En poésie, *les royaumes* ou *rivages sombres, les sombres bords*, les enfers. — SOMBRE, MORNE. (*Syn.*) *Sombre* a quelque chose de plus noir, de plus triste, de plus austère et de plus horrible que *morne. Sombre* est synonyme de *ténébreux*, et non *morne.* Avec une très-forte teinte de noir, une couleur est *sombre;* sans lustre et sans gaieté, une couleur est *morne.* Nous disons les royaumes *sombres*, pour désigner l'enfer des anciens, le lieu le plus obscur, le lieu ténébreux, le lieu des ombres; *morne* serait une épithète trop faible. Le soleil est *morne* quand il est fort pâle et sans éclat; par elle-même, la nuit est *sombre* autant qu'elle est profonde. — Le tyran est *sombre*, il effarouche, il effraie; l'esclave abruti n'est peut-être que *morne*, il afflige, on le plaint. — Le *sombre* Cromwell ne peut exciter, dans les accès de sa gaieté bouffonne, qu'un ris faux, naturellement démenti par des visages *mornes.* — On est *morne* dans le malheur; dans le malheur et dans le crime on est *sombre.* Les passions ardentes et concentrées vous rendent *sombre;* les passions douces et trompées vous rendent *morne.* Voy. OBSCUR.

SOMBRÉ, part. pass. de *sombrer.*

SOMBRER, v. neut. (*çonbré*), t. de marine, être renversé d'un coup de vent : *notre vaisseau a sombré sous voiles.*—T. de vigneron, labourer profondément les vignes à la mi-mai.

SOMMAXTÈRE, subst. mas. (*çomakcetère*), t. de médec. et d'anat., appareil du sens de la peau externe.

SOMMAGE, subst. mas. (*çomaje*), t. de féod., ancien droit seigneurial sur les bêtes de *somme.* Vieux et même hors d'usage.

SOMMAGÉ, E, part. pass. de *sommager.*

SOMMAGER, v. act. (*çomajé*), placer les cercles dits *sommiers* sur une futaille.—*se* SOMMAGER, v. pron.

SOMMAIRE, subst. mas. (*çomemère*) (du lat. *sommarium*), extrait, précis, abrégé. Voy. ABRÉGÉ.—Adj. des deux genres, bref, succinct. — En t. de pratique, *matière sommaire*, affaire, provision qui doit être jugée promptement et avec peu de frais.

SOMMAIREMENT, adv. (*çomemèreman*), succinctement, en abrégé. — D'une manière *sommaire.*

SOMMATION, subst. fém. (*çomemâcion*), action par laquelle on *somme* quelqu'un de faire quelque chose.—*Sommation militaire*, invitation par écrit ou verbale, au commandant d'une place forte, de capituler sous certaines conditions. — Écrit qui contient les paroles ou les menaces de cette *sommation.* — Au palais, acte par écrit, contenant la *sommation* faite en justice.—*Sommation* se dit aussi de l'invitation qu'un commissaire de police fait à trois reprises différentes aux perturbateurs de la tranquillité publique, de se retirer; ces trois *sommations* se font au son du tambour ou de la trompette. — *Sommation respectueuse*, celle qui est faite par un enfant à ses parents pour les contraindre à consentir à son mariage.—En algèbre, opération par laquelle on cherche la *somme* de plusieurs termes dont la loi est donnée.

SOMME, subst. fém. (*çome*) (du lat. *sagma*, *atis*, pris du grec σαγμα, charge d'une bête de somme), charge, fardeau que peut porter un cheval, un mulet, etc. : *somme de blé, de vendange.* —*Bête de somme*, celle qui peut porter des fardeaux.—*Poisson de somme*, celui qu'on assomme pour le transporter dans des paniers à dos de mulets, etc.—T. de verrerie : *somme de verres*, panier contenant vingt-quatre plats de verre en boudin, dont se servent les vitriers.— Sorte de vaisseau dont se servent les Chinois et les Siamois pour leur commerce. — Certaine quantité d'argent. — Grandeur qui résulte de plusieurs nombres ajoutés ensemble ; *somme totale, la somme est de...*—En t. de théol., ouvrage abrégé d'un plus grand : *la Somme de saint Thomas.* — Dans le commerce de mer, dépense qui ne concerne ni le corps ni l'approvisionnement du navire, ni le salaire de l'équipage, mais qui est faite pour l'avantage commun des intéressés, etc. — *Somme d'une équation*, t. d'algèbre, assemblage de tous les termes d'une équation dans un membre, de manière que l'autre membre soit zéro —Dans le langage ordinaire, on dit : *la somme des maux, la somme des malheurs*, pour désigner un excès de maux, un excès de malheurs. — *En somme*, adv., en un mot, enfin. — On dit fam., dans le même sens : *somme toute.*

SOMME, subst. mas. (*çome*) (du lat. *somnus*), *sommeil : dormir d'un bon somme.* — *Il a fait la nuit tout d'un somme*, il a dormi toute la nuit sans s'éveiller. Il est fam.—SOMME, SOMMEIL. (*Syn.*) Le *sommeil* exprime proprement l'état de l'animal pendant l'assoupissement naturel de tous ses sens; c'est pourquoi on en fait usage avec tous les mots qui peuvent être relatifs à un état, à une situation. Être enseveli dans le *sommeil ;* troubler, rompre, interrompre, respecter le *sommeil* de quelqu'un ; un long, un profond *sommeil*, un *sommeil* tranquille, doux, paisible, inquiet, fâcheux. — Le *somme* signifie principalement le temps que dure l'assoupissement naturel, et le présente en quelque sorte comme un acte de la vie humaine ; c'est pourquoi l'on s'en sert avec les termes qui se rapportent aux actes, et il ne se dit guère qu'en parlant de l'homme : un bon *somme*, un *somme* léger, le premier *somme.* On dit, faire un *somme*, un petit *somme;* et l'on ne dirait pas de même : faire un *sommeil.*

SOMME, subst. propre fém. (*çome*), rivière de France, qui donne son nom à un département.

SOMME, subst. propre fém. (*çome*), département de France dont le chef-lieu est Amiens.

SOMMÉ, E, part. pass. de *sommer*, et adj. (*çomemé*), en t. de blas., *pièce sommée*, qui en a une autre au-dessus d'elle.—T. de faucon.: *pennes sommées*, qui ont pris tout leur accroissement.

SOMMEIL, subst. mas. (*çomè-ie*) (du lat. *somnus*), repos causé par l'assoupissement de tous les sens. *Homère* et *Hésiode* en ont fait un dieu, fils de l'Érèbe et de la Nuit, et frère de la Mort. —Envie de dormir. Voy. SOMME.—Fig., engourdissement d'esprit, état d'indolence, d'apathie, d'insensibilité, état de repos : *le sommeil de la raison.*— Poét. : *les pavots du sommeil.* — En bot., état d'une plante dont quelque partie se ferme et se plie, ou bien subit un changement notable et itératif de direction à certaine heure du jour.

SOMMEILLANT, E, adj. (*çomè-ian, iante*), qui *sommeille.*

SOMMEILLER, v. neut. (*çomè-ié*), dormir d'un *sommeil* léger, imparfait. — On dit poét. : *tout sommeille, tout dort dans la nature.*—Fig., travailler avec négligence : *quel est l'auteur qui ne sommeille quelquefois?*

SOMMELIER, subst. mas., **SOMMELIÈRE**, subst. fém. (*çomelié, lière*) (du lat. *summa*, somme, compte, ou plutôt de son diminutif *summula*, dont on a fait dans la basse latinité *summularius*, sommelier; parce que cet officier a en compte le linge, etc.), celui, celle qui a en sa charge le linge, la vaisselle, le vin, le pain, etc. —*Sommelier* se dit particulièrement dans la maison d'un roi, d'un prince, ou d'un grand seigneur, de celui qui a soin des vins et des liqueurs.

SOMMELIÈRE, subst. fém. Voy. SOMMELIER.

SOMMELLERIE, subst. fém. (*çomèleri*), charge, fonction de *sommelier.*— Lieu où il garde le linge, la vaisselle, le vin, etc.

SOMMER, v. act. (*çomé*) (du lat. barbare *summare*, qui paraît être une corruption de *submonere*, avertir, etc.), signifier à quelqu'un, dans les formes établies, qu'il ait à faire telle ou telle chose.—*Sommer quelqu'un de la parole*, exiger qu'il la tienne.—*Sommer une place, sommer* le gouverneur de la rendre.—En arithm., ajouter, joindre ensemble plusieurs nombres, etc., pour en connaître la *somme* ou le total. Hors d'usage dans cette dernière acception. — *se* SOMMER, v. pron.

Sommes, 1re pers. plur. prés. indic. du verbe auxiliaire ÊTRE.

SOMMET, subst. mas. (*çomè*) (du latin *summitus*), le haut d'une montagne, d'un rocher, d'une tour.—Le haut de la tête.—En bot., partie qui termine un organe, ou celle qui est la plus élevée : *l'anthère forme le sommet de l'étamine.* —En géom., le point le plus élevé d'une figure ou d'un corps : *sommet d'un triangle, d'une pyramide*, etc. — *Sommet d'un angle*, le point où viennent se réunir les deux lignes dont cet angle est formé. — *Sommet d'une courbe*, l'extrémité de l'axe d'une courbe, qui a deux parties égales et semblables, également et semblablement situées par rapport à son axe. — Dans une acception plus étendue, le point où une courbe est coupée par son axe ou son diamètre. — En astronomie, *sommet du ciel*, le point culminant de l'écliptique, opposé au fond du ciel, l'un et l'autre étant dans le méridien. — T. de minér. ; se dit d'un crystal lorsqu'il est terminé en forme de coin.—En t. d'anat., *sommet* se dit de la partie la plus élevée de la tête, celle qui est entre le sinciput et l'occiput.—Pointe ou extrémité du haut d'une quille. — Poét. : *la montagne au double sommet*, le Parnasse. — Fig. : *le sommet des grandeurs*, *de la gloire*, le comble des grandeurs, de la gloire. — SOMMET, CIME, COMBLE, FAITE. (*Syn.*) Le *sommet* suppose une grande élévation ; la *cime*, la figure particulière du corps pointu ; le *comble*, une accumulation de matériaux avec une sorte de courbure ; le *faîte*, des degrés ou des rangs différents. — On ne dit pas, le *sommet* d'un banc, d'une table, d'un corps bas ; le *sommet* n'appartient donc qu'à ce qui a une certaine hauteur ; et par la raison qu'une fleur a une tige élevée, on dit les *sommets* et les *sommités* des fleurs. On ne dit pas, la *cime* d'une tour ou d'un corps aplati à sa surface ; la *cime* est propre aux objets menus par le haut. Aussi ne dira-t-on pas au figuré, la *cime* du bonheur, de la fortune, de la gloire, parce qu'il n'y a pas une analogie sensible entre ces deux objets moraux et la figure de ces objets physiques. On ne dit pas le *comble* d'une montagne ou d'un corps naturel, parce qu'on ne peut considérer ces objets comme des amas de matériaux entassés et recouverts de manière à remplir ou à renfermer un vide, quand même ils seraient arrondis par le haut. Mais on dit, au figuré, le *comble* du bonheur, du malheur, de la misère, de l'iniquité, de la gloire ; parce que les biens, les maux, les disgraces, les crimes, les grandeurs s'accumulent et s'élèvent jusqu'au periode au-delà duquel on ne voit plus rien de possible. On ne dira qu'improprement le *faîte*, des choses qui n'auront pas des degrés, des repos, des étages, des divisions différentes et assez marquées sur lesquelles on peut s'arrêter, et d'où l'on peut monter jusqu'au plus haut degré. On dirait plutôt, le *faîte* d'une montagne qui a des pentes, que d'un rocher qui est escarpé. Mais on dit, au figuré, le *faîte* des honneurs, des grandeurs, de la gloire, parce qu'il y a divers degrés de gloire, de grandeur et d'honneur. — Le *sommet* est opposé à l'extrémité inférieure ; la *cime*, au pied ou à la base ; le *comble*, au fond ; le *faîte*, au rang le plus bas. — Au figuré, le *sommet* est toujours le plus haut point de la chose ; le *faîte* est le plus haut rang établi ou connu auquel on parvienne ; le *comble* est le plus haut période auquel il paraisse possible d'atteindre. Il n'y a rien au-dessus du *sommet* ; il n'y a rien de plus élevé ou d'aussi élevé que le *faîte* ; il ne peut rien y avoir au-delà ou au-dessus du *comble*. Arrivé au *sommet*, on s'y arrête ; monté sur le *faîte*, on aspire quelquefois à descendre ; porté au *comble*, on y est dans un état violent.

SOMMIER, subst. mas. (*çomié*), (du latin *sagmarius*, fait de *sagma*, charge. Voy. SOMME.), cheval de *somme*.—Il y avait anciennement des *sommiers* pour les officiers du roi. —On appelait *sommier* de *chapelle*, l'officier qui avait soin de faire porter à l'église, à la chapelle, le drap de pied du roi, de la reine, etc.—Matelas de crin servant de paillasse.—Coffre dans lequel les soufflets des orgues font entrer le vent, qui de là se distribue dans les divers tuyaux —Partie évidée d'un manche de violon, etc., dans laquelle sont passées les chevilles.—Corps du fléau d'une balance.— Dans la fabrication de la monnaie, la partie supérieure qui ferme la baie ou ouverture du balancier.—*Sommier* se dit encore de deux fortes pièces de bois entre lesquelles s'exécute tout l'effort du foulage d'une presse d'imprimerie. Il y a *le sommier supérieur*, dans lequel est enchâssée la vis, et *le sommier inférieur*, sur lequel est posé le berceau. *Le sommier supérieur* est élevé par la force de la pression, et *le sommier inférieur* est immobile, et supporte tout le poids : *baisser le sommier*, *relever le sommier*.—Grand coffre de voyage, etc., porté sur des mulets ou des chevaux.— Première pierre de chaque côté d'un arc ou d'une plate-bande. — Dans les fours des tuiliers, banquette de maçonnerie qui s'étend depuis le devant du four jusqu'au fond.— Pièce de bois qui sert de linteau à une porte ou à une croisée.—Pièce de bois à laquelle une cloche est suspendue.— T. d'archit., pièce de bois d'une grosseur moyenne, placée entre la solive et la poutre.— Cerceau double qui se place aux deux extrémités d'une futaille.— Peau de veau qui couvre le métier du parcheminier, et qui soutient la peau pendant qu'on la rature ; il y a aussi *le contre-sommier*, qui est une peau de parchemin en cosse, que l'on pose entre le *sommier* et la peau que l'on rature, afin que le fer trouve plus de facilité à mordre. — Dans les finances, gros registre dans lequel les receveurs écrivent les sommes : *voyez si cette somme n'est pas portée au sommier*.

SOMMIÈRE, subst. fém. (*çomière*), corde qui sert à attacher la charge d'une bête de *somme*. — Au plur., étoffe de laine dont le tissu est plus lâche que celui de la serge, et qui se fabrique dans la ville de *Sommières*, en Languedoc.

SOMMIÈRES, subst. propre mas. (*çomière*), ville de France, chef-lieu de canton, arrond. de Nismes, dép. du Gard.

SOMMITE, subst. fém. (*çomemite*), t. de minér., crystal volcanique, qui provient des laves du mont *Somma*, situé près du Vésuve.

SOMMITÉ, subst. fém. (*çomemité*) (du latin *sommitas*), le sommet, la partie la plus élevée de certaines choses.—T. de bot., la pointe, le haut des branches. — En général, il se dit de la partie la plus élevée d'une infinité de choses : *l'ennemi s'est emparé des sommités des montagnes*. —Au plur., *sommités sociales*, personnages distingués par leurs talents, leurs services, leurs fonctions, ou leur naissance.

SOMMONOCODOM, subst. propre mas. (*comemonokodon*), nom de la première divinité des Siamois.

SOMNAMBULE, subst. et adj. des deux genres, (*çomenanbule*) (du latin *somnus*, sommeil, et *ambulare*, marcher), qui se lève, marche, parle et agit la nuit en dormant.—Adj. : *il est somnambule*.

SOMNAMBULISME, subst. mas. (*çomenanbulicеme*), maladie du *somnambule* : *le somnambulisme est une vie intérieure, pendant laquelle l'âme fait mouvoir le corps, sans être distraite par les organes*.

SOMNIAL, E, adj. (*çomeni-ale*), qui a rapport aux songes. (*Boiste*.)—Au plur. mas., *somniaux*. Peu usité.

SOMNIALIS, adj. mas. (*çomeni-alice*) (mot tout latin), myth. ; on honorait Hercule sous ce nom, quand on croyait avoir reçu de lui des avertissements en songe ; et on envoyait les malades dormir dans son temple, pour avoir en songe l'agréable présage du rétablissement de leur santé.

SOMNIATION, subst. fém. (*çomeni-âcion*), t. de médec., rêverie ; le somnambulisme cataleptique.

SOMNIAUX, adj. mas. plur. Voy. SOMNIAL.

SOMNIFÈRE, adj. des deux genres (*çomenifère*) (du lat. *somnifer*, formé de *somnus*, sommeil, et de *fero*, je porte, j'apporte), qui provoque le sommeil, qui endort : *le pavot est somnifère*.— Il est aussi subst. mas. : *un somnifère ; le pavot est un somnifère connu*.

SOMNILOQUE, subst. et adj. des deux genres (*çomeniloke*) (du lat. *somnus*, sommeil, et *loqui*, parler), qui parle en dormant.

SOMNIOSE, subst. mas. (*çomeni-ôze*), t. d'hist. nat., sous-genre de poissons établi parmi les squales.

SOMNO, subst. mas. (*çomenô*) (du lat. *somnus*, sommeil), meuble formant table et armoire.

SOMNOLENCE, subst. fém. (*çomenolance*), maladie soporeuse.

SOMNOLENT, adj. mas., au fém. **SOMNOLENTE** (*çomenolan, lante*), qui est porté au *sommeil* ; sans activité, sans courage.—Qui a rapport à la *somnolence*.

SOMPANE, subst. mas. (*çonpane*), nom par lequel on désigne le supérieur d'un couvent de talapoins.

SOMPHE, subst. fém. (*çonfe*), t. de bot., courge sauvage, ou courge marine.

SOMPTUAIRE, adj. des deux genres (*çonpetuère*) (du lat. *sumptuarius*, fait de *sumptus*, dépense) ; *lois somptuaires*, celles qui réforment le luxe, qui règlent la dépense.

SOMPTUEUSE, adj. fém. Voy. SOMPTUEUX.

SOMPTUEUSEMENT, adv. (*çonpetu-euzeman*), d'une manière *somptueuse*.

SOMPTUEUX, adj. mas., au fém. **SOMPTUEUSE** (*çonpetu-eu, euze*) (du lat. *sumptuosus*, fait de *sumptus*, dépense), magnifique, splendide.—En parlant des personnes : *il est somptueux en habits, en festins*.

SOMPTUOSITÉ, subst. fém. (*çonpetu-ôzité*) (du lat. *sumptuositas*), grande, magnifique dépense.

SOMPUIS, subst. propre mas. (*çonpui*), village de France, chef-lieu de canton, arrond. de Vitry-le-Français, dép. de la Marne.

SON, subst. mas. (*çon*) (du lat. *sonus*), vibration des corps sonores de l'air ; ce qui est l'objet de l'ouïe, ce qui la touche et la frappe ; bruit, etc.—SON DE VOIX, TON DE VOIX. (*Syn.*) Le *son de voix* est déterminé par la constitution physique de l'organe ; il est doux ou rude, agréable ou désagréable, grêle ou vigoureux. Le *ton de voix* est une inflexion déterminée par les affections intérieures que l'on veut peindre ; il est, selon l'occurrence, élevé ou bas, impérieux ou soumis, fier ou ironique, grave ou badin, triste ou gai, lamentable ou plaisant.—La partie la plus grossière du blé moulu. (Dans cette acception, du lat. *summus*, le dernier ; la partie de la farine qui demeure la dernière dans le crible. *Ménage*.) —*Son gras*, celui dans lequel il reste de la farine.—*Son sec*, *son maigre*, celui qui est séparé de toute la farine.—*Eau de son*, dans laquelle on a mêlé du *son*.

SON, **SA**, **SES**, adj. possessif de la troisième personne (*çon, ça, cé*) (du lat. *suum*, neutre de *suus*, qui a la même signification) ; ils se mettent toujours devant le subst. Le premier est du genre masculin au singulier : *son père, son argent, son habit*. Le second est du genre féminin au singulier : *sa sœur, sa patrie, sa santé*. Le troisième est de tout genre au plur. : *ses biens, ses amis, ses prétentions*.—Quoique *son* soit de sa nature masculin, il tient lieu de féminin, lorsque le nom qui suit commence par une voyelle ou par *h* sans aspiration, comme *son amitié, son habitude, son héroïne*.—Les adj. possessifs *son, sa, ses*, ont rapport à des personnes ou à des choses personnifiées, ou ils ont simplement rapport à des choses. S'ils ont rapport à des personnes ou à des choses personnifiées, ils sont employés sans difficulté ; mais s'ils ont rapport à des choses, l'usage varie. Les adj. possessifs *son, sa, ses, leur, leurs*, ne s'appliquent qu'aux personnes ou bien aux choses que l'on aura, en quelque sorte, personnifiées, si on a eu l'art de les amener et d'y préparer par quelque expression qui ne convienne qu'à des personnes ; ainsi, ces adj. possessifs ont lieu dans la plupart des phrases où entre le verbe *avoir*, ou un autre verbe qui marque la possession, quoique la proposition ait pour sujet un nom de chose inanimée. On dira donc très-bien : *chaque fruit a son goût ; un triangle a ses trois côtés ; tout corps a ses dimensions ; tout mot a son acception ; toute langue a sa syntaxe, ses règles*, par la seule raison que, dans ces phrases, il se trouve un verbe qui dénote la possession. Hors ce cas, on doit, en parlant des choses, se servir du pronom *en*, toutes les fois qu'il peut entrer dans la construction de la phrase. Lorsque l'emploi des adj. *son, sa, ses*, peut former équivoque, on doit également leur substituer le pronom *en*, même en parlant des personnes, par exemple : *depuis que j'ai quitté votre compagnie, j'en ai bien regretté les douceurs*. Il en est des adj. possessifs comme de l'article, ils suivent la même loi, quant à leur répétition ; ainsi il faut dire : *je connais ses grands et ses petits appartements, ses beaux et ses vilains habits*, parce que, dans cette phrase, chaque adjectif marque un sens opposé ou différent. Mais aussi l'on dira : *je ne saurais m'empêcher de parler de ses grandes et mémorables actions*, et non pas *de ses grandes et de ses mémorables actions*, parce que le mot *action* est employé sous un rapport à peu près semblable.

SONAT, subst. mas. (*çona*), peau de mouton passée en mégie.—T. d'hist. nat., sorte de petite coquille oblongue.

SONATE, subst. fém. (*çonate*) (de l'italien *suonata*, fait, dans le même sens, de *suonare*, jouer d'un instrument), pièce qu'on joue sur un instrument de musique, composée de quatre morceaux, dont les mouvements sont alternativement lents et vifs.

SONCHE, subst. fém. (*çonche*), t. de bot., plante du genre des laiterons.

SONDAGE, subst. mas. (*çondaje*), action de sonder ; résultat de cette action.

SONDE, subst. fém. (*çonde*) (du lat. *funda*,

fait de *fundus*, fond, employé par abus dans cette acception, et qui signifie un tramail, sorte de filet de pêcheur. *Ménage*.), instrument dont le chirurgien se sert pour *sonder*. — Instrument pour discerner les marchandises qui entrent. — Autre instrument pour reconnaître la nature du fond de la mer, etc. — Espèce de tarière qu'on enfonce dans la terre pour reconnaître les différentes couches du terrein. — Aiguille qui sert à ouvrir les flèches de la monture d'un éventail. — Longue aiguille pour *sonder* les viandes, etc. — Petit instrument en tarière qui sert à *sonder* les fromages. — Longue corde avec un crochet dont on se sert pour retirer ce qui est tombé dans un puits. — Sorte de gros plomb attaché à une corde que l'on fait descendre dans les conduits de latrines, lorsqu'ils sont engorgés. — Longue et forte tarière que le mineur enfonce dans les terres pour reconnaître les galeries de l'assiégé. — Petit morceau de bois mince et effilé, avec lequel on *sonde* le beurre, pour sentir au goût, après qu'on l'a retiré de l'intérieur de la tinette, si le fond est aussi frais que l'extérieur. — Petit morceau de bois avec lequel on perce les jambons, et que l'on retire pour sentir si la viande intérieure n'a pas de mauvais goût. — Tringle de fer, armée d'un crochet ou d'un tire-bourre, ou d'un plomb en forme de bouchon ou de piston attaché à une ficelle, dont les plombiers se servent pour enlever, pousser ou précipiter les ordures qui engorgent les tuyaux des toits. — Sorte de tringle garnie d'une espèce de ratissoire en forme de large lame de couteau, dont les poêliers et fumistes se servent pour nettoyer les tuyaux de poêle, de cheminée, etc. — T. de mar. : *être à la sonde*, être dans un lieu où la *sonde* peut trouver le fond de la mer. — *Aller à la sonde*, c'est lorsqu'on est obligé d'aller, sur des mers inconnues ou sur des côtes dangereuses, toujours la *sonde* à la main. — *Venir jusqu'à la sonde*, quitter les bords de la mer pour aller jusqu'à un endroit où l'on peut trouver fond avec la *sonde*. — *Les sondes sont marquées*, c'est lorsque les brasses sont marquées sur les cartes près des côtes. — *Jeter la sonde*, se dit de l'action de *sonder* ou de lancer la *sonde* dans la mer.

SONDÉ, E, part. pass. de *sonder*.

SONDER, v. act. (*çondé*), chercher à connaître la profondeur de l'eau, d'un terrein, par le moyen de la *sonde* : *sonder un port*, *une rivière pour trouver un passage*. — Mettre la *sonde* dans une plaie, dans le vagin, dans la verge, etc. — *Sonder un melon*, *un jambon*, *une tinette de beurre* ; *sonder une poutre*, *un bâtiment*. — En t. de mer, jeter la *sonde*, etc. — Au fig., tâcher de connaître le goût, l'inclination, la pensée de quelqu'un. — Fig. et fam. : *sonder le gué*, *le terrein*, tâcher de connaître s'il n'y a point de danger dans une affaire, et de savoir comment il faudra s'y prendre. — *Sonder une pièce de placage*, frapper dessus pour juger, par le son, si elle pose bien partout. — *Sonder un verre*, juger, après la recuisson, de son état par le son qu'il rend, en le frappant légèrement. — *Sonder un baromètre*, le placer sur une table pour s'assurer de quel côté l'aiguille a la propension de tourner soit vers le beau temps, soit vers le temps variable ou pluvieux.

SONDEUR, subst. mas. (*çondeur*), celui qui sonde.

SONDOUKLI, subst. mas. (*çondoukli*), t. de relation, pièce de monnaie turque qui équivaut à 9 fr. 47 c. de France.

SONGE, subst. mas. (*çonje*) (du lat. *somnium*, ou, suivant d'autres, du bas-breton *fonch*, pensée), *rêve*, imagination d'une personne qui dort. — Prov. et fig. : *le mal d'autrui n'est que songe*, il fait peu d'impression ou une impression peu durable. — Fig. : *les choses de ce monde ne sont qu'un songe*, elles n'ont aucune solidité. — *La vie n'est qu'un songe*, *elle passe comme un songe*, elle passe vite. — Fig. : *il fait de beaux songes*, il se repaît de vaines espérances. — Fam., pour exprimer un grand étonnement, on dit : *je croyais voir un songe*, pour dire : je ne pouvais me figurer que cela fût réel. — *En songe*, façon de parler adverbiale dont on se sert en parlant des *songes* qu'on a eus pendant le sommeil : *un ange m'est apparu en songe*. — Subst. propre mas., myth., divinités infernales subordonnées au sommeil. Chaque *Songe* avait une fonction particulière. Ceux qui présidaient aux visions véritables sortaient par une porte de corne, et ceux qui ne formaient que de vaines illusions passaient par une porte d'ivoire. On les représentait avec de grandes ailes de chauves-souris toutes noires.

SONGÉ, E, part. pass. de *songer*.

SONGE-CREUX, subst. mas. (*çonjekreu*), homme rêveur, pensif, mélancolique, qui roule toujours quelque chose dans son esprit. Il est fam. — Au plur., des *songe-creux*, des gens qui *songent creux*, d'une manière *creuse*.

SONGE-MALICE, subst. mas. (*çonjemalice*), personne maligne qui s'applique à faire des niches, de mauvais tours, etc. Il est fam. — Au plur., des *songe-malice*, des gens qui *songent* à la *malice*.

SONGER, v. neut. (*çonjé*) (du lat. *somniare*, et par corruption *sumnjare* en changeant *i* en *j*), faire un *songe* : *j'ai songé que*... On dit aussi activement : *je n'ai songé que fêtes*, *que combats*. — Penser, considérer : *songez à ce que vous faites*. — On dit aussi dans ce sens : *je songe une chose*, *je songe à une chose*. — *Songer à soi*, prendre garde à soi. — Avoir quelque dessein : *il ne songe point au mariage*; *il ne songe qu'à son salut*. — Fam. : *cet homme songe toujours à malice*, *à la malice*, il pense toujours à faire quelque malice, ou il interprète malignement tout ce qu'on dit. — *Il songe creux*, il rêve à des choses chimériques. — SONGER A, PENSER A. (*Syn.*) *Penser* signifie vaguement, avoir une chose dans l'esprit, s'en occuper, y attacher sa pensée, y donner son attention, réfléchir, méditer. *Songer* signifie seulement rouler une idée dans son esprit, y faire quelque attention, se la rappeler, s'en occuper légèrement, l'avoir présente à la mémoire. Vous ne direz point *songer* profondément, mûrement, fortement; vous direz *penser* toutes les fois qu'il s'agira de réflexion, de méditation, d'occupation suivie. Vous *pensez* à la chose que vous avez à cœur; il suffit qu'une chose soit présente à votre esprit pour que vous y *songiez*. Quelqu'un qui vous donne une commission vous recommande d'y *songer*, c'est-à-dire de ne pas l'oublier; si c'est une affaire grave dont vous deviez vous occuper, il vous recommandera d'y *penser*. *Songez à ce que vous faites*, signifie *faites-y attention*; *pensez à ce que vous faites*, signifie occupez-vous, *réfléchissez*, *délibérez*. A l'homme qu'il suffit d'avertir, vous dites : *songez-y*; à celui que vous voulez corriger, vous dites : *pensez-y bien*. *Songer* est donc préférable lorsqu'il s'agit de choses ou de considérations légères qui ne demandent que de l'attention ou de la mémoire, qui ne font pas des impressions ou ne laissent pas des traces profondes, qui n'ont point de suite ou n'exigent point de tenue. Il faut employer *penser* dans tout autre cas. — Il n'y a qu'à *songer* aux petites choses, il faut *penser* aux grandes. Les gens qui *pensent* beaucoup aux petites ne *songent* guère aux grandes. — On *pense* à son propre mal, on *songe* aux maux d'autrui. Mal d'autrui n'est que *songe*. Voy. SONGE.

SONGEUR, subst. mas., **SONGEUSE**, subst. fém. (*çonjeur*, *jeuze*), celui ou celle qui est accoutumé à rêver profondément. — Qui est taciturne.

SONGEUSE, subst. fém. Voy. SONGEUR.

SONGEONS, subst. propre mas. (*çonjon*), bourg de France, chef-lieu de canton, arrond. de Beauvais, dép. de l'Oise.

SONI, subst. mas. (*çoni*), t. d'hist. nat., petite coquille du genre des volutes ou des mitres.

SONICA, sorte d'adv. (*çonika*), t. de jeu du pharaon et de la bassette. Il se dit d'une carte qui vient ou en gain ou en perte, le plus tôt qu'elle puisse venir. On dit : *il a gagné sonica*. — On a transporté ce mot dans la conversation pour dire, à point nommé, justement, précisément : *on allait partir sans lui*, *mais il est arrivé sonica*. — Fam., en espèce, en écus : *il m'a payé sonica*; *nous ne voulons que du sonica*. Dans ce dernier exemple *sonica* est subst. mas.

SONIKÉES, subst. mas. plur. (*çonikié*), déistes africains qui nient la mission de Mahomet.

SONIPÈDE, subst. mas. et adj. des deux genres (*çonipède*) (du lat. *sonus*, son, et *pes*, *pedis*, pied), qui fait du bruit en marchant. — Subst. : *un sonipède*. Ce mot manque dans l'*Académie*.

SONIVIE, subst. fém. (*çonivi*), sorte de bruit dont les augures tiraient des présages.

SONNA, subst. mas. (*çona*), livre de tradition religieuse chez les musulmans; c'est un supplément à l'Alcoran, celui des livres qui a le plus d'autorité après lui.

SONNAILLE, subst. fém. (*çoná-le*), clochette attachée au cou des bêtes lorsqu'elles paissent ou qu'elles voyagent.

SONNAILLÉ, E, part. pass. de *sonnailler*.

SONNAILLER (on devrait, selon nous, écrire SONNAILLIER, pour distinguer le subst. du verbe), subst. mas. (*çoná-ié*), animal qui porte la *sonnaille*.

SONNAILLER, v. act. et neut. (*çoná-ié*), *sonner* souvent et sans besoin : *on ne fait que sonnailler dans cette maison*. Fam. — *se* SONNAILLER, v. pron.

SONNANT, E, adj. (*çonan*, *nante*), qui rend un *son* clair, quand on frappe dessus. — *Montre sonnante*, qui frappe les heures. — *Espèces sonnantes*, monnaie d'or, d'argent, etc. — *A l'heure sonnante*, à l'heure précise. — *Proposition mal sonnante*, qui peut être prise dans un sens peu orthodoxe ; qui est contraire à des principes quelconques.

SONNANT, subst. mas. (*çonante*), t. d'hist. nat., crapaud volant, ou crapaud pluvial.

SONNÉ, E, part. pass. de *sonner*.

SONNER, v. neut. et act. (*çoné*), neut., rendre un *son* : *la cloche*, *l'horloge sonne*. *Sonner de la trompette*, ou absolument *sonner*. — Être annoncé, marquer par quelque *son* : *les vêpres sonnent* ; *voilà midi qui sonne*. On dit *midi est sonné*, et *l'horloge a sonné*, parce que c'est l'horloge qui *sonne*, et que ce sont les heures qui sont *sonnées* par l'horloge. — En t. de gramm. : *il faut*, *il ne faut pas faire sonner une lettre*, il faut pleinement prononcer une lettre, ou ne pas la faire sentir dans la prononciation. R *du substantif* mer *doit toujours se faire sentir* ; *mais* R *de l'infinitif* aimer *ne doit sonner que devant une voyelle*. — Fig. : *ce mot sonne bien à l'oreille*, le son en est agréable. — Fig. : *ce vers*, *cette période sonne bien*, a de l'harmonie. — Prov. : *une action sonne bien* ou *sonne mal dans le monde*, est bien ou mal reçue du public. — Agiter une sonnette pour se faire ouvrir une porte, pour appeler, etc. : *on vient de sonner*. — Act., tirer du son, ou faire rendre du son : *sonner les cloches* ; *on entendit sonner le tocsin*. — Indiquer, marquer, annoncer quelque chose par un certain son, par le son des cloches : *sonner vêpres*, *l'angelus*, *la grand'messe*. — On dit, en parlant des offices de l'église : *sonner le premier coup*, *le dernier coup de vêpres*, *de matines*, ou simplement, *sonner le premier*, *le dernier*. — On dit absol. : *sonner pour les morts*; *on a sonné toute la nuit pour un tel*. — Avertir de quelque chose en *sonnant* : *sonner l'assemblée*, *le dîné*. — *Sonner un domestique*, *sonner* la sonnette pour le faire venir. — Fig. et fam. : *faire sonner bien haut une action*, etc., la vanter beaucoup. — Fig. et prov. : *il est temps de sonner la retraite*, de se retirer du commerce du monde. — Fig. et fam. : *ne sonner mot*, ne dire un mot. — T. de vén. : *sonner le débucher*, *le laisser-courre*, *sonner du grêle*, *du gros ton*, etc. — T. d'art militaire : *sonner la charge*, *la retraite*, *le boute-selle*; *sonner à cheval*, *sonner* pour faire monter à cheval la cavalerie, etc.

SONNERIE, subst. fém. (*çoneri*), *son* de plusieurs cloches ensemble. — Les ressorts, le timbre et tout ce qui sert à faire *sonner* une montre, une pendule. — Air que *sonnent* les trompettes.

SONNET, subst. mas. (*çoné*), ouvrage de poésie composé de quatorze vers, distribués en deux quatrains et deux tercets. Exemple d'un *sonnet* :

Des portes du matin l'amante de Céphale
Ses roses épandait dans le milieu des airs,
Et jetait sur les cieux nouvellement ouverts
Ses traits d'or et d'azur qu'en naissant elle étale.

Quand la Nymphe divine, à mon repos fatale,
Apparut, et brilla de tant d'attraits divers,
Il semblait qu'elle seule éclairait l'univers,
Et remplissait de feu la rive orientale.

Le soleil, se hâtant pour la gloire des cieux,
Vint opposer sa flamme à l'éclat de ses yeux,
Et prit tous les rayons dont l'Olympe se dore.

L'onde, la terre et l'air s'allument à l'entour.
Mais auprès de Phillis on le prit pour l'Aurore,
Et l'on crut que Phillis était l'astre du jour.

(VOITURE.)

SONNETTE, subst. fém. (*çonète*), sorte de petite clochette. — Grelot qu'on attache au cou des chiens et aux pieds des oiseaux de proie. — Machine pour enfoncer des pilotis. — Au plur. et pop., de l'argent : *avoir des sonnettes*. — *Serpent à sonnettes*. Voy. SERPENT. — Se dit en t. d'imprim., des lettres ou des lignes qui, se trouvant dans des pages mal justifiées, s'échappent de la forme lorsqu'on la lève de dessus le marbre, quoiqu'elle ait été suffisamment serrée.

SONNEUR, subst. mas., **SONNEUSE**, subst. fém., (*çoneur*, *neuze*), celui, celle qui est chargée de *sonner* les cloches, etc. — En langage trivial, on dit d'un homme adonné à la boisson : *il boit comme un sonneur*. — Nom qu'on a donné au coracias huppé, parce que son cri a quelque ressemblance avec celui d'une clochette que l'on attache au cou du bétail.

SONNETTIER, subst. mas. (çonètié), fabricant, marchand de sonnettes.

SONNEUSE, subst. fém. Voy. SONNEUR.

SONNEZ, subst. mas. (çoné) (du lat. seni, a, six en nombre), t. de jeu de trictrac, double six.

SONNITES, subst. mas. plur. (çonite), t. d'hist. moderne, observateurs des traditions orales de Mahomet. C'est le titre que prennent les Turcs par opposition aux Persans sectateurs d'Ali.

SONOMÈTRE, subst. mas. (çonomètre) (du lat. sonus, son, et du grec μετρον, mesure), instrument propre à mesurer et à comparer les sons.

SONORE, adj. des deux genres (çonore) (du lat. sonorus), qui a un son agréable, éclatant : voix sonore, vers sonores.— Résonnant : il y a des cordes plus sonores les unes que les autres. — Qui est favorable à la voix : cette église est sonore. — En t. de médec., respiration sonore, celle qui fait entendre comme un son.

SONOREMENT, adv. (çonoreman), d'une manière sonore. Peu usité, mais utile.

SONORITÉ, subst. fém. (çonorité) (du latin sonoritas, qui, dans Varron, signifie proprement éclat, brillant, force de son), t. de phys., propriété qu'ont les corps de rendre des sons. — Qualité d'un corps sonore.

Sont, 3ᵉ pers. plur. prés. indic. du v. aux. ÊTRE.

SONTIATES, subst. propre mas. plur. (çontiate), anciens peuples qui habitaient la Guyenne, province de France.

SONTIENS , subst. mas. plur. (çonti-ein), anciens peuples du diocèse de Digne, en Provence.

SON-TO, subst. mas. (çontô), thé qui vient de la Chine.

SON-TRA, subst. mas. (çontra), t. de bot., arbuste du genre des néfliers.

SONZE, subst. mas. (çonse), t. de bot., gouet dont les feuilles se font cuire et se mangent.

SOPE , subst. mas. (çope), t. d'hist. nat., poisson du genre des cypriens. — T. de relat., nom des bâtons distinctifs que portaient les janissaires du sultan.

SOPEUR, subst. fém. (çopeur) (du lat. sopor), engourdissement voisin du sommeil : état de sopeur; dissiper la sopeur. Vieux.

SOPHA , subst. mas. Voy. SOFA.

SOPHI, subst. mas. Voy. SOFI.

SOPHATIS ou **SOPHATITES**, subst. mas. plur. (çofati, tite), sectaires mahométans.

SOPHISMATIQUE , adj. des deux genres (çoficematike) , qui concerne les sophismes. — Qui aime les sophismes. Voy. SOPHISTIQUE, qui est plus usité.

SOPHISME, subst. mas. (çoficeme) (du grec σοφισμα, fait, dans la même signification , de σοφιζειν, user de fourberie, controuver malicieusement), argument captieux, qui ne conclut pas juste. Voy. PARALOGISME. — Dans son origine, sophisme signifiait : chef-d'œuvre de sagesse ou de science.

SOPHISTE, subst. mas. (çoficete) (du grec σοφιστης, fait de σοφος, sage, et qui, employé d'abord dans le sens de sage, expert, savant, devint ensuite , par l'abus que les déclamateurs firent des sciences, synonyme de charlatan), chez les anciens, philosophe ou rhéteur. — Aujourd'hui, homme qui fait des sophismes, des raisonnements captieux.

SOPHISTÉQUE, subst. mas. (çoficetéke), t. de bot., arbrisseau de Madagascar, genre des gomphies.

SOPHISTICATION, subst. fém. (çoficetikâcion), altération, falsification des drogues.

SOPHISTIQUE, adj. des deux genres (çoficetike) (du grec σοφιστικος, d'où les Latins ont fait sophisticus), qui est de la nature du sophisme; captieux , trompeur : argument , raisonnement sophistique.

SOPHISTIQUÉ, E, part. pass. de sophistiquer.

SOPHISTIQUEMENT, adv. (çoficetikeman), d'une manière captieuse, qui ne vise qu'à éblouir.

SOPHISTIQUER, v. act. (çoficetiké) (du grec σοφιζειν, user de fourberie , controuver malicieusement), altérer, en parlant des drogues.— Falsifier, frelater des liqueurs. — Neut., au fig., subtiliser avec excès. — se SOPHISTIQUER, v. pron.

SOPHISTIQUERIE, subst. fém. (çoficetikeri), fausse subtilité dans le discours.

SOPHISTIQUEUR, subst. mas. (çoficetikeur), qui vend des drogues altérées. — Fig., qui subtilise à l'excès.

SOPHOMANE, subst. mas. (çofomane), atteint de sophomanie. (Boiste.) Inusité.

SOPHOMANIE, subst. fém. (çofomani) (du grec σοφος, fait de σοφια, sagesse, et μανια, manie), manie, affectation de philosophie. (Boiste.) Inus.

SOPHORE , subst. mas. (çofore), t. de bot., genre de légumineuses.

SOPHRONIE, subst. fém. (çofroni), t. de bot., sorte de plante monogyne qui se change en gazon.

SOPHRONISTE, subst. mas. (çofronicete) (du grec σωφρονιστης, correcteur, fait de σωφρονιζειν, corriger, dérivé de σωφρων, sage), t. d'antiq., nom de magistrats athéniens dont les fonctions étaient les mêmes que celles des censeurs à Rome.

SOPHRONISTÈRES, subst. et adj. fém. plur. (çofronicètère), t. d'anat., les deux dernières dents qui poussent vers l'âge de vingt ans. — Subst. : les sophronistères. Voy. SOPHRONISTE pour l'étymologie.

SOPHRONISTÉRION, subst. mas. (çofronicètéri-on), endroit, à Athènes, où l'on mettait les enfants indociles.

SOPI, subst. mas. (çopi), t. d'hist. nat., poisson du genre des spares.

SOPIQUET, subst. mas. (çopikè), sorte de mets délicat. (Boiste.) Inusité. Voy. SAUPIQUET.

SOPLON, subst. mas. (çoplon), t. d'hist. nat., poisson qu'on nomme aussi grogneur.

SOPOR, subst. propre mas. (çpor) (en latin sopor, profond sommeil). Voy. SOPEUR. — Subst. propre mas., myth., dieu différent du sommeil. On lui donnait pour femme Pasithée, l'une des Graces.

SOPORATIF, adj. mas., au fém. SOPORATIVE (çoporatif, tive) (du latin soporare, endormir, fait de sopor, assoupissement), qui endort, qui a la vertu d'endormir. — Fig. et en parlant de : discours soporatif.— Subst. mas. : le laudanum est un soporatif.

SOPORATION, subst. fém. (çoporâcion), t. de médec., synonyme de sopeur , mais plus usité.

SOPORATIVE, adj. fém. Voy. SOPORATIF.

SOPOREUSE, adj. fém. Voy. SOPOREUX.

SOPOREUX, adj. mas. , au fém. SOPOREUSE (çoporeu, reuse), qui cause un assoupissement , un sommeil dangereux.

SOPORIFÈRE ou **SOPORIFIQUE**, adj. des deux genres (çoporifère , fike) (du latin soporifer, formé de sopor, assoupissement, sommeil , et de fero , je porte, ou facio , je fais) , qui fait dormir.

SOPORIFIQUE, adj. Voy. SOPORIFÈRE.

SOPRANO , subst. mas. (çoprano) , mot italien qui , en musique, désigne la voix que nous nommons dessus. Voy. ce mot. On dit quelquefois par euphémisme : un castrat. — Au plur., des soprano.

SOR, adj. mas. (çore), t. de vieille fauconn.; on appelle faucons sors, ceux que l'on prend jeunes et à leur passage; ils sont plus bruns que dans les années suivantes. Le même nom s'applique à d'autres oiseaux. Voy. SAURE, qui semblerait valoir mieux.

SORA, subst. mas. (çora), sorte de bière que l'on fabrique au Pérou avec le grain germé du maïs. — T. d'hist. nat., nom d'une espèce de hérisson que l'on trouve à Madagascar. — Nom qu'on a donné au squale milandre. Voy. ESSERA.

SORACTE, subst. propre fém. (çorakte), myth., montagne d'Italie, célèbre par le culte qu'on y rendait à Apollon. Ce dieu y avait un temple dont les prêtres marchaient sur des charbons ardents; mais Varron dit qu'ils se frottaient avant la plante des pieds avec une drogue qui atténuait l'action du feu.

SORADÉUS, subst. propre mas. (çoradé-uce), myth., l'un des dieux que les Indiens adorent. Ce mot répond à celui d'œnopée, c'est-à-dire, qui fait le vin.

SORAMIES, subst. fém. plur. (çorami), t. de bot., plantes monogynes qui croissent en Guyane.

SORAMITE, subst. mas. (çoramite), nom d'anciens sectaires hérétiques qui professaient en Allemagne.

SORANIENS, subst. propre mas. plur. (çoraniein), anciens peuples qui habitaient une partie de l'Italie.

SORANUS, subst. propre mas. (çoranuce), myth., nom que les Sabins donnaient à Pluton.

SORBE, subst. fém. (çorbe), fruit du sorbier.

SORBET, subst. mas (çorbè) (du latin sorbere, boire), composition faite de citron, de sucre , d'ambre , etc. — Breuvage que l'on fait avec cette composition battue avec de l'eau. — Liqueur glacée.

SORBETIÈRE, subst. fém. (çorbètière), vase d'étain dans lequel on fait geler les sorbets ou compositions destinées à faire des glaces d'office.

SORBIER , subst. mas. (çorbié) , t. de bot., arbre de nos forêts , à fleur rosacée. Il y en a trois espèces qui sont indigènes d'Europe : le sorbier domestique, le sorbier des oiseleurs, et le sorbier hybride. — Le sorbier domestique , ou cormier, est un grand arbre à tige droite, dont la tête forme une pyramide touffue.

SORBI , E , part. pass. de sorbir.

SORBIR , v. act. (çorbir), avaler. Vieux et même inus.

SORBONIQUE, subst. fém. (çorbonike), thèse de théologie en Sorbonne. Vieux.

SORBONIQUEUR, subst. mas. (çorbonikieur), docteur théologien. T. ironique hors d'usage.

SORBONISTE, subst. mas. (çorbonicete), docteur de la maison et société de Sorbonne.

SORBONNE, subst. fém. (çorbone), maison de la faculté de théologie de Paris. — Cette faculté. (Ainsi nommée de Robert Sorbon, qui en fut le fondateur, vers le milieu du treizième siècle.) — Étuve. Vieux dans cette dernière acception.

SORCEAUX ou **SORCEUX**, subst. mas. plur. (çorçô, ceu), t. d'antiq., secte de prêtres anciens.

SORCELLERIE, subst. fém. (çorcèleri), opération de sorcier. — Par extension et en plaisantant, ce qui paraît au-dessus des forces de la nature.

SORCIER, subst. mas., SORCIÈRE, subst. fém. (çorcié , cière) (du latin barbare sortiarius , a , fait , dans la basse latinité, avec la même signification , de sortes, sortilèges , divinations), celui, celle qui, suivant une opinion superstitieuse , a un pacte avec le diable pour faire le mal , et assiste aux assemblées du sabbat. — Pop. : vieux sorcier, vieille sorcière , personne vieille et méchante. — Prov. : n'être pas grand sorcier, n'être pas fort habile.

SORCIÈRE, subst. fém. Voyez SORCIER. —T. d'hist. nat., sorte de coquillage. — T. de bot., plante du genre des circées.

SORDIDE, adj. des deux genres (çordide) (en latin sordidus , fait de sordes, dium , ordures, saletés), sale , vilain , en parlant des avares : gain , intérêt , avarice, épargne sordide. — T. de chir. : ulcère sordide, qui rend de la sanie.

SORDIDEMENT, adv. (çordideman), d'une manière sordide.

SORDIDITÉ, subst. fém. (çordidité), mesquinerie, avarice. Voy. SORDIDE.

SORDUN, subst. mas. (çordeun), t. de mus., sorte de jeu d'orgue dont le son est sourd.

SORE, subst. fém. (çore), t. de bot., réunion de fructification qui a lieu dans certaines fougères.

SORÉDION, subst. mas. (çorédi-on).Voy. PROPAGULE.

SORE, subst. propre mas. (çore), bourg de France, chef-lieu de canton, arrond. de Mont-de-Marsan, dép. des Landes.

SORÉE, subst. fém. (çoré), t. d'hist. nat., oiseau d'Europe de la famille des râles.

SORER, v. act. Voy. SAURER, seul usité.

SORET, subst. mas. (çorè), filet de pêche, nommé aussi brégin. Adj. mas., voyez SAURET, seul usité.

SORCHO, ou **SORGHUM**, subst. mas. (çorguô, guome), t. de bot., plante d'Afrique, du genre des houlques.

SORGON, subst. mas. (çorguon), myth., paradis des Indiens.

SORI, ou **SORY**, subst. mas. (çori), espèce de minéral grossier, poreux, noir, etc.

SORICIENS, subst. m. pl. (çoriciein), t. d'hist. nat., famille de petits animaux carnassiers.

SORIE, subst. fém. (çori), laine d'Espagne : la sorie de Ségovie ; la sorie commune. — T. de bot., genre de plantes qu'on a nommé depuis euclidie.

SORINDÈSE, subst. fém. (çoreindèse), t. de bot., arbrisseau de la famille des térébinthacées.

SORISSAGE, **SORISSEUR**, subst. mas. Voyez SAURISSAGE, SAURISSEUR, seuls usités.

SORITE, subst. mas. (çorite) (du grec σωριτης, fait dans le même sens de σωρος, tas, monceau), t. de logique, argument composé d'une suite de propositions enlassées les unes sur les autres et cohérentes entre elles.

SORMET, subst. mas. (*çormé*), t. d'hist. nat., coquille du genre des crépidules.

SORMULE, subst. mas. (*çormule*), t. d'hist. nat., nom qu'on donne quelquefois au surmulet.

SORNAC, subst. propre mas. (*çornak*), bourg de France, chef-lieu de canton, arrond. d'Ussel, dép. de la Corrèze.

SORNE, subst. fém. (*çorne*), scorie, écume, crasse qui sort du fer, en le forgeant.

SORNETTE, subst. fém. (*çornète*) (suivant *Le Duchat*, c'est un diminutif de *sorne*, fait du lat. *serotina*, sous-entendu *fabula*, fable ou conte *du soir ; contes que font les bonnes gens à la veillée*), discours frivole. Il s'emploie ordinairement au pluriel.

SOROCÉPHALE, subst. mas. (*çorocéfale*), t. de bot., genre de plantes établi parmi les protées.

SORODÉMONS, subst. mas. plur. Voy. LÉMURES.

SORORAL, E, adj. Voy. SORORIAL.

SORORIAL, E, adj. (*çorori-ale*) (du lat. *soror, sororis*, sœur), t. de jurispr., qui concerne la *sœur*. — Des *sœurs : harmonie, influence sororiale*. (De Saint-Pierre.)—Au plur. mas., *sororiaux*.

SORORIAUX, adj. mas. plur. Voy. SORORIAL.

SORORIANT, E, adj. (*çorori-an, ri-ante*) (en lat. *sororians*), t. de médec., qui croît, qui enfle, en parlant du sein des filles.

SORORICIDE, subst. mas. (*çororicide*), qui a tué sa *sœur*. — Ce crime même.

SORROCULO, subst. mas. (*çorokulo*), t. d'hist. nat., espèce de serpent qu'on rencontre au Brésil.

DU VERBE IRRÉGULIER SORTIR :

Sors, 2e pers. sing. impér.
Sors, précédé de *je*, 1re pers. sing. prés. indic.
Sors, précédé de *tu*, 2e pers. sing. prés. indic.
Sort, 3e pers. sing. prés. indic.

SORT, subst. mas. (*çor; t* ne se prononce jamais, par rapport à la dureté de cette consonne) (en lat. *sors*), dans le sens des païens, la destinée : *son sort est heureux* ou *malheureux*. Voy. DESTIN. — Manière de décider quelque chose par le hasard : *tirer au sort*.—Paroles, caractères, etc., par lesquels quelques-uns croient qu'on peut produire des effets extraordinaires et faire des maléfices : *jeter, mettre un sort sur...., donner un sort à....*—Fig. : *le sort en est jeté*, le parti en est pris.—*Le sort des armes*, le combat, relativement à l'incertitude du succès.—*Sort principal*, t. de palais, la somme principale.—Au plur., genre de divination chez les anciens : c'étaient le plus souvent des espèces de dés sur lesquels étaient gravés quelques caractères ou quelques mots, dont on allait chercher l'explication dans des tables composées exprès : *les sorts de Preneste, les sorts d'Antium*.

SORTABLE, adj. des deux genres (*çortable*), convenable.—Qui convient à l'état et à la position des personnes : *un parti sortable*.

DU VERBE IRRÉGULIER SORTIR :

Sortaient, 3e pers. plur. imparf. indic.
Sortais, précédé de *je*, 1re pers. sing. imparf. indic.
Sortais, précédé de *tu*, 2e pers. sing. imparf. indic.
Sortait, 3e pers. sing. imparf. indic.
Sortant, part. prés.

SORTANT, subst. et adj. mas. (*çortan*), qui sort : *premier numéro sortant*. — Subst. : *les entrants et les sortants*. En parlant d'une femme, on disait bien, au fém. : *la sortante*. — Adj. : *le député sortant*.

SORTE, subst. fém. (*çorte*) (du lat *sors, sortis*, employé quelquefois par les Latins dans le sens de condition, et qui se dit non-seulement de la condition des personnes, mais encore de celle des choses),espèce, genre : *quelle sorte de plante est cela? toute sorte* (quelques-uns disent, mais moins bien, *toutes sortes*) *de livres ne sont pas également bons*. — En bien et en mal, soit par estime, soit par mépris : *un homme de sa sorte, un homme de votre sorte*. — État, condition. On dit, en mal : *c'est bien à un homme de votre sorte à vouloir s'égaler à moi*; et en bien : *c'est trop vous abaisser pour un homme de votre sorte*. —Manière, façon : *je l'ai traité de bonne sorte*. — État, condition. — Se dit, dans le commerce des pierreries, des émeraudes qui, à raison de leur grosseur, etc., ne se vendent qu'au poids.— En t. d'imprimeur, la quantité d'une même lettre ou d'un même caractère, qui se trouve dans une fonte ou dans une casse.—Livres que le libraire vend seul, et qu'il a seul droit de vendre. —*De la sorte*, loc. adv., de cette manière-là.—*En quelque sorte*, loc. adv., de telle façon. — *De sorte que*, tellement que, si bien que.—Fam.: *parler de bonne sorte à quelqu'un*, lui faire une réprimande, une correction.

DU VERBE IRRÉGULIER SORTIR :

Sorte, précédé de *que je*, 1re pers. sing. prés. subj.
Sorte, précédé de *qu'il* ou *qu'elle*, 3e pers. sing. prés. subj.
Sortent, précédé de *ils* ou *elles*, 3e pers. plur. prés. indic.
Sortent, précédé de *qu'ils* ou *qu'elles*, 3e pers. plur. prés. subj.
Sortes, 2e pers. sing. prés. subj.
Sortez, 2e pers. plur. impér.
Sortez, précédé de *vous*, 2e pers. plur. prés. indic.

SORTI, E, part. pass. de *sortir*.

SORTIE, subst. fém. (*çorti*), action de *sortir*. — On dit par extension : *la sortie des marchandises, de l'argent hors d'un pays; droit d'entrée et de sortie*. — Issue, endroit par où l'on sort. — Ouverture pour l'écoulement des liquides. — Fin d'une assemblée. — Attaque que font les assiégés lorsqu'ils *sortent* pour combattre les assiégeants. — Fig. et fam. : *faire une sortie à quelqu'un*, lui faire une rude réprimande, ou lui dire brusquement quelque chose de très-dur. — Fig. : *faire une sortie contre quelqu'un*, s'emporter contre lui avec violence en son absence. — Dans ces deux circonstances, et dans les deux sens, on dit aussi : *faire une sortie sur quelqu'un*. — *A la sortie du printemps, du sermon*, etc., au moment où l'on *sort* du printemps, du sermon.

DU VERBE IRRÉGULIER SORTIR :

Sortiez, précédé de *vous*, 2e pers. plur. imparf. indic.
Sortiez, précédé de *que vous*, 2e pers. plur. prés. subj.

SORTILÈGE, et non pas **SORTILÉGE**, subst. mas. (*çortilège*), maléfice des prétendus sorciers; charme, enchantement.

SORTILÈGUE, subst. mas. (*çortilègue*), celui qui tirait les *sorts*, qui faisait la lecture des tablettes nommées *sorts de Préneste*.

DU VERBE IRRÉGULIER SORTIR :

Sortîmes, 1re pers. plur. prét. déf.
Sortions, précédé de *nous*, 1re pers. plur. imparf. indic.
Sortions, précédé de *que nous*, 1re pers. plur. prés. subj.

SORTIR, v. neut. (*çortir*) (voy. sa conjug.) passer du dedans au dehors : *sortir de la chambre, de la ville*; et sans régime : *il ne fait que sortir*. — Passer au dehors : *les blés, les herbes sortent de terre; il lui est sorti un bubon*, etc. — *Sortir de la messe, des vêpres, du bal*, etc., sortir du lieu où l'on a ouï la messe, les vêpres; *sortir d'entendre la messe, ou sortir de dîner*, etc. — *Sortir de table*, avoir dîné et quitté la table, —Être issu : *il sort de gens de bien*.—Act., il ne s'emploie que dans un petit nombre de phrases : *sortir un cheval de l'écurie*. — Au jeu de trictrac : *sortir son coin*. — En style fam. : *sortir* (tirer) *quelqu'un d'affaire*. — Dans le style sérieux, et à plus forte raison dans le style noble, on dit *faire sortir : faire sortir quelqu'un de prison, de l'indigence*, et non pas *l'en sortir*.— *Votre malade sort, commence à sortir*, se porte assez bien pour ne plus garder la chambre. — Prov. et fig. : *faire sortir quelqu'un hors des gonds*, le mettre tellement en colère qu'il soit comme hors de lui-même. — Fig. : *sortir d'une chose à son honneur*, s'en tirer avantageusement. — *Sortir de son devoir, des bornes de la modestie*, etc., n'y pas demeurer. — *Sortir de cadence, de mesure*, ne danser plus en cadence, en mesure, ne chanter, ne jouer plus de mesure. — Dans un tableau, *une figure sort*, semble être de relief. — Par extension, *faire sortir une pensée*, c'est l'exprimer, la développer : *cette pensée ne sort pas assez*. — *Il sort une agréable odeur de ce parterre*, ce parterre exhale une, etc. — *Le feu lui sort par les yeux*, il a les yeux enflammés de colère. — *Cet ouvrage sort de chez l'ouvrier*, est tout neuf, vient d'être achevé. — *Cet écrit sort d'un bon auteur*, il est fait par un homme qui écrit bien. — *Sortir* se dit par rapport au temps : *sortir de l'hiver, de nourrice*. — A l'état et à la condition où l'on est : *sortir de maladie, de page, de condition*, etc. : *ce jeune homme sort du collége*, vient de terminer ses études. — Aux affaires et aux matières que l'on traite : *sortir d'affaire, de son sujet, de la question*, etc. — *Au sortir de*, expression adv., à l'issue : *je l'ai attendu au sortir du conseil*. — En t. de palais, obtenir, avoir : *il faut que la sentence sortisse son plein et entier effet*. (Du lat. *sortiri*, employé dans la même acception et qui signifie proprement tirer au sort, obtenir par le sort, fait de *sors, sortis*, sort.) En ce sens, il se conjugue comme *finir*; ainsi l'on dit, *il sortit* et non pas il *sort*, au prés. indic.; et *il sortissait*, et non pas *il sortait*, à l'imparf., etc.

DU VERBE IRRÉGULIER SORTIR :

Sortira, 3e pers. sing. fut. indic.
Sortirai, 1re pers. sing. fut. indic.
Sortiraient, 3e pers. plur. prés. cond.
Sortirais, précédé de *je*, 1re pers. sing. prés. cond.
Sortirais, précédé de *tu*, 2e pers. sing. prés. cond.
Sortirait, 3e pers. sing. prés. cond.
Sortiras, 2e pers. sing. fut. indic.
Sortirent, 3e pers. plur. prét. déf.
Sortirez, 2e pers. plur. fut. indic.
Sortiriez, 2e pers. plur. prés. cond.
Sortirions, 1re pers. plur. prés. cond.
Sortirons, 1re pers. plur. fut. indic.
Sortiront, 3e pers. plur. fut. indic.
Sortis, précédé de *je*, 1re pers. sing. prét. déf.
Sortis, précédé de *tu*, 2e pers. sing. prét. déf.
Sortisse, 1re pers sing. imparf. subj.
Sortissent, 3e pers. plur. imparf. subj.
Sortisses, 2e pers. sing. imparf. subj.
Sortissiez, 2e pers. plur. imparf. subj.
Sortissions, 1re pers. plur. imparf. subj.
Sortit, précédé de *il* ou *elle*, 3e pers. sing. prét. déf.
Sortît, précédé de *qu'il* ou *qu'elle*, 3e pers. sing. imparf. subj.
Sortîtes, 2e pers. plur. prét. déf.
Sortons, 1re pers. plur. impér.
Sortons, précédé de *nous*, 1re pers. plur. prés. indic.

SORY, subst. mas. (*çori*), t. d'hist. nat., sorte de pierre vitriolique d'un brun noirâtre, qui vient d'Égypte, et qui paraît être un schiste argileux rempli de pyrites en décomposition, qui ne diffère de la pierre atramentaire que parce qu'il ne contient point de matière végétale astringente, dont l'effet aurait été de convertir en encre le sulfate de fer dont il est pénétré.

SOSE, subst. mas. (*çoze*), espace de soixante ans dans la chronologie des Chaldéens.

SOSIANUS, adj. mas. (*çozia-nuce*), myth., surnom d'Apollon.

SOSIE, subst. fém. (*çozi*), étoffe d'écorce d'arbre, que les Anglais apportent des Indes.— Subst. mas., homme parfaitement ressemblant à un autre. Ce mot est employé dans ce sens, d'après les aventures du personnage qui porte ce nom dans l'*Amphitryon* de Molière.

SOSIPOLIS, subst. propre mas. (*çozipolice*), myth., surnom de Jupiter.

SOSOVÉ, subst. fém. (*çozové*), t. d'hist nat., perruche d'un vert brillant, et à queue courte.

SOSPES, SOSPITA, subst. fém. (*çocepèce, pita*), myth., surnom de Junon, de Diane, de Minerve, etc.

SOSSOS, subst. mas. (*çoceçô*), période des anciens, qui était de soixante jours. Hors d'usage.

SOSTENUTO, adv. (*çoçeténouto*), t. de mus., mot italien employé pour indiquer que les sons doivent être nourris, fermes et *soutenus* en même temps que la valeur des notes.

SOT, adj. mas., au fém. **SOTTE** (*çô, çote*), (suivant *Le Duchat*, du saxon *sot, soothe, soote*, dont la signification est la même, et d'où vient également l'anglais *a sot*), stupide, grossier, sans esprit et sans jugement. Voy. FAT. Il se dit des personnes et des choses qui y ont rapport. —On dit : *de sottes gens*, des gens fades, sans esprit; *un sot livre, un sot discours*. — On dit : *une sotte affaire*, pour dire une affaire fâcheuse, embarrassante. —Prov., on dit : *à sotte demande, sotte réponse*. — Il est aussi subst. : *un sot, une sotte*. — *Un sot en trois lettres*, se dit d'un homme excessivement bête. — On dit fam., par ellipse : *quelque sot le dirait, le ferait, s'y fierait*, etc. — Subst. mas., t. d'hist. nat., sorte de poisson à long bec, du genre des raies.

SOTADIQUE, adj. des deux genres (*çotadike*), se dit d'une espèce de vers ïambique, irrégulier.

SOTARD, subst. mas. (*çotar*), *sot* Vieux et inusité.

SOTER, adj. mas. (*çotère*). (du grec σωτηρ, sauveur), surnom donné à quelques princes : *Démétrius Soter*.

SOTÈRE, subst. mas. (*çotère*), machine nouvelle pour les naufrages.

SOTÉRIA, subst. fém. (*çotéri-a*), myth., nom donné à quelques déesses.

SOTERIAU, subst. mas. (*çoteri-ô*), t. d'hist. nat., poisson de mer fort recherché au douzième siècle.

SOTÉRIES, subst. fém. plur. (*çotéri*) (du grec σωτηρ, sauveur), myth., fêtes d'actions de graces, lorsqu'on était délivré de quelque péril, public ou particulier.

SOTHIAQUE ou **CANICULAIRE**, adj. des deux genres (*çoti-ake, kanikulère*), t. d'antiq.; se dit d'une période que les anciens Égyptiens comptaient de 1460 ans.

SOTHIS, subst. propre mas. (*çoti*), nom égyptien de la constellation de Sirius.

SOTIATES, subst. propre mas. plur. (*çoci-ate*), peuples gaulois des environs d'Agen.

SOTIE, subst. fém. (*çoti*) (du mot *saut*, parce qu'autrefois les jongleurs et les ménétriers, dont les *sauts* et la danse étaient les principaux exercices, avaient un chef nommé *prince des sauts*, et depuis, par corruption, *prince des sots*), espèce de drame qui, vers la fin du quinzième siècle et au commencement du seizième, faisait chez nous la satire des mœurs ; il attaquait les États et plus particulièrement l'Église.

SOTION, subst. mas. (*çoti-on*), petit morceau de bois de tamarin avec lequel les femmes du Sénégal se nettoient les dents.

SOT-L'Y-LAISSE, subst. mas. (*çôlilèce*), morceau délicat qui longe le croupion d'une volaille. —Au plur., *des sot-l'y-laisse*.

SOTOFORIN, subst. mas. (*çotoforein*), t. de mar., pièce de bois qui croise et lie les courbâtons d'une galère ou d'un autre petit bâtiment

SOTTE, adj. fém. Voyez SOT.

SOTTEMENT, adv. (*çoteman*), d'une *sotte* manière.

SOTTISE, subst. fém. (*çotize*), qualité de celui qui est *sot*. Voy. BÊTISE. — Action ou discours qui est l'effet de la *sottise*. — Paroles et actions obscènes.—Injure : *il m'a dit des sottises*. En ce sens, c'est un mot populaire, quoique *Le Batteux* s'en soit servi dans le style sérieux.

SOTTISIER, subst. mas., **SOTTISIÈRE**, subst. fém. (*çotizié, zière*), celui, celle qui débite des *sottises*. Fam. et peu en usage.—Au mas. seulement, recueil de vers libres, de *sottises*.

SOTTISIÈRE, subst. fém. Voy. SOTTISIER.

SOTTO-VOCE, adv. (*çotetôvoteché*), t. de mus., locution italienne qui signifie : à demi-voix, à demi-jeu.

SOU, subst. mas. (*çou*) (on écrivait autrefois SOL, qu'on prononçait *çole*) (du lat. *soldus*, ou *solidus*, employé dans la même acception, et qui signifie *une pièce de monnaie d'or, qui ne fait pas partie d'une autre*; rac., *sollus*, fait du grec όλος, tout entier), la vingtième partie de la livre de compte, valant douze deniers.—En t. de pratique : *sou tournois*, de douze deniers.—*Sou parisis*, de quinze deniers. — *Sou sterling*. Voy. SCHILLING.—Prov. : *il n'a pas le sou*, il est sans argent.—*Il n'a pas pour un sou de bien*, il ne possède aucune chose. — *Il met sou sur sou*, il épargne sur les plus petites choses.— *Paiement au sou la livre*, partage des effets d'un débiteur entre ses créanciers, à proportion de ce qui leur est dû.—*Avoir un sou, deux sous dans une affaire de négoce ou de finance, y être pour un sou, pour deux sous*, y avoir un vingtième, un dixième.—On dit d'un homme dénué de tout, *qu'il n'a ni sou, ni maille*, qu'il ne possède pas pour un *sou* de bien.—*Sou à sou*, loc. adv., par très-petites sommes.

SOUBAB, subst. mas. (*çoubabe*), espèce de gouverneur ou plutôt de vice-roi dans l'ancien empire du Mogol.

SOUBABIE, subst. fém. (*çoubabi*), gouvernement, district du *soubab*. — Temps que dure la fonction du *soubab*.—Dignité du *soubab*.— Local qu'il occupe.

SOUBARBADE, subst. fém. (*çoubarbade*), coup de poing sous le menton, par mépris.

SOUBARBE, subst. fém. (On écrit plus souvent et mieux *sous-barbe*.) (*çoubarbe*), la partie du mors du cheval où l'on attache la gourmette.— Traverse d'une écluse.

SOUBARDIERS, subst. mas. plur. (*çoubardié*), dans les carrières, premiers étais qui soutiennent la machine avec laquelle on tire les masses de pierre.

SOUBASSEMENT, subst. mas. (*çoubâceman*), pente qu'on met au *bas* du lit et qui descend jusqu'à terre. — Par extension, peinture qui règne sous la tapisserie tout autour d'un appartement. — En archit., espèce de piédestal continu, qui règne le long d'un édifice et qui lui sert comme de *base*.

SOUBERME, subst. mas. (*çoubèreme*), t. de mar., torrent d'eaux de pluie et de neige. Presque inusité.

SOUBRESAUT, subst. mas. (*çoubreçô*) (suivant *Nicot*, du lat. *suprà*, sur, et *salire*, sauter), *saut* subit, inopiné et à contre-temps : *ce cheval fait, ce carrosse donne des soubresauts*.—En médec., tressaillement involontaire ou contraction spasmodique des parties musculeuses et tendineuses. —Fig. et fam., traverse, contre-temps : *il a eu un terrible soubresaut dans cette affaire*.

SOUBRETTE, subst. fém. (*çoubrète*), t. de mépris, femme de chambre intrigante. — Dans les comédies : *rôle de soubrette*, de suivante, de femme de chambre.

SOUBREVESTE, subst. fém. (*çoubrevècete*) (du lat. *suprà vestem*, parce que la *soubreveste* se mettait sur l'habit), vêtement sans manches autrefois à l'usage des mousquetaires.

SOUBSANAGE, subst. mas. (*çoubeçanaje*), portion des puînés et des filles. Vieux et même hors d'usage.

SOUBUSE, subst. fém. (*çoubuze*), femelle du *busard*.

SOUCHA, subst. propre fém. (*çoucha*), divinité principale des Puelches, peuplade d'Amérique.

SOUCHE, subst. fém. (*çouche*) (de l'allemand *stock*, tronc, souche. *Ménage*.), la partie de l'arbre qui tient au tronc et aux racines. — Grosse bûche de bois propre à brûler. — On dit fig. et fam. : *cet homme est une souche, une vraie souche*, un sot, un stupide. — Fig., en t. de généalogie, celui d'où sort une génération, une suite de descendants. — Celui qui est reconnu pour le plus ancien dans une généalogie.—*Faire souche*, être le premier d'une suite de descendants. — *Succéder par souche*, par représentation. — *Souche de cheminée*, assemblage de plusieurs tuyaux joints ensemble, et qui s'élèvent au-dessus du comble.—T. d'hydraul., tuyau qui s'élève au-dessus d'un bassin, et d'où sort le jet d'eau. — Chez les ciriers, portion postiche qui figure un grand cierge. — Chez les boulangers et les bouchers, la plus longue des deux pièces de bois où ils marquent par une taille les denrées qu'ils fournissent à crédit ; la petite se nomme *échantillon*. — Celle des deux parties d'une feuille de papier séparée en long et coupée en zig-zag, dont l'une demeure pour la vérification de l'autre : *la souche d'une inscription reste dans les bureaux de la trésorerie*.

SOUCHET, subst. mas. (*çouché*), t. de maçonnerie, pierre qui se tire au-dessous du dernier banc des carrières. — T. de bot., genre de plantes, à fleur apétale et à étamines.—T. d'hist. nat., oiseau aquatique qui a beaucoup de rapport avec le canard.

SOUCHETAGE, subst. mas. (*çouchetaje*), le compte de la marque des *souches*, des bois de futaie qu'on peut abattre.—Visite des officiers des eaux-et-forêts pour examiner et compter les *souches* abattues.

SOUCHETEUR, subst. mas. (*çoucheteur*), expert nommé pour assister au *souchetage*.

SOUCHEVÉ, E, part. pass. de *souchever*.

SOUCHEVER, v. act. (*çouchevé*), ôter dans une carrière la pierre nommée *souchet*, pour faire tomber le banc de volée.—*se* SOUCHEVER, v. pron. Peu usité.

SOUCHEVEUR, subst. mas. (*coucheveur*), ouvrier qui travaille à ôter le *souchet*.

SOUCHIA, subst. fém. (*çouchi-a*), sorte d'étoffe de soie et coton, ou de coton mélangé de fils d'or, que l'on fabrique dans les Indes orientales, et dont il se fait un grand commerce à Surate.

SOUCHON, subst. mas. (*çouchon*), grosse et courte barre de fer. — Dans quelques endroits, grosse *souche*.

SOUCI, subst. mas. (*çouci*) (du lat. *solsequium*, formé de *sol*, *solis*, soleil, et de *sequi*, suivre ; parce que les fleurs de cette plante s'ouvrent quand le soleil se lève, et se ferment lorsqu'il se couche. *Solsequium* se dit aussi, et plus proprement, du *tournesol*), t. de bot., plante bisannuelle, à fleur radiée.—Soin accompagné d'inquiétude. (Du lat. *sollicitum*, pour *sollicitudo*, qui a la même signification. *Ménage*.)— Fam. : *un sans-souci*, un homme que rien n'inquiète, que rien n'empêche de se divertir.

SOUCIE, subst. fém. (*çouci*), t. d'hist. nat., espèce de moineau, de la famille des passereaux.

se **SOUCIER**, v. pron. (*ceçoucié*), s'inquiéter, se mettre en peine de... Il s'emploie le plus souvent avec la particule négative.

SOUCIEUSE, adj. fém. Voy. SOUCIEUX.

SOUCIEUX, adj. mas., au fém. **SOUCIEUSE** (*çoucieu, cieuze*), inquiet, pensif, morne, chagrin. Il ne se dit que de l'air, de la figure.

SOUCIS ou **SOUTIS**, subst. mas. plur. (*çouci, çouti*), t. de comm., légères étoffes des Indes en soie, fines, et rayées de diverses couleurs.—T. de passem. : *soutis de hannetons*, petite mèche en soie plate, maintenue par des nœuds, et qui sert d'ornement dans les franges, etc.

SOUCOS, subst. propre mas. (*çoukô*), myth., nom d'un crocodile sacré que les anciens Égyptiens conservaient dans un lac particulier, où ils le nourrissaient de pain, de chair et de vin.

SOUCOUPE, subst. fém. (*çoukoupe*) (contraction de *sous la coupe*), espèce d'assiette sur laquelle on sert les verres et les carafes.—Sorte de petite assiette de porcelaine ou de faïence, qui se place sous une tasse.

SOUCOUPE, PEAU DOUCE ou DE LIÈGE, subst. fém. (*çoukoupe, pôdouce*), t. de bot., sorte d'agaric des environs de Paris.

SOUCRILLON, subst. mas. (*çoukri-ion*), t. d'agric., sorte d'orge qui ne croît guère qu'en hiver.

SOUCROURETTE, subst. fém. (*çoukrourète*), t. d'hist. nat., espèce d'oiseau d'Amérique, du genre des sarcelles.

SOUDAIN, E, adj. (*çoudein, dène*) (en lat. *subitaneus*), subit, qui vient tout-à-coup ou presque tout-à-coup. — *Soudain*, adv., dans le même instant, aussitôt après ; son plus grand usage est dans la poésie.—SOUDAIN, SUBIT. (*Syn.*) *Soudain*, ce qui arrive incontinent, sur-le-champ, à l'instant même, en un instant ; *subit*, ce qui vient après, tout de suite, presque aussitôt, sans délai.—*Soudain* est en soi plus prompt que *subit*. Le premier n'a point de préliminaire, le second semble en supposer. La chose *soudaine* étonne, la chose *subite* surprend. L'évènement *soudain* n'a été ni prévu, ni imaginé, ni soupçonné, ni pressenti, il n'a pas même pu l'être. L'évènement *subit* a pu l'être absolument, mais il n'a été ni préparé, ni ménagé, ni amené, ni indiqué, du moins suffisamment. On ne pouvait pas s'attendre au premier ; on ne s'attendait pas, du moins si tôt, au second. Ce qui est *soudain* arrive, pour ainsi dire, comme un coup de foudre inattendu au commencement d'un orage. *Soudain* a quelque chose de plus extraordinaire que *subit*.—L'apparition de l'ennemi est *soudaine*, lorsqu'elle trompe votre prévoyance ; elle est *subite*, lorsqu'elle trompe seulement votre attente. Pour l'exécution d'un dessein, vous faites une marche *subite* ; dans un pressant danger, vous prenez une résolution *soudaine*.—Si vous comparez le mouvement de la lumière à celui du son, vous direz que le premier est *soudain*, parce qu'il semble franchir presque en un instant un intervalle immense, et que le dernier est *subit*, parce qu'il s'exécute avec une rapidité singulière. *Soudain* semble n'avoir qu'un instant, *subit* peut avoir une durée.—Une chose est *soudaine* comme l'éclair ; *subite* comme le passage d'un torrent.—L'esprit, après avoir inutilement médité, a quelquefois des traits *subits* de lumière ; le génie, sans avoir fait aucun effort, a quelquefois des illuminations *soudaines*. — *Soudain* est un terme réservé pour la poésie et le style relevé ; il exprime un grand mouvement, et il est fait pour être appliqué à de grands objets. *Subit* est au contraire dans l'ordre commun des choses ; il n'exprime que l'idée simple qui peut se retracer dans tous les styles. Nous voyons tous les jours des accidents, des évènements *subits* ; les choses plus rares, plus extraordinaires, plus inopinées, plus frappantes, paraissent plutôt *soudaines*.

SOUDAIN, adv. Voy. SOUDAIN, adj.

SOUDAINEMENT, adv. (*çoudèneman*), subitement.

SOUDAINETÉ, subst. fém. (*çoudèneté*), qualité de ce qui est *soudain* : *la soudaineté de son arrivée*. Peu usité.

SOUDAN, subst. mas. (*çoudan*) (on a dit aussi *soldan*, qui en langue moresque signifie *roi* ou *prince*, et dont a été fait ensuite le mot *sultan*. Trévoux.), autrefois, général des armées du calife, prince mahométan. — Depuis *Saladin*, les sultans d'Égypte jusqu'en 1517.

SOUDARD ou **SOUDART**, subst. mas. (*çoudar*) (corruption du mot *soldat*), homme qui a longtemps servi à la guerre : *c'est un vieux soudard*. Fam.

SOUDE, subst. fém. (*çoude*), t. de bot., plante à fleur apétale, qui habite les pays chauds et les bords de la mer. Il y en a plusieurs espèces. — Sel qu'on retire des cendres de cette plante, qui sert à faire du verre, à composer le savon, etc. C'est l'alcali fixe, minéral, des chimistes, qu'on appelait autrefois *alcali marin*.—*Soude blanche*, cendre de roquette calcinée. — *Soude de Cherbourg* ou *de varec*, celle qu'on tire des varecs des côtes de Normandie. — Plusieurs chimistes appellent particulièrement *soude*, l'oxyde de sodium hydraté, qui n'existe dans la nature qu'à l'état de sel, et qui, pur, n'est d'aucun usage, du moins dans les arts. Ils nomment *soude aérée*, le sous-carbonate de *soude*; *soude caustique*, la *soude* pure; *soude du commerce*, un mélange de sous-carbonate de sulfate; *soude crayeuse*, du carbonate de *soude*; *soude boratée*, le borate de *soude*; *soude muriatée gypsifère*, le muriate de chaux.

SOUDÉ, E, part. pass. de *souder*.

SOUDÉE, subst. fém. (*çoudé*), paiement. (*Boiste*.) Vieux.

SOUDER, v. act. (*çoudé*) (du latin *solidare*, affermir, consolider), joindre et unir par le moyen de la *soudure*. — On *soude* aussi deux morceaux de fer en les faisant rougir et amollir au feu, et puis en les battant ensemble pour les unir et n'en faire qu'une seule pièce. — T. de passementier, unir le bout d'une chaîne presque entièrement travaillée, à une autre chaîne qu'on veut travailler de même. — *se* SOUDER, v. pron.

SOUDIVENT, subst. mas. (*çoudivan*), séducteur. (*Boiste*.) Vieux et même hors d'usage.

SOUDIVISER, ou **SOUS-DIVISER**, v. act. Voy. SUBDIVISER.

SOUDIVISION ou **SOUS-DIVISION**, subst. fém. Voy. SUBDIVISION.

SOUDOIR, subst. mas. (*çoudoar*), outil de cirier pour *souder* ensemble les bras des flambeaux de poing. — Instrument de ferblantier, avec un manche, qui leur sert à *souder* les feuilles de fer-blanc.

SOUDOYÉ, E, part. pass. de *soudoyer*.

SOUDOYER, v. act. (*çoudoé-ié*), payer la solde aux gens de guerre. — SOUDOYER, STIPENDIER. (*Syn*.) *Stipendier*, beaucoup moins usité que *soudoyer*, ne se dit guère que dans le style militaire. *Soudoyer* s'applique fort communément à toute espèce de gens mercenaires que l'on tient à ses gages ou dans ses intérêts à prix d'argent, mais souvent avec un esprit d'improbation. Ainsi, l'on dit *soudoyer* des agents, des espions, des brigands, mais on dit *stipendier* des puissances. — *se* SOUDOYER, v. pron.

SOUDOYERS, subst. mas. plur. (*çoudoé-ié*), corps de cavalerie, sous Philippe-Auguste.

SOUDRE, v. act. (*çoudre*), t. didact. Il n'a guère été employé qu'à l'infinitif. Donner la solution d'une chose : *soudre un problème*. Voy. RÉSOUDRE, qui est seul usité aujourd'hui.

SOUDRE, subst. mas. (*çoudre*), nom d'Indiens formant la 4e caste, dans l'Indoustan. Ils sont laboureurs, artisans, et souvent esclaves ou domestiques.

SOUDRILLE, subst. mas. (*çoudri-ie*), t. de mépris, soldat libertin, fripon. Inusité.

SOUDURE, subst. fém. (*çoudure*), matière alliée qui sert à joindre et unir les parties de quelque ouvrage de métal. Voy. SOUDER. — Travail de celui qui *soude*. — Endroit par où les deux parties de métal sont *soudées*.

SOUE, subst. fém. (*çou*) (du lat. *sus*, porc), toit, étable à porc. (*Boiste*.) Vieux, mais fort usité.

SOUEF, adj. mas., au fém. **SOUEFVE** (*çou-èfe*, *ève*), suave : *parfum souef*. (Boiste.) Vieux et inusité.

SOUEFVEMENT, adv. (*çouèveman*), avec ardeur, avec soif : *embrasser souefvement*. Inusité.

SOUÈVE, adj. fém. Voy. SOUEF.

SOUFFERTE ou **SUFFERTE**, subst. fém. (*çou*, *çuferete*), t. de féod., indemnité due aux seigneurs par l'homme libre possesseur d'un fonds servile.

SOUFFERT, E, part. pass. de *souffrir*.

SOUFFLAGE, subst. mas. (*çouflaje*), l'art de *souffler* le verre. — L'action de celui qui le *souffle*. — T. de mar., le bois qu'on ajoute par dehors à un navire pour lui faire mieux porter la voile.

SOUFFLE, subst. mas. (*çoufle*) (du latin *sufflatus*), vent que l'on fait en poussant de l'air par la bouche. — Haleine, respiration, l'air chassé du poumon. C'est dans cette acception qu'on dit d'un homme très-faible : *il n'a qu'un souffle de vie*, ou simplement : *il n'a que le souffle*; *voilà celui que j'aimerai tant que j'aurai un souffle de vie*. — On dit aussi d'un agonisant : *il n'a que le souffle*. — Médiocre agitation de l'air causée par le vent : *au moindre souffle de vent*.—Poét.: *le souffle impétueux des vents*; *le souffle léger des zéphyrs*. — Fig. : *il semble, à les entendre, que nos vertus soient si pures ou si faibles, que le moindre souffle de la contagion peut les flétrir ou les détruire*. — Fig., se dit d'une objection, d'un système, d'une intrigue facile à détruire : *on peut renverser ce système*, *toute cette intrigue*, *ce discours*, *d'un souffle*. — T. de médec., on appelle *souffle voilé*, la sensation d'une sorte de voile interposé entre une excavation pulmonaire et l'oreille, et qui serait agité à chaque vibration de la voix, de la toux ou de la respiration, dans certains cas de respiration soufflante.

SOUFFLÉ, E, part. pass. de *souffler* et adj.— *Papier soufflé*, sorte de papier couvert de toute sorte de laines colorées. — *Omelette soufflée*, omelette faite avec du blanc d'œuf, de la crème et du sucre, bien battus ensemble. — *Vaisseau soufflé*, qui a un *soufflage*. — Subst., entremets sucré composé de blanc d'œuf, de crème, etc. : *soufflé au riz*.

SOUFFLEMENT, subst. mas. (*çoufleman*), action de *souffler*.

SOUFFLER, v. act. et neut. (*çouflé*) (du latin *sufflare*), faire du vent en poussant l'air avec la bouche : *souffler dans ses doigts*. — Pousser l'air avec plus ou moins de force, en parlant du vent, d'un soufflet : *le vent de bise souffle rudement*; *il souffle un vent frais*, etc. — Respirer avec effort: *à la moindre fatigue, il souffle comme un bœuf*. — *Laisser souffler les chevaux*, les faire arrêter pour reprendre haleine. — Fig. et prov. : *il croit qu'il n'y a qu'à souffler et à remuer les doigts*, il croit que cette affaire est très-aisée. — En t. de l'Écriture : *l'esprit souffle où il veut*, Dieu communique ses grâces à qui il lui plaît. —Former, en *soufflant* dans un tuyau de fer qu'on a trempé par un bout dans du verre fondu, les différents ouvrages de verrerie. — Fig. : *souffler aux oreilles de quelqu'un*, lui inspirer, vouloir lui persuader de méchantes choses. — Fig. et fam. : *cet homme n'oserait souffler*, *ne souffle pas*, il n'oserait ouvrir la bouche pour se plaindre. — *Souffler*, chercher la pierre philosophale. — Act. : *souffler le feu*, *souffler* le feu pour l'allumer. — *Souffler la chandelle*, pour l'éteindre. — *Souffler la poussière*, pour l'ôter. — *Souffler l'orgue*, pour donner du vent aux tuyaux, etc. — *Souffler quelqu'un*, lui dire bas les endroits de son discours où la mémoire lui manque. — *Souffler une chose*, l'inspirer à quelqu'un. — Au jeu de dames, *souffler une dame*, l'ôter à celui contre qui l'on joue, parce qu'il a manqué de prendre avec celle-là une autre dame qui était en prise. — Fig. et fam. : *souffler à quelqu'un un emploi*, etc., lui enlever un emploi auquel il s'attendait. — *Souffler un exploit*, faire croire qu'on l'a signifié, quoiqu'il n'en soit rien. — Prov. et fig. : *souffler le chaud et le froid*, louer et blâmer une même chose, parler pour et contre une personne.—En t. de mar., *souffler un vaisseau*, le revêtir par dehors de fortes et nouvelles planches. — T. de vén., *souffler le poil à un lièvre*, se dit d'un chien qui est si près de l'atteindre, qu'il a presque appuyé le museau dessus et qu'il l'a manqué. — *se* SOUFFLER, v. pron.

SOUFFLERIE, subst. fém. (*çoufleri*), les *soufflets* de l'orgue.— Le lieu où ils sont posés. — L'action qu'ils exercent.

SOUFFLET, subst. mas. (*çouflè*), instrument à *souffler*, à faire du vent. — Espèce de petite calèche dont le dessus se replie en forme de *soufflet*. — *Soufflet mécanique*, espèce de fumoir propre à étouffer, dans leurs trous, les rats et les mulots. — *Soufflet à double vent*, ou *à double âme*, celui qui pompe le double d'air des autres, par le moyen d'une planche qu'on y met de plus, et d'un ressort qu'on y ajoute. — *Soufflet apodopnique*, qu'on emploie dans les asphyxies des noyés. — *Soufflet cylindrique*, machine qu'on emploie dans les hauts-fourneaux. —Fam. : *cela ne vaut pas un clou à un soufflet*, cela est de peu d'importance.—Coup du plat ou du revers de la main sur la joue (ainsi nommé, dit *Caseneuve*, parce que d'ordinaire on fait enfler les joues aux enfants et aux valets qu'on veut, par plaisanterie, frapper sur cette partie du visage). — Fig. et fam., échec, revers, dommage : *ce plaideur a perdu son procès*; *cette fille a manqué ce parti*; *c'est un vilain soufflet qu'on leur a donné*.—Fam. : *donner un soufflet à un auteur*, lui donner un démenti, le contredire. — Prov., *donner un soufflet à Vaugelas*, faire une faute grossière contre la grammaire. — T. d'hist. nat., espèce de poisson cartilagineux.

SOUFFLETADE, subst. fém. (*çoufletade*), *soufflets* déchargés coup sur coup.

SOUFFLETÉ, E, part. pass. de *souffleter*.

SOUFFLETER, v. act. (*çoufleté*), donner des *soufflets* à quelqu'un.—*se* SOUFFLETER, v. pron.

SOUFFLETEUR, subst. mas., au fém. **SOUFFLETEUSE** (*çoufleteur*, *teuze*), qui *soufflette*.

SOUFFLETEUSE, adj. fém. Voy. SOUFFLETEUR.

SOUFFLEUR, subst. et adj. mas., au fém. **SOUFFLEUSE** (*çoufleur*, *fleuze*), subst., celui, celle qui *souffle* comme ayant peine à respirer. — Celui qui *souffle* continuellement le feu : *souffleur importun*. — Celui qui *souffle* les orgues : *souffleur d'orgues*. — Celui qui suggère à une personne qui parle en public les endroits où la mémoire lui manque. — Adj.: *cheval souffleur*, qui *souffle* beaucoup en courant. — Subst. mas., nom par lequel on désigne souvent les mammifères cétacés.

SOUFFLEUSE, adj. fém. Voy. SOUFFLEUR.

SOUFFLURE, subst. fém. (*çouflure*), cavité dans l'épaisseur d'un ouvrage de fonte; renflement du métal occasionné par l'air, etc.— Défaut dans le verre et en particulier dans les vitres, où la matière a pris, en fondant, une figure courbe au lieu d'une figure plane.

SOUFFRABLE, adj. des deux genres (*çoufrable*), supportable. Peu usité.

DU VERBE IRRÉGULIER SOUFFRIR :

Souffraient, 3e pers. plur. imparf. indic.
Souffrais, précédé de *je*, 1re pers. sing. imparf. indic.
Souffrais, précédé de *tu*, 2e pers. sing. imparf. indic.
Souffrait, 3e pers. sing. imparf. indic.

SOUFFRANCE, subst. fém. (*çoufrance*), douleur, peine, état de celui qui *souffre*. — En t. de pratique, tolérance : *cet égout n'est point une servitude*, *c'est une souffrance de ma part*. — En matière de comptes, délai qu'on accorde aux comptables jusqu'à ce qu'ils aient rapporté leurs pièces justificatives : *nous laissons cet article en souffrance*.— Par extension : *laisser ses affaires en souffrance*, les négliger.

SOUFFRANT, E, adj. (*çoufran*, *frante*), qui *souffre*. — Patient, endurant. — Fig. et fam. : *être la partie souffrante d'une compagnie*, supporter toute la perte, tout le dommage, ou être seul l'objet de la plaisanterie, etc.—*Église souffrante*, les âmes du purgatoire.

DU VERBE IRRÉGULIER SOUFFRIR :

Souffrant, part. prés.
Souffre, précédé de *je*, 1re pers. sing. prés. indic.
Souffre, précédé de *il* ou *elle*, 3e pers. sing. prés. indic.
Souffre, précédé de *que je*, 1re pers. sing. prés. subj.
Souffre, précédé de *qu'il* ou *qu'elle*, 3e pers. sing. prés. subj.
Souffre, 2e pers. sing. impér.

SOUFFRE-DOULEUR, subst. mas. (*çoufre-douleur*), celui qui a toute la peine et toute la fatigue d'une maison : *ce valet est le souffre-douleur de la maison*. — On dit de même : *les chevaux de poste et de louage sont des souffre-douleur*, sans s au plur., etc. Il est fam.—On le dit de même d'un meuble sur lequel on pose tout indistinctement. — Au plur., des *souffre-douleur*, des gens qui *souffrent* la *douleur*.

DU VERBE IRRÉGULIER SOUFFRIR :

Souffrent, précédé de *ils* ou *elles*, 3e pers. plur. prés. indic.

Souffrent, précédé de *qu'ils* ou *qu'elles*, 3e pers. plur. prés. subj.

Souffres, précédé de *tu*, 2e pers. sing. prés. indic.

Souffres, précédé de *que tu*, 2e pers. sing. prés. subj.

SOUFFRETÉ, subst. fém. (*çoufreté*), pénurie, pauvreté. (*Boiste*.) Vieux et même hors d'usage.

SOUFFRETEUSE, subst. et adj. fém. Voyez SOUFFRETEUX.

SOUFFRETEUX, subst. et adj. mas., au fém. SOUFFRETEUSE (*çoufreteu*, *teuze*), qui *souffre* de la misère, de la pauvreté. — Subst.: *les souffreteux*, les pauvres.

DU VERBE IRRÉGULIER SOUFFRIR :

Souffrez, 2e pers. plur. impér.

Souffrez, précédé de *vous*, 2e pers. plur. prés. indic.

Souffriez, précédé de *vous*, 2e pers. plur. imparf. indic.

Souffriez, précédé de *que vous*, 2e pers. plur. prés. subj.

Souffrîmes, 1re pers. plur. prét. déf.

Souffrions, précédé de *nous*, 1re pers. plur. imparf. indic.

Souffrions, précédé de *que nous*, 1re pers. plur. prés. subj.

SOUFFRIR, v. act. et neut. (*çoufrir*) (du latin *sufferre*, formé de *sub*, par-dessous, et *ferre*, porter), permettre : *souffrez que je vous dise...* — Admettre, être susceptible de... *Cela ne souffre point de difficulté*. — Endurer : *souffrir le mal, les tourments, les affronts, les injures, la faim, la soif, la pauvreté, le martyre, la mort; souffrir une perte, un dommage*.—Tolérer, n'empêcher pas, quoiqu'on le puisse : *pourquoi souffrez-vous cela ? on souffre dans ce pays toutes les religions*.—Fig. et pop. : *souffrir mort et passion*, être très-impatienté : *sa lenteur me fait souffrir mort et passion*. — Fig., *souffrir le martyre*, éprouver de grands maux. — *Souffrir une rude, une furieuse tempête, un coup de vent*, en être agité, battu. — *Souffrir un assaut, un siége*, soutenir un siége, etc. — Supporter : *les provinces souffraient impatiemment le joug; je ne puis souffrir son orgueil, son insolence*. — *Ne pouvoir souffrir une personne*, c'est avoir pour elle une aversion invincible : *cette mère ne peut souffrir sa fille*. — Éprouver une douleur physique ou morale : *plutôt souffrir que mourir*. — *Souffrir du pied*, *souffrir de la tête*, sentir de la douleur au pied, à la tête. — *Souffrir à toutes les jointures*, sentir de la douleur à toutes les jointures. — Fig. : *sa modestie souffre quand on le loue*. — *Souffrir en son corps et en ses biens*, recevoir du dommage dans son corps, dans ses biens.— On dit, dans le même sens : *souffrir dans sa réputation, dans son commerce*.—On dit qu'*une poutre*, qu'*une muraille souffre*, pour dire qu'elle est trop chargée.—On dit de même que *les vignes*, que *les blés ont souffert*, pour dire qu'ils ont été maltraités par le mauvais temps.—Admettre, recevoir, être susceptible. Il ne se dit que des choses : *cela ne souffre point de retardement, de délai; cette règle souffre des exceptions; ce passage souffre différentes interprétations*. —T. de man.: *souffrir l'éperon*, n'y être pas sensible.—*Souffrir l'étalon*, se dit de la jument lorsqu'elle est en chaleur.—V. neut, pâtir : *l'armée a beaucoup souffert dans sa marche*.— *Souffrir de quelqu'un*, endurer de lui des choses qui déplaisent. — *Souffrir d'une chose*, la voir, l'entendre avec peine, avec chagrin, avec déplaisir : *on veut bien faire des malheureux, mais on souffre d'entendre leurs clameurs*. — *Souffrir de...*, *souffrir* par suite de quelque chose : *le village a beaucoup souffert des ravages de la guerre; j'ai beaucoup à souffrir de son humeur, de ses caprices; les petits souffrent des divisions des grands*. — SOUFFRIR, ENDURER, SUPPORTER. (*Syn.*) *Souffrir* se dit d'une manière absolue ; on *souffre* le mal dont on ne se venge point. *Endurer* a rapport au temps ; on *endure* le mal dont on diffère à se venger. *Supporter* regarde proprement les défauts personnels ; on *supporte* la mauvaise humeur de ses proches. — L'humilité chrétienne fait *souffrir* les mépris sans ressentiment. La politique fait *endurer* le joug qu'on n'est pas en état de secouer. La politesse fait supporter, dans la société, une infinité de choses qui déplaisent. — On *souffre* avec patience; on *endure* avec dissimulation ; on *supporte* avec douceur. — *se* SOUFFRIR, v. pron.

DU VERBE IRRÉGULIER SOUFFRIR :

Souffrira, 3e pers. sing. fut. indic.

Souffrirai, 1re pers. sing. fut. indic.

Souffriraient, 3e pers. plur. prés. cond.

Souffrirais, précédé de *je*, 1re pers. sing. prés. cond.

Souffrirais, précédé de *tu*, 2e pers. sing. prés. cond.

Souffrirait, 3e pers. sing. prés. cond.

Souffriras, 2e pers. sing. fut. indic.

Souffrirent, 3e pers. plur. prét. déf.

Souffrirez, 2e pers. plur. fut. indic.

Souffririez, 2e pers. plur. prés. cond.

Souffририons, 1re pers. plur. prés. cond.

Souffrirons, 1re pers. plur. fut. indic.

Souffriront, 3e pers. plur. fut. indic.

Souffris, précédé de *je*, 1re pers. sing. prét. déf.

Souffris, précédé de *tu*, 2e pers. sing. prét. déf.

Souffrisse, 1re pers. sing. imparf. subj.

Souffrissent, 3e pers. plur. imparf. subj.

Souffrisses, 2e pers. sing. imparf. subj.

Souffrissiez, 2e pers. plur. imparf. subj.

Souffrissions, 1re pers. plur. imparf. subj.

Souffrit, précédé de *il* ou *elle*, 3e pers. sing. prét. déf.

Souffrît, précédé de *qu'il* ou *qu'elle*, 3e pers. sing. imparf. subj.

Souffrîtes, 2e pers. plur. prét. déf.

Souffrons, 1re pers. plur. impér.

Souffrons, précédé de *nous*, 1re pers. plur. prés. indic.

SOUFIS, subst. mas. plur. (*çoufi*), sectaires anciens, chez les Persans. Voy. SOFIS.

SOUFRAGE, subst. mas. (*çoufraje*), exposition des laines, des soies, à la vapeur du *soufre*, pour les blanchir.—Action, manière de *soufrer* les allumettes. Ce mot manque dans l'*Académie*.

SOUFRE, subst. mas. (*çoufre*) (du lat. *sulfur*), une des substances combustibles élémentaires de la chimie moderne. Elle est la base acidifiable de l'acide sulfurique et du sulfureux.—Minéral qui s'enflamme aisément, et qui en brûlant exhale une odeur forte et piquante.— *Fleur de soufre*, sublimé.—*Foie de soufre*, combinaison du *soufre* avec une substance alcaline.—*Soufre doré d'antimoine*, oxyde d'antimoine hydrogène-sulfuré orangé des chimistes modernes. — *Soufre rouge*, arsenic sulfuré rouge. — *Soufre en masse*, quantité de *soufre* fondu dans des vases de fer et dont on a fait des masses. — *Soufre vif*, le *soufre* naturel.—*Soufre végétal*, poudre de lycopode.—*Soufre hydrogéné*, acide hydrosulfurique.

SOUFRÉ, E, part. pass. de *soufrer*, et adj. : *toile soufrée, vin soufré*.

SOUFRER, v. act. (*çoufré*), enduire, frotter de *soufre* : *soufrer des allumettes*.—*Soufrer de la toile, de la soie*, la passer dans la vapeur du *soufre*.—*Soufrer du vin*, donner l'odeur du *soufre* au tonneau où on le met.—*se* SOUFRER, v. pron.

SOUFRIÈRE, subst. fém. (*çoufri-ère*), lieu d'où l'on tire le *soufre*.—Chez les fabricants d'allumettes, caisse, boîte dans laquelle on met le *soufre*.

SOUFROIR, subst. mas. (*çoufroar*), petite étuve pour y blanchir la laine par la vapeur du *soufre*.

SOUGARDE, subst. fém. (*Trévoux* écrit SOUS-GARDE, et il a raison.) (*çouguarde*), morceau de fer en forme de demi-cercle, au-dessous de la détente d'une arme à feu, pour empêcher qu'elle ne débande par le choc de quelque corps. On le dit aussi d'une épée.

SOUGORGE, subst. fém. (On devrait écrire SOUS-GORGE) (*çougorge*), morceau de cuir attaché à la tête d'un cheval et qui passe *sous sa gorge*.

SOUHAIT, subst. mas. (*çou-è*), vœu, désir, mouvement de la volonté vers un bien qu'on n'a pas.—*Souhaits de bonne année*, les vœux qu'on fait pour la prospérité d'une personne, au renouvellement de l'année.—*A vos souhaits*, façon de saluer une personne qui éternue. Voy. SOUHAITER.—*A souhait*, loc. adv., selon ses désirs, ses vœux.—SOUHAIT, DÉSIR. (*Syn.*) L'un et l'autre désignent une inquiétude qu'on éprouve pour une chose absente, éloignée, à laquelle on attache une idée de plaisir. Les *souhaits* se nourrissent d'imagination, ils doivent être bornés; les *désirs* viennent des passions, ils doivent être modérés. On se repaît de *souhaits*, on s'abandonne à ses *désirs*. Les paresseux s'occupent à faire des *souhaits* chimériques; les courtisans se tourmentent par des *désirs* ambitieux. Les *souhaits* semblent plus vagues, et les *désirs* plus ardents. Quelqu'un disait qu'il connaissait plus les *souhaits* que les *désirs*: distinction délicate, parce que les *souhaits* doivent être l'ouvrage de la raison, et que les *désirs* sont presque toujours une inquiétude aveugle qui naît du tempérament.

SOUHAITABLE, adj. des deux genres (*çou-étable*), désirable.

SOUHAITÉ, E, part. pass. de *souhaiter*.

SOUHAITER, v. act. (*çou-été*) (du lat. *suboptare*, formé de *sub*, un peu, et *optare*, désirer), désirer : *souhaiter ardemment; souhaiter la santé, les richesses*.—Vouloir : *je souhaiterais pouvoir vous obliger*. — Dans les formules de civilité : *souhaiter le bonjour à quelqu'un*, le saluer en faisant des vœux pour lui. — Fam. : *je vous en souhaite*, exprime une fausse espérance : *il compte beaucoup sur cette affaire, je lui en souhaite*.—*se* SOUHAITER, v. pron.

SOUHAITEUR, subst. mas., SOUHAITEUSE subst. fém. (*çou-éteur*, *teuze*), qui *souhaite*. Peu usité.

SOUHAITEUSE, subst. fém. Voy. SOUHAITEUR.

SOUHAITIER, subst. mas. (*çou-étié*), *souhait*. (Boiste.) Mot mal formé et hors d'usage

SOUI, subst. mas. (*çoui*), t. d'hist. nat., nom d'un petit oiseau. — Sorte de sauce ou de ragoût usité au Japon.

SOUILLAC, subst. propre mas. (*çou-iak*), ville de France, chef-lieu de canton, arrond. de Gourdon, dép. du Lot.

SOUILLARD, subst. mas. (*çou-iar*), pièce de bois assemblée sur des pieux, et que l'on pose au-devant des glacis qui sont entre les piles des ponts. — Petit châssis scellé dans une écurie pour contenir les piliers.

SOUILLARDE, subst. fém. (*çou-iarde*), dans le Midi, nom d'un petit cabinet où l'on lave et serre la vaisselle, où se trouve la pierre à laver. —Grand vase pour laver la vaisselle.

SOUILLARDIÈRE, subst. fém. (*çou-iardière*), t. de pêche, rouleau de filets qui sert de lest à d'autres filets.—Lieu où le navire a touché lorsque la mer était basse. On dit aussi *souillardure*.

SOUILLARDURE, subst. fém. (*çou-iardure*). Voy. SOUILLARDIÈRE.

SOUILLE, subst. fém. (*çou-ie*), (du latin *suile*, étable à cochon), lieu bourbeux où se vautre le sanglier.—Enfoncement, espèce de lit que forme un navire échoué dans la vase ou dans le sable.

SOUILLÉ, E, part. pass. de *souiller*.

SOUILLER, v. act. (*çou-ié*) (du latin barbare *souillare*, fait de *suile*, étable à cochon. *Ménage*.), gâter, salir, remplir d'ordures : *il a souillé tout son habit*.— Fig., *souiller ses mains du sang de l'innocent*, faire mourir un innocent, *le péché souille l'âme; je ne souillerai pas ma plume par le récit de tant d'horreurs*.—*Souiller son honneur, sa conscience, sa réputation*, commettre une action indigne, infâme, y participer. — *Souiller le lit nuptial, la couche nuptiale*, commettre un adultère. —V. neut., t. de vén.; se dit d'un cerf, d'un sanglier qui se met sur le ventre dans l'eau et dans la fange : *le cerf souille*.—*se* SOUILLER, v. pron., se gâter, se salir. On dit plus souvent *se salir*.—Fig. : *il s'est souillé par un crime*.

SOUILLON, subst. des deux genres (*çou-ion*) (rac. *souiller*), personne malpropre qui tache ses habits. — Servante employée à laver la vaisselle et à d'autres bas offices. On l'appelle aujourd'hui *laveuse de vaisselle*.

SOUILLONNÉ, E, part. pass. de *souillonner*.

SOUILLONNER, v. act. (*çou-ioné*), salir, chiffonner en maniant : *souillonner une lettre*. (Boiste.) — *se* SOUILLONNER, v. pron. Peu usité.

SOUILLURE, subst. fém. (*çou-iure*) (rac. *souiller*), tache. — Il est d'usage surtout au figuré : *la souillure de l'âme, de l'honneur*.— Chez les juifs, *souillures légales*, impuretés contractées, soit par maladies, soit par certains accidents qui rendaient immonde.

SOUILLY, subst. propre mas. (*çou-ie-i*), ville de France, chef-lieu de canton, arrond. de Verdun-sur-Meuse, dép. du Lot.

SOUI-MANGA, subst. mas. (*çouimangua*), t. d'hist. nat., espèce d'oiseau du Cap, de l'ordre des silvains.

SOÛL, E, adj. (*çoû*, *çoûle*) (peut-être du latin *satur*, fait dans la même signification de *satis*, as-

sex. On écrivait autrefois *saoul*), pleinement repu, rassasié : *il a bien dîné, il est bien soûl; il est si soûl qu'il crève; elle est soûle.*—Plus particulièrement, ivre, plein de vin : *cet homme est toujours soûl.* —Prov., on dit d'un homme qui a trop bu: *il est soûl comme une grive.*—Pop., *il est soûl de perdrix*, ou *d'autres viandes*, il en a tant mangé qu'il en a du dégoût.—Fig. et fam., *être soûl de musique, de vers*, etc., en être rassasié jusqu'au dégoût.— On dit, dans le même sens : *je suis si soûl de cet homme-là, de ses façons, que je ne puis plus le souffrir.* —Subst. mas. : *manger son soûl, tout son soûl*, autant qu'on veut et qu'on peut. — Fig. et fam. : *il a eu de la peine tout son soûl.*

se **SOULACIER**, v. pers. (*ceçoulacié*), se réjouir. (Boiste.) Vieux et même hors d'usage.

SOULAGÉ, E, part. pass. de *soulager.*

SOULAGEMENT, subst. mas. (*çoulajeman*) (du latin *solatium*), diminution de peine, ou du corps, ou de l'esprit.

SOULAGER, v. act. (*çoulajé*) (de *solatiari*, employé avec cette acception dans la basse latinité, et qui est fait de *solatium*, soulagement), alléger en ôtant une partie du fardeau : *ce mulet est trop chargé, il faut le soulager.*—Dans le même sens : *soulager une poutre, un plancher*, diminuer une partie de la charge que porte une poutre, un plancher. —*Soulager un vaisseau dans une tempête*, jeter à la mer une partie de la grosse charge.— Fig. : adoucir, diminuer le travail, la peine, le mal, la douleur, etc., de quelqu'un : *il faut lui donner quelqu'un pour le soulager dans son travail; cette médecine qu'elle a prise l'a fort soulagée; cette douce pensée me soulage.* — *se* SOULAGER, v. pron., se faire aider dans son travail, dans quelque opération. —Se débarrasser de quelque mal, de quelque chose qui incommode. — Raconter ses peines : *il s'est beaucoup soulagé en faisant part à son ami de la perte qu'il venait d'éprouver.*— S'aider les uns les autres, se secourir mutuellement.

SOULAINE, subst. fém. (*çoulène*), t. de mar., partie du vaisseau. (*Boiste.*) Inusité.

SOULAINE, subst. propre mas. (*çoulène*), village de France, chef-lieu de canton, arrond. de Bar-sur-Aube, dép. de l'Aube.

SOÛLANT, E, adj. (*çoulant, lante*), qui *soûle*, qui rassasie. Bas et vieux.

SOULARD, E, subst. et adj. (*çoulard, larde*), gourmand, ivrogne. Pop.

SOULAS, subst. mas. (*çoulâ*), *soulagement*, consolation. Vieux et même hors d'usage.

SOULASSÉ, E, part. pass. de *soulasser.*

SOULASSER, v. act. (*çoulacé*), divertir. — *se* SOULASSER, v. pron. (*Boiste.*) Vieux et même hors d'usage.

SOULAUD, E, adj. (*çoulô, lôde*), goinfre, ivrogne, malpropre. Bas et pop. Peu en usage.

SOULCIET, subst. mas. (*çoulecié*), t. d'hist. nat., oiseau du Canada.

SOÛLÉ, E, part. pass. de *soûler.*

SOULÉMAS, subst. propre mas. plur. (*çoulémâ*), peuplades des sauvages de l'Amérique.

SOÛLER, v. act. (*çoulé*) (rac. *soûl*), rassasier avec excès : gorger de nourriture.—Enivrer.—Fig. : *soûler ses yeux de sang et de carnage*, prendre plaisir à voir couler le sang.—*se* SOÛLER, v. pron., manger et boire avec excès; se rassasier.—S'enivrer. — *Se soûler de toutes sortes de plaisirs*, prendre avec excès toutes sortes de plaisirs.

SOULÈRE, subst. mas. (*çoulère*), t. d'hist. nat., oiseau.

SOULERET, subst. mas. (*çoulerè*), pièce de l'armure ancienne.

SOULEUR, subst. fém. (*çouleur*), frayeur subite et violente; saisissement. Fam.

SOULEVÉ, E, part. pass. de *soulever.*

SOULÈVEMENT, subst. mas. (*çoulèveman*), au propre : *soulèvement de cœur*, mal d'estomac causé par le dégoût et l'aversion qu'on a pour quelque chose.—*Soulèvement des flots*, leur agitation. — Fig., émotion, révolte, etc. — Mouvement d'indignation contre une personne, etc.

SOULEVER, v. act. (*çoulevé*) (du lat. *sublevare*, formé dans le même sens de *sub*, un peu, et de *levare*, lever, élever), élever quelque chose de lourd, mais sans beaucoup le hausser : *soulever un fardeau, soulever la tête*, en parlant d'un malade. — Exciter à la révolte : *il a soulevé les peuples, les états*, etc.—*Soulever une question*, la faire naître, la proposer. — Exciter l'indignation : *son insolence souleva tout le monde contre lui.* — Neut. : *le cœur lui soulève*, il a mal au cœur. — *Cela fait soulever le cœur*, donne envie de vomir, ou fig., cause du dégoût : *ses flatteries sont si douces qu'elles font soulever le cœur.* — *se* SOULEVER, v. pron., se révolter. — S'aider, faire des efforts pour se hausser le corps. On dit à un malade : *soulevez-vous un peu.* — On dit fig. : *le cœur se soulève d'indignation à cette seule idée.*

SOULGAN, subst. mas. (*çoulegnan*), t. d'hist. nat., petit quadrupède rongeur du genre pika. On le trouve en Tartarie.

SOULIK, subst. mas. (*çoulik*), t. d'hist. nat., petite marmotte du Canada. — Joli petit animal de Sibérie.

SOULIER, subst. mas. (*çoulié*) (du lat. *solea*, semelle, sandale), chaussure qui couvre le pied et s'attache par dessus.—*Cet enfant met toujours ses souliers en pantoufles*, abaisse toujours les quartiers sous les talons.—Fig. et fam. : *être sans souliers, n'avoir pas de souliers*, être fort pauvre.—Prov. : *je ne m'en soucie non plus que de mes vieux souliers*, je ne m'en soucie point du tout.—*C'est un faiseur de vieux souliers*, c'est un homme sans emploi, sans ouvrage, un homme oisif, qui va et vient, et se promène sans sujet. — *N'être pas digne de délier les cordons des souliers d'une personne*, lui être fort inférieur en mérite ou en position sociale.—Prov. et fam.: *être dans ses petits souliers*, dans une situation gênante et embarrassante.

SOULIGNÉ, E, part. pass. de *souligner.*

SOULIGNEMENT, subst. mas. (*çoulignieman*), action de *souligner.*

SOULIGNER, v. act. (*çoulignié*), tirer une *ligne* sous un mot ou sous plusieurs mots qu'on veut faire remarquer, etc. — *se* SOULIGNER, v. pron.

SOULIGNEUR, subst. mas. (*çoulignieur*), critique qui *souligne* ce qu'il approuve ou condamne. (*Boiste.*) Vieux et même inusité.

SOULIGNEUSE, adj. fém. Voy. SOULIGNEUX.

SOULIGNEUX, adj. mas., au fém. SOULIGNEUSE (*çoulignieu, gnieuze*), t. de bot. : *plante, rameau soulignenx*, moins dur que le bois.

SOULOIR, v. neut. (*çouloar*) (du lat. *solere*), avoir coutume : *il soulait dire.* Vieux et presque inusité.

SOULOUS, subst. mas. (*çoulou*) (de l'arabe *thoulouth*, qu'on prononce *soulouce*, dérivé de *thalath*, trois), espèce d'écriture particulière aux Turcs et aux anciens Arabes, usitée pour les inscriptions, les légendes, les titres de livres, etc. Elle est trois fois plus grande que le *neskhy*. Voy. ce mot.

SOULTE, ou **SOUTE**, subst. fém. (*çoulete, çoute*) (du lat. *solutum*, payé), t. de pratique, paiement supplémentaire pour compenser une différence dans les partages, les échanges ou les comptes de sociétés commerciales.

SOULTZ, ou **SULTZ**, subst. propre mas. (*çouleteze*), petite ville de France, chef-lieu de canton, arrond. de Colmar, dép. du Haut-Rhin.

SOUMARIN, E, adj. Voy. SOUS-MARIN ou SUBMARIN, qui seuls se disent.

SOUMETTRE, v. act. (*çoumètre*) (du lat. *submittere*, formé de *sub*, sous, par-dessous, et de *mittere*, mettre). Il se conjugue comme *mettre*. Réduire sous la puissance et l'autorité : *soumettre à l'obéissance, aux lois, à l'empire de...; soumettre* (réduire) *à la raison.*—*Soumettre une question à l'examen*, la considérer en détail, s'assurer de la vérité.—*Soumettre au calcul*, vérifier à l'aide du calcul.—*Soumettre un ouvrage à la censure, à la critique, une affaire au jugement de quelqu'un*, s'engager à déférer au jugement qu'il en portera. —SOUMETTRE, SUBJUGUER, ASSUJÉTIR, ASSERVIR. (*Syn.*) *Assujétir* et *soumettre* ôtent l'indépendance; *subjuguer* et *asservir* ôtent la liberté. *Soumis* et *assujéti*, on peut être encore libre; *subjugué* ou *asservi*, on est esclave. On est *soumis* à un prince juste, et *assujéti* à des devoirs légitimes; on est *subjugué* par un ennemi victorieux, et *asservi* par un gouvernement tyrannique. —*Soumettre* est un terme générique qui marque une certaine disposition des choses, mais susceptible de beaucoup de variétés; la *soumission* va depuis la déférence jusqu'à l'*asservissement*. *Assujétir* marque un état habituel ou une habitude d'obéissance, de devoirs, de travaux ou de soins; la *sujétion* désigne une contrainte, ou une assiduité constante qui annonce la multiplication des actes, comme l'adjectif *sujet* désigne une obéissance, une inclination, une habitude soutenue et prouvée par plusieurs actes. *Subjuguer* exprime un empire ou un ascendant plus ou moins absolu, mais sans exiger nécessairement, comme *asservir*, l'oppression ou l'abus : il y a un *joug* doux, un *joug* léger, comme un *joug* pesant, un *joug* de fer. *Asservir* désigne, au contraire, un état violent, une extrême contrainte, la dépendance d'un serf, c'est-à-dire d'un homme enchaîné.—Ainsi *soumettre* exige d'un côté une supériorité, une autorité quelconque; et de l'autre une infériorité, une dépendance vague. On est *soumis* à la force, à la nécessité, à la loi, à la volonté, au jugement d'autrui : on l'est plus ou moins; on l'est nécessairement ou volontairement. *Subjuguer* exige d'une part une force ou un ascendant victorieux, et de l'autre une grande dépendance et une sorte d'impuissance. On *subjugue* des ennemis, des rebelles par la force des armes; des passions, par la force et l'empire de la raison; des esprits faibles, par l'ascendant du génie ou d'un esprit fort. *Assujétir* exige d'un côté une puissance ou un titre, et de l'autre une dépendance ou un dévouement établi; on est *assujéti* par un maître, par des besoins, par les devoirs d'une charge, par une tâche qu'on s'impose soi-même. *Asservir* exige d'un côté une puissance irrésistible ou un pouvoir tyrannique, et de l'autre une extrême dépendance, une dure contrainte : on est *asservi* par des conquérants barbares, par des despotes, par des passions violentes, par des devoirs ou des besoins sans cesse renaissants et pressants, en un mot par l'oppression.—Plus on est petit, plus on est *soumis*; plus on est faible, plus on est *subjugué*; plus on est élevé, plus on est *assujéti*; plus on est lâche, plus on est *asservi.* — *se* SOUMETTRE, v. pron., se ranger sous la puissance, sous l'autorité de... : *la province se soumit au vainqueur.* — Consentir à ce qui est ordonné : *on doit se soumettre sans murmurer aux volontés de la Providence.*—S'engager, consentir à subir quelque peine : *cet enfant a fini par se soumettre.*

SOUMIS, E, part. pass. de *soumettre*, et adj., dépendant, docile, respectueux, obéissant : *sujet soumis.*—*Projet soumis*, présenté à l'examen.

SOUMISSION, subst. fém. (*çoumicion*) (du lat. *submissio*, abaissement), déférence respectueuse. —Acte simple d'obéissance : *j'ai été très-content de sa soumission en cette occasion; sa marche imprima partout l'épouvante et la soumission.* —En t. de palais et de finances, obligation, engagement, promesse de payer une certaine somme; déclaration par laquelle on s'engage à faire une chose, moyennant certaines conditions : *il a fait sa soumission pour la fourniture des fourrages*, etc. — Au plur., propositions de se *soumettre.* — Respects qu'un inférieur rend à ceux qui sont au-dessus de lui : *il exige de grandes soumissions.* — Satisfactions, excuses : *son père reçut ses soumissions avec bonté.*

SOUMISSIONNAIRE, subst. des deux genres (*çoumicionère*), celui, celle qui fait sa *soumission* pour quelque paiement; pour l'acquisition d'un bien national, d'une fourniture, la confection de quelque ouvrage.

SOUMISSIONNÉ, E, part. pass. de *soumissionner*, et adj. : *domaine soumissionné*, pour l'acquisition duquel il y a eu des *soumissions* faites.

SOUMISSIONNER, v. act. (*çoumicioné*), donner sa déclaration d'après laquelle on s'oblige à payer tant telle acquisition, à faire telle fourniture à tel prix, etc. — *se* SOUMISSIONNER, v. pron.

SOUN, subst. mas. (*çoune*), t. de mar., gros vaisseau chinois; vulgairem., *jonque.*

SOUNNA, subst. fém. (*çounena*), chez les musulmans, recueil des traditions de Mahomet.

SOUPAPE, subst. fém. (*çoupape*), sorte de languette qui se lève dans une pompe pour donner passage à l'eau; dans les tuyaux d'orgues, pour donner passage au vent, etc., et qui se referme pour empêcher que l'eau ou le vent ne sorte.

SOUPATOIRE, adj. des deux genres (*çoupatoare*), qui tient lieu de *souper* : *dîné soupatoire.* Fam.

SOUPÇON, subst. mas. (*çoupeçon*) (du lat. *suspicio*), croyance désavantageuse, accompagnée de doute : *le soupçon en retombera sur lui.*—*Un cœur exempt de soupçons*, qui ne *soupçonne* pas. — *Conduite exempte de soupçons*, qui ne peut être *soupçonnée.* — Au palais et en parlant de délits, on dit *suspicion*. — Simple conjecture. En ce sens, il se dit en bien comme en mal : *j'ai quelque soupçon que c'est lui.* — Apparence légère : *cette femme a un léger soupçon de rouge; il a un soupçon de fièvre.* — Très-petite quantité : *un soupçon de liqueur.* — SOUPÇON, SUSPICION. (*Syn.*) *Soupçon* est le terme vulgaire : *suspicion* est un terme de palais. Le *soupçon* roule sur toutes sortes d'objets; la *suspicion* tombe proprement sur les délits. Le *soupçon* entre dans les esprits défiants, et la *suspicion* dans le conseil des juges. Le *soupçon* peut donc être sans fondement; la *suspicion* doit donc avoir quelque fondement, une raison apparente. Justifiée par des indices, la *suspicion* sera donc un *soupçon* légitime, grave, raisonnable. Le *soupçon* fait qu'on est *soupçonné*; la *suspicion* suppose qu'on est suspect.

SOUPÇONNABLE, adj. des deux genres (*çoupeçonable*), que l'on peut *soupçonner*. (Mirabeau.)

SOUPÇONNÉ, E, part. pass. de *soupçonner*.

SOUPÇONNER, v. act. (*çoupeçoné*) (du lat. *suspicari*), former une opinion désavantageuse, accompagnée de doute, touchant quelqu'un ou quelque chose : *soupçonner d'une trahison, d'un crime; soupçonner le mal.* — Pressentir, entrevoir : *je ne suis pas certain de cela, mais je le soupçonne.* — Neut., conjecturer : *je soupçonne que cela peut être.*—Se douter : *vous ne soupçonnez pas qui peut avoir cette place,* vous n'en avez pas une idée juste.— SE SOUPÇONNER, v. pron.

SOUPÇONNEUSE, subst. et adj. fém. Voy. SOUPÇONNEUX.

SOUPÇONNEUX, subst. et adj. mas., au fém. **SOUPÇONNEUSE** (*çoupeçoneu, neuze*), enclin à *soupçonner*; ombrageux. Voy. ce dernier mot.

SOUPE, subst. fém. (*çoupe*) (de l'allemand *supp*, potage, bouillon. *Caseneuve.*), potage; sorte d'aliment fait de bouillon et de tranches de pain : *soupe grasse, soupe aux choux, aux navets; faire mitonner de la soupe.* — Fam. : *venez manger ma soupe, j'irai manger la vôtre,* venez dîner chez moi, j'irai dîner chez vous. — — Tranche de pain coupée fort mince : *mettez deux ou trois soupes dans ce bouillon.* — *Tailler la soupe*, couper du pain par tranches pour en faire de la *soupe*. — Prov. : *la soupe fait le soldat*, c'est-à-dire le soldat nourri simplement, mais abondamment, est plus propre aux fatigues de la guerre.—*Cheval, pigeon soupe de lait,* d'un blanc tirant sur l'isabelle. — Prov. et fig. : *il est ivre comme une soupe*, il est ivre au point qu'il a perdu tout sentiment. — *Trempé comme une soupe*, très-mouillé.— *Soupe au vin, soupe à perroquet*, des morceaux de pain trempés dans du vin.— On disait anciennement et prov. : *dès la soupe*, pour dire · dès le commencement du repas.— On appelle *soupe-sept-heures*, un homme qui soupe de bonne heure, et, par extension, un homme qui ne voit personne le soir.—Portion de tabac filé, d'un mètre de longueur, couverte d'une robe.

SOUPÉ, part. pass. de *souper*.

SOUPÉ, ou **SOUPER** (le premier vaut mieux, parce que son orthographe empêche de le confondre avec le verbe *souper*), subst. mas. (*çoupé*), le repas du soir, où l'on mangeait autrefois une *soupe*. — *Après-soupé, après-souper et après-soupée*, le temps qui s'écoule depuis le *soupé* jusqu'à ce qu'on aille se coucher. *Après-soupé* doit être préféré, parce qu'il indique mieux la forme substantive.

SOUPEAU, subst. mas. (*çoupô*), t. d'agric., bois qui sert à tenir le soc de la charrue avec l'oreille, et qui est tout au-dessous.

SOUPENTE, subst. fém. (*çoupante*), assemblage de grosses courroies pour tenir *suspendu* le corps d'un carrosse. — En mécan., pièce de bois qui, retenue à plomb, est *suspendue* pour retenir le treuil et la roue d'une machine. — En archit., espèce d'entre-sol pour loger des domestiques, etc. — Barre de fer qui sert à soutenir le faux manteau d'une cheminée de cuisine.

SOUPER, subst. mas. Voy. SOUPÉ.

SOUPER, v. neut. (*çoupé*), prendre le repas du soir.—*Souper avec* ou *de*... Voy. la dissertation du mot *dîner*.

SOUPESÉ, E, part. pass. de *soupeser*.

SOUPESER, v. act. (*çoupezé*), lever un corps pesant avec la main, et le soutenir pour juger à peu près combien il *pèse*. — SE SOUPESER, v. pron.

SOUPEUR, subst. mas., **SOUPEUSE**, subst. fém. (*çoupeur, peuze*), qui aime à *souper*, qui a l'habitude de *souper*.

SOUPEUSE, subst. fém. Voy. SOUPEUR.

SOUPIED, subst. mas., orth. vic. Voyez SOUS-PIED.

SOUPIER, subst. mas., **SOUPIÈRE**, subst. fém. (*çoupié, pière*), qui aime la *soupe*. Fam. et pop. —Dans certaines carrières, lit de pierres nommé *souchet* dans d'autres.

SOUPIÈRE, subst. fém. Voy. SOUPIER.—Sorte de vase creux et profond dans lequel on sert la *soupe*.

SOUPIR, subst. mas. (*çoupir*) (du lat. *suspirium*), respiration plus forte et plus longue qu'à l'ordinaire; effet et témoignage d'amour, de tristesse, etc. : *tendres soupirs; jeter des soupirs, pousser de grands soupirs; la douleur s'exhale par des soupirs.* — En parlant d'une femme ou d'une fille dont quelqu'un est amoureux, on dit : *c'est l'objet de ses soupirs.* — *Le dernier soupir*, le dernier moment de la vie; *recevoir les derniers soupirs d'un ami*, l'assister jusqu'à la mort. — *Comptez sur moi jusqu'au dernier soupir de ma vie; je leur serai dévoué jusqu'à mon dernier soupir.* — En t. de mus., silence équivalant à une noire, et qui se marque par un trait courbe approchant de la figure d'un 7 de chiffre, mais tourné dans un sens contraire. Le *demi-soupir*, qui vaut une croche, est dans un sens opposé à celui du *soupir*; et le *quart de soupir*, valant une double croche, est distingué du *demi-soupir* par un double crochet; le *demi-quart de soupir* a trois crochets, etc.

SOUPIRAIL, subst. mas. (*çoupira-ie*), ouverture en glacis ou talus, pour donner du jour, de l'air à une cave ou à quelque autre lieu souterrein : *faire un soupirail.*—Au plur., des *soupiraux*.

SOUPIRANT, E, subst. (*çoupiran, rante*), amant, amante; plus souvent au mas., galant, aspirant. (L'*Académie* refuse un fém. à ce mot.)

SOUPIRAUX, subst. mas. plur. Voy. SOUPIRAIL.

SOUPIRÉ, E, part. pass. de *soupirer*.

SOUPIRER, v. neut. (*çoupiré*) (du lat. *suspirare*), pousser, faire des *soupirs* : *soupirer d'amour, de douleur, de regrets*, etc.—Prov. : *cœur qui soupire n'a pas ce qu'il désire.* — *Soupirer pour une femme*, en être amoureux.—*Il ne soupire que pour les richesses*, se dit d'un avare.— *Soupirer après*...., désirer ardemment : *il y a long-temps que je soupire après cette charge.* — Les poëtes l'emploient souvent activement : *soupirer son amour, ses peines.* —SE SOUPIRER, v. pron.

SOUPIREUR, subst. mas., **SOUPIREUSE**, subst. fém. (*çoupireur, reuze*), qui gémit, qui pousse des *soupirs*. Fam.

SOUPLE, adj. des deux genres (*çouple*) (du lat. *supplex*, fait de *sub*, et de *plicare*; *qui plicat sub*, qui plie sous), flexible, qui se plie aisément, maniable : *avoir le corps souple, les reins souples; les jeunes branches des arbres sont souples; les ressorts minces sont souples.* — Agile, leste : *personne souple.*—Soumis, docile, complaisant : *valet souple.* Il se dit des personnes et des choses, au propre et au figuré.—On dit qu'*un homme est souple comme un gant*, pour dire qu'il s'accommode à tout ce qu'on veut. — En t. de path., on appelle *pouls souple*, celui qui offre un certain développement et en même temps de la mollesse.

SOUPLEMENT, adv. (*çoupleman*), avec *souplesse*.

SOUPLESSE, subst. fém. (*çouplèce*), flexibilité de corps ou d'esprit : *souplesse de corps; le singe a beaucoup de souplesse; un cheval qui a de la souplesse dans les jarrets; un joueur de gobelets, un escamoteur qui a une grande souplesse de main.*— Disposition à se plier à tout : *il a de la souplesse dans le caractère.* — Fig., docilité, complaisance, soumission, flexibilité d'esprit aux volontés d'autrui : *il a beaucoup de souplesse dans l'esprit.* Voyez SOUPLE.—*Tour de souplesse*, adresse, subtilité; moyens fins et subtils dont on se sert pour arriver à ses fins : *ce n'est que par des tours de souplesse qu'il est parvenu à...; il a fait mille tours de souplesse pour supplanter cet homme, pour l'empêcher de réussir dans son entreprise.*

SOUPRESSURE, subst. fém. (*çoupreçure*), faux, altération. (*Boiste.*) Vieux et même inusité.

SOUQUÉ, E, part. pass. de *souquer*.

SOUQUENILLE, subst. fém. (*çoukeni-ie*) (du lat. barbare *succania*, qui dans le moyen-âge a été employé avec la même signification), surtout fort long, de grosse toile, que certaines gens mettent pour conserver leurs habits lorsqu'ils travaillent.

SOUQUER, v. act. (*çouké*), t. de mar., serrer un amarrage; serrer de près, ferme, à demeure. — SE SOUQUER, v. pron.

SOURBASSIE, subst. fém. (*çourebaceci*), belle soie de Perse.

SOURCE, subst. fém. (*çource*), eau qui commence à *sourdre*, à sortir de terre pour commencer son cours : *trouver une source; source claire, vive, qui ne tarit jamais; cette rivière est navigable dès sa source.* — Endroit d'où elle sort : *les sources du Nil.*—En parlant d'un pays abondant et fertile en certaines choses qu'il communique à ses voisins ou aux autres pays, on dit figurément qu'*il en est la source; la Champagne et la Bourgogne sont les sources des bons vins.*—Fig., principe, cause, origine de... : *la source de tous les biens.*—En parlant d'étude : *il faut connaître les sources, étudier dans les sources*, dans les écrits originaux et primitifs, d'où découle l'instruction des âges suivants; *les poëtes et les orateurs sont de mauvaises sources pour un historien.* — *Tenir une chose de bonne source*, d'une personne sûre. — En théol., on nomme les sacrements : *les sources de la grace.* — Fig., en parlant de ce qu'une personne dit ou écrit d'une manière facile ou naturelle, conformément à son génie, au caractère de son esprit, aux sentiments de son cœur, on dit : *il écrit facilement, cela coule de source.* — T. de mar. : *source de vent*, le point d'où il semble partir.

SOURCIER, subst. mas. (*çourcié*), celui qui prétend avoir des moyens particuliers pour découvrir les *sources*. Presque inusité.

SOURCIL, subst. mas. (*çourci*; *l* ne se prononce jamais) (du lat. *supercilium*, formé, dans le même sens, de *super*, sur, et de *cilium*, cil; *qui est au-dessus des cils*), poil qui est en forme d'arc au-dessus de l'*œil*.—En t. d'archit., le haut de la porte qui pose sur les pieds droits. — Fig. : *froncer le sourcil*, se fâcher, montrer qu'on n'est pas content : *dès qu'on lui parle de cette affaire, il fronce le sourcil; il ne laisse jamais entrevoir sur son visage ni les sourcils de la fierté, ni les grimaces de l'hypocrisie.*

SOURCILIER, subst. mas. (*çourcilié*), t. d'anat., muscle du *sourcil*. — Partie extérieure et saillante d'un four à glaces. — T. d'hist. nat., sorte de poisson du genre des blennies.— Nom d'une coquille qui a par-dessus la forme d'un *sourcil* noir.

SOURCILIER, adj. mas., au fém. **SOURCILIÈRE** (*çourcilié, lière*), qui a rapport aux *sourcils* : *muscle sourcilier.*

SOURCILIÈRE, adj. fém. Voy. SOURCILIER.

SOURCILLÉ, part. pas. de *sourciller*.

SOURCILLER, v. neut. (*çourci-ié*) (rac. *sourcil*), remuer le *sourcil*. Il ne se dit guère qu'avec la négative : *ne pas sourciller; écouter sans sourciller.* — Fig. : *cet homme n'a point sourcillé quand on lui a prononcé son arrêt*, il n'a laissé paraître aucune marque d'altération sur son visage. — Sortir en petites sources : *l'eau sourcille en différents endroits.* (En ce sens, rac. *source.*)

SOURCILLEUSE, adj. fém. Voy. SOURCILLEUX.

SOURCILLEUX, adj. mas., au fém. **SOURCILLEUSE** (*çourci-ieu, ieuze*) (du lat. *superciliosus*), fig. et poét., haut, élevé : *des monts sourcilleux, des roches sourcilleuses.*—Autrefois on le disait des personnes dans le sens de hautain, d'orgueilleux. — *Son front est sourcilleux*, est empreint de sévérité, de tristesse.

SOURD, subst. et adj. mas., au fém. **SOURDE** (*çour, çourde*, le *d* ne se fait jamais sentir) (du lat. *surdus*, fait dans la même signification de *sordes*, ordure, comme si l'un avait les oreilles bouchées par quelque ordure), qui n'entend pas, qui n'entend pas bien. — Subst. : *un sourd, une sourde.* — Prov. : *il est sourd comme un pot*, extrêmement *sourd*.—Fig., inflexible : *il est sourd aux prières, aux remontrances, à la voix du sang.* — *Il n'est pas de pire sourd que celui qui ne veut pas entendre*, en parlant de quelqu'un qui ne veut pas écouter quelque chose qui lui déplaît. — Prov. : *crier, frapper comme un sourd*, crier à tue-tête, frapper à tour de bras. — *Faire le sourd* ou *la sourde oreille*, ne vouloir pas écouter ou faire ce qu'on demande. —En parlant de certaines choses, qui ne rend pas un son aussi fort qu'il devrait rendre : *voix sourde, violon sourd, salle de spectacle sourde.*— *Douleur sourde*, qui n'est point aiguë.—*Intrigue sourde*, conduite secrète.—*Bruit sourd*, qui n'est pas éclatant ; et au fig., nouvelle qui se répand *sourdement*, qui n'est encore ni publique ni certaine.—En peinture, qui a peu d'éclat : *couleurs sourdes ; fonds sourds*, dont le ton a quelque chose de doux et de vague. — En t. de joaillier, *pierre sourde*, qui n'a pas tout l'éclat, tout le brillant qu'elle doit avoir.—*Lanterne sourde*, avec laquelle celui qui la porte voit sans être vu.—*Lime sourde*, qui lime sans faire de bruit ; et fig., personne qui parle peu et qui cache quelque malignité de l'âme.— En arithm., *nombre sourd*, qui ne peut être exprimé, parce qu'il n'a point de mesure commune avec l'unité.—Subst. mas. et t. d'hist. nat. Voy. SALAMANDRE.

SOURDAUD, E, subst. (*çourdô, dôde*), celui, celle qui n'entend qu'avec peine, qui est un peu *sourd* ou *sourde*. Il est fam.

SOURDE, subst. et adj. fém. Voy. SOURD. — T. de chasse, nom que quelques chasseurs ont donné à la petite bécassine, parce qu'elle se laisse approcher de très-près, sans entendre le bruit qui se fait autour d'elle.

SOURDELINE, subst. fém. (*çourdeline*), sorte de musette d'Italie.

SOURDEMENT, adv. (*çourdeman*), d'une manière *sourde* et qu'on a peine à entendre.—Secrètement.

SOURDEVAL, subst. propre mas. (*çourdeval*), village de France, chef-lieu de canton, arrond. de Mortain, dép. de la Manche.

SOURDINE, subst. fém. (*çourdine*), ce qu'on met à certains instruments de musique pour en affaiblir le son.— Dans les montres à répétition, ressort qui empêche le marteau de frapper sur le timbre et de rendre un son clair. — Sorte d'instrument fait tantôt comme un luth, tantôt comme un violon, *mais qui n'a ni roses ni ouïes*, de manière que le son en est obscur. — *A la sourdine*, loc. adv., secrètement, sans bruit : *négocier une affaire à la sourdine ; l'ennemi a délogé à la sourdine.*

SOURD-MUET, subst. mas., **SOURDE-MUETTE**, subst. fém. (*çourmu-é, çourdemu-ète*), qui est *muet*, parce qu'il est *sourd* de naissance. — Au plur., *des sourds-muets ; des sourdes-muettes.*— *Sourd-muet, sourd et muet*, ne doivent pas être confondus. Un individu *sourd-muet* n'est *muet* que parce qu'il est *sourd*, qu'il n'entend pas. Chez un *sourd et muet*, le *mutisme* est indépendant de la *surdité*, il a les deux infirmités à la fois et distinctes.

SOURDE-MUETTE, adj. fém. Voy. SOURD-MUET.

SOURDIR, v. neut., ne se dit plus. Voy. SOURDRE, lequel lui-même est fort peu usité.

SOURDON, subst. mas. (*çourdon*), t. d'hist. nat., espèce de bucarde.

SOURDRE, v. neut. (*çourdre*) (du lat. *surgere*, naître, jaillir), sortir de terre, d'un rocher, etc., en parlant de l'eau. Il n'est guère en usage qu'à l'infinitif, et à la troisième personne du présent de l'indicatif. — Au fig., sortir : *c'est une affaire de laquelle on a vu sourdre mille calamités.* — Se dit en t. de mar., d'un nuage qui sort de l'horizon et qui s'élève vers le zénith. —*Sourdre bien au vent*, se dit d'un vaisseau lorsqu'il tient bien le vent et qu'il avance à sa route en cinglant à six quarts près du rumb d'où il vient.

SOURI, pass. part. de *sourire.*

SOURICEAU, subst. mas. (*çouriçô*), petit d'une *souris*. Peu en usage.

SOURICIÈRE, subst. fém. (*çouricière*), piége tendu à des *souris*.—Nom d'une prison à Paris. —Fig. : *se jeter, tomber dans la souricière*, dans quelque piége tendu, dans quelque embarras.

SOURICIN, E, adj. (*çouricein, cine*), des *souris*.

SOURINELLE, subst. fém. (*çourinèle*), t. de bot., espèce de plante.

SOURIQUOIS, E, adj. (*çourikoa, koaze*), qui regarde les *souris* et les rats : *le peuple souriquois, la gent souriquoise.* Il n'est employé que par les fabulistes et dans le style badin.

SOURIRE, v. neut. (*çourire*) (du lat. *subridere*). Il se conjugue comme *rire*. *Rire* sans éclater et seulement par un léger mouvement de la bouche et des yeux : *sourire obligeamment, malicieusement ; sourire à quelqu'un*, lui marquer de l'affection, etc.—Dans un sens contraire, se moquer : *sourire dédaigneusement à...* — Fig., présenter un aspect agréable, des idées riantes : *cette affaire lui sourit beaucoup.* — SE SOURIRE, v. pron., se regarder en *souriant.*

SOURIRE, ou **SOURIS**, subst. mas. (*çourire, ri*) (du lat. *subrisus*), l'action d'une personne qui *sourit*.—Ris modeste, etc.—Le *souris*, dit *Roubaud*, est proprement un acte, l'effet particulier de *sourire* ou du *sourire* ; le *sourire* est l'action spécifique de *sourire*, la manière habituelle de *sourire*, ou enfin une espèce de *rire*. Le *souris* est une des expressions les plus énergiques du sentiment ; le *sourire* est un des attraits les plus touchants de la figure.

SOURIS, subst. fém. (*çouri*) (du lat. *sorex*, pour lequel on a dit *surix*, et qui est fait du grec ὕραξ, dérivé dans la même signification de ὗς, éolique, pour ὗς), quadrupède de la famille des rongeurs ; genre de petit rat de couleur grise, qui cherche l'habitation de l'homme, avec lequel il vit en parasite. — Au fig., prov., on dit : *la montagne a enfanté une souris*, pour dire que le succès n'a pas répondu à l'attente.—On dit d'un homme qui a peur, qui est embarrassé, *qu'on le ferait cacher dans le trou d'une souris.* — Pour exprimer un grand silence, on dit *qu'on entendrait trotter une souris.* —*Éveillé comme une potée de souris*, fort vif, très-remuant. — *Souris qui n'a qu'un trou est bientôt prise*, quand on n'a qu'une seule ressource, on en manque bientôt tout-à-fait. — Couleur grise de cet animal : *cheval gris de souris* ; ou adj. au mas. : *cheval souris.* — Sorte de coquillage. — Muscle charnu qui tient à l'os du manche d'une éclanche.—Cartilage dans les naseaux du cheval. — Dans la main, l'espace entre le pouce et l'index.

SOURIS-CHAUVE, subst. fém. (*çourichôve*), t. de mar., la ferrure la plus élevée du gouvernail.

***SOURIVE**, subst. fém. (*çourive*), petit trou qui se forme au bord de l'eau, sous les racines des grosses souches.

SOURK, ou **SOURCK**, subst. mas. Voy. SIRK.

SOURNIA, subst. propre mas. (*çourni-a*), bourg de France, chef-lieu de canton, arrond. de Prades, dép. des Pyrénées-Orientales.

SOURNOIS, E, subst. et adj. (*çournoa, noaze*), pensif, caché, en dessous, qui médite le mal en silence : *un sournois ; une mine sournoise.*

SOURSOMMEAU, subst. mas. (*çourçomemô*), espèce de panier monté sur des pieds et contenant une quantité déterminée de fruits : *un soursommeau de cerises.* Peu usité.

SOUS (*çou*), (du latin *subtùs*, Ménage.) préposition qui marque : 1° la situation d'une chose à l'égard d'une autre qui est au-dessus : *sous le toit, sous un arbre* ; 2° la subordination et la dépendance : *il a cent hommes sous son commandement.* — *Servir sous les drapeaux d'un souverain*, être engagé au service d'un souverain.—*Ces religieux vivent sous la règle de saint Benoît ; il est encore sous l'aile de sa mère.* — Fig. : *cet homme est sous la main d'un autre*, est dans la dépendance d'un autre. Cela se dit aussi pour signifier que celui de qui il dépend peut en disposer à toute sorte d'heures. —On dit à peu près dans le même sens : *être sous la férule de quelqu'un ; cela s'est passé sous mes yeux*, j'en ai été témoin oculaire ; *ce cheval est sous la main du cocher*, en parlant de celui qui est à droite du timon ; 3° le temps : *Horace vivait sous Auguste ; je ferai cette chose sous peu.*—Il signifie aussi moyennant : *sous telle condition.* — *Sous* se joint à une foule de mots pour indiquer ce qui est au-dessous par la qualité ou la position : *sous-aide, sous-gouverneur.* — Il sert à marquer la situation de deux endroits dont l'un est au-dessous de l'autre : *la Ferté-sous-Jouarre.* — Fig. et fam. : *jugement rendu sous la cheminée*, par surprise et sans observer les formes ordinaires. — *Mariage fait sous la cheminée*, fait clandestinement. — *Faire mourir quelqu'un sous le bâton*, à coups de bâton.—*Avoir quelqu'un ou quelque chose sous sa main*, auprès de soi. — *Regarder quelqu'un sous le nez*, de près et avec mépris.—*Rire sous cape*, sans qu'on s'en aperçoive. — *Camper sous une ville*, auprès d'une ville amie ou dont on est le maître.—*Etre sous le feu d'un bastion*, être exposé au feu d'un bastion. — *Des soldats sous les armes*, rangés en haie avec leurs armes.— *Sous peine de*, indique qu'on a encouru ou qu'on encourra une peine : *cette chose vous est défendue sous peine de la vie.*—Fig. et fam. : *cette dame est sous les armes*, elle est extrêmement parée.—*Cheval sous poil noir, sous poil gris*, cheval de poil noir, de poil gris.—*Ma vaisselle est sous la clef*, dans un lieu fermé à clef.—*Ses papiers sont sous le scellé*, sont renfermés dans une armoire, dans une chambre où l'on a mis le scellé —*Sous prétexte de charité, de dévotion*, etc., en se servant du prétexte de la charité, etc.—*Plaider sous le nom de quelqu'un*, se servir de son nom pour plaider.—*Faire une promesse, un acte sous seing privé*, signer sans l'intervention d'un notaire. — *Passer une chose sous silence*, n'en point parler.— *Faire une chose sous main*, secrètement.—*Dire une chose sous le sceau de la confession*, en exigeant un secret inviolable.

SOUS, plur. de *sou* ou de *sol*. Voy. SOU.

SOUS-ACROMIO-CLAVI-HUMÉRAL, subst. et adj. mas. (*çouza-kromioklavi-uméral*), t. d'anat., le muscle qui s'attache au-dessous de l'apophyse *acromion*, à la *clavicule* et à l'*humerus*.

SOUS-ACROMIO-HUMÉRAL, subst. et adj. mas. (*çouzacromi-o-uméral*), t. d'anat., le muscle qui s'étend de l'apophyse *acromion* à l'*humerus*.

SOUS-AFFERMÉ, E, part. pass. de *sous-affermer.*

SOUS-AFFERMER, v. act. (*çouzaférmé*), donner, prendre à *sous-ferme.*—SE SOUS-AFFERMER, v. pron.

SOUS-AIDE, subst. mas. (*çouzède*), celui qui *aide* à un autre ; qui est *sous* un *aide* ; qui fait les fonctions d'*aide-major* dans les armées en l'absence de celui-ci. — Il y a aussi des *sous-aides* de cérémonies, de cuisine, de pharmacie, de mouleurs de bois, de maçons, de couvreurs, etc. — Au plur., des *sous-aides.*

***SOUS-AILE**, subst. fém. (*çouzèle*), bas-côté d'une église, d'un château, d'un palais. — Au plur., des *sous-ailes.*

SOUS-AMENDÉ, E, part. pass. de *sous-amender.*

SOUS-AMENDEMENT, subst. mas. (*çouzamandeman*), modification apportée à un *amendement.* — Au plur., des *sous-amendements.*

SOUS-AMENDER, v. act. (*çouzamandé*), *amender* un *amendement.* — SE SOUS-AMENDER, v. pron.

SOUS-ARBRISSEAU, subst. mas. (*çouzarbriçô*), plante entre l'*arbrisseau* et l'herbe. — Au plur., des *sous-arbrisseaux.*

SOUS-ATLOÏDIEN, subst. et adj. mas. (*çouzatelo-idiein*), t. d'anat., le nerf de la seconde paire cervicale.

SOUS-AXILLAIRE, adj. des deux genres (*çouzakecilelère*), t. de bot., inséré au dessous d'une partie *axillaire.*

SOUS-AXOÏDIEN, subst. et adj. mas. (*çouzakço-idiein*), t. d'anat., nerf de la troisième paire cervicale.

SOUS-BACHA, subst. mas. (*çoubacha*), t. de relat., officier turc, le premier après le *bacha.* —Au plur., des *sous-bachas.*

SOUS-BAIL, subst. mas. (*çouba-ie*), *bail* que le preneur fait à un autre d'une partie de ce qui lui a été donné à ferme. — Au plur., des *sous-baux.*

SOUS-BANDE, subst. fém. (*çoubande*), t. de chirurgie, *bande* qu'on met la première et sous les autres dans les fractures. — Dans l'artillerie, *bande* de fer appliquée sur l'extrémité des flasques de l'affût d'un canon ou d'un mortier.— Au plur., des *sous-bandes.*

SOUS-BARBE, subst. fém. (*çoubarbe*), coup sous le menton. — Fig., affront ; en ce sens il est vieux et même hors d'usage. — En t. de mar., pied de bois qui soutient l'étrave d'un vaisseau sur le chantier. — Au plur., des *sous-barbes.*

SOUS-BARQUE, subst. fém. (*çoubarke*), dernier rang de planches ou bordage d'un bateau foncet.

SOUS-BERME, subst. fém. Voy. SOUBERME.

SOUS-BIBLIOTHÉCAIRE, subst. mas. (*çoubibli-otékère*), garde d'une *bibliothèque* sous celui qui a le titre de *bibliothécaire.*— Au plur., des *sous-bibliothécaires.*

SOUS-BIEF, subst. mas. (*çoubièfe*), canal construit pour rejoindre la décharge des eaux.— Au plur., des *sous-biefs.*

SOUS-BRIGADIER, subst. mas. (*çoubriguadié*), autrefois c'était un officier de cavalerie qui commandait sous le *brigadier*. —Au plur., des *sous-brigadiers*.

SOUS-CAMÉRIER, subst. mas. (*çoukamérié*), celui qui fait les fonctions du *camérier*, en son absence.—Au plur., des *sous-camériers*.

SOUS-CAMÉRIÈRE ou **SOUS-CAMÉRISTE**, subst. fém. (*çoukamérière, ricete*), dame de la chambre d'une princesse espagnole, qui est *sous* a *camérière* ou *camériste*.—Au plur., des *sous-camérières* ou *sous-caméristes*.

SOUS-CAP, subst. mas. (*çoukape*), t. de mar., *sous*-chef des escouades de journaliers employés dans les arcenaux.—Au plur., des *sous-cap*, sans *s*; des employés qui se tiennent *sous le cap*.

SOUS-CARBONATE, subst. mas. (*çoukarbonate*), t. de chim., combinaison d'acide *carbonique* avec un excès de base.—On appelle *sous-carbonate d'ammoniaque*, un sel impur obtenu de la distillation de matières animales; *sous-carbonate d'ammoniaque pur*, le muriate d'ammoniaque décomposé par le *carbonate* de chaux; *sous-carbonate de magnésie*, le sulfate de magnésie décomposé par la potasse; *sous-carbonate de potasse*, le sel obtenu par l'évaporation de la lessive des cendres de substances végétales non maritimes; *sous-carbonate de soude*, le sel obtenu par l'évaporation de la lessive des cendres de substances maritimes, ou par la décomposition des sels de soude ou de muriate de soude.—Au plur., des *sous-carbonates*.

SOUS-CASIER, subst. mas. (*çoukâzié*), aide dans une laiterie. — Au plur., des *sous-casiers*. Inusité.

SOUS-CHANTRE, subst. mas. (*çouchantre*), dignité, dans certains chapitres, après le *chantre*. —Au plur., des *sous-chantres*.

SOUS-CHEVRON, subst. mas. (*çouchevron*), t. d'archit., pièce de bois qui, dans la charpente d'un dôme ou d'un comble en dôme cintré, vient s'assembler avec des *chevrons* courbes.—Au plur., des *sous-chevrons*.

SOUS-CLAVIER, adj. mas., au fém. **SOUS-CLAVIÈRE** (*çouklavié, vière*), t. d'anat. : *muscle sous-clavier*, qui est entre la clavicule et la première côte supérieure.—*Artères sous-clavières*, situées sous les clavicules.—On dit aussi subst. au mas. *le sous-clavier*.

SOUS-CLAVIÈRE, adj. fém. Voy. SOUS-CLAVIER.

SOUS-CLERC, subst. mas. (*çouklère*), qui sert *sous* les *clercs*.—Au plur., des *sous-clercs*.

SOUS-COLLET, subst. mas. (*çoukolé*), t. de tonnelier, le dernier des quatre cerceaux qui sont sur le jable d'une futaille. — Au plur., des *sous-collets*.

SOUS-CÔME ou **SOUS-COMITE**, subst. mas. (*çoukôme, komite*), celui qui travaille après le *côme*, le *comite*. — Au plur., des *sous-cômes*, *sous-comites*.

SOUS-COMMIS, subst. mas. (*çoukomi*), celui qui aide un *commis*.—Au plur., des *sous-commis*.

SOUS-COMMISSAIRE, subst. mas. (*çoukomicère*), t. de mar., l'un des officiers civils de la marine, qui a rang après le garde-magasin.—Au plur., des *sous-commissaires*.

SOUS-CONTRAIRE, adj. des deux genres (*çoukontrère*), t. de géom., se dit de deux triangles qui ont un angle commun, mais dont les bases ne sont point parallèles.

SOUS-COSTAL, E, adj. (*çoukocetale*), t. d'anat., petits muscles plats situés à la surface interne des *côtes*.—On dit subst. au mas. : *le sous-costal*. —Au plur. mas., des *sous-costaux*.

SOUS-COSTAUX, adj. mas. plur. Voy. SOUS-COSTAL.

SOUS-COUPE, subst. fém. On écrit généralement SOUCOUPE, qui n'est qu'une orthographe corrompue du premier mot.

SOUSCRIPTEUR, subst. mas. (*çoucekripeteur*), celui qui souscrit ou a souscrit pour quelque entreprise, et plus particulièrement pour l'édition d'un livre. Il se dit aussi bien d'une femme que d'un homme.

SOUSCRIPTION, subst. fém. (*çoucekripecion*) (en lat. *subscriptio*), signature mise au-dessous d'un acte pour l'approuver.—*Souscription d'une lettre*, signature de celui qui l'a écrite, accompagnée de certains termes de civilité, comme : *votre tout dévoué...*, *votre très-humble*, etc.—Soumission par écrit que font des associés de fournir une certaine somme pour l'édition d'un livre ou pour quelque autre entreprise. — Engagement que prennent plusieurs personnes en faveur d'une entreprise. — Le prix même de la *souscription* : *payer sa souscription*. — Reconnaissance que donne le libraire à celui qui a *souscrit*.

SOUSCRIRE, v. act. (*çoucekrire*) (du lat. *subscribere*, formé de *sub*, au-dessous, et de *scribere*, écrire). Il se conjugue comme *écrire*. Mettre son nom au-dessous de quelque écrit, pour l'approuver : *souscrire un contrat*, *une profession de foi*. — Neut., consentir, approuver : *je souscrirai à tout*.—Sans régime, donner de l'argent d'avance pour l'édition d'un livre, d'une entreprise, etc.—S'engager à fournir une somme convenue pour l'acquisition de telle ou telle chose, qui doit être livrée dans un certain temps donné, et ordinairement désigné : *je souscris à votre livre, parce que je pense que vous ne manquerez pas plus à votre engagement envers moi, que moi je n'y manquerai envers vous*.—*se* SOUSCRIRE, v. pron.

SOUSCRIT, E, part. pass. de *souscrire*.

SOUSCRIVANT, E, subst. (*çoucekrivan, vante*), celui, celle qui *souscrit* un billet, etc.

SOUS-CUTANÉ, E, adj. (*çoukutané*), t. d'anat., qui est *sous la peau*.

SOUS-DÉLÉGUÉ, E, part. pass. de *sous-déléguer*.—Subst., dans quelques sociétés philanthropiques, ce mot équivaut à *vice-président* : *le sous-délégué, la sous-déléguée*.— Au plur., des *sous-délégués*, des *sous-déléguées*. Voy. SUBDÉLÉGUÉ.

SOUS-DÉLÉGUER, v. act. (*çoudéléguié*). Voy. SUBDÉLÉGUER, qu'on emploie plus ordinairement.

SOUS-DIACONAT, subst. mas. (*çoudi-akona*) (en lat. *subdiaconatus*), le troisième des ordres sacrés, qui est au-dessous du *diaconat*.—Au plur., des *sous-diaconats*.

SOUS-DIACONESSE, subst. fém. (*çoudi-akonèce*), celle qui, dans les premiers temps de l'Eglise chrétienne, exerçait les fonctions de la *diaconesse*, en l'absence de celle-ci. — Au plur., des *sous-diaconesses*.

SOUS-DIACRE, subst. mas. (*çoudi-akre*) (en latin *subdiaconus*), celui qui a reçu le *sous-diaconat*; c'est le troisième des ordres sacrés de l'Église catholique; il prend rang immédiatement après le *diacre*. — Au plur., des *sous-diacres*.

SOUS-DIAPHRAGMATIQUE, adj. des deux genres (*çoudi-afraguematike*), t. d'anat., se dit des artères placées *sous* le *diaphragme*.

SOUS-DIVISER, v. act. Voy. SUBDIVISER.

SOUS-DIVISION, subst. fém. Voy. SUBDIVISION.

SOUS-DOMINANTE, subst. fém. (*çoudominante*), nom donné par *Rameau* à la quatrième corde du ton.—Au plur., des *sous-dominantes*.

SOUS-DOUBLE, adj. des deux genres (*çoudouble*), t. de math. : *raison sous-double*, qui est la moitié. — Au plur., *sous-doubles*.

SOUS-DOUBLÉ, E, adj. (*çoudoublé*), t. de math., *raison sous-doublée*, celle de deux grandeurs qui sont entre elles dans le rapport des racines carrées de deux autres quantités. — Au plur., *sous-doublés*, *sous-doublées*.

SOUS-DOUBLIS, subst. mas. (*çoudoubli*), t. de couvr., rang de tuiles posées à plat pour former un égout en mortier.

SOUS-DOYEN, subst. mas. (*çoudoè-iein*), *sous* le *doyen*. — Au plur., des *sous-doyen*, des personnages qui n'arrivent qu'après *le doyen*.

SOUS-DOYENNE, subst. fém. (*çoudoè-iène*), titre de dignité qui existait dans plusieurs chapitres et abbayes de filles, celle qui était après la *doyenne*. — Au plur., des *sous-doyenne*, sans *s*; des personnages qui ne prennent rang qu'après la *doyenne*.

SOUS-DOYENNÉ, subst. mas. (*çoudoè-iéné*), titre, dignité, fonction du *sous-doyen*. — Durée de ces fonctions.—Au plur., des *sous-doyennés*.

SOUS-ENT., abréviation du mot *sous-entendu* ou *sous-entendez*.

SOUS-ENTENDRE, v. act. (*çouzantandre*). Il se conjugue comme *entendre*. Retenir dans l'esprit quelque chose qu'on n'exprime point : *quand j'ai dit cela, j'ai sous-entendu que...*—En t. de gramm., il se dit des mots qu'on n'exprime pas. —*se* SOUS-ENTENDRE, v. pron., se dit d'une chose qu'on n'exprime point, et qui est censée exprimée : *une telle clause se sous-entend toujours*.

SOUS-ENTENDU, E, part. pass. de *sous-entendre*, et adj. : *mot sous-entendu* ; *clause sous-entendue*. — Subst. mas., ce qu'on *sous-entend* dans la seule vue d'abréger. Dans *dormir toute la nuit*, *pendant* est *sous-entendu* : *vous deviez bien comprendre que cela marchait tout seul, qu'il y avait un sous-entendu*.

SOUS-ENTENTE, subst. fém. (*çouzantante*), ce qu'on *sous-entend* par artifice et par duplicité : *il y a quelque sous-entente là-dedans*.—Au plur., des *sous-ententes*.

SOUS-ÉPINEUSE, subst. et adj. fém. Voy. SOUS-ÉPINEUX.

SOUS-ÉPINEUX, subst. et adj. mas., au fém. **SOUS-ÉPINEUSE** (*çouzépineu, neuze*), t. d'anat., se dit d'une fosse ou d'une large excavation de la partie postérieure de l'omoplate, au-dessous de son *épine*. — Se dit aussi d'un muscle qui se porte de la fosse *sous-épineuse* à la partie moyenne de la grosse tubérosité de l'humérus. — Au plur., *sous-épineux*, *sous-épineuses*.

SOUS-ÉTABLI, subst. mas. (*çouzétabli*), partie en dessous de la table d'un *établi* de menuisier. — Au plur., des *sous-établis*.

SOUS-FAÎTE, subst. mas. (*çoufète*), t. d'archit., pièce de charpente d'un comble. — Au plur., des *sous-faîtes*.

SOUS-FERME, subst. fém. (*çoufèreme*), partie d'un bail général que l'on afferme à un autre. — Au plur., des *sous-fermes*.

SOUS-FERMER, v. act. (*çouféremé*). Voyez SOUS-AFFERMER, qui a la même signification et qui est presque seul en usage.

SOUS-FERMIER, subst. mas., **SOUS-FERMIÈRE**, subst. fém. (*çouféremié, mière*), qui tient à *sous-ferme*. — Au plur., des *sous-fermiers*, des *sous-fermières*.

SOUS-FERMIÈRE, subst. fém. Voy. SOUS-FERMIER.

SOUS-FRÉTÉ, E, part. pass. de *sous-fréter*.

SOUS-FRÈTEMENT, subst. mas. (*çoufrèteman*), t. de mar., *sous*-location d'un vaisseau qu'on avait *frété*. — Au plur., des *sous-frètements*.

SOUS-FRÉTER, v. act. (*çoufrété*), t. de mar., *sous*-louer le vaisseau qu'on avait *frété*. — *se* SOUS-FRÉTER, v. pron.

SOUS-GARDE, subst. fém. (*çouguarde*). Voyez SOUGARDE, qui est moins bon. L'*Académie* donne les deux.

SOUS-GORGE, subst. fém. (*çouguorje*). Voy. SOUGORGE, qui est moins bon. L'*Académie* donne les deux.

SOUS-GOUVERNANTE, subst. fém. (*çouguouvèrenante*), *gouvernante* en second.—Au plur., des *sous-gouvernantes*.

SOUS-GOUVERNEUR, subst. mas. (*çouguouvèreneur*), *gouverneur* en second.—Au plur., des *sous-gouverneurs*.

SOUS-HYDROCHLORATE, subst. mas. (*çouzidroklorate*,) t. de chim., *hydrochlorate*, avec excès de base.—Au plur., des *sous-hydrochlorates*.

SOUS-HYOÏDIEN, subst. et adj. mas., au fém. **SOUS-HYOÏDIENNE** (*çouzi-o-idiein, diène*), t. d'anat., qui est *au-dessous* de l'*hyoïde*. — Au plur., *sous-hyoïdiens*, *sous-hyoïdiennes*.

SOUS-HYOÏDIENNE, subst. et adj. fém. Voy. SOUS-HYOÏDIEN.

SOUS-GUEULE, subst. fém. (*çouguieule*), t. de sell., bout de courroie placé *sous* la bouche d'un cheval. — Au plur., des *sous-gueule* (*sous la gueule*).

SOUS-INTENDANCE, subst. fém. (*çouzeintandance*), charge de *sous-intendant*, *intendante*.— Au plur., des *sous-intendances*. Ce mot manque dans l'*Académie*.

SOUS-INTENDANT, E, subst. (*çouzeintandan, dante*), *intendant*, *intendante*, en second. — Au plur., des *sous-intendants*, *sous-intendantes*. Ces deux mots manquent dans l'*Académie*.

SOUS-INTRODUCTEUR, subst. mas., au fém. **SOUS-INTRODUCTRICE** (*çouzeintroduktour, trice*), celui, celle qui *introduit* en second. — Au plur., des *sous-introducteurs*, des *sous-introductrices*. Ces deux mots manquent dans l'*Académie*.

SOUS-INTRODUCTION, subst. fém. (*çouzeintrodukcion*), action d'*introduire* en second.— Au plur., des *sous-introductions*. Ce mot manque dans l'*Académie*.

SOUS-INTRODUCTRICE, subst. fém. Voy. SOUS-INTRODUCTEUR.

SOUS-INTRODUIRE, v. act. (*çouzeintroduire*), *introduire* en second. — *se* SOUS-INTRODUIRE, v. pron. Ce mot manque dans l'*Académie*.

SOUS-INTRODUIT, E, part. pass. de *sous-introduire*.

SOUS-LIEUTENANCE, subst. fém. (*çoulieutenance*), charge de *sous-lieutenant*. — Au plur., des *sous-lieutenances*. Ce mot manque dans l'*Académie*.

SOUS-LIEUTENANT, subst. mas. (*çoulieutenan*), *lieutenant* en second. — Au plur., des *sous-lieutenants*. Ce mot manque dans l'*Académie*.

SOUS-LIGNER, v. act. (*çoulignié*). — *se* SOUS-LIGNER, v. pron. Voy. SOULIGNER, dont l'orthographe n'est cependant que la corruption du premier.

SOUS-LINGUAL, E, adj. (*çouleingu-ale*). Voyez SUBLINGUAL.

SOUS-LOCATAIRE, subst. des deux genres (*çoulokatère*), qui *sous-loue*, qui *loue* la portion que lui-même tient déjà du propriétaire. — Au plur., des *sous-locataires*.

SOUS-LOCATION, subst. fém. (*çoulokâcion*), action de *sous-louer*.— *Sous-bail*. — Au plur., des *sous-locations*.

SOUS-LOUÉ, E, part. pass. de *sous-louer*.

SOUS-LOUER, v. act. (*çoulou-é*), *louer* une partie d'une maison dont on est *locataire*. — Prendre à *loyer* du principal *locataire* un appartement ou une partie de maison. — *se* SOUS-LOUER, v. pron.

SOUS-MAÎTRE, subst. mas., au fém. **SOUS-MAÎTRESSE** (*çoumètre, trèce*), qui commande à la place du *maître*, de la *maîtresse*.—Au plur., des *sous-maîtres*, des *sous-maîtresses*. Ces deux mots manquent dans l'*Académie*.

SOUS-MAÎTRESSE, subst. fém. Voyez SOUS-MAÎTRE.

SOUS-MANANT, subst. mas. (*çoumanan*), t. de féod., sujet d'un seigneur.—Au plur., des *sous-manants*. (Boiste.) Vieux, et même hors d'usage.

SOUS-MARIN, E, adj. (*çoumarein, rine*), qui est *sous* la mer, au fond de la mer : *volcan sous-marin*. — *Navigation sous-marine*, action de faire naviguer des bâtiments entre deux eaux. — Au plur., *sous-marins*, *sous-marines*.

SOUS-MAXILLAIRE, adj. des deux genres (*çoumakcilelère*), t. d'anat., qui est placé *sous* la mâchoire. — Au plur., *sous-maxillaires*.

SOUS-MAXILLO-CUTANÉ, subst. et adj. mas. (*çoumakcilelokutané*), t. d'anat., le muscle incisif inférieur. — Au plur., *sous-maxillo-cutanés*.

SOUS-MAXILLO-LABIAL, subst. et adj. mas. (*çoumakcilelolabi-ale*), t. d'anat., le muscle triangulaire des lèvres. — Au plur., *sous-maxillo-labials*.

SOUS-MÉDIANTE, subst. fém. (*çoumédi-ante*), deuxième note du ton. — Au plur., des *sous-médiantes*.

SOUS-MENTAL, E, adj. (*çoumantale*), t. d'anat., qui est *sous* le *menton*.— Au plur. mas., *sous-mentaux*, qui est presque inusité. — On dit aussi *submental, e*.

SOUS-MENTAUX, adj. mas. plur. Voy. SOUS-MENTAL.

SOUS-MENTONNIER, adj. mas., au fém. **SOUS-MENTONNIÈRE** (*çoumantonié, nière*), t. d'anat., qui est *sous le menton* : *nerf sous-mentonnier, artère sous-mentonnière*. — Subst. fém. : *sous-mentonnière*, partie de l'équipement militaire, bride qui sert à attacher le chapeau sous le *menton*. — Partie du harnais d'un cheval, lanière qui passe *sous le menton* du cheval.—Au plur., *sous-mentonniers, sous-mentonnières*.

SOUS-MENTONNIÈRE, adj. et subst. fém. Voy. SOUS-MENTONNIER.

SOUS-MÉTACARPO-LATÉRI-PHALANGIEN, subst. et adj. mas. (*çoumétakarpolatérifalanjiein*), t. d'anat., les muscles inter-osseux palmaires ou antérieurs. — Au plur., *sous-métacarpo-latéri-phalangiens*.

SOUS-MÉTATARSO-LATÉRI-PHALANGIEN, subst. et adj. mas. (*çoumétatarçolatérifalanjiein*), t. d'anat., muscles inter-osseux plantaires. — Au plur., *sous-métatarso-latéri-phalangiens*.

SOUS-MULTIPLE, subst. mas. et adj. des deux genres (*çoumuletiple*), t. d'arith., nombre compris un certain nombre de fois exactement dans un plus grand : *cinq est un sous-multiple de vingt*, parce qu'il se trouve exactement quatre fois dans vingt. — Au plur., des *sous-multiples*. — L'*Académie* ne fait de ce mot qu'un adj. des deux genres; et cependant elle nous donne dans l'exemple suivant l'emploi de ce mot comme subst. mas. : *trois est un des sous-multiples de douze*.

SOUS-NORMALE, subst. fém. (*çounormale*), t. de géom., partie de l'axe d'une courbe. Voy. SOUS-PERPENDICULAIRE. — Au plur., des *sous-normales*.

SOUS-OCCIPITAL, E, adj. (*çousokcipital*), t. d'anat., qui est situé *sous l'occiput* : *les nerfs sous-occipitaux*. — Au plur. mas., *sous-occipitaux*.

SOUS-OCCIPITAUX, adj. mas. plur. Voyez SOUS-OCCIPITAL.

SOUS-OPTICO-SPHÉNO-SCLÉROTICIEN, subst. et adj. mas. (*çousopetikocefénokclérotiein*), t. d'anat., le muscle abaisseur de l'œil. — Au plur., *sous-optico-sphéno-scléroticiens*.

SOUS-ORBICULAIRE, adj. des deux genres (*çouzorbikulère*); se dit, en bot., des feuilles qui, étant presque rondes, ont cependant un peu plus de largeur que de hauteur.—Au plur., des *sous-orbiculaires*.

SOUS-ORBITAIRE, adj. des deux genres (*çouzorbitère*), t. d'antiq., sous l'*orbite*.—On appelle *artère sous-orbitaire*, une branche de la maxillaire interne; *canal* ou *conduit sous-orbitaire*, celui qui parcourt obliquement l'épaisseur de la paroi intérieure de l'*orbite*; *nerf sous-orbitaire*, une branche du maxillaire supérieur; *veine sous-orbitaire*, celle qui accompagne l'artère. — Au plur., *sous-orbitaires*.

SOUS-ORDRE, subst. mas. (*çouzordre*), t. de pal., distribution d'une somme adjugée à un créancier dans un certain ordre, laquelle somme doit être répartie entre lui et les créanciers opposants. — *Créancier en sous-ordre*, qui a une créance sur le créancier qui fait actuellement une poursuite. — Celui qui est soumis aux ordres d'un autre sous lequel il travaille : *il n'est qu'en sous-ordre dans cette affaire*, que subordonnément. — Au plur., des *sous-ordres*, des gens qui sont *sous les ordres* d'un autre ou des autres.

SOUS-OXYDE, subst. mas. (*çouzokcide*), t. de chim., *oxyde* trop peu oxydé pour se combiner avec d'autres. — Au plur., des *sous-oxydes*.

SOUS-PÉNITENCERIE, subst. fém. (*çoupénitanceri*), dignité de *sous-pénitencier*.—Au plur., des *sous-pénitenceries*. Ce mot manque dans l'*Académie*.

SOUS-PÉNITENCIER, subst. mas. (*çoupénitancié*), aide du *pénitencier*. — Au plur., des *sous-pénitenciers*.—Ce mot manque dans l'*Académie*.

SOUS-PERPENDICULAIRE, subst. fém. (*çoupérepandikulère*), t. de géom., portion de l'axe d'une courbe interceptée entre l'extrémité de l'ordonnée et le point où la *perpendiculaire* à la tangente, tirée de l'autre extrémité de l'ordonnée, coupe l'axe de la courbe. —Au plur., des *sous-perpendiculaires*.

SOUS-PHOSPHATÉ, subst. mas. (*çoufocefate*), t. de chim., *phosphate* avec excès de base.—Au plur. des *sous-phosphates*.

SOUS-PIED, subst. mas. (*çoupié*), petite courroie plate qui soutient le pantalon et qui passe *sous le pied* ou *les pieds*. — Au plur., des *sous-pieds*.

SOUS-POPLITÉ, subst. et adj. mas. (*çoupoplité*), t. d'anat. qui se dit en parlant du muscle *poplité*. — Au plur., *sous-poplités*.

SOUS-PRÉCEPTEUR, subst. mas. (*çouprécèpeteur*), celui qui soulage le *précepteur* dans ses fonctions. — Au plur., des *sous-précepteurs*. Ce mot manque dans l'*Académie*; il est vrai de dire qu'il trouve peu d'application ; il y a des *sous-gouverneurs*; mais bien peu de maisons emploient des *sous-précepteurs* pour leurs enfants.

SOUS-PRÉFECTURE, subst. fém. (*çoupréfèkture*), partie d'un département qui renferme plusieurs cantons subdivisés en communes, et qu'un magistrat, appelé *sous-préfet*, administre sous les ordres du *préfet* du département. —Au plur., des *sous-préfectures*. — Fonction d'un *sous-préfet*, durée de son administration. — Son logement, son hôtel.

SOUS-PRÉFET, subst. mas. (*çoupréfè*), officier civil qui gouverne, immédiatement sous le *préfet*, un arrondissement communal, dans la division départementale de la France.—Au plur., des *sous-préfets*.

SOUSPRESURE, subst. fém. (*çouprezure*), tromperie, surprise. Vieux et inusité.

SOUS-PRIEUR, E, subst. (*çoupri-eur, eure*), celui, celle qui soulage le *prieur* ou la *prieure* dans ses fonctions.—Au plur., des *sous-prieurs, prieures*. Ce mot manque dans l'*Académie*.

SOUS-PROTE, subst. mas. (*çouprote*), t. d'imprimerie, ouvrier qui veille en *sous*-ordre du *prote* à la régularité du service. — Au plur., des *sous-protes*. Ce mot manque dans l'*Académie*.

SOUS-PUBIEN, subst. et adj. mas. (*çoupubiein*), t. d'anat., qui est placé au-dessous du *pubis*. — Se dit d'un ligament très-fort de l'articulation *pubienne*, et d'un trou ovale situé à la partie antérieure de la face fémorale de l'os iliaque, que l'on a improprement appelé *trou obturateur*. — Au plur., des *sous-pubiens*.

SOUS-PUBIO-COCCYGIEN, subst. et adj. mas. (*çoupubi-okokcijiein*), t. d'anat. ; se dit du muscle qui va du *pubis* au *coccyx*. — Au plur., des *sous-pubio-coccygiens*.

SOUS-PUBIO-CRÉTI-TIBIAL, subst. et adj. mas. (*çoupubi-okrètitibi-ale*), t. d'anat.; se dit du muscle droit interne de la cuisse. — Au plur., des *sous-pubi-ocréti-tibiaux*.

SOUS-PUBIO-FÉMORAL, E, adj. (*çoupubi-ofémorale*), t. d'anat., qui a rapport à la partie inférieure du *pubis* et du *fémur*. — Subst. mas., muscle second abducteur de la cuisse.—Au plur., *sous-pubio-fémoraux*.

SOUS-PUBIO-FÉMORAUX, adj. mas. plur. Voy. SOUS-PUBIO-FÉMORAL.

SOUS-PUBIO-PRÉTIBIAL, subst. et adj. mas. (*çoupubi-oprétibi-ale*), t. d'anat.; se dit du muscle grêle interne de la cuisse. — Au plur. mas., *sous-pubio-prétibiaux*.

SOUS-PUBIO-PRÉTIBIAUX, adj. mas. plur. Voy. SOUS-PUBIO-PRÉTIBIAL.

SOUS-PUBIO-TROCHANTÉRIEN, subst. et adj. mas. (*çoupubi-otrokantériein*), t. d'anat.; il se dit des deux muscles obturateurs.—Au plur., *sous-pubio-trochantériens*.

SOUS-RÉFECTORIER, subst. mas., **SOUS-RÉFECTORIÈRE**, subst. fém. (*çouréfèktorié, rière*), second *réfectorier*, seconde *réfectorière* dans un monastère. — Au plur., des *sous-réfectoriers*, des *sous-réfectorières*.

SOUS-RÉFECTORIÈRE, subst. fém. Voy. SOUS-RÉFECTORIER.

SOUS-RENTE, subst. fém. (*çourante*), *rente* qu'on tire d'une chose qu'on a soi-même à *rente*. —Au plur., des *sous-rentes*.

SOUS-RENTIER, subst. mas., **SOUS-RENTIÈRE**, subst. fém. (*çourantié, tière*), celui qui donne à *rente* ce qu'il tient lui-même à *rente*. — Au plur., des *sous-rentiers*, des *sous-rentières*.

SOUS-ROITELET, subst. mas. (*çouroètelè*), t. de dénigrement par lequel on désigne un *roi* faible, un petit *roi*. — Au plur., des *sous-roitelets*.

SOUS-SACRISTAIN, subst. mas. (*çouçakricetein*), celui qui aide le *sacristain* d'une église.— Au plur., des *sous-sacristains*.

SOUS-SCAPULAIRE, subst. et adj. des deux genres (*çoucekapulère*), t. d'anat., se dit de ce qui est situé sous l'omoplate. — On appelle *artère sous-scapulaire* l'artère *scapulaire* commune, selon *Chaussier*; *sous-scapulaire inférieure*, la même, selon *Sabatier*; *fosse sous-scapulaire*, une excavation de la face antérieure de l'omoplate; *muscle sous-scapulaire*, un muscle pair, aplati, large et triangulaire, qui, de la fosse non épineuse et de la lèvre antérieure du bord spinal de l'omoplate, se porte à la petite tubérosité de l'humérus.—Au plur., des *sous-scapulaires*.

SOUS-SCAPULO-TROCHINIEN, subst. et adj. mas. (*çoucekapulotrochiniein*), t. d'anat., se dit du muscle *sous-scapulaire*. — Au plur., *sous-scapulo-trochiniens*.

SOUS-SECRÉTAIRE, subst. mas. (*çoucekrétère*), qui écrit sous un *secrétaire*; qui le remplace. — Au plur., des *sous-secrétaires*. — Ce mot manque dans l'*Académie*.

SOUS-SECRÉTARIAT, subst. mas. (*çoucekrétaria*), emploi ou fonction de *sous-secrétaire*.— Lieu où sont déposés les actes conservés par le *sous-secrétaire*.—Au plur., des *sous-secrétariats*. —Ce mot manque dans l'*Académie*.

SOUS-SEL, subst. mas. (*çoucèle*), t. de chim., nom donné aux *sels* qui ont un excès de base. —Au plur., des *sous-sels*.

SOUS-SESQUIALTÈRE, adj. des deux genres (*çoucècekutaletère*), t. d'arithm. et de géom.; se dit d'une raison de moindre inégalité entre deux termes dont l'un contient l'autre une fois et demie.—Au plur., *sous-sesquialtères*.

SOUS-SESQUITIERCE, adj. des deux genres (*çoucècekuitièrece*), t. d'arith. et de géom.; se dit de la raison de moindre inégalité entre deux termes dont l'un contient l'autre une fois un tiers. —Au plur., *sous-sesquitierces*.

SOUS-SPINI-SCAPULO-TROCHITÉRIEN, subst. et adj. mas. (*çoucepinicekapulôtrochitériein*), t. d'anat., se dit du muscle *sous-épineux*. — Au plur., *sous-spini-scapulo-trochitériens*.

SOUS-SIGNATURE, subst. fém. (*çoucignature*), *signature* placée au-dessous de la première *signature* : *un endossement de billet est une sous-signature*.—Au plur., des *sous-signatures*. Ce mot manque dans l'*Académie*.

SOUSSIGNÉ, E, part. pass. de *soussigner*, et adj.—Subst., *le soussigné, la soussignée*.—Au plur., *soussignés, soussignées*.

SOUSSIGNER, v. act. (*coucignié*), mettre son nom au bas d'un acte; *signer* un acte après quelqu'un.—*se* SOUSSIGNER, v. pron. Ce mot manque dans l'*Académie*; et cependant son Dictionnaire fait mention de ce verbe, mais sans le nomenclaturer, et sans nous en donner la définition.

SOUS-STERNAL, E, adj. (*çoucetérenale*), t. d'anat., se dit d'une artère placée sous le *sternum*.—Au plur. mas., *sous-sternaux*.

SOUS-STERNAUX, adj. mas. plur. Voy. SOUS-STERNAL.

SOUSTYLAIRE, subst. fém. Voy. SOUS-STYLAIRE.

SOUS-SULFATE, subst. mas. (*çouçulefate*), t. de chim., *sulfate* avec excès de base.—Au plur., des *sous-sulfates*.

SOUS-SURBI-PARTIENTE, adj. fém. (*çouçurebiparci-ante*), t. d'arithm. et de géom.; se dit, d'une raison de moindre inégalité entre deux termes dont l'un contient l'autre une fois et deux tiers.—Au plur., *sous-surbi-partientes*.

SOUS-SUR-PARTIENTE, adj. fém. (*çouçureparci-ante*), t. d'arithm. et de géom.; se dit de la raison de moindre inégalité entre deux termes dont l'un contient l'autre une fois plus une de ses parties.—Au plur., *sous-sur-partientes*.

SOUS-SURTRI-PARTIENTE. adj. fém. (*çoucuretriparci-ante*), t. d'arithm. et de géom.; se dit de la raison de moindre inégalité entre deux termes, dont l'un contient l'autre une fois et trois quarts.—Au plur., *sous-surtri-partientes*.

SOUS-TANGENTE, subst. fém. (*çoutanjante*), t. de géom., partie de l'axe entre l'ordonnée et la *tangente* correspondante. — Au plur., des *sous-tangentes*.

SOUS-TARTRATE, subst. mas. (*çoutartrate*), t. de chim., *tartrate* avec excès de base. — Au plur., des *sous-tartrates*.

SOUS-TENDANTE, subst. fém. (*çoutandante*), ligne tirée d'un bout de l'arc à l'autre. — Au plur., des *sous-tendantes*.

SOUS-TENDRE, v. neut. (*çoutandre*), *soustendre à une chose ; y tendre* après un autre. Presque inusité.

SOUSTONS, subst. propre mas. (*çouceton*), bourg de France, chef-lieu de canton, arrond. de Figeac, dép. du Lot.

SOUSTRACTION, subst. fém. (*çoucetrakcion*), opération d'arithmétique par laquelle on ôte un nombre d'un autre nombre, pour connaître l'excédant ou la différence de celui-ci. Pour faire une soustraction avec facilité, il n y a qu'à suivre la méthode inverse de celle qui est indiquée à l'article ADDITION.

Exemple :

9 8 7 6 5 4 3 2 1 0

Si je veux soustraire 5 de 9, je compte, à la suite de 9, 5 chiffres, et j'ai pour résultat le reste : 4.—Action de *soustraire*, d'ôter frauduleusement, etc. : *soustraction d'effets, de papiers*.

SOUSTRAIRE, v. act. (*çoucetrère*) (du lat. *subtrahere*, fait de *sub*, sous, et de *trahere*, tirer). Il se conjugue comme *traire*. Il n'a point de prétérit simple, ni par conséquent d'imparfait du subjonctif. Ôter par adresse ou par fraude : *soustraire des papiers importants, les effets d'une succession*, etc. — En arithm., ôter un nombre d'un autre.—*Soustraire un malheureux à la fureur de ses ennemis*, le délivrer, le mettre à couvert. — T. de médec., retrancher à un malade quelque chose de sa nourriture ordinaire. — SE SOUSTRAIRE, v. pron., se dérober à... ; se tirer, se délivrer de... : *se soustraire à la puissance paternelle, à la tyrannie*. — *Se soustraire au châtiment*, éviter le châtiment.

SOUSTRAIT, E, part. pass. de *soustraire*.

SOUS-TRAITANT, E, subst. (*çoutrétan, tante*), *sous-fermier*, fermière. — Au plur., des *sous-traitants*, des *sous-traitantes*. L'*Académie* ne donne pas de fém. à ce mot. Voy. TRAITANT.

SOUS-TRAITÉ, E, part. pass. de *soustraiter*. — Subst. mas. sous-ferme, *traité* fait sur les bases d'un autre.—Au plur., des *sous-traités*.

SOUS-TRAITER, v. neut. (*çoutrété*), prendre une *sous-ferme* d'un *traitant* général.—Il se dit aussi de celui qui prend une affaire quelconque à la seconde main : *il a sous-traité de cette fourniture avec un tel*. — SE SOUS-TRAITER, v. pron.

SOUS-TRIPLE, adj. des deux genres (*çoutriple*) t. de mathém. : *raison sous-triple*, de deux quantités dont l'une est contenue trois fois dans l'autre.—Au plur., *sous-triples*.

SOUS-TRIPLÉ, E, adj. (*çoutriplé*), en t. d'arith., on nomme *raison sous-triplée*, le rapport des racines cubiques. — Au plur., *sous-triplés, sous-triplées*.

SOUS-TROCHANTÉRIEN, subst. et adj. mas., au fém. SOUS-TROCHANTÉRIENNE (*çoutrokantéri-ein, téri-ène*), t. d'anat., qui est au-dessous du *trochanter*. — Au plur, *sous-trochantériens, sous-trochantériennes*.

SOUS-TROCHANTÉRIENNE, subst. et adj. fém. Voy. SOUS-TROCHANTÉRIEN.

SOUS-TROCHANTINIEN, adj. mas., au fém. SOUS-TROCHANTINIENNE (*çoutrokantiniein, niène*), t. d'anat.; se dit de l'artère circonflexe externe de la cuisse et d'un muscle de cette même partie. — Au plur., *sous-trochantiniens, sous-trochantiniennes*.

SOUS-TROCHANTINIENNE, adj. fém. Voy. SOUS-TROCHANTINIEN.

SOUS-STYLAIRE, et non pas avec l'*Académie* SOUSTYLAIRE, orthographe vicieuse, subst. fém. (*çoucetilère*) (du lat. *sub*, sous, et *stylus*, en grec στυλος, style), t. de gnom., ligne droite sur laquelle est élevé perpendiculairement le *style* d'un cadran.—Au plur., des *sous-stylaires*.

SOUS-TYRAN, subst. mas. (*çoutiran*), *tyran* subalterne. Presque inusité. — Au plur., des *sous-tyrans*.

SOUS-VENTRIÈRE, subst. fém. (*çouvantrière*), courroie qui passe *sous* le *ventre* du limonier. —On met aussi des *sous-ventrières* aux chevaux de selle.—Au plur., des *sous-ventrières*.

SOUS-VICAIRE, subst. mas. (*çouvikière*), second *vicaire*.— Au plur., des *sous-vicaires*.

SOUS-VICARIAT, subst. mas. (*çouvikari-a*), titre de *sous-vicaire*.— Durée du *sous-vicariat*. —Au plur., des *sous-vicariats*.

SOUTANE, subst. fém. (*çoutane*) (de l'italien *sottana*, fait de *sotto*, sous, lequel vient du lat. *subtus*), habit long à manches étroites, que l'on porte *sous* une robe ou *sous* un manteau, et que l'on serre avec une ceinture.— L'état ecclésiastique : *il a pris, il a quitté la soutane*.

SOUTANELLE, subst. fém. (*çoutanèle*), petite *soutane* courte et sans manches.

SOU-TCHOU, subst. mas. (*çoutechou*), ornement de perles dont les Chinois se parent.

SOUTE (l'*Académie* renvoie à SOULTE, pour le t. de pratique seulement), subst. fém. (*çoute*) (du lat. *subtus*, sous), en t. de mar., le plus bas étage d'un vaisseau où l'on met les poudres et du biscuit. — Petit canot ou esquif destiné au service d'un vaisseau.—*Etre à la soute, se mettre à la soute*, être à couvert, se mettre à couvert. — En t. de pratique, somme que paie un des co-partageants pour rendre égaux les lots du partage.—Le solde d'un compte. (Du lat. *solidum*. Voy. SOLDE.)

SOUTENABLE, adj. des deux genres (*çoutenable*), qui se peut *soutenir*, en parlant d'une opinion, etc.—Il se dit d'un poste où des gens de guerre peuvent se défendre. On ne l'emploie ordinairement qu'avec la négative. Cependant on dit : *ce siége est soutenable*, il y a possibilité de se défendre ; *cette position est au moins soutenable*.

SOUTENANCE, subst. fém. (*çoutenance*), action de *soutenir*. (Boiste.) Vieux et inusité.

SOUTENANT, subst. mas. (*çoutenan*), celui qui *soutient* une thèse.—Adj., t. de blas., se dit d'un ou de plusieurs animaux qui paraissent *soutenir* quelque chose. — Pièce de l'écu qui en a une autre au-dessus d'elle.

SOUTENEMENT et **SOUTÈNEMENT**, double orthographe de l'*Académie* ; c'est SOUTENNEMENT qu'il faudrait écrire ; subst. mas. (*çoutèneman*), défense d'un compte. — Entretien d'une personne.— T. de maçon., *soutien*, appui.

SOUTENEUR, subst. mas. (*çouteneur*), qui *soutient* un mauvais lieu, une fille publique. — Entreteneur de bas étage.

SOUTENIR, v. act. (*çoutenir*) (du lat. *sustinere*, formé de *sub*, sous, dessous, et de *tenere*, tenir). Il se conjugue comme *tenir*. Appuyer, supporter : *colonne, pièce de bois qui soutient la charpente*; et fig. : *soutenir le fardeau, le faix des affaires*.— Aider : *soutenir quelqu'un dans un projet, dans une entreprise; si l'on me soutient, j'espère un grand succès dans cette affaire*. —En parlant d'une personne qui a de la peine à marcher seule, on dit : *on prêter la main pour la soutenir, de peur qu'elle ne tombe*.— *Soutenir un cheval*, tenir la bride ferme et haute. —Assurer, affirmer. — Défendre une opinion, une doctrine, un procès, etc. : *il écrit pour soutenir ses principes, sa doctrine*.— Souffrir avec fermeté, sans se plaindre, sans découragement, sans désespoir : *laissez-moi soutenir mes malheurs, et n'ayez point encore la cruauté d'y joindre les vôtres*. Peu en usage dans cette acception ; c'est *supporter* qu'il faut employer. — Résister à ..., se défendre contre... : *soutenir le choc, un siége, un assaut, la force du vent*, etc. —Favoriser, appuyer : *il l'a soutenu dans cette affaire contre ses ennemis*, etc.—En parlant des aliments, sustenter : *la bonne nourriture soutient; on ne peut soutenir son existence que par un bon régime*. — Fig. : *soutenir une famille, une maison*, la faire subsister. — *Soutenir une dépense*, fournir ce qu'il faut pour une dépense. —*Soutenir la conversation*, y fournir. — *Il ne peut soutenir* (souffrir, endurer) *le moindre reproche, la raillerie.—Un criminel ne peut soutenir la présence de son juge*, il se trouble à l'aspect de son juge. — *Soutenir sa dignité, son caractère*, vivre, agir, parler conformément à sa dignité, etc.—*Soutenir*, maintenir dans le même état de fermeté, d'énergie, de considération, d'estime : *dans l'Inde, comme ailleurs, chaque nation soutient son caractère; ce sont les beautés de détail qui soutiennent les ouvrages en vers, et qui les font passer à la postérité*. — *Soutenir des thèses*, répondre dans une dispute publique; et, par extension, défendre une proposition qu'on a avancée de vive voix ou par écrit. — *Soutenir*, affirmer, persévérer dans ce qu'on a dit, dans ce qu'on a avoué : *soutenir un mensonge*. — *Soutenir*, éprouver les effets d'une chose sans perdre son goût, son éclat, son mérite : *du vin qui soutient la mer*, ou *qui ne peut soutenir la mer; il faut un autre mérite pour soutenir le grand jour de l'impression*.—On dit qu'on *ne peut soutenir une idée, une pensée*, pour dire qu'on ne peut s'y arrêter qu'avec dégoût, avec horreur : *je ne puis soutenir cette pensée*, elle me fait frissonner. —T. de mus. : *soutenir la voix*, et neut., *soutenir*, faire durer les sons pendant toute leur valeur, avec le même degré de force.— En t. de mar. : *soutenir au vent*, tenir le vent; se tenir au vent autant qu'on y est, sans tomber sous le vent de la perpendiculaire, et sans gagner au vent.— SE SOUTENIR, v. pron., se tenir ferme sur ses jambes. —Fig., avoir toujours le même crédit, la même autorité, etc. : *malgré les révoltes et les insidieuses propositions, il s'est soutenu contre les révoltés*. — *Cette dame se soutient très-bien*, conserve bien sa santé, sa fraîcheur, etc. —*Cette pièce ne peut se soutenir*, elle n'est pas vue avec plaisir.—Persévérer : *il faut se soutenir par le courage; il se soutient dans les mêmes dispositions*. — Se maintenir : *ce bâtiment se soutient bien*.— Être ferme : *cette étoffe se soutient*.—Fig. : *ce discours se soutient d'un bout à l'autre*, il est égal partout. — S'empêcher réciproquement de tomber ; et fig., prendre le parti l'un de l'autre, se prêter mutuelle assistance.

SOUTENU, E, part. pass. de *soutenir*, et adj., appuyé, etc. — Qui ne languit point, qui ne s'affaiblit point : *c'est un malade bien soutenu*. — *Style soutenu*, le style oratoire. — *Discours soutenu*, d'une égale force partout. — Dans une pièce de théâtre : *caractères soutenus*, qui gardent jusqu'au bout les mêmes mœurs. — *Rôle soutenu*, qui garde son aplomb.

SOUTERRAIN, et mieux **SOUTERREIN**, subst. mas. (*çoutèrein*), lieu voûté *sous terre* : *les souterreins de cette ville sont immenses*.—Voies secrètes pour parvenir à quelque fin : *cet homme a un souterrein qu'il faut tâcher de découvrir; il n'emploie que les souterreins de la politique*.

SOUTERRAIN, et mieux **SOUTERREIN, E**, adj. (*çoutèrein, rène*), qui est *sous terre* : *chemin souterrein, vapeurs souterreines*.—Fig., caché, secret : *intrigue, pratique souterreine*. Voyez TERREIN.

SOUTERRAINE (LA), subst. propre fém. (*laçoutèrène*), ville de France, chef-lieu de canton, arrond. de Guéret, dép. de la Creuse.

SOUTERRAINEMENT, et mieux **SOUTERREINEMENT**, adv. (*çoutèreneman*), comme un *souterrein*, en *souterrein* ; intérieurement, dans les terres, dans le fond ou l'intérieur des terres.

SOUTERRÉ, E, adj. (*çoutèré*), t. de bot., qui se cache *sous terre* : *fruit souterré*.

SOUTESCELLE, subst. fém. (*çoutécècèle*), t. de bot., plante marine du genre des arroches.

SOUTHWELLIE, subst. fém. (*çoutevèléli*), t. de bot., genre de plantes.

SOUTIEN, subst. mas. (*çoutiein*), ce qui *soutient*, ce qui supporte, ce qui appuie : *ce pilier est le soutien de toute la voûte, de toute la salle*. — Fig., appui, défense, protection : *il est le soutien de sa famille, de sa religion*. — En t. de palais, on disait anciennement : *fournir les pièces au soutien*, pour, fournir les pièces justificatives. Hors d'usage aujourd'hui dans ce sens.

SOUTILLESSE, subst. fém. (*çouti-lèce*), saitété. — Subtilité. (*Boiste.*) Hors d'usage.

SOUTIMENT, adv. (*çoutiman*), subtilement. (*Boiste.*) Vieux et même hors d'usage.

SOUTIRAGE, subst. mas. (*çoutiraje*), action de *soutirer*; ses effets.

SOUTIRÉ, E, part. pass. de *soutirer*.

SOUTIRER, v. act. (*çoutiré*), transvaser une liqueur d'un tonneau dans un autre : *on soutire le vin avant que la vigne soit en fleur.* — Fig., se faire donner par adresse ou par souplesse quelque chose d'un père ou d'un tuteur; obtenir peu à peu : *il lui soutire de temps en temps quelques pièces de cinq francs.* — **se SOUTIRER**, v. pron.

SOUTIS, subst. mas. plur. (*çouti*). Voy. **SOUCIS**.

SOUTRAIT, subst. mas. (*çoutré*), t. de papetier; planche inférieure de la presse. — Endroit de la presse sur lequel les poignées de papier portent.

SOUVENANCE, subst. fém. (*çouvenance*), souvenir, mémoire. Vieux mot.

SOUVENIR, subst. mas. (*çouvenir*), action de la mémoire par laquelle on se *ressouvient*. — Pensée par laquelle on se *ressouvient* de..., ou l'on réfléchit sur... — Ce qui rappelle le *souvenir*. — Faculté même de la mémoire : *je ne saurais effacer cette action de mon souvenir.* — La mémoire elle-même : *je ne puis en perdre le souvenir; ses blessures sont pour lui de glorieux souvenirs de ses exploits.* — Tablettes sur lesquelles on écrit ce qu'on ne veut pas oublier; sorte de porte-feuille : *j'ai écrit cela sur mon souvenir.* — Sorte d'inscription que l'on met sur un coffret destiné à être offert par galanterie à une dame qu'on affectionne, ou dont on veut conserver les bonnes graces.

se **SOUVENIR**, v. pron. (*ceçouvenir*) (du latin *subvenire, venire sub*, se présenter à l'esprit, à la mémoire). Il se conjugue comme *tenir*. Avoir mémoire de... Voyez **se RESSOUVENIR**. — Garder la mémoire, soit d'un bienfait pour le reconnaître, soit d'une injure pour s'en venger : *je me souviens de votre promesse; je me souviendrai de vos bons procédés, de ses bienfaits.* — Avoir soin : *je me souviendrai de votre affaire, de vos intérêts.* — On dit souvent unipers. : *il me souvient d'avoir lu; vous souvient-il?* etc. — Prov. et iron. : *il n'est pas vieux, mais il se souvient de loin.* — Par forme de menace : *allez, je m'en souviendrai;* et : *il s'en souviendra*, il s'en repentira. — On dit de même : *souvenez-vous-en*, tâchez de ne plus tomber dans la même faute. — *Faire souvenir*, v. neut., rappeler quelque chose en la mémoire, ou rappeler la mémoire de quelque chose.

SOUVENT, adv. de temps (*çouvan*) (du lat. *subindè*, employé dans la même acception, et qui signifie proprement *ensuite, aussitôt après, bientôt*. C'est de la même source que les Italiens ont fait *sovente*. Ménage.), plusieurs fois en peu de temps, fréquemment. — **SOUVENT, FRÉQUEMMENT.** (*Syn.*) *Souvent* veut dire, selon l'interprétation commune, beaucoup de fois, maintes fois, *souventes-fois*; *fréquemment*, selon l'étymologie, veut dire fort souvent, très-ordinairement, plus que de coutume. Vous allez *souvent* dans un lieu où vous avez coutume d'aller; vous allez *fréquemment* dans une maison où vous allez avec une grande assiduité. *Souvent* n'indique que la pluralité des actes; *fréquemment* annonce une habitude formée. Vous faites *souvent* ce qu'il n'est pas rare, ce qu'il est ordinaire que vous fassiez; vous faites *fréquemment* ce que vous êtes le plus accoutumé à faire, ce que vous faites sans cesse. — Celui qui voit *souvent* les ministres visite *fréquemment* les antichambres. Un égoïste parle *souvent* de lui, il en parle même plus *fréquemment* qu'on ne pense; car, sans se nommer, c'est *souvent* de lui ou relativement à lui qu'il parle. — Ce qui ne revient pas *souvent* est plus ou moins rare; ce qui ne revient pas *fréquemment* peut être néanmoins ordinaire. *Fréquemment* est même particulièrement propre à désigner ce qui se fait ordinairement, mais plus *souvent* qu'à l'ordinaire. Ainsi, dans l'état naturel, le pouls bat *souvent* en une minute; mais si, par accident, les pulsations deviennent plus pressées, plus rapides, plus multipliées, il bat *fréquemment*, il est *fréquent*. — *Fréquemment* indique proprement une action, ce qu'on fait; et *souvent* indique également l'action et l'état, ce qui se fait ou ce qui est. Celui qui ne fait pas *fréquemment* un exercice modéré est *souvent* incommodé, ou il éprouve *souvent* des incommodités. Il y a fort *souvent* du monde dans une maison, et vous y allez vous-même *fréquemment*. On sort *fréquemment* de chez soi; on n'est pas *souvent* chez soi.

SOUVENTE-FOIS et **SOUVENTES-FOIS**, adv. (*çouvantefoé*), souvent. Vieux et même très-vieux.

SOUVENU, E, part. pass. de *se souvenir*.

SOUVERAIN, E, subst. et adj. (*çouverein, rène*) (du lat. *suprà*, sur, dessus, d'où les Italiens ont fait *sopra*, ensuite, *sovra*, qui leur a servi pour former *sovrano*. C'est de ce dernier mot que vient le français *souverain*. Ménage.), celui, celle en qui réside la souveraineté, la suprême puissance. — Subst. mas. seulement, monnaie d'or d'Autriche, valant 17 fr. 58 c.; *idem* de Milan, 35 fr. 16 c.; *idem* d'Angleterre, 25 fr. 21 c. — Adj., indépendant, absolu : *pouvoir souverain, peuple souverain, nation souveraine.* — Suprême, qui est au plus haut degré : *l'Etre souverain.* — Excellent, supérieur à tout en son genre : *le souverain bien, la souveraine félicité; remède souverain, qui a une vertu souveraine.* — *Cour souveraine*, sans appel; *jugement souverain*, en dernier ressort. — *Avoir pour quelqu'un un souverain mépris*, un très-grand mépris.

SOUVERAINEMENT, adv. (*çouverèneman*), excellemment, parfaitement. — Extrêmement : *Dieu est souverainement bon.* — D'une manière *souveraine* et indépendante : *commander souverainement.* — Sans appel. — Il se dit quelquefois en mauvaise part dans le style fam. : *ce livre est souverainement mauvais; cet homme est souverainement méprisable.*

SOUVERAINETÉ, subst. fém. (*çouverèneté*), autorité, puissance *souveraine* : *la souveraineté réside dans le peuple.* — Etendue d'un état *souverain* : *cette souveraineté n'a pas dix lieues.*

SOUVIGNY, subst. propre mas. (*çouvigni*), ville de France, chef-lieu de canton, arrond. de Moulins, dép. de l'Allier.

SOVASSA, ou **SOVENSA**, subst. mas. (*çovaceça, vança*), sorte de métal dont on fait des étriers au Japon.

SOWERBÉE, subst. fém. (*çouèrebé*), t. de bot., genre de plantes monogynes de la famille des liliacées.

SOY, subst. mas. (*çoé*), sorte de sauce dont l'usage est venu du Japon. (*Académie*, édit. de 1835). Le mot ni la chose ne nous paraissent bien importants.

SOYAC, subst. mas. (*çoé-iak*), sauce anglaise.

SOYALE, subst. fém. (*çoé-iale*), t. de bot., plante de la famille des palmiers.

SOYETEUR, subst. mas. (*soé-ieteur*), ouvrier en *soie*. (*Boiste.*) Inusité.

SOYEUSE, adj. fém. Voy. **SOYEUX**.

SOYEUX, adj. mas., au fém. **SOYEUSE**, (*çoé-ieu, ieuze*), fin et doux au toucher comme la *soie* : *du fil soyeux.* — Plein de soie, épais de *soie*, garni de *soie*, en parlant des étoffes : *ce taffetas est bien soyeux; ce satin est plus soyeux que celui que vous m'avez montré hier.* — Fig., doux et complaisant : *souple et soyeux avec les gens en place.* — En anat., qui a l'aspect de la *soie*, en parlant des poils; qui est couvert de poils doux, mous, serrés, couchés et serrés comme de la *soie*. — En bot., *soyeux*, se dit des feuilles chargées de poils mous, couchés et luisants, qui imitent l'éclat de la *soie*.

SOYEUX ou **GRIS-BLANC**, subst. mas. (*çoé-ieu, gueriblan*), t. de bot., sorte d'agaric.

DU VERBE AUXILIAIRE ÊTRE :

Soyez, 2e pers. plur. impér.

Soyez, précédé de *que vous*, 2e pers. plur. prés. subj.

SOYON, subst. mas. (*çoé-ion*), t. d'art vétérinaire, maladie particulière au cochon.

Soyons, 1re pers. plur. impér.

Soyons, précédé de *que nous*, 1re pers. plur. prés. subj.

S. P., abréviation de *Saint-Père*, titre du pape.

SPACIEMENT, subst. mas. (*cepaciman*), nom que l'on donnait aux promenades que les Chartreux, etc., faisaient dans leurs enclos ou dans les champs voisins. Hors d'usage.

SPACIEUSE, adj. fém. Voy. **SPACIEUX**.

SPACIEUSEMENT, adv. (*cepaci-euzeman*), d'une manière *spacieuse* et vaste.

SPACIEUX, adj. mas., au fém. **SPACIEUSE**, (*spaci-eu, euze*) (du latin *spaciosus*, fait de *spacium*, espace), qui est d'une grande étendue, en parlant du lieu et non du temps : *jardin spacieux, cour spacieuse.*

SPADASSIN, subst. mas. (*cepadacein*) (de l'italien *spadaccino*, fait dans le même sens de *spada*, épée), bretteur, traîneur d'épée.

SPADASSINAGE, subst. mas. (*cepadacinaje*), métier de *spadassin*. — Humeur, caractère du *spadassin*. Hors d'usage.

SPADICE, subst. mas. (*cepadice*). Voy. **SPADIX**.

SPADICÉ, E, adj. (*cepadicé*), t. de bot., qui a des *spadices* ou des rameaux floraux.

SPADILLE, subst. mas. (*cepadi-ie*) (de l'espagnol *espadilla*), as de pique en certains jeux de cartes, et surtout au jeu de l'hombre : *avoir spadille.*

SPADIX, subst. mas. (*cepadikece*) (du latin *spadix*), t. de bot., axe rameux qui porte les fleurs du palmier. — Réceptacle de la fructification, entouré d'une spathe qui lui sert de voile. — Nom que l'on donnait autrefois à une sorte d'instrument de musique.

SPADON, subst. mas. (*cepadon*), t. de médec., homme privé des organes génitaux; eunuque. — T. de bot., arbre qui ne produit rien.

SPAGE, subst. mas. (*cepaje*), t. d'agric., espèce de raisin.

SPAGIRIE ou **SPAGIRIQUE**, subst. fém. et adj. des deux genres (*cepajiri, jirike*), analyse des corps composés; analyse chimérique des métaux; recherche de la pierre philosophale, de l'art de faire de l'or; métallurgie.

SPAGIRISTE, subst. mas. (*cepajiricete*), celui ou celle qui pratique la *spagirie*.

SPAHI, subst. mas. (*cepa-i*), cavalier turc et algérien.

SPAHILAR-AGASI, subst. mas. (*cepa-ilara-guazi*), t. de relat., chef des *spahis*.

SPALANGIE, subst. fém. (*cepalanji*), d'hist. nat., insecte hyménoptère pupivore.

SPALAPHORE, subst. fém. (*cepalafore*), t. de bot., sorte de bigarade.

SPALAX, subst. mas. (*cepalakce*), t. d'hist. nat., animal rongeur de l'espèce des rats.

SPALLANZANIE, subst. fém. (*cepalelanzani*), t. de bot., genre de plantes.

SPALME, subst. mas. (*cepaleme*), mastic incorruptible qui sert à *spalmer*.

SPALMÉ, E, part. pass. de *spalmer*.

SPALMER, v. act. (*cepalemé*), enduire de goudron, de poix, de suif. L'*Académie* ajoute qu'on dit aussi *espalmer*. — **se SPALMER**, v. pron.

SPALT, subst. mas. (*cepalete*), pierre luisante dont les fondeurs se servent pour mettre en fusion les métaux.

SPAMOSEUSE, adj. fém. Voy. **SPAMOSEUX**.

SPAMOSEUX, adj. mas., au fém. **SPAMOSEUSE** (*cepamôzeu, zeuze*), qui est sujet à la crampe (*Boiste.*) Inusité. Voy. **SPASMOSEUX**.

SPANANTHE, subst. mas. (*cepanante*), t. de bot., plantes digynes de la famille des ombellifères.

SPANDAU, subst. propre mas. (*çepandô*), ville forte des états prussiens; malgré sa forteresse, qui fait toute son importance, elle fut prise par les Français en 1806.

SPANDEN, subst. propre mas. (*cepandène*), village de Prusse, où les Français remportèrent plusieurs avantages sur les Russes en 1807.

SPANOPOGON, subst. mas. (*cepanopoguon*) (du grec σπανός, rare, et πώγων, barbe), poils rares de la barbe, et sujets à tomber. — Par extension on a nommé ainsi ceux qui ont peu de barbe, et qui la perdent.

SPARACTE, subst. mas. (*ceparakte*), t. d'hist. nat., oiseau silvain de la famille des collurions.

SPARADRAP, subst. mas. (*ceparadra*), sorte de toile trempée dans un emplâtre fondu. On l'appelle aussi *toile Gauthier*, du nom de son inventeur.

SPARADRAPIER, subst. mas. (*ceparadrapié*), celui qui fait, qui prépare le *sparadrap*.

SPARAGME, subst. mas. (*ceparagueme*). Voy. **SPASME**.

SPARAILLON, subst. mas. (*cepara-ion*), t. d'hist. nat., poisson osseux et thoracique, du genre des spares.

SPARALLIUM, subst. mas. (*ceparalell-ome*), t. de médec., injection qu'on fait d'un liquide dans le vagin. Peu usité.

SPARASION, subst. mas. (*ceparazion*), t. d'hist. nat., insecte hyménoptère pupivore.

SPARASSE, subst. mas. (*ceparace*), t. d'hist. nat., genre d'arachnides.

SPARAXIDE, subst. fém. (*ceparakcide*), t. de bot., plante qui produit de grandes fleurs.

SPARAXIS, subst. mas. (*ceparakcice*), t. de bot., genre de plantes voisin des tritonies.

SPARE, subst. mas. (*cepare*)(du latin *sparum*, pris du grec σπαρος), t. d'hist. nat., genre de poissons osseux, holobranches et thoraciques.—Nom qu'on donnait anciennement à une espèce de dard qu'on lançait avec l'arbalète.

SPARGANE, subst. fém. (*ceparguane*) (du grec σπαργανον, bande dont on enveloppe un enfant), t. de bot., plante dont les feuilles ont la forme d'une bandelette, et qu'on appelle vulgairement *ruban d'eau.*

SPARGANON, subst. mas. (*ceparguanon*) (en grec σπαργανον), bandage dont on entourait les enfants au maillot.

SPARGANOPHORE, subst. mas. (*ceparguanofore*), t. de bot., genre de plantes voisin des éthuiles.

SPARGANOSE, subst. fém. (*ceparguanôze*), t. de chir., distension excessive des mamelles causée par une grande abondance de lait.

SPARGELLE, subst. fém. (*ceparjèle*), t. de bot., nom vulgaire du genêt sagittal.

SPARGÉ, E, part. pass. de *sparger.*

SPARGER, v. act. (*ceparjé*) (en latin, *spargere*), disperser, répandre. — *se* SPARGER, v. pron. Vieux.

SPARGITIDE, adj. des deux genres (*ceparjitide*), sigillé : *terrein spargitide.* Peu en usage.

SPARGOULE, subst. fém. Voy. SPERGULE.

SPARIÉ, E, adj. (*ceparí-é*), t. de mar., jeté sur la côte. Peu en usage. Voy. le mot suivant.

SPARIES, subst. fém. plur. (*cepari*) (du grec σπειρω, je sème), t. de mar., tout ce que la mer rejette sur ses bords.

SPARLING, subst. mas. (*ceparleingue*), t. de bot., plante du Malabar, de la famille des liliacées.

SPARMANNE, subst. mas. (*ceparmane*), t. de bot., arbrisseau qui porte le nom du célèbre botaniste *Sparmann.*

SPARSILE, adj. des deux genres (*ceparcile*) (du latin *sparsilis*, fait de *spargere*, semer, répandre, jeter çà et là), t. d'astron. : *étoiles sparsiles*, qui sont comme éparses au hasard, et ne forment point de constellations ; on les nomme aussi *informes* et *sporades.* — Les trois adjectifs, *sparsiles, informes* et *sporades*, sont presque toujours pris substantivement.

SPARTAIRE, subst. mas. (*cepartère*), lieu planté de genêts d'Espagne, où il en croît beaucoup. —Nom qu'on donne à ceux qui fabriquent de la *sparterie.* —T. d'hist. nat., espèce d'oiseau de proie.

SPARTE, subst. propre mas. (*reparte*), second nom que les anciens donnaient à la ville de Lacédémone.

SPARTE, subst. mas. (*ceparte*) (du latin *spartum*, fait du grec σπαρτον ou σπαρτος), t. de bot., plante graminée qui se plaît dans l'eau, et qui croît en Espagne. Les anciens en faisaient des cordages ; on continue d'en faire en Espagne.

SPARTÉ, E, adj. (*ceparté*), qui est fait de *sparte*, de genêt, de jonc.

SPARTÉOLES, subst. mas. plur. (*ceparté-ole*), gens préposés pour faire le guet, chez les anciens Romains.—Subst. fém., nom qu'on donnait aussi à des cordes faites de brins de jonc.

SPARTERIE, subst. fém. (*ceparteri*), manufacture de tissus de *sparte.* — Ouvrage fait en tissu de *sparte.* — Bâtiment où l'on fabrique les ouvrages de tissu de *sparte.*

SPARTIATE, subst. et adj. des deux genres (*ceparci-ate*), de la ville de *Sparte.*

SPARTINE, subst. fém. (*cepartine*), t. de bot., plantes diadelphes de la famille des légumineuses.

SPARTION, subst. mas. (*ceparcion*), t. de bot., plante légumineuse.

SPARTON, subst. mas. (*ceparton*), t. de bot., plante des anciens qu'on croit être notre *sparte.*

SPARTOPOLIE, subst. fém. (*cepartopoli*), t. d'hist. nat., pierre précieuse. — Espèce de masque que portaient, chez les anciens, les acteurs comiques dans leurs rôles.

SPARULE, subst. mas. (*ceparule*), t. d'hist. nat., espèce de poisson qu'on trouve dans la Méditerranée.

SPARUS, subst. mas. (*ceparuce*), t. d'antiq., sorte de dard qui se lançait avec l'arbalète.

SPASMATIQUE, subst. et adj. des deux genres (*cepacematike*), attaqué de *spasme.*

SPASME, subst. mas. (*cepaceme*)(du grec σπασμος, fait dans le même sens de σπαω, je tire, je contracte), t. de médec., sorte de convulsion ou retirement de nerfs.—T. d'hist. nat., nom d'une espèce d'insectes chéiroptères.

SPASMODIQUE, subst. et adj. des deux genres (*cepacemodike*), qui a rapport au *spasme* ; qui tient au *spasme : mouvement spasmodique*, de convulsion. Voy. SPASME.—*Remède spasmodique*, ou mieux, *anti-spasmodique*, contre les convulsions.—Subst. : *un, une spasmodique.*

SPASMODIQUEMENT, adv. (*cepacemodikeman*) d'une façon *spasmodique*; par *spasme.*

SPASMOLOGIE, subst. fém. (*cepacemoloji*) (du grec σπασμος, spasme, et λογος, discours), traité sur les *spasmes* ou convulsions.

SPASMOLOGIQUE, adj. des deux genres (*cepacemolojike*), qui a rapport à la *spasmologie.*

SPASMOSEUSE, adj. fém. Voy. SPASMOSEUX.

SPASMOSEUX, subst. et adj. mas., au fém. **SPASMOSEUSE** (*cepacemozeu, zeuze*), sujet au *spasme*, à des convulsions nerveuses. Peu usité. Voy. SPASMATIQUE.

SPASTIQUE, adj. des deux genres (*cepacetike*). Voy. SPASMODIQUE.

SPATA, ou **SPATHA**, subst. fém. (*cepata*), t. de bot., gaîne qui enveloppe les fleurs mâles du dattier.

SPATAGNE, ou **SPATAGUE**, subst. fém. (*cepacetagnie, tague*), t. d'hist. nat., espèce de chauve-souris.

SPATALIE, subst. fém. (*cepatali*), t. de bot., plante monogyne de la famille des protées.

SPATANGUE, subst. mas. (*cepatangue*), t. d'hist. nat., genre de vers échinodermes.

SPATAPHORE, subst. mas. (*cepatafore*), t. de bot., plante de la famille des bigaradiers.

SPATH, subst. mas. (*cepate*), (mot emprunté de l'allemand), pierre feuilletée qu'on trouve dans les mines.—*Spath adamantin*, le corindon.—*Spath adamantin brun rougeâtre*, le titane oxydé ; et *spath adamantin rouge violet de Bourmon*, le feld-*spath* apyre. — *Spath ammoniacal*, fluate d'ammoniac.—*Spath calcaire*, fluate de chaux.—*—Spath pesant*, fluate de baryte.—*L'Académie* termine son article par ces mots : Quelques-uns disent par corruption, *spar.* Au reste, elle cite ce mot sans l'approuver. Le mot *spath* lui-même commence à tomber en désuétude. Les anciens minéralogistes l'avaient adopté pour désigner quelques espèces de minéraux à texture lamellaire et cristalline. On ne l'emploie guère aujourd. que pour désigner le carbonate de chaux laminaire, ou *spath calcaire* ; et la fluorine, ou *spath fluor.* Toutes les autres dénominations appartiennent à l'ancienne minéralogie.

SPATHACÉ, E, adj. (*cepatacé*), t. de bot., enveloppé d'une *spathe.* Voy. ce mot.

SPATHE, subst. fém. (*cepate*)(du grec σπαθη, lame ou pique, parce que cette gaîne se termine en pique), t. de bot., membrane qui recouvre les fleurs du narcisse et de plusieurs liliacées. — Espèce de gaîne membraneuse, qui entoure le spadix dans les fleurs des palmiers.—Espèce de sabre commun aux Germains et aux Gaulois, dont la garde était faite de manière qu'on pouvait s'en servir des deux mains.

SPATHÈLE, subst. fém. (*cepatèle*), t. de bot., plante trigyne de la famille des térébinthacées.

SPATHESTER, subst. mas. (*cepatècetère*), t. de chir., instrument qui servait à ramener le prépuce sur le gland, lorsqu'il était trop court.

SPATHIFIÉ, E, part. pass. de *spathifier.*

SPATHIFIER, v. act. (*cepatifié*), former en *spath.*—*se* SPATHIFIER, v. pron., devenir *spath.* Peu en usage.

SPATHILLE, subst. fém. (*cepati-ie*), petite *spathe* qui recouvre les fleurs de certaines plantes.

SPATHION, subst. mas. (*cepation*), t. de bot., genre de plantes.

SPATHIQUE, adj. des deux genres (*cepatike*), Voy. FLUORIQUE, qui est plus usité.

SPATHODÉE, subst. fém. (*cepatodé*), t. de bot., genre de plantes dont le calice est en forme de *spathe.*

SPATHULAIRE, subst. mas. (*cepatulère*), t. d'hist. nat., espèce de poisson.

SPATHULE (l'*Académie* écrit *spatule*, orthographe moins conforme à l'étymologie, mais que l'usage paraît avoir consacrée), subst. fém. (*cepatule*) (du latin *spathula*, diminutif de *spatha*, en grec σπαθη, spathule), instr. de pharmacie rond par un bout et plat par l'autre.—T. d'h. nat., genre d'oiseaux échassiers.

SPATHULÉ, E, adj. (*cepatulé*), t. de bot., se dit des feuilles dont la partie supérieure est arrondie en forme de *spathule.*

SPATILE, subst. fém. (*cepatile*), t. de médec., matière fécale liquide.

SPATOLA, subst. mas. (*cepatola*), t. d'hist. nat., fossile de Monte-Bolca ; espèce de silure ascite.

SPATULA, subst. fém. (*cepatula*), t. de bot., sorte d'iris fétide.

SPATULAIRE, subst. fém. (*cepatulère*), t. de bot., plante de la famille des champignons.

SPATULE, subst. fém. (*cepatule*), t. de bot., plante nommée aussi *glayeul puant.*—Subst. mas. plur., t. d'anat., les omoplates. Voy. SPATHULE.

SPÉ, subst. mas. (*cepé*), nom qu'on donne au plus ancien des enfants de chœur de la cathédrale de Paris.

SPEAUTRE, subst. mas. (*cepôtre*), t. d'hist. nat., espèce de méteil. Voy. EPEAUTRE.

SPÉCIA, subst. fém. (*cepéci-a*), t. de comm., solde d'un compte.

SPÉCIAL, E, adj. (*cepéci-ale*) (en lat. *specialis*), particulier ; ce qui se réfère, se reporte à un seul objet. Il est opposé à *général : pouvoir spécial ; cela est exprimé par une clause spéciale.* —Notable, remarquable : *faveur spéciale.*— Au plur. mas., *spéciaux.*

SPÉCIALEMENT, adv. (*cepéci-aleman*) (du lat. *specialiter*), particulièrement, d'une manière *spéciale*, qui désigne, détermine, exprime une chose ou une personne particulière, etc.

SPÉCIALISÉ, E, part. pass. de *spécialiser.*

SPÉCIALISER, v. act. (*cepéci-alizé*), indiquer, désigner *spécialement.*—*se* SPÉCIALISER, v. pron. Ce mot manque dans l'*Académie.*

SPÉCIALITÉ, subst. fém. (*cepéci-alité*), qualité de ce qui est *spécial.*—T. de pratique, détermination d'une chose *spéciale.*

SPÉCIAUX, adj. mas. plur. Voy. SPÉCIAL.

SPÉCIEUSE, adj. fém. Voy. SPÉCIEUX.

SPÉCIEUSEMENT, adv. (*cepéci-euzeman*), d'une manière *spécieuse* ou apparente.

SPÉCIEUX, adj. mas., au fém. **SPÉCIEUSE** (*cepéci-eu, euze*) (du lat. *speciosus*, fait de *species*, forme, figure, apparence, beauté), qui a une apparence de vérité et de justice : *prétexte spécieux, raisons spécieuses ; il ne nous donne que des raisons spécieuses ; il a donné à cette affaire un tour fort spécieux.*—Se dit quelquefois par opposition à *solide : cela n'est que spécieux* ; il n'y a rien de réel.— *Arithmétique spécieuse*, calcul des quantités exprimées par les lettres de l'alphabet, que les premiers algébristes appelaient *species*, espèces ; parce que ces lettres, expriment toutes les quantités, en marquent en quelque sorte l'espèce générale. C'est ce que nous nommons aujourd'hui *algèbre.*—Subst. mas., ce qu'il y a d'apparent dans quelque chose : *le spécieux de la chose est que...*

SPÉCIFICATIF, adj. mas., au fém. **SPÉCIFICATIVE** (*cepécifikatif, tive*), qui *spécifie : terme spécificatif.*

SPÉCIFICATIVE, adj. fém. Voy. SPÉCIFICATIF.

SPÉCIFICATION, subst. fém. (*cepécifikâcion*), expression et détermination des choses particulières en les *spécifiant.*

SPÉCIFICITÉ, subst. fém. (*cepécificité*), t. de médec., état, qualité de ce qui est *spécifique.*

SPÉCIFIÉ, E, part. pass. de *spécifier.*

SPÉCIFIER, v. act. (*cepécifié*) (du lat. *specificare*), particulariser, exprimer en détail ; déterminer en particulier.—*se* SPÉCIFIER, v. pron.

SPÉCIFIQUE, adj. des deux genres (*cepécifike*) (du lat. *specificus*), propre spécialement à... : *différence, vertu, qualité spécifique ; remède spécifique.*—T. de bot., qui appartient à l'*espèce*, qui la caractérise.—En phys., *pesanteur spécifique*, celle de deux corps solides ou fluides, qui ont des poids différents sous un même volume ; *chaleurs spécifiques*, quantité de chaleurs qui peuvent produire, dans les corps égaux en masse, des élévations égales de température, en prenant un degré du thermomètre comme terme de comparaison.—Subst. mas., remède *spécifique : le quinquina est un grand spécifique contre la fièvre.*

SPÉCIFIQUEMENT, adv. (*cepécifikeman*), d'une manière *spécifique* et particulière.

SPÉCIMEN (et non pas **SPÉCIMEN**), subst. mas. (*cepécimène*), mot tout latin, qui signifie, marque, indication, exemple, modèle, essai, épreuve, échantillon : *il serait nécessaire de donner un spécimen du format et du caractère de l'ouvrage, dans un prospectus.* — Au plur., des *spécimen.*

SPÉCIOSITÉ, subst. fém. (*cepéci-ôzité*) (en lat. *speciositas*), beauté.

SPECTACLE, subst. mas. (*cepéktakle*) (du lat. *spectaculum*, fait de *spectare*, regarder), en général, tout objet qui attire les regards : *beau spectacle, triste spectacle.* — En particulier, représentation théâtrale : *la comédie est un spectacle fort agréable ; assister au spectacle.* — Il se prend aussi pour la pompe, la magnificence, l'éclat qui accompagnent une représentation : *il y a beaucoup de spectacle dans cette comédie ; c'est un mélodrame à grand spectacle.*—Grandes cérémonies ou réjouissances publiques : *à la fête du roi, les feux d'artifice, les parades, les revues militaires sont de beaux spectacles pour la curiosité du peuple.* — *Être en spectacle*, exposé à l'attention publique : *un homme qui a un haut emploi est en spectacle à tout le monde.*—*Se donner en spectacle*, s'exposer aux regards et au jugement du public.—*Servir de spectacle*, être exposé à la risée, au mépris du public. — Lieu où se donnent les représentations théâtrales.—En général, tout ce qui forme l'ensemble des pièces théâtrales : *les spectacles ont leur bon côté et leur côté dangereux.*

SPECTATEUR, subst. mas., **SPECTATRICE**, subst. fém. (*cepéktateur, trice*) (du lat. *spectator*), celui, celle qui assiste à un *spectacle* : *les acteurs et les spectateurs.* — Fig., celui, celle qui n'agit point dans une affaire, qui voit seulement ce qui s'y passe : *il fut simple spectateur du combat ; elle a été spectatrice de tout cet événement.*

SPECTATRICE, subst. fém. Voy. SPECTATEUR.

SPECTRE, subst. mas. (*cepèktre*) (du lat. *spectrum*, fait de *specio*, pour *aspicio*, je vois, je regarde), fantôme, figure surprenante qu'on voit ou plutôt qu'on croit voir dans les ténèbres, etc. —Fig. et par exagération, personne extrêmement hâve et maigre.—T. de phys. : *spectre coloré* ou *solaire*, l'image oblongue et colorée du soleil, dont les rayons passent par l'angle d'un prisme dans une chambre obscure. — T. d'hist. nat., tribu d'insectes de l'ordre des orthoptères.— Nom d'une chauve-souris d'Amérique, communément appelée *vampire*.

SPÉCULAIRE, adj. des deux genres (*cepékulère*) (en lat. *specularis*, fait de *speculum*, miroir), qui brille aux yeux : *pierre spéculaire*, sorte de pierre claire et transparente comme le verre.—*Science spéculaire*, art de faire les miroirs. En ce sens, on dit aussi subst. au fém. : *la spéculaire.*—*Fer spéculaire*, fer poli et luisant comme une glace.—Subst. mas. plur., magiciens ou devins qui faisaient voir dans un miroir tout ce qu'on désirait, ou qui se vantaient de le faire.

SPÉCULATEUR, subst. mas., **SPÉCULATRICE**, subst. fém. (*cepékulateur, trice*), celui, celle qui *spécule*, qui observe les astres et les phénomènes célestes.—Celui qui fait des *spéculations* en matière de banque, de finance, de commerce, etc. : *cet homme est un fin spéculateur, il a fait une fortune rapide.*—L'*Académie* ne donne pas de fém. à ce subst.

SPÉCULATIF, adj. mas., au fém. **SPÉCULATIVE** (*cepékulatif, tive*), qui a coutume de *spéculer*, d'observer attentivement : *esprit spéculatif.*—Qui est l'objet de la *spéculation* : *science spéculative.* — Subst. mas., homme qui raisonne profondément sur les matières politiques, etc. : *les spéculatifs s'imaginent que cela n'aboutira à rien.*

SPÉCULATION, subst. fém. (*cepékulâcion*) (du latin *speculatio*), action de *spéculer* : *la spéculation des astres.* On dit plus souvent *observation.* —Il se dit par opposition à *pratique* : *cela n'est bon que dans la spéculation.* — *Spéculation de commerce*, affaires, entreprises, combinaisons commerciales. — Observations faites, écrites par les *spéculateurs* : *il nous a communiqué ses spéculations sur cette matière.*—T. d'hist. nat., nom d'une coquille du genre cône.

SPÉCULATIVE, adj. fém. Voy. SPÉCULATIF.— Subst. fém., théorie, science qui s'arrête à la *spéculation*,-au simple raisonnement. (*Trévoux.*)

SPÉCULATIVEMENT, adv. (*cepékulativeman*), d'une manière *spéculative* : *en matière de morale, on aime spéculativement ce qui porte le cachet de la vérité.*

SPÉCULATOIRE, subst. fém. (*cepékulatoare*), science qui a pour objet l'interprétation des éclairs, du tonnerre, des comètes et autres phénomènes semblables. (*Trévoux.*) Vieux.

SPECULATOR, subst. mas. (*cepékulâtor*) (mot tout latin), t. d'antiq., soldat de la garde des empereurs. — Espion. — Bourreau.

SPÉCULATRICE, subst. fém. Voy. SPÉCULATEUR.

SPÉCULÉ, E, part. pass. de *spéculer.*

SPÉCULER, v. act. et neut. (*cepékulé*) (du latin *speculari*), contempler, observer les astres. *Observer* est maintenant seul usité : *il passe la nuit à spéculer.*—Méditer attentivement sur une matière : *ce n'est pas le tout de spéculer, il faut réduire en pratique.* — Faire une opération de commerce par des raisonnements, par des calculs : *il a beaucoup spéculé sur les grains, sur les soies ; il spécule beaucoup sur les fonds publics.* — *se* SPÉCULER, v. pron.

SPECULUM, (ce mot, qui est entièrement latin, ne doit pas, ainsi que *spécimen* et d'autres de ce genre qui ont conservé leur forme, recevoir un accent aigu sur l'*e*), substantif masculin (*cepékulome*), instrument pour tenir l'œil ouvert, pour dilater le vagin, la matrice, l'anus, pour tenir la bouche ouverte à un malade. On ajoute, aux divers instruments de ce genre, le nom des parties auxquelles ils sont propres ; ainsi, l'on appelle *speculum oculi*, le *speculum de l'œil ; speculum ani*, le *speculum* de *l'anus*, etc.

• **SPÉE** ou **CÉPÉE**, subst. fém. (*cepé, cépé*), bois d'un an ou deux.

SPEIS, subst. mas. (*cepèce*), substance qui se sépare du bleu de Saxe, dans la fusion.

SPÉLAÏTE, subst. propre mas. (*cepéla ite*) (du grec σπηλαιον, antre), surnom de Mercure et d'Apollon, qu'on adorait dans les grottes sacrées.

SPÉLONQUE, subst. fém. (*cepélonke*) (en latin *spelunca*), grotte, caverne, antre. Vieux, et plus latin que français.

SPENCER, subst. mas. (*cepeincère*) (mot anglais), corsage sans jupe.

SPENDITEUR, subst. mas. (*cepanditeur*), celui qui a eu la peste et ne peut plus la gagner. Peu usité.

SPERCHE, subst. mas. (*cepèreche*), t. d'hist. nat., insecte coléoptère.

SPERGULASTRE, subst. mas. (*cepèregulacetre*), t. de bot., genre de plantes voisin des spergules.

SPERGULE, subst. fém. (*cepèregule*) (en latin *spergula*), t. de bot., plante annuelle, indigène, à fleur rosacée, dont on fait des prairies artificielles, et qui fournit un bon pâturage.

SPERMA-CETI, subst. mas. (*cepèrema-céti*), (mots latins qui signifient semence de baleine), blanc de baleine, substance analogue à la cire et à la graisse.

SPERMACOCE, subst. mas. (*cepèremakoce*), t. de bot., plante monogyne.

SPERMACRASIE, subst. fém. (*cepèremakrazi*) (du grec σπερμα, semence, et ακρασια, incontinence), t. de médec., gonorrhée, écoulement de semence.

SPERMA-DICTYON, subst. mas. (*cepèremadikti-on*), t. de bot., arbuste de la famille des rubiacées.

SPERMATIQUE, adj. des deux genres (*cepèrematike*) (du latin *spermaticus*, fait de *sperma*, sperme), qui a rapport au *sperme.*— *Vaisseaux spermatiques*, dans lesquels s'engendre le *sperme.*—*Vers spermatiques*, que l'on découvre dans la semence, à l'aide d'un microscope.

SPERMATOCÈLE, subst. fém. (*cepèrematocèle*) (du grec σπερμα, sperme, semence, et κηλη, tumeur), t. de chir., fausse hernie causée par le gonflement des vaisseaux spermatiques.

SPERMATOLOGIE, subst. fém. (*cepèrematoloji*) (du grec σπερμα, sperme, semence, et λογος, discours), traité ou dissertation sur la semence.

SPERMATOLOGIQUE, adj. des deux genres (*cepèrematolojike*), qui concerne la *spermatologie*.

SPERMATOPÉ, E, adj. (*cepèrematopé*) (du grec σπερμα, semence, et ποιεω, je fais), t. de médec.; se dit des substances que l'on croit propres à augmenter la semence. — Subst. : *des spermatopés.*

SPERMATOPHAGE, adj. des deux genres (*cepèrematofaje*) (du grec σπερμα, semence, et φαγω, je mange), t. d'hist. nat., qui vit de graines.—Subst. mas. : *les spermatophages.*

SPERMATOSE, subst. fém. (*cepèrematôze*) (du grec σπερμα, sperme, gén. σπερματος), t. de médec., production, coction, préparation de la semence dans les vésicules séminales, etc.

SPERMATORRHÉE, subst. fém. (*cepèrematoré*) (du grec σπερμα, sperme, et ρεω, je coule), t. de médec., écoulement involontaire de *sperme.*

SPERMATORRHÉIQUE, adj. des deux genres (*cepèrematoré-ike*), qui a rapport à la *spermatorrhée.*

SPERMATOZÉMIE, subst. fém. Voy. SPERMACRASIE.

SPERMAXYRE, subst. mas. (*cepèremakcire*), t. de bot., arbuste de la famille des tithymaloïdes.

SPERME, subst. mas. (*cepèreme*) (du grec σπερμα, adopté par les Latins, et qui dérive de σπειρω, je sème), semence dont l'animal est engendré. —*Sperme de baleine*, cervelle du cachalot, blanc de baleine. Voy. SPERMA-CETI.

SPERMÉON, subst. mas. (*cepèremé-on*), t. de médec., *sperme.*

SPERMÉTISÉ, E, participe passé de *spermétiser.*

* **SPERMÉTISER**, v. act. (*cepèremétizé*), injecter de *sperme.* (*Boiste.*) Inusité.

SPERMIODE, subst. fém. (*cepèremi-ode*), *sperme* de grenouille, qui est un puissant réfrigératif.

SPERMIOLE, subst. fém. (*cepèremi-ole*), œufs ou frai des grenouilles.—T. de pharm., espèce de poudre employée contre les hémorrhagies.

SPERMODÉE, subst. fém. (*cepèremodé*), t. de bot., genre de plantes.

SPERMODERME, subst. mas. (*cepèremodèreme*), t. de bot., genre de plantes de la famille des champignons.

SPÉRONATE, subst. fém. (*cepéronate*), espèce de chaloupe à rames usitée en Italie.

SPÉRONELLE, subst. fém. (*cepéronèle*), t. de bot., consoude royale à fleurs doubles.

SPET, subst. mas. (*cepè*), t. d'hist. nat., poisson du genre des ésoces.

SPHACÈLE, subst. mas. (*cefacèle*) (du grec σφακελος), t. de chir., mortification entière de quelque partie du corps, causée par un défaut de circulation dans le sang et les humeurs. — Gangrène d'un membre, d'un organe.

SPHACÉLÉ, E, adj. (*cefacélé*), qui est attaqué de *sphacèle.*

SPHACÉLER, v. neut. (*cefacélé*), t. de médec., se gangréner.

SPHACTÉRIE, subst. fém. (*cefaktéri*), lieu où les Héraclides immolaient leurs victimes, sur les frontières de l'Élide.

SPHAGÉBRANCHE, subst. mas. et adj. des deux genres (*cefajébranche*) (du grec σφαγη, la gorge, et βραγχια, les branchies, les ouïes des poissons), t. d'hist. nat., genre de poissons osseux de l'ordre des ophichthyctes, qui ont une double ouverture de branchies sous la gorge.

SPHAGE, subst. mas. (*cefaje*) (du grec σφαγη, la gorge), t. d'anat., le gosier, la partie antérieure du cou.

SPHAGITIDE, subst. fém. (*cefajitide*), t. d'anat., veine de la gorge.

SPHAIGNE, subst. mas. (*cefègnie*), t. de bot., genre de plantes de la famille des mousses.

SPHASE, subst. fém. (*cefaze*), t. d'hist. nat., genre d'arachnides.

SPHÉCISME, subst. mas. (*cefécіceme*), t. de mus. anc., air de flûte qui imitait le bourdonnement des abeilles.

SPHÉCODE, subst. mas. (*cefékode*), t. d'hist. nat., genre d'insectes de l'ordre des hyménoptères.

SPHÉCOTÈRE, subst. mas. (*cefékotère*), t. d'hist. nat., genre d'oiseaux de l'ordre des silvains.

SPHÉGIDE, subst. mas. (*ceféjide*), t. d'hist. nat., insecte hyménoptère.

SPHÈNE, subst. mas. (*cefène*) (du grec σφην, coin, à cause de l'obliquité de ses divisions), nom donné à une sorte de pierre crystallisée ; on l'appelle aussi *titanite.*

SPHÉNI-MAXILLIEN, subst. et adj. mas. (*cefénimakcilèliein*), t. d'anat., le muscle ptérygoïdien externe.

SPHÉNISQUE, subst. mas. (*cefénіceke*), t. d'hist. nat., division d'oiseaux plongeurs.

SPHÉNO-BASILAIRE, subst. et adj. mas. (*cefénobazilère*), t. d'anat., l'os occipital.

SPHÉNOCARPE, subst. mas. (*cefénokarpe*), t. de bot., genre de plantes, le même que le laguncutaire.

SPHÉNOCLE, subst. fém. (*cefénokle*), t. de bot., genre de plantes nommée aussi *pougati.*

SPHÉNO-ÉPINEUSE, adj. fém. Voy. SPHÉNO-ÉPINEUX.

SPHÉNO-ÉPINEUX, adj. mas., au fém. **SPHÉNO-ÉPINEUSE** (*cefénô-épineu, neuze*), t. d'anat., qui a rapport à l'épine du *sphénoïde.* — On appelle : *artère spbéno-épineuse*, la méningée moyenne; *trou sphéno-épineux*, un trou placé au devant de l'*épine* du *sphénoïde*, et servant à introduire l'artère méningée moyenne dans le crâne.

SPHÉNOÏDAL, E, adj. (*ceféno-idal*), qui appartient au *sphénoïde*. — On appelle *épine sphénoïdale*, une crête saillante de la face inférieure du *sphénoïde* qui s'articule avec le vomer; *fente sphénoïdale*, une fente placée entre la grande et la petite aile du *sphénoïde*; *sinus sphénoïdaux*, deux cavités creusées dans l'épaisseur du creux du *sphénoïde*, et communiquant avec les fosses nasales.—Au plur., *sphénoïdaux*.

SPHÉNOÏDAUX, adj. mas. plur. Voy. SPHÉNOÏDAL.

SPHÉNOÏDE, subst. mas. et adj. des deux genres (*ceféno-ide*) (du grec σφην, coin, et ειδος, ressemblance, forme), t. d'anat., os de la tête, commun au crâne et à la mâchoire supérieure.

SPHÉNO-MAXILLAIRE, subst. et adj. des deux genres (*cefénômakcilelère*), t. d'anat., qui a rapport aux os *sphénoïde* et *maxillaire*. — On appelle : *fente sphéno-maxillaire*, une fente formée par le *sphénoïde*, le *maxillaire* supérieur, le paladin et le malaire, et placée à la partie postérieure de l'angle de réunion des parois inférieure et interne de l'orbite; *fosse sphéno-maxillaire*, un enfoncement qui existe à la réunion des fosses *sphéno-maxillaire* et ptérygo-*maxillaire*.

SPHÉNO-MAXILLIEN, subst. et adj. mas. Voy. SPHÉNI-MAXILLIEN.

SPHÉNO-ORBITAIRE, subst. et adj. des deux genres (*cefénô-orbitère*), t. d'anat., la partie antérieure du corps du *sphénoïde*.

SPHÉNO-PALATIN, E, adj. (*cefénôpalatein, tine*), t. d'anat., qui a rapport à l'os *sphénoïde* et au *palais*.—On appelle *artère sphéno-palatine*, la terminaison de la maxillaire interne; *ganglion sphéno-palatin*, celui qui est placé en dehors du trou *sphéno-palatin*, dans la concavité ptérygo-maxillaire; *muscle sphéno-palatin*, le sphéri-staphylin interne, selon quelques-uns; *nerfs sphéno-palatins*, des nerfs nés de la partie interne du ganglion; ils sont au nombre de cinq ou six; *trou sphéno-palatin*, une couverture arrondie, formée par l'os *sphénoïde* et la portion verticale de l'os du palais.

SPHÉNO-PARIÉTAL, E, adj. (*cefénôpari-étale*), t. d'anat.; se dit particulièrement de la suture qui unit l'extrémité des grandes ailes du *sphénoïde* avec l'angle antérieur et inférieur de l'os *pariétal*.—Au plur. mas., *sphéno-pariétaux*.

SPHÉNO-PARIÉTAUX, adj. mas. plur. Voy. SPHÉNO-PARIÉTAL.

SPHÉNO-PTÉRYGO-PALATIN, subst. et adj. mas. (*cefénôpetériguopalatein*), t. d'anat.; se dit du muscle qui s'attache à l'apophyse *ptérygoïde* du *sphénoïde* et du *palais*.

SPHÉNO-SALPINGO-STAPHYLIN, subst. et adj. mas. (*cefénôçalcpeinguocetafilein*), t. d'anat., se dit du muscle qui a rapport à l'os *sphénoïde*, à la trompe d'Eustache et à la luette.

SPHÉNO-TEMPORAL, E, adj. (*cefénôtanporale*), t. d'anat., qui a rapport aux os *sphénoïde* et *temporal*.—On appelle *os sphéno-temporal*, la partie postérieure du corps du *sphénoïde*, selon *Béclard*; *suture sphéno-temporale*, celle qui résulte de l'articulation des grandes ailes du *sphénoïde* avec la partie écailleuse du *temporal*.

SPHÉRANTHE, subst. fém. (*ceférante*) (du grec σφαιρα, sphère, globe, et ανθος, fleur), t. de bot., plante dont les fleurs sont ramassées en boule ou en tête arrondie.

SPHÈRE, subst. fém. (*cefère*) (du grec σφαιρα, en lat. *sphera*), globe, corps solide contenu sur une seule surface, au milieu duquel est un point appelé *centre*, d'où toutes les lignes tirées à la surface sont égales.—Machine ronde et mobile, composée de divers cercles qui représentent ceux que les astronomes imaginent dans le ciel. On l'appelle ordinairement *sphère armillaire*.— Disposition du ciel, suivant les cercles imaginés par les astronomes; *sphère de Ptolémée, de Copernic*, etc. — Disposition des cercles de la *sphère* par rapport aux différents pays de la terre : *sphère droite*, dans laquelle l'équateur coupe l'horizon à angles droits; *sphère parallèle*, dans laquelle l'équateur est parallèle à l'horizon; *sphère oblique*, dans laquelle l'équateur coupe l'horizon obliquement.—Connaissance des principes d'astronomie qu'on apprend par le moyen d'une *sphère* : *il étudie la sphère*.—Espace dans lequel les astronomes conçoivent qu'une planète fait son cours : *la sphère de Jupiter*, etc.—En phys., *sphère d'activité*, espace dans lequel la vertu d'un agent naturel peut s'étendre, et hors duquel il n'a point d'action.—Fig., étendue de pouvoir, de connaissance, de talent : *cette science est hors de sa sphère; cela n'est pas de votre sphère*.—Fig. et fam. : *sortir de sa sphère*, sortir des bornes de son état, de sa condition.

SPHÉRICITÉ, subst. fém. (*ceféricité*), qualité, état de ce qui est *sphérique* : *la sphéricité d'une planète*.

SPHÉRIDIE, subst. fém. (*ceféridi*), t. d'hist. nat., genre d'insectes coléoptères.

SPHÉRIDIOTE, subst. mas. (*ceféridi-ote*), t. d'hist. nat., nom d'insectes coléoptères.

SPHÉRIE, subst. fém. (*ceféri*), t. de bot., plantes cryptogames de la famille des champignons.

SPHÉRIOPHORE, subst. mas. (*ceféri-ofore*), t. de bot., sorte d'indigotier dont les feuilles ressemblent à celles du lin.

SPHÉRIQUE, adj. des deux genres (*ceférike*), qui est en forme de globe ou *sphère*. — *Angle sphérique*, t. de géom., inclinaison mutuelle de deux plans qui coupent une *sphère*. —*Triangle sphérique*, compris entre trois arcs de grands cercles d'une *sphère* qui se coupent l'un l'autre. — *Astronomie sphérique*, partie de l'astronomie qui considère l'univers dans l'état où l'œil l'aperçoit. — *Géométrie sphérique*, doctrine de la *sphère*, et particulièrement des cercles qui sont décrits sur sa surface, avec la méthode de les tracer sur un plan, d'en mesurer les arcs, etc. — *Trigonométrie sphérique*, l'art de résoudre les triangles *sphériques*.

SPHÉRIQUEMENT, adv. (*ceférikeman*), d'une manière *sphérique*.

SPHÉRIQUE, subst. mas. (*ceférike*), livres écrits sur les propriétés de la *sphère*, par *Théodose*.

SPHÉRISTE, subst. mas. (*cefériceté*), chez les anciens, maître de paume.

SPHÉRISTÈRE, subst. mas. (*cefériceтère*) (du grec σφαιριστηριον), t. d'antiq., lieu destiné au jeu de paume ou de ballon.

SPHÉRISTIQUE, subst. fém. et adj. des deux genres (*cefériceтike*) (du grec σφαιριστικη, sous-entendu τεχνη, art; art *sphéristique*, dérivé de σφαιρα, sphère, ballon), t. d'antiq., art de jouer à la paume et au ballon : *l'art sphéristique; la sphéristique était fort connue des anciens*.

SPHÉRITE, subst. mas. (*ceférite*), t. d'hist. nat., genre d'insectes de l'ordre des coléoptères : ils se trouvent en Suède. — Chez les anciens, nom qu'on donnait à une espèce de gâteau.

SPHÉROBOLE, subst. mas. (*ceférobole*), t. de bot., plante cryptogame de la famille des champignons.

SPHÉROCARPE, subst. mas. et adj. des deux genres (*ceférokarpe*) (du grec σφαιρα, sphère, et καρπος, fruit), t. de bot., genre de petits champignons globuleux qui naissent ordinairement plusieurs ensemble sur un arbre mort.

SPHÉROCÉPHALE, subst. mas. (*ceférocéfale*), t. de bot., espèce de plante bilabiée.

SPHÉROCÈRE, subst. mas. et adj. des deux genres (*ceférocère*), t. d'hist. nat., genre d'insectes diptères.

SPHÉROCOQUE, subst. mas. (*ceférokoke*), t. de bot., genre de plantes de la famille des algues.

SPHÉROÏDAL, E, adj. (*ceféro-idale*), qui a la forme d'un *sphéroïde*. — *Diamant sphéroïdal*, diamant de quarante-huit faces bombées. — Au plur. mas. *sphéroïdaux*.

SPHÉROÏDAUX, adj. mas. plur. Voy. SPHÉROÏDAL.

SPHÉROÏDE, subst. mas. (*ceféro-ide*) (du grec σφαιρα, *sphère*, et ειδος, forme, ressemblance), t. de géom., corps qui approche de la figure de la *sphère*, mais qui n'est pas exactement rond et dont un diamètre est plus grand que l'autre. — T. d'hist. nat., nom d'un genre de poissons appelé le *sphéroïde tuberculeux*, parce que son corps est couvert de petits tubercules dans les deux tiers de son étendue.

SPHÉROLOBE, subst. mas. (*ceférolobe*), t. de bot., genre de plantes légumineuses.

SPHÉROMACHIE, subst. fém. (*ceféromachi*) (du grec σφαιρομαχια, formé de σφαιρα, sphère, et μαχομαι, je combats), t. d'antiq., exercice de la paume ou du ballon. — Suivant quelques-uns, espèce particulière de jeu avec des balles de plomb. — Traité sur cet exercice.

SPHÉROMACHIQUE, adj. des deux genres (*ceféromachike*), qui a rapport à la *sphéromachie*.

SPHÉROME, subst. mas. (*ceférome*), t. d'hist. nat., genre de crustacés isopodes.

SPHÉROMÈTRE, subst. mas. (*ceféromètre*) (du grec σφαιρα, sphère, et μετρον, mesure, *mesure de la sphéricité*), t. d'optique, instrument pour mesurer la courbure des verres de lunettes.

SPHÉROMÉTRIQUE, adj. des deux genres (*ceférométrike*), qui a rapport au *sphéromètre*.

SPHÉRONÉMA, subst. mas. (*ceféronéma*), t. de bot., genre de plantes cryptogames, de la famille des champignons.

SPHÉROPHORE, subst. mas. (*ceférofore*), t. de bot., genre de plantes cryptogames de la famille des algues.

SPHÉRO-SIDÉRITÉ, subst. mas. (*ceférocidérité*), t. d'hist. nat., nom d'une substance qui se trouve dans une lave basaltique et compacte. — Fer hydraté calcifère et concrétionné.

SPHÉRULE, subst. fém. (*ceférule*), t. de bot., organe qui renferme les bourgeons séminiformes, dans les plantes hypoxylées.

SPHEX, subst. mas. (*cefékce*), t. d'hist. nat., genre d'insectes de l'ordre des hyménoptères.

SPHINCTER, subst. mas. (*cefeinktère*) (du grec σφιγκτηρ, dérivé dans le même sens de σφιγγω, je lie, je serre), t. d'anat., muscles en forme d'anneau, qui serrent les orifices de la vessie et du fondement. — On appelle : *sphincter externe de l'anus*, un muscle elliptique et aplati qui entoure l'anus, se fixe d'une part au coccyx, et se confond de l'autre avec les bulbo-caverneux et transverse du périnée; *sphincter interne de l'anus*, un assemblage de fibres circulaires qui entourent l'extrémité inférieure du rectum, à la profondeur d'un doigt à peu près; *sphincter du gosier*, le muscle constricteur du pharynx; *sphincter des lèvres*, le muscle orbiculaire des lèvres; *sphincter du vagin*, le muscle constricteur du vagin; ces trois derniers noms ont été donnés seulement par deux ou trois anatomistes; *sphincter faux de la vessie*, les fibres intérieures du muscle releveur de l'anus, parce qu'elles peuvent, en se contractant, resserrer le col de la vessie, au-dessous duquel elles passent.

SPHINCTÉRULE, subst. fém. (*cefeinktérule*), t. d'hist. nat., genre de coquilles de la côte du Malabar.

SPHINGIDE, subst. mas. (*cefeinjide*), t. d'hist. nat., insecte de l'ordre des lépidoptères.

SPHINGIDIE, subst. fém. (*cefeinjidi*), t. de bot., plante de la famille des personnées.

SPHINGION, subst. mas. (*cefeinjion*), t. d'hist. nat., quadrupède mammifère de la famille des singes.

SPHINX, subst. mas. (*cefeinkce*) (du grec σφιγξ, fait de σφιγγω, je serre, je presse, j'embarrasse, parce que le *sphinx* embarrassait les passants par des énigmes qu'il fallait deviner sous peine d'être dévoré), figure qui a le visage et les mamelles d'une femme, et le reste du corps d'un lion.—En t. d'hist. nat., papillon qui porte les ailes horizontales dans le repos.—Genre d'insectes de l'ordre des lépidoptères. — Nom que Pline donne au babouin proprement dit.—Subst. propre mas., myth., monstre qui avait le visage d'une femme, le reste du corps ressemblant à un chien et à un lion, avec des ailes. Junon, irritée contre les Thébains, parce qu'Alcmène s'était laissé tromper par Jupiter, envoya ce monstre sur le mont Cythéron, où il proposait une énigme, et dévorait ceux qui ne l'expliquaient pas après s'être présentés pour la deviner. Cette énigme consistait à savoir quel était l'animal qui avait quatre pieds le matin, deux à midi et trois le soir. OEdipe, reconnaissant l'homme à ce portrait, découvrit le sens de l'énigme, et le Sphinx se précipita de rage, et se tua. OEdipe épousa ensuite, sans la connaître, Jocaste, sa propre mère, dont la main devait être la récompense de celui qui vaincrait ce monstre. Voy. OEDIPE.

SPHODRE, subst. mas. (*cefodre*), t. d'hist. nat., insecte coléoptère.

SPHRAGIDE, subst. mas. (*cefrajide*), t. d'anc. min., sorte d'argile ocreuse. — Terre sigillée de Lemnos.

SPHRAGITE, subst. fém. (*cefrajide*), t. d'hist. nat., sorte de pierre fine verte, non transparente.

SPHRAGITIDE, subst. fém. et adj. des deux genres (*cefrajitide*), myth., surnom des nymphes du mont Cithéron.

SPHYGMIQUE, adj. des deux genres (*cefiguemike*) (du grec σφυγμος, pouls), t. de médec., se dit de ce qui a rapport au pouls.

SPHYGMOCÉPHALE, subst. mas. (*cefiguemocephale*) (du grec σφυγμός, pouls, et κεφαλή, tête), t. de médec., sentiment incommode de pulsations qui ont lieu dans la tête.

SPHYGMOCÉPHALIQUE, adj. des deux genres (*cefiguemocéfalike*), qui a rapport au *sphygmocéphale*.

SPHYRÈNE, subst. mas. (*cefirène*), t. d'hist. nat., le marteau, sorte de poisson.

SPIC, subst. mas. (*cepike*), t. de bot., plante du genre des lavandes, qui fournit l'*huile d'aspic*.

SPICA, subst. mas. (*cepika*) (du lat. *spica*, épi), t. de chir., sorte de bandage qu'on nomme autrement *épi*.

SPICANARD, subst. mas. (*cepikanar*), nard qui vient des Indes.

SPICCATO, subst. mas. (*cepikekâto*) (mot emprunté de l'italien), t. de mus. dont on se sert pour avertir de donner des sons secs et détachés. On dit mieux *staccato*.

SPICIFÈRE, subst. mas. (*cepicifère*) (du lat. *spica*, épi, et *fero*, je porte), nom d'une espèce d'oiseau. — Subst. propre fém., myth., surnom de *Cérès*, comme portant une gerbe, des épis.

SPICILÈGE (et non pas **SPICILÉGE**), subst. mas. (*cepicilèje*) (du latin *spicilegium*, employé dans la même acception, et qui signifie proprement *action de glaner*, *de recueillir les épis de blé*, etc., formé de *spica*, épi, et de *legere*, cueillir), t. didact., recueil de pièces, d'actes, de monuments, etc.

SPICULATEUR, subst. mas. (*cepikulateur*), t. d'antiq., nom de soldats armés de javelots, qui gardaient un prince. Hors d'usage.

SPIGÈLE, subst. fém. (*cepijèle*), t. de bot., espèce de plante de la famille des gentianes.

SPIGÉLIE, subst. fém. (*cepijéli*), t. de bot., plante de la famille des gentianes.

SPILANTHE, subst. mas. (*cepilante*), t. de bot., plante corymbifère.

SPILITHE, subst. mas. (*cepilite*), t. d'hist. nat., minerai trouvé récemment dans les terres de seconde formation.

SPILOME ou **SPILOSE**, subst. mas. (*cepilome*, *lôze*), t. de chir., tache de naissance. — T. de bot., plante de la famille des lichens.

SPIN, subst. mas. (*cepein*), t. d'agric., espèce de raisin qui croît aux environs de Cahors.

SPINAL, **E**, adj. (*cepinal*) (du lat. *spinalis*, fait de *spina*, épine), t. d'anat., qui appartient à l'épine : *le nerf spinal*. — Au plur. mas., *spinaux*.

SPINARELLE, subst. fém. (*cepinarèle*), t. d'hist. nat., poisson de mer du genre des gastérostées.

SPINAUX, adj. mas. plur. Voy. SPINAL.

SPINA-VENTOSA, subst. mas. (*cepinâveintozâ*) (c'est plutôt l'expression toute latine, qu'un subst.; elle est formée de *spina*, épine, et de *ventosa*, plein de vent, enflé par le vent, parce qu'il y a dans le *spina-ventosa* enflure des téguments, accompagnée d'une douleur vive et piquante, comme si l'on était percé par une épine), t. de chir., carie interne des os, surtout vers les jointures.

SPINELLANE, subst. mas. (*cepinèlelane*), t. d'hist. nat., substance minérale qui a beaucoup de rapport avec le *spinelle*.

SPINELLE, subst. mas. et adj. des deux genres (*cepinèle*) : *rubis spinelle*, d'un rouge pâle. — Subst. : *un spinelle*.

SPINESCENT, **E**, adj. (*cepinèceçan*, *çante*), dont le sommet finit en *épine*. Presque inusité.

SPINI-AXOÏDO-OCCIPITAL, adj. mas. et subst. (*cepini-akço-ido-okcipitale*), t. d'anat., se dit d'un muscle qui s'étend de l'apophyse épineuse de l'*axis* à l'*occipital*.

SPINI-AXOÏDO-TRACHILI-ATLOÏDIEN, subst. et adj. mas. (*cepini-akço-idotrakili-atloïdiein*), t. d'anat., se dit du muscle qui s'étend de l'apophyse épineuse de l'*axis* à l'apophyse épineuse de l'*atlas*, vers le cou.

SPINIFÈRE, adj. des deux genres (*cepinifère*) (du latin *spina*, épine, et *fero*, je porte), épineux.

SPINIGÈRE, adj. des 2 g. (*cepinijère*), t. de bot., même signification que *spinifère*.

SPINITE, subst. fém. (*cepinite*), t. de médec., inflammation de la moelle de l'épine.

SPINO-CRANIO-TRAPÉSIEN, subst. et adj. mas. (*cepinokrani-otrapézieïn*), t. d'anat., se dit du nerf *spinal*.

SPINON, subst. mas. (*cepinon*), nom d'une pierre qu'on trouve dans certaines mines de cobalt.

SPINONCLE, subst. mas. (*cepinonkle*), t. d'hist. nat., genre de mollusques voisin des radiaires.

SPINOSISME, subst. mas. (*cepinôziceme*), système et doctrine de l'athée et matérialiste *Spinosa*.

SPINOSISTE, subst. des deux genres (*cepinôzicete*), partisan du *spinosisme*.

SPINTHÈRE, subst. mas. (*cepeintère*) (du grec σπινθήρ, étincelle), espèce de minéral peu connu, dont les crystaux jettent des reflets si vifs, qu'ils brillent comme des étincelles.

SPINTHÉROMÈTRE, subst. mas. (*cepeintéromètre*) (du grec σπινθήρ, étincelle, et μέτρον, mesure), instrument de physique pour mesurer la force des étincelles.

SPINTHÉROMÉTRIQUE, adj. des deux genres (*cepeintérométrike*), qui a rapport au *spinthéromètre*.

SPINTHRIENNE, adj. fém. (*cepeintri-ène*), t. d'antiq.; s'est dit des médailles qui représentent des objets obscènes. Hors d'usage.

SPINTURNIX, subst. mas. (*cepeinturnikce*); les Latins donnaient ce nom à un oiseau de mauvais augure.

SPIO, subst. mas. (*cepi-ô*), t. d'hist. nat., genre de mollusque établi parmi les néréides.

SPIONIE, subst. mas. (*cepi-oni*), t. de bot., sorte de vigne sauvage.

SPIPOLETTE, subst. fém. (*cepipolète*), t. d'hist. nat., espèce d'alouette.

SPIRAL, **E**, adj. (*cepirale*), roulé en *spirale*. —Subst. mas. : *le spiral d'une montre*, son ressort *spiral*.— Au plur., *spiraux*.

SPIRALE, subst. fém. (*cepirale*) (du latin *spira*, fait du grec σπεῖρα, tour, entortillement), sorte de ligne courbe approchant de la circulaire, qui, à mesure qu'elle tourne, s'éloigne toujours davantage de son centre. — Ligne courbe qui monte en rond autour d'un cône, d'un cylindre, etc.—*En spirale*, loc. adv., en forme, en manière de *spirale*.

* **SPIRALÉ**, **E**, adj. (*cepiralé*), qui est en *spirale*.

* **SPIRALEMENT**, adv. (*cepiraleman*), en *spirale*. Presque inusité.

SPIRAN, subst. mas. (*cepiran*), espèce de raisin qui vient dans le dép. du Gard.

SPIRANTHE, subst. mas. (*cepirante*), t. de bot., plante de la famille des aphryses.

SPIRARCHIE, subst. fém. (*cepirarchi*), t. d'anat., fonctions de *spirarque*.

SPIRARCHIQUE, adj. des deux genres (*cepirarchike*), t. d'antiq., qui a rapport au *spirarque* et à la *spirarchie*.

SPIRARQUE, subst. mas. (*cepirarke*), t. d'antiq., capitaine de la première compagnie des lanceurs de javelots d'une légion romaine.

SPIRATION, subst. fém. (*cepirâcion*) (du lat. *spiratio*, fait de *spirare*, souffler), t. de théologie qui se dit de la manière dont le Saint-Esprit procède du Père et du Fils.

SPIRAUX, adj. mas. plur. Voy. SPIRAL.

SPIRE, subst. fém. (*cepire*) (du lat. *spira*. Voy. SPIRALE.), ligne *spirale*, et plus proprement un seul de ses tours. — En archit., base d'une colonne dont la figure ou le profil va en serpentant.

SPIRÉE ou **SPIRÉA**, subst. fém. (*cepiré* ou *cepiré-a*), t. de bot., arbrisseau du Canada, à fleurs rosacées, composées de cinq pétales, cultivé dans les jardins.

SPIRICELLE, subst. fém. (*cepiricèle*), t. d'hist. nat., coquille fossile des environs de Bordeaux.

SPIRIFÈRE, subst. fém. (*cepirifère*), t. d'hist. nat., coquille ronde de la famille des anomies.

SPIRILLE, subst. fém. (*cepiri-ie*), t. de bot., la barbe de chèvre, plante.

SPIRIQUE, adj. des deux genres (*cepirike*), t. de géom.: *lignes spiriques*, courbes inventées par *Perseus*, et que l'on formait en coupant par un plan le solide né de la circonvolution d'un cercle autour d'une corde ou d'une tangente, ou d'une ligne extérieure.

SPIRITUALISATION, subst. fém. (*cepiritu-alizâcion*) (du lat. *spiritus*, esprit), t. de chimie, réduction des corps compactes en esprit.

SPIRITUALISÉ, **E**, part. pass. de *spiritualiser*.

SPIRITUALISER, v. act. (*cepiritu-alizé*) (du lat. *spiritus*, esprit), en chim., réduire les corps mixtes en esprit. — Fig., donner un sens *spirituel* ou allégorique, ou pieux à quelque chose. —Ouvrir l'*esprit* à quelqu'un. Il est peu usité en ce dernier sens.—*se* SPIRITUALISER, v. pron.

SPIRITUALISME, subst. mas. (*cepiritu-aliceme*), système de ceux qui n'admettent rien que de *spirituel*.

SPIRITUALISTE, subst. et adj. des deux genres (*cepiritu-alicete*), partisan du système de la *spiritualité* des êtres, qui ne reconnaît aucun être purement matériel.

SPIRITUALITÉ, subst. fém. (*cepiritu-alité*) (du lat. *spiritualitas*, fait de *spiritus*, esprit), qualité de ce qui est *esprit*, incorporel : *la spiritualité de l'âme*. — Théologie mystique qui regarde la vie intérieure : *traité sur la spiritualité*.

SPIRITUEL, adj. mas., au fém. **SPIRITUELLE** (*cepiritu-èle*) (du lat. *spiritualis*), qui est *esprit*, incorporel. — En parlant des personnes, qui a de l'*esprit* : *cet homme est très-spirituel; je ne connais pas de femme plus spirituelle*. — Appliqué aux choses, ingénieux, où il y a de l'*esprit* : *réponse spirituelle*. — Qui montre qu'on a de l'*esprit* : *physionomie spirituelle*. — En peinture, etc., qui indique savamment ce que l'artiste n'a pas exprimé. Se dit de certains coups de pinceau par lesquels un peintre exprime avec *esprit* tous les objets qu'il veut représenter : *ce peintre a une touche spirituelle*. Voy. ESPRIT. — En matière de dévotion, il se dit de ce qui regarde la conduite de l'âme, l'intérieur, la conscience. Il est opposé à *charnel*, *sensuel*, *mondain* : *vie spirituelle*, *livres spirituels*, *pensées spirituelles*, *père spirituel*. — *Communion spirituelle*, la par que ceux qui ne communient point prennent à l'action du prêtre quand il communie, en s'unissant à lui en *esprit*. — On dit : *un ecclésiastique est seigneur spirituel et temporel*, lorsqu'avec l'autorité *spirituelle*, il a la seigneurie temporelle. — *Concert spirituel*, qui se donne pendant la semaine sainte, et dans lequel on chante de la musique sacrée. — Allégorique ou moral, par opposition à *littéral* : *le sens spirituel de l'Écriture*. — Subst. mas., ce qui regarde la religion, le salut des âmes, par opposition à *temporel* : *le spirituel d'un bénéfice*.

SPIRITUELLE, adj. fém. Voy. SPIRITUEL.

SPIRITUELLEMENT, adv. (*cepiritu-èleman*) d'une manière *spirituelle*.

SPIRITUEUSE, adj. fém. Voy. SPIRITUEUX.

SPIRITUEUX, adj. mas., au fém. **SPIRITUEUSE** (*cepiritu-eu*, *euze*), qui a beaucoup d'*esprit* ; volatil, subtil, pénétrant.— Subst. mas. : *un spiritueux*.

SPIRITUOSITÉ, subst. fém. (*cepiritu-ôzité*), qualité de ce qui est *spiritueux*. Peu en usage, mais utile.

SPIRIVALVE, subst. fém. (*cepirivaleve*), t. d'hist. nat., classe de coquilles univalves.

SPIRLIN, subst. mas. (*cepirelein*), t. d'hist. nat., poisson du genre des cyprins.

SPIROBRANCHE, subst. mas. (*cepirobranche*), t. de bot., serpule gigantesque.

SPIROGLYPHE, subst. mas. (*cepiroguelife*), t. d'hist. nat., genre de vers marins.

SPIROGRAPHE, subst. mas. (*cepiroguerafe*), t. d'hist. nat., espèce de ver marin.

SPIROÏDE, adj. mas. (*cepiro-ide*), t. d'anat., tourné en *spirale*.

SPIROLE, subst. fém. (*cepirole*), sorte d'ancienne couleuvrine.

SPIROLINE, subst. fém. (*cepiroline*), t. d'hist. nat., genre de coquilles en *spirale*.

SPIRORBE, subst. fém. (*cepirorbe*), t. d'hist. nat., genre de vers marins à tuyau.

SPIROSPERME, subst. mas. (*cepirocepèreme*), t. de bot., arbrisseau de Madagascar.

SPIRULE, subst. fém. (*cepirule*), t. d'hist. nat., mollusque à coquille en *spirale*.

SPIRULIER, subst. mas. (*cepirulié*), t. d'hist. nat., animal de la *spirule*.

SPITHAME, subst. mas. (*cepitame*), mesure de longueur, chez les anciens Grecs : trois palmes, ou la moitié de la coudée.

SPIURE, ou **SPIURRE**, subst. fém. (*cepi-ure*), poussière de houille.

SPIZAÈTE, subst. mas. (*cepiza-ète*), t. d'hist. nat., genre d'oiseaux diurnes.

SPLACHNE, subst. mas. (*ceplakne*), t. de bot., plante cryptogame, du genre des mousses.

SPLANCHNEURISME, subst. mas. (*ceplankneuriceme*) (du grec σπλάγχνον, viscère, et νεῦρον, nerf), t. d'anat. et de médec., ampliation excessive d'un viscère.

SPLANCHNIQUE, adj. des deux genres (*ceplankhike*) (du grec σπλάγχνον, viscère), t. d'anat., qui a rapport aux viscères.

SPLANCHNOGRAPHE, subst. mas. (*ceplanknoguerafe*), qui s'adonne à la *splanchnographie*.

SPLANCHNOGRAPHIE, subst. fém. (*ceplanknoguerafi*) (du grec σπλάγχνον, viscère, et γράφω, je décris), description anatomique des viscères.

SPLANCHNOGRAPHIQUE, adj. des deux genres

(ceplanknoguerafike), qui concerne la *splanchnographie*.

SPLANCHNOLOGIE, subst. fém. *(ceplanknoloji)* (du grec σπλαγχνον, viscère, et λογος, discours), partie de l'anatomie qui traite des viscères.

SPLANCHNOLOGIQUE, adj. des deux genres *(ceplanknolojike)*, qui a rapport à la *splanchnologie*.

SPLANCHNOTOME, subst. mas. *(ceplanknotome)*, nom qu'on donnait autrefois à l'instrument avec lequel on disséquait les viscères.

SPLANCHNOTOMIE, subst. fém. *(ceplanknotomi)* (du grec σπλαγχνον, viscère, et τεμνω, je coupe), dissection anatomique des viscères.

SPLANCHNOTOMIQUE, adj. des deux genres *(ceplanknotomike)*, qui a rapport à la *splanchnotomie*.

SPLANE, subst. fém. *(ceplane)*, t. de bot., sorte de plante cryptogame.

SPLEEN, subst. mas. *(cepline)* (mot anglais qui vient du lat. *splen, splenis*, dérivé du grec σπλην, la rate), sorte de consomption, maladie mentale, occasionnée par la mélancolie, dont on suppose que la rate est le siége, ainsi que celui de la joie et de la colère.

SPLÉNALGIE, subst. fém. *(ceplénalji)* (du grec σπλην, la rate, et αλγος, douleur), t. de médec., douleur de la rate.

SPLÉNALGIQUE, adj. des deux genres *(ceplénaljike)*, qui concerne la *splénalgie*.

SPLENDEUR, subst. fém. *(ceplandeur)* (du lat. *splendor*), grand éclat de lumière : *la splendeur du soleil, des astres*. Style poétique ou oratoire. — Fig. : grand éclat d'honneur et de gloire : *la splendeur de son nom*. — Pompe, magnificence : *vivre avec splendeur*.

SPLENDIDE, adj. des deux genres *(ceplandide)* (du lat. *splendidus*), plein de *splendeur*, magnifique.

SPLENDIDEMENT, adv. *(ceplandideman)* (en lat. *splendidè*), avec *splendeur*, d'une manière éclatante et magnifique.

SPLÉNEMPHRAXIE, subst. fém. *(ceplénanfrakcie)* (du grec σπλην, la rate, et εμφρασσω, j'obstrue), t. de médec., nom donné au squirrhe, ou obstruction de la rate.

SPLÉNÉTIQUE, adj. des deux genres *(ceplénétike)* (du grec σπλην, la rate), t. de médec., se dit de ceux qui sont attaqués d'obstructions à la rate, des remèdes propres à cette maladie.

SPLÉNIFICATION, subst. fém. *(ceplénifikâcion)*, t. de médec., conversion d'un tissu en un autre offrant l'aspect de la substance de la rate. On dit aussi *splénisation*.

SPLÉNIQUE, adj. des deux genres *(ceplénike)*, synonyme de *splénétique*. Voy. ce mot.

SPLÉNITE, ou **SPLÉNITIS**, subst. fém. *(ceplénite, nitice)* (du grec σπλην, la rate), t. de médec., inflammation de la rate.

SPLÉNITIDE, subst. fém. *(ceplénitide)*, t. d'anat., rameau supérieur de la veine-porte.

SPLÉNIUS, subst. mas. *(cepléni-uce)*, t. d'anat., muscle qui ressemble à la rate.

SPLÉNOCÈLE, subst. fém. *(ceplénocèle)* (du grec σπλην, la rate, et κηλη, tumeur), t. de chir., hernie de la rate.

SPLÉNOGRAPHE, subst. mas. *(ceplénoguerafe)*, celui qui étudie la *splénographie*, ou qui en traite.

SPLÉNOGRAPHIE, subst. fém. *(ceplénoguerafi)* (du grec σπλην, la rate, et γραφειν, écrire), description, traité de la rate.

SPLÉNOGRAPHIQUE, adj. des deux genres *(ceplénoguerafike)*, qui concerne la *splénographie*.

SPLÉNOLOGIE, subst. fém. *(céplénoloji)*. Voy. SPLÉNOGRAPHIE.

SPLÉNOLOGIQUE, adj. des deux genres *(ceplénolojike)*. Voy. SPLÉNOGRAPHIQUE.

SPLÉNONCIE, subst. fém. *(ceplénonci)* (du grec σπλην, la rate, et ογκος, tumeur), t. de médec., engorgement de la rate.

SPLÉNOPARECTAME, subst. fém. *(ceplénoparèktame)*, t. de médec., extension, augmentation du volume de la rate.

SPLÉNOTOME, subst. mas. *(çeplénotome)* (du grec σπλην, la rate, et τεμνω, je coupe), instrument propre à la dissection de la rate.

SPLÉNOTOMIE, subst. fém. *(ceplénotomi)* (même étymologie que celle du mot précédent), dissection anatomique de la rate.

SPLÉNOTOMIQUE, adj. des deux genres *(ceplénotomike)*, qui concerne la *splénotomie*.

SPODE, subst. fém. *(cepode)* (du grec σποδος, cendre), cendre légère qui s'attache aux fourneaux où l'on a traité du zinc ; c'est un véritable oxyde de zinc.

SPODITE, subst. fém. *(cepodite)*, t. d'hist. nat., cendre volcanique qui provient de lames vitreuses à base de feld-spath.

SPODOMANCIE, subst. fém. *(cepodomanci)* (du grec σποδος, cendre, et μαντεια, divination), divination par les cendres.

SPODOMANCIEN, subst. et adj. mas., au fém. **SPODOMANCIENNE** *(cepodomanciein, ciène)*, qui concerne la *spodomancie*.—Subst., celui, celle qui la pratiquait.

SPODOMANCIENNE, subst. et adj. fém. Voy. SPODOMANCIEN.

SPODUMÈNE, subst. mas. *(cepodumène)*, t. d'hist. nat., substance minérale nommée aussi *triphane*.

SPOLIAIRE, subst. mas. *(cepoli-ère)* (du lat. *spolia*, dépouilles), chez les anciens, chambre dans laquelle on ôtait ses vêtements avant de se mettre au bain.—Lieu où s'habillaient et se déshabillaient les gladiateurs, et où l'on mettait à mort ceux dont les blessures paraissaient incurables.—Lieu où l'on suppliciait les voleurs.

SPOLIATEUR, adj. et subst. mas., au fém. **SPOLIATRICE** *(cepoli-ateur, trice)* (en lat. *spoliator, trix*), qui vole, qui dépouille : *cet homme est un spoliateur; une mesure spoliatrice*.

SPOLIATIF, adj. mas., au fém. **SPOLIATIVE** *(cepoli-atif, tive)*, t. de médec., se dit d'une saignée qui a pour but de diminuer la masse du sang. Ce mot manque dans l'*Académie*.

SPOLIATION, subst. fém. *(cepoli-âcion)*, t. de palais, action de *spolier*.

SPOLIATRICE, adj. et subst. fém. Voy. SPOLIATEUR.

SPOLIATIVE, adj. fém. Voy. SPOLIATIF.

SPOLIÉ, E, part. pass. de *spolier*.

SPOLIER, v. act. *(cepoli-é)* (en lat. *spoliare*, fait de *spolia*, dépouilles, et qui signifie proprement peau de bête écorchée), t. de palais, déposséder par fraude ou par violence.—*se* SPOLIER, v. pron.

SPOLIES, subst. fém. plur. *(cepoli)*, nom qu'on donne quelquefois à des peaux de bêtes écorchées.

SPONDAÏQUE, adj. des deux genres *(cepondaike)*, dans la poésie grecque ou latine : *vers spondaïque*, vers hexamètre tout composé de *spondées*, ou du moins qui a deux *spondées* à la fin. —Dans la musique des anciens : *mesures, airs spondaïques*, formés de notes longues et égales. —On dit quelquefois subst. au mas. : *un spondaïque*, pour : un vers *spondaïque*.

SPONDALIES, mieux **SPONDAULIES**, subst. fém. plur. *(cepondali, dôli)*, t. d'antiq., vers composés sur la mesure *spondaïque*, et que l'on chantait dans certaines cérémonies religieuses.

SPONDAULE, subst. mas. *(cepondôle)*, joueur de flûte, chez les anciens.

SPONDAULIES. Voy. SPONDALIES.

SPONDÉE, subst. mas. *(cepondé)* (du grec σπονδειος, fait dans le même sens de σπονδη, libation, sacrifice, parce que le *spondée* se chantait autrefois dans les sacrifices), pied de vers grec ou latin composé de deux syllabes longues.

SPONDILIES, subst. fém. plur. *(cepondili)*. Voyez SPONDALIES.

SPONDYLALGIE, subst. fém. *(cepondilalji)* (du grec σπονδυλος, vertèbre, et αλγος, douleur), t. de médec., carie de la colonne vertébrale.

SPONDYLALGIQUE, adj. des deux genres *(cepondilaljike)*, qui a rapport à la *spondylalgie*.

SPONDYLE, subst. mas. *(cepondile)* (en grec σπονδυλος), t. d'anat., vertèbre.—T. d'hist. nat., coquillage bivalve, dont les écailles, à l'endroit de la charnière, s'emboîtent l'une dans l'autre, de la même manière que les vertèbres de l'épine du dos. Les *spondyles* se mangent comme les huîtres. — Chenille qui s'entortille comme un crochet autour des racines des plantes. — Nom d'une espèce de serpent.— T. de bot., sorte de plante. — Au plur., on appelle *spondyles* ou *articles*, les articulations, jointures ou vertèbres fossiles de certains animaux.

SPONDYLITE, subst. fém. *(cepondilite)* (du grec σπονδυλος, vertèbre, t. de médec., inflammation des vertèbres.

SPONDYLOLITHE, subst. fém. *(cepondilolite)* (du grec σπονδυλος, vertèbre, et λιθος, pierre), t. d'hist. nat., vertèbre de poisson fossile ou pétrifié.

SPONDYNOÏTE, subst. fém. *(cepondino-ite)*, t. d'hist. nat., nom donné à des pétrifications formées par des coquilles du genre des baculithes.

SPONGIABILITÉ, subst. fém. *(ceponji-abilité)*, faculté de devenir *spongieux*.

SPONGIAIRE, subst. fém. *(ceponji-ère)*, t. d'hist. nat., classe des éponges.

SPONGIÉE, subst. fém. *(ceponji-é)*, t. d'hist. nat., ordre de zoophytes qui contient les éponges, les éphydalies, etc.

SPONGIES, subst. fém. plur. *(ceponji)*, t. de jard., racines d'asperges entortillées ensemble.

SPONGIEUSE, adj. fém. Voy. SPONGIEUX.

SPONGIEUX, adj. mas., au fém. **SPONGIEUSE** *(ceponjieu, euze)* (du latin *spongiosus*, fait de *spongia*, éponge), qui est de la nature de l'*éponge* : *le poumon est spongieux ; la rate est de nature spongieuse*. — T. de bot., mou, compressible : *tige spongieuse*, dont l'axe central est rempli de moelle.

SPONGILLE, subst. fém. *(ceponji-ie)*, t. d'hist. nat., éponge d'eau douce.

SPONGIOLE, subst. fém. *(ceponji-ole)*, t. de bot., nom donné à des végétaux qui absorbent aisément l'humidité. — Petite boule *spongieuse* qui se forme quelquefois sur les églantiers.

SPONGION, subst. mas. *(ceponji-on)*, ancien nom d'un épithème ou d'un malagme que l'on croyait propre à pomper la sérosité dans les hydropisies.

SPONGIOSITÉ, subst. fém. *(ceponji-ôzité)*, qualité de ce qui est *spongieux*.

SPONGITE, subst. fém. *(ceponjite)* (du latin *spongia*, éponge), pierre qui imite l'*éponge*-qui est de la nature du tuf.

SPONGODIÉE, ou **SPONGODIONNÉE**, subst. fém. *(ceponguodié, di-oné)*, t. d'hist. nat., ordre de varecs.

SPONGODION, subst. mas. *(ceponguodi-on)*, t. d'hist. nat., genre de varecs.

SPONSALIES, subst. fém. plur. *(ceponçali)*, t. d'antiq., fiançailles, chez les Romains.

SPONTANÉ, E, adj. *(cepontané)* (du lat. *spontaneus*, fait de l'adv. *spontanè*, du propre mouvement, de plein gré), que l'on fait volontairement : *mouvement spontané, action spontanée*. (L'*Académie* ajoute que plusieurs écrivent *spontanée* au masculin. C'est, selon nous, une irrégularité aussi bizarre qu'inutile. Nous en avons fait bonne justice dans notre *Grammaire*).— En médec., au contraire, on nomme *mouvements spontanés*, ceux qui s'exécutent d'eux-mêmes et sans la participation de l'âme, comme ceux du cœur, du cerveau, des artères. — *Évacuation spontanée*, celle qui a lieu sans avoir rien fait pour l'effectuer ou l'exciter, celle qui n'est pas provoquée par des remèdes. — *Fatigue spontanée*, lassitude qui n'est point l'effet d'une fatigue précédente. — *Maladie spontanée*, qui n'offre pas de causes apparentes.—*Hémorrhagie spontanée*, celle qui arrive par le seul mouvement de la nature. — *Selles spontanées*, celles qui ont lieu sans le secours de lavements ou de suppositoires.

SPONTANÉITÉ, subst. fém. *(cepontané-ité)*, qualité de ce qui est *spontané*.

SPONTANÉMENT, adv. *(cepontanéman)*, d'une manière *spontanée*.

SPONTON, subst. mas. *(ceponton)*. Voy. ESPONTON.

SPORADE, adj. des deux genres *(ceporade)* du grec σποραϛ, σποραδος, épars, dispersé, dérivé de σπειρειν, semer, répandre), t. d'astron., *étoiles sporades*, éparses çà et là dans le ciel, hors des constellations. On les nomme aussi *sparsiles*. — En géog., *îles Sporades*, îles éparses dans l'Archipel, par opposition aux *Cyclades*, rangées comme en cercle autour de Délos.

SPORADIQUE, adj. des deux genres *(ceporadike)* (du grec σποραδικος, dispersé, épars), t. de médec. : *maladie sporadique*, qui n'est point particulière à un pays, mais qui attaque diverses personnes en différents temps et en différents lieux : *le choléra est sporadique*.— Ce mot est opposé à *épidémique*.

SPORANGE, ou **SPORANGIDIE**, subst. fém. *(ceporanje, jidi)*, t. de bot., capsules qui renferme les corpuscules reproducteurs dans un grand nombre de plantes cryptogames.

SPORE, subst. mas. *(cepore)*, t. d'hist. nat., espèce de poisson.—T. de bot., corpuscules reproductifs de l'urne des mousses.

SPORIDIE, subst. fém. (ceporidi), t. de bot., espèce de plante.

SPOROBOLE, subst. fém. (ceporobole), t. de bot., genre de plantes graminées.

SPOROCHNUS, subst. mas. (ceporokennce), t. de bot., plante de la famille des algues.

SPOROPHTHALMIE (rien ne justifie la formation de ce mot ; il est évidemment une corruption de psorophthalmie, seul conforme à l'étymologie), subst. fém. (ceprofetalmi) (du grec ψωρα, gale, et οφθαλμος, œil), t. de méd., lèpre des yeux.

SPOROPHTHALMIQUE, adj. des deux genres (ceporofetalmike), qui a rapport à la sporophthalmie. Voy. ce mot.

SPORTE, subst. fém. (ceporte), panier de jonc que les capucins portaient pour faire leurs quêtes.

SPORTELLE, subst. fém. (ceportèle), petite corbeille usitée autrefois.

SPORULE, subst. fém. (ceportule) (du lat. sportula, dimin. de sporta), chez les Romains, petit présent de monnaie que l'on distribuait au peuple avec du pain et du vin. — Panier ou corbeille dans laquelle les pauvres allaient recevoir ce que les riches leur donnaient.

SPORULES, subst. fém. plur. (ceporule) (du grec σπορα, répandu), t. de bot., semences poudreuses, errantes, des cryptogames ; graines cinériformes des lycoperdons.

SPORULIFÈRE, adj. des deux genres (ceporulifère), t. de bot., qui enveloppe les sporules.

SPORULIE, subst. fém. (ceporuli), t. d'hist. nat., genre de coquilles établi parmi les nautiles.

S. P. Q. R., abréviation des mots latins senatus populusque romanus, le sénat et le peuple romain.

SPRATE, subst. fém. (ceprate), espèce de sardine.

SPRINGALIE, subst. fém. (cepreingali), t. de bot., espèce d'arbuste de la Nouvelle-Hollande.

SPRAGISTE, subst. mas. (ceprajicete), Inspecteur des animaux à manger. (Boiste) Inusité.

SPRINGÉLIE, subst. fém. (cepreinjeli), t. de bot., sorte d'arbrisseau rameux.

SPROT ou SPRAT, subst. mas. (ceprô, pra), t. de pêche, peau d'anguille qui sert d'appât pour les poissons.

SPRUCE-BEER, subst. fém. (ceprucebir), bière qui se fabrique en Amérique.

SPUMAIRE, subst. fém. (cepumère), t. de bot., plante cryptogame de la famille des champignons.

SPUMEUSE, adj. fém. Voy. SPUMEUX.

SPUMEUX, adj. mas., au fém. SPUMEUSE (cepmeu, meuze) (du lat. spumosus), rempli, couvert d'écume.

SPUMIGÈNE, adj. des deux genres (cepumijène) (du latin spuma, écume, et du grec γεινομαι, engendrer), t. d'hist. nat., se dit de ce qui est engendré d'écume.—Myth., surnom de Vénus, qui était, comme on sait, née de l'écume de la mer.

SPUMOSITÉ, subst. fém. (cepumôzité) (du latin spuma, écume), qualité de ce qui est rempli d'écume, de ce qui est spumeux.

SPURCILOQUE, adj. des deux genres (cepurciloke), dont la conversation est sale, ordurière. (Boiste.) Entièrement inusité.

SPURE, subst. fém. (cepure), houille menue.

SPUTATEUR, subst. mas. (ceputateur), t. d'hist. nat., reptile de la famille des lézards.

SPUTATION, subst. fém. (ceputacion) (du latin sputare, cracher), t. de méd., action de cracher ; crachement.

SPUTER, subst. mas. (ceputère), métal dur et blanc.

SQUADRONISTE, subst. mas. (cekouadronicete), cardinal qui, dans les conclaves, n'appartient à aucune faction.

SQUAJOTE, subst. mas. (cekouajote), t. d'hist. nat., espèce de héron.

SQUALE, subst. mas. (cekouale) (du lat. squalus, fait dans le même sens de squalere, être sale, crasseux, raboteux), t. d'hist. nat.,genre de poissons cartilagineux. C'est dans ce genre, auquel appartiennent les requins ou chiens-de-mer, que se trouvent les plus gros poissons connus.

SQUAMMAIRE, subst. fém. (cekouamère), t. de bot., genre de plantes de la famille des lichens.

SQUAMME, subst. fém. (cekouame) (en latin squama), écaille. Ce mot n'est que latin.

SQUAMMÉINE, subst. fém. (cekouameméine), t. d'hist. nat., matière, substance qui forme les écailles.

SQUAMMEUSE, adj. fém. Voy. SQUAMMEUX.

SQUAMMEUX, adj. mas., au fém. SQUAMMEUSE (cekouamemeu , meuze) (du latin squama, écaille), écailleux, semblable à une écaille. — En anat., sutures squammeuses, les fausses sutures du crâne. Cet adj. est plus latin que français.

SQUAMMIFÈRE, subst. mas. et adj. des deux genres (cekouamemifère), qui porte des écailles. —T. d'hist. nat., classe de reptiles.

SQUAMMIPENNE, subst. mas., et adj. des deux genres (cekouamemipènene) (du latin squama, écaille, et penna, plume), t. d'hist. nat., genre de poisson qui a les nageoires garnies d'écailles.

SQUAMMODERME, subst. mas. et adj. des deux genres (cekouamemodèreme), t. d'hist. nat., tribu de poissons.

SQUAMMOLOMBRIC, subst. mas. (cekouamemolonbrike), t. d'hist. nat., sorte de ver du genre des lombrics écailleux.

SQUAMMULES, subst. fém. plur. (cekouamemule) (du latin squama, écaille), en bot., petites écailles placées à l'orifice de la corolle, surtout dans les borraginées.

SQUARREUSE, adj. fém. Voy. SQUARREUX.

SQUARE, subst. mas. (cekouare), t. d'hist. nat., espèce de poisson de mer.

SQUARREUX, adj. mas., au fém. SQUARREUSE (cekouareu , reuze) (du grec εσχαρα, croûte noire), t. de bot., garni de parties rapprochées , rudes et recourbées.

SQUATINE, subst. fém.(cekouatine), t. d'hist. nat., genre de poissons établi parmi les squales.

SQUATRAQUE, subst. mas. (cekouatrake), t. d'hist. nat., poisson du genre des raies.

SQUELETTE, subst. mas. (cekelète) (du grec σκελετον , fait dans la même signification de σκελετος, desséché, lequel dérive de σκελλω, je dessèche), ossements d'un corps mort joints encore ensemble ; un squelette d'homme, squelette d'enfant ; c'est le squelette d'un cheval ; les ossements de ce squelette sont attachés avec du fil d'archal. — On appelle squelette artificiel, celui dont les pièces sont jointes par des moyens mécaniques ; squelette naturel , celui dont les os sont encore réunis par leurs propres ligaments. — Fig. et fam., personne maigre et décharnée : c'est un vrai squelette ; cette femme est un squelette, et non pas une squelette.—On dirait même d'un ouvrage d'esprit mal présenté , ou présenté d'une manière sèche et tronquée, que c'est un squelette, que ce n'est plus qu'un squelette. — T. de mar., toute la membrure du vaisseau, lorsqu'elle est élevée sur sa quille avec l'étambord et l'étrave, et que les lisses sont placées.

SQUELETTOLOGIE, subst. fém.;SQUELETTOLOGIQUE, adj. des deux genres (cekelètetoloji, jike). Voy. OSTÉOLOGIE , OSTÉOLOGIQUE.

SQUELETTOPÉE, subst. fém. (cekelètetopé), art de préparer, de construire et de former les squelettes.

SQUENANCIE, subst. fém. (cekenanci), parfum de jonc. Inusité.

SQUENÉE, subst. fém. (cekené), petit manteau en usage chez les anciens.—Echarpe de femmes pour l'été.

SQUIFATE, subst. fém. (cekifote), ancienne monnaie d'or romaine, qui valait dix francs.

SQUILLE, subst. fém. (cekile), t. d'hist. nat., genre de crustacés, de la famille des arthrocéphales, qui ont les yeux mobiles et pédiculés. Voy. SCILLE.

SQUILLIAIRE, subst. fém. et adj. des deux genres (cekilelière), t. d'hist. nat., nom d'une famille de crustacés.

SQUILLITIQUE, subst. mas. et adj. des deux genres (cekilélitike). Voy. SCILLITIQUE.

SQUINANCIE, subst. fém. Voy. ESQUINANCIE.

SQUINANTHE, subst. fém. (cekinante), t. de bot., sorte de plante aromatique de la famille des joncoïdes.

SQUINE, subst. fém. (cekine), t. de bot., espèce de salsepareille. On l'appelle aussi esquine.

SQUIRRHE, et non pas SQUIRRE, quoique l'Académie, qui rappelle pour ce mot seulement le principe étymologique, permette d'écrire les deux), subst. mas. (cekire) (du grec σκιρρος, dérivé dans le même sens de σκιρος, moellon, morceau de marbre, à cause de sa dureté), t. de médec., tumeur dure et non douloureuse, causée par quelque obstruction ou par l'épaississement des liqueurs.

SQUIRRHEUSE, adj. fém. Voy. SQUIRRHEUX.

SQUIRRHEUX, adj. mas., au fém. SQUIRRHEUSE (cekireu , reuze), qui est de la nature du squirrhe.

SQUIRRHOGASTRIE, subst. fém. (cekirôguacetri)(du grec σκιρρος, pierre,et γαστηρ, estomac), t. de médec., dégénération squirrheuse de l'estomac.

SQUIRRHOGASTRIQUE, adj. des deux genres (cekirôguacetrike), qui est relatif, qui a rapport à la squirrhogastrie.

SQUIRRHOSARQUE, subst. mas. (cekirôzarke), endurcissement et épaississement du tissu cellulaire.

SQUIRRHOSITÉ, subst. fém. (cekirôzité), t. de médec., dureté qui ressemble à un squirrhe.

S. S., abréviation de sa sainteté , titre du pape.

SS. PP., abréviation de saints pères.

SSI, subst. mas. (ci), t. de bot., jasmin du cap de Bonne-Espérance.

ST., abréviation de saint.

ST, interj. (cete), paix ! silence ! — Ce mot sert à appeler quelqu'un.

STAAVIE, subst. fém. (ceta-avi), t. de bot., genre de plantes.

STABILISME, subst. mas. (cetabiliceme), système d'immuabilité des institutions. Peu usité.

STABILISTE, subst. mas. (cetabilicete), partisan du stabilisme. Peu usité.

STABILITÉ, subst. fém. (cetabilité) (du latin stabilitas, fait de stare, demeurer, s'arrêter), état et condition ferme, stable et durable de quelque chose : stabilité d'un édifice; et fig. : stabilité d'un état, des lois, etc.—Etat de permanence dans un lieu. On disait en ce sens, faire vœu, avoir droit de stabilité dans une communauté religieuse.—En t. de mécanique, la propriété qu'un corps dérangé dans son équilibre a de revenir dans son état : ce bâtiment a peu de stabilité.—STABILITÉ, CONSTANCE, FERMETÉ.(Syn.) La stabilité empêche de varier, et soutient le cœur contre les mouvements de légèreté et de curiosité que la diversité des objets pourrait y produire ; elle tient de la préférence, et justifie le choix. La constance empêche de changer, et fournit au cœur des ressources contre le dégoût et l'ennui d'un même objet ; elle tient de la persévérance, et fait briller l'attachement. La fermeté empêche de céder, et donne au cœur des forces contre les attaques qu'on lui porte ; elle tient de la résistance, et répand un éclat de victoire.

STABILITEUR, subst. mas. (cetabiliteur), qui soutient, qui affermit. Inusité.—Myth., surnom de Jupiter.

STABLAT, subst. mas. (cetabla), habitation pratiquée dans les étables.

STABLE, adj. des deux genres (cetable) (en lat. stabilis, qui est dans un état, dans une situation ferme : édifice stable. On dirait mieux solide en ce sens. —Au fig., constant et durable, permanent : le temps qu'il fait n'est pas stable ; il n'y a rien de véritablement stable que Dieu.

STABLÉ, E, part. pass. de stabler.

STABLER, v. act. (cetablé), compter sur... — Rendre stable. — SE STABLER, v. pron. (Boiste.) Entièrement inusité.

STACHIDE ou STACHYS, subst. fém. (ceta kide, kice) (du grec σταχυς, épi de blé), t. d. bot., plante annuelle, de la famille des labiées.

STACHYOPTÉRIDE, subst. fém. (cetaki-opteride), t. de bot., famille de plantes.

STACHYTARPHÈTE, subst. fém. (cetakitarfète), t. de bot., genre de plantes.

STACK, subst. mas. (cetake), t. d'hist. nat., sorte de poisson du genre des pleuronectes.

STACKOUSIE, subst. fém. (cetakouzi), t. de bot., genre de plantes térébinthacées.

STACTE, subst. fém. (cetakté), liqueur qui sort de la myrrhe. Peu connu.

STACTÉ, E, adj. (cetakté), qui concerne le stacté. Inusité.

STADE, subst. mas. (cetade) (du grec σταδιον), chez les anciens Grecs, carrière dans laquelle ils s'exerçaient à la course, et qui avait cent vingt-cinq pas géométriques de longueur. — Mesure de chemin de la même étendue : les Grecs mesuraient les chemins par stades; huit stades valaient un mille romain. — T. de médec., cours ou période d'une maladie. — Temps ou accès de fièvre intermittente ou rémittente : stade de froid, de sueur.

STADIODROME, subst. mas. (cetadi-odrome)

(du grec σταδιον, stade, et ὁρομος, course), t. d'antiq., celui qui courait l'espace d'un stade.— Celui qui s'exerçait à la course dans le stade.

STADMANE, subst. mas. (cetademane), t. de bot., grand arbre qui croît à l'Ile de France.

STAGE, subst. mas. (cetaje) (du lat. barbare stagium, fait de stare, demeurer, s'arrêter), anciennement, dans certains chapitres, résidence que devait faire chaque nouveau chanoine, afin de pouvoir jouir des honneurs et des revenus attachés à sa prébende. — Temps pendant lequel un jeune avocat est obligé de fréquenter le barreau, avant d'être inscrit : il a fait son stage. — Espace de temps pendant lequel les jeunes médecins sont encore obligés de fréquenter les cours de médecine et les hôpitaux avant d'exercer eux-mêmes.

STAGIAIRE, subst. et adj. mas. (cetaji-ère) : avocat stagiaire, qui a fait son stage de barreau. — Subst. : les stagiaires du palais.

STAGIER, subst. mas. (cetajé), chanoine, avocat, médecin qui fait son stage.

STAGIRITE, subst. fém. (cetajirite), assemblée de chanoines qui avaient fait leur stage.

STAGNANT, E, adj. (cetaguenan, nante) (du lat. stagnans, fait de stagnum, étang): eau, humeur stagnante, qui ne coule pas. — On le dit même du sang qui ne circule pas, et qui s'agglomère dans une partie du corps.

STAGNATION, subst. fém. (cetaguendcion) (du lat. stagnatio), état des eaux, du sang ou des humeurs qui ne coulent ou ne circulent point : la stagnation des eaux. — Fig. : la stagnation des affaires, l'état, la situation, le moment où les affaires semblent être comme suspendues, comme arrêtées.

STAGNER, v. neut. (cetaguené), être en stagnation. Vieux et inusité.

STAIMBOUC, subst. mas. (ceteinbouk), t. d'hist. nat., espèce de chamois.

STALACTITE, subst. fém. (cetalaktite) (du grec σταλακτος, qui distille, qui tombe goutte à goutte, fait de σταλαζειν, distiller, dégoutter : concrétion pierreuse qui se forme au moyen de l'eau, dans les grottes et les souterrains. C'est de la chaux carbonatée.

STALACTITIQUE, adj. des deux genres (cetalaktitike), qui est de la nature des stalactites.

STALAGMIAS, subst. mas. (cetalaguemi-ace), t. de chim. anc., vitriol distillé.

STALAGMITE, subst. fém. (cetalaguemite) (du grec σταλαγμος, distillation), espèce de stalactite ou d'incrustation en mamelons.

STALLE, subst. fém. (cetale), siège de bois qui se hausse et se baisse, et qui est ordinairement placé dans le chœur d'une église. — Siège particulier, numéroté et réservé dans les théâtres. — On a fait ce mot mas.; mais il est aujourd'hui généralement usité au fém. pour l'église comme pour le théâtre. (V. notre Grammaire.)

STALTIQUE, adj. des deux genres (cetaltike) (du grec στελλω, je comprime), t. de médec., remède qui rend les lèvres des plaies égales. — Il est aussi subst. mas. : un staltique.

STAMINAIRE, adj. des deux genres (cetaminère), t. de bot., qui est né des étamines. Peu en usage.

STAMINAL, E, adj. (cetaminal) (du lat. stamen, staminis, étamine), qui a rapport aux étamines — Au plur. mas. plur. staminaux.

STAMINAUX, adj. mas. plur. Voy. STAMINAL.

STAMINEUSE, adj. fém. Voy. STAMINEUX.

STAMINEUX, adj. mas., au fém. STAMINEUSE (cetamineu, neuse) (du lat. stamineus, fait de stamen, étamine), t. de bot., dont les étamines sont très-longues.

STAMINIFERE, adj. des deux genres (cetaminifère) (du lat. stamen, étamine, et fero, je porte), t. de bot., qui porte une ou plusieurs étamines.

STAMINODE, subst. mas. (cetaminode), t. de bot., appendice de certaines plantes, extérieur et intérieur.

STAMPE, subst. fém. (cetanpe) (de l'italien stampa, marque, empreinte), instrument dont on se sert pour marquer les nègres. — Dans les mines de charbon, intervalle d'une veine à l'autre.

STANCE, subst. fém. (cetance) (de l'italien stanza ou stansia, fait du lat. stantia, pour statio, dérivé de stare, s'arrêter; action de s'arrêter, repos); on nomme ainsi un nombre arrêté de vers formant un sens parfait, et mêlés d'une manière particulière d'un genre à l'autre de la pièce : stance de quatre vers, de six vers, etc., jusqu'à quatorze. — On appelle stances irrégu-

lières, des stances qui ne sont pas assujéties à des règles déterminées. — Pièce de poésie composée d'un certain nombre de stances : les stances héroïques. — Stance se dit en Orient d'une journée de marche qui est ordinairement de trente milles.

STANGUE, subst. fém. (cetangue), t. de blas., se dit de la tige d'une ancre lorsqu'elle est droite.

STANHOPE, subst. fém. (cetanope), presse d'imprimerie, en fonte, dont l'Anglais Stanhope est l'inventeur.

STANLEYE, subst. fém. (cetanlé), t. de bot., plante dont les semences sont oblongues et platies.

STANNATE-DE-PLOMB, subst. mas.(cetanate), t. de chim., combinaison de plomb et d'étain.

STANNEUX, adj. mas. des deux genres (cetanike), t. de chim., se dit d'un oxydeque'on extrait de l'étain.

STANT, subst. mas. (cetan), t. de pêche, baleineau de deux ans.

STAPÉDIEN (cetapediein, diène), t. d'anat., se dit du muscle de l'étrier.

STAPÉDIENNE, subst. et adj. fém. Voy. STAPÉDIEN.

STAPÉTIE, subst. fém. (cetapéci), t. de bot., plante de la famille des apocynées.

STAPHISAIGRE, subst. fém. (cetafizéguere) (du grec σταφις, raisin, et αγρια, sauvage; parce que ses feuilles sont decoupées comme celles de la vigne sauvage), t. de bot., plante annuelle, détersive. On la nomme aussi herbe-aux-poux, parce qu'elle les fait mourir.

STAPHYLE, subst. fém. (cetafile), nom grec de la luette, fait de σταφυλη, raisin, parce qu'elle pend au palais comme une petite grappe de raisin dont elle a la forme.

STAPHYLÉE, subst. fém. (cetafilé), t. de bot., sorte d'arbrisseau.

STAPHYLIER, subst. mas. (cetafilié), t. de bot., genre de plantes rhamnoïdes.

STAPHYLIN, subst. mas. (cetafilein) (du grec σταφυλη, raisin), t. d'hist. nat., genre d'insectes coléoptères, qui ont les articles des antennes en forme de grains de raisin.

STAPHYLIN, E, adj. (cetafilein, line) (du grec σταφυλη, la luette), t. d'anat., qui a rapport à la luette.

STAPHYLINO-PHARYNGIEN, subst. et adj. mas. (cetafilinofareingieïn), t. d'anat., se dit des muscles du palais.

STAPHYLITE, subst. fém. (cetafilite), t. de médec., inflammation de la staphyle, ou luette.

STAPHYLOBOLE, subst. mas. (cetafilobole), t. d'antiq., lieu où l'on foulait la vendange.

STAPHYLODENDRON, subst. mas. (cetafilodeindron) (du grec σταφυλη, raisin, et δενδρον, arbre, arbre à raisin), t. de bot., faux pistachier, à fruit en grappe à feuilles ressemblant à celles du sureau.

STAPHYLÔME, subst. mas.(cetafilôme) (du grec σταφυλη, raisin), t. de médec., tumeur sur la cornée de l'œil, en forme de grain de raisin.—On appelle particulièrement, staphylôme de la cornée, une saillie considérable de la cornée transparente, qui, épaissie ou amincie, est ordinairement opaque, d'apparence nacrée, et disposée à la dégénération carcinomateuse; staphylôme de la sclérotique, une saillie irrégulière de quelque point de la surface du globe de l'œil, recouverte de la sclérotique, amincie et devenue assez transparente pour laisser apercevoir la couleur brune ou bleuâtre des tissus; ces deux maladies sont à peu près incurables; staphylôme de l'iris, la procidence ou hernie de cette membrane à travers une perforation de la cornée.

STAPHYLONCIE, subst. fém. (cetafilonci) (du grec σταφυλη, la luette, et ογκος, tumeur), t. de médec., tuméfaction de la luette.

STAPHYLORAPHIE, subst. fém. (cetafilorafi) (du grec σταφυλη, la luette, et ραφη, couture), t. de chir., suture de la luette divisée.

STAPHYLORAPHIQUE, adj. des deux genres (cetafilorafike), qui a rapport à la staphyloraphie.

STAPHYLUS, subst. mas. (cctafilicus), myth., père d'Anius. Selon quelques-uns, il était fils de Thésée et d'Ariane, et selon d'autres, de Bacchus et d'Erigone, que ce dieu trompa sous la figure d'une grappe de raisin en grec σταφυλη, on a pu dire que Staphylus était un berger du roi OEnée, et que ce berger, ayant remarqué qu'une des chèvres qu'il conduisait

revenait toujours plus tard et plus gaie que les autres, la suivit un jour, et la trouva dans un endroit écarté, où elle mangeait du raisin, fruit dont l'usage avait été jusque-là inconnu. Ils ajoutent que Staphylus en porta à OEnée, qui en fit du vin, et que ce fut du nom de ce roi que les Grecs donnèrent à cette liqueur celui d'ςινος. —Il y a eu un autre Staphylus, fils de Silène.

STARIE, subst. fém. (cetari) (du lat. stare, demeurer), retard qu'éprouve un vaisseau dans un port.

STARKÉE, subst. fém. (cetarkié), t. de bot., plante vivace des Indes orientales.

STARON, subst. mas. (cetaron), t. d'hist. nat., coquille du genre des volutes.

STAROSTE, subst. mas. (cetarocte), noble polonais qui a une starostie.

STAROSTIE, subst. fém. (cetaroceti), grand fief royal en Pologne.

STAROVERSIS, subst. mas. plur. (cetarovèreci), sectaires russes qui professent l'ancienne croyance romaine.

STARTI, subst. mas. (cetarti), nom que les anciens donnaient à ce qu'ils regardaient comme une myrrhe liquide qu'on ne connaît pas aujourd'hui.

STASE, subst. fém. (cetâze) (du grec στασις, action de s'arrêter, repos, fait de ιστημαι, s'arrêter), t. de médec., séjour du sang ou des humeurs dans quelque partie du corps où ils ne peuvent plus circuler.

STATANUS, subst. propre mas. (cetatanuce), myth., dieu auquel on faisait des vœux quand les enfants commençaient à pouvoir se soutenir sur leurs pieds. Il y avait encore une déesse Statina ou Statana, qu'on invoquait pour la même raison.

STATELLATES, subst. propre mas. plur. (cetatélatée), anciens peuples de la Ligurie.

STATÈRE, subst. mas. (cetatère) (du lat. stater, eris), monnaie d'or des Grecs, qui valait 20 drachmes d'argent ou 19 fr. 20 c.; et chez les Romains, 16 fr. 40 c. —Subst. fém., t. d'antiq., balance romaine.

STATHME, subst. mas. (cetatème), mesure usitée chez les Perses, qui équivalait à un tiers de degré.

STATHMOS, subst. mas. (cetatemoce), t. de relat., maison publique, en Asie, où les voyageurs pouvaient s'arrêter et se reposer.

STATHOUDER, subst. mas. (cetatoudère), mot hollandais par lequel on désignait le chef de l'ancienne république de Hollande.

STATHOUDÉRAT, subst. mas. (cetatoudéra), dignité de stathouder, ses fonctions, leur durée.

STATICE ou STATICÉE, subst. fém. (cetatice, ticé), t. de bot., sorte de plante.

STATICULE, subst. fém. (cetatikule), sorte de danse ancienne.

STATINIES ou STATANIES, subst. fém. plur. (cetatini, tatani), myth., fêtes en l'honneur de Statanus ou de Statina.

STATION, subst. fém. (cetâcion) (du lat. statio, fait de stare, s'arrêter), pause, demeure de peu de durée qu'on fait en un lieu : je vous écrirai à chaque station. — En t. de physiol., action de se tenir debout. — Plus particulièrement et dans le rit catholique, visite de certaines églises ou chapelles, désignées pour gagner les indulgences : faire ses stations.—Donner une station à un prédicateur, le nommer pour prêcher dans une église pendant l'avent ou le carême.— En parlant de nivellement, chacun des lieux où l'instrument a été posé et où l'on a fixé une opération. — En t. d'hydraulique, station se dit, dans un nivellement, de l'endroit où se pose le niveau, de sorte qu'un coup de niveau est compris entre deux stations. — On dit, en t. de mar., qu'un ou plusieurs vaisseaux sont en station, pour dire qu'on leur a assigné une certaine étendue de mer, un certain parage, pour y établir leur croisière pendant un temps fixé. — En t. d'astron., état d'une planète qui ne paraît ni avancer ni reculer dans le zodiaque. — Fam. : faire une station en quelque lieu, s'y reposer quelque temps.

STATIONNAIRE, adj. des deux genres (cetàcionère) (du latin stationarius, fait de statio), en t. d'astron. : planète stationnaire, qui ne semble ni avancer, ni reculer. — Chez les Romains, soldats stationnaires, distribués en différents lieux pour avertir de ce qui se passait. — En médec., fièvres stationnaires, continues, et qui régnent plus constamment que les autres. — Au fig., et dans le sens moral, stationnaire se dit de tout ce qui semble rester au même point : la *science ne restera jamais stationnaire.* — En t. de mar., on appelle subst., au mas. : *un stationnaire,* un petit bâtiment de guerre dont l'équipage est chargé de surveiller les bâtiments qui entrent et qui sortent.

STATIONNAL, E, adj. (L'*Académie* ne donne point de masculin à ce mot, et n'en fait qu'un adj. fém.) (*cetâcionale*) (du lat. *stationalis*), où l'on fait des *stations: église stationnale.*—Subst. fém., église où l'on fait des *stations.*

STATIONNÉ, part. pass. de *stationner.*

STATIONNEMENT, subst. mas. (*cetâcioneman*), action de *stationner : interdire le stationnement des voitures.*

STATIONNER, v. neut. (*cetâcioné*), faire une ou plusieurs *stations, s'arrêter à...*— Etre *stationnaire.*—*Les voitures ne peuvent stationner ici,* ne peuvent s'y arrêter.

STATIQUE, subst. fém. (*cetatike*) (du grec στατικη, fait de στατικος, qui a la force d'arrêter, lequel dérive de ιστημι, j'arrête, parce que l'effet de l'équilibre est de produire le repos), partie de la mécanique qui a pour objet l'équilibre des corps solides.—Science des poids, du centre de gravité, etc.— Espèce de pilier rond ou à pans, où l'on pend une balance ou romaine, dans un marché, pour peser publiquement les denrées.

STATISTICIEN, subst. mas., **STATISTICIENNE,** subst. fém. (*cetaticeticiein, ciène*), celui, celle qui s'occupe de *statistique,* qui entend la *statistique.*

STATISTIQUE, subst. fém. (*cetaticetike*) (du lat. *status,* état, situation), partie de l'économie politique qui considère un état, une contrée sous ses rapports agricoles, industriels, commerciaux, etc., qui en fait connaître en détail et au plus juste la situation, la population, etc., etc. — On dit aussi adj. pour les deux genres : *tableau statistique.*

STATMEISTRE, subst. mas. (*cetatemècetre*), noble allemand, espèce d'adjoint aux municipaux.

STATOR, subst. propre mas. (*cetâtor*) (mot tout latin), myth.; les Romains adoraient Jupiter sous ce nom comme protecteur de la république, et particulièrement pour obtenir de lui qu'on combattît de pied ferme, ou qu'il fît revenir les fuyards au combat.

STATUAIRE, subst. mas. (*cetatuère*), sculpteur qui fait des *statues.*—Subst fém., l'art de faire des *statues.* — Adj. des deux genres : *marbre statuaire,* propre à faire des *statues.*— *Colonne statuaire,* qui porte une *statue.*

STATUE, subst. fém. (*cetatu*) (du lat. *statua,* fait de *statuere,* dresser, ériger, élever sur un piédestal, lequel est formé de *statum,* supin de *stare,* être debout), figure de métal, de bois, de pierre, qui représente quelque personne connue et distinguée. — *Statue de grandeur naturelle, statue équestre; on renversa les statues des faux dieux.* — On appelle *statue colossale,* celle qui excède le double ou le triple de la grandeur naturelle.—*Statue allégorique,* celle qui représente quelque symbole, comme les parties de la terre, les saisons, les âges, les éléments, etc. — *Statue currule,* celle qui représente un homme dans un char. — *Statue persique,* toute figure d'homme qui fait l'office de colonne sous un entablement. —*Statue cariatide,* celle qui représente une femme qui fait également l'office d'une colonne.— *Statue grecque,* en t. d'antiq., *statue* nue et antique, comme les Grecs représentaient leurs dieux, leurs héros, leurs athlètes.—*Statue romaine,* celle qui, selon les savants, sont vêtues, et qui reçoivent différents noms suivant le genre de leurs habillements.— Fig. et fam., personne sans action, sans mouvement : *c'est une statue.* — On dit aussi d'une femme belle, mais sans esprit : *c'est une belle statue.*

STATUÉ, E, part. pass. de *statuer.*

STATUER, v. act. (*cetatu-é*) (du lat. *statuere*), t. de chancellerie et de pratique, ordonner, régler, déclarer : *l'assemblée a déclaré que...; il n'y a rien encore de statué là-dessus.* — se **STATUER,** v. pron.

STATU-QUO, subst. mas. (*cetatukô*), ablatif absolu latin qui signifie *dans le même état,* en parlant des choses.—Au plur., des *statu-quo.* — Quelquefois, mais rarement, on complette cette locution latine en lui rendant la prep. *in;* et l'on dit alors : *in statu quo; laisser les choses in statu quo,* comme on dit : *les laisser dans le statu-quo.* Dans le premier cas, *in statu quo* devient une véritable locution adverbiale.

STATURE, subst. fém. (*cetature*) (du latin *statura*), hauteur de la taille d'une personne ; il n'est guère en usage que dans le style relevé ; on se sert ordinairement de *taille.*

STATUT, subst. mas. (*cetatu*)(du lat. *statutum,* fait de *statuere,* statuer), règle établie pour la conduite d'une compagnie, d'un corps. —T. de jurispr., arrêt, ordonnance, règlement, droit particulier, d'après lequel sont régis et gouvernés les personnes et les biens d'une même province. —Au plur., lois faites par le parlement d'Angleterre.

STAURACANTHE, subst. mas. (*cetôrakante*), t. de bot., sorte d'arbrisseau de la famille des légumineuses.

STAURO-BARYTE, subst. fém. (*cetôrobarite*), sorte de pierre de *baryte,* dont les crystaux sont croisés dans le sens de leur longueur.

STAUROLÂTRE, subst. mas. (*cetôrolâtre*) (du grec σταυρος, croix, et λατρευω, j'adore, fait de λατρις, serviteur, adorateur), nom d'anciens hérétiques d'Arménie qui n'adoraient point d'autre image que celle de la croix.

STAUROTIDE, subst. fém. (*cetôrotide*) (du grec σταυρος, croix), t. de minér., pierre formée de deux prismes hexaèdres qui s'entre-coupent en forme de croix.

STAUTONIE, subst. fém. (*cetôtoni*), t. de bot., arbuste de la Chine.

STAXIS, subst. mas. (*cetakcice*), t. de médec., effusion de sang qui a lieu goutte à goutte.

Ste., abréviatoin de *sainte.*

STEAM-BOAT, subst. mas. (*cetimebote*) (mot anglais), bateau à vapeur, en Angleterre et dans les ports de la Manche.

STÉARATE, subst. mas. (*ceté-arate*), t. de chim., sel formé par la combinaison de l'acide *stéarique* avec une base salifiable.

STÉARATÉ, subst. mas. (*ceté-araté*), t. de pharm., emplâtre métallique.

STÉARATOL, subst. mas. (*ceté-aratole*), t. de chim., nom donné au suif.

STÉARÉON, subst. mas. (*ceté-aré-on*), t. de chim., nom donné à la graisse.

STÉARINE, subst. fém. (*ceté-arine*), t. de chim., substance en masses aiguillées ou étoilées, incolore, insipide, peu odorante, fusible au feu et soluble dans l'acohol à chaud, qui forme la graisse par son union avec l'élaïne.

STÉARIQUE, adj. des deux genres (*ceté-arike*), t. de chim., nom que quelques chimistes donnent à une sorte d'acide produit par la *stéarine.*

STÉATITE, subst. fém. (*ceté-atite*) (du grec στεαρ, génitif στεατος, suif), pierre feuilletée, dissoluble et savonneuse.— T. de médec., intumescence abdominale.—On l'emploie aussi adj., pour les deux genres; et alors *stéatite* signifie argileux, doux au toucher : *pierre stéatite*; nous préférons, dans ce dernier cas, l'adj. *stéatiteux, stéatiteuse.*

STÉATITEUSE, adj. fém. Voy. **STÉATITEUX.**

STÉATITEUX, adj. mas., au fém. **STÉATITEUSE** (*ceté-atiteu, teuze*), qui tient de la *stéatite;* qui est feuilleté comme l'ardoise.

STÉATOCÈLE, subst. fém. (*ceté-atocèle*) (du grec στεαρ, στεατος, suif, et de κηλη, tumeur), t. de médec., fausse hernie, ou tumeur dans le scrotum, causée par une accumulation de matières qui ressemblent à du suif.

STÉATOMATEUSE, adj. fém. Voyez **STÉATOMATEUX.**

STÉATOMATEUX, adj. mas., au fém. **STÉATOMATEUSE** (*ceté-atomateu, teuze*), qui ressemble au *stéatôme.*

STÉATÔME, subst. mas. (*ceté-atôme*) (du grec στεατος, génitif de στεαρ, suif), t. de médec., tumeur enkystée, qui renferme une matière semblable à du suif.

STÉATORMIS, subst. mas. (*ceté-atormi*), t. d'hist. nat., genre d'oiseaux de la famille des nocturnes.

STÉCHAS, subst. mas. (*cetékâce*), t. de bot., plante aromatique.

STÉGANIE, subst. fém. (*ceteguani*), t. de bot., genre de plantes de la famille des fougères.

STÉGANOGRAPHE, subst. mas. (*ceteguanoguerafe*), qui s'adonne à la *stéganographie.*

STÉGANOGRAPHIE, subst. fém. (*ceteguanoguerafi*) (du grec στεγανος, secret, couvert, impénétrable, et γραφω, j'écris), art d'écrire en chiffres, au moyen de signes convenus avec un correspondant et qui ne sont compris que de lui seul.

STÉGANOGRAPHIQUE, adj. des deux genres (*ceteguanoguerafike*), qui appartient à la *stéganographie : signes, écriture, caractères stéganographiques.*

STÉGANOGRAPHIQUEMENT, adv. (*ceteguanoguerafikeman*), en caractères *stéganographiques.*

STÉGANOPE, subst. mas. (*ceteguanope*), t. d'hist. nat., genre d'oiseaux de l'ordre des échassiers.

STÉGANOPODE, subst. et adj. des deux genres (*ceteguanopode*), t. de zool.; qui a le pied plat. — Subst. mas. pl., famille d'oiseaux.

STÉGIE, subst. fém. (*ceteji*), t. de bot., plantes cryptogames de la famille des champignons.

STÉGNOSE, subst. fém. (*ceteguenoze*), t. de médec., constriction, resserrement des pores, des vaisseaux.

STÉGNOTIQUE, subst. mas. et adj. des deux genres (*ceteguenotike*), médicament qui resserre, qui bouche les orifices.

STÉGOPTÈRE, subst. mas. et adj. des deux genres (*ceteguopetère*), t. d'hist. nat., famille d'insectes de l'ordre des névroptères.

STÉGOSIE, subst. fém. (*ceteguôzi*), t. de bot., genre de plantes graminées.

STÉHÉLINE, subst. fém. (*ceté-éline*), t. de bot., genre de plantes du midi de l'Europe.

STEINBOCK, subst. mas. (*ceteinboke*) (de l'allemand *stein,* pierre, et *bock,* bouc), t. d'hist. nat., espèce de bouc qui vit dans les rochers.

STÉLAGE, subst. mas. (*cetélaje*), droit sur les grains.

STÉLAGIER, subst. mas. (*cetélajié*), fermier du *stélage.*

STÈLE, subst. fém. (*cetèle*) (en grec στηλη, colonne), t. d'archit., colonne hermétique; monolithe qui a ordinairement la forme d'une colonne, d'un obélisque, d'un cippe.

STÉLÉCHITE, subst. fém. (*ceteléchite*) (du grec στελεχος, tronc d'arbre), t. d'hist. nat., concrétion pierreuse; incrustation calcaire autour d'une racine.—Pierre propre à nettoyer les dents.

STÉLÉGRAPHE, subst. mas. (*ceteléguerafe*), celui qui travaille en *stélégraphie.*

STÉLÉGRAPHIE, subst. fém. (*ceteléguerafi*) (du grec στηλη, colonne, et γραφω, j'écris), t. d'antiq., art d'écrire ou de graver des inscriptions sur les colonnes.

STÉLÉGRAPHIQUE, adj. des deux genres (*ceteléguerafike*), qui concerne la *stélégraphie.*

STÉLÉGRAPHIQUEMENT, adv. (*ceteléguerafikeman*), d'une manière *stélégraphique.*

STEENWOORDE, subst. propre mas. (*ceténevorde*), bourg de France, chef-lieu de canton, arrond. d'Hazebrouck, dép. du Nord.

STELLAIRE, subst. fém. (*cetèlelère*), t. de bot., sorte de plante trigyne.

♦ **STELLAIRE,** adj. des deux genres (*cetèlelère*) (du lat. *stella,* étoile), qui a rapport aux étoiles : *lumière stellaire.*

STELLÉ, ou **STELLIO,** subst. propre mas. (*cetèlelé, li-o*), myth.; on croit que c'est le même qu'Abas, qui fut changé en lézard, parce qu'il s'était moqué de Cérès en la voyant boire et manger avec trop d'avidité, lorsqu'elle était chez une vieille pour s'y reposer, en allant chercher sa fille Proserpine.

STELLÈRE, subst. fém. (*cetèlelère*), t. d'hist. nat., le lamantin du Kamtschatka. — T. de bot., genre de plantes de la famille des daphnoïdes.

STELLÉRIDE, subst. fém. et adj. des deux genres (*cetèlelèride*), t. d'hist. nat., nom d'une famille de vers radiaires.

STELLIFÈRE, subst. mas. (*cetèlelifère*), t. d'hist. nat., poisson du genre des bodians.

STELLION, subst. mas. (*cetèlelion*) (du lat. *stellio,* fait de *stella,* étoile), t. d'hist. nat., lézard marqué de petites taches semblables à des *étoiles,* et qui ressemble un peu au crapaud.

STELLIONAT, subst. mas. (*cetèleli-ona*) (du lat. *stellionatus,* fait, dans la même signification, de *stellio,* stellion, parce que les différentes taches dont est marqué ce reptile représentent assez bien les artifices d'un faux vendeur. *Ménage.*), crime de celui, de celle qui vend l'héritage d'autrui, ou qui vend comme quitte de toute hypothèque un bien qui ne l'est pas. — Les anciens Romains appelaient *stellionat,* tout crime qui n'avait pas de nom propre.

STELLIONATAIRE, subst. et adj. des deux genres (*cetèleli-onatère*), celui, celle qui a commis le crime de *stellionat.*

STELLIS, subst. mas. (*cetèlelice*), t. de bot., genre de plantes.

STELLITHE, subst. fém. (*cetèlelite*) du latin

stella, étoile, et du grec λιθος, pierre), t. d'hist. nat., étoile de mer fossile.

STELLORKIS, subst. mas. *(cetèlelorkice)*, t. de bot., genre de plantes.

STEMMACANTHE, subst. fém. *(cetèmemakante)*, t. de bot., genre de plantes de la famille des carduacées.

STEMMATE, subst. mas. *(cetèmemate)* (du lat. *stemma, atis*, couronne, guirlande de fleurs), points saillants, souvent brillants, sur le haut du front de certains insectes, tels que la cigale, la guêpe, etc. — T. d'antiq., images, portraits de ses ancêtres qu'on plaçait dans une salle d'honneur.

STEMMATOSPERME, subst. mas. *(cetèmematoccpèreme)*, t. de bot., genre de plantes graminées.

STÉMODE, subst. fém. *(cetémode)*, t. de bot., genre de plantes personnées.

STÉMONE, subst. fém. *(cetémone)*, t. de bot., plante grimpante de la Chine : on mange ses racines, qui ressemblent à des navets.

STÉMONITE, subst. fém. *(cetémonite)*, t. de bot., plante de la famille des champignons.

STÉNANTHÈRE, subst. mas. *(cetènantère)*, t. de bot., arbuste de la famille des épacrides.

STENAY, subst. propre mas. *(cetené)*, ville de France, chef-lieu de canton, arrond. de Montmédy, dép. de la Meuse.

STENCORE, subst. mas. *(cetankore)*, t. d'hist. nat., genre d'insectes coléoptères.

STÈNE, subst. mas. *(cetène)*, t. d'hist. nat., insecte de la famille des brachélytres.

STÉNÉLITRE, subst. mas. *(cetènélitre)*, t. d'hist. nat., insecte coléoptère.

STÉNOCARDIE, subst. fém. *(cetènokardi)* (du grec στενος, étroit, et καρδια, cœur), t. de médec., angine de poitrine.

STÉNOCARPE, subst. mas. *(cetènokarpe)*, genre de plantes.

STÉNOCHILE, subst. mas. *(cetènochile)*, t. de bot., plante à fleurs solitaires.

STÉNOCHORIE, subst. fém. *(cetènokori)* (du grec στενος, étroit, et χωρος, espace), t. de médec., rétrécissement des vaisseaux.

STÉNOCORIASE, subst. fém. *(cetènokori-âze)*, t. de médec. vétér., nom d'une maladie des chevaux.

STÉNODERME, subst. mas. et adj. des deux genres *(cetènodèreme)*, t. d'hist. nat., genre de mammifères carnassiers.

STÉNOGLOSSE, subst. fém. *(cetènogueloce)*, t. de bot., plante parasite du Pérou.

STÉNOGRAPHE, subst. et adj. des deux genres *(cetènoguerafe)*, qui se sert de la *sténographie*; qui l'a étudiée; qui la connaît.

STÉNOGRAPHIE, subst. fém. *(cetènoguerafi)* (du grec στενος, étroit, serré, et γραφω, j'écris), écriture serrée, réduite, abrégée.—Art d'écrire par abréviation, etc.

STÉNOGRAPHIÉ, E, part. pass. de *sténographier*.

STÉNOGRAPHIER, v. act. *(cetènoguerafié)*, transcrire un discours par le moyen de la *sténographie*. — *se* STÉNOGRAPHIER, v. pron. Ce mot manque dans l'*Académie*.

STÉNOGRAPHIQUE, adj. des deux genres *(cetènoguerafike)*, de la *sténographie*.

STÉNOGRAPHIQUEMENT, adv. *(cetènoguerafikeman)*, à la manière des *sténographes*.

STÉNOPYRE, subst. fém. *(cetènopire)* (du grec στενος, étroit, et πυρ, feu), t. de médec., fièvre inflammatoire.

STÉNOSE, subst. fém. *(cetènôze)* (du grec στενος, étroit, serré), t. de médec., coarctation, rétrécissement de certaines ouvertures naturelles.

STÉNOSOME, subst. mas. *(cetènozôme)*, t. d'hist. nat., crustacé de l'ordre des décapodes.

STÉNOSTOME, subst. mas. *(cetènocetome)*, t. d'hist. nat., genre d'insectes coléoptères.

STENTÉ, E, adj. *(cetanté)* (de l'italien *stentato*, part. pass. de *stentar*, être mal à son aise se donner de la peine, travailler avec effort), t. de peint., peine, où le travail de l'artiste se fait trop sentir : *tableau, ouvrage stenté*. Peu usité.

STENTOR, subst. mas. *(cetantor)* : *voix de Stentor*, voix extrêmement forte et sonore, ainsi nommée d'un capitaine grec, cité dans l'*Iliade* pour la force extraordinaire de sa voix; laquelle, dit *Homère*, faisait seule autant de bruit que celle de cinquante hommes qui auraient crié ensemble.

STENTORÉ, E, adj. *(cetantoré)*, de *Stentor*. (Voltaire.) Peu en usage.

STÉPHANE, subst. mas. *(cetéfane)*, t. d'hist. nat., insecte hyménoptère.

STÉPHANÉPHORE, et ses dérivés. Voy. STÉPHANOPHORE, et ses dérivés.

STÉPHANIE, subst. fém. *(cetéfani)*, t. de bot., genre d'arbrisseaux de la famille des capparidées.

STÉPHANIENS, subst. propre mas. plur. *(cetéfanieìn)*, myth., jeunes hommes nés des cendres des filles d'Arion.

STÉPHANITE, adj. des deux genres *(cetéfanite)*, (du grec στεφανη, couronne de fleurs); se dit de certains jeux dont le prix consistait en une couronne de fleurs.

STÉPHANOMÈLE, subst. fém. *(cetéfanomèle)*, t. de bot., sorte de plante.

STÉPHANOMIE, subst. fém. *(cetéfanomi)*, t. d'hist. nat., animal marin de la famille des radiaires.

STÉPHANOPHORE, subst. mas. *(cetéfanofore)*, antiquité (du grec στεφανη, couronne, et φερω, je porte), prêtre qui, dans les cérémonies, portait une couronne de fleurs et quatre-vingt-dix-neuf fleurs d'or.

STÉPHANOPHORIE, subst. fém. *(cetéfanofori)*, t. d'antiq., cérémonie pratiquée par le *stéphanophore*.

STÉPHANOPHORIQUE, adj. des deux genres *(cetéfanoforike)*, qui concerne la *stéphanophorie*, les *stéphanophores*.

STÉPHANOPOLE, subst. mas. *(cetéfanopole)* (du grec στεφανη, couronne de fleurs, et πωλεω, je vends), t. d'antiq., celui qui fabriquait et vendait des couronnes, etc.

STÉPHYLLE, subst. fém. *(cetéfile)*, t. d'hist. nat., mollusque de la classe des céphalés.

STEPPE, subst. mas. *(cetèpe)* (du latin *stipes*, branchage), nom donné aux savanes de Tartarie, de Crimée; déserts couverts de végétaux, de broussailles; déserts salés de l'Asie septentrionale. — L'*Académie* dit que plusieurs géographes font ce mot féminin. Nous serions volontiers de leur avis.

STERCACANTHE, subst. mas. *(cetèrekakante)*, t. de bot., plante de la famille des lichens.

STERCHI, subst. mas. *(cetèreki)*, t. d'hist. nat., cigogne blanche.

STERCORAIRE, subst. mas. *(cetèrekorère)*, t. d'hist. nat., poisson du genre des chélodons. — Genre d'oiseaux nageurs. — Nom d'insectes qui vivent dans la fiente des animaux.

STERCORAL, E, adj. *(cetèrekorale)*, t. de médec., qui a rapport aux matières fécales. — Au plur. mas., *stercoraux*. Ce mot manque dans l'*Académie*.

STERCORANISTE, subst. mas. *(cetèrekoraniçète)*, sorte d'hérétiques, qui croient qu'on digère l'hostie consacrée comme on digère un morceau de pain.

STERCORATION, subst. et adj. fém. *(cetèrekoràcion)* (du latin *stercus, coris*, excrément), t. de médec., matière fécale.

STERCORAUX, adj. mas. plur. Voy. STERCORAL.

STERCULIACÉES, sub. fém. pl. *(cetèrekuli-acé)*, t. de bot., famille de plantes intermédiaires entre les liliacées et les malvacées.

STERCULIER, subst. mas. *(cetèrekulié)*, t. de bot., plante qui répand une odeur fétide.

STERCUTIUS, subst. propre mas. *(cetèrekuci-uce)* (du latin *stercus*, excrément), myth., dieu des Romains qui présidait à la garde-robe. — Surnom de Saturne.

STÈRE, subst. mas. *(cetère)* (du grec στερεος, solide), dans le nouveau système métrique, mesure de solidité qui vaut un mètre cube ou vingt-neuf pieds cubes. Elle n'est usitée que pour le bois de chauffage, et répond aux trois huitièmes environ de l'ancienne *corde* de Paris, de cent vingt-huit pieds cubes, et vaut à peu près la *demi-voie*.

STÉRÉOBATE, subst. mas. *(cetéré-obate)*, t. d'archit., sorte de soubassement; partie saillante de la base d'une colonne.

STÉRÉOCAULE, subst. mas. *(cetéré-okôle)*, t. de bot., plante de la famille des lichens.

STÉRÉOGRAPHE, subst. mas. *(cetéré-oguerafe)*, qui pratique la *stéréographie*.

STÉRÉOGRAPHIE, subst. fém. *(cetéré-oguerafi)* (du grec στερεος, solide, et γραφω, je décris), art de représenter les solides sur un plan, suivant la projection perspective.

STÉRÉOGRAPHIQUE, adj. des deux genres *(cetéré-oguerafike)*, qui appartient à la *stéréographie* : *description, traité stéréographique*. — *Projection stéréographique de la sphère*, celle dans laquelle on suppose que l'œil est placé sur la surface de la sphère. — *Projection stéréographique sur le plan du méridien, de l'équateur, de l'horizon*, projection de la sphère sur l'un des grands cercles, l'œil étant placé au pôle de ce cercle.

STÉRÉOGRAPHIQUEMENT, adv. *(cetéré-oguerafikeman)*, d'une manière *stéréographique*.

STÉRÉOLOGIE, subst. fém. *(cetéré-oloji)* (du grec στερεος, solide, et λογος, discours, traité), t. de médec., traité, étude des solides organiques l'opposé de l'*hygrologie*. Voy. ce mot.

STÉRÉOMÈTRE, subst. mas. *(cetéré-omètre)* (du grec στερεος, solide, et μετρον, mesure), instrument de géométrie pour représenter des solides sur un plan.

STÉRÉOMÉTRIE, subst. fém. *(cetéré-ométri)* (même étymologie que celle du mot précédent), la science qui traite de la mesure des solides.— Ouvrage, traité fait sur cette science.

STÉRÉOMÉTRIQUE, adj. des deux genres *(cetéré-ométrike)*, qui concerne la *stéréométrie*.

STÉRÉON, subst. mas. *(cetéré-on)*, t. de médec., humeur condensée; espèce de crystalline.

STÉRÉOTOMIE, subst. fém. *(cetéré-otomi)* (du grec στερεος, solide, et τεμνω, je coupe), la science de la coupe des solides.

STÉRÉOTOMIQUE, adj. des deux genres *(cetéré-otomike)*, qui concerne la *stéréotomie*.

STÉRÉOTYPAGE, subst. mas. *(cetéré-otipaje)*, t. d'imprim., action de *stéréotyper*.—L'ouvrage même qui en résulte.

STÉRÉOTYPE, adj. des deux genres *(cetéré-otipe)*, de la *stéréotypie*; qui a été *stéréotypé* : *édition stéréotype*.

STÉRÉOTYPÉ, E, part. pass. de *stéréotyper*.

STÉRÉOTYPER, v. act. *(cetéré-otipé)* (du grec στερεος, solide, et du latin *typus*, figure, caractère), imprimer avec des planches, qui, composées d'abord en caractères mobiles, ont été converties ensuite en formes solides, ainsi que l'ont fait les frères *Didot*, *Herhan*, etc. — *se* STÉRÉOTYPER, v. pron.

STÉRÉOTYPEUR, subst. mas. *(cetéré-otipeur)*, qui *stéréotype*, qui forme les planches ou qui imprime par le moyen de la *stéréotypie*.

STÉRÉOTYPIE, subst. fém. *(cetéré-otipi)*, art de *stéréotyper*.—L'atelier où l'on *stéréotype*.

STÉRÉOXYLON, subst. mas. *(cetéré-okcilon)*, t. de bot., genre de plantes du Pérou.

STÉRILE, adj. des deux genres *(cetérile)* (du latin *sterilis*, dérivé du grec στερεω, je prive, je dépouille), qui ne porte point de fruits, quoiqu'il soit de nature à en porter. Il se dit au propre et au figuré : *terre stérile, champ stérile, arbre stérile*. — *Femme stérile*, qui n'a point d'enfants, après plusieurs années de mariage. — Fig. : *siècle stérile en grands hommes*, qui en a peu produit. — *Esprit, auteur, poète stérile*, qui ne produit rien de lui-même. — *Sujet stérile*, qui ne fournit pas beaucoup de matière à l'orateur. — *Année stérile*, année dans laquelle la récolte est mauvaise ou nulle. — *Louanges stériles*, qui ne sont accompagnées d'aucune récompense. — *Gloire stérile*, dont on ne retire aucun avantage. — *Pitié stérile*, qui ne profite pas à la personne qui en est l'objet.—*Admiration stérile*, qui ne va pas jusqu'à imiter ce qu'on admire. — *Plante stérile*, qui ne fructifie point ou qui est inapte à la fructification. — *Fleur stérile*, pour laquelle la fécondation ne s'opère point. — STÉRILE, INFERTILE. (*Syn.*) Le mot *stérile* indique un principe de *stérilité*, l'aridité, la sécheresse; *infertile* n'indique proprement que le fait, la rareté ou la disette des productions, sans désigner la cause. *Stérile* est opposé à *fécond*; *infertile* est la négation de *fertile*. Or, *fécond* exprime la faculté de produire, et *fertile* a plus de rapport à l'effet produit. — *Infertile* ne se dit guère au figuré que de l'esprit, ou d'une matière à traiter; *stérile* y est au contraire d'un grand usage. La gloire est *stérile*, quand on n'en retire aucun fruit; un travail est *stérile*, quand il ne rapporte aucun avantage; une admiration *stérile* se dissipe sans effet; des louanges *stériles* sont perdues; un siècle est *stérile* en vertus, en grands hommes.

STÉRILEMENT, adv. *(cetérileman)*, d'une manière *stérile*. Peu usité, mais fort bon et très-utile.

STÉRILISÉ, E, part. pass. de *stériliser*.

STÉRILISER, v. act. *(cetérilizé)*, rendre *stérile*. — *se* STÉRILISER, v. pron.

STÉRILITÉ, subst. fém. *(cetérilité)* (en latin *sterilitas*), qualité de ce qui est *stérile* : *la stérilité des terres, la stérilité des femmes*. — Fig. : *la stérilité d'un auteur, la stérilité d'un sujet*, etc. — On dit fig., en parlant d'un temps où il y a peu ou point de nouvelles : *il y a stérilité de nouvelles*; et d'un ouvrage où il y a peu ou point de pensées : *dans cet ouvrage il n'y a que des stérilités de pensées.*

STÉRIPHE, subst. fém. (*cetérife*), t. de bot., genre de plantes digynes de la famille des lichens.

STÉRIS, subst. mas. (*cetérice*), t. de bot., genre de lychnis.

STERLET, subst. mas. (*cetèrelè*), t. d'hist. nat., petite espèce d'esturgeon qui se pêche dans quelques mers et rivières du Nord.

STERLING, subst. mas. (*cetèrelein*) (de l'anglais *casterling*, oriental; parce que, de l'orient d'Allemagne où l'on battait monnaie plus fine qu'ailleurs, *Richard Ier*, roi d'Angleterre, fit venir des monnayeurs que le peuple nomma *casterlings*, orientaux, d'où l'on a fait, par corruption, *esterlings*, et ensuite *sterlings*), sorte de monnaie de compte en Angleterre. Ce mot ne s'emploie pas seul; on dit : *une livre sterling ;* elle vaut à peu près vingt-cinq francs de France.

STERNAL, E, adj. (*cetèrenale*), t. d'anat., qui tient, qui a rapport au *sternum*.—Au plur. mas., *sternaux*.

STERNALGIE, subst. fém. (*cetèrenaleji*) (du grec στερνον, le sternum, et αλγος, douleur), t. de médec., angine de poitrine.

STERNALGIQUE, adj. des deux genres (*cetèrenalejike*), qui a rapport à la *sternalgie*.

STERNARACHE, subst. mas. (*cetèrenarache*), t. d'hist. nat., genre de poissons abdominaux.

STERNAUX, adj. mas. plur. Voy. STERNAL.

STERNBERGIE, subst. fém. (*cetèrenebèreji*), t. de bot., genre de plantes de Hongrie.

STERNE, subst. fém. (*cetèrene*), t. d'hist. nat., hirondelle de mer.

STERNICLE, subst. mas. (*cetèrenikle*), t. d'hist. nat., poisson du genre des salmones.

STERNO-CLAVICULAIRE, subst. mas. et adj. des deux genres (*cetèrenòklavikulère*), t. d'anat., se dit de l'articulation de la *clavicule* avec le *sternum*.

STERNO-CLÉIDO-MASTOÏDIEN, subst. et adj. mas. (*cetèrenòklé-idòmaceto-idiein*), t. d'anat., se dit du muscle qui a rapport au *sternum*, à la clavicule et à l'os *hyoïde*.

STERNO-COSTAL, subst. et adj. mas. (*cetèrenòkocetale*), t. d'anat.; se dit du muscle triangulaire du *sternum*.

STERNO-COSTO-CLAVIO-HUMÉRAL, subst. et adj. mas. (*cetèrenòkocetòklaviò-uméral*), t. d'anat.; se dit d'un muscle qui va du *sternum* à la *costale claviculaire* et à *l'humérus*.

STERNO-HUMÉRAL, subst. et adj. mas. (*cetèrenò-uméral*), t. d'anat., se dit d'un muscle qui va du *sternum* à *l'humérus*.

STERNO-HYOÏDIEN, subst. et adj. mas. (*cetèrenò-i-o-idiein*), t. d'anat., se dit d'un muscle qui s'étend de l'os *hyoïde* au *sternum*.

STERNO-MASTOÏDIEN, subst. et adj. mas. (*cetèrenòmaceto-idiein*), t. d'anat.; le même que le *sterno-cléido-mastoïdien*. Voy ce mot.

STERNOPTYGE, subst. mas. (*cetèrenopetije*), t. d'hist. nat., ordre de poissons osseux apodes.

STERNOPTYX, subst. mas. (*cetèrenopetikce*), t. d'hist. nat., genre de poissons apodes.

STERNO-PUBIEN, subst. et adj. mas. (*cetèrenòpubiein*), t. d'anat.; se dit du muscle qui va du *sternum* au *pubis*.

STERNORHYNQUE, subst. fém. (*cetèrenoreinke*), t. de bot., genre de plantes.

STERNO-THYROÏDIEN, subst. et adj. mas. (*cetèrenòtiro-idiein*), t. d'anat., se dit d'un muscle qui va du cartilage *thyroïde* à la partie postérieure supérieure du *sternum*.

STERNOXE, subst. mas. (*cetèrenokce*), t. d'hist. nat., insecte coléoptère.

STERNSCHORLE, subst. mas. (*cetèrenekorle*), t. de bot., grammatite radiée, variété d'amphibole.

STERNUM, subst. mas. (*cetèrenome*) (mot latin, pris du grec στερνον), t. d'anat., partie osseuse qui forme le devant de la poitrine, et à laquelle les côtes aboutissent.

STERNUTATOIRE, adj. des deux genres (*cetèrenutatoare*), qui fait éternuer : *poudre sternutatoire.*—Il est aussi subst. mas. : *le tabac est un sternutatoire.*

STÉROPE, subst. mas. (*cetérope*), t. d'hist. nat., insecte coléoptère.

STÉROPÉGÉRÈTE, subst. propre mas. (*cetéropéjérète*), myth., surnom de Jupiter comme présidant aux éclairs.

STÉROPHORE, subst. mas. (*cetérofore*), t. de bot., genre de lychen.

STERTEUR, subst. mas. (*cetèreteur*), qui gonfle en dormant. (*Boiste.*) Entièrement inusité.

STERTOREUSE, adj. fém. Voy. STERTOREUX.

STERTOREUX, adj. mas., au fém. **STERTOREUSE** (*cetèretoreu, reuze*), t. de médec., se dit d'une respiration difficile, accompagnée de râle ou de ronflement.

STÉTHOSCOPE, subst. mas. (*cetétocekope*) (du grec στηθος, poitrine, et σκοπεω, j'observe), t. de médec., instrument en forme de tube qui transmet, à l'oreille du médecin, tous les bruits qui se font entendre dans la poitrine du malade.

STÉTHOSCOPÉ, E, part. pass. de *stéthoscoper*, et adj., t. de médec., qui a subi l'épreuve du *stéthoscope*.

STÉTHOSCOPER, v. act. (*cetétocekopé*), sonder la poitrine au moyen du *stéthoscope*. — *se* STÉTHOSCOPER, v. pron. Peu en usage.

STÉTHOSCOPIQUE, adj. des deux genres (*cetétocekopike*), qui concerne le *stéthoscope*.

STÉVENSIE, subst. fém. (*cetévanci*), t. de bot., plante monogyne rubiacée.

STÉVIE, subst. fém. (*cetévi*), t. de bot., plante polygame de la famille des corymbifères.

STETTIN, subst. propre mas. (*cetètetein*), ville de Prusse, chef-lieu de la province de Poméranie.

STHÉNIE, subst. fém. (*ceténi*) (du grec σθενος, force), t. de médec. et d'anat., force des fibres musculaires.—Exaltation de la vie. — Excès de force, d'action organique.

STHÉNIEN, adj. mas. (*ceténiein*), surnom de Jupiter.—*Jeux sthéniens*, jeux qu'on célébrait à Argos en son honneur.

STHÉNIES, subst. fém. plur. (*ceténi*), t. d'antiq., fêtes athéniennes dans lesquelles les femmes se disaient mutuellement et publiquement des injures.

STHÉNIQUE, adj. des deux genres (*cetènike*), t. de médec., qui provient de la *sthénie*, d'un excès, d'une exaltation de force.

STIBADION, subst. mas. (*cetibadion*), lit d'herbes et de joncs sur lequel les anciens se mettaient à table.

STIBIÉ, E, adj. (*cetibié*) (du lat. *stibium*, antimoine), qui est tiré de l'antimoine : *le tartre stibié*, le tartre émétique.

STICHOMANCIE, subst. fém. (*cetikomanci*) (du grec στιχος, vers, et μαντεια, divination), divination par le moyen de vers écrits sur de petits billets qu'on jetait dans une urne. Le premier qu'on tirait était censé contenir la réponse à ce qu'on voulait savoir.

STICHOMANCIEN, subst. et adj. mas., au fém. **STICHOMANCIENNE** (*cetikomanciein, ciène*), qui a rapport à la *stichomancie*.—Subst., celui, celle qui l'exerçait.

STICHOMANCIENNE, subst. et adj. fém. Voy. STICHOMANCIEN.

STICHOMÉTRIE, subst. fém. (*cetikométri*) (du grec στιχος, ordre, ligne, vers, et μετρον, mesure), division d'un ouvrage en versets, dont chacun commence un alinea.

STICHOMÉTRIQUE, adj. des deux genres (*cetikométrike*), qui a rapport à la *stichométrie*.

STICHONOMANCIE, subst. fém. (*cetikonomanci*) (du grec στιχος, vers, ligne, ονομα, nom, et μαντεια, divination), divination par des noms écrits sur des fragments d'écorces.

STICHONOMANCIEN, subst. et adj. mas., au fém. **STICHONOMANCIENNE** (*cetichonomanciein, ciène*), qui a rapport à la *stichonomancie*.—Subst., celui, celle qui l'exerçait.

STICHONOMANCIENNE, subst. et adj. fém. Voy. STICHONOMANCIEN.

STICHORKIS, subst. mas. (*cetikorki*), t. de bot., genre de plantes orchidées.

STICLE, subst. fém. (*cetikle*), t. de bot., plante cryptogame de la famille des algues.

STIGMANTHE, subst. mas. (*cetiguemante*), t. de bot., arbrisseau de la famille des rubiacées.

STIGMAROTE, subst. mas. (*cetiguemarote*), t. de bot., plante de la Cochinchine.

STIGMATE, subst. mas. (*cetiguemate*) (du lat. *stigma, matis*, pris du grec στιγμα, ματος, dérivé de στιζειν, piquer), marque, empreinte faite avec un fer chaud, etc., sur le corps d'un homme ou d'un animal. On le disait des anciens esclaves.—Aujourd'hui, il n'est guère usité qu'au plur., en parlant des marques des plaies de Jésus-Christ.—Marque d'un fer rouge sur l'épaule d'un voleur : *les stigmates de la justice.* — Fig.: *porter les stigmates de quelque action*, essuyer des reproches humiliants et des insultes méritées.— *C'est pour lui un stigmate vraiment flétrissant*, c'est une note d'infamie.—En bot., partie supérieure ou sommité du pistil : *stigmate simple, bifide*, etc.—Au plur., chez plusieurs insectes, tels que le hanneton, etc., orifices placés ordinairement sur les côtés, par où l'air pénètre dans le corps, et qui sont les organes extérieurs de la respiration.

STIGMATIQUE, adj. des deux genres (*cetiguematike*), du *stigmate*. Peu usité, mais utile.

STIGMATISÉ, E, part. pass. de *stigmatiser* et adj., marqué de *stigmates*.

STIGMATISER, v. act. (*cetiguematizé*), marquer une personne au front avec un fer chaud : *on stigmatisait les esclaves fugitifs.* — *se* STIGMATISER, v. pron.

STIGMATOGRAPHE, subst. mas. (*cetiguematoguerafe*) (du grec στιγμα, point, et γραφειν, écrire, graver), celui qui écrit avec des points.

STIGMATOGRAPHIE, subst. fém. (*cetiguematoguerafi*), art d'écrire avec des points.

STIGMATOGRAPHIQUE, adj. des deux genres (*cetiguematoguerafike*), qui a rapport à la *stigmatographie*.

STIGMITE, subst. fém. (*cetiguemite*) (du grec στιγμα, point), t. d'hist. nat., pierre remplie de petites taches, de petits points.

STILAGE, subst. mas. (*cetilaje*), ancien droit des seigneurs sur les pains qui se vendaient dans les marchés dépendant de leurs terres.

STILAGIER, subst. mas. (*cetilajié*), fermier du *stilage* ou soumis au *stilage*.

STILBE, subst. fém. (*cetilebe*), t. d'hist. nat., insecte hyménoptère. — T. de bot., genre de plantes dioïques qui croissent au cap de Bonne-Espérance.

STILBITE, subst. fém. (*cetilebite*) (du grec στιλβος, brillant, fait de στιλβω, je brille), t. d'hist. nat., nom donné par M. *Haüy* à la substance que *Wallerius* avait appelée *lamellaris*, et d'autres naturalistes : *zéolithe lamelleuse* ou *nacrée*.

STILBON, subst. mas. (*cetilebon*), t. de bot., plante de la famille des champignons.

STIL-DE-GRAIN, subst. mas. (*cetiledeguerein*), sorte de couleur jaune pour la peinture.—Au plur., qui est du reste fort peu usité : des *stils-de-grain*.

STILLATION, subst. fém. (*cetilelàcion*) (du lat. *stilla*, goutte), filtration de l'eau à travers les terres. — Action d'un liquide tombant goutte à goutte.

STILLATOIRE, adj. des deux genres (*cetilelatoare*), qui tombe goutte à goutte.

STILLINGE, subst. fém. (*cetileleinje*), t. de bot., plantes monadelphes.

STILLIS, subst. fém. (*cetilelice*), t. d'hist. nat., genre de vers marins.

STIMULA, subst. propre fém. (*cetimula*), t. de myth., déesse de la vivacité.

STIMULANT, E, adj. (*cetimulan, lante*), (du latin *stimulans*, part. prés. de *stimulare*, exciter, aiguillonner, fait de *stimulus*, aiguillon), qui a la vertu d'exciter et de réveiller : *remède stimulant, huile stimulante.* — On dit aussi subst. au mas., *un stimulant, des stimulants.* — Fig., ce qui excite, ce qui aiguillonne l'esprit : *l'émulation est un stimulant dont il ne faut se servir qu'avec les plus grandes précautions.*

STIMULATEUR, subst. mas., **STIMULATRICE**, subst. fém. (*cetimulateur, trice*), qui stimule, excite, aiguillonne.

STIMULATION, subst. fém. (*cetimulàcion*), action des *stimulants*.

STIMULATRICE, subst. fém. Voy. STIMULATEUR.

STIMULÉ, E, part. pass. de *stimuler*.

STIMULER, v. act. (*cetimulé*) (en latin *stimulare*), aiguillonner, exciter : *il a de bonnes intentions, mais il faut le stimuler.*—T. de médec. exciter, animer : *ce remède est propre à le bien stimuler.* — *se* STIMULER, v. pron., s'animer, s'exciter soi-même à faire quelque chose. — S'exciter, s'aiguillonner les uns les autres, mutuellement : *ces enfants se stimulent entre eux.*

STIMULEUSE, adj. fém. Voy. STIMULEUX.

STIMULEUX, adj. mas., au fém. **STIMULEUSE** (*cetimuleu, leuze*), garni de pointes dont la piqûre est brûlante.

STIMULUS, subst. mas. (*cetimuluce*) (mot tout latin qui signifie aiguillon), t. de médec., excitant.

STINÈTE, subst. fém. (*cetinète*), t. de bot., espèce de plantes.

STIPE, subst. fém. (*cetipe*), t. de bot., genre de graminée.— Nom que les Romains donnaient à la plus petite de leurs monnaies, qui dans les premiers temps fut d'une once de cuivre.

STIPELLE, subst. fém. (*cetipèle*), t. de bot., *stipule* qui naît à la base des folioles, sur les pétioles particulières des feuilles composées.

STIPENDIAIRE, subst. et adj. des deux genres (*cetipandi-aire*) (du latin *stipendiarius*), qui est aux gages, à la solde d'un autre : *des troupes stipendiaires; des stipendiaires.*

STIPENDIÉ, E, part. pass. de *stipendier*, et adj.: *des gens stipendiés.*—On dit même habituellement au mas. : *c'est un des stipendiés du pouvoir.*

STIPENDIER, v. act. (*cetipandi-é*) (du latin *stips*, petite monnaie de cuivre chez les Romains, et *pendere*, payer, *stipem pendere*, d'où l'on a fait *stipendium*, solde, paie des gens de guerre, etc.), gager quelqu'un dans de mauvais desseins, et surtout soudoyer des soldats. — *Se* STIPENDIER, v. pron.

STIPIFORME, adj. des deux genres (*cetipiforme*), t. de bot., qui ressemble à un *stipe*.

STIPITÉ, E, adj. (*cetipité*), t. de bot., à base subitement rétrécie.

STIPON, subst. mas. (*cetipon*), t. d'hist. nat., petite coquille du genre des mantelets.

STIPULACÉ, E, adj. (*cetipulacé*), t. de bot., qui ressemble aux *stipules*.—Pourvu de *stipules*.

STIPULAIRE, adj. des deux genres (*cetipulère*), t. de bot., qui a des *stipules*.

STIPULAIRE, subst. fém. (*cetipulère*), t. de bot., genre de plantes vivaces de la famille des rubiacées.

STIPULANT, E, adj. (*cetipulan, lante*), qui *stipule*. — T. de palais : *un tel stipulant pour un tel*, etc.

STIPULATION, subst. fém. (*cetipulàcion*) (du lat. *stipulatio*), terme générique, qui se dit de toutes les clauses, conditions et conventions qui entrent dans un contrat. — T. de bot., tout ce qui concerne *les stipules*.

STIPULE, subst. fém. (*cetipule*) (en lat. *stipula*, paille, chaume), t. de bot., appendice membraneuse, placée vers les points de la tige où les feuilles prennent racine.

STIPULÉ, E, part. pass. de *stipuler* et adj., pourvu de *stipules*.

STIPULER, v. act. (*cetipulé*) (du lat. *stipulari*, fait dans la même signification, de *stipula*, paille; parce que les contractants rompaient une paille), faire une *stipulation*. — Demander, exiger, ou faire promettre à quelqu'un en contractant, l'obliger à telle ou telle chose : *il a stipulé une garantie dans le contrat.* — *se* STIPULER, v. pron.

STIPULEUSE, adj. fém. Voy. STIPULEUX.

STIPULEUX, adj. mas., au fém. **STIPULEUSE** (*cetipuleu, leuze*), t. de bot., garni de *stipules* plus longues que les feuilles, que la plante.

STIPULICIDE, subst. fém. (*cetipulicide*), t. de bot., plante de la famille des caryophyllées.

STIQUE, subst. mas. (*cetike*), sorte de raisin doux.

STIRPÉ, E, adj. (*cetirpé*), t. de bot., enraciné, qui a pris racine.

STIVE, subst. fém. (*cetive*), t. de relat., le manche de la charrue en Orient.

STIVAIRE, subst. mas. (*cetivère*), celui qui conduit la charrue, qui tient le manche de la charrue.

STIXIS, subst. mas. (*cetikcice*), t. de bot., arbre du Japon.

STIZE, subst. mas. (*cetize*), t. d'hist. nat., insecte hyménoptère.

STLATAIRE, subst. mas. (*cetelatère*), chef, capitaine d'un *stlate*.

STLATE, subst. mas. (*cetelate*), nom qu'on donne à un bâtiment de course, en Istrie.

STOBÉ, subst. mas. (*cetobé*), t. de bot., genre de plantes.

STOBÉE, subst. fém. (*cetobé*), t. de bot., genre de plantes de la famille des corymbifères. C'est sans aucun doute le même que STOBÉ.

STOC, subst. mas. (*cetoke*), t. de mét., la base de l'enclume.

STOCH-FISCH, subst. mas. (*cetok-fiche*) (mot flamand), morue desséchée à l'air.—Tout poisson salé et séché.

STOCKERZ, subst. mas. (*cetokièrece*), minerai en nids, en rognons, en masses séparées.

STOCKWERK, subst. mas. (*cetokuèreke*), certains massifs de minerais qui n'ont point de direction sensible ou déterminée.

STOÈBE, subst. fém. (*ceto-èbe*), t. de bot., plante arborescente qui croît aux Indes.

STOÉCHOLOGIE, subst. fém. (*ceto-ékoloji*) (du grec στοιχειον, élément, et λογος, discours), description, traité des éléments.

STOÉCHOLOGIQUE, adj. des deux genres (*ceto-ékolojike*), qui a rapport à la *stoéchologie*.

STOFF, subst. mas. (*cetofe*), étoffe de laine ou de coton brochée.

STOÏCHÉIOMANCIE, subst. fém. (*ceto-ikié-i-omanci*) (du grec στοιχειον, ou στοιχεια, principe, éléments, lettres qui composent un mot, une ligne, et μαντεια, divination), divination qui se faisait en ouvrant au hasard *Homère* ou *Virgile*, et en prenant pour l'avis des dieux le premier vers qui se présentait.

STOÏCHÉIOMANCIEN, subst. et adj. mas., au fém. **STOÏCHÉIOMANCIENNE** (*ceto-ikié-i-omancicin, ciène*), qui a rapport à la *stoïchéiomancie*. —Subst., celui, celle qui l'exerçait.

STOÏCHÉIOMANCIENNE, subst. et adj. fém. Voy. STOÏCHÉIOMANCIEN.

STOÏCIEN, subst. mas., **STOÏCIENNE**, subst. fém. (*ceto-i-ciein, ciène*) (du grec στωικος, fait de στοα, galerie, portique, parce que Zénon rassemblait ses disciples sous un portique, pour discourir avec eux sur la philosophie), chez les anciens, philosophe de la secte de Zénon. — Par extension, homme, femme qui montre ou qui affecte une grande fermeté dans les revers, et une espèce d'insensibilité pour les biens et les maux de la vie. — STOÏCIEN, STOÏQUE. (*Syn.*) *Stoïcien* signifie, appartenant à la secte philosophique de Zénon; et *stoïque* veut dire, conforme aux maximes de cette doctrine. *Stoïcien* va proprement à l'esprit et à la doctrine; *stoïque*, à l'humeur et à la conduite. — Des *maximes stoïciennes* sont celles que Zénon ou ses disciples ont enseignées; des maximes *stoïques* sont celles qui persuadent un attachement inviolable à la vertu la plus rigide, et le mépris de toute autre chose, indépendamment des leçons du Portique. — Une vertu *stoïque* est une vertu courageuse et inébranlable; une vertu *stoïcienne* pourrait bien n'être qu'un masque de pure représentation. Panétius, disciple de Zénon, plus attaché à la pratique qu'aux dogmes de sa philosophie, était plus *stoïque* que *stoïcien*.

STOÏCIEN, adj. mas., au fém. **STOÏCIENNE** (*ceto-icien, ène*), qui appartient à la doctrine des *stoïciens*, qui a leur caractère.

STOÏCIENNE, adj. fém. Voy. STOÏCIEN.

STOÏCISME, subst. mas. (*ceto-iciceme*), fermeté, constance dans les revers et les douleurs; austérité de principes et de conduite, propre aux *stoïciens*.

STOÏCITÉ, subst. fém. (*ceto-icité*), vertu, constance inébranlable dans la douleur, l'adversité : *stoïcisme pratique*.

STOÏQUE, adj. des deux genres (*ceto-ike*), qui appartient aux *stoïciens*; qui tient de l'insensibilité et de la fermeté qu'ils affectaient. Voy. STOÏCIEN.

STOÏQUEMENT, adv. (*ceto-ikeman*), d'une manière *stoïque*. — En *stoïcien*, avec la fermeté et le courage d'un *stoïcien*.

STOÏSME, subst. mas. (*ceto-iceme*), qualité de ce qui est *stoïque* : *le stoïsme de son langage, de sa conduite*. Il y a, dit l'*Académie*, la même différence de *stoïsme* à *stoïcisme*, que de *stoïque* à *stoïcien*.

STOKÉSIE, subst. fém. (*cetokiézi*), t. de bot., plante du genre des carthames.

STOKFICHE. Voy. STOCH-FISCH. Telle est du moins la double orthographe que l'*Académie* nous donne pour un mot assez peu important.

STOLAIRE, subst. mas. (*cetolère*), long vêtement.

STOLE, subst. fém. (*cetole*), habillement ordinaire des dames romaines.

STOLÉPHORE, subst. mas. (*cetoléfore*), t. de bot., genre de plantes établi parmi les athérines de *Linnée*.

STOLIDITÉ, subst. fém. (*cetolidité*), grande stupidité, fatuité. (*Boiste*.) Inusité.

STOLIFÈRE, adj. des deux genres (*cetolifère*), t. d'antiq., qui portait une *stole* ou étole.

STOLISOMANCIE, subst. fém. (*cetolizomanci*) (formé du grec στελλειν, équiper, habiller), t. d'antiq., divination qui se tirait d'après la manière de s'habiller. Auguste se persuada un jour qu'une sédition militaire lui avait été prédite le matin par la faute de celui qui lui avait chaussé le soulier gauche autrement qu'il ne fallait.

STOLISOMANCIEN, subst. et adj. mas., au fém. **STOLISOMANCIENNE** (*cetolizomancicin, ciène*), qui a rapport à la *stolisomancie*. — Subst., celui, celle qui la pratiquait.

STOLISOMANCIENNE, subst. et adj. fém. Voy. STOLISOMANCIEN.

STOCKHOLM, subst. propre mas. (*cetokoleme*), ville capitale de la Suède, sépulture des rois de Suède. Elle a un beau et vaste port, et de nombreux chantiers de construction.

STOLON, subst. mas. (*cetolon*) (du lat. *stolo*, *stolonis*), drageon, rejeton inutile qui pousse au pied d'un arbre.

STOLONIFÈRE, adj. des deux genres (*cetolonifère*) (du lat. *stolo*, *stolonis*, drageon, rejeton, et *fero*, je porte), t. de bot., se dit des tiges qui poussent de leurs racines des drageons ou rejetons quelquefois traçants.

STOMACACE, subst. fém. (*cetomakace*) (du grec στομα, bouche, et κακια, mal, vice), t. de médec., fétidité de la bouche qui annonce le scorbut.

STOMACAL, E, adj. (*cetomakale*) (du lat. *stomachus*, estomac), bon pour l'estomac. — Au plur. mas., *stomacaux*.

STOMACALGIE, subst. fém. (*cetomakalcji*) (du lat. *stomachus*, estomac, et du grec αλγος, douleur), t. de médec., douleur, souffrance de l'estomac.

STOMACALGIQUE, adj. des deux genres (*cetomakalejike*), qui concerne, regarde la *stomacalgie*.

STOMACAUX, adj. mas. plur. Voy. STOMACAL.

STOMACHIQUE, adj. des deux genres (*cetomachike*) (du lat. *stomachicus*, fait de *stomachus*, estomac), qui appartient à l'estomac : *veines stomachiques*. — Qui est bon à l'estomac : *élixir stomachique*.—On dit aussi subst. au mas. : *c'est un bon stomachique*.

STOMALGIE, subst. fém. (*cetomaleji*) (du grec στομα, bouche, et αλγος, douleur), t. de médec., douleur à la bouche.

STOMALGIQUE, adj. des deux genres (*cetomalejike*), qui concerne la *stomalgie*.

STOMAPODE, subst. mas. et adj. des deux genres (*cetomapode*) (du grec στομα, bouche, et πους, gén. ποδος, pied), t. d'hist. nat., ordre de crustacés dont les pieds tiennent aux mâchoires.

STOMATE, subst. mas. (*cetomate*), t. d'hist. nat., crustacé univalve.

STOMATIQUE, adj. des deux genres (*cetomatike*) (du grec στομα, στοματος, bouche), se dit en médec., des remèdes pour les maux de bouche et de gorge.

STOMATITE, subst. fém. (*cetomatite*), t. de médec., inflammation de la membrane buccale.

STOMATORRHAGIE, subst. fém. (*cetomatôraji*) (du grec στομα, στοματος, bouche, et ρεω, je coule), t. de médec., hémorrhagie de la bouche.

STOMATORRHAGIQUE, adj. des deux genres (*cetomatôrajike*), qui a rapport à la *stomatorrhagie*.

STOMAX, subst. mas. (*cetomakce*), t. d'hist. nat., espèce de mouche d'automne.

STOMIAS, subst. mas. (*cetomi-âce*), t. d'hist. nat., sous-genre de poissons qui contient l'ésoce boa.

STOMO-GASTRIQUE, adj. des deux genres (*cetomôguacetrike*), t. d'anat., nom qu'on donne à la coronaire *stomachique* du gastrique supérieur.

STOMOMATIQUE, adj. des deux genres (*cetomômatike*) (du grec στομωμα, trempe), se dit de l'acier, d'une écaille d'acier, dont la qualité est astringente.

STOMOMATE, subst. fém. (*cetomômate*), écaille mince et friable qui s'enlève de dessus l'acier rouge lorsqu'on le forge.

STOMORRHAGIE, subst. fém.; **STOMORRHAGIQUE**, adj. des deux genres. Voy. STOMATORRHAGIE et STOMATORRHAGIQUE.

STOMOXE, subst. mas. (*cetomokce*) (du grec στομα, bouche, et οξυς, aigu), t. d'hist. nat., genre d'insectes diptères.

STOQUÉ, E, part. pass. de *stoquer*.

STOQUER, v. act. (*cetokié*), t. de raffinerie, conduire, gouverner le feu. — *se* STOQUER, v. pron.

STOQUEUR, subst. mas. (*cetokieur*), t. de raffinerie, outil pour gouverner le feu.

STOQUEUSE, subst. fém. (*cetokieuze*), t. de raffinerie, pelle ou fourgon d'affineur de sucre.

STORAX, mieux **STYRAX**, subst. mas. (*cetôrakce*, *cetirakce*) (du grec στυραξ), gomme-résine d'une odeur très-agréable et astringente, employée en pharmacie. — On appelle *storax calamite*, une substance résineuse qui coule par incision et naturellement des branches et du tronc du liquidambar oriental; et *storax liquide*, une résine molle, visqueuse, d'un jaune brun ou rougeâtre, d'une odeur forte et aromatique, d'une autre espèce de liquidambar.

STORE, subst. mas. (*cetore*) (du latin *storea*, natte de jonc, dérivé du grec στορεω, j'étends), espèce de rideau qui se lève et se baisse sur un ressort, et qu'on met devant une fenêtre, ou à la portière d'un carrosse.

STORÈNE, subst. fém. (*cetorène*), t. d'hist. nat., genre d'arachnides de la famille des fileuses.

STORILLE, subst. fém. (*cetori-ie*), t. d'hist. nat., coquille univalve.

STORYNE, subst. fém. (*cetorine*), t. de chir., instrument dont les anciens se servaient pour tirer du sang du nez.

STOURNE, subst. fém. (*cetourne*), t. d'hist. nat., l'étourneau de la Louisiane, le merle vert d'Angola, etc.

STOURNELLE, subst. fém. (*cetournèle*), t. d'hist. nat., genre d'oiseaux silvains.

STRABISME, subst. mas. (*cetrabiceme*) (du grec στραβισμός, fait de στραβός, louche, lequel vient de στρέφω, je tourne), t. de médec., situation dépravée du globe de l'œil qui rend louche.

* **STRABITE**, subst. et adj. des deux genres *(*cetrabite*), affecté du *strabisme*; qui louche.

STRADIOT, subst. mas. (*cetrabi-ô*) (du grec στρατιώτης, soldat), soldat grec, au service de la république de Venise.

STRAFFINS, subst. mas. plur. (*cetrafefein*), portions de cercles tournantes qui mettent en mouvement les fuseaux d'une machine à confectionner les étoffes.

STRAGILE, subst. mas. (*cetrajile*), instrument pour se frotter le corps.

STRAGULE, subst. fém. (*cetragule*), t. de bot., enveloppe interne de la fructification dans les plantes graminées. — T. d'antiq., sorte d'habit pour le jour, qui servait de couverture la nuit.

STRAMOINE ou **STRAMONIUM**, subst. mas. (*cetramoène, moni-ome*), t. de bot., plante dont le fruit se nomme *pomme épineuse*.

STRAMONIUM. Voy. STRAMOINE.

STRANGALIDE, subst. fém. (*cetrangualide*), t. de médec.; se dit des petites tumeurs dures qui se forment dans la mamelle quand le lait sécrété ne trouve pas d'issue.

STRANGULATION, subst. fém. (*cetrangulâcion*) (du lat. *strangulatio*, fait de *strangulare*, étrangler, qui lui-même vient du gr. στραγγαλόω, je serre), t. didactique, action d'*étrangler*; *étranglement*.

STRANGULÉ, E, part. pass. de *stranguler*.

STRANGULER, v. act. (*cetrangule*) (voy. STRANGULATION, pour l'étym.), *étrangler*. — *se* STRANGULER, v. pron. — Ce mot manque dans l'*Académie*.

STRANGURIE, subst. fém. (*cetranguri*) (du grec στραγγουρία, formé dans le même sens de στράγξ, goutte, et οὖρον, urine), t. de médec., envie fréquente et involontaire d'uriner, dans laquelle on ne peut rendre l'urine que goutte à goutte et avec douleur.

STRAPAROLE, subst. mas. (*cetraparole*), t. d'hist. nat., genre de coquilles établi dans la famille des sabots.

STRAPASSÉ, E, part. pass. de *strapasser*, et adj., qui a passé au-delà. — T. de peint., fait à la hâte, incorrect : *dessin strapassé*; *figures strapassées*.

STRAPASSER, v. act. (*cetrapâcé*), maltraiter de coups. Il est vieux et du style familier. — En t. de peint., travailler à la hâte; exagérer, jusqu'à l'incorrection, le mouvement et la forme d'un dessin, des figures. — *se* STRAPASSER, v. pron.

STRAPASSON, subst. mas. (*cetrapâçon*), dessinateur qui fait tout incorrectement et avec exagération. Peu en usage.

STRAPASSONNÉ, E, part. pass. de *strapassonner*.

STRAPASSONNER, v. act. (*cetrapâçoné*), peindre grossièrement : *ce peintre ne fait que strapassonner ses figures*. — *se* STRAPASSONNER, v. pron.

STRAPONTIN, subst. mas. (*cetrapontein*) (suivant quelques-uns, du lat. *stratus*, étendu, et *pons*, pont; un *strapontin*, disent-ils, est en quelque sorte un petit *pont* qu'on dresse quand on veut. *Ménage*.), siège garni que l'on met sur le devant dans les carrosses coupés, ou aux portières dans les grands carrosses. — En t. de mar., hamac ou lit suspendu en l'air.

STRAS, subst. mas. (*cetrace*), composition qui imite le diamant; elle tire son nom de celui qui en est l'inventeur.

STRASBOURG, subst. propre mas. (*cetraceboure*), ville et place forte de France, chef-lieu du dép. du Bas-Rhin.

STRASEM, subst. mas. (*cetrazème*), t. de relat., général en chef des armées turques.

STRASITE, subst. fém. (*cetrazite*), t. d'antiq., pierre fabuleuse à laquelle on attribuait la propriété d'exciter à l'amour et de faciliter les digestions.

* **STRASSE**, subst. fém. (*cetrace*), bourre de soie qu'on appelle aussi *cardasse*. — Papier épais et grossier dont on enveloppe les rames de papier.

STRATAGÉMATIQUE, adj. des deux genres (*cetratajématike*), plein de *stratagèmes*.

STRATAGÈME, subst. mas. (*cetratajème*) (du grec στρατήγημα, fait, dans le même sens, de στρατηγέω, je commande une armée, racine, στρατός, armée, et ἡγέομαι, conduire), ruse de guerre, artifice pour surprendre et tromper l'ennemi. — Fig., finesse, tour d'adresse dans les affaires, ruse, tromperie : *voilà un plaisant stratagème*.

STRATÈGE, subst. mas. (*cetratèje*) (du grec στρατηγός, formé de στρατός, armée, et ἡγέομαι, conduire), général d'armée chez les Athéniens; ils en élisaient dix tous les ans pour commander leurs troupes. L'*Académie*, qui écrit *stratègue*, écrit aussi *stratège*.

STRATÉGIE, subst. fém. (*cetratéji*), art de commander les armées. Voy. STRATÈGE pour l'étymologie.

STRATÉGIQUE, adj. des deux genres (*cetratéjike*), de la *stratégie*; qui a rapport, qui est relatif à la *stratégie*.

STRATÉGISTE, subst. mas. (*cetratéjicete*), celui qui connaît la *stratégie*.

STRATÈGUE, subst. mas. (*cetratègue*). Voy. STRATÈGE, qui semble être le même.

STRATIFICATION, subst. fém. (*cetratifikâcion*) (du lat. *stratum*, lit, et *facio*, je fais), t. de chimie, arrangement de diverses matières qu'on place par couches dans un vase.

STRATIFIÉ, E, part. pass. de *stratifier*.

STRATIFIER, v. act. (*cetratifié*), (voy. STRATIFICATION.), arranger par couches diverses substances. — *se* STRATIFIER, v. pron.

STRATIOME, subst. mas. (*cetraci-ome*), t. d'hist. nat., insecte diptère.

STRATIOMYDE, subst. mas. (*cetraci-omide*), t. d'hist. nat., tribu d'insectes diptères.

STRATIOTE, subst. mas. (*cetraci-ote*), t. de bot., plante de la famille des hydrocharidées.

STRATIOTIDE, subst. fém. (*cetraci-otide*), t. de bot., sorte de millefeuilles.

STRATIOTIQUE, subst. mas. (*cetraci-otike*), nom d'anciens hérétiques.

STRATOCRATIE, subst. fém. (*cetratokraci*) (du grec στρατός, armée, et κράτος, pouvoir), gouvernement militaire. Peu usité, s'il l'a même jamais été.

STRATOCRATIQUE, adj. des deux genres (*cetratokratike*), qui a rapport à la *stratocratie*. Peu usité.

STRATOGRAPHE, subst. mas. (*cetratoguerafe*), qui écrit sur la *stratographie*. — L'*Académie*, qui donne *stratographie*, ne fait pas mention de ce mot.

STRATOGRAPHIE, subst. fém. (*cetratoguerafi*) (du grec στρατός, armée, et γράφω, je décris), description de tout ce qui compose une armée.

STRATOGRAPHIQUE, adj. des deux genres (*cetratoguerafike*), qui a rapport à la *stratographie*. — L'*Académie*, qui donne *stratographie*, ne fait pas mention de cet adj.

STRATONIQUE, subst. mas. (*cetratonike*), t. d'antiq., victorieux. (*Boiste*.) Inusité.

STRATOPÉDARCHIE, subst. fém. (*cetratopédarchi*), t. d'antiq., chez les Lacédémoniens, charges, fonctions du *stratopédarque*. Hors d'usage.

STRATOPÉDARCHIQUE, adj. des deux genres (*cetratopédarchike*), qui est relatif à la *stratopédarchie*. Hors d'usage.

STRATOPÉDARQUE, subst. mas. (*cetratopédarke*) (du grec στρατός, armée, πέδον, sol, et ἀρχός, chef), t. d'antiq., chef de la garde lacédémonienne. — Intendant des vivres. Hors d'usage.

STRAZ, subst. mas. (*cetraze*), verre blanc sans couleur qui imite le diamant blanc. Voy. STRAS.

STRÈBLE, subst. mas. (*cetrèble*), t. de bot., arbre qui croît en Chine. — Autre de la Cochinchine.

STRÉBLOSE, subst. fém. (*cetréblôze*), t. de médec., entorse, foulure.

STRÉBLOTIQUE ou **STRÉBLOTHRIQUE**, subst. mas. (*cetreblotike, trike*), t. de bot., genre de mousses.

STRÉLET, subst. mas. (*cetrélè*), t. d'hist. nat., poisson du genre des accipensères.

STRÉLITZ, subst. mas. plur. (*cetrélitze*) (du russe *strelai*, flèche), corps d'infanterie moscovite cassé par le czar *Pierre*. — T. de bot., genre de plantes de la famille des scitaminées.

STRENIA, subst. propre fém. (*cetrénia*), myth., ancienne déesse des Romains, qui présidait aux étrennes du jour de l'an.

STRENUA, subst. propre fém. (*cetrénu-a*), myth., déesse des anciens Romains qui présidait aux travaux de l'agriculture, et donnait de la vigueur et de l'activité au travail.

STREPHÉDIE, subst. fém. (*cetréfédi*), t. de bot., genre de plantes de la famille des mousses.

STRÉPICÉROS, subst. mas. (*cetrépicérôce*), t. d'hist. nat., ancienne dénomination d'un animal ruminant qu'on a classé parmi les antilopes.

STREPTACHNE, subst. mas. (*cetrèpetakne*), t. de bot., plante du genre des monogynes graminées.

STREPTION, subst. mas. (*cetrèpecion*), t. de bot., genre de plantes.

STREPTOGYNE, subst. mas. (*cetrèpetojine*), t. de bot., plante originaire de l'Amérique septentrionale.

STREPTOTE, subst. mas. (*cetrèpetote*), t. de bot., genre de plantes de l'Amérique septentrionale.

STREPTOSTACHYS, subst. mas. (*cetrèpetocetachice*), t. de bot., genre de plantes graminées.

* **STRÉPITE**, subst. mas. (*cetrepite*) (du lat. *strepitus*, bruit), éclat, fracas, murmure, craquement. (*Boiste*.) Inusité.

* **STRETTE**, subst. fém. (*cetrète*) (de l'italien *stretto*, pressé), t. de mus., partie d'un morceau de musique où la mesure devient plus serrée, plus vive, principalement dans une fugue.

STRIBORD, subst. mas. (*cetribor*), t. de mar., le côté droit du vaisseau, à l'égard du pilote qui est à la poupe. — Suivant l'*Académie*, on écrit ordinairement et on prononce toujours *tribord*. Que l'on écrive *tribord* pour *stribord*, nous ne le contestons pas, et les deux sont également admis en marine. Mais ce dont nous ne pouvons pas convenir, c'est que *stribord* se prononce comme *tribord*. Nous pouvons même assurer que nous avons entendu plus souvent *stribord* que *tribord*.

STRICAGE, subst. mas. (*cetrikaje*), faible ou dernier lainage.

STRICHIE, subst. fém. (*cetrichi*), t. de bot., plante d'Amérique.

STRICHNOS, subst. mas. (*cetriknôce*), t. de bot., grande liane qui s'élève jusqu'au sommet des plus grands arbres.

STRICT, E, adj. (*cetrikte*) (du lat. *strictus*, part. pass. de *stringere*, serrer), au moral, étroit, resserré : *devoir strict*, *obligation stricte*. Voy. ÉTROIT. — Au fig. et fam. : *personne stricte*, exacte et sévère.

STRICTÉE, subst. propre fém. (*cetrikté*), t. d'astron., chienne d'Actéon; constellation.

STRICTEMENT, adv. (*cetriktemau*), d'une manière *stricte*.

STRICTURE, subst. fém. (*cetrikture*), t. de médec., étranglement, resserrement, rétrécissement. — Paillette, écaille qui sort du fer rouge que l'on forge.

STRIDENT, adj. mas. (*cetridan*) (du lat. *stridere*, faire un bruit aigu), aigu : *bruit*, *cri strident*. Plus poétique que réellement français.

STRIDÉ, part. pass. de *strider*.

* **STRIDER**, v. neut. (*cetridé*) (en lat. *stridere*), crier avec *strideur*, avec grincement, comme le strix et la chauve-souris. — *Strider des dents*, les grincer violemment dans la colère, dans le désespoir.

* **STRIDEUR**, subst. fém. (*cetrideur*) (en latin *stridor*), bruit aigu, cri perçant. Ce mot est plus latin que français.

STRIÉ, E, adj. (*cetri-é*), formé d'un assemblage de corps semblables à des aiguilles. Il se dit particulièrement en archit., des colonnes et pilastres cannelés dans toute leur hauteur. — T. de bot., chargé de petites côtes nombreuses séparées par des interstices. — T. d'hist. nat.; se dit en parlant des cannelures que l'on aperçoit sur certains coquillages et sur l'écaille de plusieurs poissons. — T. de médec., dont la surface présente des *stries*, des cannelures; se dit des crachats, des excréments où l'on remarque des filets de sang. Voy. STRIES.

STRIÉE, subst. fém. (*cetri-é*), t. d'hist. nat., poisson du genre de la persègue.

STRIES, subst. fém. plur. (*cetri*) (en latin *stria*), longs filets semblables à des aiguilles qui, sur certaines coquilles, partent d'un centre commun.—En archit., le plein qui est entre les cavités des colonnes cannelées.—T. de bot., petites côtes nombreuses, séparées par des interstices sur certaines feuilles, etc.—Petits filaments déliés qu'on aperçoit sur le verre.—Filets saillants sur les crystaux. — T. d'hist. nat., petites cannelures qu'on distingue sur des coquillages, sur des écailles de poissons, etc.—T. de médec. : *stries sanguines*, filets de sang qu'on observe dans les crachats, le pus, les excréments, etc.

STRIGA, subst. mas. (*cetrigua*), t. de bot., sorte de plante de la Chine.

STRIGÉE, subst. fém. (*cetrijé*), t. d'hist. nat., genre de vers.

STRIGILE. Voy. STRIGILLE.

STRIGILIE, subst. fém. (*cetrijili*), t. de bot., genre de plantes voisin des alibouflers.

STRIGILLE, subst. fém. (et non pas, avec l'*Académie*, STRIGILE, subst. mas.) (*cetrijile*) (en latin *strigillis*, frottoir, brosse), sorte de brosse dont les anciens se servaient au bain pour se frotter la peau.

STRIGILLIFORME, adj. des deux genres (*cetrijile-liforme*), t. de bot., qui est en forme le *strigille*.

STRILLE, subst. fém. (*cetri-ie*), gros marteau pointu des deux bouts à l'usage des maçons et des tailleurs de pierre.

STRINGOTOME, subst. mas. (*cetreinguotome*), sorte d'ancien instrument de maréchal. Vieux.

STRIQUÉ, E, part. pass. de *striquer*.

STRIQUER, v. act. (*cetrikié*), t. de manuf., finir le drap, donner le dernier trait au drap. — *se* STRIQUER, v. pron.

STRIURES, subst. fém. plur. (*cetri-ure*), cannelures de colonnes. — Rayures de coquillages.—Voy. STRIES, dont *striures* est le synonyme.

STRIX, subst. mas. (*cetrikce*), t. d'hist nat., espèce d'oiseau de nuit ; chat-huant.

STROBE, subst. mas. (*cetrobe*), t. de bot., nom d'un arbre odoriférant qui croît dans les Indes.

STROBILE, subst. mas. (*cetrobile*), t. de bot., assemblage arrondi ou ovoïdal d'écailles coriaces ou ligneuses, imbriquées en tous sens autour d'un axe commun et caché par elle. — Syn. de *cône*. Voy. ce mot.

STROBILIFÈRE, adj. des deux genres (*cetrobilifère*). Voy. CONIFÈRE, dont ce mot est le synonyme.

STROBILIFORME, adj. des deux genres (*cetrobiliforme*). Voy. CONIQUE.

STROECK ou **STROUCK**, subst. mas. (*cetroèke, cetrouke*), t. de mar., petit bâtiment à voiles et à rames, dont on se sert sur le Volga, pour le commerce d'Astracan.

STROHSTEIN, subst. mas. (*cetrocetein*), t. de minéralogie, substance minérale, d'un blanc jaunâtre, analogue à celui de la paille ou de la cire, d'une structure fibreuse, fasciculée et radiée, semblable à celle de la wavellite et de la mésotype fibreuse. Elle a un éclat soyeux, est opaque et tendre.

STROMATE, subst. mas. (*cetromate*) (du grec στρωμα, tapisserie), t. d'hist. nat., nat., genre de poissons apodes. — Au plur., ouvrages faits de différentes sortes de fils, et qui, employé figurément, comme désignant des mélanges de ses pensées avec celles des autres, a servi de titre à plusieurs anciens ouvrages : *les stromates de Clément d'Alexandrie*.

STROMATÉE, subst. fém. (*cetromaté*), t. d'hist. nat., genre de poissons apodes.

STROMATECHNIE, subst. fém. (*cetromatèkni*) (du grec στρωμα, tapisserie, et τεχνη, art), ouvrage, traité sur la tapisserie. — Art de faire de la tapisserie.

STROMATECHNIQUE, adj. des deux genres (*cetromatèknike*), qui a rapport à la *stromatechnie*.

STROMBE, subst. mas. (*cetronbe*) (en latin *strombus*, en grec στρομβος), t. d'hist. nat., genre de testacés dont les coquilles univalves sont plissées. Voy. CRAPAUD AILÉ.

STROMBEAU, subst. mas. (*cetronbô*), sorte de grosse épingle.

STROMBITE, subst. mas. (*cetronbite*), t. d'hist. nat., coquille univalve.

STROMBOME, subst. mas. (*cetronbome*), t. de bot., genre de plantes de la famille des champignons.

STROME, subst. et adj. mas. (*cetrome*), t. de bot., expansion de certaines plantes épaisses, fongueuses, et qui se développe comme les lichens crustacés.

STRONGLE, subst. mas. (*cetronguele*) (du grec στρογγυλος, cylindrique), t. d'hist. nat., ver rond et long dans les intestins.

STRONGLION, subst. mas. (*cetrongueli-on*), t. de bot., genre de champignons.

STRONTIANE, subst. fém. (*cetronti-ane*), t. de chim., sorte d'alcali, oxyde de *strontium*, métal assez peu connu jusqu'à présent. Voy. ce mot. On trouve, dans l'état de nature, de la *strontiane* carbonatée et sulfatée.

STRONTIANITE, subst. fém. (*cetronti-anite*), t. de chim., nom donné par *Klaproth*, *Kirvan* et *Brochant*, à la *strontiane* carbonatée, autrement carbonate de *strontiane*.

STRONTITE, subst. fém. (*cetrontite*), t. de chim., nom qu'on donne quelquefois à la *strontiane*.

STRONTIUM, subst. mas. (*cetronti-ome*), t. de chim., métal brillant qui s'oxyde rapidement.—Base de la *strontiane*.

STROPHANTE, subst. mas. (*cetrofante*), t. de bot., genre de plantes de la famille des apocynées.

STROPHE, subst. fém. (*cetrofe*) (du grec στρεφω, je tourne ; soit parce que lorsqu'une *strophe* est finie on recommence la même mesure, soit parce que, chez les anciens, le chœur tournait à droite autour de l'autel, etc., en chantant la *strophe*, et à gauche en chantant l'anti-*strophe*), stance ou couplet d'une ode, d'un hymne. Voy. ANTISTROPHE.

STROPHÉEN, adj. mas. (*cetrofé-ein*), myth., surnom de Mercure.

STROPHIES, subst. fém. plur. (*cetrofi*), myth., fêtes chez les anciens.

STROPHIUS, subst. propre mas. (*cetrofi-uce*), myth., roi de la Phocide, qui sauva Oreste de la cruauté de Clytemnestre. Oreste, élevé avec Pylade, fils de ce prince, lui fut toujours uni par la plus tendre amitié.

STROPHOMÈNE, subst. fém. (*cetrofomène*), t. d'hist nat., nom d'une espèce de coquille à spirale.

STROPHULE, subst. fém. (*cetrofule*), t. de médec., inflammation papuleuse qui se manifeste notamment au visage des petits enfants.

STROSPHOSTOME, subst. mas. (*cetrocefocetome*), t. d'hist. nat., nouveau genre de coquilles fossiles de la famille des hélices.

STRUCHION, subst. mas. (*cetruchi-on*), t. de bot., genre de plantes qui se rapproche de celui des grangelles.

STRUCTEUR, subst. mas. (*cetrukteur*), t. d'antiq., esclave chargé d'ordonner les services dans les repas.

STRUCTURE, subst. fém. (*cetrukture*) (en latin *structura*, fait de *struere*, bâtir, construire), manière dont un édifice est bâti : *ce monument est d'une belle structure*. — On le dit par extension du corps humain et de celui des animaux : *la structure du corps, chez les animaux, est un des plus impénétrables mystères de la nature*. — Fig., ordre, disposition, arrangement des parties d'un discours, d'un poème, d'un ouvrage quelconque.

STRUFECTAIRE, subst. mas. (*cetrufèktère*), t. d'antiq., nom qu'on donnait à des hommes préposés pour purifier les arbres foudroyés.

STRUGULE, subst. mas. (*cetrugule*), habit antique ; espèce de courte-pointe.

STRUMAIRE, subst. fém. (*cetrumère*), t. de bot., genre de plantes de la famille des narcisses.

STRUMÉE, subst. fém. (*cetrumé*), t. de bot., plante narcissoïde.

STRUMES, subst. fém. plur. (*cetrume*) (du latin *strumæ*, écrouelles), t. de médec., maladie des glandes lymphatiques.

STRUMEUSE, adj. fém. Voy. STRUMEUX.

STRUMEUX, adj. mas., au fém. **STRUMEUSE** (*cetrumeu, meuze*), t. de médec., scrofuleux, qui a des *strumes*. Voy. ce mot.

STRUMOSITÉ, subst. fém. (*cetrumôzité*), t. de médec., enflure des glandes lymphatiques.

STRUMPTIE, subst. fém. (*cetronpeci*), t. de bot., sorte de plante d'Amérique.

STRUTHIE, subst. fém. (*cetruti*), t. de bot., nom donné quelquefois à l'herbe à foulon.

STRUTHIOLE, subst. fém. (*cetruti-ole*), t. de bot., genre de plante de la famille des daphnoïdes.

STRUTHIOPHAGE, subst. et adj. des deux genres (*cetruti-ofaje*) (du grec στρουθιον, sauterelle, et φαγω, je mange), qui mange des sauterelles.

STRUTHIOPTÈRE, subst. mas. et adj. des deux genres (*cetruti-opetère*), t. de bot., genre de plantes voisin des osmondes.

STRUTHOPODE, subst. fém. (*cetrutopode*) (du grec στρουθος, moineau, et πους.g. ποδος, pied), nom qu'on donnait, dans les Indes, selon *Pline*, à certaines femmes qui avaient le pied extrêmement petit.

STRYCHNATE, subst. mas. (*cetriknate*), t. de chim., sel formé par la combinaison de l'acide *strichnique* avec une base salifiable.

STRYCHNÉE, subst. fém. (*cetrikné*), t. de bot., famille de plantes qui a pour type le genre vomique.

STRYCHNINE, subst. fém. (*cetriknine*) (du grec στρυχνος, morelle), t. de chim., alcali, sel végétal ; extrait de la noix vomique ; poison.

STRYCHNIQUE, adj. des deux genres (*cetriknike*), t. de chim.; se dit d'un acide nouvellement découvert dans la noix vomique.

STRYCHNOÏDE, subst. fém. (*cetrikno-ide*), t. de bot., plante dicotylédone.

STRYCHNOMANIE, subst. fém. (*cetriknomani*), t. de médec., empoisonnement, délire occasionné par la belladone.

STRYGE, subst. mas. (*cetrije*), synonyme de *vampire*. Presque inusité.

STRYMON, subst. propre mas. (*cetrimon*), myth., fleuve qui sépare la Thrace et la Macédoine, sur les bords duquel Orphée pleurait la mort d'Eurydice.

STUART, subst. mas. (*cetu-ar*), ancien titre, en Angleterre, qui répondait à celui de maire du palais en France.

STUARTE, subst. fém. (*cetu-arte*), t. de bot., genre de plantes malvacées.

STUC, subst. mas. (*cetuk*) (en italien *stucco*), composé de chaux et de marbre blanc bien broyé et sassé.

STUCATEUR, subst. mas. (*cetukateur*), ouvrier qui travaille en *stuc*.

STUDIEUSE, adj. fém. Voy. STUDIEUX.

STUDIEUSEMENT, adv. (*cetudi-euzeman*), avec une application *studieuse*.

STUDIEUX, adj. mas., au fém. **STUDIEUSE** (*cetudi-eu, di-euze*) (en lat. *studiosus*, fait de *studium*, étude), qui aime l'étude : *cet homme est grave et studieux ; c'est une personne très studieuse*.

STUPÉFACTIF, adj. mas., au fém. **STUPÉFACTIVE** (*cetupéfaktif, tive*) : *remède stupéfactif*, qui endort les parties malades et qui en ôte le sentiment. Voy. STUPÉFIER.

STUPÉFACTION, subst. fém. (*cetupéfakcion*), engourdissement d'une partie du corps.—Au fig., étonnement extraordinaire et extatique.

STUPÉFACTIVE, adj. fém. Voy. STUPÉFACTIF.

STUPÉFAIT, E, adj. (*cetupéfé, fète*), qui est *stupéfié*, surpris, étonné, interdit et immobile. Fam.

STUPÉFIANT, E, adj. (*cetupéfi-an, fi-ante*), qui *stupéfie* : *voilà une chose véritablement stupéfiante*.—Subst. mas. : *un stupéfiant*.

STUPÉFIÉ, E, part. pass. de *stupéfier*.

STUPÉFIER, v. act. (*cetupéfi-é*) (du lat. *stupefacere*, fait de *stupidus*, engourdi, interdit, étonné, et de *facere*, faire ; *stupidum facere*), engourdir : *l'opium stupéfie ; c'est même là sa propriété*.—Fig. et fam., étonner, rendre comme interdit et immobile : *son discours a stupéfié l'assemblée*.—*se* STUPÉFIER, v. pron.

STUPEUR, subst. fém. (*cetupeur*) (en lat. *stupor*), t. de médec., engourdissement en quelque partie du corps.— État d'immobilité dans lequel jette une douleur de l'âme subite et profonde.— Grande surprise.

STUPIDE, subst. et adj. des deux genres (*cetupide*) (en lat. *stupidus*), hébété, d'un esprit lourd et pesant : *esprit, indolence, insensibilité stupide ; c'est un vrai, un franc stupide*.— Qui annonce la *stupidité*. Voy. BÊTE.

STUPIDEMENT, adv. (*cetupideman*), d'une manière *stupide*.

STUPIDITÉ, subst. fém. (*cetupidité*) (en lat. *stupiditas*), bêtise, pesanteur d'esprit.—État d'une personne hébétée, et incapable de raisonnement. —Défaut de mémoire, d'imagination et de jugement.

STUPRE, subst. mas. (*cetupre*), copulation illégitime entre personnes libres. (*Voltaire*.) Inus.

STURMIE, subst. fém. (*ceturmi*), t. de bot., genre de plantes qui contient l'agrotide à épis filiformes.

STUYVER, subst. mas. (*cetuivère*), vingtième partie du florin de Hollande et de Brabant. — Quarante-huitième partie de la rixdale danoise, etc. — Monnaie de billon de Cologne.

STYGIE, subst. fém. (*cetiji*), t. d'hist. nat., insecte lépidoptère.

STYGIEN, adj. mas. (*cetiji-ein*), myth., surnom de Jupiter.

STYGIENNE, adj. fém. (*cetiji-ène*), t. de chim. : *eau stygienne*, eau forte.

STYGMATE, *barbarisme*. Voy. STIGMATE.

STYGMATISER, v. act., *barbarisme*. Voy. STIGMATISER.

STYGME, subst. mas. (*cetigueme*), t. d'hist. nat., insecte de l'ordre des hyménoptères.

STYGMITE, subst. fém. Voy. STIGMITE.

STYLAIRE, subst. fém. (*cetilère*), t. d'hist. nat., sorte de vers aquatiques.

STYLANDRE, subst. mas. (*cetilandre*), t. de bot., genre de plantes.

STYLE, subst. mas. (*cetile*) (en lat. *stylus*, en grec στυλος), sorte de poinçon dont les anciens se servaient pour écrire sur des tableaux de cire. — Manière de composer, d'écrire : *style sublime*, *noble* ou *bas*, *rampant* ; *les tragédies de tous nos auteurs, depuis Racine, sont écrites dans un style froid et barbare* ; *deux choses font toute la beauté du style, la netteté et le caractère.* — On dit d'un écrivain, qu'*il n'a point de style*, pour dire qu'il n'a pas une manière d'écrire qui soit à lui. — On appelle, *finesses du style*, un certain arrangement qui approche de la perfection du langage : *cet écrivain possède toutes les finesses du style*, etc. Voy. ÉLOCUTION. — En peint., etc., réunion de toutes les parties qui concourent à la conception, à la composition et à l'exécution d'un ouvrage de l'art ; *tableau, statue d'un grand style, d'un beau style.*—Pour ce qui concerne l'exécution, un tableau peut être d'un *style* ferme, ou d'un *style* poli. Le *style ferme* est une touche hardie qui donne de la force et de l'action à l'ouvrage ; *le style poli* finit et termine tout.—On l'applique dans le même sens à la musique.—Manière de compter dans le calendrier avant ou après sa réformation : *vieux style*, toutes les dates selon l'ancien calendrier ou le calendrier de Jules César ; *nouveau style*, toutes les dates suivant le calendrier corrigé par Grégoire XIII. — On dit : *style de l'Écriture*, pour dire, les expressions usitées dans l'Écriture sainte ; *style du palais*, pour dire, les expressions particulières employées au palais ; *style de pratique*, pour dire, les termes dont on ne se sert que dans la pratique. — On appelle aussi, *poésie du style*, une hardiesse, une liberté, une richesse particulière aux pensées, aux mots, aux tours que l'on emploie dans la poésie : *chaque genre de poëmes a quelque chose de particulier dans la poésie de son style.* — Aiguille d'un cadran solaire.—En bot., espèce de pédicule grêle formant une portion du pistil qui repose sur l'ovaire, et qui porte le stigmate. Le *style* est au *pistil* ce que le filet est à l'étamine.

STYLÉ, E, part. pass. de *styler*, et adj., versé, expérimenté. Fam.

STYLÉPHORE, subst. mas. et adj. des deux genres (*cetilèfore*) (du grec στυλος, style, et φερω, je porte), t. d'hist. nat., genre de poissons osseux, dont la queue est terminée par un long filet.

STYLER, v. act. (*cetilé*) (rac. *style*, manière d'agir, de parler), former, dresser. Il est fam.—*se* STYLER, v. pron.

STYLET, subst. mas. (*cetilè*) (du grec στυλος, poinçon à écrire), sorte de petit poignard très-pointu, et dont la lame est ordinairement triangulaire. — En chir., espèce de sonde très-menue, ordinairement de la grosseur d'une aiguille à tricoter.— En t. d'anat., apophyse pointue de l'os du rocher. — T. d'antiq., sorte de poinçon dont se servaient les anciens pour écrire.

STYLIDIE, subst. fém. (*cetilidi*), t. de bot., genre de plantes de la famille des orchidées.

STYLIDIÉE, subst. fém. (*cetilidi-é*), t. de bot., famille de plantes.

STYLINE, subst. fém. (*cetiline*), t. de bot., polypiers pierreux et lamellifères des mers Australes.

STYLITE, adj. des deux genres (*cetilite*) (du grec στυλος ou στυλις, colonne), qui est sur une colonne : *saint Siméon stylite.*

STYLOBASION, subst. mas. (*cetilôbâzi-on*), t. de bot., genre d'arbrisseaux de la famille des térébinthacées.

STYLOBATE, subst. mas. (*cetilobate*) (en grec στυλοβατης, formé de στυλος, colonne, et βαινω, je marche, je suis appuyé), t. d'archit., piédestal d'une colonne.— Soubassement de l'avant-corps d'un édifice.

STYLO-CÉRATO-HYOÏDIEN, subst. et adj. mas. (*cetilôcératô-i-o-idiein*), t. d'anat., le muscle qui va de l'apophyse *styloïde* à la corne de l'os *hyoïde*.

STYLO-CÉRATOÏDIEN, subst. et adj. mas. (*cetilôcératô-idiein*), t. d'anat., le muscle *hyoïdien*.

STYLO-CHONDRO-HYOÏDIEN, subst. et adj. mas. (*cetilôkondrô-i-o-i-diein*), t. d'anat., portion du muscle *stylo-hyoïdien*.

STYLOCORINE, subst. mas. (*cetilokorine*), t. de bot., espèce d'arbre à feuilles lancéolées.

STYLOGLOSSE, subst. mas. et adj. des deux genres (*cetilogueloce*) (du grec στυλος, style, et γλωσσα, langue), t. d'anat., nom d'un muscle qui appartient à l'apophyse *styloïde* et à la langue.

STYLO-HYAL, subst. mas. (*cetilo-i-ale*), t. d'anat., l'os *hyoïde*.

STYLO-HYOÏDIEN, subst. et adj. mas. (*cetilô-i-o-idiein*), t. d'anat., qui appartient à l'apophyse *styloïde* et à l'*hyoïde* : *ligament stylo-hyoïdien.* — *Nerf stylo-hyoïdien*, second rameau du trifacial. — Il se dit aussi d'un muscle pair, allongé, mince et étroit, qui s'étend de l'apophyse *styloïde* au corps de l'*hyoïde*, et qui s'ouvre dans son milieu pour livrer passage au tendon du digastrique.

STYLOÏDE, adj. des deux genres (*cetilo-ide*) (du grec στυλος, style, et ειδος, forme, ressemblance) ; se dit, en anat., de l'apophyse de l'os des tempes.

STYLO-MASTOÏDIEN, adj. mas., au fém. **STYLO-MASTOÏDIENNE** (*cetilômacetô-idiein, diène*), t. d'anat., qui a rapport aux apophyses *styloïde* et *mastoïde*.—*Artère stylo-mastoïdienne*, branche de l'auriculaire postérieure ou de l'occipitale, qui passe dans l'oreille interne ; *trou stylo-mastoïdien*, terminaison de l'aquéduc de Fallope, qui est situé à la base du rocher, et qui donne passage au nerf facial.

STYLO-MASTOÏDIENNE, adj. fém. Voyez STYLO-MASTOÏDIEN.

STYLO-MAXILLAIRE, subst. et adj. mas. (*cetilômakcilelère*), t. d'anat., nom d'un ligament qui s'étend de l'apophyse *styloïde* à l'angle de la *mâchoire*.

STYLOMÈTRE, subst. mas. (*cetilomètre*) (du grec στυλος, colonne, et μετρον, mesure), instrument pour mesurer les colonnes.

STYLOMÉTRIE, subst. fém. (*cetilométri*) (même étymologie que celle du mot précédent), art de mesurer les colonnes.

STYLOMÉTRIQUE, adj. des deux genres (*cetilométrike*), qui a rapport à la *stylométrie*.

STYLO-PHARYNGIEN, subst. mas. et adj. des deux genres (*cetilôfareinjiein*), t. d'anat. ; se dit d'un muscle pair, grêle et allongé, qui s'étend de l'apophyse *styloïde* aux parois du *pharynx* et au bord postérieur du cartilage thyroïde.

STYLOPHORE, subst. mas. (*cetilofore*), t. de bot., genre de plantes.

STYLOPS, subst. mas. (*cetilopece*), t. d'hist. nat., genre d'insectes.

STYLOSANTHE, subst. fém. (*cetilozante*), t. de bot., genre de plantes diadelphes.

STYLURE, subst. mas. (*cetilure*), t. de bot., genre de plantes.

STYMATOSE, subst. fém. (*cetimatôze*) (du grec στυμα, érection), t. de médec., hémorrhagie qui a lieu par l'urèthre.

STYMMATE, subst. mas. (*cetimemate*), nom qu'on donnait autrefois aux onguents solides.

STYMPHALE, subst. propre mas. (*ceteinfale*), myth., c'était, dans le Péloponèse, un lac d'une puanteur horrible, sur lequel Hercule tua, à coups de flèche, une quantité prodigieuse d'oiseaux sales, qui incommodaient les environs.

STYMPHALIE, subst. propre fém. (*ceteinfali*), myth., surnom de Diane.

STYPANDRE, subst. fém. (*cetipandre*), t. de bot., genre de plantes de la Nouvelle-Hollande.

STYPHÉLIE, subst. fém. (*cetiféli*), t. de bot., genre de plantes de la Nouvelle-Hollande.

STYPTICITÉ, subst. fém. (*cetipeticité*), t. de médec., qualité astringente. Voy. STYPTIQUE.

STYPTIQUE, adj. des deux genres (*cetipetike*) (du grec στυπτικος, fait de στυφειν, resserrer), t. de médec., qui a la vertu d'arrêter le sang et de resserrer.

STYRACITE, subst. propre mas. pris adj. (*cetiracite*), surnom donné à Apollon, tiré du culte qu'on lui rendait sur le *Styracion*, montagne de Crète.

STYRAX, subst. mas. (*cetirakce*). Voy. STORAX ; tel est du moins le renvoi de l'*Académie*.

STYX, subst. propre mas. (*cetikce*), myth., fleuve d'enfer. Il en faisait neuf fois le tour. Lorsque les dieux avaient juré par ses eaux, ils n'osaient plus être parjures ; ou, s'ils révoquaient leur serment, ils étaient privés pendant cent ans de la divinité. C'était aussi le nom d'une divinité infernale qui présidait à ce fleuve. Elle découvrit à Jupiter la conjuration des dieux contre lui ; et ce fut pour la récompenser de ce bon office qu'il voulut que ses eaux fussent respectées par les habitants du ciel, de la terre et des enfers. — Fig., la tombe, la mort.

SU, subst. mas. (*çu*), connaissance de quelque chose : *au vu et au su de....*

SU, E, part. pass. du v. irrég. *savoir*.

SUADA, subst. propre fém. (*çu-ada*) (mot latin), myth., déesse qui présidait aux mariages.

SUADÉLA, subst. propre fém. (*çu-adéla*), myth., déesse de la persuasion et de l'éloquence.

SUAGE, subst. mas. (*çu-aje*), t. de mar. : *suage du bois*, humidité qui sort du bois lorsqu'un vaisseau est neuf, qu'il fait chaud et que tout est fermé.— Coût des graisses dont on enduit les vaisseaux.—Action d'enduire de suif ou de graisse un vaisseau. — Humidité d'une bûche, sortant par les deux bouts, lorsque son bois commence à sentir la chaleur du feu.— Outil de chaudronnier dont on se sert pour resserrer et unir parfaitement le cuivre sur les bords d'un chaudron. — Outil de serrurier qui sert à enlever les barres des pènes, et à forger les pièces sous diverses figures.—Nom commun d'un outil à l'usage de divers ouvriers.

SUAGÉ, E, part. pass. de *suager*.

SUAGER, v. act. (*çu-ajé*), t. de chaudronnier, joindre le rebord d'un chaudron avec le fer qui le soutient.—T. de mar., enduire de graisse ou de suif un bâtiment. — *se* SUAGER, v. pron.

SUAIRE, subst. mas. (*çu-ère*) (du lat. *sudarium*, employé dans la même acception, et qui signifie proprement, mouchoir de poche), linceul dans lequel on ensevelit un mort. — *Saint-suaire*, linge que l'on croit avoir servi à ensevelir Jésus-Christ. — Petite représentation en peinture du *saint-suaire*.

SUANT, E, adj. (*çu-an, ante*), qui *sue* : *il a les mains suantes.* — Participe prés. du v. *suer*.

SUASIF, adj. mas., au fém. **SUASIVE** (*çu-azife, zive*), persuasif. (*Boiste.*) Inusité.

SUASION, subst. fém. (*çu-dzion*), persuasion, avis, exhortation. (*Boiste.*) Vieux et même hors d'usage.

SUASIVE, adj. fém. Voy. SUASIF.

SUASOIRE, adj. des deux genres (*çu-azoare*), persuasif. (*Boiste.*) Vieux et même hors d'usage.

SUAVE, adj. des deux genres (*çu-ave*, et non pas *çuave* : selon nous, *çu-ave* peint mieux l'expression que *çuave*, qui nous semble peu harmonieux à l'oreille) (en lat. *suavis*), doux, d'agréable odeur : *ce mets est d'une douceur suave* ; *cette odeur est suave* ; *un parfum suave.* — En peinture, *coloris suave*, doux et gracieux ; *composition, effet suave*, qui inspire un sentiment doux et agréable. — On dit, d'un tableau, que *la couleur en est suave*, qu'*il a une couleur suave*, qu'*il est d'une couleur suave*, pour dire que la couleur a une certaine sérénité et une douceur qui attachent agréablement la vue sans la frapper trop vivement. — Fig. : charmant, délicieux : *une mélodie suave* :

> J'aurai toujours pour vous, ô *suave* merveille,
> Une dévotion à nulle autre pareille.

SUAVEMENT, adv. (*çu-aveman*), d'une manière *suave*. Peu usité, mais utile.

SUAVITÉ, subst. fém. (*çu-avité*) (en latin *suavitas*), douceur, agrément : *la suavité de cette odeur, de ces parfums.*—On le dit, dans le même sens, des mœurs et des ouvrages de peinture et de musique. — En t. de spiritualité et au plur., douceurs, consolations dans l'oraison mentale.

SUAVITEUSE, adj. fém. Voy. SUAVITEUX.

SUAVITEUX, subst. et adj. mas., au fém. **SUAVITEUSE**, (*çu-aviteu, teuze*), qui mène une vie délicieuse, dans les plaisirs et les délices. (*Boiste.*) Inusité.

SUBACTION, subst. fém. (*çubakcion*), t. de médec., diminution d'action ; minimum d'activité ; faiblesse.

SUBALAIRE, adj. des deux genres (*çubalère*) (du latin *sub*, sous, et *ala*, aile), qui vient au-dessous de l'aile.

* **SUBALPIN, E**, adj. (*çubalepein, pine*), placé au pied des *Alpes* : *province subalpine.*

SUBALTERNE, subst. et adj. des deux genres (*çubaletèrene*) (en lat. *sub*, sous, et *alter*, autre), qui est sous un autre ; subordonné à un autre, inférieur à un autre. — On appelle *officier subalterne*, un officier qui est sous les ordres

SUB SUB SUB 655

d'un autre officier, comme un lieutenant sous un capitaine. — Se dit aussi, dans le même sens, des arts, des sciences et des professions qui dépendent d'une autre art, de quelque autre science, etc. — On dit quelquefois absolument : *les subalternes*, en sous-entendant les mots de juges ou d'officiers, et alors il est substantif : *ce n'est qu'un subalterne.*

SUBALTERNEMENT, adv. (*çubaletèreneman*), en *subalterne.*

SUBALTERNITÉ, subst. fém. (*çubaletèrenité*), état de ce qui est *subalterne.*

SUBARMALE, subst. fém. (*çubarmale*), tunique, casaque grossière usitée autrefois.

SUBAUDITION, subst. fém. (*çubôdicion*), partie d'une expression dont le reste est sous-entendu.

SUBCUTANÉ, E, adj. (*çubekutané*), qui est sous la peau : *graisse subcutanée.*

SUBDÉLÉGATION, subst. fém. (*çubedéléguâcion*), action de *subdéléguer.*—Commission que donne celui qui *subdélègue.*—District assigné au *subdélégué.*

SUBDÉLÉGUÉ, E, subst., et part. pass. de *subdéléguer* (*çubdélégué*), celui qui est *subdélégué.*—On le disait surtout de ceux que *subdéléguaient* les intendants des provinces.

SUBDÉLÉGUER, v. act. (*çubedélégué*), commettre avec pouvoir d'agir, de négocier, etc.; se dit d'un officier supérieur qui, ayant autorité du prince, commet quelqu'un pour agir en sa place. —*se* SUBDÉLÉGUER, v. pron.

SUBDIALE, subst. mas. (*çubedi-ale*), myth., nom qu'on donnait à des temples découverts dont l'enceinte est environnée de portiques.— Voy. HYPÈTHRE.

SUBDISTIQUE, adj. des deux genres (*çubedicetike*); se dit d'une pierre dont les facettes sont disposées sur le même rang, deux d'entre elles étant surmontées d'une nouvelle facette.

SUBDIVISÉ, E, part. pass. de *subdiviser.*

SUBDIVISER, v. act. (*çubedivizé*) (en latin *subdividere*), *diviser* en plusieurs parties la partie d'un tout déjà *divisé.*— *se* SUBDIVISER, v. pron.

SUBDIVISION, subst. fém. (*çubedivizion*), *division* d'une partie d'un tout déjà *divisé.*—Action de *subdiviser.*

SUBDUPLE, adj. des deux genres (*çubeduple*). Voy. SOUS-DOUBLE.

SUBER, subst. mas. (*çubère*) (mot latin), l'un des matériaux immédiats des végétaux, dont la substance paraît analogue au liége.

SUBÉRATE, subst. mas. (*çubérate*), t. de chim., sel formé par la combinaison de l'acide *subérique* avec une base salifiable.

SUBÉREUSE, adj. fém. Voy. SUBÉREUX.

SUBÉREUX, adj. mas., au fém. **SUBÉREUSE** (*çubereu, reuze*), de la nature du liége.

SUBÉRINE, subst. fém. (*çubérine*), t. de chim., tissu cellulaire du liége, regardé comme un principe immédiat des végétaux.

SUBÉRIQUE, adj. des deux genres (*çubérike*) (du lat. *suberis*, gén. de *suber*, liége), t. de chim.: *acide subérique*, acide tiré du liége.

SUBGRONDATION, subst. fém. (*çubegueron-dâcion*) (du latin *subgrundatio*, qui signifie proprement : entablement), t. d'anat., enfoncement d'une partie du crâne.

SUBGRONDE et non pas **SÉVÉRONDE**, subst. fém. (*çubegueronde*), t. d'archit., saillie du toit pour rejeter l'eau loin du mur.

SUBHASTATION, subst. fém. (*çubacetâcion*) (en lat. *subhastatio*), t. de coutume, vente publique au plus offrant et dernier enchérisseur. —Vente à l'encan. Vieux.

SUBHASTÉ, E, part. pass. de *subhaster.*

SUBHASTER, v. act. (*çubaceté*) (du lat. *subhastare*, fait de *sub*, sous, et *hasta*, pique), t. de cout., vendre à l'encan, à cri public. — *se* SUBHASTER, v. pron. Vieux.

SUBIGUS, ou **SUBJUGUS**, subst. propre mas. (*çubiguce, çubejuguce*), myth., l'un des dieux qui présidaient à la consommation du mariage.

SUBI, E, part. pass. de *subir.*

SUBINFLAMMATION, subst. fém. (*çubeinflamâcion*), t. de médec., expression vicieuse que quelques praticiens ont employée pour désigner l'irritation ou l'*inflammation* des vaisseaux blancs ou lymphatiques qui a lieu dans les scrofules, le cancer, les dartres, les affections tuberculeuses, etc.

SUBINTRANTE, adj. fém. (*çubeintrante*) (du lat. *subintrare*, *intrare sub*, entrer dessous ; *entrer l'un sous l'autre*), t. de médec. : *fièvre subintrante*, dont un accès commence avant la fin du précédent.

SUBIR, v. act. (*çubir*) (en lat. *subire*, *ire sub*, aller sous...), être assujéti à... : *subir la loi du vainqueur, le joug, la peine à laquelle on est condamné.*—Essuyer, supporter, endurer, souffrir ; *subir son sort, sa destinée ; subir une opération*, etc.; *les bêtes subissent la mort comme nous, mais c'est sans la connaître.*—Se soumettre : *quelque chose que vous ordonniez, je subirai votre jugement.* — *Subir l'examen, la question*, être mis à l'examen, à la question.—*Subir un interrogatoire*, répondre aux questions du juge. — *Subir son jugement*, la peine qu'il prononce. — *se* SUBIR, v. pron.

SUBIRRITATION, subst. fém. (*çubirerilâcion*), t. de médec., langueur, atonie, faiblesse.

SUBIT, E, adj. (*çubi, bite*) (en lat. *subitus*), prompt, soudain, qui arrive tout-à-coup : *mouvement subit ; mort subite, élévation subite.*

SUBITEMENT, adv. (*çubiteman*) (en lat. *subitò*), soudainement, tout-à-coup : *il est parti si subitement que personne n'a pu lui dire adieu.*

SUBITO, adv. (*çubitô*) (mot tout latin), *subitement*, tout-à-coup : *il est parti subito.*

SUBJ., abréviation du mot *subjonctif.*

SUBJECT., abréviation du mot *subjectif.*

SUBJECTIF, adj. mas., au fém. **SUBJECTIVE** (*çubejèktif, tive*), qui appartient au *sujet.*—Qui met au-dessous.

SUBJECTION, subst. fém. (*çubejèkcion*) (en lat. *subjectio*, employé avec la même signification, et qui veut dire proprement *action de mettre dessous*, fait de *subjicere, jacere sub*), figure de rhétorique, qui consiste à s'interroger et à se répondre à soi-même.

SUBJECTIVE, adj. fém. Voy. SUBJECTIF.

SUBJECTIVITÉ, subst. fém. (*çubejèktivité*), qualité de ce qui est *subjectif.*

SUBJONCTIF, subst. mas. (*çubejonktif*) (du lat. *subjunctivus*, sous-entendu *modus*, fait de *subjungere, jungere sub*, joindre dessous), t. de gramm., mode du verbe, ainsi appelé, parce que ce verbe est subordonné à un autre qui lui est joint et en dépend. Il en dépend parce qu'avec lui il forme un sens, et que, sans lui, il n'en formerait pas : *je voudrais qu'il lût*, forme un sens ; *qu'il lût*, seul et détaché, n'en aurait point. *Que je lusse, que j'aimasse, que je fisse*, sont au *subjonctif* des verbes *lire, aimer, faire.* Nous ne pouvons nous empêcher de relever ici une grave erreur dans laquelle MM. *Noël* et *Chapsal* sont tombés à l'article *subjonctif* de leur petite *grammaire universitaire.* Voici ce qu'ils disent, page 149, § 501 (nous copions): « *Exception.* Au lieu de l'imparfait, on emploie le *présent* du subjonctif, quand l'action du verbe au subjonctif a lieu à l'instant de la parole : *il m'a trahi, quoiqu'il* SOIT *mon ami* ; ou a lieu dans tous les temps : *certains philosophes anciens ne savaient pas que la terre* TOURNE *autour du soleil.* » Disons-le tout de suite, il y a erreur de la part des deux grammairiens que nous venons de citer ; ils savent tout aussi bien et mieux que nous que, dans le second exemple : *les philosophes anciens ne savaient pas que la terre* TOURNE *autour du soleil*, il n'y a pas ombre de subjonctif ; TOURNE est au présent de l'indicatif, et l'on s'en assure aisément en décomposant la phrase qui est elliptique : *que* n'est là nullement conj., mais bien employé comme *quoi* ou *quelque chose* ; *les philosophes anciens ne savaient pas quelque chose, c'est que la terre* TOURNE *autour du soleil.* Il n'y a donc pas de subjonctif dans cette phrase.

SUBJUGAL, E, adj. (*çubejuguale*) (du lat. *subjugalis*, formé de *sub*, sous, et de *jugum*, joug; *qui est sous le joug, sous la dépendance*), t. de plain-chant, subordonné : *un ton subjugal.* — Au plur. mas., *subjugaux.* Peu usité.

SUBJUGATION, subst. fém. (*çubejuguâcion*), action de *subjuguer*, de soumettre.

SUBJUGAUX, adj. mas. plur. Voy. SUBJUGAL.

SUBJUGUÉ, E, part. pass. de *subjuguer.*

SUBJUGUER, v. act. (*çubejuguié*) (du lat. *subjugare*, formé de *sub*, sous, et de *jugum*, joug), proprement, mettre sous le *joug* : *c'est par les talents de l'esprit et non par la force que les hommes subjuguent tous les animaux.*—Réduire en sujétion : *les Romains ont subjugué les Carthaginois; ils subjuguèrent aussi les Gaules.* — Soumettre par la force des armes. — Fam., prendre le dessus, l'ascendant sur quelqu'un : *cet homme se laisse subjuguer par sa femme ; il ne se vantait pas de mépriser les femmes et de les subjuguer ; ces séduisantes espérances ne subjuguèrent pas tous les esprits.*—*se* SUBJUGUER, v. pron.

SUBJUGUS, subst. propre mas. Voy. SUBIGUS.

SUBLAPSAIRE, adj. des deux genres (*çubelapecère*), t. de théol., sectaire.

SUBLET, subst. mas. (*çubelè*), t. provincial, sifflet d'oiseleur.

SUBLIGARD, subst. mas. (*çubeliguar*), sorte de caleçon.

SUBLIMABLE, adj. des deux genres (*çubelimable*), t. de chim., qui est susceptible de se *sublimer.*

SUBLIMATION, subst. fém. (*çubelimâcion*) (du lat. *sublimare*, porter en haut), sorte d'opération chimique, par laquelle les parties volatiles d'un corps, élevées par la chaleur du feu, s'attachent au haut du vase.

SUBLIMATOIRE, subst. mas. et adj. des deux genres (*çubelimatoare*) ; se dit d'un vase et de tout ce qui sert à la *sublimation.*

SUBLIME, adj. des deux genres (*çubelime*) (en lat. *sublimis*), haut, élevé. Il se dit des choses morales ou qui regardent l'esprit : *un mérite sublime, un style sublime ; un génie, un esprit, une âme sublime.* — Boileau et J.-B. Rousseau ont appliqué ce mot aux personnes : le premier, dans l'*Ode sur la prise de Namur* : *rempli de ce dieu sublime* ; et le second, dans l'ode 10 du livre I : *les rois les plus sublimes* ; dans l'*Ode à la Fortune : héros sublimes*, etc. Rousseau a dit encore, ode 4, livre IV : *droits sublimes*, pour droits justes, incontestables. — En anat., qui est dessus : *muscles sublimes, ligaments sublimes.* — *Géométrie sublime* ou *transcendante*, géométrie infinitésimale ou des infiniment petits. — *Respiration sublime*, celle qui est accompagnée d'une élévation considérable des côtes et de l'écartement des ailes du nez au moment de l'inspiration. — Se dit aussi en peinture : *tableau sublime, un caractère sublime*, bien frappé, qui ne peut être égalé. — Subst. mas. : *le sublime*, ce qu'il y a de grand, d'excellent dans les sentiments, dans les actions, dans le style : *il y a du sublime dans ces sentiments, dans cette action.* — T. d'anat., le muscle fléchisseur des doigts.

SUBLIMÉ, subst. mas. (*çubelimé*), t. de chim., parties volatiles du mercure, élevées par le moyen du feu dans un matras ou dans une cornue.—*Sublimé doux*, muriate de mercure doux. —*Sublimé corrosif*, muriate oxygéné de mercure.

SUBLIMÉ, E, part. pass. de *sublimer*, et adj., qui a subi la *sublimation.*

SUBLIMEMENT, adv. (*çubelimeman*), d'une manière *sublime.*

SUBLIMER, v. act. (*çubelimé*) (en lat. *sublimare*), t. de chimie, élever par le moyen du feu les parties volatiles d'un corps, de sorte que ces parties s'arrêtent au haut du vase. — *se* SUBLIMER, v. pron.

SUBLIMITÉ, subst. fém. (*çubelimité*) (en lat. *sublimitas*), qualité de ce qui est *sublime* : *sublimité du style ; la sublimité des pensées.*

SUBLINGUAL, E, adj. (*çubeleingu-ale*) (en lat. *sub*, sous, et *lingua*, langue), t. d'anat., qui est *sous la langue* : *artère, glande sublinguale.* — Inusité au plur. mas.

SUBLUNAIRE, adj. des deux genres (*çubelunère*) (du lat. *sub*, sous, *luna*, lune), qui est entre la terre et l'orbite de la *lune* : *région sublunaire; corps sublunaires.* Il ne se dit guère que parmi les savants.

SUBLUXATION, subst. fém. (*çubelukçâcion*), t. de chir., luxation incomplète de quelque partie du corps.

SUBMARIN, E, (*çubemarein, rine*). Voy. SOUS-MARIN.

SUBMENTAL, E, adj. (*çubemantale*) (du latin *sub*, sous, et *mentum*, le menton), t. d'anat., qui est situé sous le menton : *veine, artère submentale.*— Au plur. mas., *submentaux.*

SUBMENTAUX, adj. mas. plur. Voy. SUBMENTAL.

SUBMERGÉ, E, part. pass. de *submerger*, et adj.—En t. de bot., *feuilles submergées*, qui croissent dans l'eau, sans jamais s'élever à sa surface.

SUBMERGEMENT, subst. mas. (*çubemèrejeman*), submersion.

SUBMERGER, v. act. (*çubemèrejé*) (en lat. *submergere, mergere sub*, plonger), inonder, couvrir d'eau : *le déluge submergea la terre.* — Engloutir dans l'eau : *le vaisseau et tous ceux qui étaient dedans ont été submergés.* — *se* SUBMERGER, v. pron.

SUBMERSIBLE, adj. des deux genres (*çubemèrecible*), t. de bot.: *fleur submersible*, qui rentre dans l'eau après la fécondation.

SUBMERSION, subst. fém. (*çubemèrecion*) (du lat. *submersio*), action de *submerger.* — Grande inondation qui couvre totalement un terrein. — Action de plonger dans un liquide.

SUBMULTIPLE, adj. des deux genres. Voy. SOUS-MULTIPLE, qui seul se dit.

SUBNORMAL, E, adj. Voy. SOUS-NORMAL, qui seul se dit.

SUBODORÉ, E, part. pass. de *subodorer*.

SUBODORER, v. act. (*çubodoré*), sentir de loin, à la trace. — Fig., prévoir, deviner. Peu usité, surtout dans le sens moral. — *se* SUBODORER, v. pron.

SUBORDINATION, subst. fém. (*çubordinâcion*), ordre établi entre les personnes, et qui rend les unes dépendantes des autres. — Il se dit particulièrement de la dépendance des personnes les unes des autres. — Il y a dans l'Église différents ordres de *subordination*, comme celle des diacres aux prêtres, des prêtres aux évêques, etc.—Dans l'état militaire, se dit de l'obéissance et de la soumission que doit l'officier inférieur à son supérieur, et le soldat à ses officiers, pour ce qui concerne le service ou la discipline : *c'est dans la subordination que consiste la discipline*.—Se dit aussi de la dépendance dans laquelle certains arts, certaines sciences sont à l'égard de quelques autres, comme la pharmacie à l'égard de la médecine, etc.

SUBORDINÉMENT, adv. (*çubordinéman*), avec *subordination*. Presque inusité.

SUBORDONNÉ, E, subst. (*çubordoné*), qui est soumis à un supérieur ; qui est sous ses ordres.

SUBORDONNÉ, E, part. pass. de *subordonner*, et adj. : qui est *soumis à*..., dépendant de... : *les classes subordonnées*, tout ce que l'on nomme espèces.

SUBORDONNÉMENT, adv. (*çubordonéman*), en sous-ordre. Peu usité.

SUBORDONNER, v. act. (*çubordoné*), établir un ordre de dépendance de l'inférieur au supérieur : *les prêtres sont subordonnés aux évêques*. —Se dit aussi de plusieurs autres choses : *Dieu a subordonné certaines choses à d'autres ; les lois ont subordonné certaines juridictions à d'autres*. — En t. d'art militaire, établir la subordination dans une troupe nouvelle, ou indisciplinée : *il eut de la peine à établir la subordination dans ce corps*. — *se* SUBORDONNER, v. pron.

SUBORNATEUR, subst. mas., **SUBORNATRICE**, subst. fém. (*çubornateur, trice*), t. de palais, qui *suborne* des témoins.

SUBORNATION, subst. fém. (*çubornâcion*), séduction. Ce mot a le sens passif ; il se dit de celui qui est *suborné* et non pas de celui qui *suborne* : *la subornation d'une fille, des témoins*, etc.

SUBORNATRICE, adj. fém. Voy. SUBORNATEUR.

SUBORNÉ, E, part. pass. de *suborner*.

SUBORNER, v. act. (*çuborné*) (en latin *subornare*), séduire, porter à faire une action contre le devoir : *suborner des enfants de famille, des domestiques, une femme, une fille, des témoins, un juge*. — *se* SUBORNER, v. pron.

SUBORNEUR, subst. et adj. mas., au fém. **SUBORNEUSE** (*çuborneur, neuze*), celui, celle qui *suborne*.—Adj. : *calme suborneur*. Peu usité.

SUBORNEUSE, subst. et adj. fém. Voy. SUBORNEUR.

SUBRÉCARGUE, subst. mas. (*çubrékargue*), mot emprunté de l'espagnol *sobrecarga*, employé dans la même signification, et qui est formé de *sobre*, sur, et de *carga*, charge. — Celui qui vend, dans les comptoirs de la compagnie des Indes, les marchandises qu'elle y a fait porter, et qui en achette d'autres pour le retour des vaisseaux. — Celui qui est chargé par un armateur de veiller sur la cargaison.

SUBRÉCOT, subst. mas. (*çubrékô*), le surplus de l'*écot* ; ce qui reste à payer au-delà de ce qu'on s'était proposé de dépenser. — Fig., demande qui vient par-dessus les autres, et à laquelle on ne s'attendait pas.

SUBREPTICE, adj. des deux genres (*çubrèpetice*) (du latin *subrepticius*, fait de *subripere*, dérober, prendre à la dérobée, emporter furtivement), qui est obtenu par faux supposé : *grace subreptice*, obtenue par surprise, en cachant une chose vraie. — *Lettres subreptices*, obtenues sur un exposé faux.— On le dit, par extension, de plusieurs choses qui se font furtivement et illicitement : *édition subreptice ; tout ce que j'ai pu faire a été de prévenir, par une prompte édition, le mal que m'allait faire une édition subreptice dont j'étais menacé tous les jours*. (Voltaire.)—SUBREPTICE, OBREPTICE. (*Syn.*) Ces deux mots servent l'un et l'autre à caractériser des graces obtenues par surprise, ou de la puissance séculière, ou des magistrats dispensateurs de la justice. — La surprise suppose que ceux de qui on a obtenu la grace n'ont pas eu les lumières nécessaires pour se décider avec équité, et que les personnes qui l'ont sollicitée y ont mis obstacle ; ce qui peut se faire de deux façons. La première est, lorsqu'on avance comme vraie une chose fausse, et alors il y a *subreption* ; la seconde est lorsqu'on supprime, dans son exposé, une vérité qui empêcherait l'effet de la demande, et alors il y a *obreption*. — Un titre *obreptice* peut avoir été obtenu de bonne foi, mais il manque néanmoins de solidité ; il ne donne pas un droit réel, il est sujet à l'animadversion du collateur. Un titre *obreptice* et *subreptice* tout à la fois a les caractères les plus certains de réprobation ; et l'*obreption* même peut justement être soupçonnée d'aussi mauvaise foi que la *subreption*.

SUBREPTICEMENT, adv. (*çubrèpeticeman*), d'une manière *subreptice*.

SUBREPTIF, adj. mas., au fém. **SUBREPTIVE** (*çubrèpetif, tive*). Voy. SUBREPTICE.

SUBREPTION, subst. fém. (*çubrèpecion*) (en latin *subreptio*), surprise faite à un juge, etc., en lui cachant une vérité qu'il lui importe de savoir.—On appelle *moyens d'obreption* et de *subreption*, les moyens par lesquels on prouve que des lettres sont *obreptices* et *subreptices*, pour en attaquer la nullité.

SUBREPTIVE, adj. fém. Voy. SUBREPTIF.

SUBREPTIVEMENT, adv. (*çubrèpetiveman*), d'une manière *subreptive*.

SUBROGATEUR, subst. mas., **SUBROGATRICE**, subst. fém. (*çubroguateur, trice*), acte qui *subroge* un rapporteur à un autre. — Adj., on appelle *mot subrogateur*, un mot qui exprime la *subrogation*.

SUBROGATION, subst. fém. (*çubroguâcion*), action de *subroger*.

SUBROGATIS, subst. mas. (*çuberoguâtice*), t. de palais, ordonnance du chef d'une compagnie par laquelle un rapporteur est *subrogé* à un autre. Mot purement latin, qui signifie : *vous subrogez*.

SUBROGATRICE, adj. fém. Voy. SUBROGATEUR.

SUBROGATUR, subst. mas. (*çubroguâtur*), (mot pris du latin, où il signifie, *il est subrogé*), autrefois, dans le conseil privé, acte qui *subrogeait* un rapporteur à la place d'un autre. — Au plur., des *subrogatur*.

SUBROGÉ, E, part. pass. de *subroger*.

SUBROGER, v. act. (*çubrojé*) (en latin *subrogare*), t. de pratique, substituer, mettre en place de quelqu'un : *on me subroge en sa place, en ses droits, noms et actions*.— *Subroger un rapporteur*, nommer un maître des requêtes en la place d'un autre qui était rapporteur. — *se* SUBROGER, v. pron.

SUBROGÉ-TUTEUR, subst. mas. (*çubrojétuteur*), second *tuteur* nommé par les parents et par le juge, pour empêcher le vrai *tuteur* ou la *tutrice* de rien faire contre les intérêts d'un mineur.

SUBSÉCUTIF, adj. mas., au fém. **SUBSÉCUTIVE** (*çubeçékutif, tive*), qui vient après : *arrêt subsécutif*.

SUBSÉCUTIVE, adj. fém. Voy. SUBSÉCUTIF.

SUBSELLE, subst. mas. (*çubecèle*) (du latin *subsellium*, siège), chaire à prêcher. (*Boiste.*)

SUBSÉQUEMMENT, adv. (*çubecékaman*) (en lat. *subsequenter*), t. de prat., ensuite, après : *il a déclaré verbalement qu'il ne voulait pas se prévaloir de cette donation, et subséquemment il y a renoncé en forme*.

SUBSÉQUENT, E, adj. (*çubecékan, kante*) (en lat. *subsequens*), qui suit, qui vient après : *acte subséquent ; un testament subséquent annulle le premier*.

SUBSIDE, subst. mas. (*çubecide*) (en lat. *subsidium*), levée de deniers pour les nécessités de l'état.—Secours d'argent qu'un état, un prince, donne à un autre état, son allié, en conséquence des traités conclus entre eux, ou que des sujets donnent, envoient à leur gouvernement ou à leur souverain : *cet état donne de grands subsides à ses alliés ; on demande tant au clergé, par forme de subside*.—Il y a des dépenses publiques nécessaires, indispensables, et auxquelles, par conséquent, tous les citoyens doivent contribuer ; une pareille contribution, si elle est réglée par la nation même, se nomme *subside* ou don gratuit ; et si elle est imposée par le gouvernement, on la nomme *impôt*.—Au plur., t. d'antiq., nom que l'on donnait, dans les armées romaines, au corps de réserve. Les soldats qui le composaient étaient ainsi nommés, selon quelques historiens, parce qu'ils se tenaient assis par terre derrière les troupes qui combattaient, tout prêts à se lever et à rétablir le combat, si elles venaient à plier ou à éprouver quelque échec

SUBSIDIAIRE, adj. des deux genres (*çubecidi-ère*) (en lat. *subsidiarius*), qui sert à fortifier ce qu'il y a de principal dans une affaire contentieuse : *moyens subsidiaires*.—*Hypothèque, caution subsidiaire*, qui sert à assurer davantage la première.—*Conclusions subsidiaires*, prises et réservées pour le cas où l'on rejetterait les premières.—Par extension : *raison subsidiaire*, celle qui vient à l'appui des précédentes.

SUBSIDIAIREMENT, adv. (*çubecidi-èreman*) d'une manière *subsidiaire*, en second lieu.

SUBSISTANCE, subst. fém. (*çubecicetance*) (en lat. *subsistantia*), nourriture et entretien.—Imposition affectée à la *subsistance* des troupes.—Au plur., vivres, munitions. — Dans l'état militaire : *mettre un soldat en subsistance*, attacher un soldat éloigné de son corps à un dépôt ou à un autre corps, pour y recevoir la *subsistance*. —SUBSISTANCES, DENRÉES, VIVRES. (*Syn.*) Les *subsistances* sont les productions de la terre qui nous font *subsister*, c'est-à-dire qui maintiennent la durée de notre existence, ou qui forment notre *subsistance*, composée de la nourriture et de l'entretien. Les *denrées* sont des productions ou les espèces de *subsistances* qui entrent dans le commerce journalier, et qui se vendent couramment en argent. Les *vivres* sont les espèces de *subsistances* et de *denrées* qui font *vivre*, ou qui alimentent et reproduisent, pour ainsi dire, chaque jour notre vie par la nourriture. — Le premier de ces noms est tiré de l'utilité générale des choses et de leur effet commun ; le second, de la valeur vénale qu'elles ont ; le troisième, de l'effet particulier que certaines choses produisent. —L'économie sociale considère les *subsistances* comme productions propres et nécessaires à la conservation et à la multiplication des hommes, ainsi qu'à la conservation et à la prospérité de la société. L'économie distributive considère particulièrement, dans les *denrées*, leur abondance, leur bonté, leur circulation, leur prix, et leur débit. L'économie domestique considère les *vivres*, eu égard à l'achat, à l'approvisionnement, à la consommation.—Un pays est fertile en *subsistances* ; un marché est pourvu de *denrées* ; une place est approvisionnée de *vivres*. Les *subsistances*, comme les *vivres*, ne se prennent qu'en gros : ces mots n'ont point de singulier, ce qui semble en désigner l'abondance, et même la variété. On dit une *denrée*, et avec raison, puisque ce mot n'énonçait originairement que la vente de détail.— Il y a plusieurs espèces de *subsistances*, selon qu'elles servent à nourrir, à vêtir, à chauffer, à éclairer, à conserver. Les *denrées* se divisent, dans le commerce, en menues *denrées*, qui se vendent en petit détail, comme les fruits, les légumes, les racines, les œufs, le laitage ; et en grosses *denrées*, comme les blés, les vins, les foins, etc.—SUBSISTANCE, NOURRITURE, ALIMENTS. (*Syn.*) On fait des provisions pour la *subsistance* ; on apprête à manger pour la *nourriture* ; on choisit entre les mets les *aliments* convenables.—La *subsistance* est commise aux soins du pourvoyeur et du maître d'hôtel. La *nourriture* se prépare à la cuisine. Sur les *aliments*, on consulte le goût ou le médecin, selon l'état de la santé.—Le premier de ces termes a un rapport particulier au besoin ; le second, à la satisfaction de ce besoin ; le troisième, à la manière de le satisfaire. — Dans la conduite des armées, la *subsistance* doit être un des objets du général : les troupes à qui la *nourriture* manque perdent nécessairement leur valeur, et se relâchent aisément sur la discipline : il ne faut pourtant pas que les *aliments* en soient délicats, mais il est nécessaire qu'ils soient bons dans leur espèce, et en quantité suffisante. —SUBSISTANCE, SUBSTANCE. (*Syn.*) Le premier de ces mots veut dire proprement ce qui sert à nourrir, à entretenir, à faire *subsister*, de quelque part qu'on le reçoive. Le second signifie tout le bien qu'on a pour *subsister* étroitement, ce qui est absolument nécessaire pour pouvoir se nourrir et pour pouvoir vivre. — Les moines mendiants trouvaient aisément leur *subsistance*, tandis qu'un grand nombre de pauvres honteux consumaient dans la douleur leur *substance* et leurs jours. Que de gens, dans les états mal gouvernés, qui s'engraissent de la *substance* du peuple, et qui mangent en un jour la *substance* de cent familles ! Voy. EXISTENCE.

SUBSISTER, v. neut. (*çubeciceté*) (du lat. *subsistere*, formé, dans ses diverses significations, de *sub*, sous, et de *sistere*, placer, établir), exister, continuer d'être : *il y a trois mille ans que les pyramides d'Égypte subsistent*.—En parlant des lois, des coutumes, demeurer en force et en vigueur : *le texte subsiste toujours*. — Vivre et s'entretenir : *subsister d'aumônes ; la priant de lui prêter quelque grain pour subsister*. (La Fontaine.)

SUBSOLANUS, subst. propre mas. (*çubeçolânuce*), myth., l'un des principaux vents ; le même qu'Eurus, le vent d'est.

SUBST., abréviation du mot *substantif* ou *substantivement*.

SUBSTANCE, subst. fém. (*çubecetance*) (du lat. *substantia*, formé de *sub*, sous, dessous, et *stare*, être ; *quod stat sub*, ce qui est *sous* les qualités sensibles), en philosophie, être que l'on conçoit subsister par lui-même, à la différence de l'*accident*, qui subsiste dans un sujet.— Dans le discours ordinaire, toute sorte de matière : *substance pierreuse, aqueuse*, etc. — Ce qu'il y a de plus succulent, de plus nourrissant en quelque chose : *les arbres, les plantes, attirent la substance de la terre*. — Fig., le principal, le fond, l'esprit d'une chose : *telle est la substance de la lettre que je lui ai envoyée*. — Fig., ce qu'il y a de plus solide, de plus précis, de plus particulier dans un discours : *je n'ai pu retenir tout ce qu'il a prononcé, mais je vous en dirai la substance*. — Ce qui est nécessaire pour la subsistance : *s'engraisser de la substance du peuple*. — *En substance*, loc. adv., en abrégé, en gros : *je vous dirai en substance ce que ce traité contient*.

SUBSTANTIEL, adj. mas. au fém. **SUBSTANTIELLE** (*çubecetanciéle*), où il y a beaucoup de *substance* : *aliment substantiel*. — Il se dit de ce qu'il y a de plus succulent, de plus nourrissant dans un aliment : *on a tiré de cette viande ce qu'il y avait de substantiel*.—Fig., il se dit, dans un ouvrage d'esprit, de ce qu'il y a de mieux dit, de plus parfait, de plus piquant, ou de plus intéressant, etc. : *on a extrait de ce livre, de ce discours, ce qu'il y avait de substantiel*. — On disait autrefois, en style d'école : *les formes substantielles*, pour désigner une *substance* qui détermine la matière à être une certaine chose : *la nouvelle philosophie n'admet pas de formes substantielles*. — Nous devons faire remarquer à l'égard de ce mot *substantiel*, que l'orthographe n'en est point donnée selon l'étymologie. Certes, il aurait été plus convenable d'écrire *substanciel* (de *substance*), comme on écrit *circonstanciel* (de *circonstance*) ; mais l'usage a prévalu.

SUBSTANTIELLE, adj. fém. Voy. SUBSTANTIEL.

SUBSTANTIELLEMENT, adv. (*çubecetanciéleman*), quant à la *substance*. — T. dogmatique qui ne se dit guère que dans cette phrase de théologie scholastique : *dans le sacrement de l'eucharistie, on reçoit le corps de Notre-Seigneur réellement et substantiellement*.

SUBSTANTIEUSE, adj. fém. Voy. SUBSTANTIEUX.

SUBSTANTIEUX, adj. mas., au fém. **SUBSTANTIEUSE** (*çubecetancieu, cieuze*), substantiel. (Boiste.) Inusité.

SUBSTANTIF, subst. et adj. mas. (*çubcetantife*), nom qui, signifiant une *substance subsistante* par elle-même, soit dans la nature, soit dans l'entendement, n'a pas besoin d'un autre nom pour être entendu : *cheval, oiseau, arbre, blancheur, beauté*, sont des *substantifs* ; ou adj., des *noms substantifs*. Les noms généraux, de même que les noms d'individus, sont compris sous la dénomination générale de *substantifs* : *tout nom qui est le sujet d'une proposition est substantif*. Parmi les grammairiens, le verbe *être* est appelé *verbe substantif* quand il n'est pas auxiliaire, c'est-à-dire quand il ne sert pas à former les temps des autres verbes.

SUBSTANTIFIÉ, E, part. pass. de *substantifier*.

SUBSTANTIFIER, v. act. (*çubecetantifié*), rendre *substantif*. — T. de log., présenter en *substance* des maximes, des idées, etc. : *il y a des philosophes qui ont substantifié les idées de Platon*. — *se* SUBSTANTIFIER, v. pron.

SUBSTANTIFIQUE, adj. des deux genres (*çubecetantifike*), *substantiel* ; abondant en *substance*. (Boiste.) Peu usité, mais utile.

SUBSTANTIVEMENT, adv. (*çubecetantivemen*), en manière de *substantif* : *plusieurs adjectifs s'emploient substantivement*.

SUBSTITUÉ, E, part. pass. de *substituer*.

SUBSTITUER, v. act. (*çubecetitu-é*) (du latin *substituere*, employé dans le même sens, et qui signifie proprement *mettre dessous*, formé de *sub*, sous, dessous, et de *statuere*, mettre, poser, établir), mettre une chose ou une personne à la place d'une autre : *son nourrisson étant mort, elle substitua son fils à la place*. — En t. de droit, appeler quelqu'un à une succession après un autre, ou au défaut d'un autre : *il a laissé tous ses biens à son frère, et il lui a substitué son neveu*.—Il se dit de même des biens qu'on laisse par testament pour qu'on en jouisse après le premier héritier : *il a substitué ses terres aux aînés de sa maison*. — *se* SUBSTITUER, v. pron.

SUBSTITUT, subst. mas. (*çubecetitu*) (du lat. *substitutus*, part. pass. de *substituere*), officier de judicature chargé d'aider l'officier principal dans ses fonctions, et quelquefois de le remplacer : *le substitut du procureur du roi*.—Plus généralement, celui qui exerce une charge, qui s'acquitte d'une fonction pour un autre : *cet homme a fait faire sa besogne par un substitut*.

SUBSTITUTION, subst. fém. (*çubecetitucion*), action de *substituer*, de mettre une chose ou une personne à la place d'une autre.—Disposition par laquelle un testateur *substitue* un héritier à un autre qui n'a que l'usufruit et non la propriété du bien délaissé.—T. d'algèb. ; opération qui consiste à mettre à la place d'une quantité qui est dans une équation, quelque autre quantité qui lui est égale, quoique exprimée d'une manière différente. — Dans le calcul intégral, on appelle *méthode de substitution*, une méthode qui consiste en général à *substituer* dans une équation différentielle proposée, à la place des variables qui y entrent, d'autres variables égales à des fonctions des premières, et telles qu'après la *substitution*, la proposition devienne d'une forme donnée, et pour laquelle on ait une manière particulière d'intégrer.

SUBSTRUCTION, subst. fém. (*çubecetrukcion*) (du lat. *substructio*, fait de *substruere*, qui a pour racines *sub*, sous, et *struere*, bâtir, construire), construction souterreine ; construction d'un édifice sous un autre.

SUBSULTANT, E, adj. (*çubeçuletan, tante*), saut, secousse par une impulsion inférieure. Un tremblement de terre est un mouvement *subsultant*. Presque inusité.

SUBSURDITÉ, subst. fém. (*çubeçurdité*), t. de médec., *surdité* complète. Inusité.

SUBTANGENTE, adj. fém. (*çubetanjante*). Voy. SOUS-TANGENTE.

SUBTERFUGE, subst. mas. (*çubetérefuje*) (du lat. *subterfugium*, fait de *subterfugere*, s'enfuir secrètement, s'échapper ; racines, *subter*, sous, en dessous, et *fugere*, fuir), échappatoire en matière d'affaires ou de disputes. — Moyen injuste et détourné dont on use pour échapper aux yeux, à la justice et à la correction.

SUBTERRANÉ, E, adj. (*çubetéreranė*), qui est *sous* la surface de la *terre*.

SUBTIL, E, adj. (*çubetile*) (du lat. *subtilis*, dérivé de *tela*, toile), délié, fin, menu ; *air, sang subtil ; matière subtile*. — Qui s'insinue, qui pénètre promptement : *venin subtil*.—Qui échappe promptement, se soustrait aisément : *c'est un animal bien subtil*. — Fin, rusé : *le chat, le renard, sont des animaux bien subtils*.—Adroit à faire des tours de main : *voleur, escamoteur qui a la main subtile*. — Qui désigne l'adresse : *il fait des tours subtils*.—Fig., adroit, ingénieux : *homme, raisonnement, esprit, argument subtil* ; qui échappe à l'intelligence par une extrême finesse : *ce que vous dites est pour moi trop subtil*. —Fig. : *avoir la vue, l'ouïe subtile*, voir et entendre aisément ce que les autres n'entendent qu'avec peine. — On appelle *mal subtil*, une maladie qui affecte les faucons, et pendant laquelle ces oiseaux paraissent toujours affamés.

SUBTILEMENT, adv. (*çubetileman*), d'une manière *subtile* et adroite.

SUBTILISATION, subst. fém. (*çubetilizâcion*), t. de chim., action de *subtiliser* certaines liqueurs par l'action du feu.

SUBTILISÉ, E, part. pass. de *subtiliser*.

SUBTILISER, v. act. (*çubetilizé*), rendre *subtil*, délié, pénétrant : *le vin subtilise les esprits*. —Tromper : *prenez garde qu'il ne vous subtilise*. — V. neut., raffiner, chercher trop de finesse : *il ne faut pas tant subtiliser dans les affaires*. — *se* SUBTILISER, v.

SUBTILITÉ, subst. fém. (*çubetilité*) (du latin *subtilitas*), qualité de ce qui est *subtil* ou de celui qui est *subtil* : *subtilité de l'air, du poison, des sens ; subtilité de l'esprit, d'un argument*. — Tour d'adresse, finesse, etc. — Tromperie, ruse, raffinement : *la sagesse humaine s'enveloppe, s'embarrasse de ses propres subtilités*. — SUBTILITÉ D'ESPRIT, DÉLICATESSE. (*Syn.*) La *subtilité d'esprit* annonce la ruse, la chicane ; elle s'accorde souvent avec l'extravagance ; la *délicatesse* d'esprit, de pensée, ne s'accorde qu'avec le bon sens, la raison, elle exige un goût exquis.

SUBTRIPLE, adj. des deux genres (*çubetriple*). Voy. SOUS-TRIPLE, qui est seul usité.

SUBULAIRE, adj. des deux genres (*çubulère*), t. de bot., genre de plantes de la famille des crucifères.

SUBULARIA, subst. fém. (*çubulari-a*), t. de bot., sorte de plante aquatique.

SUBULÉ, E, adj. (*çubulé*) (du latin *subula*, alène, fait de *suere*, coudre), t. de bot., qui est en forme d'alène.

SUBULICORNES, subst. m. pl. et adj. des deux genres (*çubulikorne*), t. d'hist. nat., famille d'insectes névroptères.

SUBULIROSTRES, subst. m. pl. et adj. des deux genres (*çubulirocetre*) (du latin *subula*, alène, et *rostrum*, bec), t. d'hist. nat., famille d'oiseaux passereaux, qui ont le bec faible et pointu en forme d'alène.

SUBULON, subst. mas. (*çubulon*), daguet ou jeune cerf.

SUBURBICAIRE, adj. des deux genres (*çuburbikière*) (du latin *suburbicarius*, fait de *suburbium*, faubourg) : *provinces suburbicaires*, autrefois les dix provinces renfermées dans l'Italie, avec les îles de Sicile, de Corse et de Sardaigne. — On a dit depuis, par extension : *églises suburbicaires*, renfermées dans le diocèse de Rome ; et *évêques suburbicaires*, ceux qui étaient les chefs de ces diocèses.

SUBVENIR, v. neut. (*çubevenir*) (du latin *subvenire*). Il se conjugue comme *venir*, avec la différence qu'il prend l'auxiliaire *avoir*. En parlant des personnes, secourir, soulager : *subvenir aux misérables*. — Plus communément, en parlant des choses, pourvoir : *on ne peut pas subvenir à tout ; on a subvenu à ses besoins*.

SUBVENTION, subst. fém. (*çubevancion*) (du latin *subventio*), secours d'argent pour *subvenir* aux nécessités de l'état ; espèce de subside, impôt de surcroît dans une nécessité pressante : *subvention de guerre*. — Fonds donnés par le gouvernement pour soutenir une entreprise : *l'Opera reçoit une subvention*.

SUBVENTIONNÉ, E, part. pass. de *subventionner*.

SUBVENTIONNER, v. act. (*çubevancioné*), fournir des secours d'argent, de subsistance ; établir des subsides, des impôts de surcroît dans des moments périlleux. — Accorder des secours d'argent : *le gouvernement subventionne certaines feuilles publiques*.— *se* SUBVENTIONNER, v. pron. —Ce mot manque dans l'*Académie*.

SUBVERSIF, adj. mas., au fém. **SUBVERSIVE** (*çubevérecif, cive*), qui renverse, détruit l'ordre établi : *cette mesure est subversive de l'ordre*.— Par analogie, il se dit en parlant d'un raisonnement, d'un discours qui s'écarte des principes reçus, qui renverse la vraie doctrine : *c'est un raisonnement subversif de toute vérité*.

SUBVERSION, subst. fém. (*çubevérecion*) (du latin *subversio*), renversement : *la subversion d'un état*. — Au fig. : *subversion des lois*. — Anéantissement, *l'esprit de parti cause la subversion de tous les principes*.

SUBVERSIVE, adj. fém. Voy. SUBVERSIF.

SUBVERTI, E, part. pass. de *subvertir*.

SUBVERTIR, v. act. (*çubevéretir*) (du latin *subvertere*, *vertere sub*, tourner dessous ; *mettre dessus ce qui était dessous*), renverser. Il ne se dit qu'au figuré, encore est-il peu usité : *subvertir les lois, l'état*, etc. — *se* SUBVERTIR, v. pron.

SUBVENU, E, part. pass. de *subvenir*.

SUC, subst. mas. (*çuke*) (du latin *succus*), liqueur qui s'exprime de certaines choses : *le suc des fruits, des plantes*, etc.—Ce qu'il y a de plus succulent dans les viandes.—Il se dit aussi de certains fluides qui se trouvent dans le corps des animaux et de la terre : *les sucs de la terre*, les principes de végétation qu'elle renferme.— On appelle, *suc gastrique*, un fluide sécrété par la membrane muqueuse de l'estomac. — *Suc nourricier*, le sang. — Les médecins appellent, *suc nerveux*, une liqueur que quelques-uns ont cru exister dans les nerfs.—*Suc pancréatique*, une liqueur qui se sépare dans les glandes du pancréas. — Fig., ce qu'il y a de meilleur, ce qu'il y a de bon, de substantiel dans un livre : *il a bien profité de la lecture de ce livre, il en a tiré, il en a pris tout le suc.* — T. de bot., on appelle, *suc propre*, une liqueur qui réside principalement dans l'écorce, et qui se distingue de la lymphe par sa couleur, sa substance et sa saveur : il est laiteux dans le figuier et les tithymales ; rouge dans la patience ; jaune dans la chélidoine ; gommeux dans le cerisier ; résineux dans le pin, le mélèze, etc. — *Suc de citron*, l'acide citrique des chimistes modernes. — On dit aussi : *suc d'oranges, suc de pommes*, etc.

SUCCÉDANÉ, E, adj. (*çukecédané*) (du latin *succedaneus*), se dit, en pharm., des ingrédients qu'on substitue à la place de ceux qui ont été prescrits quand ils manquent, lorsqu'ils ont à peu près les mêmes vertus. — Subst. mas. : *un bon succédané.* Voy. le mot suivant.

SUCCÉDANÉES, subst. fém. plur. (*çukecédané*), t. d'antiq., victimes qu'on immolait en remplacement des premières qui n'avaient pas été favorables. — Il se prend aussi adjectivement : *dix victimes succédanées furent immolées.* — Quelques-uns disent à tort : *succidanées.*

SUCCÉDÉ, part. pass. de *succéder.*

SUCCÉDER, v. neut. (*çukecédé*) (du latin *succedere*, employé dans ses différentes acceptions, et qui signifie proprement *entrer sous* ou *dans*, fait de *sub*, sous, et de *cedere*, s'en aller), prendre la place de... : *la nuit succède au jour ; les révolutions s'y sont rapidement succédé.* — Parvenir à la possession de quelque chose après un autre : *succéder à un royaume, succéder à l'empire, succéder à la couronne ; Pompée, que Sylla avait élevé, succéda à une grande partie de sa puissance ; ils se flattaient de le perdre et de succéder à son crédit.* — Recueillir l'hérédité d'une personne par droit de parenté : *les enfants succèdent au père.* — *Être habile à succéder*, être propre à *succéder.* — *Succéder*, venir après ; *quelles tristes réflexions succédèrent à ce premier enchantement !* — Réussir : *tout lui succède à souhait.* Il est peu usité en ce dernier sens. — SE SUCCÉDER, v. pron. : *les jours se succèdent, mais ne se ressemblent pas.*

SUCCENTEUR, subst. mas. (*çukeçanteur*), sous-chantre. (*Boiste.*) Inusité.

SUCCENTURIAUX, subst. et adj. mas. plur. (*çukeçanturiô*), t. d'anat., se dit de deux corps glanduleux qui embrassent l'extrémité des reins.

SUCCENTURIÉ, E, adj. (*çukeçanturié*), t. d'anat., sur-ajouté. Presque inusité.

SUCCENTURIER, subst. mas. (*çukeçanturié*), t. d'anat., muscle voisin de l'os pubis.

SUCCÈS, subst. mas. (*çukecè*) (du latin *successus*), réussite, issue heureuse ou profitable d'une affaire : *un bon* ou *mauvais succès ; cette entreprise a eu tout le succès qu'on désirait.* — Quand il est employé absolument, il se prend toujours en bonne part : *le succès de ses armes ; plaider avec succès.* — Avec les adj. possessifs, et en parlant des personnes, il se met au plur. : *ses succès dans la littérature.* En parlant des choses, il se met au singulier : *le succès de sa tragédie*, etc. — *Succès de circonstance*, dû aux circonstances qui ont fait seules réussir. — *Succès du moment, succès* qui ne dure que passagèrement, et qui n'est un *succès* que par rapport à la disposition des esprits du moment. — *Succès d'estime*, réussite très-ordinaire d'un ouvrage assez bon, mais qui n'a rien de saillant ; *succès* que l'auteur acquiert eu égard à sa réputation, bien plus qu'au mérite réel de son ouvrage. — *Succès de vogue, succès* dont l'effet est de faire courir tout le monde pour en être témoin. — *Succès fou, succès d'enthousiasme*, en faveur duquel tout le monde est d'accord, tout le monde parle, et qu'on vante au-delà de toute expression. — *Succès de bon aloi*, mérité ; *succès de mauvais aloi*, non mérité.

SUCCESSEUR, subst. mas. (*çukecèceur*), celui qui *succède* à un autre dans quelque place, charge ou dignité : *les successeurs abolissent souvent les actes de leurs prédécesseurs.* On le dit même d'une femme.

SUCCESSIBILITÉ, subst. fém. (*çukecècecibilité*), t. de jurispr., qualité de ce qui est *successible.* — Droit de *succéder.*

SUCCESSIBLE, adj. des deux genres (*çukececible*), t. de jurispr., habile à *succéder.*

SUCCESSIF, adj. mas., au fém. SUCCESSIVE (*çukecècif, cive*), qui se *succède* sans interruption : *mouvement successif, l'ordre successif des jours et des nuits.* — Il se dit encore de choses qui se suivent de près : *on emporta cette ville d'assaut après des attaques successives.* — *Droits successifs*, droits qu'on a à une *succession.*

SUCCESSION, subst. fém. (*çukecècecion*) (du latin *successio*), suite de plusieurs personnes dans la même dignité, ou les mêmes titres ou les mêmes fonctions : *il y a eu dans cette place une succession de gens de mérite.* — Cours, suite du temps : *par succession de temps*, par une longue suite de temps. — T. de jurispr., hérédité, biens qu'une personne laisse en mourant : *il lui est échu trois successions en un an.* — Manière dont quelqu'un entre à la place d'un autre, ou recueille ses biens et ses droits avec leurs charges. — T. de droit politique : *succession à la couronne.* — Plus particulièrement, manière dont les biens, droits et charges d'un défunt sont transmis à ses héritiers ou légataires. — Acte qui constate les droits & relate les clauses d'une succession. — On appelle, *succession bénéficiaire*, ou *par bénéfice d'inventaire*, celle que l'héritier n'accepte que sous le bénéfice d'inventaire, c'est-à-dire sous condition de n'être point tenu des dettes au-delà du contenu en l'inventaire ; et *succession ab intestat*, celle qui est déférée par la loi lorsque le défunt est mort *ab intestat*, c'est-à-dire sans avoir disposé de ses biens par testament ou autre disposition à cause de mort. — On dit : *succession directe, succession collatérale*, pour dire, succession qui doit passer aux héritiers descendant en ligne directe ou en ligne collatérale. — T. d'astron. : *succession des signes*, l'ordre dans lequel ils se suivent et selon lequel le soleil y entre *successivement.*

SUCCESSIVE, adj. fém. Voy. SUCCESSIF.

SUCCESSIVEMENT, adv. (*çukecèceciveman*), tour-à-tour, l'un après l'autre.

SUCCESSORAL, E, adj. (*çukecèceçoral*), exercé sur une *succession.* — Au plur. mas., *successoraux.*

SUCCESSORAUX, adj. mas. plur. Voy. SUCCESSORAL.

SUCCESSORIAL, E, adj. (*çukecèceçori-al*), Voy. SUCCESSORAL. — Au plur. mas., *successoriaux.*

SUCCESSORIAUX, adj. mas. plur. Voy. SUCCESSORIAL.

SUCCIDANÉ, E, (*çukecidané*). Voy. SUCCÉDANÉ, E, seul conforme à l'étymologie.

SUCCIN, subst. mas. (*çukecein*), (du latin *succinum*, fait, suivant quelques-uns, de *succus*, parce qu'on croyait que cette substance bitumineuse provenait du suc d'un arbre), ambre jaune. — On appelle, *huile de succin*, une substance huileuse que l'on extrait du *succin.* — *Succin noir*, substance bitumineuse, noire et luisante. — *Succin transparent*, crystallisé en octaèdres isolés. — *Succin de Born*, crystal volcanique.

SUCCINATE, subst. mas. (*çukecinate*), t. de chimie, sel formé par la combinaison de l'acide *succinique* avec une base.

SUCCINCT, E, adj. (*çukeceinkete*) (du latin *succinctus*, part. pass. de *succingere*, et qui signifie proprement ceint, troussé, relevé ; racines, *sub*, sous, dessous, et *cingere*, ceindre), court, bref. Il est opposé à *prolixe*, et il se dit proprement du discours, et des personnes par rapport au discours. — Fig. et en plaisantant : *repas succinct*, léger, et où il y a peu à manger.

SUCCINCTEMENT, adv. (*çukeceinteman*), d'une manière *succincte*, en peu de mots : *il conta succinctement ses raisons.* — Fam. : *déjeuner, dîner, souper succinctement*, légèrement.

SUCCINÉE, subst. fém. (*çukeciné*), t. d'hist. nat., genre de coquillage établi aux dépens des hélices de *Linnée.*

SUCCINIQUE, adj. des deux genres (*çukecinike*), t. de chimie : *acide succinique*, acide tiré du *succin*, connu autrement sous le nom de *sel volatil de succin.*

SUCCINITE, subst. fém. (*çukecinite*), variété d'un jaune de *succin.*

SUCCION, subst. fém. (*çukecion*) (du latin *suctus*, ûs, fait de *suctum*, supin de *sugere*, sucer), action de *sucer* : *il y a des plaies qu'on guérit par la succion.* — En t. de physique, action par laquelle on élève une liqueur à une certaine hauteur.

SUCCISE, subst. fém. (*çukecize*), t. de bot., genre de plantes de la famille des scabieuses.

SUCCOMBÉ, part. pass. de *succomber.*

SUCCOMBER, v. neut. (*çukonbé*) (du latin *succumbere*), être accablé sous un fardeau que l'on porte : *succomber sous le poids, sous le faix*, et fig. : *succomber sous le poids des affaires, du travail.* — Au fig., se laisser vaincre par... : *succomber à la tentation, à la douleur ; succomber à la fatigue*, être accablé de fatigue. — Avoir du désavantage dans une chose qu'on entreprend contre quelqu'un. — Avoir le dessous, céder, ne pas résister : *il a entrepris une mauvaise affaire ; il succombera.* — Mourir : *il a succombé hier.*

SUCCOTH, subst. mas. (*çukekote*), la fête des tabernacles chez les Juifs.

SUCCOTRIN, adj. mas. (*çukotrein*), t. de pharm. : *aloès succotrin*, variété de la substance extracto-résineuse que l'on connaît, en matière médicale, sous le nom d'*aloès* proprement dit. Ce nom de *succotrin* vient sans doute de celui de l'île *Soccotora*, d'où on l'extrait.

SUCCOVIE, subst. fém. (*çukovi*), t. de bot., genre de plantes.

SUCCUBE, subst. mas. (*çukube*) (du latin *succubare, cubare sub*, être couché dessous), sorte de démon qui, suivant l'opinion populaire, prend la forme d'une femme pour avoir la compagnie charnelle d'un homme. — Cauchemar.

SUCCULEMMENT, adv. (*çukulaman*), d'une manière *succulente.* — Ce mot manque dans l'*Académie.*

SUCCULENT, E, adj. (*çukulan, lante*), qui a beaucoup de *suc*, qui est fort nourrissant. — T. de bot., rempli de *suc* : *fruits succulents*, ceux dont la chair est fondante, ou la pulpe agréable au goût. — Subst. fém. plur., famille de plantes appelées *les succulentes.*

SUCCURSALE, adj. et subst. fém. (*çukurçale*) (du latin *succurrere*), on appelle : *église succursale*, ou : *une succursale*, celle qui sert d'aide à une paroisse. — *Succursale* se dit aussi d'un hôpital qui ressort d'un autre hôpital, et en général de tout établissement subordonné à un autre.

SUCCURSALISTE, subst. mas. (*çukurçalicete*), desservant d'une *succursale.* — Ce mot, que nous ne lisons que dans l'*Académie*, n'est point usité ; on se sert généralement du mot *desservant.*

SUCCUSSION, subst. fém. (*çukucecion*), t. de médec., action de *secouer.* Peu usité.

SUCÉ, subst. mas. (*çucé*), t. d'hist. nat., sorte de canard qu'on trouve à Saint-Domingue.

SUCE-BŒUF, subst. mas. (*çucebeufe*), t. d'hist. nat., oiseau du Sénégal, qui pique les *bœufs.*

SUCÉ, E, part. pass. de *sucer.*

SUCEMENT, subst. mas. (*çuceman*), action de *sucer.*

SUCER, v. act. (*çucé*) (du latin *sugere*), tirer quelque *suc* ou quelque liqueur avec les lèvres. Il se dit de la liqueur qu'on attire, et du corps dont on l'attire : *sucer le lait, le sang ; sucer un os, une plaie.* — Par anal. : *sucer avec le lait*, contracter dès sa plus tendre enfance l'habitude... : *c'est une haine de famille qu'il a sucée avec le lait.* — On dit encore dans le même sens : *le despotisme qu'il avait sucé en naissant.* — Fig. et fam., tirer peu à peu le bien, l'argent d'une personne : *il a des parents qui le sucent.* — Faire fondre : *sucer une dragée.* — SE SUCER, v. pron.

SUCET, subst. mas. (*çucè*), t. d'hist. nat., espèce de petit poisson.

SUCEUR, subst. mas. (*çuceur*), celui qui *suce* les plaies pour les guérir. — T. d'hist. nat., ordre d'insectes aptères.

SUCEUR-DE-MIEL, subst. mas. (*çuceurde-mièle*), nom vulgaire donné aux colibris et aux oiseaux-mouches.

SUÇOIR, subst. mas. (*çuçoar*), organe de l'insecte appelé *suceur*, d'un coquillage, d'une plante, qui sert à *sucer* l'aliment, l'eau, etc.

SUÇON, subst. mas. (*çuçon*), espèce d'élevure qu'on fait à la peau en la *suçant* violemment.

SUÇOTÉ, E, part. pass. de *suçoter.*

SUÇOTER, v. act. (*çuçoté*), *sucer* peu à peu et à diverses reprises. Fam. — SE SUÇOTER, v. pron.

SUCRE, subst. mas. (*çukre*) (du latin *saccharum*, fait du grec σάκχαρ, σάκχαρι ou σάκχαρον, lequel vient de l'arabe *sakkar*, dérivé du persan *schoukar*, qui lui-même a pour racine le samscrit ou indien *schakar*), suc extrêmement doux, tiré d'une sorte de canne ou de roseau particulier aux pays chauds, qui s'épaissit, se durcit et se blanchit par le moyen du feu. — *Sucre brut*, sucre qui, après avoir été cuit, n'est pas encore raffiné ; *sucre candi*, sucre encore plus raffiné et plus épuré que l'autre. Il est presque réduit en congélation, et ainsi appelé par les Italiens, parce que le peuple a cru qu'il avait été apporté en Italie de l'île de Candie ; *sucre candi blanc*, fait avec du *sucre* blanc qu'on cuit avec de l'eau, et qu'on réduit ainsi en forme de congélation ; *sucre candi rouge*, fait de la même manière que le candi blanc, mais avec du *sucre* rouge, c'est-à-dire avec la moelle du *sucre* sans qu'elle ait été raffinée ; *sucre de betteraves*, le même que le *sucre* de cannes, mais qui est extrait des betteraves ; *sucre de cannes*, *sucre* crystallisable, inaltérable à l'air et très-soluble dans l'eau, qu'on trouve dans la canne à *sucre* ; *sucre de plomb*, l'acétate de plomb ; *sucre de raisin*, *sucre* qui est sous la forme de petits grains réunis en tubercules ou en aiguilles, d'une saveur d'abord fraîche, puis sucrée, qu'on retire du raisin ; *sucre de saturne*, l'acétate de plomb, qu'on nomme aussi *sucre de plomb*, *sucre d'écume*, *sucre* tiré des écumes des deux dernières chaudières, c'est-à-dire du sirop et de la batterie ; *sucre d'orge*, composition faite avec du *sucre* et de l'eau d'orge, et de laquelle on se sert ordinairement contre le rhume ; *sucre noir*, *sucre* brut qui n'a pas un bel œil, et qu'on n'a pas assez essuyé et écumé quand on l'a cuit ; *sucre passé*, celui qui tient le milieu entre le *sucre* brut et le *sucre* terré ; *sucre raffiné*, *sucre* fait avec le *sucre* passé qui a reçu un degré de plus de perfection ; *sucre rosat*, *sucre* blanc cuit dans de l'eau rose, et réduit en tablettes ; *sucre royal*, celui qui se fait avec les plus belles cassonades ; *sucre terré* ou *cassonade blanche*, celui qu'on a blanchi par le moyen de la terre dont on couvre le dessus des formes dans lesquelles on le met pour le purger ; *sucre tors*, composition faite de *sucre* et de jus de réglisse, qui est en petits bâtons tortillés, et dont on se sert, comme du *sucre* d'orge, contre les rhumes ; *sucre vermifuge*, un mélange de deutoxyde de fer noir, de mercure et de *sucre*, triturés ensemble. — On fait aussi une espèce de *sucre* avec le suc tiré par incision de l'érable, de bouleau, etc.— *Confitures à mi-sucre*, confitures où l'on ne met que la moitié du *sucre* qu'on emploie dans les autres. — On appelle, *bois de sucre*, la cannelle de la Cochinchine, dont on fait usage de préférence aux autres dans les états de la Chine. — Prov. : *c'est un apothicaire sans sucre*, il manque des choses les plus nécessaires à sa profession.—Fig. et prov. : *cet homme est tout sucre et tout miel*, il est fort doucereux.—*En pain de sucre*, en forme de pain de *sucre*, en forme de cône.

SUCRÉ, E, part. pass. de *sucrer*, et adj., où il y a du *sucre*. — Qui a le goût du *sucre* : *melon sucré*. — Subst., prov. et fam. : *cette dame fait la sucrée*, affecte de paraître modeste, innocente, scrupuleuse. — *Faire son sucre*, faire le patelin, le bon apôtre.

SUCRÉE, subst. fém. (*çukré*), t. de bot., famille de plantes médicinales.

SUCRER, v. act. (*çukré*), mettre du *sucre* sur..., mêler quelque chose avec du *sucre*. — SE SUCRER, v. pron.

SUCRERIE, subst. fém. (*çukreri*), lieu où l'on recueille, cuit, prépare et affine le *sucre*. On dit plus souvent *raffinerie*. — Au plur., choses dans lesquelles il entre beaucoup de *sucre*, comme dragées, confitures, gâteaux, etc.

SUCRIER, subst. mas. (*çukri-é*), vase dans lequel on met du *sucre* en poudre ou en morceaux.— Quelquefois on nomme, *sucrier*, l'endroit, le vase ou le tiroir, dans lequel un maître de café serre le *sucre* qu'il a mis en morceaux pour les besoins de la journée. — *Sucrier* se dit aussi de l'ouvrier qui travaille dans les *sucreries*.—Celui qui fait le commerce des *sucres*. Pop. et peu usité. — T. d'hist. nat., genre d'oiseaux de la famille des grimpereaux.

SUCRIN, adj. mas. (*çukrein*), qui a le goût du *sucre* : *melon sucrin*.

SUCRION, subst. mas. (*çukri-on*), t. d'agric., nom qu'on donne à une espèce d'orge qui quitte sa balle, et qui se cultive dans diverses parties de la France.

SUCTION, *barbarisme*. Voy. SUCCION.

SUD, subst. mas. et adj. (*çude*) (mot d'origine purement teutonique, suivant *Wachter*, etc.), le midi, la partie du monde opposée au nord, au septentrion. — Le vent du midi. — On appelle adj. et des deux genres : *pôle sud*, le pôle antarctique ; *latitude sud*, latitude de l'équateur à ce pôle.—*Le vent est sud*, vient du *sud*.—*Faire le sud*, t. de mar., faire route vers le *sud*.

SUDAMINA, subst. m. pl. (*çudamina*), t. de médec., pustules peu apparentes, diaphanes, incolores, qui annoncent à l'extérieur la dothinentérie.

SUDATOIRE, adj. des deux genres (*çudatoare*), t. de médec. ; se dit d'une fièvre accompagnée de beaucoup de *sueur*.

SUDATORIE, subst. fém. (*çudatori*), étuve pour *suer*. (Boiste.) Inusité.

SUD-EST, subst. et adj. mas. (*çudècete*), plage située au milieu de l'espace qui sépare le *sud* de l'*est* : elle décline de quarante-cinq degrés du *sud* à l'*est*. — Vent qui souffle de cette plage.

SUD-EST-QUART-EST, subst. et adj. mas. (*çudècetekardècete*), plage située au milieu de l'espace qui sépare le *sud-est* de l'*est-sud-est* : elle décline de cinquante-six degrés quinze minutes du *sud* à l'*est*. — Vent qui souffle de cette plage.

SUD-EST-QUART-SUD, subst. et adj. mas. (*çudècetekarçude*), plage située au milieu de l'espace qui sépare le *sud-est* du *sud-sud-est* : elle décline de trente-trois degrés quarante-cinq minutes du *sud* à *l'est*. — Vent qui souffle de cette plage.

SUDIS, subst. mas. (*çudi*), t. d'hist. nat., genre de poissons osseux des mers de Sicile.

SUDORIFÈRE et plus souvent **SUDORIFIQUE**, adj. des deux genres (*çudorifère, fike*) (du latin *sudor, sudoris*, sueur, et *ferre*, porter, ou *facere*, faire, procurer), qui provoque la sueur. — Il est aussi subst. mas. : *un bon sudorifique*.

SUD-OUEST, subst. et adj. mas. (*çudouècete*), plage située au milieu de l'espace qui sépare le *sud* de l'*ouest* : elle décline de quarante-cinq degrés du *sud* à l'*ouest*.—Vent qui souffle de cette plage.

SUD-OUEST-QUART-OUEST, subst. et adj. mas. (*çudouècetekardouècete*), plage située au milieu de l'espace qui sépare le *sud-ouest* de l'*ouest-sud-ouest* : elle décline de cinquante-six degrés quinze minutes du *sud* à l'*ouest*. — Vent qui souffle de cette plage.

SUD-OUEST-QUART-SUD, subst. et adj. mas. (*çudouècetekarçude*), plage située au milieu de l'espace qui sépare le *sud-ouest* du *sud-sud-ouest* : elle décline de trente-trois degrés quarante-cinq minutes du *sud* à l'*ouest*.—Vent qui souffle de cette plage.

SUD-QUART-SUD-EST, subst. et adj. mas. (*çudekarçudècete*), plage située au milieu de l'espace qui sépare le *sud* du *sud-est* : elle décline de onze. degrés quinze minutes du *sud* à l'*est*.—Vent qui souffle de cette plage.

SUD-QUART-SUD-OUEST, subst. et adj. mas. (*çudekarçudouecete*), plage située au milieu de l'espace qui sépare le *sud* du *sud-sud-ouest* : elle décline de onze degrés quinze minutes du *sud* à l'*ouest*.—Vent qui souffle de cette région.

SUDRA, subst. fém. (*çudra*), ancien vêtement, robe dont se revêtaient les Guèbres.

SUD-SUD-EST, subst. et adj. mas. (*çudeçudècete*), plage située au milieu de l'espace qui sépare le *sud* du *sud-est* : elle décline de vingt-deux degrés trente minutes du *sud* à l'*est*.— Vent qui souffle de cette plage.

SUD-SUD-OUEST, subst. et adj. mas. (*çudeçudouècete*), plage située au milieu de l'espace qui sépare le *sud* du *sud-ouest* : elle décline de vingt-deux degrés trente minutes du *sud* à l'*ouest*. — Vent qui souffle de cette plage.

SUDZÉLÉTÈS, subst. mas. plur. (*çudezélétèce*), t. d'antiq., secte de juifs.

SUÉ, part. pass. de *suer*.

SUÈDE, subst. propre fém. (*çu-ède*), royaume du nord de l'Europe : capitale, Stockholm.

SUÉDOIS, E, subst. et adj. (*çu-édoa, doaze*), de *Suède*. — Qui a rapport à la *Suède* ; qui concerne la *Suède* : *comte suédois, frégate suédoise*.—Qui est originaire de *Suède* : *un Suédois*, *une Suédoise*.

SUÉE, subst. fém. (*çu-é*), inquiétude subite et mêlée de crainte, qui fait *suer*. Pop. — Grande dépense.

SUER, v. neut. (*çu-é*) (du lat. *sudare*, fait de *sudor, sudoris*, sueur), rendre par les pores quelques humeurs : *suer de la tête*, *des pieds*, *des aisselles*. Il se dit plus proprement de la transpiration sensible, et *transpirer*, de l'insensible.—Par extension, on le dit de l'humidité qui paraît sur les murailles : *dans le dégel les murailles suent*.— Fig. et fam. : travailler beaucoup, se donner beaucoup de peine pour venir à bout de quelque chose.—Fig. et fam. : *faire suer*, faire grand'peur à quelqu'un, lui faire de la peine.— *C'est un homme qui fait suer*, dont la conversation est pesante. — Act., usité seulement dans quelques expressions fam. : *suer les grosses gouttes*, *suer à grosses gouttes*.—*Suer de l'encre*, *de l'huile*, se dit quand la *sueur* a quelque chose de noir, de gluant, d'huileux, et par exagération, quand on est dans un grand embarras. — Fig., *suer sang et eau*, se donner beaucoup de peine pour réussir.—En t. de fabrique de tabac : *suer des feuilles de tabac*, les mettre en monceau pour en faire sortir l'humidité. — *Suer une maladie vénérienne*, se faire *suer* pour se guérir d'une maladie vénérienne.—Un homme d'esprit a dit d'un autre homme dont la réputation morale lui paraissait au moins équivoque : *ce malheureux sue le crime*.

SUERCE, subst. fém. (*çu-èrece*), t. de bot., genre de plantes digynes.

SUERIE, subst. fém. (*çuri*), bâtiment où l'on dépose les plantes de tabac, pour les faire *ressuer* et fermenter.

SUETTE, subst. fém. (*çu-ète*), maladie contagieuse qui consiste dans une *sueur* abondante avec fièvre maligne.

SUEUR, subst. fém. (*çu-eur*) (du lat. *sudor* fait, dans la même signification, du grec ὕδωρ, eau), humeur, sérosité qui sort par les pores quand on *sue*.— Action de *suer*. — Peine qu'on se donne pour réussir à quelque chose : *avoir éprouvé bien des fatigues et bien des sueurs*. En ce sens il s'emploie ordinairement au plur., excepté dans cette expression fam. et adv. : *à la sueur de son corps*, *de son front*, *de son visage*.

SUFFÈTES, subst. mas. plur. (*çufète*), t. d'antiq., nom que portaient à Carthage les premiers magistrats de la république.

SUFFI, part. pass. de *suffire*.

SUFFIRE, v. neut. (*çufire*) (du lat. *sufficere*). Il se conjugue comme *réduire* ; part. pass., *suffi* ; part. prés., *suffisant* ; prét. déf., *je suffis*. Pouvoir fournir et satisfaire aux besoins : *la dépense est trop grande, il n'y peut pas suffire* ; *ce valet ne saurait suffire à tout*. Il se dit des choses et des personnes : *peu de bien suffit au sage*. — *Il ne peut suffire à toutes les affaires dont il est chargé*, à les traiter, à les terminer.—*Elle suffisait à* (ou *pour*) *me tourmenter*, c'était assez d'elle pour, etc. — Familièrement : *cela suffit*, *cela me suffit*, ou simplement *suffit!* voilà qui est bien, c'est assez, n'en parlons plus.— Prov. : *à chaque jour suffit sa peine*, il ne faut pas se tourmenter inutilement pour l'avenir.—Il s'emploie souvent impersonnellement : *il suffit de tant de blé pour tant d'hommes* ; *qu'il vous suffise que je l'ai voulu* ; *il suffit de vous dire...* ; *vous êtes content, il suffit*.— SE SUFFIRE, v. pron. : *se suffire à soi-même*, trouver en soi de quoi satisfaire à toutes ses nécessités, à tous ses besoins.

SUFFISAMMENT, adv. (*çufizaman*) (du lat. *sufficienter*), assez.

SUFFISANCE, subst. fém. (*çufizance*), ce qui *suffit* : *avoir suffisance de vivres* ; *en avoir*, *en prendre sa suffisance*. Il est fam.—On dit prov. : *qui n'a suffisance n'a rien*, quelques biens que possède un homme, s'il ne sait pas s'en contenter, il est aussi malheureux que s'il n'avait rien. Autrefois, en parlant des personnes, capacité, habileté, science. On ne le dit plus qu'en style de chancellerie. — Vanité, présomption : *cet homme a une sotte suffisance*. — *A suffisance*, *en suffisance*, loc. adv., *suffisamment*, assez.

SUFFISANT, E, adj. (*çufizan, zante*), qui *suffit* : *cent hommes sont suffisants pour défendre cette place* ; *la somme que vous m'avez assignée n'est pas suffisante*.—Les théologiens disent : *la grace suffisante*. — Orgueilleux, présomptueux. En ce dernier sens on dit aussi subst. : *c'est un suffisant*, *une suffisante* ; *il fait le suffisant*.—*Suffisant* se prend quelquefois en bonne part, quand il est joint à un autre mot qui en détermine la signification : *il ne faudrait donner les premières charges de l'état qu'à des gens suffisants et capables de les remplir*.—SUFFISANT, IMPORTANT, ARROGANT. (*Syn.*) Le *suffisant* est celui en qui la pratique de certains détails, que l'on honore du nom d'affaires, se trouve jointe à une très-grande médiocrité d'esprit.—Un grain d'esprit, et une once d'affaires plus qu'il n'en entre dans la composition du *suffisant*, font l'important. — Pendant qu'on ne fait que rire de l'*important*, il n'a pas un autre nom ; dès qu'on s'en plaint, c'est l'*arrogant*.

SUFFISANTE, subst. fém. (*çufizante*), se disait autrefois d'une pièce de quarante-huit, de dix-huit calibres de longueur.—Voy. SUFFISANT, adj.

SUFFLUMINABLE, adj. des deux genres (*çu-

fluminable), se dit d'un poulet qui est en incubation. Mot aussi stupide qu'il est inutile.

SUFFOCANT, E, adj. (*çufokan, kante*), qui *suffoque* : *vapeur suffocante*.—T. de médec.; il se dit de la bronchite, avec *suffocation* imminente : *catarrhe suffocant*.

SUFFOCATION, subst. fém. (*çufokâcion*) (du lat. *suffocatio*), étouffement, perte de respiration ou grande difficulté de respirer : *si ce catarrhe lui tombe sur la poitrine, la suffocation est à craindre*. — T. de médec. : *suffocation de la matrice*, ou *hystérite*, difficulté de respirer, causée par des vapeurs dont l'effet est un resserrement de la poitrine et de la gorge, qui empêche une femme de respirer, et l'étrangle comme si elle avait une corde qui lui serrât le cou, ou un morceau qu'elle ne pût avaler.

SUFFOQUÉ, E, part. pass. de *suffoquer*. Il est aussi adjectif, et, dans cette acception, il n'est d'usage qu'en cette phrase : *viandes suffoquées*, chair des bêtes dont on n'a point fait sortir le sang : *par le premier concile de Jérusalem, il était ordonné de s'abstenir des viandes suffoquées*.

SUFFOQUER, v. act. (*çufokié*) (du lat. *suffocare*, formé, dans le même sens, de la prép. *sub*, sous, et *fauce*, ablatif de *faux, faucis*, la gorge, *presser, serrer sous la gorge*), étouffer, faire perdre la respiration. Il se dit ordinairement du manque de respiration qui arrive par quelque cause intérieure : *une esquinancie, un catarrhe l'a suffoqué; la douleur le suffoquait et lui ôtait la parole; de longues toux les suffoquent*. —Il s'emploie aussi quelquefois au neut. Ainsi on dit d'un homme qui étouffe, qu'*il est prêt à suffoquer*; et, par exagération, d'un homme qui a une extrême envie de parler, on dit : *si vous ne le laissez parler, il va suffoquer*.—*Suffoquer de colère*, éprouver une vive colère.—*se* SUFFOQUER, v. pron.

SUFFRAGANT, subst. mas. et adj. (*çufraguan*) (en lat. *suffragans*, part. prés. de *suffragari*, pris dans le sens d'aider, seconder, et qui signifie proprement *donner son suffrage*); il se dit, dans la hiérarchie ecclésiastique, d'un évêque, par rapport à son métropolitain : *chaque métropolitain a son suffragant*.—Il se prend aussi subst. : *le métropolitain et le suffragant; en appeler du suffragant au métropolitain*.—Il se dit aussi d'un évêque qui, n'ayant que le titre d'un évêché *in partibus*, remplit néanmoins les fonctions épiscopales dans le diocèse d'un autre évêque.— Nous ne voyons pas pourquoi on ne dirait pas *suffragante* au féminin, si l'on avait besoin de se servir de ce mot, en parlant d'une femme, d'une abbesse, par exemple.

SUFFRAGE, subst. mas. (*çufraje*) (du lat. *suffragium*), voix qu'on donne dans les délibérations et en matière d'élection : *donnez-lui votre suffrage*. —Approbation : *il a enlevé tous les suffrages*.— Au plur., prières que l'Église fait à Dieu pour les fidèles.—*Suffrages des saints*, les prières que les saints font à Dieu en faveur de ceux qui les invoquent. — On appelle aussi *suffrages*, certaines prières qui se disent dans l'office à la fin des laudes et des vêpres, en certains jours de l'année, pour la commémoration des saints. — *Menus suffrages*, oraisons de dévotion particulière. Il se prend alors dans un sens ironique.

SUFFRÉNIE, subst. fém. (*çufréni*), t. de bot., petite plante annuelle du genre des salicaires.

SUFFUMIGATION, subst. fém. (*çufumiguâcion*) en lat. *suffumigatio*, fait de *suffumigare*, lequel st formé de *sub*, sous, dessous, et de *fumigare*, faire de la fumée ou brûler des parfums), combustion de matières odorantes propres à détruire les mauvaises exhalaisons, les miasmes, etc.— Remède qu'on fait entrer dans le corps par le moyen de la fumée ou en parfum. Ce ne sont du reste que des manigances superstitieuses.

SUFFUSION, subst. fém. (*çufuzion*) (du lat. *suffusio*, fait de *suffundere, fundere sub*, verser, épandre par dessous), épanchement du sang et de la bile entre cuir et chair.— *Suffusion de l'œil*, cataracte, taie dans l'humeur aqueuse de l'œil.

SUGAL, subst. mas. (*çugual*), t. d'hist. nat., petite coquille du genre des volutes.

SUGGARE, subst. mas. (*çuguare*), t. d'hist. nat., espèce d'insectes qu'on trouve au cap de Bonne-Espérance.

SUGGÉRÉ, E, part. pass. de *suggérer*.

SUGGÉRER, v. act. (*çuguejéré*) (du lat. *suggerere*), insinuer, inspirer une chose à quelqu'un : *suggérer de bons conseils*. — *Suggérer* se prend quelquefois en mauvaise part, *suggérer un testament*, faire faire un testament par adresse, par artifice ou par insinuation, à l'avantage ou au désavantage de quelqu'un.—*se* SUGGÉRER, v. pron.

SUGGESTE, subst. mas. (*çuguejécete*), t. d'antiq., loge ou place des empereurs romains au spectacle.—Tribune aux harangues, chez les anciens.

SUGGESTION, subst. fém. (*çuguejècetion*) (en lat. *suggestio*), instigation, persuasion. — SUGGESTION, INSPIRATION, INSINUATION, INSTIGATION, PERSUASION. (*Syn.*) La *suggestion* est une manière cachée ou détournée de prévenir et d'occuper l'esprit de quelqu'un d'une idée qu'il n'aurait pas. L'*inspiration* est un moyen insensible et pénétrant de faire naître dans l'esprit de quelqu'un des pensées, ou dans son cœur des sentiments qui semblent y naître comme d'eux-mêmes. L'*insinuation* est une manière subtile et adroite de se glisser dans l'esprit de quelqu'un, et de s'emparer de sa volonté sans qu'il s'en doute. L'*instigation* est un moyen stimulant et pressant d'exciter secrètement quelqu'un à faire ce à quoi il répugne et résiste. La *persuasion* est le moyen puissant et victorieux de faire croire fermement ou adopter pleinement à quelqu'un ce qu'on veut, même malgré des préjugés ou des préventions contraires, et plus par le charme du discours ou de la chose qui intéresse et gagne, que par la force des raisons qui convainquent et subjuguent. La *suggestion* surprend et entraîne l'esprit inattentif ou dominé. L'*inspiration* étonne les esprits, et les fait agir par des lumières et par des mouvements nouveaux et extraordinaires. L'*insinuation* s'ouvre doucement le chemin et se ménage adroitement la confiance des âmes molles et faciles. L'*instigation* sollicite sourdement et fortement, et contraint enfin les esprits faibles et les âmes lâches. La *persuasion* ravit, pour ainsi dire, à force ouverte, mais surtout par la force de l'onction, l'acquiescement de tous les esprits; et surtout elle gagne l'esprit par le cœur. — La *suggestion* est un ressort caché; l'*inspiration*, une influence secrète; l'*insinuation*, un manège fin; l'*instigation*, un aiguillon perçant; la *persuasion* est l'arme de l'éloquence.—On cède, on obéit à la *suggestion*; on est saisi, agité par l'*inspiration*; on se laisse aller à l'*insinuation*; on se défend en vain contre l'*instigation*; on ne résiste point à la *persuasion*.

SUGGI, ou **SUGI**, subst. mas. (*çuji*), t. de bot., sorte de plante du Japon.

SUGILLATION, subst. fém. (*çujilelâcion*) (du latin *suggillatio*), meurtrissure. (*Trévoux*.)—T. de médec., se dit particulièrement de certaines taches rouges qui viennent sur la peau, dans le scorbut, la rougeole, la fièvre maligne, etc.

SUGLACURU, subst. mas. (*çuguelakuru*), t. d'hist. nat., larve d'un insecte qu'on trouve à Cayenne, où on la nomme *ver macaque*.

SUICIDE, subst. mas. (*çuicide*) (du latin *sui*, de soi, et *cædes*, meurtre), action de celui qui se tue lui-même volontairement. — Subst. mas. et fém., celui qui se tue lui-même.

se **SUICIDER**, v. pron. (*ce çuicidé*), se tuer soi-même. (*Boiste*.) Néologisme et barbarisme.

SUIE, subst. fém. (*çui*) (suivant *Wachter*, de l'anglo-saxon *soothe* ou *soote*, dont les Anglais ont fait *soot*, conservé encore aujourd'hui dans leur langue avec la même signification), matière noire et épaisse que laisse la fumée et qui s'attache au tuyau de la cheminée. — Fam. : *noir comme de la suie*, excessivement noir.

SUIF, subst. mas. (*çuife*) (du latin *sebum*), graisse de mouton, de bœuf ou de vache dont on fait la chandelle. — On appelle *suif de place*, le suif que les bouchers de Paris vendent en pain; *suif en branche*, la graisse desséchée et propre à faire du *suif*; *suif en jatte* ou *en pain*, du suif qui a été moulé dans une forme de bois; *petit suif*, la graisse qui se fige sur le bouillon où l'on fait cuire les tripes et abattis des animaux. — *Suif minéral*, substance blanche et cassante, classée parmi les huiles bitumineuses; on la trouve en Suède. — T. de bot., *arbre à suif*, arbre de Chine dont le fruit a quelques propriétés du *suif*.—T. de mar. : *donner le suif* à un bâtiment, c'est le *suiver*, l'enduire d'un mélange de *suif*, de soufre et d'autres matières.

SUIFÉ, E, part. pass. de *suifer*.

SUIFER (l'*Académie* écrit **SUIFFER**, et préfère **SUIVER**), v. act. (*çuifé*), enduire de *suif*; mettre du *suif* sur une ouverture, une fente, pour arrêter l'écoulement d'un liquide. — *se* SUIFER, v. pron. — L'usage a adopté *suiver*.

SUILLE, subst. mas. (*çui-ie*), t. de bot., genre de plantes.

SUIN, subst. mas. (*çu-ein*), sels neutres séparés du verre. (Boiste.)

SUINEUX, adj. mas.; au fém. **SUINEUSE**, (*çuineu, neuze*), gras de *suint*.—Pourquoi *Boiste* qui a créé ce mot, lequel du reste n'est pas usité, mais qui pourrait être utile, pourquoi, demandons-nous, *Boiste* n'a-t-il pas dit *suinteux, suinteuse*, formant ainsi régulièrement l'adj. du mot *suint*?

SUINT, subst. mas. (*çuein*), humeur épaisse qui *suinte* du corps des animaux.

SUINTÉ, part. pass. de *suinter*.

SUINTEMENT, subst. mas. (*çueinteman*), action de *suinter*.

SUINTER, v. neut. (*çueinté*) (suivant *Ménage*, au moyen de quelques légères transformations, de *sudare*, suer), s'écouler presque insensiblement, en parlant d'une liqueur, d'une humeur : *le vin suinte entre deux douves*. Il se dit aussi du vase d'où la liqueur coule : *ce tonneau suinte*; de la plaie, etc., d'où l'humeur sort : *cette plaie suinte encore*. — Rendre une certaine humidité en parlant d'un corps poreux.

SUIONES, subst. propre mas. plur. (*çui-one*), anciens peuples du Nord.

SUIPPES, subst. propre mas. (*çuipe*), ville de France, chef-lieu de canton, arrond. de Châlons-sur-Marne, dép. de la Marne.

Suis, précédé de *je*, 1re pers. sing. prés. indic. du verbe auxiliaire ÊTRE.

DU VERBE IRRÉGULIER SUIVRE :

Suis, 2e pers. sing. impér.

Suis, précédé de *je*, 1re pers. sing. prés. indic

Suis, précédé de *tu*, 2e pers. sing. prés. indic.

SUISSE, subst. propre fém. (*çuice*), république fédérative de l'Europe, divisée en vingt-deux cantons.

SUISSE, subst. mas. (*çuice*), nom de nation, celui qui est né en *Suisse*.— Idiome de ce pays : *parler le suisse*.— Portier : *le suisse d'un hôtel*, etc. — Fig. et fam., homme brutal, ignorant, qui n'entend raison sur rien : *il y a dans cette maison un portier tirant sur le suisse*. — *Suisse d'église*, gardien d'une église, qui précède le clergé dans les processions. — En hist. nat., sorte de poisson.—Petit quadrupède d'Amérique qui ressemble beaucoup au *mulot*.

SUISSERIE, subst. fém. (*çuiceri*), loge du *suisse*.— Auberge que tient le *suisse* d'un hôtel.

SUISSESSE, subst. fém. (*çuicèce*), femme née en *Suisse*.—Ce mot manque dans l'*Académie*.

Suit, 3e pers. sing. prés. indic. du verbe irrégulier SUIVRE.

SUITE, subst. fém. (*çuite*), en parlant des personnes, ceux qui *suivent*, qui viennent après quelqu'un : *on laissa passer les premiers, on ferma la porte à toute la suite*. — Ceux qui *suivent*, ceux qui accompagnent quelqu'un par honneur; ceux qui sont autour de lui, devant, après lui, pour lui faire honneur : *un général et sa suite; une grande suite d'officiers supérieurs; il avait une brillante suite*.—*Carrosse de suite*, les carrosses qui sont chez un prince, chez un ambassadeur, pour l'usage de ses employés et de ses domestiques.—*Vin de suite*, vin destiné aux domestiques d'une maison.— Postérité, descendance : *un homme n'a point de suite*, n'a point de famille, n'a point d'enfants.—*Il n'y a point de suite dans sa conduite*, il a beaucoup d'inégalité, de variation dans sa conduite.— *Une chose vient à la suite d'une autre*, elle vient après. —T. de mus.: *suite d'airs*, différents airs publiés séparément.—*Première suite, seconde suite d'airs militaires*, première et seconde partie.—Ce qui *suit* : *voyons la suite*. — Continuation d'un ouvrage : *il faut entendre la suite de son discours, pour bien comprendre ce passage, il faut lire la suite*.—Enchaînement de plusieurs choses arrivées l'une après l'autre : *sa vie est une suite de disgraces; la suite des temps*, la succession des siècles.— Plusieurs choses de même espèce qu'on range par ordre : *suite de médailles, d'estampes*, etc. — Effet d'un événement : *cette affaire a eu d'heureuses* ou *de fâcheuses suites*. En ce sens, on dit absolument et toujours en mauvaise part. *cela peut avoir des suites*, il peut en arriver des résultats fâcheux.—Ordre, liaison : *il n'y a point de suite dans ce discours; cet homme n'a point de suite dans l'esprit*.—*Les meubles n'ont pas de suite*, il n'y a point d'hypothèque sur les meubles. — *A la suite*, loc. prép., attaché à. : *être à la suite d'un ambassadeur*, l'accompagner, être de son cortége. — *Être à la suite de la cour*, la *suivre* partout où elle va. — *Être à la suite du conseil, d'un tribunal*, suivre le conseil, un tribunal pour quelque affaire qui en ressort ou que l'on a à ce tribunal.— *Être à* *la suite d'une affaire*, la solliciter, la poursuivre; être attentif à tout ce qui se passe dans le cours d'une affaire, en observer toutes les chances, tous les accidents, etc.—*Un officier est réformé à la suite d'un régiment, d'une place de guerre*, c'est-à-dire que cet officier doit *suivre* le régiment, ou est attaché à telle place; et on dit absolument : *c'est un officier à la suite.*—*Être à la suite de*, à la poursuite de..., au propre et au fig., se trouver après, dans l'ordre successif.—*Marcher, entrer à la suite de quelqu'un*, marcher, entrer après lui.—*Cette interdiction n'entraîne pas toujours l'erreur à sa suite.*— *De suite*, loc. adv., l'un après l'autre, sans interruption : *il ne sait pas dire deux mots de suite.*—*Tout de suite*, loc. adv., ans discontinuation, promptement, sur-le-champ, sans délai, aussitôt : *il a couru vingt postes tout de suite; il faut que les enfants obéissent tout de suite.*—*Par suite, dans la suite*, loc. adv., dans un temps à venir, dans un temps subséquent : *par suite on en viendra à mon avis; c'est ce que l'on verra par la suite.* — On ne dit plus : *dans les suites*, pour, dans la *suite*.

SUITES, subst. fém. plur. (*çuite*), t. de vén., testicules d'un sanglier. *Luites*, dont *suites* n'est que la corruption, est cependant le vrai mot.

SUIVABLE, adj. des deux genres (*çuivable*), fil également filé et qui ne barre point l'étoffe.

DU VERBE IRRÉGULIER SUIVRE :

Suivaient, 3e pers. plur. imparf. indic.
Suivais, précédé de *je*, 1re pers. sing. imparf. indic.
Suivais, précédé de *tu*, 2e pers. sing. imparf. indic.
Suivait, 3e pers. sing. imparf. indic.
Suivant, part. prés.

SUIVANT, prép. (*çuivan*), selon, à proportion de. -*Suivant que*, loc. conj., selon que...—SUIVANT, SELON. (*Syn.*) *Suivant* signifie, en suivant, pour suivre, si l'on suit, etc.; il exprime l'action de parler ou d'agir après ou d'après, une suite, une conséquence. *Selon* revient aux mots ou aux différentes manières de parler, ainsi que, comme, à ce que, etc. *Selon* Aristote, c'est-à-dire, à ce que dit, ainsi que le dit *Aristote*; *selon* votre volonté, ainsi que vous voudrez.—On dit *selon* l'hébreu, *selon* la Vulgate, *selon* les Septante, *selon* le texte samaritain, lorsqu'il s'agit de citer un de ces textes. S'il s'agissait d'en suivre l'un ou l'autre, *suivant* serait bien dit. — On dirait mieux *selon* saint Thomas, *selon* Scot, pour citer les auteurs et les autorités; et *suivant* la doctrine de saint Thomas, *suivant* la doctrine de Scot, parce qu'en effet on dit *suivre la doctrine*, et que c'est dans ce sens qu'on dit *suivre un auteur*. —Il paraît, par quelques exemples familiers, que *selon* exprime quelque chose de plus fort, de plus déterminé, de plus positif, de plus absolu que *suivant*. Aussi désigne-t-il mieux une autorité, une règle à laquelle il faut obéir, se conformer; tandis que *suivant* laisse plus de liberté et d'incertitude. J'agis *selon* vos ordres, lorsque je les exécute; j'agis *suivant* vos ordres, quand je les suis. A proprement parler, je suis un conseil, j'obéis à un ordre.—Je dis plutôt *selon* Bossuet, *selon* Pascal, *selon* l'Académie, lorsque j'adopte les pensées des auteurs, lorsque je m'appuie de leur autorité. Je dirai plutôt *suivant* Ménage, *suivant* Girard, quand je ne prends point de parti, ou que je prends un parti contraire.—Je me détermine *selon* ma volonté, parce que telle est ma volonté. J'opine *suivant* mon avis, parce que mon esprit juge convenable de l'embrasser. — Nous mourrons tous, *selon* la loi de la nature; c'est une nécessité inévitable. Un jeune homme doit survivre à un vieillard, *suivant* le cours ordinaire de la nature.—On dit moralement, *selon* la règle, ou *suivant* les exemples. — Vous vous comportez *selon* votre devoir, il vous oblige; vous vous en détournez *suivant* les exemples d'autrui, ils vous engagent.

SUIVANT, E, subst. et adj. (*çuivan, vante*) qui *suit*, qui est après, qui accompagne. — Subst. Il se dit des individus qui composent une famille : *on l'invita lui et ses suivants.*—*Un homme n'a ni enfants, ni suivants fort proches*, n'a ni enfants, ni parents.— Au fém., femme de chambre qui accompagne une dame; soubrette.

DU VERBE IRRÉGULIER SUIVRE :

Suive, précédé de *que je*, 1re pers. sing prés. subj.
Suive, précédé de *qu'il* ou *qu'elle*, 3e pers sing. prés. subj.

SUIVÉ, E, part. pass. de *suiver*.

DU VERBE IRRÉGULIER SUIVRE :

Suivent, précédé de *ils* ou *elles*, 3e pers. plur. prés. indic.
Suivent, précédé de *qu'ils* ou *qu'elles*, 3e pers. plur. prés. subj.

SUIVER, v. act. (L'*Académie* ajoute que quelques-uns disent *suiffer*; nous pensons, nous, qu'elle ne devrait permettre que l'un de ces deux mots; mais nous devons déclarer que la généralité s'est déclarée, peut-être à tort, pour *suiver*) (*çuivé*), enduire de *suif* : *suiver un navire.* — *se* SUIVER, v. pron.

DU VERBE IRRÉGULIER SUIVRE :

Suives, 2e pers. sing. prés. subj.
Suivez, 2e pers. plur. impér.
Suivez, précédé de *vous*, 2e pers. plur. prés. indic.

SUIVI, E, part. pass. de *suivre*, et adj. —Qui attire un grand nombre d'auditeurs, de spectateurs : *professeur, prédicateur, acteur fort suivi; pièce fort suivie.*—Soutenu : *attention suivie.*—Où il y a de l'ordre, de la liaison : *discours, raisonnement bien suivi.*

DU VERBE IRRÉGULIER SUIVRE :

Suiviez, précédé de *vous*, 2e pers. plur. imparf. indic.
Suiviez, précédé de *que vous*, 2e pers. plur. prés. subj.
Suivîmes, 1re pers. plur. prét. déf.
Suivions, précédé de *nous*, 1re pers. plur. imparf. indic.
Suivions, précédé de *que nous*, 1re pers. plur. prés. subj.
Suivirent, 3e pers. plur. prét. déf.
Suivis, précédé de *je*, 1re pers. sing. prét. déf.
Suivis, précédé de *tu*, 2e pers. sing. prét. déf.
Suivisse, 1re pers. sing. imparf. subj.
Suivissent, 3e pers. plur. imparf. subj.
Suivisses, 2e pers. sing. imparf. subj.
Suivissiez, 2e pers. plur. imparf. subj.
Suivissions, 1re pers. plur. imparf. subj.
Suivit, précédé de *il* ou *elle*, 3e pers. sing. prét. déf.
Suivît, précédé de *qu'il* ou *qu'elle*, 3e pers. sing. imparf. subj.
Suivîtes, 2e pers. plur. prét. déf.
Suivons, précédé de *nous*, 1re pers. plur. prés. indic.
Suivra, 3e pers. sing. fut. indic.
Suivrai, 1re pers. sing. fut. indic.
Suivraient, 3e pers. plur. prés. cond.
Suivrais, précédé de *je*, 1re pers. sing. prés. cond.
Suivrais, précédé de *tu*, 2e pers. sing. prés. cond.
Suivrait, 3e pers. sing. prés. cond.
Suivras, 2e pers. sing. fut. indic.

SUIVRE, v. act. (*çuivre*), aller après : *je vous suis.*— *Suivre de l'œil*, examiner attentivement. —Aller après pour attraper : *suivre un loup, un voleur.*—Aller à la suite : *c'était à vous de suivre, au vieillard de monter.*—Accompagner, escorter : *se faire suivre par des gardes.* En ce sens on dit fig. : *l'envie suit la prospérité; l'embarras suit les richesses.* — *Suivre un chemin* ou *son chemin*, aller par un chemin, continuer d'y marcher. En ce sens on dit fig. : *suivre le chemin de la vertu, de la gloire; suivre les traces des héros*, etc. — En t. d'auteur : *faites suivre* ou *suivez*, avertissement donné au compositeur pour qu'il ne fasse pas d'*alinea* et qu'il continue la ligne commencée.—Fig. et fam. : *suivre sa pointe*, continuer son entreprise. — Observer, épier : *on a suivi cet homme suspect.*—Être après, par rapport au temps, au lieu, au rang, à la situation, etc. : *l'été suit le printemps; lisez la page qui suit.*—Se conduire à l'exemple de...; se modeler sur... : *il suit les préceptes de son maître; il suit sa manière de peindre, d'écrire*, etc. — *Suivre une affaire*, s'attacher à une affaire avec persévérance, et ne rien négliger de tout ce qui peut la faire réussir; tâcher de découvrir ce qu'il y a de plus caché dans une affaire, et toutes les circonstances qui peuvent en faire juger. —Absol. : *quand on a commencé, il faut suivre.* —Fig. : *suivre le parti de quelqu'un, suivre sa doctrine, ses principes*, etc., être du parti de quelqu'un, adopter sa doctrine, ses principes, etc. — Se consacrer à... : *suivre le barreau; suivre sa vocation, la profession qu'on a embrassée*, etc. — S'attacher à.... : *suivre le parti des armes.* — *Suivre un prédicateur*, être assidu aux sermons d'un prédicateur.—Fréquenter : *suivre les spectacles, les offices*, etc. — *Suivre une personne qui parle*, être attentif, en sorte qu'on ne perde rien de ce qu'il dit.—*Suivre un cours*, étudier la science qu'on y enseigne. *Suivre un professeur*, assister habituellement à ses leçons publiques. *Suivre une méthode*, la pratiquer. — Se laisser conduire à..., s'abandonner à... : *suivre sa pensée, son imagination, son caprice, sa passion, sa colère, son emportement, son instinct*, etc. — Se conformer à... : *suivre les coutumes d'un pays, les conseils, l'exemple de quelqu'un.*—Prov. : *qui m'aime me suive*, que celui qui a de l'attachement pour moi, vienne avec moi, m'imite, etc. — Résulter : *il suit de là que...* — *se* SUIVRE, v. pron., aller les uns après les autres : *ils se suivaient à fort peu de distance.* — Avoir de la liaison, se succéder : *les pensées de son discours se suivent très-bien; les jours se suivent, mais ne se ressemblent pas.* — SUIVRE LES EXEMPLES, IMITER LES EXEMPLES. (*Syn.*) On *suit les exemples* de celui qu'on prend pour guide, pour règle; on *imite les exemples* de celui qu'on prend pour modèle, pour type. On *suit les exemples* du premier, pour agir avec plus de sécurité et parvenir plus sûrement au but; on *imite les exemples* du second, pour lui ressembler et se distinguer comme lui. C'est surtout la confiance qui fait qu'on *suit*; c'est l'émulation qui fait qu'on *imite*. — Les disciples *suivent les exemples* de leurs maîtres; les petits *imitent* les grands autant qu'ils le peuvent. Mentor propose à Télémaque les *exemples* d'Ulysse à *suivre*, comme des leçons de sagesse. Alexandre tâche d'*imiter les exemples* d'Achille, le héros qu'il a pris pour modèle. — On *suit* de près ou de loin; on *imite* du mieux qu'on peut. Nous *suivons les exemples* qui nous conviennent et qui sont à notre portée; nous *imitons les exemples* qui nous frappent et qui nous élèvent le cœur. Vous *suivez les bons exemples*, ce que vous approuvez; vous *imitez les grands exemples*, ce que vous admirez. Il faut tâcher d'*imiter les beaux exemples*, pour en donner au moins de bons à *suivre*.

DU VERBE IRRÉGULIER SUIVRE :

Suivrez, 2e pers. plur. fut. indic.
Suivriez, 2e pers. plur. prés. cond.
Suivrions, 1re pers. plur. prés. cond.
Suivrons, 1re pers. plur. fut. indic.
Suivront, 3e pers. plur. fut. indic.

SUJET, subst. mas. (*çujé*) (du latin *subjectum*, qui signifie proprement, ce qui est jeté, mis dessous; *quod jactum est sub*), cause, raison, motif : *querelle sans sujet.*—Matière sur laquelle on parle, on écrit : *le sujet de son livre est par trop rebattu.* — *Être plein de son sujet*, l'avoir bien médité, le posséder à fond. Voy. MATIÈRE.—On dit aussi dans les sciences et les arts : *le sujet de la médecine, c'est le corps humain; le sujet de ce tableau est un tel trait d'histoire.*— En anat., cadavre à disséquer.—En mus., l'air sur lequel on fait les parties. — En logique, terme d'une proposition dont on nie ou l'on affirme quelque chose. Ainsi, dans cette proposition : *le soleil est grand*, *soleil* est le *sujet*, et *grand* est *l'attribut.*—En t. de gramm., le pronom ou le nom qui désigne la personne ou l'objet dont on parle, autrement, le nominatif.—En parlant des personnes, qui est sous la domination de..., qui es soumis à un pouvoir souverain, à l'autorité d'un prince, d'un roi : *il est le sujet d'un tel prince* —Au fém., *sujette.*—Personne considérée sous le rapport de sa capacité, de ses talents, de sa conduite : *bon sujet, mauvais sujet.* — Personne d'un mérite supérieur. Voy. l'adj. SUJET, SUJETTE. — T. de bot., arbre qui doit recevoir la greffe, ou arbre à greffer. — T. dram., *sujet* est ce que les anciens nommaient *la fable* dans les poëmes dramatiques, et ce que nous nommons encore *l'histoire* ou *le roman*; c'est le fond principal d'une comédie ou d'une tragédie.

SUJET, adj. mas., au fém. **SUJETTE** (*çujè, jète*) (du latin *subjectus*, employé dans la même acception, et qui est formé de *sub*, sous, et de *jactus*, part. pass. de *jacere*, jeter; *qui est jeté, mis dessous*), qui est soumis, astreint à... : *sujet aux lois, à la règle; tous les hommes sont sujets à la mort.* — Assujéti à supporter quelques charges, à payer certains droits : *autrefois les paysans étaient sujets à des corvées; cette marchandise est sujette à payer un droit d'entrée.* — *Être sujet à l'heure*, être obligé de faire quelque chose à une certaine heure précise. — On dit prov., dans le même sens, *être sujet au coup de marteau.* — Accoutumé à... ;

sujet au vin à s'enivrer ; sujet à la bouche, à l'habitude de la gourmandise. — Exposé à... : *sujet à la goutte, à la gravelle; pays sujet aux inondations, couleurs sujettes à changer.—Cette démarche est sujette à de grands inconvénients*, il y a de grands inconvénients à la faire. — *Ce passage est sujet à plusieurs interprétations*, est susceptible de plusieurs interprétations. — Prov. : *cet homme est sujet à caution*, il ne faut pas trop se fier à lui.—T. de man. : *tenir un cheval sujet*, le soutenir quand il se traverse dans les voltes.—Voy. SUJET, subst.

SUJÉTION, subst. fém. (*çujécion*) (du latin *subjectio*, qui signifie proprement, *action de mettre dessous*), dépendance, assujétissement : *la sujétion aux lois; les besoins de la vie sont de grandes sujétions.* — Incommodité, servitudes : *la maison a de graves sujétions, c'est ce qui m'empêche de la louer.* — Assiduité d'un domestique auprès de son maître, d'une femme auprès de son mari, ou d'une garde auprès d'un malade, etc. — Assiduité que demande une charge, un emploi : *cet emploi est d'une grande sujétion.*

SUJETTE, subst. et adj. fém. Voy. SUJET, subst. et adj.

SUKANA, subst. fém. (*çukana*), t. de bot., genre de plantes originaires des Indes, qui se cultive dans nos jardins.

SUKOTYRO, subst. mas. (*çukotiro*), t. d'hist. nat., espèce de quadrupède de la Chine.

SULÈVES, subst. propre fém. plur. (*çulève*), myth., nom de divinités champêtres.

SULFATE, subst. mas. (*çulefate*), t. de chim., sel formé par la combinaison de l'acide *sulfurique* avec différentes bases.

SULFATÉ, E, adj. (*çulefaté*), t. de chim., de la nature du *sulfate*, où il entre du *sulfate*.

SULFIDE, subst. fém. (*çulefide*), t. de chim., combinaison du soufre avec un autre corps moins électro-négatif que lui.

SULFITE, subst. mas. (*çulefite*), t. de chim., sel formé par la combinaison de l'acide *sulfureux* avec une base. — *Sulfite de chaux*, sel sulfureux à base de terre calcaire.

SULFOLÉIDE, subst. fém. (*çulefolé-ide*), t. de chim., huile volatile *sulfurée* ; baume *sulfureux*.

SULFURE, subst. mas. (*çulefure*), t. de chim., combinaison de *soufre* avec différentes bases.

SULFURÉ, E, adj. (*çulefuré*), t. de chim., qui contient du *soufre*, où il entre du *soufre* : *gaz hydrogène sulfuré.*

SULFUREUSE, adj. fém. Voy. SULFUREUX.

SULFUREUX, adj. mas., au fém. SULFUREUSE (*çulefureu, reuze*), qui tient de la nature du *soufre* : *matière sulfureuse, exhalaisons sulfureuses.* — *Acide sulfureux*, obtenu par la combustion lente du *soufre*.

SULFURIQUE, adj. des deux genres (*çulefurike*) : *acide sulfurique*, dans la nouvelle chimie, acide obtenu par la combustion rapide du *soufre*.

SULGRANE, subst. fém. (*çuleguerane*), t. d'hist. nat., coquille ou ammonite décrite par *Sonnerat*.

SULIME, subst. mas. (*çulime*), nom qu'on donne au fard blanc dont les femmes turques se servent pour se faire paraître la peau plus blanche.

SULLA, ou **SILLA**, subst. mas. (*çulela, cilela*), t. de bot., espèce de sainfoin originaire de Malte.

SULLY-SUR-LOIRE, subst. propre mas. (*çulelisurloare*), ville de France, chef-lieu de canton, arrond. de Gien, dép. du Loiret.

SULPICE-LES-CHAMPS (SAINT-), subst. propre mas. (*ceinçulepicelèchan*), village de France, chef-lieu de canton, arrond. d'Aubusson, dép. de la Creuse.

SULPICE-LES-FEUILLES (SAINT-), subst. propre mas. (*ceinçulepicelèfeu-ie*), village de France, chef-lieu de canton, arrond. de Bellac, dép. de la Haute-Vienne.

SULPICIEN, subst. mas. (*çulepicien*), ecclésiastique du séminaire de Saint-Sulpice, à Paris, ou d'autres séminaires qui en dépendent.

SULPITIE, adj. fém. (*çulepici*), t. d'antiq.; se dit d'une loi romaine qui défendait de consacrer un temple ou un autel sans la permission du sénat et des tribuns.

SULTAN, subst. mas. (*çuletan*), l'empereur des Turcs, le grand-seigneur. On donne le même titre à divers autres princes mahométans, et en particulier aux princes tartares.—Fig., homme despotique et fier : *il agit, il parle en sultan.* — Petit coussin ou plutôt corbeille remplie de parfums.

SULTANE, subst. fém. (*çuletane*), femme du grand-seigneur, etc. En ce sens, ce mot ne se dit proprement que de la mère du *sultan* régnant, qu'on appelle aussi *validé* ou *sultane validé*. Les femmes ou concubines du grand-seigneur se nomment *odalisques* ou *kadeuns*. — Princesse fille d'un *sultan*. — Sorte de vaisseau de guerre des Turcs.

SULTANIN, subst. mas. (*çuletanein*), espèce de monnaie d'or de Turquie.

SULTZ, subst. prop. mas. (*çuleteze*), ville de France, chef-lieu de canton, arrond. de Wissembourg, dép. du Bas-Rhin.

SUMAC ou **SUMACH**, subst. mas. (*çumak*), t. de bot., arbrisseau à fleurs rosacées, qui fournit un tan pour les cuirs, et surtout pour l'apprêt des maroquins. On en compte au moins cinquante espèces, dont plusieurs sont dioïques, et dont quelques-unes recèlent un suc très-âcre et qui enflamme la peau; d'autres même sont très-vénéneuses. On distingue surtout le *sumac commun*, qui est originaire de la Syrie, qu'on nomme *roux* ou *roure des corroyeurs*; et le *sumac des jardins, de Virginie* ou *du Canada*, qui se nomme aussi *vinaigrier*.

Sûmes, 1re pers. plur. prét. déf. du verbe irrégulier SAVOIR.

SUMARA, subst. mas. (*çumara*), sorte d'instrument à vent usité en Égypte.

SUMÂTRE, adj. des deux genres (*çumâtre*). Voy. SAUMÂTRE, qui est plus usité.

SUMAU, subst. mas. (*çumô*), espèce de chat chinois.

SUMBLÉPHARE, subst. mas. (*conblèfare*). Voyez SYMBLÉPHAROSE.

SUMÈNE, subst. propre mas. (*çumène*), ville de France, chef-lieu de canton, arrond. du Vigan, dép. du Gard.

SUMÈS, subst. propre mas. (*çumèce*), myth., nom sous lequel les Carthaginois honoraient Mercure.

SUMMANALES, subst. mas. plur. (*comemanale*), t. d'antiq., sorte de gâteaux qu'on offrait à Pluton, dans les *summanalies*.

SUMMANALIES, subst. fém. plur. (*comemanali*), myth., fêtes qu'on célébrait en l'honneur de Pluton, surnommé *Summane*.

SUMMANE, subst. propre mas. (*comemane*), myth., surnom de Pluton. Quelques-uns en font un dieu particulier qui présidait aux éclairs et aux tonnerres de nuit. Il était extrêmement redouté, et plus révéré que Jupiter lui-même.

SUMPIT, subst. mas. (*conpi*), t. d'hist. nat., espèce de poisson du genre des centrisques.

SUMTUM, subst. mas. (*contome*), t. de chancellerie, nom qu'on donnait à une seconde copie.

SUMUQUE, subst. fém. (*çumuke*), t. d'hist. nat., genre de vers aquatiques.

SUNET, subst. mas. (*çuné*), t. d'hist. nat., sorte de coquilles du genre des donaces.

SUNIADE ou **SUNIAS**, subst. propre fém. (*çuni-ade, ni-âce*), myth., surnom de Minerve, pris du promontoire de *Sunium*, où elle avait un temple.

SUNIARATE, subst. propre mas. (*çuni-arate*), myth., surnom de Neptune, qu'on adorait sur le promontoire de *Sunium*.

SUNIAS, subst. propre fém. (*çuni-âce*). Voy. SUNIADE.

SUNNET, subst. mas. (*çuné*), se dit des devoirs qui ne sont pas de droit divin chez les Turcs.

SUNNA ou **SONNA**, subst. mas. plur. (*çuneni*), secte de mahométans.

SUNT ou **SAÏEL**, subst. mas. (*conte, ça-i-èle*), t. de bot., sorte d'arbre d'Afrique, qui fournit une grande partie de la gomme que les caravanes portent en Égypte.

SUOVÉTAURILIES, subst. fém. plur. (*çu-ovétôrili*) (du lat. *sus*, porc, *ovis*, brebis, et *taurus*, taureau), t. d'antiq., sacrifice qu'on faisait tous les cinq ans, et dans lequel on immolait trois victimes : un porc, un mouton et un taureau.

SUP., abréviation de *supin*.

SUPÉ, part. pass. de *super*.

SUPER (*çupère*), prép. latine qui signifie *sur*, et qui entre dans quelques mots français où elle marque la situation ou *superposition*, ou une prééminence : *supérieur*, ou un excès : *superstition*. etc.

SUPER, v. neut. (*çupé*), t. de mar., se boucher ; on dit que *la voie d'eau a supé*, lorsqu'il y est entré quelque chose qui en a bouché l'ouverture.—Act. tirer en aspirant, en pompant.

SUPERADDITION ou **SURADDITION**, subst. fém. (*çupèradedicion, çuradedicion*), action d'ajouter encore à ce qui avait déjà été augmenté.

SUPÉRATION, subst. fém. (*çupèrâcion*) (du lat. *superatio*, fait de *superare*, surpasser), t. d'astron., l'excédant du mouvement d'une planète par rapport à une autre. Peu usité.

* **SUPERBE**, subst. fém. (*çupèrebe*) (du lat. *superbia*), orgueil. Il est vieux et ne s'emploie guère qu'en t. de dévotion.— SUPERBE, ORGUEIL. (*Syn.*) La *superbe* n'est pas l'orgueil tout pur, comme le *superbe* n'est pas simplement *orgueilleux*. L'*orgueilleux* est plein de soi; mais le *superbe* en est tout bouffi. Le *superbe* est un *orgueilleux* arrogant, qui, par son air et ses manières, affecte sur les autres une supériorité humiliante.—La *superbe* est un *orgueil superbe* ou arrogant, insolent, fastueux, dédaigneux. L'*orgueil* est une haute opinion de soi-même, qui fait qu'on n'estime que soi ; la *superbe* est l'ostentation de cet *orgueil*, qui fait qu'en affectant une très-haute opinion de soi-même, l'on témoigne ouvertement un grand dédain pour les autres. Il y a toujours de la sottise dans l'*orgueil*, et de l'impertinence dans la *superbe*. Vous connaissez le démon de l'*orgueil*; Milton vous peint le démon de la *superbe*. — Tout, dit *Bossuet*, jusqu'à l'humilité, sert de pâture à l'*orgueil*; la *superbe* se repaît de vaine gloire, mais surtout de son propre encens. L'*orgueil* raffiné se rit souvent des vanités de la *superbe*. — L'*orgueil*, quelquefois fin et subtil, se déguise de mille manières ; il se cache jusque sous le manteau du philosophe, mais il perce. La *superbe*, sans adresse et sans pudeur, a toujours son enseigne déployée ; vous la voyez s'étaler sur la pourpre de la grandeur ou de la richesse ; elle éclate d'elle-même.—L'*orgueil* se trouve dans toutes les conditions, dans toutes les âmes ; la *superbe* n'est faite que pour un état brillant, des avantages de la fortune, pour des âmes vaines. Le pauvre sera *orgueilleux*, mais ne peut être *superbe*.—L'*orgueil* inspirera quelquefois de bonnes actions; la *superbe* n'en inspirera que d'éclatantes. L'*orgueil* veut se faire valoir; la *superbe* veut se faire voir.—L'*orgueil* se modifie, il s'ennoblit, et, par des modifications, il devient une bonne qualité ; mais la *superbe* n'est jamais qu'un vice, parce qu'elle est l'excès d'un vice.

SUPERBE, adj. des deux genres (*çupèrebe*) (en lat. *superbus*), orgueilleux, arrogant, etc. : *Tarquin le Superbe.* — Plein de fierté : *cette âme si superbe est enfin dépendante.* — Qui s'estime trop, qui présume trop de lui : *j'étais jeune et superbe.* — Appliqué aux qualités physiques, il exprime la belle apparence, la grandeur : *une femme superbe; un superbe cavalier* de haute taille, de bonne mine. — Dans les ouvrages d'esprit, il indique l'élévation des idées : *il a prononcé un superbe discours.* — En parlant des ouvrages de l'art, il en marque l'ordonnance : *l'architecture de cet édifice est superbe.* — Dans les ouvrages moins considérables, il indique la richesse de la matière : *des bijoux superbes.* — En parlant des choses, somptueux, magnifique : *festin, habit superbe.* On dit aussi en ce sens : *homme superbe en habits, en équipages.* — On dit subst. au mas. : *résister aux superbes.* Dans cette acception il dit plus qu'*orgueilleux*. (Voy. le *syn.* au mot SUPERBE, fém.) — Subst. mas., t. d'anat., muscle releveur de l'œil.

SUPERBEMENT, adv. (*çupèrebeman*), d'une manière *superbe*, orgueilleuse, vieux dans ce sens : l'exemple suivant que nous donne encore l'*Académie ne se comprendrait peut-être guère : plus on lui parle avec soumission, plus il parle superbement.* — Magnifiquement : *être vêtu superbement.*

SUPERBENNIA, subst. propre mas. (*çupèrebèneni-a*), dieu des Indiens.

SUPERCARGUE, subst. mas. (*çupèrekargue*). Voy. SUBRÉCARGUE, qui seul se dit.

SUPERCATHOLIQUE, adj. des deux genres (*çupèrekatolike*), *catholique* au suprême degré. (*Boiste*.) Presque hors d'usage.

SUPERCÉDÉ, part. pass. de *supercéder*.

SUPERCÉDER, v. neut. (*çupèrecédé*), surseoir, cesser de parler. (*Boiste*.) Presque inusité.

SUPERCESSIONS, subst. fém. plur. (*çupèrecèceciou*), arrêts du conseil-d'état, qui concernaient la décharge des comptables. Vieux et presque hors d'usage.

SUPERCHERIE, subst. fém. (*çupèrecheri*) (suivant *Ménage*, contraction de *supertricherie*,

tricherie extrême), tromperie faite avec finesse : *je me fiais à lui, il m'a fait une supercherie.*

SUPÈRE, adj. des deux genres (*cupère*) (du lat. *superus*, qui est en haut), t. de bot.: *ovaire supère*, libre. — *Fleur supère*, dont l'ovaire est infère.

SUPERFÉTATION, subst. fém. (*cupèrefétacion*) (du lat. *superfœtatio*, *fœtus*, *super fœtum*), conception d'un fœtus, lorsqu'il y en a déjà un dans le sein de la mère. — Redondance, inutilités : *ce chapitre est une véritable superfétation*.

SUPERFICIAIRE, adj. des deux genres (*cupèreficière*), de la *superficie*; qui regarde, concerne la superficie, la surface. Peu usité.

SUPERFICIALITÉ, subst. fém. (*cupèreficialité*), qualité, état de ce qui est superficiel. Presque inusité.

SUPERFICIE, subst. fém. (*cupèrefici*) (du lat. *superficies*), en longueur et largeur sans égard à la profondeur ni à l'épaisseur : *la superficie de la terre*. — Dans l'usage ordinaire, surface des corps : *la superficie d'un jardin*, son étendue. — *Enlever la superficie d'un corps*, le dessus. — Fig. légère connaissance de quelque art, de quelque science : *s'arrêter à la superficie*. — En t. de droit, on dit que *la superficie cède au fonds*, pour signifier que la surface du terrain, et en conséquence tout ce qui est bâti ou planté dessus, appartient au propriétaire du fonds.

SUPERFICIEL, adj. mas., au fém. SUPERFICIELLE (*cupèreficièle*), qui n'est qu'à la superficie : *les altérations de la nature ne sont que superficielles*; sa blessure n'est que superficielle, elle a effleuré seulement. — Fig. : *connaissance superficielle*, légère, peu approfondie. — *Homme superficiel*, qui ne sait rien à fond. — En médec., il se dit du pouls dont les battements se font sentir comme si l'artère était à peine recouverte par la peau.

SUPERFICIELLE, adj. fém. Voy. SUPERFICIEL.

SUPERFICIELLEMENT, adv. (*cupèreficièleman*), d'une manière *superficielle*; au propre : *ce coup ne l'a touché que superficiellement*; et plus communément, au figuré : *ces matières*, *ces sujets ne sont traités que superficiellement*.

SUPERFIN, E, adj. (*cupèrefein, fine*) (des mots lat. *super* et *finis*; *au-dessus de ce qui est fin*), très-fin, d'une qualité supérieure.

SUPERFLU, subst. mas., (*cupèreflu*) (du lat. *superfluum*), ce qu'on a de trop; ce qu'on a de reste et d'inutile : *c'est du superflu*; *le riche ne donne souvent que son superflu.*—Sans pluriel.

SUPERFLU, E, adj. (*cupèreflu*) (du lat. *superfluus*, employé dans la même acception, et qui signifie proprement, qui coule par-dessus, qui déborde, de *superfluere*, *fluere super*, couler par-dessus), qui est de trop, inutile; qui n'est bon à rien pour la nécessité : *regrets superflus*, *paroles superflues*. — Se dit en mus. de tout intervalle majeur auquel on ajoute un semi-ton : *quinte superflue*.

SUPERFLUITÉ, subst. fém. (*cupèreflu-ité*) (du lat. *superfluitas*), ce qui est *superflu*. — Abondance inutile : *il faut retrancher toutes ces superfluités.*

SUPERIMPRÉGNATION, subst. fém. (*cupèreimprégnacion*), synonyme de *superfétation*. Voy. ce mot, qui est du reste seul usité.

SUPERNUMÉRAL, subst. mas. Voy. ÉPROD.

SUPÉRIEUR, E, subst. et adj. (*supéri-eur*) (du lat. *superior*), celui, celle qui est au-dessus, qui a la direction, l'autorité, le commandement. — Qui dirige un séminaire, un couvent, et adj. : *le père supérieur, la mère supérieure*.

SUPÉRIEUR, E, adj. (*cupéri-eur*) (du latin *superior*, comparatif de *superus*; d'en haut, qui est en haut), qui est au-dessus, plus élevé ; il est opposé à *inférieur*, *la région supérieure de l'air.*—En astron.: *planètes supérieures*, celles qui sont plus rapprochées du soleil que de la terre. — Qui est au-dessus d'un autre en rang, en dignité, en mérite, etc. : *supérieur en science*, *en doctrine*. — En ce sens il se dit aussi absolument : *les ennemis étaient supérieurs*. — Insigne, transcendant : *courage*, *génie supérieur*. — Fig. : *être supérieur aux événements*, avoir un courage à l'épreuve des événements, etc. — *Être supérieur à son emploi*, c'est avoir plus de talents, de connaissances, qu'en exige son emploi. — Il se dit aussi au moral : *esprit d'un ordre supérieur*. — Qui a autorité, pouvoir sur les autres : *officier supérieur.* — *Force supérieure*, force au-dessus de celle d'un autre. — Ou appelait *conseils supérieurs*, cours

supérieures, les tribunaux qui jugent en dernier ressort. — En termes de géographie ancienne, on dit : *Pannonie supérieure, Pannonie inférieure*, etc., ce qui est la même chose que Haute-Pannonie, Basse-Pannonie.—Adj. et subst. plur., myth., les dieux du ciel étaient souvent appelés : *dieux supérieurs, les divinités supérieures.*

SUPÉRIEUREMENT, adv. (*cupéri-eureman*), d'une manière *supérieure*, avec avantage, parfaitement bien : *il écrit, peint, dessine supérieurement*. — Par comparaison, beaucoup mieux : *ces deux auteurs ont écrit sur la même matière, mais l'un supérieurement à l'autre.*

SUPÉRIORITÉ, subst. fém. (*cupéri-orité*), excellence, au-dessus des autres. — Autorité, prééminence.—Emploi, charge, dignité, direction de supérieurs dans un couvent, dans une communauté : *il est parvenu à la supériorité de ce couvent; il aspirait à la supériorité de ce monastère*. — T. de gramm., qualité du superlatif.

SUPERJECTION, subst. fém. Voy. HYPERBOLE.

SUPERL., abréviation du mot *superlatif*.

SUPERLATIF, subst. mas. (*cupèrelatif*) (du latin *superlativus*, fait de *super*, sur, au-dessus, et *latus*, part. pass. de *ferre*, porter; *porter au plus haut point*), t. de gramm., nom qui augmente la signification d'un mot autant qu'elle peut être augmentée, en prenant devant soi les adverbes *très* ou *fort*, *le plus*, *la plus*, etc. : *un adjectif superlatif.* — Lorsqu'on exprime la supériorité, cela désigne un *superlatif relatif*; et lorsqu'on exprime le plus haut degré, c'est un *superlatif absolu* : *très-sage* est un *superlatif absolu*, et *le plus sage* est un superlatif relatif. — Fam. : *cela est bon ou mauvais au superlatif*, extrêmement bon ou extrêmement mauvais.

SUPERLATIF, adj. mas., au fém. SUPERLATIVE (*cupèrelatif*, *tive*), t. de gramm., qui exprime la supériorité à un très-haut degré, au plus haut degré : *adjectif superlatif.*

SUPERLATIVE, adj. fém. Voy. SUPERLATIF.

SUPERLATIVEMENT, adv. (*cupèrelativeman*), au plus haut degré.

SUPERLIFIQUE, adj. des deux genres (*cupèrelifike*), grave, magnifique, imposant. (Boiste.) Burlesque, vieux, et même hors d'usage.

SUPERLIFICOCANTIEUX, adj. fém. Voy. SUPERLIFICOCANTIEUX. Mot créé par Rabelais.

SUPERLIFICOCANTIEUSE, adj. mas., au fém. SUPERLIFICOCANTIEUSE (*cupèrelifikokancieu, cieuze*), en style vieux et burlesque; excellent, parfait. Absolument inusité.

SUPERLIFICOCANTIEUSEMENT, adv. (*cupèrelifikokancieuzeman*), d'une manière *superlificocantieuse*. Absolument inusité.

SUPERNUMÉRAIRE, adj. des deux genres (*cupèrenumèrère*), qui est au-delà d'un nombre déterminé.

SUPERPARTIENT, E, adj. (*cupèreparcian, ante*) (du latin *super*, au-dessus, par-dessus, et *partiens*, part. prés. de *partiri*, partager), se dit en math. de deux nombres ou de deux lignes, lorsque l'un contient l'autre plusieurs fois avec un reste. 7 est superpartient de 3; il le contient 2 fois, et il y a un reste équivalent à un tiers de fois.

SUPERPOSÉ, E, part. pass. de *superposer*.

SUPERPOSER, v. act. (*cupèrepôzé*), poser dessus. — se SUPERPOSER, v. pron.

SUPERPOSITION, subst. fém. (*cupèrepôzicion*) (du latin *super*, sur, et *positio*, position), action de *poser* une ligne, une surface, un corps sur un autre.

SUPERPURGATION, subst. fém. (*cupèrepurgacion*), purgation excessive et par trop violente.

SUPERSATURÉ, E, adj. (*cupèreçaturé*), t. de chim., plus que *saturé*.

SUPERSÉDÉ, E, part. pass. de *superséder*.

SUPERSÉDER, v. neut. (*cupèrecédé*), surseoir, différer pour un temps. Vieux et même hors d'usage. On ne se sert plus que de *surseoir*.

SUPERSENSIBLE, adj. des deux genres (*cupèreçancible*), qui échappe aux *sens*, tant l'affection élève au-dessus des sens. (Boiste.) Inusité.

SUPERSTITIEUSE, adj. fém. Voy. SUPERSTITIEUX.

SUPERSTITIEUSEMENT, adv. (*cupèreceticieuzeman*), d'une manière *superstitieuse*, avec superstition : *il y a des gens qui s'attachent superstitieusement à de certaines pratiques*. — Fig., se dit de toutes les choses où l'on porte l'exactitude à l'excès comme si elles avaient

rapport à la religion : *il ne faut pas s'attacher superstitieusement à des choses indifférentes.*

SUPERSTITIEUX, subst. et adj. mas., au fém. SUPERSTITIEUSE (*cupèreceticieu, euze*) (du lat. *superstitiosus*, employé dans la même acception, et qui signifiait originairement celui qui importunait les dieux par des prières, etc., pour que ses enfants lui survécussent ; celui qui, survivant à ses parents, rendait un culte idolâtre à leurs images, de *superstes*, suivant), qui a de la superstition. En se sens on dit subst. : *c'est un superstitieux*. — Il se dit aussi des choses où il y a de la superstition : *culte superstitieux, cérémonies superstitieuses*. — Il se dit figurément de ceux qui pèchent par excès d'exactitude en quelque matière ou ce soit : *il est si exact, si ponctuel en toutes choses, qu'il en est presque superstitieux.*

SUPERSTITION, subst. fém. (*cupèreceticion*) (en latin *superstitio*), fausse idée qu'on a de certaines pratiques de religion, auxquelles on s'attache avec trop de crainte ou de confiance : *les esprits faibles sont enclins à la superstition*. — Vain présage que l'on tire de certains accidents purement fortuits. — Fig., excès d'exactitude, de soin, surtout dans le moral : *pousser le purisme jusqu'à la superstition.*

SUPERSTITIOSITÉ, subst. fém. (*cupèreceticiozité*), étude, amour, contemplation des choses supérieures; degré très-élevé du spiritualisme. Telle est du moins la définition de ce mot que nous ne trouvons que dans Boiste, lequel ajoute qu'il est vieux, mais qu'on l'a formé ainsi, parce qu'étant *tout à fait différent de la superstition*, il est par conséquent *très-bon*. Nous ne serons nullement de l'avis de *Boiste* relativement à ce mot, et en voici la raison motivée : nous croyons que le mot *superstitiosité*, eu égard même à sa structure orthographique, exprime beaucoup moins que le mot *superstition*. Pour nous, *superstitiosité* signifierait le contraire de ce que prétend *Boiste* ; qui dirait *superstitiosité* dirait *bigotisme*, et même *bigotisme de crainte* ou *de mauvaise foi*. Le mot n'est d'ailleurs nullement en usage.

SUPERSTRUCTURE, subst. fém. (*cupèrecetrukture*), addition inutile à un édifice, à un ouvrage. (Boiste.) Inusité.

SUPIN, subst. mas. (*çupi*), éperon. — Courroie large dans le milieu, attachée à l'éperon, et qui passe sur le cou-de-pied. On ne doit écrire que *sus-pied*. Les deux mots d'ailleurs ne sont guère en usage; et *supied* est un barbarisme.

SUPILOTE, subst. mas. (*çupilote*), t. d'hist. nat., espèce de corbeau du Mexique.

SUPPÉDITÉ, E, part. pass. de *suppéditer*.

SUPPÉDITER, v. act. (*çupèpédité*), fouler aux pieds. — se SUPPÉDITER, v. pron. (*Boiste*.) Inusité.

SUPPÉ, E, part. pass. de *supper*.

SUPPER, v. act. (*çupé*), humer. — se SUPPER, v. pron. (Boiste.) Mot qui a été autrefois pop., mais qui est hors d'usage.

SUPPLANTATEUR, subst. mas., au fém. SUPPLANTATRICE (*çuplantateur, trice*), celui, celle qui *supplante*. Ce mot manque dans l'*Académie*.

SUPPLANTATION, subst. fém. (*çuplantacion*), action de *supplanter*. Ce mot manque dans l'*Académie*.

SUPPLANTATRICE, subst. fém. Voy. SUPPLANTATEUR.

SUPPLANTÉ, E, part. pass. de *supplanter*.

SUPPLANTER, v. act. (*çuplanté*) (du latin *supplantare*, qui signifie proprement *déplanter*), ruiner quelqu'un dans l'esprit d'un protecteur, etc., et se mettre à sa place : *supplanter un rival*. — se SUPPLANTER, v. pron.

SUPPLÉANT, subst. et adj. (*çuplé-an, ante*), celui, celle qui *supplée*. — Qui est nommé pour en *suppléer* un autre dans quelque fonction. — Adj. : *juge suppléant*.

SUPPLÉÉ, E, part. pass. de *suppléer*.

SUPPLÉER, v. act. (*çuplé-é*) (en lat. *supplere*), ajouter ce qui manque à une somme, etc. fournir ce qu'il faut de surplus : *ce sac doit être de mille francs, et ce qu'il y aura de moins, je le suppléerai, je suppléerai le reste.* — *Suppléer ce qui manque à un auteur*, remplir les lacunes qui se trouvent dans ses ouvrages. — Il signifie aussi, sous-entendre dans un discours un mot qui n'y est pas exprimé. Dans la phrase : *il est allé à Notre-Dame*, il faut *suppléer l'église de...* Et c'est ce qu'on appelle une *ellipse*. — *Suppléer quelqu'un*, tenir sa place, le représenter, faire ses fonctions : *si vous ne pouvez pas venir, je vous suppléerai.* — *Suppléer les cérémonies du baptême*, faire faire à l'église les cérémonies du baptême, pour un enfant qui n'avait été qu'ondoyé. — *Suppléer* est aussi neutre, et signifie : réparer le manquement, le défaut de quelque chose : *suppléez à mon défaut; l'amitié supplée à bien des choses; la valeur supplée au nombre.* — SUPPLÉER UNE CHOSE, SUPPLÉER A UNE CHOSE. (*Syn.*) *Suppléer une chose*, c'est la fournir pour compléter un tout; remplir, par cette addition, le vide, la lacune, le déficit qui se trouve dans un objet incomplet ou imparfait. Vous *suppléez* ce qui manque pour parfaire une somme de cent louis, en le fournissant. *Suppléer à une chose*, c'est mettre à sa place une autre chose qui en tient lieu; si votre troupe est inférieure à celle de l'ennemi, la valeur *suppléera au* nombre. Ainsi vous *suppléez* la chose même qui manque; vous *suppléez à* la chose qui manque par un équivalent. Deux objets du même genre, égaux l'un à l'autre, *se suppléent l'un l'autre;* deux objets d'un genre différent, mais d'une valeur égale, *suppléent l'un à l'autre.* A proprement parler, il faut exactement remplir la place de *ce qu'on supplée;* il suffit de produire à peu près le même effet que la chose *à laquelle on supplée.* — Un juge *supplée* un juge, s'il n'est question que du nombre; mais en fait de capacité et d'intégrité, il y a des juges qu'on remplace, mais qu'on ne *supplée* pas. — L'esprit ne *supplée* pas le cœur; et il est bien rare qu'il *y supplée*.

SUPPLÉMENT, subst. mas. (*çupléman*) (du latin *supplementum*), ce qu'on donne pour *suppléer;* ce qu'on donne en *sus* : *supplément de dot, de partage, de finance.*—En t. de théâtre : *prendre un supplément*, échanger un billet de place inférieure contre celui d'une place plus chère, en donnant le surplus du prix. — En parlant d'un livre, d'un journal, ce qu'on y a ajouté pour *suppléer*, pour ajouter à ce qui manquait.—En géom., nombre de degrés qui manque à un arc pour faire le demi-cercle ou *180* degrés.—En t. de gramm., *supplément* se dit des mots que le sens veut qu'on ajoute pour remplir une ellipse. Dans la locution *à la saint Martin*, les mots *fête de*, qui sont sous-entendus, en sont le *supplément.* C'est comme si l'on disait : *à la fête de saint Martin.*

SUPPLÉMENTAIRE, adj. des deux genres (*çuplémantère*), qui sert de *supplément* : *articles supplémentaires.*—En t. de jurispr. : *jurés supplémentaires*, ceux qui sont désignés pour *suppléer* les jurés titulaires, en cas d'absence ou de maladie.

SUPPLÉTIF, adj. mas., au fém. **SUPPLÉTIVE** (*çuplétif, tive*), qui *supplée*, qui complette.

SUPPLÉTIVE, adj. fém. Voy. SUPPLÉTIF.

SUPPLIANT, E, subst. (*çupli-an, ante*), qui prie, qui *supplie* : *tenir la posture d'un suppliant.* —T. de formule : *le suppliant demande que...* On n'emploie ce terme qu'en s'adressant à quelque haut et puissant seigneur, dont on désire obtenir une grande grace ou faveur. — Il est aussi adj. : *voix suppliante.* — *Suppliant*, part. prés. de *supplier.*

SUPPLICATION, subst. fém. (*çuplikâcion*) (du latin *supplicatio*), humble prière. — Dans l'ancienne Rome, prières publiques ordonnées par le sénat, pour rendre graces aux dieux d'une victoire remportée par un général. — Autrefois, le parlement nommait *supplications*, des remontrances qui étaient adressées de vive voix au roi en certaines occasions.

SUPPLICE, subst. mas. (*çuplice*) (du latin *supplicium*, qui signifie proprement prières publiques, procession générale; et en particulier, la cérémonie religieuse qui précédait l'exécution d'un criminel; de *supplicare*, supplier, prier humblement les dieux), punition corporelle ordonnée par la justice. — Fig., *être au supplice*, dans un cruel embarras, dans une extrême anxiété. — Par extension, douleur vive et longue : *la goutte est un véritable supplice.* — Fig., peine, affliction, inquiétude violente et qui dure quel que temps : *pour bien des gens la vie est un supplice bien cruel.* — *Condamner au dernier supplice*, à la mort. — *Mener au supplice*, mener à un *supplice* suivi de la mort. — *Supplices éternels*, les peines des damnés. — On nomme aussi *supplice*, l'instrument, l'échafaud, l'appareil même du *supplice*.—*Supplice du mort*, *supplice* qui consistait à garrotter face contre face un vivant sur un mort, et à le laisser ainsi jusqu'à ce que la mort s'ensuivît; après quoi on jetait cette espèce de fascine de chair humaine dans le Tibre.

SUPPLICIÉ, E, subst. (*çuplicié*), personne condamnée au *supplice*, qui a été *suppliciée.*

SUPPLICIÉ, E, part. pass. de *supplicier.*

SUPPLICIER, v. act. (*çuplicié*), faire souffrir le *supplice* de la mort à un criminel. — Au fig., tourmenter quelqu'un.— SE SUPPLICIER, v. pron.

SUPPLIÉ, E, part. pass. de *supplier.*

SUPPLIER, v. act. (*çupli-é*) (du latin *supplicare*, formé de *sub*, sous, et de *plicare*, plier), prier humblement, avec instance et soumission. —SE SUPPLIER, v. pron.

SUPPLIQUE, subst. fém. (*çuplike*), t. de la daterie de Rome et des universités, requête présentée pour demander quelque grace.—*Supplique* se dit aussi d'un placet, d'une requête qu'on présente à un souverain pour demander quelque chose.—*Fam.* : *ayez égard à ma supplique;* ayez égard à ma prière.

SUPPORT, subst. mas. (*çupor; t* ne se prononce jamais), ce qui *porte*, ce qui soutient une chose, ce sur quoi elle pose : *ce pilier est le support de toute la voûte.*—Fig., aide, appui, soutien, protection : *il est le support de sa famille.* — Action de tolérer, de souffrir avec patience les défauts des autres, les torts, les injures : *le support mutuel est le lien de la société.* — Au plur., en t. de blason, figures qui soutiennent un écusson. — *Support*, en architecture, se dit d'un poteau ou d'une muraille de brique ajustée entre les deux bouts d'une pièce de bois, pour empêcher que tout son poids ne porte sur les deux extrémités seulement. — Outil dont se servent les arquebusiers. C'est un billot de bois rond, lourd et un peu épais, qui est surmonté par le milieu d'un petit pilier de la grosseur du pouce, et long de six, et est traversé d'un petit morceau de bois plat en forme de croix. Il sert pour soutenir le bout d'un canon de fusil, quand l'autre bout est arrêté dans l'étau. — Les tabletiers appellent *support*, un morceau de bois carré percé de plusieurs trous de distance en distance par une extrémité, et terminé en vis par l'autre. On fixe le *support* sur un établi au moyen d'un écrou, et les trous de la partie carrée servent à recevoir le porte-aiguille ou le foret qu'on tourne dans la pièce, en la faisant jouer avec la main.—Les tourneurs appellent *support*, une partie du tour qui sert à appuyer et soutenir les différents outils tranchants avec lesquels l'ouvrier travaille les pièces qu'il met sur le tour. — En t. de phys., tout corps propre à en soutenir un autre que l'on veut électriser par communication.—En t. de bot., parties extérieures de la plante qui servent à la défendre, à la soutenir, ou à faciliter quelque excrétion.

SUPPORTABLE, adj. des deux genres (*çuportable*), qu'on peut *supporter* : *douleur supportable.*—Qu'on peut tolérer, excuser. En ce sens il se dit presque toujours avec la négative : *cette conduite n'est pas supportable.*

SUPPORTABLEMENT, adv. (*çuportableman*), d'une manière *supportable.*

SUPPORTANT, E, adj. (*çuportan, tante*), t. de blason, qui se dit de la fasce, lorsqu'elle semble *supporter* quelque animal peint au chef de l'écu.

SUPPORTÉ, E, part. pass. de *supporter* et adj. — Se dit dans le blason, des plus hauts quartiers d'un écu divisé en plusieurs quartiers, qui semblent être *supportés* par ceux d'en bas.

SUPPORTER, v. act. (*çuporté*) (du latin *supportare*, formé de *sub*, sous, et de *portare*, porter; *porter par-dessous*), porter, soutenir. — Souffrir, endurer : *supporter son mal avec patience; il supporte facilement le chaud, le froid, et toutes les injures de l'air.*—Tolérer avec charité : *supportez les défauts, l'humeur*, etc. — SE SUPPORTER, v. pron.

SUPPOSABLE, adj. des deux genres (*çupôsable*), que l'on peut *supposer.*

SUPPOSÉ, E, part. pass. de *supposer*, et adj. : *nom supposé*, faux nom. — *Enfant supposé*, qui a d'autres parents que ceux qu'on lui attribue. Il s'emploie comme ablatif absolu : *cela supposé.* — Devant les noms, il devient prép., et il est indéclinable : *supposé ces principes.* — *Supposé que*, loc. conj., *posé* le cas que...

SUPPOSER, v. act. (*çupôzé*) (du latin *supponere*, employé dans ses diverses acceptions, et qui signifie proprement poser, mettre sous; *ponere sub*), mettre en avant une chose comme établie, comme reçue, pour en tirer quelque induction : *supposer ce qui est en question;* et absol. : *je veux bien supposer que cela soit.* — Alléguer comme vrai ce qui est faux : *vous supposez là un fait qui est absolument faux.* — Produire en justice une pièce fausse : *supposer un testament*, etc. — *Supposer un enfant*, vouloir le faire passer pour l'enfant de ceux dont il n'est pas né.—SE SUPPOSER, v. pron., se donner pour exemple.—Se mettre à la place.

SUPPOSITIF, adj. mas., au fém. **SUPPOSITIVE** (*çupôzitif, tive*), qui tient de la *supposition.*

SUPPOSITION, subst. fém. (*çupôzicion*), proposition que l'on *suppose* comme vraie ou comme possible, afin d'en tirer quelque induction : *c'est la même supposition que vous faites.* — Fausse allégation : *ce que vous dites est une fausse supposition.* — Production d'une pièce fausse : *supposition d'un contrat, d'un testament.*—*Supposition de nom, de personne*, action de mettre un nom, une personne, à la place d'une autre. —*Supposition d'enfant*, action de celui qui veut faire passer un enfant pour celui de gens dont il n'est pas né. — *Supposition de part* (du latin *partûs*), crime de celui qui *suppose* un enfant à une femme qui n'est point accouchée, ou en en substituant un autre à celui dont elle est réellement mère. — SUPPOSITION, HYPOTHÈSE. (*Syn.*) L'*hypothèse* est une *supposition* purement idéale; tandis que la *supposition* se prend pour proposition ou vraie ou avouée. L'*hypothèse* est au moins précaire; vous ne dites point que la chose soit ou puisse être. La *supposition* est gratuite, vous ne prouvez point que la chose soit ou puisse être. Vous soutenez un système comme *hypothèse*, et non comme une *thèse;* c'est-à-dire que, sans prétendre que le système soit vrai, vous prétendez qu'en le supposant tel, vous expliquerez fort bien la chose dont il s'agit. Vous faites une *supposition* comme une proposition vraie ou reçue, établie, accordée, de manière que vous ne la mettez pas en thèse pour la prouver, parce que vous la regardez comme constante ou incontestable.—Dans l'*hypothèse* que la terre tourne autour du soleil, vous expliquez divers phénomènes de la nature; dans la *supposition* que tout est bien, vous regardez les désordres apparents comme les suites nécessaires et convenables d'un ordre caché. Dans l'*hypothèse*, vous n'avancez pas que le soleil tourne; dans la *supposition*, vous pouvez prétendre qu'en effet tout est bien. Dans le premier cas, on combattra votre *hypothèse* comme insuffisante pour rendre raison des choses, et vous justifierez vos explications : dans le second cas, on niera le *supposé*, et vous aurez à prouver la réalité de votre *supposition.* — L'*hypothèse* se prend souvent pour un assemblage de propositions ou de *suppositions* liées, enchaînées, ordonnées de manière à former un corps ou un système. Les systèmes de Copernic, de Gassendi, de Descartes, s'appellent *hypothèses*, et non *suppositions.*—*Hypothèse* ne s'emploie qu'en matière de sciences, *supposition* entre jusque dans le discours ordinaire ou dans la conversation commune. Vous tâchez d'éclaircir les grands mystères de la nature par des *hypothèses*, et vos idées particulières par des *suppositions* sensibles —*Hypothèse* n'a qu'un sens philosophique, relatif à l'instruction, à l'intelligence, à l'explication des choses. *Supposition* se prend dans une acception morale et en mauvaise part; il signifie alors allégation, production fausse, chose feinte ou controuvée pour nuire. Ainsi l'on dit, *supposition* de pièces, d'un testament, de nom, de personne, de part, etc.

SUPPOSITITIENS, subst. mas. plur. (*çupôzitîcièin*), t. d'antiq., s'est dit de gladiateurs qui, pendant le combat, prenaient la place des vaincus

SUPPOSITIVE, adj. fém. Voy. SUPPOSITIF.

SUPPOSITOIRE, subst. mas. (*çupôzitoare*) (du lat. *suppositorium*, fait, dans la même signification, de *supponere*, mettre sous, dessous), sorte de médicament en forme de cône long et gros comme le petit doigt, que l'on met dans le fondement pour lâcher le ventre.

SUPPÔT, subst. mas. (*çupô*), fauteur et partisan de quelque mal, de quelque mauvais dessein,

Il ne se dit qu'en mauvaise part : *c'est un des suppôts de cette cabale.* — *C'est un suppôt de Satan*, un méchant homme. — Anciennement, membre d'une université ou d'une corporation reconnue.

SUPPRESSION, subst. fém. (*çuprècion*) (du latin *suppressio*), action de *supprimer* : *suppression d'office, de charge.* — *La suppression d'un livre, d'un libelle, d'un journal*, se dit de l'action d'empêcher la publication d'un livre, d'un libelle, d'un journal, ou bien, s'il se publie, d'en arrêter le cours. — En terme de palais, *la suppression d'un contrat*, se dit de l'action par laquelle on cèle frauduleusement un contrat; *la suppression d'une circonstance*, de l'action par laquelle, par oubli ou de dessein formé, on passe une circonstance sous silence; *la suppression d'une loi*, l'abolition de cette loi; *la suppression de part* (*partûs*), l'action de mettre obstacle à la reconnaissance d'un enfant, ou de cacher méchamment son existence et son état. — *La suppression d'un ordre religieux, d'une charge, d'un impot*, etc., se dit de l'extinction d'un ordre religieux, d'une charge, d'un impôt, etc. — *La suppression d'un club, d'une société*, etc., se dit de l'action par laquelle on défend la réunion des membres qui forment ce club, cette société, etc.— *Suppression*, retranchement : *il a fait la suppression de la moitié de son discours.*—*Édit de suppression*, se disait anciennement d'un édit par lequel le roi *supprimait* quelque impôt, quelque charge, etc.—T. de médec., défaut d'évacuation de quelque humeur; cessation, interruption d'une sécrétion, d'une excrétion, ou même cessation d'un exanthème. —*Suppression d'urine*, défaut d'évacuation par les urines; cessation de la fonction urinaire, qu'il ne faut pas confondre avec la *rétention* d'urine. La *suppression* d'urine est proprement une maladie qui empêche l'urine de se séparer du sang et de se filtrer dans les reins, au lieu que la *rétention* d'urine est une maladie produite par l'accumulation d'une substance solide ou liquide dans la cavité des organes. — *Suppression de mois*, ou absolument : *suppression*, la retenue des purgations que les femmes ont tous les mois.

SUPPRESSURE, subst. fém. (*çuprèçure*), dissimulation. (*Boiste.*) Vieux et même hors d'usage.

SUPPRIMÉ, E, part. pass. de *supprimer.*

SUPPRIMER, v. act. (*çuprimé*) (du lat. *supprimere*, qui signifie proprement abaisser en pressant dessus; *premere sub*), empêcher ou faire cesser de paraître : *supprimer un écrit, un libelle; supprimer un acte, une pièce.* — Empêcher de s'assembler, de se réunir : *supprimer un club, une société.*—Taire, passer sous silence : *je supprime bien des circonstances.*—Abolir : *on a supprimé les charges inutiles.* — Retrancher : *supprimer une clause d'un traité.* — *se* SUPPRIMER, v. pron.

SUPPURATIF, adj. mas., au fém. **SUPPURATIVE** (*çupuratif, tive*), qui fait *suppurer*, qui fait venir à *suppuration.* — Il est aussi subst. mas. : *un bon suppuratif.*

SUPPURATION, subst. fém. (*çupurâcion*) (du lat. *suppuratio*), écoulement du pus qui s'est formé dans une plaie, dans un abcès.

SUPPURATIVE, adj. fém. Voy. SUPPURATIF.

SUPPURER, v. neut. (*çupuré*) (du lat. *suppurare*, formé de *sub*, sous, par-dessous, et *pus, puris*, pus; *rendre le pus qui était par-dessous*), rendre, jeter du *pus* : *sa plaie commence à suppurer.*

SUPPUTATION, subst. fém. (*çupeputâcion*) (en lat. *supputatio*), compte, calcul.

SUPPUTÉ, E, part. pass. de *supputer.*

SUPPUTER, v. act. (*çupepuié*) (du lat. *supputare*), compter, calculer.—On dit aussi neut. : *supputez à quoi se monte la dépense.*— *se* SUPPUTER, v. pron.

SUPRALAPSAIRE, subst. et adj. des deux genres (*çuprâlapecère*), se dit en théol., des partisans de la prédestination et de la doctrine qu'ils professent.

SUPRÉMATIE, subst. fém. (*çuprémaci*), droit attribué aux rois d'Angleterre, depuis Henri VIII, d'être les chefs *suprêmes* de la religion anglicane : *prêter le serment de suprématie*, reconnaître ce pouvoir. — Ce mot s'applique aussi à toute domination qui n'a rien au-dessus d'elle.

SUPRÊME, adj. des deux genres (*çuprême*) du latin *supremus*, contraction de *superrimus*, superlatif de *superus*, d'en haut, qui est en haut, élevé), qui est au-dessus de tout en son genre : *pouvoir. dignité suprême.*—*Être suprême*, l'auteur de la nature, Dieu. — Qui termine tout : *voilà le but suprême où il aspire.* — *Son vœu suprême*, le dernier de ses désirs. — Dans la haute poésie, dernier : *heure suprême.*—On dit d'une belle femme qu'*elle est belle au suprême degré*; et d'une laide femme, qu'*elle est laide au suprême degré.*—Subst. fém., t. de jard., variété de poire.—Subst. mas., t. de cuisinier, sorte de mets : *suprême de volaille.*—SUPRÊME, SOUVERAIN. (*Syn.*) L'idée de puissance forme l'idée distinctive et caractéristique de *souverain*; l'idée seule d'élévation, de la plus haute élévation, est indiquée par le mot *suprême.* Dans quelque genre que ce soit, la chose *suprême* est ce qu'il y a de plus élevé; en fait d'autorité, de puissance, d'influence, d'efficacité, ce qui peut tout, ce qu'il y a de pleinement et absolument efficace, est *souverain.* Ainsi l'autorité indépendante et absolue fait le *souverain* et la *souveraineté*; et sans doute cette autorité est *suprême* : tout est soumis à l'influence de ce qui est *souverain.* — Un remède *souverain* est efficace au *suprême* degré; on ne dit pas un remède *suprême*, parce qu'on considère le remède relativement au mal et à la guérison.—Il faut s'abaisser, s'humilier devant ce qui est *suprême*; il faut céder, obéir à ce qui est *souverain.* — La loi *suprême* est la première de toutes les lois; la loi *souveraine* est la loi de l'obéissance universelle et le vrai *souverain* des états.—Le maître *suprême* aura des maîtres au-dessous de lui; le *souverain* maître n'a que des ministres. — Rien n'égale la bonté *suprême*; il n'est rien que la *souveraine* bonté ne fasse pour nous.—Le bien *suprême* est le plus grand que vous puissiez obtenir; le *souverain* bien est celui qui remplit du sentiment de tous les vrais biens toute la capacité de votre âme. Dieu est l'être *suprême*, en tant qu'il est l'être par excellence et par essence; il est le *souverain* seigneur de toutes choses, en tant qu'il est tout-puissant et l'auteur de toutes choses. — Il y a un juge *suprême* qui est le modèle, la règle et le juge des juges; il y a une justice *souveraine*, devant laquelle toutes les justices s'anéantiront et tomberont en jugement, pour recevoir sans retour leur récompense avec leur arrêt inévitable.

SUR (*çur*) (du lat. *sursum*, pour lequel on a dit *susum*, d'où nous avons fait *sus*, et les Espagnols *suso*. Ménage), prép. qui marque, 1° la situation d'une chose à l'égard de celle qui la soutient : *sur le lit, sur la table*; 2° la position d'une chose simplement *au-dessus* d'une autre : *les globes célestes roulent sur nos têtes.* — Joignant, tout proche : *ville qui est sur la Seine, maison qui est sur le grand chemin.* — Vers : *sur la fin du mois.*—Dans : *écrivez cela sur votre livre.* — Vers, contre : *la fortune a soufflé sur elle.*—A l'égard de.., au sujet de..., concernant, pour, quant à...; touchant : *il y a diversité d'opinions sur cette question.*—*Disputer sur la pointe d'une aiguille, sur* une vétille, *sur* une bagatelle. — D'après : *juger sur les apparences, sur l'étiquette.* — *Sur* marque un rapport d'assurance, de confiance : *je l'ai entrepris sur votre parole; il prête sur gages.*—Du côté, environ : *sur le point du jour.*—*Sur* marque aussi un rapport d'influence, d'autorité, de supériorité, de domination, d'avantage : *sa domination s'étend sur de vastes provinces.*—*Sur* sert encore à marquer l'affirmation : *je vous le jure sur l'honneur, sur ma foi, sur ma conscience*, etc. — *Jurer sur les saints Évangiles*, faire un serment, en mettant ou étendant la main *sur* le livre des saints Évangiles. —*Sur* marque l'état, la disposition : *mettre une affaire sur un bon pied*; l'objet, le sujet : *il est fondé sur un bon raisonnement*; un rapport d'imitation, de conformité : *il marchera sur les traces de ses ancêtres*; le temps : *il fera beau temps sur le soir.* — Durant, pendant : *sur ces entrefaites.*—*Sur toutes choses*, surtout, principalement, par préférence à toute autre chose : *je vous recommande sur toutes choses de...*—*Sur* s'emploie encore dans différentes façons de parler : *fermer la porte sur soi*, la fermer après être entré ou sorti. — *Se coucher sur une idée, sur un projet*, se coucher la tête remplie d'une idée, d'un projet. — *Revenir sur ses pas*, faire mention du passé, reparler de ce qui était passé et comme oublié.—*Prendre quelqu'un sur le fait*, le surprendre dans le moment même d'une action qu'il veut cacher.—*Le prendre sur un ton bien haut*, se comporter avec fierté, avec hauteur, avec insolence.— *Être, se tenir sur la défensive*, ne faire simplement que se défendre. —*Être sur le qui-vive*, être dans un état d'alarme et de défiance. — *J'ai payé ce velours sur le pied de trente francs*, à raison de trente francs. — *Être sur le pied de bel-esprit*, passer pour bel-esprit.—*Être sur un bon pied dans le monde*, y avoir du crédit, de la considération.—*Demeurer sur son appétit*, cesser de manger, quoiqu'on ait encore appétit. — *Être sur les crochets de quelqu'un*, vivre à ses dépens. — *Prendre quelque chose sur la conscience*, en charger sa conscience, en répondre. —*Prendre sur soi l'événement d'une affaire*, se charger de l'événement, de l'issue d'une affaire.—*Un homme prend trop sur soi*, se charge de trop de soins.—*Sur* a encore divers autres sens; on en trouve les différents emplois aux mots respectifs qui forment la composition de chaque phrase : *tirer une lettre de change sur quelqu'un; tirer sur quelqu'un.* Voyez le mot TIRER; *maison qui donne sur la campagne; avoir, porter sur soi; imposition sur le vin*, etc.—Dans la composition, cette proposition marque souvent surabondance ou excès : *surcroissance, surtaxe*, etc.—*Sur et tant moins*, ne se dit plus.—*Sur le tout*, en résumé, en somme.—*Brocher sur le tout*, ajouter à une chose; y mettre le comble : *brochant sur le tout, il vient de faire de nouvelles sottises.*

SUR, E, adj. (*çure*) (de l'allemand *sauer*), qui a un goût acide, aigrelet : *l'oseille est sure.*

SÛR, E, adj. (*çure*) (contraction du lat. *securus.* On écrivait anciennement *seur*), certain, indubitable : *le fait est sûr.* — Qui doit arriver infailliblement : *rien n'est aussi sûr que la mort; je gage à coup sûr.* — Qui produit ordinairement son effet : *c'est un remède sûr.* —On dit qu'*un chirurgien a la main sûre*, pour dire qu'il a la main ferme dans les opérations qu'il fait; qu'*un homme a un coup sûr à quelque jeu, à quelque exercice*, pour dire qu'il a un coup presque immanquable; et qu'il *a la mémoire sûre*, pour dire que sa mémoire ne le trompe jamais.—On dit de même, qu'*un homme a le goût sûr; ce cuisinier a le goût sûr*; et fig. d'un homme qui juge bien des ouvrages d'esprit : *je trouve chez lui une chose bien rare, c'est qu'il a un goût sûr.*— On dit d'un cheval, qu'*il a le pied sûr, la jambe sûre*, pour dire qu'il ne bronche jamais.—*Être sûr*, prévoir, savoir, connaître infailliblement : *je suis sûr de ce que je vous dis; je n'en suis pas bien sûr.* — Fig. et fam., être assuré de réussir dans une affaire. On dit aussi dans ce dernier sens : *être sûr de son fait, de son coup.* — *Être sûr d'un homme*, être sûr de sa fidélité. — *Être sûr de sa partie*, en t. de mus., chanter ou jouer sa partie sans faire de faute. — Au jeu, être assuré de gagner. On dit, dans le même sens : *jouer à jeu sûr.*—On dit qu'une *règle est sûre*, pour dire qu'elle ne trompe pas, qu'elle n'égare pas : *la raison n'a d'autre fin que ce qui est bien, les règles sont sûres; l'instinct est un guide sûr.* — *Ami, banquier, valet sûr*, en qui l'on peut se fier. — *Les chemins sont sûrs*, il n'y a rien à craindre des voleurs.—*Ce navire est sûr*, on peut s'y embarquer sans crainte.—*Le port est sûr*, les vaisseaux y sont en *sûreté.* — *Sûr*, dont on peut se servir sans danger : *cette planche est bien sûre, vous pouvez passer dessus sans crainte; cette échelle est sûre.*—On dit : *le temps n'est pas sûr*, pour dire qu'il y a apparence que le temps deviendr bientôt mauvais.—Qui procure la *sûreté* : *les premiers applaudissements ne sont pas toujours un sûr garant de la bonté d'un ouvrage.*—*Mettre un homme en lieu sûr*, où il n'ait rien à craindre, ou bien, où l'on soit assuré de sa personne. — Subst., *prendre le plus sûr*, le parti le plus *sûr.* —*A coup sûr*, loc. adv., infailliblement.

SURA, subst. mas. (*çura*), chapitre du Coran. Il est divisé en 144 suras. On dit mieux *surate.*

SURABONDAMMENT, adv. (*çurabondaman*), plus que suffisamment.

SURABONDANCE, subst. fém. (*çurabondance*), très-grande, excessive *abondance.*

SURABONDANT, E, adj. (*çurabondan, dante*), qui *surabonde* : *vous donnez là une preuve surabondante.*— Subst. mas. : *le surabondant*, le superflu.

SURABONDÉ, part. pass. de *surabonder.*

SURABONDER, v. neut. (*çurabondé*) (du lat. *super abundare*), *abonder* au-delà même de ce qui est nécessaire.

SURACHAT, subst. mas. (*çuracha*), remise faite sur les métaux portés à la Monnaie.

SURACHETÉ, E, part. pass. de *suracheter.*

SURACHETER, v. act. (*çurachete*), acheter une chose plus qu'elle ne vaut.—*se* SURACHETER, v. pron.

SURACTION, subst. fém. (*çurakcion*), t. de médec., excès d'*action*, maximum d'activité.

SUR-AIGU, **Ë**, (*çurégu*), t. de musique, fort *aigu*.

SURAJOUTÉ, **E**, part. pass. de *surajouter*.

SURAJOUTER, v. act. (*çurajouté*), *ajouter* en sus de ce qui est *ajouté*. — *se* SURAJOUTER, v. pron.

SURAL, **E**, adj. (*çurale*), t. d'anat., qui a rapport au gras de la jambe. — Au plur. mas., SURAUX.

SUR-ALLER, v. neut. (*çuralé*), t. de chasse, il se dit d'un chien qui passe sur la voie sans crier.

SUR-ANDOUILLER, subst. mas. (*çurandou-ié*), t. de chasse, *andouiller* plus grand que les autres, qui se trouve à la tête de quelques cerfs.

SURANNATION, subst. fém. (*çuranenâcion*), t. de jurispr., cessation de l'effet d'un acte qui n'a pas été renouvelé en temps et lieu : *cette procuration est attaquée pour cause de surannation*. — On obtenait autrefois des *lettres de surannation*, qui validaient les lettres surannées.

SURANNÉ, **E**, part. pass. de *suranner*, et adj. (*çuranené*) (de *sur*, qui indique ici excès, d'*année ; qui a plus d'années qu'il ne faut*); vieux, qui n'est plus d'usage : *habit suranné; mode surannée*.—On dit dans le même sens, en parlant des personnes, et dans le style critique et moqueur : *galant suranné, beauté surannée*.

SURANNER, v. neut. (*çuranené*) , t. de jurispr., avoir plus d'un *an* de date : *vous avez laissé suranner vos lettres, votre procuration*.

SUR-ARBITRE, subst. mas. (*çurarbitre*), personne dont on convient pour juger d'un différend à l'amiable, quand les deux *arbitres* ne sont pas d'accord. On dit plus souvent *tiers-arbitre*.

SURARD, adj. mas. (*çurar*) : *vinaigre surard*, qui est préparé avec des fleurs de *sureau*.

SUR-ATTRIBUT, subst. mas. (*çuratribu*), addition à l'*attribut*. (Domergue.)

SURBAISSÉ, **E** , part. pass. de *surbaisser*, et adj., se dit, en archit., de tout arc, ou arche, ou voûte, dont le milieu est plus bas que si la voûte était en plein cintre.

SURBAISSEMENT, subst. mas. (*çurebèceman*), t. d'archit., trait de tout arc, etc., qui est *surbaissé*.

SURBAISSER, v. act. (*çurbècé*), t. d'archit., élever un arc, une voûte au-dessous de la ligne du plein cintre.

SURBAN, subst. mas. (*çurban*), t. de mar., pièce de bois qui sert à l'encadrement des écoutilles.

SUR-BANDE, subst. fém. (*çurbande*), t. de chir., la *bande* qui s'applique par-dessus les compresses.—T. d'armurier, le chemin que le chien d'un fusil peut encore faire en arrière quand il est armé.

SUR-BI-PARTIENTE-TIERCE, adj. fém. (*çurbiparci-antetièrece*), t. d'arith. et de géom., se dit de la raison de plus grande inégalité entre deux termes dont l'un contient l'autre deux fois et un tiers.

SUR-BOUT, subst. mas. (*çurbou*), t. de charpentier, grosse pièce de bois tournant sur un pivot, et recevant plusieurs assemblages de charpente pour former des machines.

SUR-CASE, subst. fém. (*çurkâze*), au trictrac, case remplie de deux ou trois dames.

SUR-CENS, subst. mas. (*çurçance*), t. de féodalité; nouveau cens ou rente seigneuriale dont un héritage est chargé par-dessus le *cens*.

SURCHARGE, subst. fém., autrefois ce mot était du genre masculin (*çurcharje*), surcroît de *charge*. — Au fig., excessive imposition de deniers : *cet impôt est une surcharge que beaucoup de personnes ne pourront pas supporter*. — Addition faite après coup à un acte, à un écrit quelconque, au-dessus ou entre lignes, ou en changeant des mots, soit pour falsifier une signature, ou pour ajouter quelque chose qu'on avait oublié : *cet acte offre plusieurs surcharges*. Fam.

SURCHARGÉ, **E**, part. pass. de *surcharger*, et adj., qui porte une double *charge*, qui est trop *chargé*, ou qui a été *chargé* de nouveau : *un vaisseau surchargé navigue mal*.—Fig., *surchargé* se dit d'un acte, d'un écrit où l'on a fait des ratures, corrigé des mots, etc. : *un acte surchargé*. — Il se dit aussi d'un contribuable à qui l'on vient d'augmenter l'impôt annuel : *c'est une province surchargée : elle ne pourra payer que difficilement*. — Fig. : *il est surchargé d'affaires*, il en a trop, plus qu'il n'en peut faire.

SURCHARGER, v. act. (*çurcharjé*), *charger* trop.—*Surcharger une écriture*, y faire une addition, un changement, une *surcharge*. Voy. ce mot.—Fig. : *être surchargé d'affaires*, en avoir trop. — *se* SURCHARGER, v. pron. : *se surcharger l'estomac*, manger avec excès.— Se remplir la tête de trop de pensées, de trop de réflexions : *il se surcharge trop la tête*.

SURCHAUFFÉ, **E**, part. pass. de *surchauffer*.

SURCHAUFFER, v. act. (*çurchôfé*), dans la serrurerie, etc., donner trop de feu à un morceau de fer sur la forge, et le brûler en partie. —*se* SURCHAUFFER, v. pron.

SURCHAUFFURE, subst. fém. (*çurchôfure*), paille ou défaut dans l'acier pour avoir été trop *chauffé*.

SURCILIER, subst. et adj. mas. (*çurcili-é*), trou externe de la tête sur le front. —Adj., qui concerne les *sourcils*.

SURCILIO-CONCHIEN, subst. et adj. mas. (*çurcili-ôkonchiein*), t. d'anat., se dit d'un muscle qui, du bord supérieur ou postérieur de l'orbite, se porte au cartilage scutiforme, et surtout à la partie antérieure et supérieure de la conque.

SURCOMPOSÉ, **E**, adj. (*çurkonpôzé*), en gramm., *temps surcomposé*, celui dans lequel on emploie deux fois l'auxiliaire *avoir* : *je suis sorti dès que j'ai eu fait*. —T. de bot. : *feuilles surcomposées*, dont les seconds pétioles se divisent en d'autres pétioles auxquels les folioles sont attachées. — Subst. mas., t. de chim., corps qui résulte de la combinaison des corps *composés*.

SUR-COSTAL, **E**, subst. et adj. (*çurkocetale*), t. d'anat., se dit de chacun des douze faisceaux charnus et triangulaires qui se portent des apophyses transverses des vertèbres dorsales aux bords supérieurs des *côtes* situées au-dessous. — Au plur. mas., *sur-costaux; les surcostaux*.

SURCOSTAUX. Voy. INTERCOSTAL.

SURCOUPÉ, **E**, part. pass. de *surcouper*.

SURCOUPER, v. neut. (*çurkoupé*), t. de jeux de cartes, *couper* après que quelqu'un a déjà *coupé*. — Ce verbe est aussi actif.

SURCOT, subst. mas., ou **SURCOTTE**, subst. fém. (*çurkô, kote*), t. d'antiq., riche vêtement qu'on mettait par-dessus la *cotte*.

SURCROISSANCE, subst. fém. (*çurkroèçance*), ce qui *croît* au corps par-dessus la nature.

SURCROÎT, subst. mas. (*çurkroè*), augmentation : *surcroît de bonheur, de malheur*. — On dit adv. : *par surcroît*, sans régime; et : *par un surcroît*, ou : *pour surcroît*, avec la prép. *de*.

SURCROÎTRE, v. neut. (*çurkroètre*). Il se conjugue comme *croître* , et ne se dit guère que de la chair qui vient dans les plaies et en plus grande abondance qu'il ne faudrait. — Act., augmenter au-delà des bornes : *surcroître le prix des marchandises*.

SURCULEUSE, adj. fém. Voy. SURCULEUX.

SURCULEUX, adj. mas., au fém. **SURCULEUSE** (*çurkuleu, leuze*), garni de nouvelles branches de rejets. Peu en usage.

SURDÂTRE, adj. des deux genres (*çurdâtre*), un peu *sourd*. Peu en usage.

SUR-DEMANDE, subst. fém. (*çurdemande*), t. de palais, nouvelle *demande*, *demande* excessive, forte *demande*. Peu en usage.

SUR-DEMI-ORBICULAIRE, subst. mas. et adj. des deux genres (*çurdemi-orbikulère*), t. d'anat., se dit d'un muscle placé à l'orbiculaire des lèvres.

SURDENT, subst. fém. (*çurdan*), *dent* qui vient hors de rang sur une autre ou entre deux autres dents. — On dit d'un cheval qui a des dents plus longues que les autres, *qu'il a des surdents*.

SURDITÉ, subst. fém. (*çurdité*) (en lat. *surditas*), défaut naturel ou accidentel, qui ôte presque entièrement ou même totalement la facilité d'ouïr les sons. — En t. de joaillier, défaut dans les pierres précieuses, qui sont obscures, qui ont des pailles, etc. (*Trévoux*.)

SURDORÉ, **E**, part. pass. de *surdorer*.

SURDORER , v. act. (*çurdoré*) , *dorer* doublement ou solidement, à fond. — *se* SURDORER, v. pron.

SURDOS , subst. mas. (*çurdô*) , bande de cuir qui porte *sur* le *dos* d'un cheval de carrosse, et qui sert à soutenir les traits et le reculement.

SUREAU, subst. mas. (*çurô*), t. de bot., arbrisseau à fleurs monopétales.

SURÉCOT, subst. mas. Voy. SURCOT, qui seul se dit.

SURELLE, subst. fém. (*çurèle*), t. de bot., l'oseille commune. Voy. OSEILLE.

SÛREMENT, adv. (*çureman*), avec *sûreté*. — Certainement.

SURÉMINENT , **E** , adj. (*çuréminan, nante*), *éminent* au suprême degré.

SURÉMINI, subst. mas. (*çurémini*), t. de relat., celui qui commande en chef les pèlerins qui vont à la Mecque. Il est nommé par le sultan.

SURENCHÈRE , subst. fém. (*çuranchère*) , *enchère* qu'on fait sur une autre *enchère* dans les ventes à l'encan.

SURENCHÉRI , **E** , part. pass. de *surenchérir*.

SURENCHÉRIR, v. neut. (*çuranchérir*) , faire une *surenchère*. — *se* SURENCHÉRIR , v. pron.

SURÈNES, subst. propre mas. (*çurène*), village de France, canton de Nanterre, arrond. de Saint-Denis, dép. de la Seine, au pied du mont Valérien. Ses vins sont d'une aigreur passée en proverbe.

Surent, 3e pers. plur. prét. déf. du v. irrég. SAVOIR.

SUR-ÉPAISSEUR, subst. fém. (*çurépèceur*), ce qui est au-dessus de l'*épaisseur* voulue, accoutumée. Peu usité.

SUR-ÉPINEUSE, adj. fém. Voy. SUR-ÉPINEUX.

SUR-ÉPINEUX , adj. mas., au fém. **SUR-ÉPINEUSE** (*çurépineu, neuze*), t. d'anat., qui est situé sur l'*épine*, au-dessus de l'*épine*. —On appelle *fosse sur-épineuse* la fosse placée au-dessus de l'*épine* de l'omoplate, et de forme triangulaire ; *ligament sur-épineux cervical* , le ligament qui va de la septième vertèbre cervicale à la protubérance occipitale externe ; *sur-épineux dorso-lombaire* celui qui est étendu depuis l'apophyse *épineuse* de la septième vertèbre du cou jusqu'à la crête médiane du sacrum. — On appelle subst. *le sur-épineux*, un muscle pair, allongé, épais et triangulaire, qui, de la fosse *sur-épineuse*, va gagner la partie antérieure de la grosse tubérosité de l'humérus, et qui sert à lever le bras.

SURÉROGATION, subst. fém. (*çurérogâcion*) (du latin *supererogare*, donner plus qu'il ne faut, formé de *super*, sur, et de *erogare*, distribuer, donner); il se dit proprement de ce qui est au-delà des obligations ou du christianisme, ou de la profession religieuse : *œuvres de surérogation*. — Par extension , ce qu'on fait au-delà de ce qu'on a promis.

SURÉROGATOIRE, adj. des deux genres (*çurérogatoire*), qui est au-delà de ce qu'on doit.

SURET , adj. mas., au fém. **SURETTE**, et non pas **SURÈTE** (*çuré, rète*), diminutif de *sûr* ; qui est un peu acide, aigrelet : *ce fruit est suret, a un petit goût suret; cette pomme est surette*.

SÛRETÉ, subst. fém. (*çureté*), état de ce qui est *sûr* et à l'abri de tout danger : *être en sûreté*, être dans un lieu d'asyle. — *Mettre quelqu'un en lieu de sûreté*, le mettre en prison, s'assurer de sa personne. — Prov. : *la méfiance est mère de la sûreté*.—*On ne peut agir ainsi en sûreté de conscience*, sans blesser la conscience.—Sorte de caution, de garantie pour une affaire : *prenez vos sûretés avant de terminer*. — *Places*, *villes de sûreté* , villes, places de guerre données ou retenues pour la *sûreté* de l'exécution d'un traité.

SURETTE, adj. fém. Voy. SURET.

SUREXCITATION, subst. fém. (*çurèkcitâcion*), t. de médec. , augmentation de l'action vitale dans un tissu.

SUREXCITÉ , **E** , part. pass. de *surexciter*.

SUREXCITER, v. act. (*çurèkcité*) (du lat *excitare*, éveiller, et *super*, qui marque augmentation), réveiller en sursaut. Inusité dans ce sens qui cependant est le propre. — Au fig., émouvoir, animer : *il faut à tous moments surexciter la paresse, par des réprimandes ou des punitions*.—*Surexciter le courage de quelqu'un*, relever son courage. — *se* SUREXCITER, v. pron. , *se surexciter mutuellement*, s'encourager les uns les autres.—Ce mot, des plus usités, ne se trouve dans aucun *dictionnaire*.

SURFACE, subst. fém. (*çurface*) (en lat. *superficies*, formé de *super*, sur, et de *facies*, face), en géom., longueur et largeur sans profondeur. — On appelle *surface courbe* celle sur laquelle on ne peut appliquer une ligne droite dans tous les sens.— *Surface plane* ou *rectiligne*, la même chose qu'un plan. — Dans le discours ordinaire, l'extérieur, le dehors d'un corps; superficie. — T. de mar. : *surface de flottaison d'un vaisseau* , surface horizontale la plus élevée de la carene, marquée par la ligne d'eau la plus haute, en supposant le vaisseau tranché horizontalement. — SURFACE, SUPERFICIE. (*Syn.*) On dit *surface*, quand on ne veut parler que de ce qui est extérieur et visible, sans aucun égard à ce qui ne paraît point. On dit *superficie*, quand on a dessein de mettre ce qui paraît au dehors en opposition avec ce qui ne paraît pas. — De tous les animaux qui couvrent la *surface* de la terre, il n'y a que l'homme qui soit capable de connaître toutes les propriétés de ce globe; et entre les hommes, la plupart n'en aperçoivent que la *superficie*; il n'y a que l'œil perçant des philosophes qui sache en pénétrer l'intérieur.—Cette distinction passe de même au sens figuré; et de là vient que l'on dit de ces esprits vains qui, pour se faire valoir en parlant de tout, font des excursions légères dans tous les genres de connaissances sans en approfondir aucun, qu'ils ne savent que la *superficie* des choses, qu'ils n'en ont que des notions *superficielles*.

SURFAIRE, v. act. (*çurefère*). Il se conjugue comme *faire*. Demander trop de sa marchandise. Il s'emploie aussi neutralement : *il surfait toujours*.—*se* SURFAIRE, v. pron.

SURFAIT, E, part. pass. de *surfaire*.

SURFAIX, subst. mas. (*çurefè*) (du latin *super* et *fascis*), grosse et large sangle qui se met sur les autres sangles, et qui, passant sous la selle, embrasse le dos et le ventre du cheval.

SURFEUILLE, subst. fém. (*çurefeu-ie*), t. de bot., membrane qui couvre le bourgeon.

SURFLEURI, part. pass. de *surfleurir*.

SURFLEURIR, v. neut. (*çurfleurir*), *fleurir* après avoir donné du fruit.

SURFS, subst. mas. plur. (*çurfe*); les pêcheurs de harengs donnent ce nom à des vers marins dont ces poissons se nourrissent ordinairement. Ces vers sont si abondants qu'ils couvrent quelquefois la surface des eaux.

SURGARDE, subst. mas. (*çurguarde*), second

SURGARDE, subst. mas. (*çurguarde*), nouveau *garde*. Autrefois, capitaine des gardes.

grasse, qui se vend sans être lavée ni dégraissée. Presque *inusité*.

SURGEON, subst. mas. (*çurjon*) (en lat. *surculus*, fait de *surgere*, naître, jaillir), rejeton qui sort du tronc, du pied d'un arbre.—Autrefois et fig., issu, descendant d'une race. — *Surgeon d'eau*, petit jet d'eau qui sort naturellement de terre ou d'une roche. Il est vieux en ce sens.

SURGÈRES, subst. propre mas. (*çurjère*), bourg de France, chef-lieu de canton, arrond. de Rochefort, dép. de la Charente-Inférieure.

SURGIR, verbe neutre (*çurjir*) (en latin *surgere*), arriver, aborder : *surgir au port*; *surgir à bon port*. — Au fig., sortir de..., s'élever au-dessus de..: *il commence à surgir*. Il n'a guère d'usage qu'à l'infinitif, et il vieillit.

SURGLACÉ, E, part. pass. de *surglacer*.

SURGLACER, v. act. (*çurguelacé*), recouvrir d'une couleur luisante. — *se* SURGLACER, v. pron. (*Boiste.*) Peu usité.

SURHAUSSÉ, E, part. pass. de *surhausser*.

SURHAUSSEMENT, subst. mas. (*çurôceman*), l'action de *surhausser* : *le surhaussement des marchandises*.

SURHAUSSER, v. act. (*çurôcé*), t. d'archit., élever plus haut, élever une voûte au-delà de son plein cintre. — Mettre à plus haut prix ce qui était déjà assez cher : *surhausser la valeur des denrées ordinaires*. — *se* SURHAUSSER, v. pron.

SURHERBE, subst. mas. (*çurèrebe*), t. d'oisel., sorte de filet qu'on ajuste sur l'*herbe* ou sur le blé vert pour prendre des cailles ou d'autres oiseaux. Peu connu.

SURHUMAIN, E, adj. (*çurumein, mène*), qui surpasse les forces de l'homme; qui est au-delà des facultés humaines : *taille surhumaine*; *efforts surhumains*.

SURHUMÉRALE, adj. fém. (*çurumérale*), t. d'anat., se dit des artères qui se portent aux muscles de l'omoplate.

SURIANE, subst. fém. (*çuri-ane*), t. de bot., espèce d'arbrisseau d'Amérique.

SURIKATE, subst. mas. (*çurikate*), t. d'hist. nat., genre de mammifères carnassiers.

SURINDICT, subst. mas. (*çureindikte*), surcharge. (*Boiste.*) Inusité.

SURINDICT, E, adj. (*çureindikte*), surchargé. (*Boiste.*) Inusité.

SURINSTITUTION, subst. fém. (*çureincetitution*), *institution* faite ou établie sur une autre. (*Boiste.*) Inusité.

SURINTENDANCE, subst. fém. (*çureintandance*), inspection et direction générale au dessus des autres. — Charge, emploi, commission de *surintendant*. — Autrefois, demeure du *surintendant* des bâtiments.

SURINTENDANT, subst. mas. (*çureintandan*), celui qui a la *surintendance*, la direction et l'inspection au-dessus des autres.

SURINTENDANTE, subst. fém. (*çureintandante*), femme de *surintendant*. — Dame qui avait la première charge dans la maison de la reine. — Titre de la principale directrice des maisons d'éducation des filles de la Légion-d'Honneur.

SURIRRITATION, subst. fém. (*çurireritácion*), t. de médec., *irritation* morbide; *irritation* qui paraît *sur* une autre.

SURIS, subst. mas. plur. (*çuri*), prêtres chez les Hottentots.

SURJALLÉ, E, ou **SURJOUAILLÉ, E**, adj. (*çurjalé, jou-â-ié*), t. de mar., se dit de l'ancre, lorsque le câble a serré le jas sur le fond, et fait tour mort ou un demi-tour dessus.

SURJET, subst. mas. (*çurjè*), espèce de couture qui se fait en tenant les deux étoffes qui doivent être jointes, appliquées l'une sur l'autre, bord à bord, et en les traversant toutes deux à chaque point d'aiguille.

SURJETÉ, E, part. pass. de *surjeter*.

SURJETER, v. act. (*çurjeté*), coudre en *surjet*. — T. de prat., enchérir, hausser le prix. Presque hors d'usage dans cette seconde acception. — *se* SURJETER, v. pron.

SURJURÉ, E, part. pass. de *surjurer*.

SURJURER, v. act. (*çurjuré*), t. de jurispr., opposer le serment de plusieurs à celui d'un criminel.— *se* SURJURER, v. pron. (*Boiste.*) Inus.

SURKERKAN, subst. mas. (*çurkièrekan*), t. d'hist. nat., sorte de petit animal de la famille des rongeurs.

SURLANGUE, subst. fém. (*çurlangue*), t. d'art vétér., charbon qui vient à la langue des bestiaux. (*Boiste.*) Peu usité.

SURLENDEMAIN, subst. mas. (*çurlandemein*), le jour qui suit le *lendemain*.

SURLIÉ, E, part. pass. de *surlier*.

SURLIER, v. act. (*çurli-é*), t. de mar., entourer le bout d'un câble avec du fil à voile, pour l'empêcher de se déficeler ou de se détordre.— *se* SURLIER, v. pron. Peu usité.

SURLIURE, subst. fém. (*çurli-ure*), t. de mar., amarrage fait sur une manœuvre pour l'empêcher de se détordre et de se défaire dans le service.— Action de *surlier*; effets de cette action. Peu usité.

SURLONGE, subst. fém. (*çurlonje*), la partie du bœuf qui reste après qu'on a levé l'épaule et la cuisse, et où l'on prend les aloyaux, etc.

SURLOUÉ, E, part. pass. de *surlouer*.

SURLOUER, v. act. (*çurlou-é*), *louer* au-dessus de sa valeur.—*se* SURLOUER, v. pron. Ce mot manque dans l'*Académie*.

SURMARCHÉ, E, part. pass. de *surmarcher*.

SURMARCHER, v. act. et n. (*çurmarché*), t. de chasse, *la bête surmarche*, revient sur ses aires, repasse par le même lieu, *marche sur* le même terrein.

SURME, subst. mas. (*çurme*), espèce de trompette égyptienne bruyante.

SURMECH, ou **SURMÉ**, subst. mas. (*çurmèke, çurmè*), collyre noir des Persans.

SURMENÉ, E, part. pass. de *surmener*.

SURMENER, v. act. (*çurmené*), excéder de fatigue les bêtes de somme, les chevaux, en les faisant aller, en les *menant*, trop vite et trop longtemps. — *se* SURMENER, v. pron.

SURMESURE, subst. fém. (*çurmezure*), ce qui est au-delà de la *mesure*.

SURMONTABLE, adj. des deux genres (*çurmontable*), qu'on peut *surmonter*.

SURMONTÉ, E, part. pass. de *surmonter*, et adj., en t. de blas., *pièce surmontée*, au-dessus de laquelle il y en a une autre qui la touche immédiatement.

SURMONTER, v. act. (*çurmonté*), *monter* au-dessus : *il allait se noyer, l'eau le surmontait*; et absol. : *quand l'huile est mêlée avec de l'eau, l'huile surmonte*. — Fig., vaincre, dompter : *surmonter ses ennemis, ses passions*.—Surpasser : *surmonter ses concurrents*.—*se* SURMONTER, v. pron., se vaincre soi-même. —Anciennement se surpasser.

SURMOULE, subst. mas. (*çurmoule*), *moule* fait *sur* une figure ou sur un ornement de plâtre coulé. Le *surmoule* est bien moins fidèle que le premier *moule* fait sur le modèle original.

SURMOULÉ, E, part. pass. de *surmouler*.

SURMOULER, v. act. (*çurmoulé*), faire un *surmoule*.—*se* SURMOULER, v. pron.

SURMOÛT, subst. mas. (*çurmou*) (du lat. *super*, au-dessus, au-delà, et de *mustum*, fait de *mustus*, frais, récent, nouveau), vin tiré de la cuve sans être cuvé ni pressé. Voy. MOÛT.

SURMULET, subst. mas. (*çurmulè*), t. d'hist. nat., espèce de poissons osseux, olobranches et thoraciques. On le nomme aussi *rouget*.

SURMULOT, subst. mas. (*çurmulô*), t. d'hist. nat., gros *mulot* roux, plus fort que le rat.

SURMURIN, subst. mas. (*çurmurein*), t. d'hist. nat., animal rongeur qui se tient particulièrement sur les toits ou dans les murailles.

SURNAG, subst. fém. (*çurnague*), t. de bot., nom d'une espèce de racine qui croît en Afrique.

SURNAGÉ, part. pass. de *surnager*.

SURNAGEANT, E, adj. (*çurnajan, jante*), t. de chim., s'est dit d'un liquide qui tient en suspension la matière d'un précipité qui surnage.

SURNAGER, v. neut. (*çurnajé*), se soutenir au-dessus d'une liqueur sans enfoncer : *le liége surnage sur l'eau*.—*Surnager* se dit absolument : *lorsqu'on met de l'huile dans l'eau, l'huile surnage*.—Fig., il se dit d'une chose qui subsiste, par opposition à d'autres qui se détruisent, qui s'oublient, qui s'anéantissent : *à la longue, les erreurs disparaissent, et la vérité surnage*.

SURNAÎTRE, v. neut. (*çurnètre*), *naître* par-dessus. Presque inusité.

SURNATUREL, adj. mas., au fém. **SURNATURELLE** (*çurnaturèle*), qui est au-dessus des forces de la *nature* : *don surnaturel, puissance surnaturelle*.—On appelle, *vérités surnaturelles*, les vérités que l'on ne connaît que par la foi.— Extraordinaire, merveilleux : *cet homme a une adresse surnaturelle*.

SURNATURELLE, adj. fém. Voy. SURNATUREL.

SURNATURELLEMENT, adv. (*çurnaturèleman*), d'une manière *surnaturelle*.

SURNÉ, E, part. pass. de *surnaître*.

SURNEIGÉES, subst. fém. plur. (*çurnéjé*) (rac. *neige*), t. de chasse; il se dit des voies des bêtes sur la *neige*.

SURNIE, subst. fém. (*çurni*), t. d'hist. nat., chouette-épervier, à longue queue étagée.

SURNOM, subst. mas. (*çurnon*), *nom* qui vient après le *nom* propre, le *nom* de famille; c'est en quelque sorte une épithète ajoutée au *nom* : *Scipion l'Africain, Charles-le-Téméraire*, etc.

SURNOMMÉ, E, part. pass. de *surnommer*.

SURNOMMER, v. act. (*çurnomé*), donner un *surnom*; ajouter une épithète, ou un *nom* équivalant, au *nom* propre : *Jacques surnommé* (dit) *Balochard*; *le duc de Guise fut surnommé le Balafré*. — *se* SURNOMMER, v. pron.

SURNOURRI, E, part. pass. de *surnourrir*.

SURNOURRIR, v. act. (*çurnourir*), *nourrir* trop.—*se* SURNOURRIR, v. pron. (*Boiste.*) Inusité.

SURNUMÉRAIRE, subst. et adj. des deux genres (*çurnumérère*) (du latin *surnumerarius*, formé de *super*, sur, au-dessus, et de *numerus*, nombre), qui est au-dessus du nombre déterminé : *employé surnuméraire*. (C'est à tort qu'on fait signifier au mot *surnuméraire*: *qui travaille sans appointements*; ordinairement, il est vrai, *les surnuméraires* ne touchent pas d'appointements, ou du moins ils n'ont pas droit aux appointements; mais l'expression véritable du mot ne signifie pas autre chose que : *ce qui est au-dessus du nombre déterminé*.)—*Avoir une place de surnuméraire*, travailler en attendant qu'on soit admis au nombre des commis en titre.

SURNUMÉRARIAT, subst. mas. (*çurnuméra-ri-a*), en t. d'administration, temps pendant lequel une personne est employée comme *surnuméraire*.

SURON, subst. mas. (*çuron*), peau de bœuf fraîche et sans apprêt, dans laquelle on enveloppe des marchandises en Amérique, et qui est cousue avec des lanières de la même peau. — La marchandise qui y est contenue : *suron de cochenille*.

SUROS, subst. mas. (*çurôce*), t. de médec. vétér., tumeur dure située sur la jambe d'un cheval, et qui dépend de l'os même.

SUROXYDE, subst. mas. (*çurokcide*), t. de chim., *oxyde* trop oxydé pour pouvoir se combiner avec d'autres oxydes.

SUROXYGÉNÉ, E, adj. (*çurokcijéné*), t. de chim., qui contient de l'*oxygène* avec excès.

SUROXYGÉNÈSES, subst. fém. plur. (*çurokcijénèze*), t. de médec., maladies qu'on attribue à une surabondance d'*oxygène*.

SUROXYMURIATE, subst. mas. (*çurokcimuri-ate*), nom que quelques chimistes donnent aux chlorates.

SURPAIE, subst. fém. (*çurpé*), action de *surpayer*.—Gratification en sus de la *paie*; haute-paie. (*Boiste.*)

SURPARTICULIÈRE, adj. fém. (*çurpartikuli-ère*), se disait anciennement, en arithm., d'une proportion dont le plus grand terme ne contient qu'une fois le plus petit. Hors d'usage.

SURPARTIENT, E, adj. (*çurparci-an*, *ci-ante*) du français *sur*, *au-dessus*, *par-dessus*, et du latin *partiens*, part. prés. de *partiri*, partager), t. de math. : *raison surpartiente*, raison de plus grande inégalité entre deux termes, dont l'un contient l'autre une fois, et en outre, plus d'une de ses parties. Voy. SUPERPARTIENT.

SURPASSÉ, E, part. pass. de *surpasser*.

SURPASSER, v. act. (*çurpâcé*) (*passer sur*, *au-dessus*), excéder, être plus élevé. Causer un étonnement qui confond les idées : *cet évènement me surpasse.*—Il se dit aussi dans le sens d'*excéder* les forces, l'intelligence : *cette science surpasse mon esprit; cela surpasse ma portée; cette dépense surpasse mes moyens.* —Au fig., être au-dessus de quelqu'un : *surpasser quelqu'un en science.* — *se* SURPASSER, v. pron. : *il s'est surpassé lui-même*, il a beaucoup mieux fait qu'à son ordinaire.

SURPAYÉ, E, part. pass. de *surpayer*.

SURPAYER, v. act. (*çurpé-ié*), *payer* une chose plus qu'elle ne vaut; acheter trop cher: *vous avez plus que surpayé votre étoffe.* —*Payer* au-delà de ce qui est dû : *maintenant vous voilà surpayé.*—*se* SURPAYER, v. pron.

SURPEAU, subst. fém. (*çurpô*), épiderme, première peau. Peu usité. Voy. ÉPIDERME.

SURPENTE, subst. fém. (*çurpante*), t. de mar., estrope double.

SURPLIS, subst. mas. (*çurpli*) (de *superpellicum*, formé, dans la basse latinité, de *super*, sur, et *pellicum*, peau, fourrure; parce que le *surplis*, ou, comme on écrivait autrefois, *surpelis*, se mettait anciennement sur l'armure qui couvrait la tête. *Ménage*, d'après *Nicot*, etc.), vêtement d'église ordinairement fait de toile ou de lin, à ailes plates et plissées. — *Porter le surplis*, être attaché au chœur d'une église.

SURPLOMB, subst. mas. (*çurplon*), défaut de ce qui n'est pas *à plomb*.

SURPLOMBÉ, E, part. pass. de *surplomber*.

SURPLOMBER, v. neut. (*çurplonbé*), n'être pas *à plomb*.—Act., faire pencher une ligne ou une surface à angle aigu avec l'horizon. — *se* SURPLOMBER, v. pron.

SURPLUÉES, subst. fém. plur. (*çurplu-é*), t. de vén., se dit des voies du gibier sur lesquelles il est tombé de la pluie. On dit mieux *surpluies*.

SURPLUS, subst. mas. (*çurplu*), ce qui reste, l'excédant.—*Au surplus*, loc. adv., au reste.

SURPOIL, subst. mas. (*çurpoèle*), trousseau des enfants que l'on marie. Vieux et même hors d'usage.

SURPOINT, subst. mas. (*çurpoein*), ràclures que les corroyeurs tirent de leurs cuirs imbibés de suif, lorsqu'ils leur donnent la dernière préparation.

SURPOSÉ, E, adj. (*çurpôzé*), t. de bot., *graines surposées*, *posées* l'une sur l'autre et en long.

SURPOUSSE, subst. fém. (*çurpouce*), *pousse* qui vient après celle de l'année.

SURPRENANT, E, adj. (*çurprenan*, *nante*), qui *surprend*, qui étonne.

SURPRENDRE, v. act. (*çurprandre*). Il se conjugue comme *prendre*. *Prendre sur* le fait : *surprendre un voleur qui crochette une porte.*— Prendre à l'imprévu, au dépourvu : *surprendre l'ennemi*; et par extension : *la nuit*, *la pluie nous a surpris.* — Étonner : *cette nouvelle m'a extrêmement surpris.* — Tromper, abuser, induire en erreur : *défiez-vous de cet homme, il ne cherche qu'à vous surprendre.* On dit dans le même sens : *surprendre la religion des juges.*— Obtenir frauduleusement, par artifice, par des voies indues : *il a surpris un privilége.* — *Surprendre des lettres*, les prendre furtivement, les intercepter. — Saisir, attaquer subitement, en parlant d'une maladie, de la mort : *la mort l'a surpris au milieu de ses projets.*—*Surprendre la confiance de quelqu'un*, se l'attirer par artifice. On dit dans le même sens : *surprendre le secret de...* —En parlant des gestes, des oublis qui échappent : *j'ai surpris ses larmes*, *ses soupirs.* — On dit : *se laisser surprendre à... : je me suis surpris à pleurer.*— Se laisser *surprendre* par : *il s'est laissé surprendre par son air de candeur.* —*Surprendre* se dit aussi de la viande, de la pâtisserie qu'un feu trop vif a brûlée avant qu'elle fût cuite : *le feu l'a surprise.* — SURPRENDRE, ÉTONNER. (*Syn.*) La *surprise* naît de la présence subite d'un objet inattendu, inopiné, imprévu; l'*étonnement* naît du coup violent frappé par un objet puissant, extraordinaire, irrésistible. Comme les choses prévues et calculées ne *surprennent* point, elles n'*étonnent* pas, par la raison qu'on y est préparé, et qu'on s'est prémuni contre. Les choses imprévues ne nous *étonnent* pas, quoiqu'elles nous *surprennent*, lorsqu'elles ne sont pas de nature à nous émouvoir fortement. La même chose *surprend*, comme inattendue, tandis qu'elle *étonne*, comme éclatante. Dans le cours ordinaire des choses, il arrive beaucoup de *surprises*; il n'y a de l'*étonnement* que dans le cours des choses extraordinaires. La commotion est plus forte, la secousse est plus vive, l'impression est plus profonde, l'effet est plus grand et plus durable dans l'*étonnement* que dans la *surprise*. Si la *surprise* trouble vos sens et vos idées, l'*étonnement* les renverse. Il y a des *surprises* agréables et légères, mais l'*étonnement* n'a rien que de grand et de fort. Enfin l'*étonnement* est une extrême *surprise*, mêlée de crainte, d'admiration, d'effroi, de ravissement, ou de tel autre sentiment distingué par un caractère de grandeur et de force. — Un bruit ordinaire, mais subit, au milieu d'un grand calme, vous *surprend*; un bruit éclatant, dans les mêmes circonstances et sans cause connue, vous *étonne*. Vous avez vu l'éclair, le bruit de la foudre ne vous *surprend* plus : mais s'il est si violent qu'il abatte toutes les forces de vos organes et de votre esprit, il vous *étonne* encore. — Le singulier vous *surprend*, le merveilleux vous *étonne*. Vous êtes *surpris* de la délicatesse de ce travail; vous êtes *étonné* de la grandeur d'une entreprise. Les ruses tortueuses d'Ulysse vous *surprennent* sans cesse; les exploits éclatants d'Achille vous *étonnent*. On est *surpris* à l'aspect d'une jolie personne qu'on n'attendait pas; on serait *étonné* à l'aspect d'une beauté parfaite dont on n'a pas l'idée. Molière vous *surprend*, Corneille vous *étonne* sans cesse. Un trait d'esprit nous *surprend*; un coup de génie nous *étonne*. — Ce qui trompe notre attente, ce qui dérange nos idées, ce qui n'est point rentré dans nos calculs et nos combinaisons, nous *surprend*. Ce qui surpasse de beaucoup la mesure que nous nous faisons des choses, et qui est fort au-dessus de l'ordre commun, ce qui est tout-à-fait hors de notre portée, de notre intelligence, de notre conception, de nos lumières et de nos forces, nous *étonne*. Nous sommes *surpris* de ce à quoi nous n'avons pas songé; nous sommes *étonnés* de ce que nous ne concevons pas. Si vous avez calculé les possibles, l'évènement ne vous *surprendra* pas; dès que vous connaissez les causes, les effets ne vous *étonnent* plus. — SURPRENDRE, TROMPER, LEURRER, DUPER. (*Syn.*) Il semble que *surprendre* marque plus particulièrement quelque chose qui induit l'esprit en erreur; que *tromper* dise nettement quelque chose qui blesse la probité ou la fidélité; que *leurrer* exprime quelque chose qui attaque directement l'attente ou le désir; que *duper* ait proprement pour objet les choses où il est question d'intérêt et de profit. — Il est difficile que la religion du prince ne soit pas *surprise* par l'un ou l'autre des partis, lorsqu'il y en a plusieurs dans ses états. Il y a des gens à qui la vérité est odieuse; il faut nécessairement les *tromper* pour leur plaire. L'art des grands est de *leurrer* les petits par des promesses magnifiques; et l'art des petits est de *duper* les grands dans les choses que ceux-ci commettent à leurs soins. — *se* SURPRENDRE, v. pron.

SURPRIS, E, part. pass. de *surprendre*, et adj., pris à l'imprévu. — Étonné, etc.

SURPRISE, subst. fém. (*çurprize*), action par laquelle on *surprend* : *se rendre maître d'une place par surprise.* — Mouvement de l'âme causé par une chose à laquelle on ne s'attendait pas.— Étonnement. Voy. ce mot.—Tromperie, erreur.

SUR-QUADRI-PARTIENTE, adj. fém. (*çurkouadriparci-ante*), t. d'arith. et de géom., se dit de la raison de plus grande inégalité entre deux termes dont l'un contient l'autre une fois et quatre septièmes.

SURQUÉRIR, v. act. (*çurkiérir*), interroger de nouveau et avec discrétion. — *se* SURQUÉRIR, v. pron. (*Boiste.*) Inusité.

SURQUIS, E, part. pass. de *surquérir*.

SURRECTORIUM, subst. mas. (*çurerèktori-ome*), t. de chir., instrument destiné à soutenir le bras quand il est malade.

SURRÉNAL, E, adj. (*çurerénale*) (rac. *sur* et *rein*), t. d'anat., placé au-dessus des *reins*. — Au plur. mas., *surrénaux*.

SURROGAT, subst. mas. (*çurerogua*), dont mets *surrogatoire*. Inusité.

SURROGATION, subst. fém. Voy. SURÉROGATION, qui est seul usité.

SURROGATOIRE, adj. des deux genres. Voy. SURÉROGATOIRE, qui est seul usité.

SURSATURÉ, E, adj. (*çurçaturé*), se dit dans la chimie, d'un sel neutre dans lequel la base salifiable se trouve avec excès.

SURSAUT, subst. mas. (*çurçô*) (contraction et corruption de *soubresaut*. Voy. ce mot.), surprise subite, sensation violente; brusque interruption du sommeil : *s'éveiller en sursaut*, être éveillé subitement par quelque grand bruit, etc.

SURSÉANCE, subst. fém. (*çurcé-ance*), délai, suspension, temps pendant lequel une affaire est *sursise*. — Délai pour prendre la décision. — T. de jurispr., délai qu'on accorde à ceux qui sont obligés de payer une dette ou à ceux qui ont besoin d'un certain temps pour faire quelque chose.—*Lettres de surséance*, anciennement, lettres qu'un débiteur qui demandait du temps pour payer obtenait de la chancellerie; ces lettres faisaient suspendre les poursuites.

SURSEMAINE, subst. fém. (*çurcemène*), c'est la *semaine* d'avant ou d'après. (*Boiste.*) Inusité.

SURSEMÉ, E, part. pass. de *sursemer*.

SURSEMER, v. act. (*çurcemé*), *semer* une nouvelle graine sur une terre déjà *semée*. — *se* SURSEMER, v. pron.

DU VERBE IRRÉGULIER SURSEOIR :

Surseoie, précédé de *que je*, 1re pers. sing. prés. subj.

Surseoie, précédé de *qu'il* ou *qu'elle*, 3e pers. sing. prés. subj.

Surseoient, précédé de *ils* ou *elles*, 3e pers. plur. prés. indic.

Surseoient, précédé de *qu'ils* ou *qu'elles*, 3e pers. plur. prés. subj.

SURSEOIR, v. act. et neut. (*çurçoar*), suspendre, remettre, différer, en parlant des affaires de procédures : *surseoir une délibération*; et neut., en t. de palais, *surseoir au jugement d'une affaire*.

DU VERBE IRRÉGULIER SURSEOIR :

Surseoira, 3e pers. sing. fut. indic.

Surseoirai, 1re pers. sing. fut. indic.

Surseoiraient, 3e pers. plur. prés. cond.

Surseoirais, précédé de *je*, 1re pers. sing. prés. cond.

Surseoirais, précédé de *tu*, 2e pers. sing. prés. cond.

Surseoirait, 3e pers. sing. prés. cond.

Surseoiras, 2e pers. sing. fut. indic.

Surseoirez, 2e pers. plur. fut. indic.

Surseoiriez, 2e pers. plur. prés. cond.

Surseoirions, 1re pers. plur. prés. cond.

Surseoirons, 1re pers. plur. fut. indic.

Surseoiront, 3e pers. plur. fut. indic.

Surseois, 2e pers. sing. impér.

Surseois, précédé de *je*, 1re pers. sing. prés. indic.

Surseois, précédé de *tu*, 2e pers. sing. prés. indic.

Surseoit, 3e pers. sing. prés. indic.

Sursîmes, 1re pers. plur. prét. déf.

Sursirent, 3e pers. plur. prét. déf.

Sursis, précédé de *je*, 1re pers. sing. prét. déf.

Sursis, précédé de *tu*, 2e pers. sing. prét. déf.

SURSIS, subst. mas. (*çurci*), t. de palais, délai : *il a obtenu un sursis*. Voy. SURSEOIR.

SURSIS, E, part. pass. de *surseoir*, et adj., différé, retardé.

DU VERBE IRRÉGULIER SURSEOIR :

Sursisse, 1re pers. sing. imparf. subj.

Sursissent, 3e pers. plur. imparf. subj.

Sursisses, 2e pers. sing. imparf. subj.

Sursissiez, 2e pers. plur. imparf. subj.

Sursissions, 1re pers. plur. imparf. subj.

Sursit, précédé de *il* ou *elle*, 3e pers. sing. prét. déf.

Sursît, précédé de *qu'il* ou *qu'elle*, 3e pers. sing. imparf. subj.

Sursîtes, 2ᵉ pers. plur. prét. déf.

SURSOLIDE, subst. et adj. des deux genres (*çurçolide*), t. d'algèbre, quatrième puissance d'une grandeur. Presque hors d'usage, principalement comme subst.

DU VERBE IRRÉGULIER **SURSEOIR** :

Sursoyaient, 3ᵉ pers. plur. imparf. indic.

Sursoyais, précédé de *je*, 1ʳᵉ pers. sing. imparf. indic.

Sursoyait, 3ᵉ pers. sing. imparf. indic.

Sursoyant, part. prés.

Sursoyez, 2ᵉ pers. plur. impér.

Sursoyez, précédé de *vous*, 2ᵉ pers. plur. prés. indic.

Sursoyiez, précédé de *vous*, 2ᵉ pers. plur. imparf. indic.

Sursoyiez, précédé de *que vous*, 2ᵉ pers. plur. prés. subj.

Sursoyions, précédé de *nous*, 1ʳᵉ pers. plur. imparf. indic.

Sursoyions, précédé de *que nous*, 1ʳᵉ pers. plur. prés. subj.

Sursoyons, 1ʳᵉ pers. plur. impér.

Sursoyons, précédé de *nous*, 1ʳᵉ pers. plur. prés. indic.

SUR-STIMULATION, subst. fém. (*çurcetimulàcion*), t. de médec., excès de *stimulation*. Inusité.

SUR-SULFATE, subst. mas. (*çurçulefate*), t. de chim., nom générique des *sulfates* où l'acide se trouve en excès.

SUR-TARTRATE, subst. mas. (*çurtartrate*), t. de chim., nom générique des *tartrates* contenant un excès d'acide.

SURTAUX, subst. mas. (*çurtô*), *taux* qui excède ce qui devrait être imposé. Peu en usage.

SURTAXE, subst. fém. (*çurtakce*), *taxe* trop forte; *taxe* ajoutée à d'autres.

SURTAXÉ, E, part. pass. de *surtaxer*.

SURTAXER, v. act. (*çurtakcé*), *taxer* trop haut.—*se* SURTAXER, v. pron.

SURTIRÉ, subst. mas. (*çurtiré*), t. de comm., celui *sur* lequel est *tirée* une lettre de change, et qui l'accepte. Aujourd. on dit simplem. le *tiré*.

SURTONDRE, v. act. (*çurtondre*), *surtondre la laine*, en couper les extrémités les moins fines avant de la laver.—*se* SURTONDRE, v. pron.

SURTONDU, E, part. pass. de *surtondre*.

SURTONTE, subst. fém. (*çurtonte*), ce que l'on coupe après la *tonte*; coupe de ce qui reste sur les cuirs.

SURTOUT, subst. mas. (*çurtou*), sorte de justaucorps fort large, qu'on met *par-dessus tous* les autres habits : *ôter son surtout*. — Pièce de vaisselle d'argent, de cuivre doré, de plaqué, de porcelaine, ou d'autre matière, que l'on place au milieu d'une grande table, et sur laquelle on met des fleurs, des fruits, etc., dans les repas d'apparat. — Espèce de charrette fort légère, faite en forme de grande manne, et qui sert à porter du bagage. — Élévation du parquet que l'on pratique aux angles d'une place fortifiée, pour se mettre à couvert des batteries à ricochet. — En anat., on appelle *surtout ligamenteux de la colonne vertébrale*, les ligaments vertébraux et postérieurs. — Chez les fondeurs de cloches, moule qui recouvre les autres moules du modèle de la cloche, et qui doit soutenir l'action du feu.

SURTOUT, adv. (*çurtou*), avant toute chose; plus que toute autre chose; principalement.

SUR-TRI-PARTIENTE-QUARTE, adj. fém. (*çurtriparci-antekarte*), t. d'arith. et de géom.; se dit de la raison de la plus grande inégalité entre deux termes dont l'un contient l'autre une fois et un quart. Inus.

SURVEILLANCE, subst. fém. (*çurvè-iance*), action de *surveiller*.—Emploi, soins, gestion d'un *surveillant*. — Occupation, fonction du *surveillant* dans une loge de franc-maçonnerie.

SURVEILLANT, E, subst. et adj. (*çurvè-ian, iante*), qui *surveille*, qui prend garde : *il est bien surveillant*.—Subst. : *il faut leur donner un bon surveillant*, *une surveillante attentive*.

SURVEILLE, subst. fém. (*çurvè-ie*), le jour qui précède la *veille*.

SURVEILLÉ, E, part. pass. de *surveiller*.

SURVEILLER, v. act. et neut. (*çurvè-ié*), *veiller*, avoir l'œil *sur* quelqu'un, ou *sur* quelque chose, afin que tout aille bien, que tout se fasse avec soin, avec exactitude : *surveiller quelqu'un, surveiller tout ce qui se passe*. Voy. VEILLER.—*se* SURVEILLER, v. pron.

SURVENANCE, subst. fém. (*çurvenance*), t. de palais, arrivée, réclamation qu'on n'avait point prévue : action de *survenir* : *le droit de survenance révoque souvent une donation*.

SURVENANT, E, subst. et adj. (*çurvenan, nante*), qui *survient*. Il ne se dit guère qu'au pluriel, surtout comme subst.

***SURVENDRE**, v. act. et neut. (*çurvandre*), *vendre* plus cher qu'il ne faut.—*se* SURVENDRE, v. pron.

SURVENDU, E, part. pass. de *survendre*.

SURVENIR, v. act. (*çurvenir*) (du latin *supervenire*). Il se conjugue comme *venir*. Arriver inopinément.—Arriver par surcroît.

SURVENTE, subst. fém. (*çurvante*), *vente* trop chère, excessive, au-dessus du prix de la chose.

SURVENTER, v. neut. (*çurvanté*), t. de mar.; se dit du *vent* qui augmente encore de force dans un coup de vent.

SURVENU, E, part. pass. de *survenir*, et adj., qui est *venu* inopinément.

SURVÊTEMENT, subst. mas. (*çurvéteman*), *vêtement* mis *sur* un autre. Presque inusité.

SURVÊTIR, v. act. (*çurvétir*). Il se conjugue comme *vêtir*. Mettre un habillement par-dessus un autre.—*se* SURVÊTIR, v. pron. Peu usité.

SURVÊTU, E, part. pass. de *survêtir*.

SURVIDÉ, E, part. pass. de *survider*.

SURVIDER, v. act. (*çurvidé*) (de *sur*, qui marque excès, et de *vider* : *vider l'excédant*), désemplir un vase, un sac, etc., trop plein. — *se* SURVIDER, v. pron.

SURVIE, subst. fém. (*çurvi*), t. de pal., état de celui qui *survit* à un autre. — *Gains de survie*, avantages en faveur du *survivant*.

SURVIVANCE, subst. fém. (*çurvivance*), succession désignée à quelque charge ou emploi.

SURVIVANCIER, subst. mas., **SURVIVANCIÈRE**, subst. fém. (*çurvivancié, cière*), celui, celle qui a la *survivance* d'une charge, d'un office, etc.

SURVIVANCIÈRE, subst. fém. Voy. SURVIVANCIER.

SURVIVANT, E, subst. et adj. (*çurvivan, vante*), celui, celle qui *survit*.

SURVIVRE, v. neut. (*çurvivre*) (du latin *supervivere*, vivre au-delà). Il se conjugue comme *vivre*. Demeurer en vie après un autre : *il a survécu à tous ses enfants*. On lit dans Bossuet (Oraison funèbre de la reine d'Angleterre) : *la Providence a voulu qu'elle survéquît à ses grandeurs*. C'est un barbarisme : il faut *qu'elle survécût*; car *survivre* se conjugue sur *vivre*, dont il est un composé. On a dit aussi act., en t. de pal., ou fam. : *il a survécu tous ses enfants* : on n'oserait plus se servir aujourd'hui de cette locution. — Fig. : *survivre à son honneur*, *à sa gloire*, etc., vivre encore après la perte de son honneur, de sa gloire, etc. — *se* SURVIVRE, v. pron. : *un père se survit dans ses enfants*. — Fig. : *se survivre à soi-même* ou *survivre à soi-même*, perdre avant sa mort l'usage de ses facultés naturelles, de la mémoire, de l'ouïe, etc. —SURVIVRE A QUELQU'UN, SURVIVRE QUELQU'UN. (*Syn.*) *Survivre*, pousser sa vie plus loin, vivre plus long-temps que... L'usage conforme à la valeur des mots est pour *survivre à quelqu'un*. *Survivre quelqu'un* est proprement une façon de parler de jurisprudence; mais elle entre quelquefois dans la conversation familière. *Survivre quelqu'un* désigne la *survie* de la personne dont la vie ou l'existence avait des rapports très-particuliers, très-intimes, très-intéressants avec celle de la personne qui meurt la première. Ainsi l'on dit qu'une femme a *survécu* son mari; qu'un père a *survécu* ses enfants; que de deux jumeaux qui ont vécu, l'un n'a *survécu* l'autre que de quelques jours. C'est ainsi qu'on parle surtout quand il y a quelque intérêt stipulé entre deux personnes pour le *survivant*.—Selon l'ordre de la nature, les enfants doivent *survivre au père*; par des évènements particuliers, le père *survit* les enfants.

SUS, prép. (*çuce*), sur; en t. d'ordonnance, *courir sus à quelqu'un*. Voy. SUR. — *En sus*, loc. adv. et préposition, au-delà. — Dans l'usage ordinaire : *la moitié*, *le tiers*, *le quart en sus*, l'addition de la moitié, du tiers, du quart d'une somme. — En t. de finance, *le quart en sus de* 12,000 *est* 4,000; 15,000 *et le quart en sus font* 20,000. Ainsi le quart en sus est le tiers de la première somme, qui, ajouté, devient le quart de la somme totale.

SUS, interj. (*çuce*), pour exhorter, pour exciter : *sus, mes amis, marchons sans crainte*. Il est fam.

DU VERBE IRRÉGULIER **SAVOIR** :

Sus, précédé de *je*, 1ʳᵉ pers. sing. prét. déf.

Sus, précédé de *tu*, 2ᵉ pers. sing. prét. déf.

SUSAIN, subst. mas. (*çuzein*). Voy. SUSIN.

SUS-BANDE, subst. fém. (*çucebande*), t. d'artillerie, forte pièce de fer pliée conformément à la grosseur du tourillon d'une bouche à feu, et le couvrant dans sa partie supérieure. Voy. SURBANDE.

SUS-BEC, subst. mas. (*çucebèk*), t. de faucon., rhume chaud et subtil qui fait mourir beaucoup d'oiseaux.

SUS-CARPIEN, subst. et adj. mas., au fém. **SUS-CARPIENNE**, (*çucekarpiein, piène*), t. d'anat.; se dit d'une artère ou de la dorsale du *carpe*.

SUS-CARPIENNE, subst. et adj. fém. Voy. SUS-CARPIEN.

SUSCEPTIBILITÉ, subst. fém. (*çucèpetibilité*), trop grande sensibilité; disposition à se choquer trop aisément : *on doit ménager la susceptibilité de tout le monde*.

SUSCEPTIBLE, adj. des deux genres (*çucèpetible*) (du lat. *suscipere*, *capere sub*, prendre, recevoir), capable de recevoir certaine qualité, certaine modification : *la matière est susceptible de toute sorte de formes*; *le sujet est susceptible d'ornement*; *les esprits faibles sont susceptibles de superstition*. — On dit qu'*une proposition*, qu'*un passage est susceptible de plusieurs sens*, *d'interprétations différentes*, pour dire qu'une proposition peut être entendue dans plusieurs sens différents; qu'un passage peut être expliqué, peut être interprété de bien des façons différentes. — Qui peut recevoir en soi : *susceptible de haine*, *d'amour*, etc. Voy. CAPABLE. — On dit de quelqu'un qu'*il est susceptible d'une charge*, *d'une grace*, etc., qu'il a les qualités nécessaires pour l'obtenir. — Employé sans régime : qui s'offense facilement, qui se blesse de rien moralement : *cette personne est trop susceptible*.

SUSCEPTION, subst. fém. (*çucèpecion*) (en lat. *susceptio*, fait de *suscipere*, prendre, recevoir), action de prendre les ordres sacrés. Peu usité.— Nom de deux fêtes dans l'Église romaine : *la susception de la sainte croix*; *la susception de la sainte couronne d'épines*.

SUSCE, subst. mas. (*çuce*), taffetas qui se fabrique au Bengale.

SUS-CHOROÏDIEN, adj. mas., au fém. **SUS-CHOROÏDIENNE** (*çucekoro-idiein, diène*), t. d'anat., qui est placé au-devant de la *choroïde*.

SUS-CHOROÏDIENNE, adj. fém. Voy. SUS-CHOROÏDIEN.

SUSCITATION, subst. fém. (*çucecitâcion*) (en lat. *suscitatio*), suggestion, instigation.

SUSCITÉ, E, part. pass. de *susciter*.

SUSCITER, v. act. (*çucecité*) (du lat. *suscitare*, fait de *susùm*, pour *sursùm*, sur, par-dessus, et de *citare*, mouvoir, exciter), dans le langage de l'Écriture, faire naître, faire paraître dans un certain temps : *Dieu a suscité des prophètes*. — Plus communément, attirer des ennemis à quelqu'un, lui faire naître des embarras, etc. — *se* SUSCITER, v. pron.

SUSCRIPTION, subst. fém. (*çucekripecion*) (du lat. *susùm* pour *sursùm*, sur, dessus, et *scribere*, écrire), adresse, écrit, qu'on met à une lettre et qui porte le titre, le nom, la qualité, profession et demeure d'une personne.

SUSDIT, E, adj. et subst. (*çucedi, dite*), t. de palais, nommé ci-dessus : *la susdite somme*. — Subst., le *susdit*, la *susdite*. — On l'emploie en poésie dans le style badin.

SUS-DOMINANTE, subst. fém. (*çucedominante*), anc. mus., la note qui est d'un degré *au-dessus* de la *dominante*, la sixième du ton.

SUS-ÉPINEUX, adj. Voy. SUR-ÉPINEUX.

SUS-HÉPATIQUE, adj. des deux genres (*çuzépatike*), t. d'anat., se dit des veines de la surface convexe du foie, qui se rendent dans la veine cave abdominale.

SUS-HYOÏDIEN, adj. mas., au fém. **SUS-HYOÏDIENNE** (*çuzi-o-idiein, diène*), t. d'anat., qui est placé au-dessus de l'*hyoïde*.

SUS-HYOÏDIENNE, adj. fém. Voy. SUS-HYOÏDIEN.

SUSIN, subst. mas. (*çuzein*), t. de mar., pont brisé, ou partie du tillac depuis la dunette jusqu'au grand mât.

SUS-MAXILLAIRE, subst. et adj. mas. (*çucemakcilelère*), t. d'anat.; se dit de l'os *maxillaire* supérieur.

SUS-MAXILLO-LABIAL, subst. et adj. mas. (*çucemakcilelôlabi-ale*), t. d'anat.; se dit de certains muscles congénères du nez et de la lèvre, distingués en grand, petit et moyen : *le grand* *sus-maxillo-labial* est l'élévateur commun de l'aile du nez et de la lèvre supérieure; *le moyen* est l'élévateur propre de la lèvre supérieure; *le petit* est le canin. — Au plur., *sus-maxillo-labiaux.*

SUS-MAXILLO-NASAL, subst. et adj. mas. (*succmakcilelônâzal*), t. d'anat.; se dit du muscle transversal ou dilatateur du nez.

SUS-MÉTACARPO-LATÉRI-PHALANGIEN, subst. et adj. mas. (*çucemétakarpôlatérifalanjiein*), t. d'anat.; se dit des muscles inter-osseux dorsaux ou inter-osseux externes de la main.

SUS-MÉTATARSIEN, adj. mas., au fém. **SUS-MÉTATARSIENNE**, (*çucemétatarcieìn*, *ciène*), t. d'anat., on a donné ce nom à l'artère du *métatarse*, qui est une des branches de la pédieuse.

SUS-MÉTATARSIENNE, adj. fém. Voy. SUS-MÉTATARSIEN.

SUS-MÉTATARSO-LATÉRI-PHALANGIENS, subst. et adj. mas. plur. (*çucemétatarçôlatérifalanjiein*), t. d'anat.: on a donné ce nom aux muscles inter-osseux supérieurs du pied.

SUS-OPTICO-SPHÉNO-SCLÉROTICIEN, subst. et adj. mas. (*çuzôpetikôcefénôceklérotìcieìn*), t. d'anat., se dit du muscle droit supérieur de l'œil.

SUS-ORBITAIRE, adj. des deux genres (*çuzorbitère*), t. d'anat., qui est situé au-dessus de l'*orbitaire*.

SUSPECT, E, adj. (*çucepèkete*) (en latin *suspectus*), qui est soupçonné, de qui on a ou on peut avoir soupçon, en parlant des personnes : *nous avons des juges bien suspects ; cette femme est bien suspecte.* — *Il a dit cela dans un temps suspect*, dans des circonstances où il pouvait être soupçonné de ne pas dire la vérité ; et, dans un sens contraire : *il a dit cela dans un temps non suspect.* — *Lieu suspect*, *pays suspect*, lieu, pays qu'on soupçonne être infecté de peste; et c'est dans ce sens que l'on dit que *des marchandises viennent d'un lieu suspect de contagion*, ou simplement *d'un lieu suspect.* — Subst., en France à l'époque de 1793, personne *suspectée* de sentiments contraires à la révolution de 1789 : *classe, liste des suspects.*

SUSPECTÉ, E, part. pass. de *suspecter.*

SUSPECTER, v. act. (*çucepèkté*) (du lat. *suspectare*, employé dans la même acception, et qui signifie proprement, regarder en haut, de *susum*, pour *sursum*, sur, en dessus, et *spectare*, regarder), regarder comme *suspect*, soupçonner. — *se* SUSPECTER, v. pron., pouvoir être *suspecté.*

SUSPENDRE, v. act. (*çucepandre*) (du latin *suspendere*, formé de *susum* pour *sursum*, sur, en dessus, et de *pendere*, pendre, être pendu), élever un corps en l'air et le soutenir avec un lien, en telle sorte qu'il *pende* : *on suspend une cage, un lustre.* — Par extension : *la terre est suspendue dans l'espace, les nuages sont suspendus en l'air.* — Fig., surseoir, différer : *suspendre une exécution.* — Interdire à quelqu'un pour un temps les fonctions de sa charge, de son office : *suspendre un prêtre de ses fonctions; suspendre un maire, un administrateur.* — *Suspendre son jugement*, ne rien décider encore, attendre de nouvelles preuves, etc. — *Suspendre son travail*, *sa marche*, l'interrompre. — *se* SUSPENDRE, v. pron.

SUSPENDU, E, part. pass. de *suspendre*, et adj., qui est soulevé en l'air, tenu en l'air. — Fig., différé : *tous mes travaux sont suspendus.* — Interdit pour quelque temps : *ce maire, cet administrateur est suspendu.*

SUSPENS, adj. mas. (*çucepan*) (en lat. *suspensus*), interdit : *un prêtre suspens ; il est suspens de fait et de droit.* Presque hors d'usage. — *En suspens*, loc. adv., en doute et dans l'incertitude : *l'affaire est demeurée en suspens.*

SUSPENSE, subst. fém. (*çucepance*), censure par laquelle un ecclésiastique est déclaré *suspens.* — État dans lequel un ecclésiastique est mis par cette censure.

SUSPENSEUR, subst. et adj. mas. (*çucepanceur*), t. d'anat. ; se dit des muscles des testicules.

SUSPENSIF, adj. mas., au fém. **SUSPENSIVE** (*çucepancif*, *cive*), t. de palais, qui *suspend* et qui empêche d'aller en avant : *le simple appel est quelquefois suspensif.* — En rhét., qui sert à tenir l'esprit en *suspens*, qui empêche de poursuivre : *les chuchotements qu'il aperçut rendirent son raisonnement suspensif, mais il reprit une contenance ferme, tranquille, et continua.* — T. de gramm., on appelle *points suspensifs*, plusieurs points mis à la suite les uns des autres, pour marquer que la phrase est arrêtée, n'est pas développée, tient en *suspens* l'idée ou l'attention, et laisse à deviner la suite : *que ferai-je si....*

SUSPENSION, subst. fém. (*çucepancion*) (en latin *suspensio*), cessation d'opération pendant quelque temps : *suspension de l'exécution d'un jugement; suspension d'armes*, cessation momentanée d'actes d'hostilité. — Interdiction pour un temps. — Fig. de rhét. qui consiste à tenir *en suspens* l'esprit des auditeurs pour leur dire ensuite des choses inattendues : *point de suspension d'une balance* ou *de ses poids*, le point où la balance est arrêtée et *suspendue.* — Celui où les poids sont attachés. — T. de mus., se dit de tout accord sur la basse duquel on soutient un ou plusieurs sons de l'accord précédent, avant que de faire entendre l'accord nouveau. — T. d'horl., se dit en général des pièces ou parties par lesquelles un régulateur est *suspendu* : *suspension par ressorts*, etc. — En t. de mar., on appelle, *suspension*, une machine qui est telle que, dans toutes les agitations d'un vaisseau, la boussole ou l'horloge marine demeure parfaitement horizontale, sans participer au mouvement que la machine éprouve par les balancements du vaisseau.

SUSPENSIVE, adj. fém. Voy. SUSPENSIF.

SUSPENSOIR et **SUSPENSOIRE** (tels sont du moins les deux mots que donne l'*Académie*, pour exprimer une seule chose. Il y en a au moins un d'inutile; et nous pensons que *suspensoir* doit être préféré, parce que la terminaison fém. de *suspensoire* est choquante, appliquée à un subst. mas.), subst. mas. (*çucepançoare*), ce qui sert à *suspendre.* — En t. de chir., bandage contre les descentes d'intestins et autres incommodités pareilles.

SUSPENTE, subst. fém. (*çucepante*), t. de mar., cordage capelé sur le mât de misaine.

SUSPICION, subst. fém. (*çucepicion*) (en latin, *suspicio*), t. de palais, soupçon, défiance.

SUSPIRIEUSE, adj. fém. Voy. SUSPIRIEUX.

SUSPIRIEUX, adj. mas., au fém. **SUSPIRIEUSE** (*çucepiri-eu*, *euze*), t. de médec.; il se dit de la respiration, lorsqu'elle produit le bruit qui constitue le soupir. Presque inusité.

SUS-PUBIEN, adj. mas., au fém. **SUS-PUBIENNE** (*çucepubiein*, *biène*), t. d'anat., qui est situé au-dessus du *pubis.*

SUS-PUBIENNE, adj. fém. Voy. SUS-PUBIEN.

SUS-PUBIO-FÉMORAL, subst. et adj. mas. (*çucepubi-ofémorale*), t. d'anat.; on a donné ce nom au muscle pectiné, parce qu'il s'étend obliquement de la partie supérieure du *pubis* au *fémur.*

SUS-SCAPULAIRE-INFÉRIEUR, subst. et adj. mas. (*çucekapulèreinférieur*), t. d'anat., nom qu'on a donné au muscle sous-épineux comme situé sous l'omoplate.

SUS-SCAPULAIRE-SUPÉRIEUR, subst. et adj. mas. (*çucekapulèreçupérieure*), t. d'anat., nom qu'on a donné au muscle sur-épineux, parce que, de même que l'inférieur, il est sur l'omoplate, un peu plus haut que ce dernier.

SUS-SCAPULO-TROCHITÉRIEN, subst. et adj. mas. (*çucekapulôtrochitérieìn*), t. d'anat.; on a appelé : *grand-sus-scapulo-trochitérien*, le muscle sous-épineux ; *petit-sus-scapulo-trochitérien*, le sur-épineux ; *plus-petit-sus-scapulo-trochitérien*, le muscle petit rond, parce que ces trois muscles sont situés sur l'omoplate, et vont se lier à la tubérosité externe de l'humérus.

Susse, 1re pers. sing. imparf. subj. du verbe irrégulier SAVOIR.

SUSSÉIEMENT, subst. mas. (*çucé-ieman*), vice de prononciation qui consiste à donner au *j* le son du *z*, au *ch*, celui du *c*, etc. Ce mot se lit dans les *Mémoires de mademoiselle Clairon*, célèbre actrice tragique, et paraît avoir été fait de l'espagnol *cecco*, qui a à peu près la même signification. Dans l'une et l'autre langue, ce sont des onomatopées.

DU VERBE IRRÉGULIER SAVOIR :

Sussent, 3e pers. plur. imparf. subj.
Susses, 2e pers. sing. imparf. subj.
Sussiez, 2e pers. plur. imparf. subj.
Sussions, 1re pers. plur. imparf. subj.

SUS-SPINI-SCAPULO-TROCHITÉRIEN, subst. et adj. mas. (*çucepinicekapulôtrochitérieìn*), t. d'anat., nom donné au muscle sur-épineux.

SUS-TARSIENNE, subst. et adj. fém. (*çucetarciène*), t. d'anat.; se dit de l'artère du *tarse*, qui est une branche de la pédieuse.

SUSTENTATION, subst. fém. (*çucetantâcion*) (en latin, *sustentatio*), aliment, nourriture suffisante pour entretenir la vie de l'homme.

SUSTENTÉ, E, part. pass. de *sustenter.*

SUSTENTER, v. act. (*çucetanté*) (en lat. *sustentare*, fréquentatif de *sustinere*, soutenir), entretenir et soutenir la vie de l'homme : *les riches doivent sustenter les pauvres honnêtes.* — Fig. : *la lecture de l'Écriture est plus propre qu'aucune autre à sustenter l'âme.* — *se* SUSTENTER, v. pron.

SUSTENTIFIQUE, adj. des deux genres (*çucetantifike*), qui *sustente*, qui nourrit. (*Boiste.*) Inusité.

SUSTILLO, subst. mas. (*çucetilelô*), t. d'hist. nat., espèce de chenille.

SUS-TONIQUE, subst. fém. (*çucetonike*), t. de musiq., note qui est au-dessus de la *tonique.*

* **SUSURRATEUR**, adj. mas. (*çuzurerateur*), qui fait un petit bruit comme celui d'une personne qui parle à voix basse. Ce mot, ainsi que les deux suivants, mérite d'être conservé dans la langue. — *Larcher* a dit adj. au mas. : *Mercure susurrateur.* (*Mémoire sur Vénus*, page 162.)

SUSURRATION, subst. fém. (*çuzurerâcion*), bruit léger d'une personne qui parle à voix basse. M. de *Chateaubriand* a dit, dans son *Essai sur les Révolutions*, chapitre XXX : *la susurration du vent solitaire.* Voy. SUSURRATEUR.

SUSURRÉ, part. pass de *susurrer.*

* **SUSURRER**, verbe neutre (*çuzureré*) (en latin *susurrare*), faire un petit bruit en parlant à voix basse. — Murmurer. — *se* SUSURRER, v. pron.

SUSYGIUM, subst. mas. (*çuziji-ome*), t. de bot., genre d'arbrisseaux de la Jamaïque.

DU VERBE IRRÉGULIER SAVOIR :

Sut, précédé de *il* ou *elle*, 3e pers. sing. prét. déf.
Sût, précédé de *qu'il* ou *qu'elle*, 3e pers. sing. imparf. subj.
Sûtes, 2e pers. plur. prét. déf.

SUTAR, subst. mas. (*çutar*), t. de pêche, sorte de harpon dont on se sert aux Sables-d'Olonne.

SUTHERLANDE, subst. mas. (*cutèrelande*), t. de bot., arbre de l'Inde. — Genre de plantes qui contient le baguenaudier frutescent.

SUTTÉE, subst. fém. (*çuteté*), sacrifice volontaire d'une veuve indienne sur le bûcher de son mari.

SUTURAL, E, adj. (*çuturale*), t. de bot., qui naît, dépend d'une *suture.* — Au plur. mas., *suturaux.*

SUTURAUX, adj. mas. plur. Voy. SUTURAL.

SUTURE, subst. fém. (*çuture*) (du lat. *sutura*, couture, fait de *suere*, coudre), jointure des os du crâne qui ressemble à une couture. — Marque ou couture d'une plaie. — Réunion des lèvres d'une plaie, des parties molles quand elles ont été divisées. — Fig. en parlant des ouvrages d'esprit, le soin qu'on a pris pour empêcher qu'une suppression paraisse : *au moyen de sutures habilement faites, on arrive maintenant à la fin de l'ouvrage, sans être choqué des longueurs qu'il renfermait auparavant.* — T. de bot., endroit où les valves de certains fruits se joignent et adhèrent par leurs bords.

SUWALOFF, subst. mas. (*çuvalofe*), sorte d'obusier russe ayant la bouche évasée comme celle des espingoles.

SUZANNE (SAINTE-), subst. propre fém. (*ceinteçuzane*), village de France, chef-lieu de canton, arrond. de Laval, dép. de la Mayenne.

SUZAT, adj. mas. (*çuza*), qui est fait de *suzeau* ou *sureau* : *vinaigre suzat.*

SUZE (LA), subst. propre fém. (*laçuze*), ville de France, chef-lieu de canton, arrond. du Mans, dép. de la Sarthe.

SUZEAU, subst. mas. Voy. SUREAU.

SUZERAIN, E, adj. (*çuzerein*, *rène*) (du lat. *susum*, pour *sursum*, sur, au-dessus; *seigneur au-dessus des autres.* Ménage. Selon *Cujas* et *Pasquier*, de *cæsarianus*, qui relève immédiatement de *César*, c'est-à-dire l'empereur), t. de féodalité : *seigneur suzerain*, *dame suzeraine*, qui possède un fief dont d'autres fiefs relèvent. — On dit aussi subst. : *le suzerain était anciennement le juge du ressort.*

SUZERAINETÉ, subst. fém. (*çuzerèneté*), qualité de *suzerain.*

SVELTE, adj. des deux genres (*cevèlte*) (de l'italien *svelto*), t. de peinture, sculpture, etc., délié, léger, délicat, élégant. Il s'applique plus ordinairement à la taille, à l'ensemble, qu'à de moindres parties. On dit une *taille svelte*, et non pas *des bras, des jambes sveltes.* — En peinture : *ces figures sont sveltes.* — On dit aussi *qu'une personne est svelte*, *qu'une colonne est svelte.*

SWARTIE, subst. fém. (*çouarti*), t. de bot., espèce de solandre. — Genre de plantes cryptogames, de la famille des mousses.

SWARTZIE, subst. fém. (*çouartezi*), t. de bot., genre de plantes qui contient les tomates, les possires et les rittères.

SWERTIA, subst. fém. (*çouèreci-a*), t. de bot., ce nom désigne plusieurs genres et plusieurs espèces de plantes.

SYACOU, subst. mas. (*ci-akou*), t. d'hist. nat., espèce de tangara varié qu'on rencontre au Brésil.

SYALITA, subst. fém. (*ci-alita*), t. de bot., plante qui croît à Ceylan et dans la presqu'île de l'Inde.

SYBARIS, subst. propre mas. (*cibarice*), ancienne ville d'Italie, fameuse par la mollesse et les débauches de ses habitants.

SYBARITE, subst. des deux genres (*cibarite*) (du grec συβαριτης, dérivé de Συβαρις, ancienne ville d'Italie dont les habitants étaient si voluptueux que leur mollesse a passé en proverbe), personne très-voluptueuse, livrée à la mollesse, et très-sensible au moindre mal.

SYBARISME, ou **SYBARITISME**, subst. mas. (*cibariceme, riticeme*), système, état, mœurs du *sybarite*.

SYCITÈS, subst. propre mas. (*cicitèce*) (du grec συκη, figuier), myth., surnom de Bacchus, qui cultiva le premier la figue.

SYCOMANCIE, subst. fém. (*cikomanci*) (du grec συκη, figuier, et μαντεια, divination), divination qui se faisait par des feuilles de figuier, sur lesquelles on écrivait les questions dont on voulait avoir la réponse.

SYCOMANCIEN, subst. et adj. mas., au fém. **SYCOMANCIENNE** (*cikomanciein, ciène*), qui concerne la *sycomancie*.— Subst., celui, celle qui la pratiquait.

SYCOMANCIENNE, subst. et adj. fém. Voy. SYCOMANCIEN.

SYCOMORE, subst. mas. (*cikomore*) (du grec συκομορεα, formé de συκον, figue, et de μορον, mûre), t. de bot., érable blanc des montagnes, arbre à larges feuilles semblables à celles de la vigne, du figuier et du mûrier.

SYCOPHANTE, subst. mas. (*cikofante*) (du grec συκοφαντης, qui signifie proprement un délateur ou dénonciateur de ceux qui, au mépris de la loi, transportaient des figues hors de l'Attique, dérivé de συκοφαντεω, dont les racines sont συκον, figue, et φαινω, j'indique, je dénonce. Comme ces dénonciations étaient souvent des calomnies, le nom de *sycophante* est demeuré celui d'un calomniateur), fourbe, menteur, imposteur, fripon, délateur, coquin.

SYCOPHANTIN, subst. mas. (*cikofantein*), bouffon; parasite. Inusité.

SYCOSE, subst. fém. (*cikôze*) (en grec συκωσις, fait de συκον, figue), t. de médec., tumeur à l'anus, qui ressemble à une figue.

SYÉNITE, subst. fém (*ci-énite*), t. d'hist. nat., espèce de roche granitique.

SYKE, subst. mas. (*cike*), t. de bot., arbre d'Égypte qu'on croit être le caroubier.

SYLLABAIRE, subst. mas. (*cilelabère*), livre élémentaire dans lequel les mots sont coupés en *syllabes*, et qui sert à apprendre à lire.

SYLLABE, subst. fém. (*cilelabe*) (en grec συλλαβη, fait de συλλαμβανω, comprendre), voyelle ou seule ou jointe à d'autres lettres qui se prononcent toutes par une seule émission de voix. *Roi*, *loi*, sont des mots d'une *syllabe*. — Nom que l'on donne quelquefois, dans la musique des anciens, à la consonnance de la quarte.

SYLLABÉ, E, part. pass. de *syllaber*.

SYLLABER, v. act. (*cilelabé*), assembler des lettres. — *se* SYLLABER, v. pron. Peu en usage, mais utile : pourquoi ne dirait-on pas *syllaber*, comme on dit *épeler?*

SYLLABIQUE, adj. des deux genres (*cilelabike*), qui a rapport aux *syllabes*. — *Unité syllabique*, celle qui dépend principalement de l'unité du coup de voix. — *Le temps* ou *la valeur syllabique* se dit de la proportion de la durée d'une *syllabe*, relativement à celle des autres *syllabes* d'un même discours. — *Augment syllabique*, dans la grammaire grecque, celui qui ajoute une *syllabe* au commencement du verbe.—*Diphthongue syllabique*, celle qui fait entendre en une seule *syllabe* les deux voix consécutives qui forment la *diphthongue*, comme *ui* dans *lui*; à la différence de *qui*, où les deux mêmes voyelles, ne représentant qu'une voix simple, forment une *diphthongue* orthographique. — *Chant syllabique*, dans lequel chaque note répond à une *syllabe*; tel est le *canto fermo* des Italiens.

SYLLABISATION, subst. fém. (*çilelabizâcion*), action de former, de prononcer des *syllabes*.

SYLLABISÉ, E, part. pass. de *syllabiser*.

SYLLABISER, v. act. (*cilelabizé*), ranger, diviser par *syllabes*. — *se* SYLLABISER, v. pron.

SYLLEPSE, subst. fém. (*cilelèpece*) (en grec συλληψις, fait de συλλαμβανω, je comprends, formé de συν, avec, et λαμβανω, je prends), figure du discours par laquelle un mot est dans la même phrase pris en deux sens différents, l'un au propre, et l'autre au figuré. — Figure de grammaire par laquelle on conçoit le sens autrement que les mots ne semblent l'exprimer.

SYLLOGISÉ, E, part. pass. de *syllogiser*.

SYLLOGISER, v. act. (*cilelojizé*), t. de logique, augmenter. — *se* SYLLOGISER, v. pron.

SYLLOGISME, subst. mas. (*cilelojiceme*) (du grec συλλογισμος, raisonnement, conclusion, dérivé de συλλογιζομαι, raisonner, conclure par raisonnement; racine συν, avec, et λεγω, je dis), raisonnement renfermé dans trois propositions : la majeure, la mineure, la conséquence.

SYLLOGISTIQUE, adj. des deux genres (*cilelojicetike*), qui appartient au *syllogisme*.

SYLLOGISTIQUÉ, E, part. pass. de *syllogistiquer*.

SYLLOGISTIQUER, v. act. (*cilelojicetikié*), ergoter en *syllogisme*. — Peu usité. — *se* SYLLOGISTIQUER, v. pron.

SYLPHE et **SYLPHIDE**. Voy. SILPHE et SILPHIDE, qui est la seule bonne orthographe.

SYLPHIRIE, mieux **SILPHIRIE**, subst. propre fém. (*çilefiri*), nom que *Gresset* a donné au pays qu'habitent les *silphes* et les *silphides*.

SYLVAIN. Voy. SILVAIN.

SYLVATIQUE. Voy. SILVATIQUE.

SYLVESTRE. Voy. SILVESTRE.

SYLVIE, subst. fém. (*cilevi*), t. de bot., fleur, espèce d'anémone.— Subst. propre fém., myth., reine d'Albe et fille de Numitor. Elle fut enfermée avec les Vestales par Amulius, son oncle, qui ne voulait point de concurrent au trône. Mais un jour, en allant puiser de l'eau dans le Tibre, dont un bras passait alors à travers le jardin des Vestales, elle s'endormit sur le bord, et rêva qu'elle était avec le dieu Mars. Elle fut mère de Rémus et de Romulus.

SYMBAQUES, subst. mas. plur. (*ceinbake*), t. d'antiq., nom qu'on donnait à deux prêtres chargés de purifier Athènes dans les fêtes thargéliennes.

SYMBLÉPHAROSE, subst. fém. (*ceinbléfarôze*), t. de médec., adhérence mutuelle des paupières avec le globe de l'œil.

SYMBOLE, subst. mas. (*ceinbole*) (en grec συμβολον, fait de συμβαλλω, je compare, je confère), figure ou image qui sert à désigner quelque chose, soit par l'art du dessin ou de la peinture, soit par le discours, etc. : *le chien est le symbole de la fidélité*. — En t. de théol., formulaire qui contient les principaux articles de la foi : *les trois symboles de la foi sont : le symbole des apôtres, le symbole de Nicée, le symbole attribué à saint Athanase*. Ordinairement, quand on dit absolument *le symbole*, on entend celui des apôtres.— *Le symbole des apôtres* est ainsi nommé, ou parce qu'il est la marque du vrai catholique, ou parce qu'il est le résultat des conférences que les apôtres eurent entre eux sur la foi.—On appelle *symboles sacrés*, les signes extérieurs des sacrements : *Jésus-Christ nous a donné son corps et son sang dans l'Eucharistie sous les symboles du pain et du vin*. — En style d'antiq., *symbole* signifiait *quote-part*, contribution que chacun payait pour une fête, repas à frais communs ; c'est ce que nous appelons aujourd'hui la part de chacun, l'écot.—C'était aussi une marque ou cachet que l'on distribuait à chacune des personnes conviées pour une fête ou un repas. On conserve encore de ces marques dans les cabinets des curieux et des amateurs.— Les médaillistes appellent aussi *symboles* ou *types* certaines marques, attributs et figures qui se voient sur les médailles pour caractériser certains hommes ou certaines divinités, les parties du monde, les royaumes, les provinces, etc. Par exemple, la foudre qui accompagne quelquefois la tête d'un empereur marque la souveraine autorité et un pouvoir égal à celui des dieux ; le trident est le *symbole* de Neptune ; l'aigle est celui de Jupiter; le paon, celui de Junon, etc.

SYMBOLIQUE, adj. des deux genres (*ceinbolike*), qui sert de *symbole : figure, image symbolique*.—T. d'archit. : *colonne symbolique*, qui désigne par ses attributs ou une nation ou quelque action mémorable.

SYMBOLISATION, subst. fém. (*ceinbolizâcion*), sympathie. (*Boiste*.) Inusité.

SYMBOLISÉ, part. pass. de *symboliser*.

SYMBOLISER, v. neut. (*ceinbolizé*), avoir du rapport, de la conformité avec... — Représenter, indiquer par des images, des attributs, etc. Fort peu usité.

SYMBOLOGIE, subst. fém. (*ceinboloji*) (du grec συνβολον, signe, indice, et λογος, discours), t. de médec., partie de la pathologie qui traite des signes ou symptômes des maladies.

SYMBOLOGIQUE, adj. des deux genres et subst. fém. (*ceinbolojike*), traité des signes des maladies.

SYMÈTHE, subst. mas. (*cimète*), t. d'hist. nat., espèce de poisson du genre des crustacés.

SYMÉTRIE, subst. fém. (*cimétri*) (du grec συμμετρια, formé de συν, avec, et μετρον, mesure), proportion et rapport d'égalité ou de ressemblance que les parties d'un corps naturel ou artificiel ont entre elles et avec le tout, de manière à former un ensemble régulier : *pour la symétrie, il faut mettre deux portes de chaque côté*. — Il se dit de toutes les choses arrangées suivant un certain ordre : *des tableaux, des vases arrangés avec symétrie*.— Proportion d'égalité, de ressemblance ; ordonnance, arrangement ; régularité, uniformité : *ces colonnes se ressemblent parfaitement en tous points; la symétrie en est heureuse*. — *Symétrie de style*, correspondance des mots et des membres d'une phrase entre eux : *il y a trop de symétrie dans son style*, le soin, la recherche, le travail s'y découvre trop.

SYMÉTRIQUE, adj. des deux genres (*cimétrike*), qui a de la *symétrie* : *arrangement symétrique; construction symétrique*.—En parlant du style, on dit : *ce sont des phrases symétriques*, ce sont des phrases bien composées, bien ordonnées.—*C'est un discours symétrique*, bien disposé, bien distribué. — En parlant de tableaux, on dit : *des figures, des positions symétriques*.—En bot., ordre, arrangement *symétrique* de plusieurs arbres : *arbres placés d'une manière symétrique*.

SYMÉTRIQUE, subst. fém. (*cimétrike*), petite espèce de couleuvre dont les formes et les couleurs présentent un ordre varié et *symétrique*.

SYMÉTRIQUEMENT, adv. (*cimétrikeman*), avec *symétrie*.

SYMÉTRISÉ, E, part. pass. de *symétriser*.

***SYMÉTRISER**, v. neut. (*cimetrizé*), faire *symétrie : ces deux pavillons symétrisent*. — *se* SYMÉTRISER, v. pron. Peu usité.

SYMMACHIE, subst. propre fém. (*cinemachi*) (du grec συμμαχια, alliance, fait de συμμαχεω, je combats avec), t. de myth., surnom que les habitants de Mantinée donnaient à Vénus.

SYMPATHIE, subst. fém. (*ceinpati*) (en grec συμπαθεια, formé de συν, avec, et παθος, passion), en général, la faculté de partager les passions des autres, quelles qu'elles soient.—Dans une acception plus particulière, convenance, rapport d'humeurs et d'inclination entre deux personnes. — En peinture, mélange heureux, accord des couleurs entre elles.—En t. de phys. et en t. d'anat., correspondance entre certaines parties du corps qui fait qu'un organe ne peut souffrir sans que d'autres soient affectés en même temps. On appelle *sympathie de sensibilité*, celle dans laquelle l'irritation d'une partie détermine dans une autre partie l'exercice de la sensibilité; *sympathie d'irritabilité*, celle dans laquelle l'irritation d'une partie détermine l'exercice de l'irritabilité; *sympathie de tonicité*, celle dans laquelle l'irritation d'un organe détermine ailleurs l'exercice de la tonicité.—*Sympathie*, dans le sens le plus naturel, signifie l'aptitude qu'ont certains corps pour s'unir et s'incorporer, en conséquence d'une certaine ressemblance ou convenance dans leurs figures : c'est l'opposé d'*antipathie*, qui signifie une disposition qui les empêche de se joindre : *c'est par sympathie que le mercure s'unit à l'or et à plusieurs autres métaux*. — Certains charlatans nomment *poudre de sympathie*, une poudre préparée qu'ils disent propre à être appliquée sur le sang sorti d'une blessure, et qu'ils assurent devoir agir sur la personne blessée, quoiqu'elle soit éloignée.

SYMPATHIQUE, adj. des deux genres (*ceinpatike*), qui appartient à la cause ou aux effets de la *sympathie : avoir des vertus, des qualités sympathiques*.—*Encre sympathique*, encre sans couleur qui noircit quand on la présente au feu.

SYMPATHISANT, E, adj. (*ceinpatizan, zante*),

qui a de la *sympathie* avec... — Part. prés. de *sympathiser*.

SYMPATHISER, v. neut. (*ceinpatizé*), avoir de la *sympathie*. Il ne se dit que des personnes.

SYMPATHISTE, subst. mas. (*ceinpaticete*), partisan de la *sympathie*.

SYMPÉCI-ÉLECTRIQUE, adj. des deux genres (*ceinpéci-élèktrike*), t. de phys.; se dit d'un corps qui est électrisable par lui-même.

SYMPÉTALIQUE, adj. des deux genres (*ceinpétalike*) (du grec συν, qui marque réunion, et πεταλον, pétale, feuille), t. de bot.; se dit des étamines qui réunissent les pétales de manière à donner l'apparence monopétale à une corolle polypétalée.

SYMPHASE, subst. fém. (*ceinfâze*), t. d'astr., émersion de plusieurs astres qui paraissent en même temps.

SYMPHIONÈME, subst. fém. (*ceinfi-onème*), t. de bot., genre de plantes de la famille des protées.

SYMPHODE, subst. mas. (*ceinfode*), t. d'hist. nat., genre de poissons thoraciques.

SYMPHONIASTE, subst. mas. (*ceinfoni-acete*), t. de mus., compositeur de plain-chant. Vieux et même hors d'usage.

SYMPHONIE, subst. fém. (*ceinfoni*) (en grec συμφωνια, formé de συν, avec, et φωνη, voix, son), chez les anciens, cette union de voix et de sons qui forme un concert. — Concert d'instruments de musique.—Les instruments eux-mêmes pris collectivement. — Morceau de musique composé pour des instruments concertants : *exécuter, composer une symphonie*. — Aujourd'hui *symphonie* s'entend de toute musique instrumentale, tant des pièces qui ne sont destinées que pour les instruments, comme les sonates et les concerto, que de celles où les instruments se trouvent mêlés avec les voix, comme les opera et plusieurs autres sortes de musique. On distingue la musique vocale en *musique sans symphonie*, qui n'a d'autres accompagnements que la basse continue ; et *musique avec symphonie*, qui a au moins un dessus d'instruments, violons, flûtes ou hautbois.—On dit qu'*une pièce est en grande symphonie*, quand, outre la basse et les dessus, elle a encore deux autres parties instrumentales, savoir , taille et quinte de violon.

SYMPHONISTE, subst. et adj. des deux genres (*ceinfonicete*),celui qui compose ou exécute des *symphonies*.

SYMPHORÈME, subst. fém. (*ceinforème*), t. de médec., congestion sanguine; accumulation du sang.

SYMPHORICARPE, subst. mas. (*ceinforikarpe*), t. de bot., genre de plantes qui ne renferme qu'une seule espèce.

SYMPHORIEN (SAINT-), subst. propre mas. (*ceinceinforiein*), bourg de France, chef-lieu de canton, arrond. de Bazas, dép. de la Gironde.

SYMPHORIEN-DE-LAY, subst. propre mas. (*ceinforieindelé*), gros bourg de France, chef-lieu de canton, arrond. de Roanne , dép. de la Loire.

SYMPHORIEN-D'OZON, subst. propre mas. (*ceinforieindôzon*), bourg de France, chef-lieu de canton , arrond. de Vienne , dép. de l'Isère.

SYMPHORIEN-SUR-COISE, subst. propre mas. (*ceinforieinçurkoèze*), ville de France, chef-lieu de canton, arrond. de Lyon, dép. du Rhône.

SYMPHYSE, subst. fém. (*ceinfize*) (du grec συν, avec, et φυω, je nais), liaison de deux os du bassin. — *Opération de la symphyse*, celle qui consiste à opérer la séparation des os du pubis dans l'accouchement.

SYMPHYSÉOTOMIE, subst. fém. (*ceinfizéotomi*), t. de chim., opération ou section de la *symphyse*.—Manière de la pratiquer.

SYMPHYSÉOTOMIQUE , adj. des deux genres (*ceinfizé-otomike*), qui a rapport, qui est relatif à la *symphyséotomie*.

SYMPHYSIEN, adj. mas., au fém. **SYMPHYSIENNE** (*ceinfiziein , ziène*), t. d'anat., qui a rapport à la *symphyse*. — *Couteau symphysien*, instrument propre à l'opération de la *symphyse* pubienne.

SYMPHYSIENNE , adj. fém. Voy. SYMPHYSIEN.

SYMPHYTE, subst. fém. (*ceinfite*) (du grec συμφυω, je joins ensemble), t. de bot., plante bonne pour consolider les plaies , nommée plus ordinairement *consoude*. Voy. ce mot.

SYMPHYTOGYNE, adj. des deux genres (*ceinfitojine*) (du grec συμφυτος, uni, et γυνη, femme), t. de bot.; se dit des fleurs qui adhèrent en tout ou en partie à leur calice.

SYMPLÉGADE , subst. fém. (*ceinpléguade*) (du grec συμπληγας, qui se choque avec un autre), embrassement. (*Boiste*.) Inusité.— Subst. propre mas. plur., myth., deux gros rochers de la mer Noire, vers l'embouchure du Bosphore , très-peu séparés l'un de l'autre. Les poètes en ont parlé comme de deux monstres qui se rapprochaient et s'entrechoquaient pour engloutir les vaisseaux qui s'engageaient dans ce passage.

SYMPLOCARPE, subst. mas. (*ceinplokarpe*), t. de bot., genre de plantes d'Amérique.

SYMPLOQUE , subst. mas. (*ceinploke*), t. de bot., genre de plantes de la famille des plaqueminiers.

SYMPODE, subst. mas. et adj. des deux genres (*ceinpode*) (du grec συν, avec, et πους, gén. ποδος, pied) , t. d'hist. nat., se dit de certains poissons dont les pieds postérieurs sont réunis en forme de nageoires.

SYMPOSIAQUE, subst. fém. (*ceinpozi-ake*) (du grec συν, avec, et ποσις, boisson), chanson à boire.

SYMPOSIARQUE , subst. mas. (*ceinpozi-arke*) (du grec συμποσιον, festin, et αρχη, commandement), chez les anciens Grecs , roi d'un repas, qu'on appelait aussi *basileus* , roi du festin ou de la fête; on le tirait ordinairement au sort.

SYMPOSIASTE , subst. mas. (*ceinpozi-acete*), lui qui, chez les anciens Grecs, donnait un repas, un banquet.

SYMPOSIE , subst. fém. (*ceinpozi*) (du grec συμποσιον , au plur. συμποσια, formé de συν, avec, et de πινω ou ποω, je bois), festin, banquet chez les Grecs ; mais plus ordinairement, réunion de philosophes dans un repas où se traitaient des questions de philosophie.

SYMPTOMASE, subst. fém. (*ceinpetomâze*), t. de médec. , obstruction du conduit par où les esprits visuels sont portés du cerveau à l'œil.

SYMPTOMATIQUE , adj. des deux genres (*ceinpetomatike*), qui appartient au *symptôme*.

SYMPTOMATOLOGIE, subst. fém. (*ceinpetomatoloji*) (du grec συμπτωμα, symptôme , et λογος, discours), partie de la médecine qui traite des *symptômes* des maladies.

SYMPTOMATOLOGIQUE, adj. des deux genres (*ceinpetomatolojike*) , qui a rapport à la *symptomatologie*.

SYMPTÔME , subst. mas. (*ceinpetôme*) (en grec συμπτωμα, formé de συν, avec, et πιπτω, je tombe, j'arrive), accident qui arrive dans une maladie , et qui fait juger de sa nature, de ses qualités, de ses suites.—On appelle : *symptômes commémoratifs*, ceux qui rappellent le souvenir des circonstances qui ont précédé ou accompagné l'invasion de la maladie ; *symptômes diagnostiques*, ceux qui caractérisent la maladie et la distinguent de toute autre ; *symptômes pronostiques*, ceux qui annoncent l'évènement heureux ou funeste de la maladie. — Il se dit figurément, en parlant des états , des républiques , et il signifie indice, présage, etc. : *la fermentation qui est dans ce royaume est le symptôme d'une révolution*.

SYMPTOSE, subst. fém. (*ceinpetôze*) (en grec συμπτωσις, compression, formé de συν, avec, et πιπτω, je tombe) , t. de médec. , affaissement et contraction des vaisseaux du corps, après des évacuations , etc. , ou par une simple lassitude , etc.

SYNAGÉLASTIQUE , adj. des deux genres (*cinajélacetike*) (du grec συν, avec, et αγελαζω, j'assemble), t. d'hist. nat.; il se dit des poissons qui nagent par bandes.

SYNAGOGUE, subst. fém. (*cinaguogue*) (du grec συναγωγη , congrégation, assemblée), assemblée des Juifs sous l'ancienne loi : *enfant, docteur de la synagogue*. — Lieu où ils s'assemblent encore aujourd'hui pour l'exercice public de leur religion.—Depuis la publication de l'Evangile, *synagogue* se dit par opposition à *église* : *l'église a succédé à la synagogue*. — Ensemble des prières et de l'exercice de la religion judaïque. — On appelle, par dérision, *synagogue*, une société de gens ridicules qui décident à tort et à travers : *ils ont tout réglé dans leur synagogue*. — Prov. : *enterrer la synagogue avec honneur*, se soutenir jusqu'au bout, quoique l'on commence à se dégoûter, finir par quelque chose de remarquable , etc.

SYNAGRE , subst. mas. (*cinaguere*) , t. d'hist. nat., espèce de poisson du genre des spares. — Genre d'insectes hyménoptères.

SYNALÈPHE , subst. fém. (*cinalèfe*) (en grec συναλοιφη, fait de συναλειφειν, oindre, enduire en même temps, confondre), contraction des syllabes , élision des voyelles , etc. Exemple : *quel qu'un* pour *quelque un*.

SYNALLAGMATIQUE , adj. des deux genres (*cinalaguematike*) (en grec συναλλαγμα , échange, commerce, formé de συν , avec, et αλλαττω , je change), t. de droit : *contrat synallagmatique* , par lequel deux personnes contractent des engagements mutuels.

SYNALLAXE, subst. fém. (*cinalakce*) , t. d'hist. nat. , genre d'oiseaux de l'ordre des silvains. — Subst. propre fém. , myth., une des nymphes Ionides.

SYNANCÉE , subst. fém. (*cinancé*) , t. d'hist. nat., genre de poissons.

SYNANCHE, subst. fém. (*cinanche*), t. de médec. Voy. ANGINE.

SYNANCIE ou **SYNANCHIE** , subst. fém. (*cinanci, ki*) (du grec συν , avec , et αγχειν, suffoquer, étrangler) , t. de médec., espèce d'esquinancie.

SYNANDRÉE, subst. fém. (*cinandré*) , t. de bot., sorte de plante vivace des bords de l'Ohio.

SYNANTHÉRÉ , E , adj. (*cinantéré*) , t. de bot., se dit des plantes dont les *anthères* sont soudées en un seul corps. — Subst. fém. plur., division de plantes qui contient les chicorées , les corymbifères et les cinarocéphales.

SYNANTHÉRIQUE , adj. des deux genres (*cinantérike*) (du grec συν , avec, et ανθηρος, fleuri), se dit, en bot. , des étamines dont les anthères sont réunies.

SYNAPHE , subst. fém. (*cinafe*) , t. de mus. anc., conjonction de deux tétracordes.

SYNAPHÉE , subst. fém. (*cinafé*) , t. de bot. , genre de plantes de la Nouvelle-Hollande.

SYNARTHRODIAL , E , adj. (*cinartrodi-ale*) , t. de médec., qui a rapport , qui appartient à la *synarthrose*. — Au plur. mas., *synarthrodiaux*.

SYNARTHRODIAUX , adj. mas. plur. Voy. SYNARTHRODIAL.

SYNARTHROESME, subst. mas. (*cinaretroèceme*) , t. de rhét., figure qui rassemble plusieurs termes dans une phrase. Peu usité.

SYNARTHROSE, subst. fém. (*cinartrôze*) (du grec συν , avec , ensemble , et αρθρον, articulation) , t. de médec., articulation des os sans mouvement , telle que celle des os du carpe et du métacarpe.

SYNATHRISIE, subst. fém. (*cinatrizi*) (du grec συναθροιζω , je mets ensemble), recueil confus, sans ordre ; miscellanées. Hors d'usage.

SYNAULIE , subst. fém. (*cinôli*) (du grec συν, avec, et αυλη, flûte), t. d'antiq. , concert de plusieurs joueurs de flûte.

SYNAXAIRE ou **SYNAXARION** , subst. mas. (*cinakcère , cinakçarion*) , recueil abrégé de la Vie des saints, qu'on lisait dans les églises.

SYNAXE, subst. fém. (*cinakce*) (en grec συναξις, rac. συν, avec, et αγω, je conduis), assemblée des anciens chrétiens, pour célébrer la Cène.— On donnait autrefois ce nom à la messe.— Célébration des saints mystères. — Union avec Dieu.

SYNBRANCHE, subst. mas. et adj. des deux genres (*ceinbranche*) , t. d'hist. nat., genre de poissons apodes.

SYNC., abréviation du mot SYNCOPE.

SYNCARPE , subst. mas. (*ceinkarpe*) (du grec συν , avec , ensemble , et καρπος , fruit) , t. de bot., fruit composé de plusieurs petits fruits nés d'une même fleur.

SYNCARPHE , subst. mas. (*ceinkarfe*) , t. de bot. , genre établi pour placer une plante du cap de Bonne-Espérance.

SYNCELLE, subst. mas. (*ceincèle*) (du grec συν , avec, et κελλα, cellule) , compagnon de chambre. — Dans l'ancienne Église grecque , officier qui avait inspection sur la conduite des patriarches, des évêques, des prêtres et des diacres. Hors d'usage.

SYNCHONDROSE , subst. fém. (*ceinkondrôze*), (du grec συν , avec , χονδρος, cartilage) , t. d'anat., symphyse cartilagineuse; union de deux os par un cartilage.

SYNCHONDROTOMIE , subst. fém. (*ceinkondrotomi*) , t. d'anat., section d'une symphyse.

SYNCHONDROTOMIQUE, adj. des deux genres (*ceinkondrotomike*), t. de chir., qui a rapport à la *synchondrotomie*.

SYNCHRONE adj. des deux genres (*ceinkrone*) (du grec συν, avec, ensemble, et χρονος, temps),

t. de mécan. et de phys., qui se fait dans le même temps : *vibrations, chutes synchrones ; les oscillations de ces deux pendules sont synchrones*. Il diffère d'*isochrone* et de *tautochrone*, en ce que ces derniers mots expriment proprement ce qui se fait en temps égal, sans se faire précisément dans le même temps. — On appelle *courbe synchrone*, en géométrie, une courbe telle qu'un corps pesant parti du centre, et décrivant successivement certains arcs, arrive en des points donnés de cette courbe dans le même temps, et dans le temps le plus court possible.

SYNCHRONIE, subst. fém. (*ceinkroni*) (même étymologie que celle du mot précédent), art de concilier les âges, de rapprocher les dates, les temps, les époques, etc.

SYNCHRONIQUE, adj. des deux genres (*ceinkronike*), qui se fait en même temps. — *Tables synchroniques*, qui représentent les faits arrivés en même temps en différents lieux.

SYNCHRONISME, subst. mas. (*ceinkroniceme*) (voy. SYNCHRONE pour l'étym.), identité ou égalité des temps dans lesquels deux ou plusieurs choses se font.—Tableau de plusieurs événements qui se sont passés dans le même temps.

SYNCHRONISTE, adj. et subst. des deux genres (*ceinkronicete*), qui a vécu dans le même temps ; contemporain.

SYNCHRONISTIQUE, adj. des deux genres (*ceinkronicetike*), du *synchronisme*, qui a rapport, qui appartient au *synchronisme*.

SYNCHYSE, subst. fém. (*ceinkize*) (du grec συγχυω, je confonds), t. de rhét., espèce d'hyperbate; transposition de mots, qui trouble l'ordre et l'arrangement d'une période. — T. de médec., désorganisation du globe de l'œil.

SYNCOPAL, E, adj. (*ceinkopale*), de la *syncope*. — Au plur. mas., *syncopaux*.

SYNCOPAUX, adj. mas. plur. Voy. SYNCOPAL.

SYNCOPE, subst. fém. (*ceinkope*) (du grec συγκοπη, retranchement), t. de médec., défaillance, pamoison : *tomber en syncope*. — T. de gramm., retranchement d'une lettre ou d'une syllabe au milieu d'un mot : *gaîté*, pour : *gaieté*. —T. de mus., liaison de la fin d'une mesure avec la mesure suivante, ou dans la même mesure, d'un temps avec un autre temps.

SYNCOPÉ, E, adj. (*ceinkopé*), t. de grammaire : *mot syncopé*, mot du milieu duquel on a retranché une lettre ou une syllabe. On dit : *avant l'oût*, pour *avant l'août*; *fan* et *pan*, pour *faon* et *paon*; *Lan*, pour *Laon*; *Can*, pour *Caen*. — Il se dit aussi, en musique, dans le sens de *syncope*. Voy. ce mot.

SYNCOPÉ, E, part. pass. de *syncoper*.

SYNCOPER, v. act. et neut. (*ceinkopé*), t. de musique, faire une *syncope*. — T. de gramm., retrancher une lettre en écrivant.—*se* SYNCOPER, v. pron.

SYNCRANIEN, adj. mas., au fém. **SYNCRANIENNE** (*ceinkranieìn, niène*), t. d'anat., qui tient au *crâne*.

SYNCRÈSE, subst. fém. (*ceinkrèze*) (du grec συν, avec, et κρινω, j'épaissis, je coagule), t. de chim., concrétion ou coagulation, opérée par la réduction spontanée ou violente d'une substance liquide en un corps solide.

SYNCRÉTISME, subst. mas. (*ceinkréticeme*) (du grec συγκρητισμος, qui signifie proprement : réunion de différentes républiques rivales de l'île de *Crète*, contre l'ennemi commun), t. didactique, mélange confus d'opinions, de sectes et communions.

SYNCRÉTISTE, subst. mas. (*ceinkréticete*), nom de philosophes qui veulent réunir les différents systèmes.

SYNCRITIQUE, adj. des deux genres (*ceinkritike*), t. de médec. ; se disait autrefois des remèdes astringents.

SYNCRISIE, subst. fém. (*ceinkrizi*), sorte d'antithèse.

SYNDACTYLE, subst. mas. et adj. des deux genres (*ceindaktile*), t. d'hist. nat., famille d'oiseaux de l'ordre des nageurs.

SYNDÉRÈSE, subst. fem. (*ceindérèze*) (du grec συντηρησις, observation attentive), remords de conscience. Ce mot a vieilli; on s'en sert néanmoins dans le style didactique.

SYNDESMOGRAPHE, adj. des deux genres (*ceindècemoguerafe*), t. d'anat., celui qui décrit les ligaments du corps humain ; auteur d'une *sindesmographie*.

SYNDESMOGRAPHIE, subst. fém. (*ceindècemoguerafi*) (du grec συνδεσμος, lien, ligament, et γραφω, je décris), description des ligaments du corps humain.

SYNDESMOGRAPHIQUE, adj. des deux genres (*ceindècemoguerafike*), qui a rapport à la *syndesmographie*.

SYNDESMOLOGIE, subst. fèm. (*ceindècemoloji*) (du grec συνδεσμος, ligament, et λογος, discours), partie de l'anatomie qui traite des ligaments.

SYNDESMOLOGIQUE, adj. des deux genres (*ceindècemolojike*), qui a rapport à la *syndesmologie*.

SYNDESMO-PHARYNGIEN, adj. et subst mas., au fém. **SYNDESMO-PHARYNGIENNE**, (*ceindècemôfareinjieìn, jiène*), t. d'anat.; se dit d'un faisceau charnu du muscle constricteur supérieur du *pharynx*.

SYNDESMO-PHARYNGIENNE, subst. et adj. fém. Voy. SYNDESMO-PHARYNGIEN.

SYNDESMOSE, subst. fém. (*ceindècemôze*), t. d'anat., jonction, articulation, adhérence de deux ou de plusieurs os au moyen des ligaments.

SYNDESMOTOMIE, subst. fém. (*ceindècemotomi*) (du grec συνδεσμος, ligament, et τομη, incision, dissection, fait de τεμνω, je coupe), t. d'anat., dissection des ligaments.

SYNDESMOTOMIQUE, adj. des deux genres (*ceindècemotomike*), t. d'anat, qui est relatif à la *syndesmotomie*.

SYNDIC, subst. mas. (*ceindik*) (du grec συνδικος, qui signifiait proprement *un avocat chargé de défendre une cause*, formé de συν, avec, ensemble, et de δικη, cause, procès), celui qui est chargé des affaires d'une communauté, d'un corps, etc., dont il est membre.—Créancier, ou agent chargé de veiller aux intérêts de tous les créanciers dans une faillite.—Nom des premiers magistrats de la république de Genève.

SYNDICAL, E, adj. (*ceindikale*), qui a rapport au *syndic* : *les fonctions syndicales*.—Autrefois : *la chambre syndicale des libraires*, où il fallait remplir plusieurs formalités avant d'imprimer un ouvrage : *la chambre syndicale d'un diocèse*, où il était nécessaire de discuter et d'approuver certaines questions qui concernaient le diocèse. — Qui est du ressort d'un *syndic*, qui est en harmonie avec ses fonctions : *recherches syndicales; décision syndicale*. — Au plur. mas., *syndicaux*.

SYNDICAT, subst. mas. (*ceindika*), charge, emploi, commission de *syndic*.—Temps pendant lequel on est ou l'on a été *syndic*.

SYNDICAUX, adj. mas. plur. Voy. SYNDICAL.

SYNDIQUE, subst. mas. (*ceindike*), t. d'antiq., orateur athènien qui était chargé de la défense d'une loi.

SYNDIQUÉ, E, part. pass. de *syndiquer*.

SYNDIQUER, v. act. (*ceindikié*), blâmer, censurer.—*se* SYNDIQUER, v. pron. (*Boiste*.) Inusité.

SYNDRÔME, subst. mas. (*ceindrôme*), t. de médec., ensemble des symptômes caractéristiques d'un état morbide : *syndrôme pléthorique*.

SYNECDOCHE ou **SYNECDOQUE**, subst. fém. (*cinèkdoche, doke*) (en grec συνεγδοχη, formé de συν, avec, et δεχομαι, prendre, recevoir), figure de rhétorique par laquelle on fait entendre le plus en disant le moins, ou le moins en disant le plus. On prend le genre pour l'espèce, et l'espèce pour le genre ; le tout pour la partie, ou la partie pour le tout. Dans ces divers sens, on dit : *cent voiles*, pour : *cent vaisseaux ; les mortels*, pour : *les hommes; l'ennemi*, pour : *les ennemis*.

SYNÉCHIE, subst. fém. (*cinéchi*), t. de médec., concrétion de l'iris.

SYNECPHONÈSE, subst. fém. (*cinèkfonèze*), (du grec συν, avec, et εκφωνεω, je prononce), réunion, jonction de deux syllabes dans la prononciation; suppression, élision d'une syllabe.

SYNÉDRELLE, subst. fém. (*cinédrèle*), t. de bot., genre de plantes annuelles de Saint-Domingue ; la verbésine officinale.

SYNÉDRIN. Voy. SANHÉDRIN, seul usité.

SYNÉPHITE, subst. fém. (*cinéfite*), sorte de pierre précieuse.

SYNÉRÈSE, subst. fém. (*cinérèze*, (du grec συναιρεσις, formé de συν, ensemble, et de αιρεω, je prends), t. de grammaire, réunion de deux syllabes en une dans un même mot : *derant*, pour : *decrant ; O·pheus*, pour : *Orphe-us*.

SYNERGIE, subst. fem. (*cinéreii*), t. de médec., concours d'actions organiques dans l'etat normal.

SYNERGIQUE, adj. des deux genres (*cinèrejike*), t. de médec., qui dépend de la *synergie*, qui a rapport à la *synergie*.

SYNERGIQUEMENT, adv. (*cinèrejikeman*), par la *synergie*. Presque inusité.

SYNERGISTE, subst. mas. (*cinèrejicete*) (du grec συνεργεω, je seconde), luthérien qui croit que l'homme peut seconder la grace par la conversion.

SYNÈSE, subst. fém. (*cinèze*), t. de rhét., assemblage régulier de mots.

SYNESTOTE, subst. mas. (*cinècetote*), nom de pénitents qui priaient debout dans l'église, sans participer aux sacrements.

SYNÉVROSE, subst. fem. (*cinévrôze*) (du grec συν, avec, et νευρον, nerf), t. d'anat., symphyse ligamenteuse ; union de deux os par le moyen des ligaments.

SYNIZÉZIS, subst. fém. (*cinizézice*), t. de médec., accrétion de la pupille avec la cornée.

SYNGÉNÉSIE, subst. fém. (*ceinjénezi*) (du grec συν, avec, et γεινομαι, naître), t. de bot., classe de plantes dont les fleurs composées ont cinq étamines réunies en forme de cylindre par leurs anthères.

SYNGÉNÉSIQUE, adj. des deux genres (*ceinjénezike*), t. de bot., qui a les étamines réunies par les anthères.

SYNGNATHE, subst. mas. (*ceinguenate*) (du grec συν, avec, et γναθος, mâchoire), t. d'hist. nat., genre de poissons cartilagineux qui ont l'ouverture de la bouche très-petite et sans dents.

SYNGRAPHE, subst. mas. (*ceinguerafe*) (du grec συν, avec, et γραφω, j'écris), acte passé entre le débiteur et le créancier, gardé par l'un et l'autre. Le *syngraphe* différait du *chirographe*, en ce que celui-ci était un acte public, et que le *syngraphe* était un acte privé.

SYNISTATE, subst. mas. (*cinicetate*) (du grec συν, avec, et στυω, je resserre), t. d'hist. nat., ordre d'insectes.

SYNOCHITE, subst. fém. (*cinochite*) (du grec συν, avec, et εχω, je contiens), t. d'hist. nat., pierre précieuse à laquelle les anciens attribuaient des propriétés surnaturelles, comme de ressusciter les morts, et de retenir les ombres évoquées.

SYNODAL, E, adj. (*cinodale*), qui appartient, qui a rapport au *synode* : *assemblée, ordonnance synodale*.—On a appelé subst. au fém. *synodales*, les assemblées *synodales*. — Au plur. mas., *synodaux*.

SYNODALEMENT, adv. (*cinodaleman*), en *synode*.

SYNODATIQUE, adj. des deux genres. (*cinodatike*), qui se fait dans le *synode*.

SYNODAUX, adj. mas. plur. Voy. SYNODAL.

SYNODE, subst. mas. (*cinode*) en grec συνοδος, formé de συν, ensemble, et οδος, voie, chemin), assemblée de théologiens ou autres ecclésiastiques convoqués par ceux qui en ont le droit, pour les affaires de l'Eglise, d'un diocèse, etc.—Chez les protestants, assemblée de leurs ministres et de leurs anciens, pour ce qui concerne leur religion.—Dans l'astronomie ancienne, conjonction de deux ou de plusieurs étoiles ou planètes dans la même partie du ciel.— T. d'antiq.: *synode d'Apollon*, espèce de confrérie instituée en l'honneur d'Apollon, où l'on recevait des gens de théâtre appelés *scéniques*, des poètes, des musiciens, des joueurs d'instruments.

SYNODENDRE, subst. mas. et adj. des deux genres (*cinodandre*) (du grec συν, avec, et δενδρον, arbre), t. d'hist. nat., genre d'insectes coléoptères.

SYNODIES, subst. fém. plur. (*cinodi*), rentes *synodales* ; rentes payées par le curé à son évêque. Vieux.

SYNODIQUE, adj. des deux genres (*cinodike*) qui est émané du *synode*.— *Lettres synodiques*, qui étaient écrites au nom des conciles aux évêques absents. — En astron., *mouvement synodique de la lune*, son mouvement d'une nouvelle lune à l'autre.—*Mois synodique*, temps qui s'écoule entre deux lunes consécutives.

SYNODIQUE, subst. mas. (*cinodike*), recueil des actes d'un *synode* ; registre *synodal*.

SYNODITE, subst. mas. (*cinodite*), président d'un *synode*.—Moine, religieux, cénobite.

SYNODON, subst. mas. (*cinodon*), t. d'hist. nat., genre de poissons osseux.

SYNODONTE, subst. mas. (*cinodonte*), t. d'hist. nat., genre de poissons abdominaux.

SYNODONTITE, subst. fem. (*cinodontite*), t. d'hist. nat., espèce de pierre précieuse qui a la forme d'un *synodon*, ou qui se trouve dans la tête d'un *synodon*.

SYNŒCIES, subst. fém. plur. (*cinéci*), myth., fêtes athéniennes.

SYNOÏQUE, subst. mas. et adj. des deux genres (*cino-ike*), t. d'hist. nat., genre de mollusques du Spitzberg.

SYNONYME, adj. des deux genres (*cinonime*) (du grec συν, avec, et ονομα, en éolique ονυμα, nom), t. de gramm.; se dit des termes d'une langue qui, avec de grands rapports dans leur sens général, offrent, dans leur acception propre, des différences légères, mais réelles : *épée est synonyme de glaive.*—Il est aussi subst. mas. : *peur est le synonyme de crainte ; il n'y a de synonymes parfaits dans aucune langue.*

SYNONYMIE, subst. fém. (*cinonimi*), qualité de deux mots *synonymes*. — Figure de rhétorique qui exprime la même chose par des mots *synonymes*.—En bot., concordance générale des noms donnés aux plantes par différents auteurs.

SYNONYMIQUE, adj. des deux genres (*cinonimike*), qui appartient à la *synonymie* ou aux *synonymes* : *ces deux mots offrent un sens synonymique.*

SYNONYMIQUEMENT, adv. (*cinonimikeman*), en employant des *synonymes* : *synonymiquement parlant.*

SYNONYMISTE, subst. mas. (*cinonimicete*), qui s'occupe de *synonymes* ; qui étudie les *synonymes*.

SYNOPLE, subst. fém. (*cinople*), t. de bot., anémone carnée.

SYNOPTIQUE, adj. des deux genres (*cinopetike*) (du grec συν, avec, ensemble, et οπτομαι, je vois), t. didact., qui se voit d'un seul coup-d'œil : *table, méthode synoptique*, qui offre à la fois à l'œil l'ensemble, les principales divisions d'un ouvrage, d'une science, etc.

SYNOQUE, adj. des deux genres (*cinoke*) (du grec συν, avec, et εχω, je tiens), t. de médec.: *fièvre synoque*, fièvre continue sans redoublement.—On dit aussi subst. au fém.: *la synoque.*

SYNORRHIZE, adj. des deux genres (*cinòrize*) (du grec συν, avec, et ριζιον, petite racine, ou de ριζοω, je cimente), t. de bot., se dit de l'embryon quand la radicule est soudée avec le périsperme.

SYNOSIASTES, mieux **SYNOUSIASTES**, sub. mas. plur. (*cinó, cinouzi-acete*) (du grec συν, avec, et ουσια, substance), nom d'hérétiques qui ne reconnaissaient ou n'admettaient qu'une seule substance en Jésus-Christ.

SYNOSTÉOGRAPHE, subst. mas. (*cinoceté-oguerafe*), t. d'anat., celui qui décrit les articulations ou les jointures des os. Voy. SYNOSTÉOGRAPHIE.

SYNOSTÉOGRAPHIE, subst. fém. (*cinoceté-oguerafi*) (du grec συν, avec, οστεον, os, et γραφω, je décris), t. d'anat., description des articulations des os.

SYNOSTÉOGRAPHIQUE, adj. des deux genres (*cinoceté-oguerafike*), qui a rapport à la *synostéographie*.

SYNOSTÉOLOGIE, subst. fém. (*cinoceté-oloji*) (du grec συν, avec, οστεον, os, et λογος, discours), t. d'anat., traité sur les articulations des os.

SYNOSTÉOLOGIQUE, adj. des deux genres (*cinoceté-olojike*), qui a rapport à la *synostéologie*.

SYNOSTÉOTOMIE, subst. fém. (*cinoceté-otomi*) (du grec συν, avec, οστεον, os, et τομη, fait de τεμνω, je coupe), t. d'anat., dissection des articulations des os.

SYNOSTÉOTOMIQUE, adj. des deux genres (*cinoceté-otomike*), qui a rapport à la *synosteotomie*.

SYNOVIAL, E, adj. (*cinovi-ale*), t. d'anat., qui a rapport à la *synovie*. — *Glandes synoviales*, qui servent à sécréter la *synovie*. — Au plur. mas., *synoviaux*.

SYNOVIALITE, subst. fém. (*cinovi-alite*), inflammation des membranes *synoviales*.

SYNOVIAUX, adj. mas. plur. Voy. SYNOVIAL.

SYNOVIE, subst. fém. (*cinovi*) (du grec συν, ensemble, et ωον, œuf, fait de l'éolique οφον, parce que la *synovie* ressemble en quelque sorte au blanc d'œuf), t. d'anat., liqueur visqueuse et mucilagineuse qui sert à lubrifier les ligaments et les cartilages des jointures.

SYNOVITE, subst. fém. (*cinovite*), synonyme de *synovialite*.

SYNT., abrév. du mot *syntaxe*.

SYNTAGME, subst. mas. (*ceintagueme*), ordre, disposition, arrangement. (*Boiste.*)

SYNTAXE, subst. fém. (*ceintakce*) (du grec συνταξις, construction, racines συν, avec, et τασσειν, arranger), arrangement, construction des mots et des phrases selon les règles de la grammaire. — Règles de la construction des mots et des phrases. — Livre qui contient ces règles.

SYNTAXIQUE, adj. des deux genres (*ceintakcike*), de la *syntaxe*.

SYNTÉCOPYRE, subst. fém. (*ceintékopire*) (du grec συντηξις, colliquation, et πυρ, feu), t. de médec., fièvre colliquative.

SYNTÉNOSE, subst. fém. (*ceintènòze*) (du grec συν, avec, et τενων, tendon), t. d'anat., articulation dans laquelle deux os sont joints par l'intermédiaire d'un tendon.

SYNTEXIE, subst. fém. (*ceintékci*), t. de médec., colliquation. Voy. ce mot.

SYNTEXIS, subst. fém. (*ceintékcice*) (du grec συν, avec, et τηκω, je fonds), t. de médec., faiblesse, épuisement, abattement des forces.

SYNTHÉLISÉ, E, part. pass. de *synthéliser*.

SYNTHÉLISER, v. act. (*ceintelizé*), t. didact., analyser un tout ; porter un coup-d'œil sur toutes les faces. — *se* SYNTHÉLISER, v. pron. (*Raymond*). Absolument inusité.

SYNTHÈME, subst. mas. (*ceintème*), t. d'antiq., enseigne qu'on donnait sur le lieu même à une armée rangée en bataille. — Jeton qu'on donnait aux sentinelles, au lieu du mot d'ordre.— C'était aussi une sorte de jeton qu'on distribuait aux courriers publics pour se faire donner des chevaux.—Billet qui servait de recommandation.—Calumet de certains peuples de l'Amérique septentrionale. Vieux et inusité.

SYNTHÉRISMA, subst. mas. (*ceintéricema*), t. de bot., genre de plantes.

SYNTHÈSE, subst. fém. (*ceintèse*) (en grec συνθεσις, formé de συν, ensemble, et τιθημι, placer, mettre), t. didact., méthode de composition qui va des principes aux conséquences. — En t. de math., 1° méthode par laquelle on prouve une vérité énoncée. Voy. ANALYSE ; 2° la géométrie des anciens, par opposition à l'algèbre littérale des modernes.—En pharm., composition de médicaments. — En chir., opération par laquelle on réunit les parties divisées, comme les lèvres d'une plaie, etc. — La *synthèse* est aussi regardée comme un nom générique des opérations chirurgicales qui ont pour but la réunion des parties divisées ou séparées. — On appelle *synthèse de continuité*, celle qui a pour but la réunion des parties de continuité de tissu, comme les plaies ; *synthèse de contiguïté*, celle qui a pour but le rapprochement des parties qui ne doivent point adhérer ensemble, la réduction des luxations et des hernies.—T. de chim., réunion des éléments d'un corps mixte qui ont été séparés par l'analyse. — T. d'antiq., habit ou espèce de chlamyde que les Romains mettaient dans les repas, afin de ne point salir leurs vêtements ordinaires.—On donnait aussi ce nom autrefois à une réunion de plusieurs vases ou à une pile de vaisselle.

SYNTHÉTIQUE, adj. des deux genres (*ceintétike*), qui appartient à la *synthèse*.

SYNTHÉTIQUEMENT, adv. (*ceintétikeman*), d'une manière *synthétique*.

SYNTHÉTISME, subst. mas. (*ceintéticeme*), t. de chir., mot générique qui comprend les quatre opérations nécessaires pour réduire une fracture: l'extension, la coaptation, la remise et le bandage. Voy. SYNTHÈSE.

SYNTHOCRATOR, subst. mas. (*ceintòkrator*), qui a tout pouvoir. Hors d'usage.

SYNTHRÔNE, adj. des deux genres (*ceintrône*), assesseur des dieux; honoré de l'apothéose.

SYNTOMIDE, subst. fém. (*ceintomide*), t. d'hist. nat., genre d'insectes lépidoptères.

SYNTOTIQUE, subst. mas. (*ceintotike*), t. de bot., ordre de champignons.

SYNUSIASTE, (*cinuzi-acete*). Voy. SYNOSIASTE.

SYNZYGANTHÈRE, subst. mas. (*ceinziguantère*), t. de bot., sorte d'arbrisseau du Pérou.

SYPARATHE, subst. fém. (*ciparate*), crotte de chèvre. (*Boiste.*) Inusité.

SYPHILIDE, mieux **SIPHILIDE**, subst. fém. (*cifilide*), t. de médec., nom appliqué à plusieurs maladies de la peau, produites par la *siphilis*. Voy. ce mot.

SYPHILIOGRAPHE, mieux **SIPHILIOGRAPHE**, subst. mas. (*cifili-oguerafe*), celui qui s'occupe de la *syphiliographie*, de la description des maladies vénériennes.

SYPHILIOGRAPHIE, mieux **SIPHILIOGRAPHIE**, subst. fém. (*cifili-oguerafi*) (du lat. *siphilis*, et du grec γραφειν, décrire), t. de médec., description des maladies vénériennes.

SYPHILIOGRAPHIQUE, mieux **SIPHILIOGRAPHIQUE**, adj. des deux genres (*cifili-oguerafike*), qui a rapport à la *syphiliographie*.

SYPHILIOLOGIE, subst. fém. (*cifili-oloji*). Voy. SYPHILIOGRAPHIE.

SYPHILIOLOGIQUE, adj. des deux genres. Voy. SYPHILIOGRAPHIQUE.

SYPHILIS, subst. fém. Voy. SIPHILIS.

SYPHILITIQUE, adj. des deux genres. Voy. SIPHILITIQUE.

SYPHILOMANIE, mieux **SIPHILOMANIE**, subst. fém. (*cifilomani*), *manie* qu'ont certains individus de se traiter comme étant encore infectés de la *siphilis*, quoiqu'il n'en soit rien.

SYPHON, subst. mas. Voy. SIPHON, seule orthographe conforme à l'étymologie.

SYPHONOBRANCHE, mieux **SIPHONOBRANCHE**, subst. mas. et adj. des deux genres (*cifonobranche*), t. d'hist. nat., ordre de mollusques.

SYPHONOSTOME, mieux **SIPHONOSTOME**, subst. fém. (*cifonocetome*), t. d'hist. nat., sorte de coquille.

SYRA, subst. propre fém. (*cira*), myth., célèbre divinité des Syriens.

SYRACUSAIN, E, subst. et adj. (*cirakuzein, zène*), qui est de *Syracuse*, qui appartient à *Syracuse*.

SYRACUSE, subst. propre fém. (*cirakuze*), ville forte et port de Sicile, patrie d'Archimède, de Théocrite, etc.

SYRIAQUE, subst. mas. et adj. des deux genres (*ciri-ake*), de *Syrie* : *langue syriaque ; le syriaque*.

SYRICON, subst. mas. (*cirikon*), t. de pharm., nom qu'on donnait autrefois à une espèce de collyre.

SYRIE, subst. propre fém. (*ciri*), contrée célèbre de l'Asie; elle fut le berceau du commerce, le théâtre des guerres des croisades, et celui de l'invasion française sous *Bonaparte*.

SYRIEN, subst. et adj. mas., au fém. **SYRIENNE** (*cirie-in, riène*), de *Syrie*.

SYRIENNE, subst. et adj. fém. Voy. SYRIEN.

SYRIGME, subst. mas. (*cirigueme*), t. de médec., bourdonnement d'oreilles.

SYRIGMON, subst. mas. (*ciriguemon*), t. d'antiq., nom d'une ancienne flûte dont les sons étaient fort aigus.

SYRINGA, subst. mas. (*cireingua*), t. de bot., arbrisseau. Voy. SERINGAT.

SYRINGE, subst. fém. (*cireinje*) (du grec συριγξ, flûte), t. d'hist. nat., nom que quelques auteurs ont donné aux bronches.—Myth., sifflet de Pan.

SYRINGITHE, ou **SYRINGITIS**, subst. fém. (*cireinjite, jitice*), t. d'hist. nat., sorte de pierre gemme.

SYRINGOÏDE, adj. des deux genres (*cireinguo-ide*) (du grec συριγξ, roseau, et ειδος, forme), t. d'hist. nat.; se dit d'une pierre qui ressemble à un amas de roseaux pétrifiés.

SYRINGOMYÉGIE, subst. fém. (*cireinguomi-éji*) t. d'anat., cavité centrale dans la moelle épinière.

SYRINGOTOME, subst. mas. (*cireinguotome*), t. de chir., instrument pour la *syringotomie*.

SYRINGOTOMIE, subst. fém. (*cireinguotomi*) (du grec συριγξ, gén. συριγγος, tuyau, flûte, et τεμνω, je coupe), t. de chir., opération de la fistule.

SYRINGOTOMIQUE, adj. des deux genres (*cireinguotomike*), qui concerne la *syringotomie*.

SYRINX, subst. mas. (*cireinkce*), t. d'hist. nat., genre de mollusques.—Subst. propre fém., myth., nymphe d'Arcadie. Elle fut aimée du dieu Pan ; poursuivie par lui, elle implora le secours des Naïades, ses sœurs, sur les bords du Ladon : ce fleuve la prit sous sa protection, et la métamorphosa en roseau, dont Pan fit, dit-on, la première flûte.

SYRION, subst. mas. (*ciri-on*), pierre qui s'engendre dans la vessie du loup.

SYRITE, subst. fém. (*cirite*), t. d'hist. nat., pierre précieuse.

SYRIUM, subst. mas. (*ciri-ome*), t. d'hist. nat., nom donné à un métal prétendu nouveau, qui n'est autre chose que le sulfure de nickel.

SYRMA, subst. mas. (*cirma*), t. d'antiq., ancien manteau dont se servaient les Romains.

SYRMAÏSME, subst. mas. (*cirma-iceme*), t. de médec., vomissement, déjection modérée.

SYRMATOPHORE, subst. mas. (*cirmatofore*) (du grec συρμα, συρματος, robe traînante, et φερω, je porte), t. d'antiq., celui qui portait la queue d'une robe, chez les Grecs.

SYRME, subst. mas. (*cirme*), t. d'antiq., prix que l'on remportait dans les fêtes *syrmées*.

SYRMÉES, subst. fém. plur. (*cirmé*), t. d'antiq., jeux établis à Sparte.

SYRO-CILICIENS, subst. propre mas. pl. (*cirò-cilici-ien*), nom d'un peuple d'Asie qui habitait les confins de la *Syrie* et de la *Cilicie*.

SYROP, subst. mas., orthographe en double de l'*Académie*. Voy. SIROP, qui seul est universellement en usage.

SYRPHE, subst. mas. (*cirfe*) (en grec ϲυρφος), t. d'hist. nat., genre d'insectes diptères.

SYRPHIES, subst. fém. plur. (*cirfi*), t. d'hist. nat., tribu d'insectes diptères.

SYRSARCOSE, subst. fém. (*cirçarkôze*). Voy. SYSSARCOSE.

SYRTALE, subst. mas. (*cirtale*), t. d'hist. nat., sorte de serpent.

SYRTES, subst. fém. plur. (*cirte*)(du grec ϲυρειν, attirer), nom de côtes d'Afrique contre lesquelles les vaisseaux sont jetés par les vents et les flots. — *Grande Syrte* golfe de Barcah, au nord de Tripoli. *Petite Syrte*, golfe de Tabès.

SYRTIS, subst. mas. (*cirtice*), t. d'hist. nat., genre d'insectes hémiptères.

SYRIUS, subst. propre mas. (*ciri-uce*), myth., surnom de Jupiter.

SYRUS, subst. mas. (*ciruce*), t. d'astron., l'un des chiens d'Actéon, constellation.—Subst. propre mas., myth., nom d'un fils d'Apollon et de Sinope, qui donna son nom aux Syriens.

SYSCÉNIES, subst. fém. plur. (*cicecéni*), t. d'antiq., repas publics qui se donnaient chez les Lacédémoniens.

SYSSARCOSE, subst. fém. (*ciceçarkôze*) (du grec ϲυν, avec, et ϲαρξ, chair), t. d'anat., lien des os par le moyen des chairs.

SYSTALTIQUE, adj. des deux genres (*cicetaltike*) (du grec ϲυϲτελλω, je contracte), t. d'anat., qui a le pouvoir de resserrer, de contracter. Il se dit du mouvement du cœur, des artères, etc.

SYSTÉMATIQUE, adj. des deux genres (*cicetématike*), qui appartient au *système*, réglé par un *système*, d'après un *système* : *ordre systématique*. —Qui est relatif à un *système* : *c'est une question systématique, une méthode systématique*. — Qui fait ou se fait des *systèmes* : *voilà bien un esprit systématique*. — Dépendant d'une supposition problématique, hypothétique : *il faut nous dispenser de certaines idées systématiques*.—Quelquefois il est subst., et l'on dit : *laissons de côté le systématique*, pour dire tout ce qui tient un *système*, tout ce qui a l'apparence d'un problème, d'une hypothèse. — Subst. plur. , désigne une classe d'écrivains botanistes qui, dans eurs écrits et dans leurs discours, voulaient faire prévaloir leur *système* sur la formation et les qualités des plantes.

SYSTÉMATIQUEMENT, adv. (*cicetématikeman*), d'une manière *systématique*.

SYSTÉMATISATION, subst. fém. (*cicetématizacion*), qualité d'un *système*. — Formation d'un *système*. — Action de *systématiser*.

SYSTÉMATISÉ, E, part. pass. de *systématiser*.

SYSTÉMATISER, v. act. (*cicetématizé*), réduire en *système*. —Neut., s'y livrer. — *se* SYSTÉMATISER, v. pron.

SYSTÉMATISME, subst. mas. (*cicetématiceme*), méthode par laquelle on rassemble tous les faits d'une science autour d'une opinion vraie ou fausse.

SYSTÉMATOLOGIE, subst. fém. (*cicetématoloji*), discours, histoire des *systèmes*; traité sur les *systèmes*.

SYSTÉMATOLOGIQUE, adj. des deux genres (*cicetématolojike*), qui a rapport à la *systématologie*.

SYSTÈME, subst. mas. (*cicetème*) (du grec ϲυϲτημα, assemblage, dérivé de ϲυνιϲτημι, assembler, rac. ϲυν, avec, et ιϲτημι, placer), assemblage de plusieurs principes vrais ou faux liés ensemble, et des conséquences qu'on en tire pour établir une opinion, pour expliquer quelque effet : *il a imaginé un nouveau système*. — Disposition des différentes parties d'un art ou d'une science dans un état où elles se soutiennent toutes mutuellement, et où les dernières s'expliquent par les premières : *nous ne pouvons faire de vrais systèmes que dans les cas où nous avons assez d'observations pour saisir l'enchaînement des phénomènes*. — On dit, par extension : *système de la politique, des finances, du gouvernement*, etc. — En astron., supposition d'un certain arrangement des différentes parties qui composent l'univers, d'après laquelle les astronomes expliquent tous les phénomènes ou apparences des corps célestes : *système de Ptolemée, de Copernic, de Tycho-Brahé*. — Assemblage de corps planétaire. — *Système* se prend aussi pour méthode. Ainsi, l'on dit : *le système de Pythagore, d'Aristoxène, de Guido*, etc. — *Système*, dans les sciences physiques, signifie souvent une supposition, purement gratuite, à laquelle on s'efforce de ramener la marche de la nature. — Il signifie aussi la réunion des principes d'après lesquels une chose s'exécute : *un système de conduite* ; *il faut suivre un tout autre système* ; *système de modération*.—En anat., ensemble d'organes composés des mêmes tissus , et destinés à des fonctions analogues : *le système musculaire* ; *le système nerveux*.—On appelle *système bibliographique* un ordre que l'on suit dans la classification des livres ou catalogue de livres rangés par ordre de matières, ou dans la formation et l'arrangement d'une bibliothèque ; *système typographique*, un ordre particulier et suivi dans l'arrangement, la séparation et la disposition des différents caractères d'une imprimerie, et le tableau même où cet ordre est indiqué. — En musique, on nomme *système*, l'étendue totale des sons exécutables. On dit que le *système* général de la musique embrasse huit octaves et demie ; que le *système* du violon comprend trois octaves et une sixte. — En t. d'hist. nat., voy. MÉTHODE. — T. de bot. : *système sexuel*. Voy. au mot SEXUEL.

SYSTÉNIES, subst. fém. plur. Voy. SYSCÉNIES.

SYSTOLE, subst. fém. (*cicetole*) (du grec ϲυϲτελλω, je contracte), t. d'anat., mouvement naturel du cœur qui se resserre. Le mouvement contraire se nomme *diastole*.—Changement d'une longue en brève. Peu usité.

SYSTROPHE, subst. mas. (*cicetrofe*), t. d'hist. nat., genre d'insectes hyménoptères.

SYSTYLE, subst. mas. (*cicetile*) (du grec ϲυν, avec, et ϲτυλοϲ, colonne), t. d'archit., ordonnance architecturale par laquelle l'entrecolonnement est de deux diamètres ou quatre modules.—Adj. des deux genres : *portique systile*.

SYZÉTÈSE, subst. fém. (*cizétèze*) (du grec ϲυν, avec, et ζετεω, je discute), t. de rhét., figure par laquelle on établit une discussion.

SYZYGIE, subst. fém. (*cizijí*) (du grec ϲυζυγια, conjonction, formé de ϲυν, avec, ensemble, et ζυγνυω, je joins), t. d'astron., en général, conjonction et opposition d'une planète avec le soleil. — Plus particulièrement, le temps de la nouvelle ou de la pleine lune : *la lune est dans les syzygies*.

T, subst. mas. (prononcez *te*, et non plus *té*, qui ne rend pas le son naturel de cette lettre), vingtième lettre et seizième consonne de l'alphabet français. L'euphonie, qui adoucit toujours le langage, fait que nous changeons souvent le *t* en *ç*. Nous prononçons *ambitieux*, *action*, *partial*; *ambicieu*, *akcion*, *parciale*; car lorsque le *t* est suivi d'un *i* ci d'une autre voyelle, le son du *t* paraît un peu trop dur. Il faut excepter de cette règle plusieurs mots qui se terminent en *tie*, comme *partie*, *sortie*, *rotie*, etc., et encore *tien*, *tienne*, *métier*, *sentier*, *tiède*, *bastion*, *mixtion*, *digestion*, *combustion*, etc. — En général, *ti* se prononce dur quand il est précédé d'une cousonne, comme dans *sentir*, *partir*; cependant nous avouerons qu'ici il est fort difficile d'établir des règles pour rendre raison de la prononciation de la syllabe *ti*, à laquelle on donne tantôt le son de *ti* et tantôt celui de *ci*. — Nous nous sommes insensiblement accoutumés à écrire et à prononcer un *t* à la fin de certains temps des verbes : *il aima*, mais *aima-t-il constamment ?* *il arriva*, mais *à peine arriva-t-il*; *il s'éleva*, mais *s'éleva-t-il au-dessus des préjugés ?* *on raisonne*, mais *raisonne-t-on conséquemment ?* etc. Ainsi, quand la troisième personne du présent, du prétérit et du futur, se terminant par une voyelle, est suivie d'un article ou de la particule *ou*, qui tient lieu d'article, l'usage veut toujours qu'on place ce *t*. Le *t* se met aussi après l'impératif *va-t-en*. — *T* final se fait souvent sentir, comme dans *fat*, *chut*; et souvent il est muet, comme dans *état*. L'usage et le guide d'un bon Dictionnaire sont seuls maîtres à cet égard; c'est ainsi que *Christ* se prononce *kricete*, et *Jésus-Christ*, *jézukri*. — T final des mots en *ant* et *ent* ne se supprime jamais au plur. Voir notre GRAMMAIRE. — Anciennement, c'était une lettre numérale qui valait cent soixante, et avec un trait horizontal au-dessus, cent soixante mille. — A Rome, lorsque les tribuns approuvaient les ordonnances du sénat, ils y apposaient un T, qui était la marque de leur consentement. — Cette lettre était le caractère dont on distinguait la monnaie fabriquée à Nantes. — T, dans les anciens monuments, était mis pour Titus, Titius, Tullius ; *terra*, terre; *tibi*, à toi; *ter*, trois fois; *titulus*, titre, inscription ; *terminus*, borne; *triarius*, triaire, soldat ; *tribunus*, tribun; *tutor*, tuteur; *tutela*, tutelle, protection. — Les anciens Celtes changeaient souvent le *d* en *t*; c'est ainsi qu'en latin ils disaient *ed* pour *et*. Nous mettons aussi dans la prononciation d'un *t* à la place d'un *d* final. Le mot que nous écrivons *froid*, nous le prononçons *froët* lorsqu'il est question de faire sentir la finale : *un froid hiver* se prononce *froëtivère*. — Il n'y a que le bas peuple, qui ignore tout-à-fait sa langue, qui change quelquefois le *b* qui précède le *t* en *p*; il prononce *obtenir*, *opetenir*. C'est un barbarisme de son. — T (on prononce *té*), t. de chir., nom d'un bandage ainsi appelé à cause de sa forme, qui ressemble à celle de cette lettre. — En t. d'artillerie, il se dit d'une figure qui a beaucoup de rapport avec celle d'un *T*, et qui se forme ordinairement par la disposition de l'arrangement des fourneaux, chambres ou logemeuts qui se font sous une pièce de fortifications pour la faire sauter. — On appelle T une vis en forme de T qui tient la lame avec le manche d'un couteau, sans clous. — Bâtis de tôle en forme de T, qui termine en dehors les tuyaux d'un poêle pour prévenir l'engouffrement du vent dans leur intérieur. — Tout ce qui a la forme d'un T. — Il signifie dans les tribunaux, *travaux*; dans T. F., etc., *travaux forcés*, etc. — Marque de la dix-neuvième feuille d'un ouvrage imprimé : *feuille* T, *signature* T. — Poinçon d'acier au bout duquel est gravé un T pour frapper ou imprimer cette lettre. — En t. d'archit., T marque l'ordre des pierres qui doivent former les colonnes d'un édifice. — Cette lettre était considérée comme le symbole de la vie chez les Égyptiens. — T désignait le troisième jour de la décade dans le calendrier républicain français (*tridi*). — Tau, majuscule des Grecs.

T., abréviation du mot *terme*.

TA, adj. poss. fém. (*ta*) : *ta mère*, *ta sœur*. Voyez MON et TON. — L'euphonie, qui adoucit toujours le langage, a changé *ta* en *ton* devant les voyelles : *ton adresse*, et non *ta adresse*; *ton épée*, *ton industrie*, *ton ignorance*, *ton ouverture*. La lettre *h*, lorsqu'elle n'est point aspirée, et qu'elle tient lieu d'une voyelle, exige aussi le changement de *ta* en *ton*. — *Ta*, ainsi que *ton*, donne *tes* au pluriel : *tes peines sont inutiles*. —

On emploie quelquefois le redoublement du mot *ta* pour exprimer un reproche de trop de vitesse : *ta, ta, ta, voilà qui instruit bien mal cette affaire.*

TABAC, subst. mas. (*taba;* cependant on prononce, mais sans affectation, *tabake,* devant une voyelle) (de *Tabaco* ou *Tabago,* une des îles Antilles, où les Espagnols découvrirent cette plante en 1560, et commencèrent à en faire usage, à l'exemple des naturels du pays, qui l'appellent *petun*), plante d'une odeur forte, d'un goût âcre et nauséabond, originaire d'Amérique, où elle est vivace; annuelle dans nos climats, et très-connue par l'usage de ses feuilles, qu'on fume, qu'on mâche quelquefois, ou qu'on prend en poudre par le nez. — Le *tabac* est un genre de plantes de la famille des solanées. — Désignée d'abord sous le nom de *nicotiane,* du nom de Jean *Nicot,* qui le premier l'importa en France, on la nomma aussi *herbe au grand-prieur.* — La création d'un impôt sur cette plante remonte au 17 novembre 1629. Elle s'emploie quelquefois en médecine, comme vomitif, comme vulnéraire, pour les maladies de la peau; elle sert encore quelquefois dans les secours intérieurs que l'on administre aux noyés et dans plusieurs autres occasions; mais on prend toujours les précautions nécessaires pour en régler les doses dans quelque circonstance que ce soit, particulièrement lorsqu'il est introduit comme remède dans le corps. On donne indifféremment le nom de *tabac* à la plante même ou à sa poudre, ou à ses feuilles, ou à ses fleurs entières et séchées : *tabac d'Espagne, de Saint-Domingue, de Virginie,* etc.—Parmi les différentes espèces de tabac, on distingue particulièrement le *tabac arbrisseau,* qui est originaire du cap de Bonne-Espérance, le *tabac rustique,* et le *tabac paniculé,* qui est originaire du Pérou.—Prov. : *je n'en donnerais pas une prise de tabac,* je n'en fais aucun cas.

TABACHIR, subst. mas. (*tabachir*), matière terreuse qu'on trouve dans une espèce de bambou.

TABACOS, subst. mas. (*tabakô*), au Mexique, mélange de *tabac*, d'ambre et d'épices, que l'on fume comme le *tabac* seul, et qui fait sur ceux qui l'emploient des effets presque semblables à ceux de l'opium.

TABAGIE, subst. fém. (*tabaji*), lieu destiné pour fumer le *tabac : il va tous les jours à la tabagie; il fait de sa maison une tabagie.*—Sorte de petite cassette dans laquelle on serre du *tabac,* des pipes, et tout ce qui est utile à un fumeur.

TABALA, subst. mas. (*tabala*), grand tambour des nègres, qui sert à répandre l'alarme dans un grand danger.

TABANIEN, subst. mas. (*tabaniein*), t. d'hist. nat., genre d'insectes.

TABAQUEUR, subs. mas. (*tabakieur*), t. d'hist. nat., papillon qui sort d'une chenille du *tabac.*

TABARD, subst. mas. (*tabare*), sorte de vêtement dont se servaient les anciens.

TABARET, subst. mas. (*tabaré*), t. d'hist. nat., nom d'une espèce d'oiseau du genre des linottes.

TABARIN, subst. mas. (*tabarein*) (d'un charlatan qui parut en France vers le commencement du XVIIe siècle, et qui prit ce nom d'un petit manteau qu'il portait, appelé *tabart*, de l'italien *tabaro,* manteau que portent encore aujourd'hui sur le théâtre les Arlequins, les Scapins, Crispins, etc. Ce nom, par la suite, est devenu appellatif), farceur qui, étant monté sur des tréteaux, amuse le peuple par ses bouffonneries.—*Il fait le Tabarin*, le bouffon, en parlant d'un homme qui amuse une compagnie. Fam.

TABARINAGE, subst. mas. (*tabarinaje*), action de *tabarin*, bouffonnerie.

TABARINIQUE, adj. des deux genres (*tabarinike*), de *tabarin*, selon le genre de *Tabarin : style tabarinique.* Presque inusité.

TABARO, subst. mas. (*tabarô*) (mot italien), manteau à la vénitienne, dont s'affublait *Tabarin.*

TABASKET, subst. mas. (*tabacekiète*), t. de relat., la grande fête, le baïram des musulmans grecs.

TABATIÈRE, subst. fém. (*tabatière*), petite boîte dans laquelle on met du *tabac* en poudre.

TABBEL, subst. mas. (*tabèle*), espèce de grand tambour en usage parmi les Turcs.

TABÉITE, subst. mas. (*tabé-ite*), nom de sectateurs de Mahomet.

TABELLAIRE, adj. des deux genres (*tabèlelère*), qui concerne les *tablettes.* — Autrefois, subst. au mas., porteur de lettres, postillon, messager.

TABELLION, subst. mas. (*tabèlelion*) (en lat. *tabellio*), anciennement, notaire. Il n'a été usité qu'en style de pratique ou en parlant des notaires de village. — Les *tabellions*, à Rome, étaient des esclaves publics qui recevaient les contrats que faisaient les particuliers.

TABELLIONAGE, subst. mas. (*tabèleli-onaje*), office, fonction, étude de *tabellion.* — *Droit de tabellionage*, droit d'établir un *tabellion* ou notaire dans l'étendue de sa juridiction.

TABELLIONÉ, E, part. pass. de *tabellioner.*

TABELLIONER, v. act. (*tabèleli-oné*), dresser un acte, en donner expédition.—*se* TABELLIONER, v. pron. Vieux et même hors d'usage.

TABERNACLE, subst. mas. (*taberenakle*) (du lat. *tabernaculum*), tente, pavillon. Il ne s'emploie, en ce sens, que dans la traduction des textes de l'Écriture.—Tente sous laquelle reposait l'arche d'alliance pendant le séjour des Israélites dans le désert. On l'appela *le tabernacle du Seigneur*, et par excellence, *le tabernacle*, jusqu'à l'époque où le temple fut bâti; cette sorte de temple était aussi désignée sous le nom de *tabernacle de témoignage.* — *Fête des tabernacles*, t. d'antiq., l'une des trois grandes solennités des Hébreux, et qui se célébrait sous des tentes. Voy. SCÉNOPÉGIE. — Dans le nouveau Testament, le ciel est appelé : *les tabernacles éternels.*—Ouvrage d'orfèvrerie, de menuiserie, etc., en forme de petit temple, dans lequel on enferme le saint ciboire.—*Tabernacle de galère*, petit exhaussement vers la poupe, d'où le capitaine donne ses ordres et où est la boussole.

TABERNAIRE, subs. fém. (*tabèrenère*), pièce dont les personnages étaient pris dans les dernières clas

TABES, subst. mas. (*tabèce*) (en lat. *tabes*), t. de médec., maladie de consomption, langueur qui dessèche, phthisie, atrophie, marasme. — Sanie, sang corrompu ou humeur claire et putride qui découle des ulcères, etc. Peu en usage.

TABIDE, adj. des deux genres (*tabide*) (en lat. *tabidus*, fait de *tabes*), qui est d'une maigreur excessive par phthisie ou par consomption.

TABIFIQUE, adj. des deux genres (*tabifike*) (du lat. *tabificus*), t. de médec., qui fait mourir de langueur et de consomption.

TABIS, subst. mas. (*tabi*), gros taffetas ondé par la calandre.

TABISÉ, E, part. pass. de *tabiser.*

TABISER, v. act. (*tabizé*), rendre une étoffe ondée à la manière du *tabis*; garnir un livre de *tabis.*— *se* TABISER v. pron.

TABLATURE, subst. fém. (*tablature*), arrangement de plusieurs lettres ou marques sur des lignes, pour marquer le chant à ceux qui chantent ou qui jouent des instruments : *il entend bien la tablature.* Hors d'usage aujourd'hui dans ce sens. — On nomme aussi *tablature* un tableau qui indique le doigté des instruments à vent. — Prov. : *donner de la tablature à quelqu'un*, lui donner de l'embarras, du fil à retordre. — Être plus habile que lui, et lui donner de la peine pour nous égaler.

TABLE, subst. fém. (*table*) (du lat. *tabula*, qui signifie proprement *ais*, *planche*), en général, meuble ordinairement en bois, fait d'un ou de plusieurs ais, et posé sur un ou plusieurs pieds, qui sert à divers usages : *table à manger, à jouer*, etc. — *Table de nuit*, petite *table*, d'une forme particulière, qui se place à côté du lit, sur laquelle on met les choses dont on peut avoir besoin dans la nuit, et dans l'intérieur de laquelle on dépose le vase de nuit. — En particulier et absolument, *table* à manger : *il est trois heures à table; aimer la table, les plaisirs de la table.* — On appelle dans les grandes maisons, *la première table*, celle des maîtres; *la seconde table*, celle des principaux domestiques; *la table du commun*, celle des valets : *tenir la première, la seconde table*, faire les honneurs de la première, de la seconde *table.* — *Se mettre à table*, s'asseoir auprès de la *table* pour manger. — *Sortir, se lever de table*, interrompre ou finir le repas. — Fig. : *mettre quelqu'un sous la table*, l'enivrer. — *Tenir table*, donner ordinairement à manger. — Rester long-temps à *table.*— *Tenir table ouverte*, recevoir à sa *table* ceux qui se présentent. — *Retrancher, réformer sa table*, faire moins de dépense pour sa *table* qu'on n'avait coutume de faire. — *Donner sa table à quelqu'un*, le faire manger à sa *table.* — *Rompre sa table*, cesser de tenir *table.* — *Courir les tables*, *piquer les tables*, aller manger chez ceux qui tiennent *table.*—*Renoncer à la table*, renoncer aux excès, aux recherches de *la table.*—*Augmenter sa table*, la rendre plus abondante, plus somptueuse.— *Raffiner sur la table*, rechercher les délicatesses dans la nourriture.—*Manger à table d'hôte*, dans une hôtellerie, à un certain prix réglé.—Les catholiques appellent *sainte table*, l'autel. — Fig., la communion : *s'approcher de la sainte table.*— En parlant de certains instruments de musique, la partie supérieure de ces instruments, sur laquelle les cordes sont tendues : *table de piano, table d'harmonie* — Lame ou plaque d'argent, de cuivre ou d'autre métal, ou morceau de pierre ou de marbre plat et uni, sur quoi l'on peut écrire, graver ou peindre : *les tables de la loi* ou *de Moïse; le lois des douze tables*, chez les Romains. — On appelle dans ce sens, *table rase* ou *table d'attente*, une lame, une planche qu'on destine pour graver quelque chose. — On dit figurément de quelqu'un qui n'a reçu encore aucune instruction qui ait fait impression sur lui, et qui, par conséquent, est susceptible de toutes celles qu'on lui voudra donner, que *c'est une table rase* où *l'on gravera tout ce que l'on voudra.* — On appelle *tables*, en t. d'anat., les deux lames osseuses qui composent le crâne.—Les ferblantiers appellent *table*, une *table* de plomb dont ils se servent pour piquer les grilles de râpes, et pour découper certains ouvrages. — Dans les glaceries, il y a des *tables à couler les glaces.* — Les chandeliers appellent *table à moule*, une *table* percée de divers trous, sur laquelle on dresse les moules destinés à faire de la chandelle moulée. — On appelle *table de billard*, un châssis fait de planches de bois de chêne bien unies et bien jointes ensemble, sur lequel on applique le tapis de drap vert sur lequel on joue au billard. — *Table à moule*, parmi les blanchisseurs de cire, de grands châssis sur lesquels ils mettent leurs planches à moules, pour y dresser les pains de cire blanche. — *Table aux voiles*, de grands bâtis de bois sur lesquels sont étendues les toiles où l'on met blanchir les cires. — *Table de laiton*, du laiton coulé pour former des planches d'une certaine dimension. — *Table de plomb*, du plomb fondu et coulé sur une longue *table* de bois couverte de sable. — En t. d'impr., planche de chêne qui forme le dessous du collier d'une presse et qui porte les crampons. — Chez les savonniers, pain de savon de trois pouces d'épaisseur sur un pied et demi de longueur et quinze pouces de largeur. — Rouleau ou masse de bois plus long que large à l'usage des calandreurs.—T. de miroitier, *table de l'égout*, *table* un peu inclinée sur le devant par le moyen des coins de bois dont on élève le derrière.—*Former la table d'une enclume*, c'est couvrir la superficie d'une lame d'acier. — *Tablette* enduite de cire, sur laquelle on écrivait autrefois. — *Table égyptienne*, *table* de marbre égyptien, que l'on a trouvée à Rome, en 1709, sur le mont Aventin, et qui était chargée d'hiéroglyphes dont on a vainement cherché l'explication. —*Table isiaque*, *table* de bronze qui contient des scènes de religion égyptienne. Elle fut achetée en 1525, au sac de Rome, par un serrurier qui la vendit au cardinal *Bembo.* Elle a passé ensuite dans les mains des ducs de Mantoue et des rois de Sardaigne, et fut en l'an VII (1799) transportée de Turin à Paris, et déposée dans la Bibliothèque royale.—*Table* signifie aussi index fait ordinairement par ordre alphabétique pour trouver les mots qui sont dans un livre : *il n'y a point de table à ce livre; cette table est bien faite; cette table est fautive; table des matières; table alphabétique.* — On appelle *table des chapitres*, la *table* où l'on marque la matière qui est traitée dans chaque partie d'un livre. — Feuille sur laquelle les matières d'une science sont réduites méthodiquement et en raccourci, afin qu'on puisse les voir d'un coup-d'œil : *table chronologique; enseigner la grammaire par tables.* — En t. de math., suite de calculs dont on a besoin pour diverses opérations.—T. d'arith., *table pythagorique*, table qui contient tous les produits de la multiplication des nombres simples depuis un jusqu'à neuf. — On appelle *tables loxodromiques*, des *tables* où la différence des longitudes, et la route que l'on a parcourue en suivant un certain rumb, sont marquées de dix en dix minutes de latitude. — *Tables des sinus*, celles qui contiennent par ordre les longueurs des *sinus*, tangentes et sécantes de tous les degrés et minutes d'un quart de cercle. — *Table de réduction*, *table* qui indique le rapport que différents poids, différentes mesures ont entre eux. — Anciennement on appelait *poids de table*, un poids à l'usage particulier de certains pays.—On appelle *table des signaux*, la collection et comme le dictionnaire de tous les signaux à employer en mer, pour les communications.—*Tables météorologiques, tables* sur lesquelles on inscrit jour par jour les variations de l'atmosphère. — *Tables astronomiques*, suite des nombres qui indiquent les situations et les mouvements des astres, ou qui servent à les calculer. — Au trictrac, on appelle *tables*, les pièces plates et rondes avec lesquelles on joue à ce jeu. On les nomme plus ordinairement *dames*. — Il y a une sorte de jeu qui se joue dans un trictrac, et qu'on nomme *toutes-tables* : *il joue beaucoup mieux à toutes-tables qu'au trictrac*.—En parlant de pierreries, *diamant en table*, taillé de manière que la surface en est plate. On dit dans le même sens, *table de rubis*, *d'émeraudes*. *Table de bracelets*, plusieurs pierres taillées en *table* et arrangées pour servir à un bracelet.— T. de chevalerie, *table ronde*, autour de laquelle, suivant les anciens romans, s'asseyaient les chevaliers pour éviter toute préséance. *Table de marbre*, connétablie, autrefois le siège du connétable et des maréchaux de France.

TABLÉ, part. pass. de *tabler*.

TABLEAU, subst. mas. (*tablô*) (du latin *tabula*), ouvrage de peinture sur une *table* de bois ou de cuivre, etc., ou sur la toile. — Fig., représentation naturelle d'une chose, soit de vive voix, soit par écrit : *le tableau des passions* ; *un tableau historique*. — Tout ce qui frappe les yeux et fait impression : *cette vue est un magnifique tableau*. — Dans un opera, réunion de plusieurs objets formant un tout peint par la musique. — En perspective, surface plane que l'on suppose perpendiculaire à l'horizon.— Dans un vaisseau, façade de l'arrière, comprise entre les allonges et où sont percés les jours ou les fenêtres. — En t. d'archit., partie de l'épaisseur d'une baie de porte ou de fenêtre. —Liste, catalogue des membres d'une société, etc. : *on a rayé son nom du tableau des avocats*. —*Table* peinte en noir pour écrire, tracer des figures dans les classes.—*Tableau civique, tableau* sur lequel étaient inscrits tous les citoyens d'un canton ou d'une section, qui avaient atteint l'âge de vingt-un ans, et qui avaient prêté le serment civique. (*Constitution* de **1791**.) — *Tableau magique*, t. d'électricité, carreau de verre monté dans une bordure dont les deux surfaces sont couvertes en partie par une feuille d'étain. Pour établir la communication entre les deux surfaces, une petite bande de feuille d'étain part de la feuille qui couvre la surface inférieure, et vient aboutir sur la bordure extérieure du carreau. Lorsque le *tableau* est électrisé, si l'on met son pouce sur la bande repliée sur la bordure, et un autre doigt sur la feuille d'étain qui couvre la surface extérieure, on éprouve une commotion semblable à celle que produit la décharge de la fiole de Leyde : *la construction du tableau magique est susceptible de beaucoup de variété*. — *Tableau magique de Franklin*, image ou *tableau* appliqué sur le métal dont est garni le carreau électrique, et qui fait ressentir, de la même manière et par les mêmes causes, une vive commotion. — *Tableaux électriques*, bandes de verre un peu épais, sur lesquelles sont collées de petites pièces de métal, rangées de manière à représenter des dessins qui paraissent tracés par des points de lumière très-vifs, lorsqu'on se sert de ces *tableaux* pour tirer des étincelles d'un corps électrisé. —On appelait autrefois, *tableaux votifs*, des *tableaux* que l'on exposait dans un temple, à l'occasion d'un vœu fait dans un danger, et sur lesquels était représenté le malheur auquel on avait été exposé; ce qui répondait aux *ex-voto* des modernes. — Fig. : *c'est une ombre au tableau*, se dit d'un léger défaut qui fait mieux sentir les beautés d'un ouvrage ou les bonnes qualités d'une personne.

TABLÉE, subst. fém. (*tablé*), tous ceux qui sont à une *table*. — Chez les tondeurs de draps, longueur qui s'étend d'un bout de la *table* à l'autre, après avoir été tondue. Ce mot manque dans l'*Académie*.

TABLER, v. neut. (*tablé*), au jeu de trictrac, disposer les dames selon les règles du jeu. Il est vieux; on dit *aujourd'hui caser*. — Fig. : *vous pouvez tabler là-dessus*, compter là-dessus. Vieux et même presque hors d'usage.

TABLETIER, subs. mas.; **TABLETIÈRE**, subs. fém. (*tableté*, *tière*), celui, celle qui fait ou vend des échiquiers, des trictracs et autres ouvrages d'ivoire, d'ébène, etc.

TABLETIÈRE, subst. fém. Voy. TABLETIER.

TABLETTE, subst. fém. (*tablète*) (du latin *tabula*, planche), planche posée pour mettre quelque chose dessus : *tablettes de bibliothèque*, *d'armoire*. — Pièce plate, qui termine les murs d'appui et autres pièces de maçonnerie. — Petit ais de noyer ou de sapin que l'on place dans de petits coins ou renfoncements de cheminée, pour servir à y déposer de petits objets de ménage dont on a besoin de temps à autre. — Petit ais qui est propre à maintenir la vis d'une presse d'imprimerie, et servant à mettre les petits ustensiles des ouvriers qui y travaillent. — Ais sur lequel les boulangers mettent le pain dans leur boutique. — Espèce de petite *table* sur laquelle le chandelier pose le moule dont il se sert pour la chandelle, etc. — Petit ais soutenu de colonnes, sur lequel on met des bijoux, de petits livres, etc. — Toute espèce de composition de sucre ou de drogue réduite en forme plate : *une tablette de chocolat* ; *des tablettes purgatives*. — On donne ce nom plus particulièrement à un médicament solide, d'une saveur agréable, préparé à froid avec des poudres, du sucre et du mucilage, et disposé en plaques minces de formes diverses. — On appelle : *tablettes anti-catarrhales de Tronchin*, celles composées de gomme arabique, de kermès minéral, d'anis, d'extrait de réglisse, d'extrait gommeux d'opium et de sucre; *antimoniales de Kunckel*, celles composées d'amandes douces, de cannelle, de petit cardamone, de sulfure d'antimoine et de sucre ; *de bouillon*, un extrait sec de viande, qu'on prépare avec la chair de bœuf et de veau ; *de citron purgatives*, celles composées de citron, de fleurs de violette et de buglosse, de diatragacanthe, de scammonée, de turbith végétal, de gingembre, de séné, de rhubarbe, de girofle, de santal citrin, de sucre et de gomme adragante; *vermifuges*, celles composées de calomélas, de résine de jalap, de sucre et de gomme adragante. —T. de fortif., revêtement du parapet au-dessus du cordon.—Au plur., pierres de parements qui soutiennent une petite terrasse ou un chemin un peu élevé, etc. — Feuilles d'ivoire, de parchemin ou de papier préparé, attachées ensemble, sur lesquelles on écrit avec un crayon ou avec un poinçon les choses dont on veut se souvenir.—Prov. et fig. : *rayez cela de vos tablettes*, ne comptez pas là-dessus. — Un supérieur dit à un inférieur : *vous êtes sur mes tablettes*, vous m'avez donné sujet de me plaindre de vous.

TABLETTERIE, subst. fém. (*tablèteri*), métier du *tabletier*. — Les ouvrages du *tabletier*.— Pourquoi l'*Académie*, qui écrit avec juste raison *tabletterie*, n'écrit-elle pas *marquetterie*, *papetterie*, etc. ?

TABLIER, subst. mas. (*tablié*), échiquier ou damier. En ce sens il est vieux. — Chacune des deux parties du trictrac. — Morceau de cuir, de toile, etc., que divers artisans mettent devant eux.—Morceau d'étoffe de soie, brodée ou non brodée, que portent devant eux les membres d'une loge de franc-maçonnerie, dans leurs jours de fêtes, de banquets ou d'autres cérémonies qui les concernent. Morceau de toile, de serge, de taffetas, etc., que les femmes mettent devant elles.— T. de théâtre, *rôle à tablier*, rôle de grisette, d'artisan dans les pièces de mœurs.— *Prendre le tablier*, en parlant d'une actrice pour les grisettes.— Morceau de toile d'un vert noirâtre, que mettent devant eux les apprentis imprimeurs, les élèves en pharmacie, etc. — Les imprimeurs appellent *droit de tablier*, une espèce de bienvenue que les apprentis paient aux ouvriers.—En t. d'archit., ornement sculpté sur la face d'un piédestal.—Ce qui forme la marche d'un pont en fer d'une marche à l'autre.—Partie d'un pont-levis qui se lève et s'abaisse, au moyen de poulies, pour intercepter ou livrer passage. — *Tablier de timbale*, morceau d'étoffe, enrichi de broderie,qu'on met autour d'une timbale, avec les armes du souverain, etc. — Morceau de cuir attaché sur le devant des cabriolets et autres voitures, pour garantir des éclaboussures. — T. de mar., doublures que l'on met à certaines voiles, pour les garantir contre le frottement. — Autrefois, en Bretagne, et particulièrement à Nantes, bureau pour la recette des droits du roi. On percevait également à la Rochelle, sur les marchandises qui en sortaient par mer, un droit nommé *droit de tablier et prévôté*.

TABLOIN, subst. mas. (*tabloein*) (du latin *tabula*, planche), plate-forme faite de madriers, pour placer une batterie de canons.

TABORITE, subst. mas. (*taborite*), soldat romain qui combattait avec une hache à deux tranchants.

TABORS, subst. mas. (*tabor*), retranchements qu'on faisait autrefois avec les bagages pour arrêter la cavalerie.

TABOURAL, subst. mas. (*tabourale*), sorte d'instrument turc, qui ressemble à un *tambour*.

TABOURÉ, participe pass. de *tabourer*.

TABOURER, v. neut. (*tabouré*), battre du *tambour*. Vieux et même absolument inusité : on ne dit que *tambouriner*.

TABOURET, subst. mas. (*tabourè*) (suivant *Ménage*, de *tambour*, à cause de la ressemblance d'un *tabouret* à un petit tambour), espèce de siège en forme d'escabelle, rembourré et couvert de quelque étoffe ou tapisserie. — *Avoir le tabouret chez le roi* ou *la reine*, c'était avoir droit de s'asseoir en leur présence sur un *tabouret* ou siège pliant. — Siège sur lequel s'asseyent les condamnés à une peine infamante : *on l'a vu sur le tabouret, il est à jamais déshonoré*.—*Tabouret électrique*, planche carrée dont les cornes sont arrondies, portées par quatre petites colonnes de crystal, pour isoler les personnes et les objets qu'on veut électriser.— Espèce de lanterne garnie de fuseaux, adaptée aux machines qui servent à puiser l'eau des carrières. — *Tabouret d'équitation*, espèce de fauteuil ou de siège quelconque, auquel on donne les différents mouvements que l'on fait exécuter à un cheval de manège. — En bot., plante annuelle, dont la silique, en forme de *bourse*, l'a fait nommer aussi *bourse à pasteur*.

TABOUREIN, subst. mas. (*tabourein*), calotte tournante, en tôle, sur une cheminée.

TABROUBA, subst. mas. (*tabrouba*), t. de bot., arbre de Cayenne dont le fruit produit un suc dont les Indiens se noircissent le corps.

TABULAIRE, subst. fém. (*tabulère*), religieuse qui surveille les autres, et qui leur indique leurs fonctions.

TABUT, subst. mas. (*tabu*), rixe. Inusité

TABUTÉ, **E**, part. pass. de *tabuter*.

TABUTER, v. act. (*tabuté*), quereller ; chagriner.— *se* TABUTER, v. pron. — Ce verbe ne semble-t-il pas être le même que *tarabuster*, qui, du reste, seul se dit?

TAC, subst. mas. (*tak*), maladie contagieuse des moutons.

TACAMAQUE, subst. fém. (*takamake*), résine qui découle du calaba.

TACAULT, subst. mas. (*takô*), t. d'hist. nat., nom d'une espèce de poisson du genre des gades.

TACCA, subst. mas. (*taka*), t. de bot., sorte de plante des Indes qui se rapproche des léontices.

TACCO, subst. mas. (*tako*), t. d'hist. nat., genre d'oiseaux silvains.

TACET, subst. mas. (*tacète*) (emprunté du lat. où il signifie : *il se tait*), t. de mus.: *tenir* ou *faire le tacet*, se *taire* pendant que les autres chantent. — Fig. et fam. : *garder le tacet*, ne dire mot.

TACHARD, subst. mas. (*tachar*), t. d'hist. nat., oiseau de proie du genre des buses.

TACHE, subst. fém. (*tache*) (suivant *Huet*, du bas-breton *tache*, souillure), souillure, marque qui salit : *tache de boue, de graisse, d'huile*. — En peint., parties de couleur qui ne sont pas d'accord avec celles qui les avoisinent. — Marque qui paraît à un fruit que le vent a fait tomber à terre, et qui provient du coup qu'il a reçu dans sa chute.—En médec., on appelle *tache du crystallin*, une espèce de cicatrice à l'œil. — *Marque naturelle sur la peau* : *avoir des taches de rousseur* ; sur le poil de certains animaux : *chien blanc qui a des taches noires*. — Au plur., certains endroits obscurs qu'on remarque avec le télescope sur le disque du soleil, etc. En ce sens, *tache* est opposé à *facules*, nom donné par les astronomes aux parties les plus claires. — Défauts dans un ouvrage d'esprit : *il y a des taches dans cet ouvrage*.— Fig. et prov. : *il veut trouver des taches dans le soleil*, des défauts dans les choses les plus parfaites. —Fig., tout ce qui ternit la réputation : *c'est une tache à son honneur*. — Fig. : *il a fait une tache à son habit*, il a fait quelque chose qui ternit sa réputation.—*Tache du péché*, souillure que l'âme contracte par le péché.

TACHE, subst. fém. (*tâche*) (du lat. *taxare*, taxer, mettre une *taxe*, un impôt; et par extension, imposer une obligation, dont on a fait, dans la basse latinité, *taxa*; on écrivait autrefois *tasche*), ouvrage qu'on donne à faire dans un certain espace de temps ou à certaines conditions. — *Travailler, être à la tâche*, travailler à un ouvrage dont on doit être payé en gros, sans égard au nombre des journées qu'on y aura employées. — Fig. : *prendre à tâche de faire une chose*, s'attacher à la faire, ne perdre aucune occasion de la faire. — *Prendre quelqu'un à la tâche*, le molester, le contrarier. — *En bloc et en tâche*, sorte de loc. adv., signifiant : en gros et sans discuter sur le détail : *marchander, entreprendre des ouvrages en bloc et à la tâche*. Cette locution est plus que surannée.

TACHÉ, E, part. pass. de *tacher*.

TACHÉE, subst. fém. (*taché*), t. d'hist. nat., boisson du genre des baudroies. — Nom vulgaire du lutjan de la Méditerranée.

TACHÉOGRAPHIE, subst. fém., et ses dérivés. Voy. TACHYGRAPHIE et ses dérivés.

TACHÉOTYPE, adj. des deux genres (*tachéotipe*) (du grec ταχύς, ταχέως, rapide, et τύπος, signe), t. d'imprim., qui s'est dit d'une sorte de casse avec laquelle on obtient un tiers de plus de composition qu'avec la casse ordinaire. — Il se dit aussi de la méthode par laquelle on s'exerce sur la casse *tachéotype*. C'est *Raymond* qui nous fournit cette dernière définition; on dirait au moins *tachéotypie*, en parlant de cette soi-disant méthode.

TACHER, v. act. (*taché*), souiller, salir, faire une *tache*, au propre et au fig. — *se* TACHER, v. pron.

TÂCHER, v. neut. (*tâché*) (du lat. *satagere*, s'empresser, se donner la peine. *Ménage*, d'après *de Valois*.), s'efforcer de : *je tâcherai de l'achever*. — On dit aussi absolument : *je tâcherai*. — Viser, songer à : *vous tâchez de me nuire*. — *Il n'y tâchait pas*, il l'a fait sans intention.

TÂCHERON, subst. mas. (*tâcheron*), celui qui, dans les forges, travaille à la *tâche*. Peu usité.

TACHETÉ, E, part. pass. de *tacheter*, et adj., marqueté : *le tigre est tout tacheté; ce fruit est tout tacheté*.—T. de médec., qui est marqué d'un plus ou moins grand nombre de taches. — On appelle *maladie tachetée*, celle qui offre pour caractère principal une multitude de petites *taches* arrondies, brunes ou rouges, répandues sur presque toute l'habitude du corps.

TACHETER, v. act. (*tacheté*), marquer de plusieurs *taches*. — *se* TACHETER, v. pron.

TACHI, subst. mas. (*tachi*), t. de bot., arbrisseau grimpant de la Guyane.

TACHIBOTE, subst. mas. (*tachibote*), t. de bot., arbrisseau de la Guyane.

TACHIGALE, subst. mas. (*tachiguale*), t. de bot., genre de plantes monogynes.

TACHINE, subst. fém. (*tachine*), t. d'hist. nat., genre d'insectes brachélytres.

TACHOMÈTRE, subst. mas. (*takomètre*) (du grec ταχύς ou ταχέως, vite, et μετρον, mesure), instrument pour connaître la vitesse du mouvement d'une machine.

TACHOMÉTRIE, subst. fém. (*takométri*), art de se servir du *tachomètre*.

TACHOMÉTRIQUE, adj. des deux genres (*takométrike*), qui a rapport au *tachomètre*.

TACHYDROME, subst. mas. (*tachidrome*) (du grec ταχύς, vite, et δρέμω, je cours), t. d'hist. nat., espèce de lézard.

TACHYGRAPHE, subst. mas. (*tachiguerafe*), celui qui connaît et pratique la *tachygraphie*.

TACHYGRAPHIE, subst. fém. (*tachiguerafi*) (du grec ταχύς, vite, prompt, ou de l'adv. ταχέως, vite, et de γραφω, j'écris), art d'écrire par abréviations et aussi vite que l'on parle. Cet art, renouvelé de nos jours, était fort en usage chez les Romains. Voy. STÉNOGRAPHIE.

TACHYGRAPHIQUE, adj. des deux genres (*tachiguerafike*), qui appartient à la *tachygraphie*.

TACHYGRAPHIQUEMENT, adv. (*tachiguerafikeman*), au moyen de la *tachygraphie*.

TACHYMÉNIS, subst. propre mas. (*tachiménice*), myth., surnom de Bacchus, irritable.

TACHYOMÈTRE, subst. mas.; **TACHYOMÉTRIE**, subst. fém., et **TACHIOMÉTRIQUE**, adj. des deux genres. Voy. TACHOMÈTRE, TACHOMÉTRIE, TACHOMÉTRIQUE.

TACHYPE, subst. mas. (*tachipe*), t. d'hist. nat., genre d'insectes coléoptères.

TACHYPHONE, subst. mas. (*tachifone*), t. d'hist. nat., genre d'oiseaux silvains.

TACHYPORE, subst. mas. (*tachipore*), t. d'hist. nat., insecte coléoptère.

TACHYPÈTE, subst. fém. (*tachipète*), t. d'hist. nat., nom générique de la frégate, oiseau de mer.

TACHYRIS ou **TACHURIS**, subst. mas. (*tachirice*), nom que quelques peuplades du Paraguay donnent à de petits oiseaux.

TACITA, subst. propre fém. (*tacita*), t. de myth., déesse du silence, inventée par Numa.

TACITE, adj. des deux genres (*tacite*) (du lat. *tacitus*, part. pass. de *tacere*, taire), qui n'est pas dit, qui n'est pas exprimé formellement : *aveu, condition tacite*. — *Tacite réconduction*. Voy. RÉCONDUCTION.

TACITEMENT, adv. (*taciteman*), d'une manière *tacite* : *nous n'avions pas parlé de cela dans notre traité, mais nous l'y comprendrons tacitement*.

TACITURNE, adj. des deux genres (*taciturne*) (du latin *taciturnus*), qui parle peu; qui est sombre, rêveur : *cet homme est bien taciturne; humeur, délire taciturne*.

TACITURNITÉ, subst. fém. (*taciturnité*), état, humeur, tempérament de celui qui est *taciturne*.

TACOIN, subst. mas. (*takoein*), t. de myth. mahométane, genre ou espèce de fées dont les fonctions correspondent à celles des parques, chez les anciens.

TACON, subst. mas. (*takon*), t. d'imprim., *taquoir*. Voy. ce mot. — T. d'hist. nat., espèce de saumon.— Sorte d'ulcère contagieux.

TACONNER, v. act. Voy. TAQUONNER.

TACOT, subst. mas. (*tako*), petit instrument ou outil de cuir qui sert à mettre en mouvement une espèce de navette volante.

TACQUET, subst. mas. (*takiè*), partie saillante en bois ou en fonte, en forme de canne, adaptée à un axe.

TACT, subst. mas. (*takte*) (du latin *tactus*), le sens du toucher, faculté par laquelle nous jugeons des qualités palpables des corps, attouchement, sens qui fait connaître ce qui est chaud ou froid, dur ou mou, uni ou raboteux, etc.—Fig. : *avoir le tact fin, sûr*, etc., juger finement, sûrement en matière de goût.—T. de médec.: *tact médical*, manière sûre de percevoir, de juger et de raisonner en médecine. — TACT, TOUCHER, ATTOUCHEMENT. (*Syn.*) Le *tact* est proprement le sens qui reçoit l'impression des objets, comme la vue, l'ouïe, le goût, l'odorat. Le *toucher* est l'action de ce sens; l'exercice de toucher, de palper, manier, ou le sens actif. L'*attouchement* est l'acte de toucher, de palper, l'application particulière du sens actif ou de l'organe, particulièrement de la main.—Un corps vous *touche*; et le sens du *tact* éprouve une sensation analogue à la qualité palpable du corps froid ou chaud, humide ou sec, dur ou mou. Vous touchez un corps, et par cette action de *toucher* vous cherchez à connaître et à éprouver ses différentes qualités, ou à produire vous-même divers effets sur le corps. Vous touchez à un corps, et par le simple *attouchement* vous éprouvez ou vous produisez vous-même de l'effet.—C'est au *tact* que l'on attribue les qualités distinctives du sens ou de l'organe : on dit la finesse, la grossièreté, la délicatesse du *tact*. C'est au *toucher* que vous reconnaissez la qualité des choses; on dit qu'un corps est doux ou rude au *toucher*. C'est par l'*attouchement* que vous distinguez les circonstances particulières de tel acte relativement à tel objet; on dit que les accusés se purgeaient autrefois d'un crime par l'*attouchement* d'un fer chaud; et que Jésus guérissait les malades par un simple *attouchement*.— Le *tact* est beaucoup plus fin, plus sûr, plus exquis dans les animaux nus, et surtout dans les reptiles, que dans les autres animaux. Il y a dans les corps des qualités qui ne sont sensibles qu'au *toucher*, et c'est par le *toucher* que l'homme parvient à corriger surtout les erreurs de la vue, et même à suppléer à son défaut. Plusieurs aveugles ont distingué les couleurs au *toucher*. L'*attouchement* n'exprime qu'un *toucher* assez léger, un maniement doux, analogue à l'idée de palper, ou simplement l'action douce et légère de *tâter*, et avec l'intention propre à l'être animé. Lorsqu'il s'agit de deux corps insensibles, on dit dogmatiquement *contact*.—Nous disons plutôt *tact* au figuré, pour exprimer un jugement de l'esprit prompt, subtil, juste, qui semble prévenir le raisonnement et la réflexion, et paraît provenir d'un goût, d'un sentiment, d'une sorte d'instinct droit et sûr. Au physique, nous disons plutôt le *toucher*, pour exprimer le sens, et nous ne le disons qu'au physique. Nous donnons pour l'ordinaire à l'*attouchement* un sens moral et mauvais, relatif aux plaisirs charnels et à l'impudicité.

TAC-TAC, loc. adv. et subst. mas. (*taktak*), mot dont on se sert par onomatopée pour exprimer un bruit réglé qui se renouvelle à temps égaux : *le tac-tac d'un moulin*.

TACTÉE, subst. fém. (*takté*), t. de mus., note dont on n'entend que le commencement.

TACTICIEN, subst. mas., au fém. TACTICIENNE (*takticiein, ciène*), celui, celle qui est versé, habile dans la *tactique*.

TACTILE, adj. des deux genres (*taktile*) (du lat. *tactilis*), qui est l'objet du toucher, qui peut se toucher.

TACTION, subst. fém. (*takci-on*) (du latin *tactio*), action du toucher.

TACTIQUE, subst. fém. (*taktike*) (du grec τακτος, part. de τασσω, je range, je mets en ordre), art de ranger les troupes en bataille et de faire les évolutions militaires.— Fig., l'art de diriger une intrigue.—Système, moyens d'attaque, de défense dans la conduite. — Subst. mas., nom qu'on donnait autrefois, chez les Perses et chez les Grecs, aux professeurs militaires.

TACTUEL, adj. mas., au fém. **TACTUELLE** (*taktu-èle*), qui appartient au *tact*.

TACTUELLE, adj. fém. Voy. TACTUEL.

TADINS, subst. mas. plur. (*tadein*), religieux indiens de la secte de Wisthnou.

TADORNE, subst. mas. (*tadorne*), t. d'hist. nat., oiseau du genre des canards.

TAEL, subst. mas. (*ta-èle*), monnaie de compte de la Chine, du Japon, etc., valant sept francs soixante-onze centimes.

TÆDIFÈRE, adj. fém. (*tédifère*) (du latin *tæda*, torche, et *ferre*, porter), myth., surnom de la déesse Lucine et de Cérès, qu'on représente quelquefois un flambeau à la main.

TÆNARIES, subst. fém. plur. (*ténari*), myth., fêtes qu'on célébrait en l'honneur de Neptune.

TÆNARIEN, adj. mas. (*ténariein*), myth., surnom de Neptune, pris d'un temple qu'il avait sur le *Ténare*; enfer des anciens.

TÆNARION, subst. propre mas. (*ténarion*), myth., temple consacré à Neptune, construit sur le *Ténare*, et qui servait d'asyle inviolable aux malheureux.

TÆNARITES, subst. mas. plur. (*ténarite*), nom qu'on donnait à ceux qui allaient adorer Neptune dans le *Tænarion*.

TÆNIA, subst. mas. (*téni-a*). Voy. TÉNIA.

TÆNIANOTE, subst. mas. Voy. TÉNIANOTE.

TÆNIOÏDE, subst. mas. Voy. TÉNIOÏDE.

TÆNITIS, subst. mas. (*ténitice*), t. de bot., genre de plantes de la famille des fougères.

TAFALLIE, subst. fém. (*tafaleli*), t. de bot., genre de plantes monadelphes.

TAFELDSPATH, subst. mas. (*tafèledecepate*), t. d'hist. nat., substance minérale d'un gris jaunâtre ou blanc roussâtre.

TAFFETAS, subst. mas. (*tafetá*) (suivant *Bochart*, *Le Duchat*, *Covarruvias*, etc., par onomatopée, de *tif, taf*, à cause du bruit que fait cette étoffe. *Le Duchat* ajoute qu'on prononçait autrefois *taffetaf*), étoffe de soie fort mince et tissue comme la toile. — *Taffetas d'Angleterre*, *taffetas* gommé, ou sur lequel on a mis une légère couche de colle de poisson. — Dans les fabriques, on appelle : *taffetas à bandes ombrées et carrelées*, celui dont l'endroit se fait en dessus; *taffetas à la bonne femme*, celui qui est tramé par les deux bouts; *taffetas d'armoisin*, celui qui est très-mince; *taffetas de doubleté*, celui qui est de deux couleurs; *taffetas de gaze*, celui qui est à chaîne et à trame crue; *taffetas de simpleté*, celui qui n'a qu'une seule couleur; *taffetas flambé*, celui dont la chaîne est chinée; *taffetas de Toulouse*, celui dont la trame est de coton; *taffetas de tripleté*, celui qui est de trois couleurs; *gros de Naples*, tramé à huit bouts; *taffetas laise*, celui qui est flambé et a trois quarts de large; *taffetas lustré*, le noir dont la trame est d'organsin; *taffetas mince*, celui qui n'est tramé qu'à un bout; *taffetas moiré*, celui dont la chaîne est chargée d'un grand nombre de fils; *taffetas petit gros de Tours*, dont la chaîne est tramée à trois ou cinq bouts; *taffetas pou de soie*, qui est tramé à douze bouts; *taffetas rayé*, celui qui a des bandes de différentes couleurs. — *Taffetas d'herbes*, espèce de *taffetas* que l'on fabrique dans les Indes avec une sorte de soie ou de fil doux et lustré, que l'on extrait de certaines herbes fraîches du pays.

TAFFETATIER, subst. mas. (*tafetatié*), nom qu'on donnait en certains endroits aux fabricants de *taffetas*. Presque inusité.

TAFIA, subst. mas. (*tafia*), eau-de-vie de sucre.

TAFON, subst. mas. (*tafon*), t. d'hist. nat., espèce de coquille univalve du genre des volutes.

TAFTOLOGIE, subst. fém.; **TAFTOLOGIQUE**, adj. des deux genres. (*tafetoloji, jike*). Voy. TAUTOLOGIE, TAUTOLOGIQUE.

TAGAROT, subst. mas. (*taguaro*), t. d'hist. nat., sorte d'oiseau dont on se sert dans les fauconneries.

TAGE, subst. propre mas. (*taje*), fleuve du Portugal, qui se jette dans l'Océan, près de Lisbonne.

TAGÉNIE, subst. fém. (*tajéni*), t. d'hist. nat., genre d'insectes coléoptères.

TAGET, subst. mas. (*tajé*), t. de bot., genre de plantes de la famille des corymbifères.

TAGÈTE, subst. masc. (*tajète*), t. de bot., genre de plantes qui contient les *tagets*.

TAGIÉROT, subst. mas. (*taji-érô*), t. d'hist. nat., sorte de faucon d'Égypte.

TAGUAN ou **TAGNAN**, subst. mas. (*tagu-an*, *tagnian*), t. d'hist. nat., espèce de grand écureuil volant.

TAGUC, subst. mas. (*taguk*), sorte de poison très-actif fait du suc du camadang laiteux, dont les habitants des Philippines se servent pour empoisonner leurs flèches.

TAÏ, subst. mas. (*ta-i*), dixième mois du calendrier indien, qu'on croit être notre janvier.

TAÏAUT, subst. mas. et sorte d'exclamation (*ta-iô*), cri du chasseur quand il voit le cerf, le daim ou le chevreuil; quand on fait partir le lièvre.

TAIE, subst. fém. (*tè*) (du latin barbare *tega*, employé avec les mêmes acceptions dans la basse latinité, et fait de *tegere*, couvrir), toile qui recouvre et enveloppe un oreiller ou un lit de plumes. — Pellicule blanche qui se forme quelquefois sur l'œil : *avoir une taie dans l'œil*. — T. d'anat., l'enveloppe du fœtus, du foie, et de quelques autres viscères.—T. d'art vétér., mal qui se forme aussi aux yeux des chevaux.

TAÏFALIENS, subst. propre mas. plur. (*ta-ifaliein*), nom de peuples qui habitaient l'ancienne Scythie.

TAILLABILITÉ, subst. fém. (*tâ-iabilité*), état de celui qui est *taillable*. Presque inusité.

TAILLABLE, adj. des deux genres (*tâ-iable*), sujet à la *taille*. — Il s'est dit des villes et des provinces : *une ville, une province taillable*.—Il se disait encore des terres et des biens sur lesquels on imposait *la taille* : *les biens nobles et les biens ecclésiastiques n'étaient pas partout taillables*. — Anciennement, on s'en est servi comme subst. : *on prit cette somme sur tous les taillables de la commune*.

TAILLABLIER, subst. mas. (*tâ-iabli-é*), tributaire. Vieux et même hors d'usage.

TAILLADE, subst. fém. (*tâ-iade*), t. de chir., coupure dans les chairs. — Fracture du crâne par un instrument tranchant. — Coupure en long faite dans une étoffe, dans un habit.

TAILLADÉ, E, part. pass. de *taillader*.

TAILLADER, v. act. (*tâ-iadé*), faire des *taillades* : *on lui a tailladé le visage* ; *taillader un pourpoint*. — SE TAILLADER, v. pron.

TAILLADIN, subst. mas. (*tâ-iadein*), tranche mince de citron ou d'orange.

TAILLAGE, subst. mas. (*tâ-iaje*), taxe, impôt. Vieux.

TAILLANDERIE, subst. fém. (*tâ-iandri*), métier, atelier ou ouvrage du *taillandier*.

TAILLANDIER, subst. mas. (*tâ-iandié*), ouvrier qui fait des outils pour les charpentiers, charrons, tonneliers, laboureurs, etc.; celui qui les vend en boutique. — On appelle, au fém., *taillandière*, la femme d'un *taillandier*.

TAILLANT, subst. mas. (*tâ-ian*), tranchant d'une lame, d'un couteau, d'une épée, d'une hache.

TAILLE, subst. fém. (*tâ-ie*), stature du corps : *belle, grande, riche taille ; il est de ma taille*. — En ce sens, il se dit aussi de quelques animaux : *cheval, chien de bonne taille*.—Des statues de marbre, etc., qui ont été dites être de belle *taille*, quand elles sont *taillées* avec proportion et symétrie. (*Caseneuve*.) — Plus particulièrement, conformation du corps depuis les épaules jusqu'à la ceinture : *avoir la taille gâtée, n'avoir point de taille*, être gros et court. — La forme, depuis le dessous des bras jusqu'aux hanches, surtout en parlant des femmes. — T. de manége : *cheval entre deux tailles*, d'une *taille* médiocre. — Tranchant d'une épée. En ce sens il n'est usité que dans cette expression : *frapper d'estoc et de taille*, de la pointe et du tranchant. — Coupe d'un habit, des arbres. — On dit qu'*un habit est galonné sur toutes les tailles*, est galonné sur tous les endroits où il a été *taillé*, sur toutes les coutures.—Coupe des pierres dures.—*Pierres de taille*, propres à être *taillées*. — Manière dont on travaille les pierres précieuses. — Manière dont on coupe une plume à écrire. — Dans la gravure, trait que marque le burin en coupant le cuivre. La *taille* est proprement dans la gravure ce qu'on appelle *hachure* dans le dessein, etc. — *Taille-douce*. Voyez ce mot. — Terme de monnaie, division d'un marc d'or ou d'argent en une certaine quantité de pièces égales. — Opération chirurgicale pour tirer les pierres de la vessie. — Bois qui commence à revenir après avoir été coupé. — Petit bâton fendu en deux parties égales, sur lesquelles le vendeur et l'acheteur font des coches, pour marquer ce que l'un fournit à l'autre; il est surtout en usage parmi les boulangers. — Certaine imposition de deniers qui se levait sur le peuple. (Du latin *talea*, branche d'arbre coupée par les deux bouts pour être plantée; parce que, dit *Caseneuve*, comme cette branche est retranchée de l'arbre, de même la taille est retranchée du bien des citoyens.) — *Taille personnelle*, celle qui se levait sur chaque individu *taillable* ; et *taille réelle*, celle qui s'imposait et se levait sur les terres et sur les possessions. — T. de jeu de pharaon, de trente-un, etc., chaque fois que le banquier achève de retourner toutes les cartes : *il a gagné la première, mais il a perdu la seconde taille*. — On dit que *les joueurs jouent à la taille*, lorsque s'étant proposé de jouer ensemble plusieurs jours de suite, ils sont convenus, de part et d'autre, qu'au lieu de payer sur-le-champ, on écrira à chaque partie qui aura gagné ou qui aura perdu, pour ne payer que le dernier jour. — T. de mus., le second des quatre principaux degrés dans lesquels on a partagé les voix. C'est la voix la plus naturelle à l'homme, qui se trouve à l'octave en dessous de l'étendue la plus commune des voix de femmes. On l'écrit avec la clef d'*ut*, sur la quatrième ligne. — Musicien qui a une voix de *taille* : *c'est une bonne, une belle taille*. — *Haute-taille*, *taille* qui approche de la haute-contre. — *Basse-taille*, celle qui approche de la basse.—En t. de sculpt., on appelle *basse-taille*, un bas-relief. — TAILLE, STATURE. (*Syn*.) La *stature* indique la hauteur du corps; la *taille* en exprime proprement la forme, la coupe, la configuration. On est d'une *taille* ou d'une *stature* haute, ou moyenne, ou petite; mais la *taille* est noble ou fine, belle ou difforme, bien ou mal prise, svelte ou lourde, etc.; ce qui ne peut se dire de la *stature*. — Lorsqu'on prend des valets pour la représentation, leur premier mérite est une riche *taille*. — Lorsqu'on prend des soldats pour effrayer l'ennemi par les yeux, leur premier mérite est une haute *stature*. — Nous considérons toujours dans la *stature* toute la hauteur du corps; nous ne considérons quelquefois la *taille* que dans la configuration du buste distingué du reste, qui n'en est que le piédestal et le couronnement. Ainsi nous parlons peu de la *stature* des femmes, mais beaucoup de leur *taille*.

TAILLÉ, E, part. pass. de *tailler*, et adj.— *Ouvrage taillé à la serpe*, grossièrement exécuté.—*Besogne toute taillée*, toute préparée. — *Cote mal taillée* se dit d'un compte arrêté en gros, sans égard à ce qui peut appartenir à chacun à la rigueur.—*Homme bien taillé*, qui a une belle *taille*, qui est bien fait.

TAILLE-DE-BOIS, subst. fém. (*tâ-iedeboa*), *taille* qui est faite sur une planche de *bois*.—On appelle aussi, *taille-de-bois*, l'estampe qui est tirée sur une *taille-de-bois*.

TAILLE-DOUCE, subst. fém. (*tâ-iedouce*), *taille* faite au burin seul sur une planche de cuivre. — On le dit aussi de l'estampe tirée sur cette planche.—Au plur., des *tailles-douces*.

TAILLE-DOUCIER, subst. mas. (*tâ-iedoucié*), imprimeur en *taille-douce* ou sur des planches de cuivre gravées. — Au plur., des *taille-douciers*.

TAILLE-MÈCHE, subst. mas. (*tâ-iemèche*), instrument avec lequel les ciriers coupent leurs *mèches*. — Au plur., des *taille-mèches*.

TAILLE-MER, subst. mas. (*tâ-iemère*), partie de l'éperon ou gorgère d'un vaisseau; c'est la première partie qui fend l'eau. Sans plur.

TAILLE-PLUME, subst. mas. (*tâ-ieplume*), instrument pour *tailler* les *plumes* en un seul mouvement.—Au plur., des *taille-plumes*.

TAILLER, v. act. (*tâ-ié*) (du lat. barbare *taliare*, fait de *talia*, qu'on a dit pour *talea*, branche coupée d'un arbre), couper avec le marteau, le ciseau, ou tel autre instrument, ce qu'il y a de superflu : *tailler une pierre, la vigne, une plume à écrire, un diamant*.—Couper en plusieurs morceaux : *tailler la soupe, du pain par morceaux*. — Couper de l'étoffe, de la toile, pour faire quelque ouvrage, quelque vêtement. — Faire une incision pour tirer la pierre de la vessie. — En t. de monnaie, faire la juste quantité des espèces qui doivent être au marc suivant les lois. — Imposer à la *taille*. — *Tailler en pièces*, battre et défaire entièrement les ennemis.—Fig. et fam. : *tailler des croupières à une troupe de soldats*, les mettre en fuite, les poursuivre. — Prov. : *tailler des croupières à quelqu'un*, lui susciter des affaires, des embarras.—On dit dans le même sens fig. et fam. : *tailler de la besogne à quelqu'un*.—Fig. et fam. : *tailler les morceaux à quelqu'un*, lui limiter ce qu'il doit dépenser; lui prescrire ce qu'il doit faire. — T. de mar., *tailler un bâtiment*, l'évider, le façonner, de manière qu'il soit bien *taillé* pour la marche. — Dans certains jeux, ramasser, amener, renvoyer avec le rateau les pièces de monnaie jetées sur le tapis après que la boule est tirée.—T. de jard., *tailler en pied de biche*, faire une *taille* en talus.—T. de tonnelier : *tailler en roue*, dresser et unir la surface intérieure d'une douve. — T. de joaillier : *tailler en bague*, faire des filets tout autour d'une pièce avec l'onglet. — Fig. et prov. : *tailler et rogner à son gré*, disposer des choses comme on veut.—*Tailler en plein drap*, avoir abondamment ce qui peut servir à l'exécution d'un dessein.—Neut., tenir les cartes et jouer pour les autres.—T. de mar. : *tailler de l'avant*, marcher et aller en avant. — *Tailler au large*, mettre le sel dans des bateaux pour être transporté ailleurs.—SE TAILLER, v. pron.

TAILLERESSE, subst. fém. (*tâ-ierèce*), vieux t. de monnaie, ouvrière qui réduisait autrefois les pièces au poids de l'ordonnance.

TAILLERIE, subst. fém. (*tâ-ieri*), atelier où l'on *taille*.—Art de *tailler* les étoffes, etc.

TAILLEROLE, subst. fém. (*tâ-ierole*), instrument dont on se sert pour couper le poil du velours.

TAILLET, subst. mas. (*tâ-iè*), outil dont les forgerons se servent pour couper, sous le gros marteau, le fer superflu des mines.

TAILLETTE, subst. fém. (*tâ-iète*), sorte d'ardoise, dont les dimensions varient suivant la grandeur du bloc.

TAILLEUR, subst. mas. (*tâ-ieur*), celui qui *taille* et fait des habits.—Titre de quelques officiers de la monnaie. — Ouvrier qui donne la dernière façon à l'ardoise pour la rendre vendable.—Celui qui *taille* au jeu.—*Tailleur de pierres*, artisan qui *taille* la pierre, et la met en état d'être employée.—On dit aussi *tailleur d'arbres*, *tailleur de diamants*.—*Tailleur de sel*, autrefois à Bordeaux, commis chargé de mesurer et visiter le sel qu'on y portait; goëland brun.

TAILLEUSE, subst. fém. (*tâ-ieuse*), la femme d'un *tailleur*; celle qui fait des habits, etc.

TAILLE-VENT, subst. mas. (*tâ-ievan*), t. d'hist. nat., espèce d'oiseau de mer dont le vol est extrêmement rapide.

TAILLIS, subst. mas. (*tâ-ie-i*), bois que l'on *taille*, que l'on coupe de temps en temps.—On dit aussi adj. au mas. : *bois taillis*.—Prov. et fig. *gagner le taillis*, s'enfuir et se mettre en sûreté.

TAILLOIR, subst. mas. (*tâ-ioar*), bois sur lequel on *taille*, on coupe de la viande. — En archit., partie supérieure du chapiteau des colonnes, sur laquelle pose l'architrave.

TAILLON, subst. mas. (*tâ-ion*), impôt qui se levait anciennement comme celui de la *taille*.

TAILLURE, subst. fém. (*tâ-iure*), broderie de rapport; pièces découpées qui s'appliquent sur un fond d'étoffe.

TAIN, subst. mas. (*tein*) (du latin *stannum*), lame d'étain fort mince qu'on met derrière les glaces des miroirs. — Au plur., pièces de bois sur lesquelles on pose la quille d'un vaisseau que l'on construit. Voy. CHANTIER, qui a le même sens et qui est plus usité.

TAIN, subst. propre mas. (*tein*), bourg de France, chef-lieu de canton, arrond. de Valence, dép. de la Drôme.

TAÏOLLE ou **TAYOLLE**, subst. fém. *(ta-iole)*, étoffe légère de soie qu'on fabrique en Perse.

TAÏRA ou **TAYRA**, subst. mas. (*ta-ira*), t. d'hist. nat., espèce de quadrupèdes carnassiers voisine des martres, et qui appartient au genre glouton.

TAÏGARI, subst. mas. *(ta-iguari)*, t. d'hist. nat., sorte d'huître à perles.

TAIRE, v. act. *(tère)* (du latin *tacere*). Il se conjugue comme *plaire*. Ne dire pas, garder le secret sur quelque chose : *il vous a tu la vérité*. —Neut., usité seulement dans *faire taire*, empêcher de parler, imposer silence. — *Notre canon fit taire celui des ennemis*, le mit hors d'état de continuer à tirer.—Fig. : *faire taire son ressentiment*, le maîtriser ; oublier qu'on a du ressentiment.— *Faire taire les lois*, en arrêter l'exécution. — **SE TAIRE**, v. pron., garder le silence, s'abstenir de parler : *il y a temps de parler et temps de se taire*. —*Qui se tait, consent*, se dit moins souvent que : *qui ne dit mot, consent;* ces deux locutions ont du reste le même sens. — Ne point faire de bruit. En ce sens, il se dit des animaux, des vents, de la mer, etc. : *selon l'Évangile, les mers et les vents se turent à la voix de Jésus-Christ.* — *Il ne peut se taire de cette aventure*, il en parle sans cesse, il la publie partout.—Être discret. : *se taire sur le compte de quelqu'un*, ne point dire ce que l'on sait, ni ce que l'on pense de lui.—**TAIRE, CELER, CACHER**. *(Syn.)* *Taire* marque le pur silence qu'on garde sur la chose ; *celer*, le secret qu'on en fait; *cacher*, le mystère dans lequel on veut l'ensevelir. — Pour *taire* une chose, il suffit de ne pas la dire, quand il y a occasion d'en parler; pour la *celer*, il faut non-seulement la *taire*, mais encore avoir une intention formelle de ne point la manifester, et une attention particulière à ne pas se *déceler;* pour la *cacher*, on est obligé non-seulement de la *celer*, mais même de la renfermer dans le fond de son cœur et de l'envelopper de manière qu'elle ne puisse être découverte. Il n'y a qu'à retenir sa langue pour *taire* ce qu'il ne faut pas dire ; on a quelquefois besoin de feindre et de dissimuler pour le *celer*, avec des gens qui cherchent à tirer votre secret ; on est souvent réduit au déguisement, à l'artifice, à la tromperie, pour le *cacher* à des gens pénétrants qui vous sondent et vous retournent de mille manières, pour trouver le fond de vos pensées. — Par paresse, par timidité, par caprice, par égard, par raison ou sans raison, vous *taisez* ce que vous pourriez dire ; par prudence, par charité, par justice, par des motifs d'intérêt, par de bonnes raisons, vous le *celez ;* par une grande crainte, par un dessein profond, par de puissants intérêts ou de grands motifs, vous le *cachez*. — On *tait* ce qui déplairait à quelqu'un ; on *cèle* ce qui lui nuirait ; on *cache* avec le plus grand soin ce qui le perdrait, s'il n'y a pas obligation de parler.— Il y a une manière de *taire* les choses, qui en dit trop. Il y a une affectation à les *celer*, qui vous *décèle*. Il y a un embarras à les *cacher*, qui les fait découvrir.

TAISSON, subst. mas. (*tèçon*), t. d'hist. nat., sorte de blaireau.—Poisson du Chili.

TAÏ-TAÏ, subst. mas. *(ta-ita-i)*, t. de vén., cri pour rappeler les chiens éloignés.

TAIT-SOU, subst. mas. *(tèteçou)*, t. d'hist. nat., espèce d'oiseau du genre des coucous.

TAITULA, subst. mas. *(tètula)*, t. de bot., nom spécifique d'une espèce de stramoine.

TAÏZALIENS, subst. propre mas. plur. *(ta-izalieïn)*, peuples anciens du Northumberland.

TAJAM, TAJAR, subst. mas. *(tajame, tajare)*, t. d'hist. nat., pécari, espèce de petit cochon.

TAKIAS, subst. mas. (*takia*), t. de relat., monastère de dervis, dans lequel ces moines logent avec leurs femmes.

TAKIDROME, subst. mas. (*takidrome*), t. d'hist. nat., genre de reptiles.

TAL, subst. mas. *(tale)*, instrument des Indiens, composé de deux cymbales, une de cuivre et l'autre d'acier.

TALA, subst. fém. (*tala*), t. de bot., sorte d'herbe de l'île de Ceylan.

TALADIO, subst. mas. *(taladi-ô)*, t. de bot., plante vivace de Madagascar.

TALAÏDITES, subst. mas. plur. *(tala-idite)*, t. d'antiq., exercices grecs en l'honneur de Jupiter-*Talaïdos*.

TALAMASQUE, subst. fém. *(talamaceke)*, masque de forme hideuse. Hincmar, dans ses capitulaires, en défend l'usage aux prêtres de son diocèse.

TALANCHE, subst. fém. (*talanche*), espèce de droguet qui se fabrique en Bourgogne.

TALAO, subst. mas. (*tala-ô*), t. d'hist. nat., espèce d'oiseau dont le plumage est vert, gris, jaune et blanc.

TALAPAT, subst. mas. (*talapa*), le parasol que portent les talapoins de Siam.

TALAPIO, subst. mas. (*talapi-ô*), t. d'hist. nat., espèce d'oiseau du genre des troupiales.

TALAPOIN, subst. mas. (*talapoein*), prêtre idolâtre du royaume de Siam et de Pégu. — Espèce de singe.

TALAPOUINE, subst. fém. (*talapouine*), femme siamoise qui a embrassé la vie religieuse.

TALARO, subst. mas. (*talarô*), monnaie d'argent de Venise, qui n'a guère cours que dans le Levant. Elle vaut environ cinq francs vingt centimes.

TALART, subst. mas. *(talare)*, châssis de bois de sapin sur lequel on tend les cordes à boyau.

TALASI, subst. mas. *(talazi)*, graine des Indes dont les fakirs se font des colliers pour se distinguer des autres.

TALASSÈNE, subst. mas. *(talacecène)*, t. d'hist. nat., genre de vers qui vivent dans les intestins des animaux.

TALASSIUS, subst. propre mas. *(talacecius)*, myth., dieu de l'innocence et des mœurs, chez les Romains.

TALAUME, subst. mas. *(talôme)*, t. de bot., espèce de magnolier de Saint-Domingue.

TALAVERA, subst. propre fém. (*talavéra*), ville d'Espagne dans la nouvelle Castille.

TALB, subst. mas. *(talebe)*, t. de relat., marchand maure des côtes de Barbarie.

TALBAN, subst. mas. *(talceban)*, t. de relat., corporation turque des barbiers et des maréchaux-ferrants.

TALBE, subst. mas. *(talebe)*, docteur musulman.

TALC, subst. mas. (*taleke*), sorte de pierre transparente et qui se lève par feuilles. — *Talc de Moscovie*, mica divisé en grandes feuilles minces, qu'on peut employer comme vitraux, et dont on se sert, surtout pour les fenêtres de vaisseaux, en Russie.

TALCITE, subst. mas. *(talecite)*, *talc* stéatite, qui a subi l'action du feu.

TALED, subst. mas. (*talède*), voile dont les juifs se couvrent la tête dans leurs synagogues.

TALEMOUSSÉ, E, part. pass. de *talemousser*.

TALEMOUSSER, v. act. *(talemoucé)*, donner un *soufflet*. Voy. **TALMOUSE**.

TALENT, subst. mas. *(talan)* (du latin *talentum*, fait du grec τάλαντον), certain poids d'or ou d'argent, différent suivant les divers pays où l'on s'en servait anciennement. Le *talent attique* valait soixante mines, ou cinq mille quatre cents livres tournois, quatre mille huit cent trente-neuf francs cinquante centimes. — Fig., don, disposition, aptitude naturelle pour certaines choses : *il a beaucoup de talent pour la poésie ; ce n'est pas son talent*. Voy. **GÉNIE**. Voy. aussi **QUALITÉ**. — Par extension, celui qui excelle dans un genre. — *Avoir le talent de...*, le don naturel, l'adresse de... — *Gens à talent*, ceux qui professent les arts qui demandent du *talent*. — Fig. : *faire valoir son talent*, se servir utilement de son esprit, de son adresse. — Par une métaphore tirée d'une parabole de l'Évangile : *enfouir, enterrer son talent*, *ses talents*, rendre ses bonnes qualités inutiles par pure paresse. — *Peintre à talent*, celui qui réussit dans plusieurs genres, sans avoir dans aucun des succès éminents. — *Cet homme a beaucoup de talent*, de science, d'érudition. — Au plur., avantages qu'on a reçus de la nature ou qu'on a acquis par l'étude et le travail. On dit particulièrement d'une personne qui peint, qui dessine, qui chante, qui danse, etc. : qu'*elle a des talents*. — Hommes à *talents* : *protéger, favoriser les talents*.

TALER, ou **DALER**. Voy. **THALER**.

TALETON, subst. propre mas. (*taleton*), t. d'antiq., temple consacré au Soleil, sur le mont Taygète.

TALIGALE, subst. fém. *(taliguale)*, t. de bot., sorte de plante de Cayenne.

TALIGAU, subst. mas. (*taliguô*), t. de mar.; se dit des sabords d'un bâtiment de guerre diminués de façon à lui donner l'apparence d'une flûte.

TALIGRÉPIS, subst. mas. plur. (*taliguerépi*), sorte d'ermites indiens.

TALIIR-KARA, subst. mas. *(tali-irkara)*, t. de bot., grand arbre du Malabar.

TALIN, subst. mas. *(talein)*, t. de bot. genre de plantes monogynes.

TALINGUÉ, E, part. pass. de *talinguer*.

TALINGUER, v. act. (*taleingué*), t. de mar., attacher le câble à l'organeau de l'ancre. — **SE TALINGUER**, v. pron.

TALION, subst. mas. *(tali-on)* (du lat. *talio*, fait de *talis*, tel ; *telle offense, telle peine*), punition pareille à l'offense : *la loi du talion voulait que l'on crevât l'œil à celui qui avait crevé l'œil d'un autre avec intention*.

TALISIER, subst. mas. *(talizié)*, t. de bot., espèce d'arbrisseau de la famille des saponacées.

TALISMAN, subst. mas. (*taliceman*) (mot, suivant *Saumaise*, proprement arabe, et dérivé du grec moderne τελεσμαν, pour τέλεσμα, conservation ; parce que les Orientaux regardent les *talismans* comme des préservatifs contre toute espèce de danger. Le mot arabe est *thilsamat*, pluriel de *thilsam*.), figure faite sous certaine constellation, à laquelle les astrologues attribuaient des vertus imaginaires. — Chose qui opère un effet subit, merveilleux.

TALISMANIQUE, adj. des deux genres *(talicemanike)*, qui a rapport au *talisman*.

TALISSONS, subst. mas. plur. *(taliçon)*, nom de prêtres des anciens Prussiens.

TALITRE, subst. mas. *(talitre)*, t. d'hist. nat., genre de crustacé de l'ordre des amphiboles.

TALLANO, subst. propre mas. *(talelânô)*, ville de France, chef-lieu de canton, arrond. de Sartene, dép. de la Corse.

TALLARD, subst. propre mas. *(tâlar)*, bourg de France, chef-lieu de canton, arrond. de Gap, dép. des Hautes-Alpes.

TALLARD, subst. mas. *(tâlar)*, t. de mar., sur une galère, espace du coursier à l'apostis.

TALLARO, subst. mas. *talârô*), pièce d'argent qui a cours à Raguse, et qui vaut trois fr. quatre-vingt-dix cent. de notre monnaie.

TALLE, subst. fém. *(tale)*, branche qu'un arbre pousse à son pied. — Jet qu'on détache du pied des plantes bulbeuses.

TALLER, v. neut. *(talé)*, pousser une ou plusieurs *talles* : *les peupliers commencent à taller*. Peu usité.

TALLEVANE, subst. fém. *(talevane)*, pot de grès dans lequel on apporte à Paris le beurre d'Isigny.

TALLEVAS, subst. mas. *(talevâ)*, t. d'antiq., espèce de bouclier.

TALLIPOT, subst. mas. *(talipô)*, t. de bot., grand arbre de la famille des palmiers.

TALMELIER, subst. mas. *(talemelié)*, boulanger.

TALMOUSE, subst. fém. *(talemouze)*, pièce de pâtisserie faite avec du fromage, des œufs et du beurre, fort en réputation à Saint-Denis, près Paris. —Pop., soufflet, coup de poing.

TALMUD, ou **THALMUD**, subst. mas. *(talemude)*, livre qui contient la loi orale, la doctrine, la morale et les traditions des juifs.

TALMUDIQUE ou **THALMUDIQUE**, adj. des deux genres *(talemudike)*, qui appartient au *Talmud*.

TALMUDISTE ou **THALMUDISTE**, subst. mas. *(talemudicete)*, qui est attaché aux opinions du *Talmud*.

TALNACHE, subst. mas. *(talenache)*, espèce de masque dont on faisait usage chez les anciens.

TALMONT, subst. propre mas. (*talemon*), bourg de France, chef-lieu de canton, arrond. des Sables-d'Olonne, dép. de la Vendée.

TALOCHE, subst. fém. *(taloche)* (du vieux mot français hors d'usage *taler*, et qui signifiait : meurtrir), coup de la main sur la tête. Pop.

TALON, subst. mas. *(talon)*, la partie postérieure du pied.—*Ce cheval a le talon haut*, il est relevé sur les *talons*; *il a le talon bas*, il est bas de *talon*. —Partie d'un soulier ou d'une botte sur laquelle on pose le derrière du pied : *souliers à talon de bois, de cuir*.—Distance du *talon* du pied du cerf aux os ou ergots, et qui sert à faire connaître son âge. Dans les jeunes cerfs, cette distance est de quatre doigts ; dans les vieux, le *talon* joint presque les os. —Partie charnue de la paume de la main, voisine du poignet.— Partie postérieure du pied des quadrupèdes.— Articulation au bas de la cuisse des oiseaux. — Ce qui a la forme d'un *talon*. — Fer dont est garnie la partie inférieure d'une hallebarde, d'une pique, d'un esponton, etc. — Petite éminence qu'on laisse au bas du godet d'une pipe de terre, qui n'a d'autre usage que de servir, en le frappant, à détacher ce qui s'est attaché aux parois du godet. — Entame, dernier morceau d'un pain.—L'extrémité, le reste d'une chose coupée.— On appelle *talon de souche*, une vignette ou des lettres qui doivent être coupées sur un registre à *souche*, lorsqu'on en détache les feuillets. Voy. SOUCHE. — T. de mét., le bout, la base de certaines choses. — T. de man., éperon dont on arme les *talons* d'un cavalier : *ce cheval obéit, répond aux talons*, est sensible à l'éperon et y obéit.—*Serrer les talons*, appuyer deux coups d'éperon à son cheval.—Partie postérieure d'un bas, d'une chaussette. — T. d'archit., espèce de moulure concave par la partie inférieure, et convexe par la supérieure.—Extrémité et derrière d'une crosse de fusil.—T. d'horl., partie de la potence qui soutient la verge du balancier. —Partie la plus épaisse d'une moule ou d'une huître. — Partie épaisse au-dessus de la charnière de toute autre coquille. — Ebauchoir de sculpteur. Voy. ÉBAUCHOIR.—Partie du manche d'un instrument à cordes qui est collée sur le tasseau. — A certains jeux de cartes, ce qui reste de cartes après qu'on a donné à chacun des joueurs le nombre qu'il lui en faut : *il manque une carte au talon.*—T. de serr., extrémité du pène qui est dans la serrure, près du ressort.— T. de jard., place qu'occupait un œilleton d'artichaut avant qu'il fût arraché ; la petite feuille échancrée que soutient la feuille des orangers; la partie basse et la plus grosse d'une branche coupée.—T. de mar., bout du gouvernail qui trempe dans l'eau. — En termes de mar., on appelle *talon de rode* le pied de la rode de proue ou de la rode de poupe qui s'enchâsse à la carène.—T. d'escrime : *talon de l'épée*, le tiers du tranchant le plus près de la garde; *d'un couteau* , la partie de la lame qui est fixée au manche par le clou ; *d'une carde*, la partie du côté du manche ; *d'une boucle d'oreilles*, la partie inférieure de la brisure , à l'extrémité de laquelle est attachée la bélière.— Fig. et fam. : *cet homme est toujours à mes talons, sur mes talons* , il me suit partout.— *Marcher sur les talons de quelqu'un*, le suivre de près en quelque chose.— *Cette fille marche sur les talons de sa mère* , elle est déjà grande, et en âge de la remplacer.—*Montrer les talons*, s'enfuir.—*Tournez-moi les talons* , retirez-vous de moi , sortez. — *Avoir l'esprit aux talons*, faire quelque lourde faute par bêtise ou par distraction. — Prov. et pop. : *se donner du talon dans le derrière*, donner de grandes marques de joie , ne vivre que de plaisirs, se moquer de tout ce qui peut arriver.—On a appelé anciennement, fig., *talon rouge*, un homme de la cour qui portait des *talons rouges*, ce qui était autrefois une marque de noblesse.

TALONNÉ, E, part. pass. de *talonner*.

TALONNER , v. act. (*taloné*), poursuivre de près, marcher sur les *talons*. — Fig. : presser, importuner; *il me talonne pour m'obliger à lui payer ce que je lui dois*. Il est familier dans les deux sens.—En t. de mar., se dit d'un vaisseau qui touche le fond avec le *talon* de sa quille, et qui donne des coups en s'élevant et retombant dessus à la lame.—*se* TALONNER, v. pron.

TALONNETTE, subst. fém. (*talonète*) , morceau d'un vieux bas, ou d'étoffe, pour renforcer le *talon* d'un bas ou d'une chaussette.

TALONNIER, subst. mas. (*talonié*), ouvrier qui fait des *talons* de bois.—T. de mar., la pièce de bois qui se met sous la varangue d'un bâtiment.

TALONNIÈRE, subst. fém. (*talonière*), morceaux de cuir qui couvrent les sandales des religieux déchaussés. Le bout extrême du gouvernail. — Au plur., les ailes que les poètes feignent que *Mercure* portait aux *talons*.

TALOS, subst. pr. mas. (*talôce*), nom que les Crétois donnèrent au soleil.—Neveu de Dédale, que celui-ci fit périr, et qui fut changé en perdrix.

TALPA, subst. mas. (*talepa*), t. de bot., palmier épineux de Ceylan.—T. de chir., tumeur qui se forme à la tête.

TALPACHE , subst. mas. (*talepache*), fantassin hongrois.

TALPIEN, subst. mas. (*talepiein*), t. d'hist. nat., famille d'animaux composée du genre taupe.

TALPINETTE, subst. fém. (*talepinète*), t. d'hist. nat., sorte de musaraigne.

TALPOÏDE, subst. mas. (*talepo-ide*), t. d'hist. nat., genre d'animaux rongeurs, les rats-taupes.

TALUS , subst. mas. (*tâlu*), pente qu'on donne à une muraille ou à une élévation de terre.— Tout ce qui va en penchant.—*Couper une chose en talus*, obliquement, en biseau.—Chez les fondeurs en caractères, entaille qu'on fait aux matrices vis-à-vis l'œil de la lettre, lorsqu'elle est fondue et hors du moule. — Chez les tonneliers, le premier des quatre cerceaux qui sont sur le sable d'une futaille.

TALUTÉ, E, part. pass. de *taluter*.

TALUTER, v. act. (*talulé*), élever en *talus* ; donner du pied, de la pente.—*se* TALUTER , v. pron.

TALWEG, subst. mas. (*talouègue*) (de l'allem. *thal*, vallée, et *weg*, chemin), le milieu du cours d'une rivière.—Droit sur les canaux.

TALY, subst. mas. (*tali*), t. de relat., espèce de joyau que, dans les mariages indiens, l'époux suspend au cou de sa femme.

TAMACACA , subst. mas. (*tamakaka*). Voy. MACAQUE.

TAMAGALI, subst. mas. (*tamaguali*) , t. de bot., espèce d'arbre du Malabar.

TAMALASSIER , subst. mas. (*tamalacié*), t. de bot., espèce d'arbre d'Amboine.

TAMANA, subst. mas. (*tamana*), t. de bot., arbre des îles Marquises.

TAMANDUA, subst. mas. (*tamandua*), t. d'hist. nat., animal à quatre pieds, de l'Amérique méridionale, qu'on nomme aussi *fourmilier*.

TAMANOIR, subst. mas. (*tamanoar*), t. de bot., nom qu'on a donné au grand fourmilier d'Amérique.

TAMARACA, subst. mas. (*tamaraka*), t. d'hist. nat., gros fruit du Brésil, qui ressemble à la calebasse.

TAMARICIN , subst. mas. (*tamaricein*), t. d'hist. nat., rat, espèce de loir.

TAMARIN , subst. mas. (*tamarein*), fruit du *tamarinier*. — T. d'hist. nat., petit sagouin d'Amérique.

TAMARINIER , subst. mas. (*tamarinié*), t. de bot., arbre qui croît aux Indes et au Sénégal.

TAMARIS ou **TAMARIX** , subst. mas. (*tamarice, rikce*), t. de bot. , espèce de plante dont on emploie en médecine le fruit, le bois, l'écorce. —Genre de plantes indigènes.—*L'Académie* dit encore *tamarise*.—Voilà trois orthographes pour un seul mot.

TAMATIA, subst. mas. (*tamaci-a*), t. d'hist. nat., nom d'une espèce d'oiseau du Brésil.

TAMBAC, subst. mas. (*tanbak*), nom marchand du bois d'aloès.

TAMBOUJOU-DES-MADÉCASSES, subst. mas. (*tanboujoudèmadèkace*), t. de bot. , petit fruit tuberculeux.

TAMBOUL , subst. mas. (*tanboule*), t. de bot., genre de plantes intermédiaire entre les dorsthènes et les figuiers.

TAMBOULA , subst. mas. (*tanboula*), espèce de gros *tambour* en usage parmi les nègres.

TAMBOUR , subst. mas. (*tanbour*) (de l'espagnol *tambor*, emprunté, suivant *Joseph Scaliger*, de l'arabe *altambor*), instrument militaire de forme cylindrique, dont les deux fonds sont formés de deux peaux tendues , sur l'une desquelles on frappe avec deux baguettes.—*Battre du tambour*, tirer des sons du *tambour*, jouer du *tambour* ; et *battre le tambour*, donner une annonce, un signal sur le *tambour*.—On dit simplement *battre*, pour battre le *tambour*. — *Le tambour appelle*, le *tambour* bat pour assembler les soldats et leur faire prendre les armes. — On appelle aussi *tambour*, celui dont la fonction est de battre le *tambour*, et qui le porte ordinairement à son côté ; *on envoya un tambour sommer la place*.—*Tambour-major*, celui qui est le chef des *tambours* d'un régiment, d'une légion, et qui leur commande et les dirige dans les batteries des marches, etc. — *Tambour-maître* , *tambour* qui a le grade de caporal. — *Tambour de basque* , sorte de petit *tambour* à un seul fond , autour duquel il y a des plaques de cuivre et des grelots.—*Tambour de Provence* ou *tambourin* , celui qui ne diffère du *tambour* militaire qu'en ce qu'il est plus long.—*Gros tambour* ou *caisse roulante* , *tambour* d'une grande dimension , en usage dans la musique militaire, plus haut et plus gros de moitié que le *tambour* ordinaire, et sur lequel on exécute ordinairement des roulements. — Il y a encore un gros *tambour* ou *grosse caisse*, qui sert puissamment à l'ensemble, à l'action des marches, et à maintenir le pas des troupes d'infanterie. — *Tambour battant* , au son du *tambour*. — Fig. et fam. : *mener quelqu'un tambour battant* , remporter sur lui plusieurs avantages consécutifs. — Prov. : *ce qui vient de la flûte s'en retourne au tambour*, les biens acquis trop facilement , ou par des voies peu honnêtes , se dépensent aussi aisément qu'ils ont été amassés.—*Vouloir prendre les lièvres au son du tambour*, divulguer ce qu'on devrait garder secret. — On dit d'un homme enflé par maladie ou pour avoir trop mangé : *il a le ventre tendu comme un tambour*.—*Tambour* ou *tympan* , ou la *membrane du tambour*, t. d'anat., pellicule mince et tendue qui fait partie de l'organe de l'ouïe. — Dans certains jeux de paume , avance ou saillie de maçonnerie faite en biais , du côté de la grille.—En mécan., machine formée par deux roues parallèles d'égale grandeur, et ayant un même arbre, couverte par des lattes contiguës , clouées à leur circonférence : un ou plusieurs hommes se meuvent dans l'intérieur. — Dans une montre, petite boîte ronde où est renfermé le grand ressort. — Pièce d'une figure ronde qui en renferme d'autres , comme dans les serrures des coffres-forts. — Petit métier à broder, de forme circulaire.—Dans les fabriques de soieries, machine sur laquelle on porte les chaînes pour les plier.—Double tamis , l'un de crin , l'autre de soie, pour passer le sucre en poudre.—Machine de bois ou d'osier, sous laquelle on place un réchaud pour chauffer ou faire sécher le linge.—En archit., extrémité supérieure de la colonne ornée de moulures , de feuilles, de volutes , etc., qui forment ensemble le chapiteau.—Chacune des assises de pierres cylindriques qui composent le fût d'une colonne. —Avance de menuiserie avec une porte au-devant de l'entrée d'une chambre, etc., pour empêcher le vent.

TAMBOURIN, subst. mas. (*tanbourein*), sorte de *tambour* particulier aux Provençaux, moins large et plus long que le *tambour* ordinaire , sur lequel on bat avec une seule baguette, en s'accompagnant avec le galoubet.—Celui qui en joue. — Air vif et gai comme le son du *tambourin*.—T. de fabriq., petite machine sur laquelle on porte les chaînes pour les plier. — T. de lapid. et de joail., perle ronde d'un côté et plate de l'autre, qui ressemble à une timbale , que l'on nomme aussi *tabourin*. Voy. ce mot.— *Tambourin chinois*, instrument dont le corps a trente pouces de longueur sur huit de largeur et cinq d'épaisseur. Il est monté de six cordes d'acier, sur lesquelles on frappe avec une baguette.—On appelle *tambourin de Vaucanson*, un automate qui est placé debout en habit de berger, sur un piédestal ; il joue du flageolet en même temps qu'il s'accompagne sur son *tambourin*.

TAMBOURINAGE, subst. mas. (*tanbourinaje*), action de *tambouriner*.—Ses effets.

TAMBOURINÉ, E, part. pass. de *tambouriner*.

TAMBOURINER, v. act. (*tanbouriné*), réclamer, proclamer au son du *tambour* un effet perdu: *tambouriner une vente, une montre perdue*. — Neut., battre le *tambour* ou le *tambourin* , surtout en parlant des enfants.—*se* TAMBOURINER, v. pron.

TAMBOURINEUR , subst. mas. (*tanbourineur*), celui qui *tambourine*. — Si l'on avait besoin de se servir du fém. de ce mot , il ne faudrait pas hésiter à dire *tambourineuse*.

TAMIA , subst. mas. (*tami-a*), t. d'hist. nat. , genre de quadrupèdes rongeurs.

TAMIÉ, subst. mas. (*tami-é*), t. de bot., genre de plantes de la famille des asparagoïdes.

TAMINIER , subst. mas. (*tamini-é*), nom d'un raisin qu'on trouve dans les bois.

TAMINIS , subst. mas. (*tamini*), t. de bot., genre de plantes hexandriques et smilacées.

TAMIS , subst. mas. (*tami*) (du lat. *attaminare*, sasser, *tamiser*, cribler), sas, machine composée d'un dessus de toile de crin et d'un fond de peau de mouton, qui sert à passer des matières pulvérisées ou des liqueurs épaisses. — Fig. et fam. : *il a passé par le tamis*, on l'a examiné sur sa doctrine et sur ses mœurs. — Chez les ciriers, cerceau garni d'un tissu de cordes formant divers carrés, avec lequel on amasse les pains.—Pièce de bois percée, à travers laquelle passent les tuyaux de l'orgue , et qui les tient en état.

TAMISAGE , subst. mas. (*tamizaje*), action de *tamiser*.

TAMISAILLE, subst. fém. (*tamiza-ie*), anc. t. de mar., trou pour passer la barre du gouvernail.

TAMISE, subst. propre fém. (*tamize*), grand fleuve d'Angleterre qui se jette dans la Manche, au-dessous de Londres, et à 15 lieues de Douvres.

TAMISE, subst. fém. (*tamize*), petite étoffe rase et sèche, à laquelle on a donné l'apprêt lustré anglais.

TAMISÉ , E , part. pass. de *tamiser*.

TAMISER , v. act. (*tamizé*) , passer par le

tamis.—Fig. et fam., examiner la conduite, les mœurs, etc., de quelqu'un. — *se* TAMISER, v. pron.

TAMISEUR, subst. mas. (*tamiseur*), celui qui, dans une verrerie, prépare et *tamise* ce qui sert à fondre la matière du verre.

TAMONE, subst. fém. (*tamone*), t. de bot., espèce de plante de la Guyane.

TAMOUR, subst. mas. (*tamour*), mois hébreu qui répond à notre mois de juillet.

TAMPANE, subst. fém. (*tanpane*), pignon de la cage d'un moulin.

TAMPE, subst. fém. (*tanpe*), t. de manuf., morceau de bois rond, qui se met entre le frisoir et une pièce de bois de la frise, pour faire appuyer davantage le premier sur l'étoffe.

TAMPÉ, E, part. pass. de *tamper*.

TAMPER, v. act. (*tanpé*), mettre la *tampe* pour rendre plus parfaite l'opération de la frise. —*se* TAMPER, v. pron.

TAMPLON, subst. mas. (*tanplon*), petit peigne dont se servent les tisserands pour augmenter la largeur d'un tissu.

TAMPOA, subst. mas. (*tanpo-a*), t. de bot., sorte d'arbre de la Guyane.

TAMPON, subst. mas. (*tanpon*) (suivant *Trévoux*, du celtique *tampon*, qui signifie pièce ou bouchon), bouchon, morceau de bois servant à boucher un tuyau, un muid, etc.—Il se dit aussi d'un bouchon fait avec du linge ou du papier. — Morceau de linge tortillé pour garnir d'encre une planche. — Feutre dont se servent les imprimeurs en taille-douce pour frotter leurs planches.— Petit morceau de bois dont on ferme le haut de certains jeux d'orgue. — Partie de la flûte à bec et du flageolet, qui bouche une portion de leur ouverture.— T. d'hydraul., cheville de bois ou de cuivre aplati, rivé et soudé au bout d'un tuyau, à deux pieds de la source du jet.— Plaque de fer, de bois ou de cuivre, pour boucher les trous que les coups de canon peuvent avoir faits à un vaisseau dans une bataille.—Pièce de bois qui sert à fermer les écubiers lorsque le vaisseau met à la voile. — Cheville de bois que l'on fiche dans des trous faits à un mur de pierre pour y faire entrer un clou, une patte, etc., ou que l'on met dans les rainures des poteaux d'une cloison, afin de tenir les panneaux de maçonnerie, ou dans les solives d'un plancher pour arrêter les entrevous.—Petite pièce de bois dont les menuisiers se servent pour remplir les trous des nœuds du bois qui en sortent, et pour cacher les clous à tête perdue des lambris et parquets.—Nom que les cloutiers-épingliers donnent à deux avances ou oreilles de fer scellées dans une pierre, et dans lesquelles tourne le fuseau ou l'axe de la meule. — Petite masse de charpie que l'on roule entre ses mains, et que l'on porte au fond d'une plaie pour en absterger le pus, ou pour arrêter le sang qui coule des vaisseaux. — Morceau d'amadou roulé que l'on applique sur une artère percée ou rompue pour en arrêter l'hémorrhagie. — Prov. ; *se soucier d'une chose comme de colin-tampon*, ne pas s'en soucier ; ne s'en inquiéter nullement. Voy. COLIN-TAMPON.

TAMPONNÉ, E, part. pass. de *tamponner*.

TAMPONNEMENT, subst. mas. (*tamponeman*), action de *tamponner*.—T. de chir., introduction de *tampons* de charpie pour arrêter l'écoulement du sang ou du pus.

TAMPONNER, v. act. (*tanponé*), boucher avec e *tampon*.—*se* TAMPONNER, v. pron.

TAM-TAM, subst. mas. (*tametame*) (onomatopée. Voy. LOO.—Au plur., des *tam-tams*.

TAN, subst. mas. (*tan*) (en lat. barbare *tannum*), poudre d'écorce de chêne pilée, dont le tanneur se sert pour donner au cuir la couleur et la nourriture nécessaires.

TANACOMBE, subst. mas. (*tanakonbe*), t. d'hist. nat., oiseau de Madagascar.

TANÆCION, subst. mas. (*tanécion*), t. de bot., genre de plantes établi aux dépens des calebassiers.

TANAGRA, subst. propre fém. (*tanaguera*), myth., fille d'Eole, qui donna son nom à la ville de *Tanagre*, en Béotie.

TANAGRÉENS, subst. propre mas. plur. (*tanaguéré-ein*), habitants de la ville de *Tanagre*.

TANAGRE, subst. mas. (*tanaguere*), t. d'hist. nat., oiseau de la famille des tangaras. — Subst. propre fém., nom d'une ville de Béotie dont les habitants figurèrent dans le siége de Troie.

TANAÏDE, ou **TANAÏS**, subst. propre fém. (*tana-ide, tana-ice*), myth., surnom de Vénus.

TANAISIE, subst. fém. (*tanèzi*), t. de bot., plante vivace, à fleur flosculeuse, d'une odeur forte et d'un goût amer.

TANCÉ, E, part. pass. de *tancer*.

TANCER, v. act. (*tancé*) (du lat. *tangere*, toucher), reprendre, réprimander, gronder, blâmer, menacer : *on l'a tancé vertement*.— *se* TANCER, v. pron.

TANCERESSE, subst. fém. (*tancerèce*), femme qui gronde sans cesse.

TANCHE, subst. fém. (*tanche*), poisson de lac, d'étang, de rivière, du genre de la carpe.

TANDELIN, subst. mas. (*tandelein*), t. de salines, hotte de bois de sapin, à l'usage des sauniers. — Hotte de vendangeurs, usitée dans le dép. de la Moselle.

TANDIS QUE, conj. et adv. (*tandike* et non pas *tandiceke*), en attendant, pendant que. Voy. QUE.

TANDOUR, subst. mas. (*tandour*), t. de relat., table ronde et carrée, couverte de tapis qui descendent jusqu'à terre, et sous laquelle se met un brasier en cuivre ou en terre cuite, qui est appelé *mangal*. C'est autour de cette table qu'au défaut de cheminée, se placent à Constantinople les Grecs, les Arméniens et même les Musulmans.

TANDROLE, subst. fém. (*tandrole*), t. de verr., sel qui surnage au-dessus de la première fonte du verre.

TANDRON-ROHO, subst. mas. (*tandronro-ô*), espèce de gomme de Madagascar.

TANE, subst. fém. (*tane*), écorce de chêne ; synonyme de *tan*.

TANEVOT, subst. mas. (*tanevô*), moulure qui a la forme du quart d'un ovale.

TANFANA, subst. propre fém. (*tanfana*), myth., déesse qui, chez les Germains, présidait à la divination par des baguettes.

TANFANE, subst. propre mas. (*tanfane*), nom d'un temple des Marses, qui fut brûlé par Germanicus, général romain.

TANG, subst. mas. (*tangue*), nom d'une espèce de mousseline qui se fabrique dans les Indes.

TANGAGE, subst. mas. (*tanguaje*), t. de mar., balancement d'un vaisseau de l'avant à l'arrière, et de l'arrière à l'avant alternativement. Voy. ROULIS.

TANGARA, subst. mas. (*tanguara*), t. d'hist. nat., petit passereau du Brésil.

TANGAROU, subst. mas. (*tanguarou*), t. de bot., nom qu'on a donné au *tangara roux* de la Guyane.

TANGAS, subst. mas. (*tanguâ*), monnaie de compte qui a cours à Goa : le bon *tangas* est le quart du pardo ; le mauvais *tangas* en est le cinquième. Le premier vaut cinq francs, et le second un franc.

TANGAVIO, subst. mas. (*tanguavi-ô*), t. d'hist. nat., nom d'une espèce de *tangara* violet.

TANGENCE, subst. fém. (*tanjance*), t. de géom., synon. de *contact*. — *Point de tangence*, celui où deux lignes, deux surfaces se touchent et ne se coupent pas.

TANGENT, E, adj. (*tanjan, jante*), t. de géom., qui touche une courbe, un ou plusieurs cercles en un seul point. Voy. le mot suivant.

TANGENTE, subst. fém. (*tanjante*) (du latin *tangens*, fait de *tangere*, toucher), t. de géom., ligne droite qui touche une courbe sans la couper, dans quelqu'un de ses points.

TANGÉ, E, part. pass. de *tanger*.

TANGER, v. act. (*tanjé*), voguer le long de la côte.—*se* TANGER, v. pron.

TANGHIN, subst. mas. (*tanguiein*), t. de bot., arbre de Madagascar dont le fruit est un violent poison.—Genre de plantes de la famille des apocynées.

TANGIBILITÉ, subst. fém. (*tanjibilité*), t. de didact., forme, effets du *tact*; action, manière de toucher.—Qualité de ce qui est *tangible*.

TANGIBLE, adj. des deux genres (*tanjible*), t. de didact., que l'on peut toucher, palper.

TANG-TANG, subst. mas. (*tanguetangue*), tambour des Nègres.

TANGUÉ, part. pass. de *tanguer*.

TANGUE-DE-MER, subst. mas. (*tanguedemère*), sable marin, mêlé de vase, qu'on enlève pour servir d'engrais.—Autre sable qu'on lave pour en retirer du sel.

TANGUER, v. neut. (*tanguié*), t. de mar., balancer de l'avant à l'arrière et de l'arrière à l'avant, en parlant d'un navire. — Enfoncer trop dans l'eau par son avant : *ce vaisseau tangue sur l'ancre*.

TANGUEUR, subst. et adj. mas. (*tangueur*), t. de mar., bâtiment qui *tangue* beaucoup.—Adj., *vaisseau tangueur*.

TANGUIGUY, subst. mas. (*tanguigui*), t. d'hist. nat., très-bon poisson d'eau douce qui se pêche aux Philippines. On ignore à quel genre il appartient.

TANI, subst. mas. (*tani*), t. de bot., sorte d'arbre de l'Inde, que quelques botanistes croient être celui qui fournit le myrobolan emblic. — Nom de la meilleure des deux espèces de soie crue du Bengale.

TANIBOUCIER, subst. mas. (*taniboucié*), t. de bot., arbre de la Guyane.

TANIÈRE, subst. fém. (*tanière*) (de *tana*, qui s'est dit dans la basse latinité, et qui se dit encore en italien avec la même signification. *Trévoux*.), cavité dans la terre ou dans le roc, où les bêtes sauvages se retirent. — Fig. : *être toujours dans sa tanière*, sortir rarement.

TANIN, subst. mas. (*tanein*), orthographe de l'*Académie*, qui écrit *tannant*, *tannage*, *tanner*, etc., et qui devrait, par analogie, écrire *tannin*.

TANIPTÈRE, subst. mas. (*tanipetère*), t. d'hist. nat., genre d'insectes diptères.

TANJET, subst. mas. (*tanjé*), sorte de mousseline des Indes.

TANNAGE, subst. mas. (*tanaje*), art d'imprégner de *tannin* les peaux et les cuirs.

TANNANT, E, adj. (*tanan, nante*), qui *tanne*. — Fig., qui ennuie.— Part. prés. du verbe *tanner*.

TANNAY, subst. propre mas. (*tané*), bourg de France, chef-lieu de canton, arrond. de Clamecy, dép. de la Nièvre.

TANNE, subst. fém. (*tane*), petite tache noire sur le visage, ainsi nommée du *tan* dont elle a à peu près la couleur.

TANNÉ, E, part. pass. de *tanner*, et adj., qui est de couleur à peu près semblable à celle du *tan* ou de la châtaigne : *drap tanné*, *velours tanné*. En ce dernier sens on dit aussi subst. au mas. : *cela tire sur le tanné*.

TANNÉE, subst. fém. (*tané*), *tan* usé et qui sort des fosses. —Travail, opération, mixtion du *tan* sur les peaux.

TANNER, v. act. (*tané*), préparer les cuirs avec du *tan*.—Familièrement, fatiguer, ennuyer, molester. Dans ce sens on dit *tannant* : *c'est un homme tannant, qui me tanne*.—*se* TANNER, v. pron.

TANNERIE, subst. fém. (*taneri*), lieu où l'on *tanne*.

TANNEUR, subst. mas. (*taneur*), celui qui *tanne*.—On dit *tanneuse*, au fém., en parlant de la femme d'un *tanneur*.

TANNIN, subst. mas. (*tanein*), substance extraite du *tan*, et qui se combine avec le cuir.

TANNINE, subst. fém. (*tanine*), t. de chim., principe immédiat que l'on retire de la substance de l'écorce du chêne.

TANQUEUR, subst. mas. (*tankieur*), t. de mar., portefaix sur les ports.

TANREC, subst. mas. (*tanrek*), t. d'hist. nat., sorte de hérisson.

TANROUGE, subst. mas. (*tanrouje*), t. de bot., genre de plantes de la famille des saxifragées.

TAN-SI, subst. mas. (*tanci*), au Tonquin, lettré ou savant du premier ordre, qui a passé par tous les degrés inférieurs.

TANT, adv. de comparaison ou de quantité (*tan*) (du latin *tantùm*), tellement, si fort, en si grand nombre, à tel point.—Il se dit de toute sorte de nombre qu'on n'exprime point : *il y a tant pour vous et tant pour moi ; je lui ai donné soixante et tant de francs*.—Il marque une certaine proportion, un certain rapport entre les choses dont on parle : *tant plein que vide ; tant bon que mauvais*.—Fam. au jeu : *nous sommes tant à tant*, notre jeu est égal ; il n'y a point d'avantage de côté ni d'autre. — Il faut toujours mettre *tant* après le verbe actif ou neutre, qui est sans auxiliaire : *il travaille tant ; il pleut tant*. — Lorsque le verbe auxiliaire se joint au verbe actif, *tant* se place entre les deux : *il a tant travaillé, il a tant écrit, il a tant plu* ; et jamais on ne se sert de *si* : *il a si plu, il a si travaillé*, seraient des barbarismes.— Cependant avec un verbe actif, il y a des cas où *tant* est remplacé par *si*. Par exemple, quand on a besoin d'exprimer un sentiment particulier avec un verbe passif, comme dans : *je suis si touché, si ému, si effrayé* ; on ne peut dire : *je suis tant ému, tant touché, tant effrayé*, parce que ces mots tiennent lieu d'épithètes ; mais quand il s'agit d'une action, d'un fait, il faut employer le mot *tant* : *cette affaire a été tant débattue*, *les accusations tant renouvelées*, les juges tant sollicités ; et non pas si débattue ; cette femme est tant belle, parce que belle est une épithète ; mais on peut dire, surtout en poésie : cette femme autrefois tant aimée, mieux que si aimée. Mais lorsqu'on veut ajouter de qui elle est aimée, il faut dire si aimée de lui, parce qu'alors c'est un sentiment particulier que l'on désigne.—Cet homme tant prôné par vous, célébré, est un fait ; cet homme si estimé de vous, est un sentiment.—Lorsque tant signifie tandis que, il devient conjonction : elle sera aimée tant qu'elle sera jolie, tandis qu'elle sera jolie, ou pendant tout le temps qu'elle sera jolie. — On considère quelquefois tant comme une particule d'exclamation : tant il est difficile de voyager si long-temps ! tant vaut l'homme, tant vaut sa terre, autant vaut l'homme, autant vaut sa terre. —Tant tenu, tant payé, il sera payé autant qu'il aura servi ou travaillé. — Tous tant que nous sommes, tout ce que nous sommes de gens. — S'il faisait tant que..., quand il faisait tant que..., s'il portait jusque-là, quand il se portait jusqu'à faire une telle chose. — Si je faisais tant que d'aller jusqu'à Vienne, je voudrais..; quand il faisait tant que d'aller se promener, il y restait long-temps. — Tant que, aussi loin que, aussi ong-temps que : tant que la vue peut s'étendre ; tant que je vivrai. — Tant s'en faut que, bien loin que : tant s'en faut qu'il y consente, qu'au contraire il répugne. — Tant plus que moins, à peu près : il a trois mille francs de rente, tant plus que moins. Fam.—Si tant est, si la chose est, supposé que cela soit. Fam.—Sur et tant moins, se dit lorsqu'on paie quelque chose : il m'a donné cent francs sur et tant moins de ce qu'il me doit. Voy. SUR.—Tant mieux, se dit lorsqu'une chose est avantageuse, et que l'on en est bien aise : s'il s'en tire, tant mieux pour lui.—Tant pis, se dit lorsqu'une chose est désavantageuse, et qu'on en est fâché : vous lui avez dit des vérités dures, tant pis pour lui ; cela le fera réfléchir.— Tant y a que, signifie à peu près quoi qu'il en soit : je ne connais pas d'où vient leur querelle, mais tant y a qu'ils se sont battus. Fam.

TANTALE, subst. mas. (tantale), t. de phys., sorte de petite machine hydraulique, appelée aussi diabète. — Nouveau métal. (Du roi de Lydie Tantale, condamné à une soif perpétuelle au milieu des eaux ; parce que ce métal ne se laisse dissoudre par aucun acide.) — Subst. propre mas. myth. , fils de Jupiter et de la nymphe Plota. Il enleva Ganymède pour se venger de Tros, qui ne l'avait point appelé à la première solennité qu'on fit à Troie. Pour éprouver les dieux qui vinrent un jour chez lui, il leur servit dans un repas les membres de son fils Pélops ; et Jupiter l'en punit en le condamnant à une faim et à une soif perpétuelle. Mercure l'enchaîna, au milieu d'un lac dans les enfers, et plaça auprès de sa bouche une branche chargée de fruits, laquelle se redressait lorsqu'il voulait en manger, et l'eau se retirait lorsqu'il en voulait boire.—Il y eut un autre Tantale, à qui Clytemnestre avait été promise en mariage, ou même mariée avant qu'elle épousât Agamemnon.—C'était aussi, selon quelques auteurs, le nom du fils que Thyeste eut d'Europe, femme de son frère Atrée, et dont celui-ci lui fit servir les membres dans un festin.

TANTALIQUE, adj. des deux genres (tantalike), t. de chim. : acide tantalique, combinaison du tantale avec l'oxygène.

TANTALISÉ, E, part. pass. de tantaliser.

TANTALISER, v. act. (tantalisé), faire souffrir le supplice de Tantale. (Mirabeau.) — SE TANTALISER, v. pron. Ce mot n'a pas fait fortune.

TANTALITE , subst. mas. (tantalite), t. d'hist. nat., nom des différentes espèces du métal nommé tantale.

TANTAMON, subst. mas. (tantamon), t. de bot., plante de Madagascar, qui ressemble au nénuphar.

TANTAN, subst. mas. (tantan), t. de bot., espèce de plante du genre des ricins.

TANTARELLA, subst. fém. (tantarèlela), t. de mus., air qu'on emploie en Italie contre la morsure de la tarentule.

TANTE, subst. fém. (tante) (suivant Ménage et Huet, du lat. amita, tante paternelle, en y préposant un t, on disait autrefois ante au lieu de tante), la sœur du père ou de la mère ; la femme de l'oncle.—Grand'tante, sœur de l'aïeul ou de l'aïeule. — Tante à la mode de Bretagne, cousine germ. du père ou de la mère.

TANTET, subst. mas. (tantè), une très-petite quantité ; tant soit peu : elle est un tantet bizarre. Fam. et peu usité.

TANTIÈME, subst. mas. (tanti-ême) (du lat. tantus, tant) : tantième pour franc, sorte de taxe ; remise, escompte qu'il est d'usage de lever ou de retenir sur telle ou telle somme. Peu en usage.

TANTINET, subst. mas. (tantinè), expression familière que l'on emploie quelquefois pour dire, un peu, très-peu : un tantinet de pain et de beurre. — On dit aussi, mais moins souvent, tantet.

TANT MIEUX, loc. adv. (tanmieu), t. d'approbation. Voy. au mot TANT.

TANTÔT, adv. (tantô) (suivant Sylvius, du lat. tàm citò ; suivant Ménage, de l'italien tosto, tantosto), dans peu de temps : il viendra tantôt.— Il y a peu de temps : il est venu tantôt.— Fam., il se joint au présent des verbes, et il marque un temps plus indéterminé : cet ouvrage est tantôt achevé, sera bientôt achevé. Bien vieilli dans cette acception. — Tantôt redoublé devient conjonction disjonctive (suivant Ménage, de l'italien tosto l'uno tosto l'altro) ; il est tantôt gai, tantôt triste. — Fam., on dit : à tantôt, pour dire qu'on se reverra dans la journée, pour parler d'une affaire ou pour autre chose.

TANT PIS , loc. adv. (tanpi), t. de désapprobation. Voy. au mot TANT.

TANYGLOSSE, subst. mas. (taniguèloce), t. d'hist. nat., genre d'insectes qu'on nomme aussi pangonie.

TANYPE, subst. fém. (tanipe), t. d'hist. nat., genre d'insectes diptères.

TANYSTOME , subst. mas. (tanicétome), t. d'hist. nat., famille d'insectes diptères.

TAOMALIN, subst. mas., barbarisme. Voy. TAUMALIN.

TAON, subst. mas. (tan). Pourquoi l'Académie, qui fait prononcer paon, Laon, Caen, pan, tan, kan, prétend-elle qu'on doit prononcer ton le mot écrit taon ? Ce qui nous fait condamner cette prononciation, c'est qu'on pourrait confondre ce mot avec ceux de ton et de thon, qui qui ont une tout autre signification. Ce n'est pas, du reste, que nous soyons partisans le moins du monde de la prononciation des mots paon et Laon ; mais l'usage universel l'ayant consacrée, il faudrait réduire tous les mots de cette forme orthographique à une règle fixe et générale, (en lat. tabanus), grosse mouche à aiguillon qui s'attache aux bœufs, aux vaches, etc. — Genre d'insectes de l'ordre des diptères.—Fig. et fam. : la première mouche qui le piquera sera un taon, le moindre malheur qui lui arrivera achèvera de le perdre.

TAONABE, subst. mas. (ta-onabe), t. de bot., genre de plantes monogynes.

TAONIEN, subst. mas. (ta-oniein), t. d'hist. nat., tribu d'insectes tanystomes.

TAON-MARIN, subst. mas. (tanmarein), t. d'hist. nat., nom qu'on donne à un animal qui tourmente les poissons.

TAOS, subst. mas. (ta-ôce), t. d'hist. nat., nom d'une sorte de pierre précieuse.

TAOURAI, subst. mas. (ta-ourè), t. de bot., casse de l'Inde.

TAOUCHSANS, subst. mas. plur. (ta-ouchan), t. de relat., nom par lequel on désigne, en Turquie, certains insulaires.

TAP, subst. mas. (tape), t. de mar., pièces de bois qui servent à soutenir les pierriers.

TAPABOR, subst. mas. (tapabor) (suivant Le Duchat, etc., corruption de cap à bord), bonnet de campagne dont les bords se rabattent pour garantir des mauvais temps. Cette coiffure a été aussi appelée buckingham, parce que la mode en fut apportée en France, sous Louis XIII, par les Anglais à la suite du duc de Buckingham. Ce mot est vieux et presque même hors d'usage.

TAPACOU, subst. mas. (tapakou), valet d'un talapoin, dans le royaume de Siam.

TAPADA, subst. fém. (tapada), t. d'hist. nat., espèce de coquille univalve.

TAPAGE, subst. mas. (tapaje), désordre accompagné d'un grand bruit et de criailleries. Il est fam.

TAPAGEUR, subst. mas. (tapajeur), TAPAGEUSE, (tapajeur, jeuze), celui, celle qui fait du tapage.

TAPAGEUSE, subst. fém. Voy. TAPAGEUR.

TAPAGIMINI, subst. mas. (tapajimini), bruit joyeux. (Boiste.) Burlesque et inusité.

TAPARARA, subst. mas. (taparara), bruit de joie. (Boiste.) Burlesque et même inusité.

TAPAYE, subst. fém. (tapé), t. d'hist. nat., espèce de lézard.

TAPE, subst. fém. (tape) (de l'espagnol tapu, couvercle, fait de tapar, boucher, fermer), ce qui bouche le fond d'une cuve à bière. — Ce qui ferme la bouche d'un canon sur mer. — Dans les raffineries, bouchon de linge qui ferme le trou des formes. — Coup de main ouverte. Voyez TAPER.

TAPÉ, E, part. pass. de taper, et adj. : cheveux tapés, frisure tapée. — Aplati et séché au four, en parlant des fruits : poires, pommes tapées. — T. de peint. : tableau tapé, qui est d'une exécution si facile, qu'il semble que l'artiste n'ait fait pour le produire que taper la toile par quelques coups de brosse. — Mot bien tapé, vif et piquant. Fam.

TAPEÇON , subst. mas. (tapeçon), t. d'hist. nat., espèce de rat.—Sorte de poisson.

TAPECUL, et non pas TAPECU, orthographe de l'Académie, subst. mas. (tapekü) (rac., qui tape le cul), la partie chargée d'une bascule qui sert à lever et à baisser plus facilement un pont-levis. — Poche que les capucins portaient par derrière, sous leur manteau. — Fam. et par dérision, voiture cahotante et rude. — T. de mar., grande bonnette qui se hisse au bout de la vergue d'artimon.

TAPÉEN, subst. mas. (tapé-ein), voile dont on se sert sur les bâtiments marchands, lorsqu'ils ont vent arrière, pour empêcher que la marée et les courants n'emportent le bâtiment et ne le fassent dériver.

TAPEINIE, subst. fém. (tapèni), t. de bot., genre de plantes monogynes.

TAPEMENT , subst. mas. (tapeman), bruit d'un choc. Peu usité, mais utile.

TAPER, v. act. (tapé), donner des tapes, frapper. Ce n'est sens ni est pop. : il l'a bien tapé. Par onomatopée, du bruit qu'on fait en tapant. — Taper les cheveux, les battre avec le peigne pour les faire paraître davantage. — Taper un canon, le boucher de peur que l'eau n'entre dedans. — Dans les raffineries, taper une forme, boucher le trou qui est à la pointe d'une forme de sucre, avec du linge ou de l'étoffe, pour empêcher que le sirop n'en sorte, jusqu'à ce qu'elle soit en état d'être percée avec le poinçon. (Dans cette acception, de l'espagnol tapar, boucher, fermer.) — Neut. : taper du pied, frapper la terre, le plancher avec le pied. Il est fam. — SE TAPER, v. pron.

TAPEREAU, subst. mas. (apero), t. d'artificier, espèce de pétard.

TAPETTE, subst. fém. (tapète), t. de graveur, morceau de taffetas où l'on renferme du coton sans le fouler, et à l'aide duquel, en tapant sur le vernis encore chaud et liquide, on l'étend également sur la surface du cuivre. — Petit ustensile de bois, fait en forme de spatule, dont on se sert pour enfoncer les bouchons dans les bouteilles qu'on vient de tirer ou remplir du tonneau. — Sorte de morceau de bois dont on se sert en guise de martinet dans certaines écoles d'enfants.

TAPETI, subst. mas. (tapeti), t. d'hist. nat., variété du lièvre et du lapin.

TAPHIEN , subst. mas. (tafiein), t. d'hist. nat., genre de mammifères carnassiers.

TAPHIENS, subst. propre mas. plur. (tafi-ein), anciens peuples des îles de la mer d'Ionie.

TAPHRIA, subst. mas. (tafri-a), t. de bot., nouveau genre de plantes de la famille des champignons.

TAPHRIE, subst. fém. (tafri), t. d'hist. nat., genre d'insectes coléoptères.

TAPI, E, part. pass. de se tapir.

TAPIA ou TAPIN, subst. mas. (tapi-a, pein), t. de bot., arbre des Indes. — Tapin, tambour. Populaire.

TAPIAI, subst. mas. (tapi-è), t. d'hist. nat., espèce de fourmi d'Amérique.

TAPIER , subst. mas. (tapi-é) , t. de bot., genre de plantes de la famille des capparidées.

TAPIÈRE, subst. fém. (tapi-ère), t. de mar., longue pièce de bois placée sur les côtés d'un vaisseau.

TAPINAGE, subst. mas. (tapinaje), lieu caché, secret. — Action de se cacher, de se mettre en tapinois. (Boiste.) Inusité.

TAPINOIS, ou plus souvent *en* **TAPINOIS**, loc. adv. *(tapinoâ)* (suivant *Ducange, Le Duchat*, etc., du latin *talpa*, taupe ; *en tapinois*, à la manière des taupes), sourdement, en cachette, avec ruse : *il est venu en tapinois ; il ne fait rien qu'en tapinois.*

TAPINOSE, subst. fém. *(tapinôze)* (du grec ταπεινόω, je diminue), t. de rhét., figure qui consiste à rabaisser, par l'expression, une chose grande ; exténuation, le contraire de l'*hyperbole*. On dit plus souvent *litote*.

TAPIOCA (l'*Académie* écrit aussi **TAPIOKA**), subst. mas. *(tapi-ôka)*, sédiment impalpable que dépose le suc vénéneux extrait de la racine de manioc. On en fait du potage.

TAPION ou **TAPIO**, subst. mas. *(tapi-on, tapi-ô)*, t. de mar., espace uni sur la mer. — Tache blanche sur les rochers et les mornes.

TAPIR, subst. mas. *(tapir)*, t. d'hist. nat., mammifère pachyderme d'Amérique, qui a la taille du bœuf et qui ressemble beaucoup au cochon.

se **TAPIR**, v. pron. *(cetapir)* (voy. **TAPINOIS**, pour l'étym.), se cacher en se tenant dans une posture raccourcie et resserrée ; et plus proprement, se cacher derrière quelque chose qui vous couvre, en prenant cette posture.—*se* **TAPIR**, *se* **BLOTTIR**. (*Syn.*) *Se tapir*, c'est proprement se cacher, mais derrière quelque chose qui vous couvre, et en prenant une posture raccourcie et resserrée ; *se blottir*, c'est s'accroupir, se ramasser, se rouler sur soi-même. — On *se tapit* derrière un buisson ou dans un coin, pour n'être pas vu : on dit qu'un enfant est tout *blotti* ou couché en rond dans son lit, et il n'a pas eu l'intention de se cacher. Le froid fait tout naturellement qu'on *se blottit*, sans avoir le dessein de *se tapir*. — L'idée principale de *se tapir* est de se cacher, et la manière n'est qu'une idée secondaire ; au lieu que cette manière de se ployer en deux ou de se ramasser en un tas est l'idée première de *se blottir*, et que celle de se cacher n'est qu'une idée accessoire. — Le lièvre *se tapit*, se renferme dans son gîte ; la perdrix *se blottit*, se pelotonne, pour ainsi dire, devant le chien couchant.

TAPIRIER, subst. mas. *(tapirié)*, t. de bot., grand arbre de la Guyane, de la famille des térébinthacées.

TAPIROASSOU, subst. mas. *(tapirô-aceçou)*, t. d'hist. nat., sorte d'animal du Brésil, de la forme et de la grosseur d'une vache.

TAPIS, subst. mas. *(tapi)* (en latin *tapes*, génitif *tapetis*, fait du grec ταπής ou ταπίς), pièce d'étoffe ou de tissu de laine ou de soie, etc., dont on couvre une table, une estrade, etc. — Fig. et fam. : *mettre une affaire sur le tapis*, en parler, en délibérer. — *Être sur le tapis*, être le sujet d'un entretien. — *Tenir quelqu'un sur le tapis*, en faire le sujet de la conversation. — *Amuser le tapis*, entretenir la compagnie de choses vaines et vagues. — En t. de jeu, table à jouer. — Au jeu de cartes, prov. et fam. : *le tapis brûle*, on n'a pas mis au jeu. — Fig. : *tapis vert* ou *de verdure*, endroit gazonné dans un jardin. — T. de man. : *raser le tapis*, se dit d'un cheval qui galope près de terre ; qui ne lève pas assez le devant, ou qui a les allures trop froides.

TAPISSÉ, **E**, adj. *(tapicé)*, orné de tapisseries : *chambre tapissée*. — T. de bot., garni, couvert : *la terre est tapissée de fleurs au printemps*.

TAPISSÉ, **E**, part. pass. de *tapisser*.

TAPISSER, v. act. *(tapicé)*, couvrir, orner de tapisseries les murailles d'une chambre, etc. — On dit par extension : *tapisser de papier peint*, *d'images*, etc. — Fig., garnir tout autour : *cette vigne tapisse l'intérieur de ce berceau.* — En t. d'anat., il se dit des membranes qui recouvrent l'intérieur des cavités du corps.—*se* **TAPISSER**, v. pron.

TAPISSERIE, subst. fém. *(tapiceri)* (de *tapis*), ouvrage fait à l'aiguille sur du canevas avec de la laine, de la soie, etc. — Ouvrage fait au métier, servant à revêtir et à parer les murailles d'une chambre, d'une salle, etc. — Personnes qui ne sont dans un endroit que pour la représentation : *faire tapisserie*. — **TAPISSERIE**, **TENTURE**. (*Syn.*) La *tapisserie* est faite pour couvrir quelque chose, et la *tenture* pour être tendue sur quelque chose. — La *tapisserie* est un genre d'étoffe ou d'ouvrage en canevas, en tissu, destiné à couvrir les murs d'une chambre et à la parer ; la *tenture* est un tissu, un objet quelconque, employé à être tendu sur les murs et à produire le même effet. La *tapisserie* est *tenture* en tant qu'elle est placée, étendue sur le mur ; la *tenture* est *tapisserie*, en tant qu'elle revêt et pare le mur. — La *tapisserie* est proprement un genre particulier de fabrication ou de manufacture ; on dit : les *tapisseries* de Flandre, de Bretagne, d'Aubusson, des Gobelins. La *tenture* désigne vaguement tout ce qui est employé au même usage ; on dit : des *tentures de tapisseries*, des *papiers de tentures*, etc. — On dit : une pièce de *tapisserie*, et une *tenture* de *tapisserie*. La *tenture* renferme toutes les pièces employées à meubler une chambre. Nos aïeux, avec leurs grosses *tapisseries*, meublaient leurs maisons et leurs châteaux pour leur postérité ; nos *tentures* brillantes de soie meublent les appartements pour quelques années.

TAPISSIER, subst. mas. *(tapicié)*, ouvrier qui travaille en toute sorte de meubles de *tapisserie* et d'étoffe.—Celui qui les vend.

TAPISSIÈRE, subst. fém. *(tapicière)*, ouvrière qui fait de la *tapisserie* à l'aiguille. — Femme d'un *tapissier*. —Voiture suspendue pour transporter des meubles. — T. d'hist. nat., espèce d'araignée.

TAPITI, subst. mas. *(tapiti)*, t. d'hist. nat., animal rongeur de l'Amérique méridionale.

TAPOA-TAFA, subst. mas. *(tapo-atafa)*, t. d'hist. nat., quadrupède du genre des dasyures.

TAPOGOME, subst. mas. *(tapoguome)*, t. de bot., genre de plantes ligneuses et sarmenteuses de la Guyane, voisin des morindes.

TAPON, subst. mas. *(tapon)* (de l'espagnol *tapar*, boucher, fermer), se dit fam. des étoffes, de la soie, du linge, etc., qui se bouchonnent et se mettent tout en un tas. — Plaque légère qui sert à boucher l'âme d'un canon. — Espèce de tambour siamois que l'on frappe avec les poings. — Fam. : *être tout en tapon*, tout en un tas.

TAPOTÉ, **E**, part. pass. de *tapoter*.

TAPOTER, v. act. *(tapoté)* (de *taper*, dont *tapoter* est le fréquentatif), donner de petits coups à plusieurs reprises : *cette femme ne fait que tapoter ses enfants*. Il est fam. — Pop., manier, toucher, en manière d'enfantillage. — *se* **TAPOTER**, v. pron.

TAPSEL, subst. mas. *(tapecèle)*, grosse toile de coton du Bengale, qui est ordinairement d'une couleur bleue, et qui sert à faire certains emballages.

TAPSIE, subst. fém. *(tapeci)*, nom que quelques botanistes ont donné au turbith bâtard : c'est une plante vivace, de la famille des ombellifères, qui croît dans le midi de la France.

TAPURE, subst. fém. *(tapure)*, frisure de cheveux *tapés* avec le peigne. — T. de bot., espèce d'arbrisseau de la Guyane.

TAQUE, subst. fém. *(take)*, plaque de fonte ou de bois. — Instrument dont on se sert pour jouer au billard.

TAQUÉ, **E**, part. pass. de *taquer*.

TAQUER, v. act. *(takié)* (de *tac*, formé par onomatopée, du bruit qu'on fait en taquant, c'est-à-dire en frappant sur le *taquoir* avec le manche du marteau), t. d'impr., promener le *taquoir* sur toutes les pages d'une forme pour abaisser les lettres partout également. — *se* **TAQUER**, v. pron.

TAQUERET, subst. mas. *(takeré)*, plaque de fonte établie sur la tympe d'un fourneau de forge.

TAQUET, subst. mas. *(takié)*, petit piquet enfoncé dans la terre, pour servir de repère à un alignement, etc. — En t. de mar., crochet. — En t. de menuis., petit morceau de bois taillé pour maintenir l'encoignure d'un meuble.

TAQUIN, **E**, subst. et adj. *(takiein, kine)* (suivant *Huet*, corruption de *tasquin*, fait du vieux mot *tasque*, pris de l'italien *tasca*, bourse, poche ; *homme qui ne pense qu'à remplir sa bourse*), vilain, avare. Vieux et même hors d'usage en ce sens. — Mutin, opiniâtre : *il a l'humeur taquine*. — Subst. : *c'est un taquin*, *une taquine*.

TAQUINÉ, **E**, part. pass. de *taquiner*.

TAQUINEMENT, adv. *(takineman)*, d'une manière *taquine*.

TAQUINER, v. act. *(takiné)*, contrarier. — Neut., avoir l'habitude de contrarier et d'impatienter sur de petits objets. — *se* **TAQUINER**, v. pron.

TAQUINERIE, subst. fém. *(takineri)*, avarice sordide. — Caractère *taquin*, opiniâtre. Il est fam.

TAQUOIR, subst. mas. *(takoare)*, t. d'impr., petite planche de bois tendre dont on se sert pour *taquer*.

TAQUON, subst. mas. *(takon)*, se dit dans l'imprimerie des morceaux qu'on a découpés dans la frisquette, pour les impressions en rouge et noir, et qu'on recolle ensuite à leur place, pour que les lettres ou les mots destinés à être imprimés en rouge puissent mieux venir.

TAQUONNÉ, **E**, part. pass. de *taquonner*.

TAQUONNER, v. act. *(takoné)*, mettre les *taquons*. — *se* **TAQUONNER**, v. pron.

TARA, subst. mas. *(tara)*, t. de bot., sorte d'arbrisseau du Pérou.

TARABAT, subst. mas. *(taraba)*, instrument de bois dont on se servait dans les monastères pour réveiller les religieux.

TARABÉ, subst. mas. *(tarabé)*, t. d'hist. nat., perroquet vert du Brésil.

TARABISCOT, subst. mas. *(tarabicekô)*, t. de menuiserie, grain d'orge, cavité qui sépare deux moulures ; bouvet pour la faire.

TARABITE, subst. mas. *(tarabite)*, pont que les Indiens font en liane pour passer les torrents.

TARABUSTÉ, **E**, part. pass. de *tarabuster*.

TARABUSTER, v. act. *(tarabuceté)*, importuner par des interruptions, du bruit, des discours à contre-temps. Il est fam. C'est une onomatopée. — Brusquer, traiter rudement. — *se* **TARABUSTER**, v. pron.

TARAGA, subst. fém. Voy. **TARUGA**.

TARAISON, subst. fém. *(tarèzon)*, t. de verr., tuile d'argile qui sert à diminuer les ouvertures des ouvreaux, dans les verreries.

TARALE, subst. mas. *(tarale)*, t. de bot., espèce de grand arbre de la Guyane.

TARANCHE, subst. fém. *(taranche)*, grosse cheville de fer qui sert à tourner la vis d'un pressoir par le moyen des leviers.

TARANDE, ou **TARANGE**, subst. mas. *(tarande, taranje)*, t. d'hist. nat., renne de Laponie.

TARANI, subst. mas. *(tarani)*, t. de bot., sorte de plante aquatique du Malabar.

TARAQUIRA, subst. mas. *(tarakira)*, t. d'hist. nat., lézard du Brésil.

TARARE, subst. mas. *(tarare)*, machine dont on se sert pour vanner et nettoyer les grains. —Subst. propre mas., ville de France, chef-lieu de canton, arrond. de Villefranche-sur-Saône, dép. du Rhône. —Nom d'une haute montagne, entourée de précipices, qui se trouve sur la grande route entre Roanne et Lyon ; ce nom lui vient de la ville qui est au pied.

TARARE ! interj. *(tarare)*, bon, bon ! je m'en moque ! je n'en crois rien !

TARASCON, subst. propre mas. *(taracekon)*, ville de France, chef-lieu de canton, arrond. d'Arles, dép. des Bouches-du-Rhône.

TARASCON-SUR-ARIÈGE, subst. propre mas. *(taracekonçurari-èje)*, village de France, chef-lieu de canton, arrond. de Foix, dép. de l'Ariège.

TARASQUE, ou **TÉRASQUE**, subst. mas. *(taraceke, teraceke)*, nom qu'on donne, à *Tarascon*, à la représentation d'un monstre qui fut, dit-on, étranglé par sainte Marthe, avec sa jarretière, et qu'on porte en procession dans cette ville.

TARASUM, subst. mas. *(tarazome)*, bière que font les Chinois.

TARATOUFLE *(taratoufle)*. Voy. **TAUPINAMBOUR**.

TARAUD, subst. mas. *(tarô)* (augmentatif de *tarière*, fait vraisemblablement du grec τερηδών, petit insecte qui perce le bois, lequel dérive de τερεω, je perce. *Morin*.), pièce d'acier à vis, qui sert à faire les écrous dans lesquels doit entrer une vis.

TARAUDÉ, **E**, part. pass. de *tarauder*.

TARAUDER, v. act. *(tarôdé)*, percer une pièce de bois ou de métal en écrou, de manière qu'elle puisse recevoir une vis. — *se* **TARAUDER**, v. pron.

TARAUX, subst. mas. plur. *(tarô)*, petits morceaux de bois qui servent à tendre les cordes qui sont autour de la perche des arçonneurs.

TARAVO, subst. propre mas. *(taravô)*, ville de France, chef-lieu de canton, arrond. de Sartène, dép. de la Corse.

TARAXACUM, subst. mas. *(tarakçakome)*, t. de bot., nom qu'on a donné à plusieurs plantes de la famille des chicoracées.

TARAXIS, subst. mas. *(tarakcice)* (du grec ταράσσω, je trouble), t. de médec., inflammation de l'œil par une cause externe, ophthalmie catarrhale.

TARBELLINIENS, subst. propre mas. plur. (*tarbèlelinïein*), nom d'anciens peuples de l'Aquitaine, en France, près de *Tarbes*.

TARBES, subst. propre mas. (*tarbe*), ville de France, chef-lieu du dép. des Hautes-Pyrénées.

TARBO, subst. mas. (*tarbò*), t. de médec., nom donné à l'ulcération formée à la suite de l'éléphantiasis d'Égypte.

TARCHE, subst. fém. (*tarche*), t. d'hist. nat., espèce de poisson du genre des pleuronectes.

TARCHON, subst. mas. (*tarchon*). Voy. TARCON.

TARCON, ou **TARCHON**, subst. mas. (*tarkon*), t. de bot., espèce de plante du genre des estragons.

TARCONANTHE, subst. mas. (*tarkonante*), t. de bot., sorte d'arbrisseau de la famille des corymbifères.

TARD, adv. (*tare ; d ne se prononce jamais*) (en latin *tardè*), hors d'heure, au-delà du temps prescrit.—Vers la fin de la journée : *nous arriverons tard à Paris*. — Prov. : *vaut mieux tard que jamais*. On dit aussi adj. au mas. : *il est bien tard pour commencer :* et subst. au mas. : *arriver sur le tard*, etc.

TARDÉ, part. pass. de *tarder*.

TARDER, v. neut. (*tardé*) (en latin *tardare*), différer : *il a bien tardé en chemin ; allez et ne tardez pas à revenir*.—Demeurer long-temps : *il me tarde de...* — Vouloir, souhaiter : *il me tarde que...* En ce dernier sens il ne s'emploie qu'unipersonnellement. — TARDER, DIFFÉRER. (*Syn.*) L'idée propre de *tarder* est celle d'être, de demeurer long-temps à venir, à faire ; et l'idée de *différer*, celle de remettre, de renvoyer à un autre temps, à un temps plus éloigné. *Tarder* ne signifie pas seulement *différer* à faire une chose, mais *différer* en sorte que ce qu'il y a à faire ne se fasse pas à temps ou à propos, dans le temps convenable. *Tarder* ne désigne que le fait, sans aucune raison du retard ; *différer* annonce une résolution de la volonté qui détermine le délai. Enfin on *tarde* en ne se pressant pas de faire ou en faisant lentement, sans prendre un certain terme ; on *diffère*, en renvoyant, en rejetant la chose à un autre temps, ou fixe ou indéterminé.—*Ne tardez* pas à cueillir le fruit, s'il est mûr ; s'il n'est pas mûr, *différez*. Il est quelquefois sage de *différer ;* il est toujours imprudent de *tarder*. En tout, il y a le temps ou le moment : *différez* pour l'attendre ; mais ne *tardez* point, car il n'attend pas. — On perd du temps à *tarder*, on en gagne quelquefois à *différer*. — Il n'y a pas à *différer* quand la chose presse ; pendant que vous *tardez*, l'occasion est passée ; les obstacles imprévus qui vous arrêtent font que vous *tardez* sans le vouloir ; des raisons particulières qui vous obligent de changer votre résolution font que vous *différez* par une volonté expresse. On ne dira pas que vous *différez* lorsque quelqu'un vous empêche malgré vous de faire actuellement une chose ; mais vous *tardez*. On *diffère* d'un jour à l'autre, lorsque les choses ne sont pas pressées ; à force d'avoir *tardé*, il n'est plus temps de les faire.—Celui qui se met aussitôt à l'ouvrage ne *diffère* pas ; mais, s'il s'amuse au milieu du travail, il *tarde* à l'achever. On ne *diffère* qu'à entreprendre ; on *tarde* aussi dans l'action même. On *tarde* par lenteur et sans dessein déterminé ; on *diffère* d'un temps à l'autre, jusqu'à un tel temps ou une telle circonstance. Celui qui ne se presse pas assez, *tarde ;* celui qui renvoie du jour au lendemain, *diffère*. On éprouve des *retards ;* on prend des *délais*.

TARDIF, adj. mas., au fém. **TARDIVE** (*tardif, dive*) (en latin *tardus*), qui vient *tard : repentir tardif*.—Lent : *pas, mouvement tardif ; le bœuf et la tortue sont des animaux tardifs*. — Qui n'est en sa perfection que bien *tard : esprit tardif*. — Qui mûrit, qui ne vient qu'après les autres de même espèce : *fruits tardifs*.—*Terrain tardif*, où les productions sont lentes à venir. — *Agneau, poulet tardif*, qui naît après les autres.

TARDIFÈRE, subst. mas. et adj. des deux genres (*tardi-fère*), t. d'hist. nat., très-petit animal ; le même que le *tardigrade*. Voy. ce mot.

TARDIFLORE, adj. des deux genres (*tardiflore*) (du latin *tardè*, long temps, et *florescere*, fleurir), t. de bot., qui se dit de ce qui *fleurit tard*, à la fin de la saison.

TARDIGRADE, subst. mas. et adj. des deux genres (*tardiguerade*) (du latin *tardigradus*, qui marche lentement, formé de *tardus*, lent, et *gradus*, pas, marche, allure), t. d'hist. nat., famille de mammifères, qui n'ont point du tout de dents incisives, et dont les doigts sont réunis jusqu'aux ongles.

TARDIPÈDE, adj. des deux genres (*tardipède*) (du latin *tardus*, lent, et *pes, pedis*, pied), qui est lent à marcher.—Subst. propre mas., myth., surnom de Vulcain, parce qu'il était boiteux.

TARDIVE, adj. fém. Voy. TARDIF.

TARDIVEMENT, adv. (*tardiveman*) (en latin *tardè*) avec lenteur, d'une manière *tardive*.

TARDIVETÉ, subst. fém. (*tardiveté*) (du latin *tardus*, lent), lenteur à mûrir. — Lenteur de mouvement.

TARD-VENUS, ou **MALANDRINS**, subst. mas. plur. (*tarvenu*), compagnies de soldats qui, sans aucun ordre royal, s'assemblèrent en France, et qui se choisirent un chef. Ces soldats, qui parurent en 1050, n'étaient que de véritables brigands qui désolaient la France, et passèrent ensuite en Italie pour y continuer leurs brigandages. Voy. MALANDRIN.

TARE, subst. fém. (*tare*) (suivant *Nicot*, du grec *φθορα*, corruption, dégât ; suivant *Ménage*, de l'arabe *tharahh*, rejeter, rebuter), déchet, diminution, soit pour la quantité, soit pour la qualité.—Il se dit des pots, bouteilles, caisses, emballages, etc., qui contiennent des marchandises et pour le poids présumé desquels on déduit une certaine quantité de livres. — T. d'art vétér., défectuosité qui diminue la valeur commerciale d'un cheval.—Fig. et fam., vice, défaut, défectuosité : *c'est un homme sans tare ; ce bois est bon, il n'a pas de tare*.

TARÉ, E, part. pass. de *tarer* et adj., vicieux, gâté, corrompu : *une marchandise tarée*. — En parlant des personnes, qui a mauvaise réputation, qui a des vices connus du public : *homme taré, femme tarée*.

TARENNE, subst. fém. (*tarène*), t. de bot., genre de plantes ou d'arbres de la Guyane.

TARENTE, subst. propre fém. (*tarante*), ville d'Italie.

TARENTELLE, subst. fém. (*tarantèle*), nom d'une sorte de danse. — Air sur lequel on la danse.

TARENTIN, E, subst. et adj. (*taranteín, tine*), de *Tarente*.

TARENTISME, subst. mas. (*taranticeme*), maladie occasionnée par la piqûre de la *tarentule*.

TARENTULE, subst. fém. (*tarantule*), t. d'hist. nat., grosse araignée venimeuse, qui se trouve aux environs de *Tarente*.—Sorte de petit lézard.

TARER, v. act. (*taré*), causer de la *tare*, du déchet : *l'humidité a taré ces fruits*— Peser un vase avant d'y mettre quelque chose. — Fig. : *tarer la réputation de quelqu'un*, nuire à sa réputation.—*se* TARER, v. pron. : *cette poire commence à se tarer*.

TARERONDE, subst. fém. (*tareronde*), t. d'hist. nat, nom d'un poisson de mer plat ; espèce de raie.

TARET, subst. mas. (*taré*), t. d'hist. nat., genre de mollusques, qui font dans le bois des digues et des vaisseaux des trous profonds semblables à ceux que ferait une *tarière*.

TARETIER, subst. mas. (*tareté*), t. d'hist. nat., animal des *tarets*.

TARFUHIN, subst. mas. (*tarfu-ein*), t. de bot., espèce de palmier des Indes.

TARGE, subst. fém. (*tarje*), sorte de bouclier dont on se servait autrefois.

TARGET, subst. mas. (*tarjé*), bouclier des montagnards écossais.

TARGETTE, subst. fém. (*tarjète*), plaque de fer ou de cuivre avec un petit verrou qui sert à fermer les portes, les fenêtres. — Morceau de cuir dont les ouvriers éplaigneurs se couvrent pour ne pas s'écorcher en travaillant avec la croix où sont montées les brosses de chardon vif dont ils se servent pour éplaigner les étoffes.

TARGEUR, subst. mas. (*tarjeur*), t. d'hist. nat., nom d'une espèce de poisson du genre des pleuronectes.

TARGIONE, subst. fém. (*tarji-one*), t. de bot., genre de plantes cryptogames.

TARGOUSIER, subst. mas. (*targuouzié*), t. de bot., genre de plantes.

TARGUÉ, E, part. pass. de *se targuer*.

se **TARGUER**, v. pron. (*cetarguié*) (du mot *targe ;* parce que ce bouclier servait à se couvrir et à se défendre. *Se targuer* signifiait autrefois, selon *Borel*, se couvrir le corps de ses bras, en mettant les poignets sur les flancs), se prévaloir, tirer avantage de, se glorifier : *il se targue de sa noblesse*.

TARGUM, subst. mas. (*targuome*), nom des gloses et commentaires chaldaïques du texte hébreu de l'ancien Testament.

TARGUMIQUE, adj. des deux genres (*targumike*), qui concerne le *targum*.

TARGUMISTE, subst. mas. (*targumiceste*), auteur d'un *targum*.

TARI, subst. mas. (*tari*), liqueur agréable qu'on tire des palmiers et des cocotiers.

TARI, E, part. pass. de *tarir*.

TARIER, subst. mas. (*tarié*), t. d'hist. nat. oiseau, sorte de bec-figue.

TARIÈRE, subst. fém. (*tarière*) (en lat. *terebra*, fait du grec *τερετρον* ou *τερετριον*, son dimin., rac., *τερειν*, percer. On disait même autrefois *terière*), outil de charpentier, etc., qui sert à faire des trous ronds dans une pièce de bois. — Instrument de mineur pour percer les terres. — T. de chir., tire-balle, tire-fond. — T. d'hist. nat., instrument dont sont pourvus quelques insectes, et qui leur sert à faire des incisions dans les végétaux ou dans la peau des animaux.

TARIF, subst. mas. (*tarif*) (mot arabe, qui signifie, connaissance, notification, et qui dérive d'*arafa*, connaître), rôle qui marque le prix de certaines denrées ou les droits d'entrée, de sortie, de passage que chaque marchandise doit payer. — Sorte de livre qui indique la figure et la valeur des espèces qui ont cours, la taxe des denrées, etc. — Table, évaluation, catalogue. — On appelle *tarif des glaces*, la table qui marque le prix des glaces, proportionnellement à leur grandeur : *cette glace, suivant le tarif, vaut trois cents francs*.

TARIFÉ, E, part. pass. de *tarifer*.

TARIFER, v. act. (*tarifé*) (du mot français *tarif*, et du v. lat. *facere*, faire), appliquer un *tarif ;* fixer des droits, un règlement de compte d'après un *tarif : tarifer des marchandises*, déterminer les droits qu'elles doivent payer.—*se* TARIFER, v. pron.— *Raymond* ajoute que quelques-uns disent *taréfier ;* nous ne trouvons ce mot que chez lui ; nous doutons qu'il ait jamais existé ailleurs.

TARIFIÉ, E, part. pass. de *tarifier*.

TARIFIER, v. act. (*tarifié*) (du mot français *tarif*, et du v. lat. *fieri*, devenir), réduire à un *tarif*. Moins usité que *tarifer*. Voy. ce mot. — *se* TARIFIER, v. pron.

TARIN, subst. mas. (*tarein*), petit oiseau ainsi nommé, par onomatopée, de son chant.— Monnaie d'Italie.

TARIR, v. act. (*tarir*) (du lat. *arire*, dit par métaplasme pour *arere*, auquel on a préposé un *t*, et qui signifie être à sec, dérivé de *aridus*, sec, aride. *Ménage*.), mettre à sec, épuiser. — Par analogie, arrêter, faire cesser : *le despotisme tarit le commerce*. — Neut., être à sec, s'épuiser : *cette source, ce puits ne tarit jamais*. — Fig. : *ses larmes ne tarissent point ; cet homme ne tarit point sur ce sujet*, il en parle sans cesse. On ne le dit guère qu'avec la négative. — *se* TARIR, v. pron.

TARIRI, subst. mas. (*tariri*), t. de bot., sorte d'arbre des Indes.

TARISSABLE, adj. des deux genres (*tariçable*), qui peut se *tarir* ou être *tari*. On l'emploie avec *ne pas : cette source n'est pas tarissable ;* mais on dit plus souvent : *est tarissable*.

TARISSEMENT, subst. mas. (*tariceman*), dessèchement, état de ce qui est *tari*.

TARLATANE, subst. fém. (*tarlatane*), mousseline claire, dont les fils peu fins sont assez tors ; ce qui laisse toujours à ce tissu une apparence de claire-voie.

TARME, subst. mas. (*tarme*), t. d'hist. nat., sorte de petit ver rongeur.

TARN, subst. propre mas. (*tarne*), rivière de France qui donne son nom à deux départements, et se jette dans la Garonne.

TARN, subst. propre mas. (*tarne*), dép. de France qui tire son nom de la rivière de *Tarn*, qui le traverse. Son chef-lieu est Albi.

TARN-ET-GARONNE, subst. propre mas. (*tarneguârone*), dép. de France qui tire son nom de la rivière de *Tarn* et de la *Garonne*, qui le traversent. Chef-lieu Montauban.

TARO, subst. mas. (*taró*), monnaie de cuivre de Malte qui se divise en deux carlins, le carlin en dix grains, le grain en six piccioli. *Le taro* vaut quatre sous ou vingt centimes de France.

TAROT, subst. mas. (*taró*), ancien nom de l'instrument de musique qu'on nomme aujourd'hui *basson*. — T. de jeu. Voy. TAROTS.

TAROTÉ, E, adj. (*taroté*) : *cartes tarotées*, marquées et imprimées sur le dos de grisaille en compartiments.

TAROTIER, subst. mas. (*tarotié*), cartier; fabricant de cartes. Vieux.

TAROTI, part. pass. de *tarotir*.

TAROTIR, v. neut. (*tarotir*), se plaindre. (*Boiste*.) Vieux et même inusité.

TAROTS, subst. mas. plur. (*taró*), cartes *tarotées*. Presque hors d'usage. — On l'a même dit du jeu qu'on jouait avec ces sortes de cartes : *jouer aux tarots*; ou encore au sing. : *jouer au tarot*.

TAROUPE, subst. fém. (*taroupe*), espace entre les sourcils; poils qui y croissent. Peu usité.

TARPÉIEN, adj. mas., au fém. **TARPÉIENNE** (*tarpé-iein, iène*), t. d'hist. anc. : *jeux tarpéiens*, célébrés en l'honneur de Jupiter, surnommé *Tarpéien*, à cause du temple qu'il avait sur le mont *Tarpéien*, qu'on appela depuis *Capitole*.— *Roche Tarpéienne*, sur laquelle le Capitole était bâti, et d'où l'on précipitait certains criminels. Elle tirait son nom de la vestale *Tarpéia*, qui livra le Capitole aux Sabins.

TARPÉIENNE, adj. fém. Voy. **TARPÉIEN**.

TARQUE, subst. fém. (*tarke*), sorte de bouclier de bois dont les matelots se couvrent le corps dans leurs joûtes, à Marseille, à Toulon, etc.

TARQUIN, subst. mas. (*tarkiein*), t. de jard., variété de poire.

TARRAGONAIS, E, subst. et adj. (*taraguonè, nèze*), de *Tarragone*.

TARRAGONE, subst. propre fém. (*taraguone*), ville forte d'Espagne, dans la Catalogne. Les Français s'en emparèrent en 1810.

TARSE, subst. mas. (*tarce*) (du grec ταρσος, claie), t. d'anat., la partie du pied qu'on appelle communément *cou-de-pied*. — Petit cartilage placé le long du bord de chaque paupière.—Dans les quadrupèdes et les oiseaux, la jambe.

TARSIEN, adj. mas., au fém. **TARSIENNE** (*tarcieín, ciène*), qui a rapport au *tarse*.

TARSIENNE, adj. fém. Voy. **TARSIEN**.

TARSIER, subst. mas. (*tarcié*), t. d'hist. nat., espèce de mammifères quadrumanes, du genre des makis.

TARSO, subst. mas. (*tarçô*), marbre très-dur de Toscane.

TARSO-MÉTATARSIEN, adj. mas., au fém. **TARSO-MÉTATARSIENNE** (*tarçômétâtarcieín, ciène*), t. d'anat., se dit de ce qui a rapport au *tarse* et au *métatarse*.

TARSO-MÉTATARSIENNE, adj. fém. V. **TARSO-MÉTATARSIEN**.

TARTAN, subst. mas. (*tartan*), sorte d'étoffe dont s'habillent les habitants du nord de l'Écosse et des îles Hébrides; elle est de laine, à grands carreaux rouges, verts, bruns, nuancés de bleu. — A Paris, on nomme *tartan*, un châle de laine commune, à grands carreaux.

TARTANE, subst. fém. (*tartane*), sorte de barque, de petit bâtiment en usage sur la Méditerranée, et qui porte une voile triangulaire. — En t. de pêche, espèce de filet.

TARTARE, subst. propre mas. (*tartare*) (en lat. *Tartarus*, en grec Ταρταρος), myth., lieu où les coupables sont tourmentés dans les enfers. — Habitant de la *Tartarie*.—*La langue tartare*. L'*Académie* ajoute qu'on a aussi appelé *tartares*, des valets qui servaient les troupes à cheval de la maison du roi en campagne. — Il est encore adj. des deux genres : *des hordes tartares*.

TARTAREUSE, adj. fém. Voy. **TARTAREUX**.

TARTAREUX, adj. mas., au fém. **TARTAREUSE** (*tartareu, reuze*), qui a la qualité du *tartre*. — T. de chim., acide tiré du *tartre*.

TARTARIE, subst. propre fém. (*tartari*), grande contrée d'Asie.

TARTARIN, subst. mas. (*tartarein*), t. d'hist. nat., espèce de singe nommé aussi *magot*.

TARTARIQUE, adj. des deux genres (*tartarike*), qui a rapport au sel de *tartre*.

TARTARISÉ, E, part. pass. de *tartariser*.

TARTARISER, v. act. (*tartarizé*), t. de chim., purifier par le moyen du sel de *tartre*. — **se TARTARISER**, v. pron.

TARTAS, subst. propre mas. (*tartâce*), ville de France, chef-lieu de canton, arrond. de Saint-Sever, dép. des Landes.

TARTE, subst. fém. (*tarte*) (du lat. *torta*, tourte, gâteau), sorte de pièce de pâtisserie.

TARTELETTE, subst. fém. (*tartelète*), petite *tarte*.

TARTEVELLE, subst. fém. (*tartevèle*), partie de la trémie d'un moulin.

TARTILIOSE, subst. fém. (*tartili-ôze*), gâteau de blé qui se fait dans les Indes.

TARTINE, subst. fém. (*tartine*), tranche de pain recouverte de quelque aliment facile à étendre avec le couteau.

TARTONÉMIE, subst. fém. (*tartonémi*), t. de bot., espèce de plante du genre des lauréoles.

TARTRATE, subst. mas. (*tartrate*), t. de chim., nom générique de sels formés par la combinaison de l'acide *tartarique* avec différentes bases. — *Tartrate de potasse*, sel crystallisable en prismes rectangulaires, terminés par des sommets dièdres, d'une saveur amère, et un peu déliquescent, qu'on emploie, de préférence à la crême de *tartre*, comme purgatif, parce qu'il est un peu plus soluble. — *Tartrate de potasse et d'antimoine*, sel crystallisable en tétraèdres réguliers ou en octaèdres allongés, incolore, transparent, d'une saveur caustique et nauséabonde, qu'on emploie aussi comme vomitif, et qui est très-vénéneux.— *Tartrate de potasse et de fer*, un sel crystallisable en aiguilles, verdâtre, d'une saveur styptique, et soluble dans l'eau, qui sert comme tonique et emménagogue. —*Tartrate de potasse et de soude*, un sel crystallisable à huit ou dix pans, transparent, d'une saveur amère, et soluble dans l'eau, qui jouit de propriétés purgatives.

TARTRE, subst. mas. (*tartre*) (en lat. *tartarum*), dépôt terreux et salin, produit dans les tonneaux par la fermentation du vin qui s'attache aux douves et y forme une croûte.—Concrétion pierreuse et jaunâtre autour des dents.—T. de chim.; *tartre émétique* ou *stibié*, remède d'antimoine préparé.—*Tartre vitriolé*, sulfate de potasse.— On appelle *tartre ammoniacal*, du *tartre* d'ammoniaque.—*Tartre animal*, les calculs urinaires, selon le docteur *Halse*.—*Tartre brut*, du *tartre* tel qu'il sort des tonneaux.—*Tartre chalybé*, du *tartre* de potasse et de fer.—*Tartre crayeux*, du sous-carbonate de potasse. — *Tartre ferré*, du *tartre* chalybé.—*Tartre martial soluble*, un mélange de *tartrate* de potasse et de fer, d'alcohol et de *tartrate* de potasse.— *Tartre méphitique*, du sous-carbonate de potasse.—*Tartre de potasse*, du *tartrate* de potasse. — *Tartre régénéré*, du *tartrate* de potasse. — *Tartre de soude*, du *tartrate* de potasse et de soude. — *Tartre soluble*, du *tartrate* de potasse, le même que le *tartre* de potasse, ou le *tartre* régénéré.

TARTRIQUE, adj. des deux genres (*tartrike*). Voy. **TARTARIQUE**, qui est cependant moins usité.

TARTRITE, subst. mas. (*tartrite*), nom donné d'abord à certains sels que l'on nomme aujourd'hui *tartrates*. — On appelle encore quelquefois *tartrite acidule de potasse*, la crême de *tartre* des anciens chimistes.— *Tartrite de potasse antimonié*, du *tartre* stibié émétique.—*Tartrite de soude*, du sel de seignette, ou du sel polychreste de La Rochelle. Voy. ces dernières dénominations au mot **TARTRATE**.

TARTUFE, subst. mas. (*tartufe*) (nom emprunté de l'italien *tartufo*, truffe. *Molière* ayant vu, dit-on, un béat s'extasier sur de très-belles truffes, et s'écrier avec admiration et volupté *tartufi! tartufi!* fit de ce mot le nom de son *faux dévot* ou *imposteur*), faux dévot, hypocrite. — *Tartufe de mœurs*, homme vicieux qui affecte des principes de morale sévère. — Nom du principal personnage d'une des meilleures comédies de *Molière*. Ce même nom est depuis devenu appellatif.

TARTUFERIE, subst. fém. (*tartuferi*), action, maintien de *tartufe*. Fam.

TARTUFIER, v. neut. (*tartufié*), faire le *tartufe*, avoir un air, des manières de faux dévot : *il tartufie pour attraper cette femme*. — *Molière* a dit dans un autre sens :

. . . Et vous serez, ma foi, *tartufiée*;
vous épouserez *Tartufe*.

TARUGA, subst. fém. (*tarugua*), t. d'hist. nat., espèce de vigogne du Pérou, dans le ventricule de laquelle se trouve, dit-on, le bézoard occidental.

TARVIS, subst. propre mas. (*tarvi*), bourg d'Illyrie, où les Français battirent les Autrichiens, en 1797.

TAS, subst. mas. (*tâ*) (suivant Nicot, du grec τασσειν, arranger, mettre en ordre; peut-être par antiphrase, à cause du défaut d'ordre et d'arrangement que fait supposer le mot *tas*), amas, monceau. — En parlant des personnes, multitude. Il ne se dit que par mépris : *un tas de coquins, de fainéants*, etc. — On dit aussi : *un tas de mensonges, un tas de friponneries*. — Petite enclume portative qui sert à beaucoup d'ouvriers.— En t. d'archit., il se dit du bâtiment même qu'on élève.—On dit : *retailler une pierre sur le tas, avant que de l'assurer à demeure*.— On appelle *tas de charge*, une saillie de pierres dans les lits qui, avançant les unes sur les autres, font l'effet d'une voûte. — En quantité. — Fam. : *se mettre tout en un tas*, se dit d'une personne qui se ramasse et se met tout en un peloton.— On dit prov. d'un homme qui se plaint de manquer d'une chose dont on sait qu'il a grande abondance : *il crie famine sur un tas de blé*. — **TAS, MONCEAU**. (*Syn.*) Il paraît que le mot *tas* marque toujours un amas fait exprès, afin que les choses, n'étant point écartées, occupent moins de place; et que celui de *monceau* ne désigne quelquefois qu'une portion, détachée par accident, d'une masse ou d'un amas. — On dit un *tas* de pierres, lorsqu'elles sont des matériaux préparés pour faire un bâtiment; et l'on dit un *monceau* de pierres, lorsqu'elles sont les restes d'un édifice renversé.

TASBH, subst. mas. (*tacebi*), t. de relat., nom qu'on donne, chez les Turcs, à une espèce de chapelet.

TASCHYSURE, sub. mas. (*tacechizure*) (du grec ταχυω, j'ensevelis, et ουρα, queue), t. d'hist. nat., genre de poissons abdominaux.

TASCODUNATES, subst. propre mas. plur. (*tacekodunate*), nom d'anciens peuples de la Gaule narbonnaise.

TASCONIE, subst. fém. (*tacekoni*), sorte de terre grasse, blanche, propre à faire des creusets.

TASMANIE, subst. fém. (*tacemani*), t. de bot., sorte d'arbre toujours vert, de la famille des magnoliers, à écorce odorante.

TASQUE, subst. mas. (*taceke*), t. de féod., en Provence, ancien droit de champart.

TASSE, subst. fém. (*tâce*) (de l'arabe *thas*, d'où vient également l'espagnol *taza*), sorte de vase dont on se sert pour boire. — Espèce de gobelet de faïence, de porcelaine, etc., dans lequel on prend du thé, du café, du chocolat, etc. —La liqueur contenue dans ce vase : *prendre une tasse de chocolat*. — Prov. et fam. : *boire à la grande tasse*, se noyer, ou risquer de se noyer.

TASSÉ, E, part. pass. de *tasser*, et adj., t. d'archit., se dit d'un édifice, d'un pont, etc., qui a pris sa charge ou son affaissement.

TASSEAU, subst. mas. (*tâço*), pièce de bois qui sert à soutenir une tablette. — Petit morceau de bois qui sert à soutenir les pannes d'un comble en charpente. — Outil de fer, fixé dans une enclume, dont on se servait autrefois pour façonner les morceaux de métal destinés à faire des pièces de monnaie.—Les tondeurs appellent *tasseau de manicle*, un outil qui leur sert pour faire aller les forces qu'ils emploient.—Forme sur laquelle les luthiers appliquent et collent les éclisses qui composent le corps d'un luth, d'un violon, etc. On l'appelle aussi *cœur du luth*.

TASSÉE, subst. fém. (*tâcé*), plein une *tasse*. Fam.

TASSEMENT, subst. mas. (*tâceman*), mouvement de ce qui *tasse*, action de *tasser*; ses effets.

TASSER, v. act. (*tâcé*), mettre des choses en *tas*, afin qu'elles occupent moins de place : *tasser du blé*.—T. de jard., s'élargir, croître, augmenter: *cette giroflée a bien tassé*.—T. d'archit., s'affaisser : *ce mur a beaucoup tassé*.—**se TASSER**, v. pron.

TASSETTE, subst. fém. (*tâcète*), les pièces d'une armure qui sont au bas et au défaut de la cuirasse.

TASSIOT, subst. mas. (*tâci-ô*), chez les vanniers, latte mise en croix pour commencer une pièce de vannerie.

TASSOLE, subst. fém. (*taçole*), t. de bot. genre de plantes monogynes.

TATABULA, subst. mas. (*tatabula*), t. d'hist. nat., sorte de poisson de la mer des Indes.

TATAC, subst. mas. (*tatak*), t. d'hist. nat., espèce d'oiseau de la Nouvelle-Espagne.

TATARES, subst. propre mas., mot que certains géographes emploient pour *Tartares*.

TATARIE, subst. propre fém. employé quelquefois pour *Tartarie*.

TATASSON, subst. mas. (*tataçon*), sorte de bière qu'on fabrique en Chine.

TATAUBA, subst. mas. (*tatôba*), t. de bot., arbre du Brésil, dont le bois est très-dur, et qui produit des fruits d'un goût exquis.

TATÉ, E, part. pass. de *tâter*.

TÂTEMENT, subst. mas. (*tâteman*), ction de *tâter*.

TÂTE-POULE, subst. mas. (*tâtepoule*), sobriquet qu'on donne à un idiot qui s'amuse aux petits soins du ménage. Il est fam. et même peu usité. — Au plur., des *tâte-poule*.

TÂTER, v. act. (*tâté*) (du latin *tactum*), supin de *tangere*, toucher, dont on a fait, dans la basse latinité, le fréquentatif *tacture*. *Ménage*.), toucher, manier doucement une chose ; *tâtez cette étoffe*. — Essayer, éprouver. En ce sens on dit fig. : *tâter l'ennemi*, *le courage de quelqu'un*; *je l'ai tâté sur cette affaire*.—*Tâter le pouls*, toucher l'artère pour connaître le mouvement du sang.— Fig. et fam. : *tâter le pouls à quelqu'un sur une affaire*, essayer de connaître ses dispositions, ses sentiments.—*Tâter le pavé*, appuyer faiblement en marchant.—Fig. et fam. : *tâter le pavé*, agir avec irrésolution, avec timidité dans une affaire. —*Votre cheval tâte le pavé*, a les pieds douloureux ; *il tâte le terrein*, il ne marche pas franchement. — Neut., goûter : *tâtez de ce vin-là*, *de ce pâté*. — On dit prov. : *il n'en tâtera que d'une dent*, pour dire qu'il n'en aura pas du tout. — Fig., essayer, chercher à connaître : *il veut tâter du métier de soldat*. — *se* TÂTER, v. pron., s'examiner, se sonder. — Se sonder mutuellement.

TÂTEUR, subst. et adj. mas.; **TÂTEUSE**, subst. fém. (*tâteur*, *teuze*), celui, celle qui *tâte*; qui est irrésolu.

TÂTEUSE, subst. et adj. fém. Voy. TÂTEUR.

TÂTE-VIN, subst. mas. (*tâtevein*), instrument pour tirer le *vin* par un bondon.—Au plur., des *tâte-vin*.

TATI ou **COUTURIER**, subst. mas. (*tati*, *kouturié*), t. d'hist. nat., petite fauvette de l'Inde.

TATIENS, subst. mas. plur. (*tacieïn*), t. d'antiq., nom donné par Romulus à ceux qui composaient une des trois tribus du peuple romain.

TATIGNON, subst. mas. (*tatignion*), petit meuble de brodeur pour recevoir la chandelle et les mouchettes.

TATIGUÉ, sorte d'interj. (*tatiguié*), jurement paysan.

TATILLON, subst. mas.; **TATILLONNE**, subst. fém. (*tâti-ion*, *ione*), celui, celle qui *tâtillonne*. Fam.— L'*Académie* fait du mot *tâtillon* un subst. des deux genres ; de sorte qu'on peut dire *une tâtillon*. Toutefois elle ajoute, en terminant son article, qu'on dit aussi au fém. *tâtillonne*.

TÂTILLONNAGE, subst. mas. (*tâti-ionaje*), action de *tatillonner*.

TÂTILLONNÉ, part. pass. de *tâtillonner*.

TÂTILLONNER, v. neut. (*tâti-ioné*) (rac. *tâter*), entrer mal à propos et inutilement dans toute sorte de petits détails. Fam.

TÂTONNÉ, E, part. pass. de *tâtonner*.

TÂTONNEMENT, subst. mas. (*tâtoneman*), action de *tâtonner*.—T. de physique et de mathématique. On appelle *méthode de tâtonnement*, celle par laquelle on cherche à résoudre une question en faisant l'essai de différents moyens, de diverses suppositions.

TÂTONNER, v. neut. (*tâtoné*), marcher dans l'obscurité en *tâtant*.—*Tâter* avec les pieds et les mains pour se conduire plus sûrement.—Fam., procéder avec timidité ou avec incertitude ; être irrésolu sur le parti que l'on doit prendre.— *se* TÂTONNER, v. pron.

TÂTONNEUR, subst. mas.; **TÂTONNEUSE**, subst. fém. (*tâtoneur*, *neuze*), celui, celle qui *tâtonne*.

TÂTONNEUSE, subst. fém. Voy. TÂTONNEUR.

À TÂTONS, loc. adv. (*a tâton*), en *tâtonnant* dans l'obscurité : *on ne voit goutte ici*, *il faut aller à tâtons*.—Fig., avec incertitude : *les philosophes païens cherchaient la vérité à tâtons*.— *Aller à tâtons dans une affaire*, y procéder sans règle sûre, sans principe certain.

TATOU, subst. mas. (*tatou*), t. d'hist. nat., genre de mammifères édentés dont le corps est revêtu d'une sorte de test osseux, divisé par bandes.

TATOUAGE, subst. mas. (*tatou-aje*), action de *tatouer*.

TATOUÉ, E, part. pass. de *tatouer*.

TATOUER, v. act. (*tatou-é*), t. de relat., tracer diverses figures sur le corps au moyen de piqûres profondes, sur lesquelles on passe ensuite une liqueur colorante. — *se* TATOUER, v. pron.

TATOUETTE ou **TATUETTE**, subst. fém. (*tatou-ète*, *tu-ète*), t. d'hist. nat., espèce de *tatou* à huit bandes. Voy. TATOU.

TATOULA, subst. mas. (*tatoula*), t. de bot., arbre de l'Inde, dont les semences, que l'on mange, portent à la gaieté.

TATTIE, subst. fém. (*tati*), t. de bot., genre de plantes de la polyandrie.

TAU, subst. mas. (*tô*), t. de blas., la figure d'un T.—Lettre de l'alphabet grec.—T. d'hist. nat., sorte de bombyx dont les ailes portent la figure d'un T.

TAUBOUR, subst. mas. (*tôbour*), ancien nom de la partie d'un aviron qui s'étend du support à la poignée.

TAUD, E, subst. (*tô*, *tôde*), t. de mar., espèce de tente de nuit, ou de banne employée sur les vaisseaux. Peu usité.

TAUDÉ, E, part. pass. de *tauder*.

TAUDER, v. act. (*tôdé*), couvrir d'une banne, d'une tente. — *se* TAUDER, v. pron. Presque inusité.

TAUDION ou **TAUDIS**, subst. mas. (*tôdion*, *di*) (du vieux mot français *se taudir*, qui signifiait *se couvrir*), lieu petit et malpropre. *Taudion* se dit souvent pour *taudis*, mais le premier est pop. On appelait proprement *taudis*, de petites huttes que faisaient les assiégeants pour *se couvrir et favoriser leurs approches*.— Fam., on dit d'un appartement, d'une chambre, où tout est mal en ordre : *c'est un taudis*.

TAUDIS, subst. mas. Voy. TAUDION.

TAUGOUR, subst. mas. (*tôguour*), petit levier pour tenir un essieu de charrette bandé sur les brancards.

TAULANTIENS, subst. propre mas. plur. (*tôlantiein*), peuples de l'ancienne Illyrie, dans la Macédoine.

TAULÉ, subst. propre mas. (*tôlé*), petite ville de France, chef-lieu de canton, arrond. de Morlaix, dép. du Finistère.

TAUMALIN, subst. mas. (*tômalein*), matière grasse qu'on trouve dans les crabes, et dont les habitants des Antilles font une sauce.

TAUPE, subst. fém. (*tôpe*) (du lat. *talpa*), t. d'hist. nat., petit quadrupède, qui a *le museau* pointu, les yeux fort petits, et qui fouille entre deux terres et y habite : *noir comme une taupe*.— Prov. : *ne voir pas plus clair qu'une taupe*, ne voir pas bien, d'après l'opinion populaire que la *taupe* n'a point d'yeux.— *C'est une vraie taupe*, c'est un méchant sournois.—*Aller comme un preneur de taupes*, doucement et sans faire de bruit. —*Il est allé au royaume des taupes*, il est mort. — T. de chim., tumeur qui se forme à la tête des hommes et de quelques animaux.

TAUPE-GRILLON, subst. mas. (*tôpegueri-ion*), t. d'hist. nat., sorte d'insectes qui habitent sous terre. — Genre d'insectes orthoptères.

TAUPEGYS, subst. mas. plur. (*tôpeji*), t. de relat., canonniers turcs.

TAUPIER, subst. mas. (*tôpié*), preneur de *taupes*. Peu usité.

TAUPIÈRE, subst. fém. (*tôpière*), piège pour prendre les *taupes*.

TAUPIN, subst. mas. (*tôpein*), t. d'hist. nat., insecte coléoptère ; escarbot-sauterelle. — Au plur., *francs-taupins*, anciennes milices françaises sous Charles VII. —Adj. mas., noirâtre, qui tient de la *taupe*.

TAUPINÉE ou **TAUPINIÈRE**, subst. fém. (*tôpiné*, *nière*), petit monceau de terre que la *taupe* élève en fouillant. — Trou de *taupe*. — Maison basse et sans apparence.

TAURAILLE, subst. fém. (*tôrâ-ie*), nom qu'on donne, en certains endroits, à de jeunes taureaux.

TAURE, subst. fém. (*tôre*) (du chaldéen *tor*, taureau), jeune vache qui n'a point encore porté. Vieux et même hors d'usage.

TAURÉADOR, subst. mas. (*tôré-ador*), dans les combats de *taureaux*, en Espagne, homme à pied, armé d'une épée qu'il porte à la main droite, et tenant de la gauche un lambeau d'étoffe écarlate.

TAUREAU, subst. mas. (*tôrô*) (en lat. *taurus*, pris du grec ταυρος), le mâle de la vache : *mener une vache au taureau*. C'est un mammifère ruminant. — On dit fam. : *c'est un taureau pour la force*, en parlant d'un homme de mœurs grossières, et qui a beaucoup de force. — *Fort comme un taureau*, très-fort. — On dit de même d'un homme qui a la voix forte : *il a une voix de taureau*, et d'un libertin extrêmement vigoureux : *c'est le taureau banal du canton*.— *Cou de taureau*, cou large et musculeux. — En astron., le second signe du zodiaque.

TAURELLIÈRE, subst. fém. (*taurèlière*), nom qu'on donne, en quelques endroits, à une vache sujette à avorter.

TAURÉEN, adj. mas. (*toré-ein*), myth., surnom de Neptune, auquel on sacrifiait *un taureau*.

TAURET, subst. mas. (*tôré*), t. d'hist. nat., espèce de hérisson qu'on trouve dans le Nord.

TAURICEPS, subst. propre mas. (*tôricèpce*), surnom donné à Neptune et à l'Océan.

TAURICIDÉ, E, part. pass. de *tauricider*.

TAURICIDER, v. act. et neut. (*tôricidé*), donner des combats de *taureaux*, tuer un *taureau*. — *se* TAURICIDER, v. pron. (*Boiste*.) Inusité.

TAURICORNE, adj. mas. (*tôrikorne*), myth., Voy. TAUROCÉPHALE.

TAURIENS, subst. propre mas. plur. (*tôri-ein*), anciens peuples de la Chersonèse taurique.

TAURIES, subst. fém. plur. (*tôri*), myth., fêtes en l'honneur de Neptune tauriceps.

TAURIFORME, subst. mas. et adj. des deux genres (*tôriforme*) (du lat. *taurus*, *tauri*, taureau, et *forma*, forme), myth., surnom de Bacchus.

TAURILIEN, adj. mas., au fém. **TAURILIENNE** (*tôrilieïn*, *liène*), t. d'antiq.; il se dit des jeux, des cérémonies et des sacrifices institués par Tarquin-le-Superbe, en l'honneur des dieux infernaux, auxquels on sacrifiait un *taureau*, dont on distribuait ensuite la chair au peuple.

TAURILIES, subst. fém. plur. (*tôrili*). Voyez TAURIES.

TAURIONE, subst. fém. (*tôri-one*), myth., surnom de Diane.

TAURIQUE, subst. et adj. mas. (*tôrike*), t. d'antiq., nom que l'on donnait aux sacrifices que l'on faisait en l'honneur de Diane qui était adorée sur le mont *Tauron*.

TAUROBOLE, subst. mas. (*tôrobole*) (du grec ταυρος, taureau, et βολη, coup), t. d'antiq., sacrifice expiatoire d'un *taureau* en l'honneur de Cybèle. — Autel sur lequel se faisaient ces sacrifices.

TAUROBOLIATE, subst. mas. (*tôroboli-ate*), myth., prêtre qui faisait les *taurobolies*.

TAUROBOLIE, subst. fém. (*tôroboli*), myth., surnom de Diane. — Au plur., fêtes en son honneur.

TAUROBOLISÉ, part. pass. de *taurobolisser*.

TAUROBOLISER, v. neut. (*tôrobolizé*), sacrifier un *taureau* aux dieux. Hors d'usage.

TAUROBOLITIEN, subst. et adj. mas. Voy. TAUROBOLIATE.

TAUROCATHAPSIES, subst. fém. plur. (*tôrokatapeci*) (du grec ταυρος, taureau, et καθαπτομαι, j'attaque), combats de *taureaux*.

TAUROCÉPHALE, subst. mas. (*tôrocéfale*) (du grec ταυρος, taureau, et κεφαλη, tête), myth., surnom de Bacchus, qu'on représentait avec des cornes de *taureau*.

TAUROCHOLIES, subst. fém. plur. (*tôrocholi*), t. d'antiq., combats de *taureaux*, qu'on immolait aux dieux après les avoir mis en fureur.

TAUROCOLLE, subst. fém. (*tôrokole*), *colle* faite avec les nerfs, la peau, les pieds du *taureau*. On dit aussi *xilocolle*.

TAUROMACHIE, subst. fém. (*tôromachi*), l'art, la science de combattre les *taureaux*.

TAUROMACHIQUE, adj. des deux genres (*tôromachike*), qui a rapport, qui appartient à la *tauromachie*.

TAUROMORPHE, subst. mas. (*tôromorfe*). Voy. TAURIFORME.

TAUROPHAGE, adj. des deux genres (*tôrofaje*) (du grec ταυρος, taureau, et φαγω, je mange), qui mange de la chair de *taureau*.— Myth., surnom de Bacchus.

TAUROPHANE, subst. mas. (*tôrofane*), qui a l'apparence d'un *taureau*.— Subst. propre mas., myth., surnom donné à Bacchus.

TAUROPOLION, subst. mas. (*tôropoli-on*), myth., temple consacré à Diane, dans l'île de Samos.

TAURUS, subst. propre mas. (*tôruce*), chaîne de montagnes de la Turquie d'Asie. — Myth. Crétois qui voyait secrètement Pasiphaé, femme de Minos, de laquelle il eut un fils. C'est ce qui a donné lieu à la fable du *Minotaure*.

TAUTOCHRONE, adj. des deux genres (*tôtokrone*) (du grec ταυτο, le même, et χρονος, temps), t. de mécan., qui se fait dans le même temps ou plutôt dans des temps égaux.

TAUTOCHRONISME, subst. mas. (*tôtokronicee-me*), t. de mécan., propriété par laquelle deux ou plusieurs effets sont produits en temps égaux. *le tautochronisme des vibrations d'un pendule*. — Propriété d'une courbe *tautochrone* : *tautochronisme de la cycloïde*.

TAUTOGRAMME, subst. mas. (*tôtoguerame*) (du grec ταυτο, le même, et γραμμα, lettre).

poème où l'on n'employait que des mots commençant par la même lettre.

TAUTOLOGIE, subst. fém. (*tôtoloji*) (du grec ταυτο, le même, et λογος, discours), répétition inutile d'une même idée.

TAUTOLOGIQUE, adj. des deux genres (*tôtolojike*), qui a rapport à la *tautologie*. — *Echo tautologique*, qui répète plusieurs fois le même son, la même syllabe ou les mêmes mots.

TAUTOMÉTRIE, subst. fém. (*tôtométri*) (du grec ταυτο, le même, et μετρον, mètre, mesure), en poésie, la répétition servile des mêmes mètres.

TAUTOMÉTRIQUE, adj. des deux genres (*tôtometrike*), qui a rapport à la *tautométrie*.

TAUX, subst. mas. (*tô*) (du lat. *taxare*, taxer), prix établi pour la vente des denrées et des marchandises.— Le denier auquel les intérêts de l'argent sont fixés par l'ordonnance.—La somme à laquelle un homme est *taxé* pour la taille. En ce sens on dit plus souvent et mieux *taxe*. — TAUX, TAXE, TAXATION. (*Syn.*) L'idée commune qui fonde la synonymie de ces trois mots, est celle de la détermination établie de quelque valeur pécuniaire. Le *taux* est cette valeur même ; la *taxe* est le règlement qui la détermine ; les *taxations* sont certains droits fixes attribués à quelques officiers qui ont le maniement des deniers publics.—On ne dit *taux* que quand il s'agit du denier auquel les intérêts de l'argent sont fixés par l'ordonnance, parce que la cupidité ne pense pas tant à l'autorité déterminante qu'à ses propres intérêts.—On dit aussi indifféremment *taux* ou *taxe*, en parlant du prix établi pour la vente des denrées, ou de la somme fixée que doit payer un contribuable ; mais ce n'est que dans le cas où il n'est pas plus nécessaire de faire attention à la valeur déterminée qu'à l'autorité déterminante : car un contribuable qui voudrait représenter qu'il ne peut payer ce qu'on exige de lui, faute de proportion avec ses facultés, devrait dire que son *taux* est trop haut ; et s'il voulait dire que les impositeurs ne l'ont pas traité dans la proportion des autres contribuables, il devrait dire que la *taxe* est trop forte. — On ne dit *taxe*, que s'il s'agit du règlement judiciaire pour fixer certains frais qui ont été faits à la poursuite d'un procès ou d'une imposition en deniers sur des personnes, en certains cas : c'est que l'on a alors plus d'égard à l'autorité de la justice qui constate le droit, ou à celle du prince, qui est plus marquée qu'à l'ordinaire.

TAUVES, subst. propre mas. (*tôve*), bourg de France, chef-lieu de canton, arrond. d'Issoire, dép. du Puy-de-Dôme.

TAVAIOLLE, subst. fém. (*tava-iole*) (de l'italien *tovaglia*, nappe, fait par corruption du latin *toral*, *toralis*, couverture que les Romains mettaient sur les lits qui leur servaient de siége pour manger ; rac., *torus*, lit de table. *Ménage*.), linge garni de dentelles et servant à porter des pains bénits ou à couvrir les enfants qu'on va présenter au baptême.

TAVALLE, subst. fém. (*tavale*), t. de bot., genre de plantes monadelphes.

TAVARAI, subst. mas. (*tavaré*), dans l'Inde, cosse dont les graines moulues servent à la confection des cuves d'indigo préparées pour la teinture.

TAVEL, subst. propre mas. (*tavèle*), village de France, dans le dép. du Gard, qui produit un vin excellent, qui gagne beaucoup en vieillissant. — Subst. mas., le vin même de *Tavel*.

TAVELÉ, E, part. pass. de *taveler*, et adj., qui a des taches sur la peau. — Marqueté de petits points. On appelle *chandelle tavelée*, celle qui est tachée parce que le suif était trop chaud.

TAVELER, v. act. (*tavelé*), moucheter, tacheter.—SE TAVELER, v. pron.

TAVELLE, subst. fém. (*tavèle*), sorte de passement fort étroit. —Petite tringle de bois très-plate, qui sert comme de battant pour frapper la trame dans le petit métier.

TAVELURE, subst. fém. (*tavelure*), bigarrure d'une peau.

TAVERNAGE, subst. mas. (*tavèrenaje*), amende de cabaret. Vieux et même hors d'usage.

TAVERNE, subst. fém. (*tavèrene*) (du latin *taberna*, cabaret), cabaret, lieu où l'on vend du vin en détail. Il ne se dit guère que par mépris. —En Angleterre, lieu où l'on donne à manger à prix d'argent.—TAVERNE, CABARET, GUINGUETTE. (*Syn.*) La *taverne* est un lieu où l'on donne à boire et à manger ; la *guinguette*, un lieu où le peuple va boire, manger et danser. *Taverne* présente une idée plus basse que *cabaret* ; *guinguette* emporte celle d'un rendez-vous de plaisir hors de la ville.

TAVERNES, subst. propre mas. (*tavèrene*), village de France, chef-lieu de canton, arrond. de Brignolles, dép. du Var.

TAVERNIER, subst. mas. ; **TAVERNIÈRE**, subst. fém. (*tavèrenié*, *nière*), celui, celle qui tient *taverne*.

TAVERNIÈRE, subst. fém. Voy. TAVERNIER.

TAVERNON, subst. mas. (*tavèrenon*), t. de bot., grand arbre des mornes de Saint-Domingue.

TAVON, subst. mas. (*tavon*), t. d'hist. nat., nom d'un oiseau des Philippines.

TAVOUA, subst. mas. (*tavou-a*), t. d'hist. nat., perroquet de la Guyane.

TAVOULON, subst. mas. (*tavoulon*), t. de bot., plante de Madagascar.

TAVOUTALA, subst. mas. (*tavoutala*), t. de bot., genre de plantes de la famille des orchidées.

TAXANTHÈME, subst. mas. (*takçantême*), t. de bot., plante exotique de la famille des plombaginées.

TAXATEUR, subst. mas. (*takçateur*), au palais, celui qui fait *la taxe* des frais et dépens. — Celui qui *taxe* les lettres et paquets à la poste.

TAXATION, subst. fém. (*takçâcion*), action de *taxer* ; ce qui est dû aux gens de finances, aux trésoriers et aux receveurs sur l'argent qu'ils reçoivent.—Il se dit quelquefois de l'opération de la *taxe*.

TAXE, subst. fém. (*takce*) (en latin *taxatio*), règlement fait par autorité publique, pour le prix des denrées. — Prix établi par ce règlement. — Imposition en deniers sur les personnes en certains cas. — *Taxe de dépens*, règlement fait par autorité de justice de certains frais qui ont été faits à la poursuite d'un procès. Voy. TAUX.

TAXÉ, E, part. pass. de *taxer*.

TAXER, v. act. (*takcé*) (en latin *taxare*, fait du grec ταξειν, fait de τασσειν, régler, fixer, déterminer), régler le prix des denrées.—Faire une imposition, ordinairement en deniers.—On disait, *taxer d'office*, pour dire, régler par autorité supérieure et extraordinaire la *taxe* qu'un taillable devait porter : *les collecteurs l'avaient imposé trop haut ; l'intendant diminua sa taxe, et le taxa d'office*.—Régler des frais de justice.—Accuser : *on le taxe d'avarice*.—*Je ne taxe personne*, je ne fais tomber sur personne nommément le soupçon, l'accusation dont il s'agit. — SE TAXER, v. pron., se cotiser, s'imposer soi-même.—S'accuser mutuellement.

TAXIARCHAT, subst. mas. (*takci-arka*), t. d'antiq., charge, fonctions du *taxiarque*.—Durée de cette charge.

TAXIARCHIE, subst. fém. (*takci-archi*), t. d'antiq., pouvoir, dignité du *taxiarque*.

TAXIARCHIQUE, adj. des deux genres (*takci-archike*), qui a rapport à la *taxiarchie*.

TAXIARQUE, subst. mas. (*takci-arke*) (du grec ταξις, cohorte, et αρχη, pouvoir), t. d'antiq., officier athénien qui commandait une division de l'infanterie grecque de 128 hommes.

TAXIDERMIE, subst. fém. (*takcidèremi*) (du grec ταξις, arrangement, disposition, dérivé de τασσειν, arranger, disposer, et de δερμα, peau), art de préparer et de monter les peaux des animaux, de manière à conserver leurs formes, leurs couleurs, etc.

TAXIDERMIQUE, adj. des deux genres (*takcidèremike*), qui appartient à la *taxidermie*.

TAXIDERMOLOGIE, subst. fém. (*takcidèremoloji*) (du grec ταξις, arrangement, et λογος, traité), discours, ouvrage sur la manière de préparer les peaux d'animaux.

TAXIDERMOLOGIQUE, adj. des deux genres (*takcidèremolojike*), qui a rapport à la *taxidermologie*.

TAXILACOU, subst. mas. (*takcilakou*), nom de pénitents indiens qui s'enferment et vivent dans des grottes fort petites.

TAXIS, subst. mas. (*takcice*) (mot purement grec qui signifie ordre, arrangement, dérivé de τασσω, j'arrange, je dispose, je place), t. de chir., réduction des parties molles du corps dans leur situation naturelle.

TAXODION, subst. mas. (*takçodion*), t. de bot., genre de plantes de la famille des cyprès.

TAXONOMIE, subst. fém. (*takçonomi*) (du grec ταξις, ordre, arrangement, et νομος, nom), t. de bot., ordre anatomique des plantes ; manière d'arranger, de classer par genres et familles les végétaux disséqués.

TAXONOMIQUE, adj. des deux genres (*takçonomike*), qui a rapport à la *taxonomie*.

TAYAYA, subst. mas. (*ta-ia-ia*), t. d'hist. nat., oiseau de la Guyane qui ressemble beaucoup à la cigogne.

TAYE, mieux **TAIE**, subst. fém. (*tè*), t. d'hist. nat., genre de poissons thoraciques.

TAYLORIE, subst. fém. (*tèlori*), t. de bot., sorte de plante de la famille des mousses.

TAYON, subst. mas. (*tè-ion*), t. de forêt, nom d'un baliveau qui a trois âges de coupe, c'est-à-dire soixante ans, si la coupe a lieu tous les vingt ans.

TAYOVE, subst. mas. (*ta-iove*), t. de bot., espèce de chou de Cayenne.

TAYRA, subst. mas. (*ta-ira*). Voy. TAÏRA.

TCHANGRA, subst. mas. (*techanguera*), t. d'hist. nat., animal qui fournit le poil dont on fait le tissu des cachemires.

TCHILOTOU, subst. mas. (*techilotou*), t. de bot., fleur de Madagascar, qui ressemble à la tulipe.

TCHIMONIA, subst. fém. (*techimoni-a*), t. de bot., espèce de plante.

TCHIR, subst. mas. (*techir*), t. d'hist. nat., espèce de saumon de Sibérie.

TCHIREC, subst. mas. (*techirèke*), t. d'hist. nat., petit oiseau de la famille des gobe-mouches.

TCHU-KI, subst. mas. (*techuki*), t. d'hist. nat., espèce de perdrix qu'on trouve en Chine, et qui a, dit-on, la propriété de préserver des fourmis.

TE, pron. de la seconde personne, employé pour : *toi*, *à toi*. Voy. TU.

TÉ, subst. mas. (*té*), t. de mineur, disposition de plusieurs fourneaux de mine, en forme de *T*, pour faire sauter une fortification.

TÉALIX, subst. mas. (*té-alikce*), caractères dont se servent les juges, les prêtres et les docteurs, en Arabie et en Turquie.

TEBBE, subst. mas. (*tèbe*), t. d'hist. nat., quadrupède de la Nigritie.

TÉBETH, subst. mas. (*tébète*), dixième mois de l'année sacrée des Hébreux, et le quatrième de l'année civile.

TEB..., subst. mas. (*tebé*), t. de relat., sorte de ...que les Turcs portent suspendue à la selle de leurs chevaux.

TECHICHI, subst. mas. (*techichi*), t. d'hist. nat., espèce de quadrupède de la Nouvelle-Espagne.

TECHICTLI, subst. mas. (*techiktli*), t. d'hist. nat., oiseau du Mexique.

TECHICOTOTLI, subst. mas. (*techikototli*), t. d'hist. nat., sorte de petit oiseau qui habite le Mexique et le Pérou.

TECHNIQUE, adj. des deux genres (*tèknike*) (du grec τεχνικος, qui appartient à un art quelconque, fait de τεχνη, art), il se dit des mots affectés aux arts : *mots, termes techniques*.—*Vers techniques*, faits pour soulager la mémoire, en y rappelant en peu de mots beaucoup de faits, de principes, etc.

TECHNOLITHE, subst. fém. (*tèknolite*) (du grec τεχνη, art, et λιθος, pierre), t. d'hist. nat., espèce de pierre qui représente des dessins d'objets particuliers aux arts.

TECHNOLOGIE, subst. fém. (*tèknoloji*) (du grec τεχνη, art, et λογος, discours), traité des arts en général.—Science des mots *techniques*, des mots qui appartiennent aux arts.

TECHNOLOGIQUE, adj. des deux genres (*tèknolojike*), qui appartient à la *technologie*.

TECHNOMORPHITE, subst. fém. (*tèknomorfite*), t. d'hist. nat., sorte de pierre qui a la forme de quelque objet d'art.

TECK, subst. mas. (*tèke*), espèce de chêne qui croît dans l'Inde, et qu'on emploie pour la marine.

TÉCOLITHE, subst. fém. (*tékolite*), t. d'hist. nat., pointe d'oursin fossile.

TÉCOLITHOS, subst. mas. (*tékolitôce*), t. d'hist. nat., pierre dont parle *Pline*, et à laquelle on attribuait la vertu de dissoudre les calculs vésicaux.

TÉCOLOTL, subst. mas. (*tékolotele*), t. d'hist. nat., espèce de hibou d'Amérique.

TÉCON, subst. mas. (*tékon*), t. d'hist. nat., petit saumon qu'on pêche dans la Vienne, en Limousin, et dans le Taurion.

TÉCOME, subst. mas. (*tékome*), t. de bot., genre de plantes établi aux dépens des bignonées.

TECT, subst. mas. (*tèkte*), t. de vénerie,

partie de l'os frontal sur laquelle porte le bois du cerf, du daim, etc.

TECTAIRE, subst. mas. (*tèktère*), t. d'hist. nat., genre de coquilles établi aux dépens des sabots de *Linnée*.

TECTIBRANCHE, subst. mas. et adj. des deux genres (*tèktibranche*) (du latin *tectum*, toit, et du grec βραγχια, branchie), t. de zool., qui a les branchies couvertes. — Famille de mollusques.

TECTIPENNE, subst. mas. et adj. des deux genres (*tèktipène*) (du latin *tectum*, toit, et *penna*, aile), t. d'hist. nat., nom d'une famille d'insectes névroptères, *dont les ailes sont couchées sur le dos en forme de toit*.

TECTOSAGES, subst. pr. plur. (*lèktôçage*), peuples qui faisaient partie des Volces, et habitaient dans la 1re Narbonaise.

TECTRICE, subst. fém. (*tèktrice*), plume qui couvre l'os de l'aile.

TECTUM-DE-SUIF, subst. mas. (*tèktomedeçuife*), t. de plombier, couche de *suif* sur l'étain qu'on veut fondre.

TE DEUM, subst. mas. (*tédé-ome*) (mots latins), hymne de louange qui commence par ces mots, et qu'on chante à l'église, tant à l'office que dans certaines solennités, pour remercier Dieu d'une victoire, etc. — Cérémonie qui l'accompagne. — Au plur., des *Te Deum*.

TÉDIEUSE, adj. fém. Voy. TÉDIEUX.

TÉDIEUX, adj. mas., au fém. **TÉDIEUSE** (*tédi-eu, di-euze*) (du latin *tædiosus*), fatigant, ennuyeux, importun. Vieux et inusité.

TÉDORO, subst. mas. (*tédorô*), t. de pêche, espèce de folle dont se servent les pêcheurs de l'embouchure de la Loire.

TÉEDIE, subst. fém. (*tédî*), t. de bot., genre de plantes qui contient la capraire luisante.

TÉEDONDA, subst. fém. (*tédonda*), t. de bot., espèce de bryone qui croît dans les Indes.

TÉESDALIE, subst. fém. (*té-ècedali*), t. de bot., genre de plantes qui contient l'ibéride à tiges nues.

TEF, ou **TEFF**, subst. mas. (*tèfe, té-èfe*), t. de bot., espèce de plantes du genre des paturins.

TEFTARDAR, subst. mas. (*tèfetardar*), t. de relat., trésorier des finances chez les Turcs.

TÉGÉEN, adj. mas. (*téjé-ein*), myth., surnom de Pan, pris du culte qu'on lui rendait à *Tégée*, ville ancienne.

TÉGÉENS, subst. propre mas. plur. (*téjé-ein*) habitants de *Tégée*, ville de l'ancienne Grèce.

TÉGUIXIN, subst. mas. (*téguikcein*), t. d'hist. nat., nom particulier d'une espèce de lézard.

TÉGULAIRE, subst. mas. (*tégulère*), t. de géodésie, sorte de calcaire compacte qu'on trouve dans certaines terres.

TÉGUMENT, subst. mas. (*téguman*) (du latin *tegumentum*, fait de *tegere*, couvrir), t. d'anat., ce qui sert à couvrir. — Enveloppe immédiate d'une graine.

DU VERBE IRRÉGULIER TEINDRE :

Teignaient, 3e pers. plur. imparf. indic.
Teignais, précédé de *je*, 1re pers. sing. imparf. indic.
Teignais, précédé de *tu*, 2e pers. sing imparf. indic.
Teignait, 3e pers. sing. imparf. indic.
Teignant, part. prés.

TEIGNASSE, subst. fém. (*tègniace*), mauvaise perruque. — Coiffe enduite d'onguent pour les teigneux. Pop. L'*Académie* renvoie à *tignasse*; mais ce dernier mot semble n'être que le terme trivial.

TEIGNE, subst fém. (*tègne*) (du latin *tinea*. On disait autrefois *tigne*, surtout dans la première acception), sorte de gale qui vient à la tête. — Gale qui vient à l'écorce des arbres — Prov. : *cela tient comme teigne*, on ne peut l'enlever aussi facilement qu'on voudrait. — Insecte qui ronge les étoffes, les livres, etc. C'est un lépidoptère, de la famille des séticornes. — En t. de vétér., pourriture qui vient à la fourchette du pied d'un cheval.

DU VERBE IRRÉGULIER TEINDRE :

Teigne, précédé de *que je*, 1re pers. sing. prés. subj.
Teigne, précédé de *qu'il* ou *qu'elle*, 3e pers. sing. prés. subj.
Teignent, précédé de *ils* ou *elles*, 3e pers. plur. prés. indic.
Teignent, précédé de *qu'ils* ou *qu'elles*, 3e pers. plur. prés. subj.

TEIGNER, v. act. (*tègnié*), se disait autrefois pour, *tenir à la main*.

Teignes, précédé de *que tu*, 2e pers. sing. prés. subj. du verbe TEINDRE.

TEIGNERIE, subst. fém. (*tègnieri*), hospice, hôpital ou partie d'un hôpital où on traite les *teigneux*.

TEIGNEUSE, subst. et adj. fém. Voyez TEIGNEUX.

TEIGNEUX, subst. et adj. mas., au fém. **TEIGNEUSE** (*tègnieu, gnieuze*), qui a la *teigne*. — On dit, d'une assemblée peu nombreuse : *il n'y a que trois teigneux et un pelé*. — T. d'imprim., on appelait *balles teigneuses*, des *balles* dont le cuir était gras, et sur lesquelles l'encre ne pouvait pas prendre.

DU VERBE IRRÉGULIER TEINDRE :

Teignez, 2e pers. plur. impér.
Teignez, précédé de *vous*, 2e pers. plur. prés. indic.
Teigniez, précédé de *vous*, 2e pers. plur. imparf. indic.
Teigniez, précédé de *que vous*, 2e pers. plur. prés. subj.
Teignîmes, 1re pers. plur. prét. déf.
Teignions, précédé de *nous*, 1re pers. plur. imparf. indic.
Teignions, précédé de *que nous*, 1re pers. plur. prés. subj.
Teignirent, 3e pers. plur. prét. déf.
Teignis, précédé de *je*, 1re pers. sing. prét. déf.
Teignis, précédé de *tu*, 2e pers. sing. prét. déf.
Teignisse, 1re pers. sing. imparf. subj.
Teignissent, 3e pers. plur. imparf. subj.
Teignisses, 2e pers. sing. imparf. subj.
Teignissiez, 2e pers. plur. imparf. subj.
Teignissions, 1re pers. plur. imparf. subj.
Teignit, précédé de *il* ou *elle*, 3e pers. sing. prét. déf.
Teignît, précédé de *qu'il* ou *qu'elle*, 3e pers. sing. imparf. subj.
Teignîtes, 2e pers. plur. prét. déf.
Teignons, 1re pers. plur. impér.
Teignons, précédé de *nous*, 1re pers. sing. prés. indic.

TEILLAGE, subst. mas. (*tè-iaje*), action de *teiller*, ses effets.

TEIL, subst. propre mas. (*tè-ie*), village de France, chef-lieu de canton, arrond. de Mortagne, dép. de l'Orne.

TEILLE, subst. fém. (*tè-ie*), écorce déliée d'un brin de chanvre ou de lin qu'on appelle aussi *tille*.

TEILLÉ, E, part. pass. de *teiller*.

TEILLER, v. act. (*tè-ié*) (du grec τιλλειν, arracher, séparer, détacher. Voy. TILLER, qui est plus usité, et plus conforme à l'étymologie.

TEILLEUR, subst. mas.; **TEILLEUSE**, subst. fém. (*tè-ieur, ieuze*), celui, celle qui *teille*.

TEILLEUSE, subst. fém. Voy. TEILLEUR.

TEINCHÉ, E, part. pass. de *teincher*.

TEINCHER, v. act. (*teinché*), toucher. — *se* TEINCHER, v. pron. (*Boiste*.) Vieux et même entièrement hors d'usage.

DU VERBE IRRÉGULIER TEINDRE :

Teindra, 3e pers. sing. fut. indic.
Teindrai, 1re pers. sing. fut. indic.
Teindraient, 3e pers. plur. prés. cond.
Teindrais, précédé de *je*, 1re pers. sing. prés. cond.
Teindrais, précédé de *tu*, 2e pers. sing. prés. cond.
Teindrait, 3e pers. sing. prés. cond.
Teindras, 2e pers. sing. fut. indic.

TEINDRE, v. act. (*teindre*) (en lat. *tingere*, dérivé du grec τεγγειν), faire prendre à une étoffe ou à quelque autre chose une couleur différente de celle qu'elle avait : *teindre du fil*, *de la laine*, *de la soie*, *de la toile*, etc., *en bleu*, *en rouge*, *en vert*. — On dit qu'*un drap est teint en laine*, pour dire que la laine a été teinte avant que l'on n'ait fait le drap. — Colorer, imprimer une couleur : *la rivière était teinte de sang*; *les mûres teignent les mains*, etc. — *se* TEINDRE, v. pron., prendre, recevoir une *teinture*.

DU VERBE IRRÉGULIER TEINDRE :

Teindrez, 2e pers. plur. fut. indic.
Teindriez, 2e pers. plur. prés. cond.
Teindrions, 1re pers. plur. prés. cond.
Teindrons, 1re pers. plur. fut. indic.
Teindront, 3e pers. plur. fut. indic.
Teins, 2e pers. sing. impér.
Teins, précédé de *je*, 1re pers. sing. prés. indic.
Teins, précédé de *tu*, 2e pers. sing. prés. indic.
Teint, précédé de *il* ou *elle*, 3e pers. sing. prés. indic.

TEINT, E, part. pass. de *teindre*, et adj. — On dit d'un homme accusé d'avoir commis ou ordonné des meurtres : *il est teint du sang des malheureux*; *ses mains sont teintes de sang*.

TEINT, subst. mas. (*tein*), manière de *teindre* les étoffes : *le grand teint* ou *le bon teint*, celui qui se fait avec certaines drogues chères qui donnent une couleur vive et solide : *le petit teint*, qui se fait avec des drogues de moindre prix et de moindre effet. — Coloris du visage : *teint brun*, *teint clair*, etc.

TEINTE, subst. fém. (*teinte*), degré de force que les peintres donnent aux couleurs. — Mélange de plusieurs couleurs, pour imiter un objet qu'on veut peindre : *ce portrait est d'une bonne teinte*; *ce tableau est faible de teinte*. — *Teinte plate*, *teinte* uniforme. — On appelle *demi-teinte*, une *teinte* extrêmement pâle et diminuée. — On dit fig., en parlant du discours et des ouvrages de l'art : *il y a dans tout ce qu'il dit une teinte d'amour-propre*, l'amour-propre s'y fait apercevoir; *il y a dans cet écrit*, *dans cette musique*, *une teinte de mélancolie douce*, etc.

TEINTÉ, E, part. pass. de *teinter* et adj. : *papier teinté*, sur lequel on a couché une couleur légère pour ôter sa trop grande blancheur, et pouvoir rehausser de blanc certaines parties d'un dessin.

TEINTER, v. act. (*teinté*) (rac. *teinte*), t. de peinture; colorier d'une manière plate, et plus ou moins foncée. — *se* TEINTER, v. pron.

TEINTURE, subst. fém. (*teinture*), liqueur préparée pour *teindre*. — Impression de couleur que cette liqueur laisse sur les étoffes, etc. — *Fausse teinture*, *teinture* pour laquelle on a employé des drogues défendues par les règlements. — En t. de chim., couleur d'un minéral ou d'un végétal tirée par le moyen d'une liqueur quelconque. — Fig., légère connaissance en quelque science ou en quelque art : *il a une teinture de philosophie*. — Impression que la bonne ou mauvaise éducation laisse dans l'âme : *il a été instruit par des gens de bien*, *il lui reste quelque teinture de vertu*.

TEINTURERIE, subst. fém. (*teinturerî*), art, métier ou atelier de *teinturier*.

TEINTURIEN, adj. mas., au fém. **TEINTURIENNE** (*teinturiein, riène*), t. de bot., qui peut servir à la *teinture*. Presque inusité.

TEINTURIENNE, adj. fém. Voy. TEINTURIEN.

TEINTURIER, subst. mas.; **TEINTURIÈRE**, subst. fém. (*teinturié, rière*), celui, celle qui exerce l'art de *teindre*. — Celui qui retouche ou refait les ouvrages d'un autre : *Voltaire a été réputé teinturier du roi de Prusse*. — Sorte de raisin rouge très-foncé, qu'on appelle aussi *noireau*, etc.

TEINTURIÈRE, subst. fém. Voy. TEINTURIER.

TEÏRA, subst. mas. (*té-ira*), t. d'hist. nat., espèce de poisson du genre des chétodons.

TÉITÉ, subst. mas. (*té-ité*), t. d'hist. nat., espèce de tangara du Brésil.

TÈKE, subst. mas. (*tèke*), t. de relat., couvent de derviches chez les Turcs.

TEKEL, subst. mas. (*tekièle*), t. de relat., bande d'étoffe qui fait partie du vêtement des Brésiliens.

TEL, adj. mas., au fém. **TELLE** (*tèle*) (en lat. *talis*), pareil, semblable : *vit-on jamais rien de tel ? il n'y a pas dans ce pays de telles coutumes*. — Lorsque *tel* sert à marquer le rapport, la ressemblance de deux choses que l'on compare ensemble, il se construit avec *que* : *il est tel que son père*; *cette étoffe est telle que vous la désirez*. — Il se construit de même avec *que*, dans plusieurs autres phrases où il tient lieu d'un adjectif qui serait joint à la particule : *si sa mémoire est telle qu'il n'oublie rien*; *il fait un tel bruit que l'on ne peut rien entendre*. — *Tel est mon malheur que*, etc., je suis si malheureux que, etc. — Prov. : *tel maître*, *tel valet*, ordinairement les valets suivent l'exemple de leur maître. — *Telle vie*, *telle fin*, on meurt comme on a vécu. — *Il est tel qu'un lion*, il est comme un lion. — *Tel*, marque spécification : *je mettrai dans ce contrat telles et telles conditions*; *je parie que c'est un tel*. — *Tel* signifie aussi quelqu'un indéterminément : *tel fait des libéralités qui ne paie pas ses dettes*. — En poésie, *tel* indique une comparaison, et s'emploie pour *ainsi* :

Tel Hercule filant rompait tous ses fuseaux;

pour : *ainsi Hercule*, etc. — *Tel*, s'emploie par rapport à ce qu'on a déjà dit : *tel fut son discours*. — *Tel que*, de peu de valeur, de peu de considération : *voilà des gens tels que*, *une chambre telle quelle*. Style fam. — Quelques-uns disent : *tel qu'il soit*, *telle qu'elle soit*, pour : *quel qu'il soit*, *quelle qu'elle soit*; c'est une expression vicieuse. — *Tel que*, sans changement, de la même valeur : *je vous rends votre somme d'argent telle que*... — *De telle sorte*; en *telle sorte que*..., loc. conj., à un tel point que...— TEL, PAREIL, SEMBLABLE. (*Syn.*) *Tel* marque la qualité, la forme, le caractère propre des choses, la rigoureuse exactitude, la parfaite conformité, la comparaison absolue, et jusqu'à l'identité. *Pareil* désigne des choses qui, sans être rigoureusement égales entre elles et les mêmes, ont néanmoins de si grands rapports, qu'elles peuvent être mises en parallèle, être comparées, être regardées comme ne différant guère l'une de l'autre, comme ne paraissant pas le céder l'une à l'autre, comme pouvant se servir réciproquement d'équivalent ou de pendant. *Semblable* n'indique pas une égalité ou une conformité parfaite. Les choses qui ne sont que *semblables* ne soutiennent pas l'examen et le parallèle que les choses *pareilles* comportent, et elles sont loin d'être *telles* ou les mêmes quant à leur nature, à leur caractère, à leur forme et à leurs qualités distinctives. — *Semblable* dit moins que *pareil*, et *pareil* moins que *tel*.—Un objet *tel* qu'un autre ne diffère pas de celui-ci. Un objet *pareil* à un autre ne le cède point à celui-ci. Un objet *semblable* à un autre s'assortit avec celui-ci. *Tel* sert proprement à fixer l'idée de la chose par la comparaison exacte avec un objet connu. *Pareil* sert à estimer dans la balance le prix de la chose, par sa comparaison juste avec un objet apprécié. *Semblable* sert à donner une sorte de représentation de la chose, par comparaison sensible avec un objet familier. — *Tel* est un mot énergique, fort propre à animer les tableaux de la poésie et les mouvements de l'éloquence. *Pareil* est un mot précis, employé dans tous les genres de style pour déterminer la mesure des choses. *Semblable* est un mot vague, suffisant toujours pour donner une idée de la multiplicité des rapports apparents.

TÉLA, subst. mas. (*téla*), médaille d'or du poids d'un ducat d'Allemagne, qu'on frappe, en Perse, au commencement de chaque année et à l'avènement du souverain au trône.

TÉLAMON ou **TÉLAMÔNE**, subst. mas. (*télamon, mône*) (du grec τλαω, je supporte), t. d'archit., nom donné à ces figures d'hommes qui semblent soutenir des corniches. Voy. CARIATIDE. —T. d'antiq., courroie avec laquelle les Grecs des temps héroïques suspendaient les boucliers à leur cou.—Subst. propre mas., myth., fils d'Éaque, et roi de Salamine. Il épousa Péribée, dont il eut le fameux Ajax. Il monta le premier à l'assaut, lorsque Hercule prit la ville de Troie sous le règne de Laomédon, et il eut Hésione pour sa récompense. Il fut aussi du nombre des Argonautes.

TÉLAMONIDES, ou **TÉLAMONIADES**, subst. propre mas. plur. (*télamonide, ni-ade*), myth., les descendants de *Télamon*.

TÉLANGIECTASIE, subst. fém. (*télanji-èktazi*) (du grec τηλε, loin, αγγειον, vaisseau, et εκτασις, extension), t. de médec., dilatation des vaisseaux qui sont éloignés du cœur.

TÉLANGITE, subst. fém. (*télanjite*), t. de médec., inflammation des vaisseaux sanguins qui sont loin du cœur.

TELCHINES, subst. m. pl. (*tèlechine*), nom des fils du Soleil et de Minerve, qui s'établirent dans l'île de Rhodes, et inventèrent l'art de travailler les métaux.

TELCHINIE, subst. propre fém. (*tèlechini*), myth., surnom de Junon et de Minerve.

TELCHINIEN, adj. mas. (*tèlechiniein*), myth., surnom d'Apollon parmi les anciens Rhodiens.

TÉLÉARCHIE, subst. fém. (*télé-archi*), t. d'antiq., fonctions, charge, emploi du *téléarque*.

TÉLÉARCHIQUE, adj. des deux genres (*télé-archike*), qui a rapport à la *téléarchie*.

TÉLÉARQUE, subst. mas. (*télé-arke*) (du grec τελος, fonction publique), t. d'antiq., officier de police, à Thèbes.

TÉLÉBOÏTE, subst. fém. (*télébo-ite*), t. d'hist. nat., genre de coquilles de la classe des univalves.

TÉLÉGONE, subst. propre mas. (*téléguone*), myth., fils d'Ulysse et de Circé, qui resta avec sa mère quand Ulysse sortit de l'île de cette enchanteresse. L'oracle avait prononcé qu'Ulysse périrait de la main de son fils; ce qui le détermina, lorsqu'il fut arrivé dans son île, à se démettre de sa couronne en faveur de Télémaque : puis il s'exila sans rien dire, et alla dans un désert en sorte qu'on crut qu'il était mort. *Télégone*, étant devenu grand, obtint de Circé la permission d'aller voir son père; et, lorsqu'il débarquait, Ulysse ramassa dans la campagne quelques gens, à la tête desquels il se mit, pour s'opposer à la descente de celui qu'il croyait être un ennemi qui venait surprendre l'île d'Ithaque. On en vint aux mains, et Ulysse fut tué par *Télégone*, lequel, ayant connu son crime, quitta l'île d'Ithaque, et vint en Italie, où il bâtit la ville de *Tusculum*.— Il y eut un géant de ce nom, grand ami de Tmolus. Ce fut aussi le nom d'une fille de Pharis, qui épousa Alphée.

TÉLÉGRAPHE, subst. mas. (*téléguerafe*) (du grec τηλε, de loin, et γραφω, j'écris), instrument au moyen duquel on transmet à de très-grandes distances un ordre, un avis, une nouvelle, etc. C'est un long châssis tournant sur un axe et fixé au haut d'un mât. Deux ailes mouvantes de la longueur de la moitié du châssis sont placées à ses deux extrémités; leurs différentes positions, lorsque le *télégraphe* est en mouvement, servent à indiquer les avis, etc., qu'on veut transmettre. Cette invention, renouvelée en 1793 par MM. *Chappe*, n'est point entièrement récente. Il paraît, d'après *Polybe*, qu'elle existait, à diverses modifications près, il y a environ deux mille ans. En Angleterre, le fils de l'évêque de Bath, en 1557, et l'évêque de Chester, en 1641, l'avaient également retrouvée, du moins à quelques égards; et en France, avant MM. *Chappe*, *Dupuis*, auteur de l'*Origine des Cultes*. — *Télégraphe militaire*, appareil portatif, au moyen duquel le général en chef d'une armée peut transmettre ses ordres avec la plus grande promptitude : il sert aussi à prolonger les *lignes télégraphiques* à demeure, lorsqu'un corps d'armée entre en pays ennemi. — *Télégraphe de nuit*, châssis supportant plusieurs lampes entourées d'un cylindre en fer-blanc poli, lesquelles forment plusieurs séries de figures lumineuses auxquelles on donne un sens littéral.

TÉLÉGRAPHIE, subst. fém. (*téléguerafi*), art de correspondre très-promptement et à de grandes distances. Voy. TÉLÉGRAPHE. — Traité, ouvrage sur cet art. — Lieu, endroit, montagne où le *télégraphe* est placé. — Maison, résidence de celui qui le fait mouvoir. Ce mot manque dans l'*Académie*.

TÉLÉGRAPHIQUE, adj. des deux genres (*téléguerafike*), qui appartient à la *télégraphie*. — Qui est transmis par le *télégraphe* : *dépêche télégraphique*.

TÉLÉGRAPHIQUEMENT, adv. (*téléguerafikeman*), par le moyen du *télégraphe*.

TÉLÉIE ou **TÉLÉIENNE**, adj. fém. (*télé-i, iène*) (du grec τελειος, parfait), myth., surnom de Junon, en Béotie.

TÉLÉIEN ou **TÉLÉEN**, adj. mas. (*télé-iein, télé-ein*) (même étym. que celle du mot précéd.), myth., surnom de Jupiter, dans les cérémonies du mariage.

TÉLÉIANTHE, adj. des deux genr. (*télé-iante*) (du grec τελειος, accompli, complet, et de ανθος, fleur), t. de bot., se dit de plantes dont les fleurs sont pourvues à la fois d'étamines et de pistil.

TÉLÉMAQUE. subst. propre mas. (*télémake*), myth., fils unique d'Ulysse et de Pénélope. Il n'était encore qu'au berceau lorsque son père partit pour le siège de Troie. Parvenu à l'âge de quinze ans, il alla courir les mers, accompagné de Minerve, sous la figure de Mentor, son gouverneur, pour chercher son père. Pendant ce voyage, il courut plusieurs dangers, et retrouva enfin Ulysse à son retour dans l'île d'Ithaque. Quelque temps après que son père se fut démis de la couronne, il alla voir Circé, à qui il s'était attaché pendant son voyage, et l'épousa, dit-on, mal à propos, dans le temps que Télégone épousait Pénélope et qu'il venait de tuer son père. Voy. TÉLÉGONE.

TÉLÈME, subst. propre mas. (*télème*), myth., fils d'Eurymus, avait prédit à Polyphème qu'Ulysse lui crèverait l'œil unique qu'il avait au milieu du front.

TÉLÉMÈTRE, subst. mas. (*télémètre*) (du grec τηλε, loin, et μετρον, mesure), machine propre à mesurer la distance.

TÉLÉMÉTRIQUE, adj. des deux genres (*télémétrike*), qui a rapport, qui appartient au *télémètre*.

TÉLÉOBRANCHE, subst. mas. et adj. des deux genres (*télé-obranche*) (du grec τελεος, entier, parfait, et βραγχια, branchies, ouïes de poissons), t. d'hist. nat., ordre de poissons cartilagineux, qui ont des branchies recouvertes par un opercule et une membrane.

TÉLÉOLOGIE, subst. fém. (*télé-oloji*) (du grec τηλε, loin, et λογος, discours), entretien, manière, art, action de converser à de grandes distances.

TÉLÉOLOGIQUE, adj. des deux genres (*télé-olojike*), qui a rapport à la *téléologie*.

TÉLÉOLOGUE, subst. mas. (*télé-ologue*) (du grec τηλε, loin, et λογος, discours), instrument acoustique pour converser à de grandes distances. L'auteur, qui le nommait *cylindre parlant* ou plutôt *tour parlante*, proposait (nivose an III ou janvier 1795) de faire participer par son moyen, dans les fêtes républicaines, les trois cent mille personnes qui bordaient le Champ-de-Mars, au discours prononcé par le président du directoire. Il paraît que c'était une espèce de *télégraphe*; l'auteur appelait son opération, *dévider son discours autour d'un cylindre*.

TÉLÉOPODE, subst. mas. et adj. des deux genres (*télé-opode*), t. d'hist. nat., tribu d'oiseaux dont les pieds sont propres à la nage.

TÉLÉPHASSA, subst. propre fém. (*téléfaceça*), myth., femme d'Agénor et mère d'Europe et de Cadmus.

TÉLÈPHE, subst. propre mas. (*télèfe*), myth., fils d'Hercule et d'Augé. Ayant été abandonné par sa mère, il fut trouvé sous une biche qui l'allaitait. Teuthras, roi des Mysiens, l'adopta pour son fils; et lorsqu'il fut en âge de porter les armes, il entreprit de l'opposer aux Grecs qui allaient à Troie : mais Achille le blessa, et *Télèphe* ne put être guéri qu'après avoir fait alliance avec ce prince, et avoir mis sur la plaie un onguent fait de la rouille de la lance dont il avait été blessé. — T. de bot., genre de plantes trigynes.

TÉLÉPHIEN, adj. mas. (*téléfiein*) (de *Télèphe*, blessé par Achille. Voy. le mot précédent), t. de médec., qui se disait autrefois d'un ulcère malin, très-difficile à guérir.

TÉLÉPHIOÏDE, subst. fém. (*téléfi-o-ide*), t. de bot., plante portulacée.

TÉLÉPHORE, subst. mas. (*téléfore*) (du grec τηλε, loin, et φερω, je porte), t. d'hist. nat., genre d'insectes coléoptères, dont quelquefois les larves, *apportées de loin* par un ouragan, tombent de l'air avec la neige.

TÉLESCOPE, subst. mas. (*télècekope*) (du grec τηλε, loin, et σκοπεω, je regarde), en général, tout instrument d'optique et d'astronomie, qui sert à observer les objets éloignés, soit sur la terre, soit dans le ciel.— Plus particulièrement, les *télescopes* à réflexion. — On nomme *lunette d'approche*, ou simplement *lunette*, tout *télescope* à tuyau, qui n'est composé que de verres, l'objectif et l'oculaire, ou les oculaires. — On appelle *télescope de Galilée*, un *télescope* composé de deux verres, dont l'un, qui est convexe, sert d'objectif, et l'autre, qui est concave, sert d'oculaire, logés aux deux extrémités d'un tuyau, et éloignés l'un de l'autre d'une distance telle, que le foyer réel de l'objectif corresponde avec le foyer virtuel de l'oculaire; *télescope astronomique*, un *télescope* composé de deux verres convexes ou plan-convexes, dont l'un sert d'objectif et l'autre d'oculaire, logés aux deux extrémités d'un tuyau, et éloignés l'un de l'autre d'une distance qui égale la somme des distances des foyers de l'objectif et de l'oculaire pris ensemble; *télescope aérien*, une espèce de *télescope* astronomique dont le verre objectif et le verre oculaire ne sont pas placés dans le même tuyau, par la raison que le foyer de l'objectif étant très-distant du verre, cela exigerait un tuyau très-long, et par conséquent très-embarrassant et très-difficile à manier; *télescope terrestre*, un *télescope* composé de quatre verres convexes ou plan-convexes, dont l'un sert d'objectif, et les trois autres d'oculaires : c'est proprement le *télescope astronomique*, auquel on a ajouté deux oculaires, afin de redresser l'image : c'est le même instrument que la lunette d'approche à quatre verres; *télescope catoptrique* ou *catadioptrique*, ou *de réflexion*, un *télescope* composé de deux miroirs souvent combinés avec des verres; *télescope grégorien*, un *télescope* catadioptrique ou de réflexion, composé de deux miroirs concaves, et d'un ou deux verres oculaires convexes ou plan-convexes; *télescope de Cassegrain*, un *télescope* catadioptrique, composé d'un miroir concave, d'un miroir convexe, et d'un ou deux verres oculaires convexes ou plan-convexes; *télescope newtonien*, un *télescope catadioptrique*, composé d'un miroir concave, d'un miroir plan, et d'un verre oculaire convexe. — En astron., constellation méridionale introduite par *La Caille*, entre le scorpion et le sagittaire.—

T. d'hist. nat., nom d'un poisson. — Genre de coquille.

TÉLESCOPIQUE, adj. des deux genres (*télècekopike*), t. d'astron. : *étoile télescopique*, invisible à la vue simple, et qu'on ne peut découvrir qu'à l'aide d'une *lunette* ou d'un *télescope*.

TÉLÉSIE, subst. fém. (*télézi*) (du grec τελεω, j'achève, je perfectionne, rac. τελος, fin), nom donné par M. *Haüy* au saphir, et qui signifie *corps parfait*. — On appelle *télésie limpide*, le saphir blanc des lapidaires, ou leuco-saphir; *télésie rouge*, le rubis d'Orient des lapidaires; *télésie rouge-aurore*, la vernaille orientale de Buffon; *télésie jaune*, la topaze orientale des lapidaires; *télésie bleue*, le saphir oriental, ou saphir femelle; *télésie indigo*, le saphir mâle; *télésie verte*, l'émeraude orientale; *télésie violette*, l'améthiste orientale; *télésie bleue chatoyante*, le saphir œil de chat.

TÉLÉSIEN, subst. mas. (*télézieïn*), nom des anciens habitants de la ville de *Télèse*.

TÉLÉSIN, subst. mas. (*télézein*), t. d'antiq., espèce de talisman fort en usage chez les Perses.

TÉLESTÉRIEN, adj. mas. (*télècetérieïn*), t. d'antiq., qui s'est dit d'un air composé de notes longues et égales, dont on se servait dans les initiations.

TÉLESTO, subst. mas. (*télècetô*), t. de bot., genre de polypiers coralligènes. — Subst. propre fém., myth., nymphe, fille de l'Océan et de Téthys.

TÉLÈTE, subst. mas. (*télète*) (du grec τελετη, initiation), nom de jeunes Grecs qui étaient initiés aux mystères secrets.

TÉLÉTIQUE, adj. des deux genres (*télétike*) (du grec τελετη, initiation), *auteur télétique*, auteur de poésies sur les mystères.

TÉLIAMBE, subst. et adj. mas. (*téli-anbe*), vers qui finit par un *iambe*.

TÉLICASDITE, subst. fém. (*télikacedite*), t. d'hist. nat., sorte de pierre précieuse sur laquelle on voit un dard empreint.

TÉLIFÈRE, adj. des deux genres (*télifère*) (du latin *telum*, trait, et *fero*, je porte), qui porte des dards, des traits.— Myth., surnom de Cupidon.

TÉLIFORME, subst. fém. (*téliforme*) (du latin *telum*, *teli*, trait, et *forma*, forme), t. de bot., espèce de plante. — Adj. des deux genres, qui a la forme d'un trait : *des feuilles téliformes*.

TÉLIN, subst. mas. (*télein*), t. de bot., sorte d'aromate ou de parfum délicieux qui vient d'Orient.

TÉLIPOGON, subst. mas. (*télipoguon*), t. de bot., genre de plantes orchidées.

TÉLIRRHYZE, subst. fém. (*télirize*), t. d'hist. nat., pierre précieuse d'une couleur bleuâtre.

TÉLIS, subst. mas. (*télice*), t. de bot., sorte de plante des anciens, qu'on croit être le fenugrec.

TELLE, adj. fém. Voy. TEL.

TELLEMENT, adv. (*téleman*), de *telle* sorte; si fort.—*Tellement quellement*, loc. adv., d'une manière *telle quelle*; expression plus que surannée, et qui n'est en usage que parmi le bas peuple des campagnes.

TELLENON OU TONNELLON, subst. m. Ces deux mots ont été quelquefois employés au lieu de TOLLENON, qui est la seule et véritable orthographe.

TELLETTE, subst. fém. (*télelète*), t. de papet., toile de crin qui remplit le châssis appelé *kas*.

TELLIÈRE, subst. et adj. fém. (*télière*), papier à placets : *du papier tellière*, du papier dit *tellière*.

TELLINDE, subst. fém. (*téleleinde*), t. d'hist. nat., genre de coquilles bivalves.

TELLINE, subst. fém. (*téleline*) (du grec τελλινη, dérivé de τελλειν, croître), t. d'hist. nat., genre de mollusques, de la famille des acéphales.

TELLINIER, subst. mas. (*télelinié*), t. d'hist. nat., animal des *tellines*.

TELLINITHE, subst. fém. (*télelinite*), t. d'hist. nat., *telline* fossile.

TELLIRÉSIS, subst. mas. (*télelirézice*), t. de bot., arbre de l'Inde, dont l'écorce a les mêmes vertus que le quinquina contre les fièvres.

TELLUMON, subst. propre mas. (*télelumon*), myth., surnom de Pluton.

TELLURATE, subst. mas. (*télelurate*), t. de chim., combinaison de l'acide *tellurique* avec une base salifiable.

TELLURE, subst. mas. (*télelure*) (du lat. *tellus*, gén. *telluris*, terre), t. d'hist. nat., substance métallique, découverte en 1782 dans les mines d'or de Transylvanie : *le tellure a été découvert à la fin du dernier siècle*.

TELLURÉ, E, adj. (*téleluré*), qui contient du *tellure*.

TELLURIDE, subst. mas. (*téleluride*), t. de chim., combinaison du *tellure* avec des corps moins électro-négatifs que lui.

TELLURIEN, adj. mas., au fém. **TELLURIENNE** (*télelurieïn, riène*), qui procède de la terre.

TELLURIQUE, adj. des deux genres (*télelurike*), t. de chim., se dit de l'oxyde de *tellure*, qu'on appelle *acide tellurique*.—Syn. de *telluré*.

TELLURISEL, subst. mas. (*télelurizèle*), t. de chim., sel dont la base est combinée avec le *telluride*.

TELLURURE, subst. mas. (*télelurure*), t. de chim., combinaison du *tellure* avec les métaux électro-positifs.

TELLURUS, subst. propre mas. (*téleluruce*), myth., dieu de la terre.

TELLUS, subst. propre fém. (*téleluce*) (du lat. *tellus*, terre), myth., déesse de la terre, sœur et femme de Cœlus. On la représentait sous la figure d'une femme toute couverte de mamelles, et ne faisant avec Cybèle, sa fille, qu'une même divinité.

TÉLOIR, subst. mas. (*téloar*), t. d'épinglier, machine dont on se sert pour frapper la tête des épingles.

TÉLON, subst. mas. (*télon*), sorte d'étoffe grossière; espèce de tiretaine.

TÉLOPÉE, subst. fém. (*télopé*), t. de bot., genre de plantes monogynes.

TÉMASCALE, subst. fem. (*témacekale*), nom d'un petit four dans lequel on fait sécher la cochenille. Mot presque aussi inconnu qu'extraordinaire; il est de l'invention de *Raymond*.

TEMBOUL, subst. mas. Inusité. Voy. BÉTEL.

TELMESSUS, subst. propre mas. (*télemèceçuce*), myth., fils d'Apollon, fonda l'antique ville de *Telmesse*, dont les habitants ont été célèbres par leur habileté dans l'art des augures.

TELPHUSSE, subst. propre fém. (*téléfuce*), myth., nymphe, fille de Ladon, donna son nom à une fontaine dont l'eau était si froide, que Tirésias mourut après en avoir bu.

TÉMÉNITES, subst. propre mas. (*téménitèce*), surnom d'Apollon. Voy. TÉMÉNOS.

TÉMÉNI, subst. fém. (*téméni*), t. de relat., espèce de monnaie qui a cours en Barbarie.

TÉMÉNOS, subst. propre mas. (*téménoce*), nom d'un lieu où Apollon avait un temple, près de Syracuse.

TÉMÉRAIRE, subst. et adj. des deux genres (*témérère*) (en latin *temerarius*), hardi avec imprudence : *entreprise téméraire*. Il se dit des choses et des personnes. — En parlant de ces dernières, il s'emploie aussi substantivement : *il agit comme un téméraire; le téméraire se jette dans le péril sans le connaître*.—En parlant des choses, qui annonce de la *témérité*; *c'est une entreprise téméraire; vous allez faire un voyage bien téméraire*.—En matière de morale et de théologie, on appelle *proposition téméraire* une proposition trop hardie, de laquelle on pourrait tirer des inductions contraires à la saine doctrine.—*Faire un jugement téméraire*, juger mal de quelqu'un sans être fondé sur de bonnes preuves.

TÉMÉRAIREMENT, adv. (*témérèreman*), inconsidérément, sans beaucoup de réflexion, d'une manière *téméraire*. — Il signifie quelquefois : contre droit et raison. Ainsi les arrêts qui condamnent à une réparation, à une amende honorable, portent quelquefois ces mots : *pour avoir méchamment et témérairement avancé, dit*, etc.

TÉMÉRITÉ, subst. fém. (*témérité*) (en latin *temeritas*), hardiesse imprudente et inconsidérée. —Action irréfléchie de celui qui se précipite dans le danger, parce qu'il ne le voit pas ou parce qu'il le craint. — Joint à une épithète *noble*, il se prend quelquefois pour : courage : *une noble témérité*.

TÉMÉSIENS, subst. propre mas. plur. (*témézieïn*), anciens habitants de la ville de *Témèse*.

TÉMIN, subst. mas. (*témein*), nom qu'on donne dans le Levant à une ancienne monnaie de France appelée *louis de cinq sous*. — Douzième partie de la piastre de Smyrne.

TÉMINE, subst. fém. (*témine*), monnaie de la Barbarie et de l'Afrique.

TEMNODON, subst. mas. (*témenodon*), t. d'hist. nat., genre de poissons des Indes, voisin de celui des chevaliers.

TÉMO, subst. mas. (*témô*), t. de bot., arbre toujours vert du Chili.

TÉMOIGNAGE, subst. mas. (*témoègniaje*) (en latin *testimonium*), rapport d'un ou de plusieurs *témoins* sur un fait, soit de vive voix, soit par écrit : *recevoir le témoignage de quelqu'un, donner son témoignage par écrit*. — Action de *témoigner* : *il a rendu témoignage à la vérité*. — Preuve ou marque : *témoignage d'amitié*, etc. — Rapport sur le mérite ou le démérite de quelqu'un : *on a rendu au ministre de bons témoignages de votre capacité, de votre conduite; je ne puis rendre un bon témoignage de vous*. —*Le témoignage de la conscience*, le sentiment et la connaissance qu'on a en soi-même de la vérité ou de la fausseté d'une chose, de la bonté ou de la méchanceté d'une action. — *Le témoignage des sens*, ce que les sens nous font connaître. — On dit aussi *le témoignage de soi-même*. — *Ne s'en rapporter qu'au témoignage de ses yeux*, n'ajouter foi qu'aux circonstances dont on a été le témoin.

TÉMOIGNÉ, E, part. pass. de *témoigner*.

TÉMOIGNER, v. act. (*témoègnié*), porter *témoignage*, servir de *témoin*. En ce sens, il ne s'emploie guère qu'absolument : *témoigner en justice contre quelqu'un*.—Marquer, faire connaître : *témoigner du chagrin, de la joie, de l'amitié, du mépris*, et neutral. : *il lui témoigne que...*—SE TÉMOIGNER, v. pron.

TÉMOIN, subst. mas. (*témoein*) (du latin *testimonium*; employé quelquefois avec la même acception par les anciens auteurs latins, notamment par *Suétone*, et qui signifie plus particulièrement : *témoignage*), celui, celle qui a vu ou entendu quelque fait, et qui peut en faire rapport : *témoin oculaire, auriculaire*. — En parlant des choses, marque, monument : *ses blessures sont des témoins de son courage*. — Dans cette acception on dit, pourvu que ce mot se trouve à la tête de la phrase : *ce fut un illustre guerrier, témoin les victoires qu'il a remportées*. Alors *témoin* est indéclinable, et se met toujours au singulier : *témoin telle chose; témoin ce qui est arrivé*. — On appelle *témoins nécessaires*, des *témoins* qui ne sont reçus que parce que la chose dont il s'agit n'a pu être connue que d'eux : *un enfant est quelquefois un témoin nécessaire; les domestiques sont des témoins nécessaires en certaines occasions*. — On appelle *témoin muet*, une chose qui peut servir d'indice ou d'une sorte de preuve, ordinairement dans une affaire criminelle : *son poignard, trouvé à côté du mort, est un témoin muet contre lui*. — On dit : *prendre quelqu'un à témoin*, pour dire, invoquer son témoignage, le sommer de déclarer ce qu'il a vu. — *Prendre quelqu'un pour témoin*, choisir quelqu'un pour *témoin* dans un duel.—On dit aussi par forme de serment : *Dieu m'est témoin que...*, Dieu sait que... — *Témoin*, morceau d'amadou de même grandeur que celui que le mineur a posé sur l'amorce, et au moyen duquel il peut connaître, quand il s'est retiré hors du rayon d'explosion, le moment où la mine va jouer.—T. de manuf., défaut de la tonte du drap. — Au plur., les relieurs et les libraires nomment *témoins* les bords irréguliers des feuilles de papier qu'on aperçoit en quelque endroit d'un volume, et qui, n'ayant pas été atteints par le couteau à rogner, prouvent que le livre a toute la marge qu'il était possible de lui conserver.—Il se dit des deux bûches que l'on met de chaque côté de la membrure, lorsqu'on corde le bois au chantier. —Petits morceaux de tuile, d'ardoise, etc., qu'on enterre sous les bornes d'un champ, d'un héritage, afin de connaître dans la suite si ces bornes n'ont point été déplacées. —Buttes de terre que les ouvriers laissent à un terrein qu'ils baissent. —Poignées de blé que l'on porte ou fait porter au marché, pour servir d'échantillon de celui qu'on a dans le grenier : *acheter du blé sur témoins*. — On dit fig. et poét. : *arbres, forêts, rochers, témoins de mes soupirs*. — *A témoin*, loc. adv., en témoignage : *je prends Dieu à témoin*, et non pas *à témoins*. — **En témoin de quoi**, terme de pratique : en foi de quoi. — Espion que les évêques avaient dans les paroisses, pour la recherche des hérétiques.

TEMPE, subst. fém. (*tanpe*) (en latin *tempora*), la partie de la tête qui est depuis l'oreille jusqu'au front.—Nom que les bouchers donnent à un morceau de bois qui tient ouvert le ventre d'un veau, d'un bœuf, ou d'un mouton suspendu.

TEMPÉ, subst. propre mas. (*tanpé*), myth., vallée dans la Thessalie, entre les monts Ossa et Olympe. C'était la plus délicieuse de tout l'univers. Les dieux et les déesses allaient s'y promener et s'y réjouir.—Il y avait dans la Boétie une autre vallée du même nom, qu'Ovide caractérise par le mot *Cycnéia*, à cause de la métamorphose qui s'y fit de Cycnus en cygne.

TEMPÉRAMENT, subst. mas. (*tanpéraman*) (en latin *temperamentum*), complexion; mélange des humeurs dans le corps de l'animal, et plus particulièrement de l'homme. Voy. NATUREL. — Résultat général de la prédominance d'un organe ou d'un système d'organe : *son tempérament est flegmatique ; la bile prédomine dans son tempérament.*—Avec une épithète, il se dit du caractère : *un tempérament vif.*—*Avoir du tempérament*, être fort porté et très-propre à l'amour physique. — Adoucissement, accommodement, expédient en matière d'affaires : *prendre des tempéraments ; proposer des tempéraments pour concilier des intérêts opposés.* — En t. de musique, altération légère qu'on fait aux intervalles pour les rendre moins dissonants.

TEMPÉRANCE, subst. fém. (*tanpérance*) (en lat. *temperantia*), vertu qui règle les passions, et surtout les désirs sensuels : *la tempérance est une des quatre vertus cardinales.* — Sobriété : *le travail aiguise son appétit et la tempérance l'empêche d'en abuser.*

TEMPÉRANT, E, adj. (*tanpéran, rante*), qui a la vertu de *tempérance*. Il ne se dit guère que de la sobriété dans le boire et dans le manger : *il est fort tempérant.* — On dit subst. au mas. : *le tempérant évite les excès.* — Se dit de tous les remèdes qui calment une irritation, et en particulier de ceux qui modèrent l'activité de la circulation : *des remèdes tempérants.*—*Poudre tempérante*, qui a la vertu de *tempérer*. En ces deux sens on dit encore substantivement : *un tempérant, des tempérants.*

TEMPÉRANT, part. prés. de *tempérer*.

TEMPÉRATURE, subst. fém. (*tanpérature*) (en latin *temperatura*, ou *temperies*), qualité de l'air selon qu'il est froid ou chaud, sec ou humide : *la température de l'air est douce , la température de ce climat est humide.* — Degré appréciable de chaleur qui règne dans un lieu, ou dans un corps. —*Température moyenne*, qualité de l'air qui n'est ni chaud ni froid ; son indication sur le thermomètre.

TEMPÉRÉ, E, part. pass. de *tempérer*, et adj. en parlant du climat, de l'air, ni trop chaud , ni trop froid : *climat tempéré, zône tempérée;* zône placée entre la zône torride et une zône glaciale. —En parlant des personnes, modéré, sage, posé. On dit plus souvent modéré : *homme tempéré , esprit tempéré.*—*Style, genre tempéré*, qui tient le milieu entre le sublime et le simple.— Subst. mas. : *le thermomètre marque le tempéré.*

TEMPÉRER, v. act. (*tanpéré*) (en latin *temperare*), modérer, diminuer l'excès de...; *tempérer la chaleur, la force ; tempérer l'ardeur des passions.*—Calmer, soulager : *on tempère une ardeur d'entrailles par des tisanes rafraîchissantes ; tempérer sa bile*, modérer sa colère.—SE TEMPÉRER, v. pron., s'adoucir.

TEMPESTATIF, adj. mas., au fém. **TEMPESTATIVE** (*tanpècetatif, tive*), tumultueux.

TEMPESTATIVE, adj. fém. Voy. TEMPESTATIF.

TEMPÊTE, subst. fém. (*tanpète*) (en latin *tempestas*), violente agitation de l'air, causée par l'impétuosité des vents. Il se dit plus ordinairement des orages qui arrivent sur mer : *notre vaisseau fut battu par la tempête.*—Fig. : trouble, désordre, sédition, etc. : *les mécontents excitent toujours des tempêtes.*—Grand bruit, vacarme : *je ne puis m'accoutumer à la tempête de sa voix.* Il est familier.—Persécution violente qui s'élève contre quelqu'un, pour le perdre, pour l'accabler : *conjurer, détourner la tempête.*

TEMPÊTÉ, part. pass. de *tempêter*.

TEMPÊTER, v. neut. (*tanpêté*), faire bien du bruit, du vacarme.—Fam. : gronder, quereller, faire de grands, de violents reproches à quelqu'un ; on l'emploie avec différents adverbes : *tempêter pour rien, à propos de rien, tempêter contre quelqu'un*, etc.

TEMPÊTUEUSE, adj. fém. Voy. TEMPÊTUEUX.

TEMPÊTUEUX, adj. mas., au fem. **TEMPÊTUEUSE** (*tanpêtu-eu , tu-euze*), sujet à de fréquentes *tempêtes*. Peu usité.

TEMPLE, subst. mas. (*tanple*) (du latin *templum*), édifice consacré aux exercices de religion. Il ne se dit des églises catholiques que dans le style soutenu. — Église des protestants. — Employé absolument, il s'entend du *temple* que *Salomon* bâtit à Jérusalem. — Lieu où demeuraient dans certaines villes les chevaliers du *temple* ou *les templiers.*—Fig. et en style de chaire, on dit : *les fidèles sont les temples vivants du Saint-Esprit.*— *L'univers entier est un temple que Dieu remplit de sa gloire et de sa présence.*—Poét. : *son nom est écrit dans le temple de la gloire, au temple de mémoire*, il est assuré d'une réputation immortelle. — *Temple*, chez les charrons, morceau de bois de trois pieds de long, dont ils se servent pour marquer, quand les rais sont placés dans le moyeu, la distance à laquelle il faut former les mortaises dans la jante. — Au plur., t. de pêche, perches horizontales qui servent à construire les bourdigues.—TEMPLE, ÉGLISE. (*Syn.*) Ces mots signifient, un édifice destiné à l'exercice public de la religion. Mais *temple* est du style pompeux ; *église* du style ordinaire, du moins à l'égard de la religion romaine ; car, à l'égard du paganisme et de la religion protestante, on se sert du mot *temple*, même dans le style ordinaire, au lieu de celui d'*église*. Ainsi l'on dit, le *temple* de Janus, le *temple* de l'Oratoire, l'*église* de Saint-Sulpice. — *Temple* paraît exprimer quelque chose d'auguste, et signifier proprement un édifice consacré à la divinité. *Eglise* paraît marquer quelque chose de plus commun, et signifier particulièrement un édifice fait pour l'assemblée des fidèles.—L'esprit et le cœur sont les *temples* chéris du vrai Dieu ; c'est là qu'il veut être adoré ; en vain on fréquente les *églises* , il n'écoute que ceux qui lui parlent dans leur intérieur. — Les *temples* du paganisme étaient autrefois des asyles pour les criminels ; et souvent aussi les *églises* des chrétiens ont été un refuge de malfaiteurs.

TEMPLET, subst. mas. (*tanplé*), t. de relieur, tringle mobile.

TEMPLÉTONIE, subst. fém. (*tanplétoni*), t. de bot., genre de plantes.

TEMPLIER, subst. mas. (*tanpli-é*), chevalier d'un ancien ordre militaire et religieux, établi à Jérusalem vers 1181, sous le nom de *Chevaliers du Temple*, et aboli par Clément V, sous Philippe-le-Bel, en 1312.—Prov. : *boire comme un templier*, boire beaucoup, avec excès.

TEMPLU, subst. mas. (*tanplu*), t. de tisserand, instrument qui tend l'étoffe sur le métier.

TEMPORAIRE, adj. des deux genres (*tanporère*), à *temps*, momentané ; c'est abusivement qu'on l'emploie pour *temporel*.

TEMPORAIREMENT, adv. (*tanporèreman*), pour un *temps*.

TEMPORAL, E, adj. (*tanporale*), qui a rapport aux *tempes*.—Au plur. mas., *temporaux*.

TEMPORALITÉ, subst. fém. (*tanporalité*), juridiction du domaine *temporel* d'un évêché, d'un chapitre, d'une abbaye.

TEMPORAUX, adj. mas. plur. Voyez TEMPORAL.

TEMPOREL, subst. mas. (*tanporèle*), le revenu d'un bénéfice quel qu'il soit ou d'une maison religieuse. — Autorité *temporelle* ou séculière.—La puissance *temporelle* des rois.

TEMPOREL, adj. mas., au fém. **TEMPORELLE** (*tanporèle*), qui passe avec le *temps* ; périssable. Il se dit par opposition à *éternel* et à *spirituel*. — Séculier : *puissance temporelle.*

TEMPORELLE, adj. fém. Voy. TEMPOREL.

TEMPORELLEMENT, adv. (*tanporèleman*), durant un *temps*. Il se dit par opposition à *éternellement*.

TEMPORISATION, subst. fém. (*tanporizâcion*), action de *temporiser*.

TEMPORISEMENT, subst. mas. (*tanporizeman*), retardement avec espoir d'un *temps* plus favorable. (Plus que vieux). On dit mieux *temporisation*.

TEMPORISÉ, part. pass. de *temporiser*.

TEMPORISER, v. neut. (*tanporizé*), retarder, différer dans l'attente d'une occasion, d'un *temps* plus favorable.

TEMPORISEUR, subst. mas.; au fém., **TEMPORISEUSE** (*tanporizeur; zeuze*), celui ou celle qui *temporise*.

TEMPORO-AURICULAIRE, subst. et adj. mas. (*tanporô-ôrikulère*), t. d'anat., se dit du muscle supérieur de l'oreille.

TEMPORO-CONCHINIEN, subst. et adj. mas. (*tanporôkonchiniein*), t. d'anat., c'est le même que le *temporo-auriculaire*.

TEMPORO-MAXILLAIRE, subst. et adj. mas. (*tanporô-makcilelère*), t. d'anat., qui appartient à l'os *temporal* et à la *mâchoire*.

TEMPORO-MAXILLIEN, subst. et adj. mas. (*tanporômakcilìein*), t. d'anat., se dit du *temporal*. Peu usité.

TEMPS, subst. mas. (*tan*; et devant une voyelle *tanze*) (du lat. *tempus, oris*), mesure de la durée des choses : *temps passé, présent, futur* ou *à venir*. Voy. DURÉE.—Terme préfix : *payer dans le temps porté par l'obligation; prévenir, devancer le temps.*— Délai : *demander, donner, prendre du temps.*—Loisir : *je n'ai pas le temps de jouer.*— Conjoncture, occasion : *le temps est favorable ; il n'est pas temps d'y songer*; et prov. : *il y a temps pour tout ; chaque chose a son temps.*— On dit : *le temps de faire*, parce que cette expression marque un point défini du *temps*, qui revient à *occasion* ; mais on ne peut pas dire *les temps de faire*, parce que les *temps*, au plur., offrent une idée indéfinie.—La saison propre à chaque chose : *le temps des vendanges, de la moisson ; c'est le temps des perdreaux.*—Il se dit des siècles, des âges, par rapport à la chronologie : *du temps du déluge ; le temps d'Homère, d'Auguste*, etc.—Il se dit par rapport à l'état où sont les choses pour le gouvernement, les coutumes, les modes : *s'accommoder, céder au temps ; se gouverner selon le temps* ou *les temps ; c'est le goût du temps.*—Il se dit par rapport aux circonstances générales qui influent sur le bonheur, sur le malheur, sur les mœurs des peuples, etc. : *nous vivons dans un bon temps ; les temps sont bien malheureux ; c'est un temps de désolation.* — Disposition de l'air : *beau , vilain , mauvais temps; être exposé à l'injure du temps.*—Dans la religion catholique, on appelle *quatre-temps*, les trois jours de jeûne ordonnés par l'Eglise dans chacune des quatre saisons de l'année.—Dans la danse, la musique, les exercices militaires, division d'une action en plusieurs moments : *mesure à deux , à trois , à quatre temps ; observer les temps de la danse*, etc.—Dans l'escrime, mouvement que fait l'escrimeur sans tirer.—*Prendre sur le temps*, frapper l'ennemi d'une botte, dans l'instant qu'il s'occupe de quelque mouvement.— En gramm., les différentes inflexions qui marquent dans les verbes le *temps* où se passent les actions dont on parle. — *Temps astronomique*, qui se compte d'un midi à l'autre par la révolution du soleil.—*Temps civil*, le *temps* astronom. accomodé aux usages de la société civile, et divisé en années, mois et jours que l'on compte d'un minuit à l'autre. — *Temps moyen*, durée divisée en parties parfaitement égales, appelées heures, et telles qu'on en assigne vingt-quatre à chaque jour.—*Temps vrai*, durée mesurée par la révolution diurne apparente du soleil autour de la terre, laquelle n'est pas égale tous les jours de l'année. — *Temps périodique*, *temps* qu'un corps emploie à faire une révolution entière autour d'un point, et plus particulièrement le *temps* qu'emploie une planète à parcourir son orbite entière. — T. de manège; chaque mouvement accompli, de quelque allure que ce soit. Quelquefois, il se prend à la lettre ; d'autres fois, il a une signification plus étendue ; par exemple, quand on dit : *faire un temps de galop*, c'est faire une galopade qui dure peu de *temps*, mais quand on va au pas, au trot ou au galop, et qu'*on arrête un temps*, c'est arrêter presque tout court, et remarcher sur-le-champ. — *Arrêter un demi-temps*, suspendre un instant la vitesse et l'allure du cheval pour la reprendre sans arrêter.—En médec. et en chir., on distingue deux *temps* : celui de *nécessité* et celui d'*élection*.— On appelle, *temps de nécessité*, celui dans lequel on est forcé d'employer tel ou tel médicament, de pratiquer telle ou telle opération, pour empêcher la maladie de s'aggraver, ou pour couper le mal dans sa racine; et *temps d'élection*, celui où l'on se décide d'agir, parce qu'il est plus convenable à la nature de la maladie et à l'état du malade.— T. de vèn. : *revoir de bon temps*, reconnaître que la voie de la bête est fraîchement faite de la nuit; si la voie est d'un jour ou de deux, on dit qu'*elle est de vieux temps*.— En t. de mar., on appelle : *gros temps*, un *temps* d'orage ; *temps embrumé*, un *temps* où la mer est couverte de brouillards; *temps affiné*, un *temps* qui n'est plus si sombre, qui commence à s'éclaircir ; *temps à perroquet*, un beau *temps* où le vent souffle médiocrement et porte à route. On le nomme ainsi parce qu'on ne porte la voile à perroquet que dans ce *temps*.— *Avant tous les temps*, avant la création du monde. *A la consommation des temps*, à la fin des siècles. —*Perdre le temps* ou *son temps*, ne rien faire ou faire des choses inutiles.—*Passer bien son temps* : *se donner du bon temps*, se divertir. — *Réparer* *le temps perdu*, profiter mieux du *temps* qu'on n'a fait par le passé. — *Passer le temps*, s'occuper à des futilités; se distraire en attendant un autre moment. — *Tuer le temps*, ne savoir que faire pour se désennuyer. — *Couler le temps*, le laisser écouler, dans l'attente de circonstances plus favorables. — *Chercher à gagner du temps*, à différer. — *Qui a temps a vie*, avec un terme éloigné, on a du loisir et de l'espoir. — *Prendre son temps*, ne se gêner en rien. — *Prendre bien mal son temps*, saisir, ou ne pas saisir l'occasion favorable. — *Prendre le temps de quelqu'un*, attendre les convenances d'une personne. — *Passer mal le temps* ou *son temps*, s'ennuyer beaucoup et souffrir. — *Avoir fait son temps*, sortir d'un emploi dont le *temps* était limité; n'être plus propre aux choses dont on s'est mêlé autrefois avec succès. Dans le second cas, on le dit aussi des choses *ce: habit a fait son temps*. — *Cette mode n'aura qu'un temps*, durera peu. — Prov. : *il fait un temps de demoiselle*, il n'y a ni poussière ni soleil. — Fig. et prov. : *prendre le temps comme il vient*, ne s'inquiéter de rien; s'accommoder à tous les événements. — Fig. et fam. : *faire la pluie ou le beau temps quelque part*, y être puissant, en grand crédit. Il signifie aussi, dire une chose à quelqu'un et le contraire à un autre pour s'attirer l'approbation des deux parties, ou pour exciter les personnes les unes contre les autres et tâcher d'en tirer profit. — *A temps*, loc. adv., justement et quand il le fallait; dans le *temps* prescrit. — *Tout vient à temps à qui sait attendre*, avec de la patience on vient à bout de tout. — *De temps en temps*, loc. adv., de fois à autre. — *Tout d'un temps*, loc. adv., tout de suite. — *Au même temps*, *en même temps*, dans le même instant ou à la même heure, ensemble : *nous arrivâmes en même temps*. — *De tout temps on a estimé les jeunes gens vertueux*. — *En temps et lieu*, dans le *temps* et le lieu convenables. — *Suivant le temps* ou *les temps*, conformément à la circonstance ou aux circonstances. — *Dans le temps*, autrefois, alors, à cette époque. — Il y a un journal à Paris qui s'appelle : *le Temps*.

TÉMULENCE, subst. fém. (*témulance*), t. de médec., délire de l'ivresse. (*Boiste*.) Inusité.

TENABLE, adj. des deux genres (*tenable*); il ne s'emploie qu'avec la négative : *cette place*, *ce poste n'est pas tenable*, il ne peut résister, on ne peut le défendre. — Fig. : *cet endroit n'est pas tenable* ou *la place n'est pas tenable*, on ne peut y demeurer commodément; on y souffre du froid, du chaud, du vent, etc.

TENACE, adj. des deux genres (*tenace*) (du latin *tenax*, fait de *tenere*, tenir, retenir), visqueux, qui s'attache, qu'on a peine à détacher, en parlant des humeurs du corps. — Fig. et fam. : 1° avare, qui ne donne qu'avec beaucoup de peine; 2° opiniâtre. — Fig., entêté, qui tient avec opiniâtreté à son avis, à ses opinions, à ses projets, à ses prétentions, etc. : *cet homme est bien tenace; lorsqu'il a donné son avis, rien ne peut le faire revenir sur une erreur*. — *Avoir la mémoire tenace*, ne point oublier ce qu'on a appris. — En parlant des choses, qui annonce la *ténacité* : *l'obstination tenace des Juifs, des mahométans*. — *Métal tenace*, dont les parties ne se séparent que difficilement. — T. de bot., se dit des plantes ou parties de plantes qui, au moyen de petites pointes hameçonnées ou de petits poils crochus, s'accrochent à ce qui les touche, et ne peuvent être détachées que difficilement : *le calice de la bardane est tenace*.

TENACEMENT, adv. (*tenaceman*), avec ténacité, opiniâtreté, et même avarice.

TÉNACITÉ, et non pas **TÉNACITÉ**, subst. fém. (*tenacité*) (du latin *tenacitas*), qualité de ce qui est *tenace*, attachement invariable à une idée, à un projet. — Fig. : 1° avarice; 2° opiniâtreté. — Fig. et fam. : on dit en parlant d'une personne : *la ténacité de sa mémoire*, pour désigner une mémoire fidèle et sûre, que rien ne peut ébranler. — Beaucoup de personnes écrivent et prononcent, avec l'*Académie*, *ténacité*.

TENACULUM, subst. mas. (*tenakulome*) (mot tout latin), t. de chir., lien dont on se sert dans certaines opérations.

TÉNAGODE, subst. mas. (*ténaguode*), t. d'hist. nat., vermiculaire à tuyau.

Tenaient, 3ᵉ pers plur. imparf. indic. du v. irrég. **TENIR**.

TENAILLE, subst. fém. (*tenâ-ie*), instrument de fer avec lequel on *tient*, on saisit, on arrache, etc. : on s'en sert le plus souvent au plur. — Dans les manuf. de glaces, on appelle *tenailles*, un cadre de fer avec lequel on embrasse les cuvettes qui tiennent le verre en fusion, pour le verser sur la table de cuivre. — Les chirurgiens appellent *tenailles incisives*, un instrument dont ils se servent pour couper des esquilles ou cartilages. Ce sont des espèces de pinces dont l'extrémité de chaque branche est un demi-croissant terminé par un tranchant. — En archit., on appelle *tenailles de fer*, ce que les ouvriers appellent aujourd'hui *louve*. — En t. de fortif., on nomme *tenaille*, au sing., un ouvrage construit sur les lignes de défense, tout proche de la courtine. Voy. **TENAILLON**, qui est peut-être plus usité, et mieux formé.

TENAILLÉ, E, part. pass. de *tenailler*, et adj., se dit d'un ouvrage de fortification composé de saillants et de rentrants à peu près à angles droits.

TENAILLÉE, subst. fém. (*tenâ-ié*), ce qu'on prend avec la *tenaille*. — Chez les épingliers, quantité de tronçons que prend l'empointeur pour les porter sur la meule.

TENAILLER, v. act. (*tenâ-ié*), tourmenter un criminel avec des *tenailles* ardentes. — Se servir de la *tenaille*. — **SE TENAILLER**, v. pron. — Fig., se torturer, se forger des peines.

TENAILLON, subst. mas. (*tenâ-ion*), pièce de fortification faite d'un bastion détaché avec une double contre-garde.

DU VERBE IRRÉGULIER TENIR :

Tenais, précédé de *je*, 1ʳᵉ pers. sing. imparf. indic.

Tenais, précédé de *tu*, 2ᵉ pers. sing. imparf. indic.

Tenait, précédé de *il* ou *elle*, 3ᵉ pers. sing. imparf. indic.

TENANCIER, subst. mas.; **TENANCIÈRE**, subst. fém. (*tenancié, cière*), t. de droit féodal, celui, celle qui, anciennement, *tenait* des terres en roture et dépendantes d'un fief. — *Franc tenancier*, celui qui avait racheté les droits des terres qu'il *tenait* en roture. — Celui ou celle qui *tient* et possède quelque héritage. — Celui, celle qui *tient* une petite ferme dépendante d'une autre ferme plus considérable.

TENANCIÈRE, subst. fém. Voy. **TENANCIER**.

TENANT, part. prés. du v. irrég. **TENIR**.

TENANT, subst. mas. (*tenan*), celui qui, dans un tournoi ou autre exercice de chevalerie, entreprenait de *tenir* contre tout assaillant. — Celui qui défend une opinion contre ceux qui la combattent, qui défend une personne dans la conversation. — Celui qui va souvent dans une maison et y est comme le maître. — *Les tenants et aboutissants d'un héritage, d'une affaire*, les héritages adjacents à un héritage, les circonstances et dépendances d'une affaire. — *Tout d'un tenant* ou *tout en un tenant*, loc. adv. et plus que surannée : de suite, d'une même continuité, sans interruption : *il a vingt arpents de vignes tout d'un tenant*.

TENANT, E, adj. (*tenan, nante*), qui *tient*. Il ne se dit que dans ces phrases : *rancune tenante; séance tenante*, avant la fin de la séance, pendant la séance. Autrefois on disait : *les plaids tenants*, ce qui signifiait, à l'audience. — Se dit dans le blason d'une figure humaine, d'un dextrochère, d'une main qui paraît *tenir* quelque pièce ou meuble dans un écu.

TÉNARE, subst. propre mas. (*ténare*) (du grec Ταίναρος), mythologie, les enfers. — C'était dans la Laconie le nom d'une partie du promontoire de Malée, par où l'on croyait qu'on pouvait descendre aux enfers par des cavernes profondes et obscures. C'est de là que les poëtes se servent quelquefois du mont *Ténare* pour désigner les enfers. Il y avait un temple de Neptune, surnommé *Tænarium*, qui servait d'asyle inviolable aux malheureux.

TENCE, subst. propre mas. (*tance*), ville de France, chef-lieu de canton, arrond. d'Issengeaux, dép. de la Haute-Loire.

TENDANCE, subst. fém. (*tandance*), effort que fait un objet vers un point quelconque. — Simple direction du mouvement, action de *tendre* vers... — Disposition de l'âme qui la dirige vers un objet : *l'homme a une tendance naturelle au bonheur; l'esprit de l'homme a trop souvent une tendance à l'égoïsme*.

TENDANT, E, adj. (*tandan, dante*), qui *tend*, qui est dirigé à... : *discours tendant à prouver que...* — Il se dit au propre et au fig.

TENDAVE, subst. mas. (*tandave*), nom des moines du Japon.

TENDELET, subst. mas. (*tandelé*), t. de mar., pièce d'étoffe tendue à la poupe d'une galère, pour mettre à l'abri du soleil ou de la pluie.

TENDERIE, subst. fém. (*tanderi*), chasse dans laquelle on *tend* des piéges pour attraper des oiseaux ou d'autres animaux.

TENDEUR, subst. mas. (*tandeur*), celui qui *tend* quelque chose. — *Tendeur de piéges*, celui qui cherche à surprendre les autres. — Si l'on avait besoin de se servir de ce mot au fém., il ne faudrait pas hésiter à dire *tendeuse*.

TENDINEUSE, adj. fém. Voy. **TENDINEUX**.

TENDINEUX, adj. mas., au fém. **TENDINEUSE** (*tandineu, neuse*), qui a rapport au *tendon* ou qui est de la nature des *tendons*.

TENDOIRE, subst. fém. (*tandoare*), dans les fabriques d'étoffes; bâton que l'on fait entrer dans le trou de la poitrinière, pour l'empêcher de se dérouler et *tendre* l'étoffe. — Au plur., longues perches pour faire sécher les étoffes de laine.

TENDON, subst. mas. (*tandon*) (du lat. *tendo, tendonis*, fait dans la même signification de *tendere*, tendre, parce que son action principale consiste dans la *tension*), extrémité du muscle, cordon de fibre qui se rattache à l'os. — *Tendon d'Achille*, gros *tendon* aplati, situé à la partie postérieure et inférieure de la jambe. — *Tendon failli*, celui qui est par trop faible; *tendon féru*, celui qui est blessé. — Espèce de cartilage qui entoure une partie du pied du cheval, et qui est situé près de la couronne.

TENDONTAGRE, subst. fém. (*tandontaguere*), t. de médec., goutte dans les *tendons*. Inusité.

TENDRAC, subst. mas. (*tandrake*), t. d'hist. nat., espèce de mammifère carnassier.

TENDRE, subst. mas. (*tendre*), *tendresse* : *sentir du tendre pour telle personne*. Presque inusité, quoique l'*Académie* autorise encore l'usage de ce subst.

TENDRE, adj. des deux genres (*tandre*) (du lat. *tener*, dérivé du grec τέρην, qui a la même signification), qui peut être aisément coupé, divisé : *bois, pierre tendre*. — Qui peut être aisément broyé avec les dents : *viande fort tendre*; et fam. : *tendre comme rosée*. — Frais, nouvellement cuit, en parlant du pain : *du pain tendre*. — Sensible, délicat : *il est tendre au froid; avoir la peau tendre; écorce tendre*. — Par extension, douillet, très-délicat. Fam. : *avoir la peau tendre*. — *Avoir la vue tendre*, faible. — T. de man. : *un cheval est tendre à l'éperon*, est extrêmement sensible à l'éperon. — *Il a la bouche tendre*, la bouche délicate. — *Il est tendre aux mouches*, extrêmement sensible aux moindres piqûres de mouches, et fig. aux moindres choses. — Fig., premier, jeune, en parlant de l'âge : *dans un âge tendre; dès ses plus tendres années*. — Sensible à la compassion, à l'amitié, et surtout à l'amour : *avoir l'âme, le cœur tendre*. — *Avoir la conscience tendre*, être délicat relativement à la conscience. — En t. de mus., *un air tendre*, un air touchant et passionné. — Qui inspire ces sentiments : *discours, vers, paroles tendres; son de voix tendre*, touchant et gracieux. — En peint. : *couleurs tendres*, douces et suaves. — *Pinceau tendre*, très-délicat. — Prov. et fam. : *jeune femme, pain tendre et bois vert, mettent la maison en désert*, ruinent les petits ménages.

TENDRE, v. act. (*tandre*) (du lat. *tendere*, dérivé, dans le même sens, du grec τείνειν, en éolique, pour τείνειν), bander : *tendre une corde, un arc*. — Dresser : *tendre un pavillon, une tente, un lit, une tapisserie*. — Préparer, disposer : *tendre des filets aux oiseaux, une souricière; tendre des toiles pour le sanglier*. — Tapisser : *tendre une chambre, un appartement; les tendre de damas, de velours, de deuil*. — *Tendre un panneau, un piége à quelqu'un*, faire en sorte qu'il tombe en quelque ridicule, l'induire à commettre quelque faute, à faire quelque fausse démarche, etc. — Présenter en avançant : *tendre la main* ou *son chapeau pour demander l'aumône; tendre les mains au ciel; tendre la main à quelqu'un en signe d'amitié*. — *Tendre le cou, tendre le ventre*, avancer trop le cou, avancer trop le ventre. — Fig. : *tendre les bras à quelqu'un*, le secourir dans le besoin. — *Tendre les mains à quelqu'un*, implorer son secours. — *Tendre son esprit sur quelque chose*, apporter beaucoup d'attention à une chose. — Neut., aller, aboutir vers... : *où tend ce chemin? où tendent vos pas?* — Fig. : se diriger à..., avoir pour but : *tendre à la perfection; cela ne tend à rien.* — *Cette maladie tend à la mort*, est mortelle. — *Le malade tend à sa fin*, est bien près de sa fin. — *Cet homme tend toujours à ses fins*, a toujours ses intérêts en vue.—*se* TENDRE, v. pron.

TENDRELET, adj. mas., au fém. **TENDRELETTE** (*tandrelè, lète*), diminutif de *tendre*.

TENDREMENT, adv. (*tandreman*), avec *tendresse*. — En t. de peint., *peindre tendrement*, d'une manière suave et moelleuse. — On le dit en musique dans le même sens que l'italien *amoroso*.

TENDRESSE, subst. fém. (*tandrèce*), sensibilité à l'amitié ou à l'amour : avec cette différence que la *tendresse* a sa source dans le cœur, et la *sensibilité* dans les sens et dans l'imagination. Celle-ci tient plus à la *sensation*, celle-là au *sentiment*. La première est *active*, la seconde est *passive*. On s'attache un cœur *sensible*; un cœur *tendre* s'attache de lui-même. — Amour *tendre* et passionné.—Au plur., caresses, témoignages d'affection : *il m'a fait mille tendresses.*— En t. de peinture, de sculpture, etc., douceur, suavité : *peindre avec tendresse.*

TENDRETÉ, subst. fém. (*tandreté*), qualité de ce qui est *tendre* : *la tendreté de ces perdrix, de ces artichauts, de ces fruits*, etc. Il ne se dit que des viandes, des fruits et des légumes.

TENDREUR, subst. fém. (*tandreur*). *Boiste*, qui attribue ce mot à *Montaigne*, veut qu'il se dise de *la voix*. Nous ne trouvons aucun exemple de l'emploi de ce mot, qui n'est nullement usité.

TENDRIFIÉ, E, part. pass. de *tendrifier*.

TENDRIFIER, v. act. (*tandrifié*), rendre *tendre*, attendrir.—*se* TENDRIFIER, v. pron. (*Boiste.*) Inusité.

TENDRIS, subst. mas. (*tandri*), filet de la vigne. Telle est du moins la définition de *Boiste*. Inusité.

TENDRON, subst. mas. (*tandron*), bourgeon, rejeton *tendre* de quelques arbres ou plantes.— Fig. et fam. : *un jeune tendron*, une jeune fille. — Au plur., *tendrons*, se dit des cartilages qui sont à l'extrémité des os de la poitrine de certains animaux : *tendrons de veau.*—*Des tendrons d'artichauts, de choux, de laitues*, les parties solides auxquelles les feuilles sont attachées.

TENDU, E, part. pass. de *tendre*, et adj., bandé, etc. — Fig., *avoir l'esprit tendu*, fortement appliqué à quelque chose. — *Un style tendu*, un style qui marque l'effort, qui manque d'aisance, de souplesse, de naturel. — En t. de médec., se dit du pouls lorsque l'artère semble roide, comme si elle était tirée par ses deux extrémités : *ce malade a le pouls bien tendu.*

TENDUE, subst. fém. (*tandu*), canton occupé par des piéges pour les oiseaux.

TÉNÈBRES, subst. fém. plur. (*ténèbre*) (du latin *tenebræ*), privation de lumière, obscurité, nuit : *les ténèbres de la nuit.*—Fig., égarement, erreur, aveuglement : *le paganisme couvrit la terre de ténèbres.* — Fig. : *les ténèbres de l'erreur; les ténèbres de l'ignorance; les ténèbres de l'idolâtrie; des œuvres de ténèbres; en voulant s'éclairer de bonne foi sur ces matières, il s'était enfoncé dans les ténèbres de la métaphysique; pourquoi sa philosophie est-elle entourée d'une triple enceinte de ténèbres?* — Office qui se dit dans l'église le mercredi, le jeudi et le vendredi de la semaine sainte : *aller à ténèbres; chanter une leçon de ténèbres.*—TÉNÈBRES, OBSCURITÉ, NUIT. (*Syn.*) Les *ténèbres* semblent signifier quelque chose de réel et d'opposé à la lumière. L'*obscurité* est une privation de clarté. La *nuit* est la cessation du jour, c'est-à-dire le temps où le soleil n'éclaire plus. — On dit, des *ténèbres*, qu'elles sont épaisses; de l'*obscurité*, qu'elle est grande, de la *nuit*, qu'elle est sombre. On marche dans les *ténèbres*, à l'*obscurité*, et pendant la *nuit*.

TÉNÉBREUSE, adj. fém. Voy. TÉNÉBREUX.

TÉNÉBREUSEMENT, adv. (*ténébreuzeman*), dans les *ténèbres*, d'une manière *ténébreuse*.

TÉNÉBREUX, adj. mas., au fém. **TÉNÉBREUSE** (*ténébreu, breuze*), obscur, plein de *ténèbres*. Voy. OBSCUR. — En t. de poésie, *le séjour ténébreux*, l'enfer. — Fig., *les temps ténébreux de l'histoire*, les temps où elle est obscure, incertaine. — Par extension : *voix ténébreuse*, voix forte et sombre. — *Avoir l'air sombre et ténébreux*, être mélancolique. — *Ténébreux*, s'emploie figurément pour signifier celui qui se plaît dans les *ténèbres*, qui cache des intentions criminelles : *un coquin ténébreux, un conspirateur ténébreux.*

TENDRICOLE, subst. mas. et adj. des deux genres (*tandrikole*), t. d'hist. nat., genre d'insectes.

TÉNÉBRIONITES, subst. m. pl. (*ténébri-onite*), t. d'hist. nat., tribu d'insectes coléoptères.

TÉNÉBROSITÉ, subst. fém. (*ténébrôzité*), qualité de ce qui est *ténébreux*.

TÉNÉCHIR, subst. mas. (*ténéchir*), t. de relat., planche ou pierre sur laquelle les Turcs étendent les morts pour les laver avec soin.

TÉNÉDIEN, subst. mas. (*ténédiein*), nom d'anciens habitants de *Ténédos*.

TÉNÉDOS, subst. propre mas. (*ténédôce*), île de la mer Egée, célèbre par le culte qu'on y rendait à Apollon et à Ténès. C'est derrière cette île que les Grecs cachèrent leur flotte, lorsqu'ils firent semblant de lever le siége de Troie, pendant que les Troyens faisaient entrer dans leurs murs le cheval de bois.

TÈNEMENT, ou mieux **TENNEMENT**, et non pas **TÉNEMENT**, subst. mas. (*tèneman*), t. de cout., métairie dépendante d'une seigneurie.— Prescription.

TÉNESME, subst. mas. (*ténèceme*) (du grec τενεσμος, tension, dérivé de τεινειν, tendre; parce que dans cette maladie on sent une *tension* continuelle au fondement), t. de médec., épreintes douloureuses qu'on sent au fondement, avec des envies continuelles et presque inutiles d'aller à la selle. — *Ténesme vésical*, envie continuelle d'uriner.

TENETTES, subst. f. pl. (*tenète*) (de *tenere*, tenir), espèce de pincette dont on se sert pour saisir et tirer la pierre de la vessie dans l'opération de la taille. L'*Académie* n'emploie ce mot qu'au plur.; nous nous rangeons de son côté.

TENEUR, subst. fém. (*teneur*), le contenu de quelque écrit, de quelque acte que ce soit : *la teneur d'une sentence; l'arrêt sera exécuté selon sa forme et teneur.*

TENEUR, subst. mas. (*teneur*), t. de fauconn., se dit d'un troisième oiseau qui attaque le héron en son vol. —*Teneur de livres*, commis qui, chez un négociant, met par écrit ce qui s'y vend et ce qui s'y achette, ce qu'on y paie et ce qu'on y reçoit. En ce sens on dirait bien, au fém., *teneuse*.

DU VERBE IRRÉGULIER TENIR :

Tenez, précédé de *vous*, 2ᵉ pers. plur. prés. indic.

Tenez, 2ᵉ pers. plur. impér.

TENGA, subst. mas. (*tangua*), t. de bot., cochi, coco, espèce d'arbre d'Amérique.

TÉNIA, subst. mas. (*téni-a*) (mot lat.), t. d'hist. nat., ver plat et long qui s'engendre dans le corps humain; ver solitaire.—Sorte de poisson de mer.

TÉNIANOTE, subst. mas. (*téni-anote*), t. d'hist. nat., espèce de petit poisson long du genre des cipodes.

TÉNIE, subst. fém. (*téni*), t. d'archit., moulure plate, bande ou listel.

DU VERBE IRRÉGULIER TENIR ;

Teniez, précédé de *vous*, 2ᵉ pers. plur. imparf. indic.

Teniez, précédé de *que vous*, 2ᵉ pers. plur. prés. subj.

Tenions, précédé de *nous*, 1ʳᵉ pers. plur. imparf. indic.

Tenions, précédé de *que nous*, 1ʳᵉ pers. plur. prés. subj.

TÉNIFUGE, adj. des deux genres (*ténifuje*), t. de médec.; se dit des remèdes propres à détruire le *ténia* — Il est aussi subst. mas.

TENILIO, subst. mas. (*tenili-o*), t. d'hist. nat., coquillages de mer qu'on mange sur les bords de la Méditerranée.

TÉNIOÏDE, subst. mas. et adj. des deux genres (*téni-o-ide*), t. d'hist. nat., nom d'une famille de vers intestinaux.

TENIR, v. act. (*tenir*) (du lat. *tenere*, dérivé du grec τεινειν, tendre, à cause de l'état de tension où sont les muscles quand on *tient* quelque chose), avoir à la main ou entre les mains : *tenir une arme, tenir un livre, un bâton, tenir des chevaux par les rênes, tenir un chien en laisse; tenez bien ce que je vous donne, ne le laissez pas tomber.* — On dit, au jeu des dés : *tenir le dé*, pour dire, *tenir* le cornet, avoir la main pour jeter les dés; et fig., on dit qu'*un homme veut toujours tenir le dé dans la conversation*, pour dire qu'il veut s'en rendre le maître, et ne pas laisser parler les autres. — Posséder : *tenir une maison à loyer.* — Supporter : *il y en a plus qu'il n'en peut tenir.* — Contenir, renfermer : *cette futaille tient plus de deux cents litres; cette cave tient quarante pièces de vin.* — Occuper : *un officier tient une place pour le roi;* on *tient le jeu de quelqu'un, pour quelqu'un; il tient le premier étage; tenir une maison, un appartement*; et sans article : *tenir auberge, cabaret, chambre garnie, pension, boutique, académie de jeu.*— *Tenir* se dit pour exprimer l'ordre des personnes et des choses : *les présidents, dans les compagnies, tiennent le premier rang; on tient son rang, sa place, son poste*; et fam. : *on tient son coin; les livres d'histoire tiennent le premier rang dans sa bibliothèque; vous tenez trop de place.*—Présider dans les fonctions publiques, dans les assemblées : *tenir conseil.* — Mettre et garder en quelque lieu : *tenir de l'argent, des papiers dans un cabinet; on l'a tenu long-temps en prison.* — Maintenir, entretenir : *tenir les choses en état, en bon état; tenir sa maison propre, ses enfants bien vêtus, ses affaires en ordre*, etc.—Exécuter, accomplir, garder : *un homme honnête tient sa promesse; un roi sage tient ses traités.* — Avoir, entretenir : *il tient son fils au collége; ce ministre tient des émissaires, des espions dans les cours étrangères.* — *Tenir*, se dit pour exprimer les maux qui se sont emparés du corps et de l'âme : *la goutte, la fièvre le tient; son accès le tient; sa mauvaise humeur le tient; on voit bien ce qui le tient, c'est la peur; qu'est-ce qui le tient? la mauvaise honte.* — Il se dit encore pour exprimer les effets un peu durables de quelque chose : *le lait tient le teint frais; les fruits fondants tiennent le ventre libre; la fourrure tient chaud; la société tient gai; le régime me tient sain; l'exercice me tient dispos; la solitude me tient laborieux.* — Au fig., contenir, retenir : *il est si remuant, si vif, qu'on ne le peut tenir; tenir en place; rien ne le peut tenir*, c'est-à-dire contenir, réprimer; *vous ne pouvez vous tenir de jouer, de médire.* C'est dans ce sens figuré qu'on dit : *tenir les peuples dans le devoir, les enfants dans le respect, les ennemis en échec, dans la crainte.*—*Tenir quelqu'un le bec dans l'eau*, le *tenir* dans l'attente de quelque chose qu'on lui fait espérer. — *Tenir quelqu'un à court*, ne pas lui laisser la liberté de faire, de dire ce qu'il voudrait. —*Tenir les livres*, faire les fonctions de teneur de livres.— *Un emploi tient en sujétion*, ne laisse guère de loisir, de temps libre.—*Tenir rigueur à quelqu'un*, c'est le traiter avec rigueur, ne lui faire aucune grace. — *Tenir tête à quelqu'un*, lui résister, ne lui point céder. — *Tenir la main à quelque chose*, prendre garde à quelque chose, avoir soin que quelque chose se fasse comme il faut, etc. — *Faire tenir des lettres, des effets, de l'argent*, etc., *à quelqu'un, dans un endroit*, faire en sorte que des lettres soient rendues, que les effets soient remis; faire toucher de l'argent par quelqu'un ou pour quelqu'un, dans un endroit. — *Tenir lieu d'une chose*, en faire l'office, la remplacer : *vous m'avez jusqu'à présent tenu lieu de père; ce présent tient lieu d'argent.* — Se dit relativement aux devoirs qu'on est obligé de remplir : *vous êtes tenu de vous rendre au conseil; un officier est tenu de marcher avec son régiment.* — T. de mus. : *tenir sa partie*, chanter ou jouer sa partie. — *Tenir sur une note*, l'exécuter selon sa valeur. — Fig. : *elle tient bien sa partie*, elle s'acquitte bien de ce qu'elle doit faire, ou remplit bien ses occupations. — Au jeu de quilles, *tenir pied à boule*, tenir le pied à l'endroit où la boule s'est arrêtée; et fig., suivre assidûment et constamment une affaire, une entreprise, les devoirs de sa charge, de son emploi; s'attacher sans discontinuation à l'étude. —En t. de mar., *tenir*, pris dans sa signification générale, est synonyme de *prendre* et d'*amarrer*; mais il a différentes significations suivant qu'il est joint avec un autre mot : *tenir au vent*, naviguer avec le vent contraire; *tenir la mer*, être et demeurer à la mer; *tenir le balant d'une manœuvre*, amarrer le balant d'une manœuvre, afin qu'elle ne balance pas; *tenir le large*, se servir de tous les vents, qui sont depuis le vent de côté jusqu'au vent d'arrière inclusivement; *tenir le lit du vent*, se servir du vent qui semble contraire à la route; *tenir le vent*, être au plus près du vent; *tenir sous voiles*, avoir toutes les voiles appareillées, et être prêt à faire route; *tenir un bras*, haler un bras et l'amarrer; *tenir une manœuvre*, attacher une manœuvre ou l'amarrer. — Arrêter, fixer, réprimer : *il ne peut tenir sa langue; tenir les esprits en suspens, les affaires en balance.* — Occuper durant quelque temps : *cela m'a tenu deux heures.* — Réputer, estimer, croire : *je tiens l'affaire faite; on le tient ruiné*, etc. — *Tenir de*, être redevable de : *il tient tout de ma libéralité.* — Avoir appris de : *je tiens cette nouvelle d'un tel.* — Avoir apporté en naissant et reçu de ses parents avec le sang : *il a l'air timide, il tient cela de son père;* et neut. : *il tient de son père, de sa mère,* il en a les traits ou les qualités bonnes ou mauvaises. — Fam. : *tenez, voilà votre livre,* recevez ou prenez votre livre; *tenez, ce que vous dites ne me touche pas,* je vous avertis que je ne suis pas touché de..., etc.; *tenez, voilà votre ami qui passe,* voyez, voilà, etc. *Tenez* est dans ces phrases une sorte d'interjection. — Prov. : *tenir le loup par les oreilles,* ne savoir quel parti prendre, parce qu'il y a du danger de tout côté. — *Tenir quelqu'un à la gorge,* la lui serrer; et fig., le réduire à ne pouvoir se défendre. — On dit à peu près dans le même sens : *tenir le pied* ou *le poignard sur la gorge à quelqu'un.* — Prov. et fig. : *tenir quelqu'un dans sa manche,* en disposer comme on veut. — Fig. : *tenir quelqu'un au filet,* lui faire long-temps espérer quelque chose sans lui rien donner. — Fig. : *tenir quelqu'un par les cordons,* le mener comme un enfant. — Fig. et prov. : *il tient le bon bout par-devant lui,* il est nanti, il a ses sûretés. — *Tenir un enfant sur les fonts de baptême,* en être le parrain ou la marraine. — Fig. : *tenir quelqu'un sur les fonts, sur le tapis,* parler de quelqu'un et en dire presque toujours du mal. — *Tenir une terre par ses mains,* la faire valoir par soi-même. — *Tenir,* suivre : *ils tiennent le chemin de Lyon; quelle route tiendrez-vous?* et en t. de vèn. : *tenir la voie,* la suivre.— Fig. : *tenir le milieu, tenir un juste milieu,* s'éloigner également de deux excès, de deux extrémités. — *Tenir le milieu dans une affaire,* prendre un tempérament, un expédient entre deux extrémités, entre deux choses opposées. — *Tenir une bonne conduite, une mauvaise conduite,* se conduire bien, se conduire mal. — *Tenir le parti de quelqu'un,* suivre le parti de quelqu'un. — *Tenir registre de quelque chose,* l'écrire dans un registre. — Fig. : *cet homme tient registre de tout,* remarque tout exactement et s'en souvient. — *Tenir compte d'une somme à quelqu'un,* la lui passer en compte. — Fig. : *tenir compte de quelque chose à quelqu'un,* lui en avoir obligation, chercher à le reconnaître. — *Ne tenir compte de quelqu'un, de quelque chose,* n'en point faire de cas. — Neut., subsister sans altération : *le marché tient, il faut que le traité tienne.* — Durer, être pendant un certain temps : *cette foire tient pendant tant de jours.* — Résister : *cette place a tenu six mois.*— Demeurer dans un certain état : *la frisure ne tient pas; le temps ne tiendra pas.* — T. de chasse, *les perdrix ne tiennent pas,* n'attendent pas, ou partent de loin.— Au trictrac, pouvoir jouer sans rompre son plein, continuer à jouer sans lever les dames.—*Tenir à,* en parlant des personnes, appartenir : *il tient à cette famille.*—En parlant des choses, être proche, être joint, contigu, attaché, attenant; adhérer : *ce jardin tient à ma maison, la forêt au jardin; le tableau ne tient qu'à un clou; ce miroir tient mal,* il est mal attaché. — De là on a dit, au fig. : *la vie ne tient qu'à un fil, ne tient à rien; sa condamnation a tenu à peu de chose; à quoi tient-il que vous ne sollicitiez cette affaire? il n'y a ni considération, ni crédit qui tienne, il sera condamné; s'il ne tient qu'à donner de l'argent, en voilà; il n'a pas tenu à moi que vous ne fussiez heureux; votre argent ne tient à rien; sa chemise lui tient au dos; cela tient à chaux et à sable; tout cela tient bien ensemble.* — Prov. : *cela tient comme glu, comme poix.*— *Tenir pour,* être partisan de. — *Tenir contre,* résister, au propre et au fig. —*Tenir que,* penser que.— *En tenir,* être dupe, être amoureux, être ivre : *il en tient, le bon homme.* — *N'y pas tenir,* ne pouvoir supporter. — *Tenir bon, tenir ferme,* résister avec courage, ne point se relâcher, ne point se laisser aller aux persuasions d'autrui. — *Cette chose lui tient au cœur,* il l'affectionne extrêmement ou il en a du ressentiment. — SE TENIR, v. pron., être, demeurer en un certain lieu : *tenez-vous là, ne vous tenez pas au vent, au soleil.* — Prov. : *quand on est bien, il faut s'y tenir.* — Être dans un certain état : *se tenir propre, caché, droit,* etc. : *se tenir à genoux.* — On dit *se tenir bien à cheval,* pour dire y être ferme, et de bonne grace. — En parlant d'une assemblée, avoir lieu : *l'assemblée se tint dans un tel endroit.* — *Se tenir à,* s'attacher : *il se tint à une branche;* et fig. : *je me tiens, ou je m'en tiens, à votre décision.*— *Se tenir de,* s'empêcher de. . Il ne se dit qu'avec la négative : *il ne peut se tenir de parler.* — *S'en tenir à,* s'arrêter, se borner à. — Unipers., qui ne se dit que dans le sens négatif ou interrogatif : *il ne tiendra qu'à vous d'avoir la paix; à quoi tient-il que vous ne le fassiez?—Qu'à cela ne tienne,* peu importe.— *Il ne tient à rien que...* peu s'en faut que... — Fam. : *je ne sais qui me tient,* qui m'empêche. On sous-entend d'éclater, de battre, etc.

TÉNÉRUS, subst. propre mas. (*ténéruce*), myth., fils d'Apollon et de la nymphe Mélie, reçut de son père le don de prédire l'avenir.

TÉNÈS, ou **TÉNUS**, subst. propre mas. (*ténèce, nuce*), myth., fils de Cycnus. Ayant été enfermé tout jeune dans un coffre, et jeté dans la mer, les flots le portèrent dans une île qu'on appelait Leucophrys, et qui depuis fut nommée Ténédos. Il y fut révéré comme un dieu. Voyez PHILONOMÉE.

TENNIS, subst. mas. (*ténenì*), sorte de jeu de balle dans lequel on se sert de raquettes de bois très-étroites. Peu connu.

TENON, subst. mas. (*tenon*), bout d'une pièce de bois qui entre dans une mortaise. — Morceau de fer qui est au-dessus du canon d'une arme à feu.

DU VERBE IRRÉGULIER TENIR :

Tenons, 1re pers. plur. impér.

Tenons, précédé de *nous,* 1re pers. plur. prés. indic.

TÉNOR, et non pas **TÉNOR**, subst. mas. (*ténor*) (rac. française *tenir,* mot imité de l'italien), voix moyenne entre la haute-contre et la basse-taille. C'est la voix que nous appelons aussi *taille.* — Chanteur qui a ce genre de voix.

» **TENORISTE**, et non pas **TÉNORISTE**, subst. mas. (*ténoricete*), chanteur qui a une voix de *tenor.*

TENREC, subst. mas. (*tanrèk*), t. d'hist. nat., genre de mammifères carnassiers.

TENSAS, subst. propre mas. plur. (*tançà*), peuples du Mississipi.

TENSEUR-DE-L'APONÉVROSE, subst. mas. (*tanceurdelaponévrôze*), t. d'anat., muscle de l'*aponévrose.*

TENSIF, adj. mas., au fém. **TENSIVE** (*tancif, cive*), t. de médec., accompagné de *tension.*

TENSION, subst. fém. (*tancion*) (du lat. *tensio*), état de ce qui est *tendu* : *tension des nerfs; cette fluxion lui cause une grande tension à la peau.* — Fig., grande application d'esprit.

TENSIVE, adj. fém. Voy. TENSIF.

TENSON, subst. mas. (*tançon*), autrefois, dispute galante entre deux poëtes. Vieux.

TENTACULAIRE, subst. mas. (*tantakulère*), t. d'hist. nat., ver intestinal.

TENTACULE, subst. mas. (*tantakule*), t. d'hist. nat., membrane particulière aux poissons du genre des mollusques. — Sorte de bras chez plusieurs animaux aveugles, pour tâter le terrein, les objets environnants, et saisir leur proie.

TENTACULÉ, **E**, adj. (*tantakulé*), se dit du genre des *tentacules,* des espèces qui ont des *tentacules.*

TENTANT, **E**, adj. (*tantan, tante*), qui *tente,* qui cause des désirs : *voilà une occasion tentante.*

TENTATEUR, subst. mas.; **TENTATRICE**, subst. fém. (*tantateur, trice*), celui ou celle qui *tente,* qui cherche à séduire.— *Le tentateur,* le démon. —On dit aussi adj. : *l'esprit tentateur.*

TENTATIF, adj. mas., au fém. **TENTATIVE** (*tantatif, tive*), qui *tente,* qui inspire des désirs.—*Tentative,* subst. fém. Voy. ce subst.

TENTATION, subst. fém. (*tantàcion*), mouvement intérieur qui *tente,* qui excite au mal : *résister* ou *succomber, céder à la tentation.* — *Tentation de...,* envie de...: *il avait une grande tentation de partir.*

TENTATIVE, adj. fém. Voy. TENTATIF.

TENTATIVE, subst. fém. (*tantative*) (du latin *tentamen*), effort qu'on fait pour voir si l'on pourra venir à bout de quelque dessein. — La première thèse pour les grades de théologie. — On l'emploie quelquefois adj., et l'on appelle *méthode tentative,* une méthode grossière et imparfaite, que l'on tâche de perfectionner par des essais et des expériences. — T. de jurispr., *tentative de crime* ou *de délit,* acte préparatoire d'un délit qui n'a pas été commis.

TENTATRICE, subst. fém. Voy. TENTATEUR.

TENTE, subst. fém. (*tante*) (du latin *tentorium,* fait dans le même sens de *tendere,* tendre, étendre), pavillon dont on se sert à l'armée, à la campagne pour se mettre à couvert. — Petit rouleau de charpie qu'on met dans les plaies, pour empêcher qu'elles ne se referment trop tôt. — Chez les boyaudiers, espèce de long châssis sur lequel on étend les boyaux pour les faire sécher. — *La tente,* en t. de chasse, les filets que l'on tend.

TENTÉ, **E**, part. pass. de *tenter.*

TENTEMENT, subst. mas. (*tanteman*), t. d'escrime, action de battre deux fois l'épée contre celle de son adversaire.

TENTER, v. act. (*tanté*) (du latin *tentare*), essayer : *j'ai tenté toutes sortes de moyens; tenter une entreprise;* et neut. : *tenter de faire une chose.* — Solliciter au mal. — Dans un sens moins odieux, *donner envie de...; je suis bien tenté de le faire.* — Dans le langage de l'Écriture, éprouver : *Dieu tenta Abraham.* — *Tenter Dieu,* lui demander des miracles, etc., sans nécessité. — Fam. : *tenter fortune,* hasarder quelque chose dans l'espérance d'un succès. — *Tenter,* signifie aussi donner envie, faire naître le désir, l'envie de faire quelque chose : *quoi! ces viandes ne vous tentent-elles pas?* — Faire des propositions capables de corrompre la fidélité : *on tente un valet pour le détourner du service de son maître; il tenta le geôlier pour s'évader de prison.* — On dit communément qu'*une personne est bien tentée de faire quelque chose,* pour dire qu'elle en a une extrême envie; *je suis bien tenté d'aller à la campagne; ce beau temps me tente.*—T. d'escrime, faire, exécuter le *tentement,* battre deux fois l'épée de son adversaire avec la sienne.—SE TENTER, v. pron.

TENTHRÈDE, subst. fém. (*tantrède*), t. d'hist. nat., genre d'insectes.

TENTHRÉDINE, subst. fém. (*tantrèdine*), t. d'hist. nat., tribu d'insectes.

TENTIPELLE, subst. mas. (*tantipèle*), t. de chir., sorte de cosmétique.

TENTOI, subst. mas. (*tantoè*), t. de tapissiers; barre pour tourner et tendre les ensouples qui portent la chaîne des métiers de haute-lice.

TENTURE, subst. fém. (*tanture*), certain nombre de pièces de tapisserie : *tenture de verdure, de velours, de damas,* etc. — La peine de *tendre* la tapisserie ou des lits : *tant pour la tenture.* — Il se dit d'une charmille, ou de tout autre arbrisseau dont les branches et les feuilles couvrent les murs d'un jardin. — Il se dit également des étoffes noires que l'on met devant la maison d'un décédé, ou que l'on dispose dans l'église lorsqu'on va faire son service. — Il se dit de même des étoffes que l'on *tend* au moment où la procession du Saint-Sacrement va passer.

TENTYRIE, subst. fém. (*tantiri*), t. d'hist. nat., genre d'insectes.

TENU, **E**, part. pass. de *tenir,* et adj. — Entretenu, soigné : *jardin bien* ou *mal tenu.* — Obligé à faire : *je ne suis pas tenu à cela; les locataires sont tenus des menues réparations; à l'impossible nul n'est tenu.* — *Tant tenu, tant payé,* se dit d'une personne ou d'une chose que l'on paie à proportion du temps qu'on s'en est servi.

TÉNU, **E**, adj. (*ténu*) (du latin *tenuis*), peu compacte, fort délié : *substance ténue.*

TENUE, subst. fém. (*tenu*), temps pendant lequel une assemblée *tient* ou *se tient.*— Assiette ferme : *cet homme n'a point de tenue à cheval.* En ce sens on dit fig. : *le temps n'a point de tenue; cet homme n'a point de tenue,* le temps, cet homme est fort variable. — Manière de se mettre, de s'habiller : *elle a une bonne tenue; sa tenue annonce beaucoup de goût.* — Manière de tenir sa plume en écrivant. — *Tenue de livres,* action de *tenir* les livres. — On dit, en termes militaires : *la tenue d'une troupe, d'un régiment, d'un soldat,* pour, la manière d'être vêtu, entretenu; et l'on dit, par extension, d'un homme qui est propre et soigné dans ses habits, qu'*il a une bonne tenue.* — On dit aussi *la tenue d'un vaisseau,* c'est-à-dire, la façon dont l'ordre, la propreté, le service y sont maintenus.— Au trictrac, action du joueur, qui, ayant gagné un trou et pouvant s'en aller et relever ses dames, ne s'en va pas. — En mus., continuation d'un même son pendant quelques mesures. — En t. de mar. : *fond de bonne* ou *mauvaise tenue,* bon ou mauvais pour l'ancrage, sur lequel l'ancre *tient* ou ne *tient* pas. — En t. de vieille féodalité, *tenue noble,* fief qui relève d'un autre fief. — *Tout d'une tenue,* loc. adv., sans interruption : *il possède cent arpents tout d'une tenue.*

TÉNUIROSTRE, subst. mas. et adj. des deux genres (*ténu-irocetre*) (du latin *tenuis,* faible, et *rostrum*, bec), t. d'hist. nat., famille d'oiseaux passereaux.

TÉNUITÉ, subst. fém. (*ténu-ité*) (du latin *tenuitas*), t. didact., qualité d'une substance *ténue* et déliée.

TENURE, subst. fém. (*tenure*), redevance, mouvance d'un fief ou d'un seigneur supérieur.

TÉORBE, subst. mas. Voy. THÉORBE, qui est la seule bonne orthographe. L'*Académie* dit *téorbe* et *tuorbe*.

TÉOULIER, subst. mas. (*té-oulié*), t. de bot., espèce de raisin qui provient du pineau de Bourgogne.

TÉPALI, subst. mas. (*tépali*), t. de bot., espèce d'arbre du Malabar.

TÉPÉZIE, subst. fém. (*tepézi*), t. de bot., genre de plantes qui diffère peu de celui des gonzalées.

TÉPHRAMANCIE, subst. fém. (*téframanci*) (du grec τεφρα, cendre, et μαντεια, divination), t. d'antiq., sorte de divination qui se faisait par les cendres du feu qui avait consumé les chairs des victimes dans les sacrifices.

TÉPHRAMANCIEN, subst. et adj. mas., au fém. **TÉPHRAMANCIENNE** (*téframancicin, ciène*), qui a rapport à la *tephramancie*. — Subst., celui, celle qui la pratiquait.

TÉPHRAMANCIENNE, subst. et adj. fém. Voy. TÉPHRAMANCIEN.

TÉPHRIE, subst. mas. (*tefri*), sorte de marbre gris.

TÉPHRITE, subst. fém. (*téfrite*), t. d'hist. nat., genre d'insectes diptères.

TÉPHROSIE, subst. fém. (*téfrôzi*), t. de bot., genre de plantes de Saint-Domingue.

TÉPHRYTE, subst. fém. (*téfrite*), t. d'hist. nat., pierre précieuse couleur de cendre.

† **TÉPIDE**, adj. des deux genres (*tépide*) (en latin *tepidus*), tiède; un peu chaud; moite.

† **TÉPIDITÉ**, subst. fém. (*tépidité*) (en latin *tepiditas*), tiédeur, état des corps tièdes. Peu usité.

TÉPICOMIE, subst. fém. (*tépikomi*), manière d'écrire de haut en bas, comme les Chinois.

TÉPICOMIQUE, adj. des deux genres (*tépikomike*), qui concerne la *tépicomie*.

TÉRA, subst. fém. (*téra*), petite auge de potier pour mettre de l'eau.

TÉRAMNE, subst. mas. (*téramene*), t. de bot., genre de plantes légumineuses.

TÉRANE, subst. fém. (*térane*), t. de bot., nom donné au champignon spongieux.

TÉRAPÈNE, subst. fém. (*térapène*), t. d'hist. nat., tortue d'Amérique.

TÉRASPIC, subst. mas. (*téracepike*), t. de bot., espèce de thlaspi.

TÉRATOLOGIE, subst. fém. (*tératoloji*) (du grec τερας, τερατος, prodige, et λογος, discours), traité, discours sur les phénomènes, les prodiges, etc.

TÉRATOLOGIQUE, adj. des deux genres (*tératolojike*), qui concerne la *tératologie*.

TÉRATOSCOPE, subst. mas. (*tératocekope*), t. d'antiq., celui qui exerçait la *tératoscopie*.

TÉRATOSCOPIE, subst. fém. (*tératocekopi*) (du grec τερας, gén. τερατος, prodige, et σκοπεω, je considère), t. d'antiq., science d'après laquelle on expliquait les prodiges. — Divination par les prodiges, les spectres, les phénomènes, etc.

TÉRATOSCOPIQUE, adj. des deux genres (*tératocekopike*), qui concerne la *tératoscopie*.

TÉRAT-BOULAN, subst. mas. (*téraboulan*), t. d'hist. nat., merle des Indes.

TERCÉ, E, part. pass. de *tercer*.

TERCER ou **TERSER** (l'*Académie* donne les deux; le second est le moins bon), v. act. (*tèrecé*) (du latin *tertiare*), t. de vigneron, donner un troisième labour, une troisième façon aux vignes. —SE TERCER, v. pron.

TÉRÉBELLE, subst. fém. (*térébèle*), t. d'hist. nat., genre de vers marins.

TERCET, subst. mas. (*tèrecè*), espèce de couplet poétique composé de *trois* vers.

TÉRÉBENTHINE, subst. fém. (*térébantine*), résine qui coule du tronc du *térébinthe*, après qu'on y a fait quelque incision. On appelle *térébenthine de Bordeaux*, celle qui est fournie par le *pinus maritima*; *térébenthine de Briançon*, celle qui découle du *pinus cembro*, et qui ne diffère pas de celle de Strasbourg, à l'égard de ses propriétés; *térébenthine de Canada*, une résine plus ou moins liquide et très-limpide qui découle de l'*abies balsamea*; *térébenthine commune*, *térébenthine de copahu* ou *du Brésil*, une résine liquide, d'un blanc jaunâtre, d'une odeur forte et désagréable, d'une saveur amère, qui découle du *copaifera officinalis*; *térébenthine cuite*, la térébenthine de Venise solidifiée par l'action du feu, et ramenée à l'état de résine presque pure; *térébenthine de Giléad*, celle produite par l'*amyris gileadensis*; *térébenthine de Hongrie*, celle produite par le *pinus sylvestris*; *térébenthine de Judée*, celle qui découle de l'*amyris opobalsamum*; *térébenthine en pâte*, du galipot fondu et filtré à travers des fagots; *térébenthine de Scio*, celle qui est fournie par le *pistacia terebinthus*; *térébenthine du soleil*, du galipot liquide et purifié sans feu; *térébenthine de Strasbourg*, la résine claire, incolore, que produit l'*abies pectinata*; *térébenthine de Venise*, celle que produit le mélèze, qui est moins consistante que celle de Scio, plus transparente, et d'une odeur plus pénétrante.—Nom d'une plante de la famille des champignons, qui a l'odeur de la *térébenthine*.

* **TÉRÉBENTHINÉ, E**, adj. (*térébantiné*), qui a les qualités, l'odeur de la *térébenthine*.

TÉRÉBINTHACÉE-LIANE, subst. fém. (*térébeintacéli-ane*), t. de bot., espèce d'arbrisseau de la Louisiane.

TÉRÉBINTHACÉES, sub. et adj. fém. pl. (*térébeintacé*), t. de bot., famille de plantes ou plutôt d'arbres aromatiques résineux, tels que le *térébinthe*.

TÉRÉBINTHADE, subst. fém. (*térébeintade*), t. de bot., genre de plantes *térébinthacées*.

TÉRÉBINTHE, subst. mas. (*térébeinte*) (du grec τερεβινθος), t. de bot., arbre dont on retire naturellement ou par incision la résine nommée *térébenthine*. On l'appelle aussi *pistachier sauvage*.

TÉRÉBINTHIZUSE, subst. fém. (*térébeintizuze*), t. d'hist. nat., pierre précieuse couleur de *térébinthe*.

TÉRÉBRAN, subst. et adj. mas. (*térébran*), t. d'hist. nat., section d'insectes.

* **TÉRÉBRATION**, subst. fém. (*térébrâcion*) (du latin *terebratio*, fait de *terebrare*, percer avec une tarière; racine, *terebra*, tarière), action de percer un arbre pour en tirer la gomme, la résine, etc.

TÉRÉBRATULE, subst. mas. (*térébratule*), t. d'hist. nat., genre de testacés bivalves.

TÉRÉBRATULIER, subst. mas. (*térébratulié*), t. d'hist. nat., animal du genre des *térébratules*. — T. de bot., petit arbre des Indes.

TÉRÉBRATULITHE, subst. fém. (*térébratulite*), t. d'hist. nat., *térébratule* fossile.

TÉRÉDILES, subst. m. pl. (*térédile*), t. d'hist. nat., famille d'insectes pentamères.

TÉRÉDINE, subst. fém. (*térédine*), t. d'hist. nat., genre de vers marins.

TÉRÉGAM, subst. mas. (*téréguame*), t. de bot., espèce de grand figuier qui croît au Malabar.

TÉRÉMINTHE, subst. mas. (*térémeinte*) (du grec τερεω, je perce, et μινθος, ordure), t. de médec., petit furoncle, bouton enflammé, douloureux.

TÉRÉNIABIN, subst. mas. (*téréni-abein*), sorte de manne qui provient d'une espèce de genêt.

TÉRÉNUBIN, subst. mas. (*térénubein*), nom que les Arabes donnent à la manne qui découle de l'alhagi.

TÉRENTE, subst. mas. (*térante*), t. d'antiq., endroit du Champ-de-Mars, à Rome, où se trouvait un autel dédié aux dieux infernaux : on ne le voyait que pendant les jeux séculaires, et on l'enfouissait quand ils étaient finis.

TÉRENTINS, ou **TÉRENTINIENS**, subst. et adj. mas. plur. (*térantein, tinicin*), t. d'antiq., qui s'est dit des jeux que l'on célébrait, à Rome, tous les cent ans, en l'honneur des dieux infernaux, dans l'endroit du Champ-de-Mars que l'on appelait *Térente*.

TÉRÈS, subst. mas. (*térèce*) (du latin *teres*, rond), lombric, ver du corps humain.

TÉRET, adj. mas., au fém. **TÉRETTE**, (*térè, rète*) (du latin *teres*, rond), t. de bot. : *aiguillon téret*, solide sans angles. Peu en usage.

TÉRÉTICAUDES, subst. m. pl. et adj. des deux genres (*téréticôde*), (du latin *teres*, rond, et *cauda*, queue), t. d'hist. nat., famille de reptiles sauriens.

TÉRÉTIFORMES, subst. m. pl. et adj. des deux genres, (*térétiforme*) (du latin *teres*, *etis*, rond, et *forma*, forme), t. d'hist. nat., famille d'insectes tétramères.

TÉRÉTIROSTRES, subst. m. pl. et adj. des deux genres (*térétirocetre*) (du latin *teres*, *etis*, cylindrique, poli, et *rostrum* bec), t. d'hist. nat., famille d'oiseaux échassiers qui ont le bec à peu près cylindrique.

TÉRÉTIUSCULE, adj. des deux genres (*térétiucekule*), t. de bot., presque rond. Dimin. de *téret*.

TERGÉMINÉ, E, adj. (*tèrejéminé*), t. de bot., *géminé* trois fois. Voy. GÉMINÉ.

TERGIPE, subst. mas. (*tèrejipe*), t. d'hist. nat., genre de mollusques.

TERGIVERSATEUR, subst. et adj. mas., au fém. **TERGIVERSATRICE** (*tèrejivèreçateur, trice*), qui *tergiverse*.

TERGIVERSATION, subst. fém. (*tèrejivèreçâcion*), action de *tergiverser*.

TERGIVERSATRICE, subst. fém. Voy. TERGIVERSATEUR.

TERGIVERSÉ, part. pass. de *tergiverser*.

TERGIVERSER, v. neut. (*tèrejivèrecé*) (du lat. *tergiversari*, formé, dans le même sens, de *tergum*, dos, et de *vertere*, tourner; littéralement, *tourner le dos*), chercher des détours, biaiser dans une affaire; user d'un faux-fuyant.

TÉRIN, subst. mas. (*terein*), mulet de serin et de linotte.

TÉRINGALE, subst. fém. (*téreinguale*), espèce de mousseline des Indes.

TERME, subst. mas. (*tèreme*) (du lat. *terminus*, fait du grec τερμα, borne, limite), fin, borne, dans ce qui a rapport au temps et au lieu.— Temps préfix de paiement.—Trois mois de loyer. — Somme due au bout d'un *terme*. — Prov. : *qui a terme, ne doit rien*, on ne peut être contraint de payer avant le *terme* échu; et : *le terme vaut l'argent*, quand on a beaucoup de temps devant soi pour payer, on a tout le temps nécessaire pour satisfaire à ses engagements.—Temps auquel une femme doit accoucher : *elle est à terme*; *elle approche de son terme*; *accoucher avant le terme*.—On le dit, dans le même sens, des femelles de certains animaux domestiques.—On dit fig. : *une affaire est à son terme*, pour dire qu'elle est sur le point de se terminer.—But, fin, moyen, objet qu'on se propose.—Fin, borne des actions et des choses qui ont quelque étendue de temps et de lieu : *le terme d'une course*; *il est arrivé au terme de sa vie*; *chaque chose a son terme*.—Limite, en général : *dans tous les arts, il y a un terme par delà lequel on ne peut plus avancer*. — Subst. propre mas., mythologie, dieu protecteur des bornes que l'on met dans les champs, et vengeur des usurpations. Lorsque les dieux voulurent céder la place du Capitole à Jupiter, ils se retirèrent dans les environs par respect; mais le dieu *Terme* demeura à sa place. On le représente sous la forme d'une tuile, ou d'une pierre carrée, ou d'un pieu fiché en terre. Il servait autrefois de borne ou de limite.—Fam. : *être planté dans un endroit comme un terme*, y demeurer long-temps debout et sans agir. — En archit., on appelle *terme angélique*, une figure d'ange à moitié corps, dont la partie inférieure est en forme de gaîne; *terme double*, celui qui est composé de deux demi-corps, ou de deux demi-bustes adossés qui sortent d'une même gaîne, *terme en buste*, celui qui est sans bras, et qui n'a que la partie supérieure de l'estomac; *terme en console*, celui dont la gaîne se termine en enroulement, et dont le corps est avancé pour porter quelque chose; *terme marin*, celui qui, au lieu de gaîne, a une double queue de poisson tortillée; *terme rustique*, celui dont la gaîne, ornée de bossage, porte la figure de quelque divinité champêtre.—Mot, diction. — *S'exprimer en termes propres*, employer des *termes* convenables à la chose dont il s'agit.—*Voilà en propres termes ce que je lui ai dit*, voilà mot pour mot ce que je lui ai dit.—*Mesurer, peser ses termes*, parler avec circonspection. — *Parler de quelqu'un en bons* ou *en mauvais termes*, en dire du bien ou du mal.—Sujet ou attribut d'une proposition.—On dit : *les deux termes d'une comparaison*, pour signifier les deux choses que l'on compare l'une avec l'autre : *la monnaie est un terme de comparaison pour la valeur des choses de différentes espèces*. (J.-J. Rousseau.) — En géom., *un point est le terme d'une ligne, une ligne est le terme d'une surface, et la surface est le terme d'un solide*.—En algèbre, dans une quantité algébrique, les différentes parties séparées par les signes + et —. — On dit, en physique, que *tout mouvement a deux termes*; *le terme d'où l'on part, et le terme où l'on va*. Les logiciens disent, en parlant du rapport et de la relation que deux choses ont entre elles : *toute relation a deux termes*; *père et fils sont deux termes de relation*.— Façon de parler particulière à quelque art ou science : *termes d'architecture*, *de grammaire*, *de pratique*, etc.— Au plur., état où est une af-

T. II. 88

faire ou une personne par rapport à une affaire : *être en termes d'accommodement*.—TEMPS, LIMITES, BORNES.(*Syn.*) Le *terme* est un point; les *limites* sont une ligne ; les *bornes*, un obstacle.—Le *terme* est où l'on peut aller ; les *limites* sont tout ce qu'on ne doit pas passer; les *bornes*, ce qui empêche de passer outre.—On approche ou on éloigne le *terme* ; on resserre ou l'on étend les *limites* ; on avance ou l'on recule les *bornes*. — Le *terme* et les *limites* appartiennent à la chose, ils la finissent ; les *bornes* lui sont étrangères ; elles la renferment dans le lieu qu'elle occupe, ou la contiennent dans sa sphère. — Le détroit de Gibraltar fut le *terme* des voyages d'Hercule. On dit, avec plus d'éloquence que de vérité, que les *limites* de l'empire romain étaient celles du monde.—Le Rhin, la mer, les Alpes et les Pyrénées sont les *bornes* naturelles de la France. — Le *terme* de la prospérité arrive souvent dans le moment qu'on projette de ne plus donner de *limites* à son pouvoir, et qu'on ne met plus de *bornes* à son ambition.—Je ne vois de *terme* à nos maux que dans le *terme* de notre vie. Les souhaits n'ont point de *limites*; l'accomplissement ne fait que leur ouvrir une nouvelle carrière. Nous ne sommes heureux que quand les *bornes* de notre fortune sont celles de notre cupidité.—TERMES PROPRES, PROPRES TERMES. (*Syn.*) Les uns et les autres sont ceux qui conviennent à la circonstance pour laquelle on les emploie. — Les *termes propres* sont ceux que l'usage a consacrés pour rendre précisément les idées que l'on veut exprimer. *Les propres termes* sont ceux mêmes qui ont été employés par la personne que l'on fait parler, ou par l'écrivain que l'on cite.—La justesse dans le langage exige que l'on choisisse scrupuleusement les *termes propres* ; c'est à quoi peut servir l'étude des différences délicates qui distinguent les synonymes. La confiance dans les citations dépend de la fidélité que l'on a à rapporter les *propres termes* des livres ou des actes que l'on allègue. Voy. MOT.

TERMÈS, subst. mas. (*tèremèce*) Voy. TERMITE.

TERMINAIRE, adj. des deux genres (*tèreminère*), qui concerne la fin, le *terme*.

TERMINAISON, subst. fém. (*tèreminèzon*), t. de gramm., désinence d'un mot ; les dernières lettres ou syllabes qui *terminent* un mot. — T. de médec., fin d'une maladie.—Fin, issue, *terme*, succès de quelque affaire.

TERMINAL, E, adj. (*tèreminale*) (du lat. *terminalis*), t. de bot., qui occupe ou forme le sommet d'une partie, qui la *termine* : *épine, fleur terminale*.—Au plur. mas., *terminaux*.

TERMINALES, subst. fém. plur. (*tèreminale*), myth., fêtes en l'honneur du dieu *Terme*.

TERMINATIF, adj. mas., au fém. TERMINATIVE (*tèreminatif, tive*), qui *termine*.

TERMINATIVE, adj. fém. Voyez TERMINATIF.

TERMINAUX, adj. mas. plur. Voyez TERMINAL.

TERMINE, subst. fém. (*tèremine*) (en lat. *terminus*), temps. (*Boiste*.) Vieux et même hors d'usage.

TERMINÉ, E, part. pass. de *terminer*.—En t. de dessin, on appelle *traits, contours terminés*, des traits, des contours bien achevés, bien arrêtés, qui n'ont rien d'indécis.

TERMINER, v. act. (*tèreminé*) (du lat. *terminare*), borner : *cette montagne termine agréablement l'horizon*.—Achever, finir : *il a terminé heureusement sa carrière ; il a bientôt terminé son travail*.—Mettre fin à.. : *le chagrin termina bientôt sa vie*.—Résoudre, conclure: *pour terminer, je ne dirai qu'un mot*. — SE TERMINER, v. pron., s'achever, se finir.—En parlant des mots, avoir une certaine *terminaison* ou désinence.

TERMINOLOGIE, subst. fém. (*tèreminoloji*) du lat. *terminus*, terme, et du grec λογος, discours), emploi, abusif des termes techniques.

TERMINOLOGIQUE, adj. des deux genres (*tèreminolojike*), qui a rapport, qui appartient à la *terminologie*.

TERMINTHE, subst. mas. (*tèremeinte*), t. de médec., tubercule inflammatoire terminé par une pustule noire.

TERMITE, subst. mas (*tèremite*), t. d'hist. nat., genre d'insectes névroptères.

TERMITINES, sub.fém. pl.(*tèremitine*), t. d'hist. nat., tribu d'insectes névroptères.

TERNAIRE, adj. des deux genres (*tèrenère*) (du latin *ternarius*, fait de *ternis*, nombre trois) : *le nombre ternaire*, le nombre de trois.

TERNATÉE, subst. fém. (*tèrenatée*), t. de bot., genre de plantes.

TERNE, adj. des deux genres (*tèrene*), qui n'a pas l'éclat qu'il doit avoir, ou qui en a peu en comparaison d'une autre chose ; qui paraît *terni* : *ces pierreries sont ternes*. — En peint., *coloris terne*, sans éclat.—On dit aussi par analogie : *un style terne*.

TERNE, subst. mas. (*tèrene*) (du latin *ternis*, le nombre de trois), réunion de trois nombres pris ensemble à la loterie, et sortis ensemble de la roue de fortune. — *Terne sec*, trois nombres pris sans jouer l'extrait, ni l'ambe.—Fig. *c'est un terne à la loterie*, c'est un bienfait du hasard.— Au loto, trois numéros gagnant ensemble sur la même ligne horizontale. — Au plur., au jeu de trictrac, deux trois.

TERNÉ, E, adj. (*tèrené*), t. de bot., se dit des feuilles dont le pétiole porte trois folioles, comme dans le trèfle.

TERNES, subst. mas. plur. Voy. TERNE.

TERNI, E, part. pass. de *ternir*, et adj., qui a perdu son lustre.—Par analogie, qui a perdu sa fraîcheur : *c'est une beauté ternie*. — Qui a reçu une atteinte flétrissante dans l'opinion : *sa réputation est ternie*.

TERNIER, subst. mas. (*tèrenié*), t. d'hist. nat., espèce d'oiseau de la famille des grimpereaux.

TERNIR, v. act. (*tèrenir*), ôter le lustre, l'éclat, la couleur : *cela ternit les couleurs*. —On dit fig. : *ternir sa réputation, sa gloire, ses vertus, sa mémoire, etc*.—SE TERNIR, v. pron., perdre son lustre, son éclat, sa couleur.

TERNISSURE, subst. fém. (*tèreniçure*), l'action qui *ternit*.—L'état de ce qui est *terne*.

TERNSTROME, subst. fém. (*tèrenecetrome*), t. de bot., genre de plantes monandres.

TERNSTROMIÉES, sub. fém. (*tèrenecetromié*), t. de bot., *famille de plantes*.

TER-OUEN, subst. mas. (*tèrouan*), espèce de potage économique, de fécule et de gélatine.

TERROULE, subst. fém. (*tèroule*), *terre* légère, noire, indice du charbon de terre.

TERPAN, subst. mas. (*tèrepan*), t. de relat., faux emmanchée à l'usage des Turcs, à la guerre.

TERPONG, subst. mas. (*tèrepongue*), t. d'hist. nat., poisson à écailles hérissées.

TERPSICHORE, subst. propre fém. (*tèrepecikore*) (du grec τερπω, je me plais, et χορος, danse), myth., l'une de neuf muses, déesse de la musique et de la danse. On la représente sous la figure d'une jeune fille vive et enjouée, couronnée de guirlandes, et tenant une harpe au son de laquelle elle dirige ses pas en cadence.

TERQUE, ou **TERC**, subst. mas. (*tèreke*), espèce de goudron noir, pour marquer les moutons.

TERRACINIENS, subst. propre mas. plur. (*tèreracinien*), habitants de *Terracine*.

TERRAGE, subst. mas. (*tèraje*), anciennement, droits qu'avaient certains seigneurs de lever une partie des fruits provenus sur les *terres* qui étaient dans leur censive. — Action de *terrer* le sucre, la vigne, etc.

TERRAGEAU, TERRAGEUR, subst. mas. (*tèrajô, jeure*), t. de vieille féod., seigneur qui avait le droit de *terrage*.

TERRAGÉ, E, part. pass. de *terrager*.

TERRAGER, v. act. (*tèrajé*), t. de féod., opérer, lever le *terrage*.—En t. de raffin., préparer, exécuter l'opération par laquelle on enlève le sirop du sucre.—SE TERRAGER, v. pron.

TERRAGIER, subst. mas. (*tèrajié*), t. de coutume, sans définition de la part de *Boiste*, qui seul le donne ; il est sans doute question de celui qui était soumis au droit du *terrage*.

TERRAGNOL, subst. mas. (*tèragniole*), t. de man., cheval qui va terre à terre ; lourd. —Chargé d'épaules.

TERRAILLE, subst. fém. (*tèrâ-ie*), sorte de poterie jaunâtre qu'on fabrique à Escrome, près le Pont-Saint-Esprit.

TERRAIN, mieux **TERREIN**; nous préférons *terrein* à *terrain*, parce que tout mot français doit, selon nous, être formé sur l'orthographe du mot français déjà existant. Si l'on disait en français *terra*, comme en latin, nous devrions écrire *terrain*, mais nous disons *terre*; orthographions donc *terrein*, subst. mas. (*tèrein*)(rac. *terre*). Espace de *terre* considéré selon ses bonnes ou mauvaises qualités : *son jardin occupe un bon terrein*; par rapport à quelque ouvrage qu'on y fait ou qu'on y pourrait faire : *il a un beau terrein pour bâtir*; par rapport à quelque action qui s'y passe : *se porter sur le terrein*. — *Ménager son terrein*, employer utilement le peu d'espace qu'on a, et fig., se servir avec prudence des moyens qu'on a pour réussir. — Fig.: *disputer le terrein*, tâcher de ne pas laisser prendre de l'avantage sur soi. — *Connaître bien le terrein*, l'humeur, les intérêts des personnes avec qui l'on a à traiter. On dit, à peu près dans le même sens : *reconnaître, sonder le terrein*. — *Gagner du terrein*, avancer peu à peu dans une affaire. — *Être sur son terrein*, parler de ce que l'on sait. — On dit prov. et fig., qu'*un homme est fort quand il est sur son terrein*, pour dire qu'on parle avec plus de confiance de ce que l'on connaît par habitude. — *Terrein* se dit aussi de la terre par rapport à certaines qualités, comme d'être molle, d'être dure, etc. : *prenez garde, le terrein est glissant ; le terrein est mauvais; le terrein est bon; le terrein est mou, est dur; ce terrein est inégal*. — En t. de peinture, *terrein* se dit surtout en fait de paysages, d'un espace de terre distingué d'un autre et un peu nu, sur lequel il n'y a ni bois fort élevés, ni montagnes apparentes : *les terreins aident beaucoup à la perspective d'un paysage*.

TERRAL, subst. mas. (*tèrale*), t. de mar., vent de *terre*.

TERRANÉOLE, subst. mas. (*tèrané-ole*), t. d'hist. nat., petit oiseau qui se tient sur la *terre*, et même loge sous *terre*.

TERRAQUÉ, E, adj. (*tèrakié*) (du lat. *terra*, terre, et *aqua*, eau), composé de terre et d'eau. Il n'est guère usité que dans cette phrase : *le globe terraqué*.

TERRASSE, subst. fém. (*tèrace*), levée de *terre* dans un jardin, etc., faite de main d'homme, pour le plaisir de la vue et pour la commodité de la promenade. — Ouvrage de maçonnerie en forme de balcon et de galerie ouverte.— Toit d'une maison lorsqu'il est en plate-forme et à découvert.—En peint., le devant des paysages. — ***Terrasse de sculpture***, surface du socle sur lequel posent les pieds de la statue.

TERRASSÉ, E, part. pass. de *terrasser* et adj. — En t. de blas., il se dit d'un arbre autour duquel on voit la motte de *terre* où sont les racines; de la pointe de l'écu, lorsqu'elle est occupée par de la *terre* couverte d'herbes.

TERRASSEMENT, subst. mas. (*tèraceman*), ouvrage de *terre*, travail des *terrassiers*.

TERRASSER, v. act. (*tèracé*), mettre un amas de *terre* derrière une muraille pour la fortifier, etc. — Jeter de force par *terre*. — Fig., faire perdre courage, consterner : *cette nouvelle nous a tous terrassés*. — Convaincre par des raisons sans la moindre réplique : *on l'a terrassé à force de raisons*. — SE TERRASSER, v. pron., se fortifier en se couvrant d'ouvrages de *terre*.

TERRASSEUR, subst. mas. (*tèraceur*), en t. de maçons, celui qui travaille à hourder des planchers, des cloisons, etc.

TERRASSEUSE, adj. fém. Voy. TERRASSEUX.

TERRASSEUX, adj. mas., au fém. TERRASSEUSE (*tèraceu, ceuze*), qui contient des parties tendres : *marbre terrasseux*.

TERRASSIER, subst. mas., **TERRASSIÈRE**, subst. fém. (*tèracié, cière*), ouvrier qui travaille à des *terrasses*; qui transporte des *terres*.

TERRASSIÈRE, subst.fém. Voy. TERRASSIER.

TERRE, subst. fém.(*tère*) (en lat. *terra*), en chim., en minér., etc., substance qui forme la base de toutes les pierres, etc. — On dit, en poésie: *la terre et l'onde*, pour : l'empire de la mer et de la *terre* ; et *le ciel et la terre*, pour : la *terre* et l'air. — Fig. : *négliger le ciel pour la terre*, négliger son salut pour s'attacher aux choses mondaines. — *Un homme n'a pas un pouce de terre*, n'a point de biens en fonds de terre. — *Un homme est riche en fonds de terre*, il possède beaucoup de *terres*. — Prov. : *qui terre a, guerre a*, qui a du bien est exposé ou sujet à avoir des procès. — *Tant vaut l'homme, tant vaut sa terre*, les *terres*, les charges, les emplois rapportent à proportion de celui qui les possède, et de l'art de les faire valoir.—Le *globe terrestre*, composé de *terre* et d'eau. — Partie de la *terre*, considérée quant à sa nature ou en tant qu'elle peut être cultivée, employée à quelque ouvrage, etc. : *terre grasse, sablonneuse, labourable*, etc., selon les façons qu'elle reçoit : *terre cultivée, unie, fouillée, creusée, fumée, rapportée, ameublie, améliorée, criblée*.—Elle prend les noms des usages où elle est mise : *terre à pot* ou *à potier*, *terre* glaise blanchâtre, compacte, molle, qui se cuit dans des fourneaux, et dont on fait les briques, les tuiles, les pots, la faïence; *terre à foulon*, espèce de glaise onctueuse au toucher qui sert à préparer les draps; *terre ti-*

gillée, terre rouge de Lemnos mise en pastilles empreintes d'un cachet arabe : on fait croire que c'est un antidote; terre d'ombre, espèce de craie brune qu'on tire du Levant; terre vernissée, terre qui, en sortant de la roue du potier, a reçu une couche de plomb calciné : vaisselle de terre vernissée; terre à pipe; terre à porcelaine; de la poterie de terre.—Elle prend les noms des pays d'où elle vient : terre de Lemnos, terre de Cologne, certaines terres que l'on fait venir de ces endroits. — On appelle terre, en chimie, ce qui reste de plus terrestre d'un corps duquel on a tiré les sels, les esprits, les huiles : lessiver les terres qui restent après la distillation. — Pays, contrée : terres inconnues, inhabitées ; terres australes. — Étendue d'un pays : les terres de France, d'Espagne ; être, demeurer, mourir en terre étrangère. — Domaine, héritage : être riche en fonds de terre; terre bien plantée, où il y a de beaux plants; terre bien bâtie, où il y a de beaux bâtiments. — Endroit où l'on place un corps mort : porter un homme en terre. — Être enterré en terre sainte, dans l'église, ou plutôt dans le cimetière de l'église. — Il sent la terre, il est près de sa mort. — Les bords de la mer : côtoyer , raser , ranger la terre ; prendre terre ; aborder ; prendre terre, s'éloigner ; perdre la terre de vue. Dans une autre acception, perdre terre, c'est , étant debout dans une rivière, ne pouvoir pas toucher le fond avec les pieds. — Fig. : travailler sous terre, agir sous terre, former des intrigues sourdes, cabaler secrètement. — Les entrailles de la terre, la profondeur de la terre. — Fig., les habitants de la terre : Alexandre voulait soumettre toute la terre. — Par exagération , un grand nombre de personnes : toute la terre le sait, en parle. — Prov. : bonne terre, mauvais chemins, ordinairement, dans les bonnes terres, les chemins sont mauvais. — Fig. : battre un homme à terre, abuser de son avantage contre un homme battu ou hors de défense, ou qui ne se défend plus : ce serait battre un homme à terre que d'insister davantage. — Fig. et prov. : faire perdre terre à quelqu'un, l'éculever et le renverser. — Il voudrait être vingt pieds , cent pieds sous terre, se cacher de honte , ou il voudrait être mort. — Nous irons tant que terre pourra nous porter, tant que nous pourrons. — Prov. : il a peur que terre ne lui manque , c'est un avare, un homme timide qui craint toujours que l'argent vienne à lui manquer. — Il a bien remué la terre, il a fait faire beaucoup de travaux en terre.—T.d'artmilit., on a bien remué la terre dans ce siège; ouvrages à terre; assis à terre. — En t. de morale chrétienne, les biens et les plaisirs de la vie présente : aimer la terre, ne songer qu'à la terre. — Terre ferme, le continent. — Terres neuves, terres nouvellement découvertes. — En style d'Écriture : terre de promission , la terre promise. — La Terre-Sainte, la Palestine. — Terre animale des anciens chimistes, phosphate de chaux des modernes. — Terre calcaire, chaux.—Terre alkaline, acétate de soude. — Terre magnésienne, magnésie. — —Terre silicieuse, silice.— Fig. et fam. : donner du nez en terre, succomber dans une affaire. — Ce qu'il a dit n'est pas tombé à terre, on l'a relevé, on y a bien pris garde. — Mon affaire n'a pas touché terre , elle a passé tout d'une voix, sans difficulté. — Cet homme ne laisse pas toucher du pied à terre, ne laisse pas le temps de se reconnaître, de respirer. — Prov. : faire de la terre le fossé , tirer de la chose même les dépenses nécessaires pour l'agrandir ou pour l'entretenir. — Chasser sur les terres d'autrui, entreprendre sur ses droits. — Ville bien avant dans les terres, bien éloignée de la mer.

TERRÉ, E, part. pass. de terrer.

TERRE-À-TERRE, subst. mas. (tératère), t. de man., suite de sauts fort bas que le cheval fait en avant, étant porté de côté, et maniant sur deux pistes. — Au plur., des terre-à-terre.

TERREAU, subst. mas. (tèrô), fumier pourri et réduit en terre. On le nomme aussi, terre végétale. — On dit encore terrot, mais ce dernier mot signifie plutôt du fumier pourri, ou de la terre légère et du sable passés par un crible, mêlés ensemble.

TERREAUTÉ, E, part. pass. de terreauter.

TERREAUTER, v. act. (tèrôté), répandre du terreau dans un jardin, etc.—se TERREAUTER, v. pron.

TERRE-CRÈPE, subst. mas. (tèrekrèpe), t. de bot., espèce de plante.

TERREIN, subst. mas. Voy. TERRAIN.

TERRE-MÉRITE, subst. fém. (tèremérite), nom marchand de la racine du curcuma réduite en poudre.

TERRE-NEUVE, subst. propre fém. (tèreneuve). lieu où se fait la plus considérable pêche de morue.

TERRE-NEUVIER, subst. mas. (tèreneuvié), celui qui pêche des morues sur le banc de Terre-Neuve. —Vaisseau qui sert à cette pêche.

TERRE-NOIX, subst. fém. (tèrenoa), t. de bot., plante ombellifère.

TERRE-PLEIN, subst. mas. (tèreplein), t. de fortification, surface plate et unie d'un amas de terre élevé. — En t. d'archit., terre rapportée entre deux murs de maçonnerie pour servir de terrasse.—Au plur., des terre-pleins.

TERRER, v. act. (tèré), en agric. garnir de nouvelle terre.—Terrer une vigne, l'amender par de nouvelles terres choisies pour la rendre plus fertile.—Terrer du sucré, le blanchir au moyen d'une terre grasse, dont on couvre le fond des formes.—Terrer une étoffe, l'enduire de terre à foulon. — Terrer un artifice, en garnir la gorge de terre sèche , pilée et pressée. — Terrer est aussi quelquefois neut., et alors il a le sens de se terrer. — SE TERRER , v. pron., se cacher sous terre : les renards, les lapins, les blaireaux se terrent. — En parlant des gens de guerre, se mettre à couvert du feu de l'ennemi par des travaux de terre.

TERRESTRE, adj. des deux genres (tèrécetre) (du latin terrestris), qui appartient à la terre : vapeurs, exhalaisons terrestres.—On appelle paradis terrestre, le jardin où Dieu mit Adam et Ève, après les avoir créés ; et on dit figurément d'un pays délicieux et abondant, c'est un paradis terrestre. —Qui tient de la nature de la terre. — Au moral, il se dit par opposition à spirituel : vues, sentiments, pensées terrestres.

TERRESTRÉITÉS, subst. fém. plur. (tèrécetré-ité), t. de chim., les parties les plus grossières des substances.

TERRET, subst. mas. (tèré), t. d'agric., raisin qui croît dans le dép. du Cher.

TERRETTE, subst. fém. (tèretèe), t. de bot., herbe de la Saint-Jean. Voy. LIERRE.

TERREUR, subst. fém. (tèreur) (du latin terror), épouvante, grande crainte. — Remplir tout de la terreur de son nom, imprimer la terreur partout. — Terreur panique, subite et sans sujet. — Temps de la terreur, dénomination donnée en France à l'anarchie de 1793, etc. On dit absolument et en hist. la terreur : durant la terreur on se cachait pour échapper à la mort. — Terroriste, terrorisme, le système, le régime de la terreur ; et terroriste, l'agent ou partisan de ce régime. — TERREUR, ÉPOUVANTE, EFFROI, FRAYEUR, (Syn.) La terreur est une violente peur qui, causée par la présence ou l'annonce d'un objet redoutable, abat le courage et jette le corps dans un tremblement universel. L'épouvante est une grande peur qui, causée par un objet ou un appareil extraordinaire, donne les signes de l'étonnement et de l'aversion, et par la grandeur du trouble qui l'accompagne, ne permet pas la délibération. L'effroi est une peur extrême qui, causée par un objet horrible, jette dans un état funeste et renverse également les sens et l'esprit. La frayeur est un violent accès qui, causé par l'impression subite d'un objet surprenant, fait frissonner le corps et trouble toutes nos pensées. — Le mot frayeur n'exprime que la sensation imprimée, ou l'effet produit, sans être jamais appliqué à la cause. On ne dit pas qu'un tyran est la frayeur de ses peuples, comme il en est l'effroi, l'épouvante, la terreur. Voy. PEUR, ALARME.

TERREUSE, adj. fém. Voy. TERREUX.

TERREUX, adj. mas., au fém. TERREUSE (tèreu, reuse), mêlé de terre : sable, métal terreux. — Sali de terre, de poussière : cet enfant a les mains terreuses.—Avoir le visage terreux, le visage d'un mort.—Goût terreux, odeur terreuse, qui a un goût, une odeur de terre.

TERRIBLE, adj. des deux genres (tèrible), (du latin terribilis), qui donne ou qui est propre à donner de la terreur.—Fig., étonnant, c'est un terrible homme, c'est un terrible faiseur de vers, c'est un terrible harangueur.

TERRIBLEMENT, adv. (tèribleman), d'une manière à donner de la terreur. — Fig. et fam., extrêmement, excessivement.

TERRICOLE, subst. mas. et adj. des deux genres (tèricole), celui qui habite la terre ; il se dit particulièrement de certains insectes , par opposition à ceux qui vivent dans les arbres, etc.

TERRIEN, subst. et adj. mas., au fém. TERRIENNE (tèriên, riène), qui possède une grande étendue de terre, ou plusieurs terres.

TERRIENNE, subst. et adj. fém. Voy. TERRIEN.

TERRIER, subst. et adj. (tèrié), t. de féod., registre qui contient le dénombrement et la nature des héritages situés dans la censive d'un seigneur, avec le tribut dont ils sont chargés. En ce sens il est aussi adjectif : un papier terrier. — Subst. mas. seulement, trou, cavité dans la terre où certains animaux se retirent. — Fig. et fam. : il s'est retiré dans son terrier, il ne paraît plus dans le monde. — Il est allé mourir dans son terrier, dans sa patrie, etc. — On appelle aussi terrier, un chien propre à chasser les lapins et les blaireaux.

TERRIÈRE, subst. fém. (tèrière), trou de lapin. Vieux.

TERRIFICATION, subst. fém. (tèrifikâcion), t. de chim., assemblage des parties terreuses dans la fermentation.

TERRIFIÉ, E, part. pass. de terrifier.

TERRIFIER, v. act. (tèrifié), convertir en terre. — Frapper d'épouvante, de terreur. — se TERRIFIER , v. pron. Le mot manque dans l'Académie.

TERRIGÈNE, adj. des deux genres (tèrijène), myth., né de la Terre, comme les Titans.

TERRINE, subst. fém. (tèrine), sorte de vase de terre qui sert à mettre et à faire cuire diverses choses.—En t. de gastronomie, mets assaisonné dans une terrine et que l'on sert froid : une terrine de foies gras.

TERRINÉE, subst. fém. (tèrinè) , plein une terrine.

TERRIR , v. neut. (tèrir), il se dit proprement des tortues qui viennent à terre pour pondre leurs œufs ; et, en t. de pêche, des poissons qui approchent de la terre quand il fait chaud. — En t. de mar., prendre terre.

TERRITÈLE , subst. fém. (tèritèle), t. d'hist. nat., section d'arachnides tileuses.

TERRITOIRE, subst. mas. (tèritoare), l'espace de terre qui dépend d'une juridiction, d'un souverain, d'une province, etc. : cette ville possède un riche territoire. On dit de même : le territoire d'une paroisse. — En parlant d'un évêque : donner territoire, autoriser un autre évêque à exercer certaines fonctions épiscopales dans un diocèse qui n'est pas le sien.

TERRITORIAL, E, adj. (tèritori-al), qui concerne, qui comprend le territoire : impôt territorial. — Au plur. mas., territoriaux.

TERRITORIAUX, adj. mas. plur. Voy. TERRITORIAL.

TERROIR, subst. mas. (tèroar), terre considérée par rapport à l'agriculture : terroir fertile, gras, aride, ingrat, etc. — Sentir le terroir, en parlant des ouvrages d'esprit ; avoir des défauts qui trahissent les mauvaises habitudes du pays où l'on est né, où l'on a vécu. — Ce vin sent le terroir, a un goût de terroir , a un goût désagréable qui vient de la qualité du terroir.—Fig. : cet homme sent le terroir, a les défauts des gens de son pays.

TERRORIFIÉ, E , part. pass. de terrorifier.

TERRORIFIER, v. act. (tèrrorifié) (du latin terror, et fieri, être fait), agiter par la terreur, en inspirer, employer la terreur pour porter à….—SE TERRORIFIER, v. pron.

TERRORISÉ, E, part. pass. de terroriser.

TERRORISER, v. act. et neut. (tèroriszé),

établir le système de la *terreur*. — SE TERRORISER, v. pron.

TERRORISME, subst. mas. (*tèreroriceme*). Voy. TERREUR.

TERRORISTE, subst. des deux genres (*tèreroricete*). Voy. TERREUR.

TERROT, subst. mas. (*tèrô*), terre légère et sable passés au tamis et mêlés. — Quand on parle de cette espèce de terre échauffée, engraissée par le mélange du fumier pourri qui sert à faire les couches, on dit *terreau*.

TERRURE, subst. fém. (*tèrure*), t. d'agric., action de *terrer*. — En parlant des tortues, action de *terrir*.

TERS, E, adj. (*tère, tèrce*), frotté. Peu usité.

TERSER, v. act. (*tèrecé*). Voy. TERCER.

TERSET, subst. mas., *barbarisme*. Voy. TERCET.

TERSINE, subst. fém. (*tèrecine*), t. d'hist. nat., genre d'oiseaux silvains.

TERTIAIRE, adj. des deux genres (*tèrecière*), de la troisième grandeur : *montagne tertiaire*.

TERTIANAIRE, adj. des deux genres (*tèrecianère*), qui revient tous les trois jours.—Subst. fém., t. de bot., nom d'une plante.

TERTOUREIRA, subst. mas. (*tèretourèra*), t. de bot., sorte d'arbrisseau qui croît sur les bords de la Méditerranée.

TERTRE, subst. mas. (*tèretre*) (du bas-breton *tertr*, tertre, colline. *Trévoux*.), éminence de terre dans une plaine, colline.—Dans le blas., petite terrasse.

TERTULLIANISME, subst. mas. (*tèretuli-aniceme*), système, principes, doctrine de *Tertullien*.

TERTULLIANISTE, subst. mas. (*tèretuli-aniste*), partisan des opinions, des principes de *Tertullien*.

TERZANA-ÉMINI, subst. mas. (*têrezâna-émini*), t. de relat., intendant de la marine en Turquie.

TES, adj. poss. plur. (*tè*). Voy. TON.

TESCARET ou **THESKÉRÉ**, subst. mas. (*tècekaré, kiéré*), t. de relat., certificat de la douane de Smyrne.

TESPÉSIE, subst. fém. (*tècepézi*), t. de bot., arbre de la côte d'Afrique. — Genre de plantes légumineuses voisin des gatniers.

TESQUES, subst. mas. plur. (*tèceke*), t. d'antiq., lieu où l'on prenait les augures. — Lieux champêtres consacrés à quelques divinités.

TESQUISANA, subst. fém. (*tècekuizana*), t. d'hist. nat., pie du Mexique.

TESSARIE, subst. fém. (*tèceçari*), t. de bot., sorte d'arbrisseau du Pérou.

TESSEAUX, subst. mas. plur. (*tèçô*), t. de mar., pièces de bois enclavées dans les mâts, qui soutiennent les hunes.

TESSELÉ, E, adj. (*tècelé*), qui est disposé en forme de carreaux de damier. Presque inusité.

TESSELLE, subst. fém. (*tècèle*), morceau de marbre carré à quatre pans, qui sert à paver.

TESSÈRE, subst. fém. (*tècère*), t. d'antiq., dé à jouer. — Mot du guet à la guerre tracé sur un morceau de bois ou de métal. — Mesure de blé qu'on donnait aux soldats. — Marque qu'on délivrait pour obtenir sa part dans les distributions. — Marque ou contre-marque qu'on délivrait anciennement à l'entrée des théâtres.

TESSON, subst. mas. (*tèçon*) (du latin *testa*. Voy. TEST), morceau ou pièce rompue des vases de *terre* ou de grès. On dit aussi *têt*.

TESSURE, subst. fém. (*tèçure*), t. de pêche, réunion d'appelets placés au bout les uns des autres.

TESSY, subst. propre mas. (*tèci*), village de France, chef-lieu de canton, arrond. de Saint-Lô, dép. de la Manche.

TEST ou **TÊT**, subst. mas. (*tè*) (du lat. *testa*, employé dans la même acception, et qui signifie proprement un vase de terre cuite; etc.; fait de *tosta*, part. pass. fém. de *torrere*, rôtir, brûler, *olla tosta*), t. d'hist. nat., la partie la plus dure qui forme le corps d'une coquille; l'enveloppe des tortues, des tatous. — En bot., la tunique extérieure de la semence, suivant *Gaertner*, qui l'appelle aussi : *enveloppe testacée*.

TEST, subst. mas. (*tè*), en Angleterre, *le serment du test*, par lequel on abjure la doctrine de la transsubstantiation, du sacrifice de la messe et de l'invocation des saints. Ce mot signifie *épreuve*.

TESTACÉ, E, adj. (*tècetacé*), qui est couvert d'un *test*, d'une écaille dure et forte. — Il est aussi subst. mas. : *la tortue est du genre des testacés*.

TESTACÈLE, subst. fém. (*tècetacèle*), t. d'hist. nat., genre de mollusques, qui se trouve entre les limaces et les hélices.

TESTACELLIER, subst. mas. (*tècetacelié*), t. d'hist. nat., animal de la *testacèle*.

TESTACITE, subst. fém. (*tècetacite*), t. d'hist. nat., nom donné à certaines coquilles pétrifiées.

TESTADOU ou **TESTADON**, subst. mas. (*tècetadou, don*), t. de pêche, piquet placé à la pointe de la pentière, tout près de celui qu'on nomme *courrier*.

TESTAMENT, subst. mas. (*tècetaman*) (du lat. *testamentum*, fait de *testari*, attester), acte authentique par lequel on déclare ses dernières volontés : *le testament de Louis XVI*. — *Testament de mort*, la déclaration libre et volontaire d'un criminel condamné à mort. — *Testament olographe*, écrit daté et signé de la main du testateur. — *Testament par acte public*, reçu par deux notaires, en présence de deux témoins, ou par un notaire en présence de quatre témoins. —*Testament mystique*, remis par le testateur clos et scellé à un notaire, en présence de six témoins.— *Testament ab irato*, fait dans un moment de haine ou de colère.—*Testament militaire*, fait à l'armée, sans les formalités exigées pour la validité des autres *testaments*. — *Testament inofficieux*, dans lequel il n'est fait aucune mention des plus proches héritiers de droit.—*Testament politique*, écrit politique contenant des vues, des projets, qu'on suppose avoir dirigé la conduite des hommes d'état qui les ont faits.— *L'Ancien Testament*, les livres de l'Écriture sainte qui ont précédé la naissance de Jésus-Christ. *Le Nouveau Testament*, ceux qui sont postérieurs à cette époque.—Ces mots signifient aussi : alliance : *l'Ancien Testament n'était que la figure du Nouveau*.

TESTAMENTAIRE, adj. des deux genres (*tècetamantère*), qui regarde le *testament* : *disposition testamentaire*. — *Exécuteur testamentaire*, celui qui exécute et accomplit ce qui est prescrit par un *testament*.—*Héritier testamentaire*, celui qui est choisi par le testateur même.

TESTAMENTÉ, part. pass. de *testamenter*.

TESTAMENTER, v. neut. (*tècetamanté*), faire son *testament*. Presque inusité.

TESTATEUR, subst. mas., **TESTATRICE**, subst. fém. (*tècetateur, trice*), celui ou celle qui *teste*, qui fait ou a fait son *testament*.

TESTATRICE, subst. fém. Voy. TESTATEUR.

TESTÉ, part pass. de *tester*.

TESTER, v. neut. (*tèceté*), faire son *testament*. — Mettre de nouvelles dents à un peigne de tisserand, à la place des anciennes qu'un long usage a mises hors d'état de servir.

TESTES, subst. mas. plur. (*tècetèce*), t. d'anat., mot tout latin, qui désigne la paire inférieure des tubercules quadrijumeaux.

TESTI, subst. mas. (*tèceti*), poil de chameau. Inusité.

TESTICULAIRE, adj. des deux genres (*tècetikulère*), t. d'anat., qui a rapport aux *testicules*.

TESTICULE, subst. mas. (*tècetikule*) (du latin *testiculus*), t. d'anat., corps blanc et glanduleux où se perfectionne la semence qui est la matière de la génération. — T. d'hist. nat., coquilles des genres natice et casque. — T. de bot. Voyez SATYRION.

TESTICULIER, subst. mas. (*tècetikulié*), t. d'h. nat., animal de la coquille appelée *testicule*.

TESTIF, subst. mas. (*tècetife*), poil de chameau. (*Dict. de l'Académie de 1835*). Inusité.

TESTIFIÉ, E, part. pass. de *testifier*.

TESTIFIER, v. act. (*tècetifié*), témoigner, certifier.— SE TESTIFIER, v. pron. Inusité.

TESTIMONIAL, E, adj. (*tècetimoni-ale*) (du lat. *testimonialis*, fait de *testimonium*, témoignage), qui rend témoignage : *lettres, preuves testimoniales*. C'est là presque tout l'emploi de ce mot.— Au plur. mas., *testimoniaux*.

TESTIMONIAUX, adj. mas. plur. Voy. TESTIMONIAL.

TESTON, subst. mas. (*tèton*), monnaie d'argent, frappée en France sous Louis XII, sur laquelle était gravée la *tête* du roi.

TESTONNÉ, E, part. pass. de *testonner*.

TESTONNER, v. act. (*tètoné*), peigner les cheveux, les friser, les arranger. — SE TESTONNER, v. pron. Vieux et même tout-à-fait hors d'usage.

TESTUDO, subst. mas. (*tècetudo*) (mot lat. qui signifie, tortue), t. de médec., tumeur enkystée, en façon d'écaille de tortue.

TÊT, subst. mas. (*tè*) (du lat. *testa*. Voy. TEST), morceau d'un pot de terre cassé. — Autrefois, crâne. — En t. de vén., front du cerf ou une partie de son os frontal. — *Têt* ou *têt à vitrifier*, écuelle ou vaisseau dans lequel on fait l'opération de la coupelle en grand. — On appelle vulgairement *têt à cochons*, au lieu de *toit*, l'endroit où l'on resserre ces animaux.

TÉTANIQUE, adj. des deux genres (*tétanike*), t. de médec., qui tient du *tétanos*.

TÉTANOCÈRE, subst. mas. (*tétanocère*), t. d'hist. nat., genre d'insectes diptères.

TÉTANOS, subst. mas. (*tétanôce*) (du grec τετανος, dit dans le même sens pour τεταvος, tendu, dérivé de τειω, pour τεινω, je tends), t. de médec., sorte de convulsion dans laquelle on ne peut se pencher ni d'un côté ni de l'autre.

TÉTANOTHRE, subst. mas. (*tétanotre*), médicament dont on se servait autrefois pour dérider et unir la peau.

TÉTANURE, subst. fém. (*tétanure*), petite partie de fer.

TÉTARD, subst. mas. (*tétar*), en général, le petit des reptiles, dans un état encore imparfait. — Plus particulièrement, le petit des reptiles batraciens, tels que les crapauds, les grenouilles, etc., qui sort de l'œuf, aveugle, sans pattes, avec une queue, et une tête très-grosse Voy. MEUNIER.—On appelle *saules taillés en têtards*, des saules qu'on étête, et dont on émonde les branches inférieures.

TÉTARTOPHYE, subst. fém. (*tétartofi*) (du grec τεταρτος, quatrième, et φυω, je nais), t. de médec., sorte de fièvre rémittente, dont les paroxysmes reviennent de quatre en quatre jours.

TÉTARTOPHIQUE, adj. des deux genres (*tétartofike*), qui a rapport à la *tétartophye*.

TÉTASSES, subst. fém. plur. (*tétace*), t. de mépris, mamelles flasques et pendantes. Pop. et indécent. Voy. TÉTON.

TÊTE, subst. fém. (*tête*) (du lat. *testa*, employé par les anciens dans la signification de *crâne*), partie de l'animal qui tient au reste du corps par le cou, et qui est le siège des organes des sens, des yeux, des oreilles, etc. — *Avoir la tête enfoncée dans les épaules*, avoir les épaules un peu trop élevées. — *Avoir des yeux à fleur de tête*, avoir les yeux un peu plus avancés qu'ils ne le sont ordinairement. — *Trancher, couper la tête*; *la tête d'un lion, d'un mouton, d'une mouche, d'un poisson*, etc. — T. de peint., représentation d'une tête humaine : *voilà une belle tête*.— Fig. : *c'est une tête carrée*, et plus souvent : *c'est une bonne tête, une tête forte*, se dit pour exprimer la justesse et la solidité du jugement. — On dit d'un homme dont l'imagination est réglée, que *c'est une tête sage, une tête rassise*; on dit, au contraire, de celui qui se laisse entraîner par son imagination, par la terreur, que *c'est une tête faible*; d'un extravagant, que *c'est une tête folle*; d'un jeune homme inappliqué, étourdi, que *c'est une tête à l'évent*; et pour désigner en général le manque de jugement, de conduite, la frivolité d'esprit, la légèreté de caractère, on dit : *tête éventée, tête sans cervelle, tête de linotte, de girouette*, etc. — Quelquefois on dit, par antiphrase, d'un homme qui manque de jugement, qui n'a pas de conduite : *c'est une tête*, sans ajouter aucune épithète. — Chef ; avec ces différences que, dans le sens littéral, *chef* ne se dit qu'en poésie ou en parlant des reliques des saints; que dans le sens figuré, *tête* convient mieux lorsqu'il est question de place ou d'arrangement, et *chef* lorsqu'il s'agit d'ordre ou de subordination. On dit : *la tête d'un bataillon*, et *le chef d'une entreprise*; *être à la tête d'une armée*, et *commander en chef*. — Esprit, fantaisie, imagination : *se mettre des chimères en tête, dans la tête*. — Personne : *payer tant par tête*. — Chevelure : *il a une belle tête*; *tête naissante*, cheveux qui reviennent après avoir été coupés, et qui sont déjà un peu longs. — On se sert souvent du mot *tête*, pour signifier seulement le crâne, la partie de la tête qui comprend le cerveau et le cervelet ; et c'est dans cette acception qu'on dit, qu'*un homme s'est cassé la tête, qu'il s'est donné un coup à la tête*, qu'*il s'est fait un trou à la tête* ; *il fut blessé à la tête*. — On dit qu'*un homme a la tête pelée*, qu'*il a la tête chauve*, pour dire qu'il n'a point ou presque point de cheveux à la tête. — En vén., bois du cerf : *tête bien née, tête portant trochures*, qui porte trois ou quatre chevilles, andouillers, à la sommité de son bois.— Représentation, imitation d'une tête humaine par un peintre, par un sculpteur. — En parlant des monnaies et des médailles, le côté où est l'effigie. — Le sommet des arbres. — Extrémité d'un haut de certaines plantes : *tête de pavot*, *de chou*, *d'artichaut*. — Extrémité d'en bas de quelques autres : *tête d'ognon*, *de porreau*. — Dans certains fruits, l'extrémité opposée à la queue : *poire à deux têtes*. — Extrémité ou partie supérieure de diverses autres choses : *tête de clou*, *d'épingle*, *de compas*, etc. — En t. de mar., on appelle *tête de l'ancre*, la partie de l'ancre où la verge est jointe à la croisée. — *La tête du vent*, le temps où le vent commence. — En astron., on appelle *tête d'une comète*, cette lumière plus ou moins vive, et de figure ronde, qui forme le corps de cet astre ; et on lui donne le nom de *tête*, par opposition à la traînée de lumière vague qui l'accompagne ordinairement, et que l'on appelle tantôt *queue de la comète*, lorsque cette lumière s'étend du côté opposé au soleil; tantôt *barbe de la comète*, lorsqu'elle se dirige vers le soleil ; tantôt *chevelure de la comète*, lorsqu'elle environne son corps, qu'on nomme improprement *sa tête*, et qu'on nomme aussi quelquefois *noyau de la comète*. — La partie antérieure, le devant, etc. : *tête d'une armée*; *tête d'un pont*, *d'un défilé*, le bout qui est du côté des ennemis. — On dit aussi : *les deux têtes du pont*, lorsque le pont est fortifié des deux côtés. — *Tête de cabestan*, partie de l'axe percée de mortaises destinées à faciliter son mouvement. — *Tête de la tranchée*, l'endroit de la tranchée qui est le plus avancé du côté de la place assiégée. — Commencement d'un livre. — *Têtes de vin*, les meilleurs vins de Bourgogne et de Champagne. — *La tête du blé*, le blé le plus beau, de la meilleure qualité. — On dit fig., qu'*un parti lève la tête*, pour dire qu'il se montre ouvertement et avec audace : *le parti d'Auguste commençait à lever la tête*. — Choses qui ont la forme, la figure d'une *tête*. — *Agir de tête*, *payer de tête*, prendre un parti de sang-froid, avec résolution, dans une affaire difficile. — *Faire un coup de tête*, faire étourdiment et sans réflexion une chose hardie. — *Il a fait un coup de sa tête*, il s'est déterminé de lui-même à une chose sans avoir pris conseil de personne. — *Il ne veut rien faire qu'à sa tête*, qu'à sa volonté. — *Faire des coups de tête*, faire des étourderies. — Pop. : *faire sa tête*, faire l'homme d'importance. — *Avoir la tête pesante*, embarrassée. — Prov. : *il a la tête près du bonnet*, il se fâche aisément. — Fam. : *avoir des affaires*, *des dettes par-dessus la tête*, avoir beaucoup d'affaires, de dettes. — *Il ne sait où donner de la tête*, que devenir. — Prov. et fig. : *on lui a bien lavé la tête*, on l'a fort réprimandé. — *Il peut aller partout la tête levée*, on ne peut lui faire aucun reproche. — *La tête me fend*, j'ai un très-grand mal de *tête*. — *La tête me tourne*, il me semble que les objets tournent autour de moi. — *La tête lui a tourné*, *il perd la tête*, il se trouble dans le péril, il manque de fermeté; ou il se méconnaît, il abuse de sa fortune. — *Il y va de la tête* ; *il y va de sa tête* ; *il a été condamné à perdre la tête* ; *il lui en coûtera la tête* ; *il paya sa hardiesse de sa tête*. — Fig. et fam. : *tourner la tête à quelqu'un*, lui inspirer une sorte de folie. — *Crier à pleine tête*, *à tue-tête*, de toute sa force. — *Rompre la tête à quelqu'un d'une chose*, l'en importuner. — *Se rompre*, *se casser la tête à faire quelque chose*, s'y appliquer avec une grande contention d'esprit. — Prov. et fig. : *cet homme a martel en tête*, est jaloux, ou a dans l'esprit des choses qui l'inquiètent. — On dit, d'un travail long et embrouillé, d'un jeu qui demande beaucoup d'application, que *c'est un casse-tête*. — On dit que *du vin monte à la tête*, *porte à la tête*, *donne dans la tête* ; et l'on dit d'un vin gras et fumeux, que *c'est un casse-tête*. — On dit de deux personnes qui sont toujours du même sentiment, que *ce sont deux têtes dans un bonnet*. — On dit qu'*un homme a cinquante ans*, *soixante ans sur la tête*, pour dire qu'il est âgé de cinquante ans, de soixante ans. — Prov. : *jeter une marchandise à la tête*, l'offrir à vil prix. — *Il ne faut pas se jeter à la tête des gens*, leur offrir trop facilement ses services. — On dit qu'*un homme y va tête baissée*, pour dire qu'il va brusquement et courageusement au combat ; qu'*il y donne tête baissée*, pour dire qu'il entreprend avec chaleur, et sans beaucoup d'examen, une affaire qu'on lui propose. — On dit d'un homme qui s'est engagé brusquement et inconsidérément dans une affaire périlleuse, qu'*il s'y est jeté la tête la première*. — *La prise de cette place a coûté bien des têtes*, la vie à beaucoup de monde. — Prov. : *autant de têtes*, *autant d'opinions*, autant de personnes, autant d'opinions. — *C'est un homme de tête*, *une bonne tête*, c'est un homme qui a beaucoup de jugement, de capacité. — *Avoir la tête chaude* ou *la tête froide*, s'emporter aisément ou conserver son sang-froid. — *Avoir de la tête*, du sens, du jugement, ou être opiniâtre, capricieux. — *Tenir* ou *faire tête à quelqu'un*, lui résister, ne point lui céder. — *Mettre un homme en tête à quelqu'un*, lui opposer quelqu'un capable de lui résister. — *Mettre une rente viagère sur la tête de quelqu'un*, la constituer pour en jouir tant qu'il vivra. — *Tête*, signifie aussi, la première place, la place de directeur : *être à la tête d'une administration* ; *il est à la tête de la police*. — *Etre à la tête des affaires*, en avoir la principale direction. — Personne, individu : *ce monarque tient le premier rang parmi les têtes couronnées*. — En t. de jurispr. : *succéder par tête*, se dit lorsque chacun des copartageants vient de son chef à la succession, et sans la représentation d'aucun autre : *la succession des enfants s'est partagée par tête*. — Se prend pour individu, en parlant des animaux : *payer dix francs par tête de loup*, donner dix francs à chaque homme qui a tué un loup. — En parlant des moutons, on dit : *un troupeau de cent*, *de deux cents têtes*. — En t. de mar. : *faire tête*, se dit d'un vaisseau dans le moment où il roidit son câble, en évitant dessus lorsqu'on a mouillé. — *Donner une tête*, se jeter dans l'eau la *tête* la première. — *Tomber la tête la première*, et familièrement : *tomber cul par-dessus tête*. — Prov. : *grosse tête*, *peu de sens*, c'est-à-dire que communément les personnes qui ont la *tête* fort grosse n'ont pas beaucoup d'esprit. — *Tête de fou ne blanchit jamais*, ce qui signifie, ou que les fous ne vivent pas ordinairement longtemps, ou que, se mettant peu en peine de rien, ils sont exempts par là des peines et des soucis qui passent communément pour être cause que les cheveux blanchissent de bonne heure. — *Tête à tête*, loc. adv., seul à seul. Voy. TÊTE-A-TÊTE. — *Tête pour tête*, que l'*Académie* nous donne encore comme signifiant, *l'un devant l'autre*, ne se comprendrait plus aujourd'hui.

TÊTE-A-CLOU, subst. fém. (*têtaklou*), t. de minér., chaux carbonatée dodécaèdre raccourcie, qui imite la *tête* d'un *clou*. — Au plur., des *têtes-a-clous*.

TÊTE-A-LA-ROMAINE, subst. fém. (*têtalaromène*), dessus d'une grosse vis sphérique, percée d'un trou à son milieu pour la tourner. — Au plur., des *têtes-à-la-romaine*.

TÊTE-ARIDE, subst. fém. (*têtaride*), nom vulgaire de l'amarante.

TÊTE-A-PERRUQUE, subst. fém. (*têtaperuke*), morceau de bois auquel on a donné la grosseur et la forme d'une *tête*, pour fabriquer des *perruques*. — Fig., vieillard ignorant qui tient opiniâtrément aux idées de sa jeunesse, aux vieux préjugés, etc. — Au plur., des *têtes-à-perruque*.

TÊTE-A-TÊTE, subst. mas. (*têtatête*), entretien particulier de deux personnes : *ils eurent un long tête-à-tête* ; *il y a eu deux tête-à-tête aujourd'hui*. — Au plur., des *tête-à-tête*. — Loc. adv., seul à seul ; en particulier.

TÊTÉ, E, part. pass. de *têter*.

TÊTEBLEU ou **TUBLEU**, subst. mas. (*têtebleu*), sorte de jurement.

TÊTE-CORNE, subst. fém. (*têtekorne*), t. de bot., sorte de plante. — Au plur., des *têtes-cornes*.

TÊTE-D'ÂNE, subst. fém. (*têtedâne*), t. d'hist. nat., le cotte-chabot coquille. — Au plur., des *têtes-d'âne*.

TÊTE-D'ARAIGNÉE, subst. fém. (*têtedarègnié*), t. d'hist. nat., coquille du genre mure. — Au plur., des *têtes-d'araignée*.

TÊTE-DE-BÉCASSE, subst. fém. (*têtedebékace*), t. d'hist. nat., le rocher bécasse. — Au plur., des *têtes-de-bécasse*.

TÊTE-DE-BOEUF, subst. fém. (*têtedebeufe*), t. d'hist. nat., coquille du genre des casques. — Au plur., des *têtes-de-bœuf*.

TÊTE-DE-CARPE, subst. fém. (*têtedekarpe*), t. de bot., agaric gris des environs de Paris. — Au plur., des *têtes-de-carpe*.

TÊTE-DE-CHAMPIGNON, subst. fém. (*têtedechanpignion*), le dessous des clous à pointe, des clous rivés, etc. — Au plur., des *têtes-de-champignon*.

TÊTE-DE-CHAT, subst. fém. (*têtedecha*), t. de maçonn., moellon presque rond. — Au plur., des *têtes-de-chat*.

TÊTE-DE-CHIEN, subst. fém. (*têtedechiein*), t. d'hist. nat., sorte de boa ; espèce de serpent. — Au plur., des *têtes-de-chien*.

TÊTE-DE-CLOU. Voy. TÊTE-A-CLOU.

TÊTE-DE-COCHON, subst. fém. (*têtedekochon*), t. de bot., la cymbalaire, plante. — Au plur., des *têtes-de-cochon*.

TÊTE-DE-COQ, subst. fém. (*têtedekok*), t. de bot., espèce de sainfoin. — Au plur., des *têtes-de-coq*.

TÊTE-DE-DRAGON, subst. fém. (*têtededraguon*), t. d'hist. nat., testacé. — Nom d'une espèce de porcelaine. — T. de bot., plante de Virginie. — Au plur., des *têtes-de-dragon*.

TÊTE-DE-LIÈVRE, subst. fém. (*têtedeli-èvre*), t. d'hist. nat., poisson du genre des gobies. — Au plur., des *têtes-de-lièvre*.

TÊTE-DE-MAURE, subst. fém. (*têtedemôre*), t. de chim., vase pour la chimie. — Au plur., des *têtes-de-maure*.

TÊTE-DE-MÉDUSE, subst. fém. (*têtedeméduze*), t. de bot., agaric des environs de Paris. — Espèce d'élyme. — Plante du genre clavaire. — Plante du genre des euphorbes. — Genre de champignons. — Au plur., des *têtes-de-méduse*.

TÊTE-DE-MOINEAU, subst. fém. (*têtedemoènô*), t. de bot., la centaurée à feuilles de scabieuse. — Au plur., des *têtes-de-moineau*.

TÊTE-DE-MORT, subst. fém. (*têtedemor*), t. d'hist. nat., singe du genre des sapajous. — Nom de la chimère, ou museau-lisse, sorte de poisson du cap de Bonne-Espérance. — Au plur., des *têtes-de-mort*.

TÊTE-DE-NÈGRE, subst. fém. (*têtedenèguere*), *nègre* destiné à être vendu, âgé de seize à trente ans. — Adj., d'un brun tirant sur le noir. — Au plur., des *têtes-de-nègre*

TÊTE-DE-PALÂTRE, subst. fém. (*têtedepalâtre*), t. de serrur., bout d'une serrure affleurant l'épaisseur d'une porte, et dans lequel est pratiqué le passage du pêne. — Au plur., des *têtes-de-palâtre*.

TÊTE-D'ÉPINGLE, subst. fém. (*têtedépeinguele*), t. de bot., famille de champignons. — Au plur., des *têtes-d'épingle*.

TÊTE-DE-PIVOT, subst. fém. (*têtedepivô*), c'est la partie qui fait saillie dans un *pivot* à équerre. — Au plur., des *têtes-de-pivot*.

TÊTE-DE-POULE, subst. fém. (*têtedepoule*), t. de bot., sorte de sainfoin. — T. d'hist. nat., nom d'une coquille qui ressemble à la *tête* d'une *poule*. — Au plur., des *têtes-de-poule*.

TÊTE-DE-SERPENT, subst. fém. (*têtedecèrepan*), t. d'hist. nat., coquille du genre des strombes. — Autre coquille du genre des porcelaines. — Au plur., des *têtes-de-serpent*.

TÊTE-DE-SOUFRE, subst. fém. (*têtedeçoufre*), t. de bot., agaric des environs de Paris. — Au plur., des *têtes-de-soufre*.

TÊTE-DE-SOURIS, subst. fém. (*têtedeçouri*), t. de bot., l'orpin à six angles. — Au plur., des *têtes-de-souris*.

TÊTE-DU-DRAGON, subst. fém. (*têtedudraguon*), t. d'astron., nœud ascendant de la lune.

TÊTE-FAUVE, subst. fém. (*têtefôve*), t. de bot., agaric des environs de Paris. — Au plur., des *têtes-fauves*.

TÊTÉMA, subst. fém. (*têtéma*), t. d'hist. nat., espèce de grive de Cayenne.

TÊTE-DE-BUCH (LA), subst. propre fém. (*latêtedebuke*), ville de France, chef-lieu de canton, arrond. de Bordeaux, dép. de la Gironde.

TÊTE-MORTE, subst. fém. (*têtemorte*), t. de chim., les parties terreuses et insipides d'un corps qui a été soumis à la distillation. On emploie plus communément les mots latins *caput mortuum*. — Au plur.; des *têtes-mortes*.

TÊTE-NOIRE, subst. fém. (*têtenoère*), t. d'hist. nat., espèce de couleuvre. — Au plur., des *têtes-noires*.

TÊTE-NUE, subst. fém. (*têtenu*), t. d'hist. nat., l'ésoce et le mugil, espèces de poissons. — Au plur., des *têtes-nues*.

TÊTE-PLATE, subst. fém. (*têteplate*), t. d'hist. nat., espèce de gecka, reptile saurien. — Nom des clous à ardoise, à latte, etc. — Au plur., des *têtes-plates*.

TÉTER, et non pas, avec l'*Académie* TETER : l'*Académie* dit cependant que l'on prononce et que l'on écrit aussi *téter*. Nous croyons pouvoir assurer que c'est presque tout le monde qui écrit ainsi, comme tout le monde écrit : *tétin*, *tétine*, *téton*, etc.; v. act. (*tété*) (du grec τιτθη ou τιτθος, mamelle), tirer le lait de la mère et s'en nourrir : *téter une femme*, *une vache*, *une chèvre*. — On dit aussi neut. et sans régime : *cet enfant tette bien*. — SE TÉTER, v. pron.

TÊTE-ROUGE, subst. fém. *(téterouje)*, t. de bot., espèce de figuier. — Au plur., des *têtes-rouges*.

TÊTE-ROUSSE, subst. fém. *(térouce)*, t. de bot., agarics pédicules. — Au plur., des *têtes-rousses*.

TÉTHALASSOMÈNE, subst. mas. *(tétalaceçomène)*, t. de médec., vin mêlé avec de l'eau de mer.

TÉTHYE, subst. fém. *(téti)*, t. d'hist. nat., genre de polypiers empâtés. — Au plur., famille de mollusques. — Petits coquillages de mer.

TÉTHYS, subst. propre fém. *(tétice)*, myth., fille du Ciel et de Vesta, et femme de l'Océan, qui en eut un grand nombre de nymphes, appelées Océanitides ou Océanides, du nom de leur père. On en compte jusqu'à trois mille. Téthys était regardée encore comme la mère, non-seulement des fleuves et des fontaines, mais de la plupart des personnes qui avaient régné ou vécu sur les bords de la mer, entre autres d'Ethra, mère d'Atlas ; de Protée ; de Persa, mère de Circé, etc. Le char de Téthys était une conque d'une admirable forme, plus blanche que l'ivoire, et que traînaient des chevaux marins. — Il ne faut pas confondre cette déesse avec *Thétis*, fille de Nérée et de Doris, et mère d'Achille. Voy. **THÉTIS**.

TÉTIÈRE, subst. fém. *(tétiére)*, partie de la bride où se met la *tête* d'un cheval. — Petite coiffe de toile que l'on met aux enfants nouveau-nés. — Au plur., t. de mar., il se dit des bords supérieurs d'une voile. — T. d'imprim., bois que l'on place en *tête* des pages, lorsqu'on fait l'imposition d'une feuille.

TÉTIGOMÈTRE, subst. mas. *(tétignomètre)*, t. d'hist. nat., genre d'insectes hyménoptères.

TÉTIN, et non pas **TETIN**, subst. mas. *(tétcin)* (du grec τιτθη, mamelle), le bout de la mamelle, soit aux hommes, soit aux femmes.

TÉTINE, et non pas **TETINE**, subst. fém. *(tétine)*, le pis de la vache ou de la truie, considéré comme bon à manger. — Enfoncement qu'un coup de mousquet, de pistolet, etc., fait sur une cuirasse, lorsqu'il ne la perce pas d'outre en outre. — Instrument dont les chirurgiens se servent pour développer les bouts des seins des nourrices, et tirer le lait des mamelles. C'est une espèce de pompe au moyen de laquelle on aspire avec la bouche. On l'appelle plus communément *pompe à sein*.

TÉTOIR, subst. mas. *(tétoar)*, chez les épingliers et dans la machine à frapper les *têtes* d'épingle, l'anche ou la cavité hémisphérique qui enchasse les *têtes*.

TÉTON, et non pas **TETON**, subst. mas. *(téton)* (en grec τιτθη ou τιτθός), mamelle de la femme. — En parlant des femmes, il a un sens obscène lorsqu'il n'a pas rapport à l'action de *téter*. — Les boulangers disent qu'*un levain fait le téton*, en parlant d'un levain qu'ils veulent conserver, et qui pousse sensiblement la partie du milieu qu'on a laissée découverte.

TÉTON, subst. mas. *(téton)*, t. d'hist. nat., nom qu'on donne à des oursins fossiles à gros mamelons.

TÉTON-BLANC, subst. mas. *(tétonblan)*, t. d'hist. nat., coquille du genre des nérites.

TÉTON-DE-VÉNUS, subst. mas. *(tétondevénuce)*, t. de jardin., variété de pêche.

TÉTONNIÈRE, et non pas **TETONNIÈRE**, subst. fém. *(tétonière)*, bande pour soutenir les seins. — Femme qui a de gros *tétons*. Pop. et fam.

TÉTRACÈRE, subst. fém. *(tétracere)*, t. de bot., genre de plantes trigynes.

TÉTRACÈRES, subst. m. pl. et adj. des deux genres *(tétracère)* (du grec τέτταρα, et pour contraction τέτρα, quatre, et κέρας, corne, antenne), t. d'hist. nat., famille d'insectes qui ont quatre antennes.

TÉTRACHILE, subst. mas. et adj. des deux genres *(trachile)*, t. d'hist. nat., ordre de mammifères qui ne contient que l'hippopotame.

TÉTRACORDE, subst. fém. *(tétrakorde)* (du grec τέτρα, quatre, et χορδη, corde), lyre à quatre *cordes*. — Consonnance de la première et de la quatrième corde, nommée autrement *quarte*.

TÉTRACOME, subst. mas. *(tétrakome)*, t. d'antiq., danse militaire consacrée à Hercule.

TÉTRACTIQUE, adj. des deux genres *(tétraktike)* (du grec τετρακτυς, union de quatre), t. d'antiq., arithmétique ancienne qui admettait quatre caractères différents.

TÉTRACTYS, subst. mas. *(tétraktice)*, t. d'antiq., nombre mystérieux par lequel juraient les pythagoriciens.

TÉTRADACTYLE, subst. mas. et adj. des deux genres *(tétradaktile)* (du grec τετρα, quatre, et δακτυλος, doigt), t. d'hist. nat., se dit des animaux qui ont quatre doigts à chaque pied.

TÉTRADÉCAPODE, subst. mas. et adj. des deux genres *(tétradekapode)*, t. d'hist. nat., classe qui comprend plusieurs genres.

TÉTRADINAME et ses dérivés. Voy. **TÉTRADYNAME** et ses dérivés.

TÉTRADION, subst. mas. *(tétradi-on)*, t. de bot., arbre de la Cochinchine.

TÉTRADITE, subst. mas. *(tétradite)*, nom de sectaires chrétiens, qui avaient du respect pour le nombre quatre. — Nom que les anciens donnaient aux enfants qui naissaient sous la quatrième lune ; ils croyaient que le sort de ces enfants ne pouvait être que malheureux.

TÉTRADRACHME, subst. fém. *(tétradrakme)* (du grec τέτρα, quatre, et δραχμη, drachme), monnaie qui valait quatre *drachmes*.

TÉTRADYNAME, subst. fém. *(tétradiname)*, t. de bot., de la *tétradynamie*.

TÉTRADYNAMIE, subst. fém. *(tétradinami)* (du grec τέτρα, quatre, et δυναμις, puissance), t. de bot., classe composée des plantes dont les fleurs ont quatre étamines.

TÉTRADYNAMIQUE, adj. des deux genres *(tétradinamike)*, qui a rapport à la *tétradynamie*.

TÉTRAÈDRE, subst. mas. *(tétra-èdre)* (du grec τετρα, quatre, et ἕδρα, siège), corps régulier, formé de quatre triangles égaux et équilatéraux.

TÉTRAÉTÉRIS, subst. fém. *(tétra-étérice)* (du grec τέτρα, quatre, et ἔτος, année), cycle de quatre ans, usité chez les anciens Athéniens.

TÉTRAGNATHE, subst. fém. *(tétragnatate)* (du grec τέτρα, quatre, et γναθός, mâchoire), t. d'hist. nat., araignée blanche et rouge fort venimeuse.

TÉTRAGONE, subst. fém. *(tétragonone)*, t. de bot., genre de plantes pentagynes.

TÉTRAGONE, adj. des deux genres *(tétragone)* (en grec τετραγωνος, formé de τετρα, quatre, et γωνια, angle), qui a quatre angles et quatre côtés.

TÉTRAGONISME, subst. mas. *(tétragoniceme)*, t. de gnom., la quadrature du cercle, selon quelques auteurs.

TÉTRAGONOTHÈQUE, subst. fém. *(tétragonoteke)*, t. de bot., plante vivace de la Caroline.

TÉTRAGONURE, subst. mas. *(tétragounre)*, t. d'hist. nat., genre de poissons abdominaux.

TÉTRAGRAMMATIQUE, adj. des deux genres *(tétragrameramatike)*, composé de quatre lettres.

TÉTRAGRAMME, subst. mas. *(tétragrerame)* (du grec τετρα, quatre, et γραμμα, lettre), t. d'antiq., synonyme respectueux pour exprimer, sans le prononcer, le nom de Dieu, qui était *tétragrammatique* en grec, comme il l'est dans la plupart des langues.

TÉTRAGULE, subst. mas. *(tétragule)*, t. d'hist. nat., genre de vers intestinaux.

TÉTRAGYNE, adj. des deux genres *(tétrajine)*, t. de bot., se dit des végétaux dont les fleurs ont quatre pistils.

TÉTRAGYNIE, subst. fém. *(tétrajini)* (du grec τετρα, quatre, et γυνη, femme, femelle), t. de bot., quatrième ordre des treize premières classes du système sexuel, qui comprend les plantes dont les fleurs ont quatre pistils.

TÉTRAGYNIQUE, adj. des deux genres *(tétrajinike)*, qui a rapport à la *tétragynie*.

TÉTRALOGIE, subst. fém. *(tetraloji)* (du grec τετρα, quatre, et λογος, discours), nom qu'on donnait, chez les anciens Grecs, à quatre pièces dramatiques d'un même auteur.

TÉTRALOGIQUE, adj. des deux genres *(tétralojike)*, qui a rapport à la *tétralogie*.

TÉTRAMÈRES, subst. m. pl. et adj. des deux genres *(tétramère)*, t. d'hist. nat., section d'insectes coléoptères.

TÉTRAMÈTRE, subst. mas. *(tétramètre)* (du grec τετρα, quatre, et μετρον, mesure), vers grec, latin, à quatre pieds.

TÉTRAMNE, subst. mas. (*tétramene*), t. de bot., plante vivace qui ne contient que deux espèces.

TÉTRANDRE, adj. des deux genres *(tétrandre)*, t. de bot. qui se dit des végétaux à quatre étamines.

TÉTRANDRIE, subst. fém. *(tétrandri)* (du grec τετρα, quatre, et ανηρ, gén. ανδρος, mari, mâle), t. de bot., quatrième classe du système sexuel, comprenant les plantes dont les fleurs hermaphrodites ont quatre étamines égales en hauteur.

TÉTRANDRIQUE, adj. des deux genres *(tétrandrike)*, qui a rapport à la *tétrandrie*.

TÉTRANTHE, subst. fém. (*tétrante*), t. de bot., genre de plantes de la Jamaïque.

TÉTRANTHÈRE, subst. fém. *(tétrantére)*, t. de bot., genre de plantes.

TÉTRAO, subst. mas. *(tétra-ô)*, t. d'hist. nat., sorte de grand oiseau des Grandes-Indes.

TÉTRAODION, subst. mas. (*tétra-odion*), t. d'antiq., hymne grec en quatre parties.

TÉTRAODON, subst. mas. (*tétra-odon*) (du grec τετρα, quatre, et οδους, dent), t. d'hist. nat., genre de poissons cartilagineux qui n'ont que quatre dents.

TÉTRAONIX, subst. mas. (*tétra-onikce*), t. d'hist. nat., genre d'insectes hétéromères.

TÉTRAORIE, subst. fém. *(tétra-ori)* (du grec τετρα, quatre, et αιρω, j'emporte), t. d'antiq., course à quatre chevaux. — Quadrige.

TÉTRAPASTE, subst. mas. *(tétrapacete)* (du grec τετρα, quatre, et σπαω, je tire), sorte de machine à quatre poulies pour élever les fardeaux.

TÉTRAPÉTALE, adj. des deux genres *(tétrapétale)* (du grec τετρα, quatre, et πεταλον, feuille, pétale), t. de bot., se dit des fleurs dont la corolle a quatre *pétales*.

TÉTRAPÉTALÉ, E, adj. *(tétrapétalé)*, t. de bot., se dit de la corolle formée de quatre *pétales*, comme dans les crucifères.

TÉTRAPHARMACON, subst. mas. *(tétrafarmakon)*, t. de pharm., nom donné à l'onguent basilicon, parce qu'il est composé de quatre ingrédients.

TÉTRAPHE, subst. fém. (*tétrafe*), t. de bot., lampadère orientale.

TÉTRAPHIDE, subst. fém. et adj. des deux genres *(tétrafide)*, t. de bot., genre de plantes de la famille des mousses.

TÉTRAPHOÉ, subst. mas. (*tétrafo-é*), t. de bot., espèce de plante d'Afrique.

TÉTRAPHYLLE, adj. des deux genres *(tétrafile)* (du grec τετρα, quatre, et φυλλον, feuille), t. de bot., composé de quatre folioles.

TÉTRAPILE, subst. mas. *(tétrapile)*, t. de bot., genre d'arbuste des Indes.

TÉTRAPLE, subst. mas. (*tétraple*) (du grec τετρα, quatre, et ἁπλοω, j'explique), nom d'un ouvrage à quatre colonnes, contenant quatre versions de la *Bible*.

TÉTRAPODE, adj. des deux genres *(tétrapode)* (du grec τετρα, quatre, et πους, ποδος, pied), se dit des animaux qui ont quatre pieds. — Il est aussi subst. — Subst. mas., au plur., t. d'hist. nat., ordre de poissons écailleux.

TÉTRAPODOLITHE, subst. fém. (*tétrapodolite*), t. d'hist. nat., nom qu'on donne aux pétrifications des quadrupèdes. — Subst. mas., nom d'un poisson fossile.

TÉTRAPODOLOGIE, subst. fém. (*tétrapodoloji*), du grec τετρα, quatre, πους, pied, et λογος, discours), partie de l'hist. nat. qui traite des animaux à quatre pieds. — Ouvrage sur cette histoire.

TÉTRAPODOLOGIQUE, adj. des deux genres *(tétrapodolojike)*, qui a rapport à la *tétrapodologie*.

TÉTRAPOGON, subst. mas. (*tétrapogon*), t. de bot., plante vivace de Barbarie.

TÉTRAPOLE, subst. mas. (*tétrapole*) (du grec τετρα, quatre, et πολις, ville), t. d'antiq., contrée renfermant quatre villes.

TÉTRAPTÈRE, adj. des deux genres *(tétrapetère)* (du grec τετρα pour τετταρα, quatre, et πτερον, aile), t. d'hist. nat., qui a quatre ailes. — Subst. mas. plur., ordre d'insectes à quatre ailes.

TÉTRAPTURE, subst. mas. (*tétrapeture*), t. d'hist. nat., genre de poissons osseux.

TÉTRARCHAT, subst. mas. *(tétrarka)*, principauté d'un *tétrarque*.

TÉTRARCHIE, subst. fém. *(tétrarchi)*, quatrième partie d'un état divisé en quatre portions.

TÉTRARCHIQUE, adj. des deux genres *(tétrarchike)*, qui est relatif à la *tétrarchie*.

TÉTRARIE, subst. fém. *(tétrari)*, t. de bot., genre de plante.

TÉTRARQUE, subst. mas. (*tétrarke*) (du grec τετραρχης, formé de τεταρτος, quart, et αρχη, commandement), t. d'antiq., prince qui gouvernait la quatrième partie d'un royaume, d'une région, etc.

TÉTRARHYNQUE, subst. mas. (*tétrareinke*) (du grec τετρα, quatre, et ρυγχος, bec), t. d'hist. nat., genre de vers intestinaux.

TÉTRARRÈNE, subst. fém. (*tétrarène*), t. de bot., genre de plantes graminées.

TÉTRARTÉ, subst. mas., orthographe vicieuse. Voy. TÉTRASTE.

TÉTRAS, subst. mas. (*tètrdce*) (en grec τετραξ), t. d'hist. nat., genre d'oiseaux gallinacés.

TÉTRASPERME, adj. des deux genres (*tètracepèreme*) (du grec τετρα, quatre, et σπερμα, semence), t. de bot., qui renferme quatre semences.

TÉTRASTE, subst. fém. (*tètracete*), nom d'un ancien poids grec, d'environ deux onces.

TÉTRASTIQUE, adj. des deux genres (*tètracetike*), qui est composé de quatre vers.

TÉTRASTROPHE, adj. des deux genres (*tètracetrofe*), qui a quatre *strophes*.

TÉTRASTYLE, subst. mas. (*tètracetile*) (du grec τετραστυλος, formé de τετρα, quatre, et στυλος, colonne), t. d'archit. anc., édifice, et plus particulièrement temple, à quatre colonnes de front.

TÉTRASYLLABE, subst. mas. (*tètracilelabe*) (du grec τετρα, quatre, et συλλαβη, syllabe), mot composé de quatre *syllabes*.

TÉTRASYLLABIQUE, adj. des deux genres (*tètracilelabike*), qui se rapporte aux mots de quatre *syllabes*.

TÉTRATHÈQUE, subst. fém. (*tètratèke*), t. de bot., genre de plantes monogynes.

TÉTRATOME, subst. mas. (*tètratome*), t. d'hist. nat., genre d'insectes coléoptères.

TÉTRICITÉ, subst. fém. (*tètricité*), humeur noire et chagrine. Vieux et même hors d'usage.

TÉTRINÉ, part. pass. de *tétriner*.

TÉTRINER, v. neut. (*tètriné*), pousser un cri rauque et aigu comme les canards. Inusité.

TÉTRIQUE, adj. des deux genres (*tètrike*) (en lat. *tetricus*), austère. Vieux et même hors d'usage.

TÉTRIX, subst. mas. (*tètrikce*), t. d'hist. nat., insecte coléoptère.

TÉTROBOLE, subst. fém. (*tètrobole*), ancienne pièce de monnaie grecque.

TÉTRODON, subst. mas. (*tètrodon*), t. d'hist. nat., genre de poissons de la division des branchiostèges.

TÉTRORA, subst. mas. (*tètrora*), t. d'hist. nat., genre de poissons.

TETTE, subst. fém. (*tète*) (du grec τιτθη ou τιτθος, mamelle), le bout de la mamelle des bêtes femelles : *la tette d'une chèvre*.

TETTE-CHÈVRE, subst. mas. (*tètechèvre*), t. d'hist. nat., crapaud volant, oiseau nocturne de la famille des planirostres. — Au plur., des *tette-chèvres*.

TETTIGONE, subst. fém. (*tètetiguone*), t. d'hist. nat., genre d'insectes hémiptères.

TETTIN, subst. mas. (*tètein*), ouverture, bouche du four à potier.

TÊTU, E, adj. (*tètu*) (rac. *tête*), qui a de la *tête*; entêté, opiniâtre, obstiné. Ce mot est aussi substantif : *oh! le têtu*.—Subst. mas., gros marteau qui sert à démolir. — T. d'hist. nat., poisson de mer et de rivière. — TÊTU, ENTÊTÉ, OPINIÂTRE, OBSTINÉ. (*Syn.*) Une humeur capricieuse et volontaire, un caractère entier et décidé, un goût d'indépendance, font le *têtu*. Un petit esprit, une tête vaine, quelque intérêt d'amour-propre ou autre, font l'*entêté*. L'ignorance, la présomption, une mauvaise honte, font l'*opiniâtre*. L'indocilité de l'esprit, l'inflexibilité du caractère, l'impatience de la contradiction, font l'*obstiné*. — Le *têtu* veut ce qu'il veut, vous ne l'empêcherez pas d'en croire et d'en faire à sa tête. L'*entêté* croit ce qu'il croit ; vous ne lui ôterez pas de l'esprit ce qu'il y a mis une fois. L'*opiniâtre* veut avoir raison contre toute raison ; vous le convaincriez de la fausseté de son opinion, qu'il la soutiendrait encore. L'*obstiné* veut, malgré tout ce qu'on lui oppose ; vous ne ferez, par la contradiction, que l'attacher davantage à ce qu'il veut. — Le *têtu* ne se soucie pas de ce que vous dites ; l'*entêté* ne l'écoute seulement pas ; l'*opiniâtre* ne s'y rendra jamais ; l'*obstiné* s'en irrite plutôt que de céder.

TEUCHITE, subst. mas. (*teuchite*) t. de bot., jonc odoriférant d'Afrique.

TEUCRIETTE, subst. fém. (*teukri-ète*), t. de bot., véronique des prés.

TEUTHIS, subst. mas., ou **TEUTHIE**, subst. fém. (*teuti*), t. d'hist. nat., genre de poissons abdominaux.

TEUTLACO, subst. mas. (*teutelako*), t. d'hist. nat., sorte de reptile de la famille des serpents.

TEUTON, subst. propre mas. (*teuton*), ensemble de tous les peuples de la Germanie.

TEUTONIQUE, adj. des deux genres (*teutonike*) (en latin *teutonicus*, fait de *Teutones*, les Teutons, anciens peuples d'Allemagne), t. d'hist. mod., *ordre Teutonique*, ordre de chevalerie militaire et hospitalier, établi vers l'an 1190, en faveur des pauvres Allemands abandonnés dans la Palestine.

TÉVERTIN, subst. mas. (*tévèretein*), t. d'hist. nat., sorte de pierre dure qu'on emploie, en Italie, pour les travaux de maçonnerie.

TEXOCTLI, subst. mas. (*tèkzoktli*), t. de bot., arbre du Mexique.

TEXOTOTOTELI, subst. mas. (*tèkzotototeli*), t. d'hist. nat., espèce d'oiseau du Mexique.

TEXTE, subst. mas. (*tèkcete*) (du latin *textus*, *ûs*, fait de *textum*, tissu, tissure, lequel dérive de *texere*, faire un tissu), les propres paroles d'un auteur. — Passage de l'Écriture, cité au commencement d'un sermon et qui en fait le sujet. En ce sens, on dit prov. : *revenir à son texte*, au sujet principal dont il est question. — *Restituer un texte*, rétablir l'ordre, les mots ou la ponctuation dont on suppose qu'un auteur s'est servi. — Fig. et fam. : *rendre mal son texte*, prétendre s'autoriser d'une raison ou d'un exemple qui n'est pas favorable à la cause qu'on soutient. — *Texte*, en termes d'église, signifie, un livre des Évangiles, ordinairement couvert de lames d'argent, et qui, aux grandes messes, est porté par un sous-diacre, qui le donne à baiser à l'archevêque ou à l'évêque qui officie, avant qu'il baise l'autel. — T. de mus., se dit d'un poëme ou des paroles qu'on met en musique. Aujourd'hui, au lieu de *texte*, on dit plus ordinairement *paroles*. — T. d'imprim. : *gros-texte*, caractère qui est entre le gros-romain et le saint-augustin ; *petit-texte*, caractère entre la gaillarde et la mignonne.

TEXTILE, adj. des deux genres (*tèkcetile*) (en latin *textilis*, fait de *texere*, former un tissu), qui peut être tiré en filets propres à faire un tissu.

TEXTILITÉ, subst. fém. (*tèkcetilité*), propriété des corps qui se tissent.

TEXTUAIRE, subst. mas. et adj. des deux genres (*tèkcetu-ère*), livre dans lequel il n'y a que le *texte* sans commentaire. — Celui qui sait bien le *texte* des lois.

TEXTUEL, adj. mas., au fém. **TEXTUELLE** (*tèkcetu-èle*), conforme au *texte*.

TEXTUELLE, adj. fém. Voy. TEXTUEL.

TEXTUELLEMENT, adv. (*tèkcetu-èleman*), sans s'écarter du *texte*.

TEXTURE, subst. fém. (*tèkceture*) (en latin *textura*, dérivé de *texere*, faire un tissu), ce qui fait qu'une chose est tissue ; l'action de *tisser*, la liaison des parties d'un ouvrage.—On dit souvent au fig. : *la texture d'un discours*, *d'une pièce de théâtre*, etc. — En phys., disposition particulière des molécules d'un corps, et ses parties constituantes. — Dans les manufactures de toile, la trame.

TH, *th*, ces deux lettres n'ont pas d'autre articulation en français que celle du *t* simple.

THAÏS, subst. mas. (*ta-ice*), t. d'hist. nat., genre d'insectes lépidoptères.

THALAME, subst. mas. (*talame*), t. de verreries; espèce de fiole à long cou.—Subst. propre fém., ville de Laconie, où il y avait un temple et un oracle de Pasiphaé. On allait coucher dans ce temple.

THALAMITE, subst. mas. (*talamite*) (du grec θαλαμος, dernier rang de rames), t. d'antiq., rameur placé au rang le plus bas dans les trirèmes.

THALAMULE, subst. mas. (*talamule*), t. d'hist. nat., genre de coquilles de la division des univalves.

THALASSARCHIE, et non pas **THALASSARQUIE**, barbarisme de *Boiste*, subst. fém. (*talaçarki*) (du grec θαλαττα, mer, et αρχη, pouvoir), empire de la mer.

THALASSARQUE, subst. mas. (*talaçarke*) (même étym. que celle du mot précéd.), celui qui a l'empire des mers

THALASSARCHIQUE, adj. des deux genres (*talaçarchike*), qui a rapport à l'empire des mers.

THALASSÈME, subst. mas. (*talacème*) (du grec θαλασσευς, pêcheur), t. d'hist. nat., ver qui a près du cou deux petits crochets piquants.

THALASSIE, subst. fém. (*talaci*), t. de bot., genre de polyandres.

THALASSINE, subst. mas. (*talacine*), t. d'hist. nat., genre de crustacés.

THALASSINUS, subst. propre mas. (*talacinuce*), myth., dieu des noces, le même qu'Hymen. Quelques-uns croient que ce n'était qu'un cri de joie qu'on répétait souvent dans les mariages.

THALASSIOPHYTE, subst. fém. (*talaci-ofite*), t. de bot., famille de plantes marines.

THALASSIQUE, adj. des deux genres (*talacike*), qui concerne la mer. — T. de géol., se dit d'un terrein qui appartient à la mer.

THALASSOCRATE, subst. mas. (*talaçokrate*) (du grec θαλασσα, mer, et κρατος, commandement), dominateur des mers.

THALASSOCRATIE, subst. fém. (*talaçokraci*), domination sur les mers.

THALASSOCRATIQUE, adj. des deux genres (*talaçokratike*), qui a rapport à la *thalassocratie*.

THALASSOMEL, subst. mas. (*talaçomèle*), sorte de boisson composée de miel et d'écume de mer.

THALASSOMÈTRE, subst. mas. (*talaçomètre*) (du grec θαλασσα, mer, et μετρον, mesure), sonde qui sert à connaître la profondeur de la mer, et la qualité du sol.

THALASSOMÉTRIQUE, adj. des deux genres (*talaçométrike*), qui appartient au *thalassomètre*.

THALER, subst. mas. (*talère*) (mot allemand qui signifie *écu*, comme celui de *reichstaler* signifie *écu d'empire*), monnaie qui vaut un peu moins de quatre francs de France, quand on ne le considère que comme monnaie de compte en Prusse, en Saxe, et généralement en Allemagne; mais le *thaler* est aussi une monnaie effective d'argent, dont la valeur varie suivant les localités, depuis 4 fr. 59 c. jusqu'à 5 fr. 93, et même 6 fr. Le *thaler* courant est celui de 4 fr. 59 c.

THALICTRON, subst. mas. (*taliktron*) (en lat. *thalictrum*, en grec θαλικτρον), t. de bot., plante annuelle de la famille des crucifères.

THALIDE, subst. fém. (*talide*), t. d'hist. nat., genre de mollusques.

THALIE, subst. propre fém. (*tali*), myth., l'une des neuf Muses. Elle présidait à la comédie et à la poésie lyrique. On la représente sous la figure d'une jeune fille couronnée de lierre, tenant un masque à la main, et chaussée de brodequins.

THALITE, subst. mas. (*talite*), t. d'hist. nat., schorl vert.

THALLE, subst. fém. (*tale*), t. de bot., membrane colorée qui sert de support à quelques lichens.

THALLOPHORE, subst. mas. (*talofore*) (du grec θαλλος, branche d'olivier, et φερω, je porte), t. d'antiq., nom de vieillards qui portaient des branches d'olivier dans les panathénées.

THALWEG, subst. mas. (*talevègue*), le milieu du courant d'une rivière, d'un fleuve navigable, et en général d'un cours d'eau quelconque.

THAMNE, subst. mas. (*tamene*), t. de bot., nom d'une espèce d'arbre.

THAMNION, subst. mas. (*tameni-on*), t. de bot. genre de plantes cryptogames.

THAMNUS, subst. mas. (*tamenuce*), t. de bot., sorte d'arbrisseau.

THAMYRIS, subst. propre mas. (*tamirice*), myth., petit-fils d'Apollon. Il était si vain, qu'il osa défier les Muses à qui chanterait le mieux, et convint avec elles que, s'il les surpassait, elles le reconnaîtraient pour leur vainqueur; qu'au contraire, s'il en était vaincu, il s'abandonnerait à leur discrétion. Il perdit : les Muses lui crevèrent les yeux, et lui firent oublier tout ce qu'il savait.

THANATOLOGIE, subst. fém. (*tanatoloji*) (du grec θανατος, mort, et de λογος, discours), théorie de la mort. Inusité.

THANATOLOGIQUE, adj. des deux genres (*tanatolojike*), qui est relatif à la *thanatologie*. Inusité.

THANATOPHILE, subst. mas. (*tanatofile*), t. d'hist. nat., nom d'insectes coléoptères.

THANATUSIES, subst. fém. plur. (*tanatuzi*), t. d'antiq., fêtes des morts, à Athènes.

THANE, subst. mas. (*tane*), ancien possesseur de fiefs chez les Anglo-Saxons.

THAPRE, subst. mas. (*tapre*), t. de bot., espèce d'arbre dont le bois a la couleur du buis.

THAPSIE, subst. fém. (*tapeci*), t. de bot., plante digyne, de la famille des ombellifères.

THARGÈLE, subst. mas. (*tarjèle*), t. d'antiq., sorte de pot dans lequel on faisait cuire les prémices des fruits.

THARGÉLIES, subst. fém. plur. (*tarjéli*), myth., fêtes en l'honneur de Diane et d'Apollon, à Athènes.

THARGÉLION, subst. mas. (*tarjéli-on*), t. d'antiq., le onzième mois de l'année athénienne.

THARGÉLOS, subst. mas. (*tarjéloce*). Voy. THARGÈLE.

THASPION, subst. mas. (*tacepi-on*), t. de bot., genre de plantes.

THASSA, subst. mas. (*taça*), espèce de poisson des anciens.

THAU, subst. mas. (*tô*), la dernière lettre de l'alphabet hébreu.

THAULACHE, subst. fém. (*tôlache*), sorte de hallebarde du moyen âge, d'usage encore en 1632.

THAUMATURGE, subst. et adj. des deux genres (*tômaturje*) (du grec *θαυμα*, gén., *θαυματος*, merveille, et *εργον*, ouvrage), qui fait des miracles; surnom donné dans l'Eglise catholique à plusieurs saints célèbres par leurs miracles.

THAUT, TEUTATÈS, ou **THEUT**, subst. propre mas. (*tô, teutatèce, teute*), myth., différents noms de Mercure, qui était adoré sous le celui de *Teutatès* dans les Gaules, où on lui immolait des victimes humaines. Son culte avait commencé en Egypte, où il avait régné sous le nom d'Athotès ou de Thot. Après sa mort, les Egyptiens le révérèrent comme un dieu, et lui donnèrent le chien pour symbole. Ils le représentaient sous la figure d'un homme avec une tête de chien, qui en Egyptien se nommait anubis. C'est aussi le nom qu'on donna à Thot lui-même, confondant le symbole avec l'objet qu'il représentait.

THÉ, subst. mas. (*té*), petite feuille d'un arbrisseau qui croît dans la Chine, et dont on fait un grand usage en infusion.—L'arbuste qui produit les feuilles.—Cette infusion elle-même prise en boisson. — Depuis quelques années, espèce de collation dans laquelle on sert du *thé : donner un thé*.

THÉANDRIE, subst. fém. (*té-andri*), t. de dogm., union de l'humanité à la divinité, en parlant de *Jésus-Christ*.

THÉANDRIQUE, adj. des deux genres (*té-andrike*) (du grec *θεος*, Dieu, et *ανηρ*, gén. *ανδρος*, homme), t. dogmatique, divin et humain tout ensemble, en parlant des opérations de *Jésus-Christ*.

THÉANTHROPE, subst. mas. (*té-antrope*) (du grec *θεος*, Dieu, et *ανθρωπος*, homme), en théologie, Homme-Dieu, en parlant de *Jésus-Christ*.

THÉANTHROPIE, subst. fém. (*té-antropi*), attribution à Dieu des qualités humaines.

THÉATIN, subst. mas. (*té-atein*), nom de religieux.

THÉÂTRAL, E, adj. (*té-âtrale*), qui concerne le *théâtre* ou la poésie dramatique. — Qui ne convient qu'au *théâtre : loin des églises de Dieu les pompes théâtrales!* — On entend par *année théâtrale* le temps qui s'écoule depuis la rentrée de Pâques jusqu'à la semaine sainte. — Au plur. mas., *théâtrals*.

THÉÂTRALEMENT, adv. (*té-âtraleman*), d'une manière *théâtrale*. Ce mot, très-usité, manque dans l'*Académie*.

THÉÂTRE, subst. mas. (*té-âtre*) (du grec *θεατρον*, fait de *θεαομαι*, je regarde), lieu où l'on représente des tragédies, des comédies, etc. — Profession de comédien : *monter sur le théâtre*. — Règles de la poésie dramatique : *cet auteur n'entend pas le théâtre*. — On dit qu'*un acteur est né pour le théâtre*, pour dire qu'il a des dispositions naturelles pour bien représenter ; qu'*il n'est pas encore assez accoutumé au théâtre*, pour dire qu'il n'a pas encore acquis l'habitude pour bien jouer; qu'*il a quitté le théâtre*, pour dire qu'il a renoncé à sa profession. On le dit aussi d'un poète, pour dire qu'il ne veut plus faire de pièces de *théâtre*. — On dit d'un acteur, qu'*il connaît son théâtre*, pour dire qu'il sait le degré de gestes et de voix qui y convient; et qu'*il a l'habitude du théâtre, l'usage, l'expérience du théâtre*, pour dire qu'il connaît son art, et en a la juste pratique.—*Fermer le théâtre*, cesser les représentations pendant quelque temps; et, *ouvrir le théâtre*, recommencer à jouer. — On dit que le premier acteur qui paraît sur le théâtre, *ouvre le théâtre*.—Recueil de pièces de *théâtre : théâtre de Corneille, de Racine, de Molière*. — *Coup de théâtre*, évènement imprévu pour les spectateurs, mais préparé par l'auteur.—*Roi de théâtre*, prince sans autorité.— On dit figurément *théâtre*, en parlant d'une place, d'un emploi où un homme peut développer ses talents, ses qualités, et devenir un spectacle : *cette place est un trop petit théâtre pour lui; il faut le placer sur un plus grand théâtre ; il sera là sur son vrai théâtre*.— Estrade ornée pour voir quelque cérémonie.— Fig. : lieu où se passe, où s'est passé un évènement, etc. : *le théâtre de la guerre, de la politique*.—On appelle aussi *théâtre*, les piles de bois que les marchands de bois forment dans leurs magasins. —*Théâtre anatomique*, c'est, dans une école de médecine ou de chirurgie, une salle avec plusieurs sièges en amphithéâtre circulaire, et une table posée sur un pivot au milieu, pour la dissection et la démonstration des cadavres. — Ancienne désignation de l'emplacement destiné sur un vaisseau à recevoir et soigner les blessés. — En t. d'archit. hydraulique, *théâtre d'eau*, disposition d'une ou plusieurs allées d'eau, et ornées de rocailles, de figures, etc., pour former divers changements dans une décoration perspective, et pour y représenter des spectacles.— En termes de décorations de jardins, on appelle *théâtre de jardin*, une espèce de terrasse élevée sur laquelle est une décoration perspective d'allées d'arbres ou de charmille, pour jouer des pastorales. L'amphithéâtre qui lui est opposé a plusieurs degrés de gazon ou de pierre, et l'espace le plus bas entre le théâtre et l'amphithéâtre tient lieu de parterre. — *Théâtre de fleurs*, espèce de *théâtre* de jardin qui consiste dans un mélange agréable de caisses et de pots de fleurs, ou dans l'arrangement que l'on en fait par symétrie, sur des gradins ou des estrades de bois, de pierre, ou de gazon. — On nomme *théâtre*, dans les moulins de poudre à canon, de grands échafauds de bois élevés de terre de quelques pieds, sur lesquels, après que la poudre a été grenée, on l'expose au soleil le plus ardent, pour la sécher entièrement.

THÉBAÏDE, subst. propre fém. (*téba-ide*), contrée d'Égypte illustrée par les anachorètes.

THÉBAÏQUE, adj. des deux genres (*téba-ike*), qui a rapport à la *Thébaïde*. — Subst. mas., t. d'hist. nat., beau granit d'Egypte.

THÉBAIN, E, subst. propre et adj. (*tébein, bène*), qui est de *Thèbes*; qui a rapport à la ville de *Thèbes*.

THÈBES, subst. propre fém. (*tèbe*), ville fameuse de Béotie, en Grèce. Elle fut ainsi appelée de *Thébé*, fille d'Asope, laquelle était reine de cette contrée. On conte qu'Amphion la rebâtit au son de sa lyre. Voy. AMPHION. Ce qui a donné lieu à cette fable, c'est qu'Amphion, roi du pays, persuada par son éloquence aux peuples qui habitaient les campagnes et les rochers des environs, de venir demeurer dans sa ville. Cadmus en a été le premier fondateur.

THÉCADACTYLE, subst. mas. (*tékadaktile*), t. d'hist. nat., sous-genre de geckos.

THÉCHARQUE, subst. mas. (*tékarke*), t. d'antiq., comite de galère.

THÉCOSPONDYLE, subst. mas. (*tékocepondile*), t. d'hist. nat., genre de vers marins.

THÉÉZAN, subst. mas. (*té-ézan*), t. de bot., arbrisseau sarmenteux de la Chine.

THEFFILIN, subst. mas. (*téfefilein*), sorte de vêtement à l'usage des juifs.

THÉGONNEC (SAINT-), subst. propre mas. (*ceintéguonek*), ville de France, chef-lieu de canton, arrond. de Morlaix, dép. du Finistère.

THÉIÈRE, subst. fém. (*té-ière*), vase pour infuser le *thé*.

THÉIFORME, adj. des deux genres (*té-iforme*), en guise de *thé*; qui se prépare comme le *thé : infusion théiforme*. Peu usité.

THÉISME, subst. mas. (*té-iceme*) (du grec *θεος*, Dieu), doctrine qui admet l'existence d'un Dieu. C'est l'opposé d'*athéisme*.

THÉISTE, subst. des deux genres (*té-icete*) (du grec *θεος*, Dieu), celui, celle qui reconnaît l'existence d'un Dieu. Le mot qui lui est opposé est *athée*.

THÉLALGIE, subst. fém. (*télalji*), t. de médec., douleur au mamelon.

THÉLALGIQUE, adj. des deux genres (*télalejike*), qui a rapport à la *thélalgie*.

THÉLAZÉ, subst. mas. (*télazé*), t. d'hist. nat., genre de vers intestinaux.

THÈLE, subst. fém. (*tèle*), t. de bot., genre de plantes monogynes.

THÉLÉOBOLE, subst. fém. (*tèle-obole*), t. de bot., genre de plantes, de la famille des champignons.

THÉLIGONE, subst. mas. (*téliguone*), t. de bot., genre de plantes à tiges cylindriques.

THÉLIMITRE, subst. mas. (*télimitre*), t. de bot., genre de plantes orchidées.

THÉLIPTÈRE, subst. fém. (*télipetère*), t. de bot., la fougère femelle.

THÉLIRE, subst. mas. (*télire*), t. de bot., arbre de Madagascar.

THÉLITE, subst. fém. (*télite*), t. de médec., inflammation du mamelon.

THÉLORRHAGIE, subst. fém. (*télôraji*), t. de médec., hémorrhagie du mamelon.

THÉLORRHAGIQUE, adj. des deux genres (*télôrajike*), qui a rapport à la *thélorrhagie*.

THÉLOTRÈME, subst. mas. (*télotrème*), t. de bot., genre de plantes lichénoïdes.

THELPHISSE, subst. mas. (*tèlefice*), t. d'hist. nat., genre de polypiers.

THELPLUSE, subst. fém. (*tèlepluze*), t. d'hist. nat., genre de crustacés.

THELXIOPE, subst. mas. (*tèlekci-ope*), t. d'hist. nat., genre de crustacés, voisin des crabes.

THÉLYPHONE, subst. fém. (*télifone*), t. d'hist. nat., genre d'arachnides pulmonaires.

THÉLYSIE, subst. fém. (*télizi*), t. de bot., genre de plantes qui contient l'iris scorpioïde.

THÈME, subst. mas. (*tème*) (du grec *θεμα*, employé dans ses diverses acceptions, et qui signifie littéralement *position : ce que l'on pose pour fondement d'un discours*, etc., dérivé de *τιθημι*, je pose, j'établis), dans le style didact., sujet, matière, proposition : *il n'a pas bien pris, bien suivi son thème*, ce qui se dit fig. et fam. de tout homme qui a avancé quelque chose de mal à propos devant certaines gens.—Autrefois, texte ou sujet de sermon, etc.—Ce qu'on donne à un écolier à traduire de sa langue naturelle dans une langue étrangère ; la *version* est précisément le contraire. — La composition d'un écolier en *thème* : *il a bien fait son thème; corriger un thème*.—Autrefois le mot *thème* signifiait parmi les grammairiens la même chose que *radical*; ainsi, par le mot *thème* ils entendaient *le radical primitif* dont un verbe pouvait avoir été tiré.—En t. de grammaire grecque, on désignait par le mot *thème* le *présent* du verbe, parce qu'il servait à former les autres temps. — En t. de mus., air sur lequel on compose des variations.— Prov., *faire à quelqu'un son thème*, lui prescrire ses discours, sa conduite : *faire son thème de deux façons*, dire la même chose de deux manières différentes. — En astrol., *thème* ou *thème céleste*, figure pour tirer un horoscope qui représente l'état du ciel par rapport à un certain point ou à un certain moment. — Subdivision de l'empire grec sous Constantin Porphyrogénète : il y avait dix-sept *thèmes* en Orient et douze en Occident.

THÉMÈDE, subst. fém. (*témède*), t. de bot., genre de plantes monoïques.

THÉMÉONE, subst. mas. (*témé-one*), t. d'hist. nat., genre de coquilles univalves.

THÉMIS, subst. fém. (*temice*), poét. : nom de *la Justice*.—En astron., constellation de la Vierge. —Subst. propre fém., myth., la fille de Cœlus, et déesse de la justice. On la représente ordinairement avec une balance à la main et un bandeau sur les yeux. Ayant refusé d'épouser Jupiter, ce dieu la soumit à sa volonté, et eut d'elle la Loi et la Paix. Jupiter plaça sa balance au nombre des douze signes du Zodiaque. Quelques-uns la représentent tenant une épée à la main. — On a aussi donné le nom de *Themis* à Carmenta, mère d'Évandre.

THÉMISTIADES, subst. propre fém. plur. (*témiceti-ade*), nymphes qui prédisaient l'avenir. Elles étaient ainsi appelées du nom de Carmenta, surnommée *Themis* ou *Thémista*, fameuse devineresse.

THÉMUDITES, subst. m. pl. (*témudite*), tribu d'Arabes qui suivent la loi de Mahomet.

THÉMURE, subst. fém. (*témure*), l'une des trois divisions de la cabale rabbinique.

THÉNAR, subst. mas. (*ténar*) (mot purement grec et qui signifie proprement : la paume de la main ou la plante du pied), t. d'anat., muscle de la main et du pied qui sert à éloigner le pouce de l'index.

THÉNARDIE, subst. fém. (*ténardi*), t. de bot., genre de plantes monogynes.

THÉNEZAY, subst. propre mas. (*ténezé*), bourg de France, chef-lieu de canton, arrond. de Parthenay, dép. des Deux-Sèvres.

THENON, subst. propre mas. (*tenon*), bourg de France, chef-lieu de canton, arrond. de Périgueux, dép. de la Dordogne.

THENSES, subst. fém. plur. (*tance*), t. d'antiq., châsses ornées de figures et de bandelettes dorées, dans lesquelles on portait les statues des dieux.

THÉMISTO, subst. propre fém. (*temiceto*), myth., femme d'Athamas. Elle fut si piquée de ce qu'Athamas l'avait répudiée, et qu'il avait épousé Ino, qu'elle résolut de s'en venger en massacrant Léarque et Mélicerte, enfants d'Ino. Mais la nourrice, avertie de ce dessein, donna les habits de ces deux princes aux enfants de *Thémisto*, qui massacra ainsi ses propres fils. Elle se poignarda dès qu'elle eut reconnu son erreur.

THÉOBROME, subst. mas. (*té-obrôme*), substance alimentaire composée d'un grand nombre d'éléments. Elle est nourrissante, rafraîchissante, analeptique.

THÉOCATAGNOSTE, subst. mas. (*té-okataguenocete*) (du grec θεος, Dieu, κατα, contre, et γνωστικος, savant), nom d'hérétiques qui blâmaient les paroles et les actions de Dieu.

THÉOCRATE, subst. mas. (*té-okrate*), prêtre, souverain temporel. Voy. le mot suivant.

THÉOCRATIE, subst. fém. (*té-okraci*) (du grec θεος, Dieu, et κρατος, pouvoir), gouvernement où les chefs de la nation sont regardés comme les ministres de Dieu, dont l'autorité immédiate se manifeste par des signes visibles.

THÉOCRATIQUE, adj. des deux genres (*té-okratike*), qui appartient à la *théocratie*.

THÉOCRATIQUEMENT, adv. (*té-okratikeman*), d'une manière *théocratique*.

THÉODAMAS, subst. propre mas. (*té-odamâce*), myth., père d'Hylas. Il fut tué par Hercule, à qui non-seulement il avait refusé l'hospitalité, mais qu'il avait encore osé attaquer. Hercule emmena Hylas, pour qui il eut la plus tendre amitié.

THÉODICÉE, subst. fém. (*té-òdicé*) (du grec θεος, Dieu, et δικη, justice), justice de Dieu. — Ouvrage de Leibnitz sur ce sujet.

THÉODOLITE, subst. mas. (*té-odolite* (du grec θεω pour θεαω, j'observe, je considère, et δολιχος, long), instrument d'arpentage pour prendre les hauteurs et les distances.

THÉODORÉE, subst. fém. (*té-odoré*), t. de bot., genre de plantes.

THÉODOXE, subst. mas. (*té-odokce*), t. d'hist. nat, genre de coquilles univalves.

THÉŒNIES, subst. fém. plur. (*té-éni*) (du grec θεος, Dieu, et οινος, vin), myth., fêtes de Bacchus, que célébraient les Athéniens.

THÉOGAMIES, subst. fém. plur. (*té-oguami*) (du grec θεος, Dieu, et γαμος, mariage), myth., fêtes en l'honneur de Proserpine.

THÉOGONIE, subst. fém. (*té-oguoni*) (en grec θεογονια, formé de θεος, Dieu, et γονος, race), proprement : naissance, génération, généalogie des dieux.—Dans l'acception commune, système religieux imaginé par les païens. — *La théogonie d'Hésiode*, son poëme sur cette matière.

THÉOL., abréviation du mot *théologie*.

THÉOLOGAL, E, adj. (*té-ologuale*), *vertu théologale*, qui a Dieu principalement pour objet, telle que la foi, l'espérance et la charité. Voy. THÉOLOGIE.—Subst. mas., chanoine institué anciennement pour enseigner la théologie.— Au plur. mas., *théologaux*.

THÉOLOGALE, subst. fém. (*té-ologuale*), qualité, dignité, charge d'un *théologal*.

THÉOLOGASTRE, subst. fem. (*té-ologuacetre*) (du grec θεος, Dieu, λεγω, je dis, ασπηρικτος, faible), divinité inférieure.—Adj., qui tient faiblement à la divinité. — Subst. mas., *théologien* peu instruit, peu connu. (*Boiste*.) Inusité.

THÉOLOGAUX, adj. et subst. mas. plur. Voy. THÉOLOGAL.

THÉOLOGIE, subst. fém. (*té-oloji*), en grec θεολογια, fait de θεος, Dieu, et λογος, discours, traité), science qui a Dieu et la religion pour objet : *traité de théologie; professeur de théologie.* —*Faire sa théologie*, suivre un cours de *théologie*. —*Théologie*, recueil des ouvrages théologiques d'un auteur : *la théologie de Bellarmin.* — La doctrine *théologique* : *selon la théologie la plus reçue.*—Il se dit des opinions particulières plus ou moins reçues de certains écrivains *théologiques* : *telle était la théologie de saint Chrysostome.*— Dans les colléges, classe dans laquelle on enseigne la *théologie*.—On entend par *théologie naturelle*, ce que la raison nous apprend de l'existence de Dieu.

THÉOLOGIEN, subst. mas. (*té-olojiein*), celui qui sait ou qui enseigne la *théologie*, qui a écrit sur la *théologie*, professeur de *théologie* : *grand, docte, subtil théologien.*—Par ext., se dit des étudiants en *théologie*. — Les païens donnaient ce nom à leurs poëtes, parce qu'ils les regardaient comme plus éclairés que le vulgaire sur la nature de la divinité et sur les mystères de leur religion.—Il peut se dire au féminin en parlant d'une femme qui saurait ou qui prétendrait connaître la *théologie* : *elle veut passer pour théologienne.*

THÉOLOGIENNE, subst. fém. Voy. THÉOLOGIEN.

THÉOLOGIQUE, adj. des deux genres (*té-olojike*), qui concerne la *théologie*.

THÉOLOGIQUEMENT, adv. (*té-olojikeman*), d'une manière *théologique*.

THÉOLOGISÉ, E, part. pass. de *théologiser*.

THÉOLOGISER, v. neut. (*té-olojizé*), parler de *théologie*, faire le *théologien*. (Boiste.) Inusité.

THÉOMACHE, subst. mas. (*té-omache*) (du grec θεος, Dieu, et μαχη, combat), t. de myth. qui s'est dit des géants qui combattaient les dieux.

THÉOMANCIE, subst. fém. (*é-omanci*) (du grec θεος, Dieu, et μαντεια, divination), divination par l'inspiration supposée d'une divinité.

THÉOMANCIEN, subst. et adj. mas., au fém. **THÉOMANCIENNE** (*té-omanciein, ciène*), qui a rapport à la *théomancie*. — Subst., celui, celle qui la pratiquait.

THÉOMANCIENNE, subst. et adj. fém. Voyez THÉOMANCIEN.

THÉOMAQUE, subst. mas. (*té-omake*). C'est le même mot que *théomache*.

THÉOPASCHITE, subst. mas. (*té-opacekite*) (du grec θεος, Dieu, et πασχω, je souffre), nom de sectaires chrétiens qui croyaient que la divinité avait partagé les souffrances de Jésus-Christ.

THÉOPHAGE, subst. mas. (*té-ofaje*) (du grec θεος, Dieu, et φαγω, je mange), celui qui mange Dieu; nom donné aux catholiq. par les protestants.

THÉOPHANIE, subst. fém. (*té-ofani*) (du grec θεος, Dieu, et φαινω, j'apparais), apparition, manifestation de la divinité.

THÉOPHILANTHROPE, subst. mas. (*té-ofilantrope*) (du grec θεος, Dieu, φιλος, ami, et ανθρωπος, homme), nom qu'avaient pris en 1796 les sectateurs d'une nouvelle religion, qui n'était proprement que la religion naturelle.

THÉOPHILANTHROPIE, subst. fém. (*té-ofilantropi*), doctrine des *théophilanthropes*.

THÉOPHILANTHROPIQUE, adj. des deux genres (*té-ofilantropike*), qui a rapport à la *théophilanthropie*.

THÉOPHILANTHROPIQUEMENT, adv. (*té-ofilantropikeman*), d'une manière *théophilanthropique*.

THÉOPHILANTHROPISME, subst. mas. (*té-ofilantropiceme*), doctrine, culte des *théophilanthropes*.

THÉOPHILE, subst. et adj. des deux genres (*té-ofile*) (du grec θεος, Dieu, et φιλος, ami), qui aime Dieu.

THÉOPHOBE, subst. mas. (*té-ofobe*) (du grec θεος, Dieu, φοβος, crainte, horreur), ennemi de Dieu.

THÉOPHOBIE, subst. fém. (*té-ofobi*) (même étym. que celle du mot précéd.), haine de Dieu; et par extension, des institutions de Dieu.

THÉOPTIE, subst. fém. (*té-opeci*) (du grec θεος, Dieu, et οπτομαι, voir), apparition de Dieu. Inusité.

THÉORBE, subst. mas. (*téorbe*), instrument de musique assez semblable au luth, mais plus grand, ayant, outre les cordes qui portent sur le manche, des cordes à vide pour les basses.

THÉORBISTE, subst. mas. (*té-orbicete*), joueur de *théorbe*.—Celui qui donnait des leçons de cet instrument.

THÉORE, subst. mas. (*té-ore*) (du grec θεωρεω, je contemple), t. d'antiq., citoyen des villes de la Grèce qu'on députait pour des solennités religieuses.

THÉORÈME, subst. mas. (*té-orème*) (en grec θεωρημα, dérivé de θεωρεω, je contemple), parmi les mathématiciens, proposition d'une vérité spéculative qu'on peut démontrer. Il diffère de *problème*, en ce que celui-ci est une proposition de vérité pratique.

THÉORÉTIQUE, adj. des deux genres (*té-orétike*) (en grec θεωρητικος, fait de θεωρεω, je contemple), t. de médec., *médecin théorétique*, qui se conduit d'après l'observation et le raisonnement, par opposition aux médecins *empiriques*.

THÉORÈTRE, subst. mas. (*té-orètre*), t. d'antiquité, présent offert par un jeune homme à sa fiancée.

THÉORICIEN, subst. mas., au fém. **THÉORICIENNE** (*té-oriciein, ciène*), qui connaît la *théorie*, les principes d'un art, sans le pratiquer. L'*Académie* refuse un fém. à ce mot.

THÉORICIENNE, subst. fém. Voy. THÉORICIEN.

THÉORIDE, subst. mas. (*té-oride*), t. d'antiq., vaisseau qui portait les *théores* à Délos.

THÉORIE, subst. fém. (*te-ori*) (en grec θεωρια, fait de θεωρεω, je contemple), connaissance qui s'arrête à la simple spéculation sans passer à la pratique. — T. d'art milit., développement des principes de la manœuvre : *faire la théorie*, l'enseigner. — Leçons de *théorie* : *il y a théorie chaque matin.* — On appelle *théorie des planètes*, la science qui apprend à connaître leur mouvement, leur distance, leur grandeur, etc. — En t. de phys., on appelle *théorie*, un rapport que le génie du physicien établit entre un fait général ou le moindre nombre de faits généraux possibles, et tous les faits particuliers qui en dépendent : par exemple, les mouvements des corps célestes, l'aplatissement de la terre et les grands phénomènes de la nature se lient à un seul fait constaté d'avance par l'observation, savoir, que la force de la pesanteur agit en raison inverse du carré de la distance. C'est ce qui constitue *la théorie de la gravitation universelle*. En ce sens, *théorie* ne peut être confondu avec *système*. La *théorie* est une production du génie qui voit la nature telle qu'elle est; le *système* est le produit de l'imagination qui la fait agir à son gré.

THÉORIEN, subst. propre et adj. mas. (*té-oriein*), myth., surnom d'Apollon.

THÉORIQUE, adj. des deux genres (*té-orike*), qui regarde la *théorie*.

THÉORIQUEMENT, adv. (*té-orikeman*), d'une manière *théorique*.

THÉORISÉ, E, part. pass. de *théoriser*.

THÉORISER, v. act. (*té-orizé*), former des *théories*; établir, élever des *théories*.—*se* THÉORISER, v. pron. Presque inusité.

THÉORISTE, subst. mas. (*té-oricete*), auteur d'une *théorie*.

THÉOSOPHE, subst. mas. (*té-ozofe*) (du grec θεος, Dieu, et σοφος, savant, connaisseur), espèce d'illuminés qui, en vertu d'une inspiration surnaturelle et céleste, se prétendent élevés par degrés et au moyen des êtres intermédiaires jusqu'à un commerce intime avec la divinité.

THÉOSOPHIE, subst. fém. (*té-ozofi*), doctrine des *théosophes*.

THÉOSOPHISME, subst. mas. (*té-ozoficeme*), système de ceux qui pensent que nous voyons, nous sentons, nous pensons en Dieu.—Système de *Malebranche*.

THÉOTISME, subst. mas. (*té-oticeme*), doctrine de Catherine *Théot*, illuminée de 1794.

THÉOTISQUE, adj. des deux genres (*té-oticeke*), teutonique, tudesque. Vieux et même hors d'usage.

THÉOXÉNIES, subst. fém. plur. (*té-okcéni*), myth., fêtes et jeux solennels en l'honneur de tous les dieux, chez les Grecs.

THÉOXÉNIEN, subst. propre et adj. mas. (*té-okcéniein*) (du grec θεος, Dieu, et ξενος, hôte), myth., surnom d'Apollon, protecteur de l'hospitalité.

THÈQUES, subst. fém. plur. (*tèke*) (du grec θηκη, gaîne), t. de bot., sachets sphériques ou ovales dans lesquels sont renfermées les sporules des mousses.

THÉRACIEN, subst. mas. (*teraciein*), t. d'antiq., air qu'on chantait pendant les fêtes de Proserpine, au printemps.

THÉRAPEUMANE, subst. mas. (*térapeumane*), médecin qui suit la *thérapeutique*.

THÉRAPEUTE, subst. mas. (*térapeute*) (du grec θεραπευται, dérivé de θεραπευω, je sers, je prends soin, soit à cause du soin qu'ils prenaient de leurs âmes, soit parce qu'ils servaient Dieu d'une manière particulière), nom de hommes juifs qui se livraient à la vie contemplative.

THÉRAPEUTIQUE, adj. des deux genres (*térapeutike*), qui a rapport aux *thérapeutes* : *la vie thérapeutique*.—Subst. fém., partie de la médecine qui s'occupe à chercher les remèdes propres à guérir les maladies.

THÉRAPEUTISTE, subst. mas. (*térapeuticete*), celui qui s'applique à la *thérapeutique*.

THÉRAPHOSE, subst. fém. (*téraföze*), t. d'hist. nat., tribu d'aranéides.

THÉRAPIE, subst. fém. (*térapi*), synonyme de *thérapeutique*. Presque inusité.

THÉRARCHIE, subst. fém. (*térarchi*), fonctions du *thérarque*. — Manière de diriger les éléphants.

THÉRARCHIQUE, adj. des deux genres (*térarchike*), qui appartient, qui a rapport à la *thérarchie*.

THÉRARQUE, subst. mas. (*térarke*) (du grec θηρ, bête sauvage, et αρχη, pouvoir), dans la milice des anciens, celui qui commandait deux éléphants.

THÉRATE, subst. fém. (*térate*), t. d'hist. nat., genre d'insectes coléoptères.

THÉRÈVE, subst. mas. (*térève*), t. d'hist. nat., genre d'insectes diptères.

THÉRIACAL, E, adj. (*téri-akale*), qui a la vertu, les propriétés de la *thériaque*.— Au plur. mas., *thériacaux*.

THÉRIACAUX, adj. mas. plur. Voy. THÉRIACAL.

THÉRIACOLOGIE, subst. fém. (*téri-akoloji*) (du grec θηρ, bête sauvage, et λογος, discours), traité sur les bêtes venimeuses.

THÉRIACOLOGIQUE, adj. des deux genres (*téri-akolojike*), qui a rapport à la *thériacologie*.

THÉRIAQUE, subst. fém. (*téri-ake*) (du grec θηρ, θηρος, bête venimeuse, et ακεομαι, je guéris), composition médicale en forme d'opiat, dont la base est la chair de vipère, et qui sert d'antidote.

THÉRICLÉES, subst. fém. plur. (*térikle*), t. d'antiq., vases très-beaux que Verrès fit enlever de la maison de Diodore.

THÉRIDION, subst. mas. (*téridi-on*), t. d'hist. nat., genre d'arachnides fileuses.

THÉRIOME, subst. mas. (*téri-ome*), t. de médec., sorte d'ulcère.

THÉRIONARQUE, subst. fém. (*téri-onarke*), t. d'hist. nat., sorte d'herbe qui engourdit les serpents.

THÉRIOTOMIE, subst. fém. (*téri-otomi*) (du grec θηρ ou θηριον, bête sauvage, et τομη, incision), synonyme de *zootomie*. Inusité.

THÉRIOTOMIQUE, adj. des deux genres (*tériotomike*), qui a rapport à la *thériotomie*. Inus.

THÉRISTRE, subst. mas. (*téricetre*) (du grec θεριζω, je moissonne), grand voile, espèce de chemise des femmes orientales.—Vêtement d'été des anciens.

THÉRITAS, subst. propre mas. (*téritace*), myth., surnom de Mars.

THERMAIRE, subst. mas. (*tèremère*), t. d'antiq., gardien des bains ou *thermes*, chez les Romains.

THERMAL, E, adj. (*téremale*) (du grec θερμος, chaud), *eaux thermales*, eaux minérales et chaudes.—Au plur. mas., *thermaux*.

THERMALITÉ, subst. fém. (*téremalité*), t. de médec., nature, caractère propre et constitutif des eaux *thermales*.

THERMANÉMIQUE, subst. fém. (*téremanémike*), machine propre à tirer parti du calorique perdu dans les tuyaux de cheminée. Peu usité.

THERMANTIDE, subst. fém. (*téremantide*) (du grec θερμαντος, qui a été échauffé, dérivé de θερμαινω, j'échauffe), t. d'hist. nat., substance qui a été exposée à la chaleur des feux souterreins.

THERMANTIQUE, subst. mas. adj. et des deux genres (*téremantike*) (du grec θερμαντικος, qui échauffe), t. de médec., remède qui échauffe, augmente la chaleur naturelle.

THERMAUX, adj. mas. plur. Voy. THERMAL.

THERMAZOTE, subst. mas. (*téremazote*), t. de chim., gaz *azote*.

THERMES, subst. mas. plur. (*tèreme*) (du grec θερμος, chaud), en t. d'hist. nat., citernes où se trouvent des bains tièdes ou des eaux naturellement chaudes.—Chez les anciens, bâtiments destinés pour les bains, et qui faisaient originairement partie des gymnases : *les thermes d'Auguste, de Vespasien*.

THERMÉSIE, subst. fém. *tèreméz*i), myth., surnom de Cérès.

THERMIDOR, subst. mas. (*téremidor*), second mois d'été, et onzième de l'année dans le calendrier républicain français.

THERMIDORIEN, adj. mas., au fém. **THERMIDORIENNE** (*téremidorieïn, riène*), de *thermidor*.—On a appelé subst. *thermidoriens*, pendant la révolution française, les partisans de la réaction du 9 thermidor (26 juillet 1794), ceux qui y avaient pris part.

THERMIDORIENNE, adj. fém. Voy. THERMIDORIEN.

THERMIEN, subst. propre mas. (*téremieïn*), myth., surnom d'Apollon comme dieu du soleil, de la chaleur.

THERMO-BAROMÈTRE, subst. mas. (*tèremöbaromètre*), sorte d'instrument nouveau qui réunit les indications du *thermomètre* et du *baromètre*.

THERMODOTE, subst. mas. (*téremodote*), t. d'antiq., celui qui donnait de l'eau chaude dans les bains.

THERMOGÈNE, adj. des deux genres. Voy. CALORIQUE.

THERMO-LAMPE, subst. mas. (*téremölanpe*), espèce de lampe où la fumée décomposée donne de la clarté par sa combustion.—Nouveau moyen d'employer plus utilement les combustibles soit par la chaleur, soit par la lumière.—On nomme *thermo-lampe portatif*, une sorte d'appareil éclairé par le gaz hydrogène.

THERMOMÈTRE, subst. mas. (*tèremomètre*), (du grec θερμος, chaud, et μετρον, mesure), instrument de *météorologie* destiné à marquer les différents degrés de chaud et de froid, par le moyen de la liqueur qui est renfermée dedans.—*Thermomètre de Réaumur*, dans lequel les deux comparaisons sont le point où s'arrête la liqueur dans la glace fondante, et celui où elle s'élève par la chaleur de l'eau bouillante : l'intervalle compris entre ces deux limites est divisé en quatre-vingts parties égales ou degrés. — *Thermomètre centigrade*, le même que celui de *Réaumur*, avec cette différence que l'espace compris entre l'eau bouillante et la glace fondante est divisé en cent degrés (*centum gradus*).

THERMOMÉTRIQUE, adj. des deux genres (*téremométrike*), qui donne la mesure de la chaleur. — Qui a rapport au *thermomètre*.

THERMOPHYLAX, subst. mas. (*téremofilakce*), appareil propre à conserver la chaleur, applicable aux chaudières, alambics, poêles, cheminées, fourneaux, etc.

THERMOPSIS, subst. mas. (*téremopecice*), t. de bot., espèce de plante de la famille des bilabiées.

THERMOPYLES, subst. propre mas. plur. (*téremopile*), défilé du mont Œta, dans la Thessalie, célèbre dans l'histoire de la Grèce par la résistance et le dévouement de trois cents Spartiates et de Léonidas qui les commandait. Ils périrent tous plutôt que de mettre bas les armes, et donnèrent le temps, par cet acte d'héroïsme, à leurs compatriotes de se mettre en défense contre l'armée innombrable de Xerxès, dont ils avaient ainsi suspendu la marche.

THERMOSCOPE, subst. mas. (*teremocekope*) (du grec θερμος, chaud, et σκοπεω, je vois, j'observe), instrument météorologique destiné à faire connaître les changements qui arrivent dans l'air par rapport au froid et au chaud. Il diffère proprement du *thermomètre*, en ce que celui-ci mesure les variations que représente et marque seulement le *thermoscope*. — THERMOSCOPE, THERMOMÈTRE. (*Syn.*) Le mot de *thermoscope* se confond en général avec celui de *thermomètre*. Cependant il y a quelque différence dans la signification littérale de l'un et de l'autre. Le premier signifie un instrument qui marque ou représente aux yeux les changements de chaleur et de froid ; au lieu que le second est un instrument fait pour mesurer ces changements. Le *thermomètre* devrait être un *thermoscope* plus exact et plus parfait que les *thermoscopes* ordinaires. La plupart des physiciens regardent tous les *thermomètres* qui sont en usage comme de simples *thermoscopes*, parce qu'il n'y en a pas un seul qui mesure, à proprement parler, les changements de froid et de chaud, et qu'ils ne font qu'indiquer ces changements.

THERMOXYGÈNE, subst. mas. (*téremokcijène*), nom que Brugnatelli donne à l'*oxygène* lorsqu'il se combine avec les corps.

THERMUTIS, subst. propre fém. (*téremutice*), myth., c'est l'Isis irritée des Égyptiens. Elle avait la même fonction que la Némésis grecque, et présidait au châtiment des coupables. On lui donne pour symbole une espèce de serpent très-dangereux, qui porte le même nom.

THERSITE, subst. mas. (*tèrecite*), homme mal fait, méchant, insolent et lâche.

THERTÉRIES, subst. fém. plur. (*têretéri*), myth., fêtes générales qu'on célébrait dans l'ancienne Grèce.

THÉSAURISATEUR, subst. et adj. mas., au fém. **THÉSAURISATRICE** (*tézôrizateur, tézôrizatrice*), celui ou celle qui *thésaurise*, qui amasse. Moins usité que *thésauriseur*, mais d'un style plus élevé.

THÉSAURISATRICE, subst. et adj. fém. Voy. THÉSAURISATEUR.

THÉSAURISÉ, part. pass. de *thésauriser*.

THÉSAURISER, v. neut. (*tézôrizé*) (du grec θησαυριζειν, fait de θησαυρος, trésor), amasser des *trésors*, des richesses.

THÉSAURISEUR, subst. adj. mas., au fém. **THÉSAURISEUSE** (*tézorizeur, zeuze*), qui *thésaurise*. — Voy. THÉSAURISATEUR.

THÉSAURISEUSE, subst. et adj. fém. Voyez THÉSAURISEUR.

THÈSE, subst. fém. (*tèze*) (du grec θεσις, position, fait de τιθημι, je pose, j'établis), en général, toute sorte de propositions, de questions dans le discours ordinaire : *ce n'est pas là la thèse*. — Plus particulièrement, propositions qu'on soutient publiquement dans les écoles, *thèse de philosophie, de droit*, etc. — La dispute des *thèses : assister, argumenter à une thèse*. — Feuille imprimée, qui contient les propositions qu'on doit soutenir ou qu'on a soutenues publiquement : *distribuer, afficher, présenter des thèses*.—Fig. et fam.: *soutenir thèse pour quelqu'un*, prendre son parti, défendre ses intérêts. — Fig. et fam. : *cela change la thèse*, cela fait bien changer d'opinion.

THÉSÉE, subst. propre mas. (*tézé*), myth., fils d'Égée et d'Ethra, fille de Pitthée. Il donna pendant sa vie des marques d'une valeur extraordinaire, et marcha sur les traces d'Hercule. Il dompta plusieurs monstres, comme le Minotaure, dont il devait être la proie. Voy. MINOTAURE. Il enleva plusieurs femmes, comme Hélène, Ariane, Phèdre et d'autres ; mais il les rendait lorsqu'elles ne consentaient pas à leur enlèvement. Il en abandonna quelques-unes, entre autres Ariane, et descendit aux enfers avec Pirithoüs, pour l'aider à enlever Proserpine. Mais il fut condamné par Pluton à être attaché à une pierre, et y demeura jusqu'à ce qu'Hercule, envoyé par Eurysthée, allât l'en délivrer. Il tenait si fort à cette pierre qu'il y laissa de sa peau. Il dompta les Amazones, et fit prisonnière leur reine Antiope, ou Hippolyte, qu'il épousa, et dont il eut un fils nommé Hippolyte ; mais ayant ajouté foi aux accusations calomnieuses de Phèdre, il abandonna ce fils à la fureur de Neptune. Les Epirotes firent *Thésée* prisonnier, et pendant ce temps Ménesthée, arrière-petit-fils d'Érechthée, s'empara de ses états. Lorsqu'il fut de retour, il chassa l'usurpateur, et s'empara de son royaume, où il établit ses propres enfants. On dit qu'il mourut à Athènes, et que les Athéniens lui dressèrent des autels.

THÉSÉIDE, subst. fém. (*tézé-ide*), manière de couper les cheveux, inventée par *Thésée*. — Poëme sur *Thésée*, composé par Codrus.—Partie de la myth. qui concerne l'histoire et les actions de *Thésée*. — Au m. pl., les Athéniens, du nom de *Thésée*, leur roi.

THÉSÉIES, subst. fém. plur. (*tézé-i*), t. d'antiq., fêtes qui se célébraient à Athènes en l'honneur de *Thésée*.

THÉSIE, subst. fém. (*tézi*), t. de bot., nom d'une plante purgative.

THÉSION, subst. mas. (*tézion*), t. de bot., genre de plantes monogynes.

THESMIE, subst. propre fém. (*tècemi*), myth., surnom de Cérès.

THESMOPHORIES, subst. fém. plur. (*tècemofori*), myth., fêtes qu'on célébrait en l'honneur de Cérès.

THESMOTHÈTE, subst. mas. (*tècemotète*) (du grec θεσμοθετης, législateur, formé de θεσμος, loi, et τιθημι, j'établis), chez les Grecs, magistrats qui étaient gardiens des lois.

THESPIADES, subst. propre fém. plur. (*tècepiade*), myth.; les Muses étaient ainsi surnommées, parce qu'on leur rendait de grands honneurs à *Thespie*, ville de Béotie.—Les enfants qu'Hercule eut des filles de *Thespis* furent aussi appelés *Thespiades*, au subst. mas. pl.

THESPIS, subst. propre mas. (*tècepice*), myth., fils d'Érechthée. On le dit père de cinquante filles, qui furent toutes femmes d'Hercule.

THESPÉSIE, subst. fém. (*tècepézi*), t. de bot., genre de plantes.

THESPIENS, subst. propre mas. plur. (*tècepieïn*), habitants de *Thespie*, ville de Béotie.

THESSALIENS, subst. propre mas. plur. (*tèceçali-eïn*), anciens peuples de *Thessalie*, contrée de Macédoine.

THESSALONICIENS, subst. propre mas. plur.

(*lécegalonicicin*), habitants de *Thessalonique*, ville de Macédoine.

THÊTA, subst. mas. (*téta*) (Θ, θ), huitième lettre de l'alphabet grec.

THÈTES, subst. mas. plur. (*tète*) (du grec θῆς, gén. θητός, mercenaire), t. d'antiq., dernière classe des citoyens d'Athènes, qui était toute composée d'ouvriers et d'artisans.

THÉTIS, subst. propre fem. (*tétice*), myth., fille de Nérée et de Doris. Elle était si belle que Jupiter voulut l'épouser; mais il ne le fit pas, parce que Prométhée avait prédit qu'elle serait mère d'un fils qui deviendrait un jour plus grand et plus illustre que son père. On la maria avec Pélée, dont cette déesse eut Achille. Jamais noces ne furent plus brillantes que celles-là : tout l'Olympe, les divinités infernales, aquatiques et terrestres s'y trouvèrent, excepté la Discorde, qui n'y fut pas invitée, et qui, pour se venger, alla jeter sur la table une pomme d'or, avec cette inscription : *à la plus belle*. Junon, Pallas et Vénus se la disputèrent, et convinrent de s'en rapporter au jugement de Pâris, qui donna la pomme à Vénus. Lorsque Achille fut contraint d'aller au siége de Troie, *Thétis* alla trouver Vulcain et lui fit faire des armes et un bouclier dont elle fit présent elle-même à son fils ; elle le garantit souvent de la mort pendant le siége. — Quand les poëtes mettent dans leurs vers cette *Thétis* pour signifier *la mer*, c'est vraisemblablement parce qu'ils la confondent avec *Téthys*. Voy. TÉTHYS.

THÉTIS, subst. mas. (*tétice*), t. d'hist. nat., genre de mollusques nus.

THÉURGIE, subst. fém. (*té-urji*) (du grec θεός, Dieu, et ἔργον, ouvrage), espèce de magie par laquelle on croyait opérer des choses merveilleuses. On donnait ce nom à celle qu'on employait pour des fins honnêtes et salutaires, comme on appelait *goétie* ou *magie noire*, celle où l'on ne se proposait que de faire du mal.

THÉURGIQUE, adj. des deux genres (*té-urjike*), qui a rapport à la *théurgie*.

THÉURGIQUEMENT, adv. (*té-urjikeman*), d'une manière *théurgique*.

THÈZE, subst. propre mas. (*tèze*), bourg de France, chef-lieu de canton, arrond. de Pau, dép. des Basses-Pyrénées.

THI, subst. mas. (*ti*), t. de bot., bel arbre du Tonquin ; sa feuille est un poison, et son fruit se mange.

THIA, subst. mas. (*ti-a*), t. d'hist. nat., genre de crustacés décapodes.

THIADES, subst. fém. plur. (*ti-ade*), génies fabuleux.

THIASE, subst. mas. (*ti-âze*) (du grec θίασος, chœur de danse), t. d'antiq., danse des bacchantes.

THIAUCOURT, subst. propre mas. (*ti-ôkoure*), ville de France, chef-lieu de canton, arrond. de Thoul, dép. de la Meurthe.

THIBAUDE, subst. fém. (*tibôde*), tissu grossier fait avec du poil de vache, et dont on se sert pour doubler les tapis de pied. (*Dict. de l'Académie, édition de 1835.*)

THIBAUDIA, subst. mas. (*tibôdi-a*), t. de bot., genre de plantes monogynes.

THIBERVILLE, subst. propre mas. (*tibèrevile*), bourg de France, chef-lieu de canton, arrond. de Bernay, dép. de l'Eure.

THIE, subst. fém. (*ti*) (du grec θήκη, en lat. *theca*, étui), petit étui de fer dans lequel les fileuses mettent le bout de leurs fuseaux.

THIÉRACHIEN, subst. mas. (*ti-érachiein*), voiturier qui enlève le bois coupé dans les forêts. Hors d'usage.

THIERS, subst. propre mas. (*tière*), ville de France, chef-lieu d'arrond. et de canton, dép. du Puy-de-Dôme.

THILACHION ou **THILACHI**, subst. mas. (*tilachion, chi*), t. de bot., arbre de la Cochinchine et de l'Afrique.

THILI, subst. mas. (*tili*), t. d'hist. nat., sorte de grive du Chili.

THILOGLOTTE, subst. fém. (*tiloguelote*), t. de bot., genre de plantes diandres.

THIONVILLE, subst. propre mas. (*tionvile*), ville forte de France, chef-lieu d'arrond. et de canton, dép. de la Moselle.

THIROULE, subst. fém. (*tiroule*), nom que les houilleurs donnent à une terre légère, et qui est l'indice d'une houillère.

THIRSÉE, subst. fém. (*tircé*), t. d'hist. nat., tortue du Nil qui fait la guerre aux jeunes crocodiles, et surtout à leurs œufs.

THIVIERS, subst. propre mas. (*tivié*), ville de France, chef-lieu de canton, arrond. de Nontron, dép. de la Dordogne.

THIZY, subst. propre mas. (*tizi*), ville de France, chef-lieu de canton, arrond. de Villefranche-sur-Saône, dép. du Rhône.

THLASE ou **THLASME**, subst. fém. (*tlâze, laceme*) (en grec θλάσις ou θλάσμα), t. de chir., contusion ou enfoncement des os plats.

THLASPI, subst. mas. (*tlacepi*), t. de bot., genre de plantes de la famille des crucifères, dont on distingue plusieurs espèces.

THLASPIDIUM, subst. mas. (*tlacepidi-ome*), t. de bot., plante détersive, apéritive.

THLASPIDIOÏDE, sub m. (*tlacepidi-o-ide*), t. de bot., sorte d'arbrisseau visqueux.

THLIPSIE, subst. fém. (*tlipeci*) (du grec θλίβω, je comprime), t. de chir., compression ou resserrement des vaisseaux par une cause externe.

THNÉTOPSYCHITES, subst. mas. plur. (*tenétopecichite*) (du grec θνητός, mortel, et ψυχή, âme), nom de sectaires chrétiens qui soutenaient que l'âme mourait avec le corps.

THOA, subst. mas. (*to-a*), t. de bot., genre de polypiers.—Arbrisseau noueux des forêts cochinchinoises.—Genre de plantes de la famille des orties.—Arbre résineux de Madagascar.

THOISSEY, subst. propre mas. (*toècé*), ville de France, chef-lieu de canton, arrond. de Trévoux, dép. de l'Ain.

THOLUS, subst. mas. (*toluce*) (du grec θόλος, voûte), t. de charp., clef de charpente. Inusité.

THOMÉEN, subst. mas., **THOMÉENNE**, subst. fém. (*tomé-ein, ène*), chrétien de Saint-*Thomé*, aux Indes.

THOMISE, subst. fém. (*tomize*), t. d'hist. nat., genre d'arachnides.

THOMISME, subst. mas. (*tomiceme*), doctrine de saint *Thomas* sur la prédestination et la grace.

THOMISTE, subst. mas. (*tomicete*), partisan de la doctrine de saint *Thomas*.

THON, subst. mas. (*ton*) (du grec θύννος, en latin *thunnus* et *tynnus*), t. d'hist. nat., gros poisson qui se pêche sur les côtes de la Méditerranée.

THONAIRE, subst. mas. (*tonère*), filet pour prendre les *thons*.

THONINE, subst. fém. (*tonine*), chair du *thon* coupée et salée.

THOPH ou **THOPHOS**, subst. mas. (*tofe, tofoce*), espèce de tympanon des Hébreux.

THORA, subst. fém. (*tora*) (du grec φθορά, corruption, mortalité. *Morin.*), t. de bot., plante dont le suc sert à empoisonner les flèches. C'est une espèce d'asphodèle.

THORACENTÈSE, subst. fém. (*torançantèze*), t. de chir., opération de l'empyème.

THORACIQUE et non pas **THORACHIQUE**, fausse orthographe de l'*Académie*, et que cependant elle semble préférer, adj. des deux genres (*toracike*) (du grec θώραξ, gén. θώρακος, poitrine), qui est relatif à la poitrine : *veine thoracique*. —*Canal thoracique*, vaisseau qui porte le chyle dans la veine sous-clavière gauche. — Qui est bon pour la poitrine : *remède thoracique*. — Subst. mas. : *un bon thoracique*.

THORACIQUES, subst. m. pl. et adj. des deux genres (*toracike*), t. d'hist. nat., ordre de poissons osseux.

THORACO-ABDOMINAL, E, adj. (*torakô-abdominale*), t. de médec., se dit de la constitution des individus chez lesquels les organes prédominants sont les viscères de la poitrine et du bas-ventre. — Au plur., *thoraco-abdominaux*.

THORACO-FACIAL, subst. et adj. mas. (*torakôfaci-ale*), t. d'anat., se dit du muscle qui s'étend de la poitrine à la *face*. — Au plur., *thoraco-faciaux*.

THORACO-MAXILLI-FACIAL, adj. mas. (*torakômakcilelifaci-ale*), t. d'anat. qui se dit du muscle peaussier.

THORACODYNIE, subst. fém. (*torakodini*) (du grec θώραξ, θώρακος, poitrine, et ὀδύνη, douleur), t. de médec., douleur qui se fait sentir à la poitrine.

THORACODYNIQUE, adj. des deux genres (*torakodinike*), t. de médec., qui concerne la *thoracodynie*.

THORACOSCOPIE, subst. fém. (*torakôcekopi*) (du grec θώραξ, θώρακος, poitrine, et σκοπέω, je considère), t. de médec., art d'explorer la poitrine.

THORACOSCOPIQUE, adj. des deux genres (*torakôcekopike*), qui a rapport à la *thoracoscopie*.

THORAX, subst. mas. (*tôrakce*) (en grec θώραξ, fait, dit-on, de θορεῖν, sauter, à cause du battement continuel du cœur dans la poitrine), t. d'anat., la capacité de la poitrine.

THORE, subst. fém. (*tore*), t. de bot., espèce d'aconit, poison mortel.

THORÉE, subst. fém. (*toré*), t. de bot., genre de plantes de la famille des conferves.

THORINE, subst. fém. (*torine*), t. de chim., oxyde métallique incolore, insipide, inodore et insoluble dans l'eau.

THORINIUM, subst. mas. (*torini-ome*), t. de chim., métal présumé de la *thorine*.

THOT, subst. mas. (*tote*), mois égyptien.

THOTTE, subst. fém. (*tote*), t. de bot., genre de plantes à silique, à quatre angles.

THOUARCE-ET-LE-CHAMP, subst. propre mas. (*tou-arcélechan*), bourg de France, chef-lieu de canton, arrond. d'Angers, dép. de Maine-et-Loire.

THOUARS, subst. propre mas. (*tou-ar*), ville de France, chef-lieu de canton, arrond. de Bressuire, dép. des Deux-Sèvres.

THOUARSE, subst. fém. (*tou-arce*), t. de bot., genre de plantes rampantes de Madagascar.

THOUINIE, subst. fém. (*tou-ini*), t. de bot., genre de plantes monogynes de la famille des savonniers.

THOUS, subst. mas. (*tou*), t. d'hist. nat., quadrupède de Surinam, espèce de chien.

THRACE, subst. propre fém. (*trace*), myth., grande contrée de l'Europe, à laquelle *Thracia*, fille de Mars, donna son nom. D'autres disent que ce fut *Thracée*, fille de Titan.

THRACES, subst. propre mas. plur. (*trace*), chez les anciens Romains, gladiateurs armés d'un coutelas ou cimeterre, semblable à ceux des peuples de la *Thrace*. Nom des peuples de l'ancienne *Thrace*.

THRACIDIE, subst. fém. (*tracidi*), t. d'antiq., arme des gladiateurs qui étaient armés à la manière des *Thraces*.

THRAN, subst. mas. (*tran*), nom qu'on donne, dans le Nord, à l'huile qu'on retire des poissons. Celle qui découle sans feu de la graisse ou des foies de poissons accumulés dans des tonneaux, se nomme *thran clair*; et celle qui est l'effet de leur ébullition se nomme *thran brun*.

THRANITE, subst. m. (*tranite*), t. d'antiq., rameur athénien, du banc supérieur d'une trirème.

THRASÉAS, ou **THRASIUS**, subst. propre mas. (*trazé-âce, zi-uce*), myth., célèbre augure; étant allé à la cour de Busiris, tyran d'Egypte, dans un temps de sécheresse, il lui dit qu'on aurait de la pluie s'il faisait immoler les étrangers à Jupiter. Busiris lui ayant demandé de quel pays il était, et ayant appris qu'il était étranger : *Tu seras le premier*, lui dit-il, *qui donneras de l'eau à l'Egypte*; et aussitôt il le fit immoler.

THRASICAS, subst. mas. (*trazikâce*), nom que les Latins donnaient au vent de N.-N.-O.

THRASIE, ou **THARSIE**, subst. fém. (*trazi, tarci*), t. de bot., sorte de plante vivace des bords de l'Orénoque, de la famille des graminées.

THRÉKELDIE, subst. fém. (*trékièledi*), t. de bot., arbuste de la Nouvelle-Hollande.

THRÈNE, subst. mas. (*trène*) (du grec θρῆνος, pleurs), cantique lamentable.

THRÉNÉTIQUE, subst. fém. (*trénétike*), flûte des Phrygiens sur laquelle on jouait des *thrènes*.

THRÉNODIE, subst. fém. (*trenodi*) (du grec θρῆνος, pleurs, et ᾠδή, chant), chanson triste et funèbre des anciens, en usage dans les funérailles.

THRIDACE, subst. fém. (*tridace*), t. de pharm., extrait de laitue qu'on obtient par expression à froid.

THRIDACIE, subst. fém. (*tridaci*), t. de bot., espèce de plante, la mandragore femelle.

THRIES, subst. fém. plur. (*tri*) (du grec θρίαι, nymphes qui avaient montré cet art), divination qui se faisait en jetant des cailloux dans une urne.

THRINAX, subst. mas. (*trinakce*), t. de bot., genre de plantes monogynes, de la famille des palmiers.

THRINCIE, subst. fém. (*treinci*), t. de bot., genre de plantes.

THRISSE, subst. mas. (*trice*), t. d'hist. nat., genre de poissons.

THRIPS, subst. mas. (*tripece*) (du grec θρίψ, ver qui ronge le bois), t. d'hist. nat., insecte hémiptère.

THROMBOSE, subst. fém. (tronbôze) (du grec θρομϐός, sang caillé), t. de médec., congestion du lait dans les conduits galactophores.

THROMBUS, subst. mas. (tronbuce) (même étym. que celle du mot précéd.), t. de chir., tumeur formée par du sang à l'endroit de la saignée.

THROSQUE, subst. mas. (troceke), t. d'hist. nat., genre d'insectes coléoptères.

THRYALK, subst. mas. (tri-ale), t. de bot., arbuste du Brésil.

THRYOCÉPHALE, subst. mas. (tri-océfale), t. de bot., genre de plantes cypéroïdes.

THRYOTORE, subst. mas. (tri-otore), t. d'hist. nat., genre d'oiseaux silvains.

THRYSANTHE, subst. mas. (trizante), t. de bot., genre de plantes.

THUCION, subst. mas. (tucion), t. de mar., gros timon de navire.

THUEYTS, subst. propre mas. (tué), village de France, chef-lieu de canton, arrond. de l'Argentière, dép. de l'Ardèche.

THUIA ou **THUYA**, l'Académie donne les deux, subst. mas. (tu-i-a), t. de bot., arbre de la famille des conifères, et qui a de grands rapports avec le cyprès.

THUIR, subst. propre mas. (tuir), petite ville de France, chef-lieu de canton, arrond. de Perpignan, dép. des Pyrénées-Orientales.

THUILÉE, subst. fém. (tuilé), t. d'hist. nat., tortue d'Amérique.

THUMBERGE, subst. fém. (tonbérèje), t. de bot., genre de plantes acanthoïdes.

THURAIRE, subst. mas. (turère), t. de bot., arbuste noueux et odoriférant qui croît au Chili.

THURIBULAIRE, adj. des deux genres (turibulère), qui encense.

THURIBULUM, subst. mas. (turibulome), vaisseau dans lequel les anciens Romains brûlaient l'encens qu'ils employaient pour les sacrifices.

THURIFÉRAIRE, subst. mas. (turiférère) (en lat. thuriferarius, formé de thus, gén. thuris, encens, et de fero, je porte), dans les cérémonies de l'Eglise, clerc dont la fonction est de porter l'encensoir et la navette où est l'encens.

THURIFÈRE, adj. des deux genres (turifère), qui produit l'encens.

THURINGIEN, subst. propre mas. (tureinjiein), nom des peuples qui habitaient la Thuringe.

THURON, subst. mas. (turon), t. d'hist. nat., espèce de bœuf sauvage qui se tient dans les bois en Amérique ; nom vulgaire de l'aurochs.

THUYA, subst. mas. Voy. THUIA.

THYADES, subst. propre fém. plur. (ti-ade) (du grec θυω, j'entre en fureur), myth., surnom qu'on donnait aux bacchantes.

THYASE, subst. fém. (ti-âze), t. d'antiq., danse des bacchantes.

THYASSIRE, subst. fém. (ti-acccire), t. d'hist. nat., genre de coquilles.

THYELLIES, subst. fém. (ti-éleli), myth., fêtes célèbrées en l'honneur de Vénus.

THYESTE, subst. propre mas. (ti-èccte), myth., fils de Pélops et d'Hippodamie, et frère d'Atrée. Il se rendit coupable d'un inceste avec sa belle-sœur Europe, femme d'Atrée, lequel, pour s'en venger, mit en pièces l'enfant qui en était né, et en fit servir les restes à Thyeste dans un festin. On dit que le soleil se cacha pour ne point éclairer une action si barbare.

THYIA, subst. propre fém. (ti-i-a), myth., fille de Deucalion, que Jupiter épousa, et dont il eut Macédon.—Il y en eut une autre, si peut-être ce n'est la même, qui fut la première initiée aux mystères de Bacchus, dont elle fut prêtresse. On croit que c'est de son nom que les autres prêtresses de Bacchus furent appelées thyiades ou thyades.

THYIE, subst. fém. (ti-i), myth., fête qu'on célébrait en l'honneur de Bacchus.

THYITE, subst. fém. (ti-ite), t. d'hist. nat., nom d'une pierre très-dure dont on fait des mortiers.

THYM, subst. mas. (tein) (du grec θυμος, fait de θυω, je parfume), t. de bot., sorte de plante odoriférante.

THYMALE, subst. fém. (timale), t. d'hist. nat., insecte pentamère coléoptère.

THYMBRA, subst. mas. (teinbra), t. de bot., genre de plantes gymnospermes.

THYMBRÉE, subst. fém. (teinbré) (en latin thymbria, en grec θυμβρα), t. de bot., plante odoriférante qui ressemble au thym.

THYMÉLÉ, subst. mas. (timelé), t. d'antiq., orchestre des théâtres grecs.

THYMÉLÉE, subst. fém. (timélé) (en grec

θυμελαια, forme de θυμος, thym, et ελαια, olivier), t. de bot., plante qui tient du thym et de l'olivier.

THYMÈLES, subst. mas. plur. (timèle), t. d'antiq., chansons qu'on chantait en l'honneur de Bacchus.

THYMÉLICIENS, subst. mas. plur. (timéliciein), t. d'antiq., nom des musiciens et des joueurs d'instruments dans les thymèles.

THYMÉTÈS, subst. propre mas. (timétèce), myth., fils de Priam, ou plutôt un de ses sujets, dont on dit que la femme étant accouchée le même jour que Pâris naquit d'Hécube, on tua son fils à la place de Pâris, que Priam avait condamné à périr, pour prévenir les maux dont l'oracle avait prédit qu'il serait cause. On ajoute que, pour s'en venger, Thymètes se mit d'intelligence avec les Grecs, et qu'il leur facilita les moyens de se rendre maîtres de Troie.

THYMIAMATES, subst. mas. plur. (timi-amate), parfums qu'on employait quelquefois pour délivrer ceux qui étaient possédés du démon.

THYMIATECHNIE, subst. fém. (timi-atèkhni) (du grec θυμιαμα, parfum, et τεχνη, art), art de composer, de fabriquer les parfums, etc. — En médec., l'art de les employer.

THYMIATECHNIQUE, adj. des deux genres (timi-atèkhnike), qui a rapport, qui appartient à la thymiatechnie.

THYMIOSE, subst. fém. (timi-ôze), t. de médec., sorte de tumeur qui se forme à l'anus et aux parties génitales.

THYMIQUE, adj. des deux genres (timike), en anat., qui a rapport au thymus : les artères thymiques.

THYMITE, subst. fém. (timite), t. de médec., inflammation du thymus. — Chez les anciens, nom d'une sorte de vin où l'on mettait du thym.

THYMOPHYLLE, subst. fém. (timofile), t. de bot., sous-arbrisseau de la famille des corymbifères.

THYMUS, subst. mas. (timuce) (du grec θυμος, thym), t. de médec., sorte de verrue ou de tubercule charnu, qui ressemble à la fleur du thym. — En anat., petit corps glanduleux , situé à la partie supérieure de la poitrine. C'est ce que dans le veau on nomme ris.

THYNNE, subst. fém. (tine), t. d'hist. nat., genre d'insectes hyménoptères.

THYNNÉES ou **THYNNIES**, subst. fém. plur. (tiné, tini), myth., fêtes à Neptune, dans lesquelles les pêcheurs sacrifiaient des thons.

THYRÉOPHORE, subst. mas. (tiré-ofore), t. d'hist. nat., famille d'insectes diptères.

THYRIDE, subst. fém. (tiride), t. d'hist. nat., genre d'insectes lépidoptères.

THYRO-ARYTÉNOÏDIEN, subst. et adj. mas., au fém. **THYRO-ARYTÉNOÏDIENNE** (tirô-arièténô-idiein, diène), t. d'anat., qui a rapport aux cartilages thyroïde et aryténoïde.

THYRO-ARYTÉNOÏDIENNE, subst. et adj fém. Voy. THYRO-ARYTÉNOÏDIEN.

THYRO-ARYTÉNOÏDIEN-OBLIQUE, subst. et adj. mas. (tirô-ariténô-idiein-oblike), t. d'anat., se dit d'une portion du muscle aryténoïdien.

THYROCÈLE, subst. fém. (tirocéle) (du grec θυροκηλς, le corps thyroïde, et κηλη, tumeur), t. de chir., tumeur du corps thyroïde.—Hernie de la membrane muqueuse du larynx, goitre.

THYRO-ÉPIGLOTTIQUE, subst. et adj. des deux genres (tirô-épigluetotike), t. d'anat., qui concerne le cartilage thyroïde et l'épiglotte.

THYRO-HYOÏDIEN , subst. et adj. mas., au fém. **THYRO-HYOÏDIENNE** (tirô-i-o-idiein, diène), t. d'anat., qui a rapport au cartilage thyroïde, et à l'os hyotde.

THYRO-HYOÏDIENNE, subst. et adj. fém, Voy. THYRO-HYOÏDIEN.

THYROÏDE, adj. des deux genres (tiro-ide) (du grec θυρεός, bouclier, et ειδος, forme, parce que les anciens le croyaient ressembler à un bouclier), se dit en anat. d'un grand cartilage du larynx, qui forme le nœud de la gorge ou la pomme d'Adam.

THYROÏDIEN, subst. mas., au fém. **THYROÏDIENNE** (tiro-idi-ein, diène), qui appartient, qui a rapport au cartilage thyroïde.

THYROÏDIENNE, adj. fém. Voy. THYROÏDIEN.

THYROÏDITE, subst. fém. (tiro-idite), t. de médec., inflammation du corps thyroïde ou thyroïdien.

THYRONCIE, subst. fém. (tironci) (du grec θυρεοκηλς, le corps thyroïde, et ογκος, tumeur), t. de médec., gonflement, tuméfaction du corps thyroïde.

THYRO-PALATIN , subst. et adj. mas. (tirôpalatein), t. d'anat., se dit d'un petit muscle qui aboutit au palais.

THYRO-PHARYNGIEN, subst. et adj. mas. (tirôfareinjiein), t. d'anat., qui tient au pharynx et au cartilage thyroïde.

THYRO - PHARYNGO - STAPHYLIN, subst. et adj. mas. (tirôfareingôcetafilein), t. d'anat., se dit de deux muscles qui tiennent au cartilage thyroïde, au pharynx et à la luette.

THYRO-SARCÔME, subst. mas. (tiroçarkome), t. de médec., sarcôme du corps thyroïde.

THYRO-STAPHYLIN, subst. et adj. mas. (tirôcetafilein), t. d'anat., qui a rapport au cartilage thyroïde et à la luette.—Il se dit aussi du muscle thyroïde.

THYRSE, subst. mas. (tirce) (en grec θυρσός), baguette ou javelot entouré de pampre, de raisins et de lierre , avec une pomme de pin au bout : le thyrse est l'attribut de Bacchus. — En bot., disposition des fleurs formant une pyramide.

THYRSIFÈRE, adj. des deux genres (tircifère), t. de bot., qui porte des fleurs en forme de thyrse. — Surnom de Bacchus.

THYRSIGÈRE, adj. des deux genres (tircijère), synonyme du mot précédent.

THYRSIFLORE, adj. des deux genres (tirciflore), t. de bot., dont les fleurs sont façonnées en thyrse.

THYRSOÏDE, ou **THYRSIFORME**, adj. des deux genres (tirço-ide, tirciforme), t. de bot., qui est en forme de thyrse.

THYRSOMANE, subst. et adj. des deux genres (tirçomane), myth., nom particulier de Bacchus et des bacchantes.

THYRSOPHORE, adj. des deux genres (tirçofore). Voyez THYRSIGÈRE.

THYSANE , subst. mas. (tizane) , t. de bot., grand arbre des Indes.

THYSANOTHE, subst. mas. (tizanote), t. de bot., sorte de plante monogyne de la famille des asphodèles.

THYSANOURE, subst. mas. (tizanoure), t. d'hist. nat., ordre d'insectes de la classe des aptères.

THYSITE , subst. mas. (tizite), t. de géol., marbre connu des anciens , dont le fond était panaché de vert.

TIARE, subst. fém. (ti-are) (en grec τιαρα, dérivé de τιω, j'honore), ornement de tête, autrefois en usage chez les Perses et d'autres peuples de l'Orient. Il servait aux princes et aux sacrificateurs. — Aujourd'hui , bonnet orné de trois couronnes , que le pape porte dans les grandes cérémonies. — Porter la tiare, être pape. —Mettre la tiare sur la tête de quelqu'un, le faire pape. —Dignité papale : se montrer digne de la tiare.

TIARELLE, subst. fém. (ti-arèle), t. de bot., genre de plantes dygnes.

TIARE-ÉPISCOPALE, subst. fém. (ti-arépiccopale), t. d'hist. nat., sorte de coquille du genre des volutes.

TIARE-FLUVIATILE, subst. fém. (ti-arefluvi-atile), t. d'hist. nat., sorte de coquille.

TIARE-PAPALE, subst. fém. (ti-arepapale), t. d'hist. nat., sorte de coquille du genre des volutes.

TIARIDIUM, subst. mas. (ti-aridi-ome), t. de bot., genre de plantes.

TIASSE, ou TOASSE, subst. mas. (ti-ace,to-ace), t. d'hist. nat., sorte de poisson rond.

TIBERION, subst. mas. (tibéri-on), t. d'hist. nat., sorte de marbre veiné de diverses couleurs.

TIBIA, subst. mas. (tibi-a) (du lat. tibia, employé dans la même acception , et qui signifie proprement flûte; parce que cet os ressemble à une flûte), t. d'anat., l'os antérieur de la jambe.

TIBIAL, E, adj. (tibi-ale) (du lat. tibia, os de la jambe), t. d'anat., muscle tibial , qui sert à étendre la jambe. — Au plur. tibiaux.

TIBIAUX, adj. mas. plur. Voy. TIBIAL.

TIBIANE , subst. mas. (tibi-ane) , t. d'hist. nat., genre de polypiers voisin des sertulaires

TIBIO-CALCANIEN , subst. et adj. mas. (tibi-ôkalkaniein), t. d'anat., se dit du muscle qui s'étend du tibia au calcaneum.

TIBIO-MALLÉOLAIRE, subst. et adj. fém. (tibi-ômalelé-olère) , t. d'anat., se dit de la veine saphène interne.

TIBIO-PÉRONÉO-CALCANIEN, subst. et adj. mas. (tibi-ôperoné-ôkalkaniein) , t. d'anat., se dit du muscle soléaire.

TIBIO-PÉRONÉO TARSIEN, subst. et adj. mas.

(*tibi-péroné-ôtarciein*), t. d'anat.; se dit du muscle long *péroné* latéral, parce qu'il s'étend de la partie supérieure externe du *péroné* à la partie inférieure du *tarse*, et répond, dans son trajet, à la partie inférieure du *tibia*.

TIBIO-SOUS-PHALANGETTIEN-COMMUN, subst. et adj. mas. (*tibi-ôçoufalanjètetieinkomeun*), t. d'anat.; se dit du muscle long fléchisseur commun des orteils, parce qu'il s'étend de la face postérieure du *tibia* à la troisième phalange des quatre derniers orteils.

TIBIO-SOUS-TARSIEN, subst. et adj. mas. (*tibi-ôçoutarciein*), t. d'anat.; se dit du muscle jambier postérieur.

TIBIO-SUS-TARSIEN, subst. et adj. mas. *tibi-ôçucetarciein*), t. d'anat.; se dit du muscle ambier antérieur.

TIBIO-TARSIEN, subst. et adj. mas., au fém. **TIBIO-TARSIENNE** (*tibi-ôtarciein, ciène*), t. d'anatomie, qui a rapport au *tibia* et au *tarse*.

TIBORON, subst. mas. (*tiboron*), t. d'hist. nat., espèce de gros poisson du genre des requins.

TIBOUCHINA, subst. mas. (*tiboukina*), t. de bot., sorte d'arbrisseau de la Guyane.

TIBRE, subst. propre mas. (*tibre*), fleuve célèbre dans l'antiquité, qui baigne les murs de Rome.

TIBULE, subst. mas. (*tibule*), t. de bot., sorte de pin.

TIBURTUS subst. propre mas. (*tiburtuce*), myth., l'aîné des fils d'Amphiaraüs, vint avec ses frères en Italie, où ils bâtirent une ville qui fut appelée *Tibur*. Il eut dans le temple d'Hercule, que cette ville honorait d'un culte particulier, une chapelle où on lui rendait de grands honneurs.

TIC, subst. mas. (*tik*), maladie ou mauvaise habitude du cheval, ainsi nommée par onomatopée du bruit que l'animal fait alors, en frappant de la tête sur la mangeoire. — Mouvement convulsif de certains oiseaux, de certains chiens. — *Tic rongeur*, qui consiste à mordre et à ronger; *tic en l'air*, celui par lequel un cheval élève la tête et rote.—Par extension, mouvement convulsif auquel quelques personnes sont sujettes: *il a un tic, une espèce de tic*.—Fig., certaine habitude plus ou moins ridicule: *c'est un vilain tic que de ronger ses ongles; il répète souvent le même tic; c'est son tic*.—*Tic de l'ours*, habitude de se dandiner. — TIC, MANIE. (*Syn.*) Le *tic* regarde proprement les habitudes du corps; et la *manie*, les travers de l'esprit. Le *tic* est désagréable, la *manie* est déraisonnable. Le *tic* est une pente qui nous entraîne sans que nous nous en apercevions; la *manie* est un penchant auquel nous nous livrons, sans garder aucune mesure. On voudrait se défaire de son *tic*; on se complaît dans sa *manie*. — *Tic* s'emploie néanmoins quelquefois au figuré; *manie* ne se dit guère au physique que de la maladie de ce nom. Au figuré, le *tic* est une petite *manie*, plus puérile, plus ridicule, plus pitoyable, que digne d'une censure sérieuse et sévère. Vous qualifiez, d'une manière méprisante, de *tic*, ce que vous ne voulez point traiter de *manie*. Le *tic* est plus bête; la *manie* plus folle. Le *tic* n'est qu'une habitude; la *manie* est plus forte de passion; et la passion a naturellement quelque chose de plus fort dans son principe, de plus important dans son objet, de plus considérable dans ses effets. Les petits esprits sont sujets à des *tics*; et les personnes ardentes à des *manies*. — Il y a des gens qui ont le *tic* de mettre la main à tout ce que vous faites, ou leur mot à tout ce que vous dites, et qui ne savent que gâter. Il y a des gens qui ont la *manie* de vouloir tout réformer, tout changer, tout perfectionner, et qui ne feront que bouleverser.

TICAL, subst. mas. (*tikal*), monnaie d'or et d'argent à Siam; le *tical* d'or vaut 25 fr. 15 c.; celui d'argent, 2 fr. 99 c.—Au plur., des *ticals*.

TICHI, subst. mas. (*tichi*), t. de bot., graine de l'Inde.

TICHODROME, subst. mas. (*tikodrôme*), t. d'hist. nat., genre d'oiseaux.

TICHORE, subst. mas. (*tikore*), t. de bot., arbrisseau de la Guyane.

TIC-TAC, subst. mas. (*tiketake*) (onomatopée), bruit du balancier, d'un moulin, etc.— Au plur., des *tic-tac*.

TIRUNA, subst. mas. (*tiruna*), t. d'hist. nat., poisson d'Amérique.

TIÈBLE, subst. fém. (*tièble*), ruche. Hors d'usage.

TIÈDE, adj. des deux genres (*ti-ède*) (en latin *tepidus*), qui est entre le chaud et le froid, *un bain tiède*. — Au fig., lâche, nonchalant; qui s'est ralenti, etc.: *une dévotion tiède, un amour tiède*.

TIÈDEMENT, adv. (*ti-èdeman*), d'une manière *tiède*, avec nonchalance. Il ne se dit qu'au figuré.

TIÉDEUR, subst. fém. (*ti-édeur*) (en lat. *tepor*), qualité qui est entre le chaud et le froid. — Au fig., relâchement, ralentissement, diminution de zèle, de ferveur.

TIÉDI, E, part. pass. de *tiédir*.

TIÉDIR, v. neut. (*ti-édir*), devenir *tiède*: *faire tiédir du vin, de l'eau*. Voy. ATTIÉDIR. — *se* TIÉDIR, v. pron.

TIEN, adj. possessif mas., au fém. **TIENNE** (*tiein, ti-ène*) (en grec τεος, en latin *tuus*), qui t'appartient, qui est à toi, qui te touche. — Subst. mas. plur.: *les tiens*, tes proches, tes alliés, ceux qui t'appartiennent, qui te sont attachés. — Subst., le bien qui t'appartient: *le tien et le mien*.

DU VERBE IRRÉGULIER TENIR:

Tiendra, 3e pers. sing. fut. indic.
Tiendrai, 1re pers. sing. fut. indic.
Tiendraient, 3e pers. plur. prés. cond.
Tiendrais, précédé de *je*, 1re pers. sing. prés. cond.
Tiendrais, précédé de *tu*, 2e pers. sing. prés. cond.
Tiendrait, 3e pers. sing. prés. cond.
Tiendras, 2e pers. sing. fut. indic.
Tiendrez, 2e pers. plur. fut. indic.
Tiendriez, 2e pers. plur. prés. cond.
Tiendrions, 1re pers. plur. prés. cond.
Tiendrons, 1re pers. plur. fut. indic.
Tiendront, 3e pers. plur. fut. indic.

TIENNE, adj. fém. Voy. TIEN.

DU VERBE IRRÉGULIER TENIR:

Tienne, précédé de *que je*, 1re pers. sing. prés. subj.
Tienne, précédé de *qu'il* ou *qu'elle*, 3e pers. sing. prés. subj.
Tiennent, précédé de *ils* ou *elles*, 3e pers. plur. prés. subj.
Tiennent, précédé de *qu'ils* ou *qu'elles*, 3e pers. plur. prés. subj.
Tiennes, 2e pers. sing. prés. subj.
Tiens, 2e pers. sing. impér.
Tiens, précédé de *je*, 1re pers. sing. prés. indic.
Tiens, précédé de *tu*, 2e pers. sing. prés. indic.

TIENS, subst. mas. (*tiein*), possession actuelle: *un tiens vaut mieux que deux tu l'auras*; *à mille promesses préfère un tiens*.

Tient, 3e pers. sing. prés. indic. du v. irrég. TENIR.

TIERÇAIRE, ou mieux **TIERCIAIRE**, subst. des deux genres (*tièrecère, cière*), homme, femme du *tiers*-état.

TIERCE, subst. fém. (*tièrece*) (en latin *tertia*, fém. de *tertius*, troisième), en musiq., intervalle composé de sons entre lesquels il n'y en a qu'un selon l'ordre des notes de la gamme: *tierce majeure, tierce mineure*. — Au jeu de piquet, trois cartes de même couleur qui se suivent: *tierce-majeure*, *à l'as*.—En t. d'imprim., c'est la dernière épreuve, que le prote doit conférer avec les précédentes épreuves.—Dans l'escrime, coup d'épée qu'on allonge à l'ennemi dehors et sur les armes. Voy. ARMES. — *Parer en tierce*, détourner du vrai tranchant de son épée celle de son ennemi, sur une estocade qu'il porte dehors et sur les armes. —En t. d'église, la seconde des heures canoniales, appelées *petites heures*.—En t. de math. et d'astron., la soixantième partie d'une seconde.—En parlant des laines d'Espagne, celle de la troisième qualité, qui est la moindre de toutes: *tierce ségovie*.

TIERCE, adj. fém. Voy. TIERS.

TIERCÉ, E, part. pass. de *tiercer*, et adj., en t. de blas., divisé en trois parties.

TIERCE-FEUILLE, subst. fém. (*tièrecefeu-ie*), t. de blas., trèfle à queue.

TIERCELET, subst. mas. (*tièrecelé*), nom commun aux mâles de quelques oiseaux de proie, parce qu'ils sont plus petits d'un *tiers* que leurs femelles: *un tiercelet d'épervier*. — Fig., homme qu'on croit être fort au-dessus de ce qu'il prétend être: *un tiercelet de gentilhomme*. Ce mot est plus que suranné dans les deux acceptions.

TIERCEMENT, subst. mas. (*tièreceman*), t. de pratique ancienne, enchère qui augmente du *tiers* le prix de la vente et fait le quart sur le total. — Augmentation d'un tiers dans le prix des places au spectacle. Presque inusité dans cette dernière acception; nous n'en faisons mention que parce que nous la lisons dans l'*Académie*. — *Demi-tiercement*, la moitié du *tiers*.

TIERCE-MAJEURE, subst. fém. (*tièrecemajeure*), t. de jeu de piquet. Voy. au mot TIERCE.— Au plur., des *tierces-majeures*.

TIERCE-OPPOSITION, subst. fém. (*tièrçopôzicion*), t. de jurispr., *opposition* que forme un *tiers* contre un jugement dans lequel il n'a pas été partie. Voy. TIERS.

TIERCER, v. act. et neut. (*tièrecé*), neut., faire un *tiercement*. — Act., faire ou donner le *troisième* labour à la terre ou à la vigne. — Séparer une chose en *trois*. — T. d'archit., réduire au *tiers*. — Au jeu de paume, servir de *tiers*. — *se* TIERCER, v. pron.

TIERCERON, subst. mas. (*tièreceron*), t. d'archit., nervure de voûte gothique.

TIERCES, ou **TIERCHES**, subst. mas. plur. (*tièrce, tièrche*), t. de blas., trois filets qui se mettent toujours de trois en trois.

TIERCEUR, subst. mas. (*tièrceur*), celui qui fait un *tiercement*.—Celui qui *tierce* dans un jeu de paume.

TIERCIAIRE, adj. des deux genres (*tièrecière*), du *tiers-ordre*. Voy. TIERÇAIRE, qui est moins usité.

TIERCIÈRE, subst. fém. (*tièreci-ère*), t. de pêche, filet en manche, dont les mailles ont à peu près six lignes d'ouverture en carré.

TIERCINE, subst. fém. (*tièrecine*), morceau de tuile fendue en longueur, que les couvreurs emploient au battèlement d'une couverture.

TIERÇON, subst. mas. (*tièreçon*), mesure de liquides qui contient le *tiers* d'une mesure entière.

TIERS, adj. mas., au fém. **TIERCE** (*tière, tièrece*) en latin *tertius*), troisième; avec cette différence que l'usage de *tiers* est beaucoup plus borné: *un tiers arbitre; le tiers parti; parler en tierce personne, déposer en main tierce*.— *Fièvre tierce*, qui revient de deux jours l'un; *double tierce*, dont les accès reviennent tous les jours; *double tierce continue*, dont les redoublements reviennent dans les mêmes intervalles.

TIERS, subst. mas. (*tière*), en parlant des choses, la troisième partie: *je vous offre le tiers*; *le tiers de neuf est trois*. — En parlant des personnes, une troisième personne: *il survint un tiers*. — En t. de jurispr., on appelle *tiers-opposant*, celui qui, n'ayant point été partie dans une contestation jugée, prétend que la sentence ou l'arrêt lui fait tort, et s'oppose à l'exécution; et l'acte qu'il fait signifier à cette fin s'appelle *tierce-opposition*. — On appelle aussi *tiers-saisi*, celui entre les mains duquel on a saisi ce qu'il doit au débiteur *saisi*; et *tiers-détenteur*, celui qui se trouve possesseur d'un immeuble ou droit réel, soit par acquisition ou autrement, sans être néanmoins héritier, ni autrement successeur à titre universel de celui qui avait pris cet immeuble ou droit réel à la charge de quelque rente, ou qui l'avait affecté et hypothéqué au paiement de quelque créance.—*Tiers consolidé*, le capital des rentes sur l'état qui a été réduit au *tiers*.—On appelait autrefois *tiers et danger*, certain droit domanial qui se levait sur le prix de la vente des bois dans certaines provinces, et surtout en Normandie. — Fam.: *le tiers et le quart*, toute sorte de personnes indifféremment et sans choix.

TIERS-ÉTAT, subst. mas. (*tièrezéta*), troisième ordre dans un état; nom qu'on donnait autrefois, en France, aux habitants qui n'étaient compris ni dans le clergé ni dans la noblesse. — Au plur., des *tiers-états*.

TIERS-ORDRE, subst. mas. (*tièrezordre*), association de séculiers et de réguliers, soumise à des règles claustrales.—Au plur., des *tiers-ordres*.

TIERS-POINT, subst. mas. (*tièrepoein*), triangle. — Trois points en forme de triangle. — En archit., courbure des voûtes gothiques, qui est composée de deux arcs de cercle de soixante degrés; point de section qui se trouve au sommet d'un triangle équilatéral.—En t. de perspective, point qu'on prend à discrétion sur la ligne de vue où aboutissent les diagonales qu'on tire pour raccourcir les figures.—En t. d'horlog., lime formée de trois angles.—En t. de mécan., il se dit de ce qui donne le branle à plusieurs machines. Au plur., des *tiers-points*.

TIERS-PORTEUR, subst. mas. (*tièrcporteur*), t. de comm., celui qui est endosseur d'un effet commercial après le premier endosseur. — Celui qui vient après tous les endosseurs et qui a son recours sur tous.—Au plur. des *tiers-porteurs*.

TIERS-POTEAU, subst. mas. (*tièrepotô*), pièce

de bois de sciage dont on se sert pour les cloisons légères, et celles qui portent à faux. — Au plur., des *tiers-poteaux*.

TIEULET, subst. mas. (*ti-eulé*), petit fagot. Entièrement hors d'usage.

TIGALIE, subst. fém. (*tiguali*), t. de bot., nom d'une espèce de plante.

TIGARIER, subst. mas. (*tiguarié*), t. de bot., genre de plantes polyandres.

TIGE, subst. fém. (*tije*), partie de l'arbre qui sort de la terre et qui pousse des branches. — Il se dit aussi des plantes : *tige de lis, de pavot*. La *tige* se nomme particulièrement *tronc*, dans les arbrisseaux et dans les arbres; *chaume*, dans les graminées; *hampe*, dans plusieurs liliacées : *pied*, dans les champignons; *caudex*, dans les palmiers. — *Arbre à haute tige*, ou simplement *haute tige*, se dit d'arbres fruitiers dont on laisse la *tige* s'élever; *arbre à basse tige*, ou simplement *basse tige*, de ceux dont on empêche la *tige* de s'élever. — Partie de la botte depuis le pied jusqu'à la genouillère. — Partie de la clef comprise depuis l'anneau jusqu'au bout du panneton. — Le corps d'un clou. — En t. d'archit., on appelle *tige* le pied d'une colonne; et *tige de rinceau*, une espèce de branche qui part d'un culot ou d'un fleuron, et qui porte les feuillages d'un rinceau d'ornement. — En archit. hydraul., *tige* se dit d'une espèce de balustre creux, ordinairement rond, qui sert à porter une ou plusieurs coupes de fontaines jaillissantes, et qui a son profil différent à chaque étage. — *Tige de flambeau*, la partie du flambeau qui prend depuis le pied jusqu'à la bobèche. — *Tige de guéridon*, la partie qui prend depuis le pied jusqu'à la tablette. — — Les horlogers appellent *tige*, l'arbre d'une roue ou d'un pignon, lorsqu'il est un peu mince : *la tige de la roue de champ, de la roue de rencontre*. — En t. de généalogie, la branche principale, à l'égard des branches cadettes qui en sont sorties.

TIGÉ, E, adj. (*tijé*); il se dit, en t. de blas., des arbres et des plantes dont la *tige* est d'un émail différent.

TIGERON, subst. mas. (*tijeron*), t. d'horlog., petite *tige* fort courte qui, dans l'axe d'une roue ou d'un balancier, s'étend depuis la portée d'un pivot jusqu'au pignon, à la roue, etc.

TIGETTE, subst. fém. (*tijète*), t. d'archit., *tige* cannelée de chapiteau corinthien d'où naissent les volutes.

TIGNASSE, ne se dit que par le bas peuple pour *teignasse*. Subst. fém. (*tigniace*). Mauvaise perruque.

TIGNOLLE, subst. fém. (*tigniole*), petit bateau pour la pêche.

TIGNON, subst. mas. (*tignion*), partie de cheveux qui est derrière la tête des femmes. — Pop., coiffure de femme; *chignon*. Ce dernier mot est même le seul universellement employé.

TIGNONNÉ, E, part. pass. de *tignonner*.

TIGNONNER, v. act. (*tignioné*), mettre en boucles les cheveux du *tignon* ou *chignon*. — *se* TIGNONNER, v. pron. — Se battre en se prenant par le *tignon*. Peu usité, même chez le peuple

TIGRE, subst. mas. (pour le fém., voy. TIGRESSE.) (*tiguere*) (en grec τίγρις), bête féroce dont le poil est moucheté, mammifère digitigrade, du genre du chat. — Fig., homme dur et méchant. — *Être jaloux comme un tigre*, jusqu'à la rage. — Insecte moucheté qui ronge les feuilles du poirier. — Adj. mas. : *chevaux tigres*, tavelés et mouchetés à peu près comme des *tigres*. — Dénomination sous laquelle on a désigné plusieurs espèces de chats dont le pelage est moucheté de taches noires ou roses, sur un fond fauve, telles que le jaguar, le léopard, la panthère, etc. — Genre de poissons. Voy. TIGRÉ, subst. mas. — Nom d'une coquille du genre cône. — Nom d'une autre coquille du genre porcelaine. — T. d'astron., *Tigre* ou *fleuve du Tigre*, l'une des constellations de la partie septentrionale du ciel, qui est placée en partie dans la Voie lactée, au-dessous de la Lyre et du Cygne, et au-dessus de l'Aigle et du Dauphin. — L'un des chiens d'Actéon. — Nom d'un fleuve d'Asie, qui a sa source dans la grande Arménie. — Nom d'un fleuve du Péloponèse, appelé aussi *Harpys*.

TIGRÉ, E, part. pass. de *tigrer*, et adj.; moucheté comme un *tigre* : *un chien tigré*.

TIGRÉ, subst. mas. (*tigueré*), t. d'hist. nat., espèce de poisson moucheté.

TIGRE-CHAT, subst. mas. (*tiguerecha*), t. d'hist. nat., quadrupède du genre du *chat*. — Au plur., des *tigres-chats*.

TIGRE-D'EAU, subst. mas. (*tigueredô*), t. d'hist. nat., espèce de *tigre* de la Chine. — Au plur., des *tigres-d'eau*.

TIGRE-FRISÉ, subst. mas. (*tiguerefrizé*), t. d'hist. nat., nom qu'on a donné au guépard. — Au plur., des *tigres-frisés*.

TIGRE-MARIN, subst. mas. (*tigueremarein*), t. d'hist. nat., nom par lequel on désigne quelquefois des phoques. — Au plur., des *tigres-marins*.

TIGRE-PUCE, subst. mas. (*tiguerepuce*), t. d'hist. nat., nom vulgaire d'un insecte gris qui ronge les feuilles de quelques arbres fruitiers. — Au plur., des *tigres-puces*.

TIGRER, v. act. (*tigueré*), moucheter, rayer comme le léopard, le *tigre*. — *se* TIGRER, v. pron., se teindre, se façonner au moyen de mouchetures semblables à celles du *tigre*.

TIGRESSE, subst. fém. (*tiguerèce*), femelle du *tigre*. — Au fig., femme méchante et cruelle.

TIGRIDIE ou TIGRINE, subst. fém. (*tigueridi, rine*), t. de bot., genre de plantes.

TIGURINIENS, subst. propre mas. plur. (*tigurinicin*), nom d'un ancien peuple qui habitait la ville de Zurich, en Suisse.

TIHOL, subst. mas. (*ti-ole*), t. d'hist. nat., espèce de grue.

TIJÉ, subst. mas. (*tijé*), nom qu'on donne, en certains endroits, au grand manakin.

TIL, subst. mas. (*tile*), écorce d'arbre inextensible qui sert à faire des mesures, des cordes à puits, etc.

TILBURY, subst. mas. (*tileburi*) (mot anglais), sorte de cabriolet de luxe, qui est découvert et fort léger.

TILIACÉES, subst. fém. pl. (*tili-acé*) (du latin *tilia*), t. de bot., dans la méthode naturelle de *Jussieu*, famille de plantes ou plutôt d'arbres, ainsi nommée du tilleul, qui y est compris.

TILIGUERTA, subst. mas. (*tiliguiéreta*), t. d'hist. nat., sorte de reptile du genre des lézards.

TILLA, subst. fém. (*tilela*), t. de fond., sorte de brique de terre dont on fait des creusets.

TILLAC, subst. mas. (*ti-iak*) (suivant *Ménage*, du latin *tegula*, pour *tegumentum*, couverture, fait de *tegere*, couvrir; *couverture* ou *toit supérieur du vaisseau*), t. de mar., le plus haut pont d'un vaisseau. — On appelle *franc-tillac*, le premier pont, et *faux-tillac*, un faux pont. — C'est aussi une espèce de plate-forme en planches qui est au fond de la cale, et où le munitionnaire fait ses bidons. — Le mot *tillac* s'applique même à certains forts bateaux, à de grands coches de rivière : *le tillac du coche est tout encombré*.

TILLAGE, subst. mas. (*ti-iaje*), action de *tiller*. — Le chanvre qu'on a *tillé* dans une journée.

TILLE, subst. fém. (*ti-ie*), l'écorce des jeunes *tilleuls* dont on fait ordinairement des cordes de puits. — Écorce du chanvre. — Petit *tillac* qui ne s'étend que de la longueur du bateau. — Instrument qui sert de hache et de marteau. — T. d'hist. nat., insecte coléoptère, de la famille des perce-bois.

TILLÉ, E, part. pass. de *tiller*, et adj., détaché, en parlant du chanvre.

TILLÉE, subst. fém. (*ti-ié*), t. de bot., genre de plantes. — T. de mar., couvert ou accastillage qui est à l'arrière d'un vaisseau non ponté.

TILLER, ou TEILLER, l'*Académie* donne les deux, v. act. (*ti-ié, tè-ié*), faire une corde avec l'écorce du tilleul, nommée *tille*, détacher avec la main le chanvre de la chènevotte. — T. de mar., mettre un plancher sur la *tille* ou *tillée*. — *se* TILLER, v. pron.

TILLETTE, subst. fém. (*ti-iète*), ardoise d'échantillon.

TILLEUL, subst. mas. (*ti-ieule*) (en latin *tilia*), grand et bel arbre, à fleurs à cinq pétales, d'une odeur très-suave.

TILLEUR, subst. mas., TILLEUSE, subst. fém. (*ti-ieur, ieuze*), celui, celle qui *tille*.

TILLEUSE, subst. fém. Voy. TILLEUR.

TILLOTTE, subst. fém. (*ti-iote*), petit bateau de pêcheur, d'une forme régulière, qui n'a ni quille, ni gouvernail. — Sorte d'instrument pour broyer le chanvre, lorsqu'on ne le broie pas à la main.

TILLOTTIER, subst. mas. (*ti-iotié*), batelier pêcheur à Bayonne.

TILLY-SUR-SEULE, subst. propre mas. (*ti-ie-çurceule*), bourg de France, chef-lieu de canton, arrond. de Caen, dép. du Calvados.

TILLY, subst. mas. (*ti-ie-i*), t. d'hist. nat., merle cendré d'Amérique.

TILSIT, subst. propre mas. (*tilecite*), ville des états prussiens, célèbre par l'entrevue de Napoléon avec Alexandre, empereur de Russie.

TIMANTHE, subst. propre mas. (*timante*), peintre fameux, qui, dans un tableau du sacrifice d'Iphigénie, après avoir donné à ses personnages tous les traits de la plus vive douleur, n'en trouvant point d'assez forts pour Agamemnon, lui mit un voile sur le visage.

TIMAR, subst. mas. (*timare*), t. de relat., bénéfice militaire en Turquie. Celui qui en jouit est obligé de s'entretenir, lui et quelques soldats qu'il fournit, à ses frais.

TIMARÈTE, subst. propre fém. (*timarète*), une des trois vieilles qui présidaient à l'oracle de Jupiter de Dodone. Les deux autres étaient *Proménie* et *Nicandre*. Elles furent changées en colombes.

TIMARIOT ou TIMARIOTE, subst. mas. (*timari-ô, ri-ote*), t. de relat., soldat turc qui jouit d'un *timar*.

TIMBALE, subst. fém. (*teinbale*) (selon quelques-uns, du grec ταβαλα, qui, dans *Plutarque* et *Hésychius*, signifie un *tambour* à l'usage des Parthes; selon d'autres, et spécialement le savant *Huet*, de l'arabe et du persan *thabl*, au plur. *thouboul* et *athbal*, conservé dans l'espagnol *atabal*, dont la signification est la même, d'autres enfin, du grec τυμπανον, tambour, parce que la forme des tambours des anciens était précisément la même que celle de nos timbales), deux espèces de chaudrons d'airain ronds par-dessous et dont les ouvertures sont couvertes de peau de bouc, qu'on fait résonner en les touchant avec des baguettes. En ce sens il ne s'emploie guère qu'au plur. — Tambour à l'usage de la cavalerie. — On appelle aussi *timbale*, le jeu d'orgue imitant le bruit de timbales, et dont les tuyaux sont en bois. — Fig., les soldats disent : *faire bouillir la timbale*, pour dire faire bouillir la marmite, parce qu'en général une marmite a la forme d'une *timbale*. — Sorte de gobelet qui a la forme d'une *timbale*. — Au plur., petites raquettes couvertes de peau des deux côtés, et dont on se sert pour jouer au volant.

TIMBALIER, subst. mas. (*teinbalié*), celui qui bat des *timbales*.

TIMBO, subst. mas. (*teinbô*), t. de bot., espèce de liane du Brésil.

TIMBRAGE, subst. mas. (*teinbraje*), action, manière de *timbrer*.

TIMBRE, subst. mas. (*teinbre*) (du grec τυμπανον, tambour), cloche immobile, qui n'a point de battant en dedans, et qui est frappée par un marteau : *timbre d'horloge*. — Son que rend le *timbre* : *ce timbre est trop éclatant*. — Fig., en parlant des musiciens et des orateurs : *voilà un beau timbre; il a un beau timbre*. — On appelle *timbre d'un tambour*, la double corde à boyau qui traverse la caisse en dessous, et qui sert à la faire résonner. — *Timbre* se dit encore des paroles d'un air connu que l'on met en tête des couplets de vaudeville : *mettre le timbre à des couplets*, c'est écrire, par exemple, que le couplet que l'on donne se chante sur l'air : *ah! vous dirai-je, maman*. — Marque imprimée au papier ou parchemin, dont on se sert pour les actes judiciaires et pour certaines écritures. — On nomme *timbre à l'extraordinaire*, celui qui est apposé après coup sur les actes qui auraient dû être rédigés sur du papier *timbré*; *timbre sec*, celui qui n'est marqué que par la pression du coin d'après lequel il est gravé. — Droit perçu sur le papier *timbré*. — Marque particulière au bureau de poste de chaque ville. — Bâtiment royal où l'on *timbre* toutes sortes de papiers. — Direction, administration du *timbre*. — Local particulier où l'on vend du papier *timbré*. — *Il y a un timbre dans la maison*, il y a un bureau de *timbre* dans la maison. — En t. de blas., casque au-dessus de l'écu. — Prov., la tête de l'homme : *avoir le timbre fêlé*.

TIMBRÉ, E, part. pass. de *timbrer*, et adj., marqué d'un *timbre* : *papier timbré*. — Au fig., qui est un peu fou : *un cerveau timbré, une tête mal timbrée*. On dit de même : *cet homme est un peu timbré*. — En t. de blas., voy. TIMBRE.

TIMBRER, v. act. (*teinbré*), mettre un *timbre* à une armoirie. — Marquer le *timbre* ordonné par la loi sur le papier, sur le parchemin. — Écrire au haut d'un acte la date et le sommaire de ce qu'il contient. — *Timbrer une lettre*, y appliquer le *timbre* qui indique le bureau de poste d'où elle vient. — *se* TIMBRER, v. pron.

TIMBREUR, subst. mas. (*teinbreur*), celui qui *timbre*, qui marque avec le *timbre*.

TIMBRE-VIOLET, subst. mas. (*teinbreviolè*), t. de bot., espèce d'agaric des environs de Paris.

TIMÉENS, subst. propre mas. plur. (*timé-ein*), ancien nom des peuples de Sicile.

TIMÉSIUS, subst. propre mas. (*timézi-uce*), héros grec, fut révéré comme un dieu dans la ville d'Abdère, dont il avait jeté les premiers fondements.

* **TIMEUR**, subst. mas. (*timeur*) (du lat. *timor*), crainte, appréhension. (*Boiste*.) Tout-à-fait inusité.

TIMIDE, adj. des deux genres (*timide*) (du lat. *timidus*, fait de *timere*, craindre), craintif; il se dit des personnes, et des choses qui ont rapport aux personnes ou qui sont personnifiées : *homme timide, esprit timide*. — Peu hardi à entreprendre : *il est timide dans les affaires*.

TIMIDEMENT, adv. (*timideman*), avec *timidité*, sans assurance.

TIMIDITÉ, subst. fém. (*timidité*), qualité de celui qui est *timide*; appréhension, retenue dans les affaires, dans son discours; manque de hardiesse, d'assurance.

TIMIER, subst. mas. (*timié*), t. de bot., cormier à grappes.

TIMITI, subst. mas. (*timiti*), t. de bot., espèce de palmier des bords de l'Orénoque.

TIMMIE, subst. fém. (*timemi*), t. de bot., genre de plantes de la famille des mousses.

TIMOLÉONTÉ, subst. propre mas. (*timolé-onté*), t. d'antiq., nom qui fut donné au Gymnase à Syracuse, parce qu'il renfermait la dépouille de *Timoléon*.

TIMON, subst. mas. (*timon*) (en latin *temo*, gén. *temonis*, fait de *tenere*, tenir, retenir), pièce d'un carrosse ou d'un chariot à laquelle on attelle les animaux qui le conduisent. — Longue pièce de bois attachée au gouvernail d'un navire : * *tenir le timon*, la barre du gouvernail, et souvent le gouvernail même. — Au fig., gouvernement et conduite d'un état, etc. : *prendre le timon des affaires*, prendre en main les affaires du gouvernement.

TIMONIER, subst. mas. (*timonié*), cheval qu'on attache au *timon* d'un carrosse, d'un chariot. — Matelot qui gouverne le *timon* sous les ordres du pilote.

TIMONNER, v. neut. (*timoné*), t. de mar., commander au *timonier* les mouvements qu'il doit faire faire au gouvernail.

TIMONNE ou **TIMOINE**, subst. mas. (*timone*, *moène*), t. de bot., arbre d'Amboine.

TIMONNERIE, subst. fém. (*timoneri*), t. de mar., espèce de gaillard-d'arrière.

TIMOR, subst. propre mas. (*timor*), c'était le dieu de la Crainte. Cette divinité était particulièrement adorée par les Lacédémoniens.

TIMORÉ, **E**, adj. (*timoré*) (en latin *timoratus*, fait de *timor*, crainte), qui craint Dieu; qui est pénétré de la crainte de l'offenser. Il ne se dit guère qu'en style de dévotion, au fém. : *âme, conscience timorée*; cependant on dirait bien à une personne qui porte très-loin le scrupule : *vous êtes bien timoré*.

TIMORPHITE, subst. fém. (*timorfite*), t. d'hist. nat., pierre figurée en fromage.

TIMPF ou **TIMPHE**, subst. mas. (*teinfe*), monnaie de Dantzig.

TIN, subst. mas. (*tein*), t. de mar., toute pièce de bois couchée à terre pour porter la quille et les varangues d'un vaisseau qu'on met en chantier pour le construire. — Toute sorte de billot qui sert de support et qui maintient une pièce de bois pendant qu'on la travaille.

TINAMON, subst. mas. (*tinamon*), t. d'hist. nat., genre d'oiseaux gallinacés.

TINCHEBRAY, subst. propre mas. (*teinchebrè*), ville de France, chef-lieu de canton, arrond. de Domfront, dép. de l'Orne.

TINCTORIAL, **E**, adj. (*teinktori-ale*), qui sert à *teindre* : *plante tinctoriale*. — Au plur. mas., *tinctoriaux*.

TINCTORIAUX, adj. mas. plur. Voy. TINCTORIAL.

TINE, subst. fém. (*tine*) (du latin *tina*, vase à mettre du vin), espèce de tonneau pour transporter de l'eau. — Chez les distillateurs, vase, tonneau pour recevoir l'eau-de-vie.

TINÉITES, sub. fém. pl. (*tiné-ite*), t. d'hist. nat., tribu d'insectes lépidoptères.

TINET, subst. mas. (*tiné*), instrument de boucher, pour suspendre par les jambes de derrière les bœufs qu'ils ont assommés, vidés, soufflés et écorchés. — Bâton dont on se sert pour transporter les *tines* ou *tinettes* dans les caves.

TINETTE, subst. fém. (*tinète*), petite *tine*; baquet. — Espèce de petit tonneau ayant la forme d'un cône tronqué, cerclé en fer, et fermé hermétiquement par un tampon mobile, servant au transport des matières et des vidanges de fosses d'aisances, de puisards, etc.

TINGI, subst. mas. (*teinji*), t. d'hist. nat., genre d'insectes hémiptères.

TINGUÉ, **E**, part. pass. *de tinguer*.

TINGUER, v. act. (*tinguié*), t. de jeu, tenir, consentir. — Cautionner. — *se* TINGUER, v. pron. Hors d'usage. L'*Académie*, qui se sert de ce mot à l'article *tôper*, ne le nomenclature pas. Comment se fait-il qu'elle use de l'expression *tôpe et tingue*, en t. de jeu de dés, sans qu'il soit question du v. *tinguer* dans son *Dictionnaire?*

Tinmes, 1re pers. plur. prét. déf., du v. irrég. TENIR.

TINOPORE, subst. mas. (*tinopore*), t. d'hist. nat., genre de coquilles univalves.

DU VERBE IRRÉGULIER TENIR :

Tinrent, 3e pers. plur. prét. déf.
Tins, précédé de *je*, 1re pers. sing. prét. déf.
Tins, précédé de *tu*, 2e pers. sing. prét. déf.
Tinsse, 1re pers. sing. imparf. subj.
Tinssent, 3e pers. plur. imparf. subj.
Tinsses, 2e pers. sing. imparf. subj.
Tinssiez, 2e pers. plur. imparf. subj.
Tinssions, 1re pers. plur. imparf. subj.
Tint, précédé de *il* ou *elle*, 3e pers. sing. prét. déf.
Tînt, précédé de *qu'il* ou *qu'elle*, 3e pers. sing. imparf. subj.

TINTAMARRE, subst. mas. (*teintamare*) (de *marre*, houe à fosser la vigne, à cause du bruit que font les vignerons en *tintant* sur leur *marre*. Voy. MARRE. *Pasquier*, dans ses *Recherches*, liv. VIII, chap. 62.), bruit éclatant, accompagné de confusion et de désordre.

TINTAMARRER, v. neut. (*teintamaré*), faire du *tintamarre*. Pop. et presque inusité.

TINTÉ, **E**, part. pass. de *tinter*.

TINTEAU, subst. mas. (*teintô*), sorte de raisin. Peu connu.

TINTEMENT, subst. mas. (*teinteman*) (en lat. *tinnitus*), bruit, son d'une cloche qui continue pendant quelque temps en diminuant, après que le coup a frappé. — Action de *tinter*; le son même de la cloche qui *tinte* : *le tintement des morts*. — Sensation qu'on éprouve quelquefois sans cause extérieure, comme si l'on entendait le *tintement* d'une cloche : *avoir des tintements d'oreilles*.

TINTENAGUE, subst. fém. (*teintenague*), espèce de cuivre fort estimé, qu'on tire de la Chine.

TINTER, v. act. (*teinté*) (en latin *tinnire*), faire sonner lentement une cloche, en sorte que le battant ne touche que d'un côté : *tinter la grosse cloche*. — Neut. : *la cloche, le sermon tinte*; et absolument : *on tinte à la paroisse*. — Il se dit aussi des oreilles : *les oreilles me tintent*, j'entends un son pareil à celui d'une cloche dans mon oreille. — Prov. : *les oreilles ont dû vous bien tinter*, on a parlé de vous; l'instinct naturel a dû vous en avertir. — Fig. : *le cerveau tinte à quelqu'un*, il a la tête fêlée, la tête mauvaise. — *Faire tinter un verre*, lui faire rendre un son à peu près pareil à celui d'une petite cloche. — *Vous n'avez qu'à tinter, nous sommes à vous*, vous n'avez qu'à donner le moindre signe de votre volonté, nous la suivrons. — T. de mar., appuyer sur des *tins* : *tinter la quille d'un bâtiment*. — *se* TINTER, v. pron.

Tîntes, 2e pers. plur. prét. déf. du v. irrég. TENIR.

* **TINTIN**, subst. mas. (*teintein*) (onomatopée), bruit d'une sonnette.

TINTÉNIAC, subst. propre mas. (*teinténi-ak*), village de France, chef-lieu de canton, arrond. de Saint-Malo, dép. d'Ille-et-Vilaine.

TINTINÉ, part. pass. de *tintiner*.

* **TINTINER**, v. neut. (*teintiné*), faire le bruit d'une sonnette. Presque inusité.

TINTIRIDES, ou **TINTRITES**, subst. propre mas. plur. (*teintiride*, *trite*), peuples primitifs de l'Égypte, qui mangeaient leurs prisonniers.

TINTO, subst. mas. (*teintô*), t. d'antiq., nom qu'on donnait au meilleur vin d'Athènes.

TINTOUIN, subst. mas. (*teintouein*) (en latin *tinnitus*), bourdonnement, bruit dans les oreilles. — Fig., inquiétude qu'on a sur le succès de quelque chose. — *Donner du tintouin à quelqu'un*, le tourmenter, le tracasser, lui donner de fausses espérances.

TINTOUINÉ, part. pass. de *tintouiner*.

TINTOUINER, v. neut. (*teintouiné*), *tinter* aux oreilles. (*Boiste*.) Entièrement inusité.

TION, subst. mas. (*tion*), caillou ou morceau de fer plat, qui sert à ôter la cendre du creuset.

TIORSE, subst. mas. (*ti-orce*), chez les chamoiseurs, petit morceau de bois propre à écharner une peau. Peu connu.

TIORSER, v. act. (*ti-orcé*), t. de chamois., frotter la peau avec le *tiorse*. — *se* TIORSER, v. pron. Peu connu.

TIOUL, subst. mas. (*ti-oule*), t. de fond., cuiller pour écumer le métal fondu.

TIOU-TIOU, subst. mas. (*ti-outi-ou*), t. d'hist. nat., oiseau du lac de Genève.

TIPHÉ, subst. mas. (*tifé*), sorte de riz de Grèce.

TIPHIE, subst. fém. (*tifi*), t. d'hist. nat., genre d'insectes hémiptères.

TIPHION, subst. mas. (*tifi-on*), t. de bot., sorte de plante des anciens.

TIPHLE, subst. mas. (*tifle*), t. d'hist. nat., genre de poissons.

TIPHYS, subst. propre mas. (*tifice*), fameux pilote qui conduisit le navire Argo, sur lequel étaient les Argonautes, pour aller conquérir la toison d'or.

TIPIAGA, subst. mas. (*tipi-agua*), nom qu'on donne à la fécule de manioc dans nos ports de mer.

TIPULAIRE, adj. des deux genres (*tipulère*), des *tipules*.

TIPULE, subst. fém. (*tipule*) (en latin *tipula*), t. d'hist. nat., genre d'insectes diptères qui vivent dans des lieux humides.

TIQUE, subst. fém. (*tike*), t. d'hist. nat., genre d'insectes aptères, de la famille des parasites, qui s'attachent principalement aux oreilles des chiens, des bœufs, etc.

* **TIQUER**, v. neut. (*tikié*), avoir un *tic*, appuyer, en parlant des chevaux, desquels seul il se dit, le haut des dents sur la mangeoire.

TIQUET, subst. mas. (*tikié*), nom que quelques naturalistes donnent aux *tiques*.

* **TIQUETÉ**, **E**, adj. (*tiketé*), tacheté, marqué de petites taches : *un œillet tiqueté*.

TIQUEUR, subst. et adj. mas., au fém. **TIQUEUSE** (*tikieur*, *kieuze*); se dit d'un cheval, d'une jument qui a le *tic*.

TIQUEUSE, subst. et adj. fém. Voy. TIQUEUR.

TIQUILIE, subst. fém. (*tikili*), t. de bot., sorte de plante du Pérou.

TIR, subst. mas. (*tir*), la ligne suivant laquelle on tire une arme à feu. On le dit surtout du canon. — *Cette arme n'a pas le tir juste*, elle diverge de la direction. — Endroit où l'on s'exerce à *tirer* : *le tir de Lepage, à Paris*.

TIRADE, subst. fém. (*tirade*), longue suite de phrases ou de vers sur une même idée. — On dit fam. : *tirade d'injures*, *de sottises*. — Sur les instruments, liaison d'une note avec plusieurs autres. — *Tout d'une tirade*, tout de suite, sans s'arrêter. Il est fam.

TIRAGE, subst. mas. (*tiraje*), action de *tirer* : *le tirage des pierres que l'on tire de la carrière, d'un bateau par les chevaux qui le tirent; le tirage d'une feuille d'impression, d'une estampe, le tirage des étoffes, d'une loterie*, etc. — Action de lever et de dévider la soie de dessus le cocon. — *Tirage d'une loterie*, action d'en *tirer* les numéros. — On dit, dans le même sens : *le tirage de la milice*; le tirage au sort. — Espace qu'on laisse libre sur le bord des rivières, pour le passage des chevaux qui *tirent* les bateaux. — *Cheval de tirage*, dont on se sert pour tirer les bateaux.

TIRAILLE, subst. fém. (*tirâ-ie*), système de balanciers employé dans les mines, pour transmettre le mouvement.

TIRAILLÉ, **E**, part. pass. de *tirailler*.

TIRAILLEMENT, subst. mas. (*tirâ-ieman*), action de *tirailler*; effet de cette action; ébranlement, secousse, agitation dans quelque partie du corps : *tiraillement d'estomac, d'entrailles*. — *Tiraillement d'esprit*, perplexité.

TIRAILLER, v. act. (*tirâ-ié*), *tirer* tantôt d'un côté, tantôt d'un autre, avec quelque sorte d'importunité. — Fig. et fam., importuner, presser : *il s'est bien fait tirailler pour consentir à ce qu'on voulait de lui*. — Neut., *tirer* d'une arme à feu mal et souvent : *ils ne font plus que tirailler*. — Commencer l'attaque par un feu irrégulier, en *tirailleurs*. — *se* TIRAILLER, v. pron.

TIRAILLERIE, subst. fém. (*tirâ-ieri*), action

de *tirailler*.—Se dit à la guerre dans le sens de *tirer* sans ordre et sans but.

TIRAILLEUR, subst. mas. (*tirâ-ieur*), chasseur ou soldat qui *tire* souvent et irrégulièrement. — Chasseur qui *tire* mal. — Se dit, au plur. et en t. de tactique, d'un corps d'armée dont les soldats combattent isolément en *tirailleurs*.

TIRANCE, subst. fém. (*tirance*) ; on nomme *pieux de tirance*, ceux qui servent à traîner des *cordages sur le fond de la mer*.

TIRANITE, subst. fém. (*tiranite*), t. d'hist. nat., genre de coquilles univalves.

TIRANT, subst. mas. (*tiran*), cordon qui, lorsqu'on le *tire*, sert à ouvrir et à fermer une bourse. —Ruban de fil qu'on attache au-dedans de la tige des bottes, et dont on se sert pour se botter aisément. — Nerf grand et large sur le cou des veaux et des bœufs.—Pièce de bois qui tient en état les deux jambes de force du comble d'une maison. — Dans un violon, une basse, etc., bouton auquel s'attache la queue qui retient les cordes.—En t. de mar., quantité d'eau que *tire* un navire; hauteur d'eau dont il a besoin pour être à flot.—Au plur., morceaux de cuir ou d'étoffe des deux côtés du soulier, lesquels, au moyen de boucles, de cordons, etc., servent à l'attacher sur le cou-de-pied.—Cordes qui garnissent un tambour, et servent à tendre les peaux.

TIRARIE, subst. fém. (*tirari*), ouvrière qui retire le sel de la chaudière.

TIRASSE, subst. fém. (*tirace*) (du mot *tiré*, parce que ce filet se ferme en le *tirant*), filet dont on se sert pour prendre des cailles, des alouettes, des perdrix, etc.

TIRASSÉ, E, part. pass. de *tirasser*.

TIRASSER, v. act. et neut. (*tiracé*), chasser ou prendre à la *tirasse* : *tirasser des cailles ; il est allé tirasser aux alouettes*. — *se* **TIRASSER**, v. pron.

TIRCIS, subst. mas. (*tircice*), t. d'hist. nat., espèce de lépidoptère.

TIRE, subst. fém. (*tire*), en t. de manuf., longueur de six coupons de batiste attachés l'un à l'autre. — *Voler à tire d'aile*, voler aussi rapidement qu'il est possible. — *Tout d'une tire*, sans discontinuer, tout de suite.

TIRÉ, E, part. pass. de *tirer*, et adj., amené, ôté, etc.—*Visage tiré*, abattu, amaigri : *en être avec quelqu'un à couteaux tirés*, être des ennemis déclarés. — Subst. mas., on dit : *aller au tiré*, à la chasse au fusil.

TIRE-À-BARRE, subst. mas. (*tirabâre*), t. de tonnelier; outil pour placer la *barre* qui soutient le fond des futailles. — Au plur., des *tire-à-barres*.

TIRE-BALLE, subst. mas. (*tirebale*), instrument pour *retirer* les *balles* d'une arme à feu, d'une blessure.—Au plur., des *tire-balles*.

TIRE-BONDE, subst. mas. (*tirebonde*), t. de tonn., outil pour *tirer* la *bonde* d'un tonneau.—Au plur., des *tire-bondes*.

TIRE-BORD, subst. mas. (*tirebore*), t. de mar., grand tirefond pour *retirer* les *bordages* enfoncés.—Au plur., des *tire-bords*.

TIRE-BOTTE, subst. mas. (*tirebote*), tissu de fil ou de soie, dont se servent les tapissiers pour border les étoffes. — Machine qui emboîte le talon de la *botte*, et qui aide à l'ôter. — Crochets de fer qu'on passe dans les *tirants* des *bottes* pour les chausser. — Au plur., des *tire-bottes*.

TIRE-BOUCHON, subst. mas. (*tirebouchon*), sorte de vis de fer ou d'acier qui tient à un anneau, et dont on se sert pour *tirer* les *bouchons* des bouteilles. — *Cheveux en tire-bouchon*, allongés en spirale dans la forme d'un *tire-bouchon*. — Au plur., des *tire-bouchons*.

TIRE-BOUCLER, subst. mas. (*tireboukle*), outil pour dégauchir les mortaises. — Au plur., des *tire-boucler*. Presque inusité.

TIRE-BOURRE, subst. mas. (*tireboure*), crochet en forme de vis pour tirer la *bourre* d'une arme à feu. — T. d'hist. nat., espèce de ver marin du genre des serpules. — Au plur., des *tire-bourre*.

TIRE-BOUTON, subst. mas. (*tirebouton*), instrument dont le tailleur se sert pour *tirer* le *bouton* et le mettre dans la *boutonnière*. — Au plur., des *tire-boutons*.

TIRE-CENDRE, subst. mas. (*tireçandre*), t. d'hist. nat., la tourmaline, parce qu'elle *attire* les *cendres*. — Au plur., des *tire-cendres*.

TIRE-CLOU, subst. mas. (*tireklou*), instrument de couvreur. — Au plur., des *tire-clous*.

TIRE-D'AILE, subst. mas. (*tiredèle*), battement d'*aile* prompt et vigoureux que fait un oiseau quand il vole vite. Il ne se dit guère qu'adv. dans *à tire-d'aile*. Voy. au mot **TIRE**. — Au plur., des *tire-d'ailes*.

TIRE-DENT, subst. mas. (*tiredan*), pince plate pour rechanger un peigne de *dent*. — Au plur., des *tire-dents*.

• **TIRE-FIENTE**, subst. mas. (*tirefiante*), fourche pour le fumier. — Au plur., des *tire-fientes*.

TIRE-FILET, subst. mas. (*tirefilè*), petit outil avec lequel on creuse des *filets* sur les tables des instruments de musique. — Au plur., des *tire-filets*.

TIRE-FOIN, subst. mas. (*tirefoein*), t. de mar., outil pour nettoyer. — Au plur., des *tire-foin*.

TIRE-FOND, subst. mas. (*tirefon*), instrument de tonnelier pour *tirer* et pour faire tenir les *fonds* des tonneaux. — Instrument de chir. pour enlever la pièce d'os sciée par le trépan. — En t. d'hist. nat., nom d'un genre de coquilles. — Au plur., des *tire-fonds*.

TIRE-LAINE, subst. mas. (*tirelène*), filou qui vole pendant la nuit. — Au plur., des *tire-laine*.

TIRE-LAISSE, subst mas. (*tirelèce*), appât. — Au fig., faux espoir qu'on donne à quelqu'un. Plus que vieilli. — Au plur., des *tire-laisse*.

TIRE-LARIGOT, loc. adv. (*tirelariguô*) : *boire à tire-larigot*, excessivement. Pop.—*L'Académie* ajoute que quelques-uns prétendent qu'il faudrait écrire *tire-la-rigaud*. Il nous importe fort peu à nous, qui ne sommes qu'historiographes des mots de la langue, de faire accepter l'une ou l'autre de ces deux expressions; mais nous devons chercher, et c'est ce que l'*Académie* aurait pu faire également; nous devons chercher à éclairer le lecteur, et tâcher de trancher pour lui la question, toutes les fois que l'occasion s'en présente; car ce n'est pas pour nous que nous travaillons, *mais bien pour celui qui vient nous* consulter. Voici donc ce que dit *Trévoux*, le *dictionnaire* qui s'est le plus occupé de l'origine probable ou supposée de ce mot : « *Tire-larigot*, est un terme proverbial. On dit en effet de ceux qui boivent par excès, qu'*ils boivent à tire-larigot*. Ce proverbe peut fort bien venir d'un des jeux de l'orgue qu'on appelle *larigot*, c'est-à-dire, *qui siffle* ; et comme quelques-uns ont dit *siffler*, *boire*, on peut croire qu'ils ont fait allusion à ce jeu qui siffle beaucoup.—*Ménage* en donne une autre étymologie. Il prétend que *larigot* est un vieux mot français qui signifiait *flûte* ; ce qu'il prouve par ces vers de la cinquième églogue de *Ronsard* :

> Herbes qui boutonnez, vertes âmes sacrées,
> Si sous mon *larigot* reverdir je vous voi, etc.

Se fondant sur cette signification du mot *larigot*, il prétend que *boire à tire-larigot* ne signifie *boire à longs traits* que parce qu'on buvait dans de grands verres façonnés en forme de *flûtes*, et de là vient qu'on disait, et qu'on dit encore parmi le peuple : *flûter*, pour dire : boire extrêmement. Ainsi, ajoute *Ménage*, *à tire-larigot* signifierait : *trahendo vinum quod est in cyatho*. —Il y a d'autres lexicographes qui croient que la véritable étymologie de ce mot est *larynx, laryngis*, qui signifie *gosier*, et qu'ainsi, *boire à tire-larigot*, c'est *boire à tire-gosier*.—Les Rouennais prétendent qu'elle vient de *la Rigault*, nom d'une cloche de la grande église, qui lui fut donné par *Rigault, cordelier*, archevêque de Rouen ; et parce que les sonneurs qui la tirent s'échauffent beaucoup, et ont besoin de bien boire, on les a appelés des buveurs à *tire-la-Rigault*. Voy. Dom du Plessis, *Description géogr. et hist. de la Haute-Normandie*, tome II, page 23.—*Borel* le dérive du languedocien *s'arrigoula*, c'est-à-dire, *se saouler*, prendre tout son *saoul* de quelque chose. — Nous sommes étonnés que M. *Charles Nodier*, de l'*Académie* française, n'ait pas mentionné ce mot dans son *Dictionnaire* des *onomatopées* ; il lui appartenait de trancher la question. Quant à nous, si l'on veut notre avis, nous dirons que l'étymologie que nous préférons est celle de *Ménage*, parce que dans celle-ci se trouvent rentrer les deux autres.

TIRE-LIARD, subst. mas. (*tire-li-ard*). Voyez **TIRE-LIRE**.

TIRE-LIGNE, subst. mas. (*tireligne*), instrument pour *tirer* des *lignes* à la règle. — Fig., méchant architecte, qui ne sait que tracer des plans sans invention, sans génie.—Au plur., des *tire-lignes*.

TIRE-LIRE (nous ne comprenons pas le motif qui a décidé l'*Académie* à écrire *tire-ligne* et *tirelire*), subst. fém. (*tirelire*) (corruption de *tire-liard* : les liards qu'on a fait entrer dans une *tire-lire* ne s'en *tirent* qu'un à un), petit ustensile de terre, etc., avec une fente, propre à serrer l'argent. — Cri de l'alouette. — Au plur., des *tire-lires*, des *tire-liards*.

TIRE-LIRÉ, E, part. pass. de *tirelirer*.

TIRE-LIRER, v. neut. (*tireliré*), crier, chanter, en parlant de l'alouette. Peu usité.

TIRE-LISSES, ou **CONTRE-LAMES**, subst. fém. plur. (*tirelice, kontrelame*), tringles de bois dans les métiers à gaze.

TIRELLES, subst. fém. plur. (*tirèle*), dans les métiers de soierie, petites cordes employées au montage des chaînes.

TIRE-MOELLE, subst. mas. (*tiremoèle*), sorte d'instrument creusé en gouttière dans sa longueur, dont on se sert à table pour *tirer* la *moelle* des os. — Au plur., des *tire-moelle*.

TIRE-MONDE, subst. fém. (*tiremonde*), sage-femme. Bas et pop. — Au plur., des *tire-monde*.

TIRE-PIÈCE, subst. mas. (*tirepièce*), écumoire à sucre. — Au plur., des *tire-pièce*. Peu usité.

TIRE-PIED, subst. mas. (*tirepié*), courroie ou grande lanière de cuir dont les cordonniers se servent pour tenir leur ouvrage plus ferme sur le genou quand ils travaillent. — Au plur., des *tire-pied*.

TIRE-PLOMB, subst. mas. (*tireplon*), rouet pour filer le *plomb* des vitres. — Au plur., des *tire-plomb*.

TIRE-POIL, subst. mas. (*tirepoèle*), procédé pour blanchir les flans. — Au plur., des *tire-poil*. Inus.

TIRE-POINT, subst. mas. (*tirepoein*), t. de mar., sorte de ceinture de bois fabriquée dans l'intérieur d'un bâtiment. — Au plur., des *tire-point*.

TIRE-PUS, subst. mas. (*tirepu*), seringue pour retirer les matières putrides. — Au plur., des *tire-pus*.

TIRER, v. act. (*tiré*) (corruption de *trahere*, dont on a fait dans la basse latinité *tirare*, conservé dans l'italien), amener à soi ou après soi : *tirer en haut, en bas; chevaux qui tirent un carrosse*, etc. — Ôter : *tirer les bottes, les bas à quelqu'un; tirer de l'argent de sa bourse, la viande de la broche* ou *du pot*. — Délivrer, dégager : *tirer un homme de prison, de la captivité, d'un danger, de la misère*. — Recueillir, percevoir, recevoir : *tirer du profit, de l'utilité, de l'avantage de...* — Extraire : *tirer le suc des herbes, des viandes*; et fig. : *il a tiré une infinité de belles sentences des anciens*. — Étendre : *tirer du linge, une courroie*, etc. — Fig. : *tirer la courroie*, employer beaucoup d'économie pour soutenir une dépense jusqu'à une certaine époque : *ces gens-là n'ont qu'un très-modique revenu, il faut qu'ils tirent bien la courroie pour aller jusqu'au bout de l'an*. — On dit aussi absolument : *il y a bien à tirer, il faudra bien tirer pour attraper le bout de l'année*. — *Tirer une affaire en longueur*, en arrêter, en ralentir la marche, en éloigner la conclusion. — Tracer : *tirer une ligne sur du papier, le plan d'une maison*, etc. — *Tirer l'horoscope à quelqu'un*, lui dire sa bonne aventure. — Faire le portrait : *on l'a tiré au naturel, en cire, en plâtre*, etc. — Imprimer : *tirer des feuilles, des estampes; tirer un ouvrage à mille, à dix mille exemplaires*. — Les briquetiers disent, *tirer la terre*, pour dire, enlever la terre propre à la brique, l'étendre et l'exposer aux influences de l'air. — Les ciriers disent, *tirer le cierge*, pour dire, fabriquer à la main en étendant le long de la mèche la cire amollie dans de l'eau chaude. — Chez les tireurs d'or, *tirer l'or*, c'est réduire un lingot en fil extrêmement délié, en le faisant passer à différentes fois dans des filières toujours moins grandes. — En t. d'épingliers et de faiseurs d'aiguillettes pour les bonnetiers, c'est redresser sur un engin le fil de fer qui était roulé en bottes, pour le façonner, et le rendre aussi droit qu'il est possible. — *Tirer l'épingle*, faire passer par la filière le laiton dont on se sert pour fabriquer des épingles, afin de le rendre de la grosseur des numéro suivant les échantillons.— Les chapeliers disent : *tirer un chapeau à poil*, c'est-à-dire, en faire sortir le poil en le tirant avec un carrelet. — En t. de confiseurs, *tirer au sec*, confire une chose en la faisant sécher pour la garder. — Dans les fabriques de lainage, *tirer à la perche*, c'est lainer une pièce de drap ou d'étoffe de laine, en *tirer* le poil avec le chardon. — Décharger des armes à feu, lancer des armes de trait : *tirer un mousquet, le canon, des bombes, des flèches*. — On dit par extension : *tirer des pétards, des fusées.*— Tirer sur... : *tirer un oiseau, un lièvre.* — Dans ces deux dernières acceptions on dit aussi neut. : *tirer de l'arc, de l'arbalète; tirer en l'air, en blanc; ce fusil tire juste.* — Fig. : *tirer sa poudre aux moineaux,* prendre de la peine inutilement. *Tirer sur quelqu'un,* dire de lui des choses désobligeantes, offensantes.—*Tirer sur quelqu'un à cartouche, à boulets rouges*, en dire les choses les plus outrageantes. — *Tirer sur quelqu'un à bout portant*, lui dire en face des choses très-dures. — On dit : *vous tirez sur vos gens*, pour dire, vous dites du mal de ceux qui sont dans vos intérêts. —*Tirer l'épée*, la sortir du fourreau.— On dit : *tirer l'épée contre quelqu'un*, pour dire, se battre contre quelqu'un ; et, *faire tirer l'épée à quelqu'un*, pour dire, l'obliger à se battre. — On dit : *le vin est tiré, il faut le boire*, pour signifier qu'une affaire est engagée, et qu'il n'y a plus à reculer. —On dit : *tirer la langue pour la montrer au médecin*, et : *tirer la langue pour se moquer de quelqu'un.* Dans ces deux exemples, *tirer la langue* signifie, avancer la langue hors de la bouche. — *Tirer de l'eau*, la prendre au puits. — *Tirer du vin,* le prendre au tonneau. — *Tirer du vin au clair*, pour dire, en *tirer* la partie qui est claire, en la séparant de celle qui est trouble. — Fig., *tirer au clair*, c'est examiner une affaire embrouillée de manière à en rassembler les preuves et les circonstances les plus claires, et à écarter tout ce qui tend à y jeter du louche, de l'obscurité : *tirer une affaire au clair.* — *Tirer du sang,* saigner. — *Tirer une vache,* la traire. — Fig. : *il s'est fait tirer pour cet emploi,* il ne l'a accordé qu'avec peine. — Fig. et fam. : *cette raison est tirée par les cheveux,* est amenée au sujet avec violence. — En t. de mar., *ce navire tire vingt pieds d'eau,* enfonce dans l'eau de vingt pieds. — Prov. : *tirer le diable par la queue*, avoir beaucoup de peine à subsister. — Fig. et fam. : *cette dame est toujours tirée à quatre épingles*, est toujours bien ajustée et d'une manière contrainte. — Prov. et fig. : *tirer son épingle du jeu,* se dégager d'une mauvaise affaire, retirer ce qu'on y avait avancé. — *Tirer les vers du nez à une personne*, tirer d'elle un secret, en la questionnant adroitement. — *Tirer un homme à quatre,* se mettre plusieurs sur lui pour l'amener à quelque endroit : *il s'est fait tirer à quatre pour aller chez vous.* — *Il s'est fait tirer à quatre pour consentir à ce mariage,* il a fallu les instances de plusieurs personnes pour le faire consentir à ce mariage. — Anciennement : *tirer un criminel à quatre,* lui faire subir un supplice qui consistait à l'attacher fortement par les pieds et par les mains à quatre chevaux qui le *tiraient* chacun de leur côté, et qui le démembraient entièrement.—*Tirer une lettre de change,* assigner, au moyen d'une lettre de change, le paiement d'une somme d'argent dans une ville différente de celle qu'on habite. — Prov. : *tirer pied ou aile d'une chose,* en *tirer* quelque profit de manière ou d'autre.—*Tirer une plume de l'aile à quelqu'un,* lui attraper quelque chose. — *Tirer quelque grace de quelqu'un*, en obtenir quelque grace par instance ou par adresse. — *Tirer parti de quelqu'un, de quelque chose,* en *tirer* des services, des avantages — On dit : *tirer parole, tirer promesse, tirer quelque éclaircissement de quelqu'un,* pour dire, faire en sorte qu'il engage sa parole, sa promesse, qu'il donne l'éclaircissement qu'on souhaite de lui. — On dit qu'*on ne saurait tirer de raison d'un homme,* pour dire, qu'on ne peut obtenir de lui qu'il se porte à faire ce qu'il doit. — *Tirer raison, satisfaction d'une injure, d'une offense,* la faire réparer. — *Tirer vengeance de,* se venger. — *Tirer vanité de,* faire vanité de. — *Tirer avantage d'une chose,* la tourner, l'interpréter à son avantage. — *Tirer son origine, sa source de,* être issu, descendre de. — *Tirer une conséquence,* inférer, conclure.—Fig., *tirer le rideau sur quelque chose,* passer quelque chose sous silence.— *Après lui il faut tirer l'échelle*, signifie qu'il a si bien fait en quelque chose, qu'on ne peut l'égaler. Pop. — *Tirer les marrons du feu avec la patte du chat,* faire faire par un autre quelque chose de dangereux pour en tirer soi-même le profit. — Neut., s'en remettre à la décision du sort : *tirer au sort, à la blanque, à la courte-paille*, etc. En ce sens il s'emploie aussi act. : *tirer quelque chose à la courte-paille.* — Aller, s'acheminer : *l'armée tira sur un tel lieu.* — *Ce malade tire à sa fin*, il approche de la mort. — *Tirer sur,* en parlant d'une couleur, avoir quelque rapport, quelque ressemblance avec... : *cette pierre tire sur le vert.*—Fig., *tirer du bâton ou au court bâton avec quelqu'un,* contester avec lui d'égal à égal. — *se* TIRER, v. pron., se dégager, se délivrer : *se tirer d'un mauvais pas; se tirer d'inquiétude, d'embarras, d'une affaire fâcheuse.* — *Se tirer de ou du pair,* s'élever au-dessus de ses égaux. — Prov. : *se tirer une épine du pied,* se délivrer de quelque chose qui inquiétait.

TIRE-RACINE, subst. mas. (*tireracine*), t. de chir., instrument de dentiste, fendu en pied de biche à son extrémité.— Espèce de poussoir.— Au plur., des *tire-racine.*

TIRÉSIAS, subst. propre mas.(*tirézi-âce*), myth., Thébain et fameux devin. Ayant un jour vu deux serpents ensemble sur le mont Cithéron, il tua la femelle, et fut sur-le-champ métamorphosé en femme. Sept ans après, il trouva de même deux autres serpents, tua le mâle, et redevint homme aussitôt. Jupiter et Junon, disputant un jour sur les avantages de l'homme et de la femme, prirent pour juge *Tirésias*, qui décida en faveur des hommes; mais il ajouta que les femmes étaient cependant plus sensibles. Jupiter, par reconnaissance, lui donna la faculté de lire dans l'avenir; mais Junon, mécontente du jugement, l'en punit en le rendant aveugle.

TIRE-SOUS, subst. mas. (*tireçou*), receveur de rentes. — Importun qui vient toujours demander de l'argent. — Au plur., des *tire-sous.* Peu en usage.

TIRET, subst. mas. (*tirè*), morceau de parchemin, tortillé pour attacher des papiers. — Division, trait d'union. Voy. notre *Grammaire.*

TIRETAINE, subst. fém. (*tiretène*), étoffe de laine grise; drap tissé très-grossièrement.

TIRE-TERRE, subst. mas. (*tiretère*), sorte de pioche à l'usage des carriers. — Au plur., des *tire-terre.*

TIRE-TÊTE, subst. mas. (*tiretète*), t. de chir., instrument d'accoucheur, pour *tirer* la *tête.* — Au plur., des *tire-tête.*

TIRETOIRE, subst. mas. (*tiretoare*), sorte de levier garni de crochets dont les tonneliers se servent pour monter les cerceaux.

TIRETTE, subst. fém. (*tirète*), morceau de cuir avec lequel le cordonnier remet l'escarpin sur la forme quand il a été retourné. — T. de distill., plaque de fer mobile pour boucher le tuyau d'une cheminée. —T. de vigneron ; partie du sarment longue et courbée.

TIREUR, subst. mas. (*tireur*), chasseur entretenu pour tuer du gibier.—Chasseur au fusil. —Il se dit aussi de soldats chargés de faire des décharges d'armes à feu.—En t. de banque, celui qui *tire* une lettre de change sur quelqu'un. — *Tireur d'or,* ouvrier qui *tire*, bat et file l'or, l'argent, etc.—*Tireur d'armes,* maître d'escrime. —*Tireur de laine,* autrefois, filou qui volait les manteaux la nuit.

TIREUSE, subst. fém. (*tireuze*), femme qui *tire* les ficelles du semple dans les manufactures. —*Tireuse de cartes,* diseuse de bonne aventure à l'aide de cartes.

TIRE-VEILLE, subst. fém. (*tirevè-ie*), t. de mar., corde à laquelle on se tient pour monter à l'échelle.— Au plur., des *tire-veille.*

TIRICA, subst. mas. (*tirika*), t. d'hist. nat., espèce de perroquet d'Afrique.

TIRIT, subst. mas. (*tirite*), t. de bot., bel arbre de l'Amérique méridionale.

TIROIR, subst. mas. (*tiroar*), petite caisse qui est emboîtée dans une table, dans une commode, etc., et qui se *tire* par le moyen d'un bouton, d'un anneau, etc.— Chez les arquebusiers, morceau de fer plat qui, comme les tenons, sert à attacher le canon au fût ; mais qui étant fendu peut se *tirer* à volonté. — *L'Académie* ajoute que *tiroir* se dit fig. et fam., parmi les militaires, *du second rang d'une troupe formée sur trois rangs ;* et elle cite pour exemple : *les hommes de petite taille sont ordinairement placés dans le tiroir.* Il est possible que l'emploi de ce mot existe même dans ce cas ; cependant on nous permettra de dire que nous trouvons si peu d'analogie entre ce qu'on appelle vulgairement *tiroir* et cette manière de placer des hommes, que nous ne mentionnons cet exemple qu'afin d'avoir l'occasion d'avertir que nous regardons cette acception comme très-équivoque et par conséquent très-risquée.—*Pièce à tiroir,* pièce de théâtre dont les scènes sont détachées et n'ont aucune relation entre elles.

TIROLLE, subst. fém. (*tirole*), sorte de filet en émail pour le petit poisson.

TIRON, subst. mas. (*tiron*), t. d'antiq., c'était, chez les Romains, ce que nous appelons chez nous *conscrit, jeune recrue.*

TIRONIEN, adj. mas., au fém. **TIRONIENNE** (*tironiein, niène*) ; il se dit des lettres d'abréviation, dont *Tiron,* affranchi de *Cicéron*, a été l'inventeur.

TIRONIENNE, adj. fém. Voy. TIRONIEN.

TIROT, subst. mas. (*tirô*), espèce de petit bateau.

TIRRAPHIS, subst. mas. (*tirafice*), t. de bot., genre de plantes graminées.

TIRSA, subst. mas. (*tirça*), t. de bot. sorte de plante du genre des chiendents.

TIRTOIR, subst. mas. (*tirtoar*), tenaille de tonnelier. Voy. TIRETOIRE.

TIRU, subst. mas. (*tiru*), t. d'hist. nat., genre de poissons abdominaux.

TIRYNTHIUS, subst. propre mas. (*tireinti-ucc*), myth., surnom d'Hercule, parce qu'il était originaire de la ville de *Tirynthe,* dans le Péloponèse. C'est aussi pour la même raison qu'*Ovide* nomme *Tirynthia,* Alcmène, mère d'Hercule.

TIS, ou **TISSE**, subst. mas. (*ti, tice*), t. de pêche, nappe de filet.

TISAGE, subst. mas. (*tizaje*), action de chauffer le four à glace.

TISANE (orthographe de l'*Académie;* selon nous, on devrait écrire *ptisane*, d'après l'étymologie grecque), subst. fém. (*tizane*) (du grec πτισανη ou πτισσανη, orge mondé, dérivé de πτισσω, je pile, j'écorce), breuvage d'eau où l'on a fait bouillir de l'orge, de la réglisse ou autre ingrédient, soit grain, fleur ou herbe. — *Tisane purgative,* celle dans laquelle on a versé un purgatif; *tisane rafraîchissante.* — *Tisane de Champagne*, sorte de vin de Champagne moins spiritueux que le vin ordinaire *de Champagne.*

TISANERIE (on devrait écrire *ptisanerie*), subst. fém. (*tizaneri*), lieu d'un hôpital où se font les *tisanes.* Voy. TISANE.

TISARD, subst. mas. (*tizar*), ouverture pour mettre le combustible dans le four.

TISÉ, E, part. pass. de *tiser.*

TISER, v. act. (*tizé*) (rac. *tisard*), entretenir le feu dans un four.—*se* TISER, v. pron. Peu usité.

TISEUR, subst. mas. (*tizeur*), ouvrier qui chauffe le four.

TISIPHONE, subst. propre fém. (*tizifone*), myth., une des trois Furies, couverte d'une robe ensanglantée ; elle est assise, et veille nuit et jour à l'entrée du Tartare. Dès que l'arrêt est prononcé aux criminels, armée d'un fouet vengeur, elle les frappe impitoyablement. De la main gauche, elle leur présente des serpents horribles, comme pour insulter à leurs douleurs, et elle appelle ses sœurs pour la seconder dans ses horribles cruautés. Cette Furie avait, sur le mont Cithéron, un temple environné de cyprès, où OEdipe, aveugle et banni, vint chercher un asyle.

TISON, subst. mas. (*tizon*) (en lat. *titio,* gén. *titionis*), reste d'une bûche, d'un morceau de bois, dont une partie a été brûlée : *tison ardent, tison éteint.* — Pop. : *tison d'enfer*, méchant homme, méchante femme, qui excite au mal par ses discours, par ses exemples. — Fig. : *tison de discorde, tison de la discorde*, se dit d'une personne d'un caractère séditieux et contraire au repos de la société ; et d'une chose qui est une matière continuelle de disputes, un sujet de querelles qui ne s'éteignent point. — *Garder les tisons, être toujours sur les tisons,* être ordinairement au coin du feu. — Fig. et fam. : *cracher sur les tisons,* se dit des vieilles gens qui sont toujours auprès du feu.

TISONNÉ, E, adj. (*tizoné*) : en parlant d'un cheval, on appelle *gris tisonné*, celui dont le poil est parsemé de taches, comme s'il eût été noirci avec un *tison.*

TISONNER, v. neut. (*tizoné*), remuer les *tisons* sans besoin ou par manie.

TISONNEUR, subst. mas., **TISONNEUSE**, subst. fém. (*tizoneur, neuze*), qui aime à *tisonner.*

TISONNEUSE, subst. fém. Voy. TISONNEUR.

TISONNIER, subst. mas. (*tizonié*), outil de forgeron qui sert à remuer les *tisons.*

TISRI, subst. mas. (*ticeri*), nom d'un mois de l'ancien calendrier chaldéen. Il répondait à notre mois de septembre.

TISSAGE, subst. mas. (*tiçaje*), action de *tisser,* opération, travail du *tisserand* ou du *tissutier.*

TISSÉ, E, part. pass. de *tisser.*

TISSER, v. act. (*tice*), faire un *tissu.*—*se* TISSER, v. pron.

TISSERAND, subst. mas. (*ticeran*), ouvrier qui

tisse, qui fait des toiles, des étoffes de laine et de soie. Quand il se dit absolument, il s'entend toujours des *tisserands* en toile. Ceux qui, dans les manufactures de lainage, travaillent l'étoffe sur le métier avec la navette, se nomment aussi *tisseurs* ou *tissiers*. — T. d'hist. nat., espèce de capricorne.—Famille d'oiseaux silvains.

TISSERANDERIE, subst. fém. (*ticeranderi*), profession de ceux qui *tissent* ou qui vendent les ouvrages faits par les *tisserands : exercer la tisseranderie*.

TISSERIN, subst. mas. (*ticerein*), t. d'hist. nat., genre d'oiseaux silvains de la famille des *tisserands*.

TISSEUR ou **TISSIER**, subst. mas. (*ticeur, cié*). Voy. TISSERAND.

TISSU, subst. mas. (*tiçu*) (en lat. *textum*, fait de *texere*, tisser), entrelacement, liaison de plusieurs choses qui font un corps, comme des fils de chanvre, de soie, de laine, etc., dont on fait des toiles, des étoffes.—Fig., ordre, suite : *le tissu d'un discours, un tissu de merveilles, de belles actions.—Tissu de...*, suite de choses accumulées : *c'est un tissu de calomnies*. — En t. d'anat., il se dit par analogie des substances qui forment les organes des animaux en général, de l'homme en particulier, et qui résultent de l'entrelacement des fibres : *le tissu cellulaire*.— En t. de bot., *tissu réticulaire*, réseau formé de fibres entrelacées, et dont les mailles sont traversées horizontalement par des séries d'utricules.—TISSU, TISSURE, TEXTURE, CONTEXTURE. (*Syn.*) Le *tissu* est l'ouvrage *tissu*, l'étoffe, la toile, le tout formé par l'entrelacement de différents fils, avec plus ou moins de longueur et de largeur. La *tissure* est la qualité donnée au *tissu*, à l'ouvrage, par le travail ou la manière d'unir et de lier les fils ensemble. Le *tissu* comprend la matière et sa façon ; la *tissure* ne désigne que la qualité de la fabrication résultante de la main-d'œuvre. Un *tissu* est de soie, de laine, de fil, de cheveux ; la *tissure* en est lâche ou serrée, égale ou inégale, etc. La *tissure* est au *tissu* ce que la peinture est au portrait.—Ces deux mots diffèrent d'abord, dans le sens propre, de *texture* et *contexture*, en ce qu'ils expriment le travail particulier de *tisser*, c'est-à-dire, de faire passer la navette à travers les fils de la chaîne, celui de la trame ; entrelacement que la *texture* et la *contexture*, réduites à l'idée simple de la liaison et de l'union des parties qui forment un tout, avec l'apparence du *tissu*, n'exigent pas. — La *texture* est l'ordonnance ou l'économie résultante de la disposition et de l'arrangement des parties d'un tout. La *contexture* est l'ordonnance et la concordance des rapports que les parties ont les unes avec les autres, et avec le tout. Vous considérez la *texture* ou du tout ou des parties ; vous considérez la *contexture* particulière des parties d'où résultent l'ensemble et sa *texture*.—*Tissu* se dit au figuré pour désigner une suite d'actions, de discours, de choses enchaînées les unes aux autres ; le *tissu* d'un discours, un *tissu* de crimes. *Tissure* est peu usité, même au propre. On dit *texture* pour exprimer la liaison et l'arrangement des différentes parties d'un discours, d'un poème ; et l'on dit même *contexture*, dans le même sens.

TISSU, E, part. pass. de *tisser* et de *tistre*, et adj., composé de fils entrelacés, etc.—On dit poét. : *des jours tissus d'or et de soie*. Voy. SOIE.

TISSURE, subst. fém. (*tiçure*) (en lat. *textura*), liaison de ce qui est *tissu : tissure serrée* ou *lâche*. — Fig. : *la tissure d'un discours, d'un poème*, etc., la disposition, l'ordre, l'économie des parties d'un discours, d'un poème, etc. Voy. TISSU.

TISSUTIER, subst. mas. (*tiçutié*), ouvrier qui fait des passements, des galons, etc.

TISTRE, v. act. (*ticetre*) (en lat. *texere*), faire de la toile, du drap et des étoffes sur un métier. Le participe est *tissu* ; ce verbe n'est en usage que dans les temps composés : *il a tissu cette toile*. Voy. TISSER, qui est plus usité, surtout au prés. de l'infinitif, que *tistre*.—Fig. : *il a tissu cette intrigue*, il l'a conduite. — *se* TISTRE, v. pron.

TIT, subst. mas. (*tite*), t. de bot., espèce de plante de l'Inde.

TITAN, subst. propre mas. (*titan*), myth., fils de Cœlus et de Vesta. Voy. SATURNE. Ses enfants étaient des géants, qu'on appelait aussi *Titans*, du nom de leur père. Voy. TITEA. — On donne le nom de *Titan* au Soleil, soit parce qu'on l'a cru fils d'Hypérion, l'un des *Titans*, soit parce qu'on l'a pris pour Hypérion même. Voy. HYPÉRION.

* **TITANE**, subst. mas. (*titane*) t. d'hist. nat., métal d'un rouge jaunâtre.

TITANIA, subst. propre fém. (*titani-a*), myth., Pyrrha, petite-fille de Japet, un des *Titans*.— C'est aussi un surnom de Diane, comme Phébus ou le Soleil était surnommé *Titan*. Voy. TITAN. *Titania* est encore Circé, fille du Soleil, aussi bien que Latone, petite-fille de Cæus, un des *Titans*.

TITANIES, subst. fém. plur. (*titani*), myth., fêtes grecques en l'honneur des *Titans*.

TITANITE, subst. mas. (*titanite*), t. d'hist. nat., schorl rouge.

TITANO-CRATOPHYTE, subst. mas. (*titanôkratofite*), t. de bot., écorce formée d'un amas énorme de polypes desséchés.

TITANOCRATOR, subst. propre mas. (*titanôkrâtor*), myth., surnom de Jupiter.

TITANOMACHIE, subst. fém. (*titanomachi*), guerre des *Titans*.

TITANOMACHIQUE, adj. des deux genres (*titanomachike*), qui a rapport à la *titanomachie*.

TITARÈS, subst. mas. (*titarèce*), t. d'hist. nat., bel oiseau des Indes.

TITÉA, subst. propre fém. (*tité-a*), myth., l'une des femmes de Cœlus, laquelle en eut dix-sept enfants, nommés *Titans*, du nom de leur mère. Les mythologues paraissent distinguer ces Titans des fils de Titan, fils de Saturne. On croit que *Titéa* est la même que Tellus.

TITÉIA, subst. propre fém. (*tité-i-a*), myth., nom d'une déesse des anciens Milésiens.

TITHÉDINIES, subst. fém. plur. (*titédini*), myth., fêtes lacédémoniennes, en l'honneur de Diane.

TITHONE, subst. mas. (*titone*), t. de bot., genre de plantes polygames.

TITHYMALE, subst. mas. (*titimale*) (en grec τιθυμαλος), t. de bot., plante à fleur campaniforme, dont la tige contient un suc laiteux et corrosif.

TITHYMALOÏDE, subst. fém. et adj. des deux genres (*titimalò-ide*) (du grec τιθυμαλος, tithymale, et ειδος, forme), t. de bot., plante du genre des *tithymales*.

TITHYUS ou **TITYUS**, subst. propre mas. (*titiuce*), myth., géant prodigieux, fils de Jupiter. Il naquit dans une caverne, où sa mère s'était cachée pour fuir la colère de Junon. Apollon et Diane le tuèrent à coups de flèches, parce qu'il avait manqué de respect à Latone. Il était d'une grandeur si énorme, que, précipité dans le Tartare, il couvrait de son corps l'étendue de neuf arpents ; un vautour lui dévorait le foie, qui se reproduisait continuellement.

TITI, subst. mas. (*titi*), t. de bot., sorte de plante du Malabar.

TITI, subst. mas. (*titi*), terme populaire et trivial, dont se servent les gens du peuple pour désigner un jeune ouvrier des faubourgs de Paris.

TITIA, subst. mas. (*titi-a*), t. d'hist. nat., genre d'oiseaux voisin des coucous

TITIE, subst. propre fém. Voy. TITÉIA.

TITIEN, subst. mas. (*ticiein*), t. de bot., nom de deux arbres peu connus.

TITIENS, subst. mas. plur. (*ticiein*), t. d'antiq., collège de prêtres romains.

TITIÉ, part. pass. de *titier*.

* **TITIER**, v. neut. (*titié*) (du grec τιτιζω, employé comme mimologisme par Aristophane), gémir à petits cris, comme les oiseaux dans le nid. (*Boiste*.) Presque inusité.

* **TITILLANT, E**, adj. (*titilelan, lante*), qui éprouve un mouvement de *titillation* ; qui chatouille.

TITILLATION, subst. fém. (*titileldcion*), chatouillement. — Légère agitation qu'on remarque dans certains corps. — Mouvement léger du vin.

TITILLÉ, E, part. pass. de *titiller*.

* **TITILLER**, v. neut. et act. (*titilelé*) (en latin *titillare*), chatouiller, faire éprouver un mouvement de *titillation*. — Act., *ce vin titille le palais*. Fort peu usité comme act.

TITIRE, subst. mas. (*titire*), t. d'hist. nat., genre d'insectes lépidoptères.

TITIRI, ou **TITRI**, subst. mas. (*titiri, titri*), t. d'hist. nat., très-petit poisson des Antilles.

TITIT, subst. mas. (*titite*), t. d'hist. nat., nom donné à quelques espèces de singes.

TITOULIHUE, subst. mas. (*titouli-u*), t. de bot., sorte d'arbre laiteux de Saint-Domingue.

TITRE, subst. mas. (*titre*) (du grec τιλτος, dérivé, selon *Scaliger*, de τιω, j'honore, et dont les Latins ont fait *titulus*), inscription qui est à la tête d'un livre, d'un chapitre, etc., et qui fait connaître la matière qu'on y traite. — En t. d'imprim., on appelle *titres courants*, les lignes en petites capitales qui se mettent au haut de chaque page ; c'est le sujet donné ou traité dans les pages, ou le *titre* même de l'ouvrage. — On nomme *faux titre* le premier *titre*, qui est bien plus en abrégé que le grand *titre*, et que l'on imprime sur le feuillet qui précède celui sur lequel on met le *titre* détaillé de l'ouvrage.— Subdivision dont on se sert dans les codes, dans les recueils de jurisprudence.—Petit trait qu'on met au-dessus d'une ou de plusieurs lettres par abréviation. — Qualité honorable, nom de dignité, etc. : *avoir le titre de notaire*. —Propriété d'un emploi, etc. : *il est professeur en titre*.— Acte authentique qui sert à établir un droit, une qualité : *faire voir ses titres*.—Droit qu'on a de posséder, de demander, de faire : *posséder à titre d'achat*.—Degré de fin des monnaies, de l'or ou de l'argent : *cette vaisselle est à tel titre*.—On le dit par extension, des matières d'or et d'argent non fabriquées.—*Titre clérical*, assignation d'une certaine rente annuelle, faite à celui qui voulait prendre les ordres sacrés. — *Titre nouvel*, t. de pratique, acte par lequel un nouveau possesseur s'oblige à payer la même rente ou redevance que son prédécesseur ; nouvel engagement qu'on peut exiger du débiteur, lorsqu'il est près d'acquérir prescription. Les gens de barreau devraient bien dire, *titre nouveau*. — *A titre de*, en qualité de, sous prétexte de : *à titre de grace, à titre de dette*, comme une grace, comme une dette. — On dit de même : *à titre de présent, à titre de don, de prêt*, etc. — *Agir à titre d'office*, agir en qualité de sa charge, en vertu de son emploi, de sa procuration. — *En titre d'office*, façon de parler adverbiale qui se prend presque toujours en mauvaise part : *c'est un fripon, un fourbe*, etc., *en titre d'office*, il est extrêmement fripon, notoirement fourbe.

TITRÉ, E, part. pass. de *titrer*, et adj., qui a un *titre*.

TITRE-PLANCHE, subst. mas. (*titreplanche*), *titre* d'un livre gravé en taille-douce.

TITRER, v. act. (*titré*), donner un *titre* d'honneur à une personne, à une terre. — Donner à une personne les prérogatives attachées à certains *titres*. — Il signifie encore, autoriser : *titrer quelqu'un pour faire office de tuteur ; vous étendez trop loin vos pouvoirs ; on ne vous a pas titré jusque-là*. — *se* TITRER, v. pron.

TITRIER, subst. mas. (*titri-é*), conservateur des *titres* dans les anciens monastères. — Par extension, fabricateur de *faux titres*. — On peut regarder ce mot aujourd'hui comme hors d'usage.

TITUBANT, E, adj. (*tituban, bante*), chancelant. Vieux et ironique, en parlant d'un homme ivre. Il y a même des personnes qui écrivent à tort *titubans*, mot qui est purement latin.

* **TITUBATION**, subst. fém. (*titubâcion*) (en lat. *titubatio*, fait de *titubare*, chanceler), action de chanceler.— En t. d'astron., la même chose que *trépidation*.

TITUBÉ, part. pass. de *tituber*.

TITUBER, v. neut. (*titubé*), chanceler, en parlant d'un ivrogne. Peu usité.

TITULAIRE, adj. des deux genres (*titulère*), qui a un *titre* sans possession : *le roi de Sardaigne est roi titulaire de Chypre*.—*Patron titulaire*, saint ou sainte sous l'invocation de qui une eglise est dédiée.—*Ecriture titulaire*, caractère tiré de la bâtarde, qui sert à faire des *titres*. — Subst., celui, celle qui est revêtue d'un *titre* de bénéfice, d'une charge, d'un office : *un titulaire*.

TITULISÉ, E, part. pass. de *tituliser*.

TITULISER, v. act. (*titulizé*), donner un *titre*. (Boiste.) Inusité.

* **TITYRE**, subst. mas. (*titire*) (du grec τιτυρος, tuyau de blé), nom que les poètes donnent à leurs bergers, parce qu'ils leur supposent un grand loisir et le goût de la flûte. — Au plur., génies de la suite de Bacchus.

TIUM, subst. mas. (*ti-ome*), t. de bot., genre de plantes.

TIVEL, subst. mas. (*tivèle*), t. d'hist. nat., espèce de coquille de la mer d'Afrique.

TIVOUCH, subst. mas. (*tivouk*), t. d'hist. nat., oiseau de Madagascar.

TJERRI, subst. mas. (*tejèri*), indigo de la seconde pousse.

TLAMOTOTLI, subst. mas. (*telamototeli*), t. d'hist. nat., espèce d'écureuil de la Nouvelle-Espagne.

TLANCOTOTLI, subst. mas. (*telankototeli*), t. d'hist. nat., sorte d'oiseau du Mexique.

TLÉPOLÈME ou **TLEPTOLÈME**, subst. propre mas. (*tlepolème , telèpetolème*), myth., fils d'Hercule, qui, ayant tué son oncle Licymnius, fils de Mars, fut obligé de fuir, et vint s'établir dans l'île de Rhodes. Il alla au siège de Troie, où il fut tué par Sarpédon.

TMÈSE, subst. fém. (*temèze*) (en grec τμησις, fait de τμαω, pour τεμνω, je coupe), t. de grammaire, division d'un mot composé, en deux autres.

TMOLUS, subst. propre mas. (*temôluce*), myth., montagne de Phrygie, fameuse par son safran, et par le culte qu'on y rendait à Bacchus. C'était aussi le nom du dieu de cette montagne. — Il y eut un géant de ce nom, lequel, accompagné de Télégone, autre géant, massacrait tous les passants; mais Protée, s'étant transformé en spectre, les épouvanta tellement qu'ils ne tuèrent plus personne.

TOAST, subst. mas., **TOASTER**, v. neut. Voy. TOSTE, TOSTER.—Nous ne savons pas pourquoi l'*Académie* écrit *toast*, en permettant d'écrire aussi *toste*. Nous trouvons également extraordinaire son renvoi de *toaster* à *toster*. Si elle préfère *toste* à *toast*, elle doit donner la définition du mot à l'orthographe qu'elle autorise par son choix, et suivre la même marche pour *toaster* et *toster*.

TOASTER, v. act. et neut. Voy. TOSTER.

TOBEL, subst. mas. (*tobèle*), t. de bot., sorte de palmier des Indes.

TOBIRE, subst. mas. (*tobire*), t. de bot., sorte d'arbuste de la Chine.

TOC, subst. mas. (*toke*), expression de jeu, au trictrac.

TOCA, subst. mas. (*toka*), t. d'antiq., pierre qui servait de limite à un champ.

TOCAN, subst. mas. (*tokan*), t. d'hist. nat., saumon de moins d'un an.

TOCANE, subst. fém. (*tokane*), vin nouveau fait de la mère-goutte. Il se dit surtout du vin d'Aï, en Champagne, qui se boit dans la nouveauté, et ne peut guère se garder que six mois.

TOCANHOA, subst. mas. (*tokano-a*), noix vomique de Madagascar.

TOCK, subst. mas. (*toke*), t. d'hist. nat., espèce d'oiseau du genre des calaos.

TOCO, subst. mas. (*tokô*), t. d'hist. nat., espèce de toucan.

TOCOCO, subst. mas. (*tokokô*), t. de bot., genre de plantes établi parmi les mélastomes.

TOCOGRAPHIE et ses dérivés. Voy. TOKOGRAPHIE et ses dérivés.

TOCOLIN, subst. mas. (*tokolein*), t. d'hist. nat., le troupiale, oiseau du Mexique.

TOCONY, subst. mas. (*tokoni*), sorte de toile fabriquée dans l'Amérique espagnole.

TOCOT-GUÉBIT, subst. mas. (*tokoteguièbite*), t. de bot., arbre d'Amérique.

TOCOYENNE, subst. fém. (*tokoè-iène*), t. de bot., genre de plantes monogynes.

TOCQUET, subst. mas. (*tokiè*), t. d'hist. nat., genre de reptiles de Siam.

TOCRO, subst. mas. (*tokrô*), t. d'hist. nat., genre d'oiseau de l'ordre des gallinacés.

TOCSIN, subst. mas. (*tokecein*) (de *toquer*, frapper, et de *sing*, vieux mot qui signifiait cloche, fait du latin *signum*, signal), bruit d'une cloche qu'on sonne à coups pressés et redoublés, pour donner l'alarme, avertir du feu, etc. — Chose, écrit qui donne l'éveil, qui excite du trouble. — Fig. : *sonner le tocsin*, répandre l'alarme.—*Sonner le tocsin sur quelqu'un*, exciter le public contre lui.

TODDALIE, subst. fém. (*todedali*), t. de bot., genre de plantes monogynes.

TODDI, subst. mas. (*todedi*), liqueur spiritueuse d'une espèce de palmier.

TODÉE, subst. fém. (*todé*), t. de bot., sorte de plante du cap de Bonne-Espérance.

TODIER, subst. mas. (*todié*), t. d'hist. nat., petit oiseau d'Amérique, remarquable par le brillant de ses couleurs.

TOF, subst. mas. (*tofe*), t. de chir., excroissance osseuse plus dure que l'exostose.

TOGE, subst. fém. (*toje*) (en latin *toga*), t. d'antiq., robe longue que portaient les Romains en temps de paix, et qu'ils mettaient par-dessus la tunique.

TOHU-BOHU, subst. mas. (*to-u-bo-u*) (onomatopée), chaos primitif, avant la création. Fig., mélange des éléments, des opinions, confusion : *c'est un vrai tohu-bohu*.

TOI (*toè*), pron. pers. de la seconde personne du singulier. Voy. TU.

TOILAGE, subst. mas. (*toèlaje*), ce qui forme le dessin d'une dentelle.

TOILE, subst. fém. (*toèle*) (du latin *tela*), tissu de fil de lin ou de chanvre. —*Toile crue*, qui n'a point encore été mouillée.—*Toile cirée*, toile enduite de cire et de gomme.—On appelle *toile peinte*, une *toile* de coton qui est peinte de diverses couleurs; et plus ordinairement, une *toile* peinte aux Indes, ou à la manière des Indes, avec des couleurs solides et durables. — *Toile de coton*, faite de fil de coton. On dit de même : *toile de soie, d'or, d'argent*, etc. — *Toile de mai*, toile enduite d'une sorte d'emplâtre agglutinatif. —*Toile imprimée*, *toile* tendue sur un châssis et préparée pour y peindre dessus. On appelle aussi *toile imprimée*, la *toile* peinte par impression. —En t. de fabriques de *toile*, on entend par *toile de compte*, pour les toiles fines en général, le nombre de cent fils déterminé pour chaque compte sur la largeur de quinze seizièmes. Ainsi l'on dit : *une toile de compte en vingt*, pour exprimer, une *toile* qui contient en chaîne deux mille fils. *Une toile de compte en vingt-deux* contient deux mille deux cents fils.—On dit d'une affaire qui recommence toujours et ne finit point, que *c'est la toile de Pénélope*.— *Aller se mettre dans les toiles*, aller se coucher. — Prov. et pop. : *il a trop de caquet, il n'aura pas ma toile*, on ne veut point avoir affaire à de grands parleurs.—Le rideau qui cache le théâtre : *lever, baisser la toile*.—Tente : *l'armée est sous la toile*, est campée, est sous la tente.— Sorte de tissu que font les araignées, et qu'elles tendent pour prendre des mouches. —Au plur., en t. de chasse, sorte de filets pour prendre des sangliers, des biches, des cerfs, des chevreuils, etc.—Certains rideaux d'un jeu de paume.—On dit aussi : *les toiles d'un moulin à vent*. — TOILES, TOILERIES. (*Syn.*) Par *toiles*, on entend dans le langage des arts manufacturiers, tous les tissus unis ou croisés de lin ou de chanvre, destinés à être teints, blanchis ou consommés en écru, depuis le linon et la batiste, jusqu'à la *toile* d'emballage et la *toile* à voile; et par *toileries*, tous les tissus de coton pur et mélangé, ainsi que toutes les étoffes de matières végétales autres que de chanvre ou de lin pur, avec quelques matières qu'elles soient mélangées, depuis la mousseline proprement dite, les étoffes de soie et de coton, connues à Rouen sous le nom de *toile* de soie à carreaux, jusqu'aux siamoises, à toutes les espèces de cotonnades, au velours de coton même.

TOILÉ, subst. mas. (*toèlé*), le fond de la dentelle dont le tissu a quelque ressemblance avec les *toiles*.—On appelle *le toilé d'une dentelle*, ce qui, dans le point à l'aiguille, se nomme le tissu ou point fermé : *plus le toilé d'une dentelle est serré, plus l'ouvrage en est bon*. Ce terme ne s'applique guère qu'aux dentelles de fil.

TOILERIE, subst. fém. (*toèleri*), marchandises de *toile*.—Atelier où l'on fabrique des *toiles*. — Magasin où l'on vend des *toiles*.

TOILETTE, subst. fém. (*toèlète*), grand morceau de linge, de taffetas, etc., orné de dentelles, qu'on étend sur une petite table, pour y mettre ce qui sert à l'ajustement des hommes et des femmes.—On le dit surtout des boîtes, des carrés, des flacons, etc., de la *toilette* d'une femme.—La table même chargée de ce qui sert à la parure d'une femme. — On appelle *toilette de campagne*, une table à compartiments, qui contient les boîtes, les flacons, etc., nécessaires à la *toilette*. — *Cabinet de toilette*, petite chambre destinée au service de *toilette*.— On appelle *revendeuse à la toilette, marchande à la toilette*, certaines femmes dont l'état est de porter à la toilette des dames des étoffes, des bijoux, etc., pour les vendre.—On dit : *vendre à la toilette, revendre à la toilette*.—Prov. : *plier la toilette*, enlever, emporter les meubles d'un homme, d'une femme : *il plia un beau matin la toilette et s'en alla*. Il se dit aussi d'un valet qui vole les hardes de son maître : *ce valet plia la toilette de son maître, et prit la fuite*. —*Toilette* se dit aussi pour les détails de l'ajustement, l'habillement soigné : *faire sa toilette; être longtemps à sa toilette; n'être occupé que de sa toilette; une grande toilette*.—Sorte de grand morceau de *toile* de couleur, dans lequel quelques artisans plient et portent leur ouvrage, ou dont on se sert pour couvrir les étoffes.—*Entretenir une femme à sa toilette*, pendant qu'elle s'habille.—*Propos de toilette*, propos fadement galants, et ridiculement précieux.

TOILIER, subst. mas., **TOILIÈRE**, subst. fém. (*toèlié, lière*), marchand, ouvrier en *toiles*.

TOILIÈRE, subst. fém. Voy. TOILIER.

TOISE, subst. fém. (*toèze*) (suivant *Ménage*, du latin barbare *tesa*, fait de *tensus*, tendu, étendu, part. pass. de *tendere*. Suivant *Du Cange*, des mots non moins barbares *toisia* ou *taisia*, employés avec une semblable acception dans la basse latinité, et qui peuvent avoir la même origine), mesure qui contient six pieds, le pied de douze pouces, et le pouce de douze lignes. — *Toise courante*, où l'on ne considère que la longueur.—*Toise carrée*, surface qui a six pieds de longueur et six de largeur, et dont l'aire est de trente-six pieds carrés. — *Toise cube*, corps solide qui a six pieds de grandeur en tous sens, en longueur, en largeur et en profondeur.—Fig. et prov. : *il ne faut pas mesurer les hommes à la toise*, il faut avoir attention au mérite des personnes plutôt qu'à leur taille.—*Mesurer les autres à sa toise* ou *à son aune*, juger des autres par ce qu'on éprouve soi-même.

TOISÉ, subst. mas. (*toèzé*), mesurage à la *toise*.—L'art de mesurer les surfaces et les solides, et de réduire les mesures en calcul.

TOISÉ, E, part. pass. de *toiser*, et adj. — Fig. et pop. : *cette affaire est toisée*, est terminée sans espérance de retour. — Fam. : *c'est un homme toisé*, un homme dont la valeur est appréciée.

TOISER, v. act. (*toèzé*), mesurer avec la *toise* : *toiser un bâtiment*, etc. — *Toiser un soldat*, mesurer sa taille. — Fig. : *toiser quelqu'un*, l'examiner des yeux et avec affectation des pieds à la tête. — *se* TOISER, v. pron.

TOISEUR, subst. mas. (*toèzeur*), celui qui mesure avec la *toise*.

TOISON, subst. fém. (*toèzon*) (du lat. *tonsio*, action de tondre; tonte, suivant *Ménage*, qui ajoute, d'après le P. *Labbe*, que *toison* devrait plus proprement se dire de l'action de *tondre* que de la laine *tondue*), la laine qu'on a tondue sur une brebis, sur un mouton.—En t. de tanneur; *plier une peau en toison*, c'est la plier d'abord en deux sur sa longueur, de façon que chaque extrémité soit exactement appliquée sur la pareille; former ensuite tous les autres plis l'un sur l'autre, en commençant par les jambages, pliant ensuite la pointe du ventre vers le dos, puis tête sur queue, queue sur tête, et faisant un dernier pli qui double le tout et en forme un carré d'un ou de deux pieds. Voy. LAINE. — *Toison d'or*, toison du bélier sur lequel, suivant la fable, *Phryxus* et *Hellé* passèrent la mer. — *Ordre de la Toison-d'Or*, ordre institué, en 1420, par Philippe-le-Bon, duc de Bourgogne.

TOIT, subst. mas. (*toè*) (en lat. *tectum*, fait de *tegere*, couvrir), couverture d'un bâtiment composé de lattes, de chevrons et de tuiles ou d'ardoises. — Espèce d'auvent. — Petite étable où l'on met des cochons. — Au fig., on dit d'une chambre malpropre : *c'est un toit à cochons*.— Dans les mines, la partie de la roche qui couvre la mine ou le filon. — *Habiter sous le même toit*, dans la même maison. — *Bénéfices sous le même toit*, c'est-à-dire desservis dans la même église.—*Le toit paternel*, la maison paternelle.— *Un humble toit*, une chaumière, une maison de pauvres.— Fig. : *toit hospitalier*, lieu, maison où l'on reçoit l'hospitalité. — *Dire une chose sur les toits*, la répandre, la divulguer. Fam. —*Toit de jeu de paume*, ais en forme de *toit*.

TOIT-CHINOIS, subst. mas. (*toèchinoa*), t. d'hist. nat., espèce de coquille du genre des patelles.

TOITURE, subst. fém. (*toèture*), confection des *toits*. — Ce qui compose un *toit*.

TOKAI, subst. mas. (*toklè*), vin de Hongrie.

TOKAUN, subst. mas. (*tokône*), t. de bot., espèce de plante dont les Brésiliens font des filets pour pêcher.

TOKOGRAPHIE, subst. fém. (*tokoguerafi*) (du grec τοκος, enfantement, et γραφειν, écrire), description des accouchements; ouvrage sur les accouchements.

TOKOGRAPHIQUE, adj. des deux genres (*tokoguerafike*), qui a rapport à la *tokographie*.

TOKOLOGIE, subst. fém. (*tokoloji*), synonyme de *tokographie*.

TOKOLOGIQUE, adj. des deux genres (*tokolojike*), synonyme de *tokographique*.

TOKOMATIQUE, subst. mas. (*tokomatike*), mannequin mécanique qui sert à donner aux élèves en chirurgie une idée de la profondeur et de la forme de l'utérus, et à les exercer à l'opération des accouchements.

TOKONOMIE, subst. fém. (*tokonomi*) (du grec τοκος, enfantement, et νομος, règle), t. de chir., connaissance, méthode des accouchements.

TOKONOMIQUE, adj. des deux genres (*tokonomike*), t. de chir., qui a rapport, qui est relatif à la *tokonomie*, à l'art des accouchements.

TOKOTECHNIE, subst. fém. (*tokotékni*), synonyme de *tokonomie*.

TOKOTECHNIQUE, adj. des deux genres (*tokotéknike*), synonyme de *tokonomique*.

TOLAI, subst. mas. (*tolè*), t. d'hist. nat., petit animal de l'espèce lièvre, de la famille des rongeurs.

TOLBOOTH, subst. mas. (*toleboute*), t. de relat., nom des prisons en Écosse.

TÔLE, subst. fém. (*tôle*) (peut-être du latin *tela*, toile, à cause de son peu d'épaisseur), fer en feuille : *un poêle de tôle ; une cheminée garnie en tôle.* — Les émailleurs appellent *tôle*, une plaque de fer battu, percée de plusieurs petits trous, et dont les bords sont relevés. Elle sert aux émailleurs pour faire chauffer les plaques ou pièces à émailler.

TOLÈDE, subst. propre fém. (*tolède*), ville d'Espagne, ancienne capital.

TOLÉNO, subst. mas. (*toléno*), sorte de machine de guerre des anciens, qui consistait dans un levier suspendu à une pièce de bois placée verticalement, et plus haute que les murailles d'une ville assiégée ; à l'une des extrémités de ce levier était fixée une caisse pouvant contenir jusqu'à vingt hommes de guerre, qui se trouvaient ainsi transportés, comme par un ressort, jusqu'au niveau des créneaux ou meurtrières.

TOLÉRABLE, adj. des deux genres (*tolérable*) (en latin *tolerabilis*), qui se peut souffrir, qu'on peut supporter; médiocre.

TOLÉRABLEMENT, adv. (*tolérableman*), d'une manière *tolérable*.

TOLÉRANCE, subst. fém. (*tolérance*) (en latin *tolerantia*), condescendance, indulgence pour ce qu'on ne peut empêcher ou qu'on croit ne devoir pas empêcher : *jouir d'une chose par tolérance.* — En matière de religion, on distingue la *tolérance civile*, qui consiste à *tolérer* l'exercice d'une autre religion que celle qui est établie par la loi ; et la *tolérance théologique*, qui enseigne qu'on peut se sauver dans toutes les religions.—Anciennement, dans les monnaies, *tolérance* se disait pour ce qu'on appelait plus souvent aussi *remède*.—Au plur., limites, en plus ou en moins, dans les proportions ou dimensions d'armes, de projectiles et autres objets.

TOLÉRANT, E, adj. (*toléran, rante*), qui, dans un état où il existe une religion établie par les lois, en *tolère* une autre. — Qui est partisan du *tolérantisme*. Ce mot ne se dit guère qu'en matière de religion. — On le dit d'un caractère indulgent dans le commerce de la vie : *il est fort tolérant.*

TOLÉRANTISME, subst. mas. (*toléranticeme*), caractère ou système de ceux qui croient qu'on doit *tolérer* dans un état toute sorte de religions.

TOLÉRANTISTE, subst. mas. (*toléranticete*), partisan du *tolérantisme*.

TOLÉRÉ, E, part. pass. de *tolérer*.

TOLÉRER, v. act. (*toléré*) (en latin *tolerare*), supporter des abus, ou par prudence ou par faiblesse, souffrir, permettre : *tolérer un abus, les défauts de son prochain; tolérer quelqu'un.* — TOLÉRER, SOUFFRIR, PERMETTRE. (*Syn.*) On *tolère* les choses, lorsque, les connaissant et ayant le pouvoir en main, on ne les empêche pas. On les *souffre*, lorsqu'on ne s'y oppose pas, faisant semblant de les ignorer, ou ne pouvant les empêcher. On les *permet*, lorsqu'on les autorise par un consentement formel. — *Tolérer* et *souffrir* ne se disent que pour des choses mauvaises ou qu'on croit telles. *Permettre* se dit et pour le bien et pour le mal. — Les magistrats sont quelquefois obligés de *tolérer* certains maux, de peur qu'il n'en arrive de plus grands. Il est quelquefois de la prudence de *souffrir* des abus qu'on ne peut réformer sans danger. Les lois humaines ne peuvent jamais *permettre* ce que la loi divine *défend*; mais elles défendent quelquefois ce que celle-ci permet. — SE TOLÉRER, v. pron.

TÔLIÈRE, subst. fém. (*tôlière*), t. de mar., élévation en forme de taquets plats, sur le plat-bord des bâtiments ou bateaux à rames, où l'on perce des trous pour y placer l'aviron sur son toulet ou entre ses toulets.

TOLLARD, subst. mas. (*tolare*) (formé sans doute de *tollere*, enlever), bourreau. Vieux et même hors d'usage.

TOLLIR, v. act. (*tolelir*), ôter, enlever, emporter. Il est vieux et même hors d'usage.

TOLLE, et non pas **TOLLÉ**, ce mot étant tout latin ; sorte d'interj. (*tolelé*) (c'est l'impératif du verbe *tollere*, ôter), mot latin pris de l'Évangile : *crier tolle sur quelqu'un*, crier, afin d'exciter l'indignation contre quelqu'un.

TOLLENON, subst. mas. (*tolenon*), machine, chez les anciens, qui leur servait à tirer de l'eau d'un puits. C'était une longue perche posée en équilibre, et chargée d'un poids à son extrémité, et d'un seau à l'autre. Voy. TOLÉNO.

TOLLOMI, subst. fém. (*toletomi*), t. de bot., espèce de plante d'Amérique et des Indes.

TOLMÈRE, subst. mas. (*tolemère*), t. d'hist. nat., sorte de petit insecte de l'ordre des diptères.

TOLPIDE, subst. fém. (*tolepide*), t. de bot., genre de plantes chicoracées.

TOMAISON, subst. fém. (*tomèzon*), action de *tomer* un volume, d'y imprimer son chiffre d'ordre.

TOMAN subst. mas. (*toman*), somme de compte en Perse. Le *toman* vaut 44 fr. 44 c. de notre monnaie.

TOMATE, subst. fém. (*tomate*) (de l'espagnol *tomata*), plante qui est plutôt une variété de la *pomme d'amour*. Son fruit, de la grosseur d'une petite orange et d'un beau rouge, est employé dans les cuisines : *sauce aux tomates.*

TOMBAC, subst. mas. (*tonbak*), cuivre jaune mêlé de zinc.

TOMBAL, E, adj. (*tonbale*), qui couvre une *tombe*. — Au plur. mas., *tombaux*. Tout-à-fait inusité au sing. comme au plur.

TOMBANT, E, adj. (*tonban, bante*), se dit en bot., de la tige qui, trop faible pour se soutenir, se renverse sur la terre ; du calice qui *tombe* en même temps que les pétales ; des feuilles qui *tombent* en automne. — *Une chevelure tombante*, des cheveux qui ne sont pas attachés.

TOMBAUX, adj. mas. plur. Voy. TOMBAL.

TOMBE, subst. fém. (*tonbe*) (en grec τυμβος), grande table de pierre, de marbre, de cuivre, etc., dont on couvre une sépulture. — Sépulcre. — Poét. : *descendre dans la tombe*, mourir. — Autrefois : *avoir droit de tombe dans une église*, c'était, avoir droit d'y être enterré. Aujourd'hui on dit : *avoir droit de sépulture*.

TOMBÉ, E, part. pass. de *tomber*. — *Auteur tombé*, dont la pièce a été sifflée. — Subst. mas., t. de danse, pas que l'on exécute en s'élevant d'abord sur la pointe des pieds et pliant après le pas.

TOMBEAU, subst. mas. (*tonbô*) (en grec τυμβος), monument élevé à la mémoire d'un mort, dans l'endroit où il est enterré. Voy. TOMBE. — Tout endroit où un homme est enterré. — *Les tombeaux sont sacrés*, il faut respecter le lieu où les morts sont enterrés.—Fig. : *mettre, mener au tombeau*, causer la mort. — *Tirer quelqu'un du tombeau*, lui sauver la vie.—Fig. : *fouiller dans le tombeau de quelqu'un*, rechercher sa vie après sa mort, pour noircir sa mémoire.— Poét. : *l'horreur du tombeau*, la mort. — Fig. : *jusqu'au tombeau*, jusqu'à la mort. — *Descendre au tombeau*, mourir. — Prov. et fam.: *aller à tombeau ouvert*, aller à cheval, en voiture, avec une très grande vitesse et au péril de sa vie.—En parlant des choses, fin, destruction : *c'est le tombeau du sens commun.*—TOMBE, TOMBEAU, SÉPULCRE, SÉPULTURE. (*Syn.*) La *tombe* et le *tombeau* sont des monuments élevés sur les *sépulcres* et au milieu des *sépultures*. La *tombe* est proprement la table de pierre, de marbre ou de toute autre matière, élevée ou placée au-dessus de la fosse qui a reçu les ossements, qui contient les cendres des morts. Le *tombeau* est une sorte d'édifice ou un ouvrage de l'art érigé à l'honneur des morts, pour conserver et illustrer leur mémoire par l'éloge de leur vie, par des emblèmes, des allégories, etc. La *tombe* est humble, simple, modeste; toutes sortes de marques d'honneur parent et relèvent le *tombeau*. Nous pleurons sur la *tombe*, et nous admirons le *tombeau* ou sa vanité. La *tombe* est sous nos pieds, le *tombeau* sur nos têtes; l'une n'est que pour le souvenir, l'autre est pour la gloire. — La *tombe* et le *tombeau* sont donc des monuments élevés dans le dessein de perpétuer la mémoire des morts; mais le *sépulcre* et la *sépulture* ne sont que des fosses creusées et des souterreins fermés pour en cacher et consumer les restes.— L'ambition de la *tombe* et du *tombeau* est de faire, en quelque sorte, revivre ce que le *sépulcre* et la *sépulture* achèvent de détruire. La vanité du *tombeau* s'évanouit dans l'horreur du *sépulcre*. La *tombe* et le *tombeau* affectent encore la distinction et l'orgueil des noms, des rangs et des fortunes ; mais dans le fond des *sépultures*, mais dans l'abyme du *sépulcre*, tout est confondu, tout est égal, tout n'est rien.—L'idée de la *sépulture* n'est pas aussi noire que celle du *sépulcre*, comme l'idée de la *tombe* n'est pas aussi vaine que celle du *tombeau*. La *sépulture* est proprement le lieu désigné ou consacré pour rendre les derniers devoirs aux morts, avec des cérémonies religieuses. Le *sépulcre* est particulièrement le caveau, la fosse, et en général un lieu quelconque qui reçoit, engloutit, consume les corps, les cendres, les dépouilles des morts, et les rend au néant d'où ils étaient sortis. On est enterré, inhumé dans la *sépulture*; on est enseveli, anéanti dans le *sépulcre*.—On ne se sert plus guère du mot *sépulcre* qu'au figuré, ou en parlant des *tombeaux* des anciens.

TOMBÉE, subst. fem. (*tonbé*), se dit vulgairement de la chute d'un côté d'une balance, qui annonce que les objets qui sont dans le plateau sont du poids demandé qui se trouve dans l'autre plateau de cette balance : *il manque la tombée*. — Il ne se dit le plus souvent que de la fin du jour, du commencement de la nuit : *à la tombée de la nuit.*

TOMBELIER, subst. mas. (*tonbelié*), charretier qui conduit un *tombereau*.

TOMBELLE, subst. fém. (*tonbèle*), petite *tombe*. Presque inusité.

TOMBER, v. neut. (*tonbé*). (Il prend *être* aux temps composés), être entraîné de haut en bas par son propre poids.—*Tomber aux genoux de quelqu'un*, s'y jeter, ou s'abaisser devant lui aux plus humbles supplications. — Fig. : *un homme ne peut tomber que debout, que sur ses pieds*, quoi qu'il arrive, il redeviendra toujours ce qu'il était, ou ses affaires seront toujours en bon état.—Venir sous la puissance, sous l'autorité, au pouvoir de quelqu'un.—Échoir : *la maison lui est tombée en partage, le sort est tombé sur lui.* — Aboutir : *chemin, rivière qui tombe dans un* ou *une autre.* — Cesser, discontinuer : *le vent est tombé, la conversation tombe.* On dit de même : *le jour tombe*, il touche à sa fin. — Choir : *les feuilles tombent; ses cheveux sont tous tombés.* —En t. de mar., *la mer tombe*, ses lames commencent à diminuer; *un mât tombe, une galère tombe*, quand ils penchent ; *tomber sous le vent*, c'est perdre l'avantage du vent qu'on avait gagné, ou qu'on tâchait de gagner ; *tomber sur un vaisseau*, arriver et fondre sur un vaisseau. —Les imprimeurs disent : *tomber en page*, pour dire, ménager la composition d'un ouvrage, de manière qu'elle se termine convenablement. — Être pendant : *les cheveux lui tombaient sur les épaules.*—Fig., déchoir de réputation, de crédit : *cet ouvrage qui était si en vogue est tombé depuis quelque temps.* — Être affaibli de corps ou d'esprit : *cet homme tombe, il commence à tomber.*—Dégénérer en... *tomber dans l'affectation.*—*Ce peintre tombe quelquefois dans la manière*, devient quelquefois maniéré ; *il tombe toujours dans le même défaut.*—*Une chose tombe à rien*, se réduit à très-peu de chose.—*Une dépense, une peine, tombe en pure perte*, n'est d'aucune utilité, d'aucun avantage. — Passer rapidement d'une position dans une autre pire : *il est tombé dans la misère.* — *Tomber* se dit aussi d'une époque fixe ; coïncider, avoir lieu, *le paiement tombe vers la fin du mois; sa fête tombe le dimanche.* — Périr, être détruit : *il tomba sous une grêle de traits; la ville tomba sous les efforts des assiégeants.* — En parlant d'une pièce de théâtre, ne pas réussir. — En style de spiritualité, pécher : *le juste tombe sept fois le jour.* — *Tomber sur*... fondre sur, attaquer avec impétuosité : *il tomba sur l'ennemi avec impétuosité; tomber sur quelqu'un*, se précipiter sur lui dans l'intention de le frapper. —Fig. : *tomber sur quelqu'un*, dire de lui des choses dures, désobligeantes, soit en sa présence, soit en son absence.—*Tomber sur quelque chose*, la rencontrer par hasard parmi d'autres choses.— *Tomber sur un mets, sur un plat*, en manger beaucoup et avec avidité.—*Elle est bien tombée en lisant ce passage*, parmi plusieurs choses de ce passage, elle a justement rencontré celles qu'elle voulait lire. — *Une chose est tombée sous la main*, pour dire qu'on l'a trouvée, qu'on l'a rencontrée par hasard parmi plusieurs autres choses.—*Tomber en ruine, tomber de vieillesse*, dépérir, en parlant d'un vieux bâtiment. *Tomber malade*, devenir malade.—*Tomber raide mort*, mourir sur-le-champ. — *Tomber de haut-mal*, avoir le mal caduc. — *Tomber d'inanition*, être près de se trouver mal, faute de nourriture.—*Tomber en chartre*, devenir étique. — *Tomber dans le crime, dans le mépris, dans la disgrace de...*, commettre un crime, être méprisé, encourir la disgrace de... — Fig. : *tomber sur les bras de quelqu'un*, devenir subitement à sa charge.—*Faire tomber les armes des mains*, fléchir, apaiser.—*Faire tomber la plume des mains*, dégoûter d'écrire.—*Tomber d'accord*, avouer, convenir.—*Tomber dans le sens* ou *le sentiment de quelqu'un*, être du même avis que lui.—Donner dans... *il est tombé dans un piége; ils l'ont fait tomber dans leur sens.* — *Cette maison est tombée en quenouille*, il n'y reste que des filles. — Fig. et prov. : *tomber de son haut, des nues*, être fort surpris, étonné.—*Tomber les quatre fers en l'air*, tomber à la renverse.—Fig., être fort surpris, être étonné : *les bras me tombèrent*, je restai immobile d'étonnement. — *Il semble tombé des nues* signifie aussi : il est fort embarrassé de sa contenance, il ne sait à qui il doit s'adresser dans une compagnie. — *Il est tombé des nues*, il n'est ni connu, ni avoué de personne. — En parlant d'un ouvrage d'imagination : *un personnage, un incident, un dénouement tombe des nues*, est mal amené, mal préparé.—Prov. : *quand la poire est mûre, il faut qu'elle tombe*; quand les affaires sont venues à un certain point, il faut qu'elles éclatent ou qu'elles se terminent absolument.—*Ce mot, ce propos n'est pas tombé à terre*, on l'a relevé, on l'a remarqué, on l'a retenu, pour en faire usage en temps et lieu.—Prov. : *tomber de fièvre en chaud mal*, passer d'un état fâcheux dans un plus mauvais.—*Cela tombe sous le sens*, est sensible.—Unipers. : *il tombe de la pluie, de la grêle*, etc. — TOMBER PAR TERRE, TOMBER A TERRE. (*Syn.*) *Tomber par terre*, se dit de ce qui, étant déjà à terre, tombe de sa hauteur ; et *tomber à terre*, de ce qui, étant élevé au-dessus de terre, tombe de haut. Un homme qui passe dans une rue et qui vient à tomber, *tombe par terre*, et non *à terre*, car il y est déjà. Mais un couvreur à qui le pied manque sur un toit, *tombe à terre*, et non *par terre*.—Un arbre *tombe par terre;* les fruits de l'arbre *tombent à terre*.

TOMBEREAU, subst. mas. (*tonberô*) (du verbe *tomber*, parce que le *tombereau* se renverse, lorsque, pour le décharger plus facilement, on appuie sur la partie de derrière), sorte de charrette dont le fond et les deux côtés sont de grosses planches.—Ce qui y est contenu : *un tombereau de gravois.* — Petite claie qui a la forme d'une trémie, et dont les oiseleurs se servent pour prendre des oiseaux pendant l'hiver, sur la neige.

TOMBERELLE, subst. fém. (*tonberèle*), t. d'oiseleur, sorte de filet qui a quinze pieds de queue, et avec lequel on prend des perdrix.

TOMBIR, v. neut. (*tonbir*), faire du bruit, se fracasser en *tombant*. (*Boiste.*) Vieux et même hors d'usage.

TOME, subst. mas. (*tôme*) (en latin *tomus*, pris du grec τομος, partie d'un tout, morceau retranché ; rac. τεμνω, je coupe, je divise), volume d'un ouvrage imprimé ou manuscrit; avec cette différence qu'un volume peut contenir plusieurs *tomes*, et que ce *tome* ne peut pas faire plusieurs volumes : *faire relier deux tomes en un volume.*— *Faire le second tome de quelqu'un*, l'imiter ou avoir le même sort.

TOMÉ, E, part. pass. de *tomer*.

TOMELLEUSE ou **TOMELLINE**, adj. fém. (*tomélèleuze, line*) : *matière tomelline*, l'une des parties colorantes du sang.

TOMENTEUSE, adj. fém. Voy. TOMENTEUX.

TOMENTEUX, adj. mas., au fém. TOMENTEUSE (*tomanteu, teuze*) (du latin *tomentum*, bourre), t. de bot., dont la surface est couverte de poils tellement entrelacés, qu'elle en paraît cotonneuse.

TOMER, v. act. (*tômé*), multiplier les *tomes*. — T. d'imprim., diviser un ouvrage par *tomes*. —*se* TOMER, v. pron.

TOMIE, subst. fém. (*tomî*) (du grec τομη, incision, fait de τεμνω, je coupe), action de couper. Ce mot ne s'emploie guère seul, mais il entre dans la composition de quelques mots français, comme *lithotomie, phlébotomie*, etc. — Au plur., t. d'antiq., sacrifices qu'on offrait aux dieux pour la ratification des ligues solennelles.

TOMIQUE, subst. mas. (*tomike*), t. d'hist. nat., genre d'insectes coléoptères.

TOMME, subst. mas. (*tome*), masse de caillé fermenté.

TOMOGÈRE, subst. mas. (*tomojère*), t. d'hist. nat., genre de coquilles.

TOMON-PUTE, subst. mas. (*tomonpute*), t. de bot., espèce de racine dont on se sert dans les Indes, pour crépir les murs.

TOMORODÉE, subst. fém. (*tomorodé*), t. de relat., nom d'une danse lascive en usage chez les habitants de l'île d'O-Taïti.

TOMOS, subst. propre mas. (*tomoce*) (du grec τεμνω, je coupe en morceaux), myth., ville de Pont, ainsi appelée parce que ce fut là, dit-on, que Médée mit en pièces son frère Absyrte. Cette ville fut depuis célèbre par l'exil d'Ovide.

TOMOTOCIE, subst. fém. (*tomotoci*) (du grec τομη, incision, et τοκος, accouchement), t. de chir., accouchement à l'aide d'incision. — Nom que quelques auteurs donnent à l'opération césarienne.

TOMOTOCIQUE, adj. des deux genres (*tomotocike*), qui a rapport à la *tomotocie*.

TON, subst. mas. (*ton*) (du lat. *tonus*), certaine inflexion de voix, certain degré d'élévation ou d'abaissement de la voix ou de quelque autre son. — Dans le style, caractère de noblesse, de familiarité, de popularité ; degré d'élévation ou d'abaissement qu'on peut donner à l'élocution, depuis le bas jusqu'au sublime.—Caractère que l'expression reçoit de la pensée, de l'image, du sentiment : *le ton triste de l'élégie.* — Dans la musique, l'intervalle entre deux notes consécutives de la gamme, excepté celui du *mi* au *fa*, et du *si* à l'*ut*, qui ne fait qu'un *demi-ton*. — *Demi-ton* ou *semi-ton*, la moitié d'un *ton*.—*Ton majeur*, celui dans lequel la tierce est composée de deux tons.—*Ton mineur*, celui dans lequel la tierce est composée d'un *ton* et d'un *demi-ton*.— Son, degré d'élévation, etc., déterminé pour chanter ou jouer d'un instrument : *donner le ton : il faudrait baisser le ton des violons.* — En ce sens, on dit fig. : *donner le ton à la conversation*, s'en rendre le maître, obliger les autres à penser et à parler comme nous.—Mode dans lequel une pièce de musique est composée. — Dans le rit catholique, un des modes sur lesquels on chante les psaumes. — En médec., l'état de tension ou de fermeté naturelle de chaque partie du corps humain. (Dans cette acception, du grec τονος, tension, dérivé de τεινω, je tends.) — *Ton de couleur*, en peinture, degré de force, de vigueur, d'intensité du coloris. — Harmonie, accord général des couleurs d'un tableau ou de quelqu'une de ses parties. — La couleur qui domine dans un tableau. — *Ton* s'emploie dans plusieurs expressions particulières ou proverbiales : *être au ton de quelqu'un*, avoir de la conformité dans les idées, dans les expressions, dans les goûts : *se mettre au ton de quelqu'un.* — *La maison est montée sur ce ton-là*, les dépenses y sont réglées ainsi, etc. — *Faire chanter quelqu'un sur un autre ton*, l'obliger à changer de langage, de manières. —*Parler à quelqu'un du bon ton*, d'une manière propre à le persuader. — Fig. : *le prendre sur un ton, un certain ton*, avoir de certaines manières, un certain procédé. — *Changer de ton*, de conduite, de manières. — *Prendre des tons*, des airs. — *Bon ton*, langage, manière des gens bien élevés. — *Etre sur un ton badin* ou *sérieux*, parler d'une manière badine ou sérieuse.

TON, adj. poss. mas. (*ton*), qui répond au pronom personnel *tu, toi, te* : *ton Dieu, ton roi, ton ami.* Il se joint aussi avec les substantifs et les adjectifs féminins qui commencent par une voyelle ou par un *h* sans aspiration. Ainsi, l'on dit : *ton épée, ton âme, ton aventure, ton habileté.* — Il fait au fém. *ta* : *ta femme, ta mère, ta hardiesse, ta hallebarde.*—Il fait *tes* au plur. pour le mas. et le fém. : *tes parents, tes amis, tes affaires.*

TONALCHILE, subst. mas. (*tonalechile*), t. de bot., espèce de poivre de Guinée.

TONALITÉ, subst. fém. (*tonalité*), t. de mus., propriété des cordes essentielles du mode. La note sensible et l'accord parfait forment la tonalité.

TONARION, subst. mas. (*tonari-on*), t. de mus., chez les anciens, flûte avec laquelle on donnait le *ton* aux orateurs.

TONCIN, subst. mas. (*toncein*), poids espagnol.

TONDAGE, subst. mas. (*tondaje*), opération de *tondre* les draps.

TONDAILLE, subst. fém. (*tondâ-ie*), la laine qu'on a *tondue* de dessus les moutons.

TONDAISON, subst. fém. (*tondèzon*), action de *tondre*. Voy. TONTE.

TONDEUR, subst. mas., **TONDEUSE**, subst. fém. (*tondeur, deuze*), celui qui *tond* : *tondeur de draps, tondeur de moutons.*

TONDEUSE, subst. fém. Voy. TONDEUR. — Sorte de machine nouvellement inventée pour *tondre* les draps.

TONDI, subst. mas. (*tondi*), t. de bot., grand arbre du Malabar.

TONDIE, subst. fém. (*tondi*), t. de bot., genre de plantes.

TONDIN, subst. mas. (*tondein*), t. d'archit., petite baguette au bas des colonnes. — Gros cylindre ou rouleau de bois, à l'usage des plombiers.

TONDRE, v. act. (*tondre*) (en lat. *tondere*). Il se conjugue comme *rendre*. Couper la laine ou le poil des bêtes : *tondre les brebis, un barbet.*—Par extension, couper ce qui déborde des draps, des feutres, d'une palissade, etc., pour les rendre plus unis, plus ras. — En plaisantant, faire le poil, les cheveux : *il est tout nouvellement tondu.* — *Il est tondu de frais*, il est rasé de frais. Fam. — Fig. : *tondre la brebis de trop près*, mettre des impôts trop forts sur le peuple. — Autrefois : *tondre un homme*, le faire moine. — *Se laisser tondre la laine sur le dos*, supporter patiemment toutes les vexations possibles. — Prov. : *il tondrait un œuf*, il est extrêmement avare. — *se* TONDRE, v. pron.

TONDU, E, part. pass. de *tondre*, et adj., dont on a coupé la laine ou le poil. — Il se dit fam. des personnes : *tondu comme un moine, comme un enfant de chœur.* — On dit dans le même style : *je veux être tondu* ou *que l'on me tonde si je fais cela.* (De l'usage où l'on était autrefois de *tondre* ceux qu'on voulait dégrader.) — Fig. et fam. : *il est tondu*, ruiné, perdu. — Subst. mas., fig. et prov. : *il n'y avait que trois tondus et un pelé*, qu'un petit nombre de gens de peu de considération.—Prov. : *à brebis tondue Dieu mesure le vent*, Dieu ne nous envoie d'afflictions qu'autant que nous pouvons en supporter.

TONÉES, subst. fém. plur. (*toné*), myth., fêtes anciennes qui se célébraient à Argos, en l'honneur de Junon.

TONG, subst. mas. (*tongue*), t. de bot., arbre de la Chine.

TONICITÉ, subst. fém. (*tonicité*), l'une des quatre forces vives des solides du corps humain, ou faculté d'où dépend particulièrement le *ton* général des solides organiques.

TONIE, subst. fém. (*toni*), sorte de petit canot de l'Inde.

TONILIÈRE, subst. fém. (*tonilière*), t. de pêcheur, sorte de râteau, garni d'une poche de filet pour ramasser des coquillages.

TONINE, subst. fém. (*tonine*), t. de bot., petite plante aquatique de la Guyane.

TONIQUE, adj. des deux genres (*tonike*) (du grec τονος, ton, tension), en t. de médec., *mouvement tonique*, mouvement des muscles qui sont dans une tension, une contraction, une convulsion permanente. — *Remède tonique*, propre à rendre l'action aux muscles, aux fibres relâchées. —En ce sens il est aussi subst. mas., *un tonique*. — En musiq., *note tonique*, note principale ou fondamentale d'un *ton* ou d'un mode. En ce dernier sens il s'emploie plus ordinairement comme subst. fém. : *la tonique d'un mode.*

TONISME, subst. mas. (*toniceme*), t. de médec., nom que quelques auteurs donnent au tétanos.

TONKA, subst. fém. (*tonka*) : *fève de tonka*, fruit brun, espèce d'olive courbe, d'un aromate acidule. Elle se met dans le tabac.

TONKAY, subst. mas. (*tonkié*), espèce de thé.

TONKIN, subst. mas. (*tonkiein*), t. de bot., arbre grimpant de la Guyane.

TONLIEU, subst. mas. (*tonlieu*), anciennement, droit seigneurial qu'on levait sur les marchandises à la barrière des villes avant leur entrée.

TONNAGE, subst. mas. (*tonage*), droit qui se perçoit en Angleterre sur les vaisseaux marchands, à raison de tant par *tonneau* : *payer le droit de tonnage.*

TONNANT, E, adj. (*tonan, nante*), qui *tonne*. *Jupiter tonnant.*—*L'airain tonnant*, en poésie, le canon.—Fig. : *une voix tonnante*, forte, éclatante.

TONNAY-BOUTONNE, subst. propre mas. (*tonèboutone*), bourg de France, dép. de la Charente-Inférieure, chef-lieu de canton, arrond. de Saint-Jean d'Angély.

TONNAY-CHARENTE, subst. propre mas. (*tonècharante*), ville de France, chef-lieu de canton, arrond. de Rochefort, dép. de la Charente-Inférieure.

TONNE, subst. fém. (*tone*) (de l'allemand *tonne*), grand vaisseau de bois à deux fonds, en forme de muid. — Son contenu. — On appelle *tonne d'or*, en Hollande, une somme de cent mille florins. — *Cette affaire coûtera des tonnes d'or*, coûtera beaucoup. — *Epouser des tonnes d'or*, faire un riche mariage. — En t. de mar., tonneau qu'on place sur la mer, dans le voisinage des côtes, pour indiquer aux pilotes les points dangereux.—T. d'hist. nat., voy. TONNES.

TONNEAU, subst. mas. (*tonó*), petite *tonne*.—Mesure de deux, trois ou quatre muids de liquides, plus ou moins grande, suivant la différence des lieux. — Son contenu. — Fig., *c'est un tonneau*, c'est un ivrogne, ou un homme qui boit excessivement.—Grand vaisseau de bois de forme cylindrique, construit de planches et cerclé, destiné à contenir une assez forte quantité de liquide ou même de marchandises.—Chez les argenteurs, *tonneau* se dit d'un baril défoncé, sur lequel on pose la chaudière, afin qu'elle soit plus à portée de l'ouvrier. — Nom d'une variété de poire.-- Sorte de jeu, construit à jours ou à ouvertures, avec une tablette par-dessus, et percée de plusieurs trous qui correspondent à différents buts pour gagner tant de points, sur lequel on joue dans les guinguettes, jardins, et chez beaucoup de marchands de vins, etc., avec des palets ronds en cuivre : *allons jouer au tonneau*. — En t. de mar., poids de deux mille livres ou de vingt quintaux : *vaisseau de deux cents, de trois cents tonneaux, du port de six cents tonneaux*, etc.

TONNÉE, adj. fém. (*toné*) : *peau tonnée*, rongée, percée par les insectes.

TONNEINS, subst. propre mas. (*tonein*), ville de France, chef-lieu d'arrond. et de canton, dép. de Lot-et-Garonne.

TONNELAGE, subst. mas. (*tonelaje*), tout ce qui concerne la *tonnellerie*.

TONNELÉ, E, part. pass. de *tonneler*.

TONNELER, v. act. (*tonelé*), prendre du gibier à la *tonnelle*. — Fig. et fam., v. act., faire tomber dans quelque piége.

TONNELET, subst. mas. (*tonelè*) (de *tonneau*, dont par sa forme le *tonnelet* est en quelque sorte un diminutif), sorte de petit *tonneau*, de petit baril. —Partie basse, en forme de petit panier, d'un habit à la romaine.

TONNELEUR, subst. mas. (*toneleur*), chasseur qui prend des perdrix et des cailles à la *tonnelle*.

TONNELIER, subst. mas., **TONNELIÈRE**, subst. fém. (*tonelié, lière*), artisan qui fait toute sorte de muids, de *tonneaux*, de futailles, etc.

TONNELLE, subst. fém. (*tonèle*), berceau de treillage couvert de verdure. — Habit à panier, en usage chez les Romains modernes. — T. de chasse, filet pour prendre des perdrix et des cailles. — T. d'archit., construction, voûte en plein cintre.

TONNELLERIE, subst. fém. (*tonèleri*), profession du *tonnelier*. — Lieu où il travaille.

TONNELLON, subst. mas. (*tonélelon*), t. de fortification, pont à bascule dont se servaient les anciens pour aller à l'assaut.

TONNER, v. neut. et unipers. (*toné*) (en latin *tonare*, dérivé du grec τονος, son prolongé), faire un grand bruit causé par des exhalaisons enflammées qui sortent de la nue avec effort : *il tonne depuis midi*. Voy. TONNERRE. — Il se dit aussi du canon : *l'artillerie commençait à tonner*. — Fig., parler avec beaucoup de véhémence : *cet orateur a tonné contre le luxe*. — Menacer avec autorité.

TONNERRE, subst. mas. (*tonère*) (en latin *tonitru*), bruit éclatant et terrible, causé par une détonnation électrique entre deux nuées ou entre une nue et la terre, etc. — La foudre : *le tonnerre est tombé sur la terre*. — Endroit de l'arme à feu où se met la charge. Fig. : *cet homme est un tonnerre, a une voix de tonnerre*, une voix forte et éclatante.—*Coup de tonnerre*, aventure ou nouvelle fâcheuse et imprévue qui accable. — Poet. : *la région du tonnerre*, la région la plus elevée de l'atmosphère.—*Le maître du tonnerre*, Dieu, Jupiter. — *L'oiseau qui porte le tonnerre*, l'aigle, qui était consacré à Jupiter. — TONNERRE, FOUDRE. (*Syn.*) Nous considérons plutôt le *tonnerre* comme un météore de l'air ou un effet naturel. Nous considérons plutôt la *foudre* comme l'instrument d'une puissance terrible, dirigé par l'intelligence vers une fin morale. Le *tonnerre* frappe les corps, mais surtout les corps élevés ; la *foudre* frappe les personnages, mais surtout les personnages les plus élevés. Le *tonnerre* tue, la *foudre* punit. Un coup de *tonnerre* se perd quelquefois dans les airs en un vain bruit; mais le coup de *foudre* porte à son but.

TONNERRE, subst. propre mas. (*tonère*), ville de France, chef-lieu d'arrond. et de canton, dép. de l'Yonne.

TONNES, subst. fém. plur. (*tone*), t. d'hist. nat., genre de coquilles univalves.

TONNE-SPHÉRIQUE, ou **TONNE-PERDRIX**, subst. fém. (*tonecefèrike, pèredri*), t. d'hist. nat., coquillage du genre des buccins.

TONNITE, subst. fém. (*tonite*), t. d'hist. nat., *tonne* fossile.

TONON, subst. mas. (*tonon*), t. d'hist. nat., lézard gris d'Amérique.

TONOTECHNIE, subst. fém. (*tonotèkni*) (du grec τονος, ton, et τεχνη, art), art de noter, de piquer les cylindres d'instruments à cylindres, tels que serinettes, orgues, etc. — Traité sur cet art.

TONOTECHNIQUE, adj. des deux genres (*tonotèknike*), qui a rapport à la *tonotechnie*.

TONSELLE, subst. fém. (*toncèle*), t. de bot., genre de plantes d'Afrique.

TONSILLAIRE, adj. des deux genres (*toncilelère*), t. d'anat., qui a rapport aux amygdales ou *tonsilles*.

TONSILLE, subst. fém. (*toncile*). Voy. AMYGDALE.

TONSILLITE, subst fém. (*toncilelite*), t. de médec., angine *tonsillaire*.

TONSURE, subst. fém. (*tonçure*) (du latin *tonsura*, employé dans la même acception par les auteurs ecclésiastiques, et qui signifie proprement *action de tondre*), cérémonie de l'Église, par laquelle celui à qui l'évêque coupe les cheveux entre dans la cléricature. — Couronne que l'on fait aux clercs sur la tête, en leur rasant les cheveux en rond.—*Prendre la tonsure*, entrer dans l'état ecclésiastique.—Autrefois on appelait *bénéfice à simple tonsure*, celui que l'on pouvait posséder n'ayant encore que la *tonsure*.—*Docteur à simple tonsure*, docteur aussi peu savant que peu habile.

TONSURÉ, E, part. pass. de *tonsurer*, et adj., qui a reçu la *tonsure* : *clerc tonsuré*. — Il est aussi subst. mas. : *un tonsuré*.

TONSURER, v. act. (*tonçuré*), donner la *tonsure*. — *se* TONSURER, v. pron.

TONTANE, subst. fém. (*tontane*), t. de bot., genre de plantes monogynes de la famille des rubiacées.

TONTE, subst. fém. (*tonte*), action de *tondre*. — Laine *tondue*. — Temps où l'on a coutume de *tondre*.

TONTINE, subst. fém. (*tontine*), sorte de rente viagère avec droit d'accroissement pour les survivants. (De *Laurent Tonti*, Napolitain, qui en fut l'inventeur. La première *tontine*, en France, fut établie par un édit du mois de novembre 1653.)

TONTINIER, subst. mas., **TONTINIÈRE**, subst. fém. (*tontinié, nière*), celui, celle qui a des rentes de *tontines*.

TONTINIÈRE, subst. fém. Voy. TONTINIER.

TONTISSE, adj. des deux genres (*tontice*) (nous avons été surpris que l'*Académie*, qui ne fait de ce mot qu'un adj. fém., donne pour exemple l'emploi du mas., en disant : *papier tontisse*), ce mot se dit de l'espèce de bourre qui tombe des draps lorsqu'on les *tond* : *bourre tontisse, papier tontisse*, papier colorié avec la *tonte* de laines de diverses couleurs. On dit aussi, dans le même sens : *papier en tonture de laine*. L'*Academie* fait encore de ce mot un subst. fém. : *tapisserie de tontisse*.

TONTONG, subst. mas. (*tonton*), tambour des nègres.

TONTURE, subst. fém. (*tonture*), l'action de *tondre*. — Laine coupée par le *tondeur*. — L'herbe que l'on coupe dans un pré.—Se dit en t. de jard., des branches ou plutôt des extrémités des branches et des feuilles qu'on taille aux palissades, aux bordures d'un parterre, etc.—T. de mar., courbure, rondeur des préceintes qui tiennent les côtés du vaisseau et les bancs formant le pont.

TONTURÉ, E, part. pass. de *tonturer*.

TONTURER, v. act. (*tonturé*), t. de mar., donner à un navire une *tonture* agréable. — *se* TONTURER, v. pron.

TOPARCHIE, subst. fém. (*toparchi*) (du grec τοπος, lieu, et αρχη, pouvoir), t. d'antiq., gouvernement d'un lieu, d'un canton.

TOPARCHIQUE, adj. des deux genres (*toparchike*), qui a rapport à la *toparchie*.

TOPARQUE, subst. mas. (*toparke*), gouverneur d'un lieu, d'un canton.

TOPAZE, subst. fém. (*topâze*) (du grec τοπαζιος), t. d'hist. nat., pierre précieuse de couleur jaune, transparente et très-dure.

TOPAZOLITHE, subst. fém. (*topâzolite*), t. d'hist. nat., grenat d'un jaune de *topaze*.

TOPCHIS, subst. mas. plur. (*topechi*), t. de relat., soldats turcs correspondant à nos soldats d'artillerie et à nos canonniers.

TÔPE, interj. (*tôpe*) (de l'hébreu *thond*, bon, agréable, en arabe *thaïd*), t. de jeu de dés, qui signifie, j'y consens.

TÔPER, v. neut. (*tôpé*), au jeu de dés, demeurer d'accord d'aller autant que met en jeu celui contre qui l'on joue.—Fig. et fam., consentir à une proposition, à une offre : *il me proposait une belle affaire, j'ai tôpé dedans*, j'y ai eu confiance. Voy. TÔPE. — On dit absolument : *tôpe*, pour dire, je *tôpe*, ou j'accepte votre offre : *l'un des joueurs ayant dit : masse dix louis ; l'autre a dit, tôpe*. — On dit aussi : *tôpe et tingue*, pour dire, je *tôpe* et je tiens. — *Tôpe et tingue* est encore le nom d'une sorte de jeu de dés.

TOPDJI, subst. mas. (*topedeji*), t. de relat., canonnier turc. Voy. TOPCHIS.

TOPGI-BACHI, subst. mas. (*topejibachi*), t. de relat., grand-maître de l'artillerie en Turquie.

TOPGIS, subst. mas. plur. (*topeji*), t. de relat., ouvriers qui fondent les pièces d'artillerie en Turquie.

TOPHACÉ, E, adj. (*tofacé*), t. de médec., qui tient à la nature du *tophus*.

TOPHACH, subst. mas. (*tofake*), t. d'antiq., mesure de longueur, valant 3 pouces 4 lignes 4/5.

TOPHANA, subst. fém. (*tofana*), poison violent.

TOPHET, subst. mas. (*tofè*), t. d'antiq., autel où les Hébreux passaient leurs enfants par le feu, en l'honneur de Moloch.

TOPHUS, subst. m. (*tofuce*), t. de méd., tumeur pleine de substance crayeuse, gonflement calleux du périoste, ou membrane extérieure des os.

TOPINAMBOUR, subst. mas. (*topinanbour*), t. de bot., plante vivace, originaire du Brésil, à fleur radiée, dont la racine fournit des tubercules qui servent d'aliment. Les jeunes tiges, les feuilles et les fleurs du topinambour sont très-recherchées des bestiaux.

TOPIQUE, subst. mas. et adj. des deux genres (*topike*) (du grec τοπικος, local, fait de τοπος, lieu), en parlant des remèdes, celui qui n'opère qu'autant qu'il est appliqué sur la partie malade ou sur celle qui y répond : *un topique ; un remède topique*.—*Fièvre topique*, qui se fait sentir constamment et périodiquement dans la même partie.—Subst. mas. plur., certains points généraux, lieux communs auxquels on peut rapporter toutes les preuves dont on se sert dans les matières qu'on traite : *les topiques d'Aristote, de Cicéron*.

TOPOBÉE, subst. fém. (*topobé*), t. de bot., sorte de plante parasite.—Genre de plantes de la famille des mélastomes.

TOPOGRAPHE, subst. mas. (*topoguerafe*), celui qui est versé dans la *topographie*.

TOPOGRAPHIE, subst. fém. (*topoguerafi*) (du grec τοπος, lieu, et γραφω, je décris), description d'un lieu particulier, ou d'une petite étendue de terre, d'une ville, d'un bourg, d'un château, etc., à la différence de la *chorographie*, qui est la description d'une étendue considérable, d'une contrée, d'un département, etc.

TOPOGRAPHIQUE, adj. des deux genres (*topoguerafike*), qui appartient à la *topographie*.

TOPOGRAPHIQUEMENT, adv. (*topoguerafikeman*), d'une manière *topographique*.

TOPORAMA, subst. mas. (*toporama*), panorama des villes, des localités.

TOPOTHÉSIE, subst. fém. (*topotézi*), description, plan d'un lieu, d'un terrein.

TOPOTHÉSIQUE, adj. des deux genres (*topotézike*), qui a rapport à la *topothésie*.

TOPTINE, subst. mas. (*topetine*), espece de jeu. — Table sur laquelle on le joue. (*Boiste.*) Hors d'usage.

TOQUAGE, subst. mas. (*tokaje*), t. d'imprim

action de remplacer momentanément, ou pour une journée, un ouvrier dans son travail.

TOQUE, subst. fém. (*toke*) (du gallois ou bas-breton *tocq*, chapeau), sorte de chapeau de feutre couvert de panne ou de velours. — Sorte de plante qu'on nomme aussi *centaurée*. — Poids dont on se sert à la Chine et dans les Indes pour les essais de l'or et de l'argent. La toque se divise en cent parties.

TOQUÉ, E, part. pass. de *toquer* et adj.; qui a le cerveau dérangé. *Fam.*

TOQUER, v. act. (*tokié*) (sorte d'onomatopée fort ancienne dans notre langue, et qui se trouve également dans l'italien *toccare*, dans l'espagnol *tocar*, etc.), vieux mot qui signifiait autrefois, toucher, frapper. On dit encore au fig. : *qui toque l'un toque l'autre*, qui offense l'un offense l'autre.—V. neut., t. d'imprim., remplacer un ouvrier dans son travail, soit pour un jour, soit pour une nuit. Il se dit particulièrement des ouvriers employés aux journaux. — *se* TOQUER, v. pron.

TOQUERIE, subst. fém. (*tokeri*), foyer d'un fourneau de forges.

TOQUET, subst. mas. (*tokié*), sorte de bonnet d'enfant.—Espèce de coiffure à l'usage des femmes de la campagne en certains pays. Voy. TOQUE.

TOQUEUX, subst. mas. (*tokieu*), espèce de fourgon pour nettoyer la fournaise.

TORA, subst. fém. (*tora*), t. de bot., sorte d'herbe de l'Inde.

TORADOR, subst. mas. Voy. TAURÉADOR.

TORAILLE, subst. fém. (*tord-ie*), t. d'hist. nat., espèce de corail brut qu'on expédie pour l'Afrique.

TORAL, subst. mas. (*torale*), dans quelques endroits, se dit d'une terre qui sépare deux héritages.

TORCHE, subst. fém. (*torche*) (du latin *torquere*, tordre, parce que leur forme est quelquefois *torse*, ou qu'on les fait avec du fil *tors*. Caseneuve.), sorte de flambeau qui est fait de cire, appliquée autour d'un long bâton de sapin. — Petit linge dont les peintres se servent pour essuyer (*torcher*) les pinceaux et la palette. — Petit paquet de fil de fer ou de laiton plié en rond en forme de cerceau. — Selle pour un âne.

TORCHÉ, E, part. pass. de *torcher*; on dit d'un homme sale et dégoûtant, qu'*il est bien mal torché*.

TORCHE-CUL, subst. mas. (*torcheku*), papier ou linge avec lequel on s'essuie le derrière. — Fig. et pop., chose fort méprisable. — Au plur., des *torche-cul*.

TORCHE-FER, subst. mas. (*torchefère*), torchon pour essuyer les fers, dans les fabriques et les fonderies. — Au plur., des *torche-fer*.

TORCHE-NEZ, subst. mas. (*torchené*), instrument de bois qui sert, au moyen d'une courroie, à serrer le nez d'un cheval. — Au plur., des *torche-nez*.

TORCHE-PINCEAU, subst. mas. (*torchepeinço*), petit linge dont les peintres se servent pour essuyer les pinceaux et la palette.—Au plur., des *torche-pinceau*.

TORCHE-POT, subst. mas. (*torchepô*), t. d'hist. nat., espèce d'oiseau de la famille des grimpereaux; la sittelle. Ces oiseaux grimpent sur les troncs des arbres pour y chercher les larves d'insectes dont ils font leur proie; ils font leurs nids dans des trous. — Au plur., des *torche-pot*.

TORCHER, v. act. (*torché*) (suivant Caseneuve, du latin *torquere*, tordre, parce que les premiers *torchons* ont été des bottes de paille ou de foin tordu, tortillé), essuyer, nettoyer, frotter pour ôter l'ordure, la malpropreté : *torcher un plat, un meuble*. Pop. en ce sens. — Fig. et pop., faire à la hâte, mal travailler : *cet ouvrage est bien mal torché*.—Battre quelqu'un: *il va se faire torcher*. — T. de peint., essuyer, nettoyer des pinceaux ou de la palette. — T. de maçon., enduire avec de la terre grasse, ou faire un mur de bauge. — *se* TORCHER, v. pron.

TORCHÈRE, subst. fém. (*torchère*) (du mot *torche*, flambeau), espèce de candélabre fort élevé dans lequel on met un flambeau, une girandole, des bougies, etc.

TORCHETTE, subst. fém. (*torchéte*), nom qu'on donne à l'osier qui est tortillé autour d'une hotte. — Se dit aussi d'un instrument de forges dont il sert à rétrécir le diamètre de la tuyère.

TORCHIS, subst. mas. (*torchi*), terre grasse mêlée de paille ou de foin pour faire un mur de bauge.

TORCHON, subst. mas. (*torchon*), sorte de serviette de grosse toile, dont on se sert pour torcher la vaisselle, les meubles, etc. Voy. TORCHER. — Pop., femme malpropre : *c'est un torchon*; elle est faite comme un torchon. — Autrefois, *torche*. — Prov. : *le torchon brûle entre eux*, ou simplement : *le torchon brûle*, il y a entre eux un sujet de discorde.

TORCINÉ, E, part. pass. de *torciner*.

TORCINER, v. act. (*torciné*), t. de verrerie, tordre le verre pendant qu'il est chaud. — *se* TORCINER, v. pron.

TORCOL, subst. mas. (*torkole*), t. d'hist. nat., genre d'oiseaux grimpeurs de la famille des cunéirostres.

TORDAGE, subst. mas. (*tordaje*), la façon qu'on donne à la soie en doublant les fils sur le moulin.

TORDE, subst. fém. (*torde*), t. de mar., anneau de cordes qui est adapté au bout des grandes vergues.

TORDEUR, subst. mas., TORDEUSE, subst. fém. (*tordeur, deuze*), celui, celle qui *tord* la laine pour les lainiers.

TORDEUSE, subst. fém. Voy. TORDEUR. — Au plur., chenilles *tordant* les feuilles.

TORDION, subst. mas. (*tordi-on*), danse légère à trois temps.

TORDOIR, subst. mas. (*tordoar*), machine à retordre.

TORDRE, v. act. (*tordre*) (en lat. *torquere*). Il se conjugue sur *rendre*. Tourner en long et de biais en serrant : *tordre du fil, des cordes, du linge*.—Tordre la bouche, la tourner de travers.—*Tordre le cou à un poulet*, le faire mourir en lui tournant le cou.—Fig.: *tordre un homme*, le presser, l'obliger à parler. — *Tordre un texte, une proposition*, les détourner de leur sens naturel. — Fam.: *ne faire que tordre et avaler*, manger goulûment, avaler presque sans mâcher. — *se* TORDRE, v. pron., se tourner de travers, se contourner: *se tordre les mains, les bras*, les tourner à contre-sens.

TORDU, E, part. pass. de *tordre*.

TORDYLE, subst. mas. (*tordile*), t. de bot., genre de plantes ombellifères.

TORE, subst. mas. (*tore*) (du lat. *torus*, corde, parce que ces anneaux représentent les cercles ou cordes qu'on mettait anciennement aux troncs d'arbres qui servaient de colonnes, pour les empêcher d'éclater), t. d'archit., qui se dit des gros anneaux des bases des colonnes. — Ornement en rond sur une pièce de canon. — Réceptacle cylindrique de certains fruits.

TORÉA, subst. mas. (*toré-a*), t. d'hist. nat., nom d'un oiseau aquatique.

TORÉADOR, subst. mas. Voy. TAURÉADOR.

TORÉNIE, subst. fém. (*toréni*), t. de bot., genre de plantes angiospermes.

TORÉSIE, subst. fém. (*torézi*), t. de bot., genre de plantes du Pérou.

TOREUMATOGRAPHIE, subst. fém. (*toreumatografi*) (du grec τορευμα, gén. τορευματος, ouvrage sculpté, taillé en rond, et γράφω, je décris), connaissance, description des bas-reliefs antiques. Peu en usage.

TOREUMATOGRAPHIQUE, adj. des deux genres (*toreumatografike*), qui a rapport à la toreumatographie. Peu en usage.

TOREUMATOGRAPHIQUEMENT, adv. (*toreumatografikeman*), d'une manière toreumatographique. Inusité.

TORILE, subst. fém. (*torile*), t. de bot., espèce de plante noueuse, ombellifère.

TOREUTIQUE, subst. fém. (*toreutike*), art de graver le bois en relief.

TORIGNY, subst. propre mas. (*torigni*), ville de France, chef-lieu de canton, arrond. de Saint-Lô, dép. de la Manche.

TORLAQUIS, subst. mas. (*torlaki*), t. de relat., ordre de certains religieux parmi les Turcs.

TORMENTILLE, subst. fém. (*tormanti-ie*), t. de bot., sorte de plante dont la racine est vulnéraire et astringente.

TORMINAL, subst. mas. (*torminal*), t. de bot., genre de plante.—Au plur., des *torminaux*.

TORMINAL, E, ou TORMINEUX, EUSE, adj. mas., au fém. TORMINEUSE (*torminal, mineu, neuze*), t. de médec., qui cause des tranchées, la dyssenterie. — Au plur. mas., *torminaux*.

TORMINAUX, adj. mas. plur. Voy. TORMINAL.

TORMINEUSE, adj. fém. Voy. TORMINEUX.

TORON, subst. mas. (*toron*) (en lat. *torus*, dérivé du grec τορευω, je tourne, je travaille autour), l'assemblage de plusieurs cordons ou fils de caret qui composent un cordage. — T. d'archit., gros *tore* sur une surface droite.

TORPÉDO, subst. fém. (*torpedo*), machine infernale maritime pour faire sauter ou détruire les vaisseaux ennemis.

TORPEUR, subst. fém. (*torpeur*) (en lat. *torpor*), engourdissement. — On l'emploie aussi au fig., et il signifie la cessation de sentiment dans la totalité du corps, ou dans un membre.

TORPIDE, adj. des deux genres (*torpide*), de la *torpeur*.

TORPIDIENS, subst. propre mas. plur. (*torpidien*), anciens peuples de Thrace.

TORPILLE, subst. fém. (*torpi-ie*) (du lat. *torpedo*, employé par Cicéron dans le même sens, et qui signifie proprement engourdissement; rac., *torpere*, engourdir), t. d'hist. nat., espèce de poisson du genre des raies, qui a la propriété d'engourdir la main de celui qui le touche, même avec un bâton.

TORQUE, subst. fém. (*torke*), t. de blas., bourrelet rond d'étoffe tortillée, qui se pose sur le heaume, et qui est un des deux principaux émaux du corps des armoiries. — T. d'antiq, sorte de collier que les Romains donnaient, comme une marque distinctive, au soldat soit de cavalerie, soit d'infanterie, qui avait tué son adversaire à ce que l'on pense, pour lui donner le change.—Subst. fém. plur., chez les épingliers, bottes de fil de laiton, pliées en cercle comme un collier

TORQUÉ, E, part. pass. de *torquer*.

TORQUER, v. act. (*torkié*) (du lat. *torquere*, tordre, tortiller) : *torquer le tabac*, le corder et le flier pour le mettre en rouleaux. — *se* TORQUER, v. pron.

TORQUET, subst. mas. (*torkié*), il n'est d'usage que dans cette façon de parler populaire : *donner un ou le torquet*, pour signifier, tromper quelqu'un, lui dire une chose contraire à ce que l'on pense, pour lui donner le change.—On dit aussi qu'*un homme a donné dans le torquet*, pour dire, il a donné dans le panneau et s'y est laissé prendre, ou qu'*on lui avait tendu*.

TORQUETON, subst. mas. (*torketon*), t. d'astron., instrument imaginé par les Arabes, et qui représentait le mouvement diurne de l'équateur et de l'écliptique autour des pôles du monde.

TORQUETTE, subst. fém. (*torkiéte*) (du latin *torquere*, tordre, entortiller), certaine quantité de *tuarée* entortillée dans de la paille. — Fig. et par extension, panier de volaille ou de gibier. —*Torquettes de tabac*, feuilles de tabac roulées, pliées, etc. Voy. TORQUER.

TORQUEUR, subst. mas. (*torkieur*), ouvrier qui *torque* le tabac. Voy. TORQUER.

TORRA, subst. fém. (*tora*), t. de bot., nom d'une espèce d'herbe de l'Ile de Ceylan.

TORRÉFACT, subst. mas. (*toreréfakcté*), t. de médec., se dit d'une substance torréfiée.

TORRÉFACTION, subst. fém. (*toreréfakcion*) (en lat. *torrefactio*), action de torréfier.

TORRÉFIÉ, E, part. pass. de *torréfier*, et adj., qui a subi la *torréfaction*.

TORRÉFIER, v. act. (*toreréfi-é*) (en lat. *torrefacere, torridum facere*, dessécher), griller, rôtir, appliquer une chaleur violente à un corps. — *se* TORRÉFIER, v. pron.

TORREINS, subst. mas. plur. (*torerein*), t. d'ardoisier, amas de matières étrangères.

TORRÉLAGE, subst. mas. (*torerelaje*), t. de jurispr. anc. et féod., certaine redevance.

TORRENT, subst. mas. (*toreran*) (en latin *torrens*), courant d'eau impétueux et rapide, qui ne dure que quelque temps.—Il se dit fig., par rapport à l'abondance : *torrent de larmes, de paroles, d'injures*.—Par rapport à l'impétuosité: *le torrent du monde, de la coutume, des passions*.—*Suivre le torrent*, céder au torrent, se dit d'une personne qui triomphe facilement de tous les obstacles.

TORRENTIEL, adj. mas., au fém. TORRENTIELLE (*torerancièle*), qui est produit par les *torrents*. Peu usité.

TORRENTIELLE, adj. fém. Voy. TORRENTIEL.

TORRENTIEUX, qu'on a donné pour pluriel à l'adj. *torrentiel*, est un grossier barbarisme.

TORRENTUEUX, adj. fém. Voy. TORRENTUEUX.

TORRENTUEUX, adj. mas., au fém. TORREN-

TUEUSE (*torerantu-eu, euze*), qui a l'impétuosité d'un *torrent*. Peu usité, mais utile.

TORRIDE, adj. fém. (*toreride*) (en lat. *torridus*, fait de *torrere*, brûler, rôtir), brûlant : *zône torride*, portion de la terre qui est entre les deux tropiques. C'est le seul emploi de ce mot, et c'est pour cela probablement que l'*Académie* ne lui donne pas les deux genres; mais ne dirait-on pas bien : *un sol torride?*

TORS, E, adj. (*tor, torce*), qui est *tordu* ou qui en a la figure : *le cou tors, une colonne torse*. On dit pop. : *torte*, au fém., *jambe torte; bouche, gueule torte*.—Fig. : *un cou tors*, un hypocrite.—TORS, TORTU, TORDU, TORTUÉ, TORTILLÉ. (*Syn.*) *Tors* indique simplement la direction d'un corps qui va tournant en long et de biais, mais sans marquer un défaut dans la chose *torse*, quoique absolument cette direction puisse être défectueuse dans quelque objet. Ainsi, ce mot, particulièrement affecté aux arts, sert à qualifier divers ouvrages tournés ou contournés en vis, en spirale. Cette direction est précisément celle qu'il s'agissait de leur donner. Aussi est-elle avantageuse dans le fil *tors* pour sa destination, et agréable dans la colonne *torse*. On dit cependant cou *tors*, jambe *torse* ou *torte*, pour exprimer un défaut; mais c'est le reste d'un ancien usage, qui faisait employer, dans tous les cas, *tors* pour *tordu*. — *Tortu* emporte une idée de défaut ou de censure. Un corps est *tortu*, quand, au lieu d'être droit comme il devrait l'être, il est de travers, contrefait, mal *tourné*. Un homme contrefait ou fait de travers, est *tortu*. On se plaint du chemin *tortu* qui va en zigzag. On rejette le bois *tortu*. — Un corps peut être ou naturellement ou accidentellement *tortu*; mais il n'y a de *tordu* que ce qu'on a *tordu* de force, ou en changeant avec effort sa direction propre ou naturelle. Ce participe passif suppose l'action de *tordre*, et marque l'effet éprouvé sur le sujet. Si le corps *tordu* conserve sa tournure accidentelle, il reste *tordu* ou *contourné*.— Comme le participe *tordu* exprime un rapport à l'action de *tordre* ou à l'événement de se *tordre*, le participe *tortu* exprime de même un rapport à l'action de *tortuer*, et à l'événement de se *tortuer*. Ce dernier verbe signifie, *tourner* en divers sens, fausser, courber, rebrousser des corps solides, qui par là se déforment, et qui conservent une direction contraire à leur destination. Vous *tortuez* une aiguille, la pointe d'un compas, d'une épingle, une règle, qui ne sont plus propres alors, ou qui le sont moins pour l'usage qu'on en fait. Il faut redresser le corps *tortué*, pour s'en servir, du moins avec la même utilité ou la même facilité. *Tortu* dit plus que se *tortuer*; et par là, il semble désigner plutôt un accident arrivé sans dessein.—*Tortillé* a également le rapport propre au participe. *Tortiller* signifie *tordre* à plusieurs tours plus ou moins serrés; et il se dit proprement des corps flexibles, faciles à plier. On *tortille* des fils, des cheveux, des brins d'osier, de la filasse, du papier, etc., pour en faire quelque ouvrage, ou pour leur donner une forme particulière. Il y a donc un dessein et un objet particulier indiqué par le mot *tortillé*; et ce mot, comme le mot *tors*, n'emporte pas un défaut; mais au figuré, ce mot signifie *tourner* autour de la chose au lieu d'aller droit, avancer et reculer, aller tantôt dans un sens et tantôt dans un autre; chercher des détours, des échappatoires, des délais.

TORSADE, subst. fém. (*torçade*), étoffe, ruban *tors* en rouleau. — Ornements d'or et d'argent, en forme de petits rouleaux, et qui servent de distinctions sur les épaulettes des militaires.

TORSE, subst. mas. (*torce*), t. de sculpt., figure tronquée qui n'a qu'un corps sans tête, ou sans bras ou sans jambes. — Le buste, le tronc d'une statue entière, et souvent même encore d'une personne vivante. — Se dit aussi d'un outil propre à contourner en vis ou en spirale le fût d'une colonne. — Subst. fém., chez les tourneurs, morceau de bois qui va en serpentant.

TORSÉ, E, part. pass. de *torser*.

TORSER, v. act. (*torcé*), contourner le fût d'une colonne en spirale ou en vis pour la rendre *torse*. — *se* TORSER, v. pron.

TORSION, subst. fém. (*torcion*), action de *tordre*; effet produit en *tordant*, en se *tordant*.

TORSOIR, subst. mas. (*torçoar*), bille de chamoiseur qu'on nomme aussi *garot*, et qui sert à *tordre* les peaux.

TORT, subst. mas. (*tor*; *t* final ne se prononce jamais) (en latin *tortum*, par opposition à *rectum*, droit), ce qui est opposé à la justice, à la raison : *il a tort*, *tous les torts du monde*. — *Épouser les torts de quelqu'un*, épouser sa querelle, pour la partager et s'en rendre le défenseur.—Prov. : *la mort a toujours tort*, lorsqu'un homme est mort, ne pouvant plus se défendre, on rejette sur lui les *torts* des autres.—On dit dans le même sens, *les absents ont toujours tort*.—Lésion, dommage, injure.—*Mettre quelqu'un dans son tort*, avoir envers lui des procédés qui mettent dans tout son jour le *tort* qu'il peut avoir. —*A tort*, loc. adv., sans justice, sans raison. — *A tort et à travers*, inconsidérément, sans règle : *frapper, parler à tort et à travers*. — *A tort et à droit*, sans examiner si la chose est juste ou injuste. — *A tort ou à raison*, avec ou sans raison valable. — TORT, PRÉJUDICE, DOMMAGE, DÉTRIMENT. (*Syn.*) Le *tort* blesse le droit de celui à qui on le fait. Le *préjudice* nuit aux intérêts de celui à qui on le porte. Le *dommage* cause une perte à celui qui le souffre. Le *détriment* détériore la chose de celui qui le reçoit. — L'action injuste fait par elle-même le *tort*. L'action nuisible cause, par ses suites, le *préjudice*. L'action offensive porte avec elle le *dommage*. L'action maligne opère le *détriment*. — Un privilège particulier qui prive une foule de citoyens de l'exercice d'un droit, leur fait *tort*. Une nouvelle maison de commerce qui croise les autres, et leur enlève des bénéfices par sa concurrence, leur porte *préjudice*, mais sans attenter au bien d'autrui. De quelque manière que vous opériez la perte, le dépérissement, la diminution d'une chose, vous faites ou vous causez du *dommage*. Une exemption particulière d'impôt, tourne au *détriment* du peuple sur qui l'impôt est rejeté. — L'auteur du *tort* fait son bien ou se satisfait par le mal d'autrui. L'auteur du *préjudice* fait son affaire, d'où il résulte quelque mal pour autrui. L'auteur du *dommage* fait une action qui cause le mal d'autrui. L'auteur du *détriment* fait une chose qui devient un mal pour autrui. — Le *tort* se fait proprement aux personnes; et ce mot, qui est pris figurément, emporte une idée morale. Le *dommage* attaque directement les choses et rejaillit sur les personnes : ainsi l'on fait *tort* à une personne dans ses biens, dans son honneur; et le *dommage* qu'on fait aux biens de quelqu'un, lui fait *tort*. L'idée de *préjudice* est plutôt morale, et celle de *détriment* est proprement physique : tout mauvais effet pour la personne est *préjudice*. Le *détriment* est une altération et une dégradation; c'est un *dommage* opéré par une influence quelconque, lente surtout, sur la chose, et, par relation, sur la personne. — TORT, INJURE. (*Syn.*) Le *tort* regarde particulièrement les biens et la réputation; il ravit ce qui est dû. L'*injure* regarde proprement les qualités personnelles; elle impute des défauts. Le premier nuit, la seconde offense. — Le zèle imprudent d'un ami fait quelquefois plus de *tort* que la colère d'un ennemi. La plus grande *injure* que l'on puisse faire à un honnête homme est de se défier de sa probité.

TORTE, adj. fém. (*torte*) Voy. TORS, E.

TORTELLE, subst. fém. (*tortèle*), t. de bot., sorte de vélar.

TORTICOLIS, subst. mas. (*tortikoli*), mal qui fait qu'on ne peut *tourner le cou* sans douleur : *il a un torticolis*.—Celui qui a le cou de travers, et la tête un peu penchante. — Fig. et fam. : *ne vous fiez pas à ces torticolis*, à ces hypocrites, à ces faux dévots. Presque inusité en ce sens.— Adj. : *demeurer torticolis*, porter le cou de travers.

TORTIL, subst. mas. (*tortile*), t. de blason, diadème dont une tête de Maure est ceinte sur l'écu.

TORTILE, adj. des deux genres (*tortile*), t. de bot., qui se *tort* spontanément.

TORTILLAGE, subst. mas. (*torti-iaje*), paroles confuses, embarrassées : *que nous veut-il avec son tortillage?*

TORTILLANT, E, adj. (*torti-ian, iante*), t. de blas.; il se dit du serpent et de la givre qui entourent quelque chose.

• **TORTILLE**, subst. fém. (*torti-ie*); il se dit de petites allées étroites et tortueuses, qui se trouvent dans un bois, dans un parc, etc. L'*Académie* veut qu'on dise aussi *tortillère*; ce dernier mot est même le plus en usage.

TORTILLÉ, E, part. pass. de *tortiller*, chose qu'on a roulée et *tortillée* : *cierge tortillé*, cierge garni de certains ornements.—C'est aussi un terme de blason.

TORTILLEMENT, subst. mas. (*torti-leman*), action de *tortiller*.—État d'une chose *tortillée*.— Fig. et fam. : petit détour, petite finesse dans les affaires : *allons, ne faites pas tant de tortillements*.

TORTILLER, v. act. (*torti-ié*), *tordre* à plusieurs tours, en parlant du papier, d'un ruban, de la filasse, etc. — Chez les relieurs, *tordre* les ficelles du dos des livres quand elles ont été mises à la colle. — Chez les ciriers, former des cierges en manière de vis ou de spirale. — *Tortiller une mortaise*, l'ouvrir avec le laceret ou la tarière. — Neut., ne marcher pas droit en une affaire, chercher des détours, etc. Style fig. et fam. : *tortiller des hanches*, marcher avec un balancement trop prolongé des hanches. — *se* TORTILLER, v. pron.

• **TORTILLÈRE**, subst. fém. (*torti-ière*), petite allée tortueuse des bois. Voy. TORTILLE.

TORTILLIS, subst. mas. (*torti-ie-i*), espèce de vermoulure faite au ciseau sur le parement des bossages rustiques.

TORTILLON, subst. mas. (*torti-ion*), linge, torchon *tortillé* en rond. — Coiffure de paysanne, etc.—Petite servante prise au village. — Les marchands de vins, épiciers, etc., ont aussi des bourrelets pareils aux *tortillons* pour porter certaines marchandises sur leur tête.—Chez les bahutiers, assemblage de clous blancs qu'ils mettent autour de l'écusson du bahut, et qui sont rangés en forme *tortillée*.

TORTIN, subst. mas. (*tortein*), sorte de tapisserie dans laquelle il entre de la laine *torse*.

TORTIONNAIRE, adj. des deux genres (*torcionère*) (en latin *tortare*, fréquentatif de *torquere*, tordre, torturer), t. de palais, violent, inique, extorqué : *emprisonnement, saisie tortionnaire*.

TORTIONNÉ, E, part. pass. de *tortionner*.

TORTIONNER, v. act. (*torcioné*), *tordre* un texte, un passage d'un auteur.—*se* TORTIONNER, v. pron. Presque inusité.

TORTIS, subst. mas. (*torti*), assemblage de fils de chanvre, de laine, de soie, etc., *tordus* ensemble. — Autrefois, espèce de couronne de fleurs, de guirlande. — T. de blason. Voyez TORTIL.

TORTOIR, subst. mas. (*tortoar*), bâton gros et court dont on se sert, au moyen d'une corde que l'on *tord*, pour serrer la charge mise sur une charrette. On le nomme aussi *garrot*. Voy. TORDOIR.

TORTOR, subst. propre mas. (*tortor*) (en lat. *tortor*, tourmenteur, bourreau), myth., surnom d'Apollon, pris d'un temple qu'il avait à Rome, dans une rue où l'on vendait les fouets dont on se servait pour punir les criminels.

TORTORELLE, subst. fém. (*tortorèle*), ancienne machine de guerre pour les sièges.

TORTRICES, subst. fém. plur. (*tortrice*), t. d'hist. nat., famille de papillons.

TORTU, E, adj. (*tortu*) (en latin *tortus*, part. pass. de *torquere*, tordre); qui n'est pas droit; contrefait, etc. : *cet homme est tout tortu*, *cet arbre est tortu*. On dit aussi d'un chemin, d'un sentier, qui va en zigzag; *ce chemin, ce sentier est tout tortu*. — On appelle la vigne, *le bois tortu*. — Fig. et fam. : *avoir l'esprit tortu*; *faire des raisonnements tortus*, raisonner tout de travers.

TORTUE, subst. fém. (*tortu*) (suivant *Ménage*, du latin *tortus*, tortu, sans doute à cause de la marche de cet animal), animal amphibie qui marche fort lentement, et dont tout le corps est couvert d'une écaille dure. On distingue les *tortues marines* qui nagent presque continuellement, et qui ne vont sur la terre que pour y déposer leurs œufs; les *tortues d'eau douce*, qui vivent dans les rivières, les étangs, les marais, qui passent la moitié de leur vie dans l'eau, et l'autre moitié sur terre; on en a fait un genre sous le nom d'*émydes*; les *tortues terrestres*, qui ne vont jamais dans l'eau. Les *tortues* dont la carapace est petite et qui ont des gencives charnues, au lieu de bec corné, ont été nommées *chélides*; et on a donné le nom de *trionyx* à celles qui ont la peau molle, et seulement trois ongles à chaque pied. — Fig. et fam. : *marcher à pas de tortue*, lentement. — Chez les anciens Romains, galerie couverte dont on se servait pour approcher des murs d'une place assiégée. — Espèce d'abri ou de toit que les soldats faisaient en élevant leurs boucliers au-dessus de leurs têtes, et en les serrant les uns contre les autres. — T. de mar., espèce d'embarcation couverte pour un trajet en mer.—En astron., nom donné à la constellation de la Lyre.

TORTUÉ, E, part. pass. de *tortuer*.

TORTUER, v. act. (*tortu-é*), rendre *tortu* : *tortuer une aiguille*. —*se* TORTUER, v. pron.

TORTUEUSE, adj. fém. Voy. TORTUEUX.

TORTUEUSEMENT, adv. (*tortu-euzeman*), d'une manière *tortueuse*. Il s'emploie au propre et au figuré : *agir, parler, marcher tortueusement*.

TORTUEUX, adj. mas., au fém. **TORTUEUSE** (*tortu-eu, euze*) (en latin *tortuosus*), qui fait plusieurs tours : *chemin tortueux ; les replis tortueux des serpents*, et fig., de la conscience. — Fig. : *une marche, une conduite tortueuse*, sans franchise, remplie de détours. — T. de bot., qui est courbé inégalement : *ces branches sont bien tortueuses*.

TORTULE, subst. fém. (*tortule*), t. de bot., genre de plantes de la famille des scrofulaires. —Autre, de la famille des mousses.

TORTUOSITÉ, subst. fém. (*tortu-ôzité*) (en latin *tortuositas*), état de ce qui est *tortueux*.

TORTURE, subst. fém. (*torture*) (en latin *tortura*), en général, tourments qu'on fait souffrir. —En particulier, les tourments de la question. —Par extens., douleur violente, souffrance extraordinaire. — *Mettre quelqu'un à la torture*, lui causer du trouble, de l'embarras, de l'impatience. — *Être à la torture*, souffrir horriblement, moralement ou physiquement. — Fig., souci rongeur, anxiété, perplexité : *ce qui fit leur bonheur deviendra leur torture.—Se donner la torture ; mettre son esprit à la torture* ou *donner la torture à son esprit*, se tourmenter, faire de grands efforts, travailler avec une graude contention d'esprit pour, etc.

TORTURÉ, E, part. pass. de *torturer*.

TORTURER, v. act. (*torturé*), faire éprouver la *torture* : *ils l'ont torturé pour lui faire avouer son crime*. Hors d'usage au propre. Il ne s'emploie plus guère qu'au fig. : *torturer une phrase.—se* TORTURER, v. pron.

TORULE, subst. fém. (*torule*), t. de bot., genre de plantes.

TORULEUSE, adj. fém. Voy. TORULEUX.

TORULEUX, adj. mas., au fém. **TORULEUSE**, (*toruleu, leuze*), t. de bot., oblong, solide, alternativement renflé et contracté sans altération. Peu usité.

TORY, subst. mas. (*tori*), surnom donné en Angleterre, pendant les troubles qui éclatèrent sous Charles Ier, à ceux qui suivaient le parti du roi, et dérivé de certains brigands qui désolaient les montagnes d'Irlande sous ce même nom de *torys*, qui signifie, dit *Trévoux*, en langue irlandaise, voleur de grand chemin, assassin. Les royalistes furent ainsi appelés, parce que les ennemis du roi, ou les whigs, l'accusaient de favoriser la rebellion d'Irlande. Le nom de whigs, dit encore *Trévoux*, d'après *Rapin-Thoiras*, était celui que l'on donnait en Écosse à une autre espèce de bandits. — Adj. des deux genres : *ministère, opinion tory*.

TORYMÈNE, subst. fém. (*torimène*), t. de bot., genre de plantes.

TORYSME, subst. mas. (*toriceme*), doctrine, système politique des *torys*.

TORYSTE, subst. des deux genres (*toricete*), partisan des *torys*.

TOSAR, subst. mas. (*tozar*), t. d'hist. nat., sorte de coquille voisine du genre des tellines.

TOSCAN, E, adj. (*tocekan, kane*), de *Toscane*. —T. d'archit. : *ordre toscan*, ainsi nommé parce que les premiers temples de cet ordre furent bâtis en *Toscane* par d'anciens peuples de Lydie qui s'y étaient établis. On l'appelle aussi *ordre rustique*.

TOSTABLE, adj. des deux genres (*tocetable*), qui est digne d'être *tosté*.—En Angleterre, on le dit particulièrement d'une femme dont la beauté est remarquable.

TOSTE ou **TOAST**, subst. mas. (*tôcete*) (de l'anglais *toast*, rôti.) Ce mot et cet usage viennent de ce que la maîtresse d'un roi d'Angleterre se baignant, un courtisan, et à son exemple tous les autres, avalèrent, par galanterie, une tasse d'eau de son bain. Le dernier dit : *je retiens la rôtie*, faisant allusion à l'usage du temps de boire avec une rôtie au fond du verre.), proposition de boire à la santé de quelqu'un, à l'accomplissement d'un vœu, au souvenir d'un événement *porter un toste*. Quelques-uns disent au féminin, mais à tort, *une toste*. — Les Anglais disent d'une belle personne que *c'est un des premiers tostes de l'Angleterre ;* et d'une beauté surannée, que *c'est un toste de rebut*. Ils disent aussi qu'*une femme est* ou *n'est pas tostable*. Voy. ce mot.

TOSTE, subst. fém. (*tocete*), banc de chaloupes, sur lequel sont assis les matelots qui rament.

TOSTÉ, E, part. pass. de *toster*.

TOSTER (pourquoi l'*Académie*, qui dit *toste* et *toast*, ne dit-elle pas *toster* et *toaster?*) v. act. et neut. (*tocelé*), porter dans un repas aux convives la santé d'une personne absente, etc. : *passer la nuit à toster*, c'est un terme pris de l'anglais.—*se* TOSTER, v. pron.

TOSTION, subst. fém. (*tocetion*), t. de chim., il signifie la même chose que *torréfaction*.

TÔT, adv. (*tô*, le *t* ne se prononce ni devant une consonne ni à la fin de la phrase) (de l'italien *tosto*. On écrivait autrefois *tost*. Ménage), vite, incontinent, sans tarder. Voy. VITE. — *Tôt ou tard*, dans un temps proche ou éloigné, mais certain : *il faut mourir tôt ou tard ; tôt ou tard les méchants sont punis ; cela n'a pas été fait assez tôt ; il est arrivé assez tôt pour... ; il s'est déclaré trop tôt ; vous ne sauriez venir trop tôt ; il ne viendra pas si tôt ; votre affaire ne sera pas si tôt finie que la mienne ; je n'arriverai pas si tôt que vous ; il était venu plus tôt que moi ; son procès sera plus tôt jugé que le mien.—Bientôt* se dit pour signifier, dans peu de temps, dans peu : *il revient bientôt ; bientôt vous le reverrez ; il reconnut bientôt*. — *Plus tôt*, joint à la particule *que*, est quelquefois adverbe de préférence et de choix ; mais alors on écrit *plutôt*. Voy. ce mot.—*Sitôt que, aussitôt que*, signifient aussi, dès que, du moment que ; et c'est dans cette acception qu'on dit : *sitôt qu'il en eut reçu la nouvelle, il partit ; aussitôt qu'il le vit paraître, il alla au-devant de lui*. — Lorsqu'il y a comparaison, il est mieux d'écrire *aussi tôt : sa nouvelle n'est pas arrivée aussi tôt qu'il l'aurait fallu*.

TOTAL, E, adj. (*totale*) (en latin *totus*), entier, complet.—Subst. mas., le tout, la *totalité*. — On dit familièrement : *au total, en total*, pour dire, tout compensé : *au total, c'est une bonne affaire ; en total, c'est un bon ouvrage*.— On dit adverbialement, *somme totale*, pour dire, en comptant tout : *cela coûte, somme totale, vingt six francs*.— Au plur. mas., *totaux*.

TOTALEMENT, adv. (*totaleman*), entièrement.

TOTALISÉ, E, part. pass. de *totaliser*.

TOTALISER, v. act. et neut. (*totalizé*), former un *total*.— *se* TOTALISER, v. pron. Presque inusité ; ce mot pourrait cependant être utile.

TOTALITÉ, subst. fém. (*totalité*), le *total* : *la totalité du bien, de la succession*.

TOTAUX, adj. et subst. mas. plur. Voy. TOTAL.

TOTCAP, subst. mas. (*totekape*) (du lat. *totus*, tout, au dat. plur., *totis*, à tous ou toutes, et *caput, capita*, têtes), nom donné à une perruque inventée en 1819, qui n'est composée d'aucun métal, et qui peut, par sa construction élastique, s'adapter à toutes les têtes. — Il s'est pris aussi adj. : *une perruque totcap*.

TOTES, subst. propre mas. (*tote*), ville de France, chef-lieu de canton, arrond. de Dieppe, dép. de la Seine-Inférieure.

TOTIPALME, subst. mas. (*totipalme*), t. d'hist. nat., famille d'oiseaux palmipèdes.

TOTOMBO, subst. mas. (*totonbo*), t. d'hist. nat., coquille du genre des buccins.

TOTON, subst. mas. (*toton*) (du lat. *totum*, tout), petit morceau de bois, d'os ou d'ivoire à quatre faces, marquées chacune d'une lettre, au travers duquel passe un petit bâton, et qu'on fait tourner. On gagne ou l'on perd suivant la lettre qu'il présente lorsqu'il est tombé : quand cette lettre est un T, qui signifie *totum*, tout, on gagne tout ce qui est au jeu.

TOTTÉE, subst. fém. (*toté*), t. de bot., sorte d'arbrisseau des Indes.

TOUAGE, subst. mas. (*tou-aje*) t. de mar., action de *touer*. — Effet de cette action.

TOUAILLE, subst. fém. (*tou-â-ie*) (corruption de *toile*), linge sur un rouleau auprès d'un lieu où l'on se lave les mains, et qui sert à les essuyer.

TOUAILLON, subst. mas. (*tou-â-ion*), serviette. (*Boiste*.) Vieux et même hors d'usage.

TOUAN, subst. mas. (*tou-an*), t. d'hist. nat., petit quadrupède d'Amérique.

TOUANSE, ou **TOUANTE**, subst. fém. (*tou-ance, tou-ante*), étoffe de soie, fabriquée en Chine.

TOUC, subst. mas. Voy. TOUG.

TOUCAN, subst. mas. (*toukan*), t. d'hist. nat. genre d'oiseaux grimpeurs, dont le bec énorme, dentelé sur les bords, est dans quelques espèces quatre fois plus long que la tête. — En astron., constellation méridionale.

TOUCHANT, prép. (*touchan*), sur, à l'égard de..., pour ce qui concerne : *touchant ses affaires, ses intérêts*.

TOUCHANT, E, adj. (*touchan, chante*), qui *touche* le cœur, qui émeut les passions. — Sensible : *regarder quelqu'un d'un air touchant et craintif*. — En t. de géom., *point touchant*, le point où une courbe est *touchée* par une ligne droite, ou celui dans lequel deux lignes courbes se *touchent*. — TOUCHANT, PATHÉTIQUE. (*Syn.*) Des réflexions *touchantes* sont énoncées avec simplicité ; le *pathétique* est accompagné d'éloquence, de gestes, de mouvements, d'actions même, qui le font toucher de près au pathos. Un mot peut être *touchant* ; le *pathétique* se compose de plusieurs sentiments qui demandent une expression un peu plus prolongée. On peut être *touchant* par la seule simplicité ; le *pathétique* veut tout le luxe de la douleur. Ce qui est *touchant* peut élever l'âme et se réunir à l'héroïsme ; le *pathétique* l'amollit et ne la dispose qu'à la pitié. Le *touchant* peut résulter du simple exposé d'un sentiment attendrissant, noble ou généreux ; la vue de la douleur produit le *pathétique*. Une chose peut être *touchante* pour une personne chez qui elle réveille certaines émotions ; le *pathétique* produit son effet sur tous ceux qui sont susceptibles d'attendrissement.

TOUCHAUX, subst. mas. plur. (*touchô*), morceaux d'or dont le titre a été fixé, et qui servent à faire l'essai avec la pierre de *touche*.

TOUCHE, subst. fém. (*touche*), dans l'orgue, le piano, chacune des petites pièces d'ébène ou d'ivoire qui en composent le clavier, et qu'on *touche* pour faire résonner l'instrument.— Dans le luth, la guitare, et instrum. pareils qu'on pince avec les doigts, le manche est traversé par des filets de métal ou d'ivoire qui marquent les demitons.—Epreuve qu'on fait de l'or ou de l'argent par le moyen d'une pierre noirâtre appelée *pierre de touche*.—On dit fig., que *l'adversité est la pierre de touche des vrais amis*, c'est dans l'adversité qu'on les reconnaît. — Action de *toucher*, de décrier : *craindre la touche*, la critique, la réprimande. — Fig., disgrace, revers, maladie : *cet homme a reçu une cruelle touche dans son commerce*. — Action de *toucher*, de frapper. — Manière dont le peintre fait sentir le caractère des objets qu'il représente par certains coups de pinceau dans les ombres et les lumières. En ce sens, on le dit fig. en matière de littérature. — Petit brin de bois qui sert à indiquer les lettres aux enfants. — Dans l'imprim., manière de *toucher* la forme avec les rouleaux. — Espèce de baguette d'os ou d'ivoire dont on se sert aux jonchets. — En Bretagne, certain nombre de cerceaux d'osier. — Troupeau de bœufs gras qui viennent à Paris.

TOUCHÉ, E, part. pass. de *toucher*, et adj. — *Tableau bien touché*, où les coups de pinceau sont donnés avec beaucoup d'entente, de hardiesse, etc. — Aux dames et au trictrac, *dame touchée, dame jouée*, quand on a *touché* une dame, il faut la jouer.—*Jouer au gage touché*. Voy. GAGE.

TOUCHER, v. act. (*touché*) (du gothique *tekan*, qui signifie la même chose, et d'où les Italiens ont fait *toccare*, les Espagnols *tocar*, et les Anglais *touch*), mettre la main, le doigt, le pied, etc., sur quelque chose : *ne touchez pas cela ; toucher du pied du bras, du coude, avec son manchon*, etc. — Être joint, contigu : *cela touche la terre ; son champ touche le mien ; ma maison touche la sienne*. — Frapper, battre, chasser avec le fouet, etc. : *toucher des bœufs, un troupeau, des chevaux*, etc. — En parlant d'une somme d'argent, recevoir : *il a touché ses appointements*. — En t. d'imprim., mettre l'encre sur les caractères par le moyen des rouleaux. — En t. de géom., il se dit d'une ligne qui rase une courbe en un seul point sans la couper. — Éprouver l'or avec la pierre de *touche*. — En t. de mar., mouiller, aborder dans une île, etc. — *Toucher le compas*, aimanter l'aiguille de la boussole. — Jouer de certains instruments de musique. Aujourd'hui on dit assez généralement *jouer*.—Exprimer : *cet orateur, ce peintre touche bien les passions*. — Parler incidemment de... : *il a touché ce point-là fort adroitement*. — Fig., émouvoir : *cette nouvelle, cette mort l'a fort touché*. — Concerner, regarder : *cela ne me touche* *pas.*—Prov.: *toucher la grosse corde; ne touchons pas cette corde-là.* Voy. CORDE. — *Faire toucher une chose au doigt et à l'œil*, la démontrer clairement, en convaincre par des preuves indubitables. — Neut., il a le premier sens de l'actif : *ne touchez pas à cela.* — Il se dit plus souvent au fig. : *il ne paraît pas y toucher.* — Par exagération, on dit d'une personne qui danse ou qui court légèrement, *qu'elle ne touche pas des pieds à terre; une affaire ne touchera pas à terre*, passera sans difficulté. — Atteindre à... : *il touche au plancher; il y touche de la tête, de la main.* — Être proche de..., en parlant du temps : *nous touchons au terme; ce malade touche à sa fin.* — Prendre, ôter quelque partie d'une chose : *je n'ai point touché à cette somme.* — Apporter quelque changement : *il n'a pas voulu toucher à cet article.* Il ne se dit en ce sens qu'avec la négative. — Sans régime, émouvoir : *toucher est pour l'orateur d'une nécessité indispensable.* — En t. de mar., il se dit d'un vaisseau dont, faute d'eau, la quille *touche* le fond de la mer ou de la rivière, ou lorsque, par quelque accident, il vient à *toucher* un banc de sable, etc. — *Toucher de près à quelqu'un*, être son proche parent ou allié. — SE TOUCHER, v. pron., se *toucher* soi-même, se frapper comme par désespoir, mettre sa main sur son pied, sur son corps, sur sa cuisse, sur une partie souffrante. — Être contigu, se joindre de manière qu'il n'y ait rien entre deux : *ces deux pierres, ces deux maisons se touchent.* — TOUCHER, CONCERNER, REGARDER. (*Syn.*) Quoique nous ne prenions qu'une légère part à la chose, nous pouvons dire qu'elle nous *regarde*; mais il en faut prendre davantage pour dire qu'elle nous *concerne*; et lorsqu'elle nous est plus sensible et personnelle, nous disons qu'elle nous *touche*. On se sert communément du mot *regarder*, lorsqu'il est question de choses sur lesquelles on a des prétentions ou des démêlés d'intérêt. On emploie avec plus de grace *concerner*, lorsqu'il s'agit de choses commises au soin et à la conduite; et le mot *toucher* se trouve mieux placé dans les affaires de cœur, d'honneur et de fortune. — TOUCHER, MANIER. (*Syn.*) On *touche* plus légèrement; on *manie* à pleine main. — On *touche* une colonne, sans savoir si elle est de marbre ou de bois. On *manie* une étoffe, pour connaître si elle a du corps et de la force. — Il y a du danger à *toucher* ce qui est fragile, il n'y en a pas à *manier* ce qui est rude. — TOUCHER, ÉMOUVOIR. (*Syn.*) L'action de *toucher* fait une impression dans l'âme; l'action d'*émouvoir* lui cause une agitation : l'impression produit l'agitation : ce qui vous *touche*, vous *émeut*; si vous êtes *ému*, vous avez été *touché*. L'orateur a pour objet d'*émouvoir*, et il emploie les moyens de *toucher*. Pour *émouvoir* l'âme, il faut la *toucher*; comme il faut *toucher* le corps pour le *mouvoir*. — Ce qui *touche* excite la sensibilité; ce qui *émeut* excite une passion. On est *touché* de pitié, de compassion, de repentir, etc. On cherche à vous *toucher* pour vous attendrir, vous gagner, vous ramener, vous inspirer des sentiments favorables, meilleurs, plus convenables; on vous *émeut*, même sans le chercher, et quelquefois en vous offensant, en vous irritant, en vous révoltant, en vous causant des mouvements fâcheux, défavorables, mauvais. L'action d'*émouvoir* s'étend plus loin que celle de *toucher*; on est *ému* et non pas *touché* de colère.

TOUCHER, mieux **TOUCHÉ**, subst. mas. (*tou ché*), le tact, le sens par lequel on connaît les qualités palpables des corps. — L'action de *toucher*. — Manière délicate, agréable, brillante, etc.

TOUCHEUR, subst. mas. (*toucheur*), dans les ardoisières, ouvrier qui conduit le cheval employé à faire mouvoir les machines ou engins.

TOUCHIROA, subst. mas. (*touchiro-a*), t. de bot., genre de plantes légumineuses.

TOUCOI, subst. mas. (*toukoà*) (ce mot est sans doute une corruption des deux mots *tout et coi* : *se tenir tout coi. L'Académie* écrit même *tou-coie*), t. de vén., mot ou cri qu'on emploie pour faire taire le limier qui crie dans les voies.

TOUDIS, adv. (*toudi*) (du latin *totus*, tout, et *dies*, jour), toujours. (*Boiste.*) Vieux et même hors d'usage.

TOUE, subst. fém. (*tou*), action de *touer* un vaisseau. On dit aussi *touage*. — Bateau qui sert de bac sur certaines rivières, et particulièrement sur la Loire.

TOUÉ, E, part. pass. de *touer*.

TOUÉE, subst. fém. (*tou-é*), action de *touer*, de *se touer*. — Longueur de câble de cent vingt brasses.

TOUER, v. act. (*tou-é*) (de l'anglais *to tow*, qui a la même signification, qui dérive de l'anglo-saxon *teon*, tirer, attirer), t. de mar., faire avancer un vaisseau, en tirant un câble attaché au rivage. — SE TOUER, v. pron.

TOUEUX, subst. mas. (*tou-eu*), t. de mar., celui qui *toue*.

TOUFFE, subst. fém. (*toufe*) (suivant *Du Cange*, de *tufa*, qui était chez les Romains une espèce d'étendard composé de plusieurs plumes liées ensemble), assemblage d'herbes, d'arbres, de cheveux, etc., qui sont en quantité et près à près. — *Touffe argentine*, t. de bot., belle espèce d'agaric. — *Touffe branchue*, autre espèce d'agaric. — *Touffe savonnière*, l'agaric campanulé de *Linnée*.

TOUFFÉ, E, part. pass. de *touffer*.

TOUFFER, v. act. (*toufé*), faire des *touffes*, se former en *touffes*. — SE TOUFFER, v. pron.

TOUFFEUR, subst. fém. (*toufeur*), exhalaison chaude qui saisit quand on entre dans un lieu dont la température est trop élevée. Peu en usage.

TOUFFU, E, adj. (*toufu*), qui est en *touffe*, épais, bien garni.

TOUG ou **TOUC**, subst. mas. (*tougue, touk*), espèce d'étendard qu'on porte devant le grand-visir.

TOUI, subst. mas. (*tou-i*), t. d'hist. nat., famille de perroquets d'Amérique, les plus petits de tous.

TOUILLE-BOEUF, subst. mas. (*tou-iebeufe*), t. d'hist. nat., espèce de poisson.

TOUILLAUD, subst. fém. (*tou-iô*), enclin au libertinage. — Gaillard, éveillé. (*Boiste.*) Bas et hors d'usage.

TOUILLOIR, subst. mas. (*tou-ioar*), bâton recourbé servant à faire le premier mélange des matières dans les moulins à poudre à pilons.

TOUIT, subst. mas. (*tou-ite*), t. d'hist. nat., genre d'oiseaux silvains.

TOUJOURS, adv. de temps (*toujoure*) (contraction de *tous les jours*), sans cesse, continuellement, ordinairement : *il est toujours gai, il ment toujours.* — Fam., en attendant, cependant : *je vous suis, marchez toujours.* — Le plus souvent. — Au moins : *si je n'ai pas réussi, toujours ai-je fait mon devoir.* — Prov. : *toujours va qui danse*, pour peu qu'on agisse dans une affaire, on ne laisse pas d'avancer. — *Toujours pêche, qui en prend un*, quand on n'a pas tout ce qu'on demande, on doit se consoler pourvu qu'on en ait une petite partie. — Pop. : *toujours*, se dit pour, certainement. — *Pour toujours*, à jamais, à perpétuité. — *Se dire adieu pour toujours*, se quitter pour ne plus se revoir. — TOUJOURS, CONTINUELLEMENT. (*Syn.*) Ce que l'on fait *toujours* se fait en tout temps et en toute occasion; ce qu'on fait *continuellement* se fait sans interruption et sans relâche. Il faut *toujours* préférer son devoir à son plaisir; il est difficile d'être *continuellement* appliqué au travail. Pour plaire en compagnie, il faut y parler *toujours* bien, mais non *continuellement*.

TOUL, subst. propre mas. (*toule*), ville de France, chef-lieu d'arrond. et de canton, dép. de la Meurthe.

TOULET, subst. mas. (*toulé*), t. de mar., cheville qui tient la rame ou l'aviron fixé sur le bord du bateau.

TOULETTE, subst. mas. (*toulète*), t. de pêche, sorte de poulie ou bobine qui fait partie du métier à faire du filet.

TOULETIÈRE, subst. mas. (*touletière*), t. de mar., bois qui supporte la rame.

TOULICHIBA, subst. mas. (*toulichiba*), t. de bot., genre de plantes d'Amérique.

TOULICI, subst. mas. (*toulici*), t. de bot., genre de plantes de la famille des saponacées, qui croissent à la Guyane.

TOULINE, subst. fém. (*touline*), t. de mar., petite aussière dont on se sert pour traîner ou tirer un bâtiment.

TOULIPA, subst. mas. (*toulipa*), t. de bot., grand arbre de l'Inde, dont les fleurs sont très-odoriférantes.

TOULOLA ou **TOULOULA**, subst. mas. (*toulola, toula*), t. de bot., espèce de roseau dont les Caraïbes font leurs flèches.

TOULON, subst. propre mas. (*toulon*), ville maritime de France, chef-lieu de canton et d'arrond., dép. du Var. Beau port, etc.

TOULONE, subst. mas. (*toulone*), t. de bot., arbuste de Madagascar.

TOULOU, subst. mas. (*toulou*), t. d'hist. nat., genre d'oiseaux silvains.

TOULOULA, subst. mas. Voy. TOULOLA.

TOULOUSAIN, E, adj. et subst. (*toulouzein, zène*), de *Toulouse*.

TOULOUSE, subst. propre mas. (*toulouze*), ville de France, chef-lieu du dép. de la Haute Garonne.

TOUMANON, subst. mas. (*toumanon*), t. de bot., arbre de l'île d'Otaïti.

TOUPAT-CAODDE, subst. mas. (*toupateka-ode*), t. de bot., arbre de Ceylan.

TOUPE, subst. fém. (*toupe*), paquet de cheveux. Peu usité.

TOUPET, subst. mas. (*toupé*), petite *touffe* : *toupet de cheveux, de barbe, de bois.* — Plus particulièrement et sans régime, *toupet* de cheveux au haut du front. — Crin entre les deux oreilles du cheval. — *Se prendre au toupet*, se prendre aux cheveux. — Fig. et fam., mouvement d'impatience et de colère : *son toupet va lui prendre.* — *Avoir du toupet*, de l'audace, de l'effronterie.

TOUPET-A-POINTE, subst. mas. (*toupéta poeinte*), t. d'hist. nat., espèce d'insecte.

TOUPET-BLEU, subst. mas. (*toupébleu*), t. d'hist. nat., oiseau connu sous le nom de verdier de Java.

TOUPIE, subst. fém. (*toupi*) (de *topp*, qui, chez les Belges, a la même signification, et qui dérive de *toppen*, en langue belge, tourner), sorte de jouet de bois en forme de poire, armé au bout d'un fer sur lequel on le fait tourner. — *Toupie d'Allemagne, toupie* creuse et percée d'un côté, et qui ronfle en tournant. — Il se dit des femmes de mauvaise vie, comme pour indiquer le dernier degré de prostitution. — T. d'astron., sorte d'instrument inventé en Angleterre, dont on se sert pour observer en mer l'horizon malgré le roulis et le tangage du bâtiment. — En hist. nat., petit coquillage univalve.

TOUPILLER, v. neut. (*toupi-ié*), tournoyer; ne faire qu'aller et venir comme une *toupie*. Presque inusité.

TOUPILLON, subst. mas. (*toupi-ion*), confusion de plusieurs branches d'oranger, chargées de petites feuilles, et qui sont très-près les unes des autres. — Petit toupet : *toupillon de cheveux.*

TOUPIN, subst. mas. (*toupein*), outil de cordier, en cône, pour réunir les fils.

TOUQUE, subst. fém. (*touke*), vaisseau qu'on emploie en France à la pêche du hareng.

TOUR, subst. mas. (*tour*) (du lat. *tornus*, pris du grec τορνος), mouvement en rond : *tour de roue, de broche, de meule.* — Il se dit par extension d'autres mouvements, quoiqu'ils ne soient pas en rond : *un tour de promenade*, ou absolument : *un tour.* — On dit *qu'un homme est allé faire un tour de promenade*, pour dire qu'il est allé se promener; et *qu'il est allé faire un tour*, pour dire qu'il est sorti pour revenir bientôt. On dit, dans le même sens : *il est allé faire un tour en ville, un tour dans son pays.* — On dit prov. *qu'un homme ne fera point une telle chose, n'ira point en un tel lieu qu'il n'ait fait ses quinze tours*, pour dire qu'avant d'y aller il fera, selon sa coutume, mille choses inutiles. — Circuit : *le tour de la ville, du parc.* — *Faire le tour de*, aller autour de... — On dit fam., d'un artisan : *faire son tour de France*, pour dire, parcourir la France en exerçant sa profession. — On dit d'un chirurgien *qu'il fait son tour d'hôpitaux*, pour dire ses études pratiques dans les hôpitaux. — Certaine partie de l'habillement ou parure mise en rond : *tour de cou, de gorge, de bonnet.* — *Tour de cheveux*, faux cheveux bouclés. — Sinuosité, circonvolution : *les tours et détours d'un labyrinthe; cette rivière a beaucoup de tours et détours.* Trait de subtilité, d'adresse, de main : *tour de gibecière, de gobelets, de passe-passe.* — Fig., trait de ruse, de finesse : *jouer un tour* ou *d'un tour d...* — Procédé, manière d'agir : *tour d'habile homme, d'ami* ou *de fripon; vilain tour.* *Tour de force*, action qui exige une grande force, et au fig., grande difficulté vaincue. — Biais qu'on donne aux choses : *donner un bon* ou *un mauvais tour à une affaire*, la présenter par les beaux ou par les mauvais côtés. — En parlant de poésie, d'éloquence, de style, manière de présenter et d'arranger ses pensées, ses termes : *ces vers sont d'un tour noble, gracieux.* On dit, dans le même sens : *tour d'esprit agréable*, etc.

— Rang successif, alternatif : *chacun à son tour*. — Machine pour façonner en rond le bois, l'ivoire, etc. : *travailler au tour*. — Fig. : *cela est fait au tour*, parfaitement bien fait : *cette femme a les bras faits au tour; cet homme est fait au tour* — Armoire ronde et *tournante*, posée dans l'épaisseur du mur, qui sert à faire passer ce qu'on reçoit du dehors et ce qu'on y envoie. — *Donner un soufflet à tour de bras*, de toute la force du bras.—Fam. : *il a achevé sa besogne en un tour de main*, en un instant. — *Le tour du visage*, la circonférence du visage. — *Tour de lit*, rideaux qui l'environnent tout autour. — *Le tour du bâton*, profit secret et illicite qu'un homme tire de l'emploi, du poste où il est. — *Tour de reins*, rupture ou foulure de reins causée par quelque effort. — Fig. et fam. : *donner un tour de reins à quelqu'un*, lui nuire, le faire échouer dans son dessein.—*Tour-à-tour*, loc. adv., successivement, l'un après l'autre.—TOUR, TOURNURE. (*Syn.*) *Tour* est un mot vague qui se prend de mille manières; *tournure* est un mot précis qui n'a qu'un sens déterminé. *Un tour d'esprit*, c'est un *tour* d'adresse, un trait de finesse, ou la *tournure*, la manière particulière de penser d'une personne. *Un tour de tête ou de main*, c'est ou un mouvement, un geste de la tête, de la main, ou la *tournure*, c'est-à-dire, la conformation, l'habitude particulière de la tête ou de la main. Le *tour* donne la *tournure*; la chose reçoit la *tournure* donnée par le *tour*, et la *tournure* est la forme qui reste à la chose *tournée* ou changée par un certain *tour*. Les mœurs prennent un certain *tour*, et il en résulte une habitude, une *tournure* particulière. Avec un *tour* d'imagination, on voit les objets comme on veut les voir; avec une certaine *tournure* d'imagination ou telle manière habituelle de voir, on est heureux ou malheureux dans toute sorte de positions, et quoi qu'il arrive. Le *tour*, supposé dans la chose même, ne sera qu'un trait particulier, une forme partielle, la manière d'un objet simple; mais d'un ensemble de traits, des formes de chaque partie, de l'ordonnance générale de la chose, résultera *sa tournure*, la forme distinctive du tout, son habitude propre, permanente. Ainsi, le *tour* du visage n'est proprement que le contour; mais *sa tournure* résulte de ses différents traits et de la coupe de toutes ses parties. Avec des *tours* et des traits différents, chacun a sa *tournure*. Selon la *tournure* d'esprit et de caractère des personnes à qui vous parlez, vous donnez un *tour* ou un autre *tour* aux choses que vous leur dites.—Un homme sans caractère n'a point proprement de *tournure*; il n'a que des *tours* empruntés et changeants. Un écrivain original a sa *tournure* propre et distinctive, sa manière; un vulgaire écrivain n'a que des *tours* communs, l'air d'un copiste. Vous direz plutôt : *un tour de phrase*, et *la tournure du style*. — TOUR, CIRCONFÉRENCE, CIRCUIT. (*Syn.*) Le *tour* est la ligne qu'on décrit, ou l'espace qu'on parcourt en suivant la direction courbe des parties extérieures d'un corps ou d'une étendue, de manière à revenir au point d'où l'on était parti. La *circonférence* est la ligne courbe décrite ou formée par les parties d'un corps ou de l'espace les plus éloignées du centre. Le *circuit* est la ligne ou le terme auquel aboutissent et dans lequel se renferment les parties d'un corps ou d'une étendue, en s'éloignant de la ligne droite et en formant des *tours*, des détours, des retours. — Vous faites le *tour* de votre jardin; des remparts font le *tour* de la ville. Vous ne faites pas la *circonférence* d'un corps, mais le corps a sa *circonférence*; elle est marquée par l'extrémité de ses parties, de ses rayons. Vous ne faites pas le *circuit* de la chose, mais la chose fait un *circuit* dans lequel elle se renferme, ou vous tracez le *circuit* qui doit former en quelque sorte son enceinte.

TOUR, subst. fém. (*tour*) (en lat. *turris*), bâtiment rond, carré ou à pans, dont on flanquait autrefois les murailles des villes, etc.—Clocher bâti en forme de *tour*.—Au jeu d'échecs, pièce qu'on appelait autrefois *roc*. — Personne d'un embonpoint excessif : *c'est une tour que cet homme*, il est si gros qu'il ressemble à une *tour*. — *Tour de Babel*, lieu plein de confusion, où l'on ne s'entend pas. — On appelle *tour à feu*, un phare placé sur les côtes; *tour bastionnée*, un petit bastion qui contient des souterrains voûtés à l'épreuve de la bombe, dont l'usage est de mettre la garnison et les munitions de la place à couvert des bombes au milieu des sièges; *tour chaperonnée*, celle qui a un petit comble apparent; *tour de dôme*, un mur circulaire ou à pans, qui porte la coupe d'un dôme, qui est percé de vitraux, et orné d'architecture en dedans et en dehors; *tour d'église*, un gros bâtiment presque toujours carré qui fait partie du portail d'une église; *tour isolée*, celle qui est détachée de tout bâtiment, et qui sert de clocher; *tour marine*, une tour que l'on bâtit sur le bord de la mer pour y loger quelques soldats, et découvrir les vaisseaux ennemis.—T. d'antiq. : *tour de bois*, *tour* destinée à porter des soldats en sûreté devant les places qu'on voulait assiéger. On les nommait aussi *chats*.—*Tour de moulin à vent*, mur circulaire qui porte le fond, et dont le chapiteau de charpente, couvert de bardeaux, tourne verticalement, pour exposer au vent les volants ou les ailes de moulin.— En t. de maçonnerie, on appelle *tour ronde*, tout parement convexe de mur cylindrique ou conique; *tour creuse*, la partie concave.

TOURACO, subst. mas. (*tourakô*), t. d'hist. nat., genre d'oiseaux silvains.

TOURAILLE, subst. fém. (*tourâ-ie*), bâtiment dans lequel les brasseurs font sécher les grains. —*Charger la touraille*, porter le grain germé sur le plancher de la *touraille* pour le faire sécher.—*Retoucher la touraille*, jeter les grains de la moitié du plancher de la *touraille* sur l'autre moitié.—*Rebrouiller la touraille*, remuer et renverser le grain de dessus le plancher de la *touraille*.

TOURAILLON, subst. mas. (*tourâ-ion*), germe séché du grain.

TOURAINE, subst. propre fém. (*tourène*), ancienne province de France, comprise aujourd'hui dans le dép. d'Indre-et-Loire.

TOURANGEAU, subst. et adj. mas., au fém. TOURANGELLE (*touranjô, jèle*), de *Touraine*.

TOURANGELLE, subst. et adj fém. Voy. TOURANGEAU.

TOURANGETTE, subst. fém. (*touranjète*), petite serge des environs d'Orléans.

TOURBE, subst. fém. (*tourbe*) (de l'allemand *torf*, tourbe), substance végétale formée des débris d'herbes, de feuilles, de racines et de plantes pourries converties en une masse noirâtre, onctueuse et combustible. — Multitude confuse de peuple. (Du lat. *turba*.)

TOURBÉ, E, part. pass. de *tourber*.

TOURBER, v. act. (*tourbé*), ôter, enlever la *tourbe*.—*se* TOURBER, v. pron.

TOURBETTE, subst. fém. (*tourbète*), t. de bot., sorte de plantes du genre des mousses.

TOURBEUSE, adj. fém. Voy. TOURBEUX.

TOURBEUX, adj. mas., au fém. TOURBEUSE (*tourbeu, beuze*) : *un marais tourbeux*, propre à faire de la *tourbe*.

TOURBIER, subst. mas. (*tourbié*), celui qui tire la *tourbe*.—Celui qui la charge sur les voitures.—Le voiturier qui la conduit.—Le propriétaire des terreins qui la produisent.—Il est aussi adjectif.

TOURBIÈRE, subst. fém. (*tourbière*), terrein d'où l'on tire de la *tourbe*.

TOURBILLON, subst. mas. (*tourbi-ion*) (en lat. *turbo*, gén. *turbinis*), mouvement de l'air subit, rapide, impétueux, et qui se fait en tournant.—*Tourbillon d'eau*, gouffre ou masse d'eau qu'on observe dans quelques mers; il tournoie rapidement en formant une espèce de creux dans le milieu.—En phys., matière mise en mouvement autour d'un centre commun : *tourbillons de Descartes*.—Fig., tout ce qui entraîne les hommes : *le tourbillon du monde, des affaires, des plaisirs*.—*Etre dans le tourbillon*, emporté par les plaisirs, les affaires.—T. d'anat.; on appelle *tourbillons vasculaires* ou *vaisseaux tournoyants*, de petits vaisseaux dont les ramifications se contournent en tous sens à la face externe de la choroïde. — Au plur., embarras causés par des pierres dans les veines d'une mine de charbon fossile.

TOURBILLONNANT, E, adj. (*tourbi-ionan, nante*), qui *tourbillonne*.

TOURBILLONNÉ, part. pass. de *tourbillonner*.

TOURBILLONNEMENT, subst. mas. (*tourbi-ioneman*), mouvement en *tourbillons*.

TOURBILLONNER, v. neut. (*tourbi-ioné*), aller en *tournoyant*.

TOURD, subst. mas. (*tour*), t. d'hist. nat., sorte de poisson de mer du genre labre. L'*Académie* veut que *tourd* se dise aussi d'une espèce de *grive*; nous ne croyons pas qu'elle ait raison. Le nom de la *grive* est *tourde* ou *tourdelle*.

TOUR-D'AUVERGNE (LA), subst. propre fém. (*latourdôvèregnie*), ville de France, chef-lieu de canton, arrond. d'Issoire, dép. du Puy-de-Dôme.

TOUR-DE-FRANCE (LA), subst. propre fém. (*latourdefrance*), bourg de France, chef-lieu de canton, arrond. de Perpignan, dép. des Pyrénées-Orientales.

TOURDE, subst. fém. (*tourde*), t. d'hist. nat., famille de grives et de merles.

TOUR-DE-BABEL, subst. fém. (*tourdebâbèle*), t. d'hist. nat., le *pleurotome*.

TOUR-DE-COPENHAGUE, subst. fém. (*tourdekopénague*), t. d'hist. nat., coquille du genre des buccins.

TOURDELLE, subst. fém. (*tourdèle*), t. d'hist. nat., nom particulier d'une grive plus petite que les *tourdes*.

TOURDILLE, adj. des deux genres (*tourdi-ie*): *cheval d'un gris tourdille*, cheval d'un gris sale, approchant de la couleur d'une grive, nommée en latin *turdus*.

TOUR-DU-PIN (LA), subst. propre fém. (*latourdupein*), ville de France, chef-lieu de canton, arrond. de Grenoble, dép. de l'Isère.

TOURÉ, E, part. pass. de *tourer*.

TOURELLE, subst. fém. (*tourèle*), t. d'archit., petite *tour*.—*Tourelle de dôme*, espèce de lanterne ronde sur le massif du plan d'un dôme, pour l'accompagner et pour couvrir un escalier à vis.—Dans un buffet d'orgues, il se dit des parties saillantes, arrondies, composées de plusieurs tuyaux, qui sont comme autant de colonnes dont la tourelle est composée. — Nom qu'on donne à des pièces de bois rondes, jointes ensemble, au milieu desquelles file la corde du passage d'un bac.—Petite *tour* du parloir d'un couvent, d'une pension, ou d'une communauté quelconque.—T. de bot., nom d'une plante bisannuelle, à fleurs cruciformes, qu'on nomme aussi *tourette*, et dont on distingue trois espèces. On cultive la *tourelle* des Alpes dans les jardins.

TOURELLÉ, E, adj. (*tourèlé*), t. de blas., garni de *tours*.

TOURER, v. act. (*touré*), t. de pâtiss., replier plusieurs fois la pâte sur elle-même, et l'abaisser sur un tour à chaque fois avec le rouleau pour la feuilleter. —*se* TOURER, v. pron.

TOURET, subst. mas. (*touré*), petite roue qui reçoit son mouvement d'une plus grande. — Instrument de *tour* à tourner l'ivoire, etc. — Cheville qui est sur la nage d'un bachot, et où l'on met l'anneau de l'aviron lorsqu'on nage. — Il se dit quelquefois du rouet à filer. — Clou tourné en rond, qui a une grosse tête arrêtée dans la partie du bas de la branche de la bride d'un cheval de selle. — Dans la gravure en pierres fines, sorte de petit *tour*, dont l'arbre porte des bouterolles qui, au moyen de la poudre de diamant ou d'émeri, mêlée d'huile, dont elles sont enduites, usent la partie de la pierre qu'on leur présente.—Sorte de grosse bobine dont on se sert pour dévider la soie. — Se dit de trois sortes de petits anneaux, dont deux sont aux gardes d'un peson.—Chez les cordiers, cylindre de bois traversé d'un axe de fer, et terminé à chacun de ses deux bouts par deux tringles ou planches de bois assemblées en sautoir.

TOURETTE, subst. fém. (*tourète*), t. de bot. Voy. TOURELLE.

TOURIE, subst. fém. (*touri*), grande bouteille de grès dans laquelle on met de l'eau-forte, du vitriol, de l'acide muriatique, etc., et qui est garnie de mousse ou de paille, de crainte qu'elle ne se casse. — On nomme *doubles touries*, celles qui contiennent depuis seize pintes jusqu'à quarante.

TOURIÈRE, subst. et adj. fém. (*tourière*), mot usité chez les religieuses : *sœur tourière*; domestique de dehors qui a soin de faire passer au *tour* toutes les choses qu'on y apporte, et qui fait dans la ville les commissions des religieuses. — *Mère tourière*, la religieuse préposée pour avoir soin du *tour* en dedans.

TOURILLON, subst. mas. (*touri-ion*), morceau de métal rond qui est à chaque côté de la volée du canon. — Gros morceau de fer rond qui sert d'axe à plusieurs machines. — Espèce de pivot sur lequel tournent les flèches des bascules des ponts-levis, des portes cochères.

TOURISTE, subst. des deux genres (*touricete*), voyageur anglais, etc., qui fait un voyage de peu détendue, une promenade instructive et sérieuse.

TOURLOUROU ou **TURLURU**, subst. mas. (*tourlourou, turluru*), t. d'hist. nat., petit crabe terrestre d'Amérique.—Pop. : jeune soldat.

TOURLOURY, subst. mas. (*tourlouri*), t. de bot., palmier de Cayenne.

TOURMALINE, subst. fém. (*tourmaline*), sorte de pierre précieuse, qui a des pôles comme l'aimant, et donne divers signes d'électricité. C'est une espèce de schorl.

TOURMENT, subst. mas. (*tourman*) (en latin *tormentum*), grande, violente douleur corporelle. — Fig., peine d'esprit : *cette affaire m'a donné bien du tourment*.—Poét. : *les tourments amoureux*, les maux que l'amour fait souffrir.

TOURMENTANT, E, adj. (*tourmantan, tante*), qui *tourmente*.

TOURMENTE, subst. fém. (*tourmante*), tempête sur la mer; orage au propre et au fig., *tourmente révolutionnaire*.

TOURMENTÉ, E, part. pass. de *tourmenter*.

TOURMENTER, v. act. (*tourmanté*), faire souffrir quelque *tourment* de corps ou quelque peine d'esprit.—Agiter violemment : *le vent tourmentait cruellement le vaisseau*. — Importuner, harceler : *ses créanciers le tourmentent*. — T. de peint. : *tourmenter des couleurs*, c'est les remanier et les frotter après les avoir couchées sur la toile, ce qui en ternit la fraîcheur et l'éclat. — *Attitudes tourmentées*, attitudes qui laissent voir la peine de l'artiste qui les a travaillées à plusieurs reprises. — *se* TOURMENTER, v. pron., s'agiter.—S'inquiéter. — En parlant du bois, se déjeter.

TOURMENTEUR, subst. et adj. mas. (*tourmanteur*) : *songe tourmenteur*, qui *tourmente*.— Autrefois, subst., le bourreau. Hors d'usage.

TOURMENTEUSE, adj. fém.—Voy. TOURMENTEUX.

TOURMENTEUX, adj. mas., au fém. **TOURMENTEUSE** (*tourmanteu, teuze*), t. de mar., sujet aux tempêtes : *un passage tourmenteux*.

TOURMENTIN, subst. mas. (*tourmantein*), t. de mar., nom du perroquet du mât de beaupré.

TOURNAGE, subst. mas. (*tournaje*), t. de mar., taquet à oreilles d'âne, pour *tourner* les manœuvres et les amarrer.

TOURNAILLÉ, E, part. pass. de *tournailler*.

TOURNAILLER, v. neut. (*tournâ-ié*), faire beaucoup de *tours* et *détours* sans s'éloigner d'un point; rôder à l'entour. Fam.

TOURCOING ou **TURCOING**, subst. propre mas. (*tourkoein, turkoein*), ville de France, chef-lieu de canton, arrond. de Lille, dép. du Nord.

TOURNAIRE, adj. des deux genres (*tournère*), qui remplit une fonction à son *tour*.

TOURNAN, subst. propre mas. (*tournan*), bourg de France, chef-lieu de canton, arrond. de Melun, dép. de Seine-et-Marne.

TOURNANT, E, adj. (*tournan, nante*), qui *tourne* : *un pont tournant; des rames tournantes*.— Subst. mas., endroit de mer ou de rivière où l'eau *tourne* toujours.—Endroit où la rivière fait un coude.—Coin de rue, de chemin. —Lieu, espace où l'on fait *tourner* une voiture : *il n'y a pas assez de tournant*.— Moyen adroit et détourné pour réussir : *je prendrai un tournant pour arriver jusqu'à lui*. — On dit qu'*un moulin a deux tournants*, pour dire qu'il a deux roues qui font *tourner* deux meules.—Les peintres appellent *tournants*, les parties des objets qui approchent le plus des contours, et que l'on fait ordinairement de couleurs rompues.

TOURNASSÉ, E, part. pass. de *tournasser*.

TOURNASSER, v. act. (*tournacé*), travailler sur le *tour* du potier.—*se* TOURNASSER, v. pron. Peu en usage.

TOURNASSIN, subst. mas. (*tournacein*), outil pour *tournasser*.

TOURNASSINE, subst. fém. (*tournacine*), quantité ou masse de terre préparée pour être *tournée*.

TOURNAY, subst. propre mas. (*tourné*), ville de France, chef-lieu de canton, arrond. de Tarbes, dép. des Basses-Pyrénées.

TOURNE, subst. fém. (*tourne*), t. de jurispr. anc., augmentation du prix d'une part d'héritage dont les fruits étaient dus.

TOURNÉ, E, part. pass. de *tourner*, et adj., se dit, en agric., du fruit, des grains de raisin, lorsqu'ils sont parvenus à maturité. — Altéré, gâté, en parlant du vin, d'un mets, d'une sauce, du lait. — *Sang tourné*, décomposé par l'effet d'une grande frayeur. — Fam. : *homme bien tourné*, bien fait, qui a bon air. — Fig. et fam. : *esprit bien* ou *mal tourné*, qui prend toute chose bien ou toute chose de travers. — *Maison bien* ou *mal tournée*, qui est dans une bonne ou mauvaise exposition.—*Appartement bien* ou *mal tourné*, bien ou mal entendu, bien ou mal disposé.—T. de blas. : *croissant tourné*, dont les pointes ou cornes regardent le dextre de l'écu.

TOURNE-À-GAUCHE, subst. mas. (*tournagôche*), crochet, outil d'artisan pour *tourner* le taraud.—Au plur., des *tourne-à-gauche*.

TOURNEBOULÉ, E, part. pass. de *tournebouler*.

TOURNEBOULER, v. act. (*tourneboulé*), remuer, bouleverser. — *se* TOURNEBOULER, v. pron. Inusité.

TOURNEBOUT, subst. mas. (*tournebou*), espèce de flûte à bec courbe.—Instrument à vent, à dix trous : espèce de hautbois.

TOURNE-BRIDE, subst. mas. (*tournebride*), espèce de cabaret auprès d'un château, pour recevoir les domestiques, les chevaux des étrangers.—Au plur., des *tourne-brides*.

TOURNE-BROCHE, subst. mas. (*tournebroche*), machine qui sert à faire *tourner* une *broche* à laquelle il y a de la viande.—Autrefois, le chien qu'on mettait dans une roue pour faire *tourner* la *broche*. — Au plur., des *tourne-broches*.

TOURNÉE, subst. fém. (*tourné*), en général, voyage qu'on fait en plusieurs endroits. — Proprement, courses que des officiers font avec autorité dans leur ressort, dans leur département. — Il se dit par extension, des marchands qui vont en divers lieux pour leurs affaires. — Fam., petite course qu'on fait dans une ville d'une rue à l'autre.—Sorte de pioche.—En t. de pêche, on appelle *grandes tournées*, une enceinte de filets montés sur des pieux qui ont la forme d'un fer à cheval dont l'ouverture est à la côte et le convexe à la mer, le tout sur un terrein en pente, afin que, la marée venant à se retirer tout-à-coup, le poisson qui a monté à la côte puisse être arrêté plus aisément.— *Les premières tournées* sont des parcs ouverts et à crochet, pour le même objet, c'est-à-dire lorsque la marée monte.

TOURNE-FEUILLE, subst. mas. (*tournefeu-ie*), mécanique qui s'adapte à toutes sortes de pupitres, de lutrins, de pianos, etc., pour servir à *tourner* la *feuille* de musique, etc., à mesure que l'on joue d'un instrument, ou que l'on chante.

TOURNE-FEUILLET, subst. mas. (*tournefeu-ié*), très-petite touffe ou pelotte, à laquelle tiennent plusieurs rubans qui, dans un livre, servent, lorsqu'on *tourne* les *feuillets*, à marquer les endroits qu'on veut noter, etc. On l'appelle aussi *signet*.

TOURNE-FIL, subst. mas. (*tournefile*), instrument d'acier pour donner le *fil* aux outils.—Au plur., des *tourne-fil*.

TOURNE-GANTS, subst. mas. (*tournegan*), bâton en forme de fuseaux pour dresser les *gants*, les retourner. — Au plur., des *tourne-gants*.

TOURNELLE, subst. fém. (*tournèle*), autrefois, petite *tour* : *la rue, le quai des Tournelles*. — Dans une acception moins ancienne, chambre des parlements, composée de juges tirés des autres chambres, et qui servaient *tour-à-tour*. Elle connaissait des matières criminelles.

TOURNE-MAIN (l'*Académie* écrit sans tiret *tournemain*), subst. mas. (*tournemein*), mot vieilli, et hors d'usage aujourd'hui; on l'a remplacé par cette locution : *tour de main*, dans cette phrase : *en un tour de main*.

TOURNE-PIERRE, subst. mas. (*tournepière*), t. d'hist. nat., genre d'oiseaux qui vivent d'insectes.

TOURNER, v. act. (*tourné*), mouvoir en rond : *tourner une roue, une broche*.—On dit, dans un sens moins strict : *tourner la tête; tourner les yeux, les regards vers...; se tourner dans son lit*. —Fig., diriger : *tourner son cœur à Dieu* ou *vers Dieu*.—Mettre en un autre sens : *tourner les feuillets d'un livre, d'une carte*, etc.—*Tourner le sang, les sens*, causer tout-à-coup une frayeur extrême, une peur horrible : *cela fait tourner le sang*. (Sévigné.)—Par extension, détourner : *on n'a qu'à tourner le pied, la main*. — Fig. : *tourner ses pensées, ses vues, ses projets vers...; il tourna ses armes contre la Perse*. (Voltaire.)— *Un cavalier tourne bride*, retourne sur ses pas. —*Tourner la tête à quelqu'un*, l'étourdir, l'importuner; le faire changer de résolution de bien en mal; l'égarer, lui troubler la raison, le faire devenir fou.—Interpréter en bien ou en mal : *tourner une chose à son avantage, la tourner en raillerie*, etc. — *Tourner en ridicule*, rendre ridicule. — Façonner au *tour* : *tourner des colonnes, l'or, l'argent, le cuivre*, etc. — En parlant des ouvrages d'esprit, leur donner un certain *tour* : *il tourne bien un vers, une période, un compliment*. — Détacher en *tournant* avec un couteau l'écorce ou la chair d'un fruit, d'un légume. — *Tourner le dos aux ennemis*, ou absolument : *tourner le dos*, s'enfuir. — Fig. : *tourner le dos à quelqu'un*, 1° le laisser là par mépris, par indignation; 2° abandonner ses intérêts.—*La fortune lui a tourné le dos*, lui est devenue contraire.—*Tourner la tête*, se *tourner* pour faire tête aux ennemis. —En t. de guerre : *tourner un poste, tourner une montagne*, c'est les prendre à revers. — En t. de chasse, *tourner un lièvre, tourner des perdrix*, c'est *tourner* autour pour les tirer avec avantage. — En t. de boulanger, *tourner le pain*, c'est, quand la pâte a pris son apprêt, la partager en morceaux qu'on pèse, et la rouler entre les mains pour en former les pains. — Prov. : *tourner la médaille* ou *le feuillet*, voir le contraire après avoir vu le pour. — *Tourner toutes ses pensées vers un objet*, s'y appliquer entièrement. — Fig. : 1° *tourner une personne à son gré*, manier son esprit comme on veut; 2° *tourner un homme de tous les sens*, lui faire diverses questions pour savoir quel est son dessein, son sentiment.—Fig. et fam. : *tourner casaque*, changer de parti.—Neut., se mouvoir en rond : *la terre tourne autour du soleil*.—En parlant de certains fruits, commencer à mûrir, changer de couleur. — En parlant du vin, du lait, d'une sauce, s'altérer, être changé.—Travailler au *tour* : *il tourne bien*.—Contribuer à..., produire : *cela tourne à sa gloire, à son profit, à sa honte*, etc. —En parlant d'une affaire, avoir bon ou mauvais succès : *nous verrons comment la chose tournera*.— Se mouvoir de quelque côté : *tourner de côté et d'autre; tourner à droite, tourner à gauche; le cocher tournera par cette rue; un cheval qui tourne bien, qui tourne à toute main; après la bataille, l'armée tourna vers l'Allemagne; le vent tourne; la girouette tourne*. — On dit d'un esprit variable et inconstant, qu'*il tourne à tout vent*, qu'*il tourne comme une girouette*.—On dit fig. et fam., qu'*une personne tourne autour du pot, ne fait que tourner autour du pot*, pour dire qu'elle évite de venir au fait, à la conclusion d'une affaire.— *Tourner du côté de quelqu'un*, se ranger de son parti.— On dit qu'*une personne ne sait plus de quel côté tourner*, pour dire qu'elle ne sait plus que faire, qu'elle est sans ressource. — On dit au propre : *la tête lui tourne*, il a des vertiges; et au fig. : *la tête lui a tourné*, il a perdu l'esprit. —*La tête lui tourne*, se dit aussi d'une personne qui, d'un lieu très-élevé regardant en bas, éprouve des étourdissements. — *Il tourne cœur, carreau*, etc., la carte qu'on découvre à certains jeux, et qui demeure sur le talon, est de la couleur nommée cœur, carreau, etc.—*se* TOURNER, v. pron., se mettre dans un sens contraire à celui où l'on était. On *se tourne* pour voir à côté de soi, et on *se retourne* pour voir derrière soi. — Changer : *cet enfant se tourne au bien, au mal*. —On dit : *se tourner vers Dieu*, pour dire, se convertir, ou avoir recours à Dieu.—*Se tourner*, se changer : *une fièvre tierce se tourne en quarte, en continue; tout ce qu'il mange se tourne en bile*. — Fig. : *ne savoir de quel côté se tourner*, être dans un grand embarras.

TOURNES, subst. fém. plur. (*tourne*), t. de coutume, soulte. Voy. TOURNE.—T. d'hist. nat., sorte d'étoiles de mer curieuses.

TOURNESOL, subst. mas. (*tourneçole*), t. de bot., plante à fleur radiée qu'on a prétendu *tourner* et suivre le cours du soleil. — Espèce de teinture bleue dont la graine de *tournesol* est la base.

TOURNETTE, subst. fém. (*tournète*), sorte de dévidoir.—Cage d'un écureuil.

TOURNEUR, subst. mas. (*tourneur*), artisan qui fait des ouvrages au *tour*. — Dans certaines fabriques, enfant qui fait tourner le rouet à retordre. — Chez les potiers d'étain, ouvrier qui dirige le crochet pour *tourner* la vaisselle.—Celui qui *tourne* la meule d'un coutelier.—T. d'hist. nat., nom d'un insecte qui marche fréquemment en *tournant*.

TOURNEUSE, subst. fém. (*tourneuze*), celle qui dévide la soie.—La femme d'un *tourneur*.

TOURNE-VENT, subst. mas. (*tournevan*), tuyau qui *tourne* sur une cheminée. — Au plur., des *tourne-vent*.

TOURNE-VIRE, subst. mas. (*tournevire*), t. de mar., cordage que l'on dévide sur l'essieu du cabestan, et qui est garni de nœuds assez proches, auxquels est saisie successivement avec des garcettes une certaine longueur du gros cordage amarré à l'ancre.—Au plur., des *tourne-vire*.

TOURNE-VIS, subst. mas. (*tournevice*), petit instrument de fer avec lequel on serre et l'on desserre les *vis*.—Au plur., des *tourne-vis*.

TOURNILLE, subst. fém. (*tourni-ie*), petit instrument à l'usage des faiseurs de bas au métier, pour relever les mailles tombées.

TOURNIOLE, subst. fém. (*tourni-ole*), t. de chir., espèce de panaris dont la tumeur fait le tour de l'ongle.

TOURNIQUET, subst. mas. (*tournikiè*), espèce de moulinet à quatre bras qui *tourne* horizontalement, pour laisser passer un à un les gens de pied.—Petit morceau de bois qui sert à soutenir un châssis quand il est levé.—Instrument de chir. qui sert à comprimer les vaisseaux sanguins.—Bandage pour la suppression des hémorrhagies.—En t. d'hist. nat., petit insecte coléoptère qui *tournoie* continuellement sur la surface des eaux tranquilles.

TOURNIS, subst. mas. (*tourni*), maladie des moutons : ces animaux marchent tête baissée, *tournent* sur eux-mêmes, et meurent dans une sorte de folie, qui est proprement ce qu'on nomme *le tournis*.

TOURNISSES, subst. fém. plur. (*tournice*), poteaux de remplissage.

TOURNOI, subst. mas. (*tournoa*) (ainsi nommé, suivant le P. *Ménestrier*, parce que les courses s'y font en *tournant* et *retournant*), sorte de fête publique et militaire, où l'on s'exerçait à plusieurs genres de combats, soit à cheval, soit à pied.

TOURNOIEMENT ou **TOURNOÎMENT** (l'*Académie* donne les deux), subst. mas. (*tournoèman*), action de ce qui *tournoie : le tournoiement de l'eau*. Il ne se dit qu'au propre.—*Tournoiement de tête*, vertige.

TOURNOIRE, subst. fém. (*tournoare*), t. de cartonn., moulin qui contient la pierre ou la pile où est renfermée la matière, l'arbre armé de couteaux qui la divisent, et le brancard qui sert à la faire mouvoir par le moyen d'un cheval.

TOURNOIR, subst. masc. (*tournoar*), bâton rond qui sert à faire tourner la grande roue du potier.

TOURNOIS, adj. des deux genres (*tournoa*), nom d'une monnaie ainsi appelée parce qu'elle se fabriquait à *Tours*. La *livre tournois* était de vingt sous ; la *livre purisis* (fabriquée à Paris) était de vingt-cinq sous.

TOURNOISE, subst. fém. (*tournoaze*), étoffe ou tissu circulaire plan, ou d'autre forme, dont les lisières ou les fonds sont inégaux.

TOURNON, subst. mas. (*tournon*) (rac. *tournons*, impér. de *tourner*) : *être dans la rue de Tournon*, dans l'embarras, ne pouvoir plus avancer ni reculer.

TOURNON, subst. propre mas. (*tournon*), ville de France, chef-lieu de canton, arrond. de Privas, dép. de l'Ardèche. — Chef-lieu de canton, arrond. de Villeneuve-d'Agen, dép. de Lot-et-Garonne.

TOURNON-SAINT-MARTIN, subst. propre mas. (*tournonceinmartin*), chef-lieu de canton, arrond. du Blanc, dép. de l'Indre.

TOURNOYANT, E, adj. (*tournoè-ian*), qui *tournoie*. — Part. prés. de *tournoyer*.

TOURNOYER, v. neut. (*tournoè-ie*), *tourner* en faisant plusieurs tours. — Fig. et fam., biaiser, chercher des détours dans une affaire.

TOURNURE, subst. fém. (*tournure*), conformation, habitude du corps : *n'avoir point de tournure ; cette femme a une jolie tournure*. — Ordre dans lequel une chose est arrangée ; tour d'esprit qu'on donne aux choses : *voilà une belle tournure de phrase ; il a une tournure d'esprit toute particulière ; la tournure d'une pensée, d'une période*, etc. — Tour : *nous verrons la tournure que prendra cette affaire ; il a une tournure d'esprit agréable*.— Pour les affaires, *tour* est d'un usage plus noble et plus commun. — L'art et l'ouvrage des *tourneurs*.

TOURNUS, subst. propre mas. (*tournuce*), ville de France, chef-lieu de canton, arrond. de Mâcon, dép. de Saône-et-Loire.

TOUROCCO, subst. mas. (*tourokò*), t. d'hist. nat., espèce de tourterelle du Sénégal.

TOURONS, subst. mas. plur. (*touron*), t. de confiseur, sorte de mets composé avec des amandes, des avelines, de l'écorce de citron, et des blancs d'œufs bien fouettés.—Il se dit aussi d'un faisceau de fils que l'on tord pour en faire des câbles ou des cordes.

TOUROULIER, subst. mas. (*touroulié*), t. de bot., grand arbre noueux.

TOUROUVRE, subst. propre mas. (*tourouvre*), bourg de France, chef-lieu de canton, arrond. de Mortagne, dép. de l'Orne.

TOURRA, subst. fém. (*tourera*), t. de relat., la griffe ou l'instrument qui marque l'empreinte de la signature du Grand-Turc.

TOURRETIE, subst. fém. (*toureci*), t. de bot., sorte de plante du Pérou.

TOURS, subst. propre mas. (*tour*), ville de France, sur la Loire, chef-lieu du dép. d'Indre-et-Loire.

TOURTE, subst. fém. (*tourte*) (en latin *tarta*. Martial.), pièce de four composée de diverses choses qu'on fait cuire dans une *tourtière*. — T. de verrerie, pierre d'argile composée qu'on introduit sous le fond des pots pour les relever, lorsque, les sièges étant usés, on juge les creusets trop bas pour la facilité du cueillage.

TOURTEAU, subst. mas. (*tourtô*), autrefois, sorte de gâteau.—En t. de blas., pièce d'armoirie ronde, pleine et de couleur. — Disque en bois de gaïac, de cormier ou de chêne vert, en forme de lenticulaire, lequel se place sur les cribles pour grener la poudre à tirer. — T. d'art., pièce d'artifice que l'on met dans un réchaud portatif, destiné à éclairer pendant la nuit le passage d'une rivière ou d'un défilé, ou à brûler les gabions et les fascines du fossé d'une place assiégée. — Plateau cylindrique dans lequel sont encastrés les fuseaux d'une lanterne. — T. de drog., masse que l'on compose du résidu de certains grains, fruits ou matières dont on a exprimé de l'huile.

TOURTELÉ, E, adj. (*tourtelé*), t. de blas., se dit des pièces chargées de *tourteaux*.

TOURTELET, subst. mas. (*tourtelè*), t. de pâtiss., feuille de pâté.

TOURTELETTE, subst. fém. (*tourtelète*), vieille corde goudronnée, servant de torche. — T. d'hist. nat., tourterelle d'Afrique.

TOURTEREAU, subst. mas. (*tourterô*), le petit de la *tourterelle : élever des tourtereaux*.— Au fig., jeunes amants, jeunes époux qui s'aiment et qui se caressent.

TOURTERELLE, subst. fém. (*tourterèle*) (en latin *turtur*, gén. *turturis*), t. d'hist. nat., oiseau fort connu, de l'ordre des gallinacés. En parlant de cet oiseau comme bon à manger, on a dit aussi : *tourtre ; nous avons mangé des tourtres ; on servit des tourtres*. — Sorte de coquille du genre strombe.—*Tourterelle de mer*, nom donné au petit guillemot, oiseau aquatique.

TOURTERRIÈRE, subst. fém. (*tourtèri-ère*) (des deux mots *tour*, à cause de sa forme cylindrique, et *terre*, parce qu'il roule sur la terre), t. de mécan., gros rouleau qui sert dans les ateliers à transporter des fardeaux considérables.

TOURTIA, subst. mas. (*tourcia*), espèce de pouding à pâte calcaire, plus ou moins argileux, contenant des cailloux roulés, et que l'on tire des houillères du nord de la France.

TOURTIÈRE, subst. fém. (*tourtière*), ustensile de cuisine servant à faire cuire des *tourtes*. Se dit fig. d'un appartement extrêmement chaud, où le soleil darde ses rayons.

TOURTILLON, subst. mas. (*tourti-ion*), petit tourteau.

TOURTOIRE, subst. fém. (*tourtoare*), t. de chass., grande houssine avec laquelle on fait des battues dans les buissons.

TOURTOURELLE, subst. fém. (*tourtourèle*), t. d'hist. nat., nom qu'on donne à une espèce de raie.

TOURTOURO, subst. mas. (*tourtourò*), t. de jard., variété de prune.

TOURTRE, subst. fém. (*tourtre*). Hors d'usage. Voy. TOURTERELLE.

TOUSELLE, subst. fém. (*touzèle*), sorte de grain qui se cultive en plusieurs endroits.

TOUSS ou **TOUZ**, subst. mas. (*touce, touze*), poil qui se prend sur la poitrine des chèvres sauvages du Thibet, et dont on fabrique les plus beaux cachemires.

TOUSSAINT, subst. propre fém. (*toucein*), la fête de *tous les saints*.—*Toussaint* n'est que la corruption de la loc. *tous les saints*.

TOUSSER, v. neut. (*toucé*), faire l'effort et le bruit que cause la *toux*.—Faire ce bruit exprès : *il tousse pour avertir un de ses amis*.

TOUSSERIE, subst. fém. (*touceri*), action de *tousser*.

TOUSSEUR, subst. mas., **TOUSSEUSE**, subst. fém. (*touceur, ceuze*), celui, celle qui *tousse* souvent.

TOUSSEUSE, subst. fém. Voy. TOUSSEUR.

TOUT, subst. mas. (*tou*; devant une voyelle *toute*) (du latin *totum*), une chose considérée en son entier : *le tout est plus grand que la partie*. — *Toute* chose, *toute* sorte de choses : *c'est un homme qui se met à tout*. — Fig. : *se faire à tout, s'habituer à tout*, s'habituer, se prêter aux usages, aux convenances, etc., suivant les temps, les lieux et les personnes. Fam.—*Tout*, au singulier, quoique collectif, ne prend point le pluriel après lui. Ainsi, c'est à tort que *Racine* a dit (*les Plaideurs*) :

Tout ce qu'il dit sont autant d'impostures.

—*Tout* le monde, *toutes* les personnes : *tout se plaint, tout gémit*. — Ce qu'on aime le plus, ce qu'on a de plus cher.—*Le tout*, le plus important, le principal : *le tout est de bien remplir ses devoirs*. — La totalité : *et le tout pour six sous*. — *Il a fait telles et telles démarches, le tout pour vous obliger*, et cela pour vous obliger. —*Ce n'est pas tout*, il ne suffit pas : *ce n'est pas tout de bien dire, il faut bien faire*.—On appelle, *le tout ensemble*, ce qui résulte de l'assemblage de plusieurs parties qui forment un tout : *il y a de beaux endroits dans cette pièce, mais le tout ensemble n'en vaut rien ; il y a des défauts dans ce tableau, mais le tout ensemble en est agréable*. — On dit : *mettre, risquer le tout pour le tout*, pour dire, hasarder toutes choses, ne rien épargner, ne rien ménager pour venir à bout d'une affaire.—En t. de jeu, on appelle *le tout*, la troisième partie qui se joue après qu'un des deux joueurs a perdu partie et revanche, et où l'on joue autant d'argent que l'on en a joué dans les parties précédentes : *jouer partie, revanche, et le tout ; jouer le tout ; perdre, gagner le tout*.—On appelle le *tout du tout*, la partie qui se joue après que la personne a perdu partie, revanche et le *tout*, et dans laquelle on joue autant d'argent que l'on en a joué dans les trois parties précédentes : *perdre, gagner le tout du tout*.—*Atout*, carte de la couleur dont est la triomphe : *jouer un atout ; j'ai deux atouts*. — On dit adverbialement, *à tout*, en parlant de la couleur qui l'emporte sur les autres : *jouer à tout ; faire à tout*.— On dit au jeu de brelan, *va-tout, faire va-tout, faire un va-tout*, pour dire, hasarder en un seul coup tout l'argent qu'on a devant soi. — *C'est mon tout*, c'est mon ami ; *il y a de la différence du tout au tout*, se dit des choses que l'on veut comparer ensemble, et qui sont très-différentes. —*Tout compté, tout rabattu, tout* bien examiné, *toutes* compensations faites : *tout compté, tout rabattu, il me doit encore cent francs*.—*C'est un bon homme, et puis c'est tout*, il n'y a rien en lui de remarquable que sa bonté. — *A tout prendre*, à considérer *tout* ce qui se compense dans une chose, dans une affaire.

TOUT, E, adj. (*tou, toute*, au plur. on écrit abusivement *tous* ; on devrait écrire *touts*) (du latin *totus, a, um*), il se dit de l'universalité d'une chose considérée en son entier : *tout l'univers, tout le monde, toute la terre, tous les hommes*. — Chaque : *tous les jours, à toute heure*.—Encore que, quelque : *tout languissant qu'il est*. En ce sens, il régit toujours l'indicatif, à la différence de *quelque*, qui demande le subjonctif : *tout affligée qu'elle était*, et *quelque affligée qu'elle fût*. —*Tout*, adv., entièrement, tout-à-fait : *il est tout malade ; je suis tout à vous*. On dit dans le même sens et sans distinction de genre ou de nombre : *il est tout autre, ils sont tout autres, elles sont tout autres*. — Lorsqu'il réunit en un seul sujet tous les sujets qui le précèdent, il demande le verbe au singulier, quoique précédé de plusieurs sujets au pluriel : *sans loi, foi, vertu, sacrément, tout n'est rien*.—*Cette dame est tout cœur, tout esprit*, pleine de cœur et d'esprit. — *Elle est tout œil et tout oreille*, elle voit *tout*, elle entend *tout*. Buffon a dit, en parlant du chien : *il est tout zèle, toute ardeur et toute obéissance* ; c'est une faute ; il fallait : *tout ardeur et tout obéissance*.—*Tout*, s'emploie dans plusieurs façons de parler particulières et proverbiales. On dit : *tous les deux jours, tous les trois jours*, etc., pour dire, de deux jours en deux jours, de trois jours en trois jours; et, *toutes les deux heures, toutes les vingt-quatre heures*, etc., pour dire de deux heures en deux heures, de vingt-quatre heures en vingt-quatre heures, etc. — On dit : *par toute terre, par tout pays*, pour dire, en quelque endroit que ce soit. — *Tout beau!* loc. adv., arrêtez. — *Tout bas*, loc. adv., doucement et sans être presque entendu. — *Tout-à-coup*, loc. adv., incontinent, sur-le-champ, aussitôt.—*Tout-à-fait*, adv., entièrement. *Tout à point*, loc. adv., *tout* à propos. —*Tout au plus*, loc. adv., au plus. — *Tout de bon*, loc. adv., sérieusement, sans raillerie, en vérité.—*Tout de même*, loc. adv., de la même sorte. — *Tout du long*, loc. adv., depuis le commencement jusqu'à la fin.—*Tout ensemble*, loc. adv., au même temps. — *A tout hasard*, en s'exposant à courir le risque de *tout* ce qui peut arriver. — *Courir à toutes jambes, à toute bride*, aller, courir trop vite. — *Du tout*, avec *point* et *rien*, nullement, absolument rien : *il ne parle point du tout; il n'a rien du tout.* — *En tout*, sans rien omettre, *tout* compris : *cela fait en tout cinq mille francs.* — *En tout et partout*, entièrement.—*Après tout*, dans le fond, *tout* bien considéré.—*Tout de suite*, loc. adv., à l'instant même. Voy. SUITE.—*Tout-à-coup*, loc. adv. Voy. COUP.—*Tout doux, tout-à-l'heure*, etc.—*Somme toute*, somme totale, toutes les sommes jointes ensemble; et fig., à *tout* prendre. — *Prendre de toutes mains*, prendre de tous côtés, acquérir par toutes sortes de voies, soit justes, soit injustes. — *C'est tout son portrait, le portrait de son père*, c'est *toute* son image, il ressemble tout-à-fait à son père. — On dit aussi dans le même sens : *c'est tout lui-même, tout* le même homme; *toute la même chose*, en parlant d'une chose, ou d'un homme pour ses qualités ou ses actions, qui se ressemblent parfaitement, etc. — TOUT, CHAQUE. (*Syn.*) Ces deux mots désignent également la totalité des individus de l'espèce exprimée par le nom appellatif avant lequel on les place. Mais *tout* suppose uniformité dans le détail, et exclut les exceptions et les différences; *chaque*, au contraire, suppose et indique nécessairement des différences dans le détail. *Tout* homme a des passions, c'est une suite nécessaire de sa nature; *chaque* homme a sa passion dominante, c'est une suite naturelle de la diversité de son tempérament.

TOUT-BEAU, loc. adv. (*toubô*), cri pour arrêter tout court un chien courant. Voy. TOUT, adj.

TOUTE-BONNE, subst. fém. (*touteboue*), t. de bot., l'orvale, sorte de plante labiée. — T. de jard., variété de poire. — Au plur., des *toutes-bonnes.*

TOUTEFOIS, adv. (*toutefoè*), néanmoins, cependant, pourtant. Voy. POURTANT.

TOUTENAGUE, subst. fém. (*toutenague*), t. d'hist. nat., sorte de substance métallique qui se trouve en Chine.

TOUT-ENSEMBLE, subst. mas. (*toutançanble*), t. d'arts et de métiers; la totalité de l'ouvrage.

TOUTE-ÉPICE, subst. fém. (*toutepice*), t. de bot., herbe aux épices; sorte de nielle. —Au plur., des *toutes-épices.*

TOUTE-ÉPINE, subst. fém. (*toutépine*), t. de bot., la nielle des champs.—Le myrte-piment ou poivre de la Jamaïque.

TOUTE-PRÉSENCE, subst. fém. (*touteprézance*), qualité ou attribut de Dieu, *présent partout.* — Sans plur.

TOUTE-PUISSANCE, subst. fém. (*toutepuiçance*), *puissance* infinie, pouvoir sans bornes. —Sans plur.

TOUTE-SAINE, subst. fém. (*toutecène*), t. de bot., plante vivace à fleurs rosacées.—Au plur., des *toutes-saines.*

TOUTE-SCIENCE, subst. fém. (*touteciance*), *science* infinie, qui embrasse toute chose.—Sans plur.

TOUTE-TABLE, subst. fém. (*toutetable*), sorte de jeu qu'on joue avec des dés, comme le tric trac, mais plus simple. — Au plur., des *toutes-tables.*

TOUT-PUISSANT, TOUTE-PUISSANTE, adj. (*toupuiçan, toutepuiçante*), qui a un pouvoir sans bornes. — Subst. mas. seulement, Dieu : *le Tout-Puissant.*

TOU-TOU, subst. mas. (*toutou*), t. enfantin, petit chien.

TOUT-OU-RIEN, subst. mas. (*toutouriein*), t. d'horl., pièce de la quadrature d'une répétition. — Au plur., des *tout-ou-rien.*

LOUVET, subst. propre mas. (*louvé*), village de France, chef-lieu de canton, arrond. de Grenoble, dép. de l'Isère.

TOUX, subst. fém. (*tou*; devant une voyelle, *touze*) (en latin *tussis*), maladie qui fait faire des efforts à la poitrine avec bruit, pour pousser dehors une humeur âcre et piquante.

TOUYOU, subst. mas. (*tou-iou*), t. d'hist. nat., espèce de grand oiseau de Cayenne, du genre des autruches.

TOUZE, subst. fém. (*touze*), maîtresse, amante. (*Boiste.*) Vieux et même tout-à-fait hors d'usage.

TOVARIE, subst. fém. (*tovari*), t. de bot., sorte de plante monogyne du Pérou.

TOVOMITE, subst. mas. (*tovomite*), t. de bot., arbre de la Guyane.

TOXÉRITE, subst. fém. (*tokcérite*), t. d'hist. nat., genre de coquilles fossiles.

TOXICATION, subst. fém. (*tokcikâcion*) (du grec τοξικον, poison), t. de médec., propriété qu'une substance a d'empoisonner.—Action, effet du poison.

TOXICODENDRON, subst. mas. (*tokcikôdandron*) (du grec τοξικον, poison, et δενδρον, arbre), t. de bot., arbre de vernis, espèce de sumac, arbre à la gale; son suc laiteux est un poison, guérit les dartres, et donne une teinture noire.

TOXICOGRAPHE, subst. mas. (*tokcikoguerafe*) (du grec τοξικον, poison, et γραφω, j'écris), médecin qui analyse et décrit les poisons.

TOXICOGRAPHIE, subst. fém. (*tokcikoguerafi*), traité sur les poisons, description des poisons.

TOXICOGRAPHIQUE, adj. des deux genres (*tokcikoguerafike*), qui a rapport à la *toxicographie.*

TOXICOLOGIE, subst. fém. (*tokcikoloji*), synonyme de *toxicographie.* Voy. ce mot.

TOXICOLOGIQUE, adj. des deux genres (*tokcikolojike*), qui a rapport à la *toxicologie.*

TOXIQUE, subst. mas. (*tokcike*) (en grec τοξικον, fait de τοξον, arc, carquois; parce que les Grecs croyaient que les barbares empoisonnaient leurs flèches), nom générique de toute sorte de poison. Il n'est usité que parmi les savants.

TOXOPHORE, subst. propre mas. (*tokçofore*) (du grec τοξον, arc, et φερω, je porte), myth., surnom d'Apollon.—T. d'hist. nat., genre d'insectes.

TOXOTRÉMA, subst. fém. (*tokçôtréma*), t. d'hist. nat., genre de coquilles.

TOYÈRE, subst. fém. (*to-ière*), pointe d'une hache, ce qui entre dans le manche.

TOZZIE, subst. fém. (*todezi*), t. de bot., sorte de plante herbacée.

TRABAN, subst. mas. (*traban*), soldat de la garde impériale en Allemagne.

TRABE, subst. fém. (*trabe*) (du latin *trabes*, poutre), météore enflammé en forme de poutre et de cylindre. — En t. de blas., le bâton qui supporte l'enseigne et la bannière, etc.

TRABÉE, subst. fém. (*trabé*) (en lat. *trabea*), robe que les généraux romains portaient dans leur triomphe.

TRAC, subst. mas. (*trake*), allure du cheval, du mulet, etc. — La trace et la piste des bêtes.

TRACAL, subst. mas. (*trakal*), t. d'hist. nat., espèce d'oiseau d'Afrique.

TRACANÉ, E, part. pass. de *tracaner.*

TRACANER, v. act. (*trakané*), dévider le fil, la soie, ou le fil de métal avant de le couvrir.—*se* TRACANER, v. pron.

TRACANOIR, subst. mas. (*trakanoar*), machine à *tracaner*, et à mesurer les fils d'or et d'argent, pour leur donner le poids et la longueur.

TRAÇANT, E, adj. (*traçan, çante*); se dit en bot. d'une racine qui s'étend horizontalement et à peu de profondeur.

TRACAS, subst. mas. (*trakâ*), mouvement accompagné de trouble, d'embarras : *il y a bien du tracas dans cette maison.* Voy. TRACASSER. —On dit fig. et fam. : *le tracas du monde, des affaires.*—En terme de raffineur, on appelle *tracas*, des espaces vides et carrés qui règnent depuis le premier jusqu'au dernier étage d'une raffinerie, en perçant tous les greniers directement au-dessus l'un de l'autre. Les *tracas* forment du haut en bas une espèce de cloison de planches qui sont percées sur les deux côtés, de hauteur d'homme en hauteur d'homme, pour recevoir d'autres planches, d'où les ouvriers se donnent les pains de l'un à l'autre, jusqu'au grenier qu'on leur destine.

TRACASSÉ, E, part. pass. de *tracasser.*

TRACASSER, v. neut. (*trakacé*) (de *trac* ou *trace*, comme qui dirait *aller çà et là.* Nicot), aller, venir, se tourmenter, s'agiter pour peu de chose. — Faire le *tracassier*, être inquiet, brouillon, etc. Il est fam. dans les deux sens.—Act., inquiéter, tourmenter : *cet homme tracasse tout le monde.*—En t. de mar. : *l'agitation des vagues tracasse un bâtiment.* — *se* TRACASSER, v. pron.

TRACASSERIE, subst. fém. (*trakaceri*), chicane, mauvais incident : *il nous fait là de mauvaises tracasseries.*—Discours, rapport propre à brouiller les gens les uns avec les autres : *ils ont eu des tracasseries ensemble.*

TRACASSIER, subst. et adj. mas., au fém. **TRACASSIÈRE** (*trakacié, cière*), celui, celle qui *tracasse*, qui chicane sur des riens, qui fait de mauvaises difficultés, etc.—Un brouillon, un indiscret.

TRACASSIÈRE, adj. et subst. fém. Voy. TRACASSIER.

TRACE, subst. fém. (*trace*) (du latin barbare *tracia*, fait de *tractus*, action de tirer, de traîner, trait. *Ménage.* Suivant *Wachter*, de l'allemand *tretten*, fouler, marcher sur), vestige d'un homme ou d'un animal. — Marque, impression que laisse une voiture, etc. — Fig., impression des objets dans le cerveau. — Ligne qu'on fait sur le terrein pour marquer le dessin d'un parterre.—Premiers traits qu'on fait sur du canevas pour marquer le contour des figures d'un ouvrage de tapisserie. — Fig. : *marcher sur les traces de...., suivre les traces de....*, suivre l'exemple, de...., imiter quelqu'un.

TRACÉ, E, part. pass. de *tracer*, et adj., ombré. Voy. ce mot.—Subst. mas., effet de l'action de *tracer* : *le tracé d'un ouvrage de fortification.*

TRACE-BOUCHE, subst. mas. (*tracebouche*), outil de facteur d'orgues.

TRACELET ou **TRAÇOIR**, subst. mas. (*tracelé, çoar*), outil pour *tracer* des lignes, des divisions.

TRACEMENT, subst. mas. (*traceman*), action par laquelle on *trace* ou l'on dessine.

TRACER, v. act. (*tracé*) (suivant *Caseneuve*, du latin barbare *trassare*, qu'on trouve employé avec la même acception dans la basse latinité, et qui a été formé de *tractare*, tirer, traîner. Suivant *Wachter*, de l'allemand *tretten.* Voy. TRACE), tirer les lignes d'un dessin, d'un plan, sur le papier, sur la toile, sur un terrein, etc. : *tracer un plan, un dessin, un parterre, un canevas, un cadran.* — *Tracer des caractères*, écrire. — *Tracer au simbleau*, tracer avec le simbleau.—*Tracer en cherche*, décrire une section conique par plusieurs points déterminés.—*Tracer en grand*, en maçonnerie, *tracer* sur un mur un arc, une épure, pour quelque construction d'architecture; *tracer par écarrissement*, tracer des pierres par des figures prises sur l'épure; *tracer sur le terrein*, faire de petits sillons, etc.; *tracer à la main*, dans la coupe des pierres, déterminer le contour d'une ligne courbe.—Chez les boutonniers, ébaucher et dégrossir les moules avec un outil moins fin que le paroir. — Chez les charpentiers, menuisiers, charrons, etc., se servir du *traçoir*, ou *traceret.* — T. de jardin., dessiner avec le *traçoir* sur le terrein quelques lignes, suivant le plan qu'on a devant soi. — T. de peint., marquer avec un crayon, une pointe de fer, etc., le dessin de quelque chose. Il ne se dit guère qu'en parlant de l'architecture qui est dans un tableau; et, à l'égard des autres objets, on dit dessiner.—*Tracer la natte*, chez les nattiers en paille, passer alternativement les unes sur les autres les trois branches de paille dont chaque cordon est composé. — *Tracer un chemin*, en prendre l'alignement pour le faire ensuite.—Fig., *tracer le chemin à quelqu'un*, lui donner l'exemple. —*Tracer l'image de quelque chose*, la représenter par le discours.—Neut., *tracer* se dit des arbres dont les racines s'étendent en rampant sur la terre, et ne s'enfoncent presque pas : *le noyer trace beaucoup.*—*se* TRACER, v. pr.

TRACERET, subst. mas. (*traceré*), outil de fer pointu, qui sert à *tracer*, à marquer, et à piquer le bois.

TRACE-SAUTEREAUX, subst. mas. (*tracecôteré*), outil de facteur de pianos ou de clavecins, pour marquer les entailles où doivent entrer les languettes.—Au plur., des *trace-sautereaux.*

TRACEUR, subst. mas. (*traceur*), celui qui *trace* sur un plan, sur le sol.

TRACEUSE, subst. fém. (*tracenze*), ouvrière qui *trace* un canevas, une broderie, etc., par des points d'aiguille.

TRACHÉALE, adj. et subst. fém. (*trаché-ale*), t. d'anat. : *veines, artères trachéales*, qui montent le long de la *trachée-artère*.

TRACHÉE ou **TRACHÉE-ARTÈRE**, subst. fém. (*trache-artère*) (du grec τραχυς, rude, épais, et de αρτηρια, artère), t. d'anat., canal qui porte l'air aux poumons. On dit plus souvent dans cette acception *trachée-artère* que simplement *trachée*. Dans les deux cas qui suivent, on ne dit que *trachée*.—T. d'hist. nat. dans les végétaux et dans les insectes, petits vaisseaux aériens, blancs et argentins, roulés en tire-bourre dans plusieurs de leurs parties.—Dans les coquillages, une ou deux petites ouvertures qu'on voit à leur manteau.

TRACHÉITE, subst. fém. (*trаché-ite*), t. de médec., inflammation ou tuméfaction chaude de la *trachée*-artère.

TRACHÉLAGRE, subst. fém. (*trachélaguere*) (du grec τραχηλος, cou, et αγρα, prise), t. de médec., douleur goutteuse du cou.

TRACHÉLE, subst. fém. (*trachèle*), t. de bot., genre de plantes monogynes. — Milieu du mât d'un navire.—Entailles qui se trouvent à chaque bout de certaines machines, et qui servent à les tenir en bon état.

TRACHÈLE, subst. mas. (*trachèle*), t. d'hist. nat., genre d'insectes coléoptères.

TRACHÉLI-ATLOÏDO-BASILAIRE, subst. et adj. mas. (*tracheli-atelò-idòbazilère*), t. d'anat.; se dit du muscle droit latéral de la tête.

TRACHÉLIEN, adj. mas., au fém. **TRACHÉLIENNE** (*trachélieіn, liène*), t. d'anat., qui appartient à la partie postérieure du cou.

TRACHÉLIENNE, adj. fém. Voy. TRACHÉLIEN.

TRACHÉLO-ANGULI-SCAPULAIRE, subst. et adj. mas. (*trachelô-angulicekapulère*), t. d'anat.; se dit du muscle qui s'étend de l'omoplate aux vertèbres *trachéliennes*.

TRACHÉLO-ATLOÏDO-OCCIPITAL, subst. et adj. mas. (*trachelò-atelò-idô-okcipitale*), t. d'anat. qui se dit du muscle qui s'étend de l'*atlas* à la ligne *occipitale* supérieure.

TRACHÉLO-BASILAIRE, subst. et adj. mas. (*trachelòbazilère*), t. d'anat., se dit des muscles antérieurs de la tête.

TRACHÉLO-CERVICAL, E, subst. mas. et adj. des deux genres (*trachélòcèrevikal*), t. d'anat.; se dit de l'artère *cervicale*; c'est celle qui est la plus profonde de la tête. — Au plur., *trachélo-cervicaux*.

TRACHÉLO-CERVICAUX, adj. mas. plur. Voy. TRACHÉLO CERVICAL.

TRACHÉLO-COSTAL, subst. et adj. mas. (*trachélòkocetal*), t. d'anat. qui se dit des scalènes antérieur et postérieur.

TRACHÉLO-DIAPHRAGMATIQUE, subst. et adj. mas. (*trachélòdi-afraguematike*), t. d'anat.; se dit du nerf de la quatrième paire cervicale.

TRACHÉLO-DORSAL, subst. et adj. mas. (*trachélòdorçale*), t. d'anat.; se dit du nerf accessoire de la paire vague.

TRACHÉLO-MASTOÏDIEN, subst. et adj. mas. (*trachélòmacetò-idiein*), t. d'anat.; se dit du muscle petit complexus.

TRACHÉLO-OCCIPITAL, subst. et adj. mas. (*trachélò-okcipital*), t. d'anat.; se dit du muscle appelé *grand complexus*.

TRACHÉLOPHYME, subst. mas. (*trachélofime*) (du grec τραχηλος, le cou, et φυμα, tumeur), t. de médec. et de chir., grosse tumeur; gonflement au cou; goitre.

TRACHÉLO-SCAPULAIRE, subst. et adj. mas. (*trachélòcekapulère*), t. d'anat.; se dit du muscle angulaire de l'omoplate.

TRACHÉLO-SOUS-CUTANÉ, E, adj. (*trachélò-soukutané*), t. d'anat.; se dit d'une veine et des nerfs du plexus cervical.

TRACHÉLO-SOUS-OCCIPITAL, subst. et adj. mas. (*trachelòçouzokcipital*), t. d'anat.; se dit des muscles droits antérieurs de la tête. — Au plur., *trachélo-sous-occipitaux*.

TRACHÉOCÈLE, subst. fém. (*trаché-ocèle*) (du grec τραχεια, la trachée, et κηλη, tumeur), t. de chir., tumeur à la *trachée-artère*.

TRACHÉORRHAGIE, subst. fém. (*trаché-òraji*) (du grec τραχεια, la trachée, ρεω, je coule), t. de médec., écoulement de sang par la *trachée*.

TRACHÉORRHAGIQUE, adj. des deux genres (*trаché-òrajike*), qui a rapport à la *trachéorrhagie*.

TRACHÉOTOMIE, subst. fém. (*trаché-otomi*) (du grec τραχεια, la trachée-artère, et τεμνω, je coupe), t. de chir., incision à la *trachée-artère*.

TRACHÉOTOMIQUE, adj. des deux genres (*tra-ché-otomike*), qui a rapport à la *trachéotomie*.

TRACHINE, subst. mas. (*trachine*), t. d'hist. nat., poisson de mer de la division des jugulaires.

TRACHINOTE, subst. mas. (*trachinote*), t. d'hist. nat., genre de poissons thoraciques. — *Trachinote faucheur*, sorte de poisson de la division des thoraciques.

TRACHIURE ou **TRACHURE**, subst. mas. (*tra-ki-ure, kure*), t. d'hist. nat., genre de poissons apodes.

TRACHOME, subst. mas. (*trakôme*) (du grec τραχυς, rude), t. de médec., aspérité, rudesse de la partie inférieure des paupières.

TRACHURE, subst. mas. Voy. TRACHIURE.

TRACHUSE, subst. mas. (*trakuze*), t. d'hist. nat., genre d'insectes apiaires.

TRACHYMÈNE, subst. mas. (*trakimène*), t. de bot., genre de plantes digynes.

TRACHYNOTIE, subst. fém. (*trakinoci*), t. de bot., genre de plantes graminées.

TRACHYS, subst. mas. (*trakice*), t. de bot., genre de plantes digynes de la famille des graminées.

TRACHYSCÈLE, subst. mas. (*trakicèle*), t. de bot., sorte de plante du genre des dactyles.

TRACHYTELLE, subst. fém. (*trakitèle*), t. de bot., espèce de plante de la famille des polygonées.

TRAÇOIR, subst. mas. (*traçoar*), poinçon d'acier dont se servent les orfèvres et les graveurs pour *tracer* et dessiner. — Outil dont le jardinier se sert pour *tracer*. — Ce mot, des plus utiles et des plus usités, manque dans l'*Académie*.

TRACTABILITÉ, subst. fém. (*traktabilité*), qualité de ce qui est facile à mettre en œuvre.

TRACTATION, subst. fém. (*traktâcion*) (du lat. *trahere*, ou plutôt de son fréquentatif *tractare*, tirer, traîner), manière de *traiter* une matière. — Action de la *traiter*.

TRACTEUR-MÉTALLIQUE et **TRACTEUR-PNEUMATIQUE**, subst. mas. (*trackteurmétalelike, peneumatike*), instruments, appareil de cuir dont se servent les chirurgiens dans l'opération d'un accouchement laborieux.

TRACTION, subst. fém. (*trakcion*), t. de mécan., action d'une puissance mouvante, par laquelle un corps mobile est *attiré* vers celui qui le *tire* par le moyen d'un fil, d'une corde, etc., à la différence de l'*attraction*, qui est une puissance qui *attire* sans agent visible intermédiaire.

TRACTOIRE, et plus souvent **TRACTRICE**, subst. fém. (*traktoare, trice*) (en latin *tractoria*, sous-entendu *curva* ou *linea*, dérivé de *tractare*, tirer, traîner), t. de géom., ligne courbe que l'on conçoit formée par l'extrémité d'un fil qu'on tire par son autre extrémité le long d'une ligne droite. Elle a pour propriété d'avoir sa tangente égale à une ligne constante.

TRADIMENT, subst. mas. (*tradiman*), précepte. (*Boiste.*) Vieux et même hors d'usage.

TRADITEUR, subst. mas. (*traditeur*) (en lat. *traditor*, de *tradere*, livrer), t. d'hist. ecclés. qui s'est dit de celui qui livrait les livres saints aux païens, à l'époque des persécutions.

TRADITION, subst. fém. (*tradicion*) (en lat. *traditio*, fait de *tradere*, donner, livrer); en style de pratique, action de livrer à... : *la tradition de la chose vendue*. — En parlant de religion et d'histoire, voie inspirée par laquelle les dogmes et les faits se transmettent de bouche en bouche, de siècle en siècle : *l'Écriture sainte et la tradition forment la base sacrée de la religion catholique*. — Choses transmises oralement : *ce que je vous avance n'est pas un point de dogme absolu, ce n'est qu'une tradition*. — *Tradition en l'air*, qui n'est fondée sur rien. — *Traditions judaïques*, interprétations des docteurs juifs sur la loi de Moïse, recueillies par les rabbins.—On appelle *traditions mythologiques* les fables transmises à la postérité, et qui lui sont parvenues après s'être chargées, d'âge en âge, de nouvelles fictions par lesquelles les poètes ont cherché, comme à l'envi, à en augmenter le merveilleux; *tradition historique*, celle qui remonte d'âge en âge jusqu'au temps dont elle dépose, et dont on peut suivre la trace sans interruption. — Les faits mêmes de l'histoire : *beaucoup de traits historiques ne sont que des traditions fausses et mensongères*. — *Tradition* se dit en général de tout ce qui se transmet de génération en génération par l'exemple ou la parole : *ceci est de tradition*, on agissait ainsi. — *Tel auteur connaît toutes les traditions du théâtre*, est instruit de la manière dont on jouait, dont on parlait dans telle scène, etc.

TRADITIONNAIRE, subst. mas. (*tradicionère*), juif qui explique l'Écriture par les *traditions* du Talmud.

TRADITIONNEL, adj. mas., au fém. **TRADITIONNELLE** (*tradicionèle*), qui est de *tradition* : *lois traditionnelles; droits traditionnels*.

TRADITIONNELLE, adj. fém. Voy. TRADITIONNEL.

TRADITIONNELLEMENT, adv. (*tradicionèle-man*), selon, d'après la *tradition*.

TRADITIONNISTE, subst. mas. (*tradicionicete*), nom de docteurs juifs attachés à la plus ancienne *tradition*.

TRADITIVE, subst. fém. (*traditive*), chose apprise par cœur, par mémoire, par *tradition*. (*Boiste.*) Ce subst. est tout-à-fait inusité. Nous accepterions plus volontiers l'adjectif.

TRADITIF, adj. mas., au fém. **TRADITIVE** (*traditife, tive*), qui *transmet*. (*Boiste.*) Cet adjectif n'est guère plus usité, quoique plus utile, que le subst. fém.

TRADUCTEUR, subst. mas., **TRADUCTRICE**, subst. fém. (*tradukteur, trice*) (en lat. *traductor*), celui qui *traduit* quelque ouvrage en une langue différente de celle dans laquelle cet ouvrage est écrit. L'*Académie* ne donne pas le fém. *traductrice*.

TRADUCTION, subst. fém. (*tradukcion*) (en lat. *traductio*), action de *traduire*. — Version d'un ouvrage dans une langue différente de celle où il a été écrit. — TRADUCTION, VERSION. (*Syn.*) La *version* est plus littérale, plus attachée aux procédés propres de la langue originale, et plus asservie, dans ses moyens, aux vues de la construction analytique. La *traduction* est plus occupée du fond des pensées, plus attentive à les présenter sous la forme qui peut leur convenir dans la langue nouvelle, et plus assujétie, dans ses expressions, aux tours et aux idiomes de cette langue. — La *version* ne doit être que fidèle et claire; la *traduction* doit avoir de plus de la facilité, de la convenance, de la correction, et le ton propre à la chose, conformément au génie du nouvel idiome.—L'art de la *traduction* suppose nécessairement celui de la *version*; et c'est pour cela que les premiers essais de *traductions* que l'on fait faire aux enfants dans les collèges, du grec ou du latin en français, sont très-bien nommés des *versions*.

TRADUCTRICE, subst. fém. Voy. TRADUCTEUR.

TRADUIRE, v. act. (*traduire*) (du lat. *traducere*, formé de la préposition *trans*, au-delà, et du v. *ducere*, conduire). Il se conjugue comme *réduire*. Faire passer un ouvrage d'une langue en une autre : *traduire l'Énéide de Virgile en vers français*. — *Traduire un auteur*, ses ouvrages. — Expliquer, éclaircir : *traduisez-moi mieux votre pensée*. — Citer en justice : *il est traduit devant la cour d'assises; traduire quelqu'un en justice*. — Tirer une personne d'un tribunal pour la mener devant un autre; transférer une personne d'un lieu en un autre. Peu en usage dans ces deux acceptions; on dirait mieux : *il a été transféré* que *traduit de la Conciergerie, à la Force*. — Au fig. : *traduire quelqu'un en ridicule*, le tourner en ridicule. — *se* TRADUIRE, v. pron.

TRADUISIBLE, adj. des deux genres (*traduizible*), qui peut être *traduit* : *ce livre anglais n'est pas traduisible*.

TRADUIT, E, part. pass. de *traduire*, et adj.

TRAFIC, subst. mas. (*trafik*) (suivant *Le Duchat*, c'est une corruption du lat. *transnarica*, dit pour *transnavigatio*; parce que, ajoute-t-il, le trafic, dans l'origine, s'est dit proprement des trajets qu'on fait pour commercer au-delà des mers), commerce, négoce. Voy. NÉGOCE. — Fig., convention, pratique indue qu'on fait sur certaines choses : *faire un trafic honteux de la vérité, de son honneur*, etc.

TRAFIQUANT, E, subst. (*trafikan, kante*), celui, celle qui *trafique*; négociant. L'*Académie* refuse un fém. à ce mot; il y a cependant bien des femmes qui s'adonnent au *trafic*.

TRAFIQUÉ, E, part. pass. de *trafiquer*.

TRAFIQUEMENT, subst. mas. (*trafikeman*), action de *trafiquer*.

TRAFIQUER, v. neut. et act. (*trafikié*), faire du commerce; faire *trafic* : *trafiquer en gros, en* *détail.* — Act. : *trafiquer un effet de commerce;* on dirait mieux aujourd'hui : *négocier*, en ce sens. — Faire abus de... pour se procurer de l'argent : *trafiquer de son honneur; trafiquer des charmes d'une femme.* — SE TRAFIQUER, v. pron.

TRAFIQUEUR, subst. mas., **TRAFIQUEUSE**, subst. fém. (*trafikieur, kieuze*), qui *trafique*. Ces deux mots manquent dans l'*Académie*.

TRAFIQUEUSE, subst. fém. Voy. TRAFIQUEUR.

TRAFUSOIR, subst. mas. (*trafuzoar*), machine pour séparer les écheveaux de fil ou de soie et les dévider.

TRAGACANTHE, subst. fém. (*traguakante*) (du grec τραγος, bouc, et ακανθα, épine), t. de bot., plante d'où découle la gomme dite *adragant*. Voy. ADRAGANT.

TRAGANON, subst. mas. (*traguanon*), t. de bot., genre de plantes d'Égypte.

TRAGÉDIE, subst. fém. (*trajédi*) (en grec τραγωδια, formé de τραγος, bouc, et ωδη, chant, dérivé de αειδω, je chante; parce que chez les anciens Grecs, dit-on, le prix de ce poëme était un bouc), pièce de théâtre en vers représentant une action héroïque, conduite par des personnages du plus haut rang, et qui doit exciter la terreur ou la pitié, ou toutes les deux ensemble, et qui enfin doit se terminer par une horrible catastrophe : *la tragédie a beaucoup perdu en France depuis que nous manquons d'acteurs.* — Par extension, l'art de composer, de jouer des *tragédies*; le genre *tragique*. — On distingue quelquefois les *tragédies* par le nom des auteurs : *les tragédies de Sophocle, les tragédies de Corneille;* et d'autres fois par le nom du sujet de chaque pièce. — Fig., événement funeste : *tout ceci finira par quelque horrible tragédie.*

TRAGÉDIEN, subst. mas., au fém. **TRAGÉDIENNE** (*trajédiein, diène*), acteur, actrice qui joue dans la *tragédie* : *Talma a été, à juste titre, regardé comme le plus grand des tragédiens; mademoiselle Georges est encore une belle tragédienne.*

TRAGÉDIENNE, subst. fém. Voy. TRAGÉDIEN.

TRAGÉDISTE, subst. mas. (*trajédicete*), auteur de *tragédie*. (Boiste.) Tout-à-fait inusité; et cependant ce mot manque dans la langue.

TRAGÉMÉLODIE, subst. fém. (*trajémélodi*), sorte de *tragédie* mêlée de *mélodie*. Inusité.

TRAGÉPHORE, subst. propre mas. (*trajéfore*) (du grec τραγος, bouc, et φερω, je porte), myth., surnom de Bacchus, qui portait une peau de bouc.

TRAGÉLAPHE, subst. mas. (*trajélafe*) (du grec τραγος, bouc, et ελαφος, cerf), espèce de cerf auquel les anciens avaient cru trouver quelque ressemblance avec le bouc.

TRAGI-COMÉDIE, subst. fém. (*trajikomédi*), *tragédie* mêlée d'incidents *comiques*, et dont la fin n'est pas ce qu'on peut appeler *tragique*; c'est-à-dire accompagnée de déplorables catastrophes. — On appelle de même celle qui, sans être mêlée de comique, ne finit par aucun événement funeste : *le fameux Cid a été donné sous le nom bizarre de tragi-comédie.* — On donne encore ce nom aux pièces de *comédie larmoyante*, dont le fond, pris dans la vie commune et bourgeoise, n'excite pas moins la terreur ou la pitié, quoique le dénouement soit ordinairement heureux. — Au plur., des *tragi-comédies.*

TRAGI-COMIQUE, adj. des deux genres (*trajikomike*), qui appartient à la *tragédie*, qui tient du *tragique* et du *comique.* — Au plur., *tragi-comiques.*

TRAGIE, subst. fém. (*traji*), t. de bot., genre de plantes triandres.

TRAGIEN, subst. et adj. mas., au fém. **TRAGIENNE** (*trajiein, jiène*), t. d'anat., nom d'un muscle de l'oreille externe qui appartient au *tragus.*

TRAGIENNE, subst. et adj. fém. Voy. TRAGIEN.

TRAGION, subst. mas. (*trajion*), t. de bot., genre de plantes à fruit.

TRAGIQUE, subst. mas. (*trajike*), le genre *tragique* : *cet acteur est bon dans le tragique.* — Plusieurs écrivains l'ont dit des auteurs de *tragédies* : *cet auteur est un bon tragique; les tragiques grecs.* — Ce qui forme l'essence des *tragédies* : *le tragique embrasse la terreur et la pitié*, etc. — On appelle, *tragique bourgeois*, un genre de poésie dramatique dont l'action n'est pas héroïque, soit par elle-même, soit par le caractère de ceux qui la font. — Fig. et fam. : *il ne faut pas prendre les choses au tragique*, il ne faut pas les regarder du côté le plus triste ou le plus chagrinant. — Ce qui paraît devoir être malheureux ou funeste : *cette contestation tend au tragique.*

TRAGIQUE, adj. des deux genres (*trafike*), qui sent la *tragédie*; qui concerne la *tragédie.* — Fig., funeste, malheureux : *événement tragique.*

TRAGIQUEMENT, adv. (*trajikeman*), d'une manière *tragique.*

TRAGUS, subst. mas. (*traguce*) (en lat. *tragus*, en grec τραγος, espèce de froment, au grain duquel ressemble ce bouton), en anat., petit bouton au-dessous de l'extrémité antérieure du pli de l'oreille, qui, avec l'âge, se couvre de poil.

TRAHI, E, part. pass. de *trahir.*

TRAHINE, subst. fém. (*tra-ine*), t. de pêche, nom qu'on donne en certains endroits à la bouliêche.

TRAHIR, v. act. (*tra-ir*) (du latin *tradere*, qui signifie proprement donner, livrer entre les mains, formé de la prép. *trans*, au-delà, par-delà, et du verbe *dare*, donner), faire une perfidie à..., user de *trahison* envers... — Plus particulièrement, manquer plus ou moins de fidélité envers sa patrie, son prince, son ami, celui qui avait mis sa confiance en nous : *trahir l'amitié, la tendresse, son ami.* — Manquer à... :

Ils ne trahissent point l'honneur de tant d'années.
RACINE.

— Fig., ne pas répondre à l'attente, ne pas seconder : *son épée, en se brisant dans sa main, a trahi son courage.* — Fig., découvrir, faire connaître, déceler, révéler : *cette jeune beauté garde en vain un secret que trahit sa fierté.* — Fig. : *trahir ses sentiments, son devoir*, parler, agir contre ses sentiments, son devoir. — *Trahir le secret de quelqu'un*, le révéler à mauvaise intention. — *Trahir*, signifie figurément, ne pas seconder, faire manquer : *la fortune trahit les efforts des nouveaux aventuriers.* (Rayn.) *Les événements trahirent ses espérances.* (Idem.) — Il signifie encore fig., découvrir, faire connaître : *il s'en défend comme d'un meurtre, mais ses actions le trahissent; il voulait être inconnu, mais sa voix l'a trahi; sa surprise, sa rougeur l'a trahi.* — SE TRAHIR, v. pron., se déceler, se découvrir soi-même par imprudence ou par indiscrétion. — *Se trahir soi-même*, agir contre ses propres intérêts.

TRAHISON, subst. fém. (*tra-izon*), action de *trahir.* — Fourberie et tromperie qu'on fait à ceux qui se fient en nous. — On appelle *haute trahison*, tout attentat, toute entreprise contre la sûreté de l'état, ou contre la personne du souverain : *on l'a accusé du crime de haute trahison.* — *En trahison*, loc. adv., en traître.

DU VERBE IRRÉGULIER TRAIRE :

Traie, précédé de *que je*, 1re pers. sing. prés. subj.

Traie, précédé de *qu'il* ou *qu'elle*, 3e pers. sing. prés. subj.

Traient, précédé de *ils* ou *elles*, 3e pers. plur. prés. indic.

Traient, précédé de *qu'ils* ou *qu'elles*, 3e pers. plur. prés. subj.

Traies, 2e pers. sing. prés. subj.

TRAILLE, subst. fém. (*trâ-ie*) (du latin *trahere*, tirer), bac qui sert à passer une grande rivière. On l'appelle aussi *pont volant.* (Acad.) — Suivant quelques-uns, la *traille* est proprement la corde tendue d'un rivage à l'autre, sur laquelle roule une poulie qui tient au bateau par une autre corde; le *bac* est le bateau lui-même.

TRAILLÉ, E, part. pass. de *trailler.*

TRAILLER, v. act. (*trâ-ié*) (du latin *trahere*, tirer), t. de pêche : *trailler* ou *trailer une ligne*, lui donner de temps en temps une secousse en la *tirant* vivement d'une brasse. — SE TRAILLER, v. pron.

TRAILLET, subst. mas. (*trâ-ié*), sorte de châssis sur lequel on roule la corde du libouret.

TRAILLON, subst. mas. (*trâ-ion*), espèce de petite *traille* dont on se sert pour passer l'eau.

TRAIN, subst. mas. (*trein*), allure, façon d'aller : *le train de ce cheval est doux; cet homme va bon train.* — La partie de devant ou de derrière des chevaux, bœufs et autres bêtes de service : *voilà un animal qui a un beau train, un train bien régulier.* — *Il n'a point de train*, il n'a pas une allure réglée. — Par analogie, façon d'aller d'une personne, la vitesse avec laquelle elle avance, soit à pied, soit à cheval, soit en voiture : *nous allions bon train; le cocher nous menait bon train.* — Suite de chevaux, de valets, etc. : *marcher à grand train; augmenter, réformer son train.* — Suite de bateaux à la queue les uns des autres. — Bois flotté conduit sur la rivière et arrangé d'une certaine façon. — *Train*, en t. de charron, se dit de toutes les pièces qui composent la partie mobile d'un carrosse ou d'un chariot, et qui supportent ces sortes de voitures. — Dans une machine, la partie qui la fait mouvoir. — Les imprimeurs, en parlant de la presse, distinguent le *train de devant* et le *train de derrière*. *Le train de devant de la presse* comprend tout ce qui roule sur les bandes, comme la table, le coffre, le marbre, le grand et le petit tympan; *le train de derrière* reçoit celui de devant avec toutes ses pièces, quand ce dernier fait son passage sous la platine. — On appelle *mise en train*, l'action de tout disposer pour le tirage d'une forme. — En t. d'artil., il se dit des canons, des mortiers, et de toutes les munitions concernant le détail de l'artillerie, qui marchent à la suite des armées; enfin, de tout l'attirail nécessaire pour le passage de l'artillerie. — *Train d'artillerie* est synonyme de *convoi d'artillerie.* — Corps destiné à conduire l'artillerie dans les sièges et les batailles : *soldat du train.* — Fig., humeur : *je ne suis pas en train de rire.* — Cours et état des choses : *nos affaires prennent un bon train.* — *Mettre une affaire en train*, la commencer, la faire commencer. — *Une affaire va bon train*, s'achemine rapidement à sa fin. — *La raison va bon train*, fait de grands progrès. — Fam., gens de mauvaise vie : *le commissaire a chassé le train de son quartier.* Vieux dans cette acception. — Fig. et fam. : *mener un homme bon ou grand train*, ne pas le ménager dans la suite d'une affaire, d'une dispute. — Fam. : *faire du train*, du tapage. — On appelle pop. *boute-en-train*, un homme qui excite les autres à la joie, qui met une compagnie en *train.* — *Être* ou *mettre en train*, en action, en mouvement. — En faucon. : *faire le train à un oiseau*, lui donner un oiseau tout dressé pour l'accoutumer à la chasse. — *Tout d'un train*, loc. adv., tout de suite, au même instant. — TRAIN, ÉQUIPAGE. (*Syn.*) Le *train* regarde la suite; l'*équipage*, le service. On dit *un grand train et un bel équipage*. Il n'appartient qu'aux princes d'avoir des *trains* nombreux et de superbes *équipages.*

TRAÎNAGE, subst. mas. (*trênaje*), action de *traîner*; manière de voyager sur des *traîneaux.*

TRAÎNANT, E, adj. (*trênan, nante*), qui *traîne* à terre : *robe, queue traînante.* — On a appelé autrefois *drapeaux traînants*, ceux que l'on portait renversés en signe de deuil dans les pompes funèbres; et *piques* ou *armes traînantes*, celles qu'on portait renversées, c'est-à-dire le fer ou le bout du canon retourné par en bas. — Fig., en parlant du style, languissant, et qui renferme peu de choses en beaucoup de paroles. — *Voix traînante*, voix faible et lente. — T. de médec., faible, débile, valétudinaire.

TRAÎNARD, subst. et adj. mas. (*trênar*), t. militaire, traîneur. — Homme lent à marcher, à agir. — Pourquoi ne dirait-on pas *traînarde*, au fém.?

TRAÎNASSE, subst. fém. (*trênace*), t. de bot., plante qui s'étend beaucoup et que l'on nomme aussi *renouée.* — Long filet qu'on *traîne* la nuit dans les champs pour prendre des perdrix.

TRAÎNE, subst. fém. (*trêne*) : *bateau à la traîne*, *traîné* par un autre. — *Perdreaux en traîne*, qui ne peuvent pas encore voler.

TRAÎNÉ, E, part. pass. de *traîner*. L'*Acad.*, à l'occasion de ce mot, cite un vieux proverbe qui n'est guère en usage aujourd'hui; *autant vaut traîné que porté*; ce qui veut dire qu'il est indifférent de faire telle chose d'une façon ou d'une autre.

TRAÎNEAU, subst. mas. (*trênô*) (du latin *traha*, fait de *trahere*, tirer, traîner), sorte d'assemblage de bois propre à porter des fardeaux. — Sorte de voiture sans roues pour aller sur la neige ou sur la glace. — Grand filet pour prendre des perdrix ou du poisson.

TRAÎNE-BUISSON, subst. mas. (*trênebuiçon*), t. d'hist. nat., nom donné à la fauvette d'hiver. — Au plur., des *traîne-buisson.*

TRAÎNE-CHARRUE, subst. mas. (*trênecharu*), t. d'hist. nat., le motteux, qu'on voit ordinairement à la suite de la *charrue.* — Au plur., des *traîne-charrue.*

TRAÎNÉE, subst. fém. (*trêné*), petite quantité de certaines choses épanchées en long, comme blé, farine, cendre, plâtre, etc. — Longue suite de poudre à canon, dont on se sert pour porter le feu à l'amorce : *on fit une longue traînée de poudre pour faire jouer les boîtes.* — La trace qu'on fait avec de la viande ou de la charogne pour attirer des loups au piége. — *Traînée*, femme de mauvaise vie, prostituée. — T. d'anc. mus., suite de notes sur la même syllabe.

TRAÎNELLE, subst. fém. (*trènèle*), sac de toile qu'on *traîne* sur le sable, comme une petite charrue, pour prendre des lançons ou de jeunes brochets.

TRAÎNE-MALHEUR, subst. mas. (*trènemaleur*), qui apporte le *malheur* avec soi.—Au plur., des *traîne-malheur*.

TRAÎNEMENT, subst. mas. (*trènemman*), trace que laisse le boulet sur la paroi intérieure de l'âme du canon.

TRAÎNE-POTENCE, subst. mas. (*trènepotance*), mauvais sujet, qui fera une mauvaise fin. — *Gibier de potence.* — Homme qui porte malheur à ceux qui s'approchent de lui. — Au plur., des *traîne-potence*.

TRAÎNER, v. act. (*trèné*) (du latin *trahere*, tirer), en général et au propre, tirer après soi : *des chevaux traînent un carrosse, une charrette, un bateau.—Traîner sa chaîne*, mener sa chaîne après soi; et au fig., mener une vie dure; éprouver des malheurs, et les supporter sans rien dire. — Mener avec soi, se faire suivre par... : *cet homme traîne son ami partout.* — Fig., attirer, être la source, la cause de... : *cette action a traîné après elle une longue suite de malheurs.* —Allonger, différer la conclusion d'une affaire, amuser par de vaines promesses, etc. : *cet homme vous traînera long-temps avant de vous payer*, etc. — *Traîner la jambe*, ne pas marcher ferme. — *Cet oiseau traîne l'aile*, l'aile lui pend. — Fig. : *traîner une vie, une vieillesse languissante*, être accablé de chagrins, de vieillesse et d'infirmités.—Fig. : *cet homme traîne son lien*, tôt ou tard il périra. —*Traîner ses paroles*, parler avec une extrême lenteur.—Neut., pendre jusqu'à terre : *manteau, robe qui traîne.*—Demeurer exposé, au lieu d'être à sa place : *il laisse traîner ses clefs.*—Être en langueur sans pouvoir se rétablir : *cet homme ne fait plus que traîner.* — N'avancer point : *il y a long-temps que cette affaire traîne.—Discours qui traîne*, froid et languissant. — *Des soldats traînent*, suivent de loin la troupe avec laquelle ils sont en marche. — *Un vaisseau traîne*, va moins vite que la flotte.—En t. d'archit., *traîner en plâtre une corniche* ou *un cadre*, c'est faire une corniche ou un cadre avec le calibre que l'on *traîne* sur deux règles arrêtées, en garnissant de plâtre clair ce cadre ou cette corniche, et les repassant à plusieurs fois, jusqu'à ce que les moulures aient leurs contours parfaits. —En t. de jeu de billard, *traîner*, c'est conduire quelque temps sa bille sur le tapis, sans qu'elle quitte le bout de la queue. — *se* TRAÎNER, v. pron., se glisser en rampant. — Marcher avec grande peine : *cet homme a de la peine à se traîner.*— Aller péniblement d'un endroit à un autre, d'une chose à une autre : *nous nous traînions de rochers en rochers; il se traîne de conséquence en conséquence.*—TRAÎNER, ENTRAÎNER. (*Syn.*) *Traîner*, c'est tirer après soi; *entraîner*, c'est *traîner* avec soi. On *traîne* à la suite; on *entraîne* dans son cours. Des chevaux *traînent* un char, et quelquefois le char *entraîne* les chevaux. La guerre *traîne* après elle des maux sans fin, et *entraîne* avec elle des maux sans nombre. Il faut bien *traîner* sa chaîne quand on ne peut pas la porter; il faut bien *entraîner* un insensé quand il ne veut pas qu'on le mène. L'action de *traîner* exige une force qui puisse triompher d'une résistance; celle d'*entraîner* demande une plus grande force pour triompher de toute résistance. Les ruisseaux *traînent* du sable; les torrents *entraînent* tout ce qui se trouve sur leur passage.

TRAÎNE-RAPIÈRE, subst. mas. (*trènerapière*), bretteur. — Au plur., des *traîne-rapière*.

TRAÎNERIE, subst. fém. (*trèneri*), lenteur désagréable de la musique.

TRAÎNEUR, subst. mas. et adj., au fém. **TRAÎNEUSE** (*trèneur, neuze*), celui, celle qui *traîne*. — Chasseur au *traîneau*. — Soldat qui ne suit pas le gros de la troupe, qui demeure derrière, soit par infirmité ou fatigue, soit pour piller. Dans ce sens, on dit également traînard. Voy. ce mot. — En t. de chasse, chien qui ne suit pas le gros de la meute.— Au billard, joueur qui *traîne* la bille avec la queue. — Conducteur d'un *traîneau* sur les canaux gelés. — Adj. mas. seulement, t. de mar. : *vaisseau traîneur*; qui reste en arrière.

TRAÎNOIR, subst. mas. (*trènoar*), long bâton adapté à la charrue pour la diriger.

DU VERBE IRRÉGULIER TRAIRE :

Traira, 3e pers. sing. fut. indic.
Trairai, 1re pers. sing. fut. indic.
Trairaient, 3e pers. plur. prés. cond.
Trairais, précédé de *je*, 1re pers. sing. prés. cond.
Trairais, précédé de *tu*, 2e pers. sing. prés. cond.
Trairait, 3e pers. sing. prés. cond.
Trairas, 2e pers. sing. fut. indic.

TRAIRE, v. act. (*trère*) (du lat. *trahere*, tirer), *trait*; *trayant*; *je trais*, etc.; *nous trayons, vous trayez, ils traient.* Point de passé défini ni d'imparfait du subjonctif; le reste régulier ou formé de ces temps. Prendre le *trayon* de la vache et en faire sortir du lait; ce qui se dit aussi des chèvres et des ânesses.—Au fig., attirer, tirer adroitement à soi : *c'est un homme qui sait bien traire son monde.*

DU VERBE IRRÉGULIER TRAIRE :

Trairez, 2e pers. plur. fut. indic.
Trairiez, 2e pers. plur. prés. cond.
Trairions, 1re pers. plur. prés. cond.
Trairons, 1re pers. plur. fut. indic.
Trairont, 3e pers. plur. fut. indic.
Trais, précédé de *je*, 1re pers. sing. prés. indic.
Trais, précédé de *tu*, 2e pers. sing. prés. indic.
Trais, 2e pers. sing. impér.
Trait, précédé de *il* ou *elle*, 3e pers. sing. prés. indic.

TRAIT, subst. mas. (*trè*) (du lat. *tractus*, fait de *trahere*, tirer), dard, javelot, et plus particulièrement, flèche qui se tire avec l'arc.— On dit fig. : *les traits de l'amour.* En ce sens, on dit, d'un homme qui est devenu amoureux, que *l'amour l'a percé de ses traits*; et des yeux d'une belle personne, que *ses yeux lancent mille traits.* —Fig., ce qui blesse en piquant : *un trait satirique, un trait de médisance, de raillerie; des traits de satire, des traits malins*, etc. — Longe de corde ou de cuir avec laquelle les chevaux tirent.— Longe à laquelle est attaché le limier qu'on mène au bois.—Ce qui emporte l'équilibre de la balance et la fait trébucher : *pour les marchandises d'un grand volume et d'un grand poids, le trait doit être plus fort.* — Les linéaments du visage. — Bon ou mauvais office : *beau* ou *vilain trait.*—Acte, procédé : *trait d'habile homme, de fripon.*—Fait, évènement : *un beau trait d'histoire.* On appelle aussi *trait d'histoire*, un morceau détaché d'une grande histoire. — Beaux endroits d'un ouvrage d'esprit : *il y a de beaux traits dans ce discours.* — On dit qu'*un auteur a du trait*, qu'*il y a du trait dans un ouvrage*, lorsqu'il y a dans les pensées, dans les tours, dans le style quelque chose de vif et d'ingénieux, une certaine originalité piquante, etc.— Rapport : *cette affaire n'a point de trait à l'autre.* —En t. d'église, verset qui se chante à la messe entre le graduel et l'évangile. — Espace que les propriétaires de fonds situés au bord des rivières sont tenus de laisser libre pour le passage des chevaux qui tirent les bateaux.— En t. de pêche, espace qu'on parcourt avec un filet qu'on *traîne*. — *Trait de bateaux*, plusieurs bateaux qu'on attache les uns aux autres pour remonter une rivière.—*Trait de scie*, passage que fait la scie en coupant un morceau de bois : *scier une voie de bois à deux traits*, en scier chaque bûche en trois morceaux. Les scieurs de long appellent *rencontre*, l'endroit où, à deux ou trois pouces près, les deux *traits* de scie se rencontrent, et où la pièce se sépare. — *Cheval de trait*, qui sert au tirage.—*Gens de trait*, ceux qui autrefois tiraient de l'arc, de l'arbalète, qui lançaient le javelot.—*Il partit comme un trait*, fort vite. — Ce qu'on avale d'une liqueur en une gorgée. *Avaler tout d'un trait*, tout d'une haleine. — *Boire à longs traits*, lentement, en savourant ce qu'on boit. — En t. d'archit., on appelle *trait*, une ligne qui marque un repère ou un coup de niveau. On donne aussi ce nom, dans la coupe des pierres, à toute ligne qui forme quelque figure.—*Trait biais*, ligne inclinée sur une autre, ou en diagonale dans une figure; *trait corrompu*, qui est fait à la main, c'est-à-dire sans compas et sans règles, et qui ne forme aucune courbe déterminée ou régulière; *trait carré*, ligne qui, en coupant une autre ligne à angle droit, rend les angles d'équerre. - *Trait*, se dit aussi du dessin et de la coupe des pierres qui sont taillées hors de leurs angles, pour faire des ouvrages biaisés. — Il se dit aussi de la figure d'un bâtiment projeté, tracé sur le papier, dans laquelle, avec l'échelle et le compas, on décrit les différentes pièces d'un appartement, avec les proportions que toutes les parties doivent avoir. — Les jardiniers appellent *trait de buis*, un filet de buis nain, qui forme communément la bordure d'un parterre, et qui renferme les plates-bandes et les carreaux.—En t. de lainage, le *trait* est cette quantité de laine attachée à chaque peigne, laquelle se trouve ordinairement démêlée et couchée de long, après un nombre de voies ou d'allées et venues d'un peigne sur l'autre.—Ligne que décrit la plume, le crayon, ou le pinceau : *écrire d'un trait*, écrire sans interruption. On dit cependant, en peinture, *coup de pinceau*, et non *trait de pinceau*, à moins qu'on ne dise : *j'en ai fait le trait au pinceau*, alors c'est dessiner avec le pinceau; ou qu'en parlant d'un objet peint, on ne dise : *la chose est exprimée d'un seul trait.* — On dit : *le trait d'une perspective; ma figure n'est pas avancée, elle n'est qu'au trait; la vie est dans ce dessin, quoiqu'il ne soit qu'au trait.—Copier trait pour trait*, exactement, fidèlement.—*Trait*, se dit aussi d'un dessin d'après un tableau pris sur le tableau même : *prendre le trait d'un tableau.*

TRAIT, E, part. pass. de *traire*, et adj.; il ne se dit que de l'or et de l'argent qui est tiré par une filière, lorsqu'il n'est pas encore sur la soie : *de l'or trait, de l'argent trait.* — En ce sens, il est aussi subst. mas. : *des boutons de trait, une broderie de trait.*

TRAITABLE, adj. des deux genres (*trètable*), doux, avec qui on peut aisément *traiter*. — En parlant des métaux, maniable, ductible, qu'on peut mettre aisément en œuvre.

TRAITAILLÉ, E, part. pass. de *traitailler*.

TRAITAILLER, v. act. (*trètd-ié*), faire des *traités.*—*se* TRAITAILLER, v. pron. (*Boiste*) Inusité.

TRAITANT, subst. mas. (*trètan*), celui qui se chargeait du recouvrement des impositions, à certaines conditions stipulées dans un *traité* fait avec le gouvernement, etc.

TRAITE, subst. fém. (*trète*), étendue de chemin qu'on fait sans s'arrêter : *aller tout d'une traite d'un lieu à un autre.* — Transport de marchandises ou même d'esclaves, qu'on *tire* d'un endroit pour les porter dans un autre : *on a permis la traite des blés; faire la traite des nègres.* — Lettre de change tirée par un négociant sur un négociant d'une autre ville, à l'ordre d'un tiers. Elle se nomme *traite* par rapport à celui qui la *tire* : elle devient *remise*, par rapport à celui à qui on la *remet.*—*Traite domaniale*, anciennement, droit qui se percevait en Languedoc sur certaines marchandises.—*Traites et remises*, un des comptes généraux du grand-livre, qui a pour objet l'entrée et la sortie des lettres de change et billets que reçoit un négociant. — En t. de monnaie, ce qui fait la diminution de la valeur intrinsèque des espèces. — TRAITE, TRAJET, TROTTE. (*Syn.*) La *traite* est proprement l'étendue de l'espace ou du chemin qu'il y a d'un lieu à un autre, ou entre l'un et l'autre. Le *trajet* est le passage qu'il faut traverser ou franchir pour aller d'un lieu à un autre.—La *traite* vous mène à un lieu; il faut en parcourir la longueur pour arriver au terme. Le *trajet* vous sépare d'un lieu, il faut aller par-delà pour parvenir au terme.—On dit proprement *traite*, en parlant de la terre; et *trajet*, en parlant des eaux. On dit, le *trajet*, et non, la *traite* de Calais à Douvres. Les eaux coupent les chemins, il faut les passer, les traverser, c'est un *trajet*; les chemins de terre sont continus, il faut les suivre, c'est une *traite*.—La *traite* est plus ou moins longue. On dit : *une longue traite, une grande traite, une forte traite.* Le *trajet* peut être fort court; on dit : *le trajet de la rivière, le trajet d'un fossé, le trajet de la rue*, et autre petit passage à traverser.—On dit pop., *trotte*, dans le sens de *traite*. Elle est en petit ce que la *traite* est en grand. La *trotte* regarde particulièrement les gens à pied qui sont obligés de *trotter*, c'est-à-dire de marcher beaucoup à pied.

TRAITÉ, subst. mas. (*trété*), ouvrage dans lequel on *traite* de quelque art, de quelque science, de quelque matière particulière : *traité de mathématiques.* — Convention, transaction sur quelque affaire importante, et surtout entre les souverains ou même entre particuliers: *traité de confédération ; le traité est assez avantageux.* — TRAITÉ, MARCHÉ. (*Syn.*) Le *traité* est un accommodement, une convention sur des affaires d'importance, sur un *marché considérable.* Le *marché* est le prix de la chose qu'on achette avec des conventions, des conditions. Le gouvernement fait des *traités* avec des financiers pour une levée de droits, pour la fourniture des vivres aux troupes, etc. —L'idée propre et dominante du *traité* est celle de fixer les conventions, et d'établir les stipulations respectives des parties. L'idée propre et dominante du *marché* est celle de s'accorder sur le prix des choses, et de faire un échange de valeurs et de services.—On négocie pour faire un *traité*, il y a des intérêts considérables à régler. On marchande pour faire un *marché*, il s'agit d'obtenir un bon prix.

TRAITÉ, E, part. pass. de *traiter*, et adj., disputé, reçu, régalé. — En peint. : *figure bien traitée*, bien faite; *composition bien traitée*, dans laquelle on a bien suivi les convenances du sujet.

TRAITEMENT, subst. mas. (*trèteman*), accueil, réception, manière d'agir avec quelqu'un. — Honneur qu'on rend, dans les cours, à des personnes de distinction.—Repas que le roi faisait donner en certaines occasions aux ambassadeurs ou même aux simples envoyés.—Soins et remèdes qu'on emploie pour *traiter* un malade.— Appointements qu'on donne, avantage qu'on fait: *on a réglé son traitement.* — Au plur. : *mauvais traitements*, violences, voies de fait.

TRAITER, v. act. (*trèté*) (du lat. *tractare*, manier, toucher), discuter, agiter ; *traiter un sujet, une matière.*—Négocier, travailler à un accommodement : *traiter la paix, un mariage, une réconciliation.*—*Traiter d'une chose*, signifie aussi entrer en négociation, être en négociation, pour la vendre ou pour l'acheter : *traiter d'une terre ; nous avons traité pour cette maison de campagne*, nous avons conclu le marché. —On dit que *deux plaideurs ont traité*, pour dire qu'ils se sont accordés.—Régaler, donner à manger à... : *traiter quelqu'un magnifiquement, splendidement.*—En peint., etc., faire : *ce peintre traite bien la figure, les ciels*, etc.—En user bien ou mal avec quelqu'un.—Reconnaître pour.., qualifier de... : *traiter quelqu'un de prince, d'altesse*, etc.; *traiter de fou, de fripon, d'ignorant.*—Panser, médicamenter : *ce médecin le traite bien.* — *Traiter quelqu'un d'une fièvre*, suivre tous les symptômes de cette fièvre, et donner des soins propres à la guérir. — Fam. : *traiter quelqu'un de haut en bas*, fort mal, et avec beaucoup de mépris. — *Traiter de Turc à More*, avec toute la rigueur possible.— Neut., il a les trois premiers sens de l'actif : *traiter d'une matière, d'un sujet.* Quand on spécifie la matière dont on *traite*, on emploie toujours le neutre : *il a bien traité des plantes, des métaux, de l'astronomie*, et non pas, *les plantes*, etc.—*Traiter avec les ennemis, traiter d'une affaire.* Quand il s'agit de vendre, d'acheter, d'acquérir, de contracter, il est toujours neut.: *traiter d'une charge, d'un domaine, de ses prétentions.*—*Traiter en viande, en poisson; cet aubergiste traite à tant par tête.* — Offrir des renseignements, des détails sur telle matière, en parlant d'un ouvrage.—*se* TRAITER, v. pron., se médicamenter soi-même. — *Se traiter bien*, faire bonne chère, tenir une bonne table. — *Se traiter bien*, avoir des égards les uns pour les autres, se faire des amitiés, des politesses : *ils se traitent bien lorsqu'ils se rencontrent.*

TRAITEUR, subst. mas. (*trèteur*), celui qui *traite*, qui donne habituellement à manger pour de l'argent, ou qui entreprend de grands repas, etc. — Pourquoi ne dirait-on pas *traiteuse*, en ce sens, au fém., en parlant d'une femme?— Au mas. seulement, nom qu'on donne à ceux qui font la *traite* avec les sauvages dans la Louisiane.

TRAITOIRE, subst. fém. (*trètoare*), outil de tonnelier pour tirer et allonger les cercles.

TRAÎTRE, subst. mas.; **TRAÎTRESSE**, subst. fém. (*trètre, trètrèce*) (en latin *traditor*), celui, celle qui commet une trahison.—Adj., perfide : *cet homme est bien traître; âme traîtresse.* Il se dit par extension des animaux qui mordent, qui ruent, qui égratignent lorsqu'on y pense le moins.—On le dit aussi des choses, en parlant des actions de *trahison : un procédé, un tour bien traître ; des faveurs traîtresses.* — En parlant de ce qui est plus dangereux qu'il ne le paraît : *ce vin-là est traître; liqueur traîtresse.* — Prov. : *traître comme Judas.* — *N'être pas traître à son corps*, ne se refuser aucune commodité. — *En traître*, loc. adv., en trahison : *prendre en traître.*

TRAÎTRESSE, subst. et adj. fém. Voy. TRAÎTRE.

TRAÎTREUSEMENT, adv. (*trètreuzeman*), en *trahison*, à la manière des *traîtres.*

TRAJANE, adj. fém. (*trajane*), de *Trajan* : *colonne trajane.*

TRAJECTILE, subst. mas. (*trajèktile*), tout ce qui sert à faire un *trajet*, à naviguer. (*Boiste.*)

TRAJECTOIRE, subst. fém. (*trajèktoare*) (du latin *trajicere*, traverser, passer à travers), en géom., courbe qui coupe sous un angle donné une famille de courbes du même genre.

TRAJET, subst. mas. (*trajè*) (du latin *trajectus*, fait de *trajicere*, traverser, lequel est formé de *trans*, au-delà, par-delà, et de *jacere*, jeter), espace à traverser d'un lieu à un autre par eau, et par extension, par terre.—Action de traverser cet espace.— En chir., on appelle *trajet d'une plaie*, l'espèce de conduit que forme sa cavité. —On appelle poétiquement *noir trajet*, la mort, par allusion à la barque de Caron, dans laquelle la fable dit qu'on faisait le *trajet* du Styx. —Fig. et fam., se dit d'une affaire qui éprouve des obstacles — *Le trajet sera difficile*, ne sera pas aisé, par allusion aux obstacles qui dérangent une navigation.

TRALE, subst. mas. (*trale*), t. d'hist. nat., espèce d'oiseau voisin du genre des grives.

TRALLIANE, subst. mas. (*trali-ane*), t. de bot., sorte d'arbrisseau grimpant de la Cochinchine.

TRAMAIL, et non pas **TRÉMAIL**, subst. mas. (*trama-ie*), filet pour prendre du poisson.— En t. de chasse, filet composé de *trois* rangs de *mailles.*—Au plur., des *tramails.*

TRAMAILLADE, subst. fém. (*tramâ-iade*). Peu usité. Voy. TRAMAIL.

TRAMAILLÉ, E, adj. (*tramâ-ié*), fait en *tramail : des filets tramaillés.*

TRAMAILLON, subst. mas. (*tramâ-ion*), petit *tramail.*

TRAMASSEUSE, subst. fém. (*tramaceuze*), ouvrière qui finit les pipes.

TRAME, subst. fém. (*trame*) (du latin *trama*, employé par *Pline* dans la même signification, et formé de *trans*, au-delà, par-delà, et *meare*, couler, aller, se glisser), fil conduit par la navette entre ceux qu'on nomme chaînes. — Fig., complot : *être l'auteur d'une trame ; ourdir une trame.*—Fig. et poét. : *la trame de la vie, des jours*; le cours, la durée de la vie.

TRAMÉ, E, part. pass. de *tramer.*

TRAMÉLOGÉDIE, subst. fém. (*tramélojédi*), tragédie en musique. Tout-à-fait inusité.

TRAMER, v. act. (*tramé*), passer la *trame* entre les fils de la chaîne. — Fig., machiner, faire un complot : *tramer une conspiration.*—*se* TRAMER, v. pron.

TRAMÉSAÏQUE, adj. des deux genres. (*traméza-ike*). Voy. TRAPÉZAÏQUE.

TRAMESÉ, E, part. pass. de *trameser.*

TRAMESER, v. act. (*tramezé*), transmettre.— *se* TRAMESER, v. pron. (*Boiste.*) Tout-à-fait inusité.

TRAMETTRE, v. act. (*tramètre*), envoyer. —*se* TRAMETTRE, v. pron. (*Boiste.*) Tout-à-fait inusité.

TRAMEUR, subst. mas., au fém. **TRAMEUSE** (*trameur, meuze*), ouvrier qui prépare les *trames*, qui les dispose pour être employées.

TRAMEUSE, subst. fém. Voy. TRAMEUR.

TRAMIÈRE, subst. fém. (*tramière*), sorte de serge foulée.

TRAMILLON, subst. mas. *Barbarisme.* Voyez TRAMAILLON.

TRAMIN, subst. propre mas. (*tramein*), bourg du Tyrol où les Français remportèrent une victoire sur les Autrichiens en 1797.

TRAMONTAIN, E, adj. (*tramontein, tène*), au-delà des *monts.* Ce mot manque dans l'*Académie.*

TRAMONTANE, subst. fém. (*tramontane*) (de l'italien *tramontana*, formé du latin *trans*, au-delà, et de *mons, montis*, mont ; parce que le nord est au-delà des monts (des Alpes), par rapport à Rome et à Florence), il se prend, dans la Méditerranée, pour le vent du nord.—Le côté du nord : *aller vers la tramontane.* — L'étoile du nord ou l'étoile polaire. — Fig. et fam. : *perdre la tramontane*, se troubler, ne savoir plus ce qu'on dit ni ce qu'on fait.—*Trémontade* pour *tramontane* est un barbarisme.

TRANCHANT, subst. mas. (*tranchan*), le fil d'un couteau, d'une épée, d'un rasoir, etc.—Fig.: *ces paroles furent pour lui une épée à deux tranchants*, elles déterminèrent une double solution. —En t. de cout., *mettre à tranchant*, c'est, après avoir blanchi et dégrossi une lame d'acier, faire son *tranchant* sur une meule.— En t. de vén., on appelle *tranchants*, les côtés du pied du sanglier.

TRANCHANT, E, adj. (*tranchan, chante*), qui *tranche*, qui coupe : *épée tranchante.* — Fig., en parlant des choses, décisif, péremptoire : *voilà un argument tranchant.* — Qui décide hardiment : *c'est un homme fort tranchant.* — *Écuyer tranchant*, officier qui coupe les viandes à certaines tables. — *Couleurs tranchantes*, fort vives et sans nuance entre elles.—TRANCHANT, DÉCISIF, PÉREMPTOIRE. (*Syn.*) Ce qui lève les difficultés et aplanit les obstacles est *tranchant*; ce qui ne laisse plus de doute et entraîne le jugement est *décisif*; ce qui ne souffre plus d'opposition et interdit la réplique est *péremptoire.* Vous regarderez proprement comme *tranchantes*, la loi, l'autorité, la puissance absolue, la force transcendante qui tranche au lieu de résoudre, qui coupe le nœud plutôt que de le délier. Vous regarderez comme *décisives*, les raisons claires, les preuves solides, les applications exactes des règles, la démonstration qui emporte la conviction et dicte en quelque sorte le jugement. Vous regarderez comme *péremptoires*, des moyens, des titres, des exceptions ; le motif qui, quand il ne serait qu'intrinsèque, ou qu'il ne serait pas la raison de la chose, est néanmoins tel qu'il n'y a plus à contester, qu'il faut se rendre. — *Tranchant* et *décisif* se disent des personnes. L'homme *tranchant* ne voit point de difficultés; l'homme *décisif* n'a point de doute. A la confiance de celui-ci, l'autre ajoute l'arrogance. Le personnage *tranchant* veut imposer; le personnage *décisif* s'en fait accroire. Celui-là prend un ton et un air d'autorité; celui-ci a le ton sec et un air de mérite. Il n'y a pas à raisonner avec le premier; il n'est pas aisé de raisonner avec le second.

TRANCHE, subst. fém. (*tranche*), morceau coupé, *tranché*, en long ou en large dans de certaines choses; on dit : *une tranche de pain, de viande, une tranche de melon.*— En t. de bouchers, *un morceau de tranche*, c'est un morceau de cuisse du bœuf. — Coin ou ciseau dont les ouvriers en fer se servent pour couper le fer quand il est chaud.—En t. de relieur, petite bande d'or pour faire des bords de livres. — Le côté par lequel les feuillets d'un livre ont été coupés : *livre doré, marbré sur tranche.* — T. d'archit.: *tranchant de marbre*, morceau de marbre mince qu'on incruste dans quelque compartiment, ou qui sert de table pour recevoir quelque inscription, etc. — Outil de fer d'éperonnier, en forme de ciseau, logé dans un morceau de bois long et fendu, dans lequel la *tranche* est retenue par deux liens de fer.—Le couteau dont les fondeurs en sable se servent pour tailler et réparer les moules qu'ils forment.— Les ardoisiers nomment, *tranche*, un double crochet emmanché d'un bâton de quatre pieds, dont ils se servent, dans le fond d'une carrière, pour enlever les blocs les uns de dessus les autres.—Dans les forges, on appelle *tranche*, un outil ou coin d'acier, tranchant d'un côté, dont on se sert pour enlever les balives ou excédants de fer ou de moules. Lorsqu'il a un manche, cet outil se nomme *tranche emmanchée.* — T. de monn., circonférence des espèces, autour de laquelle on imprime une légende ou un cordonnet, pour empêcher qu'on ne les rogne.—T. de géom., section qui naît d'un prisme, d'un cylindre, d'une pyramide, d'un cône, etc., coupés par un plan parallèle à la base; portion solide comprise entre deux coupes.

TRANCHÉ, E, part. pass. de *trancher*, et adj. —En t. de blas., *écu tranché*, divisé en deux diagonalement.—*Bois tranché*, celui dont les nœuds vicieux ou les fils sont obliques, et diminuent de sa force.

TRANCHE-ARTÈRE, subst. fém. (*tranchartère*), t. de bot., plante du genre campanule.

TRANCHÉE, subst. fém. (*tranché*), fossé longue pour divers usages. — Les maçons appellent *tranchée de mur*, une entaille en longueur faite dans un mur pour y recevoir une solive. — En t. de guerre, fossé qu'on creuse et que l'on conduit en biaisant d'angle en angle, pour se mettre à couvert du feu, en faisant les approches d'une ville assiégée.—En t. de jardinage, longue ouverture de terre faite pour planter des arbres, de la charmille, ou pour faire un fossé, une rigole. — En t. d'hydraul., on appelle *tranchée de recherche*, une *tranchée* faite pour amasser les eaux de divers endroits.—En t. de vén., on nomme *tranchée*, une longue ouverture que l'on creuse pour fouiller, et déterrer les renards et les blaireaux. — Au plur., t. de médec., douleurs d'entrailles qui prennent par intervalles. - Sortes de coliques auxquelles les enfants sont sujets.— On donne aussi le nom de *tranchées*, ou *tranchées utérines*, à des douleurs de matrice qui succèdent à l'accouchement, et qui durent plus ou moins de temps. — Les chevaux ont ce qu'on appelle des *tranchées rouges*, ce sont des *tranchées* fort violentes.

TRANCHE-FIL, subst. mas. (*tranchefile*), instrument pour former les veloutés des tapis de Turquie.—Au plur., des *tranche-fils*.

TRANCHE-FILE, subst. fém. (*tranchefile*), t. de relieur de livres, rouleau de papier ou de parchemin, qui est recouvert de soie ou de fil, et qui se met aux deux extrémités du dos du livre, pour tenir les cahiers assemblés et servir d'ornement.—Au plur., des *tranche-files*.

TRANCHE-FILÉ, E, part. pass. de *tranchefiler*.

TRANCHEFILER, v. act. (*tranchefilé*), mettre de la soie sur une *tranchefile*. — *se* TRANCHEFILER, v. pron.

TRANCHE-LARD, subst. mas. (*tranchelar*), couteau qui a la lame fort mince, et dont les cuisiniers se servent pour couper des *tranches* de *lard*. —Au plur., des *tranche-lard*.

TRANCHE-MAÇONNÉ, E, adj. (*tranchemaçoné*), t. de blas., écu dont une division est en maçonnerie, et l'autre en couleur.

TRANCHE-MONTAGNE, subst. mas. (*tranchemontagnie*), fanfaron. Fam.—Au plur., des *tranche-montagne*. Hors d'usage.

TRANCHE-PLUME, subst. mas. (*trancheplume*), outil d'écrivain, sorte de canif.— Au plur., des *tranche-plume*.

TRANCHER, v. act. (*tranché*) (du lat. *transcindere*, couper tout au travers, formé de *trans*, au-delà, et de *scindere*, couper, fendre, diviser), couper, séparer en coupant : *trancher la tête*.— Fig. et poét. : *la Parque a tranché ses jours, le fil de ses jours*, il est mort. — Fig. : *trancher la difficulté, le nœud de la difficulté*, résoudre tout d'un coup une question difficile, ou lever de suite un obstacle, une difficulté. — *Trancher le mot*, donner une parole décisive.—En t. de verrerie, *trancher le verre*, c'est appuyer le verre sur l'extrémité de la canne, à laquelle il s'attache d'autant plus que cette pression est plus forte.— Neut., décider, déclarer hardiment : *il tranche, il décide sur tout*. En ce sens, il se dit toujours au figuré, et ne s'emploie guère tout seul et absolument.—*Trancher dans le vif*, prendre des mesures énergiques, une résolution ferme et violente.—*Trancher court*, terminer en quelques mots.—*Trancher net*, s'expliquer sans ménagements.—En parlant des couleurs, passer d'une couleur vive à une autre différente et non moins vive, sans aucune nuance ni adoucissement : *le cramoisi tranche trop auprès du vert* ou *sur le vert*, et sans régime, *cela tranche trop*.—Par analogie, *cette description tranche trop dans cet écrit*; est trop différente de ce qui précède et de ce qui suit. — *Trancher du grand seigneur du docteur*, etc., en prendre le ton, les manières. —*se* TRANCHER, v. pron.

TRANCHET, subst. mas. (*tranchè*), outil de cordonnier, de savetier, de bourrelier et de serrurier, servant à couper, à *trancher* le cuir et le fer chaud.

TRANCHEUR, subst. mas. (*trancheur*), celui qui ouvre la morue.— On dit quelquefois : *c'est un trancheur*, ou adj. au mas.: *un homme trancheur*, pour désigner une personne qui parle, qui décide hardiment.

TRANCHIS subst. mas. (*tranchi*), rang d'ardoises ou de tuiles échancrées.

TRANCHOIR, subst. mas. (*tranchoare*), plateau de bois sur lequel on *tranche*, où l'on coupe la viande. — Planche de bois sur laquelle on coupe du lard lorsqu'on fait des lardons—Pièce de verre que l'on met dans les panneaux de vitres, qui sont en forme de croix de Lorraine.—T. d'archit., table carrée qui fait le couronnement du chapiteau des colonnes, et qui, dans celles de l'ordre corinthien, représente cette espèce de tuile carrée qui couvre la corbeille ou le panier qu'on simule entouré de feuilles.

TRANE, subst. mas. (*trane*), papier le plus grossier qu'on fabrique en Hollande.

TRANGLES, subst. fém. plur. (*tranguele*), t. de blas., fasces rétrécies en nombre impair.

TRANLÉ, E, part. pass. de *tranler*.

TRANLER, v. act. (*tranlé*), vieux t. de chasse; quêter un cerf au hasard quand on ne l'a pas détourné.

TRANQUILLE, adj. des deux genres (*trankile*) (en latin *tranquillus*), paisible, calme, sans aucune émotion ; il se dit des personnes et des choses : *dormir tranquille ; la mer était tranquille*. — Qui n'est point ému : *quand vous serez tranquille on vous parlera*.—Qui est sans inquiétude : *il est tranquille sur les suites de son affaire*. — Exempt de remords : *sa conscience est tranquille*. — Qui ne trouble le repos de personne : *ce sont des gens bien tranquilles*.— TRANQUILLE, CALME, POSÉ, RASSIS. (*Syn.*) On est *tranquille* lorsque l'on n'a pas d'agitation d'esprit ; *calme*, lorsque aucune passion ne trouble le cœur; *posé*, lorsque l'on ne se fatigue pas par certains mouvements inutiles ou déréglés ; *rassis*, lorsque les esprits ou les sens agités ont repris leur *tranquillité*.

TRANQUILLEMENT, adv. (*trankileman*), en repos; d'une manière *tranquille*.

TRANQUILLISANT, E, adj. (*trankilizan, zante*), qui *tranquillise*.

TRANQUILLISÉ, E, part. pass. de *tranquilliser*.

TRANQUILLISER, v. act. (*trankilizé*), rendre *tranquille*, calme. — *se* TRANQUILLISER, v. pron., se reposer, se tenir dans un état *tranquille*.

TRANQUILLITÉ, subst. fém. (*trankilité*) (en lat. *tranquillitas*), état de ce qui est *tranquille* ; calme, paix, repos, quiétude. — TRANQUILLITÉ, PAIX, CALME. (*Syn.*) Ces mots expriment une situation exempte d'agitation ; le mot de *tranquillité* ne regarde précisément que la situation en elle-même et dans le temps présent ; celui de *paix* regarde cette situation par rapport aux ennemis qui pourraient y causer de l'altération; celui de *calme* s'emploie comme succédant à une situation agitée, ou comme la précédant. On a la *tranquillité* en soi, la *paix* avec les autres, et le *calme* après l'agitation. La *tranquillité* de caractère tient à une sorte d'indifférence sur certains événements, qui, nous empêchant de les sentir ou de les apprécier, nous maintient dans un état qui est dans le *calme*. Une âme *calme* se possède assez pour rester immobile au milieu des agitations qui l'environnent. Les gens inquiets n'ont jamais de *tranquillité* dans leur intérieur; les querelleurs ne sont guère en *paix* avec leurs voisins; plus la passion a été orageuse, plus on goûte le *calme*.

TRANS (*trance*, et *tranze* devant une voyelle), prép. qui entre dans la composition de plusieurs mots, à travers, entre, au-delà : *transparent*, *trans-alpin*.

TRANSACTION, subst. fém. (*tranzakcion*), acte par lequel on *transige* sur un différend, dans un procès, etc. — Il se dit même des conventions particulières : *terminer par une transaction amiable*. —Au plur., nom du recueil contenant les mémoires ou les travaux de certaines académies étrangères : *les Transactions philosophiques de la Société royale de Londres*.

TRANSACTIONNEL, adj. mas., au fém. **TRANSACTIONNELLE** (*tranzakcionèle*), contenant *transaction*. Ce mot, très-usité, manque dans l'*Académie*.

TRANSACTIONNELLE, adj. fém. Voy. TRANSACTIONNEL.

TRANS-ALPIN, E, subst. et adj. (*tranzalpein, pine*), qui est au-delà des *Alpes*.

TRANSANIMATION, subst. fém. (*tranzanimâcion*), passage de l'âme d'un corps dans un autre. Presque inusité. Voy. MÉTEMPSYCHOSE.

TRANS-ATLANTIQUE, adj. des deux genres (*tranzatelantike*), au-delà de l'*Atlantique*.

TRANSBORDÉ, E, part. pass. de *transborder*.

TRANSBORDEMENT, subst. mas. (*trancebordeman*), t. de mar., action de *transborder*.

TRANSBORDER, v. neut. et act. (*tranceborde*), t. de mar. passer d'un navire sur un autre. — Transporter d'un bâtiment dans un autre des marchandises ou autres choses.— *se* TRANSBORDER, v. pron.

TRANSCENDANCE, subst. fém. (*tranceçandance*), supériorité marquée, éminente, d'une personne, d'une chose sur une autre. Voy. TRANSCENDANT.

TRANSCENDANT, E, adj. (*tranceçandan, dante*) (en lat. *transcendens*, part. prés. de *transcendere*, formé de *trans*, au-delà, et de *ascendere*, monter), élevé, sublime; qui excelle en son genre. Il se dit particulièrement de l'esprit et de certaines choses qui y ont rapport. — En t. de philos. scholastique : *une qualité transcendante* est celle qui convient à toute sorte d'êtres sans exception, comme *un*, *vrai*, *beau*. — *Géométrie transcendante*, celle qui emploie l'infini dans ses calculs. — *Equations transcendantes*, qui ne renferment point, comme les équations algébriques, des quantités finies, mais des différentielles ou fluxions de quantités finies, et qui ne peuvent se réduire à une équation algébrique. — *Courbe transcendante*, courbe qu'on ne peut déterminer que par une équation transcendante.

TRANSCENDANTAL, E, adj. (*tranceçandantale*), t. de logique, qui surpasse, qui l'emporte par dessus un autre. — Au plur. mas., *transcendantaux*.

TRANSCENDANTALISME, subst. mas. (*tranceçandantaliceme*), système de la philosophie *transcendante*.

TRANSCENDANTAUX, adj. mas. plur. Voy. TRANSCENDANTAL.

TRANSCISION, subst. fém. (*trancecizion*), coupure horizontale, ou en travers.

TRANSCOLATION, subst. fém. (*trancekolâcion*), t. de chim. et de pharm., filtration. Presque inusité.

TRANSCRIPTION, subst. fém. (*trancekripecion*), action par laquelle on *transcrit*; le résultat de cette action.

TRANSCRIRE, v. act. (*trancekrire*) (du latin *transcribere*, formé de *trans*, au-delà, et de *scribere*, écrire; *écrire de nouveau*.) Il se conjugue comme *écrire*. Copier quelque écrit. — TRANSCRIRE, COPIER. (*Syn.*) *Transcrire*, écrire une seconde fois, transporter sur un autre papier, porter d'un livre dans un autre. *Copier*, c'est, à la lettre, multiplier la chose, en tirer un double ou des doubles, former des exemplaires pour multiplier la chose, pour l'avoir en abondance. — Vous *transcrivez* pour mettre au net, en forme, en règle, en état, dans un endroit convenable; vous *copiez* pour multiplier, distribuer, répandre, conserver. — Un marchand *transcrira* chaque jour la feuille de ses ventes et de ses achats sur ses livres de comptes, pour être en règle ; avant l'invention de l'imprimerie, il fallait *copier* les ouvrages à la main. — *se* TRANSCRIRE, v. pron.

TRANSCRIT, E, part. pass. de *transcrire*, et adj., copié.

TRANSCURRENTE, adj. fém. (*trancekureranle*), t. de chir., se dit d'une espèce de cautérisation faite au milieu d'une plaie.

TRANSDIABLÉ, E, adj. (*trancediâblé*), tout pénétré du démon. (*Boiste.*) Entièrement inusité.

TRANSE, subst. fém. (*trance*), frayeur, grande appréhension d'un mal qu'on croit prochain. Il ne s'emploie guère qu'au plur.

TRANSÉLÉMENTATION, subst. fém. (*trancélémantâcion*), transmutation, transformation des éléments. (*Boiste.*) Inusité.

TRANSFÉRABLE, adj. des deux genres (*tranceférable*), qui peut être *transféré*. Ce mot manque dans l'*Académie*.

TRANSFÉRÉ, E, part. pass. de *transférer*.

TRANSFÈREMENT, subst. mas. (*trancefèreman*), action de *transférer*. — Le résultat de cette action.

TRANSFÉRER, v. act. (*tranceféré*) (en latin *transferre*, formé de *trans*, au-delà, et de *ferre*, porter), transporter, faire passer d'un lieu à un autre. Il ne se dit que de certaines choses : *transférer un prisonnier*, *un corps mort*, *un corps saint*; *Constantin transféra le siége de l'empire de Rome à Byzance*.—Céder ; passer d'une main dans celle d'un autre : *transférer une obligation*, *une inscription*. — *Transférer une fête*, la remettre d'un jour à un autre.—*se* TRANSFÉRER, v. pron.

TRANSFERT, subst. mas. (*trancefère*), transport de la propriété d'une rente, etc. — Acte par lequel on déclare opérer un *transport*.

TRANSFIGURATEUR, subst. mas. (*trancefiguraleur*), kaléidoscope. Presque inusité.

TRANSFIGURATION, subst. fém. (*trancefigurâcion*) (en latin *transfiguratio*), l'action de se *transfigurer* ; changement de figure en une autre : *la transfiguration de Notre-Seigneur*.

TRANSFIGURÉ, E, part. pass. de *transfigurer*.

TRANSFIGURER, v. act. (*trancefiguré*) (en latin *transfigurare*, formé de *trans*, au-delà, et de *figura*, figure; *prendre une figure au-delà de la sienne*), changer d'une *figure* en une autre. — *se* TRANSFIGURER, v. pron., il se dit de Jésus-Christ : *Jésus-Christ se transfigura sur le Thabor.*

TRANSFIL, subst. mas. (*trancefile*), t. de papetier, gros fil de laiton qui est au bord de la forme à papier.

TRANSFILAGE, subst. mas. (*trancefilaje*), t. de mar., action de *transfiler*.

TRANSFILÉ, E, part. pass. de *transfiler*.

TRANSFILER, v. act. (*trancefilé*), t. de mar., faire passer un cordage délié, une ficelle, par les œils de pie pratiqués sur les bords de deux morceaux de toile, pour les lier ensemble.

TRANSFORMATION, subst. fém. (*tranceformâcion*) (en latin *transformatio*), changement en une autre *forme*; métamorphose : *la transformation des insectes.* — En géométrie, réduction d'une figure ou d'un corps en un autre de même surface ou de même solidité. — En algèbre, opération par laquelle on substitue au lieu de l'inconnue une fonction d'une autre inconnue.

TRANSFORMÉ, E, part. pass de *transformer*, et adj. — *Équation transformée*, ou subst. au fém., *la transformée*, t. d'algèbre, équation dans laquelle, à la place de l'inconnue, on substitue une fonction d'une autre inconnue.

TRANSFORMER, v. act. (*tranceformé*) (en latin *transformare*), changer la forme d'une personne ou d'une chose en une autre; métamorphoser. — En algèbre, *transformer une équation*, la changer en une autre, dont la *forme* soit différente. — *se* TRANSFORMER, v. pron. — Fig., se déguiser; prendre plusieurs caractères, selon ses vues et ses intérêts : *se transformer en mille manières.*

TRANSFUGE, subst. mas. (*trancefuje*) (du lat. *transfuga*, fait de *transfugere*, lequel est formé de *trans*, au-delà, et *fugere*, fuir), celui qui abandonne son parti pour suivre celui des ennemis. Voy. DÉSERTEUR. — Par extension, celui qui abandonne un parti pour suivre un parti contraire.

TRANSFUSÉ, E, part. pass. de *transfuser*.

TRANSFUSER, v. act. (*trancefuzé*) du latin *transfusum*, supin de *transfundere*, transvaser, verser d'un vase dans un autre; racines, *trans*, au-delà, par-delà, et *fundere*, verser, répandre), faire passer le sang artériel d'un animal dans les veines d'un autre. — *se* TRANSFUSER, v. pron.

TRANSFUSEUR, subst. mas. (*trancefuzeur*), partisan de la *transfusion* du sang. — Celui qui la fait, qui la pratique.

TRANSFUSION, subst. fém. (*trancefuzion*) (en latin *transfusio*), l'action par laquelle on fait couler une liqueur d'un vaisseau dans un autre. — Opération par laquelle on fait passer le sang du corps d'un animal dans le corps d'un autre.

TRANSGLOUTI, E, part. pass. de *transgloutir*.

TRANSGLOUTIR, v. act. (*trancegueloutir*), avaler, *engloutir*. — *se* TRANSGLOUTIR, v. pron. (*Boiste.*) Inusité.

TRANSGRESSÉ, E, part. pass. de *transgresser*.

TRANSGRESSER, v. act. (*tranceguerècecé*) (en latin *transgredi*; *gredi trans*, passer outre), contrevenir à quelque ordre, à quelque loi, l'enfreindre, l'outrepasser. — Violer les préceptes divins : *ils ont transgressé les lois divines.* — *se* TRANSGRESSER, v. pron.

TRANSGRESSEUR, subst. mas., **TRANSGRESSEUSE**, subst. fém. (*tranceguerèceceur*, *ceuze*), celui, celle qui *transgresse*. Nous ne savons pas pourquoi l'*Académie* refuse un fém. à ce mot.

TRANSGRESSEUSE, subst. fém. Voy. TRANSGRESSEUR.

TRANSGRESSION, subst. fém. (*tranceguerècecion*) (en latin *transgressio*), action de *transgresser*. — Violation d'une loi, infraction, inobservance : *c'est une transgression manifeste de la loi.*

TRANSHUMANCE, subst. fém. (*tranzumance*), parcours. (*Boiste.*) Absolument inusité.

TRANSHUMÉ, E, part. pass. de *transhumer*.

TRANSHUMER, v. act. (*tranzumé*), (formé du latin *trans*, au-delà, et *humus*, terre), conduire des troupeaux dans un autre parc; changer de pacage. — En t. de bot., transplanter un arbre dans une autre terre. — *se* TRANSHUMER, v. pron.

TRANSI, E, part. pass. de *transir*, et adj., tout gelé : *transi de froid.* — Saisi de crainte, de frayeur. — Fig. et iron. : *amoureux transi*, celui que l'excès de sa passion rend tremblant et interdit auprès de sa maîtresse. — *Faire l'amoureux transi*, affecter une passion timide auprès d'une femme.

TRANSIGER, v. neut. (*tranzijé*) (en latin *transigere*, qui signifie proprement pousser au-delà, à travers; *trans*, au-delà, et *agere*, conduire, pousser : *conduire une affaire au-delà du point où elle était*), passer un acte pour accommoder une affaire : *transiger sur tel ou tel point.* — Se désister de ses prétentions par un accord volontaire : *las de plaider entre eux, ils ne virent rien de mieux que de transiger.* — Fig. : *transiger avec son devoir, avec sa conscience*, faire une chose contraire à la délicatesse, au devoir.

TRANSIGIBLE, adj. des deux genres (*tranzijible*), qui peut être l'objet d'une transaction.

TRANSILLAS, subst. fém. plur. (*tranzilâ*), dentelles qui se fabriquent en Hollande.

TRANSIR, v. act. (*trancir*) (du latin barbare *trinxire*, fait de *strinxi*, prét. de *stringere*, serrer étroitement. Les Latins disaient en effet : *frigore stringere* ou *constringere*, saisir, transir de froid), pénétrer et engourdir de froid : *il fait un vent qui me transit.* — Saisir de peur, rendre tremblant : *la peur l'a transi.* — Neut., avoir grand froid. — Être pénétré de frayeur ou d'affliction.

• **TRANSISSEMENT**, subst. mas. (*tranciceman*), état d'un homme *transi* de froid ou de frayeur.

TRANSIT, subst. mas. (*tranzite*) (mot latin qui signifie : *il passe*), en t. de commerce, le même que *passavant*. — Au plur., des *transit*.

TRANSITIF, adj. mas., au fém. **TRANSITIVE** (*tranzitif*, *tive*) (en latin *transitivus*, fait de *transire*, passer), t. de gramm. qui se dit des verbes qui marquent une action qui *passe* d'un sujet dans un autre : *tous les verbes actifs sont transitifs.* — On appelle aussi : *conjonctions transitives*, celles qui servent aux *transitions*, comme *au reste*, *du reste*, *or*, *cependant*, etc. — Nous ferons remarquer que l'*Académie*, qui ne fait de *transitif* qu'un adj. mas., donne pour exemple : *or*, *au reste*, *cependant*, *sont des conjonctions transitives.*

TRANSITION, subst. fém. (*tranzicion*) (en latin *transitio*), manière de passer d'un raisonnement à un autre, de lier entre eux les divers morceaux d'un discours; mots, tours de phrase qu'on emploie à cet effet : *voilà une belle transition.* — On appelle *transition artificielle*, celle qui ne naît pas naturellement de l'arrangement des parties du discours. — Fig., passage d'un régime politique, d'un état de choses à un autre : *la transition est souvent par trop forte, et dans ce cas, il y a tout à redouter de l'anarchie.* — *Transition*, t. d'anc. mus., se disait de la manière d'adoucir le saut d'un intervalle disjoint, en insérant des sons diatoniques sur les degrés qui séparent ses deux termes. — On appelle plus particulièrement *transition*, l'action d'insérer une note qui n'est pas dans l'harmonie, entre deux notes à la tierce, et qui sont dans l'harmonie. On dit que *la transition est régulière*, lorsque la note qui n'entre pas dans l'harmonie est sur le temps faible ou levé, et que la note qui est sur le temps fort porte l'harmonie. On dit que *la transition est irrégulière*, lorsque c'est la note qui se trouve dans le temps fort ou frappé de la mesure qui n'entre point dans l'harmonie, mais que c'est celle qui est dans le temps faible.

TRANSITIVE, adj. fém. Voy. TRANSITIF.

TRANSITOIRE, adj. des deux genres (*tranzitoare*) (en latin *transitorius*, fait de *transire*, passer), passager : *les choses d'ici-bas sont transitoires.* — *Transitoire* se dit aussi de l'intervalle d'une chose à une autre : *régime transitoire.*

TRANSLATÉ, E, part. pass. de *translater*.

TRANSLATER, v. act. (*trancelaté*), traduire d'une langue en une autre. — *se* TRANSLATER, v. pron. Vieux.

TRANSLATEUR, subst. mas. (*trancelateur*), traducteur. Vieux.

TRANSLATIF, adj. mas., au fém. **TRANSLATIVE** (*trancelatif*, *tive*), qui transmet, transfère, transporte : *acte translatif.*

TRANSLATION, subst. fém. (*trancelâcion*) (en latin *translatio*), action de transférer d'un lieu à un autre, d'un jour à un autre. — Par extension, on dit : *la translation d'une fête*, en parlant d'une fête remise d'un jour à un autre. *Célébrer la translation d'un saint*, célébrer le jour auquel les reliques d'un saint ont été transférées d'un lieu à un autre. — Transport. Il ne se dit, comme *transférer*, que de certaines choses.

TRANSLATIVE, adj. fém. Voy. TRANSLATIF.

• **TRANSLUCIDE**, adj. des deux genres (*trancelucide*), (du latin *trans*, au-delà, et *lucidus*, clair, *lucide*), transparent.

• **TRANSLUCIDITÉ**, subst. fém. (*trancelucidité*), sorte de transparence des minéraux, des pierres, etc.

• **TRANSLUIRE**, v. neut. (*tranceluire*), être *translucide*. (*Boiste.*) Tout-à-fait inusité.

TRANSMARIN, E, adj. (*trancemarein*, *rine*), au-delà de la mer.

TRANSMETTRE, v. act. (*trancemètre*) (du latin *transmittere*, formé de *trans*, au-delà, par-delà, et de *mittere*, envoyer). Il se conjugue comme *mettre*. Céder, faire passer à un autre ce qu'on possède. Il se dit figurément dans les choses morales : *les Grecs et les Latins nous ont transmis les arts et les sciences.* — *Il a transmis son nom*, *sa gloire à la postérité*, il a fait passer son nom, sa gloire jusqu'à la postérité. — *se* TRANSMETTRE, v. pron.

TRANSMIGRATION, subst. fém. (*trancemiguerâcion*) en latin *transmigratio*, formé de *trans*, au-delà, par-delà, et de *migrare*, aller, passer, lequel est une contraction de *meare agro*, sortir d'un champ pour aller dans un autre), passage d'un peuple qui abandonne un pays pour passer dans un autre. — *La transmigration de Babylone*, le transport des Juifs à Babylone et le séjour qu'ils y firent. — *La transmigration des âmes*, dans l'opinion des pythagoriciens, le passage de l'âme d'un corps dans un autre. On dit aussi et plus souvent *métempsychose*.

TRANSMIS, E, part. pass. de *transmettre*.

TRANSMISSIBILITÉ, subst. fém. (*trancemicibilité*), qualité de ce qui est *transmissible*.

TRANSMISSIBLE, adj. des deux genres (*trancemicible*), qui peut être *transmis*.

TRANSMISSION, subst. fém. (*trancemicion*) (en latin *transmissio*, fait de *transmittere*, transmettre), action de *transmettre*; le résultat de cette action. — T. d'opt. qui se dit de la propriété par laquelle un corps transparent laisse passer des rayons de lumière à travers sa substance; et dans ce sens il est opposé à *réflexion*, qui exprime l'action par laquelle un corps renvoie les rayons de lumière qui tombent sur sa surface. — Il se dit aussi dans le même sens que *réfraction*, parce que la plupart des corps, en transmettant les rayons de lumière, leur font subir aussi des réfractions, ou les brisent au point d'incidence, et les obligent de prendre, au-dedans de la substance de l'intérieur des corps, une autre direction que celle qu'ils avaient suivie pour arriver.

TRANSMUABILITÉ, subst. fém. (*trancemu-abilité*), propriété de ce qui est *transmuable*.

TRANSMUABLE, adj. des deux genres (*trancemu-able*), qui peut être *transmué*, changé.

TRANSMUÉ, E, part. pass. de *transmuer*.

TRANSMUER, v. act. (*trancemu-é*) (en latin *transmutare*), changer les métaux moins précieux en métaux d'un plus grand prix. — *se* TRANSMUER, v. pron.

TRANSMUTABILITÉ, subst. fém. (*trancemutabilité*), propriété de ce qui est *transmutable*. Nous devons nous étonner de voir que l'*Académie*, qui admet *transmutabilité*, n'accepte pas *transmutable*.

TRANSMUTABLE, adj. des deux genres (*trancemutable*), qui subit des métamorphoses.

TRANSMUTATIF, adj. mas., au fém. **TRANSMUTATIVE** (*trancemutatif*, *tive*), qui change. Très-bon, quoique fort peu en usage.

TRANSMUTATION, subst. fém. (*trancemutâcion*) (en latin *transmutatio*), changement d'une chose en une autre. — T. de géom., réduction ou changement d'une figure ou d'un corps en un autre de même aire ou de même solidité, mais d'une forme différente, comme d'un triangle en carré, d'une pyramide en parallélipipède, etc. — En géométrie transcendante, changement d'une courbe en une autre de même genre et de même ordre.

TRANSMUTATIVE, adj. fém. Voy. TRANSMUTATIF.

TRANSNATÉ, E, part. pass. de *transnater*.

TRANSNATER, v. act. (*trancenaté*) (du latin *trans*, au-delà, et *natare*, nager), traverser à la *nage*. (*Boiste.*) Mot tout latin, qui ne saurait être admis, à cause de sa nature; c'est *transnager* qu'il faudrait dire, et ce mot nous paraît presque inutile.

TRANSNOVÉ, E, part. pass. de *transnover*.

TRANSNOVER, v. act. (*trancenové*), porter la mode, la *nouveauté* à l'excès.—*se* TRANSNOVER, v. pron. (*Boiste.*) Ce lexicographe ne donne du reste ce mot qu'en le qualifiant *d'inusité*, et il a bien raison, puisque le vrai mot est *innover*.

TRANSPADANE, adj. fém. (*trancepadane*) : *république transpadane*, état situé au-delà du Pô.

TRANSPARAÎTRE, v. neut. (*tranceparètre*). Il se conjugue comme *paraître*. *Paraître* au travers. — Ce mot manque dans l'*Académie*; il est pourtant d'une grande utilité.

TRANSPARENCE, subst. fém. (*tranceparance*), qualité de ce qui est *transparent*.

TRANSPARENT, E, adj. (*tranceparan, rante*) (du latin *trans*, en-delà, au-delà, et *parere*, paraître ; *qui laisse paraître les objets au-delà*), diaphane; au travers de quoi l'on peut voir les objets.—Au fig. et fam., pur; qui n'a rien de caché : *âme, pensée transparente*. — Subst. mas.; il se dit d'un papier sur lequel sont tracées plusieurs lignes noires, et dont on se sert pour s'accoutumer à écrire droit, en le mettant sous le papier sur lequel on écrit.—Il s'emploie aussi en parlant de certaines décorations fort claires ou même *huilées* : *une illumination en transparents*.

TRANSPARENTE, subst. fém. (*tranceparante*), variété de pommes.

TRANSPARU, part. pass. de *transparaître*.

TRANSPERCÉ, E, part. pass. de *transpercer*.

TRANSPERCER, v. act. (*trancepercé*) (du latin *trans*, en-delà, et du français *percer*), *percer* d'outre en outre, de part en part: *ce duel fut terrible, il fut transpercé au premier coup.* — Fig.: *transpercer le cœur*, le pénétrer de douleur. —*se* TRANSPERCER, v. pron.

TRANSPIRABLE, adj. des deux genres (*trancepirable*), t. de didactique, qui peut sortir par *transpiration*. Peu en usage.

TRANSPIRATION, subst. fém. (*trancepiràcion*), sortie presque imperceptible des humeurs par les pores de la peau. Voy. TRANSPIRER.—La matière elle-même qui sort ainsi par les pores.—Les physiciens distinguent la *transpiration sensible*, que l'on appelle *sueur*, et qui est accidentelle, et la *transpiration insensible*, qui agit plus ou moins à tous les instants. Ils appellent *transpiration pulmonaire*, celle qui se fait par le poumon, et dont la matière s'échappe au moment de l'expiration; et *transpiration cutanée*, celle qui a lieu par l'intermédiaire de la peau. — T. de bot., perte que font les végétaux à travers leur surface.

TRANSPIRÉ, part. pass. de *transpirer*.

TRANSPIRER, v. neut. (*trancepiré*) (du latin *trans*, en-delà, au-delà, et *spirare*, souffler, exhaler), s'exhaler; sortir du corps par les pores, d'une manière presque imperceptible aux yeux: *les humeurs transpirent au travers de la peau.*—Il se dit aussi des corps et de la peau par où les humeurs sortent : *les animaux qui transpirent beaucoup s'en portent mieux*. Voy. SUER. — On l'emploie au fig. comme unipers. : *il transpire quelque chose de votre affaire*, on commence à en pénétrer quelque chose. —*se* TRANSPIRER, v. pron. : *la chair de cochon que l'on mange ne se transpire point.*

TRANSPLANTATION, subst. fém. (*tranceplantàcion*), action de *planter* en un autre endroit. —Prétendue manière de guérir les maladies en les faisant passer d'un sujet à un autre. — Fig., transport d'un lieu en un autre avec embarras : *ce déménagement est une transplantation pénible.*

TRANSPLANTÉ, E, part. pass. de *transplanter*.

TRANSPLANTEMENT, subst. mas. (*tranceplanteman*), *transplantation*; son effet. (*Boiste.*) Presque inusité.

TRANSPLANTER, v. act. (*tranceplanté*) (du lat. *trans*, en-delà, au-delà, et *plantare*, planter; *planter en-delà, dans un autre lieu*), *planter* des arbres, des *plantes* dans un lieu différent de celui où ils étaient auparavant : *transplantation des laitues*, etc.—Transporter, transférer une colonie d'un pays dans un autre.—*se* TRANSPLANTER, v. pron., passer d'une ville, d'une province, dans une autre, pour s'y établir.

TRANSPLANTEUR, subst. mas. (*tranceplanteur*), celui qui *transplante*.

TRANSPLANTOIR, subst. mas. (*tranceplantoar*), t. de jard., machine pour *transplanter* une *plante* d'un endroit à un autre. Peu usité.

TRANSPONTIN, E, adj. (*tranceponteìn, tine*), qui est d'au-delà des *ponts*.

TRANSPORT, subst. mas. (*trancepor*), action par laquelle on *transporte* une chose d'un lieu à un autre.— Action d'un officier public qui va sur le lieu où a pris naissance une contestation, où a été commis un crime : *le transport d'un juge, d'un commissaire, d'un expert sur les lieux*. — T. de jurispr., cession, transmission juridique d'un droit qu'on a sur quelque chose : *faire le transport d'un billet, d'une rente*.—Acte de ce *transport*.—Fig., mouvement violent d'une passion qui nous met ou nous *transporte* en quelque sorte hors de nous-mêmes : *transport de joie, de colère, d'amour*, etc.—Action de *porter* le montant d'une addition du bas d'une page au commencement de la suivante. On dit plus souvent *report*. — En t. de mar., on appelle, *bâtiments de transport*, des bâtiments propres à transporter des troupes, des munitions, etc. — T. de médec., nom que l'on donne vulgairement à une forte affection de la tête ou du cerveau qui arrive dans certaines maladies, caractérisées par une violente douleur de tête, par le délire ou l'assoupissement : *cet homme a le transport au cerveau*, ou tout simplement : *il a le transport*. Voy. DÉLIRE.

TRANSPORTABLE, adj. des deux genres (*tranceportable*), que l'on peut *transporter*.

TRANSPORTANT, E, adj. (*tranceportan, tante*), qui *transporte*, excite une passion, l'admiration, l'enthousiasme.

TRANSPORTATION, subst. fém. (*transportàcion*), t. de jurispr., peine à laquelle devait être condamné tout mendiant repris en troisième récidive, selon une loi qui avait été rendue en France, le 24 vendémiaire an II.

TRANSPORTÉ, E, part. pass. de *transporter*, et adj., être hors de soi par l'effet d'une impression violente.—Fig. : *il est transporté d'amour*, extrêmement amoureux ; *de colère*, mu par un violent accès de colère ; *de joie*, extrêmement joyeux. — Enthousiasmé : *il est transporté par une fureur poétique*.

TRANSPORTER, v. act. (*tranceporté*) (du latin *transportare*, formé de *trans*, au-delà, de l'autre côté, et de *portare*, porter), *porter* d'un lieu à un autre.—*Transporter un mot du propre au figuré*, l'employer dans une signification figurée.—*Transporter un droit à quelqu'un*, le lui céder juridiquement.—Passer : *l'empire a été transporté d'une nation à une autre*.—Fig. : *la joie, la fureur le transportait*, le mettait hors de lui-même.—*se* TRANSPORTER, v. pron., en t. de palais, se rendre sur les lieux, principalement en parlant de ceux qui vont en quelque endroit par autorité de justice, soit séculière, soit ecclésiastique. —Se placer en imagination : *se transporter dans l'avenir*.—Fig., se dit en parlant de certains usages, de certains faits éloignés : *pour bien juger des faits, il faut se transporter chez les peuples, au milieu des circonstances où cela se passait*, c'est-à-dire, il faut considérer le lieu, les circonstances, le temps. — Se laisser emporter à quelque passion : *se transporter d'amour, de jalousie*, etc.— S'échauffer; céder à son enthousiasme.

TRANSPOSABLE, adj. des deux genres (*trancepôzable*), que l'on peut *transposer* : *chiffre, mot transposable*. Peu usité, mais très-utile.

TRANSPOSÉ, E, part. pass. de *transposer*.

TRANSPOSER, v. act. (*trancepôzé*) (en latin *transponere*, *ponere trans*, poser, mettre au-delà, de l'autre côté), mettre une chose hors de l'ordre dans lequel elle devait être : *transposer des mots, des feuilles d'impression*. — En t. de musique, chanter ou jouer d'un instrument sur un ton différent de celui sur lequel l'air est noté. — En t. de jeu, *transporter* son argent d'une carte sur une autre.—*se* TRANSPOSER, v. pron.

TRANSPOSITEUR, subst. et adj. mas. (*trancepôziteur*), t. de mus., qui opère les *transpositions* d'un ton dans un autre : *le transpositeur est un instrument mécanique*. — Adj. : *piano transpositeur*, piano qui opère la *transposition*.

TRANSPOSITIF, adj. mas., au fém. TRANSPOSITIVE (*trancepôzitif, tive*) ; se dit d'une langue qui donne aux noms et aux adjectifs des terminaisons relatives à l'ordre analytique, et qui acquiert ainsi le droit de leur faire suivre, dans le discours, une marche entièrement indépendante de la succession naturelle des idées.

TRANSPOSITION, subst. fém. (*trancepôzicion*), action de *transposer*. — En t. d'imprim., feuilles *transposées* : *ce livre est plein de transpositions*. — En algèbre, opération qu'on fait en *transposant*, dans une équation, un terme d'un côté à l'autre.

TRANSPYRÉNÉEN, adj. mas. (*trancepirenéein*), d'au-delà des *Pyrénées*.

TRANSRHÉNANE, adj. fém. (*trancerénane*) (en latin *trans*, au-delà, et *Rhenus*, Rhin), qui est au-delà du *Rhin*.

TRANSSUBSTANTIATEUR, subst. mas. (*trancecubecetanci-ateur*), celui qui croit à la *transsubstantiation*. (*Boiste.*) Inusité.

TRANSSUBSTANTIATION, subst. fém. (*trance çubecetanci-âcion*) (en latin *transsubstantiatio*, formé de *trans*, au-delà, de l'autre côté, et de *substantia*, substance), changement d'une *substance* en une autre. Il ne se dit, ainsi que le verbe *transsubstantier*, que dans l'Église catholique, et de Jésus-Christ, en parlant du changement du pain en son corps et du vin en son sang.

TRANSSUBSTANTIÉ, E, part. pass. de *transsubstantier*.

TRANSSUBSTANTIER, v. act. (*trancecubecetancié*), changer une *substance* en une autre. Voy. TRANSSUBSTANTIATION.—*se* TRANSSUBSTANTIER, v. pron.

TRANSSUDATION, subst. fém. (*tranceçudâcion*), action de *transsuder*.

TRANSSUDER, v. neut. (*trançudé*) (du latin *trans*, au-delà, et *sudare*, suer), transpirer, passer au travers des pores d'un corps par une espèce de *sueur*. — Se dit, en bot., d'un suc qui passe à travers l'écorce d'un arbre.

TRANSVASÉ, E, part. pass. de *transvaser*.

TRANSVASER, v. act. (*trancevâzé*) : *transvaser une liqueur*, la verser d'un *vase* dans un autre.—*se* TRANSVASER, v. pron.

TRANSVASEUR, subst. mas. (*trancevâzeur*), appareil portatif en forme de pompe, pour *transvaser* le vin ou un autre liquide. — Ouvrier qui fait la *transvasion*.

TRANSVASION, subst. fém. (*trancevâzion*), action de *transvaser*.

TRANSVERSAIRE, adj. des deux genres (*trancevèrecère*) (en latin *transversarius*, t. d'anat., qui a rapport aux apophyses *transverses* des vertèbres : *le muscle transversaire épineux du cou* Voy. TRANSVERSE.

TRANSVERSAL, E, adj. (*trancevèreçale*), t. de géom., qui *traverse*, qui coupe obliquement : *ligne transversale*, *section transversale*. — T. d'anat., *artère transversale de la face* ; *muscle transversal du cou*, etc. Voy. TRANSVERSE. Subst. fém., *transversales*, en t. d'astron., lignes qu'on trace sur le limbe d'un quart de cercle, entre deux circonférences circonscrites, et qui sert à subdiviser les degrés. — Au plur. mas., *transversaux*.

TRANSVERSALEMENT, adv. (*trancevèreçaleman*), obliquement : *cette ligne coupe ce carré transversalement*.

TRANSVERSAUX, adj. mas. plur. Voy. TRANSVERSAL.

TRANSVERSE, adj. des deux genres (*trancevèrece*) (en lat. *transversus*), oblique. Il ne se dit guère qu'en anat. : *muscle transverse*. — TRANSVERSE, TRANSVERSAL, TRANSVERSAIRE. (*Syn.*) T. d'anat. Les deux premiers sont employés indifféremment l'un pour l'autre. Le mot *transversaire* signifie plus particulièrement, qui a rapport aux apophyses *transverses* des vertèbres; cependant on l'emploie aussi quelquefois comme synonyme des deux autres. — On appelle *apophyses transverses*, les éminences allongées et dirigées *transversalement*, qui naissent sur les côtés des vertèbres et ne s'articulent point.—*Muscles transversaires*. On a donné le nom de *premier transversaire antérieur du cou*, au droit latéral de la tête; celui de *petits transversaires antérieurs et postérieurs*, aux *intertransversaires* du cou ; celui de *grand transversaire du cou*, au muscle que l'on nomme aussi simplement *transversaire*, et qui s'étend des apophyses *transverses* des cinq ou six dernières vertèbres cervicales aux apophyses *transverses* des troisième, quatrième, cinquième, sixième et septième vertèbres dorsales. D'autres ont nommé ce muscle, *transversal du cou*. On a réuni sous le nom de *muscle transversaire épineux*, une multitude de petits faisceaux étendus des apophyses *transverses* aux épineuses, depuis le sacrum jusqu'à l'axis. C'est la portion lombo-cervicale du sacro-spinal. *Muscles transverses* ou *transversaux*. On a appelé *transversal du nez*, le dilatateur du nez ; *transverse de l'abdomen*, un muscle qui occupe la région lombaire; *transverse du périnée*, un faisceau charnu qui naît de la branche de l'ischion et s'unit à celui du côté opposé au bulbo-caverneux et au sphincter superficiel; *transversal des orteils*, l'abducteur *transverse* du gros orteil. On dit *artères transverses* ou *transversales*. On appelle *artère transversale de la face*, une branche que la temporale envoie sur le masséter; *transversale de l'épaule*, la scapulaire supérieure. On nomme aussi *artère transverse du périnée*, une branche qui fournit l'artère du pénis, ou ischion-pénienne.

TRANSVERSO-SPINAL, subst. et adj. mas. (*tranceverèçocepinale*), t. d'anat.; se dit du muscle *transversaire* épineux.

TRANTRAN, subst. mas. (*trantran*) (ce mot est probablement une corruption de la loc. *en train : être en train.*), le cours de certaines affaires; la manière la plus ordinaire de les conduire : *il sait le trantran du palais*.

TRANTRANÉ, part. pass. de *trantraner*.

TRANTRANER, v. neut. (*trantrané*), suivre le *trantran*, son *trantran*. (*Boiste.*) Pop. et inus.

TRANSVIDÉ, E, part. pass. de *transvider*.

TRANSVIDER, v. act. (*trancevidé*), t. de phys., *vider* un vase en versant son contenu dans un autre. — *se* TRANSVIDER, v. pron.

TRAPAN, subst. mas. (*trapan*), le haut de l'escalier où finit la rampe. Presque inusité.

TRAPÉ, E, part. pass. de *traper*.

TRAPÉEN, adj. mas., au fém. **TRAPÉENNE** (*trapé-ein, ène*), qui est analogue au *trapp*. (*Boiste.*)

TRAPÉENNE, adj. fém. Voy. TRAPÉEN.

TRAPER, v. act. (*trapé*), t. de jardin., être beau. — *se* TRAPER, v. pron. (*Boiste.*) Inus.

TRAPELLE, mieux **TRAPPELLE**, subst. fém. (*trapèle*), espèce de petite souricière à *trappe*.

TRAPETTE, subst. fém. (*trapète*), baguette entre les lisses.

TRAPÉZAÏQUE, adj. des deux genres (*trapéza-ike*), du *trapèze*, qui est en *trapèze*. Inusité.

TRAPÈZE, subst. mas. (*trapèze*) (en grec τραπέζιον, fait de τράπεζα, table, pour τετράπεζα; rac. τετρα, quatre, et πέζα, pied; *table à quatre pieds*; parce que, chez les Grecs, les tables étaient en forme de *trapèze*), t. de géom., figure rectiligne de quatre côtés inégaux, dont deux sont parallèles. — En anat., il se dit par comparaison d'un os et d'un muscle. L'*Académie* emploie même ce mot comme adj. : *l'os trapèze; le muscle trapèze*.

TRAPÉZIEN, adj. mas., au fém. **TRAPÉZIENNE** (*trapézi-ein, zi-ène*), à surface composée de *trapèzes*.

TRAPÉZIENNE, adj. fém. Voy. TRAPÉZIEN.

TRAPÉZIFORME, adj. des deux genres (*trapéziforme*), t. de géom. et d'anat., qui est en *forme* de *trapèze*.

TRAPÉZITE, subst. mas. (*trapézite*), banquier à Athènes, selon *Boiste*. Inusité.

TRAPÉZOÏDAL, E, adj. (*trapézo-idal*), qui a la forme du *trapèze*.

TRAPÉZOÏDE, subst. mas. (*trapézo-ide*) (du grec τραπέζιον, trapèze, et εἶδος, forme), en géom., figure semblable au *trapèze*, mais qui n'a point de côtés parallèles. — En anat., le second os de la deuxième rangée du carpe. — L'*Académie*, qui n'enregistre point l'adj. *trapézoïdal*, qui, selon nous, serait plus correct, dit adj. : *l'os trapézoïde; le ligament trapézoïde*.

TRAPP, subst. mas. (*trape*), espèce de roche qui se casse par morceaux ou fragments cubiques et rhomboïdaux.— Sorte de basalte antique.

TRAPPE, subst. fém. (*trape*) (du lat. barbare *trappa*, fait, dans la basse latinité, de l'allemand *trapp*, qui, suivant *Ménage*, était employé autrefois dans la même acception, et qui aujourd'hui signifie trace, vestige ou trou. De *trappa* a été formé également le diminutif italien *trappola*, trappe, souricière, etc.), porte couchée sur une ouverture, au niveau du plancher : *ouvrez-moi donc la trappe de la cave*. — Porte ou fenêtre qui se hausse ou se baisse dans une coulisse : *fermez la trappe du colombier*.— Sorte de piége pour prendre certains animaux : *tendre des trappes*.—*La Trappe*, subst. propre fém., abbaye de l'ordre de Cîteaux, célèbre par l'austérité de sa règle, et située près de Mortagne.

TRAPPISTE, subst. mas. et adj. des deux genres (*trapicete*), religieux de l'ordre de *la Trappe*.— Adj., qui a rapport ou qui appartient à la *Trappe*.

TRAPU, E, adj. (*trapu*), membru, ramassé, gros et court, en parlant des hommes et des animaux : *un petit homme trapu; un cheval trapu*.

TRAQUE, subst. fém. (*trake*), en t. de chasse, action de *traquer*. — Nom qu'on donnait autrefois, dans la perception des droits de la prévôté de Nantes, au nombre de dix cuirs à poil. — T. de mar., nombre de trois avirons.

TRAQUÉ, E, part. pass. de *traquer*.

TRAQUENARD, subst. mas. (*trakenar*) (par corruption, du latin *tricenarius*, qui s'est dit de ceux qui, en marchant, formaient des pas prompts et mal réglés), sorte d'amble ou d'entrepas : *ce cheval va le traquenard*.—Danse fort gaie, qu'on ne connaît plus guère : *danser le traquenard*.— Espèce de piége pour prendre des belettes, des fouines, des chats, etc.

TRAQUER, v. act. (*trakié*), t. de chasse, entourer un bois, y envelopper les bêtes fauves, de manière qu'elles ne puissent se sauver sans être aperçues de quelque chasseur. — On dit, par extension : *traquer des voleurs*, c'est les resserrer dans une enceinte pour les prendre.— *se* TRAQUER, v. pron.

TRAQUET, subst. mas. (*trakiè*), petite soupape dont le mouvement fait ouvrir la trémie et tomber du grain sous la meule du moulin. On dit plus souvent et mieux en ce sens, *claquet*. — On dit prov., d'une personne qui parle beaucoup, que *c'est le traquet* ou le *claquet d'un moulin*; que *sa langue va comme un traquet de moulin*. — Piége qu'on tend aux renards, aux blaireaux, etc. — Prov. et fig. : *donner dans le traquet*, se laisser tromper par quelque artifice. — T. d'hist. nat., petit oiseau à bec fin.

TRAQUEUR, subst. et adj. mas. (*trakieur*), qui *traque*.

TRASI, subst. mas. (*trazi*), t. de bot., genre de plantes à écailles imbriquées sur trois rangs.

TRASS, subst. mas. (*trace*) : *pierre de trass*, pierre volcanique, qui entre dans le ciment; pierre pour les constructions hydrauliques.

TRASTRAVAT, subst. et adj. mas. (*tracetrava*), cheval qui a des balzanes ou marques blanches aux deux pieds. Peu usité.

TRATTES, subst. fém. plur. (*trate*), pièces de bois que l'on pose au-dessous de la chaise d'un moulin à vent, et qui en portent la cage.

TRAULET, subst. mas. (*trôlè*), instrument de mathématiques; sorte de pointe d'acier insérée dans un manche de bois, pour marquer des points sur un plan, ou piquer un dessin.

TRAUMATIQUE, subst. mas. et adj. des deux genres (*trômatike*) (du grec τραῦμα, plaie), en t. de médec., remède pour les plaies; vulnéraire. —Adj., qui a rapport aux plaies.

TRAVADE, subst. fém. (*travade*), t. de mar., vent accompagné de pluie, d'éclairs, de tonnerre, et si inconstant, que souvent il parcourt, dans une heure, les trente-deux points du compas.

TRAVAIL, subst. mas., au plur. **TRAVAUX** (*trava-ie, travó*) (suivant *Le Duchat*, contraction et corruption du latin *trans vigilia*, au-delà ou au travers des veilles; peine qu'on prend, fatigue qu'on se donne en veillant; fatigue qui fait veiller, etc.), en général, la peine qu'on prend, la fatigue qu'on se donne pour faire quelque chose. Il se dit de l'esprit comme du corps. — *Homme de travail*, celui qui gagne sa vie par le *travail* de ses mains, sans avoir aucun métier particulier. — *Un homme de grand travail*, un homme fort laborieux. —Il s'applique également à l'ouvrage qui est le fruit de cette peine : *faire voir son travail à un ami*; à l'ouvrage qui est à faire : *distribuer le travail aux ouvriers*.—Il se dit des remuements de terre que des troupes font, soit pour attaquer, soit pour se défendre; il se dit surtout de la tranchée que font les assiégeants dans l'attaque d'une place : *cet ingénieur conduisait le travail*. — Il se dit plus ordinairement au pluriel, en parlant des ouvrages que l'on fait pour l'attaque et pour la défense des places, ou pour la fortification d'un camp, d'un poste : *des travaux avancés; ruiner les travaux des assiégés*.—Il se dit aussi au pluriel, en parlant de certaines entreprises remarquables : *la mort l'a interrompu au milieu de ses travaux*. — État dans lequel se trouve une femme lorsqu'elle commence à sentir les douleurs de l'enfantement : *elle était en travail d'enfant*. — Rapport d'un ministre d'état ou d'un commis au ministre. Il fait en ce sens *travails* au plur., et non pas *travaux*. — Machine de bois à quatre piliers, entre lesquels on attache les chevaux vicieux pour les ferrer ou les panser. En ce sens, il fait au pluriel *travails*, et dérive de *trabale*, fait de *trabs*, *trabis*, poutre; parce que cette machine est faite de petites poutres attachées ensemble. — L'*Académie* et tous les *Dictionnaires* veulent que dans ces deux derniers sens, mais seulement dans ces deux derniers sens, on écrive *travails* au plur.; tandis que dans tous les autres cas, on doit dire *travaux*. Nous demanderons à quoi bon de telles exceptions pour un même mot. La nécessité de cette inutile difficulté, où est-elle? Pourquoi ne dirait-on pas aussi bien *les travaux d'un ministre* que l'on dit *les travaux d'Hercule*? Peut-être un jour aurons-nous l'occasion d'éclaircir et de discuter plus longuement cette question. — TRAVAUX, TRAVAIL, LABEUR. (*Syn.*) Le *travail* est une application soigneuse; le *labeur* est un *travail* pénible. Le *travail* occupe nos forces, le *labeur* exige des efforts soutenus. L'homme est né pour le *travail*; le malheureux est condamné au *labeur*. Jouir de son *travail* est la plus douce des jouissances de la vie; travailler sans jouir, c'est un triste *labeur*. Les difficultés obligent au *travail*; les grands obstacles imposent un *labeur*. Le *travail* assidu vient à bout de tout; le *labeur* opiniâtre triomphe de tout. L'habitude du *travail* rend le *labeur* supportable. — Mais il ne faut pas oublier que le mot *labeur* a vieilli dans le style ordinaire, et que les orateurs et les poètes s'en sont emparés pour l'appliquer aux grands *travaux*, aux grandes entreprises, à tout ce qui demande beaucoup de soin, de courage, de constance, de talent et de peine.

TRAVAILLÉ, E, part. pass. de *travailler*, et adj. : *poème, discours bien travaillé*, fait avec beaucoup de soin.—Fig. : *travaillé d'un mal*, qui en est tourmenté.—*Cheval qui a les jambes travaillées*, fatiguées, ruinées par le *travail*.

TRAVAILLER, v. neut. (*trava-ié*), prendre quelque fatigue de corps ou d'esprit; s'appliquer à faire quelque chose, s'y attacher. Voy. TRAVAIL. —*Travailler à son salut, à sa fortune*.—*Travailler en or, en argent, en cuivre, en bronze*, etc.—*Le poumon travaille*, souffre, est oppressé. — *L'estomac travaille*, ne digère pas bien. — *Du bois, un mur travaille*, se déjette. — *Les liqueurs travaillent*, fermentent. — En peint. : *les couleurs travaillent*, changent de ton avec le temps.—*Travailler*, se dit dans le commerce, des marchands qui font un négoce considérable, et qui sont fort achalandés. On dit, en ce sens, qu'*un négociant travaille beaucoup*. — On dit que l'*argent travaille*, lorsqu'on ne le laisse point oisif dans un coffre-fort, et qu'on en fait un emploi continu qui le multiplie. — Chez les nattiers : *travailler au clou*, attacher à un clou à crochet la tête de chaque cordon de paille nattée. — T. de sculpt. : *travailler avec dureté*, couper le bois d'une manière désagréable. — Chez les chamoiseurs : *travailler de rivière*, ramollir une peau par le moyen de l'eau. — — T. d'archit. : *il travaille à la pièce*, il fait des pièces pareilles pour un prix égal, comme bases, chapiteaux, balustres, etc., qui ont leur prix. —*Travailler à ses pièces*, faire, à tant la pièce, autant d'ouvrage que l'on peut pour gagner davantage, au contraire du travail de la journée, qui est fixé depuis telle heure jusqu'à telle heure; temps pendant lequel on fait plus ou moins d'ouvrage, et qui est payé à tant par jour. — *Travailler à la tâche*, faire une partie d'ouvrage pour un prix convenu, comme la taille d'une pierre où il y a de l'architecture, de la sculpture, etc. — *Travailler à la toise*, travailler pour un prix convenu par toises; *travailler par épaulées*, reprendre peu à peu et non de suite quelque ouvrage en sous-œuvre, ou fonder dans l'eau; employer beaucoup de temps à construire un bâtiment, parce que les matières ou les moyens ne sont pas en état pour l'exécuter diligemment. —T. de mar. : *la mer travaille*, est fort agitée. *Un vaisseau travaille*, tangue et roule si fort qu'il ne peut plus faire route.—T. de mus. : *une partie travaille*, quand elle fait beaucoup de notes dans une mesure, tandis que d'autres parties font des tenues. — V. act., façonner : *travailler le fer, le marbre*.— Faire avec application, avec soin : *il a travaillé cette pièce, ce discours pendant long-temps et avec soin*.—Tourmenter, causer de la peine : *cette fièvre le travaille cruellement*; *ce songe m'a travaillé toute la nuit*. — *Travailler un cheval*, l'exercer, le manier. — Les boulangers disent : *travailler la pâte*, pour dire la manier avec force et promptitude.—*Travailler les glaces*, les mêler ensemble; *travailler la composition des glaces*, mêler avec le dos de la houlette ce qui est pris avec ce qui ne l'est pas. — *se* TRAVAILLER, v. pron., se tourmenter, s'inquiéter.

TRAVAILLEUR, subst. mas.; subst. fém., **TRAVAILLEUSE** (*trava-ieur, ieuze*), celui qui *travaille* à un ouvrage de corps ou d'esprit.—Subst. mas. seulement, pionnier ou soldat commandé pour remuer les terres ou pour faire quelque autre ouvrage.

TRAVAILLEUSE, subst. fém. Voy. TRAVAILLEUR.

TRAVAILS, subst. mas. plur. Voy. TRAVAIL.

TRAVAT, subst. et adj. mas. (*travâ*); se dit d'un cheval qui a des balzanes aux pieds du même côté.

TRAVAISON, subst. fém. (*travèzon*), haut du mur qui porte la charpente.

TRAVATES ou **TRAVADES**, subst. mas. plur. (*travate, vade*), nom que les marins donnent aux ouragans d'une violence extrême, qui se font sentir assez souvent sur les côtes de la Guinée. Ils s'annoncent par un nuage noir, fort petit, nommé *œil-de-bœuf* ou grains.

TRAVAUX, subst. mas. plur. (*travô*), voy. TRAVAIL. — En t. de jurispr., on appelle *travaux* l'une des peines afflictives et infamantes qui sont établies par les lois dans la France : *les travaux forcés*. C'est, après celle de la mort, la peine la plus grave qu'on puisse subir. C'est la peine qu'on appelait auparavant les *galères*. On distingue les *travaux forcés à temps* et les *travaux forcés à perpétuité*. La peine des *travaux forcés* à temps est prononcée pour cinq ans au moins et vingt ans au plus. La condamnation aux *travaux forcés* est ordinairement accompagnée de celle de *l'exposition*. Les *travaux forcés* à perpétuité emportent avec eux la mort civile. La condamnation à la peine des *travaux forcés* à temps emporte *la dégradation civique* et *l'interdiction légale*.—*Travaux publics*, se dit de tous les *travaux* qui se font par les ordres et au compte du gouvernement. — La peine des *travaux publics* est une peine qui est infligée aux déserteurs à l'intérieur. Sa durée est de trois ans au moins, et ceux qui la subissent sont employés soit à des *travaux militaires*, soit à des *travaux civils*, sans porter ni chaînes, ni fers, si ce n'est par mesure de police ou de discipline.

TRAVÉE, subst. fém. (*travé*) (du lat. *trabs*, gén. *trabis*, poutre), l'espace qui est entre deux poutres, ou entre une poutre et la muraille qui lui est parallèle, ou entre deux murs. — En t. d'archit. hydraul., partie du plancher d'un pont de bois, contenue entre chaque palée ou file de pieux.—En t. de couvreurs, certaine mesure sur laquelle on calcule le prix d'un ouvrage de couverture, etc. — *Travée de comble*, distance d'une ferme à une autre, sur deux ou plusieurs pannes.—*Travée d'impression*, quantité de deux cent seize pieds ou six toises superficielles d'impression de couleur à l'huile ou à la détrempe, à laquelle on réduit les planchers et autres ouvrages de différentes grandeurs, imprimés dans les bâtiments, pour en faire le toisé. — *Travée de balustres*, rang de balustres entre deux colonnes ou piédestaux. — *Travée de grilles*, rang de barreaux entre deux pilastres.

TRAVERS, subst. mas. (*travère*) (du lat. *transversum*), étendue d'un corps considéré selon sa largeur : *il s'en faut de deux travers de doigt que*.. — Biais, irrégularité d'un jardin, d'un bâtiment, d'une chambre : *il y a bien du travers dans ce parc, dans cette maison*. — Fig., bizarrerie, caprice, irrégularité de l'esprit et de l'humeur : *il est plein de travers ; il a pris un travers dans cette affaire*.—*Donner dans le travers*, se livrer à l'inconduite.—*Se donner un travers*, un ridicule. — *A travers le* ou *la*, *au travers de*, loc. prép., par le milieu, au milieu : *recevoir un coup d'épée au travers du corps* ou *à travers le corps*. Le premier est préférable et plus usité. *Racine* a dit (*Alexandre*) :

Se font jour *à travers de* deux camps opposés;

c'est une faute; il fallait *au travers de*. La même faute se trouve dans *J.-B. Rousseau* (liv. III, ode 4) :

A travers de ses flots promener des forêts.

— *De travers*, loc. adv., de biais, de côté. — A contre-sens; tout autrement qu'il ne faudrait.— Fig. : *regarder quelqu'un de travers*, d'une manière qui marque de l'aversion. — *Avoir l'esprit de travers*, mal fait, mal tourné. — *Mettre son bonnet de travers*, être de mauvaise humeur. *En travers*, loc. adv., d'un côté à l'autre, suivant la largeur. — En t. de mar., *se mettre au travers*, en panne. — *A tort et à travers*, loc. adv., témérairement, à quelque prix que ce soit. — Prov. : *tout au travers des choux*, inconsidérément, sans aucun égard.—*Par le travers*, t. de mar., à la hauteur de; vis-à-vis : *la flotte était par le travers de tel port*.—A TRAVERS, AU TRAVERS. (*Syn.*) *A travers* marque purement et simplement l'action de passer par un milieu, et d'aller par-delà, ou d'un bout à l'autre; *au travers* marque proprement ou particulièrement l'action et l'effet de pénétrer dans un milieu, et de le percer de part en part ou d'outre en outre. Vous passez *à travers* le milieu qui vous laisse un passage, une ouverture, un jour; vous passez *au travers* d'un milieu dans lequel il faut vous faire un passage, vous faire une ouverture, vous faire jour pour passer. Là vous avez la liberté de passer, rien ne s'y oppose ; ici vous trouvez de la résistance, il faut la forcer. On passe une épée *au travers* du corps ; on passe *à travers* les champs. Le jour qui passe entre les nuages passe *à travers* ; celui qui passe dans le corps d'un nuage passe *au travers*. Le poil de chèvre ou de chameau passe *à travers* et non *au travers* de l'aiguille qui est percée. L'aiguille passe *au travers* de la peau qu'elle perce.

TRAVERSABLE, adj. des deux genres (*travèreçable*), que l'on peut *traverser*. — Ce mot, très-usité, manque dans l'*Académie*.

TRAVERSAGE, subst. mas. (*travèreçaje*), façon donnée au drap en le tondant à l'envers.

TRAVERSAIRE et **TRAVERCIER**, subst. mas. sont deux *barbarismes* de *Boiste*. Voy. *traversier*, subst. mas., à l'article TRAVERSIER, adj.

TRAVERSAL, E, adj. (*travèreçale*), qui est de *traverse*, d'embranchement. — Au plur. mas., *traversaux*. On dit plus souvent *transversal*.

TRAVERSANT ou **TRAVERSIN**, subst. mas. (*travèreçan, cein*), fléau de la balance commune. Le premier semble être plus usité.

TRAVERSAUX, adj. mas. plur. Voy. TRAVERSAL.

TRAVERSE, subst. fém. (*travèrece*), pièce de bois qu'on met en *travers*.—*Les traverses d'une grille*, les lignes *transversales*. — Tranchée qui se fait dans le fossé sec d'une place assiégée, ou pour le passer ou pour empêcher qu'on ne le passe. — Chemin qui coupe d'un lieu à un autre, par une route différente du chemin ordinaire : *chemin de traverse ; rue de traverse*, qui coupe d'une grande rue à une autre. — Fig., revers, disgrace, obstacle, empêchement : *il a eu bien des traverses*. — *A la traverse*, loc. adv., il se dit de ce qui survient inopinément et apporte quelque obstacle.

TRAVERSÉ, E, part. pass. de *traverser*, et adj.—En t. de blas., se dit des pièces enfilées par d'autres pièces. — Mouillé, pénétré d'eau : *il est tout traversé ; traversé par la pluie*. — T. de man. : *cheval traversé*, qui a le poitrail et les épaules larges.—T. de maç. : *pierre traversée*, pierre où les traits des brettures se croisent.

TRAVERSÉE, subst. fém. (*travèrecé*), trajet par mer d'un endroit à un autre. — Il se dit de tout ce qui n'est pas par mer voyage de long cours : *la traversée de France en Angleterre*.

TRAVERSEMENT, subst. mas. (*travèreceman*), action de *traverser*. *Traversée* remplace ce mot assez ordinairement.

TRAVERSER, v. act. (*travèrecé*), passer au *travers*, passer entièrement depuis un côté jusqu'à l'autre. — Etre au *travers* de... : *l'allée qui traverse le jardin*. — Percer de part en part : *la pluie a traversé tous ses habits*. — Fig., susciter des obstacles à... : *traverser quelqu'un dans ses desseins*. — T. de mar. : *traverser la lame*, la prendre de bout, en passant de l'une à l'autre ; *traverser l'ancre*, la hisser avec la cantonnière crochée sur la croisée ; *traverser la misaine*, haler sur l'écoute de misaine pour faire entrer le point de misaine dans le vaisseau, dans le but de le faire abattre lorsqu'il est trop près du vent; *traverser un navire*, lui faire présenter le côté d'un endroit qu'il doit attaquer ou défendre. — Chez les cartiers, séparer les coupeaux en divisant la feuille en quatre parties égales. — Chez les aplaigneurs, *traverser les queues*, c'est, par le moyen des chardons, faire venir la laine aux endroits où une couverture était cousue. — *se* TRAVERSER, v. pron., t. de man. : *un cheval se traverse*, lorsque ses hanches et ses épaules ne sont point exactement sur la même ligne qu'il doit décrire; qu'il coupe la piste de *travers* ou jette sa croupe d'un autre côté que sa tête : *ce cheval se traverse des hanches ; cet autre se traverse des épaules*.

TRAVERSIER, adj. mas., au fém. **TRAVERSIÈRE** (*travèrecié, cière*), qui *traverse* : *barque traversière* qui sert à *traverser* d'un endroit à un autre. — *Vent traversier*, qui souffle droit à l'embouchure d'un port, et qui empêche d'en sortir.—En t. de mus., *flûte traversière*, flûte dont on joue en la mettant de *travers* sur les lèvres.—Subst. mas., t. de mar., petit bâtiment à un seul mât. — *Traversier de chaloupe*, pièce de bois qui lie par l'avant les deux côtés d'une chaloupe.—T. d'astronomie, espèce de pinnule mobile qui court le long de la flèche et de l'arbalète ; elle est ainsi nommée, parce qu'elle se met de travers et en croix sur cette flèche. Plus communément, on la nomme *curseur*, et les matelots l'appellent *marteau*.

TRAVERSIÈRE, adj. fém. Voy. TRAVERSIER.

TRAVERSIN, subst. mas. (*travèrecein*), chevet, oreiller long qui s'étend de toute la largeur du lit, qui le *traverse*. — *Faux traversin*, oreiller qui se met au pied du lit, pour figurer la symétrie. — Broche de bois dont les bouchers se servent pour traverser le ventre des moutons, afin de le tenir entr'ouvert jusqu'au moment où ils voudront le dépecer. — Chez les tonneliers, pièce de longueur, qu'ils emploient à former les fonds des futailles. — Autre pièce de bois étroite qu'ils mettent par-dessus les fonds des futailles pour les renforcer. —Nom que les marchands de bois donnent à des bûches ou rondins arrangés l'un sur l'autre aux extrémités de chaque mise de trains. — Pour les balances, voy. TRAVERSANT. — T. de mar., dans un pont de vaisseau, pièce de bois qui passe d'un banc à l'autre, pour les fortifier et les contrebander. — Pièce de bois qui soutient la sainte-barbe dans le sens de sa largeur, et soutient de même le timon qui se meut sur elle. —*Traversin des bittes*, pièces de bois mises en travers pour entretenir un pilier de bittes avec l'autre ; *traversin d'écoutille*, pièce de bois qui traverse l'écoutille par le milieu, afin de la soutenir ; *traversin d'élinguets*, pièce de bois endentée sur les bancs d'un vaisseau, derrière le cabestan, dans laquelle on entaille les élinguets ; *traversin de herpe*, pièce de bois qui est à l'avant d'une herpe à l'autre, et qui sert à caponner l'ancre ; *traversin de taquets*, pièces de bois, de cinq à six pieds de long, dans lesquelles les taquets d'écoute sont emboîtés.

TRAVERSINE, subst. fém. (*travèrecine*), t. de charp., pièce de bois d'un grillage en charpente, posée en *travers*, etc. — *Maîtresses traversines*, celles qui portent sur les seuils.

TRAVERSINÉ, E, part. pass. de *traversiner*.

TRAVERSINER, v. act. (*travereciné*), disposer les bûches d'un train en tête et en queue. —*se* TRAVERSINER, v. pron. Presque inusité.

TRAVERTIN, subst. mas. (*travèretein*), t. d'hist. nat., sorte de pierre calcaire.

TRAVESTI, E, part. pass. de *travestir*, et adj.

TRAVESTIR, v. act. (*travècetir*) (du lat. *trans*, au-delà, de l'autre côté, et *vestis*, habit ; *prendre un habit différent du sien*), déguiser. Voy. ce mot. Il s'emploie élégamment au figuré.— *Travestir un auteur*, traduire burlesquement un ouvrage sérieux. — *Travestir une pensée*, la représenter sous une forme différente.—*se* TRAVESTIR, v. pron., se déguiser, se masquer.—Fig., changer sa manière ordinaire, déguiser son caractère.

TRAVESTISSEMENT, subst. mas (*travècetice-man*), déguisement. Il ne se dit qu'au propre.

TRAVON, subst. mas. (*travon*), pièce de bois de charpente qui traverse la largeur d'un pont de bois, servant de chapeau aux files de pieux, et qui porte les poutrelles des travées.

TRAVOUIL, subst. mas. (*travou-ie*), dévidoir pour mettre le fil en écheveaux. Vieux.

TRAVOUILLÉ, E, part. pass. de *travouiller*.

TRAVOUILLER, v. act. (*travou-ié*), mettre le fil en écheveaux au moyen du *travouil*.—*se* TRAVOUILLER, v. pron. Vieux.

TRAVOUILLETTE, subst. fém. (*travou-iète*), petit morceau de bois qui soutient les fusées du *travouil*. Vieux.

TRAVOUL, subst. mas. (*travoule*), t. de pêche, morceau de bois plat, endenté, sur lequel on plie les lignes.

TRAVURE, subst. fém. (*travure*), levée sur le derrière d'un bateau, qui, étant couverte et close, forme des chambres pour les mariniers.

DU VERBE IRRÉGULIER **TRAIRE**:

Trayaient, 3e pers. plur. imparf. indic.
Trayais, précédé de *je*, 1re pers. sing. imparf. indic.
Trayais, précédé de *tu*, 2e pers. sing. imparf. indic.
Trayait, 3e pers. sing. imparf. indic.
Trayant, part. prés.
Trayez, 2e pers. plur. impér.

Trayez, précédé de *vous*, 2ᵉ pers. plur. prés. indic.
Trayiez, précédé de *que vous*, 2ᵉ pers. plur. imparf. indic.
Trayiez, précédé de *que vous*, 2ᵉ pers. plur. prés. subj.
Trayions, précédé de *nous*, 1ʳᵉ pers. plur. imparf. indic.
Trayions, précédé de *que nous*, 1ʳᵉ pers. plur. prés. subj.

TRAYON, subst. mas. (*trè-ion*), bout du pis d'une vache, d'une chèvre, etc.

DU VERBE IRRÉGULIER TRAIRE :
Trayons, 1ʳᵉ pers. plur. impér.
Trayons, précédé de *nous*, 1ʳᵉ pers. plur. prés. indic.

TRAYE, subst. fém. (*trè-ie*), t. d'hist. nat., espèce de grive.

TRÉ, subst. mas. (*tré*), espèce de trompette siamoise.

TRÉBELLIANIQUE ou **TRÉBELLIENNE**, adj. fém. (*trébèli-anike, li-ène*); en t. de droit écrit, on appelle *quarte trebellianique*, le quart que l'héritier institué a droit de retenir sur la succession grevée de fidéicommis, en remettant l'hérédité.

TRÉBIENS, subst. propre mas. plur. (*tré-biein*), myth., se dit des dieux auxquels les Romains avaient élevé un temple sur les bords de la *Trébie*.

TRÉBUCHANT, E, adj. (*trébuchan, chante*), qui *trébuche*.—En parlant des monnaies, qui est de poids.

TRÉBUCHÉ, part. pass. du v. neut. *trébucher*.

TRÉBUCHEMENT, subst. mas. (*trebucheman*), action de *trébucher*.

TRÉBUCHER, v. neut. (*trébuché*) (du lat. barbare *trabuccare* ; comme si l'on disait *in buccum cadere*, tomber dans un creux, dans un trou), en parlant des personnes, faire un faux pas.—Tomber. En ce sens, il est vieux.—Prov.: *qui trébuche et ne tombe point, avance son chemin*.—Fig. et fam., broncher, faire un faux pas dans une affaire.—En parlant de poids, emporter par sa pesanteur le poids qui contre-pèse.—TRÉBUCHER, BRONCHER. (*Syn.*) On *trébuche*, lorsqu'on perd l'équilibre et qu'on va tomber ; on *bronche*, lorsqu'on fait un faux pas, qu'on cesse d'aller droit et ferme, pour avoir heurté contre un corps pointu ou éminent.—Celui qui n'a pas le pied ferme est sujet à *trébucher* ; celui qui marche dans un mauvais chemin est sujet à *broncher*. Il ne faut qu'un petit caillou pour vous faire *broncher* ; si vous perdez l'équilibre, vous *trébuchez*. On peut *broncher* et se redresser tout de suite ; si l'on ne tombe pas en *trébuchant*, du moins on chancelle.

TRÉBUCHET, subst. mas. (*trébuché*), sorte de petite balance pour peser l'or et l'argent avec des poids et des grains, ainsi nommée parce qu'elle *trébuche* facilement.—Petite machine en forme de cage pour attraper des oiseaux.—Fig. : *prendre quelqu'un au trébuchet*, l'engager par de belles apparences à faire une chose qui lui est désavantageuse ou qui est contraire à ce qu'il avait résolu.

TREC, subst. mas. (*trèke*), espèce de laque naturelle du Pérou.

TRÉCHANGÉ, E, part. pass. de *tréchanger*.

TRÉCHANGER, v. act. (*tréchanjé*), *changer*, être inconstant. — SE TRÉCHANGER, v. pron. (*Boiste*.) Vieux et même hors d'usage.

TRÉCHEUR, subst. mas. (*trécheur*), t. de blas., espèce d'orle, qui n'a néanmoins que la moitié de sa largeur. Il y en a de simples, de doubles, quelquefois fleuronnés et contre-fleuronnés, et quelquefois fleurdelisés, comme celui du royaume d'Ecosse.

TRECHRUS, subst. mas. (*trèkruce*), t. d'hist. nat., genre d'insectes coléoptères.

TRÉDAME ! sorte d'exclamation (*trédame*), inrement des paysans, dans l'ancienne comédie.

TREFFORT, subst. propre mas. (*tréfor*), petite ville de France, chef-lieu de canton, arrond. de Bourg-en-Bresse, dép. de l'Ain.

TRÉFILÉ, E, part. pass. de *tréfiler*.

TRÉFILER, v. act. (*tréfilé*), faire passer par la *filière* du fer ou du laiton. — SE TRÉFILER, v. pron.

TRÉFILERIE, subst. fém. (*tréfileri*), machine pour tirer le laiton à la *filière*.

TRÉFILEUR, subst. mas. (*tréfileur*), qui travaille à la *tréfilerie*.

TRÈFLE, subst. mas. (*trèfle*) (en lat. *trefolium*, du grec τριφυλλον, qui a trois feuilles, rac. τρεις, trois, et φυλλον, feuille), t. de bot., plante vivace, qui donne un excellent fourrage; *trèfle d'eau*, sorte de plante qui croît dans les marais et autres lieux aquatiques, et qui ressemble au *trèfle*, en ce que ses feuilles sont aussi trois à trois sur la même queue. — *Trèfle odorant*, ou *bitumineux*, ou *thé des jésuites*, sorte de *trèfle* à tige presque ligneuse, qui croît dans les pays chauds, et dont les feuilles blanchâtres et velues ont, de même que les semences, une forte odeur de bitume.—*Trèfle rouge*, espèce de *trèfle* qui ressemble au houblon.—Une des couleurs noires d'un jeu de cartes, qui a la figure de la feuille du *trèfle*. — Ornement d'archit. qui se taille sur les moulures.

TRÉFLÉ, E, part. pass. de *tréfler*, et adj.—T. de blas.; il se dit des croix dont les extrémités sont terminées en *trèfle*.—*Une mine tréflée*, qui a trois chambres.

TRÉFLER, v. act. (*tréflé*), t. de monnaie, mal rengrener, de sorte que l'effigie paraisse double. —SE TRÉFLER, v. pron.

TRÉFLIER subst. mas. (*tréfli-é*), qualité que prenaient autrefois les maîtres-chaînetiers de Paris, à cause des agrafes en forme de *trèfle*, d'où pendaient les chaînes en argent, auxquelles les femmes du peuple attachaient leurs ciseaux. C'était un usage très-fréquent parmi ces femmes, et particulièrement parmi les femmes de la halle et certaines marchandes, etc., d'avoir des ciseaux placés au bout d'une longue chaîne d'argent accrochée à un cordon de ceinture. — Nom qu'on donne, en certains endroits, à une terre, à un champ de *trèfles*, rempli de *trèfles*.

TRÉFONCIER, subst. mas. (*tréfoncié*), propriétaire de bois et forêts sujets à certains droits.

TRÉFONDS, subst. mas. (*tréfon*) (du lat. *terræ fundus*, fonds de terre. *Le Duchat*, d'après *Du Cange*.) t. de cout., propriété du sol, et de ce qui est ou peut être dessous, comme carrière, mine, etc. *Vendre le fonds et le tréfonds*.—Fig. et fam. : *savoir le fonds et le tréfonds d'une affaire*, la posséder parfaitement.—L'*Académie* ajoute qu'on écrit aussi *très-fonds* ; nous croyons qu'on ne devrait dire et écrire que l'un ou l'autre.

TRÉGUEL ou **TRÉQUEL**, subst. mas. (*tréguièle, kièle*), t. d'hist. nat., espèce d'oiseau du Chili.

TRÉGUIER, subst. propre mas. (*trégnié*), ville maritime de France, chef-lieu de canton, arrond. de Lannion, dép. des Côtes-du-Nord.

TREIGNAC, subst. propre mas. (*trègniak*), ville de France, chef-lieu de canton, arrond. de Tulle, dép. de la Corrèze.

TREIJEAN, subst. mas. (*tréjan*), sorte de raisin qui croît dans le dép. du Doubs.

TREILLAGE, subst. mas. (*trè-iaje*), assemblage de lattes, de perches ou d'échalas posés et liés l'un sur l'autre par petits carrés pour faire des berceaux, des palissades ou des espaliers dans les jardins.

TREILLAGÉ, E, part. pass. de *treillager*.

TREILLAGER, v. act. (*trè-iajé*), garnir de *treillage*.— SE TREILLAGER, v. pron. — Ce mot, des plus usités, manque dans l'*Académie*.

TREILLAGEUR, subst. mas. (*trè-iajeur*), qui fait des *treillages*.

TREILLE, subst. fém. (*trè-ie*) (du lat. *trichila*, employé dans la même acception, et qui est, suivant *J. Scaliger* et *Casaubon*, dérivé du grec τριχινος, fait de poils épais; rac., τριχος, poils, cheveux, à cause de l'épaisseur du feuillage de ces berceaux), berceau ou toit fait de ceps de vigne entrelacés, et soutenus par des perches, par des pièces de bois ou par des barreaux de fer. — *Treillage* contre une muraille, contre un arbre, le long duquel il y a de la vigne, du verjus : *une treille de muscat, de verjus*.—En t. de pêche, filet approchant du carreau.—Poét. : *le jus de la treille*, le vin.

TREILLIS, subst. mas. (*trè-ie-i*), barreaux de bois ou de fer qui se croisent, en forme de *treille*. — Toile gommée, lissée et luisante. — Grosse toile dont on fait des sacs, etc.— Châssis divisé en carreaux.—Pièce d'étain à claire-voie que le potier d'étain met en étalage devant sa boutique. —Toute fermeture dormante de fer ou de bronze, à barres maillées et en losange.—T. de blas. Voy. FRETTE.

TREILLISSÉ, E, part. pass. de *treillisser*, et adj., garni de *treillis*.

TREILLISSER, v. act. (*trè-ie-i-cé*), garnir de *treillis* : *treillisser une fenêtre*.—SE TREILLISSER, v. pron.

TREIZAIN, subst. mas. (*trèzein*), sorte de monnaie.—Anciennement, *treize* gerbes de blé sur lesquelles on dîmait.

TREIZAINE, subst. fém. (*trèzène*), nombre de *treize*. Fam. et pop.

TREIZE, adj. numéral des deux genres (*trèze*), dix et trois : *le nombre treize*. — *Treize* se dit pour *treizième* : *chapitre treize*.— Subst. mas. : *le treize du mois*.

TREIZIA, subst. mas. (*trèzi-a*), t. de bot., genre de plantes.

TREIZIÈME, adj. et subst. des deux genres (*trèzi-ème*), nombre d'ordre qui vient après le douzième. — Subst. : *il est le treizième*; *elle est la treizième*.—Subst. mas. seulement : *un treizième*, la partie d'un tout que l'on conçoit divisé en *treize* parties égales.—Subst. fém., t. de musique, intervalle composé d'une octave et d'une sixte, ainsi nommé parce qu'il est formé de *treize* tons ou demi-tons. L'intervalle de *ut* au *la* de la seconde octave forme une *treizième*.

TREIZIÈMEMENT, adv. (*trèzi-èmeman*), en *treizième* lieu.

TRÉJETAGE, subst. mas. (*tréjetaje*), t. de verrerie, action, manière de transvaser le verre fondu.

TRÉLINGAGE, subst. mas. (*tréleinguaje*), t. de mar., bridure particulière très-forte, qui se fait sur les haubans des bas mâts.

TRÉLINGUÉ, E, part. pass. de *trélinguer*.

TRÉLINGUER, v. act. (*tréleinguié*), t. de mar., faire un *trélingage*. — SE TRÉLINGUER, v. pron.

TRELON, subst. propre mas. (*trelon*), bourg de France, chef-lieu de canton, arrond. d'Avesne, dép. du Nord.

TRELU, subst. mas. (*trelu*) (ce mot qu'on ne comprendrait plus, mais que nous trouvons encore dans *Boiste* et dans le *Dictionnaire* de *Trévoux*, vient du vieux mot français *treluire*, qui ne se dit plus et qui signifiait, voir imparfaitement quelque chose par le moyen de quelque petit éclat de lumière ; on entendait par : *avoir le trelu*, avoir la vue trouble.

TRÉLUCHÉ, part. pass. de *trelucher*.

TRÉLUCHER, v. neut. (*treluché*), t. de mar., changer les voiles de bord.

TRÉMA, adj. et subst. mas. (*tréma*) (du grec τρεμα, trou ; parce que ces points semblent deux petits trous au-dessus d'une lettre), ce sont les voyelles *ë, ï, ü*, avec deux points dessus : *un ë tréma*, *un ï tréma*, *un ü tréma*.— Subst., et alors il se dit des deux points placés sur l'une de ces voyelles : *on met un tréma sur l'i dans haïr*.

TRÉMADOTE, subst. mas. (*trémadote*), t. d'hist. nat., ordre de vers intestinaux.

TRÉMANDRE, subst. fém. (*trémandre*), t. de bot., genre de plantes.

TRÉMANDRÉE, subst. fém. (*trémandré*), t. de bot., famille de plantes voisine des polygalées.

TRÉMATODÉE, subst. fém. (*trématodé*), t. d'hist. nat., ordre de vers intestinaux.

TRÉMATODON, subst. mas. (*trématodon*), t. de bot., genre de plantes de la famille des mousses.

TRÉMATOPNÉE, subst. fém. (*trématopené*) (du grec τρημα, trou, et πνεω, je respire), t. d'hist. nat., famille de poissons cartilagineux.

TREMBLAIE, subst. fém. (*tranblé*), lieu planté de *trembles*.

TREMBLAISON, subst. fém. (*tranblè-zon*), *tremblement*, vacillation, oscillation, secousse. Il est vieux.

TREMBLANT, E, adj. (*tranblan, blante*), qui *tremble*.—Saisi d'effroi : *tremblant pour sa fille*. — Subst. mas., un des jeux de l'orgue. — Subst. fém., t. d'hist. nat., nom donné à la gymnote électrique et à la torpille.

TREMBLADE, subst. propre mas. (*tranblade*), ville de France, chef-lieu de canton, arrond. de Marennes, dép. de la Charente-Inférieure.

TREMBLE, subst. mas. (*tranble*), espèce de peuplier dont les feuilles sont mises en mouvement par le moindre vent.

TREMBLÉ, E, part. pass. de *trembler*, et adj. : *écriture tremblée*, tracée d'une main peu hardie, *tremblante* ; *ces lignes sont tremblées*, ne sont pas droites ; elles se ressentent d'un *tremblement* de la main. — Subst. mas.; en t. d'imprim., on appelle *un tremblé*, un filet serpentant qui est gras dans un endroit et maigre dans un autre.

TREMBLEMENT, subst. mas. (*tranbleman*), agitation de ce qui *tremble*. — *Tremblement de terre*, les secousses qui ébranlent violemment la terre. — Maladie qui fait *trembler*. — En t. de musique, sorte de cadence précipitée, qui se fait en chantant ou en jouant de quelque instrument : *faites sur cette note un tremblement*. — Fig., grande crainte : *opérer son salut avec crainte et tremblement*.—*Tout le tremblement*, expression populaire, dont on se sert par exagération : *il est venu avec tout le tremblement*, avec beaucoup de monde.

TREMBLER, v. neut. (*tranblé*) (en lat. *tremulare*, dimin. de *tremere*, fait du grec τρεμειν), être agité, être mu par de fréquentes secousses.— N'être pas ferme, s'ébranler facilement.—Craindre, avoir grand'peur : *trembler pour quelqu'un.* —T. de mus., remuer avec art les doigts sur les trous d'un instrument à vent : *faire des tremblements.* — Act. : *trembler la fièvre*, avoir le frisson de la fièvre. — *Faire trembler*, donner de la frayeur à quelqu'un ; répandre l'alarme et l'effroi.

TREMBLE-TERRE, subst. mas. (*tranbletère*), *tremblement de terre.* (*Boiste.*) Inusité.

TREMBLEUR, subst. mas.; **TREMBLEUSE**, subst. fém. (*tranbleur, bleuze*), celui, celle qui *tremble*; il ne se dit qu'au figuré : *c'est un trembleur, une trembleuse*, il est excessivement craintif, timide.— Subst. mas., anguille électrique de Surinam. — Sorte de singe. — Nom que porte une secte en Angleterre. Voy. QUAKER.

TREMBLEUSE, subst. fém. Voy. TREMBLEUR.

TREMBLOTANT, E, adj. (*tranblotan, tante*), qui *tremble* : *il est tout tremblotant de froid.*

TREMBLOTÉ, part. pass. du v. neut. *trembloter.*

TREMBLOTER, v. neut. (*tranbloté*), diminutif de *trembler.* Il est fam.

TRÊME, subst. mas. (*trême*), t. de bot., espèce d'arbre de la Cochinchine.

TRÉMEAU, subst. mas. (*trémô*), t. de fortification, la partie du parapet comprise entre deux embrasures.

TREMELLE, subst. fém. (*tremèle*), t. de bot., genre de plantes cryptogames.

TREMEX, subst. mas. (*tremèkce*), t. d'hist. nat., genre d'insectes coléoptères.

TRÉMÉFACTION, subst. fém. (*tréméfakcion*) (du latin *tremor*, épouvante, et *facere*, faire), tremblement, action d'épouvanter.

TREMELLE, subst. fém. (*tremèle*), t. de bot., plante aquatique en filets presque imperceptibles.

TRÉMIE, subst. fém. (*trémi*) (suivant *Huet*, du latin *trimodia*, vase, etc., qui contenait trois boisseaux, parce que telle était la capacité de cette mesure), mesure dont on se sert pour le sel. — Sorte de grande auge carrée, fort large par le haut et fort étroite par le bas, dans laquelle on met le blé qui de là tombe entre les meules pour être réduit en farine. — Petite auge garnie de trous dans laquelle on met de la graine pour les oiseaux en cage.—Vaisseau pyramidal dans lequel l'étalonneur jette des grains de millet pour juger de la justesse du nouvel étalon.—*Bandes de trémie*, bandes de fer qui servent à soutenir les âtres et les languettes des cheminées.

TRÉMIÈRE, adj. fém. (*tremière*), t. de bot., se dit d'une plante à fleurs rosacées, et par étages, qui a quelque ressemblance avec la *rose* : *rose trémière.*

TRÉMION, subst. mas. (*trémion*), bois qui soutient la *trémie.*—Bande de fer qui aide à soutenir la hotte d'une cheminée, et la *trémie* d'un moulin. Dans ce sens, on dit mieux *trémillon.*

TRÉMOIS, subst. mas. (*trémoâ*), mélange de grains que l'on sème au printemps pour les bestiaux; menus blés; semences de mars.

TRÉMOISE, subst. fém. (*trémoèze*), t. d'hist. nat., la vraie torpille.

TRÉMOLITHE, subst. fém. (*trémolite*), t. d'hist. nat., substance minérale nommée aussi *grammatite.*

TRÉMOUILLE ou **TRÉMOUILLE** (LA), subst. propre fém. (*latrémou-ie*), village de France, chef-lieu de canton, arrond. de Montmorillon, dép. de la Haute-Vienne.

TRÉMOUSSÉ, E, part. pass. de *trémousser.*

TRÉMOUSSEMENT, subst. mas. (*trémouce man*), action de *se trémousser.*

TRÉMOUSSER, v. neut. et act. (*trémoucé*) (du latin *tremulare*, trembler, trembloter), s'agiter, se remuer d'un mouvement vif et irrégulier : *ces oiseaux trémoussent de l'aile.*— *Trémousser quelqu'un*, lui donner du mouvement, de l'activité, du tintouin.—*se* TRÉMOUSSER, v. pron., il a le même sens que l'actif et le neutre, mais son emploi est plus étendu. — Fig. et fam., se donner du mouvement, faire des démarches, prendre des soins, etc.

TRÉMOUSSOIR, subst. mas. (*trémouçoar*), machine propre à se donner du mouvement et de l'exercice sans sortir de sa chambre.

TREMPE, subst. fém. (*tranpe*), action et manière de *tremper* le fer.—La qualité que le fer contracte quand on le *trempe.*—Au fig., caractère, humeur, manière. — *Un esprit de bonne trempe, d'une bonne trempe*, ferme et solide.— *C'est un corps d'une bonne trempe*, c'est un homme robuste et bien constitué.—T. d'imprim., action de *tremper* le papier.—Eau propre à faire fermenter les grains dans les brasseries.—Premier jet de cire qu'on donne aux mèches.

TREMPÉ, E, part. pass. de *tremper*, et adj. : *être trempé, avoir son habit tout trempé*, extrêmement mouillé.—*Tout trempé de sueur*, qui a beaucoup sué.—*Ne boire que du vin trempé*, mélangé d'eau.

TREMPEMENT, subst. mas. (*tranpeman*), action de *tremper.* Inusité.

TREMPER, v. act. (*tranpé*) (du lat. *temperare*), mouiller, imbiber, en mettant dans une liqueur. —En parlant du fer et de l'acier, les plonger tout rouges dans une eau préparée pour les durcir.—*Tremper la soupe*, verser du bouillon sur les soupes de pain.— *La pluie a trempé la terre*, il a plu abondamment, et la terre est pénétrée.— *Tremper son vin*, y mettre beaucoup d'eau. — T. d'imprim., plonger plus ou moins dans l'eau chaque main de papier à imprimer, afin de lui donner la souplesse qu'il doit avoir pour recevoir plus aisément l'empreinte des lettres et l'encre qui en couvre l'œil, par le moyen du foulage : *ce papier est bien collé, il faut le tremper au moins trois et quatre fois la main.*— *Tremper ses mains dans le sang*, fig., commettre un meurtre, le conseiller, y consentir.—V. neut., être dans quelque chose de liquide : *ce linge trempe depuis deux jours.*—Fig., participer, être complice : *tremper dans une conspiration, dans un crime.* —*se* TREMPER, v. pron.

TREMPERIE, subst. fém. (*tranperi*), lieu, dans une imprimerie, où l'on *trempe* le papier.

TREMPIS, subst. mas. (*tranpi*), liqueur acide dans laquelle on *trempe* les ouvrages de cuivre pour les nettoyer.— Atelier où l'amydonnier fait son travail. — Eau dans laquelle on a *trempé* la morue. — Endroit où les harengères mettent dessaler le poisson.

TREMPLIN, subst. mas. (*tranplein*), planche qui s'élève sur une de ses extrémités, et sur laquelle les sauteurs courent pour s'élancer et faire des sauts périlleux.

TREMPLITHE, subst. fém. (*tranplite*), t. d'hist. nat., sorte de substance minérale.

TREMPOIR, subst. mas. (*tranpoar*), chez les fouleurs de draps, endroit où on met *tremper* les pièces de drap.

TREMPOIRE, subst. fém. (*tranpoare*), cuve pour préparer l'indigo.

TREMPURE, subst. fém. (*tranpure*), système de leviers servant à élever ou à abaisser une meule ou un autre organe de moulin analogue. —Sorte de bascule qui sert à imprimer un mouvement d'abaissement ou d'élévation au palier et à la meule courante. — Grand cercle de bois chargé d'un poids, que le meunier dirige à volonté pour faire moudre plus ou moins fin.

TRÊMUE, subst. fém. (*trému*), t. de mar., entourage de planches pratiqué autour de l'écoutille des petits bâtiments que l'on envoie pour pêcher les harengs.

TRENTAIN, subst. mas. (*trantein*); il se dit au jeu de paume, lorsque les joueurs ont chacun *trente.*—Drap de laine dont la chaîne est composée de *trente* fois cent fils.

TRENTAINE, subst. fém. (*trantène*), nombre de *trente.* — Age de *trente* ans : *il a passé la trentaine.*

TRENTANELLE, subst. fém. (*trantanèle*), t. de bot., nom que quelques-uns donnent au sumac; c'est une plante de la Provence qui sert aux teinturiers.

TRENTE, subst. propre mas. (*trante*), ville du Tyrol, célèbre par le concile tenu dans cette ville de 1545 à 1562. Elle fut prise par Masséna en 1796, et de nouveau, en 1797, par Joubert.

TRENTE, adj. numéral des deux genres (*trante*) (du lat. *triginta*), trois fois dix : *trente, trente-un, trente-deux*, etc. Voy. TRENTE, subst.

TRENTE, subst. mas. (*trante*), *trentième* : *le trente du mois.* — Au jeu de paume, la moitié du jeu. — *Trente et quarante*, sorte de jeu de hasard qui se joue avec des cartes, et où celui-là gagne qui amène, au-dessus de *trente*, le point le plus proche de *trente-un.*

TRENTE-DEUX-PIEDS, subst. mas. (*trantedeupié*), un des jeux de l'orgue.—Au plur., des *trente-deux-pieds.*

TRENTE-ET-UN, (on devrait dire et écrire TRENTE-UN), subst. mas. (*tranté-eun* ; mieux *tranteun*), sorte de jeu de cartes. — Point formant *trente-et-un.* — Au plur., des *trente-et-un.*

TRENTIÈME, adj. et subst. des deux genres (*trantième*) (du lat. *trigesimus*), nombre ordinal : la *trentième* partie ; *il est le trentième ; elle est la trentième.* — *Il est mort dans sa trentième année.*—Chaque partie d'un tout divisé en *trente* parties égales : *il a un trentième dans l'affaire.*

TRENTIN, E, adj. et subst. (*trentein, tine*), de la ville de *Trente.*

TRENTRAILLE, subst. fém. (*trantrâ-ie*), t. de pêche, fil passé à travers les mailles d'un filet

TRENTRILLE, subst. fém. Voy. TRENTRAILLE.

TRÉOU, subst. mas. (*tré-ou*), t. de mar., voile carrée que les tartanes, les galères, etc., portent dans les gros temps.

TRÉPAN, subst. mas. (*trépan*) (du grec τρυπανον, tarière, fait de τρυπαω, je perce), opération chirurgicale qui ôte les corps étrangers qui pourraient blesser le cerveau. — Instrument avec lequel on *trépane.*— Il se dit quelquefois de la collection des pièces dont on se servait jadi pour *trépaner.* — Outil de sculpteur et de marbrier, qui sert à percer le marbre, les pierres ou le bois.—Chez les serruriers, machine qui sert à faire tourner un foret dans une position verticale. — En t. de mineurs, espèce de foret pour percer le ciel d'une galerie, lorsque l'air n'y circule pas assez pour qu'on y puisse tenir une chandelle allumée. — Sorte de tarière. — T. d'hist. nat., sorte d'animal marin qu'on estime beaucoup en Chine.

TRÉPANATION, subst. fém. (*trépanâcion*), action de *trépaner*, opération du *trépan.*

TRÉPANÉ, E, part. pass. de *trépaner.*

TRÉPANER, v. act. (*trépané*), faire l'opération du *trépan.* — *se* TRÉPANER, v. pron.

TRÉPAS, subst. mas. (*trépâ*) (du lat. *trans*, au-delà, de l'autre côté, et *passus*, pas, passage ; *passage au-delà de cette vie*), mort, décès. — *Aller de vie à trépas*, mourir. — En t. de mar., petit passage ou fil d'eau entre deux bancs ou entre deux terres. — Anciennement, passage, péage. — *Trépas de la Loire*, autrefois, bureau de traite foraine placé sur la Loire, à l'embouchure de la Sarthe. — TRÉPAS, MORT, DÉCÈS. (*Syn.*) *Trépas* est poétique, et emporte dans son idée le passage d'une vie à l'autre. *Mort* est du style ordinaire, et signifie précisément la cessation de vivre. *Décès* est d'un style plus recherché, tenant un peu de l'usage du palais, et marque proprement le retranchement du nombre des mortels. — Le second de ces mots se dit à l'égard de toutes sortes d'animaux, et les deux autres ne se disent qu'à l'égard de l'homme. Un *trépas* glorieux est préférable à une vie honteuse. La *mort* est le terme commun de tout ce qui est animé sur la terre. Toute succession n'est ouverte qu'au moment du *décès.* — Le *trépas* ne présente rien de laid à l'imagination; il peut même faire envisager quelque chose de gracieux dans l'éternité. Le *décès* ne fait naître que l'idée d'une peine causée par la séparation des choses auxquelles on était attaché. Mais la *mort* présente quelque chose de laid et d'affreux.

TRÉPASSÉ, part. pass. de *trépasser.*

TRÉPASSÉ, subst. mas. (*trépâcé*), mort : *il est pâle comme un trépassé.*—*Le jour des trépassés*, le jour des morts.

TRÉPASSEMENT, subst. mas. (*trépâceman*), moment de la mort. Il est vieux.

TRÉPASSER, v. neut. (*trépâcé*), mourir de mort naturelle. Il est du style fam. et peu usité, si ce n'est en plaisantant. Voy. TRÉPAS.

TRÉPELU, E, adj. (*trépelu*) (*à trois poils*), sale, mal ajusté, mal coiffé. — Fig., mauvais, rebuté, en parlant d'un livre. (*Boiste.*) Vieux et inusité.

TRÉPENSÉ, E, adj. (*trépancé*), pensif. (*Boiste.*) Vieux et inusité.

TRÉPHINE, subst. fém. (*tréfine*), espèce de *trépan* dont les chirurgiens anglais font usage, et dans lequel on a remplacé l'arbre par un manche court, droit, et terminé à son extrémité par une poignée placée transversalement à son extrémité. Plus simple que le trépan ordinaire, cet instrument agit comme une sorte de vrille, et ne peut être, dit-on, que difficilement dirigé à travers les os du crâne.

TRÉPIDATION, subst. fém. (*trépidâcion*) (en latin *trepidatio*), t. de médec., tremblement de nerfs.—Tremblement ou terreur.—T. d'astron., balancement que d'anciens astronomes attribuaient au firmament, du septentrion au midi, et du midi au septentrion.

TRÉPIDITÉ, subst. fém. (*trépidité*), crainte, frayeur. (*Boiste.*) Vieux et même hors d'usage. Voy. INTRÉPIDITÉ.

TRÉPIED, subst. mas. (*trépié*) (du latin *trepis*, fait du grec τριπους, qui a la même signification; racine, τρεις, trois, et πους, pied), ustensile de cuisine qui a trois pieds et sert à divers usages, comme à faire chauffer de l'eau dans des poêlons, etc. — *Trépied d'Apollon*, *trépied sacré*, siége à *trois pieds*, ordinairement d'or ou d'argent, sur lequel les prêtres et les prêtresses d'Apollon se plaçaient pour rendre leurs oracles. Celui de Delphes était couvert de la peau du serpent Python. Voy. PYTHONISSE. — Fig. : *être sur le trépied*, parler avec enthousiasme.—*Trépied de Bacchus*, vase à boire.

TRÉPIGNÉ, part. pass. de *trépigner*.

TRÉPIGNEMENT, subst. mas. (*trépignieman*), l'action de *trépigner*.

TRÉPIGNER, v. neut. (*trépignié*) (du latin *tripudiare*, danser en trépignant), battre des pieds contre terre en les remuant d'un mouvement prompt et fréquent. Il se dit proprement des chevaux, et par extension des hommes. — Souvent il ne signifie que : témoigner de l'impatience.

TRÉPIGNEUR, subst. mas. (*trépignieur*), applaudisseur outré ; prôneur fanatique. Presque inusité.

TRÉPOINTE, subst. fém. (*trépoeinte*), petite bande de cuir sur laquelle on coud la semelle du soulier, de la botte, etc.—T. de bourrelier, cuir mince cousu entre deux autres cuirs.

TRÉPORT, subst. mas. (*trépor*), t. de mar., grosse pièce de bois assemblée avec le bout supérieur de l'étambord, pour former la hauteur du château de poupe.

TREPORT, subst. prop. mas. (*trépor*), ville de France, dép. de Seine-Inférieure, avec un port sur la Manche, assez peu important.

TRÉQUE, subst. fém. (*tréke*), vieux mot qui signifiait toque, sorte de bonnet. C'était aussi le nom d'un branle, espèce de danse.

TRÉQUEL, subst. mas. (*trékiéle*), t. d'hist. nat., oiseau du Chili.

TRÈS, adv. (*trè*, et devant une voyelle *trèze*) (du grec τρις, trois fois; *très-heureux*, trois fois heureux), cet adverbe, ajouté à des adjectifs ou à des adverbes, marque le superlatif absolu : *très-bon*, *très-bien*.—TRÈS, FORT, BIEN. (*Syn.*) *Très* marque précisément et clairement le superlatif, sans mélange d'autre idée ni d'aucun sentiment. *Fort* le marque moins précisément, mais il ajoute une espèce d'affirmation. *Bien* exprime de plus un sentiment d'admiration.—*Très* ne convient que dans le sens moral et littéral; car, lorsqu'on dit d'un homme qu'il est *très-sage*, cela veut dire qu'il l'est véritablement. Au lieu que *fort* et *bien* peuvent quelquefois être employés dans un sens ironique; avec cette différence, que *fort* convient mieux lorsque l'ironie fait entendre qu'on pèche par défaut, et que *bien* est plus d'usage lorsque l'ironie fait entendre qu'on pèche par excès. — On dirait donc en raillant : c'est être *fort* sage que de quitter ce qu'on a pour courir après ce qu'on ne peut avoir; c'est être *bien* patient que de souffrir des coups de bâton sans en rendre.

TRÈS HAUT (*le*), subst. mas. (*trè-ô*), Dieu.

TRÉSAILLE, subst. fém. (*trézâ-ie*), t. de charr., pièce de bois longue de quatre pieds et demi, plate, carrée, qui est assujétie sur deux ridelles ou brancards du tombereau, et au milieu de laquelle est un anneau de fer où tient la chaîne qui attache le tombereau et le maintient en état.

TRÉSEAU, subst. mas. (*trézô*), poids nommé plus ordinairement *gros*.

TRÉSEILLE, subst. fém. Voy. TRÉSAILLE.

TRÉSELIR, v. neut. (*trézelire*), carillonner, sonner les cloches. (*Boiste.*) Vieux mot qui n'était guère d'usage que dans la Bourgogne.

TRÉ-SEPT, subst. mas. (*trécète*), sorte de jeu de cartes ; nombre *trois* et *sept* : *jouer au tré-sept*.

TRÉSILLON, subst. mas. (*trézi-iôn*), morceau de bois qu'on met entre des planches, etc., pour les tenir en pile et les faire sécher plus facilement.—T. de mar., petit levier de bois rond, qui sert à souquer deux cordages qui font force l'un contre l'autre.

TRÉSILLONNÉ, E, part. pass. de *trésillonner*.

TRÉSILLONNER, v. act. (*trézi-ioné*), t. de mar., serrer le *trésillon*.

TRÉSOR, subst. mas. (*trézor*) (du lat. *thesaurus*, pris du grec θησαυρος), amas d'or, d'argent. — Amas de choses précieuses mises en réserve ; lieu de leur dépôt.— Dans certaines églises, lieu où l'on garde les reliques, l'argenterie, les riches ornements, etc. — Dans certaines communautés, lieu où l'on gardait les titres, les papiers, etc. — Lieu où l'on gardait les archives, les papiers, les titres d'une seigneurie.—Fig., dans le style ordinaire, ce qui est d'une excellence ou d'une utilité extraordinaire : *un véritable ami est un trésor*.— Dans le langage ascétique, indulgences : *le trésor des miséricordes de Dieu*.—*Trésor public*, *trésor de l'état*, les richesses disponibles pour le service et les besoins de l'état. — *Chambre du trésor*, ancienne juridiction établie à Paris pour juger les affaires des domaines du roi. —*Trésor* se dit, au plur., de grandes richesses : *il amasse des trésors ; il racheta sa vie par des trésors*.— *Les trésors de la terre*, ses productions.—*Les trésors de Cérès*, les moissons. — *Les trésors de Bacchus*, les raisins, la vigne, le vin.—Fig. et fam., *trésors* se dit aussi des beautés d'une femme qu'elle doit cacher : *les trésors d'une belle gorge*. — Nom qu'on a donné à une variété de poire, qu'on appelle aussi *poire d'amour*.

TRÉSORERIE, subst. fém. (*trézoreri*), sorte de bénéfice ou de dignité ecclésiastique dans certains chapitres.—La maison qui était affectée au chanoine revêtu de cette dignité.—Le *trésor* public, son local, ses bureaux; les finances d'un état, leur département.

TRÉSORIER, subst. mas. (*trézorié*), officier établi pour recevoir et pour distribuer les deniers d'un prince, d'une communauté, etc. : *trésorier des bâtiments du roi*.— Autrefois on appelait *trésoriers de France*, les officiers préposés pour le travail de la répartition des tailles ou d'autres affaires de finances. — Dans certains chapitres, le chanoine qui était pourvu de la dignité appelée *trésorerie*.

TRÉSORIÈRE, subst. fém. (*trézorière*), celle qui dans une communauté, dans une compagnie, reçoit le montant des souscriptions.

TRÉSORION, subst. mas. (*trézorion*), petit *trésor*. Vieux et même hors d'usage.

TRESQUALE, subst. fém. (*trécekouale*), terre qui se trouve dans les criblures, lorsqu'on prépare la cochenille.

TRESQUILLES, subst. fém. plur. (*tréceki-ie*), t. de comm., sorte de laines du Levant.

TRESSAILLEMENT, subst. mas. (*trécâ-ieman*), mouvement convulsif dans les nerfs, émotion subite d'une personne qui *tressaille* : *il est sujet à des tressaillements ; tressaillements de nerfs*.

TRESSAILLI, E, part. pass. de *tressaillir* et adj. : *nerf tressailli*, déplacé, sorti de sa place par un effort violent.

TRESSAILLIR, v. neut. (*trèça-ie-ir*) (de l'adv. ampliatif *très*, et du v. *saillir*, dans le sens du lat. *salire*, sauter, bondir. Suivant *Trévoux*, on a dit dans la même acception *tressauter*). Il se conjugue comme *saillir* : *tressailli ; tressaillant ; je tressaille*, etc. *Je tressaillis ; je tressaillirai*. Au subj., *que nous tressaillions*. —Être subitement ému par une agitation vive et passagère : *tressaillir de joie, de peur*, etc.

TRESSALIER, subst. mas. (*trèçali-é*), sorte de raisin.

TRESSAUT, subst. mas. (*trèçô*), *tressaillement* de joie.—Inégalité dans les monnaies. Vieux.

TRESSAUTÉ, E, part. pass. de *tressauter*.

TRESSAUTER, v. neut. (*trèçôté*), *tressaillir*. Voy. ce mot, qui seul est en usage aujourd'hui.

TRESSE, subst. fém. (*trèce*) (du grec τρισσος, triple, composé de trois; parce que les *tresses* sont ordinairement de trois pièces), paille cordonnée.—Tissu plat de cheveux, de cordons, de fils, etc., passés l'un sur l'autre. — Fig. et poét.: *l'or de sa tresse blonde*, ses cheveux blonds.

TRESSÉ, E, part. pass. de *tresser*.

TRESSEAU, subst. mas. (*trèçô*), variété de raisin noir de Bourgogne.

TRESSER, v. act. (*trècé*), cordonner en *tresse*, tortiller et passer les racines des cheveux sur des soies et entre des soies qui sont bandées sur le métier à *tresser*.—SE TRESSER, v. pron.

TRESSEUR, subst. mas.; **TRESSEUSE**, subst. fém. (*trèceur, ceuze*), celui, celle qui *tresse* des cheveux pour faire des perruques.

TRESSEUSE, subst. fém. Voy. TRESSEUR.

TRESSOIR, subst. mas. (*trèçoar*), instrument qui sert à *tresser* les cheveux.—Outil qui sert à marquer les distances où il faut placer les clous d'ornements.

TRESSON, subst. mas. (*trèçon*), t. de pêche, sorte de seine à mailles petites et serrées.

TRESSURE, subst. fém. (*trèçure*), t. de pêche, filet du genre des folles.

TREST, subst. mas. (*trècete*), toile à voile pour les bateaux pêcheurs.

TRESTOIRE, subst. fém. (*trècetoare*), outil de vanniers; espèce de tenaille de bois.

TRESTONIE, subst. propre fém. (*trècetoni*), myth., déesse qu'on invoquait contre la lassitude dans les voyages.

TRÉTEAU, subst. mas. (*trétô*) (suivant *Du Cange*, du latin barbare *trestellum*, espèce de trépied, formé du latin *tres*, trois, et de l'anglo-saxon *steal*, place, siège, balustrade, appui), pièce de bois longue et étroite, portée sur quatre pieds, et qui soutient ordinairement quelque table, quelque échafaud, etc. — Au plur., théâtre de foire, de saltimbanque.—*Monter sur les tréteaux*, faire le métier de bouffon ; de mauvais comédien. — Prov. : *il dit des merveilles quand il est entre deux tréteaux*, il parle beaucoup quand il est à table et qu'il a un peu trop bu. — Nom que les nattiers donnent à une pièce de bois garnie de clous à crochets auxquels ils attachent les cordons de paille qu'ils veulent tresser.

TRÉTOPSYCHIQUE, subst. mas. (*trétopecichike*) (du grec τρητος, percé, et ψυχη, âme), nom d'hérétiques qui soutenaient la mortalité de l'âme.

TRÉTORRHIZA, subst. mas. (*trétôriza*), t. de bot., genre de plantes voisin des gentianées.

TRÉ-TRÉ-TRÉ, subst. mas. (*trétrétré*), t. d'hist. nat., quadrupède de Madagascar, gros comme un veau de deux ans. On croit que c'est un singe du genre des mandrilles ou des macaques.

TRÉTORNÉ, E, part. pass. de *trétorner*.

TRÉTORNER, v. act. (*trétorné*), détourner. — SE TRÉTORNER, v. pron. Inusité.

TRETS, subst. propre mas. (*trè*), ville de France, chef-lieu de canton, arrond. d'Aix, dép. des Bouches-du-Rhône.

TREU ou **TRUAGE**, subst. mas. (*treu*, *truaje*), droit seigneurial sur les marchandises.

TREU ou **TRULOT**, subst. mas. ou **TREUILLE** subst. fém. (*treu*, *trulô*, *treu-ie*), t. de pêche, petite truble pour prendre des chevrettes.

TREUIL, subst. mas. (*treu-ie*), machine qui sert à élever des fardeaux.

TREUILLE, subst. fém. (*treu-ie*), petite truble pour les chevrettes. — Au plur., les saleurs de harengs appellent ainsi les entrailles de ces poissons.

TREUVÉ, E, part. pass. de *treuver*.

TREUVER, v. act. (*treuvé*), vieux mot qui s'est dit pour *trouver*. (La Fontaine). — SE TREUVER, v. pron.

TRÊVE (l'*Académie* écrit TRÈVE), subst. fém. (*trève*) (du latin barbare *treuga*, employé avec la même acception dans la basse latinité, et dérivé, suivant *Caseneuve*, de l'allemand *trew*, foi), cessation d'hostilités pour un certain temps, par convention faite entre deux états qui sont en guerre.— Fig., relâche : *son mal ne lui donne ni paix, ni trêve*. — *Trêve de Dieu*, convention du onzième siècle entre les seigneurs, relativement à une cessation d'hostilités, et qui devait durer depuis le mercredi soir jusqu'au lundi matin, en commémoration des jours pendant lesquels se sont accomplis les grands mystères de la vie de Jésus-Christ.— *Trêve marchande*, *trêve* pendant laquelle le commerce est permis entre deux états qui sont en guerre. — *Trêve pêcheresse* ou *pêcherie*, la liberté qu'un état accorde aux divers pêcheurs d'une nation avec laquelle il est en guerre, de pêcher dans toute l'étendue de sa domination. — Fig. : *trêve de cérémonies*, *de compliments*, *de raillerie*, etc., ne faisons plus de compliments, de cérémonies, cessons de railler.—*Faites trêve à vos plaintes*, cessez vos plaintes.

TRÊVE-DIEU, sub. fém. (*trèvedieu*), suspension d'armes établi par l'Église au 11e siècle, et durant laquelle les seigneurs ne pourraient guerroyer.

TRÈVES, subst. propre fém. (*trève*), ville des états prussiens prise par les Français en 1681 et 1794, et cédée à la Prusse en 1814.

TRÉVIE, subst. fém. (*trévi*), t. de bot., sorte de plante.

TRÉVIER, subst. mas. (*trévié*), t. de mar., ouvrier qui fait les voiles, maître de voiles. On dit aussi et plus souvent *voilier*.

TRÉVIÈRES, subst. propre mas. (*trévière*), bourg de France, chef-lieu de canton, arrond. de Bayeux, dép. du Calvados.

TRÉVIRE, subst. fém. (*trévire*), t. de mar., cordage plié en deux et fixé par le double, qui sert à l'embarquement des futailles.

TRÉVIRÉ, E, part. pass. de *trévirer*.

TRÉVIRER, v. act. (*trévire*), t. de mar., chavirer un câble, une manœuvre. — SE TRÉVIRER, v. pron.

TRÉVISE, subst. propre fém. (*trévize*), ville d'Italie et des états de Venise.

TRÉVOUX, subst. propre mas. (*trévou*), ville de France, chef-lieu de canton et d'arrond., dép. de l'Ain; célèbre par un ancien collège de jésuites.

TRÉWIE, subst. fém. (*trévi*), t. de bot., genre de plantes qui renferme deux arbres qui croissent dans les Indes.

TRÉZAIN, subst. mas. (*trézein*), treizième partie. Inusité. Voy. TREIZAIN.

TRÉZALÉ, E, part. pass. de *trézaler*, et adj. — Se dit, en peinture, d'un tableau dont la surface est parsemée de petites fentes imperceptibles; et en t. de potier, de la porcelaine dont la superficie est fendue ou gercée.

TRÉZALER, v. act. (*trézalé*), faire de petites fentes sur l'émail de la faïence. — SE TRÉZALER, v. pron., se gercer, se fendre, se fêler: *la faïence se trézale*.

TRI, subst. mas. (*tri*), sorte de jeu de cartes, qui se joue à trois personnes. — Terme d'employé de poste aux lettres, *triage*. — Nom qu'on donne, dans les fabriques de lacets, à un composé de quatre colonnes percées en ligne droite, placées sur leur hauteur à une distance égale de quatre pouces, et enclavées dans le marche-pied du métier sur lequel on distribue les bobines lorsqu'elles sont chargées.

TRIACADE, subst. fém. (*tri-akade*), t. d'antiq., assemblée, corps de trente hommes, chez les anciens Grecs. (*Boiste*.)

TRIACANTHE, subst. mas. (*tri-akante*), t. d'hist. nat., sous-genre de poissons établi parmi les balistes.

TRIACHNE, subst. fém. (*tri-akne*), t. de bot., genre de plantes établi parmi les synanthérées.

TRIACLERIE, subst. fém. (*tri-akleri*), fabrication de la thériaque. — Fig., sophistication, imposture. (*Boiste*.) Inusité.

TRIACLEUR, subst. mas. (*tri-akleur*), vieux mot inusité qui signifiait, vendeur de thériaque, saltimbanque, charlatan, etc. — Il se disait figurément d'un homme qui parle beaucoup à la manière des charlatans, pour faire valoir ce qu'il dit ou ce qu'il fait. Hors d'usage.

TRIACONTAÈDRE, subst. mas. (*tri-akonta-èdre*) (du grec τριακοντα, trente, et εδρα, base), en parlant des crystaux, surface composée de trente rhombes.

TRIADE, subst. fém. (*tri-ade*), t. d'anc. mus.: *triade harmonique*. On l'appelle *triade*, parce qu'elle est composée de *trois* termes, et *harmonique*, parce qu'elle est dans la proportion harmonique. Voy. ACCORD PARFAIT.

TRIADIQUE, adj. des deux genres (*tri-adike*), se dit, dans l'Église grecque, d'une hymne dont chaque strophe finit par des louanges de la Trinité et de la Vierge. — Subst. fém., t. de bot., genre de plantes dioïques de la famille des euphorbes, qui croissent à la Chine et à la Cochinchine.

TRIAÈNE, subst. fém. (*tri-a-ène*), t. de bot., plante des montagnes du Mexique, de la famille des graminées.

TRIAGE, subst. mas. (*tri-aje*), choix entre plusieurs choses: *faire le triage*. — La chose *triée*, choisie: *voilà un beau triage*. — En t. d'eaux-et-forêts, certains cantons de bois, eu égard aux coupes qu'on en fait. — T. de minér., opération par laquelle on sépare la partie métallique du minéral d'avec la roche dont cette partie est enveloppée. — T. de papetier, opération par laquelle on visite toutes les feuilles de papier pour en ôter les petites taches noires avec un couteau fait exprès, pour en séparer les feuilles déchirées et les mettre au rebut, et enfin pour ployer le papier et le mettre en mains et en rames. — T. d'imprim., action, opération par laquelle on sépare les différents caractères qui sont mêlés.

TRIAILLES, subst. fém. (*tri-â-ie*), cartes de la plus mauvaise qualité. Peu en usage.

TRIAIRE, subst. mas. (*tri-ère*) (du lat. *triarii*, fait dans le même sens de *tres*, trois), t. d'antiq., troisième corps de soldats dans la légion romaine.

TRIALOGUE, subst. mas. (*tri-alogue*), dialogue entre trois personnes. Inusité.

TRIANDRIE, subst. fém. (*tri-andri*) (du grec τρεις, trois, et ανηρ, gén. ανδρος, mari), t. de bot., classe contenant les plantes qui ont trois étamines.

TRIANDRIQUE, adj. des deux genres (*tri-andrike*), qui concerne la *triandrie*.

TRIANGLE, subst. mas. (*tri-anguele*), figure qui a trois côtés et *trois angles*. — *Triangle rectiligne*, dont les trois côtés sont des lignes droites. — *Triangle curviligne*, dont les côtés sont courbes. — *Triangle mixtiligne*, qui a pour côtés des lignes droites et des lignes courbes. — *Triangle sphérique*, qui fait portion de la surface d'une sphère. — *Triangle acutangle*, celui dont tous les *angles* sont aigus. — *Triangle équilatéral*, celui qui est formé par *trois angles* égaux. — *Triangle rectangle*, celui dont un des *angles* est droit, celui qui est formé par trois côtés inégaux. — On appelle *triangles égaux* ceux dont les trois côtés et les trois angles sont égaux chacun à chacun. — *Triangles semblables*, deux *triangles*, lorsque les angles de l'un sont égaux aux angles de l'autre, et chacun à chacun. — *Triangle arithmétique, triangle* formé de deux proportions, arithmétique et géométrique, et qui a la propriété de donner la combinaison de deux nombres toute faite: il fut imaginé par Pascal, en 1654. — Ce qui est fait en forme de *triangle*. — Instrument de musique qui a la forme d'un *triangle*. — L'un des attributs de la franc-maçonnerie. — *Triangle*, chez les menuisiers, est une sorte d'équerre dont une des branches est beaucoup plus mince que l'autre, de manière que la plus épaisse s'appuie contre la pièce de bois sur laquelle on veut tracer un trait ou carré d'équerre: la branche la plus mince, dans certains *triangles*, rentre au milieu de la branche la plus forte, qui est disposée pour cela, lorsqu'on les ferme. — *Triangle à onglet*, celui qui est taillé de manière que les lignes qu'on trace avec cet instrument sont inclinées de 45 degrés: il sert à tracer les pièces qui doivent former des cadres. — T. de fortif., ouvrage dont les trois angles sont formés par des bastions coupés ou des demi-bastions. — T. de mar., sorte d'échafaud qui sert à travailler sur les côtés d'un vaisseau en construction. — Se dit aussi de trois barres du cabestan qu'on attache autour des grands mâts, lorsqu'on veut les râcler et les nettoyer. — En astron., constellation de l'hémisphère austral et boréal. — *Le petit triangle* est le nom de l'une des onze constellations formées par Hevelius, et que l'on a ajoutées aux anciennes.

TRIANGULAIRE, adj. des deux genres (*tri-angulère*), qui a *trois angles*. — *Paire triangulaire*, t. d'anat., nom donné aux scalènes antérieur et postérieur. — Subst. mas.; on appelle: *triangulaire du nez*, le transversal du nez; *triangulaire des lèvres*, l'abaisseur de l'angle des lèvres; *triangulaire sternal*, le muscle situé à la face interne du sternum, et que plusieurs anatomistes décrivent comme un assemblage de petits muscles; *triangulaire du coccyx*, l'ischio-coccygien. — T. d'hist. nat., sorte de lézard. — Poisson du genre des branchiostèges.

TRIANGULAIREMENT, adv. (*tri-angulèreman*), en *triangle*. — Cet adv., des plus usités, manque dans l'*Académie*.

TRIANGULATION, subst. fém. (*tri-angulâcion*), art, action de tracer des *triangles*; ensemble, combinaison de ces *triangles*.

TRIANGULÉ, E, adj. (*tri-angulé*), t. de bot., à trois *angles*.

TRIANISITE, subst. mas. (*tri-anizite*), t. d'hist. nat., espèce de fossile.

TRIANON, subst. propre mas. (*tri-anon*), maison royale entourée de superbes jardins situés dans le parc et à une petite distance de Versailles: *il y a le grand et le petit Trianon*.

TRIANTHÈME, subst. fém. (*tri-antème*), t. de bot., genre de plantes digynes.

TRIANTHÈRE, subst. fém. (*tri-antère*), t. de bot., genre de plantes graminées. — Autre genre de plantes corymbifères.

TRIARDS, subst. m. pl. (*tri-are*), chez les cartiers, *triards* se dit des cartes du troisième triage.

TRIAUCOURT, subst. propre mas. (*tri-ôkour*), bourg de France, chef-lieu de canton, arrond. de Bar-le-Duc, dép. de la Meuse.

TRIBADE, subst. fém. (*tribade*) (du grec τριβας, dérivé de τριβω, je frotte), femme qui abuse de son sexe avec une autre femme. — En t. de chir., on donne aussi ce nom à une femme dont le clitoris forme une telle saillie et acquiert une telle grosseur, que le vulgaire ignorant la prendrait pour une hermaphrodite. Dans le premier sens, on évite de se servir de ce mot parce qu'il est obscène, et dans le second aussi, parce qu'il est voisin de l'obscénité.

TRIBALE, subst. fém. (*tribale*), chair de porc frais cuite dans la graisse.

TRIBALLE, subst. fém. (*tribale*), t. de pelletiers, morceau de fer qui sert aux pelletiers ou fourreurs pour *triballer les peaux*. Peu connu.

TRIBALLÉ, E, part. pass. de *triballer*.

TRIBALLER, v. act. (*tribalé*), t. de pelletiers; passer les peaux par la *triballe*, pour les assouplir. — SE TRIBALLER, v. pron. Presque inusité.

TRIBARD, ou **TRIBART**, subst. mas. (*tribar*), bâton pendu au cou d'un chien, pour l'empêcher de courir dans les vignes ou dans les champs. — Dans quelques lieux, on en met aussi au cou des cochons.

TRIBOMÈTRE, subst. mas. (*tribomètre*) (du grec τριβω, je frotte, et μετρον, mesure), t. de phys., instrument inventé par *Musschembroëch*, pour mesurer les frottements par la quantité de poids que l'on met dans un bassin suspendu à un cylindre mobile.

TRIBOMÉTRIQUE, adj. des deux genres (*tribométrike*), qui a rapport au *tribomètre*.

TRIBORD, subst. mas. (*tribor*), t. de mar., le côté droit du navire, quand on le regarde de dessus la poupe. On dit plus souvent et mieux *stribord*, qui, de même que *tribord*, n'est qu'une abréviation de *dextribord*, formé de *dextre*, pour *droit*, et de *bord*; *bord de main droite*. — *Faire feu de tribord et de bas-bord*, au fig., faire usage de tous ses moyens, de toutes ses ressources.

TRIBORDAIS, subst. mas. (*tribordè*), t. de mar., la partie de l'équipage qui doit faire le quart du *tribord*.

TRIBOULET, subst. mas. (*triboulè*), t. d'orfèvre, grosse quille de bois qui sert à arrondir les ouvrages d'orfèvrerie.

TRIBRAQUE, subst. mas. (*tribrake*) (du grec τριβραχυς, formé de τρεις, trois, et de βραχυς, bref), pied de vers grecs ou latins, composé de trois brèves.

TRIBU, subst. fém. (*tribu*) (du lat. *tribus*, fait du grec τριττυς, ou τριτυς, le tiers, la troisième partie, parce que, selon les plus anciens auteurs, le peuple romain fut dans l'origine divisé en trois parties ou *tribus*), une des parties dont un peuple est composé. On ne le dit guère que des peuples anciens: *les peuples d'Athènes, de Rome, étaient divisés par tribus*, et aujourd'hui en parlant des Arabes. — Chez les Juifs, la *tribu* comprenait tous ceux qui étaient sortis d'un des 12 fils de Jacob: *les douze tribus d'Israel; la tribu de Juda*. — Dans l'ancienne université de Paris, une des parties dont chaque nation était composée. — Dans le style de la chaire, on appelle quelquefois l'ordre ecclésiastique: *la tribu sacrée, sainte*, par allusion à la *tribu* de Lévi, qui était vouée au culte. — *Tribu* se dit quelquefois d'une peuplade, d'un petit peuple, relativement à une grande nation dont on parle: *une tribu de Tartares, une tribu de Germains*. — En hist. nat., sous-famille d'animaux.

TRIBULAIRE, subst. mas. (*tribulère*), t. d'antiq., lieu où les laboureurs serraient leurs outils. — Adj. des deux genres, qui est de la même *tribu*. Peu usité.

TRIBULATION, subst. fém. (*tribulâcion*) (du lat. moderne *tribulatio*, dérivé métaphoriquement de *tribula* ou *tribulum*, en grec τριβολος, sorte de traîneau pour battre le blé. *Morin*.), affliction, adversité; on emploie le plus souvent ce mot, considéré sous le rapport de la religion: *Dieu éprouve ses élus par des tribulations*.

TRIBULCON, subst. mas. (*tribulekon*), t. de chir., nom que *Percy* a donné à un tire-balle dont il est l'inventeur, et qui est formé par la réunion de trois instruments, utiles chacun dans son genre pour l'extraction des balles.

TRIBULE, subst. fém. (*tribule*) (du lat. *tribulus*, fait du grec τριβολος, lequel est formé de τρεις, trois, et de βολις, dard; à cause des trois pointes dont le fruit est armé dans plusieurs espèces), t. de bot., plante annuelle des pays chauds, qui croît dans les blés et leur est nuisible. — *Tribule aquatique*, ou *macre flottante, châtaigne d'eau*, plante annuelle qui croît dans les étangs, les lacs et les rivières. — Subst. mas., t. d'antiq., espèce de chausse-trape ou cheval de frise que les Latins appelaient *tribulus*, et les Grecs *tribolos*.

TRIBULÉ, E, adj. (*tribulé*), qui ressemble à la macre ou tribule.—Subst. fém. plur., famille de plantes dicotylédonées, herbacées, à fleurs axillaires, à feuilles opposées, et à fruits armés de pointes corniformes. Cette famille se compose principalement des tribules aquatiques, macres ou châtaignes d'eau, plantes vivaces, dont la tige rampe dans l'eau, mais dont les feuilles et les belles fleurs blanches viennent flotter à sa surface. Le fruit se fait cuire sous la cendre, ou dans l'eau bouillante : il s'en fait une consommation considérable dans nos contrées méridionales.

TRIBULOÏDE, adj. des deux genres (du grec τρίβολος, tribule, et de εἶδος, forme), qui ressemble à la tribule ou macre ; qui en a la forme.

TRIBUN, subst. mas. (*tribeun*) (du lat. *tribunus*) : *tribun du peuple*, nom que portaient à Rome certains magistrats chargés de défendre les droits et les intérêts des *tribus* et du peuple contre les entreprises des patriciens. — On entend aujourd'hui par *tribun du peuple*, celui qui s'est fait le défenseur du peuple. — Officier qui commandait en chef un corps de gens de guerre : *le tribun de la première légion*.—*Tribuns militaires*, magistrats qui, durant un temps, ont eu dans Rome toute l'autorité des consuls, et qui étaient en plus grand nombre. — Les *tribuns de la milice* étaient des intendants des côtes et de la navigation des rivières ; les *tribuns du trésor public* étaient des trésoriers établis pour payer les milices ; les *tribuns des fabriques* présidaient à la fabricat. des armes ; les *tribuns des notaires* étaient les premiers secrétaires des empereurs ; les *tribuns des plaisirs* avaient soin des jeux, des spectacles et autres divertissements du peuple. — En France, chacun des membres composant l'ancien *tribunat* créé par la constitution de l'an VIII.

TRIBUNAL, subst. mas. (*tribunal*) (en latin *tribunal*, fait de *tribunus*, tribun), siége du juge, du magistrat. — Originairement, le lieu élevé d'où les *tribuns*, à Rome, rendaient la justice aux *tribus*. — Juridiction d'un magistrat ou de plusieurs qui jugent ensemble.—*Tribunal de cassation, tribunal* établi pour prononcer sur les demandes en cassation ou en renvoi d'un *tribunal* à un autre. Par le sénatus-consulte du 28 floréal an XII, ce *tribunal* a pris le nom de *cour de cassation*.—*Tribunal civil, tribunal* établi dans chaque département pour juger les affaires qui n'avaient pu être conciliées devant le juge de paix, etc. Par la constitution de l'an VIII, les *tribunaux civils* ont été remplacés par des *tribunaux de première instance* et des *tribunaux d'appel*. Il y a un *tribunal* de première instance dans chaque arrondissement. Les *tribunaux* d'appel sont appelés aujourd'hui *cours royales*, et comprennent plus ou moins de départements.— *Tribunaux de commerce, tribunaux* particuliers établis pour juger les contestations relatives au commerce de terre ou de mer. Aujourd'hui les *tribunaux* de commerce, dont les membres, élus dans une assemblée de commerçants notables, sont : un président et des juges au moins au nombre de deux, et au plus au nombre de huit, connaissent de toutes les contestations relatives au commerce, et jugent en dernier ressort dans toutes les causes où le principal n'excède pas mille francs.— *Tribunaux correctionnels, tribunaux* établis dans chaque département, au nombre de trois au moins et de six au plus, pour le jugement des délits dont la peine n'est ni afflictive, ni infamante. Par la loi organique des cours et des *tribunaux* du 20 avril 1810, les *tribunaux* de première instance sont devenus en même temps *tribunaux* correctionnels ; et il y a dans chaque cour royale une chambre spécialement établie pour connaître des appels en cette matière. — *Tribunal criminel, tribunal* établi dans chaque département pour, d'après la déclaration du jury du jugement, appliquer les peines prononcées par la loi contre les délits qui emportent peine afflictive ou infamante. Les *tribunaux criminels*, qui, par le sénatus-consulte du 28 floréal an XII, avaient été nommés *cour de justice criminelle*, ont été, en vertu de la loi organique du 20 avril 1810 et du décret du 6 juillet de la même année, remplacés par les *assises* que des magistrats, pris dans le sein des cours royales, vont, à des époques déterminées, tenir dans les divers départements de leur ressort.—*Tribunal de famille, tribunal* établi pour prononcer sur les contestations élevées entre mari et femme, père et fils, grand-père et petit-fils, frères et sœurs, oncles et neveux, etc. Ce *tribunal* domestique devait être composé de huit parents les plus proches ou de six au moins ; à défaut de parents on y suppléait par des amis ou voisins. L'arrêté de famille, lorsqu'il ordonnait la détention d'un enfant âgé de moins de vingt-un ans, ne pouvait être exécuté qu'après avoir été ratifié par le président du district. (*Constitution de 1791*.) — *Tribunal de paix, tribunal* composé d'un juge de paix et de deux assesseurs, pris dans la commune où se tenaient les séances. —*Tribunal de police municipale, tribunal* chargé de prononcer sur les infractions aux lois et règlements de police.— *Tribunal révolutionnaire, tribunal*, pendant la terreur, établi pour juger ceux qui étaient regardés comme ennemis de la révolution. — Anciennement, on appelait *tribunal des maréchaux de France*, l'assemblée de ces maréchaux, devant laquelle devaient être portés les cas d'honneur réservés.—En t. d'archit., on entend par *tribunal*, la partie postérieure de certaines basiliques, qui a souvent la forme d'un hémicycle. — *Prendre, suivre la voie des tribunaux*, avoir recours à la justice. — *Le tribunal de Dieu*, la justice même de Dieu. — Fig. : *le tribunal de la conscience*, la conscience elle-même. — *Le tribunal de la pénitence, de la confession*, dans l'Église catholique, le lieu où l'on administre le sacrement de pénitence. — Au plur. mas., *tribunaux*.

TRIBUNAT, subst. mas. (*tribuna*), charge, dignité de *tribun* du peuple chez les anciens Romains. — Pendant la révolution française, section du *pouvoir législatif* créé par la constitution de l'an VIII. C'était une assemblée composée de cent membres âgés de vingt-cinq ans au moins, renouvelés par cinquième tous les ans, et indéfiniment rééligibles. Le *tribunat* discutait les projets de loi et en votait l'adoption ou le rejet : son vœu était porté au corps législatif par trois orateurs pris dans son sein. Le sénatus-consulte organique du 16 thermidor an X réduisit le nombre des *tribuns* à cinquante ; et celui du 28 floréal an XII fixa la durée de leurs fonctions à dix ans : ils devaient être renouvelés par moitié tous les cinq ans. Le *tribunat* a été supprimé par le sénatus-consulte du 19 août 1807, contenant une nouvelle organisation du corps législatif. — Temps pendant lequel on exerçait cette charge.

TRIBUNAUCRATIE, subst. fém. (*tribunôkraci*), despotisme des *tribunaux* ; influence d'agents subalternes des *tribunaux*. (Boiste.) Mot aussi *barbare* qu'immoral et inutile.

TRIBUNAUX, subst. mas. plur. Voy. TRIBUNAL.

TRIBUNE, subst. fém. (*tribune*) (du lat. *tribunal*, d'où l'on a fait par corruption le mot barbare *tribuna*. Ménage.), t. d'antiq., lieu élevé d'où les orateurs grecs et les orateurs romains haranguaient le peuple. On en construit aujourd'hui de semblables dans les salles destinées aux grandes assemblées publiques, soit pour les orateurs, soit pour les spectateurs. — *Éloquence de tribune*, genre d'éloquence propre aux discussions politiques. — Dans les églises et certains endroits publics, lieu élevé où l'on place les musiciens, etc.—Lieu particulier, et élevé au-dessus du rez-de-chaussée, où quelques personnes se mettent pour entendre l'office divin plus commodément : *on est mal placé dans cette tribune pour entendre le sermon*. — *Tribune d'orgues*, celle où se trouve placé le grand buffet d'orgues dans une église. — *Tribune sacrée*, la chaire. — Galerie élevée, estrade, pour certains assistants en particulier. — Balcon autour de la lanterne d'un dôme. — Nous avons eu, en France, un journal qui avait paru sous le nom de *la Tribune* à la suite de la révolution de juillet 1830, et qui professait des principes tendant à établir en France toutes les conséquences de cette révolution, telle que l'entendaient les démagogues.

TRIBUNITIEN, adj. mas., au fém. **TRIBUNITIENNE** (*tribunicîein, ciène*), t. d'antiq., qui appartient au *tribunat*. Cet adj. n'est guère usité que dans cette phrase : *puissance tribunitienne*, celle du *tribun*, son autorité.

TRIBUNITIENNE, adj. fém. Voy. TRIBUNITIEN.

TRIBUT, subst. mas. (*tribu*) (du lat. *tributum*, fait de *tribus*, tribu ; parce qu'à Rome, la répartition des impôts se faisait par *tribus*), ce qu'un état paie à un autre de temps en temps pour marque de dépendance. — On appelle *enfants de tribut*, les enfants que le grand-seigneur lève en certains pays, par forme de *tribut*, sur les chrétiens qui sont ses sujets. — Impôts que les princes lèvent dans leurs états. — Au fig., dette, devoir, nécessité, etc. : *l'estime est un tribut dû au mérite*. — Fig. : *il a payé son tribut à la nature*, il est mort ; *il a payé le tribut à la mer*, il a été malade la première fois qu'il s'est embarqué.

TRIBUTAIRE, subst. et adj. des deux genres (*tributère*), qui paie le *tribut*. — Subst. : *il est son tributaire ; un tributaire du grand-turc*. — Au fig. : *nous sommes tous tributaires de la mort*.

TRIBUTIF, adj. mas., au fém. **TRIBUTIVE** (*tributife, tive*), d'un *tribut*, qui vient d'un *tribut*. (Boiste.) Inusité.

TRICAGE, subst. mas. (*trikaje*), action d'ôter les inégalités de deux surfaces de bois à appliquer l'une sur l'autre.

TRICAPSULAIRE, adj. des deux genres (*trikapeçulère*), t. de bot., qui a *trois capsules*.

TRICBALAC, subst. mas. (*trikbalak*), t. de mus., instrument composé de deux marteaux de bois mobiles, suspendus chacun à un montant ou manche, et avec lequel on joue des airs en mesure sur une planchette.

TRICCÉEN, adj. mas. (*trikcé-ein*), myth., surnom d'Esculape, pris du culte qu'on lui rendait dans la ville de *Tricca*, en Macédoine, où il était né.

TRICÉNAIRE, adj. des deux genr. (du lat. *tricení*, qui a la même significat.) (*tricénère*), qui va par *trente*.—Subs. m., t. de liturg., série de trente messes, dites en trente jours consécutifs, pour le repos de l'âme d'un défunt. Ce *tricénaire* fut établi par saint Grégoire.

TRICENNAL, E, adj. (du lat. *tricennalis*, qui a la même signficat.) (*tricènenale*), de trente ans.— Subst. fém. plur., fêtes célébrées à Rome pour le trentième anniversaire des empereurs.

TRICÉPHALE, adj. des deux genres (*tricéfale*) (du grec τρεῖς, trois, et κεφαλή, tête), qui a trois têtes.

TRICEPS, adj. et subst. mas. (*tricèpece*, pris du latin, où il signifie qui a trois têtes ; de *tres*, *tria*, trois, et *capita*, pluriel de *caput*, tête) ; se dit, en anat., de quelques muscles dont la partie supérieure est divisée en trois. — On appelle : *triceps brachial* un muscle allongé et plat, qui s'attache en bas à la partie supérieure de l'olécrâne, et se partage en haut en trois portions fixées à l'humérus et au bord axillaire de l'omoplate ; *triceps crural*, un muscle pair, allongé, fort épais et divisé supérieurement en trois faisceaux : de presque tous les points du fémur, il se porte aux tubérosités du tibia par un large tendon, dans l'intérieur duquel la rotule est comprise ; *triceps fémoral*, ou *de la cuisse*, les muscles adducteurs de la cuisse, selon Winslow. Dans ces divers sens, il se prend substantivement. — Subst. propre et adj. mas., myth., surnom que les anciens Romains donnaient à Mercure, à cause de ses emplois divers sur la terre, au ciel et dans les enfers.

TRICÉRAIA, subst. mas. (*tricéra-i-a*), t. de bot., grand arbre de la province de Xalapa, au Mexique.

TRICHALQUE, subst. mas. (*trikalke*), t. d'antiq., pièce de monnaie qui équivalait à trois chalques. La chalque était la 8e partie de l'obole.

TRICHAMYCÉRA, subst. mas. (*trikamicéra*), t. de bot., nom d'une espèce de champignons.

TRICHARI, subst. mas. (*trikari*), t. de bot., arbre de la Cochinchine.

TRICHATOTOLT, subst. mas. (*trikatotolete*), t. d'hist. nat., espèce d'oiseau du Mexique et du Pérou.

TRICHÉLOSTILE, subst. mas. (*trichélocetile*), t. de bot., genre de plantes à trois stygmates.

TRICHÉQUE, subst. mas. (*trikéke*), t. d'hist nat., espèce de mammifère.

TRICHÉ, E, part. pass. de *tricher*.

TRICHER, v. act. (*triché*) (du lat. *tricari*, tracasser, vétiller, chicaner ; fait de *tricæ*, *arum*, sornettes, billevesées, etc.), tromper au jeu.— Fig., tromper par des voies petites et basses. Il est fam. dans les deux sens. — Absol. : *aimer à tricher*.— SE TRICHER, v. pron.

TRICHERIE, subst. fém. (*tricheri*) (du latin *tricæ*, *tricarum*, sornettes, bagatelles), tromperie faite au jeu.—Par extension, tromperie faite en de petites choses et par des voies petites et basses. Style fam. — Prov. : *la tricherie revient à son maître*, un trompeur est assez souvent la dupe de ses tromperies.

TRICHÈTE, subst. fém. (*trichète*), t. de bot., espèce de plante du genre des bromes ; le brome ovale.

TRICHEUR, subst. mas., **TRICHEUSE**, subst. fém. (*tricheur, cheuze*), trompeur, trompeuse.

Voy. TRICHERIE.—Il s'emploie aussi comme adj. : *c'est un homme bien tricheur ; une femme bien tricheuse*. Il est fam. dans les deux sens.

TRICHEUSE, subst. fém. Voy. TRICHEUR.

TRICHIA, subst. fém. (*triki-a*), t. de bot., genre de plantes cryptogames.

TRICHIASIS, subst. fém. (*triki-azice*) (du grec τριχιασις, dérivé dans le même sens de τριχος, poil ou cheveu), t. de médec., maladie des paupières.—Maladie des reins et de la vessie.—Maladie des mamelles, appelée vulgairement le *poil*.

TRICHIE, subst. fém. (*trichi*), t. d'hist. nat., genre d'insectes coléoptères.—T. de bot., genre de champignons.

TRICHILIER, subst. mas. (*trichili-é*), t. de bot., genre de plantes monogynes.

TRICHINION, subst. mas. (*trikini-on*), t. de bot., genre de plantes monogynes amarantacées.

TRICHISME, subst. mas. (*trikiceme*) (du grec θριξ, τριχος, cheveu), t. de chir., fracture des os plats. — Fracture capillaire.

TRICHITE, subst. fém. (*trikite*) (du grec τριχιτις, alun), t. d'hist. nat., pierre des anciens qui était un schiste alumineux, couvert d'efflorescences de fer et d'alumine sulfatée. — Vitriol concret en crystaux capillaires ou déliés comme des cheveux.

TRICHIURE, subst. fém. (*triki-ure*) (du grec θριξ, cheveu, et ουρα, queue), t. d'hist. nat., genre de poissons de la division des apodes, dont les caractères sont : point de nageoires caudales; le corps et la queue très-allongés, très-comprimés et en forme de lame ; les opercules des branchies placés très-près des yeux. Deux espèces sont comprises dans ce genre, dont l'une, la *trichiure lepture*, a la mâchoire inférieure plus avancée que la supérieure, et l'autre, la *trichiure électrique*, a les deux mâchoires également avancées. La première de ces espèces, connue sous le nom de *paille-en-cul* et d'*anguille de la Jamaïque*, se trouve dans les rivières et les lacs de l'Amérique méridionale et de la Chine, où elle parvient à la longueur de trois à quatre pieds, sur deux pouces au plus de diamètre. La seconde se trouve dans la mer des Indes. Elle jouit, comme la torpille et la gymnote, de la faculté de donner une commotion à la main qui la touche.

TRICHOCÉPHALE, subst. mas. et adj. des deux genres (*trikocéfale*) (du grec θριξ, g. τριχος, cheveu, et κεφαλη, tête), t. d'hist. nat., ver intestinal à appendice filiforme.

TRICHOCERE, subst. mas. et adj. des deux genres (*trikocère*), t. d'hist. nat., genre d'insectes voisin des limonies. — Subst. fém., t. de bot., genre de plantes orchidées.

TRICHOCERQUE, subst. mas. (*trikocèreke*), t. d'hist. nat., nom donné à des zoophytes qui tiennent du rotifère et du brachion, ou polypes amorphes.

TRICHOCHINE, subst. fém. (*trikochine*), t. de bot., genre de plantes de l'espèce des synanthérées.

TRICHOCHLADE, subst. mas. (*trikoklade*), t. de bot, espèce d'arbre du Cap.

TRICHOCHLOA, subst. mas. (*trikoklo-a*), t. de bot., genre de plantes graminées.

TRICHODE, subst. mas. (*trikode*) (du grec τριχωδης, chevelu), t. d'hist. nat., genre de zoophytes de la famille des microscopiques, couverts d'une espèce de poils qui les soutiennent et les font mouvoir dans l'eau.

TRICHODERME, subst. mas. (*trikodèreme*). Voy. PYRÉNION.

TRICHODESME, subst. mas. (*trikodèceme*), t. de bot., genre de plantes qui contient la bourrache des Indes.

TRICHODION, subst. mas. (*trikodi-on*), t. de bot., genre de plantes digynes de la famille des graminées. Ce genre, qui se rapproche beaucoup des agrostides, ne contient que les deux espèces suivantes : *le trichodion laxiflore*, dont le chaume est droit, la panicule peu garnie de fleurs, et dont les feuilles sont courtes, et *le trichodion couché*, qui a le chaume couché, les feuilles longues et larges, et la panicule très-grande. Il se trouve dans l'Amérique septentrionale, aux lieux humides.

TRICHOGAMILE, subst. mas. (*trikoguamile*), t. de bot., genre de plantes.

TRICHOGONE, subst. mas. (*trikoguone*), t. de bot., genre de plantes.

TRICHOMA, subst. mas. (*trikoma*), t. de chir., mot grec par lequel on désigne quelquefois la *plique*. Voy. ce mot.

TRICHOMANE, subst. fém. (*trikomane*), t. de bot., plante cryptogame de la famille des fougères, dont la fructification se trouve à la marge de la feuille.

TRICHOMATE, subst. mas. (*trikomate*), t. de bot., nom de la deuxième section de plantes de la famille des algues.

TRICHOMATIQUE, adj. des deux genres (*trikomatike*), t. de médec., qui tient, qui a rapport au *trichoma* ou à la *plique*.

TRICHONDYLE, subst. mas. (*trikondile*), t. de bot., genre de plantes voisin des lématies.

TRICHONÈME, subst. mas. (*trikonème*), t. de bot., genre de plantes.

TRICHOON, subst. mas. (*triko-on*), t. de bot., genre de plantes digynes graminées.

TRICHOPE, subst. mas. (*trikope*), t. de bot., sorte de fruit qui vient de Ceylan.

TRICHOPHORE, subst. mas. (*trikofore*), t. de bot., genre de plantes placé entre les scirpes et les linaigrettes.— Autre genre de plantes de la famille des algues.

TRICHOPHYLLE, subst. mas. (*trikofile*) (du grec θριξ, τριχος, cheveu, et φυλλον, feuille), t. de bot., genre de plantes pour placer l'actinelle laineuse.

TRICHOPODE, subst. mas. et adj. des deux genres (*trikopode*), t. d'hist. nat., genre de poisson établi dans la division des thoraciques. Il présente pour caractères : un seul rayon plus grand que le corps, à chacune des nageoires thoraciques une seule nageoire dorsale. Ce genre renferme deux espèces, dont une, le *trichopode trichoptère*, faisait partie des labres de *Linnée*. Il a la tête couverte de petites écailles ; les rayons des nageoires prolongés en très-longs filaments. On le trouve dans la mer des Indes, où il ne paraît pas avoir plus d'un demi-pied de long. L'autre espèce, le *trichopode mentonnier*, a la bouche dans la partie supérieure de la tête ; la mâchoire inférieure avancée de manière à représenter une espèce de menton.

TRICHOPTÈRE, subst. mas. et adj. des deux genres (*trikopetère*), t. d'hist. nat., genre d'insectes connu aussi sous le nom de *psychode*.

TRICHORDE, subst. fém. (*trikorde*), t. d'antiq., nom d'une pandore à trois cordes.

TRICHORE, subst. mas. (*trikore*), t. d'antiq., édifice divisé en trois corps de logis. — Faîte à trois faces.—Autel triple.

TRICHOSANTHE, subst. fém. (*trikozante*) (du grec θριξ, τριχος, cheveu, et ανθος, fleur), t. de bot., nom donné par *Linnée* aux anguines, à cause de leur corolle frangée.

TRICHOSIS, subst. fém. (*trikòzice*). Voy. TRICHIASIS.

TRICHOSTÈME, subst. mas. (*trikocetème*), t. de bot., genre de plantes gymnospermes et labiées.

TRICHOSTOME, subst. mas. (*trikocetome*), t. de bot., genre de plantes.

TRICHOTOME, adj. des deux genres (*trikotome*) (du grec τριχα, triplement, et τομη, incision), t. d'anat., partagé en trois, qui forme trois parties.

TRICHOTOMIE, subst. fém. (*trikotomi*), t. d'anat., division en trois parties. Voy. TRICHOTOME.

TRICHOTOMIQUE, adj. des deux genres (*trikotomike*), qui a rapport au *trichotome* ou à la *trichotomie*.

TRICHOTTERIE, subst. fém. (*trichoteri*), petite *tricherie*. (Montaigne.)

TRICHRE, subst. fém. (*trikre*), t. d'hist. nat., pierre précieuse de trois couleurs distinctes.

TRICHURE ou **TRICHURIDE**, subst. mas. (*trikure, ride*), t. d'hist. nat., genre de vers intestinaux.

TRICHURIDE, subst. mas. Voy. TRICHURE

TRICLARIENNE, adj. fém. (*triklari-ène*), myth., surnom de Diane.

TRICLASITE, subst. mas. (*triklazite*), t. de minér., sorte de minéral, d'un vert olive, qu'on trouve en Suède.

TRICLINE ou **TRICLINIUM**, subst. mas. (*trikline, triklini-ome*) (du grec τρικλινον ou τρικλινος, formé de τρεις, trois, et de κλινη, lit), t. d'anat., salle à manger des Romains ; ainsi nommée à cause de trois lits qui y étaient dressés, ou parce que chaque lit servait pour trois convives.

TRICLINIARQUE, subst. mas. (*triklini-arke*), t. d'antiq., maître d'hôtel. Hors d'usage.

TRICLINION, subst. mas. (*triklini-on*), t. de bot., genre de plantes ou d'arbrisseaux.

TRICOIS, subst. mas. (*trikoé*), ornement, broderie sur certaines étoffes. (*Boiste*.) Inusité.

TRICOISE, subst. fém. (*trikoèze*), sorte de tenailles dont se servent les maréchaux pour couper les clous avant de les river, ainsi que pour déferrer les chevaux.—Les menuisiers et autres ouvriers en bois donnent ce nom à une *tenaille* à deux mâchoires, dont l'usage est de tenir et d'arracher des clous, des chevilles, etc. L'*Académie* ne donne à ce mot que le genre du plur.; il est cependant de l'espèce de celui de *tenaille*; et elle écrit fort bien *tenaille* au sing.

TRICOLOR, subst. mas. (*trikolor*), t. de bot., espèce d'amarante. — T. d'hist. nat., nom d'une espèce de tangara.

TRICOLORE, adj. des deux genres (*trikolore*) (du lat. *tres*, trois, et *color*, couleur), qui est de *trois couleurs*.—Dans une acception plus particulière : *rouge, bleu* et *blanc*, couleurs nationales adoptées par les Français pendant la révolution de 1789. Sous l'empire, ces couleurs furent *bleu, blanc* et *rouge*; ce sont aussi celles de la révolution de juillet 1830.

TRICON, subst. mas. (*trikon*), t. de jeu, trois cartes semblables. Vieux et même hors d'usage.

TRICORINE, subst. fém. (*trikorine*), t. de bot., genre de plantes de la Nouvelle-Hollande. — Genre de plantes de la famille des asphodèles.

TRICORNE, adj. des deux genres (*trikorne*), qui a *trois cornes*; il se dit des insectes. — Subst. mas., chapeau à *trois cornes*.

TRICOSINE, subst. fém. (*trikòzine*), nom que les maçons donnent à une tuile fendue en deux.

TRICOT, subst. mas. (*trikò*) (de l'allemand *strick*, lacet ; *stricken*, dans la même langue, signifie *tricoter*), bâton gros et court : *donner des coups de tricot à quelqu'un*. — Tissu qui se fait avec des aiguilles longues et émoussées : *un gilet de tricot*. — En t. d'hist. nat., coquille du genre cône.

TRICOTAGE, subst. mas. (*trikotaje*), travail de celui ou de celle qui *tricote*. — Ouvrage qu'il fait : *ce tricotage est lâche*.

TRICOTÉ, E, part. pass. de *tricoter*, et adj., fait au *tricot : bas tricotés*.—Il se dit de certains minéraux métalliques dont la gangue pierreuse et susceptible de poli se trouve pénétrée en tous sens par des dendrites de métal natif, ou qui du moins ont l'éclat métallique.

TRICOTÉE, subst. fém. (*trikoté*), t. d'hist. nat., came à réseau qui fait partie du genre vénus.

TRICOTER, v. act. (*trikoté*), passer les fils les uns dans les autres, et en former des mailles avec des aiguilles propres à cet usage, pour faire des bas et autres ouvrages : *tricoter de la dentelle*. Voy. TRICOT.—Neut., en t. de manège, il se dit d'un cheval qui remue les jambes en marchant et qui n'avance pas.—*se* TRICOTER, v. pron.

TRICOTERIE, subst. fém. (*trikoteri*), petite intrigue. — Petite affaire. Presque inusité.

TRICOTETS, subst. mas. plur. (*trikoté*), ancienne danse qui s'exécutait en remuant beaucoup les pieds, et aussi vite à peu près qu'une femme qui *tricotte* remue les mains.

TRICOTEUR, subst. mas., **TRICOTEUSE**, subst. fém. (*trikoteur, teuze*), celui, celle qui s'occupe à *tricoter*.

TRICOTEUSE, subst. fém. Voy. TRICOTEUR.

TRICOUSE, ou **TRICOUZE**, subst. fém. (*trikouze*), nom qu'on donne à des guêtres faites de gros drap. (*Boiste*.) Absolument inusité.

TRICTIRIES, ou **TRICTYES**, subst. fém. plur. (*triktiri, trikti*), myth., sacrifices qui se faisaient, chez les Grecs, en l'honneur de Mars, et dans lesquels on lui immolait trois animaux, comme dans les suovétaurilies des Romains.

TRICTRAC, subst. mas. (*triktrak*) (mot formé par onomatopée du bruit que font les dés dans le cornet et sur le tablier), sorte de jeu où l'on joue avec des cornets, deux dés et trente dames. —Le tablier même dans lequel on joue.—Il y a une autre espèce de *trictrac* qu'on nomme *trictrac à écrire*.—Nom d'un canon à cinq bouches qu'on voyait autrefois, à Rome, à la porte du château Saint-Ange.

TRICUSPIDAIRE, subst. fém. (*trikucepidère*), t. de bot., genre de plantes monogynes liliacées. —Subst. mas. et adj. des deux genres, t. d'hist. nat., genre de vers intestinaux.

TRICUSPIDE, adj. des deux genres (*trikucepide*) (du lat. *tricuspis, pidis*, qui a trois pointes ; rac., *tres*, trois, et *cuspis*, pointe), t. d'anat., se dit de trois valvules de figure triangulaire, placées à l'orifice du ventricule droit du cœur, dans l'endroit où il se joint à l'oreillette.

TRICUSPIS, subst. mas. (*trikucepice*), t. de bot., genre de plantes graminées.

TRICYCLE, subst. fém. (*tricikle*) (formé de

τρεῖς, trois, et de κυκλος, cercle, roue), sorte de voiture *omnibus*, à trois roues. — T. de bot., arbre du Brésil. — Genre de plantes monogynes.

TRIDACTYLE, subst. mas. et adj. des deux genres (*tridaktile*) (du grec τρεῖς, trois, et δακτυλος, doigt), t. d'hist. nat., genre d'insectes de l'ordre des orthoptères.—Adj., il se dit des animaux qui ont trois doigts à chaque pied.

TRIDACTYLITHE, subst. fém. (*tridaktilite*), t. de bot., genre de plantes très-communes dans la famille des saxifragées.

TRIDAX, subst. mas. (*tridakce*), t. de bot., plante du Mexique, herbacée, rampante, à feuilles opposées, dentées, hérissées, et à fleurs solitaires, terminales, qui forme un genre dans la syngénésie polygamie superflue, et dans la famille des corymbifères.

TRIDE, adj. des deux genres (*tride*), t. de manége, *cheval qui a la carrière tride*, fort vite. *Pas tride*, dont les mouvements sont courts et prompts, quoique unis et aisés. (*Boiste* qui donne ce mot, et l'*Académie* qui le nomenclature aussi, ne se sont pas aperçus que c'est *stride* qu'il faudrait écrire (du lat. *stridulus*), *tride* n'étant qu'un mot mal forgé et peut-être un barbarisme).

TRIDENT, subst. mas. (*tridan*), fourche à *trois dents* ou pointes, que les poëtes et les peintres donnent pour sceptre à Neptune : *Neptune portant le trident.* — Les pêcheurs appellent *trident*, une sorte de fourche à plusieurs dents avec laquelle ils prennent du poisson, en le piquant dans l'eau : *pêcher au trident.* — *Trident*, en t. de géom., est une courbe que l'on nomme autrement, *parabole de Descartes.*

TRIDENTÉ, E, adj. (*tridanté*), t. de bot., qui a *trois dents.*

TRIDENTÉE, subst. fém. (*tridanté*), t. de bot., genre de plantes.

TRIDENTIFÈRE, adj. des deux genres (*tridantifère*), myth., surnom donné à Neptune.

TRIDENTULA, subst. fém. (*tridein tula*) (mot tout latin), t. d'hist. nat., dent pétrifiée à trois pointes ou dentelures, qui paraît être un glossopètre.

TRIDESME, subst. mas. (*tridème*), t. de bot., genre de plantes polyandres.

TRIDI, subst. mas. (*tridi*), *troisième jour* de la décade, dans le calendrier républicain français.

TRIE, subst. fém. (*tri*), t. d'hist. nat., espèce de couleuvre. — Sorte de morue verte.

TRIE, subst. propre fém. (*tri*), ville de France, chef-lieu de canton, arrond. de Tarbes, dép. des Hautes-Pyrénées.

TRIÈDRE, adj. des deux genres (*tri-èdre*) (du grec τρεῖς, trois, et ἑδρα, siége, base, face), t. de géom.; se dit d'une pyramide terminée par trois pointes ou côtés ; d'un angle formé par la réunion de trois plans.

TRIENCÉPHALE, subst. et adj. mas. (*tri-ancéfale*), t. d'hist. nat., nom donné par *M. Geoffroy Saint-Hilaire* à des monstres qui ont une tête sphéroïdale, n'ont point de face, qui sont privés des organes du goût, de la vue et de l'odorat ; dont les oreilles sont réunies en dessous avec des pavillons tégumentaires prolongés de chaque côté, et qui enfin n'ont qu'un seul trou auriculaire au centre, et qu'une seule caisse.

TRIENNAL, E, adj. (*tri-ènenal*) (du grec τρεῖς, trois, et de ενος, en lat. *annus*, année), qu'on exerce tous les trois ans : *office triennal.* — Qui est en place pendant trois ans : *officier triennal.* —Qui dure trois ans : *le parlement d'Angleterre fut long-temps triennal.* — Au plur. mas., *triennaux.*

TRIENNALITÉ, subst. fém. (*triènenalité*), qualité d'une administration, d'une dignité qui ne dure que trois ans ou dont l'exercice doit durer *trois ans.* Voy. TRIENNAL.

TRIENNAT, subst. mas. (*trièena*) (du latin *triennium*, formé de *tres*, trois, et *annus*, année), l'espace de trois ans, durant lequel on exerce une charge ou possède une dignité.

TRIENNAUX, adj. mas. plur. Voy. TRIENNAL.

TRIÉ, E, part. pass. de *trier*, et adj., choisi entre plusieurs.

TRIEN, subst. mas. (*tri-ein*), t. d'antiq., qui faisait le tiers de l'as du temps de Cicéron. — C'était aussi une mesure qui tenait quatre cyathes, ou le tiers du sextarius.

TRIENTAL, subst. mas. (*tri-antale*), t. d'antiq., vase qui contenait la troisième partie du setier romain.

TRIENTALE, subst. fém. (*tri-antale*), t. de bot., plante à racine fibreuse.

TRIER, v. act. (*tri-é*) (contraction du latin *trahere*, tirer ; *tirer de la foule, mettre à part*), choisir entre plusieurs : *on a trié les meilleurs livres de cette bibliothèque; on a trié ces soldats parmi les meilleures troupes.* — Séparer le bon du mauvais entremêlés : *il faut trier ces grains de blé, il y a du seigle dedans.* — Prov., *trier sur le volet*, choisir avec soin : *ce sont des personnes triées sur le volet*, distinguées ou par leur qualité ou par leur réputation. Cette locution est plus que surannée. — T. de papetiers : *trier* ou *délisser le chiffon*, séparer le chiffon en différentes classes, selon la beauté et la finesse de la toile. — Chez les cartiers : *trier les étresses*, les regarder au jour pour en enlever les inégalités. — SE TRIER, v. pron.

TRIÉRARCHIE, subst. fém. (*tri-érarchi*), charge de *triérarque.* — Armement et commandement d'une galère chez les Athéniens.

TRIÉRARCHIQUE, adj. des deux genres (*tri érarchike*), qui a rapport à la *triérarchie.*

TRIÉRARQUE, subst. mas. (*tri-érarke*) (du grec τριηραρχης, formé de τριηρης, galère à trois rangs de rames, et de αρχος, chef), t. d'antiq., capitaine de galère. — Citoyen d'Athènes qui était obligé d'équiper et d'armer une galère.

TRIESTE, subst. prop. fém. (*tri-ècete*), ville de l'Illyrie, chef-lieu du gouvernem. du même nom.

TRIÉTÉRIDE, subst. fém. (*tri-étéride*) (du grec τριετηρις, fait dans la même signification de τρεῖς, trois, et ετος, an, année), espace ou révolution de trois ans.

TRIÉTÉRIQUE, adj. des deux genres (*tri-étérike*), qui se fait ou qui arrive dans les trois ans. —On appelait ainsi des fêtes que les Béotiens et les Thraces célébraient tous les trois ans en l'honneur de Bacchus, et en mémoire de l'expédition des Indes. Ces fêtes étaient signalées par toutes sortes d'excès et de débauches.

TRIEUR, subst. mas., **TRIEUSE**, subst. fém. (*tri-eur, euze*), t. de métier, qui fait le *triage.* —Ces deux mots manquent dans l'*Académie.*

TRIEUSE, subst. fém. Voy. TRIEUR.

TRIFACIAL, adj. mas. (*tri-faciale*), t. d'anat., nom qu'on a donné aux nerfs trijumeaux, parce qu'ils se divisent, avant de sortir du crâne, en trois branches qui vont se distribuer à la face : chez les Romains, pièce de monnaie de cuivre, —Au plur. mas., *trifaciaux.*

TRIFÉMORO-ROTULIEN, subst. et adj. mas. (*trifémorôrotuliein*), se dit du muscle qui se lie à la *rotule* par son extrémité inférieure, et au fémur par sa triple origine supérieure.

TRIFÉMORO-TIBI-ROTULIEN, subst. et adj. mas. (*trifémorôtibirotuliein*), t. d'anat. ; se dit du muscle triceps crural.

TRIFIDE, adj. des deux genres (*trifide*) (du latin *trifidus*, fendu, divisé en trois, formé de *ter*, trois fois, et de *findere*, fendre), t. de bot., qui est d'une seule pièce divisée en trois : *calice trifide.*

TRIFILERIE, *barbarisme.* Voy. TRÉFILERIE.

TRIFLE, subst. mas. (*trifle*), sorte de bâtiment à douze rames sur le Danube.

TRIFOLIUM, subst. mas. (*trifoli-ome*) (mot tout latin), t. de bot., nom que les Latins donnaient à plusieurs espèces de plantes dont les feuilles étaient composées de folioles. — Aujourd'hui, genre de plantes qui comprend toutes les herbes à trois lobes ou trois folioles.

TRIFORME, adj. des deux genres (*triforme*), (du latin *triformis*, qui a trois formes), myth., surnom de la Chimère. — Nom donné à Diane, considérée comme la lune dans ses trois principaux aspects; lorsqu'elle est nouvelle avec ses croissants ; au second quartier, lorsque la moitié de son globe paraît éclairée, et à la pleine lune.

TRIGAME, adj. et subst. mas. (*triguame*) (du grec τρεῖς, trois fois, et de γαμος, noces, mariage), qui a été marié *trois fois.*

TRIGAMIE, subst. fém. (*triguami*), *troisième* mariage. Voy. TRIGAME.

TRIGASTRIQUE, adj. des deux genres (*triguacetrike*) (du grec τρεῖς, trois, et γαστηρ, ventre), qui a trois ventres.—En anat., il se dit des muscles qui ont trois faisceaux de fibres charnues.

TRIGAUD, E, subst. et adj. (*triguô, guôde*) (du latin *trico, onis*, tracassier, vétilleur, chicaneur, fait de *tricæ, arum*), qui n'agit pas franchement, qui se sert de mauvaises finesses: *c'est un trigaud; avoir la mine trigaude.* Vieux et même hors d'usage.

TRIGAUDER, v. neut. (*triguôdé*), n'agir pas franchement ; se servir de mauvais détours. Il est presque hors d'usage. Voy. TRIGAUD.

TRIGAUDERIE, subst. fém. (*triguôderi*), action de *trigaud*; mauvaise finesse. Il est presque hors d'usage.

TRIGE, subst. mas. (*trije*), t. d'antiq., char à trois chevaux.

TRIGÉMEAU, subst. mas. (*trijémô*), enfant né en même temps que deux autres, de la même mère. Presque inusité.

TRIGEMME, adj. des deux genres (*trijème*), t. de bot., à trois *gemmes*, bourgeons ou boutons. Peu usité.

TRIGLANTINE, adj. fém. (*triguelantine*), myth., surnom donné à Hécate, pris du poisson nommé *trigle*, qu'on lui offrait à certains jours.

TRIGLE, subst. mas. (*triguele*), t. d'hist. nat., le mulet, sorte de poisson de mer. — Subst. propre mas., t. d'antiq., nom d'un endroit d'Athènes où l'on offrait ce poisson à Hécate.

TRIGLITE, subst. fém. (*triguelite*), t. d'hist. nat., pierre précieuse qui porte l'effigie du *trigle* ou mulet, poisson.

TRIGLOCHIN, subst. mas. (*triguelochein*), t. de bot., nom qu'on a donné au troscart des marais, parce que sa capsule est terminée par trois pointes. —Adj. mas., qui a trois pointes. Synonyme de *tricuspide.* Voy. ce mot.

TRIGLOCHINES, subst. fém. plur. (*triguelochine*) (du grec τρεῖς, trois, et γλωχις, pointe), t. d'anat., valvules triangulaires dans les ventricules du cœur.

TRIGLOTTISME, subst. mas. (*triguelôticeme*) (du grec τρεῖς, trois, et γλωττα, langue), phrase composée de trois langues. — Mot composé de trois mots tirés de différentes langues.

TRIGLYPHE, subst. mas. (*triguelife*) (du grec τριγλυφος, formé de τρεῖς, trois, et de γλυφη, gravure), ornement d'architecture dans la frise dorique, composé de deux cannelures en triangle, et de deux demi-cannelures sur les deux côtés.

TRIGÔNE, subst. mas. (*triguône*) (du grec τριγωνον, triangle, fait de τρεῖς, trois, et de γωνια, angle), t. de musique des anciens, instrument des Égyptiens et des Perses, qui venait originairement des Syriens, et qui passa ensuite dans la Grèce.—*Trigône des signes*, instrument de gnomonique pour tracer les arcs des signes.—Triangle formé par trois planètes. Voy. TRIGÔNE, adj. des deux genres.—T. d'hist. nat., genre d'insectes de l'ordre des coléoptères, famille des mellifères, tribu des apiaires.—T. de médec., surface triangulaire de la vessie vers son bas-fond. —Subst. fém., sorte de raie.

TRIGÔNE, adj. des deux genres, (*triguône*); se dit, en bot., des parties des plantes qui ont trois angles et trois côtés, ou trois faces distinctes.—T. d'astron. : *aspect trigône*, ou plus communément *le trin aspect*, aspect de deux planètes éloignées l'une de l'autre de la troisième partie du zodiaque, c'est-à-dire, de 120 degrés.

TRIGONELLE, subst. fém. (*triguonèle*), t. de bot., genre de plantes d'Europe.

TRIGONIE, subst. fém. (*trigoni*), t. d'hist. nat., genre de coquilles trouvées récemment sur les côtes de la Hollande.

TRIGONIER, subst. mas. (*triguonié*), t. d'hist. nat., animal du genre des *trigonies.*

TRIGONIER, subst. mas. (*triguonié*), t. de bot., genre de plantes monogynes.

TRIGONIMA, subst. mas. (*triguonima*), t. d'hist. nat., coquillage multiloculaire et univalve.

TRIGONOBATE, subst. mas. (*triguonobate*), t. d'hist. nat., genre de poissons, pris sur celui des raies.

TRIGONOCÉPHALE, subst. mas. (*triguonocéfale*), t. d'hist. nat., genre de serpents.

TRIGONOMÉTRIE, subst. fém. (*triguonométri*) (du grec τριγωνον, triangle, et μετρον, mesure), t. de géom., proprement, mesure des triangles.—Dans une acception plus usitée, l'art de trouver les parties inconnues d'un triangle, par le moyen de celles que l'on connaît, et de mesurer par là les distances inaccessibles. — On appelle *trigonométrie rectiligne*, celle qui enseigne à mesurer les triangles rectilignes, et *trigonométrie sphérique*, celle qui enseigne à mesurer les triangles sphériques.

TRIGONOMÉTRIQUE, adj. des deux genres (*triguonométrike*), qui appartient à la *trigonométrie.*

TRIGONOMÉTRIQUEMENT, adv. (*triguonométrikeman*), suivant les règles de la *trigonométrie.*

TRIGONON, subst. mas. (*triguonon*), instrument de musique qui avait à peu près la forme d'une harpe : il fut inventé par les Syriens, qui en communiquèrent ensuite l'idée aux Grecs.

TRIGRAMME, subst. mas. (*triguerame*), l'une des clefs d'où sont sortis un grand nombre de mots et d'acceptions de la langue chinoise.

TRIGUÈRE, subst. mas. (*triguière*), t. de bot., genre de plantes monogynes.

TRIGYNE, adj. des deux genres (*trijine*), t. de bot., se dit des plantes dont la fleur a trois pistils.

TRIGYNIE, subst. fém. (*trijini*) (du grec τρεις, trois, et γυνη, femme), t. de bot., troisième ordre des treize premières classes, qui comprend les plantes dont les fleurs ont trois pistils ou trois parties femelles.

TRIGYNIQUE, adj. des deux genres (*trijinike*), qui tient de la *trigynie;* qui a trois parties femelles.

TRIHÉMIMÈRE, adj. des deux genres (*tri-émimère*), t. de versific. grecq. et lat.; se dit d'une césure qui tombe entre le 1er pied et le 2e. Dans e vers: *Fluminibus salices, crassisque paludibus alni Nascuntur*, la syll. *bus* du 2e pied, forme la césure.

TRIJUGUÉ, E, adj. (*trijuguié*) (du grec τρεις, trois fois, et du lat. *jugare*, joindre, unir, fait de *jugum*, en grec ζυγος, joug), t. d'anat. : *feuille trijuguée*, qui a trois paires de folioles.

TRIJUMEAUX, subst. et adj. mas. plur. (*trijumô*), t. d'anat., nerfs cérébraux.

TRIL, mieux et plus souvent **TRILLE**, subst. mas. (*trile, tri-ie*) (de l'ital. *trillo*), t. de mus., sorte de cadence ou de tremblement ; c'est proprement un battement de gosier.

TRILATÉRAL, E, adj. (*trilatérale*) (du grec τρεις, trois, et du lat. *latus, lateris*, côté), qui a trois côtés. — Au plur., *trilatéraux*.

TRILATÉRAUX, adj. mas. plur. Voy. TRILATÉRAL.

TRILATÈRE, subst. mas. (*trilatère*), synonyme de *triangle*, lequel est beaucoup plus usité.

TRILÉPISION, subst. mas. (*trilépizion*), t. de bot., arbre de Madagascar, de la famille des rosacées.

TRILÉSI, ou **TRILISI**, subst. mas. (*trilézi*), t. de bot., sous-genre de plantes odoriférantes.

TRILIACÉE, subst. fém. (*trili-acé*), t. de bot., famille de plantes établie aux dépens des *liliacées*.

TRILISE, ou **TRILIX**, subst. mas. (*trilize, likce*), t. de bot., sorte d'arbrisseau d'Amérique.

TRILLE, subst. mas. (*tri-ie*). Voy. TRIL.

TRILLIE, subst. fém. (*trili*), t. de bot., sorte de plante qui produit de jolies fleurs sessiles.

TRILLION, subst. mas. (*trili-on*), t. d'arithm., mille billions ou mille fois mille millions.

TRILLO, subst. mas. (*trileló*), instrument pour battre le blé, en Espagne.

TRILLON, subst. mas. (*trilelon*), t. de bot., genre de plantes asparagoïdes.

TRILOBÉ, E, adj. (*trilobé*) (du grec τρεις, trois, et λοβος, lobe, loge, cosse), qui a *trois lobes*.

TRILOBITE, subst. mas. (*trilobite*), t. d'hist. nat., genre d'animaux fossiles de la classe des crustacés.

TRILOCULAIRE, adj. des deux genres (*trilokulère*) (du grec τρεις, trois, et du lat. *loculus*, petite loge, cassette), qui a trois loges.

TRILOGIE, subst. fém. (*triloji*) (du grec τρεις, trois, et λογος, discours), poésie des anciens ; trois pièces de théâtre que le même auteur était obligé de présenter. — Dialogue à trois interlocuteurs.

TRILOGIQUE, adj. des deux genres (*trilojike*), qui concerne la *trilogie*.

TRIMBALÉ, E, part. pass. de *trimbaler*.

TRIMBALER (Nous ferons observer que tout le monde écrit *trimballer*, à cause sans doute du mot *balle;* mais l'*Académie* écrivant *trimbaler*, ce qui est tout-à-fait conforme à nos principes, nous adopterons son orthographe de grand cœur, en lui demandant toutefois pourquoi elle écrit *baller, emballer, déballer*, etc. Nous savons bien qu'elle nous répondra que ces mots sont formés du subst. *balle*, et d'une prép. ; mais dans le mot *balle*, une voyelle muette suit les deux L ; nous écrivons conformément à l'*Académie*, *il emballe, il déballe, il trimballe ;* mais nous voudrions qu'on écrivît, *débaler, embaler, trimbaler*, etc. Du reste, nous ne posons ici que les propres principes de l'*Académie*, qui elle-même écrit : *il appelle*, etc. et nous *appelons*, etc.), v. act. (*treinbalé*) (nous ne trouvons nulle part l'étym. de ce mot ; ne viendrait-il pas bien de *trimer* et de *balle*, comme qui dirait : *fatiguer une balle*, et la lancer jusqu'à *trimer*, jusqu'à *se fatiguer à la lancer ?*) remuer, traîner, porter partout. — *se* TRIMBALER, v. pron.

TRIMER, v. neut. (*trimé*), (du grec δρεμειν, courir), aller vite, marcher, courir en se fatiguant. Pop.

TRIMERE, subst. mas. (*trimère*), t. d'hist. nat., sous-ordre d'insectes coléoptères, comprenant ceux qui n'ont que trois articles à tous les tarses.

TRIMESTRE, subst. mas. (*trimècetre*) (du lat. *trimestris*), espace de *trois mois*. — Paiement de *trois mois*.

TRIMESTRIEL, adj. mas., au fém. **TRIMESTRIELLE** (*trimècetri-èle*), qui comprend, qui dure *trois mois*.

TRIMESTRIELLE, adj. fém. Voy. TRIMESTRIEL.

TRIMESURE, subst. mas. (*trimezure*), t. d'hist. nat., genre de reptiles de la famille des serpents, qui diffère de celui des couleuvres par plusieurs caractères particuliers.

TRIMÈTRE, subst. mas. et adj. (*trimètre*), vers grec ou latin qui est de trois pieds et de trois mesures : *un trimètre; un vers trimètre*.

TRIMÉZIE, subst. fém. (*trimézi*), t. de bot., genre de plantes voisin des cipures et des mariques.

TRIMORPHÉE, subst. fém. (*trimorfée*), t. de bot., genre de plantes synanthérées.

TRIN, TRINE, adj. (*trein, trine*), t. d'astron. : *le trin* et non pas *le trine aspect de deux planètes*, leur éloignement l'une de l'autre du tiers du Zodiaque. — *Trine opposition*, l'un des aspects dans lequel deux planètes sont distantes l'une de l'autre de la troisième partie du Zodiaque, ou de quatre signes qui valent 120°. Voyez TRIGÔNE. L'*Académie* admet **trin** ou **trine** pour un adj. masc., ce qui fait deux orthogr., dont l'une a une terminaison toute féminine. Pourquoi donc ne pas admettre *trin* pour le mas., et *trine* pour le fém. ? Il manque d'ailleurs dans l'*Académie* et dans tous les *dictionnaires*, à l'exception de celui dit *de Trévoux ;* une acception de cet adjectif, qui nous paraîtrait même être la véritable et la première, c'est celle dans laquelle, appliqué à Dieu, ce mot sert à exprimer *la trinité des personnes qui est dans sa nature* (du lat. *trinus, a, um*) : *Dieu est un en nature, et trin en personne.* (*Bouhours.*) Si donc on a dit *trinus, a, um*, en latin, pourquoi ne pas dire *trin* au mas., et *trine* au fém., en français ?

TRINERVÉ, E, adj. (*trinèrevé*), t. de bot., se dit des feuilles qui ont *trois nervures*.

TRINEURE, subst. mas. (*trineure*), t. d'hist. nat., genre d'insectes diptères.

TRINGA, subst. mas. (*tringua*), t. d'hist. nat., genre d'oiseaux échassiers.

TRINGLE, subst. fém. (*tringuele*) (du latin barbare *taringula*, diminutif de *taringa*, employé avec la même acception dans la basse latinité), verge de fer menue, ronde et longue, qu'on passe dans les anneaux d'un rideau, etc. — Baguette de bois équarrie, longue, étroite et plate, qui sert à plusieurs usages dans la menuiserie. — Pièce de bois ou de fer, un peu longue et étroite, garnie de clous, de crochets ou de chevilles, à l'usage des bouchers, des chandeliers, etc., pour suspendre leurs marchandises, soit à l'intérieur, soit à l'extérieur. — Chez les nattiers, pièce de bois hérissée de clous à crochet pour y attacher les cordons qui doivent former la natte. — Barre de fer qui tient d'une pile à l'autre pour soutenir les chaînes dans un pont de fer. — *Tringle de marche-pied*, morceau de bois attaché sur la coquille d'un carrosse, et qui sert d'appui aux pieds du cocher. — On appelle en polygraphie *tringle de porte-plume* une machine de cuivre bien écroui, aplatie en dessous, et large d'une demi-ligne ; et *tringle de rappel*, celle par où tous les mouvements du polygraphe se communiquent. — T. d'archit., petit membre qui est au-dessus de la plate-bande de l'ordre dorique, qui répond à chaque triglyphe, et d'où pendent les gouttes. — Marque que fait le cordeau blanchi sur une planche ou autre pièce de bois.

TRINGLÉ, E, part. pass. de *tringler*.

TRINGLER, v. act. (*treinguelé*), tracer sur une pièce de bois une ligne droite avec un cordon frotté de pierre blanche ou rouge pour la façonner. — *se* TRINGLER, v. pron.

TRINGLETTE, subst. fém. (*treinguelète*), pièce de verre dont on compose les panneaux de vitre. — Outil de vitrier qui sert à ouvrir le plomb.

TRINITAIRE, subst. des deux genres (*trinitère*), religieux ou religieuse de l'ordre de la *Trinité* ou de la Rédemption des captifs. — Subst. fém. seulement, t. de bot., hépatite des jardins.

TRINITÉ (LA), subst. propre fém. (*latrinité*), ville de France, chef-lieu de canton, arrond. de Ploërmel, dép. du Morbihan.

TRINITÉ, subst. fém. (*trinité*) (du lat. *trinitas*, qui signifie proprement nombre de *trois*, nombre *ternaire*), les trois personnes divines; un seul Dieu en trois personnes. — Fête en l'honneur de la *Trinité*, qui arrive le dimanche qui suit celui de la Pentecôte.

TRINOCTIUS, subst. propre mas. (*trinokci-uce*), myth., surnom d'Hercule, pris de la longueur de la nuit qui dura, dit-on, autant que trois autres, lorsque Jupiter vint voir Alcmène.

TRINOME et non pas **TRINÔME**, subst. mas. (*trinome*) (du grec τρεις, trois, et νεμη, division), t. d'algèbre, quantité composée de *trois termes*.

TRINQUADOURE, subst. mas. (*trinkadoure*), t. de mar., nom que l'on donne, dans certains endroits, à une sorte de bâtiment de guerre destiné à porter des provisions de toute espèce aux navires d'une flotte.

TRINQUART, subst. mas. (*treinkar*), petit bâtiment dont on se sert pour la pêche du hareng.

TRINQUÉ, part. pass. de *trinquer*.

TRINQUEBALÉ, E, part. pass. de *trinquebaler*.

TRINQUEBALER, v. act. (*treinkebalé*), sonner les cloches. — *se* TRINQUEBALER, v. pron. (*Boiste.*) Inusité.

TRINQUER, v. neut. (*treinkié*) (de l'allemand *trinken*, boire), boire en choquant le verre à la santé l'un de l'autre : *aimer à trinquer*.

TRINQUERIN, subst. mas. (*treinkerein*), t. de mar., le plus haut bordage extérieur d'une galère.

TRINQUET, subst. mas. (*treinkiè*), t. de mar., sur la Méditerranée, le mât et la voile de l'avant d'une galère.

TRINQUETIN, subst. mas. (*treinketein*), t. de mar., troisième voile du mât d'une galère.

TRINQUETTE, subst. fém. (*treinkiète*), t. de mar., voile triangulaire ; espèce de voile latine. — Voile de misaine sur un bâtiment à voiles latines.

TRIO, subst. mas. (*tri-ô*), composition de musique à trois parties. — Fig. et fam., trois personnes qui se trouvent ensemble ou qui sont liées d'intérêt : *voilà un beau trio*. — Au plur., des *trio* et non pas des *trios*, *trio* étant un mot tout italien.

TRIOBOLE, subst. mas. (*tri-obole*), t. d'antiq., poids de trois *oboles*. — Monnaie grecque de la valeur de trois *oboles*.

TRIODIE, subst. fém. (*tri-odi*), t. de bot., genre de plantes digynes.

TRIODITISTE, subst. propre fém. (*tri-oditicete*), t. de myth., surnom donné à la déesse Hécate.

TRIODOPSIS, subst. mas. (*tri-odopecice*), t. d'hist. nat., genre de coquillage univalve.

TRIŒCIE, subst. fém. (*tri-éci*) (du grec τρεις, trois, et οικια, maison, habitation), t. de bot., le troisième ordre de la vingt-troisième classe des plantes, dans le système de *Linnée*.

TRIŒCIQUE, adj. des deux genres (*tri-écike*), t. de bot., qui a rapport à la *triœcie*.

TRIOCULUS, subst. propre mas. (*tri-okuluce*), (du lat. *tres*, trois, et *oculus*, œil; *qui a trois yeux;* myth., surnom de Jupiter, qu'on représentait quelquefois avec trois yeux, deux à leur place ordinaire, et un au milieu du front. Voyez TRIOPHTHALMOS.

TRIOLET, subst. mas. (*tri-olé*), petite pièce de huit vers, dont le premier se répète après le troisième, et le premier et le second après le sixième; en sorte que de ces huit vers, il y en a *trois*, le premier, le quatrième et le septième, qui ne sont qu'un seul et même vers. — En t. de musique, groupe de trois notes qui n'ont toutes ensemble que la valeur de deux.

TRIOMPHAL, E, adj. (*tri-onfale*), qui est au *triomphe* ; qui appartient au *triomphe* ou qui le regarde. — On appelait à Rome, *porte triomphale*, celle par laquelle les *triomphateurs* entraient le jour de leur *triomphe* ; et *colonne triomphale*, une colonne élevée en l'honneur des héros, et dont les joints étaient cachés par autant de couronnes qu'il avait fait d'expéditions militaires. — *Jeux triomphaux*, qu'on célébrait à l'occasion de quelque *triomphe*. — Au plur. **mas.**, *triomphaux*.

TRIOMPHALEMENT, adv. (*tri-onfaleman*), en *triomphe*, en victorieux.

TRIOMPHANT, E, adj. (*tri-onfan, fante*), qui *triomphe : il est revenu glorieux et triomphant.* — Victorieux : *armes triomphantes;* et poét. : *bras triomphant.* — Pompeux, superbe : *entrée pompeuse et triomphante.— Avoir un air triomphant*, un air de confiance et de contentement que donne un succès obtenu ou espéré. — *L'Église triomphante*, les bienheureux dans le ciel. — Subst. fém. seulement, t. de comm., ancienne étoffe de soie, dont le fond était en gros de Tours, et les fleurs en damassé.

TRIOMPHATEUR, subst. mas., **TRIOMPHATRICE**, subst. fém. (*tri-onfateur, trice*), celui qui *triomphe* ou qui a *triomphé*, qui a reçu les honneurs du *triomphe*. — Chez les Romains, le général d'armée qui entrait en *triomphe* dans Rome après une grande victoire.—Par extens., celui qui a gagné une bataille décisive, ou remporté une victoire. L'*Académie* refuse un fém. à ce mot; ne dirait-on pas bien au fig., d'une femme qui l'aurait emporté sur de méchantes et nombreuses rivales, qu'*elle est triomphatrice?*

TRIOMPHATRICE, subst. fém. Voy. TRIOMPHATEUR.

TRIOMPHAUX, adj. mas. plur. Voy. TRIOMPHAL.

TRIOMPHE, subst. mas. (*tri-onfe*) (du latin *triomphus*, dérivé du grec θριαμβος, dont la signification est la même), cérémonie pompeuse qu'on faisait chez les Romains, à l'entrée d'un général d'armée, lorsqu'il avait remporté quelque grande victoire.—*Mener des captifs en triomphe*, chargés de chaînes, pour suivre le char du *triomphateur*. — Victoire, grand succès à la guerre. — Poét. : *le triomphe de l'amour, de la beauté*, etc., leurs grands effets. — *Porter quelqu'un en triomphe*, au propre, l'élever de terre pour lui faire honneur; au fig., en faire les plus pompeux éloges. — *Son entrée fut un triomphe*, il fut reçu avec les plus grandes acclamations.—On dit, d'une chose dans laquelle quelqu'un excelle ou réussit particulièrement, *c'est son triomphe : ce rôle est le triomphe de cet acteur.*

TRIOMPHE, subst. fém. (*tri-onfe*), sorte de jeu de cartes. — La carte qu'on retourne après avoir donné à chacun des joueurs ce qu'il lui faut.

TRIOMPHER, v. neut. (*tri-onfé*) (du latin *triumphare*), recevoir les honneurs du *triomphe*. — Vaincre par la voie des armes. — Fig., remporter sur quelqu'un quelque avantage que ce soit : *triompher de ses ennemis.* — Exceller en traitant quelque sujet : *quand il est sur cette matière, il triomphe.* —Être ravi de joie : *quand on lui parle de ses enfans, elle triomphe.*—Tirer vanité de... : *il triomphe de sa perfidie.*

TRIONÉES, subst. fém. plur. (*tri-oné*), t. d'astron., nom de trois étoiles qui forment les constellations des deux Ourses.

TRIONES, subst. propre mas. plur. (*tri-one*), t. de myth., ce mot signifie proprement des *bœufs de charrue*. On donna ce nom aux étoiles qui forment les constellations des deux Ourses, que Virgile appelle *gemini triones*, comme si ces étoiles étaient autant de bœufs qui labourassent le pôle arctique, où on les voit toujours. Par *septem triones*, on entend la grande Ourse, constellation dont les sept principales étoiles forment ce qu'on appelle ordinairement le Charriot, les quatre premières paraissant faire les quatre roues, et les trois autres le timon.

TRIONIX, subst. mas. (*tri-onikce*), t. d'hist. nat., tortue dont la carapace est molle.

TRIOPHTHALMOS, subst. mas. (*tri-ofetalemoce*) (du grec τρεις, trois, et οφθαλμος, œil), t. d'hist. nat., sorte d'agate œillée, ou espèce de pierre précieuse qui représente trois yeux. — Subst. propre mas., myth., surnom de Jupiter, d'après le rapport de Pausanias, qui nous apprend que, dans le siége de Troie, on avait trouvé une statue de ce dieu avec un troisième œil au milieu du front : ce qui signifiait, ajoute-t-il, que Jupiter régnait véritablement sur le ciel, la terre et les enfers.

TRIOPIUS, subst. propre mas. (*tri-opi-uce*), myth., surnom d'Apollon, particulièrement révéré à *Triopia*, ville de Carie, où l'on célébrait en son honneur des jeux solennels, dans lesquels on donnait des trépieds aux vainqueurs.

TRIOPTÈRE, subst. fém. (*tri-opetère*), t. de bot., genre de plantes trigynes de la famille des lpighiacées.

TRIORCHE, subst. mas. (*tri-orche*), t. d'hist. nat., sorte d'oiseau de moyenne taille.

TRIORCHIE, subst. fém. (*tri-orchi*), t. de bot., espèce de plante que l'on croit venir de l'Amérique méridionale.

TRIORCHITE, subst. fém. (*tri-orchite*), t. d'hist. nat., sorte de pierre fossile. (*Boiste.*)

TRIORI, subst. mas. (*tri-ori*), danse bretonne, dont le mouvement, à trois temps, est vif, animé, rapide. — Air sur lequel cette danse s'exécute.

TRIOSTE, subst. mas. (*tri-ocete*), t. de bot., genre de plantes monogynes.

TRIPAILLE, subst. fém. (*tripâ-ie*), toutes les *tripes* de quelque animal. — Amas de *tripes*, ou de choses considérées comme telles. Il ne se dit guère que par mépris.

TRIPAN, subst. mas. (*tripan*), t. d'hist. nat., espèce de grosse holothurie des Grandes-Indes.

TRIPARTIBLE, adj. des deux genres (*tripartible*), t. de bot., qui peut être divisé en *trois*.

TRIPARTITE, adj. fém. (*tripartite*), qui est divisé en trois. Il ne se dit guère que de l'histoire qui est l'abrégé de celles d'*Eusèbe*, de *Socrate* et de *Sozomène* : *l'histoire tripartite.*

TRIPARTITION, subst. fém. (*tripartition*), t. d'arithm. et de géom., division en *trois parties*. Voy. TRISECTION.

TRIPE, subst. fém. (*tripe*), partie des entrailles d'un animal. Son plus grand usage dans ce sens est au plur. — Au fig. : *rendre tripes et boyaux*, vomir avec de grands efforts. — Chez les tanneurs, *cuir en tripes*, peau de bœuf débourrée, pelée et trempée. — *Œufs à la tripe*, œufs durs coupés par tranches et fricassés.—On appelle *tripe*, chez les chapeliers, le morceau d'étoffe dont ils couvrent leur peloton. —*Tripe de velours*, ou absolument *tripe*, sorte d'étoffe de laine ou de fil qui est travaillée comme le velours de soie.

TRIPE-MADAME, subst. fém. (*tripemadame*), sorte d'herbe bonne à manger en salade. L'*Académie* renvoie à TRIQUE-MADAME.

TRIPERIE, subst. fém. (*triperi*), lieu où l'on vend des *tripes*.

TRIPÉTALE, adj. des deux genres (*tripétale*) (du grec τρεις, trois, et πεταλον, pétale, feuille), t. de bot. qui se dit d'une fleur à *trois pétales*.

TRIPÉTALÉ, E, adj. (*tripétalé*). Voy. TRIPÉTALE.

TRIPETTE, subst. fém. (*tripète*), petite *tripe*. —Pop. : *cela ne vaut pas tripette*, ne vaut rien.

TRIPHANE, subst. mas. (*trifane*) (du grec τρεις, trois, et φαινω, je luis, je brille, d'où φανος, clair, luisant, brillant), substance minérale dont les coupes sont nettes dans les trois divisions dont elle est susceptible.

TRIPHAQUE, subst. mas. (*trifake*), t. de bot., grand arbre de la côte orientale d'Afrique, à feuilles éparses et qui forme un genre dans la monœcie polyandrie.

TRIPHARMACUM, subst. mas. (*trifarmakome*) (du grec τρεις, trois, et φαρμακον, remède), t. de pharm., médicament composé de trois drogues. Vieux.

TRIPHASIE, subst. fém. (*trifazi*), t. de bot., genre de plantes, le limonellier.

TRIPHORE, subst. mas. (*trifore*), t. de bot., l'aréthuse pendante.

TRIPHTHONGUE, subst. fém. (*trifetongue*) (du grec τρεις, trois, et φθογγος, son); on a donné ce nom à une syllabe composée de trois voyelles; mais nous n'avons point de *triphthongues* proprement dites, puisque nous n'avons point de syllabes formées de trois sons. Cependant quelques *grammairiens* ont appelé *triphthongue*, les mots tels que : *eau, oie*, etc., quoiqu'ils ne forment réellement pas trois sons.

TRIPHYLLE, adj. des deux genres (*trifile*) (du grec τρεις, trois, et φυλλον, feuille), t. de bot., composé de *trois feuilles* ou de trois pièces distinctes.

TRIPHYLLOÏDE, subst. mas. (*trifilelo-ide*) (du grec τρεις, trois, φυλλον, feuille, et ειδος, forme), t. de bot., espèce de trèfle.

TRIPIER, subst. mas., **TRIPIÈRE**, subst. fém. (*tripié, piére*), celui, celle qui vend des *tripes*, des fressures, des pieds et des têtes de mouton. —Subst. et adj. mas., t. de vieille fauconn. : *un tripier; un oiseau de proie tripier*, qui ne peut être dressé.

TRIPIÈRE, subst. fém., la femme d'un *tripier*. Voy. TRIPIER. — Par mépris : *grosse tripière*, femme qui a le sein et le ventre d'une grosseur démesurée.

TRIPILE, adj. des deux genres (*tripile*), t. d'hist. nat., garni de trois appendices en poils.

TRIPINNE, subst. mas. (*tripine*), t. de bot., arbre de la Cochinchine.

TRIPLARIS, subst. mas. (*tripldrice*), t. de bot., grand arbre de la famille des polygonées, qui croît dans les marais de la Guyane.

TRIPLASIS, subst. mas. (*triplâzice*), t. de bot., genre de plantes graminées d'Amérique.

TRIPLAX, subst. mas. (*triplakce*), t. d'hist. nat., genre d'insectes coléoptères.

TRIPLE, adj. des deux genres, (*triple*) (du lat. *triplex*, fait du grec τριπλαξ, qui signifie proprement *plié en trois*), qui contient trois fois le simple. — Fig. et fam. : *menton à triple étage*, qui descend fort bas et fait plusieurs *plis*. — *Il est menteur, fripon, fanfaron à triple étage*, à l'excès. — *Triple silicium de fer*, t. d'hist. nat., sorte de minéral qu'on tire de Suède; *triple sulfure*, nom spécial du plomb *sulfuré* antimonifère et cuprifère. — *Le triple*, subst. mas. : *il a payé le triple de ce qu'il devait*, trois fois autant qu'il devait.

TRIPLÉ, E, part. pass. de *tripler*, et adj. — En math., *raison triplée*, le rapport qui est entre des cubes.

TRIPLE-CROCHE, subst. fém. (*triplekroche*), t. de mus., note armée d'un *triple crochet* au bout de sa queue, et dont la valeur est la moitié de celle de la double *croche*.

TRIPLE-FEUILLE, subst. fém. (*triplefeu-ie*), t. de bot., variété de l'ophyse, dont les *feuilles* sont ovales.

TRIPLEMENT, subst. mas. (*tripleman*), en t. de finance, augmentation jusqu'au *triple*.

TRIPLEMENT, adv. (*tripleman*), d'une manière *triple*; en trois façons.

TRIPLER, v. act. (*triplé*), rendre *triple : tripler un nombre, une somme.*—V. neut., devenir *triple : la somme a triplé depuis ce temps-là.*—*se* TRIPLER, v. pron.

TRIPLICATA, subst. mas. (*triplikâta*), troisième expédition; troisième copie d'un acte, d'un reçu, etc. — Au plur., des *triplicata*.

TRIPLICATION, subst. fém. (*triplikâcion*), action de *tripler*.

TRIPLICITÉ, subst. fém. (*triplicité*), qualité de ce qui est *triple*. Il ne se dit guère que dans trois occasions, en parlant des actes de notaire : *ils ont fait cet acte triple; à quoi bon cette triplicité !* —En parlant des pièces de théâtre : *dans cette pièce il y a triplicité d'action.* — En parlant des mystères de la Trinité : *il y a triplicité de personnes, mais il n'y a pas triplicité de substance;* il y a trois personnes, etc.

TRIPLINERVÉ, E, adj. (*triplinèrevé*), t. de bot., se dit des feuilles qui ont *trois nervures* réunies au-dessous de la base de la feuille.

TRIPLIQUE, subst. fém. (*triplike*), t. de prat., réponse à des *dupliques*. On ne se sert plus de ce mot.

TRIPLIQUÉ, part. pass. de *tripliquer*.

TRIPLIQUER, v. neut. (*triplikié*), répondre à des *dupliques*. Presque hors d'usage.

TRIPLITE, subst. mas. (*triplite*), t. de chim., le manganèse phosphaté.

TRIPLOÏDE, subst. mas. (*triplo-ide*), t. de médec., sorte d'élévatoire.

TRIPODIPHORIQUE, subst. fém. (*tripodiforike*), hymne que les vierges chantaient en l'honneur d'Apollon.

TRIPOLI, subst. propre mas. (*tripoli*), ville de Syrie.

TRIPOLI, subst. mas. (*tripoli*), sorte de terre durcie, légère, et d'une couleur qui, le plus souvent, tire un peu sur le rouge. On s'en sert pour polir des chenets, des chandeliers, de la vaisselle, etc. Cette substance est ainsi nommée de la ville de *Tripoli* en Syrie, d'où on la tirait autrefois.

TRIPOLI, E, part. pass. de *tripolir*, et adj., nettoyé avec du *tripoli*.

TRIPOLIR, v. act. (*tripolir*), nettoyer avec du *tripoli*.—*se* TRIPOLIR, v. pron. (*Trévoux.*) Presque inusité.

TRIPOLISSÉ, E, part. pass. de *tripolisser*.

TRIPOLISSER, v. act. (*tripolicé*), aiguiser, polir avec une pierre. — *se* TRIPOLISSER, v. pron.

TRIPOLITAIN, subst. et adj. mas., au fém. **TRIPOLITAINE** (*tripolitein, tène*), qui est né à *Tripoli : les Tripolitains.*—Adj., qui a rapport à *Tripoli : puissance tripolitaine.*

TRIPONTÉE, subst. fém. (*triponté*), myth., ancienne fête qu'on célébrait chez les Grecs.

TRIPOT, subst. mas. (*tripô*) (du latin *tripudium*, sorte de danse, de bonds de joie, etc., parce que c'était ordinairement dans des *tripots* que les danseurs de corde, sauteurs, baladins, etc., faisaient leurs exercices), anciennement, jeu de paume; lieu destiné pour jouer à la paume.— Aujourd'hui, maison de jeu. — Mauvais lieux, mauvaise compagnie : *il ne vit que dans les tripots.*—On nomme aussi *tripot*, une vaste cuve qui contient 5568 muids de sels, mesure de Paris.

TRIPOTAGE, subst. mas. (*tripotaje*), mélange qui produit quelque chose de malpropre et qui dégoûte. — Fig. et fam., assemblage de choses qui ne s'accordent point ensemble. — Brouillerie occasionnée par les rapports indiscrets. — Intrigues, manigances.

TRIPOTÉ, E, part. pass. de *tripoter*.

TRIPOTER, v. act. et neut. (*tripoté*), brouiller, mêler différentes choses ensemble et en faire quelque chose de mauvais : *ces femmes ne font que tripoter.*—Toucher, manier. — Fig. et fam.: *tripoter une affaire*, la gâter, l'embrouiller, etc. — SE TRIPOTER, v. pron.

TRIPOTIER, subst. mas., au fém. **TRIPOTIÈRE** (*tripotié, tière*), maître d'un *tripot*. — Celui, celle qui *tripotte*, qui aime à manier, à toucher.

TRIPS, subst. mas. (*tripece*), t. d'hist. nat., petit insecte qui vit dans les fleurs et sous l'écorce des vieux arbres.

TRIPSAQUE, subst. mas. (*tripeçake*), t. de bot., genre de plantes de la famille des graminées, que l'on trouve dans les lieux humides de l'Amérique septentrionale, et sur le bord des rivières.

TRIPTÈRE, adj. des deux genres (*tripetère*) (du grec τρεις, trois, et πτερον, aile), t. de bot., qui a trois ailes.

TRIPTÉRELLE, subst. fém. (*tripeterèle*), t. de bot., sorte de plante annuelle d'Amérique.

TRIPTÉRONOTE, subst. mas. (*tripeteronote*), t. d'hist. nat., genre de poissons abdominaux.

TRIPTÉRYGIEN, adj. mas. (*tripeterijiein*) (du grec τρεις, trois, et πτερυξ, nageoire), t. d'hist. nat., poisson à trois nageoires.

TRIPTILION, subst. mas. (*tripetilion*), t. de bot., sorte de plante du Pérou, de la famille des labiatiflores.

TRIPTOLÈME, subst. propre mas. (*tripetolème*), myth., fils de Céléus, roi d'Éleusis, et de Métanire ou Méganire. Cérès, en reconnaissance des bons offices de Céléus, donna de son lait à *Triptolème*, qu'elle voulut rendre immortel en le faisant passer par les flammes; mais Métanire, effrayée de voir son fils dans le feu, l'en retira avec précipitation, ce qui empêcha l'effet de la bonne volonté de Cérès. Elle lui apprit l'art de cultiver la terre. Voy. CÉRÈS.

TRIPUDIANT, E, adj. (*tripudi-an*), t. d'antiq., danseur. Voy. TRÉPUDIER.

TRIPUDIÉ, part. pass. de *tripudier*.

TRIPUDIER, v. neut. (*tripudi-é*), danser en s'agitant pesamment et brusquement. Quelques lexicographes disent aussi *trépudier*.

TRIPUDIUM, subst. mas. (*tripudi-ome*), myth., t. d'antiq., c'était proprement, en latin, la manière dont mangeaient les poulets sacrés, et de laquelle on tirait des augures.

TRIQUE, subst. fém. (*trike*), gros bâton; *tricot;* parement de fagot. Il est pop.

TRIQUE-BALE (orthographe de l'*Académie;* ce serait au moins **TRIQUE-BALLE**), subst. fém. (*trikebale*), t. d'art., machine propre à transporter des pièces de canon.

TRIQUE-MADAME, subst. fém. (*trikemadame*), t. de bot., sorte de joubarbe. Voy. TRIPE-MADAME, qui se dit plus souvent.

TRIQUÉ, E, part. pass. de *triquer*.

TRIQUENIQUE, subst. fém. (*trikenike*), bagatelle; peu de chose. Pop. et fort peu usité.

TRIQUER, v. act. (*trikié*), tirer des *triques* ou des morceaux de bois. — SE TRIQUER, v. pron.

TRIQUESTRE, adj. des deux genres (*trikiècetre*), fausse orth. Voy. TRIQUÈTRE, adj.

TRIQUET, subs. mas. (*trikié*), petit battoir étroit, avec lequel on joue à la paume. — En t. de charpentier et de couvreur, échafaud ou chevalet qui s'attache avec des cordes contre un mur.

TRIQUÈTRE, subst. fém. (*trikiètre*), réunion de trois cuisses avec leurs jambes et leurs pieds, que l'on trouve souvent sur les médailles antiques. La *triquètre* était le symbole particulier de la Sicile, à cause de sa ressemblance avec les trois promontoires de cette île.

TRIQUÈTRE, mieux **TRIQUÈDRE**, adj. des deux genres (*trikiètre*) (du latin *triquetrus*, triangulaire, dérivé du grec τριχη, triplement, et εδρα, siége, face), se dit, en bot., des feuilles et des tiges qui ont dans leur longueur trois faces planes.

TRIQUOISES, subst. fém. plur. Voy. TRICOISE.

TRIRAPHIS, subst. mas. (*trirafice*), t. de bot., genre de plantes de la Nouvelle-Hollande.

TRIRÈGNE, subst. mas. (*trirègnie*), nom donné quelquefois à la tiare du pape. (*Académie.*)

TRIRÈME, subst. fém. (*trirème*) (du lat. *triremis*, formé de *tres*, trois, et *remus*, rame), t. d'antiq., galère à trois rangs de rames.

TRIROTE, subst. fém. (*trirote*), sorte de chaise mécanique à l'usage des infirmes, qui la font mouvoir eux-mêmes.

TRISAGION, subst. mas. (*trizaji-on*) (du grec τρισαγιος, trois fois saint, formé de τρις, trois fois, et αγιος, saint), hymne d'église dans laquelle le mot *saint* est répété trois fois.

TRISAÏEUL, E, subst. (*triza-ieule*), le père, la mère du bisaïeul ou de la bisaïeule, le *troisième aïeul.*

TRISANNUEL, adj. mas., au fém. **TRISANNUELLE** (*trizanenu-èle*) (du grec τρεις, trois, et du latin *annus*, année, en grec ενος), t. de bot., qui dure trois ans.

TRISANNUELLE, adj. fém. Voy. TRISANNUEL.

TRISANTHE, subst. fém. (*trizante*), t. de bot., genre de plantes des Indes.

TRISARCHIE, subst. fém. (*trizarchi*) (du grec τρεις, trois, et αρχη, pouvoir), t. d'antiq., gouvernement de trois chefs. —Pays gouverné par trois chefs. Voy. TRIUMVIRAT.

TRISARCHIQUE, adj. des deux genres (*trizarchike*), t. d'antiq., qui appartient, qui est du ressort d'une *trisarchie.*

TRISARQUE, subst. mas. (*trizarke*), t. d'antiq., l'un des membres d'une *trisarchie.* Voyez TRIUMVIR.

TRISCALE, subst. fém. (*tricekale*), t. d'hist. nat., nom spécifique d'une couleuvre.

TRI-SCAPULO-HUMÉRO-OLÉCRANIEN, subst. et adj. mas. (*tricekapulô-umérô-olékrâniein*), t. d'anat., le muscle triceps brachial.

TRISECTEUR, subst. et adj. mas., au fém. **TRISECTRICE** (*tricèkteur, trice*), t. de géom., *le trisecteur de l'angle*, qui cherche la *trisection de l'angle.* — *Courbe trisectrice*, qui aide à la solution de ce problème. Ce mot manque dans l'*Académie.*

TRISECTION, subst. fém. (*tricèkcion*) (du grec τρεις, trois fois, et du latin *sectio*, section, division, fait de *secare*, couper), t. de géom., division d'un angle en trois parties égales.

TRISEL, subst. mas. (*tricèle*), t. de chim., *sel* composé d'un acide et de deux bases.

TRISÉTAIRE, subst. fém. (*trizétère*), t. de bot., genre de plantes propres aux pays chauds. L'espèce la plus connue de ce genre, la *trisétaire striée*, se trouve dans les parties méridionales de la France.

TRISME, subst. mas. (*triceme*) (du grec τρισμος, fait de τριζω, je grince), t. de médec., resserrement convulsif des mâchoires.

TRISMÉGISTE, subst. et adj. mas. (*tricemèjicete*) (du grec τρισμεγιστος, formé de τρις, trois fois, et de μεγιστος, superlatif de μεγας, grand), t. d'imprim., qui se dit d'un caractère qui est entre le gros et le petit canon.— Myth., surnom que les Grecs donnaient au Mercure Égyptien ou à Hermès.—Ce surnom fut aussi donné à un prêtre égyptien nommé Thot, qu'on a regardé comme l'inventeur de plusieurs arts, et notamment de l'alchimie.

TRISMUS, subst. mas. (*tricemuce*) (mot lat.) Voy. TRISME, qui est le mot francisé.

TRISOLYMPIONIQUE, adj. des deux genres (*trizoleinpi-onike*), t. d'antiq., qui a remporté trois fois le prix aux jeux olympiques. — Il est aussi subst. mas.

TRISOPTÈRE, subst. mas. (*trizopetère*), t. d'hist. nat., genre de poissons établi dans la famille des gades.

TRISPASTE, subst. mas. (*tricepacete*) (du grec τρεις, trois, et σπαω, je tire), t. de mécan., machine à trois poulies, pour enlever de grands fardeaux.

TRISPERME, adj. des deux genres (*tricepèreme*) (du grec τρεις, trois, et σπερμα, semence, graine), t. de bot., qui porte trois graines.

TRISPITANCIEN, subst. propre mas. (*tricepitancien*), nom d'un ancien peuple indien, qui n'avait, dit-on, que trois coudées de haut.

TRISPLANCHNIQUE, adj. des deux genres (*triceplanknike*), t. d'anat., se dit du nerf grand sympathique ou intercostal, ainsi nommé parce qu'il distribue des ramifications aux viscères des trois cavités principales du corps, la tête, la poitrine et l'abdomen.

TRISSE, subst. fém. (*trice*), t. de mar., cordage ou palan qui sert à remuer le canon. Voy. DROSSE.

TRISSECTEUR subst. et adj. mas.; au fém., **TRISSECTRICE**, mauv. orth. de *Boiste*, qui écrit du reste *trisection.* Il ne saurait tomber sous le sens qu'on pût écrire *trisection* par un *s*, et *trissecteur* par deux *s*. Voy. TRISECTEUR.

TRISSÉ, part. pass. de *trisser.*

TRISSER, v. neut. (*tricé*), crier faiblement, comme fait l'hirondelle.

TRISSOTIN, subst. mas. (*triçotin*) (du nom d'un personnage d'une comédie de Molière, *les Femmes savantes*), mauvais écrivain, poëte prévenu en faveur de ses œuvres.

TRISSYLLABE, subst. mas. et adj. des deux genres (*tricilabe*) (du grec τρεις, trois, et συλλαβη, syllabe), composé de trois syllabes. — Subst. : *c'est un trissyllabe.*

TRISSYLLABIQUE, adj. des deux genres (*tricilelabike*), qui est composé de *trois syllabes.*

TRISTAN, subst. mas. (*tricetan*), t. d'hist. nat., espèce de lépidoptère diurne.

TRISTANIE, subst. fém. (*tricetani*), t. d'hist. nat., plante ligneuse de la Nouvelle-Hollande.

TRISTE, adj. des deux genres (*tricete*) (du lat. *tristis*), affligé, abattu de chagrin, de déplaisir; *cet homme est triste; ce cheval est triste.* — On dit d'un homme triste et mélancolique: *il est triste comme un bonnet de nuit.*—En parlant des choses, affligeant, qui inspire de la mélancolie, du chagrin.—*Triste*, signifie chagrinant, ennuyeux, qui inspire de la mélancolie, du chagrin : *un triste souvenir; un triste accident; un triste spectacle; un chant triste; il mène une triste vie; une triste nouvelle; ces lieux sont tristes.* — Déplorable, pitoyable; mauvais dans son espèce, bien insuffisant : *il revient avec les tristes débris de sa fortune; un triste poëte; un triste orateur; un triste concert; un triste sujet*, soit en parlant d'un ouvrage, soit en parlant d'un homme sans talent.—*Une triste consolation; une triste ressource.* — *Faire un triste repas*, faire un repas dans lequel on ne se réjouit point. On s'en sert aussi pour dire : faire mauvaise chère. — Pénible, difficile à supporter. En ce sens il se dit ordinairement avec le verbe *être* unipersonnel, et régit *de* et l'infin. : *il est triste de se voir traité de la sorte*, etc.—Obscur, sombre : *cette maison, cette chambre, ce jardin est triste; le temps est triste.* — Fam. : *faire triste mine*, avoir la mine chagrine.— *Cet homme a le vin triste*, quand il a beaucoup bu, il est *triste* et comme stupide. — Subst. mas. : *vous m'apprenez là du triste*, quelque chose de *triste.*

TRISTEMENT, adv. (*triceteman*), d'une manière *triste.*

TRISTEMME, subst. fém. (*tricetème*) t. de bot., genre de plantes monogynes.

TRISTÈQUE, subst. mas. (*tricetèke*), t. de bot., espèce de plantes du genre des lycopodes.

TRISTERNAL, subst. et adj. mas. (*tricetèrenale*), t. d'anat., nom donné par Béclard à la troisième pièce du sternum.

TRISTES, subst. fém. plur. (*tricete*), nom d'un recueil de poésies d'*Ovide.*

TRISTESSE, subst. fém. (*tricetèce*) (du latin *tristitia*), affliction, déplaisir, chagrin. Voy. CHAGRIN. — Mélancolie de tempérament; humeur sombre : *avoir un fond de tristesse.*— Privation de joie, de plaisir : *le carnaval a été d'une tristesse*, etc.

TRISTICHE, subst. fém. (*triceliche*), t. de bot., plante de Madagascar, qui flotte sur les eaux dormantes.

TRISTIMANE, subst. et adj. des deux genres (*tricetimane*) (du latin *tristis*, triste, et *mania*, manie), enclin à la *tristesse.* Inusité.

TRISTIMANIE, subst. fém. (*tricetimani*), monomanie de la *tristesse.* Inusité.

TRISTOME, subst. mas. (*tricetome*), t. d'hist. nat., sous-genre de poissons établi aux dépens des fascioles.

TRISULCE, adj. des deux genres (*trizulece*), qui a trois divisions.

TRISULE, ou **SEL-TRIPLE**, subst. mas. (*tri-xule, cèletriple*), t. de chim., *sel* produit par deux *sels* neutres.

TRITAÏS, subst. mas. plur. (*trita-ice*), sacrifices chez les anciens.

TRITÉOPYRE, subst. fém. (*trité-opire*) t. de médec., fièvre dont les accès deviennent plus forts tous les trois jours.

TRITERNÉ, E, adj. (*tritèrené*), t. de bot.; se dit d'une feuille dont le pétiole commun se divise et se subdivise trois fois en trois.

TRITHALE, ou **THRITALE**, subst. fém. (*tritale*), t. de bot., sorte de plante du genre des joubarbes.

TRITHÉISME, subst. mas. (*trité-iceme*), doctrine qui admet *trois dieux*.

TRITHÉISTE, subst. mas. (*trité-icete*), celui qui professe le *trithéisme*.

TRITICITE, subst. fém. (*triticite*) (du lat. *triticum*, froment), épi de blé fossile; épi pétrifié; pierre imitant un épi de blé. — Le cuivre sulfuré spiciforme de Frankemberg.

TRITIE, subst. propre fém. (*triti*), myth.; fille de Triton, prêtresse de Minerve, aimée de Mars: elle eut de lui Ménalippe, qui bâtit dans l'Achaïe une ville à laquelle il donna le nom de sa mère.

TRITOGÉNIE, subst. propre et adj. fém. (*tritojéni*), myth., surnom de Minerve, pris de la manière dont les poëtes ont feint qu'elle était née.

TRITOME, subst. mas. (*tritome*), t. d'hist. nat., genre d'insectes tétramères. — T. de chir., espèce d'entonnoir ou de cornet acoustique dont un certain Albucasis faisait usage dans les maladies de l'oreille.

TRITON, subst. mas. (*triton*) (du grec τρεῖς, trois, et τονος, ton), en t. de musique, accord dissonnant composé de trois tons entiers. (*Académie*).—Machine inventée en 1811, au moyen de laquelle un homme peut plonger dans l'eau et y rester aussi long-temps qu'il le voudra. Elle consiste dans une sorte de poumons artificiels, lesquels, à l'aide de deux soufflets, font le travail que les deux poumons du plongeur auraient dû faire pour obtenir de l'air en abondance. Le plongeur a les bras libres, peut porter avec lui une lanterne et entrer même dans les chambres des bâtiments submergés. — T. d'hist. nat., nom d'un oiseau d'Amérique. — Espèce de mollusque. — Subst. prop. mas., myth., demi-dieu marin, fils de Neptune et d'Amphitrite. Il servait de trompette à Neptune, qu'il précédait ou accompagnait, en soufflant dans une conque ou coquille recourbée. Il avait la partie supérieure du corps semblable à l'homme, et le reste semblable à un poisson. La plupart des dieux marins sont aussi appelés *Tritons*, et représentés également avec des conques.

TRITONIA ou **TRITONIS**, subst. propre fém. (*tritoni-a, nice*), myth.; Minerve fut ainsi surnommée parce qu'elle avait été élevée sur le bord d'un marais nommé *Triton*, dans la Béotie.— C'était aussi un surnom d'Athènes, parce que cette ville était sous la protection de Minerve.

TRITONIE, subst. fém. (*tritoni*), t. d'hist. nat., genre de vers marins. — T. de bot., genre de plantes.

TRITONIDE, subst. propre mas. (*tritonide*), myth., lac de Libye, sur les bords duquel on célébrait une fête en l'honneur de Minerve.

TRITONIÉE, subst. fém. (*tritoni-é*), t. de bot., genre de plantes voisin des glaïeuls.

TRITOPATORIES, subst. fém. plur. (*tritopatori*), t. d'antiq., solennités dans lesquelles on priait les dieux pour la santé et la conservation des enfants.

TRITOXYDE, subst. mas. (*tritokcide*), t. de chim., composé d'un combustible et d'oxygène dans la troisième des proportions suivant lesquelles ce dernier corps peut se combiner avec l'autre.

TRI-TRI, subst. mas. (*tritri*), frai de poissons fluviatiles.

TRITRILLE, subst. fém. (*tritri-ie*), sorte de jeu de cartes qui se joue à trois personnes.

TRITURABLE, adj. des deux genres (*triturable*), t. de chim., qui peut être pilé, broyé; *trituré*.

TRITURATION, subst. fém. (*triturâcion*) (du lat. *triturare*, broyer), action de l'estomac qui broie les aliments pour en faciliter la digestion. — En t. de chim., toute action de broyer.

TRITURÉ, E, part. pass. de *triturer*.

TRITURER, v. act. (*trituré*) (en lat. *triturare*), broyer, réduire en poudre et en petites parties, en pilant dans un mortier, ou en mâchant avec les dents. — *se* **TRITURER**, v. pron.

TRIUMVIR, subst. mas. (*tri-omevir*) (du latin *triumvir*, formé de *tres*, trois, et de *vir*, homme), t. d'antiq., chez les Romains, magistrat chargé, avec deux collègues, de quelque administration publique. — Dans une acception plus étroite et plus usitée, *César, Pompée* et *Crassus; Octave, Antoine* et *Lépide*. — Au plur., des *triumvirs*.

TRIUMVIRAL, E, adj. (*tri-omevirale*), qui concerne les *triumvirs*.—Au plur. mas., *triumviraux*.

TRIUMVIRAT, subst. mas. (*tri-omevira*), gouvernement de *triumvirs*.—Ces trois personnages mêmes.

TRIUMVIRAUX, adj. mas. plur. Voy. **TRIUMVIRAL**.

TRIURE, subst. mas. (*tri-ure*), t. d'hist. nat., genre de poissons apodes.

TRIV., abréviation du mot *trivial*.

TRIVALVE, adj. des deux genres (*trivaleve*), t. de bot., composé de trois *valves*. On dit aussi *trivalvé, e*.

TRIVALVÉ, E, adj. (*trivalevé*). Voy. **TRIVALVE**.

TRIVELIN, subst. mas. (*trivelein*), nom d'un personnage de l'ancienne comédie italienne, qui remplissait les rôles de bouffon.

TRIVELINADE, subst. fém. (*trivelinade*), farce, geste de baladin, à la manière d'un nommé *Trivelin*.

TRIVENTRE, subst. mas. (*trivantre*), t. d'hist. nat., nom d'un insecte à *trois ventres*.

TRIVIAIRE, adj. des deux genres (*trivi-ère*) (du lat. *trivium*, carrefour, formé de *tres*, trois, et de *via*, chemin ou rue); il se dit d'une place où trois rues, trois chemins aboutissent; *carrefour triviaire*. L'*Académie* ne donne pas le genre de cet adj.

TRIVIAL, E, adj. (*trivi-ale*) (du latin *trivialis*, fait de *trivium*, carrefour, place publique, *qui court les rues*), commun, usé, rebattu, en parlant des pensées et des expressions. — **TRIVIAL, VULGAIRE, COMMUN**. (*Syn.*) *Trivial* dit quelque chose de plus que *vulgaire*, qui à son tour renchérit sur *commun*, et celui-ci sur *ordinaire*. Il paraît aussi que *ordinaire* est d'un usage plus marqué pour la répétition des actions; *commun* pour la multitude des objets; *vulgaire* pour la connaissance des faits, et *trivial* pour la tournure du discours. — Subst. mas., *le trivial*, ce qui est *trivial*.—Au plur. mas., *triviaux*.

TRIVIALEMENT, adv. (*trivi-aleman*), d'une manière *triviale*.

TRIVIALITÉ, subst. fém. (*trivi-alité*), caractère de ce qui est *trivial*. — Au plur., choses *triviales*.

TRIVIAUX, adj. mas. plur. Voy. **TRIVIAL**.

TRIVIER-DE-COURTOUX (**SAINT-**), subst. propre mas. (*ceintriviédekourtou*), ville de France, chef-lieu de canton, arrond. de Bourg-en-Bresse, dép. de l'Ain.

TRIVIER-SUR-MOIGNANS (**SAINT-**), subst. propre mas. (*ceintriviéçurmoégnian*), ville de France, chef-lieu de canton, arrond. de Trévoux, dép. de l'Ain.

TRIXIDE, subst. fém. (*trikcide*), t. de bot., sorte de plante de l'Amérique septentrionale.

TRIXIS, subst. mas. (*trikcice*), t. de bot., genre de plantes voisin des baillères.

TRO, subst. mas. (*trô*), espèce de violon du royaume de Siam.

TROARN, subst. propre mas. (*tro-arne*), ville de France, chef-lieu de canton, arrond. de Caen, dép. du Calvados.

TROC, subst. mas. (*trôke*), échange de meubles, de bijoux, de chevaux, etc. Voy. **ÉCHANGE**; et pour l'étymologie, voy. **TROQUER**.—*Troc pour troc*, échange d'une chose contre une autre sans aucun retour.

TROCART, subst. mas. (*trokare*), instrument dont les chirurgiens se servent pour faire des ponctions. On l'appelle aussi et mieux *trois-quarts*, à cause de sa forme triangulaire.

TROCHAÏQUE, subst. mas. et adj. des deux genres (*troka-ike*); il se dit des vers latins qui ont des *trochées* aux pieds pairs: *un trochaïque; un vers trochaïque*.

TROCHANTER, subst. mas. (*trokantère*) (du grec τροχάω, je tourne; *qui fait tourner la cuisse en rond*), t. d'anat.; il se dit de deux apophyses du fémur, où s'attachent les muscles qui font tourner les cuisses. Il y a le *petit* et le *grand trochanter*.

TROCHANTÉRIEN, adj. mas., au fém. **TROCHANTÉRIENNE** (*trokantériein, riène*), t. d'anat., qui a rapport au *trochanter*.

TROCHANTÉRIENNE, adj. fém. Voy. **TROCHANTÉRIEN**.

TROCHANTIN, subst. mas. (*trokantein*), t. d'anat., petit *trochanter*.

TROCHANTINIEN, adj. mas., au fém. **TROCHANTINIENNE** (*trokantiniein, niène*), t. d'anat., qui a rapport au *trochantin*.

TROCHANTINIENNE, adj. fém. Voy. **TROCHANTINIEN**.

TROCHE, subst. fém. (*troche*), t. d'hist. nat., espèce de coquillage en sabot. — Subst. fém. plur., t. de chass., fumées à demi formées, fumées d'hiver.

TROCHÉE, subst. mas. (l'*Académie* veut qu'on dise *trokié*, presque tout le monde prononce *troché*) (du grec τροχαῖος), dans la poésie grecque et latine, pied de deux syllabes, l'une longue, l'autre brève. L'*Académie* donne encore à ce mot une autre acception que nous croyons fort équivoque, parce qu'elle pourrait bien avoir rapport à *trochet*, que l'*Académie* elle-même donne aussi plus bas; et c'est d'après cette supposition que nous renvoyons à **TROCHET**.

TROCHÈRE, subst. fém. (*trochère*), t. de bot., nom d'un genre de plantes.

TROCHEREAU, subst. mas. (*trocherô*), t. de bot., le pin des marais.

TROCHES, subst. fém. plur. Voy. **TROCHE**.

TROCHET, subst. mas. (*troché*) (suivant *Le Duchat*, du lat. *truncatus*, sous-entendu *ramus*, branche coupée, etc.), t. d'hist. nat., plusieurs fleurs ou plusieurs fruits en forme de bouquet sur un arbre, ou plutôt sur une branche enlevée de l'arbre.—T. de tonnelier, espèce de gros billot, semblable au moyeu d'une roue, et porté sur trois pieds. Il sert pour doler les douves ou les dégrossir.

TROCHÉTIE, subst. fém. (*trochéci*), t. d'hist. nat., animal qui ressemble beaucoup à une sangsue, mais qui vit hors de l'eau.

TROCHIER, subst. mas. (*trochié*), t. d'hist. nat., animal du genre des *troches*.

TROCHILE, subst. mas. (*trochile*) (du grec τροχίλος), ornement d'architecture, rond, creux. Voy. **SCOTIE**.

TROCHILITHE, subst. fém. (*trochilite*), t. d'hist. nat., coquille pétrifiée du genre des *troches*.

TROCHIN, subst. mas. (*trochein*), t. d'anat., l'une des deux tubérosités supérieures de l'humérus.

TROCHINIEN, adj. mas., au fém. **TROCHINIENNE** (*trochiniein, niène*), t. d'anat., qui appartient au *trochin*.

TROCHINIENNE, adj. fém. Voy. **TROCHINIEN**.

TROCHISQUE et non pas **TROCHIQUE**, subst. mas. (*trochiceke*) (du grec τροχίσκος, fait de τροχός, roue, petite roue), composition sèche de médicaments pulvérisés qu'on distribue en petits pains, et qu'on nomme aussi *pastilles*. — En peint., petit tas de couleur broyée qu'on fait sécher sur un papier blanc. — On appelle *trochisque alhandal*, *trochisque* composé de coloquinte et de gomme adragante; *trochisque d'agaric*, celui qui est composé d'agaric blanc, de gingembre et d'écorce de cannelle simple; *trochisque de Damocrate*, celui qui est composé de santal citrin, cascarille, sucre candi, etc.; *trochisque d'Hédycroon*, celui qui est composé de marjolaine, de marum, de racines, bois d'aloès, etc.; *trochisque de minium*, celui qui est fait avec l'oxygène rouge de plomb, le deuto-chlorure de mercure, la mie de pain, et l'eau de roses; *trochisque de myrrhe*, celui qui est composé de myrrhe, feuille de rue, de menthe aquatique et de pouliot, racine de valériane, assa-fœtida, safran, camphre, etc.; *trochisque de plomb blanc*, celui qui est composé de sous-carbonate de plomb, de sarcocolle, d'amydon, de gomme arabique, de camphre et d'eau de roses.—*Trochisque de scille*, celui qui est préparé avec la pulpe de scille cuite, et la poudre de racine de dictame, ou la farine d'orobe; *trochisque de succin*, celui qui est composé d'ambre jaune, corne de cerf brûlée à blanc, gomme arabique, balaustes, mastic, corail rouge, etc. — *Trochisque de vipères*, celui qui est préparé avec la poudre de vipères, et le mucilage de gomme dite *adragante; trochisque escharrotique*, celui qui est préparé avec le deuto-chlorure de mercure, l'amydon et le mucilage de gomme adragante; *trochisque hystérique*, celui qui est composé d'assa-fœtida, de galbanum, de myrrhe, de suc de rue, de racines d'asaret et d'aristoloche ronde, de dictame, de matricaire, etc.; *trochisque mercuriel*, celui qui est composé de sulfure de mercure rouge, de succin et de mucilage de gomme dite *adragante*; *trochisque musqué*, celui qui est composé de storax calamite, de benjoin, de bois d'aloès, sucre, musc, ambre gris, et mucilage de gomme adragante à l'eau de roses.

TROCHITE, subst. mas. (*trochite*), t. d'hist. nat., fragment d'un corps marin semblable à une roue. Plusieurs regardent les *trochites* comme des pierres étoilées.

TROCHITER, subst. mas. (*trochitère*), t. d'anat., la plus grosse des deux tubérosités que présente l'extrémité supérieure de l'humérus.

TROCHITÉRIEN, adj. mas., au fém. **TROCHITÉRIENNE** (*trochitérien, riène*), t. d'anat., qui a rapport au *trochiter*.

TROCHITÉRIENNE, adj. fém. Voy. TROCHITÉRIEN.

TROCHLÉATEUR, adj. mas. (*troklé-ateur*) (du latin *trochlea*, en grec τροχαλια, poulie), t. d'anat., qui se dit du muscle de l'œil. — Il est aussi subst. mas. : *le trochléateur*.

TROCHLÉE, subst. fém. (*troklé*), même étym. que celle du mot précéd.), t. d'anat., éminence articulaire interne de l'extrémité inférieure de l'humérus, qui forme une espèce de poulie sur laquelle le cubitus roule, dans les mouvements de l'avant-bras. — Os du jarret du cheval.

TROCHMÉNIEN, subst. propre mas. (*trokménien*), nom d'un ancien peuple de Galatie.

TROCHOCARPE, subst. mas. (*trokokarpe*), t. de bot., genre de plantes monospermes.

TROCHOÏDE, subst. fém. (*troko-ide*) (du grec τροχος, rond, et ειδος, forme), t. de géom., courbe dont les ordonnées sont égales aux arcs correspondants d'un cercle. On la nomme aussi : *compagne de la cycloïde*; *courbe des arcs*; *courbe des sinus*. — Subst. mas., t. d'hist. nat., famille de mollusques gastéropodes.

TROCHOLIQUE, subst. fém. (*trokolike*), t. de math., traité des propriétés des mouvements circulaires.

TROCHURE, subst. fém. (*trochure*), t. de vén., nom qu'on donne au bois de cerf, lorsqu'il se divise en trois ou quatre cors au sommet de la tête, comme un *trochet* de fleurs.

TROCHUS, subst. mas. (*trokuce*), t. d'hist. nat., le *troche*. Voy. ce mot.

TROÈNE, subst. mas. (*tro-ène*), t. de bot., sorte d'arbrisseau à fleur monopétale, qui conserve sa verdure dans les hivers doux.

TROGLODYTE, subst. mas. (*troguelodite*) (du grec τρωγλοδυται, formé de τρωγλη, trou, caverne, et de δυνω, ou δυω, j'entre), nom donné à ceux qui habitent sous terre, comme les mineurs de Suède, de Pologne. — T. d'hist. nat., oiseau passereau. — Genre de singes.

TROGNE, subst. fém. (*trognie*) (du bas-breton *tron*, visage), visage plein, qui a quelque chose de facétieux : *il a une bonne grosse trogne*, *une plaisante*, *une vilaine trogne*. Style plaisant et moqueur. — *Rouge trogne* ou *trogne enluminée*, visage d'ivrogne.

TROGNON, subst. mas. (*trognion*) (corruption de *tronçon*, morceau), le cœur ou le milieu d'un fruit, principalement des choux, des poires et des pommes dont on a ôté tout ce qui était bon à manger. — *Un trognon de chou*, la tige du chou dont on a ôté les feuilles. — Pop. : *un petit trognon*, un joli enfant.

TROGONTHÉRIUM, subst. mas. (*troguontéri-ome*), t. d'hist. nat., qui s'est dit des débris d'un quadrupède fossile, qu'on a trouvés non loin de la mer d'Azof, et que l'on a rapportés au genre castor.

TROGOSSITAIRE, subst. mas. (*troguocecitère*), t. d'hist. nat., tribu d'insectes de l'ordre des coléoptères, famille des xylophages, distingués des autres espèces de ce genre par des antennes qui ont onze articles.

TROGOSSITE, subst. mas. (*troguocecite*) (du grec τρωγω, je ronge, et σιτος, blé), t. d'hist. nat., genre d'insectes coléoptères qui rongent le blé.

TROGUE, subst. fém. (*trogue*), t. de manuf., chaîne préparée par les ourdisseurs pour la fabrique des draps mélangés. Chaque *trogue* contient en longueur de quoi tisser deux pièces de drap.

TROGUS, subst. mas. (*troguce*), t. d'hist. nat., genre d'arachnéides trachéens.

TROIE, subst. propre fém. (*troa*), myth., ville fameuse dans la Phrygie. Pâris, fils de Priam, roi de cette contrée, ayant enlevé Hélène, femme de Ménélas, fut cause de sa ruine. *Troie* essuya un siége de dix ans de la part des Grecs, et fut prise au moyen d'un cheval de bois que Pallas leur avait conseillé de fabriquer, et dans lequel on enferma des soldats. Les assiégeants ayant fait semblant de se retirer, les Troyens mirent des roues sous les pieds de cette machine, qu'ils traînèrent dans la ville après avoir fait une grande brèche à la muraille. Pendant la nuit, les soldats en sortirent, donnèrent un signal, mirent le feu dans tous les quartiers, avertirent le reste de l'armée, et la ville fut brûlée et saccagée.

TROÏLE, subst. propre mas. (*tro-ile*), myth., fils de Priam et d'Hécube. Le destin avait prononcé que Troie ne serait jamais prise tant qu'il vivrait. Il fut assez téméraire pour attaquer Achille, qui le tua; et peu après la ville fut prise.

TROIS, adj. numéral des deux genres (*troa*; et devant une voyelle *troaze*) (du lat. *tres*, en grec τρεις), deux et un : *trois cents*, *trois* fois cent; *trois fois*, par *trois* reprises. — Il s'emploie pour *troisième* : *Henri trois*, etc. — Subst. mas., le chiffre *trois*. — *Troisième* jour : *le trois d'avril*. — *Un trois*, une carte marquée de *trois* points. — La face d'un dé où il y a *trois* points. — En arithm., on appelle *règle de trois*, celle d'après laquelle *trois* termes étant connus, on parvient à trouver un quatrième terme qui est inconnu. — *Mesure à trois huit*, en musique, mesure à *trois* temps d'une croche chacun : ce sont les *trois huitièmes* d'une ronde, *mesure à trois quatre*, mesure composée de *trois* noires, dont quatre valent une ronde; *mesure à trois seize*, mesure composée de *trois* doubles croches, valant chacune la *seizième* partie d'une ronde. — T. de médec., poinçon d'acier pour faire des pointures.

TROIS-ÉPINES, subst. mas. (*troazépine*), t. d'hist. nat., espèce de poisson.

TROISIÈME, adj. des deux genres (*troazième*), nom de nombre ordinal. — Qui est après le deuxième. — Il est aussi subst. des deux genres : *j'étais le troisième*; *la troisième*. — On dit : *il vint lui troisième*, pour dire qu'il vint accompagné de deux autres personnes. — Subst. fém. : *la troisième*, dans les colléges, la *troisième* classe. — Subst. mas. : *un troisième*, écolier qui étudie dans cette classe.

TROISIÈMEMENT, adv. (*troazièmeman*), en *troisième* lieu.

TROIS-MÂTS, subst. mas. (*troamâ*), t. de mar., navire de commerce à *trois mâts*.

TROIS-MOUTIERS (LES), subst. propre mas. (*lètroamoutié*), village de France, chef-lieu de canton, arrond. de Loudun, dép. de la Vienne.

TROIS-QUARTE, subst. fém. (*troakarte*), t. de serr., grosse lime triangulaire à trois pans, ou carrée.

TROIS-QUARTS, subst. mas. (*troakar*), sorte de grosse lime triangulaire. — En chir., poinçon d'acier pour faire des ponctions. Voy. TROCART, double orthographe de l'*Académie*.

TRÔLÉ, E, part. pass. de *trôler*.

TRÔLER, v. act. (*trôlé*) (de l'anglais *to troll*, qui a la même signification), mener avec soi : *il trôle partout sa femme*, *son fils*, *toute sa famille*. — V. neut., aller, courir : *il ne fait que trôler tout le long du jour*. Ce verbe, soit neutre, soit actif, n'est que du style comique ou critique et moqueur.

TROLLE, subst. fém. (*trole*), t. de vén. : *aller à la trolle*, découpler des chiens courants dans un grand pays de bois pour quêter et lancer la bête qu'on veut courir. — T. de bot., sorte de plante. — Espèce de clisse faite avec des branches d'arbres.

TROLLÉ, E, part. pass. de *troller*.

TROLLER, v. act. (*trolé*), t. d'agric., faire une espèce de clisse avec des branches d'arbres, des pieux fichés en terre, et lacés comme un panier : *troller une clisse pour former une étable*.

TROLLON, subst. mas. (*trolon*), nom qu'on donne à certains esprits follets qui se louent, dans les pays norwégiens, en habits de femme ou d'homme, et s'emploient aux services les plus honnêtes de la maison.

TROMBE, subst. fém. (*tronbe*) (du grec στρομβος, tourbillon), t. de mar., tourbillon ou nuage creux qui descend sur la mer en forme de colonne, ou plutôt de cône renversé. Il y a aussi des *trombes* terrestres. — Ventilateur en usage sur les vaisseaux, que l'on appelle aussi *trompe*. — T. de mus., instrument de percussion consistant en une caisse de bois, de la forme d'un carré long, percée au milieu d'un large trou circulaire, et sur l'un des longs côtés de laquelle est attachée une corde tendue, semblable à la plus grosse de celles de la contre-basse. On frappe sur cette corde avec des baguettes garnies de gros fil à leur extrémité. La *trombe* a le son d'une timbale couverte.

TROMBIDION, subst. mas. (*tronbidion*), t. d'hist. nat., insecte qui ressemble à l'araignée.

TROMBITE, subst. fém. (*tronbite*), t. d'hist. nat., famille d'ascarides à huit pattes.

TROMBLON, subst. mas. (*tronblon*), espèce d'espingole ou de mousqueton qu'on emploie sur les bâtiments de guerre.

TROMBONE, subst. mas. (*tronbone*) (de l'italien *trombone*, augmentatif de *tromba*, trompette), grande trompette composée de quatre branches. On forme les différents tons en allongeant plus ou moins les branches. — Celui qui joue de cet instrument.

TROMBONISTE, subst. mas. (*tronbonicete*), musicien qui joue du *trombone*.

TROMPE, subst. fém. (*tronpe*), instrument à vent, de cuivre, et qui sert à la chasse. — — *Trompette*; en ce sens il n'est usité que dans cette phrase : *publier une chose à son de trompe*, par autorité des magistrats, et fig., la raconter à beaucoup de gens afin qu'elle se divulgue. Voy. TROMPETTE pour l'étymologie. — Partie du museau de l'éléphant, qui s'allonge et se recourbe pour divers usages. — Cette petite partie avec laquelle les mouches et plusieurs autres insectes sucent ce qui est propre à leur nourriture. — En architecture, coupe de plusieurs pierres taillées et appareillées en forme de coquille pour porter un édifice en saillie. — Partie de voûte qui adhère au nu d'un mur, sur lequel elle fait saillie. — On appelle : *trompe dans l'angle*, une *trompe* qui est dans le coin d'un angle rentrant; *trompe de Montpellier*, une espèce de *trompe* dans l'angle qui est en tour ronde, et différente des autres *trompes*, en ce qu'elle a de montée deux fois la largeur de son cintre; *trompe en niche*, une *trompe* concave en manière de coquille, et qui n'est pas réglée par son profil; *trompe en tour ronde*, celle dont le plan pris sur une ligne droite rachette une tour ronde par le devant, et qui a la forme d'un éventail; *trompe ondée*, celle dont le plan est en onde par sa fermeture; *trompe réglée*, celle qui est droite par son profil; *trompe sur le coin*, celle qui porte l'encoignure d'un bâtiment, pour faire un pan coupé au rez-de-chaussée. — T. d'anat., nom donné à divers organes creux, en forme de *trompe*. — *Trompe d'Eustache*, conduit de l'oreille à la caisse du tambour. — Au plur., coquillage de forme spirale. — Subst. fém. plur., t. d'anat., deux conduits qui naissent des deux côtés de la matrice, et qui se dilatent ensuite peu à peu jusqu'à leur extrémité, de manière à ressembler en quelque sorte à une *trompe* ou *trompette*. — Sorte d'instrument que l'on appelle communément à Paris *guimbarde*. Il est composé seulement d'une lame de laiton ou d'acier, courbée en forme de luth, ayant au milieu une languette dont le bout est comme recourbé, qui fait ressort, et qu'on touche lestement avec le bout du doigt, tandis qu'on tient l'instrument entre les dents. Cette languette rend un frémissement ou bourdonnement sourd, par l'haleine que l'on pousse à mesure qu'on la met en vibration. — Machine destinée à alimenter d'air le feu du fourneau, au moyen de l'eau qui dirige dans cette machine un courant d'air très-rapide. La *trompe* fait l'action d'un soufflet. — Term. de pyrotechnie, assemblage de plusieurs pots à feu, placés les uns au-dessus des autres, et partant successivement, de manière que le premier, en jetant sa garniture, donne feu à la composition du porte-feu du second, et ainsi des autres. — Partie inférieure d'un coquillage nommé autrement *buccin*. — *Trompe d'éléphant*, myth.; c'est l'attribut d'Alexandrie et de l'Afrique.

TROMPÉ, E, part. pass. de *tromper* et adj., déçu, séduit.

TROMPE-L'ŒIL, subst. mas. (*tronpeleu-ie*), tableau qui représente divers objets recouverts d'un verre cassé, ou sur un fond, imitant une planche, un carton, une toile. — Au plur., des *trompe-l'œil*, des objets qui *trompent l'œil*.

TROMPER, v. act. (*tronpé*) (du bas-breton *trompa*, qui a la même signification), user d'artifice pour induire en erreur; décevoir, abuser. — Fig., faire ou dire quelque chose contre l'attente de quelqu'un : *il a trompé nos espérances; s'il m'accorde cette grace, il me trompera.* — Plus fig. encore, il se dit des choses comme sujet : *sa maladie a trompé tous les médecins.* — Poét. : *tromper son ennui, ses peines*, se distraire du sujet de son ennui, de ses peines.—*se* TROMPER, v. pron., être dans l'erreur, se méprendre.—*Se tromper de chemin*, prendre un chemin pour un autre. —*Si je ne me trompe*, je ne pense pas *me tromper*, sorte de correctif à une chose avancée dans la conversation.—TROMPER, DÉCEVOIR, ABUSER. (*Syn.*) On vous *trompe*, en vous donnant pour vrai ce qui est faux, pour bon ce qui est mauvais; et vous serez *trompé* tant que vous ne serez pas en garde contre les personnes, et que vous ne voudrez pas connaître les choses. On vous *déçoit*, en flattant vos goûts et en connivant à vos idées; et vous serez *déçu*, tant que vous croirez facilement ce qui vous plaît, et que légèrement vous vous attacherez à ce qui vous rit. On vous *abuse*, en captivant votre esprit et vous livrant à la séduction : vous serez *abusé*, tant que vous n'apprendrez pas à douter et à craindre, et que vous vous abandonnerez à vous-même, sans savoir vous défendre. —On *trompe* tout le monde, et même beaucoup plus habile que soi. On *déçoit* les gens qui s'en rapportent aux apparences, qui voient facilement en beau, qui aiment à se flatter, qui abondent dans leur sens. On *abuse* les personnes faibles, crédules, vives, qui ne soupçonnent pas qu'on veuille les tromper, qui ne peuvent pas croire qu'on les a trompées, qui se persuadent sans raison ce qu'on leur dit, qui se passionnent pour l'objet qu'on leur présente, les jeunes gens, le peuple, etc.—Par un faux jugement, vous êtes *trompé*; il faut, pour vous *détromper*, vous montrer votre erreur. Par un jugement qui forme en vous un préjugé agréable, une douce prévention, vous êtes *déçu*; et comme vous avez aidé vous-même par votre penchant à vous *décevoir*, vous craignez, vous évitez de vous défaire de vos idées. Par un jugement, par un sentiment inspiré dont vous êtes persuadé et possédé en quelque sorte, vous êtes *abusé*; et comment *désabuser* celui qui croit sans raison, et qui ne veut pas ou ne peut pas entendre raison? —On *trompe* celui qui s'en laisse imposer; on *déçoit* celui qui se laisse capter; on *abuse* celui qui se laisse captiver. Voy. SURPRENDRE.

TROMPERIE, subst. fém. (*tronperi*), fraude, artifice pour *tromper*.

TROMPÉTÉ, E, part. pass. de *trompéter*.

TROMPÉTER et non pas **TROMPETER**, v. act., (*tronpété*), publier, crier à son de *trompe*. Au propre, il ne se dit qu'en style de pratique. — Fig. et fam., divulguer ce qu'on devait tenir caché.—Neut., on dit, en parlant du cri de l'aigle, qu'*il trompette*.—*se* TROMPÉTER, v. pron.

TROMPÉTEUR, subst. mas. (*tronpéteur*), t. d'anat., muscle qui part des racines des dents molaires, et qu'on nomme aussi *buccinateur*.

TROMPÉTISTE, subst. mas. (*tronpéticete*), musicien qui joue de la *trompette*. On dit plus souvent et peut-être à tort : *un trompette*.

TROMPETTE, subst. fém. (*tronpète*) (du grec στρομβος, conque, coquille de mer recourbée : parce qu'on se servait autrefois de conques au lieu de trompettes), tuyau d'airain ou d'autre métal dont on sonne à la guerre, dans les réjouissances publiques, etc. : *sonner de la trompette*.—*A gens de village trompette de bois*, il ne faut aux ignorants, aux gens grossiers, que des choses proportionnées à leur état, à leur goût, à leur intelligence, etc. — Fig. et fam., homme qui a l'habitude de publier tout ce qu'il sait : *c'est la trompette du quartier*.—Sorte de jeu d'orgue qui imite le son de la *trompette*. — *Trompette sacrée*, poésie sacrée.—*Trompette héroïque*, poésie épique. — Fig. : *emboucher la trompette*, prendre le ton sublime. Plusieurs disent *entonner la trompette*.—Prov. et fig. : *déloger sans trompette*, secrètement, sans bruit. —Subst. mas., celui dont la fonction est de sonner de la *trompette*; *bon trompette*; *le trompette d'une telle compagnie, d'un tel régiment; on envoya un trompette sommer la place*.—On dit prov. et pop. d'un homme qui ne se soucie guère de tout ce qu'on lui peut dire, qu'*il est un bon cheval de trompette*, qu'il ne s'étonne pas du bruit.— On appelle : *trompette marine*, un instrument dont le corps est triangulaire, et qui a une seule corde de boyau sur un manche fort long. On touche cette corde avec le pouce, et on la fait vibrer avec un archet. Le tremblement que l'on ménage dans le chevalet lui fait imiter le son de la *trompette* ordinaire; *trompette de triton*, un instrument de la Nouvelle-Zélande, dont le son diffère très-peu, dit-on, de celui que rend la corne de bœuf des bergers, etc.—*Trompette écoutante*, instrument inventé par *Joseph Landini*, pour faire entendre une personne qui parle à une distance considérable sans le secours d'aucune *trompette* parlante. —*Trompette parlante*, espèce de grande *trompette*, faite ordinairement de fer-blanc, dont on se sert pour faire entendre la voix de très-loin : c'est une espèce de cornet acoustique : *les trompettes parlantes sont fort usitées sur mer, pour se faire entendre d'un vaisseau à un autre*, etc.; on les nomme communément : *porte-voix*; *trompette harmonieuse*. Voy. SAQUEBUTE et TROMBONE. — T. de jardinier, variété de courge. — —T. de bot. : *trompette blanche*, espèce d'agaric blanc, demi-transparent, couvert de soies noires, dont le chapeau se retire pour former une bouche de *trompette*. Il croît aux environs de Paris, sur la terre et sur les noyers morts. — *Trompette de Méduse*, nom que les jardiniers donnent au narcisse sauvage.—*Trompette du jugement*, la stramoine fastueuse, à cause de la forme de ses fleurs.— *Trompette marine*, nom qu'on a donné à une espèce de varec.—T. d'hist. nat., *trompette d'Aru*, coquille du genre des rochers.—Sorte de poisson du genre fistulaire. —Autre, du genre centrisque.—Le buccin, sorte de coquille.—Espèce d'oiseau.

TROMPEUR, subst. mas., au fém. **TROMPEUSE** (*tronpeur, peuze*), celui, celle qui *trompe*. — Il est aussi adj., surtout en parlant des choses : *visage trompeur*, *promesses trompeuses*.— On dit proverbialement : *à trompeur, trompeur et demi*, pour dire, qu'un *trompeur* mérite de trouver un *trompeur* plus fin que lui. — T. d'hist. nat., poisson du genre spare.

TROMPEUSE, subst. et adj. fém. Voy. TROMPEUR.

TROMPILLON, subst. mas. (*tronpi-ion*), t. d'archit., petite *trompe* de peu de plan et de portée. — Milieu d'une *trompe* qui est au sommet du cône dans les coniques, et au pôle de la sphère dans les sphériques. — Plus proprement, dans une *trompe*, pierre en forme d'une portion de cône ou de pyramide qui sert de naissance ou de coussinet aux voussoirs.—*Trompillon de voûte*, pierre ronde qui fait partie des voussoirs d'une niche.

TRONC, subst. mas. (*tron*; *tronke* devant les voyelles) (du latin *truncus*), le gros d'un arbre, la tige considérée sans les branches. Voy. TIGE. — Fig., souche d'une même famille : *ces deux maisons sortent du même tronc*. — Le principal, le milieu, l'être le plus puissant : *vaut mieux s'attacher au tronc qu'aux branches*.—En anat., la seconde partie du corps humain, qui comprend l'épine, le thorax et le bassin.—En archit., le fût d'une colonne ou le dé d'un piédestal. — Sorte de petit coffre qu'on met dans les églises, et dans lequel on jette les aumônes qu'on veut faire.— Fig. : *voler le tronc des pauvres*, faire des profits illégitimes, aux dépens des pauvres.

TRONCHE, subst. fém. (*tronche*) (du latin *truncus*), grosse pièce de bois de charpente de peu de longueur, qui n'est pas encore mise en œuvre.

TRONCHET, subst. mas. (*tronché*) (du latin *truncus*), gros billot de bois qui porte sur trois pieds. — T. d'orfèvr.; c'est proprement le billot sur lequel on monte les bigornes, les tas et les boules de toute espèce ; il est percé à cet effet de trous de diverses grandeurs.

TRONCHON, subst. mas. (*tronchon*); on donne quelquefois ce nom à l'espadon, sorte de poisson.

TRONÇON, subst. mas. (*tronçon*) (du latin *trunculus*, fait dans la même signification de *truncare*, couper, tronquer), morceau coupé ou rompu d'une plus grosse pièce : *tronçon de pique, de lance, d'épée*. — Morceau que l'on coupe de certains poissons : *tronçon d'anguille, de brochet, de saumon, d'alose*. — Le gros de la queue du cheval. — T. d'hydraul.; se dit d'un tuyau de grès séparé, qui a deux pieds de long, que l'on encastre avec un autre tuyau de la même longueur, et que l'on joint par des nœuds de filasse et du mastic. — T. d'architecture, morceau de marbre ou de pierre, dont plusieurs posés en joint d'un lit forment le fût d'une colonne. — *Colonne par tronçons*, faite de trois ou quatre morceaux de pierre ou de marbre, différents des tambours, parce qu'ils sont plus haut que la largeur du diamètre de la colonne. — On fait aussi des *tronçons* de bronze, chacun d'un jet, dont les joints sont recouverts par des cintres de feuilles.

TRONÇONNÉ, E, part. pass. de *tronçonner*.

TRONÇONNER, v. act. (*tronçoné*), couper par *tronçons*.—*se* TRONÇONNER, v. pron.

TRÔNE, subst. mas. (*trône*) (du latin *thronus*, pris du grec θρονος, que quelques-uns dérivent de θραω, je m'assieds), siège élevé pour un roi ou un autre souverain.—Fig., la puissance souveraine : *monter sur le trône*.—*Discours du trône*, celui que prononce le chef de l'Etat à l'ouverture des chambres ou parlements.—*Trône épiscopal*, siège au haut du chœur dans les cathédrales, où l'évêque se place quand il officie pontificalement. —*Trône* se dit figurément, en parlant de plusieurs choses qui dominent : *la folie a établi son trône dans Paris; nous avons tous contribué à démolir le trône de l'erreur*.—Subst. mas. plur., le troisième ordre de la hiérarchie céleste.

TRÔNER, v. neut. (*trôné*), être sur le *trône*.

TRONGUM, subst. mas. (*tronguome*), nom qu'on donne, aux Indes orientales, à une espèce de morelle.

TRÔNIÈRE, subst. fém. (*trônière*) (rac. *trône*), t. d'artill., ouverture qu'on fait dans les batteries pour tirer le canon.

TRONQUÉ, E, part. pass. de *tronquer*, et adj. — Où il manque quelque partie essentielle : *ouvrage tronqué*. — En t. de géom., *prisme, pyramide, cône tronqué*, dont on a retranché la partie supérieure par un plan, soit parallèle à la base, soit incliné.—Se dit en bot. des parties des végétaux qui, semblant devoir être plus longues, se terminent brusquement comme si elles avaient été coupées.

TRONQUER, v. act. (*tronkié*) (du latin *truncare*), retrancher une partie de... Au propre, il ne se dit que des statues.—Au fig., il se dit des livres et des passages qu'on en tire : *tronquer un livre, un passage*. Il se prend toujours en mauvaise part.—*se* TRONQUER, v. pron.

TRONQUIÈRE (LA), subst. propre fém. (*latronkière*), village de France, chef-lieu de canton, arrond. de Figeac, dép. du Lot.

TROP, adv. et subst. mas. (*trô*; on ne prononce *trope* que devant les voyelles) (suivant *Ménage*, du latin barbare *troppum*, employé par les écrivains de la basse latinité dans le sens de troupeau, et d'où les Italiens ont fait également le mot *troppo*. *Troppum* a d'abord signifié multitude, et ensuite excès). Plus qu'il ne faut, avec excès. Il modifie les adjectifs, les adverbes, les verbes : *trop ambitieux; il va trop vite; il parle trop*. — Il demande après lui l'article indéfini devant les substantifs : *trop de pain, trop de prudence*.— Il se met après le verbe dans les temps simples : *il boit trop*; et dans les temps composés, il se met entre l'auxiliaire et le participe, lorsqu'il n'a point de régime : *il a trop bu*; et après le participe, lorsqu'il régit les noms au génitif : *il a trop bu de vin*. — Avec les négatives, il signifie *guère* : *je ne me fie pas trop à lui; ce vin n'est pas trop bon*. — *Trop peu*, pas assez. —*Trop tôt*, plus tôt qu'il ne faut. — Subst. mas. : *ôtez le trop; je me plains du trop*. — Fam. : *par trop*, plus qu'il ne faut.—Prov. : *trop est trop* ou *rien de trop*, il ne faut de l'excès en rien.

TROPÆOLUM, subst. mas. (*tropé-olome*) (mot latin qui signifie, petit trophée), t. de bot., ce nom a été appliqué par *Linnée* au genre de capucine dont les fleurs ressemblent à des casques, et les feuilles à des boucliers.

TROPE, subst. mas. (*trope*) (du grec τροπος, roue, fait de τρεπω, je tourne; parce que le *trope* tourne ou change le sens naturel d'un mot en un autre sens), figure de rhétorique, changement de l'expression propre en une expression figurée : *quatre-vingts chevaux*, pour quatre-vingts cavaliers; *un foudre de guerre*, pour un grand capitaine; *voiles*, pour vaisseaux.

TROPÉES, subst. fém. plur. (*tropé*), vents violents de mer, qui se font sentir à terre.

TROPEZ (SAINT-), subst. propre mas. (*ceintropèze*), ville maritime de France, chef-lieu de canton, arrond. de Draguignan, dép. du Var.

TROPHÉE, subst. mas (*trofé*) (du latin *tropæum*, fait du grec τροπαιον, lequel dérive de τρεπειν, mettre en fuite; *monument élevé pour avoir mis l'ennemi en fuite*), la dépouille d'un ennemi vaincu. — Faisceau d'armes élevées et disposées avec art pour servir de monument d'une victoire. — T. de peint. et de sculpt., assemblage de diverses choses propres aux arts, aux sciences, etc. — Poét., victoire : *fier de ses trophées, de tant de trophées.*— Fig. : *faire trophée de..*, se faire gloire, tirer vanité de...

TROPHÉOPHORE, adj. mas. (*trofé-ofore*), myth., surnom donné à Jupiter.

TROPHIQUE, adj. des deux genres (*trofike*) (du grec τρεφω, je nourris), t. de médec., se dit du sens qui préside à la nutrition.

TROPHIS, subst. mas. (*trofice*), t. de bot., sorte d'arbre de la famille des urticées.

TROPHOLOGIE, subst. fém. (*trofoloji*) (du grec τρεφω, je nourris, et λογος, discours), t. de médec., traité sur le régime alimentaire.

TROPHOLOGIQUE, adj. des deux genres (*trofolojike*), qui a rapport à la *trophologie*.

TROPHONE, subst. fém. (*trofone*), t. d'hist. nat., genre de coquilles.

TROPHONIENS, subst. mas. plur. (*trofoniein*), myth., jeux en l'honneur de *Trophonius*, à Lebadée, en Béotie.

TROPHONIUS, subst. propre mas. (*trofôni-uce*), myth., fils d'Apollon. Il rendait des oracles dans un antre affreux. Ceux qui voulaient le consulter devaient se purifier. Après plusieurs cérémonies, ils entraient dans la caverne ; et, s'y étant endormis, ils voyaient ou entendaient en songe ce qu'ils demandaient. Voy. AGAMÈDE.—*Trophonius* était aussi un des surnoms de Jupiter.

TROPHOSPERME, subst. mas. (*trofocepèreme*), t. de bot., le placenta, ou le réceptacle de la graine.

TROPILLOTL, subst. mas. (*tropi-iotele*), t. d'hist. nat., corbeau du Mexique, dont la chair passe pour être antisiphilitique.

TROPIQUE, subst. mas. (*tropike*) (du grec τροπικος, sous-entendu κυκλος, cercle, dérivé de τρεπω, je retourne ; *cercle d'où retourne le soleil*, parce que le soleil, arrivé à l'un des *tropiques*, semble retourner vers l'autre), cercle de la sphère, parallèle à l'équateur, et qui est le terme de part et d'autre du cours du soleil. Il y a deux *tropiques* également distants de l'équateur : le *tropique du Cancer* dans l'hémisphère septentrional où nous habitons, et le *tropique du Capricorne* dans l'hémisphère méridional. — Adj. des deux genres ; en astron., *année tropique*, qui s'écoule d'un équinoxe au même équinoxe de l'année suivante ; retour périodique des saisons.—T. de bot. : *plantes tropiques*, celles dont les fleurs s'ouvrent le matin et se ferment le soir.

TROPISTE, subst. mas. (*tropicete*), t. d'hist. eccl., nom d'hérétiques qui prennent au figuré les paroles de la consécration à la messe.

TROP-PLEIN, subst. mas. (*tropleim*), ce qui excède la capacité d'un vase ; ce qui en déborde : *le trop-plein d'un verre.*

TROPOLOGIE, subst. fém. (*tropoloji*) (du grec τροπος, trope, figure, et λογος, discours), style métaphorique, figuré. Inusité. — Science des mœurs, connaissance, traité sur les mœurs.

TROPOLOGIQUE, adj. des deux genres (*tropolojike*), qui concerne la *tropologie*.—Qui tient de la *tropologie* : *sens tropologique.*

TROQUÉ, E, part. pass. de *troquer*.

TROQUER, v. act. (*trokié*) (de l'anglo-saxon *to truck*, commercer, et surtout faire le commerce de change ; *échanger des marchandises*, Ménage), faire un *troc*, échanger, permuter : avec ces différences, qu'on *échange* des ratifications, on *troque* des marchandises, on *permute* des bénéfices; qu'*échanger* est du style noble, *troquer* du style ordinaire et familier, *permuter* du style de palais.— Prov. : *troquer son cheval borgne contre un aveugle*, faire un mauvais marché, quoiqu'on cherchât à en faire un bon. —SE TROQUER, v. pron., se donner en échange.

TROQUETS, subst. mas. plur. (*trokié*), t. de couvreur, les chevalets du comble.

TROQUEUR, subst. mas., au fém. **TROQUEUSE** (*trokieur, kieuze*), celui, celle qui aime à *troquer*.

TROQUEUSE, subst. fém. Voy. TROQUEUR.

TROQUART, subst. mas. (*trokar*), t. de bot., plante qui croît dans les marais.

TROSSULES, subst. mas. plur. (*troçule*), t. d'hist. anc., corps de chevaliers romains qui avait pris la ville de *Trossulum*, près de Rome, sans le secours de l'infanterie.

TROT, subst. mas. (*trô*), manière de marcher d'un cheval entre le pas et le galop. Il se dit aussi des autres bêtes de somme ou de charge. — Fig. et fam. : *il nous a menés grand trot*, il nous a fait faire beaucoup de chemin en peu de temps.—Fig., *mener une affaire au grand trot*, la conduire d'une manière expéditive.

TROTINÉ, E, part. pass. de *trotiner*.

TROTINER, v. neut. (*trotiné*), *trotter*, marcher vite et à petits pas, marcher peu et souvent. Pop. et fam.

TROTTADE, subst. fém. (*trotade*), petite course, promenade à cheval ou en voiture.

TROTTE, subst. fém. (*trote*), espace de chemin : *il y a une bonne trotte d'ici là*. Il est pop.

TROTTE-CHEMIN, subst. mas. (*trotechemein*), t. d'hist. nat., espèce d'oiseau très-vif qu'on rencontre sur les chemins.

TROTTE-MENU, adj. invariable (*trotemenu*), qui *trotte* comme les souris, qui marche à petits pas : *la gent trotte-menu.*

TROTTER, v. neut. (*troté*), aller le *trot*; *faire trotter un cheval*.—Fam., marcher beaucoup à pied : *il n'a fait que trotter toute la journée.*— Fig. et fam., faire bien des pas, des démarches : *trotter pour ses affaires.* — Aller et venir, se mouvoir en divers sens : *ses yeux trottent de côté et d'autre.* — *On entendrait une souris trotter*, on n'entend pas le plus léger bruit. — *Cette idée lui trotte par la tête*, cette idée l'occupe; il y pense souvent.

TROTTERIE, subst. fém. (*troteri*), petite course.

TROTTEUR, subst. mas., **TROTTEUSE**, subst. fém. (*troteur, teuze*), qui *trotte*.— Il se dit principalement d'un cheval dressé à n'aller que le *trot* : *ce cheval est un bon* ou *un mauvais trotteur*, il *trotte* bien ou mal.

TROTTIN, subst. mas. (*trotein*), petit laquais. Bas, pop. et même hors d'usage.—*Les pardons de saint Trottin* ou *Trottet*, s'est dit burlesquement du plaisir que les femmes ont à *trotter*, sous prétexte d'aller visiter quelque chapelle hors de la ville, etc. — On dit aussi dans le même sens et dans le même style : *avoir dévotion à saint Trottin.*

TROTTINER, v. neut. (*trotiné*), diminutif de *trotter*, marcher peu et souvent, marcher vite et à petits pas.

TROTTOIR, subst. mas. (*trotoar*), chemin plus élevé que le pavé, et pratiqué le long des quais et des rues pour la commodité de ceux qui vont à pied.—Fig. et fam. : *cette affaire est sur le trottoir*, on en parle, on en va parler; *cette fille est sur le trottoir*, elle est à marier. —*Etre sur le trottoir*, être dans le chemin de la considération, de la fortune.—On dit d'une personne dont on parle beaucoup, qu'*elle est sur le trottoir.*

TROU, subst. mas. (*trou*) (du grec τρυμα ou τρυμη, fait, dans la même signification de τρυω, pour τραω, je perce. Voy. TROUER), ouverture ordinairement ronde ou à peu près ; ce qui le distingue de la fente, qui est une ouverture en long. — Par mépris, lieu fort petit, méchante maison, etc. : *ce n'est qu'un vrai trou.* — Au jeu de trictrac, douze points. — Au jeu de paume, ouverture au pied de la muraille, dans le coin opposé à la grille. — Fig. et fam. : *boire comme un trou*, beaucoup. — *Il se mettrait dans un trou quand votre ami paraît*, il tremble beaucoup quand, etc. — *Cet homme n'a rien vu que par le trou d'une bouteille*, il n'a aucune connaissance des choses du monde. — *Boucher un trou*, payer une dette. — Prov. : *mettre la pièce près du trou*, ne point appliquer le remède où il faudrait. — *Faire un trou à la lune*, s'enfuir sans payer. —*Une souris qui n'a qu'un trou est bientôt prise*, un homme qui n'a qu'une ruse, qu'une finesse, qu'un expédient, a quelquefois bien de la peine à se tirer d'affaire, à réussir. — *Autant de trous, autant de chevilles ; autant de chevilles que de trous*, se dit d'une personne qui trouve des raisons, des excuses, bonnes ou mauvaises, sur tout ce qu'on lui dit, ou des expédients dans les difficultés qu'on lui propose.

TROUBADOUR, subst. mas. (*troubadour*), nom donné aux anciens poètes provençaux. Voy. TROUVÈRE.

TROUBLATION, subst. fém. (*troublâcion*), tumulte. (*Boiste.*) Tout-à-fait inusité.

TROUBLE, subst. mas. (*trouble*) (du latin *turba*, fait du grec τυρβη, bruit, tumulte, etc.), brouillerie, désordre : *mettre le trouble dans une famille, dans une société.* — Inquiétude, agitation d'esprit : *le trouble des sens*; l'altération causée dans les sens. —Voie de fait par laquelle on dispute quelque chose à quelqu'un. —T. de jurispr.; il se dit de l'interruption qui est faite à quelqu'un dans sa possession. On appelle *trouble de fait*, celui qui se commet par quelque action qui nuit au possesseur, comme quand un autre vient prendre possession du même héritage ; qu'il le fait labourer ou ensemencer, qu'il en fait récolter les fruits, ou lorsqu'il empêche le possesseur de le faire ; *trouble de droit*, celui qui, sans faire obstacle à la possession de fait, empêche néanmoins qu'elle ne soit utile pour la prescription, comme quand on fait signifier quelque acte au possesseur, pour interrompre sa possession.—T. de pêche; dans cette acception, l'*Académie* fait ce mot fém.; c'est un filet dont on ne se sert guère qu'en hiver, pour aller pêcher le long des rivages, en l'enfonçant sous les bordages, ce qui, ne pouvant s'exécuter sans *troubler* l'eau, a donné le nom au filet. Voy. TRUBLE. — Au plur., guerres civiles, soulèvement, émotions populaires : *pendant les troubles de la Ligue*, ou simplement *durant les troubles*.—Adj. des deux genres, qui n'est pas clair, qui est brouillé. Il se dit surtout des liqueurs : *l'eau est trouble.*— *L'air, le temps est trouble*, n'est pas serein, il y a des nuages. — *Avoir la vue trouble*, ou absolument : *voir trouble*, ne voir pas bien. — Prov. : *pêcher en eau trouble*, tirer du profit des désordres publics ou particuliers.

TROUBLÉ, E, part. pass. de *troubler*, et adj. *Être troublé* se dit sans régime des personnes, et des choses avec la préposition *par*. — En math. : *raison troublée*, celle des grandeurs qui, étant proportionnelles, ne le sont pas dans le même ordre dans lequel elles sont écrites.

TROUBLEAU, subst. mas. (*troublô*), filet de pêche.

TROUBLE-FÊTE, subst. mas. (*troublefête*), importun ou indiscret qui vient *troubler* la joie d'une compagnie.—Il se dit même d'une chose, d'un évènement qui produit le même effet. Il est fam. — Au plur., des *trouble-fête.*

TROUBLER, v. act. (*troublé*) (du latin *turbare*), rendre *trouble* une liqueur qui était claire : *une grosse pluie trouble la rivière.*— Fig., apporter du *trouble*, du désordre : *troubler le repos de quelqu'un.* — Il se dit des sens : *la peur a troublé sa raison; cette nouvelle lui a troublé les sens.* — Inquiéter quelqu'un dans la jouissance de quelque bien. — Intimider, faire perdre la mémoire, le jugement, etc. : *il s'est amusé à le troubler pendant son discours.*— Interrompre : *troubler un entretien ; cet accident vient troubler la fête.* — *Cela trouble la digestion*, cela empêche que la digestion ne se fasse bien. — SE TROUBLER, v. pron., devenir *trouble* : *le vin se trouble, ses esprits se troublent.* — *Le temps se trouble*, il se charge de nuages. — *Sa vue se trouble*, sa vue s'obscurcit. — En parlant des personnes, s'intimider, s'embarrasser, perdre la tête.

TROUÉ, E, part. pass. de *trouer*, et adj., percé : *bas troué, robe trouée.*

TROUÉE, subst. fém. (*trou-é*), ouverture dans l'épaisseur d'une haie. — Espace vide qui perce tout au travers d'un bois. — Effet du canon ; passage à travers d'une troupe ennemie.

TROUELLE, subst. fém. (*trou-èle*), t. de pêche, petite baguette souple et pliante qu'on passe entre les mailles d'un filet pour le tenir ouvert.

TROUER, v. act. (*trou-é*) (du grec τρυω, pour τραω, verbe inusité au présent, mais qui fournit les autres temps au verbe τιτραω, pris dans la même signification de *trouer*, percer), percer, faire un *trou*. Il n'est que du style simple. — SE TROUER, v. pron.

TROUILLE, subst. fém. (*trou-ie*), masse qui reste après l'extraction de l'huile de colza.

TROUILLOTTE, subst. fém. (*trou-iote*), t. de pêche, petite baguette souple qui tient le verveux ouvert.

TROU-MADAME, subst. mas. (*troumadame*), sorte de jeu composé de treize portes et de treize galeries auquel on joue avec treize petites boules. — Au plur., des *trous-madame.*

TROUNG-KHÉ, subst. mas. (*tronguekié*), t. de bot., arbre dont le bois est très-dur. Il croît dans les forêts de la Cochinchine. On l'a rapporté au genre érable ; mais il paraît qu'il doit faire un genre particulier.

TROUPE, subst. fém. (*troupe*) (par métonymie, du latin *turba*, du grec τυρβη, trouble, confusion. On a d'abord dit par transposition *truba*, ensuite *trupa*, et enfin *troupe*), plusieurs personnes ou plusieurs animaux ensemble. — Compagnie composée de certaines gens *troupe de comédiens.* — En poésie : *la troupe céleste* ou *immortelle*, l'assemblée des dieux du paganisme. — Subst. fém. plur., les soldats, tant cavaliers que fantassins, qui composent ou une armée ou quelque corps d'armée.—*Troupe* se dit aussi au singulier d'un petit corps de cavalerie ou d'infanterie : *cet officier conduit bien sa troupe.* — *En troupe*, *par troupe*, loc. adv., plusieurs ensemble. — TROUPE, BANDE, COMPAGNIE. (*Syn.*) La *troupe* est purement et simplement une multitude de gens rassemblés en un lieu. La *bande* est une troupe particulière de gens de la même sorte, séparés du reste, et liés ensemble par quelque chose qui leur est commun. La *compagnie* est une association de gens qui forment une espèce de corps, attaché ou appliqué à un certain genre d'occupations ou de soins. — Ces trois mots se disent aussi des animaux. On dit : des *troupes* d'oies, d'insectes ; des *bandes* d'étourneaux ; des *compagnies* de perdreaux. La *troupe* est nombreuse ; la *bande* va par détachements ; la *compagnie* vit ensemble, et forme une espèce de famille. Les étourneaux ne paraissent guère qu'en *troupes*, et ils volent par *bandes séparées.* — *Troupe* est un mot indifférent, qui se prend ou en bonne ou en mauvaise part, selon les circonstances du discours : il y a des *troupes* de brigands comme des *troupes* de soldats, et, même en poésie, la *troupe* céleste ou immortelle. — *Bande*, dans le style ordinaire, est ignoble ou même injurieux. On dit populairement : la *bande joyeuse*, la *bande bachique*, une *bande* de filous, de coquins. *Compagnie* est une appellation honorable et honnête.

TROUPEAU, subst. mas. (*troupô*), *troupe* d'animaux d'une même espèce qui sont dans un même lieu. Quand on dit absolument *troupeau*, on entend ordinairement un *troupeau de moutons* ou *de brebis.*—Fig., habitants d'un diocèse, d'une paroisse. — *Le troupeau de Jésus-Christ*, l'Eglise. — Il se prend quelquefois pour *troupe*, multitude, et ordinairement en mauvaise part : *un troupeau d'ignorants.*

TROUPELET, subst. mas. (*troupelè*), petit *troupeau*. (*Boiste.*) Vieux et même hors d'usage.

TROUPIALE, subst. mas. (*troupi-ale*), t. d'hist. nat., oiseau passereau nommé aussi *loriot.*

TROUSSE, subst. fém. (*trouce*) (suivant *Ménage*, de l'allemand *tross*, qui signifie proprement *le bagage d'une armée*, mais qui s'est dit ensuite par extension de tout ce qui, ramassé, lié, serré, occupe un plus petit espace), faisceau de plusieurs choses liées ensemble : *trousse d'herbes, de cordage, de foin*, etc.—Carquois ; ce dernier mot est plus noble. — Espèce d'étui dans lequel le barbier met ses rasoirs, des peignes, des ciseaux. — Il se dit aussi en parlant des gens qui montent en croupe derrière d'autres. — Cordages dont se sert le charpentier pour lever de petites pièces de bois.—Petite boîte qui renferme une partie des instruments de chirurgie qui peuvent être nécessaires sur l'heure. — File plus ou moins longue de feuilles de fer-blanc. — T. d'artill. ; se dit d'un paquet de lamettes ou de petites barres d'acier destinées à forger ensuite les lames de sabres.—On appelle *trousse de batterie*, la partie droite qui s'appuie carrément sur le ressort d'une platine à silex. — Se dit d'une grosse et longue botte de fourrage vert, que porte derrière lui le cavalier qui revient de la provision : *il portait une grosse trousse sur la croupe de son cheval.* Assemblage de taillants de la machine à fendre le fer.—Sorte de ruban de laine terminé par une touffe, qui fait partie de l'enharnachement d'un cheval ; cuir qui enveloppe ou entoure la queue d'un cheval. Voyez TROUSSE-QUEUE et TROUSSE-TRAITS.— Au plur., sorte d'ancien haut-de-chausses, dont l'usage ne s'était conservé que dans l'habit de cérémonie des chevaliers de l'ordre du Saint-Esprit. — Chausses courtes et plissées que portaient autrefois les pages, et qu'on nomme plus communément *chausses de page.*—*En trousse* se dit quelquefois des paquets, des valises qu'un cavalier porte derrière lui sur un cheval.— *Avec la mort en trousse.* Voy. CROUPE.—*Aux trousses*, à la poursuite : *il est aux trousses de l'ennemi.*—Fig. et fam. : *être aux trousses de quelqu'un*, être toujours à sa suite.

TROUSSÉ, E, part. pass. de *trousser* et adj. —Fam. : *petit homme bien troussé*, bien fait, bien proportionné, propre et joli.—*Cheval bien troussé*, bien fait, bien pris et un peu ramassé. —*Petite maison bien troussée*, jolie petite maison. — *Compliment bien troussé*, bien tourné.— *Cela est troussé à la diable*, mal arrangé, mal fait.

TROUSSEAU, subst. mas. (*troucô*), petite *trousse*. On ne le dit guère que des clefs et des flèches : *un trousseau de clefs*, *de flèches.* — Nippes et hardes qu'on donne à une fille en la mariant, en la faisant religieuse, à des enfants qui entrent dans une maison d'éducation. — Dans les fonderies de canons, longue pièce de bois sur laquelle on met la natte, ensuite la terre, qui doivent former le moule d'une pièce du canon. — T. d'anat., très-petit faisceau de parties unies ensemble : *un trousseau de fibres.*

TROUSSE-BARRE, subst. mas. (*troucebâre*), pièce d'un train de bois, à l'avant ou à l'arrière. —Au plur., des *trousse-barre.*

TROUSSE-ÉTRIERS, subst. mas. (*troucétri-é*). Voy. PORTE-ÉTRIERS.

TROUSSE-GALANT, subst. mas. (*trouceguelan*), maladie aiguë et violente qui emporte en fort peu de temps. — Ancien nom du choléra-morbus.—Au plur., des *trousse-galants.*

TROUSSE-PETTE, et non pas TROUSSE-PÈTE, subst. fém. (*troucepète*), t. de mépris et de badinage, en parlant d'une petite fille : *taisez-vous, trousse-pette.* Pop.

TROUSSE-QUEUE, subst. mas. (*troucekieu*), cuir qui enveloppe et tient en état la *queue* d'un cheval.—Au plur., des *trousse-queue.*

TROUSSEQUIN, subst. mas. (*troucekiein*), morceau de bois taillé en cintre qui s'élève sur l'arçon de derrière d'une selle.

TROUSSER, v. act. (*troucé*) (rac., *trousse*), replier, relever ce qui pend.—Hausser les menues branches de quelque arbre qui sont trop basses, et les attacher à quelque chose qui les soutienne.—Fig. et fam., expédier précipitamment : *les juges ont troussé cette affaire dans une matinée.* — Causer la mort : *la fièvre l'a troussé en trois jours.*—En t. de cuisine : *trousser une volaille, une perdrix*, etc., appliquer les pattes de l'animal contre la cuisse ou les passer dans un trou qu'on y fait, et ramener le bout des ailes sur le dos en les retournant.—Fig. et fam. : *trousser bagage*, partir, déloger brusquement d'un endroit.— Fig. et pop., *trousser un homme en malle*, l'enlever : *la gendarmerie l'a troussé en malle.*—*Trousser une femme*, lui lever les jupons. — SE TROUSSER, v. pron., lever ses vêtements, ses pieds.

TROUSSE-TRAITS, subst. mas. plur. (*troucetrè*), chez les bourreliers, anneaux de cuir qui sont attachés de chaque côté du culeron d'un harnais.

TROUSSIS, subst. mas. (*trouci*), pli, couture qu'on fait à une étoffe repliée pour la rendre plus courte.

TROUSSOIRE, subst. fém. (*trouçoare*), pince d'émailleurs.

TROUTTE, subst. fém. (*troute*), t. d'hist. nat., espèce de poisson.

TROUVABLE, adj. des deux genres (*trouvable*), que l'on peut *trouver.* Ce mot, des plus usités, manque dans l'*Académie.*

TROUVAILLE, subst. fém. (*trouvâ-ie*), chose *trouvée* heureusement et par hasard. Il est fam.

TROUVÉ, E, part. pass. de *trouver*, et adj. —*Enfant trouvé*, qui a été exposé.—*Phrase, expression trouvée*, tellement juste, propre, heureuse, qu'elle semble l'effet de l'inspiration ou du hasard, plutôt que d'aucune combinaison de l'esprit. La Bruyère (*Caractères*, chap. I.), a dit, dans le même sens, *rencontré* : *il y a un terme dans votre ouvrage qui est rencontré, et qui peint la chose au naturel.*

TROUVER, v. act. (*trouvé*) (suivant *Le Duchat*, de l'allemand *traffen*, au propre, toucher, atteindre, et qui, au fig., a, entre autres significations, celle de *trouver.* On disait autrefois *treuver*), rencontrer quelqu'un ou quelque chose, soit qu'on le cherche, soit qu'on ne le cherche pas. Il diffère proprement de *rencontrer*, en ce qu'on *trouve* les choses inconnues ou celles qu'on cherche, et qu'on *rencontre* les choses qui se trouvent en notre chemin, ou qui se présentent sans qu'on les cherche : *les plus infortunés trouvent toujours quelque ressource dans leurs disgrâces ; les gens qui se lient facilement avec tout le monde sont sujets à rencontrer mauvaise compagnie.*—Inventer, avec cette différence qu'on invente de nouvelles choses par la force de l'imagination, et qu'on *trouve* des choses cachées par la recherche et par l'étude.— Il se dit souvent de l'opinion fondée sur la réflexion de l'esprit ou sur les apparences des choses : *je trouve que cela est bien, je trouve que cela est bon.*—Éprouver, sentir : *il a trouvé de la fidélité dans ses domestiques ; je trouve dans ses entretiens une sorte de charme que je ne saurais expliquer.*—*Aller trouver quelqu'un*, aller le voir, aller lui parler. — *Trouver son compte à quelque chose*, y *trouver* un avantage. —*Trouver le temps long*, s'ennuyer. — *Trouver bon que...*, approuver, consentir : *il trouve bon que je lise Télémaque.* — *Trouver grâce devant quelqu'un*, gagner sa bienveillance. — *Trouver mauvais que...* désapprouver, ne pas consentir : *votre père trouve mauvais que vous reveniez si tard.* —*Trouver bon, trouver mauvais*, en parlant des aliments dont on use avec goût, avec appétit : *je trouve ce ragoût bon, bien bon ; depuis que je n'ai pas de fièvre, je trouve le vin bon.*—*Trouver à... trouver* le moyen, l'occasion de...—*Trouver à redire*, trouver quelque manque, quelque défaut : *on ne trouve rien à redire à cette conduite.* — *Trouver à qui parler*, rencontrer de la résistance. — *Trouver son maître*, quelqu'un plus fort que soi. — *Croire avoir trouvé la pie au nid*, croire avoir fait une découverte importante. — *Trouver quelqu'un sur son chemin*, être traversé dans ses desseins. — Avoir de manque : *j'avais mis cent louis dans cette bourse, j'en trouve six de manque*, j'en *trouve* six de moins. — SE TROUVER, v. pron. — *Se trouver mal*, ressentir quelque incommodité, tomber en faiblesse. On dit dans un sens contraire : *se trouver bien, se trouver mieux.* — *Se trouver bien de quelqu'un*, de *quelque chose*, en être content. — *Se trouver en quelque lieu*, y être, s'y rendre. — Prov. : *cela ne se trouve pas sous le pas d'un cheval*, ne s'obtient pas facilement. — *Il se trouva que*, il arriva ou l'on reconnut que. En ce dernier sens, *se trouver* s'emploie unipersonnellement.

TROUVÈRE ou TROUVEUR, subst. mas. (L'*Académie* donne les deux) (*trouvère, veur*), nom d'anciens poëtes languedociens, à la différence des *troubadours*, qui sont les anciens poëtes provençaux. — On dit aujourd'hui plus souvent *trouvère* et *troubadour* que *trouveur.* — Le mot *troubadour* est le même mot patois *trouvatré*, *trouvé*, dans le sens d'inventer ; ils furent ainsi nommés à cause de leurs inventions.

TROUVEUR, subst. mas. (*trouveur*), nom que l'on donne à une petite lunette dioptrique que l'on place sur le corps d'un télescope, et surtout du télescope newtonien. Voy. TROUVÈRE.

TROX, subst. mas. (*trokce*), t. d'hist. nat., genre d'insectes coléoptères de la section des pentamères, famille des lamellicornes, tribu des scarabéides, section des xylophiles. On rencontre ces insectes par terre, dans les champs, dans les endroits sablonneux et un peu secs. On les voit quelquefois rongeant les parties tendineuses qui lient les os des cadavres dont la chair a été dévorée ou consumée depuis quelque temps. Dès qu'on les touche, ils font les morts.

TROYES, subst. propre mas. (*troé*), ville de France, chef-lieu d'arrond., dép. de l'Aube.

TROYEN, subst. mas. (*troé-iein*), t. d'hist. nat., tribu de papillons chevaliers ou guerriers, caractérisée par des taches rouges sur la poitrine, et des couleurs ordinairement sombres. Ceux qui n'ont jamais de taches sur la poitrine sont appelés *grecs.*—Sorte de raisin. Voy. MURLEAU.

TROYEN, subst. et adj. mas., au fém. TROYENNE (*troé-iein, iène*), de *Troie.* — *Jeux troyens*, jeux en usage à Rome parmi les jeunes gens de la classe élevée, qui couraient par escadrons, et figuraient un combat.

TROYENNE, subst. et adj. fém. Voy. TROYEN.

TRUAGE, subst. mas. (*tru-aje*), t. de féod., autrefois, en quelques lieux de France, droit que levaient les seigneurs sur certaines marchandises.

TRUAND, E, subst. (*tru-an, ande*), vagabond, vaurien, mendiant. Il est pop. et vieux. — Machine qui sert de marche-pied à l'ouvrier tisserand.

TRUANDAILLE, subst. fém. (*tru-andâ-ie*), t. collectif, ceux qui *truandent.* Pop. et vieux.

TRUANDÉ, part. pass. de *truander.*

TRUANDER, v. neut. (*tru-andé*), gueuser, mendier. Il est hors d'usage.

TRUANDERIE, subst. fém. (*tru-anderi*), métier de *truand.* Il y a encore à Paris la rue *de la petite* et la rue *de la grande Truanderie.*

TRUAU, subst. mas. (*tru-ô*), t. de pêche, sorte de filet. — Nom qu'on donne en quelques endroits à une mesure qui vaut un boisseau et demi, mais qui n'est plus en usage.

TRUBLE ou **TROUBLE**, l'*Académie* donne les deux, subst. fém. (*truble*) (du grec τρυϐλιον, plat, et sac de nuit), filet de pêcheur en forme de poche auquel on ajoute un manche.

TRUBLEAU, subst. mas. (*trublô*), petite *truble*.

TRUC, subst. mas. (*truke*), espèce de billard.— Pop. : *avoir le truc*, avoir le secret, la manière de faire une chose.

TRUCHEMAN, ou **TRUCHEMENT**, l'*Académie* donne les deux. Nous préférons le second au premier, parce que la terminaison orthographique de *truchement* est plus conforme au génie de notre langue.), subst. mas. (*trucheman*), interprète; celui qui sert d'interprète à ceux qui ne peuvent parler la langue des personnes avec qui ils ont à s'entretenir. — Celui qui parle à la place d'un autre. — *Interprète* est d'un style plus noble.

TRUCHER, v. neut. (*truché*), demander l'aumône par fainéantise. Vieux et presque même hors d'usage.

TRUCHEUR, subst. mas., au fém. **TRUCHEUSE** (*trucheur, cheuze*), celui, celle qui *truche*. Vieux.

TRUCHEUSE, subst. fém. Voy. TRUCHEUR.

TRUCIDAIRE, adj. des deux genres (*trucidère*) (du latin *trucidare*, tuer), meurtrier. (*Boiste*.) Inusité.

TRUCULENT, E, adj. (*trukulan, lante*), farouche, bas lat. (*Boiste*.) Plus latin que français.

TRUDAINE, subst. fém. (*trudène*), impertinence, moquerie, niaiserie. — Adj. des deux genres, enjoué, plaisant. (*Boiste*.) Tout-à-fait inusité.

TRUELLE, subst. fém. (*tru-èle*) (en latin *trulla*), instrument de maçon. — Fam. : *cet homme aime la truelle*, il aime à faire bâtir. — Instrument d'argent pour découper et servir le poisson à table.

TRUELLÉE, subst. fém. (*tru-èlé*), quantité de plâtre ou de mortier qui peut tenir sur une *truelle*.

TRUELLETTE, subst. fém. (*tru-èlète*), t. de maçon, petite *truelle*.

TRUFFARD, subst. mas. (*trufar*), gourmand, amateur de *truffes*. Iron. et même inusité.

TRUFFE, subst. fém. (*trufe*; on écrivait anciennement *truffle*, et *tartuffle*) (en latin *tuber*, gén. *tuberis*), substance végétale, qui croît sous terre, sans racine et sans tige. Elle fournit un aliment recherché, et est aphrodisiaque. — On nomme quelquefois et improprement *truffe*, la pomme de terre.

TRUFFÉ, E, part. pass. de *truffer*, et adj.: *une dinde truffée; des saucisses truffées*.

TRUFFER, v. act. (*trufé*), farcir de *truffes*. — Fig., tromper. Vieux mot, conservé dans le style pop., et que *Le Duchat* dérive du lat. *stropha*, pris du grec στροφη, tour de finesse, de subtilité.—*se* TRUFFER, v. pron.

TRUFFERIE, subst. fém. (*truferi*), tromperie. Pop.

TRUFFEUR, subst. mas., au fém. **TRUFFEUSE** (*trufeur, feuze*), trompeur, trompeuse. Style pop.

TRUFFEUSE, subst. fém. Voy. TRUFFEUR.

TRUFFIÈRE, subst. fém. (*trufi-ère*), terrein dans lequel viennent les *truffes*.

TRUIE, subst. fém. (*tru-i*) (du celtique *troia*, que *Messala Corvinus* dit avoir été employé dans le latin avec cette signification, pour *scrofa* ou *sus*), la femelle du porc.—On appelle par mépris, *truie, grosse truie*, une femme fort grasse ou de mauvais ton. Pop.

TRUITE, subst. fém. (*tru-ite*) (du bas latin *trutta* ou *tructa*, employé dans le moyen-âge avec la même signification, et que quelques-uns dérivent du verbe *trudere*, pousser), t. d'hist. nat., poisson de rivière fort délicat. — Chez les brasseurs, espèce de cage en fer et en briques.—*Truite saumonée*, qui tient de la couleur et du goût du *saumon*.—On nomme, *truite brune*, une salmone que quelques-uns regardent comme une variété de la *truite* commune; et, *truite de mer*, une espèce de salmone qu'on pêche dans la mer Baltique.

TRUITÉ, E, adj. (*tru-ité*), marqueté de petites taches rousses comme une *truite* : *un cheval truité*, et non pas *un cheval truite*. — Subst. masc. pl., famille de poissons.

TRUITÉE, subst. fém. (*tru-ité*), t. d'hist. nat., coquille du genre porcelaine.

TRUITELLE, subst. fém. (*tru-itèle*), t. d'hist. nat., petite *truite*.

TRUITON, subst. mas. (*tru-iton*), t. d'hist. nat., jeune mâle du genre *truite*; jeune, petite *truite*.

TRULLE, subst. fém. (*trule*), t. de pêche, sorte de filet; grand havenet.

TRULLISATION, subst. fém. (*trulelizâcion*), mortier travaillé à la *truelle*. (Boiste.)

TRULLOTTE, subst. fém. (*trulelote*), t. de pêche, sorte de chaudière ou d'engin pour prendre du poisson.

TRULLUS, subst. mas. (*truleluce*), t. d'antiq., grand salon de l'empereur à Constantinople, où se tenait le conseil général. On dit aussi *trulle*.

TRUMBUS, subst. mas. (*tronbuce*), t. de médec., petite tumeur violacée, rénitente, formée par l'extravasion d'une certaine quantité de sang au voisinage des veines que l'on a ouvertes.

TRUMEAU, subst. mas. (*trumô*) (du grec τρυμη); en archit., espace de mur qui est entre deux fenêtres ou deux portes.—Glace qui se met ordinairement entre deux fenêtres. —Plus particulièrement, glace avec un dessus orné d'une peinture quelconque, fixée sur un grand parquet de bois, que l'on place sur la cheminée d'un appartement.—Le jarret du bœuf ou de la vache; la partie qui est au-dessus de la jointure du genou, et seulement lorsqu'elle est coupée pour être mangée.

TRUMPEAU, subst. mas. (*tronpô*), t. d'hist. nat., nom spécifique d'une espèce de cachalot.

TRUN, subst. propre mas. (*treun*), ville de France, chef-lieu de canton, arrond. d'Argentan, dép. de l'Orne.

TRUPELU, E, adj. (*trupelu*), enjoué, plaisant. (*Boiste*.) Vieux et même hors d'usage.

TRUSION, subst. fém. (*truzion*) (du latin *trusio*, action de pousser avec violence, fait de *trudere*, pousser, etc.), t. de médec. : *mouvement de trusion*, mouvement du sang, du cœur à toutes les parties du corps par les artères.

TRUSQUIN, subst. mas. (*trucekiein*), chez les menuisiers, les ébénistes, etc., outil armé d'une pointe qui sert à tracer des parallèles en le faisant glisser le long des planches, etc.

TRUTILÉ, part. pass. de *trutiler*.

TRUTILER, v. neut. (*trutilé*), caqueter, gringoter comme la grive.

TRUXALE, subst. fém. (*trukçale*), t. d'hist. nat., genre d'insectes orthoptères.

TRYBLION, subst. mas. (*tribli-on*), t. d'antiq, mesure grecque des liquides.

TRYCHNE, subst. fém. (*trikne*), t. de bot., sorte de plante du genre des morelles.

TRYGONOBATE, subst. mas. (*triguonobate*), t. d'hist. nat., genre de raies.

TRYGÉDIE, subst. fém. (*trijédi*) (du grec τρυγη, vendange, et ωδη, chanson), chant grec sur la vendange. — Comédie primitive.

TRYPETHÉLION, subst. mas. (*tripetélion*), t. de bot., espèce de plante de la famille des lichens.

TRYPHÈRE, subst. mas. (*trifère*) (du grec τρυφερος, délicat; soit parce que ce remède opère doucement et agréablement, soit parce qu'il procure du repos à ceux qui en usent), t. de pharm., opiat composé de plusieurs ingrédients, et propre à fortifier l'estomac.

TRYPOXYLON, subst. mas. (*tripokçilon*), t. d'hist. nat., genre d'insectes hyménoptères.

TSAR ou **TZAR**, subst. mas. (*tezare*). Voy. CZAR.

TSCHETTI, subst. mas. (*techèteti*), t. de bot., espèce de piment d'Amérique.

TSIA-IP, subst. mas. (*teci-a-ipe*), t. de bot., arbrisseau grimpant qui croît en Chine. Les habitants de ce pays se servent de ses feuilles, naturellement très-âpres, pour polir différentes sortes d'ouvrages, et particulièrement l'étain.

TSIAKELU, subst. mas. (*teci-akelu*), t. de bot., arbuste des Indes.

TSIAM-TEU, subst. mas. (*teci-ameteu*), t. de bot., espèce de haricot chinois.

TSIÉLA, subst. mas. (*teci-éla*), t. de bot., arbre du genre des figuiers, dont les fruits servent à teindre en rouge, et l'écorce à faire des cordes. Il vient de l'Inde et n'est pas parfaitement connu.

TSIÉLIE, subst. fém. (*teci-éli*), t. de bot., sorte de plante exotique.

TSIEM-TANI, subst. mas. (*teci-émetani*), t. de bot., grand arbre du Malabar, dont l'écorce est employée dans le pays comme un remède contre beaucoup de maux.

TSIMANASOR, subst. mas. (*tecimanazor*), t. de bot., arbuste grimpant de Madagascar, dont les fleurs sont d'un rouge éclatant. On ignore à quel genre il se rapporte.

TSIN, subst. mas. (*tecein*), nom que les Chinois donnent à un minéral d'où ils tirent la couleur bleue qu'ils emploient sur la porcelaine. Quelques-uns ont prétendu que c'était notre *cobalt*.

TSITOTOCOLT, subst. mas. (*tecitotokolete*), t. d'hist. nat., espèce d'oiseau du Mexique et du Pérou.

TU, TOI, TE, pronoms de la seconde personne (*tu, toé, te*). Ils sont de tout genre, mais seulement du nombre singulier; et ils ne diffèrent entre eux que par la place qui leur est assignée dans le discours. — *Tu* ne peut jamais être que le sujet du verbe, c'est-à-dire, le sujet de la proposition; il ne peut être séparé du verbe que par un autre pronom personnel, ou par une de ces particules, *ne, en, y* : *tu es heureux; tu en parleras; tu y étais*. — *Toi* n'est jamais sujet, à moins qu'il ne soit mis par opposition : *toi qui fais le brave, tu oserais...; que répondras-tu à cela, toi qui ?...* Il s'emploie absolument et comme régime du verbe à l'impér. : *tais-toi; fais-toi justice*, et alors il suit toujours le verbe, si ce n'est quand le verbe qui le régit est précédé et gouverné par le verbe *faire* : *fais-toi rendre ton argent*. Il s'emploie de même après le pronom indéfini *ce*, suivi du verbe *être* : *c'est toi*. Il s'emploie aussi de même après une préposition : *chez toi, de toi, à toi*.—*Te* ne peut jamais être que le régime du verbe, et il s'élide devant une voyelle : *je te donne cela; je te le promets*. On ne se sert d'ordinaire de ces pronoms, et du pronom possessif *ton* et du relatif *tien*, que quand on parle à des personnes ou fort inférieures ou avec qui l'on est en très-grande familiarité. Hors de là, on se sert du pronom pluriel *vous*. — Fam., *être à tu et à toi avec quelqu'un*, être tellement lié avec lui, qu'on le *tutoie*, et qu'on est pareillement *tutoyé* par lui.

TÛ, E, part. pass. du verbe irrégulier *taire*.

TUABLE, adj. des deux genres (*tu-able*), qu'on peut *tuer*.

TUAGE, subst. mas. (*tu-aje*), action de *tuer* et d'accommoder un cochon.

TUAL, subst. mas. (*tu-ale*), dans les Moluques, liqueur laiteuse qui découle du palmier à sagou.

TUANT, E, adj. (*tu-an, tu-ante*), fatigant, pénible, incommode : *ce travail est tuant*. Fam. — Ennuyeux, importun : *homme tuant; conversation tuante*.

TU-AUTEM, subst. mas. (*tu-ôtème*), façon de parler fam. et empruntée du lat.; le point essentiel, le nœud, la difficulté d'une affaire : *voilà le tu-autem de l'affaire*. — Sans plur.

TUBAIRE, adj. des deux genres (*tubère*), t. de médec. et d'anat., qui a rapport aux *tubes*.

TUBANTHÈRE, subst. mas. (*tubantère*), t. de bot., genre de plantes.

TUBE, subst. mas. (*tube*) (en lat. *tubus*), tuyau ou cylindre creux.—T. de phys. : *tube de Torricelli*, *tube* de verre scellé hermétiquement par un bout et ouvert par l'autre, que l'on remplit de mercure, et dont on plonge ensuite l'extrémité ouverte dans un petit vase rempli du même fluide, pour mettre une colonne de mercure en équilibre avec une colonne d'air de même base.—On appelle *tube acoustique*, une espèce de porte-voix soudé en plusieurs endroits, que l'on ajuste dans l'épaisseur des murs d'un appartement. Les voûtes elliptiques produisent le même effet.—En hydraul., *tubes capillaires*, *tubes* de verre d'un diamètre fort petit, dont la cavité est si étroite, qu'on peut la comparer à la grosseur d'un cheveu, et dans lesquels les fluides s'élèvent au-dessus de leur niveau, excepté le mercure, qui s'arrête au contraire au-dessous de son niveau; *tubes communicants*, ceux qui servent à prouver qu'il y a équilibre entre les colonnes d'une masse homogène liquide, lorsque toutes ces colonnes sont de même hauteur; et elles tendent toutes constamment à atteindre cette égalité de hauteur, lors même qu'elles seraient renfermées dans des vaisseaux communicants, quelque éloignés qu'ils soient. Ces *tubes* sont de même diamètre; ou ils sont parallèles entre eux, ou l'un est vertical et l'autre oblique et incliné à l'horizon; ou bien l'un est vertical, et l'autre affecte différents contours. — *Tube électrique*, *tube* de verre qui acquiert par le frottement la vertu de communiquer l'électricité à d'autres corps, etc. C'est le premier instrument dont on se soit servi pour faire les expériences sur l'électricité, avant qu'on ait imaginé les machines électriques.—T. de chim.; pour recueillir les produits gazeux, on se sert de *tubes conducteurs* en verre, auxquels on donne divers noms, selon l'emploi auquel ils sont destinés, tels que *les tubes de sûreté, les tubes à deux branches, les tubes en S, les tubes de Wetter*, et d'autres.—T. de bot., se dit de la partie inférieure, indivise et non étalée, d'un calice monophylle et d'une corolle monopétale; et, en général, de toute partie laminée ou cylindroïde ou prismatoïde, et ouverte par le bout. — TUBE, TUYAU. (*Syn.*) Le *tube* est, en général, un corps d'une telle figure; le *tuyau* est plutôt un ouvrage propre pour tel usage. Ainsi nous dirons fort bien, le *tube*, le cylindre d'un fusil, d'un canon, et de tout autre corps dont il ne s'agira que de désigner la forme; s'il est question d'un objet de telle forme affecté à un tel emploi, ce sera un *tuyau* dans le style ordinaire.—*Tube* est le mot primitif et simple; il ne présente donc par lui-même que des propriétés générales de la chose. *Tuyau* est un dérivé distingué par une modification particulière; il doit donc ajouter quelque idée accessoire et distinctive à l'idée générale; il signifie proprement, petit *tube*.—*Tube* est un terme de science; *tuyau* est de l'usage ordinaire. Le physicien et l'astronome se servent de *tubes*; nous employons différentes sortes de *tuyaux* pour conduire des liquides. Le géomètre et le physicien considéreront les propriétés du *tube*; nous considérerons l'utilité du *tuyau*. Celui qui fait des instruments de physique et de mathématiques, fait des *tubes*; l'ouvrier en plomb, en fer, en maçonnerie, fait des *tuyaux*. Nous disons le *tube* d'un baromètre, et un *tuyau* de cheminée. Le botaniste donne des *tubes* à certaines fleurs; et l'on dit un *tuyau* de paille. On appelle proprement *tubes*, les choses propres aux sciences ou d'un artifice savant; on dit les *tubes* des lunettes: les *tuyaux* sont pour les choses usuelles, communes, familières; on dit le *tuyau* d'une plume.

TUBÉRACÉE, subst. fém. (*tubéracé*), t. de bot., tribu de champignons souterreins, de l'ordre des scléromyces; *la truffe est une tubéracée*.

TUBÉRAIRE, subst. fém. (*tubérère*), t. de bot., plante médicinale.

TUBÉRASTRE, subst. mas. (*tubéracetre*), t. de bot., champignon du genre bolet, ou plutôt polypore, qui croît sur un tuf volcanique, dans le midi de l'Italie, et que l'on mange habituellement dans cette contrée.

TUBERCULAIRE, subst. mas. (*tubèrekulère*), t. de bot., espèce de champignons.

TUBERCULARIE, subst. fém. (*tubèrekulari*), t. de bot., genre de plantes établi aux dépens des varecs de *Linnée*.

TUBERCULE, subst. mas. (*tubèrekule*) (en lat. *tuberculum*), t. de bot., excroissance en forme de bosse qui survient à une feuille, à une racine, à une plante.—En t. de médec., élevures à la peau. — Petit abcès au poumon. — On appelle, en général, *tubercule*, une altération pathologique de quelques tissus qui dégénèrent en une matière opaque, friable, jaunâtre ou grisâtre, pouvant se ramollir et offrir insensiblement tous les caractères du pus: la dégénérescence *tuberculeuse* affecte particulièrement les organes pourvus en abondance de vaisseaux et de ganglions lymphatiques. — *Tubercules d'Aranzi*, petites éminences situées sur la partie moyenne des valvules sigmoïdes de l'ouverture auriculaire du ventricule gauche du cœur. — *Tubercule de Santorini*, petits cartilages qui couronnent le sommet des arythénoïdes, et soutiennent les lèvres de la glotte.—*Tubercules mésentériques*, *tubercules* qui consistent dans la tuméfaction des glandes lymphatiques du mésentère, lorsqu'elles sont susceptibles de dégénérer en ulcère fongueux. — *Tubercules pisiformes*, les *tubercules* mamillaires, selon *Chaussier*. — *Tubercules pulmonaires*, tumeurs plus ou moins volumineuses qu'on observe dans les poumons des personnes mortes de la phthisie pulmonaire.—En conchyliologie, se dit des boutons, des *tubérosités*, des éminences régulières et rondes, plus grandes que les verrues, et qui se distinguent sur les *tubes* des coquilles.

TUBERCULEUSE, adj. fém. Voy. TUBERCULEUX.

TUBERCULEUX, adj. mas., au fém. TUBERCULEUSE (*tubèrekuleu, leuze*), t. de bot., garni de *tubercules*; qui a la nature du *tubercule*.—T. de médec., formé par des *tubercules*: *matière tuberculeuse*.—Subst. mas., t. d'hist. nat., espèce de poisson du genre des balistes.

TUBÈRE, subst. fém. (*tubère*), t. de bot., fruits mentionnés par *Pline*, et qui paraissent intermédiaires entre les amandes et les pêches. On les a rapportés à ce que nous appelons *amandes-tubéreuses*.

TUBÉREUSE, subst. fém. (*tubéreuze*) (du lat. *tuberosus*, garni de tumeurs, de *tubercules*, à cause de la forme de l'ognon qui lui sert de racine), t. de bot., sorte de fleur très-odorante, du genre des narcissoïdes.

TUBÉREUSE, adj. fém. Voy. TUBÉREUX.

TUBÉREUX, adj. mas., au fém. TUBÉREUSE (*tubéreu, reuze*) (du lat. *tuberosus*, plein de bosses, de tumeurs), t. de bot.; se dit des racines qui forment un corps arrondi et charnu: *racine tubéreuse*, renflée et charnue.

TUBER-ISCHIO-TROCHANTÉRIEN, subst. et adj. mas. (*tubériceki-ôtrokantériein*), t. d'anat.; on a donné ce nom au muscle carré-crural, parce qu'il s'étend de la *tubérosité* de l'*ischion* au grand *trochanter*.

TUBÉROÏDE, subst. fém. (*tubéro-ide*), t. de bot., espèce de plante parasite qui croît sur l'ognon du safran, suivant *Duhamel*.

TUBÉROSITÉ, subst. fém. (*tubérôzité*) (du lat. *tuber*, gén. *tuberis*), t. de médec., bosse ou tumeur.—En t. d'anat., éminence, inégalité sur un os.—Il est aussi usité en bot., et se dit des éminences ou renflements qui se trouvent aux racines: *la tubérosité*, *les tubérosités d'une racine*.

TUBICINE, subst. mas. (*tubicine*), t. d'antiq., celui qui sonnait de la trompette.

TUBICINELLE, subst. fém. (*tubicinèle*), t. d'hist. nat., genre de coquillages établi pour placer la bolanite digitale. Ses caractères sont: coquille univalve, régulière, non spirale, tubuleuse, rétrécie vers sa base, tronquée aux deux bouts, ayant une ouverture orbiculaire et terminale, et un opercule quadrivalve.

TUBICOLAIRE, subst. fém. (*tubikolère*), t. de bot., genre de polypes ciliés, vivant dans un tube.

TUBICOLE, subst. mas. (*tubikole*), t. d'hist. nat., ordre d'annélides qui répond à celui qu'on a nommé *branchiodile*.

TUBICOLÉE, subst. fém. (*tubikolé*), t. d'hist. nat., famille de testacés de l'ordre des conchylifères.

TUBIFÈRE, subst. fém. et adj. des deux genres (*tubifère*), t. de bot., genre de plantes de la famille des champignons.

TUBIFEX, subst. mas. (*tubifékce*), t. d'hist. nat., genre de vers lombrics.

TUBIFLORE, subst. fém. et adj. des deux genres (*tubiflore*), t. de bot., genre de plantes de la famille des élytraires.

TUBILION, subst. mas. (*tubili-on*), t. de bot., genre de plantes inulées, des îles Canaries.

TUBILOMBRIC, subst. mas. (*tubilonbrik*), t. d'hist. nat., genre de vers établi pour placer les *lombrics tubuleux*, sabellaires et autres.

TUBILUSTRES, subst. fém. plur. (*tubilucetre*), t. d'antiq., fêtes romaines où l'on purifiait les trompettes sacrées par un sacrifice qu'on offrait à l'entrée du temple de Saturne.

TUBIPORE, subst. mas. (*tubipore*), t. d'hist. nat., polypier pierreux, composé de *tubes* cylindriques ou prismatiques, subarticulés, perpendiculaires, parallèles, et réunis les uns aux autres par des diaphragmes ou des cloisons transverses intermédiaires. Les *tubipores* forment dans la mer des masses arrondies, quelquefois fort considérables.

TUBIPORITE, subst. mas. (*tubiporite*), t. d'hist. nat., *tubipore* et tubulaire fossile.

TUBITÈLE, subst. fém. (*tubitèle*), t. d'hist. nat., section d'aranéides tapissières.

TUBU, subst. mas. (*tubu*), t. de bot., cocotier qui croît dans les îles Malaises et dont l'amande est sucrée; ce qu'exprime *tubu*, qui signifie *sucré*, en langage malais. *Calappa* désigne le cocotier.

TUBULAIRE, subst. mas. et adj. des deux genres (*tubulère*), t. d'hist. nat., zoophyte à tuyau flexible comme la corne.

TUBULARIÉE, subst. fém. (*tubulari-é*), t. d'hist. nat, ordre de polypes.

TUBULÉ, E, adj. (*tubulé*), t. de chim., etc., garni d'un *tube* ou d'un tuyau: *cornue tubulée*. On dit aussi dans le même sens *tubulure*. — En bot.: *plante, fleur tubulée*, qui imite un *tube*.—En archéol.: *draperie tubulée*, draperie qui, dans les statues antiques, tombe par plis arrondis, en forme de *tubes* ou de tuyaux.

TUBULEUSE, adj. fém. Voy. TUBULEUX.

TUBULEUX, adj. mas., au fém. TUBULEUSE (*tubuleu, leuze*), se dit, en bot., des fleurs composées de plusieurs fleurons semblables à des *tubules*.

TUBULICOLE, subst. mas. et adj. des deux genres (*tubulikole*), t. d'hist. nat., qui habite un tuyau: *vers tubulicole*.

TUBULIFORME, adj. des deux genres (*tubuliforme*), en *tube*; qui a la *forme* d'un *tube*.

TUBULINE, subst. fém. (*tubuline*), t. de bot., genre de champignons établi aux dépens des sphérocarpes. On en compte deux espèces qui croissent sur le bois mort et humide.

TUBULIPORE, subst. mas. (*tubulipore*), t. de bot., genre de polypiers.

TUBULITHE, subst. fém. (*tubulite*), t. d'hist. nat.; on a appliqué ce nom aux *tubipores* et aux dentales fossiles, ainsi qu'à divers zoophytes coralligènes fossiles qui ont la forme *tubulaire*.

TUBULURE, subst. fém. (*tubulure*), ouverture d'un vase chimique destiné à recevoir un *tube*. — *Tubulure* se dit encore de petits *tubes* ou tuyaux dont sont remplies certaines productions de la nature.

TUBULUS, subst. mas. (*tubuluce*), t. d'hist. nat.; quelques conchyliologistes anciens ont appelé ainsi diverses productions marines animales, vivantes ou fossiles.

TUCA, subst. mas. (*tuka*), t. de bot., espèce de graminée dont se nourrissent les habitants des montagnes du Chili.

TUCAN, subst. mas. (*tukan*), t. d'hist. nat., petit quadrupède de la Nouvelle-Espagne, qui vit à la manière des taupes, et que quelques naturalistes ont considéré comme appartenant au genre de ces animaux.

TUCHANT, subst. propre mas. (*tuchan*), bourg de France, chef-lieu de canton, arrond. de Carcassonne, dép. de l'Aude.

TUDESQUE, subst. mas. (*tudèceke*) (du latin barbare *teutisci* ou *theotisci*, nom des *Teutons* ou Allemands dans le moyen-âge), le langage des anciens Germains. — Il est aussi adj. des deux genres: *le langage tudesque* ou *germanique*; *une grammaire tudesque*.— Au fig., dur, brutal: *des manières tudesques*.

TUDIEU! interj. (*tudieu*), sorte de jurement.

TUÉ, E, part. pass. de *tuer*.

TUE-BREBIS, subst. mas. (*tubrebi*), t. de bot., nom vulgaire de la grassotte, très-dangereuse pour les *brebis*.—Au plur., des *tue-brebis*.

TUE-CHIEN, subst. mas. (*tuchiein*), t. de bot., plante pernicieuse aux *chiens*, appelée autrement *colchique*.—Au plur., des *tue-chiens*.

TUE-LOUP, subst. mas. (*tulou*), t. de bot., espèce de plante du genre aconit, qui est un poison pour les *loups*.—Au plur., des *tue-loups*.

TUE-MOUCHE, subst. mas. (*tumouche*), t. de bot., espèce d'agaric très-dangereux pour les *mouches* qui en approchent.—Au plur., des *tue-mouches*.

TUE-POISSON, subst. mas. (*tupoéçon*), t. de bot., la baillère, qui est un poison très-violent pour les *poissons*. — Au plur., des *tue-poissons*.

TUER, v. act. (*tu-é*) (suivant les hellénistes, du grec θυειν, sacrifier, immoler), ôter la vie d'une manière violente: *tuer un homme de sang-froid, d'un coup d'épée, de pistolet*. On ne le dit point des morts violentes par exécution de justice, ni de ceux qui ont été noyés, étouffés ou empoisonnés. — Il se dit de toutes les morts violentes arrivées par accident, et quelquefois des morts naturelles causées par des maladies: *il tomba du haut d'un toit et se tua; un coup de sang l'a tué*. — Il se dit pareillement de tout ce qui cause la mort: *sa tristesse l'a tué; ses débauches le tueront*. — Par exagération, fatiguer excessivement, altérer la santé: *le chagrin le tue*.—Importuner, tourmenter, fatiguer: *il me tue par ses demandes continuelles; son récit est d'une longueur qui me tue*. — Il se dit des animaux que les bouchers assomment ou égorgent: *tuer des bœufs, des moutons*. On dit même: *tuer de la viande*, et neut.: *ce boucher tue deux fois la semaine*.—Fig., faire mourir, détruire: *le grand froid a tué la plupart des arbres*. — *Tuer* ne se dit guère fig., dans le style sérieux, que dans cette phrase: *le péché tue l'âme*. — Cependant on dit bien encore: *la lettre tue et l'esprit vivifie*, il ne faut pas s'attacher trop à la lettre, mais chercher à saisir l'esprit de la lettre.—Fig. et fam.: *tuer le temps*, s'amuser, pour que le temps ne paraisse pas trop long.—*Tuer*, éteindre, détruire: *il faut tuer le feu, la chandelle; une partie d'un tableau en tue une autre*, en détruit l'effet.—SE TUER, v. pron., s'ôter la vie, se donner la mort. — Se fatiguer trop, se trop tourmenter. — Avec le régime *de* ou *à*, se donner beaucoup de peine pour réussir. — Par exagération : *on s'y tue*, il y a une grande affluence de monde en tel endroit.

TUERIE, subst. fém. (*turi*), carnage, massacre. Il est fam. — Endroit où les bouchers *tuent* leurs bêtes. — Par exagération, grande foule : *c'est une vraie tuerie*, on y est si foulé qu'on risque de revenir battu ou *tué*.

TUERO, subst. mas. (*turô*), t. de bot., genre de plantes de la famille des ombellifères.

à TUE-TÊTE, loc. adv. (*atutète*), de toute sa force : *crier, disputer à tue-tête*. Il est fam.

TUEUR, subst. mas. (*tu-eur*), celui qui *tue* les porcs, les sale et les accommode. — Bretteur, assassin. Il est fam. — Fam. : *c'est un tueur de gens*, c'est un homme qui fait le brave.

TUE-VENT, subst. mas. (*tuvan*), dans les ardoisières, etc., abri que les ouvriers se procurent contre le vent, au moyen de claies, de paillassons, de planches, etc. On dit aussi *brise-vent*.— Au plur., des *tue-vent*.

TUF, subst. mas. (*tufe*) (en latin *tufus*), sorte de pierre tendre et grossière. — Terre sèche et dure qui commence à se pétrifier, qui se trouve ordinairement un peu au-dessous de la superficie de la bonne terre. — Fig. : *pour peu qu'on approfondisse cet homme, on rencontre bientôt le tuf*, c'est un homme superficiel, qui ne sait rien à fond. — Chez les tondeurs de draps, *tuf* se dit d'une grosse étoffe à chaîne de fil d'étoupe, à trame de poil de bœuf filé, qui sert à garnir les tables à tondre.

TUFEAU, l'*Académie* écrit TUFFEAU, qui est moins bon; subst. mas. (*tufô*). Voy. TUF.

TUFFÉ, subst. propre mas. (*tufé*), ville de France, chef-lieu de canton, arrond. de Mamers, dép. de la Sarthe.

TUFIER, adj. mas., au fém. TUFIÈRE (*tufié, fière*), qui est de la nature du *tuf*.

TUFIÈRE, adj. fém. Voy. TUFIER.

TUFIÈRE, subst. mas. (*tufière*), nom du principal personnage de la comédie du *Glorieux* de *Destouches*, qui est devenu un nom appellatif pour désigner un glorieux, comme celui de *Tartufe* pour désigner un hypocrite. Il s'emploie ordinairement avec le mot marquis : *c'est un marquis de Tufière*. Le *Glorieux* de *Destouches* est *comte*, et non pas *marquis de Tufière*.

TUG, subst. mas. (*tugue*), t. de relat., étendard turc qui est fait d'une queue de cheval attachée à une pique toute garnie d'enjolivements.

TUGUE ou TUGE, subst. fém. (*tugue, tuje*), t. de mar., espèce d'auvent placé au-devant de la poupe ou de la dunette d'un vaisseau, pour se mettre à l'abri du soleil ou de la pluie.

TUILAGE, subst. mas. (*tuilaje*), dernière façon que donnent aux étoffes les tondeurs de draps. Voy. TUILE, dans sa seconde acception.

TUILE, subst. fém. (*tuile*) (en latin *tegula*, fait de *tegere*, couvrir), terre cuite faite pour couvrir les toits : *un cent de tuiles; ces tuiles ne sont pas assez cuites*.—On appelle *tuiles cornières* ou *gironnées*, des *tuiles* qui se mettent sur les angles, arêtes ou encoignures des toits; *tuiles de gouttières*, des *tuiles* creuses que l'on place dans les gouttières ou descente des toits, etc.; *tuiles faîtières* ou *courbes*, celles qui sont larges, en forme circulaire, et destinées à couvrir les faîtages des maisons.—*Tuiles plates* ou *à crochet*, celles dont on se sert ordinairement pour couvrir les maisons, et qui, pendant qu'elles étaient encore molles, ont été jetées dans un moule.—*Un homme est logé près des tuiles, sous les tuiles*, est logé au plus haut étage de la maison. Fam.—Prov. : *il ne trouverait pas de feu, du feu sur une tuile*, on ne voudrait pas lui donner, lui prêter la moindre chose, le moindre secours. Fam. — Fig. : *c'est une tuile qui m'est tombée sur la tête*, en parlant d'un accident imprévu, d'un malheur subit. —Chez les tondeurs de draps, petite planche de sapin enduite de mastic, qui sert à nettoyer les étoffes de laine et à en coucher le poil.

TUILÉ, E, part. pass. de *tuiler*.

TUILEAU, subst. mas. (*tuilô*), morceau de *tuile* cassée.

TUILER, v. act. (*tuilé*), en t. de tondeur de draps, polir et lustrer avec la *tuile* une étoffe qui a été tondue.—Dans les sociétés de francs-maçons, reconnaître d'une certaine manière un membre à son entrée dans le temple, en lui faisant des questions analogues aux statuts, et auxquelles il doit répondre de même pour être admis.— V. neut., commencer un verset de l'office divin, avant que le côté opposé ait fini le sien. Hors d'usage.

TUILERIE, subst. fém. (*tuileri*), lieu où l'on fait le carreau et la *tuile*.—*Les Tuileries*, subst. propre fém. plur. A Paris, palais qui fut bâti en 1564, par ordre de Catherine de Médicis, dans un emplacement où l'on faisait autrefois des *tuiles*. Il fut continué sous Henri IV et Louis XIV; le jardin fut planté sur les dessins de Le Nostre.

TUILLETTE, subst. fém. (*tuilète*), plaque d'argile qu'on dépose devant certains ouvrages.—Petite *tuile*.

TUILEUR, subst. mas. (*tuileur*), celui qui, dans une loge de francs-maçons, a la fonction de *tuiler* un franc-maçon à son entrée dans le temple.—Adj.: *le frère tuileur*.

TUILIER, subst. mas. (*tuilié*), ouvrier qui fait des *tuiles*.

TUITION, subst. fém. (*tu-icion*), action de voir; défense, protection.

TULA, subst. mas. (*tula*), t. de bot., plante qui croît dans les rochers maritimes du Pérou, et qui paraît former un genre particulier dans la famille des rubiacées.

TULADOXE, subst. mas. (*tuladokce*), t. d'hist. nat., espèce de fossile; vermiculaire conique.

TULASI, subst. mas. (*tulazi*), t. de bot., sorte de plante des Indes.

TULBAGE, subst. mas. (*tulebaje*), t. de bot., genre de plantes monogynes.

TULIPAIRE, subst. mas. (*tulipère*), t. d'hist. nat., polypier des Antilles qu'on avait rangé parmi les cellaires, mais dont on a fait ensuite un genre particulier.

TULIPE, subst. fém. (*tulipe*) (du turc *tulipant*, qui a la même signification), plante bulbeuse, originaire de Cappadoce, dont la fleur est composée de six pétales imitant une cloche.—Il y a des *tulipes doubles panachées* qui font un très-bel effet dans les bordures des plates-bandes; elles sont plus long-temps en fleur que les autres. Les *doubles de Hollande* passent pour les plus belles, et sont aussi chères que nos doubles communes. Il y a aussi des *tulipes doubles jaunes*, qu'on appelle *cocardes*, et dont la tige est si faible qu'elle ne peut soutenir la fleur. Parmi les autres espèces de *tulipes*, on distingue la *tulipe odorante*, appelée *duc de Thol*. Sa tige est toujours fort courte; sa fleur est jaune ou rouge, et très-pointue. La *tulipe sauvage*, qu'on trouve dans presque toute l'Europe, est une espèce botanique. Elle est vivace, a des feuilles plus étroites que l'espèce cultivée, une fleur jaune, penchée, velue, odorante, avec des pétales terminés en pointe aiguë. La beauté de la *tulipe* consiste dans la hauteur de la baguette, c'est-à-dire, de la tige; dans la forme de son calice, qu'on exige grand, large sans être évasé; dans les nuances de ses couleurs, qui doivent être bien distinctes et bien coupées. On y recherche le brun et le noir. Il faut enfin qu'elle ait trois couleurs bien marquées. — T. d'hist. nat., nom que les marchands donnent à des coquilles du genre balanite, du genre fasciolaire et du genre des volutes. — Coquille du genre cône.—On appelle encore ainsi la fasciolaire. — En t. de bot., c'est l'hémanthe écarlate.

TULIPIER, subst. mas. (*tulipié*), t. de bot., sorte d'arbre originaire de l'Amérique septentrionale.

TULIPIFÈRES, subst. m. pl. et adj. des deux genres (*tulipifère*), t. de bot., famille d'arbres et d'arbrisseaux, dont les fleurs sont belles, grandes et odorantes, telles que celles du *tulipier*.

TULLE, subst. mas. (*tule*), sorte d'entoilage en réseau, sans fleurs.

TULLE, subst. propre mas. (*tule*), ville de France, chef-lieu du dép. de la Corrèze.

TULLINS, subst. propre mas. (*tulein*), ville de France, chef-lieu de canton, arrond. de Saint-Marcellin, dép. de l'Isère.

TULOSTOME, subst. mas. (*tulocetome*), t. de bot., sorte de plante globuleuse; la vesse-loup pédonculée.

TUMBLER, subst. mas. (*tonblère*), t. d'hist. nat., sorte de pigeon d'Angleterre.

TUMÉFACTION, subst. fém. (*tuméfakcion*), t. de médec. et de chir., *tumeur*, enflure anormale en quelque partie du corps.

TUMÉFIÉ, E, part. pass. de *tuméfier*.

TUMÉFIER, v. act. (*tuméfié*) (en latin *tumefacere*), t. de médec., causer une *tumeur* : *cette fluxion a tuméfié la partie*. — SE TUMÉFIER, v. pron., devenir enflé.

Tûmes, 1re pers. plur. prét. déf. du verbe irrégulier TAIRE.

TUMESCENCE, subst. fém. (*tuméceçance*), t. de medec., enflure, gonflement.

TUMESCENT, E, adj. (*tuméceçan, çante*), t. de médec., ce qui grossit, ce qui enfle.

TUMEUR, subst. fém. (*tumeur*) (en latin *tumor*, fait de *tumere*, s'enfler, se gonfler), t. de médec., enflure en quelque partie du corps, causée par accident ou par maladie.—Les *tumeurs* formées par les liquides émanés du sang sont : *les tumeurs enkystées, la tumeur lacrymale, les tumeurs biliaires, les tumeurs urinaires*, etc.— *Tumeur blanche*; on a quelquefois donné ce nom à l'hydropisie des articulations; mais les chirurgiens français appellent généralement *tumeurs blanches* les gonflements des grandes articulations, sans changement de couleur à la peau, et d'une consistance plus ou moins solide.—*Tumeur enkystée*, loupe; on lui a donné une signification plus étendue, et on désigne par ce mot toute *tumeur* formée par l'épanchement d'un liquide contenu dans une poche ou kyste, soit que cette poche appartienne au tissu dans lequel s'est formée la *tumeur*, soit qu'elle y soit étrangère. — *Tumeur variqueuse*; on donne ce nom aux *tumeurs* circonscrites, fongueuses, rouges, quoique sans inflammation, formées par la dilatation et l'engorgement des vaisseaux veineux capillaires d'une partie.—*Tumeur érectile*, tuméfaction produite par un tissu mou, vasculeux, susceptible de gonflement et d'affaissement. — *Tumeur fongueuse*, celle formée par un *fongus*. —On donne aussi le nom de *tumeurs* aux loupes des végétaux.

TUMULAIRE, adj. des deux genres (*tumulère*), de tombeau : *pierre tumulaire*.

TUMULTE, subst. mas. (*tumulete*) (en latin *tumultus*, fait de *tumere*, s'enfler), grand bruit accompagné de confusion et de désordre. Voy. VACARME. — Fig. : *le tumulte des passions*, le trouble qu'elles excitent dans l'âme. — On dit aussi en morale : *le tumulte du monde, le tumulte des affaires*.— *En tumulte*, loc. adv., en confusion, en désordre.

TUMULTUAIRE, adj. des deux genres (*tumuletu-ère*), qui se fait avec *tumulte*, avec précipitation, contre les formes et les lois.—TUMULTUAIRE, TUMULTUEUX. (*Syn.*) *Tumultueux* est à *tumultuaire* à peu près comme la cause à l'effet : du moins *tumultuaire* désigne le résultat, le germe où le *tumulte* aboutit naturellement; tandis que *tumultueux* marque l'existence du *tumulte*. Une discussion *tumultueuse* produira une décision *tumultuaire*. Avec des passions *tumultueuses* on n'a que des volontés *tumultuaires*.

TUMULTUAIREMENT, adv. (*tumuletu-èreman*), d'une manière *tumultuaire*.

TUMULTUÉ, part. pass. de *tumultuer*.

TUMULTUER, v. neut. (*tumuletu-é*), faire du *tumulte*, du bruit. Vieux et même hors d'usage.

TUMULTUEUSE, adj. fém. Voy. TUMULTUEUX.

TUMULTUEUSEMENT, adv. (*tumuletu-euzeman*), en *tumulte*, séditieusement.

TUMULTUEUX, adj. mas., au fém. TUMULTUEUSE (*tumuletu-eu, euze*), qui excite beaucoup de *tumulte*. — Qui se fait avec *tumulte*. — Séditieux.—*Esprit tumultueux*, brouillon, emporté, séditieux.

TUMULUS, subst. mas. (*tumuluce*) (mot tout lat.), t. d'antiq., amas de terre ou de pierre, en forme de cône, que les anciens élevaient au-dessus des sépultures.

TUNGA, subst. mas. (*tongua*), t. d'hist. nat., puce d'Amérique, qui pénètre sous les ongles des orteils, et qui fait beaucoup souffrir.

TUNGSTATE, subst. mas. (*tonguecetate*), t. de chim., nom générique des sels formés par la combinaison de l'acide *tungstique* avec différentes bases.

TUNGSTÈNE, subst. mas. (*tonguecetène*), t. d'hist. nat., substance métallique, et dont le nom, pris du suédois, signifie *pierre pesante*, parce que quelques-unes de ses mines ont une apparence pierreuse.

TUNGSTIQUE, adj. des deux genres (*tonguecetike*), t. de chim., *acide tungstique*, dont le *tungstène* est la base.

TUNHIEN, subst. mas. (*tuniein*), t. de bot., sorte de petit arbrisseau de la Cochinchine.

TUNICELLE, subst. fém. (*tunicèle*), petite tu

nique blanche que quelques religieux portaient sous leur habit.

TUNICIER, subst. mas. (*tunicié*), t. d'hist. nat., classe d'animaux sans vertèbres.

TUNIQUE, subst. fém. (*tunike*) (en lat. tunica), espèce de chemise de laine, sorte de vêtement de dessous que portaient les anciens, etc. — Vêtement de femme chez les anciens—Habillement des évêques sous la chasuble quand ils officient pontificalement. — Sorte de veste que les rois revêtent, par dessous le manteau royal, à leur sacre. — Nom donné à la dalmatique des diacres et sous-diacres. — En anat. et en bot., pellicule ou membrane qui enveloppe certaines parties du corps de l'animal ou des plantes. On dit surtout : *les tuniques de l'œil*. — T. de bot. : *tunique propre*, celle qui recouvre les semences et qui se déchire dans le temps de la germination.

TUNIQUÉ, E, adj. (*tunikié*), t. de bot., recouvert de *tuniques*.

TUNIS, subst. propre mas. (*tunice*), royaume de Barbarie sur la côte d'Afrique.

TUNISIEN, subst. mas. (*tunisiein*), t. d'hist. nat., espèce d'oiseau. Voy. ALPHANET.

TUNISIEN, subst. et adj. mas., au fém. TUNISIENNE, (*tunisiein, sière*), qui est de *Tunis*, qui a rapport ou qui appartient à *Tunis*.

TUNISIENNE, subst. et adj. fém. Voy. TUNISIEN.

TUNQUOIR, subst. prop. mas. (*tonkicin*), contrée d'Asie, dépendante de l'empire d'Annan.

TUNQUINOIS, E, subst. propre et adj. (*tonkinoa, noaze*), qui est de *Tunquin*, qui a rapport à la ville ou au royaume de Tunquin.

TUORBE, subst. mas. (*tu-orbe*), instrument de musique à cordes. Voy. THÉORBE.

TUPINAMBIS, subst. mas. (*tupinambice*), t. d'hist. nat., espèce de lézard qu'on trouve dans l'Amérique méridionale, et qui sert de type à un genre du même nom.

TUPISTRE, subst. mas. (*tupiestre*), t. de bot., plante d'Amboine qui a une racine bulbeuse, et qui paraît avoir de grands rapports avec l'orange du Japon.

TUNQUET, subst. mas. (*tonkié*), t. d'hist. nat., espèce de hibou.

TURBAN, subst. mas. (*turban*) (du mot turc *tulbant* ou *tulbent*, pris du persan *dulbaud*, lequel est formé de l'arabe *dul*, action d'étendre, d'entourer, et de *band* ou *bend*, écharpe, bande; bande ou écharpe entourée. Ménage, d'après Vossius, etc.), coiffure des Orientaux, faite d'une longue pièce de toile ou de taffetas entrelacée autour d'un bonnet. — Fam. : *prendre le turban*, se faire mahométan. — On a donné quelquefois ce nom au martagon, sorte de plante liliacée. — Espèce de coquille du genre des casques.—Autre espèce de coquille du genre des toupies, que l'on nomme *bouton de camisole*, et dont on a fait le genre *bouton*. — Subst. mas. plur., toiles de coton rayées dont on se sert pour couvrir les *turbans*.

TURBARIÉ, E, adj. (*turbarié*); il se dit des lieux, des carrières d'où l'on tire la *tourbe*.

TURBATIF, adj. mas., au fém. TURBATIVE (*turbatif, tive*), qui trouble. Peu en usage.

TURBATIVE, adj. fém. Voy. TURBATIF.

TURBE, subst. fém. (*turbe*), t. de vieille jurispr. qui ne se dit que dans cette phrase : *enquête par turbes*, qui signifiait une enquête abrogée qui se faisait autrefois pour constater les usages, les coutumes des lieux : *les témoins entendus dans les enquêtes par turbes se nommaient turbiers, et dix turbiers ne faisaient qu'un seul témoin.* L'Académie, qui cite cet exemple, ne nomenclature pas le mot TURBIER.

TURBÉ, adj. subst. mas. (*turbé*), t. de relat., espèce de chapelle sépulcrale chez les Turcs, que chaque sultan fait construire pour lui et pour ses enfants, à côté de quelque mosquée impériale.

TURBIE, subst. fém. Voy. TURCIE.

TURBIER, subst. mas. (*turbié*), t. de vieille jur., témoin entendu dans l'enquête par *turbes*.

TURBINAIRE, subst. mas. (*turbinère*), t. d'hist. nat., animal du genre des coquilles appelées *sabots*.

TURBINE, subst. fém. (*turbine*), espèce de tribune : c'est ce que l'on nomme *jubé* dans les églises. C'était un endroit où se mettaient, pour chanter, certains religieux ou pénitents qui ne voulaient pas être vus. — T. d'archit., tribune de l'orgue, celle des musiciens d'une église.

TURBINÉ, E, adj. (*turbiné*) (en latin *turbineus*, fait de *turbo*, toupie, sabot), en bot., qui se rapproche de la forme d'une toupie ou d'une poire. — T. d'hist. nat. : *coquillage turbiné*, contourné, qui tourne en spirale.

TURBINELLE, subst. fém. (*turbinéle*), t. d'hist. nat., genre de testacés de la classe des univalves, qui offre pour caractères : une coquille un peu *turbinée*, canaliculée à sa base, et ayant sur la columelle trois à cinq plis inégaux, comprimés, transverses. Ce genre faisait partie des volutes de Linnée, et en a été séparé.

TURBINÉLIER, subst. mas. (*turbinélié*), t. d'hist. nat., animal des *turbinelles*; il a une des tentacules en massue portant les yeux à leur base.

TURBINITE, subst. fém. (*turbinite*), t. d'hist. nat., coquille *turbinée* ou en spirale, qui est fossile.

TURBINOLIE, subst. fém. (*turbinoli*), t. d'hist. nat., genre de polypiers lamelliformes, établi aux dépens des madrépores.

TURBITH, subst. mas. (*turbite*), t. de bot., espèce de globulaire qui est un purgatif violent. — *Turbith blanc* ou *séné* des Provençaux, petit arbrisseau qui croît dans le midi de la France, et dont les feuilles imitent celles du myrte : c'est une espèce de globulaire, et un purgatif très-violent. — *Turbith bâtard*. Voy. TAPSIE. — *Turbith noir*, l'euphorbe des marais. — T. de chim. anc., *turbith minéral*, préparation jaune du mercure. C'est le sulfate de mercure jaune des chimistes modernes. — *Turbith nitreux*, nitrate de mercure.

TURBOT, subst. mas. (*turbô*), poisson de mer osseux, plat, holobranche et thoracique.

TURBOTIÈRE, subst. fém. (*turbotière*), casserole à double fond troué pour faire cuire le poisson, des turbots.

TURBOTIN, subst. mas. (*turbotein*), turbot de la petite espèce.

TURBULEMMENT, adv. (*turbulaman*), d'une manière turbulente.

TURBULENCE, subst. fém. (*turbulance*), caractère de celui qui est turbulent, impétuosité, etc. Voy. PÉTULANCE.

TURBULENT, E, adj. (*turbulan, lante*) (en latin *turbulentus*), impétueux ; porté à faire du bruit, à exciter du trouble, du désordre : *homme turbulent ; cet enfant est turbulent ; esprit turbulent*.

TURC, subst. mas. (*turke*), la langue *turque*. — L'empereur des *Turcs*. — La nation *turque* : *le Turc fut vaincu*. — *Être fort comme un Turc*, être très-fort. — *C'est un vrai Turc*, un homme inexorable, sans pitié. — *Se faire Turc*, mahométan. — Prov. : *traiter de Turc à More*, sans quartier, avec une extrême rigueur, à cause de la haine qui subsiste entre les *Turcs* et les Arabes, et les rigueurs exercées par les premiers contre les seconds.—*Le grand-turc*, l'empereur des *Turcs*, le sultan.—En t. d'hist. nat., on appelle aussi *turc* un petit ver qui s'engendre entre l'écorce et le bois de certains arbres.

TURC, adj. mas., au fém. TURQUE (*turke*), qui est de *Turquie*, qui appartient aux *Turcs*. — *Chien turc*, espèce de chien sans poil. — *A la turque*, loc. adv., à la manière des *Turcs*. — Traiter quelqu'un à la turque, sans ménagements.

TURCARET, subst. mas. (*turkarè*) (de Turcaret, personnage de Le Sage, dont le nom s'est converti en substantif.) se dit d'un homme enrichi sans mérite, d'un agioteur qui a fondé une fortune scandaleuse sur la misère publique.

TURCIE, subst. fém. (*turci*) (du latin *turgere*, s'enfler, être enflé ; parce que l'effet de la *turcie* est d'arrêter le débordement des eaux enflées), levée ou chaussée de pierre en forme de digue, pour empêcher l'inondation d'une rivière.

TURCIQUE, adj. des deux genres (*turcike*), t. d'anat.; on donne le nom de *selle turcique* à l'excavation de la surface supérieure du sphénoïde, dans laquelle entre ou a loge la glande pituitaire.

TURCOIN, subst. mas. (*turkoein*), nom que les fabricants de camelot donnent au poil de chèvre filé.

TURCOIS, subst. mas. (*turkoa*), carquois. (Boiste.) Vieux et inusité.

TURCOL, subst. mas. (*turkole*), t. de relat., espèce d'ermitage que bâtissent les brachmanes des Indes.

TURCOLÂTRE, subst. mas. (*turkolâtre*), qui aime les *Turcs*. Presque inusité.

TURCOMAN, E, adj. et sub. (*turkoman, mane*), nom d'une tribu de race turque, et nomade.

TURCOMANE, subst. et adj. des deux genres (*turkomane*), partisan, admirateur des *Turcs*. Presque inusité.

TURCOMANIE, subst. fém. (*turkomani*), admiration pour les *Turcs*, de leur gouvernement, etc. Peu usité.

TURCOPHILE, subst. des deux genres (*turkofile*), ami des *Turcs*. Peu usité.

TURCOPOLE, subst. mas. et adj. des deux genres (*turkopole*), nom que les *Turcs* donnent aux enfants nés d'un père *turc* et d'une mère grecque, et qui étaient destinés à la milice. — Au rapport de *Guillaume de Tyr*, les *turcopoles* étaient des compagnies de chevaux-légers.

TURCOPOLIER, subst. mas. (*turkopolié*) : grand turcopolier, général de la cavalerie de l'ordre de Malte. Avant le schisme de l'Angleterre, le *turcopolier* était chef de la langue anglaise.

TURDUS, subst. mas. (*turduce*), t. d'hist. nat., espèce d'oiseau qu'on croit se rapprocher beaucoup de la grive.

TURELURE, et quelques-uns TURLURE, subst. fém. (*turelure*), refrain de chanson. — Fig. et fam. : *c'est toujours la même turelure*, la même chose, la même façon.

Turent, 3e pers. plur. prét. déf. du verbe irrégulier TAIRE.

TURGESCENCE, subst. fém. (*turjeceçance*) (du lat. *turgescere*, s'enfler), t. de médec., gonflement occasioné par une vive agitation, un désir violent ; la même chose qu'*orgasme*.

TURGESCENT, E, adj. (*turjeceçan, çante*) (du lat. *turgescere*, s'enfler), qui s'enfle.

TURGIDE, adj. des deux genres (*turjide*), (en lat. *turgidus*), enflé, bourrouflé.

TURGOT, subst. mas. (*turgo*), sorte de papier.

TURGOTIE, subst. fém. (*turgoci*), t. de bot., genre de plantes.

TURGOTINE, subst. fém. (*turgotine*), sorte de voiture publique.

TURIE, subst. fém. (*turi*), t. de bot., genre de plantes de la famille des cucurbitacées.

TURION, subst. mas. (*turi-on*) (en lat. *turio*, gén. *turionis*), t. de bot., bourgeon radical des plantes vivaces. L'asperge qu'on mange est le *turion* de la plante.

TURIQUE, subst. fém. (*turike*), espèce de gomme. — Adj. des deux genres : *gomme turique*.

TURITE, subst. fém. (*turite*), t. de bot., sorte de plante des montagnes.

TURLOTTE, subst. fém. (*turlote*), sorte de pêche qui se fait à la ligne.

TURLUPIN, subst. mas. (*turlupein*), nom d'un acteur de nos anciennes comédies, et qui a servi depuis à désigner un mauvais plaisant, un faiseur de mauvais jeux de mots : *c'est un turlupin, un méchant turlupin*.

TURLUPINADE, subst. fém. (*turlupinade*), plaisanterie de mauvais jeux de mots.

TURLUPINÉ, E, part. pass. de *turlupiner*.

TURLUPINER, v. neut. (*turlupiné*), faire ou dire des *turlupinades*. — Act., se moquer de quelqu'un, le tourner en ridicule. Style fam. — *se TURLUPINER*, v. pron.

TURLURE. Voy. TURELURE.

TURLURETTE, subst. fém. (*turlurète*), *turlure*; espèce de guitare de mendiant, etc., sous Charles VI.

TURLUT, subst. mas. (*turlu*), t. d'hist. nat., sorte d'alouette.

TURLUTAINE, subst. fém. (*turlutène*), serinette. Hors d'usage.

TURLUTÉ, part. pass. de *turluter*.

TURLUTER, v. neut. (*turluté*), imiter le chant du *turlut*; contrefaire le son du flageolet. Hors d'usage.

TURLUTUTU, subst. mas. (*turlututu*), onomatopée burlesque, sorte d'imitation du bruit de la flûte.

TURME, subst. fém. (*turme*), t. d'antiq., partie d'une légion romaine, compagnie de cavalerie de trente hommes.

TURNAIRE, subst. mas. (*turnère*), autrefois, chanoine qui nommait à son *tour* aux bénéfices.

TURNEPS, subst. mas. (*turnèpece*), espèce de navet ou de rave, que l'on cultive en Angleterre pour la nourriture des bestiaux.

TURNÈRE, subst. fém. (*turnère*), t. de bot., genre de plantes trigynes.

TURNIPS, subst. mas. (*turnipce*), t. d'hist. nat., caille de Madagascar.

TURPINIE, subst. fém. (*turpini*), t. de bot., espèce de plante de St-Domingue.

TURPITUDE, subst. fém. (*turpitude*) (en latin *turpitudo*), infamie provenant de quelque action honteuse.—*Découvrir la turpitude d'un homme, d'une famille*, quelque chose qui peut lui faire honte.

TURPOT, subst. mas. (*turpô*), t. de mar., solive de cinq à six pieds, placée au château d'avant du navire.

TURQUE, subst. et adj. fém. Voy. TURC.

TURQUERIE, subst. fém. (*turkeri*), manière *turque*.

TURQUET, subst. mas. (*turkiè*), petit chien.— Froment dont l'épi est bleu.

TURQUETTE, subst. fém. (*turkiète*), t. de bot., petite plante annuelle qu'on croit faussement propre à guérir les hernies.

TURQUIE, subst. propre fém. (*turki*), empire qui s'étend en Europe et en Asie; la capitale est Constantinople.

TURQUIN, adj. mas. (*turkiein*) (de l'italien *turchino*, fait dans la même signification de *turco*, turc, parce que le bleu est la couleur favorite des *Turcs*. Ménage.): *bleu turquin*, foncé. — Subst. mas., t. d'hist. nat., tangara bleu du Brésil.

TURQUOISE, subst. fém. (*turkoaze*), pierre précieuse de couleur bleue et qui n'est point transparente. — Étoffe qui imite celles qu'on fabrique en *Turquie*.

TURRÉE, subst. fém. (*turere*), t. de bot., genre de plantes monogynes de la famille des méliacées.

TURRICULÉ, adj. (*turikulé*), fait en rond, en forme de *tour*.

TURRIGÈRE, adj. des deux genres (*turerijère*), myth., surnom de Cybèle qui porte sur la tête une *tour*.

TURRILITHE, subst. fem. (*tureriliie*), t. d'hist. nat., genre de testacés fossiles et univalves.

TURRITE, subst. fém. (*turerite*), t. de bot., sorte de plante apéritive et rafraîchissante.

TURRITÈLE, subst. fém. (*tureritèle*), t. d'hist. nat., genre de testacés à coquille *turriculée*.

TURSIO, subst. mas. (*turci-o*), t. d'hist. nat., espèce de poisson.

TUSCULANES, subst. fém. plur. (*tucekulane*), nom d'œuvres philosophiques de Cicéron.

TUSÈBE, subst. mas. (*tuzèbe*), t. d'hist nat., sorte de marbre noir.

TUSSAC, subst. mas. (*tuçak*), t. de bot., genre établi pour placer deux plantes de l'Amérique septentrionale, dont l'une est le satyrion rampant et l'autre la néotie rampante.

TUSSILAGE, subst. mas. (*tucilaje*) (du latin *tussilago*, formé de *tussis*, toux, et d'*agere*, dans le sens de pousser, chasser; *qui chasse la toux*), t. de bot., plante vivace à fleur radiée qui croît sur le bord des rivières : elle est béchique et adoucissante.

TUSSILAGINE, subst. fém. (*tucilajine*), t. de bot., sorte de plante du cap de Bonne-Espérance.

TUT, subst. mas. (*tute*). Voy. TUTE.

TUTANUS, subst. propre mas. (*tutânuce*), (formé du latin *tutus*, sûr), myth., dieu de la sûreté.

TUTE, subst. fém. (*tute*), creuset à pattes, et pointu.

TUTÉLA, subst. propre fém. (*tutéla*), myth., on donnait ce nom à la statue du dieu ou de la déesse qu'on mettait sur la proue d'un vaisseau, pour en être la divinité *tutélaire*. Voy. TUTÉLINA.

TUTÉLAIRE, adj. des deux genres (*tutélère*) (en latin *tutelarius*, fait de *tutela*, défense, protection), qui garde, qui protège : *bonté tutélaire*, *puissance tutélaire*.—*Dieux tutélaires*, chez les anciens, dieux particuliers d'un lieu, d'une ville, d'une contrée, etc.

TUTELLE, subst. fém. (*tutèle*) (du latin *tutela*, employé par *Ulpien* dans la même acception, et qui signifie proprement rempart, protection, défense), autorité donnée par la loi ou par le magistrat, ou par la volonté d'un testateur, pour avoir soin de la personne et des biens d'un mineur. — *Être en tutelle*, ou *hors de tutelle*, au propre, être ou n'être plus sous l'autorité d'un tuteur. — Fig. et fam. : être gêné, observé, gouverné, ou ne l'être plus. — *Être dispensé, exempté de tutelle*, dispensé par la loi d'être *tuteur* ou curateur. — On dit aussi *être sous la tutelle de quelqu'un*, *être sous la tutelle des lois*, pour dire être sous la protection de quelqu'un, sous la protection des lois. —On appelle *privilège de tutelle et curatelle* un privilège qui dispense d'être *tuteur* et curateur. — *Tutelle officieuse*, protection accordée à un enfant mineur par une personne qui se propose de l'adopter à son âge de majorité. — En t. de mar., armes de la nation, du prince ou du patron, sculptées au derrière d'un navire.

TUTENAGUE (*tutenague*). Voy. TOUTENAGUE.

TUTEUR, subst. mas., au fém. **TUTRICE** (*tuteur, trice*) (en latin *tutor*; fait de *tutare*, défendre, protéger), celui, celle qui a la *tutelle* de quelqu'un. — *Tuteur honoraire*, celui qui ne fait que diriger les affaires d'un mineur. — *Tuteur onéraire*, celui qui sollicite les procès, reçoit les revenus et rend compte (du latin *onerarius*, fait d'*onus*, *oneris*, charge, fardeau). — *Tuteur ad hoc*, celui qui est nommé à un mineur pour un objet déterminé. — On appelle *subrogé tuteur*, celui qui est nommé à l'effet d'assister à la levée du scellé, à l'inventaire et à la vente des meubles. Lorsque le conjoint survivant est *tuteur* de ses enfants, on nomme un *subrogé tuteur* pour servir de contradicteur vis-à-vis du père ou de la mère, dont les intérêts peuvent être différents de ceux des enfants. — En t. de jardinier, *tuteurs*, pieux longs et forts que l'on plante près de la tige des jeunes arbres, pour empêcher qu'ils ne soient renversés par le vent.

TUTIA, ou **TUCIA**, subst. propre fém. (*tuci-a*), myth., vestale qui, accusée d'un crime, prouva son innocence, dit-on, en puisant de l'eau dans un crible, qu'elle porta du Tibre au temple de Vesta.

TUTIE, subst. fém. (*tuti*) (de *tutenag*, nom que les Chinois donnent au zinc), chaux ou oxyde de zinc.

TUTION, subst. fém. (*tuci-on*), tutelle. Vieux.

TUTOIEMENT, ou **TUTOÎMENT**, (*L'Académie* donne les deux) subst. mas. (*tutoéman*), action de *tutoyer*.

TUTOYÉ, E, part. pass. de *tutoyer*.

TUTOYER, v. act. (*tutoè-ié*). Il se conjugue comme *employer*. User du mot *tu*, *te* et *toi* en parlant à quelqu'un. — *se* TUTOYER, v. pron.

TUTOYEUR, subst. mas., au fém. **TUTOYEUSE** (*tutoè-ieur, ieuze*), qui tutoie habituellement.

TUTOYEUSE, subst. fém. Voy. TUTOYEUR.

TUTRICE, subst. fém. Voy. TUTEUR.

TUTUBÉ, part. pass. de *tutuber*.

TUTUBER, v. neut. (*tutubé*) (de *tu*, *tu*, onomatopée du cri de la chouette), crier comme la chouette. Presque inusité.

TUTUNDJI, subst. mas. (*tutondeji*), t. de relat., nom des marchands de tabac, en Turquie.

TUYAU, subst. mas. (*tui-iô*) (suivant *Ménage*, du latin *tubellus*, dimin. de *tubus*, tuyau), tube ou canal de fer, de plomb, de fer-blanc, de cuivre, de bois, de terre cuite, etc. : *tuyau de fontaine*, *d'orgue*, *de lunette à longue-vue*, etc., *tuyau* ne diffère de *tube* que par l'emploi qu'on en fait. —L'ouverture d'une cheminée depuis le manteau jusqu'en haut. Voy. TUBE. — L'ouverture et le canal des lieux d'aisances. —*Tuyau dévoyé*, détourné de sa direction verticale.—Le bout creux de la plume des oiseaux.— La tige du blé et des autres plantes qui ont la tige creuse. — Fig. : *parler dans le tuyau de l'oreille*, parler bas à quelqu'un. — *Tuyau cloisonné*, t. d'hist. nat., les orthocératites; *tuyau de mer*, nom qu'on donne aux coquilles qui sont en forme de chalumeau; les dentales, les arrosoirs, les tubulaires, etc.; *tuyau d'orgue*, nom que les marchands donnent au tubipore de mer; *tuyau de plume*, nom vulgaire du pygnate pélasgique. — *Tuyau trompette*, t. de bot., nom vulgaire des serpules.

TUYÈRE, subst. fém. (*tui-ière*), dans les forges, conduit, *tuyau* par où passe le vent des soufflets.

TY, subst. mas. (*ti*), flûte chinoise à six trous.

TYCHÉ, subst. propre mas. (*tiché*), myth., nom que les Grecs donnaient à la Fortune.—C'était aussi le nom d'une nymphe, fille de l'Océan et de Téthys, et celui d'une des Hyades.

TYDÉE, subst. propre mas. (*tidé*), myth., fils d'OEnée et d'Althée. Il fut envoyé par Polynice auprès d'Étéocle, roi de Thèbes, pour le sommer de lui rendre son royaume; mais en ayant été mal reçu, il le défia en toutes sortes de combats, où il eut toujours l'avantage. Étéocle, indigné de se voir vaincu, lui tendit plusieurs pièges, auxquels *Tydée* sut heureusement échapper; mais quelque temps après, il fut tué au siége de Thèbes.

TYCHON, subst. propre mas. (*tichon*), myth., nom que les anciens donnaient au dieu de l'impureté.

TYEN, subst. mas. (*ti-ein*), monnaie chinoise.

TYLIPHORE, subst. fém. (*tilifore*), t. de bot., genre de plantes monogynes.

TYLODINA, subst. fém. (*tilodina*), t. d'hist. nat., genre de mollusques.

TYLOME, subst. mas. (*tilome*) (du grec τυλος, clou), t. de chir., cal, cor aux pieds.

TYLOPODE, subst. mas. (*tilopode*), t. d'hist. nat., mammifère ruminant.

TYLORE, subst. fém. (*tilore*), t. de chir., petite tumeur des paupières.

TYMBRE, subst. mas. (*teinbre*), t. de bot., la sarriette de Crète.

TYMPAN, subst. mas. (*teinpan*) (du grec τυμπανον, tambour), en anat., partie de l'intérieur de l'oreille, qu'on appelle aussi *tambour*. *Faire un bruit à briser le tympan*, faire beaucoup de bruit. — Dans l'imprimerie, feuille de parchemin ou de toile fortement tendue sur un châssis de fer ou de bois : *grand tympan*, celui sur lequel on fixe la feuille; *petit tympan*, celui qui s'enchâsse dans le grand. — En t. d'archit., l'espace du fronton qui est compris entre les trois corniches. — En t. d'hydraul., machine en forme de roue pour élever l'eau.— En t. de menuis., panneau renfermé entre des moulures.— En t. de mécan. et d'horlog., pignon enté sur son arbre, et qui engrène dans les dents d'une roue.—Roue creuse, que l'on nomme aussi *roue à tambour*, dans laquelle un ou plusieurs hommes marchent pour la faire tourner.

TYMPANE, subst. fém. (*teinpane*), t. de bot., champignon sessile en forme de coupe, recouvert d'un volva qui s'entr'ouvre pour laisser sortir des semences en forme de poussière. Ce champignon forme un genre encore peu connu en France.

TYMPANIE, subst. fém. (*teinpani*), t. d'hist. nat., sorte de perle ronde par le haut et plate par le bas.

TYMPANIQUE, adj. des deux genres (*teinpanike*), t. d'anat., qui a rapport à la cavité du *tympan*.— On appelle *artère tympanique*, l'artère auditive externe; et *rameau tympanique du facial*, le nerf connu sous le nom de *corde du tympan*.

TYMPANISÉ, E, part. pass. de *tympaniser*.

TYMPANISER, v. act. (*teinpanizé*) (du grec τυμπανιζειν, battre du tambour), décrier publiquement quelqu'un; s'en moquer hautement, en faire des railleries publiques, et comme au son du tambour.—*se* TYMPANISER, v. pron.—Fort peu usité, quoique l'*Académie* insère elle-même ce mot.

TYMPANITE, subst. fém. (*teinpanite*) (du grec τυμπανον, tambour), t. de médec., enflure du bas-ventre causée par des vents qui, y étant retenus, tendent la peau comme celle d'un tambour. — *Tympanite auditive*, inflammation de la membrane du *tympan*.

TYMPANON, subst. mas. (*teinpanon*) (du grec τυμπανον, tambour), instrument de musique monté avec des cordes de fil de fer ou de laiton, et qu'on touche avec de petites baguettes de bois.

TYMPANNE, subst. fém. (*teinpane*), pièce d'étoffe suspendue d'un pilier à l'autre. Inusité.

TYMPE, subst. fém. (*teinpe*), pierre taillée placée sur le devant d'un fourneau de forges.

TYMPFE, subst. fém. (*teinpefe*), monnaie de billon, en Pologne.

TYMPHRÉE, subst. fém. (*teinfré*), t. d'antiq., terre marneuse qui tenait lieu de plâtre ou de ciment, chez les anciens.

TYNDARIDE, subst. propre mas. (*teindaride*), myth., nom des descendants de *Tyndare*.

TYPE, subst. mas. (*tipe*) (du grec τυπος, modèle, forme, signe, fait de τυπτειν, frapper), modèle, figure originale. En ce sens, il n'est usité que dans le didactique : *selon Platon, les idées de Dieu sont les types de toutes les choses créées.* — En parlant de l'ancien Testament, par rapport au nouveau, symbole. — En astron., description graphique : *le type des éclipses est d'un grand secours.*—Espèce de copie par impression; ce qui résulte d'un coup frappé, imprimé.—On dit, à peu près dans le même sens : *le type d'une médaille.*—T. de peint. et de sculpt., image de quelque objet qui fait autorité et qui sert de règle pour d'autres images semblables.—En médec., ordre dans lequel se développent et se succèdent les symptômes d'une maladie.—*Le type d'une fièvre*, son plus ou moins de régularité. — TYPE, MODÈLE. (*Syn.*) Le *type* porte l'empreinte de l'objet; le *modèle* en est la règle. Le *type* vous représente ce que les objets sont aux yeux; le *modèle* vous montre ce que les objets doivent être. Le *type* est fidèle, il est tel que la chose; le *modèle* est bon, il faut faire la chose d'après lui. — Vous tirerez des espèces de copies du *type* par impression ; vous en ferez du *modèle*, par imitation. L'imprimeur, ou typographe, travaille sur des *types*; le sculpteur, comme le peintre, travaille d'après des *modèles*.

TYPHACÉE, subst. fém. (*tifacé*), t. de bot., famille de plantes marécageuses.

TYPHE, subst. mas. (*tife*), t. d'hist. nat., espèce de poisson.

TYPHIE, subst. fém. (*tifi*), nom spécifique par lequel on a désigné une espèce de couleuvre.

TYPHIQUE, adj. des deux genres (*tifike*), t. de médec., qui est relatif au *typhus*.

TYPHIS, subst. mas. (*tifice*), t. d'hist. nat., genre de coquilles qu'on a établi pour placer quelques espèces de rochers. — Genre de crustacés que l'on trouve dans le golfe de Nice, et qui paraît devoir être rapporté à l'ordre des amphipodes.

TYPHLE, subst. mas. (*tifle*), t. d'hist. nat., espèce de poisson qui paraît appartenir au genre des syngnathes.

TYPHLOPS, subst. mas. (*tifelopece*), t. d'hist. nat., genre de reptiles ophidiens, établi pour placer l'orvet lombric, et quelques autres qui ont, comme lui, le museau déprimé, avancé, garni de plaques, la langue assez longue et fourchue, l'œil à peine visible, et l'anus presque à l'extrémité du corps.

TYPHLOSE, subst. mas. (*tiflôze*), t. de chir., cécité.

TYPHODE, adj. des deux genres (*tifode*) (du grec τυφωδης, abattu, stupide, fait de τυφος, stupeur, abattement, lequel dérive de τυφω, je brûle, j'enflamme); se dit, en médec., d'une fièvre ardente, continue, accompagnée de sueurs abondantes, avec abattement. On l'a nommée aussi *typhus*.

TYPHOÏDE, subst. fém. (*tifo-ide*), t. de bot., famille de plantes spongieuses, à tiges droites et flexueuses. — Genre de plantes qu'on a établi pour placer un phalaris de *Linnée*, qui diffère des autres par sa graine, qui est velue à sa base.

TYPHOMANE, subst. des deux genres (*tifomane*), atteint de *typhomanie*.

TYPHOMANIE, subst. fém. (*tifomani*) (du grec τυφος, stupeur, abattement, et μανια, folie, délire), t. de médec., espèce de frénésie et de léthargie compliquée.

TYPHON, subst. mas. (*tifon*) (en grec τυφων, fait de τυφειν, brûler, enflammer), vent impétueux qui souffle de différents points de l'horizon, et change à chaque instant de direction : c'est celui qui accompagne ordinairement les trombes. (L'*Académie* renvoie à TROMBE.) — Subst. propre mas., myth., un des géants qui escaladèrent le ciel. Épris de Vénus, il la poursuivit jusque sur les bords de l'Euphrate, où deux gros poissons la passèrent avec son fils de l'autre côté de ce fleuve. On dit que ces deux poissons furent mis au nombre des douze signes du zodiaque. Il y en a qui font de *Typhon* et de *Typhoé* deux géants différents, mais tous deux d'une taille énorme.—C'était aussi un surnom de Priape.

TYPHU, subst. mas. (*tifu*), t. de bot., nom d'une plante aquatique.

TYPHUS, subst. mas. (*tifuce*), t. de médec., fièvre contagieuse avec prostration de forces.— On divise cette maladie en *typhus malin*, et en *typhus ordinaire*. Le premier comprend le *typhus pestilentiel* ou *oriental*, qui n'est autre chose que la peste ; et le *typhus occidental* ou *contagieux*, qui est aussi connu communément sous le nom de *fièvre d'hôpital* ou *des prisons*. — Il y a aussi le *typhus local* ou *pourriture d'hôpital* ; et le *typhus tropical* ou *fièvre jaune*. Toutes ces différentes maladies sont en général très-dangereuses. — *Typhus amaril*, nom de la fièvre jaune de Barcelonne.

TYPIQUE, adj. des deux genres (*tipike*) (du grec τυπικος, fait de τυπος, type, figure, symbole), symbolique, allégorique : *ces paroles ont un sens typique.*

TYPOGRAPHE, subst. mas. (*tipoguerafe*), compositeur en lettres ; celui qui sait la *typographie*. —TYPOGRAPHE, IMPRIMEUR. (*Syn.*) *Imprimeur* ne désigne proprement que celui qui se sert des caractères pour *imprimer* ; le *typographe* est l'artiste qui grave, fond et emploie ces caractères comme *imprimeur*. On compte beaucoup de célèbres *imprimeurs*, mais fort peu de *typographes*.

TYPOGRAPHIE, subst. fém. (*tipoguerafi*) (du grec τυπος, marque, caractère, figure, dérivé de τυπτω, je frappe, et de γραφω, j'écris, parce qu'en imprimant, le coup qu'on frappe, ou plutôt l'action de la presse laisse la marque ou l'empreinte des caractères), art de l'imprimerie. Voy. TYPOGRAPHE.

TYPOGRAPHIÉ, E, part. pass. de *typographier*.

TYPOGRAPHIER, v. act. et neut. (*tipoguera-fi-é*), imprimer. Inusité.

TYPOGRAPHIQUE, adj. des deux genres (*tipoguerafike*), qui concerne la *typographie*.

TYPOGRAPHIQUEMENT, adv. (*tipoguerafikeman*), à la manière des *typographes*.

TYPOGRAPHISTE, subst. mas. (*tipoguerafi-cete*). Presque inusité. Voy. TYPOGRAPHE.

TYPOLITHE, subst. fém. (*tipolite*) (du grec τυπος, image, figure, et λιθος, pierre), t. d'hist. nat., pierre figurée, qui porte des empreintes de plantes ou d'animaux.

TYPOLITHOGRAPHIE, subst. fém. (*tipolitoguerafi*), invention qui nous vient des Anglais ; elle consiste à composer d'abord en caractères mobiles, comme dans l'imprimerie ordinaire, et à reporter ensuite l'encre d'une épreuve sur la pierre *lithographique*. Bien que ce procédé paraisse dispendieux, il présente l'avantage de permettre de dessiner les vignettes, la musique et les dessins de toute nature, sur la même pierre, et de les imprimer en même temps que le texte. Ce procédé vient d'être employé, dans la Belgique, à la réimpression des journaux français, et dispense par conséquent des frais de la composition, parce que les journaux arrivent encore assez humides pour produire une contre-épreuve sur la pierre.

TYPOLITHOGRAPHIQUE, adj. des deux genres (*tipolitoguerafike*), qui a rapport, qui appartient à la *typolithographie*.

TYPOLITHOGRAPHIQUEMENT, adv. (*tipolitoguerafikeman*), par les procédés *typolithographiques*.

TYPOMANE, adj. des deux genres (*tipomane*), celui, celle qui a la *manie* de se faire imprimer. Presque inusité.

TYPOMANIE, subst. fém. (*tipomani*) (du grec τυπος, type, et μανια, manie), manie de se faire imprimer. Presque inusité.

TYPOMANIQUE, adj. des deux genres (*tipomanike*), de la *typomanie*. Presque inusité.

TYPOPHONIE, subst. fém. (*tipofoni*), en mus., l'art, la manière de marquer la voix en frappant.

TYR, subst. propre fém. (*tire*), ancienne ville de Phénicie.

TYRAN, subst. mas. (*tiran*) (en grec τυραννος), autrefois, prince qui avait usurpé la puissance souveraine dans son pays : *Denis-le-Tyran*. — Aujourd'hui, prince qui gouverne avec cruauté et injustice, et qui n'a aucun respect pour les lois. — Particulier qui abuse de son autorité contre le droit et la raison ; ou qui, dans une compagnie dont il est membre, s'attribue plus d'autorité qu'il ne lui appartient ; ou qui exerce durement son autorité dans sa famille, dans la société, etc. — *Etre, se montrer le tyran des siens*, exercer durement l'autorité qu'on a sur eux.—Fig., *l'usage est le tyran des langues*, il prévaut sur les préceptes de la grammaire.—T. d'hist. nat., oiseau du genre des *gobe-mouches*,

TYRANNEAU, subst. mas. (*tiranó*), *tyran* subalterne. Presque inusité.—T. d'hist. nat., passereau, conirostre; sorte de roitelet.

TYRANNICIDE, subst. et adj. des deux genres (*tiranenicide*), celui qui tue un *tyran*. (*Boiste*.) Inusité.

TYRANNIE, subst. fém. (*tiraneni*), gouvernement d'un *tyran*, d'un usurpateur ou d'un prince injuste, cruel et violent. — Toute sorte d'oppression et de violence. — Fig., pouvoir que certaines choses ont sur les hommes : *la tyrannie des passions, de l'amour*, etc. — Les Grecs et les Romains nommaient *tyrannie* le dessein de renverser le pouvoir fondé par les lois, et surtout la démocratie.—Aujourd'hui on entend par *tyrannie* le gouvernement d'un usurpateur, ou celui d'un souverain légitime qui fait des actions violentes et injustes, et ne connaît de lois que son caprice.

TYRANNIQUE, adj. des deux genres (*tiranenike*), qui tient du *tyran*, de la *tyrannie*.

TYRANNIQUEMENT, adv. (*tiranenikeman*), d'une manière *tyrannique*.

TYRANNISÉ, E, part. pass. de *tyranniser*.

TYRANNISER, v. act. (*tiranenizé*), traiter *tyranniquement*.—Tourmenter, importuner. — Il se dit aussi des choses morales: *les passions tyrannisent l'âme*. — *se* TYRANNISER, v. pron.

TYRANNOMANE, subst. mas. (*tiranenomane*), celui qui a la manie de *tyranniser*, de l'inclination à traiter durement ceux qui dépendent de lui, qui s'amuse, se délecte dans sa manière *tyrannique*.

TYRANNOMANIE, subst. fém. (*tiranenomani*) nom donné à un ancien ouvrage fait sur la *tyrannie* en général. — Propension à *tyranniser*, à faire le *tyran* ; la manie d'être *tyran* ; l'amour de la *tyrannie*.

TYRBÉ, ou **CONFUSION**, subst. propre fém. (*tirbé*), myth., fête achéenne en l'honneur de Bacchus.

TYRCIS, subst. propre mas. (*tircice*), nom employé fréquemment par les poëtes, surtout dans *Virgile*, et qui est devenu substantif commun pour désigner un berger.

TYRE, subst. fém. (*tire*), sorte d'instrument dont les Lapons se servent pour leurs opérations magiques.

TYRIAMÉTHYSTE, subst. fém. (*tiri-améticete*), t. d'hist. nat., nom d'une pierre précieuse du couleur purpurine.

TYRIANTIN, adj. mas. (*tiri-antein*), de couleur pourpre violet.

TYRIE, subst. fém. (*tiri*), t. d'hist. nat., espèce de reptile du genre des couleuvres ou des serpents.

TYRIEN, subst. propre mas. (*tiriein*), myth. surnom de l'Hercule qui avait fait une expédition aux Indes.

TYRIEN, subst. mas. et adj., au fém. TYRIENNE (*tiri-ein, ri-ène*), nom des habitants de *Tyr*.

TYRINNE, subst. fém. (*tirinene*), t. de bot., genre de plantes qui contient le chardon panaché.

TYRO, subst. propre fém. (*tirô*), myth., l'une des Néréides, et mère de Nélée, de Pélias, etc.

TYROÏDE, adj. des deux genres (*tiro-ide*) (du grec τυρος, fromage, et ειδος, forme), qui ressemble à du fromage : *matière tyroïde*.

TYROL, subst. propre mas. (*tirole*), province de l'empire d'Autriche.

TYROLIEN, subst. et adj. mas., au fémin. **TYROLIENNE** (*tirolein, liène*), du *Tyrol*.

TYROLIENNE, subst. et adj. fém. Voy. TYROLIEN. — Subst. fém. seulement ; chanson, danse, air du *Tyrol*.

TYROMANCIE, subst. fém. (*tiromanci*) (du grec τυρος, fromage, et μαντεια, divination), sorte de divination qui se faisait au moyen du fromage.

TYROMANCIEN, subst. et adj. mas., au fém. **TYROMANCIENNE** (*tiromancein, ciène*), qui a rapport, qui est relatif à la *tyromancie* : *opération tyromancienne*. — Subst., celui qui devine ou prédit l'avenir par le moyen du fromage, qui exerce la *tyromancie* : *un tyromancien, une tyromancienne*.

TYROMANCIENNE, subst. et adj. fém. Voy. TYROMANCIEN.

TYROMORPHITE, subst. fém. (*tiromorfite*) (du grec τυρος, fromage, et μορφη, forme, figure), t. d'hist. nat., pierre figurée, qui a la figure d'un morceau de fromage.

TYROPATIN, subst. mas. (*tiropetein*), t. d'antiq., sorte de gâteau qui avait la forme du fromage.

TYROQUI, subst. mas. (*tiroki*), t. de bot., sorte de plante du Brésil.

TYROTARIQUE, subst. mas. (*tirotarike*) (du grec τυρος, fromage, et ταριχος, salaison), aliment des anciens Romains, composé de fromage et d'ingrédients salés. — Adj. des deux genres : *aliment*, *ragoût tyrotarique*.

TYRRHÉNIEN, subst. propre mas. (*tirerénicin*), nom des anciens Tuscans.

TYRRHENUS, subst. propre mas. (*tirrénuce*), myth., fils d'Atis, qui donna son nom à une contrée de l'Italie, où il avait conduit une colonie de Lydiens, dont les descendants furent extrêmement superstitieux.

TYRRHIDE, subst. propre mas. (*tireride*), nom d'enfants ou de descendants de *Tyrrhus*.

TYRRHUS, subst. propre mas. (*tireruce*), myth., gardien des troupeaux du roi Latinus. Un cerf qu'il avait apprivoisé, ayant été tué par Ascagne, ce fut la première cause de la guerre entre les Troyens et les Latins.

TYRSIS, subst. propre mas. (*tircice*), myth., le palais de Saturne, dans les îles Baléares.

TYRTÉE, subst. propre mas. (*tirté*), célèbre poète des anciens.

TYRTÉEN, adj. mas., au fém. **TYRTÉENNE** (*tirté-ein, éne*), du poète *Tyrtée* : *chant tyrtéen*.

TYRTÉENNE, adj. fém. Voy. TYRTÉEN.

TYRTZÉLIEN, subst. mas. (*tirtezélicin*), nom qu'on donnait, chez les anciens, à une sorte de cymbale d'airain.

TZAR, subst. mas. (*tezare*). Voy. CZAR.

TZEÏRAN, subst. mas. (*tezé-iran*), t. d'hist. nat., espèce de gazelle.

U, subst. mas., vingt-unième lettre de l'alphabet, et la cinquième des voyelles. La prononciation de cette lettre, telle que nous l'avons conservée, nous vient des Gaulois : tous les autres peuples d'Occident l'ont prononcée et la prononcent encore *ou*, son que lui donnaient également les anciens Romains; par exemple, *dominoume* pour *dominum*, etc. — Lorsque l'*u* ne doit point se lier avec une autre voyelle qui le précède, on met dessus un tréma ou deux points : *Ésaü*, *Saül*, prononcez *ésa-u*, *ça-ule*. Cet *u* est alors appelé *u* tréma.—*U* conserve le son qui lui est propre dans les adjectifs employés au féminin : *une femme*. L'adjectif *un* a presque le même son devant une voyelle ou un *h* non aspiré, comme *un esprit*, *un homme*. — Quelquefois on emploie *u* sans le prononcer, après la consonne *g*, quand on veut lui donner une valeur gutturale, comme dans *prodigue*, qui se prononce bien autrement que *prodige*, par la seule raison de l'*u*, qui du reste est absolument muet. — *U* est aussi presque toujours muet après la lettre *q*, comme dans *qualité*, *querelle*, *marque*, *quolibet*, *queue*, etc., que l'on prononce *kalité*, *kerélle*, *markie*, *kolibé*, *kieu*. Dans quelques mots qui nous viennent du latin, *u* est le signe du son que nous représentons ailleurs par *ou*, comme dans *équateur*, *aquatique*, *quadrature*, que l'on prononce *ékouateur*, *akouatike*, *kouadrature*. Cependant, lorsque la voyelle *i* vient après *qu*, l'*u* reprend sa valeur naturelle,

et nous prononçons, par exemple, *kueinkouajezime*, le mot *quinquagésime*. — La lettre *u* fait souvent diphthongue avec l'*i* qui suit, comme dans *cuit*, *nuit*. — *Eu*, part. pass. du verbe *avoir*, se prononce comme *u* simple; *j'eus*, *nous eûmes*, *ils eurent*, *j'ai eu*, etc., se prononcent comme *ju*, *nous ûmes*, *ils urent*, *j'ai u*. — Il en est de même de quelques autres syllabes que l'on écrivait autrefois par *eu*, et desquelles on retranche aujourd'hui l'*e*, en le remplaçant par un accent circonflexe, comme *seur*, *meur*, etc., que l'on écrit *sûr*, *mûr*. — *U* s'employait autrefois comme consonne pour *V*. — *U* n'est autre chose que l'*ypsilon* ou *upsilon* des Grecs (υ).—*U*, dans le commerce, est une marque de registre : *le registre U*. — *U*, en t. d'archit., marque les pierres de série qui doivent former les colonnes d'un édifice, ou entrer dans la construction des arches d'un pont. — *U* sert d'indication, dans les planches de cuivre gravées, pour marquer les figures, et en trouver, par le renvoi, l'explication dans le texte. — *U* a remplacé le *v*, comme le *v* a remplacé l'*u*, dans les mots ou phrases de style gothique, ainsi que dans les anciennes inscriptions, tant en français qu'en latin : *sovs l'avstère vieillesse*; *c'est vne sevreté*.—*Hoc monvmentvm tvtvm est inscriptionibvs.* — *Hic labor non solùm est impressvs in petram, sed etiam in chartam, per actionem manvvm hominvm.* — *U* est le nom d'un poinçon d'acier, au bout duquel est gravé

un *U*, et dont on se sert pour frapper ou imprimer cette lettre. — *U* était pris quelquefois pour *o*; *turmentum* pour *tormentum*; quelquefois pour *y*; *turannus* pour *tyrannus*, etc. — L'*u* rond, et le *J* consonne à queue, n'ont été introduits, dans les lettres capitales, qu'en 1629, par *Lazare Zetzner*, imprimeur à Strasbourg.— Dans le siècle précédent, *Ramus* avait déjà distingué le *v* consonne de l'*u* voyelle.— Sur les anciens monuments, *U* se mettait pour *urbs*, ville; *usus*, qui s'est servi, ou usage; *uxor*, femme, etc.

UBERTÉ, subst. fém. (*ubéreté*) (en lat. *ubertas*), abondance. Mot plus latin que français.

UBIEN, subst. propre mas. (*ubi-ein*), nom d'anciens peuples des environs de Cologne et de Juliers.

UBION, subst. mas. (*ubi-on*), t. de bot., genre de plantes établi dans la diœcie hexandrie et dans la famille des asparagoïdes.

UBIQUISTE, subst. mas. (*ubikuicete*) (du lat. *ubiqué*, partout, parce que, n'appartenant à aucune maison en particulier, les *ubiquistes* appartenaient en quelque sorte à toutes), dans l'ancienne université de Paris, docteur en théologie qui n'était d'aucune maison. — Homme qui se trouve bien partout.

UBIQUITAIRE, subst. des deux genres (*ubikuitère*) (en lat. *ubiqué*, partout), chez les luthériens, nom qu'on a donné à ceux qui croyaient qu'en conséquence de l'union hypostatique de l'humanité avec la divinité, le corps de Jésus-Christ se trouve partout où la divinité se trouve. Vieux.

UBIQUITÉ, subst. fém. (*ubikuité*), action de l'imagination par laquelle on se trouve bien partout ; idée de se trouver bien partout.—Faculté d'être en tout lieu ; se dit plaisamment des personnes que l'on rencontre souvent.

UBITRE, subst. mas. (*ubitre*), t. d'hist. nat., espèce de poisson du Brésil.

UBRIDE, adj. (*Boiste.*) Voy. HYBRIDE.

UCHER, subst. mas. (*uché*), huissier, qui seul se dit. Vieux et même hors d'usage.

UDOMÈTRE, subst. mas. (*udomètre*) (du grec ὕδωρ, eau, et μετρον, mesure), t. de phys., instrument pour connaître l'humidité, la quantité de pluie qui tombe.

UDORE, subst. fém. (*udore*), t. de bot., genre de plantes établi pour placer l'élodée du Canada, qui a été réunie aux serpicules.

UDOTÉE, subst. fém. (*udoté*), t. d'hist. nat., genre de polypiers non articulés. C'est le même que le *flabellaire*.

UGOLA, subst. mas. (*uguola*), t. de bot.; on a donné ce nom à des champignons globuleux appartenant au genre clavaire.

UHLAN, subst. mas. (*ulan*), nom d'une milice tartare, qui servait dans les armées polonaises, sur le pied de cavalerie légère. (*U*, dit l'*Académie*, est *aspiré* dans ce mot. C'est la première fois qu'il est question pour nous de l'*u aspiré*. N'aurait-il pas été beaucoup plus simple de ne point forger ici de difficultés, et de dire que le mot *uhlan* se prononce en français *hulan*, parce-qu'il est précédé d'une aspiration que ne saurait comporter la lettre *u* toute seule? du reste, on écrit quelquefois aussi en français *hulan*, que l'on prononce *houlan*.)

UIOPHOBIE, subst. fém. (*u-i-ofobi*) (du grec υιος, fils, enfant, et de φοβος, horreur), t. de médec., sorte de vésanie occasionée par une aversion pour ses enfants.

UIOPHOBIQUE, adj. des deux genres (*u-i-ofobike*), qui a rapport à l'*uiophobie*.

UKASE, subst. mas. (*ukaze*) (mot russe), édit, décret impérial en Russie.

ULA, subst. mas. (*ula*), t. de bot., nom d'un arbrisseau grimpant de la côte de Malabar, dont le fruit contient une graine qui a le goût de la châtaigne et que l'on mange.

ULACIDE, subst. mas. (*ulacide*), t. de relat., courrier à cheval chez les Turcs.

ULCÉRATION, subst. fém. (*ulecérâcion*), petite ouverture de la peau causée par un *ulcère*.—On dit fig.: *l'ulcération de son humeur ; il y avait un ton d'ulcération* (de vif ressentiment) *dans son discours*.

ULCÈRE, subst. mas. (*ulecère*) (en lat. *ulcus*, gén. *ulceris*, dérivé du grec ἑλκος, ulcère), ouverture dans les chairs ou dans les autres parties molles du corps, causée par la corrosion des humeurs âcres et malignes. — *Ulcère syriaque*, t. de médec. et de chir., synonyme d'angine. Voy. ce mot.

ULCÉRÉ, E, part. pass. de *ulcérer* et adj., qui a un *ulcère*.—Fig., fâché, irrité : *cœur ulcéré*, qui garde du ressentiment.—*Conscience ulcérée*, pressée de remords depuis long-temps.

ULCÉRER, v. act. (*ulecéré*) (en lat. *ulcerare*), causer un *ulcère* : *le poison ulcère les intestins*. —Fig., causer de la haine ; faire naître dans le cœur un ressentiment profond ; blesser, irriter : *ce mensonge l'a ulcéré*.—S'ULCÉRER, v. pron.

ULCÉREUSE, adj. fém. Voy. ULCÉREUX.

ULCÉREUX, adj. mas., au fém. ULCÉREUSE (*ulecéreu, reuze*), de la nature de l'*ulcère* ; couvert d'*ulcères*.

ULÉIOTE, subst. mas. (*ulé-i-ote*), t. d'hist. nat., genre d'insectes de l'ordre des coléoptères.

ULÉMA ou **OULÉMA**, subst. mas. (*u, oulema*), corps du clergé ou plutôt des gens de loi en Turquie.

ULIGINAIRE, adj. des deux genres (*ulijinère*) (du lat. *uligo*, humidité de la terre), t. de bot., qui croît dans les lieux *uligineux*.

ULIGINEUSE, adj. fém. Voy. ULIGINEUX.

ULIGINEUX, adj. mas., au fém. ULIGINEUSE (*ulijineu, neuze*), marécageux, putride.

ULITE, subst. fém. (*ulite*) (du grec ουλον, gencive), t. de chir., inflammation des gencives.

ULLÉ, part. pass. de *uller*.

ULLEM, subst. mas. (*uleléme*), t. de médec., sorte de pyrosis causé par le lait des rennes et l'usage des viandes fumées, dans les pays du nord.

ULLEMENT, subst. mas. (*uleman*), hurlement lamentable, plaintif. Vieux. (*Rabelais s'est servi de ce mot pour hurlement.*)

ULLER, v. neut. (*ulé*), pousser des *ullements*, des cris de douleur, des gémissements plaintifs. (*Boiste.*) Vieux et même hors d'usage.

ULLER, subst. propre mas. (*ulelère*), myth., dieu des anciens Scandinaves, qui possédait toutes les qualités brillantes des héros : aussi l'invoquait-on dans les duels. Il tire les flèches et court en patins avec tant de vitesse, que personne ne peut combattre contre lui.

ULLOA, subst. mas. (*ulelo-a*), t. de bot., arbuste parasite du Pérou.

ULM, subst. mas. (*ouleme*) : *or d'ulm*, or battu.

ULM, subst. propre mas. (*ouleme*), ville du royaume de Wurtemberg, chef-lieu du cercle du Danube. Cette ville a joué souvent un rôle important dans les opérations de nos guerres contre les puissances de l'Europe. Napoléon y cerna et y prit l'armée autrichienne en 1805.

ULMA, subst. fém. (*ulema*), t. de bot., plante qui croît au milieu d'une autre plante.

ULMACÉE, subst. et adj. fém. (*ulemacé*), t. de bot., famille de plantes établie pour placer l'orme, le micoulier, le planère, etc., qui faisaient auparavant partie de celle des amentacées.

ULMAIRE, subst. fém. (*ulemère*), t. de bot., espèce de plante; la spirée.

ULMINE, subst. fém. (*ulmine*), t. d'hist. nat., un des principes de certains végétaux, qui se trouve en Sicile, dans le suc excrété de l'orme noir.

ULMIQUE, adj. des deux genres (*ulemike*), t. de chim., se dit d'un principe qu'on retire de l'écorce de l'orme.

ULNA, subst. mas. (*ulena*), t. d'anat., l'un des os qui va du coude au poignet.

ULNAIRE, adj. des deux genres (*ulenère*), t. d'anat., qui a rapport au cubitus. Voy. CUBITAL.

ULOBORE, subst. mas. (*ulobore*), t. d'hist. nat., genre d'arachnides, ordre des pulmonaires, famille des aranéides ou fileuses, tribu des orbitèles, distingué des autres genres de cette division.

ULOMATE, subst. mas. (*ulomate*), t. d'hist. nat., classe d'insectes qui a beaucoup de rapport avec celle des orthoptères.

ULONCIE, subst. fém. (*uloncî*) (du grec ουλον, gencive, et ογκος, tumeur), t. de chir., gonflement des gencives.

ULOPHONE, subst. fém. (*ulofone*), gomme vénéneuse.

ULORRHAGIE, subst. fém. (*ulôraji*) (du grec ουλον, gencive, et ρεω, je coule), t. de chir., saignement des gencives.

ULORRHAGIQUE, adj. des deux genres (*ulôrajike*), t. de chir., qui a rapport à l'*ulorrhagie*.

ULOTA, subst. fém. (*ulota*), t. de bot., nouveau genre de plantes de la famille des mousses, composé de cinq espèces détachées du genre orthotric.

ULPIQUE, subst. mas. (*ulepike*), t. de bot., sorte de plante exotique.

ULTÉRIEUR, E, adj. (*uletérieur*) (en latin *ulterior*, fait de *ultrà*, plus avant, au-delà), qui est au-delà. Son opposé est *citérieur*. La Calabre *ultérieure* est plus éloignée du centre de l'Italie et plus près de la Sicile que la Calabre *citérieure*. — On appelle *demandes ultérieures*, les demandes qui se font après les premières propositions ; *prétentions ultérieures, nouvelles ultérieures*, les prétentions que l'on fait connaître, les nouvelles qu'on reçoit ou qu'on a reçues les unes après d'autres. Il s'emploie particulièrement dans les négociations : *on se réserve la liberté d'ajouter des demandes ultérieures aux demandes préliminaires*.

ULTÉRIEUREMENT, adv. (*uletérieureman*) (en latin *ulteriùs*), par-delà ; outre ce qui a été dit ou fait.

ULTIÈME, adj. ordinal (*uletième*) (du lat. *ultimus*), le dernier. Inusité, quoique fort bon.

ULTIMATUM, subst. mas. (*uletimâtome*) (mot purement latin, qui est le part. pass. neut. du verbe *ultimare*, tirer à sa fin, lequel est dérivé de *ultimus*, dernier), t. de négociation, dernières conditions que l'on met à un traité et auxquelles on tient irrévocablement : *c'est là mon ultimatum*.—Au plur., des *ultimatum*.

ULTIME, subst. fém. (*uletime*), t. d'hist. nat., genre de coquilles établi pour placer quelques espèces de bulles. On la connaît dans le commerce sous le nom de *bossue sans dents*, de *bulle à ceinture*.—Adj. des deux genres (du latin *ultimus*), dernier, le dernier. Il est encore moins usité que *ultième*, qui a la forme plus française.

ULTIMI-STERNAL, E, subst. et adj. mas. (*uletimicetérenal*), t. d'anat.: nom donné à la dernière pièce du *sternum*.—Au plur., des *ultimisternaux*.

ULTIMI-STERNAUX, subst. et adj. mas. Voy. ULTIMI-STERNAL.

ULTRA, subst. mas. (*uletra*), mot dont on se sert pour désigner une personne exagérée dans ses opinions politiques. On a dit d'abord : *ultra-révolutionnaire* et même *mesure ultra-révolutionnaire*, ensuite *ultra-royaliste*, *ultra-libéral*. — Au plur., sans *s*.

ULTRACISME, subst. mas. (*uletrâciceme*), barbarisme pour *ultraïsme*. Voy. ce mot.

ULTRAÏSME, subst. mas. (*uletra-iceme*), opinion des *ultra*; exagération dans les opinions.

ULTRAMÉDIAIRE, adj. des deux genres (*uletramédière*), qui passe la moitié du juste prix.

ULTRAMONDAIN, E, adj. (*uletramondein, dène*) (du latin *ultrà*, au-delà, et de *mundus*, monde), t. de phys., qui est au-delà du monde : *espaces ultramondains*, partie de l'univers que l'on suppose au-delà de notre monde.

ULTRAMONTAIN, E, subst. et adj. (*uletramontein, tène*) (du latin *ultramontanus*, formé de *ultrà*, au-delà, par-delà, et de *mons, montis*, montagne), qui est situé au-delà des monts. On entend par là les Alpes. C'est un terme relatif ; nous sommes *ultramontains* par rapport aux Italiens, et ils le sont par rapport à nous : *pays, auteur ultramontain ; les ultramontains*.—L'*Académie* fait observer qu'il ne se dit guère, par rapport à nous, que quand nous parlons de ceux qui ont écrit sur la puissance ecclésiastique : *principes ultramontains, maximes ultramontaines*.

ULTRAMONTANISME, subst. mas. (*uletramontaniceme*), opinion des *ultramontains*.

ULTRAMONTANISTE, subst. des deux genres (*uletramontanicete*), partisan de la doctrine et des opinions *ultramontaines*.

ULTRA-RÉVOLUTIONNAIRE, subst. et adj. des deux genres (*uletrarévolucionère*), qui dépasse le but de la *révolution*.

ULTRA-ROYALISTE, subst. et adj. des deux genres (*uletraroé-ialicete*), partisan de la monarchie pure, *royaliste* outré.

ULUBIENS, subst. propre mas. plur. (*ulubiein*), anciens habitants d'*Ulubia*, ancienne ville du Latium.

ULULA, subst. fém. (*ulula*), t. d'hist. nat. ; on a donné ce nom à une division des oiseaux de proie diurnes.

ULUXIE, subst. fém. (*ulukci*), t. de bot., genre de plantes qui ne diffère pas de celui qu'on a appelé columelle.

ULVACÉE, subst. et adj. fém. (*ulevacé*), t. d'hist. nat., ordre de plantes établi parmi les thalassiophytes.

ULVE, subst. fém. (*ulve*) (en latin *ulva*), t. de bot., genre d'algues.

ULYSSE, subst. propre mas. (*ulice*), myth., roi de deux petites îles de la mer Ionienne, Ithaque et Dulichie, était fils de Laërte et d'Anticlée. Il contrefit l'*insensé* pour ne point aller au siége de Troie ; mais Palamède mit, pour l'éprouver, son fils Télémaque, encore enfant, devant le soc d'une charrue qu'il faisait tirer par des bœufs. *Ulysse*, de crainte de blesser son fils, leva la charrue. Cette attention découvrit sa feinte, et il fut contraint de partir. Il rendit de grands services aux Grecs par sa prudence et ses artifices. Ce fut lui qui alla chercher Achille chez Lycomède, où il le trouva déguisé en femme, et le découvrit, en présentant aux dames de la cour des bijoux, parmi lesquels il y avait des armes, sur lesquelles ce jeune prince se jeta aussitôt. *Ulysse* enleva le Palladium avec Diomède, fut un de ceux qui s'enfermèrent dans le cheval de bois, et contribua par son courage à la prise de Troie. En retournant à Ithaque, il lutta pendant dix ans contre les tempêtes et tous les dangers de la mer. Ayant fait naufrage, il aborda dans l'île de Circé, où cette enchanteresse eut de lui un fils appelé Télégone. Pour le retenir, elle changea tous ses compagnons en bêtes sauvages ; mais ayant trouvé moyen de sortir de cette île, il fit encore naufrage, et fut jeté dans celle de Calypso, qui le retint aussi auprès d'elle. Enfin, son vaisseau se brisa auprès de l'île des Cyclopes, où Polyphème dévora quatre de ses soldats, et l'enferma avec le reste dans son antre, d'où ce prince sortit heureusement. *Ulysse* évita par son adresse l'enchantement des Sirènes; et lorsqu'il sortit d'Éolie, Éole, comme marque de sa bienveillance, lui donna des peaux où les vents étaient enfermés; mais ses compagnons ayant ouvert ces peaux par curiosité, les vents s'échappèrent et causèrent un désordre affreux. L'orage jeta *Ulysse* sur les côtes d'Afrique, lorsqu'il était sur le point de rentrer dans sa patrie. Il fit encore naufrage pour la dernière fois, perdit ses vaisseaux, qui furent tous brisés, se sauva seul sur un morceau de bois, et arriva à Ithaque dans un état pitoyable, sans être reconnu de personne. Il se mit alors au nombre des concurrents, pour tendre l'arc qu'on avait proposé, et dont Pénélope devait être le prix; il en vint à bout, se fit reconnaître, et tua tous ses rivaux. Quelque temps après, il se démit du gouvernement en faveur de Télémaque, parce qu'il avait appris de l'oracle qu'il mourrait de la main de son fils; il fut en effet tué par Télégone, qu'il avait eu de Circé. Voy. TÉLÉGONE. Il fut mis au nombre des demi-dieux. — On représente ordinairement *Ulysse* avec un chien, dont Homère a célébré la fidélité envers son maître.

UMARI, subst. mas. (*umari*), t. de bot., genre de plantes de la famille des légumineuses.

UMBARE, subst. mas. (*onbare*), t. de relat., nom des juges civils en Éthiopie, et dans quelques autres contrées de l'Afrique.

UMBILIC, subst. mas. (*onbilike*), t. de bot., genre de plantes. — *Umbilic marin*, espèce de toupil. On donne aussi ce nom aux opercules de plusieurs coquilles. Voy. OMBILIC, qui est le mot francisé.

UMBILICAIRE, subst. fém. Voy. OMBILICAIRE.

UMBILICAL, E, adj. Voy. OMBILICAL.

UMBLE, subst. mas. (*onble*), t. d'hist. nat., nom de trois espèces de poissons qui ont beaucoup de rapport au saumon et à la truite. Une de ces espèces, et la plus estimée de toutes, est appelée *umble chevalier*. — Suivant l'*Académie*, on prononce et l'on écrit plus souvent *ombre*. La septième édition a du moins ici relevé l'erreur de la sixième, qui voulait que *umble* se prononçât *umbre*. Il était bien simple pourtant de dire, comme on l'a dit enfin, qu'on écrit et qu'on prononce ce mot de deux manières.

UMBON, subst. mas. (*onbon*), centre extérieur d'un bouclier, chez les Romains.

UMBRA, subst. fém. (*onbra*), t. d'hist. nat., nom d'une espèce de sciène.

UMBRE, subst. mas. (*onbre*), t. d'hist. nat., espèce d'iguane. — Poissons des genres sciène et perche. — Espèce de lézard. C'est le même que *umbra*.

UMBRON, subst. propre mas. (*eunbron*), myth., prêtre ou magicien du pays des Marses, qui vint au secours de Turnus contre les Troyens. Il fut tué par Énée.

UMIMUK, subst. mas. (*umimuk*), t. d'hist nat., animal du genre bœuf, qui vit dans les contrées voisines du cercle polaire.

UM-KI, subst. mas. (*umeki*), t. de bot., arbrisseau qui croît en Chine. Ses feuilles ressemblent à celles du myrte à grandes feuilles; sa capsule est hexagone, ailée sur les angles, et allongée de manière à former une couronne. Ses fleurs sont roses et blanches, et à six pétales. On tire de ses fruits une teinture écarlate.

UN, UNE, adj. et subst. numéral (*eun, une*) (en latin *unus*, fait du grec εἷς, gén. de ἑν, neutre de εἷς, un), le premier de tous les nombres. — *Une* seule chose, *une* chose *unique* en son espèce. — Quand il n'exprime pas l'*unité* numérique, il est mis au rang des articles : *un homme doit savoir supporter l'adversité*. En ce sens, il a pour pluriel *des*, et devant un adj. *de : un homme, des hommes, de savants hommes*. — Au sing. il signifie *tout* ou *tous : un jardin bien cultivé doit produire*, c'est-à-dire *tous les jardins*, etc. Il demande l'addition d'un adjectif ou d'une phrase incidente qui détermine l'étendue du nom auquel il est joint. — Il s'emploie quelquefois pour *seul*, pour ce qui n'admet point de pluralité : *la vérité est toujours une; elle n'est jamais contraire à elle-même*. — *Un à un*, l'*un* après l'autre, et *un* seul à la fois. — *C'est tout un*, il n'importe, cela est égal. — On ne doit pas dire, même fam.: *sur les une heure*, pour dire, *vers une heure*, *aux environs d'une heure*; dites : *vers une heure*. Nous trouvons cependant encore aujourd'hui, dans la sixième édition de l'*Acad.*, cette locution extraordin. qui, de quelque façon qu'on l'envisage, et quoique l'usage, ou plutôt un abus, semblât l'avoir consacrée, n'en est pas moins un solécisme insupportable. Ce serait à la puissance régulatrice de la langue à faire justice de pareilles expressions. — On dit pop. : *il m'en a donné d'une*, pour dire : il m'a attrapé et m'a dit une menterie, il m'a fait une fourberie. — *Les uns et les autres*, tout le monde sans distinction : *il parle aux uns et aux autres*. — Subst. mas., *un*, le chiffre qui marque *un : un 1 ajouté à 6 fait 61*. — *L'un portant l'autre, l'une portant l'autre*, façons de parler adverbiales, pour dire, faisant compensation de ce qui est moindre dans l'un avec ce qui est meilleur dans l'autre.

UNANIME, adj. des deux genres (*unanime*) (en latin *unanimus*, formé de *unus*, un, et de *animus*, esprit, sentiment), qui est d'une commune voix, d'un commun sentiment, d'une même affection.

UNANIMEMENT, adv. (*unanimeman*) (en latin *unanimiter*), ensemble, d'une commune voix, d'un commun sentiment.

UNANIMITÉ, subst. fém. (*unanimité*) (en latin *unanimitas*), conformité de sentiments, universalité de suffrages, etc.

UNANUFA, subst. fém. (*unanufa*), t. de bot., plante fébrifuge employée avec succès par les Indiens.

UNAROTE, subst. fém. (*unarote*) (du latin *unus*, fém. *una*, une, et *rota*, roue; *à une roue*), charriot des anciens qui n'avait qu'*une* roue.

UNAU, subst. mas. (*unô*), t. d'hist. nat., mammifère tardigrade, espèce de paresseux.

UNCAIRE ou **GAMBIR**, subst. mas. (*onkière*, *guanbir*), t. de bot., arbre de l'Inde dont les feuilles cuites sont mêlées, par les Malais, avec le bétel qu'ils mâchent continuellement. Cet arbre appartient au genre nauclée.

UNCIAL, E, adj. (*onciale*), t. de paléog.; se dit d'un genre d'écriture qui était en usage aux cinquième et sixième siècles; elle était carrée, mais un peu arrondie, et on l'employait particulièrement pour les monuments. L'*Académie* ne fait de ce mot qu'un adj. fém, et elle renvoie à *onciale*, qui est en effet le mot francisé. Voy. ONCIALE.

UNCIFORME, adj. des deux genres (*onciforme*), crochu. — On appelle, en anat., *os unciforme* ou *crochu*, l'un des os du carpe, ou le quatrième os de la seconde rangée du carpe; et *éminences unciformes*, les ergots des ventricules latéraux, selon le docteur *Chaussier*.

UNCINAIRE, subst. mas. (*oncinère*), t. d'hist. nat., genre de vers qui vivent dans les intestins des animaux.

UNCINÉE, subst. fém. (*onciné*), t. de bot., genre de plantes de la famille des laiches.

UNCIROSTRE, subst. mas. et adj. des deux genres (*oncirocetre*), (du lat. *uncus*, crochu, et *rostrum*, bec), t. d'hist. nat., qui a le bec crochu, recourbé.

UNDÉCIMAL, subst. mas. (*ondécimal*), t. d'hist. nat., nom d'une espèce de poisson du genre des silures.

UNDICULATION, subst. fém. (*ondikulâcion*), t. de peint., imitation de l'ondulation des eaux dans un tableau. Inusité.

UNDIMIA, subst. fém. (*ondimi-a*), t. de chir., nom donné à des tumeurs remplies d'une matière tout-à-fait semblable au blanc d'œuf.

UNGUÉAL, E, adj. (*ongu-é-al*), t. d'anat.; il se dit des dernières phalanges sur lesquelles sont placés les ongles. — Qui a rapport, qui appartient, ou qui tient aux ongles. — Au plur. mas., *unguéaux*.

UNGUICULÉ, E, adj. (*ongu-ikulé*), qui a des *ongles*. — Il se dit, en bot., d'une partie de plantes qui est terminée en forme d'ongle.

UNGUIFÈRE, adj. des deux genres (*ongu-ifère*). Voy. UNGUÉAL, qui a la même signification.

UNGUIS, subst. mas. (*ongu-ice*), t. d'anat., pris du lat. On le dit de deux os du nez qui ont la grandeur et la figure d'un ongle. On le nomme aussi, *os lacrymal*. — Maladie de l'œil, que l'on nomme aussi *ongle*, *onglet*, ou *ptérygion*. Voy. PTÉRYGION. — On nomme *unguis odoratus*, une espèce de coquillage qui a quelque utilité en médecine.

UNI, subst. mas. (*uni*), ce qui est d'une seule couleur : *il aime l'uni*, *les étoffes unies*.

UNI, E, part. pass. de *unir*, et adj., qui est joint. — Qui n'est point raboteux. — Qui est joint d'amitié ou autrement. — Qui est en bonne intelligence avec quelqu'un : *ces deux personnes sont bien unies*. — *Une toile unie*, sans nœuds, également serrée partout. — *Du fil uni*, filé également. — *Un habit*, *du linge*, *un lit tout uni*, sans ornement dessus. — *Homme tout uni*, simple, sans façon. — *Mener une vie unie*, une vie réglée, *uniforme*. — *Chant uni*, simple et sans ornements. — En t. de man., on appelle *galop uni*, celui dans lequel la jambe de derrière suit exactement celle de devant. — Fig., simple, sans saillies, sans prétention : *son discours est tout uni*. — On appelle *États-Unis*, les treize états qui forment la république d'Amérique; et on appelait *Provinces-Unies*, les sept provinces de la république de Hollande. — *Uni*, adv., uniment : *cela est filé bien uni*. — *A l'uni*, loc. adv., de niveau : *mettre tout à l'uni*. — UNI, PLAIN. (*Syn.*) Ce qui est *uni* n'est pas raboteux; ce qui est *plain* n'a ni enfoncement ni élévation. Le marbre le plus *uni* est le plus beau. Un pays où il n'y a ni montagnes ni vallées, est un pays *plain*.

UNICAPSULAIRE, adj. des deux genres (*unikapeçulère*), t. de bot., qui n'a qu'*une capsule*.

UNIBRANCHAPTÈRE, subst. fém. (*unibrankapetérure*) (du lat. *unus*, un, du grec βράγχια, branchie, πτερόν, nageoire, et οὐρά, queue), t. d'histoire nat., genre de poissons abdominaux.

UNICITÉ, subst. fém. (*unicité*), état, qualité de ce qui est *unique*.

UNICORNE, subst. mas. (*unikorne*). Voy. LICORNE. — *Unicorne fossile*, t. d'hist. nat. On a donné ce nom à différentes parties d'animaux qui ont plus ou moins de ressemblance avec une *corne*. Dans les pharmacies d'Allemagne, on appelle *unicorne*, l'ivoire fossile et décomposé qu'on trouve dans différentes contrées de l'Europe. — *Unicorne marin*, t. d'hist. nat., nom donné par quelques auteurs au *narval vulgaire*.

UNIÈME, adj. des deux genres (*uni-ème*), nombre ordinal. Il s'emploie avec les nombres vingt, trente, quarante, cinquante, soixante, quatre-vingts, cent et mille : *vingt-unième*, et non pas *vingt et unième*.

UNIÈMEMENT, adv. (*uni-èmeman*); il s'emploie comme le mot précédent avec les nombres vingt, trente, etc. : *vingt-unièmement*, et non pas *vingt et unièmement*.

UNIFLORE, adj. des deux genres (*uniflore*) (du lat. *unus*, un, unique, et *flos*, gén. *floris*, fleur), qui ne porte qu'une fleur.

UNIFOLIUM, subst. mas. (*unifoli-ome*), nom que les anciens donnaient au muguet quadrifide.

UNIFORME, adj. des deux genres (*uniforme*) (en lat. *uniformis*, fait de *unus*, un, unique, et de *forma*, forme), conforme, égal, semblable en toutes ses parties. — *Style uniforme*, qui ne se dément point dans le corps d'un ouvrage. — *Cet ouvrage est trop uniforme*, n'est pas assez varié où il devrait l'être. — *Conduite uniforme*, toujours égale, où l'on suit les mêmes principes. — *Une plaine uniforme*, pour, une plaine qui présente partout le même aspect; *une architecture uniforme*, pour, une architecture dont les différents corps sont formés sur les mêmes dessins; *une salle uniforme*, qui est tout *unie* et ne présente aucune variété. — *Doctrine uniforme* a les deux sens, et signifie, ou une doctrine constamment la même dans tous les temps, ou unanimement reçue par tous les esprits, et d'accord dans tous ses principes. — En mécan., on appelle *mouvement uniforme*, le mouvement d'un corps qui parcourt des espaces égaux en temps égaux; tel est, au moins sensiblement, le mouvement d'une aiguille de montre ou de pendule. C'est dans ce mouvement *uniforme* que l'on cherche ordinairement la mesure du temps. — *Habit uniforme*, habit fait suivant le modèle prescrit à une compagnie, à un régiment. En ce dernier sens, il est souvent subst. mas. : *les officiers doivent porter leur uniforme dans les garnisons*. — On dit même dans un sens absolu : *l'uniforme*, pour l'habit militaire. — *Quitter l'uniforme*, quitter le service.

UNIFORME, subst. mas. Voy. UNIFORME, adj.

UNIFORMÉMENT, adv. (*uniforméman*), avec *uniformité*.

UNIFORMISÉ, E, part. pass. de *uniformiser*.

UNIFORMISER, v. act. (*uniformizé*), rendre *uniforme*. — **S'UNIFORMISER**, v. pron. (*Boiste*, qui risque même le mot *uniformer*). Entièrement inusité.

UNIFORMITÉ, subst. fém. (*uniformité*) (en lat. *uniformitas*), conformité, rapport, ressemblance entre plusieurs choses.

UNIGANOCÉPHALE, subst. mas. (*uniguanocéfale*), t. d'hist. nat. qui n'a pas été adopté et qu'on a voulu donner à un genre de serpents.

UNIGÈNE, subst. propre et adj. fém. (*unijène*), myth., c'est-à-dire *née d'un seul*; surnom de Minerve, parce que, sortie de la tête de Jupiter, elle n'avait point de mère.

UNIGERME, adj. fém. (*unijèreme*), qui n'a qu'un seul germe. Voy. UNIGENA.

UNILABIÉE, adj. fém. (*unilabi-é*), t. de bot. : *fleur unilabiée*, qui n'a qu'une lèvre.

UNILATÉRAL, E, adj. (*unilatérale*) (du latin *unus*, un, unique, et *latus*, gén. *lateris*, côté), t. de bot.; se dit des fleurs qui ne sont disposées que sur un côté de la tige. — Au plur. mas., *unilatéraux*.

UNILATÉRALEMENT, adv. (*unilatéraleman*), d'une manière *unilatérale*.

UNILATÉRAUX, adj. mas. plur. Voy. UNILATÉRAL.

UNILOBÉ, E, adj. (*unilobé*), t. de bot., se dit de l'embryon qui n'a qu'un *lobe* ou cotylédon.

UNILOCAL, E, adj. (*unilokale*), t. de médec., se dit d'une chose qui est *locale* sur le point de l'organisme. — Au plur. mas., *unilocaux*.

UNILOCAUX, adj. mas. plur. Voy. UNILOCAL.

UNILOCULAIRE, adj. des deux genres (*unilokulère*) (du lat. *unus*, un, unique, et *loculus*, petite loge, logette), t. de bot., à une seule loge, qui n'a qu'une seule cavité.

UNILOQUE, adj. des deux genres (*uniloke*) (du lat. *unus*, un seul, et *loqui*, parler) : *acte uniloque*, dans lequel un seul parle, qui exprime la volonté d'un seul.

UNIMANE, adj. des deux genres (*unimane*) (du lat. *unus*, un, et *manus*, main), qui n'a qu'une main : *l'éléphant est unimane*. — Il est aussi subst. mas.

UNIMENT, adv. (*uniman*), d'une manière *unie*. —D'une manière égale : *cette toile est travaillée uniment; parler uniment*. — *Tout uniment*, simplement, sans façon.

UNIOLE, subst. fém. (*uni-ole*), t. de bot., genre de plantes digynes de la famille des graminées.

UNION, subst. mas. (*uni-on*), t. d'hist. nat., genre de mollusques acéphales.

UNION, subst. fém. (*uni-on*) (en latin *unio*), jonction de deux ou de plusieurs choses ensemble. — Fig., concorde, société, correspondance: *union conjugale, fraternelle ; ils ont toujours vécu dans une grande union; il n'y a point d'union dans cette famille*, etc. — En t. de prat., on appelle *contrat d'union*, un contrat, un accord par lequel tous les créanciers s'unissent pour agir de concert et empêcher que les biens du débiteur ne soient consommés en frais.—Les chrétiens appellent *union hypostatique*, l'union du Verbe divin avec la nature humaine dans une même personne. — Il s'emploie aussi seul pour signifier le mariage : *le ciel a béni leur union; union bien assortie, mal assortie ; union illégale*. — T. de peint. : *union de couleurs*, accord des couleurs qui conviennent bien ensemble et qui sont bien assorties par rapport à la lumière du tableau : *il y a dans ce tableau une belle union de couleurs*. — On appelle quelquefois *union*, la jonction de deux ou de plusieurs choses qui, de leur nature, étaient séparées : *l'union de deux terres, de deux charges*, ou *de plusieurs bénéfices; l'union d'un bénéfice à une communauté* —*Union*, dans un corps politique, sentiment d'harmonie qui fait que toutes les parties, quelque opposées qu'elles paraissent, concourent au bien général de la société. — En politique, se dit d'un traité par lequel plusieurs puissances s'unissent pour leur maintien ou leur défense commune contre une autre puissance; et on les distingue ordinairement par le nom du lieu où elles ont conclu ce traité. Ainsi : *l'union de Francfort était un contre-poids aux projets de l'union de Worms*. (Voltaire.) — On appelle *union de l'Écosse avec l'Angleterre*, un fameux traité par lequel ces deux royaumes ont été réunis en un seul, et compris sous le nom de *royaume de la Grande-Bretagne*.—On appelle *bulles d'union* les bulles du pape qui unissent un bénéfice à un autre ou à une communauté. — *Lettres d'union*, lettres du roi qui unissaient une charge à une autre, une justice à une autre.—En t. de man., on appelle *union*, l'ensemble du cheval.— Chez les joailliers, perle faite en poire. — Myth., figure allégorique représentée sous les traits d'une femme très-gracieuse, couronnée d'olivier, symbole de paix, et de myrte, hiéroglyphe de l'allégresse ; elle s'appuie sur un faisceau de baguettes étroitement liées ensemble, sans les faire plier.—UNION, JONCTION. (*Syn.*) *L'union* regarde particulièrement deux différentes choses qui se trouvent bien ensemble ; la *jonction* regarde proprement deux choses qui se rapprochent l'une auprès de l'autre. Le mot d'*union* renferme une idée d'accord ou de convenance ; celui de *jonction* semble supposer une marche ou quelque mouvement. On dit l'*union* des couleurs et la *jonction* des armées; l'*union* de deux voisins et la *jonction* de deux rivières. Ce qui n'est pas *uni* est divisé, ce qui n'est pas *joint* est séparé. On s'*unit* pour former des corps de société ; on se *joint* pour se rassembler et n'être pas seuls. — *Union* s'emploie souvent au figuré, mais on ne se sert de *jonction* que dans le sens littéral. L'*union* soutient les familles et fait la puissance des Etats; la *jonction* des ruisseaux forme les grands fleuves.

UNIONISME, subst. mas. (*uni-oniceme*), doctrine des *unionistes*. — Action de former un corps contre...

UNIONISTE, subst. mas. (*uni-onicete*), nom d'hérétiques qui niaient la Trinité.— Partisan de l'*union* de l'opposition libérale et des ultramontains en Belgique, en 1830.

UNIONITE, subst. mas. (*barbarisme*). Voy. UNIONISTE, qui seul se dit.

UNIPERS., abréviation des mots *unipersonnel* ou *unipersonnellement*.

UNIPERSONNEL, adj. mas., au fém. **UNIPERSONNELLE** (*unipèreçonèle*), t. de gramm., qui n'a qu'une *personne*. — Il est aussi subst. mas., et il se dit au lieu d'*impersonnel*. Les verbes auxquels les grammairiens donnent ordinairement le nom d'*impersonnels*, et que nous appelons *unipersonnels*, sont certains verbes défectueux que l'on n'emploie dans tous leurs temps, qu'à la troisième *personne* du singulier : *il faut; il importe; il y a*, etc. Ce mot manque dans l'*Académie*.

UNIPERSONNELLE, adj. fém. Voy. UNIPERSONNEL.

UNIPERSONNELLEMENT, adv. (*unipèreçonèleman*), d'une manière *unipersonnelle*. Ce mot manque dans l'*Académie*.

UNIPÉTALÉ, E, adj. (*unipétalé*), t. de bot., qui consiste en un seul *pétale*.

UNIQUE, adj. des deux genres (*unike*) (en lat. *unicus*), seul : *fils unique ; il est unique héritier*. —Fig., singulier, excellent en son espèce : *c'était l'unique orateur qu'il y eût pour lors*.—On dit d'un homme qui excelle en quelque chose, qu'*il est l'unique en son espèce*. On le dit aussi par dérision d'un homme ridicule et d'un extravagant, pour dire qu'il n'a pas son semblable. — *C'est unique; voilà qui est unique*, on ne s'y attendait pas. — Subst. fém., les marchands d'objets d'histoire naturelle donnent ce nom à des coquilles dont la spire, au lieu de tourner de gauche à droite, comme la plupart des coquilles, tourne de droite à gauche. On les appelle aussi *coquilles gauches*. — UNIQUE, SEUL. (*Syn.*) Une chose est *unique*, lorsqu'il n'y en a point d'autre de la même espèce ; elle est *seule*, lorsqu'elle n'est pas accompagnée. Un enfant qui n'a ni frère ni sœur est *unique*; un homme abandonné de tout le monde reste *seul*.

UNIQUEMENT, adv. (*unikeman*), singulièrement, exclusivement à toute autre chose : *il s'applique uniquement à la poésie*. — Au-dessus de tout, préférablement à tout : *il aime uniquement la musique*.

UNIR, v. act. (*unir*) (en lat. *unire*, fait de *unus*, un, unique), joindre deux ou plusieurs choses en une. Il diffère de *joindre* comme *union* de *jonction*. Voy. UNION et aussi ASSEMBLER. — Fig., joindre d'amitié, de parenté, d'intérêt, etc. — Rendre égal, en ôtant les hauts et les bas ; polir, aplanir.—En t. de manège : *unir un cheval*, le mettre non pas *ensemble*, comme le dit l'*Académie*, mais le mettre *d'ensemble*. — S'UNIR, v. pron., se joindre ensemble.—Fig., s'associer. —S'attacher par alliance, par amitié.

UNISEXÉ, E, adj. (*unicèkcé*), t. de bot.: *fleur unisexée*, qui n'a qu'un *sexe*.

UNISEXUEL, adj. mas., au fém. **UNISEXUELLE**, (*unicèkçu-èle*), t. de bot., qui se dit des plantes qui ne réunissent pas les deux *sexes*, c'est-à-dire qui n'ont que des pistils ou des étamines.

UNISPERME, adj. des deux genres (*unicepèreme*), t. de bot., qui se dit du genre de plantes qui n'a qu'une semence, et qui a été établi pour placer le scandix.

UNISSANT, E, adj. (*uniçan, çante*), qui *unit*. — Il se dit, en chir., d'un bandage qui procure la *réunion* des plaies longitudinales, et de la rotule fracturée en long. On l'appelle même *unissant* au subst. mas.

UNISSON, subst. mas. (*uniçon*), accord de deux ou plusieurs voix, de deux ou plusieurs instruments qui ne font entendre qu'un même ton ou son.— On dit fig. et fam. : *se mettre, se monter à l'unisson de tout le monde*, ne contrarier personne, ne se mettre en opposition avec personne.

UNITAIRE, subst. et adj. des deux genres (*unitère*), sectaire qui, en admettant la révélation, ne reconnaît qu'une seule personne en Dieu.

UNITÉ, subst. fém. (*unité*) (en lat. *unitas*), en math., ce qui exprime *une* seule chose ou *une* partie individuelle d'*une* quantité quelconque. C'est le principe de tous nombres, lesquels sont composés d'*unités*. — En t. de théol., on dit : *l'unité de l'Eglise*, et les catholiques entendent par là le lien qui *unit* les fidèles par la profession d'*une* même doctrine, par la participation aux mêmes sacrements, et par la soumission au même chef visible.—On dit aussi : *l'unité de la foi, l'unité de Dieu; l'unité de Dieu fut démontrée par l'unité de son temple*. — Qualité d'*une* chose qui est *une : dans l'ordonnance de la nature, ce ne sont pas les mâles, mais les femelles, qui constituent l'unité des espèces*. — En t. de belles-lettres, on entend par ce mot une qualité qui fait qu'un ouvrage est partout égal et soutenu. Cette *unité* consiste à distribuer un ordre général dans la matière qu'on traite, et à établir un point fixe auquel tout puisse se rapporter. —L'*unité*, dans la poésie dramatique, est une règle qu'ont établie les critiques, par laquelle on doit observer dans tout drame *une unité d'action, une unité de temps*, et *une unité de lieu*. C'est ce qu'on appelle *la règle des trois unités ; les trois unités sont communes à la comédie et à la tragédie*. *L'unité d'action* consiste en ce que la tragédie ne roule que sur une action principale et simple ; l'*unité de temps* consiste à renfermer l'action dans un espace de vingt-quatre heures; l'*unité de lieu* exige que l'action soit bornée à un seul et même lieu : *l'unité d'action dans les ouvrages faits pour intéresser, et l'unité d'objet dans les ouvrages faits pour instruire, demandent également que toutes les parties soient entre elles dans des proportions exactes, et que, subordonnées les unes aux autres, elles se rapportent toutes à une même fin*. — En peint., on exige l'*unité d'objets*, c'est-à-dire que s'il y a plusieurs groupes de clair-obscur dans un tableau, il faut qu'il y en ait un qui domine sur les autres. De même dans la composition, il doit y avoir *unité de sujets*. On observe aussi dans un tableau l'*unité du temps*, en faisant en sorte que ce qui y est représenté ne paraisse pas excéder le moment de l'action qu'on a dessein de rendre.

UNITIF, adj. mas., au fém. **UNITIVE** (*unitif, tive*), t. mystique, usité seulement au fém.: *la vie unitive*, celle d'après laquelle l'âme est *unie* à Dieu d'une manière particulière.

UNITIVE, adj. fém. Voy. UNITIF.

UNIVALVE, adj. des deux genres (*univalve*), t. de bot., qui n'a qu'*une valve*. — En t. d'hist. nat., *coquillage univalve*, qui n'est composé que d'*une* pièce. — On dit aussi subst. au mas. : *les univalves*.

UNIVERS, subst. mas. (*univère* ; et non pas *univèrece*, même devant une voyelle) (en lat. *universus*, sous-entendu *mundus*), le monde.— Dans un sens plus particulier, la terre et ses habitants.

UNIVERSALISÉ, E, part. pass. de *universaliser*.

UNIVERSALISER, v. act. (*univèreçalizé*), rendre *universel*. — S'UNIVERSALISER, v. pron. Mot employé par le grammairien *Domergue*, dans sa *Prononciation notée*. Ce mot n'est pas du reste à dédaigner, il peut être fort utile.

UNIVERSALISME, subst. mas. (*univèreçaliceme*), système de ceux qui n'admettent pour principe, pour autorité, que l'assentiment *universel*, ce que tous les hommes appellent bon ou beau, juste ou vrai.

UNIVERSALISTE, subst. des deux genres (*univèreçalicete*), qui croit à la grace *universelle*. — Partisan de l'*universalisme*.

UNIVERSALITÉ, subst. fém. (*univèreçalité*) (en lat. *universalitas*), généralité; toutes les choses de même nature. — *L'universalité des biens*, la totalité.— *L'universalité d'une proposition*, sa qualité de proposition *universelle*.

UNIVERSAUX, subst. mas. plur. Voy. UNIVERSEL, subst.

UNIVERSEL, subst. mas. (*univèrecèle*), t. de logique, nature commune qui convient généralement à eurs choses de même sorte. En ce sens, on dit, au plur. : *universaux*. C'est là une bien extraordinaire bizarrerie ; mais elle est consacrée, du moins l'*Académie* le veut ainsi. On compte cinq *universaux : le genre, l'espèce, la différence, le propre* et *l'accident*. — *Universaux*, lettres-circulaires du roi de Pologne aux grands du royaume et aux provinces pour la convocation des diètes.

UNIVERSEL, adj. mas., au fém. **UNIVERSELLE** (*univèrecèle*) (en latin *universalis*), général ; qui s'étend à tout ou partout, qui comprend tout : *un bien universel ; une désolation universelle ; et cette alarme universelle est l'ouvrage d'un moucheron.* (La Fontaine.) *Il a l'approbation universelle.*—Ce qui embrasse, ce qui comprend tout : *science universelle ; esprit universel.* — Adopté, cru, reçu, répandu, professé partout ; unanime : *c'est l'opinion universelle ; des principes universels ; il a une confiance universelle ; ce sont des vérités universelles.* Voy. GÉNÉRAL. — *Homme universel*, qui a une grande étendue de connaissances. Voy. UNIVERSEL, subst.

UNIVERSELLE, adj. fém. Voy. UNIVERSEL, adj.

UNIVERSELLEMENT, adv. (*univèrecèleman*), généralement.

UNIVERSITAIRE, adj. des deux genres (*univèrecitère*), de l'*université*. — Subst. mas. : *les universitaires*, les individus attachés à l'*université*.

UNIVERSITÉ, subst. fém. (*univèrecité*) (en latin *universitas*, sous-entendu *studiorum*), corps de professeurs et d'écoliers, établi par autorité publique, pour enseigner et pour apprendre les langues, les belles-lettres et les sciences.

UNIVOCATION, subst. fém. (*univokâcion*), caractère de ce qui est *univoque*.

UNIVOQUE, adj. des deux genres (*univoke*) (en latin *univocus*, formé de *unus*, un, et *vox*, voix), t. de log. qui se dit des noms communs à plusieurs choses : *animal est un terme univoque à l'homme et au lion ; homme est univoque à Pierre ou à Paul.*—En t. de gramm., il se dit des mots qui ont le même son, quoiqu'ils aient une signification différente.—T. de musiq., on nomme *consonnances univoques*, celles qui portent le même nom, comme l'octave et ses répliques. —En t. de médec., on nomme *signes univoques, symptômes univoques*, des signes, des symptômes particuliers à une maladie, ou qui ne se rencontrent que dans une seule maladie, et par conséquent qui la caractérisent.

UNOGATE, subst. mas. (*unoguate*) (du grec ὀνυξ, instrument tranchant, et ογκη, crochet), t. d'hist. nat., classe d'insectes qui a beaucoup de rapports avec celle des arachnides.

UNONE, subst. mas. (*unone*), t. de bot., genre de plantes polygynes, dont le calice a trois folioles. On mange leurs fruits.

UNXIE, subst. fém. (*onkci*), t. de bot., espèce de plante herbacée.—Genre de plantes de l'ordre des corymbifères. — Subst. propre fém., myth., surnom de Junon qu'on invoquait dans une cérémonie des mariages, qui consistait à frotter d'huile ou de graisse les poteaux de la porte de la maison où les nouveaux mariés s'établissaient, pour en écarter les maux et les enchantements. On croit que c'est de cette onction que le nom d'*uxor* a été donné à une femme mariée.

UNZAINE, subst. fém. (*onzène*), sorte de bateau dont on se sert sur la Loire pour transporter le sel.

UPAS, subst. mas. (*upâce*), t. de bot., grand arbre de Java, célèbre par le poison actif qu'il recèle, et par le merveilleux dont il a été l'objet.

UPERHIZE, subst. fém. (*upérize*), t. de bot., genre de champignons établi entre les truffes et les vesse-loups. Il ne renferme qu'une espèce.

UPÉROTE, subst. fém. (*upérote*), t. d'hist. nat., sorte de fossile en tuyau.

UPIDE, subst. fém. (*upide*), t. d'hist. nat., insecte du genre *upis*.

UPINGES, subst. mas. plur. (*upeinje*), myth., hymnes en l'honneur de Diane.

UPIS, subst. mas. (*upice*), t. d'hist. nat., genre d'insectes de l'ordre des coléoptères.

URA, subst. mas. (*ura*), t. d'hist. nat., crustacé des mers du Brésil, qui paraît appartenir au genre des écrevisses.

URAC, subst. mas. (*urak*), t. de bot., genre de plantes qui paraît être la même chose que le varec. Voy. VAREC.—*Entrer les harengs en urac*, c'est-à-dire, sans être salés.

URACRASIE, subst. fém. (*urakrasi*), t. de médec. et de chir., incontinence ou émission involontaire d'urine.

URAGUS, subst. propre mas. (*uraguce*), myth., surnom de Pluton, *ab urigine et agendo*, celui qui conduit ou dirige le feu.

URALEPSIS, subst. mas. (*uralèpecice*), t. de bot., genre de plantes intermédiaire entre les barbons et les canches.

URALIER, subst. mas. (*uralié*), t. de bot., espèce d'arbrisseau exotique de la famille des solanées.

URAN, subst. mas. (*uran*), t. d'hist. nat., nom d'un animal que l'on regarde comme fabuleux.

URANE, ou **URANIUM**, ou **URANITE**, subst. mas. (*urane, uraniome, uranite*) (du grec ουρανος, le ciel), t. d'hist. nat., nouvelle substance métallique, découverte par *Klaproth*, qui l'appela *uranite*, comme depuis il a consacré le *tellure* à la terre, en lat. *tellus*. — On appelle, *urane oxydé*, le cuivre corné ou muriate de cuivre de Born ; l'oxyde d'*urane* des chimistes ; l'oxyde de bismuth micacé de Born ; l'*uranite* minéralisé par l'acide aérien ; *la chaux jaune d'urane* de Bergmann ; l'*urane* en oxyde de Daubenton ; et *urane oxydulé*, l'*uranite* minéralisé par le soufre de Bergmann ; le pech-blende ou blende de poix de Born ; et l'*uranite* en minerai par le soufre de Daubenton. Voy. URANIT.

URANIE, subst. fém. (*urani*), t. d'hist. nat., genre d'insectes lépidoptères. — En astron., l'une des chiennes d'Actéon. — En archéol., sorte de jeu d'enfants en Grèce et en Italie : on jetait une balle en l'air, et celui qui l'attrapait le plus souvent avant qu'elle ne touchât la terre était le roi du jeu.—Subst. propre fém., myth., l'une des neuf Muses. Elle préside à l'astronomie. On la représente sous la figure d'une jeune fille vêtue d'une robe couleur d'azur, couronnée d'étoiles, soutenant un globe avec les deux mains, et ayant autour d'elle plusieurs instruments de mathématiques.—*Uranie* fut aussi le nom de plusieurs nymphes.—*Sous le nom d'Uranie*, c'est-à-dire, *céleste*, on adorait aussi Vénus, comme la déesse des plaisirs innocents de l'esprit ; et on l'appelait par opposition Vénus terrestre, quand elle était l'objet d'un culte infâme et grossier. — Subst. fém. plur., nymphes célestes qui gouvernent les sphères du ciel.

URANIT, ou **URANITE**, subst. mas. (*urani, nite*), t. de minér., nom que quelques minéralogistes français ont donné au minerai d'*urane*, et particulièrement à l'*urane oxydé*. Voy. URANE.

URANIUM, subst. mas. (*urani-ome*), voy. URANE.

URANOCHRE, subst. mas. (*uranokre*), t. de chim., oxyde d'*urane*, qui est un muriate de cuivre de Born.

URANODON, subst. mas. (*uranodon*), t. d'hist. nat., espèce de poisson dont on a établi le genre parmi les dauphins.

URANOGRAPHE, subst. mas. (*uranoguerafe*), celui qui fait une description du ciel ; auteur d'une *uranographie*.

URANOGRAPHIE, subst. fém. (*uranoguerafi*) (du grec ουρανος, ciel, et γραφω, je décris), description du ciel.

URANOGRAPHIQUE, adj. des deux genres (*uranoguerafike*), qui concerne l'*uranographie* : *spectacle uranographique*.

URANOLOGIE, subst. fém. (*uranoloji*) (du grec ουρανος, ciel, et λογος, traité), discours, traité sur le ciel.

URANOLOGIQUE, adj. des deux genres (*uranolojike*), qui concerne l'*uranologie*.

URANOMÈTRE, subst. mas. (*uranomètre*) (du grec ουρανος, le ciel, et μετρον, mesure), sorte d'instrument propre à mesurer les astres et les mouvements célestes.

URANOMÉTRIE, subst. fém. (*uranométri*) (même étym. que celle du mot précéd.), science de mesurer les astres.

URANOMÉTRIQUE, adj. des deux genres (*uranométrike*), qui a rapport à l'*uranométrie* ; qui concerne l'*uranomètre*, ou l'*uranométrie*.

URANOMORPHITE, subst. fém. (*uranomorfite*), t. d'hist. nat., sorte de pierre ornée de dendrites à empreintes qui représentent des corps célestes.

URANORAMA, subst. mas. (*uranorama*) (du grec ουρανος, le ciel, et οραμα, vue), exposition en petit de notre système planétaire, figurée par des globes représentant les astres et leurs mouvements.

URANOSCOPE, subst. mas. (*uranocekope*) (du grec ουρανος, ciel, et σκοπεω, je regarde), t. d'hist. nat., genre de poissons osseux, holobranches et jugulaires, dont les yeux, très-rapprochés, sont placés sur le sommet de la tête.

URANOTE, subst. fém. (*uranote*), t. de bot., petite plante de la Nouvelle-Hollande qui a servi de type pour établir un nouveau genre dans la syngénésie égale, et dans la famille des cinarocéphales.

URANUS, subst. mas. (*urânuce*) (du grec ουρανος, ciel), t. d'astron., planète découverte en Angleterre par *Herschell*. Elle a pendant quelques années porté le nom même d'*Herschell* ; celui d'*Uranus* lui fut ensuite donné par les Allemands, parce que cette planète étant la plus éloignée de nous, la plus enfoncée dans l'espace céleste, appartient en quelque sorte plus proprement au ciel.—Subst. propre mas., myth., c'est le même que *Cœlus*, le père de Saturne. — Nom du premier roi des Atlantes, peuples les plus policés de toute l'Afrique, et qui prétendaient que les dieux avaient pris naissance chez eux. Ce prince rassembla dans des villes les hommes avant lui répandus dans les campagnes, les retira de la vie sauvage qu'ils menaient, leur enseigna l'usage des fruits et la manière de les conserver, et leur communiqua plusieurs inventions nouvelles. Observateur attentif des astres, il détermina plusieurs circonstances de leurs révolutions, mesura l'année par le cours du soleil, et les mois sur celui de la lune ; enfin désigna le commencement et la fin des saisons. Les peuples, qui ne savaient pas encore combien le mouvement des astres est égal et constant, étonnés de la justesse de ses prédictions, crurent qu'il était d'une nature plus qu'humaine, et lui décernèrent les honneurs divins après sa mort. Ils donnèrent son nom à la partie supérieure de l'univers, tant parce qu'ils jugèrent qu'il connaissait parfaitement tout ce qui arrive dans le ciel, que pour marquer la grandeur de la vénération extraordinaire qu'ils avaient pour lui : ils le nommèrent enfin *le roi éternel de toutes choses*.

URAO, subst. mas. (*ura-o*), t. d'hist. nat., carbonate de soude.

URAQUE, subst. mas. Voy. OURAQUE.

URARIC, subst. mas. (*urarik*), t. de bot., genre de plantes établi aux dépens des sainfoins.

URATE, subst. mas. (*urate*), t. de chimie, sel formé par la combinaison de l'acide *urique* avec une base.

URBAIN, E, adj. (*urbein, bène*) (en latin *urbanus*), de la ville : *maisons urbaines*. — Subst. fém., sorte de voitures publiques dans le genre omnibus. — Autre espèce de voitures dans le genre bourgeois.

URBANICIEN, subst. mas. (*urbaniciein*), t. d'antiq., nom d'un corps de six mille soldats qu'Auguste avait formé pour la garde de Rome.

URBANIEN, subst. et adj. mas. (*urbaniein*), myth., nom des dieux de la ville, chez les Romains.—Nom qu'on donnait aussi aux dieux Lares.

URBANISTE, subst. fém. (*urbanicete*), t. de jard., sorte de poire. — Subst. fém. plur., clairettes, religieuses de Sainte-Claire.—Subst. mas. plur., sectaires opposés à Clément VII.

URBANITÉ, subst. fém. (*urbanité*) (en latin *urbanitas*, élégance de la ville, formé de *urbs*, ville), politesse que donne l'usage du monde. Il ne se dit guère qu'en parlant des anciens Romains : on dit l'*atticisme des Grecs* et l'*urbanité des Romains*, quand on parle de la politesse du langage.

URBÈRE, subst. mas. (*urbère*), t. d'hist. nat. ; on donne ce nom à divers insectes nuisibles.

URCÉE, subst. fém. (*urcé*), t. d'hist. nat., genre de coquilles qui fait partie des nérites de *Linnée*.

URCÉOLAIRE, subst. fém. (*urcé-olère*), t. de bot., genre de plantes cryptogames de la famille des algues, que l'on a établi aux dépens de celui des lichens de *Linnée*.

URCÉOLE, subst. fém. (*urcé-ole*), t. de bot., genre de plantes sarmenteuses, de la famille des apocynées.

URCÉOLÉ, E, adj. (*urcé-olé*) (du lat. *urceus*, cruche, t. de bot., renflé en forme de petite outre, et rétréci vers l'orifice.

URE, subst. mas. (*ure*), t. d'hist. nat., espèce de buffle, taureau sauvage commun en Perse.

UREBEC, subst. mas. (*urbèk*), t. d'hist. nat., petit animal qui ronge les bourgeons des arbres.

URÈDE, subst. mas. (*urède*), t. de bot., genre de champignons parasites, de l'ordre des angiocarpes. On le nomme aussi *uredo*.

URÉE, subst. fém. (*uré*) (du latin *urina*, urine, en grec ουρον), t. de chim., substance nouvellement découverte dans l'urine, à laquelle celle-ci doit sa couleur, sa saveur, son odeur, en un mot, toutes ses qualités caractéristiques.

URÈNE, subst. fém. (uré.ne), t. de bot., genre de plantes polyandres de la famille des malvacées.

URÉON, subst. mas. (uré-on), Inus. Voy. URINE.

URETEAU, subst. mas. (ureto), t. de mar., espèce de corde à poulie.

URÉTÉRALGIE, subst. fém. (urétéraleji) (du grec ουρητηρ, uretère, et αλγος, douleur), douleur rapportée à l'uretère.

URÉTÉRALGIQUE, adj. des deux genres (urétéralejike), qui a rapport à l'urétéralgia.

URETÈRE, subst. mas. (uretère) (en grec ουρητηρ, conservation de l'urine, formé de ουρον, urine, et de τηρεω, je conserve), t. d'anat., canal double et fort étroit qui le moyen duquel les reins ont communication avec la vessie.

URÉTÉRITIS, mieux URÉTHRITIS, subst. fém. (uretéritice, tritice) (du grec ουρητηρ, uretère, ou bien ουρηθρα, urèthre), t. de médec., inflammation de l'uretère ou de l'urèthre. On dit aussi urétérite.

URÉTÉROLITHIASE, subst. fém. (uretéroliti-aze)(du grec ουρητηρ, uretère, et λιθος, pierre), t. de médec., calcul arrêté, formé dans l'urèthre; affection calculeuse.

URÉTÉRO-PHLEGMATIQUE, adj. des deux genres (urétéroflégmatike), t. de médec., causé par la présence du mucus dans l'uretère.

URÉTÉRO - PYIQUE, adj. des deux genres (urétéropi-ike) , t. de médec., causé par la présence du pus dans l'uretère.

URÉTÉRO-STOMATIQUE, adj. des deux genres (urétérbectomatike) , t. de médec., causé par l'oblitération de l'orifice de l'uretère.

URÉTHRAL, E, adj. (urétral), t. d'anat., qui appartient, qui est relatif à l'urèthre.

URÉTHRALGIE, subst. fém. (urétroleji) (du grec ουρηθρα, urèthre, et αλγος, douleur), t. de médec., douleur que l'on ressent dans l'urèthre.

URÉTHRALGIQUE, adj. des deux genres (urétralejike), t. de médec., qui a rapport, qui est relatif à l'uréthralgie.

URÈTHRE ou URÉTRÉ, subst. mas. (urètre) (en grec ουρητηρ, ou bien ουρηθρα, fait de ουρον, urine), t. d'anat., le canal de la verge par où sort l'urine.

URÉTHRITE, subst. fém. (urétrite) , t. de médec., inflammation aiguë ou chronique de l'urèthre.

URÉTHRO-BULBAIRE, adj. fém. (urétrobulebère), t. d'anat., nom donné à l'artère transverse du périnée. — Il est aussi subst.

URÉTHROPHRAXIE, subst. fém. (urétrôfrakci) (du grec ουρηθρα, urèthre, et εμφραττω, j'obstrue), t. de médec., obstruction de l'urèthre.

URÉTHRORRHAGIE, subst. fém. (urétroraji) (du grec ουρηθρα, urèthre, et ρεω, je coule), t. de médec., hémorrhagie de l'urèthre.

URÉTHRORRHÉIQUE, adj. des deux genres (urétrorè-ike), qui est relatif à l'uréthrorrhée.

URÉTHRORRHAGIQUE, adj. des deux genres (urétrôrajike), qui tient, qui est relatif à l'uréthrorrhagie.

URÉTHRORRHÉE, subst. fém. (urétrôreré) (du grec ουρηθρα, urèthre, et ρεω, je coule), t. de médec., écoulement par l'urèthre.

URÉTHROSCOPE, subst. mas. (urétrocekope) (du grec ουρηθρα, urèthre, et σκοπεω, je regarde), t. de chir., instrument dont on se sert pour plonger la vue dans l'urèthre.

URÉTHROSPASME, subst. mas. (urétrocepacecme) (du grec ουρηθρα, urèthre, et σπασμα, spasme), t. de médec., constriction spasmodique de l'urèthre.

URÉTHROSPASMODIQUE, adj. des deux genres (urétrocepacemodike), qui est relatif, qui a rapport à l'uréthrospasme.

URÉTHROTOME, subst. mas. (urétrotome) (du grec ουρηθρα, urèthre, et τεμνω, je coupe), t. de chir., instrument qu'on employait autrefois, dans l'opération de la taille, pour diviser la peau et l'urèthre, ou inciser l'urèthre.

URÉTHROTOMIE, subst. fém. (urétrotomi) (même étym. que celle du mot précédent), t. de chir., incision de l'urèthre.

URÉTHROTOMIQUE, adj. des deux genres (urétrotomike), qui est relatif à l'urétrotomie.

URÉTHRYMÉNODE, adj. des deux genres (urétriménode) , t. d'anat., causé par la présence d'une membrane formée accidentellement dans l'urèthre.

URÉTIQUE, adj. des deux genres (urétike) (en grec ουρητικος, fait de ουρον, urine), t.

de médec.; se dit des passages urinaires; des remèdes, dans le sens de diurétique ; des malades, pour signifier qu'ils urinent facilement; des maladies, et particulièrement d'une sorte de fièvre compliquée avec un diabètès.

URGENCE, subst. fém. (urjance), nécessité pressante de prendre une résolution, de prononcer sans délai sur une matière : urgence d'une proposition; acte, décret d'urgence.

URGENT, E, adj. (urjan, jante) (du latin urgens, part. prés. de urgere, presser, pousser, dérivé du grec εργον, ouvrage, ou οργαω, je désire vivement), pressant , qui ne souffre point de délai : besoin urgent ; nécessité urgente; c'est à peu près tout l'emploi de ce mot.

URIGUE, subst. mas. (urique), t. d'hist. nat., espèce de loup marin.

URI, subst. propre mas. (uri), canton suisse célèbre par le souvenir de Guillaume Tell qui l'habitait.

URINAIRE, adj. des deux genres (urinère), qui a rapport à l'urine : passages, voies urinaires.

URINAL, subst. mas. (urinal), vase qui est ordinairement de verre, où les malades urinent commodément.— Sorte de réservoir dont la forme et la composition sont très-variables, et qu'on adapte à la verge dans les cas d'incontinence d'urine, pour recevoir ce liquide à mesure qu'il s'écoule.—Au plur., des urinaux.

URINATEUR, subst. mas. (urinateur) (en latin urinator, fait de urinari, plonger), plongeur ou pêcheur de perles. Peu usité.

URINAUX, subst. mas. plur. Voy. URINAL.

URINE, subst. fém. (urine) (en latin urina, en grec ουρον), pissat. Urine est un terme plus honnête que pissat.—Sérosité saline, de couleur de citron, séparée de la masse du sang dans les reins, conduite dans la vessie, où elle la poussée au dehors de temps en temps. — On appelle, en t. de médec. urine chargée, celle qui est opaque et consistante; urine crue, celle qui est sans couleur, sans nuage et sans dépôt ; urine cuite ou de coction, celle qui, étant comme naturelle par sa couleur et sa consistance lorsqu'elle vient d'être rendue, ne tarde pas à déposer.—On appelle urine de boisson, celle qui est rendue peu de temps après avoir bu ; elle est moins colorée, moins dense que celle que l'on rend après le repas et après le moment d'agir. Cette dernière s'appelle urine de la digestion.—On dit que l'urine est ténue,quand elle est transparente, peu colorée et peu dense; qu'elle est ténue et crue, quand, avec ces caractères, elle ne donne ni nuage ni dépôt, ce qui annonce que la terminaison de la maladie est éloignée. L'urine est ténue et d'une grande limpidité dans les accès des maladies nerveuses convulsives ; on l'appelle alors urine nerveuse. L'urine est épaisse, quand elle contient une grande quantité de matière muqueuse ou gélatineuse, ou dit aussi alors qu'elle est mucilagineuse. L'urine est trouble, lorsqu'elle est précipitée de son dissolvant naturel, ou que l'acide urique, trop abondant, précipite par le refroidissement du liquide. Lorsque le trouble de l'urine dépend de flocons qui sont suspendus, on l'appelle floconneuse ; elle est jumenteuse, lorsqu'elle est troublée par une substance semblable à des grains de poussière. On l'appelle huileuse, quand elle forme de l'huile, ou qu'on y voit nager une pellicule grasse en apparence; lactescente, quand elle est blanche et trouble ; sanguinolente, quand elle contient du sang ; purulente, quand elle contient du pus.

URINÉ, part. pass. d'uriner.

URINER, v.neut. (uriné), pisser, évacuer l'urine.

URINEUSE, adj. fém. Voy. URINEUX.

URINEUX, adj. mas., au fém. URINEUSE (urineu, neuze), qui est de la nature de l'urine, qui a l'odeur de l'urine. — T. de médec., abcès urineux, abcès produit par l'épanchement ou par l'infiltration de l'urine dans le tissu cellulaire.

URINIFÈRE, adj. des deux genres (urinifère), t. de médec. et d'anat., par où passe l'urine.

URIQUE, adj. des deux genres (urike) (du grec ουρον, urine, parce que c'est par l'urine que cet acide est produit), t. de chim. : acide urique, acide tiré des calculs qui se forment dans la vessie de l'homme.

URNE, subst. fém. (urne) (en lat. urna, fait de urinari, puiser), chez les anciens Romains, mesure pour les choses liquides, qui était la moitié de l'amphore. — Sorte de vase antique qui servait aux sacrifices, à conserver les cendres

des morts, à tirer au sort. — En bot., enveloppe qui contient, suivant plusieurs botanistes, les organes de la fructification des plantes.

UROCÈLE, subst. fém. (urocèle), t. de médec., infiltration de l'urine dans les bourses ou le scrotum.

UROCÉRATE, subst. mas. (urocerate), t. d'hist. nat., tribu d'insectes de l'ordre des hyménoptères, famille des porte-scie.

UROCÈRE, subst. mas. (urocère) (du grec ουρον, queue, et κερας, corne), t. d'hist. nat., genre d'insectes de l'ordre des hyménoptères.

UROCHÉZIE, subst. fém. (urokiézi) (du grec ουρον, urine, et χεζω, je vais à la selle), t. de médec., diarrhée urineuse.

UROCHLOÉ, subst. fém. (uroklo-é) , t. de bot., genre de plantes de la famille des graminées.

UROCRISIE, subst. fém. (urokrizi) (du grec ουρον, urine, et κρισις, jugement), t. de médec., jugement de l'état d'un malade par l'inspection de son urine.

UROCRITÈRE, subst. mas. (urokritère), jugement d'uromante. Inusité.

UROCRITIQUE, adj. des deux genres (urokritike), t. de médec., se dit des signes tirés de l'examen de l'urine.

URODELLES, sub. fém. pl. (urodèle), t. d'hist. nat., famille établie parmi les reptiles batraciens.

URODYNIE, subst. fém. (urodini) (du grec ουρον, urine, et οδυνη, douleur), t. de médec., douleur en urinant.

URODYNIQUE, adj. des deux genres (urodinike), qui est relatif à l'urodynie.

UROHYAL, subst. mas. (uro-i-al), t. d'anat., nom donné à la pièce qui forme la queue de l'appareil osseux connu sous le nom d'hyoïde.

UROMANCIE, subst. fém. (uromanci) (du grec ουρον, urine, et μαντεια, divination), art prétendu de connaître les maladies par l'inspection des urines. Hors d'usage.

UROMANCIEN, subst. et adj. mas., au fém. UROMANCIENNE (uromancien, ciène). Voy. UROMANTE.

UROMANCIENNE, subst. et adj. fém. Voy. UROMANCIEN.

UROMANTE, subst. mas. (uromante) (du grec ουρον, urine, et μαντεια, divination), empirique, charlatan qui prétendait deviner le caractère des maladies ou les maladies par la seule inspection des urines. Hors d'usage.

URONECTES, subst. m. pl. (uronèkte), t. d'hist. nat., famille de reptiles entre les crocodiles et les lézards, qui nagent à l'aide de leur queue.

UROPLANIE, subst. fém. (uroplani) , t. de médec., déviation de l'urine. Peu connu.

UROPLATE, subst. mas. (uroplate), t. d'hist. nat., genre de reptiles sauriens.

UROPODES, sub. m. pl. et adj. des deux genres (uropode) (du grec ουρον, queue, et πους, gén. ποδος, pied ; qui se sert de sa queue en guise de pieds), t. d'hist. nat., famille d'oiseaux palmipèdes. — Genre d'arachnide de la famille des bolètres.

UROPRISTES, subst. m. pl. et adj. des deux genres (uropricete) (du grec ουρον, queue, et πριστις, scie), t. d'hist. nat., famille d'insectes hyménoptères, que l'on désigne encore plus particulièrement sous le nom de porte-scie, parce qu'ils arment dans la partie postérieure de leur corps d'une sorte de scie ou tarière, pour percer l'écorce des arbres.

URORRHAGIE ou URORRHÉE, subst. fém. (uroraji, urôre), t. de médec., le diabétès. Voy. ce mot.

URORRHAGIQUE, adj. des deux genres (urôrajike), t. de médec., qui a rapport à l'urorrhagie.

UROSE, subst. fém. (urôze), t. de médec., nom donné aux maladies des voies urinaires.

UROSPERME, subst. mas. et adj. des deux genres (urocepèrme), t. de bot., genre de plantes établi aux dépens des salsifis de Linnée.

URQUAIN, subst. mas. (urkiein), bout de mandrier qui sert à poser la meule du potier.

URSIN, subst. mas. (urcein), t. d'hist. nat., espèce de phoques.

URSINIE, subst. fém. (urcini), t. de bot., genre de plantes polygames de la famille des corymbifères.

URSON, subst. mas. (urçon), t. d'hist. nat., espèce de porc-épic du nord de l'Amérique, de la grandeur du castor.

URSULINE, subst. fém. (urçuline), religieuse de l'ordre de Sainte-Ursule.

URTICAIRE, subst. fém. (urtikière) (on latin

urtica, ortie), t. de médec, éruption semblable à l'effet de l'ortie sur la peau.

URTICATION, subst. fém. (*urtikâcion*) (du lat. *urtica*, ortie), t. de chir., opération qui consiste à frictionner une partie avec de l'ortie, pour y rappeler la chaleur naturelle.

URTICÉE, subst. et adj. fém. (*urticé*), t. de bot., famille de plantes qui comprend des arbres, des arbrisseaux et des herbes.

URUS, ou **URE**, subst. mas. (*uruce*, *ure*), t. d'hist. nat., espèce de buffle ou de taureau sauvage, que les anciens ont décrit, et qu'on retrouve encore dans les montagnes de la Lithuanie et de la Prusse.

URUCU, subst. mas. (*uruku*), roucou.

US, subst. mas. (*uce*) (contraction du lat. *usus*, usage, coutume); coutume; c'est un t. de palais qui ne se dit qu'au plur., et toujours avec *coutume* : *garder les us et coutumes*.

USAGE, subst. mas. (*uzaje*) (en lat. *usus*), coutume, pratique reçue. — En parlant du langage, manière de parler une langue; ce qu'on doit observer en s'exprimant ou en écrivant. — Emploi à quoi l'on fait servir, à quoi l'on applique une chose : *à quel usage cela est-il bon? cela est de grand usage, de peu d'usage, de nul ou d'aucun usage; faire un bon ou mauvais usage de...* — Droit de se servir personnellement d'une chose dont la propriété est à un autre. — Droit qu'ont les voisins d'une forêt ou d'un pacage, d'y couper de quoi se chauffer, et d'y mener leur bétail. — Expérience, habitude : *il a l'usage de ces matières, de ces termes*, il a l'habitude de les pratiquer, de les traiter. — Expérience de la société, habitude d'en pratiquer les devoirs, d'en observer les *usages* : *l'usage du monde, de la vie*, ou simplement : *l'usage*. — Manière d'employer une chose : *la loi doit régler l'usage de l'autorité*. (Massillon.) — Exercice, facilité acquise : *les peuples qui n'ont pas l'usage des lettres*. (Bossuet.) — Se dit relativement aux personnes : *des lunettes à l'usage des myopes; bréviaire à l'usage de Paris, de Rome*. — Par extension : *ces conseils ne sont point à mon usage*, ne me conviennent pas. — *Mettre en usage*, servir de... — Au plur., en t. de librairie, livres de prières à l'usage de telle église, de tel ordre, etc. — **USAGE**, **COUTUME**. (*Syn.*) *L'usage* semble être universel; la *coutume* paraît plus ancienne. Ce que la plus grande partie des gens pratiquent, est en *usage*; ce qui est pratiqué depuis long-temps est une *coutume*. — *L'usage* s'introduit et s'étend; la *coutume* s'établit et acquiert de l'autorité. Le premier fait la mode; la seconde forme l'habitude. L'un et l'autre sont des espèces de lois, entièrement indépendantes de la raison, dans ce qui regarde l'extérieur de la conduite. — Il est quelquefois plus à propos de se conformer à un mauvais *usage*, que de se distinguer, même par quelque chose de bon. Bien des gens suivent la *coutume* dans la façon de penser, comme dans le cérémonial; ils ne s'en tiennent qu'à ce que leurs mères et leurs nourrices ont pensé avant eux.

USAGER, subst. mas. (*uzajé*), celui qui a droit d'*usage* dans les forêts et dans les pâturages. — *Francs usagers*, ceux qui ne paient rien pour leur *usage*, ou qui ne paient qu'une modique redevance pour un *gros usage*. — *Gros usagers*, ceux qui ont droit de prendre dans la forêt d'autrui, sur un certain nombre d'arpents de bois, les fruits que les arbres produisent. — *Menus usagers*, ceux qui n'ont que pour leurs besoins personnels les droits de pâturage et de pacage, et la liberté de prendre le bois arraché ou brisé, et autres de cette espèce.

USAGRO, subst. mas. (*uzaguerô*), t. de médec., nom du psoriasis, chez les auteurs arabes.

USANCE, subst. fém. (*uzance*), vieux mot qui signifie, *usage* reçu : *l'usance de tel pays*. — En t. de banque et de commerce, espace de temps, ordinairement de trente jours, déterminé pour le paiement des lettres de change, suivant l'*usage* des places sur lesquelles elles sont tirées : *cette lettre est à une usance, à deux usances*. — En t. d'eaux-et-forêts, exploitation de la coupe d'une vente de bois adjugée à un marchand.

USANT, E, adj. (*uzan*, *zante*), t. de prat. : *fille majeure, usante et jouissante de ses droits*, qui *use* et jouit de..., qui n'est sous l'autorité de personne.

USÉ, E, part. pass. de *user*, et adj., détruit, détérioré à force de servir, etc. : *habit, estomac usé*. — *Avoir le goût usé*, émoussé par les liqueurs fortes. — *Passion usée*, refroidie, diminuée par le temps. — *Pensée usée*, employée souvent. — *Terre usée*, devenue stérile pour avoir rapporté trop long-temps sans repos, sans amendement.

USER, subst. mas., ou mieux **USÉ**, pour distinguer ce subst. de l'infinitif *user* (*uzé*) : *ce drap est d'un bon usé*, d'un bon *usage*, d'un bon service. — Fig. : *cet homme est bon à l'usé*, plus on le fréquente, plus on le trouve de bonne société.

USER, v. neut. (*uzé*) (en lat. *uti*), faire *usage*, se servir de... : *user de remèdes*; et fig. : *user de menaces, de prières, de violence, de douceur, de finesse, etc.* — *User bien* ou *mal de quelque chose*, en faire un bon ou un mauvais *usage*. — *En user bien* ou *mal avec quelqu'un*, agir bien ou mal avec lui. — Act., consommer : *on use bien du bois, de l'huile*. — Détériorer imperceptiblement : *le pavé use les fers des chevaux*; et fig. : *le chagrin, plus encore que le travail, use les meilleurs tempéraments*. — Fig. : *il ne faut pas user ses ressources*, les affaiblir, les prodiguer. — Fatiguer, épuiser : *user sa jeunesse auprès de quelqu'un*, passer sa jeunesse à servir quelqu'un. — *User ses yeux à force de lire*, s'affaiblir la vue à force de lire. — Dans la même acception : *il n'y a rien qui use tant un homme que la débauche, qui use si fort le corps que les grandes veilles*. — Diminuer par le frottement : *il faut user la pointe de ces ciseaux sur la pierre; les miroitiers usent les glaces*. — Fig., affaiblir par l'*usage*, amoindrir : *les longues espérances usent la joie, comme les longues maladies usent les douleurs*. — T. de chir., consumer : *il faut des poudres pour user les chairs*. — **S'USER**, v. pron., se consommer. — Se détériorer, se détruire par l'*usage*. — Fig., perdre ses forces. — En parlant des terres, devenir stérile à force de rapporter, etc. — **USER**, **SE SERVIR**, **EMPLOYER**. (*Syn.*) *User* exprime l'action de faire *usage* d'une chose, selon le droit ou la liberté qu'on a d'en disposer à son gré et à son avantage. *Se servir*, exprime l'action de tirer un service d'une chose, selon le pouvoir et les moyens qu'on a de s'en aider dans l'occasion donnée. *Employer* exprime l'action de faire une application particulière d'une chose, selon les propriétés qu'elle a, et le pouvoir que vous avez d'en régler la destination. — On *use* de la chose, de son droit, de ses facultés à sa fantaisie; ou en *use* bien ou mal, selon qu'on en fait un emploi bon ou mauvais. On *se sert* d'un agent, d'un instrument, d'un moyen, comme on le peut, comme on le sait; on *s'en sert* bien ou mal, selon le talent ou l'habileté que l'on a, la manière dont on s'y prend, le rapport qu'a le moyen avec la fin. On *emploie* les choses, les personnes, ses moyens, ses ressources, comme on le juge convenable, eu égard à l'objet qu'il s'agit de remplir; on les *emploie* bien ou mal, selon qu'ils sont propres ou non à faire une fonction déterminée, à produire l'effet que l'on désire.

USIE, subst. fém. (*uzi*), t. d'hist. nat., genre d'insectes de l'ordre des diptères.

USINE, subst. fém. (*uzine*) (du lat. *usus*, usage), établissement fait pour une forge, une verrerie, etc.

USITÉ, E, adj. (*uzité*), qui est en *usage*.

USNE, subst. mas. (*ucene*), t. de mar.; on donne ce nom à de gros câbles qui servent à garer les trains de bois sur les ports où on les construit, et en route.

USNÉE, subst. fem. (*ucené*), t. de bot., genre de plantes établi aux dépens des lichens de *Linnée*. — On appelle *usnée humaine*, les lichens de ce genre qui croissent sur le crâne des cadavres exposés à l'air. On lui a long-temps attribué de grandes vertus; c'est une erreur dont on est revenu.

USQUEBAC, subst. mas. (*ucekebak*), liqueur forte dans laquelle il entre du safran. Quelques-uns disent *escubac* ou *scubac*.

USSASI, subst. mas. (*uçazi*), t. de bot., arbre de l'Inde dont on mange les fruits.

USSEL, subst. propre mas. (*ucèle*), ville de France, chef-lieu d'arrond. et de canton, dép. de la Corrèze.

USTARITZ, subst. propre mas. (*ucetaritece*), bourg de France, chef-lieu de canton, arrond. de Bayonne, dép. des Basses-Pyrénées.

USTENSILE, subst. mas. (*ucetancile*) (en lat. *ustensile*, fait de *uti*, user, se servir), tout ce qui sert en fait de petits meubles, au ménage, et principalement ce qui est à l'usage de la cuisine. — Ce que l'hôte est obligé de fournir au soldat qui loge chez lui par étape. En ce sens, il ne se dit qu'au sing. : *droit d'ustensile, billets d'ustensile*. — Au plur., tous les instruments propres à un art.

USTENSILÉ, E, part. pass. de *ustensiler*.

USTENSILER, v. act. (*ucetancilé*), garnir de tous les meubles, de tous les *ustensiles*, de tous les outils et accessoires nécessaires à une exploitation, à une occupation quelconque. — **S'USTENSILER**, v. pron. (*Boiste.*) Inusité.

USTÉRIE, subst. fém. (*uceteri*), t. de bot., arbrisseau qui croît en Guinée. — On a donné le même nom à un autre genre de la didynamie. — Genre de plantes établi pour placer la jacinthe des bois.

USTILAGINEUSE, adj. fém. Voy. **USTILAGINEUX**.

USTILAGINEUX, adj. mas., au fém. **USTILAGINEUSE** (*ucetilajineu, neuze*), t. de médec., se dit d'une gangrène causée par l'usage du blé ergoté.

USTILAGO, subst. mas. (*ucetilâguô*), t. de médec., nom d'une gangrène causée par le blé ergoté.

USTION, subst. fém. (*ucetion*) (en latin *ustio*, fait de *urere*, brûler), action de brûler. — En chir., l'effet du cautère actuel. — En chim., calcination par laquelle une substance est réduite en cendres.

USTRINE, subst. fém. (*ucetrine*), t. d'antiq., lieu où l'on brûlait habituellement les morts.

USTRINUM, subst. mas. (*ucetrinome*), t. d'antiq., chez les Romains, place du bûcher où l'on brûlait ordinairement les corps. — Vase destiné à recevoir les cendres des corps consumés.

USTULATION, subst. fém. (*ucetulâcion*) (du latin *ustulare*, brûler), t. de pharm., action de faire sécher une substance humide au feu. — Il se dit aussi du vin qu'on a fait chauffer ou brûler.

USUCAPION, subst. fém. (*uzukapion*), t. de droit romain, espèce particulière de prescription; manière d'acquérir par la possession, par l'usage.

USUEL, adj. mas., au fém. **USUELLE** (*uzué-le*) (en latin *usualis*, fait de *usus*, usage), dont on se sert ordinairement : *plantes usuelles, termes usuels*.

USUELLE, adj. fém. Voy. **USUEL**.

USUELLEMENT, adv. (*uzu-èleman*), communément, à l'ordinaire.

USUFRUCTUAIRE, adj. des deux genres (*uzufruktu-ère*) (du latin *usus*, usage, et *fructus*, fruit), qui ne donne que la faculté de jouir des *fruits*.

USUFRUIT, subst. mas. (*uzufrui*), jouissance des *fruits*, du revenu d'un héritage, etc., dont la propriété appartient à un autre.

USUFRUITIER, subst. et adj. mas., au fém. **USUFRUITIÈRE** (*uzufruitié, tière*) (en latin *usufructuarius*), celui ou celle qui jouit de l'*usufruit* de quelque chose. — Adj. : *réparation usufruitière*, celle qui tend à la charge de l'*usufruitier*.

USUFRUITIÈRE, subst. fém. Voy. **USUFRUITIER**.

USUL, subst. mas. (*uzule*), porte. Inusité.

USUM, subst. mas. (*uzome*), mot latin qui ne s'emploie en français que précédé de *ad*, avec lequel il signifie littéralement, *à l'usage*, et s'entend ordinairement, en librairie, des ouvrages, des livres élémentaires qui sont adoptés dans les écoles pour l'instruction des jeunes gens : *ce livre est ad usum; on me demande une collection ad usum*. — Se disait autrefois particulièrement d'une collection de livres qui étaient à l'usage du dauphin (*ad usum delphini*).

USUN, subst. mas. (*uzeun*), sorte de fruit du Pérou, de la grosseur et de la couleur d'une cerise, qui a la propriété de teindre en rouge l'urine des personnes qui en mangent.

USUNIER, subst. mas. (*uzunié*), t. de bot., arbre du Pérou qui produit l'*usun*, fruit semblable à nos cerises.

USURAIRE, adj. des deux genres (*uzurère*), où il y a de l'*usure* : *contrat, pacte, intérêt usuraire*.

USURAIREMENT, adv. (*uzurèreman*), d'une manière *usuraire*.

USURE, subst. fém. (*uzure*) (en latin *usura*), intérêt, profit illégitime qu'on exige pour l'argent ou la marchandise qu'on a prêtée. — Dépérissement qui arrive aux habits, aux meubles, etc., par le temps et le long usage qu'on en fait. — Fig. : *rendre, payer avec usure*, rendre au double le bien ou le mal qu'on a reçu.

USURER, v. neut. (*uzuré*), tirer, faire de l'*usure*. Peu en usage.

USURIER, subst. mas., **USURIÈRE**, subst. fém.

(*usurier, rière*), celui ou celle qui prête son argent à *usure*, qui fait un gain illégitime. — Myth., figure allégorique représentée sous les traits d'une vieille femme laide et vêtue en Juive : elle est assise sur un coffre-fort, tient une bourse fermée, et compte des pièces de monnaie. Près d'elle sont quelques vases d'or et d'argent, et divers joyaux mis en gage.

USURIÈRE, subst. fém. Voy. USURIER.

USURPANT, E, adj. (*uzurpan, pante*), qui *usurpe*.

USURPATEUR, subst. mas., au fém. USURPATRICE (*uzurpateur, trice*), celui ou celle qui *usurpe* et qui s'empare d'une chose injustement.

USURPATION, subst. fém. (*uzurpácion*), action d'*usurper*.

USURPATRICE, subst. fém. Voy. USURPATEUR.

USURPÉ, E, part. pass. de *usurper*, et adj. — Réputation *usurpée*, qui n'est point méritée.

USURPER, v. act. (*uzurpé*) (en latin *usurpare*), s'emparer par violence ou par ruse d'un bien, d'un titre, d'un droit, etc. : *usurper un trône, s'emparer d'un trône auquel on n'a aucun droit; usurper l'estime, la gloire*, l'obtenir sans le mériter.—s'USURPER, v. pron. —USURPER, ENVAHIR, S'EMPARER. (*Syn.*) *Usurper*, c'est prendre injustement une chose à son légitime maître, par voie d'autorité et de puissance. Il se dit également bien des droits et du pouvoir. *Envahir*, c'est prendre tout d'un coup par voie de fait quelque pays ou quelque canton, sans prévenir par aucun acte d'hostilité. *S'emparer*, c'est précisément se rendre maître d'une chose, en prévenant les concurrents et tous ceux qui peuvent y prétendre avec plus de droit. — Le mot d'*usurper* renferme quelquefois une idée de trahison, celui d'*envahir* fait entendre qu'il y a du mauvais procédé; celui de *s'emparer* emporte une idée d'adresse et de diligence. — On *usurpe* point la couronne, lorsqu'on la reçoit des mains de la nation. Prendre des provinces après que la guerre est déclarée, c'est en faire la conquête, et non les *envahir*. Il n'y a point d'injustice à *s'emparer* des choses qui nous appartiennent, quoique nos droits et nos prétentions soient contestés.

UT, subst. mas. (*ute*), la première des notes de la gamme.—C'est le premier mot du souhait que se faisaient autrefois en buvant les imprimeurs, qui étaient presque tous lettrés : *Ut tibi prosit meri potio*, que grand bien vous fasse ce bon vin pur! Par abréviation, on s'est contenté ensuite de dire *ut* tout seul.

UTENSILE, subst. mas. (*utancile*), s'est dit longtemps pour les ustensiles à fournir aux soldats.

UTER, subst. mas. (*utère*), nom latin qui signifie *outre*, ou peau qu'on emplissait d'air ou de paille, et que l'on bouchait hermétiquement. Les Romains en faisaient usage pour faire passer des rivières à une armée. Voy. UTRICULAIRE.

UTÉRIN, E, adj. (*utérein, rine*) (en latin *uterinus*, fait de *uterus*, ventre), né d'une même mère, mais non pas d'un même père.— Fureur *utérine*, espèce de manie qui se manifeste par des propos indécents et lascifs, et une passion amoureuse très-violente. — T. d'anat., qui appartient à la matrice : *artère utérine*, branche de l'hypogastrique ; *muscle utérin*, les fibres du fond de la matrice; *veines utérines*, les *sinus utérins*. — Subst. : *un utérin; une utérine*.

UTÉRINE, subst. propre fém. (*utérine*), myth., l'une des déesses que l'on invoquait dans les accouchements, pour avoir une heureuse délivrance.

UTÉRINITE, subst. fém. (*utérinite*), t. de droit, état, position de ce qui est *utérin*.

UTÉROCÈPS, subst. mas. (*utérocepece*), t. de chir., instrument pour saisir le col de l'*utérus*.

UTÉROMANIE, subst. fém. (*uteromani*). Voy. NYMPHOMANIE.

UTÉROTOME, subst. mas. (*utérotome*), t. de chir., instrument tranchant à deux lames, en forme de croissant, pour la section de l'*utérus*. Voy. UTÉROTOMIE.

UTÉROTOMIE, subst. fém. (*uterotomi*) (du latin *uterus* et du grec τομη, incision), t. de chir., opération qui consiste à inciser le col de l'*utérus* dans certains accouchements difficiles, pour donner passage à l'enfant. Voy. OPÉRATION CÉSARIENNE.

UTÉROTOMIQUE, adj. des deux genres (*utérotomike*), qui a rapport à l'*utérotomie* et à l'*utérotome*.

UTÉRUS, subst. mas. (*utéruce*) (mot tout lat.), matrice.

UTILE, adj. des deux genres (*utile*) (en latin *utilis*, fait de *uti*, se servir), profitable, qui apporte du gain, du profit, de l'*utilité*.—En t. de jurispr., on appelle *jours utiles*, les jours qui sont comptés dans les délais accordés par les lois, et dans lesquels les parties peuvent réciproquement agir en justice.—Autrefois on appelait *domaine utile*, celui qui emportait le revenu et le fruit d'un fonds, à la différence du *domaine direct*, qui ne consistait qu'en un certain droit de seigneurie ou de supériorité, que le propriétaire s'était réservé sur l'héritage.—On appelle *ordre utile*, le rang des créanciers qui, d'après la date de leur hypothèque, seront payés sur les biens du débiteur. —*Faire une chose en temps utile*, la faire à propos.— Subst. mas., *utile*, ce qui est *utile* : on doit préférer l'*utile* à l'*agréable*.

UTILEMENT, adv. (*utileman*), avec utilité, d'une manière *utile*.

UTILISATION, subst. fém. (*utilizacion*), action de rendre *utile*.

UTILISÉ, E, part. pass. de *utiliser*.

UTILISER, v. act. (*utilizé*), rendre *utile*; tirer de l'*utilité* de...—s'UTILISER, v. pron.

UTILITÉ, subst. fém. (*utilité*) (en lat. *utilitas*), profit, avantage.—Secours, usage : *ce livre ne m'est d'aucune utilité*. — Subst. fém. plur., t. de théâtre, emploi d'un acteur qui, au besoin, joue plusieurs rôles : *il joue les utilités*. UTILITÉ, PROFIT, AVANTAGE. (*Syn.*) L'*utilité* naît du service qu'on tire des choses ; le *profit*, du gain qu'elles produisent ; l'*avantage*, de l'honneur ou de la commodité qu'on y trouve. Un meuble a son *utilité* ; une terre apporte du *profit* ; une grande maison a son *avantage*. Les richesses ne sont d'aucune *utilité* quand on n'en fait point usage. Les *profits* sont plus grands dans les finances, et plus fréquents dans le commerce. L'argent donne beaucoup d'*avantage* dans les affaires, et en facilite le succès.

UTINET, subst. mas. (*utiné*), petit maillet de bois dont le manche est long et fort mince. Les tonneliers s'en servent pour arranger et unir les fonds des futailles quand ils sont placés dans le jable.—On appelle aussi *utinet*, un petit escabeau sur lequel certaines faiseuses de dentelle mettent l'oreiller ou le petit métier sur lequel elles travaillent.

UTOPIE, subst. fém. (*utopi*) (du grec ου, non, τοπος, lieu), au propre, région qui n'existe pas; pays imaginaire.—Fig., plan d'un gouvernement imaginaire, ou tout est ou paraît être pour le mieux, à l'exemple de la république de Platon : *l'utopie de Thomas Morus*.

UTOPISTE, subst. des deux genres (*utopicete*), homme qui fait des *utopies* ; qui rêve, qui imagine des plans, des projets dont la réalisation est impossible, ou paraît telle : *c'est un utopiste*.

UTRAQUISTE, subst. mas. (*utrakuicete*), nom donné à d'anciens sectaires allemands.

UTRICULAIRE, subst. mas. (*utrikulère*), joueur de cornemuse.—Subst. fém., t. de bot., genre de plantes monogynes de la famille des personnées. — Subst. mas. plur., t. d'antiq., nautoniers qui, du temps des Romains, traversaient les rivières sur des outres.—Nom qu'on donnait aussi à des joueurs d'instruments faits de peau, à peu près de la forme d'une outre, et qui paraissent avoir été la même chose que notre cornemuse.

UTRICULE, subst. fém. (*utrikule*), petite outre ; sac, tunique. Peu usité. —T. de bot. qui se dit des vésicules des plantes, dont la reunion forme le parenchyme.

UTTA, subst. mas. (*uteta*), nom par lequel on désigne, à Batavia, un million de caches.

UVAGE, subst. mas. (*uvaje*), encaissement ou bord des cuves qui sont en usage dans les raffineries de sucre.

UVA-OURVASSOURA, subst. mas. (*uva-curaceçoura*), t. de bot., espèce de poirier des Indes occidentales.

UVA-PYRUP, subst. mas. (*uvapirupe*), t. de bot., sorte d'arbre épineux qui croît aux Grandes-Indes.

UVATION, subst. fém. (*uvátion*), Voy. STAPHILÔME.

UVAURE, subst. mas. (*uvôre*), t. d'hist. nat., espèce de veau marin, ou sorte de poisson à mufle de veau.

UVE, subst. fém. (*uve*), pommade de blanc de plomb très-dangereuse.

UVÉDALIE, subst. fém. (*uvédali*), t. de bot., sorte de plante vivace et angiosperme, de la famille des scrofulaires.

UVÉE, subst. fém. (*uvé*) (du latin *uva*, raisin), t. d'anat., la troisième tunique de l'œil où est l'iris et la prunelle, et qui, par sa couleur et sa figure, ressemble à un grain de raisin.

UVETTE, subst. fém. (*uvète*), t. de bot., raisin de mer. — Plante conifère.

UVIFÈRE, subst. mas. (*uvifera*), t. de bot., nom qu'on a donné à deux espèces de raisiniers dont les fruits sont de petites baies disposées en grappes.

UVULAIRE, adj. des deux genres (*uvulère*), t. d'anat., de la luette; qui lui appartient : *glandes uvulaires*. — Sub. fém.pl.,t. de bot., famille de liliacées.

UVULE, subst. fém. (*uvule*) (en latin *uvula*), t. d'anat., la luette.

UVULITE, subst. fém. (*uvulite*) (du lat. *uvula*, la luette) , t. de médec., inflammation de la luette.

UXANTIEN, subst. propre mas. (*ukçancien*), nom d'un ancien peuple qui habitait une partie des Gaules.

UXORICIDE, subst. mas. (*ukçoricide*), meurtrier, assassin , bourreau de sa femme. (*Boiste*.) Inusité.

UZEL, subst. propre mas. (*uzèle*), ville de France, chef-lieu de canton, arrond. de Loudéac, dép. des Côtes-du-Nord.

UZERCHE, subst. propre mas. (*uzèreche*), ville de France, chef-lieu de canton, arrond. de Tulle, dép. de la Corrèze.

UZES, subst. propre mas. (*uzèce*), ville de France, chef-lieu de canton et d'arrond., dép. du Gard.

UZIFURE, subst. mas. (*uzifure*), t. de chim., la même chose que le cinabre, qui est composé de soufre et de mercure.

V, subst. mas. (prononcez *ve*, et non plus *vé*, qui ne rendrait pas le son naturel de cette lettre), la vingt-deuxième lettre de l'alphabet français, et la dix-septième des consonnes. On ne dit plus comme autrefois un *u* pour un *V* consonne. — Comme lettre numérale, cette lettre vaut cinq, et surmontée d'un trait, cinq mille. — Cette même lettre, ou simple *V*, ou double *W*, barrée par le haut et formant un triangle, signifiait écu, soixante sous ou trois livres tournois. — En t. de comm., *V°* signifie *verso*. — *V* se met souvent en abrégé pour *votre*; *v̄c*, votre compte ; V. M., votre majesté; V. A., votre altesse; V. E., votre excellence ; V. Em., votre éminence, etc. Cette lettre représente l'articulation semi-labiale, dont la forte est *f*; et de là vient qu'elles se prennent l'une pour l'autre : *neuf*, devant un nom qui commence par une voyelle, se prononce *neuv*, et l'on dit *neuv hommes*, *neuv articles*, pour *neuf hommes*, *neuf articles*. Les adjectifs terminés par *f* au masculin changent *f* en *ve* au fém : *bref*, *brève*; *vif*, *vive*. — *V* ainsi barré en travers, signifie *verset*. — *V* est la marque de la monnaie de Troyes. — *V*, en t. de gramm., est l'abréviation du mot *verbe*. — Dans les bureaux et dans le commerce, *V* marque les registres : *registre V*. — Renversé ainsi (Λ), il figure le lambda majuscule des Grecs. — Il est la marque de la vingtième feuille d'un ouvrage imprimé : *feuille V*, *signature V*. — Dans le calendrier grégorien, il indique *vendredi*, sixième jour de la semaine. — *V* marque *vent*, dans les observations astronomiques. — Chiffre romain qui remplace le *8*, chiffre arabe. — En t. d'archit., il marque, comme les autres lettres, les pierres de série qui doivent former les colonnes d'un édifice, etc. — *V*, chez les anciens Latins, était toujours voyelle ; cependant, comme ce son, dans certains mots, formait une prononciation très-dure, par exemple dans *servus*, qu'ils prononçaient comme s'il y avait *serouous*, ils l'adoucirent en substituant au premier *v* un nouveau caractère de la figure d'un *F* renversé (Ⅎ), auquel ils donnèrent à peu près le même son que celui que nous donnons à notre *V*. — *V*, dans les anciens monuments, se prend pour *Valerius*, *Vitellius*, etc., noms propres ; pour *vale*, porte-toi bien, adieu ; pour *valeo*, je me porte bien ; pour *vester*, vôtre ; pour *veteranus*, vétéran ; pour *vir*, homme ; pour *virgo*, vierge, pour *vivens* ou *vivus*, vivant ; pour *vixit*, il a vécu ; pour *votum*, vœu ; pour *vovit*, a voué ; pour *virtus*, vertu, courage ; pour *victor*, vainqueur, etc. ; dans V. A. Q. , V. R., *urbs Roma*.

VA, subst. mas. (va), t. de bot., figuier du Tonquin.

DU VERBE IRRÉGULIER ALLER :
Va, 2ᵉ pers. sing. impér.
Va, précédé de *il* ou *elle*, 3ᵉ pers. sing. près. indic.
Va, sorte d'adv. (va), soit, j'y consens. Style fam. C'est l'impér. du verbe *aller* employé adv.
— A la bassette et au pharaon, subst. au mas. : *sept et le va*, *quinze et le va*, sept fois, quinze fois la *vade* : *je fais quinze et le va à l'as*.—*Va tout*, je fais tout mon argent.

VABRE, subst. propre mas. (*vabre*), ville de France, chef-lieu de canton, arrond. de Castres, dép. du Tarn.

VACANALES ou VACCNALES, subst. fém. plur. (*vakanale*, *kunale*), t. d'antiq., fêtes que l'on célébrait, en l'honneur de la déesse *Vacona*, au mois de décembre, lorsque tous les travaux de la campagne étaient achevés.

VACANA, VACUNA, subst. propre fém. (*vakana*, *kuna*), myth., divinité que les Romains adoraient comme déesse du repos, principalement des habitants de la campagne. *Varron* croit que cette déesse était la même que la Victoire.

VACANCE, subst. fém. (*vakance*), le temps pendant lequel une place, une dignité *vaque*, n'est pas remplie. — Au plur., le temps pendant lequel les classes *vaquent* dans les collèges. — Le temps pendant lequel les tribunaux ne sont point en exercice. — VACANCES, VACATIONS. (*Syn.*) Ces deux noms plur. marquent le temps auquel cessent les exercices publics ; ce qui les distingue, c'est la différence des exercices et celle de leur destination. — *Vacances* se dit de la cessation des études publiques dans les écoles et dans les collèges ; *vacations*, de la cessation des séances des gens de justice. — Le temps des *vacances* semble plus particulièrement destiné au plaisir ; c'est un relâche accordé au travail, afin de reprendre de nouvelles forces. Le temps des *vacations* semble plus spécialement destiné aux besoins personnels des gens de justice ; c'est une interruption des affaires publiques, accordée aux gens de loi, afin qu'ils puissent s'occuper des leurs. Les écoliers perdent le temps durant les *vacances;* les juges étudient durant les *vacations.* — On ne doit pas dire *vacations*, en parlant des études, parce que ce n'est qu'une suspension accordée au plaisir; mais on peut dire *vacations*, en parlant des séances des gens de justice, parce que ce temps étant abandonné à leur disposition, ils peuvent à leur gré l'employer à leurs affaires personnelles ou à leur récréation. Dans le premier cas, ils sont en *vacations*, dans le second, ils sont en *vacances.*

VACANT, E, adj. (*vakan, kante*) (en lat. *vacans*, part. prés. de *vacare*, vaquer), qui n'est plus occupé, qui est à remplir : *le saint-siége est vacant*, lorsqu'il n'y a point de pape; *un siége épiscopal est vacant*, lorsqu'il n'y a point d'évêque; *la chancellerie est vacante*, lorsqu'il n'y a point de chancelier. En général, *un office est vacant*, lorsque personne n'en est pourvu. — On appelle *bien vacant*, un bien qui n'est occupé par personne; *succession vacante*, celle qui est abandonnée; *maison vacante*, une maison qui n'est pas habitée : *un appartement vacant; il y a dans cet hôpital dix lits vacants.* — On appelle, en jurisprudence, *curateur aux biens vacants*, un curateur établi pour la régie et la conservation des biens qui n'ont point de propriétaire certain.

VACARME, subst. mas. (*vakarme*), grand bruit de gens qui se querellent ou qui se battent. — On dit fam., qu'*un homme est allé faire du vacarme dans une maison*, pour dire qu'il est allé y quereller quelqu'un, y faire du bruit. — VACARME, TUMULTE. (*Syn.*) *Vacarme* emporte par sa valeur l'idée d'un plus grand bruit; et *tumulte*, celle d'un plus grand désordre. Une seule personne fait quelquefois du *vacarme;* mais le *tumulte* suppose toujours qu'il y a un grand nombre de gens. — Les maisons de débauche sont sujettes au *vacarme;* il arrive souvent du *tumulte* dans les villes mal policées. — *Vacarme* ne se dit qu'au propre; *tumulte* se dit, au fig., du trouble et de l'agitation de l'âme. On tient mal une résolution qu'on a prise dans le *tumulte* des passions.

VACATION, subst. fém. (*vakâcion*) (en lat. *vacatio*), métier, profession; presque inusité dans ce vieux sens. — Le temps que des personnes publiques emploient à travailler à quelque affaire. — Tout ce qui se paie aux officiers de justice pour avoir travaillé dans des affaires qui regardent leurs charges. — Au plur., cessation des séances des gens de justice. Voy. VACANCE. — *Chambre des vacations*, celle qui dans les tribunaux administre la justice pendant les *vacations.*

VACCÉEN, subst. propre mas. (*vakcé-ein*), peuple ancien des environs de Léon et de Castille, en Espagne.

VACCIN, subst. mas. (*vakcein*), virus particulier aux vaches, matière propre à communiquer la *vaccine.* — La matière même tirée d'une personne *vaccinée.* — On dit aussi adj. au mas. : *fluide, virus vaccin.*

VACCINABLE, adj. des deux genres (*vakcinable*), qui peut être *vacciné.*

VACCINAL, E, adj. (*vakcinale*), qui a rapport à la *vaccine.* — Au plur., *vaccinaux.*

VACCINATEUR, subst. et adj. mas. (*vakcinateur*), qui vaccine : *médecin vaccinateur.*

VACCINATION, subst. fém. (*vakcinâcion*), inoculation de la *vaccine.*

VACCINAUX, adj. mas. plur. Voy. VACCINAL.

VACCINE, subst. fém. (*vakcine*) (du latin *vacca*, vache), t. de médec., inoculation de la petite vérole, provenant d'une maladie des *vaches* (petite vérole des vaches), laquelle règne en certains temps, dans quelques cantons de l'Angleterre. La découverte de ce mode d'inoculation est due au docteur *Jenner*, médecin anglais. *La vaccine* préserve de la petite vérole ordinaire. Elle se pratique en faisant à chacun des bras deux ou trois piqûres avec la pointe d'une lancette ou d'une aiguille chargée de ce liquide.

VACCINÉ, E, part. pass. de *vacciner.*

VACCINELLE, subst. fém. (*vakcinèle*), t. de médec., fausse *vaccine.*

VACCINER, v. act. (*vakciné*), inoculer le *vaccin.* — SE VACCINER, v. pron.

VACCINIÉE, subst. fém. (*vakcinié*), t. de bot., famille de plantes établie pour placer le genre airelle.

VACCINIQUE, adj. des deux genres (*vakcinike*), du *vaccin*, de la *vaccine.*

VACCINOÏDE, subst. fém. (*vakcino-ide*), t. de médec., fausse *vaccine.*

VACHE, subst. fém. (*vache*) (en lat. *vacca*), la femelle du taureau. — Peau de *vache* corroyée. — On appelle *vache en suif et à grain*, un cuir de *vache* dont on se sert pour les harnais des chevaux les plus propres et les plus apparents. Il sert aussi à garnir les caisses des carrosses; *vache d'Angleterre*, cuirs fabriqués à la façon d'Angleterre avec les meilleures peaux de *vache* ou de bœuf; *vaches grises ou grasses*, sorte de cuir inférieur à la *vache* d'Angleterre, et dont on fait des malles, des soufflets, des cuirs de pompe, et autres ouvrages qui n'ont besoin que de force et de souplesse; *vache blanche en huile*, sorte de cuir qui sert à faire des souliers. — Grand coffre plat, recouvert de cuir, et qui sert de malle, sur les voitures. — *Poil de vache*, poil roux. — Prov. et fam. : *il a mangé de la vache enragée*, il a beaucoup souffert à la guerre, dans ses voyages, etc. — *Ce cheval rue en vache*, rue des pieds de devant. — Fam. et pop. : *il parle français comme une vache espagnole*, il a peu de génie, il parle mal. — Prov. : *il n'est rien tel que le plancher des vaches*, il est plus sûr d'aller par terre que par eau. — Fig. et fam. : *vache à lait*, personne ou chose dont on tire un profit continuel. — *Prendre la vache et le veau*, une fille déjà grosse. — Au fig., en parlant d'une femme : *c'est une vache, une grosse vache*, elle a trop d'embonpoint. — Au plur., piles de sel de forme ovale par le pied, et qui vont en diminuant par le haut. — Dans l'imprimerie, deux cordes qui font mouvoir le train de la presse. — *Ranz des vaches.* Voyez RANZ. — *En vache*, loc. adv., t. de mar. : *placer en vache un canon*, c'est le placer dans le sens de la longueur du bâtiment. — En t. d'hist. nat. : *vache marine*, mammifère pachyderme, aussi gros que l'éléphant, mais beaucoup plus bas sur ses jambes, qui n'ont que quatre sabots.

VACHER, subst. mas., au fém. **VACHÈRE** (*vaché, chère*), celui, celle qui garde les *vaches.* — Fig. et pop., rustique, malhonnête.

VACHÈRE, subst. fém. Voyez VACHER.

VACHERIE, subst. fém. (*vacheri*), étable à *vaches.* — Lieu où l'on tire le lait des *vaches.*

VACHETTE, subst. fém. (*vachète*), à Smyrne, petite *vache;* peau de petite *vache.*

VACHIN, subst. mas. (*vachein*), le cuir apprêté d'une jeune *vache.* Presque inusité.

VACIET, subst. mas. (*vacié*), t. de bot., sorte de myrtille, d'hyacinthe.

VACILLANT, E, adj. (*vacilelan, lante*), qui *vacille*, qui chancelle, qui n'est pas ferme. — T. de médec.; il se dit du pouls qui, étant très-faible, varie à chaque pulsation. — Fig., irrésolu.

VACILLATION, subst. fém. (*vacilelâcion*), mouvement de ce qui *vacille.* — Fig., variation de réponses; inconstance dans les sentiments, dans les projets.

VACILLATOIRE, adj. des deux genres (*vacilelatoare*), incertain, douteux.

VACILLÉ, part. pass. de *vaciller.*

VACILLER, v. neut. (*vacileté*) (du latin *vacillare*, fait dans le même sens de *bacillum*, baguette, bâton; parce que celui qui vacille a besoin de cet appui), chanceler, ne pas bien se soutenir. — Fig., hésiter, être incertain, irrésolu. — *Vaciller dans ses réponses*, répondre tantôt d'une façon, tantôt d'une autre.

VACILLITÉ, subst. fém. (*vacilelité*), caractère d'un esprit *vacillant.*

VACOA, subst. mas. (*vako-a*), t. de bot., sorte d'arbre qui croît à l'île-de-France et en Amérique.

VACOS, subst. mas. (*vakôce*), t. d'hist. nat., espèce de fourmi de l'île de Ceylan.

VACQUETTE, subst. fém. (*vakiète*), sorte de besace. (*Boiste.*) Inusité.

VACUISME, subst. mas. (*vaku-iceme*), doctrine des anciens partisans du *vide.*

VACUISTE, subst. mas. (*vaku-icete*), qui admettait le *vide* dans la nature.

VACUITÉ, subst. fém. (*vaku-ité*) (en latin *vacuitas*), t. de médecine et de physique; état d'une chose *vide.*

VACUNALES, subst. fém. plur. Voy. VACANALES.

VACUNA. Voy. VACANA.

VACUOLE, subst. fém. (*vaku-ole*), t. d'anat., se dit de petits espaces vides, tels que ceux que présente le tissu des poumons, ou ceux qu'on nomme cellules bronchiques.

VADE, subst. fém. (*vade*) (du mot *va*, usité dans cette circonstance : *va pour* dix pistoles), t. de jeu, somme dont un des joueurs ouvre le jeu. — Fig. et fam., l'intérêt que chacun a dans une affaire à proportion de l'argent qu'il y a mis.

VADE-IN-PACE, subst. mas. (*vadé-inepâce*), prison des moines. — Au plur., des *vade-in-pace.*

VADEL, subst. mas. (*vadèle*), t. de mar., guipon; manche de guipon.

VA-DE-LA-GUEULE, subst. des deux genres (*vadelaguieule*), personne très-gourmande, toujours prête à manger avidement. — Au plur., des *va-de-la-gueule.* Il est pop.

VADE-MANQUE, et non pas **VADEMANQUE**, subst. fém. (*vademanke*) (des deux mots *vade* et *manque*, manque, déficit dans la *vade.* Voy. VADE, dans sa seconde acception), t. de banque, diminution du fonds d'une caisse.

VADE-MECUM, subst. mas. (*vâdémékome*) (pris des deux mots latins *vade* et *mecum*, qui signifient, *va avec moi*), chose qu'on porte ordinairement avec soi. Il est fam. On dit aussi *veni-mecum* (viens avec moi.) — Au plur., des *vade-mecum.*

VADIMON, subst. propre mas. (*vadimon*), myth., nom que les anciens Étruriens donnaient à Janus. On dit aussi VAGIMON.

VA-ET-VIENT, subst. mas. (*va-évïein*), et non pas *vatévien.* L'*Académie* remarque, mais sans l'approuver, que beaucoup de personnes prononcent *vatéviein* le mot écrit *va-et-vient.*, machine qui *va* et qui *vient* d'un point à un autre, pour le vidage et le dévidage des soies. — — Petit bac pour traverser une petite rivière. — C'est aussi, en t. de mar., un cordage disposé de façon à faire aller et *venir* une embarcation. Les marins prononcent *vat-et-vient.* — En t. de pêche, cordage attaché à une grosse pierre qu'on jette dans la mer, et au moyen duquel le pêcheur tire à lui ou renvoie son filet à la mer. — Au plur., des *va-et-vient.*

VAGABOND, E, subst. et adj. (*vaguabon, bonde*) (en lat. *vagabundus*, de *vagari*, errer çà et là), qui erre çà et là. — Fainéant, dissipé, libertin : *course vagabonde; un vagabond.* — On comprend, sous le nom de *vagabonds*, les hommes, les femmes et les enfants qui n'ont ni profession, ni métier, ni domicile certain, ni bien pour subsister, et qui d'ailleurs ne peuvent être avoués ni certifiés de bonnes vie et mœurs par des personnes dignes de foi. — On appelle aussi *vagabond*, un homme sans conduite, qui hante les mauvaises compagnies et les mauvais lieux. — T. d'hist. nat.; on appelle *vagabondes*, des araignées qui ne filent point de toile et qui vont partout.

VAGABONDÉ, part. pass. de *vagabonder.*

VAGABONDAGE, subst. mas. (*vaguabondaje*), état de *vagabond.*

VAGABONDER, (et non pas **VAGABONNER**, double orthogr. indiquée dans l'*Académie* de 1835), v. neut. (*vaguabondé*), faire le *vagabond.*

VAGANT, E, adj. (*vaguan, guante*), se dit de celui qui erre çà et là : *il est partout vagant; une troupe vagante.* — Subst. mas., en t. de mar., on appelle *vagants*, les gueux, les mendiants valides, qui, dans le temps des grandes tempêtes, courent sur les côtes pour savoir s'il n'y aurait point de butin à faire.

VAGI, part. pass. de *vagir.*

VAGIN, subst. mas. (*vajein*) (en lat. *vagina*, gaîne, fourreau), t. d'anat., canal de la matrice chez la femme.

VAGINAIRE, subst. fém. (*vajinère*), t. de bot., genre de plantes.

VAGINAL, E, adj. (*vajinale*), t. d'anat., qui a rapport au *vagin.* — On appelle *artère vaginale* une branche de l'hypogastrique ou de quelques-uns des rameaux de celle-ci. — *Tunique vaginale*, la membrane séreuse qui enveloppe le testicule, et qui n'est qu'un prolongement du péritoine. — Au plur. mas., *vaginaux.*

VAGINALIS, subst. mas. (*vajinâlice*), t. d'hist. nat., nom d'une sorte de poisson.

VAGINANT, E, adj. (*vajinan, nante*) (du lat. *vagina*, gaîne, fourreau), t. de bot., qui a la forme d'une gaîne.

VAGINAT, subst. mas. (*vajinate*), t. d'hist. nat., famille d'oiseaux de rivage, qui ne comprend que le genre *vaginalis.*

VAGINAUX, adj. mas. plur. Voy. VAGINAL.

VAGINELLE, subst. fém. (*vajinèle*), t. d'hist. nat., genre de vers à tuyaux.

VAGINICOLE, subst. mas. et adj. des deux genres (*vajinikole*), t. d'hist. nat., genre de zoophytes établi aux dépens des trichodes.

VAGINIFORME, adj. des deux genres (*vajiniforme*) (du lat. *vagina*, vagin, et *forma*, forme), qui a la *forme* d'un *vagin*.

VAGINITE, subst. fém. (*vajinite*), t. de médec., inflammation du *vagin*.

VAGIR, v. neut. (*vajir*), pousser des *vagissements*.—Ce mot, des plus usités, manque dans l'*Académie*.

VAGISSEMENT, subst. mas. (*vajiceman*), cri des enfants nouveaux-nés.

VAGISTAS, Inusité. Voy. VASISTAS.

VAGITANUS, subst. propre mas. (*vajitânuce*), myth., dieu qui présidait aux cris des enfants. Il est représenté sous l'image d'un enfant qui crie et qui pleure.

VAGUE, subst. fém. (*vague*) (en latin *vaga*, sous-entendu *unda*, onde qui s'étend. *Ménage*.), flot; lame de mer, qui s'élève au-dessus de son niveau.

VAGUE, adj. des deux genres (*vague*) (en latin *vagus*, formé de *vi agor*, je suis poussé par la force), qui n'est pas fixé, qui n'est pas arrêté : *espace vague; lieux vagues*.—Fig., qui manque de précision: *notions, pensées vagues*.— Qui n'est pas fixe, indécis. — *Esprit vague*, esprit qui manque de résolution certaine. — En peint., indécis; avec cette différence que, dans le langage de l'art, ce mot emporte un sentiment d'approbation qu'il n'a pas dans le langage ordinaire. Il se dit de la couleur, et plus particulièrement de celle du ciel : *ce ciel est d'un ton, d'une teinte, d'une couleur vague*. — *Terre vague*, inculte, qui ne rapporte rien. — Subst. mas., le milieu de l'air : *le vague de l'air*.—Fig. : *il y a du vague dans ce discours*, il est peu clair, il manque de précision. — T. d'anat., huitième paire de nerfs cérébraux. — T. de médec., qui erre çà et là : *goutte vague*.

VAGUEMENT, adv. (*vagueman*), d'une manière *vague*.

VAGUEMESTRE, subst. mas. (*vaguemècetre*) (de l'allemand *wagein-meister*, qui signifie littéralement *charriot-maître*, pour *maître des charriots*. *Le Duchat*.), officier chargé de la conduite des équipages d'une armée. — Anciennement, officier de la maison du roi. *Trévoux* écrit *vague-maître*. Les deux orthographes ont ici de l'analogie. — Au plur., des *vaguemestres*.

VAGUÉ, part. pass. de *vaguer*.

VAGUER, v. neut. (*vaguié*) (en latin *vagari*), errer çà et là; aller de côté et d'autre, à l'aventure. Il est peu usité. Voy. ERRER.

VAGUES, subst. fém. plur., ou **BRASSOIR**, subst. mas. (*vague*, *braçoar*), t. de brasseur, espèce de longs rabots de bois, terminés par trois fourchons, qui sont traversés horizontalement par trois ou quatre chevilles; dont les brasseurs se servent pour remuer ou brasser la bière, soit dans les cuves, soit dans les chaudières.

* **VAGUESSE**, subst. fém. (*vaguièce*) (quelques-uns dérivent ce mot de l'italien *vaghezza*, beauté, agrément, etc.), t. de peint., ton aérien, légèreté ou finesse de teintes qui appartiennent à d'heureuses ruptures ou mélanges de tons.

VAGUETTES, subst. fém. plur. (*vaguiète*), nom que les ardoisiers donnent à des guêtres de peau de *vache*. Ce mot nous semble être un *barbarisme*, c'est *vachette* qu'il faut dire.

VAHETTE, subst. fém. (*va-ète*), t. de jard., sorte de poire d'été.

VAIGRAGE, subst. mas. (*vègueraje*), t. de mar., tout le bordage pris ensemble, qui sert à faire les *vaigres* d'un vaisseau.

VAIGRES, subst. mas. pl. (*vèguere*), t. de mar., planches qui font le revêtement intérieur d'un vaisseau.

VAIGRÉ, E, part. pass. de *vaigrer*.

VAIGRER, v. act. (*vègueré*), t. de mar., c'est poser en place les planches qui font le revêtement intérieur d'un vaisseau : *vaigrer un vaisseau*.—*se* VAIGRER, v. pron.

VAILLAMMENT, adv. (*va-iaman*), avec *valeur*.

VAILLANCE, subst. fém. (*va-iance*) (du latin *valentia*, employé avec la même acception dans les gloses latines, et qui signifie proprement *force, vigueur, puissance*, fait de *valere*, être fort, robuste, vigoureux), valeur, courage. Style poétique et soutenu.

VAILLANT, subst. mas. (*va-iant*) (formé de *valere*, valoir), le bien que possède une personne; ses richesses. — Adj. : *n'avoir pas un sou vaillant*, ne rien posséder.—On dit aussi adv. : *avoir tant vaillant*. Il est fam.

VAILLANT, E, adj. (*va-ian*, *iante*) (du latin *valens*, part. prés. de *valere*, être fort, robuste, etc.), courageux.— VAILLANT et VAILLANCE, VALEUREUX et VALEUR. (*Syn.*) Le *vaillant* a de la *vaillance*, et le *valeureux* de la *valeur*. La *vaillance* est la vertu ou la force courageuse qui règne dans le cœur, qui constitue l'homme essentiellement *vaillant*; la *valeur* est cette vertu qui se déploie avec éclat dans l'occasion de s'exercer, et qui rend l'homme *valeureux* dans les combats.—La *vaillance* annonce la grandeur du courage; et la *valeur*, la grandeur des exploits. La *vaillance* ordonne et la *valeur* exécute. La *vaillance* est à la *valeur*, ce que la puissance est au pouvoir. Le héros a une haute *vaillance*, et fait des prodiges de *valeur*. Il faut que l'officier soit *vaillant*, et le soldat *valeureux*. Le *vaillant* capitaine sera *valeureux* quand il faudra l'être.

VAILLANTISE, subst. fém. (*va-iantize*), vieux mot; action de *valeur* et de bravoure.—Action par bravade, fanfaronnade.

DU VERBE IRRÉGULIER **VALOIR** :

Vaille, précédé de *que je*, 1re pers. sing. prés. subj.

Vaille, précédé de *qu'il* ou *qu'elle*, 3e pers. sing. prés. subj.

Vaillent, 3e pers. plur. prés. subj.

Vailles, 2e pers. sing. prés. subj.

VAILLE QUE VAILLE, loc. adv. (*vâ-iekevâ-ie*), à tout hasard.— Quelle que soit la *valeur* d'une chose.

VAILLY, subst. propre mas. (*vâ-ie-i*), village de France, chef-lieu de canton, arrond. de Sancerre, dép. du Cher.

VAIN, E, adj. (*vein*, *vène*) (du latin *vanus*, employé dans la même acception, et qui signifie proprement *vide*, dérivé de *vacare*, être vide, vacant), en parlant des choses, inutile, qui ne produit rien : *faire de vains efforts*. — Frivole, chimérique : *espérance, prétention, pensée vaine*. — En parlant des personnes, orgueilleux, superbe.—*Fumées vaines*, légères et mal pressées. —*Vaine pâture*, les prés qui ont été fauchés, les terres où il n'y a ni semences ni fruits. — *Vain* s'est dit anciennement de la disposition du temps : *le temps est vain*, le temps est bas et couvert, il fait très-chaud : on ne dit plus aujourd'hui que : *le temps est vague et incertain*. — T. de man.; il se dit d'un cheval faible par trop de chaleur : *ce cheval est vain*. — *En vain*, loc. adv., inutilement : *prendre le nom de Dieu en vain*, l'employer dans un serment sans nécessité.

DU VERBE IRRÉGULIER **VAINCRE** :

Vainc, 3e pers. sing. prés. indic.

Vaincra, 3e pers. sing. fut. indic.

Vaincrai, 1re pers. sing. fut. indic.

Vaincraient, 3e pers. plur. prés. cond.

Vaincrais, précédé de *je*, 1re pers. sing. prés. cond.

Vaincrais, précédé de *tu*, 2e pers. sing. prés. cond.

Vaincrait, 3e pers. sing. prés. cond.

Vaincras, 2e pers. sing. fut. indic.

VAINCRE, v. act. (*veinkre*) (en lat. *vincere*), *vaincu*, *vainquant*, *vaincs*, *il vainc*, ce singulier est peu usité : *nous vainquons*, *vous vainquez*, *ils vainquent*; *je vainquis*; *je vaincrai*. Au propre, remporter quelque grand avantage à la guerre : *les Français ont vaincu les nations les plus belliqueuses*. En ce sens, il s'emploie souvent comme neutre : *vaincre par ruse ou par finesse*; *il faut vaincre ou mourir*.—Fig., remporter quelque avantage sur ses concurrents, sur ses compétiteurs : *vaincre ses rivaux*; *les vaincre à la course*, *à la lutte*, *dans la dispute*. —Surmonter : *vaincre ses passions*, *les obstacles*, etc.—Fléchir, persuader : *vaincre quelqu'un par ses discours*.—*se* VAINCRE, v. pron. : *se vaincre soi-même*, dompter ses passions. — *Se laisser vaincre*; *se laisser vaincre à la pitié*, *à des raisons*, se laisser toucher, se laisser persuader.— VAINCRE, SURMONTER. (*Syn.*) *Vaincre* suppose un combat contre un ennemi qu'on attaque et qui se défend; *surmonter*, suppose seulement des efforts contre quelque chose qu'on rencontre, et qui fait de la résistance. On a *vaincu* ses ennemis quand on les a si bien battus qu'ils sont hors d'état de nuire. On a *surmonté* ses adversaires, quand on est venu à bout de ses desseins malgré leur opposition. Il faut du courage et de la valeur pour *vaincre*, de la patience et de la force pour *surmonter*. On se sert du mot *vaincre* à l'égard des passions, et de celui de *surmonter* pour les difficultés. De toutes les passions, l'avarice est la plus difficile à *vaincre*, parce qu'on ne trouve point de secours contre elle ni dans l'âge, ni dans la faiblesse du tempérament, comme on en trouve contre les autres, et que, d'ailleurs, étant plus resserrée qu'entreprenante, les choses extérieures ne lui opposent aucune difficulté à *surmonter*.

DU VERBE IRRÉGULIER **VAINCRE** :

Vaincrez, 2e pers. plur. fut. indic.

Vaincriez, 2e pers. plur. prés. cond.

Vaincrions, 1re pers. plur. prés. cond.

Vaincrons, 1re pers. plur. fut. indic.

Vaincront, 3e pers. plur. fut. indic.

Vaincs, 2e pers. sing. impér.

Vaincs, précédé de *je*, 1re pers. sing. prés. indic.

Vaincs, précédé de *tu*, 2e pers. sing. prés. indic.

VAINCU, E, part. pass. de *vaincre*, et adj.—Subst., ennemi subjugué, soumis; antagoniste désappointé: *malheur aux vaincus*.— VAINCU, BATTU, DÉFAIT. (*Syn.*) Ces termes s'appliquent, en général, à une armée qui a eu du dessous dans une action. Voici les nuances qui les distinguent : une armée est *vaincue* quand elle perd le champ de bataille; elle est *battue* quand elle le perd avec un échec considérable, c'est-à-dire, en laissant beaucoup de morts et de prisonniers; elle est *défaite* lorsque cet échec va au point que l'armée est dissipée, ou tellement affaiblie qu'elle ne puisse plus tenir la campagne. — On a dit de plusieurs généraux, qu'ils avaient été *vaincus* sans avoir été *défaits*, parce que le lendemain de la perte d'une bataille, ils étaient en état d'en donner une nouvelle. — On peut aussi observer que les mots *vaincu* et *défait* ne s'appliquent qu'à des armées ou à de grands corps; aussi on ne dit point d'un détachement, qu'il a été *défait* ou *vaincu*, on dit qu'il a été *battu*.

VAINEMENT, adv. (*vèneman*), *en vain*, inutilement. — VAINEMENT, EN VAIN. (*Syn.*) On a travaillé *vainement* quand on l'a fait sans succès; et *en vain* quand on a travaillé sans fruit. L'ouvrage est manqué dans le premier cas; l'objet est manqué dans le second. Si je ne puis pas venir à bout de ma besogne, je travaille *vainement*; si ma besogne faite n'a pas l'effet que j'en attendais, j'ai travaillé *en vain*. — Si vous me parlez sans que je vous entende, vous parlez *vainement*; si vous me parlez sans me persuader, vous parlez *en vain*. Dans le premier cas, c'est un *vain discours*; dans le second, un *discours vain*. — Tel homme prétendrait *vainement* à des récompenses, qui ne prétend pas *en vain* à des graces.

VAINES, subst. fém. plur. (*vène*), t. de vén., fumées légères.

DU VERBE IRRÉGULIER **VAINCRE** :

Vainquaient, 3e pers. plur. imparf. indic.

Vainquais, précédé de *je*, 1re pers. sing. impafr. indic.

Vainquais, précédé de *tu*, 2e pers. sing. imparf. indic.

Vainquait, 3e pers. sing. imparf. indic.

Vainquant, part. prés.

Vainque, précédé de *que je*, 1re pers. sing. prés. subj.

Vainque, précédé de *qu'il* ou *qu'elle*, 3e pers. sing. prés. subj.

Vainquent, précédé de *ils* ou *elles*, 3e pers. plur. prés. indic.

Vainquent, précédé de *qu'ils* ou *qu'elles*, 3e pers. plur. prés. subj.

Vainques, 2e pers. sing. prés. subj.

VAINQUEUR, subst. mas. (*vainkieur*), celui qui a *vaincu*, au propre et au fig. : *Alexandre, vainqueur des Perses*; *vainqueur à la lutte*, *à la course*; *vainqueur des obstacles*, *des passions*. Il se dit même des femmes :

Aurais-je pour *vainqueur* dû choisir Ariane?
RACINE.

—On dit aussi adj. et au fig. : *des charmes*, *des attraits vainqueurs*.

DU VERBE IRRÉGULIER **VAINCRE**:

Vainquez, 2e pers. plur. impér.

Vainquez, précédé de *vous*, 2e pers. plur. prés. indic.

Vainquiez, précédé de *vous*, 2e pers. plur. imparf. indic.

Vainquiez, précédé de *que vous*, 2e pers. plur. prés. subj.

Vainquîmes, 1re pers. plur. prét. déf.

Vainquions, précédé de *nous*, 1re pers. plur. imparf. indic.
Vainquions, précédé de *que nous*, 1re pers. plur. prés. subj.
Vainquirent, 3e pers. plur. prét. déf.
Vainquis, précédé de *je*, 1re pers. sing. prét. déf.
Vainquis, précédé de *tu*, 2e pers. sing. prét. déf.
Vainquisse, 1re pers. sing. imparf. subj.
Vainquissent, 3e pers. plur. imparf. subj.
Vainquisses, 2e pers. sing. imparf. subj.
Vainquissiez, 2e pers. plur. imparf. subj.
Vainquissions, 1re pers. plur. imparf. subj.
Vainquit, précédé de *il* ou *elle*, 3e pers. sing. prét. déf.
Vainquît, précédé de *qu'il* ou *qu'elle*, 3e pers. sing. imparf. subj.
Vainquîtes, 2e pers. plur. prét. déf.
Vainquons, 1re pers. plur. impér.
Vainquons, précédé de *nous*, 1re pers. plur. prés. indic.

VAIR, subst. mas. (*vère*) (du lat. *varius*, bigarré), t. de blas., fourrure faite de plusieurs petites pièces d'argent et d'azur, en forme de cloche de melon.—Un des métaux du blason.

VAIRÉ, subst. mas. (*vèré*), t. de bot., herbe déliée autour des rochers, où sont attachées les huîtres.

VAIRÉ, E, adj. (*vèré*), t. de blas., qui est de *vair*, qui imite le *vair* par la figure, et qui a d'autres couleurs.

VAIRON, subst. mas. (*vèron*), t. d'hist. nat., sorte de petit poisson.

VAIRON, adj. mas. (*vèron*) (du latin *varius*, de diverses couleurs); il se dit d'un cheval, d'un chien, et d'autres animaux qui ont un œil d'une couleur différente de celle de l'autre, ou dont la prunelle est entourée d'un cercle blanchâtre : *ce cheval a l'œil vairon*. Il se dit même de l'homme.

Vais, 1re pers. sing. prés. indic. du v. irrég. ALLER.

VAISON, subst. propre mas. (*vèzon*), ville de France, chef-lieu de canton, arrond. d'Orange, dép. de Vaucluse.

VAISSEAU, subst. mas. (*vèçô*) (du latin *vas*, gén. *vasis*), vase, ustensile de quelque métal ou de quelque matière que ce soit, destiné à contenir des liqueurs. Nous n'approuvons guère ce terme dans cette acception; *vase* vaut mieux selon nous. — Bâtiment de bois, construit pour naviguer par mer ou sur les grands fleuves. *Bâtiment* est plus générique, et se dit des petits comme des grands. *Vaisseau* ne se dit que des grands bâtiments. — On dit, *un vaisseau de tant de canons*, pour exprimer le nombre de canons qu'il porte; et l'on dit, *un vaisseau de 74*, *une frégate de 36*, en sous-entendant *canons*.—*Vaisseau marchand*, navire destiné à transporter des marchandises. — *Vaisseau négrier*, destiné à la traite des nègres. — *Vaisseau en caque*, en termes de pêche, le bâtiment qui va au banc de Terre-Neuve acheter et charger des morues sèches.—*Vaisseau routier*, en Hollande, une barque établie sur les canaux pour le transport des marchandises.—On appelle *vaisseau de transport*, celui qui est destiné à transporter des troupes; on le nomme aussi *vaisseau de débarquement*. —On emploie fig. le mot *vaisseau*, dans plusieurs circonstances : *le vaisseau de l'état*; *le vaisseau de la fortune publique*; *conduire*, *diriger le vaisseau de l'état*. — En astron. Voy. NAVIRE. — Il se dit aussi d'un grand bâtiment, d'une église, etc. — *Vaisseau à fouler*, cavité pratiquée dans un tronc d'arbre, dans laquelle on met les étoffes qu'on veut fouler ou dégorger : c'est ce qu'on nomme aussi *pile* ou *pot*. — En bot., tuyau destiné à charrier dans les végétaux les sucs nécessaires à leur existence et à leur accroissement : *vaisseaux séveux* ou *lymphatiques*. —On appelle *vaisseaux capillaires*, les plus petits *vaisseaux* des plantes, qui sont la partie la plus déliée qui compose le dessus des feuilles. Ils sucent et attirent la rosée, l'air, et les particules aériennes dont les plantes ont besoin pour leur conservation; *vaisseaux excrétoires*, les canaux qui vident les sucs qui ne sont pas propres à la nourriture des plantes, et qui ont été filtrés dans leurs viscères; *vaisseaux longitudinaux*, les canaux perpendiculaires qui montent le long de la tige d'un arbre, et qui portent le suc dans les parties les plus élevées; *vaisseaux latéraux*, les *vaisseaux* séveux qui, au sortir des *vaisseaux* perpendiculaires, s'étendent horizontalement dans les branches des végétaux.— En t. d'anat., il se dit de tout ce qui contient les fluides qui circulent dans le corps de l'animal, comme les artères, les veines, les conduits lymphatiques. Les artères et les veines se nomment *vaisseaux sanguins*.—On appelle *vaisseaux du foie*, la multitude de *vaisseaux* dont l'assemblage compose la substance du foie.

VAISSELET, subst. mas. (*vècelè*), petit *vaisseau*, petit vase.

VAISSELÉE, subst. fém. Voy. VAISSELLÉE.

VAISSELLE, subst. fém. (*vècèle*) (du latin *vas*, au plur. *vasa*), tout ce qui sert à l'usage ordinaire de la table, comme plats, assiettes, etc.—*Vaisselle montée*, celle qui se compose de plusieurs pièces unies ensemble par la soudure. — *Vaisselle plate*, celle qui est sans soudure, comme les plats et les assiettes. — On entend plus particulièrement aujourd'hui par *vaisselle plate*, tout le service d'une table qui se fait en argenterie.

VAISSELLÉE, subst. fém. (*vècélé*), quantité d'étoffe que chaque *vaisseau* à fouler peut contenir. VAISSELÉE vaut mieux.

VAL, subst. mas. (*vale*) (en lat. *vallis*), vallée; c'est un vieux mot qui ne s'emploie plus guère que dans les noms propres : *le Val-de-Grace* à Paris.—Le plur., *vaux*, n'est usité que dans cette phrase : *par monts et par vaux*.

VALABLE, adj. des deux genres (*valable*) (en lat. *valere*, valoir), qui doit être reçu en justice : *acte*, *quittance valable*. — Recevable : *excuse*, *raison qui n'est pas valable*.

VALABLEMENT, adv. (*valableman*), d'une manière *valable*.

VALACHIE, subst. propre fém. (*valachi*), contrée de la Turquie d'Europe.

DU VERBE IRRÉGULIER VALOIR :

Valaient, 3e pers. plur. imparf. indic.
Valais, précédé de *je*, 1re pers. sing. imparf. indic.
Valais, précédé de *tu*, 2e pers. sing. imparf. indic.
Valait, 3e pers. sing. imparf. indic.

VALANCE, subst. fém. (*valance*), t. de bot., genre de plantes de la polygamie monœcie.

VALANÈDE, subst. mas. (*valanède*), t. de bot., espèce d'arbre qui ressemble au chêne.

VALANT, adj. mas. (*valan*), qui *vaut*. — Qui est dans les formes. Presque inusité dans ce dernier sens.

VALAQUE, subst. et adj. des deux genres (*valake*), qui est de la *Valachie*, qui concerne la *Valachie*.

VALDÉRIÈS, subst. propre mas. (*valdéri-èce*), village de France, chef-lieu de canton, arrond. d'Albi, dép. du Tarn.

VALDÉSIE, subst. fém. (*valdézi*), t. de bot., genre de plantes monogynes mélastomes.

VALDESTEIN, subst. mas., ou VALDESTEINE, subst. fém. (*valdécetein*, *tène*), t. de bot., sorte de plante herbacée et vivace de la famille des rubiacées.

DU VERBE IRRÉGULIER VALOIR :

Valent, 3e pers. plur. prés. indic.
Valez, 2e pers. plur. prés. indic.

VALENCE, subst. propre fém. (*valance*), ville d'Espagne, chef-lieu de la province de Valence — Ville de France, chef-lieu de canton du dép. de la Drôme.—Chef-lieu de canton, arrond. de Condom, dép. du Gers.— Chef-lieu de canton, arrond. d'Albi, dép. du Tarn.

VALENCE-D'AGEN, subst. propre mas. (*valancedajein*), petite ville de France, chef-lieu de canton, arrond. de Moissac, dép. de Tarn-et-Garonne.

VALENCEY, subst. propre mas. (*valancé*), ville de France, chef-lieu de canton, arrond. de Châteauroux, dép. de l'Indre.

VALENCIENNES, subst. propre fém. (*valanciène*), ville forte de France, chef-lieu de canton et d'arrond. du dép. du Nord.

VALENSOLLE, subst. propre mas. (*valançole*), bourg de France, chef-lieu de canton, arrond. de Digne, dép. des Basses-Alpes.

VALENTIE, subst. propre fém. (*valanci*), myth., déesse adorée par les premiers habitants de l'Italie. C'était aussi le premier nom de la ville de Rome.

VALENTINIE, subst. fém. (*valantini*), t. de bot., arbuste des Antilles.

VALÉRIANE, subst. fém. (*valéri-ane*) (du latin *valeriana*), t. de bot., plante dont la racine est d'un grand usage en médecine.

VALÉRIANÉE, subst. fém. (*valéri-ané*), t. de bot., famille de plantes comprenant les *valérianes*.

VALÉRIANELLE, subst. fém. (*valéri-anèle*), t. de bot., la mâche, sorte de plante.

VALERY-EN-CAUX (SAINT-), subst. propre mas. (*ceinvaleri-ankô*), ville de France, chef-lieu de canton, arrond. d'Yvetot, dép. de la Seine-Inférieure.

VALÉSIEN, subst. mas. (*valézïein*), nom de sectaires qui étaient partisans de la continence, et qui se faisaient eunuques pour mieux l'observer.

VALET, subst. mas. (*valè*) (suivant *Ducange*, du latin barbare *valetus*, fait par contraction, dans la basse latinité, de *vasletus* pour *vassalettus*, diminutif de *vassalus*, lequel dérive primitivement de *vas*, *vadis*, caution), domestique, serviteur. —Au plur., il se dit de toute sorte de domestique. — *Valet de chambre*, celui qui sert principalement son maître dans la chambre. — *Valet de pied*, celui qui suit à pied le carrosse de son maître.— *Valet de garde-robe*, un de ceux qui couchaient dans la garde-robe du roi et qui avaient les clefs des coffres. Il y avait aussi *des valets d'étable*, *des valets de chiens*, etc. — On appelle *maître valet*, celui qui, dans une terre, ou dans une ferme, a autorité sur les autres *valets*. — On dit prov.: *tel maître*, *tel valet*, pour dire que le *valet* se conforme ordinairement aux mœurs, aux manières de son maître; *les bons maîtres font les bons valets*, pour dire qu'en traitant bien ses domestiques, on s'en fait bien servir. — On appelle, *valet de comédie*, un *valet* adroit et propre à l'intrigue.—On dit d'un acteur, qu'*il joue les valets*, qu'*il remplit l'emploi des valets*, qu'*il fait les rôles de valets*, qu'*il a débuté dans les valets*. — *Se conduire en valet*, manifester des mœurs serviles. Les défauts attribués aux *valets* ont presque restreint ce mot à un sens de dénigrement. — Fig. et fam., *valet de carreau*, misérable : *recevoir quelqu'un comme un valet de carreau*, très-mal, avec le dernier mépris.—*Avoir une âme de valet*, une âme basse.— Prov. : *faire le bon valet*, le complaisant, l'empressé.— Quand nous ne voulons pas faire ou croire quelque chose qu'on nous propose ou qu'on nous dit, nous disons familièrement : *je suis votre valet*, *je suis son valet*. — Dans un jeu de cartes, la figure qui est après le roi et la dame.—Poids qui pend derrière une porte pour qu'elle se ferme sans qu'on y touche. — Instrument de fer qui sert à tenir le bois sur l'établi du menuisier.—Cylindre de bois solide, chargé de poudre et percé en plusieurs endroits où les artificiers mettent des pétards. — Petite pièce de bois attachée derrière un miroir de toilette, pour le soutenir. —Les fabricants de filets appellent *valet*, un morceau de bois qui a un crochet à chacun de ses bouts, et qui sert à tendre la portion de filet qui est faite, pour le continuer commodément. — T. d'horlogerie, petite pièce d'acier qui, dans la quadrature d'une montre ou pendule à répétition, contient dans une situation fixe l'étoile, et par conséquent le limaçon des heures. — En t. de manége, *valet* se dit d'un bâton qui a une pointe émoussée à l'un de ses bouts, et dont on se sert pour aider et pincer un cheval sauteur.—En t. de mar., il se dit d'un peloton fait de fil de carret sur le calibre des canons, pour bourrer la poudre quand on les charge. — VALET, LAQUAIS. (*Syn.*) *Valet* a un sens général qu'on applique à tous ceux qui servent; *laquais* a un sens particulier qui ne convient qu'à une sorte de *domestique*. Le premier désigne proprement un homme de service, et le second un homme de suite. L'un emporte une idée d'utilité; l'autre une idée d'ostentation. Les princes et les gens de basse condition n'ont point de *laquais*, mais les premiers ont des *valets de pied*, qui en font les fonctions et qui en portaient même autrefois le nom; et les seconds ont des *valets* de labeur.

VALETAGE, subst. mas. (*valetaje*), service de *valet*.

VALETAILLE, subst. fém. (*valetâ-ie*), t. de mépris, troupe de *valets*.

VALET-A-PATIN, subst. mas. (*valètapatein*), t. de chir.; instrument en forme de pince qui servait autrefois pour faire la ligature des vaisseaux, après l'amputation d'un membre.

VALETER, v. neut. (*valeté*), avoir une assiduité basse et servile auprès de quelqu'un par intérêt : *il n'a fait que valeter toute sa vie*. — Faire malgré soi des démarches pénibles et désagréables, pour obtenir ce qu'on souhaite : *on l'a fait valeter long-temps*. Peu en usage.

VALETON, subst. mas. (*valeton*), enfant.— Petit *valet*. Presque inusité.

VALETTE (LA), subst. propre fém. (*lavalète*), bourg de France, chef lieu de canton, arrond. d'Angoulême, dép. de la Charente.

VALÉTUDINAIRE, subst. et adj. des deux genres (*valétudinère*) (en latin *valetudinarius*), qui est souvent malade, maladif, infirme, cacochyme. —VALÉTUDINAIRE, MALADIF, INFIRME, CACOCHYME. (*Syn.*) Le *valétudinaire* est d'une santé chancelante; le *maladif* est sujet à être malade; l'*infirme* est affligé de quelque dérangement d'organes; le *cacochyme* est plein de mauvaises humeurs. Les femmes, par la constitution propre de leur sexe, sont naturellement plus *valétudinaires* que les hommes; les gens malsains sont nécessairement *maladifs*; les vieillards sont *infirmes* par le dépérissement naturel de leurs organes; il y a beaucoup d'enfants *cacochymes* par le vice de leur origine ou de leur nourriture. — Il faut que le *valétudinaire* achette la santé par un régime sain, frugal et sage; il faut que le *maladif* dispute sa vie, et qu'il l'emporte à force de vaincre; il faut que l'*infirme* sache vivre avec ses maux; il faut que le *cacochyme* se délivre des siens.

VALÉTUDINITÉ, subst. fém. (*valétudinité*), état de *valétudinaire*. Peu usité.

VALEUR, subst. fém. (*valeur*) (en latin *valor*, fait de *valere*, valoir), ce que vaut une chose suivant l'estimation qu'on en peut faire. — Courage, bravoure. Voy. VAILLANCE. — En t. de musique, *valeur* que doit avoir chaque note relativement à sa figure. — *Valeur nominale*, la *valeur* arbitraire que la loi attribue à une pièce de monnaie. — *Valeur intrinsèque*, *valeur* propre et essentielle d'une chose : *la valeur intrinsèque des monnaies dépend de leur poids et du titre du métal.* — *La valeur extrinsèque* est celle que l'on donne à une chose, sans la considération de sa *valeur* propre et essentielle. — *Valeur reçue*, locution dont on se sert dans un billet à ordre, pour exprimer qu'on en a reçu le montant. — *Valeur en compte*, expression dont on se sert dans les lettres de change qu'on cède à quelqu'un avec qui on a des comptes ouverts; et *valeur en marchandises*, lorsqu'on a reçu des marchandises pour la *valeur* de la lettre ou du billet qu'on remet.—En t. de banque et de commerce : *avoir des valeurs*, de l'argent ou du bon papier dont on peut disposer. — *Les blés, les vins sont en valeur*, se vendent bien. — *Ma ferme est en valeur*, est bien cultivée.— *Il connaît la valeur des termes*, leur juste signification.—*Attacher à quelque chose de la valeur*, en faire cas.—*Donner de la valeur à ce qu'on dit*, prononcer de manière à rendre l'auditeur attentif.—*La valeur de...*, l'espace de..., la quantité de... : *il a été la valeur de dix minutes*, à peu près dix minutes.—Fam., *il n'a pas bu la valeur d'un demi-setier*.— VALEUR, PRIX. (*Syn.*) Dès que nous avons besoin d'une chose, elle a de la *valeur*; elle en a par cela seul, et avant qu'il soit question de faire un échange. Au contraire, ce n'est que dans nos échanges qu'elle a un *prix*, parce que nous ne l'estimons, par comparaison à une autre, qu'autant que nous avons besoin de l'échanger; et son *prix* est l'estime que nous faisons de sa *valeur*, lorsque dans l'échange nous la comparons avec la *valeur* d'une autre. Le *prix* suppose donc la *valeur*, voilà pourquoi on est si fort porté à confondre ces deux mots. Il est vrai qu'il y a des occasions où l'on peut les employer indifféremment l'un pour l'autre; cependant ils expriment deux idées qu'il est nécessaire de ne pas confondre. De deux choses, celle qui est d'une plus grande *valeur* vaut mieux, celle qui est d'un plus grand *prix* vaut plus. — Ce n'est pas être connaisseur, que de juger de la *valeur* des choses par le prix qu'elles coûtent. — VALEUR, COURAGE. (*Syn.*) Le *valeureux* peut manquer de *courage*, le *courageux* est toujours maître d'avoir de la *valeur*. La *valeur* sert au guerrier qui va combattre; le *courage*, à tous les êtres qui, jouissant de l'existence, sont sujets à toutes les calamités qui l'accompagnent. Contre les passions, que peut la *valeur* sans *courage*? Elle est leur esclave, et le *courage* est leur maître. La *valeur* outragée se venge avec éclat, tandis que le *courage* pardonne en silence. La *valeur* brave les horreurs de la mort; le *courage*, plus grand, brave la mort et la vie.

VALEUREUSE, adj. fém. Voy. VALEUREUX.

VALEUREUSEMENT, adv. (*valeureuzeman*), avec courage, avec *valeur*.

VALEUREUX, adj. mas., au fém. VALEUREUSE (*valeureu, reuze*), plein de cœur, plein de courage.

VALGORGE, subst. propre fém. (*valeguorje*), bourg de France, chef-lieu de canton, arrond. de l'Argentière, dép. de l'Ardèche.

VALIDATION, subst. fém. (*validdcion*), t. d'anc. jurisp. action de *valider*. Il se dit en parlant des lettres par lesquelles des criées non signifiées, en parlant à la partie saisie, sont rendues *valides*; *lettres de validation*. Ces lettres n'étaient d'usage qu'en un petit nombre de coutumes. — Se dit aussi des jugements et des arrêts qui font *valider* des articles de dépense, qui dans la règle étroite n'auraient pas été allouées à un comptable : *il a obtenu un arrêt de validation.*

VALIDE, adj. des deux genres (*valide*) (en lat. *validus*), en parlant des choses, valable; qui a les conditions requises par les lois pour produire son effet : *un contrat, un acte valide.*—Qui est dans les conditions requises par les sacrements religieux : *les catholiques pensent que le baptême des protestants est valide.*—En parlant des personnes, sain, vigoureux : *des mendiants valides.* — Subst. des deux genres : *il y a dans cet hospice tant d'infirmes et tant de valides.*

VALIDÉ, E, part. pass. de *valider*.

VALIDÉ, subst. fém. (*validé*), t. de relation; en Turquie, mère du sultan régnant. On dit plus souvent adj. au fém. : *la sultane Validé* (Du turc *walidéh* ou *oualidih*, dérivé, dans le même sens, de l'arabe *oualada*, enfanter, engendrer.)

VALIDEMENT, adv. (*valideman*), valablement, d'une manière *valide*.

VALIDER, v. act. (*validé*), t. de palais, rendre *valide*.—*se* VALIDER, v. pron.

VALIDITÉ, subst. fém. (*validité*) (en latin *validitas*, fait de *valere*, valoir), bonté essentielle d'une chose faite dans les formes.—On dit aussi: *la validité des sacrements*.

DU VERBE IRRÉGULIER VALOIR :

Valiez, précédé de *vous*, 2e pers. plur. imparf. indic.

Valions, précédé de *que nous*, 2e pers. plur. prés. subj.

VALINGA, subst. mas. (*valeingua*), cornemuse russe. C'est un instrument très-simple, composé de deux flûtes ajustées dans une vessie de bœuf que l'on a mouillée.

DU VERBE IRRÉGULIER VALOIR :

Valions, précédé de *nous*, 1re pers. plur. imparf. indic.

Valions, précédé de *que nous*, 1re pers. plur. prés. subj.

VALISNÈRE, subst. fém. (*valicenère*), t. de bot., sorte de plante aquatique. L'*Académie* lui donne aussi le nom de *valisnérie*.

VALISE, subst. fém. (*valize*), long sac de cuir qui s'ouvre dans sa longueur, propre à être porté sur la croupe d'un cheval.—Il y a aussi des *valises* qui ne peuvent guère être chargées que sur un charriot ou sur une charrette, comme une *valise* propre à contenir des matelas, etc., *une valise de lit.*

VALKYRIES, subst. fém. plur. (*valkiri*), myth., nymphes qui habitaient le Valhalla ou Vaxhalla, et dont la fonction était de servir à boire aux héros qui y avaient été admis.

VALLÉCULE, subst. fém. (*valékule*), petite *vallée*, *vallée* étroite. Presque inusité.

VALLAIRE, adj. fém. (*valelère*) (en latin *vallaris*, fait de *vallum*, rempart), t. d'antiq. : *couronne vallaire*, celle qu'on donnait chez les Romains à celui qui avait le premier franchi les retranchements de l'ennemi.

VALLÉE, subst. fém. (*valé*) (en latin *vallis*), descente. En ce sens, il ne se dit plus que dans cette phrase proverbiale : *il n'y a point de montagne sans vallée.* — Espace entre deux ou plusieurs montagnes, entre deux coteaux. — A Paris, marché destiné à la vente de la volaille et du gibier. — *Vallée de Josaphat*, lieu où l'on croit que se fera le jugement dernier, d'après un passage du prophète Joël : *les hommes de tous les temps et de tous les lieux se retrouveront à la vallée de Josaphat.*—Sorte de poire.—Fig. : *la vallée des larmes*, la terre. — VALLÉE, VALLON. (*Syn.*) *Vallée* semble signifier un espace plus étendu; *vallon* semble en marquer un plus resserré. Les poëtes ont rendu le mot *vallon* plus usité, parce qu'ils ont ajouté à la force de ce mot une idée de quelque chose d'agréable ou de champêtre, et que celui de *vallée* n'a retenu que l'idée d'un lieu bas et situé entre d'autres lieux plus élevés. On dit la *vallée* de Josaphat, du lieu où l'on pense que se doit faire le jugement universel; et l'on appelle sacré *vallon*, celui où la fable établit la demeure des Muses.

VALLÉE, subst. fém. (*valé*), t. de bot., arbre du Pérou.

VALLERAUGUE, subst. propre mas. (*valerôgue*), ville de France, chef-lieu de canton, arrond. du Vigan, dép. du Gard.

VALLET, subst. propre mas. (*valè*), gros bourg de France, chef-lieu de canton, arrond. de Nantes, dép. de la Loire-Inférieure.

VALLIER (SAINT-), subst. propre mas. (*ceinvalié*), ville de France, chef-lieu de canton, arrond. de Valence, dép. de la Drôme. — Village de France, chef-lieu de canton, arrond. de Grasse, dép. du Var.

VALLIVET, subst. propre mas. (*valivè*), bourg de France, chef-lieu de canton, arrond. de Sartène, dép. de la Corse.

VALLON, subst. mas. (*valon*), petite *vallée*. —*Vallon sacré*, selon les poëtes. C'est l'espace où coulent, dans une belle *vallée*, le fleuve du Permesse et la fontaine d'Hippocrène, et où l'on croyait que paissait le cheval Pégase. Ce *vallon* était consacré aux Muses.

VALLON, subst. propre mas. (*valon*), bourg de France, chef-lieu de canton, arrond. de l'Argentière, dép. de l'Ardèche.

VALMONT, subst. propre mas. (*valmon*), village de France, chef-lieu de canton, arrond. d'Yvetot, dép. de la Seine-Inférieure.

VALMY, subst. propre mas. (*valmi*), village de France, arrond. de Ste-Menehould, dép. de la Marne, célèbre par la bataille que les Français gagnèrent sur les Prussiens en 1792.

VALOGNES, subst. propre mas. (*valognie*), ville de France, chef-lieu d'arrond. et de canton, dép. de la Manche.

VALOIR, v. act. et neut. (*valoar*) (en latin *valere*), *valu, valant; je vaux, tu vaux, il vaut; nous valons*, etc.; *j'ai valu; je valus; je vaudrai; vaux; valez; que je vaille, que nous valions, que vous valiez, qu'ils vaillent.* Avoir une *valeur* quelconque, être de quelque utilité, pouvoir être employé à quelque usage. *Une chose ne vaut rien*, lorsqu'elle n'est d'aucun mérite, d'aucun usage, d'aucune utilité. — On dit qu'*un potage*, qu'*un ragoût*, qu'*une sauce ne valent rien*, lorsqu'ils sont de mauvais goût; qu'*un livre*, qu'*un ouvrage de littérature ne vaut rien*, lorsqu'il est mal fait, sans utilité, sans goût : *si j'avais été le maître de l'édition précipitée que les libraires hollandais ont faite, on n'aurait certainement pas ces reproches à me faire, et mon livre en vaudrait mieux de toutes façons; mais il vaut assez, puisqu'il m'a attiré vos sages instructions.* (Voltaire.) — On dit qu'*une étoffe ne vaut rien*, lorsqu'elle n'est pas de durée; qu'*un habit ne vaut plus rien*, lorsqu'il est usé; que *des excuses ne valent rien*, lorsqu'elles ne sont pas admissibles; qu'*une chose ne vaut rien*, lorsqu'elle est nuisible, soit par elle même, soit à cause de quelque circonstance : *cette plante ne vaut rien; il a l'estomac faible, les aliments lourds ne lui valent rien.*—On dit encore qu'*une chose ne vaut rien*, lorsqu'on la regarde comme un mauvais augure, comme un mauvais pronostic : *ce malade est toujours assoupi, cela ne vaut rien.* — Etre d'un certain prix : *cette étoffe vaut dix francs l'aune.*—Rapporter, produire, procurer, faire obtenir : *le loyer de cette maison lui vaut dix mille écus de rente; ses exploits lui ont valu une gloire immortelle.* — Tenir lieu, avoir la force, la signification de... : *en chiffres romains*, V *vaut cinq*, X *dix*, L *cinquante*, C *cent*, D *cinq cents*, M *mille*. — Prov. : *un bon averti en vaut deux*, c'est-à-dire, une personne qui est avertie, qui est préparée, qui est sur ses gardes, a un avantage qu'elle n'aurait pas sans cela. *Cela vaut fait*, c'est-à-dire, la chose est aussi sûre que si elle était faite; et dans le même sens *la chose n'est pas encore faite, mais autant vaut.*—On dit des actes et des formalités qu'on fait par pure précaution, qu'*on les fait pour valoir ce que de raison*, c'est-à-dire, afin qu'ils puissent servir dans l'occasion autant qu'il sera juste et raisonnable.—*Faire valoir*, donner du crédit, avancer, pousser, faire estimer, faire voir, remarquer et considérer.—Garantir, répondre d'une chose.— *Faire valoir une terre*, la mettre en état de rapporter.—*Faire valoir une terre par ses mains*, la régir par soi-même sans avoir de fermier. — *Faire valoir son argent; faire valoir ses talents; faire valoir ses droits.*—*Faire valoir une chose*, lui donner du prix : *c'est la belle eau de ce diamant qui le fait valoir; ce sont certaines couleurs qui font valoir les tulipes aux yeux des amateurs; c'est sa probité qui le fait valoir.*

—*Faire valoir*, relever, exagérer la valeur, le mérite : *les marchands font tout ce qu'ils peuvent pour faire valoir leur marchandise ; il fait bien valoir, il fait trop valoir les services qu'il vous a rendus ; il sait faire valoir ce qu'il raconte.*—Faire ressortir : *faire valoir les beaux endroits d'un discours, d'un poëme.* — *Se faire valoir*, faire connaître ce que l'on vaut et ce que l'on est, travailler à se mettre en crédit : *il fait tout ce qu'il peut pour se faire valoir.*—Il signifie aussi faire sentir ce qu'on est, ce qu'on vaut, les droits que l'on a : *vous ne vous faites pas assez valoir.*—Il signifie encore s'attribuer de bonnes qualités qu'on n'a pas, en tirer vanité comme si on les avait : *c'est un fanfaron qui veut se faire valoir.* — On dit qu'*une personne veut se faire valoir aux dépens des autres*, lorsqu'elle déprime le mérite des autres dans l'intention de relever le sien. — *Valoir mieux*, être plus à propos, plus raisonnable. — Fam. : *une chose vaut de l'argent*, est d'un prix considérable.—Prov. : *une chose vaut son pesant d'or*, est très-bonne dans son genre. — *Cet homme vaut son pesant d'or*, a mille bonnes qualités.—*Chacun vaut son prix*, il ne faut mépriser personne, il ne faut louer personne aux dépens des autres.—Prov. : *le jeu ne vaut pas la chandelle*, la chose dont il s'agit ne mérite pas les peines qu'on se donne, les dépenses que l'on fait.—Prov. et fig. : *il sait ce qu'en vaut l'aune*, il sait combien est difficile, fâcheuse, de grande dépense, etc., la chose dont il s'agit.—*Cette affaire vaut bien la peine d'y penser*, est considérable. —Fam. : *vaille que vaille*, à tout hasard. — *Autant vaut*, peu s'en faut, c'est à peu près la même chose.

Valons, 1re pers. plur. prés. indic. du verbe irrégulier VALOIR.

VALOMBREUSE, subst. fém. (*valonbreuze*), ordre religieux.—Abbaye de ce nom en Toscane.

VALONNES, subst. propre mas. (*valone*), ville de France, chef-lieu de canton, arrond. de Sisteron, dép. des Basses-Alpes.

VALOUVER, subst. mas. (*valouvère*), prêtre de la dernière tribu, dans l'Indoustan.

VALSE, plus correctement **WALSE**, ce mot étant tout allemand, subst. fém. (*valce*) (de l'allemand *walzen* ou *wälzen*, rouler, faire rouler, danser en rond, dérivé de *walze*, rouleau, calandre), air d'une danse très-usitée en Allemagne, et qui ne consiste qu'à tourner en grand nombre autour d'une salle, en pirouêtant deux à deux. —Cette danse même.

VALSER, plus correctement **WALSER**, v. neut. (*valcé*), danser la *valse*.

VALSEUR, subst. mas., au fém. **VALSEUSE**, et plus correctement **WALSEUR, WALSEUSE**, (*valceur, ceuze*), celui, celle qui *valse*.

VALTHÈRE, subst. fém. (*valtère*), t. de bot., genre de plantes de la monadelphie.

VALU, part. pass. de *valoir*.

VALUABLE, adj. des deux genres (*valu-able*), de quelque prix. (*Boiste.*) Inusité.

VALUE, subst. fém. (*valu*), t. de prat., *la plus value*, la somme que *vaut* une chose au-delà de ce qu'on l'a prisée ou achetée.

DU VERBE IRRÉGULIER **VALOIR** :

Valûmes, 1re pers. plur. prét. déf.
Valurent, 3e pers. plur. prét. déf.
Valus, précédé de *je*, 1re pers. sing. prét. déf.
Valus, précédé de *tu*, 2e pers. sing. prét. déf.
Valusse, 1re pers. sing. imparf. subj.
Valussent, 3e pers. plur. imparf. subj.
Valusses, 2e pers. sing. imparf. subj.
Valussiez, 2e pers. plur. imparf. subj.
Valussions, 1re pers. plur. imparf. subj.
Valut, précédé de *il* ou *elle*, 3e pers. sing. prét. déf.
Valût, précédé de *qu'il* ou *qu'elle*, 3e pers. sing. imparf. subj.
Valûtes, 2e pers. plur. prét. déf.

VALVE, subst. fém. (*valve*) (en latin *valvæ, varum*, qui signifie proprement battants de porte ou de fenêtre, et qui dérive de *volvere*, tourner), qui se dit pour écaille, et dont se sont formés les mots *univalve, bivalve, multivalve*, qui n'a qu'une coquille, qui en a deux ou plusieurs.—Chacune des pièces d'une coquille.—En bot., espèce de panneaux qui composent la capsule *multivalve*, et qu'on nomme aussi *valvules*. — Sorte de paillettes qui, dans les fleurs graminées, font les fonctions de pétales.—Chacun des segments d'un fruit qui s'ouvre spontanément.

VALVÉE ou **VALVEAIRE**, subst. fém. (*valvé, vé-ère*), t. d'hist. nat., nom d'un genre de coquillage qui ne contient qu'une espèce.

VALVIER, subst. mas. (*valvié*), t. d'hist. nat., mollusque des coquilles d'eau douce appelées *valvées*.

VALVULAIRE, adj. des deux genres (*valvulère*), qui a beaucoup de *valvules*.

VALVULE, subst. fém. (*valvule*) (du latin *valvæ*, battants de porte), t. d'anat., replis de la membrane interne des vaisseaux efférents, qui s'opposent au reflux des liquides. — Peaux qui servent comme de portes pour ouvrir et pour fermer les oreillettes du cœur. — Petits corps membraneux, éminents dans la cavité des veines, et faits d'une portion de leur tunique. — *Valvules de Bauhin*, voy. ILÉO-COLIQUE ; *valvules d'Eustache*, un repli semi-lunaire qui garnit l'orifice de la veine cave inférieure, dans l'oreillette droite du cœur; *valvule de Vieussens*, une lame médullaire très-mince qui se porte du cervelet aux tubercules quadrijumeaux.— En bot., Voy. VALVE.—En mécan., soupape.

VALVULITE, subst. fém. (*valvulite*), t. de médec., nom qu'on a donné à l'inflammation des *valvules*.

VALRÉAS, subst. propre mas. (*valré-âce*), ville de France, chef-lieu de canton, arrondissement d'Orange, dép. de Vaucluse.

VAMPI, subst. mas. (*vanpi*), t. de bot., espèce de grand arbre qui croît en Chine.

VAMPIRE, subst. mas. (*vanpire*), nom qu'on donne en Hongrie, en Bohême, en Allemagne, à des êtres chimériques qui, suivant le peuple, sucent le sang des personnes qu'on voit tomber en phthisie. — On le dit de ceux que l'on accuse de profiter des malheurs publics, de pomper le sang du peuple et de s'engraisser de sa substance. — T. d'hist. nat., chauve-souris monstrueuse très-commune en Amérique, où elle suce le sang des hommes et des bêtes.

VAMPIRISME, subst. mas. (*vanpiriceme*), état, doctrine des *vampires*.

VAMPIRISTE, subst. des deux genres (*vanpiricete*), partisan du *vampirisme* ; celui qui croit aux *vampires*.

VAMPUM, subst. mas. (*vanpome*), t. d'hist. nat., espèce de reptile de la famille des serpents.

VAN, subst. mas. (*van*) (en latin *vannus*), panier construit dans la forme d'une coquille et à deux anses, dont on se sert pour nettoyer le grain en le jetant en l'air.—Myth., c'était un symbole mystique de Bacchus, parce que ceux qui étaient initiés à ses mystères avaient dû être purifiés de leurs vices par les épreuves qui précédaient l'initiation, comme le blé est séparé de la paille par le moyen du *van*.

VANANTE, adj. fém. (*vanante*), les papetiers appellent *pâte vanante*, la pâte de moyenne qualité ou celle qui est faite avec de vieux et mauvais chiffons.

VANCASSAYE, subst. fém. (*vankacè*), t. de bot., espèce d'orange de l'Ile-de-France.

VANCOLE, subst. fém. (*vankole*), t. d'hist. nat., sorte de scorpion de Madagascar.

VANDALE, subst. et adj. des deux genres (*vandale*), ancien peuple de la Germanie, barbare et destructeur. — Au fig., ennemi des beaux-arts, qui détruit leurs monuments.

VANDALISME, subst. mas. (*vandaliceme*), système, régime destructif des sciences et des arts, par allusion aux *Vandales*.

VANDÉSIE, subst. fém. (*vandézi*), t. de bot., genre de plantes.

VANDOISE, subst. fém. (*vandoèze*), t. d'hist. nat. sorte de poisson d'eau douce qu'on nomme aussi *dard*.

VANESSE, subst. fém. (*vanèce*), t. d'hist. nat.; on a donné ce nom à un genre de lépidoptères diurnes.

VANGA, subst. mas. (*vangua*), t. d'hist. nat., espèce de bécarde à ventre blanc.

VANGERON, subst. mas. (*vanjeron*), t. d'hist. nat., espèce de cyprin.

VANGEUR, subst. mas. (*vanjeur*), ouvrier briquetier qui pétrit la terre avec les mains ; tuilier qui façonne la terre en forme de petits vasons.

VANGUIER, subst. mas. (*vanguié*), t. de bot., genre de plantes de la famille des rubiacées.

VANIÈRE, subst. fém. (*vani-ère*), t. de bot., genre de plantes de la Chine. On dit aussi *vanérie*.

VANILLE, subst. fém. (*vani-ie*) (de l'espagnol *vaynilla*, qui est un diminutif de *vayna*, gousse), t. de bot., plante qui croît en Amérique. Voy. VANILLIER. — Son fruit, que l'on nomme également *vanille*, à la forme d'un cornichon long de quatre à cinq pouces, et est gros comme le petit doigt : il contient une multitude de petites semences noires. Ce fruit est d'un goût aromatique et d'une odeur très-agréable. Il entre dans la composition du chocolat.—Autre plante de la famille des ombellifères, dont le fleurs ont une odeur très-agréable, très-ressemblante à celle de la cosse de la *vanille* américaine, et que l'on appelle aussi *héliotrope*. Voy. ce mot.

VANILLETTE, subst. fém. (*vani-iète*), t. de bot., sorte de petite *vanille*.

VANILLIER, subst. mas. (*vani-ié*), t. de bot., nom de la plante qu'on nomme aussi *vanille*. Voy. ce mot.

VANILLON, subst. mas. (*vani-ion*), morceau de *vanille*. Inusité.

VANITÉ, subst. fém. (*vanité*) (en lat. *vanitas*, fait de *vanus*, vide), en parlant des choses, inutilité, peu de solidité : *tout n'est que vanité dans le monde.*—Il ne se dit au plur. que du luxe, de la mondanité : *il est revenu des vanités du monde.*—En parlant des personnes, amour-propre qui vient des choses frivoles ou étrangères à la personne qui s'en prévaut. Voy. ORGUEIL. — *Faire, tirer vanité de...*, faire gloire, parade de...—*Sans vanité*, loc. adv., sans me vanter : *sans vanité, je le vaux bien.*

VANITEUSE, adj. fém. Voy. VANITEUX.

VANITEUX, subst. et adj. mas., au fém. **VANITEUSE** (*vaniteu, teuze*), qui a une *vanité* puérile et ridicule. Fam.—Subst. : *c'est un vaniteux.*

VANNE, subst. fém. (*vane*) (suivant Du Cange, des mots barbares *venna, vinna* ou *benna*, qui, dans la basse latinité, ont signifié clôture), espèce de porte de bois dont on se sert aux moulins, aux pertuis des rivières, etc., qui se hausse et se baisse dans des coulisses, pour laisser aller l'eau ou la retenir quand on veut.—Cloison d'ais soutenue par une file de pieux dans un bâtardeau.—Dans quelques provinces méridionales de France, se dit d'une couverture piquée.—Au plur., vieux t. de faucon., plumes. Voy. VANNEAUX, subst. mas. plur.

VANNÉ, E, part. pass. de *vanner*.

VANNEAU, subst. mas. (*vanô*) (suivant *Belon*, corruption de *paonneau*, à cause de la ressemblance de cet oiseau avec le *paon*), t. d'hist. nat., espèce d'oiseau de la grosseur d'un pluvier, et qui a une huppe noire sur la tête : c'est un genre d'oiseaux de l'ordre des échassiers, de la famille des hélonomes.—La famille des *vanneaux* est très-répandue dans les trois continents. Partout ils fréquentent les terreins humides et se nourrissent de vers et d'insectes.—*Vanneau armé*, dont les ailes sont garnies d'éperons.—Au plur., vieux t. de faucon., on donnait ce nom aux grandes plumes des oiseaux de proie.

VANNER, v. act. (*vané*), nettoyer le grain par le moyen d'un *van*.—On dit en t. d'épingliers : *vanner des épingles*, pour dire, les séparer du son en les remuant sur un plat de bois; et : *vanner les aiguilles*, pour dire, les faire ressuyer dans un son chaud un peu mouillé, après qu'elles ont été lessivées ou lavées.—Pop., s'enfuir.—*se* VANNER, v. pron.

VANNERIE, subst. fém. (*vaneri*), ouvrage, atelier et marchandise du *vannier*.

VANNES, subst. propre mas. (*vane*), ville maritime de France, chef-lieu du dép. du Morbihan.

VANNET, subst. mas. (*vané*), t. de blas., se dit d'une coquille dont on voit le fond ou le creux, et qui, par cela même, ressemble à un *van*.

VANNETTE, subst. fém. (*vanète*), sorte de corbeille plate et un peu creuse, dont on se sert pour *vanner* l'avoine avant de la donner aux chevaux.

VANNEUR, subst. mas., au fém. **VANNEUSE** (*vaneur, neuze*), celui, celle qui bat en grange et qui *vanne* les grains.

VANNEUSE, subst. fém. Voy. VANNEUR.

VANNIER, subst. mas. (*vani-é*), artisan qui travaille en osier, et qui fait des *vans*, des hottes, des paniers, des corbeilles, etc.

VANNOIR ou **POT-À-VANNER**, subst. mas. (*vanoar, potavané*), t. de cloutiers, grand bassin de bois plat dans lequel on agite les fils de fer ou de laiton dont on fait les clous d'épingles, pour les rendre clairs.

VANS (LES), subst. propre mas. plur. (*lévan*).

ville de France, chef-lieu de canton, arrond. de l'Argentière, dép. de l'Ardèche.

VANSIRE, subst. mas. (*vancire*), t. d'hist. nat., petit quadrupède carnassier plantigrade, du genre des mangoustes.

VANTAIL, subst. mas. (*vanta-ie*), battant d'une porte, d'une fenêtre qui s'ouvre des deux côtés. — Assemblage de bois de charpente servant à fermer la moitié de la baie d'une écluse. — Au plur., *vantaux*.

VANTANE, subst. fém. (*vantane*), t. de bot., genre de plantes monogynes à fleurs disposées en corymbe terminal.

VANTARD, E, subst. et adj. (*vantar, tarde*), mot peu usité, surtout au féminin; on le trouve cependant encore dans quelques dictionnaires, et notamment dans celui de l'*Académie*, où on lui fait signifier, celui, celle qui a l'habitude de *se vanter*. — *Faire le vantard*, le vaniteux.

VANTAUX, subst. mas. plur. (*vantô*), volets de fenêtre. Voy. VANTAIL.

VANTÉ, E, part. pass. de *vanter*, et adj.

VANTER, v. act. (*vanté*) (du latin *venditare*, employé par *Cicéron* avec la même acception, et qui signifie proprement, *avoir envie de vendre*), louer beaucoup, prôner le mérite de quelqu'un, le prix de quelque chose. — SE VANTER, v. pron., se louer, se glorifier. — Se faire fort de...: *il se vante de le faire arriver à...* — On dit proverbialement : *il n'y a pas de quoi se vanter*, pour dire, l'action n'est pas si belle, si glorieuse; ou même, l'action est blâmable, honteuse. — SE VANTER, SE JACTER. (*Syn.*) *Se vanter*, se louer indiscrètement, immodestement, impertinemment : *se jacter*, se vanter avec arrogance, impudence. Celui qui *se vante* se complaît dans la louange qu'il se donne; celui qui *se jacte* s'épanouit dans le panégyrique qu'il fait de lui. — *La vanité*, selon la valeur propre du terme, n'est que du vent; la *jactance* est le déchaînement de la *vanité*. Celui qui *se vante*, se loue comme quelqu'un qui a peur d'être déprimé; et on le déprime, parce qu'il *se vante*. Celui qui *se jacte* s'exalte comme quelqu'un qui a peur d'être ravalé; et on le ravale, parce qu'il *se jacte*. — Celui qui *se vante* veut attirer vos regards sur lui; celui qui *se jacte* voudrait les faire baisser devant lui. — Celui qui *se vante* d'une bonne action semble n'être pas accoutumé à en faire; celui qui *se jacte* d'une grande action paraît tout étonné de l'avoir faite. — VANTER, LOUER. (*Syn.*) On *vante* une personne pour lui procurer l'estime des autres, ou pour lui donner de la réputation; on la *loue* pour témoigner l'estime qu'on fait d'elle, ou pour lui applaudir. — *Vanter*, c'est dire beaucoup de bien des gens, et leur attribuer de grandes qualités, soit qu'ils les aient ou qu'ils ne les aient pas. *Louer*, c'est approuver avec une sorte d'admiration ce qu'ils ont dit ou ce qu'ils ont fait, soit que cela le mérite ou ne le mérite pas. — On *vante* les forces d'un homme; on *loue* sa conduite. Le mot *vanter* suppose que la personne dont on parle est différente de celle à qui l'on s'adresse; ce que le mot *louer* ne suppose point. — Les charlatans ne manquent jamais de *se vanter*; ils promettent toujours plus qu'ils ne peuvent tenir, ou se font honneur d'une estime qui ne leur a pas été accordée. Les personnes pleines d'amour-propre se donnent souvent des *louanges*; elles sont ordinairement très-contentes d'elles-mêmes. Il est plus ridicule de *se louer* soi-même que de *se vanter*; car on *se vante* par un grand désir d'être estimé, c'est une vanité qu'on pardonne; mais on *se loue* par une grande estime de soi, c'est un orgueil dont on se moque.

VANTERIE, subst. fém. (*vanteri*), vaine louange qu'on se donne à soi-même.

VANTEUR, subst. mas. (*vanteur*), celui qui se *vante*. Presque inusité.

VANTILLÉ, E, part. pass. de *vantiller*.

VANTILLER, v. act. (*vanti-ié*), t. de charpent., mettre des dosses ou de fortes planches pour retenir l'eau d'une vanne, et l'empêcher de s'étendre de tous côtés. — SE VANTILLER, v. pron.

VA-NU-PIEDS, subst. des deux genres (*vanupié*), personne malheureuse, misérable... : *un*, *une va-nu-pieds*. — Au plur., des *va-nu-pieds*.

VAPEUR, subst. fém. (*vapeur*) (en latin *vapor*), espèce de fumée qui s'élève des choses humides. — En peinture, manière douce et affaiblie, qui montre et cache les objets comme à travers un voile transparent, à l'imitation de la *vapeur* du ciel. — On appelle *vapeurs* une certaine maladie, dont l'effet ordinaire est de rendre mélancolique, quelquefois même de faire pleurer, et qui resserre le cœur et embarrasse la tête... : *cette femme a des vapeurs*. — *Les vapeurs du vin*, les fumées, l'effet du vin. — T. de chim. : *bain de vapeur*, distillation dans laquelle le vaisseau où sont renfermées les matières est échauffé par la *vapeur* de l'eau bouillante. — *Prendre des bains de vapeurs*, recevoir sur son corps la *vapeur* d'une eau minérale chaude. — *Machine à vapeur*, qui va à l'aide de la *vapeur*. — *Bâtiment à vapeur*, bâtiment qui va sur la mer et sur les fleuves, contre le vent et le courant, au moyen de deux grandes roues qui font l'office de rames, et qui sont mues par l'action de la *vapeur* d'une chaudière tenue constamment en ébullition à l'une des extrémités du bateau.

VAPORANT, E, adj. (*vaporan, rante*), qui exhale des parfums en *vapeur*.

VAPORATION, subst. fém. (*vaporâcion*) (en latin *vaporatio*), en chimie, l'action de la *vapeur* sur un corps qu'on veut chauffer par ce moyen : *bain de vaporation*. On dit plus souvent : *bain de vapeurs*.

VAPOREUSE, adj. fém. Voy. VAPOREUX.

VAPOREUX, adj. mas., au fém. VAPOREUSE (*vaporeu, reuze*), qui cause des *vapeurs* : *le lait est vaporeux*. — Qui est sujet aux *vapeurs*. En ce dernier sens, on dit aussi subst. : *c'est un vaporeux*. — En parlant de l'état du ciel, qui a de la *vapeur*; où les *vapeurs* sont répandues, de manière à éclairer doucement les objets : *ciel vaporeux*, *lumière vaporeuse*. — En peinture, lorsqu'elle imite cette *vapeur* : *tableau vaporeux*.

VAPORISATEUR, subst. mas. (*vaporizateur*), t. de médec., appareil pour injecter dans les corps un air humide et chaud.

VAPORISATION, subst. fém. (*vaporizâcion*), t. de chim., passage d'un liquide à l'état de *vapeur* ou du gaz permanent, lorsqu'il est exclusivement déterminé par l'action du calorique.

VAPORISÉ, part. pass. de *vaporiser*.

VAPORISER, v. act. (*vaporizé*), t. de chim., réduire en *vapeur*, fondre un corps en gaz non permanent à l'aide du calorique. — SE VAPORISER, v. pron.

VAQUÉ, part. pass. de *vaquer*.

VAQUER, v. neut. (*vakié*) (en lat. *vacare*), n'être pas rempli, être *vacant* : *emploi*, *charge qui vaque*. — On dit qu'*il vaque plusieurs lits dans un hospice*, qu'ils ne sont pas occupés. — Cesser les fonctions ordinaires pendant quelque temps : *les tribunaux vaquent depuis six jours*, ne tiennent point de séances. — *Vaquer à*, s'appliquer, s'adonner à : *il vaque à l'étude*, *à ses affaires*.

VAQUETTE, subst. fém. Voy VACHETTE.

VAQUOIS, et **BAQUOIS**, subst. mas. (*vakoa*, *bakoa*), t. de bot., espèce de plante grasse des îles Bourbon et de France.

VAR, subst. propre mas. (*var*), rivière de France qui donne son nom à un département.

VAR, subst. propre mas. (*var*), dép. de France, qui tire son nom de la rivière de *Var* qui le limite au N.-E., et le sépare du Piémont. Chef-lieu, Draguignan.

VARADES, subst. propre mas. (*varade*), bourg de France, chef-lieu de canton, arrond. d'Ancenis, dép. de la Loire-Inférieure.

VARAIGNE, subst. fém. (*varègnie*), ouverture par laquelle l'eau de la mer entre dans le premier réservoir des marais salants.

VARAIRE, subst. fém. (*varère*), t. de bot., famille de joncoïdes.

VARAN, subst. mas. (*varan*), t. de bot., arbre d'Amboine dont on ne connaît pas le genre. — Espèce de reptile du genre des lézards. Voy TUPINAMBIS. On le trouve en Égypte, et l'on y voit sa figure empreinte sur plusieurs monuments.

VARANDE, subst. fém. (*varande*), t. de mar., action de *varander*. — Inspection de la salaison des harengs.

VARANDÉ, E, part. pass. de *varander*.

VARANDER, v. act. (*varandé*), t. de mar. et de pêche, faire égoutter et sécher les harengs avant de les mettre en caque. — SE VARANDER, v. pron.

VARANDEUR, subst. mas. (*varandeur*), t. de mar., celui qui *varande*, mais plus particulièrement inspecteur de la salaison des harengs.

VARANGUE, subst. fém. (*varangue*), t. de mar., membre d'un navire; espèce de chevron qui aide à former le fond d'un vaisseau.

VARDIOLE, subst. fém. (*vardiole*), t. d'hist. nat., oiseau de paradis, presque tout blanc.

VARE, subst. fém. (*vare*), mesure espagnole qui équivaut à un mètre environ.

VAREC, mieux **VARECH**, subst. mas. (*varèk*), t. de bot., plante aquatique qui appartient à la famille des algues. — En général, plante, herbe que la mer jette sur ses bords. — Par extension, tous les débris que la mer rejette sur ses côtes : *droit de varech*. — Vaisseau submergé, coulé à fond.

VARENNE, subst. fém. (*varène*) (du latin barbare *warenna*, fait, dans la même signification, dit *Wachter*, du verbe teutonique *waren*, garder), certaine étendue de pays que le roi se réservait pour sa chasse. — Plaine inculte, qui ne se cultive ni ne se fauche. — *La varenne du Louvre*, ancienne juridiction qui connaissait des délits commis dans la *varenne*.

VARENNES, subst. propre mas. (*varène*), village de France, chef-lieu de canton, arrond. de Langres, dép. de la Haute-Marne.

VARENNES-EN-ARGONNE, subst. propre mas. (*varènan-nargoune*), ville de France, chef-lieu de canton, arrond. de Verdun-sur-Meuse, dép. de la Meuse. C'est dans cette ville que Louis XVI fut arrêté fuyant de Paris avec sa famille, le 20 juin 1792.

VARENNES-SUR-ALLIER, subst. propre mas (*varèneçurâlié*), petite ville de France, chef-lieu de canton, arrond. de la Palisse, dép. de l'Allier.

VARENT (SAINT-), subst. propre mas. (*ceinvaran*), bourg de France, chef-lieu de canton, arrond. de Bressuire, dép. des Deux-Sèvres.

VARES-CRUES, subst. fém. plur. (*varekru*), nom qu'on donne, en certains endroits, à des briques mal cuites.

VARET, subst. mas. (*varè*), t. de mar., navire naufragé et coulé à fond.

VAREUSE, subst. fém. (*vareuze*), nom qu'on a donné à une espèce de chemisette ou de blouse courte, à l'usage des matelots dans les pays chauds.

VARI, subst. mas. (*vari*), t. d'hist. nat., mammifère de Madagascar de l'ordre des quadrumanes.

VARIABILITÉ, subst. fém. (*vari-abilité*), disposition habituelle à *varier*.

VARIABLE, adj. des deux genres (*vari-able*), qui est sujet à *varier*; changeant, inconstant : *l'esprit de l'homme est variable*. — Subst. mas.; il se dit du baromètre qui indique un temps incertain : *le temps est au variable*. — *Quantités variables*; quantités qui *varient* suivant une loi quelconque. — En t. de médec., on dit que *le pouls est variable*, lorsqu'il est inconstant dans son caractère, c'est-à-dire, lors qu'il est tantôt plein, tantôt vide, tantôt grand, tantôt petit, tantôt régulier, tantôt irrégulier, etc.

VARIANT, E, adj. (*vari-an, ante*), qui change souvent : *homme*, *esprit variant*, *humeur variante*; il est peu usité. — Subst. fém., on appelle *variantes*, diverses leçons, divers thèmes d'un même texte.

VARIATION, subst. fém. (*vari-âcion*) (en lat. *variatio*), changement : *la variation du temps*, *des vents*, etc. — *Variation de la boussole*, changement de direction de l'aiguille aimantée; sa déclinaison. — Au plur., t. de musique, diverses manières de broder un air en le diversifiant, sans lui faire perdre son premier caractère. — En t. de mar., on dit que *la variation vaut la route*, pour dire que la *variation* et le vent sont du même côté, de sorte que l'un corrige la perte que l'autre cause. — On appelle, *variation de la variation de la boussole*, un changement qu'on observe dans la déclinaison de l'aiguille aimantée. — Dans la géométrie sublime, *variation* se dit d'une certaine manière de différencier, introduite par *Lagrange* dans la recherche des courbes qui jouissent de la propriété de *maximum* et de *minimum*. — En t. d'astron., se dit de la troisième inégalité de la lune, par laquelle le vrai lieu de cette planète, excepté dans les syzygies et les quadratures, diffère de celui qu'on a trouvé par l'équation de l'orbite et par l'évection. Voy. VARIÉTÉ. — VARIATION, VARIÉTÉ. (*Syn.*) Les changements successifs dans le même sujet font la *variation*; la multitude des différents objets fait la *variété*; ainsi l'on dit, la *variation* du temps, la *variété* des couleurs; il n'y a point de gouvernement où il n'y ait eu des *variations*; il n'y a point d'espèces dans la nature où l'on ne remarque beaucoup de *variétés*. — VARIATION, CHANGEMENT. (*Syn.*) La *variation* consiste à être tantôt d'une façon et tantôt d'une autre : le *changement* consiste seulement à cesser d'être le même; c'est *varier* dans ses sentiments, que de les abandonner et les reprendre successivement : c'est *changer* d'opinion, que de rejeter celle qu'on avait embrassée pour en prendre une nouvelle. — Les *variations* sont ordinaires aux personnes qui n'ont point de volontés déterminées ; le *changement* est le propre des inconstants ; qui n'a point de principes certains est sujet à *varier* ; qui est plus attaché à la fortune qu'à la vérité n'a pas de peine à *changer* de doctrine.

VARICE, subst. fém. (*varice*) (en latin *varix*, *varicis*), t. de chir., veine excessivement dilatée par quelque effort. Les *varices* sont fréquentes aux veines superficielles, et spécialement à celles des jambes, des testicules et des autres parties inférieures du corps.—Subst. fém. plur., on appelle, en histoire naturelle, *varices*, différentes saillies du bourrelet, très-renflées et très-apparentes, qu'on remarque sur plusieurs coquilles, que pour cela on nomme *variqueuses*.

VARICELLE, subst. fém. (*varicele*), t. de médec., petite-vérole volante ; boutons qui se dessèchent. — Phlegmasie de la peau, caractérisée par de petits boutons tout-à-fait analogues à ceux de la petite-vérole, se développant après une fièvre légère mais qui ne parviennent pas à suppuration. Elle n'est accompagnée que d'une gastrite légère, et n'est pas susceptible d'inoculation ; on la guérit aisément par le repos et le régime. Elle ne fait pas ordinairement périr ceux qui en sont affectés. On la nomme encore *petite-vérole*, *fausse variole*, ou *vérolette*.

VARICOCÈLE, subst. fém. (*varikocèle*) (du latin *varicis*, gén. de *varix*, varice, et du grec κήλη, tumeur), t. de chir., tumeur du scrotum, causée par des *varices* qui se forment autour des testicules et des vaisseaux spermatiques.

VARICOMPHALE, subst. mas. (*varikonfale*) (du latin *varicis*, gén. de *varix*, et du grec ὀμφαλός, nombril), t. de chir., tumeur *variqueuse* qui se forme à des vaisseaux du nombril.

VARIÉ, E, part. pass. de *varier*, et adj. : *ouvrage*, *style*, *spectacle varié*, *descriptions variées*, qui ne sont pas toujours les mêmes. — *Parterre varié de mille fleurs*, où il y a une grande diversité de fleurs.—T. de mécan., *mouvement varié*, qui n'est pas uniforme, suivant quelque loi qu'il se fasse. — T. de mus. : *des inflexions de voix variées*, de différents tons.

VARIER, v. act. (*varié*) (en latin *variare*), diversifier, apporter de la *variété* : *il faut varier son style*, *ses termes*, *ses expressions*. — En t. de mus. : *varier un air*, y ajouter des notes, des ornements. — Neut., changer : *cet homme varie sans cesse dans ses discours*, *dans sa conduite*.—Il se dit de l'aiguille aimantée, lorsqu'elle s'écarte du nord. — Être d'avis différent : *les auteurs varient sur tel ou tel point de l'histoire*. — Avoir des formes, des qualités diverses : *cette plante varie selon les pays où elle est cultivée*.—*se* VARIER, v. pron., se changer ; prendre des changements. Ce verbe pronominal, quoique employé par de bons écrivains, n'a pas été admis par l'usage. On ne dit que *varier* au neutre, et dans le sens pronominal.

VARIÉTÉ, subst. fém. (*variété*) (en latin *varietas*), diversité : *variété des couleurs*. — Au plur., mélanges : *variétés littéraires*. — En t. d'hist. nat., *variétés* se dit des différences qui se rencontrent dans une même espèce d'animaux ou de plantes : *les roses ont beaucoup de variétés* ; *c'est une des variétés*, ou même *c'est une variété de l'espèce*. — Il y a, à Paris, un théâtre des *Variétés*, sur lequel on joue des pièces bouffonnes qui se renouvellent presque continuellement. — VARIÉTÉ, DIVERSITÉ, DIFFÉRENCE. (*Syn.*) La *variété* consiste dans un assortiment de plusieurs choses différentes quant à l'apparence ou aux formes, de manière qu'il en résulte un ensemble, un tableau agréable par leurs différences mêmes. La *diversité* consiste dans des différences assez grandes, soit quant à l'objet qui a changé, soit quant à deux ou plusieurs objets qui concourent ensemble, pour qu'ils ne se ressemblent pas, ou ne s'accordent pas l'un avec l'autre, de manière qu'ils semblent former un autre ordre de choses. La *différence* consiste dans la qualité ou la forme qui appartient à une chose exclusivement à l'autre, de manière qu'elle empêche de les confondre ensemble. — La *variété* suppose plusieurs choses dissemblables et rassemblées comme sur un même fond. La *diversité* détruit, exclut la conformité. La *différence* exclut l'identité ou la parfaite ressemblance. — Des couleurs et des figures *différentes* répandent la *variété* sur une étoffe. Des collines, des ruisseaux, des bois, jettent sur un paysage non-seulement de la *variété*, mais encore de la *diversité*. La *différence* des figures ne suffit point dans un tableau, si leurs couleurs, leurs attitudes, leur expression, ne sont au moins *variées*. — La conversation est agréable par la *variété* des objets qu'on y passe en revue ; la *diversité* des esprits qui se partagent la rend vive et piquante ; mais elle devient bien ennuyeuse quand on est réduit à dire à tout venant ce qu'on a dit ou entendu dire aux premiers venus, sans autre *différence* que celle des personnes ou des temps.

ne VARIETUR (*névari-étur*), expression empruntée du latin, où elle signifie : *qu'il ne soit point changé* ou *de peur qu'il ne soit changé*, et qui se dit au palais des précautions prises pour constater l'état actuel d'une pièce, et prévenir les changements qu'on pourrait y faire.

VARILHÈS, subst. propre mas. (*varilèce*), bourg de France, chef-lieu de canton, arrond. de Pamiers, dép. de l'Ariège.

VARIOLAIRE, subst. fém. (*vari-olère*), t. de bot., famille de champignons.

VARIOLE, subst. fém. (*vari-ole*), du lat. *varius*, de diverses couleurs, bigarré, à cause des taches et des pustules qui surviennent dans cette maladie), t. de médec., petite-vérole. — Genre de phlegmasie cutanée, quelquefois sporadique, souvent épidémique, toujours précédée d'un mouvement fébrile. On distingue la *variole discrète*, qui est une invasion par un mouvement fébrile, des nausées et une disposition à la sueur ; apparition de petits boutons rouges séparés les uns des autres, d'abord à la face, puis aux bras et aux autres parties du corps ; et *la variole confluente*, qui est caractérisée par un mouvement fébrile porté au plus haut point.—T. d'hist. nat., nom d'une espèce de perle.

VARIOLEUSE, subst. fém. Voy. VARIOLEUX.

VARIOLEUX, subst. mas., au fém. VARIOLEUSE (*vari-oleu*, *leuze*), t. de médec., malade de la *variole*, de la petite-vérole. Peu usité.

VARIOLIQUE, adj. des deux genres (*vari-olike*), t. de médec., qui a rapport à la *variole*.

VARIOLITHES, sub. fém. pl. (*vari-olite*), t. d'hist. nat., sorte de cailloux (ainsi nommés parce qu'ils sont parsemés de taches, semblables à celles de la *variole* ou petite-vérole.

VARIOLOÏDE, subst. fém. (*vari-olo-ide*), t. de médec., éruption, flegmasie cutanée qui ressemble d'une manière frappante à la vaccine, mais qui ne fait point périr le sujet, ne laisse guère de traces, et dont la marche est plus rapide et sans suppuration manifeste.

VARIORUM, subst. mas. (*vari-órome*) (gén. plur. neut. lat.), collection d'auteurs latins avec notes.

VARIQUEUSE, adj. fém. Voy. VARIQUEUX.

VARIQUEUX, adj. mas., au fém. VARIQUEUSE (*varikieu*, *kieuze*), t. de chir. : *tumeur variqueuse*, causée par des *varices* : *veine variqueuse*, trop dilatée.

VARLET, subst. mas. (*varlè*), page du temps de l'ancienne chevalerie. Ce mot paraît avoir la même origine que celui de *valet*.

VARLOPE, subst. fém. (*varlope*), gros rabot dont les menuisiers se servent pour unir et dresser le bois. On distingue la *grande varlope* et la *petite varlope*.—Il y a aussi la *demi-varlope*, dont le fer est un peu arrondi, pour dégrossir l'ouvrage, et la *varlope onglée* ou à onglet.

VARLOPÉ, E, part. pass. de *varloper*.

VARLOPER, v. act. (*varlopé*), t. de menuis., polir, dresser avec la *varlope*. — *se* VARLOPER, v. pron.

VARRE, subst. fém. (*vare*) (peut-être de l'espagnol *vara*, ou plutôt de son augmentatif *varal*, longue perche, bâton), t. de pêche, harpon pour la pêche de la tortue.

VARRÉ, E, part. pass. de *varrer*.

VARRER, v. act. (*varé*), t. de pêche, en Amérique, prendre à la *varre* des tortues, lorsqu'elles viennent de temps en temps à la surface de l'eau pour respirer. — *se* VARRER, v. pron.

VARRETÉE, subst. fém. (*vareté*), t. de pêche, ganse fine pour joindre ensemble plusieurs pièces de retz.

VARREUR, subst. mas. (*vareur*), pêcheur ou matelot américain qui lance la *varre* pour prendre des tortues.

VARRONE, subst. propre mas. (*varone*), myth. ind., dieu qui préside au tonnerre et à la pluie.

VARROQUIER, subst. mas. (*varokié*), t. de bot., genre de plantes de la famille des joncs.

VARVOUSTE ou VARVOUTE, subst. fém. (*varvoucete*, *voute*), t. de pêche, sorte de filet à manche.

VARZY, subst. propre mas. (*varzi*), bourg de France, chef-lieu de canton, arrond. de Clamecy, dép. de la Nièvre.

Vas, 2e pers. sing. prés. indic. du verbe irrégulier ALLER.

VASARD, adj. mas. (*vazar*), t. de mar. : *fond vasard* ; mieux, fond *vaseux*, plein de *vase*.

VASCULAIRE, adj. des deux genres (*vacckulère*) (du lat. *vasculum*, petit vaisseau), t. d'anat., rempli de vaisseaux, qui leur appartient.—On appelle *réseau vasculaire*, un réseau formé par des vaisseaux ; *système vasculaire*, l'ensemble des vaisseaux sanguins. Les physiologistes distinguent le *système vasculaire à sang rouge* ou *artériel*, et le *système vasculaire à sang noir* ou *veineux*. Le premier comprend l'ensemble des vaisseaux que le sang rouge parcourt pour se rendre du système capillaire pulmonaire au système capillaire général. Le *système vasculaire à sang noir* comprend l'ensemble des vaisseaux que le sang veineux parcourt, depuis le système capillaire général, jusqu'au système capillaire pulmonaire.

VASCULARITÉ, subst. fém. (*vacckularité*), t. d'anat. et de médec., état, qualité, disposition des vaisseaux du corps humain.

VASCULE, subst. fém. (*vacckule*), petite cavité.

VASCULEUSE, adj. fém. Voy. VASCULEUX.

VASCULEUX, adj. mas., au fém. VASCULEUSE (*vacckuleu*, *leuze*). Voy. VASCULAIRE.

VASCULIFORME, adj. des deux genres (*vaccekuliforme*), en *forme* de cornet, de godet, de vase : *ces fleurs sont vasculiformes*.

VASE, subst. mas. (*vâze*) (en lat. *vas*, gén. *vasis*), sorte d'ustensile fait pour contenir quelque liqueur ou des fleurs, ou qui sert d'ornement, etc.—On appelle, *vases sacrés*, le calice, le ciboire, et quelques autres vases dont on se sert dans l'administration des sacrements. — On appelle aussi *vases sacrés*, les *vases* qui servaient au temple de Jérusalem ; et on le dit pareillement des *vases* qui servaient aux usages de la religion païenne. — Il se dit de tout ce qui a la forme d'un *vase*.—Ornement qui l'imite, et qui sert à décorer les bâtiments et les jardins. — *Vase d'amortissement*, *vase* qui termine la décoration des façades, et qui est d'ordinaire orné de guirlandes et couronné de flammes. — *Vase de chapiteau*, la masse d'un chapiteau corinthien.

VASE, subst. fém. (*vâze*), bourbe qui est au fond de la mer, des étangs, des rivières, des marais, etc.

VASEAU, subst. mas. (*vazô*), t. d'épinglier, jatte dans laquelle tombent les hanses et les têtes d'épingles à mesure qu'on les coupe.

VASEUSE, adj. fém. Voy. VASEUX.

VASEUX, adj. mas., au fém. VASEUSE (*vazeu*, *zeuze*), qui a de la *vase*.

VASIÈRE, subst. fém. (*vazière*), nom qu'on donne dans les salines à un grand bassin.

VASISTAS, subst. mas. (*vazicetâce*), (de la loc. allemande, *was ist das*, qui se traduit par : *qu'est-ce cela ?*), partie d'une porte ou d'une fenêtre qui s'ouvre ou se ferme à volonté.

VASON, subst. mas. (*vazon*), motte de terre préparée dont on se sert pour fabriquer les briques et les tuiles, et que l'on coupe avec l'archet de fil de fer.

VASSAL, E, subst. (*vaçale*), (du bas lat. *vassalus*, fait de *vassus*, que plusieurs dérivent de *vas*, *vadis*, caution, pleige, à cause de la foi que les vassaux engageaient à leur seigneur), celui, celle qui relève d'un seigneur à cause d'un fief. On appelait *grand-vassal* celui qui relevait immédiatement du roi. — Au plur. mas., *vassaux*.

VASSALITIQUE, adj. des deux genres (*vaçalitike*), du *vassal* au suzerain. Presque inusité.

VASSELAGE, subst. mas. (*vacelaje*), état, condition du *vassal*. — Devoir ou hommage que devait ou que rendait un *vassal*.

VASSAUX, subst. mas. plur. Voy. VASSAL.

VASSOLES, subst. fém. plur. (*vaçole*), mar., pièces de bois qui soutiennent les lattes des caillebotis.

VASTE, adj. des deux genres (*vacete*) (en lat. *vastus*), qui est d'une fort grande étendue : *vaste campagne*, *vaste mer*, *vaste désert*. — Il se dit, figurément, de l'ambition et des autres choses qui ne sont pas renfermées dans certaines bornes. — Fig. : *esprit vaste*, *vaste génie*, esprit d'une étendue extraordinaire, qui embrasse plusieurs sortes de sciences ou qui est capable de grandes entreprises, etc. — Subst. mas., t.

d'anat., le *vaste externe*, *interne*, deux muscles aux côtés de la cuisse.

VASTITUDE, subst. fém. (*vacetitude*) (en latin *vastitudo*), grande étendue.

VASSY, subst. propre mas. (*vaci*), bourg de France, chef-lieu de canton, arrond. de Vire, dép. du Calvados. — Ville de France, chef-lieu de canton, arrond. de Chaumont, dép. de la Haute-Marne.

VASTRE, subst. mas. (*vacetre*), t. d'hist. nat., genre de poissons établi dans le voisinage des ésoces.

VASULITHE, subst. fém. (*vazulite*), t. d'hist. nat., espèce de petite coquille fossile.

VATAN, subst. propre mas. (*vatan*), ville de France, chef-lieu de canton, arrond. d'Issoudun, dép. de l'Indre.

VATICAN, subst. propre mas. (*vatikan*) (du latin *vaticanus*, dérivé de *vaticinium*, prophétie, oracle; à cause des prétendus oracles rendus autrefois sur le mont *Vatican*), palais du pape à Rome. — La cour de Rome. — Fig. : *les foudres du Vatican*, les excommunications, les interdits, etc.

VATICINATEUR, subst. mas. (*vaticinateur*), qui prédit l'avenir. Peu en usage.

VATICINATION, subst. fém. (*vaticinàcion*) (en latin *vaticinatio*), prédiction des choses futures. Il est vieux.

VATICINÉ, part. pass. du v. neut. *vaticiner*.

VATICINER, v. neut. (*vaticiné*) (en latin *vaticinari*), prédire l'avenir. — Faire des vers. Vieux.

VATIQUE, subst. mas. (*vatike*), t. de bot., arbre à rameaux striés et velus.

VA-TOUT, subst. mas. (*vatou*), t. de jeux, vade ou renvi de tout l'argent qu'on a devant soi : *il a tenu son va-tout*. — Sans plur.

VATROUILLE, subst. fém. (*vatrou-ie*), t. de bâton, tampon de laine attaché au bout d'un perche, qui sert à laver les morues.

VAUBECOURT, subst. propre mas. (*vôbekour*), bourg de France, chef-lieu de canton, arrond. de Bar-le-Duc, dép. de la Meuse.

VAUCHERIE, subst. fém. (*vôcheri*), t. de bot., genre de plantes établi aux dépens des conferves de *Linnée*.

VAUCLUSE, subst. propre mas. (*vôkluze*), dép. de France, chef-lieu Carpentras; il tire son nom de la célèbre fontaine que Pétrarque a illustrée par ses chants.

VAUCLUSIEN, adj. et subst. mas., au fém. **VAUCLUSIENNE** (*vôkluziein*, *ziène*), du dép. de *Vaucluse*.

VAUCLUSIENNE, adj. fém. Voy. VAUCLUSIEN.

VAUCOUR, subst. mas. (*vôkour*), t. de potiers de terre, espèce de table ou de large plan soutenu sur deux piliers, placé devant la roue dont l'ouvrier se sert pour tourner l'ouvrage : *c'est sur le vaucour qu'on prépare et qu'on arrange les morceaux de glaise*.

VAUCOULEURS, subst. propre mas. (*vôkouleur*), village de France, chef-lieu de canton, arrond. de Commercy, dép. de la Meuse. Jeanne d'Arc naquit à Domremy, près de Vaucouleurs.

VAUD, subst. propre mas. (*vô*), canton de la Suisse.

VAUDABLES, subst. propre mas. (*vôdable*), ville de France, dép. du Puy-de-Dôme.

VAUDEMONT, subst. propre mas. (*vôdemon*), ville de France, dép. de la Meurthe.

VAU-DE-ROUTE, *à* **VAU-DE-ROUTE**, loc. adv. (*vôderoute*) (du vieux mot *val* ou *vau*, lieu bas, du latin *vallis*, d'où l'on a fait *à val* ou *à vau*, en descendant; *à vau-de-route*, en descendant la *route*, ou par une *route* qui va en descendant, parce que dans cette situation de terrein la fuite est plus précipitée), en désordre, précipitamment. Il est vieux, et ne se dit que d'une armée qui fuit : *fuir à vau-de-route*.

VAUDEVILLE, subst. mas. (*vôdevile*) (de *vaux-de-vire*, nom donné autrefois à des chansons à boire, dans le quinzième siècle, par *Olivier Josselin* ou *Basselin*, de *Vire* en Normandie, et qu'il chantait ordinairement au pied d'un coteau appelé *les Vaux*, sur la rivière de *Vire*. Ces chansons ont servi de modèle à toutes celles du même genre qu'on a faites depuis, et que par corruption on a nommées *vaudevilles*), chanson qui court par la ville, qui contient plusieurs couplets sur un air facile à chanter, et qui souvent est une espèce de satire ou de chanson historique. — Petite comédie entremêlée de couplets. — *Vaudeville final*, la chanson qui termine ordinairement un *vaudeville*. — Théâtre de Paris, sur lequel on joue des *vaudevilles*.

VAUDEVILLISTE, subst. mas. (*vôdevilicete*), auteur de *vaudevilles*.

VAUDOIS, E, subst. et adj. (*vodoâ*, *doâze*), du pays de *Vaud*.

VAUDOUX, subst. mas. (*vôdou*), danse des nègres, à deux ou quatre personnes, et dans laquelle il semble que le haut du corps et la tête se meuvent par ressorts.

DU VERBE IRRÉGULIER VALOIR :

Vaudra, 3ᵉ pers. sing. fut. indic.
Vaudrai, 1ʳᵉ pers. sing. fut. indic.
Vaudraient, 3ᵉ pers. plur. prés. cond.
Vaudrais, précédé de *je*, 1ʳᵉ pers. sing. prés. cond.
Vaudrais, précédé de *tu*, 2ᵉ pers. sing. prés. cond.
Vaudrait, 3ᵉ pers. sing. prés. cond.
Vaudras, 2ᵉ pers. sing. fut. indic.
Vaudrez, 2ᵉ pers. plur. fut. indic.
Vaudriez, 2ᵉ pers. plur. prés. cond.
Vaudrions, 1ʳᵉ pers. plur. prés. cond.
Vaudrons, 1ʳᵉ pers. plur. fut. indic.
Vaudront, 3ᵉ pers. plur. fut. indic.

à **VAU-L'EAU**, loc. adv. (*avôlô*) (d'*aval* ou *à vau*, en descendant), au courant de l'eau. — Fig. et fam. : *son affaire est à vau-l'eau*, est perdue sans ressource.

VAUGIRARD, subst. propre mas. (*vôjirar*), village de France, arrond. et canton de Sceaux, dép. de la Seine, attenant les murs de Paris.

VAUGNERAY, subst. propre mas. (*vôgnierè*), village de France, chef-lieu de canton, arrond. de Lyon, dép. du Rhône.

VAUGUYON (LA), subst. propre fém. (*lavôgu-i-ion*), ville de France, dép. de la Haute-Vienne.

VAULRY (SAINT-), subst. propre mas. (*ceinvôleri*), petite ville de France, chef-lieu de canton, arrond. de Guéret, dép. de la Creuse.

VAULTROI, subst. mas. (*vôletroè*), chien de chasse. Vieux. (*Boiste*.)

VAU-NÉANT, subst. mas. (*vôné-an*), vaurien. (*Boiste*.) Tout-à-fait inusité.

VAUQUELINIE, subst. fém. (*vôkelini*), t. de bot., genre de plantes.

VAURIEN, subst. mas. (*vôriein*), fainéant, vicieux, qui ne veut rien faire, *rien valoir*.

VAUTOIR, subst. mas. (*vôtoar*), t. de manuf., espèce de râtelier sur lequel on distribue la chaîne des tapis.

Vaut, 3ᵉ pers. sing. prés. indic. du v. irrég. VALOIR.

VAUTOUR, subst. mas. (*vôtour*), gros oiseau de proie très-vorace. — Au fig., un homme cruel, dur, inhumain, qui aime à rapiner. — On appelle *peau de vautour* la peau du ventre de *vautour* préparée et garnie de son duvet. — *Vautour des quadrupèdes*, nom donné au glouton, à cause de sa grande voracité. — Myth. Cet oiseau a été consacré à Mars et à Junon, peut-être à cause des maux que ces deux divinités faisaient aux hommes. C'était aussi l'un des oiseaux dont on observait le plus exactement le vol dans les augures. — T. d'astron., nom de la constellation de la Lyre et de celle de l'Aigle.

VAUTOURIN, subst. mas. (*vôtourein*), t. d'hist. nat., gros oiseau du genre des corbeaux, de la famille des *vautours*.

VAUTRAIT, subst. mas. (*vôtrè*), équipage de chasse pour le sanglier.

se **VAUTRER**, v. pron. (du latin *volutare*, fréquentatif de *volvere*, rouler), s'enfoncer, se rouler, s'étendre dans la boue, dans la fange. — On dit par extension : *se vautrer sur un lit*, *sur l'herbe*. — Fig. : *se vautrer dans les voluptés*, *dans la débauche*, *dans le vice*, s'y livrer, s'y abandonner entièrement.

VAUVERT, subst. propre mas. (*vôvère*), bourg de France, chef-lieu de canton, arrond. de Nîmes, dép. du Gard.

VAUX, subst. mas. plur. Voy. VAL.

DU VERBE IRRÉGULIER VALOIR :

Vaux, précédé de *je*, 1ʳᵉ pers. sing. prés. indic.
Vaux, précédé de *tu*, 2ᵉ pers. sing. prés. indic.

VAVAIN, subst. mas. (*vavein*), t. de mar., espèce de gros câble.

VAVINCOURT, subst. propre mas. (*vaveinkour*), village de France, chef-lieu de canton, arrond. de Bar-le-Duc, dép. de la Meuse.

VAXEL, subst. mas. (*vakcèle*), nom d'une mesure ou muid dont on se sert en quelques endroits pour le sel.

VAXHALLA, subst. propre mas. (*vakçalela*), paradis des anciens Scandinaves.

VAYVODAT, subst. mas. (*vèvoda*), gouvernement du *vayvode*; pays qui lui est soumis.

VAYVODE, subst. mas. (*vèvode*) (du slavon *woyna*, guerre, et *woda*, chef, conducteur; *chef militaire*. Encyclopédie méthodique), souverain ou gouverneur en Valachie, Moldavie, Transylvanie, etc.

VAYVODIE, subst. fém. (*vèvodi*), gouvernement en Valachie, en Moldavie, etc., comme une préfecture en France; on écrit aussi *voyvodie* ou *voivodie*.

VEAU, subst. mas. (*vô*) (en lat. *vitulus*), petit de la vache. — La chair même du *veau*. — *Veau de lait*, veau qui tette encore sa mère. — On appelle, *veaux de rivière*, des veaux qu'on engraisse d'une façon particulière aux environs de Rouen. — *Eau de veau*, eau dans laquelle on a fait bouillir pendant quelque temps et sans sel un morceau de *veau* : *on lui a ordonné de prendre de l'eau de veau pour se rafraîchir*. — Les phrases familières et proverbiales qu'on a établies sur le mot *veau*, se réduisent aux suivantes : *faire le pied de veau à quelqu'un*, lui faire de basses soumissions. — *Adorer le veau d'or* (allusion aux Israélites dans le désert), faire la cour à ceux qui n'ont d'autre mérite que leur pouvoir et leurs richesses. — *Tuer le veau gras* (allusion à la parabole de *l'Enfant prodigue*), faire un régal extraordinaire, pour marquer la joie qu'on a du retour de quelqu'un. — *S'étendre comme un veau*, *faire le veau*, s'étendre nonchalamment. — *Pleurer comme un veau*, pleurer beaucoup pour peu de chose. — *Grand veau*, grand lâche. — *Bride à veau*, ou *brides à veaux*, raisons ridicules et impertinentes dont un homme se sert pour tâcher de persuader quelque chose, et qui ne peuvent en imposer qu'aux sots; certaines nouvelles fausses qu'on débite exprès pour amuser les gens simples. — *Veau*, t. de charp., morceau de bois qu'on enlève avec la scie du dedans d'une pièce taillée en courbe. — En t. d'hist. nat., nom d'une coquille du genre cône. — *Veau aquatique*, espèce de ver qui vit dans l'eau, et qui met les *veaux* en danger de mort, lorsqu'il se trouve dans leur breuvage. Ce ver est de la longueur et de la grosseur d'un crin de cheval. — *Veau marin* ou *veau de mer*, nom donné à plusieurs espèces de phoques, mais particulièrement au phoque commun de nos mers.

VÉBÈRE, subst. fém. (*vébère*), t. de bot., nom qu'on a donné au mélier. — Genre de plantes monogynes, à corolle monopétale. — Autre genre de plantes de la famille des mousses, dont les fleurs sont hermaphrodites.

VECTEUR, subst. et adj. mas. (*vèkteur*) (du lat. *vehere*, porter), t. d'astr. : *rayon vecteur*, tiré du soleil à une planète, et à l'extrémité duquel la planète se trouve.

DU VERBE IRRÉGULIER VIVRE :

Vécûmes, 1ʳᵉ pers. plur. prét. déf.
Vécurent, 3ᵉ pers. plur. prét. déf.
Vécus, précédé de *je*, 1ʳᵉ pers. sing. prét. déf.
Vécus, précédé de *tu*, 2ᵉ pers. sing. prét. déf.
Vécusse, 1ʳᵉ pers. sing. imparf. subj.
Vécussent, 3ᵉ pers. plur. imparf. subj.
Vécusses, 2ᵉ pers. sing. imparf. subj.
Vécussiez, 2ᵉ pers. plur. imparf. subj.
Vécussions, 1ʳᵉ pers. plur. imparf. subj.
Vécut, précédé de *il* ou *elle*, 3ᵉ pers. sing. prét. déf.
Vécût, précédé de *qu'il* ou *qu'elle*, 3ᵉ pers. sing. imparf. subj.
Vécûtes, 2ᵉ pers. plur. prét. déf.

VÉDA *ou* **VÉDAM**, subst. mas. (*véda*, *dame*), livre sacré parmi les nations de l'Indoustan, qui croient que leur dieu *Brama* l'a révélé à *Viassa*, auquel les traditions l'attribuent.

VÉDASSE *ou* **VAIDASSE**, subst. fém. (*védace*), espèce de cendre gravelée, propre pour la teinture.

VÉDELET, subst. mas. (*védelè*), nom qu'on donne, en certains endroits, aux pâtres qui ont soin des *veaux*.

VÉDELIE, subst. fém. (*védeli*), t. de bot. genre de plantes.

VÉDETTE, et non pas **VEDETTE**, subst. fém. (*védète*) (de l'italien *vedetta*, dérivé de *vedere*, voir), sentinelle à cheval. — Cabinet ou tourillon placé sur un rempart, et dans lequel les sentinelles peuvent se retirer. — *Mettre en védette*, poser un cavalier en faction de *védette*. — Dans une lettre, place du titre de la personne à laquelle on écrit, on le détache du corps de la lettre. — T. de mar., petit bâtiment de guerre placé en observation.

VÉDIUS *ou* **VEJOVIS**, *ou* **VÉJUPITER**, subst. propre mas. (*védi-uce, véjovice, véjupitère*), myth., une des divinités malfaisantes que les Romains honoraient, non par aucune espérance d'en recevoir du bien, mais pour détourner les maux qu'ils en appréhendaient. On le représentait armé de flèches. On croit que c'est Pluton, ou Jupiter irrité.

VÉGÉTABLE, adj. des deux genres (*véjétable*), qui peut *végéter*.

VÉGÉTAL, subst. mas. (*véjétale*), corps organique vivant, dépourvu de sentiment et du mouvement spontané.—Tout ce qui croît par la *végétation*. Il ne s'emploie guère qu'au plur. : *se nourrir de végétaux*. Voy. VÉGÉTER. — Au plur. mas., *végétaux*.

VÉGÉTAL, E, adj. (*véjétale*), qui appartient à ce qui *végète* : *genre, règne végétal ; faculté végétale*. — *Sel végétal*, extrait des plantes. — *Terre végétale*, la plus propre à la *végétation*.

VÉGÉTALISATION, subst. fém. (*véjétalizâcion*), conversion en *végétal* ; propriété de le devenir.

VÉGÉTALISÉ, E, part. pass. de *végétaliser*.

se **VÉGÉTALISER**, v. pron. (*cevéjétalizé*), devenir *végétal*, se transformer en *végétal* : *les sucs de la terre se végétalisent*.

VÉGÉTANT, E, adj. (*véjétan, tante*), qui *végète*, qui prend sa nourriture ou son accroissement des sucs de la terre.

VÉGÉTATIF, adj. mas., au fém. **VÉGÉTATIVE**, (*véjétatif, tive*), qui a la faculté de *végéter*. — Qui fait *végéter*. — Qui est dans l'état de *végétation*.

VÉGÉTATION, subst. fém. (*véjétâcion*), action de *végéter* ; développement successif de toutes les parties qui concourent à l'accroissement et à la perfection des *végétaux*, comme les plantes, les arbres, etc.

VÉGÉTATIVE, adj. fém. Voy. VÉGÉTATIF.

VÉGÉTAUX, subst. et adj. mas. plur. Voy. VÉGÉTAL.

VÉGÉTÉ, part. pass. du v. *végéter*.

VÉGÉTER, v. neut. (*véjété*) (en latin *vegetare*, qui proprement signifie, fortifier, donner de la vigueur), croître, pousser par un principe intérieur et par le moyen de racines. — Fig. : *cet homme ne fait plus que végéter*, il n'a presque plus de raisonnement ni de sentiment.

VÉGÉTO-MINÉRAL, E, adj. (*véjétôminérale*), t. de chim.; on appelle eau *végéto-minérale*, l'acétate de plomb étendu d'eau.

VÉGÉTO-SULFURIQUE, adj. des deux genres, (*véjétô-çulefurike*), t. de chim.; se dit d'un acide déliquescent et incrystallisable qui se forme quand on traite le linge par l'acide sulfurique.

VÉHÉMENCE, subst. fém. (*vé-émance*) (en latin *vehementia*), force, impétuosité. Il ne se dit que du discours, de l'éloquence, des désirs, des passions : *parler, agir avec véhémence ; la véhémence de sa colère, de son amour*, etc. — On le dit aussi en parlant du vent : *le vent souffle avec véhémence*. — *Cet orateur a de la véhémence*, a une éloquence forte, vive et vigoureuse.

VÉHÉMENT, E, adj. (*vé-éman, mante*) (en latin *vehemens*, formé de la particule négative *ve*, et de *mens*, esprit), ardent, impétueux, plein de feu. — *Discours véhément*, plein de force et de vigueur.

VÉHÉMENTEMENT, adv. (*vé-émanteman*) (en lat. *vehementer*), t. d palais, très-fort : *véhémentement soupçonné de....*

VÉHICULE, subst. mas. (*vé-ikule*) (du lat. *vehiculum*, qui signifie proprement charriot, char, charrette, de *vehere*, porter, charrier, au propre, ce qui sert à faire passer, à conduire plus facilement : *le vin est un bon véhicule pour ce remède*. — Au fig., ce qui prépare l'esprit à quelque chose. — C'est aussi, en mécanique, le nom générique d'un mécanisme quelconque servant à transporter soit des personnes, soit des objets.

VEILLANT, E, adj. (*vè-ian, iante*), qui *veille*.

VEILLAQUE, subst. mas. (*vè-iake*), homme de mauvaise foi. Vieux et inus.

VEILLE, subst. fém. (*vè-ie*) (en latin *vigilia*), privation du sommeil de la nuit. Il se dit surtout au plur.: *les grandes, les fréquentes veilles altèrent la santé*. — Espace de temps pendant la nuit. Les Romains partageaient la nuit en quatre *veilles*. La première durait depuis six heures du soir jusqu'à neuf; la seconde, depuis neuf jusqu'à minuit; la troisième, depuis minuit jusqu'à trois heures du matin; la quatrième, depuis trois heures jusqu'à six. — Fig., longue application à l'étude ou aux grandes affaires. — Travail qu'on fait durant une partie de la nuit. — Le jour qui en précède un autre. — Etat du corps de l'animal, dans lequel les sens sont en action. Dans l'état de *veille*, les yeux ouverts aperçoivent les objets environnants, l'oreille entend les sons qui la frappent, etc. *La veille* est opposée au sommeil. — En t. de bot., on appelle *veilles des plantes*, les heures déterminées où les plantes s'ouvrent et restent épanouies. — On appelle *chandelle de veille*, une sorte de longue chandelle qui peut durer toute la nuit; *bougie de veille*, une très-petite bougie qui néanmoins dure toute la nuit, au moyen d'une mèche extrêmement fine; *mortier de veille*, un gros morceau de cire avec une mèche allumée au milieu, pour éclairer dans une chambre pendant toute la nuit.—T. d'hist. ecclésiastique ; chez les premiers chrétiens, on appelait *veille*, la nuit qui précédait la fête de quelque saint, pendant laquelle les chrétiens veillaient sur les tombeaux des martyrs, en chantant des hymnes à l'honneur de ceux dont on devait solenniser la fête du lendemain.—On appelle *lit de veille*, un lit portatif qu'on établit, le soir, dans la chambre d'une personne qui veut avoir quelqu'un auprès d'elle pendant la nuit. — *La veille des armes*, ancienne cérémonie, qui consistait en ce que celui qui devait être armé chevalier passait la nuit précédente dans une chapelle où étaient les armes qu'il devait revêtir le lendemain; et en ce sens on disait : *faire la veille des armes*.—*A la veille*, loc. adv., au moment, sur le point de...

VEILLÉ, E, part. pass. de *veiller*.

VEILLÉE, subst. fém. (*vè-ié*), l'action de *veiller* auprès d'un malade. — *Veille* que plusieurs personnes font ensemble : *cet ouvrage sera pour la veillée ; les veillées sont longues en hiver*. — Durée, ouvrage, entretien, lecture de la *veillée*.

VEILLER, v. neut. (*vè-ié*), s'abstenir de dormir; *j'ai veillé toute la nuit*.—Fig., avec les prépositions *à* ou *sur*, prendre garde : *veiller au salut de l'état ; veiller sur soi, sur la conduite de quelqu'un*. — Act., en parlant des personnes, passer la nuit auprès de : *veiller un malade, un mort*.—Prendre garde aux déportements de.... : *il faut le veiller de près*. — En termes de mar., *veiller le câble, veiller l'horloge*, etc., c'est-à-dire, les observer, les surveiller.—VEILLER A, VEILLER SUR, SURVEILLER. (*Syn*). On *veille à*, afin que, pour que; on *veille à* une chose, *à* son exécution, *à* sa conservation ; on *veille à* ce qu'elle se fasse, se maintienne. On *veille sur*, au-dessus, par-dessus ; on *veille sur* ce qui se fait, sur les gens qui font la chose ; on *veille sur* les objets, *sur* les personnes, *sur* ce qu'on a dans sa dépendance, sous son inspection, en sa garde. On *surveille* d'en haut, d'office, avec charge ou autorité ; on *surveille* à tout, sur tout : on *surveille* les personnes, celles mêmes qui *veillent sur*, et par inspection générale, comme chef, comme conducteur. — Les soldats *veillent à* leur poste ; leurs officiers *veillent sur* la chose et *sur* eux ; le général *veille à* tout et les *surveille* tous. — Vous *veillez à* votre besogne, à vos intérêts ; vous vous en occupez assidûment, vous y vaquez. Vous *veillez sur* vos enfants, *sur* vos domestiques, *sur* votre ménage, *sur* votre maison ; vous avez l'œil sur tous ces objets, vous en inspectez la conduite. Quoique vous ayez confié divers soins, différentes inspections à des gens qui doivent *veiller* pour vous et diriger les choses selon vos vues, vous *veillez* vous-même et vous voyez tout; vous *surveillez* et vous réglez tout; vous êtes votre premier homme d'affaires, si vous ne voulez pas être absolument à la merci des autres.— *se* VEILLER, v. pron.

VEILLEUR, subst. mas. (*vè-ieur*), celui qui *veille* auprès d'un mort. On ne dit guère *veilleuse*, parce qu'on pourrait confondre la signification de ce mot avec celle du mot suivant.

VEILLEUSE, subst. fém. (*vè-ieuze*), petite lampe qu'on laisse brûler pendant la nuit dans une chambre à coucher. —La petite mèche entourée d'un léger morceau de liège, et qui procure la lumière, que l'on place sur l'huile qu'on a mise dans l'ustensile nommé *veilleuse*.

VEILLOIR, subst. mas. (*vè-iour*), t. de bourreliers, cordonniers, etc., petite table sur laquelle ces artisans mettent leur chandelle et leurs outils quand ils travaillent pendant la nuit.

VEILLOTE, subst. fém. (*vè-ioté*), petit tas de foin qu'on fait, lorsque l'herbe du pré est fauchée et qu'on la fane.

VÉIMIQUE, adj. des deux genres (*vé-imike*), tribunal d'Allemagne où l'on jugeait un prévenu secrètement.

VEINE, subst. fém. (*vène*) (en lat. *vena*, fait de *venire*, venir parce que c'est par les *veines* que le sang vient, arrive au cœur), vaisseau ou petit conduit qui contient le sang de l'animal, et qui le porte des extrémités du corps au cœur. — Fig., génie, verve, esprit poétique. On dit dans le même sens, et fam.: *veine poétique*.—Endroit long et étroit où la terre est d'une autre qualité que celle qui est auprès.—Endroit entre les terres où se trouve le métal : *veine d'or, d'argent, de soufre*, etc. — Fig. et fam. : *tomber sur une bonne veine*, rencontrer heureusement.—Se dit des raies ou des ondes de différentes couleurs qu'on aperçoit sur plusieurs sortes de bois, de pierres, etc., comme si elles eussent été peintes, et que les peintres mêmes imitent fort souvent, en peignant les pierres, les menuiseries : *le marbre a ordinairement beaucoup de veines*. —Les *veines* dans les pierres sont un défaut qui vient pour l'ordinaire d'inégalité dans leur consistance, comme d'être trop dures ou trop tendres : défaut qui fait éclater et fendre les pierres dans ces endroits. — Raie d'une autre nature ou couleur dans une étoffe, etc.—Disposition d'esprit bonne ou mauvaise : *il est dans une bonne* ou *mauvaise veine*. — *Veine d'eau*, petite source d'eau qui court sous terre. — *Ouvrir la veine*, saigner quelqu'un. — Fig. : *le sang lui bout dans les veines*, il est vif, impatient.—*N'avoir pas de sang dans les veines*, être sans courage et sans cœur.— T. de bot., nervure des feuilles.

VEINÉ, E, part. pass. de *veiner*, et adj., qui a des *veines* : *bois veiné, marbre veiné*. Voy. VEINEUX.—Se dit, en bot., des feuilles dont la surface est relevée de petites nervures saillantes et qui communiquent entre elles.

VEINER, v. act. (*vèné*), imiter en peinture les *veines* des marbres ou des bois.—*se* VEINER, v. pron.

VEINETTE, subst. fém. (*vènète*), t. de bot., nom d'un pin dont le bois est parsemé de petites *veines* rouges.

VEINEUSE, adj. fém. Voy. VEINEUX.

VEINEUX, adj. mas., au fém. **VEINEUSE** (*vèneu, neuze*), plein de *veines*. Il est synonyme de *veiné*, quand on parle des bois et des pierres ; mais on ne dit que *veineux*, en parlant du corps de l'animal. —Qui a rapport aux *veines*.— *Le système veineux*, c'est l'ensemble de toutes les *veines* du corps.—On appelle, *artère veineuse*, une *veine* que les anciens ont prise pour une artère, et qui est la *veine* du poumon.—On dit, *les vaisseaux veineux*, par opposition aux *vaisseaux artériels* ou *lymphatiques*.

VEINTRE, subst. mas. (*veintre*), nom qu'on donnait autrefois à des inspecteurs des bois qui étaient employés aussi dans les salines.

VEINULE, subst. fém. (*vènule*), petitie *veine* dans les mines.

VEISSIE, subst. fém. (*vèci*), t. de bot., genre de plantes cryptogames de la famille des mousses.

VÉLA, subst. fém. (*vèla*), t. de peint. et d'archit., nom que les peintres de décor ont donné depuis peu à une sorte de décoration de plafond pour les salles de spectacle.

VÉLANI, subst. mas. (*vèlani*), t. de bot., espèce de chêne dont les glands, appelés *vélanède* dans le commerce, sont employés dans les teintures comme la noix de galle.

VÉLANIDE, subst. mas. (*vèlanide*), nom que quelques-uns donnent au fruit du *vélani*, dont les teinturiers se servent comme de la noix de galle.

VÉLAR, subst. mas. (*vèlar*), t. de bot., plante crucifère.

VELARIUM, subst. mas. (*velari-ome*) (mot tout latin), t. d'antiq., appareil mobile en toile, dont se servaient les anciens pour couvrir leurs théâtres et amphithéâtres.

VÉLAUNIEN, subst. propre mas. (*vèlônieìn*), nom d'anciens peuples du Puy en Velai, ville du Languedoc.

VELAUT, sorte d'interj. (*velô*), t. de chasse, cri pour exciter les chiens à la chasse.

VELCHERIE, subst. fém. (*vèlecheri*), pays, action des *Velches*.—Barbarie. (*Voltaire*.)

VELCHE, subst. et adj. des deux genres, (*vèleche*), peuple barbare. — Personne vaine, sans goût ni jugement. On écrit mieux, *Welche*.

VÊLÉ, part. pass. de *vêler*.

VÊLER, v. neut. (*vèlé*), se dit d'une vache qui met bas un *veau*.

VÊLET, subst. mas. (*vèlé*), nom qu'on donne à un petit voile de religieuse.

VELÈZE, subst. fém. (*velèze*), t. de bot., plante herbacée.

VÉLIE, subst. fém. (*vèli*), t. d'hist. nat., genre d'insectes hémiptères.

VÉLIN, subst. mas. (*vélein*), peau de veau préparée, plus délicate et plus unie que le parchemin. — Adj. : *papier vélin*, papier qui, par sa contexture, imite le *vélin*.

VELINES, subst. propre mas. (*véline*), village de France, chef-lieu de canton, arrond. de Bergerac, dép. de la Dordogne.

VÉLITES, subst. mas. plur. (*vélite*) (en latin *velites*, fait de *velitare*, escarmoucher), t. d'antiq., chez les Romains, soldats armés à la légère, et destinés surtout pour les escarmouches. — Corps de chasseurs sous Napoléon.

VELLA, subst. mas. (*vella*), t. de bot., genre de plantes siliqueuses de la famille des crucifères.

VELLÉDA, subst. propre fém. (*vélléda*), myth., fameuse devineresse qui régna dans la Germanie, où elle fut depuis révérée comme une divinité. Les Germains donnèrent son nom aux femmes qui parmi eux prédisaient l'avenir.

VELLÉIEN, adj. mas. (*vèlélé-iein*) ; se dit d'un sénatus-consulte qui était émané de *Velléius*.

VELLÉITÉ, subst. fém. (*vèlélé-ite*) (du lat. *velle*, vouloir), volonté faible et sans effet.

VELLICATION, subst. fém. (*vèlelikâcion*), mouvement convulsif des fibres. — Action d'enlever, d'arracher, de traîner.

VELLON, subst. mas. (*vèlelon*), mot emprunté de l'espagnol, et qui signifie *billon*. Il s'applique particulièrement aux espèces de cuivre. Cent réaux de plate vieille (*plata vieja*, argent vieux), font 188 réaux et huit maravédis de *vellon* ou *veillon*.

VÉLOCE, adj. des deux genres (*véloce*), qui exprime la vitesse du mouvement d'une planète.

VÉLOCIFÈRE, subst. mas. (*vélocifère*) (du lat. *velox*, rapide, et *fero*, je porte), voiture publique dont la marche est fort accélérée.

VÉLOCIPÈDE, subst. mas. (*vélocipède*) (du lat. *velox*, rapide, et *pes*, gén. *pedis*, pied), machine au moyen de laquelle on est transporté rapidement d'un lieu à un autre par le seul secours de son mécanisme et des pieds de la personne qui la dirige. — Sorte de voiture dont la marche est fort accélérée. — Adj. des deux genres, qui est très-léger à la course, qui a les pieds très-légers.

VÉLOCITÉ, subst. fém. (*vélocité*) (en lat. *velocitas*), vitesse, promptitude, rapidité. Style soutenu. — VÉLOCITÉ, VITESSE, RAPIDITÉ. (*Syn.*) La *vélocité* est la qualité du mouvement fort et léger ; elle marque une grande *vitesse*, et proprement la *vitesse* de ce qui vole, de ce qui s'élève dans les airs, de ce qui parcourt l'espace avec un mouvement très-vif. La *vitesse* est la qualité du mouvement prompt et accéléré : ce mot exprime proprement la course prompte et accélérée de l'animal ardent qui souffle. La *rapidité* est la qualité du mouvement impétueux et violent : elle est assez forte pour vaincre les obstacles, pour ravager, pour enlever ce qui se rencontre sur son passage. — A proprement parler, on dira, la *vélocité* d'un oiseau, la *vitesse* d'un cheval, la *rapidité* d'un torrent. On dira également, la *vélocité*, la *vitesse*, la *rapidité* d'un trait, parce qu'un trait vole, siffle et renverse. — On dit, la *vélocité* des corps célestes. Saturne, quoique son mouvement paraisse fort lent, se meut avec une *vélocité* merveilleuse. On dit, en général, la *vitesse* d'un mobile, et il y a beaucoup de degrés de *vitesse* qui n'atteignent point à la *vélocité*. On dit, la *rapidité* des vents, des courants, etc., lorsqu'avec une extrême *vitesse*, avec une grande *vélocité*, ils déploient une force redoutable, irrésistible.

VELOT, subst. mas. (*velô*), nom qu'on donne à la peau d'un veau venu avant terme.

VELOURS, subst. mas. (*velour*) (du latin *villosus*, velu, couvert de poil), sorte d'étoffe de soie à poil court et serré. — *Velours plain*, tout uni. — *Velours ras*, qui n'a point de poil — *Velours d'Utrecht*, *velours* de laine, etc., à long poil ; *velours de coton*, fait avec du coton. — *Velours anglais*, t. d'hist. nat., nom d'une espèce de coquille du genre cône. — *Velours vert*, t. d'hist. nat., nom qu'on a donné au gribouri soyeux, insecte coléoptère. — Fig., *chemin de velours*, chemin sur une pelouse. — Fig. et fam. : *jouer sur le velours*, sur son gain. — Prov., *un chat fait patte de velours*, lorsqu'il retire ses griffes en donnant la patte. — Il se dit, par extension et au figuré, de ceux qui cachent sous des dehors caressants le dessein qu'ils ont de nuire. — Il se dit encore pour parure, ornements de toilette, habits précieux et vains :

> C'était des hommes forts, et qui trouvaient moins lourds
> Leur fer et leur acier, que vous, votre velours.
>
> V. HUGO, *Hernani*, acte I.

VELOUTÉ, subst. mas. (*velouté*), galon fabriqué comme du *velours*, ou plain ou figuré. — *Le velouté des intestins, de l'estomac*, etc., la surface intérieure de ces parties, hérissée de petits filets enduits d'une substance glaireuse.

VELOUTÉ, E, part. pass. de *velouter*, et adj. Il se dit des étoffes dont le fond n'est pas de *velours*, mais qui ont des fleurs, des ramages faits de *velours*. — *Fleurs veloutées*, dont les feuilles ont quelque chose qui approche du *velours*, comme *les pensées*, *les amarantes*, etc. — *Vin velouté*, bon, sans âcreté et d'un rouge un peu foncé. — *Papier velouté*, papier pour tapisserie dont les dessins sont figurés avec la tonte de différentes laines.

VELOUTER, v. act. (*velouté*), donner à la soie travaillée sur le métier un air de *velours*. — Figurer sur du papier à tapisserie des dessins avec la tonte de différentes laines, afin de lui donner une apparence de velours. — SE VELOUTER, v. pron.

VELTAGE, subst. mas. (*vèltaje*), mesurage fait avec une *velte*.

VELTE, subst. fém. (*vèlete*), instrument qui sert à jauger les tonneaux. — Mesure de liquides qui contient six pintes.

VELTÉ, E, part. pass. de *velter*.

VELTER, v. act. (*vèlété*), mesurer avec la *velte*. — SE VELTER, v. pron.

VELTEUR, subst. mas. (*vèleteur*), celui qui jauge, qui mesure à la *velte*.

VELTHEIME, subst. mas. (*vèletème*), t. de bot., genre de plantes.

VELTIS, subst. mas. (*vèleti*), t. de bot., genre de plantes établi sur une espèce de chardon.

VELTURE, subst. fém. (*vèleture*) t. de mar., lien fait de cordages usés.

VELU, E, adj. (*velu*) (en latin *villosus*), plein de poil. Il ne se dit ni des cheveux ni de la barbe : *il a l'estomac velu*, *les mains velues*. — En bot., couvert de poils mous, rapprochés et allongés. — Subst. mas., *le velu d'une plante*, la partie velue de sa surface.

VELUE, subst. fém. (*velu*), t. de chass., la peau qui est sur la tête des cerfs, des daims et des chevreuils, lorsqu'ils commencent à la pousser. — On a aussi donné ce nom à une chenille.

VELVOTE, subst. fém. (*vèlevote*), t. de bot., sorte de plante qui croît dans les terres labourées et dans les blés.

V. ÉM., abréviation de *votre éminence*.

VÉN., abréviation du mot *vénerie*.

VENADE, ou **VENADO**, subst. mas. (*venade*, *nado*), t. d'hist. nat., espèce de petit cerf qu'on trouve au Pérou.

DU VERBE IRRÉGULIER VENIR :

Venaient, 3e pers. plur. imparf. indic.

Venais, précédé de *je*, 1re pers. sing. imparf. indic.

Venais, précédé de *tu*, 2e pers. sing. imparf. indic.

VENAISON, subst. fém. (*venèzon*) (du latin *venatio*), chair de cerf et d'autres bêtes fauves. — Exhalaison de certain gibier. — *Les cerfs, les sangliers sont en venaison*, sont en graisse. — Il se dit d'une certaine odeur qu'exhalent certains gibiers, et d'une personne dont le corps exhale une odeur forte et désagréable : *cela sent la venaison*.

Venait, 3e pers. sing. imparf. indic. du v. irrégulier VENIR.

VÉNAL, E, adj. (*vénal*) (en latin *venalis*), qui se vend ; qui peut se vendre. — Une *valeur vénale*, valeur actuelle d'une chose dans le commerce, son prix marchand. — Au fig., qu'on gagne par argent : *il a l'âme vénale*, il ne fait rien que par un intérêt sordide ; *c'est une plume vénale*, c'est un homme qui pour de l'argent écrit contre la vérité et contre son propre sentiment. — Au plur. mas., *vénaux*. — VÉNAL, MERCENAIRE. (*Syn.*) La chose *vénale* est à vendre ; on l'acquiert, elle est à vous en toute propriété ; son effet est toujours absolu ; le *mercenaire*, au contraire, n'est qu'au jour le jour ; il est au plus offrant, aujourd'hui pour, et demain contre ; on dira qu'un corps politique, qu'un tribunal est *vénal* ; on ne dira pas qu'il est *mercenaire*, on ne dira pas d'un écrivain qui se vend alternativement, qu'il est *vénal*, mais qu'il est *mercenaire* ; on dira que sa plume est *vénale*, car elle aliène définitivement ce qu'elle émet ; le caractère de la *vénalité* est de transmettre sa propriété ; celui du *mercenaire* n'est que de la louer à temps ; le premier a la capacité, le second a l'habitude ; le *mercenaire* fut *vénal* ; mais l'homme *vénal* n'est pas toujours *mercenaire* ; celui-ci, moins attaché à la chose qu'au profit, est toujours prêt à la quitter ; l'autre n'a plus le choix, il sert la chose.

VÉNALEMENT, adv. (*vénaleman*), d'une manière *vénale*, intéressée.

VÉNALITÉ, subst. fém. (*vénalité*), qualité de ce qui est *vénal* ; *la vénalité des charges a été heureusement abolie*.

VENANA, subst. fém. (*venana*), t. de bot., arbre de Madagascar.

VÉNANOS, subst. mas. (*vénanô*), t. d'hist. nat., grand cerf de la Californie et des contrées voisines ; il paraît se rapprocher beaucoup de l'élan.

VENANT, subst., adj. mas. et adv. (*venan* ; *t* ne se prononce jamais), qui *vient* : il n'est adj. ou subst. que dans ces phrases : *il se porte bien, je l'ai vu hier allant et venant tout comme un autre* ; *les rues sont pleines d'allants et de venants* ; *à tout venant*. — On dit communément, *à tout venant beau jeu*, pour dire qu'un homme est prêt à tenir contre tous ceux qui voudraient l'attaquer, soit au combat, soit au jeu — Comme adv., on dit : *il a dix mille livres de rente bien venant*, dont il est payé sûrement et régulièrement.

Venant, part. prés. du v. irrégulier VENIR.

VÉNAUX, adj. mas. plur. Voy. VÉNAL.

VENCE, subst. fém. (*vance*), t. de bot., un des noms vulgaires de la petite pervenche.

VENCE, subst. propre mas. (*vance*), ville de France, chef-lieu de canton, arrond. de Grasse, dép. du Var.

VENDABLE, adj. des deux genres (*vandable*), qui peut être *vendu*.

VENDANGE, subst. fém. (*vandanje*), (en latin *vindemia*, fait de *vinum*, vin, et de *demere*, ôter, recueillir), récolte des raisins pour faire du vin. — Au plur., le temps où se fait cette récolte. — Prov. : *adieu paniers, vendanges sont faites*, tout est fini ou perdu, il n'y a plus rien à faire. — On dit prov. : *faire vendange*, pour dire, tirer profit ; il comptait faire vendange dans cet emploi, il s'est trompé.

VENDANGÉ, E, part. pass. de *vendanger*.

VENDANGEOIR, subst. mas. (*vandanjoar*), lieu ou cellier dans lequel on dépose la *vendange*.

VENDANGEOIRE, subst. fém. (*vandanjoare*), hotte pour faire la *vendange*.

VENDANGER, v. act. (*vandanjé*) (en latin *vindemiare*) faire la récolte des raisins ; il s'emploie aussi comme neutre : *on a vendangé de bonne heure cette année*. — Fig. et fam., ruiner, détruire : *la pluie, la grêle, les soldats ont tout vendangé*. — On dit prov. de quelqu'un qui fait des profits dans une place, sans craindre la surveillance, qu'*il vendange tout à l'aise, tout à son aise*. — SE VENDANGER, v. pron.

VENDANGETTE, subst. fém. (*vandanjète*), t. d'hist. nat., nom vulgaire appliqué aux grives et aux mauvis, parce qu'ils mangent le raisin à l'époque des *vendanges*.

VENDANGEUR, subst. mas., **VENDANGEUSE**, subst. fém. (*vandanjeur, jeuze*), celui, celle qui aide à faire la *vendange*.

VENDANGEUSE, subst. fém. Voy. VENDANGEUR.

VENDÉE, subst. fém. (*vandé*), dép. de l'ouest de la France. — Au fig., pays insurgé dont les habitants font une guerre sourde sur un territoire dévasté : *l'Espagne fut une Vendée*.

VENDÉEN, subst. et adj. mas., au fém. **VENDÉENNE**, (*vandé-ein, ène*), de la *Vendée*. — Insurgé de l'Ouest contre la république.

VENDÉENNE, subst. propre et adj. fém. Voy. VENDÉEN.

VENDÉMIAIRE, subst. mas. (*vandémière*), premier mois d'automne de l'année républicaine en France ; il commençait le 22 ou le 23 septembre.

VENDÉMIALES, subst. fém. plur. (*vandémiale*), t. d'antiq., fêtes qu'on célébrait chez les Grecs et les Romains, à l'époque des vendanges, en l'honneur de Bacchus.

VENDERESSE, subst. fém. Voy. VENDEUR.

VENDETTE, subst. fém. (*veindète*) (de l'italien *vendetta*), vengeance, assassinat.

VENDEUR, subst. mas., au fém. **VENDERESSE** (*vandeur, vanderèce*), t. de palais, celui, celle qui *vend*, qui a *vendu*. — *Venderesse*, ne se dit qu'en t. de pratique.

VENDEUR, subst. mas., au fém. **VENDEUSE** (*vandeur, deuze*), celui qui *vend* et fait commerce de quelque denrée. — On appelle *vendeur* *de marée* et *vendeur de volaille*, certains officiers préposés pour faire *vendre* la marée et la volaille. Les commissaires-priseurs sont aussi *vendeurs de meubles*. — *Vendeur d'orviétan, de mithridate*, charlatan qui débite des drogues sur les places publiques, et en général un hâbleur, un trompeur.—Prov. : *vendeur de fumée*, celui qui promet ou *vend* des choses qu'il ne peut livrer. —*Faux vendeur*, celui qui *vend* ce qui n'est pas à lui.

VENDEUSE, subst. fém. Voy. VENDEUR.

VENDICATION, subst. fém. (*vandikâcion*). Voy. REVENDICATION, qui seul se dit.

VENDIQUER, v. act. (*vandikié*). Voy. REVENDIQUER, qui seul se dit.

VENDITE, subst. fem. (*vandite*), vente, loge de charbonniers. — T. de société secrète, en parlant des carbonari d'Italie : on dit plus souvent *vendette*.

VENDITION, subst. fém. (*vandicion*), t. de prat., vente. Presque hors d'usage.

VENDOEUVRE, subst. propre mas. (*vandeuvre*), ville de France, chef-lieu de canton, arrond. de Bar-sur-Aube, dép. de l'Aube.

VENDÔME, subst. propre mas. (*vandôme*), ville de France, chef-lieu de canton et d'arrond., dép. de Loir-et-Cher.

VENDRE, v. act. (*vandre*) (en latin *vendere*). Il se conjugue sur *rendre*. Aliéner pour un certain prix une chose qu'on possède. — Trahir, révéler un secret par quelque raison d'intérêt. —*Vendre en gros*, *vendre* des marchandises en balles, par grosses ou par douzaine, suivant leur espèce. — *Vendre en détail*, *vendre* par petites parties.—*Vendre comptant*, recevoir l'argent de ce qu'on *vend* au moment où on livre.—*Vendre au comptant*, ou *pour comptant*, *vendre* à deux ou trois mois de crédit.—*Vendre à crédit* ou *à terme*, pour être payé à une époque convenue. —*Vendre par commission*, pour le compte d'un autre, moyennant un droit de commission. — Fig. : *vendre bien cher sa vie*, la défendre bien. —Prov. : *cet homme est à moi à vendre et à dépendre*, je puis en disposer comme je veux.— Fig. et fam. : *cet homme les vendrait tous à beaux deniers comptants*, il est plus fin qu'eux, il est capable de les sacrifier au moindre intérêt. — Prov. : *vendre bien cher ses coquilles*, *vendre* cher. —*A qui vendez-vous vos coquilles?* à qui pensez-vous avoir affaire ? ce qui se dit pour donner à entendre qu'on est plus fin que celui qui croit nous tromper. — On dit aussi proverbialement qu'*un homme vend bien ses coquilles*, pour dire qu'il fait bien valoir les choses dont il veut se défaire.—*Vendre la ville, l'état*, se dit en riant de ceux qui parlent bas ou à quartier dans une compagnie. —*Ce n'est pas tout que de vendre, il faut livrer;* il ne suffit pas de promettre, il faut tenir ce qu'on a promis.—Fig. : *vendre son honneur*, en parlant d'un homme, recevoir de l'argent pour faire une lâcheté; en parlant d'une femme, s'abandonner par intérêt.—*Vendre sa plume*, écrire en faveur de celui qui paie le mieux. — *Vendre du vent*, promettre ce qu'on ne peut pas tenir.—Prov. : *il ne faut pas vendre la peau de l'ours avant qu'il soit mort*, il ne faut pas disposer d'une chose avant de la posséder.—*se* VENDRE, v. pron., se donner à prix d'argent, se livrer pour une certaine somme.—Avoir cours, avoir débit.—Se trahir involontairement.— Fig. : *se vendre à un parti*, s'y livrer par des vues intéressées.— VENDRE, ALIÉNER. (*Syn.*) *Vendre*, c'est donner, céder pour de l'argent, pour un certain prix, une chose dont on a la propriété, la libre disposition; *aliéner*, c'est transférer à un autre la propriété d'un bien qu'on lui *vend* ou qu'on lui donne, dont on le rend maître d'une manière ou d'une autre.— On *vend* ce que quelqu'un achette, on *aliène* ce qu'un autre acquiert. Tout ce qui s'apprécie en argent se *vend*, mobilier, denrées, marchandise, travail, etc. On n'*aliène* que des fonds, des rentes, des droits, une succession, un mobilier de prix qui tient lieu de fonds. On *vend* son honneur, et on ne l'*aliène* pas : le vendeur et l'acheteur sont infâmes.

VENDREDI, subst. mas. (*vandredi*) (contraction des deux mots latins *Veneris dies*, le jour de *Vénus*, à qui il était consacré chez les Romains), sixième jour de la semaine. — On appelle *vendredi-saint*, le *vendredi* de la semaine sainte.— Prov. : *tel qui rit le vendredi pleure le dimanche*, bien souvent la tristesse succède à la joie en très-peu de temps. — Le *vendredi* est pour les mahométans ce qu'est le samedi pour les juifs et le dimanche pour les chrétiens.

VENDU, E, part. pass. de *vendre* et adj., donné à prix d'argent. — Au fig. : *âme vendue à l'iniquité*, dévouée à un parti par des vues d'intérêt. —On appelle subst., *un vendu*, un homme qui s'est *vendu* pour faire le métier de soldat.

VENÉ, E, part. pass. de *vener*, et adj. : *viande venée*, qui commence à se gâter, à sentir un peu.

VÉNÉFICE, subst. mas. (*vénéfice*) (en latin *veneficium*), empoisonnement, crime d'empoisonnement. Mot plus latin que français.

VÉNÉFIQUE, adj. des deux genres (*vénéfike*), qui forme le poison. — Subst. mas. : *un vénéfique*.

VENELLE, subst. fém. (*venèle*) (suivant *Du Cange*, de *venella*, diminutif de *vena*, veine. *Varron*, ajoute *Ménage*, a remarqué que les anciens disaient *vena* pour *via*, rue, chemin), petite rue ; il est vieux et ne s'est conservé que dans cette phrase prov. : *enfiler la venelle*, prendre la fuite. — Ruelle du lit.

VÉNÉNEUSE, adj. fém. Voy. VÉNÉNEUX.

VÉNÉNEUX, adj. mas., au fém. **VÉNÉNEUSE** (*vénéneu, neuze*) (en lat. *venenosus*), qui a du *venin* ; il se dit proprement des plantes, comme *venimeux* des animaux.

VENER, v. act. (*vené*) (en lat. *venari* ; fait de *venire*, venir), chasser, courre une bête pour en attendrir la chair : *à Rome, en Angleterre on a coutume de vener les bœufs*.—*Faire vener de la viande*, la faire mortifier.

VÉNÉRABLE, adj. des deux genres (*vénérable*) (en lat. *venerabilis*), digne de respect et de *vénération*. — Titre qu'on donnait autrefois aux docteurs en théologie. — Pris substantivement, c'est le titre qui est donné à celui qui préside une assemblée de francs-maçons : *le vénérable fit une proposition en faveur du récipiendaire*.

VÉNÉRABLEMENT, adv. (*vénérableman*), d'une manière *vénérable*.

VÉNÉRATION, subst. fém. (*vénérâcion*) (en lat. *veneratio*), respect pour les choses saintes. — Estime respectueuse pour une personne. — Ce mot s'applique aussi à des choses respectables par leur antiquité, et les vertus dont elles rappellent le souvenir : *la plupart des monuments que je viens d'indiquer inspirent d'autant plus de vénération, qu'ils n'étalent point de faste*. (Barth.) — VÉNÉRATION, RÉVÉRENCE, RESPECT. (*Syn.*) La *vénération* est un profond *respect*; elle n'a au-dessus d'elle que l'adoration ; la *révérence* est une crainte respectueuse ; elle impose avec le *respect* une sorte de frein ; le *respect* est une distinction honorable ; c'est le premier ou le moindre degré d'honneur.—La *vénération* est l'hommage de l'humilité ou de la supplication : vous le devez à l'éminence des objets qu'il convient d'exalter ; la *révérence* est l'hommage de la soumission ou de la faiblesse : vous la devez à l'autorité des objets qu'il faut craindre ; le *respect* est l'hommage de l'infériorité ou de l'abaissement volontaire : vous le devez à l'élévation des objets qu'il s'agit d'honorer. — Le *respect* consiste proprement à se mettre au-dessus des autres ; *la révérence*, à se tenir devant les autres dans la réserve d'une grande modestie ; la *vénération*, à tomber, pour ainsi dire, aux pieds des autres ou à leurs genoux.— Le *respect* est proprement dû au mérite ; et il n'est dû au rang, que parce que le rang suppose le mérite ; la *révérence* est due au mérite, à la vertu revêtue d'une certaine autorité, soit par les pouvoirs qu'elle exerce, soit par le puissant ascendant qu'elle a sur les esprits. La *vénération* est due au mérite éminent, à la sainteté, à la vertu exemplaire qui se présente à nous avec un certain appareil de majesté, digne également et de notre imitation et de tous nos hommages.

VÉNÉRÉ, E, part. pass. de *vénérer*.

VÉNÉRER, v. act. (*vénéré*) (en lat. *venerari*), porter honneur à..., avoir de la *vénération* pour..., révérer : *vénérer les saints, les reliques*. — *se* VÉNÉRER, v. pron.

VÉNÉRICARDE, subst. fém. (*vénérikarde*) (du lat. *Venus*, Vénus, et du grec *καρδια*, cœur), t. d'hist. nat., cœur de *Vénus*, mollusque à coquille.

VÈNERIE, et non pas **VÉNERIE**, subst. fém. (*vèneri*) (en lat. *venatio*), l'art de chasser avec des chiens courants à toute sorte de bêtes, et principalement aux bêtes fauves. — Corps des officiers qui servaient chez le roi à la *vènerie*. — Lieu qui était destiné à loger les officiers et tout l'équipage de la *vènerie*.

VÉNÉRIEN, subst. et adj. mas., au fém. **VÉNÉRIENNE** (*vénériein, riène*) (du lat. *venereus*, de Vénus); il s'est dit du commerce charnel entre les hommes et les femmes ; et en ce sens, il n'est plus guère en usage.— Il se dit particulièrement aujourd'hui du mal qu'on gagne avec des femmes ou des filles débauchées, et de ceux qui en sont attaqués.

VÉNÉRIENNE, subst. et adj. fém. Voy. VÉNÉRIEN.

VENET, subst. mas. (*vené*), t. de pêche, espèce de courtines.

VENETTE, subst. fém. (*venète*), peur, inquiétude, alarme ; il n'est usité que dans ces phrases familières : *avoir la venette, donner la venette*, avoir peur, inspirer la peur.

VENEUR, subst. mas. (*veneur*) (en lat. *venator*), celui qui a le soin de faire chasser les chiens courants. — *Grand-veneur*, officier qui a la surintendance sur tous les officiers de la *vènerie* du roi.

VENEZ-Y-VOIR, subst. mas. (*venézivoar*), bagatelle, attrape : *un beau venez-y-voir*. — Au plur., des *venez-y-voir*.

DU VERBE IRRÉGULIER VENIR :

Venez, 2e pers. plur. impér.

Venez, précédé de *vous*, 2e pers. plur. prés. indic.

VENGÉ, E, part. pass. de *venger*.

VENGEANCE, subst. fém. (*vanjance*), action par laquelle on se *venge*.—Le désir de se *venger*. — *Tirer* ou *prendre vengeance*, se *venger*. — Myth., figure allégorique, représentée sous les traits d'une femme en furie.

VENGER, v. act. (*vanjé*) (en lat. *vendicare*), tirer raison, tirer satisfaction de quelque injure, de quelque outrage. Il régit les choses et les personnes : *venger une injure, un affront ; venger son père, un ami*. —*se* VENGER, v. pron., prendre, tirer *vengeance* de...

VENGERESSE, subst. et adj. fém. Voy. VENGEUR.

VENGEUR, subst. et adj. mas., au fém. **VENGERESSE** (*vanjeur, jerèce*), celui, celle qui tire *vengeance* de quelque offense, qui punit : *Dieu est le vengeur des crimes ; il est le vengeur des innocents*.—Adj. : *les remords vengeurs*.

VENGOLINE, subst. fém. (*vanguoline*), t. d'hist. nat., nom d'un oiseau d'Afrique du genre des verdiers d'Europe.

VENIAT, subst. mas. (*véni-ate*) (du lat. *veniat, qu'il vienne*), t. d'anc. prat., ordonnance d'un juge qui mande ou appelle quelqu'un pour venir rendre compte de sa conduite, etc. — Sans plur.

VÉNIEL, adj. mas., au fém. **VÉNIELLE** (*véni-èle*) (en lat. *venialis*, fait de *venia*, pardon), qui mérite pardon, qui peut se pardonner ; léger, qui ne fait point perdre la grace : *une faute vénielle ; un péché véniel*. Il ne se dit que dans ces phrases

VÉNIELLE, adj. fém. Voy. VÉNIEL.

VÉNIELLEMENT, adv. (*véni-èleman*), légèrement : *pécher véniellement*, par opposition à *pécher mortellement*.

DU VERBE IRRÉGULIER VENIR :

Veniez, précédé de *vous*, 2e pers. plur. imparf. indic.

Veniez, précédé de *que vous*, 2e pers. plur. prés. subj.

VENI-MECUM, subst. mas. (*vénimékome*) (mots latins qui signifient, *venez avec moi*), livre qu'on porte toujours avec soi. On dit aussi : *vade-mecum*.—Au plur., des *veni-mecum*.

VENIMEUSE, adj. fém. Voy. VENIMEUX.

VENIMEUX, adj. mas., au fém. **VENIMEUSE** (*venimeu, meuze*), qui a du *venin*, qui renferme quelque *venin*, en parlant des animaux. Voy. VÉNÉNEUX.— Fig., malin, médisant, mordant : *une langue venimeuse*.—VENIMEUX, VÉNÉNEUX. (*Syn.*) *Vénéneux* signifie, qui a, qui contient, qui renferme un *venin ; venimeux* signifie qui porte, qui communique, qui introduit son *venin*. Le premier ne se dit que des plantes ; la ciguë est *vénéneuse ;* mais le second se dit des animaux : il y a des araignées de caves qui sont *venimeuses*, et dont la piqûre est mortelle en certains cas.

VENIN, subst. mas. (*venein*) (en lat. *venenum*), poison : avec cette différence que *poison* se dit de tout ce qui attaque le principe de la vie par quelque qualité maligne, c'est le genre ; et que *venin* se dit proprement de certains sucs ou certaines liqueurs qui sortent du corps de quelques animaux. — On dit prov. et fig. : *à la queue le venin*, pour dire que c'est souvent à la fin des affaires que l'on trouve le plus de difficultés. — *Morte la bête, mort le venin*, on n'a plus rien à craindre d'un ennemi qui est mort. — On le dit aussi de certaines qualités qui se trouvent dans quelques fièvres malignes. — Il se dit encore fig., par les catholiques romains, de tout ce qui est contraire à la doctrine de l'Eglise : *il y a du venin dans cette proposition; le venin de l'hérésie; les hérétiques cachaient leur venin sous des paroles ambiguës.* Voy. POISON. — Fig., malignité, rancune, haine cachée : *cet homme a jeté tout son venin*, il a dit tout ce qu'il avait sur le cœur contre un autre.—T. d'hist. nat., *venin de mer*, nom vulgaire donné aux méduses et au rhizotome.

DU VERBE IRRÉGULIER VENIR :

Venions, précédé de *nous*, 1re pers. plur. imparf. indic.

Venions, précédé de *que nous*, 1re pers. plur. prés. subj.

VENIR, v. neut. (*venir*) (en lat. *venire*, fait du grec βαίνειν, aller, marcher. *Morin.*) Il prend *être* aux temps composés. Se transporter d'un lieu à un autre. Il se dit du lieu où l'on n'est pas à celui où l'on est, et *aller*, du lieu où l'on est à celui où l'on n'est pas. — Il se dit au lieu de *aller*, quand on y joint *avec moi* ou *avec vous* : *viendrez-vous avec moi à Versailles?* dit quelqu'un qui est à Paris. —Arriver où est celui qui parle : *quand viendra votre frère?*—On dit proverbialement d'un homme qui paraît ignorer ce qui se passe publiquement, et les choses que tout le monde sait, qu'*il semble qu'il vienne de l'autre monde.*—On dit aussi prov., dans le même sens : *d'où venez-vous? de quel pays venez-vous?*—Se dit par rapport au lieu où l'on se rend : *ils viennent à l'assemblée; on vient en foule à ce spectacle; venez avec moi à l'église, à l'Opera, à la promenade; il est venu de Rome à Lyon en peu de jours.*—On dit que *les revenus viennent bien*, pour dire qu'ils sont payés sûrement et régulièrement : *il a peu de revenus, mais le peu qu'il en a vient bien.* — On dit prov. d'une chose agréable à manger, et dont l'idée excite l'appétit quand on en parle ou qu'on en entend parler, qu'*elle fait venir l'eau à la bouche.*—Cela se dit aussi au fig., en parlant de toutes sortes de choses : *le récit que vous lui avez fait des richesses de ce pays-là, lui a fait venir l'eau à la bouche.*—Au jeu de paume, un joueur dit à son compagnon : *laissez-moi venir ce coup-là*, pour dire, laissez-le-moi jouer. Et fig., on dit que *la balle vient au joueur, au bon joueur*, pour dire que l'occasion semble chercher ceux qui sont les plus capables d'en profiter.—A différents jeux de cartes, on dit : *laissez-moi venir cette main*, pour dire, laissez-moi faire cette levée.—En parlant des choses, arriver fortuitement : *un malheur ne vient jamais sans l'autre*; et comme verbe unipers. : *il lui vint une ébullition de sang.*—On dit dans le même sens au fig. : *cela vint à ma connaissance; cette nouvelle est venue jusqu'à moi; il me vint en pensée, en tête, dans l'esprit*, j'eus la pensée, etc.—Echoir : *ces biens lui sont venus de son père.*—Etre issu, sortir.—S'accroître, profiter, réussir : *cet arbre vient bien; cet enfant ne vient pas bien*, ou *a de la peine à venir.* — On dit, dans le même sens : *venir à bien.*—*Venir bien*, se dit des choses qui devant sortir d'un endroit, en sortent avec facilité : *l'eau vient bien par ce robinet.*—On dit, d'une personne que l'on saigne, que *le sang vient bien*, lorsqu'il sort avec facilité, sans obstacle.—Dans un accouchement, on dit : *l'enfant vient bien*, lorsqu'il se présente dans une situation naturelle, et qui promet une heureuse délivrance.—*L'enfant est bien venu*, se dit lorsque l'accouchement a été heureux et sans aucun inconvénient.—Fig. : *la raison lui viendra avec l'âge.*—*Venir de*, expression qui, jointe aux infinitifs des verbes, marque un passé très-prochain : *je viens de dîner*, c'est-à-dire, il n'y a qu'un instant que j'ai fini de dîner; *je viens de me promener, d'étudier, de dormir; il vient de mourir.* — On dit même fam. : *il vient de venir.* — Procéder, émaner : *cela vient de bonne main; de là vient que...* — Convenir : *cet habit vient bien à la taille.*—*Venir* est quelquefois pronominal et prend *en* : *nous nous en viendrons de compagnie.*—*Venir à*, avec un infinitif ou un substantif sans article, s'emploie avec élégance : *nous vînmes à parler de...*, nous parlâmes de...—*Venir à partage, à composition, à maturité*, partager, composer, mûrir.—*Venir à rien*, diminuer beaucoup. — Fig. : *ses grands projets sont venus à rien*, n'ont eu aucun succès.—*En venir à son honneur*, réussir dans une entreprise. — *Venir bien ou mal*, se dit de l'impression régulière ou insuffisante du caractère sur le papier : *cette page vient bien, celle-ci vient mal*, l'impression de l'une est bonne, celle de l'autre est trop faible. *Venir au vent* ou *au lof*, se dit, en t. de mar., d'un vaisseau, lorsque, quittant la ligne sur laquelle il courait, il s'approche de plus près.—Fig. : *ne faire qu'aller et venir*, être toujours en mouvement. — *Il vient du vent par cette cloison, par cette porte*, etc., le vent passe à travers cette cloison, cette porte, etc.—Prov. : *après la pluie vient le beau temps*, le beau temps succède à la pluie; et fig., après un temps fâcheux il en *vient* un favorable. —*Faire venir quelqu'un* ou *quelque chose; faites venir le médecin, le chirurgien, la sage-femme; faire venir des huiles de Provence; faire venir une voiture; faire venir des provisions de la campagne; j'en ai fait venir un gouverneur pour mon fils; on fit venir les témoins l'un après l'autre.* (Voltaire.)—On dit fig.: *faire venir quelqu'un à la raison*, pour dire, le ramener à la raison, l'engager ou le forcer à entendre raison.—Fig. et prov. : *faire venir l'eau au moulin*, se procurer des avantages ou en procurer aux autres par son industrie, etc.—*En venir aux mains, aux injures, à la violence*, etc., se battre, dire des injures, employer la violence. — *A venir*, qui *viendra*, qui doit arriver : *le temps à venir.*

VENISE, subst. propre fém. (*venise*), ville d'Italie, l'une des deux capitales du royaume Lombardo-Vénitien, située sur le golfe Adriatique.

VÉNITIEN, subst. et adj. mas., au fém. VÉNITIENNE (*vénicieïn, ciène*), de *Venise.*

VÉNITIENNE, subst. et adj. fém. Voy. VÉNITIEN.

DU VERBE IRRÉGULIER VENIR :

Venons, 1re pers. plur. impér.

Venons, précédé de *nous*, 1re pers. plur. prés. indic.

VENT, subst. mas. (*van*) (en latin *ventus*), air poussé d'un lieu à un autre avec plus ou moins de violence : *le vent du nord, du sud*, etc. — L'air agité par artifice : *faire du vent avec un chapeau, un éventail; instruments à vent.* — L'air retenu dans le corps de l'animal : *Etre plein de vents; lâcher un vent.* — Pop., respiration, haleine : *prendre, reprendre, retenir, retirer son vent.* — L'odeur qui vient d'une chose : *les corbeaux ont eu le vent d'une bête morte.* — En ce sens on dit fig. : *avoir vent* ou *le vent d'une chose*, en avoir quelque indice, quelque soupçon. — Fig., vanité, présomption : *il y a bien du vent dans cette femme.* — *Vent*, se dit quelquefois de l'air qui entre dans un endroit, ou qui en sort; *il vient du vent par cette fenêtre.* — On appelle *vent coulis*, l'air qui entre dans quelque endroit par une fente, par une petite ouverture. — *Donner vent à un muid de vin*, c'est y faire quelque petite ouverture pour en laisser sortir l'air pendant que le vin travaille ou qu'il est en mouvement.—*Donner vent au vin* signifie aussi faire une ouverture au muid pour y faire entrer l'air : *le vin ne viendra point, si on ne lui donne vent par en haut.* — En termes de chasse, on dit : *chasser au vent* ou *aller dans le vent*, pour dire, aller contre le vent. — En termes de jardinage, on appelle *arbres en plein vent*, les arbres fruitiers de haute tige qui ne sont point plantés en espalier. — Fig. et fam. : *le vent du bureau*, ce qu'on connaît ou qu'on présume des dispositions de ceux de qui dépend la décision d'une affaire ou la distribution des graces : *le vent du bureau lui est* ou *ne lui est pas favorable.* — Fig. : *avoir le dessus du vent*, l'avantage sur quelqu'un. — *Etre au-dessus du vent*, en état de ne rien craindre. — Fig. et fam. : *avoir le vent en poupe*, avoir des succès. — *Avoir le vent contraire*, éprouver des difficultés. — *Aller contre vent et marée*, lutter contre les obstacles. — *Aller selon le vent*, s'accommoder au temps, aux circonstances.—Prov. : *regarder d'où vient le vent*, ne savoir où donner de la tête.—*Regarder, écouter de quel côté vient le vent*, s'amuser à regarder dehors sans aucun dessein, et comme un homme oisif. Il signifie aussi observer le cours des affaires et les diverses conjonctures pour régler sa conduite suivant ce que que l'on découvre.—*Jeter la plume au vent*, prendre une résolution au hasard. — *Petite pluie abat grand vent*, un peu de douceur apaise souvent un grand emportement, ou bien, une cause légère, un petit accident fait cesser quelquefois de grands troubles, de grandes querelles. —*Autant en emporte le vent*, expression dont on se sert pour marquer qu'on n'ajoute point foi à des promesses, ou qu'on se soucie fort peu des menaces qui sont faites.—*C'est une girouette qui tourne à tout vent, au moindre vent*, ou simplement, *il tourne à tout vent*, c'est un homme inconstant et léger, qui change à la moindre occasion.—*A brebis tondue Dieu mesure le vent*, c'est-à-dire que Dieu, par sa bonté, ne permet pas qu'il nous arrive plus de maux que nous n'en pouvons supporter. — *Le vent des prospérités, de l'adversité*, la fortune favorable ou défavorable; *le vent de la faveur*, l'avantage du crédit, de la faveur du prince.—*Le vent tourne*, les circonstances changent, les dispositions ne sont plus les mêmes.— On dit que *des cheveux, un voile*, etc., *flottent au gré du vent*, pour dire qu'ils flottent en l'air. — On dit qu'*un homme porte le nez au vent*, pour dire qu'il porte la tête très-haute, avec une sorte d'arrogance.—*Plus vite que le vent*, extrêmement vite. — Fam. : *mettre flamberge au vent*, tirer l'épée.—Fig. et fam. : *quel bon vent vous amène?* quel bon dessein vous oblige à venir ici? — Prov. : *selon le vent, la voile*, il ne faut pas aller au-delà de ses forces, de son revenu.—*Quelque vent qu'il vente*, quoi qu'il arrive. — *Autant en emporte le vent*, cela n'aboutit à rien, les efforts sont inutiles.—En fauconn. : *aller contre le vent*, voler le bec tourné à l'opposé du vent. — *Vent léger*, doux, frais. — On appelle, *vents cardinaux*, ceux qui soufflent des points cardinaux; *vents collatéraux*, ceux qui sont entre les *vents* cardinaux. Le nombre de ces *vents* est considérable, de même que les points d'où ils soufflent; mais il n'y en a qu'un très-petit nombre auxquels on a donné des noms particuliers, lesquels sont composés des noms cardinaux et des principaux collatéraux dont ils sont voisins. — On appelle : *vent alizé*, le *vent* qui souffle entre les tropiques, presque toujours du même côté; *vent arrière*, celui dont la direction ne forme qu'une même ligne avec la quille du vaisseau; *vent d'amont*, un *vent* d'orient qui vient de terre, et qui se nomme, sur les rivières, *vent solaire* ou *équinoxial; vent d'aval*, un *vent* malfaisant qui vient de la mer et du sud; *vent de bouline*, celui dont la direction fait un angle aigu avec la route du vaisseau; *vent de quartier*, celui qui est perpendiculaire à la route du vaisseau; *vent en poupe*, c'est le même que le *vent* arrière; *vent largue*, celui qui fait un angle obtus avec la route; *vent routier*, celui qui sert pour aller et pour venir dans un même lieu; *vent à pic*, celui qui n'a point de direction déterminée; *vent fait*, celui qui ne varie plus, et qui paraît devoir durer ou continuer long-temps; *vent frais*, celui qui est médiocrement fort, et qui est commode pour faire sa route : en ce sens, on dit aussi *bon frais, un bon petit frais; vent forcé*, celui qui est violent.—*Pincer, tenir le vent, aller au plus près du vent*, ou seulement, *aller au plus près*, en t. de mar., c'est disposer ses voiles de telle sorte que le vaisseau aille le plus près qu'il est possible de la ligne sur laquelle le *vent* souffle, en remontant vers le côté d'où il souffle. — *Avoir le vent sur un vaisseau, être au vent d'un vaisseau, avoir le dessus du vent, gagner le vent, le dessus du vent à un vaisseau*, c'est se trouver ou se mettre entre le lieu d'où le vent souffle et le vaisseau dont il est question.—Ce qui se dit aussi en parlant d'une île : *cette île était au vent de nous*, était entre nous et l'endroit d'où soufflait le vent; et, *cette île nous restait sous le vent*, nous étions entre cette île et l'endroit d'où soufflait le *vent.* — *Un navire a vent et marée*, se dit lorsque, voulant entrer dans une rivière ou dans un détroit où la marée se fait sentir, il a en même temps le *vent* et la marée favorables; on dit, dans un sens contraire, *il va contre vent et marée.* — Myth., divinités poétiques, enfants du Ciel et de la Terre, ou, selon d'autres, d'Astréus et d'Héribée; Eole était leur roi, et les tenait enchaînés dans des cavernes. Il y en avait quatre principaux; savoir : Eurus, Auster, Aquilon et Favonius. Les autres étaient Euronotus, Vulturne, Subsolanus, Cæcias, Chaurus ou Corus, Africus, Libonotus, etc.

VENTAIL, subst. mas. (*vanta-le*) (de *vent*, dans l'acception pop. de respiration, haleine), partie inférieure de l'ouverture d'un casque.— Pièce de bois mobile pour fermer une croisée, une porte.—Au plur., *ventaux.*

VENTAUX, subst. mas. plur. Voy. VENTAIL.

VENTE, subst. fém. (*vante*), action de *vendre*, aliénation à prix d'argent.— Débit de marchandises : *cette marchandise est de vente* ou *de bonne vente*, elle est de nature à être bien *vendue.*—*Elle est dure à la vente*, le débit n'en est pas aisé.—*Elle est hors de vente*, le temps de la *vendre est passé*, ou elle n'est pas en état d'être *vendue*, etc. — Coupe de bois d'une certaine quantité d'hectares, qui se fait tous les ans dans une forêt.—*Journal de vente*, livre où les négociants écrivent les *ventes* qu'ils font à crédit. — *Vente* signifie aussi *vengeance*; mais on se sert plus souvent du mot *vendette*. — Au plur., dans le régime féodal, ce qui était dû au seigneur pour la *vente* d'un héritage qui était dans sa censive: *payer les lods et ventes*.

VENTEAU, subst. mas. (*vantô*), charpente pour former une écluse.

VENTELET, subst. mas. (*vantelè*), petit *vent*. Hors d'usage.

VENTÉ, part. pass. de *venter*.

VENTER, v. neut. (*vanté*), faire du *vent* : *il a venté toute la nuit*.

VENTEROLLES, subst. mas. plur. (*vanterole*), t. de féod., droits dus en cas de *vente*. Vieux et même hors d'usage.

VENTEUSE, adj. fém. Voy. VENTEUX.

VENTEUX, adj. mas., au fém. **VENTEUSE** (*vanteu, teuze*), qui est sujet aux *vents* : *plage, saison venteuse*. — Qui cause des *vents* dans le corps.—*Colique venteuse*, causée par des *vents*.

VENTIER, subst. mas. (*vantié*), marchand de bois qui achette une forêt et qui la fait exploiter sur les lieux.

VENTILATEUR, subst. mas. (*vantilateur*) (en latin *ventilator*, fait de *ventilare*, donner de l'air, exposer au *vent*), machine qui sert à renouveler l'air dans un lieu fermé.

VENTILATION, subst. fém. (*vantilâcion*), action de renouveler l'air au moyen de *ventilateurs*. — Estimation des biens pour venir à un partage.

VENTILÉ, E, part. pass. de *ventiler*.

VENTILER, v. act. (*vantilé*) (du latin *ventilare*, agiter, et qui signifie proprement *exposer au vent*), en t. de prat., évaluer une ou plusieurs portions de... pour fixer un partage des droits à payer, etc. : *ventiler un héritage*. — Discuter, débattre une affaire, une question avant d'en délibérer en forme. Peu usité.—Renouveler l'air d'un lieu par le moyen d'un *ventilateur*.

VENTIS, subst. mas. plur. (*vanti*), arbres arrachés avec des cordes comme s'ils l'avaient été par le *vent*.

VENTOLIER, subst. et adj. mas. (*vantolié*), t. de vieille faucon. : *oiseau bon ventolier*, qui résiste bien au *vent*.

VENTÔSE, subst. mas. (*vantôze*), sixième mois d'hiver de l'année républicaine française.

VENTOSITÉ, subst. fém. (*vantôzité*) (en latin *ventositas*), *vents* enfermés dans le corps de l'animal. Il se dit plus souvent au plur.

VENTOUSE, subst. fém. (*vantouze*) (du latin *ventosus*, plein de *vent*; on a dit dans la basse latinité *ventosœ*), vaisseau de verre ou de cuivre qu'on applique sur la peau d'un malade, avec de la bougie ou des filasses allumées, pour attirer avec violence les humeurs du dedans au dehors. —On appelle *ventouse sèche*, celle qui n'a pour but que de déterminer une rubéfaction extérieure, et *ventouse humide* ou *scarifiée*, celle que l'on applique après avoir pratiqué la scarification à la peau, afin d'opérer une saignée locale plus ou moins abondante.—Nom qu'on donne à des organes musculeux de succion qu'on remarque dans certains animaux aquatiques, particulièrement dans les sèches, avec lesquels ils saisissent leur proie. — Sorte d'ouverture qu'on fait au pied d'une muraille, pour faire écouler les eaux.—Ouverture pratiquée dans un conduit pour donner passage à l'air par le moyen d'un tuyau.

VENTOUSÉ, E, part. pass. de *ventouser*.

VENTOUSER, v. act. (*vantouzé*), appliquer les *ventouses* à un malade. — se VENTOUSER, v. pron.

VENTRAL, E, adj. (*vantrale*), t. d'anat., qui a rapport au *ventre*. — Au plur. mas., *ventraux*.

VENTRALES, subst. et adj. fém. plur. (*vantrale*); il se dit des nageoires qui sont au *ventre* des poissons.

VENTRAUX, adj. mas. plur. Voy. VENTRAL.

VENTRE, subst. mas. (*vantre*) (en latin *venter*, fait du grec ἔντερον, intestin, boyau), la capacité du corps d'un animal, où sont enfermés les boyaux. — La capacité qui est renfermée entre les côtes; en ce sens, il est peu usité, et ne se dit que dans un petit nombre de phrases, la plupart prov. : *avoir le cœur au ventre*, etc. —En parlant des femmes ou des femelles des animaux, le lieu où se forment les enfants, les petits. — On dit aussi *le ventre d'un navire, d'un tonneau, d'une cruche, d'un tambour, d'un luth*, pour exprimer une certaine capacité, une certaine partie.— Bombement d'un mur trop vieux, trop faible, et qui est hors de son aplomb : *cette muraille fait ventre*. — *Ventre*, se dit de l'estomac qui est enfermé dans la même capacité, et qu'on appelle pour cela *petit ventre*. — Les tourneurs appellent *ventre à planer*, une palette en bois de chêne que l'ouvrier applique sur son estomac quand il veut planer une pièce de bois.— En termes d'artillerie, on dit qu'un *canon est couché sur le ventre*, pour dire qu'il est couché à terre sans affût. — En termes d'hydraulique, on appelle *ventre*, ou *gorge*, une fondrière entre deux montagnes, qui se rencontre dans la conduite des eaux, et qu'on est obligé de traverser pour raccorder les différents niveaux des montagnes et donner à l'eau un écoulement naturel. — *Ventre* se dit, en termes de musique, du point du milieu de la vibration d'une corde sonore, où, par cette vibration, elle s'écarte le plus de la ligne de repos. — Les anciens astronomes appelaient *ventre du dragon*, les points de l'orbite lunaire les plus éloignés de l'écliptique, c'est-à-dire les limites.—*Je lui mettrai, je lui remettrai le cœur au ventre*, je lui redonnerai du courage, je ranimerai son courage.—*Faire rentrer les paroles dans le ventre à quelqu'un*, le faire repentir de ce qu'il a dit, ou l'empêcher de continuer de parler. — *Aller, courir ventre à terre*, avec toute la rapidité possible. — On dit qu'*un enfant boude contre son ventre*, quand par mutinerie ou par humeur il refuse de manger quoiqu'il ait faim; et d'une personne qui, par un dépit momentané, refuse ce que l'on sait qu'elle désire, et qui lui convient. — *Se coucher sur le ventre*, sur le devant du corps.—*Demander pardon ventre à terre*, demander pardon avec toute sorte de soumission.— *Mettre le feu sous le ventre*, aigrir quelqu'un pour l'exciter.—Fig. et fam. : *passer sur le ventre à quelqu'un*, le terrasser, parvenir malgré lui à ce qu'on veut. — Prov.: *être sujet à son ventre*, être gourmand. — *Se faire un dieu de son ventre*, préférer les plaisirs sensuels à toute autre chose.— *Boire, manger à ventre déboutonné*, excessivement. — *Ventre affamé n'a point d'oreilles*, quand on a bien faim on n'écoute pas volontiers. — *Je veux savoir ce qu'il a dans le ventre*, quelle est sa valeur, sa capacité, ce qu'il pense.— *Il n'a pas six mois dans le ventre*, il ne saurait vivre encore six mois. — En t. de pratique : *créer un curateur au ventre*, à l'enfant qui doit naître. — *Ce cheval n'a point de ventre*, est serré des flancs.— *Ce vase, ce flacon a un gros ventre*, une grande capacité. — Nom donné à la partie de la Convention qui siégeait entre la *Montagne* et la *Plaine*; il répond au *country-gentlemen* (gentilshommes de campagne) du parlement d'Angleterre; c'était le parti neutre de cette assemblée, qui votait tantôt avec celui de la cour, tantôt avec celui de l'opposition, selon la nature des questions. Voy. VENTRU.

VENTRE-BLEU! interj. (*vantrebleu*), sorte de jurement ancien.

VENTRÉE, subst. fém. (*vantré*), portée ; tous les petits que les femelles d'animaux font en une fois.

VENTRE-SAINT-GRIS! interj. (*vantreceingueri*), jurement attribué à Henri IV.

VENTRICOLE, subst. et adj. des deux genres (*vantrikole*) (du latin *venter*, ventre, et *colere*, honorer, soigner), qui fait un dieu de son *ventre*.

VENTRICULE, subst. mas. (*vantrikule*), t. d'anat.; il se dit de certaines cavités qui sont dans le corps de l'animal : *les ventricules du cerveau, du cœur*. — L'estomac des animaux ruminants. — On appelle *ventricules du larynx*, deux cavités de l'intérieur du larynx formées par les intervalles que laissent entre eux les deux replis membraneux nommés *cordes vocales*, ou *ligaments de la glotte*; *ventricules du cerveau*, quatre cavités qui se rencontrent dans l'intérieur de cet organe, savoir : 1° le *ventricule moyen*, qui est au-devant de la glande pinéale, borné en haut par la toile choroïdienne et la voûte à trois piliers, en bas par une portion de substance cérébrale qui la sépare de la base du crâne, sur les côtés par les couches optiques, en devant par le cordon médullaire nommé *commissure antérieure*, en arrière par un autre cordon médullaire nommé *commissure postérieure*; 2° les *ventricules latéraux*: ils sont fort étendus, et occupent, par la courbure considérable qu'ils présentent, une grande partie du centre cérébral; en dedans, ils sont séparés l'un de l'autre par la cloison des ventricules, lame médullaire qui part de la partie inférieure du corps calleux. — On appelle *quatrième ventricule* ou *ventricule du cervelet*, une cavité qui est située au-dessous de l'aqueduc de Sylvius, qui le fait communiquer avec le *ventricule* moyen; il s'étend depuis cet aqueduc jusqu'à la partie supérieure de la moelle épinière, et est pratiqué dans l'intérieur de la protubérance cérébrale ou annulaire. — On appelle *ventricules du cœur*, les deux cavités principales de cet organe ; l'une, le *ventricule droit*, ou *pulmonaire*, reçoit le sang veineux de l'oreillette droite, et l'envoie à l'artère pulmonaire ; l'autre, le *ventricule gauche*, ou *aortique*, reçoit le sang artériel de l'oreillette gauche, et le transmet à l'aorte. Dans les animaux à sang froid, comme les poissons et les reptiles, qui n'ont qu'une circulation, le cœur n'a qu'un *ventricule*.

VENTRIÈRE, subst. fém. (*vantri-ère*), la partie du harnais d'un cheval qui passe sous le *ventre*, et qui empêche que le harnais ne tombe. Voy. SOUS-VENTRIÈRE. — On donne aussi ce nom à la sangle dont on se sert pour élever des chevaux lorsqu'on veut les embarquer ou les tenir suspendus. — Nom qu'on donne aussi dans la charpente à une forte pièce de bois horizontale qui sert à assujétir d'autres pièces d'un même système.— T. de chir., compresse dont on se sert pour couvrir le *ventre* dans l'opération de la taille.

VENTRIERS, subst. mas. plur. (*vantri-é*), t. de mar., pièces de bois placées entre les anguilles et le vaisseau pendant la construction de l'appareil qui doit le soutenir lorsqu'on le lance à la mer.

VENTRILOQUE, subst. et adj. des deux genres (*vantriloke*) (du lat. *venter*, ventre, et *loqui*, parler); il se dit d'une personne qui a la voix sourde et caverneuse, de sorte qu'on croirait qu'elle parle du *ventre*.

VENTRILOQUIE, subst. fém. (*ventriloki*), faculté de parler en aspirant.—Art du *ventriloque*.

VENTRIPOTENT, E, adj. (*vantripotan, tante*) (du lat. *venter, ventris*, ventre, et *potens*, puissant), qui a un *gros ventre*. (*Boiste*.) Inusité.

VENTROSITÉ, subst. fém. (*vantrôzité*), t. de médec., développement excessif du *ventre*. Inus.

VENTROUILLÉ, E, part. pass. de *ventrouiller*.

se **VENTROUILLER**, v. pron. (*cevantrou-ié*), se vautrer. Inusité, quoique l'*Académie* insère encore ce mot.

VENTRU, E, subst. et adj. (*vantru*), qui a un gros *ventre*. — T. d'hist. nat., poisson du genre du bouclier. — T. de bot., oblong, solide et renflé. — Épithète donnée aux députés du centre droit, en France, sous la Restauration, en raison de leur assiduité à assister aux dîners ministériels où ils étaient admis. *Les ventrus*. Fam. et ironique.

VENTS, subst. mas. plur. Voy. VENT.

VENTURON, subst. mas. (*vanturon*), t. d'hist. nat., espèce de petit serin.

VENU, E, part. pass. de *venir*, et adj., arrivé, etc. — *Soyez le bien venu, la bien venue*, le bien arrivé, la bien arrivée. — *Il est bien venu partout*, bien reçu partout.—Subst. mas. et fém. : *c'est un nouveau venu*, un homme nouvellement arrivé ou nouvellement reçu dans une société.— *Le premier venu*, celui qui est arrivé le premier; le premier qu'on rencontre. — *Confier son secret au premier venu*, sans discernement, au premier que l'on rencontre.

VENUE, subst. fém. (*venu*), arrivée dans le lieu où est la personne qui parle. — Premier coup au jeu de quilles. — *La venue du Messie*, son premier avénement. — *Allées et venues*, les pas et les démarches qu'on fait pour une affaire. — *Arbre d'une belle venue*, qui vient bien, qui est grand et droit. On le dit aussi d'un jeune homme grand et bien fait. — *Homme tout d'une venue*, grand et mal fait. — *Jambe tout d'une venue*, qui n'a point de mollet.

VENULE, subst. fém. (*vénule*), petite *veine*.

VÉNUS, subst. fém. (*vénuce*), l'une des sept anciennes planètes.—Dans l'ancienne chimie, le cuivre.—*Vitriol de vénus*, vitriol bleu ou de cuivre, aujourd'hui sulfate de cuivre.— En hist. nat., genre de mollusques.—Subst. propre fém. myth., et autrement *Cypris*, fille du Ciel et de la Terre, ou, selon quelques-uns, de la Mer. On dit encore que Saturne fut l'auteur de sa naissance, et qu'elle fut formée de l'écume de la mer (voyez SATURNE.), quoique d'autres veuillent qu'elle soit fille de Jupiter et de Diane. Il y eut plusieurs *Vénus*; il est vraisemblable du moins, qu'il faut rapporter à plusieurs ce qu'on raconte de cette déesse. Quoi qu'il en soit, aussitôt après sa naissance, les Heures l'emportèrent dans le ciel, où les dieux la trouvèrent si belle, qu'ils voulurent tous l'épouser, et la nommèrent déesse de l'amour. Vulcain l'obtint, en récompense du service qu'il avait rendu à Jupiter en forgeant des foudres contre les géants. *Vénus* ne pouvant souffrir son mari à cause de sa laideur, eut une infinité d'amants, et entre autres le dieu Mars. Vulcain les ayant surpris, les entoura d'un filet imperceptible, et appela ensuite tous les dieux, qui se moquèrent de lui. Elle épousa aussi Anchise, prince troyen, dont elle eut Énée, pour qui elle fit faire des armes par Vulcain, lorsque ce prince alla fonder un nouvel empire en Italie. Elle aima Adonis. On dit qu'elle eut Cupidon du dieu Mars. Cette déesse avait une ceinture qui inspirait si infailliblement de la tendresse, que Junon la lui emprunta pour se faire aimer de Jupiter. *Vénus* était toujours accompagnée des Grâces, des Ris, des Jeux, des Plaisirs et des Attraits. Pâris, devant qui elle se montra dans toute sa beauté, lui donna la pomme que Junon et Pallas disputaient avec elle, et que la Discorde avait jetée sur la table aux noces de Thétis et de Pélée. Elle présidait à tous les plaisirs, et ses fêtes se célébraient par toutes sortes de débauches. On lui bâtit des temples partout. Les plus magnifiques étaient ceux d'Amathonte, de Lesbos, de Paphos, de Gnide et de Cythère. Elle voulut que la colombe lui fût consacrée, à cause de la nymphe Péristère, qui l'aida à cueillir des fleurs, à l'occasion de sa gageure avec Cupidon.

VÉNUSTÉ, subst. fém. (*vénucete*), beauté, agrément : *la vénusté de l'âge viril.* (*Lacépède*, poétique de la musique.) C'est un heureux latinisme fait de *venustas*, lequel est dérivé de *Venus*, Vénus, déesse de la beauté.

VÊPRES, subst. fém. plur. (*vêpre*) en latin *vesperæ*), dans le rit catholique, partie de l'office divin qu'on dit à présent sur les trois heures. — *Vêpres siciliennes*, massacre des Français qui se fit en *Sicile*, le jour de Pâques de l'année 1282, et dont le signal fut le coup de cloche qui sonna les *vêpres*. L'*Académie* donne encore le mot *vêpre* au subst. mas., dans le sens de, *soir;* mais elle dit que la locution : *sur le vêpre*, pour, *sur le soir*, a vieilli, ou ne se dit qu'en plaisantant.

VER, subst. mas. (*vère*) (en latin *vermis*), petit animal non vertébré, qui a des vaisseaux, une moelle nerveuse composée d'une suite de renflements, mais aucun membre ni appendice. — *Ver de terre*, *ver* qui s'engendre dans la terre. — Au fig., homme abject. — *Ver luisant*, insecte qui jette la nuit une sorte de lueur. — Fig. : *le ver rongeur*, les remords, la conscience. — *Tirer les vers du nez*, tâcher de pénétrer un secret. — On appelle *vers intestins*, ceux qui s'engendrent et vivent dans l'intérieur des autres animaux ; *vers encéphales*, ceux qui naissent dans la tête ; *vers rinaires* ou *nasicoles*, ceux qui s'engendrent dans la racine du nez ; *vers auriculaires*, ceux qui s'engendrent dans les oreilles ; *vers pulmonaires*, qui se forment dans les poumons ; *vers dentaires*, qui s'engendrent aux dents ; *vers hépatiques*, qui se trouvent dans le foie ; *vers cardiaires*, qui vivent dans le cœur ; *vers péricardiaires*, qui vivent dans le péricarde ; *vers sanguins*, qui s'engendrent dans le sang ; *vers vésiculaires*, qui se trouvent dans la vessie et dans les reins ; *vers spermatiques*, qui existent dans la semence, *vers héléophages*, qui naissent dans les ulcères ; *vers cutanés*, qui naissent sous la peau, entre cuir et chair ; *ver solitaire*, *ver* des intestins qui devient extrêmement long, et qui est ordinairement unique.

VÉRACE, adj. des deux genres (*vérace*) (en latin *verax*), qui dit la *vérité*. Peu usité.

VÉRACITÉ, subst. fém. (*véracite*) (du latin *verax*, gén. *veracis*, vrai, sincère), attribut de Dieu qui signifie qu'il ne peut pas se tromper. — En parlant des hommes, attachement constant à la vérité. Voy. FRANCHISE.

VÉRATRINE, subst. fém. (*vératrine*), t. de chim., substance extraite de l'ellébore.

VÉRATRUM, subst. mas. (*vératrome*), t. de bot., l'ellébore blanc.

VERBAL, E, adj. (*vèrebale*) (du latin *verbum*, verbe, mot, parole), t. de gramm. qui est dérivé du *verbe*. Il y a des *noms verbaux* et des *adjectifs verbaux*. *Action* est un nom verbal qui vient du verbe *agir*. On appelle particulièrement *adjectifs verbaux*, les adjectifs formés du participe présent. *Amusant* est un *adjectif verbal*, tiré du verbe *amuser*, et formé du participe présent de ce verbe. — Qui n'est que de vive voix et non par écrit : *ordre verbal, promesse verbale.* — *Procès-verbal*, rapport par écrit qu'un officier de justice fait de ce qu'il a vu, de ce qui a été dit et fait entre les parties. — Au plur. mas., *verbaux*.

VERBALEMENT, adv. (*vèrebaleman*), de vive voix et non par écrit.

VERBALISATION, subst. fém. (*vèrebalizâcion*). Voy. VERBALISEMENT.

VERBALISÉ, part. pass. de *verbaliser*.

VERBALISEMENT, subst. mas. (*vèrebalizeman*), action de *verbaliser*. Peu usité ; nous préférerions le mot *verbalisation*, que nous ne trouvons dans aucun *Dictionnaire*.

VERBALISER, v. neut. (*vèrebalizé*), dresser, faire des *procès-verbaux*. — Fig. et fam., faire de grands discours inutiles.

VERBAUX, adj. mas. plur. Voy. VERBAL.

VERBE, subst. mas. (*vèrebe*) (du latin *verbum*, mot, expression ; parce que le *verbe* entrant nécessairement dans toutes les propositions, est en quelque sorte l'âme du discours, et par là le *mot* par excellence), t. de gramm., partie du discours dont le principal usage est de désigner ou une action faite ou une action reçue par le sujet, ou de marquer l'état du sujet. De là, les *verbes actifs*, *passifs* et *neutres*. Le *verbe actif* exprime une action faite par le sujet ; le *verbe passif*, une action reçue ou soufferte par le sujet : *Dieu punira les méchants, les méchants seront punis de Dieu*. Le *verbe neutre* exprime simplement l'état du sujet : *votre ami dort, repose ; ce gobelet pèse beaucoup*. — On appelle *verbe substantif* ou *abstrait*, le verbe *être* lorsqu'il désigne l'*existence* en général sous une relation à une modification quelconque qui n'est point comprise dans sa signification : *Dieu est éternel ; les hommes sont mortels ;* et *verbe adjectif* ou *concret*, celui qui désigne l'existence en général sous une modification qui est comprise dans sa signification, comme quand on dit : *Dieu existe ; les hommes mourront*. — On appelle *verbe absolu*, celui dont le sens complet n'exige pas un régime pour être compris entièrement, comme *je dors ; verbe relatif*, celui qui a rapport à un régime nécessaire pour en compléter le sens : *je battrai mon ennemi ; verbe régulier*, celui qui suit, dans la formation de ses temps, les règles générales des conjugaisons ; *verbe irrégulier*, celui qui ne suit pas ces règles. — Quand un *verbe* exprime une action qui retombe sur celui qui la fait, on l'appelle *verbe pronominal* ou *réfléchi* : *mon père s'est blessé*. — Quand un *verbe* ne s'emploie qu'à la troisième personne du singulier, on lui donne le nom d'*unipersonnel* : *il pleut, il faut*. — Parole, ton. Il ne se dit en ce sens que dans cette expression prov. : *avoir le verbe haut*, décider avec hauteur, parler avec présomption. — *Le Verbe, Jésus Christ*, la seconde personne de la sainte Trinité.

VERBÉNACÉES, subst. et adj. fém. pl. (*vèrebénacé*), t. de bot., famille de plantes établie aux dépens de celle des pyrénacées.

VERBÉRATION, subst. fém. (*vèrebérâcion*) (en lat. *verberatio*, fait de *verberare*, battre, frapper), t. de phys. dont on se sert pour exprimer la cause du son qui vient de la *verbération* de l'air, choqué et frappé en plusieurs manières qui font des sons différents.

VERBÉSINE, subst. fém. (*vèrebézine*), t. de bot., genre de plantes.

VERBEUSE, adj. fém. Voy. VERBEUX.

VERBEUX, adj. mas., au fém. **VERBEUSE** (*vèrebeu, beuze*) (en lat. *verbosus*, fait de *verbum*, parole), qui abonde en paroles inutiles.

VERBIAGE, subst. mas. (*vèrebi-aje*) (en latin *verbositas*), paroles inutiles, superflues. Il est fam.

VERBIAGER, v. neut. (*vèrebi-ajé*) (en latin *verbosare*), employer beaucoup de paroles pour dire peu de chose. Il est fam. et fort peu usité.

VERBIAGEUR, subst. mas., au fém. **VERBIAGEUSE**, (*vèrebi-ajeur, jeuze*), celui, celle qui *verbiage*.

VERBIAGEUSE, subst. fém. Voy. VERBIAGEUR.

VERBIEST, subst. mas. (*vèrebiècete*), prêtre arménien. (*Boiste*.)

VERBOQUET, subst. mas. (*vèrebokie*), t. de mécan., contre-lien ou cordeau qu'on attache à l'un des bouts d'une pièce de bois ou d'une colonne, et au gros câble qui la porte, pour la tenir mieux en équilibre, et pour empêcher qu'elle ne touche à quelque saillie, et qu'elle ne tournoie quand on la monte.

VERBOSITÉ, subst. fém. (*vèrebôzité*) (en lat. *verbositas*), superfluité de paroles.

VERCEIL, subst. pr. mas. (*vèrecè-ie*), chef-lieu d'une province des États sardes (Piémont).

VER-COQUIN, subst. mas. (*vèrekokiein*), petit *ver* qui ronge le bourgeon de la vigne. — *Ver* qui s'engendre dans la tête des animaux, des hommes, et cause des vertiges. — *Ver-coquin* se dit au fig. pour caprice, fantaisie : *c'est son ver coquin qui le prend*, la tête lui tourne. — Au plur., des *vers-coquins*.

VERD, double orthographe de l'*Académie*. Voy. VERT.

VERDAGON, subst. mas. (*vèredaguon*), nom qu'on donne à un vin excessivement *vert*.

VERDAL, subst. mas. (*vèredal*), t. d'agric., espèce de raisin.

VERDÂTRE, adj. des deux genres (*vèredâtre*), qui tire sur le *vert*.

VERDAUD, E, adj. (*vèredô, dôde*), qui est aigrelet, un peu *vert*.

VERDÉE, subst. fém. (*vèredé*), vin blanc de Toscane qui tire sur le *vert*.

VERDELET, adj. mas., au fém. **VERDELETTE** (*vèredelè, lète*), diminutif de *vert* : *du vin verdelet*, un peu vert ; *ce vieillard est encore verdelet*, a encore de la vigueur.

VERDELETTE, adj. fém. Voy. VERDELET.

VERDEREAU, subst. mas. (*vèredero*), t. d'hist. nat., lézard *vert* ou *verdier*, dans l'est et dans le midi de la France.

VERDERIE, subst. fém. (*vèrederi*), étendue de bois soumis à un *verdier*. — Juridiction d'un *verdier*.

VERDERIN, subst. mas. (*vèrederein*), t. d'hist. nat., nom d'un oiseau du genre des *verdiers*.

VERDEROU, subst. mas. (*vèrederou*), t. d'hist. nat., espèce de tangara-roux de la Guyane.

VERDET, subst. mas. (*vèredè*), sorte de drogue composée de cuivre et de marc de raisin ; on l'appelle aussi *vert-de-gris*. — Au plur., dénomination qu'on a donnée, pendant la révolution française, à un parti de royalistes, aux vendéens, aux chouans.

VERDEUR, subst. fém. (*vèredeur*), l'humeur, la sève qui est dans les plantes et les arbres : *ce bois a de la verdeur*. — Défaut de maturité, acidité du vin : *ce vin a encore trop de verdeur*. — Fig., vigueur des hommes dans leur jeunesse : *cet homme était pour lors dans la verdeur de l'âge*.

VERDI, E, part. pass. de *verdir*.

VERDICT, subst. mas. (*vèredikte*) (des mots latins *verum*, véritable, et *dictum*, parole) ; on appelle ainsi la déclaration du juri, le résultat de sa délibération. Ce mot, emprunté aux Anglais, a passé dans notre langue sans altération.

VERDIER, subst. mas. (*vèredié*), officier qui commande aux gardes d'une forêt éloignée des maîtrises. — T. d'hist. nat., oiseau de la grosseur d'un moineau, et dont le plumage est *vert*. — Poisson du genre des caranx.

VERDILLON, subst. mas. (*vèredi-ion*), barre de bois dans un métier de haute-lice, à laquelle les fils de la chaîne sont attachés. — Levier dont on se sert pour détacher les blocs d'ardoise.

VERDIN, subst. mas. (*vèredein*), t. d'hist. nat., espèce de merle qu'on trouve à la Cochinchine. — T. d'agric., espèce de raisin blanc.

VERDINÈRE, subst. mas. (*vèredinère*), t. d'hist. nat., espèce de *verdier* de l'île de Bahama.

VERDIR, v. act. (*vèredir*), peindre en *vert* ; *je verdirai ma porte*. — Tacher de *vert* : *verdir sa robe sur le gazon*. — Neut., devenir *vert* : *au printemps tout verdit*. — Il se dit aussi du cuivre quand il s'y forme du *vert-de-gris*.

VERDON, subst. mas. (*vèredon*), t. d'hist. nat., nom d'une variété de *verdier* qui se tient en Angleterre.

VERDOT, subst. mas. (*vèredo*), t. d'agric., nom d'une espèce de raisin qui croît en France, dans le Médoc.

VERDOYANT, E, adj. (*verdoé-ian, iante*), qui *verdoie* ou *verdit*. Style poétique. — *Couleur verdoyante*, tirant sur le *vert*.

VERDOYANTE, adj. fém. Voy. VERDOYANT. — Myth., épithète que les Athéniens avaient donnée à Cérès, comme à la déesse des moissons. On lui sacrifiait un bélier lorsque le blé était *vert*.

VERDOYÉ, part. pass. de *verdoyer*.

VERDOYER, v. neut. (*vèredoé-ié*); il se dit des plantes dont la couleur *verte* naît, et est toujours entretenue dans un état de fraîcheur et de vivacité par l'effet d'une végétation vigoureuse: *les bois commencent à verdoyer*.

VERDUN, subst. propre mas. (*vèredeun*), ville de France, chef-lieu de canton, arrond. de Castelnaudary, dép. de l'Aude.

VERDUN-SUR-GARONNE, subst. propre mas. (*vèredeunçurguârone*), bourg de France, chef-lieu de canton, arrond. de Castel-Sarrasin, dép. de Tarn-et-Garonne.

VERDUN-SUR-MEUSE, subst. propre mas. (*vèredeunçurmeuze*), ville de France, chef-lieu de canton, arrond. de Bar-le-Duc, dép. de la Meuse.

VERDUN-SUR-SAÔNE, subst. propre mas. (*vèredeunçurçône*), ville de France, chef-lieu de canton, arrond. de Châlons-sur-Saône, dép. de Saône-et-Loire.

VERDUNOIS, **E**, subst. et adj. (*vèredunoa*, *noaze*), *de Verdun*.

VERDURE, subst. fém. (*vèredure*), les herbes et les feuilles des arbres quand elles sont *vertes*. —Sorte de tapisserie qui représente principalement des arbres.

VERDURIER, subst. mas. (*vèredurié*), bas officier qui fournissait les salades, asperges et autres légumes *verts*, dans les maisons royales.

VÉRÉDAIRE, subst. mas. (*vérédère*), du mot latin *veredus*, cheval de poste), nom qu'on donnait aux courriers.

VÉRÉTILLE, subst. fém. (*véréti-ie*), t. d'hist. nat., genre de zoophytes.

VÉRETTE, subst. fém. (*vérète*), synonyme de *variole* dans quelques provinces.

VÉREUSE, adj. fém. Voy. **VÉREUX**.

VÉREUX, adj. mas., au fém. **VÉREUSE** (*véreu*, *reuze*), qui a des *vers* : *un fruit véreux*.—Fig. et fam., défectueux, qui n'a pas les qualités qu'il pourrait ou devrait avoir : *la caution est véreuse*. —Prov. et fam. : *son cas est véreux*, son affaire est mauvaise.

VERFEIL, subst. propre mas. (*vèrefè-ie*), bourg de France, chef-lieu de canton, arrond. de Toulouse, dép. de la Haute-Garonne.

VERGADELLE, subst. fém. (*vèreguadèle*), t. d'hist. nat., nom qu'on donne au spare.

VERGE, subst. fém. (*vèreje*) (en latin *virga*), petite baguette longue et flexible. — Baguette que portent à la main les bedeaux d'église et certains huissiers, appelés pour cela *huissiers à verge*. — Tringle : *verge de fer, de cuivre*.—Anneau sans chaton. — En anatomie, l'organe mâle d'accouplement des animaux, cylindroïde, allongé et érectile, qui est destiné à porter dans le sein des femelles le principe vivifiant, ou le sperme. Chez l'homme et les mammifères, il y a toujours une *verge* creusée d'un canal, par lequel s'écoule, outre l'urine, la liqueur séminale. Chez l'homme, les singes et les chéiroptères, la *verge* est libre et pendante; chez d'autres mammifères, elle est plus ou moins attachée au long du ventre et du fourreau ; celle de l'éléphant, étant fort pesante, est soutenue par un ligament particulier, et se recourbe en *S* dans son fourreau. Chez les oiseaux, la *verge* n'est le plus ordinairement qu'un tubercule vasculeux. Les reptiles peuvent se distinguer en ceux qui n'ont qu'une seule *verge*, comme les tortues, les grands lézards, et les crocodiles; en ceux qui en ont deux, tels que les grenouilles et d'autres batraciens. La *verge* de l'homme se nomme aussi *pénis* et *membre viril*.—Ancienne mesure de longueur qui répondait à la perche; il y avait aussi la *verge de terre*, qui formait environ le quart d'un arpent.—C'était aussi une mesure pour les étoffes. — *Verge*, dans le langage de l'Écriture, se prend pour *sceptre*, et c'est de là que vient l'expression fig. : *prince qui gouverne avec une verge de fer*, avec une dureté et une sévérité excessive. — Au plur., menus brins de bouleau, de genêt, d'osier, etc., avec lesquels on fouette les enfants ou certains criminels. — Fig., peines et afflictions : *les verges de la colère de Dieu*. — Fig. : *faire baiser les verges à quelqu'un*, le forcer à demander pardon après qu'on l'a châtié.—Prov. : *donner des verges pour se faire fouetter*, fournir des armes contre soi-même.—T. de phys., météore lumineux, appelé en latin *columellæ*, ou *funes tentorii*, et formé d'une réunion de plusieurs rayons de lumière qui représentent comme des cordes tendues.—Chez les potiers d'étain, étain auquel on a donné une forme étroite et mince. — Les fabricants de velours appellent *verges* des aiguilles ou broches qui servent dans cette fabrication. — Les horlogers nomment *la verge du pendule* la partie du pendule appliquée à l'horloge qui s'étend depuis les ressorts, le point de suspension, jusqu'au bas de la lentille, qu'elle soutient par le moyen d'un écrou. — Les tourneurs appellent *verge*, une pièce du tour dont ils se servent pour tourner en l'air ou en figures irrégulières.—Les tisserands donnent ce nom à deux baguettes de bois qui passent entre les fils de la chaîne, de manière que le fil qui passe sur la prem. passe après sous la seconde, et ainsi de suite, de sorte que les fils de la chaîne se croisent dans l'espace qui est entre les deux *verges*. — T. d'artif. : *verge de fusée*, baguette à laquelle la fusée volante est attachée.—*Verge de la balance*, le fléau de la balance romaine.—On appelle aussi *verges*, des morceaux de fer longs et menus, ordinairement ronds, que les marchands de fer vendent aux serruriers ; ce qui s'appelle encore du *fer en verges*.—T. de mar.: *verge de girouette*, *verge* de fer qui tient le haut de la girouette fixé sur le haut du mât; *verge de l'ancre*, la partie de l'ancre qui est contenue depuis l'organeau jusqu'à la croisée; *verge de pompe*, la *verge* de fer ou de bois qui tient l'appareil de la pompe.—T. de faucon., *verge de huan*, une *verge* qu'on garnit de quatre petits piquets, et à laquelle on attache les ailes d'un milan ; *verge de meute*, baguette que l'on garnit de trois piquets avec des feuilles, pour y attacher un oiseau vivant qui, étant lié, se nomme *meute*.—On appelle aussi *verge*, une espèce de fouet de coche qui a peu de touche. (*Laveaux*.)

VERGE-A-BERGER, subst. fém. (*vèrejabèrejé*). Voy. **VERGE-A-PASTEUR**.

VERGEAGE, subst. mas. (*vèrejaje*), mesurage des toiles, rubans, étoffes, etc., avec la mesure appelée *verge*.

VERGE-A-PASTEUR, subst. mas. (*vèrejapaceteur*), t. de bot., espèce de chardon-bonnetier qui croît dans les haies et les buissons, et que l'on nomme aussi *verge-à-berger* dans certains endroits.

VERGE-D'AARON, subst. fém. (*vèrejeda-âron*), la baguette divinatoire. Voy. **BAGUETTE**.

VERGE-DE-JACOB, subst. fém. (*vèrejedejâkobe*) Voy. **ASPHODÈLE**.

VERGE-D'OR, subst. fém. (*vèrejedor*), t. de bot., sorte de plante qui croît dans les lieux montagneux, humides et ombragés. — Genre de plantes de la famille des corymbifères. — En t. d'astron., *verge d'or* est le même instrument que l'arbalète ou l'arbalestrille.

VERGE-DORÉE, subst. fém. (*vèrejedoré*), t. de bot., sorte de plante agreste. Elle a beaucoup d'analogie avec la *verge-d'or*, nom qu'on lui donne même dans certains endroits.

VERGÉ, **E**, part. passé de *verger*, et adj.— Se dit d'une étoffe qui n'est pas bien unie, ou du côté de la soie, ou du côté de la teinture : *cette étoffe est vergée*.

VERGÉE, subst. fém. (*vèrejé*), en Normandie, mesure de 385 toises carrées pour l'arpentage des terres. Hors d'usage aujourd.

VERGENCE, subst. fém. (*vèrejance*), t. de médec., tendance des humeurs vers une partie.

VERGEOISE, subst. fém. (*vèrejoaze*), sucre des sirops des formes bâtardes.—Formes dans lesquelles on les dépose.

VERGER, subst. mas. (*vèrejé*) (en latin *viridarium*. Ménage.), lieu clos et planté d'arbres fruitiers.

VERGER, v. act. (*vèrejé*), mesurer, jauger avec la *verge*. — *se* **VERGER**, v. pron.

VERGEROLLES, subst. fém. plur. (*vèrejerole*), t. de bot., plante de la syngénésie.

VERGERON, subst. mas. (*vèrejeron*), t. d'hist. nat., sorte d'oiseau du genre des fauvettes.

VERGETÉ, **E**, part. pass. de *vergeter*, et adj.— T. de bot. : *tige vergetée*, qui pousse des rameaux faibles et inégaux.—*Teint vergeté*, *peau vergetée*, où il paraît des petites raies de différentes couleurs, et plus ordinairement rouges.

VERGETER, v. act. (*vèrejeté*), nettoyer, brosser avec des *vergettes*.—*se* **VERGETER**, v. pron.

VERGETIER, subst. mas. (*vèrejetié*), celui qui fait, qui vend des *vergettes*.

VERGETTE, (l'*Académie* semble préférer, et avec raison peut-être, **VERGETTES** écrit au plur.), subst. fém. (*vèrejète*) (du latin *virgulæ*, petites verges), brosse faite de poil de cochon, de sanglier, etc., dont on se sert pour nettoyer les habits ou autres choses. — T. de blas., pal rétréci de moitié, selon les uns, des deux tiers, selon les autres. — On appelle aussi *vergettes*, des cercles qui servent à soutenir et à bander les peaux dont on garnit les tambours.

VERGETURES, subst. fém. plur. (*vèrejeture*), t. de médec. et de chir., petites raies rougeâtres ou blanchâtres, assez semblables à celles que produiraient des coups de verges, et dont les téguments sont assez souvent le siège, à la suite des maladies qui y ont occasioné une violente distension.

VERGEURE, subst. fém. (*vèrejure*) (du latin *virgula*, petite verge), fils de laiton attachés sur la forme du papier. — Raies que font ces fils sur le papier.

VERGLACÉ, **E**, adj. (*vèreguelacé*), gelé, couvert de *verglas*.

VERGLACER, v. neut. (*vèreguelacé*), se *glacer*; faire du *verglas*. — *se* **VERGLACER**, v. pron. Peu usité, mais utile.

VERGLAS, subst. mas. (*vèreguelâ*), pluie qui se *glace* en tombant ou aussitôt qu'elle est tombée.

VERGNE, ou mieux **VERNE**, subst. mas. (*vèregnie*, *vèrene*) (du lat. *verna*, sous-entendu *arbor*), arbre printanier.

VERGOGNE, subst. fém. (*vèreguognie*) (corruption du lat. *verecundia*, dont les Italiens ont fait également *vergogna*, et les Espagnols *vergüenza*), honte. Il est fam. et vieillit.

VERGOGNEUSEMENT, adv. (*vèreguognieuzeman*), honteusement, lâchement.—*Raymond* dit *vergognement*, mais c'est évidemment une erreur; du reste cet adv. est fort peu usité.

VERGOGNEUSE, adj. fém. Voy. **VERGOGNEUX**.

VERGOGNEUX, adj. mas., au fém. **VERGOGNEUSE**, (*vèreguognieu*, *gnieuze*), honteux, chaste, réservé. (*Boiste*.) Inusité.

VERGUE, subst. fém. (*vèregue*), pièce de bois ronde, plus grosse par le milieu que par les deux bouts, qui pend en travers d'un mât de vaisseau pour en soutenir les voiles : *la grande vergue*; *la vergue de hune, de perroquet, d'artimon*. — *Dresser les vergues*, les mettre droites, en sorte qu'elles forment une croix avec les mâts.

VÉRICLE, subst. fém. (*vérikle*), se dit des diamants faux, contrefaits avec du verre ou du crystal : *des diamants de véricle*.

VÉRIDICITÉ, subst. fém. (*véridicité*), caractère de *vérité* dans le discours. —Véracité : *véridicité d'un historien*.

VÉRIDIQUE, adj. des deux genres (*véridike*) (en lat. *veridicus*), fait de *veredicere*, dire la vérité, lequel est formé de *verum*, le vrai, la vérité, et de *dicere*, dire), qui aime à dire la *vérité*; qui ne déguise rien.

VÉRIFICATEUR, subst. mas., **VÉRIFICATRICE**, subst. fém. (*vérifikateur*, *trice*), celui, celle qui examine la *vérité* d'une pièce, qui recherche la *vérité* de quelque écriture.

VÉRIFICATION, subst. fém. (*vérifikâcion*), examen de la *vérité* d'une écriture, de la *vérité* d'un passage, d'une chose, etc.—Droit qu'exerçaient les anc. parlem. d'examiner les édits qu'on leur transmettait, avant d'en ordonner l'enregistr.

VÉRIFICATRICE, subst. fém. Voy. **VÉRIFICATEUR**.

VÉRIFIÉ, **E**, part. pass. de *vérifier*.

VÉRIFIER, v. act. (*vérifié*) (du lat. *verus*, vrai, et *facere*, faire; *verum facere*, rendre vrai, prouver, constater), faire voir la *vérité* d'une chose : *l'évènement a vérifié ce que vous aviez prédit*. — Comparer des écritures pour connaître si elles sont de la même main. — S'assurer ou faire voir qu'un passage est *véritablement*, dans un auteur, tel qu'on le rapporte.—Enregistrer un édit. — **VÉRIFIER**, **AVÉRER**. (*Syn.*) *Vérifier*, c'est employer les moyens de se convaincre, ou de convaincre quelqu'un qu'une chose est *véritable* ou conforme à ce qui est, qu'elle est exacte. *Avérer*, c'est prouver, constater d'une manière convaincante qu'une chose est *vraie* ou réelle qu'elle existe. Vous *vérifiez* un rapport, pour savoir s'il est *véritable* ou fidèle : vous *avérez* un fait, en vous assurant qu'il est *vrai* ou réel. Vous *vérifiez*, par l'examen des pièces, des titres, des dépositions, des probabilités, l'exactitude, la justesse, la fidélité, la force du rapport; et le fait est *avéré*. La vérité du rapport suppose et prouve la vérité du fait. L'écriture et la signature d'un billet étant *vérifiées*, l'obligation est *avérée* ou constatée. — On *vérifie* une citation, en la comparant avec le texte cité ; il s'agit alors seulement de savoir si la copie est conforme à l'original; et il n'y a rien à *avérer* à l'égard de la chose citée. *On vérifie* aussi les faits, mais les faits contenus dans une plainte, dans une accusation, dans une requête, dans une demande, dans une allégation. La *vérification* prouve que la plainte est légitime, ou que la demande est juste, puisqu'il en résulte que les faits sont vrais et *avérés*. La *vérification* est un moyen d'*avérer* les choses. On *n'avère* que les faits. — Un délit est *avéré*, dès qu'il est confessé. Mais s'il n'est prouvé que par des dépositions de deux témoins, il reste à *vérifier* si ces dépositions s'accordent ensemble, si elles ne portent aucun trait de fausseté, si elles ne sont pas détruites par des faits contraires et par les réponses de l'accusé, si elles sont faites par des hommes irréprochables et incorruptibles, etc.—*se* VÉRIFIER, v. pron.

VÉRIN, subst mas. (*vérein*), machine composée d'une vis et d'un écrou, par le moyen de laquelle on enlève de très-grands fardeaux.

VÉRINE, subst. fém. (*vérine*), nom de la meilleure espèce de tabac. — T. de mar., lampe qui éclaire la nuit le timonier d'un vaisseau.

VÉRISIMILITUDE, subst. fém. (*vérécimilitude*), vraisemblance.

VÉRITABLE, adj. des deux genres (*véritable*) (en lat. *verus*), vrai, conforme à la vérité. Voy. VRAI. — Qui n'est pas falsifié. — Solide, bon, excellent dans son genre : *un véritable ami; un véritable orateur*. — Qui dit toujours la *vérité*.

VÉRITABLEMENT, adv. (*véritableman*), conformément à la *vérité*. A la tête de la phrase il a le même sens que la loc. adv., *à la vérité*.

VÉRITÉ, subst. fém. (*vérité*) (en lat. *veritas*), conformité de l'idée avec son objet, d'un récit avec un fait, du discours avec la pensée : *dire la vérité, déguiser, cacher, découvrir la vérité*. — Ce qui est opposé à fausse opinion, à erreur : *défenseur de la vérité*. — Principe, axiome, maxime : *vérité importante, sensible, palpable*. — En parlant des personnes, sincérité, bonne foi : *air de vérité*, qui persuade. Voy. FRANCHISE. — Dans les arts d'imitation, expression parfaite, exacte et fidèle : *il y a bien de la vérité dans ce paysage, dans cette peinture des mœurs du siècle*. — *Il n'y a que la vérité qui offense*, l'injure que vous me dites ne me touche pas, elle est sans fondement; les reproches fondés sont ceux qui offensent le plus. — Au plur., choses vraies, choses véritables, absolument vraies. — Il se dit aussi des choses vraies, mais désobligeantes, qu'on dit à quelqu'un ou de quelqu'un: *il faut savoir taire des vérités fâcheuses*. — Fam. : *dire à quelqu'un ses vérités*, lui dire librement ses vices, ses fautes.— *En vérité*, loc. adv., assurément, sans mentir. Il s'emploie pour confirmer ce qu'on vient d'avancer : *en vérité, plus j'y pense et plus je m'y perds*.—*A la vérité*, loc. adv., se dit en opposition, et est toujours suivi de *mais*, au second membre de la phrase : *à la vérité, vous m'avez prêté mille écus, mais je vous les ai rendus*.—Subst. propre fém., myth., fille de Saturne ou du Temps, et mère de la Justice et de la Vertu. Tantôt elle est personnifiée sous la figure d'une femme modeste qui se tient à l'écart; tantôt sous la figure d'une belle femme à l'air majestueux et noble, vêtue simplement, et dont les yeux brillent comme des astres. Elle est exprimée aussi par une femme qui a sous le sein gauche une incision dont elle écarte les chairs, comme si par cette ouverture elle voulait laisser lire ce qui se passe dans son cœur; ou par une femme nue, posée sur un cube, foulant aux pieds le globe terrestre, tenant de la main droite un livre et une palme, symbole de triomphe, et de la gauche un soleil qu'elle regarde fixement. Quelqu'un a dit que la *Vérité* se tenait ordinairement cachée dans un puits, pour exprimer la difficulté de la connaître ou de la découvrir. On voit, sur une médaille frappée en l'honneur de l'Arétin, la *Vérité* sous l'emblème d'une femme nue, assise sur une pierre; elle a le pied gauche appuyé sur un Satyre; elle regarde Jupiter, qui paraît sur un nuage, la foudre à la main; la Renommée est derrière elle, qui vient la couronner, et la légende porte ces mots : *veritas odium parit*, la *vérité* fait des ennemis. — *Vérité chrétienne*; elle est représentée sur les tableaux d'église par une femme qui tient à la main le livre des Evangiles, avec la palme du martyre. Elle a sous les pieds le globe terrestre, et porte avec confiance ses regards sur une croix rayonnante, qui dissipe les nuages sous lesquels se cache l'Erreur, qu'on aperçoit dans l'obscurité.

VERJAGE, subst. mas. (*vérejaje*), défaut dans les étoffes unies de soie, de laine ou de fil, provenant de ce que la chaîne ou la trame n'est pas d'une égale grosseur.

VERJUS, subst. mas. (*véreju*), espèce particulière de raisin âpre et acide que l'on cultive pour en extraire la liqueur nommée aussi *verjus* (*jus vert*), et employée dans les assaisonnements. — Cette sorte de raisin. — Raisin que l'on cueille encore *vert*. — Vin trop *vert*. — Prov.: on dit de deux choses entre lesquelles on ne remarque aucune différence : *c'est jus vert ou verjus*. — On dit : *elle a un caractère aigre comme du verjus*, en parlant d'une personne acariâtre. Fam.

VERJUTÉ, E, adj. (*vèrejuté*), qui a une pointe d'acide comme le *verjus* : *une sauce verjutée*.

VERLE, subst. fém. (*vèrele*), jauge pour mesurer le contenu des *tonneaux*.

VERMANDOIS, subst. propre mas. (*vèremandoa*), ancienne province de France.

VERMEIL, adj. mas., au fém. **VERMEILLE**, (*vèremè-ie*) (du latin *vermiculus*, petit ver, vermisseau, à cause du vermisseau qui fournit la cochenille, avec laquelle on teint en écarlate; *Caseneuve, Ménage*, etc.), qui est d'un rouge un peu plus foncé que l'incarnat; il se dit surtout des fleurs et du teint.—Frais et coloré.

VERMEIL, subst. mas. (*vèremè-ie*), argent doré: *buffet, service de vermeil*. — Composition de gomme gutte et de vermillon, dont se servent les doreurs en détrempe pour donner de l'éclat à leurs ouvrages.

VERMEILLE, subst. fém. (*vèremè-ie*), nom qu'on donne parmi les bijoutiers, tantôt à un corindon d'une couleur rouge écarlate, tantôt à un grenat dont la couleur rouge tire un peu sur l'orange. La première de ces gommes est *la vermeille orientale*, et la seconde, *la vermeille commune* ou *occidentale*. — On donne aussi ce nom à l'hyacinthe, lorsque sa couleur, naturellement jaune orangé, se trouve mêlée d'une teinte rouge.

VERMEILLONNÉ, E, part. pass. de *vermeillonner*.

VERMEILLONNER, v. act. (*vèremè-ioné*), appliquer la composition qu'on nomme *vermeil*.— *se* VERMEILLONNER, v. pron. Peu usité. On confond d'ailleurs, et c'est à tort, *vermeillonner*, avec *vermillonner*.

VERMET, subst. mas. (*vèremé*), t. d'hist. nat., espèce de mollusques.

VERMICELLE (l'*Académie* écrit aussi **VERMICEL**, contre l'usage général), subst. mas. (*vèremichèle*) (emprunté de l'italien *vermicelli*, petits vers), espèce de pâte faite en filaments menus et longs, qui ressemblent à des *vers*. On en fait des potages.—Dans les fabriques, cordonnet placé en forme de losange au-dessous du feston sur des tulles, et qui a l'apparence d'une pâte de *vermicelle*.

VERMICELLIER, subst. mas. (*vèremichèlié*), celui qui fait et vend du *vermicelle* et d'autres pâtes.

VERMICULAIRE, subst. mas. (*vèremikulère*), t. d'hist. nat., genre de testacés de la classe des univalves.—T. de bot., genre de plantes cryptogames de la famille des champignons.

VERMICULAIRE, adj. des deux genres (*vèremikulère*) (du lat. *vermiculus*, diminutif de *vermis*, ver), qui a quelque rapport aux *vers*, qui leur ressemble. — Les médecins appellent *pouls vermiculaire*, un pouls petit, ondulant, inégal, et à peine sensible.—En anat., *mouvement vermiculaire*, mouvement du canal intestinal; *appendice vermiculaire*, expansion cylindrique de la partie postérieure et inférieure du cœcum, mais dont les fonctions sont entièrement inconnues.

VERMICULANT, adj. mas. (*vèremikulan*), t. de médec. : *pouls vermiculant*, dont les battements ressemblent au mouvement ondoyant des *vers* qui rampent.

VERMICULATION, subst. fém. (*vèremikulâcion*). Voy. VERMOULURE.

VERMICULÉ, E, adj. (*vèremikulé*) (en latin *vermiculatus*) : *ouvrage vermiculé*, travaillé de manière qu'il représente des traces de *vers*.

VERMICULITHE, subst. fém. (*vèremikulite*), t. d'hist. nat.; on donne ce nom à des corps marins pétrifiés, qui ressemblent à des *vers* entortillés les uns dans les autres.

VERMICULURE, subst. fém. (*vèremikulure*), t. d'archit., travail qui représente des traces de *vers*. (*Académie*.)

VERMIFORME, adj. des deux genres (*vèremiforme* (du lat. *vermis*, ver, et *forma*, forme), t. d'anat., qui ressemble à des *vers*.—Les anatomistes nomment *éminences vermiformes du cervelet*, tantôt trois tubercules que présente chaque globe du cervelet, tantôt une seule protubérance que l'on aperçoit à la partie supérieure et moyenne de cet organe, à l'endroit où ces deux lobes sont continus; tantôt enfin deux protubérances de ce genre, l'une qui est antérieure, et l'autre postérieure. — Subst. mas. plur., t. d'hist. nat., famille de petits quadrupèdes carnassiers du genre des martres.

VERMIFUGE, subst. mas. et adj. des deux genres (*vèremifuje*) (du latin *vermis*, ver, et *fugare*, mettre en fuite), qui chasse ou qui fait mourir les *vers*.

VERMILIE, subst. fém. (*vèremili*), t. d'hist. nat., genre de vers marins de la classe des annelides.

VERMILLÉ, part. passé. de *vermiller*.

VERMILLER, v. neut. (*vèremi-ié*), t. de chasse ; il se dit du cerf et des sangliers lorsqu'ils remuent la terre pour y chercher des *vers*.

VERMILLON, subst. mas. (*vèremi-ion*) (rac. *vermeil*), minéral de couleur rouge fort éclatante. — Cette couleur même. — Couleur *vermeille* des joues et des lèvres. — T. de chim., sulfure de mercure pulvérisé. — *Vermillon d'Espagne*, mélange intime de carthamite et de talc réduits en poudre très-fine.

VERMILLONNÉ, E, part. pass. de *vermillonner*.

VERMILLONNER, v. neut. et act. (*vèremi-ioné*), vieux t. de chasse : *le blaireau vermillonne*, cherche des *vers* pour pâturer. On dirait mieux dans ce sens aujourd'hui *vermiller*.—Act., peindre en *vermillon*; enduire de *vermillon*. — *se* VERMILLONNER, v. pron.

VERMINE, subst. fém. (*vèremine*) (du latin *vermis*, ver), en général, toutes sortes d'insectes incommodes, comme poux, puces, punaises, etc. Il se dit plus particulièrement des poux. — Fig., gueux, mendiants, filous, etc.

VERMINEUSE, adj. fém. Voy. VERMINEUX.

VERMINEUX, adj. mas., au fém. **VERMINEUSE** (*vèremineu, neuze*), t. de médec., qui contient des *vers*.

VERMISSEAU, subst. mas. (*vèremiçô*), petit *ver* de terre. — *Vermisseau de mer*, t. d'hist. nat., sorte de coquillage multivalve, fait en forme de tuyau.

se **VERMOULER**, v. pron. (*cevèremoulé*), être piqué de *vers*. Peu usité.

VERMOULU, E, part. pass. irrég. de *se vermouler* (quelle bizarrerie !), et mieux adj. piqué de *vers*.

VERMOULURE, subst. fém. (*vèremoulure*), piqûre de *vers* dans le bois, dans le papier. — La poudre qui en sort.— La trace que les *vers* laissent dans ce qu'ils ont rongé.

VERMOUT, subst. mas. (*vèremou*), vin dans lequel on a mêlé de l'absinthe.

VERNACULAIRE, adj. des deux genres (*vèrenakulère*) (du lat. *vernaculus*, qui signifie *né dans la maison d'un maître*), domestique de la maison, de la famille, du pays. — Commun, ordinaire.—Printanier.

VERNAIE, subst. fém. (*vèrené*), lieu planté de *vèrnes* ou d'aulnes.

VERNAL, E, adj. (*vèrenale*) (en latin *vernalis*, fait de *ver*, printemps), qui est du printemps : *l'équinoxe vernal*.—Au plur. mas., *vernaux*.

VERNAUX, adj. mas. plur. Voy. VERNAL.

VERNAILLE, subst. fém. (*vèrenâ-ie*), sorte de pierre précieuse.

VERNE, subst. mas. (*vèrene*), t. de bot., sorte d'arbre. Voy. AUNE.

VERNEUIL, subst. propre mas. (*vèreneu-ie*), ville de France, chef-lieu de canton, arrond. d'Evreux, dép. de l'Eure.

VERNI, E, part. pass. de *vernir*.

VERNIR, v. act. (*vèrenir*), appliquer le *vernis* sur le bois, le fer, etc.—Enduire de *vernis*.—*se* VERNIR, v. pron.

VERNIS, subst. mas. (*vèreni*) (de *vernix*, employé dans cette acception par les écrivains de la basse latinité, et que *Saumaise* dérive de *βερνίκη*, syncope de *βερονίκη*, qui, chez les Grecs barbares, signifie l'*ambre jaune*, à cause de la ressemblance de la gomme de genièvre avec le succin), t. de bot., arbre d'Amérique.—Composition de gomme, et surtout de gomme de genièvre, d'esprit-de-vin, etc., avec laquelle on donne aux tableaux, au bois de menuiserie, etc., un lustre agréable.—On appelle, *vernis à bois*, celui qui sert pour les couleurs en bois; *vernis au bronze*, un mélange de gomme laque, de colophane, de mastic en larmes et d'esprit-de-vin; *vernis blanc*, celui qui est le plus beau et qui sèche le plus promptement, et celui qui est fait avec de la térébenthine fine et du mastic; *vernis commun*, de la térébenthine fondue avec de l'huile de térébenthine; *vernis de Venise*, *vernis d'imprimerie*, de l'essence de térébenthine, de l'huile de noix et de lin, dont on fait l'encre propre à l'imprimerie; *vernis doré*, un mélange de sandaraque, d'huile d'aloès, de gomme gutte et de litharge; *vernis gras*, celui qui est fait avec des résines dissoutes dans l'huile; *vernis mi-blanc*, celui de tous ou il entre plus de gomme et qu'on emploie pour les couleurs vertes; *vernis siccatif*, celui dans lequel il entre de l'huile d'aspic, de la térébenthine et de la sandaraque.— Enduit qu'on met sur les pots de terre, et en général sur toutes les terres cuites.—Fig. et fam., apparence favorable, déguisement : *la modestie est un excellent vernis sur l'esprit, les talents; cela lui a donné un vilain vernis*, etc.

VERNISSÉ, E, part. pass. de *vernisser*.

VERNISSER, v. act. (*vèrenicé*), vernir de la poterie. — *se* VERNISSER, v. pron.

VERNISSEUR, subst. mas., **VERNISSEUSE**, subst. fém. (*vèreniceur, ceuze*), artisan qui fait des *vernis* ou qui les emploie.

VERNISSIER, subst. mas. (*vèrenicié*), t. de bot., sorte d'arbre de la Chine, qui donne ou produit un *vernis*.

VERNISSURE, subst. fém. (*vèreniçure*), application de *vernis*. —Le *vernis* appliqué sur quelque bois.

VERNON, subst. propre mas. (*vèrenon*), ville de France, chef-lieu de canton, arrond. d'Evreux, dép. de l'Eure.

VERNONIE, subst. fém. (*vèrenoni*), t. de bot., genre de plantes.

VERNONIÉE, subst. fém. (*vèrenoni-é*), t. de bot., tribu de plantes.

VERNOUX, subst. propre mas. (*vèrenou*), ville de France, chef-lieu de canton, arrond. de Tournon, dép. de l'Ardèche.

VÉROLE, subst. fém. (*vérole*) (du lat. *varius*, bigarré de diverses couleurs, à cause des pustules qui caractérisent cette honteuse maladie; d'où l'on a forgé le mot *variolæ, arum*), sorte de maladie vénerienne.—*Suer la vérole*, suer pour guérir la *vérole*.— *Petite-vérole*, sorte de maladie qui couvre la peau de pustules; la variole. — *Petite-vérole confluente*, dont les boutons se touchent; *petite-vérole discrète*, dont les boutons ne se touchent pas; *petite-vérole volante*, peu abondante et sans malignité. — T. d'hist. nat., coquille du genre porcelaine.

VÉROLÉ, E, subst. et adj. (*vérolé*), qui a la *vérole*, qui tient de la *vérole*.

VÉROLETTE, ou **VÉRETTE**, subst. fém. (*vérolète*). Voy. VARICELLE.

VÉROLIQUE, adj. des deux genres (*vérolike*), appartenant à la *vérole* : *pustule vérolique*. Les médecins disent *variolique*.

VÉRON, mieux **VAIRON**, subst. mas. (*véron*), t. d'hist. nat., petit poisson de rivière.

VÉRONE, subst. propre fém. (*vérone*), ville d'Italie.

VÉRONIQUE, subst. fém. (*véronike*), t. de bot., plante à fleur monopétale, dont on distingue beaucoup d'espèces : *véronique à épi*, celle dont la tête se termine par une pointe en forme d'épi; *véronique aquatique* ou *cressonnée*, *véronique des jardins*, la lychnite laciniée; *véronique des bois* ou *des haies*, celle qu'on trouve dans ces endroits; *véronique des champs*, la germandrée bâtarde qui vient au milieu des champs; *véronique femelle*, plante du genre des linaires; *véronique mâle*, ancien nom pharmaceutique qu'on donnait à la *veronica officinalis*; *véronique terrestre*, celle qui croît dans les lieux éloignés des eaux.

VÉROTÉ, É, part. pass. de *véroter*.

VÉROTER, v. neut. (*véroté*), chercher des *vers*, en parlant des oiseaux pour leur nourriture, et en parlant des pêcheurs pour s'en servir pour la pêche du poisson.

VÉROTIER, subst. mas. (*vérotié*); il se dit d'un pêcheur qui cherche des *vers* pour la pêche. — Il se dit aussi des oiseaux qui en cherchent pour leur nourriture. — Il se prend aussi quelquefois adjectivement : *un pêcheur*, *un oiseau vérotier*.

VÉROTIS, subst. mas. plur. (*véroti*), t. de pêche, vers rouges dont les pêcheurs se servent pour appât.

VERPE, subst. fém. (*vèrepe*), t. de bot., genre de plantes de la famille des champignons.

VERPILLIÈRE (LA), subst. propre fém. (*lavèrepi-ière*), village de France, chef-lieu de canton, arrond. de Vienne, dép. de l'Isère.

VERPONTES, subst. fém. plur. (*vèreponte*), t. de raffinerie, vergeoises refondues.—Résidus des vergeoises qui n'ont pu se purger de leur sirop.

DU VERBE IRRÉGULIER VOIR :

Verra, 3ᵉ pers. sing. fut. indic.
Verrai, 1ʳᵉ pers. sing. fut. indic.
Verraient, 3ᵉ pers. plur. prés. cond.
Verrais, précédé de *je*, 1ʳᵉ pers. sing. prés. cond.
Verrais, précédé de *tu*, 2ᵉ pers. sing. prés. cond.
Verrait, 3ᵉ pers. sing. prés. cond.
Verras, 2ᵉ pers. sing. fut. indic.

VERRAT, subst. mas. (*vèra*) (du lat. *verres*, qui a la même signification), pourceau mâle; porc entier. — Prov. : *il écume comme un verrat*, il écume de colère. — *Verrat de mer*, t. d'hist. nat., nom qu'on donne à un poisson.

VERRE, subst. mas. (*vère*) (en lat. *vitrum*), corps transparent et fragile, produit par la fusion d'un mélange de sable et de sel alkali. — *Verre d'étain*, *verre* rendu opaque au moyen de la potée d'étain dont on couvre la surface de la faïence.—Métal ou minéral que le feu change en *verre* : *verre de plomb*. — *Verre de lunette*, *verre* taillé dont on se sert pour les lunettes, les microscopes, etc.—Vase à boire, fait de *verre* : *verre de crystal*.—Ce que contient ou peut contenir un *verre* ordinaire : *un verre de vin, d'eau, de limonade*.—Fam.: *choquer le verre*, faire toucher un *verre* de vin contre celui d'une autre personne, en signe d'amitié.—*Entre les verres et les pots*, à table en buvant.—Prov. : *qui casse les verres les paie*, qui fait du dommage doit le réparer.—On appelle *verres*, les carreaux ou vitres de *verre* plat et mince que l'on met aux fenêtres, croisées, portes vitrées, etc.; et *verres de Bohême*, de grands carreaux dont on garnit les croisées des appartements. On les appelle ainsi parce qu'on a commencé à les fabriquer en Bohême; et quoiqu'on en fabrique aussi en France, ils ont gardé leur premier nom. — *Verre dormant*, carreau, vitre, qui ne s'ouvre point. On dit aussi substantivement : *un dormant*.— En termes de physique, on appelle *verre à diabète*, un verre percé à son fond, et dont la tige forme un canal dans lequel on ajuste un siphon à jambes inégales, de manière que l'eau que l'on verse dans le verre ne coule par la longue jambe du siphon que lorsqu'elle couvre la crosse que forme le siphon; *verre à facettes*, un verre plan d'un côté, et composé de l'autre de plusieurs surfaces planes, inclinées les unes aux autres. Ce *verre* fait voir l'image d'un objet qu'on regarde au travers, autant de fois qu'il y a de surfaces planes sur son côté taillé à facettes.— On appelle *verre ardent*, un *verre* convexe des deux côtés, et qui a la propriété de rassembler les rayons du soleil en un petit espace qu'on appelle *foyer*; *verre lenticulaire*, un *verre* qui a la forme d'une lentille. — *Verre à boire*, t. de bot., agaric de couleur rousse foncée, à bords relevés à saveur acide, qui croît dans les bois des environs de Paris. — *Verre de Moscovie*, t. d'hist. nat.; on a donné ce nom au mica à grandes lames qu'on trouve dans quelques montagnes granitiques de la Russie septentrionale, et surtout en Sibérie.—*Verre de volcan de Delisle*, lave vitreuse obsidienne. — *Verre fossile*, pierre transparente et claire qu'on trouve dans les mines. — *Verre phosphorique*, t. de chim., acide phosphorique vitrifié; *verre d'antimoine*, oxyde d'antimoine sulfuré vitreux.

VERRÉE, subst. fém. (*véré*), plein un *verre*. Il est peu usité; on dit : *une médecine en deux verres*, et non pas *en deux verrées*.

VERRERIE, subst. fém. (*vèreri*), art de faire le *verre*. — Lieu où on le fabrique. — Toute sorte d'ouvrages de *verre*.

Verrez, 2ᵉ pers. plur. fut. indic. du verbe irrég. VOIR.

VERRIER, subst. mas. (*vèrié*), ouvrier qui fait du *verre*. — Celui qui vend des *verres*. — Ustensile de ménage fait d'osier, dans lequel on met les *verres* à boire, les carafes, etc. — Cadre à verre pour conserver un original de dessin, ou boîte d'éventailliste dans laquelle on renferme les dessins originaux des éventails.

VERRIÈRE, subst. fém. (*vèrière*), vieux mot. Pièce de *verre* qu'on met devant les tableaux ou autres choses pour les conserver. On disait aussi *verrine*. — Espèce de cuvette dans laquelle on place des *verres* à pied.—Petite serre fermée par-devant et par-dessus de châssis de *verre*.

Verriez, 2ᵉ pers. plur. prés. cond. du verbe irrégulier VOIR.

VERRILLON, subst. mas. (*vèri-ion*), t. de mus., espèce d'harmonica composé de huit à neuf verres à pied, de différentes grandeurs, sur lesquels on touche avec des baguettes dont le bout est recouvert de drap.

VERRIN, subst. mas. (*vèrein*), sorte de vis surmontée d'un plateau, destinée à soulever un peu les grands fardeaux, en l'introduisant au-dessous.

VERRINES, subst. fém. plur. (*vèrine*), discours de Cicéron contre *Verrès*.—Au sing., voy. VERRIÈRE.

DU VERBE IRRÉGULIER VOIR :

Verrions, 1ʳᵉ pers. plur. prés. cond.
Verrons, 1ʳᵉ pers. plur. fut. indic.
Verront, 3ᵉ pers. plur. fut. indic.

VERROT, subst. mas. (*vérô*), *verroterie* en Afrique. (*Boiste*.) Voy. VERROTERIE.

VERROTER, v. neut. Voy. VÉROTER.

VERROTERIE, subst. fém. (*vèroteri*), menue marchandise de *verre*.

VERROTIER, subst. mas. Voy. VÉROTIER.

VERROTIS, subst. mas. plur. Voy. VÉROTIS.

VERROU, subst. mas. (*vèrou*) (en latin *veruculum*, diminutif de *veru*, broche de fer), pièce de fer qui va et vient entre deux crampons; on l'applique à une porte pour la fermer par dedans. — *Tirer les verrous sur soi*, s'enfermer, se tenir dans la retraite. — Prov. : *venir baiser le verrou*, venir faire ou rendre hommage. — *Mettre, tenir quelqu'un sous les verrous*, mettre, tenir quelqu'un en prison. On disait autrefois *verrouil*.

VERROUILLÉ, E, part. pass. de *verrouiller*.

VERROUILLER, v. act. (*vèrou-ié*), fermer au *verrou*. — *se* VERROUILLER, v. pron., s'enfermer au *verrou*.

VERRUCAIRE, subst. fém. (*vèrukière*), t. de bot., genre de plantes. — On a donné aussi ce nom à l'héliotrope d'Europe, parce qu'on en fait usage pour guérir les *verrues*.

VERRUE, subst. fém. (*vèru*) (en latin *verruca*), poireau, sorte de durillon et d'excroissance de chair qui vient au visage et aux mains.

VERRUQUEUSE, adj. fém. Voy. VERRUQUEUX.

VERRUQUEUX, adj. mas., au fém. **VERRUQUEUSE** (*vèrukieu, kieuze*), t. de chir., chargé de *verrues*. — Qui est en forme de *verrue*.

VERRURE, subst. fém. Voy. VERRUE.

VERS (*vère*; et devant une voyelle *vèreze*) (en latin *versùs* ou *versum*, fait de *vertere*, tourner), préposition de lieu, qui sert à désigner à peu près un certain côté, un certain endroit : *vers l'orient; tournez-vous vers moi*. — Prép. de temps, environ : *vers les quatre heures*, *vers la fin de l'automne*.

VERS, subst. mas. (*vère*; *s* ne se prononce jamais) (du latin *versus, sûs*), paroles mesurées et cadencées, selon certaines règles déterminées de prosodie.—*Vers libres*, *vers* de différentes mesures.—*Vers blancs*, *vers* qui ne riment point.

VERSABLE, adj. des deux genres (*vèreçable*). Voy. VERSANT, E, adj.

VERSADE, subst. fém. (*vèreçade*), action de *verser* quand on est en voiture. Peu usité.

VERSAILLES, subst. propre mas. (*vèreçâ-ie*), grande et belle ville de France, chef-lieu du dép. de Seine-et-Oise. Cette ville, à jamais célèbre dans les fastes de la prodigalité et de la magnificence, est un des plus beaux séjours qui existent; et, quoiqu'elle ait beaucoup perdu de sa splendeur depuis que son château a cessé d'être la résidence de nos rois, il en est peu encore en Europe qui pourraient lui être comparées tant par le nombre des édifices qui la décorent que par la régularité de sa construction. Son château passe pour une des merveilles du monde. Le parc, qui n'a pas moins de quatre lieues d'étendue, renferme deux charmants petits châteaux, le grand et le petit Trianon, et un nombre infini de pièces d'eau magnifiques; il est ce que l'on a vu jusqu'ici de plus admirable, et rien ne saurait lui être comparé en Europe. Les vastes appartements du palais viennent récemment d'être consacrés à un musée historique.

VERSANT, E, adj. (*vèreçan, çante*), sujet à *verser* : *les berlines sont moins versantes que les autres voitures*.—Subst. mas., terrein d'inclinaison d'une rivière de chaque côté, au milieu duquel coulent les eaux; pente : *suivez le versant droit*.

VERSATILE, adj. des deux genres (*vèreçatile*) (en lat. *versatilis*, fait de *versare*, fréquentatif de *vertere*, tourner), variable, inconstant;

sujet au changement.—Se dit, en bot., des anthères mobiles qui tournent en tout sens, sur le filament qui les porte.

VERSATILITÉ, subst. fém. (*vèreçatilité*), qualité de ce qui est *versatile*.—Facilité à changer, inconstance, variation dans ses principes, dans ses opinions, ses discours ou sa conduite.

VERSCHOT, subst. mas. (*vèrechôte*), mesure superficielle de cinq cent quarante-sept toises, qui était usitée en Russie.

VERSE, subst. fém. (*vèrece*), manne d'osier, qui contient trente-cinq livres de charbon de terre.—Adj. des deux genres (du lat. *versus*, tourné), t. de géom. : *sinus verse*, la partie du diamètre qui passe par une extrémité de l'arc, compris entre cette extrémité et la perpendiculaire qui tombe sur ce diamètre de l'autre extrémité du même arc. Ainsi le *sinus verse* est l'excès du rayon sur le *cosinus*. Voy. au mot SINUS.—*A verse*, loc. adv. : *il pleut à verse*, abondamment.

VERSÉ, E, part. pass. de *verser*, et adj., répandu, épanché. — Expérimenté, consommé : *versé dans les finances*, *dans la philosophie*.

VERSEAU, subst. mas. (*vèreçô*), le onzième signe du zodiaque, que les astronomes nomment *aquarius*, mot latin. Il est composé de quarante-cinq étoiles, selon *Ptolomée*; de quarante, selon *Tycho-Brahé*, et de quatre-vingt-dix-neuf, selon le Catalogue britannique.— Selon la fable, c'est Ganymède enlevé au ciel par Jupiter.—Les astrologues mettent ce signe parmi ceux de moyenne beauté, qu'ils appellent raisonnables, humains, etc.

VERSEMENT, subst. mas. (*vèreceman*), action de *verser* de l'argent dans une caisse.

VERSENNE, subst. mas. (*vèrecène*), nom donné, en certains endroits, à ce qu'ailleurs on nomme *sillon*.

VERSER, v. act. (*vèrecé*) (du lat. *vertere*, ou plutôt de son fréquentatif *versare*, tourner; parce que c'est en *tournant* ou inclinant un vase, un sac, etc., qu'on *verse* ce qu'il contient), répandre, épancher, transvaser. Voy. RÉPANDRE. — On le dit des grains qu'on répand d'un sac dans un autre, ou d'une autre manière : *verser du blé, de l'avoine dans...*—On dit : *verser de l'argent d'une caisse dans une autre, d'une province dans une autre.* — *Verser de l'argent* signifie aussi, en dépenser beaucoup : *il ne s'agit point de vider sa bourse, et de verser l'argent à pleines mains.*—On dit : *verser des fonds.* — Faire tomber sur le côté, en parlant des voitures et des personnes qui sont dedans : *ce cocher a versé sa voiture, nous a versés.*—On dit prov. et fig. : *il n'est si bon charretier qui ne verse*, pour dire, que les plus habiles font quelquefois des fautes.—Coucher, en parlant des blés sur pied : *l'orage a versé les blés.* — Dans les deux dernières acceptions, il s'emploie aussi neut. : *nous avons versé en tel endroit ; les blés verseront s'il pleut long-temps.*—*Verser des larmes*, pleurer.—*Verser le sang innocent*, faire mourir un innocent. —*Verser son sang pour la patrie*, mourir ou être blessé en combattant pour la patrie.—*Verser le mépris, verser le ridicule sur quelqu'un*, en parler de manière à le rendre méprisable ou ridicule.— VERSER, RÉPANDRE. (*Syn.*) *Verser* ne se dit que des liquides ou des choses qui, sans se désunir, coulent comme des liquides; son idée c'est l'effusion. *Répandre* se dit, même au propre, de divers objets solides et rassemblés, comme des liquides. On *verse* et on *répand* de l'eau, du vin, du sang, des larmes; on *répand* et on ne *verse* pas des fleurs, des monnaies, etc. On ne *verse* que ce qui coule ; on *répand* tout ce qui s'éparpille. *Répandre* ne prend qu'accidentellement l'effet d'effusion, en s'appliquant aux liqueurs, et parce qu'il est dans la nature des liquides de couler; mais alors même son idée distinctive est celle de *diffusion* ou de *dispersion* des choses liquides. Une source *verse* ses eaux, dès qu'elles coulent; elle les *répand*, quand elles s'étendent çà et là.—On *verse* avec dessein, ou par une cause naturelle et nécessaire; et il résulte de là que *verser* ajoute à l'idée d'effusion un rapport marqué avec l'objet qui fait le terme de l'effusion ; on *verse* le vin dans un tonneau pour le garder; on *verse* de l'eau sur les mains pour les laver. On *répand* avec dessein ou sans le vouloir; vous *répandez* du sel et du fumier sur les terres pour les fertiliser; vous *répandez* de l'argent, des secours parmi le peuple, pour le soulager. Si l'on ne dit pas *répandre* du vin dans un verre, c'est que le vin *versé* dans un verre n'est pas *répandu*, il n'est pas jeté çà et là : il est ramassé et contenu dans le nouveau vase, comme il l'était dans un autre. On *répand* en divers lieux, et on ne peut que *verser* dans un vase.—Il faut considérer encore que l'*effusion* marque une succession, une continuité d'écoulement dans les choses *versées*; et la *dispersion*, une étendue, une certaine abondance de choses répandues çà et là. Le ciel *verse* la pluie sur nos campagnes, et *répand* au loin la rosée. Il est vrai qu'on dit *verser* une goutte, une larme, mais comme pour exprimer un commencement d'*effusion* ; on pourra dire aussi, *répandre* une larme, une goutte, en supposant qu'elle rejaillit et se divise en tombant. On *verse* l'argent par une continuité ou une succession assez rapide de dons ou de dépenses, pour le même objet, ou pour un petit nombre d'objets considérés ensemble. On *répand* l'argent par l'étendue et la multiplicité des dépenses et des dons çà et là dispersés sur divers objets. — On dira mieux *verser* des larmes, quand elles coulent comme un ruisseau ; et *répandre* des larmes, quand elles tombent de tous côtés et à diverses reprises. Les larmes qu'on *verse* sillonnent le visage ; celles qu'on *répand* l'inondent. On dira mieux *verser* le sang d'un citoyen, et *répandre* le sang des peuples.

VERSET, subst. mas. (*vèrecè*) (du lat. *versus* ou de son diminutif *versiculus*, fait de *vertere*, tourner; parce que le chœur chante alternativement les *versets* du psaume; ou que les choristes, etc., ayant chanté un *verset*, le chœur chante le répons), passage de l'Écriture qui est ordinairement marqué dans le texte par quelque nombre. — Dans le rit de l'Église romaine, quelques paroles de l'office divin tirées de l'Écriture, et suivies d'un répons. — Signe d'imprimerie qui sert à indiquer les *versets*; il a cette forme : ℣; c'est un V barré.

VERSEUR, subst. mas. (*vèreceur*), celui qui *verse*.

VERSICOLOR, subst. mas. (*vèrecikolore*), t. d'hist. nat., oiseau de l'ordre des pies, du genre corbeau. C'est une grande espèce qui a le bec fort, caractérisé comme celui du corbeau, mais moins gros. Tout son plumage est d'un brun sombre, à reflets bleus et rougeâtres, selon les aspects de la lumière ; le bec et les pieds sont noirs.

VERSICULET, (l'*Académie* dit aussi **VERSICULE**), subst. mas. (*vèrecikulè*), petit *vers*. Les deux mots sont presque inusités.

VERSIFICAILLEUR, subst. mas. (*vèrecifikâ-ieur*), mot de pauvre fabrique et dont on s'est servi par dénigrement ou par mépris en parlant d'un mauvais *versificateur*.

VERSIFICATEUR, subst. mas. (*vèrecifikateur*), celui qui fait des *vers*. Il se dit, ainsi que les mots suivants, plutôt de la facilité et de l'élégance de la construction que du génie et de l'invention.

VERSIFICATION, subst. fém. (*vèrecifikâcion*), l'art de faire des *vers*, ou plutôt manière de les tourner.

VERSIFIÉ, E, part. pass. de *versifier*.

VERSIFIER, v. act. et neut. (*vèrecifié*) (en lat. *versificare*, fait de *versus*, vers, et de *facere*, faire), faire des *vers*.— Mettre en *vers*.— *Une pièce bien* ou *mal versifiée*, dont les *vers* sont beaux ou ne sont pas beaux.—SE VERSIFIER, v. pron.

VERSION, subst. fém. (*vèrecion*) (du lat. *vertere*, tourner), interprétation, traduction d'une langue dans une autre. Voy. TRADUCTION.—Traductions que les écoliers font dans les collèges : *il a emporté le prix de version.* — *Différentes versions d'une histoire, d'une nouvelle*, diverses manières dont on la raconte.—T. de chir., action de retourner l'enfant qui se présente mal dans l'accouchement.

VERSO, subst. mas. (*vèreçô*) (par ellipse, pour *folio verso*, feuillet tourné, retourné) (emprunté du latin), la seconde page d'un feuillet. On le dit par opposition à *recto*. Voy. ce mot. — Au plur., des *verso*.

VERSOIR, subst. mas. (*vèreçoar*), pièce de la charrue qui jette la terre sur le sillon.

VERSTE, subst. fém. (*vèrecete*), sorte de mesure de distance usitée en Russie, etc.; elle vaut cinq cents toises ou sagènes.

VERT, E, (quelques-uns écrivent **VERD**, orthographe plus conforme à l'étymologie ; mais ce qui doit faire changer le *d* en *t*, c'est le fém., dont la désinence porte toujours cette dernière consonne). Adj. (*vère*, *vérete*) (du latin *viridis*), qui a la couleur des herbes : *habit vert.*—*Cet arbre est encore vert*, n'est pas sec.—Prov. : *jeune homme, pain tendre et bois vert mettent la maison au désert*, c'est-à-dire que ces trois choses ruinent ordinairement les petits ménages.—*Pierres vertes*, des pierres fraîchement tirées de la carrière. — En t. de fonderie, *fonte verte*, fonte qui se fait avec le cuivre tel qu'il vient de la mine, et avec peu d'étain. — *Morue verte*, qui n'a pas été séchée.—*Cuir vert*, qui n'a pas été corroyé.— *Des fruits, des vins verts*, qui ne sont pas assez mûrs, assez faits.—Les boulangers disent que *le levain est vert* ou *verdant*, lorsqu'il n'a point achevé de fermenter, lorsqu'il n'a pas tout son apprêt. — *Des pois verts*, nouveaux, qui ne sont pas secs.—Fig. : *cet homme a la tête verte*, est étourdi, évaporé.—Fig. et fam. : *la verte jeunesse*, les premiers temps de la jeunesse, de la grande jeunesse.—*Une verte vieillesse*, saine et robuste. —Fig. et fam. : *c'est un vert galant*, c'est un homme vif, alerte et vigoureux. — Fig., ferme et résolu : *cet homme est vert*, il ne passe rien; il faut être exact avec lui ; *il a fait une réponse bien verte.*

VERT, subst. mas. (*vère*), la couleur *verte*; la couleur des herbes, etc.—Herbes qu'on fait manger *vertes* aux chevaux : *les chevaux sont au vert.* —Fig. et fam. : *ce jeune homme mange son blé en vert*, son revenu par avance. — *Ce vin a du vert*, de la verdeur, n'est pas bien fait.—Prov. : *employer le vert et le sec*, user de toute sorte de moyens. — *Vert-de-gris*, subst. mas., sorte de rouille *verte* et vénéneuse qui vient sur certains métaux, et principalement sur le cuivre, lorsqu'on les laisse dans des lieux humides. — *Vert d'iris*, subst. mas., sorte de couleur dont on se sert pour peindre. — *Vert de corroyeur*, couleur faite avec de la gaude et du *vert-de-gris*, pour teindre les cuirs en *vert.*—*Jouer au vert*, jouer, dans le mois de mai, à une sorte de jeu où l'on est obligé, sous de certaines peines, d'avoir toujours sur soi quelques feuilles de *vert* cueillies le jour même, et où chacun tâche de surprendre son compagnon dans un temps où il n'a point de *vert*. C'est par allusion à ce jeu qu'on dit figurément : *prendre quelqu'un sans vert*, pour, le prendre au dépourvu. — *Vert*, nom d'une espèce de serpent dont le corps est d'une couleur *verte*. — *Vert antique* ou *vert d'Égypte*, subst. mas., t. d'hist. nat., marbre serpentineux composé, 1° de petites masses d'une belle couleur *vert* d'émeraude, qui paraissent être du diallage plus ou moins mêlé de parties calcaires; 2° de petites masses de la même substance, de couleur gris de lin ; 3° de petites masses blanches purement calcaires, grenues, pénétrées sur leurs bords de la couleur verte du diallage ; 4° de veines et de petites masses de serpentine. On trouve un marbre semblable dans les montagnes des environs de Carrare, sur la côte de Toscane, près la côte de Gênes.—*Vert-blanc*, nom spécifique d'un spare.— *Vert-campan*, marbre qu'on tire de la vallée de Campan, dans les Pyrénées.—*Vert-d'azur*; quelques naturalistes ont donné ce nom au *vert* de montagne ou carbonate de cuivre *vert*, lorsqu'il se trouve mêlé avec l'azur de cuivre compacte, ou pierre d'Arménie, qui est un carbonate de cuivre bleu. — *Vert-de-Corse*, c'est une roche primitive, formée d'un mélange de diallage et de jade. On fait avec cette pierre des tables de la plus grande beauté. — *Vert-de-cuivre*, on a quelquefois donné ce nom à la mine de cuivre soyeuse. — *Vert de montagne*, cuivre carbonaté *vert* naturel. Il est tantôt compacte et tantôt pulvérulent, et ordinairement mêlé de parties terreuses.— *Vert des bois*, t. de bot., agaric haut de cinq à six pouces, chapeau *vert* en-dessus et blanc en-dessous, ainsi que le pédicule. *Vert-de-terre* ou *vert-d'eau* ; on a quelquefois donné ce nom à la pierre d'Arménie, lorsqu'elle présente un mélange de cuivre carbonaté bleu et *vert*. — *Vert-doré*, on donne ce nom à deux oiseaux, une grive et un colibri.

VERT-DE-GRIS, subst. mas. (*vèredegueri*). Voyez à l'article VERT.

VERTE, subst. fém. (*vèrete*), t. d'hist. nat.; on a donné le nom de *la verte* à une espèce de couleuvre.

VERTE-BONNE, subst. fém. (*vèretebone*), t. de jardinage ; on a donné ce nom à une variété de prune et à une laitue.

VERTÉBRAL, E, adj. (*vèretébrale*), t. d'anat., qui a rapport ou qui appartient aux *vertèbres*. On appelle *colonne vertébrale* l'ensemble de toutes les *vertèbres*, parce que de leur superposition résulte une sorte de colonne placée à la partie postérieure du tronc, soutenant la tête, et soutenue par le bassin ; *canal vertébral*, un conduit formé par la succession des trous *vertébraux*, et qui donne passage au prolongement rachidien, ou moelle épinière; *petit canal vertébral*, celui qui se trouve formé de chaque côté du cou par la suite des trous qui traversent les masses latérales des *vertèbres cervicales*, et par où passe l'artère *vertébrale*; *gouttières vertébrales*, des gouttières situées sur chaque côté de la région postérieure de la colonne *vertébrale*, et formées par la série des deux *lames vertébrales*, prolongements osseux des parties latérales des *vertèbres*, qui, par leur adossement, forment l'apophyse épineuse; *moelle vertébrale*, prolongement de l'organe encéphalique, s'étendant du trou occipital à la partie inférieure du tronc, et occupant *le canal vertébral*; *ligaments vertébraux*, deux longs surtouts ligamenteux étendus l'un au-devant de l'autre à la partie postérieure du corps des *vertèbres*, depuis la seconde jusqu'à la partie supérieure du sacrum; *artère vertébrale*, c'est une branche de la sous-clavière, et qui, logée dans un canal que lui forment les apophyses transverses cervicales, pénètre dans le crâne, et va s'anastomoser avec la *vertébrale* opposée; *nerfs vertébraux*, tous les nerfs qui naissent successivement de la moelle, depuis son origne jusqu'à sa terminaison. Ils sont divisés en nerfs de l'origine, nerfs cervicaux, nerfs dorsaux, nerfs lombaires, et nerfs sacrés de la moelle *vertébrale*.—Au plur. mas., *vertébraux*.

VERTÉBRALITE, subst. fém. (*vèretébralite*), t. de médec., inflammation d'un ou de plusieurs des os de la colonne *vertébrale*. Presque inusité.

VERTÉBRAUX, adj. mas. pl. Voy. VERTÉBRAL.

VERTÈBRE, subst. fém. (*vèretèbre*) (en latin *vertebra*), t. d'anat., se dit des os qui composent la colonne osseuse principale qui se trouve dans la plupart des animaux désignés par la dénomination d'*animaux vertébrés*. Dans l'homme, les *vertèbres* sont divisées en trois séries : les *vertèbres cervicales*, au nombre de sept; les *vertèbres dorsales*, au nombre de douze; et les *vertèbres lombaires*, au nombre de cinq.

VERTÉBRÉ, E, adj. (*vèretébré*), t. d'hist. nat., qui a des *vertèbres*. On appelle *animaux vertébrés*, ceux qui ont des *vertèbres*, tels que l'homme, les quadrupèdes, les cétacés, les oiseaux, etc. Ce caractère les distingue des *animaux invertébrés*, c'est-à-dire, privés des *vertèbres*, tels que les mollusques, les coquillages, les insectes, les vers, etc.

VERTÉBRITHE, subst. fém. (*vèretébrite*), nom qu'on a donné quelquefois à des *vertèbres* fossiles.

VERTÉBRO-ILIAQUE, adj. (*vèretébrô-ili-ake*), t. d'anat.; il se dit de l'articulation de la dernière *vertèbre* avec l'os iliaque.

VERTELLE, subst. fém. (*vèretèle*), espèce de bonde comme celle d'un étang, qui sert à fermer les varaignes dans les marais salants.

VERTE-LONGUE, subst. fém. (*vèretelongue*), t. de jardiniers; on a donné ce nom à une variété de poire plus connue sous le nom de *mouille-bouche*.

VERTEMENT, adv. (*vèreteman*), avec fermeté, avec vigueur : *répondre vertement à quelqu'un*; *pousser vertement les ennemis*.

VERTENELLES, ou **VERTEVELLES**, (*Boiste* donne les deux), subst. fém. plur. (*vertenèle*), t. de mar., charnières qui entrent l'une dans l'autre, pour tenir le gouvernail, suspendu à l'étambord.

VERT-ET-BLEU, subst. mas. (*vèrébleu*), t. d'hist. nat., nom d'une espèce de reptile de la famille des serpents.—Au plur., des *vert-et-bleu*.

VERT-ET-MINÉRAL, subst. mas. (*vèretéminéral*), t. d'hist. nat.; on a désigné ainsi quelques variétés soyeuses du cuivre carbonaté vert.

VERTEVELLES (*vèretevèle*). Voy. VERTENELLES.

VERTEX, subst. mas. (*vèretèkce*) (mot latin), t. d'anat., le sommet de la tête.

VERTICAL, E, adj. (*vèretikale*) (du latin *vertex*, gén. *verticis*, sommet de la tête, faîte), perpendiculaire à l'horizon : *cadran vertical*. — T. d'astron. : *point vertical*, le zénith ou le point du ciel perpendiculairement élevé sur notre tête. — *Cercle vertical*, grand cercle de la sphère passant par le zénith, par le nadir, et par un autre point de la surface de la sphère. Les *cercles verticaux* étaient appelés autrefois *azimuth*. — *Astre vertical*, qui passe au zénith d'un lieu. — *Ligne verticale*, celle qui va du zénith au nadir, et se dirige par le centre de la terre. On dit aussi *ligne à plomb*. — *Premier vertical*, celui qui coupe perpendiculairement le méridien : il passe par les points d'orient et d'occident. — *Vertical du soleil*, celui qui passe par le centre du soleil au moment d'une observation. — En gnomonique, *ligne verticale*, se dit de celle qui marque la section d'un plan du cadran, et d'un cercle vertical. — Au plur. mas., *verticaux*.

VERTICALEMENT, adv. (*vèretikaleman*), perpendiculairement à l'horizon.

VERTICALITÉ, subst. fém. (*vèretikalité*), situation d'une chose *verticale*.

VERTICAUX, adj. mas. plur. Voy. VERTICAL. — Subst. mas. plur., grands cercles de la sphère perpendiculaires à l'horizon.

VERTICILLAIRE, subst. mas. (*vèreticilelère*), t. de bot., espèce d'arbre qui croît au Mexique.

VERTICILLE, subst. mas. (*vèreticile*) (du lat. *verticilium*, ou *verticillus*, qui signifie proprement le bouton percé mis au bout d'un fuseau pour lui donner de la pesanteur, etc.), t. de bot., assemblage de feuilles ou de fleurs disposées en cercle autour de la tige ou de ses rameaux.

VERTICILLÉ, E, adj. (*vèreticilelé*), t. de bot., disposé en *verticille* : *les fleurs sont verticillées dans la plupart des labiées*. — Subst. fém. plur., famille de plantes dont les fleurs et les feuilles ont des *verticilles*.

VERTICITÉ, subst. fém. (*vèreticité*), t. de phys., propriété qu'a un corps de tendre, de se tourner (en lat. *verti*) d'un côté plutôt que d'un autre : *la verticité de l'aiguille aimantée est de tendre du sud au nord*.

VERTIGE, subst. mas. (*vèretije*) (en lat. *vertigo*, fait de *vertere*, tourner), tournoiement de tête par des vapeurs, ou par quelque autre accident; étourdissement; obscurcissement de la vue. C'est une maladie dans laquelle on s'imagine que les objets tournent autour de soi, et qu'on tourne soi-même. — On appelle, *vertige simple*, celui qui consiste dans le tournoiement apparent des objets; *vertige ténébreux*, celui qui est accompagné de l'obscurcissement de la vue. — Au figuré, étourdissement, folie : *espèce de vertige et d'erreur*.

VERTIGINEUSE, adj. fém. Voy. VERTIGINEUX.

VERTIGINEUX, adj. mas., au fém. **VERTIGINEUSE**, (*vèretijineu, neuze*), qui a des *vertiges*.

VERTIGO, subst. mas. (*vèretiguô*) (du lat. *vertigo*, vertige, étourdissement), maladie du cheval qui le fait chanceler, et lui fait donner de la tête contre le mur. — Fig. et fam., caprice, fantaisie : *cet homme a des vertigo*; sans *s*, le mot étant tout latin. — En t. d'hist. nat., nom d'un genre de coquillage qui ne comprend qu'une seule espèce.

VERTIQUEUSE, adj. fém. Voy. VERTIQUEUX.

VERTIQUEUX, adj. mas., au fém. **VERTIQUEUSE** (*vèretikieu, kieuze*) (en lat. *verticosus*, fait de *vertere*, tourner), t. de phys. et de médec., qui va en tournant, et qui se meut et tournoie en spirale.

VERTIR, v. neut. (*vèretir*) (du lat. *vertere*, tourner), revenir.—Tourner au profit de... Hors d'usage.

VERTU, subst. fém. (*vèretu*) (en lat. *virtus*, fait de *vir*, l'homme, lequel dérive de *vis*, force), force, fermeté, courage, en parlant des personnes; habitude de l'âme qui porte à aimer et à faire le bien, comme à abhorrer et à fuir le mal. — Ce mot, en parlant des femmes, s'emploie souvent pour désigner la pudeur, la chasteté, la fidélité conjugale : *avec de la beauté, elle a su conserver au milieu d'un monde corrompu sa vertu pure et intacte*; *cette femme ne parle que de sa vertu*. — En parlant des choses, qualité qui rend propre à produire un certain effet, qui donne la force de produire quelque effet. — Propriété, efficacité : *la vertu des plantes*. — Prov. : *faire de nécessité vertu*, faire avec courage et de bonne grace ce qu'on ne peut se dispenser de faire. — *Les vertus*, cinquième chœur des anges. — *En vertu*, loc. adv., en conséquence... à cause du droit, du pouvoir.—En termes de religion chrétienne, on appelle *vertus cardinales*, la force, la prudence, la tempérance et la justice; *vertus théologales*, la foi, l'espérance et la charité.

VERTUBLEU, interj. (*vèretubleu*), jurement de villageois dans la vieille comédie.

VERTUEUSE, adj. fém. Voy. VERTUEUX.

VERTUEUSEMENT, adv. (*vèretu-euzeman*), d'une manière *vertueuse*.

VERTUEUX, adj. mas., au fém. **VERTUEUSE** (*vèretu-eu, euze*), qui a de la *vertu*. — Qui part d'un principe de *vertu*. — *Femme vertueuse*, chaste.

VERTUGADE, subst. fém. (*vèretuguade*), ancien ajustement de femme.

VERTUGADIER, subst. mas., au fém. **VERTUGADIÈRE**, (*vèretugadié, dière*), celui, celle qui faisait ou vendait des *vertugadins*.

VERTUGADIÈRE, subst. fém. Voy. VERTUGADIER.

VERTUGADIN, subst. mas. (*vèretuguadein*) (de l'espagnol *vertugado*, qui a la même signification), autrefois, partie de l'habillement des femmes, qui servait à soutenir et à relever leurs jupes. — En t. de jardinage, glacis de gazon.

VERTUGOIS, interj. (*vèretuguoa*), sorte de jurement villageois.

VERTUMNALES, subst. fém. plur. (*vèretomenale*), t. d'antiq., fêtes instituées à Rome et célébrées en l'honneur du dieu *Vertumne*.

VERTUMNE, subst. propre mas. (*vèretomene*), myth., dieu des jardins et des vergers, qui présidait à l'automne; il pouvait prendre toutes sortes de figures. On célébrait au mois d'octobre des fêtes en son honneur. — T. d'hist. nat., espèce de lépidoptère du genre coliade.

VERTUS, subst. propre fém. plur. (*vèretu*), ville de France, chef-lieu de canton, arrond. de Châlons-sur-Marne, dép. de la Marne. —Village auprès de Paris

VERUMONTANUM, subst. mas. (*vérumontanome*) (du lat. *veru* et *montanum*, littéralement, dard élevé), t. d'anat., tubercule allongé, placé dans la prostate, au-devant du col de la vessie, et qui répond à l'origine de l'urèthre.

VÉRUTON, subst. mas. (*véruton*), t. de bot., genre de plantes.

VERVE, subst. fém. (*vèreve*), enthousiasme, certain feu d'esprit qui échauffe l'imagination du poète, de l'orateur, du compositeur, etc.

VERVEINE, subst. fém. (*vèrevène*) (en latin *verbena*), t. de bot., plante imitant les labiées, usitée en médec., et dont les espèces sont nombreuses. Quelques-uns écrivent *vervène*.

VERVELLE, subst. fém. (*vèrevèle*), t. de fauconn., petite plaque attachée au pied d'un oiseau de proie.

VERVEUSE, adj. fém. Voy. VERVEUX, adj.

VERVEUX, subst. mas. (*vèreveu*), sorte de filet à prendre des poissons; on dit aussi *vervier*. — Panier pour transporter du fruit.

VERVEUX, adj. mas., au fém. **VERVEUSE**, (*vèreveu, veuze*), qui est inspiré par la *verve*; qui a de la *verve*. Peu usité, mais utile.

VERVIER, subst. mas. (*vèrevié*). Voy. VERVEUX, subst.

VERVINS, subst. propre mas. (*vèrevein*), ville de France, chef-lieu de canton, arrond. de Laon, dép. de l'Aisne.

VÉSANIE, subst. fém. (*vézanî*), t. de médec., aliénation mentale, lésion sans fièvre ni affection comateuse, dans l'exercice des fonctions de l'entendement, ou dans les fonctions affectives, comme l'habitude d'une tristesse profonde, des emportements violents, une aversion insurmontable, une passion effrénée, etc.

VÉSANIQUE, adj. des deux genres (*vézanike*), t. de médec., qui est relatif à la *vésanie*.

VESCE, subst. fém. (*vèce*) (en latin *vicia*, en grec βικα), t. de bot., plante légumineuse, dont les espèces sont nombreuses; les *vesces* que l'on cultive sont: la *vesce noire* et la *vesce blanche*, qui fournissent un très-bon fourrage. — Graine dont on nourrit les pigeons.

VESCERON, subst. mas. (*vèceron*), *vesce* sauvage.

VÉSICAIRE, subst. fém. (*vézikière*), t. de bot., genre de plantes.

VÉSICAL, E, adj. (*vézikale*), qui a rapport à la *vessie*.—*Artères vésicales*, celles qui sont fournies par l'ombilicale, l'hémorrhoïdale moyenne, la honteuse interne, l'obturatrice et l'hypogastrique. — *Veines vésicales*, celles qui s'ouvrent dans le plexus hypogastrique. —Au plur. mas., *vésicaux*.

VÉSICANT, subst. mas. (*vézikan*). Peu usité. Voy. VÉSICATOIRE. — T. d'hist. nat.; on a établi sous ce nom une famille d'insectes.

VÉSICATION, subst. fém. (*vézikâcion*), t. de médec., naissance des *vésicules* causées par la brûlure.—Il se dit aussi de l'action ou de l'effet des *vésicatoires*.

VÉSICATOIRE, subst. mas. (*vézikatoare*, et non pas *vécikatoare*) (du latin *vesica*, vessie), médicament externe qui fait élever des *vessies* sur la peau.—On dit aussi adj. pour les deux genres : *un emplâtre vésicatoire*.

VÉSICAUX, adj. mas. plur. Voy. VÉSICAL.

VÉSICULAIRE, adj. des deux genres (*vézikulère*), t. de bot., qui est en forme de *vésicule*.→

Feuilles vésiculaires, parsemées de points transparents.

VÉSICULE, subst. fém. (*vézikule*) (en latin *vesicula*, fait de *vesica*, vessie), petite vessie. — Se dit aussi de plusieurs autres parties du corps humain. — On appelle *vésicule biliaire*, un réservoir membraneux dans lequel s'accumule une partie de la bile, qui est ensuite expulsée dans le duodénum; *vésicules séminales*, deux réservoirs membraneux qui sont situés à la partie postérieure et inférieure de la vessie, et qui sont destinés à tenir en réserve le sperme qui lui est apporté par les canaux déférents, jusqu'à ce que l'orgasme vénérien en provoque l'éjaculation dans le canal de l'urèthre.—En t. d'hist. nat., on appelle *vésicule aérienne*, un organe placé sous la colonne vertébrale de la plupart des poissons, et dans lequel est contenu de l'air destiné à les rendre plus ou moins légers, selon qu'ils veulent monter ou descendre. — On se sert aussi de ce mot en botanique : *des feuilles remplies de vésicules*.

VÉSICULEUSE, adj. fém. Voyez VÉSICULEUX.

VÉSICULEUX, adj. mas., au fém. VÉSICULEUSE (*vézikuleu, leuze*) (en latin *vesiculosus*, fait de *vesica*, vessie), qui ressemble à de petites *vessies*.

VÉSIGON, subst. mas. (*véziguon*), t. d'art vétérinaire, tumeur molle qui se forme au jarret du cheval, et qui est plus ou moins considérable.

VÉSITARSES, ou **PHYSAPODES**, subst. m. pl. (*vézitarce, fizapode*), t. d'hist. nat., famille d'insectes hémiptères.

VESOU, subst. mas. (*vezou*), liqueur exprimée de la tige de la canne à sucre.

VESOUL, subst. propre mas. (*vezoule*), ville de France, chef-lieu du dép. de la Haute-Saône.

VESPASIENNE, subst. fém. (*vècepazi-ène*) (du nom de l'empereur *Vespasien*, sous lequel, dit-on, elles furent primitivement inventées), latrines ambulantes dont l'invention a été renouvelée de nos jours, et bientôt abandonnée.

VESPER, subst. mas. (*vècepère*), nom latin de l'étoile du berger, c'est-à-dire, de celle qui paraît le soir après le coucher du soleil; le soir.— Myth., c'est le même qu'*Hesper*. Voy. HESPER. —On nomme *île de Vesper*, une île qui fut découverte en 1702 par *Roggeween*.

VESPÉRAL, subst. mas. (*vècepéral*), livre qui contient les antiennes, les psaumes et les hymnes qui se chantent à *vêpres*, etc., dans l'Église catholique.—Au plur., des *vespérals*, sans doute pour distinguer le subst. de l'adj. plur. mas.

VESPÉRAL, E, adj. (*vècepérale*), t. d'astron., qui est relatif au couchant : *l'étoile vespérale*.— Au plur. mas., *vespéraux*.

VESPÉRIE, subst. fém. (*vècepéri*), dans l'ancienne université de Paris, thèse de théologie ou de médecine, que le licencié soutenait la veille du jour où il devait prendre le bonnet (ainsi nommée du lat. *vespera*, le soir, parce qu'en théologie surtout cet acte avait lieu après midi).—Fig. et fam., réprimande.

VESPÉRISÉ, E, part. pass. de *vespériser*.

VESPÉRISER, v. act. (*vècepérizé*), vieux mot inusité, qui se disait pour réprimander. — *se* VESPÉRISER, v. pron. (*Boiste*.) L'*Académie* de 1835 a également conservé ce verbe, mais en disant qu'il a vieilli.

VESPERTILION, subst. mas. (*vècepèretili-on*), t. d'hist. nat., genre de mammifères de l'ordre des carnassiers et de la famille des chéiroptères.

VESPETRO, subst. mas. (*vècepétro*), sorte de liqueur très-agréable.

VESPILLON, subst. mas. (*vècepière*), celui qui arrache les épines et les orties d'un terrain qu'il défriche, et veut mettre en valeur. Vieux.

VESSE, subst. fém. (*vèce*), ventosité qui sort sans bruit par le derrière de l'animal. Voy. VESSER.

VESSÉ, part. pass. de *vesser*.

VESSE-DE-LOUP, subst. fém. (*vècedelou*), t. de bot., production végétale. Elle appartient à la famille des champignons. Ces plantes naissent toutes sur la terre, à l'exception d'une seule, et se remplissent de poussière à l'époque de leur maturité.—Au plur., des *vesses-de-loup*.

VESSER, v. neut. (*vècé*) (en lat. *visire*), lâcher une *vesse*. Il est fam. On disait autrefois *vessir*; et *Rabelais* a dit, dans la même acception, *vesner*. Il y a même des endroits où l'on dit encore *vesne* pour *vesse*.

VESSEUR, subst. mas., au fém. VESSEUSE (*vèceur, ceuze*), qui *vesse*. Fam.

VESSEUSE, subst. fém. Voy. VESSEUR.

VESSI, part. pass. de *vessir*.

VESSIE, subst. fém. (*vèci*) (en lat. *vesica*), sac membraneux destiné à recevoir les urines séparées du sang par la filtration qui s'en fait au travers des reins.—Petite ampoule qui fait élever la première peau, et qui se remplit de sérosité. —*Vessie natatoire*, vessie remplie d'air dans l'intérieur du corps des poissons.—Prov. et pop. : *il veut faire croire que des vessies sont des lanternes*, il débite des choses fausses et bizarres.— Pour marquer qu'on méprise des louanges fades et des complaisances basses, on dit : *j'aimerais autant qu'on me donnât d'une vessie par le nez*.

VESSIGON, subst. mas., t. d'art vétér. Voy. VÉSIGNON.

VESSIR, v. neut. (*vécir*); il se dit des vents, ou bulbes d'air, que le feu et l'air font sortir, lorsqu'un essayeur tirant l'essai, ne le laisse pas refroidir entièrement On disait autrefois *vesser*.

VESTA, subst. propre fém. (*vèceta*) (en latin *Vesta*; son nom en grec est Εστια, qui veut dire aussi foyer), myth. La plupart des auteurs donnent ce nom à Cybèle, parce qu'elle était, comme *Vesta*, la déesse du feu. D'autres croient qu'il y a eu deux *Vesta*, l'une, femme de Cœlus, et l'autre, femme de Saturne. Il n'appartenait qu'à des vierges de célébrer ses mystères, et leur unique soin était d'entretenir le feu dans ses temples. Quand elles le laissaient éteindre, ou quand elles manquaient à leur vœu de virginité, elles étaient condamnées à être enterrées toutes vives. — En astron., subst. fém., nouvelle planète découverte par le docteur *Olbers*, le 29 mars 1807. Elle est placée, par rapport à la terre, entre Mars et Junon; sa révolution sidérale est de trois ans et huit mois.

VESTALE, subst. fém. (*vècetale*), fille vierge, qui, dans l'ancienne Rome, était consacrée au service de la déesse *Vesta*.—Fig., femme ou fille d'une chasteté exemplaire; il se dit le plus souvent par dénigrement : *c'est une vieille vestale; elle fait la vestale*.

VESTALIES, subst. fém. plur. (*vècetali*), t. d'antiq., fêtes romaines en l'honneur de *Vesta*. On faisait ce jour-là des festins dans les rues, et l'on choisissait des mets que l'on portait aux *vestales* pour les offrir à la déesse. C'était, entre autres particularités, la fête des boulangers.

VESTARQUE, mieux **VESTIARQUE**, subst. mas. (*vècetarke, ti-arke*), t. de relat., maître de la garde-robe des empereurs grecs.

VESTE, subst. fém. (*vècete*) (en lat. *vestis*, habillement en général), habillement que les Orientaux portent sous leur robe. — Habit à courtes basques ou même sans basques.— Gilet à larges poches.

VESTIAIRE, subst. mas. (*vèceti-ère*) (en lat. *vestiarium*, fait de *vestis*, habit), lieu où l'on serre les habits.—Dépense de l'habillement.

VESTIBULE, subst. mas. (*vècetibule*) (du lat. *vestibulum*, dérivé de *Vesta*, déesse du feu, et qui signifie également le feu lui-même; parce que chaque Romain avait soin d'entretenir du feu à la porte de sa maison), pièce qui est à l'entrée d'un édifice, et qui ne sert que de passage à plusieurs autres.—T. d'anat., première partie de la seconde cavité de l'oreille.

VESTIGE, subst. mas. (*vècetije*) (en lat. *vestigium*, dérivé de *vestis*, robe traînante), empreinte du pied d'un homme ou d'un animal. Il ne se dit guère que dans le style soutenu et au plur.— Reste, monument : *il ne reste pas le moindre vestige de plusieurs villes anciennes*.— Signe, marque, indice.—On dit aussi qu'*on ne trouve aucun vestige d'une chose dans l'histoire*, pour dire qu'on n'y en trouve aucune trace, aucun témoignage. — *On trouve dans ce pays-là des vestiges de cette religion, de cette coutume, de cette opinion*, on trouve un reste de cette religion, etc.—En t. de chir., espèce de fracture des os plats.—Fig. : *suivre les vestiges de quelqu'un*, l'imiter.—VESTIGE, TRACE. (*Syn.*) Le *vestige* est l'empreinte laissée par un corps sur l'endroit où il a posé et pesé; la *trace* est un trait quelconque de l'objet, imprimé ou décrit d'une manière quelconque sur un autre corps. — Tout *vestige* est *trace*, car l'empreinte porte quelque forme de la chose : les *traces* ne sont pas toutes des *vestiges*, car les traits ne sont pas tous formés par l'impression seule du corps.—Le *vestige* n'est jamais qu'une *trace* très-légère et très-imparfaite de l'objet, comme l'empreinte du pied; la *trace* en représente quelquefois la forme entière, ou du moins le dessin, comme l'empreinte d'un corps étendu sur le sable. On ne dit pas de grands *vestiges*, comme de grandes *traces*. Un pas est le *vestige* d'un homme; un sillon est la *trace* d'un peuple policé. — On cherche, on découvre les *vestiges*, on reconnaît, on suit les *traces*. Le *vestige* n'est qu'un trait imprimé, on le cherche; la *trace* est une ligne plus ou moins prolongée, on la suit. Le *vestige* marque l'endroit où un homme a passé; la *trace* marque la voie qu'il a suivie. — A proprement parler, les *vestiges* font une *trace*, et voilà pourquoi l'on ne dit guère *vestige* qu'au plur.; et il faudra dire, suivre les *vestiges*, tandis qu'il suffit de dire, suivre la *trace*, suivre quelqu'un à la *trace*. Quand on dit suivre les *traces*, on suppose ou du moins on indique différentes actions ou diverses sortes d'objets.— Les *vestiges* sont plus ou moins épars; les *traces* sont plus ou moins continues, ou considérées comme telles. En marchant sur un pavé gras, vous y laissez des *vestiges*; en glissant sur ce même pavé, vous y formez des *traces*.—L'empreinte des *vestiges* est plus ou moins superficielle; et l'impression des *traces* peut être plus ou moins profonde. — Les *vestiges* s'impriment profondément par le poids du corps sur la base qui le porte; les *traces* s'impriment également de toute autre manière. Un pas laisse un *vestige*; un coup laisse une *trace*. Les *traces* imprimées dans le cerveau par la vue des objets ne s'appelleront pas des *vestiges*. Aussi, le mot *trace* sert-il à indiquer mille sortes d'empreintes ou d'impressions, de signes, de marques; tandis que celui de *vestige* ne s'applique guère qu'à des objets qui marquent naturellement la place sur laquelle ils ont posé.

VESTIMENTAL, E, adj. (*vècetimantal*); il se dit d'une essence qu'on emploie pour dégraisser les vêtements : *essence vestimentale*.— Qui concerne les vêtements. Peu usité.

VESTIPOLINE, subst. fém. (*vècetipoline*), sorte de petite étoffe de laine que l'on fabrique à Beauvais, et que l'on emploie surtout pour les layettes d'enfants.

VÉSUVE, subst. propre mas. (*vézuve*), nom d'une montagne en Italie, voisine de Naples et qui vomit par intervalles des torrents de feu, des substances enflammées, etc.

VÉSUVIENNE, adj. fém. (*vézuviène*), t. d'hist. nat.; se dit des substances qui coulent du *Vésuve* après son éruption.— Subst. et adj. fém.; se dit aussi d'une substance minérale dont la couleur est jaune, et qui ressemble à la lave du *Vésuve*.

DU VERBE IRRÉGULIER VÊTIR :

Vêt, 3e pers. sing. prés. indic.
Vêtaient, 3e pers. plur. imparf. indic.
Vêtais, précédé de *je*, 1re pers. sing. imparf. indic.
Vêtais, précédé de *tu*, 2e pers. sing. imparf. indic.
Vêtait, 3e pers. sing. imparf. indic.
Vêtant, part. prés.
Vête, précédé de *que je*, 1re pers. sing. prés. subj.
Vête, précédé de *qu'il* ou *qu'elle*, 3e pers. sing. prés. subj.

VÊTEMENT, subst. mas. (*vêteman*) (en latin *vestimentum*), habit, habillement; tout ce qui sert à couvrir le corps. Il ne se dit que dans le style soutenu.— VÊTEMENT, HABILLEMENT, HABIT. (*Syn.*) *Vêtement* exprime simplement ce qui sert à couvrir le corps, et il comprend tout ce qui est à cet usage, même la coiffure et la chaussure, et rien au-delà; voilà pourquoi on s'en sert avec grace, en disant que tout le nécessaire consiste dans la nourriture, le *vêtement* et le logement. *Habillement* a une signification plus composée. Outre l'essentiel de vêtir, il renferme dans son idée un rapport à la forme, à la façon dont on est vêtu; et il s'étend non-seulement à tout ce qui sert à couvrir le corps, mais encore à la parure et à tout ce qui n'est que simple ornement, comme les rubans, les colliers, les pierreries : c'est par cette raison que l'on dit, un *habillement* de cérémonie, de théâtre. *Habit* a un sens bien plus restreint que les deux autres mots. Il ne signifie que ce qui est robe, ou ce qui tient à la robe; en sorte que le linge, le chapeau et les souliers ne sont pas compris sous l'idée qu'il exprime. Ainsi l'on ne s'en sert que pour marquer ce qui est l'ouvrage du tailleur ou de la couturière. Le gilet, la culotte, la robe, la jupe, le corset, sont des *habits*; mais la chemise et la cravate ne le sont point, quoiqu'ils soient *vêtements*; et l'épée n'est ni *habit* ni *vêtement*, quoiqu'elle soit de l'*habillement* du cavalier.

DU VERBE IRRÉGULIER VÊTIR :

Vêtent, précédé de *ils* ou *elles*, 3e pers. plur. prés. indic.

Vêtent, précédé de *qu'ils* ou *qu'elles*, 3e pers. plur. prés. subj.

VÉTÉR., abréviation du mot *vétérinaire*.

VÉTÉRAN, subst. mas. (*vétéran*) (en latin *veteranus*, fait de *vetus*, gén. *veteris*, vieux, ancien), chez les anciens Romains, soldat qui avait obtenu son congé. — Chez nous, soldat qui en considération de ses bons services et de ses capacités est admis dans des compagnies sédentaires. — Il se dit de militaires et de magistrats qui, après avoir servi un certain temps, jouissent encore de tous ou de quelques-uns des privilèges qu'ils avaient, quoiqu'ils aient quitté le service. —Adj. mas. : *un écolier vétéran*, celui qui double une classe.

VÉTÉRANCE, subst. fém. (*vétérance*), qualité de *vétéran*.

VÉTÉRINAIRE, subst. mas. et adj. des deux genres (*vétérinère*) (du latin *veterinarius*, fait de *veterina*, *orum*, bêtes de charge, de somme, de trait, lequel vient de *vehere*, porter), maréchal-ferrant. — Adj. : *l'art vétérinaire*, l'art de guérir les chevaux, les bestiaux ; *école vétérinaire*, école où l'on enseigne cet art.

DU VERBE IRRÉGULIER VÊTIR :

Vêtes, 2e pers. sing. prés. subj.

Vêtez, 2e pers. plur. impér.

Vêtez, précédé de *vous*, 2e pers. plur. prés. indic.

Vêtiez, précédé de *vous*, 2e pers. plur. imparf. indic.

Vêtiez, précédé de *que vous*, 2e pers. plur. prés. subj.

VÉTILLARD, E, subst. (*véti-iar, iarde*). Voy. VÉTILLEUR, qui est plus usité.

VÉTILLE, subst. fém. (*véti-ie*), bagatelle, chose de rien ou de peu de conséquence. Voy. MINUTIE. — Nom d'un petit outil de chaînetier. — Petit bâtiment ou appentis, servant de retraite et d'atelier aux ardoisiers. — Les artificiers donnent aussi le nom de *vétilles* aux fusées ou petits serpenteaux qu'on fait avec des cartes à jouer. — Dans un rouet à filer, c'est un petit anneau de corne par où passe le fil.

VÉTILLER, v. neut. (*véti-ié*) (du latin *vitilitigare*, chicaner, critiquer minutieusement, formé de *vitium*, vice, défaut, tort, et de *litigium*, querelle), s'amuser à des *vétilles*. — Faire des difficultés sur de petites choses. — Chicaner sur des riens.

VÉTILLERIE, subst. fém. (*véti-ieri*), chicanerie, raisonnement captieux : *ce n'est qu'une vétillerie*. Ce mot manque dans l'*Académie*.

VÉTILLEUR, subst. mas., au fém. **VÉTILLEUSE** (*véti-ieu, ieuze*), celui, celle qui *vétille*, tracassier, tracassière.

VÉTILLEUSE, subst. fém. Voy. VÉTILLEUR. — Adj. fém. Voy. VÉTILLEUX.

VÉTILLEUX, subst. mas. et adj., au fém. **VÉTILLEUSE** (*vét-ieu, ieuze*), qui demande beaucoup de petits soins et d'attention : *affaire vétilleuse*.

DU VERBE IRRÉGULIER VÊTIR :

Vêtîmes, 1re pers. plur. prét. déf.

Vêtions, précédé de *nous*, 1re pers. plur. imparf. indic.

Vêtions, précédé de *que nous*, 1re pers. plur. prés. subj.

VÊTIR, v. act. (*vêtir*) (en latin *vestire*), *vêtu*; *vêtant*; *je vêts, tu vêts, il vêt*) ; *nous vêtons*, etc.; *je vêtis*. — Habiller, donner des habits à quelqu'un : *le poil de chameau sert aux Arabes à faire des étoffes dont ils se vêtent*. — *Vêtir un enfant*, lui donner sa première robe. — *Vêtir une robe*, la mettre sur soi. — *se* VÊTIR, v. pron., s'habiller, mettre des habits. — *Se vêtir à la française, à la turque*, suivre la mode des Français, des Turcs, *dans* ses habillements. — Se donner des *vêtements* : *il a beaucoup dépensé pour se vêtir*.

DU VERBE IRRÉGULIER VÊTIR :

Vêtira, 3e pers. sing. fut. indic.

Vêtirai, 1re pers. sing. fut. indic.

Vêtiraient, 3e pers. plur. prés. cond.

Vêtirais, précédé de *je*, 1re pers. sing. prés. cond.

Vêtirais, précédé de *tu*, 2e pers. sing. prés. cond.

Vêtirait, 3e pers. sing. prés. cond.

Vêtiras, 2e pers. sing. fut. indic.

Vêtirent, 3e pers. plur. prét. déf.

Vêtirez, 2e pers. plur. fut. indic.

Vêtiriez, 2e pers. plur. prés. cond.

Vêtirions, 1re pers. plur. prés. cond.

Vêtirons, 1re pers. plur. fut. indic.

Vêtiront, 3e pers. plur. fut. indic.

Vêtis, précédé de *je*, 1re pers. sing. prét. déf.

Vêtis, précédé de *tu*, 2e pers. sing. prét. déf.

Vêtisse, 1re pers. sing. imparf. subj.

Vêtissent, 3e pers. plur. imparf. subj.

Vêtisses, 2e pers. sing. imparf. subj.

Vêtissiez, 2e pers. plur. imparf. subj.

Vêtissions, 1re pers. plur. imparf. subj.

Vêtit, précédé de *il* ou *elle*, 3e pers. sing. prét. déf.

Vêtît, précédé de *qu'il* ou *qu'elle*, 3e pers. imparf. subj.

Vêtîtes, 2e pers. plur. prét. déf.

VETO, subst. mas. (*vétô*) (mot latin qui signifie *j'empêche, je m'oppose*), t. d'antiq., formule qu'employait à Rome un tribun du peuple, lorsqu'il s'opposait aux décrets du sénat. — En Angleterre, droit qu'a une branche du corps législatif d'empêcher qu'une décision d'une autre branche ne passe en loi : *le roi d'Angleterre a le veto, le droit de veto*. — Au commencement de la révolution française, on avait donné au roi un droit de *veto* non *absolu*, mais *suspensif*. (Constitution de 1791). — *Veto absolu, veto suspensif*, faculté de refuser à un acte législatif son caractère de loi, ou pour toujours ou pour un temps déterminé. — *Mettre son veto à une chose*, s'y opposer. — Au plur., des *veto*.

DU VERBE IRRÉGULIER VÊTIR :

Vêtons, 1re pers. plur. impér.

Vêtons, précédé de *nous*, 1re pers. plur. prés. indic.

Vêts, 2e pers. sing. impér.

Vêts, précédé de *je*, 1re pers. sing. prés. indic.

Vêts, précédé de *tu*, 2e pers. sing. prés. indic.

VETTE, subst. fém. (*vète*), couche ; partie du marais salant qui entoure les *aires*.

VÊTU, E, part. pass. de *vêtir*, et adj., habillé. — Se dit particulièrement des habits de dignité, *un roi vêtu de ses habits royaux*. — T. de bot.; il se dit des enveloppes de l'ognon qui sont tantôt plus, tantôt moins épaisses : *l'ognon est fort vêtu cette année ; quand l'ognon est fort vêtu, c'est un signe de grand hiver*. — Prov., on dit, en parlant d'un homme qui a plusieurs vêtements l'un sur l'autre, *il est vêtu comme un ognon*. — En t. de blason, il se dit de l'écu rempli d'un carré posé en losange, dont les quatre pointes touchent les bords. — VÊTU, REVÊTU, AFFUBLÉ. (*Syn.*) *Vêtu* se dit des habits ordinaires faits pour le besoin et la commodité, ou même pour les ornements de mode. *Revêtu* s'applique aux habillements établis pour distinguer dans l'ordre civil les emplois, les honneurs et les dignités. *Affublé* est d'un usage ironique pour les habillements extraordinaires et de caprice. Le magistrat doit être *vêtu* décemment, selon le goût qu'exige la gravité de son état ; les femmes peuvent être *vêtues* galamment, mais toujours selon les lois de la pudeur. L'homme en place doit être *revêtu* de son costume, lorsqu'il est en fonctions. Pour se déguiser, on s'*affuble* quelquefois d'un froc, ou de quelque habillement extraordinaire.

VÊTURE, subst. fém. (*vèture*), prise d'habit de religion dans les couvents.

VÉTUSTÉ, subst. fém. (*vétucete*) (en lat. *vetustas*), ancienneté. Il se dit des édifices que le laps de temps a fait dépérir.

VÉTYVER, subst. mas. (*vétivère*), t. de bot., sorte de plante de la famille des graminées, qui croît aux Indes, et dont les racines sont très-odoriférantes. On en fait usage pour préserver des vers les étoffes de laine. Plusieurs Dictionnaires écrivent *vétiver*.

VEUF, subst. et adj. mas., au fém. **VEUVE** (*veufe, veuve*), qui n'a plus de femme, qui n'a plus de mari. — *Le denier de la veuve*, ce qu'on donne en le prenant sur son nécessaire. — Privé de... : *cette ville est veuve de son préfet*. — *Eglise veuve*, collégiale qui a été cathédrale, dans laquelle il y avait anciennement un évêque. — Subst. fém., t. de bot., tulipe panachée de blanc et de violet. — Scabieuse à fleurs d'un noir pourpré. — T. d'hist. nat., coquille. — Espèce de passereau. — *Veuve coquette*, espèce de poisson du genre chétodon.

DU VERBE IRRÉGULIER VOULOIR :

Veuille, précédé de *que je*, 1re pers. sing. prés. subj.

Veuille, précédé de *qu'il* ou *qu'elle*, 3e pers. sing. prés. subj.

Veuillent, 3e pers. plur. prés. subj.

Veuilles, 2e pers. sing. prés. subj.

VEULE, adj. des deux genres (*veule*), mou, faible : *un homme veule*. Presque inusité en parlant des personnes. — Léger : *terre veule*. — Menu, long et faible : *branche veule*. — *Castors veules*, castors secs, maigres. Peu usité.

DU VERBE IRRÉGULIER VOULOIR :

Veulent, 3e pers. plur. prés. indic.

Veut, 3e pers. sing. prés. indic.

VEUVAGE, subst. mas. (*veuvaje*), le temps qu'on est *veuf* ou *veuve*. — Cet état. Voy. VIDUITÉ.

DU VERBE IRRÉGULIER VOULOIR :

Veux, précédé de *je*, 1re pers. sing. prés. indic.

Veux, précédé de *tu*, 2e pers. sing. prés. indic.

V. EX., abréviation de *votre excellence*.

VEXATEUR, subst. et adj. mas., au fém. **VEXATRICE** (*vèkçateur, trice*), qui vexe, qui aime à *vexer*.

VEXATION, subst. fém. (*vèkçâcion*), action de *vexer*. — Persécution qu'on a fait souffrir à quelqu'un.

VEXATOIRE, adj. des deux genres (*vèkçatoare*), qui a le caractère de la *vexation* : *impôt vexatoire*.

VEXATRICE, subst. et adj. fém. Voy. VEXATEUR.

VEXÉ, E, part. pass. de *vexer*.

VEXER, v. act. (*vèkcé*) (en lat. *vexare*, qui signifie proprement *agiter*, *secouer*, fait de *vehere*, porter), persécuter, tourmenter, faire de la peine injustement. — *se* VEXER, v. pron. — VEXER, MOLESTER, TOURMENTER. (*Syn.*) Vous êtes *vexé* par la violence qui vous *tourmente* pour vous dépouiller injustement. Vous êtes *molesté* par des charges, des attaques, des poursuites qui vous harcellent et vous fatiguent. Vous êtes *tourmenté* par toutes sortes de peines dont la force et la continuité ne vous laissent point de repos. Vous perdez à être *vexé* ; vous ne supportez pas d'être *molesté* ; vous souffrez à être *tourmenté*. — On *vexe* le faible ; on *moleste* surtout le débonnaire ; on *tourmente* tout le monde. — C'est le fort qui *vexe* ; c'est le fâcheux qui *moleste* ; il n'y a pas jusqu'au plus petit insecte qui ne *tourmente*.

VEXILLAIRE, adj. des deux genres (*vèkcilelère*) (du lat. *vexillum*, drapeau, bannière), t. de mar. : *signaux vexillaires*, signaux d'enseigne ou de pavillon.

VÉZELAY, subst. propre mas. (*vèzelé*), ville de France, dép. de l'Yonne. Patrie de Bèze.

VEZINS, subst. propre mas. (*vezein*), bourg de France, chef-lieu de canton, arrond. de Milhau, dép. de l'Aveyron.

VIABILITÉ, subst. fém. (*vi-abilité*), qualité d'un enfant *viable*. — Possibilité de *vivre*.

VIABLE, adj. des deux genres (*vi-able*) (du lat. *vita*, vie) : *enfant viable*, assez fort, assez formé pour espérer qu'il *vivra*.

VIADITA, subst. mas. (*viadita*), t. d'hist. nat., espèce de sagouin.

VIAGER, adj. mas., au fém. **VIAGÈRE**, (*vi-aje, jère*), qui est à *vie* ; dont on doit jouir pendant sa *vie*. — Subst. mas., revenu qui n'est qu'à *vie* : *il n'a que du viager*.

VIAGÈRE, adj. fém. Voy. VIAGER.

VIALES, subst. fém. plur. (*vi-ale*) (du lat. *via*, chemin), myth., divinités qui présidaient aux grands chemins.

VIANDE, subst. fém. (*vi-ande*) (du latin barbare *vivanda*, fait de *vivere*, vivre, et que les Italiens ont conservé sans aucun changement), chair des animaux terrestres et des oiseaux dont on se nourrit. — Par extension, il se dit quelquefois du poisson : *le saumon n'est pas une viande de malade* ; d'autres aliments : *viande de carême*, c'est-à-dire les fruits secs, figues, raisins, etc. — *Viande blanche*, viande de volaille. — *Viande noire*, de lièvre, de bécasse, de sanglier, etc. — *Grosse viande*, du bœuf, du mouton, du veau. — *Viande faisandée*, qui est près de se gâter. — Fam. : *viande creuse*, ce qui se mange par friandise et ne rassasie pas ; ce qui ne fait qu'amuser et qu'on ne mange point. — Prov. : *c'est un mangeur de viandes apprêtées*, c'est un paresseux qui n'aime point à travailler. — On disait communément chez le roi et les princes, les jours maigres comme les jours gras : *la viande est servie*, lorsque les plats d'un repas étaient apportés sur la table ; et *aller à la viande*, aller chercher les plats qu'on devait servir sur table. Cette locution, qui était sans contredit de mauvais goût, n'est plus d'usage aujourd'hui. — Prov., *la viande prie les gens*, il n'est pas nécessaire de presser de manger, quand on a servi de quoi faire bonne chère. — *Viande* se dit populairement pour, nudité qu'on doit cacher : *cet homme* *montre sa viande;* et *cache sa viande,* sa chair. Il est d'un style bas dans ces deux phrases. — VIANDE CHAIR. (*Syn.*) Le mot de *viande* porte avec lui une idée de nourriture, que n'a pas celui de *chair*; mais ce dernier a, sur la composition physique de l'animal, un rapport que n'a pas le premier. Ainsi l'on dit que le poisson et les légumes sont *viandes* de carême; que la perdrix a la *chair* courte et tendre. — *Chair* ne se dit que des parties molles; *viande*, au contraire, se dit d'une portion de substance animale, mêlée de parties molles et de parties dures, comme il paraît par le prov. : *il n'y a point de viande sans os.*—*Viande* se prend encore d'une façon plus générale et plus abstraite que *chair*. Car on dit, de la *chair* de perdrix, de poulet, de lièvre, etc., et de toutes ces *chairs*, que ce sont des *viandes*; mais on ne dit pas, de la *viande* de perdrix, de poulet, etc.; ce qui vient peut-être de ce qu'anciennement *viande* et *aliment* étaient synonymes. En effet, toute *viande* se mange, et il y a des chairs qui ne se mangent pas. On dit, *viande* de boucherie, et non *chair* de boucherie. — Quand on dit, voilà de belles *chairs*, et voilà de belles *viandes*, on entend encore des choses différentes. La première de ces expressions peut être l'éloge d'une jolie femme; et l'autre celui d'un bon morceau de bœuf ou de veau non cuit.

VIANDÉ, part. pass. de *viander*.

VIANDER, v. neut. (*vi-andé*), t. de vén., manger, paître, en parlant des cerfs et des autres bêtes fauves.

VIANDIS, subst. mas. (*vi-andi*), pâture des bêtes fauves.

VIATEUR, subst. mas. (*vi-ateur*), t. d'hist. anc.; c'était, chez les anciens Romains, une espèce de messager d'état que le sénat envoyait à la campagne, pour avertir les sénateurs et les magistrats lorsqu'ils devaient s'assembler extraordinairement.

VIATIQUE, subst. mas. (*vi-atike*) (en lat. *viaticum*, fait de *via*, chemin), tout ce qu'on porte avec soi pour la dépense d'un voyage. Presque hors d'usage dans cette acception. — Dans l'Église catholique, sacrement de l'eucharistie qu'on donne aux malades qui ne peuvent le recevoir à l'église : *communier en viatique*, sans être à jeun.

VIATOR, subst. propre mas. (*vi-âtor*), myth., surnom d'Hercule.

VIBORD, subst. mas. (*vibor*), t. de mar., muraille du vaisseau au-dessus du pont supérieur et des gaillards.

VIBRAIE, subst. propre fém. (*vibrè*), ville de France, dép. de la Sarthe.

VIBRANT, **E**, adj (*vibran*, *brante*), qui *vibre*, qui fait des *vibrations* : *corde vibrante*.— T. de médec. : *pouls vibrant*, tendu et fréquent.

VIBRALITÉ, subst. fém. (*vibralité*), balancement de tension et de relâchement.

VIBRATILE, adj. des deux genres (*vibratile*), qui est propre à *vibrer*; qui *vibre* : *les antennes de certains animaux sont vibratiles.*

VIBRATILITÉ, subst. fém. (*vibratilité*); ce mot, que nous lisons dans *Boiste*, ne se dit plus pour *vibralité*. Il renvoie lui-même à ce dernier mot.

VIBRATION, subst. fém. (*vibrâcion*) (en lat. *vibratio*), t. de phys., mouvement régulier et réciproque d'un corps qui, suspendu librement, balance tantôt d'un côté, tantôt d'un autre : *les vibrations du pendule.* On dit aussi *oscillation*. Voyez la *synonymie*.—Tremblement des cordes d'un instrument de musique, de la corde d'un arc. — Il se dit aussi d'un mouvement qu'on suppose partir des objets extérieurs et se continuer par les nerfs jusqu'au cerveau, pour produire des sensations. —VIBRATION, OSCILLATION. (*Syn.*) *Vibration* indique proprement tout mouvement alternatif ou réciproque sur lui-même, dont la cause réside uniquement dans l'élasticité : tels sont les mouvements des cordes *vibrantes*, et des parties internes de tout corps sonore en général, tels sont aussi les balanciers des montres, qui font leurs *vibrations* en vertu de l'élasticité des ressorts spiraux qu'on leur applique. *Oscillation* signifie proprement tout mouvement alternatif ou réciproque sur lui-même, dont la cause réside uniquement dans la pesanteur ou gravitation; tels sont les mouvements des ondes et tous ceux des corps suspendus, d'où dérive la théorie des pendules. — Le mouvement de *vibration* mesure les sons; celui d'*oscillation* mesure le temps. Les cloches, par exemple, font des *vibrations* et des *oscillations* : les premières dérivent du corps qui frappe et comprime la cloche en vertu de son élasticité, ce qui produit des sons : les secondes sont déterminées par le mouvement total de la cloche, qui est en proie à la gravitation, ce qui détermine les intervalles de temps entre les sons. C'est une question de savoir si le son d'une cloche n'est pas d'autant plus étendu, que les temps des *oscillations* sont plus près de coïncider avec les temps des *vibrations*.

VIBRER, v. neut. (*vibré*) (en latin *vibrare*), faire des *vibrations*.

* **VIBREUSE**, adj. fém. (*vibreuze*) : *voix vibreuse*, aiguë. Presque inusité.

VIBRION, subst. mas. (*vibri-on*), t. d'hist. nat., genre d'animaux microscopiques.

VIC., abréviation du mot *vicieux*.

VIC, subst. propre mas. (*vik*), ville de France, chef-lieu de canton, arrond. de Château-Salins, dép. de la Meurthe.

VICAIRE, subst. mas. (*vikière*) (en lat. *vicarius*, fait de *vicis*, lieu, place), celui qui est établi sous un supérieur pour tenir sa place en certaines fonctions : *il y avait en Allemagne*, etc., *des princes qui se disaient vicaires de l'Empire.* —Il se dit plus ordinairement de celui qui exerce des fonctions ecclésiastiques sous un supérieur, sous un curé. — *Grand-vicaire*, suppléant d'un évêque.—*Vicaire de Jésus-Christ*, titre qu'on donne au pape. — *Cardinal-vicaire*, cardinal à qui le pape confiait particulièrement l'administration ecclésiastique de la ville de Rome. — On appelle *vicaires apostoliques*, des *vicaires* du Saint-Siége qui font les fonctions du pape dans les églises ou provinces éloignées que le saint père a commises à leur direction; *vicaire de l'évêque*, celui qui exerce la juridiction d'un évêque. On les nomme aussi *vicaires généraux* ou *grands-vicaires*. — Autrefois on appelait, *vicaire*, le champion qui, dans un combat singulier, prenait la place d'un autre, et se battait pour lui.

VICAIRIE, subst. fém. (*vikièri*), anciennement, cure desservie par un *vicaire* perpétuel. On ne se sert plus que du mot *vicariat*.

VICARIAL, **E**, adj. (*vikari-ale*), qui a rapport au *vicariat* : *fonctions vicariales*. — Au plur. *vicariaux*.

VICARIAT, subst. mas. (*vikari-a*), fonction, emploi de *vicaire*. Dans l'Église romaine, *vicairie* se dit plus proprement des *vicaires* de paroisse, et *vicariat* des *vicaires*, de l'évêque, appelés autrement *grands-vicaires*. — Le temps pendant lequel on a été *vicaire* : *pendant son vicariat*.—Le territoire sur lequel s'étend le pouvoir du *vicaire*, soit séculier, soit ecclésiastique.

VICARIAUX, adj. mas. plur. Voy. VICARIAL.

VICARIÉ, part. pass. de *vicarier*.

VICARIER, v. neut. (*vikarié*), faire les fonctions de *vicaire*.—Etre réduit à un emploi subalterne. Peu usité.

VIC-DESSOS, subst. propre mas. (*vikdèçô*), bourg de France, chef-lieu de canton, arrond. de Foix, dép. de l'Ariége.

VIC-EN-BIGORRE, subst. propre mas. (*vikanbiguore*), ancienne ville de France, chef-lieu de canton, arrond. de Tarbes, dép. des Hautes-Pyrénées.

VIC-EXEMPLET, subst. propre mas. (*vikèkzanplé*), village de France, chef-lieu de canton, arrond. de La Châtre, dép. de l'Indre.

VIC-FEZENSAC, subst. propre mas. (*vikfezançak*), ville de France, chef-lieu de canton, arrond. d'Auch, dép. du Gers.

VIC-LE-COMTE, subst. propre mas. (*viklekonte*), ville de France, chef-lieu de canton, arrond. de Clermont-Ferrand, dép. du Puy-de-Dôme.

VIC-SUR-AISNE, subst. propre mas. (*vikçurène*), bourg de France, chef-lieu de canton, arrond. de Soissons, dép. de l'Aisne.

VIC-SUR-CÈRE, subst. propre mas. (*vikçurcère*), ville de France, chef-lieu de canton, arrond. d'Aurillac, dép. du Cantal.

VICE, subst. mas. (*vice*) (en lat. *vitium*, fait du grec αιτια, crime, faute, ou du lat. *vitare*, éviter), défaut, imperfection.—*Se livrer au vice*, à la débauche, au libertinage. — Disposition habituelle au mal.—Prov., *le vice le quitte, mais il n'a pas quitté le vice*, il est toujours *vicieux*, quoiqu'il ne puisse plus satisfaire ses *vices*.—En t. d'art vétér., on appelle, *vice rédhibitoire*, un défaut qui oblige le marchand à reprendre le cheval qu'il a vendu : l'acheteur doit intenter son action avant l'espace de neuf jours. — VICE, DÉFAUT, RIDICULE. (*Syn.*) En parlant des imperfections de l'âme, les *vices* partent d'une dépravation du cœur; les *défauts*, d'un *vice* de tempérament : le *ridicule*, d'un *defaut d'esprit*. — VICE, DÉFAUT, IMPERFECTION. (*Syn.*) *Vice* marque une mauvaise qualité morale qui procède de la dépravation ou de la bassesse du cœur; *défaut* marque une mauvaise qualité de l'esprit, ou une mauvaise qualité purement extérieure; *imperfection* est le diminutif de défaut. La négligence dans le maintien est une *imperfection*; la difformité et la timidité sont des *défauts* : la cruauté et la lâcheté sont des *vices*. — Ces termes diffèrent aussi par les différents mots auxquels on les joint, surtout dans le sens physique ou figuré. Souvent une guérison reste dans un état d'*imperfection*, lorsqu'on n'a pas corrigé le *vice* des humeurs ou le *défaut* de fluidité du sang. Le commerce d'un état s'affaiblit par l'*imperfection* des manufactures, par le *défaut* d'industrie, et par le *vice* de constitution. — VICE, IMPERFECTION, DÉFAUT, DÉFECTUOSITÉ. L'*imperfection* fait que la chose n'a pas le degré de perfection qu'elle doit avoir; le *défaut* fait que la chose n'a pas toute l'intégrité; la *défectuosité* fait que la chose n'a pas tout le relief, tout l'effet qu'elle doit avoir. L'*imperfection* laisse quelque chose à désirer; le *défaut*, quelque chose à réformer ou à suppléer. L'*imperfection* dégénère en *défaut*, la *défectuosité*, en difformité; le *vice* est un très-grand *défaut*.

VICE (*vice*) (du latin *vice*, ablatif de *vicis*, lieu, place), mot indéclinable qui entre dans la composition de plusieurs mots, dans lesquels il signifie : *qui tient la place de....*

VICE-AMIRAL, subst. mas. (*viçamiral*), officier le plus considérable après l'*amiral*.—Le second vaisseau d'une flotte : *il servait sur le vice-amiral*.—Au plur., des *vice-amiraux*.

VICE-AMIRAUTÉ, subst. fém. (*viçamirôté*), charge de *vice-amiral*.—Au plur., des *vice-amirautés*.

VICE-AMIRAUX, subst. mas. plur. Voy. VICE-AMIRAL.

VICE-BAILLI, subst. mas. (*vicebâ-ie-l*), ancien officier de robe courte, qui faisait la fonction de prévôt des maréchaux, et qui prenait connaissance des causes criminelles contre les voleurs, les faux-monnayeurs et les vagabonds : *il avait acheté la charge de vice-bailli*.—Au plur., des *vice-baillis*.

VICE-CHANCELIER, subst. mas. (*vicechancelié*), celui qui faisait la fonction de *chancelier* en l'absence de celui-ci. — Au plur., des *vice-chanceliers*.

VICE-CHANCELIÈRE, subst. fém. (*vicechancelière*), la femme du *vice-chancelier*.—Au plur., des *vice-chancelières*.

VICE-CONSUL, subst. mas. (*vicekonçule*), celui qui tient la place du *consul*. — Au plur., des *vice-consuls*.

VICE-CONSULAT, subst. mas. (*vicekonçula*), emploi du *vice-consul*.—Au plur., des *vice-consulats*.

VICE-GÉRANT, subst. mas., au fém. **VICE-GÉRANTE** (*vicejéran*, *rante*) (du lat. *vice*, à la place de, ou à son tour, et de *gerens*, qui porte, qui a la charge, qui exerce...), qui fait les fonctions en l'absence du *gérant* principal. — Au plur., des *vice-gérants*, *gérantes*.

VICE-GÉRENT, subst. mas. (*vicejéran*) (même étym. que celle de *vice-gérant*.), celui qui tient la place de l'official en son absence : *la sentence fut prononcée par le vice-gérent de l'officialité de Paris*. (*Académie*.) Pourquoi l'*Académie* établit-elle une distinction orthographique entre *vice-gérant*, remplaçant du fonctionnaire titulaire, et *vice-gérent*, remplaçant d'un official ecclésiastique? Serait-ce que, par une raison cachée, les deux mots n'auraient pas tous deux et absolument la même étymologie latine?

VICE-LÉGAT, subst. mas. (*vicelégua*), prélat établi par le pape pour exercer les fonctions du *légat* en son absence. — Au plur., des *vice-légats*.

VICE-LÉGATION, subst. fém. (*vicelégudcion*), emploi de *vice-légat*. — Au plur., des *vice-légations*.

VICENCE, subst. propre fém. (*viçance*), ville du royaume lombard-vénitien, dans les états de l'empire d'Autriche.

VICENNAL, **E**, adj. (*vicènenale*) (en latin *vicennalis*, fait de *vicent*, vingt, et *anni*, années), t. d'hist. anc., qui est de vingt ans, qui se fait après vingt ans.—Au plur., *vicennaux*.

VICENNALES, subst. et adj. fém. plur. (*vicènenale*), t. d'antiq., fêtes romaines qui se célébraient à la vingtième année du règne d'un prince.— Fêtes funèbres que l'on célébrait vingt ans après la mort de quelqu'un.

VICENNAUX, adj. mas. plur. Voy. VICENNAL.

VICENTIN, E, subst. et adj. (*viçuntein, tine*), de *Vicence*.

VICE-PRÉSIDENCE, subst. fém. (*viceprézidance*), fonctions, emploi du *vice-président*.—Au plur., des *vice-présidences*.

VICE-PRÉSIDENT, E, subst. (*viceprézidan, dante*), celui, celle qui exerce les fonctions d'un *président* en son absence. — Au plur., des *vice-présidents*, des *vice-présidentes*.

VICE-PROCUREUR, subst. mas. (*viceprokureur*), celui qui avait à Malte les fonctions de *procureur*.—Au plur., des *vice-procureurs*.

VICE-REINE, subst. fém. (*vicerène*), femme d'un *vice-roi*. — Princesse qui gouverne avec l'autorité d'un *vice-roi*. — Au plur., des *vicereines*.

VICE-ROI, subst. mas. (*viceroé*), celui qui gouverne un état qui a ou qui a eu le titre de *royaume* : *vice-roi du Mexique*. — En Espagne, gouverneur de quelques provinces : *vice-roi de Valence en Espagne*.—Au plur., des *vice-rois*.

VICE-ROYAUTÉ, subst. fém. (*viceroé-iôté*), charge et dignité de *vice-roi*. — Pays par lui gouverné.—Au plur., des *vice-royautés*.

VICE-SÉNÉCHAL, subst. mas. (*vicecénéchal*), lieutenant du *sénéchal*.—Au plur., des *vice-sénéchaux*.

VICE-SÉNÉCHAUSSÉE, subst. fém. (*vicecénéchôcé*), emploi, fonctions du *vice-sénéchal*.— Bâtiment où il résidait.

VICE-SÉNÉCHAUX, subst. mas. plur. Voy. VICE-SÉNÉCHAL.

VICÉSIMANE, subst. mas. (*vicézimane*), t. d'antiq., soldat de la vingtième légion, chez les Romains.

et **VICE VERSÂ**, loc. adv. (*étevicévèreça*), mots latins qui signifient : *et réciproquement*.

VICHY, subst. propre mas. (*vichi*), bourg de France, situé près de Moulins, dép. de l'Allier, et renommé pour ses eaux ferrugineuses.

VICIABLE, adj. des deux genres (*vici-able*), vicieux.—Corruptible.

VICIÉ, E, part. pass. de *vicier*, et adj., gâté, altéré, corrompu : *avoir le sang vicié*.

VICIER, v. act. (*vicié*) (en latin *vitiare*, fait de *vitium*, vice, défaut), altérer, corrompre, gâter : *les plaisirs sensuels vicient les facultés de l'esprit, en les altérant*.—En t. de prat., rendre nul : *toute omission ne vicie pas un acte*. — *se* VICIER, v. pron.

VICIEUSE, adj. fém. Voy. VICIEUX.

VICIEUSEMENT, adv. (*vicieuzeman*), d'une manière *vicieuse*, pleine de défauts.

VICIEUX, adj. mas., au fém. **VICIEUSE** (*vicieu, cieuze*), qui a quelque *vice*, quelque défaut : *clause qui rend un contrat vicieux, clause vicieuse*.—Qui est adonné à quelque *vice*, et particulièrement à l'impureté : *homme vicieux*. — On dit subst. : *un vicieux*, et le plus souvent au pluriel : *il faut fuir les vicieux*. — En t. de gramm., *façon de parler vicieuse*, qui est contre les règles.—*Cercle vicieux*, fig., manière défectueuse ou fausse de raisonner.—*Cheval vicieux*, ombrageux et rétif.— (*Syn.*) VICIEUX, PERVERS, CORROMPU, DÉPRAVÉ. L'homme *vicieux* se porte au mal par sa nature ; l'homme *pervers*, parce que le mauvais exemple l'entraîne; si l'habitude du mal les rend incapables du bien, ils sont *corrompus*; s'ils viennent à haïr le bien, ils sont *dépravés*. Un homme *vicieux peut trouver* quelque plaisir à faire le bien quand ce plaisir n'est pas opposé à ses inclinations *vicieuses* ; celui dont le cœur est *dépravé* ne fera jamais le bien que par hasard et sans goût : si un homme *corrompu* le fait, ce ne sera pas dans des intentions honnêtes. On dit un caractère *vicieux*, un goût *dépravé*, un cœur *corrompu*, une âme *perverse*.

VICINAL, E, adj. (*vicinale*), voisin d'un autre: *terre vicinale*. —*Chemins vicinaux*, chemins qui desservent les communes, les hameaux, etc. — Au plur. mas., *vicinaux*.

VICINAUX, adj. mas. plur. Voy. VICINAL.

VICISSITUDE, subst. fém. (*vicicecitude*) (en lat. *vicissitudo*), révolution alternative, réglée : *la vicissitude des saisons*.—Instabilité : *la vicissitude des choses humaines*. — Changement, évènement fâcheux : *voilà une terrible vicissitude*.—Variation : *il a eu dans sa vie de grandes vicissitudes*.

VIC-LE-COMTE, subst. propre mas. (*viklekonte*), ville de France, dép. du Puy-de-Dôme.

VICO, subst. propre mas. (*vikô*), ville de France, chef-lieu de canton, arrond. d'Ajaccio, dép. de la Corse.

VICOMTE, subst. mas. (*vikonte*), celui qui a une *vicomté*. Il n'y a plus en France de terre qui porte ce titre. — Autrefois ce titre signifiait, en Normandie, juge royal ; et il était au-dessous du bailli. Les *vicomtes* exerçaient anciennement les mêmes fonctions que les prévôts royaux dans les autres provinces. Voy. VICOMTÉ.

VICOMTÉ, subst. fém. (*vikonté*), titre de terre dans les pays où ces distinctions sont encore admises. Aujourd'hui ce n'est plus en France qu'un titre de noblesse au-dessus de celui de baron. — Le ressort, l'étendue de la juridiction des juges que l'on nommait *vicomtes* : *la vicomté de Paris*.

VICOMTESSE, subst. fém. (*vikontèce*), femme de *vicomte* ou celle qui possédait une *vicomté*.

VICOMTIER, adj. mas., au fém. **VICOMTIÈRE**, (*vikontié, tière*), qui appartient, qui est relatif à un *vicomte* ou à une *vicomté*. Hors d'usage.

VICOMTIERE, adj. fém. Voy. VICOMTIER.

VICTIMAIRE, subst. mas. (*viktimère*) (en lat. *victimarius*), t. d'hist. anc., celui qui fournissait les *victimes* ou qui faisait les apprêts du sacrifice.

VICTIME, subst. fém. (*viktime*) (en lat. *victima*, que quelques-uns dérivent de *vincire*, lier, garrotter, et d'autres de *vincere*, vaincre ; parce qu'anciennement c'étaient les vaincus ou leurs bestiaux qu'on sacrifiait), animal qu'on immolait et qu'on sacrifiait, soit à Dieu dans l'ancienne loi, soit aux fausses divinités chez les païens. — Personne sacrifiée aux intérêts, aux passions d'autrui. — *Etre victime*, être sacrifié : *Jésus-Christ a été la victime offerte pour le salut des hommes*. — *J'ai été la victime de son ressentiment*, il m'a fait beaucoup de mal. —*Il a été la victime de sa bonne foi*, sa bonne foi a causé ses disgraces, sa perte.— *Il a été la victime de cet accommodement*, on l'a fait à ses dépens.—*Victime artificielle*, t. d'antiq., c'était une *victime* factice, faite de pâte cuite, imitant la figure d'un animal, et qu'on offrait aux dieux, quand on n'avait point de *victime* naturelle, ou qu'on ne pouvait leur en offrir d'autres.

VICTIMÉ, E, part. pass. de *victimer*.

VICTIMER, v. act. (*viktimé*), rendre *victime*, immoler, sacrifier. Mot mis fort à la mode par la révolution française de 1793, et employé surtout au participe : *il a été victimé*. L'usage ne l'a point adopté, du moins dans ce dernier sens. —Accabler de plaisanteries : *il a été victimé toute la soirée*. — *se* VICTIMER, v. pron.

VICTOIRE, subst. fém. (*viktoare*) (en lat. *victoria*), avantage qu'on remporte en guerre sur les ennemis, dans un combat, dans une bataille. — Fig., celui qu'on acquiert sur soi ou sur les autres : *remporter la victoire sur ses passions*, *sur soi-même*, vaincre ses passions, se vaincre soi-même. — Les anciens faisaient une divinité de la *victoire*, et la représentaient sous la forme d'une femme qui avait des ailes, et qui tenait une couronne d'une main et une palme de l'autre.—On la personnifie encore dans plusieurs phrases : *la victoire s'est déclarée pour nous*. — Fam. : *il ne faut pas chanter victoire avant le temps*, il ne faut pas se glorifier d'un succès avant qu'il soit assuré. — *Crier victoire*, jeter un cri de joie d'avoir vaincu.

VICTOR, subst. propre mas. (*viktor*), myth., mot latin qui signifie *vainqueur*. Jupiter avait sous ce nom des temples et des fêtes particulières. —C'était aussi un des surnoms d'Hercule.

VICTORIAL, E, adj. (*viktori-ale*), qui concerne la *victoire*.—Au plur. mas., *victoriaux*.

VICTORIAT, subst. mas. (*viktori-a*), nom d'une ancienne monnaie romaine.

VICTORIAUX, adj. mas. plur. Voy. VICTORIAL. —*Jeux victoriaux*, t. d'antiq., jeux célébrés chez les Romains, au sujet d'une *victoire* remportée sur leurs ennemis.

VICTORIENNE, adj. fém. (*viktori-ène*) : *période victorienne*, de 532 ans. — Grand cycle pascal.

VICTORIEUSE, adj. fém. Voy. VICTORIEUX.

VICTORIEUSEMENT, adv. (*viktori-euzeman*), d'une manière *victorieuse*.

VICTORIEUX, adj. mas., au fém. **VICTORIEUSE** (*viktori-eu, euze*), qui remporte ou qui a remporté quelque *victoire*. De bons écrivains lui donnent pour régime la préposition *de*, suivie d'un substantif :

Victorieux du monde il en demande un autre.
BOILEAU.

— Fig., qui est venu à bout de quelque chose malgré les obstacles.—Quelquefois il se prend substantivement, surtout lorsqu'il s'agit de l'employer comme surnom : *Charles-le-Victorieux*. —Fam. : *il fait le victorieux*. Voy. VAINQUEUR.

VICTORIN, subst. mas. (*viktorein*), chanoine religieux qui suivait les règles de l'ordre de Saint-Augustin.

VICTORIOLE, subst. fém. (*viktori-ole*), petite *victoire*. (*Boiste*.) Tout-à-fait inusité.

VICTRIX, subst. propre fém. (*viktrikce*), myth., surnom de Vénus.

VICTUAILLE, subst. fém. (*viktu-a-ie*) (du lat. *victus*, vivres; la Bible dit *victualia*), aliment, provision de bouche.—Au plur., t. de mar., vivres qu'on charge sur un navire. Peu en usage aujourd'hui.

VICTUAILLEUR, subst. mas. (*victu-â-ieur*), t. de mar., pourvoyeur d'un vaisseau, celui qui fournit des vivres ou *victuailles*.

VIDAME, subst. mas. (*vidame*) (contraction du lat. *vice dominus*, formé de *vice*, ablatif de *vicis*, lieu, place, et de *dominus*, seigneur), autrefois, celui qui représentait et tenait la place de l'évêque en tant que seigneur temporel.

VIDAMÉ, subst. mas., ou **VIDAMIE**, subst. fém. (*vidamé, mi*), autrefois, dignité, charge de *vidame*.—Pays possédé par un *vidame*.

VIDANGE, subst. fém. (*vidanje*), action de *vider*, en parlant du bois coupé dans une forêt, des terres qui embarrassent, d'un fossé qui s'est rempli, etc. — Etat d'une chose qui se *vide*, d'un vase fermé sans être plein : *ce tonneau est en vidange*.—Evacuations que les femmes ont après leur accouchement. — Au plur., les immondices qu'on ôte d'un lieu qu'on *vide*, qu'on nettoie.

VIDANGEUR, subst. mas. (*vidanjeur*), celui qui *vide* les fosses d'aisances, qui cure les puits et nettoie les citernes.—On appelle *vidangeuse*, la femme d'un *vidangeur*.

VIDANGEUSE, subst. fém. (*vidanjeuze*). Voy. VIDANGEUR.

VIDE, adj. des deux genres (*vide*) (en lat. *viduus*, fait de *viduari*, dépouiller, priver de...), ce qui n'est rempli que d'air ou qui ne contient pas ce qu'il a coutume de contenir : *tonneau vide ; sa bourse est vide*. — Fig. : *avoir la tête vide*, avoir peu d'idées, de connaissances, de sens.—*Avoir le cerveau vide*, se dit à peu près dans le même sens.—*Avoir le cœur vide*, avoir le cœur sans affection, sans attachement. — *Se retirer les mains vides d'une place, d'une affaire, d'une entreprise*, s'en retirer sans profit, sans fortune.—*Cet ouvrage est vide de sens, de raison*, il n'y a ni sens ni raison, il n'est point solide.—Au théâtre, quand une scène n'est pas liée avec celle qui précède, on dit que *le théâtre est vide*.—*Habit brodé tant plein que vide*, dans lequel ce qui est brodé occupe autant d'espace que ce qui ne l'est pas.—*Des moments vides*, des moments sans occupation, sans amusement, des moments d'ennui.—En t. d'archit., *vide* se dit en parlant des massifs de maçonnerie très-épais, des chambrettes ou cavités pratiquées dans l'intérieur, autant pour épargner la dépense de la matière, que pour rendre la charge moins pesante : *des massifs vides forment des chambrettes* ou *cavités*.—*Espacer tant plein que vide*, peupler un plancher de solives, en sorte que les entre-vous soient de même largeur que les solives. On dit aussi que *les trumeaux sont espacés tant plein que vide*, lorsqu'ils sont de la largeur des croisées.—*Pousser* ou *tirer au vide*, c'est déverser ou sortir de son aplomb. En ce dernier sens il est pris substantivement.—T. de médec., se dit du pouls qui est tellement mou, que l'artère semble ne plus être distendue que par le sang : *le pouls de ce malade est vide*. — Subst. mas., espace *vide* : *les arbres morts font un grand vide dans une allée*. — Dans le style didactique, espace tellement *vide*, qu'il ne renferme aucun corps ni solide ni fluide. — Il se dit figurément dans les choses morales, par rapport aux personnes ou aux occupations dont on vient à être privé : *cette mort a fait un grand vide dans notre société*.—T. de phys. : *vide de Boyle*, espèce de *vide* produit sous un récipient appliqué à la machine pneumatique, lorsqu'on en pompe l'air. —*Horreur du vide*. Voy. HORREUR. — *Machine de vide*, machine pneumatique. Voy. plus haut, *vide de Boyle*. — *A vide*, locution adverbiale, sans rien contenir : *la diligence de Caen est partie à vide* ; *revenir à vide*.—*Jouer à vide*, sur les instruments à cordes, faire résonner la corde dans toute sa longueur, sans la raccourcir par l'application du doigt sur la touche. Le son en est alors plus brillant.—Fig. : *mâcher à* *vide*, se repaître d'une fausse apparence. Voy. MÂCHER.

VIDÉ, E, part. pass. de *vider*, et adj., désempli, etc.—En parlant d'un cheval, on dit qu'*il a les jarrets bien vidés*, lorsqu'ils ne sont pas pleins, ou qu'ils ne sont pas gras.—T. de blas.; il se dit d'une pièce principale dont la partie intérieure est *vide*, et dont il ne reste plus que les bords pour en faire connaître la forme.

VIDE-BOUTEILLE, subst. mas. (*videbou-tè-ie*), petite maison avec un jardin près de la ville. Fam. — Espèce de pompe ou de syphon pour vider une *bouteille* sans la déboucher ; c'est un tube recourbé, terminé à l'une de ses extrémités par une spirale en forme de vrille ou de tire-bouchon qui sert à l'introduire dans la *bouteille*.—Au plur., des *vide-bouteilles*.

VIDELLE, subst. fém. (*vidèle*), outil de fer-blanc dont on se sert pour évider les fruits que l'on veut confire.— Outil de cuivre à roulette dont les pâtissiers se servent pour couper la pâte des pièces qu'ils dressent.

VIDE-MAIN, subst. mas. (*videmein*), nom qu'on donnait autrefois, en Bourgogne, à un droit que le seigneur d'un endroit avait d'exiger que l'acquéreur d'un héritage le mît en main habile, c'est-à-dire, dans la main d'un homme de la seigneurie, si cet acquéreur n'y était pas lui-même domicilié.—Au plur., des *vide-mains*.

VIDE-POCHE, subst. mas. (*videpoche*), meuble pour déposer ce que l'on porte dans ses *poches*.—Au plur., des *vide-poches*.

VIDER, v. act. (*vidé*) (en lat. *viduare*), rendre *vide*, ôter ce qu'il y a dans une chose.—Fig., en parlant d'une affaire, la terminer, la finir par jugement, par accommodement ou d'une autre manière : *nous avons vidé notre affaire ; le procès est vidé, on vient de le juger en dernier ressort.* — *Vider ses comptes*, les terminer, les apurer.—Dans la même acception : *vider une querelle, un différend.—Il veut vider sa querelle l'épée à la main*, il veut se battre à l'épée pour avoir raison de sa querelle. — T. de palais : *ce rapporteur vide bien des procès*, expédie bien des procès.—*Vider*, sortir d'un lieu, en déloger par quelque sorte de contrainte : *vider les lieux, vider le plancher.—Vider une volaille*, en tirer ce qui n'est pas bon à manger.—*Vider une clef, un canon d'arquebuse*, etc., les creuser par le bout.—En vieux t. de fauconn., *vider un oiseau*, le purger. — *Vider ses mains*, se dessaisir de ce qu'on avait entre les mains. —*Vider son coffre-fort*, débourser beaucoup d'argent.—*se* VIDER, v. pron., se désemplir. — Fig., se terminer, se décider, etc. —Décharger son ventre des excréments.

VIDIAN, E, ou VIDIEN, adj. mas., au fém. **VIDIENNE** (*vidi-an, di-ane, di-ein, di-ène*), t. d'anat.; on a nommé *conduits vidians* ou *vidiens*, deux petits canaux creusés à la base de l'apophyse ptérigoïde.—On a donné aussi à une artère et à un nerf les noms d'*artère vidienne* et de *nerf vidien*.

VIDIMÉ, E, part. pass. de *vidimer*.

VIDIMER, v. act. (*vidimé*) (du lat. *videre*, voir), t. de prat., collationner une copie à un titre original, et certifier qu'elle lui est conforme : *l'expédition de cet acte a été vidimée.* — *se* VIDIMER, v. pron. Hors d'usages.

VIDIMUS, subst. mas. (*vidimuce*) (mot latin qui signifie : *nous avons vu*), titre qui a été authentiquement collationné : *c'est au notaire à mettre son vidimus sur ses actes.*

VIDOMNAT, subst. mas. (*vidomena*), qualité, fonctions, charge, titre du *vidomne*.

VIDOMNE, subst. mas. (*vidomene*) (du latin *vice*, ablatif de *vicis*, lieu, et *dominus*, seigneur, qu'on prononçait quelquefois, par contraction, *domnus*), t. de vieille féod., lieutenant du seigneur.

VIDRECOME, subst. mas. (*vidrekome*) (de l'allemand *wieder-komm* ou *komm-wieder*, reviens, ou viens de nouveau, fait de *kommein*, venir), grand verre à boire, en Allemagne, que l'on se passe, à chaque santé qui se porte, et que chacun doit vider à son tour.

VIDUITÉ, subst. fém. (*vidu-ité*) (en lat. *viduitas*), état du mari dont la femme est morte, et qui n'est pas remarié; état de la femme dont le mari est mort, et qui n'est pas remariée ; en un mot, veuvage : avec cette différence que *viduité* se dit plus proprement de l'état actuel du survivant des deux conjoints, qui n'a pas encore passé à un autre mariage, et *veuvage*, du temps que dure cet état.

VIDURE, subst. fém. (*vidure*) (rac. *vider*), ouvrage à jour.—Ce qu'on ôte de quelque chose.

VIE, subst. fém. (*vi*) (en latin *vita*, fait du grec βιος et βιοτη), en général, l'ensemble des fonctions dans les êtres organisés : *vie animale, sensitive, végétative.*—Dans une acception plus particulière, état des êtres animés tant qu'ils ont en eux le principe des sensations et du mouvement. — Plus particulièrement encore, état où est l'homme quand son âme est unie à son corps.— Durée de cette union, ou espace de temps qui s'écoule depuis la naissance jusqu'à la mort. — *Être en vie*, être vivant ; et : *mourir tout en vie*, mourir dans un état où l'on est encore plein de force. —*Recommander quelque chose sur la vie à quelqu'un*, le recommander avec les dernières instances. — *Être, se trouver entre la vie et la mort*, dans un extrême péril, soit par maladie, soit par quelque autre accident : *dans cette tempête nous fûmes pendant deux jours entre la vie et la mort.* — Fam.: *revenir de mort à vie*, revenir, contre toute espérance, d'une maladie très-périlleuse ; et *aller de vie à trépas*, mourir. Cette dernière phrase vieillit.—*Un homme a donné la vie à son ennemi*, le pouvant tuer, il ne l'a pas voulu ; et : *un prince a donné la vie, a accordé la vie, a fait grace de la vie à un criminel*, il a empêché, par l'autorité souveraine, que l'arrêt qui condamnait le criminel à mort fût exécuté.— *Il doit la vie à cet homme*, cet homme lui a sauvé ou conservé la *vie*.—En t. de jurispr., *la vie naturelle*, le cours de la *vie* selon la nature; et, *la vie civile*, l'état que tient dans l'ordre politique celui qui n'en est pas déchu par quelque changement arrivé dans sa personne.—Se dit de l'histoire, du récit des choses remarquables de la *vie* d'un homme : *les Vies des saints; les Vies des hommes illustres écrites par Plutarque*; ou par ellipse: *les Vies de Plutarque; il a écrit la vie d'un tel prince ; il a écrit lui-même sa vie ; il nous a raconté toute sa vie.*—*Vie* se dit aussi des plantes, en tant qu'elles ont un principe de végétation : *cet arbre est encore en vie ; les plantes vivent d'une vie végétative.* — État de l'âme séparée du corps : *la vie future, l'autre vie.* — La manière de *vivre*, en ce qui regarde la nourriture : *chercher, gagner sa vie.* — *Demander la vie*, se dit d'un homme qui prie son ennemi de ne pas le tuer.—*Demander sa vie*, mendier. — En ce qui regarde les commodités ou incommodités de la *vie* : *mener une vie douce, misérable, agitée.*—Par rapport aux occupations et aux professions différentes de la *vie* : *choisir un genre de vie.* — En ce qui regarde la conduite et les mœurs : *mener une vie réglée* ou *déréglée.*— *Être de grande ou de petite vie*, manger beaucoup ou peu.—On dit que *la vie est chère*, pour signifier qu'*il fait cher vivre* dans le pays dont on parle.—On dit fig., d'une chose pour laquelle on a un attachement extrême : *c'est là ma vie*, etc. — *Élixir de longue vie*, nom donné à une liqueur spiritueuse.—*Eau-de-vie*. Voy. ce subst. à son rang alphabétique.— Pop., crierie qui se fait en querellant quelqu'un, en lui reprochant quelque chose, en le réprimandant : *il m'a fait une vie enragée.* — Prov. : *il faut faire vie qui dure*, il faut ménager son bien de telle manière, qu'on ne le dépense pas tout d'un coup, soit en bonne chère, soit autrement; on le dit de même de la santé.—*Faire la vie*, faire bonne chère, et même se livrer à la débauche. — *Mener joyeuse vie*, se nourrir et s'amuser bien. — *Tourmenter sa vie*, se donner beaucoup de mal.—*Faire la vie de garçon*, mener une vie libre et peu régulière.—*Femme de mauvaise vie*, une prostituée. — *Mener une vie de Bohême*, une *vie* de bandit. — *Mener une vie de cochon*, vivre dans la crapule, dans la débauche. — Prov. : *vie de cochon, courte et bonne*, vie passée dans des excès qui usent avant l'âge.—*Telle vie, telle fin*, on meurt comme on a vécu.—On dit, d'un homme moribond, que *sa vie ne tient plus qu'à un fil*; et, d'un homme infirme qui n'a point de vigueur, qu'*il n'a qu'un filet de vie, qu'un souffle de vie.* —On dit, au contraire : *cet animal a la vie dure*, pour, il est difficile de le tuer, de le faire mourir : *cet homme tant percé de coups a vécu encore long-temps, il avait la vie dure.* —Prov.: *plus de biens que de vie*, la *vie* manquera plutôt que les biens.—*A vie*, adv., pendant tout le temps qu'on a à *vivre* : *une pension à vie; faire un bail à vie; acheter une maison à vie.*—*Pour la vie, à la vie et à la mort*, phrase fam. et adv., qui exprime une résolution immuable : *je suis son ami pour la vie; ils sont unis à la vie et à la mort.* —*Pour la vie*, signifie aussi : pour long-temps : *cette étoffe est excellente, on en a pour la vie.*— Fam., *de ma vie je n'ai vu pareille chose; de la vie on n'a vu*, etc., depuis que je suis au monde, je n'ai jamais vu, etc.

VIÉDASE, subst. mas. (*vi-édâze*), t. injurieux, qui, dans son origine, signifiait *visage d'âne.* (*Académie.*) Il est vieux, et même hors d'usage.

VIEIL ou VIEUX, adj. et subst. mas., au fém. **VIEILLE** (*viè-ie, vieu*) (en latin *vetus*). *Vieil* ne s'emploie plus guère au mas., même suivi d'une voyelle, que dans le *vieil homme*, le *vieil Adam*, le péché, l'homme pécheur.—Qui est fort avancé en âge : *cet homme est vieux* ; et prov. : *il est aussi vieux que les rues.*—Subst.: *un bon vieux; la vieille.*—Qui est tel depuis long-temps : *vieil ami, vieil ivrogne.* — Qui est plus âgé, quoique jeune encore. — Qui est usé : *vieil habit, vieux manteau*, etc. — Qui dure depuis long-temps: *c'est une vieille et bizarre superstition ; une vieille amitié.*—Ancien, antique, qui est du *vieux* temps, du temps passé : *le vieux temps ; le bon vieux temps ; quelles vieilles rapsodies ; la vieille mode ; il nous a montré tous ses vieux parchemins ; c'est un vieux mot, un vieux proverbe.* —Il se dit de certaines choses, par opposition à nouveau : *du vin vieux, vieille dette.*—Qui fait un métier, une profession depuis long-temps : *vieux soldat, vieux magistrat.*—Qui mène depuis long-temps un certain genre de vie : *vieux débauché, vieux pécheur*; et, par extension : *vieux routier, vieux coquin, vieux fou, vieille sorcière*, etc.— Fam.: *cet homme ne fera pas de vieux os*, ne vivra pas jusqu'à la *vieillesse*. — On appelle *turquoise de la vieille roche*, une turquoise tirée d'une ancienne mine qui est épuisée; et de là on dit figurément : *ami de la vieille roche*, pour dire, un ami tel qu'on n'en trouve plus. On dit aussi : *un homme de la vieille roche*, pour dire, un homme d'une probité antique et rare. — On dit *vieux*, pour signifier l'apparence de vétusté, les dehors de la *vieillesse* : *il a l'air vieux ; je le trouve vieux quand il a cet habit.*— On dit : *se faire vieux*, pour, *vieillir*, approcher de la *vieillesse* : *cet acteur se fait vieux* ; et : *faire le vieux*, pour, prendre le ton, les habitudes de la *vieillesse* : *il fait le vieux pour n'être pas obligé de se gêner.* — *Contes de vieilles*, fables ridicules et absurdes dont on amuse les petits enfants. — En parlant du calendrier, on dit *vieux style*, pour désigner la manière de compter qui était en usage avant la réformation du calendrier par Grégoire XIII. — On appelle, *le vieux Testament*, l'ancien Testament, par opposition au *nouveau Testament*. On dit plus communément *l'ancien Testament.*—*Vieille meute*, t. de vén., premier relais de chiens courants que l'on fait donner après les chiens de meute.—VIEUX, ANCIEN, ANTIQUE. (*Syn.*) *Antique* enchérit sur *ancien*, *ancien* sur *vieux*.—Une mode est *vieille*, lorsqu'elle cesse d'être en usage; elle est *ancienne*, lorsque l'usage en est entièrement passé ; elle est *antique*, lorsqu'il y a déjà long-temps qu'elle est *ancienne*.— Ce qui est récent n'est pas *vieux* ; ce qui est nouveau n'est pas *ancien* ; ce qui est moderne n'est pas *antique*.—*Vieillesse* regarde particulièrement l'âge ; *ancienneté* est plus propre à l'égard de l'origine des familles ; *antiquité* convient mieux à ce qui a été dans des temps fort éloignés de ceux où nous vivons. — On dit *vieillesse* décrépite, *ancienneté* immémoriale, *antiquité* reculée.—La *vieillesse* diminue les forces du corps et augmente les lumières de l'esprit. L'*ancienneté* fait perdre aux modes leurs agréments, et donne de l'éclat à la noblesse. L'*antiquité* faisant périr les preuves de l'histoire, en affaiblit la vérité, et fait valoir les monuments qui se conservent.

VIEILLARD, subst. mas. (*viè-iar*) (du latin *vetus*, dont on a fait dans la basse latinité, *vetularis* et *vetulardus*. Ménage.), celui qui est dans le dernier âge de la vie, dans la *vieillesse*.—En parlant en général, *vieilles* gens de l'un ou de l'autre sexe : *on doit respecter les vieillards.* — *Vieillard* ou *singe vieillard*, t. d'hist. nat.; on a donné ce nom à quelques singes, surtout à ceux qui ont une barbe grise et une sorte de chevelure blanche sur la tête

VIEILLE, subst. et adj. fém. (*viè-ie*), femme *vieille*. Voy. VIEIL.—Ancienne monnaie de France. (*Boiste.*)—T. d'hist. nat., poisson du genre des balistes, qui se trouve à Cayenne. — *Vieilles ridées*, nom de quelques espèces de coquilles.

VIEILLEMENT, adv. (*viè-ieman*), d'une manière *vieille*; à la manière des *vieilles gens*.

VIEILLERIE, subst. fém. (*viè-ierí*), choses *vieilles* et usées : *vieilles hardes; ne vendre que*

de la vieillerie.—Fig., idées rebattues et phrases usées : n'écrire que des vieilleries.

VIEILLESSE, subst. fém. (vié-lèce) (en latin vetustas), le dernier âge de la vie.—Les vieilles gens : la vieillesse est avare, chagrine et soupçonneuse ; et dans ce sens, on dit prov. : si jeunesse savait, si vieillesse pouvait, si les jeunes gens avaient l'expérience, et les vieillards plus de force.— On appelle fam. : bâton de vieillesse, celui, celle qui est le soutien de ses vieux parents, des vieillards.—On dit aussi, la vieillesse des animaux, des arbres, etc. Voy. VIEIL.

VIEILLI, part. pass. de vieillir.

VIEILLIR, v. neut. (vié-ie-ir), devenir vieux : commencer à vieillir.—Passer sa vie dans quelque emploi. — Paraître vieux : il a bien vieilli depuis deux ans.—Cette mode, cette expression vieillit, n'est plus guère en usage.—Cette affaire vieillit, on commence à l'oublier. — Rendre ou faire paraître vieux : les soucis, les maladies l'ont vieilli. En ce dernier sens, vieillir est act. —Laisser vieillir du vin, le garder pour que le temps l'abonnisse.— se VIEILLIR, v. pron., se faire, se dire plus vieux qu'on n'est.

VIEILLISSANT, E, adj. (vié-ie-içan, çante), qui commence à vieillir.

VIEILLISSEMENT, subst. mas. (vié-ie-icemau), état de ce qui vieillit; acheminement à la vieillesse. Peu en usage.

VIEILLOT, subst. mas., VIEILLOTTE, subst. fém. (vié-tô, tote) (en latin vetulus), qui commence à devenir vieux, à le paraître : il commence à être un peu vieillot; c'est une petite vieillotte, il a l'air vieillot. Il ne se dit qu'en plaisanterie, et plus ordinairement des gens de petite taille. Il est familier.

VIEILLOTTE, subst. fem. Voy. VIEILLOT.

VIELLE, subst. fém. (vièle) (de l'espagnol vihuela, qui, aujourd'hui, dans cette langue signifie proprement guitare), sorte d'instrument de musique à cordes et à roue.—Prov. : il est long comme une vielle, il est long dans tout ce qu'il fait.—Il est du bois dont on fait les vielles, il se rend facilement à ce que l'on veut, il se met facilement d'accord avec tout le monde. Pop.— Les serruriers nomment : loquet à vielle, un loquet s'ouvrant avec une clef, et qui soulève le battant du loquet.

VIELLE, subst. propre fém. (viéle), village de France, chef-lieu de canton, arrond. de Bagnères-de-Bigorre, dép. des Hautes-Pyrénées.

VIELLE, E, adj. (vi-èle). Il n'est guère usité que dans cette phrase pop. : bœuf vielle, bœuf que l'on promenait à Paris et dans certaines provinces le jeudi gras, au son des vielles. Quelques uns disent bœuf vilé, expression qui n'a aucun sens étymologique ; cependant si l'on écrivait villé, on doit pourrait vouloir dire : pour la ville ; ainsi : bœuf villé, signifierait : bœuf qu'on promène par la ville.

VIELLER, v. neut. (vièlé), jouer de la vielle. —Fig., user de longueurs inutiles dans une affaire, dans un ouvrage : il n'avance pas, il ne fait que vieller. Peu usité au fig.

VIELLEUR et non pas VIELLEUX, subst. mas., VIELLEUSE, subst. fém. (vièleur, leuse), celui, celle qui joue de la vielle.—Subst. mas., t. d'hist. nat., nom donné à certains insectes par rapport au bruit qu'ils font en volant, et qui imite le son d'une vielle.

VIELLEUSE, subst. fém. Voy. VIELLEUR.

VIELMUR, subst. propre mas. (vi-élmur), petite ville de France, chef-lieu de canton, arrond. de Castres, dép. du Tarn.

DU VERBE IRRÉGULIER VENIR :
Viendra, 3ᵉ pers. sing. fut. indic.
Viendrai, 1ʳᵉ pers. sing. fut. indic.
Viendraient, 3ᵉ pers. plur. prés. cond.
Viendrais, précédé de je, 1ʳᵉ pers. sing. prés. cond.
Viendrait, précédé de tu, 2ᵉ pers. sing. prés. cond.
Viendras, 2ᵉ pers. sing. fut. indic.
Viendrez, 2ᵉ pers. plur. fut. indic.
Viendriez, 2ᵉ pers. plur. prés. cond.
Viendrions, 1ʳᵉ pers. plur. fut. indic.
Viendront, 3ᵉ pers. plur. fut. indic.
Vienne, précédé de que je, 1ʳᵉ pers. sing. prés. subj.
Vienne, précédé de qu'il ou qu'elle, 3ᵉ pers. sing. prés. subj.

VIENNE, subst. propre fém. (viène), rivière de France qui donne son nom à plusieurs départements.

VIENNE, subst. propre fém. (viène), département français qui tire son nom de la rivière de Vienne, qui le traverse du sud au nord; chef-lieu, Poitiers.

VIENNE, subst. propre fém. (viène), ville de France, chef-lieu d'arrond. et de canton, dép. de l'Isère ; anc. capitale des Allobroges.

VIENNE, subst. propre fém. (viène), capitale de l'Autriche.

VIENNE, subst. fém. (viène), nom qu'on donne à des lames d'épée qui se fabriquent à Vienne, en Autriche.

VIENNE (HAUTE-), subst. propre fém. (ôteviène), département français, dont le chef-lieu est Limoges.

DU VERBE IRRÉGULIER VENIR :
Viennent, précédé de ils ou elles, 3ᵉ pers. plur. prés. indic.
Viennent, précédé de qu'ils ou qu'elles, 3ᵉ pers. plur. prés. subj.
Viennes, 2ᵉ pers. sing. prés. subj.

VIENNOIS, subst. et adj. mas., au fém. VIENNOISE (viènoa, noaze), qui est de Vienne. — Qui est relatif à la ville de Vienne.

DU VERBE IRRÉGULIER VENIR :
Viens, 2ᵉ pers. sing. impér.
Viens, précédé de je, 1ʳᵉ pers. sing. prés. indic.
Vient, 3ᵉ pers. sing. prés. indic.

VIENTRAGE, subst. mas. (vientraje), t. de féod., ancien droit qu'on payait sur les denrées, sur les boissons, etc., qui se vendaient sur le territoire d'un seigneur, pour l'entret. des routes.

VIERG, subst. mas. (viéregue), nom qu'on donnait autrefois au premier magistrat d'Autun.

VIERGE, subst. fém. (vièrje) (en lat. virgo), fille qui a vécu dans une continence parfaite.— On dit d'un homme qui devient souvent et facilement amoureux, qu'il est l'amoureux des onze mille vierges. — L'un des douze signes du zodiaque, composé de cent dix étoiles dans le Catalogue britannique. La sainte Vierge, titre que les chrétiens donnent par excellence à la mère du Sauveur. — Myth., surnom que les Athéniens donnaient à Minerve. T. d'antiq., surnom sous lequel Porcius Caton consacra à la Victoire un petit temple dans la ville de Rome. — Adj., qui a vécu dans une continence parfaite : cette fille est vierge; ce garçon est encore vierge. — Terre vierge, qui n'a pas encore été labourée. — Métaux vierges, ceux qui sont purs et sans mélange dans le sein de la terre. — De l'argent, de l'or, du mercure vierge, qui n'ont point passé par le feu. — En peinture, teintes vierges, qui ne sont point fondues, noyées les unes dans les autres, qui sont employées sans mélange. Aux teintes vierges sont opposées celles qu'on nomme teintes sales.—Cire vierge, qui n'a été employée à aucun ouvrage.—Huile vierge, celle qui sort des olives sans qu'elles aient été pressées.— Parchemin vierge, fait de la peau d'un jeune agneau ou d'un veau mort-né. — Vigne vierge, vigne qui ne produit qu'une petite graine inutile. — Épithète donnée à la Fortune, à laquelle on présentait sous ce nom les habits des jeunes filles.

VIEUX, adj. et subst. Voy. VIEIL.

VIEUX-OING, subst. mas. (vieuxoein), panne de porc battu dont on se sert pour graisser les roues, etc. Voy. OING.

VIERZON, subst. propre mas. (viérezon), ville de France, chef-lieu de canton, arrond. de Bourges, dép. du Cher.

VIF, subst. propre mas. (vife), bourg de France, chef-lieu de canton, arrond. de Grenoble, dép. de l'Isère.

VIF, adj. mas., au fém. VIVE (vife, vive) (en latin vivus), vivant, vivante, qui est en vie. — En parlant d'un corps vivant, on dit chair vive, par opposition à chair morte : le chirurgien doit couper jusqu'à la chair vive. — Qui a beaucoup de vigueur et d'activité : enfant, cheval fort vif ; avoir les yeux vifs. — Qui fait une impression violente : froid vif, une vive douleur, etc. —Une foi vive, accompagnée des œuvres, ou ardente et que rien n'ébranle. — Couleur vive, fort éclatante. — Teint vif, d'un blanc et d'un vermeil éclatant. — Expression vive, traits vifs, se disent, dans les ouvrages d'esprit, du feu de l'imagination ou des traits piquants qui s'y trouvent. — Eau vive, qui coule de source ou qui est trop crue. — Roche vive, qui a ses racines fort profondes en terre, qui n'est point mêlée de terre, et qui n'est point par couches comme les carrières. — Haie vive, plantée d'arbres et d'arbrisseaux vivants. — Chaux vive, qui n'a pas encore été éteinte. — Dartre vive, qu revient toujours, et qui paraît fort enflammée. — On appelle vive arête, le tranchant des angles du bois, etc., lorsqu'ils ne sont ni écornés, ni émoussés : bois à vive arête; poutre à vive arête. — On dit qu'une forêt est vive, quand il y a de beaux et de grands arbres. Les chasseurs disent aussi, qu'une forêt est vive, pour dire, qu'il y a beaucoup de bêtes fauves ; qu'une garenne est vive, pour dire qu'elle est bien peuplée de lapins ; et qu'une plaine est vive, pour dire, qu'il y a beaucoup de gibier.—Fig. : couper dans le vif, sacrifier ce qui nous plaît fort ; ne pas ménager notre sensibilité ni celle des autres.—Piquer au vif, vivement, fortement.—Être piqué ou touché au vif, avoir reçu un déplaisir ou une offense très-sensible. — De vive voix, en employant la parole.—De vive force, en faisant usage de la force.

VIF-ARGENT, subst. mas., et non pas ARGENT-VIF, comme on dit en quelques endroits (vivarjan), métal liquide appelé autrement mercure. — Fig. et fam. : avoir du vif-argent dans la tête, être d'une telle vivacité et légèreté, qu'on dise ou qu'on fasse souvent des étourderies.

VIGAN (LE), subst. propre mas. (leviguan), ville de France, chef-lieu de canton et d'arrond., dép. du Gard.

VIGANNE, subst. fém. (viguane), nom d'une sorte de raisin nommé aussi rochette.

VIGANS, subst. mas. plur. (viguan), sorte de draps grossiers qui se fabriquent au Vigan, dans les Cévennes.

VIGEOIS (LE), subst. propre mas. (levijoâ), bourg de France, chef-lieu de canton, arrond. de Brives-la-Gaillarde, dép. de la Corrèze.

VIGIE, subst. fém. (viji) (du latin vigiles, sentinelles, védettes, fait de vigilare, veiller), en t. de mar : être en vigie, en sentinelle.-- Marin monté sur la tête d'un mât ou sur une vergue de perroquet, pour observer au loin la mer.— Dans les colonies d'Amérique, sentinelle établie sur les hauteurs le long des côtes. — Sommet de montagne, etc., où cette sentinelle est postée. — Écueil, rocher d'une petite étendue, hors de l'eau ou sous l'eau.

VIGIER, v. neut. (vijié), t. de mar., être en vigie, en observation. (Boiste.) Inusité.

VIGIGRAPHE, subst. mas. (vijiguerafe), machine télégraphique propre à transmettre des signaux sur les vaisseaux, où d'une vigie à l'autre ; inventée en l'an VII (1799.)

VIGIGRAPHIE, subst. fém. (vijiguerafi), observation par le moyen du vigigraphe.—Action du vigigraphe. — Fonctions, études du vigigraphe.

VIGIGRAPHIQUE, adj. des deux genres (vijiguerafike), qui concerne le vigigraphe et la vigigraphie.

VIGILAMMENT, adv. (vijilaman), avec vigilance.

VIGILANCE, subst. fém. (vijilance) (en lat. vigilantia), attention sur quelqu'un ou sur quelque chose, accompagnée de diligence et d'activité.

VIGILANT, E, adj. (vijilan, lante) (en latin vigilans, fait de vigilare, veiller), qui a de la vigilance, soigneux, appliqué.

VIGILE, subst. fém. (vijile) (en lat. vigilia), le jour qui précède quelque fête. — Les vigiles des morts, les matines et les laudes qu'on dit pour les morts.

VIGILE, subst. mas. (vijile), nom qu'on donnait, chez les anciens Romains, à des soldats qui faisaient, comme nos sentinelles, la garde du camp.

VIGINTIVIR, subst. mas. (vijintivir), t. d'antiq., l'un des magistrats qui composaient le vigintivirat.

VIGINTIVIRAT, subst. mas. (vijeintivira) (du lat. viginti, vingt, et vir, homme), t. d'antiq., emploi, charge ou dignité des vingt officiers qui étaient chargés respectivement, chez les Romains, de la monnaie, du soin des prisons et de l'exécution des criminels, de la police des rues, et du jugement de quelques affaires civiles. — Durée de cet emploi.

VIGNAGE, subst. mas. (vignaje), ancien droit seigneurial ; impôt sur les vignes, le bétail, etc.

VIGNE, subst. fém. (vignie) (en latin vinea),

arbrisseau sarmenteux, originaire d'Asie. La baie qui forme le grain de raisin donne le suc dont on obtient le vin par la fermentation. Les semences dures en forme de larmes que contient le raisin s'appellent *pepins* ; on nomme *cep* le tronc de l'arbrisseau. Le nom de *vigne* ne se donne pas à un cep seul ; on ne dit pas : *voilà une belle vigne*, pour : *voilà un beau cep de vigne*. — Grande étendue de terre, plantée de ceps de *vignes*.—*Raisin de vigne*, propre à faire du *vin*.—*Pêche de vigne*.— Maison de plaisance en Italie, et surtout aux environs de Rome: *vigne Aldobrandine ; vigne Borghèse*. On dit plus souvent *villa*. — Fig. : *travailler à la vigne du Seigneur*, à l'instruction et à la conversion des âmes. — Prov. : *être dans les vignes*, être ivre. — *Jean des Vignes*, sot, mal bâti. — *Mariage de Jean des Vignes*, concubinage couvert de l'apparence du mariage. — Prov. : *quand nous serons morts, fera les vignes qui voudra*, on ne s'embarrasse point de ce qui arrivera quand on sera mort. - - On appelle aussi *vigne*, une sorte de cabane en clayonnage pour servir, dans les sièges, à établir des communications abritées entre les tours, les tortues et autres machines de guerre des anciens. — *Vigne du nord*, nom qu'on donne, en quelques endroits, au houblon. — *Vigne sauvage*, nom qu'on donne à la morelle, à la douce-amère.—*Vigne vierge*. Voy. VIERGE.

VIGNÉE, subst. fém. (*vignié*), t. de bot., genre de plantes établi pour placer les laiches dont les épis portent à la fois des fleurs mâles et des fleurs femelles.

VIGNERON, subst. mas., au fém. **VIGNERONNE** (*vignieron, rone*), celui, celle qui cultive la *vigne* et lui donne les façons nécessaires. On nomme *vigneronne* la femme d'un *vigneron*.

VIGNERONNE, subst. fém. Voy. VIGNERON.

VIGNETTE, subst. fém. (*vigniète*) (en latin *vinea*), sorte de petite estampe, plus large que haute, sur laquelle on gravait autrefois des pampres de *vigne* et des raisins, et qu'on mettait pour ornement à la tête des chapitres d'un livre. Aujourd'hui on fait des *vignettes* qui servent d'encadrement. — *Papier à vignettes*, papier à lettre dont les bords sont ornés de *vignettes*.

VIGNEULLES-LES-HALTON-CHATEL, subst. propre mas. (*vignieulelèzaltonchatel*), village de France, chef-lieu de canton, arrondissement de Commercy, dép. de la Meuse.

VIGNOBLE, subst. mas. et adj. des deux genres (*vignioble*), lieu, pays planté de *vignes*.— Adj. : *pays, contrées vignobles*.

VIGNOMANIE, subst. propre fém. (*vigniomani*), fureur, *manie* de planter de la *vigne*. Inus.

VIGNOT, subst. mas. (*vignió*), t. d'hist. nat., coquillage du genre des limaçons. — Table pour étaler la morue sortant de l'eau.

VIGOGNE, subst. fém. (*vignognie*), t. d'hist. nat., animal du Pérou, qui tient du mouton et de la chèvre, et dont la laine sert à faire des chapeaux, des draps, des bas, etc. —Subst. mas., chapeau de *vigogne*. Vieux.

VIGOLINE, subst. fém. (*vignoline*), t. de bot., genre de plantes annuelles du Pérou.

VIGOTTE, subst. fém. (*vigote*), t. d'artillerie, modèle pour chercher des boulets convenables.

VIGOUREUSE, adj. fém. Voy. VIGOUREUX.

VIGOUREUSEMENT, adv. (*viguoureuzeman*), avec *vigueur*, avec force.

VIGOUREUX, adj. mas., au fém. **VIGOUREUSE** (*viguoureu, reuze*), qui a de la *vigueur*, fort, robuste : *discours vigoureux, réponse vigoureuse*, pleins de force, de fermeté, de *vigueur*.—On dit en peinture : *manières, formes, couleurs vigoureuses*, et en gravure, *estampe vigoureuse*, forte de burin et piquante d'effet.—VIGOUREUX, FORT, ROBUSTE. (*Syn.*) Le *vigoureux* semble plus agile, et doit beaucoup au courage. Le *fort* paraît être plus ferme, et doit beaucoup à la construction des muscles. Le *robuste* est moins sujet aux infirmités, et doit beaucoup à la nature du tempérament. — On est *vigoureux* par le mouvement et par les efforts qu'on fait. On est *fort* par la solidité et par la résistance des membres. On est *robuste* par la bonne conformation des parties qui servent aux fonctions naturelles.—*Vigoureux* est d'un usage propre pour le combat, et pour tout ce qui demande de la vivacité dans l'action. *Fort* convient en fait de fardeau et de tout ce qui est défense. *Robuste* se dit à l'égard de la santé et de l'assiduité au travail. — Un homme *vigoureux* attaque avec violence; un homme *fort* porte d'un air aisé ce qui accablerait un autre; un homme *robuste* est à l'épreuve de la fatigue.

VIGUERIE, subst. fém. (*vigueri*), charge de *viguier*. — Juridiction du *viguier*. Hors d'usage.

VIGUEUR, subst. fém. (*vigueur*) (en lat. *vigor*), force pour agir : *dans la vigueur de l'âge*. On le dit par extension des plantes. — Qualité de l'esprit qui rend capable de soutenir de grands travaux sans s'épuiser, d'entreprendre et de soutenir de grandes choses. — En peinture, force, expression, surtout en parlant du coloris. — Ardeur jointe à la fermeté : *pousser cette affaire avec vigueur; action de vigueur*. — *Cette loi est* ou *les lois sont en vigueur*, subsistent, les magistrats les suivent dans leurs jugements.

VIGUIER, subst. mas. (*viguié*) (suivant *Pasquier*, *Pithou*, etc., corruption de *vicaire*, ce terme n'ayant été usité qu'en Languedoc et en Provence, où Théodoric, au rapport de Cassiodore, établit un *vicaire* pour y exercer la justice), juge qui, dans le midi de la France, faisait les mêmes fonctions que les prévôts royaux.

VIL, E, adj. (*vile*) (en lat. *vilis*), abject, méprisable. Voy. BAS. — *Chose de vil prix*, de peu de valeur. — *Marchandise à vil prix*, qui est à meilleur marché qu'à l'ordinaire.

VILAIN, E, adj. (*vilein, lène*) (du lat. *villanus*, fait dans la basse latinité de *villa*, maison des champs, ferme, métairie, etc.), qui n'est pas beau, qui déplaît à la vue : *vilain jardin, pays, habit*. — Incommode, désagréable : *vilain chemin, temps, gîte ; vilain jeu*. — En parlant des personnes et des actions, sale, déshonnête, infâme: *oh! que cela est vilain* ; et prov. : *tous vilains cas sont reniables*.—Dangereux, en parlant des maux : *voilà un vilain rhume*. —Avare, qui vit mesquinement : *il est plus qu'avare, il est vilain* ; et prov. : *vilain comme lard jaune*. En ce sens, il est aussi subst. : *c'est un vilain*.— Subst. mas., autrefois paysan, roturier, etc. — On le dit aussi pour drôle, qui choque, qu'on méprise, etc. : *c'est un petit vilain*.— Personne déshonnête en paroles et en actions.—Prov. : *il n'est guère chère que de vilain*, quand un avare se résout à donner un repas à quelqu'un, il le fait avec plus de profusion qu'un autre. — Prov. : *graissez les bottes d'un vilain, il dira qu'on les lui brûle*, rendez service à un avare, il s'en plaindra pour se dispenser de la reconnaissance.—On dit prov.: *c'est la fille du vilain*, en parlant d'une chose qui se donne à celui qui en offre le plus.—*Jeu de main, jeu de vilain*, il faut être bien mal élevé pour se permettre de frapper.

VILAINEMENT, adv. (*vilèneman*), d'une manière *vilaine*. — *Manger vilainement*, malproprement. — *Faire les choses vilainement*, sordidement.

VILAINES-LA-JUHEL, subst. propre mas. (*vilènelaju-èle*), ville de France, chef-lieu de canton, arrond. de Mayenne, dép. de la Mayenne.

VILEBREQUIN, mieux **VIREBREQUIN**, subst. mas. (*vilebrekiein*) (suivant *Le Duchat*, c'est une corruption de *vire-brequin* qu'on dit encore en Anjou, et qui est formé des deux mots *virer*, tourner, et *brequin*, nom de la mèche de cet outil, dérivé, continue cet étymologiste, du latin *veru*, broche, ou plutôt de son diminutif *verucum*), outil qui sert à trouer, à percer du bois, etc., au moyen d'un petit fer nommé *mèche*, qui a un taillant en spirale, et qu'on fait entrer en le tournant.—Prov. et fam. : *des jambes en vilebrequin*, des jambes tortues.—T. d'hist. nat., nom d'une coquille du genre des vermiculaires.—Quelques-uns écrivent *vilbrequin*.

VILEMENT, adv. (*vileman*), d'une manière *vile* et basse.

VILENIE, et non pas **VILAINIE**, subst. fém. (*vileni*) (rac., *vil, vile*), ordure, saleté. — Avarice. — Au plur., paroles injurieuses. — Obscénités. — Nourriture malsaine : *cet enfant ne mange que des vilenies*.

VILETÉ, subst. fém. (*vileté*), qualité de ce qui est *vil* et à bas prix.—Le peu d'importance d'une chose.

VILIPENDÉ, E, part. pass. de *vilipender*.

VILIPENDER, v. act. (*vilipandé*) (en lat. *vilipendere*, formé de *vilis*, vil, de peu de valeur, et *pendere*, priser, estimer), traiter de *vil*; déprimer, mépriser. Fam. — SE VILIPENDER, v. pron.

VILITÉ, subst. fém. (*vilité*), t. de pal., qui s'applique au prix des ventes dont on demande la rescision, sur le motif qu'il y a eu lésion dans le prix.

VILLA, subst. fém. (*vilela*), mot emprunté de la langue italienne, où il signifie, maison de campagne ; il est très-usité en français dans la même signification : *la villa Orsini*. Voy. VIGNE.

VILLACE, subst. fém. (*vilelace*), grande ville mal peuplée et mal bâtie. (*Académie*.) Peu usité.

VILLAGE, subst. mas. (*vilaje*) (du latin barbare *villagium*, fait de *villa*, maison des champs, ferme), habitation composée de plusieurs maisons séparées les unes des autres, et qui n'est fermée ni de fossés ni de murailles. Voy. HAMEAU. — Fam. et prov. : *le coq du village*, se dit de celui qui a le plus de crédit dans le *village*.— *Il ne faut point se moquer des chiens qu'on ne soit hors du village*, il ne faut point mépriser son ennemi tant qu'on est en lieu, en situation où il peut nuire. — *A gens de village, trompette de bois*, il ne faut aux ignorants, aux gens grossiers, que des choses proportionnées à leur état, à leur intelligence.— *Cet homme est bien de son village*, est bien mal instruit de ce qui se passe dans la société.

VILLAGEOIS, E, subst. (*vilajoa, joaze*), habitant de *village*. — Adj., qui est de *village* : *air villageois, manières villageoises*.

VILLANDRAUT, subst. propre mas. (*vilandró*), bourg de France, chef-lieu de canton, arrond. de Bazas, dép. de la Gironde.

VILLANELLE, subst. fém. (*vilanèle*) (voy. pour l'étym. au mot VILAIN), sorte de poésie pastorale dont les couplets finissent par le même refrain. — Air propre à faire danser des paysans.

VILLARD-DE-LANS (LE), subst. propre mas. (*levilardelan*), bourg de France, chef-lieu de canton, arrond. de Grenoble, dép. de l'Isère.

VILLARÈSE, subst. fém. (*vilarèze*), t. de bot., arbrisseau du Pérou et du Chili.

VILLE, subst. fém. (*vile*) (suivant *Wachter*, du grec πόλις, qui a la même signification, donnée ensuite dans la basse latinité au mot *villa*, qui désigne proprement une maison de campagne, une métairie, etc.), assemblage d'un grand nombre de maisons disposées par rues, et fermées par une clôture commune. — Les habitants d'une *ville* : *toute la ville parle de cette nouvelle*.—*Ville de commerce, ville marchande*, où le commerce est considérable.—*Ville d'entrepôt*, où les marchandises sont expédiées pour passer outre. — *Villes hanséatiques*. Voy. HANSÉATIQUE. — *Le corps de ville*, ou simplement *la ville*, les magistrats municipaux.—*Sergent de ville*. Voy. SERGENT. — *La ville est bonne*, on y trouve aisément les choses dont on a besoin. — *Mon frère est à la ville*, n'est pas à la campagne. — *Mon frère est en ville, dîne, soupe en ville*, est hors de chez lui, dîne, soupe hors de chez lui. Il est fam. — Fig. et prov.: *ville qui parlemente est à moitié rendue*, une personne qui écoute les propositions qu'on lui fait n'est pas éloignée d'accorder ce qu'on lui demande.

VILLÉ, E, adj. (*vile*). Voy. VIELLÉ.

VILLÉ, subst. propre mas. (*vilé*), bourg de France, chef-lieu de canton, arrond. de Schelestadt, dép. du Bas-Rhin.

VILLEBRUMIER, subst. propre mas. (*vilebrumié*), village de France, chef-lieu de canton, arrond. de Montauban, dép. de Tarn-et-Garonne.

VILLEDIEU (LA), subst. propre fém. (*laviledieu*), ville de France, chef-lieu de canton, arrond. de Poitiers, dép. de la Vienne.

VILLEDIEU-LES-POÊLES, subst. propre mas. (*viledieulèpoèle*), bourg de France, chef-lieu de canton, arrond. d'Avranches, dép. de la Manche.

VILLE-EN-TARDENOIS, subst. propre mas. (*vilantardenoa*), chef-lieu de canton, arrond. de Reims, dép. de la Marne.

VILLEFAGNAN, subst. propre mas. (*vilefagnian*), bourg de France, chef-lieu de canton, arrond. de Ruffec, dép. de la Charente.

VILLEFORT, subst. propre mas. (*vilefore*), ville de France, chef-lieu de canton, arrond. de Mende, dép. de la Lozère.

VILLEFRANCHE, subst. propre fém. (*vilefranche*), ville de France, chef-lieu de canton, arrond. d'Albi, dép. du Tarn.

VILLEFRANCHE-DE-BELVÈS, subst. propre mas. (*vilefranchedebelevèce*), ville de France, chef-lieu de canton, arrond. de Sarlat, dép. de la Dordogne.

VILLEFRANCHE-DE-LAURAGUAIS, subst. propre mas. (*vilefranchedelóraguié*), ville de France, chef-lieu d'arrond. et de canton, dép. de la Haute-Garonne.

VILLEFRANCHE-DE-LONCHAPT, subst. propre mas. (*vilefranchedelonchapete*), village de France, chef-lieu de canton, arrond. de Bergerac, dép. de la Dordogne.

VILLEFRANCHE-DE-ROUERGUE, subst. propre mas. (*vilefranchederouèregue*), ville de France, chef-lieu de canton et d'arrond., dép. de l'Aveyron.

VILLEFRANCHE-SUR-SAÔNE, subst. propre mas. (*vilefrancheçurçône*), ville de France, chef-lieu de canton et d'arrond.,dép. du Rhône.

VILLEGIATURE, subst. fém. (*viléléji-ature*) (de l'italien *villegiatura*), séjour à la campagne.

VILLE-SUR-TOURBES, subst. propre mas. (*vileçurtourbe*), ville de France, chef-lieu de canton, arrond. de Sainte-Menehould, dép. de la Marne.

VILLEJUIF, subst. propre mas. (*vilejuife*), bourg de France, chef-lieu de canton, arrond. de Sceaux, dép. de la Seine.

VILLENAUXE, subst. propre mas. (*vilenôkce*), ville de France, chef-lieu de canton, arrond. de Nogent-sur-Seine, dép. de l'Aube.

VILLENEUVE, subst. propre mas. (*vileneuve*), ville de France, chef-lieu de canton, arrond. de Villefranche-de-Rouergue, dép. de l'Aveyron.

VILLENEUVE-D'AGEN, subst. propre mas. (*vileneuvedajein*), ville de France, chef-lieu de canton et d'arrond., dép. de Lot-et-Garonne.

VILLENEUVE-DE-BERG, subst. propre mas. (*vileneuvedebèregue*), petite ville de France, chef-lieu de canton, arrond. de Privas, dép. de l'Ardèche.

VILLENEUVE-L'ARCHEVÊQUE, subst. propre mas. (*vileneuvelarchevèke*), ville de France, chef-lieu de canton, arrond. de Sens, dép. de l'Yonne.

VILLENEUVE-LE-ROI, subst. propre mas. (*vileneuveleroé*), ville de France, chef-lieu de canton, arrond. de Joigny, dép. de l'Yonne.

VILLENEUVE-LÈS-AVIGNON, subst. propre mas. (*vileneuvelèzavignion*), ville de France, chef-lieu de canton, arrond. d'Uzès, dép. du Var.

VILLERÉAL, subst. propre mas. (*vileré-ale*), bourg de France, chef-lieu de canton, arrond. de Villeneuve-d'Agen, dép. de Lot-et-Garonne.

VILLERS-BOCAGE, subst. propre mas. (*vilèrebokaje*), bourg de France, chef-lieu de canton, arrond.,de Caen, dép. du Calvados. — Chef-lieu de canton, arrond. d'Amiens, dép. de la Somme.

VILLERS-COTTERETS, subst. propre mas. (*vilèrkoteré*), ville de France, chef-lieu de canton, arrond. de Soissons, dép. de l'Aisne.

VILLERS-FARLAY, subst. propre mas. (*vilèrefarlé*), bourg de France, chef-lieu de canton, arrond. de Poligny, dép. du Jura.

VILLERS-SEXEL, subst. propre mas. (*vilèrecèkcèle*), ville de France, chef-lieu de canton, arrond de Lure, dép. de la Haute-Saône.

VILLETTE, subst. fém. (*vilète*), très-petite *ville*. (*Académie*.) Presque inusité.

VILLETTE (LA), subst. propre fém. (*lavilète*), bourg de France, arrond. de Saint-Denis, canton de Pantin, touchant les murs de Paris.

VILLEUSE, adj. fém. Voy. VILLEUX.

VILLEUX, adj. mas., au fém. **VILLEUSE** (*vileu, leuze*) (en latin *villosus*, qui est *velu*, couvert de poils), t. de bot., qui est couvert d'un duvet mou.

VILLOSITÉ, subst. fém. (*vilelôzité*) (du latin *villus*, poil), qualité d'une tige, d'une feuille, d'une peau *velue*.

VIMAIRE, subst. fém. (*vimère*) (du lat. *vis major*, force majeure), dégât causé dans les forêts par des ouragans. Vieux et presque hors d'usage.

Vîmes, 1re pers. plur. prét. déf. du verbe irrégulier VOIR.

VIMINAL, E, (*viminale*) (en lat. *viminalis*, fait, dans la même signification, de *vimen*, *viminis*, osier; parce que la *colline Viminale* était plantée d'osiers), t. d'hist. anc.; il se dit d'une colline de l'ancienne Rome, et d'une rue et d'une porte qui conduisaient à cette colline.

VIMINALIES, subst. fém. plur. (*viminali*), myth., fêtes que l'on célébrait à Rome, sur le mont *Viminal*.

VIMINALIS, subst. propre mas. (*vimindlice*), myth., surnom latin de Jupiter, adoré sur le mont *Viminal*, à Rome.

VIMINALIE, subst. fém. (*viminali*), t. de bot., genre de plantes.

VIMOUTIERS, subst. propre mas. (*vimoutié*), ville de France, chef-lieu de canton, arrond. d'Argentan, dép. de l'Orne.

VIN, subst. mas. (*vein*) (en lat. *vinum*, fait du grec οἶνος), liqueur propre à boire, qu'on tire du raisin : *vin blanc, rouge, clairet, rosé, paillet*, etc.—Il se prend quelquefois pour la force du *vin* même : *ce vin a beaucoup* ou *peu de vin*. —*Vin de deux, trois* ou *quatre feuilles*, qui a deux, trois ou quatre ans.—*Vin doux*, qui n'a point encore cuvé.—*Vin de l'étrier*, le verre de *vin* que l'on donne à quelqu'un qui va monter à cheval. — *Vin coupé*, mêlé avec d'autre. — *Vin bourru*, qui n'a guère cuvé. — *Demi-vin* ou *petit vin*, eau passée sur le marc de raisin, après qu'on en a retiré tout ce qu'on a pu par l'action du pressoir.—*Vin de goutte*, et *mère goutte*, celui qui est exprimé naturellement des grappes avant que de donner aucune serre au pressoir.—*Vin du cru*, *vin* cueilli dans l'endroit même où on le consomme. — *Vin de copeaux*, celui que l'on a fait passer sur des copeaux, c'est-à-dire, dans lequel on a fait tremper des copeaux pour l'éclaircir et le rendre plus prompt à boire.—*Vin de veille*, *vin* qu'on met dans la chambre d'une personne, en cas qu'elle en ait besoin pendant la nuit. — *Vin de ville*, *vin* que les officiers de ville donnent en présent à une personne de considération.—*Vin* se dit en général de toutes les liqueurs que l'on tire ou extrait des végétaux, soit en en exprimant le suc, soit en les faisant macérer dans l'eau, et qui, par un mouvement intérieur, que l'on nomme *fermentation*, ont été transformés en une liqueur plus ou moins piquante, et pourvue d'un certain degré spiritueux.—On appelle : *vin anti-scorbutique*, du *vin* blanc dans lequel on a fait macérer des racines de raifort et de bardane, des graines de moutarde, des feuilles de cresson, de cochléaria et de fumeterre : on y ajoute de l'hydrochlorate d'ammoniaque; *vin aromatique*, du *vin* rouge dans lequel on a fait macérer des sommités de romarin, rue, sauge, hyssope, lavande, absinthe, origan et thym, des feuilles de laurier et des fleurs de roses rouges, camomille, mélilot et sureau : on y ajoute du muriate d'ammoniaque; *vin d'absinthe*, du *vin* blanc dans lequel on a fait macérer à froid de la grande et de la petite absinthe, ou auquel on peut ajouter de la teinture alcoholique d'absinthe; *vin de quinquina*, du *vin* rouge de Bourgogne dans lequel on a fait macérer du quinquina, ou auquel on a ajouté de la teinture alcoholique de quinquina; *vin émétique*, du *vin* blanc dans lequel on a fait dissoudre du tartrate de potasse et d'antimoine, ou de l'oxyde d'antimoine sulfuré demi-vitreux; *vin fébrifuge*, le même que le *vin* de quinquina; *vin médicinal*, une liqueur *vineuse*, *vin*, bière, hydromel, ou autre, avec laquelle on a combiné un ou plusieurs médicaments. — *Vin de prunelles*, boisson faite avec des prunes sauvages.—On appelle, *pot-de-vin*, ce qui se donne par manière de présent au-delà du prix qui a été convenu et arrêté entre deux personnes pour un marché, une vente, ou un bail à ferme, etc. : *il veut vendre sa terre tant, et veut avoir tant de pot-de-vin*.—On dit, *boire le vin du marché*, en parlant de deux personnes dont l'une donne à manger à l'autre, après avoir conclu ensemble quelque affaire considérable : *ils sont allés ensemble boire le vin du marché*. — *Être pris de vin*, être ivre. — *Être entre deux vins*; *être chaud de vin*, approcher de l'ivresse.—*Être en pointe de vin*, se dit d'un homme que le *vin* commence à mettre en gaieté.—*Fig.* : *cuver son vin*, dormir pour laisser passer son ivresse. — Pop. : *sac à vin*, grand ivrogne. — Fig. : *s'enivrer de son vin*, se faire illusion, s'entêter de ses propres idées.— *il a le vin mauvais*, il est querelleur quand il a bu.—Prov. : *mettre de l'eau dans son vin*, se modérer sur quelque affaire, marquer moins d'animosité.

VINAGE, subst. mas. (*vinaje*), ancien droit que le seigneur levait sur les *vins* qui étaient produits sur le territoire dépendant de sa seigneurie.

VINAIGRE, subst. mas. (*vinéguere*) (rac. *vin aigre*), *vin* rendu *aigre* par artifice. Quand il le devient naturellement, on dit du *vin aigre*, et non pas du *vinaigre*.—En général, toute liqueur qui a passé de la fermentation à l'acidité.—Fam. : *habit de vinaigre*, habit léger que quelqu'un porte par un temps froid. — Prov. : *on prend plus de mouches avec un peu de miel qu'avec un tonneau de vinaigre*, on réussit souvent mieux par la douceur que par la hauteur et la fierté.— *Vinaigre de bois*, acide tiré du bois par distillation. — *Vinaigre de cidre*, *de bière*, qu'on obtient du cidre, de la bière. — *Vinaigre des quatre voleurs*, qui préserve de l'infection.— *Vinaigre anti-scorbutique*, *vinaigre* blanc dans lequel on a fait macérer de la fumeterre, de la racine de gentiane, de la racine de raifort et des bigarades.—*Vinaigre dentifrice*, *vinaigre* blanc dans lequel on a fait macérer de la racine de pyrèthre, cannelle, gérofle, et auquel on ajoute ensuite un peu de racine de gaïac dissoute dans un mélange d'esprit de cochléaria et d'eau vulnéraire.—*Vinaigre rosat*, *vinaigre* blanc dans lequel on a fait macérer des roses rouges. — *Vinaigre thériacal*, *vinaigre* blanc macéré sur les ingrédients de l'alcohol thériacal, et dans lequel on distille ensuite de la thériaque.—On appelle, *vinaigre distillé*, l'acide acétique étendu d'eau.— *Vinaigre radical*, l'acide acétique concentré; comme celui que l'on retire, par la distillation, de l'acétate de cuivre.—Le *vinaigre* dans lequel on a fait infuser des plantes ou des fleurs prend le nom de ces plantes ou de ces fleurs : *vinaigre d'estragon, de sureau, de framboises*, etc.—*Sel de vinaigre*, sel extrait du *vinaigre*.— *Vinaigre de saturne*, acétate de plomb.

VINAIGRÉ, E, part. pass. de *vinaigrer*, et adj., ce qui a été assaisonné avec du *vinaigre*.

VINAIGRER, v. act. (*vinéguéré*), assaisonner avec du *vinaigre*.—*se* VINAIGRER, v. pron.

VINAIGRERIE, subst. fém. (*vinéguereri*), fabrique de *vinaigre*.

VINAIGRETTE, subst. fém. (*vinéguerète*), sorte de sauce où il entre du *vinaigre*, du sel et du poivre.—Bœuf ainsi assaisonné après avoir été bouilli.— Espèce de brouette ou de petite chaise traînée par un seul homme.

VINAIGRIER, subst. mas. (*vinéguerl-é*), artisan qui fait et vend du *vinaigre* de la moutarde, etc.—Vase dans lequel on met du *vinaigre*.— Au Canada, espèce de sumac, dont le fruit en infusion donne un bon *vinaigre*.

VINAIRE, adj. des deux genres (*vinère*) : *vases vinaires*, propres à contenir du *vin*, tels que les tonneaux, *les cuves*, etc. (L'*Académie* ne fait de ce mot qu'un adj. mas.)

VINALES, ou **VINALIES**, subst. fém. plur. (*vinale, nali*), myth., fêtes romaines. On les célébrait en l'honneur de Vénus, avant de commencer les *vendanges*.

VINASSE, subst. fém. (*vinace*), *vinaigre* faible. Il se dit aussi d'un *vin* faible.

VINAY, subst. propre mas. (*viné*), bourg de France, chef-lieu de canton, arrond. de Saint-Marcellin, dép. de l'Isère.

VINÇA, subst. propre mas. (*veinça*), ville de France, chef-lieu de canton, arrond. de Prades, dép. des Pyrénées-Orientales.

VINCENNES, subst. propre mas. (*veincène*), village de France, chef-lieu de canton, arrond. de Sceaux, dép. de la Seine. Château-fort et bois très-connus.

VINCIBLE, adj. des deux genres (*veincible*), qui peut être vaincu. Inusité.

VINDAS, subst. mas. (*veindace*), en t. de mar., cabestan. — Treuil perpendiculaire qui sert à rouler un câble.

VINDICATIF, adj. mas., au fém. **VINDICATIVE** (*veindikatif, tive*) (du latin *vindicatio*, vengeance), qui ne pardonne pas.—Qui aime à se *venger*; qui est porté à se *venger*. — *Justice vindicative*, celle qui punit les crimes.

VINDICATION, subst. fém. (*veindikâcion*), vengeance. Il est vieux.

VINDICTE, subst. fém. (*veindikte*) (en latin *vindicta*, fait de *vindicare*, venger), t. de palais, poursuite, punition des crimes.

VINÉE, subst. fém. (*viné*), ce qu'on a recueilli ou ce qu'on espère recueillir de *vin* dans une année.

VINETTE, subst. fém. (*vinète*), t. de bot., nom vulgaire de l'oseille. Voy. ÉPINE VINETTE.

VINEUSE, adj. fém. Voy. VINEUX.

VINEUX, adj. mas., au fém. **VINEUSE** (*vineu, neuze*), qui sent le *vin*, qui a le goût du *vin*, qui tire sur le *vin*. — Il se dit du *vin* qui a beaucoup de force : *ce vin-là ne me semble pas assez vineux*. — Il se dit encore d'une couleur rouge foncé qui tire sur celle du vin rosé. — *Cheval rouan vineux*, que le bai domine.—Il se dit encore des lieux plantés de vignes.

VINGEON, subst. mas. (*veinjon*), t. d'hist. nat., espèce de canard de Madagascar.

VINGT, adj. numéral des deux genres (*vein*; et devant une voyelle *veinte*; cependant on dit *veintedeux*, *veintekatre*, etc.)(en lat. *viginti*, deux fois dix. *Vingt* prend un *s* quand il est multiplié par un autre nombre et suivi immédiatement d'un nom : *quatre-vingts ans*, *quatre-vingts chevaux*; mais on écrit sans *s* *quatre-vingt-deux*, etc. (Voy. notre *Grammaire*.) — Subst. mas., il se dit pour *vingtième* : *le vingt du mois*; *chapitre vingt*. — *Vingt-et-un*, subst. mas., jeu de carte dans lequel le nombre *vingt-et-un* en points fait gagner. On devrait écrire *vingt-un*.

VINGTAINE, subst. fém. (*veintène*), le nombre de *vingt* ou environ : *une vingtaine de soldats.*

VINGTIÈME, adj. des deux genres (*veintième*) (en latin *vigesimus*), *le vingtième jour.* — Il est aussi subst. : *le vingtième, un vingtième*, la ou une *vingtième* partie. — Impôt sur les biens-fonds, qui était la *vingtième* partie de leur revenu.

in-**VINGT-QUATRE**, subst. mas. (*einveintekatre*), t. d'imprim., format d'un livre dont la feuille est composée de quarante-huit pages ou de *vingt-quatre* feuillets. — Au plur., des *in-vingt-quatre.*

VINIFÈRE, subst. mas. et adj. des deux genres (*vinifère*) (du latin *vinifer*, qui porte du *vin*, formé de *vinum*, vin, ou *fero*, je porte), t. de bot., famille de plantes qui comprend des arbrisseaux grimpants, tels que la *vigne*, le lierre, etc.

VINIFICATION, subst. fém. (*vinifikâcion*), art de faire, de conserver, d'épurer le *vin.*

Vinmes, 1re pers. plur. prét. déf. du v. irrég. VENIR.

VINOMÈTRE, subst. mas. (*vinomètre*) (du latin *vinum*, vin, fait du grec οἶνος, qui a la même signification, et μετρον, mesure), instrument dont on se sert pour connaître la qualité des *vins.*

VINOMÉTRIQUE, adj. des deux genres (*vinomètrike*), qui a rapport au *vinomètre.*

DU VERBE IRRÉGULIER VENIR :

Vinrent, 3e pers. plur. prét. déf.
Vins, précédé de *je*, 1re pers. sing. prét. déf.
Vins, précédé de *tu*, 2e pers. sing. prét. déf.
Vinsse, 1re pers. sing. imparf. subj.
Vinssent, 3e pers. plur. imparf. subj.
Vinsses, 2e pers. sing. imparf. subj.
Vinssiez, 2e pers. plur. imparf. subj.
Vinssions, 1re pers. plur. imparf. subj.
Vint, précédé de *il* ou *elle*, 3e pers. sing. prét. déf.
Vînt, précédé de *qu'il* ou *qu'elle*, 3e pers. sing. imparf. subj.
Vintes, 2e pers. plur. prét. déf.

VINULE, subst. fém. (*vinule*), nom donné à une très-belle chenille de couleur de *vin*, laquelle se trouve sur les saules, les chênes et les peupliers.

VIOL, subst. mas. (*vi-ole*), *violence* faite à une fille, à une femme qu'on veut prendre de force : *le viol est puni des trav. forc.* — VIOL, VIOLEMENT, VIOLATION. (*Syn.*) Le *viol* est le crime de celui qui attente par force à la pudicité d'une fille ou d'une femme. *Violement* ne se dit que de l'infraction de ce qu'on doit observer, et ce mot exige toujours un complément qui fasse connaître la nature du devoir qui est transgressé. *Violation* se dit plus spécialement des choses sacrées ou très-respectables, quand elles sont comme profanées. Quand les mœurs d'une nation sont corrompues, au point que le *violement* des bienséances fait partie des manières reçues, et que l'impudicité ose se permettre impunément la *violation* publique des lieux saints, on ne saurait plus répondre que le *viol* n'y sera pas bientôt traité comme une pure galanterie.

VIOLACÉ, E, adj. (*vi-olacé*), qui approche de la couleur *violette.*

VIOLACÉE, subst. fém. (*vi-olacé*), t. de bot. On a proposé d'établir une famille de ce nom qui aurait pour type le genre *violette.*

VIOLAT, adj. mas. (*vi-ola*), où il entre de la *violette* : *sirop violat*, fait avec des *violettes.*—*Miel violat*, dans lequel on a mis infuser des *violettes.*

VIOLATEUR, subst. mas., au fém. **VIOLATRICE** (*vi-olateur, trice*) (en latin *violator*), celui, celle qui enfreint quelque loi, quelque ordonnance, etc. Il ne s'emploie qu'en ce sens. On ne dit point *violateur* en parlant d'une femme.

VIOLATION, subst. fém. (*vi-olâcion*), action de *violer* un engagement, d'enfreindre, d'agir contre... de profaner. Voy. VIOL, pour la synonymie.

VIOLÂTRE, adj. des deux genres (*vi-olâtre*), *violet* brun, tirant sur le *violet.*

VIOLATRICE, subst. fém. Voy. VIOLATEUR.

VIOLE, subst. fém. (*viole*), instrument de musique à quatre cordes, monté à l'octave de la basse. On dit plus communément *alto.*— *Viole d'amour*, instrum. qui tient le milieu entre l'alto et le violoncelle; il est monté de six doubles cordes.

VIOLÉ, E, part. pass. de *violer.*

VIOLEMENT, subst. mas. (*vi-oleman*) (en latin *violatio*), infraction, contravention à ce qu'on doit observer.—*Viol*; mais en ce dernier sens, il ne se dit plus qu'en vieux style de palais.

VIOLEMMENT, adv. (*vi-olaman*), avec *violence*, d'une manière *violente.*

VIOLENCE, subst. fém. (*vi olance*) (en latin *violentia*, fait de *vis*, force), qualité de ce qui est *violent*, impétuosité, etc. — Force dont on use contre le droit commun : *user de violence*, *faire violence à quelqu'un.* — Fig. : *faire violence à la loi*, lui donner un sens forcé. — *Se faire violence*, surmonter ses désirs, ses penchants criminels, etc.

VIOLENT, E, adj. (*vi-olan, lante*) (en latin *violens*, impétueux, qui agit avec force, avec impétuosité. Il se dit des choses et des personnes : *vent, remède, mal violent, homme violent*, emporté. — *Mort violente*, causée par quelque accident, et non par une cause naturelle.—*Etat violent*, qui ne peut durer. — Rude, injuste : *voilà qui est violent!*—VIOLENT, EMPORTÉ. (*Syn.*) Le *violent* va jusqu'à l'action ; l'*emporté* s'arrête ordinairement aux discours.—Un homme *violent* est prompt à lever la main, il frappe aussitôt qu'il menace. Un homme *emporté* est prompt à dire des injures, et il se fâche aisément. — Les *emportés* n'ont quelquefois que le premier feu de mauvais ; les *violents* sont plus dangereux. Il faut se tenir sur ses gardes avec les personnes *violentes*, et il ne faut souvent que de la patience avec les personnes emportées. Voy. IMPÉTUEUX.

VIOLENTÉ, E, part. pass. de *violenter.*

VIOLENTER, v. act. (*vi-olanté*), faire faire par force, contraindre. Voy. FORCER.— *Violenter ses passions*, les réduire en leur faisant *violence.* —*se* VIOLENTER, v. pron.

VIOLER, v. act. (*vi-olé*) (en lat. *violare*), enfreindre, agir contre... : *violer les lois, le respect qui leur est dû, son serment, sa promesse*, etc.—*Violer un asyle*, enfreindre ses privilèges. —*Violer une sépulture*, la dégrader, la voler.— Faire *violence* à une fille, à une femme. En ce sens il s'emploie quelquefois absolument et sans régime ; *les soldats entrèrent dans la ville, pillèrent et violèrent.*—*se* VIOLER, v. pron., s'enfreindre.

VIOLET, subst. mas. (*vi-olè*), sorte de couleur d'un pourpre tirant sur le bleu foncé.—*Violet, violet anglais*, instrument de musique maintenant hors d'usage; espèce de *viole.*—*Violet d'été*, les jardiniers donnent ce nom à la giroflée, qu'ils nomment aussi *quarantain.*— *Violet d'évêque*, t. de bot., espèce d'agaric qui croît dans les environs de Paris. — *Violet pourpre*, espèce de champignon qui se trouve sur les feuilles pourries, et exhale une odeur de rose.

VIOLET, adj. mas., au fém. **VIOLETTE** (*vi-olè, lète*) (en latin *violaceus*, fait de *viola*, violette, fleur), qui est de couleur *violette.*—*Faire du feu violet, faire feu violet*, faire quelque chose qui éclate d'abord, où il paraît de la vivacité, et qui se dément dans la suite.— *Voir des anges violets*, avoir des visions creuses.

VIOLETSTEIN, subst. mas. (*vi-olèteceteîn*), t. d hist. nat., espèce de roche micacée. — Pierre qui a, dit-on, l'odeur de la *violette.*

VIOLETTE, adj fém. Voy. VIOLET.

VIOLETTE, subst. fém. (*vi-olète*) (en latin *viola*), plante vivace, très-connue par sa fleur printanière, d'une odeur très-agréable. Les botanistes l'appellent aussi *violier commun.*— Dans le style familier, on dit au singulier de *la violette* pour *des violettes* au pluriel. — *Bois de violette*, certain bois qui tire sur la couleur de la *violette.*

VIOLIER, subst. mas. (*vi-olié*), plante à fleurs jaunes, d'une odeur douce et agréable.

VIOLI, E, part. pass. de *violir.*

* **VIOLIR**, v. act. et neut. (*vi-olir*), rendre, devenir *violet.*

VIOLISTE, adj. des deux genres (*violicete*), qui joue de la *viole.*

VIOLON, subst. mas. (*violon*) (de l'espagnol *violin*. Ménage.) instrument de musique à quatre cordes, dont on joue avec un archet.—Celui qui fait profession de jouer du *violon* : *c'est un excellent violon* : *violoniste* serait de beaucoup préférable.—*Violon d'amour, violon* ordinaire, auquel on ajoute quatre cordes de laiton, qui passent par-dessous la queue, le chevalet et la touche du manche : elles sont tenues par de petites chevilles qui les baissent ou haussent à volonté. —*Violon harmonique*, instrument nouvellement inventé, qui joint l'ensemble harmonique des instruments à touches aux sons mélodieux et prolongés des instruments à cordes.— Prison ou cachot d'un corps-de garde. — *Donner les violons*, donner une sérénade, payer les *violons* d'un bal.—Fig. et fam. : *cet homme se donne les violons*, est content de lui, se vante à tout propos ; *il a payé les violons*, les frais d'une chose dont les autres ont eu l'honneur, le plaisir ou le profit. — Nom d'un outil de treillageur : c'est une espèce de touret de bois à main, dans lequel est placé un foret qu'on fait mouvoir par le moyen d'un archet. — En t. de chapelier, ustensile composé de plusieurs cordes tendues, et servant, comme l'arçon, à battre les matières destinées au feutrage. — Nom que l'on donne, dans les imprimeries, à une longue galée sans coulisse. — Au plur., t. de mar.; on appelle *violons de beaupré*, deux taquets plats qu'on met des deux côtés du mât de beaupré, sur l'arrière du collier de fer qui sert d'appui au boute-hors.

VIOLONCELLE, subst. mas. (*violonchèle*) (de l'italien *violoncello*), instrument à cordes, qui est proprement la basse du *violon.*— Celui qui en joue. On doit préférer en ce sens *violoncelliste.*

VIOLONCELLISTE, subst. des deux genres (*violonchèlicete*), musicien, musicienne qui joue du *violoncelle.*

VIOLONISTE, subst. des deux genres (*violonicete*), celui, celle qui joue du *violon.*

VIORNE, subst. fém. (*vi-orne*), t. de bot., sorte de plante très-flexible et qui s'entortille autour des arbres.

VIPÈRE, subst. fém. (*vipère*) (du latin *vivus*, vivant, et de *parere*, engendrer), t. d'hist. nat., serpent venimeux qui diffère des autres reptiles ophidiens par ses crochets à venin recourbés et mobiles, placés au devant de la mâchoire supérieure. Il habite l'Europe méridionale, et ses morsures sont souvent dangereuses. — *Vipère marine*, on donne ce nom à plusieurs poissons dont le corps a la forme de ceux des serpents.— Fig., méchant, perfide, médisant, calomniateur : *langue de vipère*, ou simplement *vipère*, personne fort méchante, fort médisante.

VIPÉREAU, (l'*Académie* a tort d'écrire **VIPEREAU**, lorsqu'elle écrit **VIPÉRINE**), subst. mas. (*vipérô*), le petit de la *vipère.*

VIPÉRINE, subst. fém. (*vipérine*), t. de bot., plante borraginée qui emprunte son nom de la ressemblance de sa semence avec la tête d'une *vipère.*

VIRAGE, subst. mas. (*viraje*), t. de mar., espace nécessaire pour *virer* au cabestan.

VIRAGO, subst. fém. (*virâguo*) (mot purement latin, formé de *vir*, homme, et de *ago*, je fais; *je fais l'homme : je joue le rôle d'un homme*), fille ou femme de grande taille, et qui a l'air d'un homme : *c'est une virago.*—Les Romains donnaient ce nom à *Minerve* et à *Diane.*

VIRÉE, subst. fém. (*viré*) espèce d'étamine qui se fabrique à Amiens. — T. de bot., genre de plantes.

VIRÉ, E, part. pass. de *virer.*

VIRELAI, subst. mas. (*virelé*) (de *virer*, tourner, et de *lai* ou *lay*, genre de poésie ancienne, dont le nom dérive de l'allemand *lied*, chanson), sorte d'ancienne poésie française en rondeau, sur deux rimes et avec des refrains.

VIREMENT, subst. mas. (*vireman*), action de *virer.*—T. de banque et de commerce, transport d'une dette active, fait à celui à qui l'on doit une pareille somme : *virement de parties*, ou simplement : *virement.* — T. de mar., *virement de bord*, mouvement d'un vaisseau qui tourne sur lui-même. — *Virement d'eau*, le retour de la marée.

Virent, 3e pers. plur. prét. déf. du verbe irrégulier VOIR.

VIRE, subst. propre mas. (*vire*), ville de France, chef-lieu de canton, arrond. de Caen, dép. du Calvados.

VIRER, v. neut. et act. (*viré*) (du latin *gyrare*, fait de *gyrus*, tour), aller en tournant, tourner. Il est vieux et ne se dit plus qu'en termes de marine. — *Virer au cabestan*, tourner un vaisseau qui est amuré d'un bord au plus près, de telle manière qu'il puisse être amuré de l'autre. — C'est aussi faire tourner les barres du cabestan. — *Virer de bord*, changer de route en mettant au vent un côté du vaisseau pour l'autre; et au fig., changer la direction de sa conduite, s'attacher à un autre parti.—*Virer vent arrière*, tourner un vaisseau en lui faisant prendre vent arrière.—*Virer vent devant*, tourner un vaisseau en lui faisant prendre vent devant. —Il est aussi actif dans cette phrase figurée et populaire : *tourner et virer quelqu'un*, qui signifie, lui tenir divers discours, lui faire diverses questions pour le faire parler, ou savoir quelque chose. — SE VIRER, v. pron.

VIRES, subst. mas. plur. (*vire*), t. de blas., plusieurs anneaux concentriques, ordinairement au nombre de trois.

VIREUSE, adj. fém. Voy. VIREUX.

VIREUX, adj. mas., au fém. **VIREUSE** (*vireu, reuze*) (formé du lat. *virus*, poison), t. de médec. qui se dit des qualités malfaisantes de certaines substances. — Il se dit aussi des odeurs nauséabondes et de quelques plantes vénéneuses : *plantes, odeurs vireuses*.

VIREVAUT, subst. mas. (*virevô*), t. de mar., espèce de cabestan placé horizontalement sur l'avant des petits vaisseaux, barques et embarcations. — Morceaux de bois pour s'aider à tourner, *virer* de grosses cordes.

VIRE-VENT, subst. mas. (*virevan*), t. d'hist. nat.; on donne ce nom au martin-pêcheur, parce qu'on prétend qu'étant suspendu dans un lieu quelconque, il indique de quel côté vient le *vent*.

VIRE-VOLTE, subst. fém. (*virevolete*), t. de manège; tours et détours qu'on fait de suite avec vitesse.

VIRE-VOUSSE et **VIREVOUSTE**, (l'*Académie* donne les deux), subst. fém. (*virevouce, voucete*), corruption de *vire-volte*.

VIRGILE, subst. fém. (*virjile*), t. de bot., genre de plantes.

VIRGILIEN, adj. mas., au fém. **VIRGILIENNE**, (*virjili-ein, li-ène*), t. de bot., de *Virgile*, le plus illustre des poëtes latins.

VIRGILIENNE, adj. fém. Voy. VIRGILIEN.

VIRGINAL, E, adj. (*virjinal*) (en latin, *virginalis*, fait de *virgo*, vierge), qui appartient, qui a rapport à une personne *vierge* : *pudeur, modestie virginale*. — *Lait virginal*, composition pour blanchir le teint. — Au plur. mas., *virginals*, ou *virginaux*; du reste nous ne trouvons d'exemples ni de l'un ni de l'autre dans les bons auteurs.

VIRGINITÉ, subst. fém. (*virjinité*) (en latin *virginitas*), état d'une personne vierge.

VIRGOULÉE, subst. propre fém. (*virguoulé*), village de France, près de Limoges.

VIRGOULEUSE, subst. fém. (*virguouleuze*), sorte de poire d'hiver, ainsi nommée du village de *Virgoulée*.

VIRGULAIRE, subst. fém. (*virgulère*), t. de bot., plante de la didynamie.

VIRGULE, subst. fém. (*virgule*) (en latin *virgula*, diminutif de *virga*, baguette), petite marque, en forme de *c* renversé, dont on se sert dans la ponctuation pour séparer les mots ou les membres d'une période. — En t. d'horlog. on appelle *montre à virgule*, celle dont la verge ne porte qu'une seule saillie, qui a la forme d'une *virgule*.

VIRGULÉ, E, part. pass. de *virguler*.

VIRGULER, v. act. (*virgulé*), mettre des *virgules* dans un discours, un ouvrage. — SE VIRGULER, v. pron. Presque inusité.

VIRGULTE, subst. fém. (*virgulete*) (du latin *virgultum*, qui a une signification pareille), t. de bot., sorte d'arbrisseau qui ne jette que des scions. — Touffe de nouveaux jets. — Branche d'un jeune rejeton.

VIRIEU, subst. propre mas. (*viri-eu*), bourg de France, chef-lieu de canton, arrond. de la Tour-du-Pin, dép. de l'Isère.

VIRIEU-LE-GRAND, subst. propre mas. (*viri-eulegueran*), bourg de France, chef-lieu de canton, arrond. de Belley, dép. de l'Ain.

VIRIL, E, adj. (*virile*) (en latin *virilis*, fait de *vir*, homme), qui est d'homme, qui appartient à l'homme. — *L'âge viril*, l'âge d'un homme fait. — Fig. *âme, action virile*, âme, action ferme et vigoureuse ; *courage viril*, courage digne d'un homme. — En t. de droit, *partager par portions viriles*, par portions égales.

VIRILEMENT, adv. (*virileman*), d'une manière *virile* ; courageusement.

VIRILIS, adj. fém. et lat. (*virilice*), t. de myth., surnom sous lequel la *Fortune* avait un temple.

VIRILITÉ, subst. fém. (*virilité*) (en latin *virilitas*), l'âge d'un homme fait. — Dans l'homme, la puissance, la capacité d'engendrer. — Force, vigueur.

VIROLE, subst. fém. (*virole*) (du latin *virio*, bracelet, collier d'homme), petite bande de métal, qui serre et entoure le manche de certains outils. — *Virole brisée*, sorte de *virole* inventée nouvellement par un célèbre mécanicien, et qui a été adaptée d'une manière heureuse au balancier qui frappe la monnaie.

VIROLÉ, E, adj. (*virolé*), t. de blas. qui se dit des cornes, huchets et trompes, etc., qui portent des boucles ou anneaux d'un autre émail : *d'or à trois cors de chasse, de sable, liés et virolés de gueules*.

VIROLET, subst. mas. (*virolé*), t. de mar., noix de bois qui se met dans le hulot du gouvernail d'un vaisseau.

VIROLEUR, subst. mas. (*viroleur*), ouvrier qui ne fait que des *viroles*.

VIRTUALITÉ, subst. fém. (*virtu-alité*), qualité de ce qui est *virtuel*.

VIRTUEL, adj. mas., au fém. **VIRTUELLE** (*virtu-èle*) (du lat. *virtus*, force, puissance), t. de didactique, qui est seulement en puissance : qui a seulement la force et la *vertu* d'agir, sans agir en effet : *chaleur virtuelle, intention virtuelle*. Il est opposé à *actuel*. — En t. de médec., qui agit par une cause secrète et obscure.

VIRTUELLE, adj. fém. Voy. VIRTUEL.

VIRTUELLEMENT, adv. (*virtu-èleman*), d'une manière *virtuelle*. Il est opposé à *formellement* et *actuellement*.

VIRTUOSE, subst. des deux genres (*virtu-ôze*) (de l'italien *virtuoso*, employé fréquemment dans la même acception, *virtuoso di musica*, etc. Il signifie proprement : *habile*), *un virtuose, une virtuose*; celui, celle qui a des talents pour les beaux-arts, comme la poésie, et principalement la musique, etc.

VIRULENCE, subst. fém. (*virulance*), qualité de ce qui est *virulent*.

VIRULENT, E, adj. (*virulan, lante*), qui a du *virus*, du venin. — Fig., plein de fiel : *style virulent, satire virulente*, etc., plein d'aigreur.

VIRURE, subst. fém. (*virure*), t. de mar., série de madriers placés bout à bout, et s'étendant depuis l'étrave jusqu'à l'étambot.

VIRUS, subst. mas. (*viruce*) (mot latin qui signifie : *poison*), t. de médec. et de chir., venin de certains maux et particulièrement des maux vénériens, etc.

VIS, subst. fém. (*vice*) (suivant *Ménage* du latin *gyrus*, tour, rond, circuit, d'où, dit-il, on a fait par syncope *vir*, et ensuite *vis*), en t. de mécan., machine simple, composée d'un cylindre droit, autour duquel s'enveloppe spiralement un prisme qui entre dans un écrou cannelé de même. — *Vis d'Archimède*, machine propre à élever les eaux, inventée par *Archimède*. C'est un cylindre incliné qui tourne sur deux pivots, et autour duquel est roulé en spirale un cylindre creux. — On appelle *vis sans fin*, une sorte de *vis* qui s'engrène avec une roue dentée, et dont l'action est continue dans le même sens; *vis ailée*, une *vis* qui a une platine pour la tourner avec les doigts ; *vis de marteau*, une sorte de *vis* qui s'allonge et se raccourcit pour déterminer le point de descente convenable du métier à bas; *vis de rappel*; une *vis* qui est fixée par ses deux extrémités, laquelle tourne sur son pivot et sur son embase, avec une noix qui monte et qui descend ; *vis dessolée*, un arrangement de marches formé autour d'un pilier nommé *le noyau de la vis; vis noyée*, une *vis* dont la tête ne déborde point. — *Escalier à vis*, tournant et en spirale, autour d'un noyau de pierre ou de bois, qui soutient les marches. — Les arquebusiers emploient diverses sortes de *vis* qui prennent leurs noms de leurs fonctions. Ainsi il y a des *vis de bassinet, de plaque, de culasse, de batterie*, etc. — T. d'hist. nat., genre de testacés univalves.

DU VERBE IRRÉGULIER VOIR :

Vis, précédé de *je*, 1re pers. sing. prét. déf.
Vis, précédé de *tu*, 2e pers. sing. prét. déf.

DU VERBE IRRÉGULIER VIVRE :

Vis, 2e pers. sing. impér.
Vis, précédé de *je*, 1re pers. sing. prés. indic.
Vis, précédé de *tu*, 2e pers. sing. prés. indic.

VISA, subst. mas. (*viza*) (en lat. *visa*, fém. de *visus*, part. pass. de *videre*, voir), formule qui se met sur un acte, et qui, signée par celui qui en a le droit, rend cet acte authentique et valable. — On appelait aussi *visa*, en matière bénéficiale, un acte par lequel un évêque conférait un bénéfice à charge d'âmes, à celui qui lui était présenté par le patron du bénéfice. — Au plur., des *visa*.

VISAGE, subst. mas. (*vizaje*) (du latin barb. *visagium*, dérivé de *visus*, vue), la face de l'homme, la partie antérieure de la tête, qui comprend le front, les yeux, le nez, les joues, la bouche et le menton. — L'air du *visage* : *avoir un visage riant, gai, ouvert*, etc. — On dit : *tourner visage aux ennemis*, pour dire, se tourner vers les ennemis pour les combattre. Il se dit proprement de ceux qui fuient, et qui tout d'un coup se retournent pour faire face à ceux qui les poursuivent. — On dit populairement qu'*on a trouvé visage de bois*, lorsqu'ayant été chez quelqu'un, on y a trouvé la porte fermée. On le dit aussi, par extension, pour signifier seulement qu'on n'a trouvé personne, quoique la porte ne fût pas fermée. — On dit d'un homme pâle et défait, *qu'il a un visage d'excommunié, un visage de déterré, un visage de l'autre monde*. — Fam., la personne même, en tant qu'on la connaît par le *visage* : *voilà bien des visages que je ne connais point, des visages nouveaux*. — Par mépris : *voilà un plaisant visage*. — Prov. : *cela paraît comme le nez au milieu du visage*, cela est très-visible. — *Faire bon* ou *mauvais visage à quelqu'un*, lui faire bonne ou mauvaise mine. — *Se composer le visage*, prendre un air sérieux. — *Changer de visage*, changer de couleur, rougir, pâlir, etc. — *A visage découvert*, en se faisant connaître ; sans masque, sans voile : *il ne lui a pas été permis de se défendre à visage découvert contre ce coquin qui l'a attaqué sous le masque*.

VIS-A-VIS *de*, loc. prep. (*vizavi*) (du latin *visus*, vue ; vue à vue ; en opposition et sur la même ligne du rayon visuel), en face, à l'opposite : *il loge vis-à-vis de mes fenêtres*. — Cette prép. ne s'emploie qu'au propre, et c'est une faute grave que de dire avec quelques écrivains : *ses procédés vis-à-vis de lui*, pour *envers lui*. — On dit aussi adv. *être situé vis-à-vis*, etc. — Fig. et fam. : *se trouver vis-à-vis de rien*, sans aucun bien, sans aucune ressource. — VIS-A-VIS, EN FACE, FACE A FACE. (*Syn.*) *Vis-à-vis*, désigne le rapport de deux objets qui sont en vue l'un de l'autre, en perspective l'un à l'autre; qui se regardent, qui sont en opposition directe, et sur la même ligne du rayon visuel. *En face*, ne marque qu'un simple rapport de perspective. *Face à face*, marque un double rapport de réciprocité. La *face* d'un objet a plus ou moins d'étendue. On dit, la *face* de la terre; on ne dit pas, la *face* d'un corps pointu. Deux objets sont *face à face*, lorsque la *face* de l'un correspond à la *face* de l'autre, dans une certaine étendue. Un objet est *en face* d'un autre ; mais deux objets sont *face à face* l'un à l'égard de l'autre. — On ne dira pas qu'une maison est *en face* d'un arbre ; un arbre peut être *en face* d'une maison ; deux arbres seront *vis-à-vis* l'un de l'autre, et non *face à face*.

VIS-À-VIS, subst. mas. (*vizavi*), sorte de voiture dans laquelle il n'y a qu'une place dans chaque fond.

VISCÉRAL, E, adj. (*vicecèrale*), qui appartient aux *viscères*. — *Remèdes viscéraux*, propres à fortifier les *viscères*.

VISCÉRAUX, adj. mas. plur. Voy. VISCÉRAL.

VISCÈRE, subst. mas. (*vicecère*) (en latin *viscera*), t. d'anat. ; il se dit de quelque partie intérieure du corps : *le cerveau, le cœur sont chacun un viscère*. — Au plur., on entend proprement par *viscères*, les entrailles. — En t. de bot., on appelle *viscères*, les tuyaux perpendiculaires en forme de faisceaux, qui montent dans la tige des plantes et que l'on n'aperçoit que quand l'écorce est levée. — VISCÈRES, INTESTINS, ENTRAILLES. (*Syn.*) Les *viscères* sont des organes intérieurs, destinés à produire dans les aliments ou dans les humeurs des changements utiles à la santé ou à la vie : le cœur, le foie, les poumons, comme les boyaux, etc., sont des *viscères*. Les *intestins* sont proprement des substances charnues en dedans, membraneuses en dehors, qui servent à digérer, à purifier, à distribuer le chyle, et à vider les excréments. Tout cela est renfermé dans les *entrailles*, mais indistinctement et indéfiniment, de manière qu'un *viscère*, un *intestin* fait partie des *entrailles*. — Les *viscères* se distinguent comme des corps différents, chargés chacun d'une fonction particulière, tendant à un but commun. Les *intestins* forment un corps continu qu'on distingue en différentes parties, selon leur place, leur grosseur, leur service particulier, dans un genre particulier de travail. Vous distinguez surtout les *entrailles* par les sensations que vous éprouvez, et par un caractère de sensibilité que vous leur attribuez. Les *entrailles* ont donc pris un caractère moral. On a des entrailles, lorsqu'on a un cœur sensible ; on dit, des *entrailles* paternelles, les *entrailles* de la miséricorde, etc. Elles semblent alors tenir principalement au cœur. Ce mot est de la langue vulgaire; *viscère* et *intestin* appartiennent à l'anatomie et à la médecine.

VISCOÏDE, subst. fém. (*viceko-ide*), t. de bot., genre de plantes.

VISCOSITÉ, subst. fém. (*vicekôzité*) (du latin *viscum* ou *viscus*), qualité de ce qui est *visqueux*.

VISÉ, E, part. pass. de *viser*.

VISÉE, subst. fém. (*vizé*) (du latin *visus*, vue), direction de la vue vers un certain point. — Fig. et fam. : *changer de visée*, de dessein.

VISER, v. act. et neut. (*vizé*) (du latin *visere*, voir), mirer, regarder un but, pour y adresser un coup : *il visait à ce but*. — Act.: *viser quelqu'un à la tête*. — Fig., avoir en vue : *il ne vise pas à ce poste*, *il vise plus haut*. — Act., voir, examiner un acte, et mettre dessus : *vu*, *visa*, etc. : *viser et parapher des pièces*. — *se* VISER, v. pron.

VISIBILITÉ, subst. fém. (*vizibilité*) (en latin *visibilitas*), qualité qui rend les choses *visibles*.

VISIBLE, adj. des deux genres (*vizible*) (en latin *visibilis*, fait de *videre*, voir), qui se *voit*, qui peut se *voir*. — Evident, clair, manifeste : *cela est trop visible*; *il est visible que*... — Fam. : *n'être pas visible*, ne vouloir pas recevoir de *visite* ou n'être pas en état d'en recevoir.

VISIBLEMENT, adv. (*viziblemán*), d'une manière *visible*. — Manifestement, évidemment.

VISIÈRE, subst. fém. (*vizière*), petit bouton de métal qui se met au bout du canon d'un fusil pour conduire l'œil et *viser* plus juste. — Pièce de l'ancien casque, qui se haussait et se baissait, et à travers laquelle l'homme d'armes *voyait* et respirait. — *La visière d'un shako, d'une casquette*, la partie en saillie qui abrite les yeux.— —*Rompre en visière*, c'était, au propre, rompre sa lance dans la *visière* de celui contre qui l'on combattait. — Fig., dire en face à une personne quelque chose de fâcheux, d'injurieux; parler à quelqu'un brusquement et fièrement. — Fig. et fam. : *donner dans la visière de quelqu'un*, lui donner de l'amour. — *Visière*, se dit figurément et familièrement pour, l'esprit, la pensée : *ce bon homme a la visière un peu troublée*, *il radote*.

VISIF, subst. mas. (*vizif*), faculté de *voir*.— Adj. mas., qui a la puissance de *voir*. (*Boiste*.) Presque inusité.

VISIGOTH, subst. propre mas. (*viziguô*), satiriquement, homme grossier, peu poli, sauvage. Les *Visigoths* étaient les *Goths occidentaux*. — On ne s'est guère servi du fém. *Visigothe*.

VISION, subst. fém. (*vizion*) (en latin *visio*), en phys., sensation produite par l'impression des rayons lumineux sur la rétine; action de *voir*; *la vision se passe dans les sens intérieurs*.— On appelle : *vision directe* ou *simple*, celle qui se fait par le moyen des rayons directs, c'est-à-dire, des rayons qui passent directement ou en ligne droite depuis le point rayonnant jusqu'à l'œil ; *vision réfléchie*, celle qui se fait par des rayons réfléchis, au moyen de miroirs ou d'autres corps dont la surface est polie ; *vision réfractée*, celle qui se fait par le moyen des rayons réfractés ou détournés de leur direction, en passant par des milieux de différente densité, principalement à travers des verres et des lentilles. — Les théologiens nomment, *vision abstractive de Dieu*, la connaissance de Dieu et de ses attributs, par la considération des ouvrages qui sont sortis de ses mains; *vision compréhensible*, celle qui ne peut appartenir qu'à Dieu seul, qui peut seul se connaître de toutes les manières dont il veut être connu ; *vision intuitive*, celle dont les bienheureux jouissent dans le paradis. — Dans le langage de la religion, *vision* se dit aussi des choses que Dieu ou quelque intelligence, par la permission de Dieu, fait voir en esprit, ou par les yeux du corps : *les visions des prophètes ; la vision de Constantin*, auquel il apparut une croix lumineuse, quand il eut résolu de faire la guerre à Maxence; *les visions de saint Antoine; Daniel dans ses admirables visions*.—Fig. et fam., idée folle, extravagante : *ce dessein est une vision*, *une pure vision*.—VISION, APPARITION. (*Syn*.) La *vision* se passe dans les sens intérieurs, et ne suppose que l'action de l'imagination. L'*apparition* frappe de plus les sens extérieurs, et suppose un objet au dehors. Les cerveaux échauffés et vides de nourriture croient souvent avoir des *visions*; les esprits timides et crédules prennent quelquefois pour des *apparitions* ce qui n'est rien, ou ce qui n'est qu'un jeu.

VISIONNAIRE, subst. et adj. des deux genres (*vizionère*), celui, celle qui a des *visions*, des idées folles et extravagantes, ou des desseins chimériques.

VISIR ou **VIZIR**, subst. mas. (*vizir*), ministre d'état du grand-seigneur. — On dit fig., d'un homme en place qui a le caractère dur, le commandement hautain, que *c'est un visir, qu'il parle en visir*. — *Grand-visir* (en turc *viziazem*), première charge ou dignité dans l'empire ottoman.

VISIRAT ou **VIZIRAT**, subst. mas. (*vizira*), place, office de *visir*. — Temps qu'un *visir* est en place. L'*Académie* écrit aussi *viziriat*.

VISITANDINE, subst. fém. (*vizitandine*), religieuse de l'ordre de la *Visitation*.

VISITATION, subst. fém. (*vizitâcion*) (en latin *visitatio*), fête qu'on célèbre dans l'Eglise romaine en mémoire de la *visite* que la sainte Vierge rendit à sainte Elisabeth. — Ordre de religieuses.

VISITATRICE, subst. fém. (*vizitatrice*), nom qu'on donnait anciennement dans les couvents ou monastères, à une religieuse qui était chargée de les inspecter ou d'en faire la *visite*.

VISITE, subst. fém. (*vizite*) (en latin *visitatio*), action d'aller *voir* quelqu'un par civilité ou par devoir : *rendre visite à quelqu'un*, aller le *visiter*; *rendre à quelqu'un sa visite*, faire une *visite*, après en avoir reçu une de la personne qu'on va *visiter*.—*Carte de visite*, sur laquelle est inscrit le nom de la personne qui vient rendre *visite*.—*Visite en robe détroussée*, *visite* de cérémonie.—Il se dit quelquefois des personnes mêmes: *à peine cette visite fut-elle faite que*... — On le dit d'un médecin, d'un chirurgien qui va voir un malade. — Perquisition, recherche : *le commissaire a fait la visite* ou *sa visite dans cette maison*. — Examen fait ordinairement par des experts nommés par la justice : *la visite d'un bois, d'un bâtiment*. — Examen qu'on va faire sur les lieux pour voir si tout y est en bon ordre. On dit en ce sens, qu'*un évêque fait sa visite dans son diocèse*, pour dire qu'il va examiner l'état des lieux, et si tout y est dans l'ordre; on la nomme *visite pastorale*. — En termes de procédure, on appelle la *visite du procès*, l'examen que les commissaires et le rapporteur font ensemble d'un procès. —On dit aussi, *visite*, de l'inspection qui se fait d'une chose pour s'assurer de son état. — En t. de mar., *faire la visite d'un bâtiment*, s'assurer s'il est ennemi ou neutre, s'il est en règle, etc. — *Droit de visite* ou simplement *visite*, salaire de l'huissier *visiteur* de l'amirauté, qui se transporte sur un bâtiment pour reconnaître les marchandises dont il est chargé. — *Visites domiciliaires*, perquisitions de la force armée, conduite par un magistrat, dans le *domicile* des citoyens. — *Visites de matrones*, examen que les sages-femmes font, par ordre de justice, de l'état d'une femme ou d'une fille. — *Visite de cadavre*, examen que les chirurgiens, par ordre de justice, font d'un corps mort.

VISITÉ, E, part. pass. de *visiter*.

VISITER, v. act. (*vizité*), rendre *visite*, aller *voir* quelqu'un. Il ne se dit que des *visites* de cérémonie. — Aller *voir* par charité ou par dévotion : *visiter les malades*, *les églises*, *les hôpitaux*, etc. C'est l'usage le plus ordinaire de ce mot. — Faire un examen, une perquisition, une recherche. —Dans le langage de l'Ecriture, *Dieu visite ses élus*, il les éprouve par des afflictions.— *se* VISITER, v. pron.

VISITEUR, subst. mas., au fém. **VISITEUSE**, (*viziteur*, *teuze*), celui qui était commis pour faire la *visite* d'un certain nombre de maisons ou couvents. — Celui qui *visite* les marchandises. — Qui aime à faire des *visites*.—*C'est un grand visiteur*, un homme qui passe son temps à faire des *visites*.— Celui qui, dans les sociétés de secours mutuels (ou sous d'autres dénominations), est chargé de visiter de temps en temps ceux qui tombent malades. (L'*Académie* refuse un fém. à ce mot.)

VISON, subst. mas. (*vizon*), t. d'hist. nat., quadrupède qui ressemble beaucoup à notre fouine.

VISON-VISU, étrange accouplement de latin et de français que l'*Académie* n'aurait pas dû insérer. Voyez VISUM-VISU, seule locution admissible et qui soit en usage.

VISORIUM, subst. mas. (*vizori-ome*) (du latin *visere*, voir), t. d'impr., morceau de bois plat, garni d'une pointe au moyen de laquelle on le fixe dans les trous pratiqués aux deux côtés du bas de casse, et qui sert au compositeur pour y assujétir sa copie au moyen du mordant.

VISQUEUSE, adj. fém. Voy. VISQUEUX.

VISQUEUX, adj. mas., au fém. **VISQUEUSE** (*vicekieu*, *kieuze*) (en latin *viscosus*), gluant, tenace. — VISQUEUX, GLUANT. (*Syn*.) *Gluant* signifie, ce qui *glue*, ce qui est ou fait comme de la *glu*, ce qui a ou possède la qualité de s'attacher ; *visqueux* signifie ce qui s'attache avec force, ce qui a la propriété essentielle ou très-énergique de se coller, ce qui tient fort aux objets auxquels il s'attache.

VISQUEUX ou **VISQUENS**, subst. mas. (*vicekieu*, *vicekence*), se disait autrefois pour *vicomte*.

VISSÉ, E, part. pass. de *visser*.

DU VERBE IRRÉGULIER VOIR :

Visse, 1re pers. sing. imparf. subj.
Vissent, 3e pers. plur. imparf. subj.

VISSER, v. act. (*vicé*), attacher avec des *vis*. — *se* VISSER, v. pron.

DU VERBE IRRÉGULIER VOIR :

Visses, 2e pers. sing. imparf. subj.
Vissiez, 2e pers. plur. imparf. subj.
Vissions, 1re pers. plur. imparf. subj.

VISTNOU, subst. mas. propre (*vicenou*), l'un des trois grands dieux de la première classe dans la théologie des brames. On dit aussi *Vischnou*.

VISUEL, adj. mas., au fém. **VISUELLE** (*vizu-èle*), t. de phys., qui appartient à la *vue*. — *Rayon visuel*, ligne lumineuse qui, de l'objet en vue, arrive droit à l'organe de la *vision*. — *Point visuel*, point sur la ligne horizontale, dans lequel les rayons *visuels* s'unissent.

VISUELLE, adj. fém. Voy. VISUEL.

* **VISUM-VISU**, loc. adv. (*vizomevizu*), face à face ; de ses propres yeux *vu*. Pop.

Vit, 3e pers. sing. prés. indic. du verbe VIVRE.

DU VERBE IRRÉGULIER VOIR :

Vit, précédé de *il* ou *elle*, 3e pers. sing. prét. déf.
Vit, précédé de *qu'il* ou *qu'elle*, 3e pers. sing. imparf. subj.

VITAILLE, subst. fém. (*vitâ-ie*), vivres. (*Boiste*.) Vieux et même hors d'usage, ce mot ne serait, du reste, que la corruption du vieux mot *victuaille*.

VITAL, E, adj. (*vitale*) (en lat. *vitalis*, fait de *vita*, vie), qui est nécessaire à la *vie* : *esprits vitaux*, *parties vitales*. — On appelle *fonctions* ou *actions vitales*, les opérations par lesquelles les parties *vitales* produisent la *vie* : *l'action musculeuse est une action vitale*. — On appelle *esprits vitaux*, les parties les plus fines et les plus volatiles du sang.

VITALIS, subst. mas. (*vitalice*), t. de bot., la joubarbe des toits.

VITALISÉ, E, adj. (*vitalizé*), chargé, imprégné de principes de *vie*. Inusité.

VITALITÉ, subst. fém. (*vitalité*), ordre, probabilité de la vie.—Mouvement *vital*. —*Les tables de vitalité*, qu'on appelle aussi *tables de mortalité*, sont celles où l'on trouve calculées, pour chaque âge, les chances probables de vie. — T. de médec., disposition par laquelle les corps organisés sont susceptibles d'opérer les mouvements, les actions qui constituent la *vie* : *la vitalité est différente de la vie, comme la faculté d'agir est différente de l'action*.

VITALLIANA, subst. fém. (*vitaleli-ana*), t. de bot., jolie petite plante des Alpes.

VITAUX, adj. mas. plur. Voy. VITAL.

VITCHOURA, subst. mas. (*vitechoura*), vêtement garni de fourrures qui se met par-dessus les habits. C'est un mot polonais.

VITE, adj. des deux genres (*vite*) (corruption de *vegetus*, actif, vif. *Ménage*.), qui se meut, qui court avec célérité : *cheval vite*, *fort vite*. — Qui se fait avec une grande promptitude : *mouvement fort vite*.

VITE, adv. (*vite*), avec vitesse et célérité ; tôt, promptement : *courir vite*.—*Aller trop vite dans une affaire*, agir avec trop de précipitation. —*Aller vite en besogne*, être prompt, expéditif. —*Aller trop vite*, vivre en prodigue, en dissipateur.— VITE, TÔT, PROMPTEMENT. (*Syn*.) Le mot *vite* paraît plus propre pour exprimer le mouvement avec lequel on agit ; son opposé est *lentement*. Le mot *tôt* regarde le moment où l'action se fait ; son opposé est *tard*. *Promptement* semble avoir plus de rapport au temps qu'on emploie à la chose ; son opposé est *long-temps*. — On avance en allant *vite* ; mais on va sûrement en allant lentement. Le crime est toujours puni ; si ce n'est *tôt*, c'est tard. Il faut être long-temps à délibérer ; mais il faut exécuter *promptement*. Qui commence *tôt* et travaille *vite*, achève *promptement*.

VITELLIENNES, subst. et adj. fém. plur. (*vi-*

tellienne) (du nom propre *Vitellius*), t. d'hist. anc., sorte de tablettes, sur lesquelles les anciens écrivaient des bons mots, des pensées ingénieuses et galantes, et quelquefois même lascives.

VITELOTTE, subst. fém. (*vitelote*), pomme de terre longue et rouge.

VITEMENT, adv. (*viteman*), il a le même sens que *vite*, mais son emploi est plus borné. On dit fam. : *courez vitement*, et non pas *il parle trop vitement*, etc.; mais *il parle trop vite.*

Vites, 2ᵉ pers. plur. prét. déf. du verbe irrégulier VOIR.

VITESSE, subst. fém. (*vitèce*) (pour l'étym. voy. VITE, adj.), en mécan., affection du mouvement par laquelle un corps est capable de parcourir un certain espace dans un certain temps. —Dans une acception plus usitée, célérité, grande promptitude.—*Gagner quelqu'un de vitesse*, le devancer, le prévenir dans ses démarches, dans ses tentatives. — En t. de phys., on appelle *vitesse absolue*, celle d'un corps considérée en elle-même, et sans aucun rapport avec la *vitesse* d'un autre corps; comme lorsqu'on considère la *vitesse* d'un cheval qui fait dix lieues en cinq heures de temps; *vitesse accélérée*, celle d'un corps qui, pendant des temps égaux et successifs, parcourt des espaces qui vont toujours en augmentant de plus en plus, ou celle d'un corps qui parcourt des espaces tous égaux entre eux, mais dans des temps qui décroissent de plus en plus. Telle est la *vitesse* d'un corps qui tombe librement, et qui va plus *vite* vers la fin de sa chute qu'au commencement. On appelle *vitesse relative*, la *vitesse* d'un corps comparée avec celle d'un autre corps, comme lorsqu'on compare les *vitesses* de deux chevaux qui parcourent le même nombre de lieues, mais dont l'un met plus de temps que n'en met l'autre à parcourir cet espace; *vitesse respective*, la *vitesse* avec laquelle l'espace qui sépare deux corps est parcouru par l'un des deux entièrement, ou en partie par l'un et en partie par l'autre; *vitesse retardée*, celle d'un corps qui, dans des temps égaux et successifs, parcourt des espaces qui vont toujours en diminuant de plus en plus, ou celle d'un corps qui parcourt des espaces tous égaux entre eux, mais dans des temps qui augmentent de plus en plus : telle est la *vitesse* d'une boule qu'on roule sur le terrein, et qui se ralentit peu à peu jusqu'à ce que la boule soit réduite au repos; *vitesse uniforme*, celle d'un corps qui parcourt des espaces égaux en temps égaux. Voy. PROMPTITUDE.

VITICOLE, subst. mas. (*vitikole*), vigneron. Vieux.

VITIS, subst. mas. (*vitice*) (en lat. *vitis*), t. d'antiq., bâton de sarment de vigne qui était, chez les Romains, la marque distinctive du centurion, et avec lequel il châtiait les soldats.

VITRAGE, subst. mas. (*vitraje*), action de *vitrer*. —Toutes les *vitres*, de quelque bâtiment que ce soit. — Châssis de verre qui servent de cloison dans une chambre. — On donne aussi le nom de *vitrage* à la jonction défectueuse des fils de soie, dans le tirage de la soie.

✝ **VITRAIL**, subst. mas. (*vitra-ie*), grande fenêtre d'église. Peu usité au sing.; on ne saurait dire pour quelle raison. — Au plur., *vitraux*.

VITRAUX, subst. mas. plur.(*vitrô*), les grandes *vitres* qui forment les fenêtres des églises. Voy. VITRAIL.

VITRE, subst. fém. (*vitre*) (du latin *vitrum*, *verre*), assemblage de plusieurs pièces de *verre* qui se met à une ouverture pour donner du jour, en garantissant de l'air : *la grande vitre d'une église.* — Chacune des pièces qui composent la *vitre* : *il manque là une vitre.* — La première partie de l'œil du cheval. — Fig. : *casser les vitres*, ne rien ménager dans ses propos.

VITRÉ, subst. propre mas. (*vitré*), ville de France, chef-lieu de canton et d'arrond., dép. d'Ille-et-Vilaine.

VITRÉ, E, part. pass. de *vitrer*, et adj., qui a des *vitres*, qui est fermé de *vitres* ou de glaces.— On appelle *parchemin vitré*, un parchemin défectueux, à cause de sa transparence; et en t. d'anat., on nomme *corps vitré* la membrane hyaloïde, appelée aussi *tunique vitrée*. — *Humeur vitrée*, espèce de glaire qui, dans l'œil, a une consistance moyenne entre le crystallin et l'humeur aqueuse.

VITRER, v. act. (*vitré*), mettre des *vitres*; garnir de *vitres*.— *se* VITRER, v. pron.

VITRERIE, subst. fém. (*vitreri*), art et commerce du *vitrier*.

VITRESCIBILITÉ, subst. fém. (*vitrèccibilité*), propriété que quelques substances ont de se fondre par l'action du feu, et de se réduire en verre.

VITRESCIBLE, adj. des deux genres (*vitrèccible*), qui peut être changé en *verre*. Voy. VITRIFIABLE.

VITREUSE, adj. fém. Voy. VITREUX.

VITREUX, adj. mas., au fém. **VITREUSE** (*vitreu*, *treuze*), t. de chim., qui a de la ressemblance avec le *verre*; qui est de sa nature. — *œil vitreux*, qui a l'aspect du *verre*.

VITRIER, subst. mas. (*vitri-é*), ouvrier qui travaille en *vitres*, qui *vitre* les fenêtres.

VITRIÈRE, subst. fém. (*vitri-ère*), femme d'un *vitrier*. — T. de forges, sorte de fer aplati en verge carrée.

VITRIFIABLE, adj. des deux genres (*vitrifiable*), qui peut être changé en *verre*; propre à être changé en *verre*.

VITRIFICATEUR, subst. mas. (*vitrifikateur*), qui *vitrifie* les corps. Peu usité.

VITRIFICATIF, adj. mas., au fém. **VITRIFICATIVE** (*vitrifikatif*, *tive*), qui *vitrifie*.

VITRIFICATION, subst. fém. (*vitrifikâcion*), action de *vitrifier*, ou de se *vitrifier*. — État de ce qui est *vitrifié*. — Opération chimique qui convertit, par le moyen du feu, quelque matière en *verre*.

VITRIFICATIVE, adj. fém. Voy. VITRIFICATIF.

VITRIFIÉ, E, part. pass. de *vitrifier*, et adj.

VITRIFIER, v. act. (*vitrifi-é*) (du lat. *vitrum*, verre, et *facere*, faire), convertir quelque matière en *verre*. — *se* VITRIFIER, v. pron.

VITRINE, subst. fém. (*vitrine*), t. d'hist. nat., genre de coquilles de la division des univalves.

VITRIOL, subst. mas. (*vitri-ole*), sel astringent, formé par l'union d'un métal et d'un acide nommé *vitriolique*. Tous les *vitriols* ne sont que des sulfates. — *Huile de vitriol*, acide sulfurique. — *Vitriol ammoniacal*, sulfate d'ammoniaque; *vitriol blanc*, sulfate de zinc du commerce; *vitriol calcaire*, sulfate de chaux; *vitriol d'alumine*, anciennement alun; *vitriol d'antimoine*, *d'argent*, etc., du sulfate d'antimoine, d'argent, etc.; *vitriol d'argile*, anciennement l'alun; *vitriol de plomb*, sulfate de plomb; *vitriol de potasse*, le sulfate de potasse; *vitriol de soude*, le sulfate de soude; *vitriol de vénus*, le deuto-sulfate de cuivre; *vitriol de zinc*, le sulfate de zinc; *vitriol vert*; *vitriol martial*, celui dans la composition duquel il entre du fer; on le nomme aussi *couperose*.

VITRIOLÉ, E, adj. (*vitri-olé*), fait avec de l'esprit de *vitriol*.

VITRIOLIQUE, adj. des deux genres (*vitri-olike*), qui tient de la nature du *vitriol*. — *Acide vitriolique*, acide sulfurique. — *Gaz acide vitriolique*, acide sulfureux.

VITRIOLISATION, subst. fém. (*vitri-olizâcion*), formation du fer sulfaté.

VITRIOLISÉ, E, part. pass. de *vitrioliser*.

VITRIOLISER, v. act. (*vitri-olizé*), convertir en *vitriol*. — *se* VITRIOLISER, v. pron.

VITREY, subst. propre mas. (*vitrè*), ville de France, chef-lieu de canton, arrond. de Vesoul, dép. de la Haute-Saône.

VITRY, subst. propre mas. (*vitri*), ville de France, chef-lieu de canton, arrond. d'Arras, dép. du Pas-de-Calais.

VITRY-LE-FRANÇAIS, subst. propre mas. (*vitri-le-francè*), ville de France, chef-lieu d'arr. du dép. de la Marne.

VITTEAUX, subst. propre mas. (*vitô*), ville de France, chef-lieu de canton, arrond. de Semur, dép. de la Côte-d'Or.

VITTEL, subst. propre mas. (*vitèle*), bourg de France, chef-lieu de canton, arrond. de Mirecourt, dép. des Vosges.

VITULA, subst. propre fém. (en lat. *Vitula*), myth., déesse qui présidait aux aliments qui servent à l'entretien de la vie.

VITULICOLE, subst. des deux genres (*vitulikole*) (du latin *vitulus*, *vituli*, veau, et *colere*, adorer), idolâtre, chez les anciens, qui adorait un veau, un taureau.

VITUPÈRE, subst. mas. (*vitupère*), blâme : *sa vie est exempte de vitupère*. Il est vieux, et encore moins en usage que *vitupérer*.

VITUPÉRÉ, E, part. passé de *vitupérer*.

VITUPÉRER, v. act. (*vitupéré*), blâmer. Il est vieux, et plus latin que français.

VIVACE, adj. des deux genres (*vivace*) (en latin *vivax*, fait de *vivere*, vivre), qui a en soi les principes d'une longue vie : *le corbeau est un animal vivace*.—Qui est de longue durée : *certains préjugés sont vivaces*, sont difficiles à détruire. — Il se dit, en t. de bot., des parties du végétal qui subsistent plusieurs années; des plantes dont la vie va au-delà de trois ans.

VIVACITÉ, subst. fém. (*vivacité*) (en latin *vivacitas*), activité, promptitude à agir, à se mouvoir, etc. Voy. PÉTULANCE. — Fig., activité, subtilité, brillant de l'esprit.—Activité, force des passions.—Éclat des couleurs.—*Avoir de la vivacité dans les yeux*, avoir les yeux brillants et pleins de feu. — Au plur., emportements légers et passagers.—VIVACITÉ, PROMPTITUDE. (*Syn.*) La *vivacité* tient beaucoup de la sensibilité et de l'esprit. Les moindres choses piquent un homme *vif*; il sent d'abord ce qu'on lui dit, et réfléchit moins qu'un autre dans ses réponses. — La *promptitude* tient davantage de l'humeur et de l'action : un homme *prompt* est plus sujet aux emportements qu'un autre; il a la main légère, il est expéditif au travail. — L'indolence est le contraire de la *vivacité*; la lenteur l'est de la *promptitude*.

✝ **VIVANDIER**, subst. mas., au fém. **VIVANDIÈRE** (*vivandié*, *dière*), celui, celle qui suit les troupes et porte des *vivres*, des provisions de bouche pour les vendre.

VIVANDIÈRE, subst. fém. Voy. VIVANDIER.

DU VERBE IRRÉGULIER VIVRE :

Vivaient, 3ᵉ pers. plur. imparf. indic.

Vivais, précédé de *je*, 1ʳᵉ pers. sing. imparf. indic.

Vivais, précédé de *tu*, 2ᵉ pers. sing. imparf. indic.

Vivait, 3ᵉ pers. sing. imparf. indic.

Vivant, part. prés.

VIVANT, E, adj. (*vivan*, *vante*), qui *vit*, qui est en *vie*.—*Il n'y a homme vivant qui...*, il n'y a personne qui...—*Je n'ai trouvé âme vivante chez notre ami*, je n'y ai trouvé personne.—Fam. : *de notre vie vivante*, jamais.—*Cet homme est une bibliothèque vivante*, est très-savant.—*C'est le portrait vivant de son père*, il ressemble à son père.—*Langue vivante*, que tout un peuple parle encore. — *Quartier vivant*, très-fréquenté.—Quand des gens de mainmorte acquéraient une terre en fief, on disait qu'il fallait qu'*ils donnassent au seigneur un homme vivant et mourant*, pour dire que, pour ne pas frustrer le seigneur dont la terre relevait, des droits qui lui étaient acquis à chaque mutation de vassal, il fallait qu'ils nommassent un particulier, à la mort duquel le seigneur pût recevoir les droits de rachat ou de relief.—On appelait aussi *homme vivant et mourant*, une personne sous le nom de laquelle on payait le droit de survivance, pour conserver un office. *La famille ne vendit pas la charge dans les six mois, elle donna au roi un homme vivant et mourant*; et absolument, *elle donna un homme au roi* — Subst. mas., celui qui est en *vie* : *les vivants et les morts*. — *Bon vivant*, homme d'une humeur facile, qui aime à se réjouir sans faire de la peine à personne. — *Vivre avec les vivants*, s'accommoder aux gens avec qui l'on *vit*. — *Mal vivant*, homme de mauvaise *vie*. — On dit, *du vivant de...* pour dire, pendant la vie de... *du vivant d'un tel*; *vous ne verrez pas cela de votre vivant*; *cela se faisait de son vivant*. Et dans le même sens on a dit : *en son vivant*. *Ci-gît un tel, en son vivant juge, magistrat, etc.* On ne le trouve guère que dans quelques épitaphes.

VIVAT, subst. mas. (*vivate*), mot latin qui signifie qu'*il vive! puisse-t-il vivre!* C'est un ancien cri d'applaudissement et d'approbation.—Au plur., des *vivat*.

VIVE, adj. fém. Voy. VIF.

VIVE, subst. fém. (*vive*), t. d'hist. nat., genre de poisson dont la chair est très-estimée.—Interj. qui exprime la joie, un souhait : *vive la France!* que la France soit heureuse. — Subst. mas. : *qui vive?* t. militaire pour reconnaître ceux qui s'approchent, que l'on rencontre. — Fam. : *être sur le qui vive*, en état d'alarme, de défiance. Voyez VIVRE.

DU VERBE IRRÉGULIER VIVRE :

Vive, précédé de *que je*, 1ʳᵉ pers. sing. prés. subj.

Vive, précédé de *qu'il* ou *qu'elle*, 3ᵉ pers. sing. prés. subj.

VIVE-DIEU, sorte d'interj. (*vivedieu*); on se sert de ce terme pour exciter quelqu'un qui hésite à faire une chose qu'il devait faire spontanément.

VIVE-LA-JOIE, loc. adv. (*vivelajoa*), exclamation populaire qui exprime le désir de s'amuser, de rire, de se réjouir.

VIVELLE, subst. fém. (*vivèle*), petit réseau fait à l'aiguille pour reprendre un trou dans la toile, au lieu d'y mettre une pièce. — T. d'hist. nat., poisson de mer qui est une espèce de squale, nommée autrement *poisson scie*.

VIVEMENT, adv. (*viveman*), avec ardeur et *vivacité*, sans relâche : *poursuivre, attaquer, presser vivement*.—Sensiblement : *sentir vivement le froid, les afflictions*, etc.

DU VERBE IRRÉGULIER VIVRE :

Vivent, précédé de *ils* ou *elles*, 3e pers. plur. prés. indic.

Vivent, précédé de *qu'ils* ou *qu'elles*, 3e pers. plur. prés. subj.

Vives, 2e pers. sing. prés. subj.

Vivez, 2e pers. plur. impér.

Vivez, précédé de *vous*, 2e pers. plur. prés. indic.

VIVEUR, subst. mas., **VIVEUSE**, subst. fém. (*viveur, veuse*), homme, femme qui jouit bien de la *vie*.

VIVIEN-LE-TEMPLE (SAINT-), subst. propre mas. (*ceinvivieinletanple*), ville de France, chef-lieu de canton, arrond. de Lesparre, dép. de la Gironde.

VIVIER, subst. mas. (*vivié*) (en lat. *vivarium*, fait de *vivus*, vivant), lieu où l'on met du poisson pour peupler, et le trouver au besoin.—On appelle *vivier*, en t. de mar., un bateau de pêcheur qui a un retranchement au milieu, dans lequel l'eau entre par des trous qui sont aux côtés, pour contenir le poisson qu'on vient de pêcher.

VIVIERS, subst. propre mas. (*vivié*), ville de France, chef-lieu de canton, arrond. de Privas, dép. de l'Ardèche.

DU VERBE IRRÉGULIER VIVRE :

Viviez, précédé de *vous*, 2e pers. plur. imparf. indic.

Viviez, précédé de *que vous*, 2e pers. plur. prés. subj.

VIVIFIANT, E, adj. (*vivifi-an, fi-ante*), qui *vivifie*, qui anime, qui est propre à redonner du mouvement : *esprit vivifiant; élixir vivifiant*.—On dit, en t. de théologie : *esprit vivifiant; grace vivifiante; le Saint-Esprit est l'esprit vivifiant*.

VIVIFICATION, subst. fém. (*vivifikâcion*), t. de médec. et de chim., action de *vivifier*.

VIVIFIÉ, E, part. pass. de *vivifier*.

VIVIFIER, v. act. (*vivifi-é*) (en lat. *vivificare*, fait de *vivus*, vivant, et de *facere*, faire), donner la *vie* : *c'est Dieu qui vivifie toutes choses*. — Rendre *vivant*, donner le mouvement : *il vivifia tout d'un coup notre petite province; vivifier un désert*.—On dit qu'*un habile sculpteur vivifie le marbre*, pour dire, qu'il en façonne des figures pleines de vérité et d'expression. — Donner de la force, de la vigueur : *le soleil vivifie les plantes*. —On dit fig., en matière de religion : *la grace vivifie* : elle produit de bons effets dans l'âme.— Prov. : *la lettre tue et l'esprit vivifie*, il ne faut pas s'attacher servilement au sens littéral des mots; mais il faut chercher à en pénétrer le sens, à en saisir la pensée. —SE VIVIFIER, v. pron.

VIVIFIQUE, adj. des deux genres (*vivifike*) (en lat. *vivificus*), qui a la propriété de *vivifier* : *le suc vivifique des plantes*. — On se sert plus souvent du mot *vivifiant*.

DU VERBE IRRÉGULIER VIVRE :

Vivions, précédé de *nous*, 1re pers. plur. imparf. indic.

Vivions, précédé de *que nous*, 1re pers. plur. prés. subj.

VIVIPARE, adj. des deux genres (*vivipare*) (en lat. *viviparus*, fait de *vivus*, vivant, et de *parere*, engendrer), t. d'hist. nat. : *animal vivipare*, qui met au monde ses petits tout *vivants*.— Subst. mas., *un vivipare*. — T. de bot. : *plante vivipare*, qui produit des rejetons feuillés au lieu de fleurs.

VIVISECTION, subst. fém. (*vivicèkcion*), t. de chir., action de disséquer les animaux *vivants*. —Dissection et expériences sur des animaux *vivants*. Presque inusité.

DU VERBE IRRÉGULIER VIVRE :

Vivons, 1re pers. plur. impér.

Vivons, précédé de *nous*, 1re pers. plur. prés. indic.

VIVOTÉ, part. pass. de *vivoter*.

VIVOTER, v. neut. (*vivoté*), vivre chichement et pauvrement; avoir de la peine à subsister. Fam.

DU VERBE IRRÉGULIER VIVRE :

Vivra, 3e pers. sing. fut. indic.

Vivrai, 1re pers. sing. fut. indic.

Vivraient, 3e pers. plur. prés. cond.

Vivrais, précédé de *je*, 1re pers. sing. prés. cond.

Vivrais, précédé de *tu*, 2e pers. sing. prés. cond.

Vivrait, 3e pers. sing. prés. cond.

Vivras, 2e pers. sing. fut. indic.

VIVRE, v. neut. (*vivre*) (en lat. *vivere*), *vécu*, *vivant; je vis*, etc.; *nous vivons; je vécus; j'ai vécu; je vivrai*; être en vie. —Fig., jouir de la *vie* : *ce n'est pas vivre que d'être toujours malade*.—Plus fig. encore, durer, subsister : *son nom, sa gloire, sa mémoire vivra jusqu'à la postérité la plus reculée*.—Se nourrir : *vivre de racines, de légumes*.—Subsister : *vivre de ses rentes, de son travail*, etc. — *Vivre d'industrie*, subsister par son adresse et par son savoir-faire. — Fig. : *vivre d'espérance*, dans l'attente de quelque bien.—Fam. : *il vit de la grace de Dieu*, on ne sait comment il subsiste; il mange très-peu. — *Dieu vit de toute éternité*, il est éternel. — *Les élus vivront éternellement dans le sein de Dieu*, ils jouiront pendant l'éternité de la vue de Dieu.—En t. de guerre, *vivre à discrétion*, se dit de soldats qui se font traiter à leur gré par les habitants d'une ville prise d'assaut. — *Vivre avec quelqu'un*, en parlant d'un homme et d'une femme non mariés, être en concubinage. — On dit qu'*il fait cher vivre dans une ville, dans une province*, pour dire que les choses nécessaires à la *vie* y sont très-chères. — *Vivre de régime*, vivre avec beaucoup de régle; *vivre à table d'hôte*, manger dans une hôtellerie, à une table commune où chacun paie sa nourriture à tant par tête ou à tant par mois; *vivre de ménage*; *vivre* avec économie, *vivre en commun*, à frais communs. —Dépenser : *vivre honorablement, sordidement*, etc. — Passer sa *vie* : *vivre dans le célibat, dans le grand monde*, etc. — Se conduire, se comporter : *vivre bien avec quelqu'un; il vit mal avec sa femme*. — Être soumis à..., sujet de... : *vivre sous les lois, sous le gouvernement de...* — *Cet homme ne vit que pour lui*, ne songe qu'à ses intérêts. — Prov. : *on ne sait ni qui meurt ni qui vit*, on vit dans l'incertitude sur la durée de la vie; *chacun vit à sa mode*, chacun se conduit comme il lui plaît en ce qui le regarde; *item, il faut vivre*, la nécessité de pourvoir à sa subsistance doit excuser beaucoup de choses que l'on fait, et que l'on ne ferait pas sans cela. — Prov. : *il faut que tout le monde vive*, chacun doit trouver les moyens de fournir à sa subsistance. —*Vivre au jour la journée*, dépenser chaque jour ce qu'on gagne; passer sa *vie* sans vue, sans prévoyance. — *On ne saurait vivre avec lui*, il est d'une humeur fâcheuse, incompatible.—On dit qu'*un homme est difficile à vivre*, c'est-à-dire, qu'il est difficile de *vivre* avec lui en bonne intelligence; et l'on dit qu'*un homme est aisé à vivre*, pour signifier le contraire. — On dit qu'*un homme sait vivre*, pour dire qu'il a les manières du monde, qu'il sait se conduire suivant les usages reçus parmi les honnêtes gens : *cet homme a passé sa vie parmi les honnêtes gens, il sait vivre; cet homme est fort incivil, il ne sait pas vivre*. — Subst. mas., *le savoir-vivre*, la connaissance et la pratique des bienséances et des usages reçus parmi les gens du monde; et on dit, *apprendre à vivre*, pour dire, acquérir cette connaissance, s'instruire de ces usages. — On dit, fam., qu'*on apprendra bien à vivre à quelqu'un*, pour dire qu'on trouvera bien moyen de le punir de quelque faute qu'il a faite. — *Qui vive?* de quel parti êtes-vous? *on me demanda : qui vive? je répondis, vive France!* — Acclamation de joie; souhait de bonheur : *vive le roi! vivent les arts!* Voy. VIVE, interj.

VIVRE, subst. mas. (*vivre*), nourriture : *il a tant pour le vivre et le vêtement*. — Toutes les choses dont se nourrissent les hommes.—Provisions de bouche : *fourniture des vivres*.

VIVRÉ, E, adj. (*vivré*), t. de blas., se dit des pièces imitant la vivre ou vipère, sinueuses et ondées, avec des entailles.

DU VERBE IRRÉGULIER VIVRE :

Vivrez, 2e pers. plur. fut. indic.

Vivriez, 2e pers. plur. prés. cond.

Vivrions, 1re pers plur. prés. cond.

Vivrons, 1re pers. plur. fut. indic.

Vivront, 3e pers. plur. fut. indic.

VIZILLE, subst. propre mas. (*vizile*), bourg de France, chef-lieu de canton, arrond. de Grenoble, dép. de l'Isère.

VIZIR, VIZIRAT. Voy. VISIR, VISIRAT.

VOC. abréviation du mot *vocatif*.

VOCAB., abréviation du mot *vocabulaire*.

VOCABLE, subst. mas. (*vokable*), mot. (*M. Nodier*.) Vieux.

VOCABULAIRE, subst. mas. (*vokabulère*) (du lat. *vocabulum*, mot, terme), collection des mots les plus usités d'une langue, accompagnés d'une définition succincte; autrement *dictionnaire*; mais on lui suppose pour l'ordinaire moins d'étendue. — Liste de mots qui appartiennent plus spécialement à une science, à un art.

VOCABULISTE, subst. mas. (*vokabulicete*), auteur d'un *vocabulaire*. Il est peu usité.

VOCAL, E, adj. (*vokale*) (du lat. *vocalis*, fait de *vox, vocis*, voix), qui s'énonce, qui s'exprime par la voix : *prière, oraison vocale*, par opposition à *oraison mentale*. — *Musique vocale*, composée pour la voix. — *Organe vocal*, celui de la parole. — Au plur. mas., *vocaux*. — On a appelé substantivement au plur. mas., dans certaines communautés, *vocaux*, ceux qui avaient droit de donner leurs *voix* dans une élection.

VOCALEMENT, adv. (*vokaleman*) (du lat. *vocaliter*), de manière qu'on entend la *voix*.

VOCALISATION, subst. fém. (*vokalizâcion*) (rac. *vocal*), t. de musique, action de *vocaliser*.

VOCALISÉ, part. pass. du v. *vocaliser*.

VOCALISER, v. neut. (*vokalizé*), t. de musiq., chanter et former des sons, prononcer une syllabe; c'est proprement parcourir en chantant une échelle de sons pour se former ou s'éclaircir la *voix*.

VOCALITÉ, subst. fém. (*vokalité*), qualité de la parole; consonnance, douceur de la prononciation.

VOCATIF, subst. mas. (*vokatif*) (du lat. *vocativus*, sous-entendu *casus*, dérivé de *vocare*, appeler), le cinquième cas de la déclinaison des noms qui ont des cas. On s'en sert pour nommer la personne à qui l'on parle ou la chose à laquelle on s'adresse.

VOCATION, subst. fém. (*vokâcion*) (du lat. *vocatio*, fait de *vocare*, appeler), mouvement intérieur par lequel Dieu appelle une personne à quelque genre de vie. — Par extension, inclination, penchant pour un état plutôt que pour un autre. — En t. de religion, il se dit de la *mission* donnée par les supérieurs ecclésiastiques à celui qui est appelé au ministère. — Disposition, talent marqué. — Ordre de la Providence qu'on doit suivre. — *Vocation d'Abraham*, choix que Dieu fit de ce patriarche. — *Vocation des gentils*, grace que Dieu leur a faite en les appelant à la connaissance de l'Évangile.

VOCAUX, subst. mas. plur. Voy. VOCAL, adj.

VOCIFÉRATEUR, subst. mas.; au fém. **VOCIFÉRATRICE** (*vociférateur, trice*), qui *vocifère*.

VOCIFÉRATIONS, subst. fém. plur. (*vociférâcion*), paroles accompagnées de clameurs, proférées dans une assemblée.

VOCIFÉRATRICE, subst. fém. V. VOCIFÉRATEUR.

VOCIFÉRÉ, part. pass. de *vociférer*.

VOCIFÉRER, v. neut. (*vociféré*), pousser des clameurs.

VOEU, subst. mas. (*veu*) (en latin *votum*), promesse faite à Dieu, par laquelle on s'engage à quelque chose qu'on croit lui être agréable, et qui n'est point de précepte. — Les religieux appelaient *vœu de stabilité*, celui par lequel on s'engageait à demeurer toujours dans le monastère; et *vœu simple*, celui qui n'était pas fait en face de l'Eglise. — L'usage des *vœux* était si fréquent chez les Grecs et chez les Romains, que les marbres et les anciens monuments en sont couverts.—On dit familièrement, *je n'ai pas fait vœu de faire une telle chose*, pour dire, j'ai la liberté de la faire ou de ne pas la faire, je ne me suis engagé à rien. Voy. SERMENT. — On entend par *vœu de la loi*, ce qu'elle prescrit. — Il signifie aussi, l'offrande promise par un *vœu* : *appendre des vœux aux piliers d'une chapelle*, *ce tableau est un vœu*. — On appelle aussi ces sortes d'offrandes, *des ex-voto*, d'une expression latine que l'usage a fait passer dans la langue. *ce tableau est un ex-voto*. (Ces mots *ex voto* signifient, *d'après un vœu*.) — En certains lieux et en certaines élections, voix, suffrage. — Au plur., souhaits, désirs : *Exaucer les vœux de quelqu'un*. — La cérémonie de la profession solennelle de l'état religieux : *prononcer des vœux*. — *Renouvellement des vœux*, commémoration annuelle des *vœux* de la profession religieuse.

VOGÈLE, subst. fém. (*vojèle*), t. de bot., genre de plantes monogynes, de la famille des plombaginées.

VOGÉLIE, subst. fém. (*vojéli*), t. de bot., genre de plantes.

VOGLIE, subst. mas. Voy. DONNE-VOGLIE.

VOGMARE, subst. mas. (*voguemare*), t. d'hist. nat., sorte de poisson des mers d'Islande.

VOGUE, subst. fém. (*vogue*), mouvement d'une galère, etc., causé par la force des rames. — Au fig., crédit, estime, réputation : *cet orateur a la vogue*, est fort suivi ; *le jeu est en vogue*, est à la mode.— Grand cours, grand débit : *cette marchandise est en vogue, en très-grande vogue*. — Nom que l'on donnait anciennement en certains endroits à une fête de village : *nous irons à la vogue du pays voisin*. Hors d'usage aujourd'hui dans cette dernière acception. — VOGUE, MODE. (*Syn.*) La *mode* est un usage régnant et passager, introduit par la société, par le goût, la fantaisie, le caprice. La *vogue* est un concours excité par la réputation, le crédit, l'estime, et par préférence aux autres objets du même genre. —Une marchandise est à la *mode*, on en fait un grand usage ; le marchand qui la vend a la *vogue*, on y court de toutes parts. On prend la coiffure, le ton, et jusqu'au remède qui est à la *mode*. On prend le médecin, l'avocat, ouvrière qui a la *vogue*, parce qu'on croit en tirer un meilleur service. On suit la *mode*, il faut bien faire comme tout le monde ; la *vogue* entraîne, on court où l'on voit chacun courir.

VOGUE-AVANT, subst. mas. (*voguavan*), t. de mar., rameur qui tient la queue de la rame. — Au plur., des *vogue-avant*.

VOGUÉ, part. pass. de *voguer*.

VOGUER, v. neut. (*voguié*) (de l'allemand *wogen*, se mouvoir, bouger. *Le Duchat*.), être poussé sur l'eau à force de rames. On le dit même quelquefois des vaisseaux qui vont à force de voiles.—Ramer : *ces forçats voguent bien* ou *mal*. — Prov. : *vogue la galère*, arrive ce qui pourra.—En termes de chapeliers, *faire voguer l'étoffe*, faire voler sur une claie les matières dont on veut faire les capades d'un chapeau.

VOGUEUR, subst. mas. (*voguieur*), rameur. Presque hors d'usage.

VOHIRIE, subst. fém. (*vo-iri*), t. de bot., genre de plantes.

VOICI (*voèci*), (contraction des deux mots *vois* et *ici*), prép. qui sert à montrer ce qui est près de celui qui parle : *nous voici quatre* ; *le voici*. — Il se dit aussi de ce qui ne s'aperçoit point par les sens : *voici la preuve de ce que j'ai avancé*. Voy. VOILÀ. —On dit familièrement d'une chose qui paraît singulière, *en voici d'une bonne, en voici bien d'une autre*. — *Nous y voici*, il arrive ce que nous avions prévu ; on devait s'attendre qu'il dirait qu'il ferait telle chose. — *Voici*, est quelquefois suivi d'un *que*, comme dans cette phrase, *voici qu'il vient*. Le *que* se met aussi avant : *l'homme que voici*. — On mettait autrefois *voici* avant l'infinitif, surtout avant *venir* ; on le fait encore aujourd'hui quelquefois. *Comme il parlait à la femme, voici venir le mari*, pour dire, le mari survint au moment où... — On dit encore, *voici venir le printemps*.

VOIE, subst. fém. (*voé*) (du latin *via*), chemin, route par où l'on va d'un lieu à un autre. Voy. ROUTE. — Fig. et dans le langage de l'Écriture, la loi de Dieu, sa conduite envers les hommes : *Seigneur, enseignez-moi vos voies*. — *La voie étroite*, la voie du salut.—*La voie large*, le chemin de perdition. —En parlant des voitures, l'espace qui est entre les deux roues. — La trace qu'elles font en marchant. — En t. de chasse, le chemin par où la bête a passé. En ce sens on dit fig. : *mettre quelqu'un sur la voie* ou *sur les voies*, lui donner des lumières pour lui en faire découvrir davantage, *ou* des moyens qui l'aident à parvenir à l'exécution de son dessein. — *Etre à bout de voie*, n'avoir plus aucune ressource, ni aucun moyen de réussir dans son entreprise.— Manière de transporter les personnes ou les marchandises d'un lieu à un autre : *prendre la voie du messager, du coche*.—Charge d'une chose qu'on porte ou qu'on fait porter : *une voie de bois, d'eau*. (Dans cette acception, du latin *vehes*, fait dans la même signification de *vehere*, porter. — Moyen dont on se sert, conduite que l'on tient pour arriver à quelque fin. —En t. de chimie, manière d'opérer.— *La voie sèche*, celle qui emploie le feu. — *La voie humide*, celle qui met en usage les dissolvants.— En t. d'anat., ensemble de conduits, d'organes, que parcourent un fluide, une matière, dans l'économie animale. — *Les premières voies*, les premiers vaisseaux ou conduits qui reçoivent les sucs alimenteux avant qu'ils soient changés en sang.—En t. de mar., on entend par *voie d'eau*, une fente par où l'eau entre dans un vaisseau. — En t. de jurisprudence, on entend par *voies de droit*, le recours à la justice, et par *voies de fait*, les actes de violence qu'on fait sans avoir recours à la justice.—On appelle *voie lactée*, en t. de myth., cette suite de taches blanches qu'on voit au ciel pendant la nuit dans un temps serein. On conte qu'elles viennent d'une goutte de lait que Junon répandit lorsqu'elle repoussa Hercule, que Jupiter avait approché d'elle pour lui donner l'immortalité. — Passage de la scie ; écartement plus ou moins grand donné aux dents de la scie : *la scie n'a pas assez de voie* ; *il faut donner de la voie à cette scie* ; *les dents sont aplaties*. — Dans les manufactures de laine, *donner une voie de calandre à une étoffe*, tirer la laine de sa superficie à l'aide du chardon. — *Donner une voie de calandre à une étoffe*, la passer huit fois de suite sous la calandre. — — Les facteurs de clavecins appellent *voie de sautereau*, un petit poinçon ou équarrissoir à pans, dont ils se servent pour accroître les trous des languettes, afin qu'elles tournent librement autour de l'épingle qui leur sert de charnière. — En t. d'agric., on dit *mettre à deux voies*, pour dire, renverser la terre sens dessus dessous, et en former deux sillons. — VOIE, MOYEN. (*Syn.*) On suit la *voie*, on emploie les *moyens*. La *voie* est une carrière à parcourir par une suite d'actions ; le *moyen* est la force ou la puissance mise en action pour obtenir. Le propre de la *voie* est de tracer ou retracer votre marche, ce que vous avez à faire, ce que vous faites avec suite ; le propre du *moyen* est d'agir, d'exécuter, de produire l'effet. — La *voie* est bonne, juste, sage ; elle va au but. Le *moyen* est puissant, efficace, sûr ; il tend à la fin. — Le géomètre résout ses problèmes par la *voie* de l'analyse ou par celle de la synthèse, et au *moyen* d'une série d'inductions. Il y a différentes *voies* pour parvenir ; le *moyen* le plus sûr, quelque *voie* que l'on prenne, est une volonté ferme, constante, inébranlable. Voy. ROUTE.

DU VERBE IRRÉGULIER VOIR :

Voie, précédé de *que je*, 1re pers. sing. prés. subj.

Voie, précédé de *qu'il* ou *qu'elle*, 3e pers. sing. prés. subj.

Voient, précédé de *ils* ou *elles*, 3e pers. plur. prés. indic.

Voient, précédé de *qu'ils* ou *qu'elles*, 3e pers. plur. prés. subj.

Voies, 2e pers. sing. prés. subj.

VOILÀ (*voèla*) (contraction des deux mots *vois là*), préposition qui sert à montrer ce qui est peu éloigné de celui qui parle : *voilà le livre dont vous parlez*.—On le dit aussi des choses qui ne s'aperçoivent pas par les sens : *voilà mes raisons*. En ce sens, *voici* se dit de ce qu'on va dire, et *voilà* de ce qu'on vient de dire.—*Voilà* est quelquefois suivi d'un *que*, comme dans cette phrase : *voilà qu'on sonne*. Quelquefois aussi il est précédé d'un *que* : *l'homme que voilà*. — *Voilà* se met dans différentes phrases en d'autres sens : *voilà qui est fait tout à l'heure* ; *voilà qui est fait à l'instant*, cela ne tardera pas à être fait ; *voilà qui est bien*, c'est assez : *voilà qui va bien, qui marche bien*, cela est bien, et promet pour la suite.—*Ne voilà-t-il pas?* sorte d'exclamation de surprise : *ne voilà-t-il pas qu'il gronde?*

VOILE, subst. mas. (*voèle*) (du latin *velum*, syncope de *vexillum*, étendard, bannière, etc. *Noël*.), pièce d'étoffe ou de toile qui sert à cacher quelque chose.—Couverture de tête que portent les religieuses.—*Prendre le voile* se dit d'une fille qui entre en noviciat, ou qui prononce ses vœux dans un couvent.—Etoffe dont se font les *voiles* des religieuses, à quelque usage qu'on l'emploie : *une doublure en voile*.—Fig. : *avoir un voile devant les yeux*, être aveuglé par la prévention, par les passions. — *Déchirer le voile*, découvrir ce qu'on tenait caché. — Poét. : *les voiles de la nuit*, les ténèbres de la nuit. — *Voile* signifie aussi figurément apparence, couleur spécieuse, prétexte : *il a fait toutes ces horreurs sous le voile de la dévotion*. —*Voile du palais*, t. d'anat., cloison mobile, large et molle, attachée à l'extrémité postérieure de la voûte du palais, et qui sépare la bouche du pharynx.—*Piliers du voile du palais*, replis qui lient les bords latéraux du voile avec la languette et le pharynx.

VOILE, subst. fém. (*voèle*), assemblage de pièces de toile ou d'étoffe qu'on attache aux vergues et aux étais pour recevoir le vent qui doit pousser le vaisseau.—Chaque *voile* emprunte le nom du mât auquel elle est appareillée ; ainsi l'on dit *voile du grand mât, du hunier, de l'artimon, de misaine, de perroquet*, etc., *voile latine*, ou triangulaire ; *voile carrée*, qui a la figure d'un parallélogramme ; *voiles basses* ou *basses voiles*, la grande *voile* et la *voile* de misaine ; *voiles de l'arrière*, les *voiles* d'artimon ou du grand mât ; *voiles de l'avant*, *voiles* des mâts de beaupré et de misaine ; *voiles d'étai*, *voiles* triangulaires qu'on met sans vergue aux étais.— *Mettre à la voile*, partir du port, commencer navigation.—*Faire voile*, naviguer.—*Faire force de voiles*, *forcer de voiles*, tendre toutes ses *voiles* pour aller plus vite.—Fig. et fam. : *aller à voiles et à rames dans une affaire*, mettre tout en œuvre pour réussir.—*Donner dans un projet à pleines voiles*, de tout son cœur. — *Caler la voile dans une affaire*, se relâcher de ses prétentions, se radoucir, parler avec moins de hauteur. — *Voiles*, au plur., vaisseaux : *la flotte est composée de cinquante voiles*. — T. d'hist. nat., on nomme *voile* la longue membrane qui s'épanouit au-devant de la tête de quelques mollusques.

VOILÉ, E, part. pass. de *voiler*, et adj., couvert d'un *voile*.—Qui a pris le *voile*.—Au fig., caché, couvert. — T. de mar., *vaisseau bien* ou *mal voilé*, qui a ses mâts bien ou mal placés, et dont les *voiles*, d'une largeur convenable, sont à une juste hauteur, ou bien trop ou trop peu élevées. —*Voix voilée*, *un peu voilée*, voix qui, par quelque disposition de l'organe, semble n'avoir qu'une partie de son timbre et de son éclat. — Fig. : *le soleil voilé d'un nuage*, obscurci par un nuage ; *porcelaine voilée*, porcelaine dont la blancheur est ternie, soit par la flamme, soit par quelque cause accidentelle.

VOILER, v. act. (*voèlé*), couvrir d'un *voile*, cacher d'un *voile*.—Donner le *voile* à une fille. —Fig., couvrir, cacher. — VOILER, DÉGUISER, PALLIER. (*Syn.*) *Voiler*, c'est couvrir d'un *voile* ; *déguiser*, c'est donner une autre apparence ; *pallier*, c'est donner une apparence favorable ; *dissimuler*, c'est faire disparaître toute apparence défavorable. On *voile* ses défauts ; on *déguise* sa misère ; on *pallie* ses torts ; on *dissimule* ses ressentiments. — *se* VOILER, v. pron., se couvrir le visage de quelque chose.—Au fig. : se cacher, se déguiser.—En t. d'arts, se dit du bois qui se courbe par l'effet de la sécheresse ou de l'humidité, etc. (Par allusion à la courbure des *voiles*, lorsque le vent les enfle.)

VOILERIE, subst. fém. (*voèleri*), lieu où l'on fait et où l'on raccommode les *voiles* d'un vaisseau.

VOILE-ROULÉE, subst. fém. (*voèleroulé*), t. d'hist. nat., nom d'une espèce de coquille du genre des strombes.—Au plur., trains de planches qu'on a sciées dans les montagnes des Vosges, et qu'on envoie à Nancy et à Metz par la Moselle.

VOILETTE, subst. fém. (*voèlète*), t. de mar., petite *voile* latine.

VOILIER, subst. mas. (*voèlié*), qui travaille aux *voiles* d'un vaisseau, qui les visite, etc. — Ce mot est aussi adj. au mas., et l'on appelle *vaisseau bon voilier*, celui qui va vite, qui marche bien.

VOILIÈRE, subst. fém. (*voèlière*), t. de géom., courbe que forme une *voile* enflée par le vent.

VOILURE, subst. fém. (*voèlure*), la manière de porter les *voiles* pour prendre le vent. — Toutes les *voiles* d'un vaisseau : *changer de voilure*. — Fabrication de *voiles*.

VOIR, v. act. (*voar*) (du latin *videre*, dérivé du grec εἴδειν ou ἰδεῖν, voir, connaître, savoir. *Morin*.), *vu* ; *voyant* ; *je vois*, etc. ; *nous voyons, vous voyez, ils voient* ; *je vis* ; *j'ai vu* ; *je verrai*. —Apercevoir, connaître par les yeux : *je vois un homme qui vient*, *je l'ai vu de loin*. — Et neut., *voir clair, voir trouble*, etc. — On dit *qu'une maison voit sur un jardin, sur une rue*, pour dire que de cette maison on peut *voir* un jardin, une rue ; qu'*une hauteur voit une place*, *voit le rempart d'une place*, pour dire que de cette hauteur on découvre la place, le rempart de la place, en sorte qu'on est à portée de la battre avec le canon ; qu'*une hauteur voit un ouvrage à revers*, pour dire que de cette hauteur on *voit* l'ouvrage, et qu'on peut le battre par derrière.—Faire visite : *aller voir quelqu'un*.

voir ses juges.—Regarder, considérer avec attention. — On dit, en parlant d'une affaire sur laquelle on se réserve à prendre parti, *je verrai, nous verrons*, pour dire j'examinerai, nous examinerons. — On dit figurément : *faire voir du pays à quelqu'un*, pour dire, lui donner bien de l'exercice, bien de la peine, lui susciter beaucoup d'affaires. — On dit aussi figurément et proverbialement qu'*un homme a vu le loup*, pour dire qu'il s'est trouvé en plusieurs occasions de guerre, qu'il a fait des voyages périlleux, ou qu'il est fort rompu dans le commerce et dans les affaires du monde. — On dit proverbialement, *nous en avons bien vu d'autres*, pour témoigner qu'on n'a point peur des menaces d'un homme, et qu'on ne le craint en rien. Il est familier. —Observer, remarquer.—Observer en voyageant, en fréquentant le monde : *il a vu beaucoup de pays.*—Fréquenter : *qui voyez-vous dans cette ville?* — *Ces deux hommes ne se voient point*, ils sont mal ensemble.—En parlant d'un homme ou d'une femme de mauvaise réputation, on dit : *ce n'est pas un homme à voir, ce n'est pas une femme à voir* ; pour dire : il n'est pas convenable de les fréquenter.—On dit d'un homme qui vit dans la retraite, qu'*il ne voit personne*. — On dit aussi qu'*un homme ne voit personne*, lorsqu'à sa porte on ne laisse point entrer ceux qui viennent pour le *voir*, le complimenter.—*Voir une femme* signifie parfois être en commerce intime avec elle.—S'apercevoir que... : *je vois bien qu'on me trompe.*—Connaître par les sens : *voyez si le vin est bon, si cela est chaud, si cet instrument est d'accord.* —S'informer : *voyez s'il est chez lui.*—Essayer : *voyons si nous pourrons terminer.* — Fam.: avoir soin : *voyez à nous faire souper.*—Il se dit quelquefois pour entendre : *je l'ai vu chanter*, et en parlant d'une femme, *je l'ai vue chanter.* — Fig.: *voir de loin, bien loin*, avoir beaucoup de pénétration, de prévoyance. — Fig. et prov. : *il ne voit pas plus loin que son nez*, il a peu de lumières, de prévoyance. — Fig. : *voir quelqu'un de bon ou mauvais œil*, être bien aise ou fâché de le *voir*.—Fig. : *un homme n'a rien à voir sur un autre*, n'a aucune juridiction sur lui, aucune inspection sur sa conduite. — *Un médecin voit un malade*, prend soin de lui pendant sa maladie.—Fig. et fam. : *voir venir quelqu'un*, démêler, découvrir quel est son dessein.—Attendre qu'il fasse les premières démarches pour régler les siennes. — *J'ai vu l'heure, le moment que*, peu s'en est fallu que... —Poét. : *voir le jour*, être né et existant, être au monde.—Fig. : *cet homme n'est pas digne de voir le jour*, de vivre. — *Son ouvrage n'a pas encore vu le jour*, n'est pas encore publié. — *Faire voir*, exposer à la vue : *il a fait voir sa blessure au chirurgien* ; *il est sorti pour faire voir sa voiture.* — *Faire voir*, mettre une chose en évidence : *il a fait voir qu'il avait du cœur* ; *il cherche toujours à faire voir son esprit; il a fait voir toute son étourderie.* — On dit proverbialement et par menace : *je lui ferai bien voir à qui il se joue, à qui il s'adresse, à qui il a affaire.* — *Voir*, s'emploie encore dans quelques autres expressions familières. On dit à un homme qui doute de ce qu'on lui dit : *si vous ne le croyez pas, allez-y voir;* et en parlant d'une chose dont on doute, mais qu'on ne veut pas se donner la peine de vérifier, *j'aime mieux le croire que d'y aller voir.*—On dit comme par défi : *je voudrais bien voir cela; faites cela, et vous verrez.* — On dit, pour blâmer quelqu'un, *il fait beau vous voir, à votre âge, songer au mariage.*—*Voir quelqu'un en songe*, croire le voir en rêvant. On dit : *c'est un beau venez-y voir*, pour dire, par ironie, voilà un objet bien digne de curiosité.—On dit : *chaque année voit un changement; chaque mois voyait un nouvel établissement*, pour dire, il arrive chaque année un changement, il se faisait chaque mois un nouvel établissement. — VOIR, REGARDER. (*Syn.*) On *voit* ce qui frappe la vue; on *regarde* où l'on jette un coup-d'œil. Nous *voyons* les objets qui se présentent à nos yeux; nous *regardons* ceux qui excitent notre curiosité.—On *voit* ou distinctement ou confusément; on *regarde* ou de loin ou de près. Les yeux s'ouvrent pour *voir* ; ils se tournent pour *regarder.* Les hommes indifférents *voient* comme les autres les agréments du sexe; mais ceux qui en sont frappés les *regardent.* Le connaisseur *regarde* les beautés d'un tableau qu'il *voit;* celui qui ne l'est pas *regarde* le tableau sans en *voir* les beautés.—VOIR, APERCEVOIR. (*Syn.*) Les objets qui ont quelque durée ou qui se montrent, sont *vus;* ceux qui fuient ou qui se cachent sont *aperçus.* On *voit* dans un visage la régularité des traits, et l'on y *aperçoit* les mouvements de l'âme. — Dans une nombreuse cour, les premiers sont *vus* du prince; à peine les autres en sont-ils *aperçus*. — *se* VOIR, v. pron., se regarder.—Se fréquenter.

VOIRANE, subst. mas. (*voèrane*), t. de bot., arbre de la Guyane.

VOIRE, adv. (*voare*) (du latin *verum.* Ménage, qui remarque avec raison qu'anciennement on disait en France *voire* pour *vrai.*), même; vraiment. On le joint quelquefois au mot *même : ce remède est bon, voire même salutaire.* Il est vieux.

VOIREMENT, adv. (*voareman*), à la vérité. Il est encore plus vieux que *voire.* Voy. VOIRE.

VOIRIE, subst. fém. (*voari*) (du latin barbare *viatura*, fait de *via*, chemin), anciennement, chemin. — Plus récemment, charge de *voyer.* — Administration qui a dans ses attributions la police des rues. — Lieu où l'on porte les immondices d'une ville, où l'on mène quelques bêtes inutiles pour les y tuer, où l'on traîne celles qui sont mortes de maladies.

VOIRON, subst. propre mas. (*vouron*), ville de France, chef-lieu de canton, arrond. de Grenoble, dép. de l'Isère.

DU VERBE IRRÉGULIER VOIR :

Vois, 2e pers. sing. impér.
Vois, précédé de *je*, 1re pers. sing. prés. indic.
Vois, précédé de *tu*, 2e pers. sing. prés. indic.

VOISIN, E, adj. et subst. (*voèzein, zine*) (du latin *vicinus*, fait dans le même sens de *vicus*, quartier d'une ville, ou bourg, village ; *qui demeure dans le même quartier ou dans le même bourg*, etc.), qui est proche, qui demeure auprès. — Subst., celui, celle qui loge auprès d'un autre.—Prov., *qui a bon voisin a bon matin,* quand on est bien entouré on trouve du secours et de l'assistance auprès de ceux qui sont nos *voisins.*

VOISINAGE, subst. mas.(*voèzinaje*), proximité. —Lieux proches de celui où demeure quelqu'un. — Les *voisins*, les personnes qui demeurent dans un même quartier.

VOISINANCE, subst. fém. (*voèzinance*), *voisinage.*

VOISINÉ, part. pass. de *voisiner.*

VOISINER, v. neut. (*voèziné*), voir ses *voisins* ou *voisines*, les fréquenter, leur rendre *visite.* Il est familier. — Prov., *il n'est voisin qui ne voisine*, on n'est pas bon *voisin*, quand on ne hante pas ses *voisins;* on fréquente ordinairement ses *voisins.*

Voit, 3e pers. sing. prés. indic. du v. irrég. VOIR.

VOITEUR, subst. propre mas. (*voèteur*), village de France, chef-lieu de canton, arrond. de Lons-le-Saulnier, dép. du Jura.

VOITURE, subst. fém. (*voèture*) (du latin *vectura*, fait de *vehere*, porter, transporter), ce qui sert au transport des marchandises ou des personnes : charrette, carrosse, coche, etc. — *Voitures de place*, qui se tiennent dans les grandes villes à certains lieux qui leur sont assignés par la police.—*Voiture de remise*, qu'on loue chez un particulier au mois ou à la journée. — Les choses ou les personnes qu'on transporte : *ce roulier n'a pu trouver voiture; il n'a que demi-voiture ; il a voiture complète.* — Le port, l'action de transporter : *on a payé tant pour la voiture.* — *Lettre de voiture*, lettre qui contient le dénombrement des choses dont un *voiturier* est chargé.— On dit prov. et fam. : *il est venu par la voiture des cordeliers*, il est venu à pied.

VOITURÉ, E, part. pass. de *voiturer.*

VOITURER, v. act. (*voèturé*) (du lat. *vectare*), transporter par *voiture*, en parlant des denrées, des marchandises.—Fam., mener quelqu'un dans sa voiture : *voulez-vous me voiturer jusque-là ?* —*se* VOITURER, v. pron.

VOITURIER, subst. mas. (*voèturié*), celui qui *voiture* et conduit d'un lieu à un autre quelques personnes ou quelques marchandises.

VOITURIÈRE, subst. fém. (*voèturière*), la femme d'un *voiturier.* (Ce mot manque dans l'*Académie.*)

VOITURIN, subst. mas. (*voètureín*), en Italie et dans les parties de la France qui en sont voisines, celui qui loue des chevaux, des chaises, et qui les conduit. — La *voiture* même que conduisent les *voiturins* : *prendre le voiturin.*

VOIX, subst. fém. (*voè*) (du latin *vox, vocis*), son qui sort de la bouche pour rendre la pensée, quelque désir ou quelque mouvement de l'âme. —Son harmonieux pour exprimer quelque passion gaie ou triste.— Cri, gémissement accompagné de cris et de clameurs.— Chanteur, chanteuse : *il y avait à ce concert dix voix et quinze instruments.*—Il se dit de certains animaux : *la voix du perroquet, des oiseaux, des hiboux; la voix des chiens*, à la chasse, leur aboiement.— Suffrage, avis, opinion : *donner sa voix ; à la pluralité des voix; tout d'une voix.* En ce sens, on dit *voix active*, le pouvoir d'élire; *voix passive*, la capacité d'être élu.—En gramm., le son représenté par la voyelle : *voix articulée ; voix grave; voix nasale*, etc.— Dans les verbes, inflexion ensuite de laquelle ils expriment ou une action faite par le sujet : *j'aime, je lis*, c'est la *voix active;* ou une passion reçue, une impression produite dans le sujet : *je suis aimé, ce livre est lu;* c'est la *voix passive.* — Mouvement intérieur qui porte, qui excite à faire ou à ne pas faire une chose : *la voix de la nature, la voix du sang ; la voix de la conscience; la voix de Dieu.*—On dit *la voix de la raison ; se rendre docile à la voix de la raison.* —*Élever la voix*, parler hautement pour ou contre quelqu'un, pour ou contre quelque chose. *On ne peut élever trop haut la voix en faveur de l'innocence.*—*Élever la voix*, signifie aussi parler avec trop de hauteur, de hardiesse, d'insolence, et se dit particulièrement en parlant de ceux auxquels on croit que ce ton ne convient pas : *il ose élever la voix.*—On dit figurément en langage de l'Écriture, *la voix du sang de l'innocent s'élève jusqu'au ciel, crie vengeance.* — Fig. : *la voix intérieure*, les inspirations de Dieu. — Poét. : *la déesse aux cent voix*, la renommée.— *Apprendre une chose par la voix de la renommée*, par le bruit public. — T. de mus., c'est la collection de tous les sons qu'une personne peut tirer de son organe en chantant. — *Voix aiguës ou féminines ; voix graves ou masculines; il n'a qu'un filet de voix ; sa voix mue.* — On appelle *voix forte*, celle dont les sons sont forts et bruyants ; *grande voix*, celle qui a beaucoup d'étendue; *belle voix*, celle dont les sons sont nets, justes et harmonieux.— *Forcer sa voix*, c'est excéder en haut ou en bas son diapason ou son volume, à force d'haleine; c'est crier au lieu de chanter.—*Voix blanche*, voix intense et brillante. On applique aussi cette expression au son de certains instruments.—On appelle plus particulièrement *voix*, les parties vocales et récitantes pour lesquelles une pièce de musique est composée; ainsi l'on dit *une cantate à voix seule*, au lieu de dire une cantate en récit; *un motet à deux voix*, au lieu de dire un motet en duo. — On appelle *voix humaine*, un jeu d'orgue, ainsi nommé parce qu'il imite assez bien la voix de l'homme ; et on appelle *la voix angélique*, un jeu d'orgue qui ne diffère de la voix humaine qu'en ce qu'il est plus petit, et qu'il sonne l'octave au-dessus, et à l'unisson du prestant. — On nomme *voix conclusive*, celle qui a l'effet de partager les opinions ; *voix consultative*, la faculté de donner son avis, mais qui n'est pas compté pour la décision de l'affaire; *voix délibérative*, l'avis que quelqu'un donne dans une assemblée, et qui est compté pour la décision de l'affaire. — On dit figurément qu'*un homme a voix en chapitre*, pour dire, qu'il a du crédit dans une compagnie, dans une famille, auprès de quelque personne considérable. Il est familier.— *Voix publique*, cri public, commune renommée; et *voix du peuple*, non pas l'opinion du vulgaire, mais l'opinion commune et la plus générale : *il a pour lui la voix publique.*— Proverbialement, *la voix du peuple est la voix de Dieu* : quand tout le monde s'accorde généralement sur une chose, on doit croire que tout le monde est dans la *voie* de la raison. — On dit *de vive voix*, par opposition à *par écrit* : *je ne vous en écris pas davantage, je vous dirai le reste de vive voix.* — *Voix conclusive*, t. de médec., genre de névrose de la *voix* qui consiste dans la difficulté de parler.

VOL, subst. mas. (*vole*) (en lat. *volatus*), mouvement progressif et en plein air des oiseaux et des insectes par le moyen de leurs ailes. — La chasse du *vol*, la manière de *voler* sur le gibier. — *Tuer un oiseau au vol*, pendant qu'il *vole.*— Dans les pièces de théâtre, l'action d'une machine qui fait monter et descendre les personnages, comme s'ils *volaient.*—Fig. : *prendre un vol trop haut*, s'élever plus qu'on ne doit ; faire plus de dépense qu'on ne doit ou qu'on ne peut. — *Il est parvenu de plein vol à cet emploi*, sans passer par les degrés ordinaires.—*Cet oiseau a trois pieds de vol*, il y a trois pieds entre les deux bouts de ses ailes quand elles sont étendues. — *A vol d'oiseau*, loc. adv., en ligne droite.—VOL,

VOLÉE, ESSOR. (*Syn.*) Le *vol* est l'action de s'élever dans les airs et d'en parcourir un espace ; la *volée* est un *vol* soutenu et prolongé ou varié ; l'*essor* est un *vol* hardi, haut et long, le plein *vol* d'un grand oiseau.—Le *vol* de la perdrix n'est pas long ; les hirondelles passent, dit-on, la mer d'une seule *volée* ; le faucon mis en liberté prend quelquefois un *essor* si haut, qu'on l'a bientôt perdu de vue.—Tout oiseau prend son *vol* ; vous donnez la *volée* à celui à qui vous donnez la liberté de s'envoler où il voudra, et de s'enfuir tout-à-fait ; vous le prenez à la *volée* dans le cours de son *vol* : l'oiseau de proie prend un *essor* d'autant plus véhément, qu'il a été plus long-temps contraint.—Au fig., une personne prend son *vol* et son *essor* : son *vol*, lorsqu'elle s'affranchit de ses entraves, et qu'elle use de toute sa liberté ; son *essor*, lorsqu'elle essaie librement ses forces et qu'elle s'abandonne à toute leur énergie. Il y a de la hardiesse dans le *vol*; dans l'*essor* il y a une ardeur égale à la hardiesse.—On prend son *vol* pour s'élever à une certaine hauteur et s'y maintenir; on prend son *essor* comme par impulsion et par instinct. Pour prendre son *vol*, l'esprit mesure ses forces; le génie, pour prendre son *essor*, obéit au sentiment qu'il a de ses forces, sans les mesurer. Le *vol* suit l'*essor*; par l'*essor* ou par la manière de s'élever, vous jugez si le *vol* sera haut et soutenu. Il arrive souvent que l'on prend un *vol* trop haut, bientôt l'on baisse ; il arrive aussi que l'on prend un *essor* contraint pour son *essor* naturel, et l'on tombe bien vite.

VOL, subst. mas. (*vole*) (du lat. *vola*, paume de la main), action de *voler*; action de celui qui prend, qui dérobe. — *Vol avec effraction*, celui qui a été fait en brisant et forçant quelque fermeture ou clôture ; *vol de grand chemin*, celui qui a été commis dans les rues ou sur les grandes routes ; *vol de nuit*, celui qui a été fait pendant la nuit ; *vol domestique*, celui qui a été commis par des gens qui sont aux gages et nourris aux dépens de celui qui a été *volé*, ou par des domestiques ou autres gens salariés ; *vol public*, ce qui est pris frauduleusement sur les deniers publics ; *vol qualifié*, celui qui intéresse particulièrement l'ordre public, et qui est accompagné de circonstances graves qui méritent une punition exemplaire ; *vol simple*, celui qui ne blesse que l'intérêt des particuliers, et non l'ordre public. — La chose *volée* : *il avait caché son vol; on l'a trouvé saisi du vol.—J'ai recouvré mon vol*, ce qu'on m'avait *volé*.

VOLABLE, adj. des deux genres (*volable*), qui peut être *volé*.

VOLAGE, subst. et adj. des deux genres (*volaje*) (du lat. *volatilis*), léger, changeant, inconstant. Voyez LÉGER.—*Feu volage*, dartre ou gale qui vient au visage des enfants.—En t. de mar., se dit d'un petit bâtiment qui a peu de stabilité : *c'est un bâtiment volage*. — Se dit aussi d'un compas dont l'aiguille aimantée est parfaitement suspendue.

VOLAILLE, subst. fém. (*volâ-ie*); il se dit des oiseaux domestiques qu'on nourrit dans une basse-cour.

VOLAILLER, subst. mas. (*volâ-ié*), marchand de *volaille*, ou celui qui amène de la *volaille*.

VOLANOS, subst. mas. (*volanôce*), t. d'hist. nat., oiseau vert fort commun aux Philippines.

VOLANT, E, adj. (*volan, lante*), qui a la faculté de *voler*, de se soutenir en l'air ; qui s'élève en l'air : *dragon volant* ; *cerf-volant* ; *fusée volante*.—*Petite-vérole volante*, qui n'a rien de dangereux. Voy. VARIOLOÏDE. — *Feuille volante*, simple feuille d'écriture ou d'impression qui n'est attachée à aucune autre. — *Assiette volante*, assiette d'entremets ou de ragoût qu'on met ou qu'on ôte sans changer le service de la table. — En t. de peint., *draperie volante*, légère et qui paraît agitée par le vent.—*Pont volant*, pont qu'on porte à l'armée pour passer les petites rivières.—*Camp volant*, petite armée, sorte de cavalerie légère qui fait des courses sur l'ennemi ou qui l'observe.—*Artillerie volante*, dont le service se fait à cheval. — On appelle *pièce volante*, une pièce qu'on suppose revenir toujours à son maître, dans quelques mains qu'elle passe. Fam.— *Table volante*, petite table légère qui n'a point de place fixe dans un appartement.—Autre table qui s'abaisse au-dessous du parquet, et qui se relève à volonté. — *Chaise volante*, chaise qui, par le moyen de cordages, s'élève et s'abaisse pour épargner la peine de monter et de descendre un escalier.

VOLANT, subst. mas. (*volan*), petit morceau de liége, etc., garni de plumes, avec lequel on joue en le poussant avec des raquettes. — Deux pièces de bois attachées en forme de croix à l'arbre tournant d'un moulin.—Pièce d'horloge qui retarde la sonnerie. — Ornement au bas d'une robe de femme.—En t. de tailleurs, déchet des étoffes coupées.—Nom particulier d'une espèce de pigeon, d'un poisson et d'un insecte.—En t. de chasse, nom qu'on donne aux endroits des abreuvoirs sur lesquels on tend les gluaux : ce que l'on appelle aussi *vergette*.—Il se dit aussi des piquets qu'on attache aux buissons pour prendre des oiseaux.

VOLANT ou **VOLANT-D'EAU**, subst. mas. (*volan dô*), t. de bot., plante aquatique, dont les feuilles imitent une plume d'oiseau.—On donne aussi le nom de *volant d'eau* à la fleur du nénuphar.

VOLATIL, E, adj. (*volatile*) (du lat. *volatilis*), qui se résout et se dissipe en l'air par l'action du feu : *sel, alcali volatil*.

VOLATILE, subst. mas. (*volatile*) ; se dit des animaux qui *volent*.—Adj. des deux genres: *l'espèce volatile*.

VOLATILISATION, subst. fém. (*volatilizâcion*), action de *volatiliser* un corps; action de *se volatiliser*.

VOLATILISÉ, E, part. pass. de *volatiliser*.

VOLATILISER, v. act. (*volatilizé*), rendre *volatil* : *l'arsenic se volatilise aisément*, la chaleur le fait aisément dissiper.—*se* VOLATILISER, v. pron.

VOLATILITÉ, subst. fém. (*volatilité*), qualité de ce qui est *volatil*.—Inconstance, mobilité.

VOLATILLE, subst. fém. (*volati-ie*), plusieurs espèces de petits oiseaux bons à manger.

VOL-AU-VENT, fausse orthographe de l'*Académie*. Voy. VOLE-AU-VENT.

VOLCAN, subst. mas. (*volekan*) (du lat. *Vulcanus*, Vulcain, le dieu du feu, employé par *Virgile* dans la simple signification de feu), montagne qui vomit du feu et des matières embrasées. Fig., imagination vive, ardente; tête fougueuse. —Commotion qui menace d'être prochaine et violente.

* **VOLCANICITÉ**, subst. fém. (*volekanicité*), état, qualité, nature de l'embrasement d'un *volcan*.

VOLCANIQUE, adj. des deux genres (*volekanike*), qui a rapport aux *volcans*. — Fig. : *tête, imagination volcanique*, qui bouillonne, qui est pleine d'impétuosité.

VOLCANISÉ, E, part. pass. de *volcaniser*, et adj. : *tête, imagination volcanisée*.

VOLCANISER, v. act. (*volekanizé*), animer, embraser, exalter les têtes, les esprits. — *se* VOLCANISER, v. pron.

VOLE, subst. fém. (*vole*) (du lat. *vola*), t. de jeu de cartes : *faire la vole*, faire toutes les mains, et non pas *faire la volte*.

VOLE-AU-VENT, et non pas **VOL-AU-VENT**, avec l'*Académie*, subst. mas. (*volôvan*), pâté chaud dont la croûte est si légère qu'elle *volerait au vent*. — Au plur., des *vole-au-vent*.

VOLÉE, subst. fém. (*volé*), le vol d'un oiseau : *prendre sa volée*. — Fig. : *prendre sa volée*, s'affranchir de la surveillance; s'en aller; tromper ceux qui ne s'y attendaient pas.—Bande d'oiseaux qui *volent* tous ensemble : *une volée de moineaux, de pigeons*. — *Une volée de coups de bâton*, etc., plusieurs coups de bâton donnés de suite.—Pigeons éclos dans le même mois.—Gens de même âge : *une volée de jeunes gens*. — On dit aussi abusivement, d'une bande de gens qui babillent et ne savent ce qu'ils disent : *c'est une volée d'étourneaux*. Fam. — Fig., rang, qualité, force : *il n'est pas de sa volée*. — En parlant des cloches, on dit *sonner à toute volée*, les mettre toutes en branle : *sonner une, deux, trois volées*. — Pièce de bois de traverse qui s'attache au timon d'un carrosse, etc., et à laquelle les chevaux du second rang sont attelés : *mettre des chevaux à la volée*. On dit dans le même sens : *un cheval de volée*. — A la paume, action du joueur qui prend la balle lorsqu'elle est en l'air, et avant qu'elle touche terre, etc.—*Prendre une balle* ou *coup entre bond et volée*, prendre la balle dans le moment qu'elle est près de s'élever, après avoir touché la terre. — *Cet homme a la volée bonne, la volée sûre*, il est fort adroit à prendre la balle de *volée* et à la placer. — *Donner de volée dans la grille, dans l'ais*, sans que la balle touche à terre ni au tambour. — Fig. et fam., on dit, en parlant d'un homme qui a obtenu une grâce en saisissant une occasion favorable, qu'*il l'a obtenue tant de bond que de volée*, ou qu'*il l'a attrapée entre bond et volée*. — Prov. et fig. : *faire une chose tant de bond que de volée*, la faire comme on peut, de façon ou d'autre. — Dans une pièce de canon, la partie comprise depuis les tourillons jusqu'à la bouche. — Décharge de plusieurs pièces de canon qu'on tire toutes à la fois.— *Tirer à toute volée*, signifie tirer une pièce sous le plus grand angle possible : *un canon tiré à toute volée peut aller jusque-là*. — Chez les scieurs de long, grue qui entre dans la machine à scier les planches. — Dans les arts de construction, le nombre de coups de mouton frappés avec la sonnette sur un pilot. — Il se dit aussi quelquefois en parlant des volants d'un moulin à vent, lorsque le vent les fait aller à grande *volée*. — *Volées*, en termes de meunier, se dit des planches que l'on pose en travers de la roue et qui entrent dans l'eau. — Il se dit aussi du travail de plusieurs hommes rangés sur la même ligne, qui battent, par exemple, une allée de jardin, le blé, etc. — *A la volée*, en l'air, au passage : *saisir quelque chose à la volée*. — Fig., inconsidérément, sans réflexion : *il ne sait ce qu'il dit, il parle à la volée*. — Fam.: *semer à la volée*, en t. d'agric., semer en jetant les graines par poignées.

VOLÉ, E, part. pass. de *voler*. — Prov., *bien volé ne profite jamais*, on le dissipe, ou bien on vous le reprend.

VOLER, v. act. (*volé*) (du lat. *vola*, paume, creux de la main, d'où les Romains avaient fait *involare*, qu'on trouve dans *Catulle* avec le sens de *dérober*, et qui signifie littéralement *mettre dans le creux de la main*), prendre furtivement ou par force ce qui appartient à un autre. Il régit les choses et les personnes : *voler de l'argent; ce valet a volé son maître;* et neut. : *voler sur les grands chemins*. —Fig., s'approprier les pensées et les expressions des autres, et s'en servir sans les citer.—Au jeu de cartes, faire toutes les mains.—*se* VOLER, v. pron.

VOLER, v. neut. (*volé*) (en lat. *volare*), se soutenir, se mouvoir en l'air par le moyen des ailes.—Fig. et par exagération, courir avec une grande vitesse.—On dit par extension que *les flèches volent*, que *le vent fait voler la poussière*, etc.—Se dit du bruit, de la renommée : *son nom, sa renommée volait partout ; le bruit de sa valeur vola de bouche en bouche; volez où l'honneur vous appelle*. (Boileau.) — *Le temps vole*, fuit, coule rapidement. — Fig.: *vouloir voler avant que d'avoir des ailes*, faire de la dépense avant que d'avoir de quoi la soutenir; entreprendre quelque chose sans avoir les fonds, les moyens nécessaires pour y réussir. — *Voler de ses propres ailes*, agir par soi-même, sans le secours d'autrui.—V. act., t. de fauc., chasser avec les oiseaux de proie : *cet homme se plaît à voler la corneille, le héron*, etc.; *j'irai voler la pie cette après-midi*. — On dit de même : *cet oiseau vole la pie, le héron, la perdrix*; et neutralement : *le faucon, l'autour, le lanier apprennent facilement à voler*. — *Voler de poing*, jeter les oiseaux de poing à la poursuite du gibier. — Lorsque les oiseaux *volent* de bon gré, on dit qu'*ils volent haut et gros*, ou *bas et maigre*, ou *de trait; ils volent en troupe*, quand on en lâche plusieurs à la fois ; *ils volent en rond*, quand ils tournent au-dessus de la proie ; *ils volent en long*, quand ils *volent* en ligne droite ; *ils volent en pointe*, quand ils vont rapidement ; *ils volent comme un trait*, quand ils *volent* avec vitesse et sans discontinuité ; *ils volent à reprise*, lorsque leur *vol* n'est pas continu ; *ils volent en coupant*, lorsqu'ils coupent le vent en le traversant ; *ils volent à la toise*, lorsqu'ils partent du poing à tire-d'ailes, poursuivant la perdrix au courir qu'elle fait de terre en long. Dans toutes ces diverses acceptions, *voler* est employé neutralement.

VOLEREAU, subst. mas. (*volerô*), petit *voleur* ; style fam. :

Mal prend aux *volereaux* de faire les *voleurs*.
LA FONTAINE.

VOLERIE, subst. fém. (*voleri*), larcin, pillerie : *c'est une vraie volerie*. —T. de fauc., la chasse pour laquelle l'oiseau est dressé à voler d'autres oiseaux, ou quelque autre sorte de gibier: *il a haute et basse volerie*.— On appelait anciennement, *haute volerie*, la *volerie* du faucon sur le héron, sur les grues et sur les canards; celle du gerfaut sur le sacre et sur le milan, etc. ; *basse volerie*, celle du laneret et du tiercelet de faucon, qui volent la pie, la perdrix, etc.

VOLET, subst. mas. (*volé*), (suivant quelques-uns, du latin *valvula*, diminutif de *valva*, battant de porte, etc., comme si l'on avait dit d'abord *valvulet*, et ensuite *volet*); *volière* où l'on nourrit des pigeons.—Ais qui est à l'entrée de la *volière*, ou qui ferme une fenêtre. — Tablette, petit ais sur lequel on trie des choses menues. — En t. de mar., petite boussole à l'usage des barques et des chaloupes.—Au plur., gaules menues et pliantes sur lesquelles les pêcheurs montent les filets de leurs bouteux.—Ouvrage de menuiserie qui sert à couvrir un des panneaux de vitre d'une croisée, et qui s'ouvre et se ferme selon le besoin qu'on en a : ce sont comme de pleines portes appliquées sur les fenêtres, en dedans ou en dehors, et qui ont la même longueur, largeur et hauteur que la croisée : *il faut fermer les volets ; comme le jour pointe, nous allons ouvrir les volets*. — On appelle *volets brisés*, ceux qui plient sur l'écoinson, ou se doublent sur l'embrasure. — *Volets d'orgues*, de grands châssis brisés qui servent à couvrir les tuyaux du buffet d'orgues.—*Volets de moulin à eau*, des planches arrangées autour de l'essieu d'une roue de moulin à eau, sur lesquelles l'eau faisant effort en coulant par-dessous, ou en tombant par-dessus, donne le mouvement à la roue; on les nomme aussi *ailerons* et *alichons*.— T. de blas., ornement que les anciens chevaliers portaient sur leur heaume : c'était un large ruban pendant par derrière, et volant au gré du vent dans les marches, les combats, etc.—Sorte d'herbe qui pousse de grandes feuilles plates et rondes, qu'on voit nager sur l'eau des étangs.

VOLETÉ, part. pass. de *voleter*.

VOLETER, v. neut. (*voleté*), *voler* à plusieurs reprises, comme font les petits oiseaux.

VOLETTE, subst. fém. (*volete*), petite claie sur laquelle on épluche la laine.—Au plur., rangs de petites cordes qui tiennent à un réseau ou à une sangle dont on couvre les chevaux pour les garantir de la piqûre des mouches.

VOLEUR, subst. et adj. mas., au fém. **VOLEUSE** (*voleur, leuze*), celui, celle qui vole furtivement ou à force ouverte. — Celui qui est sujet à dérober.—Celui qui exige plus qu'il ne lui appartient. — *Être fait comme un voleur*, avoir un air de désordre ; être dans un piteux état.—*Au voleur!* cri contre les *voleurs* quand on réclame du secours.—*Oiseau bon voleur*, t. de fauconn., oiseau qui *vole* sûrement.

VOLEUSE, subst. et adj. fém. Voy. VOLEUR.

VOLICE, subst. fém. (*volice*). Voy. VOLIGE.

VOLIÈRE, subst. fém. (*volière*), lieu où l'on enferme des oiseaux de toute espèce.—Petit colombier où l'on nourrit des pigeons domestiques.

VOLIGE, subst. fém. (*volije*), planche légère et peu épaisse de sapin ou de peuplier.

VOLITION, subst. fém. (*volicion*), t. d'école, acte par lequel la *volonté* se détermine à quelque chose. Peu en usage.

VOLONTAIRE, subst. et adj. des deux genres (*volontère*), celui qui sert *volontairement* dans les troupes : *un régiment de volontaires*. —Adj., qui se fait sans contrainte et de franche *volonté* : *action, mouvement, accord, traité volontaire*.—En parlant des personnes, qui ne veut s'assujétir à rien, qui ne veut faire que sa *volonté* : *cet enfant est trop volontaire*. En ce sens on dit aussi subst., mais toujours avec l'épithète *petit* : *c'est un petit volontaire*.

VOLONTAIREMENT, adv. (*volontèreman*), sans contrainte; à la différence de *volontiers*, qui signifie de bon cœur : *on fait volontairement beaucoup de choses, qu'on ne fait pas volontiers*.

VOLONTÉ, subst. fém. (*volonté*), (du latin *voluntas*, fait de *volo*, je veux), puissance de l'âme par laquelle elle se détermine d'elle-même à rechercher ce qui lui convient, et à agir d'une certaine manière, à faire une action ou à ne pas la faire, puissance par laquelle on *veut*. — Acte de la *volonté* : *je n'ai pas d'autre volonté que la vôtre*.— Ce qu'on *veut* qui soit fait : *est-ce là votre volonté ?* — Disposition à l'égard de quelqu'un : *bonne* ou *mauvaise volonté*. — Discrétion, pouvoir d'autrui : *je m'en remets à votre volonté*. — Ardeur pour les choses de son état : *ce jeune homme est plein de bonne volonté*. — *Faire ses volontés*, tout ce qu'on a envie de faire, sans s'embarrasser des obstacles.—*Dernières volontés*, un testament.—*A volonté*, loc. adv., quand on *veut*. — VOLONTÉ, INTENTION, DESSEIN. (*Syn.*) La *volonté* est une détermination fixe qui regarde quelque chose de prochain ; elle le fait rechercher. L'*intention* est un mouvement, ou un penchant de l'âme qui envisage quelque chose d'éloigné; elle y fait tendre. Le *dessein* est une idée adoptée et choisie qui paraît supposer quelque chose de médité et de méthodique; il faut chercher les moyens de l'exécution. — Les *volontés* sont plus connues et plus précises ; les *intentions* sont plus cachées et plus vagues; les *desseins* sont plus vastes et plus raisonnés. On dit, faire une chose de bonne *volonté*, avec une *intention* pure, et de *dessein* prémédité. Personne n'aime à être contrarié dans ses *volontés* ni trompé dans ses *intentions*, ni traversé dans ses *desseins*. Il est d'un grand homme d'être ferme dans ses *volontés*, droit dans ses *intentions*, et raisonnable dans ses *desseins*.

VOLONTIERS, adv. (*volontié*) (du lat. *volo*, je veux), de bon cœur : *il oblige volontiers*. Voy. VOLONTAIREMENT.

VOLTAIRIEN, adj. mas., au fém. **VOLTAIRIENNE** (*voletèriein, riène*), de *Voltaire* : *style voltairien*.

VOLTE, subst. fém. (*volete*) (du latin *voluta*, pour *volutatio*, dérivé de *volutum*, supin de *volvere*, tourner, faire tourner), t. de manége, rond ou trace circulaire sur laquelle on manie un cheval : *mettre un cheval sur les voltes*. On dit aussi *demi-volte*. — On appelle *volte renversée*, celle où le cheval, marchant de côté, a la tête tournée vers le centre et la croupe vers la circonférence, de façon que le petit cercle se forme par les pieds de devant, et le grand par ceux de derrière. — En t. d'escrime, botte qu'on porte à l'ennemi, en tournant sur le pied gauche : elle se porte soit dans les armes, soit hors des armes. Quelques-uns disent improprement *quarte* pour *volte*. — En t. de mar., *prendre telle volte*, prendre telle route, ou virer de bord dans telle vue. — En t. de jeu de cartes, *faire la volte*, pour *faire la vole*, faire toutes les mains, ne se dit que chez le petit peuple.

VOLTÉ, part. pass. du v. neut. *volter*.

VOLTE-FACE, subst. fém. (*voleteface*) : *faire volte-face*, tourner visage à l'ennemi qui poursuit, se retourner, reculer.

VOLTER, v. neut. (*voleté*) (du lat. *volvere*. Voy. VOLTE.), t. d'escrime, tourner le corps, changer de place, pour éviter les coups de son adversaire.

VOLTIGE, subst. fém. (*voletije*), corde lâche sur laquelle les saltimbanques font des tours.—Danse, exercice sur la corde lâche. — En t. d'équitation, art de monter à cheval sans étriers.

VOLTIGÉ, part. pass. de *voltiger*.

VOLTIGEMENT, subst. mas. (*voletijeman*), action de ce qui *voltige*.

VOLTIGER, v. neut. (*voletijé*), *voler* à plusieurs reprises ; *voler* çà et là comme font les abeilles, les papillons, et quelquefois les oiseaux. — Par extension, flotter au gré des vents, en parlant des cheveux, d'un étendard, etc. — Fig., être léger, inconstant, changer souvent d'objet : *il voltige de belle en belle; ne faire que voltiger*. — Faire différentes sortes d'exercices sur le cheval de bois, pour s'accoutumer à monter à cheval sans étriers. — Faire des tours de souplesse sur une corde élevée et attachée par les deux bouts, mais tendue fort lâche. — Courir çà et là avec légèreté et vitesse : *un parti de cavalerie vint voltiger autour du camp*.

VOLTIGEUR, subst. mas., au fém. **VOLTIGEUSE** (*voletijeur, jeuze*), celui, celle qui enseigne à *voltiger* sur le cheval de bois.— Celui qui *voltige* sur la corde.— En t. milit., soldat armé à la légère, et qui se porte rapidement de côté et d'autre, pour les escarmouches, reconnaissances, etc.

VOLUBILIS, subst. mas. (*volubilice*) (pris du latin, où il signifie aisé à tourner, qui tourne aisément), t. de bot., nom générique des plantes dont la tige monte et s'entortille autour de ce qui est près d'elles.

VOLUBILITÉ, subst. fém. (*volubilité*) (du lat. *volubilitas*), facilité de se mouvoir ou d'être mu en rond. — Articulation nette et rapide. — Habitude de parler trop et trop vite.

VOLUBILE, adj. des deux genres (*voluble*) (du lat. *volubilis*, facile à tourner, à rouler), t. de bot. : *tige voluble*, qui se roule en spirale autour des corps qui l'avoisinent, comme dans le houblon, le liseron, etc.

VOLUCELLE, subst. fém. (*volucèle*), t. d'hist. nat., genre d'insectes de l'ordre des diptères.

VOLUE, subst. fém. (*volu*), t. de tisserand, petit fuseau.

VOLUME, subst. mas. (*volume*) (du latin *volumen*, fait de *volvere*, rouler, parce que anciennement tous les livres étaient pliés en forme de *rouleau* ; cet usage dura jusqu'au siècle de *Cicéron*.), étendue, grosseur d'un corps, d'un paquet, par rapport à l'espace qu'il tient. — *Volume de la voix*, étendue du ton le plus aigu au ton le plus grave. — Livre relié ou broché : *un volume in-folio, in-4°, in-8°, in-12*, etc., un livre où la feuille fait deux feuillets, quatre feuillets, huit feuillets, etc.— VOLUME, TOME. (*Syn.*) La reliure sépare les *volumes*, et la division de l'ouvrage distingue les *tomes*. Il ne faut pas toujours juger de la science de l'auteur par la grosseur du *volume* ; il y a beaucoup d'ouvrages en plusieurs *tomes* qui seraient meilleurs s'ils étaient réduits en un seul.

VOLUMINEUSE, adj. fém. Voy. VOLUMINEUX.

VOLUMINEUX, adj. mas., au fém. **VOLUMINEUSE** (*volumineu, neuze*), qui est fort étendu ; qui contient beaucoup de *volume* ; et en parlant d'un ouvrage, d'une compilation, etc., qui a un grand nombre de *volumes*.—On dit d'un auteur, qu'il est *volumineux*, pour dire que ses ouvrages le sont. — Très-gros, qui occupe beaucoup de place : *ce paquet est beaucoup trop volumineux*.

VOLUPIA, subst. propre fém. (*volupi-a*), myth., déesse du plaisir, que l'on dit être la fille de l'Amour et de Psyché.

VOLUPTÉ, subst. fém. (*volupeté*) (du latin *voluptas*, dérivé de *volo*, je veux, dont les Latins ont fait d'abord *volup* ou *volupe*, chose agréable, qui plaît, qu'on veut, qu'on désire, et ensuite *voluptas*.), plaisir du corps et des sens. — Quelquefois, plaisirs de l'esprit : *les savants trouvent de la volupté dans la rencontre des vérités*. — *La volupté, les voluptés*, sans rien ajouter, les plaisirs défendus. — VOLUPTÉ, DÉBAUCHE, CRAPULE. (*Syn.*) La *volupté* suppose beaucoup de choix dans les objets, et même de la modération dans la jouissance. La *débauche* suppose le même choix dans les objets, mais nulle modération dans la jouissance. La *crapule* exclut l'un et l'autre. Voy. PLAISIR.

VOLUPTUAIRE, adj. des deux genres (*volupetuère*), t. de droit, qui est fait pour l'agrément, pour le caprice ou la fantaisie : *améliorations voluptuaires*.

VOLUPTUEUSE, adj. fém. Voy. VOLUPTUEUX.

VOLUPTUEUSEMENT, adv. (*volupetu-euzeman*), avec *volupté*.

VOLUPTUEUX, adj. mas., au fém. **VOLUPTUEUSE** (*volupetu-eu, euze*), en parlant des personnes, qui aime et qui recherche la *volupté* ; en ce sens il est aussi subst. : *un voluptueux ; c'est une voluptueuse des plus raffinées*. — Qui inspire de la *volupté* : *des attitudes voluptueuses*. —En parlant des choses, qui cause de la *volupté*; du plaisir.

VOLUTAIRE, subst. fém. (*volutère*), t. de bot., genre de plantes.

VOLUTE, subst. fém. (*volute*) (du latin *voluta*, fait, dans la même signification, de *volvere*, tourner, rouler), partie d'un chapiteau tortillée et tournée en ligne spirale que l'on voit aux chapiteaux ionique, corinthien et composite. — Il y en a aussi aux consoles, aux modillons, etc. — On appelle *volute à l'envers*, celle qui au sortir de la tigette se contourne en dedans; *volute angulaire*, celle qui est pareille dans les quatre faces du chapiteau; *volute arrasée*, celle dont le listel, dans ses trois contours, est sur une même ligne; *volute à tige droite*, celle dont la tige, parallèle au tailloir, sort de derrière la fleur de l'abaque; *volute de parterre*, celle qui est formée de buis ou de gazon dans un parterre; *volute évidée*, celle dont le canal d'une circonvolution est détaché du listel d'une autre, par un vide à jour; *volute fleuronnée*, celle dont le canal est enrichi d'un rinceau d'ornement; *volute naissante*, celle qui semble sortir du vase par derrière l'arc, et qui monte dans l'abaque; *volute ovale*, celle qui a les circonvolutions plus hautes que larges; *volute rentrante*, celle dont les circonvolutions rentrent en dedans; *volute saillante*, celle dont les circonvolutions se jettent en dehors. — T. d'hist. nat., coquille univalve, tournée en cône pyramidal. — Genre de testacés de la classe des univalves.

VOLUTÉ, E, part. pass. de *voluter*.

VOLUTELLE, subst. fém. (*volutèle*), t. de bot., genre de plantes cryptogames de la famille des champignons.

VOLUTER, v. act. (*voluté*) (en latin *volutare*), faire des *volutes*. — Dévider du fil sur des fuseaux. — SE VOLUTER, v. pron.

VOLUTIER, subst. mas. (*volutié*), t. d'hist. nat., animal des *volutes*.

VOLVA. Voy. VOLVE.

VOLVAIRE, subst. fém. (*volevère*), t. d'hist. nat., genre de testacés de la classe des univalves. — T. de bot., genre de plantes de la famille des lichens

VOLVE, subst. fém. (*voleve*) (l'*Académie* écrit *volva*, et fait à tort ce mot du mas.) (du lat. *volva*, qui, dans *Varron*, a la même signification), t. de bot., enveloppe radicale de toutes les espèces de champignons. — On appelle *volve complète*, celle qui renferme le champignon en son entier; et *volve incomplète*, celle qui ne le recouvre point entièrement.

VOLVÉ, E, adj. (*volevé*), t. de bot., qui a une *volve*.

VOLVOCE, subst. mas. et adj. des deux genres (*volevoce*) (du latin *volvox*, *vocis*, qui signifie proprement une sorte de ver qui ronge la vigne, dérivé de *volvere*, tourner, rouler), t. d'hist. nat., genre de zoophytes microscopiques, à corps libre et arrondi, ainsi nommés parce qu'ils tournent continuellement sur eux-mêmes.

VOLVULUS, subst. mas. (*volevuluce*) (du latin *volvere*, tourner, rouler, entortiller; parce que, dans cette maladie, les intestins semblent entortillés les uns avec les autres), t. de médec., colique de *miserere*; passion iliaque.

VOMBARE, subst. mas. (*vonbare*), t. d'hist. nat., nom d'une espèce de papillon bigarré de différentes couleurs.

VOMER, subst. mas. (*vomère*) (mot tout lat. qui signifie *soc de charrue*), t. *d'anat.*, os qui sépare le nez dans sa partie postérieure, en deux narines.—T. d'hist. nat., genre de poissons.

VOMI, E, part. pass. de *vomir*.

VOMIQUE, subst. fém. (*vomike*) (du latin *vomica*, fait de *vomere*, vomir), t. de médec., abcès du poumon qui fait rendre du pus par la bouche.—Adj. des deux genres (du latin *vomicus*, pestilentiel, contagieux) : *noix vomique*, poison pour les animaux, qui fait mourir les chiens et qui endort les corneilles, les pies, etc.

VOMIR, v. act. (*vomir*) (du lat. *vomere*), rejeter par la bouche quelques aliments, eaux ou humeurs qu'on a dans l'estomac. — *Envies de vomir*, nausées, soulèvements de cœur. — *Cela fait vomir*, cela est dégoûtant. — Fig. : *vomir des injures*, proférer des injures. — *Ce volcan vomit des flammes*, jette des flammes. — *se* VOMIR, v. pron.

VOMISSEMENT, subst. mas. (*vomiceman*), action de *vomir*. — En style de l'Ecriture : *retourner à son vomissement*, retomber dans ses erreurs, dans son péché.

VOMITIF, subst. mas. (*vomitife*), remède qui provoque le *vomissement*.

VOMITIF, adj. mas., au fém. **VOMITIVE** (*vomitife*, *tive*), qui fait *vomir*.

VOMITIVE, subst. fém. (*vomitive*), t. de médec., matière extraite de l'ipécacuanha, et mieux nommée *émétine*.

VOMITIVE, adj. fém. Voy. VOMITIF, adj.

VOMITOIRE, subst. mas. (*vomitoare*), c'est la même chose que *vomitif*. Il est vieux.—Au plur., on entendait par *vomitoires*, chez les anciens, les larges ouvertures par où le peuple sortait des théâtres. (En lat. *vomitoria*, *orum*, fait de *vomere*, vomir, parce que la multitude des spectateurs semblait être *vomie* par ces portes.

VOMITO-NEGRO, subst. mas. (*vomitônéguerô*), t. de médec., sorte de maladie bilieuse, épidémique chez les nègres, et que quelques-uns regardent comme une fièvre jaune.

VOMITURITION, subst. fém. (*vomituricion*) (du latin *vomere*, vomir), t. de médec.; on désigne par ce mot, qui signifie proprement *envie de vomir*, un *vomissement* naturel assez fréquent, tel que celui dont les femmes sont plus ou moins incommodées au commencement de la grossesse, ou pendant le cours de l'accouchement.

Vont, 3e pers. plur. prés. indic. du verbe irrégulier ALLER.

VOQUÉ, E, part. pass. de *voquer*.

VOQUER, v. act. (*voké*), disposer, préparer l'argile. — *se* VOQUER, v. pron. (*Boiste*.) Absolument inusité.

VORACE, adj. des deux genres (*vorace*) (du latin *vorax*, *acis*, fait de *vorare*, dévorer), carnassier, qui *dévore*, qui mange avec avidité, goulûment. — *Estomac vorace*, qui a besoin de beaucoup de nourriture.

VORACITÉ, subst. fém. (*voracité*) (du latin *voracitas*), avidité à manger.

VOREY, subst. propre mas. (*voré*), village de France, chef-lieu de canton, arrond. du Puy, dép. de la Haute-Loire.

VORME, subst. fém. (*vorme*), t. de bot., genre de plantes.

VORTICELLE, subst. fém. (*vorticèle*) (du latin *vortex*, *icis*, tourbillon, tournant d'eau, etc.), t. d'hist. nat., genre de zoophytes microscopiques.

VORTICULE, subst. mas. (*vortikule*), petit tourbillon. (*Boiste*.) Inusité.

VOS, adj. poss. plur. (*vô*). Voy. VOTRE.

VOSGES (LES), subst. propre fém. plur. (*lévôje*), chaîne de montagnes situées dans la partie N.-E. de la France.

VOSGES, subst. propre fém. plur. (*vôje*), dép. de France, dont le chef-lieu est Epinal.

VOTANT, E, subst. (*votan*, *tante*), celui, celle qui *vote*. — Celui, celle qui a le droit de *voter*. — Adj., qui *vote* : *les membres votants*.

VOTATION, subst. fém. (*votâcion*), action de *voter*; en général, l'action de donner sa voix pour quelque élection ; mais il était principalement en usage, dans l'ordre de Malte, à l'occasion de l'élection d'un grand-maître : *il a fallu recommencer l'élection, la votation n'a pas été libre*. — *Boiste* et l'*Académie* donnent ce mot; mais l'usage généralement reçu est de n'admettre que le mot *vote*.

VOTE, subst. mas. (*vote*) (en latin *votum*), opinion émise dans une assemblée délibérante, etc., à haute voix ou par scrutin secret. — Suffrage donné.

VOTÉ, E, part. pass. de *voter*.

VOTEMENT, subst. mas. (*voteman*), action de mettre aux voix. (*Boiste*.) Inusité.

VOTER, v. neut. et act. (*voté*) (du latin *votum*, vœu, désir), donner sa voix, son suffrage dans une élection, dans une assemblée délibérante, etc., à haute voix ou par scrutin secret.— Act.: *voter une loi*; *voter l'impôt*, donner par son *vote* son acquiescement à une loi, à un impôt. — *Voter l'adresse*, *des remerciements au roi*, *à quelqu'un*, etc.

VOTIF, adj. mas., au fém. **VOTIVE** (*votife*, *tive*) (en latin *votivus*, fait de *votum*, vœu), qui a rapport à un *vœu* : *bouclier votif*, chez les anciens, *bouclier* qu'on appendait dans les temples en mémoire d'une victoire. — *Jeux votifs*, ceux que les empereurs faisaient célébrer lorsqu'ils étaient près de partir pour la guerre. — Chez les catholiques, *tableau votif*, offert pour un *vœu*. — *Messe votive*, dite pour quelque intention particulière.

VOTIVE, adj. fém. Voy. VOTIF.

VOTRE, adj. et pronom possessif de la seconde personne, au plur. **VOS** (*votre*, *vô*) (en latin *vester*, *tra*, *trum*), quand il est adj., il se met toujours devant le substantif et tient lieu de l'article : *votre maison*; quand il est pronom, l'ô est long et doit être surmonté d'un accent circonflexe : *ce livre est le vôtre*. Son pluriel est *les vôtres*.—Subst. mas.: *le vôtre* et le *nôtre*, ce qui est à vous et ce qui est à nous. — Dans ce dernier sens on dit *les vôtres*, vos parents et amis, ou ceux de *votre* compagnie, de *votre* parti : *telle personne est des vôtres*. — *Je suis bien le vôtre*, forme de salutation familière, dans laquelle le mot *serviteur* est sous-entendu.— *Vous faites des vôtres*, vous faites des folies, des sottises; ou vous vous laissez aller à la débauche.

VÔTRE, subst. mas. et adj. possessif (*vôtre*). Voy. VOTRE.

DU VERBE IRRÉGULIER VOULOIR :

Voudra, 3e pers. sing. fut. indic.
Voudrai, 1re pers. sing. fut. indic.
Voudraient, 3e pers. plur. prés. cond.
Voudrais, précédé de *je*, 1re pers. sing. prés. cond.
Voudrais, précédé de *tu*, 2e pers. sing. prés. cond.
Voudrait, 3e pers. sing. prés. cond.
Voudras, 2e pers. sing. fut. indic.
Voudrez, 2e pers. plur. fut. indic.
Voudriez, 2e pers. plur. prés. cond.
Voudrions, 1re pers. plur. prés. cond.
Voudrons, 1re pers. plur. fut. indic.
Voudront, 3e pers. plur. fut. indic.

VOUÉ, E, part. pass. de *vouer*.

VOUÈDE, subst. mas. (*vou-ède*), t. de bot.; on donne ce nom à une variété de pastel qu'on cultive dans le nord de la France, pour l'usage des teinturiers.

VOUER, v. act. (*vou-é*) (en lat. *vovere*, fait de *votum*, vœu), consacrer à Dieu : *vouer ses enfants à Dieu*. — *Vouer un enfant au blanc*, s'engager aux pieds de l'autel à habiller un enfant de *blanc*, jusqu'à un certain âge déterminé. — Promettre par *vœu* : *vouer un temple à Dieu*. — Promettre d'une manière particulière : *vouer ses services*, *obéissance*, *fidélité à quelqu'un*. — Promettre intérieurement. — *se* VOUER, v. pron., se consacrer, se donner entièrement. — *Ne savoir à quel saint se vouer*, à qui avoir recours. — VOUER, DÉVOUER, DÉDIER, CONSACRER. (*Syn.*) *Vouer*, promettre, engager, affecter d'une manière rigoureuse, étroite, irrévocable, par l'expression d'un désir très-ardent, de la volonté la plus ferme. *Dévouer*, attacher, adonner, livrer sans réserve, sans restriction, par le sentiment le plus vif et le plus profond, du zèle le plus généreux ou le plus brûlant. *Dédier*, mettre sous l'invocation, sous les auspices, à la dévotion de l'objet à qui l'on dédie, par un hommage public, solennel, authentique. *Consacrer*, dévouer religieusement, entièrement, inviolablement, par un vrai sacrifice, de manière à rendre la chose sacrée et inviolable. Ces termes s'emploient proprement dans le style religieux. Dans un danger, vous *vouez*, vous engagez par un lien sacré vos enfants à Dieu. Les religieux se *dévouent* ou se *vouent* sans réserve au service de Dieu ; les martyrs se *dévouaient* à la mort pour le triomphe de la religion. On *dédie* une église, une chapelle, un autel, sous l'invocation de quelque saint; on dit aussi *dédier*, destiner, appliquer, donner tout entier à une profession sainte, sous de saints auspices. On ne *consacre* qu'à Dieu ; on *consacre* une église avec des cérémonies majestueuses et religieuses; le prêtre *consacre* à la messe le pain et le vin. — Ces termes ont passé dans le style profane, et le *vœu* est toujours un engagement inviolable ; le *dévouement*, un abandonnement entier aux volontés d'autrui; la *dédicace*, le tribut d'honneur d'un client; la *consécration*, un dévouement si absolu, si inaltérable, si inviolable, qu'il en est comme sacré.

VOUGE, subst. fém. (*vouje*), t. de vén., espèce d'épieu à large fer. — En t. d'agric., serpe attachée à un long manche.

VOUILLÉ, subst. propre mas. (*vou-ié*), village de France, chef-lieu de canton, arrond. de Poitiers, dép. de la Vienne.

DU VERBE IRRÉGULIER VOULOIR :

Voulaient, 3e pers. plur. imparf. indic.
Voulais, précédé de *je*, 1re pers. sing. imparf. indic.
Voulais, précédé de *tu*, 2e pers. sing. imparf. indic.
Voulait, 3e pers. sing. imparf. indic.
Voulant, part. prés.
Voulez, 2e pers. plur. prés. indic.
Vouliez, précédé de *vous*, 2e pers. plur. imparf. indic.
Vouliez, précédé de *que vous*, 2e pers. plur. prés. subj.
Voulions, précédé de *nous*, 1re pers. plur. imparf. indic.
Voulions, précédé de *que nous*, 1re pers. sing. prés. subj.

VOULOIR, v. act. (*vouloar*) (en lat. *velle*, en grec βούλω, βούλομαι), *voulant*; *voulu*; *je veux*, *tu veux*, *il veut*, *voulons*, *nous voulons*, *vous voulez*, *ils veulent*; *je voulus*; *j'ai voulu*; *je voudrai*; *que je veuille*, etc. ; *que nous voulions*, *que vous vouliez*, *qu'ils veuillent*. Désirer, souhaiter : *que voulez-vous ?* — Consentir : *si vous le voulez*, *il le voudra aussi*. — On dit qu'*un homme veut tout ce qu'il veut*, pour dire qu'il l'exige ou qu'il le désire fortement. Et proverbialement, *ce que femme veut*, *Dieu le veut*, les femmes veulent les choses absolument, et qu'il faut leur obéir. — Neut., avoir la volonté de faire quelque chose : *il veut partir demain*. — Commander, exiger avec autorité : *il veut que vous partiez demain*. — Etre de nature à demander, à exiger : *cet enfant veut être traité doucement*; *cette affaire veut être conduite avec prudence*; *ce tableau veut être vu dans son jour*. — *En vouloir à quelqu'un*, entreprendre quelqu'un, lui *vouloir* du mal, haïr, avoir de l'aversion, etc.—*A qui en voulez-vous?* qui prétendez-vous attaquer? qui cherchez-vous? — *A qui en veut-il?* de quoi se plaint-il? — (Un mot sur le gallicisme *ne m'en voulez pas*. Nous pensons que l'on doit préférer *ne m'en veuillez pas*; car *Voltaire*, *Diderot*, *Marmontel*, d'*Alembert*, *Laveaux*, et MM. *Noël* et *Chapsal*, *veulent* que l'on dise *veuillez* à l'impératif; l'*Académie* dit à l'impératif : *veux*, *voulez*, *voulons* et *veuillez* ; on pourrait donc dire *voulez* et *veuillez*.)— *Que veut dire cet homme ?* que prétend cet homme? que demande-t-il ? que prétend-il me faire entendre? —*Que veut dire ce mot? que veut dire ce procédé?* que signifie ce mot-là? que signifie ce procédé? et *que veut dire cette clause ? que veulent dire ces vers?* ils n'ont point de sens, ou bien, on ne comprend pas le sens qu'ils ont. On dit quelquefois, *que veut dire cela?* pour marquer un simple étonnement.—Dans le discours familier : *je veux bien que cela soit, je veux que cela soit*, je suppose que cela soit, quoique je n'en convienne pas, ou pour dire quand cela serait vrai... — VOULOIR, AVOIR ENVIE, SOUHAITER, DÉSIRER, SOUPIRER, CONVOITER. (*Syn.*) Le dernier de ces mots n'est en usage que dans la théologie morale, et il suppose toujours un objet illicite et défendu par la loi de Dieu : on *convoite* la femme ou le bien d'autrui. Les autres mots sont d'un usage ordinaire, et la force de leur signification ne dit rien de bon ou de mauvais dans l'objet : elle n'exprime que le mouvement par lequel l'âme se porte vers lui, quel qu'il soit, avec les différences suivantes pour chacun d'eux. On *veut* un objet présent, et on *en a envie;* mais on le *veut* avec plus de connaissance et de réflexion, et l'on en *a envie* avec plus de sentiment et de goût. On *souhaite* et on *désire* des choses plus éloignées ; mais les *souhaits* sont plus vagues, et les *désirs* plus ardents. — On *soupire* pour des choses plus touchantes. — Les *volontés* se conduisent par l'esprit, elles doivent être justes ; les *envies* tiennent des sens, elles doivent être réglées ; les *souhaits* se nourrissent d'imagination, ils doivent être bornés ; les *désirs* viennent des passions, ils doivent être modérés ; les *soupirs* partent du cœur, ils doivent être bien adressés. — On fait sa *volonté* ; on satisfait son *envie* ; on se repaît de *souhaits* ; on s'abandonne à ses *désirs* ; on pousse des *soupirs*. — Nous *voulons* ce qui nous peut convenir ; nous *avons envie* de ce qui nous plaît ; nous *souhaitons* ce qui nous flatte ; nous *désirons* ce que nous estimons ; nous *soupirons* pour ce qui nous attire.—On dit de la *volonté*, qu'elle est éclairée ou aveugle ; de *l'envie*, qu'elle est bonne ou mauvaise ; du *souhait*, qu'il est raisonnable ou ridicule ; du *désir*, qu'il est faible ou violent ; et du *soupir*, qu'il est naturel ou affecté. — Les princes *veulent* d'une manière absolue ; les femmes ont de fortes *envies ;* les paresseux s'occupent à faire des *souhaits* chimériques; les courtisans se tourmentent par des *désirs* ambitieux: les amants romanesques s'amusent de vains *soupirs*.

VOULOIR, subst. mas. (*vouloar*), acte de la *volonté*, intention, dessein. — *Bon, mauvais vouloir*, bonne *ou* mauvaise intention.

Voulons, 1re pers. plur. prés. indic. du v. VOULOIR.

VOULOU, subst. mas. (*voulou*), t. de bot., sorte de canne qui croît à la Guyane.

DU VERBE IRRÉGULIER VOULOIR :

Voulu, e, part. pass.
Voulûmes, 1re pers. plur. prét. déf.
Voulurent, 3e pers. plur prét. déf.
Voulus, précédé de *je*, 1re pers. sing. prét. déf.
Voulus, précédé de *tu*, 2e pers. sing. prét. déf.
Voulusse, 1re pers. sing. imparf. subj.
Voulussent, 3e pers. plur. imparf. subj.
Voulusses, 2e pers. sing. imparf. subj.
Voulussiez, 2e pers. plur. imparf. subj.
Voulussions, 1re pers. plur. imparf. subj.
Voulut, précédé de *il* ou *elle*, 3e pers. sing. prét. déf.
Voulût, précédé de *qu'il* ou *qu'elle*, 3e pers. sing. imparf. subj.
Voulûtes, 2e pers. plur. prét. déf.

VOUNEUIL, subst. propre mas. (*vouneu-ie*), bourg de France, chef-lieu de canton, arrond. de Châtellerault, dép. de la Vienne.

VOURCE, subst. fém. (*vourcc*), sorte de voiture très-commode pour la chasse. Hors d'usage.

VOUS, pronom personnel, pluriel de *tu* ou *toi*, (*vou*) (en lat. *vos*) : *de vous à moi*, entre nous. — On se sert de *vous* au sing. pour *tu*, par civilité : *vous êtes le maître*.

VOUSSOIR ou **VOUSSEAU**, (l'*Académie* donne les deux; mais elle préfère *voussoir* à *vousseau;* le premier est en effet seul usité), subst. mas. (*vouçoar, çô*), t. d'archit., pierre propre à former le cintre d'une *voûte*.

VOUSSURE, subst. fém. (*vouçure*), t. d'archit., courbure ou élévation d'une *voûte*.

VOÛTE, subst. fém. (*voute ;* les anciens Français prononçaient et écrivaient *volte*) (suivant *Du Cange*, des mots *volutio, voluta, volta* ou *vota*, employés, avec la même acception, dans la basse latinité, et qui dérivent tous de *volvere*, tourner, rouler, à cause de la forme de la *voûte*), corps de maçonnerie, cintré par son profil, où les pierres se soutiennent l'une l'autre par leur arrangement.— *Clef de voûte*, la pierre du milieu de la *voûte*.—On dit d'une chose qui est le point capital d'une affaire, que *c'est la clef de la voûte, la clef de voûte dans cette affaire*.—On appelle *grandes voûtes* ou *voûtes surmontées*, celles qui sont au-dessus de l'hémisphère; *voûtes basses* ou *surbaissées*, celles qui sont moindres que des hémisphères : *voûte simple, croisée, diagonale, horizontale, montante, descendante, angulaire, oblique, pendante*, etc.—On appelle *double voûte*, celle qui étant bâtie sur une autre, pour rendre la décoration extérieure proportionnée à l'intérieure, laisse un espace entre la convexité de la première *voûte* et la concavité de l'autre ; *voûte à compartiment*, celle dont la face extérieure est enrichie de panneaux de sculpture séparés par des plates-bandes ; *voûte annulaire*, une *voûte* cylindrique en quelque sorte, comme si un cylindre se courbait en sorte que son axe devînt un cercle, en se réunissant par les deux bouts ; *voûte cylindrique*, celle dont les douelles imitent le cylindre ; *voûte conique*, celle dont la figure imite en quelque sorte le cône ; *voûte hélicoïde* ou en *vis*, une *voûte* cylindrique annulaire dont l'axe s'élève en tournant autour du noyau.—*Les montants d'une voûte* sont les côtés qui la soutiennent ; *le pendentif d'une voûte* est la partie qui est suspendue entre les axes ou ogives ; *le pied droit d'une voûte* est la pierre sur laquelle est posée la première qui commence à caver.—On appelle *voûte du fer d'un cheval*, la partie intérieure de l'arc de ce même fer, laquelle est opposée à la pince. — Se dit, en anat., de tout ce qui est convexe et arrondi par sa surface supérieure, ou concave et arqué par sa surface inférieure. C'est ainsi que l'on appelle *voûte du crâne*, la partie supérieure de la boîte osseuse que forment les os du crâne ; *voûte palatine*, la cloison qui forme la paroi supérieure de la bouche, et inférieure des cavités nasales; *voûte à trois piliers*, un corps médullaire placé au-dessous de la cloison des ventricules cérébraux, recourbé sur lui-même, se terminant antérieurement par un prolongement rétréci qui constitue son *pilier antérieur*, et postérieurement par deux semblables prolongements appelés *piliers postérieurs ;* *voûte acoustique*, construite de manière que la voix de quelqu'un qui parle fort bas, d'un certain point, est entendue à un autre point aussi distinctement que si l'oreille qui écoute était placée devant la personne qui parle. — Fig. et poét. : *la voûte céleste, azurée* ou *étoilée*, le ciel.

VOÛTE (LA), subst. propre fém. (*lavoute*), petite ville de France, chef-lieu de canton, arrond. de Privas, dép. de l'Ardèche.

VOÛTÉ, E, part. pass. de *voûter*, et adj., qui a une *voûte*, qui est en *voûte*.—Au fig., courbé par l'âge, qui baisse le dos.

VOÛTE-CHILHAC (LA), subst. propre fém. (*lavoutechi-iak*), village de France, chef-lieu de canton, arrond. de Brioude, dép. de la Haute-Loire.

VOÛTER, v. act. (*voûté*), faire une *voûte* dans une pièce d'un bâtiment : *voûter un salon*, etc. —se VOÛTER, v. pron., se courber : *votre père commence à se voûter*.

VOÛTIS, subst. mas. (*vouti*), t. de mar., partie extérieure de l'arcasse, construite en *voûte* au-dessus du gouvernail.

VOÛTOIR, subst. mas. (*voutoar*), espèce de peigne dont se servent les ouvriers en haute-lice, pour la direction régulière des fils sur le métier.

VOÛTURE, subst. fém. (*vouture*), t. de chir., espèce de fracture du crâne.

VOUVRAY, subst. propre mas. (*vouvré*), bourg de France, chef-lieu de canton, arrond. de Tours, dép. d'Indre-et-Loire.

VOUZIERS, subst. propre mas. (*vouzié*), ville de France, chef-lieu de canton, arrond. de Mézières, dép. des Ardennes.

VOVES, subst. propre mas. (*vove*), bourg de France, chef-lieu de canton, arrond. de Chartres, dép. d'Eure-et-Loir.

VOY., abréviation du mot *voyez*.

VOYAGE, subst. mas. (*voé-iaje*) (du latin barbare *viagium*, fait, dans la basse latinité, de *via*, route, chemin, et aussi *voyage*), chemin qu'on fait pour aller d'un lieu à un autre lieu qui est éloigné. — *Voyage d'outre-mer*, anciennement, *voyage* des chrétiens qui allèrent faire la guerre aux musulmans. — *Voyage de long cours*, les grands et longs *voyages* sur mer. — *Faire le voyage de l'autre monde, faire le grand voyage*, mourir. — Par extension, toute allée et venue d'un lieu à un autre.—Allée ou venue que quelqu'un fait pour notre service. — Séjour dans un lieu où l'on ne fait pas sa demeure ordinaire. Il se dit en ce sens du roi et de la cour : *le voyage de Fontainebleau*.—La vie humaine : *la mort est le terme du voyage*. — Relation de *voyages*. — *Voyage pittoresque*, relation d'un *voyage*, avec des vues, des gravures, etc.

VOYAGÉ, part. pass. de *voyager*.

VOYAGER, v. neut. (*voé-iajé*), faire *voyage;* aller dans un pays éloigné.—Il se dit de certains oiseaux ; on dit que *les grues*, que *les hirondelles voyagent*.

VOYAGEUR, subst. mas., au fém. **VOYAGEUSE** (*voé-iajeur, jeuze*), proprement, celui, celle qui est actuellement en *voyage*.—Celui qui a *voyagé*. —En t. de religion : *nous ne sommes que voyageurs en ce monde*, cette vie est passagère. — Adj. : *commis voyageur*, qui *voyage* pour le compte d'une maison de commerce ; *oiseaux voyageurs*, de passage. — On appelle aussi *mollusques voyageurs, coquilles voyageuses*, ceux ou celles qui s'attachent aux pièces de bois flottant ou aux animaux, qui les transportent au loin.

VOYAGEUSE, subst. fém. Voy. VOYAGEUR.

VOYAGISTE, subst. mas. (*voé-iajicete*), qui décrit un *voyage*. (*Boiste*, qui le donne lui-même comme inusité.)

DU VERBE IRRÉGULIER VOIR :

Voyaient, 3e pers. plur. imparf. indic
Voyais, précédé de *je*, 1re pers. sing. imparf. indic.
Voyais, précédé de *tu*, 2e pers. sing. imparf. indic.
Voyait, 3e pers. sing. imparf. indic.
Voyant, part. prés.

VOYANT, E, adj. (*voé-ian, iante*), qui brille, qui éclate, qui se fait *voir : une couleur trop voyante*. Il est fam. — Aux Quinze-Vingts : *les frères voyants*, ceux qui *voient* et qui sont mariés à des femmes aveugles ; *les sœurs voyantes*, les femmes qui *voient* clair et sont mariées à des hommes aveugles.—Subst. mas., dans l'Écriture sainte, prophète : *Samuel y est appelé le voyant*.

VOYELLE, subst. fém. (*voé-ièle*) (du latin *vox, vocis*, voix, employé par Cicéron dans la signification de *voyelle*, et d'où l'on a fait ensuite *vocalis*), lettre qui a un son parfait par elle-même, et qui peut se prononcer seule sans l'aide d'aucune *voyelle*, comme *a, e, i, o, u*. — *Voyelle nasale*, qui se prononce du nez. Voyez notre *Grammaire*.

VOYER, subst. mas. (*voé-ié*) (en latin *viarius*, fait de *via*, chemin), officier préposé aux *voies*, aux chemins. — Adj. mas., *arbres voyers*, arbres qui bordent les grandes routes.

VOYEUSE, subst. fém. (*voé-ieuze*), sorte de chaise dont on se servait autrefois dans les salles de jeu, et que l'on plaçait derrière les joueurs, pour voir jouer.

DU VERBE IRRÉGULIER VOIR :

Voyez, 2e pers. plur. impér.
Voyez, précédé de *vous*, 2e pers. plur. prés. indic.
Voyiez, précédé de *vous*, 2e pers. plur. imparf. indic.
Voyiez, précédé de *que vous*, 2e pers. plur. prés. subj.
Voyions, précédé de *nous*, 1re pers. plur. imparf. indic.
Voyions, précédé de *que nous*, 1re pers. plur. prés. subj.
Voyons, 1re pers. plur. impér.
Voyons, précédé de *nous*, 1re pers. plur. prés. indic.

VRAC, subst. mas. (*vrak*), espèce de poisson du genre des labres.—Il se dit des harengs mis en tonne avec du sel, et de ceux qu'on apporte tels qu'ils ont été mis dans les barils au moment de la pêche : *des harengs salés en vrac*.

VRAI, E, adj. (*vré*) (en latin *verus*), qui est conforme à la vérité : *bruit vrai ; nouvelle, proposition vraie*. — Qui est tel qu'il doit être. En ce sens il se place devant le subst. : *du vrai marbre, vrai poëte*. — Sincère, qui aime et qui dit la vérité : *c'est un homme vrai*. — *Le vrai sujet de sa colère*, l'unique, le principal sujet de sa colère. — *Midi vrai*, t. d'astron. Voy. MIDI. — *Racine vraie*, nom donné autrefois à ce qu'on appelle aujourd'hui *racine positive ;* les *racines fausses* étaient les *racines négatives*. — On dit qu'*un homme est un vrai cheval, un vrai lion*, pour dire, cet homme a quelque chose de la nature du cheval, du lion. — T. de peint., conforme à la nature, naturel : *une lumière* vraie, des chaires vraies. — Subst. mas., la vérité :

Rien n'est beau que le vrai ; le vrai seul est aimable.

BOILEAU.

— *Vrai*, adv., avec vérité. Il se dit surtout avec l'impératif : *parler vrai*. — *A dire vrai*, *à vous dire le vrai*, *à vrai dire*, loc. adv., à la vérité. — *Au vrai*, loc. adv., véritablement, certainement, dans le fond. — VRAI, VÉRITABLE. (*Syn.*) *Vrai* marque précisément la vérité objective, c'est-à-dire, qu'il tombe directement sur la réalité de la chose ; il signifie qu'elle est telle qu'on la dit ; *véritable* désigne proprement la vérité expressive, c'est-à-dire, qu'il se rapporte principalement à l'exposition de la chose ; et il signifie qu'on la dit telle qu'elle est. Ainsi le premier de ces mots aura une grace particulière, lorsque dans l'emploi on portera d'abord son point de vue sur le sujet en lui-même ; et le second conviendra mieux, lorsqu'on portera ce point de vue sur le discours.—Quelques auteurs, même protestants, soutiennent qu'il n'est pas *vrai* qu'il y ait eu une papesse Jeanne, et que l'histoire qu'on en a faite n'est pas *véritable*. — VRAI, VÉRIDIQUE. (*Syn.*) *Vrai* se prend quelquefois dans l'acception de *véridique*, qui dit la vérité, mais avec une grande différence. L'homme *véridique* dit *vrai* ; l'homme *vrai* dit le *vrai*. L'homme *vrai* est *véridique* par caractère, par la simplicité, la droiture, l'honnêteté, la véracité de son caractère. L'homme *véridique* aimera bien à dire la *vérité* ; mais l'homme *vrai* ne peut que la dire. Dieu est *vrai* par essence ; l'écrivain inspiré par lui est contraint d'être *véridique*.

VRAIMENT, adv. (*vrêman*), véritablement, effectivement. — On s'en sert quelquefois pour affirmer plus fortement : *oui vraiment*, et par ironie : *ah, vraiment oui ! vraiment ! je vous en croirai*.

VRAISEMBLABLE, adj. des deux genres (*vrêçanblable*) (du latin *verum*, vrai, et *similis*, semblable), qui a de la *vraisemblance*, probable. — Subst. mas., ce qui est *vraisemblable* ; *vraisemblance* ; probabilité.

VRAISEMBLABLEMENT, adv. (*vrêçanblableman*), avec *vraisemblance*.

VRAISEMBLANCE, subst. fém. (*vrêçanblance*) (du latin *verisimilitudo*), apparence du vrai, de la vérité ; probabilité.

VRÉDELÉE, subst. fém. (*vrédelé*), t. de pêche, filet dont les deux bouts sont montés sur deux perches.

VREDÉ, part. pass. de *vreder*.

VREDER, v. neut. (*vredé*), aller et venir sans objet. (*Boiste*, qui ne le donne du reste que comme entièrement inusité.)

VRILLE, subst. fém. (*vri-ie*) (corruption du latin *terebella* ou *terebellum*), outil de fer propre à percer, assez semblable à un foret, et qu'on tourne avec une seule main. — Liens par lesquels certaines plantes s'attachent.

VRILLÉ, part. pass. de *vriller* et adj.

VRILLER, v. neut. (*vri-ié*), t. d'artif., pirouêter en montant, suivant un mouvement hélicoïde. — En vènerie, signifie la même chose que *vermiller*. — Action de faire des trous avec une *vrille*. — *se* VRILLER, v. pron. Peu usité.

VRILLERIE, subst. fém. (*vri-ieri*), art de faire des *vrilles*. — Outils, menus ouvrages de fer ou d'acier, faits par le *vrillier*. — Atelier du *vrillier*.

VRILLETTE, subst. fém. (*vri-iète*), t. d'hist. nat., genre d'insectes coléoptères, de la famille des percebois.

VRILLIER, subst. mas. (*vri-ié*), ouvrier qui fait des *vrilles* et autres menus outils de fer ou d'acier.

* **VRILLIFÈRE**, adj. des deux genres (*vri-ifère*), t. de bot., qui porte des *vrilles*.

VRILLON, subst. mas. (*vri-ion*), petite tarière en *vrille*.

VU, subst. mas. (*vu*), énumération des pièces et des procédures qui ont été produites et *vues* dans un procès.—*Le vu d'un arrêt, d'une sentence*, ce qui y est exposé. — *Vu le peu de pièces*, après que les pièces ont été réunies. — *Vu les raisons et allégations*.—*Cette action s'est faite au vu et au su de tout le monde*, tout le monde en a été témoin. — *Vu*, prép., à cause de, pour raison de.... *il mérite récompense, vu ses longs services*.—*Vu que*, loc. conj., parce que, d'autant que....

VU, E, part. pass. de *voir*, et adj.

VUE, subst. fém. (*vu*), la faculté naturelle qu'on a de *voir* ; celui des cinq sens dont les yeux sont l'organe : *jetez, tournez la vue de ce côté*.—Se prend pour les yeux, pour les regards : *le soleil donne dans la vue*, les rayons du soleil frappent droit dans les yeux.—Fig. : *donner dans la vue*, frapper, surprendre, attirer, captiver par un éclat agréable : *cette étoffe donne dans la vue plus que l'autre* : *cette fille lui a donné dans la vue*. — Se dit également d'une chose qui excite le désir, l'ambition ; *cette charge lui a donné dans la vue*.—L'inspection des choses qu'on voit : *voyez ces étoffes ; la vue ne vous en coûtera rien*.—Manière dont on regarde un objet : *vue de côté, de haut en bas*, etc. — —Etendue de ce qu'on peut *voir* du lieu où l'on est : *cette maison n'a point de vue, a une vue bornée*.—En t. de dessin et de peinture, imitation d'après nature d'un site, etc. : *dessiner, peindre des vues ; saisir une vue ; vue de Paris*, etc. — On appelle *échappée de vue*, certaines vues resserrées entre des montagnes, des bois et des maisons : *il y a de belles échappées de vue dans ce paysage*.—Fenêtre, ouverture d'une maison, par laquelle on *voit* sur les lieux voisins.—On nomme *vue faîtière* un tout petit jour, comme une lucarne, un œil-de-bœuf, pris vers le *faîte* d'un comble, etc. ; *vue de servitude*, la *vue* qu'on est obligé de souffrir, en vertu d'un titre qui en donne la jouissance au voisin ; *vue de côté* ou *bée*, celle qui est prise dans un mur de face, et qui est distante de deux pieds du milieu d'un mur mitoyen en retour, jusqu'au tableau de la croisée ; *vue de prospect*, une *vue* libre dont on jouit par titre jusqu'à une certaine distance et largeur, et devant laquelle personne ne peut élever de construction ni planter aucun arbre ; *vue dérobée*, une petite fenêtre pratiquée au-dessus d'une corniche ou d'une plinthe, ou dans quelque ornement, pour éclairer en abat-jour des entresols ou petites pièces, et pour ne point gâter la décoration d'une façade ; *vue de souffrance*, celle dont on a la jouissance par tolérance ou consentement d'un voisin, sans titre. On dit : *vue d'angle*, lorsqu'on voit par l'encoignure ; *vue de côté*, quand on voit de flanc ; et *vue de front*, lorsqu'on regarde par le point du milieu. — *Vue à plomb* se dit d'une inspection perpendiculaire du dessus des combles et terrasses d'un bâtiment, considérés dans leur étendue en raccourci.—On nomme, *vue d'oiseau*, la représentation d'un plan supposé être vu en l'air.—En t. de chasse, *chasser à vue*, voir la bête en la poursuivant.—*Aller à la vue*, aller à la découverte pour reconnaître s'il y a du gibier dans un canton. — Fig., connaissance de l'esprit : *rien n'échappe à la vue de cet homme*. — Dessein, but : *avoir en vue un établissement*, *entrer dans les vues de quelqu'un*. — *Avoir une chose en vue*, se la proposer pour objet.— *Avoir des vues pour quelqu'un*, désirer de lui procurer quelque avantage.—*Avoir des vues sur quelqu'un*, avoir dessein de l'employer à quelque chose.—*Avoir des vues sur une chose*, se proposer de l'acquérir, de l'obtenir. — *En vue de*, en considération de. — *A perte de vue*, autant que la vue se peut étendre. — *A vue de pays*, au hasard, sans prendre de mesure, à peu près. — *A vue d'œil*, par approximation. — *A vue d'oiseau*, vue de haut en bas. —*Connaître de vue*, connaître quelqu'un de visage. — *Lunette de longue vue*, qui sert à voir distinctement des objets fort éloignés. — *Faire des discours à perte de vue*, très-longs et qui ne concluent rien. — *Avoir la vue sur quelqu'un*, veiller actuellement sur sa conduite.—*Votre lettre est payable à vue*, on vous la paiera quand vous la présenterez, etc.

VULCAIN, subst. mas. (*vulekein*), t. d'hist. nat., beau papillon de jour. — Subst. propre mas., myth., fils de Jupiter et de Junon, ou, selon quelques mythologues, de Junon seule. Honteuse d'avoir mis au monde un fils si difforme, cette déesse le précipita dans la mer ; mais il fut recueilli par Thétis et Eurynome, filles de l'Océan. Il demeura neuf ans dans une grotte profonde, occupé à leur faire des boucles, des agrafes, des colliers, des bracelets et des bagues. Cependant *Vulcain* conservait du ressentiment contre sa mère, et pour s'en venger il fit une chaise d'or qui avait un ressort, et l'envoya dans le ciel. Junon, qui ne se méfiait pas du présent de son fils, en voulant s'y asseoir se trouva prise comme dans un trébuchet. Il fallut que Bacchus enivrât *Vulcain* pour l'obliger à venir délivrer Junon, dont l'aventure avait fait rire les habitants de l'Olympe. *Vulcain* se bâtit ensuite, dans le ciel, un palais d'airain, parsemé de brillantes étoiles. C'est là que ce dieu, d'une taille prodigieuse, tout couvert de sueur et noir de cendre et de fumée, s'occupait continuellement ou à forger les foudres de Jupiter, ou à mettre en pratique les idées de son art que lui inspirait sa science divine.

VULCANALES, VULCANALIES ou **VULCANIES**, subst. fém. plur. (*vulekanale, kanali, kani*), myth., fêtes en l'honneur de *Vulcain*, que l'on célébrait au mois d'août.

VULCANISTE, subst. mas. (*vulekanicete*), celui qui attribue au feu (à *Vulcain*) la formation du globe.

VULCELLE, subst. fém. (*vulecèle*), t. d'hist. nat., genre de mollusques de la division des bivalves.

VULGAIRE, adj. des deux genres (*vuleguière*) (en lat. *vulgaris*, *vulgus*, fait de *volvere*, rouler, parce que la foule, la multitude roule en quelque sorte dans les rues qu'elle remplit sans cesse), ce qui est commun, reçu communément : *notion, croyance vulgaire*. — Trivial : *pensée, sentiment vulgaire*.—*Les langues vulgaires*, par opposition à *langues savantes*, les différentes langues que les peuples parlent aujourd'hui.— *Un homme, un esprit vulgaire*, qui ne se distingue en rien du commun. — Subst. mas., peuple : *l'opinion du vulgaire*.

VULGAIREMENT, adv. (*vuleguièreman*) (en latin *vulgariter*), communément : *vulgairement parlant*.

VULGARISÉ, E, part. pass. de *vulgariser*.

VULGARISER, v. act. (*vuleguarizé*), rendre *vulgaire*. Fam. et peu en usage.

VULGARITÉ, subst. fém. (*vuleguarité*) (mot créé par madame de Staël, d'après l'anglais *vulgarity*), caractère, défaut de ce qui est *vulgaire* : *la vulgarité révoltante dans les manières*.

VULGATE, subst. fém. (*vuleguate*) (en latin *vulgata*, divulguée, répandue), traduction latine de l'Ecriture sainte qui a toujours eu cours dans l'Église latine, et qui pour cela a été nommée *Vulgate*. Elle a été déclarée authentique par le concile de Trente.—Ce mot est aussi adj. fém. *la version vulgate*.

VULNÉRABLE, adj. des deux genres (*vulenérable*) (du lat. *vulnerabilis*, qui signifie plus proprement *qui blesse, ronge, cause des douleurs lancinantes*, etc.), qui peut être blessé. *Invulnérable*, qui a le sens contraire, est beaucoup plus usité que *vulnérable*.

VULNÉRAIRE, adj. des deux genres (*vulenérère*) (en lat. *vulnerarius*, dérivé de *vulnus*, plaie, blessure), propre pour la guérison des plaies et des ulcères : *eau vulnéraire, herbes vulnéraires*.—Subst. mas. : *un bon vulnéraire*. — Subst. fém., plante recommandée pour les plaies et les blessures.

VULPIN, subst. mas. (*vulepein*), t. de bot., genre de plantes de la triandrie digynie, et de la famille des graminées.

VULPINADES, subst. fém. plur. (*vulepinade*) (du latin *vulpes*, renard), t. d'antiq., fêtes publiques qu'on célébrait chez les Romains, et dans lesquelles on brûlait des renards.

VULPINITE, subst. fém. (*vulepinite*), t. d'hist. nat., sorte de pierre.

VULTUEUSE, adj. fém. Voy. VULTUEUX.

VULTUEUX, adj. mas., au fém. VULTUEUSE (*vultu-eu, euze*) (du lat. *vultus*, visage), face, visage enflé d'un rouge vif. Peu usité.

VULTURIUS, subst. propre mas. (*vulturi-uce*), myth., surnom d'Apollon, appelé communément *Apollon aux vautours*.

VULVAIRE, subst. fém. (*vulvère*), t. de bot., nom spécifique d'une plante du genre des ansérines.

VULVAIRE, adj. des deux genres (*vulvère*), t. d'anat., se dit des artères honteuses externes de la femme.

VULVE, subst. fém. (*vulve*) (en lat. *vulva*), l'orifice extérieur des parties sexuelles dans les femelles des animaux.

VULVO-UTÉRIN, adj. mas. (*vulevo-utérein*), t. d'anat., qui a rapport à la *vulve* et à l'*utérus*.

VUMBÈS, subst. mas. (*vonbèce*), t. de bot., plante de l'hexandrie.

W, subst. mas. : on nomme cette lettre double ve; la plupart des lexicographes ne la nomenclaturent même pas; cependant on s'en sert sans difficulté pour les noms étrangers qui nous viennent du nord; on peut dire que cette lettre n'appartient point à l'alphabet français; car quoiqu'elle se prononce tantôt comme ve, tantôt comme ou, elle n'est nullement dans le génie de notre langue. (Voir pour sa prononciation celle de chacun des mots qui suivent; l'usage seul peut guider à cet égard.)—W indique quelquefois, comme les autres lettres, les figures des planches de cuivre gravées, pour en trouver, par le renvoi, l'explication dans le texte. — Poinçon d'acier au bout duquel se trouve gravé un W, et avec lequel on frappe ou on imprime cette lettre.—W, en t. d'hist. nat., est une sorte de papillon.

WACKE, subst. fém. (vake), t. d'hist. nat.; matière opaque qui tient le milieu entre le basalte et l'argile.

WACKENDORFIE, subst. fém. (vakiendorfi), t. de bot., genre de plantes de la famille des iridées.

WAGON, subst. mas. (vagnon); espèce de charriot à deux ou quatre roues, fort en usage en Angleterre et aux États-Unis d'Amérique, principalement sur les chemins de fer; on s'en sert maintenant aussi en France.

WAGRAM, subst. propre mas. (vaguerame), ville de l'archiduché d'Autriche, célèbre par la victoire des Français, remportée par Napoléon, le 6 juillet 1809.

WAHABI, subst. mas. (oua-abi), secte d'Arabes ne reconnaissant que la doctrine pure du Koran.

WAIDELOTTE, subst. mas. (védelote), prêtre des anciens temples prussiens.

WAIDIS, subst. mas. plur. (védi), hérétiques mahométans.

WAITZIE, subst. fém. (vétezi), t. de bot., plante herbacée de la Nouvelle-Hollande.

WALAN, subst. mas. (oualan), t. de bot., arbre d'Amboine dont les parties de la fructification sont complétement inconnues.

WALERITE, ou WALLERITE, subst. fém. (oualerite), t. d'hist. nat., nom proposé pour désigner l'hydrate d'alumine silicifère.

WALKIRIE, subst. propre fém. (valkiri), myth., nom de divinités scandinaves.

WALLON, subst. et adj. mas., au fém. WALLONNE (valon, lone), habitant du Brabant, et de la Flandre autrichienne. — Subst. mas., langage qui se parle dans le pays des Wallons, c'est-à-dire dans la partie des Pays-Bas qui est entre l'Escaut et la Lys. Quelques-uns prétendent que c'est l'ancien gaulois.

WALLONNE, subst. et adj. fém. Voy. WALLON.

WANACOË, subst. mas. (vanako-é), t. d'hist. nat., espèce de singe solitaire qu'on trouve dans les forêts de Siam.

WANEN, subst. mas. (vanène), peuple de sages, que les dieux même, selon les Scandinaves, allaient consulter.

WALSE. (valece). Voy. VALSE.
WALSER. (valecé). Voy. VALSER.
WALSEUR. (valeceur). Voy. VALSEUR.
WALSEUSE. (valeceuze). Voy. VALSEUSE.

WARANDEURS, subst. mas. pl. (ouarandeur), gens nommés à Dunkerque par le magistrat pour assister à la salaison des harengs.

WARANDI, part. pass. de waraudir.

WARANDIR, v. neut. (ouaraudir), garantir une marchandise. (Boiste.) Inusité.

WARANT, subst. mas. (ouaran), sorte de décret de prise de corps en Angleterre.

WARAT, subst. mas. (ouara), t. de bot., sorte de plante des Indes.

WARIE, subst. fém. (onari), bâtiment de transport en usage sur le banc de Terre-Neuve.

WARIMETTEN, subst. mas. (ouarimétcténe), t. de bot., sorte d'arbrisseau d'Amboine, peu connu, dont on mange les fruits.

WARNÈRE, subst. fém. (ouarnière), t. de bot., genre de plante qui diffère peu des hydrastes de Linnée.

WARNETTEUR, subst. mas. (ouarnèteur), petit

WHI

bateau de pêcheur, de forme carrée, en usage auprès de Dieppe.
WARRANT (ouaran). Voy. WARANT.
WATREGANS, subst. mas. plur. (ouatreguan), t. de mar., fossés pleins d'eau, et qui sont assez grands quelquefois pour que l'eau puisse y porter bateau.
WATTA, subst. mas. (ouateta), t. de relat., à O-Taïti ; c'est une espèce d'autel qui consiste en une table carrée, portée sur quatre piliers immobiles ou fixés en terre, et placée ordinairement dans les cimetières.
WAUXHALL, subst. propre mas. (vôkçale), salle de spectacle et réunion de jeux en Angleterre.
WAVELLITHE, subst. fém. (ouavélelithe), t. d'hist. nat., sorte de minéral.
WASHINGTON, subst. propre mas. (ouajinketone), ville capitale des États-Unis, ainsi appelée du nom de *Washington*, qui fut le fondateur de la république américaine.
WASSELONNE, subst. propre mas. (ouacelone), ville de France, chef-lieu de canton, arrond. de Strasbourg, dép. du Bas-Rhin.
WASSIGNY, subst. propre mas. (ouacigni), village de France, chef-lieu de canton, arrond. de Vervins, dép. de l'Aisne.
WATCHMANN, subst. mas. (ouatechemane) (mot anglais), nom d'officiers de police chargés de la surveillance des rues, dans les villes d'Angleterre. — Au plur., des *watchmen*.
WATERLOO, subst. propre mas. (ouaterelo), village de Belgique, célèbre par la fameuse bataille si funeste pour les Français, qui décida du sort de la campagne de 1815.
WEBB, subst. mas. (ouèbe), t. de médec., nom d'une maladie épidémique qui fait de grands ravages dans certains lieux de la Perse ; c'est ce que nous nommons *choléra-morbus*.
WEIMAR, subst. propre mas. (vémar), ville capitale du grand-duché de Saxe-Weimar, et chef-lieu de la principauté.
WEISTEIN, subst. mas. (ouécheténe) (de l'allemand *weiss*, blanc, et *stein*, pierre), t. d'hist. nat., nom d'une espèce de pierre blanche qu'on tire d'Allemagne.
WENDIE, subst. fém. (vandi), t. de bot., genre de plantes établi pour placer là berce à longues feuilles.
WERNERIE, subst. fém. (vérenerî), t. de bot., genre de plantes qui croissent dans l'Amérique méridionale.
WERNERITE, subst. fém. (vérenerite), t. d'hist. nat., espèce de minéral.
WESTPHALIE, subst. propre fém. (vécefali), province des États prussiens ; capitale, Munster.
WESTPHALIEN, subst. et adj. mas., au fém. **WESTPHALIENNE** (vécefalien, lène), de *Westphalie*.
WESTPHALIENNE, subst. et adj. fém. Voy. **WESTPHALIEN**.
WETZLAR, subst. mas. (vétzelar), nom de la chambre impériale établie dans une ville d'Allemagne de ce nom. On dit : chambre de *Wetzlar*.
WHANG-YU, subst. mas. (ouangui-iu), t. d'hist. nat., espèce de poisson du genre acipensère.
WHIG et non pas **WIGH**, subst. mas. (ouije), nom de parti fameux en Angleterre. — Les *Whigs* étaient originairement ce qu'on appelle aujourd'hui le parti de l'opposition. Ils étaient opposés aux *torys*, lesquels les nommèrent ainsi d'une espèce de bandits qui, vers le temps de Charles Ier, infestaient l'Écosse. Voy. TORY.
WHIGISME et non pas **WIGUISME**, subst. mas. (ouijiceme), système, doctrine politique des *whigs*.
WILIA, subst. mas. (vilia), t. de bot., genre de plantes ombellifères, voisines des scandix.
WHISKEY, subst. mas. (ouicekéi), sorte d'eau-de-vie de grains qu'on fabrique en Amérique.
WHIP-POUR-WILL, subst. mas. (ouipepourvile), t. d'hist. nat., oiseau du genre des engoulevents. Ce nom est imitatif de son cri.

WLL

WHIST, subst. mas. (ouïcete), t. de jeu de cartes. Voy. WISK.
WHITE-POOL, subst. mas. (ouitepoule), t. d'hist. nat., espèce de cétacé qui appartient au genre des cachalots à grosse tête.
WICHE-DES-ROULEAUX, subst. fém. (ouichederoulô), t. de fabriq., nom qu'on donne dans les fabriques de basse-lice à une longue perche de bois, de deux pouces de diamètre, à laquelle on arrête les deux extrémités de la chaîne.
WICLÉFISME, subst. mas. (ouikléficeme), hérésie de *Wiclef*, qui rejetait la transsubstantiation, le purgatoire et l'invocation des saints.
WICLÉFISTE, subst. mas. (ouikléficete), partisan de *Wiclef*, de la doctrine de *Wiclef*.
WIGANDIE, subst. fém. (ouiguandi), t. de bot., genre de plantes établi aux dépens des coutardes.
WIGWAME, subst. fém. (viguevame), t. de relat., espèce de tente ou de cabane que les Indiens construisent avec des écorces d'arbres sur le bord de la mer.
WILDGRAVE, subst. mas. (ouiledeguerave), nom que l'on donnait à quelques princes d'Allemagne qui exerçaient une certaine juridiction.
WILLDENÖVE ou **WILLDENOVIE**, subst. fém. (ouiledenove, novi), t. de bot., sorte de plante qui croît au Mexique, et qui tire son nom du célèbre botaniste *Willdenöve*.
WILOC, subst. mas. (vilok), sorte d'étoffe ou de feutre dont on se sert chez les Tartares Kalmouks.
WILSONIE, subst. fém. (ouileconi), t. de bot., arbuste rampant de la Nouvelle-Hollande.
WIMBE, subst. mas. (veinbe), t. d'hist. nat., poisson du genre salmone.
WINDSONIE, subst. fém. (veindeçoni), t. de bot., sorte de plante que l'on trouve en Amérique et dans les Indes.
WINDSORIE, subst. fém. (veindeçori), t. de bot., genre de plantes établi pour placer le paturin sesléroïde.
WINTZENHEIM, subst. propre mas. (veintzenéme), bourg de France, chef-lieu de canton, arrond. de Colmar, dép. du Haut-Rhin.
WISK, ou **WHIST**, subst. mas. (ouiceke, ouïcete), sorte de jeu de cartes, qui se joue à quatre personnes, dont les deux qui sont vis-à-vis l'une de l'autre sont associés, ou, comme disent les Anglais, sont *partners*. (Mot anglais ainsi que le jeu, lequel, exigeant beaucoup de silence et d'attention, a été ainsi nommé, par corruption, de l'interjection anglaise *whist!* silence !
WISKEY subst. mas. (ouicekì), Voy. WISKY.
WISKI, subst. mas. (ouiceki), espèce de voiture légère et très-élevée dont la mode est venue d'Angleterre.
WISKY, subst. mas. (ouiçeki), espèce d'eau-de-vie que les montagnards écossais tirent de l'orge : c'est leur liqueur favorite.
WISSEMBOURG, subst. propre mas. (vicembour), ville forte de France, chef-lieu d'arrond. et de canton, dép. du Bas-Rhin.
WISTÉRIE, subst. fém. (vicctéri), t. de bot., genre de plantes établi pour placer la glycine frutescente.
WITHÉRITE, subst. fém. (vitérite), t. d'hist. nat., nom donné par la plupart des minéralogistes à la baryte carbonatée.
WITSNOU, **WISTNOU** ou **WISHNOU**, subst. propre mas. (ouicenou), myth. indienne, l'un des principaux dieux des Indiens, particulièrement célèbre par ses neuf métamorphoses. Les brahmines disent qu'il a déjà paru neuf dans le monde sous neuf formes différentes, et qu'il doit encore y paraître, sous une forme nouvelle, pour la dixième fois. L'histoire de ces métamorphoses n'est qu'un tissu d'absurdités et d'extravagances.
WITSHNOUVAS, subst. mas. plur. (ouicenouvä), myth., secte de brahmines qui sont particulièrement attachés au culte du dieu Witsnou, et qui le regardent comme le plus puissant de tous les habitants des cieux.
WLLAN ou **UHLAN**, subst. mas. (bn, ulan), troupe de cavalerie légère, composée de Polonais

WYL

et de Tartares montés sur des chevaux de ces deux nations.
WODAN, subst. propre mas. (vodan), myth., c'est l'un des dieux des anciens Germains. On croit que c'est le même que Mercure.
WODANIUM, subst. mas. (vodani-ome), t. d'hist. nat., nouveau métal découvert dans un minerai de Topschau, en Hongrie. On l'a nommé aussi *pyrite de Wodanium*.
WOERTH, subst. propre mas. (vo-èrete), ville de France, chef-lieu de canton, arrond. de Wissembourg, dép. du Bas-Rhin.
WOLFRAM ou **WOLFART**, subst. mas. (ouoleframe, far) (emprunté du suédois, où il signifie *mine ferrugineuse*), substance métallique que l'on a regardée pendant quelque temps comme un métal particulier et qui n'est qu'un tungstate de fer. — Mine de fer très-réfractaire, d'une difficile fusion, pesant, dur et compacte, crystallisé en lames ou en rayons divergents. (*Boiste*.)
WOLVERÈNNE, subst. mas. (ouoleverène), t. d'hist. nat., quadrupède carnassier du genre glouton.
WOMBAT, subst. mas. (vouba), t. d'hist. nat., genre de mammifères carnassiers de la famille des marsupiaux.
WOO, subst. mas. (vo-o), t. de bot., arbuste des Indes, dont le liber sert à fabriquer des vêtements.
WOOBA, subst. fém. (ou-ôba), t. de médec., nom d'une maladie inflammatoire et épidémique, qui fait beaucoup de ravages dans les pays orientaux ; espèce de diarrhée.
WOODSIE, subst. fém. (voudeci), t. de bot., genre de plantes établi parmi les fougères.
WORARA, subst. mas. (vorara), t. de bot., plante de la Guyane.
WOOTZ, subst. fém. (voutze), t. d'hist. nat., nom allemand d'une espèce d'acier extrêmement dur, assez malléable, mais très-susceptible de s'égrener.
WORABE, subst. mas. (vorabe), t. d'hist. nat., espèce de pinson d'Amérique.
WORMIE, subst. fém. (vormi), t. de bot., genre de plantes établi aux dépens des sialies.
WORMIENS, adj. mas. et subst. (vormiein) (du nom d'*Olaüs Wormius*, médecin de Copenhague qui passe pour en avoir parlé le premier), t. d'anat. ; on nomme *wormiens* ou *os wormiens*, de petits os très-variables quant au nombre et à la forme, placés ordinairement aux angles des sutures de la voûte du crâne, et particulièrement dans la suture lambdoïdale. On les appelle aussi : *os surnuméraires*.
WOURCE, subst. fém. (vource), sorte de voiture dont on se sert dans quelques endroits de l'Amérique.
WOURE-FÉIQUE, subst. mas. (vourefé-ike), t. d'hist. nat., espèce de canard de Madagascar.
WOURST, subst. mas. (vourecete), sorte de voiture allemande, basse et très-légère, avec laquelle on peut parcourir les chemins tortueux et étroits.
WOUVOU, subst. mas. (vouvou), t. d'hist. nat., espèce de singes à grands bras et sans queue.
WRIGHTIIE, subst. fém. (vrigueti), t. de bot., arbre de l'Inde fort voisin des lauroses, et que quelques botanistes y réunissent sous le nom de *laurose à teinture*.
WRIT, subst. mas. (vrite) (mot anglais), ordonnance : *on a rendu un writ sur les grains*.
WURFELSTEIN, subst. mas. (varféleceteim), t. d'hist. nat., nom qu'on a donné à un boralo magnésio-calcaire.
WURST, subst. mas. (ourcete), sorte de caisson pour les chirurgiens de l'ambulance. — C'est aussi un caisson plus petit que les caissons ordinaires à munitions, et destiné à transporter avec rapidité les approvisionnements nécessaires aux bouches à feu, et les canonniers pour en faire le service.
WYLIE, subst. fém. (vili), t. de bot., genre de plantes.

X, subst. mas. (prononcez *kce* ou *gueze*, et non plus *ikce*, qui ne rend pas le son naturel de cette lettre), vingt-troisième lettre de l'alphabet français, et la dix-huitième des consonnes. C'est une consonne double, dont le son varie selon les circonstances. — A la fin des mots empruntés du grec, *Styx*, *sphinx*, etc., ainsi que dans *préfix*, qui est pris du latin, *x* a le son de *kce*; et dans d'autres mots, *x* a le son de *gueze*; comme dans *exercice*; l'usage seul est bon guide à cet égard. — Dans plusieurs autres, terminés par la même lettre, elle ne se prononce point, lorsque le mot n'est suivi d'aucun autre, ni devant une consonne; mais devant une voyelle, *x* prend, comme *s*, le son adouci du *z* : *voix forte* (*voé forte*); *voix éclatante* (*voézéklatante*). — Dans d'autres, tels que *dix*, *six*, il ne se prononce point devant les substantifs qui commencent par une consonne: il a le son du *z* devant une voyelle, et lorsqu'il est final ou qu'il est suivi d'un repos, il se prononce comme *s* : *dix francs* (*difran*); *dix écus* (*dizeku*); *en voilà dix* (*anvoéladice*). — Dans d'autres enfin, *x* détermine le pluriel au lieu de *s*, comme dans *feux*, *oiseaux*, etc. — *X* est une lettre numérale qui vaut *dix*; et avec un tiret horizontal su-dessus, *dix mille*. — C'est aussi un chiffre romain, qui vaut *dix*. — Couché de cette manière (⋈), il vaut *mille*. — *X* représente le chi capital de l'alphabet grec. — I sert de lettre dominicale dans le comput ecclésiastique. — Dans les bureaux de commerce, de finances, d'administration, *X* est la marque de certains registres; *registre X*. — Dans les imprimeries, il indique la vingtième feuille d'un ouvrage ou d'un volume qu'on imprime; *signature X*, *feuille X*. — En t. d'archit., *x* marque, de même que les autres lettres de l'alphabet, les pierres destinées à la confection d'un bâtiment, qui sont disposées par séries pour élever les colonnes ou toute autre partie de l'édifice. — *X* indique aussi les figures d'une planche de cuivre gravée, qui renvoie pour en avoir l'explication dans le texte de l'ouvrage, qui porte la même lettre. — Poinçon d'acier au bout duquel se trouve gravé un *X*, pour, dans l'occasion, frapper ou imprimer cette lettre. — T. d'antiq. *X. MILL.*, indiquait, *decem millia*, dix mille; — *X. P.*, *decem pondo*, le poids de dix livres; — *decem pedes*, dix pieds; — *X. V.*, décemvir.

XABEGA, subst. mas. (*guezabegua*) (emprunté de l'espagnol); t. de pêche; filet du genre des brégins ou bourgins, dont les Espagnols se servent pour pêcher les sardines. On l'appelle aussi *bolich*.

XACA, subst. propre mas. (*guezaka*) myth., nom d'un dieu chez les Japonais.

XACO, subst. mas. (*guezakô*), on appelle ainsi, au Japon, le supérieur général des bonzes, à quelque secte ou classe qu'ils appartiennent.

XALAPE ou **XALAPPA**, subst. fém. (*guezalape*), t. de bot., sorte de racine purgative qui vient d'Amérique.

XALCUANI, subst. mas. (*guezaleku-ani*), t. d'hist. nat., sorte de canard du Mexique.

XAMABUGIS, subst. mas. plur. (*guezamabuji*), secte de bonzes ou de moines japonais, servant de guides aux pèlerins dans les déserts.

XANDARUS, subst. mas. (*guezandaruce*), t. d'hist. nat., animal semblable au bœuf, qui se trouve dans les environs de la mer Atlantique. On pense que c'est le bubale.

XAN-MO, subst. mas. (*guezan-mô*), t. de bot., grand arbre de la famille des conifères, qui croît assez abondamment dans les provinces méridionales de la Chine, et paraît être une espèce de pin.

XANNOTIER, subst. mas. (*guezanotié*), celui qui est chargé du soin des canaux. (*Boiste*, qui déclare lui-même ce mot inusité, inconnu. Alors, où l'a-t-il trouvé?)

XAN-PR-XU, subst. mas. (*guezanpèkçu*), t. d'hist. nat., espèce de ricin qui croît en Chine, dont les feuilles ne sont ni pétées, ni sinueuses sur les bords, mais en forme d'entonnoirs à bords entiers.

XANTAÏ, subst. propre mas. (*guezanta-ï*), myth., nom d'une divinité japonaise nommée aussi *Nobunanga*.

XANTHE, subst. mas. (*guezante*) (du grec ξανθος, jaune), t. de bot., nom d'un genre de plantes que l'on a appliqué au genre quapoya. Il comprend deux espèces qui rendent un suc blanc ou jaune.—Subst. propre mas., myth., fleuve de la Troade. Il s'opposa avec Scamandre et Simoïs à la descente des Grecs, par un débordement de ses eaux. — Un des chevaux d'Achille s'appelait *Xanthus*. Voy. ce mot.

XANTHÈNE, subst. fém. (*guezantène*), t. d'hist. nat., sorte de pierre précieuse qu'on trouve dans la Médie.

XANTHION, subst. mas. (*guezanti-on*), t. de bot., plante des anciens qui est une espèce de lampourde.—Le *xanthion* était aussi, chez les anciens, une gemme ou pierre que l'on rapporte à l'hyacinthe du commerce.

XANTHIQUES, subst. fém. plur. (*guezantike*), myth., fêtes macédoniennes qui avaient lieu, chez les anciens, dans le mois de *xanthus*.

XANTHIUM, subst. mas. (*guezanti-ome*) (du grec ξανθιον, fait de ξανθος, jaune), t. de bot., plante qui croît dans les étangs et les marais desséchés. Voy. XANTHION.

XANTHO, subst. mas. (*guezantô*), t. d'hist. nat., genre de crustacés voisin de celui des crabes.

XANTHOCARÉNOS, subst. mas. (*guezantôkarénoce*) (du grec ξανθος, jaune, blond, et καρηνον, tête), surnom ou épithète donnée à Bacchus.

XANTHOCOME, adj. des deux genres (*guezantokome*) (du grec ξανθος, jaune, et κομη, chevelure), myth., surnom d'Apollon.

XANTHOCHYME, subst. mas. (*guezantochime*), t. de bot., arbre des Indes, qui forme un genre dans la polyadelphie polyandrie.

XANTHORHISE, subst. fém. (*guezantôrize*). Voy. ZANTHORHIZE.

XANTHORRHOÉ, subst. mas. (*guezantôro-é*), t. de bot., genre de plantes de l'hexandrie monogynie, et de la famille des asphodèles. C'est du *xanthorrhoé arborescent* que découle la résine avec laquelle les habitants de la Nouvelle-Hollande fixent la pointe de leurs zagaies et les manches de leurs haches de pierre. Ses épis contiennent une liqueur visqueuse sucrée que les habitants trouvent très-agréable.

XANTHORNUS, subst. mas. (*guezantornuce*), t. d'hist. nat., nom qu'on a donné à plusieurs espèces de carouges. Il est générique pour les carouges du genre animal.

XANTHOSIE, subst. fém. (*guezantôzi*), t. de bot., genre de plantes digynes de la famille des ombellifères.

XANTHUS ou **XANTICUS**, subst. mas. (*guezantuce, tikuce*), nom d'un mois du calendrier grec, le nisan des Hébreux, correspondant à notre mois d'avril.—Subst. propre mas., myth., nom de l'un des chevaux immortels d'Achille. Ce héros lui ayant reproché d'avoir laissé Patrocle sur le champ de bataille, le cheval, touché de ce reproche, tourne la tête et prédit au guerrier grec que l'heure de sa mort approchait, que l'inévitable Destin en serait la cause, et non la lenteur de ses chevaux. *Xanthus* n'eut pas plus tôt prononcé ces paroles, que les Furies lui ôtèrent la voix qu'il avait reçue de Junon pour un moment.—Nom du fameux philosophe dont il est fait mention dans la vie d'Ésope, et dont cet intéressant et célèbre esclave éprouva si souvent et si spirituellement la patience.

XANXUS, subst. mas. (*guezankçuce*), t. d'hist. nat., gros buccin qu'on pêche dans la mer des Indes, et qui est fort recherché au Bengale, pour en faire des objets d'ornement. — Gros coquillage semblable à ceux qu'on donne aux Tritons; il se pêche vers l'île de Ceylan, ou à la côte de la Pêcherie, et l'on en fait des bracelets; ceux que l'on pêche sur cette côte ont tous leurs volutes de droite à gauche.

XEMPLE, subst. mas. (*guezanple*), nom qu'on donne, dans les métiers à tisser à la tire, à un système de cordes verticales.

XÉNÉLASIE, subst. fém. (*guezénélazi*), (du grec ξενος, étranger, et ελαω, j'éloigne), interdiction faite aux étrangers du séjour d'une ville; c'était une des lois de Lycurgue.

XÉNIE, subst. fém. (*guezéni*) (en grec ξενια, fait de ξενος, étranger), au plur., présents que les anciens Grecs faisaient à leurs hôtes, pour renouveler l'amitié et le droit d'hospitalité.— Au sing., t. d'hist. nat., nom commun à deux espèces d'alcyons; l'une, *la xénie bleue*, vient de la mer Rouge; l'autre, *la xénie propre*, n'a point encore de patrie connue. — Pris adjectivem., surnom que la fable donne à Minerve, parce que sa statue était, avec celle de Jupiter Hospitalier, à Sparte, dans l'endroit où les repas se prenaient en commun.

XÉNISMES, subst. mas. plur. (*guezéniceme*), t. d'antiq., sacrifices offerts dans une fête que les Athéniens avaient établie en l'honneur des Dioscures.

XÉNOS, subst. propre mas. (*guezénôce*) (du grec ξενος, hôte), myth., surnom donné à Jupiter.

XÉNOCHLOA, subst. mas. (*guezénoklo-a*), t. de bot., genre de plantes du cap de Bonne-Espérance, de la famille des graminées.

XÉNODOCHION, subst. mas. (*guezénodokion*), (du grec ξενος, étranger, et εχομαι, je reçois), t. d'hist. anc., maison où les Grecs recevaient gratuitement tous les étrangers qui voyageaient.

XÉNODOTÈS, subst. propre mas. (*guezenodotèce*), t. de myth., surnom qu'on a donné à Bacchus, comme dieu qui reçoit et amène les hôtes, et qui s'intéresse à l'hospitalité.

XÉNOGRAPHE, subst. mas. (*guezénoguerafe*), celui qui est versé dans la *xénographie*.

XÉNOGRAPHIE, subst. fém. (*guezénoguerafi*), (du grec ξενος, étranger, et γραφω, je décris), science qui s'occupe de toutes les langues *étrangères écrites*, anciennes ou modernes, vivantes ou mortes, et des caractères qu'elles emploient. — Traité sur cette science.

XÉNOGRAPHIQUE, adj. des deux genres (*guezénoguerafike*), qui concerne la *xénographie*.

XÉNOMANE, subst. des deux genres (*guezénomane*) (du grec ξενος, étranger, et μανια, manie), celui, celle qui a la manie, le goût des choses étrangères.

XÉNOMANIE, subst. fém. (*guezénomani*) (même étymologie que celle du mot précédent), passion, goût pour les étrangers.

XÉNOPOME, subst. mas. (*guezénopome*), t. de bot., genre de plantes établi pour placer un arbuste de la Chine.

XÉNOS, subst. mas. (*guezénoce*), t. d'hist. nat., genre d'insectes de l'ordre des rhipiptères; c'est un très-petit insecte fort singulier, qui, sous la forme de larve, vit dans l'intérieur de l'abdomen d'une guêpe, et se tient, ayant passé à l'état de nymphe, entre les anneaux de cette partie, où il se forme une sorte de tumeur.

XENXIS, subst. mas. plur. (*guezankcice*), sectateurs japonais, qui professent la volupté et les plaisirs terrestres. — Leurs partisans.

XÉRAFIN, subst. mas. (*guezérafein*), sorte de monnaie d'étain qui a cours à Bombay.

XÉRANTHÈME, subst. mas. (*guezérantème*) (du grec ξηρος, sec, et ανθος, fleur), nom employé par plusieurs botanistes pour désigner des plantes connues vulgairement sous le nom d'*immortelles*, parce que leurs fleurs scarieuses et colorées conservent leur beauté long-temps même après avoir été desséchées.

XÉRASIE, subst. fém. (*guezérazi*) (en grec ξηρασια, fait de ξηρος, sec), t. de médec., maladie des cheveux qui les empêche de croître, et les fait ressembler à un duvet couvert de poussière.

XÉROCHLOÉ, subst. mas. (*guezérokló-é*), t. de bot., genre de plantes établi dans la famille des graminées.

XÉROLYBIEN, subst. mas. (*guezérolibiein*) (du grec ξηρος, sec, et Λιβυη, Libye), habitant de la partie la plus aride de la *Libye*.

XÉROPAROCHIENS, subst. mas. plur. (*guezéroparochiein*), t. d'antiq., ceux qui, chez les anciens, étaient chargés de fournir le bois et le sel aux personnes envoyées avec un caractère public.

XÉROPHAGE, subst. des deux genres (*guezérofaje*), qui ne vit que de fruits secs et de pain. C'est le nom qu'on donnait aux chrétiens primitifs qui observaient ainsi l'abstinence du carême. Voy. le mot suivant.

XÉROPHAGIE, subst. fém. (*guezérofaji*) (du grec ξηρος, sec, et φαγειν, manger), t. de médec., usage exclusif de fruits secs.—Abstinence, régime des premiers chrétiens pendant le carême.

XÉROPHTHALMIE, subst. fém. (*guezérofetalmi*) (du grec ξηρος, sec, et οφθαλμος, œil), t. de médec., démangeaison, rougeur dans les yeux sans enflure, sans écoulement de larmes.

XÉROPHTHALMIQUE, adj. des deux genres, (*guezérofetalmike*), qui concerne la *xérophthalmie*.

XÉROPHYLLE, subst. mas. (*guezérofile*), t. de bot., plante de la Caroline, à feuilles subulées, graminiformes, éparses, et à épi rameux, portant des fleurs solitaires, qui faisait partie des hélonias de *Linnée*.

XÉROPHYTE, subst. mas. (*guezérofite*), t. de bot., arbuste de Madagascar, qui forme un genre dans la famille des broméloïdes.

XÉROTE, subst. fém. (*guezérote*), t. de bot., genre de plantes établi dans la diœcie pentandrie. — Genre établi pour placer vingt-quatre plantes de la Nouvelle-Hollande, dont plusieurs font partie des dragonniers. Il ne diffère pas du genre lomandre.

XÉROTRIBIE, subst. fém. (*guezérotribi*) (du grec ξηρος, sec, et τριβω, je frotte), t. de médec., friction sèche avec la main, etc., sur une partie malade, pour y rappeler la chaleur et le mouvement.

XÉROTRIBIQUE, adj. des deux genres (*guezérotribike*), qui a rapport à la *xérotribie*.

XERTIGNY, subst. propre mas. (*guezèretigni*), gros bourg de France, chef-lieu de canton, arrond. d'Épinal, dép. des Vosges.

XESTÈS, subst. mas. (*guezècetèce*), t. d'antiq., ancienne mesure attique de liquides : c'était le sixième du chus. Le *xestès* contenait en eau un demi-setier et les trois quarts du poisson de Paris. Les Romains le confondaient avec leur *sextarius*. C'était aussi une mesure pour les choses sèches, et elle faisait la soixante-douzième partie du médimne.

XILOALOÈS, subst. mas. Voy. XYLOALOÈS.

XILOBALSAME, subst. mas. Voy. XYLOBALSAME.

XIMÉNÈSE, subst. fém. (*gueziménèze*), t. de bot., espèce de plante vivace qui croît au Mexique, et que l'on cultive dans les jardins de Paris : c'est un genre de plantes de la famille des corymbifères.

XIMÉNIE, subst. fém. (*gueziméni*), t. de bot., genre de plantes exotiques qui se rapproche beaucoup du genre géla.

XIN, subst. mas. (*guezein*), nom des bons génies, chez les Chinois.

XINGOVIN, subst. mas. (*guezeinguovein*), bonze de la Chine et du Japon.

XINTHOTOLT, subst. mas. (*guezeintotolete*), t. d'hist. nat., mot qui signifie, en langue mexicaine, *oiseau des herbes*. C'est le nom d'un oiseau du Mexique que l'on a rangé dans le genre tangara.

XINTAN, subst. mas. (*guezeintan*), l'une des douze sectes de moines japonais.

XIPHIAS, subst. mas. (*guezifi-âce*) (du grec ξιφος, épée), t. d'astron., c'est l'un des noms de la dorade, constellation de l'hémisphère austral, invisible dans nos climats.— T. d'hist. nat., genre de poissons de la division des apodes, dont les caractères consistent à avoir la mâchoire supérieure prolongée en forme de lame ou d'épée, et d'une longueur égale au moins au tiers de la longueur totale. Ce genre renferme deux espèces, dont une est connue de toute ancienneté; c'est le *xiphias espadon*, qui a la prolongation du museau plate, sillonnée pardessous, et tranchante sur ses bords. On la trouve dans les mers d'Europe, et principalement dans la Méditerranée. On la désigne sur nos côtes sous le nom d'*épée de mer*, d'*espadon* et d'*empereur*. C'est un des plus gros poissons des mers d'Europe. La seconde espèce de *xiphias* est le *xiphias épée*, qui a la prolongation du museau convexe par-dessus, non sillonnée, et émoussée sur les bords. On ignore les mers qu'il habite.

XIPHION, subst. mas. (*guezifi-on*), t. de bot., sorte de plante des anciens qu'on croit être notre glaïeul.

XIPHI-STERNAL, subst. et adj. mas. (*guezificétérenal*), t. d'anat.; se dit de l'appendice *xiphoïde* du *sternum*.—Au plur., *xiphi-sternaux*.

XIPHI-STERNAUX, subst. et adj. mas. plur. Voy. XIPHI-STERNAL.

XIPHODIME, adj. fém. (*guezifodime*), nom générique donné aux filles bicéphales.

XIPHOÏDE, subst. mas. et adj. des deux genres (*guezifhô-ide*) (du grec ξιφος, épée, et ειδος, forme), t. d'anat., le cartilage ou prolongement cartilagineux qui est au bas du sternum, et qu'on nomme vulgairement *la fourchette*. On lui a donné ce nom parce qu'il est aigu, et qu'il ressemble un peu à la pointe d'une épée. — Adj., synonyme d'*ensiforme*.— Quelques-uns nomment aussi ce cartilage : *appendice xiphoïde*.

XIPHOÏDIEN, adj. mas., au fém. **XIPHOÏDIENNE** (*guezifo-idiein, diène*), t. d'anat., qui a rapport au cartilage *xiphoïde*.—*Ligament xiphoïdien*, qui s'étend du cartilage de la septième côte à l'appendice xiphoïde.

XIPHOSURE, subst. mas. (*guezifozure*), t. d'hist. nat., genre de crustacés qui se rapproche beaucoup de celui des crabes.

XIPHYDRIE, subst. fém. *(quezifidri)*, t. d'hist. nat., genre d'insectes de l'ordre des hyménoptères, famille des porte-scie.

XIQUANI, subst. propre mas. *(quezikouani)*, myth., divinité des Japonais.

XISITHRUS, subst. propre mas. *(quezisitruce)*, t. de myth., ayant été averti par Saturne d'un déluge qui devait inonder toute la terre, fit construire un grand vaisseau, que le moyen duquel il en fut garanti avec sa famille. Quand il sortit de ce vaisseau, il disparut et fut mis au nombre des dieux.

XOCHICAPAL, subst. mas. *(guezochikapal)*, t. de bot., espèce d'arbre qui croît dans la province du Méchoacan en Amérique; son bois et son écorce sont d'une odeur fort agréable, et rendent une liqueur odorante qui a toutes les propriétés de la résine.

XOCHIOCOTZOL, subst. mas. *(guezochi-okotezole)*, t. de bot., nom indien de l'arbre qui fournit la gomme que l'on connaît sous la dénomination de *liquidambar*.

XOCHITOLT, subst. mas. *(guezochitolete)*, t. d'hist. nat., sorte d'oiseau qu'on trouve au Mexique et au Pérou; sa grosseur est à peu près celle d'un serin.

XOCOATI, subst. mas. *(guezoko-ati)*, liqueur fermentée que les Mexicains font avec du maïs et de l'eau.

XOCOCHILT, subst. mas. *(guezokochilete)*, t. de bot., sorte d'arbre semblable au laurier des Magellans, dont le fruit s'emploie, au Mexique, en guise de poivre.

XODOXIN, subst. mas. *(guezodokcein)*, nom de sectaires japonais.

XOLANTHA, subst. fém. *(guezolanta)*, t. de bot., genre de plantes de la famille des cistoïdes, qui a beaucoup d'analogie avec l'hélianthême. Le *xolantha racemosa* est la seule espèce de ce genre.

XOLO, subst. mas. *(guezôlo)*, t. d'hist. nat., race de coqs dont les jambes sont très-longues, qui vit aux îles Philippines.

XOMOLT, subst. mas. *(guezômolete)*, t. d'hist. nat., sorte d'oiseau du Mexique, dont la tête est rouge, et le bec jaune.—Autre oiseau de l'ordre des palmipèdes, qui a une huppe sur la tête, qu'il relève lorsqu'il est irrité. Les Mexicains emploient ses plumes à faire certains vêtements de luxe.

XORIDE, subst. fém. *(guezoride)*, t. d'hist. nat., genre d'insectes de l'ordre des hyménoptères, tribu des ichneumonides, que l'on trouve ordinairement sur les troncs des arbres et des vieux bois.

XOXOM-PRINCRI, subst. mas. *(guezokçomepreingueri)*, grand-prêtre d'Aracan, dans les Indes.

XOXOMA, subst. mas. *(guezokçoma)*, corps de prêtres dans les Indes.

XUARÈZE, subst. fém. *(guezu-arèze)*, t. de bot., arbrisseau du Pérou, qui forme seul un genre dans la pentandrie monogynie; il a quatre pouces de haut.

XUTAS, subst. mas. *(guezutâce)*, t. d'hist. nat., nom péruvien d'un oiseau qui ressemble à l'oie, et que les naturels de la province de Quito apprivoisent et nourrissent en domesticité.

XUDAN, subst. propre mas. *(guezdan)*, myth., nom étrusque de Mercure.

XUTUS, subst. propre mas. *(guezutuce)*, myth. fils d'Hellen, épousa une fille d'Erechthée, de laquelle il eut Ion et l'Achæus, et dont l'un donna son nom à l'Ionie et l'autre à l'Achaïe.

XYLALOÉ, subst. mas. Voy. XYLOALOÉS.

XYLÉTINE, subst. fém. *(guezilétine)*, t. d'hist. nat., genre d'insectes coléoptères très-voisins des vrillettes par la forme du corps et les organes de la manducation, mais dont les antennes sont filiformes et en scie.

XYLITE, subst. mas. *(guezilite)*, t. d'hist. nat., genre d'insectes coléoptères hétéromères, que l'on a réuni aux dircées.

XYLOALOÈS, subst. mas. *(guezilo-alo-èce)* (du grec ξύλον, bois, et du mot *aloès*); on nomme ainsi le bois d'*aloès*, qui se vend dans l'Inde trois fois son poids d'argent.

XYLOBALSAME, subst. mas. *(guezilobalçame)* (du grec ξύλον, bois, et βαλσαμος, baume), t. de bot., petites branches de l'arbre qui porte le baume de Judée.

XYLOCARPE, subst. mas. *(guezilokarpe)*, t. de bot., arbre à feuilles alternes, à fruit à noyau.

XYLOCASIA, subst. fém. *(guezilokasj-a)*, t. de bot.; c'est la plante que l'on nomme *casse aromatique*.

XYLOCINNAMOMUM, subst. mas. *(guezilocinenamomome)*, t. de bot., nom que les anciens donnaient à la cannelle.

XYLOCISTE, subst. mas. *(guezilocicete)*, t. de bot., espèce de plante qu'on nomme aussi *camacari*. Voy. ce mot.

XYLOCOPE, subst. mas. *(guezilokope)* (du grec ξύλον, bois, et κοπτω, je coupe), t. d'hist. nat., abeille, perce-bois.

XYLOCRYPTITE, subst. mas.*(guezilokripetite)*, t. d'hist. nat., minéral amorphe ou en cryslaux extrêmement petits, disséminés dans un bois fossile ou lignite, qui a été découvert depuis peu dans la couche plastique qui recouvre la craie. Ce lignite présente des troncs qui ont jusqu'à deux pieds de diamètre.

XYLOGLYPHE, subst. mas. *(guezilloguelife)* (du grec ξύλον, bois, et γλυφω, je grave), sculpteur en bois.

XYLOGRAPHE, subst. mas. *(guezilloguerafe)*, celui qui imprime sur du bois, qui s'adonne à la *xylographie*.

XYLOGRAPHIE, subst. fém. *(guezilloguerafi)*, (du grec ξύλον, bois, et γραφω, j'écris, art de graver sur bois.

XYLOGRAPHIQUE, adj. des deux genres *(guezilloguerafike)*, imprimé avec des caractères en bois.

XYLOÏDE, adj. des deux genres *(guezilo-ide)* (du grec ξύλον , bois , et ειδος, forme, ressemblance), qui ressemble à du bois.

XYLOLÂTRE, subst. mas. *(guezilolâtre)*, celui qui rend un culte aux statues de bois.

XYLOLÂTRIE, subst. fém. *(guezilolâtri)* (du grec ξύλον, bois, et λατρεια, adoration), culte des idoles de bois.

XYLOLÂTRIQUE, adj. des deux genres *(guezilolâtrike)*, qui concerne la *xylolâtrie*.

XYLOLOGIE, subst. fém. *(guezilologi)* (de ξύλον, bois, et λογος, traité), histoire naturelle, traité des bois.

XYLOLOGIQUE, adj. des deux genres *(guezilolojike)*, qui concerne la *xylologie*.

XYLOLOGUE, subst. mas. *(guezilologue)*. Voy. XYLOGRAPHE.

XYLOME, subst. mas. *(guezilome)*, t. de bot., genre de plantes de la famille des hypoxylons, voisin des sphéries, dont les espèces vivent toutes sur les feuilles vivantes ou mortes. Ce genre comprend seize espèces, dont la plus commune est le *xylome de l'érable*, qui en couvre souvent les feuilles dans les terreins secs.

XYLOMÉE , subst. fém. (*guezilomé*) , t. de bot., section de la famille des hypoxylons, dont les caractères sont: pulpe peu abondante, base charnue ou tubéreuse.

XYLOMÈLE, subst. mas. *(guezilomèle)*, t. de bot., genre de plantes établi pour placer un arbrisseau de la Nouvelle-Hollande.

XYLON, subst. mas. *(guezilon)*, t. de bot., plante ou plutôt arbrisseau qui porte le coton.

XYLOPALE, subst. mas. (*guezilopale*) , t. d'hist. nat., nom donné aux bois pétrifiés, de la nature du silex résinite.

XYLOPE, subst. fém. *(guezilope)*, t. de bot., genre de plantes polygynes de la famille des bilospermes; on en compte cinq espèces, dont les deux plus remarquables sont la *xylope glabre*, qui croît à la Jamaique; la *xylope velue*, qu'on trouve à Cayenne, où on la nomme *jejerecou*.

XYLOPHAGE, subst. mas. *(guezilofaje)* (du grec ξύλον, bois, et φαγω, je mange), t. d'hist. nat., genre d'insectes de l'ordre des diptères, famille des notacanthes, tribu des décatomes; on le trouve sur l'orme. — Subst. mas. plur., famille d'insectes coléoptères, qui vivant presque tous sous la forme de larve, dans les vieux bois, semblent faire le passage des charançonites aux cujupes, aux spondyles, etc. — Adj. des deux genres, il se dit en parlant des insectes qui mangent ou rongent le bois ; c'est la principalement que ceux dont il vient d'être question tirent leur nom, parce que la plupart de ces insectes vivent ordinairement dans les bois.—T. de bot., genre de plantes composé de plusieurs mérules. Les espèces qui y entrent se distinguent par leurs formes sessiles, étalées , couvertes en dessus de veines flexueuses , interrompues et portant des capsules.

XYLOPHAGIE, subst. fém. (*guezilofaji*) (même étymologie que celle du mot précédent), action de l'insecte qui ronge le bois, qui se nourrit de bois.

XYLOPHORE, subst. mas. *(guezilofore)*, prêtres chez les Hébreux qui allumaient le feu sacré dans les temples, et qui avaient soin de l'entretenir. Voy. le mot suivant.

XYLOPHORIES, subst. fém. plur. *(guezilofori)* (du grec ξύλον, bois, et φερω, je porte) ; fête des Juifs, dans laquelle on portait solennellement du bois au temple, pour l'entretien du feu sacré qui devait toujours brûler sur l'autel des holocaustes.

XYLOPHYLLE, subst. mas. (*guezilofile*), (du grec ξύλον, bois, et φυλλον, feuille), t. de bot., genre de plantes de la polygamie pentandrie, et de la famille des euphorbes, fort voisin des phyllanthes.

XYLOPHYTON, subst. mas. (*guezilofiton*), t. de bot., nom que les anciens donnaient à la grande consoude.

XYLOPICRON, subst. mas. (*guezilopikron*) (du grec ξύλον, bois, et πικρος, amer), t. de bot., petit arbre de l'île Bourbon dont le bois est amer.

XYLOPRISTIQUE, subst. mas. *(guezilopricetike)*, mesure d'une coudée qui était usitée anciennement en Egypte ; cette mesure équivalait à dix-neuf de nos pouces.

XYLORGANO, subst. mas. (*guezilorguâno*), t. de mus. , cylindre de métal qu'on frappait avec de petits marteaux de bois.

XYLOSTEUM, subst. mas. *(guezilocetè-ome)*, (du grec ξύλον, bois,et οστεον, os), t. de bot., arbrisseau des Alpes. — Nom d'une espèce de cerisier nain , et de plusieurs plantes.

XYLOSTROME, subst. mas. (*guezilocetrome*), t. de bot., genre de plantes de la famille des champignons.

XYNÉCIES , XYNOCÉES , XYNOECIES ou **SYNOECIES** , subst. fém. plur. *(guezinéci, nocé, neci; cinéci)* (du grec ξυν, ou συν, ensemble, et οικεω, j'habite) , t. d'antiq. ; c'était, chez les Athéniens , des fêtes instituées par Thésée, en mémoire de la réunion de l'Attique entière en une seule république.

XYPHANTHE , subst. mas. (*kcifante*), t. de bot. , plante herbacée de la famille des légumineuses.

XYRIS , subst. mas. (*kcirice*), t. de bot. , genre de plantes monogynes de la famille des juncacées.

XYROÏDE, subst. mas. *(kciro-ide)* (du grec ξυρις, xyris, et ειδος, forme) , t. de bot., genre de plante établi pour placer le *xyris*, dont la capsule n'a qu'une seule loge.

XYSMALOBION, subst. mas. (*kcicemalobion*), t. de bot. , genre de plante établi pour placer l'asclépiade ondulée.

XYSTARCHIE, subst. fém. *(kcicetarchi)*, fonctions, charge du *xystarque*, chez les anciens Grecs.

XYSTARCHIQUE , adj. des deux genres (*kcicetarchike*), qui a rapport à la *xystarchie*.

XYSTARQUE, subst. mas. (*kcicetarke*) (du grec ξυστος, xyste, et αρχος, chef), officier qui présidait aux *xystes*.

XYSTE , subst. mas. (*kcicete*) (du grec ξυστον, fait de ξυστος, aplani) , t. d'hist. anc., lieu d'exercice consacré chez les athlètes ; c'était, chez les Grecs, un grand portique sous lequel s'exerçaient les athlètes ; et chez les Romains , des allées d'arbres pour la promenade, etc.

XYSTÈRE, subst. mas. (*kcicetère*), t. de bot., genre de poissons abdominaux ; ce genre, voisin des clupées , ne contient qu'une espèce qui a été observée dans la mer des Indes. Elle parvient à une longueur de plus de trois pieds, et est d'une couleur brune , ce qui l'a fait appeler *xystère brune*.

XYSTÉRIE, subst. fém. (*kcicetéri*), t. de bot. , espèce de plante qui croît en Amérique et dans les Grandes-Indes.

XYSTIQUE , subst. et adj. des deux genres (*kcicetike*) (eu grec ξυστικος, fait de ξυστον, xyste, portique) , t. d'antiq., nom des athlètes et des gladiateurs qui, pendant l'hiver, combattaient sous des portiques, et non en plein air.

XYSTOBOLOS, subst. propre mas. (*kcicetoboloce*), myth., surnom de Bacchus.

XYSTOS, subst. fém. (*kcicetôce*), charpie râpée.

XYSTRIS, subst. mas. (*kcicetrice*), t. de bot., genre de plantes.

Y, subst. mas. (prononcez simplement *i*), vingt-quatrième lettre de l'alphabet et sixième voyelle. On l'appelle *i grec*, parce qu'elle répond à *l'upsilon des Grecs*, et parce qu'en général nous en faisons usage par raison d'étymologie dans les mots dérivés du grec, tels que *anonyme*, *Apocalypse*, *système*, etc. Cette lettre a le son d'*i* simple quand elle fait seule le mot, comme dans *il y a*, ou lorsqu'elle est à la tête de la syllabe, immédiatement avant une autre voyelle, comme dans *yeux*, *yacht*. — Elle a le même son entre deux consonnes, dans les mots qui viennent du grec, *acolyte*, *mystère*, *syntaxe*, etc. — Y placé dans un mot entre deux voyelles a le son de deux *i*, comme dans *essayer*, *pays*, *frayeur*, etc., qu'on prononce comme s'il y avait écrit *essai-ier*, *pai-i*, *fraieur*. — Dans les verreries et glaceries on appelle *y grec*, un outil de fer qui a environ quinze pieds de manche, et qui présente, à l'une des extrémités, un crochet d'environ deux pouces, avec lequel on saisit la tête de la *glace* lorsqu'en la plaçant on a besoin de la tirer à soi. — Dans le commerce et les bureaux de finances et d'administration, Y sert à marquer un registre, *Registre* Y. — Il indique la vingt-deuxième feuille d'un ouvrage imprimé, d'un volume : feuille Y; signature Y. — Y sert d'enseigne à certains magasins. *A l'*Y. — Y est la figure d'un chemin qui se sépare au bout en deux parties. — Il sert à marquer sur une planche de cuivre gravée, les figures analogues au texte, pour en trouver, par le renvoi, l'explication dans l'ouvrage. — Poinçon d'acier au bout duquel est empreint un Y, pour frapper ou imprimer cette lettre. — Les anciens donnaient quelquefois à ce caractère le nom de *lettre de Pythagore*, ou celui d'*arbre de Samos*, parce que ce philosophe était originaire de cette île. La raison de cette dénomination était prise d'une idée qui paraissait être comme la base de sa doctrine, et dont on trouvait une sorte d'image dans la figure de l'Y. Il enseignait que tous les hommes marchent d'abord dans un même chemin, jusqu'à ce que, arrivés à un endroit où ce chemin se sépare en deux parties, les uns prennent avec courage celui qui se trouve sur la droite, dur, raboteux et escarpé, mais qui les conduit à la vertu et à la sagesse; tandis que les autres suivent lâchement celui qui est à gauche, uni, doux, riant et semé de fleurs, mais qui aboutit à l'abîme des vices.

Y, subst. mas. (*iguerèke*), nom qu'on donne à un insecte lépidoptère sorti d'une chenille, et qui se nourrit de feuilles de menthe.

Y, adv. (*i*), relatif : dans cet endroit-là. — C'est aussi une espèce de particule explétive : *il y a des gens*, etc. — Il signifie encore, à cela, à cet homme-là : *j'y répondrai*, *fiez-vous-y*, etc. — Lorsque *y* est mis immédiatement après la seconde personne singulière de l'impératif, le mot prend un *s* : *vas-y*, *donnes-y tes soins*, *cueilles-y des fruits*, etc.

YABACANI, subst. mas. (*i-abakani*), t. de bot., nom par lequel on désigne la racine d'une aristoloche anguicide.

YABAG, subst. mas. (*i-abague*), t. de bot., espèce de plante du genre des sophores.

YACHT, subst. mas. (*i-ake*), petit navire à un pont. — Bâtiment à voiles et à rames.

YACK, subst. mas. (*i-ake*), t. d'hist. nat., buffle à queue de cheval.

YACON, subst. mas. (*i-akon*), t. d'hist. nat., oiseau du Brésil.

YACONDE, subst. mas. (*t-akonde*), t. d'hist. nat., nom d'un poisson qui paraît appartenir au genre des ostracions.

YACOS, subst. mas. (*i-akôce*), maladie endémique, pustuleuse, en Afrique.

YACOU, subst. mas. (*i-akou*), t. d'hist. nat., oiseau du Brésil; genre de l'ordre des oiseaux silvains, de la tribu des tétradactyles, et de la famille des alectrides. Les espèces dont se compose cette division offrent de grands rapports avec les gallinacés, dans leur corps épais, dans la forme de leurs ailes et de leurs pieds; mais elles ont le pouce posé sur le tarse, de même que les oiseaux silvains, tandis que, chez tous les autres, il est articulé plus haut que les doigts antérieurs. Les *yacous* ont le vol bas, horizontal et de peu de durée. Ils habitent les forêts les plus grandes et les plus fourrées de l'Amérique méridionale, depuis la Guyane jusqu'à la rivière de la Plata. Ils se perchent sur les branches inclinées des arbres, et ils courent en s'aidant de leurs ailes, avec tant de rapidité, qu'un homme ne peut les atteindre.

YADJOUR-VÉDA, subst. mas. (*i-adejourvéda*), l'un des livres qui concernent la religion des brahmes indiens. On dit aussi *Yazourvéda*.

YADOU, subst. propre mas. (*i-adou*), fils de Yayâti, et chef de la race des Yâdavas. Les brahmes font descendre de lui leur dieu Chrichna.

YAGOURÉ, subst. mas. (*i-aguouré*), t. d'hist. nat., nom d'un poisson que l'on pêche dans la Méditerranée.

YAGUTH, subst. propre mas. (*i-agute*), myth., dieu que les anciens Arabes adoraient sous la forme d'un lion.

YAHIÉ, subst. propre mas. (*i-a-i-é*), myth., nom de l'ange de la mort chez les Persans mahométans.

YALPOR, subst. propre mas. (*i-alpor*), myth., nom du tonnerre, chez les Péruviens.

YAM, subst. mas. (*i-ame*), t. de bot., grosse racine longue dont on distingue plusieurs espèces, et qui appartient aux climats intertropicaux. Les voyageurs en font un grand usage pour s'en nourrir dans leurs voyages. On la mange bouillie ou rôtie. Elle se garde très-longtemps.

YAMA, subst. propre mas. (*i-ama*), myth. indienne, le troisième des rois protecteurs des huit coins du monde.

YAMADAR-MARAJA, subst. propre mas. (*i amadar-maraja*), myth., nom que les Indiens donnent au dieu des enfers.

YAMALLA, subst. prop. mas. (*iamalela*), *myth., ancien dieu des Tschouwaches*.

YAM-MNEL, subst. mas. (*i-amenèle*), t. de bot., arbrisseau cultivé en Chine à cause de ses fruits, qui sont très-agréables à manger, très-sains, et qui ressemblent à ceux du mûrier; ce sont des drupes deux fois plus gros, rouges, acidules, à noyau ridé comme celui de la pêche. En Chine, on mange ces fruits crus; les Européens de Macao en mettent avec du sucre dans les gâteaux et autres sortes de pâtisseries; et en Cochinchine, on les mange à moitié mûrs, cuits avec du poisson. On tire des fruits mûrs du *yam-muel*, par fermentation, une espèce de vin d'une odeur, d'une saveur et d'une couleur agréables.

YAMUNA, subst. propre fém. (*i-amuna*), myth. indienne, l'une des trois déesses des eaux, et fille du Soleil.

YANQUIS, subst. propre mas. plur. (*i-anki*), nom d'un peuple des États-Unis d'Amérique.

YAPA, ou **YAPU**, subst. mas. (*i-apa, pu*), t. d'hist. nat., espèce d'oiseau du Brésil, à plumage noir, queue jaunâtre, yeux bleus, bec jaune, ayant une huppe composée de trois plumes mobiles. Il est de la grosseur d'une pie. On assure qu'il répand une mauvaise odeur lorsqu'il est en colère, et qu'il est utile dans les maisons, parce qu'il détruit les araignées, les grillons, et autres insectes qu'il attrape en furetant dans tous les coins des logements.

YAPOCK, subst. mas. (*i-apok*), t. d'hist. nat., espèce de petite loutre qu'on trouve dans les eaux douces de la Guyane : c'est un petit quadrupède de l'ordre des *marsupiaux*. *Son genre de vie est aquatique*.

YAPPÉ, subst. mas. (*i-apé*), t. de bot., grande et mauvaise herbe qui croît à la Guyane, et qui infeste les savanes. On la nomme aussi *queue de biche* ou *savane*.

YAPU, subst. mas. (*i-apu*). Voy. YAPA.

YARD, subst. mas. (*i-ar*), mesure anglaise; elle est un peu moins longue que le mètre.

YAQUARUNDI, subst. mas. (*i-akouarondi*), t. d'hist. nat., sorte de quadrupède qui a les mêmes mœurs que notre renard.

YAREMELEC, subst. mas. (*i-aremelèke*), t. de relat., sorte de monnaie turque, qui vaut un franc de France.

YARQUE, OU **YARQUÉ**, subst. mas. (*iarke, kié*), t. d'hist. nat., espèce de singe du genre des sakis.

YASSA, subst. mas. (*i-aceça*), t. de relat., corps de lois tartares dont le fameux Gengis-Kan passe pour être l'auteur.

YATAGAN, subst. mas. (*i-ataguan*), sorte de poignard turc, ou plutôt de coutelas d'environ dix-huit pouces de long, à lame droite, dont le tranchant forme une courbe rentrant vers le milieu, que les *cavas* (bourreaux) portent à *leur ceinture*, et *dont ils se servent pour trancher* la tête aux condamnés. La poignée et le fourreau sont souvent garnis d'or et d'argent ciselés. Après la prise d'Alger par les Français (5 juillet 1830), on distribua les armes trouvées dans la Casauba. Chaque officier supérieur reçut un *yatagan*.

YATISI, subst. mas. (*i-atizi*), t. de relat., heure du coucher en Turquie.

YAUK, *subst. propre mas.* (*i-ôke*), myth., divinité que les Arabes adorent sous la forme d'un cheval.

YAWA, subst. mas. (*i-ôce*), t. de médec., espèce de framboesia qui est endémique en Guinée. Elle ne paraît pas différer du pian d'Amérique.

YÈBLE, subst. fém. (*i-èble*), t. de bot., sorte d'arbrisseau à tiges herbacées, qui a tous les caractères du sureau, et qui croît dans les terres labourables. L'*Académie* écrit aussi *hièble*. Voy. ce mot. Quelques-uns donnent également à cette plante le nom d'*yable* ou de *petit sureau*.

YELDIS, subst. mas. (*i-èldice*), t. de philosophie hermét., nom qu'on donne au verre en alchimie.

YÉLION, subst. mas. (*i-éli-on*) (du grec ὕαλος, verre), t. de philosophie hermét., la même chose que *yeldis*. Voy. ce mot.

YÉNITE, subst. mas. (*i-énite*), t. d'hist. nat., minéral qui, au premier coup-d'œil, ressemble à de la tourmaline noire opaque ou à de l'amphibole noir. L'*yénite* est noir et opaque, quelquefois cependant brunâtre. Il se trouve crystallisé, et ses crystaux sont prismatiques, souvent très-longs, variant depuis le diamètre d'un cheveu jusqu'à celui du petit doigt; mais cette dernière dimension est extrêmement rare. La forme dominante de ses crystaux est celle d'un prisme droit, obtus, légèrement rhomboïdal, strié longitudinalement, et terminé par des sommets facettés ou en biseaux. Ces crystaux offrent plusieurs variétés. Leur substance est souvent brillante et polie comme celle de la tourmaline; ils sont implantés sur la gangue, et en partie dégagés; d'autres fois, et c'est même le plus communément, ils sont réunis en faisceaux, ou bien accolés, et composent des masses à contexture bacillaire; quelquefois aussi ils sont épars et enveloppés par les substances qui leur servent de gangue. L'*yénite amorphe* est beaucoup plus rare.

YENKE, subst. fém. (*i-anke*), t. de relat., en Turquie, femme qui couche la mariée le premier jour de ses noces.

YENG-VANG, subst. propre mas. (*i-angnevangue*), myth., roi de l'Enfer, chez les Chinois.

YEOMAN, subst. mas. (*i-é-omane*), nom d'une garde particulière des rois d'Angleterre.

YERSCH, subst. mas. (*i-ereche*), t. d'hist. nat., espèce de perche qui vit dans les rivières de Sibérie.

YET, subst. mas. (*i-é*), t. d'hist. nat., coquillage du genre des volutes; c'est la plus grosse des coquilles univalves.

YÉTAPA, subst. mas. (*i-étapa*), t. d'hist. nat., nom que les habitants du Paraguay ont imposé à un oiseau, par allusion à sa manière de suspendre son vol en ouvrant fortement, puis resserrant sa très-longue queue. — Ils donnent aussi cette dénomination à un milan, d'après la forme de sa queue.

YEU-CHA, subst. mas. (*i-eucha*), t. de bot., arbre de la Chine, dont les graines fournissent une grande quantité d'huile fine et jaunâtre qui sert pour l'éclairage à Canton et à Macao. On en fait aussi usage pour les fritures, mais elle ne remplace ni l'huile d'olive, ni l'huile de sésame. Cet arbre est une espèce de thé.

YEUSE, subst. fém. (*i-euze*), petite espèce de chêne qui a une écorce unie et rousse.

YEUX, subst. mas. plur. (*i-eu*), c'est le pluriel du mot *œil*; *avoir devant les yeux*, *regarder entre les deux yeux*, etc. Voy. ŒIL. — Il se dit, en badinant, pour *lunettes*. — Quant à ces petites ouvertures qui sont dans le pain, dans le fromage, voyez nos observations au mot ŒIL. — *Yeux d'écrevisses*, pierres qui naissent dans la tête de certaines écrevisses. — *Yeux de bouc*, coquillages dont la chair sert d'appât aux pêcheurs. — *Yeux de peuple*, se dit des bourgeons glutineux du *peuplier noir*. — *Yeux à réseaux*, dans les insectes, les deux *yeux* les plus apparents. — *Yeux lisses*, chez plusieurs insectes, trois points noirs et brillants qu'ils ont derrière ou entre les *yeux à réseaux*. — *A yeux clos*, loc. adv., aveuglément et sans examiner les choses.

YERVILLE, subst. propre mas. (*i-èrvile*), village de France, chef-lieu de canton, arrond. d'Yvetot, dép. de la Seine-Inférieure.

YÉZAD, subst. propre mas. (*i-ézade*), le bon principe parmi les Persans.

YEZDEGERDIQUE, subst. fém. et adj. des deux genres (*iézedejèredike*); il se dit d'une ancienne ère des Perses dont on fixe l'époque à l'an 632 de Jésus-Christ, au commencement du règne du petit-fils de Chosroès-*Yezdegerde*.

Y-GREC, subst. mas. (*iguerèke*), la lettre alphabétique *y*; abusivement dénommée *y-grec*, car les Grecs n'avaient pas ce caractère de lettre.

Y-KING, subst. mas. (*ikieingue*), le plus ancien des livres sacrés des Chinois.

YO, subst. mas. (*i-ô*), nom d'une espèce de flûte dont on fait un usage fréquent en Chine.

YOÏDE, adj. des deux genres. (*i-o-ide*). Voy. HYOÏDE.

YOLATOL, subst. mas. (*i-olatole*), t. d'hist. nat., sorte de poisson qu'on trouve dans les Indes orientales.

YOLE, subst. fém. (*i-ole*), sorte de petit canot fort léger, qui va à voiles et à rames.

YOLOCHITE, subst. mas. (*i-olochite*), t. de bot., grand arbre du Mexique, que l'on a rapporté au magnolier, et qui a quelques affinités avec le genre talaume.

YOLOFS, subst. propre m. pl. (*i-olofe*), nom de peuplades presque sauvages qui habitent au Sénégal.

YOLOTOTOLT, subst. mas. (*i-olototolete*), t. d'hist. nat., nom d'un oiseau qui habite ordinairement au Mexique.

YOUC ou **YOUQUE**, subst. mas. (*i-ouke*). Voy. YUCCA.

YOURTE, subst. fém. (*i-ourte*), demeure sous terre que se forment, pendant l'hiver, les habitants du Kamtschatka. — On donne aussi ce nom à des chapelles souterraines où certains idolâtres de la Sibérie vont adorer les images consacrées par leur culte.

YPONOMEUTE, subst. fém. (*iponomeute*), t. d'hist. nat., genre d'insectes lépidoptères et de la famille des nocturnes.

YPRÉAU, subst. mas. (*ipré-ô*), t. de bot., espèce d'orme ou de peuplier à larges feuilles, qui tire son nom d'*Ypres*, en Flandre, où il est commun et d'une beauté extraordinaire.

YPSILOÏDE, adj. des deux genres (*ipecilo-ide*) (du grec υψιλον, lettre grecque υ, et εἶδος, forme), t. d'anat., qui appartient à la suture du crâne.

YPSOLOPHE, subst. mas. (*ipeçolofe*), t. d'hist. nat., genre d'insectes lépidoptères.

YSUM, subst. propre mas. (*izome*), myth., dieu d'une figure hideuse, qu'adorent les Japonais.

YTTERBY, subst. mas. (*itèrebi*), terre noire, éclatante, à éclat vitreux. — Subst. propre mas., ville de Suède.

YTTERBITE, subst. fém. (*itèrebite*), t. d'hist. nat.; on a donné ce nom à la gadolinite d'*Ytterby* en Suède.

YONNE, subst. propre fém. (*i-one*), rivière de France, qui donne son nom à un département.

YONNE, subst. propre fém. (*i-one*), dép. de France, qui tire son nom de la rivière d'*Yonne*, qui le traverse; le chef-lieu est Auxerre.

YRIEIX (SAINT-), subst. propre mas. (*ceintiri-èkce*), ville de France, chef-lieu de canton et d'arrond., dép. de la Haute-Vienne.

YSSENGEAUX, subst. propre mas. (*içanjô*), ville de France, chef-lieu de canton et d'arrond., dép. de la Haute-Loire.

YTTRIA, subst. fém. (*itetri-a*), t. d'hist. nat., espèce de terre nouvellement découverte, et ainsi nommée d'*Ytterbi* en Suède, où le professeur *Gadolin* la trouva dans le minéral que le chimiste *Ekebert* a depuis appelé *gadolinite*.

YTTRIUM, subst. mas. (*itetri-ome*), métal présumé de l'*yttria* ou *ytterbite*, espèce de terre alcaline, ou d'oxide.

YTTRO-CÉRITE, subst. mas. (*itetrôcérite*), t. d'hist. nat., sorte de minéral qui a été découvert près de Fahlum, ville de Suède.

YTTRO-TANTALITHE, subst. mas. (*itetrôtantalite*), t. d'hist. nat., sorte de minéral qui a été découvert aux environs d'Ytterby, mêlé à l'ytterbite ou yttria.

YU, subst. mas. (*i-u*), chez les Chinois, pierre sonore dont ils font des flûtes, des cloches. — Herbe dont les filaments servent à confectionner de fort belles étoffes.

YUCCA, subst. mas. (*i-uka*), t. de bot., genre de plantes monogynes de la famille des liliacées.

YUNX, subst. mas. (*i-onkce*), t. d'hist. nat., nom d'une espèce d'oiseau qu'on trouve assez fréquemment aux Indes.

YVETOT, subst. propre mas. (*ivetô*), ville de France, chef-lieu de canton et d'arrond., dép. de la Seine-Inférieure.

Z, subst. mas. (*ze* et non plus *zède*, qui ne rend pas le son naturel de cette lettre), vingt-cinquième lettre de l'alphabet et la dix-neuvième des consonnes. — Z est le signe de l'articulation sifflante faible dont nous représentons la forte par S au commencement des mots, comme : *sable, sel, sillon*, sur nous représentons souvent la même articulation faible par la lettre S entre deux voyelles, comme dans *maison, cloison, misère, usage*, etc., que nous prononçons *mèzon, kloèzon, mizère, uzaje*, etc. — Quelquefois aussi la lettre *x* représente cette articulation faible, comme dans : *deuxième, sixain, sixième*, etc. — Les deux lettres *x* et *s*, à la fin des mots, se prononcent toujours comme un *z*, quand elles doivent se prononcer, excepté dans *six* et *dix*, lorsqu'elles ne se trouvent pas suivies du nom de l'espèce nombrée ; nous prononçons *deux hommes, aux enfants, mes amis, vos honneurs*, comme s'il y avait : *deuzome, ôzanfan, mèzami, vôzoneur*. — Par conséquent, dans le même cas, il faut prononcer, *six hommes, dix aunes*, etc., comme s'il y avait *sizomes, dizône*. — Chez les anciens, lettre qui valait 2,000, et avec un trait horizontal placé au-dessus, 2,000,000. — C'était aussi chez eux un signe de mauvais augure dans les sorts. — Z est la figure de la sixième lettre capitale (*zêta*) de l'alphabet grec. — Dans le commerce et les bureaux d'administration, Z sert de marque pour les registres ; *registre Z*. — Le Z figure les sinuosités de la foudre, comme le S

— Cette lettre sert à marquer la vingt-troisième feuille d'un ouvrage imprimé, ou d'un volume : *feuille Z; signature Z*. — En archit., Z indique souvent, comme les autres lettres, les pierres qui doivent prendre rang, selon leur taille, dans la construction des colonnes ou autres parties d'un édifice, ou d'un pont, etc. — Z marque encore les figures des planches de cuivre gravées, analogues au texte, pour en trouver par le renvoi l'explication dans ce même texte. — Poinçon d'acier, au bout duquel est gravé un Z, pour frapper ou imprimer cette lettre. — Fig. : *cet homme est fait comme un z*, est tortu et contrefait (dans ce cas prononcez *zède*).

ZA, subst. mas. (*za*), nom par lequel, dans le plain-chant, on distinguait anciennement le *si* bémol du *si* naturel.

ZABEILLE, subst. fém. (*zabèle*), zibeline.

ZACA, subst. mas. (*zaka*), aumône que les Turcs font d'une partie de leurs biens : c'est l'équivalent de notre ancienne dîme.

ZACCON, subst. mas. (*zakon*), t. de bot., espèce d'arbre d'Orient, du genre des pruniers, dont les feuilles ressemblent à celles de l'olivier; on tire, dit-on, de ses fruits une huile que l'on regarde comme très-bonne contre les humeurs froides.

ZACHI, subst. mas. (*zakle*), nom qu'on donne, en Autriche, au mouton valachien.

ZACINTHE, subst. fém. (*zaccinte*), t. de bot., plante dont les feuilles sont employées avec succès contre les verrues.

ZACORE, subst. propre mas. (*zakore*), myth., un des princes qui vinrent au secours de Persée : il fut tué par Argus, fils de Phryxus.

ZACOUM, subst. mas. (*zakoume*), myth., arbre de l'enfer, dont les fruits sont des têtes de diables. (*Raymond*.)

ZAÉJIER, subst. mas. (*za-éjié*), sorte de monnaie qui a cours en Perse. Voy. MAMOUDI DE PERSE. — C'est aussi une monnaie de billon du même pays.

ZAGA, subst. mas. (*zagua*), grand et bel arbre des Indes, qui sert d'ornement.

ZAGAIE, subst. fém. (*zaguié*), sorte de javelot dont les Mores se servent pour combattre à cheval. Il est armé d'un fer dentelé qui rend les blessures extrêmement dangereuses. Les sauvages de la Nouvelle-Hollande en font aussi usage ; mais alors ce javelot n'est qu'armé d'une pierre dure, aiguë et tranchante. Quelques-uns écrivent *sagaie* ; Boiste ajoute même que cette dernière orthographe doit être préférée.

ZAGARD-BACHI, subst. mas. (*zaguarbachi*), t. de relat., gardien de lévriers, à Constantinople.

ZAGH, subst. mas. (*zague*), substance usitée, en Orient, pour damasquiner les armes blanches.

ZAGU, subst. mas. (*zagu*), t. de bot., espèce d'arbre des Indes, assez semblable au palmier.

ZAGORIE, subst. fém. (*za-ori*) (du grec ζχ,

très-fort, et ὁρατικός, la vue), faculté d'une vue très-perçante.

ZAIL, subst. mas. (*za-île*). Voy. BOROZAIL.

ZAÏM, subst. mas. (*za-ime*), cavalier de la milice turque, qui n'est obligé au service qu'en redevance d'un fief qui lui est donné à vie par le grand-seigneur.

ZAÏMET, subst. mas. (*za-imè*), fonds destiné à la subsistance du *zaïm*.

ZAIN, adj. mas. (*zein*) ; il se dit d'un cheval tout noir ou tout bai, sans aucune marque de blanc. Les Italiens disent également *zaino*.

ZAIRAGIAH, subst. mas. (*za-iraji-a*), divination en usage parmi les Arabes.

ZAMBARES, subst. mas. (*zanbarèce*), t. d'hist. nat., quadrupède de l'Indostan, qui tient du bœuf par le corps, et du cerf par les cornes et les pieds.

ZAMBORIQUE, subst. mas. (*zanborike*), nom d'une sorte de substance métallique.

ZAMBRE, subst. et adj. des deux genres (*zanbre*), né du mulâtre et du noir.

ZAMBRELOUQUE, subst. fém. (*zanbrelouke*), espèce de robe ancienne.

ZAMÉE, subst. fém. (*zamé*), t. de bot., genre de plantes polygynes, de la famille des palmiers.—Subst. mas. plur., pommes de pin qui s'ouvrent sur l'arbre, et qui peuvent gâter les autres, si on ne les sépare.

ZAMOLXIS, subst. propre mas.(*zamolekcice*), myth., disciple de Pythagore et législateur des Thraces, qui lui rendirent après sa mort des honneurs divins.

ZAMPOGNE, subst. mas. (*zanpognie*), sorte de chalumeau, instrument de musique à vent.

ZANICHELLE, subst. fém. (*zanichèle*), t. de bot., sorte de plante rameuse, annuelle, et qui croît au fond des eaux stagnantes ou peu rapides d'Amérique, où elle est très-commune, de même qu'en Europe. Il est assez difficile de la trouver, parce qu'elle a tant de ressemblance avec le potamot à feuilles de graminées, qu'il faut la voir en fleurs pour la reconnaître.

ZANLINE, subst. fém. (*zanline*), t. d'hist. nat., nom d'une espèce de poisson du genre des spares.

ZANNI, et non pas ZANI, subst. mas. (*zaneni*) (corruption de *Giovanni*, Jean, pour lequel on dit aussi *Gianni*, et dans le dialecte bergamasque, *Zanni*), personnage bouffon dans les comédies, en Italie.

ZANOÉ, subst. fém. (*zano-é*), t. d'hist. nat., espèce de pie qu'on rencontre souvent au Mexique et au Pérou.

ZANONIE, subst. fém. (*zanoni*), t. de bot., sorte de plante grimpante, qui forme un genre dans la diœcie pentandrie.

ZANCLÉ, subst. propre mas. (*zanklé*), (du grec ζάγκλη, faux, faucille), myth., nom donné à la Sicile, parce qu'on croyait que la faulx de Saturne y avait été trouvée. Ainsi, *Charybdis Zanclœa*, dans *Ovide*, signifie que le gouffre de Charybde est vers les côtes de la Sicile.

ZANTHÈNE, subst. fém. (*zantène*), t. d'hist. nat., nom d'une espèce de poisson du genre des spares.

ZANTHORHISE, subst. mas. (*zantôrize*), (du grec ξανθός, jaune, et ῥίζα, racine), t. de bot., petit arbuste d'un à deux pieds de haut, à feuilles alternes, terminales, pinnées avec impaire ; à folioles ovales, cunéiformes, dentées, la terminale plus profondément ; à fleurs d'un violet noirâtre, disposées en panicules terminales ; qui forme un genre dans la pentandrie monogynie et dans la famille des renonculacées.

ZANTOXYLÉE, subst. fém. (*zantokcilé*), t. de bot., nom dont on s'est servi pour désigner plusieurs arbres d'Amérique, dont un est remarquable par la couleur jaune de son bois.

ZANTOXYLUM, subst. mas. (*zantokcilome*). Voy. ZANTOXYLÉE.

ZANTURE, subst. fém. (*zanture*), t. d'hist. nat., espèce de poissons du genre des spares.—Sorte de coquille.

ZAPANE, subst. fém. (*zapane*), t. de bot., genre de plantes de la diandrie monogynie et de la famille des pyrénacées, qu'on a établi aux dépens des verveines de *Linnée*.

ZAPHAR, subst. mas. (*zaphar*), t. d'hist. nat., belle espèce d'oiseau de la famille des faucons ; faucon de la belle espèce.

ZARATHAN, subst. mas.(*zaratan*), t. de médec., induration des mamelles simulant le cancer de cet organe.

ZARPHARNÉ-ÉMINI, subst. mas. (*zarfarné-émini*), t. de relat., inspecteur de l'hôtel des Monnaies, à Constantinople.

ZARVI, subst. mas. (*zarvi*), chapelle particulière dans laquelle reposent les corps de quelques marabouts musulmans regardés comme saints. On a un tel respect pour ces lieux, que les banqueroutiers, les assassins, et en général tous les malfaiteurs, y trouvent un asyle sûr dont il n'est pas permis de les arracher.

ZAVANAS, subst. mas. (*zavand*), myth., un des dieux des anciens Syriens.

ZÉAGONITE, subst. mas. (*zé-aguonite*), t. d'hist. nat., minéral découvert dans la lave de Capo-di-Bove, près de Rome. Il est d'un blanc grisâtre ou rosâtre, composé de prismes à huit pans.

ZÉBIR, subst. propre mas. (*zébir*), myth. mah. ; selon les Arabes musulmans, nom de la montagne sur laquelle Dieu parla à Moïse.

ZÉBOA, subst. mas. (*zébo-a*), t. d'hist. nat. ; on nomme ainsi, dans l'île de Néra, située près de Banda, dans l'océan Indien, une vipère qui paraît se rapprocher beaucoup du céraste.

ZÈBRE, subst. mas. (*zèbre*), t. d'hist. nat., espèce de mulet du cap de Bonne-Espérance, dont la peau est traversée de bandes noires presque symétriques. C'est un mammifère solipède, dont l'espèce est très-voisine de celle de l'âne avec lequel il s'accouple, et que l'on a long-temps désigné sous le nom d'*âne rayé*. — C'est aussi un nom commun à deux espèces de poissons, les chétodons et les pleuronectes, qui ont le corps traversé de certaines parties noirâtres, comme le *zèbre*.

ZÉBRÉ, E, adj. (*zébré*), marqué de raies saillantes comme le *zèbre*.

ZÉBU, subst. mas. (*zébu*), t. d'hist. nat., race dans l'espèce du bœuf domestique, qui a deux loupes graisseuses sur le garrot ; petit bison.

ZÉDARON, subst. mas. (*zédaron*), t. d'astron., étoile placée sur la poitrine de Cassiopée.

ZÉDOAIRE, subst. fém. (*zédo-ère*) (en latin *zedoaria*), racine d'un goût aromatique qui nous vient de la Chine, et dont on connaît deux espèces, la *zédoaire longue* et la *zédoaire ronde*.

ZÉDÉ, part. pass. de *zéder*.

ZÉDER, v. neut. (*zédé*), vider, dépouiller les animaux. (*Boiste*.) Vieux et même hors d'usage.

ZÉE, subst. mas. (*zé*), t. d'hist. nat., genre de poissons de la division des thoraciques. Aujourd'hui ce genre ne comprend que trois espèces, connues des naturalistes français sous le nom de dorées. — T. de bot. ; on donne le nom de *zée* à une sorte de blé.

ZÉILIS, subst. mas. (*zéli*), nom de sectaires mahométans.

ZÉINE, subst. fém. (*zé-ine*), t. de chim., substance jaune qui ressemble à de la cire, et qu'on obtient après avoir traité par l'eau une certaine quantité de maïs.

ZÉLANDE, subst. propre fém. (*zélande*), province hollandaise. — *Nouvelle-Zélande*, contrée de la Polynésie dans le grand Océan austral.

ZÉLANDAIS, E, subst. et adj. (*zélandé, dèze*), de la *Zélande*.

ZÉLATEUR, subst. mas., au fém. ZÉLATRICE (*zélateur, trice*), celui, celle qui agit avec beaucoup de *zèle* pour la patrie, pour la religion : *grand zélateur du bien public, de la gloire de Dieu*. Il est toujours suivi d'un complément.

ZÉLATRICE, subst. fém. Voy. ZÉLATEUR.

ZÈLE, subst. mas. (*zèle*) (en lat. *zelus*, en grec ζῆλος), affection ardente, amour ardent pour quelque chose, pour les intérêts de quelqu'un ou pour les siens propres. — *Zèle indiscret*, qui n'est pas réglé par la prudence. — *Faux zèle, zèle aveugle*, qui est mal dirigé, etc.—On dit *le zèle de la maison de Dieu le dévore*, pour dire qu'il a un grand *zèle* pour le service de Dieu.

ZÉLÉ, E, adj. (*zélé*), qui a du *zèle*, de l'ardeur et de la ferveur pour quelqu'un ou pour quelque chose.—Subst., il signifie la même chose que l'adj. : *c'est un zélé, une zélée*.

ZELLKIES, subst. mas. (*zèleki*), t. d'hist. nat., on donne ce nom allemand, qui signifie *pyrite cellulaire* ou *caverneuse*, à une variété cellulaire de fer sulfuré, d'un jaune de bronze, ou vert, ou d'un gris d'acier, qui se trouve en masse le plus souvent cellulaire, et dont les cavités sont polygones.

ZÉLOTE ou ZÉLOTYPE, subst. mas. (*zélote, tipe*) (en lat. *zelotypus*), jaloux. (*Boiste*.) Vieux et même hors d'usage.

ZÉLOTYPIE, subst. fém. (*zélotipi*), jalousie, *zèle* outré. (*Boiste*.) Vieux et même hors d'usage.

ZÉLUS, subst. mas. (*zéluce*), t. d'hist. nat., genre d'insectes de l'ordre des hémiptères, qui n'est qu'un démembrement du genre céduve. Ces insectes sont tous exotiques.

ZÉMES, subst. mas. plur. (*zème*), myth., esprits malfaisants auxquels les habitants des Antilles rendaient un culte avant l'arrivée des Espagnols.

ZÉMIES, subst. fém. plur. (*zémi*), t. d'antiq., sacrifice expiatoire que les femmes athéniennes faisaient le quatrième jour des *thesmophories*.

ZÉMINA, subst. mas. (*zémina*), myth., sacrifice expiatoire qui se faisait, dans les mystères d'Eleusis, pour les fautes qui pouvaient avoir été commises pendant la solennité.

ZÉMINDAR, subst. mas. (*zémeindar*), officier persan qui tient une partie de terrein du souverain même, moyennant une redevance annuelle.

ZEMNI, subst. mas. (*zémeni*), t. d'hist. nat., mammifère rongeur du genre des hamsters, qui n'a point d'abajoues, et qui se trouve principalement en Russie.

ZEMZEM, subst. mas. (*zèmezème*), myth., puits ou fontaine qui se voit à la face orientale du Kaaba.

ZEN, subst. propre mas. (*zène*), myth., surnom de Jupiter.

ZÉNADÉCAHS, subst. mas. plur. (*zénadéka*), sectaires mahométans.

ZÉNALE, subst. fém. (*zénale*), t. de bot., sorte de plante de la Nouvelle-Hollande.

ZEND, ZEND-AVESTA, subst. mas. (*zeinde, zèindavéceta*), livre sacré des Persans, disciples de *Zoroastre*.

ZÉNIK ou ZÉNICK, subst. mas. (*zénik*), t. d'hist. nat., espèce de petit animal du cap de Bonne-Espérance qui ne paraît pas différer de celui qu'on nomme *surikate*.

ZÉNITH, subst. mas. (*zénite*), le point du ciel, qui est élevé perpendiculairement sur chaque point du globe terrestre. Il est opposé à *nadir*. (Mot dérivé de l'arabe *semt*, qui signifie *le point*. Dans les éléments d'astronomie d'*Alfergam*, le *zénith* est appelé *semt ras* ou *el ras*, point d'en haut, point du ciel situé verticalement au-dessus de la tête.)

ZÉNONIQUE, adj. des deux genres (*zénonike*), conforme à la doctrine de *Zénon*.—*Points zénoniques*, les points indivisibles que *Zénon* admettait dans sa philosophie. Ce sont les monades de *Leibnitz*.

ZÉNONISME, subst. mas. (*zénoniceme*), philosophie de *Zénon*.—Secte, corps des partisans de *Zénon* :

> Mais déjà je vois d'ici
> Frémir tout le *zénonisme*.
> J.-B. ROUSSEAU, liv. II, *ode* 8.

ZÉNONISTE, subst. mas. (*zénonicete*), partisan de la philosophie ou de la doctrine de *Zénon*. Voy. ZÉNONISME.

ZÉOLITHE, subst. mas. (*zé-olite*) (du grec ζέω, bouillir, et λίθος, pierre), t. d'hist. nat., substance minérale, à laquelle l'action du feu fait éprouver une sorte d'ébullition.

ZÉPHIR, subst. mas. (dans l'acception de vent doux, l'*Académie* écrit *zéphire*) (*zéfire*) (en grec ζέφυρος, fait de ζωηφόρος, qui porte la vie ; rac. ζωή, vie, et φέρω, je porte), vent doux et agréable.—En poésie, et en parlant de ce vent comme d'une divinité de la fable, on écrit et on prononce *Zéphyre*, et alors on le met sans article. Voy. l'article suivant.

ZÉPHYRE, subst. propre mas. (*zéfire*), t. de myth., vent d'occident, et l'un des quatre principaux. Il était fils d'Éole et de l'Aurore, selon quelques-uns. Il souffle avec tant de douceur, et a cependant tant de puissance, qu'il rend la vie aux arbres et aux fruits. Il épousa la déesse Flore, dont il eut plusieurs enfants. On le représente sous la figure d'un jeune homme ayant un air serein.— ZÉPHYR, ZÉPHYRE. (*Syn.*) Le *zéphyr* est un vent doux et léger ; le *Zéphyre* est le *zéphyr* personnifié. Le *zéphyr* souffle ; le *Zéphyre* voltige et folâtre. Le *zéphyr* annonce le printemps, un temps doux ; le *Zéphyre* le ramène, pour ainsi dire, sur ses ailes. Le *zéphyr* réchauffe ou rafraîchit l'air selon la saison ; le *Zéphyre* caresse Flore et fait éclore les fleurs.—Les poètes personnifient aussi quelquefois le *zéphyr*, et surtout les *zéphyrs* ; mais *Zéphyre* est le dieu, il est le chef des *zéphyrs* ou le *zéphyre* par excellence.—*Zéphyre* est aux *zéphyrs* ce que l'Amour est à l'essaim des petits Amours. *Zéphyre* est un personnage, il commande, les *zéphyrs* obéissent ; ils volent et voltigent en foule ; ils se jouent entre les rameaux des arbres, dans les plis d'une robe flottante, dans les boucles et les tresses des cheveux. — *Zéphyre* ne figure que dans la poésie ; *zéphyr*, dans la prose, est un mot un peu recherché.

ZÉPHYRITIS, subst. fém. (*zéfiritice*), étoffe imitant la dentelle.

ZÉPHYRUS, subst. propre mas. (*zéfiruce*), myth., l'un des chiens d'Actéon.

ZÉRO, subst. mas. (*zéró*) (suivant plusieurs étymologistes, mot d'origine arabe. *Trévoux* le dérive par transposition de l'hébreu *ezoa*, ceinture, à cause de sa forme circulaire.), nom donné au caractère d'arithmétique qui s'exprime par *o*. Ce caractère par lui-même ne fait aucun nombre; mais, étant placé après les autres nombres, il sert à les multiplier par dix.— Fig. et fam., homme sans crédit, sans considération : *cet homme est un zéro*, *un zéro en chiffre*.—En mus., le *zéro* indique qu'il faut toucher une corde à vide.—*Zero* marque sur le thermomètre de Réaumur que la température est au degré de *glace fondante*.—Au plur., des *zéro*.

ZEST et non pas **ZESTE** (*zècete*), sorte d'interj., qui sert à marquer qu'on veut rejeter ce qu'un autre dit, qu'on veut s'en moquer : *zest ! le voilà échappé*. — Subst. mas., prov. : *entre le zist et le zest*, entre deux, passablement, tant bien que mal.— Les perruquiers appelaient *zest*, une espèce de bourse de cuir ou de peau douce, qui s'enflait et qui se resserrait par le moyen d'une baleine; elle portait la poudre sur les cheveux ou sur une perruque, dans l'endroit qui en avait besoin, par un petit tuyau d'ivoire ouvert à l'extrémité pour la laisser échapper.

ZESTE, subst. mas. (*zècete*) (du latin *cicus*, ou mieux *ciccum*, dérivé, dans la même signification, du grec κικκος, membrane), ce qui est audedans de la noix et qui la sépare en quatre. — Partie mince qu'on coupe sur le dessus de l'écorce d'orange ou de citron, etc. — Il s'emploie au figuré pour marquer le peu de cas qu'on fait d'une chose ou son peu de valeur : *cela ne vaut pas un zeste*.

ZESTÉ, E, part. pass. de *zester*.

ZESTER, v. act. (*zèceté*), couper l'écorce d'un citron par bandes très-minces, de haut en bas. Peu usité. — *se* ZESTER, v. pron.

ZÉTÈTE, subst. mas. (*zétète*) (du grec ζητεω, je cherche), t. d'antiq., magistrat établi à Athènes dans des moments extraordinaires, pour faire la recherche des sommes qui étaient dues à la république.

ZÉTÉTIQUE, adj. des deux genres (*zététike*) (en grec ζητητικος, fait de ζητεω, je cherche), t. de math.: *la méthode zététique*, ou simplement au subst. fém. : *la zététique*, celle dont on se sert pour résoudre un problème, en recherchant la raison et la nature d'une chose.—*Philosophes zététiques*, anciens philosophes qui, comme les pyrrhoniens, faisaient profession de chercher la vérité, mais qui ne la trouvaient point, parce qu'ils doutaient de tout.

ZEUGILES, subst. mas. plur. (*zeujile*), t. d'antiq., gluaux dont on se servait pour prendre les oiseaux à la pipée.

ZEUGITE, subst. mas. (*zeujite*), t. d'antiq., citoyen d'Athènes qui recueillait deux cents mesures de blé ou d'huile. — T. de bot., genre de plantes.

ZEUGME, subst. mas. (*zeugueme*), mot exprimé dans une proposition et sous-entendu dans une autre.—Sorte d'ellipse.

ZEUGOS, subst. mas. (*zeuguôce*), instrument des Grecs, composé de deux flûtes jointes ensemble.

ZEUS, subst. propre mas. (*zeuce*), t. de myth., surnom grec donné à Jupiter.

ZEUXIDIE, subst. propre fém. (*zeukcidi*), myth., surnom de Junon sous lequel Apis lui bâtit un temple à Argos, en mémoire de ce qu'il avait attelé des bœufs à la charrue pour labourer.

ZEUZÈRE, subst. fém. (*zeuzère*), t. d'hist. nat., genre d'insectes de l'ordre des lépidoptères.

ZÉZAYÉ, part. pass. de *zézayer*.

ZÉZAYER, v. neut. (*zézé-ié*), prononcer mollement *z* pour *ch* et *j*: *il a l'habitude de zézayer*. (*Boiste*.) Presque inusité.

ZIAM, subst. mas. (*zi-ame*), sorte de monnaie d'or d'Alger de la valeur de cent aspres. Voy. ce mot.

ZIANGI, subst. mas. (*zi-anji*), monnaie d'argent du grand-mogol; c'est une roupie qui vaut vingt pour cent de plus que celle qu'on nomme *gazana*. L'empire mogol n'existe plus.

ZIBELINE, subst. fém. (*zibeline*), t. d'hist. nat., sorte de martre. — Sa fourrure. — Adj. fém. : *martre zibeline*.

ZIBET, subst. mas. (*zibé*), t. d'hist. nat., civette d'Asie.

ZIGADÈNE, subst. fém. (*ziguadène*), t. de bot., genre de plantes monogynes.

ZIGZAG, subst. mas. (*ziguezague*), suite de lignes l'une au-dessus de l'autre, formant entre elles des angles très-aigus.—Nom d'une petite machine composée de tringles mobiles et disposées en losange, qui s'allongent ou se resserrent, suivant le mouvement qu'on lui donne par deux branches qui servent à la tenir. — *Marcher en faisant des zigzags*, marcher en allant tantôt d'un côté, tantôt d'un autre, comme un homme pris de vin. — *Tranchée en zigzag*, composée de plusieurs parties qui vont l'une à gauche, l'autre à droite, en avançant toujours vers la ville qu'on assiège. — *Chemin en zigzag*, qui va en serpentant. — *Broderie en zigzag*, celle qui représente la figure d'un *zigzag* à demi allongé. — T. d'hist. nat., espèce d'insecte du genre des bombyx, nommé ainsi parce que ses ailes sont traversées par des bandes ondulées en *zigzag*.— Nom qu'on a donné à un crustacé du genre vénus.

ZIL, subst. mas. (*zile*), instrument de musique des Turcs. Ce sont deux bassins de cuivre que l'on frappe l'un contre l'autre, semblables aux cymbales adoptées depuis quelque temps dans notre musique militaire.

ZILALAT, subst. mas. (*zilala*), t. d'hist. nat., espèce de crabier blanc qu'on trouve dans les mers du Mexique.

ZILLE, subst. fém. (*zi-ie*), t. de bot., nom d'une plante qui croît en Egypte.

ZILLÉ, E, adj. (*zi-ié*), t. de bot., qui a rapport à la zille.—Subs. f. pl., famille de plantes crucifères.

ZILLERTHITE, subst. fém. (*zilèretite*), substance minérale qui a beaucoup de ressemblance avec l'actinote.

ZIMBIS, subst. mas. (*zeinbi*), t. d'hist. nat., sorte de coquillage univalve.

ZINC, subst. mas. (*zeinke*) (mot allemand), métal blanc et lamelleux, qui brûle avec une flamme blanche très-brillante, et, au moment où il se fond, se réduit en vapeur et en flocons blancs comme lanugineux. Mêlé au cuivre rouge, il le rend jaune.—*Fleur de zinc*, oxyde de *zinc* sublimé. — *Zinc oxydé*, calaminaire ou pierre calaminaire. — *Zinc en navettes*, *zinc* coulé dans des moules de fer, pour les réduire en saumons. — *Zinc sulfaté*, *sulfate de zinc*, vitriol de *zinc*, vitriol blanc, couperose blanche. — *Zinc sulfuré*, *sulfure de zinc*, blende.

ZINGEL, subst. mas. (*zeinjèle*), t. d'hist. nat., espèce de poisson.

ZINNIA, subst. fém. (*zineni-a*), t. de bot., genre de plantes corymbifères.

ZINZILULÉ, part. pass. de *zinziluler*.

ZINZILULER, v. neut. (*zeinzilulé*), gazouiller comme les petits oiseaux. (*Boiste*.) Inusité.

ZINZOLIN, subst. mas. (*zeinzolein*), sorte de couleur d'un violet rougeâtre.—On dit aussi adj. au mas. : *du taffetas zinzolin*.

ZINZOLINÉ, E, part. pass. de *zinzoliner*.

ZINZOLINER, v. act. (*zeinzoliné*), donner la couleur bleue à quelque chose; rendre de couleur bleue; teindre en bleu.—*se* ZINZOLINER, v. pron. Peu usité.

ZIRARME, subst. mas. (*zirarme*), t. d'antiq., sorte de pique ou de lance dont on se servait chez les Romains.

ZIRCON, subst. mas. (*zirkon*), genre de pierres précieuses, ainsi nommées par corruption, du *jargon de Ceylan*, l'une d'entre elles.

ZIRCONE, subst. fém. (*zirkone*), une des terres simples et élémentaires; oxyde de *zirconium*.

ZIRCONIUM, subst. mas. (*zirkoni-ome*), métal nouvellement découvert dans la *zircone*, où l'on présumait déjà qu'il se trouvait. Il a été isolé en 1806 par le savant chimiste Berzelius.

ZISEL, subst. mas. (*zizèle*), espèce de rat qui a le corps long et menu comme la *belette*.

ZIST, interj. et subst. mas. (*zicete*). Voy. ZEST.

ZITZIL, subst. mas. (*zitezile*), t. d'hist. nat., sorte de colibri.

ZIZANIE, subst. fém. (*zizani*) (du grec ζιζανιον, ivraie), t. de bot., genre de plantes monoïques de la famille des graminées. Autrefois on donnait ce nom à l'ivraie, sorte de mauvaise graine qui vient parmi le bon grain. Il n'est plus en usage au propre. — Au fig., discorde, division: *semer la zizanie*.

ZIZI, subst. mas. (*zizi*), t. d'hist. nat., bruant de haie.

ZIZIPHE, subst. mas. (*zizife*), t. de bot., nom qu'on a donné à l'arbre qui produit les jujubes.

ZIZIPHORÉE, subst. fém. (*ziziforé*), t. de bot., plante labiée.

ZOANTHE, subst. mas. (*zo-ante*) (du grec ζωον, animal, et ανθος, fleur), t. d'hist. nat., genre de zoophytes.

ZOANTHROPE, subst. mas. (*zo-antrope*), t. de médec., celui qui est malade ou affecté de *zoanthropie*.

ZOANTHROPIE, subst. fém. (*zo-antropi*) (du grec ζωον, animal, et ανθρωπος, homme), mélancolie dans laquelle l'homme se croit transformé en animal.

ZOANTHROPIQUE, adj. des deux genres (*zoantropike*), qui concerne la *zoanthropie*.

ZOCOR, ou **ZOKOR**, subst. mas. (*zôkor*), t. d'hist. nat., petit animal rongeur du genre du rat-taupe.

ZODIACAL, E, adj. (*zodi-akale*), qui appartient au *zodiaque*. — *Lumière zodiacale*, blancheur lumineuse pointue qu'on voit après le coucher du soleil, ayant sa base vers cet astre, et sa direction à peu près dans l'écliptique; c'est l'atmosphère du soleil. —Au plur. mas., *zodiacaux*.

ZODIACAUX, adj. mas. plur. Voy. ZODIACAL.

ZODIAQUE, subst. mas. (*zodi-ake*) (en grec ζωδιακος, fait de ζωδιον, signe du *zodiaque*, lequel a pour racine ζωον, animal, parce que presque tous ses signes sont représentés sous des noms et des figures d'animaux; ou, selon d'autres, de ζωη, vie, parce que l'on a cru longtemps que les planètes influaient sur la vie), espace du ciel dans lequel se meuvent les planètes. — Carte des douze constellations *zodiacales*. — Bande ou zône sphérique, d'environ dix-huit degrés de largeur, partagée en deux parties égales par l'écliptique, et terminée par deux cercles que les planètes ne passent jamais dans leur plus grande latitude. — Assemblage des douze signes ou constellations que le soleil parcourt chaque année, dont voici les noms : le Bélier, le Taureau, les Gémeaux, l'Ecrevisse, le Lion, la Vierge, la Balance, le Scorpion, le Sagittaire, le Capricorne, le Verseau et les Poissons.

ZODION, subst. mas. (*zôdi-on*), t. d'hist. nat., insecte diptère.

ZOÉ, subst. mas. (*zo-é*), t. d'hist. nat., genre de crustacés.

ZOÈGE, subst. fém. (*zo-èje*), t. de bot., genre de plantes polygames de la famille des cinarocéphales.

ZOGONES, subst. propre mas. plur. (*zoguône*), myth., dieux des anciens Grecs.

ZOÏLE, subst. mas. (*zo-ile*), nom d'un ancien critique d'*Homère*, et qui a servi depuis à désigner un mauvais critique; envieux.

ZÔNA, subst. fém. (*zona*) (du grec ζωνη, ceinture), t. de médec.; on a donné ce nom à un genre de phlegmasie cutanée, qui entoure, sous forme de demi-ceinture, la poitrine ou l'une des trois régions de l'abdomen. C'est une éruption qui semble tenir de l'érysipèle et de la dartre. Elle est surmontée de petites pustules très-rapprochées qui se dessèchent et tombent en écailles tandis qu'il en renaît d'autres.

ZÔNAIRE, adj. des deux genres (*zônère*): *crystal zônaire*, entouré d'un rang de facettes en forme de *zône* ou de ceinture.

ZÔNE (et non pas **ZONE**), subst. fém. (*zône*) (du grec ζωνη, ceinture), celle des cinq parties du globe qui sont entre les pôles : une (la *zône torride*), divisée en deux par l'équateur, et comprise entre les tropiques; deux (les *zônes tempérées*), comprises entre les tropiques et les cercles polaires; et deux (les *zônes glaciales*), comprises entre les cercles polaires et chacun des deux pôles. —Fig. et fam. : *passer la zône torride*, traverser un endroit où le soleil donne avec force et où il n'y a pas d'ombre.—Bande sur la robe d'une coquille.—T. de médec. : *zône tendineuse*, cercle blanchâtre qui se voit au pourtour de l'orifice auriculo-ventriculaire du côté droit du cœur.— T. de géom., portion de surface comprise entre deux plans parallèles.—Vide qui se trouve entre deux cordages lorsqu'ils sont roulés sur un cylindre.—Il s'est dit aussi autrefois, par analogie, pour : *ceinture*.

ZÔNÉ, E, adj. (*zôné*), qui se tourne, qui se dessine en ceinture.

ZÔNULE, subst. fém. (*zônule*), petite ceinture. Inusité.

ZON-ZON, subst. mas. (*zonzon*) (onomatopée), son d'un coup de verge, qui frappe l'air.

ZOOBIE, subst. fém. (*zo-obi*) (du grec ζωον, animal, et βιος, vie), science de la vie.

ZOOBIOLOGIE, subst. fém. (*zo-obi-oloji*) (du grec ζωον, animal, βιος, vie, et λογος, discours), science de la vie animale.—Discours, traité sur cette science.

ZOOBIOLOGIQUE, adj. des deux genres (zo-obi-olojike), qui est relatif, qui a rapport à la zoobiologie.

ZOOÉTHIQUE, subst. fém. (zo-o-étike), histoire naturelle; science des mœurs, des habitudes, etc.,des animaux.

ZOOGÈNE, subst. mas. (zo-ojène), substance qui ressemble à la chair humaine recouverte de sa peau, et donne à l'analyse les mêmes résultats que les matières animales; elle a été découverte, en 1820, dans les eaux thermales de Baden et d'Ischia.

ZOOGLYPHITE, subst. fém. (du grec ζωον, animal, et γλυφω, je grave); se dit de pierres figurées représentant des empreintes d'animaux.

ZOOGRAPHE, subst. mas. (zo-oguerafe) (du grec ζωον, animal, et γραφω, écrire), celui qui étudie l'histoire naturelle des animaux et en fait la description.

ZOOGRAPHIE, subst. fém. (zo ogurafi) (même étymologie que celle du mot précédent), description de la nature, de la figure et des propriétés des animaux.

ZOOGRAPHIQUE, adj. des deux genres (zoogurafike), qui est relatif à la zoographie.

ZOOIATRIE, subst. fém. (zo-o-i-átri) (du grec ζωον, animal, et ιατρευω, je guéris), la médecine vétérinaire.

ZOOIATRIQUE, adj. des deux genres (zo-o-i-átrike), qui concerne la zooiatrie.

ZOOIATROLOGIE, subst. fém. (zo-o-i-átroloji) (du grec ζωον, animal, ιατρευω, je guéris, et λογος, discours), science médicale vétérinaire. — Discours, traité, ouvrage sur cette science.

ZOOIATROLOGIQUE, adj. des deux genres (zo-o-i-átrolojike), qui est relatif à la zooiatrologie.

ZOOL., abréviation du mot zoologie.

ZOOLATRE, subst. mas. (zo-olátre), celui qui adore les bêtes. — Adj. : peuples zoolâtres.

ZOOLATRIE, subst. fém. (zo-olátri) (du grec ζωον, animal, et λατρεια, culte), adoration des animaux.

ZOOLATRIQUE, adj. des deux genres (zoolátrike), qui est relatif à la zoolátrie.

ZOOLIQUE, subst. mas. (zo-olike), nom qu'on donne à un bateau à manège, inventé en 1822. — Adj., on dit : machine zoolique, c'est-à-dire, machine mue par des hommes ou des animaux.

ZOOLITE, subst. mas. (zo-olite) (du grec ζωον, animal, et λιθος, pierre), partie des animaux qui s'est changée en pierre.

ZOOLOGIE, subst. fém. (zo-oloji) (du grec ζωον, animal, et λογος, discours), partie de l'histoire naturelle qui traite des animaux.

ZOOLOGIQUE, adj. des deux genres (zo-olojike), qui concerne la zoologie, qui y a rapport.

ZOOLOGISTE, subst. mas. (zo-olojicte), qui se livre à l'étude de la zoologie.

ZOOLOGRAPHE, subst. mas. (zo-ologuerafe), qui écrit sur la zoologie.

ZOOLOGRAPHIE, subst. fém. (zo-ologuerafi), (du grec ζωον, animal, λογος, discours, et γραφω, écrire), partie de l'histoire naturelle qui traite des animaux.

ZOOLOGRAPHIQUE, adj. des deux genres (zo-ologurafike), qui a rapport à la zoolographie.

ZOOMAGNÉTISME, subst. mas. (zo-omagnétieme), magnétisme animal.

ZOOMORPHITE, subst. fém. (zo-o-morfite) (du grec ζωον, animal, et μορφη, forme), pierre figurée qui a quelque ressemblance avec des animaux connus.

ZOONATE, subst. mas. (zo-onate), t. de chim., sel formé par la combinaison de l'acide zoonique avec une base.

ZOONIQUE, adj. des deux genres (zo-onike), dans la nouvelle chimie, acide zoonique, acide que l'on retire des substances animales telles que les poils, la corne, les chairs, etc.

ZOONOMIE, subst. fém. (zo-onomi) (du grec ζωον, vie, et νομος, loi, règle), recherche sur les lois qui règlent la vie animale. —

ZOONOMIQUE, adj. des deux genres (zo-onomike), de la zoonomie.

ZOOPHAGE, subst. mas. et adj. des deux genres (zo-ofaje) (du grec ζωον, animal, et φαγω, je mange); se dit proprement des mouches qui se nourrissent sur le corps des animaux et les sucent. — On le dit par extension de tout animal qui se nourrit de chair. Dans ce sens ce mot est synonyme de carnivore.

ZOOPHAGIE, subst. fém. (zo-ofaji), voracité des animaux qui les porte à manger leur proie vivante.

ZOOPHAGIQUE, adj. des deux genres (zo-ofajike), qui concerne la zoophagie.

ZOOPHYTAIRE, subst. mas. (zo-ofitère), t. d'hist. nat., classe établie pour placer les polypes composés, c'est-à-dire, qui sont pourvus d'une vie commune, tels que les tubulaires, les pennatules, les corallines, etc.

ZOOPHORE, subst. mas. (zo-ofore) (du grec ζωοφορος, formé de ζωον, animal, et de φερω, je porte), t. d'archit., frise d'un bâtiment qu'on chargeait autrefois de figures d'animaux.

ZOOPHORIQUE, adj. des deux genres (zo-oforike), colonne zoophorique, qui porte un animal. Voy. ZOOPHORE.

ZOOPHTHALME, subst. mas. (zo-ofetalme), t. de bot., nom qu'on donne à la joubarbe.

ZOOPHYTE, subst. mas. (zo-ofite) (du grec ζωοφυτον, formé de ζωον, animal, et φυτον, plante), t. d'hist. nat., classe d'animaux non vertébrés qui n'ont ni nerfs, ni membres, et qui, fixés sur des corps solides, semblent y végéter et vivre à la manière des plantes.

ZOOPHYTOLITHE, subst. fém. (zo-ofitolite), t. d'hist. nat.; on a donné quelquefois ce nom aux zoophytes fossiles, dont la forme approche de celle des végétaux, tels que le palmier marin et autres semblables.

ZOOPHYTOLOGIE, subst. fém. (zo-ofitoloji), (du grec ζωοφυτον, zoophyte, et λογος, discours), t. d'hist. nat., traité, discours sur les zoophytes.

ZOOPHYTOLOGIQUE, adj. des deux genres (zo-ofitolojike), qui a rapport à la zoophytologie.

ZOOTAXIE, subst. fém. (zo-otakci) (du grec ζωον, animal, et ταξις, fait de τασσω, ou ταξεω, je mets en ordre), t. d'hist. nat., disposition, organisation méthodique des animaux.

ZOOTAXIQUE, adj. des deux genres (zo-otakcike), qui a rapport, qui appartient à la zootaxie.

ZOOTHÈQUE, subst. fém. (zo-otèke) (du grec ζωον, animal, et θηκη, resserre), t. d'antiq., endroit chez les Romains, où l'on tenait enfermés les animaux destinés aux sacrifices.

ZOOTOMIE, subst. fém. (zo-otomi) (du grec ζωον, animal, et τεμνω, je coupe), anatomie des animaux.

ZOOTOMIQUE, adj. des deux genres (zo-otomike), qui concerne la zootomie.

ZOOTYPOLITHE, subst. fém. (zo-otipolite)(du grec ζωον, animal, τυπος, forme, et λιθος, pierre), t. d'hist. nat., pierre qui porte en totalité ou en partie, l'empreinte d'un animal.

ZOPILOTE, subst. mas. (zopilote), t. d'hist. nat., genre de vautours.

ZOPISSA, subst. fém. (zopiceça), résine tirée de vieux pins; goudron des anciens navires.

ZORILLE, subst. fém. (zori-le), t. d'hist. nat., espèce d'animal quadrupède de l'ordre des carnassiers; espèce de martre qui habite les environs du cap de Bonne-Espérance; petitemouffete.

ZOROASTRE, subst. propre mas. (zoro-aceíre), auteur du culte idolâtre appelé sabéisme. Voy. SABÉISME.

ZOROSH ou ZOROCHE, subst. mas. (zoroce, roche), t. d'hist. nat., minerai d'argent assez semblable au talc.

ZOSTÈRE, subst. fém. (zocetère), t. de médec., feu sacré, feu Saint-Antoine, sorte de maladie. Voyez ZONA. — Subst. propre mas., nom d'un lieu de l'ancienne Attique, que l'on dit être situé sur le bord de la mer. Latone, sentant son terme approcher, y délia sa ceinture, qui s'appelait zoster, d'où ce lieu a conservé le même nom. — T. de bot., genre de plantes polyandres de la famille des pluviales ou de celle des aroïdes.

ZOSTÉROSPERME, t. de bot., genre de plantes à écailles, imbriquées sur trois rangs.

ZUNDERERZ, subst. mas. (zondereze), mot qui signifie, en allemand, mine d'amadou, et qui désigne un minéral mélangé d'argent, dont l'apparence et la couleur ressemblent à de l'amadou.

ZYGÈNE, subst. fém. (zijène), t. d'hist. nat., papillon de l'espèce des sphinx. — Espèce de poisson, le squale-marteau.

ZYGÉNIDES, subst. m. pl. (zijénide), t. d'hist. nat., tribu d'insectes de l'ordre des lépidoptères.

ZYGIE, subst. propre fém. (ziji), myth., nom sous lequel on adorait Junon comme déesse du lien conjugal.

ZYGIE, subst. fém. (ziji), t. d'hist. nat., genre d'insectes de l'ordre des coléoptères. — T. de bot., genre de plantes qui se rapprochent beaucoup des acacias.

ZYGIÉES, subst.fém. pl.(zijié), t. d'hist. nat., famille d'insectes de l'ordre des coléoptères.—T. de bot., famille de plantes.

ZYGOMA, subst. mas. (ziguoma) (du grec ζυγωμα, jonction), t. d'anat., union de deux éminences d'os, dont l'une vient de l'os temporal et l'autre de la pommette. On le nomme aussi os jugal, du latin jugalis, qui lie, fait de jugare, lier, et proprement, attacher au joug, atteler.

ZYGOMATIQUE, adj. des deux genres (ziguomatike), en anat., qui a rapport au zygoma. — On appelle apophyse zygomatique, une longue apophyse qui, de la cavité glénoïde de l'os temporal, se dirige transversalement en devant, pour s'articuler avec l'os molaire. De cette réunion résulte une arcade osseuse que l'on nomme arcade zygomatique; fosse zygomatique, espace compris entre le bord externe de l'apophyse ptérygoïde et la crête qui descend de la tubérosité malaire au bord alvéolaire supérieur; nerf zygomatique, l'un des rameaux du facial.

ZYGOSTATE, subst. mas. (ziguocetate) (du grec ζυγος, fléau de balance, et ιστημι, je place), t. d'antiq., magistrat, chez les Grecs, qui était chargé de l'examen des poids, des mesures, etc, pour empêcher les fraudes.

ZYMOLOGIE, subst. fém. (zimoloji) (du grec ζυμη, levain, ferment, et λογος, discours), partie de la chimie qui traite de la fermentation.

ZYMOLOGIQUE, adj. des deux genres (zimolojike), qui a rapport à la zymologie.

ZYMOSIMÈTRE, subst. mas. (zimozimètre) (du grec ζυμωσις, fermentation, et μετρον, mesure), instrument de physique et de chimie pour mesurer le degré de fermentation et de chaleur des liquides, et même du sang des animaux.

ZYMOSIMÉTRIE, subst. fém. (zimozimètri), manière de faire des zymosimètres. — L'art de s'en servir.

ZYMOSIMÉTRIQUE, adj. des deux genres (zimozimètrike), qui a rapport, qui est relatif, qui tient, qui appartient au zymosimètre.

ZYMOTECHNIE, subst. fém. (zimotekni) (du grec ζυμη, levain, et τεχνη, art), histoire des divers phénomènes de la fermentation.

ZYMOTECHNIQUE, adj. des deux genres (zimoteknike), qui concerne la zymotechnie.

ZYTHOGALA, subst. fém. (zitogoala) (du grec ζυθος, zythum, et γαλα, lait), boisson qu'on fait avec de la bière et du lait, dans quelques endroits.

ZYTHUM, subst. mas.(zitome), t. d'antiq., nom que les anciens donnaient à une boisson faite avec de l'orge et du houblon, et de la même espèce que le zythogala.

FIN.

www.ingramcontent.com/pod-product-compliance
Lightning Source LLC
Chambersburg PA
CBHW070715020526
44115CB00031B/1094